KENKYUSHA'S

LIGHTHOUSE

JAPANESE-ENGLISH

DICTIONARY

ライトハウス和英辞典

編者

小島義郎

竹林　滋

KENKYUSHA

KENKYUSHA'S LIGHTHOUSE JAPANESE-ENGLISH DICTIONARY
ライトハウス和英辞典
第1版 1984年

編　者

早稲田大学教授　小　島　義　郎

東京外国語大学教授　竹　林　滋

編集委員

東京外国語大学講師　朝　尾　幸次郎　　　　慶応義塾大学教授　岩　崎　春　雄

津田塾大学教授　上　田　明　子　　　　白百合女子大学教授　緒　方　勲

慶応義塾大学教授　小　川　繁　司　　　　岩崎研究会会員　永　井　一　彦

電気通信大学短期大学部助教授　中　尾　啓　介　　　　聖路加看護大学教授　仁　木　久　恵

東京外国語大学客員教授　Thomas Emil Beck　　　　桜美林大学助教授　Reginald　Smith

東京外国語大学客員教授　Stephen Nigel Williams

日本語校閲

東京外国語大学教授　若　林　俊　輔

執　筆　者

早稲田実業学校教諭　青　柳　文　男　　　　東京外国語大学講師　朝　尾　幸次郎

慶応義塾大学教授　岩　崎　春　雄　　　　津田塾大学教授　上　田　明　子

早稲田大学教授　上　田　稔　　　　白百合女子大学教授　緒　方　勲

慶応義塾大学教授　小　川　繁　司　　　　上智大学講師　川　中　なほ子

早稲田実業学校教諭　岸　曉　　　　山梨大学教授　久保田　泰　夫

早稲田大学教授　小　島　義　郎　　　　東京経済大学講師　宗　宮　喜代子

茨城キリスト教大学講師　髙　橋　教　雄　　　　東京外国語大学教授　竹　林　滋

岩崎研究会会員　永　井　一　彦　　　　電気通信大学短期大学部助教授　中　尾　啓　介

聖路加看護大学教授　仁　木　久　恵　　　　早稲田大学教授　橋　本　宏

早稲田実業学校教諭　半　田　直　次　　　　早稲田大学教授　星　新　蔵

東京理科大学助教授　増　田　秀　夫　　　　早稲田大学教授　松　坂　ヒロシ

津田塾大学講師　村　井　洋　子　　　　成城大学教授　安　田　一　郎

東京外国語大学教授　若　林　俊　輔

（アイウエオ順）

ま　え　が　き

本辞典は『ユニオン英和辞典』の初版出版の翌年，すなわち1973年(昭和48年)にその姉妹辞典として編集を開始し，11年を費して完成した．本辞典と『英和』の第三版の出版を機に英和・和英の両辞典とも『ライトハウス』という名を冠することにしたが，この両辞典は編者が同じであり，したがって，その編集上の理念を一にしている．ただし，本辞典の編集開始後はある程度の分業を決め，竹林が主として『英和』の改訂を，小島が主として『和英』の編集を担当することにした．

本辞典は従来の和英辞典のあり方を根本から見なおして改善することをめざした．その第一は，和英辞典でひいた英語をもう一度英和辞典でひき直さなくてもよいような和英辞典を作ることであった．そのためには訳語の意味・用例・文法・語法・日英比較・背景等すべての面において従来のものとはまったく次元の違う編集をしなくてはならない．そこで，まず小島がかねてから和英辞典の改善案として考えていたことを最大限に織りこんだ規約と見本原稿を作った．それをもとに編者を含めた25名による執筆が行なわれ，原稿枚数は6万枚に達したが，それを小島が順次整理・統一して初校とした．次いで，初校と再校の段階では小島・竹林とともに編集委員の方々に校閲していただいた．とくに3名のネイティーブ・スピーカーの編集委員の方々には英語表現を一つ残らず徹底的に検討していただいた．したがって，誤植などは別として，本辞典の英語表現に関する限り，すべてがネイティーブ・スピーカーに容認されたものであると言ってよい．

本辞典は以上のような目的と経過により作られたのであるが，その特徴が非常に多くてこの「まえがき」の限られたスペースではすべてを述べることはできないので，詳しくは巻頭の「この辞書の使い方」を見ていただきたい．以下には我々が最も重要と考える特徴だけをあげることにする．

(1)　見出し語はかな見出しとし，現代的な日常語を中心に選び，カタカナ語も多く収録した．
(2)　訳語が2つ以上並列されるときは必ず意味の区別か，または文体上の区別を記述した．(ただし，コンマで区切られた入れかえ可能な訳語の場合は別)．
(3)　文体上の区別は「前者のほうがより口語的」などのように，比較相対的な記述をすることを基本とした．
(4)　文法・語法・日英比較・選択制限などに関する注意をできるだけ多く入れた．
(5)　類義語の意味の区別と反意語を随所に入れた．
(6)　訳語は見出し語の日本語の品詞にこだわらず，日英の対応関係の密接な順に配列した．(たとえば**びょうき**の項には 形 sick が 名 sickness よりも先にある)．
(7)　動詞には ㊀ ㊉ の区別，名詞には Ⓤ Ⓒ をつけた．
(8)　発音やアクセントの間違えやすいものにはそれを示した．
(9)　日本特有の見出しについては説明的な訳を入れた．

(10)　助詞および助動詞などの日本語について，日英比較を基にした解説を施した．
(11)　カタカナ語見出しの訳語には，原語との意味のずれに注意した．
(12)　用例は現代口語を主とし，特別な場合を除きフルセンテンスで示した．
(13)　問いの文にはその答え方も示すように，対話形式の用例を多くした．
(14)　用例には (⇒　) を使って発想指示を随所に入れた．
(15)　発想指示より文型を示した方が有効と考えた場合は文型を表示した．
(16)　用例には可能な限り複数の訳例を示すように努めた．
(17)　複合語見出しはすべて第一要素でひけるようにした．
(18)　日本語の慣用句を準見出しとした．
(19)　文法・作文関係および会話・文化情報関係のテーマ別囲み項目を多数設けた．会話の部分については別売のテープとテキストを作った．
(20)　作文に必要な文法事項・句読法などを中心に欄外項目を多数設けた．
(21)　相互参照を徹底的に行なった．
(22)　日本語表現についても校閲を行なった．
(23)　挿絵・写真・表などを随所に入れた．

以上のとおりであるが，本辞典は単に学校用の学習辞典としてだけでなく，広く一般社会人にも役立つよう心がけたつもりである．それは政治・経済・文化・旅行会話など種々の情報が他の和英辞典に類例のないほど詳しいことを見ていただけばわかると思う．

本辞典の編集に当たっては別掲の編集委員，校閲者，執筆者，調査・校正協力者の方々のご尽力を頂いた．深く感謝申し上げる．また研究社にあっては，この辞典の発端をひらいて下さった長井四郎専務，担当者として並々ならぬご苦労をいただいた辞書編集部の方々，即ち1978年まで担当された小沼利英氏，それ以後校了まで担当された篠田達美氏，早川真一氏，および助力をいただいた寺澤羔子さんに深く感謝申し上げる．さらに，貴重な写真資料を多数ご提供いただいた早稲田大学教授篠田義明氏と，校正の最初から最後までとくに綿密に検討していただき，貴重なご指摘を数多く頂いた早稲田大学講師高野嘉明氏に感謝申し上げる．また製版にあっては和田文五郎氏をはじめとする多くの方方，および製作関係の方々に大変ご無理を願ったことにもお礼を申し上げたい．

本辞典の編集には最善を尽したつもりであるが，不備な点もあることと思う．各位のご叱正，ご教示を賜らば幸いである．

1984年7月
編　者

この辞書の使い方

1 見出し語

1.1 かな見出しを採用し，五十音順に配列した．

1.2 清音，濁音，半濁音の順に配列した．

こうとう 口頭，**こうどう** 行動，**ごうとう** 強盗，**ごうどう** 合同
はは 母，**はば** 幅，**ばば** 馬場，**パパ**

1.3 促音の「っ」，拗音の「ゃ」「ゅ」「ょ」は，それぞれ「つ」「や」「ゆ」「よ」の後に置いた．

ねつき 寝付き，**ねっき** 熱気
きやく 規約，**きゃく** 客

1.4 カタカナ見出し中の長音符（ー）は，その直前の文字を長く伸ばした音を「ア」行の音に置き換えた位置に配列した．

パーマ → パアマ，ビール → ビイル，クーラー → クウラア，
ボール → ボオル

1.5 同音語は引きやすさを考慮して，使用頻度が高いと思われる順に配列し，肩番号を付けた．ただし，カタカナ表記の外来語はひらがな見出しの後に置いた．

けっこう[1] 結構，**けっこう**[2] 決行，**けっこう**[3] 血行，**けっこう**[4] 欠航
かんぱ[1] 寒波，**かんぱ**[2] 看破，**カンパ**

また，「子牛」と「講師」または「行使」のように，ひらがな表記は同一でも音声的な内部構造が明らかに異なる場合は，「子牛」は「こ うし」と，はっきり発音する文字の間に間隔をもうけ，「講師」「行使」はその後に，それぞれ「こうし[1]」「こうし[2]」として，区別して配列した．

こ うし 子牛，**こうし**[1] 講師，**こうし**[2] 行使，**こうし**[3] 公私，
こうし[4] 格子
ひろ う 拾う，**ひろう**[1] 疲労，**ひろう**[2] 披露

1.6 助詞，助動詞，接頭辞，接尾辞など，独立して使われることのない語は，ハイフン（-）を付けて見出しにした．

-で[1]，**-で**[2]，**-と**，**-という**，**-ので**，**-のに**，**-したい**，**-ねばならない**

2 訳 語

2.1 訳語が複数にわたり，意味上の区別やニュアンスの違いがある場合はセミコロン（;）で区切り，訳語の前に丸ガッコでその違いを示した．意味領域，使用頻度，文体上から訳語の代表になり得るものがある場合には「★最も一般的な語」という注，あるいはそれに準じる注を施した．

あたえる 与える (あげる) give ㊀《過去 gave ; 過分 given》 ★ 一般的で平易な日常語．以下の語の代わりに用いられることも多い ; (贈り物として進呈する) presént ㊀; (賞などを) award ㊀; (権利・金銭などを) grant ㊀ ★やや改まった語 ; (支給する) provide ㊀ ; (供給する) supply ㊀ ; (割り当てる) allot ㊀ ; (仕事などを) assign ㊀.

みがって 身勝手 ―― 形 (自分の利益ばかり考える) selfish ★ 最も一般的な語で，以下の語の代わりにも使える ; (自分勝手の) egoistic ; (自己中心的な) self-centered.

ほぼ同じ意味で交換して用いられる場合はコンマ（，）で区切って列記したが，文体上の差が認められる場合は ★ を用いてできる限り記述した．その際，列記

したものが同じく口語的と思われる場合でも「★後者のほうがより口語的」のように比較相対的な説明を加えた.

2.2 訳語の文体上の差異については全般にわたって特に注意を払い, ★を用いてできる限り詳しく記述した. 単に「口語」「文語」などの絶対値を与えるのではなく, 前項に述べたように, 列記された訳語の中での相対関係として「後者のほうが形式ばった語」とか,「以上の中では最初の語が最も口語的」などのような説明が施されている. 従って「前者のほうが口語的」とあっても,「前者」が絶対値として必ずしも《口語》というレベルに属するとは限らない点に注意されたい.

えんき 延期 —動 (遅らせる) put off ㊀, postpone ㊀ ★前者のほうが口語的.

すます[1] 済ます **1** «終える»: finish ㊀, get through... ★後者がより口語的.

すいりょう[1] 推量 —動 (当てずっぽうをする) guess ㊀㊁ ★最も口語的; (不確かな根拠に基づいて推測する) surmise ㊀, conjecture ㊀ ★いずれも形式ばった語.

また, 区別をきめ細かにするために「やや」という表現を用いて,「やや形式ばった語」とか「やや文語的」のような中間段階をもうけた.「形式ばった」「改まった」「堅苦しい」はほぼ同じ意味で用いてあり, 統一はしなかったが,「文語的」は主として書き言葉で用いられる文学的表現という意味で区別してある.

ひつう 悲痛 —形 (悲しい) sad, sorrowful ★後者はやや形式ばった語

えいご 英語 English Ⓤ, the English language ★後者はやや改まった言い方.

しんえん 深遠 —形 (深い) deep; (考え・学問などが) profound ★前者が一般的. 後者は文語的.

2.3 見出し語の品詞にこだわらぬ訳語をあげた. そのため —名 —代 —動 —助 —形 —副 —接 —前 など, 英語の品詞を表示し, 品詞ごとに訳語をまとめた. この場合, 見出し語を英語に置き替える際に最も多く使われる品詞の項を最初に示した. なお, 訳語が2種以上の品詞にわたる場合, あるいは訳語の品詞が1種類でも, 見出し語の日本語の品詞と食い違いがある場合のみ品詞を掲げ, その他の場合や品詞を示すことにあまり意義がない場合は品詞を示していない.

しんせつ[1] 親切 —形 (親切な・優しい) kind; (性格として) kindly; (人に対して道徳的に振舞う) good; (友好的な) friendly; (温かくもてなす) hospitable; (優しく思いやりがあって) tender, tenderhearted; (寛大な) generous. —副 (親切に) kindly; (優しく) tenderly, tenderheartedly; (好意的に) good-naturedly; good-heartedly; hospitably. —名 (親切な行為) kindness Ⓤ ★1つ1つの行為をいうときは Ⓒ; kindliness Ⓤ; (優しさ) tenderness Ⓤ; (好意) goodwill Ⓤ; friendliness Ⓤ; hospitality Ⓤ.

びょうき 病気 —形 (病気の)《米》sick,《英》ill (↔ well, healthy) ★名詞の前に置く場合は英米ともに sick; (健康がすぐれない) unwell ★述語的にのみ用いる; (長く患って(いる)) ailing. —名 sickness Ⓤ, illness Ⓤ; disease Ⓤ ★以上は個々の病気を言うときは Ⓒ; (不健康) ill health Ⓤ; (持病) chronic disease Ⓒ.

しみん 市民 (市民・国民としての権利を持つ) citizen Ⓒ.

2.4 訳語の配列の順序については, 見出し語の訳として最も適当と思われるものを最初に掲げるようにした. 従って見出し語の日本語によっては, より形式ばった英語が先に置かれ, 口語的で一般的な英語が後に並べられている場合もしばしばある.

2.5 訳語はアメリカで一般的に使われているものをあげ, もっぱらイギリスで使われるものについては《英》の表示をした. 詳しくは ☞アメリカ英語とイギリス英語 (欄外).

2.6　数えられる名詞には Ⓒ, 数えられない名詞には Ⓤ を表示し，どちらともとれる Ⓤ,Ⓒ は避けて，見出し語との関連において Ⓤ または Ⓒ に割り切って表示し，さらに必要な場合には「★具体的なものを表す場合は Ⓒ」のような説明を加えた．詳しくは ☞ 可算・不可算名詞(欄外)．ただし，定冠詞を付けて訳語としたもの，複数形で訳語となるものについては Ⓤ Ⓒ を示していない．

ぜんと 前途 (将来) future Ⓤ ★具体的なものを表す場合は Ⓒ; (見込み) prospects ★この意味では複数形で; (見通し) outlook Ⓒ.

ていど 程度 (度合) degree Ⓤ ★具体的な意味のときは Ⓒ; (範囲・限界) extent Ⓤ; (水準・高さ) level Ⓒ; (標準・基準) standard Ⓤ.

2.7　動詞には ㊐ (＝自動詞), ㊕ (＝他動詞) を表示し，㊐ には見出し語との関連において結び付きの強い前置詞も併せて示した．また，もっぱら受身で用いられるものは受動態で訳語を示した．

かんじる 感じる feel ㊐ ㊕《過去・過分 felt》; (感づく) sense ㊕; (気づいている) be aware (of…); (知覚する) be conscious (of…); (感動する) be impressed (by… ; with…); (心を動かされる) be moved (by…).

つく[1] 付く **1** «付着する»: (くっつく) stick (to…) ㊐; (こびりつく) adhere (to…) ㊐; (しみがつく) be stained (with…).

なお，訳語が「動詞＋前置詞(句)」のような場合には，㊐ ㊕ を示さず，動詞または前置詞の目的語を「…」で示した．

しはん 市販 ―動 (市場に出す) put … on the market; (売られている) be on sale.

しみこむ 染み込む (水などが) soak into… ; (中へ深く入る) sink into…

2.8　必要に応じて，不規則変化する動詞の過去形，過去分詞形，名詞の複数形を示した．

うつ[1] 打つ **1** «打撃を与える»: strike ㊕ ㊐《過去・過分 struck》; knock ㊕; hit ㊕《過去・過分 hit》; slap ㊕; pat ㊕; punch ㊕; box ㊕; beat ㊕ ㊐《過去 beat; 過分 beaten, beat》; (手を) clap ㊕.

さいころ die Ⓒ《複 dice》.

しらみ 虱 louse Ⓒ《複 lice》.

2.9　丸ガッコによる意味の区別だけでは不十分な項目については適宜【類義語】欄をもうけ，和英辞典という立場を意識した解説を施した．

けんせつ 建設 ―動 build ㊕《過去・過分 built》; construct ㊕; erect ㊕. ―名 construction Ⓤ; erection Ⓤ. ―形 (建設的な) constructive.

【類義語】いろいろな部品を組み合わせてある建造物を作り上げるのが ***build*** で，最も一般的な語．建てる作業よりも，あるプランに従って建造物を作り上げることを強調し，特に大きな建造物を建てることを意味する言葉が ***construct***. 元は高い物を打ち立てるという意味で使われたが，現在では単に建てるという意味でも広く使われるのが ***erect*** で，作る過程より建設される事実に重点がある．

2.10　訳語欄をもうけることが，かえって不自然な場合には，見出し語の後に直接用例を続け，さらに，理解を助ける語句を示すことが有効な場合には【参考語】として，用例の後に列記した．

ぐらぐら ¶なべが*ぐらぐら煮えている (⇒ なべが沸騰している) The pot *is boiling.* // 歯が1本*ぐらぐらしている (⇒ 私はゆるい歯を持っている) I've got a *loose* tooth. // ねじが*ぐらぐらしてきた The bolt is coming *loose.* // この戸は*ぐらぐらしている (⇒ 安定していない) This door *is not secure.* // けさの地震で家がかなり*ぐらぐら揺れた My house *shook hard* in the earthquake this morning. // 頭が*ぐらぐらする My head *is swimming.* / I am feeling *dizzy.* 《☞ 擬声・擬態語(囲み); ゆれる; ぐらつく》

【参考語】―動 (沸騰する) boil ㊐, bubble up ㊐; (煮え立つ) seethe ㊐; (揺さぶる・揺れる) shake ㊕ ㊐, rock ㊕ ㊐, tremble ㊕ ㊐; (態度などが) waver ㊐; (頭などが) swim ㊐; (目まいがする) feel dizzy. ―形 (本来動かないものががたがたになって) loose, shaky; (不安定で前後左右に) rocky; (しっかり安定していない) unstable.

2.11　必要に応じて，(↔　) により，反意語を示した．

2.12　イタリック体の *one, one's, oneself* はだいたいにおいて動作主を表し，文脈により I, my, myself, you, your, yourself, he, his, himself, she, her, herself, we, our, ourselves, they, their, themselves などに変化することを意味している．*a person, a person's* は動作主以外の人称代名詞または人名に置き換えられることを意味し，その他，限定できない場合は「...」で表示してある．また，イタリック体の *do* は，文脈に応じて適当な動詞に置き換えられることを意味する．

3 用　例

3.1　数少ない例外を除き，必ずセンテンスで示し，平明で口語的な表現を心がけた．

3.2　和文中の見出し語該当箇所に＊印を付け，対応する英文中の箇所をイタリック体で示した．

3.3　(⇒　) により，日本語からは発想しにくい英語構文の組み立て方をできる限り多く示した．日本語をまず日本語のまま英語的な発想の文に置き換え，その後でそれを英語に訳出する方法をとることが，和文英訳の学習法として有効であると考えたからである．しかし，慣れてきたら，発想指示を介せずに，英文が発話できるように練習していただきたい．詳しくは ☞ 発想 (欄外)．

> **-ぶり** ...振り **1** «様子・仕方» ¶ 彼女の仕事＊ぶりを見習いたまえ (⇒ あなたは彼女の仕事の仕方を見て彼女の例に習うべきだ) You should watch the *way* she works and follow her example. / (⇒ 彼女がいかに熱心に[能率よく]仕事をするかを) You should watch *how* ⸢*enthusiastically* [*efficiently*] she works and follow her example. ∥ 数か月もすると彼は社長＊ぶりが板についてきた (⇒ 社長であることが自然になってきた) After several months of being the company president it became natural to him. ∥ あいつは飲みっ＊ぷりがいい (⇒ 彼の飲み方は驚くべきである) The *way* he drinks is amazing.

3.4　必要な場合は，構文発想上の助けとなる文型を示した．文型はまず一般に用いられている五文型を基礎とし，その S (＝主語)，V (＝動詞)，O (＝目的語)，C (＝補語) の各々の文の要素について，(　) を用いて作文上必要と思われる下位区分を示した．

その下位区分は (1) 動詞を中心として主語には「人」がくるのか「物」がくるのか，また目的語は「物」か「人」かなどの，言葉の結びつき方についての情報と，(2) 目的語や補語は「名詞」か「to 不定詞」か「-ing 形」か，「形容詞」か，それとも「that節」「wh-節」かなどの文法的情報の 2 種類の情報を与えるのが目的である．次にそのいくつかの例をあげる．

> **たのむ** 頼む ¶ その女性は私にどうかお金を下さいと＊頼んだ <S(人)+V(*beg*)+O(人)+*for*+名> She *begged* me *for* some money.
>
> **うえる**[1] 植える ¶ 庭にばらを＊植えた I *planted* roses *in* my garden. / <S(人)+V(*plant*)+O(場所)+*with*+名(植物)> I *planted* my garden *with* roses.
>
> **おしえる** 教える ¶ 私たちの学校では日本史は青木先生が＊教えています <S(人)+V(*teach*)+O(人)+O(学科)> Mr. Aoki *teaches* us Japanese history at school. / <S(人)+V(*teach*)+O(学科)+*to*+名・代(人)> Mr. Aoki *teaches* Japanese history *to* us.

以上のように文型は日本文と英語の訳文との間に <　> を用いて置かれている．これは日本文を見て，英訳する前に意味と文法の両面から，英語の文構造の基本となる形を明確にしておくためである．

本辞典を通じて，文型の記述はあまり多くない．それは，和文英訳ということを目的とする場合，文型よりも，むしろ (⇒　) による発想指示のほうがより有効な場合が多いと判断したからである．従って，上に掲げた「うえる」「おしえる」のように，ほぼ同意の文が語順の違いによって複数訳出することが可能な場合などに限って文型が記述してある．なお，文型の記述法は『ライトハウス英和辞典』に準じているので，詳しくはその巻末の解説を参照されたい．

3.5　必要に応じて，問いかけの文章には答えの文章を，答えの文章には問いかけの文章を与え，対話形式の用例を多く採り入れた．

けっこう[1] 結構　**2** «拒絶» ¶「たばこはいかがですか」「*結構です．私はたばこは吸いませんので」"How about a cigarette?" "*No, thank you.* I don't smoke." ∥「コーヒーをもう 1 杯いかがですか」「もう*結構です．十分いただきました」"How about another cup of coffee?" "*No, thank you.* I've had enough."
3 «是認» ¶「これでよろしいでしょうか」「非常に*結構です」"Is this all right?" "Yes, that's *perfectly all right.*" (☞ 許可の表現(囲み)) ∥「ペンは持っておりません」「鉛筆で*結構です」"I don't have a pen." "A pencil *will do.*"

3.6　ほぼ同じ意味で異なった言い回しや，スピーチレベルの異なる英文をできるだけ多く示し，文の区切りを斜線（/）で示した．なお，二重の斜線（∥）は別の用例が続くことを示す．

3.7　★ [語法] [参考] などにより，用法上の注意や，文化的な参考事項を数多く示した．

4　相互参照

4.1　本辞典では（☞　）の記号を用いて相互参照をできる限り徹底するように努めた．相互参照は類義項目，関連項目はもとより，特に囲み・欄外項目への参照を徹底するように努めた．これを活用することにより，多角的・立体的な情報を得ることが可能となるので，ぜひ活用していただきたい．

5　複合語見出し，成句

5.1　見出し語に準じる複合語は，用例の後に，五十音順で列記した．

5.2　複合語の見出しはすべて第一要素びきとした．例えば**天然ガス**は「**てんねん** 天然」の項に入っている．しかし，**ガス**の項の用例にも入れてある．このように複合語を第二要素の項目で再度取り上げるときは一貫して用例として示したが，重複も辞さず，複合語をすべて第一要素びきとしたことによって，使用者は複合語をどの要素でひいてよいか迷う必要がなくなったと信ずる．（ただし，結合度の強い複合語は独立した主見出しとなっていることに注意）．

てんねん 天然　**—**[形] natural (↔ artificial) (☞ しぜん)．　**天然ガス** natural gas [U]　**天然記念物** natural monument [C]　**天然資源** natural resources ★ 複数形で．

ガス　**1** «燃料用ガス»: gas [U] (☞ きたい[2])．　¶ *ガスを出して[止めて]下さい Turn ⌈on [off] the *gas*, please. ∥ *ガスの火を弱く[強く]しなさい Turn the *gas* ⌈down [high]. ∥ ここには*ガスが来ていますか Do we have *gas* service here? ∥ 天然*ガス natural *gas*
ガス会社 gas company [C]　**ガス管** gas pipe [C]　**ガスストーブ** gas heater [C]　**ガスタンク** gas tank [C]　**ガス洩れ** gas leak [C]　**ガス湯沸かし器** gas water-heater [C]　**ガスレンジ** gas ⌈stove [cooker; range] [C] (☞ 台所・家事(囲み))．

あかしんごう 赤信号　red (traffic) light [C] (☞ しんごう)．

5.3　日本語の慣用句で，見出し語の訳語とは別種の訳語・訳文が当てはまるものは，日本語の成句として独立させ，用例の後，複合語見出しの前に，五十音順で配列した．

くび 首　**1** «身体の部分»: (首の部分) neck [C]; (頭) head [C]
首が回らない ¶ 彼は借金で*首が回らない (⇒ 耳[首]まで借金につかっている)

He *is in debt up to his* ⌈*ears* [*neck*]. ★ ears がより一般的.
首を長くして待つ ¶ あなたにお目にかかるのを*首を長くして (⇒ 楽しみにして) 待っています I'*m looking forward to* seeing you.
首をひねる ¶ 私は難問に*首をひねった (⇒ 懸命に考えた) I *thought hard* ⌈*over* [*at*] the difficult question. / I *puzzled my brain* ⌈*over* [*at*] the difficult question.
首飾り necklace Ⓒ《☞ ネックレス》 **首切り** (解雇) dismissal Ⓤ **首筋** the ⌈nape [scruff] of the neck《☞ うなじ》 **首根っ子** ¶ 彼は息子の*首根っ子をつかまえた He ⌈grabbed [seized] his son *around the neck*. **首輪** (犬の) collar Ⓒ

6　囲み項目，欄外項目

6.1「語句と文化情報のためのもの」「文章構成のためのもの」，あわせて 75 の囲み項目をもうけ，多くは項目の最後に対話例を付け，実際の会話表現に役立つようにした.

6.2　文法的な解説，英作文上の注意，英文を書くときに必要な技術的な知識などを，85 の欄外項目に分けて示した.

7　挿絵，写真

7.1　集約的に単語の知識が得られる総合挿絵，日英の文化的な違いを示す挿絵，米英の掲示の写真などを多く採り入れて理解の助けとした.

8　記号，略号

8.1　この辞書で使われている記号には次のようなものがある.

(　)	(1) 訳語の前で，意味の説明を包む.
	(2) 上記以外の箇所では，省略可能な文字・語句を包む.
[　]	(1) 入れ替えて用いることが可能な語句を包む.
	(2) 発音表記を包む.
⌈	[　] の箇所と入れ替え可能な語句の始まりを示す.
《　》	語形変化，略語を包む.
«　»	項目を大きく分類するときの種別を包む.
(⇒　)	発想指示を包む.
(↔　)	反意語を包む.
《☞　》	参照すべき項目の見出し語を包む.
¶	用例の最初を示す.
/	用例中で，異なった英語の言い回しを続けるときにセンテンスを区切る.
//	別の用例が続くときに，用例全体を区切る.
*	用例の日本文における見出し語該当箇所を示す.
～	見出し語と同じつづり，または発音を表す.
★	注意すべき説明.

8.2　この辞書で使われている略号には次のようなものがある.

名	名　詞	形	形容詞	《米》	米国用法
固	固有名詞	副	副　詞	《英》	英国用法
代	代名詞	接	接続詞	過去	過去形
動	動　詞	前	前置詞	過分	過去分詞形
自	自動詞	感	感嘆詞	現分	現在分詞形
他	他動詞	接頭	接頭辞	動名	動名詞
助	助動詞	接尾	接尾辞	複	複数形

発　音　記　号　表

母　音 (vowels)	
記　号	例
[iː]	east [íːst]
[i(ː)]	happy [hǽpi(ː)]
[i]	ink [íŋk]
	bucket [bʌ́kit]
[e]	end [énd]
[æ]	hand [hǽnd]
[æ | ɑː]	ask [ǽsk | ɑ́ːsk]
[ɑː]	calm [kɑ́ːm]
[ɑ | ɔ]	top [tɑ́p | tɔ́p]
[ɔː]	all [ɔ́ːl]
[ɔː | ɔ]	cloth [klɔ́ːθ | klɔ́θ]
[uː]	food [fúːd]
[u]	book [búk]
	educate [édʒukèit]
[ʌ]	come [kʌ́m]
[ɚː | əː]	bird [bɚ́ːd | bə́ːd]
[ə]	around [əráund]
	China [tʃáinə]
	chorus [kɔ́ːrəs]
	today [tədéi]
	element [éləmənt]
	animal [ǽnəməl]
[ɚ | ə]	teacher [tíːtʃɚ | -tʃə]
[o]	omit [omít]
[ei]	eight [éit]
[ai]	ice [áis]
[ɔi]	toy [tɔ́i]
[au]	out [áut]
[ou]	go [góu]
[juː]	cute [kjúːt]
[ju]	popular [pɑ́pjulɚ | pɔ́pjulə]
[iɚ | iə]	ear [íɚ | íə]
[ɛɚ | ɛə]	hair [hɛ́ɚ | hɛ́ə]
[ɑɚ | ɑː]	arm [ɑ́ɚm | ɑ́ːm]
[ɔɚ | ɔː]	store [stɔ́ɚ | stɔ́ː]
[uɚ | uə]	poor [púɚ | púə]
[juɚ | juə]	pure [pjúɚ | pjúə]
[aiɚ | aiə]	fire [fáiɚ | fáiə]
[auɚ | auə]	tower [táuɚ | táuə]

子　音 (consonants)	
記　号	例
[p]	pen [pén]
[b]	big [bíg]
[t]	tea [tíː]
[d]	day [déi]
[k]	key [kíː]
[g]	get [gét]
[f]	face [féis]
[v]	very [véri(ː)]
[θ]	three [θríː]
[ð]	this [ðís]
[s]	sun [sʌ́n]
[z]	zoo [zúː]
[ʃ]	ship [ʃíp]
[ʒ]	vision [víʒən]
[ts]	cats [kǽts]
[dz]	reads [ríːdz]
[tr]	tree [tríː]
[dr]	dry [drái]
[tʃ]	cheap [tʃíːp]
[dʒ]	joy [dʒɔ́i]
[h]	hat [hǽt]
[m]	man [mǽn]
[n]	night [náit]
[ŋ]	ink [íŋk]
[l]	leaf [líːf]
[r]	red [réd]
[j]	yes [jés]
[w]	week [wíːk]

アクセント記号

[´]　第一アクセント

[`]　第二アクセント

examination [igzæ̀mənéiʃən]

囲み項目 索引

*印の項目内の対話例は，テキスト付き別売カセットテープ『ライトハウス英会話』に，さらに内容を拡充して吹き込まれています．

欄外項目　索引

あ

ああ Oh!, Ah! [語法] 前者のほうが一般的で用途も広く，日本語の「ああ」以外に「やあ」「あら」「まあ」((例) *Oh*, hi, George!),「ほう(それでどうしたんですか)」((例) *Oh?*《上り調子》) などにも当たる；(ははあ，なるほど) Aha [ɑːhɑ́ː]!；(ところで・やっと) now ★ 話題や気分を変えたり，注意を促したりするときなどに用いる；(やれやれ) well ★ 安心・あきらめ・譲歩などの気持ちを表す.《☞ 感嘆詞 (欄外)》.
¶ *ああ，きれいだ *Oh*, how beautiful!《☞ 感嘆の表現 (囲み)》// *ああ，わかった *Aha*! Now I understand. // *ああ，(あの子は)かわいそうに Poor ˹boy [girl]! // *ああ，もし金があればなあ *Ah*! If I had money.《☞ 仮定の表現(囲み)》// *ああ，思い出した *Now* I remember (it). // *ああ，やっと着いた *Well*, here we are at last.

ああいう (あんな) such；(あのような) like that.《☞ あんな；そういう》.

アーケード arcade Ⓒ；(歩行者専用の商店街) mall Ⓒ.

アース ━[名] (アース線)《米》ground Ⓒ,《英》earth Ⓒ. ━[動]《米》ground ㊀,《英》earth ㊀. ¶ 洗濯機の*アースを付ける *ground* [*earth*] the washer

アーチ ━[名] arch Ⓒ. ━[形] (アーチ形の) arched. ¶ *アーチ型の入口 an *arched* doorway

アーモンド almond Ⓒ.

アール (面積の単位) are [ɛ́ə] Ⓒ《略 a》《☞ 度量衡 (囲み)》.

あーん あーん ¶ 子供が*あーんあーんと泣き続けた The child kept crying *loudly*.《☞ 擬声・擬態語 (囲み)》

あい[1] 愛 (親子・異性間などの強い愛情) love Ⓤ ★ 最も一般的で，以下の語の代わりに使える場合も多い；(温和で永続的な愛情) affection Ⓤ ★ しばしば複数形で；(愛着) attachment Ⓒ.《☞ あいする；あいじょう (類義語)》.
¶ 親の子に対する*愛 a parent's *love* for ˹his [her] children // あなたに対する彼の*愛は本物ですよ (⇒ 彼は本当にあなたを愛している) He really *loves* you. // 彼女の*愛 (⇒ 心[愛情]) を勝ち得るのはだれだろう Who will win her ˹*heart* [*affections*]? // 彼は祖国*愛に燃えていた He was burning with ˹*love* of his country [*patriotism*].

あい[2] 藍 (染料) indigo Ⓤ. **あい色** indigo Ⓤ, indigo blue Ⓤ.《☞ 色 (囲み)》.

あいいれない 相容れない ¶ 彼の考えは私の考えと*相いれない (⇒ 衝突する) His views ˹*clash with* [*run counter to*] mine. // 彼の思想は時勢と*相いれなかった (⇒ 調和していなかった) His ideas were *out of harmony with* the time.《☞ あいはんする》

あいかぎ 合鍵 duplicate key Ⓒ；(ホテル・アパートなどの親鍵) master key Ⓒ.《☞ かぎ[1]》.

あいかわらず 相変わらず (いつもと変わらず) as ... as ever；(いつものように) as usual；(以前のように) as before；(いつも) always.
¶ 彼女は*相変わらず美しい She is *as* beautiful *as ever*. // 私は*相変わらず (⇒ いつものように) 忙しい I'm *as* busy *as usual*. // 彼は*相変わらず (⇒ 以前と同じく) 貧乏だ He remains *as* poor *as before*. // 「どうだい，景気は」「*相変わらずさ (⇒ まあまあさ)」"How's your business doing?" "Only *so-so*."

あいがん 哀願 ━[動] implore ㊀, entreat ㊀ [語法] いずれもやや改まった語で，ask ... earnestly よりは日本語の「哀願」というニュアンスに近い.《☞ たんがん (類義語)；たのむ》.
¶ 彼女は彼に一緒にいてくれるように*哀願した She ˹*implored* [*entreated*] him to stay with her.

あいぎ 合着，間着 spring [fall] clothing Ⓤ.

あいきょう 愛敬，愛嬌 ━[形] (魅力のある) charming, attractive；(愛想のよい) amiable. ━[名] charm Ⓤ；amiability Ⓤ.《☞ かわいい》. ¶ 彼女はなかなか*愛敬がある She's very ˹*charming* [*attractive*]. // 彼女は来た人みんなに*愛敬をふりまいた She turned on her *charm* around everyone who was there.

あいけん 愛犬 *one's* (pet) dog Ⓒ. **愛犬家** dog lover Ⓒ.

あいこ ━[形] (同等の) even；(貸し借りのない) square. ¶ さあ，これで*あいこだ Now we are *even*.

あいこう 愛好 ━[動] (愛する) love ㊀；(好む) like ㊀；(好きだ) be fond of ... ★ like よりも意味が強い.《☞ すき[1] (類義語)》. **愛好家** (一般に) lover Ⓒ；(趣味にやる) amateur [ǽmətə̀ː] Ⓒ.《☞ ファン》. ¶ 彼は熱烈な音楽*愛好家だ He is an ardent *lover* of music.

あいこうしん 愛校心 love ˹for [of] *one's* school Ⓤ.

あいこく 愛国 ━[形] (愛国心の強い) patriotic. ¶ 彼は*愛国の念にかられた He was filled with ˹*patriotic* sentiment [*love of his country*]. **愛国者** patriot Ⓒ **愛国心** patriotism Ⓤ.

あいことば 合言葉 (敵味方を見分ける) password Ⓒ；(スローガン) watchword Ⓒ.

あいさい 愛妻 *one's* (beloved) wife Ⓒ.

あいさつ 挨拶 **1**《口頭・会釈など》 ━[名] greeting Ⓒ, salutation Ⓒ ★ 後者は文語的. ━[動] greet ㊀, salute ㊀.《☞ おじぎ；れい[2]；えしゃく》. ¶ 我々は入口で*あいさつを交わした We exchanged *greetings* at the entrance. // 「こんばんは」と彼女は加藤先生に*あいさつした "Good evening," she ˹*greeted* [*said to*] Mr. Kato.
2《返事》: answer Ⓒ, reply Ⓒ ★ 後者はやや改まった語.《☞ へんじ (類義語)》. ¶ いま

あ

あいさつ

1 会ったときのあいさつ

(1) 一般的に

おはよう《午前中のあいさつ》Good morning.
こんにちは《くだけた感じで》Hello. /《さらにくだけて》Hi. /《午後になって》Good afternoon. ★ やや改まったあいさつ.
こんばんは Good evening.

日本語では下図のように,《朝》「おはよう」,《昼·午後·夕方》「こんにちは」,《晩》「こんばんは」とあいさつを区分する. ところが英語では1日を morning (＝午前中), afternoon (＝午後), 夕食時を境にして evening (＝晩) と分け, それに従って Good morning., Good afternoon., Good evening. とあいさつする.

日本語:

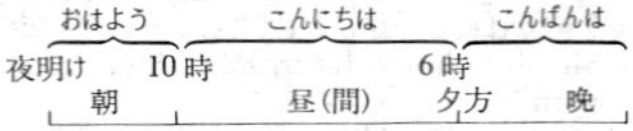

英　語:

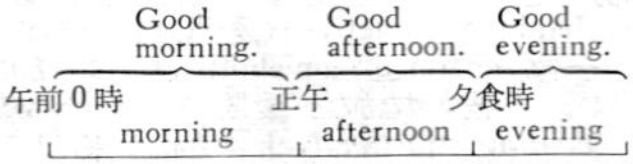

従って, Good morning. は「おはよう」だけでなく, ときには日本語の「こんにちは」にも当たるし, Good afternoon. は日本語の「こんにちは」の全部には当たらないことに注意.

なお, Good afternoon., Good evening. はかなり改まったあいさつなので, 最近はあまり使われなくなる傾向にある. 親しい間柄, または親しみを表す必要のあるときは Hello., Hi. を用いることが多い. この2つは朝·昼·晩の時間に関係なく, 1日中いつでも使える.

(2) 知人に

「やあ, こんにちは. いかがですか」「元気ですよ. あなたは」"Hello. How are you?" "Fine (, thank you). How are you?" 語法 最初に How are you? と言う人は are に強い強勢を置いて言っても, you を強めてもよいが, 答える人は you を強く高い調子で発音する. なお, Fine. の代わりに少しくだけた調子なら (I'm) ˹OK [all right]. でもよい.
ご家族はいかがですか How's your family?
あなたはいかがですか How's everything with you?
近ごろいかがですか How have you been lately?
ずいぶん久しぶりですね It's been a long time (˹since I last saw you. [, hasn't it?]) / I haven't seen you for a long time.
参考 初対面の人に対するあいさつ, および天候のあいさつについては ☞ 紹介 (囲み); 天候の表現 (囲み).

2 別れるときのあいさつ

(1) 別れの言葉

さようなら Good-by(e). / So lóng. ★ くだけた言い方で, 目上の人には普通用いない. / Good night. ★ 夜分に別れるときに用いる. /《英》Cheerio ★ くだけた調子の言葉.
またお目にかかりましょう (I'll) see you ˹again [later]. ★ 単に (I'll) see you. ともいう. この言葉は Good-by(e). の代わりになることも多い.
元気でね (⇒ 気をつけて) Take care. ★ くだけた言い方.
おいとましなくてはなりません I'm afraid I'd better ˹say good-bye [be going now].

(2) 伝言を頼むとき

お父さん[お母さん]によろしく Please say hello to your ˹father [mother] for me. ★ くだけた言い方で日常よく用いられる. / Please give my best ˹regards [wishes] to your ˹father [mother]. / Please remember me to your ˹father [mother]. ★ 後の2つはやや改まった言い方.

対話例

A: 岡野さん, おはようございます
B: ポール君, おはよう. 元気ですか
A: 元気です. あなたはいかがですか
B: 快調ですよ. でも忙しくてね

A: Good morning, Mr. Okano.
B: Good morning, Paul. How are you?
A: Just fine, thank you. How's everything with you?
B: OK, but busy.

A: 岡野さん, もう帰ってもよろしいですか
B: ええ, 君の仕事はきょうはこれまでだ
A: ありがとうございます. では, またあしたお目にかかります
B: 結構. じゃ, さよなら
A: さようなら

A: May I go home now, Mr. Okano?
B: Yes, you're finished for the day.
A: Thank you. I'll see you tomorrow, then.
B: Good. Well, so long.
A: Good-bye.

A: ポーラ! しばらくだね

A: Paula! I haven't seen you for a long time.

B：あら，こんにちは，ポール！	B：Oh hi, Paul!
A：いままでどこにいたんだい	A：Where have you been?
B：アメリカから帰ったばかりなの	B：I just got back from the States.
A：ポーラ，またね．お父さんによろしく	A：See you later, Paula. Say hello to your father for me.
B：伝えておくわ．元気でね	B：I will. Take care.

★ この対話例およびさらに詳しい対話例は別売テープに吹き込まれています．

もって彼からは何の*あいさつ(⇒返事)もない I have had no ˹*answer* [*reply*] from him yet. **3** «会合などでの»：(演説) speech Ⓒ, address Ⓒ ★後者は改まった語．《☞えんぜつ》．¶皆さんにちょっと歓迎のご*あいさつを申し上げます Ladies and gentlemen, please allow me to say a few words *of welcome*.

あいさつ状 (季節・新年などの) greeting card Ⓒ；(通知状) notice Ⓒ．《☞てがみ》．

あいじ 愛児 *one's* (beloved) child Ⓒ.

アイシャドー eye shadow Ⓤ.

あいしゅう 哀愁 pathos [péiθɑs] Ⓤ.

あいしょう[1] 相性，合性 ¶私は彼と*相性がよい(⇒いつもうまくいっている) I always *get along with* him. / 《英》I'*m* always *getting on well with* him. // あの夫婦は*相性が悪い They are *not* a *well-matched* couple.

あいしょう[2] 愛唱 ¶私は*愛唱する(⇒私の好きな)歌の1つを歌った I sang one of my *favorite* songs. // 彼の*愛唱歌はロシア民謡だ(⇒彼は好んでロシア民謡を歌う) He *loves to sing* Russian folk songs.

あいしょう[3] 愛称 pet name Ⓒ；(あだ名) nickname Ⓒ．《☞あだな；つうしょう[2]》．

あいじょう 愛情 ━名 love Ⓤ；affection Ⓤ ★しばしば複数形で；(愛着) attachment Ⓒ. ━形 loving；affectionate.

【類義語】最も一般的な語で強い愛情，例えば母親の子供に対する愛，恋人同士の愛情などは **love**．この語は以下の語の代わりに使えることも多い．穏やかな永続的な愛情は ***affection*(s)** で，普通は人や動物に対する愛を指す．愛着は ***attachment*** で，人にも物にも用いる．《☞あい[1]；あいする》

¶彼女は彼に少しも*愛情を持ってはいなかった(⇒彼をまったく愛していなかった) She didn't *love* him at all. // 彼女の*愛情あふれる手紙に感動した Her very *affectionate* letter moved me. // *愛情こまやかな老夫婦はいいものだ It is pleasant to watch a *loving* old couple. // *愛情のない結婚 a *loveless* marriage

あいじん 愛人 (特に男性から見た女性の) love Ⓒ；(特に女性から見た男性の) lover Ⓒ；(男女とも) sweetheart Ⓒ ★やや古風で使われなくなってきている；(情婦・めかけ) mistress Ⓒ, kept woman Ⓒ ★悪い意味．《☞こいびと》．

アイス ice Ⓤ 参考 アメリカ英語ではシャーベットのような氷菓子を指し，イギリス英語ではアイスクリームを指す．《☞こおり》．

あいず 合図 ━名 (動作・言葉による) sign Ⓒ；(習慣的に決まった意味を持っている信号など) signal Ⓒ；(身ぶり) motion Ⓒ. ━動 sign ㊀；signal ㊀；motion ㊀．《☞しんごう；サイン》．

¶彼は私に逃げろという*合図をした He *made a* ˹*sign* [*motion*] to me to run away. / He ˹*signed* [*motioned*] me to run away. // 警官は懐中電灯で車に止まれと*合図をした With a flashlight, the policeman ˹*signaled* [*ordered*] the car to stop.

アイスキャンデー Popsicle Ⓒ ★商標名．《☞和製英語(囲み)》．

アイスクリーム ice cream Ⓤ ★一つ一つを指す時は Ⓒ；《英》ice Ⓒ．《☞味(囲み)》．

アイスコーヒー iced coffee Ⓤ《☞コーヒー；和製英語(囲み)》．

アイススケート ━名 ice skating Ⓤ. ━動 ice-skate ㊁．《☞スケート》．¶*アイススケート靴 (ice) skates ★複数形で．

アイスホッケー ice hockey Ⓤ.

アイスランド ━名固 Iceland. ━形 Icelandic. **アイスランド語** Icelandic Ⓤ **アイスランド人** Icelander Ⓒ.

あいする 愛する ━動 (愛している) love ㊀ ★最も一般的．また「状態」を表す動詞なので進行形にはならない；(…に対して愛情を抱く) have affection ˹for [toward] …；(…と恋愛中である) be in love (with …). ━形 dear, beloved [bilʌ́vid] ★後者は古めかしく文語的．《☞あいじょう(類義語)；すき[1](類義語)》．

¶祐三は久美子をとても*愛している Yuzo *loves* Kumiko very much. / Yuzo *is* deeply *in love with* Kumiko. // 彼は*愛する子供たちを残して死んだ He died leaving behind him his ˹*dear* [*beloved*] children.

あいそ 愛想 ━形 (人好きのする) amiable；(人づきあいのよい) sociable；(感じのよい) agreeable. ━副 amiably. ━名 sociability Ⓤ；amiability Ⓤ.

¶彼は*愛想がいい He is ˹*amiable* [*sociable*]./ (⇒いつもにこにこしている) He *is always smiling*. // 彼女は私に*愛想よくあいさつした She greeted me *amiably*. // 彼はだれにでも*愛想よく振舞った He made himself *agreeable* to everybody. // 彼は*愛想のない(⇒そっけない)返事をした He gave me a ˹*curt* [*blunt*] answer. 《☞ぶあいそう》// 彼には*愛想がつきた(⇒うんざりした) I *am disgusted with* him. // 我ながら*愛想がつきた(⇒自分自身が恥ずかしい[いやになる]) I'*m* ˹*ashamed* [*sick*] *of* myself. / I *hate myself*. // いまに彼女に*愛想をつかされるよ(⇒彼女の愛情を失うよ) You'll soon *lose her affection*.

愛想笑い put-on [fake；diplomatic] smile Ⓒ.

あ

あいだ 間 **1** «…の間に» ━前 in …, within … ; for … ; during … ; between … ━接 while …
【類義語】「…のうちに」と一定期間の限度を表すのは *in*. 特に限度を強調したいときは *within*. 不特定期間の長さを示すのに用いられるのは *for*. 特定の期間中の継続, あるいはその期間中のいつかの時点を示すときは *during*. 2つの時点の間を表すのは *between*. 特定の期間中という意味を示す従位接続詞が *while*. 《☞ ま[1]; あいま; 時・期間の表し方 (囲み); 接続詞 (欄外)》
¶彼女はほんのちょっとの*間に食事の用意をした She prepared the meal *in* a very short time. // 私は長い*間待たされるのは嫌いだ I don't like to be kept waiting *for* a long time. // 夜の*間に雨が降った It rained *during* the night. //「休みの*間にどこかへ行きましたか」「はい, 箱根へ行きました」"Did you go anywhere *during* the vacation?" "Yes, I went to Hakone." // お留守の*間に田中さんがみえました Mr. Tanaka called ⌈*during* your absence [*while* you were gone]. // この薬を食事と食事の*間に飲みなさい Take this medicine *between* meals.
2 «間隔» ━前 between … 《☞ かんかく[1]》. ¶行と行の*間をもっとあけなさい Give more space *between* the lines. // ひかり号は東京と新大阪の*間を3時間10分で走る The Hikari runs *between* Tokyo and Shin-Osaka in three hours and ten minutes.
3 «間柄・関係» ━前 (2人の場合) between … ; (3人以上の場合) among …
¶その金は我々の*間で分けてしまった We divided the money ⌈*between* [*among*] ourselves. // その条約は日本, 西ドイツ, イギリス, アメリカの*間で調印された The treaty was signed *between* Japan, West Germany, Great Britain and the United States. [語法] 3つ以上のものでも個々の関係を表す時は between を用いる. // 二人の*間はうまくいっていますか *Are* the two *getting along well?*

あいだがら 間柄 (関係) relation Ⓤ; (仲) terms ★複数形で. 《☞ かんけい (類義語); なか[2]》.
¶「彼女とはどういう*間柄ですか」「彼女は私の婚約者です」"What *relation* is she to you?" "She is my fiancée." // 彼とは親しい*間柄だ I'm *on* friendly *terms with* him. / We are good friends. [語法] terms は「仲のよさ[悪さ]」を示す形容詞と共に用いられ, 親族関係などには用いない. // それからというもの私たちは行き来する*間柄になっている Since then, we've been on good enough *terms* to drop in on each other.

あいちゃく 愛着 (心を引かれること) attachment Ⓒ; (主として人に対する愛情) affection Ⓤ ★しばしば複数形で. 《☞ あいじょう (類義語)》. ¶彼女はその古い家に強い*愛着を持っていた She ⌈had a great *attachment* [*was* greatly *attached*] to that old house.

あいちょう 哀調 (悲しげなメロディー) sad melody Ⓒ; (感傷的なメロディー) sentimental melody Ⓒ. 《☞ かなしい》. ¶この歌は*哀調をおびている This song sounds ⌈*sad* [*sentimental*].

あいつ (あの男) that fellow Ⓒ, 《米口語》that guy Ⓒ. 《☞ やつ》.

あいついで 相次いで (連続して) one after another, in succession ★前者のほうが口語的な表現. 《☞ つづけざま; つぎつぎ》.

あいづち 相槌 (応答) response Ⓒ. ¶彼はすぐに*相づちを打った He *made a* quick *response.*

あいて 相手 (話し相手・仲間) companion Ⓒ; (2人で組になる遊戯・競技の; 結婚の) partner Ⓒ; (子供の遊び友達) playmate Ⓒ; (競争相手) match Ⓒ; (敵対者) opponent Ⓒ; (好敵手) rival Ⓒ.
¶彼女は君のよい話し*相手になるだろう She will be a good *companion* to you. // 私には相談*相手がいない I have *no one to consult with.* / (⇒ 助言を求めに行く人がいない) I have *no one to* ⌈*go* [*turn*] *to for advice.* // あの子には遊び*相手がいない He has no ⌈*playmates* [*friends*]. // ラストダンスの*相手は彼女だった She was my *partner* in the last dance. // あんなやつを*相手にするな (⇒ 彼を放っておけ) Leave him alone. // 彼なら*相手にとって不足はない (⇒ 彼は私にとって好敵手だ) He is a good *match* for me. // いまにだれも*相手にしてくれなくなるよ Soon nobody will *have anything to do with* you. / (⇒友人がいなくなるよ) Soon you will find yourself *friendless.*

アイディア idea [aidíːə] Ⓒ 《☞ おもいつき; かんがえ》. ¶それはいい*アイディアだ That's a good *idea.* // そのとき突然いい*アイディアが浮かんだ Then all of a sudden a good *idea* ⌈came [occurred] to me.

あいてどる 相手取る (人を告訴する) sue … for … 《☞ こくそ; そしょう》. ¶彼女は彼を*相手取って損害賠償の訴訟を起こした She *sued* him *for* damages.

あいとう 哀悼 (悔やみ) condolence Ⓤ ★しばしば複数形で. 《☞ くやみ》. ¶御尊父の死に謹んで*哀悼の意を表します Please accept our *condolences on* the death of your father.

あいどく 愛読 ¶私は彼の小説を*愛読している (⇒ 彼の小説が好きだ) I ⌈*like* [*am fond of*] his novels. // あなたの*愛読書 (⇒ 好きな本) は何ですか What is *your favorite book*? // 彼には青年層の*愛読者が多い (⇒ 若者たちに広く読まれている) He *is widely read* by young people. / (⇒ 若者たちに人気がある) The author is very *popular* among young people.

アイドル idol Ⓒ. ¶その歌手はティーンエージャーの*アイドルだ That singer is a teenage *idol.*

あいにく (不運にも) unfortunately, unluckily ★後者は特に個人的な状況を示すときに用いられる. ¶*あいにく店は閉まっていた *Unfortunately,* the store was closed. // *あ

相 づ ち

(1) 肯定・賛成を表して

¶はい Yes. 《☞「はい」と「いいえ」(欄外)》 // まったく Yes, certainly. / Sure. / Surely. ★ Sure. のほうがくだけた言い方. // もちろん Of course. 語法 相手方の否定の内容に対して同調を示すときは「もちろん違います」「もちろんそんなことはありません」の意で Of course not. // そのとおり Right. / That's 「true [right]. / Exactly. // うん, それだよ (Yes,) that's it. // わかりました I see. // 私もそう思います[同感です] I think so, too. // 同感です I agree (with you). // 承知しました All right. / OK. // ぜひそうして下さい By all means. // 喜んで(いたします) With pleasure. // もちろん, いいよ Why not? ★ そうしていけない理由はないという修辞疑問で, 喜んで賛成することを表すくだけた表現. 《☞ 修辞疑問 (欄外)》 // けっこうです Fine. / Good.

(2) 否定・反対を表して

¶いいえ No. 《☞「はい」と「いいえ」(欄外)》 // そんなことありません Certainly not. / I'm afraid not. 語法 相手方の内容に反対するときには語調を和らげる意味で I'm afraid の句を否定文の前後に付ける. // 絶対にだめです By no means. // まったく違います Not at all. // あなたの思い違いですよ You are 「mistaken [wrong]. // 同意できませんね I 「don't agree [disagree] (with you). // そうは思いません I don't think so. // かまいません It doesn't matter.

(3) 軽い応答として

(i) 問いかけの形で.

¶そうですか Is that so? // 本当ですか Really? / Is that true?

(ii) 相手の言葉に応じて.

相手の言った文の最初を疑問形にするか, またはそのまま繰り返して軽い相づちを打つことが多い.

¶「僕は君のお姉さんをよく知ってるよ」「そう」 "I know your sister very well." "*Do you?* / *You do?*" // 「山田君は外国へ行くよ」「そう」 "Yamada is going abroad." "*Is he?* / *He is?*" // 「きのう横浜へ行きましたよ」「おや, そうでしたか」 "I went to Yokohama yesterday." "Oh, *did you?* / *You did?*"

(4) 不確実・疑念を表して

¶多分[恐らく]ね Maybe. 《米》 / Perhaps. // そうでしょう I 「think [suppose] so. // ありそうなことですね It's quite probable. / That's very likely. // 場合によりますね That [It] depends. // さあどうですか I'm not quite sure. // どうですかね That's very doubtful. // そんなはずありません It cannot be true.

(5) 驚きを表して

¶まあ Oh! / Dear me! ★ 後者は特に女性が使う. // なんだって What! // これはこれは Well, well! // まあ気の毒な What a pity! // それは奇妙だ (That's) very strange! / That's very odd! // それはおかしい That's funny! // すばらしい Wonderful! / Great! // まさか You don't say! // 冗談でしょう You're joking! / You must be joking! / You're kidding (me)! / No kidding! ★ 最後の2つは口語的. // いけませんね That's too bad.

対話例

A：ジョージ, かわいい女の子に会ってみたいかい	A：George, do you want to meet a pretty girl?
B：みたいとも	B：Sure.
A：本当に?	A：Really?
B：そりゃ, もちろん. いいね	B：Well, of course. Why not?
A：じゃ, 本当に会いたいというわけだね	A：So you really want to meet her, do you?
B：うん. だれなの?	B：Yes! Who is she?
A：ポーラだよ	A：Paula.
B：ほう. 君のお姉さんか妹?	B：Oh? Is she your sister?
A：まったく違うよ	A：Not at all.
B：いやね, 「ポール」と「ポーラ」だろう. 双子にぴったりの名前だと思ってさ	B：Well, "Paul" and "Paula." Really good names for twins!
A：また, 冗談を言って. とにかく, 彼女に会いたいんだね?	A：You're joking again. Anyhow, you want to meet her, don't you?
B：もちろん. 紹介してくれよ	B：By all means. Will you introduce me?
A：喜んで	A：With pleasure.

★ この対話例およびさらに詳しい対話例は別売テープに吹き込まれています.

あ

いにく(⇒ 残念ながら) 兄はいま留守です *I'm sorry.* My brother is out.

アイヌ —名 固 Ainu Ⓒ; (集合的に) the Ainu(s). —形 (アイヌの) Ainu. **アイヌ語** Ainu Ⓤ.

あいのり 相乗り —動 (一緒に乗る) ride together; (1台の車を共同で使う) share (a car) 他. —名 riding together Ⓤ. (☞ どうじょう²). ¶「(タクシーに) *相乗りさせてもらえますか」「どうぞ」"May I *share* the cab?" "Certainly."

あいはんする 相反する —動 (一致しない) conflict 自; (食い違う) clash 自. —形 conflicting; (正反対の) opposite. (☞ あいいれない; むじゅん; たいりつ). ¶我々の利害は*相反するようだ Our interests seem to ⌈*conflict* [*clash*] *with* each other.

あいびき 逢引 secret meeting (of lovers) Ⓒ (☞ デート; しのぶ).

あいぶ 愛撫 —名 caress Ⓒ. —動 (恋人同士などが) caress 他; (ペットとして) fondle 他. (☞ かわいがる).

あいべや 相部屋 ¶私は彼と*相部屋でも(⇒ 部屋を共用しても) かまわない I don't mind *sharing the room* with him.

あいぼう 相棒 (同じことをする仲間) mate Ⓒ; (組む相手) partner Ⓒ; (仲のよい友達) 《口語》pal Ⓒ. (☞ あいて; なかま).

あいま 合間 (間隔) interval Ⓒ; (仕事・勉強などの間の休憩時間) recess Ⓒ; (休止) pause Ⓒ. (☞ あいだ). ¶仕事の*合間に友人への手紙を書いた I wrote a letter to a friend of mine during a *recess.*

あいまい 曖昧 —形 (2つ以上の意味にとれる) ambiguous [語法] この語は「あいまいな」と訳されることが多いが, 日本語の「あいまい」のように「漠然とした」などの意味はないことに注意; (はっきりしない) not clear, obscure ★前者のほうが口語的; (漠然とした) vague; (態度を明らかにしない) noncommittal ★やや形式ばった語; (不確かな) uncertain. —名 ambiguity Ⓤ; vagueness Ⓤ; uncertainty Ⓤ; obscurity Ⓤ. (☞ ばくぜん; ふめいりょう; どっちつかず; あやふや).

¶この文は意味が*あいまいだ (⇒ 2つ以上の意味にとれる) The meaning of this sentence is ⌈*ambiguous* [(⇒ 明らかでない) *not clear*]. // 彼は*あいまいな返事をした He gave a ⌈*vague* [*noncommittal*] answer. // 彼は*あいまいな態度をとった He took an *uncertain* stance.

あいまって 相俟って ¶智徳両々*相俟ってはじめて完全な人格ができる (⇒ 完全な人格を作るためには智徳が組み合わせられなければならない) Wisdom and virtue *must be combined* to make a perfect character.

あいよう 愛用 —形 (気に入りの) favorite. ¶これは父の*愛用のパイプです This is my father's *favorite* pipe. // これが祖父の*愛用した (⇒ いつも持って歩いた) ステッキだ This is the walking stick my grandfather *used to carry.*

あいよく 愛欲 (肉欲) lust Ⓤ; (欲望) desire Ⓤ. (☞ よくぼう).

あいらしい 愛らしい (かわいい) pretty, 《米口語》cute. (☞ かわいい).

アイルランド —名 固 Ireland [参考] 正式な国名は「アイルランド共和国」the Republic of Ireland. また英領の「北アイルランド」は Northern Ireland, 通称 Ulster とも呼ばれる. (☞ えいこく (挿絵)). —形 Irish. **アイルランド語** Irish Ⓤ **アイルランド人** Irishman Ⓒ, (女性) Irishwoman Ⓒ.

アイロン —名 iron Ⓒ. —動 (アイロンをかける) iron 他, press 他. (☞ 台所・家事 (囲み)). **アイロン台** ironing board Ⓒ.

あう¹ 会う, 遇う **1** «会う»: see 他 (過去 saw; 過分 seen); meet 他 (過去・過分 met); run into ...; meet with ...

【類義語】人と顔を合わせ, 話をするということに重点を置く語が **see**. 元来, 1か所に集まるという意味で, 日時を決めて人に会うことを表す語が ***meet***. なお, この語は他人に紹介されたり, 自己紹介などで, 初対面のあいさつを交わして知り合いになるという社交用語としても使われる. 例えば *Have* you *met* her? という質問は, 単に顔を見たことがあるかどうかを聞いているのではなく, 紹介を通して正式な知り合いになっているかどうかを尋ねる場合に使われる. 人に思いがけなく会うのは ***run into*** で, 口語的な表現. 約束して公式な会見をするのは ***meet with*** で, やや改まった表現. (☞ であう)

¶あした彼に*会いに行く I'll go and *see* him tomorrow.

最近彼とあまり*会わない I *haven't seen* much of him recently.

その人には一度も*会ったことはない I'*ve* never *met* him.

山田さんとはあす午後6時にさくらホテルで*会うことになっています I'm going to *meet* Mr. Yamada at the Sakura Hotel tomorrow at 6 p.m.

きょうはだれにも*会わないことにする I won't *see* anyone today.

首相はあす中国首相と*会う予定である The Prime Minister is scheduled to *meet with* the Chinese Prime Minister tomorrow.

2人の目が*会った Their eyes *met.* ★この met は 自.

駅前でばったり旧友に*会った I *ran into* an old friend of mine in front of the station.

2 «遇う»: (事故・不幸などに出くわす・遭遇する) meet with ...; (経験する) experience 他; (出くわす) encounter 他 [語法] 改まった語で,「人・事物」ともに目的語となる. (☞ そうぐう; けいけん¹).

¶彼女はまだ不運な目に*あったことがない (⇒ 経験したことがない) She *has* never ⌈*experienced* [*met with*] a misfortune.

その遠征ではずいぶんつらい目に*あった We ⌈*went through* [*encountered*] a lot of difficulties on the expedition.

私の提案は思わぬ反対に*あった My proposal *met with* unexpected opposition.

駅へ行く途中でにわか雨に*あった (⇒ つかまった) I *was caught in* a shower on my way to the station.

車に乗っていて事故に*あった (⇒ 巻き込まれた) I *was involved in* a traffic accident.

あう² 合う **1** «寸法·型などが»: (合致する) fit ⓗ; (適する) suit ⓗ. (☞ ぴったり).
¶このワイシャツは首まわりが*合わない This shirt doesn't *fit* me round the neck. // この上着は私にぴったり*合う This jacket *suits* me perfectly.
2 «適合する·調和する»: (適合する) suit ⓗ; (釣り合う) match ⓗ; (性に合う) agree (with …) ⓘ; (調和する) go well with … (☞ てきする; にあう; しょう³; マッチ²).
¶このデザインは私の趣味に*合わない This design doesn't *suit* my taste. // そのネクタイは上着と*合わない The tie doesn't ˹*match* [*go well with*] the coat. // このウイスキーがお口に*合うといいんですが I hope you *like* this whisky. // 牡蠣(かき)は私の体に*合わない Oysters ˹don't *agree* [*disagree*] *with* me.
3 «一致する»: (同意する) agree (with …) ⓘ ★ with の後は「人」がくる; (合致する) square (with …) ⓘ; (対応する) correspond (to … ; with …) ⓘ. (☞ いっち (類義語)).
¶彼と意見が*合った I *agreed with* him. // あなたの話は事実と*合わない (⇒ 合致しない) Your story doesn't *square with* the facts. // この品物は見本と*合わない (⇒ 一致しない) These goods don't *correspond* ˹*with* [*to*] the samples. // それは私の目的と*合わない That doesn't ˹*suit* my purpose [*answer* my needs].
4 «正しい» ―形 (正確な) right, correct 語法 前者は判断の正しさにも使うが, 後者は主として数値などについて言う. (☞ ただしい).
¶私の時計は*合っている My watch is ˹*right* [*correct*]. // あなたの答は*合っている Your answer is ˹*right* [*correct*].

アウト 〘野球〙 ―形副 out (↔ safe). ―名 out Ⓒ. (☞ 野球の英語 (囲み)).
¶彼は*アウトだった He was *out*. // 次のバッターはフライ[ゴロ]を打って*アウトになった The next batter ˹flied [grounded] *out*.

あえぐ 喘ぐ (驚き·怒りなどで) gasp ⓘ; (激しい運動の後などで) pant ⓘ; (苦しそうに息をする) breathe hard ⓘ. (☞ いきぎれ; はあはあ).
¶「もう歩けない」と彼は*あえぎながら言った "I can't walk any farther," he *panted*. // 彼は*あえぎながら階段をかけ上った He ran up the stairs *breathing* very *hard*. **あえぎあえぎ** ―副 gaspingly.

あえて 敢えて ¶その会は*あえて出席するには及びません(⇒わざわざ出席する必要はない) You need not *bother* to attend the meeting. / (⇒ 出席の労をとる必要はない) You don't have to *take the trouble* to attend the meeting. // あなたが*あえて一人で行きたいとおっしゃるのならどうぞ (⇒ もし言い張るのなら) If you *insist on* going alone, please do so. (☞ わざわざ; ことさら)

あえん 亜鉛 〘化学〙 zinc Ⓤ (☞ 元素記号 Zn).

あお 青 ―名 blue Ⓤ; (緑) green Ⓤ; (草木の緑) verdure Ⓤ ★ 形式ばった語. ―形 (青い) blue; (緑の) green 参考 日本語の「あお」は「青葉」,「青々とした芝生」などのように「緑」の意味を持つことがあることに注意; (顔色が) pale. ★ 英語の pale は色が薄く白っぽいこと. (☞ 色 (囲み); まっさお).
¶公園の芝生は*青く美しい The grass in the park is *green* and beautiful. // 信号が*青に変わった The (traffic) light turned *green*. (☞ あおしんごう) // 顔が*青いですよ You look *pale*.
青色申告 blue return Ⓒ **青空** the [a] blue sky (☞ そら¹).

あおいきといき 青息吐息 ¶出版界は*青息吐息だ (⇒ 非常に不振だ) The publishing business is quite *dull*.

あおぐ¹ 仰ぐ (上を見る) look up (at …) ⓘ; (尊敬する) look up to …; (求める) ask for … (☞ みあげる; そんけい).
¶私たちは遠くから富士山の頂上を*仰いだ (⇒ 遠くに空高くそびえる頂を見ることができた) In the distance we could *see* the top of Mt. Fuji high up in the sky. // 私が師と*仰ぐのは青木先生だけだ Mr. Aoki is the only person I can *look up to* as a teacher. // 私は彼の助言を*仰いだ I *asked for* his advice.

あおぐ² 扇ぐ (せんすなどで) fan ⓗ. ¶彼女は赤ん坊が涼しいように*あおいだ She *fanned* the baby to keep him cool.

あおざめる 青ざめる turn pale ⓘ (☞ あお; かおいろ; まっさお). ¶そのニュースを聞いて彼は*青ざめた He *turned pale* at the news.

あおじゃしん 青写真 blueprint Ⓒ (☞ せっけい¹ (類義語)).

あおじろい 青白い (顔色などが) pale; (病的に) pallid, wan. (☞ かおいろ; あおざめる).

あおしんごう 青信号 green light Ⓒ 参考 日本語ではこの場合「青」とも「緑」ともいうが, 英語では常に green を用いる点に注意. (☞ しんごう; 色 (囲み)) ¶*青信号で道を渡りましょう Let's cross the street ˹on the *green light* [when the *light is green*].

あおすじ 青筋 ¶彼は*青筋を立てて怒った (⇒ 彼は怒りで真っ赤になった) He *turned red* with ˹anger [rage]. (☞ おこる¹)

あおにさい 青二才 (未熟者) greenhorn Ⓒ (☞ わかぞう; みじゅく). ¶彼はほんの*青二才だ He is just a *greenhorn*.

あおば 青葉 (緑の葉) green leaves ★ 複数形で; (葉の繁み) foliage Ⓤ; (緑樹) greenery Ⓤ; (草木の緑) verdure Ⓤ ★ 特に新緑の. (☞ しんりょく).

あおむけ 仰向け ―副 (あおむけで) on *one's* back (↔ on *one's* face). ¶彼は*あおむけになってベッドに寝ていた He was lying in bed *on his back*.

あおもの 青物 greens ★ 複数形で; (野菜) vegetables ★ 複数形で. (☞ やさい).

あおる 煽る **1** «風が»: (激しく吹きつける) drive ⓗ. ¶その火は東風に*あおられて市の中心部を焼き尽くした The fire, *driven* by an east wind, destroyed the city center.
2 «煽動する»: (感情を奮い立たせる) stir up ⓗ; (アジる) agitate (for …) ⓘ. (☞ アジる;

あ

せんどう¹; そそのかす》. ¶その話は私の好奇心を*あおった (⇒ 呼び起こした) The story *stirred up* my curiosity.

あか¹ 赤 —名 (赤色) red Ⓤ; (深紅色) crimson [krímzn] Ⓤ; (緋(ひ)色) scarlet Ⓤ. —形 (赤い) red; crimson; scarlet; (赤みがかった・赤っぽい) reddish. —動 (赤くなる) redden ⓐ; (恥ずかしさで顔が赤くなる) blush ⓐ; (運動・興奮などで顔が赤くなる) flush ⓐ ★ 以上2つは 名 Ⓒ としても用いられる. 《☞ 色 (囲み); あからめる; まっか》.

¶薄い*赤 pale [light] *red* // 濃い*赤 dark [deep] *red* // 鮮やかな*赤 bright *red* // *赤みがかった茶色 *reddish* brown // *赤(インク)で書いてはいけない Don't write in *red* (ink). // 信号が*赤になった The (traffic) light turned *red*. 《☞ あかしんごう》 // 私は恥ずかしくて顔が*赤くなった I *blushed* [My face became *red*] ⌈for [with] shame. // 少年のほおは*赤く輝いていた The boy's cheeks *flushed* brightly. // 彼はビールをコップ一杯飲んで*赤くなった (⇒ コップ一杯のビールが彼の顔を赤くした) A glass of beer made his face ⌈*flush* [*red*]. // 夕日が*赤く輝いていた The setting sun shone with a *red* glow.

赤の他人 ¶あの人は*赤の他人です (⇒ あの人とは何の(血縁)関係もない) I *have no* (*blood*) *relation* with him. / (⇒ まったく未知の人だ) He is a *total stranger* to me. 《☞ たにん》

赤い羽根運動 Red Feather Campaign Ⓒ, community ⌈chest [fund] drive Ⓒ **赤電話** ⌈pay [public] (tele)phone Ⓒ 《☞ でんわ》.

あか² 垢 (不潔物) dirt Ⓤ; (耳の) earwax Ⓤ; (ボイラーなどの湯あか) scale Ⓤ. 《☞ よごれ》. ¶彼は顔も手も*あかだらけだった (⇒ 汚れていた) His face and hands were ⌈*dirty* [covered with *dirt*].

あかぎれ cracks ★ 通例複数形で. 《☞ ひび》. ¶手の指先に*あかぎれが切れた The tip of my finger [My fingertip] *is cracked*.

あかげ 赤毛 red hair Ⓤ; (赤毛の人) redhead Ⓒ. ¶彼女は*赤毛だ She ⌈has *red hair* [is a *redhead*].

あかし 証 (証明) proof Ⓤ; (証拠) evidence Ⓤ. 《☞ しょうこ (類義語); しょうめい¹》.

あかじ 赤字 (公式会計の不足額) deficit Ⓒ (↔ surplus) ★ やや改まった語; (損失) the red; (赤い数字) red figure Ⓒ. 《☞ けっそん; くろじ》.

¶わが家の家計は*赤字だ Our household is in *the red*. // 市の財政は*赤字になった Our municipal finances *went into* ⌈*the red* [*a deficit*]. // 政府は巨額の*赤字財政で悩んでいる The Government is suffering from a huge *deficit*.

アカシア acacia [əkéiʃə] Ⓒ 《☞ 花 (囲み)》.

あかしお 赤潮 red tide Ⓒ.

あかしんごう 赤信号 red (traffic) light Ⓒ 《☞ しんごう》. ¶*赤信号では道路を渡ってはいけません Don't cross the street ⌈on the *red light* [when the (*traffic*) *light is red*]. // あの車は*赤信号で止まらなかった That car ⌈went through [didn't stop at] the *red light*.

あかす 明かす **1** «過ごす»: (時を費す) spend ⓗ 《過去・過分 spent》, pass ⓗ. 《☞ すごす》. ¶彼はその小屋で一夜を*明かした (⇒ 過ごした) He ⌈*spent* [*passed*] a night at the hut. // 彼は勉強して夜を*明かした He ⌈*stayed* [*sat*] *up* all night studying. // 今夜は一つ語り*明かそうではないか Let's *talk the night away* tonight, shall we? // 彼女は一晩泣き*明かした She *passed* the whole night in tears. / She wept all night.

2 «打ち明ける»: (秘密などを) reveal ⓗ; (暴露する) disclose ⓗ. 《☞ うちあける; ばくろ》. ¶彼は身元を*明かさなかった He didn't *reveal* his identity. // 彼はついに真実を*明かそうとはしなかった (⇒ 言おうとしなかった) He would not *tell* the truth after all.

あかちゃん 赤ちゃん baby Ⓒ 《☞ あかんぼう》.

あかつき 暁 **1** «夜明け»: dawn [dɔ́ːn] Ⓤ, daybreak Ⓤ. 《☞ よあけ》.

2 «場合» ¶その計画が成功した*あかつきには (⇒ ときには) 本州と北海道は鉄道で結ばれることになる *When* the plan has been realized, Honshu and Hokkaido will be linked together by railroad. // 当選の*あかつきには (⇒ いったん当選すれば) 皆様のために一生懸命に働きます *Once* elected, I will do my best for you who support me. ★ once は接続詞. 《☞ 接続詞 (欄外)》

あがったり 上がったり ¶不況で私の商売は*上がったりだ (⇒ 行き詰まっている[全然もうからない]) My business is at a standstill [I can't make any profits] because of the recession.

あかつち 赤土 red ⌈clay [earth] Ⓤ 《☞ つち¹》.

あがなう 贖う (罪や過ちなどを償う) atone for … ★ 形式ばった語. 《☞ つぐなう》.

あかぬけた 垢抜けた (洗練された) refined; (教養がある) sophisticated ★「世慣れた」という多少悪い意味に使われることもある; (服装などがしゃれた) stylish, smart; (優雅な) elegant; (都会風の) urbane (↔ rustic). 《☞ しゃれた; せんれん; じょうひん》. ¶*あかぬけした振舞い *refined* [*elegant*] manners // *あかぬけした洋服 *stylish* clothes

あかぼう 赤帽 《米》 redcap Ⓒ, 《英》 (luggage) porter Ⓒ.

あがめる 崇める (尊敬する) respect ⓗ; (畏敬の念をもって) revere ⓗ; (崇拝する) adore ⓗ; (宗教的に) worship ⓗ. 《☞ そんけい》.

あからがお 赤ら顔 ruddy face Ⓒ. ¶彼は*赤ら顔をしている He has a *ruddy face*.

あからさま —形 (明白な) plain; (明瞭な) clear; (あけっぴろげの) open; (率直な) frank; (腹蔵のない) candid; (はっきりいう) outspoken; (遠慮のない) unreserved; (単刀直入の) straightforward. 《☞ そっちょく; ろこつ; たんとうちょくにゅう》.

¶*あからさまに言うと, この計画は現実的でない *Frankly* speaking [In *plain* words], this plan is unrealistic. // 彼は我々とはもう協力しないと*あからさまに言った (⇒ 協力しないということを明瞭にした) He made it *clear* that he was not going to cooperate with us any longer.

あからめる 赤らめる (顔を赤くする) turn red; (恥ずかしさで) blush ⓐ; (運動・熱・興奮で) flush ⓐ. (☞ あか[1]; こうちょう[3]; じょうき[3]).
¶ 彼女は恥ずかしさで顔を*赤らめた She *turned red* with shame. / She *blushed* ⌈for [with] shame. // 彼はビールを飲んで顔を*赤らめた His face *flushed* with beer.

あかり 明かり (灯火) light Ⓒ; (特に器具に重点を置いて) lamp Ⓒ. (☞ でんき[1]).
¶ *明かりをつけ[消し]なさい Turn ⌈on [off] the *light*. // 突然その*明かりが消えた The *light* went out suddenly. // *明かり (⇒ 懐中電灯[ろうそく]) を持ってきてくれ. よく見えないんだ Bring me a ⌈*flashlight* [*candle*]. I can't see things (here) very clearly. ★ 英語の場合は明かりの種類を具体的に述べる必要がある.

あがり 上がり (収益) profit Ⓒ (☞ りえき).
¶ この事業からの*上がりはたいへん大きい (⇒ 彼らはこの事業から大きな収益を得ている) They make a huge *profit* out of this business.

-あがり …上がり ━ 形 (かつての) former. ━ 接頭 (元…) ex-. ¶ 彼のような役人*上がりはどうも頭が堅い An *ex*-government official like him is often very conservative (in his ideas).

あがりおり 上がり降り ━ 動 (階段などを) go [walk] up and down … ━ 名 ascent and descent Ⓤ. (☞ あがる[1]; おりる).
¶ 荷物を持って階段を*上がり降りするのはつらい It's hard for me to *walk up and down* the steps carrying the baggage.

あがりぐち 上がり口 (玄関口) doorway Ⓒ; (入口) entrance Ⓒ; (階段やはしご段の下) the ⌈foot [bottom] (of the stairs). (☞ げんかん[1]).

あがりこむ 上がり込む (人の家に入る) enter [come into; step into] *a person's* house ★[ ] 内のほうがより口語的. (☞ はいりこむ).

あがる[1] 上がる **1** «上昇する»: (上へ行く) go up ⓐ (↔ go down), rise ⓐ (過去 rose; 過分 risen) (↔ fall) ★ 最も一般的なのは go up で, 以下の動詞の代わりに使える場合が多い; (物価などが急激に上がる) soar ⓐ, jump ⓐ, skyrocket ⓐ; (演壇などに) mount ⓣ; (高い所へ上がる) climb ⓐ ⓣ. (☞ のぼる).
¶ エレベーターが9階まで*上がっていった[来た] The elevator ⌈*went* [*came*] *up* to the ninth floor. 語法 自分のほうへ上がってくる場合は come up と言う. (☞ ゆく) // 物価が*上がった Prices ⌈*went up* [*rose*]. // 石油危機の直後に物価が急激に*上がった Prices ⌈*soared* [*jumped*; *skyrocketed*] right after the oil crisis. (☞ きゅうとう) // 幕が*上がった The curtain *rose*. // 彼は演壇に*上がった He *mounted* the platform. // 模型飛行機はますます高く*上がって行った The model plane *climbed* higher and higher.
2 «向上する»: (良くなる) improve ⓐ; (進歩する) progress ⓐ, make progress. (☞ しんぽ; じょうたつ; こうじょう[2]).
¶ 彼の学校の成績が*上がった His ⌈school [academic] record *has improved*. / (⇒ 良い成績を示した) He *has shown* some *improvement* in his grades. // 彼女は料理の腕が*上がった She *has progressed* in the art of cooking.
3 «入学する»: (学校などに入る) enter ⓣ (☞ にゅうがく). ¶ 子供たちは6歳で小学校に*上がる Children *enter* ⌈elementary [primary] schools at the age of six. // お宅の坊ちゃんはもう学校に*上がっていらっしゃるのですか (⇒ 通学していますか) Does your son *go to* school?
4 «終わりになる»: (止む) stop ⓐ ⓣ; (終わる) end ⓐ; (晴れる) clear up ⓐ. (☞ やむ[1]).
¶ 雨が*上がった (⇒ やんだ) It *has stopped* raining. / The rain *has* ⌈*stopped* [*ended*]. / (⇒ 晴れた) It *has cleared up*. (☞ It の用法 (欄外))

あがる[2] ━ 動 (気持ちが落ち着かない) get nervous; (人前で話したり演じたりするときに) get stage fright. ━ 名 stage fright Ⓤ.
¶ 私は試験場で*あがってしまった I *got nervous* in the examination room. // 私は人前で話すときはいつも*あがってしまう I always *get stage fright* when I talk in front of people.

あかるい 明るい **1** «明暗» ━ 形 (光が十分さしている) light (↔ dark); (輝くような) bright. ━ 副 (明るく) bright(ly). (☞ かがやく; まぶしい; 色 (囲み)).
¶ まだ外は*明るい It is still *light* outside. // *明るいうちに (⇒ 暗くならないうちに) 仕事をやってしまおう Let's finish our work ⌈*before it gets dark* [while it is still *light*]. // 真昼の太陽が*明るく輝いていた The midday sun was shining *bright*(*ly*).
2 «性格・見通しなど»: (明朗な) cheerful; (物事の明るい面など) sunny; (見通しなどが明るい) bright; (ばら色の) rosy. (☞ めいろう).
¶ 彼女は*明るい性格だ She is *cheerful* by nature. // この国の将来は*明るい The future of this country is ⌈*bright* [*rosy*]. / This country has a *bright* future. // 君は物事の暗い面ばかり見過ぎる. たまには*明るいほうも見たまえ You always look at the dark side of things. Why don't you try to look at their ⌈*bright* [*sunny*] side?
3 «政治など»: (公明な) fair; (清潔な) clean.
¶ *明るい政治がなければ国はよくならない Our country will not get any better without *clean* politics.
4 «精通している» ━ 動 (よく知っている) know … very well ★ 最も口語的; (深い知識を持っている) have a ⌈deep [profound] knowledge of … ★ やや改まった言い方; (なじんでいる) be familiar (with …); (経験を積んで熟知している) be well acquainted (with …). (☞ くわしい; せいつう).
¶ 彼はこの辺の地理に*明るい He *knows* the geography of this area *very well*. // 彼は中国の古典に非常に*明るい He *has a profound knowledge of* Chinese classics. // 私のおじは西洋の習慣に*明るい My uncle *is* ⌈*familiar* [*well acquainted*] *with* Western customs.

あかるさ 明るさ (輝き) brightness Ⓤ; (光) light Ⓤ; (快活) cheerfulness Ⓤ.
¶ 星の*明るさはその大きさと温度による The *brightness* of a star depends on its size and temperature. // 1等星の*明るさは6等星の100倍である (⇒ 100倍明るい) A first-magnitude star *is* 100 times *brighter* than a sixth-magnitude star. // ブラインドで*明るさを調節できる The Venetian blind enables us to control the *light*. // 彼女はいつもの*明るさを取り戻していた (⇒ いつものように快活だった) She was her usual *cheerful* self again.

あかるみ 明るみ ¶ その贈賄スキャンダルはとうとう*明るみに出た The payoff scandal was finally brought ⌈to *light* [before *the public*]. / (⇒ 公表された) The payoff scandal *was* finally *made public*. 《☞ おもてざた; ばくろ》

あかんたい 亜寒帯 (北極に近い) the subarctic zone; (南極に近い) the subantarctic zone. 《☞ かんたい[3]》.

あかんぼう 赤ん坊 baby Ⓒ. ¶ 彼らの間に*赤ん坊 (⇒ 子供) が生まれた A *child* was born to them.

あき[1] 秋 《米》 fall Ⓤ, 《英》 autumn Ⓤ
[語法] アメリカでも autumn は用いられるが, 堅苦しい形式ばった場合や, 形容詞的用法として用いる. 詩や比喩的な場合は autumnal.
¶ 夏が過ぎ*秋が来た Summer is gone and ⌈*fall* [*autumn*] has come. // 読書の*秋だ It's ⌈*fall* [*autumn*], the best season for reading. // 2人は1980年の*秋に結婚した The couple married in *the* ⌈*fall* [*autumn*] of 1980. 《☞ はる[1] [語法]》 // その本はこの*秋に出版される The book will be published this ⌈*fall* [*autumn*]. [語法] this, last, next などが前に付くときは前置詞を伴わずに副詞句を作る. // *秋口には風邪を引きやすい In early *autumn* people are most liable to catch cold. // 菊は*秋に咲く花の1つだ The chrysanthemum is one of the *autumn* flowers. // *秋雨前線 the *autumn* rain front
秋晴れ (秋晴れの空) clear autumn sky Ⓤ. ¶ きょうは*秋晴れのよい天気だ What a beautiful *autumn* day! **秋物** autumn ⌈clothes [wear Ⓤ] 《☞ 衣服 (囲み)》.

あき[2] 飽き ¶ それはすぐに*飽きがくる (⇒ あなたはそれにすぐ飽きる) You will soon *be tired of* it. / (⇒ それはあなたを飽きさせる) It will *bore* you sooner or later. // 私は彼の海外旅行の話には*飽き飽きした (⇒ うんざりした[飽きた]) I'*m* ⌈*fed up with* [*tired of*] his story about his overseas trip. // この絵はいつ見ても*飽きがこない (⇒ 何度見ても見る人を退屈させない[魅了する]) No matter how often you *look at this picture*, it ⌈*never bores* you [always *charms* you]. 《☞ あきる; うんざり》

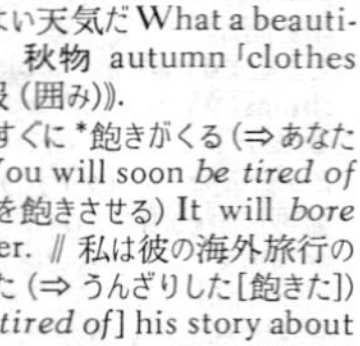

「空き室あり」という掲示

あき[3] 空き (空き室・欠員) vacancy Ⓒ; (就職などの) opening Ⓒ. 《☞ あく[2]; くうせき》. ¶ この階には*空きが2, 3室ある There are a few ⌈*vacancies* [*vacant* rooms] on this floor.

あきかん 空き缶 《米》 empty can Ⓒ, 《英》 empty tin Ⓒ. ¶ *空き缶を車から投げてはいけない Don't throw *empty* ⌈*cans* [*tins*] out of a moving car. // *空き缶は持って返って下さい Please bring back *empty cans*.

あきす 空き巣 (行為) sneak-thieving Ⓤ; (人) sneak thief Ⓒ 《複 thieves》. 《☞ どろぼう》. ¶ 彼の家は*空き巣にやられた (⇒ 留守中泥棒に入られた) His house *was* ⌈*broken into* [*burglarized*; *robbed*] during his absence.

あきたりない 飽き足りない (物が不満である) be unsatisfactory; (不満・残念に思う) be unhappy. 《☞ ふまん; くいたりない》. ¶ この計画には*飽き足りない (⇒ 満足していない) I *am not quite* ⌈*happy* [*satisfied*] with this plan. / This plan *is not satisfactory*.

あきち 空き地 vacant ⌈land [ground] Ⓤ; (空いている敷地) vacant lot Ⓒ; (占有されていない土地) unoccupied ⌈land [ground] Ⓤ. ¶ このあたりには*空き地がまだたくさんある There is a lot of *vacant land* around here.

あきない 商い (取り引き・貿易) trade Ⓤ; (商売・売買) business Ⓤ; (商業) commerce Ⓤ. 《☞ しょうばい; とりひき》.

あきなう 商う (売る) sell (他); (取り引きする) deal in ...; (扱う) handle (他). 《☞ うる[1]; あつかう》.

あきびん 空き瓶 empty (bottle) Ⓒ 《☞ あきかん; びん[1]》.

あきや 空き家 (住むべき人がいない家) vacant [unoccupied] house Ⓒ; (空になった家) empty house Ⓒ. 《☞ かしや; あき[3]》.

あきらか 明らか —(形) (不明な点がなくはっきりした) clear; (確定的で明確な) definite; (だれの目にも明らかな) evident; (明白な) obvious; (自信を持って確かな) positive. —(副) clearly; definitely; evidently; obviously, positively. 《☞ たしか (類義語); はっきり (類義語); めいはく》.
¶ 彼が犯罪にかかわったという*明らかな証拠がある There is ⌈*clear* [*positive*] evidence that he was involved in the crime. // 彼が無実であるということはだれにも*明らかであった It was *evident* to everybody that he was innocent. // それは*明らかに間違いだ It was ⌈*clearly* [*obviously*] a mistake. // 私の答えは*明らかにノーである My answer is *definitely* no.

あきらめ 諦め (甘受) resignation Ⓤ; (断念) abandonment Ⓤ.

あきらめる 諦める (断念する) give up (他) (自); (見切りをつける) abandon (他).
【類義語】 物事を断念してやめたり, 見放したりすることを表す最も口語的で一般的な表現が **give up**. 思い切って完全に放棄するのは **abandon**. 《☞ だんねん; やめる》
¶ 私たちは最初の計画はだめだと*あきらめた We *have* ⌈*given up* [*abandoned*] our first plan as hopeless. // 私たちは彼を死んだものと*あきらめるべきだ We should *give* him *up* for ⌈lost

[dead]. // 時には*あきらめる(⇒運命に身をまかせる)ことも必要だ Sometimes we must *resign ourselves to* fate.

あきる 飽きる (うんざりする) be [get; become; grow]「tired of [bored with]… 【語法】 be は「状態・動作」両方に用いるが，はっきり動作(「…になる」)の意味を表すときは get, become, grow を用いる. get が最も口語的; (食傷する)《口語》be fed up with … (☞ うんざり; あき²; しょくしょう).
¶ 彼の長い演説に*飽きてしまった We *got*「*tired of* [*bored with*] his long speech. // 彼は勉強に*飽きてしまった(⇒勉強に対する興味を失った) He *has lost interest in* his studies. // 彼女の話にはもう*飽きた *I'm fed up with* her talk. // もうスキーには*飽きた(⇒もう十分やった) *I've had enough of* skiing.

アキレスけん アキレス腱 Achilles' [əkíli:z] tendon Ⓒ; (弱み) Achilles' heel Ⓒ, weak point Ⓒ.

あきれる 呆れる (驚きあきれる) be astonished (at …; by …); (びっくり仰天する) be astounded (at …; by …) ★ 後者のほうが意味が強い; (ぼう然となり言葉も出ない) be dum(b)founded, be flabbergasted ★ 後者は意味が強く，大げさな口語表現としてよく用いられる; (非常にびっくりしてとまどう) be amazed (at …). (☞ あぜん; あっけ; おどろく(類義語)).
¶ 私は彼の行動に*あきれた I *was*「*astonished at* [*astounded by*] his behavior. // 彼らは皆*あきれて言葉もなかった They *were* all just「*dum(b)founded* [*flabbergasted*]. // 彼女は彼の非常識に*あきれた She *was amazed at* his absurdity. // 私は自分の愚かさに*あきれている(⇒愛想をつかしている) I *am* simply *disgusted* with my foolishness.

あく¹ 開く ━動 (ドアなどが) open ㊀; (幕が) rise ㊀ 【語法】「第2幕(Act II)が開く」という場合には begin ㊀ を用いる. ━形 (開いている) open. (☞ あける¹; ひらく).
¶ 戸が*開いた The door *opened*. // この窓は普通は*開いている This window is usually (kept) *open*. // この鍵でドアが*開くはずです I'm sure this is the key「for [to] this door. // 店は10時に*開きます Our store *opens* at 10 o'clock. (☞ かいてん²)

あく² 空く **1**《空になる》: (場所などが) become vacant; (中身が) become empty. (☞ あき³; から¹).
¶ 前列の席が1つ*空いた One of the front-row seats *became vacant*. // *空いている席はなかった(⇒席は全部ふさがっていた) All the seats *were occupied*. (☞ くうせき) // *空いた箱が1つ必要です I need an *empty* box. // 教員[輸出部]のポストが1つ*空いている(⇒空きがある) There is [We have] an *opening*「on the teaching staff [in the export department]. // 垣根には大きな穴が*あいていた(⇒穴があった) There was a big「*hole* [*opening*] in the fence.
2《用済みで》: (終える) be through with … (☞ おえる; すむ²).
¶ 本が*空いたら借して下さい Please lend me the book when you「*are through with* it [*have finished* reading it]. // 手が*空いたら(⇒仕事が終わったら)ちょっと手伝って下さい Will you help me when you *have done your work*?

あく³ 悪 (よくないこと) bad Ⓤ (↔ good); (邪悪) evil Ⓤ; (悪徳) vice Ⓤ; (不正) wrong Ⓤ (↔ right). (☞ わるい; じゃあく; ふせい¹).
¶ 彼には善と*悪の区別がわかっていない He cannot tell good from「*evil* [*bad*]. // 彼は*悪に染まった生活を送った He led a life of *vice*.

あく⁴ 灰汁 (灰の上澄み汁) lye Ⓤ; (野菜などの渋み) harshness Ⓤ, harsh taste Ⓤ; (自己主張) self-「assertiveness [assertion] Ⓤ.
¶ 彼は*あくが強い(⇒強い個性を持っている) He *has a*「*strong* [*forceful*] *personality*.

アクアラング aqualung Ⓒ, scuba Ⓒ.

あくい 悪意 ━名 (悪感情) ill will Ⓤ, malice Ⓤ ★ 前者がより口語的で一般的; (強い敵意) malevolence Ⓤ ★ 形式ばった語. ━形 malicious; malevolent. (☞ てきい; いじわる; にくしみ).
¶ 彼はあなたに*悪意を抱いている He bears you「*ill will* [*malice*]. // 彼女は*悪意に満ちた目で私を見た She gave me a「*malicious* [*malevolent*] look. // 彼女の言葉を*悪意に(⇒悪く)とるな Don't take her words「*ill* [*amiss*].

あくうん 悪運 ¶ 彼は*悪運が強い He *has the devil's own luck*. ★ 慣用句. // 今度は彼の*悪運も尽きた(⇒運の最後に行き着いた) He has come to the end of his *luck* this time. (☞ うん¹)

あくえいきょう 悪影響 bad influence Ⓤ (☞ えいきょう; へいがい). ¶ この事件は若い世代に*悪影響を与えた This affair had *bad influence* upon the younger generation.

あくかんじょう 悪感情 (悪意) ill will Ⓤ; (悪い感情) ill feeling Ⓒ. (☞ あくい; てきい).
¶ この提案は市民の*悪感情を招くかもしれない This proposal might invite *ill*「*feelings* [*will*] among the citizens.

あくじ 悪事 (悪い行い) evil [wicked] deed Ⓒ ★ 法律に触れるかどうかは含まない; (法律上の罪) crime Ⓒ; (道徳・宗教上の罪) sin Ⓒ. (☞ あく³; つみ).
¶ 貧しさから彼は*悪事を働いた He committed a *crime* due to poverty. // *悪事千里を走る(⇒罪悪を覆い隠すことはできない) You cannot cover up a *crime*. / *Ill news* runs apace. 《ことわざ: 悪い知らせはたちまち伝わる》

あくしつ 悪質 ━形 (不正な) wicked [wíkid]; (凶悪な) atrocious. ━名 (悪い質) bad [inferior] quality Ⓤ. (☞ あくらつ; そあく). ¶ 私は*悪質なセールスマンに引っ掛かった(⇒だまされた) I was cheated by a *wicked* salesman. // 彼は*悪質な(⇒凶悪な)犯罪を繰り返した He repeatedly committed *atrocious* crimes.

あくしゅ 握手 ━動 shake hands (with …) (過去 shook; 過分 shaken). ━名 handshake Ⓒ. ¶ 私たちは*握手をした We *shook hands*. // 私は彼女と*握手した I *shook*

あ

hands with her. // 彼は手を差しのべて*握手を求めた He offered his hand. [語法] 文脈から明白なので for hand-shaking とする必要はない.

あくしゅう¹ 悪臭 ―[名] (bad) smell Ⓒ [語法] 最も一般的. smell は形容詞が付かないと悪いにおいを意味する. よいにおいには good, nice などを付ける; (胸が悪くなるような) stench Ⓒ, stink Ⓒ ★ stench のほうが悪臭の度合いが強い. ―[動] (悪臭を放つ) smell ㊀; stink ㊀. (☞ くさい (類義語); におい (類義語)).
¶何か*悪臭がする Something *smells* here. / I smell a *stink* here. // この*悪臭を何とか消せないだろうか Can't we remove this ˹*bad smell* [*stench*] somehow?

あくしゅう² 悪習 (個人の癖になった) bad habit Ⓒ; (社会的な) bad custom Ⓒ. (☞ くせ; しゅうかん¹). ¶*悪習は捨てなくてはいけない We must get rid of *bad habits*.

あくしゅみ 悪趣味 bad [vulgar] taste Ⓤ (☞ しゅみ; けばけばしい).

あくじゅんかん 悪循環 vicious circle Ⓒ ★ 決まった言い方. ¶上昇する物価と賃金の*悪循環を断ち切らねばならない We must break the *vicious circle* of rising prices and wages.

あくせい 悪性 ―[形] (悪い) bad ★ 意味の広い日常語で, 以下の語の代わりに使える場合が多い; (病気などの) malignant, virulent [語法] malignant はガンや腫瘍などに, virulent は伝染性の病気などに用いられる. ―[名] malignancy Ⓤ. (☞ わるい).
¶これは*悪性腫瘍ではない This is not a *malignant* tumor. // 私は*悪性の風邪にかかった I have caught a ˹*bad* [*nasty*] cold.

あくせく ―[副] (忙しく) busily; (一生懸命) (very) hard. ¶彼はいつも*あくせく働いている He is always working ˹*busily* [*very hard*].

アクセサリー accessory [əksés(ə)ri(:)] Ⓒ ★ ブローチなどの服飾品は通例複数形を用いる.

アクセル accelerator [əksélərèitər] Ⓒ (☞ 自動車 (囲み)). ¶*アクセルを踏みなさい Step on the *accelerator*.

あくせんくとう 悪戦苦闘 ¶私は窮地を逃れようと*悪戦苦闘した (⇒ 一生懸命奮闘した) I *struggled hard* to get out of difficulty.

アクセント (発音の高低・強弱) accent Ⓒ; (強勢) stress Ⓒ; (アクセント記号) accent Ⓒ. (☞ きょうせい³). ¶この単語の*アクセントは第1音節にある The ˹*accent* [*stress*] of this word ˹falls [is] on the first syllable.

あくたい 悪態 ―[動] (悪態をつく) call ... names. ―[名] abuse Ⓤ. (☞ ののしる). ¶彼は私に*悪態を浴びせた He *called* me *names*. / He showered *abuse* on me. ★ 後者はやや改まった言い方.

あくどい (けばけばしくて俗っぽい) gaudy; (卑劣な) nasty. (☞ けばけばしい; ひれつ; あくしつ).

あくとう 悪党 (悪者) villain Ⓒ; (ごろつき) scoundrel Ⓒ. (☞ わるもの).

あくどう 悪童 bad [naughty] boy Ⓒ; (いたずらな) mischievous child Ⓒ.

あくとく 悪徳 vice Ⓤ (↔ virtue) ★「悪徳行為」は Ⓒ. (☞ あく³).

あくにん 悪人 (悪い男) bad [wicked] man Ⓒ ★ 日常的な表現で, 以下の語の代わりにも使える; (悪漢) villain Ⓒ; (ならず者) scoundrel Ⓒ. (☞ わるもの).

あくび 欠伸 ―[名] yawn Ⓒ. ―[動] yawn ㊀. ¶私は*あくびが出そうになった I felt a *yawn* coming. // 私は*あくびを抑えようとした I tried to ˹stop [suppress] a *yawn*. // あの人の話は*あくびが出る (⇒ 退屈だ) What he says is *boring*.

あくひつ 悪筆 (下手な筆跡) bad [poor] handwriting Ⓤ, ˹bad [poor] hand Ⓒ.
¶彼は*悪筆です (⇒ 筆跡がうまくない) He is *not good at handwriting*. / He writes a ˹*bad* [*poor*] *hand*.

あくひょう 悪評 (悪い評判) a ˹bad [poor] reputation (☞ ひょうばん (類義語); ふひょう).

あくぶん 悪文 (悪い文体) bad style Ⓒ; (下手な文章) poor writing Ⓤ.

あくへき 悪癖 bad habit Ⓒ (☞ あくしゅう²; くせ).

あくほう 悪法 (悪い法律) bad law Ⓒ.

あくま 悪魔 ―[名] devil Ⓒ, demon Ⓒ [語法] devil は神の敵で, キリスト教でいう悪魔. demon は神と人間の中間に位するギリシャ神話でいう悪魔; (魔王) Satan. ―[形] (悪魔のような) devilish.

あくまで 飽くまで ¶私は*あくまで自分の道を行くつもりです (⇒ わが道を行く堅い決心をしている) I'*m firmly determined* to go my own way. // 我々は*あくまで戦うぞ We will *fight it out*. (☞ どこまでも; だんこ)

あくむ 悪夢 (悪い夢) bad dream Ⓒ; (不安を抱かせる恐ろしい夢) nightmare Ⓒ ★ 恐ろしいことの比喩によく使われる. (☞ ゆめ). ¶その経験は*悪夢のようだった The experience was a *nightmare*.

あくめい 悪名 ―[名] (悪い評判) bad reputation Ⓒ; (悪い事が原因で有名になること) notoriety Ⓤ ★「悪名高い人」では Ⓒ. ―[形] (悪名高い) notorious, infamous. (☞ ゆうめい (類義語)). ¶彼は*悪名が高い He has a *bad reputation*.

あくやく 悪役 villain Ⓒ.

あくゆう 悪友 bad friend Ⓒ; (悪い仲間) bad companion Ⓒ; (集合的に) bad company Ⓤ. (☞ なかま (類義語)). ¶彼には数人の*悪友がいる He has several *bad friends*. // *悪友の仲間になるな Don't ˹get [fall] into *bad company*.

あくよう 悪用 ―[動] (悪用する) make (a) bad use (of ...); (悪い目的に使う) put ... to a bad use. ―[名] (濫用) abuse Ⓤ; (誤用) misuse Ⓤ. (☞ ぎゃくよう; りよう). ¶彼は私の名を*悪用して (⇒ 不当に用いて) 利益を得た He profited, *using* my name *illegitimately*.

あぐら ¶*あぐらをかく sit *cross-legged* // 名誉の上に*あぐらをかく rest on *one's* laurels

あくらつ 悪辣 ―[形] (悪意のある) wicked; (下劣な) villainous. (☞ あくしつ; ひれつ).

¶電話の盗聴とは実に*悪らつな行為だ Tapping [Bugging] a telephone is indeed ｢very *wicked* [*villainous*] conduct.

あくりょう 悪霊 evil spirit Ⓒ.

あくりょく 握力 grip Ⓤ. ¶彼は*握力が強い(⇒強い握力を持つ) He has a strong *grip*.

あくる 明くる —形 (次の) the next, the following ★前者のほうが口語的. 《☞つぎ[1]; よく-》. ¶*あくる朝, 目が覚めたら友達はもう出かけてしまっていた When I woke up *the* ｢*next* [*following*] morning, I found my friend had already left.

アクロバット —名 (曲芸) acrobatics ★複数形だが, 時に単数扱い; (人) acrobat Ⓒ. —形 acrobatic. 《☞きょくげい》. ¶*アクロバットダンス an *acrobatic* dance **アクロバット飛行** aerial acrobatics Ⓤ; (曲乗り飛行) stunt flying Ⓤ.

-あけ …明け ¶休会*明けの(⇒後の)国会 the Diet session *after* recess // 休暇*明けに(⇒休暇の後で)英語の試験がある We'll have an examination in English *after* the vacation. // 今年の梅雨*明けは(⇒梅雨が終わるのは)いつでしょうか When will the rainy season *be over* this year?

あげあし 揚げ足 **揚げ足を取る** (あらを捜す) find fault with … ¶彼は人の*揚げ足を取る悪い癖がある He has a bad habit of *finding fault with* others.

あげおろし 上げ下ろし (上げ下げ) raising and lowering Ⓤ; (積荷の) loading and unloading Ⓤ. 《☞つみおろし》. ¶毎日布団を*上げ下ろしする(⇒布団を敷いたり片付けたりする)のにやっかいだ It is troublesome to *lay out and put away* bedding every day.

あけがた 明け方 (夜明け) dawn Ⓤ, daybreak Ⓤ ★ほぼ同意だが, 前者のほうが時刻が早い感じ. 《☞よあけ》. ¶彼女は*明け方に出かけた She left at ｢*dawn* [*daybreak*]. // *明け方近く雨が降った It rained toward ｢*dawn* [*daybreak*].

あげく 挙句 ¶よく考えた*あげく(⇒後), この結論に達したのです I've come to this conclusion *after* a great deal of thinking. // 父親と言い争った*あげく(⇒言い争って結局), 彼は家を出た He quarreled with his father and *finally* ran away from home. 《☞すえ》

あけくれ 明け暮れ —副 (昼も夜も) day and night; (毎日) every day; (常に) all the time; (いつも) always. 《☞まいにち》.
¶このところ仕事だけの*明け暮れです(⇒昼も夜も[毎日]働いているだけだ) Nowadays I do nothing but work ｢*day and night* [*every day*]. // 彼女は*明け暮れ(⇒いつも)息子の将来のことを心配している She is *always* worrying about her son's future.

あけくれる 明け暮れる (没頭する) devote *oneself* to … 《☞ぼっとう; せんねん[1]》.

あげしお 上げ潮 (潮が満ちてくること) flood Ⓤ, flow Ⓤ (↔ebb); (満ちてくる潮) flood tide Ⓤ, flowing [rising] tide Ⓤ. 《☞しお[2]; みちしお》. ¶いまは*上げ潮だ The tide *is* ｢*(coming) in* [*rising*].

あけすけ —形 (隠し立てなく率直な) open; (ざっくばらんな) frank ★以上2語は最も一般的; (ずけずけ物を言う) outspoken; (遠慮のない) candid. —副 openly; frankly; outspokenly; candidly. 《☞そっちょく; ざっくばらん》. ¶彼は*あけすけにすべてのことを私たちに話した He told us everything ｢*frankly* [*openly*; *candidly*]. // 彼女の話し方は*あけすけだ She is *outspoken*.

あげぞこ 上げ底 raised bottom Ⓒ; (ごまかしの底) false bottom Ⓒ.

あけたて 開けたて opening and ｢closing [shutting] Ⓤ. ¶戸の*開けたては静かにねがいます(⇒戸は静かに閉めて下さい) Please ｢*close* [*shut*] the door quietly. / (⇒戸をばたんと閉めるな) Don't *slam* the door.

あけっぱなし 開けっ放し —動 (窓・ふたなどを開けっ放しにする) leave [keep] … open. ¶ドアは*開けっ放しになっていた The door *was* ｢*left* [*kept*] *open*. / I found the door *left open*.

あけっぴろげ 明けっ広げ —形 (ざっくばらんな) frank; (隠し立てなく卒直な) open; (遠慮のない) candid. 《☞そっちょく; あけすけ; ざっくばらん》.

あげて 挙げて ¶国を*挙げて勝利を祝った(⇒全国民が勝利を祝った) *The whole* [*All the*] nation celebrated the victory. 語法 whole の場合は定冠詞が前に付き, all の場合は後にくる.

あけのみょうじょう 明けの明星 the morning star; (金星) Venus [víːnəs] ★Lucifer とも呼ぶ.

あけはなす 明け放す (開いておく) keep [leave] … open 《☞あけっぱなし》.

あげもの 揚げ物 fry Ⓒ, fried food Ⓤ; (揚げた料理) fried dish Ⓒ. 《☞フライ[1]; あげる[2]》.

あける[1] 開ける, 空ける **1** «開く»: open ㊎ (↔close); (錠を) unlock ㊎ (↔lock); (ブラインドなどを) raise ㊎ (↔lower; close). 《☞あく[1]; ひらく》.
¶彼女はブラインドを*開け, 次に窓を大きく*開けた She ｢*raised* [*drew up*; *pulled up*] the blind, and then *opened* the window wide. // この鍵で扉の錠は*開けられます We can ｢*open* the lock of [*unlock*] the door with this key. // このスーツケースを*開けて下さい Please ｢*open* [(⇒中のものを取り出す) *unpack*] this suitcase.
2 «空にする»: (中のものをあける) empty ㊎; (注ぐ) pour ㊎; (部屋などを) vacate ㊎; (あいた場所を作る) make room (for …); (道をあける) make way (for …); (家を留守にする) stay away (from …) ㊐. 《☞から[1]》.
¶彼はバケツの水を*あけた He *emptied* the water from the bucket. // 彼女は牛乳を瓶からコップに*あけた She *poured* milk from the bottle into the glass. // 今月末までに部屋を*あけます I'll *vacate* the room by the end of this month. // 彼の座る場所を*あけて下さい Please *make room for* him. // 彼らは救急車のために道を*あけた They *made way for* the ambulance. // 彼はよく家を*あける

あ

He often *stays away from* home. // きのうは一日中，家を*あけていた (⇒ 外出していた) I ˹*was* [*stayed*] *out* all day yesterday.

3 «穴を»：(くり抜く) bore ㊉；(穴を作る) make a hole. 《☞ あな 語法》.

¶ 私はドリルで板に穴を*あけた I *bored* a hole in the board with a drill. / I *drilled* a hole in the board. // 彼は壁に小さな穴を*あけた He *made a* small *hole* in the wall.

あける² 明ける **1** «夜が»：(夜が明ける) break ㊀；(白みはじめる) dawn ㊀. 《☞ よあけ》. ¶ いまは朝 5 時ごろに夜が*明ける　Dawn ˹*comes* [*breaks*] at around five in the morning at this time of year.

2 «年が»：(始まる) begin ㊀；(開始する) open ㊀. 《☞ とし¹》. ¶ 私は年が*明けるとすぐアメリカへ行きます I'll go to America as soon as the new year *begins*. // *明けましておめでとう A Happy New Year (to you)! 《☞ とし¹ 参考》

3 «終わる»　¶ 梅雨(つゆ)が*明けた (⇒ 終わった) The rainy season *is over*. ★ was over とならないことに注意. 《☞ おわる》

あげる¹ 上げる, 挙げる, 揚げる **1** «高くする»：(現在の位置よりももっと高くする) raise ㊉ (↔ lower)；(持ち上げる) lift ㊉　語法 ほぼ同意のこともあるが, raise が客観的であるのに対して, lift は努力して上げるニュアンスが加わる. また raise は給料などを上げる意味にも用いる；(特に重いものなどを力を入れて) heave ㊉；(凧(たこ)や旗を) fly ㊉；(物を上に持ち上げる) put up ㊉. 《☞ もちあげる》.

¶ わかった人は手を*上げなさい If you know the answer, *raise* your hand(s). 《☞ て》 // 組合は給料を 10 パーセント*上げることを要求した The (labor) union demanded that wages *be* ˹*raised* [*increased*] by 10 percent. / The unionists demanded a 10 percent wage *hike*. ★ hike は「賃上げ」という, もと新聞用語. 《☞ ちんあげ》 // 子供たちは凧(たこ)を*揚げている Some children *are flying* kites. // きのう花火を*上げた We *set off* (our) fireworks yesterday. // このスーツケースを棚の上に*上げていただけますか Would you please *put* this suitcase *up* on the rack? // 彼らは娘をスイスの高校に*上げた (⇒ 送った) They *sent* their daughter *to* a high school in Switzerland.

2 «与える»：give ㊉ 《過去 gave；過分 given》 語法 この語は日本語の「あげる」よりずっと意味が広く,「渡す」「送る」「与える」などの日本語にも当たる. 《☞ さしあげる》.

¶ これをお子さんに *あげて下さい Please *give* this to your ˹son [daughter]. 語法 give は二重目的をとるが, この文のように間接目的語が長いときは to を用いて直接目的語の後にまわすのが普通. 《☞ 語順 (欄外)》 // これをあなたに *あげましょう This is for you. 語法 このように日本語で「あげる」とあっても, 英語では必ずしも give が使われないことに注意. この場合, I'll *give* this to you. と言うことも可能だが, 贈り物などをする場合 give を使うとかなり失礼な調子になる.

3 «相手のためにある行為を行う» ★ 英語にはこの日本語に対する特定の表現はないので, 適当な動詞を用いて意訳しなくてはならない.

¶ 家まで車で送って *あげますよ (⇒ 車で運んでやる) I'll *drive* you home. // 駅まで連れていって*あげますよ (⇒ 駅まで案内します) I'll *take* you to the station. // かばんを持って*あげましょう (⇒ 私に持たせて下さい) *Let me carry* your bag. // 私の車を貸して *あげましょう (⇒ 使ってもよい) You *can use* my car.

4 «増す»：(向上する・させる) improve ㊀ ㊉；(増す) increase ㊉. 《☞ こうじょう²》.

¶ 彼はこのごろゴルフの腕を*上げた His golf *has improved* a great deal these days. 《☞ うで》 // 我々はもっと仕事の能率を *上げなければならない We must ˹*improve* [*increase*] the efficiency of our work. 《☞ のうりつ》 // オートバイは徐々にスピードを*上げた (⇒ 増した) The motorcycle ˹*gathered* [*put on*] speed gradually. 《☞ スピード》

5 «吐く・戻す»：vomit ㊀ 《☞ はく¹》. ¶ *上げたい (⇒ 吐きたい) ような感じです I feel like *vomiting*.

6 «声を»：(張り上げる) raise *one's* voice；(金切り声を上げる) scream ㊀. 《☞ さけぶ；こえ》. ¶ 彼らは強い反対の声を *上げた They *raised* strong objections. // 彼女は痛くて叫び声を*上げた (⇒ 発した) She ˹*gave* [*uttered*] *a cry* of pain. // 彼女はヒステリックな金切り声を*上げた She *screamed* hysterically.

7 «式などを催す»：hold ㊉ 《過去・過分 held》《☞ しき²》. ¶ 多くの人が神前で (⇒ 神式に従って) 結婚式を *挙げる Many people *hold* their wedding ceremony according to Shinto rites.

8 «示す»：(例などを) give ㊉；(言及する) mention ㊉. ¶ 例を*あげましょう I'll *give* an example. // 彼はいろいろ理由を *あげた He *gave* various reasons. // 彼は彼らの名前を*あげた He *has mentioned* their names.

9 «費用をある額で抑える» ¶ 忘年会を 1 人 6 千円以下で*上げたい (⇒ 最高で 6 千円に制限したい) We want to *limit* each person's share of the expenses for the year-end party to 6,000 yen at the maximum.

10 «手に入れる»：(一般的に) get ㊉；(努力して) obtain ㊉；(名声・勝利などを) win ㊉；(得点を) score ㊉. 《☞ える》. ¶ 彼らはすばらしい成果を*上げた (⇒ すばらしい結果を得た) They ˹*got* [*obtained*] wonderful results. // 彼は 10 連勝を*上げた He ˹*gained* [*won*] ten consecutive victories.

11 «捕える»：(逮捕する) arrest ㊉. ¶ 彼は殺人容疑で*あげられた (⇒ 逮捕された) He *was arrested* on (the) suspicion of murder. // 犯人はまだ*あげられていない The criminal is still *at large*. ★ at large で「捕えられないで・逃走中で」の意.

あげる² 揚げる (油でてんぷらにする) deep-fry ㊉ 《☞ いためる；てんぷら；料理の用語 (囲み)》. ¶ 夕食用にえびを*揚げた I *deep-fried* lobsters for dinner.

あけわたす 明け渡す (引き払う) vacate ㊉；

(立ち退く) clear out of ... 《☞ たちのく》. ¶ 私は1週間後にアパートを*明け渡さなくてはならない I have to「*vacate* [*clear out of*] my apartment in a week.

あご 顎 jaw Ⓒ; (人間の下あごの先端) chin Ⓒ [語法] 上歯を中心とした部分が「上あご」(upper jaw) で, 下歯を中心とした部分が「下あご」(lower jaw). 合わせて jaws というが, jaw だけで下あごの意味に用いることが多い. chin は下あごの先の突き出た部分をいう. 《☞ かお (挿絵)》.

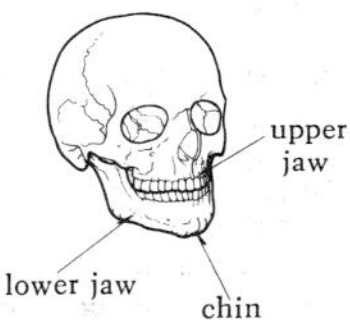

¶ バイオリンをまず*あごの下にあてなさい Put the violin under your *chin*, first of all.

あごで使う ¶ 彼は秘書を*あごで使う (⇒ 高慢な態度で) He *deals with* his secretary *with a lordly air*. // 私は彼に*あごで使われている (⇒ こき使われている) I *am ordered around* by him.

あごを出す ¶ くたびれて*あごを出してしまった (⇒ すっかり疲れ切った) I was「*tired out* [*exhausted*]. 《☞ つかれる》

あご骨 jawbone Ⓒ 《☞ ほね》.

アコーデオン accordion Ⓒ.

アコーデオンドア accordion door Ⓒ.

あこがれる 憧れる ── 動 (あこがれ求める) yearn「for [after] ...; (切望する) long「for [after] ... ★ yearn のほうが意味が強い; (身も細るばかりに思い焦がれる) pine「for [after] ...; (渇望する) thirst for ... ── 名 yearning Ⓒ; longing Ⓒ; (賛美の的) the admiration.

¶ 若者たちは都会の生活に*あこがれる Young people「*yearn* [*have a yearning*] *for* city life. / (⇒ 若者たちは都会の生活に引きつけられている) Young people *are attracted*「by [to] city life. // 私はふるさとの空に*あこがれる (⇒ ふるさとを恋しく思う) I「*pine* [*have a longing*] *for* home. // 少女はスターの名声に*あこがれた The girl *yearned*「*after* [*for*] stardom. // 彼女は*あこがれの (⇒ あれほど見たいと願っていた) パリにとうとうやってきた She has finally come to Paris, which she *wished so much to see*. // 彼は学生の*あこがれの的だ He「is [has] *the admiration* of students.

あごひげ 顎髭 beard Ⓒ 《☞ ひげ[1]》. ¶ あの*あごひげを生やした人はだれですか Who is that man with the *beard*? // 私は*あごひげを生やすつもりだ I'm going to「grow [wear] a *beard*.

あさ[1] 朝 morning Ⓒ [語法] この語は日本語の「朝」に当たるだけでなく, 普通, 夜明けから正午または昼食をとるまでの間, すなわち「午前中」を指す. 《☞ 時刻・日付・曜日 (囲み)》.

¶ 私は*朝早く起きた I got up early *in the morning*. // 彼は毎*朝散歩をする He takes a walk *every morning*. [語法] morning の前に every, next, this などが付くときは副詞句となるので, 前置詞 in は付けない. // 寒い*朝だった It was a cold *morning*. 《☞ 冠詞 (欄外)》 // *朝のうち忙しかった I've been very busy in the early part of this *morning*. [語法] in the morning とすると「午前中」の意味になる. // 私たちは4月10日の*朝出発するつもりです We're going to leave *on the morning of* April 10. [語法]「朝のうちに・午前中に」の場合, 前置詞は in を用いるが, 「...日の朝に, ...日の午前(中)に」のように特定の日の朝を指すときには on を用いる. // 彼は*朝から晩まで精出して働いた He worked hard from *morning* till night.

あさ[2] 麻 (亜麻およびその繊維) flax Ⓤ; (麻・大麻およびその繊維) hemp Ⓤ; (麻製品) linen Ⓤ ★ flax を原材料にしたもの.

あざ 痣 (けがによる) bruise [brúːz] Ⓒ; (目のまわりの) black eye Ⓒ; (生まれながらの) birthmark Ⓒ. ¶ 彼は身体中*あざだらけだった He had *bruises* all over his body.

あさい 浅い **1** «深さが»: (水深など) shallow (↔ deep). ¶ 水が*浅いところで水浴びしなさい Bathe where the water is *shallow*. // 川は一番*浅いところを渡れ Cross the stream where it is *shallowest*. 《ことわざ》 // *浅い (⇒ 軽い) 傷 a *slight* injury

2 «時間が短い»: short 《☞ みじかい》. ¶ 彼女とは知り合ってまだ日が*浅い (⇒ ほんの短期間しか付き合っていない) I have known her only for a *short* time. // 春はまだ*浅い The spring is still *young*.

3 «眠りが»: light (↔ deep; sound). ¶ このごろ眠りが以前より*浅くなった (⇒ 以前のように熟睡できない) I *cannot sleep* as「*deeply* [*soundly*] as I used to.

4 «経験が»: (不足している) lacking; (未熟な) green. 《☞ みじゅく; けいけん[1]》. ¶ 彼は経験がまだ*浅い He is *lacking* in experience. / (⇒ 未熟だ) He is still *green*.

5 «知識などが»: (浅薄な) shallow; (うわべだけの) superficial. 《☞ せんぱく[1]》.

あさがお 朝顔 morning glory Ⓒ 《☞ 花 (囲み)》.

あさぐろい 浅黒い dark; (黒ずんだ) darkish. 《☞ くろ》.

あざけり 嘲り (ばかにした) derision Ⓤ; (軽蔑した) scoff Ⓒ. ¶ 彼はみんなの*あざけりの的になった He became the object of general *derision*.

あざける 嘲る (尊敬すべきものを) scoff ㊀; (冷やかして) jeer ㊀; (強い皮肉をこめて) sneer ㊀; (ばかにして) deride ㊀; (人の弱点などをあざ笑う) mock ㊀. 《☞ あざわらう; ちょうしょう》. ¶ 彼は競争相手の失敗を*あざけった He「*jeered* [*scoffed*] at his opponent's failure.

あさせ 浅瀬 (砂の) shoal Ⓒ; (川などの歩いて渡れる所) ford Ⓒ. ¶ 船は*浅瀬に乗り上げた (⇒ 座礁した) The ship「ran [went]「*ashore* [*aground*].

あさって 明後日 the day after tomorrow 《☞ 時刻・日付・曜日 (囲み)》.

¶ *あさって英語の試験があります We are going to have an「exam in English [English test] *the day after tomorrow*. // *あさっての朝[晩]までにはやってしまいます I'll have finished it by *the* 「*morning* [*evening*] *after next*. 《☞ 完了形 (欄外)》

あさつゆ 朝露 morning dew [U].

あさね 朝寝 ¶ 日曜日はたいてい*朝寝をする (⇒ 遅く起きる) I usually *get up late* on Sunday. // その朝彼は 10 時ごろまで*朝寝をした (⇒ 床の中にいた) That morning he *stayed in bed till* about 10 o'clock.

朝寝坊 late riser [C] 《☞ ねぼう ; ねすごす》. ¶ 彼は宵っぱりの *朝寝坊だ He *keeps late hours*.

あさはか 浅はか —[形] (考え方・知識などが足りない) shallow ; (うわべだけの) superficial ; (愚かな) silly, foolish. 《☞ あさい ; ばか》. ¶ それは *浅はかな考えだ It is a *superficial* 「way of thinking [view]. // そんなことを言うなんて, 我ながら*浅はかだった (⇒ 私はばかだった) It was very 「*silly* [*foolish*] of me to say such a thing.

あさばん 朝晩 morning and evening. ¶ *朝晩は涼しくなりました We have cooler *mornings and evenings* now.

あさひ 朝日 the morning sun ; (昇りかけている太陽) the rising sun. 《☞ ひ[1] ; 冠詞 (欄外)》. ¶ 私の部屋は*朝日が差し込む *The morning sun* shines into my room.

あさましい 浅ましい (卑劣な) mean ; (下劣な) base ; (恥ずべき) shameful. 《☞ さもしい ; げれつ》.

あざみ 薊 thistle [θísl] [C].

あざむく 欺く (うそをついてだます) deceive [他] ; (不正な手段でごまかす) cheat [他] ; (かつぐ) trick [他]. 《☞ だます ; ごまかす》.

あさめし 朝飯 breakfast [U] 《☞ ちょうしょく ; 食事 (囲み)》. ¶ *朝飯にしよう Let's have *breakfast*. **朝飯前** ¶ そんな仕事は*朝飯前だ (⇒ 非常に簡単にできる[非常に易しい]) Such a job 「can be done *quite easily* [is *very easy*]. 《☞ かんたん[1] ; やさしい[2]》

あさもや 朝靄 (薄い霧) morning mist [U] ; (薄いかすみ) morning haze [U]. 《☞ もや ; きり[1] ; かすみ》.

あざやか 鮮やか **1** «鮮明な» —[形] vivid ; bright ; brilliant ; fresh. —[副] vividly ; brightly ; brilliantly.

【類義語】光や色が生き生きとして鮮明なのは ***vivid***. 明るく輝かしい意味では ***bright*** や ***brilliant*** を用いるが, ***brilliant*** は ***bright*** よりも強い輝きを示す. 新鮮でみずみずしいのは ***fresh***. 《☞ せんめい ; 色 (囲み)》

¶ 彼女のコートの色は*鮮やかな赤でした The color of her coat was a 「*vivid* [*bright* ; *brilliant*] red. // 木の葉が*鮮やかな緑色になってきた The leaves have taken on a 「*fresh* [*bright*] green.

2 «やり方・状態について» —[形] (手並みが見事な) skillful (《英》 skilful) ; (手先の器用な) dexterous. —[副] skillfully (《英》 skilfully) ; dexterously. 《☞ みごと ; すばらしい》.

¶ フェンシングにおける彼の*鮮やかな腕前は皆が称賛している Everybody admires his 「*skill* [*skillful* performance] in fencing. // *鮮やかなものだね (⇒ 私はあなたの技量[能力]を称賛する) I admire your 「*skill* [*ability*]. // そのオーケストラの演奏は *鮮やかだった (⇒ すばらしい演奏をした) The orchestra gave 「a *superb* [an *excellent*] performance.

あさやけ 朝焼け the morning glow. ¶ *朝焼けの空 the sky bright with *the morning glow*

あさゆう 朝夕 morning and evening 《☞ あさばん ; まいにち》.

あざらし 海豹 seal [C] [参考] あざらしの皮は sealskin [U].

あさる 漁る (食物などを引っかき回して探す) forage [fɔ́:ridʒ] (for ...) [自] ; (何かを見つけ出そうと捜す) search (for ...) [自] [語法] 一般に「...を求めて」は for ... で表す. 《☞ さがす》. ¶ にわとりが食物を*あさっていた The chickens *were* 「*foraging* [*searching*] *for* food. // その犬は食物を *あさって町をうろつき回った The dog *prowled* the streets *for* food. ★ prowl [他] は「獲物を求めてうろつく」の意.

あざわらう 嘲笑う (笑い者にする) ridicule [rídikjù:l] [他] ; (あざける) scoff (at ...) [自] ; (冷笑する) sneer (at ...) [自] ; (あざける) deride [他] ★ やや改まった語 ; (...をばかにして笑う) laugh at ... ★ 必ずしも声を立てなくてもよい. 《☞ ちょうしょう ; からかう ; わらう (類義語) ; けいべつ》. ¶ 我々は彼の幼稚な考えを*あざ笑った We 「*ridiculed* [*scoffed at*] his childish idea. // 彼らは彼の臆病を (⇒ 臆病であることを) *あざ笑った They *laughed at* him for being a coward.

あし[1] 足, 脚 **1** «足» : (足首から先) foot [C] 《複 feet》 ; (脚部) leg [C] [語法] leg は太ももの付け根から足首まで. この語は人間のみでなく, テーブルなどの脚にも用いる. なお, leg は foot も含めて足全体を指すこともある ; (犬や猫などのつめのある足) paw [C] ; (ひづめのある足) hoof [C] ; (いかやたこの) arm [C].

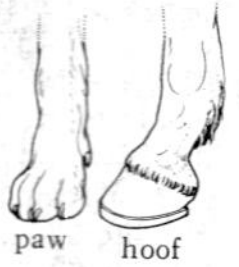

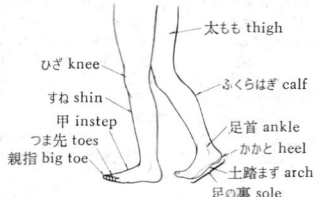

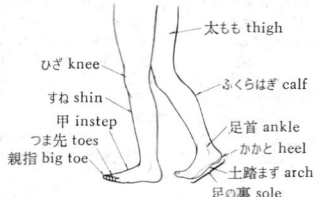

¶ *足の長い long-*legged* (↔ short-legged)
*足の太い thick-*legged* (↔ slender-legged)
4 本*足の four-*legged*
テーブルの*脚が壊れている The *leg* of the table is broken.
きょうは*足が痛い I have a sore *foot* today.
*足がしびれてしまった My *feet* are asleep.
彼女は*足が達者だ She is a good walker.
彼は*足が速い (⇒ 彼は速く歩く[走る]) He

「walks [runs] very fast. / He is a fast 「walker [runner].
彼はつえを持ち，*足を引きずって歩いていた He *was dragging himself along* with a stick.
どうぞ*足を伸ばして下さい Please stretch your *legs*.
彼女は*足を組んで座っている She is sitting 「with her *legs* crossed [cross-*legged*].
彼は部屋の中に*足を踏み入れた He「set *foot* inside [entered] the room. ★ set foot は成句.
彼女は誤って*足を折った She broke her *leg* by accident.
彼は*足(首)をねんざした He sprained his *ankle*.
彼は芝生で*足を滑らせた He *slipped* on the turf.
バスの中でだれかに*足を踏まれた Somebody stepped on my *foot* on the bus.
彼は*足 (⇒ 歩速) を速めた He quickened his *pace*.
私たちはロンドンまで*足を伸ばした We *extended our* 「*tour* [*journey*] 「to [as far as] London.
君の*足ならホテルまで 10 分で行けるよ At your *pace*, you'll get to the hotel in ten minutes.
2 «交通手段» ¶その鉄道ストライキは多くの人の*足を奪った The railroad strike robbed many people of the *means of transportation*.
足がつく ¶質屋の手に渡った盗品から*足がついた (⇒ 彼は突き止められた) He *was traced* through the stolen goods which he had deposited in a pawnshop.
足が出る ¶3千円*足が出た (⇒ 予算を超過した) We「*ran over* [*exceeded*] the budget by three thousand yen. ★ run over のほうが口語的.
足を洗う ¶彼はその仕事から*足を洗った (⇒ 自分の仕事をやめた) He quit his job. / He *washed his hands of* the work.
足を引っ張る ¶彼らは*足を引っ張り合っている (⇒ あら探しをしている) They *are finding fault with* one another. / (⇒ 互いの邪魔をしようとしている) They are trying to *get in* each other's *way*.

あし² 葦 reed Ⓒ.

あじ¹ 味 **1** «味覚» ── 名 taste Ⓤ; (風味) flavor (《英》 flavour) Ⓤ. ── 動 (味がする) taste 自.
【類義語】舌で感じる味一般を表すのが ***taste***. 食べ物が持っている特有の風味が ***flavor*** で，味覚だけでなく嗅覚も含む. 《☞ 味 (囲み)》
¶それは酸っぱい[甘い, 苦い]*味がする It *tastes* 「sour [sweet; bitter]. / It has a「sour [sweet; bitter] *taste*. 《☞ 可算・不可算名詞 (欄外)》
この食べ物はほとんど*味がない This food has very little *taste*. / This food is almost *tasteless*.
お腹がぺこぺこで*味などわからなかった I was too hungry to pay attention to the *taste*.
「アイスクリームはどんな*味が好きですか」「バニラです」"What *flavor* do you like in ice cream?" "I like vanilla."
そのスープは少しにんにくの*味がした The soup had a little *flavor* of garlic.
そのクッキーは*味がよい (⇒ よい味がする) The cookies *taste* 「good [nice].
「それはどんな*味がしますか」「たまねぎのような*味がします」"How does it *taste*? / What does it *taste* like?" "It *tastes* like onion."
このケーキはレモンの*味がする This cake *tastes of* lemon. 語法 チューインガムのような場合は have a *flavor* of lemon とする.
彼女は塩でその魚の*味つけをした She *seasoned* the fish with salt. / She *added* salt to the fish.
「*味はよかったですか」「ええ，とてもおいしかったですよ」"Was it good?" "Yes, it was very tasty."
2 «経験・味わい»: experience Ⓤ.
¶彼は貧乏の*味を知らない (⇒ 貧乏の経験がない) He has no *experience* of poverty. / (⇒貧乏であることが何たるかを知らない) He doesn't know what *it is* (*like*) to be poor.
彼は酒の*味を覚えてしまった (⇒ 酒を飲む癖がついてしまった) He *has* 「*taken to* [*gotten into the habit of*] drinking.

あじ² 鰺 horse mackerel Ⓒ ★ 単複同形. 大西洋産のマアジ属の海魚.

アジ agitation Ⓤ 《☞ アジる; せんどう¹》.
アジ演説 agitation speech Ⓒ **アジビラ** agitation handbill Ⓒ 《☞ ビラ》.

アジア ── 名 固 Asia [éiʒə]. ── 形 Asian [éiʒən], Asiatic ★ 前者が普通. ¶日本は*アジアにある Japan is in *Asia*. / Japan is an *Asian* country. // 彼は*アジア(問題)研究の専門家です He is a specialist in *Asian* studies.
アジア競技大会 the Asian Games ★ 複数形で. **アジア人** Asian Ⓒ; (集合的に) Asian people **アジア大陸** the Asiatic Continent
アジア民族 Asian nations ★ 複数形で.

あしあと 足跡 (歩いた跡) footprint Ⓒ; footstep Ⓒ; 《米》 track Ⓒ.
【類義語】歩いた後に残った足そのものの跡は，人・動物を問わず ***footprint*** を用いる. 歩いた後に残された歩みの跡が ***footstep*** で，単に ***step*** ともいう. アメリカでは歩いて行った跡の意味で特に ***track*** を用いることがあり，雪の上に残した動物の足跡を snow *tracks* などという. 《☞ そくせき¹; ゆくえ》
¶彼は畳の上に*足跡を残した He left his *footprints* on the *tatami*. // うさぎはきれいな*足跡を雪につける The rabbit「makes a handsome *track* [leaves pretty *footprints*] in the snow.

あしおと 足音 (foot)step Ⓒ.
¶私の後ろであわただしい*足音がした (⇒ 足音を聞いた) I heard hurried (*foot*)*steps* behind me. // 彼女は父親が階段を上ってくる*足音を聞いた She heard her father's *footsteps* on the stairs. / (⇒ 父が階段を上ってくるのを聞いた) She *heard* her father *coming* up the stairs. 語法 後者のように日本語で「足音」とあっても，必ずしも footstep などを使わなくて

あ

味

舌で感じる味覚が味で，その基本となるのは「甘い」,「塩辛い」,「酸っぱい」,「苦い」の４つである．これは英語の場合も同じである．なお東洋には古くから五味として，これに「辛い」を加える分類法もあり，さらに「渋い」を加えて六味とする場合もある．ただし「辛い」,「渋い」は厳密にいえば舌で感じる味覚とは異なる．

1 味を表す語

(1) *taste*

日本語と同じく舌で感じる味は taste で，最も一般的な語．甘い味なら a sweet *taste*, 羊肉の味なら the *taste* of mutton となる．なお taste は自動詞として「…の味がする」という意味でも幅広く用いられる．

¶ *味の基本は，甘い，苦い，酸っぱい，塩辛いの４つである The four basic *tastes* are sweet, bitter, sour, and salty. // これは甘い[苦い]*味がする This *tastes* ⌈sweet [bitter]. // これはレモンの*味がする This *tastes* of lemon. // これはレモンのような*味がする This *tastes* like lemon.

(2) *flavor*

味の中でも食べ物特有の味，またはそれを特徴づけている味は flavor である．なお flavor は舌で感じる味だけでなく，においやほかの要素の入り混じった総合的な味の意味でも用いられる．例えばアイスクリームの味 (flavor) は，におい (odor), 甘み (sweetness), 冷たさ (coldness), 滑らかな舌ざわり (smoothness) などによるもの．

¶ コーヒーと紅茶は異なった*味をしている Coffee and tea have different *flavors.* // 塩を入れすぎてスープの*味が台無しになってしまった The *flavor* of the soup was spoiled by too much salt. // あそこでは*味の異なる５種類のアイスクリームを売っている They sell ice cream in five different *flavors.*

(3) *smack*

いろいろ混じっている中で，何か１つだけ際立って特徴のある味がかすかに感じられるようなときは smack という．

¶ このシチューはこしょうの*味がする This stew has a *smack* of pepper.

(4) *savor*

どちらかといえばにおいのほうに重点のある味は savor である．

¶ このソースはにんにくの*味がする This sauce has a *savor* of garlic.

(5) *season*

塩・こしょうなどで料理の味つけをするときは動詞の season を使う．

¶ 彼女は塩とこしょうとガーリックでシチューの*味つけをした She *seasoned* the stew with salt, pepper, and garlic.

2 いろいろな味

(1) 甘い

砂糖やはちみつのように甘いのは ***sweet***. ただし sweet は「酸っぱくない」,「塩辛くない」という意味でも用いられる．酒の甘口は sweet. 甘味がさらに強く，砂糖そのもののように甘ったるいのは ***sugary***. 熟した果物のように香りもよく甘美なのは ***luscious***. 甘い香りのワインなども luscious で形容するが，やや形式ばった語．

¶ このケーキは私には*甘すぎる This cake is too ⌈*sweet* [*sugary*] for my taste. // デザートに*甘く熟した桃が出た *Luscious* ripe peaches were served for dessert.

(2) 辛い

とうがらしやカレーのように，口の中がひりひりするように辛いのは ***hot***. チーズやドレッシングなどのぴりっとした強い味は ***sharp***. 香辛料のように刺すような刺激のある味は ***pungent***. 酒の辛口は ***dry*** である．

¶ これはこしょうのように*辛い This is (as) *hot* as pepper. // このソースはぴりっと*辛い味がする This sauce has a ⌈*sharp* [*pungent*] taste. // 食事の前には*辛口のシェリーを出しなさい Before a meal serve *dry* sherry.

(3) 塩辛い

塩のようにしょっぱく，塩辛いのは ***salty***.

¶ 彼は*塩辛いものは避けている He avoids *salty* food.

(4) 酸っぱい

レモンや酢のように酸っぱいのは ***sour***. 未熟な果物の酸っぱいのも sour である．酸の酸っぱいのは ***acid*** で，酸味を強調するときはこの語が使われる．ワインなどの酸っぱくなったのは ***sharp*** という．

¶ レモンは*酸っぱい Lemons ⌈are *sour* [have an *acid* taste]. // 彼はその*酸っぱい青いリンゴをかじって口をすぼめた He bit the *sour* green apple and puckered up his mouth.

(5) 渋い

柿などの渋いのは ***astringent***. ただしこの語は堅苦しい語．口がすぼむような味という意味で ***a puckery taste*** などともいう．酒などの渋いのは ***rough*** で，***harsh*** ともいう．青い果実などの渋いのは harsh である．

¶ この柿は*渋い This persimmon has *a puckery taste.* // このワインはまだ*渋い This wine still tastes *harsh*.

(6) 苦い

薬・ビール・コーヒーのブラックなど，苦い味はいずれも ***bitter***.

¶ その薬は飲んだ後も*苦かった The medicine left a *bitter* taste in my mouth.

(7) こってりした

内容的に栄養たっぷりという感じは **rich**. あっさりした日本料理に対して中国料理は rich といえる. 量的に多いのは **substantial**.
¶ 一般的に言って中国料理は*こってりしている Generally speaking, Chinese dishes are *rich*. // きょうは*こってりした料理を食べた We had a *substantial* meal today.

(8) あっさりした

食べ物の消化がよく, 腹にもたれないのは **light**. 味が淡白なのは **plain**. あまりこっていない料理は **simple**.
¶ 私は*あっさりした物が好きだ I prefer ⌈*light* [*plain*] meals.

(9) くどい

どろどろと濃厚なのは **thick**. 脂が多いのは **greasy**.
¶ このスープは少し*くどすぎる This soup is a little too *thick*. // 私は*くどいあぶら物はきらいだ I don't like *greasy* food.

(10) しつこい

腹にもたれるようなのは **heavy**. あんこなど, いやになるほど甘いのは **cloying**. 風味などが強いのは **strong** も使える.
¶ もなかのあんは*しつこいほど甘かった The wafers were stuffed with *cloying* bean jam. // *しつこい食べ物は胃に悪い *Heavy* food is bad for the stomach.

(11) こくのある

酒などは **full-bodied** という. また **rich** も用いられる.
¶ 彼女は*こくのある酒[コーヒー]を出してくれた She served us *full-bodied* ⌈sake [coffee].

3 味のよしあし

「おいしい, うまい」という意味で, ごく普通に用いられるのは **good, nice** などで, 少し大げさにいえば **wonderful, excellent** となる. やや気取った語としては **tasty** と **delicious** があるが, 味のよいことを強調するのが *tasty* で, おいしいものを味わう喜びを強調するのが *delicious*. ただし *delicious* は形式ばった語で女性がよく用いる. 香りもよくておいしいのは **savory**. おいしいとはいえないが, まずまず食べられるという意味では **palatable**. 食欲をそそるのは **appetizing**. 飲み物などの味の薄いのは **weak** で, 濃いのは **strong**. 食べ物で味がないのは **tasteless**. 風味のないのは **flavorless**. 気の抜けたような味は **insipid** で, 食べ物にも飲み物にも使われる. 不快な味は **unsavory**. ひどい味のときは **terrible** ともいえる. おいしくないときの当たらずさわらずの表現は **not too good**.
¶ 彼女が作った中華料理はとても*おいしかった The Chinese dishes she made were very ⌈*good* [*delicious*]. // 台所から*おいしそうなにおいがしてくる There's an *appetizing* smell coming from the kitchen. // あのホテルの料理は*まあまあだ The food at that hotel is ⌈*not so bad* [*palatable*]. // そのコーヒーは*濃いうえに*ひどい味だった It was *strong* and *terrible* coffee.

もよい場合があることに注意. // 彼は*足音を立てないように (⇒そっとした足取りで) その部屋を出た He walked out of the room with ⌈stealthy [soft] *steps*. 語法 この場合は footsteps を用いないのが普通.

あしがかり 足掛かり (足場) footing ★単数のみ; (足を支える場所) foothold Ⓒ; (建築用の足場) scaffold Ⓒ. 《☞ あしば》.

あしかけ 足掛け ¶ 父が死んで*足かけ (⇒約) 6年になる *About* [*Almost*] six years have passed since my father's death. / It is ⌈*about* [*almost*] six years since my father died. // ロンドンへ来て*足かけ3年です (⇒これで3年目だ) This is my *third year* in London. 《☞ やく³; 時・期間の表し方 (囲み)》

あしかせ 足枷 fetters ★通例複数形で; irons ★複数形で. 語法 fetters は足にはめるものだが, irons は手にはめるものも含む.
¶ 彼らはその奴隷に*足かせをはめた They put the slave in ⌈*fetters* [*irons*]. // 彼らは*足かせをかけられていた They were in *fetters*.

あしからず 悪しからず ¶ 先約があって会合に出席できませんが*悪しからず (⇒残念ですが出られません) I *am sorry*, but [I *regret* that] I cannot attend the meeting because of a previous appointment. 《☞ 謝罪の表現 (囲み)》

あしくび 足首 ankle Ⓒ 《☞ あし¹ (挿絵)》.

あじけない 味気無い (つまらない・退屈な) dull; (うんざりする) bored (with ...). 《☞ たいくつ; つまらない》. ¶ その小説は*味気なかった I found the novel *dull*. // 彼らは結婚生活を*味気なく感じ始めた They began to feel *bored with* their married life.

あしこし 足腰 (体) body Ⓒ ★そのほか前後関係からいろいろに意訳する必要がある. 《☞ からだ》. ¶ ランニングをして*足腰を (⇒体を) 鍛える harden *one's body* by jogging // *足腰の立つうちは (⇒元気な間は)働きます I'll keep working while I am *strong enough*.

あじさい 紫陽花 hydrangea [haidréindʒə] Ⓒ 《☞ 花 (囲み)》.

あした 明日 tomorrow 《☞ あす》.

あしだい 足代 (電車賃・バス代) fare Ⓒ, 《米》 carfare Ⓒ. 《☞ うんちん》.

あじつけ 味付け ― 動 (塩・こしょうなどで味をつける) season 他 《☞ あじ¹; 味 (囲み)》.

あしでまとい 足手まとい (重荷) burden Ⓒ; (人の自由を妨げる物・人) encumbrance Ⓒ ★改まった語; (目的に向かって進むのに邪魔になる物・人) drag Ⓒ. 《☞ じゃま; さまたげ》.
¶ 子供は彼には*足手まといだった The child was ⌈a *burden* [an *encumbrance*] to him. // 彼女は君の出世の*足手まといになるぞ She will

あ

be a *drag* on your career.

アジト 《口語》 hideout Ⓒ 《☞ かくれが；ねじろ；そうくつ》.

あしどめ 足留め, 足止め ¶ 彼らはそのホテルに*足留めされた (⇒ ホテルの中にいるように言われた) They *were told to stay within* the hotel. // その国を訪れているすべての観光客は出発を3日間延期するようにと*足止めを食った All the tourists visiting the country *were ordered to* ⌈*put off* [*delay*] their departure until three days later. 語法 英語ではしばしばこのような場合に,「…日間」と言うよりも「木曜日まで」until Thursday のように曜日を言うことが多い.

あしどり 足取り **1** «歩き方»: (歩きぶり) step Ⓒ; (歩く速さ) pace Ⓒ; (歩く様子) manner of walking Ⓒ. 《☞ あしなみ；ほちょう》.
¶ 彼は軽い[重い]*足取りで家へ帰った He went home with ⌈light [heavy] *steps*. // 家に近づくと彼の*足取りは速くなった As he came near his home ⌈his *steps* were quickened [he hastened his *steps*].
2 «犯人などの»: trace Ⓒ. ¶ 彼の*足取りはまだわからない They have found no *trace* of him yet.

あじな 味な (機知に富んだ) witty; (器用・巧妙な) deft. 《☞ しゃれた》. ¶ 彼はなかなか*味なことを言う He says *witty* things. / He makes *witty* remarks.

あしなみ 足並み (一定の歩く速さ) pace Ⓒ; (歩調) step Ⓤ. 《☞ ほちょう; あしどり》. ¶ 我我は*足並みをそろえなければならない We must keep the same *pace*. // 我々は*足並みが乱れている We ⌈are out of *step* [have a different *pace*].

あしば 足場 (建築用の) scaffold Ⓒ, scaffolding Ⓤ ★ scaffolding は集合的に足場の全構築を指す; (足を支えるための) footing Ⓒ. ¶ 彼らは家の周りに*足場を組んだ They put up a *scaffold* around the house.

あしばや 足速 ¶ 彼女は私たちのそばを*足ばやに歩いて行った She walked past us ⌈*at a quick step* [*with quick steps*; *quickly*]. 語法 at a quick step は速度の段階を考慮した言い方で, with quick steps は足取りの様子を強調した表現. 《☞ あしどり》

あしぶみ 足踏み ―動 (足踏みする) mark time ★ 比喩的に物事が停滞するときにも用いる. ―名 (行き詰まり・停止) standstill Ⓒ.
¶ 先生は生徒に*足踏みさせた The teacher made the students *mark time*. // その交渉は*足踏み (⇒ 停止) 状態である The negotiations are *at a standstill*.

あしもと 足元, 足下 **1** «足のそば» ―副 at *one's* feet, underfoot.
¶ 彼は*足もとで何か動いているのを感じた He felt something moving *at his feet*. // *足もと (⇒ 足の下) はぬかって滑りやすくなっていた It was muddy and slippery *underfoot*. // 私は数学では彼の*足もとにも及ばない(⇒彼と比べものにならない) As regards mathematics, I *can't* ⌈*compare* [*stand comparison*] *with* him.
2 «歩み»: step Ⓒ. ¶ みんな*足もとに気をつけてそろそろと歩いた Everybody walked slowly, watching ⌈his [their] *step*. // 車から降りたとき私は*足もとがふらついた Getting out of the car, I *stumbled*. 語法 このように step などの語を使わないで訳すことも多い. 《☞ ふらつく》 // *足もとにご用心 Watch your *step*. 《☞ 掲示の英語 (囲み)》

CAUTION
WATCH
YOUR STEP

足もとを見る ¶ 彼はすぐ人の*足もとを見る男だ (⇒ 弱みなどにつけこんでそれを利用する男だ) He is a sort of man who *takes advantage of* you. 《☞ つけこむ》

あしゆび 足指 toe Ⓒ 《☞ つまさき; ゆび》.

あしらう **1** «取り扱う»: (人を) treat ㊞, deal with …; (鼻であしらう) sniff at … 《☞ あつかう》. ¶ 私は彼らに冷たく*あしらわれた I *was* coolly *treated* by them. / (⇒ 彼らは私に冷淡な態度をとった) They ⌈*turned* [*gave*] *the cold shoulder* to me. ★ 口語的.
2 «つけ合わせる»: (料理に) garnish ㊞; (置く) place ㊞. 《☞ そえる; つけあわせ》.

アジる (扇動する) agitate (for …) ㊎; (そそのかす) instigate ㊞. 《☞ アジ; せんどう[1]》. ¶ 指導者はストライキをやるよう*アジった The leader *agitated for* a strike. // 彼は学生を*アジってそれをやらせた He *instigated* the act of the students.

あじわい 味わい ―名 (おもむき) taste Ⓤ. ―形 (味のある) tasteful; (意味のある) meaningful, significant. ¶ その言葉は年とともに*味わい深い (⇒ 意味のある) ものになった The words became more and more ⌈*meaningful* [*significant*] as the years passed.

あじわう 味わう (味をみる) taste ㊞; (楽しむ) enjoy ㊞; (文学や芸術などを鑑賞する) appreciate ㊞; (経験する) go through …, experience ㊞ ★ 前者のほうがより口語的. 《☞ あじ[1]; けいけん[1]》.
¶ 私は本物のスペイン料理はまだ*味わったことがない I *haven't tasted* real Spanish food yet. // 我々は自由の喜びを*味わっている We *are enjoying* our freedom. // 彼は人生の苦しみを*味わった He ⌈*went through* [*experienced*] the hardships of life.

あす 明日 tomorrow 語法 副詞と名詞の用法があるが, 名詞の場合も常に無冠詞. 《☞ 時刻・日付・曜日 (囲み)》.
¶ *あすは休みだ *Tomorrow's* a holiday. / We'll have a holiday *tomorrow*. / (⇒ 私はあすは休みだ) I'll have *tomorrow* off. // そのニュースは*あすの新聞に出るだろう The news will appear in *tomorrow's* papers. // *あすのいまごろ僕は彼女と一緒にいるだろう I'll be with her at this time *tomorrow*. // 彼は来週の*あすここに帰ってくる He'll be back here ⌈a week from *tomorrow* [《英》 *tomorrow* week]. 語法 《英》では tomorrow week は文脈によって「来週のあす」にも「先週のあす」

の意味にも使われる. 《☞ きょう[1]》 // *あすまで延ばすな Don't put it off till *tomorrow*. // *あすの朝[午後]来て下さい Please come *tomorrow* ⌈morning [afternoon].

あずかりしょう 預かり証 (手荷物の) check Ⓒ, claim tag Ⓒ; (預かった印に渡される札) deposit receipt Ⓒ. 《☞ ふだ》.

あずかりもの 預かり物 ¶ これは*預かり物 (⇒ 一時的に私の管理に任された物) で, 私の物ではありません This *has been* temporarily *left in my* ⌈*charge* [*keeping*] and is not my own. 《☞ あずけもの》

あずかる[1] 預かる **1** «保管する»: keep ⊕ 《過去・過分 kept》《☞ あずける; ほかん》.
¶ この包みを*預かって下さい Will you *keep* this package *for* me? // この箱をブラウンさんから*預かっています We *are keeping* this box *for* Mr. Brown. 語法 英語では「ブラウンのために」という意味で for を使うことに注意. これを from とすると, 「ブラウンから箱を隠している」という意味になる. // 私は彼に傘を*預かってもらった (⇒ 傘を保管してくれるように頼んだ) I asked him to *keep* my umbrella *for* me.
2 «引き受けて世話をする»: take ⌈charge [care] of ...; (めんどうを見る) look after ... 《☞ うけもつ; せわ》. ¶ 私たちがその子供たちを*預かることにした We have decided to *take* ⌈*charge* [*care*] *of* the children. // 私たちのいない間, 犬を*預かってもらえますか May I ask you to *look after* our dog while we are ⌈gone [away]?

あずかる[2] 与かる (参加する) take part (in ...), participate (in ...) ⓐ. 《☞ さんか[1]》.
¶ 私はその企画に*あずかることができてうれしい I am glad that I can ⌈*take part* [*participate*] *in* the project. // だれがその利益の分配に*あずかるのですか (⇒ だれが利益を分け合うのか) Who is going to *share* the profits? // 彼はそのクラブの規約の草案を作るのに*あずかって力があった (⇒ 重要な役割を果たした) He *played* an important *part* in drafting the rules of the club. // それは私の*あずかり知らぬことです (⇒ 私は無関係だ) I *have nothing to do with it*. // ご招待に*あずかり光栄です (⇒ 招待して下さってありがとう) Thank you very much for inviting me.

あずき 小豆 adzuki [adsuki] bean Ⓒ.
あずき色 reddish brown Ⓤ 《☞ 色 (囲み)》.

あずけもの 預け物 (預けた品物) article left in charge Ⓒ 《☞ あずかりもの》. ¶ 私は*預け物を取りに行かなければならない I must go and get *what I have left* (*in safekeeping*).

あずける 預ける **1** «保管を頼む»: (置いておく) leave ⊕ 《過去・過分 left》 ★ 最も口語的で一般的; (安心して任せる) entrust ⊕; (預金する) deposit ⊕. 《☞ あずかる[1]; ほかん; よきん》.
¶ 荷物をここへ*預けましょう Let's [Why don't we] *leave* our baggage here. 語法 leave だけでは必ずしも預けるの意味にはならないが, 実際の場合ではこのような表現で十分意味が通じる. 《☞ にもつ》 // 私は札入れを鈴木君に*預けた I *left* my wallet *with* Suzuki. / I *entrusted* Suzuki *with* my wallet. ★ 前者のほうが口語的. // 私は貴重品をフロントに*預けた I *checked* my valuables at the front desk. // 私は銀行へ2万円*預けた I *deposited* 20,000 yen in the bank. // 私はこの銀行に100万円*預けてある (⇒ 口座預金がある) I have a *deposit* of 1,000,000 yen in this bank. / I have ¥1,000,000 *on deposit* in this bank.
2 «世話を頼む»: (置いて行く) leave ⊕; (任せる) entrust ⊕.
¶ 彼らは子供たちを私たちのところへ*預けて旅行に行った They went on a trip, *leaving* their children ⌈*with* us [*in* our *hands*]. // 私は子供たちを彼女に*預けた <S(人)+V(*entrust*)+O(世話)+*to*+名・代> I *entrusted* the care of my children *to* her. / <S(人)+V(*entrust*)+O(人)+*with*+名(世話)> I *entrusted* her *with* the care of my children.

アスパラガス asparagus Ⓤ. ¶ *アスパラガス1本 a ⌈stalk [piece] of *asparagus*

アスピリン (医薬) aspirin [ǽspərin] Ⓤ ★ 錠剤 (aspirin tablet) を指す場合は Ⓒ.

アスファルト asphalt [ǽsfɔːlt] Ⓤ.

あずまや 東屋, 四阿 (木陰の休息所) bower [báuə] Ⓒ; (つたなどをからませた日よけでできた休息所) arbor Ⓒ.

あせ 汗 ─ 名 (人・動物の) sweat [swét] Ⓤ; (人の) perspiration Ⓤ. ─ 動 (汗をかく) sweat ⓐ 《過去・過分 sweat または sweated》; perspire ⓐ ★ 後者のほうが上品な語とされる.
¶ 彼は顔の*汗をぬぐった He wiped ⌈the *sweat* [(the) *perspiration*] ⌈off [from] his face. 語法 perspiration の場合, the を省略することもある.
*汗が出て来た The ⌈*sweat* [*perspiration*] ⌈came [oozed] out. / (⇒ 私は汗をかきはじめた) I began to ⌈*sweat* [*perspire*].
玉の*汗が彼の額にふき出した Beads of *perspiration* ⌈appeared [broke out] on his forehead.
彼は*汗びっしょりだ He is ⌈wet [covered] with *sweat*. / He is dripping with *sweat*. 《☞ びっしょり》
私はすぐ*汗をかく I ⌈*sweat* [*perspire*] easily.
興奮のあまり手が*汗でぬれた (⇒ 手に汗をにぎった) My palms were wet with *sweat* in excitement.
それは手に*汗を握るような (⇒ はらはらさせる) 試合だった It was a *breath-taking* game.
彼は額に*汗して働かなければならなかった He had to work by the *sweat* of his brow.
汗かき (great) sweater Ⓒ. ¶ 私は*汗っかきです I ⌈*sweat* [*perspire*] *heavily*. / I am a *great sweater*.

あせだく 汗だく ─ 動 (汗びっしょりである) be all in a sweat 《☞ あせ》. ¶ 彼は*汗だくだった He *was all in a sweat*. / He *was dripping with sweat*. / He *was perspiring all over*. // 彼は*汗だくになって仕事をしている (⇒ 仕事に精出している) He *is sweating at* his work.

あ

アセチレン acetylene [əsétəlin] Ⓤ.

あせばむ 汗ばむ be [get] slightly sweaty《☞ あせ》. ¶陽気がいいので*汗ばんだ The warm weather made me *slightly sweaty*.

あせみず 汗水 ¶彼は畑で一日中*汗水流して (⇒一生懸命) 働いた He *worked hard* all day in the fields. // これは私が*汗水流して (⇒額に汗して) 稼いだ金だ This is the money I have earned by the *sweat* of my brow.《☞ あせ》

あぜみち 畦道 (田と田の間の細い道) footpath between rice paddies Ⓒ.

あせみどろ 汗みどろ dripping with sweat Ⓤ《☞ あせ; あせだく》. ¶*汗みどろになって働く *sweat at one's* work

あせも 汗疹 prickly heat Ⓤ. ¶この赤ちゃんは*あせもができている This baby has *prickly heat*.

あせる[1] 焦る (待ち切れなくてもどかしがる) get impatient; (じれったくていらいらする) get irritated 語法 get の代わりに become を用いてもよい. be を用いれば状態を表す.《☞ いらいら; あわてる》.

¶仕事がはかどらないので彼は*焦っていた He *was irritated* because the work was making little progress. // このゲームでは*焦らない (⇒冷静を保つ) ようにすることが大切です In this game it is important to *keep cool*. // *焦ると事をし損じる *Haste* makes waste.《ことわざ》

あせる[2] 褪せる (色が薄らぐ) fade ㊀ ㊉; (変色する) be discolored.《☞ さめる; へんしょく[1]》. ¶色が*あせた The color *has faded*. // 強い日光に当たってじゅうたんの色が*あせた The carpet *was discolored* by the strong sunlight. / (⇒強い日がじゅうたんを褪色(たいしょく)させた) The strong sun *faded* the carpet.

あぜん 唖然 ━動 (物も言えないほどびっくりする) be dum(b)founded; (びっくり仰天する) be flabbergasted.《☞ あきれる; あっけ; ぼうぜん》. ¶私はその知らせを聞いて*あぜんとした I was ˹*dumbfounded* [*flabbergasted*]˺by [at] the news.

あそこ over there, there 語法 英語の there は相手の近く, すなわち「そこ」と, 話し手からも相手からも離れた場所「あそこ」の両方を意味する. 距離がある程度離れていることを強調するためには over there が用いられる. なお, 相手が遠く離れている場合には「そこ」の意味で over there を用いるので, there と over there は日本語の「そこ」「あそこ」の区別とは違う; (あの場所) that place.《☞ そこ[2]; あちら 語法; むこう[1]》.

¶*あそこにいるのは私の父です That's my father *over there*. 語法「あそこ」という場所が下のほうであれば down there, 上のほうであれば up there, 外へ向かった方向であれば out there になる. // 彼は*あそこから走って来た He came running from ˹*there* [*that place*].

あそび 遊び **1**《遊ぶこと》: (一般に) play Ⓤ (↔ work); (ゲーム) game Ⓒ.

【類義語】仕事に対して, 楽しみを目的にした一般的な活動が **play**. 特に一定のルールに従って勝負をするような遊びの形態が **game** である.

¶子供たちは*遊びに夢中である The children are ˹deep [absorbed] in *play*. 語法 具体的に遊びの種別があるような場合には a game を用いる. //「*遊びに行ってもいい」「いいよ」"Can I go out and *play*?" "Yes, you can." // 私たちはトランプ*遊びを楽しんだ We enjoyed a card *game*.

2《娯楽》: (余暇を過ごす気晴らし) pastime Ⓒ; (仕事を離れた楽しみ) pleasure Ⓤ; (意識的に行う楽しみ) amusement Ⓤ.《☞ ごらく (類義語)》.

¶マージャンは学生の間でたいへん人気のある*遊びである Mah-jong is a very popular *pastime* among students. // 彼女はヨーロッパへ*遊びに行った She went to Europe ˹for *pleasure* [*to enjoy herself*]. // 私は*遊び半分に読書をしたものだった I used to read half for *pleasure*.

3《行って楽しい時を過ごす》¶「あした*遊びに来ないか」「いいとも」"Won't you *come and see* me tomorrow?" "OK."

遊び相手 (特に子供の遊び友達) playmate Ⓒ, playfellow Ⓒ **遊び着** playclothes ★複数形で; (子供の) play suit Ⓒ **遊びざかり** ¶うちには*遊びざかりの (⇒若い[活発な, 健康な]) 子供が2人いる We have two ˹*young* [*active*; *healthy*] children. **遊び時間** playtime Ⓤ; (学校などの休み時間) recess Ⓒ **遊び場** playground Ⓒ **遊び回る** play ˹about [around] ㊀.

あそぶ 遊ぶ **1**《遊戯などをする》: play ㊀ 語法 この意味では主に子供の遊びに用いられ, 成人の楽しみなどには用いられない; (もて遊ぶ) toy with ...《☞ ふざける》.

¶子供たちはこの公園で*遊ぶのが好きだ Children like to *play* in this park. // 私たちは外で[うちで]*遊んだ We *played* ˹outdoors [indoors]. // 彼女は人形で*遊んでいる She *is playing* with dolls. // よく学び, よく*遊べ (⇒働くときには働き, 遊ぶときには遊べ) Work while you work, *play* while you *play*. / All work and no *play* makes Jack a dull boy.《ことわざ: 勉強ばかりで遊ばないことはジャックをばかな少年にする》

2《楽しむ》: amuse [enjoy] *oneself*; (楽しい時を過ごす) have a good time.《☞ たのしむ》. ¶私たちは午後は浜辺で楽しく*遊んだ In the afternoon we ˹*had a good time* [*enjoyed ourselves*] at the seashore. // 子供たちは絵をかいて*遊んだ The children *amused themselves* by drawing pictures.

3《何もしないで怠ける》: (怠けて時を過ごす) idle away ㊉; (遊び暮らす) loaf ㊀. ¶私は*遊んでばかりいられない (⇒ぶらぶらしていることはできない) I can't *idle away* my time. / (⇒怠けている余裕がない) I can't afford to be *idle*. // 彼はぶらぶら*遊んで一生を送った He *loafed through* life.

4《遊興する》¶彼は若いときはずいぶん*遊んだ (⇒放蕩生活を送った) He *led a dissipated life* in his youth.

5《使用されないでいる》: be ˹not in use

[idle]. ¶人手不足のため*遊んでいる機械が少しある Due to a lack of manpower, some machines *are not in use*.

あだ¹ 仇 ―動 (あだを討つ) avenge ㊐, revenge ㊐. 《☞ かたき；ふくしゅう²》.
¶彼は殺された父親の*あだを討つことを誓った He vowed to 「*avenge* [*revenge*] his father's murder. 語法 avenge は「正義のために」, revenge は「個人的な恨みを晴らすために」という含意がある.

あだ² 徒 ¶彼によかれと思ってやったことが*あだ(⇒害)になった What I meant for his good 「proved [turned out] *harmful*.

あたい 値, 価 ―形 (価値のある) worth ★後に目的語がくる. ―動 (値する) deserve ㊐. ―名 (価値) value Ⓤ. 《☞ かち¹；ねうち》. ¶彼の行いは称賛に*値する(⇒称賛される値打ちがある) His deed *deserves* 「praise [to be praised]. // 彼の提案は考慮に*値しない His proposal is not *worth* consideration. // *x* の*値は何か What is the *value* of *x*?

あだうち 仇討ち (復讐(ふくしゅう)) vengeance Ⓤ, revenge Ⓤ; (報復) retaliation Ⓤ. 《☞ かたき；ふくしゅう²》.

あたえる 与える (あげる) give ㊐《過去 gave；過分 given》 ★一般的で平易な日常語. 以下の語の代わりに用いられることも多い；(贈り物として進呈する) presént ㊐；(賞などを) award ㊐；(権利・金銭などを) grant ㊐ ★やや改まった語；(支給する) provide ㊐；(供給する) supply ㊐；(割り当てる) allot ㊐；(仕事などを) assign ㊐. 《☞ ていきょう》.
¶彼女は彼に偽の情報を*与えた She *gave* him false information.
彼はノーベル平和賞を*与えられた He *was* 「*awarded* [*given*] the Nobel prize for peace.
金メダルが彼女に*与えられた(⇒彼女は金メダルを贈られた) She *was* 「*awarded* [*presented with*] a gold medal.
我々は被災者たちに食べ物と衣服を*与えなくてはならない We must *provide* 「the sufferers *with* food and clothes [food and clothes *for* the sufferers].
我々は教室の掃除をする仕事を*与えられた We *were* 「*given* [*allotted*; *assigned*] the task of cleaning the classroom.
台風は農作物に多大な被害を*与えた(⇒もたらした) The typhoon *caused* a lot of damage to the crops.
先生は生徒に罰を*与えた(⇒罰した) The teacher *punished* the students.

あたかも (…のように, 同じ方法・程度で) (just) like … ; (まるで…かのように) as 「if [though] … 《☞ まるで》.
¶彼は私を*あたかも妹のようにかわいがってくれた He loved me *like* a sister. / He loved me *as* 「*if* [*though*] I were his sister. 語法 as if のほうが普通. 後に続く節には仮定法が用いられるのが原則だが, 口語では直接法が用いられることもある. 《☞ 仮定の表現 (囲み)》 // 彼は*あたかも母国語のようにフランス語を話す He speaks French 「(*just*) *like* [*as if* he were] a native speaker.

あたたかい 暖かい, 温かい **1** «温度»: (気候・物が) warm ; (気候が温和な) mild. 《☞ 天候の表現 (囲み)》.
¶日ごとにだんだん*暖かくなっている It is 「getting [becoming; growing] *warmer* (and *warmer*) every day. // この冬は*暖かかった It was *mild* this winter. / We had a *mild* winter this year. 語法 冬が暖かいという場合は普通 mild を用いる. // 風邪を治すには*暖かくして寝ていなさい To cure your cold, keep yourself *warm* in bed. // *温かい牛乳が飲みたい I'd like to have *warm* milk.
2 «温情のある» ―形 (心や態度が温かい) warm; (親切な) kind; (思いやりのある) warm-hearted ; (優しい心の) tenderhearted ; (心からの) cordial. ―副 warmly ; kindly. 《☞ やさしい¹；しんせつ¹》.
¶彼女は*温かい心の持ち主だ She is 「*warm-hearted* [*tenderhearted*]. // 人々は難民を*温かく迎えた People 「received [welcomed] the refugees 「*warmly* [*kindly*]. // 私は*温かい(⇒心からの)歓迎を受けた I received a *cordial* welcome.

あたたかみ 暖かみ, 温かみ warmth Ⓤ; (温情) warm heart Ⓒ; (優しさ) kindness Ⓤ. 《☞ ぬくもり》. ¶彼は*温かみのある[ない]人だ(⇒温かい[冷たい]心を持っている) He has a 「*warm* [*cold*] *heart*. / He is 「*warmhearted* [*coldhearted*].

あたたまる 暖まる, 温まる (自然に暖かくなる) get [become] warm ; (食べ物・エンジンなどが) warm up ㊀; (火などにあたって) warm *oneself*.
¶走ったら体が*暖まった I 「*got* [*became*] *warm* after running. / (⇒ランニングが私を熱くした) Running made me *hot*. 語法 運動で体がほてるような場合には hot も用いる. // ストーブにあたって*暖まろう Let's *warm ourselves* at the stove. // スープがよく*温まった The soup *has warmed up* well. // そういう記事を読むと心が*温まる It *warms* my heart to read such an article.

あたためる 暖める, 温める (適度な温度にする) warm ㊐; (直火にかけて) heat ㊐ ★前者と違い, どの程度の温度にするかは含まない；(食べ物・エンジンなどを) warm up ㊐.
¶火にあたって体[手]を*温めた I *warmed* 「myself [my hands] 「at [by] the fire. // 彼女は冷えたスープを*温めた She 「*warmed* [*heated*] *up* the cold soup. // この部屋はスチームで*暖められている This room *is heated* by steam.

あだな あだ名 ―名 nickname Ⓒ 参考 nickname は日本語のあだ名に伴う悪い意味のない場合が多い. Elizabeth を Eliza と言ったり Beth と言ったりする親しい呼び名も nickname である. ―動 (あだ名をつける) nickname ㊐. 《☞ つうしょう²》.
¶彼の*あだ名はクマだ His *nickname* is "Bear." // 我々は彼にピーナツという*あだ名をつけた We *nicknamed* him "Peanut."

あたふた ―副 in a hurry, hurriedly, hastily ★hastily は多少形式ばった言葉. 《☞ あわてる》. ¶彼は*あたふたと(⇒急いで)

部屋を出ていった He ⌈left [went out of] the room ⌈*in a hurry* [*hurriedly*].

あたま 頭 **1**《頭部》: (首から上) head Ⓒ; (頭髪) hair Ⓤ 〔語法〕日本語の「頭」は普通頭髪部分を言うのに対して, 英語の head は首から上全部を言う.《☞ かお》.
¶ *頭が重い My *head* feels heavy.
(ひどく)*頭が痛い I have a (bad) *headache.*
*頭がくらくらする (⇒ 私はめまいがする) I *feel* ⌈*dizzy* [*giddy*]. / My *head* is swimming.
彼は丁寧に[軽く] *頭を下げた (⇒ おじぎをした) He *made a* ⌈*deep* [*slight*] *bow.*
彼は困って*頭をかいた He scratched his *head* in embarrassment.《☞ かく²》
彼は弟の*頭をぶった He hit his brother *on the head.* 〔語法〕on his head としないで身体の部分を指す the を用いることに注意.
*頭のてっぺんからつま先までぬれた I got wet from ⌈*head* [*top*] to toe.
私はきのう*頭を刈ってもらった (⇒ 散髪した) I had ⌈my *hair* cut [a *haircut*] yesterday.
2《頭脳・知力》: (知力) brains, head Ⓒ 〔語法〕brain は「知力」の意味では複数形で用いられることが多く,「脳」の意味では単数形; (知能) intelligence Ⓤ; (理性) mind Ⓤ.
¶ 彼は*頭がいい He has *brains.* / (⇒ 明晰(めいせき)な頭を持つ) He has a clear *head.* / (⇒ 抜け目がない) He is ⌈*clever* [*smart*].
彼は*頭の回転が速い[遅い] (⇒ 理解が速い[遅い]) He is ⌈quick [slow] *of understanding.*
*頭を使え Use your ⌈*head* [*brains*].
彼女は夫が死んでから*頭がおかしくなった (⇒ 気が狂った) She *went* ⌈*off her head* [*out of her mind*] after her husband's death.
数時間勉強を続けたので*頭が疲れた (⇒ …の勉強が私を精神的に疲れ果てさせた) Several hours of study exhausted me mentally.
頭が上がらない ¶ あの人には*頭が上がらない (⇒ 義理がある) I am *under obligation* to him. / (⇒ たちうちできない) I *can't compete* with him.
頭隠して尻隠さず ¶ それは*頭隠して尻隠さずだ (⇒ だちょうのように頭を砂に突っ込むようなものだ) It's like *burying your head in the sand like an ostrich.* 〔参考〕だちょうは追われると砂の中に頭を突っ込み, 隠れたつもりでいるといわれる.
頭が古い ¶ あの人は少し*頭が古い (⇒ 考えが旧式だ) He is rather *old-fashioned in his ideas.* / He *has old-fashioned ideas.*
頭から ━〔副〕(きっぱりと) flatly. ¶ 彼はそこにいたことを*頭から否定した He *flatly* denied his having been there.
頭にくる (腹が立つ) get mad (at …; with …). ¶ 私は彼が約束を破ったので*頭にきた I *got mad* ⌈*at* [*with*] him because he broke his promise.
頭を抱える ¶ 彼はその問題に*頭を抱えてしまった (⇒ 考え込んだ) He *puzzled over* the problem.《☞ かかえこむ》
頭を下げる ¶ あいつに*頭を下げるのはごめんだ (⇒ 屈服するのはいやだ) I won't *bow down to* him.
頭数 the number (of people), head Ⓒ. ¶ *頭数を数える count *heads* **頭金** down payment Ⓤ《☞ てつけ; げんきん¹》 **頭でっかち** ━〔形〕top-heavy.

あたまうち 頭打ち ¶ 彼の給料は*頭打ちになった (⇒ 賃金表の最高に達した) His salary *has reached the top* of the wage scale for his position. // 物価の上昇は*頭打ちだ (⇒ 最近は物価の上昇はなかった) Recently there has been no ⌈increase [rise] in the commodity prices. / (⇒ 物価が天井値に達した) Commodity prices *have reached the ceiling.*

あたまごなし 頭ごなし ¶ 父は私のことを*頭ごなしに (⇒ 言い訳を待たずに) しかった Father scolded me *without waiting for excuses.*

あたらしい 新しい ━〔形〕(できたばかりの) new; (真新しい・新品の) brand-new; (果物や野菜などが新鮮な・出版物などが出たばかりの) fresh; (時間的に一番新しい) latest; (ニュースなどが)《口語》hot. ━〔名〕(新しさ) newness Ⓤ; freshness Ⓤ. ━〔副〕(新しく) newly.《☞ さいしん¹; しんき¹》.
¶ 彼は*新しい[真*新しい]家へ引っ越した He moved to his ⌈*new* [*brand-new*] house. // この本は*新しい This book is *new.* // あの店の卵は*新しい (⇒ あの店では新鮮な卵を売る) They sell *fresh* eggs at that store. // それは*新しいニュースだ That is ⌈the *latest* [*hot*] news. // ドアに*新しくペンキが塗られた The door has been *newly* painted.

あたらずさわらず 当たらず障らず ¶ このことについては*当たらず障らずのことしか言えない (⇒ はっきり言明することはできない) I *can't commit myself on* this issue. / (⇒ 当たり障りのない返事しかできない) I can only give a *noncommittal answer* ⌈on [concerning] this problem.《☞ あたりさわり》

あたり¹ 辺り ━〔名〕(近所) neighborhood Ⓤ, vicinity Ⓤ ★ 後者はやや改まった語; (地区) district Ⓒ; (地域) area Ⓒ. ━〔副〕(周りに) around, about.《☞ ちかく¹; へん²》.
¶ *辺りに人影はなかった There was nobody ⌈*around* [*about*]. //「この*辺りに公衆電話はありませんか」「すぐそこの角を曲がったところにあります」"Is there a ⌈public telephone [pay phone] ⌈*around* [*near*] *here?*" "Yes, there's one just around the corner."《☞ このへん》//「この*辺りで山田さんという方をご存じですか」「ここから３軒先の家です」"Do you happen to know a Mr. Yamada in this *neighborhood?*" "Yes, he lives three doors from here." // この*辺りには倉庫が多い There are lots of warehouses in this ⌈*district* [*area*]. // 書類が*辺り一面に散らばっていた There were papers scattered ⌈*all over the place* [*on every side*]. // 彼は*辺りかまわず大声でしゃべる He talks too loud, without concern for other people *around* him.

あたり² 当たり **1**《命中・的中・成功》: (大当たり) hit Ⓒ; (成功) success Ⓒ.《☞ めいちゅう; せいこう¹》. ¶ その映画は大*当たりだった The movie was a ⌈big [great] ⌈*hit* [*suc-*

cess]. // それは彼の*当たり役の一つだった It was one of his most *successful* ⸢roles [parts].
2 «他人に対する感じ» **—**形 (愛想のよい) affable; (感じのよい) agreeable; (親しげな) friendly. 《☞ かんじ[1]; あいそ》. ¶今度の市長は*当たりがよい The new mayor is an ⸢*affable* [*agreeable*] person. // 彼は*当たりが柔らかい (⇒ もの柔らかな態度をしている) He has a *mild manner*.
3 «…につき»: a …, per … 《☞ -つき[1]》. ¶費用は1人*あたり千円です The expenses are 1,000 yen ⸢*per* person [*each*]. // 1週間*あたり100ドル使った I spent 100 dollars *a* week.
4 «野球»: (ヒット) hit Ⓒ.
当たりくじ (当せん番号) lucky number Ⓒ; (当たり券) winning ticket Ⓒ.

あたりさわり 当たり障り ¶*当たり障りのない (⇒ 害のない) ことだけを言うつもりだ I'll say only *harmless* things. // 彼は*当たり障りのない (⇒ 言質を取られないような) 返事をした He gave a *noncommittal* answer. // 私は*当たり障りのない (⇒ 安全な) 話題を持ち出した I brought up a *safe* topic. 《☞ あたらずさわらず》

あたりちらす 当たり散らす ¶彼女はいらいらして, 人に*当たり散らした (⇒ 周りの人に向かって腹を立てた) She was irritated and *got mad at the people around* her.

あたりどし 当たり年 (よい年) good year Ⓒ 《☞ ほうさく[1]; ほうねん》.
¶今年は彼の*当たり年だった This has been a *good year* for him. // 今年は流感の*当たり年だった (⇒ 流感がはやった) We *had an epidemic* of influenza this year. // 昨年はみかんの*当たり年だった (⇒ 豊作だった) We *had a bumper crop* of mandarin oranges last year.

あたりはずれ 当たり外れ (個人の自由意志で冒す危険) risk Ⓤ ★具体的なものを指すときはⒸ; (傷ついたり失敗したりする危険) danger Ⓤ. 《☞ きけん[1]》.
¶その仕事には*当たりはずれがある The business involves ⸢a *risk* [the *danger* of failure]. // この種の事業には*当たりはずれはほとんどない There is very little *risk* in enterprises of this kind. / This kind of business is free from *risks*.

あたりまえ 当たり前 **1** «当然の» **—**形 (自然な) natural; (理にかなった) reasonable. **—**副 (もちろん) of course. 《☞ とうぜん[1]》.
¶彼が怒るのは*当たり前だ It is quite *natural* that he (should) get angry. 語法 should を省き, 述語動詞に原形(=仮定法現在)を用いるのはアメリカ英語に多い.
彼の要求は*当たり前だ His demand is quite *reasonable*.
あんな人間が罰せられるのは*当たり前だ (⇒ あんな人間は罰に値する) Such a person well *deserves* the punishment.
彼が失敗したのは*当たり前だ (⇒ 不思議ではない) *No wonder* he failed. / It is ⸢*natural* [*not surprising*] that he failed.
それは*当たり前のことだ It's *a matter of course*.
「君は賛成したのかい」「*当たり前だよ」"Did you approve of it?" "*Of course*."
*当たり前のことを (⇒ なすべきことを) したまでです I did what I *should have*.
2 «普通の・正常な» **—**形 (いつもの) usual (↔ unusual); (普通の) ordinary (↔ extraordinary); (ありふれた) common (↔ uncommon); (正常な) normal (↔ abnormal). 《☞ ふつう[1]》.
¶夜の12時に眠くなるのは*当たり前 (⇒ 正常) です It is quite ⸢*normal* [*natural*] that you get sleepy at 12 midnight.
*当たり前の (⇒ 普通の) 学生ならその質問には答えられないでしょう An *ordinary* student would not be able to answer the question. 《☞ 仮定の表現 (囲み)》
これは*当たり前の事件ではない Such a case is quite ⸢*uncommon* [*extraordinary*].

あたる 当たる **1** «命中する»: hit ㊀ 《過去・過分 hit》《☞ あてる; めいちゅう》.
¶弾が的に*当たった[*当たらなかった] The bullet ⸢*hit* [*missed*] the mark. // ボールが私の頭[目]に*当たった The ball *hit* my ⸢head [eye]. / The ball *hit* me ⸢on the head [in the eye]. 語法 体の部分には常に the を付ける. 当たった場所を強調するときは前の例文となる.
2 «ぶつかる»: (打ち当たる) strike (against …) ㊁ 《過去・過分 struck》; (触れる) touch ㊀; (風が) blow (against …) ㊁; (雨・波などが) lash (against …) ㊁ ★㊀の用法もある; (衝突する) dash (against …) ㊁. 《☞ ぶつかる; しょうとつ》.
¶彼の片手が私の肩に*当たった (⇒ ぶつかった[触った]) His hand ⸢*struck against* [*touched*] my shoulder. // 風が窓ガラスに強く*当たっている The wind *is blowing* hard *against* the windowpane. // 波が崖に*当たって砕けた Waves *lashed* (*against*) the cliff and broke. / Waves *broke against* the cliff. // *当たって砕けろだ (⇒ 運に任せてやってみろ) Take your chance.
3 «日光などが»: (照る) shine ㊁ 《☞ ひ[1]; ひあたり; にっこう》.
¶私の家は日がよく*当たる (⇒ 日当たりがよい) My house is *sunny*. / (⇒ 豊富な日光を得る) My house *gets* plenty of *sunshine*. // 本を日の*当たる所へ置いてはいけない (⇒ 日にさらしてはだめだ) Don't *expose* the books to the sun. // ベランダに日が*当たっている The sun *is* ⸢*shining* [*beating*] *on* the veranda. // 私は火に*当たって暖を取った I warmed myself *at* the fire.
4 «予言などが»: (実現する) be fulfilled; (真実となる) come true ★口語的; (言い当てる) guess right ★口語的. 《☞ あてる》.
¶予言は*当たった The prophecy ⸢*was fulfilled* [*came true*]. // 君の予想が*当たった You *have guessed* it *right*. / (⇒ 予想したとおりだった) It was *just as you had expected*.

あ

// *当たらずといえども遠からずだ (⇒ 的はずれではない) It is not far wide of the mark. // 天気予報は*当たった (⇒ 天気予報は正しいとわかった) The weather forecast *proved right*.
5 «くじに» ¶ 私はくじに*当たった (⇒ 当たりくじを引いた) I *drew* a lucky number. // 宝くじに*当たった (⇒ 宝くじで賞を取った) I *won a prize in* the public lottery. 《☞ くじ; とうせん[2]》
6 «相当する»: (対応する) correspond to ...; (等しい) be 「equal [equivalent] to ...; (時日が) fall on ... 《☞ そうとう》.
¶ イギリスのグラマースクールは日本の高等学校に*当たる Grammar schools in Britain *correspond to* Japanese senior high schools. // 1ドルは約 230 円に*当たる (⇒ 約 230 円だ [230 円に等しい]) One dollar *is* 「*about* [*equivalent to*] 230 yen. //「手紙」に*当たる英語は何ですか What is the English (word) *for 'tegami'*? // 今年のクリスマスは日曜日に*当たる Christmas Day *falls on* Sunday this year.
7 «うまくゆく» —動 (大当たりする) make [be] a hit; (成功する) succeed ⓐ. —形 successful. —名 success Ⓒ. 《☞ あたり[2]; せいこう[1]》. ¶ その芝居は*当たった The play 「*made* [*was*] *a* 「big [great] *hit*. // 彼の計画は*当たった His plan 「was [proved] a great *success*.
8 «方向»: (位置する) lie ⓐ, be situated. 《☞ いち[2]》. ¶ 大阪は東京の西南に*当たる Osaka 「*lies* [*is situated*] (*to* the) southwest of Tokyo.
9 «中毒する»: get poisoned. ¶ たこに*当たった I *got poisoned* by (eating) octopus.
10 «つらい扱いをする»: treat (*a person*) 「badly [harshly] 《☞ やつあたり》.
¶ 彼女はまま子につらく*当たる (⇒ ひどい扱いをする) She *treats* her stepchild *badly*. // 彼は気に入らないことがあると皆に*当たる (⇒ 皆に対して不機嫌になる) When he is displeased with something, he is *cross with* everybody. 《☞ あたりちらす》
11 «試す»: try ⓣ; (人の意向を探る) sound out ⓣ. 《☞ さぐる》. ¶ ほかの店を*あたります I'll *try* another store. // 彼には*あたってみた I'*ve sounded* him *out*.

アチーブメントテスト achievement test Ⓒ 《☞ テスト; しけん[1]》.

あちこち (ここかしこ) here and there ★ 語順は there and here のように逆には変えられない. これは次の 2 表現の場合も同じ; (行ったり来たりするような動作を表して) up and down; (いろいろな方向へ) this way and that; (次から次へと場所を変えて) from one place to another. 《☞ ほうぼう》.
¶ *あちこちそれを探したが見つからなかった We searched for it *here and there*, but we could not find it. // 私は昨年ヨーロッパを*あちこち旅行した (⇒ いろいろな場所を) I visited *various places* in Europe last year. // 彼女は庭を*あちこち (⇒ 行きつ戻りつ) 歩き回っていた She was walking 「*up and down* [*back and forth*] in the garden. // 私は*あちこち渡り歩いた I went *from one place to another*. // その会議には世界の*あちこち (⇒ 世界中) から人が集まった People came *from all over the world* to the conference. // 私は*あちこちからできるだけ (⇒ 利用できるすべての情報源から) 情報を集めた I gathered information *from all sources* available.

あちら **1** «場所・方向»: there, over there; (あの方向へ) in that direction [語法] 英語には元来日本語のように相手のいる場所を「そちら」, 自分と相手の両方から離れた場所を「あちら」というように区別して言う言い方はない. 距離がある程度離れた場所という意味では over there を用いる. なお, 相手が遠く離れている感じのときは「そちら」の意味で over there を用いるので, there, over there の区別は必ずしも日本語の「そちら」「あちら」の区別とは違う. 《☞ こちら; そちら; あそこ [語法]》.
¶ 電話は*あちらにあります The telephone is *over there*. //「*あちらにいらっしゃるご婦人はどなたですか」「山田さんの奥さんです」 "Who's the lady *over there*?" "That's [She's] Mrs. Yamada." // 車は*あちらへ (⇒ あの方向へ) 行きました The car 「went [ran] *in that direction*.
2 «物・人を指して»: (あれ) that 《☞ あれ》.
¶ 私はこちらよりも*あちらが気に入りました I like *that* (one) better than this. //「*あちらはどなたですか」「私は知りません」 "Who's *that* 「man [woman; lady]?" "I don't know."

あちらこちら here and there; (方々に) in 「many [various] places. 《☞ あちこち》.

あっ (驚きの声) Oh!; Gosh!, By gosh!; (驚き・感嘆) Wow [wáu]!; Oh, dear! ★ Oh の後にコンマを伴う; Dear me!; (Good) heavens!; My goodness!
【類義語】最も一般的なものは ***Oh!*** である. ほかに「えっ, たいへん」という感じで ***Gosh!*** あるいは ***By gosh!*** 驚きと同時に感嘆・称賛を表す ***Wow!*** 「おやまあ」という感じが ***Oh, dear!***, ***Dear me!*** で, 女性がよく使う. ほかに ***Dear, dear!*** などがある. 意味はほとんど違わない. 「とんでもない」と反対, または不賛成の意味を表すのが ***(Good) heavens!*** である. 後によく No. を伴う. 女性がよく使うのは ***My goodness!*** 《☞ 感嘆詞 (欄外); 感嘆符(号) (欄外)》
¶ *あっ, そうか *Oh*, I see. // *あっ, しまった. 間違えた *Oh, dear* [*Gosh*]! I made a mistake. // *あっ, だめですよ(そんなことをしては) *Oh*, no! // *あっ, 火事だ *Look*! Fire! // *あっ, 痛い *Ouch*! // 彼女は*あっと小さな声を上げた She let out *a little cry*. 《☞ あっと》 // それは*あっという間の (⇒ 一瞬の) 出来事だった It happened *in a* 「*twinkle* [*twinkling*].

あつい[1] 熱い hot (↔ cold); (熱した) heated.
¶ *熱いコーヒーが一杯飲みたい I'd like to have a cup of *hot* coffee. // この風呂はちょっと*熱い (⇒ 熱すぎる) The bath is a little too *hot*. // 沸騰した*熱い湯を入れなさい Pour in boiling *hot* water. [語法] hot にはいろいろな -ing 形を付けて意味を添えることができる. 「燃えるように熱い」は burning hot, 「やけどするように熱い」scorching hot,「猛烈に熱い」broiling hot など. また,「真っ赤に焼けて熱い」は red hot. // 二人の仲は*熱い (⇒二人は深く愛し合っている) The two [They] *are deeply in love*.

あつい² 暑い ―形 hot ; (やや穏やかに暑い) warm ★ very warm は hot とほぼ同意となる; (むし暑い) sultry. ―名 (暑さ) heat Ⓤ. 《☞ あつさ¹; 天候の表現 (囲み)》.

¶ きょうはひどく*暑い It is「very [terribly; awfully]「*hot* [*warm*] today. / (⇒焼けつくように) It's scorching *hot* today. // 日本の夏は湿気が多く, むし*暑い Summer in Japan is humid and *sultry*. 《☞ むしあつい》 // 5 月にしては*暑すぎるようだ I think it is too *warm* for May. // こう*暑くてはかなわない (⇒暑さに耐えられない) I can't stand the *heat*. / (⇒暑さが耐えがたい) The *heat* is unbearable.

あつい³ 厚い **1** «厚みがある»: thick (↔thin) ★ thick は「厚み」のほかに「太さ」も表す; (厚みと重みがある) heavy (↔light). 《☞ あつさ²》.

¶ *厚い本[板] a *thick*「book [board] // 空は*厚い雲で覆われていた The sky was covered with「*massive* [*heavy*; *thick*] clouds. 語法 大きなかたまりの暗雲には massive または heavy を用い, 一面に覆っている雲には thick を用いる.

2 «心のこもった»: (温かみのある) warm ; (友好的な) friendly; (心からの) hearty; (手厚い) hospitable ; (看護などが行き届いた) tender. 《☞ てあつい; あたたかい》. ¶ 私たちは*厚いもてなしを受けた We were given a *warm and*「*friendly* [*hospitable*] welcome. // 彼女の*厚い看護のかいもなく彼は亡くなった Despite her *tender* care he died.

あっか¹ 悪化 ―動 (悪化する) get worse ⓐ, worsen ⓐ ★ ⓗの用法もある; (悪化させる) make ... worse ; (天候・病状などが) deteriorate ⓐ ; (病状などが) become more serious; (ますます悪くなる) go from bad to worse. ―名 (品質などの) deterioration Ⓤ.

¶ 彼の病気は*悪化した (⇒悪く[重く]なった) His「sickness [illness] *got*「*worse* [*more serious*]. / His illness *took a turn for the worse*. // 事態はますます*悪化した Things *went worse and worse*. / (⇒ますます重大なことになった) The situation *grew more and more serious*. / Everything *went from bad to worse*. // 両国の関係は急激に*悪化した The relations between the two countries rapidly *worsened*. / (⇒両国の友好関係は急に冷めた) The friendship between the two countries *cooled down* rapidly. // 天気はますます*悪化した The weather *deteriorated* more and more.

あっか² 悪貨 (悪い貨幣) bad money Ⓤ.

¶ *悪貨は良貨を駆逐する *Bad money* drives out good money. 《ことわざ》

あつかう 扱う **1** «人を» ―動 (遇する) treat ⓗ ; (ある態度で接する) deal with ... ; (迎える) receive ⓗ ; (自由に操る) manage ⓗ. ―名 (扱い) treatment Ⓤ.

¶ 彼らは私を丁重に*扱った They「*treated* [*received*] me politely. // 彼は女の子を*扱うのがうまい He *manages* girls with skill. // 彼女は*扱いにくい (⇒彼女を相手にするのは難しい) She is hard to *deal with*. / (⇒彼女は気難しい) She is hard to please. // だれでも公平に*扱わなくてはいけない You must be fair to everyone.

2 «物・問題などを処理する»: (商う) deal in ...; (問題などを取り扱う・処理する) handle ⓗ. 《☞ とりあつかう》.

¶ この店では洋書は*扱いません We don't「*deal in* [*handle*] foreign books in this store. 語法 人や店が商品を扱うのは deal in で, 人や店を相手に取り引きするのは deal with. // この問題[機械]はどう*扱ってよいかわからない I don't know how to *handle* this「problem [machine]. // この窓口では小包は*扱いません (⇒この窓口は小包のためのものではない) This window is not *for* parcels. // それは*扱いにくい (⇒処理の難しい) 問題だ That's a *delicate* problem.

あつかましい 厚かましい ―形 (人の迷惑も構わず主張する) 《口語》 pushy ; (生意気な) impudent ; (恥を知らない) shameless. 《☞ なまいき ; ずうずうしい ; おくめん》.

¶ あいつは*厚かましい奴だ He's a *pushy* fellow. // 彼は*厚かましくもそれを口にした He was *impudent* enough to put it into words. // 私はそんな*厚かましいことはできない (⇒そんなことをする勇気はない) I don't have the *nerve* to do such a thing.

あつがみ 厚紙 (厚い紙) thick paper Ⓤ; (ボール紙) cardboard Ⓤ; (何枚も層を成して重ねて作った合板的厚紙) pasteboard Ⓤ.

あつがる 暑がる ¶ 彼は*暑がっていた (⇒暑さをこぼしていた) He *was complaining of the heat*. // 彼は*暑がるから (⇒暑さに敏感だから) 窓を開けておいたほうがよい Since he *is sensitive to the heat*, we'd better keep the window open. // このコートを着せるとその子は*暑がる (⇒コートを着ると暑いのでその子は着たがらない) The boy hates to wear this coat, because it *is too warm*. 《☞ -がる》

あっかん¹ 圧巻 (最も興味をそそる部分) highlight Ⓒ 《☞ ハイライト》. ¶ その日の*圧巻は仮装行列だった The *highlight* of the day was the fancy parade. // その問題に対する彼の論評はこの本の*圧巻 (⇒最もすぐれた部分) である His comment on the problem is *the best part* of the book.

あっかん² 悪漢 (悪い男) bad man Ⓒ; (悪役) villain Ⓒ. 《☞ わるもの ; あくにん》.

あつぎ 厚着 heavy [thick] dressing Ⓤ.

¶ 彼はきょうは*厚着している (⇒たくさん着こんでいる) He *is heavily clothed* today. // 外は寒いから*厚着をしていきなさい (⇒暖かく装った[暖かいものを身に着けた]ほうがよい) It's cold outside. You'd better「*be dressed warmly* [*put on warm clothes*]. // *厚着は健康によくない Wearing too「*thick* [*heavy*] *clothes* is not good for the health.

あつくるしい 暑苦しい (暑くて湿気がある) hot and「damp [humid] (↔cool and fresh);

あ

(天候が蒸し暑い) sultry; (むっとするほど熱い) oppressively warm. 《☞ 天候の表現 (囲み); あつい²; むしあつい》. ¶きょうは*暑苦しい It's *hot and* ⌈*humid* [*damp*] today. / The weather is *oppressively warm* today. / It's *sultry* today.

あっけ 呆気 ¶彼の言葉に皆*あっけにとられた (⇒びっくりした[物も言えないほど驚いた]) Everybody *was* ⌈*amazed* [*dum(b)founded*] *at* his words. / (⇒彼の言葉にひどく驚いた) Everybody *was* ⌈*astonished* [*astounded*] *at* his words. ★ astound を用いるほうが程度が強い. / (⇒あいた口がふさがらなかった) Everybody stood *agape* [əgéip] *at* his words. 《☞ あぜん; あきれる; びっくり》

あっけない 呆気ない ¶*あっけない勝負だった (⇒試合はあまりにも早く終わってしまった) The game was over *all too soon*. / (⇒一方的な試合だった) It was a *one-sided* game. // 休暇は*あっけなく (⇒非常に早く) 過ぎた The vacation was over *too quickly*. // 彼は*あっけなく (⇒あまりにも簡単に) 負けてしまった He was beaten *too easily*.

あっこう 悪口 (ののしり) abuse [əbjúːs] Ⓤ 《☞ あくたい; ののしる》. ¶彼は私に向かって*悪口雑言をはいた He *called* me *names*.

あつさ¹ 暑さ ━名 heat Ⓤ, hotness Ⓤ (↔ coldness) 語法 いずれも天候についてはほぼ同じに用いられるが, heat のほうが種々の熱に用いられる点で用法が広い. ━形 (暑い) hot 語法 日本語で「暑さ」とあっても英語では形容詞を用いるほうがよい場合もあることに注意. 《☞ あつい²; 天候の表現 (囲み)》.

¶きょうの*暑さはひどい (⇒きょうはとても暑い) It's very ⌈*hot* [*warm*] today. / Today's ⌈*heat* [*hotness*] is terrible. // この夏は 10 年ぶりの*暑さだ (⇒この夏はこの 10 年間で一番暑い夏だ) This is *the hottest* summer in ten years. // この*暑さに外出はごめんだ (⇒外出したくない) I don't like to go out in ⌈this *heat* [such *hot* weather]. // この*暑さにはまいった (⇒暑さに耐えられない) I can't stand this *heat*. // 彼女は*暑さに当てられた (⇒日射病にかかった) She had sunstroke. / (⇒暑さで弱っている) She is suffering from the *heat*. // うだるような[焼けつくような]*暑さ sweltering [scorching] *heat*

あつさ² 厚さ ━名 thickness Ⓤ (↔ thinness) ★ thickness は厚さだけでなく, ロープなどの太さも意味する. ━形 thick 語法 日本語で「厚さ」とあっても, 英語では形容詞を用いる場合もあることに注意. 《☞ あつい³》.

¶この壁は 5 cm の*厚さがある This wall is five centimeters ⌈*thick* [in *thickness*]. / This wall has a *thickness* of five centimeters. 語法 後に具体的な数字がくるときは不定冠詞を付ける. // 「その氷の*厚さはどのくらいですか」「3 cm あります」 "How *thick* is the ice? / What is the *thickness* of the ice?" "(It is) three centimeters (⌈*thick* [in *thickness*])."

あっさく 圧搾 ━名 compression Ⓤ. ━動 press ... together, compress ⑩ ★ 機械用語としては compress が普通. 《☞ あっしゅく》. ¶*圧搾空気 *compressed* air // ポンプでガスを*圧搾する *compress* gas by a pump

圧搾機 compressor Ⓒ **圧搾ポンプ** compression pump Ⓒ.

あっさり ━形 (食べ物がしつこくない・軽い) light; (味が淡白な) plain; (単純な) simple 語法 以上 2 語は質素で粗末という悪いニュアンスを持つ; (性格が率直な) frank; (断り方などがきっぱりした) flat; (短くて簡潔な) brief. ━副 frankly; flatly; briefly. 《☞ たんぱく; 味 (囲み)》.

¶私たちは*あっさりした食事をとった We had a *light* meal. // 彼女は*あっさりした食べ物が好きだ She likes ⌈*plain* [*simple*] food. // あの人は*あっさりした (⇒率直な) 人だ He is *frank*. / He is a *frank* person. // 彼の返事はいつも*あっさりしすぎている (⇒あまりにも簡単だ) His answers are always too *brief*. // 私たちは*あっさり (⇒ぴしゃりと) 断られた We were refused *flatly*. / We were given a *flat* refusal. // 試合に*あっさり (⇒容易に) 勝つことができた We could win the game quite *easily*.

あっし 圧死 ━動 be crushed to death.

あっしゅく 圧縮 ━動 (重要でない部分を取り除いて短くする) condense ⑩; (圧力を加えて全体をそのまま小さくする) compress ⑩; (短くする) shorten ⑩; (主要点を残して縮める) abridge ⑩; (要旨をまとめる) summarize ⑩. ━名 condensation Ⓤ; compression Ⓤ. 《☞ あっさく; ちぢめる; ようやく²》.

¶ポンプを使って空気を*圧縮する *compress* air with a pump

圧縮ポンプ compressor Ⓒ.

あっしょう 圧勝 ━名 overwhelming victory Ⓒ; (相手を壊滅させるような勝利) crushing victory Ⓒ; (選挙の圧倒的勝利) landslide Ⓒ. ━動 (相手を圧倒する) overwhelm ⑩. 《☞ あっとう; たいしょう⁴》.

¶我が軍は敵軍に*圧勝した Our forces won an *overwhelming victory* over the enemy. // 彼は第 1 試合で*圧勝した (⇒第 1 試合に簡単に勝った) He *won* the first game *quite easily*. / (⇒相手を圧倒した) He *overwhelmed* his opponent in the first game. // 選挙は民主党の*圧勝に終わった The election ended in a Democratic *landslide*.

あっせい 圧政 (圧制・圧迫) oppression Ⓤ; (専制政治) despotism Ⓤ; (暴政) tyranny Ⓤ. ¶国民は*圧政に苦しんだ The people groaned under ⌈*oppression* [*tyranny*].

あっせん 斡旋 ━名 (世話・尽力) the ⌈good [kind] offices ★ 複数形で; (調停) mediation Ⓤ. ━動 (調停に立つ) mediate (between ...) ⓐ; (間に入る) go between ... 《☞ せわ; しゅうせん¹; ちゅうかい》.

¶彼は私に仕事を*あっせんしてくれた (⇒仕事を見つけてくれた) He *found* a job for me. // 山田さんの*あっせんで銀行に勤めることになった I got a job at a bank *through the good offices of* Mr. Yamada. // 私が二人の仲を*あっせんして (⇒二人の間に入り[調停に立ち]) 問題を解

決しましょう I'll ｢*go* [*mediate*] *between* the two persons and settle the problem.

あっせん者 (仲を取り持つ人) go-between Ⓒ; (調停者) mediator Ⓒ ★ 前者がより口語的.

あっち (over) there《☞ あちら》.

あつで 厚手 ¶ *厚手の紙 *thick* paper《☞ あつい³》

あっと ¶その知らせに彼らは*あっと驚いた They *were* ｢*surprised* [*astonished*] at the news. // 彼は*あっと驚きの声を上げた He gave a *frightened* cry. // 君が*あっと驚くものがある I have a *surprise* for you.《☞ おどろく (類義語); あっ》

あっとう 圧倒 —動 (優勢な力で) overpower ㊖; (数・勢力で) overwhelm ㊖. —形 overwhelming, sweeping.

¶我々のチームは彼らを*圧倒した Our team *overpowered* them. // 敵は数の上で我々を*圧倒した (⇒ 我々に勝った) The enemy *exceeded* us in number. / (⇒ 我々より数が多かった) The enemy *outnumbered* us. // その議案は*圧倒的多数で可決された The bill was passed by ｢an *overwhelming* [a *sweeping*] majority. // 保守党は総選挙で*圧倒的な勝利をおさめた The conservative party won ｢an *overwhelming* [a *landslide*] victory in the general election.

あっぱく 圧迫 —名 (圧力を加えること・圧力) pressure Ⓤ ★ 比喩的にも用いる; (重圧・弾圧) oppression Ⓤ. —動 (しいたげる) oppress ㊖; (抑圧する) suppress ㊖.

¶政府は世論の*圧迫に屈した The Government yielded to the *pressure* of public opinion. // 彼らは官憲の*圧迫に対して戦った They fought against official *oppression*.

あっぱれ 天晴れ ¶彼の働きは*あっぱれであった (⇒ 彼はそれを見事にやった) He did it *splendidly*. // まことに*あっぱれだ (⇒ よくできた) Well done! / (⇒ でかした) Bravo! / (⇒ 私はお前を誇りに思う) I'm proud of you.《☞ みごと; すばらしい; りっぱ》

あつまり 集まり (集会) gathering Ⓒ; (会合) meeting Ⓒ.《☞ かい¹ (類義語)》.

¶あすは公の[非公式の]*集まりがある We'll have ｢a public [an informal] *gathering* tomorrow. // 参加者の*集まりはきのうあった The *meeting* of the participants took place yesterday. // きょうの会は*集まりがよかった[よくなかった] (⇒ 多数[少数]の出席者があった) There was a ｢large [small] *attendance* at today's meeting. // 返事の*集まりが悪い (⇒ 到着が遅い) The answers *are coming in* very slowly.

あつまる 集まる **1** «寄り集まる»: gather (together) ㊀; come [get] together ㊀; flock (together) ㊀; assemble ㊀; crowd ㊀; swarm ㊀; throng ㊀; meet ㊀.

【類義語】最も一般的な表現で, ばらばらにあるものが 1 か所に集まるのは **gather**. この語は以下の語の代わりに使える場合も多い. また, 集まる動作に重点があると **come** [**get**] **together** という. 動物, 特に家畜が群れをなして集まるのは **flock**. 公の目的で集まるのが **assemble**. 特に目的も秩序もなく大勢の人が群がり集まるのが **crowd**. はちなどの昆虫類が集まるのが **swarm**. たいへんな数の人・物が集まるのが **throng**. 人が時間・場所を決めて会合するのが **meet** である.《☞ あつめる (類義語)》

¶人々が彼の回りに*集まった People *gathered around* him.

大勢の人がその試合を見るために*集まった A large crowd of people *gathered* to watch the game.

多くの有名な科学者たちが*集まってその問題を討議した Many famous scientists ｢*came* [*got*] *together* and discussed the problem.

みつばちは花に*集まる Bees *swarm around* flowers.

私たちは月に 1 度*集まる (⇒ 会合する) We *meet* once a month.

*集まった人 (⇒ 出席した人) は全部で 50 人だった Those *present* were 50 in all.

*集まれ! (⇒ 整列) Line up!

京都には観光客が*集まる (⇒ 京都は多くの観光客を引きつける) Kyoto *attracts* many ｢tourists [visitors].

2 «集中する»: (組織的に集められる) be collected; (注意・関心などが) center (on ...; upon ...) ㊀; (集まって 1 つになる) focus (on ...; at ...) ㊀.《☞ しゅうちゅう》.

¶寄付金は A さんのもとに*集まった (⇒ 寄付金は A さんによって集められた) Contributions *were collected* by Mr. A.

話題は会長選挙のことに*集まった (⇒ 我々の討論は会長選挙に集中した) Our discussions *centered* ｢*on* [《米》 *around*] the presidential election.

人々の興味[関心]は総選挙に*集まった (⇒ 総選挙が人々の興味[関心]の中心だった) The general election was the ｢*focus* [*center*] of ｢public [people's] ｢interest [attention].

あつみ 厚み (厚さ) thickness Ⓤ; (比喩的な意味での深さ) depth Ⓤ.《☞ あつさ²》.

あつめる 集める **1** «寄せ集める»: bring together ㊖; gather (together) ㊖; collect ㊖; raise ㊖; assemble ㊖; crowd ㊖; recruit ㊖; round up ㊖.

【類義語】最も平易で一般的な表現は **bring together**. 散在するものを寄せ集めるのは **gather** (**together**). 金や物などを組織的・分類的に集めるのが **collect**. ただし, 資金などを募って集めるのは **raise** という. 人をある目的, 特に公の目的のために集めるのは **assemble** というが, 部品などを集めて組立てる意味にも用いる. ある場所にぎっしりと人を詰め込むのが **crowd**. 軍隊・団体などに人を募集して集めるのは **recruit**. なお放牧中の家畜などを作業のために集めるのは **round up** という.《☞ あつまる (類義語)》

¶彼は切手を*集めている He *collects* stamps.

100 あまりの小話が*集められて (⇒ まとめられて) 1 冊の本になった About 100 short stories *were brought together* in a volume.

我々はいろいろな材料を*集めなくてはならない We must *gather* various materials.

我々はその計画のための資金を*集めなければ (⇒

あ

調達しなければ) ならない We must *raise* the ˹funds [money] for the project.
市長は委員(会)を市役所に*集めた The mayor *assembled* the committee in the city hall.
小さなホールにたくさんの人を*集める(⇒人をホールにぎっしり詰め込む) のは危険だ It is dangerous to *crowd* many people into a small hall.
その団体は新会員を*集められるだけ集めようとしている The organization is trying to *recruit* as many new members as possible.
家畜は年に1回検査のために*集められる Cattle *are rounded up* for inspection once a year.
2 《集中させる》: (注意・関心などを引く) draw ㊀; (魅力によって引きつける) attract ㊀. ¶その事件は世間の注目を*集めた The incident ˹*drew* [*attracted*] public attention.
その催しものは相当な人を*集めた (⇒引きつけた) The show *attracted* a large audience.
その歌手はいまや若者の人気を*集めている (⇒アイドルになった) The singer has become the idol of youngsters now.
その孤児はみんなの同情を*集めた (⇒みんなその孤児に同情した) Everybody felt sympathy for the orphan.

あつらえむき 誂え向き ¶これはお*あつらえ向きの品だ(⇒これはまさに私の欲していたものだ) This is ˹*just the* [*the very*] *thing* I wanted. // 彼はこの仕事にはお*あつらえ向きだ (⇒この仕事に適している) He *is suited* to this job. / (⇒この仕事にぴったりの人だ) He is *just* the man for this job. // ピクニックには*あつらえ向きの (⇒理想的な) 天気だ It's *ideal* weather for a picnic. 《☞ うってつけ》

あつらえる 誂える (注文する) order ㊀, place an order (for ...) ★ 後者はやや形式ばった言い方. 《☞ ちゅうもん》.
¶私は新しい背広を*あつらえた I *ordered* a new suit. / I *placed an order for* a new suit. // 父は私に新しいドレスを*あつらえてくれた <S(人)+V(*order*)+O(物)+*for*+名・代(人)> My father *has ordered* a new dress *for* me. // この靴は*あつらえて作ったものです These shoes *were made to order*.

あつりょく 圧力 pressure Ⓤ 《☞じゅうあつ》.
¶大気の*圧力 the ˹air [atmospheric] *pressure* // ボイラーの蒸気の*圧力が少し強[弱]すぎる The (steam) *pressure* in the boiler is a little too ˹high [low]. // たいへんな*圧力がそれにかかった A ˹great [heavy] *pressure* was put on it. // *圧力が増して[減って]きた The *pressure* is ˹increasing [decreasing]. // 政府は世論の*圧力に屈した The government yielded to the *pressure* of public opinion. // 彼らは*圧力をかけられてやむなくそれを認めた They *were pressured* ˹to admit [into admitting] it.
圧力がま pressure cooker Ⓒ **圧力計** pressure gauge [géidʒ] Ⓒ **圧力団体** pressure group Ⓒ.

あつれき 軋轢 (摩擦・不和) friction Ⓤ; (争い) conflict Ⓒ; (意見の不一致) disagreement Ⓤ. ¶この出来事のために2人の間に*あつれきが生じた *Friction* arose between them because of the incident.

あて 当て **1** 《目的・目標》: (個人的な目的) object Ⓒ; (自分の意志で心に定めた目的) purpose Ⓒ; (ねらいを定めた目標) aim Ⓒ; (ある過程を経て到達する目標) goal Ⓒ; (行く先) a place to go (to); (目的地) destination Ⓒ ★ 形式ばった語. 《☞ もくてき (類義語)》.
¶彼は何の*あて (⇒目的) もなく上京した He came (up) to Tokyo without any definite *object*. // 彼らは何の*あてもなく外国に行く They go abroad ˹*without aim* [*aimlessly*]. // 私にはどこにも行く*あてがなかった I had *nowhere to go*. / (⇒特定の目的地は考えていなかった) I had no particular *destination* in mind.
2 《期待・見込み》 ─ 動 (あてにする) count on ...; (確実なこととして期待する) expect ㊀; (予測する) anticipate ㊀. ─ 名 expectation Ⓒ; anticipation Ⓤ; (望み) hope Ⓒ. 《☞ あてこむ; たよる; みこみ》.
¶人の助けを*あてにしてはいけない Don't *count on* ˹the help of other people [others for help]. // あなたの協力を*あてにしていますよ We *are expecting* your cooperation. // *あてがはずれた (⇒がっかりした) I *was disappointed*.
3 《信用・信頼》 ─ 動 (頼りにする) rely ˹on [upon] ...; depend ˹on [upon] ...; (信用する) trust ㊀. ─ 形 (頼りになる) reliable; dependable.
【類義語】過去の事実・体験に照らして信頼することを ***rely on ...*** といい, 以前の経験には関係なく助力・援助などを期待してあてにするのを ***depend on ...*** という. また信用してあてにするのは ***trust***. 《☞ たより[1]》
¶彼は*あてにならない We cannot ˹*rely* [*depend*] ˹*on* [*upon*] him. / He is not a ˹*dependable* [*reliable*] person.

-あて ...宛て ¶田中氏*あての手紙 a letter ˹*for* [*addressed to*] Mr. Tanaka //「その手紙は私*あてですか」「そうです」"Is that letter *for* me?" "Yes, it is." //「その手紙はだれ*あてですか」「あなた*あてです」"Who(m) is that letter *for*?" "It's *for* you." // 私は彼女*あてにその手紙を出した I ˹*addressed* [*sent*] the letter *to* her. // その小包みは編集部*あてだった The parcel *was directed to* the editorial staff. [語法] direct を使うほうが, for を使うよりも形式ばった表現となる. 《☞ あてな; あてさき》

あてがう 宛てがう **1** 《与える》: give ㊀; (選んで与える) choose ㊀; (支給する) provide ㊀; (割り当てる) allot ㊀; (公の仕事などを割り当てる) assign ㊀; (食べ物を配分する) ration ㊀. 《☞ あたえる; わりあてる》.
¶子供にはよい本を*あてがうべきだ <S(人)+V(*give*; *choose*)+O(人)+O(物)> You should ˹*give* [*choose*] your children good books. / <S(人)+V(*give*; *choose*)+O(物)+*to* [*for*]+名・代(人)> You should ˹*give* [*choose*] good books ˹*to* [*for*] your chil-

dren. [語法] give の場合の前置詞は to で, choose の場合は for. // 支配人は彼に難しい仕事を*あてがった <S(人)+V(*assign*)+O(人)+O(仕事)> The manager *assigned* him a difficult task. // 私は小さな部屋を*あてがわれた I *was allotted* a small room.

2 «ぴったりと付ける»: put [apply]...(to ...); (持って押しあてる) hold...(to...). 《☞ あてる》. ¶ 彼は受話器を耳に*あてがった He ˹*put* [*applied*] the receiver *to* his ear. [語法] あてがう動作が持続する場合は hold を用いる.

あてこすり 当て擦り (意地の悪い[皮肉な]言葉) snide [sarcastic] remark Ⓒ《☞ ひにく》.

あてこする 当て擦る (含みをもって言う) imply ㊖; (ほのめかす) hint ㊖; (反感をこめてほのめかす) insinuate ㊖. 《☞ あてつける》.

¶ あなたのことを*あてこすって言ったわけじゃない (⇒ 私の言ったことはあなたに対してではない) What I said was not *meant for* you. // 私は彼女が故意にやったと*あてこするつもりはない I will not *imply* that she did it on purpose. // 彼はそれが私の過ちであるかのように*あてこすった He *hinted* that it might be my fault.

あてこむ 当て込む (当てにする) count ˹on [upon] ...; (期待する) expect ㊖; (希望を持って待つ) hope (for ...) ㊐. 《☞ あて; きたい[1]》. ¶ ボーナスを*当て込んで (⇒ 期待して) 買いすぎた We bought too many things *in* ˹*expectation* [*anticipation*] *of* a bonus. // 彼らは豊作を*当て込んでいた (⇒ 期待していた) They *hoped for* a good crop.

あてさき 宛て先 (手紙の) address Ⓒ《☞ あてな; -あて; おくりさき; 手紙の書き方 (囲み)》. ¶ その手紙は*あて先が間違っていた The letter *was* wrongly *addressed*.

あてずいりょう 当て推量 ☞ あてずっぽう.

あてずっぽう 当てずっぽう (でたらめの推測) wild guess Ⓒ《☞ すいりょう[1]》. ¶ 彼は*当てずっぽうでその問いに答えた He answered the question at a *guess*.

あてつける 当て付ける ━ 動 (…を…向けのつもりで言う) mean ... for ...; (暗に意味する) imply ㊖; (ほのめかす) hint ㊖, suggest ㊖; (遠回しに言う) insinuate ㊖ ★ 改まった語. ━ 副 (間接的に・それとなく) indirectly. 《☞ あてこする; つらあて》.

¶ 彼は私に*あてつけて言った (⇒ 彼の言葉は実際には私に対して言われた) His words *were* really *meant for* me. / (⇒ 彼は私にあてこするようなことを言った) He made an *insinuating* remark to me. // 彼は A の過ちを私の過ちに*あてつけて話した (⇒ それとなく私の過ちをほのめかして) He talked about A's faults, *suggesting indirectly* that they were also my faults.

あてな 宛て名 ━ 名 address [ədrés, ǽdres] Ⓒ. ━ 動 (あて名を書く) address [ədrés] ㊖. 《☞ あてさき; -あて; 手紙の書き方 (囲み)》.

¶ 私は手紙[封筒]に*あて名を書いた I wrote the *address* on the ˹letter [envelope]. / I *addressed* the ˹letter [envelope]. // その手紙の*あて名は私になっていた The letter *was addressed to* me. // この手紙は*あて名が違っている (⇒ 違ったあて名が書いてある) A wrong *address* is on the letter. / The letter *is* wrongly *addressed*. // この*あて名の人は最近移転しました The *addressee* [ædresí:] moved out recently.

アテネ ━ 名 固 Athens [ǽθənz]. ━ 形 Athenian [əθí:niən]. **アテネ人** Athenian Ⓒ.

あてはまる 当てはまる (適用する・される) apply ㊖ ㊐; (有効である) hold true (in ...); (該当する) be [hold] true (of ...); (ぴったり合う) fit ㊖. 《☞ がいとう[1]》.

¶ その規則はこの場合にも*あてはまる (⇒ 適用できる) The rule ˹can *be applied* [*applies*] ˹to [in] this case. / (⇒ 有効である) The rule *holds true in* this case. // それは彼についても*あてはまる (⇒ それは彼についても同様だ) It is also *the case with* him. // その説明はここには*あてはまらない (⇒ 該当しない) The explanation ˹does not *hold* [*is* not] *true* here. // その語はこの文脈には*あてはまらない (⇒ 適当でない) The word is not *suitable for* this context.

あてはめる 当てはめる (規則などを) apply ㊖; (満たす・空所などに入れる) fill ㊖. 《☞ てきよう[1]》. ¶ その規則はこの場合に*あてはめることはできない We cannot *apply* the rule to this case.

あでやか 艶やか ━ 形 (美しい) lovely; (魅惑的な) fascinating. ━ 副 fascinatingly. 《☞ みりょく; うつくしい (類義語)》. ¶ 彼女の着物姿は*あでやかだった She was ˹*lovely* [*fascinating*] in (her) kimono.

あてられる 当てられる ¶ 私は彼らの仲のよさに*あてられた (⇒ 当惑した) I *was embarrassed* by their open display of love.

あてる 当てる, 充てる **1** «命中させる»: hit ㊖《過去・過分 hit》; (ぶつける) strike ㊖《過去・過分 struck》; (軽くがたんとぶつける) bump ㊖. 《☞ あたる; めいちゅう》.

¶ 彼は矢を的に*当てた[*当てそこなった] (⇒ 矢が的に当たった[はずれた]) His arrow ˹*hit* [*missed*] the mark. // 私は頭を壁にぶち*当てた <S(人)+V(*hit*)+O(体の部分)+*against*+名(物)> I *hit* my head *against* the wall.

2 «あてがう»: (手や物などをある場所に持っていく) put [apply] ... (to ... ; on ...); (物をある場所に置く) place ㊖; (手に持ってあてがう) hold ... (to ...). 《☞ おしあてる; あてがう》.

¶ 彼女は手をひたいに*あてた She *put* her hand *on* her forehead. // 私は受話器を耳に*あてた I *held* the receiver *to* my ear. // 彼女は目にハンカチを*あてて (⇒ ハンカチの中へ) 泣いた She ˹cried [wept] into a handkerchief. // ズボンにつぎを*当ててもらった (⇒つぎをしてもらった) I *had* my trousers *patched* (*up*).

3 «推測する»: guess ㊖ ㊐, make [take; give] a guess, make [take] a shot ★ いずれもほぼ同じ意味だが, 3 番目が最も口語的な表現. 《☞ あたる》.

¶ *当ててごらん *Guess* (it). // *当てられるかい Can you *guess* (it)? / Can you ˹*make* [*take*] *a guess at* it? // だれも彼女の年齢は*当てられなかった Nobody could *guess* her age. // 私

あ

はうまく言い*当てた I *made a* good *shot.* / I *guessed* (it) right. 語法 guess は正しく当てようと推量することで, 必ずしも正しく言い当てることを意味しない. // 私は*当てそこなった (⇒間違って推測した) I *made a* bad *shot.* / I *guessed* (it) wrong.

4 «触れさせる»: (さらす) expose ㊀.

¶ 草花を日に*当てなくてはならない <S(人)＋V(*expose*)＋O(物)＋*to*＋名(物)> I must *expose* the flowers *to* the ⌈sun [sunshine]. // 書物は時々風に*当てたほうがよい We had better *air* our books once in a while.

5 «当たりくじを引く»: draw a prize; (賞金などを当てる) win ㊀; (山を当てる) make a hit. 《☞ あたる; あたり²》.

¶ 彼はくじを*当てた (⇒当たりくじを引いた) He *drew a prize* in a lottery. // 彼はくじで 100 万円*当てた He *won* one million yen in a lottery. // その男は一山*当てた The man *made a* ⌈lucky [big] *hit.* 語法 この表現は物を主語にして用いることも多い. ((例) 彼の計画は大いに*当たった His plan *made a* great *hit.*)

6 «充当する»: (割り当てる) allot ㊀; (指定する) assign ㊀. 《☞ わりあてる; じゅうとう》.

¶ 彼女は毎日 2 時間をピアノの練習に*あてた She *allotted* two hours to (her) daily piano practice. // その金は生活費に*あてる (⇒費す) つもりだ I'm going to ⌈*spend* [*use*] the money ⌈*for* [*on*] my living expenses.

7 «指名する»: (名前を呼ぶ) call *a person's* name; (要求する) call on ...; (命じる) tell ㊀.

¶ 先生は私を*あてた The teacher *called on* me. // 先生は私を*あててその詩を訳させた (⇒訳すように要求した) The teacher ⌈*called on* [*told*; *asked*] me to translate the poem.

あと¹ 後 **1** «以後» ── 副 (のちほど) later (on); (ある出来事の後で) afterward, afterwards ★《英》では後者のみ. ── 前 接 after ... 《☞ -ご; そのご; 時・期間の表し方 (囲み)》.

¶ *後で電話をします I'll call you *later* (*on*). // 彼は何日か*後でやってきた He came several days *later.* // 夕食の*後で散歩に行こう Let's ⌈take [go out for] a walk *after* dinner. // 彼女が出かけた*後で彼がやってきた He came here *after* she'd gone. // その*後でどうしましたか What did you do *after* that?

2 «余分の»: (これ以上) more 《☞ もう》.

¶ *あと 2, 3 分待って下さい Please wait a few *more* minutes. // りんごを*あと 3 つ下さい Please give me three *more* apples. // お金は*あと幾ら残っていますか How much money is left? // *あと千円しか残っていない There is only 1,000 yen left. // *あと 1 時間で列車は出る The train leaves *in* an hour.

3 «後方・後ろ» ── 名 (後部・後ろの部分) back Ⓒ, rear Ⓒ. ── 副 (後へ) back; (後方へ) backward; (後に) behind.

【類義語】「…の後部」という意味では ***back*** が最も一般的な語. 特に乗り物などの後部には ***rear*** を用いる. なお, ***back*** はあるものの一部としての「後・後部」((例) 列車の後のほうに乗る) であって, 離れた後方は意味しない. 《☞ うしろ》

¶ この列車は*後のほうが混んでいる The ⌈*back* [*rear*] of this train is more crowded. // 一歩*後へ下がって下さい Please take ⌈a [one] step ⌈*back* [*backward*]. // 彼は車を*後へ下げた He drove the car *backward.* // 彼は*後をつけられていた (⇒尾行されていた) He *was being shadowed.* 《☞ つける¹》 // もう一歩も*後へは引けない I can't *take* it *back* anymore. / (⇒1 インチも譲れない) I can't yield an inch now. // 彼女は*後に残された She was left *behind.* // 彼は故郷を*後にした He left his home (*behind*).

4 «順序» ── 前 after ... ── 形 (後のほうの・後者の) latter ★ the を付けて用いる; (最後の) last ★ the を付けて用いる; (すぐ次の) next; (後に続く) following.

¶ 冬の*後に春が来る Spring comes *after* winter. / (⇒春は冬に続く) Spring *follows* winter. // その物語の*後の半分は面白くない The ⌈*second* [*latter*] half of the story is uninteresting. 語法 latter を使うほうが形式ばった言い方. // 彼が一番*後にやってきた (⇒最後の人だった) He was *the last* to come. // *後から*後から (⇒次々と) 事件が起こった Many events occurred one *after* another.

5 «残り»: the rest ★ the を付けて. 《☞ のこり》. ¶ *後は私がやります I'll do *the rest* of the work. // 山田君と僕が行きますから, *後の人はここに残っていて下さい Yamada and I will go. *The rest* (of you) will please stay here.

6 «将来・結果»: (未来) future Ⓤ; (結果) result Ⓒ. ¶ *後は運を天にまかせよう Let's leave ⌈our [the] *future* to Providence. // *後のことは心配するな (⇒去った後は心配するな. 我々に任せてくれ) Don't worry *after* you leave (here). Leave everything to us.

7 «後任・相続» ── 動 (人の後を継ぐ) succeed ㊀; (仕事・商売を引き継ぐ) take over ㊀; (…の代わりになる) take *a person's* place. 《☞ つぐ²; ひきつぐ》. ¶ 彼は父の*後を継いだ He *succeeded* his father in (the) business. / He *took over* his father's business. // ブラウン先生がスミス先生の*後に来た Mr. Brown *took* Mr. Smith's *place.*

あと² 跡 **1** «以前に物事が行われたり, 建物などが存在したりしていた場所»: (場所) old site Ⓒ, former site Ⓒ; (廃墟になっている遺跡) ruins ★ 通例複数形で; (部分的に崩れているが一部は残っている遺跡) remains ★ 通例複数形で. 《☞ はいきょ; なごり》. ¶ これが昔の城の*跡です This is the ⌈*old* [*former*] *site* of the castle.

2 «痕跡»: (物の表面に残された汚れ・傷など) mark Ⓒ; (そこにいたこと, または通過を示す) trace Ⓒ; (タイヤの跡などのように連なっている痕跡) track Ⓒ; (長く残る傷跡) scar Ⓒ; (足跡) footprint Ⓒ. 《☞ けいせき》.

¶ 熱い茶わんでテーブルの上に*跡ができた (⇒跡を残した) The hot cup ⌈made [left] a *mark* on the table. // 路上にはブレーキをかけた*跡は見られなかった There were no brake *markings* on the road. // 我々はその車の*跡をたどっ

て行った We followed the (tire) *tracks* of the car. // 彼女の背中には手術の*跡がある She has a *scar* from an operation on her back.

あとあし 後足 hind leg Ⓒ 《☞ あし[1]》. ¶ 犬が*後足で立った The dog stood on its *hind legs.* / (⇒ ちんちんをした) The dog *sat up.*

あとあじ 後味 aftertaste Ⓤ. ¶ *後味が悪かった It left an unpleasant *taste* (in my mouth). // その出来事は*後味が悪かった (⇒ 悪い気分を持った) I had an unpleasant *feeling* after the event.

あとあと 後後 (将来) future Ⓤ ★ 形容詞をとるときは a ... future とする. 《☞ あと[1]; しょうらい》. ¶ 彼は*後々 (⇒ 将来) のために給料の半分を貯金している He saves half his salary for the *future.* // 私はあなたの*後々のことを思って言うのですよ (⇒ あなたがよい未来を持てることを願って) I say this because I want you to have a good *future.*

あとおし 後押し —動 (後ろから押す) push ⓣ; (人を支持する) support ⓣ, back up ⓣ ★ 後者のほうがより口語的. —名 (押すこと) push Ⓤ; (支持・支援) support Ⓤ. 《☞ しじ[1]》. ¶ 私は彼の*後押しをしてやった I *supported* him. / I gave *support* to him. / I *backed* him *up.*

あとがき 後書き postscript [póu(s)skrìpt] Ⓒ ★ 手紙などの署名の後に, 書き残したことなどを書き入れたもの. 普通 P.S. と略す; (書物の) afterword Ⓒ. ¶ 手紙に*後書きをつける add a *postscript* to a letter

あとかた 跡形 ¶ その家は*跡形もなかった (⇒ 何も残っていなかった) *Nothing remained* of the house. // その城は*跡形もなく (⇒ 完全に) 壊された The castle was *completely* destroyed. // その一行は不思議にも*跡形もなく (⇒ 何の跡も残さず) 消えてしまった The party mysteriously disappeared *without leaving any trace.*

あとかたづけ 後片付け —動 (整理・整頓をする) put...in order; (部屋などの掃除をする) clean up ⓣ; (食器などを) clear (the table) ⓣ. 《☞ あとしまつ; せいり[1]; かたづける》.
¶ 彼は部屋の*後片付けをした He *put* his room *in order.* // 彼女は母親の手伝いをして食事の*後片付けをした She helped her mother *clear the table.* [参考] 食器を洗うのは wash the dishes という.

あとがま 後釜 (後任者) successor Ⓒ 《☞ こうにん[2]; あと[1]》.

あとくされ 後腐れ ¶ すべて解決し, *後腐れは (⇒ それ以上の面倒は) なかった Everything was settled and there was no *further trouble.* 《☞ めんどう; ごたごた》
【参考語】—名 (将来の面倒なこと) trouble in the future Ⓤ, future [further] trouble Ⓤ.

あどけない (無邪気で罪のない) innocent ★ 外面の形容ではなく, 心の状態の形容; (子供っぽい) childish. 《☞ むじゃき》. ¶ *あどけない子供 an *innocent* child // 彼女はどことなく*あどけない There is something *innocent* about her. // 彼女は*あどけない顔をしている She looks *childish.*

あどけなさ (無邪気さ) innocence Ⓤ; (純真) naïveté Ⓤ, naiveté Ⓤ.

あとさき 後先 ¶ *後先をよく考えずにやってはいけない (⇒ 行動を起こす前によく考えよ) You must *think carefully before you act.* // 彼は*後先も考えずに (⇒ 結果を考えないで) それを言ってしまった He said that without considering *the consequences.* // 話が*後先になりましたが… (⇒ これを先に言うべきでしたが…) I should have said this first, but ....

あとしまつ 後始末 ¶ 食事の*後始末をした We *cleared the table.* // その問題は私が*後始末をしましょう (⇒ 責任を持つ[解決する]) I'll ⌈*take care of* [*settle*] the ⌈matter [problem]. // 彼は借金の*後始末をした (⇒ 片をつけた) He *settled with* his ⌈creditors [debts]. 《☞ あとかたづけ; かたづける; しまつ》

あとずさり 後ずさり —動 (退く) draw back ⓘ; (一歩後退する) step back ⓘ (↔ step forward); (後方へ移動する) move backward ⓘ (↔ move forward); (特に車が後退する) back up ⓘ; (尻込みする) shrink back ⓘ. 《☞ さがる》.

あとつぎ 後継ぎ (後継者) successor Ⓒ 《☞ あととり (類義語); そうぞく》.

あととり 跡取り (男の相続人) heir [ɛ́ɚ] Ⓒ; (女の相続人) heiress [ɛ́(ə)ris] Ⓒ; (遺産の) inheritor Ⓒ; (後継者) successor Ⓒ.
【類義語】血縁関係・遺言などで法律的に決まる跡取りを **heir** または **heiress** と言う. これに対して, 必ずしも血縁関係などに限らず財産・肩書きなどを受け継ぐ者を ***inheritor*** と呼ぶ. 従って, *inheritor* は *heir* よりも一般的な意味で用いられる. 特に相続とは関係なく, ある人の地位・職業などを後継者として引き継ぐ者を ***successor*** と呼ぶ. 《☞ そうぞく; こうにん[2]》
¶ 彼はおじの*跡取りとされた He ⌈was made [fell] *heir* to his uncle's property. ★ 冠詞を省略する.

あとのまつり 後の祭り ¶ もう*後の祭りだ (⇒ もう遅すぎる) It's *too late now.* / It is *the day after the fair.*

アドバイス —名 advice Ⓤ. —動 advise ⓣ. 《☞ ちゅうこく (類義語); じょげん》.

あとばらい 後払い deferred payment Ⓤ; (着払い) cash on delivery Ⓤ 《略 C.O.D.》.

アドバルーン advertising balloon Ⓒ ★ 説明的表現. [参考] 英米では普通気球による広告がないため, ad-balloon は和製英語と言われているが, ad-balloon でも少なくとも米国人には意味が通じる. 《☞ 和製英語 (囲み)》.
¶ *アドバルーンを上げる hoist [pull up; send up] an *advertising balloon*

あとまわし 後回し —動 (延期する) put off ⓣ 《☞ のばす; えんき》. ¶ それは*後回しにしよう (⇒ 後でやろう) Let's do it *later.* / (⇒ それは後で取り上げよう) Let's take it up *later.* / (⇒ それには後で戻ってこよう) We'll come back to it *later.*

あとめ 跡目 —動 (跡目相続する) succeed ⓣ 《☞ つぐ[2]; そうぞく》.

あともどり 後戻り —動 (帰る) go back ⓘ, move back ⓘ, turn back ⓘ [語法]

あ

ほぼ同意のこともあるが, move back は「後方へ動く」という客観的な表現, turn back は「くるりと向きを変えて戻る」というニュアンスがある; (一歩後退する) step back ⓐ. 《☞ もどる; ひきかえす; ぎゃくもどり》.
¶ 車が*後戻りした (⇒ 後ろへ移動した) The car *moved backward*. 《☞ バック》 // 彼は駅へ行く途中で*後戻りして家に帰った (⇒ 家へ引き返した) He *turned back* home on his way to the station. // これ以上先へ行くと出発点に*後戻りできない (⇒ 帰れない) If we move any farther, we can't *go back* to our starting point.

アトリエ atelier [ætəljéi] Ⓒ, studio Ⓒ.

あな 穴 **1** «あいたくぼみ»: (一般に) hole Ⓒ; (中が空洞のくぼみ) hollow Ⓒ; (空き) opening Ⓒ; (裂け目) gap Ⓒ; (へこみ) cavity Ⓒ ★ 形式ばった語; (針の穴) eye Ⓒ.
【類義語】 他の面に突き抜けているかいないかにかかわらず, ある面に丸またはそれに近い形の口のある穴は一般に **hole** という. 固体の面にあいた穴またはくぼみは **hollow**. また, かなり適用範囲が広く, いろいろな物のあいている部分, 例えば垣根の一部が壊れている所とか, 戸にあいた穴とかはすべて **opening** という語で表せる. *hole* や *hollow* も *opening* の一種である. 無理に壊したり, こじ開けたりしてできた穴で, 細長くあいているような穴は **gap** という. 学術用語などに用いられる形式ばった言葉として, *hole* や *hollow* とほぼ同じ意味の語が **cavity** である.
¶ この靴下には*穴があいている There is a *hole* in this sock.
地面に*穴を掘った We ⌈dug [made] a *hole* in the ground.
きりで板に*穴をあけた I drilled a *hole* through a board. / I made a *hole* through a board with a drill.
彼は壁に*穴をあけた He bored a *hole* ⌈in [through] the wall.
語法 以上の例のように「…して穴をあける」という日本語は英語では動詞をいろいろに変えることによって表される. 例えば「切って穴をあける」cut a hole,「かじって穴をあける」gnaw [nɔ́ː] a hole,「燃やして[焦がして]穴をあける」burn a hole,「切符切りのパンチなどで穴をあける」punch a hole,「氷などを割って穴をあける」chop a hole などである.
この棒は中に*穴があいている (⇒ 中空である) This stick is *hollow*. ★ この hollow は 形.
垣根に大きな*穴があいている There is a large *opening* in the fence.
この道路は*穴だらけだ This road is full of *holes*.
*穴をセメントでふさいだ I ⌈stopped [filled] (up) the ⌈*hole* [*gap*] with cement.
靴下の*穴を繕ってもらった I had the *hole* in the sock patched.
そんなに*穴のあくほど (⇒ じっと) 見ないで下さい Don't *stare* at me so.
私は恥ずかしくて*穴があったら入りたい (⇒ 床の下に沈んでしまいたい) ほどだった I was so ashamed that I wished I could ⌈sink [drop] through the floor.
2 «欠陥»: (欠点) fault Ⓒ; (欠陥) defect Ⓒ; (弱点) weak point Ⓒ; (きず) flaw Ⓒ; (抜け穴) loophole Ⓒ; (帳簿・計算上の穴) deficit Ⓒ. 《☞ けっかん[1]; けってん (類義語)》.
¶ この計画には*穴がある There is a *defect* in this plan.
彼はその法律の*穴を見つけた He found a *loophole* in the law. 《☞ ぬけあな》
これで帳簿に100万円の*穴があいた This caused a *deficit* of one million yen in the account.

あなうめ 穴埋め ―動 (空所を埋める) fill ⓗ; (損失を補う) make up for … ―名 (当座の間に合わせ) stopgap Ⓒ. 《☞ うめあわせ; うめる[1]》.

アナウンサー announcer Ⓒ.

アナウンス ―名 announcement Ⓤ. ―動 (アナウンスする) announce ⓗ. ¶ 間もなく水泳競技の結果の*アナウンスがあります The results of the swimming match will *be announced* soon.

あながち 強ち **1** «必ずしも»: (必ず) necessarily; (常に) always 語法 これらは否定語と共に用いられ, 部分否定になり, 下降上昇調で話されるのが普通. 《☞ 否定の表現 (囲み)》.
¶ *あながちそうとは限らない It is *not* ⌈*necessarily* [*always*] so. / That is *not always* the case.
2 «完全に»: (まったく) altogether; (完全に) quite; (すっかり) wholly 語法 1と同様, 否定語と共に用いられるのが普通. 《☞ ぜんぜん》.
¶ 君の言うことも*あながち無理ではない What you say is *not altogether* unreasonable.

あなた 貴方 (男女に関係なく, 相手のこと) you; (男性に対する丁寧な呼びかけ) sir; (女性に対する丁寧な呼びかけ) madam, ma'am [mǽm]; (夫婦の間で) (my) dear, darling; (妻・恋人に向かって) (my) honey ★ 娘に向かっても用いられる. 《☞ きみ[1] 語法; 代名詞 (欄外); 呼びかけ (囲み)》.

あなどり 侮り disdain Ⓤ 《☞ けいべつ (類義語)》.

あなどる 侮る (見下す) look down (up)on …, despise ⓗ ★ 後者は改まった語; (軽視する) make light of … 《☞ けいべつ (類義語); みくだす; みくびる》.

あに 兄 (older [elder; big]) brother Ⓒ 語法 米国では兄, 姉を指す場合に, 特に長男・次男などの区別をする以外は, older, oldest を用いることが多い. また big brother という言い方は口語的でくだけた表現で, 子供が使うのが普通. なお英語の習慣として長幼の順をあまり問題にしないので, 特に必要のある場合以外は単に brother と言うだけで済ませることが多い. 《☞ きょうだい[1]; 親族関係 (囲み)》.
¶ 一番上の*兄 my ⌈*eldest* [*oldest*] *brother* // 2番目の*兄 my second ⌈*eldest* [*oldest*] *brother* // 私の*兄はエンジニアです My (⌈*older* [*elder*; *big*]) *brother* is an engineer.

あによめ 兄嫁 sister-in-law Ⓒ 《☞ ぎり; 親族関係 (囲み)》.

あね 姉 (older [elder; big]) sister Ⓒ 語法 米国では兄・姉を指す場合に older,

oldest を用いることが多い. big sister は口語的で子供が使うのが普通. また英語の習慣として長幼の順をあまり問題にしないので, 特に必要のあるとき以外は単に sister と言うだけで済ませることが多い. 《☞ 親族関係 (囲み)》.
¶ 一番上の*姉 my ｢*eldest* [*oldest*] *sister* // *姉はタイピストです My (｢*older* [*elder*; *big*]) *sister* is a typist.

あねったい 亜熱帯 ― [名] the subtropical ｢zone [region], the subtropics ★ 複数形で. ― [形] (亜熱帯の・亜熱帯性) subtropical. 《☞ ねったい》. **亜熱帯植物[動物]** subtropical ｢plant [animal] [C].

アネモネ anemone [ənéməni(:)] [C], windflower [C]. 《☞ 花 (囲み)》.

あの 《指示形容詞》(話者から離れた位置にあるものを指して) that 《複 those》 (↔ this 《複 these》) [語法] 英語の that は日本語の「その」を含む. つまり話者と相手の双方から離れているものも that であるし, 相手の所にあるものも that という. 《☞ その; この; 代名詞 (欄外)》.
¶ *あの男の人はだれですか Do you know who *that* man is? // *あの本を借りてもいいですか Can I borrow *that* book? //「*あの人たちはだれですか」「山田さん夫妻ですよ」 "Who are *those* people?" "They are Mr. and Mrs. Yamada." // *あのころは私も若かった I was young in *those* days. // *あのときあなたはどこにいたんですか Where were you ｢at *that* time [*then*]?

あのね Well, Listen, Look here, I say, Say. 《☞ ねえ: 感嘆詞 (欄外)》. ¶ *あのね, トム, きょうの午後おひまかしら *Say*, Tom, are you free this afternoon? // *あのね, 君はその点が違っているんだよ *Look here*! You are wrong ｢on [about] that point.

あのよ あの世 (現世に対する) the other world. ¶ *あの世へ行く (⇒ 死ぬ) die / (⇒ 天国に行く) go to *Heaven* / (⇒ 墓場へ行く) go to *one's grave* ★ 以上のほか英語には婉曲的に「死ぬ」を意味する表現がたくさんある. 《☞ 婉曲語法 (欄外); しぬ (類義語)》

アパート (アパート内の 1 世帯分) 《米》 apartment [C], 《英》 flat [C]; (アパートの建物全体) apartment house [C] ★ 単に apartment ともいう, 《英》 block of flats [C]. 《☞ マンション; だんち; 家・部屋 (囲み)》.
¶ 私は*アパートを借りたい I would like to rent an *apartment*. // 彼は*アパートの 2 階に住んでいる He lives in a second-floor *apartment*.

「貸しアパート」の掲示

あばく 暴く **1** «暴露する»: (隠されていたものをさらけ出す) expose (他); (陰謀などを暴露する) uncover (他); (秘密などを明らかにする) disclose (他); (秘密などをもらす) reveal (他); (明るみに出す) bring ... to light. 《☞ ばくろ (類義語)》.
2 «発掘する»: (開く) open (他); (掘る) dig (他). 《☞ はっくつ》. ¶ 墓を*暴く *dig up* a grave / (⇒ 墓を侵す) *violate* a grave

あばずれ ― [名] bitch [C] ★ 日常では用いない語. ― [形] (ずうずうしい) shameless.

あばらぼね 肋骨 rib [C] 《☞ ほね》.

あばらや あばら家, あばら屋 (みすぼらしい小屋) shabby hut [C]; (倒れそうでぐらぐらしている家) ramshackle [rickety] house [C]; (荒れ果てた家) tumbledown house [C].

あばれもの 暴れ者 (気性などが手に負えない男) wild fellow [C]; (乱暴者) rowdy [C].

あばれる 暴れる **1** «乱暴する»: (乱暴する) behave [act] violently; (じたばたする) struggle violently. 《☞ らんぼう》.
¶ 病人は手術中*暴れた The patient *struggled* during the operation. // 父親がいなくなると子供たちはすぐ*暴れだした (⇒ 始末におえなくなった) The children ｢*got unruly* [*ran wild*] as soon as their father was gone. // 酔っ払いが店に*暴れ込んだ (⇒ 押し入った) A drunkard *broke into* the shop.
2 «暴動を起こす»: riot (自); (暴れ回る) go on ｢a [the] rampage. 《☞ ぼうどう》.
¶ 暴徒は警察に反抗して*暴れた The mob *rioted* against the police. // デモ隊が*暴れて警官に投石した Some demonstrators *went on a rampage* and threw stones at the police.

アピール ― [名] (友人や一般の人への呼びかけ) appeal [C]; (権力・権威者への請願) petition [C] [語法] 英語の appeal はもっと意味が広く, 心に訴えて興味や魅力を起こさせることも意味する. また, 日本語の「アピール」は請願の意味でも使われることがあることに注意. ― [動] appeal (to ...) (自); (請願する) petition ... for ... 《☞ うったえ; うったえる》.
¶ 国会への*アピール a *petition* to the Diet

あびせる 浴びせる (雨のように注ぐ) shower (他); (注ぎかける) pour (他); (ぶっかける) dash (他); (投げつける) throw (他).
¶ 人に水を*浴びせる *throw* [*dash*; *pour*; *shower*] water ｢over [on; upon] a person // 彼らは証人に質問を*浴びせた <S(人)+V(*shower*)+O(人)+*with*+名(質問)> They *showered* the witness *with* questions. / <S(人)+V(*shower*)+O(質問)+*on* [*upon*]+名(人)> They *showered* questions ｢*on* [*upon*] the witness. // 彼らは猛打を*浴びせた They *showered* hits on the opposing team.

あひる (雌) duck [C] ★ あひるの総称としても用いられる; (雄) drake [C]; (子) duckling [C]. 《☞ めす [語法]; おす[3] [参考]; 動物の鳴き声 (囲み)》.

あびる 浴びる (水に入る) bathe (自); (泳ぐ) swim (自); (日光に当たる) bask (自).
¶ 川で水を*浴びよう Let's (*have a*) ｢*bathe* [*swim*] in the river. // ひとふろ*浴びたい (⇒ 入浴したい) I'd like to ｢*have* [*take*] a bath. // 車はほこりを*浴びていた (⇒ かぶっていた) The car *was covered with* dust. // その声明は世の非難を*浴びた (⇒ 非難にさらされた) The statement *was* ｢*subjected* [*exposed*] *to* public censure. // 彼の提案は嘲笑を*浴びた (⇒ 嘲笑の的となった) His proposal *became the object of* ridicule.

あ

あぶ 虻 gadfly Ⓒ. **虻蜂取らずになる** (2つのいすの間に落ちる) fall between two stools 《☞ にと》.

あぶく 泡 bubble Ⓒ; (泡) foam Ⓒ. 《☞ あわ》. **あぶく銭** (労せずして得た金) unearned [easy] money Ⓤ; (不正手段で得た金) ill-gotten gains ★複数形で.

アフターサービス (保証期間中のサービス) service under warranty Ⓤ 《☞ 和製英語(囲み)》.

あぶない 危ない **1** «危険な»: dangerous; perilous; (冒険的な) risky; (不安定で危なっかしい) precarious.

【類義語】最も一般的な語が **dangerous**. *dangerous* より危険の度合い・確率が大きく, 重大な場合に用いるのが **perilous**. 利益を期待して危険を冒す場合は **risky**. 《☞ きけん[1] (類義語)》

¶ そんな*危ない場所で遊ぶな Don't play in such a *dangerous* place. // この川で泳ぐのは*危ない It is *dangerous* to swim in the river. // 政界での彼の地位は*危ない His position in (the world of) politics is *precarious.*

2 «生命が» ━形 (危篤の) critical. ━動 (危険な状態にある) be in danger.

¶ 医者はその患者は*危ないと言った The doctor said that the patient *was in danger.*

［語法］He is dangerous. というと「彼は危険な人物だ」の意味になる. // 彼の容態が*危ない He is in *critical* condition. 《☞ じゅうたい[1]》

3 «頼りない・疑わしい»: (不確実な) uncertain; (不安定な) unsteady; (疑わしい) doubtful; (不審な) questionable; (頼りにならない) unreliable. 《☞ うたがわしい; あやしい》.

¶ 彼は足元が*危ない (⇒ ふらついている) He is *unsteady* on his feet. // 彼の成功は*危ないもんだ His success is ⌜*doubtful* [*uncertain*]. // 彼女が合格するかどうか*危ないものだ I *doubt if* she will pass the exam. 《☞ どうか[1]》 // 空模様が*危ない (⇒ 降りそうだ) It *looks like rain.*

4 «間一髪»: (かろうじての) narrow. ¶ 我々は*危ないところを助かった We had a *narrow* escape. / (⇒ 間一髪で) We escaped *by a hair's breadth.*

5 «警告»: (行く手に何かあったりする場合) Look out!, Watch out!, Be careful!

あぶなく 危なく (ほとんど) nearly 《☞ あやうく》.

あぶなげ 危なげ ¶ 彼は*危なげな (⇒ 不器用な) 手つきでナイフを研いでいた He was sharpening a knife in a *clumsy* manner. // 老人は*危なげな (⇒ 不安定な) 足取りで階段を降りた The old man went down the stairs with an *unsteady* gait. // 彼の投球はまったく*危なげない (⇒ 信頼できる) His pitching is quite *reliable.*

あぶなっかしい 危なっかしい (危険な) dangerous; (不安定な) precarious. 《☞ あぶない; あぶなげ》.

あぶら 油, 脂 **1** «油» ━名 (原油・石油・灯油・潤滑油などの総称) oil Ⓤ; (料理用の) fat Ⓤ ［語法］普通 fat という場合は常温で固形のものを指し, 液状のものを oil という. ━動 (油をさす・塗る) oil ⓗ. ━形 (油だらけの) oily. 《☞ せきゆ; オイル; げんゆ》.

¶ *油と水とは混ざらない *Oil* and water do not mix. // (燃料の) *油が切れた We have run short of (fuel) *oil.* // この機械は*油が切れている (⇒ 油をさす必要がある) This machine needs *oiling.* // 私は自転車に*油をさした I *oiled* my bicycle. // 2人は水と*油だった They were *oil* and water. / (⇒ 仲が悪かった) The two could *not get* ⌜*on* [*along*] *well together.*

2 «脂» ━名 (溶解した獣脂) grease Ⓤ; (常温で固体の脂肪) fat Ⓤ; (豚の) lard Ⓤ. ━形 (脂の多い・脂で汚れた) greasy; (脂肪の多い) fatty; oily. ¶ 彼は*脂っこい料理が好きだ He likes *greasy* food. 《☞ 味 (囲み)》 **油をしぼる** (しかる) give ... a good scolding.

あぶらえ 油絵 oil painting Ⓒ. ¶ *油絵を描く *paint with oils* **油絵画家** oil painter Ⓒ **油絵の具** oil paints, oil colors (《英》 oil colours) ★いずれも複数形で.

あぶらぎる 脂ぎる ━動 (脂肪でぎらぎらする) become greasy. ━形 greasy; (油だらけの) oily. 《☞ しぼう[3]; あぶら》.

あぶらむし 油虫 (植物につく小さな害虫) plant louse Ⓒ 《複 lice》; (ゴキブリ) cockroach Ⓒ.

アフリカ ━名 固 Africa. ━形 African. **アフリカ人** African Ⓒ **アフリカ大陸** the African Continent.

あぶる 焙る (火にかざして温める) warm [heat] ... over a fire 《☞ あたためる; やく[1]》.

アフレコ (映画・テレビの) after-recording Ⓤ, postrecording Ⓤ.

あふれる 溢れる (入りきらないで外に出る) overflow (with ...) ⓐ ★「川」などを主語とするほかに,「場所」も主語となる; (液体が満ちてこぼれる) run over ⓐ; (縁からあふれ出る) brim over ⓐ; (川などがはんらんする) flood ⓐ; (満たされる) be filled (with ...). 《☞ みちる; いっぱい; こぼれる》.

¶ お茶[茶わん]が*あふれた The ⌜tea [cup] *overflowed.* // 街は人が*あふれていた The streets *were overflowing with* people. // 群衆は入りきれず廊下に*あふれ出た The crowd *overflowed* into the halls. // 川が*あふれた The river *flooded.* // 彼女の目には涙が*あふれていた Her eyes *were* ⌜*filled* [*brimming*] *with* tears. // 彼は精力に*あふれている He *is full of* ⌜energy [vitality].

あぶれる (仕事にあぶれる) fail to ⌜get a job [find work] 《☞ しつぎょう》. ¶ 僕はいま仕事に*あぶれている (⇒ 失業している) I am now *out of* ⌜*work* [*a job*].

あべこべ ━形 (位置・方向・形などが) opposite; (考え・内容などが) contrary; (順序などが) reverse; (間違った) wrong. ━副 (逆に) on the contrary; (期待とは逆に) the other way (a)round ★口語的な表現; (順序が) in the reverse order; (上下さかさまに) upside down; (裏表に) inside [wrong side]

out. ― 動 (順序を逆にする) reverse 他; (上下をさかさまにする) invert 他. ― 名 (正反対) opposite U; reverse U; contrary U ★ いずれも the を付けて用いる. 《☞ はんたい; ぎゃく (類義語); さかさま》.
¶ それにまったく*あべこべだ (⇒ 反対だ) It's quite *contrary*. / (⇒ 逆だ) It's *the other way (a)round*. // 彼はその絵を上下*あべこべに持っていた He was holding the picture *upside down*. // 彼はセーターを*あべこべに (⇒ 表裏逆に) 着ていた He was wearing his sweater ˹*inside* [*wrong side*] *out*. // 彼は番組の順序を*あべこべ (⇒ 逆) にした He *reversed* the order of the program.

アベック (男女の2人連れ) couple C
[参考] 日本語のアベックはフランス語 (avec＝with) から入った語. 《☞ 借用語 (欄外)》.
¶ 彼はきのう*アベックで (⇒ 女友達と) 芝居に行った He went to the theater *with his girl friend* yesterday. // 一組の*アベック (⇒ 恋人) が公園のベンチに腰かけていた A pair of *young lovers* were sitting on a park bench.

あへん 阿片 opium U.

アポストロフィー apostrophe C 《☞ 欄外》.

あま[1] 尼 (一般の尼僧) nun C; (ローマカトリック教の) sister C.

あま[2] 海女 woman diver C.

あまあし 雨足 ¶ *雨足がひどくなってきた. 急ぎましょう It's going to *rain harder*. Let's hurry (up). 《☞ あめ[1]; ふり[3]》

あまい 甘い **1** «味が»: (舌に甘い) sweet; (砂糖のような) sugary. 《☞ 味 (囲み)》.
¶ このケーキはとても*甘い This cake is very *sweet*. / (⇒ はちみつのように甘い) This cake is as *sweet* as honey. // 私は*甘いものが好きだ I like *sweet* things. / I have a *sweet tooth*. // このスープは塩かげんが*甘い (⇒ 十分に塩気がない) This soup *is not salty enough*. // 子供は*甘いもの (⇒ 砂糖菓子) が好きだ Children are fond of ˹*candy* [《英》 *sweets*].
2 «言葉が» ¶ *甘い言葉に気をつけろ Be careful ˹about [of] *honeyed* words. 《☞ くちぐるま》
3 «寛大な»: (厳しくない) lenient (↔ strict) 《☞ かんだい》. ¶ 山田先生は生徒に*甘い Mr. Yamada is *lenient* to his students. // あの先生は点が*甘い That teacher is *lenient* in marking.
4 «のんきな»: (楽天的な) optimistic; (のんきな) easygoing. 《☞ あんい》. ¶ 彼の人生観は*甘い (⇒ 人生に対して楽観的な見方をしている) He has an *optimistic* view of life. // 相手を*甘く見るな (⇒ 見くびるな) Don't ˹*underestimate* [*underrate*] your opponent.

あまえる 甘える **1** «甘ったれる»: (子供が) behave like a spoiled child; (犬などが) fawn on *a person*. ¶ この子は*甘えてしょうがありません My child is quite *spoiled*.
2 «好意・親切に»: (人の親切につけ込む) take (unfair) advantage of *a person's* ˹kindness [good will]. ¶ 人の親切に*甘えてはいけない Don't *take advantage of* another person's kindness.

あまえんぼう 甘えん坊 spoiled child C 《☞ あまえる》.

あまがえる 雨蛙 tree ˹frog [toad] C 《☞ かえる[6]》.

あまがさ 雨傘 umbrella C 《☞ かさ[1]》.

あまぐ 雨具 rainwear U. ¶ *雨具の用意がなかった (⇒ 雨を防ぐものを何も持っていなかった) のでずぶぬれになった We got soaking wet because we had *nothing to protect ourselves from the rain*.

あまくだり 天下り ¶ *天下りの人事 an appointment by orders from ˹above [the top] // あの重役は*天下りの一人だ (⇒ 官庁の出身だ) He is one of the executives who came from the government agency.

あまくち 甘口 ― 形 (酒など) sweet (↔ dry) 《☞ 味 (囲み)》.

あまぐつ 雨靴 rain shoes; (オーバーシューズ) galoshes ★ ともに複数形で. 《☞ くつ》.

あまぐも 雨雲 rain cloud C 《☞ くも[1]》.

あまごい 雨乞い praying for rain U. ¶ *雨乞いをする *pray* [*offer prayers*] *for rain*

あまざらし 雨曝し ― 形 (風雨にさらされた) weather-beaten, weathered. ― 動 (雨ざらしにする) expose ... to rain; (雨ざらしになる) be exposed to rain, be left in the rain. 《☞ さらす》.

あます 余す (残す) leave 他; (とっておく) save 他. 《☞ のこす; あまる》. ¶ 試験まで*余すところ1週間だ We have only one week

---

アポストロフィー (apostrophe) (') の記号で, 省略記号とも呼ばれる. 次のような用法がある.
(1) -'s で名詞の所有格を作る.
¶ 私の妹の猫 my sister's cat // その猫のしっぽ the cat's tail
　原則として人・動物などの生物に使うが, 時間・距離, およびその他の慣用的表現にも使われ, また無生物に使われることもある.
¶ 1日の日帰り旅行 a day's journey // 石を投げても届く距離に at a stone's throw
　名詞に -s を付けた複数形の所有格にはアポストロフィーのみを付ける. 《☞ 所有格 (欄外)》
¶ 女学校 a girls' school // 少年たちの犬 the boys' dogs [語法] ただし子供たちのおもちゃ the children's toys のように -s で終わらない複数形には -'s を付ける.
(2) -'s として, 文字・数字・略字・記号などの複数形を作る.
¶ この単語には i の字が4つある There are four i's in this word. // 3つの that three that's // 1980年代 1980's [語法] ただし「彼女は20代だ」She is in her *twenties*. のような場合はアポストロフィーはいらない. 《☞ 複数形 (欄外)》
(3) 短縮形 (contraction) を示す.
¶ 私は青木です I'*m* Aoki. [参考] ほかに he's (＝he is / he has), I've (＝I have), I'd (＝I had / I would), can't (＝cannot), isn't (＝is not) など. 《☞ 短縮形 (欄外)》
(4) 文字・数字などが一部省略されたことを示す.
¶ '83 ★ 1983年の意. // 'phone ★ telephone の tele を略したことを示す. この場合はアポストロフィーを付けないで phone でもよい. // thro' (＝through) 《☞ 省略 (欄外)》

あ

left before the examination. // 彼はその問題を*余すところなく(⇒徹底的に)説明した He explained the matter 「*thoroughly* [*exhaustively*].

あまずっぱい 甘酸っぱい sweet-sour《☞ 味(囲み)》.

あまだれ 雨だれ (雨のしずく) raindrop Ⓒ; (雨だれの音) patter of raindrops Ⓤ.

アマチュア amateur [ǽmətə̀ː] Ⓒ (↔ professional)《☞ しろうと》. ¶ *アマチュアテニス選手 an *amateur* tennis player // *アマチュア規定 requirements for *amateurship* // *アマチュア無線局 an *amateur* radio station // *アマチュア無線家 a (radio) ham / an *amateur* radio operator

あまったるい 甘ったるい too sweet《☞ あまい》.

あまったれ 甘ったれ spoiled child Ⓒ《☞ あまえる》.

あまでら 尼寺 convent Ⓒ, nunnery Ⓒ.

あまど 雨戸 (引き戸) sliding door Ⓒ ★欧米の家には普通, 日本のような雨戸はない; (よろい戸) shutter Ⓒ. ¶ *雨戸を開ける[閉める] pull open [close] the *sliding doors*

あまとう 甘党 person with a sweet tooth Ⓒ《☞ あまい》. ¶ 彼は*甘党だ He *has a sweet tooth*.

あまねく 普く, 遍く —副 (広く) widely; (広範囲に) extensively; (遠く広く) far and wide; (どこでも) everywhere. —前 (…じゅう) all over …, throughout …

あまのがわ 天の川 the Milky Way, the Galaxy ★後者はやや改まった言い方.

あまのじゃく 天の邪鬼 (つむじ曲がりの人) perverse person Ⓒ; (性格のひねくれた人) cross-grained person Ⓒ.《☞ ひねくれる》.

あまみ 甘み —名 sweetness Ⓤ. —動 (甘みをつける) sweeten ⊛他. —形 (甘みがある) sweet-tasting.《☞ あまい; 味(囲み)》. ¶ *甘みのあるりんご *sweet-tasting* apples // このお菓子は*甘みが足りない This cake needs *sugar*.

あまみず 雨水 rainwater Ⓤ.

あまもり 雨漏り —名 leak in the roof Ⓒ ★leak は穴そのものを指すこともある. —動 (雨漏りする) leak ⊛自. —形 leaky. ¶ 彼は*雨漏り(⇒雨漏りする屋根)を直した He fixed the *leaky* roof. // この屋根はひどく*雨漏りがする The roof *leaks* badly. / The roof has a bad *leak*. // 2, 3 か所で*雨漏りがしている(⇒2, 3 雨漏りの個所がある) There are two or three *leaky* places (in the roof).

あまやかす 甘やかす (甘やかしてだめにする) spoil ⊛他; (過保護にする) pamper ⊛他; (勝手気ままなことをさせる) indulge ⊛他 ★やや形式ばった語.《☞ ちやほや》. ¶ 君は子供を*甘やかしてだめにした You *have spoiled* your child.

あまやどり 雨宿り —動 shelter [take shelter] from (the) rain.

あまり[1] 余り **1**《残余》: (残り) the rest, the remainder ★前者のほうが口語的. ともに the を付ける; (必要以上に残ったもの) surplus Ⓒ; (会計上の残額) the balance ★the を付けて; (食事の残り物) remains, leavings, leftovers ★以上は通例複数形で.《☞ のこり; のこる; あまる》.
¶ 彼はリンゴを2つ袋に入れ, *余りは人にやってしまった He put two of the apples into a bag and gave *the rest* away. // 15 から5を引くと*余りは10である If you take 5 from 15, *the remainder* is 10. [語法] 計算の「余り」には remainder を用い, 会計上の「残額」には balance を用いる.
2《以上》: (越えている; …より以上) over …, more than … ★前者のほうが後者よりやや口語的だが, いずれも平易な言い方として一般的; (約) about … ¶ 彼は70歳*余りだ He is 「*over* [*more than*] seventy. // 私は東京に5年*余り住んでいる I have been living in Tokyo 「*more than* [*over*] five years.

あまり[2] 余り (あまりにも) too; (非常に) very (much); (あまり…でない) not … much, not very; (めったに…しない) seldom; (まれにしか) rarely.
¶ *あまり勉強しすぎるな Don't work *too hard*. / Don't *overwork*.《☞ -すぎる》// 彼は*あまり(⇒めったに)外出しない He 「*seldom* [*rarely*] goes out. // 私はメロンは*あまり好きでない I *don't* 「like [care for] melons *very much*. // この本は*あまり難しいので僕には読めない This book is *so* difficult *that* I cannot read it. // 私は驚きの*あまり(⇒非常に驚いたので)何も言えなかった I was *so* surprised *that* I could not say a word.

アマリリス amaryllis [æ̀mərílis] Ⓒ.

あまる 余る **1**《残る》: (ほかの物を取り除いた後に残る) remain (over) ⊛自; (後に残される) be left (over).《☞ のこる; あまり[1]》.
¶ お金は幾ら*余って(⇒残って)いますか How much money *is left*? // 燃料はたっぷり*余っている There is plenty of fuel *left*. // 8から5を引くと3*余る Five from eight 「is [equals; leaves] three. / If you take five from eight, three *remains*. // 彼は*余るほど金を持っている(⇒使える以上の[必要以上の]金を持っている) He has *more* money *than* he 「can spend [needs]. // 我々の会社は人が*余っている(⇒余分に人が置かれている) Our company *is overstaffed*.
2《能力以上》: be beyond (*one's* power).
¶ この仕事は私には手に*余る(⇒私の力[能力]以上だ) This task *is beyond my* 「*powers* [*ability*]. // それは身に*余る(⇒私にふさわしい以上の)光栄です The honor is *more than* I deserve.

あまんじる 甘んじる (現状に満足する) be content(ed) with … [語法] content は必ずしも十分ではないが, contented は十分に満足している状態を表す; content *oneself* with …《☞ まんぞく; がまん》. ¶ 彼は安月給に*甘んじていた He *was content(ed) with* his small salary. // 彼は現状に*甘んじている He *contents himself with* the present situation.

あみ 網 net Ⓒ ★最も一般的に用いられる語; (投網) casting net Ⓒ; (網製品) netting Ⓤ; (捜査網) dragnet Ⓒ.

¶ *網を打つ cast [throw] a *net* // *網を引く draw (in) a *net* // *網を張る set a *net* // *網を拡げる spread a *net* // 大きな魚が*網にかかった A big fish was caught in the *net.* // 警察は彼を捕えようと全国に*網を張っている The police have a *dragnet* for him all over the country.

あみあげ 編み上げ (編み上げ靴) lace(-up) boots ★ 複数形で.《☞ くつ》.

アミーバ ☞ アメーバ.

あみき 編み機 knitting machine Ⓒ.

あみだす 編み出す (考え出す) work [think] out ㊏; (発明する) invent ㊏; (考案する) devise ㊏.《☞ かんがえだす; こうあん[1]》.

¶ 彼は多くの労力を省く方法を*編み出した He ˹*thought* [*worked*] *out* a plan for saving a great deal of labor.

あみだな 網棚 (列車などの) rack Ⓒ. ¶ *網棚にかばんを載せる put a bag on a *rack*

あみど 網戸 (網を枠に取り付けてそのままドアとして用いるもの) screen door Ⓒ; (窓にはめ込むもの) window screen Ⓒ.

アミノさん アミノ酸 〖化学〗amino acid Ⓒ.

あみのめ 網の目 mesh (of a net) Ⓒ《☞ あみめ[1]》. ¶ *網の目のように交差した (⇒ 網状の) 道路が全市に広がっている A *network* of roads covers the whole city.

あみぼう 編み棒 (編み針) knitting needle Ⓒ; (太くて先端に玉のついた) knitting pin Ⓒ.

あみめ[1] 網目 (1つの) mesh Ⓒ; (網全体の) meshes ★ 複数形で.《☞ あみのめ》.

あみめ[2] 編み目 (編み物の) stitch Ⓒ《☞ ぬいめ》.

あみもの 編み物 ━ [名] (編むこと) knitting Ⓤ; (編んだもの) knitted goods ★ 複数形で. ━ [動] (編み物をする) knit ㊏ ㊐.《☞ あむ》.

¶ 彼女は炉ばたで*編み物をしている She *is knitting* by the fireside.

あむ 編む (編み針で) knit ㊏ ㊐《過去・過分 knit, knitted》; (髪を) braid ㊏. ¶ 姉は靴下を*編んでいる My sister *is knitting* socks. // 彼女の髪の毛は*編むには短すぎる Her hair is too short to *braid.* // 姉は髪を*編んでお下げにしていた My sister *wore* her hair *in braids* down her back.

あめ[1] 雨 ━ [名] rain Ⓤ; (雨降り) rainfall Ⓒ. ━ [動] (雨が降る) rain ㊐. ━ [形] (雨降りの) rainy, wet.《☞ 天候の表現 (囲み); It の用法 (欄外)》.

¶ ほとんど一日中*雨が降った It *rained* [We had *rain*] almost all day (long).

*雨は間もなくやんだ It stopped *raining* soon. / The *rain* ˹stopped [was over] soon. [語法] 一般的に「雨」という場合, rain は無冠詞だが, 降り始めや, 現に降っている雨, またはすでにやんだ雨を指すときは定冠詞を付ける.

*雨が降り出した It ˹started [began] to *rain.* / The *rain* began to fall.

*雨がひどく降っている It *is raining* ˹hard [heavily].

けさ, 小*雨[大*雨]が降った There was *a* ˹light [heavy] *rain* this morning. [語法] rain の前に形容詞がくる場合は不定冠詞が付く.《☞ 可算・不可算名詞 (欄外)》

*雨になりそうだ (⇒ 雨が降りそうな空模様だ) It ˹looks like [is likely to] *rain.* / (⇒ いまにも降りそうだ) It threatens to *rain.*

試合は*雨で中止になった The game *was rained out.*

それは6月の*雨の降っている日だった It was a ˹*rainy* [*wet*] day in June.

*雨あがりで道がぬかっていた The road was muddy after the *rain.*

雨続き a (long) spell of rainy weather《☞ -つづき; つづく》 **雨模様** (雨のきざし) sign of rain Ⓒ; (雨天) rainy skies ★ 複数形で. ¶ きょうは午後から*雨模様になるでしょう (⇒雨が降る) It will be *rainy* this afternoon.

あめ[2] 飴 (砂糖菓子) candy Ⓤ ★ 種類をいうときは Ⓒ,《英》sweet Ⓒ [参考] キャラメル (caramel), ヌガー (nougat) などを含む. ¶ *あめをしゃぶる chew (˹on [up]) a *candy*

アメーバ amoeba Ⓒ《複 amoebae [əmíːbiː]》 ★ ameba Ⓒ《複 amebae》ともつづる.

アメリカ ━ [名] ㊫ (地名または米国の通称) America; (正式名として, アメリカ合衆国) the United States of America《略 U.S.A.》 [語法] しばしば the United States と呼ばれる. the States はアメリカ人が自国を指していう言葉だから, 他国の人がこのように呼ぶのはおかしい. ━ [形] (アメリカの) American.《☞ p. 40 表; p. 41 地図》.

¶ 南北*アメリカ North and South *America* / *the Americas* ★ 北・中・南アメリカの総称. // ラテン*アメリカ Latin *America*

アメリカ インディアン American Indian Ⓒ **アメリカ英語** American English Ⓤ; (米国語法) Americanism Ⓒ.《☞ pp. 41–42 欄外》 **アメリカ人** American Ⓒ; (全体) the Americans **アメリカ文学** American literature Ⓤ.

アメリカン フットボール football Ⓤ [参考] サッカー・ラグビーなどの football とはっきり区別する場合にのみ American football と呼ぶ.

あや 綾, 文 **1** «言葉の綾»: (比喩的表現) figure of speech Ⓒ; (微妙な意味の違い) shade Ⓒ.《☞ ニュアンス》. ¶ 彼女はただ言葉の*綾でそう言ったのだ She said so merely as a *figure of speech.*

2 «織物の綾»: (模様) figure Ⓒ.

あやうい 危うい ☞ あぶない.

あやうく 危うく **1** «ほとんど»: almost; (もう少しで) nearly [語法] almost と nearly は多くの場合, 交換して用いることができるが, almost はある事柄に対してそこまで至らないことを示し, nearly はそこへの接近を示す.

¶ 彼女は*危うく命を落とすところだった She was *almost* killed. [語法] nearly を使えば「助かったのが不思議だ」の意味が強くなる. // *危うくがけを踏みはずして海中に落ちるところだった I *nearly* stepped over the cliff into the sea.《☞ 副詞の位置 (欄外)》

2 «かろうじて»: (やっと) barely; (すんでのところで) narrowly.《☞ かろうじて (類義語)》.

¶ 我々は*危うく死をのがれた We *narrowly* escaped death. // 私は*危うく教室へ滑り込ん

あ

アメリカ合衆国の州

州名		略語	主要都市
① アーカンソー	Arkansas	Ark., AR	
② アイオワ	Iowa	Ia., IA	
③ アイダホ	Idaho	Ida., Id., ID	
④ アラスカ	Alaska	Alas., AK	アンカレッジ Anchorage
⑤ アラバマ	Alabama	Ala., AL	
⑥ アリゾナ	Arizona	Ariz., AZ	フェニックス Phoenix
⑦ イリノイ	Illinois	Ill., IL	シカゴ Chicago
⑧ インディアナ	Indiana	Ind., IN	インディアナポリス Indianapolis
⑨ ウィスコンシン	Wisconsin	Wis., Wisc., WI	ミルウォーキー Milwaukee
⑩ ウエストバージニア	West Virginia	W.Va., WV	
⑪ オクラホマ	Oklahoma	Okla., OK	
⑫ オハイオ	Ohio	O., OH	クリーブランド Cleveland シンシナチ Cincinati コロンバス Columbus
⑬ オレゴン	Oregon	Oreg., Ore., OR	
⑭ カリフォルニア	California	Calif., Cal., CA	サンフランシスコ San Francisco ロサンゼルス Los Angeles サンディエゴ San Diego サンホゼ San Jose
⑮ カンザス	Kansas	Kan., Kans., KS	
⑯ ケンタッキー	Kentucky	Ky., Ken., KY	
⑰ コネチカット	Connecticut	Conn., CT	ニューヘヴン New Haven
⑱ コロラド	Colorado	Colo., CO	デンバー Denver
⑲ サウス カロライナ	South Carolina	S.C., SC	
⑳ サウス ダコタ	South Dakota	S.Dak., S.D., SD	
㉑ ジョージア	Georgia	Ga., GA	アトランタ Atlanta
㉒ テキサス	Texas	Tex., TX	ヒューストン Houston ダラス Dallas フォートワース Fort Worth サン アントニオ San Antonio
㉓ テネシー	Tennessee	Tenn., TN	ナッシュビル Nashville メンフィス Memphis
㉔ デラウェア	Delaware	Del., DE	
㉕ ニュー ジャージー	New Jersey	N.J., NJ	
㉖ ニュー ハンプシャー	New Hampshire	N.H., NH	コンコード Concord
㉗ ニュー メキシコ	New Mexico	N.Mex., N.M., NM	
㉘ ニュー ヨーク	New York	N.Y., NY	ニュー ヨーク New York (City) バッファロー Buffalo
㉙ ネバダ	Nevada	Nev., NV	ラスベガス Las Vegas
㉚ ネブラスカ	Nebraska	Neb., Nebr., NE	
㉛ ノース カロライナ	North Carolina	N.C., NC	
㉜ ノース ダコタ	North Dakota	N.D., N.Dak., ND	
㉝ バージニア	Virginia	Va., VA	リッチモンド Richmond
㉞ バーモント	Vermont	Vt., VT	
㉟ ハワイ	Hawaii	HI	ホノルル Honolulu
㊱ フロリダ	Florida	Fla., FL	マイアミ Miami
㊲ ペンシルベニア	Pennsylvania	Pa., Penn., PA	ピッツバーグ Pittsburgh フィラデルフィア Philadelphia
㊳ マサチューセッツ	Massachusetts	Mass., MA	ボストン Boston
㊴ ミシガン	Michigan	Mich., MI	デトロイト Detroit
㊵ ミシシッピー	Mississippi	Miss., MS	
㊶ ミズーリ	Missouri	Mo., MO	セントルイス St. Louis
㊷ ミネソタ	Minnesota	Minn., MN	
㊸ メイン	Maine	Me., ME	
㊹ メリーランド	Maryland	Md., MD	ボルチモア Baltimore
㊺ モンタナ	Montana	Mont., MT	
㊻ ユタ	Utah	Ut., UT	ソールトレーク シティー Salt Lake City
㊼ ルイジアナ	Louisiana	La., LA	ニュー オーリンズ New Orleans
㊽ ロード アイランド	Rhode Island	R.I., RI	
㊾ ワイオミング	Wyoming	Wyo., Wy., WY	
㊿ ワシントン	Washington	Wash., WA	シアトル Seattle
★ ワシントン D.C.	Washington, D.C.	D.C. DC	

参考　大文字2字の州の略語(ピリオドのないもの)は手紙などで郵便番号 (zip code) の前に付ける.

あ

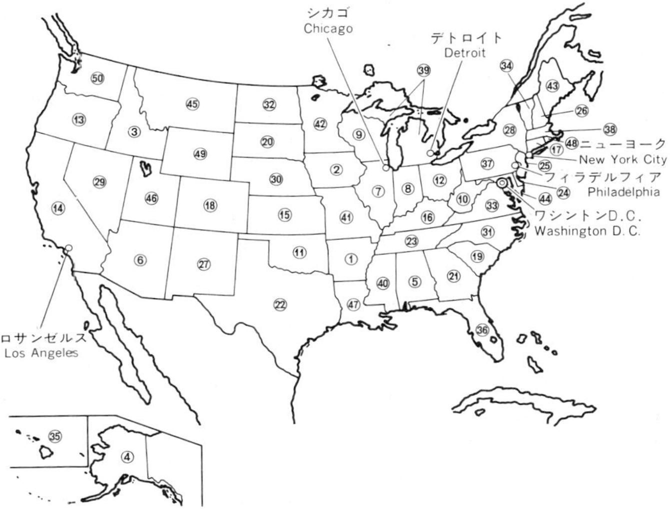

THE UNITED STATES OF AMERICA

アメリカ英語とイギリス英語 (American and British English)

1　アメリカ英語とイギリス英語の標準語

(1)　アメリカ英語.

アメリカ英語というのは，アメリカ本土で用いられる英語の総称であるが，アメリカ英語には大きく分けて地域的に3つの方言がある．すなわち (1) 北東部型 (New York から北の New England 地方の英語)．(2) 南部型 (Virginia 州から Texas 州へ至る南部の地域の英語)．(3) 中・西部型 (以上 (1) (2) に含まれない地域，すなわちアメリカの中部・西部の地域の英語) がそれである．

このうち，中・西部型が最も典型的なアメリカ英語とされており，これをアメリカ英語の標準語と考える人が多く，従来は一般アメリカ語 (General American) と呼ばれていた．しかし，どこの国の言葉もそうであるが，地域的な方言だけではなく，特に語彙や語法などについては教育のある人とない人の言葉の相違のような，いわゆる階級方言があるので，それを加えて考えると，標準的なアメリカ英語は必ずしも地域によらず，教育のあるアメリカ人の英語と考えてよい．

(2)　イギリス英語.

イギリス英語とは，もともとイギリス本土で話される英語のことであるが，アメリカに比べると，はるかに狭い国土であるにもかかわらず，方言の差が大きい．

イギリス英語で標準的な言葉と考えられるのはロンドンを中心とする南部方言であるが，これとても，地域によってかなりの差がある．そこで，今日では地域的な方言というより，教育を受けた人々の英語がイギリスの標準語と考えられている．

発音に関しては特に容認発音 (Received Pronunciation; R.P. と略す) という名で呼ばれることもある．

発音・語彙・語法のすべてについて，イギリス放送協会 (BBC) のアナウンサーの英語がイギリスの標準語だといってよいだろう．

2　アメリカ英語とイギリス英語の相違点

★ 以下アメリカ英語は《米》，イギリス英語は《英》とする．

(1)　発音.《☞ つづり字 (欄外)》

(i) hot, god などの母音.

《米》では [ɑ] の音に発音され，《英》では [ɔ] が用いられる．

(ii) cl*a*ss, b*a*th などの母音.

《米》では [æ] と発音され，《英》では [ɑː] と発音される．

(iii) b*ir*d, s*er*ve などの母音.

《米》ではそり舌の [ɚː] が，《英》ではそり舌でない [əː] が用いられる．同様に teach*er* の最後の母音は《米》では [ɚ]，《英》では [ə] となる．また h*ere*, h*air*, c*ar*, f*our*, p*oor* の母音は《米》では [iɚ], [ɛɚ], [ɑɚ], [ɔɚ], [uɚ] であるのに対して，《英》では [iə], [ɛə], [ɑː], [ɔː], [uə] である．

(iv) s*o*ft, l*o*ss などの母音.

《米》では [ɔː]，《英》では [ɔ] が用いられる．

(v) c*u*t, b*u*g などの母音の [ʌ].

《米》では口の開きが少なく，逆に《英》では口が大きく開き，[a] に近い．

(vi) g*o*, c*oa*t などの母音.

《米》では [ou]，《英》では [əu] と発音される．

(vii) l*aw*, b*ough*t などの母音.

《米》では口の開きが大きく，《英》ではそれほど開かない．《米》の [ɔː] は [ɑː] に近く聞こえることがある．

(viii) happ*y*, cit*y* などの最後の母音.

《米》では [iː] と発音され，b*ea*t の母音に近く，《英》では [i] と発音されて，b*i*t の母音に近い．

以上のように，発音の相違は主に母音についてであるが，子音の相違としては，《米》では bu*tt*er, par*t*y などの母音間の [t] が，日本語の「ラ行」の音のように発音されることがあげられる．

(2)　語彙.

代表的なものを幾つかあげる．

だ I entered the classroom *barely* in time.

あやかる ¶あなたの幸運に*あやかりたい (⇒私があなたと同じくらい幸運だといいのだが) I wish I were as lucky as you. / (⇒あなたと同じ幸運を得たい) I wish I had your luck. 《☞仮定の表現 (囲み)》 // 彼は試験に受かったが, 私もそれに*あやかりたい (⇒その例にならいたい) He succeeded in the examination, and I want to *follow his example*. // 祖母に*あやかって (⇒ちなんで) 私は娘の名を花子とつけた I named my daughter Hanako *after* my grandmother. 《☞ちなむ》

あやしい 怪しい **1** «信じがたい»: (根拠があって疑わしい) doubtful ; (根拠がなくて漠然と疑わしい) dubious 【語法】 表面上の意味は doubtful より弱いが, 「うさんくさい」という意味ではかなり強い疑いを表すこともある ; (疑いを起こさせる) suspicious ; (不確かな) uncertain ; (当てにならない) unreliable ; (信じられない) incredible ; (奇妙な) strange. 《☞うたがわしい ; くさい ; へん[1]》.

¶ *怪しい人物 a 「*doubtful* [*dubious* ; *suspicious*] character // *怪しい話 a *doubtful* [an *unreliable*] story // 天候が*怪しい The weather looks very 「*doubtful* [*uncertain*]. // 私は彼が成功するかどうか*怪しいと思っています I am *doubtful* 「of [about] his success. // 私は裏庭で*怪しい (⇒妙な) 物音を聞いた I heard *strange* noises in the backyard.

2 «下手な·まずい» : (ぎこちない) clumsy ; (下手な) poor. 《☞あぶなげ ; ぶきよう》.

¶彼は*怪しげな手つきではしを使った He used chopsticks 「with *clumsy* hands [*clumsily*].

あやしむ 怪しむ (…ではないらしいと否定的に疑う) doubt ㊀ ; (…であるらしいと肯定的に疑う) suspect ㊀ ; (不思議に思っていぶかる) wonder ㊀. 《☞うたがう》. ¶彼女は彼が父を殺したのではないかと*怪しんだ She *suspected* that he had killed her father. // あの男はだれなのだろうかと私は*怪しんだ I *wondered* who he was.

あやす (なだめる) soothe ㊀ ; (あやして寝かしつける) lull ㊀. 《☞ねかす》. ¶彼女は泣いている赤ん坊を*あやした She *soothed* the crying baby. // 私は赤ん坊を*あやして寝つかせた I *lulled* the baby to sleep.

あやつりにんぎょう 操り人形 (糸で操るもの) marionette Ⓒ ; (主に手にはめたり針金で操るもの) puppet Ⓒ ; (他人の手に踊らされている人) dummy Ⓒ.

あやつる 操る (巧みに手で操作する) manipulate ㊀ ★人·世論などを不正手段で操る場合にも用いられる ; (操縦する) handle ㊀ ; (うまく御する) manage ㊀ ; (自由に使いこなす) have a good command of … 《☞そうじゅう ; つかいこなす ; くし[3]》.

¶彼はヨットの帆を巧みに*操った He 「*manipulated* [*deftly handled*] the sails of his yacht. // 彼は英語を自由に*操る (⇒彼は英語を上手に話す) He *speaks* English 「*well* [*fluently*]. // 彼の母親が背後で彼を*操った (⇒針金[糸]を引いた) Her mother *pulled the* 「*wires* [*strings*] behind him.

あやとり 綾取り cat's cradle Ⓤ. ¶ *あや取

	《米》	《英》
エレベーター	elevator	lift
アパート	apartment	flat
ガソリン	gasoline, gas	petrol
地下鉄	subway	underground
時刻表	schedule	timetable
1階	first floor	ground floor
	★《英》の2階は first floor で, 3階, 4階とすべて《米》《英》は1階ずつ食い違う.	
トラック	truck	lorry

以上のほかにもいろいろあるが, 中にはもと《米》だが, 現在では《英》でも使うもの, 普通は《英》とされるが, 場合によっては《米》でも使うもの ((例) luggage ★《米》ではエレガントなニュアンスを持つ語として使われる), 《米》《英》ともに使うが, いずれか一方が頻度が高いものなどがあり, 《米》《英》いずれかに割り切れないものもある.

(3)　スペリング.

主なものをあげる.

《米》-or, 《英》-our : color, colour

《米》-l-, 《英》-ll- : traveling, travelling

《米》-ction, 《英》-xion : inflection, inflexion

★この相違は《米》の方式に変わりつつあるといってよい. 例えばかつて《英》では reflexion とつづられたものが, いまは reflection と変わりつつある.

《米》-er, 《英》-re : theater, theatre

★《米》でも固有名詞には theatre を使うことがある.

《米》-g, 《英》-gue : dialog, dialogue

《米》-m, 《英》-mme : program, programme

(4)　文法, 語法.

文法の面では《米》《英》ともほとんど相違がないと言ってよい. あげられる相違は文法というよりも語法的なものである.

(i) have の疑問形·否定形.

《米》では do を用いて一般動詞と同じ扱いだが, 《英》では *Have* you …? / Yes, I *have*. / No, I *haven't*. / I *haven't* a car. のようにする.

ただし, 口語では《米》《英》ともに Have you got …? / I haven't got … のように have got が用いられ, その場合には相違はない.

(ii) let's の否定形.

《米》では一般的に *Let's not* do it again. のように言うが, 《英》ではその言い方のほかに, *Don't let's* do it again. も広く用いられる.

(iii) 定冠詞.

《米》で go to the hospital, at the table のように言う場合, 《英》では普通 go to hospital, at table のように定冠詞を付けない.

以上のほか, 語法的にはいろいろな相違点がある. 本辞典では《米》《英》の区別をできるだけ明らかにするように努めたので, 本文を参照されたい.

3　いずれを学ぶべきか

アメリカ英語とイギリス英語の相違は, いずれも標準的なものを学ぶかぎり, たいした問題ではないと言ってよい. もちろんいずれかを中心にして, 一貫して学習するほうが混乱がなくてよいわけであるが, いずれを学んでも, 《米》《英》両方に通用すると思ってよい. しかし, 本辞典としては, 日本の現状から考えて, アメリカ英語に中心を置き, イギリス英語の代表的な語彙や語法も同時に学ぶという方法が望ましいのではないかと考え, アメリカ英語優先という立場をとっている.

我々日本人にとって, アメリカ英語とイギリス英語の差という小さな相違よりも, 日本語と英語という大きな相違による困難点を克服するということのほうが, はるかに重要なことであると言えよう.

りをしましょう Let's play *cat's cradle.*

あやぶむ 危ぶむ (疑う) doubt ㊙; (疑わしく思う) be doubtful of ...; (疑いを持つ) have doubts about ...; (信用しない) distrust ㊙; (よくないことを気遣う) fear ㊙; (心配する) be afraid of ... 《☞ うたがわしい》.

¶ 私は彼が成功するかどうかを*危ぶんでいます (⇒ 彼の成功を疑わしく思っている) I 「*am doubtful of* [*have doubts about*] his success. / (⇒ 失敗するのではないかと心配している) I *fear* that he will fail.

あやふや ━形 (当てにならない) doubtful; (不確実な) uncertain; (不明瞭な) ambiguous; (漠然とした) vague. 《☞ あいまい》.

¶ 彼は*あやふやな返事をした He made a 「*doubtful* [*vague*] reply. // *あやふやな約束はするな Don't make *vague* promises.

あやまち 過ち (過失) fault Ⓒ; (間違い) error Ⓒ, mistake Ⓒ ★ 前者は数学的計算など正確な答えの出るものについての間違い. 後者はもっと広い意味. 交換可能な場合も多い. 《☞ まちがい (類義語); かしつ》.

¶ それは私の*過ちでした It was my *fault.* / (⇒ それは私が責められるべきです) I *am to blame* for it. 語法 I am to be blamed ... とはならない. // 彼女は自分の*過ちを認めて謝罪した She admitted her *fault* and apologized for it. // どうしてあんな*過ちを犯したのか自分にもわからない I don't know why I made such an *error.* // だれでも*過ちは犯す (⇒ 我々は間違いを犯しやすい) We are liable to make *mistakes.*

あやまって 誤って (間違えて) by mistake; (うっかりして) by accident. 《☞ まちがえる; とりちがえる》. ¶ 彼は*誤って毒薬を飲んでしまった He took (the) poison *by mistake.* // 彼女は*誤って皿を割ってしまった She broke a dish *by accident.*

あやまり 誤り error Ⓒ; mistake Ⓒ 語法 ほぼ同意に用いられることもあるが, 前者は計算・規則違反などの純粋な誤りに, 後者はそれも含めて, 道徳的な誤りにも用いられ, 意味が広い. 《☞ まちがい (類義語)》.

¶ *誤りがあれば直しなさい Correct (the) *errors* if any. // 私の英作文の*誤りを直していただけますか Will you please correct the *mistakes* in my English composition? // 弘法にも筆の*誤り Even Homer sometimes nods. 《ことわざ: ホメロスのような大詩人でもときには居眠りを(して失敗)する》

あやまる[1] 謝る (わびを言う) apologize (to ...) ㊍; (許しをこう) ask [beg] *a person's* pardon. 《☞ わび[1]; 謝罪の表現 (囲み)》.

¶ 彼女は先生に遅刻したことを*謝った <S(人)+V(*apologize*)+*to*+名(人)+*for*+動名> She *apologized to* her teacher *for* being late for school. // 私は約束を破ったことで彼に*謝った <S(人)+V(*ask*; *beg*)+O(*pardon*)+*for*+動名> I 「*asked* [*begged*] *his pardon for* having broken the promise. // お父さんに*謝りなさい (⇒お父さんに自分が悪かったと言いなさい) *Say you are sorry* to Father. 《☞ ごめん》

あやまる[2] 誤る ━動 (間違える) mistake ㊙; (誤解する) misunderstand ㊙; (...を...と取り違える) take ... for ... ━形 (正しくない) wrong (↔ right); (誤った) mistaken. 《☞ まちがえる; まちがった》.

¶ 私は方角を*誤った (⇒間違った方角へ行ってしまった) I went in the *wrong* direction. // 彼女は判断を*誤った She judged *wrongly.* // 彼は*誤って私を先生だと思った (⇒先生と取り違えた) He *took* me *for* a teacher. // 彼は賭け事で身を*誤った (⇒ 賭け事が彼を破滅させた) Gambling *ruined* him. // 彼は*誤った答えをした He gave a 「*wrong* [*mistaken*] answer.

あやめ 菖蒲 (あやめ科の植物) iris [ái(ə)ris] Ⓒ.

あゆ 鮎 *ayu* Ⓒ, sweetfish Ⓒ ★ 以上は単複同形. 《☞ さかな》.

あゆみ 歩み (歩く速さ) pace Ⓒ; (歩くこと) walking Ⓤ; (歩調) step Ⓒ; (歴史) history Ⓤ. 《☞ ほちょう; れきし[1]》.

¶ 私は*歩みを速めた[ゆるめた] I 「quickened [relaxed] my *pace.* // 彼女は*歩みを止めた She stopped *walking.* 語法 She stopped to walk. は間違い. // この本はわが社 30 年の*歩み (⇒ 歴史) をまとめたものだ This book deals with the thirty-year *history* of our company.

あゆみよる 歩み寄る **1** «近づく»: step [walk] up (to ...) ㊍ 《☞ ちかづく》.

¶ 彼女はその少年に*歩み寄った She 「*stepped* [*walked*] *up to* the boy.

2 «妥協する» ━動 (妥協する) compromise ㊍; (折り合う) meet ... halfway ★ 前者より口語的. ━名 compromise Ⓤ. 《☞ だきょう; じょうほ; おりあう》.

¶ 我々はその条件で*歩み寄ることにした We decided to *compromise* on the terms. // 彼らは結局お互いに*歩み寄った They *met* each other *halfway* in the end. // 彼らは*歩み寄って争いを解決した They settled the dispute by *compromise.*

あら[1] ¶ *あら, かわいそうに *Oh,* what a pity! // *あらまあ *Oh, dear me!* / *Oh, dear!* / *Dear me!* / *Oh, my!* ★ 以上はいずれも女性的. // 「来週私はハワイへ行きます」「*あら, そうなの」 "I'm going to Hawaii next week." "*Really?*" // *あら, 犬が走って来る *Look,* a dog's running this way! 《☞ あっ (類義語); おや[2]; 感嘆詞 (欄外)》

あら[2] (欠点) fault Ⓒ; (不備) flaw Ⓒ; (特に重大な) defect Ⓒ. 《☞ けってん (類義語); あらさがし》.

あらあらしい 荒荒しい (激しい) violent; (乱暴な) rough; (不作法な) rude. 《☞ あらい; らんぼう; そぼう》. ¶ 彼は*荒々しい気性の人だ He has a *violent* temper. // 彼は*荒々しくドアを開けた He opened the door 「in a *rough* way [*roughly*].

あらい 荒い, 粗い **1** «荒い»: (一般的に) rough; (不作法な) rude; (気荒な) violent, violent-tempered. 《☞ あらあらしい》.

¶ きょうは波が*荒い (⇒ 海が荒れている) The sea is *rough* today. // *荒い言葉を使ってはい

あ

けない You should not 「use *rough* language [speak *rudely*]. // 彼は気が*荒い He is 「*a man of violent temper* [*violent-tempered*]. **2** «粗い»: (ざらざらした) rough; (きめが粗い) coarse. (☞ ざらざら). ¶この布は手触わりが*粗い (⇒ざらざらする) This cloth feels *rough*. // この網は目が*粗い This net has *large* meshes.

あらいざらい 洗いざらい ¶彼は*洗いざらいしゃべった (⇒全部白状した) He confessed *everything*. (☞ いっさい)

あらいもの 洗い物 (洗濯物) wash Ⓤ, laundry Ⓤ. (☞ せんたく[1]; 台所・家事 (囲み)). ¶彼女は流しで食後の*洗い物をしている She *is washing the dishes* in the sink.

あらう 洗う (水などで) wash ㊀; (髪を) shampoo ㊀; (傷などを) cleanse ㊀. (☞ すすぐ; ゆすぐ; せんたく[1]).
¶手をきれいに*洗いなさい *Wash* your hands (clean). // 私は自動車を*洗った I *washed* (*down*) my car. // 体を*洗ってきなさい (⇒洗いに行きなさい) Go and *wash* 「*yourself* [*up*]. 語法 wash 「*oneself* [up] は体を洗うほかに, 手や顔を洗う意にも用いられる. // 彼女は髪を*洗った She *shampooed* her hair. 語法 洗ってもらったのなら She *had* her hair *shampooed*. (☞ 使役 (囲み)) // 母は夕食の後すぐに皿を*洗った Mother 「*did* [*washed*] the dishes right after supper.

あらかじめ 予め beforehand, in advance. (☞ まえもって; じぜん[1]). ¶*あらかじめすべて用意しておくつもりです I'll get everything ready *beforehand*. // もしそれが必要なら*あらかじめご連絡下さい If you need it, let me know *in advance*.

あらかせぎ 荒稼ぎ ¶彼は1億円の*荒稼ぎをした (⇒簡単な方法で手に入れた) He *got* a hundred million yen *in an easy way*. // 彼は相場で*荒稼ぎをした (⇒大金を作った) He *made a lot of money* by speculation.

あらかた 粗方 (たいていは) for the most part; (ほとんど) almost; (ほぼ) nearly. (☞ だいぶぶん; ほとんど; だいたい[1]; たいてい).

あらくれおとこ 荒くれ男 rough [rugged] fellow Ⓒ 参考 アメリカでは rugged [rʌ́gid] は男らしさと同一で, 男のほめ言葉であることが多い; (けんか好きな男) rowdy [ráudi(:)] Ⓒ.

あらさがし あら探し ―動 find fault with ... ¶彼はいつも彼女の*あら探しをしている He *is* always *finding fault with* her.

あらし 嵐 storm Ⓒ 参考 特別にシナ海の大暴風雨を typhoon Ⓒ, メキシコ湾のものを hurricane Ⓒ, インド洋のものを cyclone Ⓒ と呼ぶ. (☞ たいふう; 自然災害 (囲み)).
¶船が*あらしにあった[*あらしで沈んだ] The ship 「was caught in a *storm* [sank in the *storm*]. // 今夜は激しい*あらしになりそうだ We are going to have a 「heavy [violent] *storm* tonight. // *あらしになりそうだ It is getting *stormy*. // *あらしが荒れ狂っている The *storm* is raging. // じきに*あらしは静まるだろう The *storm* will 「calm [go] down soon. // *あらしが通り過ぎた The *storm* is over. // その歌手は*あらしのようなかっさいを浴びた The singer received a *storm* of applause. // それは*あらしの前の静けさに似ていた It was like the 「calm [lull] before a *storm*.

あらす 荒らす (荒廃させる) lay ... waste, ruin ㊀; (害する) damage ㊀; (破壊する) destroy ㊀; (盗むために襲う) rob ㊀ ★目的語は「人」または「場所」; (皮膚を荒れさす) chap ㊀.
¶村はその洪水によって*荒らされてしまった The village *was* 「*laid waste* [*ruined*] by the flood. // いなごが作物を*荒らすことはよくある Locusts often 「*destroy* [*do damage to*] crops. // そのスーパーは昨夜*荒らされた (⇒泥棒に入られた) The supermarket *was robbed* last night. // その化粧品は肌を*荒らします That cosmetic *chaps* your skin.

アラスカ ―名 固 Alaska. ―形 (アラスカの) Alaskan. (☞ アメリカ (表)).

あらすじ 粗筋 (概略) outline Ⓒ; (要約) summary Ⓒ. (☞ ようやく[2]; たいい). ¶彼女はその小説の*あらすじを述べた She gave an *outline* of the novel. // この章の*あらすじを述べよ Give a *summary* of this chapter.

あらそい 争い (自分の理屈を主張する議論) argument Ⓤ; (相手を負かそうとする論争) dispute Ⓤ; (主として紙上における正式な論争) controversy Ⓤ; (もめごと) trouble Ⓤ; (口論) quarrel Ⓒ; (競争) competition Ⓤ; (死力を尽くしての戦い) struggle Ⓒ; (敵意にあふれた闘争) strife Ⓤ. (☞ ろんそう; こうろん).
¶その問題で彼らは*争いを始めた They got into an *argument* over the problem. (☞ 可算・不可算名詞 (欄外)) // 彼女の子供たちの間に*争いが生じた A *dispute* arose [A *quarrel* broke out] among her children. // 労使間の*争いはやっと決着がついた The 「*trouble* [*struggle*; *dispute*] between labor and management has come to an end at last. // 彼はその学問上の*争いに巻き込まれた He was involved in the academic *controversy*.

あらそう 争う (議論する) argue ㊁; (論争する) dispute ㊀㊁; (けんかする) quarrel (with ...; about ...) ㊁; (競争する) compete (with ...; for ...) ㊁; (闘う) contend (with ...; for ...) ㊁ ★compete と比較すると contend は敵対して争う感じが強い. (☞ けんか; こうろん).
¶私たちはよくその問題で*争う (⇒その問題を論じ合う) We often *dispute* that problem.
彼らは優勝を*争った (⇒競った) They 「*competed* [*contended*] *for* the championship. 語法 compete は競争して勝つことで, contend は相手を倒して勝つこと.
彼はいつも家計のことで妻と*争う <S(人)＋V (*dispute*)＋*with*＋名(人)＋*about*＋名(事柄)> He always *disputes with* his wife *about* the housekeeping.
彼らは品物の分け方で互いに*争った (⇒口論した) They *quarreled with* each other 「*over* [*about*] how to divide the goods.
キリスト教のことで彼らは激しく*争った (⇒激しい論争を持った) They had a bitter *controversy* 「on [over] Christian doctrine.
彼の容態は一刻を*争う (⇒危険だ) His con-

dition is *critical.*
年は*争えない (⇒ 年齢は物を言う) Age will *tell.*

あらた 新た 一形 (新しい) new; (新鮮な) fresh. 一副 newly; afresh; (再び) again. 《☞ あたらしい; あらためて》. ¶ 彼らは*新たな生活を始めた They started a *new* life. // 捜査の結果*新たな証拠が出た As a result of the investigations, *new* evidence was discovered.

あらだてる 荒だてる (事を一層悪く[重大に]する) make (matters) 「worse [serious]. ¶ それでは事を*荒だてるでしょう That would *make matters worse.*

あらたまる 改まる (全面的に変わる) change ⓐ; (部分的に変わる) alter ⓐ; (よくなる) improve ⓐ; (新しくなる) be renewed; (儀式ばる) be [become] formal. 《☞ かわる[1]》. ¶ 事情は*改まりつつある Conditions *are improving.* // そう*改まらないで下さい Don't *be so formal.*

あらためて 改めて 一副 (再び) again; (別の時に) another time; (新たに) anew, afresh, freshly. ¶ 私はそういう事実に*改めて感銘を受けた I was impressed 「*anew* [*afresh*] by the fact.

あらためる 改める (全面的に変える) change ⓗ; (部分的に変える) alter ⓗ; (正しく直す) correct ⓗ; (改革する) reform ⓗ; (変更する) revise ⓗ; (改善する) improve ⓗ. 《☞ かえる[2]》. ¶ 彼は計画を*改めた He *altered* his plan(s). // 教育制度を*改める必要がある It is necessary to *reform* the educational system.

あらっぽい 荒っぽい (激しい) violent; (乱暴な) rough; (不作法な) rude. 《☞ あらあらしい; らんぼう》.

アラビア 一名 固 Arabia [əréibiə]. 一形 Arabic [ǽrəbik] ★ 言語や文化の場合; Arabian [əréibiən]. **アラビア語** Arabic Ⓤ **アラビア人** Arab Ⓒ **アラビア数字** Arabic numeral Ⓒ.

アラブ 一名 (アラブ人) Arab Ⓒ. 一形 (アラブ人の) Arab, Arabic. 《☞ アラビア》. ¶ *アラブ諸国 *Arab* countries

あらまし outline Ⓒ 《☞ がいりゃく》.

あらゆる (すべての) all; (どの 1 つをとっても・すべて) every 【語法】 every のほうが口語的で意味も強い. また, all は数えられる名詞, 数えられない名詞の両方に使われるが, every は数えられる名詞のみで, 単数扱いとなる. 《☞ すべて》. ¶ 彼は入手できる*あらゆる資料を集めた He has collected *all* the material(s) available. 【語法】 all は定冠詞・指示代名詞・人称代名詞の所有格の前に置かれる. 《☞ 語順 (欄外)》 // その目的達成のために*あらゆる努力をするつもりです I'll make *every* effort to achieve that aim. // 彼女はそれを手に入れるためにありと*あらゆる方法を試みた She tried 「*every* [*all*] possible means to get it. 【語法】 means は単数にも複数にも扱われる.

あられ 霰 一名 (気象現象としての) hail Ⓤ; (あられの大粒) hailstone Ⓒ. 一動 (あられが降る) hail ⓐ. 《☞ 天候の表現 (囲み)》. ¶ *あられがぱらぱらと窓ガラスに当たった The *hail* pattered on the windowpanes. // きのう*あられが降った It *hailed* yesterday. // 弾丸が雨*あられと彼らに降り注いだ A *hail* of bullets met them. / Bullets *hailed* down on them.

あらわ 露 一形 (むき出しの) bare; (あからさまの) open. 一副 (公然と) openly; (率直に) frankly; (明白に) clearly. 《☞ あからさま; むきだし; まるだし》. ¶ 胸も*あらわな女性 a *bare*-breasted woman // 彼女は肩まで*あらわだった // She was *bare* to the shoulders. // 彼は*あらわに敵意を示した He showed an *open* hostility.

あらわす[1] 表す (言葉などで表す; 行為・表情などが示す) express ⓗ, give expression to ...; (気持ち・感情を) show ⓗ; (芸術的なものや記号で) represent ⓗ. 《☞ ひょうげん[1]》. ¶ 彼は喜びを体で*表した He 「*expressed* [*showed*] his joy with his body. // あなたの考えを言葉で*表してごらんなさい *Express* your ideas in words. // ÷[×] の符号は除法[乗法]を*表す The sign 「÷[×] *expresses* 「division [multiplication].

あらわす[2] 現す (人が姿を現す) appear ⓐ, show up ⓐ ★ 後者は口語的. 《☞ あらわれる; すがた》. ¶ 彼はその会合に突然姿を*現した He *has* suddenly *appeared* at the meeting.

あらわす[3] 著す (書く) write ⓗ; (公にする) publish ⓗ. 《☞ かく[1]; だす》.

あらわれ 表れ, 現れ (気持ちなどを示すもの) expression Ⓒ; (表明) manifestation Ⓒ ★ 改まった語; (印) sign Ⓒ. ¶ それは喜びの*表れだった It was 「an *expression* [a *sign*] of joy. // 彼らの行為は若さの*表れ (⇒ 爆発) とみなされた Their behavior was regarded as an *outburst* of youthful vitality.

あらわれる 現れる, 表れる (視野に入ってくる) appear ⓐ (↔ disappear, vanish); (ひょっこり出てくる) 《口語》 turn up ⓐ; (約束の時間などに人が現れる) show up ⓐ; (出席・出頭する) present *oneself* ★ 改まった表現; (出てくる) come out ⓐ; (見えてくる) come into view, come 「in [within] sight. 《☞ みえる》. ¶ 大きなすい星が*現れた A big comet *appeared.* // いろいろな歌手が次から次へと*現れては消えた Many singers *appeared* one after another and then disappeared. // 彼はすぐに*現れますよ He will *show up* soon.

あらんかぎり 有らん限り ¶ 子供たちは*有らん限りの声を張り上げて (⇒ 彼らの最高の声で) 叫んだ The children shouted *at the top of* their voices. // 彼女は*有らん限りの力を出して走った (⇒ できるだけ速く) She ran *as fast as she could.* 《☞ ありったけの》

あり 蟻 ant Ⓒ.

ありあまる 有り余る 一動 (十分以上に持つ) have more than enough; (非常にたくさん持つ) have too 「many [much] 【語法】 many は数えられる名詞に, much は数えられない名詞に用いる. 一形 (余るほどたくさんの) plenty of ... 《☞ たくさん; ほうふ[1]; あまる》.

あ

¶ 彼女には金が*有り余るほどある She *has more than enough* money. // 時間は*有り余るほど (⇒ たっぷり) ある There is *plenty of* time.

ありあわせ 有り合わせ (有り合わせの料理) potluck Ⓤ.

ありうる 有りうる ━ 形 probable 《☞ ありそう》.

ありか 在りか ¶ 彼は彼女にその宝石の*ありかを尋ねた (⇒ どこに宝石が保管されているのかを尋ねた) He asked her *where* the jewels were kept. 《☞ しょざい；ゆくえ》

ありかた 在り方 ¶ 学校における英語教育の*在り方 (⇒ どのようにして英語は教えられるべきか) *How* English *should be* taught at school // 午後私たちは生徒会の*在り方 (⇒ どうあるべきか) について話し合った In the afternoon we talked about *what* student councils *should be.*

ありがたい 有難い ★ 日本語の「ありがたい」は前後関係によって，いろいろに訳せる.

¶ そう言って下さるのは*ありがたい (⇒ たいへん親切なことだ) It is *very nice* of you to say so. 《☞ 感謝の表現 (囲み)》

*ありがたいことに子供たちは皆出来がよい I am *happy* to say my children are all doing well ˹at [in] school.

*ありがたいことに (⇒ 幸運にも) 職はすぐ見つかった *Fortunately* I found a job at once.

あまり*ありがたくないニュースだ (⇒ そのニュースはあまり愉快ではない) The news is not very *pleasant.*

彼はあまり*ありがたそうな様子ではなかった He did not seem very *thankful.*

彼がどうしてもくれるというので*ありがたく頂戴した He insisted on giving it to me, so I received it *with thanks.*

そうしていただければ，たいへん*ありがたい (⇒ 恩にきる) のですが I would be ˹very much [greatly] *obliged* (to you) if you would do ˹so [that]. ★ 改まった文語的表現.

ありがたみ 有難味 (値打ち) value Ⓤ；(恩恵) blessing Ⓒ. 《☞ かち[1]》. ¶ 健康をそこなって初めてその*ありがたみがわかった (⇒ 健康を失うまではその価値を知らなかった) I did not know the *value* of health until I (had already) lost it.

ありがためいわく 有難迷惑 (不必要な好意) unwanted favor Ⓒ；(間違えて向けられた好意) misplaced favor Ⓒ；(歓迎されない好意) unwelcome favor Ⓒ. 《☞ めいわく》.

ありがとう 有難う (一般的に) Thank you. 語法 英語では，日本語の「ありがとう」「ありがとうございました」のように相手によって言い方を変える必要はなく，Thank you. はだれに向かっても使える. ただし，やや改まった感じなので会話では次にあげる thanks のほうを多く使う傾向がある；Thanks. ★ ややくだけた言い方. 《☞ 感謝の表現 (囲み)》.

¶ どうも*ありがとう *Thank you* [*Thanks*] very much. / *Thanks* a lot.

こちらこそ*ありがとう《相手の Thánk you. に対して》*Thànk yóu.*

とにかく*ありがとう《自分の希望や依頼が相手の努力にもかかわらず実現しなかったとき》*Thank you* just the same.

お手紙*ありがとうございました *Thank you* ˹very much [so much] for your letter. 語法 Thank you so much. は男女ともに使うが，女性好みの表現.

ご親切に*ありがとうございました *Thank you* very much for your kindness. / (⇒ 親切を感謝します) I (really) *appreciate* your kindness.

*ありがとう存じます I am ˹much *obliged* [really *grateful*] *to* you. 語法 主として書き言葉などで使う改まった礼の言い方.

ありがね 有り金 (持っている金全部) all the money *one* has；(都合ができる金額) all the available money. ¶ 彼は*有り金をはたいてその車を買った He spent *all the money he had* to buy that car.

ありきたりの 在り来たりの (ありふれた) common；(平凡な) commonplace ★ 普通は「つまらない」という悪い意味を含む；(型にはまった) conventional ★ やや形式ばった語. 《☞ ありふれた；へいぼん》.

ありさま 有様 (あるがままの状態) state ★ 常に単数形；(一時的な状況) condition Ⓒ；(悲惨な状態) plight Ⓒ；(光景) sight Ⓤ, scene Ⓒ. 《☞ じょうたい[1]；ようす；こうけい[1]》.

ありそう 有りそう ━ 形 (大いに可能性のある) probable；(信じられる) believable；(道理に合って無理のない) reasonable；(もっともらしい) likely ★ 真実とは思わないが，皮肉をこめて言う言葉. 《☞ 可能の表現 (囲み)》.

¶ *ありそうな話 (⇒ 当然あってもよい) a ˹*believable* [*reasonable*] story // *ありそうもない話 an ˹*improbable* [*unlikely*] story 《☞ ありもしない》 // *ありそうもない事 an *improbability* // 彼がそんなことをしたというのは*ありそうなことです It is quite *probable* that he did that.

ありつく (見つける) find 他；(得る) get 他. ¶ 私は仕事に*ありついた (⇒ 仕事を見つけた[得た]) I ˹*found* [*got*] a job. // 忙しくて昼食が取れず，やっと午後 3 時になってカレーライスに*ありつけた (⇒ カレーライスで空腹が満たせた) I was too busy to have lunch, and it was 3 p.m. before I was able to satisfy my hunger with curry and rice.

ありったけの ¶ 彼女は強盗に*ありったけの金 (⇒ 持っていた金全部) を渡した She handed the robber *all the money she had.* // 彼女は*ありったけの (⇒ 最高の) 声で「泥棒」と叫んだ She cried out "Thief!" *at the top of* her voice. // 彼は*ありったけの力で (⇒ 自分の力全部で) ドアを押した He pushed the door *with all his* ˹*strength* [*might*].

ありのまま 有りのまま ━ 形 (むき出しの) bare；(率直な) plain；(ざっくばらんな) frank. ━ 副 plainly；frankly；(そのまま) as it is.

¶ 彼は*有りのままの事実を話してくれた He told me the ˹*bare* [*naked*] facts. // そのことを彼は*有りのままに (⇒ 率直に) 話してくれた He told it to me ˹*plainly* [*frankly*]. // *有りのままに (⇒ ざっくばらんに) 言えば私は君の意

見に賛成できない *To be frank with you,* I can't agree with your opinion.

アリバイ alibi Ⓒ. ¶ 彼には問題の時間の*アリバイがない[ある] He has ⌈no *alibi* [an *alibi*] for the time in question. // 彼女の*アリバイはくずれた Her *alibi* was broken (down).

ありふれた (日常茶飯事の) everyday ; (日常普通の) commonplace ★「つまらない」という悪い意味を含む ; (普通よく見られる) common ; (通りいっぺんの) 《米口語》 just another. 《☞ ふつう¹ ; へいぼん ; つきなみ》.
¶ これらは日常*ありふれた事だ These are ⌈*everyday* [*commonplace*] ⌈occurrences [events]. // それは*ありふれた映画だった It was *just another* film.

ありもしない 有りもしない ── 形 (ばかばかしい) ridiculous ; (偽りの) false ; (まったくでたらめの) wild. ¶ *ありもしない話 a *false* story 《☞ ありそう》 // 彼女は*ありもしないこと (⇒ ばかなこと) を言う She talks *nonsense.*

ありゅうさんガス 亜硫酸ガス sulfurous acid gas Ⓤ.

ある¹ 有る, 在る **1** 《存在する》: there ⌈is [are] 語法 この表現は不特定のものについて用い, 定冠詞, my, his などの代名詞の所有格, John's などの名詞の所有格の付いた名詞については用いられない.
¶ 机の上に本が 1 冊*ある *There is* a book on the desk. // この部屋には窓が 4 つ*ある *There are* four windows in this room. / (⇒ この部屋は 4 つの窓を持っている) This room *has* four windows. // その本は机の上に*ある The book *is* on the desk. 語法 定冠詞などを伴う場合はこのような言い方となる. //「テーブルの下には何が*ありますか」「テニスのラケットが*あります」 "What *is* under the table?" "A tennis racket (*is*)." 語法 What is there under the table? という言い方は普通は用いられない.
2 《位置する》: (建物などが) be ⓐ, stand ⓐ ; (位置する) be ⌈located [situated].
¶ その城は丘の上に*ある The castle ⌈*is* [*stands*] on a hill. // ロンドンはテムズ川のほとりに*ある London *is* ⌈*located* [*situated*] on the Thames.
3 《所有する》: (持つ) have ⓣ. ¶ 彼女には音楽の才能が*ある (⇒ 才能を持っている) She *has* a gift for music.
4 《高さ・幅など》: be ⓐ. ¶ 彼は身長が 163 cm *ある He *is* 163 centimeters tall.
5 《見つかる》: be found. ¶ 電話は日本中どこにでも*ある (⇒ どこででも見つかる) Telephones can *be found* everywhere in Japan.
6 《起こる》: (人が経験する) have ⓣ 《☞ おこる²》. ¶ 1923 年に関東地方に大地震が*あった (⇒ 大地震を経験した) We *had* a great earthquake in the Kanto ⌈district [region] in 1923.
7 《行われる》: take place. ¶ きょうは学校が 4 時まで*ある We *have* classes until four today. // その音楽会はあした*ある The concert *takes place* tomorrow.
8 《…に存する》: consist (in …) ⓐ. ¶ この詩の魅力は形容詞の使い方に*ある The charm of this poem *consists in* its use of adjectives.

ある² 或る ── 形 a certain ; (単数名詞の前に付けて) some 語法 話し手にはわかっているが, 言いたくない場合に用いるのが a certain, はっきりとわからない人・物などに用いるのが some ; (過去のある時を指して) one ; (ある 1 つの) a ★ 不定冠詞で, a certain を軽くした感じ. ── 副 (かつて・ある時) once ; (昔むかしある時) once upon a time.
¶ きのう私のところに*ある人が訪ねて来た *A* (*certain*) man ⌈called on [came to see] me yesterday. // 私たちは市内の*あるところで会合した We met at *a certain* place in the city. // 彼は*ある意味では正しい He is right *in a sense.* // そのうわさは*ある程度までは本当だ The rumor is true to ⌈*a certain* [*some*] ⌈extent [degree]. // *ある日[朝]彼は海岸沿いの国道を車で通りかかった *One* ⌈day [morning] he was driving along the seaside highway. // *ある時*あるアメリカ人の家庭に招待されて夏を過ごしたことがあった *Once* I was invited by *an* American family to spend the summer (with them).

あるいは **1** 《または》: … or … ; (いずれか一方の選択の意を強く出したいとき) either … or … 《☞ または ; それとも ; 選択の表現 (囲み)》.
¶ イエス*あるいはノーで答えて下さい Answer (*either*) yes *or* no. // 君か*あるいは彼女のどちらかが行かなければならない *Either* you *or* she has to go. 語法 either … or … では動詞の人称や数は or の後の名詞や代名詞に合わせる. 《☞ 性・数・人称の一致 (欄外) ; どちら》
2 《もしかすると・多分》: perhaps ; maybe ; probably 語法 perhaps ははっきりしないが, ことによったらという程度の可能性を示し, maybe はその口語的な表現. probably は十中八九まで可能性のあるときに用いる. 《☞ ことによると ; たぶん》. ¶ *あるいはあなたの言うとおりかもしれない *Perhaps* [*Maybe* ; *Probably*] you're right.

あるがまま 有るがまま ☞ ありのまま.

アルカリ alkali [ǽlkəlài] Ⓤ. **アルカリ性** ── 名 alkalinity [æ̀lkəlínəti(ː)] Ⓤ. ── 形 (アルカリ性の) alkaline [ǽlkəlin].

あるきまわる 歩き回る walk around (…), walk up and down (…). ¶ 教室の中を*歩き回る *walk up and down* the classroom // 私は夏休みにヨーロッパ中を*歩き回った I *traveled around* Europe during the summer vacation.

あるく 歩く walk ⓐ ★ 最も一般的 ; (徒歩で行くことを強調するとき) go on foot ★ やや改まった言い方. 《☞ とほ》.
¶ 彼は毎朝学校へ*歩いて行く He ⌈*walks* to school [*goes* to school *on foot*] every morning.
「学校へはバスで行くのですか」「いいえ, *歩いて行きます」 "Do you take the bus to school? / Do you go to school by bus?" "No, I *walk.*" 語法 このようなくだけた会話では go on foot は普通使わない.
芝生の上を*歩いてはいけません Don't *walk*

on the grass.
彼女は*歩いて帰宅した She *walked* home.
私の家から駅まで*歩いて 10 分です (⇒ 10 分の道のりだ) It is a ten-minute *walk* from my house to the station. [語法] 英語国民は「歩いて…分」という時間の表現よりも, どちらかというと「…マイル歩いたところにある」という距離の表現を好む. ((例) 駅は私の家から 2 マイル*歩いたところにある The station is a two-mile *walk* from my house.)
きょうは 3 時間[キロ]*歩いた I *walked* three ˹hours [kilometers] today.
この道を*歩いて行くと駅に出ます If you *walk* ˹*down* [*along*] this street you will come to the railroad station.
彼は四球で 1 塁に*歩いた He *walked* to first (on four balls). / (⇒ 投手はバッターを(四球で)歩かせた) The pitcher *walked* the batter (on four balls). ★ この walk は ㊀. 《☞ 野球の英語 (囲み)》
歩き方 (歩きぶり) step Ⓒ; (歩く様子) manner of walking Ⓒ. 《☞ あしどり; ほちょう》.

アルコール ―名 alcohol [ǽlkəhɔ̀:l] Ⓤ; (強い酒) spirits ★ 複数形で. ―形 alcoholic [æ̀lkəhɔ́:lik]. **アルコール飲料** alcoholic ˹drinks [liquors] ★ 複数形で. **アルコール中毒** alcoholism [ǽlkəhɔ̀:lizm] Ⓤ; (人) alcoholic [æ̀lkəhɔ́:lik] Ⓒ **アルコールランプ** spirit lamp Ⓒ.

アルゴン 〘化学〙argon Ⓤ《元素記号 Ar》.

あるじ 主 master Ⓒ《☞ しゅじん》.

アルゼンチン ―名 ㊍ Argentina[ɑ̀ədʒəntí:nə]; (正式名として, アルゼンチン共和国) the Argentine [ɑ́ədʒəntì:n] Republic. ―形 (アルゼンチンの) Argentine. **アルゼンチン人** Argentine Ⓒ.

アルちゅう アル中 (病気) alcoholism Ⓤ; (患者) alcoholic Ⓒ. 《☞ アルコール》.

アルト 〘音楽〙alto Ⓤ ★ 形としても用いられる; (歌手) alto Ⓒ, alto singer Ⓒ. 《☞ 音楽 (囲み)》.

アルバイト ―名 (学生や主婦の)part-time job Ⓒ; (定職のある人の) second job Ⓒ (↔ regular job), job on the side Ⓒ, extra job Ⓒ ★ 第 1 番目が最も一般的; (定職ある人がアルバイトをすること) moonlighting Ⓤ ★ 特に夜間に仕事をすることから; (アルバイトをする人) part-timer Ⓒ; moonlighter Ⓒ. ―動 have a part-time job, work parttime; moonlight ㊀. 《☞ パート[1]》.
¶ あの学生は*アルバイトをしている (⇒ あの学生は仕事を持っている) That student has a (*part-time*) *job*. / That student *is working part time*. ★ この part time は 副. 次例も同様. // 私は*アルバイトに子供を教えている I am teaching a ˹boy [girl] *part time*. // 彼らは夏休みにデパートで*アルバイトをした (⇒ 働いた) They *worked* ˹at [in] a department store during the summer vacation. // 公務員は*アルバイトを禁じられている Government employees are prohibited from *moonlighting*.
アルバイト学生 working student Ⓒ.

アルバム album Ⓒ. ¶ 彼女はその写真を*アルバムにはった She pasted the picture in the *album*. // 写真の*アルバム a photo *album* // レコード*アルバム a record *album*

アルファベット alphabet Ⓒ [参考] 日本語でアルファベットにあたるものは「五十音図」だが, これは the Japanese syllabary という. ¶ 英語の*アルファベット the English *alphabet* // 次の単語を*アルファベット順に並べ替えなさい Put [Rearrange] the following words ˹*alphabetically* [*in alphabetical order*].

アルプス ―名 ㊍ the Alps ★ 複数形. ―形 (アルプスの) Alpine. ¶ 日本*アルプス the ˹Japanese [Japan] *Alps*

アルミ aluminum Ⓤ《☞ アルミニューム》. **アルミ合金** aluminum alloy Ⓒ **アルミ製品** aluminum ware Ⓤ.

アルミニューム 《米》aluminum [əlú:mənəm] Ⓤ, 《英》aluminium [æ̀ljumíniəm] Ⓤ 《元素記号 Al》.

アルミ ホイル aluminium foil Ⓤ《☞ 台所・家事 (囲み)》.

あれ 《指示代名詞》(話者と相手から離れたところにあるものを指して) that《複 those》, that over there [語法] 英語の that は日本語の「それ」つまり, 相手の近くにあるものも指す. また over there を付けると, 離れているという距離感が明らかになる. 《☞ それ; これ; 代名詞 (欄外)》.
¶「*あれは何ですか」「市役所です」 "What's *that* (*over there*)?" "It's the city hall." // *あれをごらんなさい Look at *that*.

あれくるう 荒れ狂う (あらし・火・波などが) rage ㊀《☞ あれる》. ¶ あらしは夜中,*荒れ狂った The storm *raged* ˹all through the night [overnight].

あれこれ (あれやこれや) this ˹and [or] that, one thing ˹and [or] another. 《☞ なにやかや; とやかく》. ¶ 私たちはたき火を囲んで*あれこれと話をした We ˹sat [stood] around the fire talking about *this* ˹*and* [*or*] *that*.

あれしょう 荒れ性 ¶ 私は*荒れ性だ (⇒ 肌が荒れやすい) My skin is liable to ˹*chap* [*become rough*]. 《☞ あれる》

あれち 荒れ地 (自然のままの未開墾の土地) wasteland Ⓤ.

あれっきり (あの時以後) since ˹that time [then] 《☞ いご[1]; それっきり》. ¶ 彼女には*あれっきり会っていない I haven't seen her *since* (*then*). / (⇒ あのときが彼女に会った最後だった) That was *the last time* I saw her.

あれほど (あんなに) so; (あんなに多く) so much; (あんなに上手に) so well; (あんな様子に) like that; (あれほどに) 《口語》that. 《☞ -ほど; 強意語 (囲み)》.
¶ *あれほど言ったのに I told you *so*! ★ 相手の後悔などに対して. // 英語の試験は*あれほど難しいとは思わなかった I never expected that the English exam would be ˹*so* [*that*] hard. // *あれほどの美人はいない (⇒ 彼女はたいへんな美人だ) What a looker she is! / (⇒ 私が見た中で一番美しい) She's the most beautiful girl I've ever seen.

あれもよう 荒れ模様 ―名 (近づくあらしの

きざし) sign of a coming storm Ⓒ; (あらしの天候) stormy weather Ⓤ. ―形 (荒れ模様の) stormy, violent. 《☞ 天候の表現(囲み)》.

あれる 荒れる **1** «天候が»: be stormy; (海が) be rough, run high; (あらしや火が猛威をふるう) rage 自. 《☞ 天候の表現(囲み)》.
¶きのうは1日中*荒れどおしだった It *was stormy* all day yesterday. // きょうは海が*荒れている The sea *is*「*rough* [(*running*) *high*] today. // 各地で強風が吹き*荒れた Strong winds「*blew* [*raged*] in many places.
2 «荒廃する» ―動 (土地が荒れている) lie waste; (建物が) go [fall; come] to ruin, be ruined; (修理されないまま放置されている) be in disrepair; (場所や建物が荒廃する) be desolated ★ やや文語的. ―形 waste; ruined; desolate ★ やや文語的.
¶その土地は*荒れている The land *lies waste*. // その家は住む人もなく*荒れていた The house had no resident and *was in disrepair*.
3 «皮膚が»: (手触りがざらざらになる) become rough 自; (荒れさせる) roughen 他.
¶この洗剤を使うと手が*荒れますよ This detergent will「make your hands *rough* [*roughen* your hands].

アレルギー ―名 allergy [ǽlədʒi(:)] Ⓤ ★ 比喩的な意味では Ⓒ. ―形 allergic [ələ́:dʒik]. 《☞ 病気・病院(囲み)》.
¶*アレルギー体質は遺伝する The「*allergic* tendency [tendency to *allergy*] is inherited. 《☞ たいしつ》 // 私はどんな薬にも*アレルギー(反応)を起こす I am *allergic* to all kinds of medicines. // 卵*アレルギーの人はたくさんいる (⇒ 卵アレルギーが多くの人を悩ましている) *Allergy* to eggs bothers many people. // 核*アレルギー A nuclear *allergy*
アレルギー性疾患 allergic disease Ⓒ **アレルギー反応** allergic reaction Ⓤ.

アロハシャツ short-sleeved sport(s) shirt Ⓒ, aloha [əlóu(h)ə] shirt Ⓒ ★ 後者はあまり一般的ではない.

あわ 泡 (あぶくの1つ) bubble Ⓒ; (液体の表面, 特に海の) foam Ⓤ ★ bubble の集まったものが foam; (ビールや口元にできる) froth Ⓤ ★ foam と froth はしばしば交換して用いることができるが, foam のほうが上品な語; (ひげそりなどの) lather Ⓤ; (石けんの) suds ★ 単複両方に扱う. 《☞ あわだつ》.
¶大きな*泡ができて, すぐ消えた A big *bubble* formed and soon burst. // 彼は口から*泡を飛ばして怒った He *foamed*「at the mouth [with anger]. // この石けんはよく*泡が立つ This soap *lathers* well. // ビールの*泡がコップからこぼれ出た The「*froth* [*foam*] on the beer spilled over from the glass.
泡を食う be confused 《☞ あわてる》.

あわい 淡い (色が薄い) pale; (かすかな) faint; (つかの間の) fleeting; (一時的な) transitory. 《☞ うすい; かすか; 色(囲み)》. ¶*淡い望み a *faint* hope // *淡い恋 a *fleeting* love

あわせて 合わせて (全部で) in all; (みんな一緒にして) altogether; (合計で) all told. 《☞ ごうけい; そうけい[1]》. ¶*合わせて5千円です It's 5,000 yen「*in all* [*altogether*]. / (⇒ 合計5千円に達する) It *totals* (*to*) 5,000 yen.

あわせる 合わせる, 併せる **1** «1つにする»: (重ね合わせて) put ... together; (合計する) sum up 他. ¶手を*合わせる *put one's hands together* // XとYを*合わせるとZになる If you *add* X and Y, you get Z.
2 «適合させる»: (正しくする) adjust 他; (調整して合わせる) set 他. 《☞ あう[2]》. ¶テストの前に時計を*合わせておきなさい You *set* your watch to the right time before you take the exam. // ピントは*合わせましたか *Is* your camera *focused*? 語法 被写体がわかっていれば Is ... in focus? とも言う. // ピアノに*合わせて歌う sing *to* the piano
3 «照合する»: check 他 《☞ しょうごう[1]》. ¶各自答えを*合わせなさい Please *check* your own answers.
合わせる顔がない ¶人に*合わせる顔がない I'm ashamed to「see anybody [show myself in the public]. / How can I face people? 《☞ かおむけ》

あわただしい 慌ただしい ―形 (急いだ) hasty; (せきたてられた) hurried; (ろうばいした) confused; (忙しい) busy; (せかせかした) bustling [bʌ́sliŋ]. ―副 in haste; in a hurry, hurriedly; confusedly. 《☞ いそがしい》.
¶彼はアメリカまで*あわただしい (⇒ 急ぎの) 旅をした He made a「*hasty* [*hurried*] trip to America. // 政局は首相の辞職とともに*あわただしい (⇒ 重大な[混乱した]) ものとなった With the resignation of the prime minister, the political situation has become「*serious* [*confused*].

あわだつ 泡立つ (ぶくぶくと) bubble 自; (小さな泡がかたまりを作る) foam 自, froth 自 ★ foam のほうが上品な語; (せっけんなどが) lather 自. 《☞ あわ》. ¶湯が煮たつと*泡立つ Boiling water *bubbles*. **泡立て器** (回転式の) (egg)beater Ⓒ; (針金をふくらませた形の) whisk Ⓒ. 《☞ 台所・家事(囲み)》.

あわてふためく 慌てふためく be all in a fluster 《☞ あわてる》.

あわてもの 慌て者 (性急な人) bustling [hasty] person Ⓒ; (軽率な人) careless person Ⓒ; (おっちょこちょい) scatterbrain Ⓒ.

あわてる 慌てる (まごつく) be confused; (どうしてよいかわからなくなる) be flurried; (ろうばいする) be flustered; (せく) be「hurried [in a hurry]. 《☞ まごつく; めんくらう; いそぐ》.
¶*慌てるな (⇒ のんきにかまえろ) *Take it easy*. // *慌てて (⇒ 急いでいたので) おつりをもらうのを忘れた *In my hurry*, I forgot to get the change. // 問題が多いので私は*慌てた (⇒ 多くの問題が私をまごつかせた) So many questions *confused* me. // 爆発音に私たちはすっかり*慌ててしまった (⇒ 爆発音が私たちを混乱させた) The explosion *threw us into confusion*. // 彼らは危機にあっても*慌てなかった (⇒ 冷静だった) They「*remained calm* [*kept their presence of mind*] even in (a) crisis.

あわび 鮑 abalone [æ̀bəlóuni(:)] Ⓒ.

あわや ¶*あわやダンプと衝突という所で (⇒ 衝

突の一瞬前に) 電車が止まった The train stopped ｢*a moment* [*just*] *before* it was going to hit a dump truck.

あわよくば (もし可能なら) if possible; (運がよければ) if *one* is lucky; (もし物事がうまくゆけば) if things go well; (もし周囲の状況が許せば) if circumstances ｢allow [permit].

あわれ 哀れ 一 名 (不幸な人に対する哀れみ) pity Ⓤ; (相手を助けたいという気持ちを含んだ同情) compassion Ⓤ. 一 形 (かわいそうな) poor ★ 最も一般的で平易な日常語; (哀れみを誘う) pitiable, pitiful; (みじめな) miserable. 《☞ かわいそう (類義語); みじめ》.

¶ 何という*哀れな子だろう What a *poor* child! ∥ その孤児は私たちの*哀れを誘った The orphan excited our ｢*pity* [*compassion*]. ∥ 私はその子を*哀れに感じた I ｢had [took] *pity* on the child. ∥ 彼らは*哀れな境遇にあった They were in a *pitiable* situation. ∥ *哀れにも (⇒ かわいそうな) その子は父親の死を知らなかった The *poor* child didn't know about ｢his [her] father's death.

あわれみ 哀れみ pity Ⓤ; compassion Ⓤ. 《☞ あわれ; どうじょう¹ (類義語)》.

あわれむ 哀れむ (かわいそうに思う) pity ㊀, have [take] pity on ...; (ふびんに思う) feel pity for ...; (同情する) sympathize (with ...) ㊂; (慈悲をかける) have mercy on ... 《☞ どうじょう¹; ふびん》. ¶ 私たちを*哀れんで何とかして下さい (⇒ 私たちに慈悲をかけて下さい) Please *have mercy on* us.

あん¹ 案 (計画) plan Ⓒ; (思いつき) idea Ⓒ ★ 以上は平易な日常語で, 最も一般的; (提案) proposal Ⓒ; (具体的な計画) program (《英》 programme) Ⓒ; (実行可能か否か明らかではない計画) scheme Ⓒ; (大規模な企画) project Ⓒ. 《☞ けいかく (類義語)》.

¶ *案を立てる make a *plan* ∥ それは私の*案ではありません That is not my ｢*idea* [*plan*]. ∥ 彼の*案はすぐに採択された His ｢*plan* [*proposal*] was adopted on the spot.

案に相違して contrary to *one's* expectations 《☞ あんがい》.

あん² 餡 bean jam Ⓤ.

あんい 安易 一 形 (安楽な) easy; (気楽な・のんきな) easygoing; (行きあたりばったりの) happy-go-lucky. 《☞ あんちょく; あまい》.

¶ 近ごろの若者は*安易な暮らしを求めがちだ Young people nowadays tend to look for an *easy* life. ∥ その問題は*安易に考えると失敗するよ If you take the problem as *easy*, you may encounter a pitfall. ∥ 君の態度はあまりにも*安易すぎる Your attitude is too ｢*easygoing* [*happy-go-lucky*].

アンカー (リレー競技の) anchor (man) Ⓒ.

あんがい 案外 一 副 (思いがけなく) unexpectedly; (予想に反して) contrary to [against] expectations; (驚いたことに) surprisingly, to *one's* surprise. 一 形 unexpected; surprising; (失望するような) disappointing. 《☞ いがい¹; わりに; おもいのほか》.

¶ 結果は*案外よかった The result was ｢*unexpectedly* [*surprisingly*] good. / (⇒ 期待していたよりよかった) The results were better *than* (*I had*) *expected*. ∥ *案外彼も信用できることがわかった *Contrary to* our *expectations*, he has proved himself trustworthy. ∥ 被害は*案外 (⇒ 恐れていたよりも) 少なかった The damage was less *than I had feared*. ∥ 彼は*案外 (⇒ あなたが思っているよりも) 純真なところがある He is more simple-minded *than you might think*.

あんかんと 安閑と 一 副 (怠けて) idly; (何もしないで) in idleness. 一 動 (怠けて過ごす) idle away ㊀. 《☞ なまける》. ¶ 私は青春時代を*安閑と過ごしてしまった I *idled away* my youth.

あんき 暗記 一 動 (そらで覚える) learn ... by heart; (意識的に記憶する) memorize ㊀ ★ 以上 2 つは交換可能だが, 後者がやや改まった語. 一 名 memorization Ⓤ. 《☞ きおく; おぼえる; まるあんき》.

¶ 重要な地名と人名は全部*暗記した I'*ve memorized* all the important geographical and biographical names. / I'*ve learned* all the important geographical and biographical names *by heart*.

暗記物 (暗記科目) memory subject Ⓒ **暗記力** memory Ⓒ. ¶ 私は*暗記力が強い[弱い] (⇒ よい[悪い]記憶力を持っている) I have a ｢good [poor; bad] *memory*.

あんぐり ¶ 彼は驚きのあまり口を*あんぐりあけ, 何も言わなかった He said nothing, ｢*gaping* [*with his mouth wide open*] in surprise. ∥ 彼は口を*あんぐりあけて私を見つめた He stared at me *open-mouthed*. 《☞ ぽかんと》

アングロサクソン (人) Anglo-Saxon Ⓒ. ¶ *アングロサクソン民族 the *Anglo-Saxon* race / the *Anglo-Saxons*

アンケート questionnaire [kwèstʃənéə] Ⓒ. ¶ 私たちは家庭経済に関して 100 人に*アンケートを配った We sent out *questionnaires* on home economics to a hundred people. ∥ *アンケートに記入する fill out a *questionnaire*

あんごう 暗号 (電信用の) cipher [sáifə] Ⓒ; (主に商業用の) code Ⓒ; (秘密の暗号文) cryptogram Ⓒ, cryptograph Ⓒ. ¶ 彼らはスパイもどきの*暗号を使った They used (a) *code* as spies ｢do [would]. ∥ だれもその*暗号を解読できなかった Nobody could ｢decode [decipher] the *cryptogram*.

暗号電報 coded message Ⓒ, code [cipher] telegram Ⓒ **暗号文字** cipher Ⓒ, code word Ⓒ.

アンコール encore [ɑ́:nkɔə] Ⓒ. ¶ 聴衆は彼に*アンコールを求めた The audience ｢called for an *encore* from [*encored*] him. ∥ 彼は*アンコールにこたえて 5 曲演奏した He ｢gave [played] five *encores*.

あんこく 暗黒 一 名 (暗やみ) darkness Ⓤ. 一 形 dark; (真っ暗な) pitch dark. **暗黒時代** dark ages; (ヨーロッパ中世の) the Dark Ages ★ いずれも複数形で.

あんさつ 暗殺 一 動 assassinate [əsǽsənèit] ㊀. 一 名 assassination [əsæ̀sənéiʃən] Ⓤ. 《☞ ころす》. ¶ ケネディ大統領は

1963 年に *暗殺された President Kennedy *was assassinated* in 1963. // 数人が首相の *暗殺を企てた Several persons plotted the premier's *assassination.*
暗殺者 assassin [əsǽsn] Ⓒ.

あんざん¹ 暗算 ―名 mental ⌈arithmetic [calculation] Ⓤ. ―動 calculate [do the sums] ⌈mentally [in *one's* head]. ¶ 私はその答えを *暗算で出した I worked out the answer in *mental ⌈arithmetic [calculation].* // *暗算で計算してごらんなさい *Do these sums in your head.*

あんざん² 安産 easy ⌈delivery [birth] Ⓒ 《☞ おさん》.

アンサンブル ensemble Ⓒ 《☞ がっそう; 音楽 (囲み)》.

あんじ 暗示 ―動 (それとなく言う) suggest ㊀; hint ㊀; imply ㊀. ―名 suggestion Ⓤ; hint Ⓒ; implication Ⓒ. ―形 (暗示的な) suggestive.
【類義語】ある情報を与えてそこから相手が思いつくようにするのが **suggest**. 相手が何のことかはっきりわかるように遠回しに言うのが **hint**. それと明示しないが, 相手が察することのできるようにほのめかすのが **imply**. *imply* と *suggest* は交換して用いることのできる場合が多い. 《☞ ほのめかす; におわす》
¶ 彼はその秘密を知っていると *暗示した He ⌈*hinted* [*gave a hint*; *dropped a hint*] that he knew the secret. // 私は *暗示にかかりやすい I'm ⌈easily [readily] influenced by *suggestion.*

あんしつ 暗室 darkroom Ⓒ.

あんじゅう 安住 ―動 (平和に暮らす) live ⌈in peace [peacefully] 《☞ ち²; ていじゅう》.

あんしょう¹ 暗礁 (岩礁) rock Ⓒ; (海面近くの一群の岩) reef Ⓒ; (行き詰まり) deadlock Ⓒ. 《☞ のりあげる》. ¶ 2 そうの船が *暗礁に乗り上げた Two ships ⌈struck [went on; ran on] a *rock.* / Two ships were stranded on a *reef.* // 会議は *暗礁に乗り上げてしまった (⇒ 行き詰まった) The meeting has come to a *deadlock.*

あんしょう² 暗唱 ―動 (詩などをそらで言う) recite ㊀; (覚えたことをそらで言う) say ... by heart, repeat ... from memory. ―名 recitation Ⓤ.

あんじる 案じる worry [be worried] ⌈about [over] ... 《☞ あんずる; しんぱい》.

あんしん 安心 ―名 (心の安らぎ) peace of mind Ⓤ; (安全) security Ⓤ, safety Ⓤ; (信頼) confidence Ⓤ; (ほっとすること) relief Ⓤ. ―動 (ほっとする) feel ⌈easy [assured; relieved]; (安心して任せる) trust ㊀. ―形 (安全な) safe; (安心させるような) reassuring. 《☞ ほっと; あんぜん》.
¶ 近づく試験のことを考えると *安心していられない The thought of the coming exam ⌈disturbs my *peace of mind* [*troubles* me]. // この部屋にいれば *安心だ I feel *secure* in this room. // 目的地に着いて一 *安心した (⇒ ほっとした) Having reached my destination, I ⌈*felt* [*was*] *relieved.* // 彼なら *安心してその仕事を任せることができる We can *trust* him to do the job. // 敵は行ってしまった. もう *安心だ (⇒ 危険から脱した [安全だ]) The enemy is gone. We *are ⌈out of danger* [*safe*] now. // 家族は皆無事で一 *安心でした *To my great relief,* my family were all safe. // 彼女の手紙を見てやっと *安心した (⇒ 彼女の手紙が私の気を楽にさせた) Her letter *set me at ease.* / I *was relieved* to see her letter.

あんず 杏子 (実および木) apricot Ⓒ.

あんずる 案ずる (気をもむ) worry [be worried] ⌈about [over] ...; (やきもきする) be anxious (about ...); (危ぶむ) fear ㊀. 《☞ しんぱい》. ¶ *案ずるより生むがやすし (⇒ やってみることのほうが思っているよりも易しいことがある) An attempt is sometimes easier than *expected.* // それは *案ずるよりも生むがやすしだった (⇒ 考えていたよりも易しかった) It was easier than I (*had*) *thought.*

あんせい 安静 (静養) rest Ⓤ; (じっとしていること) quiet Ⓤ. ¶ 病人は 1 週間の絶対 *安静を必要としている The patient needs complete *rest* for a week. // しばらく *安静にして (⇒ じっとして) いなさい *Lie quietly* for some time.

あんぜん 安全 ―名 (危険にさらされていないこと) safety Ⓤ; (危険から守られていること) security Ⓤ ★ 後者は特に攻撃・干渉などからの安全. ―形 safe; secure; (危険から逃れている) free from danger. ―副 safely, in safety; securely. 《☞ あんしん; ぶじ》.
¶ *安全な場所 a place of *safety* / a *safe* spot / a place *free from danger* // ここなら *安全だ (⇒ 危険はない) You are ⌈*safe* [*secure*] from danger here. // 私たちの *安全を脅かす要因は多い There are a lot of factors which threaten our *security.* // 彼らは *安全に海峡を渡ることができた They crossed the channel ⌈*in safety* [*safely*].
安全かみそり safety razor [réizɚ] Ⓒ **安全週間** Safety Week **安全性** safety Ⓤ **安全装置** safety device Ⓒ. ¶ *安全装置をかけた銃 a gun *on safety* **安全第一** Safety First **安全地帯** safety zone Ⓒ; (道路中央の一段高くなった) safety island Ⓒ **安全ピン** safety pin Ⓒ **安全ベルト** safety belt Ⓒ; (座席の) seat belt Ⓒ **安全弁** safety valve Ⓒ **安全保障** security Ⓤ. ¶ 日米 *安全保障条約 the Japan-U.S. *Security* ⌈Treaty [Pact] **安全保障理事会** the Security Council.

あんだ 安打〘野球〙 ―名 (base) hit Ⓒ ★ 1 塁までとは限らない; (シングルヒット) single Ⓒ. ―動 hit ㊀; (単打を打つ) single ㊁. 《☞ ヒット; 野球の英語 (囲み)》.

アンダーシャツ (1 枚の肌着) undershirt Ⓒ; (下着類) underwear Ⓤ. 《☞ シャツ; 衣服 (囲み)》.

アンダースロー〘野球〙 ―名 underhand throw Ⓒ. ―形 副 underhand. 《☞ 野球の英語 (囲み)》. ¶ ピッチャーは *アンダースローでボールを投げた The pitcher threw the ball *underhand.*

あ

アンダーライン ― [名] (下線) underline [C]; (下線を引くこと) underlining [U]. ― [動] underline (他) (自). 《☞ かせん[1]; 欄外》.

あんたい 安泰 ― [名] (安全) safety [U]; (特に攻撃・干渉などからの安全) security [U]. ― [形] safe; secure. ― [動] (安全に確保する) secure (他). 《☞ あんぜん》. ¶ これで会社での彼の地位も*安泰だ (⇒ 地位を確保した) Now he *has secured* his position in the company.

あんちょく 安直 ― [形] (たやすい) easy; (簡単な) simple; (安っぽい) cheap. 《☞ あんい; かんたん[1]; てがる》. ¶ こんな*安直な方法で成功するのかしら I wonder if we can succeed in such ⌈an *easy* [a *simple*] way.

あんちょこ (解答集) key [C]; (とらの巻) crib [C]. 《☞ とらのまき》.

あんてい 安定 ― [名] (ぐらつかないこと) stability [U]; (一定不変) steadiness [U]; (均衡) balance [U]; (平衡状態) equilibrium [ìːkwəlíbriəm] [U] ★ 形式ばった語. ― [形] stable; steady. ― [動] (安定させる) stabilize (他); (釣り合わせる・釣り合う) balance (他) (自). 《☞ きんこう[1]; つりあい; ふあんてい》.
¶ その国はまだ経済的に*安定していない The nation has not yet attained economic *stability*. // 彼は*安定した収入がある He has a *steady* income. // どうやら生活の*安定を得た I *have* somehow *secured* my livelihood.
安定感 stability [U].

アンテナ antenna [C], 《英》 aerial [ɛ́(ə)riəl] [C]. ¶ *アンテナを立てる set up an *antenna* // *アンテナを張る stretch an *antenna*

あんど 安堵 ― [名] (ほっとすること) relief [U]. ― [動] (ほっとする) feel relieved. 《☞ ほっと》.
¶ 彼は*安堵の胸をなでおろした (⇒ ほっとした) He *felt relieved* at last. / (⇒ 心を落ち着けることができた) He could set his mind *at rest*.

アンドロメダ 〔星座〕 the Andromeda 《☞ せいざ[1] (表)》.

あんな (そのような) such; (あの) that; (その種の) that ⌈sort [kind] of ... 《☞ そんな; こんな》.
¶ *あんなうわさには耳を貸すな Don't ⌈lend [give] ear to *such* a rumor. // *あんな本で役に立つのかい Is *that* book of any use to you? [語法] この言い方には軽蔑・怒りなどの感情が含まれることがある. // *あんな人とは付き合いたくない I don't want to be friends with *that* ⌈*sort* [*kind*] *of* person.

あんない 案内 ― [名] (導くこと) guidance [U]; (招待) invitation [U] ★「招待状」では [C]; (通知) notice [C]. ― [動] guide (他); (連れて回る) take ... around; (場所に案内する) show (他).
¶ 館長の*案内で (⇒ 館長に導かれて) 私たちは博物館を見学した We went around the museum ⌈*guided by* [*under the guidance of*] the director. // お客様を応接間へご*案内して下さい Please *show* the guests *into* the drawing room. // 学校の中をご*案内しましょう I'll *show* you ⌈*around* [*over*] the school. // 結婚式の*案内はきょう着きました I received ⌈a *letter of invitation* [an *invitation*] to the wedding today.
案内係 (ホテルなどの) reception [desk] clerk [C]; (劇場などの) usher [C]; (デパートなどの) information desk clerk [C]　**案内者[人]** guide [C]　**案内書** guide [C]; guidebook [C]　**案内所** information ⌈desk [bureau; office] [C]; (掲示) Information　**案内状** invitation [C], invitation ⌈card [letter] [C]　**案内図** map [C]; (道案内板) guide-board [C].

「案内所」の掲示

あんに 暗に ― [副] (はっきり述べず暗示的に) implicitly; (遠回しに) indirectly. ― [形] implicit; indirect. 《☞ それとなく; ほのめかす》. ¶ 彼は*暗に (⇒ 遠回しに) 金を要求した He ⌈made an *indirect* demand [*indirectly* asked] for money.

あんのじょう 案の定 (思っていたとおり) as (was) expected, as *one* (had) ⌈expected [feared] [語法] fear は結果がよくないときに用いる. 《☞ はたして》. ¶ *案の定 (⇒ 恐れていたように), 計画は失敗に終わった The scheme ended in failure, *as we had feared*. 《☞ 完了形 (欄外)》

あんばい ¶ よい*あんばいに (⇒ 運よく) 雨が上がった *Fortunately* it has stopped raining. // この*あんばいでは (⇒ この調子では) 仕事はきょう中に終わるまい *At this rate* I'm afraid we cannot finish the work today.

アンパイア (野球などの) umpire [ʌ́mpaiə] [C] 《☞ しんぱん[1]; スポーツ (囲み)》.

アンバランス imbalance [U] 《☞ ふきんこう; ふつりあい》.

アンダーライン (underline) 手書きまたはタイプライターで英語を書くときに, 次の場合には下線 (underline) を一本引くのが習慣となっている. 下線を引いてある語句は活字で印刷するときはイタリック体にすることになっている. 《☞ イタリック体 (欄外)》. 従って以下のように, 印刷される場合にはすでに下線は消えてイタリック体になっているはずであるが, ここでは下線の例を示すために, 仮に手書き, またはタイプライター使用の場合と想定して下線を残す.
(1) 書名.
¶ 私は最近ヘミングウエーの『老人と海』(という小説) を読んだ I read Hemingway's The Old Man and the Sea recently. // あなたは『タイム』という週刊誌を知っていますか Do you know a weekly magazine called Time?
(2) 文中で特に強調して発音される語.
¶ 彼女こそ当代随一のバイオリニストだ She is the [ðiː] violinist of the day.
(3) 英語の文中で, 用例などを示すとき.
¶「おじがこのカメラを私にくれました」という文を受身に変えなさい Change the sentence "My uncle gave me this camera" into a passive sentence.
(4) 英語から見た外国語を示すとき.
¶ あなたは刺身と天ぷらとではどちらが好きですか Which do you like better, tempura or sashimi?

あんパン 餡パン bean-jam bun Ⓒ.

あんぴ 安否 (安全) safety Ⓤ 《☞ あんぜん; ぶじ》. ¶ 台風があったので, 姉の家族の*安否が気遣われる I'm concerned about the *safety* of my sister's family because a typhoon hit the place where they live. // 私は彼の*安否 (⇒ どのように暮らしているか) が知りたい I'd like to know *how he is getting along.*

あんぷ 暗譜 ―動 memorize scores 《☞ がくふ》. ¶ *暗譜でひく (⇒ 記憶で) play from *memory*

アンプ (増幅器) amplifier Ⓒ 《☞ オーディオ (挿絵)》.

アンペア ampere [ǽmpiə] Ⓒ 《略 a, A, amp.》; (アンペア数) amperage Ⓤ. ¶ 20*アンペアの電流 an electric(al) current of 20 *amperes*

あんぽじょうやく 安保条約 (安全保障条約) security ⌈treaty [pact] Ⓒ. ¶ 日米*安保条約 the Japan-U.S. *Security ⌈Treaty [Pact]*

あんま 按摩 ―名 (行為) massage [məsɑ́:ʒ] Ⓤ; (男の) masseur [mæsə́:] Ⓒ; (女の) masseuse [mæsə́:z] Ⓒ. ―動 massage ㊀.

あんまく 暗幕 blackout curtain Ⓒ.

あんまり **1** «度を過ぎてひどいこと» ―形 (不当な) unreasonable 《☞ ひどい》.

¶ 彼の要求は*あんまりだ His demand is *unreasonable.* / He is demanding *too much.* // あんなふうに彼女に言うとは*あんまりだ (⇒ 残酷だ[無情だ, 思いやりがない]) It was ⌈*cruel* [*heartless*; *inconsiderate*] of you to speak to her in that way.

2 «非常に»: (あまりにも) too much; (過度に) excessively. 《☞ あまり²》.

あんみん 安眠 ―名 a ⌈sound [good; restful; quiet] sleep ★ a を付けて. ―動 sleep ⌈well [quietly; in peace] ㊁. 《☞ ねむる; じゅくすい; ぐっすり》.

¶ 昨夜は*安眠できた I had *a* ⌈*good* [*sound*] *sleep* last night. / I *slept well* last night. // この薬を飲めば*安眠できます (⇒ この薬があなたに安眠を与えるでしょう) This medicine will give you *a* ⌈*quiet* [*restful*] *sleep.* // その騒音で*安眠できなかった (⇒ 騒音が私の睡眠を妨害した) The noise disturbed my *sleep.*

あんもく 暗黙 ―形 (明示しないが暗に含まれた) implicit; (言葉に表さない) tacit 〔語法〕 以上の2語は交換して用いることができるが, tacit は特に了解・合意などに用いられることが多い. ―副 implicitly; tacitly.

¶ 私たちはお互いに*暗黙の了解があると思っていた I presumed we had had ⌈an *implicit* [a *tacit*] ⌈understanding [consent] between us. / I thought we ⌈*implicitly* [*tacitly*] understood each other.

アンモニア ammonia Ⓤ.

あんやく 暗躍 ―名 (秘密工作) secret ⌈maneuver [《英》 manoeuvre] Ⓒ. ―動 (内密に行動する) maneuver [《英》 manoeuvre] secretly ㊁; (舞台裏で行動する) act behind the scenes; (陰で操る) pull (the) wires.

¶ 政界の大物が*暗躍しているそうだ Some great political figures are said to *be pulling (the) wires.*

あんらく 安楽 ―名 (気苦労がなく満ち足りた状態) comfort Ⓤ; (気楽) ease Ⓤ. ―形 comfortable; easy; (居心地のよい) cozy. ―副 comfortably. 《☞ きらく》.

¶ 老夫婦は*安楽な暮らしをしていた The old couple lived ⌈*in comfort* [*comfortably*]. / The old man and his wife had ⌈a *comfortable* living [an *easy* life].

安楽いす easy chair Ⓒ **安楽死** mercy killing Ⓤ, euthanasia [jù:θənéiʒ(i)ə] Ⓤ. ★ 後者は専門用語.

い

い¹ 胃 ―名 stomach [stʌ́mək] Ⓒ. ―形 (胃の・胃部の) gastric. 《☞ ないぞう¹ (挿絵)》.

¶ *胃が痛い I have a *stomachache.* / My *stomach* ⌈aches [hurts]. 《☞ 病気・病院 (囲み)》 // 食べすぎて*胃がおかしかった I ⌈ate too much [overate] and my *stomach* felt bad. // このごろ*胃の調子がよくない (⇒ ずっと胃の不調をわずらっている) I have been suffering from a *stomach* disorder. // 彼は*胃が丈夫だ[弱い] (⇒ 彼は丈夫な[弱い]胃を持っている) He has a ⌈strong [weak] *stomach.* // 私は1日にコーヒーを何杯も飲むと*胃をこわす (⇒ 数杯のコーヒーを飲むことが私の胃をこわす) Drinking several cups of coffee in one day upsets my *stomach.*

胃液 gastric juice Ⓤ **胃炎** gastritis [gæstráitis] Ⓤ **胃かいよう** gastric ulcer [ʌ́lsər] Ⓒ **胃病** stomach ⌈disease [disorder; illness] Ⓒ.

い² 意 **意に介さない** ¶ 彼は人が何と言おうと*意に介さない He *doesn't* ⌈*care* [*mind*; *pay attention to*; *worry about*] what others say. 《☞ かいする²》

意にかなう ¶ その計画は彼女の*意にかなったらしい It seems that she *took a* ⌈*liking* [*fancy*] *to* the plan.

意のまま ¶ すべては彼の*意のままであった (⇒ 彼はあらゆることを自分の意志どおりにした) He *had* everything *his own way.*

意を決する ¶ 彼はついに*意を決した (⇒決心した) He *has made up his mind* at last.

い³ 亥 (十二支の) the Wild Boar 《☞ ね⁴ 〔参考〕》.

イ 〘音楽〙 (音名) A [éi] Ⓤ 《☞ 音楽 (囲み)》.

¶ *イ短[長]調のソナタ a sonata in A ⌈minor [major]

いあつ 威圧 ―動 (権力・威力によって抑えつける) coerce [kouə́:s] 他 ; (威張りちらす) domineer (over ...) 自. ―形 (威圧的な) coercive [kouə́:siv] ; (威張った) domineering. ―名 coercion [kouə́:ʒən] U.
¶彼はしばしば*威圧的な態度をとった He often assumed a ⸢*coercive* [*domineering*] attitude. // 軍隊は発砲して群衆を*威圧した The army *coerced* the crowd by firing into it.

いあわせる 居合わせる (たまたま…にいる) happen [chance] to be (present) (at ... ; in ... ; on ...). ¶私はその場に*居合わせました I ⸢*happened* [*chanced*] *to be* ⸢there [*on* the spot]. // *居合わせた人はみな彼の話に心を動かされた *All those present* [*All* (*of those*) *who happened to be there*] were moved by his story.

いあん 慰安 (慰め) consolation U ; (楽しみ) amusement U ; (娯楽・気晴らし) recreation U. 《☞ なぐさめ》.

いい good ; (すてきな) nice ; (立派な) fine. 《☞ よい[1]》.

いいあい 言い合い quarrel C ; (論争) dispute U. 《☞ こうろん》.

いいあう 言い合う (口げんかをする) quarrel (with *a person* ⸢over [about ; for] ...) 自 ★ over が一番関心の度合いが強い ; (堅苦しい内容について論争する) dispute (about ... ; over ...) 自 ; (言い争う) have words (with ...) ★ quarrel とほぼ同意だが, 多少やわらげた表現. 《☞ こうろん ; おしもんどう》.
¶彼らはその件について激しく*言い合った They *had* rough *words with* each other *over* the matter. / They ⸢*disputed* [*quarreled*] hard ⸢*about* [*over*] the matter.

いいあてる 言い当てる guess (...) right, make a good guess. 《☞ あてる》. ¶私はうまく*言い当てた I ⸢*guessed right* [*made a good guess*].

いいあやまり 言い誤り ―名 (うっかり口をすべらした間違い) a slip of the tongue ; (一般的に話の途中でした間違い) mistake in speaking C. ―動 make a ⸢slip of the tongue [mistake in speaking]. 《☞ しつげん》.

いいあらそい 言い争い (口げんか) quarrel C ; (論争) dispute U. 《☞ こうろん》.

いいあらそう 言い争う quarrel (with *a person* ⸢about [for ; over] ...) 自 ; (論争する) dispute (about ... ; over ...) 自 ; (口論する) have words (with ...) ★ 婉曲的表現. 《☞ こうろん ; おしもんどう》.

いいあらわす 言い表す (言う) say 他 ; (表現する) express 他 ; (言葉にする) give expression (to thoughts).
¶ほかの*言い表し方を知っていますか (⇒ それをほかの方法で言えますか) Can you *say* it in another way? // あなたの考えをはっきり*言い表しなさい *Express* ⸢yourself [your ideas] clearly. / *Give* clear *expression* to your thoughts. // 私たちの喜びは*言い表せないほどだった(⇒いかなる言葉も私たちの大きな喜びを言い表せなかった) No words could *express* our great joy. / Our joy was *beyond* ⸢*description* [*words* ; *expression*]. 《☞ いいつくす》

いいえ no 《☞「はい」と「いいえ」(欄外)》.
¶「あすはお暇ですか」「*いいえ, 残念ながら」"Are you free tomorrow?" "*No*, I'm afraid not." //「コーヒーはお好きではありませんでしたね」「*いいえ, 大好きです」"You don't like coffee, do you?" "*Yes*, I like it very much." 語法 日本語では相手のいうことに反対して「いいえ」という場合でも, 英語では肯定文に先立つ時は yes となる. ただし, 上例のような否定文をもとにする付加疑問つきの表現では「とんでもない」という意味で "No, not at all. I like it very much." などの答えも可能. //「お茶をもう一杯いかがですか」「*いいえ, もう十分です」"Would you like to have another cup of tea?" "*No* (*more*), *thank you*. I've had enough." 語法 飲食物などを勧められて断る場合は, No だけでなく thank you を添えるのが普通.

いいかえす 言い返す (目上の人などに口答えをする) talk [answer] back (to ...) 自 ; (相手の非難や意見などに言い返す) retort 他. 《☞ くちごたえ》. ¶彼は上役に*言い返して, 怒らせてしまった He ⸢*talked* [*answered*] *back to* his boss and made him angry. //「それが何の役に立つのだ」と彼は*言い返した "What's the use of it?" he *retorted*.

いいかえる 言い換える put [say] ... in another way, say [put ; express] ... in other words 語法 以上はほぼ同意だが, express を用いるとやや改まった言い方となる ; (文などを別の言い方で言う・意訳する) paraphrase 他. 《☞ パラフレーズ (欄外)》.
¶それを別の表現で*言い換えなさい *Say* it *in another way*. / *Put* it *in other words*. / *Paraphrase* it.

いいがかり 言い掛かり (いわれのない非難) false ⸢charge [accusation] C ; (口実) pretext C. ¶彼は私に*言いがかりをつけているのだ He is making a *false charge* against me. / He is *accusing* me *falsely*. // 彼はその侮辱を*言いがかりにしてけんかを始めた He used the insult as the *pretext* ⸢for a quarrel [to start a quarrel].

いいかげん いい加減 ―形 (無責任な) irresponsible ; (疑わしい) fishy ; (でっち上げた) made-up ; (あいまいな) vague ; (態度を明らかにしない) noncommittal ★ やや形式ばった語. 《☞ ちゃらんぽらん ; でたらめ ; てきとう》.
¶彼は*いい加減な (⇒ 無責任な) 男だ He is an *irresponsible* man. // *いい加減なこと (⇒ 疑わしい[でっち上げた]話) を言っても信じないよ I don't believe your ⸢*fishy* [*made-up*] story. / (⇒ どうしてあなたのでっち上げた話が信じられようか) How can I believe your ⸢*made-up* story [invention]? // 彼女は*いい加減な (⇒ あいまいな[どっちつかずの]) 返事しかしなかった She gave only a ⸢*vague* [*noncommittal*] reply. // ふざけるのも*いい加減にしなさい (⇒ ふざけるのはやめなさい) *Stop* joking. / (⇒ ふざけるのはもうたくさん) *No more* [*Enough*] of your jokes.

いいかた 言い方 way [manner] of speaking Ⓒ. ¶あの男は物の*言い方を知らない That man doesn't know ｢*how to speak* [*the proper way of speaking*]. // 内容ではなく, *言い方であなたは彼女を怒らせたのだ It's not what you said, but ｢*how* [*the way*] *you said it* that made her angry.

いいき いい気 —㊎ (ひとりよがりな・うぬぼれた) (self-)conceited; (高慢で思い上がった) proud. ¶うまく行ったからといって*いい気になるな (⇒うぬぼれるな) Don't be *conceited* because of your success.

いいきかせる 言い聞かせる (人に…しろと命じる) tell *a person* to *do*; (忠告する) advise ㊀; (説得する) persuade ㊀. 《☞ せっとく》. ¶もっと慎重にするように彼に*言いきかせます I will *tell* him *to* be more careful.

いいきる 言い切る (明確に言う) say [state] ... definitely; (公に断言する) declare ㊀; (ほぼ確かなことを確信を持って断言する) affirm ㊀; (自信を持って断言する) assert ㊀. 《☞ だんげん》. ¶彼は述べたことはすべて真実だと*言い切った He ｢*declared* [*affirmed*; *asserted*] that everything he had stated was true.

いいぐさ 言い草 (言うこと) what *a person* says; (言葉) *one's* words; (意見として述べたこと) *one's* remarks ★ 以上2つは複数形で. ¶私は彼の*言い草が気に入らない I don't like ｢*what he says* [*his remarks*].

いいくるめる 言いくるめる coax (*a person* to *do*) ㊀ 《☞ まるめこむ》. ¶私は彼を*言いくるめて秘密を聞き出した I *coaxed* him *to* tell me the secret. / ＜S(人)＋V(*coax*)＋O(事)＋*out of*＋名(人)＞ I *coaxed* the secret *out of* him.

いいこ いい子 good ｢child [boy; girl] Ⓒ. ¶*いい子だね That's a *good* ｢*boy* [*girl*]! / (⇒いいぞ; でかした) Attaboy [Attagirl]! ★ 口語的. // *いい子だから, こっちへおいで Come here, *there's a good* ｢*boy* [*girl*]. // 彼は自分ばかり*いい子になろうとする (⇒人を犠牲にして信用[人気]を得ようとする) He tries to ｢*gain credit* [*get credit*; *make himself popular*] at the expense of others.

イージーオーダー ¶このスーツは*イージーオーダーで作りました I bought this suit *semi*-｢*tailor-made* [*made-to-order*]. 参考 easy order は和製英語. 《☞ 和製英語 (囲み)》
【参考語】 —㊎ (オーダーメードの) tailor-made, made-to-order.

いいしぶる 言い渋る (話すのをためらう) hesitate to ｢say [speak] ...; (いやいやながら言う) be reluctant to say ... 《☞ ためらう》.

いいしれない 言い知れない —㊎ inexpressible, unspeakable, unutterable ★ 3つとも「言語に絶する」と言う意味でほぼ同意. 《☞ いいよう》.

いいすぎ 言い過ぎ —㊍ (立ち入り過ぎる) go too far (in *one's* talk); (多くを言い過ぎる) say too much. ¶彼は現在第一級の演奏家と言っても*言い過ぎではない *It is not too much to say* that he is the ｢top [best] player of our time.

イースト yeast Ⓤ. **イースト菌** yeast (plant) Ⓒ.

いいそこなう 言い損なう (口をすべらして誤る) make a slip of the tongue; (一般的に, 間違って言う) make a mistake in speaking.

いいそびれる 言いそびれる (言い損なう) fail to ｢tell [mention] ...; (言う機会を逸する) miss the chance ｢to tell [of telling] ... ¶彼は事実をついに*言いそびれてしまった He *has* ｢*failed to tell* the truth [*missed the chance of telling* the truth] after all.

いいだす 言い出す (提案する) propose ㊀; (…しようと勧める) suggest ㊀; (話題などを持ち出す) bring up ㊀; (提案などを議題にする) bring ... forward.
¶これはだれが*言い出した案なのか (⇒だれがこの案を提案したのか) Who *proposed* this plan?/ (⇒これはだれの案なのか) Whose idea is this? // あなたが散歩をしようと*言い出したのですよ You *suggested* ｢that we (should) take [taking] a walk.

いいちがい 言い違い (口をすべらした誤り) a ｢slip [lapse] of the tongue; (話している間の言い誤り) a lapse in speech ★ lapse を用いるのは改まった言い方. いずれも a を付けて.

いいつくす 言い尽くす (すべてを言う) say ｢everything [all]; (意を尽くす) express [say] ... fully ★ 前者のほうがより口語的.
¶私の言いたいことは*言い尽くした I *have said everything* I want to say. // 私の喜びは言葉では*言い尽くせない (⇒言葉は私の喜びを表現できない) Words *cannot express* my joy. // 私の感謝の念は言葉では*言い尽くせません (⇒私はあなたに (いくら感謝しても) 十分に感謝できない) I *cannot thank you enough*. 《☞ いいあらわす》

いいつくろう 言い繕う (覆い隠す) cover up [gloss over] (*one's* fault); (言い訳をする) make an excuse (for ...). 《☞ とりつくろう》.

いいつけ 言い付け (命令) order Ⓒ; (権威者などの) command Ⓒ. 《☞ めいれい; さしず》. ¶親の*言い付けは聞きなさい (⇒親に従いなさい) You should *obey* your parents. / (⇒親がしろと言ったとおりにしなさい) Do as your parents *tell* you *to* (*do*).

いいつける 言い付ける **1** «命じる»: (…しなさいと言う) tell [instruct] *a person* to *do*; (有無を言わせずにやらせる) order ㊀; (権限のある者が命じる) command ㊀. 《☞ めいじる》. ¶彼は息子に毎朝庭に水をまくよう*言いつけた He ｢*told* [*instructed*] his son to water the garden every morning. // 隊長は彼にすぐ行くよう*言いつけた (⇒命令した) The captain ｢*commanded* [*ordered*] him to go at once.
2 «告げ口する»: tell on ... 《☞ つげぐち》. ¶もう一度したら先生に*言いつけますよ If you do it again, I'll *tell* ｢*on* you to the teacher [the teacher *on* you].

いいつたえ 言い伝え (伝説) legend Ⓒ; (伝承) tradition Ⓤ ★ 具体的なものを指す場合はⒸ. 《☞ でんせつ》. ¶*言い伝えによれば, ここには美しい湖があったということだ An old *legend* tells us that [According to (｢an old [a

い

local]) *tradition*] there used to be a beautiful lake here.

いいつたえる 言い伝える (伝説を) hand down ⓗ. ¶その話はずっと昔から*言い伝えられてきた The story *has* ⌈*been handed* [*come*] *down* from ancient times.

いいなおす 言い直す (訂正する) correct *oneself*; (別な表現で) put [express] ... in ⌈another [a different] way. ¶彼女はすぐに*言い直した She *corrected herself* at once. // こう*言い直してみましょう Let me *put* it *this way*.

いいなずけ 許嫁 (男) *one*'s fiancé [fìːɑːn-séi, fiáːnsei]; (女) *one's* fiancée ★発音は fiancé と同じ; *one's* betrothed ★やや古風な語. はじめの 2 つはフランス語からの借用だが, いまでは一般的な言い方. ⟪☞ こんやく⟫.

いいならわし 言い習わし (伝承的な) tradition Ⓤ ★具体的なものを指す場合は Ⓒ; (言い習わされていることわざ) common saying Ⓒ. ¶これはこの地方の*言い習わしです This is a *tradition* in this part of the country. // 格言は*言い習わしから来ているものが多い Many proverbs have come from *common sayings*.

いいなり 言いなり ¶彼は父親の*言いなりだ (⇒ 彼は父親が言う通りにする) He *does just as* his father *tells him to* (*do*). // 彼らは征服者の*言いなりにならざるをえなかった (⇒ 征服者のなすがままに) They *were at the mercy of* ⌈the [their] conquerors.

いいにくい 言いにくい —動 (言うのをはばかる) hesitate to say ... —形 (微妙な) delicate. ⟪☞ -にくい⟫. ¶それは*言いにくい事だ I *hesitate to say* so. / (⇒ それは微妙な事柄だ) It is a *delicate* matter.

いいぬけ 言い抜け evasion Ⓤ; (言い訳) excuse Ⓒ. ⟪☞ いいのがれ⟫.

いいね 言い値 asking price Ⓒ (↔ selling price). ¶*言い値ではとても買えない I can't ⌈afford [buy] it at the *asking price*.

いいのがれ 言い逃れ —名 (のらりくらりした返事) evasive answer Ⓒ; (言い訳) excuse Ⓒ. —動 (口実を考え出す) invent [cook up] an excuse; (言い訳をする) excuse *oneself*; (説き伏せて難を逃れる) talk *oneself* out of trouble. ⟪☞ いいわけ; こうじつ⟫.
¶彼はいつもうまい*言い逃れを考え出す He always ⌈*invents* [*cooks up*] *a* good *excuse*. / (⇒ 何かの口実をつけて言い訳をする) He always *excuses himself* on one pretext or another. // 何とか*言い逃れることができるだろうか Can we *talk ourselves out of trouble* some how? // *言い逃れ (⇒ ごまかしの返事) をしてしばらく時をかせごう Let's *give an evasive answer to* gain time.

いいのこす 言い残す (言い置く) leave ⌈word [a message] (with *a person*); (言い忘れる) forget to say ..., neglect to mention ...; (遺言で言う) state ... in *one's* will. ⟪☞ でんごん; ことづけ⟫. ¶「彼は何か*言い残しましたか」「いいえ, 何も」"Did he *leave* ⌈*word* [*a message*]?" "No, he didn't (leave anything)."

いいはる 言い張る (強く主張する) insist (on ...; upon ...; that ...) ⓐ; (固執する) persist (in ...) ⓐ; (権利があると主張する) claim (that ...) ⓗ. ⟪☞ しゅちょう[1]⟫.
¶彼は自分の意見が正しいと*言い張った He *insisted that* his opinion was right. / He *insisted on* the correctness of his opinion. / (⇒ 彼は自分の意見に固執した) He *persisted in* his opinion. // 両者とも自分たちがその機械の発明者であると*言い張った Both sides *claimed that* they had invented the machine.

いいふくめる 言い含める (入念な指示を与える) give *a person* ⌈careful [detailed] instructions; (忠告する) give counsel to *a person*, counsel *a person* to *do*. ¶私は彼に*言い含めておいた I *have given* him ⌈*careful* [*detailed*] *instructions*.

いいふらす 言い触らす (うわさを立てる) start [spread; circulate] a rumor; (すべての人に言う) tell everybody (that ...). ⟪☞ ふれまわる⟫. ¶彼は近いうちに大地震があると*言い触らした He ⌈*started* [*spread*; *circulated*] *a rumor* that there would be a big earthquake in the near future.

いいふるされた 言い古された —形 (決まり文句の) hackneyed; (古くさい) worn-out. ¶これは*言い古された表現だ This is a ⌈*hackneyed* [*worn-out*] expression.

いいぶん 言い分 (言いたいこと・意見) what *one* has to say, *one's* say 〔語法〕後者は have *one's* say の形で用いられる; (主張) claim Ⓤ. ¶私の*言い分も聞いてほしい I would like you to listen to *what I have to say*. / Let me *have my say*.

いいまかす 言い負かす argue [talk] *a person* down ★talk を用いる言い方は⟪米⟫. ⟪☞ やりこめる⟫. ¶彼はとても強引だからだれでも*言い負かしてしまう He is so pushy (that) he can ⌈*argue* [*talk*] anyone *down*. 〔語法〕 that を省くほうが口語的.

いいまわし 言い回し (表現) expression Ⓒ. ¶この*言い回しはおかしい (⇒ ぎごちない) This *expression* is awkward. / This is an awkward *expression*.

いいよう 言い様 (言い方) way of saying ... Ⓒ; (言う態度) manner of speaking Ⓒ; (表現) expression Ⓒ. ⟪☞ いいかた⟫.
¶あなたの*言い様で彼らの意見が変わるかもしれない (⇒ あなたの言い様が彼らの意見に影響を与える) Your ⌈*way of saying it* [*manner of speaking*] may influence their opinion. // その景色の美しさは*言い様もない (⇒ 言い様もなく美しい) The scenery is ⌈*unutterably* [*unspeakably*; *indescribably*] beautiful.

いいよる 言い寄る (異性の愛情を得ようとする) seek *a person's* affections; (求愛する・求婚する) woo ⓗ. ¶彼女に*言い寄る青年は多かった Many young men *sought her affections*. / (⇒ 彼女の気を引こうとした) Many young men *tried to attract* her. / There were many youths who *wooed* her.

いいわけ 言い訳 —名 (弁解) excuse Ⓒ.

—動 (言い訳する) make an excuse; (正当化しようとする) try to justify ...; (自己弁護する) defend *oneself*, try to justify *oneself*. 《☞ べんかい; いいのがれ; こうじつ》.
¶ 彼女は*言い訳がうまい She is good at *making excuses*. // 私はうまい*言い訳を考え出せなかった I couldn't 「find [think of] a good *excuse*. // 私のした事について*言い訳がましいことを言うつもりはない (⇒ 正当化しようとする) I don't intend to 「*justify* [(⇒(自己)弁護しようとする) *defend* (*myself for*)] what I have done.

いいわたす 言い渡す ((刑を)...に宣告する) sentence ㊀; (命じる) order ㊀; (告げる) tell ㊀. 《☞ せんこく[1]》. ¶ 彼は6か月の刑を*言い渡された He *was sentenced* to six months (in jail).

いいん[1] 委員 (委員会のメンバー) member of a committee Ⓒ; (集合的に, 全委員) committee Ⓒ. 《☞ いいんかい; いいんちょう》.
¶ 彼は運営*委員だ He is 「on [a *member of*] the steering *committee*. // この委員会には7人の*委員がいる (⇒7人の委員で成り立つ) This committee 「is made up [consists] of seven *members*. / There are seven *members* on this committee. // 彼女は執行*委員に選ばれた She was elected 「into [(to be) a *member of*] the executive *committee*.

いいん[2] 医院 doctor's office Ⓒ 《☞ びょういん》.

いいんかい 委員会 committee Ⓒ; commission Ⓒ; board Ⓒ; (委員会の会合) committee meeting Ⓒ.
【類義語】一般に委員会は **committee** だが, 特に調査・管理などの任務・権限をほかから与えられたものは **commission**. 企業・法人・学校制度などの管理・経営をするための委員会を **board** と呼ぶ. 《☞ いいん[1]》
¶ 運営*委員会 a steering *committee* // 懲罰*委員会 a disciplinary *committee* // 原子力*委員会 the Atomic Energy *Commission* // 教育制度調査*委員会 a research *commission* on educational system 語法 日本語では「調査会」のように「委員会」という呼称が用いられないこともある. // 教育*委員会 a *board* of education 語法 「重役会」(*board* of directors),「評議員会」(*board* of trustees) のように日本語では「委員会」という呼称が用いられないこともある. // 彼は執行*委員会の一員だ He is 「a member of [on] the executive 「*committee* [*board*]. // 問題は*委員会に付託された The problem has been referred to a *committee*. // 7人*委員会が構成され, 間もなく第1回の*委員会が招集されるであろう A 「seven-member[seven-man] -*committee* has been 「organized [formed; appointed], and the first *committee meeting* will soon be called.

いいんちょう 委員長 chairman Ⓒ; (男女両性に用いて) chairperson Ⓒ ★ 性別による差別をなくすために使われ始めた言葉; (委員長の職) chairmanship Ⓤ. 《☞ ぎちょう》.
¶ 委員会がA氏を*委員長にして構成された A committee was 「organized [formed; created] 「under the *chairmanship* of Mr. A [with Mr. A as the *chairman*]. // *委員長, 質問があります *Mr. Chairman* [*Madam Chairman*; *Chairperson*], I have a question. 《☞ 呼びかけ (囲み)》

いう 言う **1** 《口で言う・しゃべる》: (人にある事柄・言葉を) say ㊀ 《過去・過分 said [séd]》; (人に内容を伝える) tell ㊀ 《過去・過分 told》; (打ち解けて話す・しゃべる) talk ㊁ ㊀; (口に出してしゃべる) speak ㊁ ㊀ 《過去 spoke; 過分 spoken》.
【類義語】「言う」を表すのは *say*, *tell*, *talk*, *speak* の4つが基本的な動詞. 他人に口頭で言ったことをそのまま目的語とするのが **say**. 内容を要約したり立場を変えたりして, 言葉そのものではなく, 内容を伝えることを表す動詞が **tell**. 従って「彼は『そうです』と言った」は He *said* yes. とは言えても He *told* me yes. とは言えず, He *admitted* it. などのようにしなければならないことに注意. くだけた話しぶりや打ち解けた会話を連想させる動詞が **talk**. 特に演説調であったり, 改まって発言したりすることを表すのは **speak**.
語法 他動詞としての say, tell, speak の主要な文型は次の通り. 《☞ 文型 (欄外)》

say
- V+O(語; *that*節; 引用句)
- V+O+*to*+名・代(人)
- V+*to*+名・代+O(*that*節; 引用句)

tell
- V+O(人)+O(語; *to*不定詞; *that*節)
- V+O+*to*+名・代(人)

speak V+O+*to*+名・代(人)

★ なお **talk** は以上の動詞と異なり, 自動詞用法のほうが普通で, talk *about* ... (＝...について話す・言う), talk 「*to* [*with*] *a person* (＝人と話す) などのように前置詞を伴う. ただし, talk English (＝英語を話す), talk nonsense (＝ばかなことを言う) のように, 他動詞用法もある.
¶「放課後プールへ泳ぎに行く」と彼は*言った He *said*, "I'll go swimming in the pool after school." / He *said* that he would go swimming in the pool after school.
「今夜は早く寝ます」と彼女は私に*言った She *said* to me, "I am going to bed early this evening." / She *told* me that she was going to bed early that evening.
彼女は私に「駅で待っていて下さい」と*言った She *said* to me, "Will you meet me at the station?" / She *asked* me to meet her at the station.
彼は「早く来い」と私たちに*言った He *said* to us, "Come quickly!" / He 「*told* [*ordered*] us to come quickly.
「お茶でも飲みませんか」と彼は私に*言った He *said* to me, "Let's have a cup of tea, shall we?" / He *suggested* that we (should) have a cup of tea. 《☞ 提案・勧告の表現 (囲み)》
語法 以上の5例では発話を引用句としてそのままの形で示すときは say を用い, その内容を示す形で表すときはその内容によって tell, ask,

suggest などの動詞を用いてある.《☞ 話法(欄外)》
彼の*言うことはあてにならない You can't believe anything he *says* [séz].
彼女はその件については一言も*言わなかった She didn't *say* a word (about it).
もう少し大きな声で*言って下さい Would you *speak* a little ˹louder [more loudly]? / *Speak* up, please.
本当のことを*言ったほうがいいよ You should ˹*speak* [*tell*] the truth.
この子は生後 11 か月でまだ物が*言えません The baby is 11 months old and can't *talk* yet.
そのニュースは彼女のいるところでは*言わないほうがよい You'd better not *talk about* the news in her presence.
*言うは易く, 行うは難し Easier [More easily] *said* than done.《ことわざ》
彼女は*言うばかりで実行はしない She *is* always *saying*, never doing.
あきれて物が*言えなかった I was left *speechless* in disgust.
2 «言及する»: (言及する) mention ㊀; (あることを引き合いに出して言う) refer to ...
¶ あなたの名前を彼女に*言っておいた I *mentioned* your name to her.
彼女は私の計画については何も*言っていなかった She *made* no *mention* of my plan.
これはあなたのことを*言っているのではないと思う I don't believe (that) this *refers to* you.
3 «表現する»: (表現する) express ㊀; (称する・呼ぶ) call ㊀; (示す・述べる) give ㊀; (言う) say ㊀.《☞ いいあらわす》.
¶ 考えていることをもっとはっきりと*言えるようにしなさい Try to *express* ˹your ideas [yourself] more clearly.
「1 月」を英語では何と*言いますか What's the English for *ichigatsu*? / What do you *call* the first month of the year in English?
これはやや口語的な*言い方です This *expression* is ˹a little [a bit; somewhat] colloquial.
あらすじを英語で*言ってごらんなさい Please *give* the outline in English.
「'Good morning' を日本語で何と*言いますか」「午前 10 時ごろまでは『おはよう』です. それ以後は『こんにちは』です」"How do you *say* 'Good morning' in Japanese?" "*Ohayo*, until about 10 o'clock in the morning. After that it corresponds to *Konnichiwa*."
4 «忠告する・意見を述べる»: (言葉をしゃべる) say ㊀; (...しろと言う) tell ㊀; (意見を言う) speak ㊁, talk ㊁ ★ 後者のほうがより口語的; (忠告する) advise ㊀.
¶「すぐ出かけなさい」と彼は私に*言った He *said* to me, "Start at once." / He ˹*advised* [*told*] me to start at once.《☞ 話法(欄外)》
私の*言うことをよく聞きなさい Please listen to me! [語法] 「...の言うこと」は, このように人称代名詞 1 語で表せばよい. ((例) 私の*言うことが聞こえますか Do you hear *me*?)
今度からは*言われたとおりに致します Next time I'll do as you *advise*.
彼女は私の*言うことをきかない She is disobedient to me. / She is deaf to my *advice*.
この件について彼は何と*言っていますか (⇒ 彼の意見はどうか) What's his *opinion* (˹about [on] it)?
あの子にちょっと*言ってやって下さい. 私の*言うことなんか聞きやしない You must *speak to* the child [The child needs to *be talked to*]; he never listens to a word I *say*.
5 «うわさをする・伝える»: (話題にのせる) speak ˹about [of] ..., talk ˹about [of] ... ★ 後者のほうが口語的; (...について...という) say ... ˹about [of] ... [語法] 以上いずれも前置詞は about のほうが口語的.
¶ 彼はみんなからよく*言われていない He's not *spoken* well *of* by others. [語法] この場合, 前置詞は of で, about は使えない.
彼は新聞紙上でいろいろと*言われている He *is* much ˹*talked* [*written*] *about* in the newspaper.
彼は来年アメリカへ行くと*いうことです (⇒ ...と言われている) *It is said that* he is planning to go to America next year.《☞ It の用法(欄外)》
津和野は日本で一番美しい町(の 1 つ)だと*言われている Tsuwano *is said* to be one of the most beautiful towns in Japan. / They [People] *say* that Tsuwano is one of the most beautiful places in Japan.
私のやり方について人がどう*言おうと平気です I don't care what people *say* ˹*about* [*of*] my way of doing things.
6 «...という» ¶ 田川と*いう小さな村 (⇒ ...と呼ばれている) a small village *called* Tagawa《☞ -という》// 9 時だと*いうのに彼はまだ寝ている It's nine in the morning *and* (*yet*) he's still in bed!《☞ -というのに》

いうまでもない 言うまでもない (もちろんのこと) of course; (言及する必要はないが) needless to say; (...は言うまでもなく) not to ˹speak of [mention] ..., to say nothing of ..., let alone ...《☞ もちろん》.
¶ 勉強が大切なことは*言うまでもない It is *needless to say* that studying is important for you. / You should study, *needless to say*. // 彼女はロンドン, パリは*言うまでもなく, ベルリン, ローマへも行った She has visited Berlin and Rome, ˹*not to speak of* [*to say nothing of*] London and Paris.

いえ 家 ―名 (家屋) house Ⓒ; (家庭) home Ⓒ; (住居用の) dwelling Ⓒ; (事務所などに対して) dwelling ˹house [place] Ⓒ; (住居) residence Ⓒ. ―副 (家に・在宅で) home; (在宅で) at home, in.
【類義語】一般的に建物としての一戸建ての家屋は *house*. 家庭すなわち家族と住んでいる所という意味では *home* を用いる. 従って *home* は必ずしも一戸建ての家とは限らず, アパートでも間借りでもよい. ((例) あのアパートが私たちの*家です Our *home* is in that apartment house.). 日本の公団アパートのような場合には *house* とは言わないことに注意.《米》ではまた *home* を *house* と同義に用いることが多い. これは暖かみ

家・部屋

日本の住居の場合，畳の部屋が居間にもなり，客間や食堂・寝室にもなるというように，1つの部屋が多様な目的に用いられるのが特徴である．しかしトイレと風呂場は普通は別になっている．一方，英米の家屋の場合は，部屋がそれぞれ独立しており，逆にトイレと風呂場が同じ場所に1つになっているのが普通である．

1 一戸建ての家

独立した1戸建ての家は detached [ditǽtʃt] house [C] または independent house [C] である．一方の仕切り壁が隣家と続いている家は semidetached house [C] と言う．このように1棟の家屋に2家族がそれぞれ住めるように仕切られた家をアメリカでは特に duplex (house) [C] と呼んでいる．

平屋は house ⌈of [with] one story [C] または one-storied [one-story] house [C]．2階屋は house ⌈of [with] two stories [C] または two-storied [two-story] house [C]．《英》では story を storey とつづるが story の数え方は英米で違いはない．ただし floor の数え方は英米で異なるから注意を要する．《米》では1階から上へ the first floor, the second floor と数えるが，《英》では1階が the ground floor で，2階が the first floor である．

同じ1つの業者によって建てられた家が建ち並ぶ住宅団地は housing ⌈development [《英》estate] [C] と言う．

¶ 私はアパートでなく*一軒家に住みたい I want to live in ⌈a *house* [a *detached house*; an *independent house*], not an apartment. // 彼は郊外に*2階屋を建てた He built a *two-storied house* in ⌈the suburbs [a suburban neighborhood].

2 アパートとマンション

日本でいう共同集団住宅のアパートは apartment house [C] (《英》block of flat [C]) で，そのうち1世帯が住んでいる部分が apartment [C] (《英》flat [C]) である．ただし apartment が apartment house の意味で用いられることも多い．

アパートにもいろいろな種類がある．スラム街にあるような低級アパートは tenement (house) [C]．エレベーターがなく，歩いて上り下りするアパートをアメリカでは walk-up [C] と呼んでいる．簡易台所 (kitchenette) とバスルーム (bathroom) だけついた1部屋のアパートは efficiency apartment [C] または studio apartment [C]．寝室・居間兼用の1DK程度のアパートを《英》では bed-sitter [C] という．家具付きのアパートは furnished apartment [C]．郊外などにある，周りが芝生や庭園で囲まれた2, 3階のアパートは garden apartment [C]．高層のアパートは high-rise apartment [C]．

[参考] 賃貸アパートの場合，家賃は rent [U]，敷金は deposit [C]，礼金は gift money [U]，key money [U], premium [U]，頭金は down payment [U] という．

日本で高級アパートはマンションと呼んでいるが，英語で mansion [C] といえば個人の大邸宅を指す．いわゆる日本の高級分譲マンションにあたるのは condominium [kɑ̀ndəmíniəm] [C] である． condominium は apartment house の1種であるが，普通は賃貸ではなく所

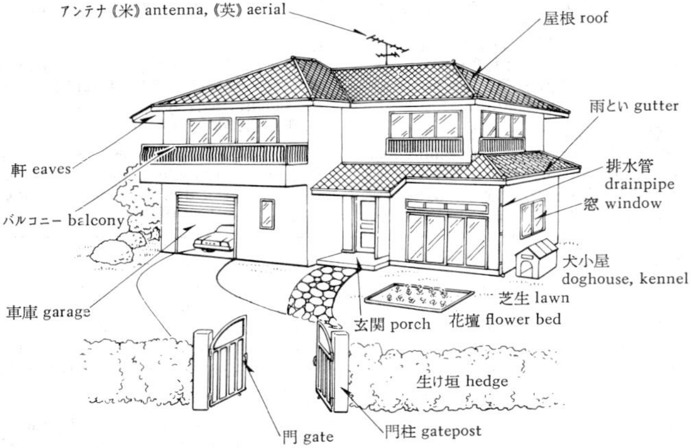

い

有者の不動産であるのが特色.

いわゆる団地は housing ⌈development [《英》 estate] Ⓒ というが, 中・高層住宅が集まっている団地は特に housing complex Ⓒ ともいう.

¶ 彼女は 4 室もある*アパートに住んでいる She lives in a four-room *apartment.* ∥ 私たちの部屋はあの*アパートの 2 階です Our *apartment* is on the second floor of that building.

3　家屋の構造と部屋

2 階屋の場合, 日本では 1 階に風呂場やトイレがあるが, 欧米の場合はしばしばトイレも一緒になった浴室 (bathroom) が 2 階の寝室の近くにあるのが普通である. 従って go upstairs, ascend the stairs といえば「手洗いに行く」ことも意味し, また寝るために「寝室へ行く」ことも意味する.

逆に go downstairs, descend the stairs は朝起きて,「朝食のために下りて行く」の意味になる. なお, 居間・食堂・台所は 1 階にある.

玄関　「入り口」の意味では entrance Ⓒ.「正面のドア」を指すときは the front door. 玄関を入って, ちょっと広くなっている所は (entrance) hall Ⓒ. その hall がそのまま各室に通じているような場合は, 廊下の意味にもなる. 玄関の外側で, ひさし・小屋根のある部分は porch Ⓒ という.

¶ *玄関からお入り下さい Please enter through *the front door.* ∥ 1 人の婦人が*玄関から出てくるのを見た I saw a woman coming out of the *entrance.*

応接間　客を応接するための部屋を parlor (《英》 parlour) Ⓒ または drawing room Ⓒ という. ただし英米ではこれは大邸宅の場合で, 一般の家庭ではこのような部屋を設けず, 居間で客を接待するのが普通. 日本語の応接間に guest room Ⓒ という訳を当てることもできるが, 前述したように英米の一般家庭にはぴったりのものがないのであるから, その辺の食い違いについては結局は生活様式の違いについての説明をしなければ英米人には理解できないであろう.

¶ 彼女は客を*応接間に通した She showed the visitor into the *parlor.*

居間　家族がふだんいる, だんらんの部屋.《米》では living room Ⓒ または family room Ⓒ,《英》では sitting room Ⓒ と呼ぶことが多い. 日本でも客を通すこともあるが, 英米の一般家庭では客間と兼用である. テレビなどは普通この部屋にある. (☞ いま² (挿絵)).

¶ 彼は*居間でテレビを見ている He is watching TV in the *living room.*

茶の間　畳敷きで居間と食事室を兼ね, 寝室になることもあるという日本独特の部屋である. 文字どおりに英訳すれば tea room だが, これは英語では「喫茶店」に相当するものになるので誤解を招く. 従って living room Ⓒ と訳すほうがよい.

¶「お宅の*茶の間は何畳ですか」「6 畳です」"How many mats ⌈does your *living room* have [is your *living room*]?" "It ⌈has [is] six mats."

台所　kitchen Ⓒ. 流し・レンジ・調理台など, 最低必要な設備をコンパクトにまとめた簡易台所は kitchenette Ⓒ といい, アパートなどに多い.

日本では食事室と台所を 1 つの部屋にまとめたものをダイニングキッチン, 居間と台所を 1 つの部屋としたものをリビングキッチンと呼んでいるが, いずれも和製英語. 英語では前者は単に kitchen といえばよく, 後者は kitchen-living room Ⓒ または a living room combined with a kitchen のように説明するしかない.

なお, 2 DK は two rooms plus kitchen. 台所が独立していることを強調するのに広告などではよく separate kitchen などということがある. (☞ 台所・家事 (囲み)).

¶ 彼女は*台所で母親の手伝いをしている She is helping her mother in the *kitchen.*

浴室とトイレ　欧米では普通 bathroom Ⓒ には, 湯ぶね (bathtub), 水洗式の便器 (toilet), 洗面台 (washbowl,《英》 washbasin) が一緒に設備されている. 従ってトイレのことを婉曲的に bathroom ということがある. W.C. は普通使われないし, lavatory Ⓒ も家庭では使わない. 水洗トイレは flush toilet Ⓒ, 水洗でないトイレは cesspool Ⓒ という. (☞ ふろ (挿絵)).

¶「*トイレをお借りできますか」「どうぞ, 廊下を行くと右です」"May I use ⌈your [the] *bathroom*?" "Sure. Just down the hall(,) to the right."　参考　"Where can I *wash my hands*?" または "I want to *wash my hands.*" などという表現は気取りすぎていて, 現在ではあまり用いられない.

その他の部屋　寝室 bedroom Ⓒ; 子供部屋 children's room Ⓒ, nursery Ⓒ; 書斎 study Ⓒ; 食堂 dining room Ⓒ; 小食堂《米》 dinette Ⓒ; 納戸 closet Ⓒ.

対話例

A: *駅の近くに家を探しているんですが*	A: I'm looking for a house in the vicinity of the station.
B: アパートならいいのがあります	B: There is a good apartment.
A: そのアパートはトイレ付きですか	A: Does the apartment have a toilet?
B: ええ, トイレは水洗ですしバスも付いています	B: Yes, it has a flush toilet and a bath, too.
A: 和室と洋室とどちらが好きですか	A: Which do you like better, Japanese-style rooms or Western-style rooms?

B：和室のほうが好きです．特に障子やふすまが	B：I like Japanese-style rooms better, especially those with *shoji* and *fusuma.*

があるということで不動産業者などによって用いられ始めた語法である．個人または家族の住居という意味で **dwelling** を用いるのは事務所や店などと区別した改まった言い方で，法律用語．「住んでいる所」という意味では **residence** を使うことも多い．客観的な感じの言葉なので，会話でも少し改まった言い方の場合には自分の家についても用いる．

¶ 彼らは大きな*家に住んでいる They live in a large *house.*

「あなたの*家はどこですか (⇒ あなたはどこに住んでいるのか)」「桜町 3 丁目です」"Where do you *live?*" "I live in Sakura-machi 3-chome." / "Where is your *home?*" "It's in Sakura-machi 3-chome." [語法] 後者の質問は「あなたの故郷はどこか」の意味にもなるので注意．

その若いカップルは横浜に*家を持った (⇒ 世帯を持った) The young couple ⌈set up *house-keeping* [(⇒ 住居を構えた) took up *residence*] in Yokohama.

彼らはやっと自分たちの*家を持つことができた At last they had their own *house.*

彼は去年*家を新築した He built a new *house* last year. / (⇒ 建ててもらった) He *had* a new house *built* last year. [語法] 最初の文を 2 番目の意味で使うのが普通．

彼は独力でその*家を建てました He built the *house* by himself. [語法] 自分が手を下して建てたのか，自己の資金だけで(親などに面倒を見てもらわずに)建てたのかは前後関係しだいだが，はっきりさせたい場合には，「大工の助けなしに」とか「自己資金で」というような語句を使うべきである．

私は 9 時に*家に着いた I got *home* at nine.

私は 9 時には*家に(帰って)いました I was *home* by nine.

「お父さんは*家にいらっしゃいますか」「はい，おります」"Is your father ⌈*at home* [*in*]?" "Yes, he is."

彼は*家におりません He is not *at home.* / (⇒ 外出しています) He is *out.*

彼らは皆*家へ帰った All of them went *home.*

彼女は毎週 1 回*家へ手紙を書きます She writes *home* once a week.

私たちは 9 時に*家を出た We left *home* at nine.

彼は 15 歳のときに*家を出てしまった When he was fifteen, he ⌈ran away from *home* [left his *family*].

私は 1 週間*家を明けていました I have been away from *home* for a week.

私たちは小川さんから*家を借りています We rent a *house* from Mr. Ogawa. 《☞ かりる》

彼の次男が*家を継いだ (⇒ 家業を引き継いだ) His second son ⌈succeeded to [took over] the *family* business.

その洪水で数百人の人たちが*家を失った Hundreds of people were ⌈made *homeless* during the flood [left *homeless* by the flood].

いえがら 家柄 (家の格) social ⌈standing [status] of a family Ⓤ; (生まれ) birth Ⓤ; (家系) stock Ⓤ. 《☞ うまれ》. ¶ *家柄のよい人たちはその中にほんの少しはいるだろう You will find only a few of high *social standing* among them. // 彼女はよい*家柄の出だ She is *of* gentle *birth.* / She comes from a good ⌈*family* [*stock*].

いえじ 家路 *one's* way home. ¶ 旅人は*家路についた The traveler ⌈made *his way home* [started *for home*]. // 私は*家路を急いでいた I was hurrying ⌈*home* [*homeward*].

イエス キリスト Jesus Christ [dʒíːzəs kráist].

いえで 家出 ― 動 (ひそかに家庭から出る) leave [go away from] home; (逃げうせる) run away from home; (駆け落ちして) elope ㊀. ¶ 近ごろは若い少年少女が簡単に (⇒ 理由もなく) *家出する Recently many young boys and girls *run away from home* for no (apparent) reason.

いえども 雖も ― 接 (…ではあるが) although …, though … ★ 前者のほうが形式ばった語． ― 副 (…でさえも) even. 《☞ とはいえ》.
¶ 彼は老いたりと*いえどもかくしゃくとしている *Although* (he is) old, he is still very much alive. // そんなことは小児(しょうに)と*いえども知っている *Even* a child knows that. ★ even より child を強く発音する．

いえなみ 家並 (家の並び) row of houses Ⓒ.

いえもと 家元 the ⌈head [headmaster] of a school Ⓒ. ¶ 表千家の*家元 *the head of* the Omote-senke *school* of the tea ceremony

いおう 硫黄 sulfur (《英》 sulphur) [sʌ́lfər] Ⓤ《元素記号 S》.

イオン 〘化学〙 ― 名 ion [áiən] Ⓒ. ― 動 (イオン化する) ionize [áiənàiz] ㊍.

いか¹ 以下 **1** «数量»: (未満の) less than …, under …, below … (↔ above …) [語法] 日本語では，例えば「3 以下」は 3 を含むので，英語では not exceeding three または three or less とするのが正確．
¶ その品は千円*以下の価値しかない That article is worth ⌈1,000 yen *or less* [only 1,000 yen *or even less*]. // 5 歳*以下の子供は半額です Children ⌈of five years ⌈*and* [*or*] *under* [*under* six] are allowed at half price. // それは 2 千円*以下では買えまい (⇒ 少なくとも 2 千円はするだろう) It will cost *at least* 2,000 yen. / You can't get it for *less than* 2,000 yen.
2 «程度»: (…より下の[で]) below …, less [lower] than … ¶ 彼の成績は普通*以下です His grades are ⌈*below* [*lower than*] average.

い

// これらは原価*以下で売っております We are selling these ⌈below [at less than] cost.
3 «下記»: the following ★ 単複両扱い; (次の通り) as follows. 《☞ かき³》. ¶ *以下が彼の述べた所です His story [What he said] was *as follows*: / (⇒ 彼は次の通り述べた) He stated *the following*: 《☞ コロン (欄外)》 // *以下次号 To be continued.

いか² 烏賊 (甲いか) cuttlefish Ⓒ《複 ～(es)》; (甲のないもの) squid Ⓒ《複 ～(s)》 参考 英米では普通食べる習慣はない.

いがい¹ 意外 ―形 (思いがけない) unexpected; (驚くべき) surprising; (偶然の) accidental. 《☞ よそうがい; おもいがけない; おもいのほか; あんがい》.
¶ それはまったく*意外なニュースだった It was quite ⌈a *surprising* [an *unexpected*] piece of news. // 彼は*意外に (⇒ 予期されたより) 早く来た He came earlier *than expected*. // あなたにここで会うとはまったく*意外だ (⇒会おうとはまったく予期しなかった) I *never expected to see* you here. / (⇒ ほとんど考えなかった) I *hardly* ⌈*thought* [*imagined*] I would see you here. / (⇒ あなたは私がここで会うと考えた最後の人だ) You are *the last person* I expected to meet here. // 彼女の病気は*意外に軽かった (⇒ 彼女[私]が恐れたより) Her illness was not so serious *as* ⌈*she* [*I*] *had feared*.

いがい² 遺骸 (死体·遺体) (dead) body Ⓒ; (人間の) corpse Ⓒ. 《☞ したい¹ (類義語)》.

-いがい …以外 (…を除いて) except …, but … 語法 except のほうが一般的で, but より意味が強い; (…に加えて) in addition to …, besides …; (…のほかに) other than …
¶ 日曜*以外ならいつでもお会いできます I can see you anytime *except* (on) Sundays. // このことは私*以外だれも知らない Nobody knows this *but* me. // これ*以外に何か持って行くものはないのですか Aren't you going to take anything ⌈*other than* [*besides*] this? // 彼女は小説*以外に随筆も書く She writes essays *in addition to* novels.

いかが 如何 (どんなふう[具合]で) how; (どんなもの[こと]) what. 《☞ どう¹》.
¶「ご機嫌*いかがですか」「おかげさまで, 元気です」"*How are you* (⌈*getting along* [*doing*])?" "Fine(, thank you)." 《☞ あいさつ (囲み)》
近ごろご商売は*いかがですか *How*'s your business (⌈doing [going]) these days? / *How* ⌈are things [is everything] with you these days?
「お茶は*いかがですか」「ええ, いただきます」"*Would you like* [*Won't you have*] a cup of tea?" "Yes, please." ★ 最初の言い方のほうが丁寧. 《☞ 提案·勧告の表現 (囲み)》
こちらは*いかがでございますか《店員の言葉》*How about* this one, ⌈sir [ma'am]? 《☞ 買い物 (囲み)》
「東京は*いかがですか (⇒気に入りましたか)」「とても気に入りました」"*How* do you like Tokyo?" "I like it very much."
この本についてのご意見は*いかがですか *What* is your opinion of this book? / (⇒ この本についてどうお考えですか) *What* do you think of this book? ★ 後者のほうがくだけた言い方.
「あすの午前 10 時は*いかがですか」「結構です」"*How about* 10 o'clock tomorrow morning?" "That's all right (with me). / O.K."

いかがわしい ―形 (人物·行動·性格などが怪しげな) questionable, dubious; (本などがわいせつな) pornographic. 《☞ うたがわしい; みだらな》.

いかく 威嚇 ―名 (おどし) threat [θrét] Ⓒ. ―動 threaten [θrétn] ㊀. ―形 (脅迫の) threatening; (警告の) warning. 《☞ おどす》.
¶ 私は彼の*威嚇に屈しなかった I didn't yield to his *threats*. // 警官は*威嚇射撃をした The policeman fired ⌈a *warning* shot [*warning* shots].

いがく 医学 ―名 (医学·医術·医療) medicine Ⓤ; (医学) medical science Ⓤ. ―形 medical. ¶ 彼はベルリン大学で*医学を修めた He studied *medicine* at Berlin University.
医学界 medical circles ★ 複数形で. **医学生** medical student Ⓒ **医学博士** (人) doctor of medicine Ⓒ; (学位) Doctor of Medicine《略 M.D., D.M.》 **医学部** the ⌈school [college] of medicine, the medical ⌈school [college], 《英》 the faculty of medicine ★以上のほかに大学によっては英米ともに department も用いられる. 《☞ がくぶ (類義語)》.

いかくちょう 胃拡張 gastric ⌈dilatation [dilation] Ⓤ, dilatation [dilation] of the stomach Ⓤ.

いがぐりあたま いがぐり頭 close-cropped hair Ⓤ.

いかさま (本物でない物·人) fake [féik] Ⓒ; (まやかしの行為) imposture Ⓒ; (ごまかしを言う人, またはその話) humbug Ⓒ; (偽物) counterfeit [káuntəfìt] Ⓒ; (詐欺行為) fraud Ⓒ 語法「偽物」という意味で, 最も平易で一般的な語は fake. fraud ほど強い意味はない. imposture, counterfeit は改まった言葉. humbug は実物以上に見せようとするごまかしをいう口語的な語. 《☞ にせ; いんちき; ぺてん》.
¶ 彼の買ったレンブラントの作品は*いかさまだった The work of Rembrandt he bought turned out to be ⌈a *fake* [a *counterfeit*; an *imposture*].
いかさま師 impostor Ⓒ, fake(r) Ⓒ, cheat(er) Ⓒ.

いかす 生かす **1** «生かしておく»: (生きた状態にしておく) keep … alive; (生きていることを許す) allow … to live; (殺さないでおく) spare ㊀.
¶ どうぞ私を*生かしておいて下さい. きっとお役に立ちます Do ⌈*spare my life* [*let* me *live*; *allow* me *to live*]. I'll do my best to serve you. // 彼を*生かすも殺すもあなたの胸ひとつだ (⇒ 彼の生命は完全にあなたの手中にある) His life is entirely *in your hands*.
2 «活用する»: make the ⌈most [best use] of …. 《☞ かつよう》.
¶ あなたの英語の知識を*生かしなさい *Make the best use of* your knowledge of English.

// 自分の才能を*生かすよう (⇒ 十分に伸ばすよう) 努めなさい Try to *develop* your talents *to the fullest.* // 彼は自分の経験を*生かした (⇒ 実地に利用した) He *put* his experience *to practical use.*

いかすい 胃下垂 gastroptosis [gæ̀strɑptóusis] Ⓤ.

いかだ 筏 raft Ⓒ.

いがた 鋳型 mold (《英》 mould) Ⓒ, cast Ⓒ; (活字の) matrix Ⓒ; (打ち(抜き)型) die Ⓒ. 《☞ ちゅうぞう》.

いかだいがく 医科大学 medical ˹school [college] Ⓒ 《☞ だいがく》.

いカタル 胃カタル catarrh [kətɑ́ːɚ] of the stomach Ⓤ, gastric catarrh Ⓤ.

いかつい ―形 (厳しい) stern; (いかめしい) grim; (角張った) square. 《☞ いかめしい》.
¶ *いかつい顔つき a ˹*stern* [*grim*] look // *いかつい肩 *square* shoulders

いかなる 如何なる any; every. 《☞ どんな》.

いかに 如何に **1** «どのように»: how ★「程度」「疑問」を表す. 《☞ どんなに》.
¶ 近くへ行ってみればそれが*いかに大きいかわかります When you get nearer, you will realize *how* big it is. // *いかに生くべきかよりも*いかに死すべきかのほうがずっと難しい *How to* die is much more difficult than *how* to live.
2 «譲歩»: (どんなに…しても) however …, no matter how … 《☞ いくら; どんなに; 譲歩の表現 (囲み)》.

いかにも ¶ 彼女は*いかにも (⇒ とても) 悲しそうな顔をしていた She looked *very* sad. 《☞ さも》 // 彼は*いかにも物知り顔に話した (⇒ あたかも何でも知っているかのように話した) He talked ˹*as if* he knew everything [(⇒ たいへん物知り顔で) *quite* knowingly]. // *いかにも (⇒ 非常に) ありそうなことだ It is *most* likely.

いかほど (数) how many …; (量) how much … 《☞ いくら》.

いがみあう いがみ合う (口論する) quarrel ㊀; (仲が悪い) be on bad terms (with …). 《☞ いいあらそう; けんか》.

いかめしい 厳めしい ―形 (威厳がある) dignified; ((大きさ・立派さで)目立つ) imposing; (厳しい) stern; (厳格な) severe; (重々しい・まじめな) grave. 《☞ いげん; おごそか》. ¶ 祖父は*いかめしい顔つきの人だった My grandfather had a ˹*stern* [*grave*] look about him.

いがらっぽい (ひりひりする) irritating; (かゆい) itchy. ¶ 煙でのどが*いがらっぽくなった The smoke *irritated* my throat.

いかり¹ 怒り (一般的な腹立ち) anger Ⓤ; (激しい怒り) rage Ⓤ [語法] in a rage, into a rage は成句として a を付けて用いられる; (不正などに対する憤り・義憤) indignation Ⓤ. 《☞ おこる¹; 感情の表現 (囲み)》.
¶ 私はやっとのことで*怒りを抑えた I managed to ˹control [repress] my *anger*. // それを見て思わず*怒りがこみ上げた I was filled with *anger* at the sight. / It drove me into a *rage*. // 彼は*怒りにまかせて彼女の顔を殴った He hit her in the face in a fit of *anger*.

いかり² 錨 anchor [ǽŋkɚ] Ⓒ ★ 以下の用例にある表現は慣用的で無冠詞.
¶ 船は入り江に*錨を降ろした The ship ˹dropped [cast] *anchor* in the bay. / The ship *anchored* in the bay. // 私たちの船は横浜に*錨を降ろしている Our ship ˹*is anchored* [*lies at anchor*; *is at anchor*] at Yokohama. // もうすぐ*錨を上げるだろう It will soon be time to ˹weigh [raise (the); pull up (the)] *anchor*.

いかる 怒る (腹を立てる) get [become; be] angry (with *a person*; at …) 《☞ おこる¹; いかり¹》.

いかれた (頭が) crazy; (軽率な・軽々しい) flippant. ¶ 彼はだいぶ(頭が)*いかれている He is *crazy*. / 彼は*いかれた男だ (⇒ 軽薄な) He is *flippant*. / (⇒ 不良だ) He is a *hooligan*.

いかん¹ 遺憾 ―形 (残念な) regrettable; (嘆かわしい) deplorable; (不満足な) unsatisfactory. ―名 (残念) regret Ⓤ. ―動 regret ㊉. 《☞ ざんねん》.
¶ *遺憾ながら (⇒ そう言うのは残念なのですが) それは事実です I ˹*regret* [*am sorry*] to say it is true. / *To my regret*, it is true. // あなたがその機会を逃したのは*遺憾である It is ˹*regrettable* [to *be regretted*] that you missed the chance. // 彼は*遺憾の意を表した He expressed his *regret*. // その結果はどうも*遺憾だ I find the results *unsatisfactory*.

いかん² 移管 ―動 transfer [trænsfɚ́ː] (the management of …) 《☞ うつす¹ (類義語)》.
¶ その件は建築局に*移管されました That case *has been transferred to the* ˹*control* [*authority*] of the construction bureau.

いがん 胃癌 stomach [gastric] cancer Ⓒ ★ gastric は「胃の」という改まった語; cancer of the stomach Ⓒ. 《☞ がん¹》.

いかんなく 遺憾なく ―副 (十分に) fully, to the full, thoroughly ★ 最初の 2 つがより一般的; (完全に) perfectly; (満足ゆくまで) satisfactorily. ¶ 彼女は才能を*遺憾なく (⇒ 存分に) 発揮した She displayed her abilities *to the full*.

いき¹ 息 ―名 (息) breath [bréθ] Ⓤ; (呼吸) breathing [bríːðiŋ] Ⓤ. ―動 (息をする) breathe [bríːð] ㊀; (息を吸い込む) take in ˹breath [air], inhale ㊀ ★ 後者は少し改まった言い方; (息を吐き出す) breathe out ㊀, exhale ㊀ ★ 前者のほうが口語的.
¶ *息ができない I can't *breathe*.
*息が苦しい (⇒ 窒息しそうだ) I'*m choking*. / (⇒ほとんど息ができない) I can hardly *breathe*.
彼は*息がくさい He has ˹bad [foul] *breath*.
ちょっと*息を止めて Hold your *breath* [Stop *breathing*] for a second.
深く*息を吸い, 次に吐き出しなさい *Breathe in* [*Take in breath*; *Inhale*] deeply, and then ˹breathe out [exhale].
私は*息を殺して待った I *held my breath* and waited. / I waited *with bated breath*.
[語法] hold *one's* breath は驚きや不安などで「かたずを飲む」の意味になることがしばしばある. 獲物などを待ち伏せして息を殺すのは with bated breath で, bate は「減らす・弱める」の意.

い

その光景に私は思わず*息を飲んだ (⇒ その光景が私の息を持ち去った) The scene *took my breath away.*
彼は*息を切らして (⇒ あえぎながら) 走り続けた He kept running 「*gasping* [*panting*] *for breath.*
おぼれかけた人は幸い*息を吹き返した The man who was nearly drowned fortunately 「began to *breathe* [*came to* (*life*)].
病人は昨夜*息を引き取った (⇒ 死んだ) The patient 「*died* [*breathed his last*] last night.
この部屋は*息が詰まりそうだ (⇒ 風通しが悪い) This room is very *stuffy.*

いき² 粋 ―形 (シックな) chic [ʃíːk] ★ 主として女性に用いる; (流行の・しゃれた) stylish, fashionable. 《☞ しゃれた; あかぬけた》. ¶ 彼女はいつも*粋ななりをしている She is always 「*stylishly* dressed [dressed *in style*]. / She always wears *fashionable* clothes.

いき³ 生き **生きがよい** ―形 (新鮮な) fresh. ¶ この魚はとても*生きがよい[悪い] This fish is 「quite *fresh* [not *fresh*].

いき⁴ 意気 **意気があがる, 意気揚揚** ¶ 我々の*意気は大いにあがった[我々は*意気揚揚だった] We *were* 「*in high spirits* [*elated*]. ★ [ ] 内はやや改まった語. 《☞ きせい³》
意気消沈 ¶ 失敗して私たちは*意気消沈している We *are* 「*depressed* [*in low spirits*] due to our failure. / We have lost 「*heart* [*courage*] because of the failure.
意気投合 ¶ 私と健一は*意気投合した I have found a *congenial spirit in* Kenichi.

いぎ¹ 意義 **1** 《意味》: (言葉の) meaning Ⓒ ★ 最も一般的; (たくさんある意味のうちの 1 つ) sense Ⓒ. 《☞ いみ (類義語)》.
2 《価値》 ―名 meaning Ⓤ, significance Ⓤ 語法 以上 2 語はほぼ同意で用いられることもあるが, 前者が「意味」を表す一般的な語であるのに対して, 後者はある言葉や事実に含まれる隠された意味というニュアンスがあり, さらに「重要性・重大さ」の意味でも用いられる. ―形 meaningful, significant; (…の価値がある) worth 語法 この語は後に動名詞形の目的語をとる. 《☞ いみ》.
¶ 彼の生涯は*意義 (⇒ 価値) のあるものだった His was a life *worth* living. / (⇒ 立派に生きた生涯だった) His was a *well-spent* life. ∥ 人生の*意義とは何だろうか What is the 「*meaning* [*significance*] of life?

いぎ² 異議 (反対意見) objection Ⓒ; (異議の申し立て) protest Ⓒ; (不賛成) dissent Ⓤ. ¶《会議で》*異議あり *Objection*! ∥ *異議なし No *objection*! ∥《議長が》*異議ありませんか. *異議なしと認めます Does anyone have any *objection*? I see no *objection.* ∥《裁判長が》*異議の申し立てを認めます[却下します] *Objection* 「sustained [overruled]. ∥ 私はその案に何の*異議もない I have no *objection* to the plan. / I have *nothing to say against* the plan. ★ 後者のほうがより口語的. ∥ 彼はそれに対し*異議を申し立てた He 「*protested against* [*raised an objection to*] it.

いぎ³ 威儀 ―名 (威儀・威厳) dignity Ⓤ; (厳粛さ) solemnity Ⓤ. ―形 (威儀のある) dignified, solemn. ¶ 人々は*威儀を正して式に参列した The people attended the ceremony in *a* 「*dignified* [*solemn*] *manner.*

いきあたりばったり 行き当たりばったり ―形 (偶然の) haphazard; (のるかそるかの) hit-or-miss; (のんきな) happy-go-lucky. ―副 (でたらめに) at random; haphazardly. 《☞ でたとこしょうぶ》.
¶ 彼はすべて*行き当たりばったりだ (⇒ 彼はすべてを行き当たりばったりなやり方でする) He does everything 「*in a haphazard way* [*haphazardly*; *at random*]. / (⇒ すべてを運にまかせる) He leaves everything *to chance.* / (⇒ のるかそるかのやり方をする) He 「uses [follows] a *hit-or-miss method.* / (⇒ のんきだ) He is *happy-go-lucky.*

いきいき 生き生き ―形 (新鮮な) fresh; (生命にあふれた) full of life; (元気な) lively, animated; (生気にあふれた・描写が真に迫った) vivid. 《☞ げんき; あざやか》.
¶ 春には草木は特に*生き生きとしている In spring, plants are especially 「*fresh and vivid* [*full of life*]. ∥ あの子供の*生き生きとした (⇒ 輝く) 目をごらんなさい Look at the *bright* eyes of that child. ∥ 彼女は*生き生きとした表現でその光景を描写した She described the scene using *vivid* expressions.

いきうつし 生き写し (そっくり) close [klóus] resemblance Ⓒ; (生き写しの人) double Ⓒ, counterpart Ⓒ ★ 前者のほうが口語的な語.
¶ 彼女は母親に*生き写しだ She looks 「*just* [*exactly*] *like* her mother. / She bears a *close resemblance* to her mother. / She is *a perfect* 「*counterpart* [*double*] of her mother. / She is *the living image of* her mother. 語法 第 1 文と第 4 文が第 2 文と第 3 文より口語的. ただし, 以上は表現の仕方の違いで, 相互の間に大差はない.

いきうめ 生き埋め ―動 (生き埋めにする) bury ... alive. ¶ 彼は泥で*生き埋めになった He *was buried alive* in the mud.

いきおい 勢い **1** 《力・活気・権力》 ―名 (動作や物理的な動きなどの) force Ⓒ; (大きな力) might Ⓤ; (活気) vigor (《英》 vigour) Ⓤ; (元気) energy Ⓤ; (影響力) influence Ⓤ. ―形 (力がある・強い) forceful; (活気にあふれた) vigorous; (元気のよい・精力的な) energetic. ―副 forcefully; vigorously; energetically.
¶ 風の*勢い (⇒ 風力) the *force* of the wind ∥ 彼はすごい*勢いでそれをやった He did it 「with all his *might* [very *energetically*]. ∥ 彼の筆の*勢いは少しも衰えていない (⇒ 彼の力強い文体は変わっていない) His *vigorous* style has not changed. ∥ 彼の*勢いには圧倒される We are overwhelmed by his 「*energy* [*vigor*]. ∥ 彼は酒の*勢いで (⇒ 酒の影響で) その男をののしった He abused the man *under the influence of* alcohol.
2 《成り行き》 ―名 ((物事の)過程) course of things Ⓤ. ―副 (…しているうちに) in the

course of ...;(成り行きとして) consequently;(必然的に) necessarily;(自然に) naturally, as a (natural) ｢result [consequence].

¶ *勢い議論がその問題になったのだ (⇒ 討論の過程で我々はその問題に直面した) We faced the problem *in the course of* discussion. // *勢いそうならざるを得ない It must ｢*necessarily* [*needs*] be so. / It can't be helped *as a* (*natural*) ｢*result* [*consequence*].

いきおいこむ 勢い込む —副 (勢い込んで) with vigor;(張り切って) with enthusiasm. 《☞ いきごむ;はりきる》. ¶ 一同 *勢い込んで仕事にかかった They all set to work *with enthusiasm and vigor.* ★ このように強意的に enthusiasm と vigor を 2 つ並べて用いることがある.

いきがい 生きがい ¶ 私は*生きがいのある生活がしたい (⇒ 生きる値打ちのある生活) I want to lead a ｢life *worth living* [(⇒ 役に立つ) *useful* life]. / (⇒ はっきりした人生の目的を持って) I want to live with a definite aim (in life). // 私には*生きがいがない I have nothing *to live for*.

いきかえる 生き返る revive [riváiv] ㊀ ㊉;(爽快な気分になる) feel refreshed. ¶ 雨で枯れかけた草木が*生き返った (⇒ 雨が枯れかけた木を生き返らせた) The rain *revived* the withered plants. // 人工呼吸をしなさい. *生き返る可能性はある Try artificial respiration. He may *revive*. // ひと風呂浴びて*生き返ったようだ (⇒ 爽快に感じる) I *feel refreshed* after taking a bath.

いきがかり 行き掛かり (事情) circumstances ★ 通例複数形で. ¶ *行き掛かりで仕事を引き受けた (⇒ その状況が私に...させた) *Circumstances* ｢forced [compelled] me to accept the work. / I was compelled to accept the work *by* (*sheer*) *force of circumstances*.

いきき 行き来 —名 (往来) coming and going Ⓤ;(交通) traffic Ⓤ;(交際) association Ⓤ. —動 (行ったり来たり, 出たり入ったりする) come and go ㊀;(行き来する) go back and forth;(交友関係を持つ) have friendly relations (with ...);(交際する) associate (with ...) ㊀, keep company (with ...). 《☞ こうさい[1]》.

¶ 彼女は図書館と教室の間を毎日何度も*行き来した She ｢*walked* [*went*] *back and forth* between the classroom and the library many times every day. // 私はあの人とはもう*行き来していない (⇒ 友好関係は持っていない) I no longer *have friendly relations with* that person.

いきぎれ 息切れ —動 (息が切れる) run [get] out of breath;(息切れしている) be short of breath. 《☞ いき[1]》. ¶ 私は長い階段を上ると*息切れする I ｢*run* [*get*] *out of breath* when I go up a long staircase.

いきぐるしい 息苦しい —形 (息が詰まる) choking;(窒息しそうな・させるような) suffocating ★ choking より少し改まった言葉;(部屋など, 風通しが悪い) stuffy, close.

¶ たばこの煙で*息苦しかった I *was choking* with cigarette smoke. // *息苦しいほどの暑さで私はくたびれきった I was exhausted by the *suffocating* heat. // 人が多すぎてこの部屋は*息苦しい This room is ｢*stuffy* [*close*] as there are too many people (in it).

いきごみ 意気込み (燃えるような熱意) ardor (《英》 ardour) Ⓤ;(強い関心を示して熱中すること) enthusiasm Ⓤ. 《☞ きはく[1]》.

¶ あの*意気込みで続ければ成功疑いなしだ He will certainly succeed if he keeps on going with that ｢*enthusiasm* [*ardor*]. // すさまじい*意気込みで彼女は勉強にとりかかった She started to study with ｢*great enthusiasm* [*a great deal of ardor*].

いきごむ 意気込む (一心である) be intent (on ...ing);(しきりに...したがる) be eager (to *do*). 《☞ いきおいこむ;はりきる》.

¶ 彼は非常に*意気込んで (⇒ 非常な期待をもって) その地位についた He took the position with ｢*great expectations* [*high hopes*]. // 始めからうまくやろうと*意気込むな. のんびりやりなさい Don't *be* too *intent on* succeeding from the beginning. You'd better relax.

いきさつ (状況・事情) circumstances ★ 複数形で;(細かな経緯) details ★ 複数形で;(理由) reason Ⓒ;why ★ 後者は「なぜ...なのかという理由」という意味で, 口語的な用法. 《☞ けいい[2];じじょう[1]》.

¶ *いきさつは知らないが, 彼は仕事をやめたそうだ I hear he has quit the job, but I don't know ｢the *details* [the *circumstances*;(⇒ 何が起こったのか) *what happened*;(⇒ どうしてそうなったのか) *how it came about*; *why*].

いきじびき 生き字引 (歩く辞書・百科辞典) walking ｢dictionary [encyclopedia] Ⓒ.

いきせききる 息せき切る (はあはあとあえぐ) pant (for breath) ㊀, gasp ㊀ [語 法] 以上 2 つはほぼ同意だが, gasp は驚いてはっと息をのむようなときにも使う;(息切れする) be out of breath. 《☞ いきぎれ》. ¶ 彼らは*息せき切って走った While running hard, they *were* ｢*panting* [*gasping*; *out of breath*].

いきた 生きた —形 live [láiv], living, alive [語 法] live は限定的に a *live* fish のようにのみ用いられる. 述語的な形容詞は alive で, The fish is *alive*. となる. living は両方に用いられ, 特に「存命して生活している」の意味に用いられる. 《☞ 形容詞の 2 用法 (欄外)》.

¶ 私は*生きたえびを買った I bought ｢*live* prawns [prawns (which were) still *alive*]. // 子供は人形に*生きた人に話すように話しかけた The child talked to the doll as if to a *living* person.

いきづまる 息詰まる —形 (緊張して一瞬息を飲むような) breath-taking;(わくわくさせる) thrilling;(圧迫感で気の重くなるような) oppressive. 《☞ いき[1]》.

¶ *息詰まるような試合 [ゴール前の力走] だった It was a ｢*thrilling* game [*breath-taking* finish]. [語 法] breath-taking は長時間の継続を表す名詞には使えない. // *息詰まるような沈黙があるのみだった There was only an

い

oppressive silence there.

いきどおり 憤り (怒り) anger Ⓤ; (特に不正などに対する憤り) indignation Ⓤ. 《☞ ぎふん; いかり[1]》. ¶ 我々は自然環境の破壊に*憤りをおぼえる We feel strong *indignation* over the destruction of the natural environment.

いきどおる 憤る be ˹angry [enraged] (at …; with …) ★ [ ] 内は形式ばった語; (特に不正などに義憤を感じる) be indignant (at …; with …). 《☞ ぎふん; おこる[1]》. ¶ 私たちはその不正に*憤った We *were* ˹*angry* [*enraged*; *indignant*] *at* the injustice.

いきながらえる 生き長らえる (生き続ける) live ˹on [long] ⓐ; (生き残る) survive ⓣ ⓐ; (命拾いする) escape death. 《☞ いきのびる; いきのこる; いきぬく》.

いきなり ―副 (突然) suddenly, all of a sudden ★ 後者のほうが意味が強い; (不意に) abruptly ★ 唐突であることを強調する語; (予告なしに) without ˹warning [notice]. 《☞ とつぜん; だしぬけ; きゅう[1]》.
¶ *いきなり数匹の狼が彼を取り巻いた *Suddenly* [*All of a sudden*] he found himself surrounded by several wolves. // 先生は*いきなり (⇒ 予告なしに) 試験をした Our teacher gave us a test *without* ˹*notice* [*warning*].

いきぬき 息抜き (休息) rest Ⓤ; (息つく暇) time to rest Ⓤ; (気分転換) recreation Ⓤ; (くつろぎ) relaxation Ⓤ. 《☞ きばらし》.
¶ 私のほしいのは*息抜きなのです What I want is ˹*rest* [*time to rest*]. // 彼は*息抜きのために散歩に出かけた He went for a walk for ˹*relaxation* [*recreation*].

いきぬく 生き抜く live through …; (生き残る) survive ⓣ ⓐ. 《☞ いきのこる; いきのびる》. ¶ 彼らはその困難な時代を忍耐を持って*生き抜いた They *lived through* that difficult period with patience.

いきのこる 生き残る (危険などを切り抜けて) survive ⓣ ⓐ 《☞ いきのびる; いきながらえる》.
¶ 彼は*生き残った数人の1人だった He was one of the few ˹*survivors* [*who survived*]. // この不況の中で, いくつ会社が*生き残れるだろうか I wonder how many companies can *survive* this depression.

いきのびる 生き延びる (生き残る) survive ⓣ ⓐ; (…より長生きする) outlive ⓣ; (命拾いする) escape death. 《☞ いきのこる; ながいき》.
¶ 彼は同じ仲間より*生き延びた He *outlived* his colleagues. // 大火事の時に, とにかく逃げて*生き延びられたのは幸せだった It was lucky that we somehow *escaped death* in that big fire.

いきまく 息巻く (まくしたてる) rattle off ⓣ; (猛烈に論じる) argue furiously ⓐ ⓣ; (…すると脅す) threaten (to *do*). ¶ 彼は復讐するぞと*息巻いた He *threatened* to get revenge.

いきもの 生き物 living ˹thing [being] Ⓒ, (living) creature Ⓒ. 《☞ せいぶつ[1]; どうぶつ》.
¶ *生き物をむやみに殺してはならない You should not kill a *living* ˹*thing* [*creature*] thoughtlessly. // 言葉は*生き物だ (⇒ 生命がある) Language has *life*. / (⇒ 生き物のようだ) Language is like a *living being*.

いきょう[1] 異郷 (見知らぬ土地) strange land Ⓒ; (外国) foreign ˹country [land] Ⓒ. 《☞ がいこく》.

いきょう[2] 異教 ―名 (異なった宗教) different religion Ⓒ; (キリスト教から見た異端) heresy Ⓒ; (キリスト教・ユダヤ教・イスラム教のいずれも信じないこと) heathenism Ⓤ, paganism Ⓤ [語法] heathenism は未開の土地などの偶像崇拝などを指すことが多く, paganism はキリスト教布教以前の多神教を指すことが多い. ―形 heathen, pagan; heretical.
異教徒 pagan Ⓒ, heathen Ⓒ; heretic Ⓒ.

いぎょう 偉業 great work Ⓤ, great achievement Ⓒ.

イギリス ―名 固 (国名の略称) Britain; (英国の正式国家名) the United Kingdom (of Great Britain and Northern Ireland); England [参考] England は英国の南部地区の名称で, かつてはイギリスを指すのに使われたが, 現在ではだんだん使われなくなりつつある.
―形 (英国の・英国人の) British; English [参考] England の形容詞だが, イギリス全体を指す形容詞としてはだんだん使われなくなりつつある. 《☞ えいこく [参考]》.
イギリス英語 British English 《☞ アメリカ英語とイギリス英語 (欄外)》 **イギリス海峡** the English Channel **イギリス人** (イングランド人・英国人) Englishman Ⓒ 《複 -men》, (女) Englishwoman Ⓒ 《複 -women [-wìmin]》; (ブリテン島の人) Briton Ⓒ ★ やや文語的; (総称) the British, the English ★ 以上2つは複数扱い. [参考] 「彼はイギリス人だ」は最も普通には He is British. あるいは He is from Britain. と言う. 従来から Englishman, Englishwoman がイギリス人の代表とされてきたが, この言い方にはスコットランド人やアイルランド人が含まれていないという認識が一般的になっている. 《☞ えいこく [参考]》 **イギリス連邦** the (British) Commonwealth of Nations.

いきりたつ いきり立つ (たいへん怒る) get very angry; (かんかんに怒っている) be furious. 《☞ げきど; おこる[1]》.

いきる 生きる **1** «生物が»: (生存する) live [lív] ⓐ (↔ die); (生きている) be alive [əláiv] (↔ be dead). [語法] 「生きている」を表す 形 は述語的に用いられるのは alive, 限定的には live [láiv], living は両方に用いられる. 《☞ 形容詞の2用法 (欄外); いきた》.
¶ 我々は*生きるために働かなければならない We have to work to *live*. // あなたは何のために*生きているのですか What do you *live* for? // 彼はまだ*生きている He is still *alive*. / (⇒ 息をしている) He is still breathing. // 私は90歳まで*生きるつもりだ I will *live* to be ninety. // 水だけでは*生きていけない We can't *live on* water alone. // これは私にとっては*生きるか死ぬかの問題です It's a matter of *life* and death ˹for [to] me. // *生きている間にもう一度彼女に会いたい I want to see her again in my *life*.
2 «生物以外のものが»: (効力をもつ) be good;

(働きをもつ) be operative；(生命を与えられる) be brought to life.

¶ この交通規則はまだ*生きている This traffic regulation *is* still *good*. // この文の中ではこの単語が*生きている In this sentence this is the *operative* word. // 対話形式にすると例文が*生きてくる Presented in the dialogue form, the example sentences *are brought to life*.

いきわかれ 生き別れ lifelong ⌈parting [separation] Ⓤ. ¶ 父と子はそれぞれ*生き別れになってしまった(⇒別れて一生会うことがなかった) The father and the son *parted never to see each other for* ⌈*ever* [*life*].

いく 行く go ㊍《過去 went；過分 gone》《☞ ゆく》.

いくえいかい 育英会 scholarship ⌈society [association；foundation] Ⓒ. ¶ 彼女は*育英会から奨学金をもらっている She receives a scholarship from the *Japan Scholarship Society*.

いくえいしきん 育英資金 scholarship Ⓒ《☞ しょうがくきん》.

いくさ 戦 (大規模な) war Ⓤ ★ 個々の戦争を意味するときは Ⓒ；(一回限りの局地戦) battle Ⓒ ★ 戦争という意味では Ⓤ.《☞ たたかい；せんそう[1] (類義語)》.

いくじ[1] 育児 ━動 (子供を育て上げる) rear a child, bring up a child；(職業として) nurse ㊎；(子供の世話をする) take care of a child. ¶ *育児には暇がかかる It takes time to *take care of children*. / *Taking care of children* requires time. // ここには*育児室があります We have a *nursery* here.

いくじ[2] 意気地 **意気地がない** ━形 (臆病な)《口語》 chickenhearted, cowardly；(引っ込み思案の) timid. ¶ 彼は*意気地がない He is ⌈*chickenhearted* [*cowardly*；*timid*]. **意気地なし** (臆病者) coward Ⓒ；(弱虫)《俗語》 milksop Ⓒ.《☞ よわむし》.

いくせい 育成 ━動 (訓練する) train ㊎；(教育する) educate ㊎.《☞ ようせい[2]》.

いくつ 幾つ (どれほどの数) how many；(何歳) how old 語法 how many は後に名詞を伴うときは複数形がくる. 前後関係で明瞭なら名詞を付けないで単独でも用いられる. また日本語では「幾つ」のほかに物の種類によって,「何冊の」「何本の」「何枚の」などいろいろな言い方をするが, 英語では数に関する限りすべて how many が用いられる.《☞ 数の数え方 (囲み)》.

¶「りんごは箱の中に*幾つありますか」「30 あります」"*How many* apples are there in the box?" "Thirty." //「坊ちゃんは*幾つにおなりですか」「5 歳です」"*How old* is your son?" "He's five." // *幾つでも, お好きなだけお取りなさい Please take *as many as* you like. // *幾つも (⇒たくさんは) いりません. 少しでよいのです I don't want *many*. Just a few will do.

いくつか 幾つか some；several；a few；a number of ...

【類義語】ごく軽い意味で, 特に日本語で「幾つかの」というほどでないときでも複数名詞に冠詞がわりに添える言葉が **some** で, 日本語で「幾つかの」としない場合でも付けることが多いことに注意. 5 つ, 6 つ, またときには 7 つ, 8 つぐらいの数を表すのが **several**.「2 つか 3 つ」という割に少ない数を意味するのが **a few** であるが, この言葉は, 特に数の厳密な限定のないときに,「幾つかある」「少しはある」というように「ある」ということを積極的に言うときに使われる. ((例) この作文には*幾つか間違いがある There are *a few* mistakes in this composition.). 逆にほとんどないことを強調するのが few である. 日本語の「若干の」, ときには「かなりの数の」に当たるのが **a number of...** なお, 日本語では「幾つかの」のほかに「何軒かの」「何冊かの」「何本かの」「幾人かの」など人や物の種類によっていろいろな言い方があるが, 英語ではこれらは数に関する限りすべて以上の言い方が用いられる.《☞ 数の数え方 (囲み)；たしょう (類義語)》

¶ 食卓の上に(*幾つかの)りんごがある There are *some* apples on the table. // ここに*幾つか似た例がある Here are ⌈*some* [*a few*] similar examples. // *幾つかの点で私は彼と意見を異にする I disagree with him in *several* respects.

いくど 幾度 (どのくらいの回数) how often, how many times.《☞ なんかい[1]》. ¶「そこには*幾度行きましたか」「8 回です」"*How often* [*How many times*] have you been there?" "Eight times." // 1 週間に*幾度電話をかけますか *How many times* a week do you make a phone call? 語法 How often a week ...? とは言わない.

いくどうおん 異口同音 ━副 (口々に声をそろえて) with one voice, in unison, in chorus；(満場一致で) unanimously. ¶ 彼らは*異口同音に「そうだ」と言った They all said "yes" ⌈*with one voice* [*in unison*；*in chorus*]. // 彼らは*異口同音に賛成を表明した They agreed *unanimously*.

いくぶん 幾分 (ちょっと)《口語》 a little；(やや) somewhat；(多少) more or less；(ある程度) to some extent, to a certain degree ★ この順序に多少形式ばった言い方になるが, どれも会話でも使われる.《☞ いくらか；すこし》.

¶ 彼女は*幾分, 感傷的だ She is ⌈*somewhat* sentimental [sentimental *to some extent*]. // きょうは*幾分, 気分がよい I feel *a little* better today.

いくら 幾ら **1** «金額»: how much；what 語法 how much は金額そのものをきく言い方. what は値段 (price) などのような語と共に使われる.《☞ 買い物 (囲み)》.

¶「このパイプは*いくらですか」「2 千円です」"*How much* is this pipe? / *What's the price* of this pipe?" "It is 2,000 yen." //「この花瓶は*いくらで買いましたか (⇒いくら払いましたか)」「1500 円です」"*How much* [*What*] did you *pay* for this vase?" "I paid 1,500 yen." // 駅まで*いくらでしょうか《タクシー・バスで》 *How much* is the fare to the station? //「この手紙を航空便で送ると*いくらですか」「160 円です」"*How much* does it cost to send this letter by airmail?" "It costs 160 yen." / "*What* is

the airmail postage for this letter?" "It is 160 yen."
2 «どんなに・どれほど»: however, no matter how. 《☞ 譲歩の表現 (囲み)》.
¶ *いくら速く走っても彼には追いつかないでしょう *However* [*No matter how*] fast you (may) run, you won't catch up with him. // *いくらでもお取りなさい (⇒ あなたの好きなだけ取ってよい) You can take *as* ⌈*much* [*many*] *as* you ⌈please [like]. [語法] 数えられるものを指す時は many, 数えられないものを指す時は much. // *いくら長く[短く]ても 10 メートルぐらいでしょう It will be about ten ⌈meters [《英》 metres] *at the* ⌈*longest* [*shortest*]. // その絵なら*いくら払ってもよい I'll pay *any price* for that painting. // 彼は*いくらやってもうまくいかなかった *For all* his trying, he has never succeeded in doing it.

いくらか 幾らか ― 副 (少し) a little, a bit ★ 以上 2 つとも口語的だが, 後者のほうがより口語的; (やや) somewhat; (多少) more or less; (ある程度) to some extent, to a certain degree; (一部分) partly. ― 形 (若干の) some; (少しの) a little, a few [語法] 前者は量に, 後者は数えられるものについて用いる. some はそのどちらにも用いられる. 《☞ たしょう (類義語); いくぶん; やや》.
¶ ここは*幾らか (⇒ 少し) 涼しい It is *a* ⌈*little* [*bit*] cooler here. // 彼女は*幾らか疲れているように見えた She looked *somewhat* ⌈tired [exhausted]. // 彼は*幾らか金を持ち合わせていた He had ⌈*some* [*a little*] money with him. // そのうわさは*幾らか当たっている (⇒ ある程度まで本当だ) The rumor is true *to some extent*. / (⇒ 多少なりとも真実である) The rumor is *more or less* true. // それは私にも*幾らか (⇒ 部分的に) 責任がある It is *partly* my fault.

いけ 池 pond Ⓒ; (小さい) pool Ⓒ. 《☞ ぬま; みずうみ》. ¶ *池の周りを散歩しましょう Let's have a walk around the *pond*.

いけい 畏敬 (深い尊敬の念) reverence Ⓤ; (畏怖) awe [ɔ́ː] Ⓤ. 《☞ そんけい》.

いけいれん 胃痙攣 stomach cramp(s), cramp(s) in the stomach ★ 後者のほうが改まった言い方. 《☞ い¹; けいれん》. ¶ *胃痙攣を起こす have *stomach cramp*(*s*) / have (the) *cramp*(*s*) *in the stomach*

いけがき 生け垣 hedge Ⓒ 《☞ かきね》.

いけす 生洲, 生け簀 (魚を保護しておく所) fish preserve Ⓒ; (養魚池) fishpond Ⓒ.

いけどり 生け捕り ― 動 (動物などを生け捕りにする) catch ... alive. ¶ いのししを*生け捕りにしたいものだ I want to *catch* a wild boar *alive*.

いけない **1** «よくない» ― 形 (悪い) bad [語法] 広い意味で使われる語で, 口語では「(病気などが)ひどい」とか「気の毒な」のような意味にもなる; (間違った) wrong; (言うことをきかない) naughty; (いたずらな) mischievous.
¶ *いけない子だね What a ⌈*bad* [*naughty*] boy you are! // この答えのどこが*いけない (⇒ 間違っている) のですか What's *wrong* with this answer? // 風邪を引いたって. *いけないね You've caught a cold? That's too *bad*.
2 «禁止・用心; ...してはいけない»: (...するな) Don't ...; (...してはいけない) must not ...; (すべきではない) should not ...; (当然...すべきでない) ought not to ... [語法] 以上の「...」には動詞が入る. must not は強い禁止を表す. 義務・当然を表す should と ought to は入れ替え可能だが, should のほうが意味が穏やかで一般的. なお, 口語ではしばしば mustn't, shouldn't, oughtn't のように短縮形が用いられる. 《☞ -ねばならない; 命令の表現 (囲み); 義務の表現 (囲み); 短縮形 (欄外)》.
¶ 道路で遊んでは*いけません *Don't* play ⌈on [in] the road. // 土足で上がってきては*いけない You *mustn't* come in with your shoes on. // そんなにたばこを吸っては*いけない You *should not* smoke so much. [語法] 例えば健康上の理由などから「吸わないほうがいい」というような, 忠告的なニュアンスを持つ.
3 «懸念»: so that ... ⌈may [will] not ...; in case ... 《☞ 目的・結果の表し方 (囲み)》.
¶ 忘れると*いけないから (⇒ 忘れないように) 書き留めておこう Let me write it down ⌈*so that* I *won't* forget [*in case* I forget].

いけにえ 生け贄 (神に捧げるために殺された動物) sacrifice Ⓒ 《☞ ぎせい》. ¶ 羊が*いけにえとして供えられた A sheep was offered as a *sacrifice*.

いけばな 生け花 (the art of) flower arrangement Ⓤ; (生けた花) flowers arranged in a vase. 《☞ 日本固有の風物と英語 (囲み)》.

いける¹ 生ける, 活ける, 埋ける **1** «生け花をする»: (整える) arrange ㊎; (挿す) put ㊎.
¶ この花はどう*生けましょうか How shall I ⌈*arrange* [*put*] these flowers (in the vase)?
2 «埋める»: ☞ うめる¹.

いける² ― 形 (味がよい) good, nice. ― 動 (酒が飲める) drink ㊒. 《☞ うまい; おいしい; 味 (囲み)》. ¶ これは*いける This is ⌈*good* [*nice*].

いけん 意見 **1** «考え»: (考え) opinion Ⓒ; (見解) view Ⓒ; (見地・観点) point of view Ⓒ, viewpoint Ⓒ; (論評) comment Ⓒ.
【類義語】自分で考え出した結論や判断が ***opinion***. 物の見方や見解が ***view***. 総合的に判断した個人的な観点が ***point of view***, または ***viewpoint***. 口に出したり書いたりする論評が ***comment***. 人の話や作品などについて述べる意見は *comment* という英語に当たることが多い. 《☞ かんがえ; けんかい》
¶ この件についてのあなたのご*意見はいかがですか What is your *opinion* ⌈on [about] this matter? / May I ask [Will you tell us] your *opinion* ⌈on [about] this matter?
彼は日本の将来について私たちと違った*意見を持っている He has a different *view* ⌈on [about] the future of Japan ⌈from [than] ours. [語法] 文法家・語法家の中には different に続く than は間違いとする意見もあるが, 実際の用法では than もしばしば用いられる.
何かご*意見 (⇒ 論評[言う事]) はありますか Do you have ⌈any *comment* [*anything to say*]?

*意見を述べてよろしいですか May I ˹express [state; deliver] my *opinion*? 語法 [ ] 内のほうがより改まった言い方. say, speak は用いないことに注意.
私の*意見では彼の計画は現実性がない In my *opinion*, [I am of the *opinion* that ; I take the *view* that] his plan is not realistic. / From my *point of view* [To my *mind*], his plan seems to lack practicality.
その件に関してはあなたと同*意見だ (⇒ 賛成する) I *agree* with you about the matter. / I am of your *opinion* on that matter. / (⇒ 同じ見解を共有する) I share your *view* about the matter.
その件については賛成・反対両方の*意見がある There are *opinions for* and *against* the matter. / There are *pros and cons* about the matter. 語法 pros and cons は賛否両論という成句.
*意見の一致 (⇒ 合意) に至らず, 委員会は散会した The committee adjourned without ˹reaching (an) agreement [getting a consensus of *opinion*].
2 《忠告》 ― 名 (個人的な助言) advice [ədváis] Ⓤ ; (重要問題に対する助言) counsel Ⓤ ; (戒め) admonition Ⓤ. ― 動 advise [ədváiz] ㊐ ; counsel ㊐ ; admonish ㊐. 《☞ ちゅうこく (類義語)》.

いげん 威厳 ― 形 (威厳のある) dignified. ― 名 dignity Ⓤ. 《☞ どうどう》. ¶ 彼は*威厳のある人だ He is a *dignified* man. // 彼は*威厳のある態度だった He behaved with *dignity*.

いご[1] 以後 ― 前 接 (…の後) after … ― 副 (今後) after this, from ˹now on [this time (on)]; (その後) after that (time), since then, from that time on, afterward(s) ; (それ以来いままで) ever since. 《☞ こんご (類義語) ; そのご ; それから》.
¶ 今晩6時*以後は家にいます I'll be home *after* six this evening. // *以後はもっと気を付けます I'll be more careful *from now on*. // それ*以後, 彼はここに姿を現してない He hasn't shown up here ˹*after that* [*since then*].

いご[2] 囲碁 the game of *go* 《☞ ご[2]》.

いこい 憩い (くつろぎ) relaxation Ⓤ; (休息) rest Ⓤ.

いこう 憩う (くつろぐ) relax (*oneself*) ㊐ ㊀; (休息する) rest (*oneself*) ㊐ ㊀. 《☞ くつろぐ; 再帰代名詞 (欄外)》.

いこう[1] 以降 ☞ いご[1].

いこう[2] 威光 (権力) power Ⓤ; (権威) authority Ⓤ; (勢力) influence Ⓤ. 《☞ けんりょく; せいりょく[1]》.

いこう[3] 意向 (意図) intention Ⓤ; (考え) mind Ⓒ. 《☞ いし[2]; かんがえ; ほうしん[1]》.

いこう[4] 移行 ― 動 (移す) transfer ㊐; (切り変える) switch over (to …) ㊀ ㊐. ― 名 transference Ⓤ; switchover Ⓒ.

いこう[5] 遺稿 posthumous [pɑ́stʃuməs] manuscript Ⓒ.

イコール ― 形 (等しい) equal. ― 動 equal ㊐. 《☞ ひとしい》. ¶ 6×7=(*イコール) 42 Six times seven ˹*is equal to* [*equals*] forty-two. // 8÷4=2 Eight divided by four ˹*gives* [*is*] two. // 3+4=7 Three and four ˹*makes* [*are*] seven. // 10−2=8 Ten minus two ˹*is* [*leaves*] eight. 語法 計算の場合の動詞は単数動詞でも複数動詞でも呼応できるが, 一応単数と覚えておけば間違いはない. 《☞ 性・数・人称の一致 (欄外); 数字 (囲み)》

いこく 異国 ― 名 (外国) foreign ˹country [land] Ⓒ; (見知らぬ国) strange land Ⓒ. ― 形 (異国情緒の) exotic; (外国の) foreign. 《☞ がいこく》. ¶ そこは*異国情緒があるので好きだ I like that place because it has an *exotic* atmosphere about it.

いごこち 居心地 ¶ この部屋は*居心地がよい This room is ˹*snug* [*cozy*]. / (⇒ 私はこの部屋でくつろいだ感じになる) I feel ˹*at home* [*comfortable*] in this room.
【参考語】 ― 形 (心地よい) comfortable; (こぢんまりと心地よい) snug; (暖かくて心地よい) cozy.

いこじ 意固地 ― 形 (頑固な) obstinate; (生まれつき頑固な) stubborn; (しつこく言い張る) persistent. ― 名 obstinacy Ⓤ; stubbornness Ⓤ; persistence Ⓤ. 《☞ がんこ (類義語); ごうじょう》. ¶ そんなに*意固地にならないで下さい Please don't be so ˹*obstinate* [*stubborn*].

いこつ 遺骨 (火葬に付した遺骨) ashes; (遺体の婉曲語) remains ★ 共に複数形で. 《☞ 婉曲語法 (欄外)》.

いこん 遺恨 grudge Ⓒ, spite Ⓒ. 《☞ うらみ》.

いざ ― 副 (いざ…するという時になると) when it is time to *do*; when the time comes to *do*, 《米口語》 when it comes time to *do*.
¶ *いざ行くという段になって, 彼は病気になった *When it was time to* go [(⇒ 実際に出かける準備が整った時に) *At the moment when he was actually ready to* start], he became ˹sick [《英》 ill]. // *いざ実行するとなるとずいぶん金がいるだろう *When the time comes* [*When it comes time*] *to* carry it out, it will require lots of money. // *いざという時は力を貸そう *If you have any trouble* [*If you are in a pinch*] I will help you.

いさい[1] 委細 (詳細) details; (明細) particulars ★ 2つとも通例複数形で; (すべて) everything. 《☞ しょうさい[1]》. ¶ *委細は面談の上 *Particulars* [*Details*] will be arranged personally. // 彼はその件について*委細承知だ (⇒ すべてを知っている) He knows *everything* about the problem.

いさい[2] 異彩 **異彩を放つ** ― 形 (目立つ) conspicuous; (顕著な) distinguished. ― 動 (際立つ) stand out ㊀; (頭角を現す) cut a figure. 《☞ きわだつ》. ¶ 彼女はその仲間の中でも*異彩を放っていた She ˹was *conspicuous* [*stood out prominently*] even in her group.

いさかい 諍い (困ったこと) trouble Ⓤ; (けんか) quarrel Ⓒ. 《☞ もめごと; ごたごた; もんちゃく》.

いざかや 居酒屋 《古語》 tavern Ⓒ 《☞ さかば; バー; のみや》.

い

いさぎよい 潔い (勇敢な) brave, gallant ★後者はやや形式ばった語; (正々堂々とした) sportsmanlike; (男らしい) manly. ¶彼の*潔い態度は人々の共感を得た His ｢*gallant* [*manly*; *sportsmanlike*] attitude won the sympathy of the people. // *潔く過ちを白状したまえ *Make a clean breast of* your mistake. 語法 make a clean breast of ... で「...をすっかり打ち明ける」という慣用表現. // 負けても*潔くしよう (⇒快く容認しよう) Let us accept defeat *cheerfully*.

いざこざ (口論) quarrel Ⓒ; (感情的な言い争い) dispute Ⓒ; (ごたごた) trouble Ⓤ. 《☞ごたごた; もめごと; あらそい; けんか (類義語)》. ¶彼は家庭内の*いざこざに悩んでいる He is worrying about his family *trouble*. // 彼らの間にはいつも*いざこざがたえないようだ There seems to be no end to their *quarrels*.

いささか ―副 (少し) a little, a bit, slightly ★以上はほぼ同意だが, はじめの2つは口語的; (幾分) somewhat; (かなり) rather. 《☞いくぶん; いくらか; かなり》.

いさましい 勇ましい (勇敢な) brave; (勇気ある) courageous; (雄々しい) valiant; (大胆な) bold; (勇気を鼓舞する) stirring.

【類義語】危険や困難に対し, ひるむことなく立ち向かうのが **brave** で, 最も一般的な語. 危険や困難に直面しても屈せず, 苦痛・不幸などに耐えて立ち向かう精神的な強さを示すのが **courageous**. 雄々しく勇ましい中にも気品のあることを表すのが **valiant** で, 文語的な語. 向こう見ずともいえるほど大胆で, 自ら危険なことに飛び込んでゆくのが **bold**. 人の勇気を奮い起こすのが **stirring**. 《☞ゆうかん¹; ゆうき¹; だいたん》

¶彼の*勇ましい行為は称賛されるべきだ His *brave* act should be praised. // *勇ましく戦う者が最後の勝利を得るとは限らない Those who fight ｢*bravely* [*boldly*] don't necessarily win the final victory. // *勇ましいラッパが壇上から響いた A *stirring* flourish of trumpets was sounded from the platform.

いさみあし 勇み足 ―動 (自分の力を過信してかえって失敗する) overplay *one's* hand; (早まったことをする) jump [beat] the gun ★号砲より先にスタートすることから. ―名 (すもうの) (losing a match by) stepping out of the ring Ⓤ.

いさむ 勇む (奮い立つ) be stirred up, be spirited; (元気づく) cheer up ⓐ. 《☞はりきる》.

いさめる 諫める (異議を申し立てる) make a protest (against ...); (たしなめる) remonstrate (with ...) ⓐ; (思いとどまらせる) dissuade ⓗ ★後の2つは形式ばった語. ¶その件について主任を*いさめるなんて私にはできない I can't possibly *remonstrate with* my boss ｢on [about] the matter. // 彼は父を*いさめて計画から手を引かせた He *dissuaded* his father from taking part in the project.

いさん 遺産 (残された財産) property left (by a deceased person) Ⓤ ★平易な言い方; (相続遺産) inheritance Ⓒ; (遺言による) legacy Ⓒ; (金銭の) bequest Ⓒ; (祖先から受け継いだ) heritage Ⓒ. ¶彼の住んでいる家はおじの*遺産だ The house he lives in is the *property left* by his uncle. // 彼は莫大な*遺産 (⇒財産) を相続した He (*has*) *inherited* a great *fortune*. // おばは私に1万ドルの*遺産を残してくれた My aunt left me a ｢*legacy* [*bequest*] of $10,000. // その国にはすばらしい歴史的・文化的*遺産がある The country has a glorious cultural and historical *heritage*.

遺産相続 succession to ｢property [estate] Ⓤ 《☞そうぞく》 **遺産相続人** inheritor Ⓒ, heir [ɛ́ɚ] (to property) Ⓒ, (女性の相続人) heiress [ɛ́(ə)ris] Ⓒ.

いし¹ 石 (石塊) stone Ⓒ, 《米口語》rock Ⓒ; (小石) pebble Ⓒ; (砂利) gravel Ⓤ; (石材) stone Ⓤ. ¶子供は犬に*石を投げた The child threw a ｢*stone* [*rock*] at the dog. // 私は*石づくりの塀は好きではない I don't like *stone* walls. // 私は*石にかじりついても (⇒ぜひとも) その計画を実行するぞ I'll carry the plan through ｢*at any cost* [*by all means*]. // *石の上にも3年 Perseverance will win in the end. 《ことわざ: 忍耐が最後には勝つ》

いし² 意思 (意向) intention Ⓤ ★具体的なものを指す場合は Ⓒ; (考え) mind Ⓤ. 《☞いと²; かんがえ》. ¶あなたははっきりと*意思表示をしなくてはなりません You must express your ｢*intentions* [*ideas*] clearly. // 私たちは互いの*意思の疎通をはかった (⇒お互いに理解し合おうとした) We tried to *understand each other*. // 外国語で*意思を通じさせる (⇒自分の気持ちをわからせる) のはなかなか難しい It is hard to *make oneself understood* in a foreign language.

いし³ 意志 will Ⓤ. ¶彼は*意志が強い[弱い]人だ He is a man of ｢strong [weak] *will*. / He has a ｢strong [weak] *will*. / He is ｢strong [weak]-*willed*. // 私は自分の*意志に反してうそを言った I lied ｢against [contrary to] my *will*. // 彼は自分の*意志でやって来た He came of his own *will*.

いし⁴ 医師 (医者) doctor Ⓒ 《☞いしゃ》.

いじ¹ 意地 (意志) will Ⓤ; (気骨) backbone Ⓤ; (誇り) pride Ⓤ; (自尊心) self-respect Ⓤ; (強情) stubbornness Ⓤ. 《☞こんじょう; ごうじょう》. ¶こんな所で*意地を通すのは愚かだ It is foolish to try to have *your* ｢*own way* [*will*] in a case like this. // *意地でもこの仕事はやり遂げなければならない (⇒私の誇り[自尊心]がこの仕事をやり遂げさせずにはおかない) My ｢*pride* [*self-respect*] forces me to finish this work. // そんなに*意地を張るなよ Don't be so *stubborn*.

意地が悪い ¶彼は*意地が悪い He is a *nasty* person. 《☞いじわる》

意地を張る ¶*意地を張っても (⇒自分の意見に固執しても) 得にはならない It will not be to your advantage to *persist* in your opinion.

いじ² 維持 ―名 maintenance Ⓤ; (家屋などの) upkeep Ⓤ. ―動 (よい状態に保つ) maintain ⓗ; (そのまま保つ) preserve ⓗ; (保ち続ける) keep up ⓗ. 《☞たもつ》. ¶平和

意志・願望の表現

(1)　強い意志を表す表現

単刀直入に「…したい」という意味を表すには ***want to do*** が最も普通であり，実現性がやや乏しいと思われる場合には ***wish to do***，少し離れた未来への希望は ***hope to do*** で表す．want to *do* は単刀直入すぎて，相手との対話で用いるとしばしば不作法な感じを与えるので，丁寧な表現として，***would*** [***should***] ***like to do*** がよく用いられる．会話では平叙文の場合，普通 ***'d like to do*** の形で用いられるので would と should の使い分けの問題は気にしなくてよい．疑問文は 2 人称に対して使うのが普通で Would you like to *do* …? の形となる．

以上のほかに，さらに控えめで丁寧な意志の表現として，***may*** を用いて，May I *do* …? の形で相手に許可を求める表現がある．(Can I *do* …? もほぼ同意になることが多いが，may を用いる場合よりぞんざいであるとされる)．《☞ 許可の表現（囲み）》

wish, hope はさておくとして，以上の 3 つ，すなわち want to *do*, would like to *do*, may で自己の意志を相手に伝えることができる．例えば「きょうあなたに会いたい」という表現は，

(i) I *want to* see you today.
(ii) I'*d like to* see you today.
(iii) *May* I see you today?

のいずれでも表せるが，後の表現ほど丁寧さが増す．(i) は友人同士，あるいは目上の者が目下の者に話すときなどのほかはなるべく避けたほうがよく，(ii) が最も普通であるが，前後関係によっては強制的なニュアンスがあり，相手に遠慮を置く必要があれば (iii) が安全である．

以上のような要請を受けた人は，気軽で遠慮のない返事であれば，O.K., All right. あるいは Sure. であり，少し丁寧に答える必要のあるときは Certainly. である．

¶「水が飲みたい」「いいよ．ほら」"I *want to* drink some water." "O.K. Here you are." //「水が欲しいのですが」「さあ，どうぞ」"I'*d like* (*to* have) a glass of water. / *May* I have a glass of water?" "Certainly. Here you are." //「何になさいますか」「コーヒーを 1 杯下さい」"What *would* you *like to* have?" "I'*d like* a cup of coffee, please. / *May* I have a cup of coffee, please?"

(2)　*will* を用いる意志の表現

will は会話では普通，平叙文の場合は ***'ll*** と短縮され，軽い意思表示を伴う未来の記号と考えられる．従って，強い意志を表すには want to や would like to を用いるのが普通である．もっとも，

Í'll do it.

さらには，shall を用いて，

Í shȧll dó it.

のように強調すれば強い意志を表すが，決意を披れきしている感じで，丁寧ではない．また相手の意志を尋ねる場合は，

Will you come with me?
(＝私と一緒に行きますか)

のように will を用いると相手が来る意志があるかないか，あるいは来てくれるかどうかを柔らかく尋ねる言い方であるが，しばしば「…してくれないか」という要請ともなる．

しかし，はっきりと「来たいのか，来たくないのか」の意志を尋ねるのであれば，Do you want to …? または Would you like to …? の形が用いられる．

(3)　実現性の少ない願望の表現

いない人について，「いま彼がここにいてくれればよいのに」のように，実現性のない願望を表すには ***I wish*** に続く節に仮定法動詞が用いられる．主として現在の事実に反する仮定は仮定法過去形で，また主として過去の事実に反する仮定で実現性のまったくない仮定は仮定法過去完了形で表される．《☞ 仮定の表現（囲み）》．

¶ 泳げればいいのだが I wish I *could swim.* //「もう少しゆっくりお話していらっしゃいよ」「そうできればいいんですが，もう帰らなくてはなりません」"Why don't you stay a little longer and continue our chat?" "I wish I *could*. But I must be going now."

を*維持するには努力が必要だ We need to make efforts to ⌈*maintain* [*keep*] peace. // 現状*維持でさえも難しそうだ It seems certainly difficult even to ⌈*maintain* [*preserve*] the ⌈present state of things [status quo]. // この建物の*維持費はかなりかかりそうだ This building will cost quite a lot in *upkeep*. / It will cost quite a lot to *keep* this building *up*. / The cost of *maintenance* for this building will be pretty high.

いじ[3] 遺児 (両親を亡くした子) orphan [ɔ́ɚfən] Ⓒ; (後に遺(のこ)された子供) bereaved child Ⓒ. 《☞ いぞく》.

いしがき 石垣 stone wall Ⓒ.

いしき 意識 **1** «感覚» ― 名 (回りに起こっていることや，自分のしていることについての) consciousness Ⓤ; (五官による体の感覚) *one's* senses ★ この意味では複数形を用いる．― 形 (意識のある) conscious.
¶ 彼女は*意識を失った She lost ⌈*consciousness* [*her senses*]. / (⇒ 彼女は無意識になった) She fell *unconscious*. / She *passed out*. 《☞ しっしん[1]》 // 私は数分間*意識を失った I was *unconscious* for a few minutes. // 患者は除々に*意識を取り戻した The patient gradually ⌈became *conscious* [recovered *consciousness*]. // 彼女は*意識不明のまま死んだ (⇒ 意識を回復せずに) She died without

regaining *consciousness.*
2 «自覚·自意識» ―[名] (自覚) consciousness [U]; (気付いていること) awareness [U]. ―[形] conscious; aware.
¶ 彼女は罪を*意識しているようには見えなかった She didn't seem to「be *conscious* of guilt [*feel* guilty]. // 彼女は人に見られているのを*意識していた She was *conscious*「of being watched [that she was being watched]. // 彼は危険を*意識していた He was *aware* of the danger. // 彼は道徳*意識 (⇒ 分別) が欠けている He lacks moral *sense.* / He has no *sense* of morality. // 私は*意識的 (⇒ 故意) にそれをやったのです I did it「*intentionally* [*deliberately*].

いじきたない 意地汚い ―[形] (がつがつした) greedy; (食いしんぼうの) gluttonous; (貪欲な) avaricious [語 法] 前 2 者は食欲·物欲両方に用い, avaricious は物欲のみに用いる. ¶ 彼は*意地汚い He is「*greedy* [*gluttonous*]. / He is *avaricious.*

いじくる (不器用にいじくり回す) fumble with …; (目的もなくもてあそぶ) fiddle with …. 《☞ いじる》.

いじける ―[動] (ひるむ) shrink (自); (しり込みする) recoil (自); (恐怖·寒さなどでちぢこまる) cower (自). ―[形] (おどおどした) timid. 《☞ いしゅく》. ¶ 彼らは*いじけて外出しようとしない They *have*「*shrunk* [*recoiled*] from going out.

いしずえ 礎 (土台·基礎) foundation [C] ★ しばしば複数形で. 《☞ きそ[1]; どだい》.

いしだたみ 石畳 stone「pavement [floor] [C] 《☞ ほそう》. ¶ 道は*石畳になっていた The road *was paved with stone.*

いしだん 石段 stone steps ★ 通例複数形で. 《☞ だん[1]》. ¶ 山頂の神社まで行くには*石段を何百段も登らなければならない We have to「go [climb] up hundreds of *stone steps* to reach the shrine on the mountaintop.

いしつ 異質 ―[形] (異なった種類の) of different kind ★ 平易な表現; (いろいろな種類から成る) heterogeneous [hètərədʒí:niəs]; (まったく異種の) disparate ★ 以上 2 つはいずれもやや形式ばった語. ―[名] heterogeneity [hètərədʒəní:əti(:)] [U]; (本質的に異なること) disparateness [U].
¶ それは*異質の人たちを集めたグループだった It was a group of *heterogeneous* people.

いじっぱり 意地っ張り ―[形] (強情な) stubborn; (頑固な) obstinate. ―[名] (人) stubborn [obstinate] person [C]. 《☞ いじ[1]; ごうじょう》.

いしつぶつ 遺失物 (物品) lost article [C], lost property [U]. ¶ *遺失物はここで保管している *Lost articles* are kept here. // *遺失物取扱所はどこでしょう Where is the「*lost-and-found* office [*Lost and Found*]?

いしばし 石橋 stone bridge [C].
石橋をたたいて渡る (よく考えてから行動する) consider carefully before *one* acts; (跳ぶ前に見る) look before *one* leaps ★ この英語は決まり文句. ¶ 彼はとても慎重で, *石橋をたたいて渡るような人だ He is so cautious (that) he always「*considers carefully before* he *acts* [*looks before* he *leaps*]. ★ that を省くのは口語.

いじめる 苛める (…につらく当たる) be hard on … ★ 口語的; (酷使·虐待する) maltreat (他), mistreat (他), ill-treat (他) ★ maltreat はやや形式ばった語で, 特に動物や子供に対して用いる; (からかう) tease [tí:z] (他); (困らす) annoy (他); (弱い者をおどす) bully [búli(:)] (他); (あら探しをして) pick on ….
¶ シンデレラはまま母に*いじめられた Cinderella *was*「*maltreated* [*mistreated*; *ill-treated*] by her stepmother. // そんなに*いじめないで下さい. 努力しているのですから Don't *be so hard on* me. I'm trying hard. // 一群の少年たちが田舎から来た男の子を*いじめて泣かしてしまった <S (人)+V (*tease*)+O (人)+*to*+名 (涙)> A group of boys *teased* the boy from the country *to* tears. // 男の子は妹を*いじめておはじきを取り上げてしまった <S (人)+V (*bully*)+O (人)+*into*+動名> The boy *bullied* his little sister *into* giving him the marbles she had. [参 考] 「いじめっ子」は bully [C] と言う. // 彼はいつも私を*いじめる He *picks on* me all the time.

いしゃ 医者 (medical) doctor [C] [語 法] 内科·外科を問わず医者を指す最も一般的な語. doctor はもともと「博士」の意であるから医者は正式には medical doctor であるが, 前後関係で明らかならば medical は省いて用いられる; (一般開業医) general practitioner [C]; (専門医) specialist [C]. 《☞ 病気·病院 (囲み)》.

> 医者のいろいろ
>
> (内科医) physician [fəzíʃən], (外科医) surgeon [sə́:dʒən], (歯科医) dentist, (眼科医) eye doctor, oculist, (皮膚科医) dermatologist, (産婦人科医) gynecologist obstetrician, (小児科医) children's doctor, pediatrician, pediatrist, (整形外科医) plastic surgeon

¶ 私の兄は*医者をやっている My brother is a *doctor.* / My brother *practices medicine.* ★ 後者のほうが改まった言い方. // *医者にみてもらいましたか Did you go to a *doctor?* / Did you「see [consult] a *doctor?* ★ [ ] 内のほうが形式ばった言い方. // かかりつけの*医者に来てもらった We called in our *family doctor.* // すぐ*医者を呼びなさい Send for a *doctor* right away. // ここ数週間*医者にかかっている I've been *under medical treatment* for some weeks. // 心臓専門の*医者にかかったほうがいい You should see a heart *specialist.*

いしゃりょう 慰謝料 consolation money [U]; (賠償) compensation [U]. ¶ この損害に対する*慰謝料を請求する必要がある We should demand *compensation* for the damage (incurred).

いしゅう 異臭 (悪臭) (bad) smell [C] 《☞ あくしゅう[1]》.

いじゅう 移住 ―[名] (ほかの国または地域へ移り住むこと) migration [U]; (他国へ) emigration [U]; (他国から) immigration [U] [語 法]

migration は動物の移住・移動についても用いるが, immigration, emigration は人間だけ ; (転居) move Ⓒ. ━ 動 migrate (to ...) ⓐ; emigrate (to ...) ⓐ; immigrate (into ...; to ...) ⓐ; move ⓐ. 《☞ いみん ; いてん》.

¶ アメリカ インディアンは大昔アジアから*移住したといわれている American Indians are said to *have* 「*come* [*migrated*] *from* Asia *to* America in ancient times. // 第二次大戦後アメリカへ*移住してきた人たちが多い Many people *immigrated into* the United States after World War II. / (⇒ 移住者としてアメリカへ来た) Many people 「came to live [settled] in the United States as *immigrants* after World War II. // 私はブラジルへの*移住を決意した I am determined to *emigrate to* Brazil.

移住者 (他国からの) immigrant Ⓒ; (他国への) emigrant Ⓒ.

いしゅく 畏縮, 萎縮 ━ 動 (ちぢこまる) shrink (from ...) ⓐ 《過去 shrank, shrunk ; 過分 shrunk, shrunken》; (ひるむ) wince ⓐ; (すくむ) cower (before ...) ⓐ; (がっかりする・勇気がくじける) be discouraged ; (人が精神的に) be daunted ★ やや形式ばった表現. 《☞ いじける ; ひるむ ; きおくれ》.

¶ 彼は怖くて*畏縮していた He *shrank* with fear. // 思わぬ失敗をして私の気持ちは*萎縮した (⇒ 私はひるんだ) I *was daunted* by the unexpected failure.

いじゅつ 医術 medicine Ⓤ 《☞ いがく》.

いしょ 遺書 (遺言書) will Ⓒ 《☞ ゆいごん》.

¶ 彼は*遺書を書いた He 「made [drew up] his *will*. // 何か*遺書が残されていませんでしたか Wasn't there any *note* left behind?

いしょう¹ 衣装, 衣裳 (国民・時代特有の) costume Ⓒ; (衣服一般) clothes ★ 複数形で ; (婦人の) dress Ⓒ. 《☞ 衣服 (囲み)》.

¶ 韓国の民族*衣装 the national *costume* of Korea // 彼はカウボーイ[インディアン]の*衣装をつけて現れた He appeared in 「a cowboy [an Indian] *costume*. // すばらしい花嫁*衣装だった She was wearing a beautiful wedding *dress*.

馬子にも衣装 The tailor makes the man. 《ことわざ : 仕立て屋が人物を作る》 / Fine clothes make the man. 《ことわざ : 立派な服を身につけていれば, 人品がよく見える》 / Fine feathers make fine birds. 《ことわざ : 羽毛が美しければ鳥も立派になる》

いしょう² 意匠 (デザイン) design Ⓤ ★「図案」の意味では Ⓒ. 《☞ デザイン》.

意匠登録 registration of design Ⓤ.

いじょう¹ 以上 **1** «...から上» : (その数を含まない数量) over ..., above ..., more than ... ; (少なくとも) not less than ... ; (程度) beyond ..., past ..., above ..., more than ... ★ 上にあげた表現はほぼ同意だが, more than が最も確実な言い方. 【語法】 日本語の「...以上」は, 例えば「3 以上」のように「3」を含み, 3, 4, ...を意味する場合と,「3 を超えたもの」を意味して「3 を含まない」こともあり, 明確でない場合がある. 英語の more than, over, above, beyond, past などはその数字は含まず, それを超えた部分, 例えば, more than three の場合, 整数なら 4, 5 ...を意味する. もし 3 を含むのであれば three or more あるいは from three up という言い方をする.

¶ ここは 15 分*以上駐車できません You can't park here *more than* 15 minutes. 【語法】 15 分まではよい場合. // 6 歳*以上の子供は半額です Children 「of 6 years *and over* [*from* 6 years *up*] are at half fare. // 彼はロンドンに 1 か月*以上も滞在した He stayed in London for *over* a month. // 高校卒業者は英語を 6 年*以上勉強している High school graduates have studied English for 「6 years *or more* [(⇒ 少なくとも) *at least* 6 years]. // これ*以上言うことがありますか Do you have anything 「*more* [*further*] to say? // 災害ははるかに想像*以上のものだった The disaster was far 「*beyond* my imagination [*greater* than I had imagined].

2 «いままでに述べたこと» : the above(-mentioned), the above(-stated).

¶ *以上のとおり相違ありません (⇒ 上記の件は私の知る限り真実です) *The above* is true to the best of my knowledge and belief. ★ 履歴書や誓約書などに書く言葉. // *以上申し述べた事実は幾つかの例にすぎません *The* 「*above-mentioned* facts [facts *I have stated above*] are only some instances. 【語法】 above や above-mentioned は法律文や商用文で用いられるが, 使い古された表現. preceding や foregoing を用いたほうが好ましいとされている. また「上記の件」(the above subject) のような場合は this subject ですむ.

3 «...するからには» ━ 接 (...だから) since ... ; (一度...したからには) once ... ; (いやしくも...するからには) if ... at all ; (...となったいま) now (that) ...

¶ だれも私の提案に賛成しなかった*以上, それをやめざるをえなかった *Since* no one agreed to my proposal, I had to give it up. // いったん仕事を始めた*以上, やり通さなくてはならない *Once* you have started on your work, you have to 「complete [stick to] it.

4 «終わり» : (それですべて) That's all. ★ 口語 ; (完結) Concluded. ★ シリーズものの最後などで.

いじょう² 異常 ━ 形 (正常でない) abnormal (↔ normal) ; (普通でない) unusual ; (並はずれた) extraordinary ; (奇妙な) strange.

¶ 彼には何か*異常なところがある There is something 「*strange* [*abnormal*] about him. // このことに関する彼の興味は*異常だ His interest in this matter is *extraordinary*. // 彼女は*異常な記憶力の持ち主だ (⇒ 異常な記憶力を持っている) She has an 「*unusually* [*uncommonly*] good memory.

いじょう³ 異状 ━ 名 (故障) trouble Ⓤ; (心・体の不調) disorder Ⓤ. ━ 形 (具合が悪い) wrong ; (調子が狂っている) out of order ; (正常でない) abnormal.

¶ 何も*異状ありません (⇒ すべて順調です) Everything is *all right*. // *異状があれば報

い

告しなさい If you find ⌈any *trouble* [anything *wrong*; anything *out of order*], report it to me. // この車はどこか*異状がある (⇒ 何かがおかしい) Something is *wrong* with this car.

いしょく¹ 委嘱 ―[動] (ゆだねる) entrust (他); (委託する) commission (他); (任命する) appoint (他); (指名する) nominate (他). ―[名] commission [U]; appointment [U]; nomination [U]. 《☞ いたく (類義語); いにん》.
¶ この件は彼に*委嘱する I will *entrust* him with this case. / (⇒ 彼にこの件を引き受けてくれるように頼む) I will *commission* him to take care of this case. // 彼はその研究を*委嘱された (⇒ 研究の責任を任された) He *was placed in charge of* the research. // A 氏は会長を*委嘱された Mr. A *was nominated* president. [語法] この場合の president は無冠詞. 《☞ 冠詞 (欄外)》

いしょく² 移植 ―[動] (植えかえる) transplant (他) ★ 比喩的に人間の臓器などの移植にも用いられる; 〖医学〗(組織を) graft (他). ―[名] transplantation [U]. ¶ 私は苗木を庭に*移植した I *transplanted* seedlings (in)to the garden. // 心臓*移植手術 a heart *transplant* operation

いしょく³ 衣食 (衣服と食事) food and clothing [U]; (生計) livelihood [U]; (暮らし) living [U]. 《☞ くらし》. ¶ *衣食足りて礼節を知る Well fed, well bred. 《ことわざ: 食べ物が十分に与えられれば立派に育つ》

いしょく⁴ 異色 ―[形] (類がない) unique; (斬新な) novel. 《☞ かわった; ふうがわり》.

いしょくじゅう 衣食住 food, clothing and shelter.

いじらしい ―[形] (心を打つ) moving; (いたいたしい) touching; (かわいそうな) pitiful. 《☞ かわいそう》. ¶ あの小さな女の子が病気の母親の世話をしているのは本当に*いじらしい It is ⌈*moving* [*touching*] to see that little girl taking care of her sick mother.

いじる (指で) finger (他); (触る) touch (他); (いじくり回す) fumble with ...; (もてあそぶ) 《口語》 monkey around (with ...) (自).
¶ 赤ん坊はおもちゃの車を*いじっていた The baby *was fingering* a toy car. // だれかこの書類を*いじったか (⇒ 触ったか) *Has* anybody *touched* these papers? // 私の道具を*いじるな Don't *monkey around with* my tools.

いしわた 石綿 asbestos [U], asbestus [U].

いじわる 意地悪 ―[名] (意地の悪い人) nasty [mean] person [C]. ―[形] (意地悪な) nasty; (悪意のある) malicious; (たちのよくない) ill-natured ★「人」について用いる; (人を困らせるような) embarrassing ★「質問」などに用いる. 《☞ いじめる》.
¶ あんな*意地悪は (⇒ 彼より意地悪な人は) ほかにはいない You can't find a *nastier* man (than him). / (⇒ あんなひねくれた男には会ったことがない) I have never seen such an *ill-natured* man. // 彼は*意地悪い (⇒ 悪意のある[困らせる]) 質問をするのが好きだ He likes to ask ⌈*malicious* [*embarrassing*] questions.

いしん¹ 威信 (信望) prestige [U]; (威厳) dignity [U]; (名誉) honor (《英》 honour) [U]. ¶ 国の*威信がいまや問題となっている The national *prestige* is at stake.

いしん² 維新 the (Meiji) Restoration; (刷新) renovation [U].

いじん 偉人 great man [C]; (英雄) hero 《複 〜es》. ¶ 彼は*偉人伝を好んで読む He likes to read biographies of *great men*.

いしんでんしん 以心伝心 ¶ 私たちは*以心伝心の間柄だ (⇒ 言葉を使わなくても理解し合える) We *understand each other without the* ⌈*medium* [*use*] *of language*. / (⇒ 私たちの間には暗黙の了解がある) There is *a tacit understanding* between us.
【参考語】―[名] (暗黙の了解) tacit understanding ★ a 〜 として用いる; (思考伝達) thought transference [U]; (精神感応) telepathy [U]. ―[動] understand ... without the ⌈medium [use] of language.

いす 椅子 **1** «腰かけ»: chair [C]; (ソファー) sofa [sóufə] [C]; (寝いす) couch [káutʃ] [C]; (背なしの) stool [C]; (ベンチ) bench [C].
【類義語】1 人用の背のあるいすが *chair* で, ひじかけのあるときもある. 長いすには *sofa, couch* がある. 背と両側にひじかけのある, いわゆる「ソファー」が *sofa*. ソファー型の大きな寝いすが *couch* であるが, *couch* は *sofa* と同義で使われることもある. 背もひじかけもない丸いすは *stool*. 公園などにある木または石の長いすが *bench*.

stool

¶ *いすをどうぞ Have a *seat*, please. / (⇒ おかけ下さい) Please sit down. // 彼は*いすに座っている He is sitting ⌈*in* [*on*] *a chair*. [語法] ひじかけのあるいすに深く座るのが in, ひじかけのないいすに乗っている感じは on.

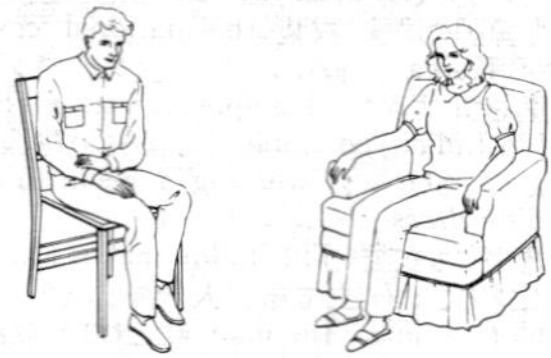
on a chair　　*in* a chair

彼女は*いすから立ち上がった She rose from her *chair*. // 彼は*いすを引き寄せた He ⌈pulled [drew] up the *chair*.
2 «地位»: (公的な) post [C]; (勤め口) position [C]; (議席) seat [C]; (講座制の教授の) chair [C]. 《☞ ちい; ぎせき》.
¶ 彼は C 大学で教授の*いすを占めている He ⌈holds [occupies] a professor's *chair* at C University. // 委員長の*いすが空いたままになっている The chairman's *post* has remained ⌈open [vacant]. 《☞ くうせき》

いずみ 泉 spring [C], fountain [C] ★ 後者はこの意味では詩的な語.

イスラエル ―[名](固) Israel [ízriəl]. ―[形]

(イスラエルの) Israeli [izréili(:)], 〘聖書〙 Israelite [ízriəlàit]. **イスラエル人** Israeli Ⓒ《複 Israelis, Israeli》, 〘聖書〙 Israelite Ⓒ; (総称) the Israelites ★ 複数形で.

イスラムきょう イスラム教 ━名 Islam [islɑ́:m] Ⓤ 語法 Muhammadanism [muhǽmədənìzm] Ⓤ (＝マホメット教), Muhammadan Ⓒ (＝マホメット教徒) の両形はほとんど用いられない. マホメットを崇拝するという誤解を嫌ってという理由による. ━形 (イスラム教(徒)の) Islamic [islǽmik]. **イスラム教徒** Muslim Ⓒ ★ Moslem ともつづる.

いずれ **1** «どちら» ━代 (2つの間で) either ★ 単数扱い; (多くのものについて) any; (全部) all ★ any は単数, all は複数扱い; (疑問詞として) which. 《☞ どちら》.
¶ *いずれのやり方でもうまくいきます *Any* method will work. // あの4人は*いずれも優秀な人たちです *All* four of them are very bright. // 2人とも*いずれ劣らぬ (⇒ 同じようによい) 成績だ The two are *equally* good at school.
2 «将来»: (いつか) someday, one day; (近いうちに) one of these days; (間もなく) before long; (遅かれ早かれそのうちに) sooner or later. 《☞ いつか》. ¶ *いずれまた See you ˹*later* [*soon*]! 《☞ あいさつ (囲み)》 // *いずれまた (⇒ 2, 3日中に) お電話致します I'll call you *again* in a ˹couple of [few] days.
3 «最終的に»: after all; (どんなことをしても) anyhow; (いずれにしても) anyway; (とにかく) at any rate ★ 以上は交換可能な場合もある.
¶ *いずれにせよそれは私には大きすぎる *Anyway* it's too big for me.

いすわる 居座る (居続ける) stay on ⓐ; (腰を落ち着ける) settle down ⓐ; (公的な地位などに) remain in ˹office [power]; (ある職に) remain in the position. ¶ 彼は数年間, その地位に*居座った He *remained in* ˹*office* [*power*] for several years.

いせい[1] 威勢 **威勢がいい[のよい]** ━形 (精力的な) energetic; (勇ましい) dashing; (活発な) lively [láivli(:)]; (元気のいい) in high spirits. 《☞ げんき》. ¶ 彼は運動場に出ると*威勢がいい He is *energetic* on the sports field. // 漁師たちは*威勢のよい (⇒ 勇ましく) かけ声をかけあった The fishermen called out *dashingly* to each other.

いせい[2] 異性 *the* ˹opposite [other] sex ★ 通例単数形で. ¶ 彼には*異性の友人が多い He has a lot of *girlfriends*. // *異性間に真の友情はありえないのだろうか Can't ˹boys [girls] find real friendship with *the opposite sex*?

いせい[3] 以西 (…より西に[で]) west of …; (その場所およびその西方) … and westward. 《☞ にし》. ¶ 私は広島*以西は行ったことがない I've never been in Hiroshima *and* ˹*westward* [*further*].

いせいしゃ 為政者 (政治家) statesman Ⓒ; (統治者) ruler Ⓒ; (行政官) administrator Ⓒ.

いせえび 伊勢蝦 (spiny) lobster Ⓒ.

いせき 遺跡 (過去から残された物) remains; (廃墟) ruins; (遺物) relics ★ 以上は通例複数形で. 《☞ しせき[1]; はいきょ; あと[2]》.
¶ ローマの*遺跡 the *ruins* of Rome

いせつ 異説 (異なった意見) different ˹view [opinion] Ⓒ; (はっきり分かれた[様々な]意見) divergent [varied] opinions ★ 複数形で; (相反する意見) conflicting ˹views [opinions] ★ 複数形で. 《☞ いろん; はんたい》.
¶ その問題については*異説紛々だ (⇒ 意見が分かれている) *Opinion is divided* on that issue.

いぜん[1] 以前 ¶ 彼女は*以前は美人だった She ˹was *once* [*used to* be] a beauty. // 彼は私が*以前教えた学生だ He is one of my *former* students. // 10年ほど*以前は暮らし向きが苦しかった I was hard up about ten years *ago*. 語法 ago は現在から見て「以前」の意味で, その前に時を表す語(句)が付き, 過去時制と共に用いる. 《☞ 時·期間の表し方 (囲み)》 // 私は*以前彼に会ったことがある I've seen him *before*. 語法 before は過去時制, 現在完了時制いずれとも用いられる. // 彼は*以前ほど元気がない He is not as healthy ˹as he *used to be* [as *before*]. // 彼は*以前より勉強するようになった He works harder than *before*. 《☞ 比較の表現 (囲み)》 // 私はずっと*以前から (⇒ 長い間) ここに住んでいる I've been living here *for a long time*. 《☞ まえ; かつて; むかし》

いぜん[2] 依然 ━副 (いまなお) still; (相変わらず) as ever; (前と同じく) as before. 《☞ あいかわらず》. ¶ 患者は*依然として重態だ The patient is *still* in critical condition. // 彼は*依然として頑固だ He is *as* obstinate *as* ˹*before* [*ever*].

いそ 磯 (浜辺) beach Ⓒ; (海岸) seashore Ⓒ; (岸) shore Ⓒ.

いそいそと (楽しげに) cheerfully; (喜んで) gladly; (快く) willingly; (気軽に) lightheartedly. ¶ 彼女はボーイフレンドと*いそいそと外出した She went out *cheerfully* with her boyfriend. // 彼女は彼を*いそいそと (⇒ 暖かく) 迎えた She gave him a *warm* welcome.

いそいで 急いで ☞ いそぐ.

いそうろう 居候 (やっかい者) hanger-on Ⓒ 《複 hangers-on》; (何の貢献もせずただ世話になる人) parasite Ⓒ ★ 以上2つは軽蔑の意を含む言葉であることに注意; (扶養されている人) dependent Ⓒ. 《☞ やっかい; せわ》.
¶ 彼は*居候のようなものだ He is something of a ˹*hanger-on* [*parasite*]. // 彼はおじのところに*居候している(⇒ おじのやっかいになっている) He *lives on* his uncle.

いそがしい 忙しい ━形 busy [bízi(:)] (↔ free); (仕事に従事して) engaged. ━副 (忙しく) busily.
¶ 彼は*忙しい人だ He is a *busy* man. / He always keeps himself *busy*. / (⇒ いつもするべきことがたくさんある) He always *has a lot of work to do*. //「きょうはお*忙しいですか」「いいえ, 暇です」"Are you *busy* today?"

い

"No, I'm free." // けい子はあしたの予習で*忙しい Keiko is *busy* preparing for tomorrow's lessons. 【語法】 busy in doing のように in を用いる言い方は口語では普通用いられない. 後に名詞がくるときは busy with ... となる. // 彼はいつも何かつまらないことで*忙しくしている He always *busies himself* ⌈with [doing] some trivial things. // そこでは男たちが*忙しく働いていた Men were working *busily* there. // ずいぶん*忙しい (⇒ぎっしり詰まった) 日程だね What a ⌈*crowded* [*heavy*] schedule you have!

いそがせる 急がせる (せかせる) hurry ㊀; (はやめる) hasten ㊀ ★ 形式ばった語; (せきたてる) press ㊀. 《☞ いそぐ (類義語); せかす; せきたてる》. ¶ 彼を*急がせてくれ *Hurry* him *up*! // 彼を*急がせてもむだだ It's no use *pressing* him.

いそぎ 急ぎ ━ 名 hurry Ⓤ, haste Ⓤ ★ 後者は形式ばった語. ━ 形 (急いで) in a hurry ★ 副 にも用いる; (差し迫った・緊急の) urgent; (いますぐにでも何とかしなくてはならないような) pressing; (至急の・せかせる) rush; (あわただしい) hasty. 《☞ いそぐ (類義語); きゅう¹》.

¶ お*急ぎでしたらこちらへどうぞ If you are *in a hurry*, please come this way. // これは*急ぎの仕事だ This is *urgent* business. // *急ぎの注文には応じかねます I am afraid we can't accept a *rush* order.

いそぎんちゃく 磯巾着 sea anemone Ⓒ.

いそぐ 急ぐ (あたふたと) hurry [hə́ːri(ː)] ㊀; (急いで行く) make haste [héist], hasten ㊀; (突進する) rush ㊀; (差し迫って) press ㊀.

【類義語】 あたふたと慌てて急ぐという意味で最も口語的なのが **hurry**. ほぼ同意で文語的なのが **make haste, hasten** だが, 両者とも使われる頻度が少なくなっている. ある目的に向かって突進するように急ぐのが **rush**. 差し迫った事情で急ぐのが **press**. 《☞ いそがせる》

¶ *急ごう. 暗くなってきた Let's *hurry*. It's getting dark.

*急げ, さもないとバスに乗り遅れるよ *Hurry up*, or you'll miss the bus.

*急ぐな, 時間はたっぷりある Don't ⌈*hurry* [*be in a hurry*]; we have plenty of time.

*急ぐことはない You don't have to ⌈*hurry* [*be in a hurry*]. / There is no *hurry*.

何をそんなに*急いでいるんだ Why are you *in* such *a hurry*?

*急いで家に帰った I ⌈*hurried* [*hastened*] home.

*急いで昼食をすませた I had lunch *in a hurry*. / (⇒手早い昼食をとった) I had a ⌈*quick* [*hasty*] lunch.

*急いで来てくれ Come *quickly*.

*急がば回れ More *haste*, less speed. 《ことわざ: 急げば急ぐほど時間が遅くなる》 / *Make haste* slowly. 《ことわざ: ゆっくり急げ》

善は*急げ Make hay while the sun shines. 《ことわざ: 日の照っているうちに干し草を作れ; 好機を逃すな》 / Strike while the iron is hot. 《ことわざ: 鉄は熱いうちに打て》

いぞく 遺族 bereaved family Ⓒ; (集合的に) the bereaved; (残された人) survivor Ⓒ. ¶ 彼は*遺族にお悔やみを述べた He offered his condolences to the *bereaved family*.

いぞん¹ 依存 ━ 動 (頼りにする) depend on ...; (当てにする) rely on ... 【語法】 支持・援助を求めて頼るのが depend on ... で, こちらの信頼に応えてくれることを当てにするのが rely on ... ━ 名 dependence Ⓤ; reliance Ⓤ; (相互依存) interdependence Ⓤ. ━ 形 dependent; interdependent. 《☞ たよる》.

¶ 日本は資源の多くを外国に*依存している Japan largely *depends on* foreign countries for raw materials. // 両者は相互*依存の関係にある They are *interdependent*.

いぞん² 異存 objection Ⓒ 《☞ はんたい; ふふく》. ¶ 私はあなたの提案に*異存はありません I have no *objection* to your proposal.

いた 板 (薄く縦に長い板) board Ⓒ; (幅のある厚板) plank Ⓒ; (金属板) plate Ⓒ; (金属・ガラスなどの薄板) sheet Ⓒ. ¶ 厚さ 1 センチの*板がいる I need a *board* one centimeter thick. // 窓には*板が打ちつけてあった The windows *were boarded up*.

板につく ¶ 彼の演説はまったく*板についている (⇒彼は演壇に立つのによく慣れている) He is perfectly *at home* on the platform.

いたい¹ 痛い ¶「*痛いっ」と彼は叫んだ "*Ouch*," he cried.

ひざが*痛い I have a *pain* in my knee. 【語法】 pain は痛み・苦痛を表す最も一般的な語. 《☞ いたみ (類義語)》

舌[のど]が*痛い I have a *sore* ⌈tongue [throat]. 【語法】 この場合の sore は「炎症を起こして痛い」の意.

歯[おなか]が*痛い I have a ⌈*toothache* [*stomachache*]. 《☞ 病気・病院 (囲み)》

体中が*痛い I *have pains* all over. / I *am aching* all over.

頭が割れそうに*痛い I have a splitting *headache*. / My head *is splitting*.

そこに触ると*痛い The region is *painful* to the touch.

「ちっとも*痛くありませんよ」と歯医者は言った "It is not going to *hurt* you at all," said the dentist.

君は彼の*痛い所を突いた You touched him on the ⌈*raw* [*sore*] *spot*. 【語法】 raw spot は「弱点」, sore spot は「触ると痛い所」. tender spot とも言う.

そんなことをしても*痛くもかゆくもない (⇒私に少しも影響はない) That *does not affect* me at all. / That is *no skin off my nose*. ★「私にかかわりない」という意味の俗語. 《☞ いたむ¹; いためる¹; くつう》

【参考語】 ━ 名 (継続的な鈍痛) ache [éik] Ⓒ; (痛み・苦痛) pain Ⓒ; (触ると痛い所) sore [sɔ́ə] Ⓒ; (痛手) blow Ⓒ. ━ 形 painful; sore; tender. ━ 動 hurt ㊀ ㊁; ache ㊁; (ひりひり, ずきずき痛む) smart ㊁, burn ㊁.

いたい² 遺体 (dead) body Ⓒ ★ 最も一般的. 前後関係で意味が明らかなときは dead を付けないのが普通; (死体) corpse [kɔ́ːps] Ⓒ ★ corps [kɔ́ə] (=軍団) との区別に注意; (遺

骸) remains ★ 複数形で. 婉曲表現.《☞ したい¹ (類義語)》.

いだい 偉大 ―形 (偉大な) great; (壮大な) grand; (強大な) mighty. ―名 greatness Ⓤ; grandeur Ⓤ.《☞ えらい¹; りっぱ》.
¶ *偉大な作曲家 a *great* composer // キリストの*偉大さ the *greatness* of Jesus Christ

いたいけな ―形 (幼弱な) tender; (幼い) young; (小さい) little; (無邪気な) innocent.

いたいたしい 痛痛しい ―形 (苦痛をおぼえる) painful; (哀れを誘う) pitiful. ―副 painfully; pitifully.《☞ いたましい; あわれ; かわいそう》. ¶ 彼女の手首の包帯が*痛々しかった (⇒ 包帯をした彼女の手首を見るのは苦痛をおぼえる[哀れを誘う]) It was ˹*painful* [*pitiful*] to see her wrist bandaged. // 彼は*痛々しいくらいやつれていた He was ˹*painfully* [*pitifully*] ˹worn out [thin].

いたガラス 板ガラス (厚くて上質の) plate glass Ⓤ; (薄い) sheet glass Ⓤ; (ガラス板) plate Ⓒ.

いたく 委託 ―動 (任せる) entrust ㊙; (ゆだねる) consign [kənsáin] ㊙; (一任する) commit ㊙; (仕事などを委任する) commission ㊙. ―名 (一般的に, 信用して任せること) trust Ⓤ; (荷物などの) consignment Ⓤ; (責任などを委任すること・されること) committal Ⓤ, commitment Ⓤ ★ 以上 2つはほぼ同意だが, 前者は委任する動作を主に指す; (任務などの) commission Ⓤ.
【類義語】相手を信頼して任せるのが **entrust**. 相手に引き渡して任せるのが **consign** で, 商用文などで多用される. 客観的な意味で単にほかの人に責任を移すのが **commit**. 権限を与えて公的な任務などを委託するのが **commission**.
《☞ いしょく¹; いにん》
¶ その問題は人事委員会に*委託した <S(人)+V(*entrust*)+O(人)+*with*+名(事柄)> We *entrusted* the personnel committee *with* the matter. / <S(人)+V(*entrust*; *consign*)+O(事柄)+*to*+名(人)> We ˹*entrusted* [*consigned*] the matter *to* the personnel committee. // 彼はその件についての交渉を*委託された He *was* ˹*commissioned* [*given a commission*] to negotiate over the matter. // 私共のところは本の*委託販売をやっております We sell books *on* ˹*commission* [*consignment*].

いだく 抱く **1**《腕に抱える》: (抱える) hold ㊙; (抱擁する) embrace ㊙.《☞ だく》.
2《心の中に持つ》: (持つ) have ㊙; (じっと持ち続ける) hold ㊙; (悪意・うらみなどを) bear ㊙; (心の中などに隠し持つ) harbor ㊙; (希望などを大切に胸にしまっておく) cherish ㊙, entertain ㊙; (はぐくみ育てるように抱く) foster ㊙, nurse ㊙.
¶ 彼は私に恨みを*抱いている <S(人)+V(*have*; *bear*)+O(恨み)+*against*+名・代> He ˹*has* [*bears*] a grudge *against* me. // 私は彼に悪意を*抱いてはいない <S(人)+V(*bear*)+O(人)+名(悪意)> I *bear* him no malice. // 彼はまだ成功の希望を*抱いている He still ˹*cherishes* [*entertains*] a hope of success.

いたけだか 居丈高 ―形 (高圧的な) high-handed; (横柄な) arrogant; (脅迫的な) threatening; (攻撃的な) aggressive.《☞ おうへい; たかびしゃ; こうしせい》.

いたしかゆし 痛し痒し ¶ 女房があまり美人なのも*痛し痒しだ (⇒ いいこともあれば悪いこともある) *There are both advantages and disadvantages* in having a very beautiful wife.
【参考語】―名 (都合のいいことと悪いこと) advantages and disadvantages ★ 複数形で; (ジレンマ) dilemma Ⓒ; (困った立場)《口語》fix Ⓒ; (微妙な問題) delicate matter Ⓒ; (多少の不都合を伴うよい事柄) mixed blessing Ⓒ.

いたずら 悪戯 ―名 (少々, 害のある悪さ) mischief Ⓤ; (悪ふざけ) trick Ⓒ; (さして罪のないからかいやいたずら) practical joke Ⓒ, prank Ⓒ. ―形 (いたずらな) mischievous; (子供などが腕白でいたずらな) naughty ★ 後者のほうが口語的. ―動 (いたずらをする) do mischief; (悪ふざけしてからかう) play a trick (on ...), play a ˹practical joke [prank] (on ...) ★ 後者のほうが罪のないふざけ方.
¶ 男の子は*いたずらが好きだ Boys are fond of *mischief*. / Boys like to *play tricks*. // なんて*いたずらな子供たちでしょう What *naughty* children they are! // 子供たちに*いたずらをさせないようにしておくのは容易なことではなかった It wasn't easy to keep the children out of *mischief*. // それは*いたずら半分にやったことだ I meant it to be a (*practical*) *joke*. / I did it out of *mischief*. 語法 前者のほうが口語的. // マッチを*いたずらしちゃいけないよ (⇒ もてあそぶな) Don't *play with* matches.
いたずら書き (落書き) scribble Ⓒ; (考え事をしながらの) doodle Ⓒ.

いたずらに 徒らに (無益に) in vain; (むだに) to no purpose; (無為に) idly. ¶ 彼らは*いたずらに騒ぎ立てただけだった They made a big fuss ˹*in vain* [*to no purpose*]. // *いたずらに時を過ごすのはやめよう Let's not ˹*idle away* [*waste*] our time.

いただき 頂 (山頂) mountaintop Ⓒ; (最高地点) summit Ⓒ; (てっぺん) top Ⓒ; (最上部) head Ⓒ.《☞ ちょうじょう; てっぺん》.
¶ 我々はついに山の*頂に達した At last we reached *the* ˹*top of the mountain* [*mountaintop*].

いただく¹ 頂く, 戴く **1**《もらう・頂戴する》
¶「お茶をもう一杯*いただけますか」「ええ, どうぞ」"May I *have* another cup of tea?" "Certainly." // もう結構です. 十分*いただきました No thanks. I'*ve had* enough. // 早急にご返事を*いただければ幸いです I would be very grateful if you would ˹*give* me [let me *have*] a prompt reply. // きのうあなたの手紙を*いただきました (⇒ 受け取った) I *received* your letter yesterday.《☞ もらう; くれる¹; ちょうだい》
2《丁寧な表現》★ 助動詞の過去形を使うと丁寧な表現になる.《☞ 丁寧な表現 (欄外)》.

い

¶《食卓で》「お塩を取って*いただけますか」「はい, どうぞ」"*Would* [*Will*] you pass me the salt, *please?*" "Certainly. Here you are." 《☞ 依頼の表現(囲み)》// 「窓を開けて*いただけませんか」「いいですとも」"*Would you mind* opening the window?" "Not at all." 《☞ 許可の表現(囲み)》// 「鉛筆をちょっと貸して*いただけますか」「どうぞ」"*Could* [*May*] I borrow your pencil a moment?" "Certainly." // この仕事をやって*いただきたいんですが I *would like* you to do this job. // ご親切にして*いただいて恐縮です Thank you very much for your kindness.

いただく² 頂く, 戴く ¶あの山頂は常に雪を*いただいている The mountaintop *is* always *covered* with snow.

【参考語】一動 (覆う) cover ⓐ; (頂を覆う) cap ⓐ, crown ⓐ.

いたたまれない 居たたまれない (あえて居られない) dare not stay; (逃げ出したいような気がする) feel like running away. 《☞ つらい》.

¶恥ずかしくて*居たたまれなかった I was so ashamed (that) I ˹*didn't dare stay* [*felt like running away*]. 語法 that を省くのは口語. do not dare ... の言い方を使えば「居たたまれなくて実際にその場を立ち去った」ことを表す.

いたち 鼬 weasel [wíːzl] Ⓒ.

いたちごっこ ¶それじゃまるで*いたちごっこだ (⇒悪循環だ) It's something like a *vicious circle*. 《☞ どうどうめぐり》

【参考語】一名 (悪循環) vicious circle Ⓒ. 一動 (ぐるぐる回る) go around in circles.

いたって 至って (非常に) very, most; 《口語》awfully; (並はずれて) uncommonly; (極度に) excessively; (極端に) extremely. 《☞ とても; ひじょうに; 強意語(囲み)》.

いたで 痛手 (打撃) heavy [great] blow Ⓒ; (名誉・感情などを傷つけるもの) wound Ⓒ, injury Ⓒ ★ 以上2つはほぼ同意だが, wound のほうがやや文学的な言葉. 《☞ だげき; そんがい; きず》.

いたのま 板の間 (床) wooden floor Ⓒ; (部屋) room with a wooden floor Ⓒ.

いたばさみ 板挟み ¶彼は嫁と姑の*板挟みになって困っている *Placed between* his wife and his mother, he finds himself in an awkward position. / (⇒嫁と姑の不和に悩まされている) He is suffering from the discord *between* his wife and his mother. // 彼は義理と人情の*板挟みになった He *was torn between* duty and sentiment. 《☞ ジレンマ; きゅうち》

【参考語】一動 be ˹placed [put] between ...; be torn between ... 一名 (ジレンマ) dilemma Ⓒ; (苦境) fix Ⓒ.

いたまえ 板前 (料理人) cook [kúk] Ⓒ; (コック長) chef [ʃéf] Ⓒ.

いたましい 痛ましい (悲しむべき) sad; (哀れな) pitiful; (哀れみを誘う) pathetic; (みじめな) miserable; (悲痛な) heartbreaking; (辛い) painful; (心を打つ) touching. 《☞ あわれ; ひさん; さんたん》.

¶彼はその*痛ましい事故で亡くなった He was killed in the ˹*sad* [*tragic*] accident. // *痛ましい光景だった It was a *pitiful* sight. // 彼女はその*痛ましい話を聞いて涙ぐんだ She was moved to tears by the ˹*pathetic* [*touching*] story.

いたみ 痛み, 傷み **1** «痛み»: (一般的な) pain Ⓒ; (部分的鈍痛) ache [éik] Ⓒ; (突然の激痛) pang Ⓒ; (刺すような痛み) twinge Ⓒ; (ずきずきする痛み) smart Ⓤ.

【類義語】「痛み」を表す最も一般的な語は **pain** で, 弱いものから強いものまであらゆる痛みに当てはまる. 身体の一部に長く続く鈍痛は **ache** で, 痛む場所を示す語と合成語を作ることが多い. ((例) 胃痛 stomach*ache*, 頭痛 head*ache*). 突然の激痛で, 特にしばしば繰り返し襲ってくるような痛みは **pang**. リューマチや神経痛・筋肉痛のような刺すような痛みは **twinge**. これは痛みの程度としては *pang* よりも弱い. 傷などのずきずきするような痛みは **smart**. 《☞ いたい¹; くつう; 病気・病院(囲み)》

¶激しい*痛み a ˹sharp [bad; violent] *pain* 語法 bad は最も平易だが多少あいまいな言い方. violent が最も激しい痛みを表す. // 鈍い*痛み a dull *pain* // ずきずきする*痛み a throbbing *pain* // きりきりする*痛み a piercing *pain* // 背中[わき腹]に*痛みを感じた I ˹felt [had] *pain* in my ˹back [side]. // *痛みが急に治まった The *pain* ˹went off [stopped] suddenly. // *痛みが激しくなった The *pain* increased. / The *pain* became severer. // この薬を飲めばすぐ*痛みが止まりますよ This drug will ˹kill [relieve] the *pain* at once. // この薬は*痛みを軽くする This medicine will reduce the *pain*. // 転んだとき, 足にずきんと*痛みを感じた I felt a *twinge* in my leg when I fell down.

2 «損傷»: (損傷) damage Ⓤ; (破損) breakage Ⓤ; (果物などがぶつかったりして変色した傷) bruise [brúːz] Ⓒ. 《☞ はそん; きず》.

¶その家はあらしで*いたみがひどい (⇒あらしで家はひどく壊された) The house *has been* badly *damaged* by the storm. // いちごは*いたみが早い (⇒早くいたむ) Strawberries *spoil* quickly.

痛み止め painkilling drug Ⓒ, painkiller Ⓒ. 《☞ ちんつうざい》.

いたむ¹ 痛む, 傷む **1** «肉体が»: (部分的に) ache [éik] ⓐ, hurt ⓐ ★ 後者のほうが口語的; have [feel] a pain. 《☞ いたい¹; いためる¹; 病気・病院(囲み)》. ¶歯はまだ*痛む My tooth still ˹*aches* [*hurts*]. // 歯[腹]がひどく*痛む I have a bad ˹*toothache* [*stomachache*]. // 頭が割れるように*痛む I have a splitting *headache*.

2 «精神的に» 一動 ache ⓐ; (悩ます) bother ⓐ. 一形 (つらい) painful; (悲しい) sad. ¶そのかわいそうな子のことを思うと心が*痛む My heart *aches* for the poor boy. // 良心が*痛む My conscience *bothers* me. / I *have a guilty conscience*. / I have a *pang* of conscience. // 彼女の様子を見ると胸が*痛む She is *painful* to watch. / It is *painful* to watch her. / It makes my heart *ache* to watch her. // その知らせを聞いて私の胸は*痛んだ I felt very *sad* to hear the news. / (⇒ その知らせが私を悲しませた) The news made me very *sad*.

3 «物が»: (悪くなる) go bad ㊂; (腐る) spoil ㊂; (傷む) bruise [brú:z] ㊂; (損う) damage ㊉. 《☞ くさる》.

¶ この魚は*いたんでいる The fish *has gone bad*. // いちごは*いたみやすい Strawberries *spoil* quickly. / Strawberries *do not keep long*. // このオイルを使うとエンジンが*いたむ This oil *damages* the engines.

いたむ² 悼む (人の死を悲しむ) mourn ㊉㊂; (人にお悔やみを言う) condole (with ...) ㊂.

¶ 全国民が大統領の死を*悼んだ The whole nation *mourned* (*over*) the death of the president. // 父上のご逝去を*悼みます I [We] *condole with* you ⌈on [over] your father's death. ★ 電報や手紙の文章. 主語が we の場合は, この文を書いた人の家族や夫または妻が弔意を表すことになる.

いためつける 痛めつける (弱いものいじめをする) bully ㊉; (しかる) scold ㊉; (ひどい目にあわす) punish ㊉. 《☞ いじめる; しごく¹; ぎゃくたい》. ¶ あの男は今回はうんと*痛めつけて (⇒ しかって) やる必要がある I must ⌈*scold* him severely [give him a good *scolding*] this time.

いためる¹ 痛める (人・動物の体を) injure ㊉, hurt ㊉《過去・過分 hurt》 [語 法] hurt のほうがくだけた表現. injure と違ってけがとは限らない; (物を) damage ㊉; (精神的に苦しめる) pain ㊉; (悩ます) afflict ㊉ ★ やや形式ばった語; (悲しませる) grieve ㊉. 《☞ いたむ¹》.

¶ 転んでくるぶしを*痛めた I fell and ⌈*hurt* [*injured*] my ankle. // のど[脚]を*痛めている (⇒ 痛むのど[脚]をもっている) I *have a sore* ⌈throat [foot]. // 光が直接当たると目を*痛める (⇒ 直接の光は目を痛める) Direct light *injures* eyes. // 息子の愚かな振舞いに父親は心を*痛めた The father *was pained* by his son's foolish conduct.

いためる² 炒める fry ㊉; (フライパンで) pan-fry ㊉, sauté ㊉ ★ 以上 3 語はほぼ同意. 《☞ 料理の用語 (囲み)》. ¶ みじん切りの玉ねぎをさっと*炒めた I ⌈*fried* [*pan-fried*; *sautéed*] the chopped onion lightly.

いたらない 至らない ☞ いたらぬ.

いたらぬ 至らぬ ―㊊ (能力のない) incompetent (↔ competent); (不注意な) careless (↔ careful); (思慮のない) thoughtless (↔ thoughtful); (経験の乏しい) inexperienced (↔ experienced). 《☞ みじゅく》.

¶ 自分が*至らぬことは重々承知している (⇒ 自分に欠点のあることはよく知っている) I am well aware that I *have my faults*. // 私が*至らぬばかりに (⇒ 私が不注意だったのです) 申し訳ありません I am sorry. I was *careless*. / (⇒ 私の過失です) I am sorry. It was *my fault*. / (⇒ 私の力が及ばなかったのです) I am sorry. I was *not up to* it. // *至らぬ点があれば (⇒ 私のどのような欠点でも) 直します I am willing to correct any of *my shortcomings*. // 「あなたが新しく来た秘書ですね」「はい. なにかと*至らぬところがあるかと思いますが, どうぞよろしく (⇒ よい仕事ができればと思います)」 "You are the new secretary, aren't you?" "Yes. I hope I can do a good job." [参 考] 日本語でのこのような謙遜(けんそん)の表現は英語の習慣としてはそのまま通用せず, このように意訳が必要なことが多い.

イタリア ―㊔㊕ Italy [ítəli(:)]. ―㊊ Italian [itǽljən]. **イタリア語** Italian Ⓤ **イタリア人** Italian Ⓒ.

イタリック ―㊔ italics ★ 複数形で. ―㊗ italicize ㊉. 《☞ 欄外》.

いたる 至る, 到る **1** «結果»: (なる) get ㊂; (導く) lead (to ...) ㊂; (...の結果になる) end (in ...) ㊂, result (in ...) ㊂; (ある事態を引き起こす) bring about ㊉; (人がある心境に至る) come to ...

¶ そのため彼は破滅に*至った It *ended in* his ruin. // 大事に*至らなかった (⇒ 重大な結果をもたらさなかった) It did not *bring about* a serious result. / (⇒ 重大にはならなかった) <S (事) + V (*get*) + C (形)> It did not *get serious*. // 橋はいまだ完成には*至っていない The bridge has not been completed yet. // 私は彼の無実を信じるに*至った I *have come to* believe in his innocence.

2 «範囲» ¶ 東京から仙台に*至る道 the road from Tokyo *to* Sendai // 本道は小田原を経て箱根に*至る This road *leads to* Hakone ⌈via [by way of] Odawara. // 現在に*至るまで何の手がかりもつかめていない No clue has been found ⌈*up to* now [yet].

【参考語】 ―㊐ (...まで) to ..., till ..., until ... ―㊗ (通じる) lead (to ...) ㊂; (及ぶ) extend (to ...) ㊂.

いたるところ 至るところ ¶ *至るところで暴動が起こった Riots occurred *everywhere*. // 私たちは*至るところで (⇒ どこへ行っても) 歓迎された We were welcomed *wherever* we went. // 全国*至るところから投書が来た Letters poured in from *all parts* of the country. 《☞ ほうぼう》

いたれりつくせり 至れり尽くせり ―㊊ (完璧な) perfect; (十分以上の) more than satisfactory. ¶ その航空会社のサービスは*至れり尽くせりだった The service of the airline was ⌈*perfect* [*more than satisfactory*].

いたわり 労り ―㊔ (同情) sympathy Ⓤ. ―㊊ (優しい) kind; (優しい感じのする) kindly; (慰める) comforting. 《☞ おもいやり》.

イタリック体 (italics) イタリック体または斜字体 (italics) というのは, 活字で印刷するときに用いる, *italics* のように斜めに傾斜した活字のことである.

これは (1) 書名. (2) 文中で特に強調して発音される語. (3) 文中で用例などを示すとき. (4) 英語から見た外国語を示すとき, などに用いられる.

手書きまたはタイプライターの場合は下線を 1 本引くと, 印刷のときに自動的にイタリック体に印刷されるという習慣がある. 《☞ アンダーライン (欄外)》

い

¶あなたは他人に対する*いたわりの心が欠けている（⇒いたわりをもっていない）You have no *sympathy* for other people. // *いたわりの言葉 *kindly* [*comforting*] words

いたわる 労る（優しくする）be kind (to ...);（優しく扱う）treat ... kindly;（思いやる）be considerate (to ...);（元気づける）comfort ㊀;（十分な世話をする）take good care of ... 《☞ おもいやり》. ¶老人は*いたわらなければいけない You should *be* ˹*kind* [*considerate*] *to* old people. / Old people should *be treated kindly*.

いたん 異端 ━名 heresy Ⓤ. ━形 heretical. 《☞ いきょう²》. ¶*異端の説 a *heretical* view **異端者** heretic Ⓒ;（反対者）dissenter Ⓒ.

いち¹ 一, 1 ━名 one. ━形（1つの）one;（第1(番目)の）the first. 《☞ 数字（囲み）; だいいち》.

¶その子は*1から10まで数えられる The child can count ˹from *one* to ten [from *1* to 10]. // *1＋*1は2である *One* and *one* ˹makes [is] two. / *One* plus *one* ˹equals [is] two. 語法 and を用いた場合は動詞は複数形 (make; are) でもよい. plus を用いた場合は動詞は単数形. // そこは景色のよさでは日本*一だ For scenic beauty, it is the *best* place in Japan. / It has no equal in Japan as a place of scenic beauty. 《☞ 比較の表現（囲み）》

一から十まで（何でも）everything;（すべて）all. ¶彼はロンドンのことなら*一から十まで知っている（⇒すべてを知っている）He knows ˹*all* [*everything*] about London. / He knows London *inside out*. /（⇒隅から隅まで知ってる）He knows *every inch of* London.

一か八か ☞ 見出し.

一も二もなく ━副（すぐに）readily;（たちどころに）at once;（断り方がすげなく）flatly.

¶彼は*一も二もなく我々の申し出に応じてくれた He *readily* agreed to our proposal. / He gave a *ready* consent to our offer. // 彼は*一も二もなく我々の申し出を断った（⇒きっぱりと）He *flatly* rejected our proposal. / He gave a *flat* refusal to our offer.

一を聞いて十を知る ━形（とても聡明な）very intelligent. ¶彼は*一を聞いて十を知る男だ He is *very intelligent*. /（⇒非常に理解が早い）He is very *quick to understand*.

いち² 位置 ━名（ほかと比べた相対的な位置）position Ⓒ;（ある物の地理的位置）location Ⓒ;（ある物の置かれている環境）situation Ⓒ. ━動（位置を捜し当てる・示す）locate ㊀;（...の位置にある）be ˹situated [located].

¶今日では船の*位置を知るのにレーダーを用いる Today we use radar to ˹find the *position* of [*locate*] ships. // 青森は本州の北端に*位置している Aomori ˹*is located* [*lies*] at the northern end of Honshu. // *位置について. 用意. どん! *Ready*! Set! Go! / *On your mark*! Get set! Go! // 机の*位置がずれている（⇒正しい場所にない）The desk is not *in place*.

いち³ 市 market Ⓒ;（《英》で, 特に定期の）fair Ⓒ ★《米》では「品評会」の意に用いられる. 《☞ いちば; えんにち》. ¶次に*市が立つのはいつですか When is the next *market* (day)? // 青物*市 a vegetable *market* // 国際見本*市 an international trade *fair*

いちいち 一一 ¶彼の言うことは*いちいち気にさわる（⇒すべてが私をいら立たせる）*Everything* he says irritates me. // 些細(ささい)なことは*いちいち説明しなくともよい You don't have to [It's not necessary to] *go into details*. // 彼女は*いちいち言われなくてもてきぱき仕事をする She does her work efficiently *without being told*. 《☞ そのつど》

いちおう 一応（とにかく）anyway;（さしあたって）for the time being;（万一のため）just in case;（非公式に）informally;（まず）first;（大体のところ）pretty much, nearly. 《☞ とにかく; さしあたり; だいたい; ざっと》.

¶*一応（⇒とにかく）彼に礼を言わねばなるまい I must thank him *anyway*. // *一応（⇒万一のため）傘を持って行きなさい Take an umbrella with you *just in case*. // *一応（⇒非公式に）本人（⇒彼）の意見を聞いてみましょう I will ask his opinion *informally*. /（⇒まず彼の意見を聞くべきだ）We should ask his opinion *first*. // これは*一応の（⇒仮の）案だ This is a *tentative* plan. // 仕事は*一応（⇒大体のところ）終わった The work is *pretty much* finished. // 彼にも*一応の話はしておいた（⇒ことの概略は話しておいた）I gave him an *outline* of the story.

いちがいに 一概に（必ずしも）necessarily ★否定語を伴うと部分否定になるのが普通. 《☞ 否定の表現（囲み）》;（無差別に）indiscriminately.

¶彼が間違っているとは*一概にいえない（⇒彼が必ずしも間違っているとは限らない）He is not *necessarily* wrong. /（⇒彼が間違っているという結論を急いで出してはいけない）You should not ˹*jump to the conclusion* [*hastily conclude*] that he is in the wrong.

いちがつ 一月 January《略 Jan.》★語頭は必ず大文字. 《☞ 時刻・日付・曜日（囲み）; 略語（欄外）》.

¶*1月は寒い *January* is a cold month. / It is cold in *January*. // 私は*1月5日生まれです I was born on ˹*January* 5 [the 5th of *January*]. 語法「1月に」の前置詞は in. 「1月の...日に」の場合は on ... of January, または on January ... とする.

いちかばちか 一か八か ¶*一か八かやってみよう Let's *take a chance*. // *一か八かその株を買ってみよう Let's *take* ˹*the* [*our*] *chance* and buy those stocks. 《☞ のるかそるか》

【参考語】━動（思い切ってやる）risk ㊀, venture (on ...) ㊀, take a chance. ━名（冒険）venture Ⓤ, risk Ⓤ, chance Ⓒ.

いちがんレフ 一眼レフ single-lens reflex [rí:fleks] camera Ⓒ.

いちぐう 一隅 corner Ⓒ《☞ かたすみ; かど¹》. ¶公園の*一隅にレストランがあった There was a restaurant at a *corner* of the park. 語法 部屋・箱などの場合には in を用いる.

いちげき 一撃 (強烈な) a [one] blow ; (鋭い) a [one] stroke ★ 特に「一」という意味を強く言う場合には one を用いる. ¶ あいつの脳天に*一撃をくらわせた I ˹dealt [struck] him *a blow* on the head.

いちご 苺 strawberry Ⓒ《☞ 花 (囲み)》.

いちごん 一言 ¶ *一言も聞き逃すまいと体中を耳にした I was all ears not to miss *a single word.* 《☞ ひとこと》// 私は彼の申し出を*一言のもとにはねつけた (⇒ にべもなく断った) I refused his offer *flatly.* // そう言われると*一言もない (⇒ 弁解の言葉もない) I have *no excuse* for that. / (⇒ どのように謝ってよいかわからない) I don't know how to ˹apologize [excuse myself].

いちざ 一座 (列席の人々) all those present ; (興行団) company Ⓒ. 《☞ いっこう ; どうせき ; れっせき》.

いちじ[1] 一時 **1** «かつて·ある時»: once, at one time 〔語 法〕 ほぼ同意だが, once は文頭のほか一般動詞の前, be 動詞の後にも用いられる. ¶ 私は*一時切手収集にこった (⇒ 一時切手を集めることにとても興味をもった) *At one time* I was deeply interested in collecting stamps. / (⇒ 一時熱心な切手収集家だった) I was *once* a keen stamp collector.

2 «しばらく»: for a ˹time [while] 《☞ しばらく》. ¶ 患者は*一時危篤だった The patient was in critical condition *for a* ˹*time* [*while*]. // こんなものは*一時の流行さ It's only a *passing* fashion. // 荷物を*一時預けにした I left my baggage at the ˹station (baggage) check room [left-baggage office]. // *一時停止 *Stop* / *Halt* 《☞ 掲示の英語 (囲み)》

一時金 (一括払いの金) lump sum Ⓒ ; (ボーナス) bonus Ⓒ **一時払い** (全額払い) payment in full Ⓤ.

いちじ[2] 一次 ― 形 〔数学〕 linear ; (最初の) first, primary ★ primary は「主要な」という意味も含む. ¶ 第*一次世界大戦 World War I ★ [wə́ːld wɔ̀ə wʌ́n] と読む. / The *First* World War **一次試験** preliminary [primary] examination Ⓒ **一次方程式** linear equation Ⓒ, equation of the first degree Ⓒ.

いちじく 無花果 (実) fig Ⓒ; (木) fig (tree) Ⓒ.

いちじゅん 一巡 (一回り) round Ⓒ; (周遊) tour Ⓒ. 《☞ まわる》. ¶ 調査団の一行は市内を*一巡した The party of investigators *made a round* of the city. // 巡査は管内を*一巡した The policeman *patrolled* ˹*his round* [*his beat*].

いちじるしい 著しい ― 形 (注目すべき) remarkable ; (際立った) marked ; (強く印象に残る) striking. 《☞ きわだつ ; けんちょ》.

¶ 彼の英語の上達は*著しい He has made *remarkable* progress in his English. // 両者は*著しい対照をなしている There is a *striking* contrast between them. / They form a *striking* contrast. // 両者の間には*著しい相違がある There is a ˹*marked* [*world of*] difference between the two.

いちず 一途 ¶ 彼は自分が欺されたものと*一途に思いこんでいる He is *simply* possessed with the idea that he has been taken in. 《☞ ひたすら ; ひたむき》

【参考語】 ― 副 wholeheartedly, intently, simply.

いちぞく 一族 (親族) relatives ★ 複数形で ; (血族) kinsmen ★ 複数形で ; (一家) family Ⓒ 〔語 法〕 集合名詞で, 個々の成員を指すときには複数扱いであるが, 全体を指すときは単数扱い ; (氏族) clan Ⓒ.

¶ 田中*一族 (⇒ 田中家につながるすべての人人) は皆死に絶えた *All the people related to the* Tanaka *family* are dead. // 平家*一族の子孫 the descendants of *the Heike clan*

いちぞん 一存 ¶ あなたのご*一存にお任せします I leave it up to your *discretion.* // 私の*一存では (⇒ 私自身の責任において) あなたの申し出を受け入れることはできない I cannot accept your offer on my own *responsibility.*

【参考語】 ― 名 (責任) responsibility Ⓤ; (権限) authority Ⓤ; (自由裁量) discretion Ⓤ.

いちだい 一代 ¶ 彼は*一代で財産を築いた (⇒ 一生の間に) He built up a fortune during his *lifetime.* // *一代目があまり偉いと二代目はたいていぼんくらだ (⇒あまりにもすぐれた父親はたいてい凡庸な息子をもっている) Too great a *father* usually has a mediocre son.// その店は*一代でつぶれた (⇒ 創始者が死ぬとつぶれた) The store went bankrupt after the death of its *founder.*

一代記 (伝記) biography Ⓒ; (生涯) life Ⓒ.

いちだいじ 一大事 ¶ こりゃ*一大事だ Heavens! / Good heavens! / That's *serious.* // いま彼がここへ来たら*一大事だ (⇒ いま彼が来たら非常に困る) We would be *in great trouble* if he came here now. / (⇒ いま彼が来たら事態は悪くなる) It would *make matters worse* if he came here now. / (⇒ もし万一彼が来たらどうしよう) *What if* he should come here now?

いちだん 一段 (階段の) a step ; (はしごの) a rung ; (文章の段落) a paragraph ★「一」という意味を強調する場合は a の代わりに one を用いる. 《☞ だん[1]》. ¶ 彼は階段をもう*一段のぼった He climbed the staircase *a step* higher.

いちだんと 一段と (なおさら·いっそう) still more ... 《☞ いっそう[1]》. ¶ 彼女は黒い服を着たら*一段と (⇒ いっそう) 美しかった She looked *still more* beautiful in her black dress. // 彼女は*一段と (⇒ さらに) ピアノが上達した She has made *further* progress in her piano technique.

いちだんらく 一段落 ¶ これで*一段落ついた (⇒ 第 1 の段階の終わりに来た) Now we've come to *the end of the first stage.* / (⇒ 当分の間問題は片づいている) *We've settled the matter for the time being.* 《☞ くぎり》

いちど 一度 **1** «1 回»: once, one time. ¶ 彼には*一度会ったことがある I've seen him

い

once. [語法]「かつて」の意味では once seen him とするのが普通.
あの人には*一度も会ったことがない I've *never* seen him.《☞ 完了形(欄外)》
*一度でもうたくさんだ *Once* is enough for me.
一生に*一度だけでもあんな立派な家に住みたいものだ I wish *for once* in my life to live in such a fine house. [語法] for once in my life はその状態が続かないこと，再び起こらないことの含みをもつ.
もう*一度やってごらん Do it *once* ˹*more* [*again*].《☞ もう》
恐れ入りますがもう*一度おっしゃっていただけますか I beg your pardon? / Pardon? ★ いずれも上昇調で発音する.
彼は*一度約束したら必ず守る *Once* he makes a promise, he keeps it. ★ この once は 接.
*一度(⇒いつか)遊びにいらっしゃい Come and see me *some day.*
一年に*一度の行事 a *yearly* [an *annual*] event
2 «同時に»: at once《☞ どうじ；いっしょ》. ¶ 桜の花が*一度にぱっと(⇒急に)咲き出した The cherry blossoms ˹came out *with a rush* [burst forth].

いちどう 一同 all《☞ みな》. ¶ *一同(⇒すべての人々)がその状況を喜んでいた *All* were [*Everybody* was] happy with the situation. // 私たち*一同元気です We are *all* very well. // *一同そろって出かけた *All of us* went out together. / We went out *all* together.

いちどく 一読 ¶ この本は*一読の価値がある This book is worth *reading.* / It is worth while *reading* this book. / It is worth your while to *read* this book. // 彼はその本を(*一読することを)私たちに勧めた He recommended the book to us. // *一読しただけではその文の意味がわからなかった I couldn't make out what the sentence meant *at first reading.*《☞ よむ；つうどく》
【参考語】一動 (読む) read 他 自; (読みとおす) read through 他; (ざっと目を通す) run through ...

いちにち 一日 a [one] day ★ 特に「一」の意味を強調する場合には one を用いる.
¶「*1日は何時間ですか」「24時間です」"How many hours are there in *a day*?" "There are 24 hours."
食事は*1日に3回が普通だ(⇒我々は1日に3回の食事をする) We usually have three meals *a day.* [語法]「...につき」の意味で a または per を用いる.
*一日も早く帰ってきて下さい(⇒できるだけ早く) I hope you'll be back *as soon as possible.*
*1日もあればそんな仕事はできる *One day* is enough for me to finish the job.
ローマは*一日にしてならず Rome was not built *in a day.*《ことわざ》
この仕事は*一日二日ではできない This work cannot be finished *in a day or two.*
きょうは*一日中忙しかった I've been busy *all day* (*long*).
日*一日と暖かくなってゆく It's getting warmer ˹*day by day* [*from day to day*].
彼は*一日おきに訪ねてきた He came to see me *every other day.*
英語のスピーキングでは彼はあなたより*一日の長がある He is *a little ahead of* you in speaking English.
物理学では私たちより彼に*一日の長があった He was *one lesson* ahead of us in physics.

いちにん 一任 ━動 (委任する) entrust 他; (任せる) leave 他.《☞ いにん；まかせる》.

いちにんしょう 一人称 〖文法〗 the first person《☞ 性・数・人称の一致(欄外)》.

いちにんまえ 一人前 ¶ これは*一人前千円です(⇒一人につき千円です) This is 1,000 yen ˹*per head* [*each*; *for each person*]. // 彼ももう*一人前だ(⇒彼はもう子供ではない) He *is no longer a child.* / (⇒成年に達した) He *has come of age.* / (⇒自分でやっていける男だ) He is now *a self-supporting man.* / (⇒十分に訓練を受けた) He is now *fully trained.* // あの子は口だけは*一人前だ(⇒大人のような口をきく) The ˹boy [girl] talks like *a grown-up.*
【参考語】━形 (成人した) grown-up; (成熟した) mature; (独立した) independent, self-supporting. ━名 (大人) adult Ⓒ, grown-up Ⓒ; (成熟) maturity Ⓤ; (食物の一人前) portion Ⓒ.

いちねん[1] 一年 **1** «期間»: a [one] year ★ 特に「一」の意味を強調する場合には one を用いる.《☞ ねん[1]》.
¶「*1年は何か月ですか」「12か月です」"How many months are there in *a year?*" "There are twelve." // *1年たったら戻ってきます I'll be back *in a year.* // 結婚してからちょうど*1年になる It's just *one year* since I got married. [語法] It's been *a year* since ...も可能. / Just *one year* has passed since I got married. / (⇒私たちは1年間結婚している) We've been married (for) *one year.*《☞ 時・期間の表し方(囲み)》// ここは*一年中風が強い It's windy here ˹*all* (*the*) *year round* [*throughout the year*]. // この雑誌は*1年に4回出る This magazine comes out four times *a year.* / This is a *quarterly* magazine.
【参考語】━形 yearly, annual.
2 «学年»: first-year student Ⓒ; (大学・高校の) freshman Ⓒ.《☞ いちねんせい》.

いちねん[2] 一念 (願望) desire Ⓤ; (実現するかどうかわからない願い) wish Ⓤ. ¶ 彼女に会いたさの*一念で彼は歩き続けた He kept on walking out of *sheer desire* to see her.

いちねんせい 一年生 **1** «学校»: (小学校の) first grader Ⓒ [語法] この表現は《米》のもの. 日本の場合は first-year ˹student [pupil] Ⓒ でもよい; (大学・高校の)《米》freshman Ⓒ《複 -men》.《☞ 学校・教育(囲み)》. ¶ 彼はW大学の*1年生だ He is ˹a *freshman* [in his *freshman year*] at W University. // *一年生議員 a *newly* elected Dietman / a *new* Diet member / a *freshman* in the Diet

2 «植物» ― 形 (一年生の) annual. ― 名 (一年生植物) annual (plant) Ⓒ, yearly plant Ⓒ. 《☞ にねんせい；花 (囲み)》.

いちば 市場 market Ⓒ；(市場の開かれる広場) marketplace Ⓒ. 《☞ いち³》. ¶ 魚[青物]*市場 a ⌈fish [vegetable] *market*

いちはやく 逸早く (ぐずぐずしないで) without (a moment's) delay；(すばやく) quickly, promptly ★ 前者のほうが口語的；(直ちに) at once, immediately ★ 前者のほうが口語的. 後者はより差し迫った感じの語として口語でも用いられる. 《☞ すぐ；ただちに》.
¶ 彼は*いち早く計画を実行に移した He ⌈*quickly* [*promptly*] carried out his plans. / He carried out his plans *without* (*a moment's*) *delay*. / He *lost no time* in carrying out his plans.

いちばん 一番 **1** «順番» ― 名 the first (place) 語法「1番の位置」の意味では place を付け, しばしば the を省略する；(番号・順位・実力などが) number one, No. 1 ★ 無冠詞, 単数形で用いる. ― 形 first ★ the を伴う. ― 副 (1番に・最初に) first. 《☞ ばん²；さいしょ；トップ；せんとう¹》.
¶ あなたが*1番だ You are *No. 1*. // 彼はいつもクラスの*1番だった He was always at *the* ⌈*top* [*head*] of ⌈his [the] class. // 試験ではだれが*1番になるだろう I wonder who will ⌈*take first place* [come out (*at the*) *top*; come out *first*] in the examination. // 佐藤が*1番打者だ Sato is *the lead-off man*. 《☞ 野球の英語 (囲み)》
2 «最も» ★ 形容詞・副詞の最上級を用いて表す. 《☞ 比較の表現 (囲み)；もっとも²》.
¶「季節のうちでどれが*一番好きですか」「春です」"Which do you like *best* of all seasons?" "I like spring *best*." // この包みが*一番軽い This package is (*the*) *lightest* (*of all*). / This package weighs (*the*) *least* (*of all*). // 砂糖は*一番左の箱にあります The sugar is in the *leftmost* box. // それは*一番下の棚に置いて下さい Put it on *the lowest* shelf.
一番乗り the first (person) to arrive Ⓒ **一番星** the first star of the evening.

いちぶ 一部 **1** «一部分» ― 名 (a) part ★「…の一部」という表現では a は付けないほうが普通；(区切られた一部) a section. ― 副 (部分的に) partially, in part. 《☞ ぶぶん》.
¶ 彼は私の論文の*一部しか読んでいない He read only ⌈*part* [*a section*] of my paper. // *一部の人たちは到着していますが, 全部ではありません *Some* people have arrived, but not all. // 彼の答えには*一部 (⇒ 部分的に) 間違いがあった His answer was *partially* wrong. // この地図は*一部, 修正が必要だ This map should be corrected *in part*.
2 «一冊»: copy (of a book) Ⓒ.
一部始終 (すべて) everything；(話の全部) the whole story.

いちべつ 一瞥 (ちらりと見ること) a glance；(ちらりと見た光景) a glimpse；(一見) a look. 《☞ ちらりと》. ¶ *一瞥して彼だとわかった I recognized him *at* ⌈*a glance* [*first sight*].

いちぼう 一望 **一望のもと[うち]に** ¶ その丘の頂から全市が*一望のもとに見渡せる You can see the whole city from the top of the hill. / The hilltop commands *a* ⌈*full* [*complete*; *whole*] *view* of the city. / You can get *a bird's-eye view* of the city from the hilltop.

いちまい 一枚 (紙・板・ガラスなど) a sheet；(パン・肉など) a slice；(一片) a piece 語法 以上の3つは数えられない名詞に付けて用いる. 数えられる名詞の時は, a または one を付ければよい. 《☞ -まい¹；数の数え方 (囲み)；可算・不可算名詞 (欄外)》.
¶ 紙を*1枚下さい Give me *a* ⌈*sheet* [*piece*] of paper, please. 語法 piece を用いると,「紙切れ」でもよいという含みがある. // トースト[ハム]をもう*1枚下さい Please give me another *slice* of ⌈toast [ham]. // 窓ガラスが*1枚割れていた A windowpane was broken. // 彼女はお皿を*1枚1枚丁寧に拭いた She wiped each plate carefully.
一枚上, 一枚うわて ¶ 彼は私より*一枚上だ He is *a cut above* me. // 犯人のほうが刑事より*一枚うわてだった (⇒ 頭がよかった) The criminal was ⌈*smarter* [*craftier*] than the detective. / (⇒ 出し抜いた) The criminal *outwitted* the detective.

いちまつ 一抹 ¶ 彼の目には*一抹の不安の色があった There was *a touch* of uneasiness in his eyes. // 彼女を一人で帰すには*一抹の不安があった (⇒ ちょっと不安に感じた) I felt *slightly* uneasy at the thought of letting her go home alone.

いちみ 一味 (悪者の一団) gang Ⓒ ★ 集合的に用いる；(悪者の1人) gangster Ⓒ；(陰謀者) conspirator Ⓒ；(一団) lot Ⓒ.
¶「密輸団は捕えたのか」「そう, *一味全員を逮捕した」"Did you catch any of the smugglers?" "Yes, we caught the whole *lot*." // あいつが銀行強盗の*一味だとは知らなかった I never knew that he was *one* of the bank robbers.

いちめい 一命 life Ⓒ 《☞ いのち》. ¶ 彼はかろうじて*一命をとりとめた (⇒ 危うく死を免れた) He narrowly *escaped death*. / He had a narrow *escape from death*.

いちめん 一面 **1** «全面» ¶ 野原は*一面の雪だった (⇒ 野原一面に雪があった) There was snow *all over* the fields. / (⇒ (全体に) 雪で覆われていた) The fields were covered (*all over*) with snow. // あたり*一面火の海だった (⇒ 場所全体が炎に包まれていた) *The whole place* was enveloped in flames.
2 «半面・側面» ¶ あなたは問題の*一面しか見ていない You are only looking at *one side* of the problem. / (⇒ 1つの角度からしか見ていない) You are viewing the matter from *one angle* only. // そのニュースは世の中の暗い*一面をのぞかせるものだった The news revealed the dark *side* of the world. // あなたの言うことにも*一面の真理がある There is *some* truth in what you say. // 彼は厳しい

い

ことは厳しいが, *一面優しいところがある On one hand he is stern, but *on the other* he is tender.

3 «新聞の第1ページ»: the ｢front [first] page《☞ 新聞の英語 (囲み)》.

いちもうだじん 一網打尽 **—** 動 (一斉に逮捕する) make a wholesale arrest; (大規模な手入れで逮捕する) arrest … in one big raid. 《☞ けんきょ[2]》. ¶ 警察は密輸団を*一網打尽にした The police *made a wholesale arrest* of the smugglers. / The police *arrested* the smugglers *in one big raid*.

いちもく 一目 **一目置く** ¶ 彼には*一目置かざるを得ない (⇒ 彼のほうがすぐれていることを認めざるを得ない) I must *admit* ｢*his superiority* [*that he is superior* (*to* me)]. / (⇒ 脱帽する) I ｢*take off* [*raise*] *my hat to* him.

【参考語】 **—** 形 (すぐれている) superior; (劣っている) inferior. **—** 名 superiority Ⓤ; inferiority Ⓤ.

いちもくさん 一目散 (必死で) for *one's* life; (全速力で) at ｢full [top] speed; (大あわてで) in all haste. ¶ 彼は*一目散に逃げた (⇒ 必死で) He ran *for his life*. / (⇒ 脱兎のごとく) He ran *like a rabbit*. / He *took to his heels*. / (⇒ 全速力で) He fled *at full speed*.

いちもくりょうぜん 一目瞭然 **—** 形 (極めて明白な) quite obvious; (昼のように明るい) (as) clear as day. ¶ 彼がうそをついているのは*一目瞭然だ It is ｢*quite obvious* [(*as*) *clear as day*] that he is telling a lie.

いちもん[1] 一文 a farthing, a penny, a (red) cent, a dime 語法 いずれも最小またはそれに近い金や貨幣の名で, 否定文に用いて「少しも…でない」の意. 《☞ むいちもん》. ¶ そんなことをしても*一文にもならない (⇒ 一文の価値もない) That [Doing that] isn't worth *a* ｢*farthing* [*penny*; *dime*].

いちもん[2] 一門 (一家·一族) family Ⓒ; (氏族) clan Ⓒ; (流派) school Ⓒ. 《☞ いっか; いちぞく》.

いちもんいっとう 一問一答 a series of questions and answers 参考 表題などでは略して *Q. & A.* と書くこともある.

いちや 一夜 a (single) night ★ 特に「一」の意味を強調する場合には single を付ける. ¶ 寝ずに*一夜を明かした (⇒ 一晩中起きていた) I sat up *all night*. // 私はある安ホテルで*一夜を過ごした I ｢stayed *overnight* [passed *a night*] at a cheap hotel. 語法 場所を示す文脈のある文などでは stayed ｢at [in] … for the night と言うことが多い. // 彼らは不安な*一夜を過ごした They ｢spent [passed] *an* uneasy *night*.

いちやく 一躍 **—** 副 (突然) suddenly. ¶ 彼は小説家として*一躍有名になった He *suddenly* became a popular novelist.

いちゃつく flirt (with …) 自. ¶ 彼女はいつも男と*いちゃついている She *is* always *flirting with* a man.

いちやづけ 一夜づけ **—** 形 overnight. ¶ *一夜づけの勉強では英語でよい点は取れない You can't get good grades in English by *overnight* cramming.

いちゅう 意中 **意中の人** a person *one* loves. ¶ あなたの*意中の人はだれなのですか (⇒ あなたが好きなのはだれか) Who is it you're *in love with*?

いちょう[1] 胃腸 ¶ 私は*胃腸が弱い[強い] (⇒ 弱い[強い]消化力を持っている) I have a ｢weak [strong] ｢*digestion* [(⇒ 胃) *stomach*]. 語法 weak, strong の代わりに poor, good を用いることもできる. // 少し*胃腸をこわしている I have a slight *stomach* ｢disorder [upset]. 《☞ い[1]; おなか》

胃腸薬 medicine for the stomach (and bowels) Ⓒ; (消化剤) digestive Ⓒ.

いちょう[2] 銀杏 ginkgo [gíŋkou] Ⓒ ★gingko ともつづる.

いちらんせいそうせいじ 一卵性双生児 identical twin Ⓒ 《☞ ふたご》.

いちらんひょう 一覧表 (表) list Ⓒ; (系統立てて並べた表) table Ⓒ; (カタログ) catalog(ue) Ⓒ. 《☞ ひょう[1]》.

いちり 一理 (ある程度の真実性) some truth. ¶ あなたの言うことにも*一理ある (⇒ なっとくできる点がある) You have *a point* there.

いちりつ 一律 **—** 形 (均一の) flat, uniform ★ 前者のほうが口語的; (同等の) even, equal; (無差別の) indiscriminate. **—** 副 uniformly; equally, evenly; indiscriminately. 《☞ きんいつ; びょうどう》.

¶ 組合は*一律2割の値上げを要求した The union demanded a ｢*flat* [*uniform*] twenty percent increase in wages. // それは*一律には論じられない (⇒ 同じ規則をそれらすべてに当てはめることはできない) The same rule cannot be applied to them all. / (⇒ 同じ範疇(はんちゅう)には入れられない) They cannot be put in the same category.

いちりゅう 一流 **—** 形 (一級の) first-class, first-rate; (熟練した) expert. ¶ *一流のホテル a ｢*first-class* [*first-rate*] hotel // *一流の登山家 an *expert* mountaineer // *一流の小説家 *one of the best* novelists // *一流メーカー *one of the leading* manufacturers

いちりょうじつ 一両日 a day or two. ¶ *一両日中に伺います I'll come to see you *in a day or two*. // ここ*一両日は忙しい I'll be busy *for a* ｢*day or two* [*couple of days*].

いちるい 一塁 first base Ⓤ, first Ⓤ. 《☞ 野球の英語 (囲み)》. ¶ 彼は*一塁を守っている He plays *first base*. // *一塁側スタンド the right stand **一塁手** first baseman Ⓒ, first (base) Ⓒ.

いちれん 一連 a series (of …); a chain (of …); a sequence (of …); a string (of …); a train (of …).

【類義語】 一般的に同類のものが並んだものには ***series***. 前後が関係しあって論理的な順序に並んだものには ***chain***. 論理的関係·因果関係·時間的な関係で並んだものには ***sequence***. ひも状にひと続きになったものには ***string***. 事件や考えなどには ***train*** を用いる.

¶ *一連の質問 *a series of* questions // *一

連の数字 *a string of* numbers // その*一連の出来事は 1978 年に始まった *The whole* ｢*train* [*chain*] *of* events began in 1978.

いちろ 一路 ―副 (まっすぐに) straight, directly ; (着実に) steadily. ¶ 私たちは*一路ロンドンへ向かった We headed *straight* for London. // 彼は破滅への*一路をたどっている He's *on the highroad to* ruin.

いつ when ; (何時に) what time [語法] what time が「時刻」をきくのに限られるのに対して, when は時刻だけでなく,「日付け・年・漠然とした時期」などをきくのにも用いられる ; (いつから・いつまで) how long. 《☞ いつも ; 時・期間の表し方 (囲み) ; 疑問詞 (欄外)》.
¶「あなたは*いつ大学を出ましたか」「3 年前です」"*When* did you graduate from college?" "I graduated from college three years ago." / "*How long* is it *since* you graduated from college?" "It's three years." [語法] 後者は卒業してからの経過年数に重点をおいた表現. It's been three years. はアメリカ用法. //「*いつお伺いしましょうか」「*いつでもいいよ」"*When* shall I come to see you?" "Come *any time* you like." // 彼が*いつ来るか聞いてみよう I'll ask him *when* he will come. [語法] when he comes とすると「彼が来たら」の意になる. // *いつからここにお住まいですか *How long* have you been living here? // 君は*いつ来ても (⇒ 私が来るときはいつでも) 勉強しているね You're *always* working *when* I come to see you.
いつまで ¶ *いつまで (⇒ どのくらいの期間) ここに滞在なさいますか *How long* are you going to stay here? // *いつまで待ったって彼は来やしないよ He won't show up *no matter how long* you wait. //「*いつまでこの本をお借りしていいですか」「*いつまででもいいよ (⇒ 好きなだけ長い間)」"*How long* can I keep this book?" "*As long as you like.*"

いつか ―副 (過去のある時) once ; (先日) the other day ; (以前に) before ; (過去のある時に) sometime in the past ; (未来の) someday, some time, sometime ; (遅かれ早かれ) sooner or later. 《☞ いずれ ; そのうち》.
¶ あの人は*いつか見たことがある (⇒ 見たおぼえがある) I remember seeing him ｢*once* [*before*]. // *いつかご一緒にその寺を訪ねましょう Let's visit that temple ｢*someday* [*some time*; *sometime*; *one of these days*]. // 私たちは皆*いつか老人となるのだ We will all get old *sooner or later*. // *いつかひまなときにこの本を読んでごらんなさい I recommend that you read this book *when you have time*.

いっか 一家 (家族) family Ⓒ ; (同居人を含めた家族) household Ⓒ ; *one's* people, 《米》 folks ★ 複数形で. 最後の 2 語は口語的 ; (家庭) home Ⓒ. 《☞ かぞく ; いちぞく》.
¶ 父の死後長男が*一家を支えた After his father's death the oldest son supported the *family*. // 田中*一家は大阪へ引越した *The Tanakas* moved to Osaka. // 鈴木さんのところは休暇で*一家をあげてハワイに行った Mr. Suzuki took his whole *family* to Hawaii for a vacation.

いっかい 一階 the first floor, 《英》 the ground floor. 《☞ -かい³ ; 家・部屋 (囲み)》.
¶ 彼の事務所は*一階です His office is on *the* ｢*first* [*ground*] *floor*. // 彼は*1 階に降りていった He went *downstairs*. ★ 2 階建ての家について言うとき.

いっかくせんきん 一攫千金 ¶ 彼は*一攫千金を夢みている He dreams of *making a fortune at a stroke*.
【参考語】―動 (金をもうける) make money ; (金持ちになる) get rich.

いっかつ 一括 ―副 (一緒に) together ; (まとめて) collectively ; (一まとめにして) in a lump ; (ばらばらでなく) as a whole. ―名 (種々の内容のものを 1 つにまとめたもの) package Ⓒ. ―動 (1 つにまとめる) lump ... together. ¶ 私は蔵書を*一括して売りたい I'd like to sell my library *as a whole*. // *一括して払いたい I want to pay it *in a lump*.

いっかん 一環 (部分) (a) part ★ a は付けないほうが普通. 《☞ いちぶ》. ¶ これはわが国の外交政策の*一環だ This ｢is [forms] (*a*) *part* of our foreign policy.

いっき 一揆 (暴動) riot Ⓒ ; (国家や権力に対する反抗) revolt Ⓒ. 《☞ はんらん¹》.

いっきいちゆう 一喜一憂 ―動 (喜んだり悲しんだりする) be now in joy, now in sorrow ; be now glad, now sad.

いっきうち 一騎打ち ―動 (一騎打ちをする) engage in single combat.

いっきに 一気に (休まずに) at a stretch, at a sitting ; (一挙に) at a stroke ; (一飲みに) at a gulp ; (一息に) at a draught ; (一回で) at a heat. 《☞ いっきょに》.
¶ その小説を*一気に読んでしまった I read the novel through *at* ｢*a* [*one*] *sitting*. ★「途中で座をたたないで」が原意. // 彼はビールを*一気に飲みほした He drank the beer *at a* ｢*gulp* [*draught*].

いっきゅう 一級 ―形 first-class, first-rate. 《☞ いちりゅう ; さいこう¹》.

いっきょに 一挙に once (and) for all, at [by] one charge, at a stroke, at a stretch. 《☞ いっきに》. ¶ 彼の逮捕で事件は*一挙に解決した His arrest cleared up the case *once* (*and*) *for all*.

いっきょりょうとく 一挙両得 ¶ それは*一挙両得になる (⇒ 一石二鳥だ) That will *kill two birds with one stone*.

いつく 居着く settle (down) ⓐ 《☞ いすわる ; おちつく》. ¶ 一人の浮浪者がその空き家に*居着いてしまった A tramp *settled* (*down*) in that empty house. [語法] 無断で空き家や他人の土地などに居着くのを squat ⓐ ともいう.

いっけん 一見 ¶ ここの桜は*一見の価値がある The cherry blossoms here are really worth *seeing*. // 彼女は*一見弱そうだがそうではない She is not so weak as she *looks*. // 彼は*一見刑事のようだった He *looked like* a detective. // 問題は*一見非常に易しそうだった The problem was *apparently* very easy. //

百聞は*一見にしかず *Seeing* is believing.《ことわざ：見ることは信ずることだ》
【参考語】— 動 (…のように見える・思える) seem ⓐ, look ⓐ, appear ⓐ; (一目見る) glance ⓐ. — 副 (見たところでは) seemingly, apparently; (一見したところでは) at first sight.

いっけんや 一軒家 (一戸建ての家) detached [independent] house Ⓒ《☞ 家・部屋 (囲み)》.

いっこう 一行 party Ⓒ, company Ⓤ 語法 特に短期間共通の目的で集まった人たちには party を用いる; (随行員) suite [swíːt] Ⓒ.《☞ だん²; だんたい; ずいいん》.
¶その*一行は男3人, 女4人だった The ⌈*party* [*company*] consisted of three men and four women. // 田中外相とその*一行はワシントンに向け昨夜東京を発った Foreign Minister Tanaka and his ⌈*party* [*suite*] left Tokyo yesterday evening for Washington.

いっこうに 一向に (少しも) at all, in the least, a bit ★いずれも否定文に用いる.《☞ すこしも; ぜんぜん; ちっとも; 強意語 (囲み)》.
¶彼の勉強は*一向にはかどらない (⇒ 少しも進歩しない) He has made *no* progress in his studies. // そんなことは*一向に気にしない I *don't* care *a* ⌈*bit* [*feather*] about it. // 彼は*一向にへこたれなかった He was *not in the least* depressed.

いっこく 一刻 (一瞬) a moment; (1分) a minute ★「分」の意を離れて「瞬間」の意味で用いられる.
¶*一刻を争う (⇒一瞬も失ってはならない) Not *a moment* is to be lost. 語法 主語を no time にしてもほぼ同意. // *一刻も早く始めた方がよい We should start ⌈*as soon as possible* [*without a moment's delay*]. // 刻*一刻と死が迫っていた His death was expected *any minute*.《☞ こっこく》

いっこだて 一戸建て detached [independent] house Ⓒ《☞ 家・部屋 (囲み)》.

いっさい 一切 **1**《全部》— 代 all, everything 語法 ほぼ同意だが, everything のほうが口語的. また everything は常に単数扱いだが, all は「物」を指すときには単数扱い,「人」を指すときは複数扱いが多い. ((例) 万物が静まり返っていた All *was* still. // みんな黙っていた All *were* silent.). — 副 (まったく・全体が) entirely; (欠けていることなく完全に) completely; (絶対) absolutely; (全部合わせて) altogether, in all.《☞ すべて》.
¶彼は*いっさいを失った He lost ⌈*all* [*everything*]. // 私に*いっさいを任せなさい Leave *everything* to me. // このことは*いっさい (⇒ 絶対) 秘密です This is *absolutely* secret.
2《少しも…でない・全然…しない》: not…any …, not … at all.《☞ 否定の表現 (囲み); すこしも; ぜんぜん; まったく》. ¶私は彼らとは*いっさい関係がありません I ⌈*don't* have *anything* [have *nothing*] to do with them.
一切合切 — 代 everything. — 名 (ひとそろい全部) the whole lot. — 副 (全部) altogether; (完全に) completely.

いつざい 逸材 man [person] of talent Ⓒ, talented ⌈man [person] Ⓒ ★女性の場合は woman よりむしろ person が普通; (有能な人) able ⌈man [person] Ⓒ; (与えられた仕事に適した能力のある人) competent ⌈man [person] Ⓒ. ¶彼はたいへんな*逸材だ He is a *man of* exceptional *talent*.

いっさくじつ 一昨日 the day before yesterday《☞ おととい》. ¶私は*一昨日ここへ来ました I arrived here *the day before yesterday*. 語法 《米》では the を省略することがある.

いっさくねん 一昨年 the year before last《☞ おととし》. ¶私はこの学校に*一昨年の四月に入学した I entered this school in April (of) *the year before last*.

いっさんかたんそ 一酸化炭素【化学】carbon monoxide Ⓤ. ¶*一酸化炭素中毒にかかる be poisoned by *carbon monoxide*

いっしき 一式 set Ⓒ; (完全に何から何までそろっているもの) complete set Ⓒ; (ある部屋のための必要な家具・道具類のひとそろい) suite [swíːt] Ⓒ.《☞ そろい》. ¶学用品*一式 a *set* of school things // 茶道具*一式 a (*complete*) *set* of tea things // 寝室用家具*一式 a bedroom *suite*

いっしゅ 一種 (種類の1つ) a kind, a sort; (型などの1つ) a type; (変種などの1つ) a variety [vəráiəti(ː)].《☞ しゅるい (類義語)》.
¶それは魚の*一種だ That's *a* ⌈*kind* [*sort*] of fish. 語法 a ⌈kind [sort] of … で「…のようなもの」「いわば…だ」のように軽い意味で用いられることが多い. // おおかみは犬の*一種か Is the wolf *a* ⌈*kind* [*species*] of dog? ★species [spíːʃiːz] Ⓒ《複 species》は生物分類上の「種(しゅ)」. // *一種独特の匂い *a* peculiar *sort* of smell
一種の a ⌈kind [sort] of … ¶彼はまあ*一種の (⇒ いわば) 理想主義者だ He is *a* ⌈*kind* [*sort*] *of* (an) idealist. 語法 kind [sort] of に続く単数形の名詞には a を付けないのが普通. ただし口語では a を付けることもある. // 彼の言っていることは*一種の (⇒ ある意味では) 矛盾だ What he says is contradictory *in a sense*.

いっしゅう¹ 一周 — 動 go [walk; run; travel] ⌈around [round] … 語法 《米》では around を用いることが多い. 手段・方法にかかわりなく一周する意味では go, 歩いて一周する場合には walk, 走って一周する場合には run, 旅行して一周する場合には travel を用いる; (自動車で一周する) drive around …; (船で一周する) sail around … — 名 (ひと回り) one round.《☞ ひとまわり》.
¶世界*一周旅行をする make [take] a trip ⌈*around* [*round*] *the world* / make [take] an *around-the-world* trip //「市内*一周のドライブをしませんか」「それはいいですね」"How about *driving around* the city?" "That sounds great." // この池は*一周するとどのくらいですか《距離》How large is this pond *around*? / What is the *circumference* of this pond? /《時間》How long will it take us to *go around* this pond?

いっしゅう² 一蹴 — 動 (申し出・要求など

を断る) refuse ㊀; (許可を与えない・拒否する) reject ㊀, 《口語》 turn down ㊀. 《☞ ことわる (類義語); しりぞける》.

¶ 彼は申し出を*一蹴した He *said no* to the proposal. / He ｢*turned down* [*rejected*] the request. / (⇒ きっぱり断る) He *refused* the proposal *flatly*. / He gave a *flat refusal* to the proposal. // 我々は相手チームを*一蹴できると思う I'm sure we will win an ｢*easy* [*overwhelming*] *victory* over our opponents.

いっしゅうき 一周忌 the first anniversary of *a person's* death.

いっしゅうねん 一周年 (記念日) the first anniversary (of ...) 《☞ -しゅうねん》.

¶ 我々の結婚*一周年記念日 *the first anniversary of* our marriage

いっしゅん 一瞬 (時間として感知できないような短い瞬間) instant Ⓒ; (短いが多少の時間がある感じ) moment Ⓒ. 《☞ しゅんかん》.

¶ それは*一瞬にして過ぎ去った It passed *in an instant*. / (⇒ 一瞬間の出来事だった) It happened *in* ｢*an instant* [*a moment*]. // 私は*一瞬はっとした I was taken aback *for* ｢*an instant* [*a moment*].

いっしょ 一緒 **1** «共に» ― 副 together; (全部のものが共に) all together [語法] together は 2 人以上, all together は 3 人以上について用いる. ― 前 (...と共に) with ..., along with ...

¶ *一緒に行こう Let's go (*all together*).

私と*一緒に来て下さい Please come (*along*) *with* me.

彼と私は*一緒に住んでいる He and I live *together*. / (⇒ 1 つの部屋を共有している) He and I *share* ｢a [the same] room.

私たちと*一緒にトランプをしませんか Will you play cards *with* us? / Will you *join* (*with*) us *in* ｢playing cards [the card game]?

私も*一緒にやってよいですか May I *join* you? ★ 人々が何かしているのに加えてもらうときに言う.

それとこれとを*一緒にしては困る (⇒混同するな) Don't *mix* this *up with* that. / (⇒ 2 つのものを) You should not *mix* the two things *up*.

ご*一緒させていただいて楽しかったです I enjoyed *your company*.

2 «同時に»: at the same time; (まったく同時に) (all) at once; (口をそろえて) in unison [júːnəsn, -zn]. 《☞ いっせい¹》.

¶ 2 つのことを*一緒に行うことはできない You cannot do two things *at the same time*.

皆が*一緒にしゃべった Everybody spoke ｢*at once* [*in unison*].

いっしょう¹ 一生 life [語法] 「人生」という意味では Ⓤ, 「(個人の) 一生」という意味では Ⓒ. 《☞ 可算・不可算名詞 (欄外)》; lifetime Ⓒ [語法] life が「生命」という意味が中心であるのに対し, lifetime は「一生の間」と, 時間を強調する. 《☞ しょうがい²》.

¶ あなたのご恩は*一生忘れません (⇒ご親切は決して) I shall *never* forget your kindness. // 彼女は*一生独身で過ごした She remained single ｢*all* [*throughout*] *her life*. // 彼らはその後*一生幸福に暮らした They lived happily ｢*all the rest of their lives* [*ever after*]. / They ｢led [lived] a happy *life* after that. // そのような仕事をするには*一生かかるだろう It will take a *lifetime* to complete such a work. // *一生のお願いがあります (⇒ 今度だけは特に頼みごとを聞いて下さい) Will you do me a favor just *this once*? // この調査は私の*一生の仕事だ This research is my *lifework*.

いっしょう² 一笑 **一笑に付す** (ばかばかしいと言って断る) laugh off ㊀; (根拠がないと言って笑って退ける) laugh away ㊀.

¶ 彼は私の提案を*一笑に付した He *laughed off* my suggestion. / (⇒ 彼は私の提案をばからしいものとして断った) He *turned down* my suggestion as mere nonsense. // 彼は私の恐怖を*一笑に付した He *laughed away* my fears.

いっしょうけんめい 一生懸命 ― 副 (熱心に) hard; (力一杯) with all *one's* might, with might and main; (命がけで) for ｢*one's* [dear] life. 《☞ ちからいっぱい; ぜんりょく》.

¶ 私は*一生懸命勉強した I studied very *hard*. // もっと*一生懸命勉強しなさい Study *harder*. // 彼は*一生懸命走った He ran *for* ｢*his* [*dear*] *life*. [語法] they が主語であれば *for their lives* となる. // とにかく*一生懸命やってみます I'll ｢*do* [*try*] *my best* anyway.

いっしょくそくはつ 一触即発 ― 形 (触れれば爆発しそうな) touch-and-go; (危なっかしい) risky; (不安定な) precarious; (危険な) dangerous; (危機的な) critical.

¶ 両国の関係は*一触即発の状態である Relation between the two countries is now *touch-and-go*.

いっしん¹ 一心 ¶ 彼は*一心に仕事をした (⇒仕事に専念した) He *devoted himself to* his work. // 私は*一心に英語を勉強した I *was absorbed in* the study of English. / I *was concentrating on* the study of English. // 彼女は*一心に神に祈った She prayed (to) God ｢*earnestly* [*fervently*; *devoutly*]. [語法] 「真剣になって」の意味では earnestly, 「熱烈に」は fervently, 「宗教的に敬虔(けいけん)な気持ちで」「信仰をこめて」などの意味では devoutly を用いる.

一心同体 ¶ 夫婦は*一心同体だ Man and wife are *one flesh*. 《☞ いったい³》

一心不乱 ― 副 (真心をこめて) with all *one's* heart, with *one's* whole heart ★ いずれも文語的. ― 動 (心を集中する) concentrate (on ...; upon ...) ㊀; (専念する) devote *oneself* to ... 《☞ いっしょうけんめい; ねっしん》.

いっしん² 一新 ¶ よく眠ったので気分が*一新した I had a good sleep and I feel quite *refreshed* now. // 新しい仕事で気分が*一新した The new work made me feel quite *fresh*. // 彼の家は改築で外観を*一新した His house has been rebuilt and *looks completely new*.

【参考語】 ― 名 (新しくすること) renovation Ⓤ;

(変化) change Ⓒ; (改善) improvement Ⓤ; betterment Ⓤ. —動 (新しくする) reform ⊛; remodel ⊛; improve ⊛.

いっしん³ 一身 ¶彼は仕事に*一身を捧げた He *devoted himself to* his work. // 彼は責任を*一身に引き受けた He took all the responsibilities ⌈on [to] *himself*. // 彼女は男たちの人気を*一身に集めた She was *extremely popular* with men. / She was the *center* of men's popularity. / She was the men's *idol*.

いっしんいったい 一進一退 ¶彼女の病状は*一進一退です (⇒不安定な状態にある) Her condition ⌈*is* [*hangs*] *in the balance*.

いっしんきょう 一神教 monotheism Ⓤ; (一神を崇める宗教) monotheic religion Ⓒ.

いっしんじょう 一身上 ¶彼は*一身上の都合で退職した He resigned for *personal* reasons.

【参考語】—形 (個人的な) personal; (私的な) private. —名 (事情) affairs ★ 通例複数形で.

いっすい 一睡 ¶昨夜は*一睡もできなかった I could not *sleep* at all last night. // その夜は*一睡もしなかった (⇒眠れない夜を過ごした) I had a *sleepless* night.

いっする 逸する (失う) lose [lúːz] ⊛ 《過去・過分 lost》; (つかまえそこなう) miss ⊛; (そのまま見逃す) let … go; (正規のコースからはずれる) stray (from …) ⓐ. 《☞ のがす》.

¶彼は好機を*逸した He *lost* the (good) chance. 語法 自ら機会を逃したか, 外的な事情によるかは関係なく, 単に事実を述べる. / He *missed* the chance. 語法 「好機をつかまえようとして失敗した」の意. / He *let* the chance *go*. 語法 不用意にもみすみす好機を見逃したことを意味する.

いっせい¹ 一斉 —副 (同時に) at the same time, at once, simultaneously [sàiməltéiniəsli(ː)] ★ 以上3つはほぼ同意だが, simultaneously は形式ばった時に用いる; (一緒に・そろって) all together; (口をそろえて) in chorus, in unison [júːnəsn], with one voice. 《☞ どうじ; いっしょ》.

¶少女たちが*いっせいに「先生, おはようございます」と言った The girls said ⌈*in unison* [*in chorus*; *with one voice*], "Good morning, sir." // 皆*いっせいにどっと笑った Everybody *burst into roars of laughter*.

一斉検挙 —名 roundup Ⓒ. —動 round up ⊛. 《☞ けんきょ²》 **一斉射撃** —名 volley Ⓒ. —動 volley ⊛ ⓐ, fire a volley.

いっせい² 一世 **1** 《同じ名の王などで最初の人》 ★ ローマ数字Iを名前の後に付け the first と読む. 《☞ 数字 (囲み)》. ¶エリザベス*一世 Elizabeth I **2** 《アメリカの日系米人で, 最初に移民した世代の人》: issei Ⓒ 《☞ にせい》.

いっせい³ 一世 **一世を風靡(ふうび)する** ¶その思想は*一世を風靡した (⇒それがその時代の主な考え方だった) That was the *ruling* idea of *the* ⌈*day* [*age*; *time*]. / The idea *took hold of the world* in those days.

【参考語】(ある時代) time Ⓤ; (ある特徴・出来事のある時代) age Ⓒ; (ある期間) day Ⓒ ★ 複数形で用いることも多い; (ある時代の世の中) the world; (一生) life Ⓒ.

いっせいちだい 一世一代 ¶それは彼の*一世一代の仕事だった (⇒彼はその仕事に一生を捧げた) He devoted ⌈all his *life* [his whole *life*] to the work.

いっせきにちょう 一石二鳥 —動 kill two birds with one stone 《ことわざ》.

いっせん 一線 **一線を画す** draw a line. ¶AとBとの間に*一線を画すのは難しい It is hard to *draw a* (⌈*demarcation* [*dividing*]) *line* between A and B.

いっそ ¶*いっそ行かないほうがよい (⇒あなたは行くな) You *had better* not go. 《☞ 提案・勧告の表現 (囲み)》 // *いっそ死んでしまいたい (⇒死ねればよいのだが) *I wish* I were dead. 《☞ 仮定の表現 (囲み)》 // 彼にその金をやるくらいなら*いっそ捨てたほうがましだ You *might as well* throw away the money *as* give it to him. 《☞ むしろ¹》

いっそう¹ 一層 ¶スミスさんはブラウンさんよりなお*いっそう年寄りだ Mr. Smith is ⌈*still* [*even*] older than Mr. Brown. 語法 Mr. Brown is *old*. But Mr. Smith is ⌈*still* [*even*] *older*. と内容的には同じ. もし最初の文から *still* [*even*] を除くと, 「スミスさんがブラウンさんより年上だ」というだけで, 「スミスさんが年寄りだ」ということにはならない. 《☞ もっと》 // 何も食べものがないので*いっそう空腹を感じた Since there was nothing to eat, I felt *all the more* hungry. // 彼女は*いっそう美しく見えた (⇒彼女はいつもより美しく見えた) She looked *more* beautiful *than ever*. 《☞ さらに》 // 事態は前より*いっそう深刻になった Things have gotten *even* worse.

【参考語】—副 more; all the more; still; even; (はるかにずっと) much more; (さらに) in addition (to …). —前 beyond …; over …

いっそう² 一掃 —動 sweep (away) ⊛ 《過去・過分 swept》; clear (⌈away [out]) ⊛; wipe out ⊛; drive ⌈away [out] ⊛ 《過去 drove; 過分 driven》.

【類義語】ほうきで掃くように一掃するのは **sweep (away)**. 邪魔なものを一掃してきれいにすることを強調する表現が ***clear*** (⌈***away*** [***out***]). 雑巾などで拭きとるように一掃するのが ***wipe out***. 力で追い出すのが ***drive*** ⌈***away*** [***out***]. 以上の相違は一掃する方法についての比喩的なニュアンスの違いが主である.

¶彼らは敵を*一掃した They ⌈*wiped out* [*swept away*; *cleared away*; *drove away*] the enemy. // 不正を*一掃しなくてはならない We must *wipe out* injustice. // すべての偏見を*一掃できるか Can we *clear away* all the prejudices? // 彼は走者*一掃の2塁打を打った He hit a double to *clean* the bases.

いっそくとび 一足飛び —副 (一躍して) at ⌈a [one] bound, at a ⌈jump [leap], in one leap, with ⌈a [one] bound ★ 以上はほぼ同意で入れ替えて用いることができる. bound, jump, leap の相違については ☞ はねる¹ (類義語).

¶彼女は*一足飛びにスターになった She became a star *at* ⌈*a* [*one*] *bound*. / She sprang into stardom「*with one bound* [*in one leap*].

いったい¹ 一体 《いったい全体》 ― 副 on earth, in the world, ever [語法] 一般的には疑問詞の後に強調語句として付ける.
¶ *いったい君は何を話しているのだ What「*on earth* [*in the world*] are you talking about?
[語法] on earth のような強調の語句を用いなくても, 話し言葉では動詞の talking を特に強調して発音することによっても強調を表すことができる. 《☞ 強調の表現 (囲み)》 // *いったい何が起こったのだ What *ever* [*Whatever*] has happened? // *いったいあなたは何をしでかしたのか What「*in the world* [*on earth*] did you do?

いったい² 一体 《全般的に見て》 ― 副 on the whole, as a whole ★ as a whole は形容詞的にも用いられる ; (概して) generally, in general ; (全般的に見て述べれば) generally speaking. 《☞ いっぱんに ; がいして》.
¶ 日本人は*一体に勤勉だ The Japanese, *on the whole*, are hardworking. / The Japanese *as a whole* are hardworking. // この地方では*一体に英語が通じない *Generally speaking*, English is not spoken in this area.

いったい³ 一体 《一つ・一団》 ― 名 (一つ) one ; (一団) one [a] body ★ 特に「一」の意味を強調する場合は one を用いる. ¶ 彼らは*一体となって行動した They acted in「*one* [*a*] *body*. // 小さなグループが結合されて*一体となった Small groups were united into *one*. // A と B が渾然*一体となっている A and B「form [constitute] *a* harmonious *whole*.

いったい⁴ 一帯 ¶ 関東*一帯に大雪が降った There was a heavy snowfall「*all over* the Kanto district [*over the whole* district of Kanto]. // このあたり*一帯には病院がない There is no hospital *in the whole neighborhood*.
【参考語】 ― 前 throughout ... ; all over ... ; around ... ― 副 (近所に) in the「neighborhood [vicinity]. ― 名 (あたり全部) the whole「place [neighborhood ; area ; district ; region].

いつだつ 逸脱 ― 動 (正しい進路からはずれる) deviate (from ...) 自. ― 名 deviation U. 《☞ それる》.
¶ それは規則から*逸脱している It *deviates from* the rules. // この文は文法から*逸脱している This sentence *deviates from* grammar. / (⇒ 文法的に間違っている文だ) This is an *ungrammatical* sentence. // 彼の行為は常識を*逸脱した (⇒ 反した) 行為である His conduct is *against* the common sense.

いったん¹ 一旦 ― 接 副 once 《☞ いちど》.
¶ 彼は*いったん決心したら必ずやりとげる *Once* he makes up his mind, he will always follow through (on his decision).

いったん² 一端 **1** 《一方の端》: one end ★ 片方の端は one end, 残りの端を the other end と言う. 《☞ いっぽう¹》. ¶ ひもの*一端 *one end* of a string **2** 《一部分》: part C; (一部についての知識) some idea U ; (かいまみること) glimpse C. 《☞ いちぶ》.

いっち 一致 ― 動 agree (with ...) 自 ★ 最も一般的な語 ; accord (with ...) 自 ; coincide [kòuinsáid] (with ...) 自; conform (to ...) 自; correspond (with ... ; to ...) 自; concur (with ...) 自 ; harmonize (with ...) 自.
[語法] なお「一致している」という意味の動詞句として be in「agreement [harmony ; accord ; line] with ... ― 形 congruous [káŋgruəs] ; corresponding ; conformable ; (意見が満場一致である) unanimous. ― 名 agreement U ; accord U ; coincidence U ; conformity U ; congruity U ; congruence [kəngrúːəns] U ; harmony U ; correspondence U ; (意見の一致) consensus C ; concurrence U ; (満場一致) unanimity U.
【類義語】 意見や事柄などが何の食い違いもなく一致するという意味で最も一般的な語は **agree**. 本質・精神などで一致するのは **accord**. 形状・性質が一致するのは **conform**. 意見・興味・判断などが完全に一致すること, およびしばしば出来事が時間的に一致することを **coincide** という. 2 つのものについて, 互いにその主要な特徴が類似・匹敵し合ったりするのは **correspond**. 2 つのものが互いに調和・協調し合ったりするのは **concur**. 互いに相違点があるにもかかわらずうまく調和するのを **harmonize** という. 2 つのものが本質においても道理においてもぴたりと適合し合う状態は **congruous** 形 という. 意見などが満場の一致を見るような状態を **unanimous** 形 という. 《☞ あう ; ふごう²》
¶ 彼と私は意見がまったく*一致している <S(人) + V(*agree*) + *with* + 名(人)> He *agrees* entirely *with* me. / (⇒ 彼と私は同じ考えだ) He and I are *of the same* opinion. / (⇒ 彼の意見は私のとまったく一致する) His opinion *is in* perfect *accord with* mine. / His views perfectly *coincide with* mine.
彼らは意見の*一致を見るには至らなかった They failed to「reach [arrive at] (an) *agreement*.
我々は言行を*一致させるべきだ We must make our「actions [conduct] *correspond*「*with* [*to*] our words. / (⇒ 我々の行いは言葉と一致すべきだ) Our「actions [deeds ; conduct] should *correspond*「*with* [*to*] our words.
あなたの考えは私たちの計画にうまく*一致する Your idea *fits in* well *with* our plan.
君と僕は趣味が*一致する (⇒ 共通の多くの趣味・趣向がある) You and I have many tastes *in common*.
それが*一致した (⇒ 統一した) 世論だ That is the「*unanimous* [*consensus* of] public opinion.
彼は満場*一致で議長に選ばれた He was elected chairman by (a) *unanimous* vote.
我々は共通の目的に向かって*一致協力しなくてはならない <S(人) + V(*cooperate*) + *to* [*toward*] + 名・代(物)> We must *cooperate*「*to* [*toward*] the common end.

いっちゃく 一着 the first (to come) 《☞ いっとう》.

いっちょういっせき 一朝一夕 ¶ それは*一朝一夕でできることではない (⇒ 一日[短い時間]

ではできない) That cannot be done in a ｢day [short time]. ∥大事業は*一朝一夕ではできない Rome was not built in a day. 《ことわざ: ローマは一日でできたのではない; ローマは一日にして成らず》∥英語は*一朝一夕には (⇒一晩では) 習得できない You cannot ｢master [learn] English *overnight*.

いっちょういったん 一長一短 ¶彼らのどの案も*一長一短だ (⇒よい所も悪い所もある) Every one of their plans *has both merits and demerits*.

いっちょうら 一張羅 the only good ｢clothes [suit; dress] *one* has 語法 一般的に衣服の意では clothes だが, 男女とも上下そろいの衣服の場合は suit, 女性の外出着の場合は dress; (外出着) *one's* Sunday best ★口語的. 《☞ はれぎ; 衣服 (囲み)》.

いっちょくせん 一直線 straight line Ⓒ 《☞ ちょくせん; まっすぐ》. ¶我々は目標をめざして*一直線に進んだ We *went straight on* toward the goal. ∥弾丸は*一直線に進まず, いわゆる弾道を描いて進む Bullets do not travel *straight*, but with what is called a ballistic motion.

いつつ 五つ —名 five. —形 (5つの) five; (5つめの) the fifth. 《☞ 数字 (囲み)》. ¶かごの中にりんごが*5つある There are *five* apples in the basket. ∥*5つめの駅で降りなさい Get off at *the fifth* station. ∥「君はいくつなの」「*5つ」"How old are you?" "*Five*. / I'm *five* (years old)."

五つ子 quintuplets [kwintʌ́plits] ★複数形で. 参考 五つ子の一人は one of the quintuplets, あるいは a quintuplet.

いっつい 一対 a pair 《☞ くみ; つい[2]》. ¶*一対の茶わん a *pair* of cups

いって 一手 **1** 《独占》 ¶彼はこの町で自転車を*一手に販売している He is *the only* bicycle *dealer* in this town. ∥すべての問題は僕が*一手に引き受ける I'll *handle* all the problems *by myself*. ∥責任を*一手に引き受けた I took the ｢whole [entire] responsibility ｢on [upon] myself.

2 《方法・手段》: way Ⓒ; (チェス・将棋などの, あるいは一般的な) move Ⓒ. 《☞ て》. ¶私にはいまこの*一手しかない This is the best *move* I can make now.

いってい 一定 —形 (定まった) fixed; (意味・目的などが明確な) definite; (基準に合致した・正常な・時間的に規則的な) regular; (一様の) uniform; (いつも同じで変わらない) constant. —動 (明確に定める) fix ㊀; (場所・時間・値段などを定める) set ㊀; (規格化する) standardize ㊀. 《☞ きまる》.
¶それをいつも*一定の場所に置きなさい Always put it in the ｢*fixed* [*right*; *proper*; *correct*] place. ∥*一定の収入 (⇒固定した収入) a *fixed* income / (⇒額の変動のない収入) a *regular* income ∥*一定の割合で at a *fixed* rate ∥*一定の間隔で at *regular* intervals ∥部屋を*一定の温度に保つ keep the temperature of the room *constant* ∥*一定の期間 for a *given* period / (⇒指定された期間) for a *specified* period of time

いってき 一滴 ¶雨が*一滴鼻に当たった A *drop of* rain fell on my nose. ∥彼は酒は*一滴も飲まない (⇒全然飲まない) He *doesn't* drink *at all*.

いってつ 一徹 —形 (生まれつき頑固な) stubborn; (あくまで自説を押し通す) obstinate. 《☞ がんこ》.

いつでも —副 (常に) always; (ずっと切れ目なく) all the time; (どんな時でも) at any time. —接 (…するときはいつでも) whenever ..., no matter when .... 《☞ いつも》.
¶彼は*いつでも本を読んでいる He is *always* reading (books). / He is reading (books) *all the time*. ∥「いつ伺ったらよいでしょうか」「*いつでもいいですよ」"When shall I ｢call on [visit] you?" "(*At*) *any time* (you like)." ∥私が訪ねるときには彼は*いつでも留守だ *Whenever* [*No matter when*] I call on him, he's out.

いっとう 一等 —名 (乗り物などの) (the) first class; (競走・競技などの1等賞) (the) first prize; (1位) (the) first place. —形 (一番よい) first-class, first-rate; (品質が) Grade A. 《☞ にとう; いちばん》.
¶彼はスピーチコンテストで*1等(賞)を取った He ｢got [won] (*the*) *first prize* in the ｢speech [oratorical] contest. 語法 この表現では first prize に the を付けないことが多い. / He was the *first-prize* winner in the ｢speech [oratorical] contest.

一等親 (両親の1人) *one's* parent; (子供) *one's* child; (息子) *one's* son; (娘) *one's* daughter. 《☞ 親族関係 (囲み)》 **一等星** 〖天文〗 star of (the) first magnitude Ⓒ.

いっとき 一時 ☞ いちじ[1].

イットのようほう It の用法 uses of 'it' 《☞ 欄外》.

It の用法 (uses of 'it') It は代名詞の1つであるが, 次のような用法がある.

(1) 前に述べられたものを指す場合.

(i) 人間以外のものを表す単数名詞を受ける.
¶「このステレオはあなたのですか」「いいえ. 兄のです」"Is *this stereo* yours?" "No, *it's* my brother's." ∥「これはぼくの鳥だよ」「名前は何ていうの」"This is *my bird*." "What's *its* name?" 語法 (1) 犬・猫などの大きな動物は人間に準じて he, she で受けるのが普通だが, 小鳥やその他の小動物は it で受けることもある. しかし, その場合でも, 飼い主など親近感を感じる人は he, she を用いることが多い. (2)「あれはあなたのお父さんですか」「そうです」"Is *that* your father?" "Yes, *it* is." のように, 人でも that [this] で指した場合は it で受けるのが普通.

(ii) 人間でも, 性別を特に問題にしないか, あるいは不明の場合.
¶だれかが玄関の所にいる. だれだろう *Somebody* is at the door. Who is *it*? ∥赤ん坊が泣いている. 多分, 空腹なのだろう *The baby* is crying. Perhaps *it* is hungry. 語法 赤ん坊の性別がわかっていれば, he, she で受けることが多い.

(2) 非人称の 'it' (impersonal 'it').

(i) it が天候・時間・距離などを表すのに用いられる場合.
¶きのうは天気がよかったが, きょうはひどい雨になってしまった *It* was clear yesterday, but today *it's* raining hard. ∥雲が切れている. もうすぐ晴れるだろ

いつのまにか いつの間にか (知らないうちに) before *one* knows it, while *one* is unaware ⌈of it [that ...]. ¶ *いつのまにか彼はいなくなっていた (⇒ 彼がいなくなったのに気がつかなかった) We *were unaware that* he had gone. / He was gone *before we knew it.*

いっぱ 一派 (党派) party Ⓒ; (集団) group Ⓒ; (派閥) faction Ⓒ; (宗派) sect Ⓒ; (大きめの宗派) denomination Ⓒ. 《☞ は[4]; はばつ》. ¶ メソジストはプロテスタントの*一派である The Methodists are a *denomination* of the Protestant church.

いっぱい 一杯 **1** «分量»: (茶わん 1 杯) cup (of ...) Ⓒ; (コップ 1 杯) glass (of ...) Ⓒ; (茶わん 1 杯の分量) cupful Ⓒ; (コップ 1 杯の分量) glassful Ⓒ; (さじ 1 杯の分量) spoonful Ⓒ; (かご 1 杯の分量) basketful Ⓒ. [語法] cup, glass などを用いて a *cup* of tea (＝茶わん 1 杯のお茶) というときは, 漠然と量をはかる感じであるのに対し, two *teaspoonfuls* of sugar (＝茶さじ 2 杯分の砂糖) のように, -ful を用いた場合には正確に分量をはかる感じが強い. 《☞ 量の表し方 (囲み)》.
¶「コーヒーを*1 杯いかがですか」「いただきます」 "How about (having) a *cup of* coffee?" "Thank you." / "Would you like a *cup of* coffee?" "Yes, please." //「ミルク[ビール]を*1 杯下さい」「はい」 "Please give me [I'd like] a *glass of* ⌈milk [beer]." "Certainly [Sure(ly)]." [参考] 英米ではミルクは冷たいまま飲むのが普通なので, a glass of milk と言うのが普通. // かご*1 杯分のいちご a *basketful* of strawberries
2 «多数・多量; 物・人が満ちあふれていること» ── 動 (人や物で) be full of ..., be filled with ...; (人で混雑して) be crowded with ...; (ぎっしりと詰めこまれて) be packed with ... ── 形 (たくさんの) a lot of ...
¶ かごにはりんごが*いっぱい入っている The basket *is full of* apples. // 駅は人が*いっぱいだった The station *was crowded with* people./ The station *was full of* people. // 私はバケツに*いっぱい水を入れた (⇒ バケツを水でいっぱいにした) I *filled* the ⌈bucket [pail] *with* water. // パーティーには知らない人が*いっぱいいた There were *a lot of* strange people at the party. 《☞ おおぜい》 // 彼女は胸が*いっぱいだった Her heart was *full.*
3 «酒類を飲むこと» ── 名 drink Ⓒ. ── 動 drink ㊤ ㊀. ¶「*一杯やりませんか」「いいね」 "How about (having) a *drink?*" "O.K." // ビールを*一杯飲みながら話しましょう Let's (have a) talk *over a glass of* beer. [語法] over は「(飲食を)しながら」という意.

いっぱいくわす (だます) deceive ㊤, cheat ㊤ ★ 一般的には以上 2 語を用いる; 《口語》 have ㊤, take in ㊤ ★ 口語的; (人をからかうために悪ふざけする) play a trick (on ...) [語法] deceive, cheat はふざけてだますニュアンスはないが, 後の 3 つの表現は, いわゆる「かつぐ」という意味に使われることが多い. 《☞ かつぐ》.
¶ 我々は*いっぱいくわされたのだ We've *been had.* // 彼に*いっぱいくわされた (⇒ 私は彼にだまされた) I *was taken in* by him. / He *played a trick on* me. // *いっぱいくわされた It was all a *hoax.* ★ hoax は人をかつぐ悪ふざけ.

-いっぱい ── 前 (...まで) till ..., until ...; (...の間ずっと) throughout ... 《☞ -まで; -までに(は)》. ¶ 当地に今週*いっぱい (⇒ 今週の終わりまで) います I will stay here ⌈*until the end of* [(⇒ 今週中) *throughout*; *all*] this week. // 今月*いっぱいにはでき上がるでしょう It will be ⌈finished [completed] *by the end of* this month.

いっぱく 一泊 ── 名 overnight stay Ⓒ; (ホテルなどでの) night Ⓒ. ── 動 stay overnight; (一晩だけ泊まる) stay for a night [語法] 決まった日をいうときには the night. それぞれ場所を示す表現とともに用いる. 《☞ -はく; ホテル (囲み); 旅行 (囲み)》.
¶ 私はパリに*一泊した I *stayed overnight* in Paris. / I had an *overnight stay* in Paris. // 今夜ここで*一泊したいのですが 《ホテルなどで》 I'd like to *stay* here ⌈*for the night* [*tonight*]. //「宿泊料はいくらですか」「ツインベッドルームで*一泊 30 ドルです」 "What's the rate?" "Thirty dollars ⌈*per* [*a*] *night* for a ⌈twin [room with twins]."

いっぱし 一端 ── 形 (有能な) able, capable, competent; (かなり立派な) respectable. 《☞ ひとなみ[1]; ひとかど; いちにんまえ》.
¶ 彼も*いっぱしの職人だ He is a *competent* ⌈artisan [craftsman]. / He is *something of* an artisan.

いっぱんに 一般に ── 副 generally, in general, generally speaking [語法] 以上 3 つはほぼ同意だが, generally は文頭または文中に, in general, generally speaking は普通文頭に置かれる. また in general は名詞の後に置いて形容詞的にも用いられる. 《☞ がいして》.

う The clouds are breaking. *It* will soon clear up. //「いま何時ですか」「2 時 10 分です」 "What time is *it*?" "*It*'s 2:10." // 冬は夕方, 暗くなるのが早い In winter *it* gets dark early in the evening. // 学校までバスでここからどのくらいかかりますか How long does *it* take from here to school by bus? //「駅まではここから, どのくらいの距離ですか」「1 キロほどです」 "How far is *it* from here to the station?" "*It*'s about one kilometer."
(ii) It seems ...; It appears ... などの it が that 節を後に伴う場合.
¶ 彼は何か具合が悪そうに思われる *It seems that* something is wrong with him. // 最初, すべての事がうまく行っているように彼らには思えた At first *it appeared* to them *that* everything was going well.
(3) 前に述べたことや, その場の状況から相手にわかっていることを受けたり, または漠然と周囲の状況を指す場合.
¶「彼は遅いな」「交通渋滞のせいだろう」 "He is late." "I suppose *it* is because of the traffic jam." //「景気はどうですか」「まあまあですね」 "How is *it* with you?" "*It* has been pretty good."
(4) 形式主語[目的語] (formal ⌈subject [object]) として, 後に来る to 不定詞, 動名詞, that 節, wh 節などをあらかじめ示すもの.
¶ あなたがそう言って下さるのはご親切なことですが, 事態は深刻なのです *It* is very kind of you *to say so*, but the situation is really serious. // 2, 3 日でこ

¶ *一般に子供たちは新しい環境への順応が速い (⇒ 速く順応する) *Generally* (*speaking*) [*In general*], children quickly adapt themselves to new circumstances. ∥ 講演は*一般に (⇒ 一般の人々に) 公開されます The lecture is open to *the public*. ∥ この習慣はこのあたりでは広く*一般に行われている This custom is quite「*popular* [*prevalent*; *common*] around here.

いっぴきおおかみ 一匹狼 lone wolf Ⓒ, loner Ⓒ 〔語法〕 前者は男にしか使わないが, 後者は女にも使える語. ¶ 彼はいつも*一匹狼で通している He is always a「*lone wolf* [*loner*].

いっぴつ 一筆 ¶ 私は彼に*一筆したためた (⇒ 手紙を書いた) I *wrote to* him. / I *wrote a letter to* him. / I *wrote* him a letter. / I *dropped* him *a line*. 〔語法〕 drop a line は多少気取った言い方なので「一筆したためる」という日本語に近い. 《☞ てがみ》

【参考語】 (手紙を書く) write (a letter) to …; drop … a line, drop a line to …; (手紙を出す) send a letter to …, send a few lines to …

いっぴん 逸品 (品質のすぐれた品) excellent article Ⓒ; (珍品) rare thing Ⓒ; (傑作) masterpiece Ⓒ.

いっぴんりょうり 一品料理 dishes *à la carte* [æləkɑ́ːt] 《☞ レストラン (囲み)》.

いっぷいっぷせい 一夫一婦制 monogamy [mənɑ́gəmi(ː)] Ⓤ 《☞ いっぷたさいせい》.

いっぷう 一風 **一風変わった** ― 形 (奇妙な) strange, peculiar, eccentric, odd; (独特な) unique. 《☞ かわった》. ¶ 彼は*一風変わった男だ He is「a *peculiar* [a *strange*; an *eccentric*] fellow *in a way*. ∥ 彼の考え方は*一風変わっている His way of thinking is *quite peculiar*. / (⇒ 独特だ) His ideas are *quite unique*.

いっぷく 一服 (薬の) dose Ⓒ; (たばこの) smoke Ⓒ; (休憩) rest Ⓒ; (短い休憩) break Ⓒ. 《☞ きゅうけい[1]》. ¶ この辺で*一服しよう (⇒ ここで手を休めて休憩しよう) Let's stop here and「*take* [*have*] *a rest*. / Let's「*take* [*have*] *a break* now. 〔語法〕 take a「rest [break] は《米》, have … は《英》でよく用いられる.

いっぷたさいせい 一夫多妻制 polygamy [pəlígəmi(ː)] Ⓤ 《☞ いっぷいっぷせい》.

いっぺん[1] 一遍 (一度・一回) once, one time. 《☞ いちど》. ¶ もう*一ぺんやってみます I'll try *once more*. ∥ 通り*一遍の知識 (⇒ 浅いうわべだけの知識) a *superficial* knowledge 《☞ とおりいっぺん》

いっぺん[2] 一変 ¶ 事態が*一変した The situation [Things] *changed completely*. / (⇒ 急に変わった) There was a「*sudden* [*drastic*] *change* in the situation. / (⇒ 事態が大きな変化を受けた) The situation [Things] *underwent a great change*.

いっぺんとう 一辺倒 ¶ その国の政府はソ連*一辺倒である The government of that country「*pays* [*shows*] *outright allegiance to* the Soviet Union. / The government of that country is *entirely pro-Soviet*.

【参考語】 ― 動 (…を頼りにする) lean「upon [on] … (for …), rely [depend] on …; (…に助けを求める) look to … for help.

いっぽ 一歩 a [one] step; (第一歩) the [a] first step.

¶ 彼は*一歩前へ進んだ [後ろへ下がった] He「took [made] *a step*「forward [backward(s)].

私はこれ以上*一歩も歩けない I cannot take *another step*.

私は暗闇の中を*一歩一歩進んでいった I went forward in the dark *step by step*.

これは成功への第*一歩だ This is *the first step*「*to* [*toward*] success.

これは確かに*一歩前進だ This is certainly *a*「forward [positive] *step*.

我々は勝利へ*一歩近づいた We moved *a step*「nearer [closer] to victory.

タンクは爆発の*一歩手前だった The tank was「*on the verge of* explosion [*about to* explode].

私はこの議論では*一歩も (⇒ 一点も) 譲れない I will never concede「*a point* [*even a single point*] in this argument.

いっぽう[1] 一方 **1** 《片方》 ★ 2 つのうち一方を one, 残りを the other で表す.

¶ 棒の*一方はとがっている. でももう*一方の端は丸くなっている *One end* of the stick is pointed. But *the other end* is rounded. ∥ 船が*一方に傾いた The ship leaned to *one side*. ∥ 金持ちがいるかと思えば*一方では貧乏人もいる Some are rich *while* others are poor. ∥ 彼らは*一方では一生懸命働き, また他方では余暇を楽しむ *On the one hand* they work very hard, and *on the other* (*hand*) they enjoy themselves during their leisure time. 〔語法〕 on the one hand は省略されることがあるが, その場合 on the other hand

---

の仕事を全部するなんて, 無理です *It* is impossible for me *to finish all this work within a few days*. ∥ その仕事を 1 週間で片付けるのは無理だとわかった I found *it* impossible *to finish the work in a week*. ★ この it は形式目的語. ∥ いま彼に助力しようとしてもむだだ *It* is no use *trying to help him at this moment*. ∥ 彼が名を伏せてその本を書いたということは知れ渡っている *It* is widely known *that he wrote that book under a pseudonym*. ∥ 彼女がちょうど間に合って来られたということは, 幸運だったと思いませんか Don't you think *it* was lucky *that she could come in time?* ∥ 彼がその要素をどうやって発見したかは公表されていない *It* has not been publicized *how he discovered that element*.

(5) 強調構文.

it と that の間に強調すべき語句をはさんで言う構文. 間に入る語が「人」を表す場合は who,「物事」の場合には which,「時」を表す語句なら when,「場所」なら where も用いられる. 《☞ 強調の表現 (囲み)》

¶ 彼が電車の中で忘れてきたのは私の本だったのです *It* was my book *that* he left in the train. ∥ ここへ一番先に到着したのは山本さんだった *It* was Mr. Yamamoto「*that* [*who*] arrived here first. ∥ まさにきのう, 私は彼に道で会いました *It* was yesterday「*that* [*when*] I met him on the street. ∥ 彼らがめざしていたものは, 彼らの国の独立であった *It* was the independence of their country *that* they were aiming at.

の hand は省略しない.

2 «…し続ける» ¶ 物価は上がる*一方だ Prices are *steadily* rising.

【参考語】(…し続ける) keep *doing*, go on *doing*; (…することをやめない) never stop *doing*.

一方通行 one-way traffic Ⓤ [参考] 道路標式などでは ONE WAY と表示する. これに対して通常の両面通行は two-way traffic Ⓤ. ¶ *一方通行路 a *one-way* street《☞ 掲示の英語 (囲み)》

「一方通行」の掲示

一方的 ― 形 one-sided. ¶ *一方的な勝利 *one-sided* victory // 彼らの言うことは*一方的だ What they say is *one-sided*. / (⇒ 彼らは偏見を持って語る) They talk 「*with* [*from*] *prejudice*.

いっぽう² 一報 ― 動 (…に知らせる) let ... know ..., inform ㊥ ★ 後者は少し堅苦しい言い方; (手紙を送って知らせる) notify ㊥. 《☞ しらせる》. ¶ 当地にご到着の時刻をご*一報下さい Please *let* us *know* 「the time of your arrival [what time you are going to arrive] here.

いっぽん 一本 ★ 可算名詞 (Ⓒ) の場合には不定冠詞 a, an, または数を強調するときは one を用いる. 不可算名詞 (Ⓤ) の場合には a piece of ..., a bottle of ... などを用いるが, 日英の間の数え方の相違に注意. 《☞ 数の数え方 (囲み); 可算・不可算名詞 (欄外); -ほん》.

¶ 鉛筆を*1 本下さい Please give me *a* pencil. // たばこを*1 本いかがですか How about *a* cigarette? // チョーク*1 本下さい Give me *a piece of* chalk. // これは*一本まいった (⇒ 君の勝ちだ) You *win*. / (⇒ 私の負けだ) You *beat* me. / I *am beaten*. / (⇒ 君にとっちめられた) Now you'*ve got me*.

一本気 ― 形 (純心な・誠実な) single-minded, single-hearted; (無邪気な) simple-minded, simplehearted **一本立ち** ― 形 independent 《☞ ひとりだち》. ¶ 彼は 25 歳で*一本立ちして, 自分の店を開いた He *became independent* at (the) age (of) 25 and opened his own 「store [shop]. **一本立て** (映画の) single-feature (show) Ⓒ **一本調子** ― 形 (単調な) monotonous; (つまらない) dull; (退屈な) tedious. ¶ 彼の話はいつも*一本調子だ His 「speech [talk] is always *monotonous*. **一本槍** ¶ 彼は勉強*一本槍だ (⇒ 彼は勉強に打ち込んでいる) He *is entirely devoted to* his studies. / (⇒ 彼はただ勉強するだけだ) He does *nothing but* study. // 僕は X 大学*一本槍で受験する I'll *aim only at* (passing the entrance exam for) X University.

いつまでも (永久に) forever; (終わりなく) endlessly, without an end; (長い間) for a long time [語法] 以上の訳語を使うほかに, 日本語の「いつまでも」を含む表現は内容をくんで別の表現で意訳するほうがよい場合が多い.

¶ ご恩は*いつまでも (⇒ 決して) 忘れません I'll *never* forget your kindness. // 彼女は列車が見えなくなるまでホームで*いつまでも手を振っていた She *kept waving* her hand until the train was out of sight. // どうか私の家に*いつまでも (⇒ 好きなだけ) 居て下さい Please stay here *as long as you like*.

いつも **1** «常に» ― 副 always; (普通) usually ★ 一般に動詞の前に置くが, be 動詞の場合はその後に置く; (年がら年中) all the time. ― 接 (…のときはいつも) every time ..., whenever ... ★ 以上 2 つはほぼ同意だが, 前者のほうが口語的. ― 助 (いつも…したものだ) used to [jú:stu, jú:stə] ★ 過去における継続的な習慣を表す. 《☞ いつでも; しじゅう; 頻度を表す副詞 (囲み)》.

¶ 彼は*いつも遅れる He is *always* late. / He comes late *all the time*. // 私は*いつもは夕食前にはテレビを見ません I *usually* don't watch television before dinner. [語法] usually は don't の後に置くこともできる. 《☞ 副詞の位置 (欄外)》 // 彼は*いつも暇なわけではない He is not *always* free. 《☞ 否定の表現 (囲み)》 // 彼は*いつもうそをつく (⇒ 彼は常習的なうそつきだ) He is a *habitual* liar. / He is *always* telling lies. // 彼女は*いつも (⇒ 毎朝) 6 時に起きる She gets up at six *every morning*. // 彼は夕方, 犬を連れて*いつもこのあたりを散歩していた In the evening, he *used to* 「walk [take a walk with] his dog around here.

2 «ふだん» ― 形 (いつもの・ふだんの) usual; (習慣となっている) customary. 《☞ ふだん¹》.

¶ *いつもより 5 分早く出発しなさい Start five minutes earlier than *usual*. // この冬は*いつもの年より寒い It is colder than *usual* this winter. // あした*いつものところでお会いします I'll see you at the *usual* place tomorrow. // 彼はけさは*いつもの彼ではない He is not *himself* this morning.

いつわ 逸話 (あまり知られていないおもしろい話) anecdote [ǽnikdòut] Ⓒ; (エピソード) episode Ⓒ; (話) story Ⓒ. ¶ 彼にはおもしろい*逸話がある There is an 「interesting [amusing] 「*anecdote* [*episode*] about him.

いつわり 偽り ― 名 (人をだまそうとして言ううそ) lie Ⓒ; (真実でないこと) untruth Ⓒ, falsehood Ⓒ [語法] 以上 3 語はほぼ同意として用いられることもあるが, lie は強い非難を含む言葉であることに注意; (作りごと) fiction Ⓒ. ― 形 (真実でない) false, untrue; (作り上げた) fictitious; (ごまかしの) deceitful, untruthful. 《☞ うそ (類義語); でたらめ》.

いつわる 偽る (うそを言う) lie ㊎, tell a lie; (虚偽の申し立てをする) make a false statement; (事実に似せた話を作る) feign ㊥; (だます) deceive ㊥; (事実らしく見せる) pretend ㊥. 《☞ うそ; でたらめ》.

¶ 彼は名前を*偽った (⇒ うその名前を言った) He gave a *false* name. // 彼はその事実を知らないと*偽った He 「*pretended* to be ignorant [*feigned* ignorance] of the fact.

い

イディオム idiom Ⓒ《☞ 欄外》.
イデオロギー ―名 ideology [àidiɑ́lədʒi(:)] Ⓒ. ―形 ideological [àidiəlɑ́dʒikəl]. ¶ *イデオロギーの論争 an *ideological* dispute ∥ *イデオロギーの相違 a difference in *ideology* ∥ マルクス主義的*イデオロギー Marxist *ideology*
いてざ 射手座 Sagittarius [sædʒətέ(ə)riəs], the Archer.《☞ じゅうにきゅう（挿絵）》.
いでたち 出立ち （身なり・服装） dress Ⓒ, attire Ⓤ ★ 文語的.《☞ みなり；ふくそう》.
いてつく 凍て付く freeze ⓐ《☞ こおる》.
いてん 移転 ―動 move ⓐ ★ 最も平易で一般的; change *one's* place ★ これは説明的表現. ―名（引っ越し） move Ⓒ, removal Ⓒ ★ 前者が平易な語.《☞ ひっこし》.
¶ 彼は大阪に*移転した He *moved to* Osaka./He made a *move* to Osaka. ∥ 私たちは来週新しい家に*移転する We will *move* ˹*to* [*into*] a new house next week. ∥ あの人はもう*移転しました He *has* already *moved out*. ∥ このたび下記へ*移転しました We *have moved to* the following address:《☞ コロン（欄外）》 ∥ *移転先は下記のとおりです（⇒ 新しい住所は次のとおり） The *new address* is as follows:
移転通知 removal notice Ⓤ.
いでん 遺伝 ―名 heredity Ⓤ, transmission Ⓤ ★ 以上２語はいずれも生物学上の遺伝の意味で用いられる;（祖先から受けついだもの） inheritance Ⓒ. ―形（遺伝性の） hereditary. ―動（遺伝する） be passed ˹down [on] (to ...), be transmitted (to ...) ★ 後者が多少形式ばった言い方;（性格・才能などが受けつがれる） be inherited.
¶ その病気は*遺伝する(可能性がある) The disease is ˹*hereditary* [*transmissible*]. ∥ 父親の病気が子供に*遺伝した The father's disease *was passed* ˹*down* [*on*] *to* his children.
遺伝学 genetics Ⓤ　**遺伝子** gene Ⓒ.
いと¹ 糸 ―名（縫い糸） thread [θréd] Ⓒ
語法 縫い物の糸は普通 Ⓤ として扱われ, a reel of thread (＝一巻きの糸)のように数える. その他では Ⓒ;（織物・編み物用の糸） yarn Ⓤ;（楽器の弦） string Ⓒ;（つり糸） line Ⓒ. ―動（糸を(針などに)通す） thread ⓣ;（糸を紡ぐ） spin ⓣ ⓐ.
¶ 針と*糸 a needle and *thread*
一巻きの木綿[カタン]*糸 a ˹reel [spool] of cotton *thread*
太い[細い]*糸 coarse [fine] *thread*
彼女は*糸を糸巻きに巻いている She is winding *thread* on a ˹reel [spool]. / She is reeling *thread*.
*糸が切れた The ˹*thread* [*string*] broke.
私は針に*糸を通した I *threaded* the needle.
彼女は*糸を紡いでいる She *is spinning*.
*糸は綿から作られる *Thread* is spun from cotton. /（⇒ 綿は糸に紡がれる） Cotton is spun into *thread*.
私はもつれた*糸をほどこうとした I tried to unravel the tangled *thread*.
あす(手術の)*糸を抜く予定です The doctor will take out the *stitches* tomorrow.
私は川に釣*糸をたれた I dropped my *line* in the river.
*糸が突然引いて，すぐ切れた《釣りで》 There was a sudden pull at my *line* and then it broke.
糸を引く ¶ だれかが陰で*糸を引いている（⇒ 操っている） Someone *pulls* (*the*) ˹*strings* [*wires*].
いと² 意図 ―名（意志） intention Ⓒ; intent Ⓤ;（目的） purpose Ⓒ;（もくろみ） design Ⓒ. ―動（意図する） intend ⓣ, mean ⓣ. ―形（意図的な） intentional, deliberate. ―副（意図的に） on purpose, intentionally, deliberately ★ 以上３つはほぼ同意だが, on purpose が最も口語的.
【類義語】心に抱いている意志を表す最も一般的な語が ***intention***. より明確な意図を意味し, 形式ばった用語としても用いられるのが ***intent***. かなり決定的な，行動についての意図が ***purpose***. 熟慮の末作り上げられた具体的な計画を伴う意図が ***design***.
¶ 私は法律を破る*意図はまったくなかった I had no *intention* of breaking the law at all. ∥ 彼が殺人の*意図をもってそのナイフを買い求めたことは明らかだ It is evident that he purchased the knife ˹with the *intent* to (commit) murder [with murderous *intent*]. ∥ 彼女は*意図的にそれをやった She did it ˹*on purpose* [*intentionally*].
いど¹ 井戸 well Ⓒ. ¶ *井戸を掘る dig a *well* ∥ この*井戸は深い[浅い] This *well* is ˹deep [shallow]. ∥ この*井戸は涸れている This *well* is dry. /（⇒ 涸れた） This *well* has ˹dried up [run dry].
井戸端会議 idle chatter Ⓤ, housewives' gossip session Ⓒ　**井戸水** well water Ⓤ.
いど² 緯度 latitude ★ 赤道からの距離の度

イディオム (idiom) 慣用語法または慣用句，あるいは (1) の場合には熟語，成句などともいう．ある言語に特有な言い回しのこと．普通は次のようなものをイディオムという．
(1) 句中の各語の意味を総合しても句全体の意味にならないもの．
例えば give up (＝あきらめる), put on (＝身につける), put up with (＝我慢する) など．
(2) 文法の規則に当てはまらないが，多くの人が用いているために，一般に認められている言い方．
例えば，It's *me*. (＝それは私です) は主格補語には主格がくる (この場合は I) という規則には反しているが，一般に用いられている．また *Everybody* brought *their* own lunch. (＝みんながめいめいの昼食を持参した) では，文法的には単数の his で呼応すべきところに普通は their という複数形が用いられる．これも慣用語法である．
(3) 職業や日常生活の各分野などについて独特な意味を持つ表現(法)．
例えば，sophomore (＝大学２年生), The line is busy. (＝(電話が)お話し中), two coffees (＝(レストラン・喫茶店などで) コーヒー２杯＝two cups of coffee), show *one's* cards (＝(トランプで) 持ち札を見せる；手のうちを見せる), step on the gas (＝(自動車の) アクセルを踏む；調子を上げて頑張る) など．

合を表す場合は Ⓤ.「地方・地帯」の意味では通例複数形で.《☞ けいど；ほくい；なんい[1]》.
¶ その地の*緯度は何度か What is the *latitude* of the place? // 東京はサンフランシスコとほぼ同じ*緯度にある Tokyo is ⌈in [at] about the same *latitude* as San Francisco.// 高[低]*緯度地方 high [low] *latitudes*

いとう 厭う (気にする・いやがる) mind ㊓.
¶ 私はそこに行くことは*厭いません (⇒ 私はそこに行くことはかまわない) I don't *mind* going there.

いとう 以東 (…より東に[で]) east of …；(その場所およびその東方) … and eastward.《☞ ひがし[1]》. ¶ あす名古屋*以東の新幹線は止まります The Shinkansen will not run *east of* Nagoya tomorrow.

いどう[1] 移動 ── 動 (動く・移動する) move ㊐；(動き回る) move about ㊐, move around ㊐；(動かす・移動させる) move ㊓；(位置をずらす) shift ㊓；(場所・地位などを変える) transfer ㊓；(旅行する) travel ㊐ ㊓.
── 名 (移動) movement Ⓤ.《☞ うごく；うごかす；うつす[1] (類義語)》.
¶ 人口の*移動 the *movement* of population / the population *movement* // 彼らはあちこち*移動した They *moved* from place to place. / (⇒ 旅行した) They *traveled* from one place to another. // 休み時間に別の教室へ*移動しなくてはならない We have to *move* to another classroom during the recess. // このいすをあちらへ*移動させなさい *Move* these chairs over there.
移動証明 certificate of removal Ⓒ **移動申告** report of removal Ⓒ. ¶ *移動申告を出す submit a *report of removal*

いどう[2] 異動 ── 名 (変化) change Ⓒ；(場所・地位などを動かすこと) transfer Ⓒ；(人事などの再編成) reorganization Ⓒ, reshuffle Ⓒ ★ 以上 2 語はほぼ同意だが, 後者のほうが口語的；(大がかりな人事異動)《米》shake-up Ⓒ. ── 動 (人事異動をする) reshuffle ㊓, reorganize ㊓；shake up ㊓；transfer ㊓.
¶ このたび職員の*異動があった There was a *change* ⌈in [of] ⌈personnel [the staff] recently. // 今国会閉会後, 閣僚の*異動があるだろう There will be a cabinet ⌈*reshuffle* [*change*; *reorganization*] after the current Diet session. // 彼は支店へ*異動となった He *was transferred* to a branch office.

いとぐち 糸口 (物事の始まり) beginning Ⓒ, start Ⓒ；(かぎ・手がかり) clue Ⓒ；(理解・解決の助けとなるもの) key Ⓒ；(ヒント) hint Ⓒ.《☞ てがかり；かぎ[1]》.
¶ 私には話の*糸口が見つからなかった (⇒ 私にはその話題をどうやって会話に持ち込んでよいかわからなかった) I didn't know how to ⌈*bring* [*introduce*] the topic *into* the conversation. // それが彼の出世の*糸口となった (⇒ それが発端だった) That was the *beginning* of his successful career. // 問題解決の*糸口がつかめない I can't find the *key* to the problem.

いとこ 従兄弟, 従姉妹 (first) cousin Ⓒ《☞ 親族関係 (囲み)》.

いどころ 居所 (いる所) where *a person* is；(住所) address [ədrés, ǽdres] Ⓒ；(所在・居所・行方) whereabout(s) ★ -s の付く場合は複数扱いが多い.《☞ じゅうしょ；ゆくえ》.
¶ 彼の*居所はまだつかめない His *whereabouts* are still unknown. // 彼の*居所を知っていますか (⇒ 彼がどこにいるか) Do you know *where he is*?

いとしい 愛しい (親愛な) dear；(かわいい) beloved [bilʌ́vid] ★ やや文語的.

いとなむ 営む (店などを経営する) run ㊓, keep ㊓ [語法] run は店などを経営する「活動」に重点を置く語であるのに対し, keep は「所有」に重点がある；(生活を) lead ㊓；(医業・弁護士業などを) practice (《英》practise) ㊓.《☞ けいえい》. ¶ 彼はホテル[店]を*営んでいる He ⌈*runs* [*keeps*] a ⌈hotel [store].

いとのこ 糸鋸 (手で用いる歯の細いのこぎり) coping saw Ⓒ；(雲形などの切れる機械のこぎり・クランクのこぎり) jigsaw Ⓒ；(引き回し細工用の糸のこ) fretsaw Ⓒ.《☞ のこぎり (挿絵)》.

いとま 暇 **1**《ひま》: time Ⓤ《☞ ひま；よゆう》. **2**《別れ》 ¶ もうお*いとましなくてはなりません (⇒さようならを言わなければならない) I must say *good-by(e)* now. / (⇒ 行かなければならない) I must *go* now. / I must *be* ⌈*going* [*leaving*] now.《☞ 訪問の表現 (囲み)》

いとまき 糸巻き spool Ⓒ；(小さな) bobbin Ⓒ；(糸だけでなくフィルム・ロープなどを巻きとる) reel Ⓒ. ¶ 糸を*糸巻きに巻く wind thread on a ⌈*spool* [*reel*; *bobbin*]

いどむ 挑む (やってみる) try ㊓；(向かって行く) challenge ㊓；defy [difái] ㊓.
【類義語】何かを試みてみるという一般的な語は **try**. 自分に何らかの意味で対抗・敵対するものに挑戦するのは **challenge**. やれるものならやってみろと嘲笑的にけしかけるのは **defy** と言う.《☞ ちょうせん[1]》
¶ 私はそれにもう一度*挑んでみよう I'll *try* it again. // 彼は私にもう一回競走を*挑んだ <S (人)＋V (*challenge*)＋O (人)＋*to*＋名> He *challenged* me *to* another race. / He gave me a *challenge to* another race. // 彼らは最高峰に*挑んだ They *challenged* the highest peak. // 彼は相手にさあ来いと*挑んだ He *defied* his opponent.

いとめ 糸目 **金に糸目をつけない** ¶ 彼は*金に糸目をつけない (⇒ 惜しげもなく金を使う) He *spends money* ⌈*lavishly* [*extravagantly*; *profusely*]. / (⇒ 費用を気にしない) He *does not care about the cost*.

いとめる 射止める (獲得する) win ㊓《過去・過分 won》；(得る) get ㊓；(苦労して手に入れる) gain ㊓ (↔ lose). ¶ 彼は 1 千万円の賞金を*射止めた He ⌈*won* [*got*] ⌈a [the] prize of ten million yen. // 彼はその女性の愛[心]を*射止めた He ⌈*won* [*gained*] the ⌈love [heart] of the woman.

いな 否 ── 副 no；《文語》nay [néi] ★ 形式ばった文で語気を強めるために用いられる.《☞ いいえ》. ¶ それがうまくいくか*否かは疑問だ I doubt if it will be successful *or not*.

い

-いない …以内 within …；(…より少なく) less than …；(多くても…ぐらい) not more than …

¶3日*以内に仕上げましょう I will finish it ˹*within* [*in not more than*] three days. // それを800字*以内でまとめなさい Summarize it ˹*within* 800 letters [*in* 800 letters *or less*]. // 学校はここから歩いて10分*以内です You can walk from here to our school *within* ten minutes. // いまから5分*以内に戻ってきます I'll be back ˹*within* [*in*] five minutes. [語法] in は「…の時間のうちに，…の時間がたてば」の意味で，within と相互に入れ換えて用いることができる場合が多いが，within のほうが，「…以内に」という意味を強調する.

いなおる 居直る (態度を変える) change *one's* attitude；(おどしの態度をとる) take [assume] a threatening attitude. ¶その男は突然*居直った (⇒おどしの態度をとった) The man suddenly ˹*took* [*assumed*] *a threatening attitude*.

いなか 田舎 **1** «都会に対して» —[名] (一般的に) the country；(都会との対照を強調して) the countryside ★ 両者とも通例 the を付けて；(説明的に) rural region Ⓒ. —[形] country；(田園の・都会から離れた) rural [rú(ə)rəl]；(田舎風の) rustic [rʌ́stik] [語法] rural はのどかな田園という含みのある一般的な語. それに対して rustic はあかぬけしない粗野な田舎を軽蔑した響きがある；(やや軽蔑的に) provincial；(牧歌的な田舎の) pastoral.

¶私のおじは*田舎に住んでいる My uncle lives in *the* ˹*country* [*countryside*]. // 私は小さな*田舎の町に生まれた I was born in a small ˹*country* [*rural*] town. // *田舎の人は素朴でいい I like (the) ˹*countryfolk* [*countrypeople*；*rural people*；*countrymen*] because they are simple and good-natured. ★ countryfolk は集合名詞. // 彼は*田舎のなまりがある He ˹has [speaks with] a ˹*regional* [*provincial*] accent. // *田舎を歩くのは気持ちがよい It is pleasant to walk in *the open country*.

2 «故郷»：home Ⓒ ★「故郷の」という形容詞あるいは「故郷へ」という副詞としても用いる；(故郷の町) hometown Ⓒ ★「生まれた土地」では birthplace Ⓒ が普通. 《☞ こきょう；きょうり；ふるさと》.

¶あなたの*田舎はどこですか Where is your ˹*home* [*hometown*]? / (⇒どこの出身ですか) Where are you from? // 私の*田舎は九州です My *home* is in Kyushu. / (⇒私は九州出身です) I'm from Kyushu. [語法] 第一文の home は「故郷」とも「家」ともとれる. もしも，例えば長崎市のように都市の名前を出せば，My *hometown* is (the city of) Nagasaki. のように言うことができる. // 私は夏休みに*田舎に帰る I'll go *home* during the summer vacation. 《☞ きせい[4]》

田舎者 (集合的に) countryfolk, countrypeople；(一人一人を指して) countryman Ⓒ；(軽蔑的に) bumpkin Ⓒ, rustic Ⓒ.

いながらにして 居ながらにして ¶テレビのおかげで*居ながらにして宇宙旅行ができる Thanks to television we can travel in space *as we sit in our living room*.

いなご 蝗 locust [lóukəst] Ⓒ 《☞ ばった》.

いなさく 稲作 (稲を栽培すること) rice growing Ⓤ；(稲の作柄・収穫) rice crop Ⓒ. 《☞ べいさく》. ¶今年の*稲作はどうでしょうか How is the *rice crop* this year? // 今年の*稲作は平年並み[平年作を上回る；下回る]でしょう The *rice crop* this year will ˹be average [be better than (the) average；fall short of (the) average].

いなずま 稲妻 lightning Ⓤ ★1回の稲妻を指していうときには a flash of lightning という. 《☞ かみなり》. ¶空に*稲妻が走った There was *a flash of lightning* in the sky. // それは*稲妻のように速い It goes as ˹fast [quickly；quick] as *lightning*.

【参考語】—[名] (Z字形) zigzag Ⓒ.

いななく 嘶く (馬・ろばが) neigh [néi] ㊀；(馬が静かにいななく) whinny ㊀；(ろばが) bray ㊀ ★以上は名詞 Ⓒ としても用いられる. 《☞ 動物の鳴き声 (囲み)》. ¶馬の*いななき the *neigh* of a horse

いなびかり 稲光り ☞ いなずま.

いなほ 稲穂 ear of rice Ⓒ 《☞ いね (挿絵)》.

いなや 否や ¶私が家に帰りつくや*否や雨が降り出した *As soon as* [*The moment*] I got home, it began to rain. / I had ˹*hardly* [*scarcely*] gotten home ˹*when* [*before*] it began to rain. / I had *no sooner* gotten home *than* it began to rain. [語法] 以上3つの表現は多くの場合ほぼ同意だが，第2，第3の構文は「…するかしないうちに…」という意味で，まだ動作が完全には完了していないことを強調するのに対し，as soon as …, the moment … はその動作が完了直後であることを表す. the moment は名詞の接続詞用法で，同様に the minute, the second, the instant なども用いられる. ただし，会話などではこのような構文を使わずに，I got home *and* it started to rain *immediately*. のように重文の形で表すことも多い. no sooner … than …, hardly [scarcely] … ˹when [before] … を用いるときは，前半の部分が過去完了形になることに注意. なお no sooner, hardly [scarcely] を文頭に出し，主語と動詞の倒置の起こる構文もあるが，これは文語的. hardly と scarcely, when と before の組合わせのうち，hardly … when …, scarcely … before … が最も普通である. 《☞ 時・期間の表し方 (囲み)》 // 彼は大学を卒業するや*否や (⇒卒業直後に) アメリカに行った He went to the U.S. *immediately after* he (had) graduated from college.

いなん 以南 (…より南に[で]) south of …；(その場所およびその南方) … and southward. 《☞ みなみ》. ¶京都*以南は雪は少ない There is little snowfall *south of* Kyoto.

イニシアチブ (主導権) initiative Ⓤ 《☞ しゅどうけん》. ¶その国際会議では日本が*イニシアチブを取った Japan took the *initiative* in the international conference.

イニシャル initial Ⓒ. ¶彼の名前は John

Brown だから，*イニシャルは JB だ His name is John Brown, so his *initials* are JB.

いにん 委任 **—**㊍ (人に任せる) leave ... to *a person* 《過去・過分 left》; (信頼してゆだねる) commit ... to *a person*; (信頼に答える義務を相手方に期待して，仕事などを委任する) entrust *a person* with ..., entrust ... to *a person*; (職権を伴う任務を委任する) commission ⑱. **—**㊔ (委任・委託) commission Ⓤ. 《☞ いたく (類義語); いしょく[1]》.

¶ 我々はその問題の決定を委員会に*委任した We ˹*left* [*entrusted*] the problem *to* the decision of the committee. ∥ 彼らはその仕事を我々に*委任した They ˹*committed* [*entrusted*] the work *to* us. / They *entrusted* us *with* the work. ∥ 彼は両者の調停を*委任された He *was commissioned to* mediate between the two parties.

委任状 power of attorney Ⓒ. ¶ 白紙*委任状 a carte blanche [kɑ́ːət-blɑ́ːnʃ] **委任統治** (国連による) trusteeship Ⓤ.

イニング 〘野球〙 inning Ⓒ 《☞ 野球の英語 (囲み)》.

いぬ[1] 犬 **1** 《動物》: dog Ⓒ; (めす犬) bitch Ⓒ; (猟犬) hound Ⓒ. 《☞ めす 語法》.

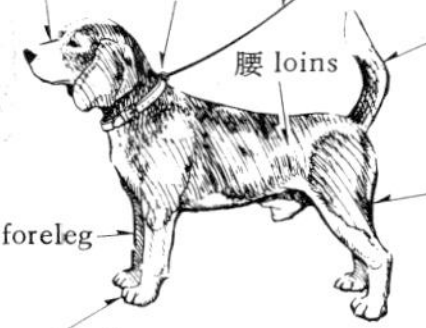

¶ 私は*犬を飼っている I ˹keep [have] a *dog*. *犬がほえた A *dog* barked. 参考 犬の鳴き声は bark, growl, howl, whine, yelp などの動詞・名詞で示す. 《☞ 動物の鳴き声 (囲み)》 *犬はワンワンとほえる *Dogs* bark "bow-wow." 参考 犬のほえ声はほかに arf, arf! もある. 《☞ 擬声・擬態語 (囲み)》

私は毎朝*犬を散歩に連れていく I walk my *dog* every morning.

何てかわいい*犬だろう What a cute *dog*!

この*犬は知らない人にほえる This *dog* barks at strangers.

彼は「シロ」と*犬を呼んだ "Shiro!" he called to his *dog*.

*犬をつないでおかなくてはいけません You must leash your *dog*. / You must keep your *dog* ˹on a leash [tied].

*犬がちんちんをしている The *dog* is sitting up.

*犬に芸を教えた I taught my *dog* a trick.

彼は我々に*犬をけしかけた He set a *dog* ˹on [upon] us.

2 《スパイ・まわしもの》: spy Ⓒ. ¶ 警察の*犬 (⇒ スパイ) a police *spy*

犬かき **—**㊔ dog paddle Ⓒ. **—**㊍ dog-paddle ⓐ. ¶ *犬かきで泳ぐ swim ˹in [with] a *dog paddle* **犬小屋** kennel Ⓒ, doghouse Ⓒ ★ ほぼ同意だが，kennel のほうが形式ばった語. **犬の首輪** dog collar Ⓒ.

いぬ[2] 戌 (十二支の) the Dog 《☞ ね[4] 参考》.

いぬじに 犬死に purposeless death Ⓤ.

¶ 彼は*犬死にした (⇒ 彼は何の意味もなく死んだ) He *died to no purpose*. 参考 die like a dog は「みじめな死に方をする」という意味になることに注意.

いね 稲 rice Ⓤ; riceplant Ⓒ 語法 rice は「稲」「米」の両方に用いられる語だが，特に植物を指すときは riceplant を使う.

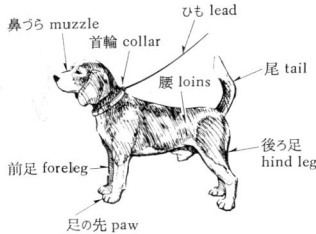

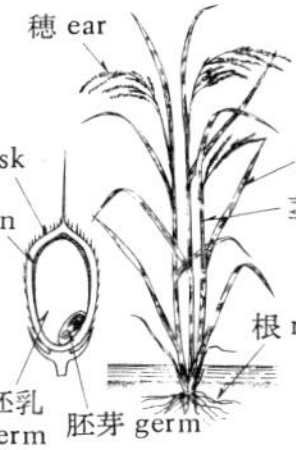

¶ 日本人は*稲を植える[栽培する] The Japanese grow *rice*. ∥ *稲は水田に植えられる *Rice* is planted in a rice paddy. ∥ *稲は高さ 1 メートルぐらいになる A *riceplant* grows to be about one meter tall.

いねむり 居眠り **—**㊔ (浅い眠り) doze Ⓒ; (眠くてぼんやりとした状態) drowse Ⓒ. **—**㊍ (居眠りする) doze (off) ⓐ, drowse ⓐ; (こっくりする) nod ⓐ. 《☞ うとうと; うつらうつら》. ¶ 彼は少しの間*居眠りした He *dozed off* for a moment or two. / He fell into a *doze* for a short time.

居眠り運転 driving (a car) asleep Ⓤ.

いのこる 居残る (そのままの位置に残留する) stay ⓐ, remain ⓐ; (残業をする) work overtime. 《☞ のこる; ざんぎょう》.

いのしし 猪 wild boar Ⓒ. ¶ *いのしし武者 (⇒ 向こう見ずなやつ) a reckless fellow / a daredevil

いのち 命 life Ⓤ ★「生命」という一般的な意味では Ⓤ,「一個人の命」という意味では Ⓒ. なお複数形は lives となる. 《☞ せいめい[1]》.

¶ 彼は子供の*命を救った He saved the child's *life*.

水は*命を保持するのに必要だ Water is necessary to maintain *life*.

私は*命が惜しい (⇒ 死にたくない) I don't want to die. / (⇒ 生きたい) I want to *live*. / (⇒ 生きていたい) I want to *stay alive*.

彼はコレラで*命を失った (⇒ 死んだ) He *died* ˹of [from] cholera.

その事故で 8 人が*命を失った Eight people ˹*were killed* [lost their *lives*] in the accident. / The accident took the *lives* of eight people.

私は*命のある限り (⇒ 生きている限り) この仕

事を続けたい I want to continue with my work「*as long as I live* [(*for*) *all my life*].
彼は*命びろいをした (⇒ 彼は死を免れた) He *escaped* (from) death. / (⇒ 彼は間一髪で助かった) He had *a narrow escape* (from death).
彼女の*命が危い She [Her *life*] is in danger.
我々は*命からがら逃げた We ran away *for our lives*.
心配すると*命が縮まる Care killed the cat. 《ことわざ：心配は猫さえも殺した》 参考 英語には A cat has nine lives. (＝猫は9つの命を持つ) ということわざがあって, 猫はしぶとい動物とされているが, その猫も心配ごとには勝てないという意味.
命がけ(で) at the risk of *one's* life **命ごい** ¶ 彼は*命ごいをした He *begged for his life*.
命知らず ━ 名 (人) daredevil Ⓒ; (向こう見ずな人) reckless fellow Ⓒ. ━ 形 daredevil; (思慮の欠けた) reckless **命づな** lifeline Ⓒ.

いのちとり 命取り ━ 形 (死につながる) fatal; (恐ろしい) deadly; (致命的な) mortal.
【類義語】避けることのできない致命的な状態を ***fatal***. 避けることは可能だが, 致命的なものは ***deadly***. すでに起こってしまった死の直接の原因を指す場合には ***mortal*** という. 《☞ ちめいてき；ちめいしょう》
¶ *命取りの病気 a *fatal* disease // *命取りの毒薬 (a) *deadly* poison // 彼の胸の傷が*命取りだったとわかった The wound in his chest proved (to be) *mortal*.

いのり 祈り prayer [prέə] Ⓒ; (食前・食後の感謝の祈り) grace Ⓤ.
¶ 彼女は神に*祈りを捧げた (⇒ 彼女は神に祈った) She *prayed to* God. / She offered a *prayer* to God. // 彼女の*祈りはかなえられた Her *prayer* was answered. // うちではいつも食前の*祈りをします We say *grace* before every meal.

いのる 祈る pray 自 他 ★ 最も一般的; offer a prayer; (食前の祈りをする) say grace; (望む・希望する) wish 他.
¶ 彼はひざまずいて*祈った He knelt down and *prayed*. // 私は熱心に(神に)*祈った I *prayed* earnestly (to God). / I *offered* an earnest *prayer* (to God). // 彼女は神の助けを*祈った She *prayed* (to God)「*for* help [*to* help]. ★ to help は不定詞. // ご成功を (⇒ 幸運を) *祈ります Good luck to you! ★ 試合や仕事などで出かける人に対してよく言われる口語的表現. / I wish you (good) luck. ★ 多少改まった調子. // ご多幸を*祈ります *May* you and your family be happy. / *May* happiness be upon you and your family. ★ いずれも多少改まった口調で, 手紙文などでよく使われる. 《☞ 倒置 (欄外)》 // 道中のご無事を*祈ります (⇒ よい旅行をしていらっしゃい) (I *hope* you) have a nice trip.

いはい 位牌 (Buddhist) memorial tablet Ⓒ.

いばら 茨 (とげ) thorn Ⓒ; (とげのある灌木(かんぼく)) bramble Ⓒ.
いばらの道 a thorny road. ¶ 平和への*いばらの道を歩まねばならない We have to follow *a thorny road* to peace.

いばる 威張る ━ 動 (尊大ぶる) assume an air of importance; (威張りちらす) swagger 自; (偉ぶって気取る) give *oneself* airs, put on airs; (豪語する) boast 自 他; (大ぼらを吹く) brag 自 他, talk big 自. ━ 形 (うぬぼれて) proud; (横柄で) arrogant; (尊大ぶって) haughty; (相手を見くびって) insolent; (力ずくの) overbearing.
【類義語】うぬぼれて思い上がった態度は ***proud***. 横柄で傲慢(ごうまん)な態度は ***arrogant***. 自分を偉いと信じこみ, 他を軽蔑する態度は ***haughty***. *haughty* がさらに高じて人を怒らせるほど無礼な態度が ***insolent***. 支配者・雇用主などの一方的に傲慢な態度は ***overbearing***. 《☞ おうへい (類義語); ごうまん》
¶ 私は彼の*威張った態度が気にくわない I don't like his「*proud* [*haughty*; *arrogant*] manner. // それは*威張れることではない That's nothing to be *proud of*. // ジョンは1等賞をもらったと*威張っていた John *boasted of* having won the first prize. // 彼はいつも自分の故郷が世界中で一番美しいと*威張る He always *brags* that his hometown is the most beautiful place in the world.

いはん 違反 ━ 名 (決められたことを破ること) breaking Ⓤ, breach Ⓒ ★ 後者はやや形式ばった語; (犯罪となるような) violation Ⓤ; (宗教上の) transgression Ⓤ ★ Ⓤ の語は具体的な行為を意味するときは Ⓒ; (犯罪行為) 《米》 offense Ⓒ, 《英》 offence Ⓒ; (命令の違反) disobedience Ⓤ. ━ 動 break 他; (説明的に) act against ...; violate 他; transgress 他 自; offend (against ...) 自; disobey 他.
【類義語】法律・規則などに違反する[を破る]という意味で最も一般的な動詞は ***break***. 違反を表す語で多少古風な名詞は ***breach*** で, a *breach of* ... の形で用いられる. 積極的な, ときには暴力に訴えての違反は ***violation***. 主として道徳律の違反が ***transgression***. 法律・規則などの違反行為を総称して ***offense*** と呼ぶ. 重罪は *major offense*, 軽犯罪は *minor offense* という.
¶ それは法律*違反だ That's *against* the law. / That's *violation* of the law. / (⇒ あなたは法律を破っている) You *are breaking* the law. // 彼は契約[約束]*違反に問われた He was accused of a *breach* of「contract [promise]. // 学則*違反 *violation* of the school「rules [regulations] // 交通*違反 traffic *violation* // 交通*違反者 a traffic *offender* // スピード*違反 *violation* of the speed limits / (⇒ スピードを出すこと) *speeding* // 駐車*違反 parking *violation*

いびき 鼾 ━ 名 snore Ⓒ; (いびきをかくこと) snoring Ⓤ. ━ 動 (いびきをかく) snore 自. ¶ 彼は大きな*いびきをかく He *snores*「loudly [terribly]. / He is a terrible *snorer*.

いびつ 歪 ━ 形 (ゆがんだ円形の・卵形の) oval; (形が崩れた) out of shape, distorted ★ 前者のほうが口語的.

いひょう 意表 **意表をつく** ¶ 彼はいつも人の

衣　服

1　衣服を表す英語

(1)　*clothes, clothing, garment*

上着やズボン・シャツなど, 防寒や肌身を守るために着るもので, 実用的な立場から見た衣服を clothes と言い, 最も一般的に用いられる語.「普段着」は everyday *clothes*,「作業着」は working *clothes*,「和服」は Japanese *clothes* である. この語は常に複数形で用いられるが, 直接数詞を付けることはできない.

服[ズボン]1着は a「suit [pair of trousers] のように数えるのが普通である. 《☞ 数の数え方 (囲み)》

身につける物全体を集合的に見た場合の衣類の総称は clothing である. 衣類の1点は an article of *clothing* で, これは a garment と言っても同じ. *garment* は衣服を上品に気取って言うときの語で, 洋服のメーカーなどが好んで用いる.

(2)　*dress, wear, suit, apparel*

装飾的な見地から見た衣服は dress である. この語は通常コートや下着は含まない. また婦人服の場合はワンピースを指す. 複合語としては次のように使われる.「正装」full *dress*,「夜会服」evening *dress*, 男子の「昼間礼服」morning *dress*,「花嫁衣装」wedding *dress*, 女性の「家庭着」house*dress*,「妊婦服」maternity *dress*.

特別の目的をもった衣服を表すときは wear を用い, 多くは複合語で用いられる.「紳士服」men's *wear*,「子供服」children's *wear*,「ビーチウェア」beach*wear*,「夏服」summer *wear*,「運動着」sports*wear*,「旅行着」travel *wear*,「訪問着」visiting *wear*.

同じくある目的を表す語と共に用いるのが suit である.「水着」bathing *suit*,「背広服」business *suit*,「宇宙服」space *suit*,「(男子の)夜会服」dress *suit*.

下着などに対して, 特に外衣を示す形式ばった語に apparel がある. 催し物などには重みをつけるためによく用いられる.「秋のファッションショー」Fall *Apparel* Fashion Show,「服飾雑誌」*Apparel* Magazine.

2　日本語と英語の意味のずれ

(1)　上　着

日本語で「コート」と言えばオーバーコート (overcoat) やレインコート (raincoat) を指すが, 英語の coat は, 背広 (suit) の上着を指すのが普通である.「上着にネクタイ」は a coat and tie と言う. また婦人や子供服の上着も coat で,《英》ではツーピース (a two-piece suit) のことを a coat and skirt と呼んでいる. 替えズボン (slacks) をはいたときなどの上着は

い

jacket とも言う.

(2) ズボン

背広上下の下にあたるズボンが trousers. 3つぞろいの服 (a three-piece suit) とは上着 (coat), チョッキ (vest), ズボン (trousers) のそろった服のことである. 遊び着・スポーツシャツなどと組み合わせてはく, いわゆる替えズボンは slacks. 日常普段にはくズボンは pants が普通.《米》では pants をどの場合にも用いる.

日本で言う下ばきのパンツは underpants にあたり, これは長いものも含む. 短いパンツは shorts で, 非常に短い V 型のものは briefs. いずれも常に複数形で用いる.《☞ したぎ (挿絵)》《米》と《英》の差については3の表を参照.

(3) シャツ

日本語で「シャツ」といえば普通下着 (undershirt) を指すが, 英語の shirt はワイシャツのこと. ただし下着の意味で用いられることもある. ネクタイなしで着るいわゆるスポーツシャツは英語でも sport shirt.《英》では sports shirt だが, この形は《米》でも用いられることがある. T シャツは T-shirt. ランニングシャツは sleeveless undershirt で, running shirt とは言わない.

3 米・英で異なる名称

衣服の中には, 同じものでもアメリカとイギリスでは呼び方の異なるものが少なくないから注意を要する.

	《米》	《英》
ズボン	pants	trousers
背広	business suit	lounge suit
タキシード	tuxedo	dinner jacket
チョッキ	vest	waistcoat
ねまき	nightgown	nightdress
パジャマ	pajamas	pyjamas
バスローブ	bathrobe	dressing gown
パンツ	underpants	pants
モーニング	cutaway	morning dress
ズボンつり	suspenders	braces
下着	undershirt	vest

★《米》で vest と言えばチョッキ.

4 着る・はく・脱ぐ

(1) *put on, take off, wear, have on*

服を着たり, ズボンをはいたりする 1 回の動作を表す最も一般的な動詞は put on で, 脱ぐのは take off. 身につけているという状態を表す動詞は wear で, 現に着ていることを示すには have on が使われる.

¶ 彼は外出するのに上着を*着た He *put* his coat *on* to go out. // どうぞ上着をお*脱ぎ下さい Please *take off* your coat. // 彼はいつもスポーティーな服を*着ている He always *wears* a sporty suit. // 彼はレインコートを*着ていた He ˹*had on* [*was wearing*] a raincoat. / He *had* a raincoat *on*.

(2) *dress, undress, get ˹into [out of]* ...

身じたくするのは dress で, ある服を着ている状態を表すときにも用いられる. dress の反対は undress である. 身につける[ぬぐ]という意味では get ˹into [out of] ... とも言う.

¶ 彼女は起きて急いで服を*着た She got up and *dressed* quickly. // 服を*着なさい Get *dressed*. / *Put* your clothes *on*. // 彼女はグリーンの服を*着ていた She *was dressed* in green. // 早く*脱ぎなさい Get *undressed* [*Take* your clothes *off*] quickly. // 彼はオーバーを*着た[*脱いだ] He *got* ˹*into* [*out of*] his overcoat.

(3) *slip ... ˹on [off], slip ˹into [out of] ..., step ˹into [out of] ..., peel off*

服をさっと着たり[脱いだり]するのは slip ... ˹on [off] または slip ˹into [out of] ... ズボンなどをはく[脱ぐ]のは step ˹into [out of] ... くだけた表現では服を 1 枚 1 枚脱ぐのを peel off という.

¶ 彼女はドレスをするりと*脱いだ She *slipped out of* her dress. // 彼はズボンを*はいた He *stepped into* his trousers. // その子は服を*脱いで寝た The boy *peeled off* (his clothes) and went to bed.

対話例

A: この服を試着してもいいですか
B: もちろん結構です. サイズはぴったりだと思います
A: わきの下がちょっときついな
B: では, こちらのはいかがでしょう

A: Can I try (on) this suit?
B: Yes, certainly. I think it is your size.
A: I'm afraid this is a little too tight under the arm.
B: Then, I recommend this one.

A: この服どう思う?
B: 君にとてもよく似合うよ
A: 丈はどうかしら
B: 少し詰めたほうがいいかもしれないな

A: How do you like this dress?
B: It looks very nice (on you). / It suits you very nicely.
A: How about the length?
B: I think you'd better make it a bit shorter.

A: イギリスへ行っているとき, 注文でこの服を作ったんだ

A: I had this suit made to order when I was visiting England.

B：ぴったりですばらしいよ．僕はいつも既製服を探すんだ．注文服は高いからね

B：It is a perfect fit and looks great. I usually try to find a ready-made suit, because ⌈tailor-made [custom-made] clothes are too expensive.

*意表をつくようなことをする (⇒特別なことをやって我々を驚かす) He always *surprises* us by doing something extraordinary.

いびる (つらくあたる) be hard on ...；(苦しめる) torment ㊍.《☞ いじめる；いじわる》.
¶ まま母は娘を*いびった Her stepmother *was hard on* her.

いふ 畏怖 awe [ɔ́ː] Ⓤ, fear Ⓤ ★ ほぼ同意だが，前者は形式ばった語．《☞ おそれ¹》.
¶ 神に対する*畏怖の念 the *fear* of God // 私は大自然の力の前に*畏怖の念を感じた I ⌈had a feeling of [was struck with] *awe* before the great power of nature.

いふう 威風 **威風堂堂** ¶ 兵士たちは街を*威風堂々と行進した The soldiers marched down the street *in grand style*.

いぶかしい 訝しい ── ㊋ (はっきりしない・いかがわしい) dubious [d(j)úːbiəs]；(疑いを抱かせる) suspicious；(真偽のほどが疑わしい) doubtful；(結果について自信が持てない) uncertain.《☞ あやしい》. ¶ だれもそれを*いぶかしく思わなかった No one felt *doubtful* about it.

いぶかる 訝る wonder ㊍㊎；doubt ㊍㊎；suspect ㊍.《☞ あやしむ》.

いぶき 息吹き (息・呼吸) breath Ⓤ.
¶ もう田舎では春の*息吹きが感じられる We already feel the *breath* of spring in the countryside.

いふく 衣服 clothes [klóu(ð)z] ★ 最も一般的な語．常に複数形で；(総称的に) clothing Ⓤ；(形式ばった語で) garment Ⓒ；(正装および婦人のドレス) dress Ⓒ；(ある地域・時代特有の服装) costume Ⓒ.《☞ ふく²》.
¶ 彼は*衣服にあまりかまわない He doesn't care much about *clothes*. / (⇒ 着るものにあまり関心がない) He isn't very interested in *what he wears*.

いぶくろ 胃袋 stomach Ⓒ《☞ い¹》.

いぶす 燻す (魚・肉などを燻製にするため，また昆虫などを追い払ったり，殺菌したりするためにいぶす) smoke ㊍；(特に殺菌のため煙・蒸気などで) fumigate ㊍；(金属を酸化させる) oxidize ㊍.《☞ いぶる》.

いぶつ¹ 遺物 (遺品) relic Ⓒ；(遺跡) remains ★ 常に複数形で．《☞ いせき》.
¶ 過去の*遺物 a *relic* of the past // 彼は前世紀の*遺物だ《口語》He is a *back number* of the last century. 参考 back number は元来は雑誌などの古いものを言う．

いぶつ² 異物 foreign substance Ⓤ；(何か外部から入ったもの) something foreign.

いぶる 燻る (煙が出る) smoke ㊎；(燃えさしなどが炎を出さないで煙る) smolder (《英》smoulder) ㊎.《☞ いぶす；けむる》.

いぶんし 異分子 foreign element Ⓒ；(外部から入った人) outsider Ⓒ.

いへん 異変 (異常な出来事) something unusual；(思わぬ出来事) accident Ⓒ；(災難) disaster Ⓤ；(大変な災害) calamity Ⓤ.《☞ さいなん》. ¶ 天候の*異変 the ⌈*unseasonable* [*unusual*] weather

いぼ 疣 wart [wɔ́ət] Ⓒ；(たこなどの吸盤) sucker Ⓒ.

いほう 違法 ── ㊔ unlawfulness Ⓤ, illegality Ⓤ ★「違法行為」の意味では illegality は Ⓒ. ── ㊋ (違法な) unlawful, illegal.《☞ ふほう¹》. ¶ 私は*違法行為はしたくない I don't want to commit an ⌈*unlawful* [*illegal*] act. / (⇒ 法を破りたくない) I don't want to *break the law*.

いぼきょうだい 異母兄弟，異母姉妹 (男) half brother Ⓒ；(女) half sister Ⓒ.

いほく 以北 (…より北に[で]) north of ...；(その場所およびその北方) ... and northward.《☞ きた》. ¶ 富士山*以北は晴れの予想です Fine weather is predicted *north of* Mt. Fuji.

いま¹ 今 **1** «現在»: now, at present, at the present ⌈time [moment]；(このごろ) nowadays；(今日) today.《☞ げんざい¹；時・期間の表し方 (囲み)》.
¶ *いま，何時ですか What time is it (*now*)?
語法 日本語に「いま」とあっても英語では特に now を入れる必要はない．
*いま，この町の人口はどのくらいですか What is the population of this town ⌈*now* [*at present*]?
*いまとなっては手遅れだ It's too late *now*.
*いまからでも遅くはない It's not too late *now*.
*いまの若い人たちは気が利く Young people ⌈*nowadays* [(*of*) *today*] are smart.
*いまの内閣は2か月前に組閣された The *present* Cabinet was formed two months ago.
*いまのうちに仕事をしよう I'll do the work ⌈*now* [(⇒ あまり遅くならないうちに) *before it is too late*].
*いまから100年後，世界はどうなっているだろう What will have become of the world 100 years from *now*?
*いまでも君が好きだ I *still* love you.
2 «近い未来・過去»: (いますぐに) at once,《口語》right away, immediately ★ 以上はどれも「いますぐに」と，近接未来を強調する；(間もなく) soon；(たったいま) just now ★ 過去形とともに用いられる；(ほんの少し前) a moment ago.《☞ すぐ (類義語)》.
¶「何しているの，トム」「*いま行きます」"What are you doing, Tom?" "I'm coming! / I'll be there ⌈*in a minute* [*right away*]."
*いま出かけます I'll leave ⌈*at once* [*right away*; *immediately*].
手紙は*いま書くところです I'm going to write the letter (*now*).
*いま帰ったところです I've *just* come back.《☞ 完了形 (欄外)》/ I came ⌈back [home] *just now*.

いま² 居間 living room Ⓒ, family room Ⓒ, 《主に英》 sitting room Ⓒ ［参考］《英》でも現在では living room と言うことが多い. 《☞ 挿絵；家・部屋（囲み)》.

いまいましい ―形 (腹立たしい) irritating；(ひどく腹立たしい) exasperating；(悩ませるような) annoying.

いまごろ 今頃 (いま) now；(同じころ) (about) this time ［語法］この後に直接または of ... として，さらに時を示す語を付ける；(このごろ) nowadays. 《☞ いま¹》.

¶もう*いまごろ彼女は列車に乗っている She is *now* on the train, I suppose. // あすの*いまごろまでに東京に着きます We will ⌈be [have arrived] in Tokyo by *this time* tomorrow. 《☞ 完了形 (欄外)》

いまさら 今更 **1** «いまになって»：now 《☞ いま¹》. ¶ *いまさら怠惰を後悔しても仕方がない It is (of) no use to regret your laziness ⌈*now* [when it is too late]. / It is too late *now* to regret your laziness. // *いまさらどうにもしようがない There is no way out *now*. / It cannot be helped *now*.

2 «改めて»：again. ¶ *いまさら (⇒ 繰り返して) 言うまでもないが，夜は9時までに帰りなさい I don't have to tell you *again*, but be sure to come home before nine p.m.

いましがた 今し方 (ほんの少し前) a moment ago；(たったいま) just now. 《☞ いま¹；さきほど；さっき¹》. ¶彼は*いましがた戻った[出かけた]ところだ He ⌈came back [went out] ⌈*just now* [*a moment ago*].

いましめ 戒め (教訓) lesson Ⓒ；(穏やかな訓戒・警告) admonition Ⓤ ★ かなり形式ばった語；(忠告・助言) advice Ⓤ；(警告) warning Ⓤ；(公的な警告の言葉) caution Ⓒ.

¶その経験は私によい*戒めとなった The experience gave me a ⌈good [valuable] *lesson*.

いましめる 戒める (…に…しないように言う[忠告する]) tell [advise] *a person* not to *do*；(禁じる) prohibit ㊀；(「人」に注意する) caution *a person* against ...；(自分が用心する) take caution (against ...), be on (*one's*) guard (against ...).

¶ぜいたくはかたく*戒められている <S(人)＋V (*prohibit*)＋O(人)＋*from*＋動名の受身> We *are* strictly *prohibited from* indulging in luxury. // 悪習に染まらないよう自ら*戒める (⇒ 自分で注意する) べきだ You should ⌈*be on* (*your*) *guard* [*take caution*；*guard yourself*] *against* (getting into) bad habits.

いまだ 未だ ―副 (まだ) yet, as yet ★ 後者のほうが形式ばった語；(まだ…ない) not yet；(いまだかつてない) never (before)；(依然として) still. 《☞ まだ》.

¶彼は*いまだに姿を見せない He has *not* come *yet*. / He has*n't* showed up *yet*. ★ 口語的表現. // *いまだかつてそんな話は聞いたことがない I have *never* heard such a story *before*. // 私は*いまだかつてこんなおもしろい本を読んだことがない (⇒ いままでに読んだうちで一番おもしろい) This is the most interesting book I (have) *ever* read. // 彼女は*いまだに独身だ She is *still* unmarried.

いまどき 今時 ―副 (このごろは) nowa-

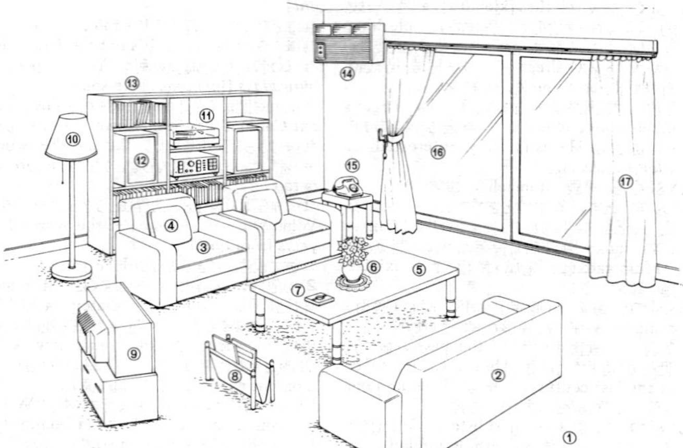

① じゅうたん carpet ② ソファー sofa ③ 安楽いす easy chair ④ クッション cushion ⑤ テーブル table ⑥ 花瓶 vase ⑦ 灰皿 ashtray ⑧ マガジンラック magazine rack ⑨ テレビ television (set) ⑩ フロアスタンド floor lamp ⑪ ステレオ stereo ⑫ スピーカー speaker ⑬ 本箱 bookcase ⑭ エアコン air conditioner ⑮ 電話 telephone ⑯ 引き戸 sliding door ⑰ カーテン curtain

居間 living room

days. ― 形 (このごろの) ... of today ★ 名詞の後に置く. ¶ *いまどき彼女みたいに親切な人は珍しい A kind person like her is rare *nowadays.* // *いまどきの若い者は礼儀を知らない Young people *of today* have no manners.

いまに 今に (すぐに) soon; (間もなく) before long; (近いうちに) one of these days; (いつの日か) someday; (将来) in (the) future; (そのうちに) in time. 《☞ そのうち; やがて》.
¶ *いまに君にもわかるようになるよ You will ˹realize [understand] it *someday.* // *いまに後悔することになるぞ You will be sorry for it. // *いまに彼は大物になるぞ He will become a great man *in (the) future.* // その秘密は*いまにばれるだろう The secret will come to light *in time.* // *いまに見ていろ (Just) you wait! ★ 復讐するときなどの脅し文句.

いまにも 今にも ― 副 (いつなん時) at any moment ★ may と共に用いる. ― 動 (「人」がいまにも...しそうである) be ready to *do.*
¶ *いまにも雨になりそうだ It *may* rain *at any moment.* // 彼女は*いまにも泣きそうだった She *was ready to* cry.

いまのところ 今のところ (差し当たって・当座は) for the moment; (いまの段階では) at this stage ★ 形式ばった言い方; (現在は) at present, at the moment. 《☞ さしあたり》.
¶ *いまのところ(は)これくらいしか言えません This is all I can say ˹*for the moment* [*at this stage*]. // *いまのところすべて順調にいっている Everything is going on smoothly *at* ˹*present* [*the moment*].

いまひとつ 今一つ ¶ 君は*いま一つ (⇒ ほんの少しばかり) 努力[勇気]が足りない You are *a little bit* lacking in your ˹effort [courage]. // それは*いま一つ物足りない It [That] *is not good enough* (to be perfect).

いままで 今まで till [until] now ★ until のほうが改まった語. 文頭では until が普通; (これまで・いままでのところ) so far, as yet. 《☞ -まで (類義語)》.
¶ *いままでどこにいたのですか Where *have* you *been?* // *いままで仕事がかかった (⇒ いままで働いていた) I have been working *till now.* / (⇒ いま仕事を終えたところだ) I *have just finished* my work. 《☞ 完了形 (欄外)》 // *いままで何をしていたの What *have* you *been doing?*

いまわしい 忌まわしい ― 形 (胸がむかつくような) disgusting, abominable, detestable, loathsome ★ 以上 4 語はほぼ同意だが, disgusting が最も一般的; (不吉な) unlucky; (縁起の悪い) ominous; (呪われた) 《俗語》 damned 語法 この語は言ってはならないタブー語とされていたもので, 使わないほうがよい.

いみ 意味 **1** 《意味内容》 ― 名 meaning Ⓒ; (特定の意味) sense Ⓒ; (全体的意味内容) import Ⓒ; (含み・含蓄・ニュアンス) implication Ⓒ, connotation Ⓒ; (内に含まれる意味) significance Ⓤ. ― 動 (意味する) mean 他 《過去・過分 meant》; (やや形式ばって) signify 他; (暗に意味する) imply 他.
【類義語】最も一般的なものは **meaning**. 語句のもつ一つ一つの意味には **sense** を用いることが多い. ある文章や行為全体の意味内容は **import** というが, 形式ばった語. 公然と表明せずに, におわせた意味, あるいはニュアンスということでよく使われる語は **implication**, または **connotation**. 同様に, 背後にある意味という感じで, 日本語の「意義」にも当たるのは **significance**. 《☞ いぎ[1]; 欄外》
¶ 辞書を引いて, この語の*意味を調べなさい Look up this word in the dictionary to find ˹its *meaning* [what it *means*].
この語には多くの*意味がある This word has many ˹*meanings* [*senses*].
この文は全然*意味をなさない This sentence doesn't *make* (any) *sense.*
彼のとった行動の*意味は何だったのだろうか What was the *significance* of the action he took?
演説の*意味ははっきりしていなかった The *import* of the speech was not clear.
その言葉には悪い*意味がある That word has a bad ˹*implication* [*connotation*].

意味 (meaning) 言語は意思を伝える手段であるから, 言葉には当然意味がある. では意味とは何であろうか.
(1) 単語の意味.
言葉には具体的なもの, 例えば「りんご」とか「黒板ふき」とか同じ種類のものにつけた名称があるが, apple という単語の意味は目の前に置かれた「りんご」そのものではない. なぜなら apple には大・小いろいろの形のものや赤いもの青いものなどがあり, 目の前のりんごはその 1 つにすぎないからである.
また「青森のりんごはおいしいそうだ」という言葉を聞いた場合のことを考えてみよう. その場合おそらく目の前にりんごがないであろうから,「りんご」という言葉を理解するには, 私たちはいままでの経験からりんごという果物を頭に思い浮かべ,「ああ, あれか」とわかるのである.
私たちはみな「りんご」とはどういう果物かということを知っている. だから, 目の前にりんごが置かれると, 頭の中のりんごの知識と照合して,「ああ, これはりんごだ」とわかるし, 目の前にりんごがなくても,「りんご」と聞けば「ああ, あれか」とわかるのである.
また beautiful とか love などという言葉はりんごなどとは違って, 具体的にそれを表すものがない. しかし, この場合もりんごの場合と同じように, 頭の中でどういうものが beautiful であり, また love であるかを思い浮かべることができる.
こういう頭の中の考えで社会的に共通性のあるものが「単語の意味」であると言ってよいだろう. それは例えば犬は「哺乳類の四つ足の食肉動物で...」というような生物学などの知識とは必ずしも一致しない. それは小さな子供がちゃんと「ワンワン」と「ニャンニャン」の区別ができるということを考えてもわかる. 彼らには生物学的知識などあろうはずがないからである.
つまり単語の意味とは, ある単語を聞いたり見たりしたときに,「ああ, あれか」とわかる場合の知識である. それは言い替えれば, ある物または事をほかの物・事と区別する特徴を知っていることだと言える. 私たちは日本語を覚えるときに, そういうことも一緒に覚えながら育ったのである.
ところで, 単語の意味は各単語に 1 つずつあるというわけではない. 例えば日本語の「車」には「車輪」という意味と「自動車」という意味があるし, 英語の hand には「手」「(時計の)針」「働き手」など幾つもの意味がある. こういう単語を多義語という《☞ 多義語 (欄外)》.

い

それはどういう*意味ですか (⇒ それによって何を意味するか) What do you *mean* by that? / What *is meant* by that?
彼は*意味のないことばかり言っている He is always talking *nonsense*.
ある*意味ではあなたは正しい *In a sense* you are right.
彼女は*意味ありげに笑った She gave me a *meaningful* smile.
2 «意図・目的・意義»: meaning Ⓤ; (目的) purpose Ⓒ; (より具体的な目的) aim Ⓒ; (意義) point Ⓤ, sense Ⓤ. 《☞ いぎ[1]; もくてき》. ¶人生の*意味とは何だろう What is the *meaning* of life? / What is the *purpose* of our life? / (⇒ 何のために生きているのか) What does one *live for*?
彼に会ってもたいした*意味はない There is not much *point* in seeing him.
彼女が死んでしまっては生きていても*意味がない There is no *sense* in continuing to live since she is dead.

イミテーション ―名 (模造品) imitation Ⓒ. ―形 imitation. 《☞ にせ; もぞう》.
¶これは本物に見えるが, 実は*イミテーションだ This seems genuine, but in fact it is an *imitation*.

いみん 移民 (外国からの移住民) immigrant Ⓒ; (外国への移住民) emigrant Ⓒ; (入植者) settler Ⓒ; (外国から移住すること及び移民団) immigration Ⓤ; (外国へ移住すること及び移民団) emigration Ⓤ. 《☞ いじゅう》.
¶船上にいるのはブラジルへの*移民だ Those on board are *emigrants* 「to [for] Brazil. ∥ *移民は労働力として受け入れられた The *immigrants* were received as laborers.

いむしつ 医務室 (学校などで薬を用意してあるような所) dispensary Ⓒ; (医師の診察室) doctor's office Ⓒ. 《☞ 病気・病院 (囲み)》.

イメージ image [ímidʒ] Ⓒ 《☞ いんしょう》.
¶彼の*イメージはよい[よくない] He has a 「favorable [bad] *image*. ∥ 彼女は*イメージチェンジしようとしている She is trying to change her *image*. ∥ 彼の成功は会社の*イメージアップに大いに役立った (⇒ 彼の成功は会社の評判を高めた) His success brought a 「higher *reputation* [better *image*] to his company. / His success went far toward improving his company's *image*. ∥ そのニュースは学校の*イメージダウンにつながった The news harmed the *image* of the school. / (⇒ 名声を傷つけた) The news 「hurt [damaged] the *reputation* of the school. 参考 「イメージアップ」「イメージダウン」は和製英語. 《☞ 和製英語 (囲み)》

いも 芋 (じゃがいも) potato [pətéitou] Ⓒ 《複 ～es》; (さつまいも) sweet potato Ⓒ.

いもうと 妹 (younger) sister Ⓒ 語法 特に必要あるとき以外は姉・妹の区別はせず, 単に sister のみで表す. 《☞ あね; 親族関係 (囲み)》. ¶あなたには*妹がいますか Do you have any (*younger*) *sisters*? ∥ 一番下の*妹は小学校2年生です My *youngest sister* is in the second grade.

いもづる 芋蔓 **いもづる式に** (次々に) one after another, in succession, like dominoes. ¶泥棒の一味は*いもづる式に捕えられた All the thieves were arrested *one after another*.

いもの 鋳物 ―名 (鋳造によるもの) casting Ⓒ; (鋳型によるもの) molding (《英》 moulding) Ⓒ. ―形 (鋳物の) cast; molded. 《☞ ちゅうぞう》. **鋳物工場** foundry Ⓒ.

いもむし 芋虫 caterpillar [kǽtəpìlə] Ⓒ 《☞ ちょう[1] (挿絵)》.

いもり 井守 newt [n(j)ú:t] Ⓒ.

いもん 慰問 ―名 (慰め) consolation Ⓤ, comfort Ⓤ. ―動 (慰める) console ㊉, comfort ㊉.

いや[1] 嫌 ―形 (いやな・不愉快な) disagreeable, unpleasant; (むかむかするような) offensive, disgusting; (ぞっとするような) horrid, horrible; (好ましくない・望ましくない) undesirable; (ありがたくない) unwelcome; (気が進まない) unwilling, reluctant; (飽きた) tired, weary, sick ★ここに並べた順に意味が強くなる. 《☞ ふゆかい; いやがる》.

多くの単語は多義語である. 多義語があることによって, 言語は少ない数の単語で多くの意味を表すことができる. 文の中で多義語の意味のうちのどれが使われるかはその前後関係によって決まる《☞ 前後関係 (欄外)》.
さらに, 以上の場合とは逆に, 幾つかの単語の意味がみな似ているという場合がある. 例えば, 日本語の「本」と「書物」はほぼ同じだし, 英語の fast, quick, rapid なども「速い」という共通の意味がある. こういう単語を類義語という《☞ 類義語 (欄外)》. 類義語の意味はまったく同じなのではなくて, 意味の特徴が少しずつ違っていたり, 堅苦しい単語とくだけた単語の区別があったりする. このような類義語があることによって, 言語は豊かな表現力を持つのである.
類義語は意味が似ているけれども, いつでも入れ替えて使えるわけではない. むしろ, どういう場合にどの単語を使うかが決まっていることが多い. そこで外国語を学習するときには類義語の意味と用法の区別を知ることはたいへん重要である. 本辞典では【類義語】欄や★による註の形で, できるだけ多くの類義語についての情報を入れるように努めた.
単語の意味には以上のほかに, 使い方によってはある独特のニュアンスを持つものがある. 例えば, 日本語の 4, 英語の 13 という数は不吉な数とされる. また使い方によっては下品な感じを与える単語や軽蔑的な悪い意味になる単語もある. これを知ることも外国語学習では重要で, 本辞典では★による註の形などでできるだけ注意を入れるように努めた.
(2) 文の意味, 文章の意味.
文の意味はその中に使われている単語の意味を単純に総合すれば出てくるというものではない. 文を作るには各言語に文法規則があって, それに従って平叙文, 疑問文, 命令文, 関係節構文, 強調構文などが作られる. こういう文全体として表される意味は単語の意味を足し合わせても出てこない.
さらに, 同じ1つの文が解釈の仕方によっては2つの違った意味になることがある. 例えば Flying planes can be dangerous. という文は "Flying planes" という部分が, Planes fly. を -ing 形を使って「飛んでいる飛行機」と言い替えたのか, They fly planes. を -ing 形を使って「飛行機を操縦すること」と言い替えたのかによって意味が違ってくる. このような意味の違いも単語のレベルの問題ではない.

¶ あんな人は*いやだ（⇒ 好きではない）I *don't like* such people.
試験なんて*いやだ*いやだ（⇒ 憎む）I *hate* examinations!
本当に*いやな奴だ What a *disgusting* fellow!
彼は*いやな顔をして，だめだと言った He made a「*wry face* [*grimace*] and said no.
部屋の中は*いやなにおいがした The room had「an *offensive* [a *bad*; a *nasty*] smell.
それを聞いて私は*いやな気持ちになった I *was displeased*「to hear [at] it.
実に*いやな光景だった It was a「*horrible* [*horrid*] sight.
私は行くのは*いやだ I「*am unwilling* [*am not inclined*; *do not want*] to go.
生きているのがほとほと*いやになった I am *sick* (*and tired*) *of* life.

いや² no《☞ いいえ；「はい」と「いいえ」(欄外)》. ¶「お天気はもつでしょうか」「*いや，どうもあやしいね」"Will the weather hold?" "No, I'm afraid not." ∥「彼女はまだ来てないのでしょう」「*いや，もう家の中にいるよ」"Hasn't she come yet?" "Oh, *yes*. She is in the house." ∥ 私の申し出に*いやとおっしゃる（⇒ 拒否する）つもりではないでしょうね You aren't going to *refuse* my offer, are you?

いやいや 嫌嫌 （気の進まないまま）unwillingly；（不承不承）reluctantly.《☞ しぶしぶ》. ¶ 彼女は彼の申し出に*いやいや同意した She *unwillingly* agreed to his offer.

いやおうなしに 否応なしに ¶ *いやおうなしに私はここに連れてこられた（⇒ 来ることを強制された）I *have been*「*forced* [*compelled*] to come here. ∥ *いやおうなしに（⇒ 好んでも好まなくても）彼にこの薬を飲ませなさい Let him take this medicine *whether he likes it or not*.
【参考語】━動（無理に…させる）force ㊀, compel ㊀.

いやがうえにも (all) the more《☞ いっそう¹；なおさら》.

いやがらせ 嫌がらせ ¶ 彼は*いやがらせを言う悪い癖がある He has a bad habit of saying「*unpleasant* [*disagreeable*] *things* to others.《☞ いやみ》 **いやがらせ電話** crank [annoying] call Ⓒ.
【参考語】━動（困らせる）bother ㊀；（迷惑をかける）annoy ㊀. ━名 annoyance Ⓤ.

いやがる 嫌がる （気が進まない）be「unwilling [reluctant] (to *do*)；（嫌う）dislike ㊀；（非常に嫌う）detest ㊀, hate ㊀.《☞ きらう；しぶる》. ¶ 彼は外出するのを*いやがっていた He *was*「*unwilling* [*reluctant*] *to* go out. ∥ 子供は歯医者へ行くのを*いやがる Children「*hate* [*detest*] going to see the dentist.

いやく¹ 違約 ━動（約束を破る）break「a promise [a contract; an agreement]. ━名（約束違反・不履行）breach of「promise [contract; agreement] Ⓒ；（義務や債務の不履行・怠慢）default Ⓤ.
¶ *違約はしたくない I don't want to *break*「*promises* [*contracts*]. /（⇒ 約束を守りたい）I want to *keep my*「*promise* [*word*]. ∥ 契約を破棄すれば，*違約金を払わねばならない If I「break [violate] a contract, I have to pay *the breach-of-contract damages*.

いやく² 医薬 medicine Ⓤ《☞ くすり（類義語）》. ¶ *医薬分業 separation of dispensary from medical practice

いやく³ 意訳 free translation Ⓤ《☞ 翻訳（欄外）》.

いやけ 嫌気 **嫌気がさす** ¶ 私はこの仕事に*嫌気がさしてきた（⇒ あきてきた）I *am getting*「*tired* [*sick*] of this「work [job].《☞ いや¹；うんざり》

いやしい 卑しい **1**《意地汚ない》━形（貪欲な）greedy；（特に食物について）gluttonous [glʌ́tənəs]. ¶ 彼は実に*卑しい奴だ He is really「*greedy* [*gluttonous*].
2《下品な》━形 vulgar, coarse；（卑劣な）mean, base.《☞ げひん》. ¶ 彼は*卑しい言葉づかいしかできない He can use only「*vulgar* [*coarse*] language.
3《低い身分の》━形 humble, low.

また，実際のコミュニケーションでは，文の意味はしばしば話し手の意図，聞き手の理解の仕方，あるいは言葉の言われた環境などで意味が違ってくる．例えば，Can you reach the salt? は「塩(の入れもの)に手が届きますか」という疑問文だが，食卓で言われれば「その塩を取って下さい」という依頼の文となるのである．

また，文は単独で用いられることは少なくて，対話の場合には問いと答えが1つの組み合わせとなっているし，書き言葉では文が集まってパラグラフを成し，さらにパラグラフが集まって1つの文章ができ上がっている《☞ パラグラフ（欄外）》．そして文章全体が1つのストーリーとしてまとまった意味を持つのが普通である．その場合，各パラグラフがどのような構造と意味を持つかということが文章全体の意味を左右することになる．そういうものまでを視野に入れると文や文章の意味については，単語の意味の場合とは比べものにならないほど大きな問題があるといえる．

（3） 外国語との意味のずれ．

外国語を習うに当たって，特に単語の意味について一つ困ることがある．それは，日本語と外国語では意味がずれたり，食い違ったりしていることがしばしばあるということである．

例えば，日本語で「指」といえば手の指と足の指とが頭に浮かぶし，手にも足にも指が10本ずつあるということが私たちの共通の知識である．ところが英語の finger は手の指しかいわず，足の指は toe という．さらに，手の親指は thumb と呼ばれ，普通は finger には数えない．つまり日本語の「指」と英語の finger とは意味が違うのである．こういうことはほかにもたくさんあげることができる．

従って，英語を学ぶ際には，常に日本語の意味と，その日本語に相当するという英語の意味とが，果たしてぴたりと一致しているのかどうか，もし食い違っていればどういう違いがあるのかということに注意していなければならない．

本辞典では，そういうことについてできるだけたくさん説明するように努めたつもりである．本文中の（ ）による説明，★ による注意書きによく注意していただきたい．なお，文の意味については日英でほぼ同じこともあるが，文構造を変えなければならないことがしばしばある．これについては（⇒ ）などで英文の発想の仕方を示すようにした《☞ 発想（欄外）》．

いやしくも ¶ *いやしくも学生なら，学生らしく勉強しなさい (⇒もし学生であるなら) Study as a student should, ｢*if* you are one *at all* [*now that* you are one]. // *いやしくも競技に参加するなら最善を尽くせ (⇒もし参加するならば) Do your best, *if* you are to take part in a game *at all*.

いやしむ 卑しむ despise ㊀; (優越的な態度で) disdain ㊀. 《☞ けいべつ (類義語)》.

いやす 癒す cure ㊀, heal ㊀. 《☞ なおす; なおる》. ¶ 一切れのパンが空腹を*いやした A piece of bread *satisfied* my hunger.

いやでもおうでも 否でも応でも ☞ いやおうなしに.

いやに 嫌に (非常に) very, exceedingly ★ 後者は形式ばった語; (ひどく) 《口語》 awfully, terribly. 《☞ ひどく; 強意語 (囲み)》. ¶ 彼はきょうは*いやに機嫌がいい He looks ｢*very* [*exceedingly*] happy today.

イヤホーン earphone Ⓒ. ¶ *イヤホーンをつけて下さい Put on your *earphones*, please.

いやみ 嫌味, 厭味 ―形 (不愉快な) disagreeable; (ひどく不快にさせる) offensive; (趣味の悪い) of bad taste; (辛らつな) sarcastic; (皮肉な) ironical. ―名 (皮肉) sarcasm, irony ★ 以上2語は「いやみな言葉」の意味では Ⓒ,「皮肉」という意味では Ⓤ; (いやみな言葉) sarcastic remark Ⓒ. 《☞ ひにく; いやがらせ; いじわる》.

¶ 彼は時々*いやみなことをする He sometimes does something ｢*disagreeable* [*offensive*] to others. // *いやみを言ったつもりだったが，彼女にはわからなかったらしい I meant to be ｢*ironical* [*sarcastic*], but she didn't seem to understand. / I made a *sarcastic remark*, but she didn't get it.

いやらしい ―形 (ひどく不快にさせる) disgusting, offensive; (汚らわしい) nasty ★ 前後関係によっては「卑わいな」の意味にもなる; (卑わいな) obscene [ɑbsíːn]; (下品な) dirty, indecent [ìndíːsnt] ★ dirty のほうが意味がきつい. 2語とも「卑わいな」の意味にもなる. 《☞ けがらわしい; げひん; わいせつ》.

¶ あの男はまったく*いやらしい That man is really ｢*disgusting* [*nasty*]. // 彼はたくさん*いやらしい冗談を知っている He knows a lot of ｢*dirty* [*obscene*] jokes.

イヤリング earring Ⓒ. ¶ 彼女はいつも銀の*イヤリングをしている She always wears silver *earrings*.

いよいよ **1** «ますます»: more and more 語法 形容詞・副詞の前に付けて用いる. -er, -est の活用形を持つ形容詞・副詞では more に代わって比較級が用いられる; all the more 語法 文中で副詞的に用いる. 《☞ 比較の表現 (囲み); ますます》.

¶ 風は*いよいよ激しくなってきている It [The wind] is blowing *harder and harder*.

2 «ついに»: (長時間たってやっと) at last; (最後に) finally. 《☞ ついに》.

¶ *いよいよ行動する時が来た *Finally* [*At last*], the time for us to act has come. / (⇒いまこそ行動の時だ) Now's the time for action.

3 «まさにその時» ¶ *いよいよとならないと (⇒せきたてられないと) 彼は書きはじめない He never starts writing ｢*until* [*unless*] he is pressed.

いよう 異様 ―形 (変わった) strange; (一風変わった) eccentric; (風変わりな・妙な) odd; (さらにひどく変わった) queer. 《☞ へん[1] (類義語); かわった; きみょう》.

いよく 意欲 (意志・意欲) will Ⓤ; (熱意) eagerness Ⓤ. 《☞ ねつい; ねっしん; いきごみ》. ¶ 彼には勉強に対する強い*意欲がある (⇒…したがっている) He is very ｢*eager* [*anxious*] to study.

いらい 依頼 **1** «願い» ―名 (正式の) request Ⓤ ★ 具体的な頼みごと・繰り返す頼みでは Ⓒ. 次の favor の場合も同じ; (へりくだって求める好意) favor (《英》 favour) Ⓤ. ―動 (頼む) ask ㊀, request ㊀ ★ 後者は形式ばった語. 《☞ たのむ》.

¶ 彼の*依頼でまいりました I came at his *request*. // 彼は我々の再三にわたる援助の*依頼を拒絶した He ｢declined [refused] our repeated *requests* for help. // 私は彼にクラスの代表として会に出ることを*依頼した I *requested* him to attend the conference as the representative of our class.

2 «任せること» ―動 (責任を持たせて) entrust ㊀; (仕事を与える) commission ㊀. 《☞ いにん; いたく (類義語); いしょく[1]》.

依頼状 written request Ⓒ, letter of request Ⓒ.

-いらい …以来 (…以来いままで) since …; (…から) from … 《☞ 時・期間の表し方 (囲み); それから; そのご》. ¶ その時*以来, 100年の年月がたった One hundred years have passed *since* ｢*then* [*that time*]. // 卒業*以来どうしていらっしゃいましたか How have you been *since* you graduated?

いらいら ―形 nervous; (いらいらさせる) irritating, vexing; (いらいらした) irritated, vexed, annoyed. ―動 (いらいらさせる) irritate ㊀; (うるさがらせる) vex ㊀; (腹を立てさせる) annoy ㊀. 《☞ いらだつ》.

¶ 彼は*いらいらしている He's *nervous*. // 彼と話していると*いらいらしてくる (⇒彼の話しぶりは私をいらいらさせる) His way of talking ｢*irritates* me [is *irritating*]. // 彼は*いらいらして部屋の中を歩き回った He walked about the room in an *irritated* manner.

イラク ―名固 Iraq [iráːk]. ―形 (イラクの) Iraqi [iráːki(ː)]. イラク人 Iraqi Ⓒ.

いらだつ 苛立つ (いらいらする) get irritated; (神経質に) get nervous; (忍耐できずに) get impatient; (しびれを切らす) lose patience. 《☞ いらいら》. ¶ そんなに*いら立つな. 彼女はすぐ来るよ Don't *get* so ｢*irritated* [*impatient*]. She will come soon.

いらっしゃい ¶ *いらっしゃい (⇒お入りなさい) Come in. / Step in. / (⇒ようこそ) Welcome! // 《店で》*いらっしゃいませ May [Can] I help you, ｢sir [ma'am]? 語法 「何かお手伝いしてよろしいでしょうか」というのが原意. 女性客には ma'am を用いる. 《☞ 買い物 (囲み)》

い

依頼の表現

(1) 依頼を切り出すとき

¶ お願いがあるのですが (⇒ あなたに親切な行為をお願いしてよいでしょうか) May I ask you a favor? / (⇒ 私に親切な行為をしてもらえないか) Will [Would ; Could] you do me a favor? / (⇒ あなたにお願いしたいことがあります) There's something I'd like to ask of you. [語法] 以上が丁寧な表現であるが, 同輩もしくはそれ以下の人であれば「あなたにしてもらいたいことがある」という意味で, I'd like you to do something for me. のように言ってもよい. I want you to do ... のように want を用いるとぞんざいな感じになるので注意. 《☞ 許可の表現 (囲み); 丁寧な表現 (欄外)》

お邪魔して[お手数かけて]申し訳ありませんが…していただけますか I'm sorry to ʳbother [trouble] you, but could you ...?

手伝ってくれませんか Can you give me a hand? ★ 口語的.

(2) 依頼の表現

¶ どうぞお手紙でご通知下さい Please let me know by letter.

「窓を閉めていただけますか」「はい」"Would you mind closing the window?" "Certainly [Of course] not." [語法] 答えは否定にするのが文法的には正しいが, 実際には状況に応じて, Certainly. あるいは Of course. と, 肯定で答える場合もある. / "Would [Will] you (kindly) close the window?" "Certainly [Sure]." [語法] will より would を用いるほうが丁寧な表現. / "Please close the window." "All right."

恐れ入りますが市民病院へ行く道を教えて下さいませんか Excuse me, but could you ʳtell [show] me ʳthe way [how to get] to the Municipal Hospital? 《☞ 道のきき方 (囲み)》

(3) 依頼への応答

¶ はい, いいですとも Yes, certainly. / (⇒ もちろん. 喜んで) Of course. I'll be glad to. / Yes, with [With] (great) pleasure. [語法] 親しい間柄なら Sure! あるいは OK. でよい.

できるだけのことをいたします (⇒ 最善を尽くします) I'll do my best for you.

できることならいたしましょう I will (do it) if I can.

ちょっとお待ち下さい Please wait a moment.

残念ですが, いたしかねます I'm sorry, but I can't (do it).

できればよいのですが, … I wish I could, but ...

別の時に延ばしていただけませんか Could we make it some other time?

やってはみますが, やれるかどうかわかりません I'll try, but ʳI don't know [I'm not sure] if I can (do it).

対話例

A： 中野先生, お願いがあるのですが	A： Mr. Nakano, could you do me a favor?
B： いいですとも, 秋代さん. 何ですか	B： Certainly, Akiyo. What is it?
A： 私の英語の発音を直して下さいませんか	A： Would you correct my English pronunciation?
B： もちろん. 喜んで	B： Of course. I'll be glad to.
A： ポール, この本のことでちょっと手を貸してくれない?	A： Paul, can you give me a hand with these books?
B： いいですよ	B： Sure.
A： ありがとう	A： Thanks a lot.
B： どこに置こうか	B： Where should I put them?
A： できれば, あそこのテーブルの上に	A： Right there on the table, if you don't mind.
B： いいよ. さあ, これでいい	B： O.K. There you are.
A： ありがとう, ポール	A： Thanks, Paul.
A： 岡野さん	A： Mr. Okano?
B： 何ですか	B： Yes?
A： 入ってもいいですか	A： May I come in?
B： いいですよ	B： Surely.
A： お願いしたいことがあります	A： There's something I'd like to ask of you.
B： どうぞ	B： Go ahead.
A： お邪魔して申し訳ないのですが, 私の日本語の勉強を手伝ってくれませんか	A： I'm sorry to bother you, but could you help me with my Japanese?
B： いいですよ. 何が知りたいんですか	B： Yes. What would you like to know?

★ この対話例およびさらに詳しい対話例は別売テープに吹き込まれています.

イラン ―[名][固] Iran [iræ̃n]. ―[形] (イランの) Iranian [iréiniən]. **イラン人** Iranian [C].

いり 入り ¶ きょうは(劇場の)*入りが多い[少ない] We have a ⌈large [small] ⌈*attendance* [*audience*] today. 《☞ まんいん》 ∥ 日の*入りは何時ですか (⇒ 太陽は何時に沈むか) What time does the sun *set*? / When is (the) *sunset*? ∥ 今年の梅雨(つゆ)の*入りはきのうだった Yesterday was *the first day* of the rainy season this year.

【参考語】(収入) income [U]; (入場者数) attendance [C]; (聴衆) audience [C].

いりえ 入江 inlet [C]; (湾) bay [C].

いりぐち 入口 (出口に対する) entrance [C]; (戸) door [C]; (戸口) doorway [C] [語法] 以上2語はほぼ同意にも用いられるが, door が家の玄関そのものを指す語であるのに対し, doorway は「家への入口」という意味合いが強い; (敷居のところ) threshold [C]; (門) gate [C]. 《☞ とぐち; げんかん[1]》.

¶ 正面*入口から入ってきて下さい Please come in through the front *entrance*. ∥ *入口にだれか男の人が立っていますよ A man is standing *at the door*. [語法] at the door は「入口のところに・入口の前に」の意. ドアを開けて敷居の上に立つ感じのときは in the ⌈door [doorway; threshold] と言う. ∥ これがほら穴の*入口です This is the ⌈*entrance* [*mouth*] of the cave.

いりくむ 入り組む ―[動] (複雑になる) become [get] ⌈complicated [intricate]. ―[形] (入り組んだ) complicated, intricate, involved, complex. 《☞ ふくざつ; こみいる; ややこしい》.

いりたまご 炒り玉子 scrambled eggs ★ 通例複数形で. 《☞ 食事 (囲み)》.

いりひ 入り日 the setting sun [U]; (日の入り) sunset [U].

いりびたる 入り浸る (よく出かけて行っては長く居る) 《口語》 hang ⌈around [out] (at ...) [自] 《過去・過分 hung》. ¶ 彼はパチンコ狂で毎日パチンコ屋に*入り浸りだ He is so crazy about *pachinko* pinball (that) he *hangs* ⌈*around* [out] *at pachinko* parlors every day. ★ that を省くとより口語的になる.

いりまじる 入り交じる ☞ まじる; まざる.

いりみだれる 入り乱れる be jumbled (up); (ごったがえす) jostle [他][自] ★ 動作を指す.

いりゅう 慰留 ―[動] (説得して職に留まらせる) persuade [induce] *a person* to stay in office; (辞めないように頼む) ask *a person* not to resign. 《☞ ひきとめる》.

¶ 彼を*慰留してみたがだめでした I tried to *persuade him to stay* but I failed. / (⇒ 職にとどまるように勧めた) I tried in vain to *induce* him *to stay in office*.

いりゅうひん 遺留品 (後に残されていった品物) article left behind [C]. ¶ 犯行現場には*遺留品があまりなかった Few *articles were left behind* at the scene of the crime.

いりよう 入り用 ☞ ひつよう.

いりょう[1] 医療 ―[名] (治療) medical ⌈treatment [care] [U]; (広い概念での) medical service [U]. ―[形] (医療の) medical.

¶ *医療費が20万円近くになった The *medical* expenses came to about ¥200,000. ∥ 健康保険による*医療費が引き上げられた *Medical* fees under the Health Insurance system have been raised. ∥ *医療制度を改革する必要がある The *medical treatment* system has to be reformed.

医療器械 medical instrument [C] **医療施設** medical institution [C] **医療品** (製品) medical product [C]; (用品・備品) medical equipment [U] 《☞ 挿絵》.

いりょう[2] 衣料 clothes [klóu(ð)z] ★「身に着ける物」の意味で, 常に複数形で; clothing [U] ★ やや形式ばった語; (商業用語で) garment [C]. [参考] 「衣食住」は food, clothing and shelter と言う. 《☞ 衣服 (囲み)》.

¶ うちの店は子供用の*衣料だけを扱っています We specialize in children's *wear*. [語法] wear [U] は多少商業主義的な用語で, underwear, ladies' [men's] wear などとして用いる.

衣料品店 clothing store [C] 《☞ 店の呼び名 (囲み)》.

いりょく 威力 (力) power [U]; (権威・権力) authority [U]; (勢力・支配力) influence [U].

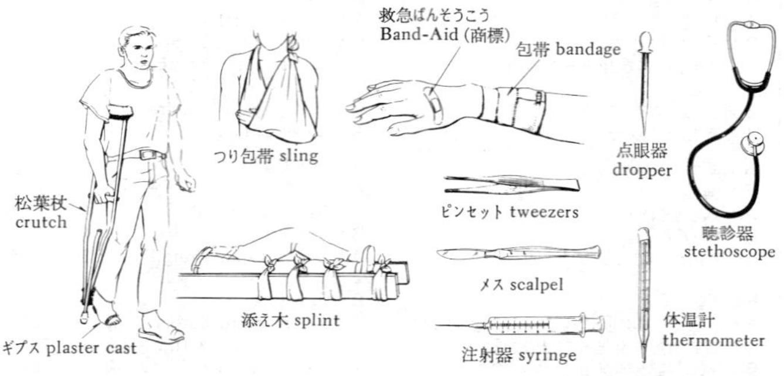

医療用品 medical equipment

《☞ ちから》. ¶ 金の*威力で彼はその地位を得た He used the *power* of ｢money [wealth] to gain his position. // この爆弾の*威力は大きい The *destructive power* of this bomb is very great. / (⇒ この爆弾は強力です) This bomb is ｢*quite powerful* [*formidable*].

いる[1] 居る **1** «存在する»: be (自) [語法] <S (人・生物)＋*be*動詞＋副詞(句)> で人・生物の「居る」ことを表す. 不特定の人・生物のときは <*there*＋*be*動詞＋S(人・生物)＋副詞(句)> で表す. be 動詞は S の人称・時制・数によって変化する; (存在する) exist (自); (とどまっている) stay (自), remain (自); (立っている) stand (自); (見出される) be found; (住む) live (自). 《☞ すむ[1]》.

¶「どこに*いるの」「私はここに*いるわよ」"Where *are* you?" "I'*m* here!" // 部屋の中には 30 人ほど*いる There *are* about 30 persons in the room. // あの家には犬が*いる (⇒ 犬を飼っている) They *keep* a dog in that house. // もうここに*いるわけにはいかない We can't ｢*stay* [*remain*] here any longer. // 彼女はおばさんと一緒に*いる She *lives* with her aunt. // 何年日本に*いますか How long *have* you *been* in Japan?

2 «…している» ★ 日本語では動詞の連用形を受ける用法で, 英語では進行形, be 動詞＋状態の形容詞(句)で示すことが多い. 《☞ 進行形(欄外)》.

¶ 私はいままで本をずっと読んで*いた I *have been reading* (a book). // 彼女はいま仕事をして*いる She *is* ｢*working* [(⇒ している最中だ) *at work*] now. // 食事ができて*いる Dinner *is* ready. // 窓が開いて*いる The window *is* open. // 私の兄は大学に通って*いる My brother *goes to* college. [語法] この場合は現在の習慣を表すので, 進行形ではなく, 単純な現在時制が用いられる.

いる[2] 要る ── [動] (必要とする) want (他), need (他) ★ 後者はやや形式ばった語; (…が必要とされる) be ｢necessary [needed; required] ★ 後のものほど形式ばった表現. 《☞ ひつよう》.

¶ *いるだけ持って行きなさい Take as much as you ｢*need* [*want*]. // *いらない物 (⇒ 不用の物) は捨てよう Let's throw away ｢*useless* articles [what we don't *need*]. // おつりは*いらない (⇒ そちらでとっておいてよい) Keep the change.

いる[3] 射る (矢を・鳥を) shoot (他); (的を) hit (他); (打ち当たる) strike (他). 《☞ うつ[2]》.

¶ 彼は矢を空中へ[的に向けて]*射った He *shot* an arrow ｢into the air [at the target]. // 矢は的を*射た The arrow *hit* the target.

いる[4] 煎る, 炒る roast (他); (豆・穀物を軽くいる) parch (他). 《☞ 料理の用語 (囲み)》.

¶ 豆はこんがりと*いりなさい *Roast* the beans brown.

いる[5] 鋳る cast (他); (貨幣を) mint (他). 《☞ いもの; ちゅうぞう》.

いるい 衣類 clothes ★ 複数形で; (総称して) clothing Ⓤ; (形式ばった語) garments ★ 複数形で. 《☞ いふく; いりょう[2]; 衣服 (囲み)》.

いるか 海豚 dolphin Ⓒ; (一般にいるか, および特にねずみいるか) porpoise [pɔ́ɚpəs] Ⓒ.

いるす 居留守 ¶ 彼はよく*居留守をつかう (⇒ いないふりをする) He often *pretends* ｢*not to be in* [*to be out*].

いれい 異例 ── [名] (例外) exception Ⓒ, exceptional case Ⓒ. ── [形] (普通ではない) unusual; (例外的な) exceptional; (先例のない) unprecedented. 《☞ れいがい[1]》.

いれいさい 慰霊祭 memorial service Ⓒ.

いれかえる 入れ替える, 入れ換える (A を B で置き換える) replace A with B, substitute B for A, change A for B ★ A と B の関係を示す語順に注意すること. 《☞ とりかえる》.

¶ 古い資料と新しい資料を*入れ替える必要がある It is necessary to ｢*replace* the old set of data *with* the new one [*substitute* the new set of data *for* the old one; *change* the old set of data *for* the new one]. // お茶を*入れ替えて下さい (⇒ 新しいお茶を入れて下さい) Please *make some fresh tea.* // 彼は心を*入れ替えて, まじめに働き出した He began to work earnestly, ｢*reforming himself* [*with new resolution*].

いれかわる 入れ替わる ¶ A さんと*入れ替わったのはだれですか (⇒ A さんと場所を替えたのは) Who *has changed places with* Mr. A?/ (⇒ だれが A さんの場所を取ったか) Who *has taken* Mr. A's *place*? 《☞ こうたい[1]》

【参考語】(入れ替え) replacement Ⓤ, substitution Ⓤ, change Ⓒ.

いれずみ 入れ墨 ── [名] tattoo [tætú:] Ⓒ. ── [動] (…に入れ墨をする) tattoo (他).

いれぢえ 入れ知恵 (暗示) suggestion Ⓒ.

¶ これはだれかが彼に*入れ知恵したに違いない Someone must *have* ｢*suggested the idea* to him [*put the idea* in(to) his head].

いれちがい 入れ違い ── [動] pass [cross] each other 《☞ ゆきちがい》. ¶ 私たちは*入れ違いになってしまった (⇒ 途中で行き違った) We *passed each other* on the way. / Our paths *crossed* on the way. [語法] 以上は両方とも, 途中で出会った場合も行き違いになった場合も含む.

いれば 入れ歯 false [artificial] tooth Ⓒ《複 teeth》★ 2 語はほぼ同意だが false を使うほうが一般的.

いれもの 入れ物 (木箱・ボール箱などの容器一般) container Ⓒ ★ 形式ばった語; (ケース) case Ⓒ; (つぼ・はち・なべなどの) vessel Ⓒ.

¶ そのジャムを*入れ物に入れなさい Put the jam ｢in [into] a *vessel*.

いれる 入れる, 容れる **1** «物を器に»: put … in … 《過去・過分 put》; (液体を) pour (他); (一杯に入れる) fill (up) (他); (入れておく) keep … in … 《過去・過分 kept》.

¶ ポケットに手を*入れるな Don't *put* your hands *in* your pockets. // コーヒーに砂糖を*入れますか Would you like sugar *in* your coffee? // 彼女は自分でお茶を*入れた She *poured* herself a cup of tea. / She *poured* a cup of tea for herself. / (⇒ お茶を用意した) She *made* herself a cup of tea. // ガソリンを満タンに*入れて下さい *Fill* ｢it [her] *up*,

い

please! [語 法] ガソリンスタンドなどでいう言葉. 自分の自動車を女性代名詞 her で言うのはくだけた表現. // ポケットに何を*入れているの (⇒何を持っているか) What ｢do you *have* [*have* you *got*] *in* your pocket? // 貴重品はこの箱の中へ*入れておきなさい You'd better *keep* your valuables *in* this box.

2 «狭い所へ挿入する・差し挟む»: put in ㊀, insert ㊀ ★ 同意だが, 後者はやや形式ばった語; (手紙などに) enclose ㊀. (☞そうにゅう).
¶ この2つの単語の間にコンマを*入れなさい *Put* (*in*) [*Insert*] a comma between these two words. // この手紙の中に写真を*入れておきます I *am enclosing* a photo with this letter.

3 «入るようにする・入ることを許す»: let ... in, admit ㊀ ★ やや形式ばった語.
¶ 彼女を*入れてやりなさい *Let* her *in*, will you? // 子供も会場に*入れていただけますか *Are* children *admitted*? ★ この場合, 「会場」は特に訳す必要はない. // 窓を開けて空気を*入れて下さい Will you open the window to *let* some fresh air *in*?

4 «収容する»: (人を学校・病院などに) send ㊀ (過去・過分 sent); (建物などが人を) accommodate ㊀; (...分の座席をもつ) seat ㊀. ¶ 彼は息子を大学に*入れた He *sent* his son to college. // あの老人は病院へ*入れたほうがいい (⇒入院させる) The old man should better *be* ｢*hospitalized* [*sent* to hospital].

5 «包含する・加える»: (含める) include ㊀; (受け入れる) receive ㊀, take ㊀.
¶ 私の小遣いは3千円の本代, 新聞代を*入れて月2万円です I spend 20,000 yen a month on minor expenses *including* about 3,000 yen on books and newspapers. // 私をあなた方の仲間に*入れて下さい (⇒加わってよいですか) Can [May] I *join* you? // 私はテニスクラブに*入れてもらった I *was received* as a new member at the tennis club. / I *was allowed to join* the tennis club. // そのことを計算に*入れたか Did you *take* it into account?

6 «要求・意見などを聞き入れる»: (受け入れる) accept ㊀; (要求などに応じる) comply with ...; (忠告などに耳を貸す) listen to ...
¶ 私たちの要求は*入れられなかった (⇒拒否された) Our ｢demand [request] *was* ｢*turned down* [*refused*]. // お耳に*入れておきたいことがあります (⇒あなたと一語を持ちたい) May I have a word with you? / (⇒私はあなたに告げる何かがある) I have something to tell you. // 彼は私の忠告を*いれる人ではない He never *takes* my advice. / (⇒耳を傾けない) He is deaf to my advice.

7 «電気・スイッチなどをつける»: (スイッチを入れる) switch [turn] on ㊀ (↔ switch [turn] off). ¶ 彼女は洗濯機のスイッチを*入れた She *switched on* the washing machine.

いろ 色 1 «色彩»: color (《英》colour) Ⓒ; (色合い) hue Ⓒ; shade Ⓒ; (明るい) tint Ⓒ; (混じり合った) tinge Ⓒ; (色調) tone Ⓒ.
【類義語】「色」に対する最も一般的な語は **color** である. 詩や文学的な文体の文では color の代わりに **hue** がほぼ同意で用いられることがある. また「その緑は少し鮮やかさを失った (⇒その緑は少し鮮やかさの少ない色合いに変わった)」The green changed into a less vivid *hue*. のように, 色の変化をいう場合に **hue** を用いることも多い. ある色の濃淡を言う場合には **shade**. ((例) もっと濃い黄色 a darker *shade* of yellow / もっと明るい青 a brighter *shade* of blue). 軽快で明るい色合いを意味するのが **tint**. いくつかの色がわずかずつ混合してできた色合いは **tinge**. 比喩的に「...的な色彩を帯びる」という意味でも用いられる. 色の性質の違いをいう場合には **tone** を用いる. ((例) 3つの違った赤色 three *tones* of red).
¶ 派手な*色 a ｢gay [loud] *color*
落ち着いた[渋い]*色 a ｢quiet [subdued] *color*
感じのよい*色 a ｢pleasant [delightful] *color*
その車は何*色ですか What *color* is the car?
何*色のシャツがよろしいですか 《店員の言葉》 What *color* shirt would you like?
その子供はクレヨンで*色を塗っていた The child *was coloring* with crayons.
このシャツはいくら洗濯しても*色は落ちない The *color* will never wash out of this shirt in the wash.
木の葉は秋に*色が変わる Leaves *turn* (red) in the autumn.
このカーテンは壁の*色に合わない This curtain does not match the *color* of the wall.
その*色はあなたによく似合います That *color* suits you very nicely. / That *color* is becoming to you.
この*色は少し私には派手すぎる This *color* is a little too loud for me.

2 «顔色・皮膚の色»: (皮膚の色・一時的な顔色) color (《英》colour) Ⓤ; (皮膚の色) skin Ⓤ; (特に顔の皮膚の色) complexion Ⓒ; (比喩的に人の外見) look Ⓒ. (☞かおいろ).
¶ 彼女は*色が白い She has a fair *complexion*. (☞しろ[1])
彼は*色が黒い He is dark. / He is dark-*skinned*.
彼はその知らせを聞いて顔*色を変えた (⇒青くなった) He *turned pale* at the information.
王様はその言葉に憤然として*色をなした (⇒たいへんに立腹した) The king got *very angry* at the speech. / (⇒怒りで赤くなった) The king *turned red* with anger at the speech.

3 «情事・恋愛» ¶ 彼は*色におぼれた He ｢gave himself up [was addicted] to *sensual pleasures*. ★ sensual pleasures は複数形で.

4 «手ごころ・加減» ¶ *色よい返事 (⇒好ましい返事) a *favorable* answer
5万円に少し*色をつけて払いましょう (⇒5万円に少しプラスして払いましょう) I will pay you 50,000 yen, *plus a small bonus*.

いろあい 色合い (色彩) color Ⓒ (☞いろ(類義語)).

いろいろ 色色 —形 (種々の・異なった) various, different; (多種の) all kinds of ...; (あらゆる種類の) every sort of ...; (多くの) many. (☞しゅじゅ; たよう).
¶ その店では*いろいろなものを売っている The

色

日常生活に用いられる色の名称は，科学的に厳密に規定されたものとは違って，かなり大ざっぱである. ある色をどのような色感として受けとめ，どのように言語表現するかは日英でも習慣・慣用によって決まっており，色名を使う表現でもくい違いが生じることがある. 例えば日本語の「青野菜」は英語では *green* vegetables となる.

また同じ色の名称でもそれを幅広く用いるときと，そうでないときとでは違う. 例えば「赤毛」(*red* hair) の「赤」(red) と「赤信号」(*red* light) の「赤」(red) とでは，実際の色はずいぶんへだたっている.

色は比喩的に用いられることが多いが，その使用は日英によって大きな差があるので和訳のときには注意を要する. 例えば「赤の他人」a *total* stranger;「憂うつそうな様子をしている」He looks *blue*. 《☞ 比喩 (欄外)》

1　色の名前

色に関するほとんどの語は 名, 形 両方の働きをもつ. また，black のようにそのままの形で 動 に使われるものもあるが，「…を赤[白]くする」,「赤[白]くなる」は make ...ʳred [white], turn ʳred [white] などの形式を使うのが普通である.

(1)　主 な 色

		《それを示す代表的なもの》
黒	black	(石炭・煤(すす))
白	white	(雪・ミルク)
赤	red	(血)
青	blue	(空・深海)
緑	green	(草)
黄色	yellow	(卵の黄身)
橙(だいだい)	orange	(みかん)
茶色	brown	(トースト)
桃色	pink	
紫	{purple	(ぶどう)
	violet	(すみれ)
藍(あい)色	indigo	
灰色	gray, grey	(灰)

参考 (1) red, blue, yellow は3原色 (primary colors) と呼ばれる. また black と white は厳密には color ではない. (2) 日本語の「青」は英語の blue と green の両方にまたがることがある. ((例) 信号が*青に変わった The light changed (in)to *green*.). 英語の brown はパンがこんがりと焼けて「きつね色」になったときの色と思えばよい. 同じ「紫」でも赤みを帯びたものは purple, 青みを帯びたものは violet.

(2)　その他の慣用的・副次的な色名

ぬれ羽色	raven (black)
漆黒(しっこく)	{jet black / coal black}
乳白色	milk white
象牙(ぞうげ)色	ivory (white)
緋(ひ)色	scarlet
深紅色	crimson
朱色	vermilion
えんじ	dark red
えび茶色	maroon
赤紫	claret
レンガ色	brick (red)
さくらんぼ色	cerise
暗赤色	wine red
空色	{sky blue / azure}
紺	navy blue
コバルトブルー	cobalt ʳblue [ultramarine]
群青(ぐんじょう)	ultramarine
浅黄色	pale yellow
薄緑	olive
青緑色	sea green
鮮緑色	emerald green
レモン色	lemon yellow
黄土色	yellow ocher, ocher (yellow)
こはく色	amber (yellow)
とび色	drab
こげ茶色	{chocolate / umber / dun / dark brown}
黄褐色	tan
栗色	chestnut brown
あずき色	russet
ブロンズ	bronze
金色	gold
ベージュ	beige
真珠色	pearl
銀色	silver
銀白色	silver gray
チャーコールグレイ	charcoal gray
肉色	salmon pink
ばら色	rose
藤色	mauve
薄紫	lavender

2　色合いの表し方

中間的な色合いを示すには **1** であげた色名を組合わせて示す方法，または「…色がかった，…色っぽい，…みを帯びた」(black*ish*, whit*ish*, redd*ish*, blu*ish*, green*ish*, yellow*ish*, brown*ish*, pink*ish*, purpl*ish*, gray*ish*, etc.) を用いる方法がある.

例えば黄色と緑との中間では，「黄色」yellow,「緑っぽい黄」greenish yellow,「黄緑」yellow green,「黄色っぽい緑」yellowish green,「緑」green の段階がある.

色の濃淡・明暗・強弱などの細かいニュアンスを示すには適当な修飾語を付ける.

い

鮮やかな vivid : 鮮やかなピンク *vivid* pink
明るい bright : 明るい黄色 *bright* yellow
濃い strong : 濃い赤 *strong* red
深い deep : 深い緑 *deep* green
淡い light : 淡い青 *light* blue
暗い dark : 暗い青 *dark* blue
薄い pale : 薄紫 *pale* purple

その他, 主観的な感じを表して,「柔らかな」tender,「地味な」soft,「くすんだ」subdued,「鈍い」dull,「きつい」rich,「派手な」showy などの修飾語を添えてもよい.

3 色の象徴的·比喩的な意味

交通信号で赤 (red) は「危険」, 緑 (green) は「安全」, 黄色 (yellow, amber) は「注意」を示すことは世界的に共通している. 色が比喩的に, または象徴的に用いられる場合, 赤 (red) は「共産主義の」, 灰色 (gray) は「正体不明の」,「老齢の」なども, 日英ではぼ同じである.

青 (blue) が「陰気な」「憂うつな」, 緑 (green) が「嫉妬深い」, 黄色 (yellow) が「嫉妬深い」「臆病(おくびょう)な」などは, 日本語にはない比喩的な用法である.

教会では白 (white) は祝祭を, 赤 (red) は「受難」, 紫 (violet) は「懺悔(ざんげ)」, 緑 (green) は「自然」を示すのに用いられる.

4 色に関する表現

¶ 虹は 7 色で, 赤, 橙, 黄, 緑, 青, 藍, 紫です A rainbow has seven colors : red, orange, yellow, green, blue, indigo, and violet.
「彼女の髪は何色ですか」「黒です」"What color is her hair? / What color hair does she have?" "Black." [参考] 白人で髪が黒または濃褐色で, 肌が浅黒いのは dark, brunet. 金髪で肌が白いのは fair, blond と言う. また人種上で白人 (white) に対して黒人 (black), 黄色人種 (yellow), さらに有色人種を colored と言うこともある.
彼女はどぎまぎして赤くなった She ˹became red [flushed] with embarrassment. 《☞ あか¹》
彼はハワイへ行って真っ黒になって帰ってきた He returned from Hawaii with a tanned face. 《☞ くろ》
彼女はそれを見て真っ青になった She turned pale at the sight. 《☞ あおい》
私の手は寒さで紫色になった My hands were blue from the cold.
黄色い声 a shriek 《☞ きいろ》
私の頭はだいぶ白くなった My hair's turning gray. 《☞ しろ¹》

shop ˹has [sells] *all* ˹*sorts* [*kinds*] *of* things. // *いろいろな意見が出て, 結論に至らなかった With *various* opinions presented, we couldn't reach a conclusion.

いろう¹ 慰労 ¶ 彼らを*慰労する必要がある (⇒ 彼らの努力に対して我々の謝意を表す) We should *express our* ˹*appreciation* [*thanks*] *for their effort*. // 彼らのために*慰労会を開催してはどうか How about giving a party in ˹*appreciation* [*recognition*] *of their services*? 《☞ ねぎらう》
慰労金 (ボーナス) bonus Ⓒ.

いろう² 遺漏 (脱落·ぬかすこと) omission Ⓤ; (不注意) negligence Ⓤ; (見落とし) oversight Ⓤ. 《☞ ておち; ぬかり》. ¶ 万事*遺漏のないよう気を付けなさい (⇒ どんな細かい点にまでも気を配りなさい) Pay attention even to the smallest detail. / (⇒ 万事うまく運ぶようにしなさい) See (to it) that everything goes well.

いろえんぴつ 色鉛筆 color [colored] pencil Ⓒ.

いろおとこ 色男 (好男子) handsome man Ⓒ; (しゃれ者) dandy Ⓒ; (女性にもてる男) lady-killer Ⓒ.

いろがみ 色紙 colored paper Ⓤ.

いろガラス 色ガラス colored [stained] glass Ⓤ.

いろけ 色気 **1** «女性の» ―[名] (性的に魅力があること) sexiness Ⓤ; (性欲) sexual ˹passion [desire] Ⓤ. ―[形] (色気のある) sexy ; (好色の) amorous. 《☞ なやましい》.
2 «物事に対する興味·欲» ―[名] interest Ⓤ; (野心) ambition Ⓒ. ―[形] (興味を抱いた) interested ; (野心のある) ambitious.
¶ 彼はその地位に大いに*色気がある He ˹has an *ambition* [is *ambitious*] to get the position.

いろこい 色恋 love Ⓤ 《☞ こい²; れんあい》.

いろごと 色事 (情事) love affair Ⓒ; (恋愛) romance Ⓒ.

いろじかけ 色仕掛け ¶ 彼女は*色仕掛けで (⇒ 彼といちゃつくことで), 彼を計画に誘いこんだ She tempted him into the scheme by *flirting with* him.
【参考語】(性関係を持つ) make love to ...; (いちゃつく) flirt (with ...) ⓐ.

いろずり 色刷り ―[名] color printing Ⓒ. ―[形] color(ed), in color ★ 後者は名詞の後に付けて. ―[動] print ... in color.
¶ この本には*色刷りの挿絵がたくさん入っている This book has lots of ˹*color(ed)* illustrations [illustrations *in color*]. / (⇒ この本にはふんだんにカラーで挿絵が入れられている) This book is lavishly illustrated *in color*. ★ in color は副詞句.

いろづく 色付く ―[動] (色が変わる) color (《英》 colour) ⓐ; (特別な色が付く) put on a color ; (赤く色付く) turn ˹crimson [red]; (黄色く) turn yellow. 《☞ いろどる》.
¶ もみじが*色付きはじめた The maple leaves *are turning* ˹*crimson* [*red*].

いろつや 色艶 (顔色) complexion Ⓒ, complection Ⓒ; (物のつや) luster (《英》 lustre) Ⓤ; (特に表面的な) gloss Ⓤ. 《☞ かおいろ; つや¹》. ¶ 彼女はいつも*色つやがよい She always has a ˹healthy [good] *complexion.*

いろどり 彩り (部屋などの) color scheme Ⓒ; (一般的な配色) arrangement [pattern] of colors Ⓒ. 《☞ はいごう; しきさい》.

いろどる 彩る (彩色する) color (《英》colour) ㊝; (絵の具などで) paint ㊝. 《☞ いろづく》. ¶ 秋には赤や黄に紅葉した木々が美しく山々を*彩る In the fall, the mountains *are colored* beautifully with red and yellow leaves.

いろは the Japanese ˹syllabary [alphabet]; (比喩的に初歩の意で) the ABC; (基本的な事柄) the elements ★ 複数形で; (まず最初に知らなくてはならないこと) the first thing. 《☞ きほん》. ¶ 彼は政治の*いろはも知らない He doesn't have even an *elementary knowledge* of politics.

いろめ 色目 **色目をつかう** make eyes at …; (好色な目つきで見る) cast an amorous glance at … 《☞ ながしめ》.

いろめがね 色眼鏡 (サングラス) sunglasses; (色レンズのめがね) tinted [colored] glasses ★ ともに常に複数形で. ¶ あの人は我々のことを*色眼鏡で見ているようだ (⇒ 偏見がある) He seems to ˹*be prejudiced* [*have a prejudice*] against us.

いろり 囲炉裏 fireplace Ⓒ; (暖炉) hearth [hɑ́ːəθ] Ⓒ. 《☞ だんろ (挿絵)》.
いろり端 the fireside.

いろん 異論 (異なった意見) different opinion Ⓒ; (異議) objection Ⓒ; (異議の申し立て) protest Ⓤ. 《☞ いせつ; はんたい》. ¶ これは*異論の出る問題だ This is a *controversial* matter. // 先生の間にも*異論があった There were *different opinions* among the teachers.

いわ 岩 ―名 (岩石) rock Ⓒ 〔語法〕「岩盤」の意味では Ⓤ,「岩礁」の意味では rocks と複数形になる. なお rock Ⓒ は《米》では stone Ⓒ の意味にもなる; (ごつごつした岩・岩山) crag Ⓒ. ―形 (岩の多い・岩石からなる・岩のような) rocky.

いわい 祝い (祝賀) celebration Ⓤ ★「祝賀の式」の意味では Ⓒ; (祝いの言葉) congratulations ★ 複数形で; (祝いの宴・祭り) festival Ⓒ. 《☞ しゅくが》. ¶ 心からお*祝いを申し上げます I offer you my sincere *congratulations.* 〔語法〕少し改まった表現. 普通は Congratulations! とだけ言う. // 結婚のお*祝い *a wedding gift*

いわう 祝う (祝典などにより祝う) celebrate ㊝; (記念して) commemorate ㊝; (言葉で) congratulate ㊝; (祝いの言葉を述べる) offer *one's* congratulations; (行事などを) observe ㊝, keep ㊝. 《☞ しゅくが; きねん》. ¶ 私たちは正月を*祝う We ˹*celebrate* [*observe*] New Year's Day. // 彼らは勝利を*祝って乾杯した They drank a toast, *celebrating* the victory. // 彼らは私の成功を*祝ってくれた They *congratulated* me on my success. // ご結婚をお*祝い致します *Good luck to you* both! / *Best wishes*! / *Congratulations*! 〔語法〕本来花婿にのみ用いるとされている.

いわく 曰く ―動 say ㊝. ―前 (…に従えば) according to … ¶ ことわざに*曰く「困っている時の友こそ真の友」A proverb *says* that [*According to* a proverb] a friend in need is a friend indeed.
いわくがある ¶ 彼の行動はおかしいが, 何か*いわくがありそうだ His behavior is strange, but there must be some *reason* for it. // 彼女は*いわくありげに (⇒ 意味ありげに) 彼を見た She looked at him *meaningfully.*

いわし 鰯 sardine [sɑəːdíːn] Ⓒ《複 ～(s)》.
いわし雲 (羊毛のような雲) fleecy clouds; (さばのうろこのような雲) mackerel clouds ★ いずれも複数形で. 英語では前者のほうが普通の言い方. 《☞ くも[1]》.

いわば[1] 言わば so to speak, as it were 〔語法〕いずれも文中に挿入的に用いられる; (ある意味では) in a sense; (ある点で) in a way; (実際上は) practically. ¶ 彼は*いわば私の第2の父だ He is, *so to speak*, a second father./ He has been a father to me *in a way.*

いわば[2] 岩場 rocky tract Ⓒ; (岩盤) rock Ⓤ; (岩壁) wall Ⓒ. 《☞ いわ》.

いわゆる 所謂 what ˹you [we; they] call, what is called, the so-called … ¶ 彼は*いわゆる優等生だ He is ˹*what you call* [*what is called*] an honor student. / He is one of those *so-called* honor students. // これが*いわゆる名人芸です This is a "*masterly performance.*" 《☞ 引用符(号) (欄外)》

いわれ 謂れ **1** «理由»: (事情) circumstances ★ 通例複数形で; (理由・動機) reason Ⓒ; (理由・根拠) cause Ⓤ. 《☞ りゆう》. ¶ 何の*いわれもなく彼は私を恨んでいる He bears a grudge against me *without any* ˹*reason* [*cause*]. / He bears a grudge against me *for no* (*good*) *reason.*
2 «由来»: story Ⓒ.

いわんや ¶ 彼は新聞もろくに読めない. *いわんや (⇒ 言うまでもなく) 哲学の本などは手も届かない He has trouble reading newspapers, ˹*not to mention* [*to say nothing of*] books on philosophy. 《☞ まして》
【参考語】(…は言うまでもなく) not to mention …, to say nothing of …; (まして…でない) much less …; (…はさておいて) let alone …

いん[1] 印 ―名 (印章) seal Ⓒ; (スタンプ・印章) stamp Ⓒ. ―動 (印を押す) affix a seal, stamp ㊝. 《☞ いんかん》.

いん[2] 韻 ―名 rhyme [ráim] Ⓤ ★「韻を踏む語」の意味では Ⓒ. ―動 (韻を踏む・踏ませる) rhyme ㊐ ㊝.
¶ この詩は*韻を踏んでいる This poem *is rhymed.* // "king" と "ring" は*韻を踏む "King" and "ring" *rhyme.* / "King" *rhymes with* "ring."

いんうつ 陰鬱 ―形 (陰うつな) gloomy, dark; (憂うつな) melancholy [mélənkɑ̀li(ː)]; (落胆して) depressed; (人を陰うつにする) depressing; (不機嫌な) sullen. 《☞ いんき; ゆううつ》. ¶ 冬の間ずっと*陰うつな日が続いた *Dark and gloomy* days continued for most of the winter.

いんえい 陰影 (影) shadow Ⓤ; (部分的な陰) shade Ⓤ. 《☞ かげ[1,2]》.

いんか 引火 —動 (引火する) catch [take] fire (from ...). —形 (引火性の) inflammable, flammable. 《☞ はっか[1]; てんか[2]》.
¶火花からガソリンに*引火して大火事になった (⇒ガソリンが火をひき...) The gasoline ⌈*caught fire from* [*was ignited by*] ⌈the [a] spark, causing the conflagration. ∥ これは*引火性です This is ⌈*inflammable* [*flammable*].

いんが 因果 (原因と結果) cause and effect Ⓤ; (仏教思想の) karma Ⓤ; (運命) destiny Ⓤ; (宿命) fate Ⓤ.
¶私はこれも*因果とあきらめた I ⌈have resigned myself [am resigned] to my *fate*./ (⇒あきらめて運命を受け入れることにした) I have decided to ⌈meet [accept] my *fate* with resignation. ∥ あの人は*因果な (⇒不運な) 人だ The man is ⌈*unlucky* [*unfortunate*].
因果関係 the relation ⌈of [between] cause and effect.

いんがおうほう 因果応報 ¶*因果応報だ (⇒人は自分で種をまいたものを刈り入れなければならない) One will have to reap what one has sewn. / As a man sews, so shall he reap. / Such a life such ⌈a death [an end]. 《ことわざ: 生き方が生き方なら, 死に方も死に方》

いんかしょくぶつ 隠花植物 cryptogam Ⓒ; (説明的に) cryptogamic plant Ⓒ.

いんかん 印鑑 (印章) seal Ⓒ 参考 日本の印鑑と同じものは英米では用いられない. 昔は蠟をのばしたものにある紋章を押したものが用いられたが, いまはイニシャルのゴム印, あるいは大きな切手のような紙片をはりつけたりする. 《☞ はん[1]》.
印鑑証明 certificate of seal impression Ⓒ.

いんき 陰気 —形 gloomy; (うす暗くて) dark; (陰惨な) dismal; (わびしい) dreary; (憂うつな) melancholy; (楽しさのない) cheerless. 《☞ いんうつ; くらい[1]》. ¶彼は*陰気な人だ He is ⌈*gloomy* [*melancholy*].

インキ ☞ インク.

いんきょ 隠居 —名 (隠居すること) retirement Ⓤ; (人) retired person Ⓒ; (老人) old ⌈man [woman] Ⓒ. —動 retire (from active life). **隠居所** retreat Ⓒ.

いんきょく 陰極 〘電気〙 cathode Ⓒ, negative pole Ⓒ ★ 前者のほうが術語的.

いんぎん 慇懃 —形 (丁寧な・礼儀正しい) polite 《☞ ていねい; ていちょう[1]》.
いんぎん無礼 ¶彼は*いんぎん無礼だ (⇒丁重のうわべに彼の横柄さが隠されている) His *insolence is masked by a* ⌈*veneer* [*façade*] *of politeness*.

インク ink Ⓤ. ¶答は*インクで書きなさい Write your answers ⌈in ink [with (*pen and*) *ink*]. **インク消し** (ink) eraser Ⓒ **インク瓶** ink bottle Ⓒ; (インク壺) inkpot Ⓒ; (はめこみ式の) inkwell Ⓒ.

イングランド —名 固 England. —形 (イングランドの) English. 《☞ えいこく 参考; イギリス》.

いんけい 陰茎 penis [píːnis] Ⓒ 《複 penes [píːniːz]》.

いんけん 陰険 —形 (悪賢く立ち回る) sly [slái]; (悪知恵が働く) cunning, crafty, tricky; (手段について) underhand; (人・手段について) treacherous. 《☞ わるがしこい; いじわる》.

いんげん 隠元 (豆) kidney beans; 《米》 string beans; 《英》 French beans ★ どれも複数形で用いることが多い.

いんこ 鸚哥 parakeet Ⓒ.

いんご 隠語 secret language Ⓤ ★ ごく一般的に「秘密に使われる言葉」という言い方; (泥棒・浮浪者などの用語) argot Ⓤ; (特定の職業の人の言葉) cant Ⓤ. 《☞ ぞくご》.

いんさつ 印刷 —動 (印刷する) print 他, put ... in(to) print. —名 print Ⓤ; (印刷をすること) printing Ⓤ; (印刷の技術など) press Ⓤ. 《☞ する[3]》.
¶これはきれいに*印刷されている This *is* ⌈clearly [neatly] *printed*. ∥ 私の本は*印刷中です My book has gone to *press*. ∥ この字の*印刷がはっきりしないね (⇒うまく出ていない) This letter ⌈*has* [*did*] *not come out well*. ∥ これは*印刷の誤りに違いない This must be a ⌈*misprint* [*typographical* error].
印刷機 printing ⌈machine [press] Ⓒ ★ 単に press ともいう. **印刷工** printer Ⓒ **印刷所** printing office Ⓒ **印刷物** printed matter Ⓤ 《☞ プリント; すりもの》 **印刷屋** (印刷業者) printer Ⓒ; (印刷所) printing office Ⓒ, printshop Ⓒ ★ 前者は大きいもの, 後者は小さいもの.

いんさん 陰惨 —形 dismal [dízməl]; (陰気な) gloomy. 《☞ いんき》. ¶それはまさに*陰惨な光景だった It was indeed a *dismal* sight.

いんし[1] 印紙 stamp Ⓒ. ¶収入*印紙 a revenue *stamp* **印紙税** the stamp duty.

いんし[2] 因子 〘数学・生物学〙 factor Ⓒ; 〘生物学〙 (遺伝因子) gene [dʒíːn] Ⓒ.

いんしゅ 飲酒 drinking Ⓤ. **飲酒運転** drunk(en) driving Ⓤ, driving while intoxicated Ⓤ ★ DWI と略すことがある.

いんしゅう 因習 (古い習慣) old custom Ⓒ 《☞ かんしゅう[1]》.

いんしょう 印象 —名 impression Ⓒ. —動 (...に印象を与える) impress 他. —形 (印象的な) impressive. 《☞ かんじ[1]》.
¶彼の*印象はどうでしたか (⇒彼をどう思いましたか) How did you find him? ∥ その土地の*印象ははっきりしていない I have only a ⌈vague [faint] *impression* of the place. ∥ 「日本の*印象はいかがですか (⇒日本はどのようにお好きですか)」「大好きです. とても美しい国ですね」 "How do you like Japan?" "I like it very much. It's a beautiful country."

いんしょく 飲食 eating and drinking Ⓤ 《☞ たべる; のむ》. **飲食店** restaurant Ⓒ 《☞ レストラン》.

いんすう 因数 〘数学〙 factor Ⓒ. **因数分解** —名 factorization Ⓤ, factoring Ⓤ. —動 (因数分解する) factor 他, factorize

他. ¶ a^2-b^2 を*因数分解せよ *Factor* [*Factorize*] a^2-b^2.

インスタント ―形 instant [ínstənt] 《☞ そくせき²》. ¶ *インスタントコーヒー *instant* coffee

いんせい 陰性 ―形 (陰性の反応を示す) negative (↔ positive).

いんぜい 印税 royalty Ⓒ.

いんせき¹ 引責 ¶ 彼は*引責辞職した (⇒ 責任を取って辞職した) He *took the responsibility upon himself* and resigned.

いんせき² 姻戚 *one's* in-law Ⓒ 《☞ 親族関係 (囲み)》. ¶ 私は彼と*姻戚関係にある I *am related* to him by marriage.

いんせき³ 隕石 meteorite [mí:tiəràit] Ⓒ.

いんぜんたる 隠然たる ―形 (隠れた) covert, hidden ; (潜在する) underlying.
¶ 彼は*隠然たる勢力を保っている He still has ⌈*covert* power [*hidden* influence].

いんそつ 引率 ―動 (引き連れる) lead 他, head 他. 《☞ ひきいる》. ¶ だれが*引率して行くのですか Who will *take care of* the group? // よい*引率者があって幸いだった We were lucky to have a good *leader*.

インターカレッジ ―形 (大学対抗の) intercollegiate, intercollege 語法 野球の対抗試合などの場合は an *intercollegiate* baseball game のようにする.

インターチェンジ (道路の) interchange Ⓒ.

インターハイ (高校対抗の競技会) interhigh school ⌈sports [athletics] ★ 複数形で. 《☞ スポーツ (囲み)》.

インターホン intercom Ⓒ ★ 正式な名称は intercommunication system Ⓒ. 参考 日本語の「インターホン」は 英語の商標名 interphone Ⓒ に由来するが, 英語では intercom のほうが普通.
¶ 家に*インターホンを取り付けてもらった I had an *intercom* installed in my house. // 社長は*インターホンで秘書と話せるようになっている The president can speak to his secretary *over the intercom*.

インターン (インターン生) intern(e) Ⓒ ; (インターンの期間・地位) internship Ⓤ.

いんたい 引退 ―動 (引退する) retire (from ...) 自 ; (辞職する) resign 他 自.
¶ 彼は60歳で*引退するつもりだ He is going *to retire* at (the) age (of) 60. // 彼は政界を*引退して田舎に引っこんだ He *retired from* ⌈politics [the political world] (and went) to live in the country.

インタビュー ―名 interview Ⓒ. ―動 interview 他. ¶ 彼は新聞記者の*インタビューに応じた He had an *interview* with a newspaper reporter. // 私はラジオの*インタビュー番組に出た I *was interviewed* on a radio program.

インチ inch Ⓒ 《略 in》《☞ 度量衡 (囲み)》. ¶ 5フィート8*インチ 5 ft. 8 *in*. 語法 five ⌈feet [foot] eight (inches) と読む. feet と読むのが普通. 記号としては 5′8″ のようにも書く. 1インチは $^1/_{12}$ フィートで, 約2.54センチ.

いんちき ―名 (さぎ) fraud Ⓒ ; (八百長) put-up job Ⓒ ; (偽物) fake Ⓒ, counterfeit Ⓒ, forgery Ⓒ 語法 以上はほぼ同意だが, この順に形式ばった言い方となる. なお forgery は行為も意味し, その場合は Ⓤ. ―形 (偽の) fake ; (さぎの) fraudulent ; (紙幣などが精巧に作られた偽の) 《米》 bogus, counterfeit ; (医療に関しての) quack. ―動 (だます) deceive 他 ; (ゲーム・テストなどでいんちきする) cheat 自 ; (偽物などを作る) fake 他. 《☞ にせ ; いかさま》.
¶ あの絵は*いんちきだ (⇒ 偽物だ) That picture is a *fake*. // それは*いんちき会社ではないだろうか I wonder if it isn't a *bogus* company. // トランプで彼は*いんちきをした He *cheated* at cards.

いんちょう 院長 (病院の) the director of a hospital ; (学院などの) the ⌈president [director].

インディアン Indian Ⓒ. 参考 American Indian あるいは Amerindian とも言う. 単に Indian としたときは「インド人」の意味もあるので注意.

インテリ (知識人・知的な仕事をしている人) intellectual Ⓒ ; (教育のある人) educated person Ⓒ ; (総称して) the intelligentsia, intellectuals. 《☞ ちてき ; ちしき》.
¶ 彼は*インテリだ (⇒ 知識人だ) He is an *intellectual*. / (⇒ 知的に能力がある) He is *intelligent*. // *インテリはとかく行動性に欠ける *Intellectuals* are [*The intelligentsia* is] often slow at getting into action.

インテリア (室内装飾) interior ⌈design [decoration] Ⓤ. **インテリア デザイナー** interior ⌈designer [decorator] Ⓒ.

インド ―名 固 India ; (公式名) the Republic of India. ―形 Indian.
インド語 (ヒンディー語) Hindi Ⓤ ★ 公用語の1つ. **インド人** Indian Ⓒ **インド洋** the Indian Ocean.

いんどう 引導 **引導を渡す** say a ⌈requiem [mass] ; (予告する) give notice ; (殺す) put *a person* to death, kill 他.

いんとく 隠匿 ―動 hide 他 《☞ かくす》.

インドネシア ―名 固 Indonesia [ìndəní:ʒə]. ―形 Indonesian. **インドネシア語** Indonesian Ⓤ **インドネシア人** Indonesian Ⓒ.

いんとん 隠遁 ―名 (人目から離れての) seclusion Ⓤ ; (引きこもっての) retirement Ⓤ. ―動 live in seclusion. ¶ *隠遁生活 *secluded* life

いんねん 因縁 (関係) relation Ⓤ ; (結びつき) connection Ⓤ ; (けんかの言いがかり) pretext for a fight Ⓒ. ¶ A氏とB氏の*因縁は浅くない There is ⌈a close *connection* [an *interpersonal tie*] between Mr. A and Mr. B. // あの男が我々に*因縁をつけてきたのだ That man has made up a *pretext for a fight* with us.

いんぶ 陰部 (婉曲に) the private parts.

インプット ―名 input Ⓤ. ―動 input 他. 《☞ コンピューター (囲み)》.

インフルエンザ influenza Ⓤ, 《口語》 flu Ⓤ ; (ひどい風邪) bad cold Ⓒ. 《☞ かぜ²》.

う

¶ *インフルエンザにかかった I have caught ｢(the) *flu* [a *bad cold*]. // 全国的に*インフルエンザがはやっている *Influenza* is raging throughout the country.

インフレ(ーション)　―名 inflation Ⓤ (↔deflation). ―形 inflationary. 《☞ 政治･経済 (囲み)》. ¶これは悪性*インフレだ This *inflation* is vicious.

いんぶん 韻文 (散文に対して) verse Ⓤ; (小説に対して) poetry Ⓤ.

いんぼう 陰謀 (計画) plot Ⓒ; (危険な) intrigue Ⓒ; (策略) machinations [mækənéiʃənz] ★ 通例複数形で; (徒党を組んでの) conspiracy Ⓒ.

【類義語】最も普通には **plot.** より手のこんだ陰険なものを表すのは **intrigue.** 巧妙さが強調されるのは **machinations.** 複数の人による陰謀は **conspiracy.** 《☞ たくらみ》

¶王の命をねらっての*陰謀が企てられた There was a ｢*plot* [*conspiracy*] against the king's life. / Some people ｢*conspired* [*plotted*] against the king's life.

【参考語】―動 (陰謀を企てる) conspire ㊀, plot ㊀㊉. ―名 (陰謀を企てる者) conspirator Ⓒ; (謀反) treason Ⓤ; (特に国家に対する) high treason Ⓤ.

いんゆ 隠喩 metaphor Ⓤ《☞ 比喩(欄外)》.

いんよう¹ 引用 ―動 quote ㊉㊀. ―名 (引用した語句) quotation Ⓒ. ¶これは聖書からの*引用だ These words are *quotations* from the Bible.

引用符(号) quotation marks ★ 複数形で. 《☞ 欄外》 **引用文** quotation Ⓒ; (説明的には) quoted passage Ⓒ.

いんよう² 飲用 ―形 (飲むのに適する) drinking, for drinking (purposes). ¶これは*飲用水ですか Is this *drinking* water? / Can we *drink* this water?

いんりつ 韻律 (韻文の) meter (《英》 metre) Ⓒ; (リズム) rhythm [ríðm] Ⓒ.

いんりょう 飲料 (飲みもの) drink Ⓤ ★ 種類をいうときは Ⓒ; (やや形式ばった語) beverage Ⓒ; (酒) liquor Ⓤ. ¶清涼*飲料が欲しい I would like a soft *drink*. // 食料と*飲料は十分持っている We have enough food and *drink*.

飲料水 drinking water Ⓤ.

「飲料水」の掲示

いんりょく 引力 (物質間の) attraction Ⓤ; (宇宙の) gravitation Ⓤ. 《☞ ばんゆういんりょく》.

いんれき 陰暦 the lunar calendar.

う

う¹ 鵜 cormorant Ⓒ. ¶ *鵜飼 fishing with *cormorants* **鵜の目鷹の目** ¶彼らは*鵜の目鷹の目で手掛かりを捜した They searched for clues *with very* ｢*sharp* [*keen*] *eyes*.

う² 卯 (十二支の) the Hare 《☞ ね⁴ 参考》.

ウィークエンド weekend Ⓒ《☞ しゅうまつ¹》. ¶今週の*ウィークエンドは別に予定はない I have nothing in particular to do this *weekend*.

ウィークデー weekday Ⓒ《☞ へいじつ》. ¶ *ウィークデーは朝 6 時に起きます I get up at six *on weekdays*.

ウィーン Vienna [viénə].

ういういしい 初初しい (無邪気な) innocent; (新鮮な) fresh; (悪ずれしてない) unsophisticated.

引用符(号) (quotation marks) 人の言葉を引用するのに用いる記号. シングル (' ') とダブル (" ") の二種類があり, 《英》では前者が, 《米》では後者が一般的である.

(1) 文を直接引用する場合.

(i) 引用文の前にコンマを置き, 引用文を引用符(号)で囲む.

¶彼は「おなかがすいた」と言った He said, "I'm hungry." // 彼は「あなたは私と一緒に来ますか」と言った He said, "Are you coming with me?" // 彼は「いい天気ですね」と言った He exclaimed, "What a nice day!"

(ii) 引用文が非常に短い場合にはコンマはいらない.

¶彼は「火事だ」と叫んだ He shouted "Fire!" // 彼女は「はい」と言った She said "Yes."

(iii) 引用文が文頭にくる時は, 次のようになる.

¶「君はきれいだ」と彼は言った "You're pretty," he said. //「あなたは泳げますか」と彼女はきいた "Can you swim?" she asked.

(iv) 英語では, しばしば「…と言った」という伝達部をはさんで, 引用文が前後に分けられる場合があるが, その場合は次のようになる.

¶「ある意味では, 彼女はチャーミングだよ」と彼は言った "In a way," he said, "she's charming."

(v) 疑問符や感嘆符が, 引用文を含んだ文全体に属する時は, 引用符(号)の後に置く.

¶彼は「おなかがすいた」と言いましたか Did he say, "I'm hungry"?

(vi) 引用文が疑問文の時は, 疑問符を 2 度書く必要はない.

¶「僕と一緒に来ますか」と彼は言ったのですか Did he say, "Are you coming with me?" 《☞ 疑問符(号) (欄外)》

(vii) 引用文の中にさらに引用文がある時は, 一方にダブルを, 一方にシングルを使う.

¶彼は「『人間は考えるあしである』と言ったのはだれですか」ときいた He said, "Who was it that said 'Man is a thinking reed'?"

(2) 耳慣れない語(句), 新造語(句), 特に際立たせたい語(句)など.

¶スーパーにはそれぞれいわゆる「目玉商品」がある Each supermarket has its own 'loss leaders.'

ういざん 初産 *one's* first childbirth [U].

ウイスキー whisk(e)y [U] ★《米》では普通国産品を whiskey, 輸入品を whisky とつづる. 種類をいうときは [C]《複 whiskeys, whiskies》. ¶ *ウイスキーの水割り *whisky* and water

ウインカー (方向指示器) direction indicator [C]《☞ 自動車 (囲み)》.

ウインク ―[名] wink [C]. ―[動] wink (at …) [自].《☞ めくばせ》. ¶ 彼女は私にちらっと*ウインクした She gave me a quick *wink*. // 彼は通りできれいな女の子に*ウインクした He *winked at* a pretty girl on the street.

ウインナー (ソーセージ) Vienna sausage [C], wiener [C].《☞ ソーセージ》.

ウーマンリブ Women's Liberation [U], women's lib [U].

ウール ―[名] wool [U]. ―[形] wool(l)en.《☞ けいと》.

うえ¹ 上 **1**《表面》―[前] (直接触れて) on… (↔ off …) [語 法] on は物の表面に触れて接していることを示し, 上下には関係ない. 接する面は机のように水平の場合もあれば, 壁のように垂直の場合もあり, 天井のように下向きになっている場合もある ; (上を覆って) over … ★ 接触している場合とそうでない場合の両方を含む. ―[名] (テーブルなどの上面) top [C]; (平らな表面) surface [C].

¶ その本は棚の*上にある The book is *on* the shelf. // 彼女はテーブルの*上に白い覆いをかけた She spread a white cover *over* the table. // 水の*上 (⇒ 表面) に何かが浮かんでいる There is something floating *on the surface* of the water.

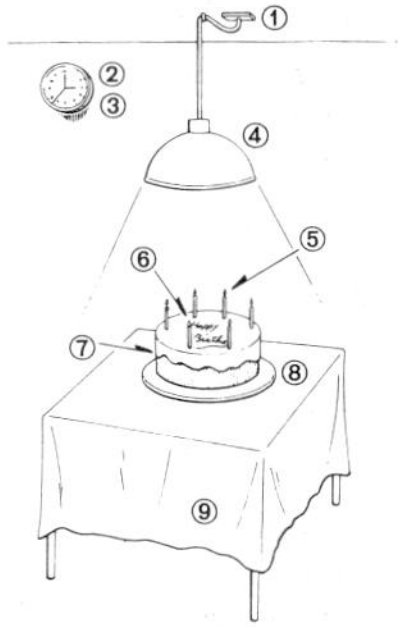

① The outlet is *on* the ceiling. (＝コンセントは天井にある)
② A clock is *on* the wall. (＝時計が壁にかかっている)
③ The clock is *higher* than the light. (＝時計は明かりよりも上にある)
④ A light hangs 「*above* [*over*] the table. (＝明かりはテーブルの上に下がっている)
⑤ Six candles are on the *top* of the cake. (＝6 本のろうそくがケーキの上にある)
⑥ Chocolate letters are on the *surface* of the cake. (＝チョコレートの文字がケーキの上にある)
⑦ The *upper part* of the cake is covered with cream. (＝ケーキの上はクリームで覆われている)
⑧ A birthday cake is *on* the table. (＝バースデーケーキがテーブルの上にある)
⑨ The tablecloth is spread *over* the table. (＝テーブルクロスがテーブルの上にかけられている)

2《上方》―[前] (真上に) over … (↔ under …); (高い位置に) above … (↔ below …) [語 法] over … は物が真上にある場合, または覆いかぶさる感じを表し, above は位置が上のほうにあることを示し, 必ずしも真上にあるとは限らない. 物に接触していない場合は over の代わりに above が用いられることも多い. ―[副] (低い所から高いほうへ) up (↔ down); (上の方向に) upward (↔ downward). ―[形] (高い) high (↔ low); (ほかのものより上にある) upper (↔ lower); (頭の上の) overhead.

¶ そのテラスの*上にバルコニーがあった There was a balcony *over* the terrace. // 飛行機は雲の*上を飛んだ The airplane flew *above* the clouds. // 食卓の*上にはシャンデリアが下がっていた A chandelier hung 「*over* [*above*] the table. // 彼は3階*上に住んでいる He lives three floors *up*. //《エレベーターで》「*上ですか下ですか」「*上です」 "(Going) *up* or down?" "*Up*." // *上へ行けば行くほど空気は希薄になる *The higher* you go up, the thinner the air becomes. // *上の階で火事があった There was a fire on the *upper* floor. // 彼女は頭の*上の明かりを消した She turned off the *overhead* light.

3《最上部》―[名] (てっぺん) top [C] (↔ bottom); (頂上) summit [C]; (一番上の部分) head [C] (↔ foot).

¶ その丘の*上からの眺めはすばらしい We can have a splendid view from the 「*top* [*summit*] of the hill. // 私は*上から 3 行目に誤植を見つけた I found a misprint in the third line from the *top*. // 彼の名前はそのページの一番*上にあった His name was at the *head* of the page. // 彼は*上から下まで (⇒ 頭からつま先まで) ずぶぬれになった He got wet through 「from *head* to foot [from *top* to toe].

4《年齢・地位》―[形] (より年をとっている) older, elder [語 法] どちらも old の比較級だが, 兄弟・姉妹の関係を表すとき《英》では elder を用い,《米》ではolder を用いることが多い ; (年長の) senior (to …). ―[前] (上位の) above … ―[名] (2 人のうち年上の者) senior [C], elder [C]; (目上の人) superior [C].《☞ としうえ》.

¶ 彼は私よりも 3 つ年が*上です He is three years *older* than 「I [me]. / He is *older* than 「I [me] by three years. [語 法] … than me の形は《米》で一般によく用いられる. / He is three years *senior to* me. / He is *senior to* me by three years. // 2 人のうち私のほうが年が*上です I am *the* 「*older* [*elder*] *of* the two. [語 法] 比較級で 2 人 [2 つ] のものを比べる場合には the を付ける. その場合, 前置詞は of. // 一番*上の息子は医者になった My 「*oldest* [*eldest*] son became a doctor.// 会社では私の妻のほうが地位が*上です My wife is *above* me at the office. // 彼は*上の者に気に入られようとした He tried to gain his *superior's* favor.

5《すぐれている》―[形] (優秀な) superior (to …); (よりよい) better (than …). ―[副] (さらに一層) more ; (もっとよく) better.《☞ うわて ; すぐれる ; まさる》.

¶ 質ではこちらのほうがそれよりずっと*上だ (⇒ 上等だ) In quality this is 「far *superior to*

う

[much *better than*] that. // 水泳は彼女のほうが私より*上だ (⇒ 私よりも上手に泳げる) She can swim *better than* I (can). // 英語では彼のほうが実力が*上だ (⇒ より堪能(たんのう)である) He is *more proficient* in English *than* I (am).

6 «結果» ― 副 (…の後で) after … 《☞ すえ》. ¶ 弁護士と相談の*上 (⇒ 後で) ご返事します I'll give you my answer *after* having a consultation with my lawyer. // よくよく考えた*上, この契約は打ち切ることにしました *After* careful consideration, we have decided to terminate this contract.

7 «さらに・その上»: besides, moreover; (A ばかりでなく B も) not only A but (also) B, B as well as A. 《☞ そのうえ; このうえ》.

上には上　¶ *上には上がある (⇒ 最高の人でもその競争相手に出会う) Even the best man meets his match. / (⇒ だれでも自分より上の人がいる) Everyone has somebody *above* him.

上を下への大騒ぎ　¶ 場内は*上を下への大騒ぎだった (⇒ まったくの混乱だった) The hall was in *utter confusion*. / There was *utter confusion* in the hall.

うえ² 飢え (空腹) hunger Ⓤ; (飢餓) starvation Ⓤ. 《☞ うえる²; きが》.

¶ 老人は*飢えで死んだ The old man died ⌜of [from] *hunger*. 語法 of は直接的死因, from は間接的死因を表すが, この例のようにどちらでも用いられる場合も多い. / (⇒ 飢えが老人を死なせた) *Starvation* caused the old man's death. // 1 片の古いパンで*飢えをいやした I satisfied my *hunger* with a piece of stale bread. / (⇒ 飢えをしのぐために古いパンを 1 片食べた) I ate a piece of stale bread to stay my *hunger*.

ウエーター waiter Ⓒ 《☞ 呼びかけ (囲み)》.

ウエートレス waitress Ⓒ 《☞ 呼びかけ (囲み)》.

ウエーブ ― 名 (頭髪などの) wave Ⓒ. ― 動 wave ⓐ. 《☞ カール》. ¶ 彼女の髪は美しく[生まれつき]*ウエーブしている Her hair *waves* ⌜beautifully [naturally]. / Her hair has ⌜beautiful [natural] *waves*.

ウェールズ ― 名 固 Wales. ― 形 (ウェールズの) Welsh. 《☞ えいこく 参考; イギリス》.

うえき 植木 (鉢植えの) pot [potted] plant Ⓒ; (庭木) garden ⌜tree [plant] Ⓒ.

植木ばさみ garden shears ★ 複数形で. 数えるときは a pair of ～ のようにいう. 《☞ はさみ (挿絵)》 **植木鉢** flowerpot Ⓒ **植木屋** (庭師) gardener Ⓒ.

うえこみ 植え込み (生け垣) hedge Ⓒ; (灌木(かんぼく)の) shrubbery Ⓒ.

ウエスト waist [wéist] Ⓒ 《☞ からだ (挿絵)》. ¶ 彼女の*ウエストは 56 センチしかない Her *waist* measures only 56 centimeters around. 《☞ 度量衡 (囲み)》 // 私は服の*ウエストを詰めた I took in the *waist* of my dress.

うえつける 植え付ける (植物を) plant ⓣ; (移植する) transplant ⓣ; (心に銘記させる) implant … (in *one's* mind). 《☞ うえる¹》.

¶ 我々は学生に民主主義の原理を*植え付けねばならない We ought to *implant* the principle of democracy *in the minds* of our students.

ウェット ― 形 (感傷的な) sentimental 参考 wet はこの意味では使われない. 《☞ センチメンタル》. ¶ 私は*ウェットなタイプの男は好かない I don't like *sentimental* men.

ウエディング wedding Ⓒ 《☞ けっこん¹》.

ウエディング ケーキ wedding cake Ⓒ **ウエディング ドレス** wedding dress Ⓒ **ウエディング マーチ** wedding march Ⓒ.

ウエハース wafer [wéifə] Ⓒ.

うえる¹ 植える (木・草・種など) plant ⓣ; (種芋などを植え付ける・種をまく) sow ⓣ ★ plant のほうが普通の言葉; (植え育てる・栽培する) grow ⓣ, raise ⓣ; (1 列に並べて植える) line ⓣ ★ 受身で用いられることが多い; (活字を組む) set up (types). 《☞ さいばい》.

¶ 庭にばらを*植えた I *planted* roses *in* my garden. / ＜S (人) ＋ V (*plant*) ＋ O (場所) ＋ *with* ＋ 名 (植物)＞ I *planted* my garden *with* roses. 語法 第 2 文は庭一面にばらを植えた意味になることが多い. // その通りにはいちょうが*植えてある The street *is* ⌜*lined* [*planted*] *with* gingkoes. 語法 並木があることを意味する. 特に「両側に」という意味を明瞭にする場合には on both sides あるいは on either side という句をそえる. / (⇒ いちょうが道路ぞいに植えられている) Gingkoes *are planted along* the street. // この地方では麦を*植えています (⇒ 彼らはこの地方で麦を栽培する) They ⌜*grow* [*raise*] wheat in this district. / (⇒ この地方では麦が栽培されている) Wheat *is* ⌜*grown* [*raised*] in this district. / (⇒ この地方は麦を産出する) This district *produces* wheat.

うえる² 飢える (空腹である) be hungry; (空腹になる) go hungry; (餓死するほど) starve ⓐ; (渇望する) be thirsty for …, starve (for …) ⓐ. 《☞ くうふく; うえ²》.

¶ 私は家族を*飢えさせるわけにはいかない I cannot let my family *go hungry*. // 彼は愛情に*飢えている He *is* ⌜*hungry* [*starving*] *for* ⌜love [affection]. // 彼は知識に*飢えている He ⌜*is thirsty* [has a *thirst*] *for* knowledge.

ウェルターきゅう ウェルター級 welterweight class Ⓒ. **ウェルター級の選手** welterweight Ⓒ.

うお 魚 fish ★ 単複同形. 種類や個々の魚をいうときのみ fishes. 《☞ さかな》. **魚市場** fish market Ⓒ **魚座** Pisces [páisi:z], the Fishes. 《☞ じゅうにきゅう (挿絵)》.

うおうさおう 右往左往 ― 動 (混乱して走り回る) run about in confusion; (あっちへ行ったりこっちへ行ったりする) go this way and that. ¶ 出口を求めて観客は会場内を*右往左往した Looking for a way out, the spectators ⌜*ran about in confusion* [*went this way and that*; *went hither and thither*] in the hall.

ウォーミング アップ ― 名 warm-up Ⓤ.

—[動] warm up (自)(他) ★ (他) の場合は「エンジン」などを目的語にとる.

うおがし 魚河岸 fish market Ⓒ.

ウオッカ vodka [vɑ́dkə] Ⓤ.

うおのめ 魚の目 corn Ⓒ ★ 特に足指の.

うかい 迂回 (遠回り) roundabout way Ⓒ; (回り道) circuitous route Ⓒ; (交通障害による迂回) detour [díːtuə] Ⓒ. (☞ まわりみち). ¶ 道路が補修中だったので私たちは*迂回した As the road was under repair, we ⌈made a *detour* [took a *circuitous route*].

うがい 嗽い —[名] gargling Ⓤ. —[動] gargle (自). ¶ 私は塩水で*うがいをした I *gargled* with salt water. **うがい薬** gargle Ⓒ.

うかうか —[形] (不注意な) careless; (うわの空の) absentminded; (怠けた) idle. —[動] (怠けて過ごす) idle away (他), live in idleness. (☞ ぼやぼや). ¶ *うかうかしているとけがをするぞ If you are ⌈*careless* [*absentminded*], you will ⌈get hurt [hurt yourself]. / Be careful, or you'll get hurt.

うかがう[1] 伺う **1** «訪問する»: (人を訪問する) call on ...; (人の家へ立ち寄る) call at ...; (訪ねる) visit (他); (訪問する) make [pay] a visit. [語法] 日本語の「訪ねる」「行く」と「伺う」の間に見られるような敬語用法による差異は単語の段階では英語にはない. しかし May I ...? のような表現を使うなどして文全体の表現を丁寧にすることはある程度可能. ただし, 英語には日本語のように複雑な敬語法がないことに注意しなくてはならない. (☞ たずねる[2] (類義語); 訪問の表現 (囲み); 丁寧な表現 (欄外)).
¶ あすお*伺いします I'd like to ⌈*call on* [*visit*] you tomorrow. // 「事務所にお*伺いしてよろしいでしょうか」「いいですとも」 "May I ⌈*call at* [*visit*] your office?" "Certainly."
2 «質問する»: (聞く) ask (他) (☞ たずねる[1]). ¶ ちょっと*伺いますが, 駅はどこでしょうか Excuse me, but ⌈*will you tell me* [*may I ask*] the way to the station? (☞ 道のききき方 (囲み))
3 «耳にする»: (知らされている) hear (他)(自); (伝え聞く) be told. (☞ きく[1]). ¶ ご病気と*伺いましたが I *was told* you were ill. // 彼女のお父さんは著名な外科医と*伺っています I *hear* (that) her father is a famous surgeon.

うかがう[2] 窺う **1** «のぞく»: peep ⌈into [through] ... [語法] 部屋などをちょっとのぞくときが into で, 穴や物を通してのぞくときが through. (☞ のぞく[2]; かいまみる).
¶ 泥棒は塀の穴から中を*窺った The thief *peeped through* the hole in the fence.
2 «機会を待つ»: (期待して待つ) watch for ... (☞ ねらう). ¶ 囚人は一日中脱獄の機会を*窺っていた The prisoner *watched* all day *for* a chance to escape from the prison.
3 «観察する»: (見ている) see (他); (動きを見守る) watch (他); (観察する) observe (他).
¶ しばらく形勢を*窺うことにしよう (⇒ 風向きがどうか見てみよう) Let's *see* which way the wind blows for a time. ★ 慣用句.

うかつ 迂闊 —[形] (不注意な) careless; (愚かな) stupid; (ばかな) foolish. —[名] carelessness Ⓤ; stupidity Ⓤ; foolishness Ⓤ. (☞ うっかり; ふちゅうい).
¶ ドアに鍵をかけないなんて本当に*迂闊だった (⇒ 不注意だった) It was quite *careless of* me to leave the door unlocked. // あんな提案を受け入れてしまったなんて私も*迂闊だった (⇒ 愚かだった) It was *stupid of* me to have accepted such a proposal. / How *stupid* I was to have accepted such a proposal!

うがった 穿った —[形] (鋭い) sharp; (正確な) accurate; (洞察力のある) penetrating.
¶ 彼はよく*穿ったことを言う (⇒ ずばり的を射る) He often *hits the nail on the head*. / (⇒ 鋭い観察をする) He often makes a *shrewd* observation.

うかぶ 浮かぶ **1** «水・空に»: float (自) (☞ うく; ただよう). ¶ 白い雲が青空に*浮かんでいる White clouds *are floating in* the blue sky.
2 «心に»: (ふと思いつく) occur (to ...) (自), hit ⌈on [upon] ... [語法] occur の主語は「考え」などの無生物で, hit ⌈on [upon] ... の主語は「人」; (頭に浮かぶ) come [pop] into *one's* head; (心をかすめる) come ⌈across [into] *one's* mind. (☞ おもいつく).
¶ 新しい考えが彼女の頭に*浮かんだ A fresh idea ⌈*occurred to* her [*came across her mind*]. / She *hit* ⌈*on* [*upon*] a fresh idea.
3 «出現する»: (見える) look (自); (現れる) appear (自); (ぼんやり現れる) loom (up) (自). (☞ あらわれる; うきあがる). ¶ 憂うつな表情が彼の顔に*浮かんだ (⇒ 憂うつそうに見えた) He *looked* depressed. / A gloomy expression *appeared* on his face.
浮かばれる[ない] ¶ 私はもう一生*浮かばれない (⇒ 私の経歴はこれで終わりだ) My career *is finished*. / (⇒ 私はもうだめだ) It's *all over with* me now. / I *am ruined* (for life). // これで死んだ父も*浮かばれるでしょう (⇒ このことは父の魂を安らかにするだろう) This will *set* our *father's soul at rest*.

うかべる 浮かべる **1** «水などに»: (浮くようにする) float (他); (浮かばせる) set ... afloat.
¶ 彼女は池に燈籠(とうろう)を*浮かべた She ⌈*floated* a lantern [*set* a lantern *afloat*] on the pond.
2 «心に»: (心に描く) picture (他); (意識的に思い出す) recall (他); (努力して思い起こす) recollect (他); (思い出す) call ... to mind. (☞ おもいうかべる; えがく). ¶ 彼女は大都会での楽しい生活を心に*浮かべた (⇒ 心に描いた) She *pictured to herself* a happy life in a big city.
3 «顔に»: (顔つきをする) look (自); (現す) express (他), show (他).
¶ 彼女は顔に悲しみの色を*浮かべた (⇒ 悲しそうに見えた) She *looked* sad. / Her face ⌈*expressed* [*showed*] sorrow. // そのおもちゃを見て少年は笑みを*浮かべた (⇒ ほほえんだ) The boy *smiled* on seeing the toy. / (⇒ おもちゃは少年をほほえませた) The toy *brought a smile* to the boy's face. // 彼女は目に涙を*浮かべてその手紙を読んだ She read the letter *with tears in her eyes*.

うかる 受かる (合格する) pass (他); (成功す

う

る) succeed in (an examination). 《☞ ごうかく》. ¶ 彼は試験に*受かった He ˹*passed* [*succeeded in*] the examination.

うかれる 浮かれる (陽気に騒ぐ) make merry; (上機嫌である) be in high spirits. 《☞ はしゃぐ; おまつりさわぎ》. ¶ 彼らは宴会で*浮かれ騒いでいた They *were making merry* at the party.

うがん 右岸 the right bank (of ...).

うき[1] 雨季 the ˹rainy [wet] season 《☞ つゆ[2]》. ¶ *雨季に入った *The rainy season* has set in.

うき[2] 浮き (釣の) float Ⓒ 《☞ つり[1] (挿絵)》.

うきあがる 浮き上がる **1** 《浮上する》: come (up) [rise] to the surface; (潜水艦などが) surface ⓐ. 《☞ ふじょう[1]》. ¶ 鯨はときどき海面に*浮き上がる The whale sometimes ˹*comes up* [*rises*] *to the surface* of the sea. **2** 《比喩的に》: (支持を失う) lose the support (of ...) 《☞ ゆうり[2]》. ¶ その政策は国民の多数から*浮き上がっている The policy *has lost the support of* the majority of people.

うきあしだつ 浮き足立つ (動揺する) waver ⓐ; (逃げようとする) be ready to run away; (足もとが不安定になる) become unsteady; (自信を喪失する) lose confidence. 《☞ そわそわ; どうよう[2]》. ¶ 彼らは*浮き足立っている (⇒ 動揺している) They *are wavering*. / (⇒ 逃げ腰である) They *are ready to run away*.

うきうき 浮き浮き —形 (陽気な) cheerful; (上機嫌の) cheery; (心の軽い) lighthearted. —副 cheerfully; with a light heart. ¶ 彼は*浮き浮きと (⇒ 心も軽く) 出かけて行った He went out *with a light heart*.

うきくさ 浮き草 (浮いている草) floating weed Ⓒ; 〖植物〗(あおうきくさ) duckweed Ⓤ ★ 総称. ¶ *浮き草の生活をする (⇒ 不安定な生活を送る) lead a precarious life

うきしずみ 浮き沈み (浮沈) ups and downs ★ 複数形で; (盛衰) rise and fall Ⓒ. ¶ 人生の*浮き沈み the *ups and downs* of life

うきたつ 浮き立つ —動 (元気づく) be cheered up. —形 (浮き浮きする) cheerful. 《☞ うきうき》.

うきぶくろ 浮き袋 (水泳用の) swimming ˹belt [ring; float] Ⓒ; (魚の) (air) bladder Ⓒ.

うきぼり 浮彫り relief Ⓤ ★ 個々の作品はⒸ. ¶ 薄[高]*浮彫りの作品 a work in ˹low [high] *relief* // これで真相がはっきり*浮彫りにされた (⇒ このことが真相を完全な浮彫りにして現した) This brought out the truth *in full relief*.

うきめ 憂き目 (不運) misfortune Ⓤ; (悲惨・困窮) misery Ⓤ. ¶ 彼は失業の*憂き目を見た (⇒ 不幸にも失業した) He had the *misfortune* to lose his job.

うきよ 浮世 —名 (この世) the world; (はかない生活) transient [fleeting] life Ⓤ. —形 (世俗的な) worldly; (天国に対して, この世の) earthly. 《☞ せけん》. ¶ それが*浮世の習いというものだ That is the way ˹it is [people are]. / (⇒ 人生とはそんなものだ) Such is *life*. // 彼は*浮世離れした男だ (⇒ この世のことはあまり気にかけない) He doesn't care much about *worldly* things.

うく 浮く **1** 《水・空中に》: (浮かぶ) float ⓐ; (浮き上がる) come (up) [rise] to the surface; (いったん沈んだ物が) reappear at the surface. 《☞ うかぶ; うきあがる》. ¶ 風船が1つ空に*浮いていた A toy balloon *was floating* in the air. **2** 《余る》: (節約して) be saved 《☞ のこる》. ¶ バスで行けば500円*浮く (⇒ 節約できる) If you go by bus, you can *save* 500 yen.

うぐいす 鶯 (Japanese) bush warbler Ⓒ; nightingale Ⓒ 〔参考〕 後者はヨーロッパ産のツグミ科の鳥で, しばしば「ウグイス」の訳語として用いられるが, 別種. **うぐいす色** greenish brown Ⓤ 《☞ 色 (囲み)》.

ウクレレ ukulele [jù:kəléili(:)] Ⓒ ★ 口語では短縮して uke [jú:k] という.

うけ 受け ¶ 彼は若い人に*受けがよい He's *popular among* young people. 《☞ うける》

うけあう 請け合う (確かで間違いないと断言する) assure ⓗ; (他人の契約・品質などを保証する) guarantee ⓗ. 《☞ ほしょう[1] (類義語)》. ¶ この時計が2年間は狂わないことを*請け合いましょう We *guarantee* the watch to keep perfect time for two years.

うけいれる 受け入れる (同意して受け入れる) accept ⓗ; (権限のある者が承認して受け入れる) grant ⓗ; (学校などへ) admit ⓗ. 《☞ うける; ききいれる; じゅだく》. ¶ 彼は私の願いを*受け入れてくれた He *granted* my request. / (⇒ 要求に応じてくれた) He *complied with* my request. // メアリーは招待を*受け入れるでしょう Mary will *accept* the invitation. // 日本の大学は外国人留学生をもっと*受け入れる必要がある Japanese universities should *admit* more ˹foreign students [students from overseas].

うけうり 受売り —名 (人から聞いた情報) secondhand information Ⓤ. —動 (また聞きで話す) tell ... at second hand. 《☞ またぎき》. ¶ 彼の言っていることはA氏の*受け売りだ (⇒ 受け売りの知識だ) What he says is *secondhand information* from Mr. A.

うけおい 請負 (工事などの契約) contract Ⓒ; (工事などを引き受けること) undertaking Ⓤ. 《☞ したうけ》. **請負業** contracting business Ⓤ **請負契約** contract Ⓒ **請負師** contractor Ⓒ **請負値段** contract price Ⓒ.

うけおう 請け負う (請負の契約をする) contract ⓗ; (引き受ける) undertake ⓗ. 《☞ ひきうける》. ¶ 彼は新校舎の建築を*請け負った He *contracted* to build a new schoolhouse.

うけこたえ 受け答え (答え) answer Ⓒ ★ 最も一般的な語; reply Ⓒ ★ やや形式ばった語; (応答) response Ⓒ. 《☞ こたえ (類義語); へんじ》. ¶ 彼女は気のきいた*受け答えをした She gave a witty *answer*.

うけざら 受け皿 saucer Ⓒ 《☞ さら (挿絵)》. ¶ *受け皿つきの(コーヒー)茶わん a cup and *saucer* [kʌ́pənsɔ́:sə] ★ 成句で単数扱い.

うけつぐ 受け継ぐ **1** «地位・事業などを»: (相続する) succeed to ...; (引き継ぐ) take over ㊐. 《☞ つぐ²; ひきつぐ》. ¶ 彼は父が死んだあと家業を*受け継いだ He ⌈*succeeded to* [*took over*] the family business when his father died.
2 «性質・財産を»: (遺伝・相続により) inherit ㊐; (相続人となる) be heir [ɛ́ə] to ... 《☞ そうぞく》.

うけつけ 受付 **1** «来客の»: (受付係) receptionist Ⓒ; (受付口) reception desk Ⓒ.
¶ 伝言は*受付にお願いします Please leave your message with the *receptionist*.
2 «願書などの»: (受理) acceptance Ⓤ.
¶ *受付期限 the deadline for *application*

うけつける 受け付ける (受諾する) accept ㊐ (↔ reject; refuse) 《☞ うける》. ¶ 入学願書は1月20日まで*受け付けます Applications for admission *are accepted* until January 20. // 彼女は人の言うことを*受け付けない (⇒ 聞こうとしない) She won't *listen to* others. / (⇒ ほかの人の忠告に耳を貸さない) She always *turns a deaf ear to* others' advice.

うけとめる 受け止める (球を) catch ㊐; (考える) take ㊐. 《☞ キャッチ》. ¶ レフトが大フライを*受け止めた The left fielder *caught* a long fly ball. // 私の批評がどのように*受け止められているかぜひ知りたい I'm anxious to know how my criticism *is taken*. / (⇒ 私の批評に対する反応を知りたい) I'd like to know the *reaction* to my criticism.

うけとり 受取 receipt [risíːt] Ⓤ ★「受領証」の場合は Ⓒ. 《☞ りょうしゅう》.
¶ この*受取にサインして下さい Please sign this *receipt*. // 彼はその*受取を私にくれた He gave me a *receipt* for it.

うけとる 受け取る **1** «入手する»: (受領する) receive ㊐; (手に入れる) get ㊐; (もらう) take ㊐; (喜んで) accept ㊐. 《☞ うける》.
¶ きのうあなたのお手紙を*受け取りました I ⌈*received* [*got*] your letter yesterday. // 彼の贈り物は*受け取れない I cannot ⌈*take* [*accept*] his gift.
2 «考える»: (解釈する・理解する) take ㊐; (考える) think of ... 《☞ とる; みなす》.
¶ 彼の言葉をまじめに*受け取らないほうがよい We'd better not *take* his words seriously.

うけながす 受け流す (質問などをうまくかわす) turn aside ㊐ 《☞ ききながす》.
¶ 首相は多くのやっかいな質問を巧みに*受け流した The prime minister skillfully *turned aside* a lot of embarrassing questions.

うけみ 受身 ── 图 〚文法〛 the passive (voice). ── 形 passive (↔ active).
¶ 彼は何をするにも*受身だ He is *passive* in anything.

うけもち 受け持ち ── 動 (担当である) be in charge of ... ★「担当者」が主語となる. 《☞ たんにん; たんとう¹》. ¶ 青木先生が私たちのクラスの*受け持ちの先生です Mr. Aoki *is in charge of* our class. / Mr. Aoki is our *homeroom* teacher.

うけもつ 受け持つ (預かっている) be in charge of ... 《☞ たんにん; たんとう¹》.
¶ 私はこの学校で数学を*受け持っている (⇒ 教えている) I *teach* mathematics at this school. // 看護婦はそれぞれ5人の患者を*受け持っている Each nurse *is in charge of* five patients.

うける 受ける **1** «…される» ★ 日本語の「招待を受ける」「罰を受ける」のような表現を英語に訳す場合,「招待」「罰」などを名詞として英訳し, それらを「受ける」という動詞の目的語とする構文をとるよりも,「招待を受ける」=「招待される」,「罰を受ける」=「罰せられる」のように受身構文として訳すほうが, より平易で口語的な表現となることが多い; (受け取る) receive ㊐; (損害などをこうむる) suffer ㊐ 〔語法〕 以上を用いた表現は内容的には受身とほぼ同じことになる. ただし, 多少形式ばった言い方となることが多い; (もらう・手に入れる) get ㊐; (苦労して手に入れる) obtain ㊐ 〔語法〕 以上の動詞の意味は能動的であるが, 例えば「許可を受ける」を obtain permission とする場合, この前後関係では permission という名詞は内容的には「許されること」という受身的な意味合いなので, 全体としては「許可を得ようと努力した結果許される」という受身的ニュアンスを持つことになる. 《☞ 受身 (囲み); もらう; える; こうむる》.
¶ 私はそのパーティーへの招待を*受けていない (⇒ 招待されていない) I'*m* not *invited* to the party. / I'*ve* not *received* an invitation to the party. 〔語法〕 invitation は「招待」とも「招待状」ともとれる. // その犯人は厳しい罰を*受けた The criminal *was* severely *punished*. // 私たちはその絵を複製する許可を*受けている We ⌈*have* [*got*; *obtained*] ⌈permission [a permit] to reproduce the picture. / We *are permitted* to make copies of the picture. // わが国は第二次大戦でたいへんな損害を*受けた Our country *was* ⌈badly [greatly] *damaged* in World War II. / Our country *suffered* a great loss in World War II. // 彼女は盲腸炎の手術を*受けた (⇒ 手術された) She *was operated* ⌈*on* [*upon*] for appendicitis. // 困った質問を*受けた I *was asked* an embarrassing question.
2 «試験を受ける»: take ㊐, sit for ... ★ 前者のほうが普通; (試験がある) have ㊐ 〔語法〕 以上の場合には be examined in ... という受身表現はあまり普通でなく, また be tested for ... は「(成分・機能などを)検査する」の意味になる. 《☞ しけん¹; じゅけん》.
¶ 全国で約100万人の学生がその試験を*受けた About one million students ⌈*took* [*sat for*] the ⌈examination [test] throughout the country.
3 «受諾する»: accept ㊐ 《☞ うけいれる; しょうだく》. ¶ あなたの申し出[ご招待]を*受けるわけにはいきません I cannot *accept* your ⌈offer [invitation].
4 «受け止める»: catch ㊐ 《☞ うけとめる》.
¶ 彼はそのボールを両手で*受けた He *caught* the ball with both hands.
5 «評判がいい»: (人気がある) be popular (among ...; with ...). ¶ 彼の小説は若い人に

受　身

主として「…される」のように，主語が動作を受けることを表す文法的な動詞の形を「受身」または「受動態」(passive voice) という．これに対して「…を…する」のような意味の目的語を伴った形は「能動態」(active voice) である．

(1)　受身の作り方

能動態を受動態にするには (1) 能動態の目的語を主語の位置に移動する．(2) 能動態の主語に by を付けて文尾に置く．(3) 動詞を ＜be＋過去分詞＞ の形に変えるという手順が必要である．

私の父がこの本を書いた《能動態》 My father wrote this book. → この本は私の父によって書かれた《受動態》 This book *was written by* my father.

関係を図示すると，次のようになる：

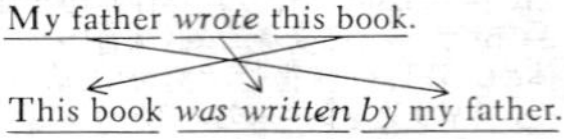
My father *wrote* this book.
This book *was written by* my father.

(2)　一般的な受身の形式

(i) 受身は基本的に ＜be 動詞＋他動詞の過去分詞＞ の形で表され，この後に必要に応じて「…によって」の意味の by を伴う．

ただし，前後関係その他によって動作主がわかっている場合，あるいは動作主が不明であるか，言いたくない場合などには by … は省略される．実際には受身の文に by … が伴わないことが非常に多い．

¶ 英語は大勢の人々によって話される English *is spoken by* a large number of people.＝A large number of people speak English. ∥ あなたの国では英語が話されていますか *Is* English *spoken* in your country?＝Do 「people [you] speak English in your country?

(ii) be 動詞は「人称・数・時制」によって変化するので，これに応じてさまざまな受身がある．《☞ 性・数・人称の一致 (欄外)》．

¶ その仕事は彼によってなされる The work is done by him. 《現在》 / なされた… was done … 《過去》 / なされるであろう… will be done … 《未来》 / なされ(てしまっ)た… has been done … 《現在完了》 / なされ(てしまっ てい)た… had been done … 《過去完了》 / なされている… is being done … 《現在進行形》 / なされていた… was being done … 《過去進行形》

(iii) can, must, may, should, have to, *used to* のような助動詞や，それに相当する語句を用いる場合は ＜助動詞(相当語句)＋be＋過去分詞＞ の形になる．

¶ その仕事をすぐしなければならない We must do the work right away. → The work *must be done* right away. 【語法】 この文のように，日本語では受身にならない場合でも英語では受身の構文がよく用いられる．英語では「仕事」のような無生物を主語にする構文が日本語と比べてかなり多く，我々にはなじみの薄い表現が可能であることに注意．

(3)　常に受身になる表現

日本語では能動態のように言うが，英語では受身で表す場合．

¶ 私は 1958 年 3 月 23 日に生まれた I *was born* on March 23, 1958. ∥ 彼はその知らせを聞いてびっくりした He *was surprised* 「to hear [at] the news. ∥ 私は日本の歴史に興味がある I *am interested* in Japanese history. ∥ あなたは彼の説明に満足していますか *Are* you *satisfied* with his explanation? ∥ 彼はその大学に進学しようと堅く決意していた He *was* firmly *determined* to go to the university. ∥ 少年たちはみんな歩き疲れていた All the boys *were tired* from walking a long way.

【語法】 このような動詞の多くは過去分詞というよりは形容詞とみなされることがある．

(4)　連語を含む受身の表現

受動態ではあるが，成句または成句に近いとみなされる連語は一まとめにして考えたほうがよい．

¶ 彼は一部の友人に嘲笑された He *was laughed at* by some of his friends.＝Some of his friends laughed at him. ∥ 隣の人たちが何から何まで面倒をみてくれた Everything *was taken care of* by my neighbors.＝My neighbors took care of everything.

(5)　二重目的語をもつ文の受身

理論上は次の 2 とおりの受身の文ができる．

¶ 我々は彼女から音楽を教わる We *are taught* music by her.＝She teaches us music. / Music *is taught* us by her. 【語法】 後者の文は可能だが，一般的ではない．∥ 彼女はそのお金をもらった She *was given* the money. / The money *was given* (to) her. 【語法】 前者の文はやや不自然な感じがする．後者は to を入れることも多い．なお，He wrote me a letter. を受身にして I *was written* a letter by him. と言うのは不自然である．二重目的語をとる動詞では，一般に間接目的語(多くの場合は人)を主語にする受身の文は不自然さを伴うことが多い．

(6)　注意すべき前置詞

過去分詞の形容詞的な機能を重視した「状態」を表す受身の文では，by でなく，ほかの前置詞を用いることが多い．

¶ 彼は町中のみんなに知られている He is known *to* everybody in town.＝Everybody in town knows him. ∥ その国の大部分は山で覆われている Most of the country is covered *with* mountains.＝Mountains cover most of the country. ∥ このワインは最良のぶどうで作られている This wine is made *from* the finest grapes.

*受ける His novels *are popular among* the young people.

6 «考える・信ずる»: take (他) (☞ とる; みなす). ¶ 彼の言葉を真に*受けるなよ Don't *take* his words too seriously. (☞ まにうける)

うけわたし 受け渡し —[名] (引き渡し) delivery [U]. —[動] (引き渡す) deliver (他); (手渡す) hand over (他). (☞ わたす).

¶ 品物の*受け渡しはまだしてない *Delivery* of the goods has not been made yet. / The goods *have* not *been delivered* yet.

うげん 右舷 (船・航空機などの) starboard [stáːbəd] [U] (↔ port) (☞ ふね (挿絵)).

うごうのしゅう 烏合の衆 (デマなどにすぐ動かされる群衆) mob [C]; (無秩序で自分勝手なやじ馬) rabble [C], (disorderly) crowd [C]. (☞ やじうま; ぐんしゅう).

うごかす 動かす **1** «位置を変える»: move (他) ★ 一般的な語. 以下の語の代わりにも使える; (本来の位置から移す) remove (他) [語法] move のほうが意味領域が広く, remove は定位置からの移動のみをいう; (場所・方向を変える) shift (他). (☞ いどう[1]; うつす[1] (類義語)).

¶ だれもその大きな岩を*動かせなかった Nobody could *move* the big rock. // 車を少し前に*動かしてくれませんか Will you *move* your car a little forward? // 私は家具を*動かした I ｢*shifted* [*moved*] the furniture around.

2 «体の部分や物体などを運動させる»: move (他) [語法] この語はもともと位置を変えることを意味するので, 頭・手・指などを静止状態から別の位置に動かすこと, あるいはずっと動かし続けていることをいうが, 動かし方については特定のことは意味しない; (軽く・小刻みに動かす) stir (他); (振り動かす) swing (他); (地震のようにゆり動かす) shake (他); (ぴくぴくと動かす) twitch (他).

¶ 頭を*動かすな Don't *move* your head. // 指をもっと速く*動かしなさい *Move* your fingers more quickly. // そよ風が木の葉を*動かしていた A gentle breeze *was stirring* the leaves. [語法] moving を使うと単に動いていたことのみを言うことになり, 「そよ風」との結びつきが悪くなる. // 彼は眉(まゆ)をぴくりと*動かした He *twitched* his eyebrows.

3 «運転する»: (機械を) operate (他); (始動させる) start (他). (☞ うんてん; そうさ[2]).

¶ あなたはこの機械を*動かせますか Can you *operate* this machine? // エンジンを*動かすのにはどうしたらよいか教えて下さい Please tell me how to *start* the engine.

4 «心を動かす»: move (他), touch (他). (☞ かんどう[1]; かんげき[1]). ¶ 彼は心を*動かさなかった (⇒ 気持ちを変えなかった) He didn't *change* his mind.

うごき 動き **1** «運動»: (具体的な物の動き・一定方向への規則的な動き) movement [U]; (常に動いていること) motion [U]; (特定の限定された動き) move [C]. (☞ どうさ).

¶ 彼は風に揺れる木の葉の*動きを観察した He observed the *movement* of the leaves in the breeze. // 彼女の目は彼の*動きを一つ一つ追った Her eyes followed every *move* he made.

2 «動向»: (成り行き) trend [C]; (発展) development [C]. (☞ どうこう[1]).

¶ 世論の*動きに注意すべきである We have to pay attention to the *trend* of public opinion. // 彼は最近の政治の*動きに明るい He is well informed about the latest political *developments*.

3 «活動»: activity [C]; (行動) action [U].

¶ 警察は彼らの*動きを調べている The police are investigating their *activities*. // 証拠がないので警察も*動きがとれない Police cannot *take action* because there is no evidence.

うごく 動く **1** «移動する»: (場所・位置が変わる) move (自) ★ 最も一般的な語; (乗り物などが走る) run (自); (いまいる場所からちょっと動く) budge (自) ★ 否定文で用いる; (特に方向・位置などが変わる) shift (自); (転任する) transfer (自), be transferred. (☞ いどう[1,2]).

¶ この車はどうしても*動かない This car won't ｢*move* [*run*]. // *動くと命はないぞ *Move*, and [Don't *stir*, or] you're a dead man. // その重い岩はびくとも*動こうとしなかった The heavy rock wouldn't *budge* an inch. // 輸送中に荷物が*動いてしまった The goods *shifted* in transit. // 彼は大阪の支店へ*動くといううわさだ Rumor has it that he will ｢*transfer* [*be transferred*] to the Osaka Branch.

2 «揺れる»: (軽く少し動く) stir (自); (前後・左右などに不安定に揺れる) sway (自); (上下・左右などに不規則に細かく動く) shake (自); (ぶら下がっているものが規則正しく動く) swing (自). (☞ ゆれる; ゆらゆら).

¶ 風がなく, 木の葉ひとつ*動かなかった The air was breathless and not a leaf *stirred*. // 上の階は強風で*動くときがある The upper floors sometimes *sway* in a strong wind. // 列車がそばを通るときその家は小刻みに*動く The house *shakes* when a train goes by. // このテーブルの脚はぐらぐら*動く (⇒ しっかり固定されていない) The legs of this table *are* ｢*shaky* [*not firmly joined*].

3 «機械などが作動する»: (機能を発揮して正常に動く) work (自); (順調に動き続ける) run (自); (うまく動く) go (自); (効果的に動く) act (自). (☞ さどう[1]).

¶ この自動車はアルコールで*動く This car ｢*runs* [*goes*] on alcohol. // この洗濯機はどうして*動かないのかわからない I don't know why this washing machine doesn't ｢*work* [*run*; *go*]. // ストライキ中は電車もバスも*動かなかった The trains and buses didn't *run* during the strike. // 私の時計は*動いていない (⇒ 止まってしまった) My watch *has* ｢*stopped* [(⇒ ねじや電池が切れて) *run down*].

4 «心が»: (感動させる) move (他); (哀れみ・同情などを誘う) touch (他). (☞ かんどう[1]; かんめい; どうよう[2]). ¶ 彼の言葉に彼女の心は*動いた (⇒ 彼の言葉は彼女を感動させた) His words *moved* her. // その悲しい話に私の心は*動いた (⇒ 私の心に同情の念を起こした) The sad story *touched* me.

5 «行動する»: (実行する) act (自); (動き回る) get about (自). (☞ じっこう[1]; こうどう[1]).

¶ 彼は上の命令で*動いたにすぎない He just *acted* on the order of his boss. / (⇒ 上の者の命令を実行したにすぎない) He just *carried out* his superior's orders. // まだ*動く (⇒ 行動を起こす) のは早い It is too early to *take action*. // 彼は年の割によく*動く (⇒ 動き回る) He *gets about* well for his age.

6 《変動する》: (不規則に連続的に変わる) fluctuate ㊀; (不規則に断続的に変わる) vary ㊀. 《☞ へんか》. ¶ 株価は毎日*動く (⇒ 変わる) Stock prices 「*fluctuate* [*vary*] from day to day. // 彼の当選は*動かないところだ (⇒ 確かだ) It *is certain* that he will be elected. // 私は*動かぬ (⇒ 争う余地のない[決定的な]) 証拠をつかんだ I obtained 「*indisputable* [*conclusive*] evidence.

うさぎ 兎 (家うさぎ) rabbit Ⓒ; (野うさぎ) hare Ⓒ.

うさばらし 憂さ晴らし (気分転換) diversion Ⓒ; (気晴らし) distraction Ⓒ. 《☞ まぎらす; きばらし; いきぬき》. ¶ 一番ありきたりの*憂さ晴らしは酒を飲む(⇒酔っ払う)ことだ The most common form of *diversion* is to get drunk. // 彼は*憂さ晴らしに旅に出た He went on a trip as a 「*diversion* [*distraction* from grief].

うさんくさい 胡散臭い (怪しげな) suspicious; (疑わしい) questionable, 《口語》 fishy. 《☞ くさい; あやしい; うたがわしい》. ¶ *うさん臭い男 a *suspicious-looking* man // 彼は私を*うさん臭げに見た He looked 「*suspiciously* [*askance*] at me.

うし[1] 牛 (総称) cattle ★ 集合名詞で複数扱い. 1頭の牛を言うときは (雄) bull Ⓒ, (雌) cow Ⓒ; (去勢牛) ox Ⓒ 《複 oxen》; (子牛) calf [kǽ(:)f] Ⓒ 《複 calves [kǽ(:)vz]》. 《☞ おす[3] (表); 動物の鳴き声 (囲み)》.

¶ 食用*牛 beef *cattle* // 乳*牛 a (milk) *cow* // 2頭の*牛 two head of *cattle* 語法 家畜を数えるときの単位としての head は単複同形. 《☞ 数の数え方 (囲み)》 // 彼らは*牛のように (⇒ かたつむりの歩みで) のろのろと進んでいった They moved along *at a snail's pace*.

牛飼い 《米》 cowboy Ⓒ, 《英》 cowherd Ⓒ, cowhand Ⓒ **牛小屋** cowshed Ⓒ.

うし[2] 丑 (十二支の) the Ox 《☞ ね[4] 参考》.

うじ 蛆 (ハエなどの幼虫) maggot Ⓒ; (地虫など) grub Ⓒ.

うしなう 失う (財産·持ち物などを) lose ㊋ 《過去·過分 lost》 ★ 最も一般的な語; (物·権利などを奪われる) be deprived of ... ★ 他人によって, あるいは外的な原因によって奪われる場合. やや形式ばった表現. lose で代用できる; (機会などを失う) miss ㊋. 《☞ なくす[1,2]》.

¶ 彼は幼いころに父を*失った He 「*lost* [*was bereaved of*] his father in his childhood. // 彼はその戦いで片脚を*失った He *lost* his leg in the battle. // 私は英文学に興味を*失った I *have lost* interest in English literature. // 彼は全財産を*失った He 「*lost* [*was deprived of*] his whole property. // 我々は彼に会う最後の機会を*失った We 「*missed* [*lost*] the last chance of meeting him. // 野心のため彼は一命を*失った (⇒ 彼の野心が彼の命を失わせた) His ambition *cost* him *his life*.

うしろ 後ろ ─ 名 (後方の部分) back Ⓒ (↔ front) ★ 最も一般的な語. 「後ろの部分」ということで, 離れた後方は意味しないことに注意; (特に車や建物の) rear Ⓒ. ─ 形 back; rear. ─ 前 (...の後方に) behind ... (↔ in front of ...); (特に場所について) at the back of ..., 《米》 in back of ... ★ 後の2つは口語的; (...の後部に; ...の後ろの部分に) in the back of ... 語法 in back of, at the back of が離れた後方の意味であるのに対して, これはその物の後ろの部分を指すことに注意; (順序が後の) after ... (↔ before ...). ─ 副 (後ろに向けて) back (↔ forth); (後方に向かって) backward (↔ forward); (背後に) behind. 《☞ あと[1]; こうほう[1]; はいご[1]; うら》.

¶ その池は彼の家の*後ろにある The pond is 「*behind* [*at the back of*; *in back of*] his house.

ボールは彼の頭の*後ろに当たった The ball hit him on the *back* of his head.

彼女はカーテンの*後ろに隠れた She hid herself 「*behind* [*in back of*] the curtain.

私は車の*後ろに座るほうが好きだ I prefer to 「take the *back* seat of [sit *in the back of*] a car.

彼は先生の*後ろに続いて入って来た He came in *after* the teacher.

犬は駅まで彼の*後ろについて行った (⇒ 彼に従って行った) His dog *followed* him to the station.

彼の*後ろには会長がついている He has the president at his *back*.

彼女は彼の*後ろを歩いた[*後ろに座った] She 「walked [sat] *behind* him.

*後ろを見てはいけない Don't look 「*back* [*behind*].

子供たちは*後ろも振り返らずに逃げた The children ran away without looking *backward*.

だれかが*後ろから私の肩をたたいた Someone tapped me on the shoulder from *behind*.

*後ろの車輪がぬかるみにはまってしまった The *rear* wheels got stuck in the mud.

後ろ姿 *one's* back Ⓒ.

うしろがみ 後ろ髪 ¶ *後ろ髪を引かれる思いだった (⇒ 心が後に残されるようだった) I felt *as if my heart were left behind*. // 生まれ故郷を離れるのは*後ろ髪を引かれる思いだった (⇒ いやいやながらつらい思いで) I left my birthplace *with* 「*great* [*painful*] *reluctance*.

うしろぐらい 後ろ暗い (いかがわしい·不審な) questionable, shady; (疑わしい) suspicious; (公明でない) underhand. 《☞ やましい; うしろめたい》.

¶ 彼は何か*後ろ暗いことをやっている He is engaged in something 「*questionable* [*shady*]. // 彼は*後ろ暗いやり方でそれを手に入れた He got it in an *underhand* way.

うしろだて 後ろ楯 (支え·支持) support Ⓤ; (支援) backup Ⓒ; (援助者) supporter Ⓒ; (保護者) patron Ⓒ. 《☞ えんじょ; しじ[1]》.

¶ 私たちにはあなたの*後ろ楯が必要だ We need your 「*support* [*backup*].

うしろで 後ろ手 ¶ 我々はその男を*後ろ手に縛った We 「bound [tied] the man with *his hands behind his back.*

うしろまえ 後ろ前 ━副 back to front. ¶ 彼はセーターを*後ろ前に着ていた He wore his sweater *back to front.*

うしろむき 後ろ向き ━副 (後ろ向きに) backward. ━動 (後ろ向きになる) turn *one*'s back ; (振り返る) turn around ㊀. ¶ 彼は*後ろ向きになった He *turned his back* upon me. // *後ろ向きに歩けるかい Can you walk *backward*? 語法 walk *back* なら「歩いて元へ戻る」という意味になる.

うしろめたい 後ろめたい shady《☞ やましい ; うしろぐらい》. ¶ 私には少しも*後ろめたいことはない (⇒ やましくない心を持っている) I have *a clear conscience.*

うしろゆび 後ろ指 ¶ *後ろ指をさされないようにしなさい (⇒ 疑いをかけられないようにしなさい) *Keep* yourself *above suspicion.*

うす 臼 (つき臼) mortar Ⓒ; (手まわし臼) hand mill Ⓒ. ¶ *臼でつく pound ... in a *mortar*

うず 渦 ━名 (水の渦) whirlpool Ⓒ; (ねじれるような動きで回る渦) swirl Ⓒ; (非常に速く回転する渦) a [the] whirl 語法 in a whirl (＝渦を巻いて・旋回して) というフレーズでよく用いられる; (回りのものを引き込む強い渦) vortex Ⓒ; (大渦巻) maelstrom Ⓒ. ━動 (渦を巻く・ぐるぐる回る) whirl ㊀; swirl ㊀. 《☞ うずまき ; うずまく》. ¶ 彼に論争の*渦に巻き込まれた He was drawn into a *swirl* of controversy. // 落ち葉が風で*渦を巻いている Leaves *are* 「*whirling* [*swirling*] around in the wind.

うすあかり 薄明かり (日没後の) twilight Ⓤ ★ 日の出前の薄明かりにも用いられるが, 日没後のほうが普通; (夜明けの) dawn Ⓤ; (微光) dim light Ⓤ. 《☞ たそがれ; うすくらがり》. ¶ *薄明かりの中で彼の顔がよく見えなかった (⇒ 彼だとはわからなかった) I could not recognize him in the *twilight.*

うすい 薄い **1** «厚さが少ない»: thin (↔ thick). ¶ *薄い本[板] a *thin* 「book [board]// 彼女は朝食に*薄いパンを一切れ食べた She ate a *thin* slice of bread for breakfast.

2 «濃くない» ━形 (茶・酒などが) weak (↔ strong); (スープ・かゆなどが) thin; (味が) lightly seasoned. ━動 (塩気が少ない) want a little more salt. 《☞ 味 (囲み)》. ¶ *薄い紅茶が好きだ I like *weak* tea. // このスープはもう少し*薄いほうがいい I like this soup a little *thinner*. // この料理は味が*薄い (⇒ 塩気が少ない) This dish *wants a little more salt.*

3 «色が淡い»: (濃くない) light 《☞ 色 (囲み)》. ¶ *薄い緑色 *light* green

4 «少ない» ━形 (希薄な) thin; (量が少ない) little. ━動 thin ㊀. ¶ 父の髪は年ごとに*薄くなっていく Father's hair *is thinning* year after year. // 彼の成功は望み*薄だ (⇒ 成功の望みはほとんど持っていない) He has *little* hope of success. / (⇒ 彼の成功の望みはほとんどない) There is *little* hope of his success.

うすうす 薄薄 (わずかに) slightly; (少しは) a little; (漠然と) vaguely. ¶ 私はそのことを*うすうす知っていた I was *slightly* acquainted with the facts. / (⇒ うすうす感づいていた) I had an *inkling of* the facts. // 私にはそれがだれか*うすうすわかっていた (⇒ 漠然と知っていた) I had a *vague* idea who they were.

うずうず ━動 (切望する) long 「for ... [to *do*]; (じっとしていられない気持ちがする) be itching [have an itch] 「for ... [to *do*]; (我慢していられない) be impatient (to *do*). ¶ 彼は旅をしたくて*うずうずしている He *longs to* go on a trip. / He 「*is itching* [*has an itch*] *to* go on a trip. // 子供たちはゲームを始めたくて*うずうずしていた The children *were impatient to* start the game.

うすぎ 薄着 ━形 thinly [lightly] dressed 《☞ 衣服 (囲み)》. ¶ 私は若いころは*薄着だった I was in the habit of being 「*thinly* [*lightly*] *dressed* when I was young.

うすきみわるい 薄気味悪い weird, eerie [í(ə)ri(ː)] ★ 前者が一般的. 後者は迷信的な恐ろしさを感じさせるニュアンスがある. 《☞ きみ²; ぶきみ》. ¶ *薄気味悪い幽霊の話 a *weird* story about ghosts

うずく 疼く (鈍く痛む) ache [éik] ㊀; (ずきずき・ひりひり痛む) smart ㊀. 《☞ いたむ¹》. ¶ 彼は全身が*うずいた His whole body *ached.* // 傷がまた*うずきはじめた The cut started to *smart* again.

うずくまる 蹲る (ひざを曲げて身をかがめる) crouch (down) ㊀《☞ しゃがむ 参考》. ¶ 私は急に胃が痛くなって*うずくまった Suddenly I had a pain in the stomach and *crouched down.*

うすぐもり 薄曇り slightly cloudy weather Ⓤ《☞ くもり》. ¶ きょうは*薄曇りだ (⇒ 少し曇っている) It is *slightly cloudy* today.

うすぐらい 薄暗い (ぼんやり見える) dim; (日暮れ前の薄暗がり) dusky. 《☞ くらい¹ (類義語); ほのぐらい》. ¶ 電燈は*薄暗かった The electric light was *dim.* // *薄暗いランプの光 the *dim* light of a lamp // *薄暗くなった It got *dark.*

うすくらがり 薄暗がり (ほのかな明るさ) dim light Ⓤ; (朝・夕の) twilight Ⓤ; (夕方の) dusk Ⓤ 語法 日没後の薄明かりは twilight で, 暗さがさらに増した状態が dusk. 《☞ うすぐらい; うすあかり》. ¶ *薄暗がりにだれか立っていた There was someone standing in the *dusk.*

うずしお 渦潮 eddying current Ⓒ.

うずたかい 堆い high in a heap. ¶ 机には本が*うずたかく積んであった There was *a pile of* books [Books *were piled up*] on the desk. / The desk *was piled high* with books.

うすっぺら 薄っぺら **1** «薄い»: thin 《☞ うすい ; ぺらぺら》. **2** «浅薄な»: (深みのない) shallow; (表面的な) superficial; (浅薄な) frivolous. ¶ 彼は*薄っぺらな知識をひけらかし

た He paraded his ⌜*shallow* [*superficial*] ⌜knowledge [learning]. // 彼は*薄っぺらな人間だ He is a *frivolous* person.

うすで 薄手 ━形 (織物・陶器など) thin, of thin make. 《☞ うすい》. ¶ *薄手の磁器 chinaware *of thin make*

うずまき 渦巻 (水が勢いよく回って作る) whirlpool [hwə́ːlpùːl] Ⓒ; (水や気体の小さい) eddy Ⓒ; (何でも巻きこむような水または気体の大渦巻) vortex Ⓒ; (大渦巻) maelstrom [méilstrəm] Ⓒ. 《☞ うず》.

うずまく 渦巻く (ぐるぐる回る) whirl (around) 自; (舞うように) swirl 自. 《☞ うず》. ¶ 落ち葉が風で*渦巻いていた Leaves *were whirling around* in a circle. // さまざまな思いが脳裏に*渦巻いていた Diverse thoughts *were whirling* in my mind.

うずまる 埋まる ☞ うまる.

うすめる 薄める (薄くする) thin 他, make ... thin; (液体にほかの液体を混ぜて) dilute 他; (水で) water 他.
¶ 私はコンデンスミルクをお湯で*薄めた I *diluted* condensed milk with hot water. // アルコールはニスを*薄めるのに使われる Alcohol is used for *thinning* varnish. // 彼女はスープを水で*薄めた She *watered* the soup.

うずめる 埋める (埋める) bury [béri(ː)] 他; (ふさぐ) fill 他. 《☞ うめる[1]》.

うずもれる 埋もれる be buried 《☞ うもれる》.

うずら 鶉 quail Ⓒ 《複 ~, ~s》.

うすらぐ 薄らぐ (熱・痛みが) be gone gradually, abate 自 ★ 前者は口語的; (興味などが) flag 自, decline 自, wane 自.
¶ 右手の痛みが少し*薄らいだ The pain in my right arm *has* ⌜almost *gone* [*abated* a little]. // 彼らの熱意は*薄らいだ Their enthusiasm ⌜*flagged* [*waned*]. // 日ごとに寒さが*薄らいでいる It *is getting* ⌜*warmer* [*less cold*] day by day.

うすらさむい 薄ら寒い (はだ寒い) chilly; (少し寒い) somewhat [slightly] cold. 《☞ さむい》. ¶ きょうは*薄ら寒い It's *chilly* today.

うすれる 薄れる fade 自 《☞ うすらぐ》.

うすわらい 薄笑い ━名 (にやにやとしてきざっぽい, あるいは間の抜けたほほえみ) simper Ⓒ; (独りで悦に入ったような, うぬぼれ顔のほほえみ) smirk Ⓒ ★ 軽蔑的に用いる. ━動 simper 自; smirk 自. 《☞ にやにや》.

うせつ 右折 ━動 (右に曲がる) turn (to the) right ★ 最も一般的; make a right turn.
¶ 次の交差点を*右折して下さい Please *turn right* at the next intersection. // *右折禁止 No *Right Turn* 《☞ 掲示の英語 (囲み)》

うせる 失せる (姿を消す) disappear 自; (突然見えなくなる) vanish 自. 《☞ きえる》.

うそ 嘘 ━名 (偽り) lie [lái] Ⓒ; (真実でないこと) untruth Ⓤ (↔ truth); falsehood Ⓤ ★ 以上 2 つは個々のうそを指すときは Ⓒ; (たわいないうそ) fib Ⓒ. ━動 (うそをつく) tell a lie, lie 自 《過去・過分 lied; 現分 lying》 ★ 前者のほうが口語的. ━形 (偽りの) false [fɔ́ːls]; (真実でない) untrue.

【類義語】故意に人をだまそうとする悪意を含んだ「うそ」が **lie** で, この語はきつい響きを持っており, 日本語の「うそ」のように軽い意味で使うことはできない. 悪意というニュアンスはなく, 単に真実でないことという意味の客観的な語が **untruth**. 真実を述べたくないようなときに述べる「うそ」は **falsehood**. たいして重要でないささいなことについて軽くつく「うそ」は **fib**. なお, 日本語では「うそ」という名詞が使われていても, 英語では形容詞で表されることも多い. 《☞ いつわる》
¶ *うそでしょう (⇒ あなたは私をからかっているんでしょう) You'*re kidding* me! / *No kidding*!
[語法] これを Don't *lie* to me. とすると意味が強くなりすぎるので注意. / (⇒ 私は信じられない) I don't believe it.
そのうわさは*うそです That rumor is ⌜*untrue* [*not true*].
彼女はときどきもっともらしい[見えすいた]*うそをつく She sometimes tells ⌜plausible [obvious] *lies*. ★ 冗談やいたずらというよりは, もっと悪質なうそをいう.
彼は真っ赤な*うそをついた He *lied* in his teeth. ★ かなり強い表現.
汚い*うそをつくな Don't *lie* a nasty *lie*.
彼は彼女の気持ちを傷つけないように*うそをついた He told a ⌜*falsehood* [*white lie*] so as not to hurt her feelings. ★ 形式ばった表現. white lie は「罪[悪意]のないうそ」.
お世辞は*うそだとわかっていたが, 彼女はうれしかった She was pleased with the compliment, though she knew it was a *fib*.
彼は*うその証言をした He gave *false* witness.
*うそも方便だ (⇒ ちょっとしたうそも場合によっては役に立つ) A small *lie* is useful in some cases. / (⇒ 目的は手段を正当化する) The end justifies the means.
うそつき liar Ⓒ **うそ発見器** lie detector Ⓒ **うそ八百** all sorts of lies, a pack of lies ★ 前者は複数形で.

うそぶく 嘯く (傲慢(ごうまん)に言う) say ... arrogantly; (大ぼらを吹く) brag 自 他. ¶ そんなことは全然気にしないと彼は*うそぶいた He ⌜*said arrogantly* [*bragged*] that he did not care a bit about it.

うた 歌 (歌う歌) song Ⓒ; (詩) poem Ⓒ; (和歌) *tanka* (poem) Ⓒ. 《☞ うたう; 音楽 (囲み)》. ¶ さあ, みんなで*歌を歌おう Let's sing a *song* ⌜together [in chorus], shall we? // この*歌はいまはやっている This *song* is very popular. // 月を見ながら彼は*歌を詠(よ)んだ Looking up at the moon, he composed a ⌜*poem* [*tanka*].

うたいて 歌い手 singer Ⓒ 《☞ かしゅ》.

うたう 歌う sing 自 他 《過去 sang; 過分 sung》; (詩などを朗唱する) recite 自 他; (鼻歌を) hum 自 他. 《☞ うた》.
¶ 彼女は歌を*歌うのが上手だ She is a good *singer*. / She can *sing* well. [語法] 前者のほうが普通の言い方. また singer は「歌を歌う人」の意で, 必ずしもプロの歌手を指すとは限らない. // 彼は我々に愉快な歌を*歌ってきかせた He *sang* a merry song for us. / He *sang* us a merry song. // 彼女はピアノに合わせて*歌った She *sang* accompanied by the piano. // みんなで*歌おう Let's *sing* ⌈in chorus [together]. // 大きな声で*歌いなさい *Sing up*! / *Sing* in a loud voice.

うたがい 疑い (真実ではないらしいと疑うこと) doubt Ⓤ; (疑惑・嫌疑) suspicion Ⓤ ★ 普通は悪い意味に用いる. しばしば a を付けて. 《☞ ぎわく; けんぎ; ふしん¹》.

¶ 彼が成功することは*疑いない (⇒ 私は彼の成功について疑いを持っていない) I have no *doubt* ⌈about his success [that he will succeed]./ (⇒ 彼の成功を確信している) I'm sure ⌈he will succeed [of his success].

彼女が優秀な秘書であることに*疑いの余地はない *No doubt* she is a competent secretary./ She is *undoubtedly* an able secretary. 【語法】 前者のように no doubt を certainly と同じ意味で慣用的に使うほうが口語的.

この小説は*疑いもなく彼の最高傑作だ *Without doubt* this novel is the best of all his works.

彼には共犯者がいる*疑いがある I *suspect* that he has an accomplice.

彼に殺人の*疑いがかかっている He *is suspected of* murder.

みんなが私を*疑いの眼で見る Everybody looks upon me ⌈*with suspicion* [*suspiciously*].

彼は強盗の*疑いで逮捕された He was arrested *on suspicion of* robbery.

*疑いをかけられているのはだれだ Who is *under suspicion*?

疑い深い — 形 (人を信用しない) distrustful; (猜疑(さいぎ)心が強い) skeptical (《英》 sceptical). 《☞ さいぎしん》. ¶ 彼は*疑い深い男だ He is ⌈*distrustful* [*skeptical*]. / He is a ⌈*distrustful* [*skeptical*] man.

うたがう 疑う (「…ではないらしい」と疑う・信じかねる) doubt ⓗ; (「…であるらしい」と疑う・嫌疑をかける) suspect ⓗ ★ 普通は悪い意味に使う. 《☞ あやしむ》.

¶ 私は彼の無実を*疑っている I *doubt* his innocence. / (⇒ 私は彼が無実かどうか疑っている) I *doubt* ⌈if [whether] he is innocent.

私は彼女が私を愛していることを*疑わない I do not *doubt that* she loves me. 【語法】 doubt の次にくる接続詞は一般に肯定文では if, whether を用い, that は否定文・疑問文の場合が多い. 《☞ 接続詞 (欄外)》

君を*疑ったのは悪かった I'm sorry I ⌈*suspected* you [*was suspicious of* you].

彼は賄賂(わいろ)を受け取ったのではないかと*疑われている He *is suspected of* ⌈taking [accepting] a bribe.

奥さんまでが彼を*疑っている (⇒ 不審に思っている) Even his wife feels *distrust* of him.

私は自分の眼を*疑った (⇒ 自分の眼が信じられなかった) I could *hardly believe* my eyes.

彼は*疑う余地なく無実だ He is *undoubtedly* innocent.

うたがわしい 疑わしい — 形 (疑念を抱かせる) doubtful ★ 最も一般的な語; (半信半疑の) dubious ★ doubtful とほぼ同意に使われることもあるが, 疑いの気持ちは少し弱い; (嫌疑をかけられるような・怪しい) suspicious ★ 通例犯罪などのような悪い意味に使う; (疑問の余地がある) questionable; (猜疑(さいぎ)心がある) skeptical (《英》 sceptical). — 動 (…ではないかと思う) doubt ⓗ; (怪しいと思う) suspect ⓗ. 《☞ あやしい; ぎもん》.

¶ 彼の成功する可能性は*疑わしい I am ⌈*doubtful* [*dubious*] about his chance of success. // 彼がそこへ 1 人で行ったかどうか*疑わしい (⇒ 私は疑う) I *doubt* ⌈if [whether] he went there alone. / It is ⌈*doubtful* [*questionable*] ⌈if [whether] he went there alone. // 彼女は 22 歳だといっているが*疑わしい She says she is twenty-two, but I *doubt* it. // 私は彼が*疑わしいと思う I am *suspicious of* him.

うたたね 転た寝 — 名 (浅い眠り) doze Ⓒ; (特に昼間の短い眠り) nap Ⓒ. — 動 nap ⓐ; doze ⓐ. 《☞ いねむり; うとうと; うつらうつら》.

うだつ うだつが上がらない (重要な地位を占められない) cannot get an important position; (会社などで出世しない) cannot get ahead in *one's* company; (人生の失敗者である) be a failure in life. ¶ 彼は商売では*うだつが上がらなかった He *was a failure* as a businessman.

うだるような (じゅうじゅう焼けるような) sizzling; (汗だくになるような) sweltering; (沸騰するような) boiling, simmering. ¶ *うだるような暑さ the ⌈*sizzling* [*sweltering*] heat // *うだるように暑い日 a ⌈*boiling* [*simmering*] hot day // *うだるように暑い It's ⌈*sizzling* [*sweltering*] hot.

うち¹ 内 **1** 《内部》 — 名 (内側) inside Ⓤ. — 副 (家の中に) indoors. 《☞ なか¹; うちがわ; ないぶ》.

¶ このドアは*内から錠がおろしてある This door is locked ⌈on the *inside* [*from within*].

彼は手の*うち (⇒ 持ち札) を見せようとしない He won't *show his cards*. / He won't ⌈*lay* [*put*] *his cards on the table*.

2 《時間》 — 前 (…の時間が経つ間に) in …; (…以内に) within …; (…の前に) before … — 接 (…の間に) while …; (…の前に) before …. 《☞ あいだ; そのうち; 時・期間の表し方 (囲み)》.

¶ 2, 3 日の*うちに帰って来ます (⇒ 2, 3 日たったら帰ってくる) I'll be back *in* a few days. / (⇒ 2, 3 日以内に帰ってくる) I'll be back *within* a few days.

これらの事故はすべて 1 週間の*うちに起きた All these accidents happened ⌈*in* [*within*] a week. 【語法】 ある一定期間を指す場合には in も within も用いられるが, within は強調的.

夜の明けぬ*うちに起きた (⇒ 夜明け前に起きた) I got up *before* daybreak.

彼が帰って来ない*うちに仕事を終えてしまった (⇒ 彼が帰る前に) I had finished my work *before* he came back.

忘れない*うちにそれをノートに書いておきなさい Write it down in your notebook *before* you forget it. 【語法】 日本語の「忘れないう

ち」にひかれて否定にしないように注意．同様なことは「暗くならないうちに」before it gets dark,「知らないうちに」before we know などについてもいえる．

外国語は若い*うちに (⇒ 間に) 学ぶのがよい You should learn a foreign language *while* (you are) young.

3 «…の中で» ― 前 (2 者のうちで) between …; (3 者以上のうちで) among … 【語法】 3 者以上についても between を使うことがある; (…のうちで) of …, in … 【語法】 以上の 2 つは比較表現とともに用いられる．数のはっきりしている場合は of, 数が不明である場合 (例えばグループの中など) は in. (☞ なか[1]; あいだ; 比較の表現 (囲み)).

¶ この 2 つの*うち 1 つを選びなさい Choose *between* the two. / (⇒ どちらかを) Choose either one *out of* these two.

これらの*うちから 1 つを選びなさい Choose one *from among* these. / Choose one *out of* these.

5 人の*うち 3 人が助かった Three *out of* five persons ｢were rescued [survived].

私は 2 つの*うちで安いほうを買った I bought the cheaper *of* the two.

彼は 3 人の*うちで一番背が高い He is the tallest *of* the three.

山田先生が先生の*うちで一番若い Mr. Yamada is the youngest *of* all the teachers.

8 月は 1 年の*うちで一番暑い August is the ｢warmest [hottest] month *in* the year.

うち[2] 家 ― 名 (家庭) home Ⓤ; (家・住宅) house Ⓒ; (家族) family Ⓒ, folks ★ 複数形で. ― 副 (在宅で) (at) home; (家の中に[で]) indoors. (☞ いえ; かぞく).

¶ *うちの人たちはみな早起きだ All my *family* are [My *folks* are all] early-risers. // *うちへ帰るところです I'm going *home* now. // 雨が降っているから*うちにいなさい Stay *indoors* because it's raining. // きょうは 1 日*うちにいます I'll stay (*at*) *home* all day today.

うちあける 打ち明ける (秘密などを相手を信用して) tell ㊀, confide ㊀ ★ 前者のほうが意味が広く，また平易な語; (白状する) confess ㊀; (心の重荷などを) unburden ㊀ ★ 形式ばった語. (☞ こくはく; あかす; もらす).

¶ 彼はその秘密を妻に*打ち明けた He ｢*told* [*confided*] the secret to his wife. // 彼は自分が結婚していることを(彼女に)*打ち明けた He *confessed* (to her) that he was married. // 私は彼に胸のうちを*打ち明けた (⇒ 率直に考えていることを言った) I frankly *told* him what was on my mind. / I *unburdened myself* to him. / I *unburdened* my heart to him. 【語法】 後の 2 つの文はやや文語的で，打ち明ける内容も多少深刻なニュアンスがある．

うちあげる 打ち上げる (ロケットなどを) send up ㊀, launch ㊀ ★ 後者はやや形式ばった語だが，ロケットなどの打ち上げで正式に使われる語; (花火を) shoot off ㊀, set off ㊀; (興行を終える) close ㊀, finish ㊀; (波が漂流物などを) wash up ㊀. (☞ はっしゃ[2]; うちよせる).

¶ 人工衛星を最初に*打ち上げたのはソ連だ The Russians were the first to ｢*launch* [*send up*] an artificial satellite. // 彼らは花火を*打ち上げた They ｢*shot off* [*set off*] fireworks. // 40 日にわたるその興行はきょう*打ち上げられた The show *closed* its [They *finished* their] 40-day run today.

うちあわせ 打ち合わせ ― 名 (手はず) arrangements ★ この意味では通例複数形で. ― 動 (打ち合わせをする) make arrangements for …, arrange (for …) ㊁ ★ 前者のほうが一般的.

¶ 何もかも*打ち合わせ通りやった We did everything according to the *arrangements*. // 彼らは次の会合について*打ち合わせた They *made arrangements for* the next meeting./ They *arranged for* the next meeting. // 日程については彼と*打ち合わせてある I *have arranged* with him about the schedule. / I *have made arrangements* with him about the schedule.

うちうみ 内海 inland sea Ⓒ.

うちおとす 打ち落とす，撃ち落とす (鉄砲などで撃って落とす) shoot down ㊀, bring down ㊀; (落下させる) drop ㊀. ¶ 私は一発でその鳥を*撃ち落とした I ｢*dropped* [*shot down*; *brought down*] the bird with a single shot.

うちかつ 打ち勝つ (困難などを克服する) overcome ㊀; (誘惑などを退ける) resist ㊀. (☞ こくふく; かつ). ¶ 彼は幾多の困難に*打ち勝った He *overcame* many difficulties.

うちがわ 内側 ― 名 the inside (↔ the outside). ― 形 inside; (内側の奥深くにある) inner. ― 副 inside; (中の方向へ) inward; (中の範囲内に) within. (☞ うち[1]; なか[1]; ないぶ).

¶ 箱の*内側を白く塗った I painted *the inside* of the box white. // 玄関は*内側から鍵が掛かっていた The front door was locked from *the inside*. // この窓は*内側には開かない This window will not open *inward*. // あなたの背広には*内側のポケットが幾つついていますか How many *inner* pockets do you have in your suit?

うちき 内気 ― 形 (恥ずかしがりの) shy; (はにかみ屋の) bashful 【語法】 shy が一般的であるのに対して，bashful は子供や若い女性に用いることが多い; (ひかえめな) modest; (遠慮した) reserved. ― 名 shyness Ⓤ; bashfulness Ⓤ. (☞ はにかむ; はずかしい).

¶ 彼は*内気で社交性がない He is *shy* and unsociable. // 彼女は*内気で人に会いたがらない (⇒ 会うのを恥ずかしがる) She is *shy* of meeting strangers. / She is too *bashful* to meet strangers.

うちきず 打ち傷 bruise Ⓒ (☞ うちみ; きず (類義語)).

うちきる 打ち切る (急にやめる) break off ㊀; (取り下げる) drop ㊀; (中断する) cut off ㊀; (続けてきたことをやめる) discontinue ㊀; (期限が来て終わらせる) terminate ㊀; (断念する) give up ㊀. (☞ やめる[1]; ちゅうし[1]).

¶ 彼らとの交渉は*打ち切った We ｢*broke off* [*discontinued*] the negotiations with them.

// その話は*打ち切ろう(⇒その話[話題]はやめよう) Let's *drop* the subject. // 仕送りが*打ち切られた My allowance *has been cut off*. // その迷子の捜索は*打ち切られた The search for the lost child *has been given up*.

うちきん 内金 (支払い金の一部) part payment Ⓤ; (分割払いの頭金) down payment Ⓤ; (手付金) earnest (money) Ⓤ. 《☞ てつけ; げんきん[1]》. ¶ *内金として1万円お支払いします I will pay you ten thousand yen 「as *part payment* [*in advance*].

うちけす 打ち消す ―動 (否定する) deny ㊀; (無効にする) negate ㊀; (覆す) contradict ㊀. ―名 denial Ⓒ; negation Ⓤ; contradiction Ⓤ. 《☞ ひてい》.
¶ 彼は収賄の事実を*打ち消した He *denied* that he had accepted a bribe. // これは私の前言を*打ち消すことになります This amounts to *negating* my previous statement.

うちゲバ 内ゲバ infighting Ⓤ; (同一グループ内の) intra-group strife Ⓒ; (集団間の) inter-factional strife Ⓒ.

うちこむ 打ち込む **1** 《打って中へ入れる》: (釘・くいなどを) drive ㊀; (弾丸を) shoot ㊀; (テニス・ピンポンなどで) smash ㊀. 《☞ うつ[1]》.
¶ 彼はくいを地面に深く*打ち込んだ He *drove* a pile deep into the ground.
2 《熱中する》: (自らを投げ込む) throw *oneself* into ...; (...に専心している) be devoted (to ...); (...に専念する) devote *oneself* (to ...). 《☞ せんねん[1]; ねっちゅう; ぼっとう》.
¶ 彼は仕事に身を*打ち込んだ He *threw himself into* his work. / He *devoted himself to* his work. // 彼は蝶の採集に*打ち込んでいる (⇒蝶の採集に多くの時間をあてる) He 「*devotes* [*gives*] *much of his time to* collecting butterflies.

うちころす 打ち殺す, 撃ち殺す (打って殺す) strike ... to death; (射殺する) shoot ... to death. 《☞ ころす》.

うちじに 討ち死に ―動 die [be killed] 「in battle [on the battlefield] 《☞ せんし》.

うちつける 打ち付ける (くぎで) nail ㊀; (板を張る) board ㊀; (ぶつける) hit ㊀. 《☞ ぶつける》. ¶ 私はその掲示をドアにくぎで*打ち付けた I *nailed* the sign 「*on* [*to*] the door. // 別荘を引き払う前に窓をくぎで*打ち付けた We *had nailed up* the windows before we left the villa.

うちでし 内弟子 apprentice Ⓒ 《☞ でし》.

うちとける 打ち解ける (互いに友好的になる) become [get] friendly to each other; (親しくなる) make friends with ...; (堅い気持ちや態度を和らげる[が和らぐ]) thaw ㊀ ㊁; (気が楽になる) feel at 「ease [home]. 《☞ なごむ》.
¶ 子供たちはすぐ*打ち解けて一緒に遊び始めた The children soon 「*became* [*got*] *friendly to each other* and started to play together. // 私たちはそのアメリカの学生たちとすぐ*打ち解けて(⇒親しくなって)話し合った We soon *made friends with* the American students and talked to each other. // 彼のあけっぴろげな態度で彼女もじきに*打ち解けた(⇒彼の率直な態度が彼女を気楽にした) His frankness soon made her *feel at* 「*ease* [*home*].

うちぬく 撃ち抜く, 打ち抜く (弾が) shoot [go] through ...; (パンチで穴をあける) punch ㊀; (型で打ち抜く) stamp out ㊀. 《☞ つらぬく》. ¶ 弾がドアを*撃ち抜いた A bullet 「*shot* [*went*] *through* the door.

うちのめす 打ちのめす ―動 (打ち倒す) knock [beat] down ㊀; (ひどく殴る) 《口語》 beat up ㊀; (がっくりさせる) overwhelm ㊀. 《☞ なぐる》. ¶ 私はアッパーカットで彼を*打ちのめした I *knocked* him *down* with an uppercut. // 今度彼に会ったら*打ちのめしてやる The next time I see him, I'll *beat* him *up*. // 彼女は悲しみに*打ちのめされた様子だった She looked *overwhelmed* 「with [by] grief.

うちのり 内法 inside [interior] measure(ment) Ⓤ. ¶ この箱の幅は*内法で30センチだ The box is 30 centimeters wide *on the inside*.

うちべんけい 内弁慶 lion at home Ⓒ; (自分のところで威張っている人) cock on 「his [its] dunghill Ⓒ ★「自分の糞の山で威張っているおんどり」が元の意. [参考] A lion at home, a mouse abroad. 《ことわざ: 内ではライオン, 外ではねずみ》; Every dog is a lion at home. 《ことわざ: どの犬も自分の家ではライオンである》.

うちポケット 内ポケット inside pocket Ⓒ; (胸のポケット) vest pocket Ⓒ.

うちまく 内幕 (内部の事実[知識]) inside facts ★通例複数形で; inside knowledge Ⓤ; (実情) actual conditions ★通例複数形で; (秘密) secret Ⓒ. 《☞ ないじょう》.
¶ 彼は*内幕に通じている(⇒内部の知識を持っている)ようだ He seems to have *inside knowledge*. / (⇒内部の事実をよく知っているようだ) He seems to be familiar with the *inside facts*. // 彼らはその*内幕を探ろうとした (⇒舞台裏に行こうとした) They tried to *go behind the scenes*.

うちまた 内股 ―名 (股の内側) the inside of the thigh; (内股の歩き方) pigeon-toed walk Ⓒ. ―形 (内股の) pigeon-toed.
¶ 彼は*内股だ He is *pigeon-toed*. // *内股で歩く walk *pigeon-toed*

うちみ 打ち身 ―名 bruise [brúːz] Ⓒ. ―動 bruise ㊀. 《☞ きず(類義語); だぼくしょう》. ¶ いすにぶつかって向こうずねに*打ち身をこしらえた I *bruised* my shin (knocking against) on the chair.

うちみず 打ち水 ―動 (水をまく) water ㊀; (散水する) sprinkle water (on ...), sprinkle ... with water. ¶ 庭に*打ち水をした I *watered* the garden. / I *sprinkled* the garden (*with water*). / I *sprinkled water* 「in [on] the garden.

うちやぶる 打ち破る (粉砕する) smash ㊀; (破壊する) break down ㊀; (負かす) defeat ㊀. 《☞ けやぶる; こわす; だは》. ¶ 彼らはドアを*打ち破った They 「*smashed* [*broke down*] the door. // イギリス艦隊は1588年, スペインの無敵艦隊を*打ち破った The English fleet *defeated* the Spanish Armada in 1588.

うちゅう 宇宙 ━名 the universe; the cosmos [kázməs]; space Ⓤ; outer space Ⓤ. ━形 cosmic [kázmik].

【類義語】あらゆる天体を包みこんだ宇宙の意味では ***the universe*** を用いる. 秩序ある統一を持った宇宙は ***the cosmos*** で,「混沌」(chaos) に対する. ただし,「宇宙の」の意味ではこの形容詞形の ***cosmic*** を用い, universal は使わない. また, 一般的な科学用語として宇宙空間の広がりを ***space*** といい, 特に地球から考えた場合は ***outer space*** ともいう.

¶ 太陽や星は*宇宙の一部である The sun and stars are parts of *the universe*. // *宇宙へ発進する物体は地球の引力から脱出しなければならない An object that is to travel into *(outer) space* must escape the earth's gravity.

宇宙科学 space science Ⓤ **宇宙科学者** space scientist Ⓒ **宇宙時代** the Space Age, the space age **宇宙食** space food Ⓤ **宇宙塵** space dust Ⓒ **宇宙ステーション** space station Ⓒ, space platform Ⓒ **宇宙線** cosmic rays ★ 通例複数形で. **宇宙中継** transmission by communication(s) satellites Ⓤ **宇宙服** space suit Ⓒ **宇宙遊泳** spacewalk Ⓒ, walk in space Ⓒ **宇宙遊泳者** spacewalker Ⓒ **宇宙旅行** space travel Ⓤ **宇宙ロケット** space rocket Ⓒ.

うちゅうじん 宇宙人 (地球人に対する) alien [éiljən] Ⓒ; (他の惑星からの人) man from another planet Ⓒ.

うちゅうせん 宇宙船 spacecraft Ⓒ ★ 単複同形; spaceship Ⓒ; space shuttle Ⓒ.

【類義語】ロケット推進の宇宙船を ***spaceship*** というが, その他宇宙旅行や宇宙探索のための衛星 (satellite) を含めて広い意味に使うのが ***spacecraft***. 宇宙連絡船を ***space shuttle*** という. 《☞ ロケット; うちあげる》

うちゅうひこうし 宇宙飛行士 astronaut Ⓒ; cosmonaut Ⓒ; spaceman Ⓒ.

【類義語】アメリカ人の場合は ***astronaut***, ソ連人の場合は ***cosmonaut***, 宇宙(科学)小説などに登場する者には ***spaceman*** を用いる.

うちょうてん 有頂天 ¶ 彼は自分の大成功に*有頂天になった (⇒ 狂喜した) He was ⌈*overjoyed* [(⇒ 喜びに我を忘れた) *beside himself with joy*] at his great success. / (⇒ 大成功が彼を有頂天にした) His great success threw him into *ecstasy*. 《☞ きょうき³; よろこび; 感情の表現 (囲み)》

うちよせる 打ち寄せる (波がひたひたと) lap ㊐; (岸辺などを洗う) wash (up) ㊀; (波がうねって) roll (in) ㊐; (波が激しく) beat (against ...) ㊐, dash (against ...) ㊐.

¶ 波がひたひたと浜辺に*打ち寄せていた Waves *were lapping* on the beach. // 鮫(さめ)の死骸が岸に*打ち寄せられた A dead shark *was washed up* on the shore. // 大波が岸に*打ち寄せた Huge waves ⌈*rolled in* to [*beat against*] the beach.

うちわ¹ 内輪 ━形 (家族の) family; (個人的な・私的な) private.

¶ *内輪の事柄 (⇒ 家庭内の事柄) a *family* matter / (⇒ 当人同士だけの事柄) a *private* affair // 結婚式は*内輪ですませよう Let's have a quiet wedding *within our family circle*. / (⇒ こぢんまりとした家族だけの結婚式を持とう) Let's have a small *family* wedding. // 彼らは*内輪もめをした (⇒ 自分たち同士でけんかした) They quarreled *among themselves*. // 費用は最も*内輪に見積っても 100 万円になる The expenses will amount to one million yen at the ⌈most *conservative* [*lowest*] estimate.

うちわ² 団扇 Japanese (round) fan Ⓒ.

うちわけ 内訳 (項目別に分類したもの) breakdown Ⓤ; (細目) item Ⓒ; (明細) detail Ⓒ. 《☞ めいさい; さいもく》.

¶ この勘定の*内訳をして下さい Please set down the account by *items*. / Please *itemize* the account. // 総額だけ教えてくれ. *内訳はいいから Let me know the total sum; I don't want the *details*. // 彼の報告書には費用の*内訳が書いてない No *breakdown* of the expenses is given in his report.

内訳書 itemized statement Ⓒ, statement of items Ⓒ.

うつ¹ 打つ **1** «打撃を与える»: strike ㊀㊐《過去・過分 struck》; knock ㊀; hit ㊀《過去・過分 hit》; slap ㊀; pat ㊀; punch ㊀; box ㊀; beat ㊀㊐《過去 beat; 過分 beaten, beat》; (手を) clap ㊀.

【類義語】最も一般的な語は ***strike*** で, 手または手に持ったもので打つことを意味する. こぶし, または固いもので打つのは ***knock***. もっと口語的なのは ***hit*** で,「ねらい打つ」という感じ. 平手で強くたたくのは ***slap***, 軽くたたくのは ***pat***. こぶしでたたくのは ***punch***. 平手, またはこぶしで横っ面をたたくのは ***box***. 続けざまにたたくのは ***beat***. 拍手するように手を打つのは ***clap***. 《☞ たたく》

¶ 私はこぶしで彼の頭を*打った I ⌈*struck* [*knocked*] him *on* the head with a fist.

[語法] 身体の接触を表す動詞 (strike, hit, hold, grab, catch, kiss など) は, まず「人」を目的語として, 次に前置詞を用いて身体の部分を示すのが普通. ((例) 私は彼の手をとらえた I *caught him by the hand*. // 私は彼女の頬にキスした I *kissed her on the cheek*.)

私は金づちで強く釘(くぎ)を*打った <S(人)+V(*strike*)+副+*at*+名(物)+*with*+名(物)> I *struck* hard *at* the nail *with* a hammer. / <S(人)+V(*strike*)+O(物)+副+*with*+名(物)> I *struck* the nail hard *with* a hammer.

壁に釘を*打って絵をかけた I *drove* a nail into the wall and hung a picture on it.

あごを強く*打たれて気絶した (⇒あごに強い打撃をくって気絶した) I *got a hard knock* on the chin and fainted.

彼は壁にぶつかって額を*打った (⇒ 額を壁にぶつけた) He *knocked* his forehead *against* the wall.

彼は私に*打ってかかった He ⌈*hit* [*struck*] me.

彼は転んで後頭部を*打った He fell down and *hit* the back of his head.

いやというほど背中を*打たれた I *was* ⌈*hit*

[struck] very hard on the back.
子供は太鼓を*打つのが好きだ Children like *beating* drums.
激しい雨が窓を*打った The heavy rain *beat against* the windows.
彼はバットでボールを*打った He *hit* the ball with a bat.
彼は5打席で3安打を*打った He *made three hits* in his five times at bat.
彼は今シーズン30号目のホームランを*打った He ⌜*hit* [*cracked*] his 30th home run of the season. 《☞ 野球の英語 (囲み)》
2 《心を打つ》: (感動させる) move ㊤; (感銘を与える) impress ㊤; (心に強く感じさせる) touch ㊤. 《☞ かんどう[1]; うごかす》.
¶ 彼の演説は大いに私たちの心を*打った His speech ⌜*moved* [*impressed*] us greatly.
彼女の悲しい話は深く私の心を*打った Her sad story *touched* me to the heart.
それは心*打たれる光景だった It was a *moving* scene.
3 《時を打つ》: strike ㊤㊥ 《過去・過分 struck》. ¶ 時計はちょうど3時を*打ったところだ The clock *has* just *struck* three. 語法 strike three o'clock とはいわない. / Three o'clock *has* just *struck*.
打つ手 ¶ *打つ手がない (⇒ 取るべき手段がない) There is no *measure to be taken*. 《☞ て》

うつ[2] **撃つ** (弾丸・矢などを放つ) shoot ㊤㊥ 《過去・過分 shot》; (銃・弾丸などを発射する) fire ㊤㊥. 《☞ はっぽう[2]; はっしゃ[2]》.
¶ 彼は拳銃で私を*撃った He *shot* me with a ⌜gun [revolver]. // 彼は私をねらって*撃った He ⌜*shot* [*fired*] *at* me. 語法 この場合の at は「...を目がけて」という「目標・目的」を示す. // 彼はライオン目がけてライフルを*撃った He ⌜*fired* [*shot*] a rifle at the lion. // *撃て! 《号令》 *Shoot*! / *Fire*! // 動くな. さもないと*撃つぞ Don't move, or I'll *shoot*.

うっかり ── 形 (ぼんやりした) absent-minded; (不注意な) careless. ── 副 (気づかずに) unawares; (不注意で) carelessly. 《☞ うかつ; ふちゅうい; ぼんやり; つい[1]》.
¶ 彼女は*うっかり秘密をもらした (⇒ 気がつく前に秘密をもらしてしまった) She let the secret out *before she thought*. // *うっかりして (⇒ ぼんやりしていたので) 自分の駅を乗り過ごした I was so *absentminded* that I overshot my station. // 彼女は物思いにふけっていて*うっかり自分の家を通り過ぎた She was deep in thought and passed by her own house *unawares*. // 私は*うっかり口をすべらせてそのことを彼に言ってしまった I *made a slip of the tongue* and told him about it. // 「ドアをロックして鍵を持たずに出てしまった」「君もずいぶん*うっかりしているね」 "I've locked myself out." "That's very *careless* of you."

うつくしい 美しい beautiful; pretty; handsome [hǽnsəm]; lovely; good-looking; (声が) sweet; (風景が) picturesque.
【類義語】調和と均整のとれた完璧な美しさを表すのが **beautiful** で, 最も一般的な語. 人に関して用いられるときは特に優雅で気品のある美しさを示す. 必ずしも美しいとは限らないが, 顔立ちがよく, 愛らしい感じは **pretty** で, 女性に用いられる. 特に愛くるしいという意味では **lovely** が用いられる. 以上の3語は「人」以外にも広く用いられる. 主に男性に用いられ, 容姿のよいことを表すのは **handsome**. *handsome*, *pretty* とほぼ同意で, 器量がよいことを表す口語的な語は **good-looking** で, 男女ともに用いられる. 風景が絵のように美しいのが **picturesque**. 声が美しいのが **sweet**. 《☞ きれい; かわいい》
¶ 彼女は*美しい少女だ She is a ⌜*pretty* [*beautiful*; *lovely*; *good-looking*] girl. // 何て*美しい景色だろう What ⌜*beautiful* [*lovely*] scenery this is! / What a ⌜*pretty* [*fine*] view this is! 《☞ 感嘆の表現 (囲み)》 // その丘の間に絵のように*美しい村があった There was a *picturesque* village among the hills. // あの老夫婦は心の*美しい人たちだ That old couple are ⌜*pure in heart* [*noble-minded*]. // 彼の妹は*美しい声をしている His sister has a ⌜*sweet* [*good*] voice. // 彼女は*美しく着飾っている She is ⌜dressed *beautifully* [*dressed up*].

うっけつ 鬱血 (充血) congestion Ⓤ; 〘医学〙 engorgement Ⓤ. 《☞ じゅうけつ》.

うつし 写し ── 名 copy Ⓒ, duplicate Ⓒ ★ 前者は意味の広い語で, 手書きの写しなどにも用いるが, 後者はもっと厳密な意味での写しをいう. ── 動 (写しをとる) copy ㊤, duplicate ㊤. 《☞ うつす[2]; コピー; ふくしゃ[1]》.
¶ この書類の*写しをとったほうがいい You should *make a copy* of these papers. / You should *have* these papers *duplicated*.

うつす[1] 移す **1** 《場所を》: move ㊤㊥; remove ㊤; shift ㊤; transfer ㊤.
【類義語】物の移動を表す最も一般的な語は **move**. そのもの本来の場所からの移動を強調するのは **remove**. 位置や方向の変更を強調するのは **shift**. やや形式ばった語で, 地位・職場・権利などの移動によく用いられるのが **transfer**. 《☞ うごかす; うつる; いどう[1,2]》
¶ 私はいすをもっとストーブのそばへ*移した I *moved* my chair nearer to the heater. // 彼女は家具の位置をあちこちに*移した She *shifted* the furniture around. // 彼は千葉の支店へ*移された He *was transferred* to a branch office in Chiba. // やかんのお湯を魔法瓶に*移した (⇒ 空けた[注いだ]) I ⌜*emptied* [*poured*] the (hot) water of the kettle into the vacuum flask.
2 《病気を》: (感染させる) infect ㊤ ★ 医学用語としても用いられる; (次へ回す) pass ㊤; (与える) give ㊤. 《☞ うつる; かんせん[1]》.
¶ 赤ん坊に風邪を*うつさないよう気をつけなさい Be careful not to *infect* the baby with your cold. / Be careful not to *pass* your cold on to the baby. // 彼女に風邪を*うつされた She *gave* me her cold. / (⇒ 彼女から風邪をもらった) I *caught* cold from her.
3 《時を》 ¶ 彼らは時を*移さず (⇒ ぐずぐずしないで) 行動を起こした They took action *without delay*. / (⇒ ただちに行動を起こした)

They took action ｢*immediately* [*at once*]./ (⇒行動を起こすのに時間を浪費しなかった) They *lost no time* in taking action. 《☞ ただちに》

うつす² 写す, 映す **1** «写しとる»: (書き写す) copy ㊀; (薄い紙などをのせたりして写す) trace ㊀. 《☞ うつし》.

¶彼女はそのページをノートに*写した She *copied* the page in her notebook. // 彼は原文を極めて忠実に*写した He *copied* the original with the utmost precision. / (⇒原文の忠実な写しを作った) He *made a* very faithful *copy* of the original. // 私はその絵の輪郭を*写しとった I *traced* the outline of the drawing.

2 «写真を撮る»: take ㊀; (撮影する) photograph ㊀. 《☞ しゃしん; さつえい》.

¶あなたの写真を*写してもいいですか May I *take* a photograph of you? // 写真を*写してほしい I want to *have* my ｢picture [photo] *taken*. 《☞ 使役 (囲み)》

3 «反映する»: (反射して映す) reflect ㊀; (鏡(のよう)に映す) mirror ㊀ ★ 前者は「反映する」という日本語に当たる場合. 後者は「より正確に映す」というニュアンスがある; (映画・スライドなどを) project ㊀.

¶澄んだ水面が月を*映していた The clear water ｢*reflected* [*mirrored*] the moon. / The moon *was* ｢*reflected* [*mirrored*] in the clear water. // 彼はスクリーンにスライドを次々に*映した He *projected* his slides on the screen one after another. // 彼女は鏡に顔を*写してみた (⇒鏡をのぞきこんだ) She *looked* (at herself) *in* the mirror.

うっすら ― 副 (わずかに) slightly; (かすかに) faintly; (ぼんやり) dimly; (薄く) thinly; (軽く) lightly. 《☞ かすか; おぼろげ》.

¶彼女は*うっすらと目を開けて辺りを見た She opened her eyes *slightly* and looked around. / She looked around with her eyes *slightly* open. // 山は*うっすらと雪化粧をしていた (⇒雪でわずかに白かった) The mountain was *lightly* dusted with snow.

うっそう 鬱蒼 ― 形 (茂った) thick, dense. ★ 前者がより口語的. 《☞ おいしげる》.

¶*うっそうとした森 a ｢*thick* [*dense*] forest

うったえ 訴え (訴訟) suit [sú:t] Ⓒ; action Ⓒ ★ 後者は訴えることよりも実際の訴訟手続きに重点が置かれている; (懇請) appeal Ⓒ; (不満) complaint Ⓤ. 《☞ そしょう; たんがん》.

¶彼女の*訴えは退けられた Her *suit* was dismissed. // 彼女は彼に対して離婚の*訴えを起こした She filed a divorce *action* against him. // 彼はタクシー会社に対して損害賠償の*訴えを起こした He ｢began [brought] a *suit* for the damages against the taxi company.// 彼は彼女の*訴えに耳を貸そうとしなかった He turned a deaf ear to her ｢*appeal* [*complaint*].

うったえる 訴える **1** «訴訟する»: (訴訟を起こす) take [bring] an action (against ...); (告訴する) sue ㊀; (訴訟の書類を提出する) file a suit (against ...); (告発する) accuse ㊀, charge ㊀ 語法 accuse は個人的に責める場合に用いられることが多く, 必ずしも法律上の告訴を意味しないが, charge は法律上の告発を指し, accuse よりも形式ばった語. 《☞ きそ²; そしょう; こくそ》.

¶彼は私を詐欺罪で*訴えた (⇒私に対して訴訟を起こした) He ｢*took* [*brought*] *an action against* me for a fraud. / He *accused* me *of* a fraud. / He *charged* me *with* a fraud.// 彼はその製薬会社を*訴えた He ｢*sued* [*filed a suit against*] the pharmaceutical company. // 私は彼らを損害賠償で*訴えた (⇒告訴した) I *sued* them for the damages.

2 «苦痛・抗議などを告げる»: (不満を言う) complain (of ...) ㊂; (苦情を言う) make a complaint (of ...; about ...; against ...); (抗弁する) plead ㊂. 《☞ くつう; こうぎ¹》.

¶患者はしきりに頭痛を*訴えた The patient continually *complained of* a headache. // 被告は無実を*訴えた The accused *pleaded* not guilty.

3 «呼びかける»: (働きかける) appeal (to ...) ㊂; (懇請する) make an appeal (to ...). 《☞ よびかける; アピール》. ¶市長は全市民に対して協力を*訴えた The mayor *made an appeal to* every citizen for cooperation.

4 «感動させる»: appeal (to ...) ㊂ 《☞ うつ¹》. ¶彼の演説は聴衆の心に強く*訴えた His speech *appealed* very much *to* the audience.

5 «用いる»: (利用する) resort (to ...) ㊂, have recourse (to ...); (力などで解決しようとする) appeal (to ...) ㊂. 《☞ たよる; ぼうりょく》.

うつつ 現 ¶これは夢か*うつつか (⇒これは本当か, または夢を見ているのか) Is this *true* or am I dreaming? 《☞ ゆめ》

うつつを抜かす ¶彼はゴルフに*うつつを抜かしている (⇒凝っている) He *is* ｢*absorbed in* [*addicted to*] golf. 《☞ むちゅう》

うってかわる 打って変わる (完全な変化を受ける) undergo a complete change; (完全に変わる) change completely ㊂. 《☞ いっぺん²; きゅうへん》.

¶彼女は私に*打って変わった態度をとった (⇒私に対する態度を完全に変えた) She *completely changed* her attitude toward me. / (⇒私に対して完全に変わった[まったく違った]態度をとった) She took ｢a *completely changed* [an *entirely different*] attitude toward me. // けさの様子とは*打って変わって上天気になった (⇒けさは天気が悪そうだったが上天気になった) The weather looked bad this morning, but it *turned into* a beautiful day.

うってつけ ― 形 (最良の) best; (正しく当てはまる) right; (適した) suitable, fit. ― 動 (ぴったりである) be cut out ｢to be [for] ... 《☞ てきにん; あつらえむき》.

¶彼こそこの仕事に*うってつけだ (⇒この仕事に最も適切な人だ) He is *the* ｢*very best person* [*right man*] for the job. // 彼は調停役に*うってつけだ He *is cut out* ｢*to be* [*for*] a mediator. // 君に*うってつけの仕事があるよ(⇒君に最も適した仕事がある) There's a job ｢*most suitable* [*best fitted*] for you.

うっとうしい 鬱陶しい (むし暑い) muggy; (陰気な) gloomy; (どんよりした) dull; (気がめいるような) depressing; (気を重くさせる) oppressive. 《☞ おもくるしい》.

¶ きょうは*うっとうしい天気だった We had ｢*dull* [*oppressive*] weather today. / (⇒むし暑かった) The weather was *muggy* today. 《☞ 天候の表現 (囲み)》 // 雨の日は*うっとうしい (⇒雨の日には憂うつに感じる) I feel *gloomy* on a rainy day.

うっとり ― 動 (魅惑される) be ｢fascinated [enchanted]. ― 形 (うっとりした) ecstatic; (魅せられた) fascinated, enchanted; (魅惑的な) fascinating, enchanting. ― 副 (歓喜して) in an ecstasy; (夢見ているように) in a trance ★ 眠りのような状態をいう; (没頭して) absorbedly. 《☞ こうこつ; ほれぼれ》.

¶ 彼は彼女の美しさに*うっとりした(⇒心を奪われた) He *was* ｢*fascinated* [*enchanted*] with her beauty. // 彼女は*うっとりするような声をしている (⇒魅惑的な声を持っている) She has ｢a *fascinating* [an *enchanting*] voice.

うつぶせ 俯せ ― 副 on *one's* face (↔ on *one's* back) 《☞ はらばい》. ¶ 彼は*うつぶせに倒れた He fell *on his face.* // 彼は床の上に*うつぶせになった He *lay prone* on the floor.

うっぷん 鬱憤 (うっ積した怒り) pent-up anger Ⓤ; (うっ積した欲求不満) pent-up frustration Ⓤ; (恨み・憎しみ) grudge Ⓒ. 《☞ いかり[1]; うらみ》. ¶ 彼は*うっぷんをぶちまけた He gave vent to his *pent-up anger.* / (⇒たまっていた欲求不満を外へ出した) He let out his *pent-up frustration.*

うつむく 俯く (下を見る) look down ⓐ; (頭をたれる) hang [droop] *one's* head. 《☞ うなだれる》. ¶ 彼女は恥ずかしそうに*うつむいた (⇒頭をたれた) She ｢*hung* [*drooped*] *her head* shyly. // 彼はいつも*うつむきかげんで歩いている He always walks along *with his head* slightly ｢*drooping* [*bent down*].

うつらうつら ¶ 彼は*うつらうつらした (⇒うたた寝をした) He ｢*dozed off* [*fell into a doze*]. // 部屋が暖かくてつい*うつらうつらした (⇒眠くなった) I *felt drowsy* in the warm room. 《☞ うたたね; うとうと; いねむり》

うつりかわり 移り変わり (変化) change Ⓒ; (転換) turning Ⓤ; (推移) transition Ⓒ. 《☞ へんせん; すいい[1]》. ¶ 季節の*移り変わり the ｢*changes* [*turning*] of the seasons // 言葉にも*移り変わりがある (⇒言語は変化する) Languages *change.* / (⇒言語も変化を受ける) Languages undergo ｢*transitions* [*changes*].

うつりかわる 移り変わる ― 動 (変わってほかのものになる) change ⓐ; (変化を受ける) undergo changes. 《☞ へんか; すいい[1]》.

¶ 春は知らぬ間に初夏に*移り変わっていた Spring *had changed* to early summer before I was aware. // 風俗は時と共に*移り変わる Manners *undergo changes* with the times.

うつりぎ 移り気 ― 動 (気が変わる) change *one's* mind; (何事もやり通せない) cannot stick to ... ― 形 (気まぐれの) fickle, inconstant ★ 前者が口語的; (突然気が変わるような) capricious ★ 突然ということに重点がある. ― 名 caprice Ⓒ; inconstancy Ⓤ. 《☞ きまぐれ》.

¶ *移り気な恋人 an *inconstant* [a *fickle*] lover // あれは*移り気な男だ (⇒しばしば気が変わる) He often *changes his mind.* / (⇒何事にも身が入らない) He *cannot stick to* anything.

うつる 移る **1** «移住する»: move ⓐ, remove ⓐ ★ 住所を変わる意味では move のほうが普通. 《☞ ひっこし; いてん》.

¶ 私たちは来週新しい家へ*移ります (⇒引っ越します) We *are moving* ｢*to* [*into*] a new house next week. [語法] into はホテルやアパートなどに移るときに多く用いられる. // 彼は療養のため伊豆へ*移った(⇒転地した) He *went* (*away*) *to* Izu ｢for his health [for a change of air].

2 «話題などが移る»: (転じる) turn [go] (to ...) ⓐ; (知らず知らず移る) drift into ...

¶ それから私たちの話題は野球に*移った (⇒転じた) Then our talk *turned to* baseball. // 私たちはいつの間にか世間話に*移っていた We *drifted into* social topics. // 次の問題に*移りましょう (⇒進みましょう) Let's *go* (*on*) *to* the next problem.

3 «感染する» ― 動 catch ㊀ ⓐ. ― 形 (伝染性の) catching; (伝染しやすい) contagious, infectious ★ 前者は「接触による」という意味を含む. 《☞ うつす[1]; かんせん[1]》.

¶ 弟に私の病気が*うつった (⇒弟は私から病気をもらった) My brother *caught* the disease *from* me. // この病気は*うつりやすい This disease is ｢*catching* [*contagious*; *infectious*]. // あくびは*うつる Yawning is *catching.*

うつろ 虚ろ, 空ろ ― 形 (中が空の(ような)) hollow ★ 中に穴があいているというニュアンスがある; (中身のない) vacant [véikənt]; (ぽかんとした) blank. ¶ *うつろな笑い声 a ｢*hollow* [*vacant*] laugh // *うつろな表情 a ｢*blank* [*vacant*] look // 彼は*うつろな眼で私を見た He looked at me with *vacant* eyes. / (⇒ぽかんとして私を見た) He looked *blankly* at me.

うつわ 器 **1** «容器»: vessel [vésl] Ⓒ; (入れ物) receptacle Ⓒ. 《☞ いれもの》.

2 «器量»: (最も一般的に, 能力) ability Ⓤ; (才能・力量) caliber Ⓤ; (潜在的な能力) capacity Ⓤ. 《☞ のうりょく (類義語)》.

¶ 彼は社長の*器ではない (⇒社長としての能力を疑う) I doubt his *ability* to be a president. / (⇒社長に適していない) He is not *fit* to be a president. // 彼は*器が大きい[小さい] He is a man of ｢high [low] *caliber.*

うで 腕 **1** «身体の部分»: (肩から手首まで) arm Ⓒ; (上膊(じょうはく)・二の腕) upper arm Ⓒ ★ 肩からひじまで; (下膊(かはく)) forearm Ⓒ ★ ひじから手首または指先まで. 《☞ て》.

¶ 彼女はほっそり[がっしり]した*腕をしている (⇒

う

ほっそり[がっしり]した腕を持っている) She has ˹slender [thick] *arms.*

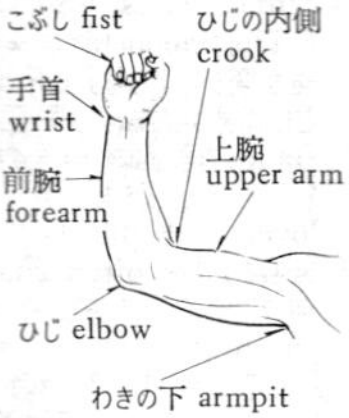

彼女は*腕にハンドバッグをさげていた She had a handbag on her *arm.*
彼は*腕いっぱいに本を抱えていた He had *an armful of* books.
彼女は赤ん坊をしっかり*腕に抱いた She held her baby tightly in her *arms.*
彼は*腕をまくった (⇒腕をむき出しにした) He bared his *arms.* / (⇒そでをまくり上げた) He ˹rolled [turned] up his *sleeves.*
彼は*腕組みをして立っていた He stood ˹with his *arms* folded [with folded *arms*].
私は彼女と*腕を組んで歩いた I walked *arm in arm* with her. 《☞冠詞 (欄外)》

2 «手腕»: (能力) ability Ⓤ; (身に備わった才能) faculty Ⓤ; (潜在的能力) capacity Ⓤ; (生まれつき備わっていて, 磨けば発揮される特殊な能力) talent Ⓤ; (すでに備えている技術) skill Ⓒ. 《☞うでまえ; のうりょく (類義語)》.
¶ *腕のいい大工 a *skilled* carpenter
*腕のいい (⇒有能な[すぐれた]) タイピスト an ˹*efficient* [*excellent*] typist
*腕ききの刑事 a *keen* detective
あの弁護士は本当に*腕は確かか (⇒彼は本当に能力のある弁護士か) Is he really a *competent* lawyer?
碁の*腕がとみに上がった (⇒技術を向上させた) I've very much improved my *skill* in go.
プロ級の*腕になるには (⇒プロの技術を身につけるには) 何年もの練習が必要だ It takes years of practice to acquire the *skill* of a professional.
すべては君の*腕(⇒能力) 次第だ Everything depends upon your *ability.*
お宅の奥さんの料理の*腕は大したものだ (⇒すばらしい料理人だ) Your wife is really a very *good* cook.
このケーキは妻が*腕によりをかけて (⇒できるだけうまく) 作ったんだ My wife baked this cake *as best she could.* 《☞より》

腕ずくでも ¶ *腕ずくでも彼を引っぱって来い Fetch him even *by* ˹*force* [*sheer strength*].
腕っぷし ¶ 彼は*腕っぷしが強い (⇒強い男だ) He is a *strong* man. 《☞ちから; わんりょく》
腕くらべ (競技) contest Ⓒ　**腕ずもう** arm wrestling Ⓤ　**腕立て伏せ** pushup Ⓒ　**腕時計** wristwatch Ⓒ 《☞とけい》　**腕輪** bracelet [bréislit] Ⓒ.

うでだめし 腕試し ¶ それは*腕試しにやったまでです (⇒自分の能力[技量]を試したかっただけです) I just wanted to ˹*test* [*try*] *my* ˹*ability* [*skill*]. [語法] 技量・腕前は skill, 能力は ability. / I just wanted to *try out* myself. / (⇒それはほんの試し[実験]だった) That was a mere ˹*tryout* [*experiment*]. 《☞ためす; こてしらべ》

うでまえ 腕前 (すでに備わっている技量) skill Ⓒ; (生まれつき備わっていて, 磨けば発揮される特殊な才能) talent Ⓤ ★複数形で用いることもある; (能力) ability Ⓤ ★「手腕」の意味では複数形で. 《☞うで; のうりょく (類義語)》.
¶ 私の射撃の*腕前 (⇒私が射撃がどのくらい上手か) を見せてやろう I'll show you *how good* I am at shooting. / I'll show you ˹*how skilled* I am [my *skill*] in shooting.

うでる 茹でる boil (他) 《☞ゆでる》.

うてん 雨天 (雨降りの天気) rainy [wet] weather Ⓤ; (雨の日) rainy [wet] day Ⓒ; (雨降り) rain Ⓤ. 《☞あめ[1]》. ¶ *雨天で遠足は中止[順延]になった Our school picnic was ˹canceled [put off until the first clear day] because of the *rain.*

うとい 疎い (無知な) ignorant (of ...); (不慣れな) unused (to ...); (慣れていない) unaccustomed (to ...); (情報を受けていない) uninformed; (世慣れていない) unsophisticated. 《☞ふなれ; むち[1]》.
¶ 彼女は世間に*疎い (⇒悪ずれしていない) She is *unsophisticated.* / (⇒彼女は世間について無知だ) She is *ignorant of* the world. // 私はこの辺の地理にはまったく*疎い (⇒この辺りに不案内な人間だ) I'm quite a *stranger* here. // 事情に*疎い (⇒十分に情報を得てない) 人たちに説明しなければなるまい You'll have to explain about it to those who are *not well-informed.* // 私はこういうことには*疎いのです (⇒慣れていない) I'm *not used to* this kind of things. // 去る者は日々に*疎し Out of sight, *out of mind.* 《ことわざ》

うとうと ¶ 子供は*うとうと眠ってしまった The child ˹*dozed off* [*fell into a doze*]. // ちょっと*うとうとしている間に財布を盗まれた I had my wallet stolen while I *was dozing* for a while. // 彼の話を聞いている間*うとうとしてしまった (⇒眠気を覚えた) I *felt drowsy* while listening to his talk. 《☞うつらうつら; うたたね; いねむり》
【参考語】—[名] (浅い眠り) doze Ⓒ; (特に昼間の短い眠り) nap Ⓒ. —[動] doze (自), nap (自). —[形] (眠気を誘う) drowsy.

うどん noodle Ⓒ.　**うどん粉** (小麦粉) (wheat) flour Ⓤ　**うどん屋** noodle shop Ⓒ.

うながす 促す (身振りで促す) motion (他); (手振りで促す) wave (他); (せきたてる) urge (他); (無理に...させる) press (他); (刺激する・促進する) stimulate (他).
¶ 彼女は身振りで私に出て行くよう*促した <S(人)+V(*motion*)+O(人)+C(*to* 不定詞または副詞)> She *motioned* me (*to* go) out. // 彼は電話中だったので, 手を振って私に部屋へ入るよう*促した As he was on the phone, he *waved* me (to come) into the room. // 彼は私に即答を*促した <S(人)+V(*urge*)+O(人)+C(*to* 不定詞)> He *urged* me *to* answer promptly. / <S(人)+V(*demand*)+O(返事)+*from*+代> He *demanded* a prompt reply *from* me. / <S(人)+V(*press*)+O(人)+*for*+名(返事)> He *pressed* me

for a prompt reply. // 彼に現状に対する注意を*促す必要がある We must *call his attention to* present conditions. // 好奇心が学問の進歩を*促す (⇒ 刺激する) Curiosity *stimulates* the progress of learning.

うなぎ　eel [íːl] Ⓒ. ¶ *うなぎのかば焼き barbecued [broiled] *eels*

うなぎ上り　― 形 (急に上がる) soaring; (ものすごく上がる) skyrocketing. 《☞ じょうしょう》. ¶ *うなぎ上りの (⇒ 急騰する) 物価 *skyrocketing* prices // 物価は*うなぎ上りだ (⇒ どんどん上昇している) Prices *are rising rapidly.* / Prices *are going up every day.*

うなされる 魘される (恐ろしい[悪い]夢を見る) have a ˹nightmare [bad dream] 《☞ ゆめ》.

うなじ 項　the ˹nape [scruff] of the neck 〔語法〕 scruff は動物の首筋を指すこともあり, その点が nape と異なる. 《☞ えりあし》.

うなずく 頷く nod ㊀㊉; (承認する) approve (of …) ㊀; (了解する) understand ㊉. 《☞ えしゃく; なっとく; しょうふく》.

¶ 彼女は軽く私に*うなずいた She *nodded* slightly to me. / She *gave* me *a* slight *nod.* // 彼の説明はどうも*うなずけない (⇒ 納得させるものではない) His explanation is not very *convincing.* // 彼が離婚したのも*うなずける (⇒ 理解できる) I *can understand* why he divorced his wife.

うなだれる　hang [droop] *one's* head 《☞ うつむく; たれる》. ¶ 彼女は*うなだれた She ˹*hung* [*drooped*] *her head.*

うなる 唸る (動物が怒って) growl [grául] ㊀; (獣が大きな声でほえる) roar ㊀; (風がごろごろと音を立てる) howl [hául] ㊀. 《☞ ほえる; 動物の鳴き声 (囲み)》.

¶ 犬は知らない人に向かって*うなった The dog *growled* at a stranger. // 外では風が*うなっていた The wind ˹*howled* [*roared*] outside. // 彼のところには金が*うなるほどある (⇒ ものすごくたくさんある) He has a *tremendous amount of* money. // 彼の名演技は聴衆を*うならせた (⇒ 熱狂させた) His wonderful performance *moved* the audience *to enthusiasm.*

うに 雲丹　sea urchin Ⓒ; (食品) seasoned sea urchin eggs.

うぬぼれ 自惚れ　conceit Ⓤ, self-conceit Ⓤ; (虚栄心) vanity Ⓤ; (誇り・自負心) pride Ⓤ. 《☞ じまん (類義語); とくい¹》. ¶ あの男は*うぬぼれが強い He is full of *conceit.* / (⇒ 自分自身を買いかぶり過ぎる) He ˹*thinks too highly* [*is too confident*] *of* himself.

うぬぼれる 自惚れる　fancy *oneself* …; (うぬぼれて…と思う) flatter *oneself*; (自分自身たいした人物だと思い込む) think too highly (of *oneself*); (自尊心が強い) be conceited; (…をひどく得意がる) be vain (about …); (自己中心になる) be egotistical; 《口語》 have a swelled head. 《☞ とくい¹; じまん (類義語)》.

¶ 彼女は自分では美しいと*うぬぼれている She *fancies herself* (to be) beautiful. // トムは自分がクラスの中で一番頭がいいと*うぬぼれている Tom *flatters himself that* he is the most intelligent boy in his class. // *うぬぼれるな Don't *be* ˹*conceited* [*egotistical*; *vain*].

うねうね　― 動 (道・川などが曲がりくねる) wind [wáind] ㊀; (川が曲がりくねる) meander [miǽndɚ] ㊀; (地表が起伏する) undulate ㊀; (稲妻形になる) zigzag ㊀.　― 形 winding; meandering; undulating; zigzag. ― 副 windingly; meanderingly; zigzag. 《☞ まがりくねる; うねる; くねくね》.

¶ *うねうねした山道 a *winding* mountain path // *うねうねと流れる川 a *meandering* stream

うねり (押し寄せる波の) surge Ⓒ; (大きく盛り上がった) swell Ⓒ, swelling Ⓒ; (地表の起伏) undulation Ⓤ. 《☞ なみ¹》. ¶ 夏も終わりに近くなると (波の) *うねりが高くなる *Surges* run high late in summer. // 私たちの船は大きな波の*うねりに翻弄(ほんろう)された Our ship rolled in the heavy *swell.*

うねる (波が大きく盛り上がる) swell ㊀; (波が前方へ押し寄せる) surge ㊀; (川が曲がりくねる) meander ㊀; (道が) wind [wáind] ㊀; (地表が起伏する) undulate ㊀; (地表が穏やかに) roll ㊀. 《☞ うねうね; まがりくねる》.

¶ 外洋は*うねって波立っていた The ocean *was swelling* into waves.

うのみ 鵜呑み　― 動 (真に受ける) swallow ㊉ 《☞ まにうける》.

¶ 彼の言うことを*うのみにするほど馬鹿じゃない (⇒ 彼の話を丸のみしない[信じない]くらいの分別はある) I know better than to ˹*swallow* [*believe*; *credit*] his story. // 彼の言うことを*うのみにするな (⇒ 彼の言葉を額面どおりに受け取るな) Don't *take him at his word.* / (⇒ 全部の話を信じるな) Don't *believe the whole of his story.*

うは 右派 (集合的に) the right (wing), the right-wing faction; (個人) rightist Ⓒ, right-winger Ⓒ ★ 前者が普通. 《☞ うよく; 政治・経済 (囲み)》.

うば 乳母　nurse Ⓒ 〔語法〕 赤ん坊に乳を与える乳母を wet nurse Ⓒ, 乳を与えない乳母を dry nurse Ⓒ という.

うばう 奪う **1** «取り上げる・盗む»: (力づくで) take … (by force); (持ち去る) take away ㊉; (ひったくる) snatch ㊉; (強奪する) rob ㊉ 《過去・過分 robbed》 ★「人」が目的語になる; (盗む) steal ㊉ 《過去 stole; 過分 stolen》; (財産などを) dispossess ㊉; (権利などを) deprive *a person* of …; (権力・地位などを) usurp [ju(ː)sɚ́ːp] ㊉. 《☞ ぬすむ (類義語); とりあげる; とる》.

¶ がき大将は小さな子供の手からおもちゃを*奪った The bully ˹*took* [*snatched*] a toy from the small child's hand. // 彼は財産を*奪われた <S(人)+V(*deprive*; *dispossess*)+O(人)+*of*+名(物)の受身> He *was* ˹*deprived* [*dispossessed*] *of* his estate.

2 «心などを»: (魅了する) fascinate ㊉; (夢中にさせる) carry away ㊉. 《☞ みりょう》.

¶ 私はその考えに心を*奪われた (⇒ その考えは私の心を魅了した) The idea *fascinated* me. / I *was* ˹*carried away* [*fascinated*] ˹by [with] the idea.

うばぐるま 乳母車 《米》baby carriage Ⓒ, 《英》perambulator Ⓒ ★ 英口語では短縮して pram Ⓒ という；(腰掛け式の) stroller Ⓒ.

baby carriage

stroller

うぶ 初心 ― 形 (無邪気な) innocent；(純真な) naïve, naive；(世慣れない) unsophisticated；(単純な) simple；(経験のない) inexperienced. ― 名 innocence Ⓤ；naïveté Ⓤ, naiveté Ⓤ. 《☞ じゅんしん；そぼく》.

¶ あの娘は本当に*うぶだ (⇒ 赤ん坊のように純真だ) She is as ┌*innocent* [*naive*] as a newborn ┌baby [babe]. ★ a newborn babe は慣用表現. / She is really ┌*naive* [*unsophisticated*].

うぶげ 産毛 downy hair Ⓤ；(鳥の綿毛) down Ⓤ. ¶ *うぶ毛の生えた頬 *downy* cheeks

うぶごえ 産声 the first cry of a newborn baby 《☞ うまれる》. ¶ 彼は徳島で*産声をあげた (⇒ 生まれた) He *was born* in Tokushima./ (⇒ 徳島で日の目を見た) He *first saw the light of day* in Tokushima. ★ see the light of day は「生まれる」の意の慣用表現.

うぶゆ 産湯 newborn baby's first bath Ⓒ.

うま¹ 馬 horse Ⓒ 《☞ 動物の鳴き声 (囲み)》.

> 馬のいろいろ
>
> 雌馬 mare, 子馬 foal [fóul], 雄の子馬 colt, 雌の子馬 filly, 種馬 stallion, 競走馬 racehorse, 荷馬 packhorse, ポニー pony ★ 子供の乗馬用の小型の馬.

¶ 私は*馬に乗れる I can ride a *horse*.

私は*馬に乗ったことがない I've never been on a *horse*.

彼は*馬に乗って町へ出かけた He went to town *on horseback*. / He *rode* to town.

語法 ride 自 他 《過去 rode；過分 ridden》は「(馬に) 乗ってゆく」の意.

彼はひらりと*馬にまたがった He jumped onto the *horse*. / He ┌got on [mounted] the *horse* lightly. / He got *in the saddle* lightly.

彼は*馬から降りた He ┌got down [dismounted] from his *horse*.

彼は*馬から落ちた He fell off his *horse*.

*馬は全速力で[速足で]走り去った The *horse* ┌galloped [trotted] away.

彼は*馬に乗って全速力で走り去った He *galloped* away. 語法 gallop は「人」が主語になった場合は必ず「馬に乗って」の意味になることに注意.

彼は*馬を全速力で[速足で]走らせた He ┌galloped [trotted] on his *horse*.

彼女は*馬を門のところで止めた She pulled her *horse* up ┌at [to] the gate.

馬の耳に念仏 ¶ 我々の忠告は彼には*馬の耳に念仏だった (⇒ 忠告に全然耳を傾けなかった) He was *deaf* to our advice. / He *turned a deaf ear* to our advice. / (⇒ 我々の忠告は彼に認められなかった) Our advice *fell flat* on him.

馬の骨 ¶ あの男はどこの*馬の骨かわからない (⇒ どこの出身かだれも知らない) Nobody knows where that man comes from. / (⇒ だれもその男の経歴を知らない) Nobody knows the ┌past [background] of that man.

うまが合う ¶ 彼とはどうも*うまが合わない (⇒ 仲よくいかない) Somehow I don't *get* ┌*along* [*on*] (*well*) *with* him. 語法 get along は《米》, get on は《英》の表現. // あの2人は*うまが合う (⇒ 仲がよい) They *get* ┌*along* [*on*] *well with* each other.

馬小屋 stable [stéibl] Ⓒ, 《米》barn Ⓒ.

うま² 午 (十二支の) the Horse 《☞ ね⁴ 参考》.

うまい 旨い **1** 《上手な》: good ★ 口語的で最も一般的；(熟練して巧みな) skillful (《英》skilful) 語法 英訳する場合には以上の形容詞のほかに副詞の well, very well を使うこともある. 《☞ じょうず》.

¶ 彼はスキーが*うまい He is a *good* skier. / He *is good at* skiing. 語法 いずれも同じ

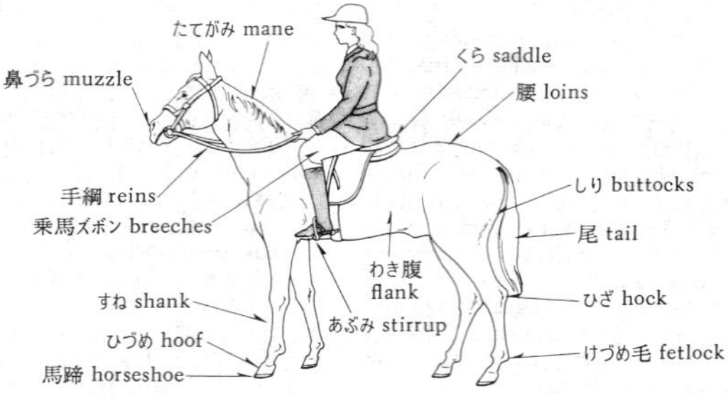

馬 horse

ように用いられるが，英語ではしばしば a good ...-er という形が用いられることに注意. // 彼女は英語が*うまい She is a *good* speaker of English. / She speaks English *very well*. [語法] 前者のほうがより英語的表現と言える. 同様に，「歌がうまい」は a *good* singer,「テニスがうまい」は a *good* tennis player,「写真を撮るのがうまい」は a *good* photographer という. // 彼女はクラスで一番料理が*うまい She is the *best* cook in our class. // 彼は道具を使うのが*うまい He is *skillful with* his tools. // 彼は字が*うまい He is *skillful* ⌈*in* [*at*] writing. // 確かにこれは*うまい答えだ This is certainly ⌈a *good* [an *appropriate*] answer.

2 «おいしい»: (味がよい) delicious, good, nice [語法] 後の 2 つは口語的. good は味やかおり中心で, nice はもっと幅広いほめ言葉; (口あたりがよく, おいしい) tasty [téisti(ː)] ★「食欲をそそるような」というニュアンスがある. 《☞ おいしい; 味 (囲み)》.

¶ これは*うまい This is ⌈*good* [*delicious*; *tasty*]. / This tastes ⌈*good* [*nice*]. // 腹がへっていればなんでも*うまい Hunger is the best sauce. 《ことわざ: 空腹は最上のソース》

3 «好都合な»: (首尾よい・うまくいった) successful; (よい) good ★ 広い意味の語で, 最も一般的で口語的; (幸運な) lucky; (もうかる) profitable, well-paid.

¶ それは話が*うますぎる (⇒ 本当であるにはよすぎる) It's too *good* to be true. // 彼は*うまいことを考え出した He thought out a *clever* thing. // *うまい具合に (⇒ 幸運にも) 彼は留守だった *Luckily* (enough) he was not at home. // 何か*うまい話はないか (⇒ もうかる仕事はないか) Isn't there any ⌈*profitable* [*well-paid*] job?

うまく 旨く **1** «上手に»: well; (巧みに) skillfully (《英》 skilfully); (巧妙に) expertly. 《☞ うまい; じょうず》.

2 «具合よく»: (首尾よく) successfully; (上手に) well; (運よく) luckily.

¶ 計画は*うまくいった The plan was *successful*. / (⇒ すべて計画どおりになった) Everything went ⌈*well*, as we had planned [as *well* as we had planned]. // 彼は難しい仕事を*うまくやってのけた He managed the difficult task *successfully*. // あの 2 人は*うまくいっていないようだ They don't seem to *be getting along well*. // 彼らの結婚は*うまくいかなかった (⇒ 失敗に終わった) Their marriage *ended in failure*. // *うまくやれよ (⇒ 幸運を祈る) *Good luck*! // *うまくいけば (⇒ 運がよければ) 賞がもらえるよ If you are *lucky* [With *good luck*], you'll win the prize.

うまのり 馬乗り ¶ 子供は父親に*馬乗りになった The child *sat astride* his father. 《☞ またがる》

うまみ 旨み (妙味) nice point Ⓒ; (魅力) charm Ⓤ; (利点) advantage Ⓒ. 《☞ うまい》. ¶ こいつはなかなか*うまみのある仕事だ (⇒ もうかる仕事だ) This is a fairly *profitable* job. // この契約には*うまみがある (⇒ 有利な点がある) This contract has its *advantages*.

うまや 厩 stable [stéibl] Ⓒ; (家畜小屋) 《米》 barn Ⓒ.

うまる 埋まる (埋もれる) be buried; (いっぱいになる) be filled (up); (補う) cover ㊀. 《☞ うめる[1]》.

¶ 道が雪で*埋まってしまった The road *is buried* deep in snow. // ホールは人で*埋まっていた (⇒ 人でいっぱいだった) The hall *was filled up with* people. // これで赤字が*埋まるだろう (⇒ これが赤字を埋める) This will ⌈*cover* [*make up for*; *take care of*] the deficit.

うまれ 生まれ (出生・素姓・家柄) birth Ⓤ; (家系) descent Ⓤ; (血統) lineage Ⓤ. 《☞ うまれる; いえがら; かけい[1]》.

¶ *生まれのよい人 a man of ⌈high *birth* [good *lineage*] // *生まれの卑しい人 a man of low *birth* // 私は 4 月*生まれだ (⇒ 4 月に生まれた) I *was born* in April. // 彼女は名門の*生まれだ She is of noble *birth*. / She ⌈*is descended* [*comes*] *from* a noble family. // 「あなたはどちらのお*生まれですか (⇒ どこの出身ですか)」「九州です」 "Where *are* you *from*?" "I'm from Kyushu." / "Where *do* you *come from*?" "I come from Kyushu." // 私は*生まれも育ちも大阪だ (⇒ 大阪で生まれ育った) I *was born* and raised in Osaka.

うまれかわる 生まれ変わる (新しい人間になる) become a new man; (生活を一新する) start *one's* life afresh; (心を入れ替えて生活を一新する) turn over a new leaf; (もう一度生まれる) be born again. 《☞ べつじん》.

¶ 彼は*生まれ変わった He *has become a new man*. / (⇒ 以前の彼ではない) He is not what he used to be. // 彼は*生まれ変わったように (⇒ 別人のように) よく働く He works hard, as if he were *quite another man* now.

うまれつき 生まれつき ―副 by nature; (本来) naturally. 《☞ せいらい; せんてんてき》.

¶ 彼は*生まれつき丈夫だ[弱い] (⇒ 強い[弱い]体質を持っている) He has a *naturally* ⌈strong [weak] constitution. // 彼女は*生まれつき頭がよい[悪い] (⇒ 賢く[頭が鈍く]生まれた) She *was born* ⌈clever [stupid].

うまれる 生まれる (人・動物などが) be born ★ 最も一般的な言い方; (国・団体などが生まれる) come into ⌈existence [being] ★ 形式ばった言い方. 《☞ うまれ; うむ[1]; たんじょうび》.

¶ 彼は 1969 年 3 月 7 日に*生まれた He *was born* on March 7, 1969. 《☞ 受身 (囲み); 時刻・日付・曜日 (囲み)》 // その夫婦に男の子が*生まれた A boy *was born to* the couple. // ここが私の*生まれた町だ (⇒ 故郷の町だ) This is my *hometown*. // *生まれて初めて恋をした I fell in love for the first time *in my life*. // その時代には多くの偉大な詩人が*生まれた (⇒ その時代は多くの偉大な詩人を産み出した) The age *produced* many great poets. // その革命で新しい共和国が*生まれた A new republic *came into existence* as a result of the revolution. / (⇒ 革命が生みだした) The revolution *brought* a new republic *into existence*. // 2 つの世界記録が*生まれた (⇒ 作られた) Two world records *have been set*.

う

うみ[1] 海 ― 図 the sea; (大洋) the ocean 語法 《米》ではごく普通の「海」という意味で ocean を用いる. また sea は「たくさんの人の顔」a *sea* of faces のような比喩的な意味にも用いられる. ― 形 marine [mərí:n] 語法 sea や ocean も形容詞的に用いる. 《☞ かいがん》.
¶ *海の幸 *marine* products / seafood
*海の家《会社などの》a *seaside* clubhouse
*海の動植物 *oceanic* [*marine*] plants and animals
*海に泳ぎに行こう Let's go swimming in *the* ˹*ocean* [*sea*].
夏休みに*海(⇒海岸)に行った I went to the *seaside* for the summer vacation.
休暇は*海で(⇒海辺で)過ごした I spent my holidays *by the sea*.
*海は穏やかだった[荒れていた] *The sea* was ˹calm [rough].
このあたりの*海(⇒海域)は鮫(さめ)が多い There are a lot of sharks in these *waters*.
彼はまだ*海のものとも山のものともわからない(⇒彼の将来は定かでない) His future is still *uncertain*.

うみ[2] 膿 pus Ⓤ; (耳だれ・目やに・傷からの分泌物など) discharge Ⓒ. 《☞ うむ[2]; かのう[2]》.
¶ 耳から*うみが出る I have a *discharge* from my ear(s).

うむ[1] 生む, 産む **1** 《出産する》: give birth to ..., be delivered of ..., bear ㊉ ★ 最初の言い方が最も一般的; (動物が) breed ㊉ 《過去・過分 bred》; (卵を) lay ㊉ ㊉ 《過去・過分 laid》. 《☞ うまれる; しゅっさん》.
¶ 彼女は双子を*生んだ She ˹*gave birth to* [*had*] twins. ∥ ねずみは次から次と子を*生む(⇒繁殖が速い) Rats *breed* quickly. ∥ 彼の長男は先妻の*生んだ子だ His eldest son *was borne* by his ex-wife. 語法 「生まれる」は be born であるが, by ... などがついて受動態の意味が強い時には be borne となる. ∥ 最近うちのにわとりは卵を*生まなくなった Recently our hens have stopped *laying* eggs. ∥ *生みたての卵を少しあげよう I'll give you some ˹*fresh* [*newly-laid*] eggs.
2 《生ぜしめる》: cause ㊉; (引き起こす) breed ㊉ 《過去・過分 bred》 語法 cause が単に「原因となって引き起こす」ことをいうのに対して, breed は本来の「卵を育てて生み落とす」という意味から, ある程度時間的な長さが必要な場合に用いる; (起こす) give rise to ... ★ 少し形式ばった言い方; (発生させる) engender ㊉ ★ 形式ばった語; (産出する) produce ㊉; (利益を) yield ㊉; (結果などをもたらす) lead to ... 《☞ うまれる; しょうじる; もたらす》.
¶ 貧困はしばしば犯罪を*生む Poverty often ˹*breeds* [*produces*; *causes*; *leads to*] crime. ∥ 彼は日本の*生んだ最大の作曲家だ He is the greatest composer Japan *has* ever ˹*produced* [*had*]. ∥ この株はあまり利益を*生まなかった These stocks *have* not *yielded* much profit.

うむ[2] 膿む ― 動 form pus; (傷口が) fester ㊉. ― 形 purulent [pjú(ə)r(j)ulənt]. 《☞ かのう[2]》. ¶ *膿んでいる傷 a *purulent* wound ∥ 切り傷が*膿んだ The cut *has* ˹*formed pus* [*festered*].

うむ[3] 有無 **有無を言わせず** ¶ *有無を言わせず彼を連れてこい(⇒彼に来る意志があるかないかにかかわらず) Bring him here *whether he is willing or not*. ∥ 彼はいつも私に*有無を言わせない He *never gives any consideration to my wishes*. 《☞ ちからずく》

うめ 梅 (木) *ume* tree Ⓒ, Japanese apricot tree Ⓒ ★ 同種類のものが英米にないので, 後者は説明的な言い方; (実) *ume* Ⓒ ★ 単複同形, Japanese apricot Ⓒ; (花) *ume* blossom Ⓒ. 《☞ イタリック体 (欄外); 花 (囲み)》.

うめあわせ 埋め合わせ ― 図 (償い) compensation Ⓤ. ― 動 (償う) make ˹up for [good] ..., compensate ㊉ ★ 前者が口語的. 《☞ ほしょう[3]; ばいしょう; つぐなう》. ¶ この損害の*埋め合わせはしていただきます I want you to *make* ˹*up for* [*good*] the loss. / I want you to *make compensation* for the loss.

うめき 呻き groan Ⓒ; moan Ⓒ.

うめく 呻く (苦痛などで短く不規則にうめく) groan ㊉; (悲しみ・苦しみなどで長くうめく) moan ㊉. ¶ 彼は痛さのあまり*うめいた He ˹*groaned* [*moaned*] with pain. ∥ 負傷者の*うめく声が聞こえた I heard the injured people *groan*. / I heard the *groans* of the injured people.

うめくさ 埋め草 (新聞・雑誌の) filler Ⓒ; (穴ふさぎ) stopgap Ⓒ. 《☞ うめる[1]》.

うめたて 埋め立て ― 動 (穴・溝などを) fill in ㊉; (池・水路などを) fill up ㊉; (海などを) reclaim ㊉. ― 図 reclamation Ⓤ. 《☞ うめる[1]》. ¶ 湖[海]を*埋め立てた土地 land *reclaimed* from the ˹lake [sea] ∥ *埋め立て工事 *reclamation* work
埋め立て地 reclaimed ˹land [ground] Ⓤ.

うめぼし 梅干し pickled *ume* Ⓒ ★ 単複同形. 《☞ うめ; イタリック体 (欄外)》.

うめる[1] 埋める (土などに) bury [béri(:)] ㊉ 《過去・過分 buried》; (穴・空所を) fill in ㊉; (損失を) make up for ... 《☞ うまる; ふさぐ》.
¶ 海賊は宝を地中に*埋めた The pirates *buried* their treasure in the ground. ∥ 彼女はその墓に*埋められた She *was buried in* the grave. ∥ 空欄を*埋めよ *Fill in* the blanks. ∥ 損失を*埋めてもらいたい I want you to *make up for* the loss.

うめる[2] (風呂の熱いのに水を加える) put [pour] some cold water in the bath 《☞ うすめる》.

うもう 羽毛 (一般的に) feather Ⓒ; (飾り用などの特に大きなもの) plume Ⓒ; (feather の集まったもの) plumage [plú:midʒ] Ⓤ; (綿毛) down Ⓤ. 《☞ はね[1]》. ¶ *羽毛のまくら a pillow filled with *down* 《☞ ダウン[2]》

うもれぎ 埋もれ木 (化石のようになった木) fossil wood Ⓤ; (泥炭地の埋もれ木) bogwood Ⓤ.

うもれる 埋もれる be buried 《☞ うまる》.
¶ 道は雪に*埋もれていた The road *was buried* ˹in [under] snow.

うやうやしい 恭しい ― 形 (相手に敬意を

表した) respectful ; (丁寧な) polite. ── 副 respectfully. 《☞ ていちょう[1]》. ¶ 彼は*恭しく一礼をした He made a ⌈*respectful* [*polite*] bow [báu].

うやまう 敬う (一般的に) respect ㊀, look up to ... ★ 後者は口語的 ; (特に神を) worship ㊀. 《☞ そんけい》. ¶ 私は彼女のことを師としていつも*敬っている I always ⌈*respect* [*look up to*] her as my teacher. ∥ 父母を*敬いなさい *Honor* your father and mother.

うやむや ¶ その問題は*うやむやにしておくことはできない (⇒ 未決定[あいまい]のまま放っておくことはできない) We cannot *leave* the matter ⌈*undecided* [*vague*]. ∥ 彼女の提案は*うやむやになった (⇒ あいまいになって終わった) Her proposal *ended in* ⌈*confusion* [*obscurity*]. / (⇒ 無視された) Her proposal *was* ⌈*ignored* [(⇒ 打ち切られた) *dropped*]. ∥ 彼女は*うやむやな返事をした (⇒ 不確実な) She gave ⌈an *indefinite* [(⇒ あいまいな) a *vague*] reply. 《☞ あいまい ; あやふや ; いいかげん》

うようよ ¶ 小魚が*うようよ泳いでいた Small fish were swimming *in schools*. [語 法] 一群になって泳いでいるなら in *a* school. ∥ 通りには子供たちが*うようよしていた (⇒ 子供たちで混雑していた) The street *was crowded with* children. ∥ ありが砂糖の回りに*うようよしている (⇒ 群がっている) Ants *are swarming* ⌈*about* [*around*] the sugar. ∥ その沼地には蚊が*うようよしている The marsh *is swarming with* mosquitoes. [語 法] 「群がるもの」が主語の場合 (Ants ... の例) と, 「場所」が主語の場合 (The marsh ... の例) の両方可能であるが, 前置詞の違いに注意. 《☞ むらがる ; 擬声・擬態語 (囲み)》

うよく 右翼 ── 名 (極右的な人) ultra-rightist Ⓒ ; (政治などで保守的な党派) the right wing ; (右派の人) rightist Ⓒ, right-winger Ⓒ ★ 前者が普通 ; (野球の) right field Ⓤ. ── 形 (右翼の) rightist.

右翼手 right fielder Ⓒ 《☞ 野球の英語 (囲み)》 **右翼団体** (ultra-)rightist [(ultra-)right-wing] organization Ⓒ.

うら 裏 **1** 《表面に対する》: the back ; the reverse (side) ; the ⌈wrong [other] side.

【類義語】以上の表現はほぼ同意で, 入れ換えて使うことができるが, 事物によりどの表現を主として使うかが定まっている. すなわち「表」に対して, 誤って裏が出ているような場合に ***the wrong side***. 背面・裏側 (硬貨・木の葉・レコードなど の) に対しては ***the reverse*** (***side***) を用いる.

¶ 封筒[はがき]の*裏 *the back* of ⌈an envelope [a postal card] ∥ レコードの*裏 *the reverse side* [*Side Two*] of a record ∥ 葉の*裏 *the reverse* (*side*) of a leaf ∥ 月の*裏側 *the other side* of the moon ∥ 足の*裏 the *sole* (of a foot) ∥ 布地の*裏 *the wrong side* of the cloth ∥ その上着は*裏が絹だ (⇒ 絹の裏がついている) The coat *is lined with* silk. ∥ 《商品説明書などで》 *裏もご覧下さい (⇒ (紙やページを)めくって下さい) Please turn over. [参 考] 頭文字をとって P.T.O. と略すこともある. ∥ 9 回の*裏 the ⌈*second half* [*bottom*] of the ninth inning 《☞ 野球の英語 (囲み)》 ∥ 表か*裏か Heads or *tails*. ★ 硬貨を投げて表か裏かを当て, 順番を決めたりする時の言葉.

2 《背後》 ── 前 (...の背後に) behind ..., at the back of ..., 《米口語》 in back of ... 《☞ うしろ ; はいご[1] ; こうほう[1]》.

¶ 家の*裏には池がある There is a pond ⌈*behind* [*at the back of* ; *in back of*] my house. ∥ 入り口は建物の*裏にある The entrance is ⌈*in* [*at*] *the* ⌈*back* [*rear*] *of* the building. [語 法] 建物の内部の後ろの部分にある場合は in the back of となる. 離れて後ろにある場合は, 最も普通の言い方は behind であるが, at the back of, および米口語では in back of も使われる. 定冠詞の有無で意味の異なることに注意. ∥ その女の子はカーテンの*裏(⇒ 後ろ) に隠れた The girl hid herself *behind* the curtain. ∥ 家の*裏へ回って下さい Go to the *rear* of the house. / Go around to the *back door*.

3 《比喩的な使い方》 ¶ *裏の意味 (⇒ 隠されている意味) a *hidden* meaning ∥ 泥棒は警察の*裏をかいた (⇒ 出し抜いた) The thief ⌈*outwitted* [*outsmarted*] the police. ∥ 彼は*裏を見抜く目がある (⇒ 明敏な観察者だ) He is a *shrewd* observer. ∥ だれかが*裏で工作をしている Somebody is ⌈maneuvering *behind* the scenes [pulling (the) strings].

裏通り back street Ⓒ, alley Ⓒ **裏番組** program on a different channel Ⓒ **裏表紙** the back cover 《☞ ほん (挿絵)》 **裏町** back ⌈alley [street] Ⓒ **裏道** back ⌈lane [street] Ⓒ ; (間道) bypath Ⓒ **裏門** back gate Ⓒ.

うらうち 裏打ち ── 名 (衣服の) lining Ⓒ ; (絵などの) backing Ⓤ. ── 動 line ... with ... ; back ... with ... 《☞ うら》.

うらおもて 裏表 both sides ★ 複数形で. ¶ それは包み紙の*裏表に印刷されていた It was printed on *both sides* of the wrapper. [参 考] 紙の表[裏]は特に the ⌈*right* [*wrong*] side of the paper と呼ぶ. ∥ この紙の*裏表は見分けがつかない (⇒ この紙のどちらが表なのか私は見分けることができない) I cannot tell which is the *right side* of the paper. ∥ 物には*裏表があるものだ (⇒ どんなものでも 2 つの面がある) Everything has ⌈*two sides* [*a right and a wrong side*]. / There are *two sides* to everything. ∥ 彼はその取り引きの*裏表を知っている He knows all *the ins and outs* of the business. ∥ *裏表のある人 a ⌈*double* [*two*]*-faced* person / a *double-dealer*

うらがえす 裏返す (紙などを) turn ... over; (靴下・ポケットなどを) turn ... inside out. 《☞ ひっくりかえす ; うら》.

¶ 彼女はそのカードを*裏返した She *turned* the card *over*. ∥ 彼は片方の靴下を*裏返しにはいていた He had one of his socks on *inside out*. ★ はいていた状態なので have ... on を使う. 《☞ あべこべ》 ∥ 彼女はセーターを*裏返しに着ていた (⇒間違った側を外に出して) She had on a sweater *wrong side out*. 《☞ うら (類義語)》

うらがき 裏書き ━图 (手形・小切手の) endorsement Ⓤ. ━動 (手形・小切手を) endorse ⑩; (確証する) confirm ⑩. 《☞ こぎって》. ¶ 手形に*裏書きする *endorse* a bill // 最近発見された事実が彼の考えを*裏書きした (⇒ 確証した) The recently discovered fact *has confirmed* his view.

うらかた 裏方 (演劇の道具方) scene-shifter Ⓒ; (舞台係) stagehand Ⓒ.

うらぎり 裏切り betrayal Ⓤ ★ 行為は Ⓒ. 《☞ うらぎる》.

うらぎりもの 裏切り者 (背信者・密告者) betrayer Ⓒ; (反逆者) traitor Ⓒ; (密告者) informer Ⓒ.

うらぎる 裏切る (約束・信頼にそむく) betray ⑩; (失望させる) disappoint ⑩. 《☞ ねがえる; そむく》.
¶ 私は彼女を*裏切るようなことはしない I won't ˹*betray* [*be unfaithful to*] her. // その結果は私の期待を*裏切った (⇒ 期待に反するものだった) The ˹result *was* [results *were*] ˹*against* [*contrary to*] my expectation(s). / (⇒ 期待にそわなかった) The result(s) *fell short of* my expectations. / (⇒ 結果は私を失望させた) The result(s) *disappointed* me.

うらぐち 裏口 back ˹door [entrance] Ⓒ 《☞ うら; うらて》. **裏口入学** ¶ 彼はその大学に*裏口入学をした He obtained *back-door admission* to the university.

うらごえ 裏声 ━图 falsetto [fɔːlsétou] Ⓤ. ━形副 falsetto. ¶ *裏声で歌う sing (in) *falsetto*

うらごし 裏ごし ━图 (裏ごしの器具) strainer Ⓒ. ━動 strain ⑩. 《☞ 料理の用語 (囲み)》. ¶ じゃがいもを*裏ごしにかける *strain* potatoes / press potatoes through a *strainer*

うらづけ 裏付け ¶ 事実の*裏付けのない (⇒ 事実に基づいてない) 意見 an opinion not *based* on fact // 彼の有罪の*裏付けとなる (⇒ 有罪を証明する) 証拠は見つからなかった We could not find enough evidence to *prove* him guilty. 《☞ こんきょ; よりどころ》

うらづける 裏付ける support ⑩; (支持する) back (up) ⑩; (証明する) prove ⑩; (基礎を置く) base ⑩. 《☞ こんきょ; よりどころ; しょうめい[1]》. ¶ この説を*裏付けるデータがない We have no data to ˹*support* [*prove the validity of*] this theory. // 彼の理論は信頼できる証拠で*裏付けられている His theory *is* ˹*supported* [*backed up*] by reliable evidence.

うらて 裏手 ━图 (後ろ) back Ⓒ; (後部) rear Ⓒ. ━前 (…の裏手に) behind …, at the ˹back [rear] of …, 《米口語》 in back of … ★ 最も普通の言葉は behind で, at the back of も同意であるが, 米口語では in back of も用いられる. ただし, in the back of は「建物本体の後部に」の意味になるので注意. 《☞ うら 語法; うしろ》.

うらない 占い fortune-telling Ⓤ; (占い者) fortune-teller Ⓒ; (特に手相を見る人) palmist [páːmist] Ⓒ. ¶ 私は*占いに見てもらった I *had* my *fortune told*. 《☞ 使役 (囲み)》 / I consulted a *fortune-teller*. // トランプで独り*占いをする play solitaire [sɑ́lətɛ̀ə]

うらなう 占う ━動 (運勢を) tell [read] *a person's* fortune 《☞ うんせい》. ¶ 私はトランプであなたの運勢を*占える I can ˹*tell* [*read*] *your fortune* from cards. // 彼女は結婚について*占ってもらった She *had her fortune told* about her marriage.

ウラニウム 〖化学〗 uranium [juréiniəm] Ⓤ 《☞ ウラン》.

うらにほん 裏日本 the ˹coast of [districts facing] the Japan Sea.

うらにわ 裏庭 backyard Ⓒ 参考 日本の家の場合, 普通は backyard に相当するものがない. backyard は「裏庭」といってもかなり広く, 車庫があったり物干場になっていたりする. ときには小さな畑を作って自家用の野菜や果物を栽培することもあり kitchen garden Ⓒ とも呼ばれる. 《☞ にわ》.

うらばなし 裏話 inside story Ⓒ 《☞ うちまく》.

うらはら 裏腹 ━图 (正反対) the contrary. ━形 contrary (to …). 《☞ ぎゃく》.
¶ 彼は心と*裏腹なことをした (⇒ 意図と反対のことをした) He acted *contrary to* his intentions. // 彼女の口と心は*裏腹だ (⇒ 本気でそう言っているのではない) She *does not mean what she says*. / (⇒ 言っていることとは別のことを意味している) She *says one thing* ˹*and* [*but*] *means another*.

うらぶれる become [look] shabby 《☞ みすぼらしい; まずしい》.

うらみ 恨み (不平不満などからくる恨み) grudge Ⓒ; (敵意をもった強い恨み) spite Ⓤ; (悪感情) ill feeling Ⓤ. 《☞ あくい; てきい》.
¶ 彼は私に対して*恨みを抱いているようだ I feel he ˹has [bears] a *grudge* against me. / I think he feels *spite* toward(s) me. // その秘密をばらしたら彼の*恨みを買うぞ (⇒ 彼を敵に回すことになる) If you disclose the secret, you will *make an enemy* (*out*) *of* him. // 私は彼女に対して何の*恨みも持っていない I entertain no *ill feeling* against her. // 彼は父の*恨みを晴らした (⇒ 父のあだを討った) He *revenged* (the wrong done (to)) his father.

うらむ 恨む (人の仕打ちを恨みに思う) bear [have] a grudge against …; (悪く言っている [思っている]) speak [think] ill of …
¶ 私は彼女を*恨む I *bear a grudge against* her. / ＜S(人)＋V(*bear*)＋O(人)＋O(恨み)＞ I *bear* her *a grudge*. // たぶん彼は私のことを*恨んでいる (⇒ 悪く思っている) Maybe he *thinks ill of* me. // 彼は天を*恨んだ (⇒ 呪った) He *cursed* ˹Heaven [God].

うらめしい 恨めしい ━形 (非難するような) reproachful; (憤慨しているような) resentful. ━動 (残念に思う) be sorry (for …), regret ⑩ ★ 前者のほうが口語的.
¶ 彼女は*恨めしそうな (⇒ 非難するような) 顔つきで私を見た She gave me a *reproachful* look. 語法 「恨めしそうな目つき」も a reproachful look でよい. // そこへ行ったことを

いまも*恨めしく思っている Even now I ⌈*am sorry for* [*regret*] having been there.

うらやましい 羨ましい ── 形 (うらやましがる) envious; (ねたんだ) jealous (of ...). ── 動 (うらやむ) envy ⊕. 《☞ せんぼう》.

¶ 私はあなたの成功が*うらやましい I ⌈*am envious of* [*envy* you] your success. // *うらやましいね How I *envy* you! / (⇒ 君の立場になれたらいいんだが) I wish I *were in your shoes.* 語法 be in ...'s shoes で「...の立場にある」. // 彼は*うらやましそうな顔をした (⇒ うらやましそうに見えた) He looked *envious.* / (⇒ うらやましそうな表情が顔にあった) There was an *envious* look on his face. ★ 後者はやや文語的. // 彼女はまり子を*うらやましそうに見た She ⌈looked at [regarded] Mariko ⌈*enviously* [*with envy*]. 語法 このような regard はやや改まった言い方で, ある感情をもって見ること. // 彼女の美貌は同級生から*うらやましがられていた (⇒ 同級生をうらやましがらせた) Her beauty made her classmates ⌈*envious* [*jealous*]. / (⇒ 彼女の美貌は同級生の羨望(せんぼう)の的だった) Her beauty was the *envy* of her classmates.

うらやむ 羨む envy ⊕, be envious of ..., feel envy of ... ★ どれもほぼ同意で, 入れ換えて使うことができる. 《☞ せんぼう》. ¶ 明夫は彼の成功を*うらやんだ Akio *envied* him his success. / Akio *was envious of* his success. // 私は彼の幸運を*うらやまない I *feel* no *envy of* his good luck.

うららか 麗らか (天候が) beautiful, bright, clear, lovely ★ どれも晴れて気持ちのよい天候に対して用いる. 《☞ のどか; ぽかぽか》.

¶ *うららかな春の日 a ⌈*beautiful* [*bright*; *lovely*] spring day

ウラン 〖化学〗 uranium [juréiniəm] Ⓤ 《元素記号 U》. ¶ 天然[濃縮]*ウラン natural [enriched] *uranium* // *ウラン鉱 *uranium* ore

うり 瓜 (マクワウリ) melon Ⓒ; (きゅうり) cucumber Ⓒ.

うり二つ ¶ その双子は*うり二つだ (⇒ 2 つの豆のようだ) The twins are *as alike as two peas.*

うりあげ 売り上げ (売り上げ高) sales; (売り上げ金) proceeds [próusi:dz]; (受け取り高) receipts [risí:ts] ★ 以上 3 語は通例複数形で. 《☞ うる[1]; うれゆき》.

¶ 午前中は*売り上げがなかった There were no *sales* ⌈during [in] the morning. // バザーの*売り上げは 15 万円だった The *proceeds* from the bazaar were ¥150,000. // 1 日の*売り上げ高が 50 万円に達した The ⌈day's *receipts* [*sales* for the day] came to ¥500,000. 《☞ たか[1]》 // デパートの*売り上げが落ちてきた Department stores' *sales* have begun to slow down. // 今月の*売り上げは目標に達しなかった (⇒ 売り上げの目標は達成されなかった) *The sales target* has not been attained this month. // 大手商社の昨年の*売り上げは総計 21 兆円だ *The gross sales* of the major trading firms totaled 21 trillion yen last year.

うりあるく 売り歩く (比較的小さな物を行商する) peddle ⊕; (特に手押し車にのせて行商する) hawk ⊕. 《☞ おしうり》.

うりおしむ 売り惜しむ (将来の値上がりを期待して売る気になれない) be unwilling to sell ... (in ⌈expectation [anticipation] of better prices); (将来の販売を考えて商品を抑える) hold goods (for future sale); (不足を見越して蓄える) stockpile ⊕.

¶ 生産者は値上がりを見越してコーヒー豆の*売り惜しみをしている (⇒ 売る気がない) In ⌈anticipation [expectation] of ⌈better [higher] prices, producers *are* ⌈*unwilling to sell* [*stockpiling*] coffee.

うりきれる 売り切れる (売りつくされる) be sold out; (品切れになる) be out of stock.

¶ 切符は*売り切れです The tickets *are sold out.* / We *are sold out* of tickets. // このサイズのスパイクシューズはいま*売り切れです (⇒ 品切れです) Spiked shoes of this size *are* now *out of stock.* 《☞ しなぎれ》 // 本日*売り切れ (All) *sold out* (for) today 《☞ 掲示の英語 (囲み)》

うりこ 売り子 (小売店の店員) clerk Ⓒ, salesclerk Ⓒ, 《英》 shop assistant Ⓒ; (女店員) saleswoman Ⓒ, saleslady Ⓒ, 《米》 salesgirl Ⓒ, 《英》 shopgirl Ⓒ; (男の店員) salesman Ⓒ. 《☞ てんいん; 買い物 (囲み)》.

うりことば 売り言葉 **売り言葉に買い言葉**

¶ それは単なる*売り言葉に買い言葉だった It was just *tit for tat.* 語法 tit for tat は言葉にも行為にも用いられる「しっぺ返し」という意味の慣用句. // *売り言葉に買い言葉でけんかになった (⇒ 荒々しい言葉に対する荒々しい言葉がけんかに導いた) *Harsh words* ⌈*for* [*in response to*] *harsh words* led to a quarrel.

うりこむ 売り込む (売りつける) sell ⊕; (販路を見つける) find ⌈a market [an outlet] (for ...); (自己宣伝をする) advertise [sell] *oneself*; (有名になろうとする) try to ⌈gain [get] publicity; (評判をとる) make *one's* reputation (by ...); (有名になる) gain [get] publicity (by ...). 《☞ うる[1]; ばいめい》.

¶ 私はこの新製品を主婦向けに*売り込んだ I've *sold* these new products to housewives. // 彼は汚い手を使って自分の*売り込みを図った He *tried to gain publicity by* a dirty trick. // 彼は自分を*売り込む (⇒ 宣伝する) ことがとても上手だ He is very good at ⌈*advertising* [*selling*] *himself.*

うりさばく 売り捌く (販売する) sell ⊕; (商う) deal in ... 《☞ うる[1]; さばく[1]》.

うりだし 売り出し (安売り) bargain sale Ⓒ; (特売) special sale Ⓒ; (蔵払い・棚ざらえ) clearance (sale) Ⓒ. 《☞ おおうりだし》.

¶ 年末大*売り出し the year-end (*bargain*) *sale* // 本日大*売り出し *Special* [*Bargain*; *Clearance*] *Sale* today 《☞ 掲示の英語 (囲み)》

うりだす 売り出す (品物を) put ... on sale; (売りに出す) offer ... for sale, place [put] ... on the market; (名声を得る) win [gain] ⌈a reputation [publicity; fame] ★ publicity

う

はマスコミなどによって有名になることをいう；(人気が出る) become popular. 《☞ はつばい》.
¶この新製品は来年の3月に*売り出されます This new product will *be* ⌜*put on sale* [*on the market*; *ready for sale*] next March. // その作曲で彼は*売り出した (⇒その作曲が彼に名声を与えた) That musical composition *won* him ⌜a *high reputation* [*high publicity*]. / (⇒彼はその曲の作曲家として有名になった) He *became* ⌜*famous* [*popular*] as the composer of that music.

うりつける 売り付ける (無理に買わせる) force [push] ... on ...；(偽物の類を) palm off ... on ... 《☞ おしうり》. ¶彼は私に模造の真珠を*売り付けた He ⌜*forced* [*palmed off*] an imitation pearl *on* me.

うりて 売り手 seller [C] (↔ buyer). **売り手市場** sellers' market ★a または the を付けて.

うりとばす 売り飛ばす sell (off) (他)；(処分する) dispose of ... 《☞ うりはらう》.

うりね 売り値 sale [selling] price [C]；(小売り値段) retail price [C]；(定価表値段) list price [C]；(特価) bargain [discount] price [C]. 《☞ ねだん；ていか[2]》.

うりば 売り場 (カウンター) counter [C]；(店) shop [C]；(商店) store [C] [語法] 《米》では store が普通. shop は小さい店, あるいは製造・修繕などのための店を指すのが普通. 《☞ みせ；買い物 (囲み)》. ¶切符*売り場 a ticket *office* / 《劇場の》 a box *office*

うりはらう 売り払う (安値で手放す) sell (off) (他)；(処分する) dispose of ...；(一掃する) liquidate (他). 《☞ ばいきゃく；てばなす》.
¶彼は家を*売り払った He ⌜*sold* (*off*) [*liquidated*] his own house.

うりもの 売り物 article ⌜for [on] sale [C] [参考] 掲示の場合は For Sale または On Sale となる. (↔ Not for Sale (＝非売品)).
¶この製品は*売り物になる[ならない] (⇒売るのに適する[適さない]) This product is ⌜*fit* [*unfit*] *for sale*. // 彼女は美貌を*売り物にした (⇒美貌を活用した) She ⌜*capitalized* [*traded*] *on* her beauty.

うりや 売り家 house ⌜for [on] sale [C]；《掲示》 House for Sale 《☞ 掲示の英語 (囲み)》.

「売り家」の掲示

うりょう 雨量 (降雨量) rainfall [U], precipitation [U] ★後者のほうがより専門的な用語；(降雨) rain [U]. 《☞ 天候の表現 (囲み)》.
¶東京の年間*雨量 the annual ⌜*rainfall* [*precipitation*] in Tokyo // きのうの*雨量は10ミリだった We had ten millimeters of *rain* yesterday. / The *precipitation* yesterday was ten millimeters.

うりわたす 売り渡す sell ... (over) to ... 《☞ うる[1]；うりはらう》. ¶彼は自分の家を不動産業者に*売り渡した He *sold* his residence (*over*) *to* a real estate agent.

うる[1] 売る **1** 《品物を》: sell (他) 《過去・過分 sold》 (↔ buy) 《☞ うりはらう》.
¶彼は家を2千万円で*売った <S(人)＋V (*sell*)＋O(物)＋*for*＋名(金額)> He *sold* his house *for* 20 million yen. // 私は彼に車をただ同然で*売った I *sold* him my car for almost nothing. / I *sold* my car to him for almost nothing. // 君がこのラジオを買いたいなら*売ってもいいよ If you want to buy this radio, I'll be willing to *sell* it. // この店では輸入物のワインを安く*売っている This store *sells* imported wines at low prices. [語法] price の場合は前置詞は at. // あの店では卵を1ダース300円で*売っている Eggs *sell* at that store ⌜*at* [*for*] 300 yen a dozen. [語法] この sell は (自) で「売られる」の意. また,「…につきいくらで」というときの前置詞は at が用いられることが多い.
2 《名を》 ¶彼は自分の名前を*売りたがっている (⇒有名になりたがっている) He *is seeking publicity*. // 彼女はその小説で名前を*売った (⇒名声を得た) She *made her reputation* ⌜*from* [*on*] the novel. 《☞ うりこむ》
3 《裏切る》: (売り渡す) sell out (他)；(裏切る) betray (他). 《☞ うらぎる；そむく》. ¶彼は国を*売るような男じゃない He is not the sort of man to ⌜*sell out* [*betray*] his country.
4 《けんかを》 ¶私は彼にけんかを*売る (⇒彼とけんかを起こす) つもりはない I have no intention of ⌜*starting* [*picking*] *a quarrel* with him. 《☞ けんか》

うる[2] 得る ☞ える.

うるうどし 閏年 leap year [C].

うるおい 潤い ― [名] (ゆかしさ) charm [U]；(利益) profit [U]；(得・恩恵) benefit [U]. ― [形] charming, tasteful. ¶彼女の声には*潤いがある There is (a) great *charm* in her voice. / (⇒潤いのある声を持っている) She has a ⌜*charming* [*sweet*] voice. // *潤いのない生活 (⇒無味乾燥な生活) a ⌜*prosaic* [*dull*] life

うるおう 潤う (望ましい程度に湿り気を帯びる) be moistened；(ぬれる) get wet；(利益や恵みを得る) receive benefit(s), profit (自) ★意味に大差はなく, 多くの場合, 入れ換えて使用できる；(豊かになる) become prosperous. 《☞ ぬれる；しめる[2]》.
¶土は雨で*潤った The ground *was moistened* ⌜by [with] rain. // 漁港はいまいわしの大漁で*潤っている (⇒繁栄している) The fishing port *is prosperous* now because of (its) big catches of sardines.

うるおす 潤す (湿らす) wet (他)；(軽く湿らす) moisten (他)；(利する) profit (他), benefit (他).
¶私は冷たい泉の水でのどを*潤した (⇒渇きをいやした) I *satisfied* my thirst with a drink of cold spring water. // その発見は彼らを大いに*潤した (⇒利益を与えた) The discovery ⌜*profited* [*benefited*] them a great deal.

うるさい ― [形] (迷惑な) annoying；(わずらわしい) troublesome；(しつこい) persistent；(騒々しい) noisy；(好みがやかましい) particular

(about ...). ── 動 (しかる) scold 自 他; (がみがみ小言を言う) nag 自 他; (悩ます) bother 他; (邪魔する) disturb 他; (いらいらさせる) annoy 他; (しつこくねだる) importune 他 ★ やや形式ばった語. ── 名 (やっかいなもの・人) nuisance Ⓒ. ── 副 persistently; noisily. 《☞ さわがしい (類義語); しつこい (類義語); やかましい》.
¶ 隣の家のピアノは*うるさい (⇒ 迷惑だ) My neighbor's piano is ˹*annoying* [(⇒ わずらわしい) *troublesome*].
彼は食べ物に*うるさい (⇒ 好みがやかましい) He is *particular about* his food.
彼の母親は*うるさい (⇒ いつも小言ばかり言っている) His mother *is* always ˹*scolding* [*nagging*] him.
彼は*うるさい (⇒ しつこい) セールスマンに根負けした He gave in to the *persistent* salesman.
はえは*うるさいものだ Flies are a *nuisance*.
彼は*うるさく彼女につきまとった (⇒ しつこく追い回した) He *persistently* ran after her.
勉強中は*うるさく (⇒ 邪魔) しないで下さい Please do not *disturb* me while I'm studying.
私は子供たちに*うるさいぞ (⇒ 騒々しすぎるぞ) と言った I told the children ˹that they were too *noisy* [(⇒ 静かにしろ) *to be quiet*].
*うるさい (⇒ 私を邪魔するのはやめろ) *Stop bothering me*! / (⇒ その騒ぎをやめなさい) *Stop that noise*! / (⇒ 黙れ) *Shut up*! / (⇒ 静かに) *Be quiet*!

うるさがる feel annoyed ˹with [at] ...; (うるさいと思う) consider ... annoying; (迷惑な行為とみなす) regard ... as a nuisance.
¶ 彼は赤ん坊の泣き声を*うるさがる He *feels annoyed with* the baby crying. // 彼女は彼のおせっかいを*うるさがっている She *considers* his interference *annoying*. / She *regards* his interference *as a nuisance*.

うるし 漆 Japanese lacquer Ⓤ, japan Ⓤ ★ japan は日本特有のうるしを指す場合に用いられる語. **うるし細工** lacquer ware Ⓤ.

うるむ 潤む (涙で湿る) be ˹wet [moist] with tears; (涙でかすむ) be ˹dimmed [filmed] with tears. 《☞ しめる[2]》. ¶ 涙で*うるんだ目 *watery* [*misty*] eyes // 彼女の目は涙で*うるんでいた (⇒ 涙で満ちていた) Her eyes *were* ˹*wet* [*misty*; *filled*] *with tears*. / (⇒ 涙が彼女の目にたまっていた) *Tears were in* her eyes.

うれい 憂い (悲しみ) sorrow Ⓤ; (深い悲しみ) grief Ⓤ; (心痛) distress Ⓤ; (心配) worry Ⓤ; (悩みの種) trouble Ⓤ; (不安) fear Ⓤ; (これから先の不安) anxiety Ⓤ. 《☞ かなしみ; しんぱい (類義語)》. ¶ 彼女は*憂いに沈んでいた (⇒ 悲しみに押しつぶされた) She was oppressed by *sorrow*.

うれえる 憂える (心痛する) be distressed; (心配する) fear 他; (気づかう) be anxious (about ...). 《☞ しんぱい (類義語)》. ¶ 彼は国の将来を*憂えた (⇒ 気づかった) He *was anxious about* the future of his country.

うれくち 売れ口 (売れ行き) sale Ⓒ; (需要) demand Ⓤ; (販路) market Ⓒ; (就職口) employment Ⓤ.
¶ その新製品は大きな*売れ口を見つけた The new product has found a large *market*. // この大学の卒業生の*売れ口はよい (⇒ 卒業生に対するかなりの需要がある) There is a ˹great [brisk] *demand* for the graduates of this university. 《☞ 冠詞 (欄外)》

うれしい 嬉しい ── 形 (喜ばしい) glad; (満足して喜ぶ) happy 語法 以上 2 つは日常, 例えば「会えてうれしい」などのような表現で, 相手への儀礼的な言葉として同じように用いられる. ただし, glad のほうが意味が強いので, glad を用いるほうが丁寧な感じになる; (強い大きな喜びを感じる) joyful 語法 glad や happy のように儀礼的な言葉には使わない. ── 動 (満足に思う) be pleased 語法 目上の人に使うと尊大に響き, 失礼になることがある; (非常にうれしく思う) be delighted 語法 以上 2 つは glad, happy の代わりに儀礼的な言葉として用いられるが, 後者は前者より意味が強い. 《☞ 感情の表現 (囲み)》.
¶ あなたにまたお目にかかれて*うれしい I am ˹*glad* [*happy*; *delighted*; *pleased*] to see you again. 《☞ あいさつ (囲み)》 // 私はあなたが来てくれたので非常に*うれしい I am very ˹*glad* [*happy*] (that) you have come. // 息子に会えるということで彼女は非常に*うれしかった She felt *joyful* at the prospect of seeing her son. // あなたがその提案に賛成してくれて私は非常に*うれしい I *am* very *pleased* that you have agreed to the proposal. 語法 much も用いられるが very のほうが普通. // きょうは一年中で一番*うれしい日だ This [Today] is the *happiest* day of (all) the year. // 彼女は*うれしそうな顔をしていた She looked *happy*.

うれしなみだ 嬉し涙 tears of joy ★ 複数形で. ¶ 彼女は*うれし涙を流した She shed ˹*tears of joy* [*happy tears*]. / (⇒ うれし泣きをした) She *cried for joy*.

うれっこ 売れっ子 (大衆に人気のある人) popular person Ⓒ; (ひっぱりだこの人) sought-after person Ⓒ. 《☞ にんき[1]》. ¶ その女優はいまなかなかの*売れっ子だ (⇒ 人気がある) The actress is ˹very *popular* [(⇒ ひっぱりだこだ) much *sought after*] now.

うれのこり 売れ残り (売れ残った品物) goods left unsold ★ 複数形で; (店ざらしの品物) shopworn goods ★ 複数形で.
¶ そのボールペンは*売れ残りとなった The ballpoint pen ˹*remained unsold* [*was left on the shelf*].

うれゆき 売れ行き (売れ具合) sale Ⓒ; (需要) demand Ⓤ. 《☞ うる[1]; うりあげ》.
¶ *売れ行きが落ちた *Sales* have ˹fallen off [dwindled]. // *売れ行きは伸びるだろう *Sales* will ˹improve [rise]. // その本は*売れ行きがよい (⇒ その本はよく売れる) The book *is selling* ˹*well* [*fast*]. / The book is a *good seller*. / (⇒ その本に対する需要が大きい) There is a great *demand* for the book. // この雑誌は*売れ行きが悪い (⇒ この雑誌はあまり売れない) This magazine does not *sell*

well. / This magazine is a *poor seller*. / (⇒発行部数が少ない) This magazine has only a small *circulation*.

うれる 熟れる be ripe《☞ じゅくす》.

うろうろ ━動 (ぶらつく) roam ⓐ; (立ち止まったりして) loiter ⓐ; (うろたえる) be upset, lose *one's* head.《☞ うろつく; うろたえる》.

うろおぼえ うろ覚え (かすかな[不確実な, ぼんやりした] 記憶) faint [uncertain; vague] memory Ⓒ《☞ おぼろげ》. ¶その事件のことを私は*うろ覚えにしか覚えていない (⇒その事件のかすかな回想しか持っていない) I have only a *faint memory* of that affair. / (⇒ぼんやりとしか覚えていない) I *remember* that affair only *vaguely*.

うろこ 鱗 scale Ⓒ《☞ さかな (挿絵); へび (挿絵)》.

うろたえる (まごつく) get mixed up ★主として口語; (混乱する) be [become] confused; (気を転倒させる) be upset; (かっとなる) lose *one's* head.《☞ とうわく (類義語); まごまご; あわてる》.
¶私は彼の最初の言葉に*うろたえてしまった I *got* quite *mixed up* ⌈at [by] his ⌈first words [initial remarks]. ∥ 彼女はその手紙を読み終わると, すっかり*うろたえていた She *was* ⌈*confused* [*upset*] when she read through the letter. ∥ 彼は*うろたえなかった (⇒冷静だった) He ⌈*remained* [*kept*] *calm*.

うろちょろ ━動 (うろつく) loiter ⓐ; hang ⌈around [about] ...《☞ うろうろ; うろつく》.

うろつく (あちこちに立ち止まったりしながら) loiter ⓐ; (その辺にいる) hang ⌈around [about] ...; (ぶらぶら歩き回る) wander (about ...) ⓐ.《☞ うろうろ; ぶらつく; ほっつきあるく》.
¶変な男が家の回りを*うろついている There is a strange man *loitering* ⌈*around* [*near*] my house. ∥ 彼はいつもこの喫茶店の辺りを*うろついている He *is* always *hanging* ⌈*around* [*about*] this coffee shop.

うわあご 上顎 the upper jaw Ⓒ《☞ あご (挿絵)》.

うわき 浮気 ━形 (気まぐれな) fickle; (不貞な) unfaithful; (移り気な) inconstant; (多情な) wanton. ━動 (情事を持つ) have an affair (with ...). **浮気者** flirt Ⓒ ★男にも女にも用いる; playboy Ⓒ ★資産家で次から次へと女性を浮気の相手にする男をいう; (女) fickle [wanton] woman Ⓒ.

うわぎ 上着 coat Ⓒ; jacket Ⓒ.
【類義語】ズボンやスカートに対する上着が **coat** で, 替えズボンの上に着るのは **jacket**. オーバーやレインコートのように長い外衣も **coat** というが, それに対しジャンパーのように短いものは **jacket** である.《☞ 衣服 (囲み)》

うわぐすり 釉薬, 上薬 (陶磁器の) glaze Ⓤ; (金属器にほどこすほうろう) enamel Ⓤ.

うわくちびる 上唇 the upper lip《☞ くちびる》.

うわごと 譫言 delirious utterances ★複数形で. ¶*うわ言をいう talk *in delirium* [dilíriəm]

うわさ 噂 (一般的に) rumor (《英》rumour) Ⓒ; (個人に関するうわさ話) gossip Ⓤ; (評判) report Ⓤ 語法 false, untrue などの形容詞を伴うことが多い. またその場合は a が付く; (風聞) hearsay Ⓤ; (話の種) talk Ⓤ 語法 口語的で, *the talk* of the town (＝町のうわさの種) というように, the を付けて用いることが多い.《☞ ひょうばん》.
¶その*うわさは町中に広がった The *rumor* has spread throughout the whole town.
彼がその*うわさを立てた He ⌈started [spread] that *rumor*. / (⇒彼がうわさを言いふらした人だ) He is the author of that *rumor*.
うちの社長が近く辞任するという*うわさだ (⇒辞任するそうだ) I *hear* that our president will resign soon.
私はそんな馬鹿げた*うわさは信じない I don't believe such ⌈an absurd *report* [absurd *gossip*].
彼は人に*うわさされるのを全然心配していないようだ He seems to have no fear of *being talked about*. 語法 「...のうわさをする」は talk of でもよいが, talk about のほうが普通. ただし次のことわざでは talk of を使う.
*うわさをすれば影 *Talk* [*Speak*] *of* the devil, and he is sure to appear.《ことわざ: 鬼のことを話せばきっと鬼が現れる》 語法 普通は Talk [Speak] of the devil. だけで止めてしまうことが多い. ((例) *うわさをすれば何とやらで, 青木君がやってきた *Talk* [*Speak*] *of the devil*, here comes Aoki.)
人の*うわさも75日 A wonder lasts but nine days.《ことわざ: 不思議なものも9日の寿命しかない, 9日たてば不思議でもなんでもなくなる》 参考 9日ではなく「7日」とする説もある.
その後彼女の*うわさは耳にしない She *has* not *been heard of* since.
お*うわさは (⇒あなたのことについては) かねがね伺っております I *have* often *heard of* you. / I *have heard* a lot *of* you.
町は彼の*うわさで持ち切りだ He is now *the talk* of the town.

うわすべり 上滑り ━形 (深みのない) shallow; (浅薄な) superficial. ¶*うわすべりの議論 a *shallow* argument ∥ *うわすべりの (⇒うわべの) 知識 a *superficial* knowledge

うわずる 上擦る (声がうつろに聞こえる) sound hollow; (真実味がなく聞こえる) ring false; (気持ちがのぼせる) be [get] excited.
¶*上ずった声で in ⌈a *shrill* [an *excited*; a *high-pitched*] voice

うわつく (軽々しい) be flippant; (落ち着かない) be restless; (女性が) be flighty.
¶彼女は*うわついた娘ではない She is not a *flighty* girl.

うわっちょうし 上っ調子 ━形 (軽薄な) flippant; (女性がうわついた) flighty; (浅はかな) frivolous.《☞ うわつく; けいはく》.

うわっつら 上っ面 (外見) appearance Ⓒ; (表面) surface Ⓒ; (外面) outside Ⓤ.《☞ うわべ; みせかけ; みかけ; がいけん》.

うわっぱり 上っ張り (子供や画家が着るもの) smock Ⓒ; (ズボンの上に重ねてはく作業用のもの) overalls, coveralls 語法 胸あてのついたものを overalls, 上着とズボンが一緒になったものを coveralls という. 両語とも複数形で. (☞ さぎょう (挿絵)). ¶ *上っ張りを着た人 a man in ⌈overalls [a smock]

うわつら 上面 (外見) appearance Ⓒ; (表面) surface Ⓒ; (外面) outside Ⓤ. (☞ うわべ; みせかけ; がいけん).

うわて 上手 ━形 (すぐれた) superior (to ...); better (than ...); (投げ下ろしの) overhand. ━動 (...よりすぐれる) excel ㊀; surpass ㊀. (☞ うえ¹; すぐれる).

¶ 彼女のほうが彼より一枚*上手だ (⇒ すぐれている) She is *superior to* him in some respects. / She is *a cut above* him. 語法 a cut above ... は口語で superior to ... (= ...よりすぐれている) を意味する慣用句.

うわのそら 上の空 ━形 (ぼんやりした状態の) absentminded; (不注意な) inattentive. ¶ 彼女はその時*うわの空だった She was ⌈*absentminded* [*inattentive*] then. / (⇒ 彼女の心はどこかほかの所にあった) Her *mind was somewhere else* at that time. // 彼は校長先生の話を*うわの空で聞いた He listened to the principal's talk ⌈*absentmindedly* [*inattentively*]. / (⇒ 校長の話にほとんど注意を払わなかった) He *paid little attention to* the principal's talk.

うわばき 上履き (室内ばき) (pair of) shoes for indoor use; (かかとのついた上ばき) (pair of) slippers 参考 slippers は日本語の「スリッパ」より意味が広く, かかとのついたものが一般的; (日本のスリッパのような) 《米》 (pair of) scuffs 参考 英米では室内でも上ばきの使用はあまり普通ではないので, 学校などで使う「上ばき」という日本語のニュアンスをぴったり表すことは不可能. (☞ スリッパ (挿絵)).

¶ 校舎内では生徒は*上ばきを着用のこと Students should wear ⌈*indoor shoes* [*slippers*] in the school building.

うわべ 上辺 ━名 (表面) surface Ⓒ; (外観) appearance Ⓒ; (外面) outside Ⓤ; (見せかけ) show Ⓤ ★ しばしば a を付けて. ━形 (うわべだけの) superficial. (☞ がいけん; みかけ; みせかけ).

¶ 君は物の*うわべしか見ない You look only at the *surface* of things. // 彼の親切はただ*うわべだけだ His kindness is *superficial*. // 人[物事]を*うわべだけで判断してはいけない You must not judge ⌈people [things] by *appearances*. // 彼の悲しみ[同情]は*うわべだけだ His ⌈sorrow [sympathy] is mere *show*. // 彼女は*うわべは上品だが, 本当は品のない女だ Though she puts on *a show* of respectability, she is really a vulgar woman.

うわまえ 上前 《口語》 kickback Ⓒ ★ 正式の手数料ではなく, おどしや密約による割り戻し金. ¶ 彼らは売り上げから*上前をはねた They pocketed a *kickback* from the sale.

うわまわる 上回る ━動 (越える) exceed ㊀; (...以上である) be more than ... ━前 (...を越えて) beyond ... (☞ こえる¹).

¶ 輸出が輸入を 200 万ドル*上回った Exports *exceeded* imports by two million dollars. // 支出は収入を*上回っている (⇒ 超過している) The expenditure *is in excess of* the income. // 私のクラスでは女の子の数が男の子を*上回っている (⇒ 女の子のほうが男の子よりも多くいる) There are *more* girls *than* boys in my class. // この仕事は私の能力を*上回る This task is *beyond* my ability.

うわめづかい 上目使い ¶ その男の子は彼女を*上目使いで見た (⇒ 目を上げて後ろめたそうな目で見た) The boy raised his eyes, and ⌈gave her a guilty look [looked at her with guilty eyes].

うわやく 上役 (上司) *one's* ⌈boss [superior] Ⓒ ★ boss のほうが口語的; (先任者) *one's* senior in office Ⓒ.

うん¹ 運 ━名 luck Ⓤ; fortune Ⓤ; chance Ⓤ ★ 偶然出くわした「具体的な好機」の意味では Ⓒ. ━形 lucky; fortunate.

【類義語】最も一般的で, 例えば賭事のように何の因果関係もない偶然の運を言う言葉が ***luck***. それよりもっと重大なことについての運で, *luck* より少し形式ばった感じの言葉が ***fortune***. 以上 2 つは幸運にも悪運にも使われ, 例えば good *luck*, bad *luck*, good *fortune*, bad *fortune* などのいずれの表現にも用いられる. しかしまた, good, bad などの形容詞を伴わずに, *luck* あるいは *fortune* のみで「幸運」という意味に用いられることもある. その区別は前後関係による. 偶然のめぐり合わせという点では *luck* と似た意味であるが, 幸運・悪運に関係なく偶然性を強調する言葉が ***chance*** である. (☞ うんめい; こううん; ふうん)

¶ 彼は*運がよかった[悪かった] He had ⌈good [bad] *luck*. / He was ⌈*lucky* [*unlucky*]. / He had ⌈good [bad] *fortune*. / He was ⌈*fortunate* [*unfortunate*]. 語法 日本語では「運がよい[悪い]」のような言い方をするが, 英語では, 「幸運[悪運]を持つ」のような言い方をするか, あるいは lucky (=幸運な), unlucky (=不運な), fortunate (=幸運な), unfortunate (=不運な) のように形容詞を用いるかのいずれかである. 特に形容詞を用いる言い方が最も口語的で一般的である.

私は*運よくその事故を免れた I was ⌈*lucky* [*fortunate*] enough to escape unhurt from the accident.

船は*運よく風向きが変わったので (⇒ 幸運な風向きの変化によって) 助かった The ship was saved by a *fortunate* change in the wind./ *Fortunately* the ship was saved by a change in the wind.

彼らは*運よく時間に間に合った They were *fortunate* enough ⌈to be [in being] in time.

私は*運よく 1 等賞をもらった I had ⌈the *luck* [good *luck*] to win the first prize.

それは*運任せのゲームだ It's a game of *chance*.

*運を天に任せよう Let's take a *chance*. ★ 一か八かやってみようという意味.

うん² yes; (よろしい) all right, OK., O.K. (☞ はい¹; 相づち (囲み)).

¶ いくら頼んでも, 彼はついに *うんと言わなかった However hard I asked, he did not ⌈say *yes* [*give his consent*] after all. // 「*うん, よかろ

う」と彼は言った "*All right*. That'll do," he said. // 出発して以来，彼は*うんともすんとも言ってきていない Since his departure, 「*no one has ever heard from him* [*he hasn't even dropped a line to any of us*].

うんえい 運営 ― 動 (手際よく管理する) manage ㊀; (動かして機能させる) operate ㊀; (職務としてつかさどる) administer ㊀. ― 名 management Ⓤ; operation Ⓤ; administration Ⓤ. 《☞ けいえい; かんり[1]》.

¶ その学校は 5 人の理事によって*運営されている The school *is managed* by five directors. // 彼は大きな事業を*運営している He 「*operates* [*handles*; *runs*] a big business. // 彼はその会社の*運営に失敗した He failed in the *management* of the company.

運営委員会 steering committee Ⓒ **運営資金** working [operating] funds ★ 複数形で. **運営費** costs of operation ★ 複数形で.

うんが 運河 canal [kənǽl] Ⓒ. ¶ パナマ*運河 the Panama *Canal* 《☞ 冠詞 (欄外); 大文字 (欄外)》

うんきゅう 運休 ― 名 suspension (of the 「bus [train] service) Ⓤ ★ 1 列車・バスの 1 便だけでなく，全部の運行が止っている場合; (便の取り消し) cancellation (of a 「bus [train] run) Ⓤ. ― 動 suspend ㊀; cancel ㊀.

¶ 列車は*運休している (⇒ 一時停止している) The train service *has* 「*been suspended* [*stopped*]. // その列車は*運休だった The train run *was canceled*.

うんこう 運行, 運航 **1** «乗り物» ― 名 (公共的乗り物を動かす業務) service Ⓤ; (列車・バスなどの便) run Ⓒ; (飛行機の便) flight Ⓒ; (乗り物を動かす作業) operation Ⓤ. ― 動 operate ㊀; (列車などを走らせる) run ㊀; (飛行機を飛ばす) fly ㊀.

¶ バスは 10 分ごとに*運行している The buses *run* every ten minutes. / There is bus *service* every ten minutes. // 大雪で列車の*運行が乱れた Train *runs* were disrupted because of the heavy snow.

2 «天体» ― 名 (天体の運動) movement Ⓤ. ― 動 move [go] (around ...; round ...) ㊁; (軌道上を) orbit (around ...; round ...) ㊁.

うんざり ― 動 (閉口する) be fed up with ...; (嫌悪感を感じるほどいやになる) be disgusted with ...; (嫌気がさす) be sick of ... ★ be disgusted ほどではないが，胸が悪くなるほどいやだという意味; (あきあきする) be tired of ... ― 形 (退屈な) boring; (あきあきする) wearisome. ― 名 (うんざりさせる人[物]) bore Ⓒ. 《☞ あきる; いやけ; へきえき》.

¶ 彼の長話には*うんざりだ I'*m fed up with* his long talks. // 私は彼女の泣き言に*うんざりしている I'*m* 「*disgusted with* [*sick* (*and tired*) *of*] (hearing) her complaints. // それは*うんざりする (⇒ 退屈させる) 仕事だった It was a *boring* job.

うんせい 運勢 (運命) fortune Ⓤ 《☞ うん[1]; うらない》. ¶ 彼女は易者に自分の*運勢を見てもらった She had her *fortune* told by a fortune-teller. 《☞ 使役 (囲み)》 // 私の*運勢はいい[悪い] (⇒ 幸運な[不運な]星の下に生まれた) I was born under 「a lucky [an unlucky] *star*.

うんそう 運送 ― 名 《米》 transportation Ⓤ, 《英》 transport Ⓤ, conveyance Ⓤ ★ やや形式ばった語. ― 動 (送る) send ㊀; (輸送する) transport ㊀; (運搬する) convey ㊀; (商品などを出荷する) ship ㊀. 《☞ うんぱん; ゆそう; はいたつ; しゅっか[1]》.

¶ 品物はトラックで*運送します We will *send* the goods by truck. / We will *truck* the goods. // 陸上[海上]*運送 *transportation* by 「land [sea]

運送会社 express company Ⓒ **運送業** transport [shipping; freight] industry Ⓤ, forwarding business Ⓤ **運送店** forwarding agent Ⓒ **運送料** carriage Ⓤ; (特に貨物・船荷の) freight Ⓤ **運送費** shipping expenses ★ 複数形で; cost of transport Ⓤ.

うんちく 蘊蓄 (深い学識) profound knowledge Ⓤ; (学識の蓄積) *one's* stock of knowledge Ⓤ. ¶ *うん蓄のある人 a man of *profound* 「*knowledge* [*learning*]

うんちん 運賃 (旅客の) fare Ⓒ; (料金) charge Ⓒ; (単位当たり決められた料金) rate Ⓒ; (貨物の) 《米》 transportation Ⓤ, 《英》 carriage Ⓤ; (長距離輸送の) freight Ⓤ. 《☞ りょうきん (類義語); そうりょう[1]》.

¶「*運賃はいくらですか」「往復で 1500 円です」"How much [What] is the *fare*?" "The 「*fare* [*rate*] for a round trip is 1,500 yen." // *運賃が高い[安い] The *fare* is 「high [low]. // 片道[往復]の*運賃を払った I paid a 「single [double] *fare*. // 6 歳未満の子供の*運賃は無料だ Children under six are free (of *charge*). // 私鉄[バス]の*運賃が来月上がる Private railroads [Bus] *fares* will 「be raised [go up] next month.

うんでいのさ 雲泥の差 great [wide] difference Ⓒ. ¶ A と B では*雲泥の (⇒ 大きな) 差がある There is *a* 「*great* [*wide*] *difference* between A and B.

うんてん 運転 ― 動 (車を) drive ㊀ ㊁ 《過去 drove; 過分 driven》; (鉄道・バスなどを) run ㊀ **語法** 運転士が運転するときにも用いるが，主として「運行する」の意で用いる; (機械などを) operate ㊀. ― 名 driving Ⓤ; operation Ⓤ. 《☞ そうじゅう; 自動車 (囲み)》.

¶ 彼女は自動車の*運転ができる She can *drive* a car. / (⇒ 彼女は運転免許証を持っている) She has a 「driver's license [《英》 driving licence]. // 地震のため 15 本の列車が*運転を取りやめた Fifteen train *runs* were canceled because of the earthquake. // 大みそかには電車は終夜*運転します We will *run* the trains all night on New Year's Eve. // この機械の*運転には高度の技術を必要とする The *operation* of this machine requires advanced skill.

運転資金 working 「funds [capital Ⓤ] **運転席** (電車の) motorman's seat Ⓒ; (自動車の) driver's seat Ⓒ.

うんてんしゅ 運転手 (自動車の) driver Ⓒ; (自家用車用におかかえの) chauffeur [ʃóufə] Ⓒ; (タクシーの) cabdriver Ⓒ; (バスの) busman Ⓒ; (トラックの) truck driver Ⓒ; (電車の) motorman Ⓒ; (市内電車の) (streetcar) driver Ⓒ; (機関車の) (locomotive) engineer Ⓒ. 《☞ ドライバー¹》.

うんと (ひどく) hard, severely; (たくさん) much. 《☞ 強意語 (囲み)》.

うんどう 運動 **1** «身体の» ―名 (健康維持または鍛練のために身体を動かすこと) exercise Ⓤ ★ 身体の一部を鍛えるために規則的に動かす一連の運動を指すときは Ⓒ; (主に戸外で楽しみに行う運動) sport Ⓒ. ―動 exercise ⓐ, take exercise. 《☞ たいそう¹; スポーツ》.

¶ 適度の*運動は健康によい Moderate *exercise* is good for the health.

彼は*運動にジョギングをしている He jogs for *exercise.*

この犬は少し*運動させる必要がある This dog needs some *exercise.*

医者は彼にもっと*運動するように勧めた The doctor advised him to take more *exercise.*

若さを保ちたければ*運動しなくてはだめだ If you want to stay young, you must *exercise.*

テニスは私の好きな*運動だ Tennis is my favorite *sport.*

「どんな*運動が好きですか」「野球とボクシングです」"What kind of *sports* do you like?" "I like baseball and boxing."

*運動不足で彼は太りはじめた He began to get fat through ˹lack [want] of *exercise.*

ホワイトカラーの大半は*運動不足だ Most white-collar workers *are underexercised.*

2 «物体の» ―名 (理論的・抽象的な意味での動き) motion Ⓤ; (一定方向への具体的な動き) movement Ⓤ. ―動 move ⓐ.

¶ すべての力に*運動に変化を与える働きがある All forces act to cause a change in *motion.*

3 «目的達成のための奔走(ほんそう)» ―名 (例えば選挙などのような, 特定の目的のために行われる組織的な一連の運動) campaign Ⓒ; (集団で組織的に行う社会的・政治的な運動) movement Ⓒ; (種々の活動) activity Ⓒ ★ 実際に動き回る活動というニュアンスがある; (募金など, ある目的のために行われる特別の努力) drive Ⓒ. ―動 campaign ⓐ. 《☞ かつどう》.

¶ 彼らは活発な選挙*運動を開始した They have ˹started [launched] an active election *campaign.* 《☞ 政治・経済 (囲み)》

私はその法律廃止*運動を支援する I support the *movement* for the abolition of the law.

彼らは交通遺児のために募金*運動を行っている They are having a *drive* to raise money for accident orphans.

私たちは公共料金値上げに反対する*運動を行った We *campaigned* against the raise in public utilities charges.

彼は大学時代, 学生*運動 (⇒ 学生の政治活動) に加わっていた He ˹was a student political *activist* [took part in student political *activities*] when he was in college.

そろそろ就職*運動を始めてもいいころだ It is about time you made some *efforts* to get a position. 語法 この場合の従属節の時制は仮定法過去となる. 《☞ 仮定の表現 (囲み)》

労働*運動 a labor *movement*

運動員 (ある目的のための) campaigner Ⓒ; (選挙・寄付などの) canvasser Ⓒ **運動会** (学校などの) 《米》 field day Ⓒ, 《英》 sports day Ⓒ; (競技会) athletic meet Ⓒ **運動具** sporting goods ★ 複数形で. **運動資金** campaign funds ★ 複数形で. **運動場** (学校の) playground Ⓒ; (競技場) (sports) field Ⓒ; (体育館) gymnasium Ⓒ. 《☞ グラウンド》 **運動神経** motor nerve Ⓒ; (反射作用) reflex action Ⓤ **運動選手** athlete Ⓒ **運動量** 〖物理学〗 momentum Ⓤ.

うんどうぐつ 運動靴 (ゴム底の) sneakers; (特にスポーツ用のもの) sports [gym] shoes; (幼児用) play shoes ★ 以上いずれも複数形で. 《☞ くつ》. ¶ 彼女は*運動ぐつで買い物に行った She went shopping in *sneakers.*

うんぬん 云云 (等々) and so ˹forth [on], et cetera [et sét(ə)rə] 参考 いずれも並列した名詞などの後に付ける. et cetera は and so forth に当たるラテン語で普通は etc. と略して用いる. いずれも and so forth and so forth, et cetera and et cetera のように重ねて用いることもある. 《☞ -など; エトセトラ (欄外)》.

¶ 彼の手紙にはロンドンに 3 日, パリに 4 日滞在した, *うんぬんと書いてある His letter says that he stayed in London for three days, and in Paris for four days, ˹*and so forth* [*et cetera and et cetera*]. // あなたのした事を*うんぬんする (⇒ 批判する) つもりはないが… I don't mean to ˹*criticize* [*comment on*] what you did, but …

うんぱん 運搬 ―動 (手や車などで物を運ぶ) carry ⓗ ★ 最も一般的. 以下の語の代わりにも使われる; (船・飛行機・列車などで遠方に運ぶ) transport ⓗ; (ある手段を使って連続的に運ぶ) convey ⓗ ★ carry と同意でも用いられるが, 形式ばった語. ―名 carriage Ⓤ; 《米》 transportation Ⓤ, 《英》 transport Ⓤ; conveyance Ⓤ. 《☞ うんそう; ゆそう; はこぶ》.

¶ 私は彼がその荷物を*運搬するのを手伝った I helped him *carry* the parcels. // 家具を全部*運搬するのに大きなバンが必要だった It took a large van to *transport* all the furniture. // その野菜はトラックで市場へ*運搬される The vegetables *are conveyed* in trucks to market.

運搬人 carrier Ⓒ **運搬費** carriage Ⓤ.

うんめい 運命 (避けられない不幸な運命) fate Ⓤ; (必ずしも悪い意味ではないが, 避けられない運命) destiny Ⓤ ★ 後者のほうが不可避である意味が強い; (幸運・不運のいずれでもよいが, 幸運というニュアンスが強い語として) fortune Ⓤ 語法 宿命という意味はなく, 偶然性が強い. 不運のときには bad fortune のように形容詞をつける. 《☞ うん¹; うんせい; しゅくめい》.

¶ 不幸になるのが私の*運命なのだ It is my ˹*fate* [*destiny*] to be unhappy. / I *am* ˹*fated* [*destined*] to be unhappy. 参考 fate ⓗ, destine [déstin] ⓗ はともに「運命づける」の

え

意. // だれも自分の*運命からは逃れられない No one can escape his *destiny*. [語法] この文のように不可避であることを強調する場合には destiny のほうが適当. // 船長は船と*運命をともにした (⇒ 船と一緒に沈んだ) The captain went down with the ship. // 彼はこの商売に自分の*運命をかけた He tried his *fortune* in this business. // 彼は*運命とあきらめた He resigned himself to his *fate*. // *運命の女神は彼らにほほえんだ *Fortune* smiled on them. [語法] 女神の意味では固有名詞扱い.

うんも 雲母 mica [máikə] [U].

うんゆ 運輸 (輸送) 《米》 transportation [U], 《英》 transport [U]; (運送) conveyance [U]. 《☞ うんそう; ゆそう; うんぱん》.
運輸会社 express company [C] **運輸機関** means of ˹transportation [conveyance] [C] ★ 単複同形. **運輸省** the Ministry of Transport, the Transport Ministry. 《☞ 政治・経済 (囲み)》 **運輸大臣** the Minister of Transport.

うんよう 運用 ━[名] (生かして用いること) practical use [U]; (適用) application [U]. ━[動] (用いる) use ㊀; (適用する) apply ㊀. 《☞ かつよう; りよう; てきよう[1]》.
¶ 彼は知識を*運用する (⇒ 実際に生かして用いる) のが上手だ He is good at *putting* knowledge *to practical use*. // 彼らはその法の*運用を誤った (⇒ 間違った適用をした) They made a wrong *application* of the law.

え

え[1] 絵 (一般的に) picture [C]; (絵の具で描いたもの) painting [C]; (鉛筆・ペン・クレヨンなどで描いたもの) drawing [C]. 《☞ さしえ; かく[1]》.
¶ 彼は馬の*絵をかいた He ˹drew [painted] a *picture* of a horse. // 私は*絵をかくのは下手だ I am ˹bad [not good; poor] at painting *pictures*. / I am ˹a bad [not a good] *painter*. // この*絵は油*絵だがあれはクレヨン画だ This *picture* is an oil *painting* but that one is a crayon drawing. // この景色は*絵になる This view would make a good *picture*.

え[2] 柄 (道具の) handle [C]; (機械・武器の握り) grip [C]; (おのなどの長い) haft [C] ★ やや専門的な語; (槍などの細長い) shaft [C]; (ほうきの) broomstick [C]. 《☞ とって (挿絵)》.

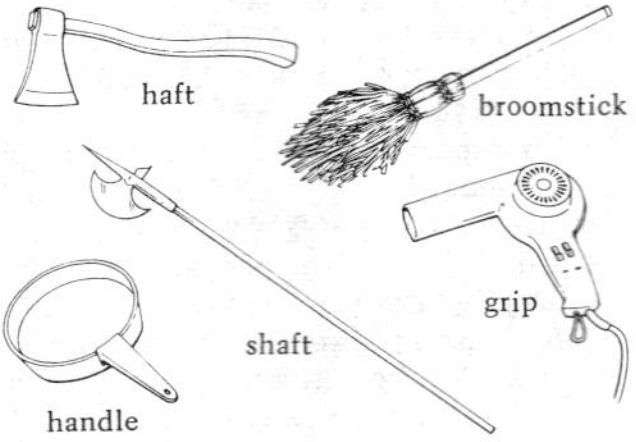

¶ *柄がぐらぐらしてきた The *handle* is coming ˹loose [shaky].

え[3] 餌 (えさ) bait [U] ★ 具体的なものを指すときは [C]. 《☞ えさ》.

エアコン (冷房機) air conditioner [C] 《☞ クーラー [語法]》.

えいえん 永遠 ━[形] (始めも終わりもない) eternal; (いつまでも続く) everlasting; (不変の) permanent; (不滅の) immortal; (終わりのない) endless. ━[副] (永久に) forever ★ 最も一般的な語. 《英》では for ever と2語につづることがある; eternally; permanently. 《☞ えいきゅう; ふめつ; ふきゅう[2]》.
¶ 彼らは*永遠の愛を誓った They pledged their *eternal* love. // 神は*永遠の存在である God is (an) *Eternal* Being. // 我々は*永遠の平和をこの地上に望んでいる We want ˹*everlasting* [*permanent*] peace on (this) earth. // その事故は*永遠に我々の心に残るだろう The accident will remain *forever* in our minds.

えいが 映画 (総称的に) 《米》 the movies, 《英》 the cinema ★ 以上2つは最も一般的な語; (正式名としては) motion picture [C]; (個々の映画) movie [C], 《英》 film [C].
¶「*映画を見に行こう」「いいね」 "Let's go to *the* ˹*movies* [*cinema*]." "That's a good idea." [語法] 日本語では「見に行く」というが, 英語では go to *see* the movies とはならないことに注意. //「この*映画は見ましたか」「いえ, まだ見ていません」 "Have you seen this ˹*movie* [*film*]?" "No, not yet." //「いまどんな*映画をやっているの」「喜劇です」 "What (kind of *movie*) is ˹on [showing] now?" "A comedy." // この小説はある有名な*映画監督によって*映画化された This novel *was* ˹*filmed* [*turned into a movie*; *made into a movie*] by a famous (*film*) director.
映画館 《米》 movie ˹theater [house] [C], 《英》 cinema [C], cinema ˹house [palace] [C] **映画撮影所** film [movie] studio [C] **映画産業** the motion-picture industry **映画俳優** (男優) movie [《英》 cinema] actor [C]; (女優) movie [《英》 cinema] actress [C]. 《☞ はいゆう》.

えいかいわ 英会話 English conversation [U] 《☞ かいわ》.
¶ 彼女は*英会話が得意だ[得意ではない] She is ˹good [not good] at *English conversation*. / (⇒ 英語を上手にしゃべる[しゃべらない]) She ˹speaks [doesn't speak] *English* very well. // 私は*英会話の学校へ行っている I go to (an) *English conversation* school. // 彼は*英会話のレッスンを受けている He is taking lessons in *English conversation*. // 彼女は

映　画

1 映画に関する用語

(1) 映画の種類

映画はフィルム (film) を映写機 (movie projector) でスクリーン (screen) に映し出すものであるが，初期のころは周知のように無声映画 (silent movie) として登場し，1930 年代よりトーキー映画 (talking film ; talkie) に変わってきた．

初期の映画はもちろん白黒フィルム (black-and-white film) で，字幕 (caption) が各シーンの間に挿入されているという形式であった．現在のように字幕がシーンと重なるように焼き付け (superimpose) されるようになったのはトーキー出現以後のことである．昭和 10 年代よりカラーフィルム (color film ; 日本では「天然色」と呼んだ) が現れ始めた．

映画には劇映画 (feature) と短編映画 (short)，漫画 (animated cartoon)，ニュース映画 (newsreel) などがある．短編映画の多くはドキュメンタリー映画 (documentary film) である．

映画のフィルムは普通 35 ミリフィルム (35-millimeter film) で，16 ミリフィルム (16-millimeter film) は教育映画などに限られる．スクリーンは始め長方形のものであったが次第に大型化し，シネマスコープ (Cinemascope)，ビスタビジョン (Vistavision) (いずれも商標名) などが現れるようになった．

(2) 映画の制作

映画制作 (film making) は台本 (script) を決定 (work out) したら配役 (cast) を決め，監督 (director) が指揮をとって撮影 (shooting) となる．

撮影は撮影所 (movie [cinema] studio) でセット (sets) を組むか，あるいはロケ (location) で行われる．

監督は俳優 (actors and actresses) の演技 (action) やカメラの撮り方 (camera angle) にすべての責任を持つ．監督は映画制作の実際の担当者だが，ある映画を作るに当たって制作上の経済的責任を持つのはプロデューサー (producer) であり，その実際の責任は production manager に与えられ，彼は制作日程などを決める権限を与えられる．映画のセットなどを担当する人は美術監督 (art director) と呼ばれる．彼らはセットや衣装 (costume) の責任を持つ．

このようにして作られたフィルムは編集 (edit) されたのち完成され，映画館 (movie [theater [house]) で一般に公開される (be shown) のである．

2 映画に関する表現

¶ 劇映画の長さをもつ漫画映画は「白雪姫と 7 人のこびと」から始まった Feature-length animated cartoon films began with *Snow White and the Seven Dwarfs.*

[語 法] 映画の題名は書名に準じて斜字体[イタリック体]とする．《☞イタリック体(欄外)》

私がニューヨークで見た黒沢の「七人の侍」は英語で吹き替えされていた When I saw

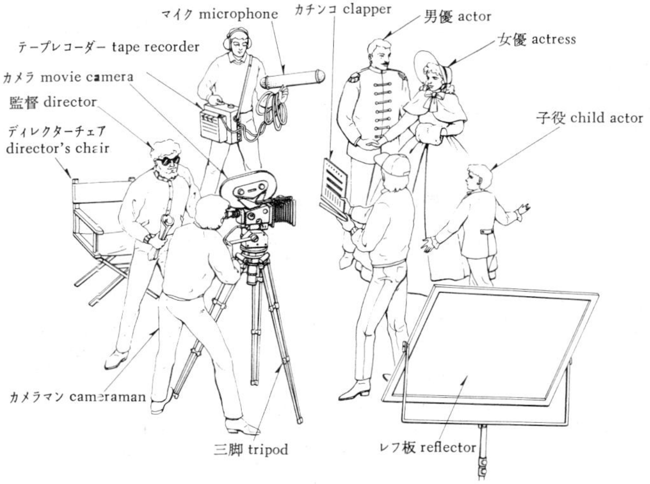

映画撮影 shooting

Kurosawa's *Seven Samurai* in New York, it was dubbed in English.
毎日の新聞に劇場で上映中の映画のリストが載る Each day the newspapers publish lists of films showing at the theaters.
新しい西部劇を佳作座でやっている There's a new western at the Kasakuza.
前のほうの席がいい I'd like seats down (in) front.
たいていのアメリカ人は字幕スーパーのついた映画を好まない Most American people do not like superimposed films.
監督は配役を決め，主役の俳優たちのリハーサルを行い，演技やカメラの角度の案を作り，実際の撮影を指揮する The director selects his cast, rehearses his main actors, plans the action and camera angles and supervises the actual shooting of the movie.
映画の演技は舞台の演技と非常に異なる Acting in (the) movies is very different from acting on (the) stage.
映画のシーンは筋の通りには撮影されない The scenes in a motion picture are not shot in order.
1巻の16ミリフィルムは長さ400フィートで，約10分間の撮影ができる A reel of 16-mm. film is 400 feet long and runs about ten minutes.

いま一生懸命*英会話の練習をやっている She is practicing her *English conversation* very hard.

えいかく 鋭角 acute angle Ⓒ (↔ obtuse angle)《☞ かく[6] (挿絵)》. ¶ *鋭角三角形 an *acute-angled* triangle《☞ さんかく》

えいかん 栄冠 (冠) crown Ⓒ; (栄誉) laurels ★ 通例複数形で.《☞ めいよ》. ¶何年も苦労して彼はとうとう*栄冠を得た After many years of hard work he ˹finally won the *laurels* [*was* finally *crowned with victory*].

えいきごう 嬰記号 sharp Ⓒ《☞ 音楽 (囲み)》.

えいきゅう 永久 ―形 (変化なくいつまでも続く) permanent; (永遠の) eternal. ―副 (永久に) forever, for good ★ 後者のほうが口語的; permanently; eternally. ―名 permanence Ⓤ; eternity Ⓤ.《☞ えいえん》.
¶その退屈な演説は*永久に続くかと思われた The dull speech seemed to last an *eternity*. 語法 無限と思われるような長い時間を指すときは eternity は不定冠詞を伴う. // 彼は*永久に日本を去った He left Japan *for good*.
永久歯 permanent tooth Ⓒ《☞ は[1]》. ¶この子は*永久歯が生えかかっている This child is cutting *permanent teeth*. **永久磁石** permanent magnet Ⓒ.

えいきょう 影響 ―名 (権力・勢力などで他に及ぼす影響) influence Ⓤ; (効果) effect Ⓒ. ―動 (力によって影響を与える) influence ⓗ; (結果・効果として影響を与える) affect ⓗ.《☞ およぼす》.
¶彼は政界に対して大きな*影響力を持っている He has (a) great *influence* ˹in [on] politics. / He is a person of great *influence* in politics. // こういう本は青少年に悪い*影響を及ぼす These books will have a harmful *effect* on young people.《☞ あくえいきょう》 // 寒い天候が作物に*影響を与えた The cold weather *affected* the crops.

えいぎょう 営業 ―名 (業務) business Ⓤ; (営業活動) business activities ★ 複数形で; (商売) trade Ⓤ. ―動 do [conduct] business; (営業に従事する) engage in business; (営業を行う) carry on [run] business.
¶これがわが社の*営業概要です This [Here] is an outline of our *business activities*. // 我我の*営業成績は彼らのものに劣らずよい Our *business* showings are as good as theirs. // 彼は写真屋を*営業している (⇒ 経営している) He *runs* a photo-processing shop.《☞ けいえい》 // ここで*営業してゆくには莫大な資金がいる To *carry on business* here will requires tremendous capital(ization). // ˹*営業中 *Open*《☞ 掲示の英語 (囲み)》 // *営業時間: 午前10時から午後4時まで *Open* from 10 a.m. to 4 p.m. / *Business hours*: 10 a.m.—4 p.m.《☞ 掲示の英語 (囲み)》

「営業中」の掲示

えいご 英語 English Ⓤ, the English language ★ 後者はやや改まった言い方.
¶彼は*英語がうまい[下手だ] He is ˹good [poor] at *English*. / He is a ˹good [poor] speaker of *English*. / He speaks ˹good [poor] *English*.
「あなたは*英語が話せますか」「はい話せます[いいえ, 話せません]」"Do you speak *English*?" "Yes, I do [No, I don't]." 語法 Can you speak English? は相手の能力を露骨に問うことになるので避けたほうがよい.
「「鉛筆」は*英語で何と言うのですか」「pencil です」"What is *the English* for enpitsu?" "Pencil." 語法 この例のように特定の語(句)を指す場合には定冠詞が必要.
*英語はいまや世界語です *English* is now ˹a world [(⇒ 国際語) an international] language.
彼の*英語は完璧だ His *English* is perfect. / (⇒ 彼は英語を完全に操る) He has a perfect ˹knowledge [command] of *English*.
私は*英語がわかりません I don't understand *English*.
私たちの*英語の先生はアメリカ人です Our ˹*English* teacher [teacher of *English*] is (an) American. 語法 English teacher は English に強勢を置くが, teacher も強く発音すると「イギリス人の先生」の意味になる.《☞ せんせい[1]》

*英語の授業は週に何時間ありますか How many *English* classes do you have ⌈in a week [every week]?

この国では*英語を使わない *English* is not spoken in this country.

彼は*英語の新聞が読める He can read *English-language* newspapers.

時事[商業]*英語 current [business] *English*

実用*英語 practical [living] *English*

アメリカ[イギリス]*英語 American [British] *English* 《☞ アメリカ英語とイギリス英語 (欄外)》

英語教育 the teaching of English, English-language teaching Ⓤ **英語国民** English-speaking people Ⓒ.

えいこう 栄光 (栄誉) glory Ⓤ 《☞めいよ》. ¶ 勝利の*栄光はそのチームに輝いた A *glorious* victory fell to that team.

えいこく 英国 ―名 固 (通称) Britain; (正式名) the United Kingdom (of Great Britain and Northern Ireland) 《略 U.K.》 ★「イギリス連合王国」の意; (南部のイングランドでイギリスを代表させる場合) England. ―形 (英国の) British, English.

参考 England, Scotland, Wales からなる島が Great Britain であるが, 漠然とイギリスを指す通称にはこの島の名をとって Britain という. Northern Ireland を加えた英国の正式名は, the United Kingdom (of Great Britain and Northern Ireland) である. 英国の政治・経済の中心は England にあるので, 英国のことを England ということもあるが, スコットランド (Scotland) やウェールズ (Wales) の人々はこの呼び方を好まないので注意を要する. 無難な呼び方は Britain である. なお手紙などに書く国名は the United Kingdom としなければならない. 《☞ イギリス; 略語 (欄外)》.

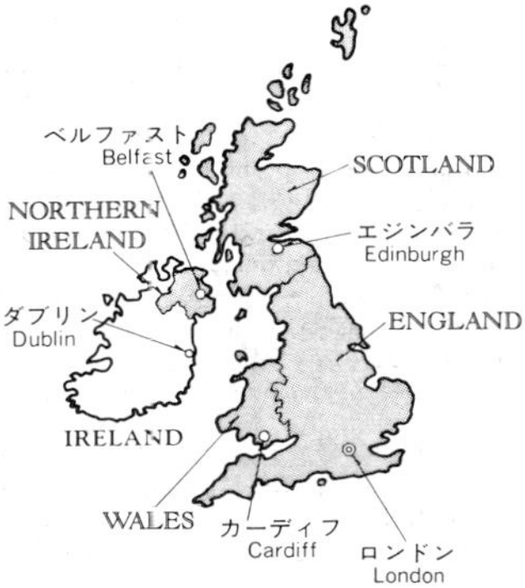

THE UNITED KINGDOM
OF GREAT BRITAIN
AND NORTHERN IRELAND

¶ 国連総会できょう*英国代表が演説することになっている The ⌈*British* [*U.K.*] representative is to ⌈deliver [give] a speech at the United Nations General Assembly today.

英国人 ―名 (男) Englishman Ⓒ; (女) Englishwoman Ⓒ; (総称) the British, the English; (大ブリテンの人) Britisher Ⓒ ★ 米国人からみて本国人という意味で用いられることが多い; Briton Ⓒ ★ やや文語的; (異名) John Bull. ―形 (英国人の) British, English.

参考 Englishman, Englishwoman は厳密にはイングランド生まれの人をいい, それ以外のスコットランド人, ウェールズ人, 北アイルランド人にはそれぞれ, Scottish, Welsh, Irish (普通は形容詞形)を用い, He is ⌈*Scottish* [*Welsh*; *Irish*]. のように言うが, イングランドの人を含め, 全体を引っくるめて言う場合には British (形容詞形)を用い, He is *British*. のように言うのが一般的である. また, 個々の人を呼ぶ名詞形はスコットランド人は Scot Ⓒ, Scotsman Ⓒ (男), Scotswoman Ⓒ (女), ウェールズ人は Welshman Ⓒ (男), Welshwoman Ⓒ (女), アイルランド人は Irishman Ⓒ (男), Irishwoman Ⓒ (女) であるが, Englishman, Englishwoman を含めてすべてに通用する言い方として Briton または Britisher が用いられる.

¶ 私はアメリカ人だが彼は*英国人です I am (an) American but he is ⌈*British* [an *Englishman*; a *Briton*; a *Britisher*; *English*].

えいこせいすい 栄枯盛衰 ¶ *栄枯盛衰は世の習い (⇒ どんな満ち潮でもいずれは引き潮になる) Every flow must have its *ebb*. / (⇒ 人生には浮き沈みがある) A man's life has its *ups and downs*.

えいさい 英才 (才能のある人) gifted person Ⓒ, man of ability Ⓒ. 《☞ しゅうさい》.

英才教育 educational program for ⌈brilliant [gifted] children Ⓒ.

えいさくぶん 英作文 English composition Ⓤ ★ 書いたものは Ⓒ. 《☞ さくぶん; 欄

英作文 (English composition) 英語で文章を書くことをいう. 日本では与えられた日本語を英語に翻訳することも英作文という. しかし composition という英語は文字どおり「作文」すなわち文を生みだすことをいい, 翻訳は含まないと考えるべきである. 従ってここでは英作文とは, いわゆる自由英作文のことに限ることにする. 和文英訳については《☞ 翻訳 (欄外)》.

自由英作文をするには次の手順を経て書くのがよい.

(1) 題材を選ぶ.

自分の書けそうな題を選ぶこと. また読者がだれであるかを考え, それに適した題材にすることも大切である.

(2) 作文のための資料を集める.

読者に筆者の考えに共鳴させるには十分なデータなり, エピソードなりがなくてはならない.

(3) 骨子を書く.

これはフレーズでも文の形でもよいが, 箇条書きにして内容の骨組みを作る.

(4) 下書き (draft) を作る.

骨子の箇条書きに基づいて, 骨子の各箇条を1つのパラグラフにするつもりで肉づけする. 《☞ パラグラフ (欄外)》

書き出しの文 (opening sentence) や始まりのパラグラフ (opening paragraph) は後で書き直すつもりで, 始まりにはあまりこだわらないほうがよい.

外；自由作文（欄外）》.
¶私は*英作文を彼に添削してもらった I had my *English composition* corrected by him. // 彼は*英作文でよい点を取った He got a good mark on the ⌈*English composition* [*Japanese-into-English translation*].
［語法］ composition は自分で文章を書く作文のことを指すので，日本でよく行われているような和文英訳式の英作文は Japanese-into-English translation と言うべきであろう.

えいしゃ 映写 —動 project ㊍《☞ うつす²》. ¶彼はカラースライドを壁に*映写した He *projected* the color slides on(to) a wall.
映写機 (movie) projector Ⓒ **映写室** projection ⌈room [booth] Ⓒ **映写幕** screen Ⓒ.

えいじゅう 永住 —動 settle [reside] permanently (in ...) ㊐《☞ ていじゅう》. ¶彼はそこに*永住することを決意した He has decided to ⌈*settle* [*reside*] there *permanently*.

えいせい¹ 衛星 （天体または人工の） satellite Ⓒ；（特に地球の） moon Ⓒ.
¶月は地球の*衛星である The moon is a *satellite* of the earth. // 土星は 10 個の*衛星を持っている Saturn has ten ⌈*satellites* [*moons*]. // 日本は 1976 年に気象*衛星の打ち上げに成功した Japan succeeded in shooting up a weather *satellite* in 1976.《☞ うちあげる》 // 通信*衛星 a communications *satellite*
衛星国 satellite [client] state Ⓒ, satellite Ⓒ **衛星中継** （生中継） live [láiv] ⌈transmission [coverage] via satellite Ⓤ. ¶この番組はニューヨークから*衛星中継されています This program *is being transmitted live via satellite* from New York. **衛星都市** satellite ⌈city [town] Ⓒ.

えいせい² 衛生 —名 （衛生状態・設備） sanitation Ⓤ；（衛生学） hygiene [háidʒiːn] Ⓤ. —形 （清潔で衛生的な・衛生上の） sanitary；（健康によい） hygienic.
¶この包み紙は*衛生的[不*衛生]だ This is a ⌈*sanitary* [*unsanitary*] wrapper. // このレストランは*衛生状態がよい[悪い] This restaurant is ⌈*sanitary* [*insanitary*]. / This restaurant is in ⌈good [poor] *sanitary* condition. / The *sanitary* conditions of this restaurant are ⌈good [poor]. / (⇒ よい[悪い]衛生設備を持っている) The restaurant has ⌈good [poor] *sanitation*. // 風通しの悪い部屋は*衛生的でない Stuffy rooms are *unhygienic*.

えいぞう 映像 （テレビの） picture Ⓒ；（反射映像） reflection Ⓒ. ¶このテレビの*映像ははっきりしない (⇒明瞭な画像が得られない) We don't get a clear *picture* on this TV screen.

えいぞく 永続 —動 （永く持ちこたえる） last long ㊐ ★最も平易で口語的な表現；（無期限に続く） continue indefinitely ㊐；（困難にめげず存続する） endure long ㊐ ★やや文語的. —形 lasting, enduring ★前者が口語的.《☞ つづく；じぞく》.
¶この状態は*永続しないだろう This situation will not *last long*. // 私たちは*永続的な平和を切望する We long for an *enduring* peace.

えいだん 英断 （賢い決断） wise decision Ⓒ；（最終的な決断） final decision Ⓒ；（決定的な判断） decisive judgment Ⓒ；（決定的処置） decisive step Ⓒ；（断固たる処置） resolute step Ⓒ；（思い切った処置） drastic measure Ⓒ.《☞ けつだん》.
¶この件は首相の*英断を必要とする This matter calls for a (*final*) ⌈*decision* [*judgment*] by the Prime Minister. // 警察署長は暴徒鎮圧に関して*英断を下さざるをえなくなった The police chief was obliged to take *decisive steps* to suppress the mob.

えいだんちかてつ 営団地下鉄 Teito Rapid Transit Authority ★「帝都高速度交通営団」が正式名称.《☞ ちかてつ》.

えいち 英知，叡智 （知恵） wisdom Ⓤ《☞ ちえ》.

えいてん 栄転 —動 （昇進する） be promoted (to a higher post)；（昇進のため転任する） be transferred to another post on promotion. —名 promotion Ⓤ.《☞ しゅっせ；てんにん》. ¶彼は本社の部長に*栄転した He *was promoted to* the head of a department in the main office.

えいびん 鋭敏 —形 （感覚が鋭い） sharp；（感覚・知力が鋭い） keen；（とぎすまされた感覚の） acute；（五感で感じるのが敏感な） sensitive. —名 sharpness Ⓤ；keenness Ⓤ；acuteness Ⓤ.《☞ するどい（類義語）》.
¶彼の鼻は*鋭敏だ His nose is *sharp*. / He is *sharp*-nosed. / (⇒ 彼は鋭敏な嗅覚をもっている) He has a *keen* ⌈nose [sense of smell]. // 犬は耳が*鋭敏だ A dog has ⌈*sharp* [*keen*] ears. / A dog is *keen* of hearing.

えいぶん 英文 —名 （英語） English Ⓤ；（英語の文章） English sentence Ⓒ；（英語の書きもの） English writings ★複数形で. —形 English, in English.《☞ えいご》.

（5） 推敲(すいこう)する (revision).
この段階は重要である．下書きを書いた後で，しばらく時間を置いてから推敲するとよい．外国語による作文であるから，英語らしい表現になっているかどうか，あるいは文法的な誤りがないかどうかなどに注意する．
（6） 清書する．
（i） 用紙の天地，左右の余白を十分にあけること．天地は少なくとも 4 センチぐらい，左側の余白は特にそろえて(右はそろわないのが普通)，少なくとも 2 センチぐらいはあける．タイプライターで打つ場合はもっと大きな余白が必要である．
（ii） パラグラフの字さがりも普通の作文ではしたほうがよい．《☞ 字さがり（欄外）》
（iii） 行の終わりで単語が書けなくなる場合には，つづり字の切れ目 (division of words; syllabication) に気をつけること．なるべくなら，単語の途中で切らないほうがよい．《☞ つづり字の切れ目（欄外）》
（iv） 清書の後で誤りを発見したときは，その語句を抹消して，行の上に書き入れること．語句が抜けている場合には（∧）の印（これを caret という）を入れ，やはり行の上に書き入れること．あまり誤りが多いようなら，もう一度清書をし直さなくてはならない．《☞ 訂正（欄外）；脱字記号（欄外）》

¶ 次の文を*英文に直しなさい Put [Translate] the following sentences into *English*. // 私は*英文の手紙を受け取った I ⌈got [received] ⌈an *English* letter [a letter (*written*) *in English*].

えいぶんか 英文科 English department Ⓒ, department of English Ⓒ ★ 後者のほうが改まった言い方. ¶ 彼女は*英文科の学生だ She is a student in the *English department*. / (⇒ 彼女は英語[英文学]を専攻している) She *majors in* ⌈*English* [*English literature*]. / She is an ⌈*English* [*English literature*] *major*.

えいぶんがく 英文学 English literature Ⓤ《☞ ぶんがく》.

えいぶんわやく 英文和訳 English-Japanese translation Ⓤ, translation from English into Japanese Ⓤ.《☞ えいやく》.

えいへい 衛兵 (見張りをする人) guard Ⓒ; (歩哨) sentry Ⓒ.《☞ みはり》.

えいべい 英米 ─[名] Britain and America. ─[形] British and American.《☞ イギリス; アメリカ》. ¶ *英米の事情 *British and American* affairs // *英米人 the *British and Americans*

えいみん 永眠 ─[動] (死ぬ) die (自); (亡くなる) pass (away) (自) ★ die の婉曲な表現として用いられる. ─[名] death Ⓤ; (永遠の眠り) eternal rest Ⓤ.《☞ しぬ (類義語); 婉曲語法 (欄外)》. ¶ 彼は昨夜*永眠した He ⌈*passed away* [*died*] last night.

えいやく 英訳 ─[名] English translation Ⓤ ★ 訳された具体的なものを指すときは Ⓒ. ─[動] translate [put] ... into English.《☞ ほんやく; 翻訳 (欄外)》. ¶ 次の日本語を*英訳しなさい *Translate* [*Put*] the following Japanese *into English*. // これは日本語からの*英訳である This is an *English translation* from the Japanese.

えいゆう 英雄 ─[名] (武勇にすぐれている人) hero Ⓒ《複 ～es》; (偉人) great man Ⓒ. ─[形] heroic. ─[副] heroically. ¶ 彼は国を救った*英雄として尊敬されている He is admired as a ⌈*hero* [*great man*] who saved the country // 兵士たちは最後まで*英雄的に戦った The soldiers *heroically* fought to the last.

えいよ 栄誉 (名誉) honor (《英》 honour) Ⓤ; (はえあるほまれのしるし) distinction Ⓒ; (栄光) glory Ⓤ.《☞ めいよ; えいかん; えいこう》.

えいよう 栄養 ─[名] (科学用語として) nutrition Ⓤ; (栄養のある物) nourishment Ⓤ; (成長に必要な養分) nutriment Ⓤ. ─[形] (栄養分のある) nutritious; (滋養に富んだ) nourishing.《☞ ようぶん; カロリー》.
¶ この食物は*栄養が多い This food is ⌈*full of* [*rich in*] *nutrition*. / This food is ⌈*nutritious* [*nourishing*]. // 私は*栄養のある物をたっぷり食べた I took plenty of *nourishment*.
栄養学 nutrition Ⓤ **栄養剤** nutrient Ⓒ; (栄養的物質) nutrient substance Ⓒ **栄養失調** malnutrition Ⓤ《☞ 病気・病院 (囲み)》 **栄養不良** (栄養不足) undernourishment Ⓤ, lack of nourishment Ⓤ.

えいり[1] 営利 ─[名] (利益) profit Ⓤ; (金もうけ) moneymaking Ⓤ. ─[形] (営利を目的とする) profit-making, commercial.《☞ りえき; もうけ》. ¶ 自分の*営利のためにだけ働くべきではない One should not work for one's own *profit* alone. // この団体は*営利を目的としていない (⇒ これは非営利団体だ) This is a *non-profit* organization.

えいり[2] 鋭利 ─[形] (鋭い) sharp《☞ するどい》. ¶ 被害者は*鋭利な刃物でのどを切られていた The victim had his throat cut with a *sharp* knife.

えいわじてん 英和辞典 English-Japanese dictionary Ⓒ《☞ じしょ[2]》.

ええ (肯定) yes ★ ただし日本語の「ええ」は必ずしも英語の yes に置き換えられるとは限らない.《☞「はい」と「いいえ」(欄外)》; (ためらい)《口語》 well, let me see, let's see.《☞ はい[1]; えーと; 感嘆詞 (欄外); 相づち (囲み)》.
¶ *ええ, そのとおりです *Yes*, you are right. // 「彼を覚えていますか」「*ええ, どうかしら」"Do you remember him?" "*Well*, I'm not quite sure."

エーカー (面積の単位) acre Ⓒ《略 a》《☞ 度量衡 (囲み)》.

エース ─[名]《口語》 ace Ⓒ; (最高のもの)《口語》 number one Ⓤ. ─[形]《口語》 ace; (一流の) first-rate; (最高の) top. ¶ *エースのピッチャー an *ace* pitcher

エーテル 〘化学〙 ether [íːθɚ] Ⓤ.

えーと let me see, well; (言葉の間のつなぎとして) er. ¶ *えーと, しめて20ドルになります *Let me see*. That'll be 20 dollars altogether. // 「*えーと, あなたのご質問は何でしたか」「あなたの趣味についてです」"*Well*, what was your question?" "It was about your hobby." // 「君の弟の奥さんの, *えーと, ゆき子さんはどうしていますか」「おかげさまで, 元気です」"How is your brother's wife, *er*—Yukiko?" "She is fine. Thank you."《☞ ダッシュ (欄外)》

エープリルフール (エープリルフールの日) April Fool's Day; (エープリルフールにかつがれた人) April Fool Ⓒ.

えがお 笑顔 (微笑) smile Ⓒ《☞ びしょう[1]; にこにこ》. ¶ 彼女は*笑顔を絶やすことがない (⇒ 彼女はいつも笑顔でいる) She always wears a *smile* on her face. / She *is* always *smiling*. // 彼女は夫を*笑顔で迎えた She welcomed her husband with a *smile*.

えかき 絵かき (絵の具で絵をかく人) painter Ⓒ; (美術家・画家) artist Ⓒ.

えがく 描く (絵にかく・心に描く) picture (他); (彩色して) paint (他); (特徴などを言葉で描写する) describe (他); (芸術的に描き出す) depict (他); (見たままをそのまま描く) portray (他).《☞ かく[1]; びょうしゃ》.
¶ 彼女は結婚式の模様を心に*描いていた ＜S(人)＋V (*picture*)＋*to*＋再帰代名詞＋O (情景)＞ She *was picturing to herself* the scene of her wedding ceremony. // この小

え

説は貧しい人たちの生活を*描いている This novel *depicts* the life of poor people.

えがたい 得難い ━形 (入手するのが難しい) hard [difficult] to obtain ; (たやすく手に入らない) not easily obtainable ; (手の届かない) beyond *one's* reach ; (まれな) rare. ((☞ きちょう¹ ; めずらしい)).

¶ その国に関する情報は*得難い Information about that country is *difficult to obtain*. // このたぐいの宝石は*得難い This kind of jewel is ˹*not easily obtainable* [*hard to come by*]. // 彼は*得難い人材だ (⇒ 彼は珍しく有能な人だ) He is a *rare* man of talent. / (⇒ 彼のように有能な人はなかなか見つからない) You *rarely* find a talented man like him.

えき¹ 駅 station Ⓒ, ((米)) railroad [((英)) railway] station Ⓒ, train station Ⓒ ; (列車またはバスの) ((米)) depot [díːpou] Ⓒ ; (特に地下鉄の) ((米)) subway [((英)) underground] station Ⓒ.

「バス発着所」の掲示

【類義語】一般には *station* でよいが, 警察署 (police station), 消防署 (fire station) などと区別するために, 鉄道の駅を特に *railroad* [*railway*] *station* という. また, ややくだけては *train station* と言ってもよい. 鉄道の駅やバス・飛行機の発着所を((米))では *depot* ということもある.「地下鉄の駅」は ((米)) *subway* [((英)) *underground*] *station* である. ((☞ ていりゅうじょ ; 乗り物 (囲み)))

¶ 私は次の*駅で降ります I'll get off at the next *station*. //「*駅へ行く道を教えて下さい」「2つめの角を右へ曲がって下さい」"Please tell me the way to the *station*. / How can I get to the *station*?" "Walk two blocks and turn right." ((☞ 道のきき方 (囲み))) //「上野*駅へはこの道を行けばよいのですか」「はい, そうです」"Is this the right way to *Ueno Station*?" "Yes, it is." 語法 駅名には冠詞を用いない. また「…駅」とする場合は普通 Station と大文字で始める. //「博多まであと幾つですか」「3*駅です」"How many ˹*stations* [*stops*] is it from here to Hakata?" "It's three ˹*stations* [*stops*]." // 大阪がこの列車の終着[始発]*駅です Osaka is the ˹terminal *station* [*terminus*] of this train. // *駅前通りは観光客でにぎわっていた The street in front of the *station* was ˹crowded [teeming] with tourists.

駅員 station ˹employee [attendant] Ⓒ ; (駅員全体) station staff Ⓒ **駅長** stationmaster Ⓒ **駅長室** stationmaster's office Ⓒ.

えき² 液 (液体) liquid Ⓤ ; (流動体) fluid Ⓤ ; (果物などの汁) juice Ⓤ ★ 以上3語はいずれも種類を言うときは Ⓒ ; (溶液) solution Ⓒ. ¶ この*液は塩辛い This ˹*liquid* [*solution*] tastes salty.

えき³ 益 (効用) use Ⓤ ; (利益) profit Ⓤ ; (よい点) good Ⓤ ; (恩恵) benefit Ⓤ. ¶ 英語の勉強は何の*益があるか What is the ˹*use*

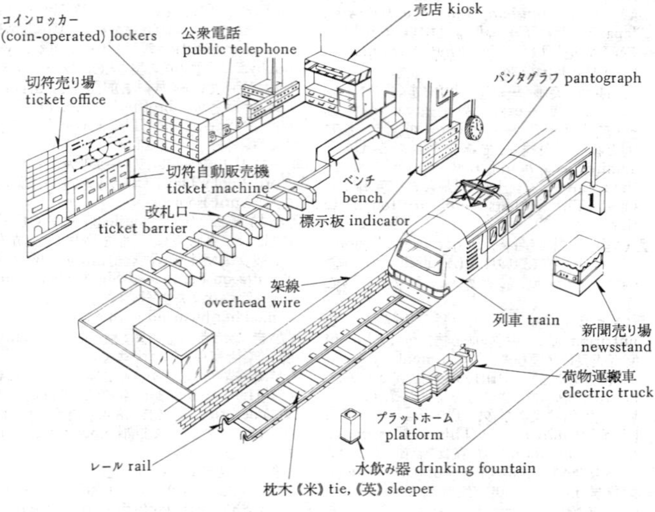

駅 railroad station

[*good*] of studying English? // 私は彼との会見で大いに*益するところがあった I *have* greatly *benefited from* my interview with him.

えきしゃ 易者 (他人の運勢を占う人) fortune-teller Ⓒ 《☞ うらない》.

えきしょう 液晶 liquid crystal Ⓤ. ¶ *液晶表示の時計 an *L.C.D.* watch ★ L.C.D. は *L*iquid *C*rystal *D*isplay の略.

エキストラ (映画などの) extra Ⓒ; (臨時雇い) super Ⓒ ★ supernumerary (＝定員外の人) を短縮したもの.

エキゾチック ―形 exotic [igzátik] ★「外国の」「外国産の」「異国風の」などの意味.

えきたい 液体 (固体・気体に対する) liquid Ⓤ (↔ solid; gas); (流動体) fluid Ⓤ ★ いずれも種類を言うときは Ⓒ.

えきちゅう 益虫 useful [beneficial] insect Ⓒ.

えきちょう 益鳥 useful [beneficial] bird Ⓒ.

えきでん(きょうそう) 駅伝(競走) long-distance relay (race) Ⓒ.

えきばしゃ 駅馬車 stagecoach Ⓒ.

えきびょう 疫病 (命にかかわるような悪性の流行病) plague [pléig] Ⓒ; (伝染病) epidemic Ⓒ. 《☞ でんせんびょう; びょうき》.

えきべん 駅弁 railroad box lunch Ⓒ, box lunch sold at a railroad station Ⓒ.

えくぼ dimple Ⓒ. ¶ 彼女は笑うと*えくぼができる When she smiles *dimples* appear on her cheeks. / She has *dimples* in her cheeks when she smiles.

えぐる 抉る (掘る) scoop (away) ㊥; (丸くえぐる) gouge (out) ㊥; (真相などをえぐる) bring ... to light; (暴露する) lay ... bare.
¶ そこの土はすっかり*えぐられていた The soil there *was* completely *scooped away.* // 彼は目玉を*えぐり出すぞと私をおどした He threatened to *gouge out* my eyes. // 彼女は一人息子の死で胸を*えぐられる思いだった (⇒ 悲嘆に暮れた) She *was heartbroken* over the death of her only son.

エゴイスト (利己的な人) selfish person Ⓒ; (利己主義者) egotist Ⓒ. 《☞ りこ》.

えこひいき 依怙ひいき ―動 (偏愛する) favor (《英》 favour) ㊥. ―形 (一部の人をひいきする) partial (to ...); (不公平な) unfair. ―名 partiality Ⓤ; favoritism Ⓤ. 《☞ ひいき; ふこうへい》.
¶ 彼女は一番下の子を*えこひいきする She *favors* her youngest child. // 先生は生徒を*えこひいきすべきではない A teacher must not be *partial to* any (one) of his students. / (⇒ 公平であるべきだ) A teacher must be *impartial to* all students. // 彼のとった処置には*えこひいきがないとはいえない (⇒ まったくえこひいきがないわけではない) Not all the actions he has taken are free from ⌈*favoritism* [*partiality*]. 《☞ 否定の表現 (囲み)》

えさ 餌 ―名 (魚・動物をとるための) bait Ⓤ; (動物などを飼うための) feed Ⓤ. ―動 (針にえさをつける) bait ㊥; (えさをやる) feed ㊥.
¶ 私は*えさにミミズを使った I used angleworms for *bait.* // 釣り針の*えさを魚にとられてしまった I had the *bait* on my ⌈fishhook [hook] carried away by a fish. // 釣り針に*えさをつけることを忘れるな Don't forget to *bait* your fishhook. // 動物に*えさをやらないで下さい Please don't *feed* the animals. ★ 動物園の掲示などで. 《☞ 掲示の英語 (囲み)》

えじき 餌食 (肉食動物の) prey Ⓤ ★ 慣用句の場合はしばしば a が付く; (犠牲) victim Ⓒ. 《☞ ぎせい; くいもの》. ¶ そのひよこは鷹の*えじきとなった The chicken ⌈fell [became] (a) *prey* to the hawk. // 彼はその詐欺師の*えじきとなった He fell (a) *victim* to the swindler.

エジプト ―名 固 Egypt [íːdʒipt]. ―形 (エジプトの) Egyptian [idʒípʃən]. **エジプト・アラブ共和国** Arab Republic of Egypt **エジプト人** Egyptian Ⓒ.

えしゃく 会釈 ―動 (うなずく) nod ㊀; (ややあとあいさつする) say hello to ... ―名 nod Ⓒ. 参考 英米では日本のように日常のあいさつとしておじぎをする習慣がない. 従って「軽くおじぎをする」という意味の会釈を正確に英語に訳すことは不可能である. nod は首を軽く縦に振って, 相手を認めたという合図として行われる動作をいうが, 遠慮を置く間柄の人に対しては多少失礼な方法で, 日本語の「会釈」とはニュアンスが異なる. 英米では日本で会釈をするような間柄の人に対しては言葉で Hello. (＝やあ, こんにちは) とか Good morning. (＝おはよう) とか言うのが普通である. 《☞ うなずく; おじぎ》.
¶ 彼は通りすがりに私に*会釈した He ⌈*nodded* to me [gave me a *nod*; *said hello to* me] when he passed me on the street.

エスオーエス SOS [ésòués] Ⓒ; (遭難信号) distress signal Ⓒ. ¶ その船は*エスオーエスを発信した The ship sent out ⌈an *SOS* [a *distress signal*].

エスカレーター escalator [éskəlèitər] Ⓒ; (説明的に) moving ⌈staircase [stairway] Ⓒ.
¶ 私は下りの*エスカレーターに乗った I got on the ⌈down *escalator* [*escalator* going down].

エスカレート ―動 (規模が段階的に拡大する) escalate ㊀ 《☞ かくだい》. ¶ 口論は*エスカレートして殴り合いになった The quarrel *escalated* into a fistfight.

エスキモー Eskimo [éskəmòu] Ⓒ 《複 ～, ～(e)s》. **エスキモー語** Eskimo Ⓤ.

エスペラント Esperanto Ⓤ.

えだ 枝 (一般に) branch Ⓒ ★ 大小いずれの枝にも用いられる; (中心となる大枝) bough [báu] Ⓒ ★ 特に花や果実でいっぱいの枝を指すことがある. 形式ばった語; (幹から出ている大きな枝) limb [lím] Ⓒ; (細い小枝) twig Ⓒ; (若枝) shoot Ⓒ; (葉や花・果実などがついた若枝) spray Ⓒ. 《☞ き[2] (挿絵)》.
¶ 私は松の*枝を少し切った I cut some *branches* off the pine tree. // 庭に*枝振りのよい古い木があった There was an old tree with shapely *branches.* // 柿の木は*枝もたわわに実をつけていた The persimmon tree had *branches* heavily laden with fruit.

えたい 得体 **得体が[の]知れない** ―形 (妙な) strange(-looking); (見なれない) unfamiliar；(不思議な) mysterious；(怪しい) suspicious(-looking)；(正体のわからない) unknown；(怪しげな) dubious.

¶宇宙から*得体の知れない (⇒ 奇妙な[不思議な]) 物体が落ちてきた A ˹*strange* [*mysterious*] object came falling from outer space. // 彼は*得体の知れない (⇒ 怪しげな) 男だ He is a *dubious* character. / (⇒ 私たちは彼の本当の性格をちゃんと知らない) We do not (really) know his true character.

えだまめ 枝豆 green soybean Ⓒ.

エチオピア ―名固 Ethiopia. ―形 Ethiopian. **エチオピア人** Ethiopian Ⓒ.

エチケット etiquette [étikət] Ⓤ《☞ れいぎ；さほう》. ¶それは*エチケットに反する It is ˹against [a breach of] *etiquette*. / (⇒ 失礼だ) It is *impolite*.

エチルアルコール 〖化学〗 ethyl alcohol Ⓤ (↔ methyl alcohol).

えっ (驚き) Oh! ★下がり調子, Ha!, Eh! ★以上2つは上がり調子. 以上の3つは後の2つより軽い感じ；(それは驚いた)；Well! ★下がり調子で, 大げさに；(何だって) What! ★上がり調子で, 大げさに；(何ですって) What?；(それがどうしたの) Well?；(ややぞんざいに, 何だって) Huh? ★以上3つは上がり調子. 《☞ あっ；感嘆詞 (欄外)》.

えっきょう 越境 ―動 (国境を越える) cross [transgress] the border ★transgress は「不法に越境する」の意味になる. 《☞ こっきょう[1]》. ¶ゲリラたちはしばしば*越境した Guerrillas often *transgressed the border*. // 彼は*越境して (⇒ 国境を越えて) 逃げた He escaped ˹*over* [*across*] *the border*. // その子供は隣の[ほかの]地区の有名校に*越境入学した The child illegally gained admission into a famous school in ˹a neighboring [another] school district.

エックスせん エックス線 X-rays, Roentgen [Röntgen] rays ★いずれも複数形で. 《☞ レントゲン》. ¶彼は骨折した脚に*エックス線をかけてもらった He *had* his broken leg *X-rayed*. 《☞ 使役 (囲み)》 **エックス線写真** X-ray [Roentgen] slide Ⓒ **エックス線療法** X-ray [Roentgen] therapy Ⓤ.

エッセー essay Ⓒ《☞ ずいひつ》.

えっとう 越冬 ―動 (冬を過ごす) pass the winter；(冬眠して) hibernate ㊁. ¶彼らは南極(大陸)で*越冬した They *passed the winter* on the Antarctic Continent.

越冬隊 wintering ˹team [party] Ⓒ.

えつらん 閲覧 ―動 (読む) read ㊀ ★最も一般的な語；(注意深く) peruse ㊀ ★改まった語. ―名 reading Ⓤ；perusal Ⓤ.

¶その本は特別の許可がないと*閲覧できない Nobody can *read* the book without special permission. // 図書館はこれらの本を公衆の*閲覧に供する予定だ The library plans to offer these books for public *perusal*.

閲覧室 reading room Ⓒ.

えて 得手 (人が長じている点) strong point Ⓒ《☞ とくい[1]》. ¶人には*得手と不*得手がある A man has his *strong* ˹as well as [and] *weak points*.

えとく 会得 ―動 (十分に飲み込んで理解する) understand ㊀ ★一般的な語, comprehend ㊀ ★改まった語；(意味・状況などを悟ってわかる) see ㊀；(把握する) grasp ㊀；(熟達する) master ㊀；(覚えて身につける) learn ㊀. ―名 understanding Ⓤ；comprehension Ⓤ；grasp Ⓤ；mastery Ⓤ. 《☞ しゅうとく[1]；りょうかい[1]；たいとく》.

¶その言葉の真の意味はなかなか*会得できない One can hardly ˹*understand* [*grasp*] (fully) the true meaning of the word. // この技術の(完全な)*会得には時間がかかる The [A] (complete) *mastery* of this technique requires time. // やがてそのこつを*会得するようになるでしょう (⇒ やり方を覚える) You will soon *learn* how to do it. / (⇒ 要領を飲み込む) You will soon *get the* ˹*knack* [*hang*] *of* it.

エトセトラ etc., et cetra. 《☞ 欄外》.

エナメル enamel Ⓤ. **エナメル革** enameled [patent] leather Ⓤ.

エネルギー energy [énədʒi(:)] Ⓤ《☞ せいりょく[2]》.

¶太陽は我々にとって最も貴重な*エネルギー源だ The sun is our most precious source of *energy*. // 石油資源の乏しいわが国にとっては*エネルギーの節約が大切だ *Energy* conservation is all-important to our country, which is so poor in petroleum resources. // 彼はこの仕事に全*エネルギーを費した He ˹expended [spent] all his *energies* in this work. 〔語法〕「活動力」という意味では energy は複数形で用いることが多い.

エネルギー問題 energy problem Ⓒ.

エネルギッシュ ―形 energetic [ènədʒétik]. ―副 energetically. 《☞ せいりょく[2]》.

えのぐ 絵の具 (油絵の具) oil colors, oils；(水彩絵の具) watercolors ★いずれも通例複数形で. **絵の具箱** color box Ⓒ.

えはがき 絵葉書 picture postcard Ⓒ 〔参考〕 postcard だけでも絵はがきの意味で用いられる. 《☞ はがき》.

エトセトラ (etc., et cetera) 幾つかの項目を並べた後で, コンマ (comma) で区切ってつけ,「…など」という意味を表す. 《☞ コンマ (欄外)》

元はラテン語で, [et sét(ə)rə] と発音するが, 英語読みにして, and so forth とか, and so on あるいは and the like と読むこともある.

etc. と省略した形を使うのが普通で, その際はピリオド (period) を打つ. 《☞ ピリオド (欄外)》

このピリオドは文尾にあるときは, 文のピリオドも兼ねるので, 2つピリオドを打つ必要はない.

¶私は本, ペン, ノートなどを買った I bought a book, a pen, a notebook, etc.

この記号は, 作文上からいうと, あげるリストが不完全で網羅的でない印象を与えるので, 精確を期すときには使わないほうがよい.

また, such as を用いて, I bought several things *such as* a book, a pen, and a notebook. のようにするほうが, etc. を用いる文よりも形式ばった表現になる. 《☞ 略語 (欄外)》

えび 蝦，海老 (伊勢えび) lobster Ⓒ；(車えび) prawn Ⓒ；(小えび) shrimp Ⓒ. ¶ ＊えびでたいを釣る throw a sprat to catch a whale 《ことわざ：鯨をとるのに小魚を投げる》 ★ sprat はにしん類の小魚. **えびフライ** fried prawn Ⓒ **えび茶(色)** maroon (color) Ⓤ 《☞ 色 (囲み)》.

エピソード episode Ⓒ；(逸話) anecdote Ⓒ. 《☞ いつわ》.

エフエムほうそう FM 放送 FM broadcast Ⓒ；FM Ⓤ, F.M. Ⓤ ★ FM は Frequency Modulation の略. 《☞ ほうそう[1]》.

エプロン apron [éiprən] Ⓒ；(子供のエプロン服) pinafore Ⓒ. ¶ 母は＊エプロン姿で(⇒エプロンをつけて)よく買い物に出かける My mother often goes shopping ⌈with her *apron* on [wearing her *apron*].

pinafore

エベレスト Mount [Mt.] Everest.

えほん 絵本 picture book Ⓒ；(挿絵入りの本) illustrated book Ⓒ. 《☞ ほん》.

えみ 笑み smile Ⓒ 《☞ えがお；ほほえみ》. ¶ 彼は＊笑みを浮かべてそれを受け取った He ⌈received [took] it with a *smile*.

エメラルド emerald Ⓒ；(色) emerald Ⓤ ★ [形] としても用いられる. 《☞ たんじょうせき (表)；色 (囲み)》.

えもの 獲物 (狩猟の) game Ⓤ ★ 集合的に用いる；(漁獲) catch Ⓒ；(逮捕者など) arrest Ⓒ；(分捕り品) spoil Ⓤ ★ しばしば複数形で. ¶ 私はなんの＊獲物もなかった I got no *game*. // 狩猟の＊獲物は10頭だった We ⌈shot [bagged] ten head of *game*. // 魚の＊獲物がどっさりあった We had a good *catch* of fish. // 捜査網にかかった＊獲物は何もなかった There was not a single *arrest* in the dragnet.

えら 鰓 gills [gílz] ★ 通例複数形で. 《☞ さかな (挿絵)》.

エラー (野球の) error Ⓒ 《☞ 野球の英語 (囲み)》. ¶ あのショートはよく＊エラーをする That shortstop often makes *errors*.

えらい[1] 偉い (偉大な) great；(著名な) distinguished；(地位・身分の高い) high. 《☞ いだい；りっぱ；ゆうめい》.
¶ アルバート アインシュタインは＊偉い人物だった Albert Einstein was a *great* figure. // 彼はその省では＊偉いほうの 1 人だ He is one of the *high* officials of the ministry. // 会場には＊偉い (⇒有名な) 学者が大勢いた There were many *distinguished* scholars at the meeting (place). // よくやった. 君は＊偉い Well done! You were *great*! [語 法] この場合の great は口語で「すばらしい」という意. / You've made it! I'm proud of you.

えらい[2] (ひどい) awful；(たいへんな) great, big；(数・量などが非常に多い) tremendous；(深刻な) serious. 《☞ ひどい；強意語 (囲み)》. ¶ ＊えらい結果になったぞ Look at ⌈this [the] *awful* outcome. // そこは＊えらい人出だった There was a ⌈*big* [*tremendous*] crowd there. // ＊えらい問題を抱え込んだものだ (⇒君はまったく深刻な問題をもっているよ) You surely have got a *serious* problem. // 彼の死は我々にとって＊えらいショックだった His death was a *great* shock to us.

えらぶ 選ぶ (選択する) choose (他) 《過去 chose；過分 chosen》；(精選する) select (他)；(…より…のほうを好む) prefer ... (to ...)；(多数の中から取り出す) pick (out) (他)；(選挙する) elect (他).

【類義語】与えられたものの中から自分の判断で決めて選ぶのが **choose** で，最も一般的な語. 多数の中から比較吟味して，慎重に選ぶのは **select**. 同じ意味のくだけた語は **pick**. ただし *pick* は深い考えもなく適当に選ぶ場合にも用いられる. 他と比べて自分の好みによって選ぶのは **prefer**. 選挙によって人を選ぶのは **elect**. 《☞ 選択の表現 (囲み)》

¶ どれでも好きなのを＊選びなさい *Choose* whatever you like. / (⇒好きな物を選んでよい) You may *take your choice*. // 読書にはよい本を＊選ぶべきだ You should *select* good books for your reading. // 次の中から正しいものを 1 つ＊選びなさい *Choose* the correct one from the following. // 僕はそれより，こっちを＊選ぶよ I would *prefer* this *to* that. // 座席は自由に＊選べる You *have your choice* of seats. // 委員会は最も優秀な学生をたくさんの候補の中から＊選んだ The committee *picked* the best student ⌈out of [from；among] all candidates. // 私たちは彼を議長に＊選んだ We *elected* him chairman. [語 法] 役職が 1 名に限られる場合は無冠詞. 《☞ 冠詞 (欄外)》

えり 襟 (首・襟元) neck Ⓒ；(洋服・ワイシャツの襟) collar Ⓒ；(和服の) neckband Ⓒ；(スーツの上着の返し襟) lapel Ⓒ. 《☞ 衣服 (囲み)》. ¶ 彼はオーバーの＊襟を立てた He turned up his coat *collar*. // 彼は私の＊襟[＊襟首]をつかまえた He caught me by the ⌈*collar* [*neck*]. // 君のワイシャツの＊襟は汚れている Your shirt *collar* is dirty.

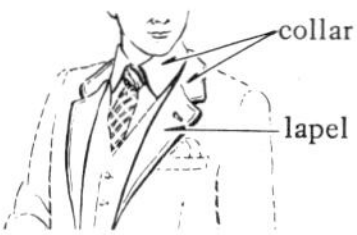

襟を正す ¶ 彼はその言葉を＊襟を正して聞いた (⇒敬意を表して) He listened to the words *with reverence*. // 我々は公務員として＊襟を正さなくては (⇒きちんと行動しなければ) ならない We must *behave ourselves* as public officials.

えりあし 襟足 (うなじ) the nape (of the neck)；(首の後ろの生えぎわ) the hairline at the back of the neck. 《☞ うなじ；くび》. ¶ 彼女は＊襟足がきれいだ She has a lovely *nape* (*of the neck*). // 彼女は美容院で＊襟足をそってもらった She had ⌈her *nape* [*the nape of her neck*] shaven at the beauty ⌈salon [parlor].

エリート the elite [eilí:t] ★ 単複同形で集合名詞として用いられる. ¶ 彼は政府内での権力＊エリートの 1 人だ He belongs to *the* power *elite* in the government.

え

えりくび 襟首 the scruff of the neck, the nape of the neck. 《☞ くび；えり；うなじ》.

えりごのみ 選り好み ―［形］(自分の好みに合ったものでないと満足しない・細かいことにうるさい) particular (about ...)；(気難しい)《口語》choos(e)y. 《☞ すききらい》. ¶ 彼女は自分の着る物を*えり好みする She is *particular about* the clothes she wears. // *えり好みをしなければ,安く手に入れることができる You can get it cheap if you are not *choosy*.

えりすぐる 選りすぐる select ㊥ 《☞ よりぬき；つぶより；えらぶ》.

えりまき 襟巻き (マフラー) muffler Ⓒ；(スカーフ) scarf Ⓒ. ¶ 外は寒いから*襟巻きをしていったほうがよい It is cold outside, so you had better ⌈wear a *muffler* [put a *muffler* on].

えりわける 選り分ける (類別する) assort ㊥, classify ㊥；(グループ中などから選び出して種類分けする) sort out ㊥. 《☞ ぶんるい》. ¶ 彼はつかまえた昆虫を*えり分けるのに苦労した He had a hard time ⌈*assorting* [*sorting*; *classifying*] the insects he had captured. // 彼女はとっておく雑誌を*えり分けた She *sorted out* the magazines to be set aside.

える 得る (手に入れる) get ㊥ (過去 got；過分 got, 《米》ではまた gotten) ★ 最も口語的で一般的な語. 以下の語の代わりに用いる場合もかなりある；(希望のものを努力して手に入れる) obtain ㊥ ★ やや改まった語；(時間をかけて手に入れる) acquire ㊥；(人望・勝利などを) win ㊥；(名声などを) earn ㊥；(有利なもの・利益などを) gain ㊥. 《☞ かくとく (類義語)》.
¶ 彼は不正手段でその金を*得た He *got* the money by foul means. // 私たちはその情報を彼から*得た We *obtained* the information from him. // 彼はやっと米国市民権を*得た He *acquired* United States citizenships at last. // 彼は彼自身の力で名声と富を*得た He ⌈*won* [*earned*] fame and fortune through his own efforts. // 彼らは大きな利益を*得た They *gained* much profit. // 私はそれから大いに*得るところがあった[何も*得るところがなかった] I *have gained* ⌈a lot [nothing] from it.

エレベーター 《米》 elevator [éləvèitər] Ⓒ, 《英》 lift Ⓒ. 《☞ アメリカ英語とイギリス英語 (欄外)》. ¶ *エレベーターに乗って5階へ行った I took the *elevator* to the fifth floor. ［参考］ the fifth floor は《英》では6階になる.

エロチック ―［形］ erotic；(官能的な) sensual.

えん[1] 縁 (血縁関係・縁故関係) relation Ⓤ；(何らかのつながりによる関係) connection Ⓒ；(宿縁・運命) fate Ⓤ；(宿命) destiny Ⓤ.
¶ あの人とは何の*縁もゆかりもない I have no ⌈*relation* [*connection*] whatsoever with that person. / (⇒ まったく知らない人である) That man is *a perfect stranger* to me. // 彼とは*縁を切った I ⌈*broke off* [*am through*] *with* him. // *縁があって, 彼らは結婚した (⇒ 運命が彼らを夫婦にした) *Fate* made them man and wife. // *縁があったらお会いしましょう (⇒ いつかお会いできればよいと思っています) I hope I'll see you some day.

えん[2] 円 (貨幣の単位) yen [jén] Ⓒ ★ 単複同形. 《☞ 金銭 (囲み)》. ¶ 私はこの靴を7千*円で買った I bought this pair of shoes for 7,000 *yen*. // *円の相場は上がっている The *yen* (exchange) rate is ⌈rising [going up].

えん[3] 円 (円形) circle Ⓒ 《☞ わ[1]》. ¶ *円を描きなさい Draw a *circle*.

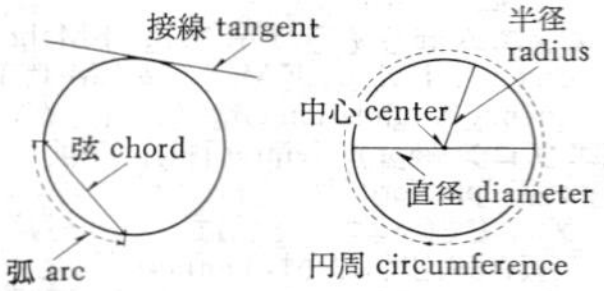

えんいん 遠因 (間接的な原因) indirect cause Ⓒ 《☞ げんいん》.

えんえい 遠泳 long-distance ⌈swim Ⓒ [swimming Ⓤ] 《☞ すいえい》.

えんえき 演繹 【論理学】 ―［名］ deduction Ⓤ ★「演繹された推論」の意味では Ⓒ. (↔ induction). ―［形］(演繹的な) deductive. ―［動］(演繹する) deduce ㊥.
演繹法 deduction Ⓤ, deductive method Ⓒ.

えんかい[1] 宴会 (パーティー) party Ⓒ ★ 最も一般的な語；(正餐(せいさん)) dinner (party) Ⓒ；(祝宴) feast Ⓒ；(儀式ばった正式な宴会) banquet Ⓒ. 《☞ パーティー》.
¶ 私たちは河合氏のために*宴会 (⇒ 食事の会) を開きます We are going to hold a *dinner* in honor of Mr. Kawai. / A *dinner* is to be ⌈given [held] in honor of Mr. Kawai. ［語法］「食事をする」という意味では have dinner で無冠詞であるが,「宴会」には a を付ける. // *宴会は9時ごろ終わった The *party* was over around nine o'clock.

えんかい[2] 沿海 ―［名］(海に沿った陸地) coast Ⓒ. ―［形］(海岸に近い) inshore；(海に近い陸の) coastal. 《☞ えんがん》.
沿海漁業 coastal [inshore] fisheries (↔ deep-sea fisheries).

えんかくそうさ 遠隔操作 remote control Ⓤ 《☞ リモコン》.

えんかつ 円滑 ―［形］(支障のない) smooth. ―［副］ smoothly；(支障なく) without a hitch. 《☞ ししょう；すらすら》. ¶ 事は*円滑に運んだ Things ⌈went on [were carried out] *smoothly*.

えんがわ 縁側 (ベランダ) veranda(h) Ⓒ.

えんがん 沿岸 coast Ⓒ. ¶ 太平洋*沿岸には多くの工業都市がある There are many industrial cities ⌈*on* [*along*] *the* Pacific *coast*.

えんき 延期 ―［動］(遅らせる) put off ㊥, postpone ㊥ ★ 前者のほうが口語的；(ある期間, 理由があって差し止めておく) suspend ㊥；(延ばす) delay ㊥；(会を一時, ある時まで休止する) adjourn ㊥. ―［名］ postponement Ⓤ；adjournment Ⓤ. 《☞ のばす；おくらせる》.
¶ 競技会は雨のため*延期となった The athletic meet *was* ⌈*put off* [*postponed*] because of the rain. / The athletic meet *was rained out*. ［語法］ be rained out は《米》で「雨

で流れる」の意. // 私たちは決定を 2, 3 日*延期したい We would like to *suspend* our decision for a few days. // その会は来月まで*延期された The meeting *was adjourned* till next month.

えんぎ[1] 演技 (役の演じ方) performance [C]; (演じるわざ) acting [U]. ¶ 彼の*演技はすばらしかった His *performance* was ⌈amazing [first-rate ; superb].

えんぎ[2] 縁起 ¶ これは*縁起がよい[悪い] This is a sign of ⌈good [bad] *luck*. // 彼は*縁起をかつぐ (⇒ 迷信深い) He is *superstitious*.

えんきょく 婉曲 ―[形] (遠回しの) roundabout, periphrastic ★ 後者は改まった語 ; (間接的な) indirect ; (婉曲語法の) euphemistic [jù:fəmístik]. ―[名] roundabout [C]; indirectness [U]; (婉曲語法) euphemism [U] ★ 個々の例をいうときは [C]. 《☞ とおまわし ; まわりくどい》.
¶ *婉曲な表現 a ⌈*roundabout* [*periphrastic*] expression // 「亡くなる」は「死ぬ」の*婉曲な表現である "To pass away" is a *euphemism* for "to die." // 彼女は*婉曲に彼のことを好きではないと言った She told him in a *roundabout* way that she did not like him.
婉曲語法 euphemism [U] 《☞ 欄外》.

えんきょり 遠距離 ―[名] (長い距離) long distance [C]. ―[形] long-distance. 《☞ ちょうきょり ; とおい》. **遠距離列車** long-distance train [C].

えんきんほう 遠近法 perspective [U]; (遠近画法) perspective representation [U].

えんぐみ 縁組み (結婚) marriage [U]; (婚約) (marriage) engagement [C]; (養子の) adoption [U] 《☞ けっこん[1]》. ¶ 和夫と貴子の*縁組みがまとまった (⇒ 婚約ができたところだ) The (*marriage*) *engagement* of Kazuo and Takako has just been announced. // あの子供とは正式に養子*縁組みをした We *have* formally *adopted* that child.

えんぐん 援軍 reinforcements ★「増援部隊」の意味では複数形で用いる.

えんげい[1] 演芸 (接待のための余興) entertainment [C]; (公演) performance [C].
演芸会 entertainment [C] ★ 娯楽的な演芸の総称 ; (歌・踊り・漫才などいろいろなものを含むショー) variety show [C].

えんげい[2] 園芸 (庭いじり) gardening [U]; (科学技術としての園芸) horticulture [U] ★ 専門語. 《☞ レクリエーション (囲み)》.
園芸植物 garden plant [C].

エンゲージ リング engagement ring [C] 《☞ 和製英語 (囲み)》.

えんげき 演劇 drama [U] ★ 個々の芝居の場合は [C]; (芝居) play [C] [語法] drama のほうが意味が広く改まった言い方で, 演劇の総称として用いられる. 《☞ ドラマ ; しばい ; げき》.
¶ 彼は*演劇を勉強している He is studying *drama*. **演劇部** drama club [C], dramatic society [C] ★ 後者のほうが形式ばった言い方.

えんこ[1] 縁故 (コネ) connection [C]; (血縁関係) relation [U]; (親類の人) relative [C]. 《☞ コネ ; しんるい》.
¶ 彼は上の人に有力な*縁故がある He has powerful *connections* in high places. // 私はあの政治家と何の*縁故もない (⇒ いままで無関係だった) I *have had nothing to do* with that politician. / There is no *connection* between that politician and me.

えんこ[2] ―[動] (背中をきちんと立てて座る) sit up (自); (車が故障する) break down (自). ―[名] breakdown [C]. ¶ 赤ん坊が*えんこできるようになった The baby ⌈has learned to [can] *sit up*. // 車が途中で*えんこしてしまった The car ⌈*broke down* [had a *breakdown*] on the way.

えんご 援護 ―[動] (支持する・資金などの援助をする) support (他); (後援する) back (up) (他); (助ける) help (他) [語法] 意味の広い言葉なので, 前後関係がはっきりしていない場合にはあいまいになることがある. ―[名] support [U]; backup [C]; help [U]. 《☞ えんじょ ; しじ[1]》.
¶ 私たちはこの運動を*援護してきた We *have* ⌈*supported* [*backed* (*up*)] this movement. // だれか*援護の手を差し伸べる人はないのか Isn't there anybody who will lend a *helping* hand?

えんさん 塩酸 hydrochloric acid [U].

えんし 遠視 ―[形] farsighted, 《英》 long-sighted. ―[名] (遠視眼) farsightedness [U], 《英》 longsightedness [U].

えんじ 臙脂 ―[名] (色) dark red [U]. ―[形] dark red. 《☞ 色 (囲み)》.

エンジニア engineer [èndʒəníə] [C] 《☞

婉曲語法 (euphemism) 修辞法の1つ. 相手の感情を害したり, 不快感を抱かせないために, 露骨な表現を避け, 穏やかで遠回しな言い方をすること. 人々が嫌悪・恐怖・羞恥などの感情を抱きがちな場合に多く用いられる. 例えば, 日本語で「便所」を「トイレ」という借用語に置き替えたり, さらに「トイレに行く」を「用を足す」と言ったりするのは婉曲語法である.

英語にも多くの婉曲表現があり, 日本語と類似したものもあるが, 多くは異なっているので, その点に注意が必要である.

英語では, die (＝死ぬ) のような直接的な表現を避けて, pass away とか breathe *one's* last などと表現したり, cancer (＝がん) の代わりに tumor (＝はれもの) と言ったりする.

婉曲語法の特徴は, ある語句を別の語句に言い替えても, すぐにそれが穏やかさや上品さを失って, また別の表現が必要になるというように, 時代とともに変遷が激しいことである.

(i) 婉曲語法にはセックスに関するものも多いが, これらは従来からいずれの国においても公共の場では言ってはならない語 (taboo (word)) とされているものを言い替えたものなので, たとえどう言い替えたところで, そういう話題を持ち出すこと自体が適当ではないという場面が多い.

例えば cunt (女性性器) には pussy という婉曲表現があるが, これも taboo とされる. 正式に, 生理学的に言えば woman's [female] sex organ であるが, これは婉曲表現ではない.

しかし, もしもこのような話題が必要なときは, 婉曲表現を使うよりも生理学的, 科学的用語のほうが好まれるということは心得ておくべきである.

なお, 最近の傾向として, この面における婉曲表現を嫌い, かなり積極的にそのものずばりの表現を使うことが多くなったと言える.

しかし, いまだに英米の辞書でも fuck (＝性交する)

え

ぎし[1] 参考》. ¶父は*エンジニアです My father is an *engineer.*

えんしゅう[1] 円周 circumference [səkʌ́mf(ə)rəns] Ⓒ《☞ えん[3] (挿絵); 大きさの表し方 (囲み)》. ¶円の直径かける円周率は*円周である π times the diameter equals the *circumference* (of a circle).

円周率 the ratio of the circumference of a circle to its diameter; π [pi] [pái] 参考 π は「周囲」の意味の periphery の最初の文字 p に相当するギリシャ文字.

えんしゅう[2] 演習 **1**《セミナー・ゼミナール》: seminar Ⓒ. ¶これは*演習室です This is a *seminar* room. **2**《軍事演習》: (大演習) maneuvers (《英》 manoeuvres) ★ 通例複数形で.

えんじゅく 円熟 ―形 (十分に成熟して完成の域に達した) mature; (角が取れて円満な) mellow. ―動 mature ㊀㊉. ―名 maturity Ⓤ; mellowness Ⓤ. ¶彼は*円熟した思想家[ピアニスト]だ He is a *mature* ˹thinker [pianist].

えんしゅつ 演出 ―動 (劇を演出する) produce ㊉, direct ㊉; (上演する) stage ㊉. ―名 production Ⓒ. ¶その劇の*演出はとてもよかった The play *was* well ˹*produced* [*staged*; *directed*]. 演出家 director Ⓒ, 《英》 producer Ⓒ 語法 《米》では producer は演出家と制作者の両方を兼ねたものの意味となる.

えんじょ 援助 ―名 (助け・手伝い) help Ⓤ ★ 一般的な語; (特に, かなり大がかりで公的な援助) aid Ⓤ; (脇役的な援助) assistance Ⓤ. ―動 help ㊉; aid ㊉; assist ㊉. 《☞ たすける (類義語); じょせい[2]》.

¶彼らを*援助しなくてはならない We ought to ˹*help* [*aid*; *assist*] them. / They need our ˹*help* [*aid*; *assistance*]. // 彼は*援助を申し出たが受け入れられなかった He offered ˹*help* [to *help*; to lend *assistance*; to extend *aid*] but was not accepted. // 日本は開発途上国への経済*援助を増加すべきだ Japan should increase its economic ˹*aid* [*assistance*] to developing countries.

えんしょう[1] 延焼 ―動 (火が広がる) spread ㊀. ―名 the spread of a fire. 《☞ かじ[1]》. ¶火はたちまち隣近所に*延焼した The ˹fire [flames] rapidly *spread* to neighboring houses.

えんしょう[2] 炎症 ―動 (炎症を起こさせる) inflame ㊉. ―名 inflammation Ⓒ. 《☞ ただれる》. ¶傷は*炎症を起こした The wound became *inflamed.* // 私はのどに*炎症を起こしている My throat *is inflamed.*

えんじょう 炎上 ―動 (燃え上がる) burst (out) into flames; (全焼する) burn down ㊀㊉, be destroyed by fire ★ 前者が口語的. ¶その寺は失火で*炎上した (⇒ 失火で破壊された) The temple *was* ˹*burned down* [*destroyed*] ˹in [by] an accidental fire.

えんじる 演じる (役を) play ㊉, act ㊉ ★ 後者のほうがやや形式ばった語; (演技をする) perform ㊉. ¶彼はハムレットを*演じることになっている He is going to ˹*play* [*act*; *perform*] (the part of) Hamlet.

えんじん 円陣 circle Ⓒ. ¶彼らは監督を囲んで*円陣を作った They ˹*formed a circle* [(⇒ 立って) *stood in a circle*; (⇒ 座って) *sat in a circle*] around the manager.

エンジン engine Ⓒ《☞ 自動車 (囲み)》. ¶*エンジンをかけますから, ちょっと待って下さい Please wait a few minutes while I start the *engine.* // ここでは*エンジンは止めて下さい Please stop the *engine* here.

えんしんぶんりき 遠心分離機 (遠心力を利用した機械) centrifugal [sentrífjugəl] machine Ⓒ; (牛乳からクリームなどを分離する) centrifuge [séntrifjù:dʒ] Ⓒ.

えんしんりょく 遠心力 centrifugal [sentrífjugəl] force Ⓤ (↔ centripetal force).

えんすい 円錐 ―名 cone Ⓒ. ―形 (円錐形の) conic(al). 《☞ りったい (挿絵)》.
円錐曲線〔幾何〕conic section Ⓒ.

エンスト ¶踏切で*エンストを起こしてしまった The *engine* of my car *stalled* as I was crossing the tracks. 《☞ 自動車 (囲み)》

えんせい[1] 厭世 (悲観論) pessimism Ⓤ (↔ optimism); (悲観的な人生観) pessimistic view of ˹life [the world] Ⓒ. 《☞ ひかん》.
¶彼は*厭世家だ He is ˹a *pessimist* [*pessimistic*]. / (⇒ 悲観的な人生観を持っている) He has a *pessimistic view of* ˹*life* [*the world*].

えんせい[2] 遠征 expedition Ⓒ《☞ りょこう; たんけん[1]》. ¶彼らはエジプトへ考古学の*遠征をした They ˹made [went on] an archae-

---

は taboo とされており, 代わりに have sex, have a sexual intercourse という表現のほうがよいとされているので, 外国人である我々はその点を心得ておかなくてはならない.

(ii) 日本語でも同様であるが, 英米でも社会的差別を示す語にはきわめて敏感になってきており, この分野での婉曲語法は盛んに用いられている.

night watchman (＝夜警) → security officer (＝警備員) // garbage collector (＝ゴミ収集人) → sanitation engineer (＝衛生管理員) などがその例である.

しかし, 例えばかつて黒人に対して用いられた colored people という婉曲語法がかえって差別語となり, 代わりに black というそのものずばりの言い方が, 黒人の民族意識の高揚とともに正式に用いられるようになったのと同じように, 婉曲語法がかえって差別意識につながる場合もしばしばある.

(iii) 差別感を抱かせまいとするための婉曲表現は, 最近では特に政治の分野でいちじるしい.

the poor (＝貧民) → lower income brackets (＝低所得者層), the underprivileged (＝恵まれない人々) と表現されたり, underdeveloped countries (＝低開発国) がそれらの国民に与える心理的影響を考慮して the less-developed countries から, さらには developing countries (＝開発途上国) と言い替えられたのはその例である.

婉曲表現は元来社交上の必要から生じたものであるが, 今日では, 社会・政治関係の用語が中心になりつつあると言える.

なお, 英語の婉曲表現には, 以上のほかに宗教, 迷信関係のものもかなりあるが, 和英辞典の立場からは必要性が少ないと考えたので省略した.

ological *expedition* to Egypt. // 我々は相手チームのところまで*遠征して試合をやった (⇒ 試合のために相手チームを訪れた) We *visited* our rival (team) for a game.

えんぜつ 演説 ―名 speech Ⓒ ★ 最も一般的；(形式ばった演説，あるいはよく準備されたもの) address Ⓒ. ―動 speak ⓐ；address ⓐ. (☞ こうえん²). ¶ 彼は*演説がうまい[下手だ] (⇒ うまい[下手な]演説家だ) He is a ｢good [poor] *speaker*. // 私は彼の*演説を聞いたことがある I have heard him ｢make a *speech* [deliver an *address*].

えんせん 沿線 ―副 (鉄道に沿って) along the railroad line. ¶ *沿線の住人たち people living *along the railroad (line)*

えんそ 塩素 〖化学〗 chlorine [klɔ́ːriːn] Ⓤ (元素記号 Cl). **塩素ガス** chlorine gas Ⓤ.

えんそう 演奏 ―動 (楽器・曲を) play ⓗ ★ 一般的な語；(公演する) give a performance ★ やや改まった言い方；(演奏会を開く) hold a concert. ―名 (musical) performance Ⓒ. (☞ 音楽 (囲み)).

¶ オーケストラはいまワルツを*演奏している The orchestra *is* now *playing* a waltz. // その交響曲の*演奏は日本では初めてです (⇒ これは日本での初演奏だ) This is the first *performance* of the symphony in Japan.

演奏会 concert Ⓒ；(特に独奏会) recital Ⓒ **演奏曲目** (musical) program Ⓒ **演奏者** player Ⓒ, performer Ⓒ, artist Ⓒ 語法 最初の語が最も一般的. 第 2 番目はやや形式ばった語. 最後は「芸術家」という意味だが，《米》ではジャズなどの演奏者に対して用いられる.

えんそく 遠足 (集団による遊覧旅行) excursion Ⓒ；(短期間の遊山旅行) outing Ⓒ；(行楽旅行) pleasure trip Ⓒ；(ピクニック) picnic Ⓒ；(ハイキング) hike Ⓒ. (☞ りょこう (類義語)；ピクニック；ハイキング).

¶ 私たちは*遠足で御岳山へ行った We went on ｢an *excursion* [a day's *outing*; a *hike*; a *short trip*] to Mt. Mitake. // 「学校の*遠足はどこへ行きますか」「相模湖へ行きます」 "Where are you going on your school ｢*excursion* [*picnic*]?" "We're going to Lake Sagami."

えんたい 延滞 ―動 (支払いを遅らす) delay payment. ―名 delay (in payment) Ⓤ. (☞ たいのう；とどこおる). ¶ 彼の支払いは*延滞している His payment ｢*is* [*has been*] *delayed*. **延滞利子** overdue interest Ⓤ.

えんだい¹ 遠大 ―形 (計画などが広い範囲の) far-reaching；(先見の明のある) farsighted；(偉大な) great；(野心的な) ambitious. ¶ 彼らは*遠大な計画を立てた They have made ｢a *far-reaching* [an *ambitious*] plan.

えんだい² 縁台 bench Ⓒ 参考 日本の縁台には背もたれがないが，bench は背もたれのないもの，あるものの両方を含む.

えんだん¹ 縁談 (結婚の申し出) offer of marriage Ⓒ；(結婚の申し込み) proposal of marriage Ⓒ ★ 特に女性に対して.

¶ 彼女には降るように*縁談がある She has had many ｢*offers* [*proposals*] *of marriage*. // その*縁談はまとまった The *match* has been made. / The (*marriage*) *engagement* has been made. // 彼女はその*縁談を受け入れた[断った] She ｢accepted [refused] the *proposal*.

えんだん² 演壇 (一般に) platform Ⓒ；(演説をするための壇) rostrum Ⓒ. (☞ だん⁴).

えんちゃく 延着 ―動 (遅れて着く) be [arrive] late ★ 一般的表現. 以下の表現の代わりにも用いる；(遅れる) be delayed ★ やや改まった言い方；(予定時刻に遅れる) be behind schedule, be overdue. (☞おくれる).
¶ 列車は 1 時間*延着した The train ｢*was* [*arrived*] ｢one [an] hour *late*. / The train *was* ｢one [an] hour ｢*behind schedule* [*overdue*]. // 事故でバスは 30 分*延着した The bus *was delayed* (for) 30 minutes by the accident.

えんちゅう 円柱 pillar Ⓒ；column [kɑ́ləm] Ⓒ 語法 前者は口語的で，丸い柱一般をいう. 後者は文語的で，特にギリシャ建築の柱のように飾りの付いたものをいう；(筒状の) cylinder Ⓒ. (☞ りったい (挿絵)).

えんちょう¹ 延長 ―動 (現状よりも拡張する・先へ伸ばす) extend ⓗ；(予定された時間や期間を引き延ばす) prolong ⓗ；(空間的・時間的に長くする) lengthen ⓗ；(契約の期限を更新する) renew ⓗ 語法 extend が範囲を含むのに対し，prolong, lengthen は長さだけ，しかも prolong はかなり長くするニュアンスがあるが，lengthen は無色の語. ―名 extension Ⓤ；prolongation Ⓤ；renewal Ⓤ. (☞ のばす；かくちょう¹；ひきのばす).

¶ この道路はもうすぐ秋田市まで*延長される This road is soon to *be* ｢*extended* [*lengthened*] ｢as far as [to] (the City of) Akita. // 私は米国留学の期間の 1 年*延長を考えている I'm thinking of a one-year *extension* of my period of study in the United States. // 彼は滞在を*延長することにした He decided to ｢*prolong* [*extend*] his stay. // 私はその雑誌の予約購読を*延長した I *renewed* my subscription to the magazine.

延長戦 extended game Ⓒ；(野球の) extra-inning game Ⓒ. ¶ 野球の試合は*延長戦となった The game went into an *extra inning*.

えんちょう² 園長 the head (of ...), the chief (of ...) 語法 一般的な語でほぼ同意だが，前者には最終責任者という意味あいが強い；(組織がかなり大きな法人・会社などの長) the director (of ...). (☞ ちょう³). ¶ 幼稚園の*園長さん *the head of* a kindergarten // 動物園の*園長 *the* ｢*director* [*head*] *of* a zoo

えんてん 炎天 (焼けつくような太陽) the ｢blazing [scorching] sun；(暑い気候) hot weather Ⓤ；(夏の暑さ) the summer heat.
¶ *炎天下を私たちは 5 キロ歩いた We walked (for) five kilometers ｢in *the summer heat* [under *the blazing sun*; under *the scorching sun*].

えんでん 塩田 salt pans ★ 通例複数形で.

えんとう 円筒 ―名 cylinder Ⓒ. ―形

え

(円筒状[形]の) cylindrical. 《☞ つつ; りったい(挿絵)》.

えんどう¹ 沿道 (道筋) route Ⓒ; (路傍) wayside Ⓒ, roadside Ⓒ. 《☞ みち¹》. ¶ *沿道は応援の群衆でうずまった The *route* was thickly lined with cheering crowds.

えんどう² 豌豆 pea Ⓒ.

えんとつ 煙突 chimney Ⓒ ★ 最も一般的; (特に工場・汽船などの, 高く突き出た) smokestack Ⓒ; (民家の屋根などで, 何本かの煙突・排気管などをまとめて1つにしたもの) chimney stack Ⓒ; (特に船・機関車の) funnel [fʌ́nl] Ⓒ; (ストーブの) stovepipe Ⓒ.

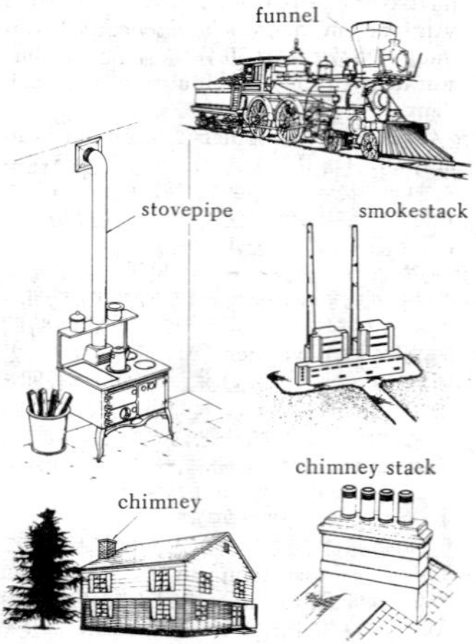

¶ *煙突が詰まっている The ⌈*chimney* [*stovepipe*] is clogged up. // *煙突から煙が出ている The *chimney* is giving off smoke. / Smoke is ⌈going up [rising] from the *chimney*.

えんにち 縁日 (祭り) festival Ⓒ; (祝祭) fete Ⓒ, fête [féit] Ⓒ; (祭りの日) fete day Ⓒ. ¶きょうは観音様の*縁日だ Today is (*the day of*) *the festival* of Kannon.

えんのした 縁の下 the under-floor space. **縁の下の力持ち** ¶彼は*縁の下の力持ちだ (⇒ 表面に出ないで一生懸命働く) He *works* hard *in the background*. / (⇒ 報われない仕事をする) He *does a thankless* ⌈*job* [*task*].

えんばん 円盤 disc Ⓒ, disk Ⓒ; (特に円盤投げの) discus Ⓒ; (未確認飛行物体) unidentified flying object Ⓒ, UFO [júː èf óu] Ⓒ [参考] [júːfou] と発音されることもあるが一般的ではない; flying saucer Ⓒ.
¶それは*円盤の形をしていた It was *disc-shaped*. // 私は空飛ぶ*円盤を見た I saw a ⌈*UFO* [*flying saucer*].
円盤投げ the discus throw 《☞ スポーツ (囲み)》 **円盤投げ選手** discus thrower Ⓒ.

えんぴつ 鉛筆 pencil Ⓒ. ¶ *鉛筆で書いてよい You may write ⌈with a [in] *pencil*. 《☞ -で¹》 / You can use a *pencil*. // 色*鉛筆 a colored *pencil*
鉛筆入れ pencil ⌈box [case] Ⓒ ★《米》では前者. **鉛筆削り** pencil sharpener Ⓒ.

えんびふく 燕尾服 swallow-tailed coat Ⓒ, swallowtail Ⓒ ★ 前者のほうが正式.

えんぶん 塩分 ―[名] salt Ⓤ. ―[形] salty. 《☞ しお¹》. ¶この食品は*塩分を多量に含んでいる This food ⌈contains a lot of *salt* [is very *salty*]. // 私は血圧が高いので*塩分を控えた食事が必要です I need a low *salt* diet because I have high blood pressure.

えんぽう 遠方 (遠い所) distant place Ⓒ; (かなり離れた距離) distance Ⓒ. 《☞ とおく; えんろ》. ¶友達が*遠方から来る A friend of mine is coming from ⌈a *distant place* [a *distance*; *far away*]. // *遠方に見えるあの山は赤城山だ The mountain *in the distance* is Mount Akagi.

えんまく 煙幕 smoke screen Ⓒ. **煙幕を張る** lay a smoke screen.

えんまん 円満 ―[形] (調和のとれた) harmonious; (友好的な) amicable; (平和的な) peaceful. ―[名] harmony Ⓤ; peace Ⓤ.
¶彼女は*円満な性質の人だ She has ⌈a *peaceful* [an *amicable*] disposition. // 私たちはその問題を*円満に解決した We solved the problem *peacefully*. / We came to ⌈an *amicable* [a *peaceful*] settlement of the problem. // 彼の家庭はいつも*円満だ (⇒ 調和[平和]がいつも彼の家庭を満たしている) *Harmony* [*Peace*] always reigns over his household.

えんゆうかい 園遊会 garden party Ⓒ.

えんようぎょぎょう 遠洋漁業 deep-sea [ocean] fisheries (↔ coastal fisheries).

えんようこうかい 遠洋航海 ocean voyage Ⓒ; (長い航海) long voyage Ⓒ; (長い巡航) long cruise Ⓒ.

えんりょ 遠慮 **1** «控え目» ―[形] (自分の気持ちや考えをあまり表に出さない) reserved; (内気な) shy. ―[動] reserve (他); (ためらう) hesitate (自). ―[名] reserve Ⓤ. 《☞ きがね; ひかえめ; つつしむ》.
¶彼女は*遠慮がちだった She was rather ⌈*reserved* [*shy*]. // *遠慮なく私の作文を批判して下さい Please criticize my composition ⌈*freely* [*without reserve*]. / (⇒ ためらわずに批評して下さい) Please ⌈*don't hesitate* [*feel free*] to make comments on my composition. // *遠慮なく (⇒ 自由に) 召し上がって下さい Please help yourself *freely*. // *遠慮なくご用をお申しつけ下さい (⇒ いつでも自由に私を使って下さい) I'm always at your service. [語法] 現在では客に対して企業が使う場合が多い. / (⇒ いつでも私はあなたの役に立てる) I'm always available to you. // 私たちは*遠慮のいらない間柄だ (⇒ お互いに親密である) We are very close to each other. // *遠慮なく私の車をお使い下さい (⇒ 私の車はあなたの自由です) My car is *at your disposal*.
2 «差し控え» ―[動] (差し控える) reserve

㊀；(一時的に衝動を抑える) refrain from ... 《☞ ひかえる；やめる[1]》.
¶ 彼の話を聞くまで批判は*遠慮します I will *reserve* criticism until I hear his story. // 彼女は忙しそうなので話しかけるのを*遠慮した She seemed so busy that I *refrained from* speaking to her. // ペットを連れての入場はご*遠慮下さい (⇒ ペットを持ち込まないで下さい) Please *do not* bring your pets with you. / *No* pets. 《☞ ペット (写真)；掲示の英語 (囲み)》

えんろ 遠路 long ˹way [distance] Ⓒ 《☞ はるばる》. ¶ *遠路わざわざおいで下さってありがとうございます Thank you for coming such a *long way*.

お

お 尾 tail Ⓒ 《☞ しっぽ》.

お- ★ 日本語で, 名詞・形容詞・動詞連用形につけて, 丁寧さを表す接頭辞の「お」は直接相当する英語の表現はない. しかし次の 2 つの場合は訳にあたって注意が必要である. (1)「お＋名詞」によって, 日本語では「あなたの」を表す場合. (2) 助動詞などにより, 英語でも丁寧さを表現できる場合. 《☞ 丁寧な表現 (欄外)》.
¶ *お手紙は昨日頂きました I received *your* letter yesterday. // *お父様はご在宅ですか Is *your* father (at) home? // いつ*お発ちですか When are you leaving? // ここで, しばらく*お待ち下さい *Please* wait here for a while. / *Will* [*Would*] you wait here for a few minutes?

オアシス oasis [ouéisis] Ⓒ 《複 oases [-si:z]》.

おあずけ お預け **1** «延期» ¶ 旅行は嵐で*お預けになった (⇒ 延期された) The trip *has been* ˹*postponed* [*put off*] because of the storm. // 昇給はしばらく*お預けになりそうだ The pay raise [Pay raises] will *be* ˹*postponed* [*shelved*] for some time. 《☞ えんき》
【参考語】—名 (延期) postponement Ⓤ; (棚上げ) shelving Ⓤ. —動 (延期する) put off ㊀, postpone ㊀; (棚上げにする) shelve ㊀.
2 «犬にいう場合» ¶ *お預け! *Wait*! / *Don't* ˹*eat* [*touch*] *it*.

おい[1] 甥 nephew Ⓒ 《☞ 親族関係 (囲み)》.
¶ ジョンは私の*おいです John is my *nephew*. / John is a *nephew* of mine.

おい[2] (ぞんざいな呼びかけ) Hey!; (話の初めや注意を引くとき) Say, ... ★《英》では I say, ... と言う; (相手の注意を促すとき) Look (here)!; (あいさつの呼びかけ) hi, hello 語法 前者は親しい間柄で使い, 後者のほうが一般的だが, 日本語の「おい」には前者のほうが近い. 《☞ ねえ; 呼びかけ (囲み)》.
¶「*おい, 何をやってんだ」「眼鏡を探しているんだ」"*Hey*! What are you doing?" "I'm looking for my glasses." //「*おい, あの人はだれだい」「あれはセールスマンだ」"*Say* [*I say*], who is that man?" "He is a salesman." // *おい, 見てごらん *Look*! // *おい, よく聞きなよ *Look here*! //「*おい, 元気かい」「まあね」"*Hi*. How are you?" "OK."

おいあげる 追い上げる (追いつく) catch up (with ...). ¶ アメリカの選手が*追い上げてきて (⇒ 追いついてきて) もう少しで前の走者を追い越すところだった The American runner *caught up* and almost passed the runner in front of him.

おいうち 追い討ち, 追い撃ち —名 (追撃) pursuit Ⓤ. —動 (逃げる敵を追い討つ) attack the ˹fleeing [routed] enemy.

おいえげい お家芸 (専門) *one's* specialty Ⓒ; (おはこ) *one's* forte ★ 普通は単数形で. ¶ バレーボールは日本の*お家芸だった Volleyball was one of *the specialties* of Japanese sportsmen.

おいえそうどう お家騒動 (内輪もめ) family trouble Ⓤ.

おいおい[1] (おいおい(泣く)) (cry) bitterly 《☞ 擬声・擬態語 (囲み)》. ¶ その知らせを聞いて, 彼は*おいおい泣いた (⇒ 激しく) He *cried* ˹*bitterly* [(⇒ 心が張り裂けるほどに) *his heart out*] at the news.

おいおい[2] 追追 (だんだんに) gradually; (少しずつ) by degrees; (慎重に少しずつ) step by step; (そのうちに) in (course of) time; (今後いつか) in due time. 《☞ だんだん》.
¶ 天候も*おいおいに回復してきた The weather is *gradually* ˹changing for the better [improving]. // このことは*おいおいにお話ししましょう I will tell you about this *in due time*.

おいかえす 追い返す send [drive] ... back; (追い払う) send [drive] ... away; (訪問者などを) turn *a person* ˹away [from the door]. 《☞ おいはらう》. ¶ 彼は犬を庭へ*追い返した He *sent* the dog *back* to the garden.

おいかける 追いかける run after ..., chase ㊀, pursue [pəsú:] ㊀ ★ 後のものほど形式ばった語. 《☞ おう[1]》. ¶ あいつを*追いかけろ *Run after* him! // 我々は彼を*追いかけたが見失った We ˹*ran after* [*chased*] (him), but lost sight of him.

おいかぜ 追い風 fair [favorable] wind Ⓒ 《☞ かぜ[1]》. ¶ 風は*追い風だ The wind is ˹*favorable* [*fair*]. // ヨットは*追い風を受けて疾走した The yacht ˹flew [sailed at full speed] ˹*before the wind* [*with the fair wind*].

おいこす 追い越す —動 pass ㊀ ㊁; (追いつき追い越す) overtake ㊀ ★ 多くの場合, 主として追いつくことを意味する; (...より先に出る) get ahead of ...; (競走などで) outstrip ㊀;

(走って) outrun ㊀; (上回る) surpass ㊀.
━ 图 (追い越し) passing Ⓤ.
¶ *追い越し禁止 No *passing* (permitted) 《☞ 掲示の英語 (囲み)》 // 左側の*追い越し禁止 Do not *pass* on the left. // 私の車は彼女の車にすぐ*追い越されてしまった Her car easily *overtook* mine. // 第 2 番目のランナーが前のランナーをいま*追い越します The second runner *is* now ˹*overtaking* [*getting ahead of*] the first runner. // 世界の人口増加率は食料生産の増加率を間もなく*追い越すであろう The world population growth will soon *surpass* the increase in food production.

おいこみ 追い込み (競技・選挙運動などでのゴール直前のがんばり) last spurt Ⓒ; (最後の段階) last [final] stage Ⓒ. ¶ 走者は最後の*追い込みをかけています The runners are now putting on their *last spurt*. // 仕事は*追い込みの段階だ The work is now *in the final stage*.

おいこむ[1] 追い込む (追って狭い所に入れる) drive [chase] ... into ... ; (比喩的に困難な立場に) drive ... into a corner ★ 単に corner ㊀ という動詞でも表せる. 《☞ おいつめる》.
¶ 鶏を小屋へ*追い込みなさい *Drive* [*Chase*] the chickens *into* the coop. // 財政問題で彼は窮地に*追い込まれた (⇒ 財政問題が彼を窮地に追い込んだ) Financial difficulties *drove* him *into a corner*. / He *was cornered* by financial difficulties.

おいこむ[2] 老い込む grow old and feeble.

おいさき 老い先 (余生) remaining ˹years [days] (of *one's* life) ★ 複数形で; the remainder of *one's* life. ¶ 私は*老い先は長くない I do not have *many years to live*.

おいしい ━ 形 (一般に) good ★ 意味の広い語で, 最も口語的; (美味である) delicious; (味がいい) tasty; (食欲をそそるようで) appetizing. 《☞ うまい; 味 (囲み)》.
¶ このステーキはとても*おいしかった The steak was very ˹*good* [*delicious*]. // 何て*おいしいケーキだろう What a *delicious* cake! // レストランから*おいしそうなにおいがしてくる There's an *appetizing* smell coming from the restaurant.

おいしげる 生い茂る (密集して育つ) grow ˹thick [thickly] ★ 最も一般的な言い方; (豊かに育つ) grow luxuriantly, grow in abundance. 《☞ しげる》. ¶ 広い庭には木が*生い茂っていた Trees *were growing* ˹*thick* [*thickly*; *luxuriantly*; *in abundance*] in the spacious garden. / The large garden *was* ˹*thick* [*overgrown*] with trees.

おいすがる 追いすがる run closely after ...
¶ 男は彼に*追いすがり, 助けを求めた The man *ran closely after* him and begged for help.

おいそれと (ただちに) immediately, at once; (たやすく) easily, readily; (即席に) offhand. 《☞ すぐ; かんたん[1]》.

おいだす 追い出す (追って…を外へ出す) drive [send; get; put; turn] out ㊀; (追放する) expel ㊀; (場所・地位などから) oust [áust] ㊀. 《☞ おいたてる; おいはらう》.
¶ 部屋の中にはえが一匹いる. 早く*追い出してしまえ There is a fly in the room. *Drive* [*Get*] it *out* quickly. // 行く所のない人をどうして*追い出せましょう How can I ˹*turn* [*send*] *out* those who have no other place to go? // その学生は非行のため大学から*追い出された The student *was expelled* from college for misconduct.

おいたち 生い立ち (生まれ) birth Ⓤ; (教育・しつけ) upbringing Ⓤ; (育ち) breeding Ⓤ; (教育・育った環境などの背景) *one's* background Ⓒ; (経歴) *one's* career [kəríə] Ⓒ; (若いころ) *one's* early days ★ 複数形で; (子供時代) *one's* childhood Ⓤ.
¶ 彼の*生い立ちを知っていますか Do you know ˹*where he grew up* [*his background*]? // 彼の*生い立ち (⇒ 子供時代) はきわめて貧しいものだった *His childhood* was spent in extreme poverty. / (⇒ 貧困の中で育てられた) He *was brought up* in poverty.

おいたてる 追い立てる (せきたてる) hurry (*a person* to *do*) ㊀; (…を追い出す) send [drive] ... away. 《☞ おいだす》.
¶ 私は彼を*追い立てるようにして出発させた I *hurried* him *to* get started. // 私は家主から*追い立てられている (⇒ 家主は私に家をあけるようにと通達した) The owner of the house has given me notice to move out. / The landlord is trying to *drive* me *out of* the house.

おいちらす 追い散らす (追い払う) drive away ㊀; (散りぢりにする) scatter ㊀, disperse ㊀ ★ 後者がやや形式ばった語. ¶ 物音で鳥の群は*追い散らされた (⇒ 物音が鳥の群を追い散らした) The sound ˹*scattered* [*dispersed*; *drove away*] the flock of birds.

おいつく 追い付く catch up with ..., overtake ㊀ ★ 前者がより口語的. ¶ 私は駅でやっと彼に*追いついた I ˹*caught up with* [*overtook*] him finally at the station. // 彼は級友に*追いつくために一生懸命勉強した He worked hard to *catch up with* the others.

おいつめる 追い詰める (…を窮地に) get ... cornered, drive [put] ... into a corner, corner ㊀ ★ はじめの 2 つがより口語的な表現; (追跡して) track [run] down ㊀. 《☞ おいこむ[1]》. ¶ 彼らを*追い詰めてしまってはいけない Don't *get* them *cornered*. // 我々はついに犯人を袋小路に*追い詰めた At last we ˹*tracked* [*ran*] *down* the criminal in a blind alley.

-おいて …於て ━ 前 (場所で) at ...; in ...
[語法] at は場所を点としてとらえた場合であり, in は広がりをもった感じのときに用いる; (…について) on ...; (…については) as to ..., as for ... ★ 後者は文頭に置いて用いる. 《☞ -で[1]; ついて》.

おいで お出で **1** «いる»: (在宅である) be (at) home. ¶ お母様は*おいでですか (⇒ ご在宅ですか) *Is* your mother (*at*) *home*?
2 «来る»: come ㊁. ¶ ようこそ*おいで下さいました (⇒ あなたが来ることができてうれしい) I'm very glad you could *come*! // どうぞこちらへ*おいで下さい (⇒ 来て下さい) *Come* [*Step*] this way, please.

おいてきぼり 置いてきぼり —動 leave ... behind; (無人島などに) maroon ⓗ. ¶ みんなは先に出発してしまい, 私は*置いてきぼりをくってしまった Everybody started off without me and I *was left behind.*

おいぬく 追い抜く pass ⓗ; (走って) outrun ⓗ; (...の先へ行く) get ahead of ... (☞ おいこす).

おいはぎ 追剝 (昔, 街道に出没した) highwayman Ⓒ; (盗賊) robber Ⓒ.

おいはらう 追い払う drive [send; turn] ... away; expel ⓗ ★ 形式ばった語; (四方へ) disperse ⓗ. (☞ おいだす; おいかえす). ¶ 警官隊はデモ隊を*追い払った The police *dispersed* the marchers.

おいまわす 追い回す (あちこちと追いかける) chase after ...; (後を追いかける) run after ...; (後をつける) follow after ... (☞ つけまわす). ¶ 子供たちはおみこしの後を*追い回した Children *ran after* the portable shrine. // 彼女の後を*追い回すのはやめろ Stop *following* her ˹*about* [*around*]. // 私は仕事に*追い回されている (⇒ いつも仕事が私を追いかけているように見える) Work always seems to ˹*chase* [*pursue*] me.

おいめ 負い目 (恩義) debt Ⓤ ★「借金」という意味では Ⓒ. (☞ かり²). ¶ 私は彼に*負い目がある I'm in his *debt*. [語法]「世話になった・義理がある」という意味でしか用いられない. / I'm in *debt* to him. [語法]「金を借りている」という意味でも用いられる.

おいやる 追いやる send [drive] ... away (☞ おいはらう).

オイル oil Ⓤ; (日焼け用の) suntan ˹cream [lotion; oil] Ⓙ. (☞ あぶら; せきゆ). ¶ 彼は*オイルを点検した He checked the *oil*. // この車は5千キロごとに*オイルを交換しなければならない This car requires *oil* changes every five thousand kilometers.

おう¹ 追う (後を追う) go [run; chase] after ...; (...について行く) follow ⓗ; (追跡する) chase ⓗ; (つかまえようとして) pursue [pəsúː] ⓗ ★ やや形式ばった語. (☞ おいかける).
¶ 子供は母親の後ばかり*追っている That child ˹*follows* [*goes after*; *runs after*] his mother wherever she goes. // 警官は怪しい男の後を*追った The policeman ˹*chased* [*pursued*; *followed*; *ran after*] the suspicious-looking man. // 私は仕事に*追われている (⇒ 仕事で忙しい) I *am pressed with* work. // これらの件は順を*追って説明します (⇒ 順に) I'll explain these cases ˹*in order* [(⇒ 1つずつ) *one after another*].

おう² 負う **1** «背負う»: carry [take; have] ... on *one's* back (☞ せおう; かつぐ).
¶ 彼は*負ってきた重荷を下ろした He ˹put [set] down the heavy burden he *had* ˹*carried* [*had*] *on his back*.
2 «引き受ける»: take ... upon *oneself*, assume ⓗ ★ 後者はやや形式ばった表現.
¶ 彼は重大な責任を*負わされた He had to ˹*take upon himself* [*assume*] heavy responsibilities. // 我々は法律により納税の義務を*負っている (⇒ 法律は我々に税金を払うことを義務づけている) The law *obliges* us to pay our taxes. / (⇒ 我々は強制されている) We *are obliged* to pay our taxes by the law. // 市はここに駐車した車については一切責任を*負いません The city *holds* no liability for the cars parked here.
3 «傷・損害・罪などを»: (武器などで傷を負う) be [get] wounded; (事故などで) be [get] ˹injured [hurt]; (損害を負う) incur a loss; (罪を) be charged with ... ¶ 彼らの何人かは重傷を*負った (⇒ けがをさせられた) Some of them *were* seriously ˹*injured* [*wounded*]. / Some of them *suffered* serious *injuries*.
4 «恩恵を受ける»: owe ⓗ, be indebted to ... ★ 後者はやや形式ばった表現.

おう 王 **1** «君主»: king Ⓒ ★ 最も一般的; (性別に関係なく世襲の) monarch [mɑ́nək] Ⓒ. ¶ 1年前に現在の*王は王位についた The present *king* was enthroned a year ago. // *王がその国を治めている A *king* rules that country.
2 «王座を占める者»: king Ⓒ. ¶ ライオンは百獣の*王だ The lion is (*the*) *king* of beasts. // 今期はだれがホームラン*王になるだろう Who is going to be the "home-run *king*" this season?
3 «将棋の»: king Ⓒ.

おうい 王位 the throne Ⓒ, the crown Ⓒ [語法] 前者は「王座」という意味で, 王位を表す最も一般的な語. 後者は元来「王冠」という意味で, 比喩的用法. ¶ 王子が*王位につくことになっている The prince is to ˹take [mount] *the throne*. / The prince will ˹succeed to [wear] *the crown*. // エリザベス一世は1558年に*王位についた Elizabeth I *was crowned* in 1558.

おうえん 応援 **1** «助け» —名 help Ⓤ ★ 最も一般的で, 以下の語の代わりに用いることができる; (かなり大がかりで公的な援助) aid Ⓤ; (脇役的な助力) assistance Ⓤ ★ やや形式ばった語; (支持) support Ⓤ; (後援) backing Ⓤ.
—動 (助ける) aid ⓗ; help ⓗ; assist ⓗ; (支持する) support ⓗ; back (up) ⓗ. (☞ たすけ; えんじょ; えんご).
¶ 数人の青年が私たちを*応援しに来てくれた Several young men came to our ˹*help* [*aid*]. // *応援しますからしっかり頑張って下さい Try your best, as we *are* ˹*supporting* you [*backing* you (*up*)].
2 «競技での声援» —名 cheering Ⓤ.
—動 (競技で声援する) cheer ⓗ; (《米口語》) root for ... (☞ せいえん¹). ¶ 我々は皆でK大学チームを*応援した We all ˹*cheered* [*rooted for*] the K University team.
応援演説 campaign speech Ⓒ. ¶ Aさんの*応援演説を頼まれた I have been asked to make a ˹*campaign speech* for [*speech in support* of] Mr. A. **応援団** cheering ˹squad [party] Ⓒ **応援団長[団員]** cheerleader Ⓒ [参考] この言葉は日本語の応援団長とは少し異なり, フットボールなどの試合で応援をリードする女子学生などをいう.

お

おうか 謳歌 ―動 (たたえる) praise ㊀; (たたえて歌う) sing in praise of …; (…の喜びを歌う) sing the joy of…; (美化する・賛美する) glorify ㊀.

おうかくまく 横隔膜 diaphragm [dáiəfræm] Ⓒ.

おうかん 王冠 crown Ⓒ; (瓶の口金) crown cap Ⓒ.

おうぎ 扇 (folding) fan Ⓒ.

おうきゅう¹ 応急 ―形 (緊急の) emergency; (臨時の) temporary; (まに合わせの・一時しのぎの) makeshift.

応急策 emergency [makeshift] measure Ⓒ. ¶どんな*応急策を提案なさいますか What ⌈*emergency* [*makeshift*] *measures* are you going to propose? **応急修理** temporary [emergency] repairs ★通例複数形で. ¶*応急修理だけをしておいた We have made ⌈*temporary* [*emergency*] *repairs* only. **応急手当** ―動 (…に応急手当をする) give… first aid. ¶*応急手当の用品は戸棚の中にあります You will find a *first-aid* ⌈kit [case; box] in the closet.

おうきゅう² 王宮 royal [king's] palace Ⓒ.

おうけん 王権 sovereign ⌈power [right] Ⓤ.

おうこう 横行 ―動 (自由に歩く) stride ㊂; (威張って歩く) stalk ㊂; (はびこる) be rampant. ¶やくざがこのあたりを*横行している Gangsters *are* ⌈*stalking* [*striding*] around here like peacocks. ★peacock は威張った様子を表す.

おうこうきぞく 王侯貴族 royalty and ⌈aristocracy [nobility] ★集合的に用いる. 普通定冠詞を付ける; (王室および貴族の人たち) princes and nobles ★複数形で. (☞ きぞく²).

おうこく 王国 kingdom Ⓒ.

おうごん 黄金 ―名 gold Ⓤ. ―形 golden. (☞ きん¹). **黄金時代** (文芸の最盛期) the golden age.

おうざ 王座 the throne Ⓒ (☞ おうい).

おうし 牡牛 (去勢しない) bull Ⓒ; (去勢した) ox Ⓒ (複 oxen [ɑ́ksn]). (☞ おす³ (表); 動物の鳴き声 (囲み)). **牡牛座** Taurus [tɔ́:rəs], the Bull. (☞ じゅうにきゅう (挿絵)).

おうじ 王子 (royal) prince Ⓒ. ¶エドワード*王子 *Prince* Edward

おうしつ 王室 (王家) royal family Ⓒ; (公的機関としての) royal household Ⓒ. (☞ こうしつ¹ 参考).

おうじゃ 王者 **1** «君主»: (王) king Ⓒ; (君主) monarch Ⓒ. (☞ おう).

2 «一番すぐれた者»: champion Ⓒ, king Ⓒ.

おうしゅう¹ 応酬 ―名 (やりかわすこと) exchange Ⓒ; (返答) answer Ⓒ, reply Ⓒ ★後者はやや形式ばった語; (言い返すこと) retort Ⓒ. ―動 (応酬する) reply (to…) ㊂; (答える) answer ㊂ ㊀; (相手に反応を示す) respond (to…) ㊂; retort ㊂ ㊀.

¶鋭い意見の*応酬がしばらく続いた There was a sharp *exchange* of opinions which continued for a while. // 私はばからしくて*応酬する気もなくなったので, 黙っていた I felt it just so foolish to ⌈*retort* [*answer*], therefore I remained silent.

おうしゅう² 押収 ―動 seize [sí:z] ㊀, confiscate ㊀ ★後者は形式ばった語. ―名 seizure Ⓤ; confiscation Ⓤ. ¶彼らは家宅捜索をして書類を*押収した They searched the house and ⌈*seized* [*confiscated*] some papers.

おうしゅう³ 欧州 ―名 固 Europe. ―形 European. **欧州共同体** the European Community 参考 通称は EC. 下部組織の1つに the European Economic Community (=欧州経済共同体) があり, 通例 EEC, あるいは the Common Market (=(欧州)共同市場) と呼ばれる. (☞ 略語 (欄外); 政治・経済 (囲み)).

おうじょ 王女 princess Ⓒ.

おうじょう 往生 **1** «あきらめ・困惑» ―動 (あきらめる) resign (*oneself*) ㊂ ㊀; (降参する) give in ㊂; (困惑する) be at *one's* wit's end. (☞ あきらめる).

¶雨はひどく降るし, 傘もないし, まったく*往生した I *was at my wit's end* as it rained so hard and I didn't have even an umbrella with me. // 彼は*往生ぎわの悪い男だ (⇒ 自分が負けているのを知らない) He *never knows when he is beaten.* / (⇒ 負け方のさわやかでない男だ) He is *a bad loser*.

2 «死» ―名 death Ⓤ. ―動 die ㊂. (☞ しぬ).

おうしょくじんしゅ 黄色人種 the yellow race Ⓒ.

おうじる 応じる (答える) answer ㊀; (反応を示す) respond (to…) ㊂ ★answer とほぼ同意のこともあるが, 形式ばった言葉; (従う) obey ㊀; (承諾する) comply with … ★やや堅苦しい言葉; (快く承知する) consent (to…) ㊂; (要求などを満たす) satisfy ㊀; (要求・条件などに見合う) meet ㊀ ★この意味では satisfy と入れ換え可能; (適する) suit ㊀; (応募する) apply (for…) ㊂.

¶彼女は私の質問にすぐ*応じた She ⌈*answered* [*responded to*] my question promptly.

彼は挑戦には*応じないだろう I don't think he will ⌈*accept* [*take up*] ⌈a [the] challenge.

彼女の要求にすべて*応じることは難しい It's difficult for me to *satisfy* all her demands.

社会の要求に*応じるために我々は何をなすべきか What should we do to *meet* the demands of the community?

彼女は身分に*応じた暮らし方をしている She leads a life ⌈*suited to* [*suitable for*] her (social) position.

野菜の値段は季節に*応じて変わる Vegetable prices vary *with* the season.

やった仕事に*応じて (⇒ 比例して) 金をもらった They were paid *in proportion to* the work done.

私は必要に*応じて (⇒ 必要なとき) 食べ物を買うことにしている I buy food ⌈*as* the need arises [*when* necessary].

【参考語】(…に応じて・比例して) in proportion to …; (…に従って) following…; (…によって) according to …; (…次第で) depending on …

おうしん 往診 ―[名] house call [C]. ―[動] (往診する) make a house call. ¶医師はこれから*往診に行くところだ The doctor is going out to *make a house call*. **往診料** doctor's visiting fee [C].

おうせい[1] 旺盛 ―[形] (華やかで) flourishing ; (商売などが) prosperous. ―[動] (元気がある) be full of ｢energy [vigor] ; (活気がある) be in high spirits. ¶彼らは元気*旺盛だ They *are* ｢*full of energy* [*in high spirits*].

おうせい[2] 王制 (王・女王による政治) royal ｢rule [government] [U]. ¶英国は今日でも*王制である (⇒王国である) Britain still remains a *kingdom*. // イランでは1979年に*王制が廃止された *Royal rule* in Iran was put an end to in 1979.

おうせい[3] 王政 (君主政治) monarchy [U] ; (皇室による政治) royal government [U].
王政復古 the Restoration ★大文字にして各国の固有のものに用いる. (☞ いしん[2]).

おうせつ 応接 ―[名] reception [U]. ―[動] (受け入れる・受け付ける) receive (他). (☞ おうたい). ¶お客が多くて彼女は*応接に忙しい She is busy *receiving* many guests. // *応接係の机はここに置きましょう Let's place the ｢*reception* [*receptionist's*] *desk* here. **応接間** drawing room [C] ; (会社などの) reception room [C]. (☞ 家・部屋 (囲み)).

おうせん 応戦 ―[動] (砲火による) return the ｢fire [shot], respond to the enemy fire ; (反撃する) fight back (自). ―[名] (攻撃に対する) reply [C]. ¶我々は*応戦した We ｢*returned the fire* [*responded to their fire* ; *fought back*].

おうたい 応対 ―[名] (応接) reception [U] ; (応対ぶり) address [U]. ―[動] (応対する) receive (他) ; (人に対して, 振舞う) deal (with …) (自) ; (客などに) wait (on …) (自). (☞ おうせつ ; せったい).
¶あの女性の店員はお客の*応対が親切だ (⇒助けになる) That saleswoman is very *helpful* to the customers. // 彼女の*応対ぶりは気に入らない I don't like her manner of *dealing with* people.

おうだん[1] 横断 ―[名] (横切ること) crossing [U], traversing [U]. ―[動] go across …
[語法] 最も口語的な表現. 動作の種類によって come [fly ; run ; travel] across などとなる ; cross (他), traverse (他) [語法] 一般的には cross. 特に広い所を横断するのは traverse. (☞ よこぎる ; わたる[1]).
¶ここで道路を*横断してはいけない Don't *cross* the street here. // リンドバーグは大西洋*横断飛行に成功した最初の飛行士だ Lindbergh [lín(d)bəːg] was the first pilot to fly successfully *across* the Atlantic. / Lindbergh was the pilot who made the first successful *transatlantic* flight.

「徐行. 横断歩道」の掲示

横断歩道 pedestrian crossing [C], cross walk [C] ; (まだら模様で示されている所) zebra crossing [C] ★前者のほうが正式な言い方. **横断歩道橋** pedestrian (crossing) bridge [C] ; (道をまたいでいる橋) overbridge [C] **横断面** cross section [C].

おうだん[2] 黄疸 〖医学〗 jaundice [dʒɔ́ːndis] [U] (☞ 病気・病院 (囲み)).

おうちゃく 横着 ―[形] (ずうずうしい) impudent ; (怠け者の) lazy. ―[名] (ずうずうしさ) impudence [U] ; (無精さ) laziness [U].

おうちょう 王朝 dynasty [dáinəsti(ː)] [C].

おうて 王手 check [C] ★[動], または[感]としても用いられる. ¶*王手 *Check*! [参考] 勝ったときは「これで詰みだ」の意で Checkmate! と言う. (☞ つむ[3])

おうてん 横転 ―[動] (ひっくり返る) overturn (自) ; (ひっくり返って横になる) turn [roll] sideways (自). ¶トラックは*横転した (⇒ひっくり返って横になった) The truck ｢*overturned and lay on its side* [*rolled sideways*].

おうと 嘔吐 ―[動] (吐く) vomit (自), 《口語》 throw up (自). ―[名] vomiting [U]. (☞ はく[1]).

おうとう 応答 ―[名] (応え・答え) answer [C] ; (返答) reply [C] ; (反応) response [C] ★後のものほど形式ばった表現. ―[動] answer (他) (自) ; reply (to …) (自) ; respond (自). (☞ こたえ (類義語) ; へんじ).
¶何度か彼に電話したが*応答はなかった I called him several times, but ｢there was no *answer* [nobody *answered* (my call)]. // 講演の後で質疑*応答があります After the lecture there will be questions and *answers*.

おうとつ 凹凸 ―[形] (おうとつのある) uneven ; (いびつで) irregular ; (ざらざらして) rugged.
おうとつレンズ concavo-convex lens [C].

おうねん 往年 ―[形] former, one-time.
¶彼女は*往年の名歌手である (⇒かつては有名な歌手だった) She was *once* a famous singer.

おうひ 王妃 queen [C] ; (皇后) empress [C].

おうふく 往復 ―[名] (行ったり来たりすること) coming and going [U] ; (行って帰ること) going and returning [U] ; (行きと帰りの両方) two ways. ―[動] (往復する) go and ｢come back [return] ; (特に交通機関によって) make a round trip. (☞ いきき).
¶彼は毎週1度, 東京と福岡の間を*往復している He ｢*makes a round trip* [*goes back and forth*] between Tokyo and Fukuoka once every week. // ロンドンまでの*往復には何時間かかりますか How long does it take to travel *to and from* London? / How many hours will it take to *go to and* ｢*come back* [*return*] from London? // 東京から大阪まで*往復いくらですか How much is it from Tokyo *to* Osaka *and* ｢*return* [*back*]?
往復運賃 round-trip [return] fare [C] **往復切符** round-trip ticket [C], 《英》 return ticket [C] **往復葉書** prepaid postcard [C].

おうぶん 応分 ―[形] (応分の・然るべき) due ; (ほどほどの) reasonable. (☞ そうおう ; しかるべき). ¶彼は*応分の寄付をした (⇒自

分の資力に応じた) He contributed *according to his means.*

おうへい 横柄 —形 arrogant [ǽrəgənt]; haughty[hɔ́ːti(ː)]; insolent[ínsələnt]; lordly.

【類義語】高慢な気質・性格の横柄さは ***arrogant.*** 地位や生まれなどの優越性の認識からくる横柄さは ***haughty.*** 以上 2 語は最も一般的な語. 高慢さと同時に他に対する軽蔑を表すのは ***insolent.*** 力や権力を示しての横柄さは ***lordly.*** 《☞ こうまん; ごうまん; いばる (類義語)》

¶ 彼は*横柄なので人に好かれない He is not liked because he is ⌈*arrogant* [*haughty*; *insolent*; *lordly*]. / (⇒ 彼の横柄さが人を遠ざける) His ⌈*haughtiness* [*arrogance*] drives people away. // 彼の態度はひどく*横柄だ He has a very ⌈*haughty* [*arrogant*] manner.

おうべい 欧米 —名固 Europe and America. —形 European and American. **欧米人** Europeans and Americans, Westerners ★ いずれも複数形で.

おうぼ 応募 —動 (申し込む) apply (for …) 自, make an application for …; (寄付などに) subscribe (to …) 自; (競争などに) enter (for …) 自. 《☞ もうしこみ》.

¶ 私はその仕事に*応募して結果を待っている I *have* ⌈*applied* [*made an application*] *for* the job and am waiting for the result. // *応募原稿 (⇒ 送付された原稿) はお返ししません We will not return (the) manuscripts *sent in.*

応募者 applicant Ⓒ; (寄付などの) subscriber Ⓒ; (競技などの参加者) entrant Ⓒ; (競争者) contestant Ⓒ. ¶ 今年は*応募者が多いから競争が激しい With so many *applicants* the competition is quite keen this year.

おうぼう 横暴 —形 (暴君的な) tyrannical [tirǽnikəl]; (専制・独裁的な) despotic; (常軌を逸した) unreasonable; (非民主的な) undemocratic.

おうむ 鸚鵡 parrot Ⓒ《☞ 動物の鳴き声 (囲み)》. **おうむ返し** —動 (おうむ返しに言う) parrot 他; (他人の言葉を繰り返す) repeat (another's words).

おうよう[1] 応用 —名 (理論などの) application Ⓤ; (実用に供する) practice Ⓤ. —動 apply … to …, put … (in)to use.

¶ この課で習ったことを*応用しなさい *Put to use* what you have learned in this lesson. // 彼は英語教育に言語学を*応用しようと考えている He is trying to *apply* linguistics *to* English teaching.

応用科学 applied science Ⓤ 参考 各分野を総括して applied sciences となることが多い. **応用化学** applied chemistry Ⓤ **応用問題** *(練習問題) exercise* Ⓒ; (さらに進んだ練習問題) question for further practice Ⓒ.

おうよう[2] 鷹揚 —形 (おおらかな) easy; (物おしみしない) liberal; (心が広くて) generous.

【類義語】気楽でのんびりしていることを表す日常的な語が ***easy.*** この語は人を表す名詞は修飾しない. 物を与える場合のおうようさ, その与える物の量の多さを表すのは ***liberal.*** 与え手の心の豊かさ・気前のよさを強調するのは ***generous.***

¶ 彼女は*おうように (⇒ おおらかな環境の中で) 育った She grew up *in easy circumstances.* // 彼は金づかいが*おうようだ He is ⌈*liberal* [*generous*] with his money.

おうらい 往来 (通り・街路) street Ⓒ; (人・車の交通(量)) traffic Ⓤ. 《☞ とおり; みち[1]》.

おうりょう 横領 —動 (ごまかして着服する・使いこむ) embezzle 他; (公的なものを私用にする) appropriate 他. —名 embezzlement Ⓤ, appropriation Ⓤ ★ 後者は婉曲的な表現. 《☞ ちゃくふく; つかいこむ》.

¶ 彼は公金を*横領した (⇒ 自分のことに使った) He *appropriated* public money for his own use. // 彼は勤め先の銀行から 1 千万円*横領した (⇒ だまして使った) He *embezzled* ten million yen from his bank.

おうりょくしょく 黄緑色 olive [ɑ́liv] Ⓤ, olive-green Ⓤ; (やや説明的な表現で) yellowish green Ⓤ ★ 以上いずれも 形 としても用いられる. 《☞ 色 (囲み)》.

おうレンズ 凹レンズ concave lens Ⓒ (↔ convex lens).

おえつ 嗚咽 —名 (すすり泣くこと) sobbing Ⓤ; (しのび泣く声) sob Ⓒ. —動 sob 自. 《☞ なく[1]; むせぶ》.

おえらがた お偉方 (地位のある偉い人) 《口語》 big ⌈man [name] Ⓒ; (高官) dignitary Ⓒ ★ やや文語的; (有名人) personage Ⓒ ★ この語には多少皮肉なこっけい味が加わることが多い; (権威者) authority Ⓒ; (特に政界・財界などの要人) 《口語》 VIP Ⓒ 参考 [víːàipíː] と読み, V.I.P. とも書く. 複数形は VIPs, V.I.P.'s. 《☞ 略語 (欄外)》.

¶ 彼もこの分野ではお*偉方の一人だ He is one of the ⌈*authorities* [*personages*] in this field.

おえる 終える (完結をして) finish 他; (ある事を終了する) end 他; (長期にわたることを完成して) complete 他 ★ 前の 2 語よりは改まった語; (やり終える) 《口語》 get through with …. 《☞ すます[1]; おわる》.

¶ 食事を*終えたらすぐ出かけましょう Let's start when we *finish* eating. // その仕事を*終えたら出てよろしい You can go out when you *get through with* your work. // 学校を*終えたらどうしますか What are you going to do after *leaving* school?

おお- 大… **1** 《形・数・量・程度などが大きい》 —形 (形・数・量が) large, big 語法 入れ替えて用いられることも多いが, 前者は客観的, 後者は感じのこもった言葉で口語的; (形・数・量・程度が) great. 《☞ おおきい (類義語)》.

¶ *大人数で 2 台の車に乗りきれなかった We couldn't get in two cars, as there were so *many* of us. // 彼らは*大急ぎで立ち去った They left in a *great* hurry.

2 《年長の者を指す》 —形 great, grand.

¶ 彼女は*大おばにあたります She is a ⌈*great-* [*grand-*]aunt of mine.

おおあじ 大味 —形 (風味がない) savorless; (おいしくない) tasteless.

おおあたり 大当たり (適中すること) great [big] hit Ⓒ; (大成功) great success Ⓒ; (大もうけ) 《口語》 bonanza Ⓒ. 《☞ あたる》.

¶芝居は*大当たりだった The play was ⌈a *great hit* [*quite a hit*; a *great success*].

おおあな 大穴 **1** «大損失»: great loss Ⓒ; (金銭の大欠損) great [huge] deficit Ⓒ.
2 «競馬などで»: great hit Ⓒ. ¶彼は*大穴を当てた He made a *great hit*.

おおあめ 大雨 heavy [torrential] rain Ⓤ ★ 具体的な雨については a ... rain となることが多い; (特に1回の) heavy [torrential] rainfall Ⓒ; (どしゃぶり) downpour Ⓒ. 《☞ あめ[1]; ごうう》. ¶きのうは*大雨だった (⇒ ひどく雨が降った) It *rained heavily* yesterday. / There was a ⌈*heavy* [*torrential*] ⌈*rain* [*rainfall*] yesterday.

おおあらし 大嵐 big [heavy; severe; great] storm Ⓒ 《☞ あらし》.

おおあれ 大荒れ (ひどい嵐) heavy storm Ⓒ; (紛糾) confusion Ⓤ. 《☞ あらし; ふんきゅう》. ¶一晩中*大荒れだった A *heavy storm* raged all night. // 彼の発言をめぐり会は*大荒れとなった The meeting *was thrown into confusion* over his remarks. // 試合は*大荒れだった (⇒ リードが何度も入れ替わった) The lead changed hands time and time again.

おおい[1] 多い ― [形] (数・量両方に) a lot [lots] of ...; plenty of ...; (数が) many; (量が) much; (数が非常に多い) numerous; (量が非常に多い) a ⌈great [good] deal of ...
― [副] (頻度が) often, frequently.

【類義語】数・量に共通して用いられる口語表現は ***a lot of ..., lots of ..., plenty of ...*** ただし, *plenty of* は必要以上に多いことを表すニュアンスがある. 数には ***many***, 量には ***much*** も用いるが, これらは普通は疑問文・否定文か, 文の主語に用いる場合に限られる. 数が多いことを強調するやや形式ばった語は ***numerous***. 量が多いことを強調する表現は ***a ⌈great [good] deal of ...*** [副] として頻度が高いことを表す最も口語的な語は ***often***. やや形式ばった語は ***frequently***. 《☞ たくさん (類義語); おおく》

¶この夏は雨が*多かった We have had *a lot of* rain this summer.
たばこを吸う人は*多い *Many* people smoke.
きょうは公園には子供連れが*多い There are *many* people with children in the park today.
この川は魚が*多い This river is *full of* fish. / This river *abounds* ⌈in [with] fish. / Fish *abound in* this river. [語 法] 後の2文はやや改まった表現.
このページには誤植が*多い There are *many* misprints on this page. / This page is *full of* misprints.
この学校では女子が男子より*多い In this school girls *outnumber* boys.
彼は収入が*多い (⇒ 大きな収入を持つ) He has a *large* income.
土曜の新宿は人出が*多い (⇒ 混んでいる) Shinjuku is *very crowded* on Saturdays.
彼は昼食はここに来ることが*多い (⇒ たびたび来る) He ⌈*often* [*frequently*] comes here for lunch. 《☞ 頻度を表す副詞 (囲み)》

おおい[2] 覆い cover Ⓒ, covering Ⓒ. 《☞ カバー》. ¶この*覆いは取らないでおいて下さい Do not ⌈*uncover* this [remove this *cover*; take the *cover* off]. / (⇒ 覆ったままにしておいて下さい) Please keep this *covered*. // いすに*覆いをかけて下さい Please put a *cover* on the chair.

おおい[3] Hey!; Hello! ★ ともに日常的な呼びかけ語; (やっほう) Yo-ho!; (船に呼びかける) Ahoy! 《☞ 呼びかけ (囲み)》. ¶*おおい, みんな来たかい *Yo-ho*, are you all there? // *おおい, 待ってくれ *Hey*, wait for me. // *おおい, その船 Ship *ahoy*!

おおいかくす 覆い隠す cover (up) (他); (隠す) hide (他), conceal (他) ★ 最後のはやや改まった語. 《☞ かくす》. ¶真実を*おおい隠すことはできない You cannot ⌈*cover* (*up*) [*hide*; *conceal*] the truth.

おおいそぎ 大急ぎ ― [副] (あわてて) in a great hurry; (すばやく) in great haste ★ 前者より文語的; (急いで) hurriedly. ― [形] (差し迫った) urgent, pressing. ¶私はこの仕事を*大急ぎでやった I finished this work *in a great hurry*. // *大急ぎの用事で大阪へ行きます I'm going to Osaka on *urgent* business.

おおいに 大いに (非常に) very, greatly; (たいへん) highly ★ 動詞から派生した形容詞の前に付けて用いる; exceedingly ★ 最後の2つはやや形式ばった言葉. 《☞ ひじょうに; 強意語 (囲み)》. ¶彼は*大いに喜んだ He was ⌈*greatly* [*exceedingly*] delighted. // 彼女は*大いに勉強した She studied (*very*) *hard*. // あなた方の助力が*大いに必要なのです Your help is ⌈*greatly* [*badly*] needed.

おおいり 大入り full [packed] house Ⓒ 《☞ まんいん》. ¶芝居は*大入りだった (⇒ 大勢の観客を持った) The play ⌈had *a large* audience [(⇒ 大当たりだった) was *a big hit*].
大入り満員 ― [名] full [packed] house Ⓒ.
― [動] (収容能力ぎりぎりまで) be packed to capacity.

おおう 覆う cover (他) ★ 最も一般的な語; (一面に覆う) overspread (他) 《過去・過分 overspread》; (覆い隠す) veil (他); (包み込む) shroud (他) ★ 形式ばった語; envelop (他), wrap (他). 《☞ つつむ》.
¶地面は雪で*覆われていた I found the ground ⌈*covered all over* [*blanketed*] with snow. // 厚い雲が山頂を*覆っていた Thick cloud(s) *overspread* the mountaintop. // 会場は活気で*覆われていた The place *was filled with* excitement. // 町は霧に*覆われている The town *is* now ⌈*enveloped* [*shrouded*; *wrapped*] in mist.

おおうつし 大写し ― [名] close-up [klóusʌ̀p] Ⓒ. ― [動] take a close-up (of ...).

おおうりだし 大売出し (売出し) sale Ⓒ; (特別の) special sale Ⓒ; (お買得の) bargain sale Ⓒ. 《☞ うりだし; セール; とくばい》.

「大売出し」の掲示

¶ あの店はいま*大売出しをしている That store has a *special sale* on now. // *大売出し中 Now on *Sale* / *Sale* 《☞ 掲示の英語(囲み)》

おおおとこ 大男 giant Ⓒ; (大きな男) big [tall; large] man Ⓒ.

おおがかり 大掛かり —形 (大規模の) large-scale; (野心的な) ambitious. —名 (大規模) large scale Ⓒ. 《☞ だいきぼ》. ¶ これはまさに*大掛かりな事業だ This is really ⌈a *large-scale* [an *ambitious*] undertaking.

おおかた 大方 **1** «ほとんど» —副 (あともう少しで) nearly, almost ★ almost のほうがもっと近い感じ; (大部分は) for the most part. 《☞ だいたい[1]; ほとんど (類義語)》.

2 «多分»: probably; (ことによると) perhaps. 《☞ たぶん; おそらく (類義語)》.

3 «世間一般» —名 people in general ★ 複数扱い. 《☞ いっぱんに》.

¶ *おおかたの評判はよかった (⇒ 広く受け入れられた) It was *generally* well received.

おおがた 大型, 大形 —形 large-sized; (大きい) large, big ★ 後者がより口語的. —名 large size Ⓒ. 《☞ おおきい》.

¶ *大型の冷蔵庫を買うつもりです I am going to buy a ⌈*large* [*large-sized*; *full-sized*] refrigerator. // *大型のベッドはあちらです We have ⌈*large-sized* [*king-sized*] beds over there. // 飛行機は年々*大型化してきている Airplanes are getting *larger in size* each year.

おおかみ 狼 wolf Ⓒ 《複 wolves》. ¶ *狼の群 a pack of *wolves*

おおがら 大柄 —形 (体格が) large-built; (模様が) large-patterned. 《☞ がら》.

おおかれすくなかれ 多かれ少なかれ more or less. ¶ あなたの言ったことは*多かれ少なかれ私の考えと同じです What you said is *more or less* my opinion, too.

おおきい 大きい (形の) big (↔ little); large (↔ small); (非常に大きな) huge; (びっくりするほど大きい) enormous, tremendous; (かさばった) bulky; (どっしりした) massive; great; (強力な) powerful; (音が) loud.

【類義語】形の大きなものを表す形容詞として, 最も口語的で一般的なのは **big** と **large** である. この2つは多くの場合入れ換えて用いることもできるが, より口語的で, しかも単に形の大きさでなく, 程度や重要度の大きいことも示し, 感覚的に大きいと感じられるときに使うのが *big*, 客観的に形の大きいこと, 数の多いことを表すのが *large* である. ((例) *大きな間違い a *big* mistake). 「たいへん大きな」という意味で誇張した意味によく用いられるのは **huge**. ((例) *大きなスーパーマーケット a *huge* supermarket). 同様に誇張した意味で **enormous, tremendous** も使われるが, どちらかというと「巨大な」「莫大な」という日本語に相当することが多い. かさが大きいことは **bulky**. どっしりとして大きいのには **massive** が当たることもある. 驚異的, 印象的に大きく, また重要度のある意味では **great** を用いる. ((例) *大きな川 a *great* river). しかし, 一般には日本語の「大きな」に *great* が相当する場合は割に少ない. エンジンなどの力が大きい[強い]のは **powerful**. 音が大きいのは **loud** という. 《☞ きょだい (類義語)》

¶ 彼は*大きな家に住んでいる He lives in a ⌈*big* [*large*] house.

なんて*大きい飛行機なんだろう What a *big* plane (that is)! / What a *huge* plane!

彼は*大きな荷物を背負っていた He had a *big* load on his back.

その後*大きな変化はみられない No *great* change has been observed since then.

それは*大きな問題だ It's ⌈a *big* [an *important*] problem. [語法] large は使えない.

*大きい数と小さい数 a *large* (number) and a small number [語法] big は使えない.

あの*大きな音は何だ What was that ⌈*big* sound [*loud* noise]?

彼はいつも*大きなことを言う (⇒ 自慢をする) He *is* always ⌈*boasting* [*bragging*; *talking big*].

*大きな顔をするな (⇒ 横柄にするな) Don't be ⌈*haughty* [*arrogant*; *too proud*].

*大きなお世話だ (⇒ あなたの仕事ではない) It's none of your business. / (⇒ 自分の仕事に気をつけろ) Mind your own business.

おおきく 大きく ★ 日本語の「大きく」は「大きくなる」「大きくする」「大きく…する」のような表現で用いられるが, 形の大きさだけでなく, 幅・量・程度, あるいは比喩的な意味などかなり広い意味で用いられるので, 英語に直す場合は前後関係によっていろいろに訳される. 《☞ おおきい》.

¶ 僕は*大きくなったら (⇒ 成長したら) 科学者になりたい When I *grow up*, I want to be a scientist.

私は九州で*大きくなりました (⇒ 育てられた) I *was brought up* in Kyushu.

この会社は最近急に*大きくなった This company *has* rapidly *grown bigger* recently.

彼の逮捕で問題はさらに*大きく (⇒深刻に) なった His ⌈arrest [being arrested] *made* the problem more *serious*.

テレビの音を*大きくしてくれませんか Will you *turn up* the volume on the TV?

口をもっと*大きく (⇒ 広く) 開けなさい Open your mouth *wider*.

その贈収賄事件はマスコミで*大きく (⇒ トップ[ビッグ]ニュースとして) 報道された The ⌈bribery case [payoff scandal] was reported *as* ⌈*top* [*big*] *news* ⌈by [in] the mass media.

近くのものは遠くのものより*大きく見える Things (which are) close to you look *bigger* than those ⌈in the [at a] distance.

おおきさ 大きさ (最も普通の意味で) size Ⓤ; (やや形式ばって, 面積・容積・大きさ) dimensions ★ この意味では複数形で; (主に数学・天文学などの専門語として) magnitude Ⓤ; (かさ) bulk Ⓤ; (容積) volume Ⓤ. 《☞ すんぽう》.

¶ 君の靴はどのくらいの*大きさですか How *large* are your shoes? / What is ⌈the *size* of your shoes [your shoe *size*]? / What *size* (shoe(s)) do you take? // 「君の帽子と僕のとどちらが大きいかな」「両方とも同じ*大きさです」 "Which is bigger, your hat or mine?" "They are (of) the same *size*." // その箱の

大きさの表し方

(1) 長さ・幅・深さなど

¶ それは3メートルの長さ[高さ; 幅; 深さ]です It is three meters ˹long [high; wide; deep]. / It is three meters in ˹length [height; width; depth].
その箱の長さ[幅]は2フィートです That box is two feet ˹long [wide]. / That box is two feet in ˹length [width]. / The ˹length [width] of the box is two feet. 《☞ よこ 語法》
この容器の高さ[深さ]は5インチだ This container is five inches ˹tall [deep]. / This container is five inches in ˹height [depth]. / The ˹height [depth] of this container is five inches.
あの建物の高さは100メートルだ That building is 100 meters tall. 語法 建物などの地上からの高さは tall で表す. 空中での高度の意味には high を使う. 例えば山の高さは tall でも表されるが, 空中の高度と感じれば high を用いる. ((例) 富士山は約3700メートルの*高さがある Mt. Fuji is about 3,700 meters ˹*tall* [*high*].)
縦, 横, 高さを計ってその3つを掛ければ体積がわかる In order to find the volume of an object, measure the length, breadth and depth of the object, and multiply the three together.

(2) 直径・円周

¶ この穴は直径2メートルある This hole is two meters ˹across [in diameter]. / The diameter of this hole is two meters.
この円は円周5メートルだ This circle is five meters ˹around [in circumference]. / The circumference of this circle is five meters.

(3) 広さ・面積

¶ 私たちの学校の運動場は広い[狭い] The playground of our school is ˹large [small]. 語法 「広い」は large で, wide にすると幅の広さを言うことになる. また「狭い」は small で, narrow にすると幅が狭いことを言うことになる. 《☞ ひろい; せまい》
このプールは長さ25メートル, 幅15メートルで, 深さは2メートルです This swimming pool is 25 meters long, 15 meters wide, and two meters deep. 《☞ よこ 語法》
この庭は150平方メートルある This garden is 150 square meters in area. / This garden ˹has [covers] an area of 150 square meters.

(4) 大きさの尋ね方と答え方

¶「このトンネルの長さはどのくらいですか」「2キロです」"How long is this tunnel?" "It's two kilometers long."
「この歩道の幅はどのくらいありますか」「2メートルです」"How wide is this sidewalk?" "It's two meters wide."
「テムズ川の幅はロンドンではどのくらいですか」"What's the breadth of the Thames in London?"
「このプールの深さはどのくらいですか」「一番深いところが2メートル, 一番浅いところが1メートルです」"How deep is this swimming pool?" "The deepest place is two meters (deep) and the shallowest place is one meter (deep)."
「このグラウンドの大きさ[広さ]はどのくらいですか」「約6千平方メートルです」"How large is this playground?" "It's about 6,000 square meters."
「エンパイアステートビルの高さはどのくらいか知っていますか」「よくはわかりませんが, 450メートルぐらいだと思います」"Do you know how tall the Empire State Building is?" "I don't know it exactly, but I guess it's about 450 meters tall."

---

*大きさを測りなさい Measure the box. // あなたの学校はどのくらいの*大きさですか What is the *size* of your school? / (⇒何人の学生がいるか) How *many* students are there in your school? // このたるの*大きさはわかりますか Do you know ˹the *volume* of this cask [what the *volume* of this cask is]? // その土地の*大きさは10エーカーだ (⇒その土地は10エーカーの広さに及んでいる) The land *covers* an area of ten acres.

おおきな 大きな ☞ おおきい.

おおきめ 大き目 ¶ 私はその紙を少し*大きめに切った (⇒必要以上に大きく) I cut the paper *a little larger than necessary.* 《☞ -め》

おおく 多く ―形 (たくさんの数の) many, a lot of ..., lots of ... 語法 many は口語では疑問文・否定文か主語に用いる場合以外はあまり用いず, a lot of ..., lots of ... を代わりに使うことが多い; (たくさんの量の) much, a lot of ..., lots of ... 語法 much は口語では疑問文・否定文か主語に用いるとき以外はあまり用いられず, 代わりに a lot of ..., lots of ... を使うことが多い; (数が非常に多い) a great many, numerous; (量が非常に多い) a great deal of ...; (たいていの) most. ―代 many; much; most. ―副 (たいていは) mostly; (主として) mainly, chiefly. 《☞ おおい[1]; たくさん (類義語); たいてい》
¶ *多くの人が戦争で死んだ *Many* people were killed in the war.
この件については*多くの問題がある There are *a lot of* problems ˹about [connected with] this matter.
この問題についてはいままでに*多くの討議がなされてきた *Much* has been said about this problem. / There has been *a great deal of*

お

discussion on this problem.
地震による津波で*多くの犠牲者が出た There were 「many [a large number of] casualties from the 「tsunami [tidal wave] caused by the earthquake. 語法 casualty は「事故・災害などによる死傷者」の意味で，普通は複数形.
彼女はそれについて*多くを語りたがらない She does not want to talk about it *much*.
日本の大企業の*多くは外国に支店を持っている *Most* (of the) big 「businesses [companies] in Japan have branch offices overseas.
聴衆の*多くは女子高校生だった (⇒聴衆は主として女子高校生で成り立っていた) The audience 「was made up [consisted] of 「*mostly* [*mainly*; *chiefly*] senior high school girls.

おおぐち 大口 ―形 (大きい) big. ―動 (自慢する) talk big 自; (大げさに言う) talk tall 自. ―名 (大きな口) big [large] mouth Ⓒ. ¶ 彼は*大口をあけて笑った He laughed with *his mouth wide open*. // 我々はその会社から*大口の注文をもらった We received a *big* order from the company. // 彼はよく*大口をたたく He often *talks* 「*big* [*tall*].

おおぐまざ 大熊座 the Great Bear, Ursa Major. 《☞ せいざ1 (表)》.

おおくらしょう 大蔵省 the Finance Ministry, the Ministry of Finance ★前者のほうが略式の呼び方; 《米》(財務省) the Treasury Department; 《英》the Exchequer. 《☞ 政治・経済 (囲み)》.

おおくらだいじん 大蔵大臣 the Finance Minister, the Minister of Finance ★前者のほうが略式の呼び方; 《米》(財務長官) the Secretary of the Treasury, the Treasury Secretary; 《英》the Chancellor of the Exchequer. 《☞ 政治・経済 (囲み)》.

オーケー ―副 (承知の返事として) OK, O.K., Okay, all right 語法 「承知した」という意味を表すごくくだけた答え方. 発音に注意 [óu kéi]. OK, O.K., Okay は「承知」，「承知する」，「好都合である」など 名, 動, 形 としても用いられる. all right は OK ほどはくだけていない言い方. 日本語では「オーケー」という場合でも英語では all right としたほうがよい場合があることに注意. 《☞ あいづち (囲み)》.
¶「あした必ず来いよ」「*オーケー」"Be sure to come tomorrow." "*O.K.* / *Okay.* / *All right.*" // 父からその件については*オーケーをもらっています (⇒父はその件を承認した) My father *approved of* it. //「何か問題ありますか」「万事*オーケーです」"Anything wrong?" "No, everything is 「*all right* [*OK*]."

おおげさ 大袈裟 ―動 (大げさに言う・誇張する) exaggerate [igzǽdʒərèit] 他 自. ―形 (大げさな・誇張した) exaggerated. ―名 (誇張) exaggeration Ⓤ; (大規模) large scale Ⓒ. 《☞ こちょう; ぎょうぎょうしい; オーバー2》.
¶ 彼は何でも*大げさに (⇒誇張して) 言う He *exaggerates* everything. // 少し*大げさにいえば，その記事には何の真実もない If I am allowed to *exaggerate* a little, you will find no truth in that article. // あなたの好意はありがたいが，*大げさに祝わないでくれ (⇒あまり儀式ばるな[正式にするな]) I appreciate your goodwill, but please don't make the occasion too 「*ceremonious* [*formal*].

オーケストラ orchestra [ɔ́ːəkistrə] Ⓒ 参考 クラシック専門のオーケストラは英語では正式には symphony orchestra という. 《☞ 音楽 (囲み)》. ¶ *オーケストラの音楽 *orchestral* music

おおごえ 大声 ―名 loud voice Ⓒ. ―副 (大声で) in [with] a loud voice; (大きな音で) loudly. ¶ 彼は*大声だ He has a *loud voice*. // もっと*大声で話して下さい Speak *louder*, please!

おおさじ 大匙 tablespoon Ⓒ; (計量の単位として，大さじ 1 杯分) tablespoonful Ⓒ. 《☞ 数の数え方 (囲み)》. ¶ 砂糖を*大さじ 2 杯加えなさい Add two *tablespoonfuls* of sugar.

おおざっぱ 大雑把 ―形 (概略の) rough; (細かい区別をしない) broad; (略した) sketchy; (一般的な) general. ―副 roughly; broadly; generally. 《☞ おおよそ》.
¶ *大ざっぱに見積って 100 万円くらいでしょう The cost is *roughly* estimated at a million yen. / (⇒大ざっぱな見積り) A *rough* estimate 「comes [amounts] to one million yen. // その陳述は*大ざっぱすぎる That statement is too *general*. // *大ざっぱにいって千人ぐらいの人がその会に集まった *Roughly speaking* [*In round terms*; *In round numbers*], about a thousand persons attended the meeting.

おおさわぎ 大騒ぎ ―名 (つまらぬことでの) fuss Ⓤ ★しばしば a を付けて. 最も一般的で口語的な言葉; (喧噪) uproar Ⓒ; (混雑) hustle Ⓤ; (大きな混乱) great 「disturbance [commotion] Ⓒ; (興奮した騒ぎ) great excitement Ⓒ. ―動 (つまらぬことで大騒ぎする) make a fuss 「about [over] ... 《☞ さわぎ; おまつりさわぎ》.
¶ 何でそんなに*大騒ぎをしているんだい What *are* you *making* such *a fuss* 「*about* [*over*]? // パレードの準備で，道では人々が*大騒ぎだった There was (a) *great hustle and bustle* on the street to prepare for the parade. // その知らせが入ると人々は*大騒ぎとなった (⇒その知らせが大騒ぎを引き起こした) The news caused a *great* 「*disturbance* [*excitement*]. // 家中*大騒ぎだった The house was *in confusion*.

おおすじ 大筋 outline Ⓒ; (要点) main point Ⓒ. 《☞ だいたい1》. ¶ *大筋において (⇒ほとんどの重要な件について) 同意に達した They've come to an agreement on *most of the important matters*.

オーストラリア ―名 固 Australia. ―形 Australian. **オーストラリア人** Australian Ⓒ.

オーストリア ―名 固 Austria. ―形 Austrian. **オーストリア人** Austrian Ⓒ.

おおせ 仰せ ¶ *仰せの通りです (⇒あなたは正しい) You are right. / (⇒あなたに同意します) I quite agree with you. // *仰せに従います I'll do whatever *you tell* me to do. / (⇒あ

なたの命令に) I'll obey *your orders*.

おおぜい 大勢 (群衆) crowd (of people) Ⓒ ★ある場所に密集して集まっている人を表す最も一般的な言葉; (多数の人) a great many [a large number of] people ★ crowd と違って密集しているとは限らない; (やや改まった表現で) a multitude of people ★以上いずれも複数扱い. 《☞ たすう; おびただしい》.
¶ *大勢の人がそこに集まっている A ˹*crowd of* [*great many*, *multitude of*] *people* have gathered there.

おおぜき 大関 *sumo* wrestler of the second highest rank Ⓒ.

おおそうじ 大掃除 general (house)cleaning Ⓤ ★しばしば a を付けて. 《☞ そうじ¹》.
¶ *大掃除をする carry out *a general* (*house*)-*cleaning*

おおぞら 大空 the sky, the firmament, the heavens ★後の2つは文語. 《☞ そら¹》.

オーダー (注文) order Ⓒ; (順序) order Ⓒ.
¶ チームの打撃*オーダーは変わらない There's no change in the batting *order* (of the team).

オーダーメード ―［形］ made-to-order; (服が) tailor-made. 《☞ あつらえる; 和製英語 (囲み)》.

おおだい 大台 (めど) mark Ⓒ. ¶ ダウ平均は急騰し, きょう1万円の*大台に乗った The Dow-Jones average (price) soared to *over* ten thousand yen today. // 日本の輸出は4月で1千万ドルの*大台を超えた Japanese exports have just topped the $10,000,000 *mark* in April. 《☞ 数字 (囲み)》

おおだてもの 大立物 (芝居の) principal [leading] actor Ⓒ; (重要な人物) leading figure Ⓒ; (くだけた表現で) boss Ⓒ; (人目につく) star Ⓒ.

おおちがい 大違い (大きな差異) great [big; large] difference Ⓒ; (大きな間違い) big [huge] mistake Ⓒ ★ huge のほうが意味が強い.
¶ 君の言うことと彼女の言うことは*大違いだ (⇒大きな差異がある) There is a ˹*great* [*large*] *difference* between what you say and what she says. // どうも*大違いをしたようだ I seem to have made a ˹*big* [*huge*] *mistake*. // レギュラーと控えでは*大違いだ (⇒非常な隔たりがある) Being a bench warmer is *a far cry* from being a regular.

おおっぴら ―［形］ (秘密でない) open; (公然たる) public; (自由な) free. ―［副］ openly; publicly; freely. 《☞ こうぜん¹》.
¶ 事件は*おおっぴらになった The matter has become *public*. // このことはまだ*おおっぴらには話せない I cannot talk about this ˹*freely* [*openly*] yet. / This cannot be made *public* yet.

おおづめ 大詰め (劇などの) finale [finɑ́ːli(ː)] Ⓒ; (最後) end Ⓒ; (結末) close Ⓒ. ¶ この事件はいまや*大詰めにさしかかっている This affair is now coming to the very ˹*end* [*close*].

おおて 大手 (主要な会社) major company Ⓒ. ¶ この分野では*大手は3社です There are three *major companies* in this field.

おおで 大手 **大手を振って** (意気揚々と) in triumph, triumphantly.

オーディオ (オーディオ装置全体) stereo [audio] system Ⓒ, stereo [audio] equipment Ⓤ, stereo components ★複数形で. 《☞ 挿絵》. ¶ *オーディオ マニア an *audiophile*

オーディション audition Ⓒ. ¶ *オーディションに合格した I passed the *audition*. // 彼女は今度*オーディションを受ける She is going to ˹sit [apply] for the *audition* next time.

オーデコロン cologne [kəlóun] Ⓤ, eau de cologne [óu-də-kəlóun] Ⓤ.

おおどうぐ 大道具 (stage) setting Ⓒ; (背景) set scene Ⓒ; (大道具方) sceneshifter Ⓒ.

おおどおり 大通り (町の主要な通り) main street Ⓒ; (にぎやかな主要道路) thoroughfare Ⓒ. 《☞ みち¹; とおり》.

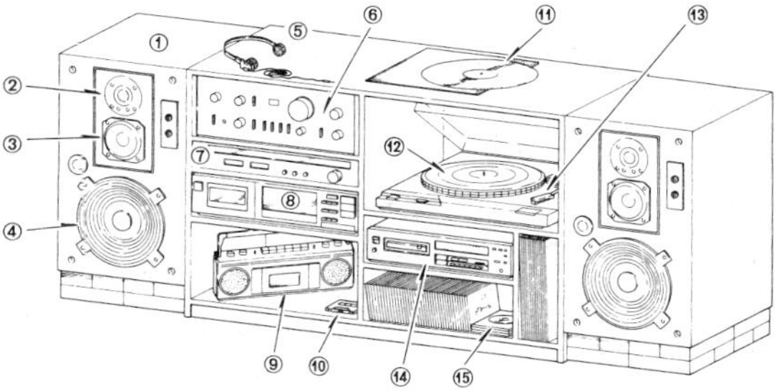

オーディオ装置 stereo equipment

① スピーカー speaker ② ツイーター tweeter ③ ミッドレンジ midrange ④ ウーファー woofer ⑤ ヘッドホン headphones ⑥ アンプ amplifier ⑦ チューナー tuner ⑧ カセットデッキ cassette deck ⑨ ラジオ付きステレオカセットテープレコーダー stereo radio cassette recorder ⑩ カセットテープ cassette tape ⑪ レコード record ⑫ ターンテーブル turntable ⑬ カートリッジ cartridge ⑭ コンパクトディスクプレーヤー compact disk player ⑮ コンパクトディスク compact disk

お

オートバイ motorcycle Ⓒ《☞ バイク；乗り物（囲み）；和製英語（囲み）；挿絵》.

オードブル hors d'oeuvre [ɔədɚ́:v] Ⓒ《☞ レストラン（囲み）》.

オートマチック ―[形] automatic (↔manual)《☞ じどう[1]》. ¶この機械は*オートマチックだ This machine is *automatic*.

オートミール oatmeal Ⓤ.

オートメーション ―[名] automation Ⓤ. ―[動]（オートメーション化する）automate (他).

オーナー owner Ⓒ. ¶*オーナードライバー an *owner*-driver

オーバー[1]（外套）overcoat Ⓒ《☞ 衣服（囲み）》. ¶この*オーバーは厚い[薄い] This *overcoat* is ⌈heavy [light].

オーバー[2]（誇張）exaggeration Ⓤ《☞ おおげさ；こちょう》. ¶*オーバーだなあ（⇒君は大げさに言う）You *exaggerate*! / (⇒それは少しばかり誇張されている) That *is* a little bit *exaggerated*.

オーバースロー〘野球〙 ―[名] overhand throw Ⓒ. ―[形][副] overhand.《☞ 野球の英語（囲み）；アンダースロー》. ¶彼は*オーバースローで速球を投げた He pitched a fast ball *overhand*.

オーバーホール ―[名] overhaul Ⓒ. ―[動]（オーバーホールする）overhaul (他). ¶私はタイプライターを*オーバーホールしてもらった I *had* my typewriter *overhauled*.《☞ 使役（囲み）》

おおはば 大幅 ―[形]（大きい）large, big ★後者が口語的；（思い切った）drastic；（金額・程度などがかなりの）substantial. ―[副]（急激に）sharply；（大きく）greatly. ¶*大幅な賃金値上げを得ることは難しい It is difficult to get a *substantial* raise in pay. // 計画は*大幅に変更された There was a *drastic* change in the scheme. // 列車は*大幅に遅れた The train was *very* late. / There were *considerable* delays in the train service.

オービー（卒業生）graduate Ⓒ；《米》alumnus Ⓒ《複 alumni [əlʌ́mnai]》；（《英》で特に public school の卒業生）old boy Ⓒ.

おおひろま 大広間 (great [grand]) hall Ⓒ.

おおぶろしき 大風呂敷 **大風呂敷を広げる**（ほらを吹く）talk ⌈big [tall] (自)；（大げさに自慢する）brag (about ...) (自).《☞ ほら[2]；じまん》.

オーブン oven [ʌ́vən] Ⓒ《☞ 台所・家事（囲み）》. **オーブントースター** toaster oven Ⓒ.

オープン ―[動] open (自)(他). ―[形] open.《☞ かいてん[2]》. ¶本日*オープン *Opening Today*《☞ 掲示の英語（囲み）》// *オープンに話し合おう Let's talk *frankly*. [語法] 日本語の「オープンな[に]...」という言い方は，そのまま英語に使えないことがあることに注意.《☞ そっちょく》

オープンカー open car Ⓒ；（屋根の折り畳める）convertible Ⓒ. ¶大統領は*オープンカーに乗ってパレードした The president rode in an *open car*. **オープン戦**（野球などの）exhibition game Ⓒ.

おおべや 大部屋（大きな部屋）large room Ⓒ；（劇場の）common dressing room Ⓒ.

オーボエ oboe [óubou] Ⓒ《☞ 音楽（囲み）》. **オーボエ奏者** oboist [óubouist] Ⓒ.

おおまか 大まか ―[形]（大ざっぱな）rough；（一般的な）general；（おうような）generous.《☞ おおざっぱ；おうよう[2]》.

おおまた 大股（大きな歩幅）long stride Ⓒ. ¶彼は*大股で私に近づいてきた He walked to me with *long strides*.

【参考語】（大股で歩く）walk with (long) strides (自), stride (away; along ...) (自)；（濶歩する）strut (自).

おおみず 大水 flood Ⓒ《☞ こうずい；自然災害（囲み）》.

おおみそか 大晦日 New Year's Eve Ⓒ.

オーム〘電気〙ohm [óum] Ⓒ《記号 Ω》.

おおむかし 大昔 ¶*大昔，お姫様がいました *Long, long ago* [*A long time ago*], there lived a princess. // これは*大昔からの言い伝えです This is a saying handed down to us from *time immemorial*.《☞ むかし》

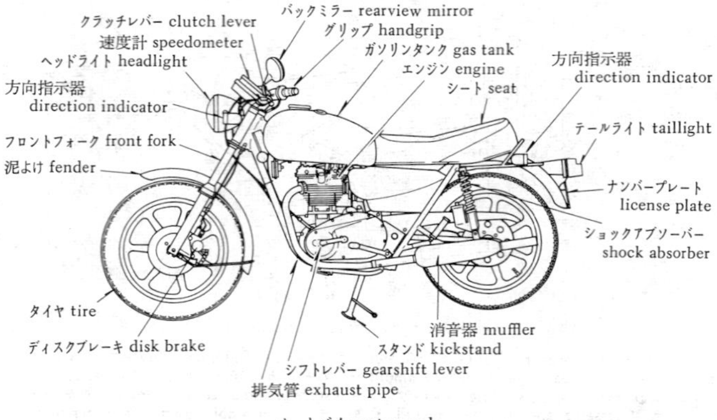

オートバイ motorcycle

【参考語】(昔) old days ★ 複数形で；(はるかな過去) remote past Ⓤ；(古代) ancient times；(原始時代) primitive ages ★ 以下2つは複数形で.

おおむぎ 大麦 barley Ⓤ《☞ むぎ (挿絵)》.

おおむこう 大向こう the gallery；(大衆) the masses ★ 複数形で. ¶ *大向こうをうならせる play to [fascinate] *the gallery*

おおむね 概ね ☞ だいたい¹；おおよそ.

おおめ 大目 **大目にみる** (見逃す) tolerate ㊐《☞ かんべん¹》. ¶ 失敗を何とか*大目にみて下さい Please *tolerate* my failure.

おおめだま 大目玉 (ひどくしかること) scolding Ⓒ,《口語》talking-to Ⓒ.《☞ おめだま；こごと》. ¶ 子供たちは*大目玉をくった (⇒ ひどくしかられた) The children got a good *scolding*. // 息子に*大目玉をくわせなくてはならない I must give my son a ˹*talking-to* [*scolding*].

おおもじ 大文字 capital letter Ⓒ (↔ small letter)《☞ 欄外》. ¶ 名前と住所は*大文字で書いて下さい Please write your name and address in ˹*capital letters* [*capitals*].

おおもと 大本 (基礎) base Ⓒ《☞ きそ¹ (類義語)；きほん；こんぽん》.

おおもの 大物 (実力者) big [important] man Ⓒ；(特に政界・財界などの要人)《口語》VIP Ⓒ《複 VIPs》 [参考] V.I.P.《複 V.I.P.'s》とも書く. very important person Ⓒ の略. [víːàipíː] と読む；(狩・釣の大物) big game Ⓤ.《☞ おえらがた》.

おおや 大家 landlord Ⓒ；(女家主) landlady Ⓒ；(家の持ち主) owner (of the house) Ⓒ.

おおやけ 公 ― 形 (社会一般の) public；(公開の) open；(公式の) official. ― 副 publicly；openly；officially；(正式に) formally. ― 動 (出版して) publish ㊐；(世間に知らせる) make ... public.
¶ 彼は*公の席でそのことを話した He talked about it *in public*. / (⇒ 正式に) He *formally* mentioned it. / (⇒ 公式の) He made *official* statements about it. // これは*公にできないことです (⇒ 秘密にしておくべきことだ) This should be kept secret. / (⇒ 個人的なこと) This should be strictly private. / (⇒ 公表する) It's not advisable to *make* this *public*. / This is no good for *publication*.

おおやすうり 大安売り big [great; special] bargain Ⓒ《☞ おおうりだし》.

おおゆき 大雪 heavy (fall of) snow Ⓒ, heavy snowfall Ⓒ.《☞ ゆき¹；天候の表現 (囲み)》. ¶ 先週*大雪が降った We had *a heavy* ˹*(fall of) snow* [*snowfall*] last week. // 10年来の*大雪だ This is *the* ˹*heaviest* [*greatest*] *snowfall* that we have ˹had [seen] in ten years.

おおよそ 大よそ **1**《概要・大体》 ― 形 (概略の) rough；(数量について) approximate. ― 副 roughly, roughly speaking ★ 文頭に用いる. やや形式ばった言い方；(全体から見て) on the whole；approximately.《☞ だいたい¹；ほぼ¹；ほとんど》.
¶ *大よその計画はできた I have made a *rough* plan. // それは*大よそ当たっている That's just *about* right. / (⇒ 正しく推量した) You've guessed right. // 費用は*大よそどのくらいだろう How much [What] is the *approximate* cost? // *おおよそ半分 *roughly* a half // *大よそのところ (⇒ 大ざっぱに言って), 30日ばかりかかるでしょう *Roughly speaking*, it will take thirty days (to finish it). / It will take *approximately* thirty days (to finish it).
2《まったく》☞ およそ.

オーライ all right, O.K., OK.《☞ オーケー 語法》.

おおらか ― 形 (度量の豊かな) tolerant；(心が広い) broad-[large-]minded；(寛大な) generous.《☞ おうよう²》. ¶ 彼女は*おおらかな人だ She is ˹*tolerant* [*broad-minded*; *generous*].

オール (ボートの) oar [ɔ́ər] Ⓒ《☞かい³ (挿絵)》.

オールスター ― 形 all-star ★ 英語は名詞ではなく形容詞.《☞ スター》. ¶ 私はその*オールスターの試合はテレビで見た I watched the *all-star* game on television.

オールドミス (年配の) old maid Ⓒ；spinster Ⓒ [語法] いずれも未婚の若くない女性を指すが, 後者は法律用語として用いられることが多い.《☞ 和製英語 (囲み)》.

大文字 (capital letter) 大文字は次の場合に用いられる.
(1) 文の最初の文字. 引用文の場合も同様.
¶ たいていの人はそう考える Most people think so. // 彼は「あしたは忙しい」と言った He said, " I'll be busy tomorrow."
(2) 人称代名詞の I と間投詞の O は常に大文字.
(3) 固有名詞, およびそれに準ずるもの. さらにそれから派生した語.
(i) 人名：エリザベス Elizabeth (Elizabethan 名 形) // マルクス Marx (Marxian 形 名, Marxist 名, Marxism 名)
(ii) 地名：日本 Japan (Japanese 形 名) // アメリカ America (American 形 名, Americanize 動)
(iii) 月・曜日・祝祭日：9月 September // 月曜日 Monday // クリスマス Christmas // 元旦 New Year's Day
(iv) 敬称・称号：山田教授 Professor Yamada // エリザベス女王 Queen Elizabeth
(v) 宗教関係：神 God // 天なる父 the Father // 神の子 the Son of God // 聖書 the Bible
(vi) 時代・史実：中世期 the Middle Ages // 第一次世界大戦 the First World War / World War I
(vii) 海・川・湖：太平洋 the Pacific Ocean // テムズ川 the river Thames / the Thames // びわ湖 Lake Biwa
(viii) 親族：母 Mother // 父 Father // よし子おばさん Aunt Yoshiko 語法 冠詞・所有代名詞のついた時は小文字. ((例) the mother, my father)
(4) 書名・雑誌名・論文名・新聞名など.
冠詞・接続詞・前置詞は普通, 名称の最初の語でない場合は大文字にしない. ただし文字数の多い前置詞 (普通6字以上) は大文字にする.《☞ アンダーライン (欄外)》
(i) 書名：『風と共に去りぬ』*Gone with the Wind*
(ii) 雑誌名：『ニューヨーカー』*The New Yorker*
(iii) 新聞名：『タイムズ』*The Times*

お

オーロラ (極光) aurora [ərɔ́ːrə] Ⓒ.

おおわらわ 大わらわ ¶みんな自分の部屋の掃除で*大わらわだ (⇒とても忙しい) Everyone is *very busy* cleaning his own room. 《☞ いそがしい; おおさわぎ》

おか 丘 hill Ⓒ; (高台) heights ★複数形で, 単数扱い. ¶あの*丘に登ろう Let's go up that *hill.* // 彼の家は*丘の中腹にある His house ˹is [stands] on the *hillside.*

おかあさん お母さん (一般に, 母親) mother Ⓒ; (家庭内で) Mother; (子供が母親の呼びかけとして) Mom, Mummy, Mammy, Mama, Mamma, Ma 【語法】家族の間では mother をしばしば固有名詞のように扱い, 冠詞や所有格の代名詞を用いず, また書くときは大文字で始めることが多い. また子供が母親に対して呼びかけるときは Mother を用いるほか, Mom が最も一般的であるが, ほかに幼児は Mummy, Mammy をよく用いる. Mama, Mamma は《米》では Mom ほど一般的ではない. Ma は多少方言的であり, 都会ではあまり聞かれない. 《☞ おとうさん 語法; 親族関係 (囲み); 呼びかけ (囲み)》.
¶*お母さん, 電話ですよ *Mother,* you are wanted on the phone. // *お母さんはどこにいるの Where is ˹*Mother* [*Mom*]? // *お母さんによろしくね Please give my best ˹wishes [regards] to your *mother.*

おかえし お返し (感謝のしるし) token of gratitude Ⓒ; (返礼) return Ⓤ. 【参考】英米の習慣では, 物をもらってそのお返しにまた物を贈るような習慣はない. 《☞ れい²; へんれい》.
¶*お返しに何か差し上げたい (⇒感謝のしるしとして何か贈りたい) I would like to present you something *as a token of gratitude.* // 彼女のもてなしの*お返しに何を送ろうか What shall I send to her *in return for* her hospitality?

おかえりなさい お帰りなさい (日常的なあいさつ) Hello!; (帰国の歓迎などの) Welcome home!; (遠い旅行などから) Glad to see you back! 《☞ ただいま 参考》.

おがくず おが屑 sawdust Ⓤ.

おかげ お陰 ¶「皆さんお元気ですか」「*おかげさまで皆元気です」"How is your family?" "All of us are [We are all] fine, *thank you.*" 【参考】社交辞令としての「おかげさまで…」は thank you などで表すのが適当である. 《☞ 感謝の表現 (囲み)》 // *おかげさまで助かります (⇒助力をたいへんにありがとう) *Thank you very much* for your kind help. / (⇒私を助けに来て下さるとは何と親切なことでしょう) *How kind of you* to come and help me! // *おかげさまで卒業できました *Thanks to you* [*Through your kind assistance*], I was able to graduate. // あなたの*おかげで成功しました (⇒私は私の成功をあなたに負うている) I *owe* my success to you. / I'*m greatly indebted* to you for my success. ★後のほうが形式ばった言い方. // 彼の*おかげで (⇒彼の失敗のために) 計画はめちゃめちゃになった Our plan was entirely spoiled ˹*because of* [*owing to*] his failure. // 彼女の*おかげで会社での女性の地位が向上した (⇒彼女は多くをなした) She *has done a lot* to improve women's conditions in the company.
【参考語】《助け》: assistance Ⓤ; help Ⓤ; aid Ⓤ. 《後援》: support Ⓤ; backing Ⓤ. 《おかげで》: (…の助力で) through [by] *a person's* ˹help [assistance]; (原因で) because of …; owing to …; due to …

おかしい **1** 《おもしろい》 ―形 (人を楽しませるような) amusing; (こっけいで) funny; (ばかばかしいようで) ridiculous. 《☞ おもしろい (類義語); ユーモラス; こっけい》.
¶*おかしい話 (⇒楽しい) an *amusing* story / (⇒思わずふき出して笑うような) a *funny* story 【語法】「奇妙な」の意味でも funny を使う. 《☞ 2》. その意味では a *strange* story ともいう. // 彼の冗談はちっとも*おかしくなかった His joke wasn't *funny* at all. / (⇒笑わせなかった) His joke didn't *make* us *laugh* at all. // 何がそんなに*おかしいんだい (⇒何があなたをそんなに笑わせるか) What *makes* you *laugh* so much? 《☞ 発想 (欄外)》
2 《奇妙な》 ―形 (不思議な) strange; (風変わりな) queer 【参考】この語は同性愛の習慣を持つ意味に使われることがあるので, 文脈によっては注意を要する; (通常とは違って) unusual; (ほかとそぐわずに) odd; (適切でない) wrong. 《☞ へん¹ (類義語); ふしぎ; かわった》.
¶彼はどこか*おかしいところがある There's something ˹*strange* [*queer*] about him. // 机の上に何か*おかしなものがある There's something *strange* on the desk. / I've found a *strange* object on the desk. // あなたが彼を知らないなんて*おかしい It's *strange* you've never met him. // 彼が遅れるとは*おかしい (⇒異常だ). 途中で何かあったのではないかな It's *unusual* for him to be late [(⇒なぜ遅れたのかと思う) I *wonder why* he is late]. He must have had some trouble on the way. // *おかしなことに彼はその日は学校を休んだ *Curiously,* he was away from school on that day. // きょうは車の調子が*おかしい Something is *wrong* with the car.
3 《怪しい》 ―形 suspicious 《☞ あやしい》.
¶門のところにいた男は*おかしい The man at the gate looked *suspicious.*

おかしらつき 尾頭付き fish with its head and tail Ⓒ; (丸ごと焼いた魚) fish grilled whole Ⓒ ★いずれも単複同形.

おかす¹ 犯す (罪悪を) commit ㊀; (法律を) violate ㊀, break ㊀ ★前者のほうが改まった言葉; (婦女を) rape ㊀, assault ㊀, make an assault ˹on [upon] … ★後の2つは rape の婉曲語として用いられる.
¶あの男は殺人[罪]を*犯した That man ˹*committed* [*is guilty of*] a ˹murder [crime]. // 法律を*犯すものは罰せられる Anyone who *breaks* the law [A *lawbreaker*] will be punished.

おかす² 侵す (侵入する) invade ㊀; (権利などを) violate ㊀; (やや形式ばって) infringe ˹on [upon] … 《☞ しんがい¹ (類義語)》.
¶ソ連の漁船が日本の領海を*侵した The Russian fishing boats *violated* the Japanese

territorial waters. // 人権を*侵してはならない Human rights should not *be* ⌈*violated* [*infringed upon*]. // 権威を*侵すことなど，若者たちは何とも思わない Young people ⌈think nothing of *defying* authority [(⇒ 無視する) just *disregard* authority].

おかす³ 冒す （危険を） risk ㊀, run a risk. ¶ 彼は生命の危険を*冒してまでそれをやり遂げた He did it even *at the risk of* his life.

おかず （補助的な食物） subsidiary food Ⓒ; （中心となる料理に対して付随的な） side dish Ⓒ ［参考］ 英語には日本的な「主食」と「おかず」という考え方はない. ¶ *おかずの種類は多くはなかった There were not so many *dishes* on the table.

おかっぱ お河童 bob Ⓤ. ¶ あの子は*おかっぱ頭でかわいい That girl is cute *with her straight hair* ⌈*cut short* [*bobbed*].

おかどちがい お門違い ― 形 （間違いの） wrong; （適切でない） irrelevant.
¶ その質問に答えろというのかい. *お門違いだよ (⇒ 間違った人に尋ねている) Do you want me to answer the question? You *are asking the wrong man*. // あまり*お門違いのことばかり言っていると相手にされなくなるよ You will be disregarded, if you keep saying *irrelevant* things.

おかぼ 陸稲 rice (plants) grown in a dry field Ⓤ.

おがむ 拝む （あがめる） worship ㊀; （祈る） pray (to ...) ㊁. ¶ 老人は拝殿の前で手をあわせて*拝んだ The old man ⌈*prayed* with folded hands [put his hands together and *prayed*] in front of the outer shrine.

おかめ お亀 （おかめの面） fat-faced woman's mask Ⓒ; （不美人） plain woman Ⓒ, 《米》 homely woman Ⓒ.

おかめはちもく 岡目八目 Lookers-on see most of the game. 《ことわざ：傍観者は試合の大部分が見える》

おがわ 小川 brook Ⓒ, stream Ⓒ ［語法］ ほぼ同意に用いることが多いが，後者は少し広い意味で用いられる言葉. small stream＝brook という感じ; （さらに小さな流れ） brooklet Ⓒ, streamlet Ⓒ. 《☞ かわ¹》. ¶ *小川のほとりをよく散歩して，せさらぎの音を聞いたものだ I would take a walk along the ⌈*brook* [*stream*] listening to its murmur.

おかわり お代わり *another* [*second*] *helping* ［語法］ 他人に勧めたりする場合には another を使わないほうがよいとする人もある.
¶ コーヒーの*お代わりを下さい May I have *another cup* of coffee? // とてもおいしいので*お代わりをしたい This is very delicious. I would like to have ⌈*another* [*a second*] *helping*. // 「*お代わりいかがですか」「いや，もう結構です」 "Won't you have *some more*?" "No, thank you."

おかん 悪寒 a chill ★ a を付けて. 《☞ さむけ; 病気・病院 (囲み)》. ¶ *悪寒がする feel [catch; take; have] *a chill*

おき 沖 offing Ⓒ; （公海） the open sea.
¶ 船は房総*沖に停泊した The ship dropped anchor *off* the Boso Peninsula. ［語法］ このように「…の沖」という言い方は「off＋地名」の形をとる. // 5マイル*沖の小さな島に泳いでいった We swam to a small island 5 miles *off the shore*. // あの*沖の船は捕鯨船のようだ That ship *out at sea* looks like a ⌈whaler [whaleboat].

-おき …置き ¶ 1日*おきに来て下さい Please come *every* ⌈other [second] *day*. // バスは10分*おきに走っています Buses run ⌈at ten-minute *intervals* [*every* ten minutes]. ［語法］ ten minutes は1つの単位として考えられる. // 苗は50センチ*おきに (⇒ …の間隔を置いて) 植えます We plant the seedlings ⌈*at intervals of* 50 centimeters [50 centimeters *apart*]. // 列車は1時間*おきに，毎正時に出ます The train starts *every* hour on the hour.
【参考語】 (…の間隔で) at intervals of...; (…に1つ; …ごとに) every...

おきあい 沖合 offing Ⓒ; （公海） the open sea. 《☞ おき》.

おきあがる 起き上がる （ベッドから） get up ㊁; （立ち上がる） rise ㊁; （ベッドの上で） sit up ㊁; （転んで） pick *oneself* up. 《☞ おきる》.
¶ はやく*起き上がりなさい *Get up* [*Rise*; *Pick yourself up*] quick(ly). // 彼はベッドの上に*起き上がって本を読んでいた He was reading, *sitting up* in bed.

おきかえる 置き換える （A を B で換える） substitute B for A, replace A with B ★前置詞および A, B の順序に注意; （並べかえる） rearrange ㊀; （場所を移す） move ㊀. 《☞ いれかえる; とりかえる》.
¶ 古い絵をとって，新しいのに*置き換えて下さい Please *replace* the old pictures *with* the new ones. / Please *substitute* the new pictures *for* the old ones.

おきざり 置き去り ― 動 (…を後へ残す) leave ... behind; （見捨てる） desert ㊀. ¶ 彼は妻子を*置き去りにしていなくなった He disappeared, ⌈*leaving* his family *behind* [*deserting* his wife and children].

オキシダント oxidant Ⓤ. ¶ きょうの*オキシダント濃度はかなり高い The *oxidant* concentration today is fairly high. / *Oxidant* is in high concentration today. ［語法］ 以上は日本語に基づいた英訳であるが，このような表現は英米では普通用いられない. 従って英米人に理解しやすいようにするには The smog is fairly bad today. のように意訳する必要がある.

オキシフル hydrogen peroxide solution Ⓤ, 《口語》 peroxide Ⓤ.

おきて 掟 rule Ⓒ; regulation Ⓒ. 《☞ きそく; きまり; さだめ》.

おきてがみ 置き手紙 （書き置き） note Ⓒ; （伝言） message Ⓒ. 《☞ かきおき》. ¶ 彼は留守だったので*置き手紙をしてきた As he was out, I *left a* ⌈*note* [*message*] behind.

おきどけい 置き時計 （一般的に） clock Ⓒ ★ 腕時計，懐中時計など持ち運べる時計 (watch) に対していう; （壁かけ時計） wall clock Ⓒ; （飾台に置く） mantel(piece) clock Ⓒ; （卓上時計） table [desk] clock Ⓒ; （目覚まし

お

時計) alarm clock Ⓒ. ((☞ とけい)).

おぎなう 補う (不足を満たす・損失などを埋め合わせる) make up for ..., make up ㊀, compensate ㊀, make good ㊀ [語法] 以上いずれも不足・損失などを埋め合わせる意味では共通しているが, make up for が最も広く一般的な言葉. compensate はやや形式ばった言葉で金銭的なことによく使われる. make good は口語表現; (補充する) supplement ㊀; (欠員などを) fill ㊀. ((☞ うめあわせ; ほじゅう)).
¶こんな高額の不足は*補うのが困難だ It is hard to *make up* such a big deficit. // 収入の不足を*補うために, 彼は夜もアルバイトをした He had a side job in the evening in order to *supplement* his income.

おきにいり お気に入り —图 (身分の上の人の) favorite ((英)) favourite) Ⓒ; (特に子供を指す) pet Ⓒ. —形 favorite; pet. ((☞ きにいる)). ¶彼女はA夫人の*お気に入りだ She is Mrs. A's ⌈*favorite* [*pet*]. // これは彼の*お気に入りのレストランだ This is his *favorite* restaurant.

おきぬけ 起き抜け ¶私は*起き抜けに (⇒起きたらすぐ) 風呂に入った I took a bath *as soon as I got up.*

おきば 置き場 (一般的な場所) place Ⓒ; (余裕) space Ⓒ. ¶物が増えすぎて*置き場に困っている I have too many things for my *place.* // 恥ずかしくて身の*置き場もない感じだ I feel so ashamed that I don't know *what to do with myself.*

おきみやげ 置き土産 (形見) keepsake Ⓒ; (別れの際の贈り物) parting present Ⓒ. ((☞ みやげ)). ¶彼はこの本を*置き土産とした He has left this book as a sort of *parting present.* / This book was his *present* when he left.

おきもの 置き物 (飾り物) ornament Ⓒ; (小立像) figurine [fìgjuríːn] Ⓒ.

おぎゃあ baby's cry Ⓒ ((☞ なく¹)). ¶赤ん坊は*おぎゃあと泣いた The baby *cried.*

おきる 起きる **1** «起床する»: get up ㊁, rise ㊁ ★ 後者は文語的.
¶「毎朝何時に*起きますか」「8時に*起きます」"What time do you usually *get up* in the morning?" "I *get up* at 8 every morning." // 母は朝*起きるのが早い My mother always *gets up* early. / (⇒早起きの人です) My mother is an early *riser.* [語法] 名詞としては riser が普通. get up の名詞はない. // もう*起きなさい(⇒起きる時間です) It's time to *get up.* // 彼はもう*起きている He's already *up.*
2 «目を覚ます»: wake (up) ㊁ ((過去 waked, woke, 過分 waked, woken)); (眠らずに起きている) be [stay] awake [語法] awake は 動, 形 両方があるが, この場合は述語的に用いる 形. ((☞ 形容詞の2用法 (欄外))); (夜ふかしをして起きている) stay up ㊁, sit up ㊁ ★ 前者のほうが普通. ((☞ おこす¹)).
¶おい, *起きろよ Hey! *Wake up!* [語法] 「目を覚ませ」という意味. 「立ち上がれ」なら Get up! となる. // 赤ちゃんが*起きるといけないから静かにしてね (⇒さもないと赤ちゃんを起こしてしまう) Please be quiet or you'll *wake* the baby. // 小鳥は暗いうちに*起きて鳴きはじめる Birds *wake up* before it is light and start to sing. // 昨夜は一晩中 (眠れずに) *起きていた I *was* wide *awake* all night last night. // 「昨夜は何時まで*起きていた」「テレビを見て真夜中まで*起きていました」"How late did you *stay up* last night?" "We *stayed up* till midnight watching television."
3 «立ち上がる»: get up ㊁, rise ㊁; (横になっていたのを上半身を起こす) sit up ㊁; (自力で立ち上がる) pick *oneself* up. ((☞ おきあがる; たちあがる)).
¶彼女はベッドの上で*起きていた I found her *sitting up* in bed. // 彼はどうかして*起きようとしたが, すっかり弱っていて*起きられなかった He tried to *pick himself up* but was too weak to *rise.* // 長いこと具合が悪くて寝ていましたが, もう*起きています I was sick in bed a long time but now I'*m on my feet* again.
4 «事柄が発生する»: happen ㊁, occur ㊁. ((☞ おこる²)).

おきわすれる 置き忘れる (置いてくる) leave ... (behind); (忘れる) forget ㊀ [語法] この語には「置く」という意味は含まれていないので, ある物について「まったく念頭になかった」という意味で用いる; (うっかりと一時的に) mislay ㊀.
¶きのうお宅に傘を*置き忘れました I *left* my umbrella at your house yesterday. // 彼はカメラをどこかへ*置き忘れてなくしてしまった He *forgot* his camera and lost it.

おく¹ 置く **1** «ある場所に物をすえる»: (漠然と) put ㊀ ((過去・過分 put)); (すえておく) set ㊀ ((過去・過分 set)); (配列して) place ㊀; (横に) lay ㊀ ((過去・過分 laid)). [語法] これらの動詞はいずれも目的語のほかに場所を示す副詞または様態を示す副詞を添えて用いる.
【類義語】最も一般的な語で, 漠然と置くのは **put**. 動作に重点がある. 特定の位置・状態にきちんとすえておくのは **set**. 目的をもって一定の順序などに配列して置くのは **place** で, 置かれた場所に重点がある. 平らにして置くのは **lay** で, 何かの用意・準備のためであることが多い.
¶「君はカバンをどこに*置きましたか」「あそこの棚の上に*置きました」"Where did you *put* your bag?" "I *put* it on the rack over there."
全部もとのところへ*置きなさい *Put* everything *back* where it ⌈was [belongs].
彼女は電気スタンドをテーブルの上に*置いた She *set* a lamp on the table.
ここの本を順序よく*置いて下さい Please *place* these books in the right order.
机の上に手を*置いて *Place* [*Put*] your hands on the desk!
看護婦さんは赤ちゃんをそっとベッドの上に*置いた The nurse *laid* the baby *down* gently on the bed.
この花瓶はここに*置いておくものですか Does this vase *belong* here?
2 «置きざりにする・そのままにしておく・ある状態にしておく»: (後に残す・置き去りにする) leave ... (behind) ((過去・過分 left)); (ある状態にし

ておく) keep ㊐《過去・過分 kept》; (放っておく) leave ... alone.
¶ 彼は妻を日本に*おいてアメリカへ行った He went to America, *leaving* his wife in Japan.
傘をどこかに*おいてきた I'm afraid I *left* my umbrella (*behind*) somewhere.
それはそのままにして*おけ *Leave* it *alone*. / (⇒ いまあるままに) *Leave* it as it is.
メモを机の上に*置くから読んで下さい I'll *leave* the note on the desk for you to read. / (⇒ あなたが机の上で見つけるメモを読んで下さい) Please read the note which you will find on the desk.
そのことは言わないで*おきなさい You'd better ˹*leave* it unsaid [(⇒ 黙っておく) *keep* silent about it].
そのお金はあなたが取って*おきなさい You *keep* the money.
8 時までに宿題をすませて*おきなさい Finish your homework by eight o'clock.
切符はこちらで買って*おきます (⇒ あなたのために買う) We are going to get you a ticket here. / (⇒ 手配をする) We will arrange for your ticket.
3 《店などで扱う・陳列する》: (商品としてもっている) carry ㊐; (説明的には) have ... for sale; (商品を扱う) deal in ...
¶ この店はいろいろな辞書を*置いている This store *carries* a large variety of dictionaries.
この店はたばこを*置いていますか (⇒ 売るか) Do you ˹*have* [*sell*] cigarettes in this shop?
4 《家庭内に人を抱える》: (下宿人・使用人などを) keep ㊐, take (in) ㊐ 語法 前者は状態を, 後者は動作を表す. keep は意味が広くて, しばしばあいまいになるため, 部屋を貸していることをはっきりさせるには以下のような言葉を使う; (特に下宿人を) lodge ㊐; (部屋を貸す) rent ㊐ 語法 「部屋」が目的語. 相手は to ... とする.
¶ 彼女は家が広いので学生を 3 人*置いている She lives in a large house and ˹*lodges* [*keeps*] three students. / She has a large house, so she *rents* some of the rooms to three students.
5 《隔てる・別にする》 ¶ 君たち 2 人はもう少し間隔を*置きなさい *Keep* a little *space* between you two. / You two should *keep a little apart*
列車は 1 時間*おきに出ます The trains leave ˹one hour *apart* [*every* hour]. 《☞ -おき》
1 軒*おいて隣が彼の家です He lives two doors away.
彼女はそれから 3 年*おいてまたアメリカへ行った She paid a visit to America again *after* three years.

おく² 奥 (背後) the back Ⓒ; (内部) the interior Ⓒ; (奥深い所) the depths ★ 通例複数形で; (海岸・山脈などの引っ込んだところ) the recess Ⓒ ★ しばしば複数形で. 語法 以上の語はこの意味では the を付けて用いる.
¶ *奥の部屋のほうが涼しい It is cooler in ˹*the back* room [the room in *the back* of the house]. // 森の*奥深くに木こりの小屋があった There was a woodcutter's cottage in *the* ˹*depths* [*recesses*] of the forest. // 心の*奥には逃げ出したい思いがあったのは事実だ It is true that there was a wish to flee at *the back* of my mind. 《☞ おくそこ》

おく³ 億 a [one] hundred million ★ one を用いるほうがやや改まった言い方. 《☞ 数字 (囲み)》. ¶ 十*億 a [one] billion 参考 《英》では最近まで a [one] thousand millions といっていたが, 現在では公式には billion.

おくがい 屋外 ― 名 the outdoors, the open air ★ 以上はともに the ~ として用いる. ― 形 (屋外の) outdoor, open-air, outside. ― 副 (屋外で) outdoors, out of doors, in the open (air), outside. 《☞ おくない; こがい; そと》.
¶ *屋外で運動しましょう Let's exercise ˹*outdoors* [*out of doors*; *outside*; *in the open (air)*]. // *屋外の気温はあまり高くない The ˹*outdoor* [*outside*] temperature is not so high.

おくさま 奥様 **1** 《呼びかけ》: ma'am [mǽm, məm], madam 語法 いずれも既婚者にかぎらず未婚者にも用いる. 《米》では前者が一般的. 《☞ 呼びかけ (囲み)》. ¶ 《店頭などで》「それを見せて下さい」「こちらでございますか, *奥様」"May I have a look at that?" "This one, *ma'am*?"
2 《夫人に対する尊称》: Mrs. 語法 姓の前に付けて用いる. 《英》ではピリオドなし; ...'s wife. 《☞ ふじん²》.
¶ 田中さんの*奥様はきょうはお見えになりますか Is *Mrs.* Tanaka coming today? // 「*奥様はお元気ですか」「おかげさまで元気です」 "How is your *wife*?" "She's fine, thank you." 語法 改まった言い方をするときは, your wife の代わりに Mrs. ... を使って, "How is Mrs. Brown?" のような聞き方をする.
3 《人妻》: wife Ⓒ 《複 wives》; (主婦) housewife Ⓒ; (既婚婦人) married woman Ⓒ. ¶ 彼女はお嬢様ですか*奥様ですか Is she single or *married*? // 私たちは*奥様相手の商売をしています We sell goods for ˹*housewives* [*ladies*]. // 彼女はいまでは重役の*奥様です She is now the *wife* of an executive of a firm. / She *is married to* an executive of a firm.

おくさん 奥さん wife Ⓒ 《複 wives》 《☞ おくさま》. ¶ 彼の*奥さんにはしばらく会っていない I haven't seen his *wife* for some time. // お隣の*奥さんはなかなかチャーミングだ She's very charming, the *wife* next door.

おくじょう 屋上 roof Ⓒ; (特に屋根と区別するとき) rooftop Ⓒ. 《☞ やね》. ¶ 彼は*屋上に上がった He climbed onto the *roof*.

おくする 臆する shrink (from ...) ㊀; flinch (from ...) ㊀. 《☞ しりごみ (類義語); ひるむ; きおくれ》.

おくそく 憶測 ― 動 guess ㊀ ㊐. ― 名 guess Ⓒ. 《☞ すいそく (類義語)》.

おくそこ 奥底 ¶ 彼は心の*奥底では (⇒ 心中) 後悔していた He felt regret *at heart*. //

お

彼女は私に心の*奥底を打ち明けた (⇒ 意中を明かした) She *unbosomed herself* to me.

オクターブ〔音楽〕octave [áktiv] Ⓒ.

おくち 奥地 (内陸部) the interior; (沿岸に対して) the hinterland Ⓒ; (森林などの) the backwoods 〔語法〕 以上の語は普通 the を付けて用いる. なお backwoods は単複両方に扱われる. (☞ おく[2]).

おくない 屋内 ―形 (屋内の) indoor. ―副 (屋内で) indoors. (☞ しつない). ¶ *屋内プール an *indoor* swimming pool

屋内運動場 gymnasium Ⓒ, (口語) gym Ⓒ.

おくのて 奥の手 (最後の手段) last ⌈resort [resource] Ⓒ; (最後・最善の手) *one's* ⌈last [best] card Ⓒ; (切り札) trump (card) Ⓒ; (最高の札・エース) ace Ⓒ. (☞ きりふだ). ¶ 彼は*奥の手を出して事態を収拾した He ⌈*played* [*used*] *his trump* (*card*) and got things under control. // 僕にはまだ*奥の手がある I still *have an ace* ⌈*up my sleeve* [*in the hole*].

おくば 奥歯 (臼歯) molar (tooth) Ⓒ (☞ きゅうし[3]; は[1] (挿絵)). ¶ 彼は*奥歯に物がはさまったような言い方をする (⇒ 率直ではない) He is not quite frank with me about it.

おくび belch Ⓒ (☞ げっぷ[2]). ¶ 私はそのことは*おくびにも出さなかった (⇒ 何も言わなかった) I didn't say anything about it.

おくびょう 臆病 ―名 (勇気に欠けて) cowardice Ⓤ; (気が弱く) timidity Ⓤ. ―形 (臆病な) coward(ly); timid. ¶ そんなに*臆病ではいけない You shouldn't be so ⌈*timid* [*coward*(*ly*)]. / (⇒ 臆病者であってはいけない) You shouldn't be such a *coward*.

臆病者 coward Ⓒ.

おくふかい 奥深い deep; (深遠な) profound. (☞ おく[2]; しんえん). ¶ この洞穴はかなり*奥深い This cave ⌈is pretty *deep* [(⇒ 奥へ伸びている) extends pretty *far back*]. // 彼の言葉の*奥深い意味がはじめはわからなかった At first I couldn't get the *profound* meaning of his words.

おくめん 臆面 **臆面もない[なく]** ―形 (臆面もない・ずうずうしい) bold; (大胆な) audacious; (生意気で厚かましい) impudent [ímpjudənt]; (恥ずかし気もなく) unashamed, unabashed. ―副 boldly; audaciously; impudently; unashamedly, unabashedly. (☞ ずうずうしい; あつかましい). ¶ *臆面もなく, よくあんなことを彼は言えたものだ How ⌈*audacious* [*impudent*; *unabashed*] he was to say such a thing! // 彼女は*臆面もなく再びここへやって来た She came here again ⌈*unashamedly* [*unabashedly*]. / (⇒ ここへ来るだけの図々しさを持っていた) She *had the nerve* to come here again.

おくゆかしい 奥床しい (洗練されていて上品な) refined; (優雅で) elegant, graceful; (しとやかな) modest; (丁寧な) courteous; (控え目な) reserved. (☞ しとやか). ¶ あの婦人はまことに*奥床しい方です That lady is very ⌈*graceful* [*elegant*].

おくゆき 奥行き (奥への長さ) depth Ⓤ; (長さ) length Ⓤ. (☞ 大きさの表し方 (囲み)). ¶ 部屋の*奥行きは3メートルほどだった The room was about three meters ⌈*in depth* [*deep*]. // 土地は*奥行き30メートル, 間口40メートルだ The plot of land is 30 meters *by* 40. 〔語法〕 by は乗除に使う言葉で, 30×40, つまり,「たて・よこ」を表す言い方となる. (☞ よこ 〔語法〕) // 彼の知識には*奥行きがない (⇒ 彼の知識は深さがない) His knowledge lacks in *depth*. / His knowledge is not ⌈*deep* [*profound*].

おくらせる 遅らせる (進行・予定などを) delay ㊉; (延期する) put off ㊉; (時計の針を戻す) put [turn] back ㊉. (☞ のばす; えんき; おくれる). ¶ 彼は出発を*遅らせた He *delayed* his departure. // 会議を*遅らせることはできない We cannot *put off* the meeting. // 私は時計を5分*遅らせた I ⌈*put* [*turned*] the clock *back* five minutes.

おくりかえす 送り返す send back ㊉, return ★ 前者のほうがより口語的. ¶ この小包は送り主に*送り返して下さい Please ⌈*send back* [*return*] this package to the sender.

おくりさき 送り先 (受取人) receiver Ⓒ; (到着先) destination Ⓒ; (荷受人) consignee [kɑ̀nsəníː]. (☞ あてさき). ¶ *送り先の住所ははっきり書いて下さい Please write clearly the address of the *receiver*.

おくりじょう 送り状 〔商業〕 invoice Ⓒ.

おくりだす 送り出す (発送する) send out ㊉; (荷物を) forward ㊉; (人を送り出す) see [show] ... out (to the door). (☞ おくる[1]). ¶ 子供を学校に*送り出したところです I *have* just *sent* the children *off* to school.

おくりもの 贈り物 present Ⓒ; gift Ⓒ. 【類義語】個人間などでごく日常的な感じの贈り物は **present**. やや改まった贈り物・寄付などには **gift** を用いる. (☞ おくる[2]) ¶ あなたにすてきな*贈り物がありますよ I've got a wonderful ⌈*present* [*gift*] for you. // この時計は誕生日の*贈り物でした This watch was given to me as a birthday *present*. // 妻への*贈り物は毛皮のコートにするつもりだ I am going to make a *present* of a fur coat to my wife. / I am going to *give* my wife a fur coat (as a *present*). / I will *buy* my wife a fur coat.

おくる[1] 送る **1** «物品などを»: (手紙・小包を送る) send ㊉ (過去・過分 sent) (↔ receive) ★ この語は基本的な日常語で, 以下の訳語のいずれの代わりにも使うことができる; (やや形式ばった語, または特に回送・転送する場合) forward ㊉; (送金する) remit ㊉ ★ 銀行などで使う公式用語; (船で送る・貨物を送る) ship ㊉; (電波などで) transmit ㊉. (☞ だす; はっそう[1]; ゆうそう[1]). ¶ 私は毎年彼女にクリスマスカードを*送っています <S (人)+V (*send*)+O (人)+O (物)> I *send* her a Christmas card every year. / <S (人)+V (*send*)+O (物)+*to*+名 (人)> I *send* a Christmas card *to* her every year. // その小包を航空便で*送った We *sent* the package by airmail. // この手紙は次の住所へ

*送って下さい (⇒ 回送して下さい) Please *forward* this letter to the following address.
2 «人を見送る»: see ... off, see off ..., send off ㊌ ★ see off のほうが普通；(一緒に連れて行く) take ㊌；(相手の家まで) see ... home；(護衛をして) escort ㊌.《☞ みおくる》.
¶ 彼女は父を成田へ*送りに行った She went to ˹*see off* her father [*see* her father *off*] at the Narita Airport. // 駅まで車で*送ってあげましょう (⇒ 駅まで乗車を与える) I'll *give* you *a lift* to the railroad station. // 子供たちを毎朝学校まで車で*送ります I *take* the children to school in our car every morning. // 遅くなったから彼女を家まで*送ってあげなさい It's so late. You'd better *see* her *home*.
3 «時を»: pass ㊌, spend ㊌；lead ㊌, live ㊌ 語法 後の2語はともに a ... life を目的語として「...のような人生・生涯を送る」の意味で用いられる. やや形式ばった表現.《☞ すごす》. ¶ 彼女は幸福な人生を*送った She *lived* a happy life. / Her life was a very happy one.

おくる² 贈る give ㊌《過去 gave；過分 given》 語法 「あげる・与える」という意味の最も一般的な語. ただし,「与える」というのが中心の意味で, 少しぞんざいな言い方になる；(プレゼントする) present ㊌ 語法 この意味では形式ばっていて, 個人的な贈り物には使わない；(位・名誉・称号を) confer ... on ...《☞ おくりもの；きぞう；あたえる》.
¶ これは退職のときに学生から*贈られた時計です This is the clock ˹*presented* [*given* me] by my students at my retirement. // その大学はその有名な音楽家に対して名誉学位を*贈った The university *conferred* an honorary degree *on* the distinguished musician.

おくれ 遅れ 後れ (遅れること) delay Ⓤ《☞ おくれる；たちおくれる》.
¶ 列車は1時間の*遅れだった The train was one hour *late*. / (⇒ 1時間遅れた) The train *was delayed* one hour. // 我々は計画の段階で彼らにすっかり*後れを取ってしまった We ˹*fell* [*got*; *lagged*] *far behind* them in the planning stage. // だれにも*後れを取りたくない I don't want to *yield* to anybody.

おくればせながら 遅ればせながら ¶ *遅ればせながら (⇒ いささか遅すぎたかもしれませんが) 一応以上のことをご報告します I have reported the above to you, though I'm afraid it may be a little *too late*.《☞ おそまきながら》

おくれる 遅れる, 後れる **1** «予定時間に»: be late for ... (↔ be in time for ...), be delayed ★ やや改まった言い方.《☞ おそい；ちこく；おくらせる》.
¶ けさ私は学校に*遅れた I *was late for* school this morning. // 8時の電車に乗り*遅れた I *was late for* the 8 o'clock train. / (⇒ 逃した) I *missed* the 8 o'clock train. // ロンドンからの飛行機は2時間*遅れる見込みです The flight from London will arrive 2 hours ˹*late* [*behind schedule*]. 語法 arrive 2 hours *late* の late は 副.「バスは10分遅れている」The bus is 10 minutes *late*. の late は 形. 遅れの範囲を示す時間を late の前に置くことに注意. // 故障のために列車は約30分*遅れます Due to the engine trouble, the train is to *be delayed* 30 minutes.
2 «時機・進歩が, また, ほかに比べて»: (後れを取っている) be behind (...)；(後れを取る) fall behind (...) ★ 前者は状態. 後者は動作；(はかどらずに遅れる) get behind (...).
¶ 私は仕事がとても*遅れている I *am* far *behind* in my work. // 1か月休んだので学校の勉強が*遅れた I'*m behind* with my school work because I have been away for a month. // 1か月新聞を見ないと世の中に*後れます If you don't read newspapers for a month, you will *be left* far *behind* the times.
3 «時計が»: lose ㊌ ㊍ (↔ gain)；(遅れている) be slow (↔ be fast).《☞ とけい》. ¶ あなたの時計は10分*遅れている Your watch *is* ten minutes *slow*. // この時計は1日に10分*遅れる This watch *loses* 10 minutes a day.

おけ 桶 (大きな桶) tub Ⓒ; (バケツ) (wooden) bucket Ⓒ, pail Ⓒ. ¶ *桶2, 3杯分の水が必要だ We need two or three ˹*bucketfuls* [*tubs*] *of* water.

おこがましい (厚かましい) impudent；(でしゃばりな) presumptuous；(生意気な) impertinent.

おこす¹ 起こす **1** «眠りから起こす»: wake (up) ㊌；(比喩的に, またはやや形式ばって) awake ㊌, awaken ㊌ ★ 前者のほうがより普通；(声を出して呼びさます) call ㊌；(騒がしくして) disturb ㊌.《☞ おきる》.
¶ 明朝は7時に*起こして下さい Please *wake* me *up* at seven tomorrow morning. // 母はけさいつもより早く私を*起こした Mother *called* me earlier than usual this morning. // 母親は赤ちゃんを*起こさないように静かに出ていった Mother went out softly so that she wouldn't *wake* the baby. // 寝た子を*起こすな Let sleeping dogs lie.《ことわざ: 眠った犬は寝かしておけ》 ★「いやなことはそうっとしておけ」という意味.
2 «倒れたもの・人などを»: (上にあげる) raise up ㊌；(垂直にすえる) set ... upright；(人が倒れたのを起こす) pick up ㊌.《☞ おきる》.
¶ 彼女を*起こしてあげなさい. 弱っていて自分で立ち上がれない Help her (to *get*) *to her feet*. She is too weak to pick herself up by herself. // 君がいすを倒したんだ. *起こしておきなさい You tipped over the chair. *Put* it back *upright*.
3 «引き起こす»: (...の原因となる) cause ㊌；(やや口語的に, ...をもたらす) bring about ㊌；(問題・事件などを) give rise to ...；(発生させる) develop ㊌ ★ 少し形式ばった語.《☞ おこる²；ひきおこす》.
¶ 途中で事故を*起こさないように, 気をつけて運転しなさい Don't *run into trouble*. Drive carefully. // あの子はよく問題を*起こす (⇒ 困った子だ) He is a *troublesome* child. / (⇒ 問題児だ) He is a *problem child*. // 貿易問題は国際紛争を*起こすことがある Trade problems often ˹*cause* [*bring about*] inter-

national disputes. // その飛行機は途中エンジンの故障を*起こして羽田へ緊急着陸した The plane *developed* engine trouble and made an emergency landing at Haneda. // 彼は授業中に心臓麻痺を*起こした He *had* a heart attack while in the class.
4 «開始する・提起する»: (訴え・団体運動などを起こす) start ㊏; (会社・学校を) set up ㊏, establish ㊏ ★ 後者はやや形式ばった語.
¶その薬を使った人たちはその会社に対して訴訟を*起こした The users of the medicine *started* a suit against the firm. // 我々は原爆反対の全国的な運動を*起こすためにここに集まった We have come here to ˹*start* [*launch*] a nationwide campaign against atomic bombs.

おこす² 興す (衰えたものを再び盛んにする) revive [riváiv] ㊏; (再建・再興する) restore ㊏; (産業・企業の発展を助ける) promote ㊏. (☞ おこる³).

おごそか 厳か —形 solemn [sάləm]; grave; dignified.
【類義語】厳粛で印象的なのは **solemn**. 重々しい感じで厳かなのは **grave**. 人の態度・振舞いや様子などに威厳のあるのは **dignified**.
¶それは*厳かな儀式だった It was a *solemn* ceremony.

おこたる 怠る (なおざりにする) neglect ㊏, be ˹negligent [neglectful] (of ...).
¶自分の義務を*怠るな You shouldn't ˹*neglect* [*be negligent of*; *be neglectful of*] your duties. // くれぐれも注意を*怠らないように You should be very careful. // 注意を*怠っているうちに水が湯ぶねからあふれてしまった The bathtub overflowed while I was *inattentive*.

おこない 行い **1** «行為»: deed Ⓒ; (1回の行為) act Ⓒ; (連続した行為) action Ⓒ. (☞ こうい¹ (類義語); こうどう¹). ¶彼の*行いは称賛に値する His ˹*deed* [*act*] deserves praise.
2 «振舞い»: (品行・行状という意味での) conduct Ⓤ; (態度) behavior Ⓤ; (態度・様子) manner Ⓤ. (☞ ふるまい; たいど). ¶もう少し*行いを慎みなさい Be a little more ˹careful [prudent; discreet] in your ˹*conduct* [*behavior*]. // 彼の*行いには何か怪しい所がある There is something suspicious in his ˹*manner* [*behavior*; *conduct*].

おこなう 行う (行為する) do ㊏ ★ 最も一般的な語; (特別な仕事・役割を) act ㊏; (実行する) practice ㊏; (計画などを) carry out ㊏; (会などを) hold ㊏, give ㊏; (試験などを) give ㊏; (儀式などを型通りに) observe ㊏. (☞ じっし¹).
¶彼は何事も誠意をもって*行った He *did* everything with sincerity. // 来週英語の試験を*行います (⇒与えるつもりだ) I'm going to *give* you a test in English next week. // 先月英国で総選挙が*行われた (⇒ …があった) *There was* a general election in Britain last month. // 式典は明日*行う The ceremony will *be held* tomorrow. // 来月*行う (⇒ 行われる) お祭りは, 秋祭りと呼ばれる The festival which *is observed* next month is called the fall festival.

おこり 起こり **1** «原因» ¶事の*起こりはこうです (⇒ これが事の起こった次第です) This is *how* it ˹*happened* [*started*]. // けんかの*起こりはなんですか (⇒ 彼らは何についてけんかしているのですか) *What* are they quarreling ˹*for* [*about*]? / (⇒ 彼らは何についてけんかをはじめたのですか) *What* did they *start* quarreling ˹*for* [*about*]? / (⇒ 彼らはどういうふうにけんかをはじめたのですか) *How* did they *start* quarreling? 〔語法〕 what の文でも how の文でも結果的には同じ内容になるが, what による質問は口論の争点について聞き, how による質問は, 例えばどちらが先に不都合なことを言ったかなどの, けんかの発生の次第について聞く. / *What* is the *cause* of the quarrel? // 彼が先に悪態をついたのが事の*起こりだ (⇒ 彼が悪態をつくことによって事を起こした) He *started* it by calling me names. // 夫婦げんかの*起こりは夫が食事中に新聞を読んだことだった The couple had a row [ráu] *because* the husband was reading a newspaper ˹at (the) table [during dinner]. 〔語法〕 アメリカ英語では at the table のように the を付けるのが普通. (☞ げんいん; ほったん)
【参考語】—名 (原因) cause Ⓒ; (理由) reason Ⓒ; (動機) motive Ⓒ; (動機づけ) motivation Ⓤ.
2 «起源» ¶それがこの市の名の*起こりです (⇒ それがこの市にその名前がついた次第です) That is *how* the city got its name. // そのことわざ[考え]の*起こりは中国です The ˹proverb [idea] *originated in* China. (☞ きげん³; はじまり)
【参考語】(起源) origin Ⓒ; (根源) source Ⓒ, root Ⓒ.

おごり 奢り, 驕り **1** «ごちそう»: treat Ⓒ (☞ おごる¹; ごちそう). ¶これは私の*おごりです This is my *treat*. // このコーヒーは私の*おごりです This coffee is *on* me.
2 «高ぶること»: (得意) pride Ⓤ; (傲慢) haughtiness Ⓤ. (☞ おごる²).

おこりっぽい 怒りっぽい (気が短い) short-[quick-; hot-] tempered; (激しやすい) excitable; (些細(ささい)なことにすぐ怒る) irritable; (気難しい) touchy. (☞ たんき¹). ¶彼は前よりずっと*怒りっぽくなった He has become far more ˹*irritable* [*short-tempered*] than before.

おこる¹ 怒る (腹を立てる) get angry ˹at [with; about] ... 〔語法〕 平易で日常的な表現.「…を見て, …を聞いて怒る」は at で, 後に「物・事」,「…のことを怒る, …のことで腹を立てる」は with で, 後に「人」,「漠然と…に関して怒る」は about で, 後に「物・事」を伴う; (感情を害される) get offended ★ 少し形式ばった言い方; (機嫌を悪くする) lose *one's* temper; (しかる・がみがみ言う) scold ㊏. (☞ 感情の表現 (囲み)).
¶彼女の手紙を見て彼は*怒った He *got angry at* her letter. / (⇒ 彼女の手紙は彼を怒らせた) Her letter ˹*made* him *angry* [*angered* him]. 先生はトムのことでとても*怒っている The

teacher *is* very *angry with* Tom.
父はそのことで*怒っている My father *is angry about* the matter.
私の言ったことで妻はたいへん*怒った My words *offended* my wife very much. / What I said *made* my wife *angry*.
彼女は*怒って部屋から出てしまった She went out of the room ⌈*in anger* [*angrily*].
彼はすぐ*怒る He *gets angry* easily. / (⇒気が短い) He has a *short temper*. / He *loses his temper* easily.
妻は息子のことを*怒ってばかりいる My wife *is* always *scolding* our sons. 《☞ しかる》
彼はまっかになって[かんかんになって]*怒っている He *is red with anger*. / He *is* ⌈*furious* [*furiously angry*].

おこる[2] 起こる **1** «発生する»: (事件などが偶然に) happen (自), occur (自) [語法] 後者はやや形式ばった表現. なお後者は「時・場所」を示す副詞を伴うのが普通; (予定した行事などが) take place; (突発的に, 戦争・火事などが) break out (自); (問題・事件などが持ち上がる) arise (自). 《☞ しょうじる》.
¶その爆発はいつ*起こったのですか When did the explosion *happen*? // 昨夜すぐそこの交差点で交通事故が2件*起こった Two road accidents ⌈*happened* [*occurred*] at the crossing near here last night. // 1939年に第二次世界大戦が*起こった WWII *broke out* in 1939. / 1939 saw the *outbreak* of WWII. [語法] world war two または the second world war と読む. // この地方では地震はめったに*起こらない (⇒非常に少ない地震をもつ) We have very few earthquakes here. // 途中で彼女の身に何か*起こったのではないか I'm afraid something may *have happened to* her on the way. [語法] 事件などが人の身にふりかかるときは <*happen to*+名(人)> の形で用いる. // 何が*起こったんだ What's *up*? ★ 口語的.
2 «起因する»: (…から始まる) start from …; (結果などが…から生じる) arise from …; (…によって起こる) result from…; (…に原因・起源がある) originate in … 《☞ おこり; げんいん》.
¶その戦争は何で*起こったのですか (⇒どうやって) How did the war *start*? / (⇒原因は何か) What was the *cause* of the war? / (⇒何が戦争をもたらしたか) What *brought about* the war? // 事故は往々にして不注意から*起こる Accidents often *arise from* carelessness. // 病気は食べすぎから*起こることが多い Sickness often *results from* eating too much. // そのうわさはどこから*起こったのだ What is the *origin* of the rumor?
3 «電気・熱が発生する»: be generated.

おこる[3] 興る (国・企業などが生まれる) come into ⌈existence [being]; (店などが急に生まれる) spring up (自); (繁栄する) prosper (自). 《☞ おこす[2]》. ¶20世紀の初頭に北アメリカで自動車産業が*興った At the beginning of the 20th century, the automobile industry *came into* ⌈*existence* [*being*] in North America.

おごる[1] 奢る (ごちそうする) treat (他), give … a treat. 《☞ おごり; ごちそう》. ¶きょうは私に昼食を*おごらせてくれ Let me *treat* you *to* lunch today. / (⇒あなたのために買う) Let me *buy* your lunch today.

おごる[2] 驕る (高ぶる・慢心する) be proud; (…で得意になる・思い上がる) be puffed up with … 《☞ まんしん[1]》. ¶勝っても*おごるな Don't *be puffed up with* the victory. / (⇒謙虚な勝者であれ) Be a *modest winner*. // *おごる平家は久しからず *Pride* goes before destruction (and shame comes after). 《ことわざ: 慢心は破滅に先立つ》

おごる[3] 奢る (ぜいたくに暮らす) live in luxury; (金づかいが荒い) be extravagant.

おさえる 押さえる, 抑える **1** «手などで押さえる»: (一定の時間押さえている) hold (他); (押しつける) press [hold] down (他). ¶だれかが中からドアを*押さえている Somebody *is holding* the door from inside. // 何か書類の上に置いて*押さえなさい Put something on the papers to *hold* them *in place*.
2 «抑制する»: (不穏な動きなどを抑える) put down (他), suppress (他), subdue (他) ★ほぼ同意だが, put down が最も口語的; (統制の下におく) control (他), bring … under control; (阻止する) check (他); (感情などを) keep down (他), restrain (他), control (他), suppress (他) ★ほぼ同意だが, keep down が最も口語的. 《☞ こらえる; よくせい》.
¶警察は暴徒を*抑えることに成功した The police succeeded in ⌈*putting down* [*suppressing*; *controlling*] the ⌈riot [rioters]. // 政府は物価を*抑えるのに失敗した The government failed to ⌈*keep* prices *down* [(⇒安定させる) *stabilize* prices]. // 私たちは感情を*抑えることができなかった We could not ⌈*keep down* [*control*; *restrain*] our emotion. // 彼女は涙を*抑えて話し続けた She talked on, ⌈*suppressing* [*keeping back*] her tears.

おさがり お下がり —[名] (説明的には) clothes handed down (from …); (お下がりの物) hand-me-downs, 《英》 reach-me-downs ★いずれも通例複数形で; (中古品) used article Ⓒ. —[形] hand-me-down, handed-down. 《☞ おふる》.
¶私はいつも姉の*お下がりばかり着せられた I always had to wear ⌈*clothes handed down from* my elder sister [my big sister's *hand-me-downs*]. // これは兄の*お下がりの上着です This is ⌈a coat *handed down from* my brother [my brother's *handed-down* coat; my brother's *hand-me-down* coat].

おさげ お下げ plait Ⓒ; (長いもの) pigtail Ⓒ. ¶少女は*お下げにしていた The girl ⌈wore [had] her hair in *plaits*. / The girl had *pigtails*. 《☞ あむ》

おさない 幼い **1** «年が少ない»: very young. ¶彼の子供たちはまだ*幼かった His children were still *very young*. // *幼い時 (⇒子供の時) のことはよく覚えていません I don't remember well what took place ⌈in *my early childhood* [*when I was very young*; *when*

お

I was a small child]. ∥ 彼は*幼い時に両親を失った He lost his parents ˹*very early in life* [*in early childhood*; *in early infancy*].
2 «幼稚な»: (子供っぽい) childish; (未熟な) immature. 《☞ ようち¹; みじゅく》.
¶ あの人の考え方はまだ*幼い He is still ˹*immature* [*childish*] in his thinking.

おさなご 幼子 (幼児) infant Ⓒ; (赤ん坊) baby Ⓒ. 《☞ ようじ²》.

おさなごころ 幼心 the mind of a child; (子供らしい心) childlike mind Ⓤ.

おさななじみ 幼なじみ childhood friend Ⓒ; (幼児の時からの友達[遊び友達]) friend [playmate] from *one's* childhood Ⓒ.
¶ 彼女とは*幼なじみだ She and I were *childhood friends*. / She and I ˹have been *friends from childhood* [were *playmates in childhood*]. / (⇒ 一緒に育った) She and I grew up together.

おざなり お座なり ― 形 perfunctory. ― 副 perfunctorily. 《☞ とおりいっぺん》.
¶ 彼の講演は*おざなりのものだった His lecture was *perfunctory*.

おさまる 収まる, 納まる **1** «落着する»: settle (down) 自, be settled ★ settle は 自 他 両用に用いられる. 《☞ まとまる; しゅうしゅう¹》.
¶ 情勢はやがて*収まるだろう Things will soon *settle down* (to normal). ∥ 彼らの争議はうまく*収まった Their dispute *has been* ˹*settled* [*resolved*]. ∥ その件が*収まって (⇒ 解決して) みんながほっとした To the relief of everybody, the matter ˹*was settled* [*was brought to an agreeable ending*].
2 «復旧する»: be restored to … ¶ 彼は元の地位に*収まった (⇒ 戻された) He *has been restored to* his former position.
3 «和らぐ・やむ・消える・衰える»: (風などがやむ) die 自; (勢いが衰える) fall off 自, drop off 自, subside 自 ★ 3 番目はやや改まった語. 《☞ しずまる》.
¶ 風が*おさまった The wind *has died* ˹*down* [*away*]. / The wind *has* ˹*fallen* [*dropped*] *off*. / The wind *has subsided*. 語法 「次第に衰えて行く」の意味では第 1 の例文を用いる. この場合は go down を用いてもよい. ∥ 私は横腹に痛みを覚えたが, それはもう*おさまった I felt a pain in my side, but it *has* ˹*gone* [*stopped*]. ∥ この薬で痛みが*おさまるでしょう (⇒ この薬はその痛みを和らげる) This medicine will ˹*soothe* [*abate*] the pain. / (⇒ この薬はその痛みを取り除く) This medicine will ˹*remove* [*kill*] the pain. ∥ 彼の怒りは*おさまらなかった He could not ˹*keep down* [*control*; *contain*] his fury.
4 «はまる・収容できる»: (ぴったりと) fit into …; (収容される) be ˹put [kept] in …; (分量などが十分である) be enough for …
¶ その箱は (大きすぎて) この金庫には*おさまらない (⇒ 入れられない) The box is too large to be ˹*put into* [*kept in*] this safe. / The box is too large for this safe. / (⇒ その箱はこの金庫にどうしてもはまらない) The box won't *fit into* this safe. ∥ 四角いものは丸い穴には*おさまらない You cannot *fit* a square peg *into* a round hole. 参考 これはことわざで,「それは無理な注文だ」という意味などを表す.
5 «満足する・納得する»: be satisfied 《☞ まんぞく; なっとく》. ¶ それでは彼は*おさまらないだろう (⇒ それは彼を満足させないだろう) It will not *satisfy* him.

おさめる¹ 納める, 収める **1** «納付する・払い込む»: pay 他 《☞ はらう》.
¶ 今月は税金を*納めなければならない We must *pay* our taxes this month. ∥ あなたはいつ授業料を*納める (⇒ 払い込む) のですか When do you *pay* your tuition? / When *is* your tuition ˹*due* [*to be paid*]? 語法 取り決めや予定によって時期が決められているような場合には be due を用いることができる. ∥ クラブ会費をすぐ*納めて下さい Please *pay* your club dues immediately.
2 «収納する・元に返す»: (片付ける) put away 他; (元の場所へ戻す) put back 他, replace 他, restore 他 ★ 最後はやや形式ばった語. ¶ 私たちは道具を小屋に*納めた We *put* the tools *back* in the shed.
3 «手に入れる・得る»: get 他, obtain 他; (努力して目的・望みなどを遂げる) attain 他; (有利なもの, 利益などを得る・獲得する) gain 他; (確保する・獲得する) secure 他.
¶ 我々は満足な結果を*おさめることができた We ˹*got* [*obtained*] satisfactory results. ∥ 我々は彼らに対してやすやすと勝利を*おさめた We ˹*won* [*achieved*; *gained*] (an) easy victory over them.
4 «受納する»: accept 他 《☞ うけとる》.
¶ 私たちのささやかな感謝のしるしとしてお*納め下さい Please *accept* this small token of our gratitude.
5 «調整する・(なんとか)中へ入れる» ¶ 食費を全部でなんとか千円以下に*おさめることができた I managed to *keep* the whole cost of dinner under one thousand yen.

おさめる² 治める **1** «統治する»: (支配して) rule 他 自; (政治一般にわたって) govern 他; (管理をして) administer 他; (君臨して) reign [réin] 他.
【類義語】全般的に支配し, 服従を強制するのは ***rule***. 管理や行政の指導をするのは ***govern***. 行政の運営をするのは ***administer*** を用いるのが原則である. また, 君主が臣民に君臨するのが ***reign*** である. 《☞ しはい¹ (類義語); とうち²》
¶ その王はたいへんうまく国を*治めた The king *ruled* his country very wisely. ∥ そのころはだれがその国を*治めたか Who *ruled* (*over*) the country in those days? 語法 over を用いると高所から広く全般にという意味が含まれる. / (⇒ だれがその国の統治者だったか) Who was the *ruler* of the country in those days? ∥ その島は以前日本が*治めていた (⇒ 日本の統治下にあった) Formerly the island was under Japanese *administration*. ∥ 英国では君主は主権を持ってはいるが国を*治めることはしない (⇒ 君臨しているが統治はしない) In Great Britain the sovereign reigns but does not *rule*. 語法 reign と rule の具

体的な意味の違いに注意.

2 «善処して常態に直す・解決する»: settle (他) 《☞ かいけつ; まとめる》.

¶ 早急にその紛争を*治めることだ We must *settle* the dispute as soon as possible. // 彼の努力でうまくその事件を*治めることができた (⇒ 彼の努力がその事件の満足な解決をもたらした) His efforts *have brought about a* satisfactory *settlement* of the affair. / (⇒ 彼が努力して解決をつけた) He made efforts to *work out a* satisfactory *settlement* of the affair. // そのやっかいな問題をどうやってうまく*治めるかを話しあった We talked about how to *smooth* ⌈*away* [*out*] the difficulties. [語法] 「克服して取り除く」は smooth away (他), 「打開する」は smooth out (他), 「うまく取りつくろって治める」は smooth over (他).

おさらい —名 (復習) review Ⓒ. —動 (再び調べる) go ⌈over [through] ..., review (他) ★ 前者が口語的. 《☞ ふくしゅう[1]》.

おさん お産 (出産) childbirth Ⓤ, delivery Ⓤ ★ 後者はやや形式ばった語; (陣痛) labor Ⓤ. 《☞ しゅっさん》.

¶ 彼女は*お産が近い (⇒ 赤ちゃんを持つ) She is going to *have a baby*. / She is expecting (*a child*). [語法] 初産の場合は She is an *expectant mother*. あるいは She is going to *be a mother*. のようにも言う. // 彼女は*お産の直後に死んだ She died immediately after *childbirth*. // *お産は軽かった The ⌈mother [child] had an easy *delivery*. [語法] 「難産をする」は have a difficult labor. // あなたには*お産の苦しみがわからないでしょう You will never know ⌈how it is to go through *labor* [the pain of *childbirth*].

おし 押し **1** «強引で我意を通すこと»: aggressiveness Ⓤ, push Ⓤ ★ 口語的.

¶ 彼は*押しが強い He is *aggressive*. / 《英口語》 He has a lot of *push*. / (⇒ 人にかまわずに大胆である) He is *disrespectfully bold*. / (⇒ 心臓が強い) He *has got a lot of nerve*. ★ 口語的な表現. / (⇒ 厚かましい) He is *impudent*. // 彼は政治家になるには*押しが足りない He is not *aggressive* enough to succeed as a politician. / 《英口語》 He doesn't have enough *push* to succeed as a politician.

2 «押すこと»: push Ⓒ 《☞ おす[1]》. ¶ 彼はドアを一*押しした He gave a *push* at the door.

おじ 伯父, 叔父 uncle Ⓒ 《☞ 親族関係 (囲み); おじさん》. ¶ 和夫*おじさんはこのあたりに住んでいた *Uncle* Kazuo used to live around here.

おしあい 押し合い (押し進むための) jostle Ⓤ; (狭い所へ入る) squeeze Ⓤ [語法] ひじなどで押し分けて進む場合には jostle, 進行に関係なく押し合っている場合には squeeze を用いる. いずれも具体的な出来事の場合には Ⓒ.

¶ 入口ではすごい*押し合いがあった There was a terrible *jostle* at the entrance. / There was ⌈an awful [a tight] *squeeze* at the gateway. [語法] a tight squeeze は身動きもできないような押し合いのこと. // 通勤電車の*押し合いへし合いは日常ありふれたことだ *Pushing and shoving* [《英》 *Hustling and jostling*] in the commuter train is a way of life.

おしあける 押し開ける push ... open, push open ...; (力ずくで) force ... open, force open ... 《☞ おす[1]》.

¶ 彼はドアを*押し開けた He *pushed* the door *open*. // 彼女は台所に通じるドアを*押し開けた She *pushed open* the door ⌈which led [leading] to the kitchen. [語法] 目的語の部分が長くなる場合は目的補語の open をその前に置く. // 彼はあらん限りの力でドアを*押し開けた He *forced* ⌈*open* the door [the door *open*] with all his might. // 銃を持った男がドアを*押し開けて私の部屋へ入って来た An armed man [A man with a gun] ⌈*forced* [*broke*] *through* the door into my room.

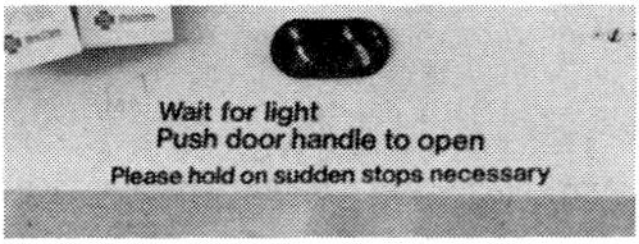
Wait for light
Push door handle to open
Please hold on sudden stops necessary

「ライトがつくのを待ってドアのハンドルを押し開けて下さい」というバスの中の掲示

おしあげる 押し上げる push [press] up (他) 《☞ おす[1]; あげる[1]; もちあげる》.

おしあてる 押し当てる press ... ⌈against [to] ... 《☞ あてる》.

¶ 彼女はドアに耳を*押し当てた She *pressed* her ear ⌈*against* [*to*] the door. // 目にハンカチを*押し当てて彼女はしくしく泣いた *Holding* a handkerchief *to* her eyes, she sobbed. / She sobbed *with* a handkerchief *held to* her eyes. [語法] この場合は「当てて」の意味で, 別に「押す」という意味はない.

おしい 惜しい **1** «貴重な» —形 dear, precious. ¶ 命はだれでも*惜しい (⇒ だれにとっても貴重だ) Life is *dear* to everybody. // 私には時間が*惜しい (⇒ 時間は貴重だ) Time is *precious* to me. // 私たちにとってたいへん*惜しい人を亡くしてしまった (⇒ 彼の死は私たちにとって大きな損失である) His death is a great loss to us.

2 «もったいない» ¶ その靴は捨てるには*惜しい (⇒ まだ捨てるにはよすぎる) Those shoes are still *too good to* throw away. 《☞ もったいない》

3 «残念な» ¶ *惜しい! What *a* ⌈*shame* [*pity*]! / Isn't that *a* ⌈*shame* [*pity*]! [語法] いずれも感嘆文で, 「それは残念なことだ」 I'm sorry about it. とほぼ同意. // 彼のような前途有望な青年が病気で倒れるのは*惜しい It is ⌈*regrettable* [a matter of *regret*] that a promising young man like him should be attacked by disease. // *惜しい勝負だったね (⇒ 勝つことができたかもしれない勝負だった) It was a game you could have won. / (⇒ ほとんど勝負に勝った) You almost won the game. / It was a close game but it went against you. 《☞ おしむ; おしくも》

おじいさん お祖父さん, お爺さん **1** «祖父»: grandfather Ⓒ; grandpa [grǽn(d)pɑ̀ː] Ⓒ ★ 小児の呼びかけ語として多く用いられる. (☞ 親族関係 (囲み); 呼びかけ (囲み)). ¶ *おじいさん, お元気ですか How are you, *Grandpa*?
2 «男の老人»: old man Ⓒ. ¶ 村の大きな家に*おじいさんが一人で住んでいました There was an *old man* living ⌜alone [by himself] in a big house in the village.

おしいる 押し入る (力ずくで侵入する) break ⌜in [into ...], enter ... by force ★ 後者は多少形式ばった言い方; (...へ侵入する) intrude (into ...) (自); (強盗に入る) «米» burglarize (他). (☞ しんにゅう[1]; ごうとう).
¶ その晩, 2人組の強盗が*押し入った That night two burglars *broke in*. // 突然一人の男が事務室へ*押し入って彼にピストルを突きつけた Suddenly a man ⌜*broke* [*forced his way*] *into* the office and pointed his gun at him. [語法] 「勢いよく飛び込んでくる」のような場合には burst into ... を用いてもよい. // 少年たちはその倉庫に*押し入る計画だった The boys planned to *burglarize* the warehouse.
押し入り強盗 burglar Ⓒ.

おしいれ 押し入れ (物入れ) «米» closet Ⓒ
[参考] 日本語の「押し入れ」は, 布団などの寝具を入れる所である. ところが, 英米では寝具を格納する場所はない. 従って, 「押し入れ」にぴったりと当てはまる英語はないと考えてよい. closet は食料・衣服・道具を入れておく所で, 日本語の「納戸(なんど)」に近い. 衣類をハンガーに掛けておく場所ならば hanging cupboard [kʌ́bərd] と言うことがある.

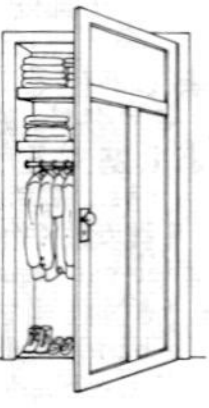
closet

敷布・シャツ・テーブル掛けなど, リンネル製品を格納して置く所は linencloset と言う. 「物置き」に近い意味で「押し入れ」を用いるとすれば storeroom.

おしうり 押し売り **—** 動 (無理に買わせる) force [pressure] *a person* to buy ... [語法] force は結果的に買わせたことになるが, pressure は結果は含まない. **—** 名 (強制的な態度で売ること) high-pressure sale Ⓒ; (人) high pressure door-to-door salesman Ⓒ.
¶ 彼はその本を彼女に*押し売りした (⇒ 無理に買わせた) He ⌜*forced* [*pressured*] her *to buy* the book. / He *coerced* her *into buying* the book. / (⇒ 押しつけた) He *forced* the book *on* her. // それは言わば*押し売りのようなものだった It was practically a *forced sale*. // 彼は*押し売りだ (⇒ 厚かましい戸別訪問の外交販売員だ) He is ⌜an *importunate door-to-door peddler* [a *high-pressure house-to-house salesman*]. [語法] 後者は主に«米». peddler は pedler, pedlar とつづることもある. また, hawker Ⓒ を用いてもよい. // *押し売りお断り We don't buy from *peddlers*. / «英» No *hawkers*. [語法] 前者は必ずしも「押し売り」とは限らず, 行商人から物を買わないという意味.

おしえ 教え teaching Ⓤ; (教授) instruction Ⓤ; (課業・教訓) lesson Ⓒ; (指導・手引) guidance Ⓤ; (訓示・戒律) precept Ⓒ.
【類義語】一般的に, 教えることは ***teaching*** だが, この語は「キリストの教え」「孔子の教え」などのように内容を集大成したものでは *teachings* と複数形を用いる. 組織的に系統立てた教授は ***instruction***. 課業やけいこの教え・レッスンは ***lesson***. この語はまた「見せしめ」の意味でも用いる. ある方向へ導いて行くことが ***guidance***. 戒律としての教えが ***precept***.
¶ この本には孔子の*教えが書いてある This book contains the *teachings* of Confucius. // 私は彼から親しく*教えを受けるために上京した I went (up) to Tokyo to ⌜ask for his personal *instruction* [seek personal *instruction* from him]. [語法] 「限られた分野での教授を仰ぐ」の意味では, 一般的な teaching よりも instruction を用いるほうが適当である. // その事故は彼らに貴重な*教えを与えた (⇒ その事故から貴重な教訓を学んだ) They learned a valuable *lesson* from the accident. / The accident ⌜served as [was] a valuable *lesson* to them. // 彼はキリスト教の*教えを説くばかりでなく実行した Not only did he preach the *precepts* of Christianity, but he (also) practiced them.

おしえご 教え子 (生徒) pupil Ⓒ [語法] この語は個人としての教え子をいう場合には年齢・学年などと関係なく用いられる; (学生) student Ⓒ.
¶ 彼女は私の*教え子だ She was one of my ⌜*students* [*pupils*]. / (⇒ 私は彼女を教えた) I *taught* her at school. // 彼女は彼の*教え子だった She was a *pupil* of his. // 昔の*教え子の結婚式に招かれている I have been invited to the wedding reception by one of my *former students*.

おしえる 教える (知識・技術などを教える) teach (他) (自) «過去・過分 taught [tɔ́ːt]» (↔ learn); (音楽・絵画などを個人的に教える) give lessons (in ...); (指導する) instruct (他); (動作・具体的なことで示して教える) show (他); (内容を伝える) tell (他) «過去・過分 told»; (知らせる) let ... know.
【類義語】知識・技術あるいは処世術・道徳など, 何らかの努力・代償を払って身につけるようなことを指導・実地訓練・経験させることなどによって教えるのが ***teach***. ところが日本語の「教える」には「駅へ行く道を教える」「電話番号を教える」「秘密を教える」など, 単に「内容を話してやる」という意味の場合も多い. この意味では英語では最も一般的な語としては ***tell*** を用いることに注意. ***tell*** のほかに図をかいたり, 指で指したり, あるいはわかりやすく説明したりして示すという意味で ***show***. 「知らせる」という意味で ***let ... know*** も意味の上では ***tell*** に近い. ***teach*** よりもっと狭い意味で, 音楽・絵画などを個人的に教えるという意味では ***give lessons***. 学校の授業や教育的な指導とは限らないが, 何らかの細かい指示を与えて指導することを表す少し形式ばった語が ***instruct***.

¶ 父は中学校で*教えています My father *teaches* at (a) junior high school. [語法] 中学校段階の先生という意味なら冠詞はなく, 具体的にある中学校のことを指すのなら a が付く. / (⇒ 中学校の先生だ) My father is a junior high school *teacher*. [語法] 後者のほうが多少改まった感じの表現.

おばは都立[県立, 市立, 私立]の高等学校で英語を*教えています My aunt *teaches* English at a ˹Metropolitan [prefectural ; municipal ; private] senior high school. [語法] 「公立の」というのであれば public でもよい. / My aunt is ˹a *teacher* of English [an English *teacher*] at a ˹Metropolitan [prefectural ; municipal ; private] senior high school. [語法] 後者のほうが改まった表現.

「渡辺先生は何を*教えていらっしゃるのですか」「国語です」"What does Mr. Watanabe *teach*?" "Japanese."

私たちの学校では日本史は青木先生が*教えています <S (人) + V (*teach*) + O (人) + O (学科)> Mr. Aoki *teaches* us Japanese history at school. / <S (人) + V (*teach*) + O (学科) + *to* + 名・代 (人)> Mr. Aoki *teaches* Japanese history *to* us.

この学校ではフランス語は*教えていません (⇒ 教えられていない) French *is* not *taught* at this school.

母は私に料理を*教えてくれた <S (人) + V (*teach*) + O (人) + O (*to*不定詞)> My mother *taught* me how *to* cook.

すみませんが駅へ行く道を*教えて下さい <S (人) + V (*tell*) + O (人) + O (事)> Excuse me, but will you *tell* me the way to the station? (☞ 道のきき方 (囲み))

その事件で大いに*教えられるところがあった (⇒ 習った) I *learned* a lot from that affair. / (⇒ その事故は私に教訓を教えた) That accident *taught* me a good lesson.

おしおき お仕置き ― 動 (罰する) punish 他 (☞ こらしめる).

おしかえす 押し返す push [press] back 他. ¶ 勢ぞろいした警官が群衆を*押し返した A line of policemen ˹*pushed back* the crowd [*pushed* the crowd *back*].

おしかける 押しかける **1** «殺到する»: (群をなして集まる) crowd (into ...) 自 ★ 最も一般的な語 ; throng (to ... ; toward ...) 自 [語法] 他 の用法もあるが, 「押しかける」という動作に重きを置くときは 自 が普通 ; (駆けつける) rush 自 ; (なだれ込む) pour (into ...) 自. (☞ つめかける ; おしよせる (類義語)).

¶ 観光客がそのレストランに*押しかけた Tourists ˹*crowded into* [*thronged to*] the restaurant. / The restaurant *was crowded with* tourists. // その決定に抗議して主婦が市役所に*押しかけた Housewives *poured into* the municipal office, protesting the decision. // その新しい大学に 10 万人近くの志願者が*押しかけた Nearly a hundred thousand *rushed* to apply for entrance to the new college.

2 «訪ねる»: come [go] and see 他 ; (訪れる) visit 他 ; (強引に) invite *oneself*.

¶ 近いうちに君の新居へ*押しかけるよ I'll *come and visit* your new home one of these days. / I'll *invite myself* to your new home before long. [語法] 前の文では特に「強引に」という意味はない. 後の文は「勝手に」という意味がある.

おじぎ お辞儀 ― 名 bow [báu] Ⓒ. ― 動 (おじぎをする) bow [báu] 自 [語法] 英米では人とのあいさつとしておじぎをする習慣はない. 従って bow という語は深い尊敬や崇拝を表す重々しい言葉で, しばしば完全な服従などを意味する比喩的な意味にも使われる点に注意. (☞ れい² ; えしゃく).

¶ 彼女は私に頭を低く下げて*おじぎをした She *bowed* deeply to me. / She made a ˹deep [low] *bow* to me. / She gave me a ˹deep [low] *bow*. // 彼は軽く*おじぎをして立ち去った He went away with a slight *bow*. [語法] slight の部分に, 「丁寧な」polite, 「うやうやしい」respectful, 「しとやかな」graceful など適当な形容詞を用いることができる. // 彼女はありがとうと*おじぎをした She *bowed* her thanks.

おしきせ お仕着せ ¶ *お仕着せの (⇒ 上から与えられた) プログラムはごめんだ We don't want the program *provided by the authorities*.

おしきる 押し切る (強引に通す) force *one's* way (☞ おしとおす).

¶ 彼は最後まで頑張って自分のやり方で*押し切った (⇒ 自分のやり方を押し通した) He *forced his way* by holding out to the ˹last [end]. // 彼らは親の反対を*押し切って (⇒ 反対したにもかかわらず) 結婚した They got married *in spite of* their parents' disapproval. / (⇒ 親が反対しているのに) They got married, *even though* their parents were opposed to it.

おしくも 惜しくも (きわどいところで) by a narrow margin ; (残念なことには) to *one's* regret ; (がっかりしたことには) to *one's* disappointment. (☞ おしい ; ざんねん).

¶ 彼は*惜しくもレースに敗れた He lost the race *by a narrow margin*. // 彼女は*惜しくも選挙に落選した *To our* ˹*regret* [*disappointment*], she was defeated in the election.

おじけづく 怖じ気づく (恐怖心にとらわれる) be ˹gripped [seized] with fear ; (恐怖心に圧倒される) be overcome with fear ; (怖くなる) be [get] frightened. (☞ おそれる ; ちぢみあがる ; しりごみ).

¶ その影を見て彼女は*おじけづいた (⇒ 恐怖に襲われた) Seeing [When she saw] the shadow, she *was seized with fear*. / (⇒ その影は彼女を怖がらせた) The shadow *frightened* her. // 耳をつんざくような雷鳴に, その子はすっかり*おじけづいた At the loud crash of thunder the child *was overcome with fright*. // 彼女はマイクの前ではいつも*おじけづく She *gets frightened* whenever she stands before a microphone. / She always ˹*gets* [*has*] microphone *fright*. / She always *suffers from*

microphone *fright*.
【参考語】(怖がらせる) frighten (他), terrify (他).

おしこむ 押し込む push ... into ... [語法] 比較的小さな場所へ無理に入れることで，その様態によって，push, thrust, stuff, crowd, squeeze, crush, jam, stick, tuck などの他動詞を適当に用いる.「力ずくで」の意味では force (他) が一般的である.《☞ つめこむ》.
¶ 彼は私を小さな部屋へ*押し込んだ He *pushed* me *into* a small room. // 彼はポケットに新聞を*押し込んだ He *stuffed* a newspaper *into* his pocket. // 彼らは小さな部屋に*押し込まれた They *were* 「*crowded* [*jammed*] *into* a small room. [語法]「ぎゅうぎゅうづめに」の意味では squeeze を用いる. // 彼はその紙幣をシャツのポケットに*押し込んだ He 「*crushed* [*stuck*] the bills *into* his shirt pocket. [語法] crush は本来，「つぶす」の意味であるから，ここでは「くしゃくしゃにして」という意味が加わる. stick は crush ほど無理に押し込む意味はない.

おしこめる 押し込める **1**《閉じ込める》: shut up (他); (鍵をかけて) lock up (他). 《☞ とじこめる》. ¶ 彼は小さな部屋に*押し込められた He *was* 「*shut* [*locked*] *up* in a small room.
2《押し込む》: ☞ おしこむ.

おじさん 小父さん ¶ よその*おじさん (⇒ 知らない人) からそれをもらったのだ I got it from a *stranger*. [語法] この語は必ずしも男性とは限らない. // *おじさん，何か落としましたよ *Sir* [*Mister*], you've dropped something. // ねえ，*おじさん. 何を探してるの Hey, *mister*! What are you looking for? [語法] 呼びかけとして mister を用いるのはくだけた表現になる. 《☞ 呼びかけ (囲み); おじ》
【参考語】(知らない人) stranger Ⓒ; (よその男の人) uncle Ⓒ ★ 名前の前に付けて用いる; (呼びかけとして) sir, mister, old-timer ★ sir が一番丁寧. old-timer も年輩の人になら使われる.

おしすすめる 推し進める (促進する) push on with ... ; (進行させる) go ahead with ... 《☞ すすめる²; すいしん¹》. ¶ 彼らは計画を*推し進めた They *pushed on with* their plan. // 我々はその仕事を*推し進めることに決めた We have decided to *go ahead with* the work.

おしたおす 押し倒す push down (他), break down (他); (風が) blow down (他). 《☞ たおす》. ¶ 暴徒が門を*押し倒した The mob 「*pushed* [*broke*] 「the gate *down* [*down* the gate]. // 小屋は強風で*押し倒された The hut *was* 「*brought* [*blown*] *down* by a strong wind.

おしだし 押し出し ¶ 彼は*押し出しの立派な男だった He was a man of 「*stately appearance* [*imposing presence*]. 《☞ かっぷく》 // *押し出しで 1 点入った《野球》They forced in a run with a bases-loaded walk. 《☞ 野球の英語 (囲み)》
【参考語】一 [名] (風采) appearance Ⓤ, presence Ⓤ. 一 [動] (押し出す) push out (他).

おしだす 押し出す push out (他); (チューブなどから) press out (他); (ぎゅっと押して出す) squeeze out (他). 《☞ おす¹》. ¶ 私はのりを少々チューブから*押し出した I 「*pressed* [*squeezed*] a little paste *out of* the tube. [語法]「押す」という動作の様態によって press, squeeze, force などを適当に用いる.

おしつける 押し付ける **1**《圧する》: push [pin] ... against ... [語法]「動けないように」の意味では pin を用いる. 動作の方向に対する物には against を用いる. ¶ 彼は私を壁に*押しつけた He 「*pushed* [*pinned*] me (up) *against* the wall.
2《強制的に受け取らせる》: force [impose] ... (on ...); (責任などを) place [put] ... (on ...); (何かを強く押しやる) thrust ... (on ...) ★ やや形式ばった表現.
¶ 彼らは私にその仕事を*押しつけた (⇒ 引き受けるように強制した) They *forced* me to undertake the task. / They *forced* the task *on* me. // 彼らは失敗の責任を私に*押しつけようとしている They are trying to 「*place* [*put*] the blame *on* me. / They are trying to *thrust* the responsibility for the failure 「*on* [*onto*; *upon*] me. // 私は寄付を*押しつけられた (⇒ 寄付をするように強制された) I *was forced to* make a contribution. // 自分の意見を他人に*押しつけるな Do not *impose* your opinions (*on* others).

おしつぶす 押し潰す crush (他); (つぶしてどろどろにする) squash (他). 《☞ つぶす; つぶれる》. ¶ 彼が座って帽子は*押しつぶされた The hat *was* 「*crushed* [*squashed*] when he sat on it. [語法]「ぺちゃんこに」の意味では was crushed *flat* のようにすることもある. // 箱を*押しつぶさないように注意しなさい Be careful not to *crush* the box. // 雪の重みで屋根が*押しつぶされた (⇒ つぶれた) The roof 「*collapsed* [*fell in*] under the weight of the snow.

おしつまる 押し詰まる ¶ 時間が*押し詰まって来た We *are pressed for* time. // いよいよ (年の暮れが)*押し詰まって来ましたね (⇒ 年末に近づきつつある) We *are* fast *getting close to the end of* the year. / (⇒ 今年の残りもわずかしかない) There is very little left of the year. / (⇒ 今年もほとんど終わった) The year *is almost over*. / (⇒ ほとんど年の暮れだ) It's *almost the end of* the year. 《☞ さしせまる》
【参考語】(終わりに近づく) get close to the end of ..., draw near to the 「close [end] of ... ; (終わりに近い) be almost the end of ... ; (ほぼ終わる) be 「almost [nearly] over.

おしとおす 押し通す (行為・主張などを頑として変えない) persist (in ...) (自); (言い張る) insist (on ...) (自). 《☞ とおす; おしきる》.
¶ 彼はわがままを*押し通すだろう (⇒ 自分の思いどおりの行動をするだろう) He will *have his own way*. // 彼は病気であったという口実を*押し通した He *persisted in* the excuse that he had been ill. // 彼は無罪の主張を*押し通した He *insisted on* his innocence. / He *insisted* that he was innocent.

おしながす 押し流す (流し去る) wash away (他); (運び去る) carry away (他); (一挙に運び去る) sweep away (他) [語法] away を用いるのはこの場合「流し去る」の意味であるが，「川の下流へ」の場合は down,「沖のほうへ」の場合は out, off などのように副詞を変えて用いる. ¶川が増水して橋が*押し流された The bridge *was washed away* by the swollen river. // 船が沖へ*押し流された The boat *was carried out* to the open sea.

おしのける 押しのける push aside ㊀; (ひじで押しのけるように) elbow ㊀. 《☞ おしわける》. ¶その少年は私を*押しのけた The boy *pushed* me *aside*. // 彼は群衆を*押しのけて前へ出た He came forward, *pushing aside* the crowd. // 長身の男の人が人ごみを*押しのけて通って行った A tall man ˹*elbowed* [*forced*] *his way through* the crowd.

おしのび お忍び ━副 incognito [ìnkɑgníːtou]. ¶王は*お忍びで旅行をしていた The king was traveling *incognito*.

おしはかる 推し量る guess ㊀, suppose ㊀, conjecture ㊀ ★はじめの 2 つが口語的. 《☞ おす²; すいりょう¹; すいそく (類義語)》.

おしばな 押し花 pressed flower Ⓒ.

おしべ 雄蕊 stamen [stéimən] Ⓒ《複 ~s, stamina [stǽmənə]》(↔ pistil) 《☞ 花 (囲み)》.

おしボタン 押しボタン ━名 (装置) push button Ⓒ. ━形 (押しボタン式の) push-button. ¶この扇風機は*押しボタン式だ (⇒押しボタンがついている) This electric fan is equipped with *push buttons*. // *押しボタン戦争 a *push-button* war

おしぼり お絞り (熱いタオル) hot towel Ⓒ; (熱したタオル) steamed towel Ⓒ [参考] 英米には普通おしぼりを出す習慣はない.

おしむ 惜しむ **1** «出し惜しむ»: (節約して) spare [spέər] ㊀, be sparing ★後者は「状態」をいう; begrudge ㊀, grudge ㊀; be frugal; be stingy.

【類義語】「なるべく使わないようにする」の意味では **spare**. 「嫌だがしぶしぶ出す」の意味では **begrudge, grudge**. 食事などがつましいのは **frugal**. けちけちしているのは **stingy**.

¶彼は骨身を*惜しまず努力した He didn't *spare* himself. / He ˹*spared* [*begrudged*] no pains. // 彼は金銭を*惜しまない He *spares* no expense. / (⇒気前がよい) He is *generous with* his money. // 一文*惜しみの百知らず Penny wise and ˹pound [dollar] foolish. 《ことわざ: ペニーについては分別があるが, ポンド[ドル]ではうっかりする》

2 «残念に思う»: regret ㊀ 《☞ くやむ》. ¶だれしも過ぎ去った歳月を*惜しむ Everybody *regrets* the years gone by. ★「失ったものを残念がる」の意味. // きょうの試験で間違いをしたのが*惜しまれる (⇒惜しい) I *regret* a mistake that I made on today's examination. / It is a ˹*pity* [*shame*] that I made a mistake on the examination today. // ホームは別れを*惜しむ人 (⇒別れを告げる人) でいっぱいだった The platform was crowded with people who *were* ˹*saying good-bye* [*bidding farewell*].

3 «尊重する»: value ㊀; (大事なものと考える) hold ... dear.
¶人は自分の命を*惜しむべきだ (⇒貴重なものと考えるべきだ) One ought to *hold* one's life *dear*. // 彼らは命よりも名を*惜しむ (⇒尊重する) They *value* honor above life. / (⇒名のほうをより高く評価する) They *have a* higher *regard for* their reputation than their life. // 彼は寸暇を*惜しんで生物学の研究をした (⇒あらゆる余暇を生物学の研究にあてた) He *gave* every spare moment *to* ˹studying [the study of] botany. / (⇒わずかの時間でもそれをすべて生物学の研究にささげた) He *devoted* what little time he could find *to* ˹studying [the study of] botany.

おしめ 《米》diaper [dái(ə)pər] Ⓒ, 《英口語》nappy Ⓒ. 《☞ おむつ》.

おしもおされもしない 押しも押されもしない ━形 (一流の) leading; (揺るぎない) unchallenged. ¶彼女は*押しも押されもしない国際的スターだ She is ˹a *leading* [an *unchallenged*] international star. // 彼は*押しも押されもしない (⇒名声の定まった) 世界的な数学者だ He is a world-famous mathematician *of established reputation*.

おしもどす 押し戻す push [press] back ㊀ 《☞ おしかえす》.

おしもんどう 押し問答 ━動 (言い合う) bandy words (about) with ..., toss words ˹around [about] with ...; (口論する) quarrel (with ...) ㊁; (やかましく口論する) wrangle (with ...) ㊁. ━名 (口論) quarrel Ⓒ; (やかましい口論) wrangle Ⓒ. 《☞ こうろん》.
¶ばかな人と*押し問答をする (⇒言葉をやりとりする) のは無益だ It is useless ˹*bandying words* (*about*) [*tossing words around*; *tossing words about*] *with* a foolish person. // すったもんだの*押し問答のあげくに (⇒何度も口論が繰り返された後で) 強硬手段がとられた After their repeated *wrangles*, a drastic measure was taken.

おしゃぶり teething ring Ⓒ.

おしゃべり ━形 (よくしゃべる) talkative; (人の私事などのうわさをする) gossipy. ━名 (おしゃべりな人) talkative person Ⓒ; (たいへんなおしゃべり) quite a talker; (人の私事などのうわさを好んでする人) gossip Ⓒ. ━動 (話をする) talk ㊁; (おしゃべりをする) chatter with ..., have a chat with ... ★楽しく雑談などをすることをいう; (おしゃべりになる) become [get] talkative; (人の私事などのうわさをする) gossip ㊁. 《☞ しゃべる; ぺちゃくちゃ》.
¶授業中の*おしゃべりはやめなさい Don't *talk* in class. // 女はたいてい男より*おしゃべりだ Women are usually more *talkative* than men. // 彼女はたいへんな*おしゃべりだ She is *quite a talker*. // *おしゃべりをしましょうよ Let's *shoot the breeze*. ★米俗語.

おしゃま ━形 (早熟な) precocious 《☞ おませ; ませる》.

おしゃれ ━動 (衣服に注意する) be careful ˹of [about] *one's* ˹dress [clothes; clothing]; (よい衣服を着ることが好きだ) like to dress nicely [参考] かつて使われた dandy という言葉はいまはあまり使われない. 日本語の「おしゃれ」にぴたりと当てはまる名詞はないので, 動詞表

お

現にするのがよい.
¶ 彼女は*おしゃれだ (⇒ 衣服や身なりにたいへん気を使う) She *is* very *careful* ｢*of* [*about*] *her* ｢*dress* [*clothes*; *clothing*] *and appearance*. / (⇒ 人にすてきだと思われることを重んじる) She *thinks* much *of looking nice*. / (⇒ 彼女はいい洋服を着ることが本当に好きだ) She really *likes to dress nicely*. // 女の子は男の子より*おしゃれだ (⇒ 衣服や身なりにもっと気を使う) A girl *pays* more *attention to her* ｢*dress* [*clothes*; *clothing*] *and appearance* than a boy (does). // 彼はずいぶん*おしゃれをしてやって来た (⇒ きちんと正装して) He came all *dressed up*. / (⇒ 最新のいでたちで) He showed up *in mod* ｢*attire* [*clothes*]. // 彼女は婦人用装飾品を売る*おしゃれな店をやっている She runs a *fancy* store dealing in female finery. 【語法】 あまり実用的でなく装飾的な要素の多いという意味で fancy を用いる.

おじゃん ━動 (むだになる) come to nothing; (失敗する) fail ㊐; (中止になる) be canceled. 《☞ だめ; ふい²; しっぱい》. ¶ その企画は結局*おじゃんになった (⇒ 実を結ばなかった [失敗した]) The project ｢*came to nothing* [*failed*] after all. // 雨でピクニックは*おじゃんになった (⇒ピクニックが中止された) Our picnic *was canceled* because of (the) rain.

おしょう 和尚 (Buddhist) priest Ⓒ 【参考】 呼びかけには使えないので, sir を代用する.

おじょうさん お嬢さん (相手または人の娘) your [his; her] daughter Ⓒ; (呼びかけ) young lady; miss; ma'am [mǽm], madam. 【語法】 「そうです, お嬢さん[奥さま]」を, "Yes, ｢ma'am [madam]." と言うのは礼儀正しい言い方で, 店員が女の客に対して言うような場合に用いる. 大人が子供に対して呼びかけるのに young lady を用いるのは一般的であるが, 名前を言わないでわざわざこれを用いるのは, むしろ注意をしたりしかったりする場合に多い. 店員や未知の若い女性に対しての呼びかけに miss を用いるのはかなりくだけた多少下品な用法である. 《☞ おくさま; 呼びかけ (囲み)》.
¶ ありがとうございます, *お嬢さん Thank you, *ma'am*. // *お嬢さん, 言葉づかいに気を付けるんだね Watch your language, *young lady*.

おしょく 汚職 corruption Ⓤ; (事件) corruption case Ⓒ; (収賄事件) payoff scandal Ⓒ ★ 口語的. 《☞ しゅうわい; ふせい¹》.
¶ 最近の政界[市]の*汚職は嘆かわしい The recent ｢political [municipal] *corruption* is ｢deplorable [a matter for regret; a matter to be regretted]. // 彼はその*汚職事件に関係していたものと思われる He is believed to have been [It is believed (that) he was] involved in the ｢*corruption case* [*payoff scandal*]. // *汚職役人が数名逮捕された Some *corrupt* (government) officials were arrested. ★ corrupt は形容詞.

おしよせる 押し寄せる crowd ㊐; flock ㊐; swarm ㊐; storm ㊐; surge ㊐; throng ㊐.
【類義語】 特に人が群をなすのは **crowd**. 「(鳥のように)群がる」のは **flock**. 「(蜂のように)群がる」は **swarm**. 「強襲するように群がる」は **storm**. 「波のように迫る」は **surge**. やや形式ばった語で crowd とほぼ同意なのが **throng**. 《☞ あつまる (類義語); さっとう》
¶ *押し寄せる敵 the ｢*advancing* [*surging*] enemy 【語法】 「前進して来る」の意味では advancing を, 「波のように迫って来る」の意味では surging を用いる. // 大勢の人が戸口へ*押し寄せた A great many people *made for* the door. // パレードを見に大群集が*押し寄せた Great crowds *flocked* to see the parade. // 少女たちはその映画スターのまわりにサインを求めて*押し寄せた The girls ｢*crowded* [*swarmed*] around the movie star (asking) for autographs. // 物見高いやじ馬が現場に*押し寄せていた Curious crowds *were swarming* about the scene.

おしろい 白粉 (face) powder Ⓤ; (水おしろい) liquid powder Ⓤ, face paint Ⓤ.
¶ 彼女は*おしろいをつけない She never ｢uses [puts] *powder* on her face. / (⇒ 化粧をしない) She wears no makeup. // 彼女は*おしろいをこてこて塗っていた Her face *was* thickly ｢*powdered* [*painted*]. 【参考】 「うすく」は lightly. // この*おしろいはよくつかない This *powder* won't stay on my face.

おしわける 押し分ける **1** «引き離す»: push apart ㊀. 【語法】 「分ける」ときの動作の様態によって, push の部分に, 「引っぱって」 pull, 「力ずくで」 force, 「引き裂くように」 tear [téə] などの動詞を用いる.
¶ **2** 人がけんかになろうとするところを*押し分けた I *pushed* them *apart* when they were about to fight. / (⇒ 割って入って分けた) I cut in and made them *break it up*.
2 «押しのける»: (前進する) advance through ...; (どんどん押し分けて進む) push *one's* way through ... 《☞ おしのける》.
¶ 彼は群衆を*押し分けて進んだ He *pushed his way through* the crowd. // 私は人を*押し分けてやっとその劇場に入ることができた I managed to ｢*squeeze* (*myself*) [*push my way*] *into* the theater.

おす¹ 押す **1** «力を加える»: (一般的に) push ㊀; (急に) thrust ㊀; (ひどく) shove ㊀; (圧する) press ㊀; (頭や角で突くように) butt ㊀, bunt ㊀ ★ 以上はいずれも ㊐ としても用いる.
【類義語】 引く (pull) の逆で, 最も一般的な語が **push**. 急に力を入れたり突き刺すように押すのは **thrust**. 表面を滑らせるように, または乱暴に押すのは **shove** である. 次第に力を加えて圧縮するような押し方は **press** で, ボタンを押したり, 自動車のアクセルやブレーキを踏みこんで押すような場合に **push** と同じように用いる. 牛や山羊のような動物が頭や角で突くように押したり, 頭突きをしたりするのは **butt** または **bunt** という.
¶ *押さないで下さい Please don't *push*. 【語法】 「私を」の意味では push me とするが, 人ごみの中などではこれを用いない.
私はその机を*押したが重くて動かなかった I ｢*pushed on* [*gave a push to*] the desk, but it was too heavy to move.
エンジンをかけるためにその車を*押してみた We ｢*gave* the car *a push* [*pushed* the car] to

start the engine. [語法]「車を押してあげようか」は Shall I *give* it *a push*? と言うのが普通.
私は戸を力一杯*押してみた I *gave a* hard *push* ⌈*at* [*on*] the door. / I *gave* the door *a* hard *push*.
私はドアを*押して(ぴったりと)閉めた I *pushed* the door to. [語法] この場合の to は副詞.
彼女は自転車を*押して通りを渡った She went across the street (,) *pushing* her bicycle. / She ⌈*walked* [*wheeled*] her bicycle across the street. [語法]「人・犬・自転車などにそって歩く」のを walk [動](他) で表す.
彼は後ろから私を*押した He ⌈*shoved* [*pushed*] me from behind.
ご用の節はボタンを*押して下さい When you want me, please ⌈*press* (*on*) [*push*] the button.
2 «印判を押す»: (ぺたんと) stamp (他); (公式に) seal (他); (刻印を) print (他), impress (他).
¶ 彼はそれに印を*押した He *stamped* it with his seal. / He *sealed* it. / He ⌈*placed* [*put*] his seal on it. [参考] 西欧では, 封蠟(ふうろう)を紙片に押したものを文書に添えることが多いので, affix という動詞を用い, He *affixed* his seal to it. ということもある.
3 «無理をする» ¶ 彼は病気を*押して (⇒ 病気であるのに) その会に出席した He attended the meeting ⌈*in spite of* illness [*though* he was sick]. 《☞ かかわらず》
【参考語】(...にもかかわらず) in spite of ...

おす² 推す **1** «推測する»: suppose (他), assume (他), surmise (他) ★ suppose が最も一般的; (憶測する) guess (他), conjecture (他) ★ guess のほうが口語的; (想像する) imagine (他); (推断する) conclude (他); (推論する) infer (他). 《☞ すいそく (類義語)》.
¶ 顔つきから*推して彼はかなり疲れていたようだ From his looks I *guessed* that he was pretty tired. // 結果は*推して知るべし (⇒ それがどうなるか容易に想像できる) You can easily *imagine* what result it would lead to. / (⇒ それがどうなるかは述べるよりも想像するほうがよい) How it will ⌈turn [come] out may better *be imagined* than described.
2 «推薦する»: recommend (他); (提議する) propose (他); (指名して) nominate (他). 《☞ すいせん¹; すすめる¹》.

おす³ 雄, 牡 ━[名] male [C] (↔ female); (鳥の) cock [C]; (象・鯨などの大きな動物) bull [C]; (鹿・うさぎなど, やや小さい動物) buck [C]; 《口語》 he [C] ★ 動物一般に使える. ━[形] male (↔ female); cock; bull; buck; (主として結合語で) he-. [語法] 口語では he [C] で雄の動物のことを, また he- を動物名に付けてその動物の雄を示す. ((例) 雄の山羊 *he*-goat). 《☞ めす [語法]; 性 (欄外)》.
¶ これは*雄猫です This is a ⌈*male* cat [*he*-cat; *tomcat*]. // この犬は*雄ですか雌ですか Is this dog ⌈*male* or female [a *he* or a she]?

	動物名	雄	雌	子
犬	dog	dog	bitch	pup
牛	cattle	bull	cow	calf
馬	horse	stallion	mare	foal
鹿	deer	buck	doe	——
		stag	hind	——
猫	cat	tomcat	tabby(cat)	kitten
羊	sheep	ram	ewe	lamb
豚	pig	boar	sow	piglet
山羊	goat	billy goat	nanny goat	kid
あひる	duck	drake	duck	duckling
がちょう	goose	gander	goose	gosling
鶏	chicken	cock rooster ★ 特に《米》.	hen	chick

おすい 汚水 (汚れた水) filthy water [U]; (汚染された水) polluted water [U].

おずおず ━[副] (おずおずと) timidly; (ためらって) hesitatingly, hesitantly; (神経質に) nervously; (注意深く) cautiously. 《☞ おそるおそる; こわごわ; おどおど》.
¶ 彼女は*おずおずと (⇒ びくびくして) ドアに近づいた She approached the door *timidly*. // 彼は*おずおず (⇒ ためらって) 前へ出て来た He stepped forward ⌈*hesitatingly* [*with hesitation*]. // 少女は*おずおず (⇒ 神経質に) その問いに答えた She answered the question *nervously*. // 彼は青ざめて*おずおずと (⇒ 恐怖で青くなって) のぞきこんだ He peeped in, ⌈white [pale] *with fear*.

おすなおすな 押すな押すな (たいへんに混んでいる) overcrowded; (いっぱい入っている) packed. 《☞ ぎゅうぎゅう; まんいん》.
¶ 店の前は*押すな押すなの大繁盛だった (⇒ 大きな人だかりがあった) There was a *large crowd* in front of the store. // 会場は*押すな押すなの大入り満員だった (⇒ 破裂しそうだった) The hall *was* nearly *bursting* with the audience.

おすみつき お墨付 (有力な人からのお声がかり) word from a person in power [C]; (正式な許可) the go-ahead.

おせじ お世辞 ━[名] (ほめるための) compliment [C]; (必要以上に) flattery [U]. ━[動] (お世辞を言う) compliment (他); (へつらう) flatter (他). ━[形] (お世辞の) complimentary.
【類義語】あいさつで, あるいは賛辞を呈してという場合は **compliment** だが, おべっかを言うとかへつらう場合には **flattery** になる. 《☞ おだてる; へつらう》
¶ *お世辞がお上手ですね That's a nice *compliment*. / I'm *flattered*. [語法] いずれも人からほめられたような場合に「そうでもない, それほどでもない」のような意味のニュアンスで言う表現.
彼女は私にいろいろと*お世辞を言った She paid me many *compliments*.
彼は料理がうまいと彼女に*お世辞を言った He *flattered* her ⌈about [on] her cooking. / He paid her a *compliment* on her cooking. [語法] この文の a compliment の部分に,「から世辞」an empty [a false] compliment,「最高のお世辞」a high compliment,「心からのお世辞」a sincere compliment,「口のうまいお世辞」a smooth-spoken compliment などを適当に用いることができる.
彼は心にもない*お世辞を言う (⇒ 不誠実なお世辞を言う) He makes insincere *compliments*.

お

彼がそう言ったのは*お世辞だ His remarks on it were *complimentary*. / He said it「as a [in] *compliment*.
彼が芸術家だなんて*お世辞にも言えない (⇒芸術家どころではない) He is *anything but* an artist. / He is *far from* being an artist.

おせっかい お節介 ― 形 (頼まれもしないのに他人のことに口を差し挟む) meddlesome ; (世話ずきで) officious ;《口語》nosy, nosey ; (出しゃばりな) obtrusive. ― 名 (おせっかいをすること) meddlesomeness Ⓤ, meddling Ⓤ ; officiousness Ⓤ ; (おせっかいな人) meddler Ⓒ ; nosy Ⓒ, nosey Ⓒ ; (他人のことに不必要な口をはさむ人) busybody Ⓒ ★ nosy 以下は口語的な語. ― 動 (おせっかいをする) meddle (into ...) ⓐ ; (のぞきこんで) pry (into ...) ⓐ ; (鼻を突っこむ) poke (*one's* nose) (into ...), nose into ...
【類義語】他人のことに介入したり邪魔になることをしたりするのは ***meddlesome***. 必要以上に世話をやきすぎてうるさくすることは ***officious***. むやみに他人のことに無作法なまでに好奇心をもつことは ***nosy***, ***nosey*** で, これは非常に口語的な表現. 押しつけがましく, 時には不愉快なほど目に余って出しゃばるのが ***obtrusive***.「おせっかいな人」は, やや皮肉な言い方で「よく走り回る人」の意味から ***busybody***.《☞ くちだし ; かんしょう[1]》
¶それは余計な*おせっかいだ It is「needless [uncalled-for] *meddling*. / (⇒あなたの知ったことではない) That's none of your business. / Mind your own business. 語法 後の2つの例のほうが口語的な言い方. / (⇒そんなことはほうっておけ) Leave it alone! // 彼の私生活に*おせっかいをするな Don't「*nose* [*poke your nose*] *into* his private life. // 彼女は近所で一番の*おせっかいだった She was the *nosiest* person in the neighborhood.

おせん 汚染 ― 名 pollution [pəlúːʃən] Ⓤ, contamination Ⓤ 語法 ほぼ同意に用いられることもあるが, 前者は化学物質に, 後者は細菌に冒されていることをいう場合が多い. ― 動 pollute ⓗ, contaminate ⓗ.《☞ こうがい[2]》
¶大気*汚染は大都市では重大な問題である Air *pollution* is a serious problem in large cities. // それは*汚染された水によって起こる特殊な病気である It is a specific illness caused by *contaminated* water. // 環境*汚染 environmental *pollution*
汚染物質 polluting matter Ⓤ, pollutant Ⓒ **汚染防止** pollution control Ⓤ **汚染防止法** anti-pollution law Ⓒ.

おぜんだて お膳立て ― 名 (準備) preparations ★通例複数形で ; (手配) arrangements ★通例複数形で ; (計画) plan Ⓒ. ― 動 (おぜん立てする) make preparations, prepare ⓗ ; make arrangements ; (計画などを立てて将来への道をひらく) pave the way (for ...) ; (食事の) set the table, prepare ⓗ.《☞ じゅんび ; したじゅんび ; ようい[1]》
¶だれがその会の*おぜん立てをしますか Who will *make the preparations* for the party? // 式の*おぜん立てがすっかり整った *Arrangements* for the ceremonies are all made. // *おぜん立てはちゃんとできている (⇒すべての用意がいい) All is *ready*. // 彼が平和交渉への*おぜん立てをした He *paved the way for* the peace talks.

おそい 遅い **1** 《時間が》 ― 形 late (↔ early) ★「遅く」という意味で 副 としても用いる.《☞ おくれる》
¶彼は*遅いな. どうしたんだろう He's *late*. What's the matter with him? // *遅かったね (⇒やっと来た) So here you are *at last*! // 彼女はいつも帰りが*遅い She is *late* coming home every day. // 昨夜*遅くまで起きていたので, けさ起きるのが*遅かった I stayed up too *late* last night, so I got up *late* this morning. // 夕方*遅くなって出発した I left there *late* in the evening. // 予定より1時間*遅く着いた We got there one hour「*late* [*later* than scheduled]. // *遅くとも5時までには来て下さい Please be here by 5 o'clock *at the latest*.《☞ おそくとも》
2 《速度が》 ― 形 slow (↔ fast, quick). ― 副 (遅く) slowly 語法 口語では動詞の後では slow が副詞として用いられることがある.《☞ ゆっくり ; のろい[1] ; かんまん[1]》
¶彼女は歩くのが*遅い She walks「*slowly* [*slow*]. / She is a *slow* walker. // 彼女は食事の用意をするのがいつも*遅い (⇒時間がかかる) She always *takes*「*a lot of time* [*too long*] to prepare meals.

おそう 襲う (襲撃する) attack ⓗ, make an attack on ... ; (激しく) assault ⓗ, assail ⓗ ; (集団で一時的に) raid ⓗ, make a raid on ... ; (強盗などが侵入する) break into ... ; (攻め込んで) invade ⓗ ; (猛禽(もうきん)が餌食を) fall on ... ; (災いなどが降りかかるように) descend on ... ; (災害・疫病などが) strike ⓗ, visit ⓗ, hit ⓗ.
【類義語】襲撃する・攻撃するという意味で一般的な語は ***attack***. 激しい攻撃は特に ***assault*** または ***assail***. なお, *assault* は rape (=強姦する) の婉曲語として用いられることがある点に注意.「空襲」an air raid や「警察の(不意打ち的な)手入れ」a police raid のように, 不意に侵入して目的が達せられると引きあげるのは ***raid***. 特に侵入を強調すれば ***invade***.《☞ こうげき ; しゅうげき》
¶敵は彼らを背後から*襲った The enemy「*attacked* [*made an attack on*] them from the rear. 語法「背後を」の場合は in the rear とする.
彼らは旅行者を*襲って持ち物を奪った They *assaulted* the travelers with the「intent to rob them [intention of robbing them].
暴徒が大使館を*襲った The mob *assailed* the embassy.
警察がギャングの本拠を*襲った The police「*raided* [*made a raid on*] the gangster(s') headquarters.
彼の家は強盗に*襲われた (⇒強盗が彼の家に入った) A burglar *broke into* his house.
疫病がその地方を*襲った The plague「*struck* [*descended on*] the province.

日本は9月には台風に数回*襲われる Japan *is* ｢*hit* [*visited*] by several typhoons ｢in [every] September. [語法] attacked を用いることもある.

この地方はよく洪水に*襲われる This area is *subject to* frequent ｢floods [flooding].

おそうまれ 遅生まれ ¶ *遅生まれの子供は数え年8つで入学する Children *born between April 2 and December 31* start school in their eighth calendar year. [参考] 日本式年齢の言い方なので説明的な表現になる.

おそかれはやかれ 遅かれ早かれ sooner or later ; (いつかは) someday ; (結局のところ) in the long run, eventually ★ やや改まった語. 《☞ どっちみち》.

¶ *遅かれ早かれそれはみんなに知れるだろう It will ｢be [become] a matter of common knowledge of everybody *someday*. / *Sooner or later* it will ｢become known to [come to the attention of] everybody. // *遅かれ早かれこの問題に対処しなければなるまい We will have to face this problem *at one time or another*. // *遅かれ早かれ (⇒ 結局のところ) 彼は立ち去ることになろう He will leave *in the long run*.

おそくとも 遅くとも (比較的短期間) at (the) latest ; (長期間の場合) at (the) farthest. 《☞ おそい》. ¶ 私は*遅くとも日曜までには帰って来ます I will be back by Sunday *at* (*the*) *latest*. // *遅くとも2年以内に借金は全部払います I'll pay off the debt in two years *at* (*the*) *farthest*.

おそざき 遅咲き ━[形] late｢-flowering [-blossoming; -blooming] [語法] flowering は主として草花に, blossoming は樹木に, blooming は鑑賞用の花に用いられる. 《☞ さく¹ ; 花 (囲み)》. ¶ *遅咲きの桜の木 a *late* ｢*-blossoming*[*-blooming*] cherry tree

おそなえ お供え offering Ⓒ; (かがみ餅) rice-cake offering Ⓒ. 《☞ そなえる²》.

おそばん 遅番 ¶ だれが*遅番ですか Who is (going to work) on the ｢*afternoon* [*night*] *shift*? // この工場は8時間ずつの*遅番と早番で操業している This factory is operating on two 8-hour *shifts*.

【参考語】━[名] (交替) shift Ⓒ.

おそまきながら 遅まきながら ━[副] (遅れて) late ; (遅すぎて) belatedly. ━[形] (遅れた) late ; belated. 《☞ おくればせながら》.

¶ *遅まきながら彼にお礼状を出した I'm afraid it was *too late*, but I wrote a letter of thanks to him. / (⇒ 出すのが遅れた) I was a little *behind* in sending him a letter of thanks. / I wrote a letter of thanks to him rather *belatedly*.

おそらく 恐らく (多分) perhaps ; maybe ; possibly ; probably ; likely ; presumably ; (十中八九) in all likelihood ; 《英》I dare say.

【類義語】最も一般的に広く用いられるのは ***perhaps*** と ***maybe*** であるが, 後者は《米》の口語で好んで用いられる. 可能性が強い順に ***probably, likely, possibly*** となるが, 確実度や確率を強調すれば *probably* や *likely* を, 可能性を強調すれば *possibly* を選ぶ. また, 推定の気持ちを含むと ***presumably*** や ***I dare say*** を用いるが, 後者は《英》. 《☞ たぶん ; -だろう ; きっと¹ ; 推量の表現 (囲み)》

¶ *恐らくそれは本当だ *Perhaps* that's true.

*恐らく彼は病気なのだ *Maybe* he is sick.

「彼はまた失敗したのかもしれない」「*恐らくそうでしょう」 "He may have failed again." "*Possibly*."

「彼女は来るだろうか」「*恐らく来ないでしょう」 "Will she come?" "*Probably* not."

*恐らく午後は晴れるでしょう It may *possibly* clear up in the afternoon. [語法] possibly を入れなくても文の内容はほぼ同じであるが, これを用いると表現が控えめになる.

私は*恐らく間に合わない I cannot *possibly* be in time. ★「とても間に合わない」の意味.

彼は*恐らく家にいるでしょう It is quite *possible* that he is (at) home. / He is *possibly* at home.

*恐らく彼女は来週やって来るかもしれません She is *probably* coming here next week. / It is (quite) *probable* that she will come here next week.

*恐らく午後は雨でしょう It *is likely to* rain in the afternoon. [語法] probably を用いた文より可能性が弱い.

彼は*恐らく (⇒ どう見ても) その計画を承認しないだろう *In all likelihood* he will not approve of the plan.

彼は*恐らく (⇒ 十中八九は) 退学になるだろう There is *every likelihood* that he will be expelled from school. [語法] 見込みが大きい場合に用いる.

彼女は*恐らく本校では一番歌がうまい She is *presumably* the best singer in our school. [語法] I *presume* that ... としてもよい.

おそるおそる 恐る恐る (こわごわと) timidly ; (ためらいがちに) hesitatingly ; (用心して) cautiously ; (びくびくして) nervously. 《☞ おずおず ; こわごわ》.

¶ 彼は*おそるおそるドアを開けた He opened the door *timidly*. // 私は*おそるおそるそのふたを持ち上げた I lifted the lid *cautiously*. // 彼女は*おそるおそる私を見た She stole a glance at me *nervously*.

おそるべき 恐るべき (驚くべき) marvelous 《☞ おどろくべき》.

おそれ¹ 恐れ (恐怖) fear Ⓤ; terror Ⓤ; horror Ⓤ; dread Ⓤ.

【類義語】最も一般的な語は ***fear*** で, 恐怖のみならず心配や懸念を表す. 衝撃的な強度の恐怖は ***terror***. 身の毛がよだつようなぞっとする恐怖は ***horror***. 危険や失敗などを予期する心配からの恐れは ***dread***. 《☞ きょうふ ; おそれる》

¶ 私は何の*恐れも感じなかった I felt no *fear*. // *恐れの念が彼を襲った *Fear* came over him. / (⇒ 恐れの気持ちでいっぱいだった) He was filled with *fear*. // その光景を見て少年は*恐れを感じた The sight ｢struck [filled] the boy with *horror*. // 彼女は人前で話すことに*恐れを感じている She ｢*is frightened* of [*dreads*] speaking in public.

お

おそれ² 虞れ (心配) fear Ⓤ. ¶風邪を引く*おそれはない There is not any *fear* 「of catching cold [that you will catch cold]. // 余病を併発する*おそれがある There is a *fear* of complications (arising). 《☞ 可算・不可算名詞 (欄外)》 // 彼はまた失敗する*おそれがある (⇒ 失敗しそうだ) He *is likely to* fail again.

おそれいる 恐れ入る ¶*恐れ入ります (⇒ たいへんご親切なことです) That's very kind of you. / (⇒ ありがとうございます) Thank you very much. 《☞ 感謝の表現 (囲み)》 // *恐れ入りますが (⇒ 失礼ですが), 駅へ行く道を教えて下さい *Excuse me,* but do you know the way to the station? 語法 ほかに, I'm sorry to trouble you, Pardon me などを用いることができる. 《☞ しつれい ; 道のきき方 (囲み)》 // *恐れ入りますが窓を開けて下さいませんか *Would you mind* opening the window for me? 《☞ 依頼の表現 (囲み)》 // *恐れ入りました (⇒ あなたに脱帽します) I *take my hat off* to you. // 彼女の口が達者なことには*おそれ入った (⇒ 驚嘆している) I'm *amazed* 「by [*at*] her glib tongue. 《☞ きょうしゅく》

おそれる 恐れる (懸念する) fear ㊀; (怖がる) be afraid (of ...) ; (何かが起こりはしないかと予期して恐れる) dread ㊀; (びっくりして) be frightened (at ...) ; be scared (of ...) ★ 口語的. 《☞ おそれ¹ ; こわがる ; おじけづく》

¶私は何物をも*恐れない (⇒ 何物も私を恐れさせることはできない) Nothing can make me *afraid.*

彼はその危険を*恐れなかった He *was* not *afraid of* the danger. / He didn't *fear* the danger. ★ 前者のほうが口語的.

彼らは死を*恐れない They 「have [know] no *fear* of death.

彼は事故を起こすことを*恐れてゆっくり運転した (⇒ 事故を起こさないように) He drove slowly *so that* he *would not* have an accident.

失敗を*恐れて私たちは一生懸命に練習をした *For fear* of failure we practiced very hard./ We practiced very hard *for fear* (that) we should fail. 語法 以上 2 文はかなり文語的表現.

英語を話すときは間違いを*恐れるな In speaking English, don't *be afraid of* making mistakes.

彼は私の父に会うのを*恐れている He *is afraid to* see my father. 語法 afraid to *do* は「...することができない」, または「したくない」の意味で用いる. これに対して, 「...しはしないかと心配している」の意味では afraid of *doing* を用いる. 従って, He *is afraid of seeing* my father. とすれば, 「彼は私の父に会うのではないかと心配している」の意味になる.

だれでも病気になるのを*恐れる Everybody *dreads* 「falling ill [to fall ill].

おそろい お揃い ―副 (一緒に) together. ―名 (よく似た物の片方) twin Ⓒ. 《☞ そろい ; おなじ》. ¶彼らは*おそろいで出かけた They went out *together.* // 私は彼女と*おそろいの服を買った I bought a dress which is the exact *twin* of hers. // 女店員は*おそろいの服 (⇒ 制服) を着ていた The salesgirls were 「in *uniform* [*uniformly* dressed].

おそろしい 恐ろしい ―形 (怖い・恐れる) afraid (of ...) ★ 一般的な語 ; (恐れている) fearful ; (非常に強い恐怖を与える) terrible ; (嫌悪感を伴うほど恐ろしい) horrible ; (人に危害を加えるようで恐ろしい) fierce. 《☞ こわい ; すごい (類義語) ; ぞっと》.

¶私は暗い所が*恐ろしい I'*m afraid of* darkness. ★ 最も一般的で平易な言い方. / I *am fearful of* the dark. / (⇒ 恐れをもつ) I *have a fear of* dark places. // 途中で*恐ろしい事故を目撃した We saw a *terrible* accident on the way. // 虎が飢えているときはとても*恐ろしい (⇒ 危険である) A hungry tiger is very *dangerous.*

おそろしく 恐ろしく ―副 (たいへんに) very ; (やや口語的で大げさに)awfully, terribly. 《☞ 強意語 (囲み) ; ひじょうに ; とても (類義語)》.

おそわる 教わる (教えられる) be taught ; (...から習う) learn ... from ... ; (続けて習う) take [receive] lessons. 《☞ ならう》.

¶彼女はアメリカの婦人に英語を*教わった She *was taught* English by an American woman. / (⇒ ...から習った) She *learned* English *from* an American woman. // 私の娘は山田先生にピアノを*教わっている (⇒レッスンを受けている) My daughter *is taking* 「piano *lessons* [*lessons* on the piano] from Miss Yamada.

おたく お宅 ―名 (あなたの家) your 「house [home] 語法 house は建物としての家屋, home は家庭生活の場としての家を指すが, 《米》では home を house の意味で用いることが多い. ―代 (あなた) you. 《☞ うち² ; いえ ; あなた》. ¶あす*お宅へ伺ってよろしいでしょうか May I visit *you* (*at home*) tomorrow? // 「*お宅はお子さんは何人ですか」「3 人です」 "How many children do *you* have?" "I have three." // きのう*お宅のご主人にお会いしました I met *your* husband yesterday.

おたずねもの お尋ね者 hunted [wanted] man Ⓒ; (指名手配の犯人) wanted criminal Ⓒ.

おだてる 煽てる (大げさにほめる) flatter ㊀; (うれしがらせる) please ㊀. 《☞ おせじ》. ¶そんなに*おだててもだめだよ I am not one to *be flattered* (in) that way. // ジョンはすぐに*おだてに乗る (⇒ 容易におだてられる人だ) John is easy to 「*please* [*flatter*]. / John is an easy prey to *flattery.*

おたふくかぜ お多福風邪 mumps ★ 複数形だが, 通例単数扱い. 《☞ 病気・病院 (囲み)》.

おだぶつ お陀仏 ―動 (死ぬ) 《俗語》 kick the bucket.

おたま お玉 (しゃくし) soup ladle Ⓒ 《☞ しゃくし (挿絵) ; 台所・家事 (囲み)》.

おたまじゃくし お玉杓子 (かえるの子) tadpole Ⓒ; (音符) (musical) note Ⓒ; (楽符) score Ⓒ. 《☞ 音楽 (囲み)》.

おだやか 穏やか **1** «平穏» ―形 (天候などが) calm ; (静かな) quiet ; (のどかな・平和な)

peaceful ; (動き・態度が) gentle ; (安らぎを与える) restful. ── 名 calm Ⓤ, calmness Ⓤ ; quiet Ⓤ, quietness Ⓤ 語法 -ness を付けない名詞形は特定の連語関係や, やや文語的な表現として用いることが多い ; (平穏無事) quietude Ⓤ ; peace Ⓤ ; gentleness Ⓤ. 《☞ しずか (類義語)》.

¶ 彼は*穏やかな海を見ていた(⇒立って見ていた) He stood looking at the *calm* sea. // 彼女は*穏やかな夜を楽しんだ (⇒ 夜の穏やかさの中に座っていた) She sat in the *calm* of the evening. // きょうは*穏やかな一日でした It has been a *quiet* day today. 語法「一日中静かに過ごした」という意味. / It has been a *calm* day. 語法 calm は天候についていう場合.「何事もなく平和な」という意味では peaceful. // 彼は*穏やかな人でした He was a *quiet* (*-mannered*) person. // 彼女はいつも*穏やかな話し方をする She always「speaks *quietly* [(⇒ 穏やかな言葉づかいで) talks in *gentle* words].

2 «適度» ── 形 (適度な) moderate ; (厳しくない) mild ; (円満な) amicable ; (穏当な) reasonable. ── 名 moderation Ⓤ.

¶ *穏やかな処置をとってほしい I want you to take a「*moderate* measure [*reasonable* step]. // あなたはもっと*穏やかな表現を用いるべきだった You should have used a *milder* expression. // その件を*穏やかに話し合おう Let's discuss it *amicably*. / Let's have a *quiet* talk about it. // 彼の態度は*穏やかではなかった (⇒ おどすような[挑戦的な]態度をとった) He took a「*threatening* [*defiant*] attitude.

おち 落ち **1** «ぬかり» : omission Ⓒ《☞ ぬける ; ぬかり》. ¶ リストに*落ちがあった There was an *omission* in the list.

2 «重要な個所» : point Ⓒ ; (笑話などの) punch line Ⓒ. ¶ あなたはその話の*落ちがわかりますか Do you「see [catch] the *punch line* of the story?

3 «結末» ¶ 笑われるのが*落ちだろう (⇒ あなたは結局笑われることになろう) You will *end up being* laughed at.

おちあう 落ち合う (出会う) meet ⓐ《☞ あう[1] ; まちあわせる》. ¶ 私たちは3時に駅で*落ち合うことになっている We are going to *meet* at the station at three o'clock.

おちいる 陥る (病気などに) fall into ... ; (好ましくない状態に) be thrown into ... ¶ 父がけさ危篤に*陥った Father *fell into* a「critical [dangerous] condition this morning. // 町中が混乱状態に*陥った The whole town *was thrown into* a state of「disorder [confusion].

おちおち ¶ それが心配で夜も*おちおち眠れなかった (⇒ とても心配なのでよく眠れなかった) I was so anxious about it (that) I *could not have a good* (*night's*) *sleep*. 語法 could not sleep well, slept badly (＝よく眠れなかった), had a bad night's sleep (＝不十分な一夜の眠り), had a broken sleep (＝寝たり覚めたり) などを用いてもほぼ同意. // その物音で*おちおち眠っていられない (⇒物音が私を目覚めさせている) The noise keeps me awake.

【参考語】── 副 (静かに) quietly ; (落ち着いて) peacefully ; (快く) comfortably.

おちこむ 落ち込む (下にさがる) drop ⓐ ; (くぼむ) sink ⓐ. ¶ 彼の目[ほお]は*落ち込んでいる His「eyes [cheeks] *are sunken*. // 出生率が25パーセント*落ち込んだ The birth rate *has dropped* by 25 per cent. / (⇒ 25パーセントの下降) There has been a 25 per cent「*drop* in the birth rate [birth rate *drop*].

おちつき 落ち着き ── 名 calmness Ⓤ ; (心の) composure Ⓤ ; (自制) self-possession Ⓤ ; (冷静さ) presence of mind Ⓤ. ── 形 (落ち着いている) calm ; composed ; self-possessed.

【類義語】平静であることには一般に ***calmness*** を用いるが, 心の状態については ***composure***. 身のこなし方などを含めて感情をよく制御しているのは ***self-possession***. あわてて軽はずみなことをしたりしない冷静さは ***presence of mind***. 《☞ おちつく ; れいせい》

¶ 彼女にはどこか*落ち着きがある There is something「*calm* [*undisturbed*] about her. 語法 気持ちが騒がずに安定して物静かである様子に用いる. // 人前で話す時はだれでも*落ち着きが必要だ When you speak in public, you must have「*self-possession* [*poise*]. 語法 態度のほうを強調する場合は poise を用いる. // 地震を感じたとき, 彼は*落ち着きを失った When he felt the first jolt of the earthquake, he lost his「*presence of mind* [*self-possession*]. // 彼は授業中に*落ち着きがなかった He was「*restless* [*nervous*] in class. 語法 そわそわしている場合には restless, 神経質で気がいらいらしているような場合には nervous を用いる.

おちつきはらう 落ち着き払う (冷静にしている) keep cool《☞ れいせい》. ¶ 彼は*落ち着き払って (⇒たいへん冷静な様子で) 着席した He sat down looking *very cool*. // 彼女は最後まで*落ち着き払っていた She remained「*calm* [*self-possessed*] all the way.

おちつく 落ち着く **1** «平静になる» : calm [kɑ́ːm] down ⓐ ; (腹立ちなどが) cool down ⓐ. 《☞ おちつき ; れいせい》.

¶ まあ*落ち着きなさい *Calm yourself*. / (⇒興奮するな) Don't get so excited. // *落ち着いて (⇒ 静かに) 話し合おう Let's discuss it *quietly*. // 彼は気が*落ち着かなかった (⇒ いらいらしていた) He felt「*nervous* [*ill at ease*]. / (⇒そわそわしていた) He was *restless*. // 彼はたいへん*落ち着いた態度だった His manner was quite *quiet and self-controlled*. // この部屋では*落ち着けない (⇒ くつろいだ気分がしない) I don't *feel at home* in this room.

2 «仕事・新居などに» : (定住・定職・結婚などによって身を固める) settle (down) ⓐ ⓣ ; (新居・新しい場所などに) settle in ... 《☞ ていじゅう ; いつく》.

¶ やっと私たちは新居に*落ち着きました (⇒ 定住することになった) At last we *have settled* (*ourselves*) (*down*) in our new house. // あなたの*落ち着く先 (⇒ 目的地) を知らせて下さ

い Please let me know of your *destination*. // 宿に*落ち着いたらすぐに電話をします I will call you as soon as I *have* ⌈*checked in* [*found a place to stay*].

3 «帰結する»: (終わる) end up ⓐ, wind [wáind] up ⓐ; (結果として…になる) come to ... (☞ おさまる; まとまる). ¶その討論はどんなふうに*落ち着きましたか (⇒終わりはどうなったか) How did the debate ⌈*end* [*wind*] *up*? // 結局そこへ*落ち着くことになるだろう We will have to *come to* it eventually.

おちど 落ち度 (過失) fault Ⓒ; (間違い) error Ⓒ; (うっかりした落ち度) slip Ⓒ; (罪) blame Ⓤ. (☞ まちがい (類義語); かしつ; あやまち). ¶こちらに*落ち度がある (⇒それは私の過失です) That's my *fault*. / The *fault* ⌈is [lies] with me. // 彼は自分の*落ち度を認めた He ⌈admitted [acknowledged] his ⌈*fault* [*error*]. // それはあなたの*落ち度ではない That's no *fault* of yours. / (⇒あなたは責められるべきではない) You are not to *blame*. // 私のほうにはなんの*落ち度もない There is no *fault* on my part. / I am free from *fault*.

おちば 落ち葉 fallen leaf Ⓒ (複 leaves); (枯葉) dead leaf Ⓒ. ¶庭は*落ち葉がいっぱいだ The yard is covered with *fallen leaves*.

おちぶれる 落ちぶれる come down ⓐ (☞ れいらく; ぼつらく). ¶どうして彼はそんなに*落ちぶれたのですか (⇒何が彼をそんな低い状態にもってきたか) What brought him to such a *low condition*? / Why did he *come down* to such a miserable condition?

おちめ 落ち目 ¶彼は*落ち目だ He is *down on his luck*. / His fortune *is declining*. // 彼女の人気は*落ち目である (⇒人気を失いつつある) She *is losing* her popularity. / Her popularity *is* ⌈*declining* [*waning*]. / Her popularity is *on the* ⌈*decline* [*skids*].

【参考語】 —動 (衰える) decline ⓐ, wane ⓐ; (人気などを失う) lose ⓣ; (落ち目にある) be on the ⌈decline [wane].

おちる 落ちる **1** «物が落下する・崩れる»: (落下する) fall ⓐ (過去 fell; 過分 fallen); (突然に落ちる) drop ⓐ; (重さなどに耐えられなくなって) give way ⓐ; (陥没して) fall in ⓐ; (飛行機が墜落する) crash ⓐ; (広い意味で一般的に落下すること) come [go] down ⓐ; (日・月が没する) go down ⓐ, sink ⓐ, set ⓐ ★ go down が一般的で, 後のものほど文語的. ¶私はベッドから*落ちた I *fell* out of my bed. // 階段から*落ちないように気をつけなさい Be careful not to *fall* down the stairs. // 棚の上から花瓶が*落ちた A vase *dropped* from the shelf. / A vase *fell* off the shelf. // 彼女は深い眠りに*落ちた She *fell* into a deep sleep. // きのう飛行機が校庭に*落ちたがけが人はなかった Yesterday a plane *crashed* on the school ground, with no casualties. // ピアノの重みで床が*落ちた The floor *gave way* under the weight of the piano. // 日が*落ちると急に涼しくなる It becomes refreshingly cool as the sun ⌈*goes down* [*sets*].

2 «低下・衰え»: (程度などが下がる) go [come] down ⓐ, fall ⓐ, drop ⓐ ★ go down が最も口語的. drop は急に落ちるというニュアンスがある; (勢い・人気について) lose ⓣ. (☞ さがる; ていか[1]).

¶石油危機以来生産が*落ちた Production *has fallen* since the oil crunch. // 2 学期は学校の成績が*落ちた (⇒よく勉強しなかった) I didn't do well at school in the second term. / (⇒悪い成績を取った) I got poor grades at school in the second term. // 彼女の人気はすっかり*落ちてしまった She *has lost* her popularity. // 例の件で彼の信用はすっかり*落ちてしまった (⇒信用を破滅させた) That affair *ruined* his reputation.

3 «落第»: fail (in) the examination (☞ ふごうかく; らくだい). ¶第 1 次試験は通ったが第 2 次で*落ちた I was successful in the first screening, but *failed* ⌈(*in*) the second [to pass the second examination].

4 «取れる»: (ペンキ・汚れなどが離れる・取れる) come off ⓐ ★ 最も口語的な表現; (しみなどが) be taken out, be removed ★ 後者のほうが改まった表現; (洗って落ちる) wash ⌈off [out] ⓐ. (☞ とれる; はがれる; はげる[1]).

¶暑さで窓のペンキが*落ちた The paint on the window *came off* because of the heat. / The heat *took* the paint *off* the window. // 触っただけでドアの取手が*落ちた The handle of the door *came off* at the first touch of my hand. // この油はいくら洗っても*落ちなかった I tried to remove the grease but ⌈it wouldn't *wash off* [I could not after all].

おつき お付き (従者) attendant Ⓒ; (護衛) escort Ⓒ; (側近の者) aide Ⓒ.

おっくう 億劫 —形 bothersome, troublesome. (☞ めんどう).

おつげ お告げ (神託) oracle Ⓒ, divine message Ⓒ ★ 後者は説明的.

おっしゃる say ⓣ (☞ いう). ¶*おっしゃるとおりです You *said* it!

おっちょこちょい (注意散漫な人) scatterbrain Ⓒ; (軽薄な人) frivolous person Ⓒ.

おって[1] 追って —副 later (on) (☞ あと[1]; ごじつ). ¶詳細は*追って発表されるであろう Full particulars will be announced *later* (*on*). // *追って通知 (⇒それ以上の通知) があるまで現在の場所で待機していて下さい Please stay where you are until *further* notice.

おって[2] 追っ手 pursuer [pəsúːə] Ⓒ.

おっと[1] 夫 husband Ⓒ (☞ 親族関係 (囲み)).

おっと[2] oh (☞ おや[2]; 感嘆詞 (欄外)). ¶*おっと, 危ない (⇒気をつけなさい) *Oh*, look out! // *おっと, もう少しで忘れるところだった *Oh*! I've almost forgotten it.

おっとせい seal Ⓒ (複 ~(s)).

おっとり —形 (態度が) gentle; (物静かで) quiet; (冷静で) calm. (☞ ものしずか; おうよう[2]). ¶彼女は*おっとりした人だ She is a *quiet* woman. / She is always *calm*.

おつり お釣り change Ⓤ (☞ つり[2]).

おてあげ お手上げ ¶もう*お手上げだ (⇒もうどうしようもない) I *can't help it*. / It *can't be* *helped.* // この問題は難しい. *お手上げだ (⇒私はあきらめる) This question is too difficult for me. I *give up*! / What a hard question! I'll ⌈*throw up* [*raise*] *my hands.* 語法 throw up [raise] *one's* hands は英米ではあきらめたり, 降参したり, どうしようもないということを表すジェスチャーとして用いられる. この点では日本語と意味がほぼ一致する. 《☞ ぜつぼう ; あきらめる》

throw up [raise] *one's* hands

【参考語】━動 (あきらめる) give up 他 自; (どうしようもない) can't be helped; (どうしてよいかわからない) be at a loss; (万事終わる) be over. ━形 (望みがない) hopeless; (絶望して) desperate.

おでき boil Ⓒ 《☞ できもの》.

おでこ (ひたい) forehead [fɔ́:rid, fɔ́ɚhèd] Ⓒ 《☞ ひたい》.

おてだま お手玉 beanbag Ⓒ 参考 豆 (bean) を入れた布製のもので, 英米でもゲームに使われる. ただし日本語のお手玉については特別な説明を要する. ¶ *お手玉をする play *beanbags*

おてつだいさん お手伝いさん help Ⓒ, home help Ⓒ, housemaid Ⓒ, maid Ⓒ 語法 以上ほぼ同意. 今日では servant という語はあまり用いない. 《☞ てつだい》.

おてもり お手盛り ━形 (自身で認めた計画など) self-approved. ¶ *お手盛りの昇給 *self-approved* pay raise

おてやわらかに お手柔らかに ¶ どうぞ*お手柔らかに願います Please *don't be too hard* on me. / Please be *easy* with me.

おてん 汚点 ━名 (よごれ・しみ) blot Ⓒ, stain Ⓒ; (きず) blemish Ⓒ ★ 比喩的な意味ではいずれもほぼ同意; (欠点) flaw Ⓒ. ━動 (汚点をつける) stain 他. ¶ 彼の行動は彼の経歴に*汚点を残した His behavior ⌈*stained* [*cast a blot on*; *brought a stain on*] his career.

おでん Japanese pot-au-feu [pátoufə́:] Ⓤ 参考 「日本的な」(Japanese) を付けた説明的訳語. ただしフランス料理には海産物 (魚・貝など) を使った日本のおでん風の料理があり, フランス語を借りてそれを表す語が pot-au-feu である. 《☞ 日本固有の風物と英語 (囲み)》.

おてんば お転婆 tomboy Ⓒ.

おと 音 (普通一般に音を指す語) sound Ⓤ; (騒音・雑音) noise Ⓤ ★ 以上はしばしば Ⓒ となる; (楽器などの快い音) tone Ⓒ. 語法 「…の音」というときはその音色や様態によってさまざまな語を用いる. 《☞ ね[2]; ねいろ; 擬声・擬態語 (囲み)》.

¶ かすかな[不愉快な, 恐ろしい, 変な, 聞きなれない]*音 a feeble [an unpleasant; a terrifying; a strange; a foreign] *sound*

やかましい[耳をつんざくような, 割れるような]*音 clamorous [deafening; ear-splitting] *noise*

車の*音《道路などでの》 traffic *noise* / the *noise* of the traffic

嫌な*音 *sounds* we don't like

*音の速さ the speed of *sound*

「ド」と「レ」の間の*音 a *tone* between C and D 《☞ 音楽 (囲み)》

隣の部屋で何か変な*音がした (⇒何か変なものを聞いた) I heard something strange in the next room.

廊下で人の足*音が聞こえた I heard *footsteps* in the hall. / I heard someone walking in the corridor.

語法 「…の音を聞く」, 「…の音が聞こえる」を英訳するとき, I [we; you] hear … を用いるのが普通で, その場合特に「音」に相当する部分を sound, noise として訳す必要はない. ((例) 鐘の*音が聞こえる I can *hear* the bell. // ドアが閉まる*音がした I *heard* the door ⌈close [shut].)

この目覚まし時計は大きな[小さな, 高い, 低い]*音を立てる This alarm makes a ⌈loud [soft; high; low] *sound.*

その*音で目が覚めた The ⌈*noise* [*sound*] woke me up.

おとうさん お父さん (一般に, 父親) father Ⓒ; (家庭内での) Father; (子供が父親への呼びかけとして) Dad, Daddy, Papa, Pa 語法 家族の間では father をしばしば固有名詞のように扱い, 冠詞や所有格の代名詞を用いず, また書くときには大文字で始めることが多い. また子供が父親に対して呼びかけるときは Dad が最も一般的であるが, ほかに幼児は Daddy をよく用いる. Papa は《米》では Dad ほど一般的ではない. Pa は多少方言的であり, 都会ではあまり聞かれない. 《☞ おかあさん 語法; 親族関係 (囲み); 呼びかけ (囲み)》.

¶ *お父さんはどこにいるのかしら Where is *Father*? // *お父さん, おやすみなさい Good night, *Dad*(*dy*). // *お父さんはきょうはご在宅ですか Is your *father* at home today?

おとうと 弟 (younger) brother Ⓒ; (年少の弟の場合) little brother Ⓒ 語法 特に必要のあるとき以外は兄・弟の区別をせず, 単に brother のみで表す. 《☞ あに; きょうだい[1]; 親族関係 (囲み)》. ¶ あなたには*弟がいますか Do you have any (*younger*) *brothers*? // 彼は私を*弟のようにかわいがってくれた He treated me like a *brother.*

おどおど ━形 (臆病で) timid; (内気で) shy; (怖がって) fearful. 《☞おずおず; びくびく》. ¶ 彼女は*おどおどして答えた She answered ⌈*timidly* [(⇒恐れに震えながら) *trembling with fear*]. // 私は人前に出ると*おどおどするたちだった I used to be ⌈*shy* [*timid*] in public.

おどかす 脅かす (びっくりさせる) frighten 他; (より口語的に) scare 他; (急に) startle 他. 《☞ おどす》. ¶ これは鳥を*脅かして追い払うものだ This is to ⌈*scare* [*frighten*] away birds.

おとぎばなし おとぎ話 (妖精などの出てくる) fairy tale Ⓒ; (子供向きの話) children's story Ⓒ; (童話) nursery tale Ⓒ; (子供を寝かしつけるための) bed-time story Ⓒ 語法 tale と story は入れ替えてもよいが, 一般には以上の形で言うことが多い. 《☞ どうわ》.

お

¶「桃太郎」は日本の*おとぎ話である *Momotaro*, "The Peach Boy," is a Japanese ˹*fairy tale* [*children's story*]. 参考 厳密に言えば,「妖精」(fairy) が出てくるのが fairy tale であるが, この場合のように広義に用いることが多い.

おどけもの おどけ者 buffoon Ⓒ; (サーカスなどの道化) clown Ⓒ; (冗談を言う人) joker Ⓒ.

おどける (ひょうきんなまねをする) clown (around) ㊀; (ばかなまねをする) play the fool; (ふざけている) be funny. 《☞ ふざける》. ¶彼は*おどけて (⇒ ばかなまねをして) 私たちを楽しませた He amused us by ˹*acting* [*playing*] *the fool*. // *おどけたまねはよせ. 私は真剣なのだ Don't *be funny*: I'm serious.

おとこ 男 **1** «男子・男性»: man Ⓒ 《複 men》; gentleman Ⓒ; male Ⓒ (↔ female), the male sex; mankind [mǽnkàind] Ⓤ ★アクセントに注意.

【類義語】女性 (woman) や子供と区別して成人の男子を ***man*** という. 敬意を表す場合は ***gentleman*** というが, 事実上これを *man* と同じように用いることもある. 動植物とともに人の性別を表すものは ***male, the male sex***. *male* は 形 にもなる. 男性全体を指して, 多少改まった感じで使う言葉が ***mankind***. 《☞ だんせい[1]》

¶*男は女よりも強い *Men* are stronger than women. 語法 「男というものは」のように総称的に用いるときは複数形が普通. // 彼は成長して強い*男になった He grew up to be a strong *man*. // ここでは*男の事務員[店員]は何人働いていますか How many *male* clerks are working here? // 彼らに*男の子が生まれた A ˹*boy* baby [son] was born to them. // 彼女には*男の友達がいますか Does she have any *boyfriends*? // それは*男ばかりの会合だった It was a strictly *male* party. / It was a party attended by *men* only. 参考 特にアメリカでは男ばかりの会合を a *stag* party ともいう.

2 «男らしい素質» —名 (男らしい性格を有する人) man Ⓒ; (勇気などの) manliness Ⓤ; (精神的な) masculinity Ⓤ. —形 (男らしい) manly; (男のような) manlike.

¶彼はどこから見ても立派な*男だ He is every inch a *man*. // 君を一人前の*男にしてやろう I will make a *man* of you. // 彼は*男らしい最後を遂げた He died like a *man*. // *男らしくしろ Be [Act like] a *man*. // 彼には*男らしいところがまったくない He is totally lacking in *masculinity*. // 彼は*男の中の*男だ He is a *man among men*. // その女優は低い*男のような声をしている That actress has a deep, *masculine* voice. 語法 女が「男のような」という意味では masculine を用いる. manly を女に用いると「男まさりの」という意味になる.

3 «人・やつ»: fellow Ⓒ; guy Ⓒ ★口語的. man や boy を用いてもよい. ¶あいつはいい*男だ He is a nice ˹*fellow* [*guy*]. // 彼は大した*男だ He is quite a *man*.

男前 ¶彼はなかなかの*男前だ He is very *handsome*. **男物** (男の品物) men's thing Ⓒ; (男の着る物) men's wear Ⓤ. 《☞ 衣服(囲み)》. ¶この店では*男物を扱っていない This store doesn't have *men's wear*. // 彼女は*男物のセーターを着るのが好きだ She is fond of wearing *men's* sweaters. // *男物の売場はどこですか Where's the *men's* department?

おとこまさり 男勝り —形 (よい意味で男性的な) manly; (悪い意味で女のくせに男のような) mannish; (積極的で活発な) aggressive. ¶彼女は*男まさりだ (⇒ 押しが強くて活発な女) She is an *aggressive* woman.

おとこやもめ 男やもめ widower Ⓒ 《☞ やもめ》.

おとさた 音沙汰 **音沙汰がない** ¶それ以来, 彼からは何の*音沙汰もない I *haven't heard from* him since then. / I'*ve heard nothing of* him since. 語法 「本人から直接たよりがある」は hear from を用いるが,「当人の消息を風のたよりに聞く」は hear of という. // 彼から何の*音沙汰もないままに何日もたった (⇒ 何の短信もなく) Days passed *without a line from* him. 《☞ たより[2]; おんしん》

【参考語】(手紙) letter Ⓒ; (消息) news Ⓤ.

おどし 脅し, 威し (脅迫) threat Ⓒ; (恐怖感を抱かせる脅迫) menace Ⓒ ★形式ばった語; (はったり) bluffing Ⓤ, bluff Ⓤ. 《☞ きょうはく[1]; こけおどし; おどす》.

¶彼の*脅しなど怖くない I'm not afraid of his ˹*threats* [*menaces*]. // 彼は私に*脅し文句を並べた He uttered *threats* against me. // *脅してもだめだよ (⇒ はったりを言ったって何にもならないよ) *Bluffing* won't get you anywhere. / (⇒ こけおどしは通用しない) There's no use *bluffing*. / Your *bluff* is no use.

おとしあな 落とし穴 (上を覆い隠したもの) pitfall Ⓒ 語法 比喩的に「思わぬ困難に出会う」の意味で fall into a pitfall のようにも使う; (わな) trap Ⓒ.

おとしいれる 陥れる (だまして) play a trick (on ...); (わなにかける) entrap ㊀, set a trap for ...; (たくらんで人を罪に陥れる) frame ㊀. 《☞ だます; ぺてん; わな》.

¶彼は私を*陥れた (⇒ だました) He *played a trick on* me. // 彼は同僚の一人に*陥れられた He *was framed* by one of his colleagues. // 彼はいつも私を*陥れようとしている (⇒ わなにかけようと) He *is* always *setting traps for* me.

おとしだま お年玉 New Year's present Ⓒ. ¶*お年玉つき年賀はがき a New Year's lottery post card // おばあちゃんは*お年玉に千円くれた Grandmother gave me ¥1,000 as a *New Year's present*.

おとしもの 落とし物 lost property Ⓒ. ¶私は*落とし物を捜しているのです I am looking for *the thing I've lost*. // *落とし物[遺失物]取扱所はどこですか Where is *the lost and found* (office)? // その少年はその*落とし物を警察へ届けた The boy took *the thing he found* to the police station.

おとす 落とす **1** «落下させる»: drop ㊀; (なくす) lose ㊀ 《過去・過分 lost》. ¶彼女は床の上にコップを*落とした She *dropped* a glass on the floor. // その飛行機はこの近くへ爆弾を*落とした The plane *dropped* a bomb near here. // 私はどこかこの辺に財布を*落とした(⇒なくした) I *lost* my purse somewhere around here.

2 «減少させる»: (速力を) slow down ⓣⓘ; (信用などを) lose ⓣ 《過去・過分 lost》; (人気・名声などが) decline ⓘ; (値段・品質などを) lower ⓣ; (声などを) drop ⓣ.

¶(自動車の)スピードを*落とせ *Slow down.* 《☞ 掲示の英語 (囲み)》 // 彼は世間の評判を*落としている He *is losing* his popularity with the public. / (⇒ 人気が落ちている) His general popularity *is* ⌈*waning* [*declining*]./ He *is declining* in general popularity. 《☞ おちめ》 // 品質を*落とさないで値段を下げた They *lowered* the price, but not the quality. // 気を*落とすなよ Don't *lose heart*! / (⇒ 元気を出せ) Cheer up! // 彼女は声を*落としてささやいた She ⌈*dropped* [*lowered*] her voice to a whisper.

3 «除去する»: take off ⓣ, remove ⓣ ★ 前者がより口語的. ¶このシャツのしみはどうして*落とせばよいのですか How can I ⌈*remove* [*take off*] the stain on this shirt? / How can I ⌈*remove* the stain *from* [*take* the stain *off*] this shirt?

4 «不合格点を取る・与える»: fail ⓣ. ¶数学を*落とした I *failed* mathematics. // 試験官は筆記試験で志願者の3分の2を*落とした The examiners *failed* two thirds of the applicants on the written paper.

おどす 脅す (危険などで) threaten [θrétn] ⓣ; (強迫的に) menace ⓣ ★ 改まった語; (金を巻き上げるために恐喝する) blackmail ⓣ; (脅して何かをさせる) intimidate ⓣ ★ やや形式ばった言い方. 語法 ほかに make ... afraid, fill ... with fear で表すこともできる. 《☞ おどし; おどかす; きょうはく[1] (類義語)》.

¶彼は私を殺すぞと*脅した He *threatened* to kill me. / ＜S(人)＋V(*threaten*; *menace*)＋O(人)＋*with*＋名＞ He ⌈*threatened* [*menaced*] me *with* death. // 彼らは暴力に訴えるぞと*脅した They *threatened* to use violence. // 彼は警察に訴えると言って私を*脅した He *blackmailed* me by saying that he would report me to the police.

おとずれ 訪れ arrival Ⓒ. ¶こまどりの姿は春の*訪れを告げる The sight of a robin tells you of the *arrival* of spring.

おとずれる 訪れる (訪問する) visit ⓣ; (人を) call on ...; (場所を) call at ... 《☞ たずねる[2] (類義語); ほうもん》.

おととい 一昨日 the day before yesterday 《☞ いっさくじつ》. ¶*おととい英語の試験があった We had an English test (*on*) *the day before yesterday*.

おととし 一昨年 the year before last 《☞ いっさくねん》. ¶私たちは*おととしここへ来た We came here *the year before last*.

おとな 大人 ―名 (一人前の) grown-up Ⓒ, adult Ⓒ ★ 前者より改まった語; (男の) man Ⓒ; (女の) woman Ⓒ. ―形 grown-up, adult; (体がすっかり大人になった) full-grown; (成熟した・態度が賢明で慎重な) mature. 《☞ せいじん[1]》.

¶その会は*大人だけです The party is for ⌈*adults* [*grown-ups*] only. // *大人2人, 子供3人下さい《切符売り場などで》Two *adults* and three children, please. // 彼には*大人になった息子が一人いる He has a *full-grown* son. // 彼は*大人になった (⇒ 成人した) He *has come of age*. / He *has reached maturity*. / He *has become a man*.

おとなしい ―形 (上品で穏やかな) gentle, mild; (柔和な) meek; (物静かな) quiet; (従順な) obedient; (動物が馴れている) tame 語法 馬・犬・猫などペットとして飼われている動物以外の野獣に使う. ―副 gently; quietly; obediently; meekly; (我慢強く) patiently. 《☞ すなお; じゅうじゅん; しずか》.

¶*おとなしくするんだよ Be *quiet*! / Be *good*! / (⇒ よい子でいなさい) Be a *good* ⌈boy [girl]! / (⇒ お行儀よくするんですよ) *Behave yourself*! // 彼は非常に*おとなしい (⇒ 人の言いなりになる) He is as *meek* as a lamb. / He is quite *obedient*. // 彼は*おとなしく両親のすすめに従った He followed his parents' advice *obediently*. // 子供たちは*おとなしく本を読んでいた Children were reading *quietly*.

おとめ 乙女 (young) girl Ⓒ, 《文語》 maiden Ⓒ. **乙女座** Virgo [vɚ́ːgou], the Virgin. 《☞ じゅうにきゅう (挿絵)》.

おとり 囮 decoy [díːkɔi, dikɔ́i] Ⓒ. ¶犯人をつかまえるのに彼女が*おとりに使われた She was used as a *decoy* to trap the criminal.

おどり 踊り dance Ⓒ; (踊ること) dancing Ⓤ. 《☞ ダンス》. ¶彼女は*踊りがうまい She is good at *dancing*. / (⇒ よい踊り手だ) She is a good *dancer*. / She *dances* well. 《☞ うまい; じょうず》

おどりこ 踊り子 dancer Ⓒ; (職業的) dancing girl Ⓒ 語法 前者は一般的な語で, 必ずしも専門の踊り手だけでなく,「踊る人」という意味にも用いられる語. 従って職業的な踊り子であることをはっきりさせるには professional dancer とするかあるいは dancing girl とする. また,「ショーの踊り子」は show girl という.

おどりば 踊り場 (階段の) landing Ⓒ 《☞ かいだん[1] (挿絵)》.

おとる 劣る be inferior (to ...); (ある基準より下である) fall below ... 《☞ みおとりする》.

¶これはあれに*劣る (⇒ あれほどよくはない) This one *is not* ⌈*as* [*so*] *good as* that one. / This *is inferior to* that. / (⇒ より悪い) This *is worse than* that. 《☞ 比較の表現 (囲み)》 // この織物は品質が (⇒ 品質において) *劣る This cloth *is inferior in* quality. / This cloth *is of lower* quality. // 彼の学業成績は平均よりずっと*劣っている (⇒ 下である) His school record ⌈*is* [*falls*] far *below* the average. 語法 ある基準に対して上下の関係を表すにはそれぞれ above, below を用いるが, ほかの者との進歩の度合などを比べるには behind を用いて「クラスのほかの者より劣る」 *fall behind* the rest of class のようにいう. // 彼女は英語ではクラスのだれにも*劣らない (⇒ 一番である) She *is second to none* in English in her class./She

お

is the best student in English in her class.

おどる 踊る dance ㊀ ㊁《☞ダンス》.
¶ 君はワルツが*踊れるかい Can you *dance* a waltz? / Can you *waltz*? // 子供たちは笛に合わせて*踊った <S(人)+V(*dance*)+*to*+名(音楽・楽器)> Children *danced to* (the music of) the flute. // この次一緒に*踊ってもらえませんか May I have the next *dance* with you? 【参考】ダンスパーティーなどで男性が女性に申し込むときの文句.

おとろえる 衰える (弱くなる) become weak, weaken ㊁, fail ㊁, decline ㊁ ★ 最後はやや形式ばった語. 《☞よわる ; すいじゃく ; したび》.
¶ 病後で彼は体力が*衰えている He is *weak* ⌈after [from] his illness. // 病人はすっかり*衰えた The patient *has become* very *weak*. // 私は視力が*衰えてきている My eyesight *is* ⌈*failing* [*becoming weak*]. // 彼の健康は*衰えかけている His health *is* ⌈*on the decline* [*declining*]. / He *is declining* in health.

おどろかす 驚かす ☞おどろく.

おどろき 驚き surprise Ⓤ ★ 最も一般的な語 ; (非常に強い驚き) astonishment Ⓤ ; (精神的な衝撃) shock Ⓤ ; (恐怖) fright Ⓤ ; (驚嘆) wonder Ⓤ ; marvel Ⓤ ★ 非常に強い驚嘆を表す語. 《☞きょうい[1]》.
¶ 彼女は*驚きを顔に出さなかった She did not show her *surprise*. // その知らせは私にとって大きな*驚きだった The news came as ⌈*a great surprise* [*an astonishment*] to me. / (⇒青天のへきれきだった) The news was *a bolt* ⌈*out of* [*from*] *the blue*. // 彼女はそれを見て*驚きの声を上げた She ⌈*exclaimed* [expressed her *surprise*] at the sight of it. // *驚き(⇒恐怖)のあまり, 彼らは何も言わずに立っていた They stood speechless *in* ⌈*fright* [*horror*]. // その知らせを聞いたときの両親の*驚きはいかばかりだったでしょう You can imagine the ⌈*shock* [*astonishment*] of the parents when they heard the news.

おどろく 驚く **1** 《びっくりする》: be surprised ; be amazed, be astonished ; be astounded ; be shocked ; be startled ; be stunned ; be dumbfounded, be flabbergasted. 【語法】英語では「物・事」を主語にして「…が…を驚かした」のようにするか, あるいは「驚かされた」のような受動態で表す.
【類義語】最も一般的なのは **be surprised** で, 不意のことに驚く意味. とても信じられないような驚き方には **be amazed**, **be astonished**. 後者のほうがやや程度が大きい. びっくり仰天するようなたいへんな驚き方は **be astounded**. 精神的な衝撃を受けるような驚き方は **be shocked**. 瞬間的にはっとするような驚き方は **be startled**. 肝をつぶして茫然とするような, 多少大げさでオーバーな表現が **be stunned**. びっくりして口もきけない, 「あ然とする」という意味で大げさな表現として **be dumbfounded**, **be flabbergasted** が使われる. 《☞びっくり》
¶ 私はその知らせに*驚いた I *was surprised* at the news. / The news *surprised* me.
それを聞いて彼は大いに*驚いた He *was* greatly *surprised* to hear that.
あなたがそんなことを言うとは (⇒言うのを聞いて) *驚いた I *am surprised* ⌈to hear you say such a thing [that you (would) say a thing like that]. 【語法】日本語では「驚いた」とあっても, 現在なお驚いている状態であれば, I am surprised のように現在形にする.
私の犬が死んでいるのを見つけてとても*驚いた (⇒たいへん驚いたことには) To my great *surprise* [Much to my *surprise*], I found my dog dead.
彼の勤勉さには*驚いた I *am amazed* at his diligence. / His diligence is *amazing*. / It's *amazing* how diligent he is.
彼の大胆さには*驚いた I *was astonished* at his boldness. / His boldness *astonished* us.
彼がそんなことをするとは*驚きました I *am astonished* ⌈at his doing such a thing [that he should do such a thing]. 【語法】受動態の後に by を用いるのは過去分詞が動詞の機能をもつ場合で, これが形容詞的に感じられる場合には at を用いる.
私は*驚いて口がきけなかった I *was* ⌈*dumbfounded* [*flabbergasted*].
おや, 山田じゃないか. *驚いたなあ Oh, it's you, Yamada. What a (pleasant) *surprise*!
2 《驚嘆する》: wonder ㊁, marvel ㊁ ★ 後者のほうが驚嘆の意味が強い ; (特に称賛の気持ちで) admire ㊀. 《☞きょうたん》.
¶ 彼の深遠な学識には*驚いた I *marveled* at his profound ⌈knowledge [learning].
それはちっとも*驚くにはあたらない It is no *wonder*. / It is nothing to *be wondered* at.

おどろくべき 驚くべき ―形 (非常にすばらしい) marvelous ; (並はずれて立派な) remarkable ; (驚くような) surprising. ¶ それは*驚くべき発明だった It was a *marvelous* invention. // 私の祖母は 82 歳だが, *驚くべき記憶力を持っている My grandmother is 82 years old, but she has ⌈*a remarkable* [*an astonishing*] memory.

おなか お腹 (腹部) stomach Ⓒ 《☞はら(類義語) ; い[1]》.
¶ 私は*おなかが痛い I have a pain in my *stomach*. / I have a *stomachache*. // 私は*おなかの具合が悪い I am feeling sick to my *stomach*. // 彼は*おなかが出てきたのを (⇒胴回りが太くなってきたのを) 気にしている He is concerned about his thickening *middle*. // 赤ん坊は*おなかをすかせている (⇒空腹だ) The baby is *hungry*. // もう結構です. *おなかが一杯です (⇒満腹です) No, thank you. *I'm full*. // 彼の奥さんは*おなかが大きい (⇒妊娠している) His wife *is in* ⌈*the* [*a*] *family way*. ★ くだけた表現.

おなじ 同じ **1** 《同一・同種の》 ―形 the same ★ the を付けて ; (ほぼ同じ) similar ; (似ている) like, alike ★ 後者は述語的にのみ用いる. 《☞形容詞の 2 用法 (欄外) ; どうよう[1]》.
¶ 私はあなたのと*同じ時計を持っている I have *the same* watch *as* yours. 【語法】「…と同じ」というときは as と連関して用いる. / (⇒私の時計はあなたのと同じである) My watch is *the same as* yours.

私は彼と*同じ学校へ通った I attended *the same* school ʻ*that* [*as*] he did. [語法] 一般に, same が同種の物を表す場合は the same ... as を, 同一の物を表す場合は the same ... that を用いると言われているが, この規則はあまり厳密には守られていない.
私はあなたと*同じ年です I am *as old as* you (are). 《☞ 比較の表現 (囲み)》 / I am your *age*. / I am *the same age as* you are.
彼らは*同じ年だ They are *the same age*.
私たちは行きと (⇒ 行ったときと) *同じ道を帰った We came back *the same* way we went.
これ(ら)は大体*同じです These are ʻjust about [substantially] *the same*.
「コーヒーを一杯いただきます」「(私にも) *同じものを」 "I'll have a cup of coffee." "(*The*) *same* here, please."
私の場合も*同じ(こと)です It is *the same* with me. / *The same* is the case with me.
ボブと彼の妻は*同じ考え方をしている Bob and his wife think ʻ*alike* [in *the same* way].
私(にとって)はどちらでも*同じだ (⇒ 違いはない) It ʻ*makes no difference* [*does not matter*] to me. / It is *all the same* to me.
彼は私をまるで弟と*同じみたいに扱ってくれた He treated me ʻ*like* a [*as if* I were his] brother. ★ この like は前置詞.
彼はほとんどこじきと*同じだ (⇒ こじきに劣らぬほどひどい状態である) He is *little better than* a beggar.

2 «同等な» ― 形 (まったく同じ) identical; (等価の) equivalent; (同等の) equal. 《☞ ひとしい; どうとう》.
¶ 6 フィート 2 インチと 74 インチは*同じ長さです 6 feet 2 inches and 74 inches are *identical* lengths.
うなずくことはイエスと言うのと*同じだ Nodding your head is *equivalent* to saying yes.
この 2 本のテープに入っている声は*同じものだ The voices on these two tapes are *identical*.
その語とまったく*同じ(意味の)日本語が見当たらない We cannot find a precise Japanese *equivalent* for the word. ★ この equivalent は名詞.
10 セント貨 10 枚は 1 ドルと*同じだ Ten dimes are *equal* to one dollar.

おなじく 同じく ― 前 (…のように) like ... ― 接 (…と同様に) like ..., as ... ― 副 (同じやり方で) in the same way. 《☞ どうよう[1]》. ¶ 彼女も彼と*同じくユーモアがある She has a sense of humor *like* ʻhim [he does]. // 彼も君と*同じくたくさんたばこを吸う He is a heavy smoker *like* you. // 私も*同じくだまされた I was deceived *in the same way*.

おなら ― 名 (腹にたまる気体 (gas) のことを婉曲的に) wind U; (屁(へ)) 《卑語》 fart C ★ 改まった場所では使えない. ― 動 break wind, fart 自 ★ 前者が普通. ¶ いもを食べると*おならが出る Sweet potatoes are very *flatulent* food.
【参考語】 ― 形 (ガスを発生させる) flatulent ★ 形式ばった言い方.

おに 鬼 demon C, fiend [fíːnd] C; devil C [語法] 最初の 2 つは「悪霊」または「悪霊を持ったもの」ということでほぼ同意. devil は悪霊の筆頭で「悪魔」という日本語に近い場合がある; (おとぎ話や民話に出てくる人喰い鬼) ogre [óugər] C; (遊戯の) it C. 《☞ あくま》.
¶ あいつは*鬼(のような人)だ He is a ʻ*demon* [*devil*]. / He is a *devil* of a man. // 彼は仕事の*鬼だ He is a *demon* for work. / He is a work *addict*. // 「福は内, *鬼は外」 "In with luck! Out with the ʻ*devil* [*demon*]." // *鬼のいぬ間に洗濯 When the cat's away, the mice will play. 《ことわざ: 猫がいないとねずみが暴れる》
鬼に金棒 ¶ これで君は*鬼に金棒ですね (⇒ 君はそれで二重の強みを得ることになる) You've got *a double advantage* out of it.

おにぎり お握り rice ball C.

おにごっこ 鬼ごっこ tag U; (目隠しの) blindman's buff U. 《☞ -ごっこ》. ¶ *鬼ごっこをしよう Let's play ʻ*tag* [*blindman's buff*].

おにばば 鬼婆 hag C; (魔女) witch C.

おね 尾根 (山の) ridge C 《☞ やま (挿絵)》. ¶ *尾根づたいに 2 時間歩いて頂上に登った Two hours' climb along the *ridge* brought us to the top of the mountain.

おねしょ ― 名 bed-wetting U. ― 動 wet ʻ*one's* [the] bed. 《☞ ねしょうべん》.

おの 斧 ax (《英》 axe) C; (手斧) hatchet C.

おのおの 各, 各各 ― 形 代 each 《☞ めいめい[1]; それぞれ; かくじ》. ¶ 人には*おのおの好き嫌いがある *Each* man has his own likes and dislikes.

おのずから 自ずから (自然に) naturally. ¶ 水は*おのずから (⇒ 自然に) 低いほうへ流れる Water *naturally* flows downward. // これは*おのずから明白なことだ (⇒ 自明である) This is ʻ*self-evident* [*self-explanatory*].

おののく 戦く (震える) shake 自; (怖がる) be terrified. 《☞ ふるえる (類義語); ふるえあがる》.

おのぼりさん お上りさん (田舎からのお客) visitor [sightseer] from the country C.

おのれ 己れ ― 代 (自分自身) *oneself*. ― 形 (己れの) *one's* own. 《☞ じぶん[1]; じこ[2]》.

おば 伯母, 叔母 aunt C 《☞ 親族関係 (囲み); おばさん》.

おばあさん お祖母さん, お婆さん **1** «祖母»: grandmother C; grandma [grǽn(d)mɑ̀ː] C ★ 小児の呼びかけ語として多く用いられる. 《☞ 親族関係 (囲み); 呼びかけ (囲み)》.
2 «女の老人»: old woman C; (やや上品な表現で) old lady C.

おばけ お化け (幽霊) ghost C, 《口語》 spook C; (恐ろしい) bogy [bóugi(ː)] C ★ bogey, bogie とも書く; (愛嬌のある) goblin C; (怪物) monster C. 《☞ ゆうれい》.
¶ *お化けが出た A ʻ*ghost* [*bogy*] appeared. // あの家には*お化けが出る That house *is haunted*. / (⇒ あれはお化け屋敷だ) That is a *haunted* house. // これは*お化け(のような大きな)大根だ This is a *monster* of a radish.

おはこ (専門にしているもの) specialty (《英》 speciality) Ⓒ; (気に入りのもの) favorite (《英》 favourite) Ⓒ. 《☞ とくい[1]》. ¶その歌は私の父の*おはこだ That song is my father's ˹*specialty* [*favorite*]. // ほらまた彼の*おはこが始まった There he goes again with his *stuff*. / He is at *it* again. ★ いずれも「例のもの」というほどの意味.

おばさん 小母さん (婦人) lady Ⓒ; (ややぞんざいに) woman Ⓒ; (呼びかけでは) ma'am [mǽm]. 《☞ 呼びかけ (囲み)》.
¶私は家に帰る途中で年輩の*おばさん (⇒ 婦人) に話しかけられた I was spoken to by an elderly *woman* on my way home. // 木村さんの*おばさん (⇒ 木村夫人) がやって来たよ Here comes *Mrs.* Kimura. // よその*おばさん (⇒ 知らない婦人) からこれをもらった A strange *woman* gave it to me. // *おばさん, 切符が落ちましたよ *Ma'am*, you dropped your ticket. 語法 ma'am は未婚・既婚に関係なく, 女性に対する一般的な呼びかけとして用いられる.

おはじき marbles ★ 複数形で. 参考 英米のおはじきは日本のおはじきに似ているが, 丸いガラス玉を使うので, ビー玉遊びにも似ている. 自分の玉を親指ではじいて相手の玉を印の中から外にはじき出せば勝になるゲーム. ¶*おはじきをしよう Let's play *marbles*.

おはち お鉢 rice tub Ⓒ 《☞ おひつ》.

おはな お花 (生け花) flower arrangement Ⓤ 《☞ はな[1]; いけばな》.

おはよう(ございます) お早う(ございます) Good morning! 語法 昼食または正午まで用いる. 従って, このあいさつを言う時刻によっては日本語の「こんにちは」に当たることもある. また夜中の午前0時過ぎから用いられる. 《☞ こんにちは; こんばんは; あいさつ (囲み)》.

おはらい 御祓い ―名 (清めること) purification Ⓤ; (悪魔祓いの儀式) exorcism Ⓤ.
―動 exorcise ㊇.

おはらいばこ お払い箱 ―名 (解雇) 《口語》 the sack. ―動 (解雇する) fire ㊇ ★ 口語的; discharge ㊇, dismiss ㊇ 語法 fire は「首にする」の意だが, 日本語の「解任」に当たり, 理由が多少あいまいなので多少婉曲的表現となる. discharge, dismiss は改まった語; (解雇される) get fired, be ˹discharged [dismissed]. 《☞ くび; かいこ[1]》.
¶彼女は怠けてばかりいて*お払い箱になった She *was fired* because she was always idle.

おび 帯 (日本の) *obi* Ⓒ; (説明的には) belt for a kimono Ⓒ; (女帯) sash Ⓒ; (総称) belting Ⓤ. 《☞ 日本固有の風物と英語 (囲み)》. ¶*帯の締め方を教えて下さい Please show me how to ˹tie [do up] the *obi*. // 彼女は*帯を解いて横になった She ˹untied [undid] the *sash* and lay down.
帯に短したすきに長し ¶それは*帯に短したすきに長しである (⇒ 一つのものにも, またほかのものにもよくない) It is good neither for one thing nor the other.
帯留 sash ˹clip [fastener] Ⓒ.

おびえる 脅える, 怯える become frightened; be scared at ... ★ 口語的. 《☞ こわがる; おそれる》. ¶その子供はその音に*おびえていた The child *was* ˹*frightened* [*scared*] *at* the sound. // 彼女はその男を見て*おびえた She ˹*took fright* [*got scared*] *at* the sight of the man.

おびきだす おびき出す lure ... away from ... ¶そのにおいがライオンを穴から*おびき出した The smell *lured* the lions ˹*away from* [*out of*] the den.

おびきよせる おびき寄せる lure ㊇. ¶彼らはとらをわなに*おびき寄せる策を思いついた They thought of a plan to *lure* the tiger into the trap.

おびただしい 夥しい ¶*おびただしい数の群衆が彼の到着を待ち受けていた There was *a* ˹*great many* [*multitude of*; *crowd of*] people waiting for his arrival. 《☞ おおぜい; たすう; たいりょう[1]》

おひつ お櫃 (ご飯入れ) rice tub Ⓒ 参考 これに該当するものが英米にはないので, 訳語だけでなく, さらに a Japanese wooden container for ˹boiled [steamed] rice などの説明が必要であろう.

おひつじざ 牡羊座 Aries [έ(ə)riì:z], the Ram. 《☞ じゅうにきゅう (挿絵)》.

おひとよし お人好し (気のいい人) good-natured man Ⓒ; (まぬけ) dupe Ⓒ. ¶彼は*お人好しの老人でした He was a *good-natured* old man. // 彼はだまされやすい*お人好しだ He is easily taken in. / He is easy to cheat. // なんて*お人好しなんだ What a *dupe* (you are)!
【参考語】―形 (だまされやすい) simple-minded.
―名 (人のかもにされる人) 《俗語》 easy mark Ⓒ.

おびやかす 脅かす (脅す) threaten [θrétn] ㊇; (脅威を与えて) menace [ménəs] ㊇ ★ やや改まった語; (恐れさせる) frighten [fráitn] ㊇; (地位・身分などを危くする) jeopardize [dʒépərdàiz] ㊇.
¶その軍事同盟は世界平和を*おびやかすものだ The military alliance is a *menace* to world peace. 語法 この menace は 名 Ⓒ で, 「脅威となるもの」の意. // 彼はいま自分の地位を*おびやかされている His position is now *in jeopardy*. / His position *is* now *jeopardized*.

おひらき お開き ―名 (行事などの終わり) close [klóuz] Ⓒ. ―動 (終わりにする) bring ... to a close; (会などを解散する・させる) break up ㊀ ㊇. 《☞ おわり; かいさん》. ¶会は間もなく*お開きになった The meeting *broke up* soon.

おびる 帯びる **1** 《含む》 ¶その木の葉は赤味を*帯びて来た (⇒ やや赤くなった) The leaves on the tree *have* ˹*turned reddish* [(⇒ 赤に染まってきた) become *tinged with* red]. // 彼は酒気を*帯びて車を運転していた (⇒ 酒の影響の下で) He was driving *under the influence of* ˹liquor [alcohol]. // 空気が湿気を*帯びていた (⇒ 空気の中に湿気があった) There was dampness in the air.
2 《委任される》: be ˹entrusted [charged] with ... ¶彼は重要な使命を*帯びて渡米した He went over to the United States,

「entrusted [charged] with an important mission.

おひれ 尾鰭 **尾ひれをつける** ―動（誇張する・おもしろくする）exaggerate 他, embellish 他 ★ 形式ばった語.《☞ おおげさ》.

オフィス office Ⓒ. **オフィスレディ** (female) office worker Ⓒ 参考 英語では「会社員」というような言い方で，男女の区別をしないのが普通．もし必要があればこのように male, female を付ける.《☞ 和製英語（囲み）》.

おふくろ mother Ⓒ《☞ おかあさん 語法》.

オブザーバー observer Ⓒ. ¶ 私はその大会に*オブザーバーとして参加した I joined the convention as an *observer*.

おぶつ 汚物（排泄物）excretion Ⓤ;（くそ）《口語》shit Ⓤ 語法 タブー視されている語なので遠慮のある状況では使わないほうがよい.

おふる お古（着古し）hand-me-down Ⓒ《☞ おさがり》. ¶ 彼女は姉の*お古を着ようとしない She refuses to wear the dress *handed down from* her sister. // この背広は父の*お古です This suit is a *hand-me-down* from my father. / This suit was used by my father and then *passed* 「*on* [*along*] to me.

おべっか flattery Ⓤ《☞ おせじ》.

オペラ opera Ⓒ《☞ 音楽（囲み）》.

オペレーター（機械の操作をする人）operator Ⓒ.

オペレッタ operetta Ⓒ.

おぼえ 覚え **1**《記憶力》: memory Ⓒ;（習うこと）learning Ⓤ.《☞ ものおぼえ》. ¶ 彼はもの*覚えがよい[悪い]（⇒ よい[悪い]記憶力を持っている）He has a 「good [bad ; poor] *memory*. // 彼は*覚えのよい（⇒ 利口な）生徒だった He was a 「*bright* student [*quick* learner].

2《体験・記憶》:（経験）experience Ⓒ;（記憶）recollection Ⓤ.《☞ きおく ; みおぼえ》. ¶ あの人にパーティーで会った*覚えがある（⇒ 会ったことを覚えている）I *remember* 「seeing [having seen] him at a party. // 彼の顔には*覚えがある（⇒ どこかで会ったと思う）I think I have met him somewhere. / I (can) *recall* his face. // そう言った*覚えがない I don't 「*remember* [*recall*] having told you anything like that. / I have no *recollection* of having said so. // 彼はそんな約束をした*覚えがない（⇒ 決してしなかった）と言っている He says (that) he (*has*) *never promised* anything like that. /（⇒ そのような約束をしたことを否定している）He *denies* having made such a promise.

おぼえがき 覚え書き（一般に）notice Ⓒ, memo Ⓒ;（外交上の）memorandum Ⓒ《複 ～s, memoranda》.

おぼえる 覚える **1**《学ぶ・会得する》: learn 他《☞ ならう ; おそわる》.
¶ あなたはどこでそれを*覚えたのですか Where did you *learn* it? // 私は自動車の運転を*覚えたい I want to *learn* how to drive (a car). // その少女はものを*覚えるのが早い That girl *learns* 「quickly [rapidly]. // 彼はもうずいぶん日本語の言い回しを*覚えた He *has* already 「*picked up* [*learned*] quite a few Japanese 「expressions [phrases]. 語法 この意味では pick up は言葉について用いる.

2《記憶する》:（暗記する）memorize 他, learn ... by heart ;（記憶にとどめる）keep ... in mind ;（覚えている）remember 他 ★ 前者のほうが積極的な意味を持つ.《☞ おもいだす ; きおく ; あんき》.
¶ このことを*覚えておきなさい *Keep* [*Bear*] this *in mind*. / *Remember* this. // 手紙を出すのを*覚えておきなさい Please *remember* to mail the letter. /（⇒ 忘れずに手紙を出して下さい）Please don't forget to mail this letter. // 私は彼女の名前を*覚えていない I don't 「*remember* [(⇒ 思い出す) *recall*] her name. //「僕を*覚えているかい」「もちろんだ．君はジョージ スミス君だね」"Do you *remember* me?" "Of course, I do. You're George Smith." // 私はその家をはっきり*覚えている I *remember* the house 「clearly [distinctly]. // 昔，この部屋で彼女に会ったことを*覚えている I *remember* 「seeing [having seen] her in this room many years ago.

おぼつかない 覚つかない **1**《見込み・可能性などが疑わしい》:（事柄が）uncertain, doubtful ;（常に話者の意見として）I am [We are] not quite sure ..., I am [We are] doubtful 「of [about] ... ★ 前者のほうがより口語的.《☞ うたがわしい》.
¶ 私たちの成功は*覚つかない（⇒ 成功の見込みがほとんどない）We *have very little chance* of success. /（⇒ 成功は不確かである）Our success is 「*uncertain* [*doubtful*]. / *I'm not quite sure* 「of our success [that we will succeed]. // 彼女は回復が*覚つかない There is *very little hope* of her recovery. / *I'm afraid* she will not get well again.

2《不安な・危なっかしい》 ¶ 彼は*覚つかない足取りで帰って行った He walked home with 「*unsteady* [*uncertain*] steps. // 彼女の運転では少々*覚つかない I'm *not quite happy* about her driving.《☞ あぶない ; ふあん》

【参考語】（不安な・危なっかしい）unsteady, uncertain ;（よろけるような足取りで）with staggering [tottering] steps ;（よろけながら）staggering ;（当てにならない）precarious ;（頼りにならない）unreliable.

おぼれる 溺れる **1**《水に》: drown [dráun] 他 自 語法 しばしば be drowned の形で用いられるが，自動詞用法も多い．この語は「おぼれて死ぬ」ことを意味するので助かった場合には使えない．従って「おぼれかける」は be almost drowned または almost drown となる.
¶ 3 人の男が川で*おぼれた[*おぼれて死んだ] Three men 「*were* [*got*] *drowned* in the river. // 私は*おぼれるのが怖くて泳げない I am afraid of trying to swim because I am afraid of *drowning*. // この夏には 3 人の人が*おぼれた（⇒ 溺死が 3 件あった）There were three deaths from *drowning* this summer. // *おぼれる者はわらをもつかむ A *drowning* man will clutch at a straw.《ことわざ》

2《夢中になる》 ¶ 妻の死後，彼は酒に*おぼれるようになった He took to drinking after his

wife died. 《☞ ふける[1]》
【参考語】(…にふける) indulge in …, be indulged in …; (夢中になる) give *oneself* up to …, be infatuated with …; (盲目的に…する) be blinded by …; (夢中になってかわいがる) dote on …, be excessively fond of …

おぼろげ 朧気 ―形 faint, vague. ―副 faintly, vaguely. 《☞ ぼんやり; かすか》.
¶私はそのことを*おぼろげながら記憶している I remember it *vaguely*. / I have a *vague* ⌈memory [remembrance] of it. // 彼が何を話していたのか*おぼろげにしかわからなかった I had only a ⌈*faint* [*vague*] idea what he was talking about.

おぼろづき 朧月 hazy [misty] moon Ⓒ.
おぼろ月夜 night of a hazy moon Ⓒ.

おまえ お前 ―代 you 《☞ きみ[1] 語法; 呼びかけ (囲み)》.

おまけ ―名 (商品につく) premium Ⓒ; (子供向けの) prize Ⓒ; (無料配布の) 《米》 give-away Ⓒ, 《英》 free gift Ⓒ. ―動 (おまけを付ける) throw in ⊕. 《☞ まける》. ¶この箱を*おまけに付けよう (⇒この箱をただで付け加えよう) I'll *throw in* this box *free*. // これは*おまけです (⇒ただです) This is *for nothing*.

おまけに ¶*おまけに (⇒さらに悪いことに) 雨が降り出した *To make* ⌈*the matter* [*matters*] *worse* it began to rain. / *What is worse* [*Worse still*] it began to rain. 語法 以上いずれも悪い場合にのみ用いる. What is worse は通例現在形で用いる. // *おまけに (⇒その上さらに) 彼は先生に大いにほめられた *What is more* [*Moreover*], he received great praise from his teacher. // *おまけに彼女はフランス語を話す (⇒フランス語も) She speaks French *as well*. / (⇒そのほかに) (*And*) *besides*, she speaks French. 《☞ そのうえ (類義語)》

おまちどおさま お待ちどおさま ¶「*お待ちどおさま (⇒お待たせしてすみません)」「どういたしまして」"Sorry to have kept you waiting." "That's all right." / "I'm sorry for having kept you waiting." "That's O.K." // *お待ちどおさま 《頼まれたものを差し出すとき》 Here you are. ★「さあ, どうぞ」の意味.

おまつりさわぎ お祭り騒ぎ (浮かれ騒ぐこと) merrymaking Ⓤ; (陽気な騒ぎ) merriment Ⓤ. 《☞ まつり; どんちゃんさわぎ》.
¶その*お祭り騒ぎは夜遅くまで続いた The *merrymaking* went on until late at night. // パーティーは*お祭り騒ぎだった There was a lot of *merriment* at the party. // 彼らは優勝して*お祭り騒ぎだった (⇒喜び[祝賀]の状態にあった) They won the championship and *were in a state of* ⌈*jubilation* [*celebration*].

おまもり お守り (不思議な魔力のあるもの) talisman Ⓒ, amulet Ⓒ, charm Ⓒ. 《☞ まよけ》.

おまる (病人用の) bedpan Ⓒ; (寝室用の) chamber pot Ⓒ.

おまわりさん お巡りさん (警官) policeman Ⓒ, police officer Ⓒ; (呼びかけて) Officer! 《☞ けいかん[1]; 呼びかけ (囲み)》.

おみき 御神酒 sacred sake [sáːki(ː)] Ⓤ 参考 これだけでは「聖なる酒」ということで, 意味は正確には伝わらない. ギリシャ神話の不老長寿の酒 (nectar) と混同される恐れもある. 外国人に正確な理解を期待するためには日本の宗教的背景の説明をしなければならない; (酒) sake Ⓤ. 《☞ さけ[1]》.

おみくじ 御籤 shrine [sacred] lot Ⓒ.
¶*おみくじを引く draw a ⌈*shrine* [*sacred*] *lot*

おみこし 御神輿 portable shrine Ⓒ 《☞ みこし》.

おみそれ お見それ ¶どうも, *お見それいたしました (⇒あなたがわからなかった) Excuse me. I ⌈*failed to* [*couldn't*] *recognize* you.

おみや お宮 shrine Ⓒ 《☞ じんじゃ》.

おむすび お結び rice ball Ⓒ.

おむつ 《米》 diaper [dái(ə)pər] Ⓒ, 《英口語》 nappy Ⓒ. ¶私が*おむつを替えましょう I'll change ⌈his [her] *diaper*. // トムはまだ*おむつをしている Tom is still in *diaper*.

オムレツ omelet(te) [ám(ə)lit] Ⓒ.

おめい 汚名 (悪い評判) a bad name ★ a を付けて; (不名誉) disgrace Ⓤ. 《☞ ふめいよ》.

おめおめと ¶彼はそのようなむごい扱いには*おめおめとは (⇒ふがいなく) 従わないだろう He will not submit *tamely* to such harsh treatment. / He will not *allow himself* to be treated so harshly. 《☞ むざむざと》

おめだま お目玉 ¶彼は*お目玉をくった (⇒こっぴどくしかられた) He *got a good scolding*. // 見つかると*お目玉をくうぞ If you are found out, you will ⌈*catch* [*get*] *it*. 語法 いずれも口語的な表現. 《☞ こごと; おおめだま》

おめでた happy event Ⓒ 語法 出産をひかえた人に向かって質問するときによく用いられる. ¶*おめでたはいつですか When is the *happy event*? // 彼女は近々*おめでただそうですね (⇒出産が近い) I am told that she *is* ⌈*going to have* [*expecting*] *a baby* soon.

おめでたい ―形 (慶祝すべき) congratulatory; (ばかげた) foolish; (頭の足りない) wanting, 《英》 lacking ★述語的に用いる; (お人好しの) innocent. 《☞ めでたい》.
¶それは*おめでたい (⇒慶祝すべき) ことだ This calls for *congratulations*. // 彼は少々*おめでたい He is ⌈slightly [a little] *wanting*. // それを知らないとは君もずいぶん*おめでたいね How *innocent* of you not to be aware of it!

おめでとう ¶「*おめでとう(ございます)」「ありがとう」"*Congratulations*!" "Thank you (very much)." 語法 一般に祝意を表すための表現. 常に複数形で用いる. //「新年あけまして*おめでとう」「*おめでとう」"(I wish you a) Happy New Year!" "The same to you." 《☞ とし[1] 参考》 // ご成功*おめでとう *Congratulations* on your success. // (誕生日)*おめでとう Happy birthday (to you)! / Many happy returns (of the day)! 参考 後者は「今後何度も誕生日を迎えられますように」という意味で, 書状に用いることが多い.

おもい[1] 重い **1** «重量»: heavy (↔ light).
¶*重いかばん a *heavy* bag // 金は鉄よりも*重い Gold is *heavier* than iron. // この箱は*重

くて持てない This box is too *heavy* for me (to ⌈lift [carry]).
2 《程度》: (責任など) heavy, great ; (病気・罪などが深刻な) serious, grave.
¶ 家庭の主婦は責任が*重い The mother of a family has ⌈*many* responsibilities [*many important* things to do]. // 彼は学校で責任の*重い地位にある He holds a *responsible* position in the school. / He holds a position of *great* responsibility in the school. // *重い病気 a *serious* illness // 彼の病状はだいぶ*重いようだ His condition seems to be ⌈*critical* [*grave*]. 《☞ 病気・病院 (囲み)》
3 《気分などが》: heavy ; (ひどく気分が悪い) miserable ; (口が) slow ; (遠慮がちな) reserved. ¶ きょうは気分が*重い I feel ⌈*blue* [*miserable*] today. // きょうは頭が*重い My head is *heavy* today. / I have a *heavy* head today.

おもい² 思い **1** 《考え》: (考え) thought Ⓒ; (感情・気持ち) feeling Ⓒ.
¶ 彼女はその*思いを心にしまっておいた She kept her *thoughts* to herself. // 彼は深い*思いに沈んでいた He was deep in *thought*. // このような楽しい*思いにふけりながら私は家へ帰った With these sweet *thoughts* I went home. // その絵を見て私は故郷の町に*思いをはせた The picture ⌈threw [carried] my *thoughts* back to my hometown. / (⇒ 絵が思い出させた) The picture *reminded* me of my hometown. // 彼女に悲しい*思いをさせるな Don't make her *feel* sad. // 彼はその少女に*思いを寄せている (⇒ 愛している) He *likes* the girl. / He *gave his heart* to the girl. // 私は答えられなくてひどく恥ずかしい*思いをした (⇒ 恥ずかしかった) I ⌈*was* [*felt*] deeply *ashamed* of being unable to answer.
2 《期待・希望》 ¶ *思いがかなった I fulfilled my *wish*. // 彼は*思いどおりに (⇒ 願った通り) その大学に入った He entered the university *as* ⌈*desired* [*he wished*]. // 何でも*思いどおりにはならない (⇒ 望んだような結果にはならない) Things will not turn out *as you wish*. / (⇒ 好き勝手なことはできない) You cannot *have your own way*.
3 《気づかい》 ¶ 彼はずいぶん母親*思いだ (⇒ 優しい) He is very *kind* to his mother. / (⇒ 深い愛着がある) He *is* deeply *attached to* his mother.

おもいあがる 思い上がる become conceited 《☞ うぬぼれる》. ¶ 彼はすごく*思い上がっている (⇒ うぬぼれでいっぱいだ) He is full of *conceit*.

おもいあたる 思い当たる ¶ そのことについてはなにも*思い当たることはない (⇒ 私はそれについては全然なにも知らない) I have not the ⌈slightest [faintest] *idea* about it. // そう言われてみると*思い当たるふしがある (⇒ 私に思い出させる) That *reminds me of* something you mentioned. / Now that you mentioned it, I *am reminded of* something about it.

おもいあまる 思い余る (途方に暮れる) be at a loss ; (どうしてよいかわからない) do not know what to do. ¶ *思いあまって (⇒ どうしたらよいのかわからないので), 私は彼の助言を求めた *Not knowing what to do*, I asked for his advice.

おもいうかべる 思い浮かべる (思い出す) remember ㊊ ; (想像する) visualize ㊊, picture to *oneself*. ¶ 彼は母親の忠告を*思い浮かべた (⇒ 思い出した) He *remembered* her mother's advice. // 私は海辺の古い家を*思い浮かべた (⇒ 心に描いた) I *pictured to myself* the old house by the sea.

おもいおこす 思い起こす remember ㊊; recollect ㊊; recall ㊊. 《☞ おもいだす (類義語)》.

おもいおもい 思い思い ¶ なんでも*思い思いの (⇒ 好き勝手な) ことをしてよい You can do just *as you* ⌈*like* [*please*]. // 子供たちはめいめい*思い思いの箱を作った (⇒ 自分のやり方で) The children made boxes, *each in* ⌈*his or her* [*their*] *own way*. / (⇒ 自分の好みに従って) The children made boxes *after* ⌈*his or her* [*their*] *own fancy*. [語法] each や every を受ける代名詞は, 文法的には単数形が正しいとされるが, they を用いることが慣用的に広く行われている. それは 1 つには常に his or her と言わなくてはならない煩わしさを避けるためとも考えられる. しかし, 改まった場合に使う英語では his or her の形を用いるほうが, 外国人である我々には安全と言える.
【参考語】(好きなように) as *one* ⌈likes [pleases], to *one's* liking ; (自分のやり方で) in *one's* own way ; (好みに従って) after [according to] *one's* own fancy.

おもいがけない 思いがけない ── ㊍ unexpected. ── ㊓ unexpectedly. 《☞ おもわぬ ; いがい¹ ; ふい¹》.
¶ *思いがけない (⇒ 予期しない) 来客があった I had ⌈an *unexpected* visitor [a visitor *unexpectedly*]. // それは*思いがけないことだった It was quite a *surprise*. / (⇒ 少しも期待していなかった) It was *the last thing that I* (*had*) *expected*. // まったく*思いがけないときに母が訪ねて来た (⇒ まったく予期しないときに) My mother came ⌈when I *least expected* her [(⇒ まったく不意に) quite *unexpectedly*]. // 私が 1 等賞をもらうなんてまったく*思いがけなかった (⇒ 夢にも思わなかった) I never *dreamed* of getting (the) first prize. / (⇒ 大いに驚いた) I *was* greatly *surprised* at receiving (the) first prize. / Much to my *surprise* I received (the) first prize.

おもいきった 思い切った ── ㊍ (徹底的な) drastic ; (断固たる) resolute ; (大胆で人の意表をつくような) daring. ¶ 私たちは*思い切った手段をとるつもりだ We are going to ⌈take up [adopt] *drastic* measures. // 彼は*思い切ったことをするもんだね He really does *daring* things, doesn't he?

おもいきって 思い切って ── ㊓ (断固として) resolutely ; (決定的に) decisively. ── ㊔ (思い切って…する) dare ㊊ [語法] 後に to不定詞 および原形不定詞が来る. 原形が来る場合は助動詞に近い働きで, 主として否定・疑問文で用いる；(危険を覚悟で…する) venture (他).

¶ *思い切って次の会合でその話をしたらどうだ Why don't you *speak out* about it at the next meeting? [語法]「自由に気持ちを述べる」のは speak out，特に「抗議をする」ような場合には speak up を用いる. // 彼は*思い切ってやってみることにした (⇒ 運だめしをすることにした) He decided to *try his luck*. // 彼は*思い切って危険な事業に全財産を投じた He *ventured* all his money on a risky undertaking.

おもいきり 思い切り ¶ 彼は*思い切りが悪い (⇒ 決断力のない男だ) He is an *irresolute* man. // 彼はいつも*思い切りがよい (⇒ 決心がぐらつかない) He never wavers in his decision. [語法] waver (自) (＝決心がつかない・迷う) は否定文で使うことが多い. // *思い切り彼をたたいた (⇒ できるだけ強く) I hit him *as hard as I could*. 《☞ ちからいっぱい》

おもいきる 思い切る —[動] (断念する) give up (他)；(見切りをつける) abandon (他) ★ やや改まった語. 《☞ あきらめる (類義語)》.

¶ つまらない考えだ. *思い切りなさい It's just a useless idea. *Give* it *up*. / *Give up* such a useless idea. // 彼はその女を*思い切れないでいる (⇒ 考えずにはいられない) He cannot *get* that woman *out of his thoughts*. / (⇒ まだ未練じみた愛情を持っている) He *retains a lingering love for* that woman.

おもいこむ 思い込む (固く信じる) be convinced「of [that] …；(当然のことと思う) take it for granted that …；(心に決める) set *one's* heart on … 《☞ きめこむ》.

¶ 彼はそれが本当だと*思い込んでいる He *is convinced*「*of* its truth [*that* it is true]. // 彼はすっかりそう*思い込んでしまった (⇒ その考えが彼に強くとりついた) The *idea has taken a* strong *hold*「*of* [*on*] him. / (⇒ その考えを強く心に根づかせた) He *has got the idea* firmly「*fixed* [*rooted*] *in his mind*. // 彼が勝つものと*思い込んでいた (⇒ 勝つのが当たり前だと思っていた) We *took it for granted that* he would win. / (⇒ 勝つのを当然期待していた) We *naturally expected* him to win. // これと*思い込んだら彼は決してあきらめようとはしない Once he *has set his heart on* something, he never gives up.

おもいしる 思い知る ¶ やつにきっと*思い知らせてやる I will show him. / (⇒ 罰を受けさせてやる) I will make him pay. // 今度の失敗で*思い知らされました (⇒ 教訓となった) This failure *has been a lesson* to me. / This failure *taught* me *a lesson*.

【参考語】(実感としてわかる) realize (他)；(心に強く感じる) be deeply impressed.

おもいだす 思い出す (思い出させる) remind (他) ★「物・人」が主語になる；(思い出す) remember (他)(自) ★「人」が主語. 以下の 2 つも同じ；recollect (他)；recall (他).

【類義語】忘れたものや忘れかかっていたものを思い起こさせるのは **remind**. forget の反対で，すでに覚えていることを思い出すのは **remember** で，あまり努力しないでひとりでに思い出すことに用いる. 忘れたり忘れかかっていることを努力して思い出すのは **recollect**，または **recall** であるが，後者は何らかの刺激によって記憶が呼びさまされるような場合に用いる.

¶ 彼の名前が*思い出せない I can't *remember* his name.

ああ，それで*思い出した (⇒ それが私に思い出させる) Oh, that *reminds* me! / Now I *remember*!

彼を見ると弟を*思い出す (⇒ 彼が私に私の弟を思い出させる) <S(人・物)＋V(*remind*)＋O(名)＋*of*＋名> He always *reminds* me *of* my (younger) brother. / When I see him, I *am* always *reminded of* my brother.

彼は約束を忘れたらしいので*思い出すように手紙を出そう (⇒ 思い出させるものを送る) He seems to have forgotten his promise, so I will send him a *reminder*.

私は宿題をしなければならないことをふと*思い出した I suddenly *remembered* that I had to do my homework.

私はここで彼女に会ったことをはっきり*思い出すことができる (⇒ はっきりと覚えている) I *have* a vivid *recollection* of having seen her here./ I vividly *remember*「having seen [seeing] her here.

その場面はいまでも時々*思い出す The scene still *comes to mind* now and then.

ちょうどいい言葉が*思い出せない (⇒ 思いつかない) I cannot *think of* the right word.

事故を*思い出して (⇒ 考えて) 彼はぞっとした He shuddered *at the thought of* the accident.

赤ん坊は時々*思い出したように (⇒ 発作的に) 泣き叫んだ The baby wailed「*in* [*by*] *fits and starts*. [語法] ただ in [by] fits としても同じ.

おもいたつ 思い立つ (思いつく) take … into *one's* mind；(決心する) set *one's* mind「on [upon] … 《☞ おもいつく》.

¶ 急に故郷へ帰ることを*思い立った I suddenly *took* it *into my mind* to go home. / (⇒ 時のはずみで) I *decided* to go home *on the spur of the moment*. // *思い立ったが吉日 (⇒ いまほどの好機はない) There is no time like the present. // いったんこうと*思い立ったら矢もたてもたまらない (⇒ 実行するまではおさまらない) Once I *set my mind on* something, I will never rest until I get it done.

おもいちがい 思い違い —[動] (誤解する) misunderstand (他)；(…を…と思う) take … for …；(誤りを犯す) make a mistake, be mistaken. —[名] misunderstanding Ⓤ, misapprehension Ⓤ. —[形] (思い違いをさせるような) misleading. 《☞ ごかい；かんちがい；かんがえちがい》.

¶ すみません. *思い違いをしていました (⇒ 誤っていた) I'm sorry but I *was*「*mistaken* [*wrong*]. [語法] but を省いて 2 つの文に分けてもよい. // あなたはそれに関してまったく*思い違いをしている (⇒ その点でまったく間違っている) You are totally *wrong* on that point. // 私は彼を英語の先生と*思い違いしていた <S(人)＋V

(*take*)＋O(人・物)＋*for*＋名・代＞I *took* him *for* an English teacher. // 私はいままで彼を正直者だと*思い違いをしていた (⇒ 誤った印象を持っていた) I have been *under the* 「*false* [*wrong*] *impression* that he is honest. // *思い違いをしないでくれ (⇒ 私を誤解するな). 私はそんな人間じゃない Don't *get* me *wrong*. I'm not that 「type [kind].

おもいつき 思い付き (着想) idea Ⓒ; (考え) thought Ⓒ. 《☞ ちゃくそう; かんがえ》.
¶ それはいい*思いつきだ (⇒ よい着想だ) That's a 「good [wonderful; great] *idea*. [語法] 提案などに対して用いる表現. // よい*思いつきがふと心に浮かんだ I *hit* 「*upon* [*on*] a happy *thought*. / A bright *idea* 「occurred to me [crossed my mind]. // 私は*思いつきで (⇒ 準備をしない状態で) 5 分ほど話をした I talked 「*off the cuff* [*impromptu*] for about five minutes. [語法] off the cuff は米口語.

おもいつく 思い付く hit 「on [upon] ...; (考えなどが心に浮かぶ) occur (自); (考える) think of ..., strike on ...
¶ すばらしい考えを*思いついた I *hit* 「*upon* [*on*] a wonderful idea. / (⇒ いい考えが心に浮かんだ) A great idea 「*occurred* [*came*] *to* me. / A brilliant idea *flashed into my mind*. // それは*思いつかなかった Well, I never *thought of* that. [語法] 相手の考えなどが, すばらしいという意味で用いる表現.

おもいつめる 思い詰める (くよくよ考える) brood 「on [upon; over; about] ...; (深刻に考える) take ... seriously; (心配する) worry over ... 《☞ かんがえこむ; くよくよ》.
¶ 彼は失敗したことを*思い詰めていた (⇒ くよくよ考え込んでいた) He *brooded* 「*over* [*about*] his failure. [語法] 「深く考える」の意味では over を用いることが多いが, 「くよくよする」の場合には on, upon, about も用いる. // 何もそんなに*思い詰める (⇒ 深刻に考える) ことはないよ Don't *take* it so *seriously*. / (⇒のんびりするのがよい) Why don't you *take it easy*?

おもいで 思い出 (記憶にあること) memory Ⓒ, remembrance Ⓒ; (思い起こすこと) recollection Ⓒ; (追憶) reminiscence [rèmənísns] Ⓒ [語法] 以上は「思い出」「回想」のような抽象的な内容を表すときは Ⓤ. また, 「思い出話」「回想録」のような具体的な内容を表すときは, 通例複数形にする. 《☞ きおく》.
¶ それは昔懐かしい*思い出だ It is a nice old *memory*.
私たちにとってこれはいつまでも楽しい*思い出になるでしょう This will always remain with us a 「fond [pleasant] *memory*. [語法] 「さまざまな思い出」の場合は memories を用いる. 「楽しい」は sweet, happy, delightful なども用いる. ほかに「悲しい思い出」sad 「memory [memories], 「苦い思い出」bitter 「memory [memories], 「誇らしい思い出」proud memories のように言う. ただし, He has a 「good [bad] memory. といえば「彼は記憶力がよい[悪い]」の意味になる.
楽しかった当時の*思い出はいまなお私の心に新しい The *memory* of those happy days is still 「fresh [vivid]. / (⇒ 生き生きとした記憶をもっている) I still 「have [preserve] a vivid *recollection* of those happy days.
その絵は(私に)少年時代の*思い出の数々を思い起こさせた The picture brought back (to me) many *memories* of 「my boyhood [the days when I was a little boy].
学生時代の*思い出に (⇒ 思い出として) この古い辞書を取っておこう I will 「keep [save] this old dictionary as a 「*remembrance* [*memento*] of my student days.
彼女は私たちに日本の*思い出を話してくれた She gave us her *reminiscences* of Japan.
彼女は*思い出にふけりながらひとりすわっていた She sat alone indulging in *reminiscence*. / She sat alone *reminiscing*.
思い出話 reminiscences, recollections ★ ほぼ同意だが, 後者は少し改まった語. いずれも複数形で.
【参考語】 ―名 (思い出の品など) memento Ⓒ, keepsake Ⓒ; (回顧録) memoirs [mémwɑəz] ★ 複数形で.

おもいとどまる 思いとどまる be dissuaded (from ...); (考え直す) change *one's* mind; (あきらめてやめる) give up (他); (思いとどまらせる・やめる) stop (他) (自); (自制する) check *oneself*, hold *oneself* back. 《☞ かんがえなおす; やめる[1]; ふみとどまる》.
¶ 辞職は*思いとどまって (⇒ 考え直して) もらえませんか Will you *change your mind* about resigning? // 彼に辞職を*思いとどまらせた I *dissuaded* him *from* resigning. // 彼女は自殺を*思いとどまった (⇒ 自殺の考えを捨てた) She *gave up* the idea of killing herself. // 彼を殴り倒してやろうと思ったが*思いとどまった I thought I would knock him down, but I 「*checked myself* [*held myself back*]. // だれも彼女が彼と結婚するのを*思いとどまらせる (⇒ 止める) ことはできなかった Nobody could *stop* her marrying him.

おもいなおす 思い直す (考え直す) change *one's* mind; (考え直して...をやめる) think better of ... 《☞ かんがえなおす》.
¶ 辞職しようと思ったが*思い直した I considered leaving my job but I 「*changed my mind* [*thought better of* it]. // 始めは行くまいと思っていたが, *思い直して出かけることにした At first I had thought I would not go, but *on second thought*(s) I decided to go.

おもいなやむ 思い悩む be 「worried [troubled], worry (自). 《☞ なやむ; しんぱい》.

おもいのこす 思い残す ¶ もうこれで死んでも*思い残すことはない (⇒ 満足して死ねる) Now I can die *content*. / (⇒ 後悔なく死ねる) Now I can die *without regrets*. 《☞ くい[2]》
【参考語】 ―名 (後悔) regret Ⓒ.

おもいのほか 思いの外 ¶ その仕事は*思いのほか時間がかかった (⇒ 私が思ったより時間がかかった) The work took more time *than I had expected*. // 売り上げは*思いのほか悪かった (⇒ 私の期待より少なかった) The sale *fell short of my expectations*. // 彼女は*思いのほか (⇒ 想像したよりも) 若かった She was

お

younger *than I imagined her to be.* 《☞ あんがい；いがい[1]》

おもいやり 思いやり consideration Ⓤ, thoughtfulness Ⓤ; sympathy Ⓤ; pity Ⓤ; compassion Ⓤ; fellow feeling Ⓤ.

【類義語】他人の感情・立場などをおもんばかるのは ***consideration***, または ***thoughtfulness*** で，この2語はほぼ同意だが，後者のほうが口語的．苦しんでいる人への理解・同情は ***sympathy.*** 自分より下のもの，苦しみ悲しんでいるものへの憐れみは ***pity.*** さらに一歩進んで，愛情と援助の意欲を含んだ場合は ***compassion.*** 仲間意識からの思いやりは ***fellow feeling.*** 《☞ いたわり》

¶ 彼は他人に*思いやりがある He is「*considerate of* [*thoughtful of*; *kind to*] others. // あなたは他人の感情に*思いやりを持つべきだ You should have *consideration* for other people's feelings. // 彼女の招待を断るなんて，彼もずいぶん*思いやりがない It is very「*inconsiderate* [*thoughtless*] of him to decline her invitation. // 彼は貧しい人たちに対する*思いやりが深い He has much *compassion for* the poor. / He is very *sympathetic*「to [towards] the poor.

おもいやる 思いやる ¶ 彼の将来が*思いやられる (⇒ 彼の将来が心配だ) I「*am anxious* [*feel anxiety*] about his future. 《☞ しんぱい》

おもいわずらう 思い煩う be worried, worry (about ...) (自). 《☞ わずらう》

おもう 思う **1** «推量・判断・意見»: think (他) 《過去・過分 thought》; believe (他); consider (他); suppose (他); guess (他); fancy (他).

【類義語】最も一般的な言葉は ***think*** で，推量・意見を表す場合は「理知的で冷静な感じで思う」の意味を持つ．ある程度自信があって推量する場合は ***believe.***「判断」の意味が強く，少し改まった語は ***consider.***「推量」の意味が強いのは ***suppose.***「推量」の意味で，より口語的には ***guess.***「想像」の意味が強いのは ***fancy.*** なお，助動詞 ***will*** によって推量の意味が表されることもある．《☞ かんがえる；推量の表現（囲み）》

¶ あしたは雨が降ると*思う＜S(人)+V(*think*; *suppose*)+O(節)＞ I「*think* [*suppose*] it will rain tomorrow. [語法] think, suppose などの後の接続詞 that は省かれることが多い．

あしたは雨が降らないと*思う I don't「*think* [*suppose*] it will rain tomorrow. ★ 和文と英文との否定の仕方の違いに注意．

彼はいまごろ京都にいると*思う I *think* he is in Kyoto now. / He *will* be in Kyoto now.

「あの人はきれいだと*思いますか」「ええ，そう*思います」"Do you *think* she is pretty?" "Yes, I *think*「so [she is]." 《☞ 相づち（囲み）》

「彼は来ると*思いますか」「いや来ないと*思いますね」"Do you「*think* [*suppose*] he will come?" "No, I「*think* [*suppose*] not." [語法] この not は he will not come に相当する．また，No, I don't「*think* [*suppose*] so. という答え方もある．/ "Do you *think* he will come?" "No, I don't「*think* [*suppose*] he will.

「彼は治るだろうか」「だめだと*思います」"Will he get over his illness?" "I'*m afraid* not." [語法] 思わしくないことが予想される場合には be afraid がよく用いられる．

「彼女は試験に受かるだろうか」「きっと受かると*思いますよ」"Will she pass the examination?" "I'm *sure* she will."

彼女は抜け目がないと私は*思った＜S(人)+V(*think*)+O(代)+C(形)＞ I *thought* her clever. / I *thought* (*that*) she was clever. [語法] 後者のほうが口語的．

彼女は30をとうに過ぎていると*思う She is well over thirty, I *guess.*

彼女は自分がきれいだと*思っている＜S(人)+V(*fancy*)+O(代)+C(形)＞ She *fancies* herself pretty.

どちらが勝つと*思いますか Which do you「*think* [*suppose*] will win? [語法] 疑問詞で始まる文では，「思う」に当たる部分が疑問詞の次に置かれる．

彼は最も有望な小説家だと*思う (⇒ 私の意見では) He is, *in my opinion,* one of the most promising novelists.

あなたはこの計画についてどうお*思いですか What do you *think*「*of* [*about*] this plan? / (⇒ この計画についてのあなたの考えはどうですか) What is your「*opinion of* [*idea about*; *idea concerning*] this plan?

彼は絶対に潔白だと*思う (⇒ 潔白だと信じる) I *believe* (*that*) he is innocent. / ＜S(人)+V(*believe*)+O(代)+C(形)＞ I *believe* him innocent. / ＜S(人)+V(*believe*)+O(代)+C(*to*不定詞)＞ I *believe* him *to* be innocent. [語法] 最初の構文が最も普通．

彼が誠実かどうか怪しいと*思う (⇒ 彼の誠実さを疑う) I *doubt* his sincerity. / (⇒ 彼が誠実かどうかを疑う) ＜S(人)+V(*doubt*)+O(*if*節)＞ I *doubt if* he is sincere.

2 «感じる»: feel (他) 《過去・過分 felt》《☞ かんじる》.

¶ 私は確かに彼が正しいと*思う＜S(人)+V(*feel*)+C(形)+*that*節＞ I *feel* certain *that* he is right.

どうも彼は誠実でないように*思う＜S(人)+V(*feel*)+C(形)+*of*+名＞ I *feel* doubtful *of* his sincerity.

どうも彼女は働きすぎるのではないかと*思う (⇒ 感じがする) I *have*「*a feeling* [*an idea*] that she may overwork herself.

3 «みなす»: look upon ... (as ...), think of ... (as ...), regard ... (as ...), consider (他) [語法] いずれもほぼ同意であるが，最初の2つが口語的な表現．《☞ かんがえる；みなす》.

¶ たいていの人は5月5日を男の子の日だと*思っている Most people *think of* May 5 *as* Boys' Day.

彼は右翼だと*思われている He *is*「*regarded* [*looked upon*] *as* a rightist. / ＜S(人)+V(*consider*)+O(代)+C(名)の受身＞ He *is considered* a rightist. / ＜S(人)+V(*consider*)+O(代)+C(*to*不定詞)の受身＞ He *is considered to* be a rightist.

4 «予期・期待»: expect ㊀, think ㊀ [語 法] ほぼ同意だが, 後者は主として疑問文・否定文で用いる. (☞ よき).

¶ *思った通りだ (⇒ 正に私が予期したことだ) That's just what I ˹*thought* [*expected*].

彼女は*思ったよりきれいだった She was more beautiful than I (*had*) *expected*.

彼の*思わぬ (⇒ 予期しない) 反撃にびっくりした I was surprised at his *unexpected* counter-attack.

きのういらっしゃると*思っていましたのに I *was expecting* you yesterday.

何もかも*思ったとおりにいった Everything went off ˹according to my *expectation(s)* [as I *expected*].

ここであなたに会うとは*思わなかった I never *thought* I'd meet you here.

5 «希望・願望・心配・懸念»: want ㊀; would like (to *do*); wish ㊀; hope ㊀; be afraid (of ... ; that ...); care ㊀.

【類義語】「.. したいと思う」の意味を最も強く直接的に表すのは ***want***. 丁寧にいうときには ***would like*** を用いる. 単に願望だけで実現を必ずしも期待しないのは ***wish***. 期待を伴った願望は ***hope***. その反対によくない事を懸念するのは ***be afraid***. *want* とほぼ同じ意味で ***care***＋*to*不定詞 を用いるが, 疑問文・否定文に限られる. (☞ 意志・願望の表現 (囲み))

¶ 学校を出たら何をしたいと*思いますか <S(人)＋V(*want*)＋O(*to*不定詞)> What do you *want to* do when you leave school? / What *would* you *like to* do when you leave school? ★ このほうが丁寧な言い方.

「彼女はもう死んでいるだろうか」「そうでなければいいと*思うんだが」"Is she already dead?" "I *hope* not." [語 法] この not は she is not dead に相当する. また, I *hope* she isn't. と答えてもよい.

「会合に間に合うでしょうか」「間に合わないと*思います」"Will we be in time for the meeting?" "I'*m afraid* not. [語 法] この not は we will not be in time に相当する. また, I'*m afraid* we won't. と答えてもよい.

あすは雨だと*思います I'*m afraid* it will rain tomorrow.

午後には晴れると*思います I *hope* it will clear up in the afternoon.

私は弁護士になりたいと*思う <S(人)＋V(*want*; *wish*; *hope*)＋O(*to*不定詞)> I ˹*want* [*wish*; *hope*] *to* become a lawyer. [語 法] want＋to不定詞 は単なる希望だが, wish＋to不定詞 のほうは, 必ずしも自分が弁護士になれるとは思っていないが, なれればよいという多少非現実的な願望を暗示する.

またお目にかかりたいと*思います I *hope* to see you again. / <S(人)＋V(*hope*)＋O(*that*節)> I *hope* (*that*) ˹I'll see [I see] you again.

ご一緒できればいいと*思うのですが残念です I *wish* I could go with you. [語 法] 行きたくても実際は行けないことを意味する. (☞ 仮定の表現 (囲み))

アイスクリームをもう少し食べたいと*思いませんか Would [Wouldn't] you *care for* some more ice cream?

彼女はいつも自分の*思うとおりにしようとする She will have her own ˹*will* [*way*].

6 «意図»: (...するつもりである) be going to *do*; be thinking of *doing*; will ★ 助動詞; intend (to *do*) ㊀ ★ 形式ばった表現. [語 法] 最初の 2 つはよく用いられる口語表現だが, 最初が最も普通の言い方. be thinking of は予定が多少不確定な感じ. 助動詞 will を使っても be going to とほぼ同じ内容になるが, be going to のほうがよりはっきりした予定を意味する. (☞ -つもり).

¶ 来週京都に行こうかと*思っている I'*m going to* Kyoto next week. [語 法] I'*m going to* go to Kyoto. も可能であるが, go が重複するのを避けるため普通は to go は省略する. / I'*m thinking of* going to Kyoto next week. / I *think I'll* go to Kyoto next week.

私は息子を医者にしようと*思っている I *intend to* make my son (become) a physician. / <S(人)＋V(*intend*)＋O(代)＋C(*to*不定詞)> I *intend* my son *to* be a physician.

彼は彫刻家になろうと*思ってパリに行った (⇒ 彫刻家になる考え[望み]をもって) He went to Paris with the ˹*idea* [*hope*] of becoming a sculptor.

7 «考える»: think (of ... ; about ...) ㊁ (☞ かんがえる; おもい[2]).

¶ 1 日中彼女のことを*思っている I *think of* her all day long.

そんなことは*思いもしなかった I never *thought of* that.

おもうぞんぶん 思う存分 ¶ *思う存分食べた (⇒ 好きなだけ食べた) I ate *as much as I* ˹*wanted* [*liked*]. / (⇒ 腹一ぱい食べた) I ate *my fill*. / (⇒ 心ゆくまで食べた) I ate *to my heart's content*. // 彼女は*思う存分泣いた She cried *her heart out*. / (⇒ 十分泣いた) She had a *good* cry.

【参考語】 ━ ㊂ (好きなだけ) as much as *one* likes. ━ ㊂ (望むだけの量) *one's* fill; (満足) content Ⓤ. ━ ㊂ (十分な) good.

おもうつぼ 思う壺 ¶ 彼は私の*思うつぼにはまった (⇒ 彼は正に私がやってほしいと思ったことをやった) He *did just what I hoped he would*. / (⇒ 私のわなにかかった) He *fell right into my trap*. // 何もかも私の*思うつぼだった (⇒ 何もかも私の望んだ通りに運んだ) Everything turned out *just as I* (*had*) *wanted*.

おもおもしい 重重しい ━ ㊂ (威厳のある) grave, dignified; (真剣な・厳粛(げんしゅく)な) serious; (まじめくさった) solemn; (威張った) important. ━ ㊂ gravely; seriously; solemnly; importantly. (☞ おごそか).

¶「それは本当です」と彼女は*重々しく言った "It is true." She said ˹*solemnly* [*gravely*]. // 彼は*重々しい態度をとろうと努めた He tried to assume a *dignified* air. / He tried to look *dignified*.

おもかげ 面影 (生き写し) the ˹image [picture]; (跡) trace Ⓒ.

¶ 彼女には母親の*面影がある (⇒ 彼女は母親

お

を思い起こさせる) She *reminds* me *of* her mother. // 彼は父親の*面影そのままだ(⇒正に生き写しだ) He is *the very* ⌈*image* [*picture*] of his father. // 彼には昔の*面影はない (⇒彼は昔の彼ではない) He is not *what he used to be*. / (⇒昔の彼の幻に過ぎない) He is *a mere ghost* of his former self. // その町には昔の華やかな*面影は少しも残っていない (⇒かつての華やかさの痕跡をとどめていない) The city retains no *trace* of its former glory.

おもき 重き ¶あの人たちの間では彼の意見がいつも*重きをなしている His opinion ⌈always *carries weight* [*is* always *held in esteem*] in that circle. 《☞おもんじる; じゅうし[1]》

【参考語】 ―名 (重み·有力) weight Ⓤ; (影響力) influence Ⓤ; (重要性) importance Ⓤ. ―形 weighty; influential; important.

おもくるしい 重苦しい (天候·気分などが) heavy; (陰気な) gloomy; (耐えられないような) oppressive; (息が詰まりそうな) stifling. 《☞うっとうしい; ゆううつ》.

¶胃が*重苦しい I've got a *heavy* feeling in my stomach. / My stomach feels *heavy*. // 彼女は*重苦しいため息をついた She gave a *heavy* sigh. / She sighed *heavily*. // 彼の一言が*重苦しい沈黙を破った His words broke the *heavy* silence. // 胸が*重苦しい I have a *stifling* sensation in the chest.

おもさ 重さ ―名 (目方·重量) weight Ⓤ. ―動 (重さがある) weigh ⓐ. 《☞じゅうりょう; めかた; 度量衡 (囲み)》.

¶「この荷物の*重さはどのくらいですか」「20キロです」 "What is the *weight* of the baggage?" "It's twenty kilograms." // その荷物は*重さが20キロだ (⇒重さの点で20キロだ) The baggage is twenty kilograms in *weight*. // 「あなたはどのくらいの*重さがあるの」「60キロです」 "How much do you *weigh*?" "I *weigh* sixty kilograms." / "What is your *weight*?" "My *weight* is sixty kilograms." // 2本の鉄骨が張出し窓の*重さを支えていた Two iron frames supported the *weight* of the bay window.

おもし 重し weight Ⓒ. ¶押し花をするのに大きな辞書を*重しにした I used a big dictionary as a *weight* to press the flowers.

おもしろい 面白い ―形 interesting; amusing; entertaining; funny; jolly; exciting. ―動 (楽しく過ごす) have a good time, enjoy *oneself*; (遊び興じておもしろい) have fun.

【類義語】 人の興味·関心をそそるのは ***interesting*** だが, これには別に愉快という意味は含まれない. 愉快で人を楽しませるのは ***amusing***. 特に芸や音楽など人間の知恵を使った物事がおもしろいのは ***entertaining***. こっけいでおかしいのは ***funny***. 人が冗談など言って陽気でおもしろいのは ***jolly***. 胸が躍るようなのは ***exciting***. 《☞ゆかい; おかしい; たのしい; きょうみ》

¶きのうはとても*おもしろかった I *had a* very *good time* yesterday. / I *enjoyed myself* very much yesterday.

その小説は*おもしろかった The novel was *interesting*. / I found the novel *interesting*.

*おもしろい映画だった It was an ⌈*exciting* [*entertaining*] movie.

ピクニックはとても*おもしろかった We *had* ⌈a lot of [great] *fun* at the picnic.

彼はとても*おもしろい人だ He is a *jolly* man. / (⇒奇妙な人) He's a *strange* man. / (⇒風変わりな) He's *eccentric*.

ジャズはちっとも*おもしろいとは思わない (⇒興味を感じない) I'*m* not *interested in* jazz at all. 《☞受身 (囲み)》 / (⇒ジャズは私の心を引かない) Jazz doesn't *appeal* to me at all.

彼と付き合うのは*おもしろい (⇒よい交際相手だ) He is *good company*.

彼と付きあっても*おもしろくない He is *poor company*.

英語が*おもしろくなくなった (⇒英語に対する興味を失った) I've *lost interest* in English.

重さの表し方

(1) **重さを尋ねる**

¶その重さはどれくらいですか How much does it weigh? / How heavy is it? / What is its weight? // これとあれではどちらが重いですか Which is heavier, this or that?

(2) **重さがある**

¶重さが10キロある It weighs ten kilograms. / It is ten kilograms in weight. 語法 It's ten kilograms heavy. は可能な表現であるがあまり使われない. // 彼の体重は100キロ以上ある He weighs above 100 kilograms. // この石は大きさの割に重くない This stone is ⌈not heavy [light] for its size.

対話例

A: ずいぶん重そうな荷物ですね
B: とても重いです
A: 重さはどのくらいありますか
B: さあ, わかりません
A: ではこのはかりでちょっと重さを測りましょう. 20キロありますよ

A: Your bag looks very heavy.
B: It is very heavy.
A: How much does it weigh?
B: I don't know.
A: Let me weigh it on these scales. It's twenty kilograms.

おもしろがる 面白がる be amused (at …). ¶ 彼は私のしゃれを*おもしろがらなかった He *was* not *amused at* my joke. // 子供たちはチンパンジーを見て*おもしろがった The children *amused themselves* by watching the chimpanzees. / (⇒ おもしろがって見た) The children watched the chimpanzees with *amusement*.

おもしろさ 面白さ (遊び興じるおもしろさ) fun Ⓤ; (肝心な所) point Ⓒ; (楽しさ) enjoyment Ⓤ. 《☞ おもしろみ》.
¶ 彼のしゃれの*おもしろさがわからなかった (⇒ 肝心な所がわからなかった) I didn't see the *point* of his joke. // 私はジャズの*おもしろさがわかってきた (⇒ 楽しめるようになってきた) I'm beginning to ˹*appreciate* [*enjoy*] jazz. // クラシック音楽の*おもしろさというものはとんとわからない (⇒ まったく興味を引かない) Classical music does not *interest* me at all. / I take no *interest* in classical music at all.

おもしろはんぶん 面白半分 ¶ 私はただ*おもしろ半分でやったのだ I did it just ˹*for* [*in*] *fun*. / I *was only joking* when I did it.
【参考語】 ―名 (たわむれ) fun Ⓤ; (冗談) joke Ⓒ.

おもしろみ 面白み (楽しさ) fun Ⓤ; (ユーモア・こっけいみ) humor Ⓤ; (味・風味) savor Ⓤ; (趣き) relish Ⓤ. 《☞ おもしろさ》. ¶ 彼には*おもしろみがない (⇒ 彼は退屈だ) He is *dull*. / (⇒ 彼はまじめだ) He is *sober*. / (⇒ 彼にはユーモアのセンスがない) He has no *sense of humor*. / He lacks *a sense of humor*. // 彼の言うことはどこか*おもしろみがある There is ˹always [usually] something *humorous* in what he says.

おもたい 重たい ☞ おもい¹.

おもだった 重立った, 主立った (主要な) chief, main ★ 前者のほうが「第 1 位」という意味がやや強い; (一流の) leading; (代表的な) principal; (重要な) important. 《☞ おもな (類義語); しゅよう¹》.
¶ 彼の葬式には*おもだった政治家はみな出席した All the *leading* statesmen were present at his funeral. // 英国の*おもだった都市の名を挙げよ Give the names of the ˹*principal* [*chief*; *main*] cities in Great Britain.

おもちゃ toy Ⓒ, plaything Ⓒ ★ 後者は比喩的にも用いる. ¶ 少年は*おもちゃで遊んでいた The boy was playing with his *toys*. // マッチを*おもちゃにしてはいけません (⇒ マッチで遊んではいけない) Don't *play with* matches.
おもちゃ屋 toyshop Ⓒ 《☞ 店の呼び名 (囲み)》.

おもて 表 **1** 《表面》: (裏に対して) face Ⓒ; (前面) front Ⓒ; (内側に対して) surface Ⓒ; (貨幣・メダルなどの) head Ⓒ (↔ tail). 《☞ ひょうめん; そとがわ》.
¶ この生地の*表側はどちらですか Which is *the right* ˹*side* [*face*] of this cloth? // 靴下が裏*表ですよ (⇒ 内側を外にしてはいている) You are wearing your socks *inside out*. // 日本では発信人の住所氏名は封筒の*表ではなく裏に書く In Japan the sender's name and address are not written on the ˹*face* [*front*] of the envelope but on the back of it.
2 《前部》 ―名 the front. ―形 front. 《☞ しょうめん; まえ》. ¶ *表口も裏口も鍵をかけた I locked both the *front* door and the back door. // 彼は*表門から入って裏門から出て行った He came in by the *front* gate and went out by the back gate.
3 《戸外》 ―名 the outdoors; (表通り) the street. ―副 outdoors, out of doors, outside. 《☞ おくがい; そと》. ¶ *表は寒い It's cold ˹*outdoors* [*outside*]. // 子供たちは暗くなるまで*表で遊んだ The children played *out of doors* until it got dark. // 彼は*表へ飛び出した He dashed out into *the street*.
4 《野球で》: the first half, the top. 《☞ 野球の英語 (囲み)》. ¶ 6 回*表に in ˹*the first half* [*the top*] of the sixth inning

おもてざた 表沙汰 ¶ これは*表ざたにはしたくない (⇒ 一般に知られたくない) I don't want to make this ˹*public* [*known*]. // 我々の失敗は*表ざたにはならずにすむでしょう I hope our mistake won't *come to light*. 《☞ あかるみ; ばくろ》
【参考語】 ―動 (公表する) make … public; (明るみに出る) come to light; (明るみに出す) bring … to light. ―形 (公開の) open.

おもてむき 表向き ―形 (公の) public; (公式の) official. 《☞ うわべ》. ¶ 彼は*表向きは外交官だが実はスパイだ He is *officially* a diplomat, but in reality he is a spy.

おもな 主な chief; principal; main; leading.
【類義語】 階級・権力・重要性などが最高で, ほかのものがこの下に従属しているか, あるいは従属しているような感じがする場合は **chief**. 大きさ・地位・重要性がほかのすべてにまさっていて, ほかよりぬきんでている場合には **principal**. 同種類の人や物の中で大きさ・力・重要性がすぐれているものには **main**. 以上の 3 語は入れ替えて用いられる場合もかなりある. 先頭に立ってほかを率いてゆく感じを強調する場合は **leading** を用いる. 《☞ おもだった; しゅよう¹》
¶ 米国の*主な都市はほとんどすべて回った I have visited almost all the ˹*chief* [*principal*] cities of the United States. // そういったところが私の企画の*主な特徴です Those are the *main* features of my plan. // 高校野球は日本の*主なスポーツ行事の 1 つだ The High School Baseball Tournament is one of the *main* sporting events in Japan. // わが国の*主な政治家はみなそのパーティーに出席した All our *leading* statesmen attended the party.

おもなが 面長 ―形 (面長の) oval-faced 《☞ ほそおもて》.

おもに¹ 主に chiefly, mainly; (大部分・たいてい) mostly, largely, for the most part. 《☞ しゅとして; だいぶぶん》.
¶ 聴衆は*主に若い女の子だった The audience consisted ˹*chiefly* [*mainly*] of young girls. // 客は*主に老人だった *Most* of the guests were old people. / The guests were ˹*mostly* [*for the most part*] elderly people. // 彼の失敗の原因は*主に不注意だ His failure

お

was *largely* due to his carelessness. // この棚は*主に料理の本です (⇒ 主に料理の本で占められている) This shelf is *mainly* occupied by cook books. // このあたりでは*主にじゃがいもがとれる (⇒ じゃがいもが主な農産物だ) Potatoes are the *main* agricultural product in this district.

おもに² 重荷 burden Ⓒ, load Ⓒ 【語法】前者は主に比喩的な意味に, 後者は実際の荷物の意味にも使われる語. (☞ ふたん).
¶ 彼は借金の*重荷を背負っていた He had a *load* of debts. / He was *deep* in debt. // 彼女はこのごろ*重荷になってきた She has become a *burden* to me. // その仕事は私にはいささか*重荷です (⇒ 困難な仕事だ) That's rather a *hard* job for me. // これで心の*重荷がとれた Now that takes a *load* off my mind. / (⇒ ほっとした) Now I feel relieved.
【参考語】 ━動 (重荷を負わせる) burden ⑩, load ⑩.

おもねる flatter ⑩ (☞ へつらう).

おもはゆい 面映ゆい ━形 (当惑してばつが悪い) embarrassed (☞ てれくさい; きまずい).

おもみ 重み (重量) weight Ⓤ; (威厳) dignity Ⓤ; (重要さ) importance Ⓤ. ¶ *重みのある人 the man of *dignity* // 実の*重みで枝が垂れ下がっていた (⇒ 実が重みで枝を押し下げていた) The fruit *weighed down* the branches. // おじの体の*重みで椅子がつぶれた The chair was crushed under my uncle's *weight*.

おもむき 趣 **1** «風情(ふぜい)・味わい»: (人の気持ちを引きつけて楽しくさせる点) attractive point Ⓒ, attraction Ⓒ; (魅力) charm Ⓒ. (☞ あじわい; ふぜい).
¶ 何の*趣もない公園だ (⇒ 人を魅する特徴がない) The park has no ⌈*attractive features* [*attractions*]. // 冬枯れの景色にもまた*趣がある (⇒ それなりの魅力がある) A desolate winter scene has a *charm* of its own.
2 «様子・有様» ¶ 彼の近作はいままでのものとは*趣を異にする (⇒ 違っている) His latest novel *is* rather *different* from those he has hitherto written.

おもむく 赴く (行く) go ⓐ; (出発する) leave ⓐ ⑩. ¶ 彼は新しい任地に*赴いた (⇒ 出発した) He *left for* his new post. // 彼は常に大勢の*赴くところに従う (⇒ 大勢に従う) He always follows the general trend. / (⇒ 流れと共に泳ぐ) He always swims with the ⌈current [tide].

おもむろに (ゆっくりと) slowly; (静かに) quietly; (穏やかに) gently. ¶ 彼は*おもむろに立ち上がった He stood up *slowly*. // 彼は*おもむろに口を開いた (⇒ 穏やかに話し始めた) He began to talk *gently*. / (⇒ とうとう沈黙を破った) *At last* he broke his silence.

おもや 母屋 the main ⌈house [wing].

おもり¹ お守 ━動 (世話をする) take care of ..., look after ...; (親が留守の間, 雇われて赤ん坊や子供の面倒を見る) baby-sit ⓐ (過去・過分 -sat). ━名 (子守をする人) baby-sitter Ⓒ ★ 単に sitter ともいう; (子守をすること) baby-sitting Ⓤ. (☞ せわ; こもり).
¶ 出かけている間赤ん坊の*お守をしてくれませんか (⇒ 面倒を見てくれませんか) Will you ⌈*take care of* [*look after*] the baby while we are out? / Will you *baby-sit* for us while we are out?

おもり² 重り weight Ⓒ; (釣糸・網などの) sinker Ⓒ. (☞ つり¹ (挿絵)).
【参考語】 ━動 (重りをつける) weight ⑩, weigh ⑩.

おもわく 思惑 (見込み) expectation Ⓤ ★しばしば複数形で; (計算・打算) calculation Ⓤ ★ しばしば複数形で; (意図) intention Ⓤ; (投機) speculation Ⓤ. (☞ みこみ; よそう).
¶ 私の*思惑は外れた (⇒ 間違った) My *calculations* have gone wrong. // 何もかも私の*思惑通りにいった Everything has turned out as I ⌈*intended* [*wanted*]. // 結果は私の*思惑通りにはならなかった The results did not ⌈come up to [meet] my *expectation*(*s*). // 彼は*思惑で土地をうんと買い込んだ He has bought a lot of land *on speculation*.

おもわしい 思わしい (望ましい) desirable; (満足のいく) satisfactory.
¶ 結果は*思わしくなかった (⇒ 期待はずれだった) The results did not ⌈*come up to* [*meet*] *my expectation*(*s*). / (⇒ 満足のいくものではなかった) The results were ⌈*unsatisfactory* [*disappointing*]. // 患者の容体は*思わしくない The patient's condition is *rather serious*. / The patient is *in bad condition*.

おもわず 思わず (われ知らず・心ならずも) in spite of *oneself*; (意志に反して) against *one's* will; (つい) involuntarily; (無意識に) unconsciously. ¶ 私は*思わず吹き出した I burst out laughing ⌈*in spite of myself* [*against my will*]. // 私は*思わず (⇒ つい) うそをついてしまった I *involuntarily* told a lie.

おもわせぶり 思わせ振り ━形 (暗示するような) suggestive; (あだっぽい) coquettish.
¶ その女は*思わせぶりな目つきで私を見た She gave me a *suggestive* glance. (☞ いろめ)

おもわぬ 思わぬ ━形 (予期しない) unexpected; (思いがけない) unlooked-for ★ 後者は形式ばった語で, 特に名詞の前に用いられることが多い. (☞ おもいがけない; いがい¹; よき). ¶ 彼は*思わぬ事故にあった He met with an *unexpected* accident. // 私は批評家から*思わぬ賛辞を得た I earned *unlooked-for* praise from the critics.

おもんじる 重んじる (尊敬する・尊重する) respect ⑩, esteem ⑩ ★ 前者のほうが一般的な語; (重要視する) make [think] much of ...; (評価する) value ⑩. (☞ そんちょう¹; じゅうし¹; おもき).
¶ 人のプライバシーは*重んじなければいけない We should *respect* other people's privacy. // 彼は同僚にたいへん*重んじられている He *is made much of* by his colleagues. / He *is* highly ⌈*esteemed* [*respected*] by his colleagues. / (⇒ 重要視されている) He *is held in high esteem* among his colleagues. // 私は何よりも名誉を*重んじる I *value* honor

more than anything else.

おや¹ 親 ―図 (両親) parents ★ 複数形で; (父・母のどちらか一方) parent Ⓒ; (トランプの) dealer Ⓒ. ―形 (親の・親としての) parental. 《☞ ふぼ; 親族関係 (囲み)》.

¶ 私の*親は田舎で農業をしている My *parents* are ⌈farming [farmers] in the country.

彼はいまだに*親がかりだ (⇒ 親に依存している) He is still dependent on his *parents*. / (⇒ 親の金で暮らしている) He still lives on his *parents*.

*親の愛を知らずにその子供は育った The child grew without knowing *parental* love.

その子供は育ての*親になついた The child became attached to his foster *parents*.

彼はとても*親思いだ (⇒ 親に愛情を捧げている) He is very devoted to his *parents*.

あの子は*親孝行な子だ (⇒ よい息子[娘]だ) He is *a good son* [She is *a good daughter*].

あの子は*親不孝な子だ (⇒ 悪い息子[娘]だ) He is *a bad son* [She is *a bad daughter*].

親会社 parent company Ⓒ **親孝行** (子としての敬愛の心) filial piety Ⓤ 《☞ こうこう²》

親心 parental love Ⓤ.

おや² ―感 (驚き・不審・哀れみなど) Oh!; Oh dear!; Dear me!; Good heavens!; Oh, God!; Why!; Well!; Good gracious!

【類義語】最も一般的で「あら」にも当たる感嘆詞は ***Oh!*** これは男性・女性ともに用いる. 驚いて,「あらまあ」という感じのときは ***Oh dear!***, ***Dear me!***, ***Good heavens!***, ***Good gracious!*** などが使われるが, これらは主として女性的な感嘆詞. 男女を問わずに使われるのは ***Oh, God!*** ただし, キリスト教ではみだりに神の名を口にすることを禁じているので, 信仰の厚い人の中にはこれを好まない人もいる. 次に続く発言につなぐ場合に, 文頭に置く感嘆詞は ***Why!***, ***Well!*** など. 《☞ あっ (類義語); 感嘆詞 (欄外)》

¶ *おや, ご存知なかったんですか *Oh dear!* You didn't know that? // *おや, 何か焦げてるにおいがするわ *Good heavens!* I can smell something burning. // *おや, また何かいたずらをしているね *Why!* You're up to some mischief again! // *おやおや君の仕事もたいへんだね *Well, well,* your job isn't easy. // *おやおや, どうしてセーターに穴があいたのかしら *Oh, God!* How did I get a hole in my sweater?

おやかた 親方 (統率する人) 《口語》 boss Ⓒ; (上に立つ者) chief Ⓒ; (職人の) master Ⓒ; (相撲の) stable master Ⓒ. 《☞ おやぶん》.

¶ 大工の*親方 a *master* carpenter

親方日の丸 the "*good old government will foot the bill*" attitude [語 法] 「どうせ政府がもってくれるだろうという態度」という意味. foot the bill はくだけた表現で,「勘定を受けもつ・責任を引き受ける」の意.

おやこ 親子 father [mother] and ⌈son [daughter] ★ 性別に従って使い分ける. これが一般的; parent and child [語 法] 少し形式ばっていて, 一般的ではない. 前者・後者ともあまり複数形としては使わない. 《☞ おや¹》.

¶ あの2人は*親子です They are ⌈*father* [*mother*] *and* ⌈*son* [*daughter*]. // *親子のきずな the ties of *parent and child* // *親子の情愛 *parental* ⌈love [affection] // 息子とは*親子の縁を切った I *have disowned* my son. // 彼女は*親子ほど年が違う男と結婚した (⇒ 父親といってもいいほどの年の男と結婚した) She married a man who was *old enough to be her father*.

おやじ 親父 father Ⓒ 《☞ おとうさん [語法]》.

おやしらず 親知らず (歯) wisdom tooth Ⓒ 《☞ は¹ (挿絵)》.

おやすみ(なさい) お休み(なさい) Good night! 《☞ あいさつ (囲み)》. ¶ *おやすみ. またあした *Good night*. ⌈I'll see [See] you tomorrow.

おやつ お八つ (食事と食事の間にとる軽い食物) (afternoon) snack Ⓒ; (午後の軽い食事) 《英》 (afternoon) tea Ⓤ. ¶ 3時になったら子供たちに*おやつを食べさせて下さい Please give the children a *snack* at 3 o'clock.

おやばか 親馬鹿 (甘い親) fond ⌈father [mother] Ⓒ; (溺愛する親) indulgent [doting] parents ★ 複数形で.

おやぶん 親分 (統率する人) 《口語》 boss Ⓒ; (上に立つ者) chief Ⓒ; (指導者) leader Ⓒ.

¶ *親分風を吹かせるな Don't be so *bossy*. / Don't *boss it around*. / (⇒ 大物ぶるな) Don't *play the big man*.

おやま 女形 *oyama* Ⓒ; (説明的には) *kabuki* actor who plays ⌈female [women's] parts Ⓒ.

おやゆび 親指 (手の) thumb Ⓒ; (足の) big toe Ⓒ [語 法] thumb は普通は finger とは言わない. ただし We have ten *fingers*. のような言い方をする場合もあるが, We have eight fingers and two thumbs. と言うべきだという人もいる. 《☞ ゆび; て (挿絵); あし¹ (挿絵)》.

およぎ 泳ぎ (泳ぐこと) swimming Ⓤ; (一泳ぎ) swim Ⓒ, 《英》 bathe Ⓒ. 《☞ すいえい》.

¶ 一*泳ぎするか Let's *have a* ⌈*swim* [*bathe*]. // 川へ*泳ぎに行こう Let's *go for a* ⌈*swim* [*bathe*] in the river. / Let's *go* ⌈*swimming* [*bathing*] in the river. // 彼は*泳ぎがうまい [下手だ] He is ⌈good [poor] at *swimming*. / (⇒ 上手な[下手な]泳ぎ手だ) He is a ⌈good [poor] *swimmer*. // *泳ぎ方を教えてあげよう I'll teach you how to *swim*.

およぐ 泳ぐ **1** «水泳する»: swim ㊀ 《過去 swam; 過分 swum》, 《英》 bathe [béið] ㊀. 《☞ すいえい》. ¶「あなたは*泳げますか」「はい, 少しは」"Can you *swim*?" "Yes, a little." // 川を*泳いで渡った <S(人)+V(*swim*)+*across*+名> I *swam across* the river. // 私は全然*泳げない I can't *swim* ⌈at all [a stroke].

2 «比喩的»: (世の中を) get along ㊀. ¶ 彼は政界を巧みに*泳いでいる He *is getting along* well in the political world. // 犯人を逮捕しないでしばらく*泳がせておいた We *left* the culprit *at large* for some time before arresting him.

およそ 凡そ **1** «大体»: about, approximately ★ 前者が一般的; (数詞の前に付けて) some, 《米口語》 around. 《☞ おおよそ; やく³ (類義語)》.

お

2 «まったく»: quite, entirely, altogether ★ quite が最も口語的. 《☞まったく; ぜんぜん》. ¶そんなことをするなんて*およそ意味がない It is *quite* meaningless to do it. // *およそ役に立たない代物だ It's *entirely* useless. // 女性には*およそ縁のない男だ (⇒女性にはまったく人気がない) He is *not at all* popular among girls. / He is *altogether* unpopular among girls.

およばずながら 及ばずながら ¶*及ばずながらお力になりましょう (⇒できるだけのことをしましょう) I'll do *what little I can* to help you. / (⇒力の限り) I'll help you *to the best of my ability*.

およばない 及ばない ¶来るには*及びません (⇒来る必要はない) You *don't have to* come. / You *needn't* come. / It *isn't necessary* for you to come. // 急ぐには*及ばない There is *no* hurry. / There is *no need* 「for haste [for you to hurry]. 《☞義務の表現 (囲み); ひつよう》

および 及び ━接 (…と) and …; (…も) and … as well. 《☞-と; 接続詞 (欄外)》. ¶家庭*および学校での生活 home *and* school life // A, B, *および C も候補者として受け入れられた A, B, *and* C *as well* have been accepted as candidates.

およぶ 及ぶ (達する) reach (自)(他); (広がる) spread (自); (続く) last (自). 《☞わたる²》.
¶彼の勢力は全県に*及んでいる (⇒達している) His 「influence [power] *reaches* throughout the prefecture. // 大気汚染はすでに田舎にまで*及んでいる (⇒広がっている) <S+V (*spread*)+*into*+名> Air pollution *is* already *spreading into* the countryside. // 彼の演説は5時間に*及んだ (⇒続いた) His speech *lasted* five hours. // そのようなことは私の力の*及ぶところではない (⇒私の力を超えている) Such things are *beyond* 「me [my power].

およぼす 及ぼす (影響・感化などを) exercise (他), exert (他); (害を) do (他).
¶彼は私に多大の影響を*及ぼした He *influenced* me a great deal. / He 「*exercised* [*exerted*] great influence 「on [over] me. / (⇒彼は私に多大の影響を及ぼした人だ) He was a great *influence* on me. 語法 influence Ⓒ は「影響を及ぼす人」の意. // こういう本は青少年に大きな害を*及ぼすだろう <S(人)+V(*do*)+O(名)+*to*+名> These kind of books [This kind of book] will *do* a lot of harm *to* young people.

オランダ ━名固 (公称) the Netherlands; (俗称) Holland. ━形 (オランダの) Dutch. **オランダ語** Dutch Ⓤ **オランダ人** Dutchman Ⓒ 《複 -men》 ★女性は Dutchwoman Ⓒ 《複 -women》; (総称) the Dutch.

おり¹ 折 (時) time Ⓤ; (機会) occasion Ⓒ; (偶然の機会) chance Ⓒ; (よい機会) opportunity Ⓒ. 《☞きかい³ (類義語)》.
¶彼に会う*折はあまりなかった I have not had many 「*opportunities* [*chances*] to see him. // そのうち*折を見て (⇒都合のよい時に) 彼を訪ねてみましょう I'll go and see him *at some convenient time*. // 私たちは*折にふれては行き来しています We visit each other *on occasion(s)*. / We *occasionally* visit each other. / We visit each other *from time to time*.
折よく fortunately, luckily. 《☞つごう; うん¹》.

おり² 檻 (獣の) cage Ⓒ; (家畜の) pen Ⓒ; (小動物の) hutch Ⓒ; (動物園などで鳥を入れる大きな) aviary Ⓒ.

cage

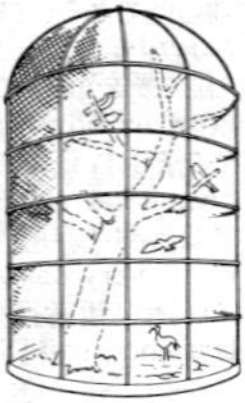
aviary

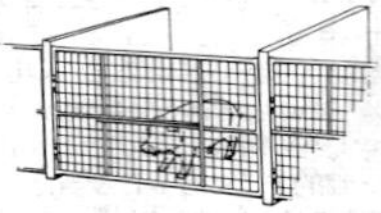
pen

hutch

おり³ 織り (織り具合) weave Ⓤ, texture Ⓤ ★後者はやや形式ばった語; (織物) fabric Ⓤ.
¶博多*織りの帯 a sash from the famous Hakata *looms* // *織りの粗い[詰んだ]布 cloth of a 「coarse [close] 「*weave* [*texture*]

おり⁴ 澱 dregs ★複数形で.

おりあい 折り合い (協定) agreement Ⓒ; (了解) an understanding ★単数形で; (妥協) compromise Ⓤ.
¶彼らは*折り合いがついた (⇒協定に達した) They *have* 「*reached* [*come to*] *an agreement*. // 私の妻と母は*折り合いが悪い My wife and my mother don't *get* 「*on* [*along*] well. / My wife doesn't *get* 「*on* [*along*] well with my mother.

おりあう 折り合う (仲よくやっていく) get 「on [along] (自); (妥協する) compromise (自); (協定する) come to 「terms [an agreement]; (同意する・一致する) agree (with …) (自). 《☞あゆみよる》.
¶あの二人は決して*折り合わないだろう They will never *get* 「*on* [*along*]. / (⇒協定に達しないだろう) They will never 「*agree* [*come to an agreement*]. // そんな条件で彼らと*折り合う (⇒妥協する) ことはできない I cannot *compromise* with them under such conditions.

おりあしく 折悪しく unfortunately, unluckily.

おりいって 折り入って ¶*折り入ってお話したいことがあります (⇒特別にお願いしたいことがある) I have *a special favor* to ask (of) you.

オリーブ ━名 (木・実) olive [ɑ́liv] Ⓒ; (色) olive (green) Ⓤ. ━形 (オリーブ(色)

の) olive. 《☞ 色 (囲み)》. オリーブ油 olive oil Ⓤ.

オリエンテーション orientation Ⓤ 《☞ ガイダンス》.

オリエンテーリング orienteering [ɔ̀:riəntí(ə)riŋ] Ⓤ 《☞ スポーツ (囲み)》.

オリオン (星座) Orion [əráiən] 《☞ せいざ[1] (表)》.

おりかえし 折り返し (ズボンの) cuff Ⓒ, 《英》 turnup Ⓒ; (水泳の) turn Ⓒ; (歌の) refrain Ⓒ. ¶ *折り返しご返事下さい Please answer by ˹mail [post]. 参考 R.S.V.P. と書くこともある. フランス語の Répondez s'il vous plaît. の略で,「ご返事下さい」の意. 《☞ しょうたい[1] (招待状)》 // *折り返しお電話致します I'll *call* you *back*.

折り返し運転 shuttle service Ⓤ　折り返し(地)点 the turn, the turning point　折り返し列車 shuttle train Ⓒ.

おりかえす 折り返す (向きを変えて戻る) turn around ⓐ; (来た道と同じ道を戻る) double back (on ...) ⓐ; (折り曲げる) turn ˹back [down] ⓣ, fold back ⓣ. 《☞ ひきかえす; おりまげる》. ¶ 私たちは目的地まで行き, *折り返した We reached our destination and (then) *turned around* (to go back again).

おりかさなる 折り重なる ― 副 (次々に重なって) one upon another; (山になって) in a heap. ¶ ガスに中毒した人は次々に*折り重なって倒れた People poisoned by gas fell down *one upon another*.

おりがみ 折り紙 (手芸としての) colored paper used for making shapes by folding Ⓤ ★ 説明的; (技術) the art of folding paper into various shapes; *origami* Ⓤ. 《☞ 日本固有の風物と英語 (囲み)》.

折り紙つき ― 形 (認められた) acknowledged; (保証された) guaranteed.

おりから 折から ¶ *折からの雪 (⇒ ちょうど降り始めた雪) で道路は滑りやすくなった The road became slippery owing to the snow that had *just* begun to fall. // *折から (⇒ たまたま) 通りかかった人に助力を求めた I asked the man that *just happened to* pass by for help.

【参考語】― 副 (ちょうど) just.　― 動 (偶然…する) happen (to do).

おりこみ 折り込み (雑誌などの) foldout Ⓒ; (広告) insertion Ⓒ.

おりこむ[1] 折り込む (布の端などを) tuck in ⓣ; (挿入する) insert ⓣ. 《☞ たたみこむ》.

¶ 彼女はシーツの端をきちんと布団の下に*折り込んだ She *tucked* the sheets *in* well.

おりこむ[2] 織り込む weave ... into ...; (合同させる) incorporate ... ˹in [into] ... 《☞ くみいれる; とりいれる》. ¶ その小説には彼の体験が*織り込まれている (⇒ 彼は自分の体験をその小説に織り込んだ) He *wove* his experience *into* the novel. / His experience *is woven into* the novel.

おりたたみ 折り畳み ― 形 (折り畳み式の) folding; (引き伸ばし式の) telescopic. ¶ *折り畳みのいす a *folding* chair // *折り畳み傘 a *telescopic* umbrella

おりたたむ 折り畳む fold (up) ⓣ 《☞ おる[1]; たたむ》. ¶ 彼は地図を*折り畳んだ He *folded up* the map. // 彼女はその手紙を小さく*折り畳んだ She *folded* the paper small. // 彼はその手紙を 2 つに*折り畳んだ He *folded* the letter ˹*in* [*into*] two.

おりづめ 折詰 food [lunch] packed in a thin wooden box ★ food は Ⓤ, lunch は Ⓒ; (折に入れた弁当) box lunch Ⓒ.

おりづる 折鶴 folded-paper crane Ⓒ.

おりまげる 折り曲げる (棒などを) bend ⓣ; (紙などを折り返す) fold (back) ⓣ, turn ˹back [down] ⓣ; (笑い・苦痛などで体を) double up ⓣ. 《☞ おる[1]; まげる》.

¶ その書類は*折り曲げてはいけない Don't *fold* the papers. // 60 ページのすみが*折り曲げられていた The corner of page 60 *was turned* ˹*back* [*down*]. // 彼は体を*折り曲げるようにしてその穴に隠れた He *bent himself double* to hide in the hole.

おりめ[1] 折り目 fold Ⓒ; (ズボンの) crease Ⓒ. ¶ きちんと*折り目のついたズボン *well-creased* [*neatly-pressed*] trousers // *折り目にそってその紙を切りなさい Cut the paper along the *fold*.

折り目正しい ― 形 (礼儀正しい) good-mannered, well-behaved. ¶ 彼は*折り目正しい He is *good-mannered*. / He has *good manners*. / He is *well-behaved*.

【参考語】― 動 (折り目をつける) crease ⓣ.

おりめ[2] 織り目 weave Ⓤ 《☞ め[1]》.

おりもの 織物 (textile) fabric Ⓒ, textiles ★ 後者は通例複数形で; (繊維製品) textile [woven] goods ★ 複数形で; (布) (woven) cloth Ⓤ. ¶ *織物産業 the *textile* industry // *織物業者 a *textile* manufacturer // 毛[絹]*織物 woolen [silk] *fabrics*

おりる 降りる, 下りる **1** 《乗り物から》: get off (...) ⓐ; get out of ...; step off (...) ⓐ; alight from ...

【類義語】列車・バスなどから降りるのは ***get off*** (「乗る」は get on) と言い, 自動車・タクシーなどから降りるのは ***get out of ...*** (「乗る」は get ˹in [into] ...) と言うのが普通. また「降りる」ときの動作・方法によって, come, step, jump, climb などを適当に用いる. 列車・バス・馬などから降りる場合の改まった表現は ***alight from ...*** を用いる. 《☞ 乗り物 (囲み)》

¶ 私は次の駅で*降ります I'*m getting off* at the next station. // 彼は車から*降りて店のほうへ歩いて行った He *got out of* his car and walked up to the store. // 私は背の高い紳士が列車から*降りるのを見た <S+V+O+C (原形)> I saw a tall gentleman ˹*alight* [*get down*] *from* the train. // その停留所で学生の一団がバスを*降りた A group of students *got off* the bus at the stop. / The bus *unloaded* a group of students at the stop.

2 《高い所から降りる》: come down (...) ⓐ, get down (...) ⓐ; step down (...) ⓐ; descend ⓐ.

【類義語】一般に ***come down, get down*** を用いるが動作の方法によって, jump, step, move, climb などに down または downwards を付けて用いる. やや改まった表現では descend. ¶「*降りなさい」と彼は叫んだ "*Get down!*" he shouted. // 彼は木から*降りた He ˹*came* [*climbed*] *down* (from) the tree. // 先生は教壇から*降りて生徒の間を歩き回った The teacher *stepped down* from the platform and walked about among the students. // 少年たちは山を登り反対側の谷へ*降りた The boys went up the mountain and (*went*) *down* into a valley on the other side. // 彼女は急いで階段を*降りた She *hurried down* the stairs.

オリンピック (大会) the Olympic Games, the Olympics, the Olympiad [語法] 前の 2 つは複数として扱われる. 最後のものは形式ばった表現に用いられ, 単数として扱われる.
¶ *オリンピックは 4 年ごとに開かれる *The Olympics* [*The Olympic Games*] are held every four years. // 第 23 回*オリンピックは 1984 年にロサンゼルスで開催された *The* 23rd *Olympiad* was held in Los Angeles in 1984. // 彼は東京*オリンピックに出場した He took part in *the* Tokyo ˹*Olympics* [*Olympic Games*]. // 彼は*オリンピック新記録を出した He ˹set [made] a new *Olympic* record. // 国際*オリンピック委員会 the International *Olympic* Committee 《略 IOC》 // 冬期*オリンピック *the Olympic* Winter *Games* / *the* Winter *Olympic Games*
オリンピック競技場 the Olympic stadium **オリンピック聖火** the Olympic torch **オリンピック村** Olympic village Ⓒ.

おる[1] 折る (骨などを) break ㊀《過去 broke; 過分 broken》; (ぽきんと) snap ㊀; (草花を) pick ㊀; (折りたたむ) fold ㊀; (すみなどを折り曲げる) turn ˹back [down] ㊀. 《☞ おれる; おりまげる; おりたたむ》.
¶ 彼は右足を*折った He *broke* his right leg. / He *had* his right leg *broken*. // 彼女は小枝をぽきんと*折った She *snapped* a twig. // 花を*折らないで下さい Don't *pick* the flowers. // 彼は新聞を 2 つに*折った He *folded* the newspaper ˹*in* [*into*] two. // 彼はページのすみを*折って目印にした He *turned* ˹*down* [*back*] the corner of the page to mark his place. // 彼女は鶴を*折った She *folded* a piece of paper into the shape of a crane.

おる[2] 織る weave ㊀.

オルガン (pipe) organ [ɔ́ɚgən] Ⓒ; (小さなリードオルガン) harmonium Ⓒ. 《☞ 音楽 (囲み)》. **オルガン奏者** organist Ⓒ.

オルゴール music [《英》 musical] box Ⓒ.

おれる 折れる **1** «物が»: break ㊀ ㊁《過去 broke; 過分 broken》 [語法] break はもともと他動詞で, 日本語の「折れる」に当たるのは (1) 人などの動作主を主語にして (つまり日本語の主語を英語では break の目的語として)「…が…を折る」となる場合, (2) 受身にして使う場合, (3) 形は能動態であるが意味は受身で「折れる」となる場合. ((例)「枝が*折れた」The branch *broke*.) 以上の 3 つがある; (力に屈する) give way ㊁; (ぽきっと) snap ㊁; (折り畳める) be folded. 《☞ おる[1]》.
¶ 右足が*折れた (⇒ 右足を折った) I *broke* my right leg. / I *had* my right leg *broken*. // 彼の重みで枝が*折れた The branch ˹*broke* [*gave way*] under his weight. // 小枝はぽきっと*折れた The twig *snapped*. // このマットレスは 2 つ[3 つ]に*折れる This mattress can *be folded* ˹in [into] ˹two [three].
2 «人が屈服する»: give ˹in [way] ㊁, yield ㊁ ★ 前者のほうが口語的. 《☞ くっする》. ¶ 父親もとうとう*折れて彼の言うことをきいた His father finally ˹*gave in* [*yielded*] to his request.

オレンジ ―名 (実・木) orange [ɔ́:rindʒ] Ⓒ; (オレンジ色) orange Ⓤ. ―形 (オレンジ色の) orange. 《☞ 色 (囲み)》. ¶ *オレンジは暖かい国でとれる *Oranges* ˹grow [are raised; are produced] in warm countries.
オレンジジュース orange juice Ⓤ.

おろおろ ―動 (心配する) worry ㊁. ―形 (いらいらした) nervous; (あわてた) flustered. 《☞ あわてる; うろたえる》. ¶ *おろおろしなさんな Don't be *nervous*. / (⇒ あまり心配するな) Don't *worry* too much. // 彼女はすっかり*おろおろしていた She was *all in a fluster*. / She was utterly *flustered*.

おろか 愚か ―形 (ばかな) foolish, silly, stupid. 《☞ ばか》.

-おろか (…は言うまでもなく) to say nothing of…, not to speak of…, not to mention…, let alone… ★ 最初の 2 つが一般的. ¶ 車は*おろか自転車を買う余裕もない I can't afford a bicycle, ˹*to say nothing of* [*not to speak of*; *not to mention*; *let alone*] a car.

おろし 卸し wholesale [hóulsèil] Ⓤ. ¶ *卸して買えば安上がりだ You can save a lot if you buy them ˹*wholesale* [*at wholesale prices*]. **卸し売り** wholesale Ⓤ **卸し売り業者** wholesaler Ⓒ, wholesale dealer Ⓒ **卸し売り店** wholesale store Ⓒ 《☞ とんや》 **卸し売り値** wholesale price Ⓒ.

おろしがね おろし金 grater Ⓒ ★ 日本のものと異なる. 《☞ 台所・家事 (囲み)》.

おろす 降ろす, 下ろす **1** «乗り物から人を»: drop ㊀; (バスなどが) unload ㊀ ㊁.
¶ 次の角で*降ろして下さい Please *drop* me (*off*) at the next corner. // バスが客を*降ろしているときは追い越してはいけない Don't pass a bus while it *is unloading* (passengers).
2 «荷物を»: (積荷を) unload ㊀; (船荷を) discharge ㊀; (高い所から) take down ㊀. ¶ トラックの運転手は大きな冷蔵庫を*下ろした The truck driver *unloaded* a large refrigerator. // 網棚のスーツケースを*下ろすのを手伝ってくれませんか Will you please help me *take down* my suitcase from the rack?
3 «新品をはじめて使う»: use (a new thing), put (a new thing) to use ★ 前者のほうが一般的. ¶ 彼女は新しい靴を*おろすことにした She decided to *start wearing* her *new* shoes.
4 «幕などを»: (引き下ろす) pull down ㊀; (落とす) drop ㊀; (巻き下ろす) roll down ㊀; (下げる) lower ㊀. ¶ 窓の日覆いを*下ろして

下さい Please *pull* the blinds *down*. // 彼は車の窓ガラスを*下ろして手を差し出した He *rolled down* the car window and put his hand out. [語法] 反対は roll up と言う.
5 «預金を»: withdraw ㊀ (過去 withdrew; 過分 withdrawn). ¶ 彼女は銀行から2万円*おろした She *withdrew* 20,000 yen from her bank account.
6 «料理で»: grate ㊀ (☞ 料理の用語 (囲み)).

おろそか 疎か ―動 neglect ㊀, slight ㊀ ★ 前者のほうが一般的. ―形 neglectful, negligent. ¶ 仕事を*おろそかにしてはいけませんよ Don't ˹*neglect* [*slight*] your work. // 彼は身なりを*おろそかにするようになった He has become ˹*neglectful* [*negligent*] *of* his appearance.

おわり 終わり end Ⓒ; close [klóuz] ★ 単数形でのみ用いる; ending Ⓒ; termination Ⓒ; (最後) the last.
【類義語】最も一般的な語は ***end***, 次いで ***close***. この2語は入れ替え可能な場合も多いが, *end* は単に終わりを言う客観的な言葉であるのに対して, *close* のほうは会合とかスピーチとか, あるいは1日とか, ある期間活動していたものが終わる感じを表すニュアンスがある. 物語などの終わりは ***ending***. 契約など, 期限のあるものの終わりは ***termination***. 「最後」という意味では ***the last***. (☞ さいご[1])
¶ 夏休みも*終わりに近づいた The summer vacation has now drawn to ˹an *end* [a *close*]. / The summer vacation is close [klóus] to an *end*.
もうその争いは*終わりにしなければならない We must *put an end to* the dispute.
彼女は始めから*終わりまで無言だった She kept silent from beginning to *end*.
この計画は今世紀の*終わりには実現するだろう This plan will be realized at the *end* of the present century.
会合は万才三唱で*終わりになった The meeting ˹*ended* [*closed*] with three cheers.
その物語はめでたしめでたし[ハッピーエンド]で*終わりになる (⇒ ハッピーエンドをもつ) The story has a happy *ending*.
その本を*終わりまで読みましたか Did you read the book *through*?
彼ももう*終わりだ (⇒ 彼についてはすべてが終わった) It's *all over* with him. ★「もう望みがない」という意.
きょうの仕事はすっかり*終わりだ (⇒ すべてをやってしまった) I *have finished* everything for today. / I am *through* for the day.
きょうはこれで*終わりとしよう *So much for* today. / *That's all for* today.

おわる 終わる end ㊁; be over; be closed; be concluded; (終わる・終える) finish ㊁ ㊀; be completed; result ㊁; terminate ㊁.
【類義語】最も意味が広く, 物事・行為の完了, 未完を問わずに用いることができるのは ***end***. 目的まで到達する感じを表し, 最も口語的なのが ***be over*** である. ((例) 夏休みが*終わった The summer vacation *is over*.). ある期間継続中の動作が終了する感じを表す語が ***be closed***. 何か決着がついて終わるのが ***be concluded***. 完了の意味を表すのは「終える」という他動詞の ***finish***, および「終わる」という意味の自動詞の ***finish***, それに受身形の ***be finished***. 課せられた仕事の終了を暗示するのが ***be completed***. 「結果が…に終わる」のは ***result***. やや形式ばった語で, 契約などの期間が終わるのが ***terminate***.
¶ 彼の実験は失敗に*終わった His experiment *ended* in failure.
試合は我々の勝利に*終わった The game ˹*ended* [*resulted*] in (a) victory for us.
第一次大戦は1918年に*終わった World War I [wə́ːld wɔ̀ə wʌ́n] *ended* in 1918.
試験が*終わった The examination *is over*.
私たちが着いたときにはコンサートは*終わっていた The concert *was over* when we arrived.
試合は8時に*終わった The game *finished* at eight.
会は9時に*終わった The meeting ˹*was closed* [*broke up*] at nine o'clock. / The meeting *ended* at nine o'clock.
彼の退屈な話もやっと*終わった (⇒ 終わりに到達した) His tedious speech *came to* ˹*an end* [*a close*] at last.
その本はもう読み*終わりました I*'ve finished* (reading) the book already. / I*'m through with* the book already.
仕事はもう*終わりましたか *Have* you ˹*finished* [*completed*] your work? / *Are* you *through with* your work?

おん[1] 恩 (恩義) obligation Ⓒ; (好意) kindness Ⓤ, favor Ⓤ; (援助) support Ⓤ.
¶ 私は彼にたいへん*恩を受けている I *am* very much ˹*under* (*an*) *obligation* [*indebted*] *to* him. / (⇒ 彼に多くを負うている) I *owe* him a great deal. // 一生*恩に着ます (⇒ 一生感謝の気持ちでいます) I will be forever *grateful* to you. / (⇒ ご親切は決して忘れません) I shall never forget your *kindness*. // それでは*恩を仇で返すようなものだ That's like returning evil for *good*. // 私は彼に*恩返しをしなければならない (⇒ 彼の親切に報いなければならない) I must repay him for his ˹*kindness* [*favor*]. / I must repay his ˹*kindness* [*favor*].

おん[2] 音 (speech) sound Ⓒ (☞ おんせい).

おんいき 音域 range Ⓒ.

おんかい 音階 (musical) scale Ⓒ (☞ ドレミファ; 音楽 (囲み)). ¶ 長[短]*音階 the ˹major [minor] *scale*

おんがく 音楽 ―名 music Ⓤ. ―形 musical.
¶ 彼は*音楽が大好きだ He likes *music* very much. / He loves *music*. / (⇒ 大の音楽愛好家だ) He is a great *music*-lover. // 彼女は*音楽を習っている She is ˹learning [studying] *music*. // 彼女は*音楽の才能がある She has (got) *musical* talent. / (⇒ とても音楽的である) She is quite *musical*.
音楽家 musician Ⓒ **音楽会** concert Ⓒ **音楽学校** music ˹school [academy] Ⓒ **音楽コンクール** musical contest Ⓒ.

音　楽

1　音楽の種類

洋楽は Western [European] music Ⓤ で,「クラシック」classical music Ⓤ,「管弦楽」orchestral music Ⓤ のように言う. 邦楽は Japanese music Ⓤ で,「雅楽」*gagaku* Ⓤ, ancient court music Ⓤ,「長唄」*naga-uta* music Ⓤ, Japanese epic song Ⓒ,「箏曲」*koto* music Ⓤ などのように言う.

ポピュラー音楽 (popular music Ⓤ) は,「軽音楽」light music Ⓤ,「ジャズ」jazz Ⓤ,「ロック」rock (music) Ⓤ, rock'n'roll Ⓤ, rock and roll Ⓤ,「フォークソング」folk song Ⓒ,「流行歌」(Japanese) popular song Ⓒ,「演歌」Japanese popular ballad Ⓒ などのように言う.

2　楽曲

西洋音楽の楽曲の中で, いくつかの分類をあげると, 次のようなものがある.

シンフォニー (交響曲) symphony Ⓒ ★各楽章は movement Ⓒ と言い, the first movement, the second movement のように言う. **ソナタ** (奏鳴曲) sonata [sənɑ́:tə] Ⓒ ★「ピアノソナタ」piano sonata,「バイオリンソナタ」violin sonata のように言う. **組曲** suite [swí:t] Ⓒ **練習曲** etude Ⓒ **歌劇** opera Ⓒ **ミサ曲** mass Ⓒ **受難曲** passion Ⓒ ★キリストの受難をオペラ風にした宗教曲. **歌曲** lied Ⓒ ★特にドイツ歌曲風のもの. **前奏曲** prelude Ⓒ **フーガ** (遁走曲) fugue [fjú:g] Ⓒ

コンチェルト (協奏曲) concerto [kəntʃέətou] Ⓒ **スケルツォ** (諧謔曲) scherzo [skέətsou] Ⓒ **カプリッチオ** (奇想曲) capriccio [kəprí:tʃiòu] Ⓒ **ラプソディー** (狂想曲) rhapsody [rǽpsədi(:)] Ⓒ **即興曲** impromptu [imprɑ́m(p)t(j)u:] Ⓒ **幻想曲** fantasy Ⓒ **バラード** ballade [bəlɑ́:d] Ⓒ **マズルカ** mazurka [məzə́:kə] Ⓒ **ポロネーズ** polonaise [pɑ̀lənéiz] Ⓒ **マーチ** (行進曲) march Ⓒ **序曲** oveture [óuvətʃùə] Ⓒ **カンタータ** cantata Ⓒ **レクイエム** (死者のミサ曲・鎮魂曲) requiem [rékwiəm] Ⓒ **舞曲** dance music Ⓤ, dance Ⓒ **メヌエット** minuet [mìnjuét] Ⓒ **ロンド** rondo Ⓒ **ワルツ** waltz [wɔ́:l(t)s] Ⓒ **変奏曲** variation Ⓒ

独奏[独唱](曲) solo [sóulou] Ⓒ **二重奏[唱](曲)** duet Ⓒ **三重奏[唱](曲)** trio Ⓒ **四重奏[唱](曲)** quartet(te) [kwɔətét] Ⓒ **五重奏[唱](曲)** quint(te) [kwintét] Ⓒ **合唱(曲)** chorus Ⓒ **男声[女声, 混声]合唱(曲)** male [female ; mixed] chorus Ⓒ **アリア** (詠唱) aria [ɑ́:riə] Ⓒ **ブルース** blues ★複数または単数扱い. **タンゴ** tango Ⓒ **サンバ** samba Ⓒ **ジルバ** jitterbug Ⓒ **シャンソン** chanson Ⓒ **民謡** folk song Ⓒ, popular song Ⓒ, ballad Ⓒ.

3　音楽用語 (musical term)

発想記号 expression mark Ⓒ **速度記号** tempo mark Ⓒ **アクセント** accent Ⓒ **シンコペーション** (切分音) syncopation Ⓤ **スタッカート** staccato [stəkɑ́:tou] Ⓒ **タイ** tie Ⓒ **スラー** slur Ⓒ **モチーフ** motive [móutiv] Ⓒ **ライトモチーフ** leading motive Ⓒ **楽句** phrase Ⓒ **楽節** sentence Ⓒ **二部形式** binary [báinəri] form Ⓒ **複合二部形式** compound binary form Ⓒ **三部形式** ternary [tə́:nəri] form Ⓒ

テンポ (速度) tempo Ⓒ **ラルゴ** (極めて遅く) largo [lɑ́əgou] ★以下すべて副詞. **アダージョ** (ゆるやかに) adagio [ədɑ́:dʒiòu] **アンダンテ** (歩くような速さで) andante [ɑ:ndɑ́:ntei, ændǽnti(:)] **アレグロ** (快速に) allegro [əlégrou] **プレスト** (急速に) presto [préstou] **表情豊かに** espressivo [èsprəsí:vou] **歌うように** cantabile [kɑ:ntɑ́:bilèi] **フォルテ** (強く) forte [fɔ́ətei] **ピアノ** (弱く) piano [piɑ́:nou] **ピアニッシモ** (極めて弱く) pianissimo [pì:ənísəmòu].

4　楽符

五線(譜)のことを staff Ⓒ, 採譜・記符法のことを musical notation Ⓒ, 記入された符面のことは musical score Ⓒ と言う. また音符, 通称「おたまじゃくし」は note Ⓒ と言う.

note には次のようなものがある.「四分音符」crotchet Ⓒ, quarter note Ⓒ,「八分音符」quaver Ⓒ, eighth note Ⓒ,「十六分音符」semiquaver Ⓒ, sixteenth note Ⓒ,「二分音符」minim Ⓒ, half note Ⓒ,「全音符」semibreve Ⓒ, whole note Ⓒ.「休(止)符」は rest Ⓒ と呼ばれ,「二分休止符」half rest Ⓒ,「四分休止符」quarter rest Ⓒ のように言う.

staff すなわち五線の左に書かれる「ト音記号 (𝄞)」は G clef Ⓒ, treble clef Ⓒ,「ヘ音記号 (𝄢)」は F clef Ⓒ, bass clef Ⓒ と言う. 各音符はその曲のリズムに従って「小節」measure Ⓒ に分けられ, 小節を分ける「縦線」を bar Ⓒ と言う.

また五線譜の「第1線」を the first line,「第1間」を the first space,「加線」を ledger [leger] line Ⓒ のように言う.

音符上の音には次のようにアルファベットによる名が与えられている.

これらの音にはそれぞれ半音上下の音があり,それらは

のように ♯ (sharp), ♭ (flat) で表され, 呼ぶときには C sharp, D flat のように言う. これらの音をそれぞれ「主音」keynote Ⓒ として「音階」scale Ⓒ が構成される.

それらは長調 (major), 短調 (minor) に分かれ, 主音を基にして「ハ長調」C major,「ハ短調」C minor,「変ホ長調」E flat major のように呼ばれる.

中心となる C 音を主音とした, いわゆるドレミファソラシドの全音階 (the diatonic scale) を「ド」do,「レ」re,「ミ」mi,「ファ」fa,「ソ」sol,「ラ」la,「シ」ti,「ド」do のように「音節」syllable Ⓒ を使って呼び, また歌うことがよく行われ, これを各調に移してそれぞれの主音を do として使うことが行われている.

5 楽器 (musical instrument)

(1) 管楽器 (wind instrument)

トランペット trumpet Ⓒ **チューバ** tuba Ⓒ **フレンチホルン** French horn Ⓒ **イングリッシュホルン** English horn Ⓒ **スーザフォン** sousaphone Ⓒ **サクソフォン** saxophone Ⓒ **トロンボーン** trombone Ⓒ **フルート** flute Ⓒ **ピッコロ** piccolo Ⓒ **クラリネット** clarinet Ⓒ **オーボエ** oboe Ⓒ **リコーダー[ブロックフルート]** recorder [blockflute] Ⓒ **オルガン** (pipe) organ Ⓒ **ファゴット** bassoon Ⓒ **ハーモニカ** harmonica Ⓒ.

(2) 弦楽器 (string instrument)

バイオリン violin Ⓒ **ヴィオラ** viola Ⓒ **(ヴィオロン)チェロ** (violon)cello Ⓒ **コントラバス** contrabass Ⓒ ★ double bass と呼ぶこともある. **ハープ** harp Ⓒ **ピアノ** piano Ⓒ ★ 正式には pianoforte と言う. **ギター** guitar Ⓒ **マンドリン** mandolin Ⓒ **バンジョー** banjo Ⓒ.

(3) 打楽器 (percussion)

ティンパニー timpani ★ 複数形. **ドラム** drum Ⓒ ★ これは細分すれば「小太鼓」tamburo militare,「中太鼓」tamburo,「大太鼓」gran cassa など. **シンバル** cymbals ★ 複数形で. **トライアングル** triangle Ⓒ **タンバリン** tambourine Ⓒ **カスタネット** castanets ★ 複数形で. **セレスタ** celesta Ⓒ **木琴** xylophone [záiləfòun] Ⓒ.

6 音楽に関する表現

(1) 楽器と結ぶ動詞

「弾く」「吹く」など, 楽器を演奏することはすべて play ⑩ を用いて表す. また, 楽器の名には the を付ける.

¶ ピアノ[バイオリン, チェロ, etc.]を*弾く *play* the ˹piano [violin; cello, etc.] // フルート[オーボエ, etc.]を*吹く *play* the ˹flute [oboe, etc.] // 太鼓を*たたく *play* [*beat*] the drum // ティンパニーを*演奏する *play* the ˹timpani [kettledrum]

(2) その他の表現

¶ 音楽を作曲する compose a piece of music
オーケストラの指揮をする conduct an orchestra
A 氏の指揮によるオーケストラ the orchestra ˹conducted by [under the baton of] Mr. A
彼女はピアノを習っている She is ˹learning [studying] to play the piano. / (⇒ レッスンを受けている) She is taking piano lessons.
私はきのう音楽会に行った I went to a concert yesterday.
彼は今度音楽会を開く He is going to give a ˹concert [recital]. ★ ricital は独奏[唱]会.
彼は独奏をする He is going to be a soloist.
彼の演奏はすばらしかった[あまりよくなかった] His performance was ˹wonderful [not very good].
彼女の歌はひどかった Her ˹singing [performance] was miserable.
彼女はピアノがうまい She is very good at playing the piano. / She is a very ˹good [fine] pianist.
彼は歌が下手だ He is poor at singing. / He is a poor singer.
私は毎日バイオリンの練習をする I practice the violin every day.
私は将来音楽家[作曲家, ピアニスト]になりたい I want to be a ˹musician [composer; concert pianist].

おんかんきょういく 音感教育 acoustic training Ⓤ.

おんぎ 恩義 obligation Ⓒ《☞ おん[1]; ぎり》.

おんきゅう 恩給 pension Ⓒ《☞ ねんきん》.

おんきょう 音響 sound Ⓤ; (爆発音) report Ⓒ; (衝撃の音) crash Ⓒ.《☞ おと; ばくおん》. ¶ ビルは大*音響と共に崩れ落ちた The building collapsed with a terrific *crash.* // ガソリンタンクは大*音響と共に爆発した The gasoline tank exploded with a loud *report.*
音響効果 (テレビ・映画などの) sound effects ★ 複数形で; (講堂・ホールなどの) acoustics ★ 複数扱い. ¶ この講堂は*音響効果がよい[悪い] The hall is ˹good [bad] for *sound.* / The

acoustics of this hall are ｢good [bad]. 音響装置（マイク・拡声器などから成る拡声装置）public-address system Ⓒ, PA system Ⓒ.

おんけい 恩恵 benefit Ⓒ；(利益) boon Ⓒ. ¶この発明は人類にとってたいへんな*恩恵だ This invention is a great *boon* to mankind. / (⇒ 人類はこの発明から非常に利益を受ける) Mankind *benefits* a great deal from this invention. // その島の住民は近代文明の*恩恵に何ら浴していない The inhabitants of the island do not enjoy the *benefits* of modern civilization at all.

おんけん 穏健 —[形] (節度のある) moderate, temperate；(妥当な) sound. 《☞ おだやか；おんとう》. ¶*穏健な人柄 *temperate* disposition // *穏健な考え方 a *moderate* view // あの人の意見はいつも*穏健だ He is always *moderate* in opinion. **穏健派** (個人) moderate person Ⓒ, moderate Ⓒ；(団体) the moderates ★ 複数形で.

おんこう 温厚 —[形] (温和な) gentle；(人当たりのよい) affable；(穏やかな物腰の) mild-mannered. 《☞ おだやか》. ¶彼は*温厚な人だ He is ｢a *gentle* [an *affable*] person.

おんさ 音叉 tuning fork Ⓒ.

おんし 恩師 *one's* former teacher Ⓒ.

おんしつ 温室 greenhouse Ⓒ, hothouse Ⓒ. **温室植物** hothouse [greenhouse] plant Ⓒ **温室育ち** ¶彼は*温室育ちだ (⇒ 安楽な境遇で育てられた) His life has been a bed of roses. ★ a bed of roses は「安楽な境遇」の意. / (⇒ 人生の苦汁をなめたことがない) He *has never tasted the bitter cup of life*. / (⇒ 過保護だ) He is *overprotected*.

おんしゃ 恩赦 amnesty Ⓒ 《☞ とくしゃ》. ¶彼は*恩赦に浴した He was granted an *amnesty*.

おんしょう 温床 hotbed Ⓒ. ¶悪の*温床 a *hotbed* of vice

おんじょう 温情 sympathy Ⓤ 《☞ なさけ；おもいやり》.

おんしん 音信 ¶この2年ほど彼とは*音信不通だ (⇒ 彼は便りをよこさない) He *has not written to me* for the past two years. / (⇒ 彼から便りがない) I ｢*have not heard* [*have heard nothing*] from him for the past two years. 《☞ てがみ；おとさた》
【参考語】—[名] (手紙) letter Ⓒ；(文通) correspondence Ⓤ. —[動] (便りをする) write (to …) (自)；(便りがある) hear (from …) (自).

おんじん 恩人 (恩恵を施す人) benefactor Ⓒ；(後援者・保護者) patron Ⓒ. 《☞ おん[1]》. ¶彼女は私の*恩人です (⇒ 彼女に負うところ大である) I *owe* her a great deal. / I *am* very much *indebted* to her. // 彼は私の命の*恩人です (⇒ 彼は私の命を救った) He *has saved my life*. / (⇒ 私が生きているのは彼のおかげだ) I *owe* him *my life*.

オンス ounce [áuns] Ⓒ ★ oz 《複 ozs》と略す. 《☞ 度量衡 (囲み)》.

おんせい 音声 (声) voice Ⓤ；(言語音) (speech) sound Ⓒ；(人間の音声・言語音) vocal sound Ⓒ. **音声学** phonetics Ⓤ **音声学者** phonetician Ⓒ.

おんせつ 音節 syllable Ⓒ 《☞ つづり字の切れ目 (欄外)》.

おんせん 温泉 hot spring Ⓒ；(場所) spa [spɑ́ː] Ⓒ；(温泉のある保養地) hot-spring resort Ⓒ. ¶この*温泉は万病に効く This *hot spring* will cure all diseases. **温泉宿** inn [hotel] at a hot-spring resort Ⓒ.

おんそく 音速 sound speed Ⓤ, the speed of sound. ¶超*音速輸送旅客機 a supersonic transport // この飛行機は*音速の2倍の速さで飛ぶ This plane flies at ｢double *the speed of sound* [Mach 2]. [参考] Mach [mɑ́ːk] (＝マッハ) は音速に対する物体の速度の比.

おんぞん 温存 —[動] (とっておく) set … aside；(保存する) keep (他), retain (他), preserve (他) ★ keep が最も口語的. 《☞ とっておく》.

おんたい 温帯 the temperate zone 《☞ ちきゅう (挿絵)》. ¶*温帯植物[動物] the ｢flora [fauna] of *the temperate zone*

おんだん 温暖 —[形] (温暖な) mild, temperate ★ 前者が一般的. 《☞ おだやか》. ¶*温暖な気候 a ｢*mild* [*temperate*] climate **温暖前線** warm front Ⓒ 《☞ ぜんせん[2]》.

おんち 音痴 —[形] tone-deaf. ¶私は*音痴です I am *tone-deaf*. / (⇒ 音感が悪い) I *have no ear for music*. // 彼は方向*音痴だ (⇒ 方角のセンスがない) He *has no sense* of direction.

おんちゅう 御中 Messrs. [mésərz] ★ Messieurs の略. 《☞ 略語 (欄外)》. ¶田中商会*御中 *Messrs.* Tanaka & Co. // W大学教務課*御中 (To) The Instruction Department, W University

おんちょう 恩寵 (神の) grace Ⓤ；(人の) favor Ⓤ.

おんてい 音程 (musical) interval Ⓒ 《☞ ちょうし[1]》. ¶このバイオリンは*音程が狂っている This violin is out of *tune*.

おんてん 恩典 special favor Ⓒ 《☞ おんけい；とくてん[2]》.

おんど[1] 温度 temperature Ⓤ 《☞ きおん；たいおん；度量衡 (囲み)》.
¶*温度は5度上がった[下がった] The *temperature* ｢rose [fell] five degrees. // 湖水の*温度を測ってみよう Let's take the *temperature* of the lake water. // この部屋は*温度が高すぎる (⇒ 暑すぎる) It's too hot in this room. / The *temperature* is too high in this room.

おんど[2] 音頭 **音頭をとる** (先頭にたって導く) lead (他) 《☞ そっせん；さいはい》. ¶彼が万歳の*音頭をとった He *led* the cheering. // *音頭をとる者がいなかった (⇒ 先に立ってやるものがいなかった) There was no one to *take the lead*.

おんとう 穏当 —[形] (当を得た) fit；(理にかなって世の中の基準にも当てはまる) proper；(正当な) just, right；(理にかなった) reasonable；(適切な) appropriate；(中庸を得た) moderate. 《☞ だとう[1]；てきせつ；おんけん》.

¶それは*穏当な処置だった That was a *just and proper* measure. // このような行為は紳士として*穏当を欠く Such behavior is not *proper* for a gentleman.

おんどく 音読 ―動 (声を出して読む) read ... aloud 《☞ よむ》.

おんどけい 温度計 thermometer [θəmάmətə] Ⓒ. ¶摂氏*温度計 a ｢Celsius [centigrade] *thermometer* // 華氏*温度計 a Fahrenheit *thermometer* // *温度計は35°Cになっていた The *thermometer* ｢read [stood at] 35°C. 語法 35 degrees centigrade と読む. 《☞ 度量衡 (囲み)》

おんどり 雄鳥 cock Ⓒ, 《米》rooster Ⓒ ★《米》では後者のほうが普通. 《☞ にわとり (類義語); めす 語法; 動物の鳴き声 (囲み)》.

おんな 女 ―名 woman Ⓒ 《複 women [wímin]》; lady Ⓒ; girl Ⓒ; (女性全体を指す形式ばった語として) womankind Ⓤ. ―形 (女の) woman; (女性の) female (↔ male) 語法 後者は生物一般の性別を言う客観的な言葉で, 人に使うと軽蔑的になることもある点に注意; (女性らしい・女のような) feminine, womanly ★ 前者は「女性の本質を持った」という客観的な言葉; (悪い意味で男が女のような) womanish.

【類義語】成人した女性を指す最も一般的な語は **woman**. 未婚の若い女性は通常 **girl** であるが, 口語では年齢に関係なく用いられる. **lady** は目の前にいる女性を指したり,「老婦人」an old *lady* などのように形容詞を伴うときなどに用いる.「女というもの・女性全体」を指すには単数無冠詞で *woman* とするか, 複数形の *women*, あるいは **womankind** を用いる. 《☞ じょせい¹; ふじん¹》

¶*女は男より長生きだ *Women* ｢live longer than [outlive] men. // 彼女はまだ一人前の*女じゃない She is not yet a *woman*. / She has not yet reached *womanhood*. // かわいい*女 (⇒ かわいい感じの女) a pretty *girl* / (⇒ 魅力のある女) an attractive *woman* 語法 attractive は必ずしも容姿だけではない. // 実にいい*女だなあ (⇒ きれいな女だ) What a ｢beautiful [good-looking] *girl* (she is)! // この筆跡は間違いなく*女だ (⇒ 女性的だ) This handwriting is certainly *feminine*. // この学部には*女の学生はほとんどいない There are very few ｢*girl* [*woman*; *female*] students in this department.

女親 mother Ⓒ **女形** female-role player Ⓒ **女嫌い** woman-hater Ⓒ **女心** woman's heart Ⓒ **女主人** hostess Ⓒ; (宿の) landlady Ⓒ **女たらし** woman-chaser Ⓒ **女友達** girl friend Ⓒ, girlfriend Ⓒ; female [woman] friend Ⓒ ★ 特に男の友達でないことを強調するときにのみ用いる. **女物** (女の品物) women's [ladies'] thing Ⓒ; (女の着る物) ladies' wear Ⓤ. ¶これは*女物の傘だ[時計だ] This is a ｢*women's* [*ladies'*] ｢umbrella [watch].

おんぱ 音波 sound wave Ⓒ.

おんびん 穏便 ―形 (平和的な) peaceful; (円満な) amicable. ―副 peacefully; amicably. 《☞ おだやか》. ¶*穏便に事を済ませた (⇒ 平和的な手段で) We settled the matter ｢by *peaceful* means [(⇒ 我々の間だけで) *just between ourselves*].

おんぶ ¶彼女は赤ん坊を*おんぶしていた She was carrying a baby ｢*on her back* [*pickaback*]. // 何から何まであなたに*おんぶするわけにはいかない (⇒ 頼るわけにはいかない) I should not *depend on* you for everything.

【参考語】―副 (背中に乗せて) on *one's* back, pickaback. ―動 (頼る) depend [rely] on ...

おんぷ 音符 (musical) note Ⓒ 《☞ 音楽 (囲み)》. ¶二分[四分]*音符 a ｢half [quarter] *note*

おんぼろ ―形 (使い古した) worn-out 《☞ ぼろ》.

オンライン ―形 on-line. ¶銀行はみな*オンラインシステムを取り入れている The *on-line* system has been adopted in all banks.

おんりょう 音量 volume Ⓤ. ¶彼はラジオの*音量を上げた[下げた] He turned ｢up [down] the *volume* on the radio.

おんわ 温和 ―形 (気候が) mild, temperate; (性質が) gentle. 《☞ おとなしい; おだやか》. ¶*温和な気候 a ｢*mild* [*temperate*] climate // *温和な人 a *gentle* person

か

か¹ 可 ―名 (評点) C Ⓒ 参考 《米》では学校の成績を A, B, C, D, F で表し, 可は C または D に当たる. F は不合格. ―形 (よい) good. 《☞ ゆう¹; よい¹》.

¶「英語の成績は何でしたか」「*可でした」"What did you get in English?" "I got a C." // それは*可もなし不可もなしだ (⇒ よくも悪くもない) It is neither *good* nor bad. // どちらでも*可 (⇒ 役に立つ) Either (of them) will *do*.

か² 科 (学校・病院などの) department Ⓒ; (生物学の) family Ⓒ. ¶国文*科 the *department* of Japanese literature 《☞ がくぶ (類義語)》 // 《病院の》内*科 the internal *department* // 《生物学の》ねこ*科 the cat *family*

か³ 課 (教科書の) lesson Ⓒ; (会社・官庁などの課) section Ⓒ; (大きな組織の課) department Ⓒ.

¶第5*課 *Lesson* 5 / the Fifth *Lesson* // この*課がすんだらテストをします I'm going to give you a test when we finish this *lesson*. // 販売*課 the sales ｢*section* [*department*]

課長 the「chief [head] of the「section [department].

か⁴ 蚊 mosquito [məskíːtou] Ⓒ《~s, ~es》. ¶ 私はやぶ*蚊に刺された I was「bitten [stung] by a striped *mosquito*. // *蚊が一匹ぶんぶん飛び回っている A *mosquito* is「buzzing [humming] about. // 少女は*蚊の鳴くような声で (⇒ とてもか細い声で) 答えた The girl answered *in a very faint voice*.

蚊取り線香 mosquito-repellent (incense) Ⓒ.

-か 《疑問を表す終助詞》 ★ 英語では疑問文を作るには次のようにする. (1) be 動詞または助動詞を含む文では主語と語順を逆にし, 文尾を上がり調子で言う. (2) 一般動詞を含む文では do, does, did を用いて, 文尾を上がり調子で言う. ただし, 口語では You're a student?↗ のように文尾を上がり調子にするだけで疑問文を作ることがある. 《☞ 疑問詞 (欄外)》.

が¹ 我 (哲学の自我) ego [íːgou] Ⓤ; (利己心) self Ⓤ; (わがまま) self-will Ⓤ. ¶ 彼は*我が強い He's「*self-assertive* [a *self-assertive* person]. / (⇒ 頑固な人だ) He's「*obstinate* [an *obstinate* man]. // 彼はいつも*我を通す (⇒ 思いどおりにする) He always *has his own way*.

が² 蛾 moth Ⓒ《☞ ちょう¹ (挿絵)》.

-が **1** 《しかし》: but ...; (それでも) (and) yet ...; (...だけれども) though ..., although ..., while ... 語法 though と although はほぼ同意だが, 後者のほうが形式ばった語で意味も強い. while をこの意味で使うのは口語的; (...であるのに・しかるに) whereas ... 《☞ だが; けれども; 譲歩の表現 (囲み)》.

¶ 彼は金持ちだ*が奥ゆかしい He is rich, *but* he is modest. / *Though* [*Although*] he is rich, he is modest. // 太郎は頭がいい*が, 弟はそうではない Taro is bright,「*while* [*whereas*] his brother isn't. // 彼女は高慢ちきだ*が私は愛している She is haughty, *and yet* I love her. // 暇があれば行きたいのです*が I *would* go, if I had time. 《☞ 仮定の表現 (囲み)》

2 《そして》: ... and ... 《☞ そして; 接続詞 (欄外)》. ¶ 私はその人に会った*が, たいへん親切にしてくれた I met the man *and* he was very kind to me. // 彼には息子が3人ある*が, みんな医者だ He has three sons *and* they are all doctors.

カー (自動車) car Ⓒ《☞ 自動車 (囲み)》.

があがあ ― 名 (かえるの鳴き声) croak Ⓒ; (あひるの鳴き声) quack Ⓒ. ― 動 (かえるががあがあ鳴く) croak ⓐ; (あひるが) quack ⓐ. 《☞ 動物の鳴き声 (囲み); 擬声・擬態語 (囲み)》.

かあさん 母さん mother Ⓒ《☞ おかあさん》.

カーキいろ カーキ色 khaki Ⓤ《☞ 色 (囲み)》.

ガーゼ gauze [gɔ́ːz] Ⓤ.

カーディガン cardigan Ⓒ《☞ 衣服 (囲み)》.

カーテン curtain [kə́ːtn] Ⓒ ★ 最も一般的; (厚手で布地や柄がぜいたくなもの) drape Ⓒ, drapery Ⓒ ★ 最後の2つはしばしば複数形で.

¶ *カーテンを開けて[閉めて]下さい Open [Close] the *curtain*, please. // 私は戸口にレースの*カーテンを掛けた I hung a lace *curtain* over the door.

カード (通常厚紙の) card Ⓒ; (普通紙の細長い紙片) slip (of paper) Ⓒ. ¶ 彼はそれを*カードに書き留めた He noted it down on a *card*. // 英単語*カード English vocabulary *cards* // (スポーツなどの)好*カード a drawing *card* 語法 この drawing は「(客や注意を)引きつける」の意. / a *feature*

ガード (陸橋) railroad overpass Ⓒ, 《英》 elevated railway bridge Ⓒ.

ガードマン (security) guard Ⓒ 参考 「ガードマン」は guard と man を組み合わせた和製英語. 英語では guard だけでよい. なお guardsman は《英》「近衛士官」, 《米》「州兵」. また一般的には「衛兵」の意. 《☞ ごえい; ボディーガード; 和製英語 (囲み)》.

カートリッジ cartridge Ⓒ《☞ オーディオ (挿絵)》.

ガードレール guardrail Ⓒ.

カーネーション carnation Ⓒ《☞ 花 (囲み)》.

カーブ ― 名 (道路などの) curve Ⓒ, bend Ⓒ ★ 前者のほうが一般的. 後者はかなり急な曲がり方の場合がある; (ボールの) curve (ball) Ⓒ. ― 動 (カーブする) curve ⓐ. 《☞ まがる; 野球の英語 (囲み)》.

¶ *カーブを高速で曲がってはいけない You should not take *curves* at high speed. // その自動車は右へ急*カーブを切った (⇒ 急に右へ曲がった) The car「*turned* sharply [*made a* sharp *turn*] to the right.

カーペット carpet Ⓒ《☞ じゅうたん》.

カーボンし カーボン紙 carbon (paper) Ⓤ. ¶ *カーボン紙でこれの写しをとって下さい Make a *carbon* (copy) of this.

カール ― 名 curl Ⓒ, ringlet Ⓒ ★ 後者はカールして長く垂れ下がっている髪を言う. ― 動 (カールする・させる) curl ⓐ ⓣ. ― 形 (カールしている) curly. 《☞ ウェーブ》. ¶ 彼女は髪を*カールした She *curled* her hair. // 彼女の髪は自然に*カールしている Her hair *curls* naturally.

ガール スカウト (組織名) the Girl Scouts; (メンバー) girl scout Ⓒ.

ガールフレンド girlfriend Ⓒ.

かい¹ 会 (集まり) meeting Ⓒ; gathering Ⓒ; get-together Ⓒ; (会議) conference Ⓒ; convention Ⓒ; (社交上の集まり) party Ⓒ; (団体) society Ⓒ; association Ⓒ; club Ⓒ; circle Ⓒ; (運動競技の集まり) 《米》 meet Ⓒ, 《英》 meeting Ⓒ.

【類義語】 最も一般的で意味の広い語は **meeting** で, あらゆる会合について用いることができる. 打ち解けた雰囲気の非公式の集まりは **gathering**. さらに口語的な表現は **get-together**. 専門的な問題を協議する集会は **conference**. 大規模な年次大会などには **convention** を用いる. 社交上の集まりは **party**. 共通の関心を深めるために組織された団体は **society** と **association** で, 前者は会の目的・会員資格・活動などの点でより限定されている. **club** は会員資格・会費・会合時間などがはっきり決められている規模の小さい集まり. 共通の関心のもとに楽しみに集まっている小グループは **circle**. 運動競技のための会は,《米》では **meet**,《英》では **meeting** が用いられる.《☞ あつまり; かいぎ; かいごう》

¶ 私はその*会に出席した I ˹attended [was present at] the ˹*meeting* [*party*]. // その*会 (⇒ 会議) は年に 1 回開かれることになっている The *conference* is to be held once a year. // 5 月 5 日に彼を送る[迎える]*会を催します We will have a ˹farewell [welcome] ˹*party* [*meeting*] for him on May 5. // その*会に入るには彼の紹介がいる We need his introduction to join the *society*. // その医師*会は国際的精神に基づいて組織された The medical *association* was organized on international basis. // だれでもその*会に入れます Everybody can be a member of the ˹*club* [*society*]. 語法 この文の内容は [類義語] であげた意味と矛盾しているようだが,「限定された小グループ」というニュアンスが用いられた例と考えればよい.

かい² 貝 shellfish Ⓒ《複 ～, ～es ★ 前者は集合的に貝類を指し, 後者は種類を表す》; (貝殻) shell Ⓒ. **貝細工** shellwork Ⓤ.

かい³ 櫂 (普通のボート用) oar [ɔ́ɚ] Ⓒ; (カヌー用) paddle Ⓒ

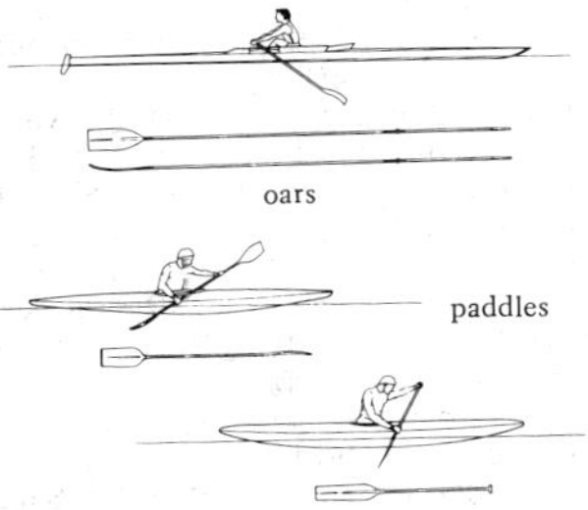

かい⁴ 下位 ── 名 low(er) rank Ⓒ, subordinate position Ⓒ ★ 後者はやや文語的. ── 形 (下位の) low-ranking, subordinate. **下位分類** subdivision Ⓤ.

かい⁵ 甲斐 ¶ その本は読んでみる*かいが十分にあった (⇒ 読む価値があった) The book was very well *worth* reading. 語法 この場合の worth 形 は後に動名詞を伴う. / (⇒ 読むだけの価値があった) The book was very *rewarding*.《☞ かち¹》// それはそんなに骨折り*がいのあるものだろうか (⇒ これほどの骨折りに値するか) Is it *worth* all the trouble? // 努力の*かいがなかった (⇒ 骨折りはむだだった) All our efforts *were in vain*.《☞ むだ》

-かい¹ …回 (回数) time Ⓒ; (テニスなどの) game Ⓒ; (野球の) inning Ⓒ; (ボクシングの) round Ⓒ.《☞ ど; 数の数え方 (囲み)》.

¶ それを 2*回くり返しなさい Repeat it ˹*twice* [two *times*]. // 彼は週に 3*回東京に出てくる He comes up to Tokyo three *times* a week. // 私は何*回かそこに行ったことがある I have been there several *times*.《☞ なんかい¹》// 彼には何*回会いましたか *How* ˹*often* [*many times*] did you see him? // 3*回勝負 a match of three *games* / a three-*game* ˹match [contest] //《野球》1*回の表[裏](に) (in) the ˹first [second] half of the first *inning*《☞ 野球の英語 (囲み)》//《ボクシング》15*回戦 a ˹bout [fight] of fifteen *rounds*《☞ スポーツ (囲み)》

-かい² …界 (世界) the world; (特定の社会) circles ★ 複数形で; (自然界の) kingdom Ⓒ ★ 動物・植物・鉱物の三大区分を表す語; (商売) business Ⓤ.

¶ 彼はスポーツ*界に入るつもりだ He is going to enter ˹*the world* of sports [sporting *circles*]. // 彼女は芸能*界を追われた She was forced out of ˹the entertainment *business* [*the world* of show business]. // 文学*界 *the* literary *world* / *the world* of letters // 実業[政]*界 *the* ˹business [political] *world*/ business [political] *circles* // 動物[植物, 鉱物]*界 the ˹animal [vegetable; mineral] *kingdom*

-かい³ …階 floor Ⓒ; story (《英》storey) Ⓒ 語法 居住の場所で, 部屋などをも考えての階は floor. 建物の高さを中心にして階層を示すのは story.「階」の表し方は《米》と《英》で次のように異なる:「1 階」《米》the first floor,《英》the ground floor,「2 階」《米》the second floor,《英》the first floor,「3 階」《米》the third floor,《英》the second floor.《☞ 家・部屋 (囲み)》.

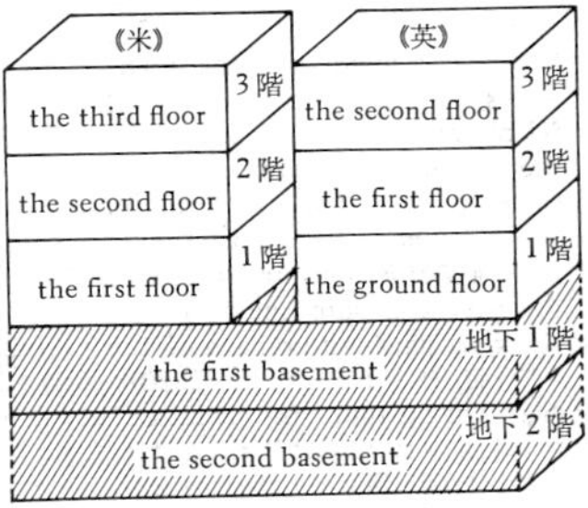

¶「あの人たちは何*階に住んでいますか」「4*階に住んでいます」"What [Which] *floor* do they live on?" "They live on the ˹fourth [《英》third] *floor*." // このエレベーターはどの*階にも止まります This elevator stops at each *floor*. // 私たちはエレベーターで地下 1[3]*階へ行った We took the ˹elevator [《英》lift] to the ˹first [third] *basement*. // 私の寝室は 2*階です My bedroom is on the second *floor*. / My bedroom is *upstairs*. ★ 2 階建ての家について言うとき. // 母は 1*階に (⇒ 下に) います Mother is *downstairs*. ★ 2 階建ての家について言うとき.

がい 害 (有害) harm Ⓤ ★ しばしば道徳的な

か

害に用いられる；(通常「物」に与える損傷) damage Ⓤ. 《☞ ひがい；きがい[1]；ゆうがい[1]》.
¶ひどい霜が果実に多大の*害を与えた A heavy frost caused much *damage* to the fruit. // それは益どころか*害になる It does more *harm* than good.

かいあく 改悪 change for the worse Ⓒ.
¶憲法*改悪 (⇒ 憲法の望ましくない改正) an *undesirable amendment* of the Constitution

かいあげ 買い上げ ―名 (購入) purchase Ⓤ. ―動 buy ⑭, purchase ⑭. 《☞ かう[1]；かいつけ》. ¶米の*買い上げ価格 the (Government's) *purchasing price* of rice

かいあさる 買い漁る (買うために捜し求める) hunt for... 《☞ かいしめ》.

かいいき 海域 sea area Ⓒ；(ある地域に隣接している海域) waters ★ 複数形で. 《☞ すいいき》.

かいいぬ 飼い犬 house [kept] dog Ⓒ；(持ち主がわかっているときは) *one's* dog. 《☞ いぬ[1]》.
¶*飼い犬に手をかまれた (⇒ 信頼していた助力者に裏切られた) I was double-crossed by *my trusted assistant*.

かいいん 会員 (個々の) member Ⓒ；(会員全体) membership Ⓒ. 《☞ メンバー；ぶいん》.
¶クラブの*会員 a club *member* / a *member* of a club // 正[準]*会員 a regular [an associate] *member* // 終身*会員 a life *member* // *会員名簿 a *membership* list // 私たちの会の*会員は 500 名を越えている Our society has over five hundred *members*. // そのクラブの*会員数は非常に多い (⇒ そのクラブは多くの会員数を有している) The club has a large *membership*. // 私はそのクラブの*会員になった I became a *member* of the club.
会員券 membership card Ⓒ **会員証**[バッジ] membership ⌈card [badge] Ⓒ **会員制** the membership system.

かいうん 海運 (海運業) shipping Ⓤ；(海上輸送) marine ⌈transportation [transport] Ⓤ. **海運業界** shipping circles ★ 複数形で. **海運業者** shipping agent Ⓒ.

かいえん 開演 the raising of the curtain.
¶*開演は午後 6 時です (⇒ 幕は午後 6 時に上がる) *The curtain* ⌈*rises* [*is raised*] at 6 p.m. // *開演中の入場はお断りいたします No Admittance During *Performance*. 《☞ 掲示の英語 (囲み)》

かいおうせい 海王星 Neptune.

かいおき 買い置き (買い置きの品) things laid in；(貯蔵品) (reserve) stock Ⓒ. 《☞ かいだめ》. ¶私たちの灯油の*買い置きは少なくなった Our (*reserve*) *stock* of kerosine is low.

かいか 開架 ¶*開架式図書館 an *open access* library // *開架式図書室 an ⌈*open-shelf* [*open-stack*] reading room

かいが 絵画 (一般に) picture Ⓒ；(絵の具の) painting Ⓒ. 《☞ え[1]》.

がいか[1] 外貨 (外国の金) foreign ⌈money [currency] Ⓤ；(外国為替) foreign exchange Ⓤ. 《☞ 政治・経済 (囲み)》. ¶日本の手持ち*外貨は増え続けている Japan's *foreign-exchange* holdings are continuing to increase. **外貨準備** foreign currency reserves ★ 複数形で.

がいか[2] 凱歌 ¶彼らは*凱歌をあげた (⇒ 勝利の大声を出した) They ⌈raised [gave] *a shout of* ⌈*triumph* [*victory*]. / (⇒ 彼らは勝利に小躍りして喜んだ) They exulted [igzʌ́ltid] in their victory.

かいかい 開会 ―動 open ⓐ ⑭. ―名 the opening of a meeting. 《☞ ひらく》.
¶その国際会議はあす*開会される The international conference *opens* tomorrow. // 会長が*開会の辞を述べた The president gave an *opening* address. // 議長は*開会を宣した The chairman *called the meeting to order*. ★《米》の表現. / The chairman announced the meeting *open*. // 国会は*開会中である The Diet is now *in session*.
開会式 the opening ceremony **開会日** the opening day.

かいがい 海外 ―名 (外国) foreign countries. ―副 (海外へ) overseas；(外国に) abroad. ―形 (海外(から)の) overseas. 《☞ がいこく》. ¶今日では*海外に出るのはしごく簡単だ Today it's quite easy to go ⌈*overseas* [*abroad*]. // 学校を卒業したら*海外で働きたい After leaving school, I'd like to work *overseas*.
海外市場 overseas markets ★ 複数形で. 《☞ しじょう[1]》 **海外事情** foreign affairs ★ 複数形で. **海外貿易** foreign [overseas] trade Ⓤ 《☞ ぼうえき[1]》 **海外放送** overseas broadcasting Ⓤ 《☞ ほうそう[1]》 **海外旅行** overseas trip Ⓒ, foreign tour [túə] Ⓒ, tour abroad Ⓒ. 《☞ りょこう (類義語)；旅行 (囲み)》.

がいかい 外海 (湾・港の外の海域) the open sea；(公海) the high seas；(大洋) the ocean.

かいがいしい ―形 (忠実な) faithful；(献身的な) devoted；(勤勉な) diligent；(きびきびした) brisk. ―副 faithfully；devotedly；diligently；briskly；(忙しそうに) busily.
¶数人の女性が*かいがいしく働いていた Several women were working ⌈*diligently* [*busily*; *like bees*].

かいかく 改革 ―名 (作り変え) reform Ⓒ；reformation Ⓤ ★ 前者は具体的な事実をいうのに対し，後者は抽象的な概念をいう；(修正) revision Ⓤ；(改善) improvement Ⓤ. ―動 reform ⑭；revise ⑭；improve ⑭. 《☞ かいりょう (類義語)；かいぜん；かいせい[2]》.
¶彼らは抜本的な党*改革を行った They ⌈made [carried out] a drastic *reform* of their party. // 現行制度には*改革 (⇒ 修正) を要する点が多い Many points require *revision* in the present system. // 行政*改革 an administrative *reform*
改革案 reform plan Ⓒ；(議会の法案) reform bill Ⓒ **改革者** reformer Ⓒ.

がいかく 外角 〔数学〕 external [exterior] angle Ⓒ；(野球の) outside Ⓒ. 《☞ かく[6] (挿絵)；野球の英語 (囲み)》. ¶*外角球 an *outside* ball // *外角低目の球 a ball low *at the outside*

がいかくだんたい 外郭団体 (補助的な機関) auxiliary organ Ⓒ; (外部の団体) outer organization Ⓒ; (政府組織外の団体) extra-governmental organization Ⓒ. 《☞ だんたい》.

かいかつ 快活 ― 形 cheerful, lively, merry 〔語法〕 以上は入れ替え可能なこともあるが, 元気よく明るい態度を強調するのが cheerful, 動きが活発なのが lively, 特に笑いが絶えないことを強調するのが merry. 《☞ ほがらか; ようき¹》. ¶あの子は*快活な娘だ She is a *cheerful* girl.

かいかぶる 買い被る (過大に評価する) overestimate ⑯, have too high an opinion of ... 《☞ かだい²》.

かいがら 貝殻 shell Ⓒ; (特に海の貝を指すときは) seashell Ⓒ. 《☞ かい²》.

かいかん¹ 快感 (満足感を与える) pleasant ˹sensation [feeling] Ⓒ; (自分の好みに合った) agreeable ˹feeling [sensation] Ⓒ.

かいかん² 会館 (一般的に) hall Ⓒ. ¶学生*会館 a students' *hall*

かいがん 海岸 (sea)shore Ⓤ; beach Ⓒ; the seaside; the (sea)coast.

【類義語】海辺の土地を表す一般的な語は **(sea)shore** で, 特に海の方から見た岸を指す. 一面に砂や小石で覆われているのは **beach**. 行楽地としての海岸地帯は **the seaside**. 地理的に沿岸という意味では **the (sea)coast** を用いる. 《☞ うみ; きし¹; はまべ》

¶そこの*海岸沿いに松の木が一列に並んでいる Pine trees stand in a line along ˹*the seashore* [*the sea*] there. // *海岸は海水浴客で満員だった The *beach* was crowded with bathers. // 夏休みには*海岸に行こうか, 山に行こうか Shall we go to *the seaside* or to the mountains for our summer vacation?

海岸線 coast line Ⓒ　**海岸地方** seaside district Ⓒ.

がいかん¹ 外観 appearance Ⓒ 〔語法〕 特に「外側の」を強調したい時には external [outward] appearance とする. appearances とすると「見かけ・うわべ」の意味合いが強い. 《☞ うわべ; みかけ; がいけん》. ¶人を*外観で判断してはいけない You must not judge a person by his *appearance*.

がいかん² 概観 (概括的な考察) general ˹view [survey] Ⓒ; (大要・あらまし) outline Ⓒ.

かいき¹ 会期 (議会・会議などの) session Ⓒ; (会議の期間) period (of ...) Ⓒ. ¶国会の*会期は長くなるだろう The Diet will have a long *session*. // 彼らは*会期を延長した They extended the *session*.

かいき² 怪奇 ― 形 (神秘的でなぞのような) mysterious; (不思議な) strange. 《☞ ふしぎ; きみょう》.

かいぎ 会議 conference [kάnf(ə)rəns] Ⓒ; meeting Ⓒ; gathering Ⓒ.

【類義語】相談・討議などをするために人が集まるのは **meeting**, または **gathering** だが, 前者のほうが普通で, 後者は広い意味で, いろいろな集まりにも用いられる. 公的なあるいは大規模な会議には **conference** がよく用いられる. 《☞ かい¹ (類義語); かいだん² (類義語)》

¶鈴木さんはいま*会議中です Mr. Suzuki is attending a ˹*conference* [*meeting*] now. / Mr. Suzuki is ˹in *conference* [at a *meeting*] now. 《☞ 掲示の英語 (囲み)》 // その*会議はあすの3時から開かれる The *meeting* will be held at three o'clock tomorrow. // 議長は時間通り*会議を始めた The chairman opened the ˹*meeting* [*conference*] on time. // 約60の外国代表が*会議に参加した About sixty foreign delegates participated in the *conference*.

会議室 conference room Ⓒ　**会議録** minutes [mínits] ★ 複数形で.

がいき 外気 (外の空気) (open) air Ⓤ 《☞ くうき》. ¶私たちは冬でも*外気に当たるべきだ We should enjoy ourselves in the *open air* even in winter.

かいきしょく 皆既食 total eclipse (of the ˹sun [moon]) Ⓒ.

かいきせん 回帰線 (北回帰線) the Tropic of Cancer; (南回帰線) the Tropic of Capricorn. 《☞ ちきゅう (挿絵)》.

かいきゅう 階級 (社会の) class Ⓒ ★ この意味では classes として, 単数の意味で用いられることもある; (地位・身分) rank Ⓒ; (等級) grade Ⓒ. 《☞ かいそう⁴; くらい²》.

¶あの人は上流[中流]*階級だ He is ˹upper [middle] *class*. // 彼らは*階級意識が強い They are strongly *class*-conscious. // 私のほうが彼より*階級が上です《軍隊などで》 I'm above him in *rank*. // *階級が最高の警察官 a top-*ranking* police officer // *階級制度 the *class* system

かいきょ 快挙 (英雄的な行為) heroic deed Ⓒ; (感動させる偉業) inspiring feat Ⓒ.

かいきょう¹ 海峡 strait Ⓒ ★ 固有名詞に付けるときには複数形で単数扱い; channel Ⓒ ★ strait よりも広いもの. ¶津軽*海峡は本州と北海道の間にある The Tsugaru *Straits* lies between Honshu and Hokkaido. // イギリス*海峡 the (English) *Channel*

かいきょう² 回教 ― 名 Islam [islά:m, iz-] Ⓤ. ― 形 (回教の・回教徒の) Islamic 〔参考〕 Mohammedan Ⓤ, Mohammedanism Ⓤ は回教徒にとっては不愉快な語であるから使用は避ける. 《☞ イスラムきょう》.

回教寺院 mosque Ⓒ　**回教徒** Muslim Ⓒ.

かいぎょう¹ 開業 ― 動 (商売を始める) start (a) business; (始める) open ⑯. 《☞ かいてん²; ひらく》.

¶2, 3年前に彼は本屋を*開業した (⇒本屋を開いた) He ˹*opened* [*started*] a bookstore a few years ago. // 新しい歯医者が最近この通りで*開業した Recently a dentist *has opened* an office on this street. // 彼は弁護士を*開業している (⇒法律業務を行っている) He *practices* law.

開業医 general practitioner Ⓒ ★ 専門医に対する一般開業医. GP と略されることもある. 《☞ いしゃ》.

かいぎょう² 改行 ― 動 (改行する) start a

か

new「paragraph [line].《☞ ぎょう¹；パラグラフ (欄外)》.

がいきょう 概況 general condition Ⓤ.
¶気象*概況 a *general* weather *condition*

かいきん¹ 解禁 (輸出入・販売などの) the「lifting [removal] of the「ban [embargo] (on ...) 【語法】 embargo は入港・貨物輸送・通商などの禁止の意味であるが，一般的な販売の禁止の意味にも用いられる；(猟などの) the opening of the「shooting [fishing] season Ⓤ.《☞ かいじょ》.
¶あゆ漁は来週*解禁される (⇒ あゆの漁期が始まる) The *ayu season opens* next week.

かいきん² 皆勤 perfect [regular] attendance Ⓤ《☞ むけっせき；むきゅう²》.
¶田中君はこの1年間*皆勤で通した (⇒1日も休まずにきちんと授業に出席した) Tanaka *attended* school *regularly without missing a single day* this year. / (⇒ 授業を1日たりとも休むことがなかった) Tanaka was *not absent* from school *a single day* this year.
皆勤者 (学校の・会社の) person who has not missed a day (at「school [office]) Ⓒ
皆勤賞 honor for perfect attendance Ⓒ.

がいきん 外勤 outside duty Ⓤ. ¶あなたは内勤ですか*外勤ですか Do you work inside or *outside*?

かいきんシャツ 開襟シャツ open-necked shirt Ⓒ；(スポーツシャツ) sport(s) shirt Ⓒ.《☞ 衣服 (囲み)》.

かいぐい 買い食い —動 buy candy, spend *one's* money on candy.

かいぐん 海軍 —名 the navy ★ 一般的；the naval forces. —形 naval, navy. ¶*海軍軍人 a *navy* man / (⇒ 水兵) a sailor // *海軍士官 a *naval* officer // 米国*海軍 the United States *Navy*《略 USN》// 英国*海軍 the Royal *Navy*《略 RN》

かいけい 会計 (出納の計算) account(s), accounting Ⓤ；(勘定書)《米》check Ⓒ,《英》bill Ⓒ；(支払い) payment Ⓤ.《☞ かんじょう²；しはらい；けいり》.
¶*会計は彼がします (⇒ 彼が勘定を払います) He will pay the *bill*. //《レストランで》*会計をお願いします *Check* [《英》*Bill*], please.《☞ レストラン (囲み)》// *会計がでたらめだった The *accounts* were「not in order [in disorder].
会計課 accounting [financial] section Ⓒ
会計係 accountant Ⓒ；(ホテル・レストランなどの) cashier [kæʃíər] Ⓒ；(会社などの) treasurer Ⓒ **会計検査** auditing [ɔ́:ditiŋ] Ⓒ.
¶あす*会計検査が行われる Our *accounts* will *be*「*examined* [*audited*] tomorrow. **会計士** accountant Ⓒ **会計年度** fiscal [financial] year Ⓒ《☞ ねんど¹》 **会計簿** account book Ⓒ **会計報告** financial report Ⓒ；the treasurer's report.

かいけつ 解決 —動 (解決する) solve ㊀；settle ㊀；(片付ける) clear up ㊀. —名 solution Ⓤ；settlement Ⓤ.
【類義語】問題に解答や説明を見出すという最も一般的な語は **solve**. 最終的に決着をつけて事が終わったことを暗示するのは **settle**. 問題をはっきりさせ，不明な点をなくすのは **clear up**.
¶まず食料問題を*解決しなくてはならない We must *solve* the food problem first. // 我々は*解決すべき問題がたくさんある We have a lot of problems to *solve*. // 紛争を力で*解決してはならない We should not *settle* the dispute by force. // 時が*解決するだろう Time will「*settle* [*solve*] the matter. // 領土問題は円満な*解決がついた The territorial problem has come to an amicable *settlement*. // 警察は事件*解決の糸口をつかんだ The police found a clue to *clear up* the mystery of the case. // その問題は未*解決だ [*解決済みだ] The problem「*is still unsolved* [*was* already *solved*].《☞ みかいけつ》

かいけん 会見 interview Ⓒ《☞ インタビュー》. ¶彼女は校長に*会見を申し入れた She asked for an *interview* with the principal. // その大臣は新聞記者と*会見した The minister had an *interview* with the newspaper reporters. / The minister had a「*press* [*news*] *conference*. **会見記** interview Ⓒ.

かいげん 改元 the change of an era. ¶大正は昭和と*改元された *The era changed from* Taisho *to* Showa. / The nation *moved from* the Taisho *to* the Showa era.

がいけん 外見 (外観・体裁) appearance Ⓒ；(外側) the outside.《☞ うわべ；みかけ；がいかん¹》. ¶*外見の美しさにだまされるな Don't be taken in by the beautiful「*appearance* [*outside*]. // *外見上は彼女は平静に見える She is calm *in appearance*.

かいげんれい 戒厳令 martial law Ⓤ.
¶*戒厳令をしく[解く] proclaim [withdraw] *martial law* // *戒厳令下にある be under *martial law*

かいこ¹ 解雇 —動 (解任する) dismiss ㊀；(解職する) discharge ㊀ 【語法】 後者は前者より厳しく，特に自分より下の者を解雇するときに用いる；(首を切る)《口語》fire ㊀；(企業が一時的に解雇する) lay off ㊀. —名 dismissal Ⓤ；discharge Ⓤ；layoff Ⓤ.《☞ かいにん (類義語)；くび；めんしょく》.
¶彼は怠け者だということで*解雇された He *was*「*fired* [*dismissed*] for being lazy.
解雇通知 (dismissal) notice Ⓒ.

かいこ² 回顧 —動 (昔を振り返る) look back「on [upon] ...；(思い出す) recollect ㊀.《☞ かいそう¹；おもいだす》. **回顧録** memoirs [mémwɑərz] ★ 複数形で.

かいこ³ 懐古 —動 (昔を思い起こす) recall the past；(昔を振り返る) look back upon the past, retrospect ㊀ ★ 形式ばった語. —名 retrospection Ⓤ.《☞ おもいだす》.
¶彼には*懐古趣味がある (⇒ 昔のよい時代を好む趣味がある) He has a taste for *the good old days*.

かいこ⁴ 蚕 silkworm Ⓒ.

かいこう 開港 the opening of a port.
¶下田は1854年に*開港された (⇒ 外国の船舶に開かれた港になった) Shimoda *became an open port to foreign vessels* in 1854.

かいごう 会合 meeting Ⓒ ★ 一般的な語；(集まり) gathering Ⓒ ★ くだけた感じの言葉. 《☞ かい[1] (類義語)；かいだん[2]》. ¶ 我々は先週の月曜日に*会合をもった We ʳhad a *meeting* [*met together*] last Monday. // *会合の場所はどこですか Where will the *meeting* take place?

がいこう 外交 ─ 名 (外交術) diplomacy [diplóuməsi(ː)] Ⓤ；(対外の業務) foreign affairs ★ 複数形で. ─ 形 diplomatic；(対外的な) foreign.
¶ 彼は*外交問題の専門家だ He is an expert in ʳ*foreign affairs* [*diplomatic* problems]. // 彼らは敵国と*外交関係を断った They broke off *diplomatic* relations with the enemy country. // 彼女は*外交的手腕を発揮した She showed her *diplomatic* ʳtalent [skill].
外交員 (男の) salesman Ⓒ 《複 -men》；(女の) saleswoman Ⓒ 《複 -women》 語法 これらの語は店員 (salesclerk) の意味でも使われる. 《☞ セールスマン》. ¶ 彼女は保険の*外交員をしている She is an insurance *saleswoman*. **外交官** diplomat Ⓒ, 《英》 diplomatist Ⓒ **外交辞令** diplomatic language Ⓤ 《☞ おせじ》 **外交政策** foreign policy Ⓒ.

かいこうきねんび 開校記念日 anniversary of the ʳfounding [foundation] of the school Ⓒ 《☞ きねん》.

かいこく 戒告 ─ 名 warning Ⓤ. ─ 動 (戒告する) give a warning. 《☞ けいこく[1]》.

がいこく 外国 ─ 名 foreign ʳcountry [nation] Ⓒ 語法 nation を使うと政治的な国家という感じが強調され, 改まった感じとなる；(見知らぬ国) strange ʳcountry [land] Ⓒ. ─ 形 (自国外の) foreign (↔ home；domestic)；alien [éiljən] 語法 foreign のほうが一般的で, alien は市民権がないという意味を暗示する；(海外の) overseas (《英》 oversea). ─ 副 (国外へ) abroad (↔ at home), overseas 語法 ほぼ同意だが, abroad は漠然と「外へ・外国へ」を意味するのに対し, overseas は「海外」という日本語のニュアンスに似て, 外国ということを強調する語；(日本の外へ) outside Japan. 《☞ かいがい》.
¶ 私のおじは*外国で暮らしている My uncle is living ʳin a *foreign country* [*overseas*]. // 私は*外国へ行ったことがない I have never been ʳ*abroad* [*overseas*]. // 彼はいつ*外国へ行きますか *When is he going* ʳ*abroad* [*overseas*]? // 彼女は先月*外国から帰った She returned from *abroad* last month. // *外国産の (⇒ 輸入の[外国でとれた]) 米は私の口に合わない *Imported* [*Foreign-grown*] rice does not suit my taste. // 私は*外国製のハンドバッグを買った I bought a *foreign-made* handbag.
外国為替(相場) foreign exchange (rate) ★ exchange は Ⓤ, rate は Ⓒ. **外国為替管理法** the Foreign Exchange Control Law **外国市場** foreign [overseas] market Ⓒ **外国商社** foreign firm Ⓒ **外国人** foreigner Ⓒ；alien [éiljən] Ⓒ ★ 後者は国籍の違いを強調する. 《☞ がいじん 参考》 **外国人登録法** the Alien Registration Law **外国生活** overseas life Ⓤ **外国製品** foreign goods ★ 複数形で；(輸入品) imported goods ★ 複数形で. **外国電報** foreign telegram Ⓒ, cablegram Ⓒ **外国なまり** foreign accent Ⓒ **外国貿易** foreign trade Ⓤ 《☞ ぼうえき[1]》 **外国旅行** overseas trip Ⓒ, foreign tour Ⓒ, tour abroad Ⓒ. 《☞ 旅行 (囲み)》.
¶ 彼女は*外国旅行をする金をためた She saved enough money to ʳ*make a trip abroad* [*travel abroad*].

がいこくご 外国語 foreign ʳlanguage [tongue] Ⓒ ★ tongue を用いるのは形式ばった言い方. 《☞ ことば；げんご[1]》.
¶ あなたはどんな*外国語が話せますか What *languages* do you speak *other than your mother tongue*? // 彼はいろいろな*外国語が達者です (⇒ 数か国語に通じた人だ) He is quite a *linguist*. / (⇒ 数か国語ができる人だ) He's a *polyglot*.
外国語学校 language school Ⓒ.

がいこつ 骸骨 skeleton Ⓒ；(骸骨になった死骸) bones ★ 常に複数形で. ¶ 彼は*骸骨のようにやせている He is like a *skeleton*. / (⇒ 皮と骨だけだ) He is ʳnothing but [all] *skin and bone(s)*.

かいこむ 買い込む buy ㊀；purchase ㊀ ★ 後者は形式ばった語. 《☞ かう[1]》.

かいこん 開墾 ─ 動 (耕す) cultivate ㊀. ─ 名 cultivation Ⓤ. 《☞ かいたく；きりひらく》. ¶ 彼らは荒れ地を*開墾した They *cultivated* the wasteland.

かいさい 開催 ─ 動 (会を催す) hold ㊀；(開会する) open ㊀ ★ 2語とも受身形で用いられることが多い；(開催中である) be open, be on. 《☞ ひらく》.
¶ その国際会議は来月東京で*開催される The international conference will *be held* in Tokyo next month. // 彼の彫刻展は鎌倉の近代美術館で*開催中である The exhibition of his sculptures *is* now ʳ*open* [*on*] at the Modern Art Museum in Kamakura. // 次の冬期オリンピックの*開催地はどこですか Where is the *site* of the next Winter Olympics?

かいさく 改作 ─ 名 adaptation Ⓤ. ─ 動 adapt ㊀. 《☞ つくりなおす；きゃくしょく》.

かいさつ 改札 ─ 動 (切符を調べる) inspect (tickets)；(切符にパンチを入れる) punch (tickets). ─ 名 (改札すること) the inspection of tickets. **改札係** ticket inspector Ⓒ **改札口** gate Ⓒ, (ticket) barrier Ⓒ. 《☞ えき[1] (挿絵)》.

かいさん 解散 ─ 動 (会合が) break up ㊉ ㊀；(議会や会社が) dissolve ㊉ ㊀；(警察が群衆などを) disperse ㊀. ─ 名 (会合の) breakup Ⓤ；(議会や会社などの) dissolution Ⓤ. 《☞ さんかい[1]；おひらき》.
¶ その会は午後8時に*解散となった The meeting *broke up* at eight p.m. // パレードの参加者は駅前で*解散した The parade *broke up* in front of the station. // 警察はデモ隊を*解散させた The police ʳ*dispersed* [*broke up*] the group of demonstrators. // 先月衆

か

か

議院[国会]が*解散した The House of Representatives [The Diet] *was dissolved* last month. 《☞ 政治・経済 (囲み)》

がいさん 概算 ―動 (大ざっぱに見積もる) estimate ... roughly. ―名 (おおよその計算) approximate calculation Ⓒ; (おおざっぱな見積もり) rough estimate Ⓒ. 《☞ みつもり》.

¶ *概算ではそれには100万円かかるだろう It will cost ⌈*roughly* a million yen [a million yen *at a rough estimate*]. ∥ 我々の*概算では損害は50万円以上だった We *estimated roughly* that our damage was over five hundred thousand yen. ∥ 私はわが家の建築費の*概算をしているところです I *have been making a rough estimate* of the cost for building our house.

かいさんぶつ 海産物 (海産食物) seafood Ⓤ《☞ ぎょかいるい》.

かいし 開始 ―動 (始める・始まる) begin ㊙㊐ (↔ stop), start ㊐㊙ ★ 後者が口語的; (会合などを) open ㊙㊐ (↔ close). ―名 beginning Ⓒ, start Ⓒ; opening Ⓒ. 《☞ はじめる; はじまる (類義語)》.

¶ 試合*開始は何時ですか What time does the game *begin*? ∥ 彼らは核実験を*開始した They *started* nuclear bomb tests. ∥ 我々は直接交渉を*開始した We *opened* direct negotiations.

がいし[1] 外資 foreign capital Ⓤ《☞ しほん》. ¶ *外資導入 the introduction of *foreign capital* ∥ *外資系の会社 a *foreign-affiliated* firm

がいし[2] 碍子 insulator Ⓒ.

がいじ 外耳 the external ear (↔ the internal ear). **外耳炎** inflammation of the external ear Ⓤ.

がいして 概して (一般に) generally; (だいたいにおいて) in general; (一般的に言うと) generally speaking; (通例) as a rule; (全体として) on the whole. 《☞ いっぱんに; いったい[2]》.

¶ *概して秋には雨が多い *Generally* [*As a rule*] we have ⌈a lot of [much] rain in fall. ∥ *概して言えば日本の気候は温和だ *Generally speaking*, the climate of Japan is mild. ∥ *概して去年は米が豊作だった *On the whole* we had a good crop of rice last year.

かいしめ 買い占め ―名 corner Ⓒ. ―動 (物を) buy up ㊙; (株や商品を) corner ㊙. 《☞ かう[1]》. ¶ その会社は市場の商品を全部*買い占めた The firm *bought up* all the goods on the market.

かいしゃ 会社 company Ⓒ; firm Ⓒ; 《米》corporation Ⓒ; office Ⓒ.

【類義語】規模・内容にかかわりなく, 日常的な意味での「会社」は **company** ないし **firm** と言うことができるが, 後者はくだけた感じの言い方で, 正式名称や改まった場合は *company*, 《米》**corporation** と言う. 「会社で働く」などという場合の仕事の行われる場所は **office** である.

[語法] Company は Co. と略される. 会社名で Yamada & Co. とある場合の Co. は「仲間」という意味で, ほかの共同出資者である partners を指す. この & Co. の前には必ず人名がくる. 人名の次に Trading などの語が入った場合は Yamada Trading Co. としなければならない. なお & Co. は主として合資会社・合名会社に用い, 株式会社の場合は《米》では Co. の後, または Co. を省略して Inc. (=Incorporated) を, 《英》では Co. の後に Ltd. (=Limited) を加える. 《☞ きぎょう; つとめ[1]》

¶ どちらの*会社にお勤めですか Which ⌈*company* [*firm*] do you work for? ∥ この*会社へ入ってもう10年になる Ten years have already passed since I ⌈joined [was hired by] this ⌈*company* [*firm*]. / I have been working for this *company* for ten years. ∥ 父はまだ*会社です (⇒ 会社にいます) My father is still at his *office*.

がいしゃ 外車 (外国製の車) foreign [foreign-made] car Ⓒ ★ 以上はほぼ同意だが, 前者のほうが普通; (輸入車) imported car Ⓒ.

かいしゃいん 会社員 (事務系の) office worker Ⓒ ★ 必ずしも会社員だけでなく, 公務員でも事務職の人を指すことに注意; office girl Ⓒ ★ 特に女性ということを問題にするときにだけ言う; (会社の従業員) company employee Ⓒ (↔ employer). ¶ 彼は*会社員だ (⇒ 彼は会社のために働いている) He *works for a company*.

かいしゃく 解釈 ―名 (「理解」の意味が強いとき) interpretation Ⓤ; (「説明」の意味が強いとき) explanation Ⓤ. ―動 (解釈する) interpret ㊙; (理解する) take ㊙.

¶ 一方的な*解釈 a one-sided *interpretation* ∥『英文*解釈法』(⇒ 英語を日本語に翻訳する方法) *How to Translate English into Japanese* [参考] 書名の場合はこのように主要な単語を大文字で始める. 《☞ 大文字 (欄外); イタリック体 (欄外)》∥ 彼の行動はこう*解釈するよりほかにない (⇒ これが唯一の説明である) This is the only *explanation* ⌈of [for] his behavior. ∥ 彼女は私の言葉を誤って*解釈した She *took* my words in the wrong sense.

かいしゅう[1] 回収 ―動 (集める) collect ㊙; (取り戻す) take back ㊙; (受け取る) receive ㊙. ―名 collection Ⓤ.

¶ 月曜までゴミの*回収はありません No garbage *collection* until Monday. ∥ 彼に貸した金はもう*回収できないよ You won't be able to *take back* the money you lent him. ∥ 答案を集めるときにアンケート用紙も一緒に*回収して下さい When collecting the answer sheets, please ⌈*collect* [*receive*] the questionnaires with them.

かいしゅう[2] 改修 ―動 (修理する) repair ㊙; (改良する) improve ㊙. ―名 repair Ⓤ; improvement Ⓤ. 《☞ しゅうり; かいりょう》. ¶ 彼らはその堤防を*改修した They *repaired* the banks. ∥ 河川*改修工事 river *improvement*

かいしゅう[3] 改宗 ―動 (改宗する・させる) convert ㊐㊙. ―名 conversion Ⓤ. ¶ 彼女はキリスト教に*改宗した She *has turned* Christian. ★ 口語的な表現. / She *has* (*been*) *converted to* Christianity. ★ 改まっ

た表現. 改宗者 convert [kɑ́nvəːt] Ⓒ.

かいじゅう[1] 怪獣 monster Ⓒ.

かいじゅう[2] 懐柔 ¶彼らを*懐柔して味方に引き入れた We *have won* them ｢over [*round*] (*to our side*). ((☞だきこむ; てなずける))

がいしゅつ 外出 ―動 (外出する) go out Ⓘ. ―副 (外出して) out. ((☞ でかける)). ¶ちょっと*外出していいですか May I *go out* for a while? // 彼は仕事で*外出しています He *is out* on business. // 私は日曜日はたいてい*外出しない (⇒ 家にいる) I usually *stay at home* on Sunday(s). 外出着 street ｢dress Ⓒ [wear Ⓤ; clothes] ((☞ 衣服 (囲み))).

かいしゅん 改悛 ―名 repentance Ⓤ. ―形 repentant. ((☞ こうかい[1])). ¶彼は*改悛の情が顕著である (⇒ 改悛のはっきりした徴候を示した) He has shown clear signs of *repentance*. / He is quite *repentant* now.

かいしょ 楷書 the square style (of Chinese handwriting) ¶お名前は*楷書でお書き下さい Please *print* your name. 参考 英文の申し込み書などにあるもので, print は「活字体で書く」の意.

かいじょ 解除 ―動 (警報などを) cancel ㊝; (ストライキを) call off ㊝; (武装を解く) disarm ㊝; (禁止令を) lift ㊝. ―名 cancellation Ⓤ; (武装解除) disarmament Ⓤ. ((☞ とく[1]; とりけす)).
¶台風警報は1時間前に*解除された The typhoon warning *was canceled* an hour ago. // ストは*解除になった The strike *has been called off*. // 我々の船は武装*解除された Our ship *was disarmed*. // その禁止令はついに*解除された The ban *was* finally *lifted*.

かいしょう[1] 解消 ―動 (取り消す) cancel ㊝; (急に取り消す) break off ㊝; (無効にする) annul [ənʌ́l] ㊝. ―名 cancellation Ⓤ; annulment Ⓤ. ((☞ とりけし)). ¶2人は婚約を*解消した They *have broken off* their engagement.

かいしょう[2] 改称 ―動 (名前を…に変える) change the name to …; (名前を付け直す) rename ㊝. ¶東京帝国大学は1947年に東京大学と*改称した Tokyo Imperial University ｢*changed its name to* [*was renamed*] Tokyo University.

かいしょう[3] 甲斐性 ¶*甲斐性のある (⇒ 有能な) 男 a man of *ability* ((☞ きこつ; きがい[2]))

かいじょう[1] 会場 (会合の場所) place of meeting Ⓒ; (公共の集会所) assembly room Ⓒ. ¶研究会の*会場はどこですか (⇒ どこで行われるか) Where does your study meeting take place?

かいじょう[2] 開場 ―動 open Ⓘ ((☞ かいかい; かいえん)) ¶午前10時*開場 Doors *open* at 10 a.m.

かいじょう[3] 海上 ―形 (海の) marine; (海に関する) maritime. ((☞ うみ[1])). ¶彼は*海上勤務についている He is *on sea* duty. ★反対は on shore duty. 海上自衛隊 the Maritime Self-Defense Force ((略 MSDF)) 海上保安庁 the Maritime Safety Agency 海上保険 marine insurance Ⓤ 海上輸送 marine transportation Ⓤ.

かいじょう[4] 階上 ―副 upstairs ((☞ -かい[3]; にかい[1]; うえ[1]; 家・部屋 (囲み))).

がいしょう[1] 外傷 external ｢injury [wound] Ⓒ ((☞ きず (類義語))).

がいしょう[2] 外相 foreign minister Ⓒ ((☞ がいむだいじん)). ¶*外相会議 a *Foreign Ministers'* conference

かいしょく 会食 ―動 (会食する) dine together Ⓘ; (人と食事をする) dine (with …) Ⓘ. ((☞ しょくじ[1])). ¶きのうは理事たちと*会食した I *dined with* the directors yesterday.

がいしょく 外食 ―動 (外食する) eat [dine] out Ⓘ ((☞ 食事 (囲み); レストラン (囲み))).

かいしん[1] 会心 ¶これは*会心の作だ (⇒ 思い通りの作品) This is a work *after my own heart*. / (⇒ 最高の作品の1つだ) This is one of my *best* works. // 彼は*会心の笑みを浮かべた (⇒ 満足して微笑した) He smiled *complacently* [kəmpléisntli(ː)]. / (⇒ 満足の微笑を浮かべた) He gave a smile *of satisfaction*.

かいしん[2] 改心 ―動 (改心する) reform *oneself*; (改心させる) reform ㊝; (行いを改める) mend *one's* ways. ―名 amendment Ⓤ. ((☞ いれかえる)).

かいしん[3] 回診 rounds ★通例複数形で. ((☞ じゅんかい; 病気・病院 (囲み))).

がいじん 外人 ―名 (外国から旅行または移住して来た人) foreigner [fɔ́ːrinə] Ⓒ; (ある国に居住しているが, 別の国の国籍をもち, 帰化しない人) alien [éiljən] Ⓒ. ―形 (外人の) foreign. 参考 foreigner という語には, 人を疎外するニュアンスがあるので, 対面する相手について言うときには, ほかの語, 例えば visitor (＝訪問者) などの置き替え可能な表現を用いるほうがよい場合がある. ((例) あなたは*外国人ですか (⇒ あなたはこの国を訪れている人ですか) Are you a *visitor* here? / (⇒ あなたは旅行者か) Are you a *tourist*?).

かいず 海図 chart Ⓒ ((☞ ちず (類義語))).

かいすい 海水 seawater Ⓤ ((☞ うみ[1])). 海水着 (一般的に) swimming wear Ⓤ; (女性用) bathing [béiðiŋ] suit Ⓒ, swimsuit Ⓒ, ((英)) bathing costume Ⓒ; (男性用) swim trunks ★複数形で. 海水帽 bathing cap Ⓒ.

かいすいよく 海水浴 swimming in the ｢sea [ocean] Ⓤ ((☞ うみ[1]; すいえい)). ¶*海水浴は好きですか Do you like *swimming in the sea*? // 下田へ*海水浴に行った We *went* ｢*swimming* [*for a swim*] at Shimoda. 海水浴客 swimmer Ⓒ 海水浴場 beach (resort) Ⓒ.

かいすう 回数 the number of times; (頻度) frequency Ⓒ. ¶彼の欠席*回数はどれくらいですか (⇒ 何回休みましたか) How ｢*often* [*many times*] was he absent?

がいすう 概数 (端数のない数) round ｢numbers [figures]; (およその数) approximate figures ★いずれも複数形で. ((☞ がいさん)).

かいすうけん 回数券 coupon ticket Ⓒ.

かいする[1] 介する ― 前 (…を通して) through … 《☞ ちゅうかい；とおす》. ¶私は彼を*介して (⇒ 彼の仲介を通して) その会社と契約を結んだ I made the contract with the company *through* his *mediation*.

かいする[2] 介する ¶彼女はそんなことは少しも意に*介しない (⇒ 心配しない) She does not ˹*mind* [*care for*; *worry about*] such things at all. / (⇒ 何とも思わない) She *thinks nothing of* such things. 《☞ い[2]；しんぱい；き[1]》

かいする[3] 解する (理解する) understand ⓗ, 《口語》 make out ⓗ; (解釈する) interpret ⓗ; (鑑賞する) appreciate ⓗ. 《☞ わかる；りかい；かいしゃく》. ¶彼は現代美術を*解さない He cannot *appreciate* modern art.

がいする 害する (損傷を与える) injure ⓗ; (傷つける) hurt ⓗ; (破壊する) destroy ⓗ. 《☞ そこなう》.

¶彼は深酒で健康を*害した (⇒ 深酒が彼の健康を損ねた) Heavy drinking *injured* his health. // 他人の感情を*害することのないように気を付けなさい Be careful not to *hurt* other people's feelings. // その建物は風景の美観を*害する The building *destroys* the scenic beauty.

かいせい[1] 快晴 ― 形 fine, fair ★ fine が一般的. 天気予報などでは fair を用いる. ― 名 fine [fair; clear] weather Ⓤ. 《☞ はれ[1]；天候の表現 (囲み)》.

¶この前の日曜日は*快晴だった It [The weather] was very *clear* last Sunday. 《☞ It の用法 (欄外)》 / (⇒ よい天気を持った) We had *fine weather* last Sunday. // *快晴に恵まれた (⇒ 幸運にも快晴の日だった) Fortunately it was a *clear* day.

かいせい[2] 改正 ― 動 (必要な部分を訂正して改める) revise ⓗ; (法律などの字句を改める) amend ⓗ; (部分的に変更する) alter [ɔ́:ltə] ⓗ. ― 名 revision Ⓤ; amendment Ⓤ; alteration Ⓤ. 《☞ しゅうせい[1]；かいかく》.

¶年金制度の早急な*改正が望まれる The immediate *revision* of the annuity system is needed. / It is necessary to *revise* the annuity system without delay. // 憲法*改正については十分論議を尽くすべきだ We should discuss fully an *amendment* to the Constitution.

改正案 reform bill Ⓒ, plan to revise … Ⓒ.

かいせい[3] 改姓 ― 動 change *one's* family name. ¶彼女は佐藤から加藤に*改姓した She *changed her family name* from Sato to Kato.

かいせき 解析 analysis Ⓤ. **解析幾何学** analytical geometry Ⓤ.

かいせつ[1] 解説 ― 名 (説明) explanation Ⓤ; (論評) comment Ⓒ. ― 動 (説明する) explain ⓗ; (論評する) comment (on …) ⓙ. 《☞ せつめい；ろんぴょう》.

¶その新聞は海外ニュースの*解説を載せている The newspaper gives *comments* on the news abroad. [語法] comment は個々の問題についての解説. 同じ意味で commentary を使うこともできるが, この単語は集合名詞として用いられることが多い. // ニュース*解説 a news *commentary* / *comments* on current news

解説者 commentator Ⓒ; (ニュースの) news commentator Ⓒ, newscaster Ⓒ. 《☞ ニュース》.

かいせつ[2] 開設 ― 動 (制度や設立物などを設立する) set up ⓗ, establish ⓗ ★ 後者はやや改まった語; (学校・企業体などを) found ⓗ; (電話などを) install ⓗ. ― 名 establishment Ⓤ; foundation Ⓤ. 《☞ せつりつ；せっち；もうける[2]》.

¶この地域に病院の*開設が望まれる (⇒ 必要とされる) The *establishment* of a hospital is needed in this area. / It's necessary to ˹*set up* [*establish*] a hospital in this area.

がいせつ 概説 (概略) outline Ⓒ, summary account Ⓒ ★ 前者のほうが一般的. 《☞ がいろん；がいりゃく》.

かいせん[1] 開戦 ― 名 (戦争の勃発(ぼつ)) the outbreak of war. ― 動 (戦いを始める) open [go to] war (against a country); (宣戦する) declare war (on a country). 《☞ せんそう[1]》. ¶太平洋戦争の*開戦は 1941 年 12 月 8 日だった The Pacific War *broke out* on Dec. 8, 1941. / *The outbreak of* the Pacific War was on Dec. 8, 1941.

かいせん[2] 改選 ― 動 (改選する) reelect [rì:ilékt] ⓗ. ― 名 reelection Ⓤ. 《☞ せんきょ[1]；せんしゅつ》.

かいせん[3] 回線 〘電気〙 circuit [sə́:kit] Ⓒ. ¶電話*回線 a telephone *circuit*

かいぜん 改善 ― 動 (さらによくする) improve ⓗ ★ 最も一般的な語; (よりよくする) better ⓗ ★ 現在のものが必ずしも悪くないという意味を含む; (改革する) reform ⓗ. ― 名 improvement Ⓤ; betterment Ⓤ; reform Ⓤ. 《☞ かいかく；かいりょう (類義語)》.

¶我々は事態を*改善しなければならない We must ˹*improve* [*better*] the situation. // それは大いに*改善の余地がある It leaves much room for *improvement*. // *改善案を作り, すぐに実行に移すべきだ We should draft ˹a *reform* [an *improvement*] plan and carry it out without delay. // まず待遇を*改善してもらいたい (⇒ 給料を上げてもらいたい) First of all I want a ˹*higher* salary [*raise*].

がいせん[1] 凱旋 ― 動 (凱旋する) return in triumph [tráiəmf]. ― 名 triumphal [traiʌ́mfəl] return Ⓒ. ¶彼らは意気揚々と*凱旋した They *returned in triumph*. // 彼は*凱旋将軍のように意気揚々と帰ってきた He returned in high spirits, like a hero.

凱旋門 triumphal arch Ⓒ.

がいせん[2] 外線 (電話の) outside line Ⓒ; (外部) outside Ⓤ. 《☞ 電話の英語 (囲み)》.

¶《電話で》 *外線をお願いします *Outside* (*line*), please. / Please give me an *outside line*. // この電話で*外線がかけられますか Can I ˹*call outside* [make an *outside call*] by this telephone?

かいそ 開祖 (宗派などの) founder Ⓒ; (流行などの) originator Ⓒ.

かいそう¹ 回想 ―名 (思い出すこと) recollection Ⓤ; (遠い昔の回想) reminiscence Ⓤ. ―動 (過ぎ去ったことを振り返ってみる) look back (on ...; upon ...) ⓐ; (思い出す) recollect ⓣ, recall ... to *one's* mind; (遠い昔を想い出す) reminisce ⓐ. 《☞ おもいだす》.
¶彼は子供時代を*回想した He *looked back upon* his childhood. // その老人は毎日*回想にふけった The old man spent every day in *reminiscence*.
回想録 (作者の体験をもとにした思い出話) reminiscences; (親しい人の伝記, 自叙伝, あるいは重大事件の回想的な記録) memoirs [mémwɑːz] ★ いずれも複数形で.

かいそう² 改装 ―動 (作り直す) make over ⓣ; (建物などの外観・内装を改める) remodel ⓣ ★ 以上2つはほぼ同意だが, 前者のほうがより口語的; (作り変える) convert ⓣ. ―名 remodeling Ⓤ. 《☞ かいぞう》. ¶今度店を*改装しました We *have remodeled* our store recently. // この船はフェリーに*改装される予定だ This ship is going to *be converted into* a ferry boat.

かいそう³ 回送 ―動 (手紙を転送する) forward ⓣ; (荷物などを) transfer ⓣ; (一般的に, 物を次へ送る) send on ⓣ. 《☞ てんそう》.
¶この手紙を上記の住所へ*回送して下さい Please *forward* this letter to the above address. // この荷物を次の駅へ*回送して下さい Please *send* this package (*on*) to the next station. / Please *have* this package *transferred* to the next station. 《☞ 使役 (囲み)》

かいそう⁴ 階層 (社会の) class Ⓒ; (身分などによる階級) rank Ⓒ; (収入などの範囲による階層) bracket Ⓒ; (階級の体系) hierarchy [háiərɑ̀ːki(ː)] Ⓒ. 《☞ かいきゅう》. ¶社会のあらゆる*階層の人々 people ⌈from [of] all *classes* of society / people ⌈of [in] all *walks of life* 参考 a walk of life は社会的地位・身分, また職業の意.

かいそう⁵ 会葬 ―動 (葬式に参列する) attend a funeral 《☞ そうぎ¹》. ¶ご*会葬ありがとうございました《葬式で》Thank you very much for ⌈your kind *attendance at* [*attending*] *the funeral*. **会葬者** mourner Ⓒ, person who attended a funeral Ⓒ.

かいそう⁶ 海草 seaweed Ⓤ.

かいぞう 改造 ―動 (デザインなどを) remodel ⓣ; (物一般を) make over ⓣ; (作り変える) convert ⓣ; (内閣・重要人事を) reshuffle ⓣ. ―名 remodeling Ⓤ; reshuffle Ⓤ. 《☞ かいそう²; かいかく; つくりかえる》.
¶近く店を大*改造しなくてはならない We must *remodel* our store extensively in the near future. // この台所は居間を*改造したものです This kitchen *was converted from* a living room. / (⇒我々は居間をこの台所に改造した) We *made over* the living room *into* this kitchen. // 首相は内閣を*改造した The Prime Minister *reshuffled* the Cabinet. // 今度の*改造人事は失敗だ The (recent) ⌈*reshuffle* [*reshuffling*] was a failure.

がいそう 外装 (上塗り) coating Ⓤ; (外見) appearance Ⓤ; (自動車などの外側の作り) trim Ⓒ; (一般に外側の装飾) external ornament Ⓒ.
¶その建物の*外装はしっくいだった (⇒しっくいが塗られていた) The building *was coated with* plaster. / The building *was plastered*. // その車は*外装はよいが内装が少し貧弱だ The car has a fine *trim*, but the interior is rather poor. // その家は*外装がとてもよい The house has a very fine *appearance*. / (⇒外から見るとすてきだ) The house looks very attractive *from the outside*.

かいそく¹ 快速 ―副 (快速で) at a high speed. ―形 (速力が速い) fast; rapid; quick; speedy. 《☞ はやい¹ (類義語)》.
快速艇 speedboat Ⓒ, fast-sailing ship Ⓒ
快速電車[列車] rapid-service train Ⓒ, fast train Ⓒ 参考 日本では急行列車といえば急行料金を取る列車のことで, それには express train が訳語として用いられている. これに対して料金を取らない急行という意味では前記の訳語がよい.「都市相互を結ぶ」という意味で inter-city (train) Ⓒ も外国人には理解しやすい訳語. 《☞ 乗り物 (囲み)》.

かいそく² 会則 the regulations of ⌈...'s [the] society 《☞ きそく》. ¶それは*会則に反する That is against *the regulations of our society*. // *会則の改正には会員の3分の2の賛成が必要だ The assent of two thirds of the members is required to amend *the regulations of the society*.

かいぞく 海賊 pirate [pái(ə)rət] Ⓒ.
海賊船 pirate (ship) Ⓒ **海賊版** pirate(d) edition Ⓒ.

かいたい 解体 ―動 (ばらばらにする) take [pull] ... apart; (飛行機などの装備をはずす) dismantle ⓣ; (家を取り壊す) pull down ⓣ; (組織などを) disband ⓣ. 《☞ とりこわす》.
¶彼はその機械を*解体して調べた He *took* the machine *apart* and examined them. // その飛行機は専門家によって*解体された The plane *was dismantled* by the experts. // その建物は*解体して改築された The building *was pulled down* and rebuilt. // その組織は警察の命令によって*解体された The syndicate *was disbanded* by order of the police.

かいたく 開拓 ―動 (開発して発展させる) open up ⓣ; (荒地などを) reclaim ⓣ; (耕す) cultivate ⓣ. ―名 reclamation Ⓤ; cultivation Ⓤ. 《☞ きりひらく》.
¶彼らは新しい土地を*開拓した (⇒耕作した) They *cultivated* new land. // 長い間見捨てられていた土地が*開拓された The long-abandoned land was ⌈*reclaimed* [*opened up*]. // アメリカに新しい市場を*開拓しなければならない (⇒見つける[求める]べきだ) We should ⌈*find* [*seek*] a new market in America.
開拓者 (植民者) colonist Ⓒ; (移民) settler Ⓒ; (ほかの人々よりも先に定住し, 開拓する人) pioneer Ⓒ ★ この語は比喩的にも用いられることが多い. ¶彼らは宇宙科学の*開拓者だ They are the *pioneers* of space science.

か

かいだく 快諾 ―名 ready [willing] consent Ⓤ ★ a を付けて. ―動 (快く引き受ける) gladly [willingly] consent (to ...) ⓐ. 《☞ ひきうける; しょうだく》. ¶ 彼は我々の申し出を*快諾してくれた He gave a *ready consent to* our request. / He ⌈*gladly* [*willingly*] *consented to* our request.

かいだし 買い出し ¶ 彼女は毎朝市場へ*買い出しに行く (⇒ 買い物に行く) She *goes shopping* at the market every morning. 《☞ かう[1]; かいもの》

かいたたく 買いたたく beat down ⓗ 語法 「値段」「人」両方を目的語にとる; (不当な安値で買う) buy ... at an unreasonably low price. 《☞ ねぎる; ねびき》.
¶ 私は*買いたたいて 2 千円にさせようとした I tried to *beat* ⌈the price [him] *down* to ¥2,000. ∥ キャベツが豊作で, 農家は*買いたたかれた (⇒ 不当な安値で売らなければならなかった) Owing to a rich crop of cabbages the farmers had to *sell* them *at an unreasonably low price.*

かいだめ 買いだめ ―動 (買いだめする) hoard ⓗ. ―名 hoarding Ⓤ. 《☞ たくわえる; かいおき》. ¶ 彼らは飢饉(ききん)に備えて米を*買いだめした They *hoarded* rice against famine. ∥ この冬の石油は十分に*買いだめがしてあります (⇒ 十分な蓄えがある) We have a good *stock* of oil for the winter.

かいだん[1] 階段 (踊り場から踊り場までの一続きの階段) stairs, steps 語法 両方とも, 常に複数形で用いる. 前者は特に屋内のもの. a flight, a flight of stairs ともいう; (建物の階段・手すりなどの部分すべてを含めて) staircase Ⓒ, stairway Ⓒ ★ 以上 2 語はほぼ同意だが, 後者はややいかめしい表現; (階段の段の 1 つ) stair Ⓒ, step Ⓒ.

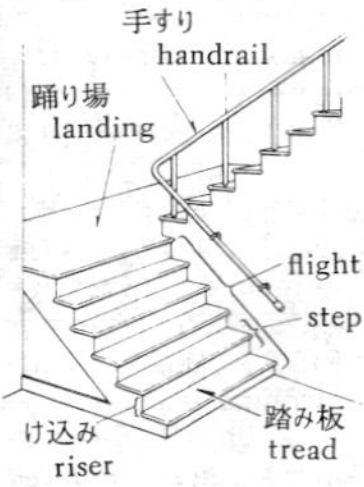

¶ この*階段はとても急です The *stairs* are very steep. ∥ 私は*階段を上った[降りた] I went ⌈up [down] the *stairs.* ∥ 彼は*階段を 2 段ずつ駆け上がった He ran up the *flight,* two steps at a time. ∥ 私は*階段から転げ落ちてしまった I ⌈tumbled [fell] down the *steps.* ∥ この*階段を上がると彼の事務所です (⇒ この階段は彼の事務所に通じている) This *staircase* leads to his office. ∥ らせん*階段 a spiral *staircase* ∥ 非常*階段 emergency *stairs*
階段教室 theater (《英》 theatre) Ⓒ.

かいだん[2] 会談 ―名 talks ★ 通例複数形で; conference Ⓒ; meet(ing) Ⓒ. ―動 talk ⓐ; confer ⓐ; meet ⓐ.
【類義語】 公式に会合して意見を交換することを表す最も一般的な語は **talks**. 平等な立場で, 公式な場での意見の交換や討議をするのを **confer** と言い, その会合を **conference** という. 委員会とか団体のメンバーが日を決めて会合するのが **meeting** で, やや口語的には **meet** ともいう. 《☞ きょうぎ[1]; かいぎ (類義語); こうしょう[1]》
¶ *会談は成功[失敗]した The *talks* were ⌈successful [unsuccessful; a failure]. ∥ 3 人の大統領がパリで*会談をした The three presidents ⌈*talked* [had a *talk*; had a *conference*] in Paris. ∥ アラブの首脳*会談がカイロで開かれた An Arab summit ⌈*meet* [*conference*] was held in Cairo. / Arab summit *talks* were held in Cairo. / (⇒ アラブの首脳がカイロで会談を開いた) Arab leaders held *talks* in Cairo. ∥ イスラエル問題の*会談は延期になった The Israeli *talks* were postponed. / The *talks* on Israeli problems were put off.

かいだん[3] 怪談 ghost story Ⓒ.

がいたん 慨嘆 ―動 (嘆く) deplore ⓗ; (遺憾に思う) regret ⓗ. 《☞ なげく (類義語); かなしむ》.

ガイダンス (教師の指導) guidance Ⓤ; (入学時, あるいはある活動などの始めに行う説明・指導) orientation Ⓤ.
¶ クラブ活動の*ガイダンス extracurricular activity *guidance* / (⇒ クラブ活動を始める前に説明するためのガイダンス) *orientation* for extracurricular activities ∥ 入学式の後, 学生は教室で*ガイダンスを受けた After the ⌈matriculation [entrance] ceremony the students were given *orientation* (lectures) in the classrooms.

かいちく 改築 ―動 (建て直す) rebuild ⓗ. ―名 rebuilding Ⓤ. 《☞ かいぞう》.
¶ この家は来年*改築する We will *rebuild* this house next year.

かいちゅう[1] 海中 ―副 (海の中へ) into the sea 《☞ うみ[1]》. ¶ 彼は*海中に飛び込んだ He ⌈jumped [plunged] *into the sea.*

かいちゅう[2] 回虫 roundworm Ⓒ. ¶ *回虫がわく get *roundworms*

がいちゅう 害虫 injurious insect Ⓒ; (害虫・害鳥・害獣の総称) vermin Ⓤ ★ 複数扱いだが, 数詞は付けない.

かいちゅうでんとう 懐中電燈 《米》 flashlight Ⓒ, 《英》 (electric) torch Ⓒ. ¶ 彼は*懐中電燈を持って案内してくれた He carried a *flashlight* and guided me. ∥ *懐中電燈をつける[消す] turn ⌈on [off] the *flashlight*

かいちょう[1] 会長 president Ⓒ; (一般的に最高責任者という意味で) head Ⓒ; (会社の) chairman Ⓒ. 《☞ ちょう[3] (類義語)》. ¶ 山田氏は A 文学会の*会長だ Mr. Yamada is the *president* of A Literary Society. ∥ この会の*会長はだれですか Who is the *head* of this society?

かいちょう[2] 快調 ¶ 私はこのところ*快調です (⇒ 体の調子がよい) I'm *in a good physical condition* these days. ∥ 仕事[商売]は*快調だ (⇒ よい状態にある) The ⌈business [trade] is *in good condition.* ∥ すべてが*快調に (⇒ 円滑に) 運んでいる Everything is going *smoothly.* 《☞ じゅんちょう; こうちょう[1]》

がいちょう 害鳥 injurious bird Ⓒ; (害鳥・害虫・害獣の総称) vermin Ⓤ ★ 複数扱いだが, 数詞は付けない.

かいつう 開通 **―**[動] (鉄道・道路・橋などが新しく通じる) open [自], be opened [語 法] 後者のほうがやや形式ばった言い方. いずれの表現も道路・橋などの場合には後に to [for] traffic という句を付けることが多い ; (不通箇所が回復する) be reopened ; (交通が再開される) be restored to traffic. **―**[名] opening [U].

¶ 新線はあす*開通する The new line will ⌈*open* [*be opened*] tomorrow. // 鉄道の不通箇所は8時間後に*開通した The damaged section of the railroad *was* ⌈*reopened* [*restored to traffic*] eight hours later.

開通式 opening ceremony [C].

かいづか 貝塚 〘考古学〙 kitchen midden [C].

かいつけ 買いつけ **―**[名] (購入) purchase [U]. **―**[動] (買う) buy [他], purchase [他] [語 法] 日本語の「買いつけ」は大量の物を買う場合にのみ言うが, 英語の buy, purchase にはその区別はない. ただし, buy よりも purchase のほうが形式ばった語である. (☞ かう[1]).

¶ ソ連はアメリカから大量の小麦を*買いつけるだろう (⇒ 買う[輸入する]だろう) The Soviet Union will ⌈*buy* [*import*] a large amount of wheat from the United States. / The Soviet Union will *make a* large *purchase of* wheat from the United States.

かいつまむ **―**[動] (要約する) summarize [他], sum up [他] ; (手短に言う) make ... short. (☞ てみじか).

¶ *かいつまんで (⇒ 手短に) 話しましょう I'll tell it to you *briefly*. / (⇒ あなたに事のあらましを言いましょう) I'll give you an *outline* of the matter. // *かいつまんで言うとこうなんです (⇒ この事の概念はこうなのだ) The *idea* of the matter is this. / (⇒ 事の要点はこれだ) The ⌈*point* [*gist*] is this. / (⇒ 短く言うとこうなんです) *In short*, it is ⌈like this [as follows]. / (⇒ まとめて次のように言える) I can ⌈*summarize* it [*sum it up*] as follows.

かいて 買い手 (買う人) buyer [C], purchaser [C] [語 法] 後者のほうがより大きな買い物, あるいは交渉や熟慮の上での買い手をいう. やや形式ばった語 ; (店の客) customer [C].

¶ それはすぐ*買い手がついた (⇒ それはすぐ売れた) It *was sold* immediately. / (⇒ すぐに買う人が見つかった) We found a ready *buyer* for it. // それは*買い手がつかない (⇒だれも買おうと思わない) Nobody wants to *buy* it. / (⇒ それは売れないまま残っている) It *remains unsold*.

買い手市場 buyers' market ★ a または the を付けて.

かいてい[1] 海底 **―**[名] the bottom of the sea ; (一番深いところ) the depths of the sea ; (やや専門的表現で, 海底の表面) ocean floor [C] ★ 海底の状況を問題とするような場合に用いる. **―**[形] (海底の) submarine, undersea. (☞ うみ[1] ; そこ[1]).

¶ その船は*海底に沈んだ The ship ⌈sank [went down] to *the bottom of the sea*. // *海底にはたくさんの植物が生えている Many kinds of plants grow on the ⌈*ocean floor* [*floor of the ocean*]. [参 考] 海底植物は submarine plant [C]. // 科学者たちは*海底を探険[調査]した The scientists ⌈explored [made research into] *the* ⌈*depths of the ocean* [*sea depths*].

海底火山 submarine [undersea] volcano [C] 《複 ~es, ~s》 **海底電線** submarine [undersea] cable [C] **海底トンネル** submarine [undersea] tunnel [C] **海底油田** submarine [offshore] oil field [C].

かいてい[2] 改訂 **―**[名] revision [U]. **―**[動] revise [他]. ¶ その本は*改訂中だ The book *is* now ⌈*being revised* [under *revision*]. // その辞書は一部[全面的に]*改訂された The dictionary *was* ⌈partly [completely] *revised*.

改訂版 revised edition [C].

かいてい[3] 開廷 **―**[動] (法廷・裁判を開く) open the court, hold ⌈court [a trial]. ¶ 法廷は午後1時に*開廷した The (law)court *was opened* at 1 : 00 p.m. / (⇒ 裁判は午後1時から始まった) The trial *was held from* 1 : 00 p.m. // 現在*開廷中である The court *is* now *sitting*.

かいてき 快適 **―**[形] (気持ちのよい) pleasant ; pleasing ; agreeable ; comfortable ; (居心地のよい) cozy (《英》 cosy) ; (楽しみを与えてくれるような) enjoyable. **―**[名] comfort [U] ; pleasure [U] ; coziness [U].

【類義語】 人の感覚に満足と喜びを与えるようなものは ***pleasant*** といい, 特にその結果よりも方法や経過に重点を置く場合には ***pleasing*** という. ((例) *快適な気候 a *pleasant* climate // 聞いて*快適な音 a sound *pleasing* to the ear). 人の好みに合うような快適さを持つものは ***agreeable***. 苦痛がなく, 安楽で心地よいのは ***comfortable***. ぬくぬくと暖かくて心地のよいのは ***cozy***. 楽しみを与えてくれるような快適さを持つものは ***enjoyable*** である.

¶ 列車はすいていて*快適な旅行でした The train was not crowded and it was ⌈a *comfortable* [an *enjoyable*] trip. // 当地は*快適な気候です The climate here is quite ⌈*pleasant* [*agreeable*]. // 彼の家はとても*快適だ His house is very *cozy and comfortable*.

がいてき 外敵 foreign enemy [C] (☞ てき). ¶ *外敵の侵入 *foreign* invasion

かいてん[1] 回転 **―**[動] (回る・回す) turn [自] [他] ; revolve [自] [他] ; rotate [自] [他] ; spin [自] [他]. **―**[名] turn [C] ; revolution [C] ; rotation [C] ; spin [C].

【類義語】 最も意味が広く, 日常的に用いられるのは ***turn***. 円の軌道を描いてあるものの周りを回るのは ***revolve***. 軸を中心に自転するときは ***rotate***. わりに細長いものがかなりのスピードで自転して, くるくる回るのは ***spin***. (☞ まわる ; まわす)

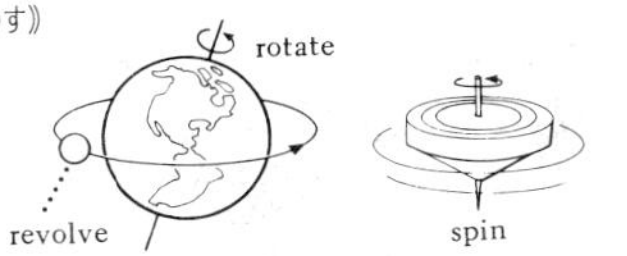

¶ 車輪は車軸を中心に*回転する A wheel *turns* on its axle. // 車輪がぐるぐると速く*回転している The wheel *is spinning* round and

round. // 地球は 365 日で太陽の回りを 1 *回転する The earth ⌈revolves [makes one *revolution*] around the sun in 365 days. / The earth ⌈*goes* [*moves*] *around* the sun in 365 days. // 彼は頭の*回転が速い (⇒ 彼は理解・反応などが速い) He is ⌈*quick-minded* [*quick-witted*]. / He has *a quick mind*. // 資金をすばやく*回転させなければならない We have to *turn* (over) our ⌈money [funds] rapidly.

回転いす swivel [revolving] chair Ⓒ **回転運動** rotary motion Ⓒ **回転競技** (スキーの) slalom Ⓒ **回転ドア** revolving door Ⓒ.

かいてん² 開店 — 動 (店を開く) open ㊐ ㊁ (↔close). — 形 (開いている) open. (☞ ひらく; かいぎょう¹).

¶「この店は何時に*開店しますか」「午前 10 時です」"What time do you *open* your store?" "We *open* (our store) at 10 a.m." // 当店は午前 10 時から午後 6 時まで*開店しています We are *open* 10:00 a.m. through 6:00 p.m. / (⇒ 10 時に開いて 6 時に閉める) We *open* at 10:00 a.m. and close at 6:00 p.m. / (⇒ 営業時間は 10 時から 6 時まで) Our business hours are from 10:00 a.m. to 6:00 p.m. // これはつい最近*開店したスーパーです This is ⌈quite a new [a newly *opened*] supermarket. // 本日*開店 *Opened* today (☞ 掲示の英語 (囲み))

開店休業 ¶ *開店休業の状態ですよ (⇒ 店は開いているがお客が来ない) Our store is *open*, but no customers come in.

がいでん 外電 (海外からの報道) report from overseas Ⓒ, overseas report Ⓒ; (外国からの電報) foreign telegram Ⓒ. ¶ *外電によれば according to the *report from overseas* / An *overseas report* says...

ガイド (人) guide Ⓒ; (本) guidebook Ⓒ. (☞ あんない). ¶ 博物館の中を*ガイド付きで回った We went on a *guided* tour round the museum.

かいとう¹ 回答 — 名 (答え) answer Ⓒ; (要求された内容に応じる返事) reply Ⓒ; (反応) response Ⓒ. — 動 answer ㊐; reply (to ...) ㊁; respond (to ...) ㊁. (☞ こたえ (類義語); へんじ).

¶ 私の手紙にあすまでに*回答して下さい Please ⌈give your *answer* [*reply*] *to* my letter by tomorrow. / Please ⌈*answer* [*reply to*] my letter by tomorrow. // できるだけ早くご*回答下さい Please *reply* ⌈as soon as possible [at your earliest convenience]. // 彼はすぐに我我の要請に*回答してきた He *responded to* our request immediately.

かいとう² 解答 — 名 (質問・問題などの答え) answer Ⓒ; (数学・物理などの問題の解答) solution Ⓒ 語法 answer を用いてもよい. 語法上からいえば, 一般に question に対するのは answer, problem に対するのが solution (動 solve) である. — 動 (答える) answer ㊐; (計算などにより答えを出す) solve ㊐. (☞ こたえ (類義語)).

¶ 次の質問に*解答せよ *Answer* [Give *answers to*] the following questions. // この問題は*解答できない I can't ⌈*answer* [find the *answer to*] this question. / I can't *solve* this problem. // その*解答は正しい[間違っている] The *answer* is ⌈correct [wrong; incorrect].

解答者 (クイズ番組などの) panelist (《英》 panellist) Ⓒ.

かいとう³ 怪盗 mysterious thief Ⓒ.

かいどう 街道 (都市間の幹線道路) 《米》 highway Ⓒ, 《英》 highroad Ⓒ. (☞ みち¹ (類義語)). ¶ 甲州*街道 the Kōshu *Highway* 語法 the を付けること. Highway の h は大文字にする点に注意.

がいとう¹ 該当 — 動 (法律の条項などに当てはまる) come [fall] under ... ★ 分類上の所属をいう場合; (法律などを適用する) apply (to ...) ㊁; (相当する) correspond (to ...) ㊁. (☞ あてはまる).

¶ それは第 3 条に*該当する It ⌈*comes* [*falls*] *under* Article 3. / (⇒ それには第 3 条が適用される) Article 3 ⌈*applies* [*is applicable*] *to* it. // この規定に*該当する人はいません (⇒ その規定を適用できる人がいない) There is nobody *to* whom this rule *applies*. // 英語の that は日本語の「それ」と「あれ」に*該当する 'That' in English *corresponds to* '*sore*' and '*are*' in Japanese.

がいとう² 街頭 ¶ 選挙の候補者が*街頭で (⇒ 路上で) 演説をしていた A candidate for the election was making a campaign speech *on the street*. **街頭演説** wayside speech Ⓒ **街頭募金** street fund raising Ⓤ.

がいとう³ 外套 overcoat Ⓒ (☞ オーバー¹).

がいとう⁴ 街燈 street ⌈lamp [light] Ⓒ.

かいどく¹ 解読 — 動 (読みにくいものを読む) decipher [disáifə] ㊐; (特に暗号などを) decode ㊐. — 名 decoding Ⓤ. ¶ 彼はその大昔の文字の*解読に成功した He succeeded in *deciphering* the ancient writing. // 我々はその暗号を*解読できなかった We could not ⌈*decode* [*decipher*] the ⌈cryptogram [secret message].

かいどく² 買い得 — 名 (格安の買い物) bargain Ⓒ, good buy Ⓒ ★ 後者は口語的. — 形 (安い) inexpensive. (☞ とく²).

¶ それは*買い得だ That's a ⌈*good buy* [*bargain*]. / (⇒ それはとても安い) That's very *inexpensive*.

がいどく 害毒 — 名 (悪) evil [íːvl] Ⓒ ★ 形式ばった表現に用いる; (危害・災いなど) harm Ⓤ. — 動 (毒する) poison ㊐. (☞ がい). ¶ それは社会に*害毒を流すものだ (⇒ 社会を毒する) It *poisons* society. / It does *harm* to society. / It brings many *evils* to society.

ガイドブック (旅行案内書) guidebook Ⓒ.

かいとる 買い取る buy ㊐, purchase ㊐. (☞ かう¹).

かいならす 飼い馴らす (野生の動物を人と住めるようにする) tame ㊐; (やや形式ばった語で, 動物を役に立つように) domesticate ㊐.

¶ おおかみを*飼いならすことができるだろうか Can we ⌈*tame* [*domesticate*] a wolf? // *飼いな

らされたくま a *tame* bear ★ この tame は 形.

かいなん 海難 (船の難破) shipwreck Ⓒ; (海上での事故) maritime [marine] accident Ⓒ; (航海中の大事故) disaster at sea Ⓒ.

海難救助 sea rescue Ⓤ ★具体的な事例を指すときは Ⓒ; (船の救助・貨物の救済など) salvage Ⓤ; (海難にあった人命の救助) 《米》 life-saving Ⓤ.

かいにゅう 介入 ―名 (仲裁などのための) intervention Ⓤ. ―動 (間に入る) intervene ⓐ; (干渉する・おせっかいをやく) meddle in ... 《☞ かんしょう[1]》.

¶大国の武力*介入 armed *intervention* by a big nation // その争いに政府が*介入した The Government *intervened* in the dispute. // 彼はいつも他人のことに*介入する He always *meddles in* somebody else's affairs.

かいにん 解任 ―動 (任務を解く) dismiss ⓗ; discharge ⓗ; (首にする) fire ⓗ. ―名 dismissal Ⓤ.

【類義語】理由の如何にかかわらず, 任を解くのを ***dismiss*** という. この語は無色の語なので解任の理由をぼかして言いたいときによく用いられる. ある好ましくない理由で免職にするのを ***discharge,*** またはより口語的には ***fire*** という. 《☞ くび; かいこ[1]》

¶彼は任務を怠った理由で*解任された He *was* ⌈*dismissed* [*discharged*] for neglect of duty. // その教授はある政治的な理由でその大学を*解任された The professor *was* ⌈*dismissed* [*fired*; *discharged*] *from* the college for a political reason.

かいぬし 飼い主 (所有者) owner Ⓒ; (飼っている人) keeper Ⓒ. ¶この犬の*飼い主はだれですか (⇒ だれがこの犬を飼っているのか) Who *owns* this dog? / (⇒ これはだれの犬か) Whose dog is this? // *飼い主のいない犬 (⇒ 家のない犬[野良犬]) は危険なことがある *Homeless* [*Stray*] dogs are sometimes dangerous. // *飼い主のいる犬 a *kept* dog

かいね 買い値 purchase price Ⓒ; (競売・株式市場などでつけた値) bid price Ⓒ.

がいねん 概念 idea [aidíːə] Ⓒ; concept Ⓒ; conception Ⓤ.

【類義語】「考え方」という意味で, 最も日常的な語は ***idea.*** 論理学などで用いる概念という用語に当たるのが ***concept*** であるが, 一般的な用法では, ある種のものに共通な特徴をとらえて 1 つの類として考える概念をいう. ある事柄についての漠然とした考えは ***conception*** だが, *concept* と同じような意味に用いられることも多い. 《☞ かんがえ; かんねん (類義語)》

¶彼はそれについて固定した*概念を持っている He has a fixed *idea* about it. // 我々は自由に対する明確な*概念を持つべきである We should have a clear ⌈*conception* [*concept*] of freedom.

かいば 飼葉 fodder Ⓤ. **飼葉桶** manger Ⓒ.

がいはく 外泊 ―動 (一晩中家をあける) stay out overnight; (家以外で寝る) sleep out ⓐ. 《☞ とまる[2]》. ¶彼はきのう*外泊した He ⌈*stayed* [*slept*] *out* last night. // 2, 3 日*外泊の予定だ I'm going to *stay out* for a few nights.

かいばしら 貝柱 adductor [muscle] (of a shell) Ⓒ; (食用になるホタテガイの) scallop Ⓤ.

かいはつ 開発 ―動 develop ⓗ ★一般的な語; (資源を) exploit ⓗ. ―名 development Ⓤ; exploitation Ⓤ.

¶この地域の経済*開発計画は着々と進んでいる The economic *development* plans of this region are making steady progress. // 我々は新しいエネルギー資源を*開発する必要がある We need to ⌈*exploit* [*develop*] new types of energy resources. // 宇宙*開発計画 a space *development* ⌈program [project] // 海の資源の*開発 *exploitation* of the resources in the sea

開発途上国 developing country Ⓒ.

かいばつ 海抜 above sea level. ¶この山は*海抜 1500 メートルだ This mountain is 1,500 meters *above sea level*.

かいひ[1] 回避 ―動 (近寄らない) keep away from ... ; (望ましくないものを避ける) avoid ⓗ; (うまく逃れる) evade ⓗ. ―名 avoidance Ⓤ; evasion Ⓤ. 《☞ さける[1]; のがれる》.

¶彼は責任を*回避した He *evaded* his responsibility. // 危険は*回避すべきだ You should ⌈*avoid* [*keep away from*] danger. // ストは*回避された (⇒ ストは中止となった) The strike *was called off*.

かいひ[2] 会費 membership fee Ⓒ; dues

語法 前者は入会金または料金というようなニュアンスで, 後者は分担金として当然納めるべきものという感じ. dues は通例複数形で.

¶このクラブの*会費は 2 千円です The *membership fee* of this club is 2,000 yen. / The club *dues* are 2,000 yen per person. // 来年から年[月]*会費が 500 円値上げになる The ⌈annual [monthly] *fees* will be raised by 500 yen from next year.

かいびゃくいらい 開闢以来 ¶それはわが国にとっては*開闢以来の (⇒ 前例のない) ことだった It was an *unprecedented* event for Japan.

かいひょう 開票 ―名 (票を数えること) vote [ballot] counting Ⓤ. ―動 (票を数える) count the ⌈votes [ballots]. 《☞ とうひょう (類義語); 政治・経済 (囲み)》.

¶*開票はあす午前 6 時から始まる *Vote counting* will start at 6 a.m. tomorrow. // *開票の結果はあす正午までに判明する The results of *vote counting* will be announced by noon tomorrow.

開票所[立会人] vote [ballot] counting ⌈office [witness] Ⓒ.

がいぶ 外部 ―名 (外側) outside Ⓤ (↔ inside) ★物の外側の部分で, 離れた外側は意味しない; (外側・外観・外見) exterior Ⓤ (↔ interior). ―形 outside, exterior ★ほぼ同意だが, 後者はやや形式ばった語; (外部の・外からの) external. 《☞ そと》.

¶*外部の人 *outside* people / *outsiders* // *外部の圧力 an *external* pressure // 家の*外部 the ⌈*outside* [*exterior*] of the house

かいふう 開封 ―動 (手紙をあける) open

か

(a letter)《☞ ふう²》. ¶ クリスマスカードは*開封で出せる You can send a Christmas card *unsealed*.

かいふく 回復 ―動 (健康・信用などを回復する) recover ㊀㊁; (体力・元気などを回復させる) restore ㊀; (病気などに打ち勝つ) get over ...; (病人がよくなる) get「better [well]; (天候などが) improve ㊁. 《☞ たちなおる; もちなおす; とりもどす》.
¶ 彼は病気から*回復した He *has*「*recovered* from [*gotten over*] his illness. / He *has gotten well*. 《☞ 病気・病院 (囲み)》 // その患者は*回復が早い[遅い] The patient is「quick [slow] in *recovering*. // 天候が*回復した The weather *has improved*. // 一度失った信用を*回復するのは容易なことではない Confidence that has once been lost cannot *be* easily「*recovered* [*won back*].
回復期 convalescence [kὰnvəlésns] Ⓤ.

かいぶつ 怪物 monster Ⓒ.

がいぶん 外聞 ¶ *外聞の悪い話だ (⇒ 道徳的に恥ずかしい話だ) It's a *scandalous* story. / (⇒ 不名誉な, 恥ずべき話だ) It's「a *shameful* [an *infamous*] story. / (⇒ 我々にとって不名誉だ) It is a *discredit* to us. // *外聞のよくない (⇒ 体裁のよくない) 話だから, だれにも言わないで下さい It's *not a respectable* story, so please don't tell it to anybody. // もう私は恥も*外聞もあったものではなかった (⇒ 私は他人が何と考えようと気にしなかった) I didn't care what others would think about me.

かいぶんしょ 怪文書 mysterious document Ⓒ.

かいへい 開閉 ―動 open and close ㊁㊀. ¶ 扉の*開閉は静かにして下さい Don't make a noise when you *open and close* the door. // ドアは自動的に*開閉します The door *opens and closes* automatically. // 踏切. *開閉機なし《掲示》 Railroad Crossing. No gates.

かいへいたい 海兵隊 《米》 the Marine Corps [mərí:n kɔ́ə], 《英》 the Royal Marines; (隊員) marine Ⓒ.

かいほう¹ 解放 ―名 (束縛や義務からの) release Ⓤ; (隷属状態からの) liberation Ⓤ ★ 政治的な意味での解放に用いられる最も普通の語. ―形 (自由な) free. ―動 free ㊀, set ... free ★ 最も広い意味で用いられる. 後者がやや口語的; release ㊀; liberate ㊀. 《☞ じゆう》.
¶ やっとその仕事から*解放された I'm now quite *free* from the job after all! / (⇒ その仕事から免れてうれしい) I'm glad to *be rid of* the work. // 彼は責任から*解放された He「*was released* [obtained a *release*] *from* responsibility. // 1863 年にリンカーンは奴隷を*解放した Lincoln「*freed* [*liberated*] the slaves in 1863. / Lincoln *set* the slaves *free* in 1863. 参考 「奴隷解放宣言」は Emancipation Proclamation という. // 人民軍がその国を*解放するであろう The People's Army will *liberate* the country. 参考 「人民解放戦線」は the People's Liberation Front.

かいほう² 介抱 ―動 (病人などの世話をする) look after ...; (看護する) nurse ㊀; (面倒を見る) care (for ...) ㊁. 《☞ せわ (類義語); かんびょう》. ¶ 彼女は病人の*介抱をした She *looked after* the patient. // 酔っ払いは*介抱する必要はありません You don't have to *care for* drunkards.

かいほう³ 快方 ―動 (よくなる) get better, improve ㊁ ★ 後者のほうがやや改まった語; (回復する) recover ㊀㊁. 《☞ かいふく》. ¶ 病人は*快方に向かっている The patient *is*「*getting better* [*recovering*]. // 彼の健康は徐々に*快方に向かっている His health *is* gradually *improving*.

かいほう⁴ 会報 (会員のための定期会報) bulletin [búlətn] Ⓒ; (報告) report Ⓒ; (学会の会報) transactions ★ この意味では常に複数形で.

かいほう⁵ 開放 ―動 (開く) open ㊀㊁; (開放にする) leave ... open. ¶ この戸*開放厳禁 Don't *leave* the door *open*. 《☞ 掲示の英語 (囲み)》

かいぼう 解剖 ―名 (生体の構造などを調べるための) dissection Ⓤ; (死体の死因を調べるための) autopsy Ⓒ. ―動 dissect ㊀.
¶ 生物の時間にかえるを*解剖した We *dissected* a frog in (the) biology class. // その遺体は*解剖に付された The dead body was submitted for an *autopsy*.
解剖学 anatomy Ⓤ.

かいまく 開幕 ―名 (開始) opening Ⓒ. ―動 (開く) open ㊁; (始まる) start ㊁.
¶ 野球シーズンが*開幕となった (⇒ 始まった) The baseball season *has* just *opened*. // *開幕第一戦 the「*first* [*opening*] game of the season / the *opener* // 午後 6 時に*開幕です (⇒ 上演は午後 6 時に始まる) The performance *starts* at 6 p.m. / (⇒ カーテンが上がる) *The curtain rises* at 6 p.m.

かいまみる 垣間見る (すきまなどからそっとのぞく) peep ㊁, take a peep (at ...) ★ 後者がやや口語的; (ちらりと見る) catch [have; get] a glimpse of ... 《☞ みる; のぞく²》. ¶ 彼らの生活を*かいま見ることができた We could「*catch* [*get*; *have*] *a glimpse of* their life.

かいみょう 戒名 posthumous Buddhist name Ⓒ.

かいむ 皆無 (無) nothing Ⓤ《☞ ぜつむ》.
¶ 彼女のその方面についての知識は*皆無といってよい (⇒ ほとんど知らない) She knows *almost nothing* about it. / She is *quite ignorant* about it. // 彼の成功の見込みは*皆無だ (⇒ 全然ない) There is *no* chance of his success *at all*.

がいむしょう 外務省 the Ministry of Foreign Affairs, the Foreign「Ministry [Office] ★ 第 1 の言い方が正式名. 参考 イギリスには外務省があるが, アメリカには外務省はなく, 国務省 (the Department of State) がこれに当たる. 《☞ 政治・経済 (囲み)》.

がいむだいじん 外務大臣 the Foreign Minister, the Minister of Foreign Affairs

[参考] イギリスでは Foreign Secretary という. アメリカでは国務長官 (the Secretary of State) が外交問題を担当することになっている. 《☞ 政治・経済 (囲み)》.

かいめい¹ 解明 ―[動] (解決の光を与える) throw light on ...; (問題などを解決する) solve [他]; (綿密に調べる) probe [他]. 《☞ きゅうめい¹; ちょうさ》.

¶ あなたの論文はこの難問を*解明する手がかりになる Your paper *throws light on* this difficult problem. / Your paper may help to *solve* this difficult problem. // 我々はその事故の原因の*解明 (⇒ 調査) に乗り出した We started「*making inquiries into* [*probing*] the cause of the accident.

かいめい² 改名 ―[動] (名前を変える) change *one's* name; (新しい名前を付ける) assume a new name.

かいめつ 壊滅 ―[動] (完全に破壊する) destroy completely [他]; (跡かたもないように消し去る) annihilate [ənáiəlèit] [他]. ―[名] complete [total] destruction [U]; annihilation [U]. 《☞ ぜんめつ; はかい》.

¶ その市は大地震によって*壊滅した The city *was*「*completely* [*totally*] *destroyed* by the great earthquake. // 次の世界戦争が起これば人類は*壊滅するだろう Another world war will *annihilate* the whole human race. // その政党は総選挙で*壊滅的打撃を受けた The party suffered a *crushing defeat* in the general election.

かいめん¹ 海面 the surface of the sea; (高度などを計るときの標準としての海面) sea level [U]. 《☞ かいばつ》. ¶ *海面下 10 メートルのところに岩がある There is a rock lying 10 meters below *the surface of the*「*sea* [*water*]. // この付近は*海面より低い This area is below *sea level*.

かいめん² 海綿 sponge [spʌ́ndʒ] [C].

がいめん 外面 ―[名] (外側) outside [U] (↔ inside) ★ しばしば the を付けて; (外側・外観) exterior [U] (↔ interior) ★ 以上 2 語はほぼ同意だが, 前者がより口語的. ―[形] outside; exterior; (表面的な・うわべの) external. 《☞ そとがわ; がいけん; みかけ》.

¶ 建物の*外面 the「*outside* [*exterior*] of a building // *外面がよいからといって内部がよいとは限らない What is good *externally* is not always good internally.

かいもどす 買い戻す buy back [他] 《☞ かう¹》.

かいもの 買い物 **1** «物を買うこと»: (店に出かけて買うこと) shopping [U]; (購入) purchase [U] [語法] purchase [動] は buy [動] よりも形式ばった語であるが, buy にはこの意味での [名] がないため, 代わりによく用いられる. 《☞ かう¹》.

¶ 母は*買い物に出かけました Mother *went shopping*. // 私はデパートに*買い物に行くところです I'*m going shopping* at a department store. // きょうに*買い物がたくさんある (⇒ 買うべきものがたくさんある) I have「a lot of [many] things to *buy* today. / (⇒ たくさんの物を買わなくてはならない) I have to *buy*「a lot of [many] things today. // ここで待っていて下さい. 少し*買い物をしなくてはなりませんから Will you wait here? I have「to *do* some *shopping* [some *shopping* to *do*]. // 彼女はその店でたくさんの*買い物をした She *bought* a lot of things at the store. / She *did* plenty of *shopping* at the store.

2 «購入した物»: purchase [C]; (安く買ったもの) bargain [C], buy [C] ★ 後者がより口語的.
¶ これはいい*買い物だ (⇒ これは安い) This is *cheap*. / (⇒ これは格安品だ) This is a good *bargain*. / This is a (good) *buy*.

買い物かご[袋] shopping「basket [bag] [C]
買い物客 (買い物をしている人) shopper [C]; (店の側からみた客) customer [C].

がいや 外野 the outfield 《☞ 野球の英語 (囲み)》. **外野手** outfielder [C]. ¶ 彼は*外野手だ He is an *outfielder*. / He *plays* (*the*) *outfield*. **外野席** 《米》 bleachers ★ 複数形で. 屋根のない観覧席の意.

かいやく 解約 ―[動] (契約などを取り消す) cancel [他]; (口座などを打ち切って清算する) close [他]. ―[名] cancellation of a contract [U]. 《☞ とりけす》. ¶ 私はその銀行の預金口座を*解約した I *closed* my account at that bank.

がいゆう 外遊 ―[名] overseas trip [C]. ―[動] go [travel] abroad, go overseas ★ 以上はほぼ同意だが, go ... を用いれば帰国を前提にしない場合も含まれる. 《☞ りょこう (類義語)》.
¶ 田中氏は*外遊中です Mr. Tanaka is *abroad* now. / Mr. Tanaka *is*「*traveling* [*staying*] *abroad*. // 私は来年*外遊することを計画している I'm planning to *go abroad* next year. / I'm planning (to make)「a *travel abroad* [an *overseas travel*] next year.

かいよう¹ 海洋 ―[名] the sea, the ocean [語法] 多くの場合入れ換えて用いられるが, 用語・術語として用いられるのは一般に ocean のほうである. ―[形] marine. 《☞ うみ¹》.

かいよう² 潰瘍 ulcer [ʌ́lsɚ] [C] 《☞ 病気・病院 (囲み)》. ¶ 胃*潰瘍 a stomach *ulcer*

がいよう 概要 (あらまし) outline [C]; (まとめ・要約) summary [C]. 《☞ がいりゃく》.

がいようやく 外用薬 medicine for external「use [application] [C] 《☞ 病気・病院 (囲み)》.

かいらい 傀儡 (操り人形のようなもの) puppet [C]; (道具のようなもの) tool [C].
傀儡政権 puppet government [C].

がいらい 外来 ―[形] (外国の・異質の) foreign [fɔ́:rin]; (輸入された) imported; (まったく相いれない) alien [éiljən].
¶ その考え方は*外来のものだ (⇒ 輸入された) That is an *imported* idea. / (⇒ その考え方は我々には異質だ) That way of thinking is *foreign* to us. / (⇒ その思想は外国起源だ) The thought is *of foreign origin*.
外来患者 outpatient [C] (↔ inpatient) **外来語** loan word [C], borrowed word [C]. 《☞ 借用語 (欄外)》. ¶ その語は英語からの*外来語だ (⇒ 我々はその語を英語から借用し

か

か

買い物

1　客の基本的表現

¶スポーツシャツが欲しいのですが I'd like a sport shirt.
ハンカチを下さい Please give me a handkerchief.
黒い靴を見せて下さい Please show me some black shoes.
靴ひもはありますか Do you have ｢shoestrings [shoelaces]?
《デパートなどで》女物売り場はどこですか Where's the ladies' department?
ちょっと店の中を見せて下さい May I look around for a while?
あそこの青いのを見せてもらえますか Could ｢I see [you show me] that blue one over there? / May I have a look at that blue one over there?
これはちょっと大きすぎる[きつすぎる] This is a little too ｢large [tight] for me.
もう少し小さい[大きい, 長い]のを見せて下さい Please show me a slightly ｢smaller [larger ; longer] one.
これは気に入った I like this. / This is nice.
それをいただきます (I think) I'll take it.
いくらですか《物の値段をきく場合》How much is it? / What is the price ｢on [of] it?
《金を払うとき》はい, お金 Here you are. / Here's the money.
10ドル札でおつりを下さい Could you give me change ｢out of [from] this ten-dollar bill? / Do you [May I] have change for a ten-dollar bill?

2　店員の基本的表現

¶いらっしゃいませ May [Can] I help you, ｢sir [ma'am]? ★ sir は男性に, ma'am は女性に用いる.
何をさし上げましょうか What would you like, ｢sir [ma'am]?
白いのがよいですか, それとも色ものがよいでしょうか Would you like a white one or a colored one?
《何かを注文されて取り出しながら》こちらでございますか This one, ｢sir [ma'am]?
《何かを要求された答えとして》かしこまりました Certainly, ｢sir [ma'am].
ネクタイはこちらにございます The neckties are on this side.
1500円でございます (It's) fifteen hundred yen, ｢sir [ma'am].
ありがとうございました Thank you very much.
またどうぞ Please come again.

3　その他の表現について

(1) 買い物に出かける場合

「買い物に行く」は go shopping という.
¶「どちらへ」「*買い物です」"Where are you going?" "I'*m going shopping.*"
デパートに*買い物に行くところです I'*m going shopping* ｢at [to] a department store.
私と一緒にスーパーに*買い物に行きませんか How about *going* to the supermarket with me? [語法] 買い物に行くことはわかっているので shopping は使わないのが普通.

(2) 値段について

¶これはちょっと高すぎます. もっと安いのはありませんか This is a little too expensive. Don't you have any ｢less expensive [cheaper] ones? 《☞ たかい[1]; やすい》
もう少し安くなりませんか[まけられませんか] Can't you ｢discount it [lower the price] a little? / Couldn't you come down a little (on it)?
「千円になりませんか」「申し訳ありませんが, おまけできないのです」"Can [Could] you make it one thousand yen?" "I'm sorry, but we can't take off a cent."
これは手ごろな値段だ This is reasonable. / The price is quite reasonable. / It's a fair price.

(3) 在庫について

¶フランス語会話の本はありますか Do you have any conversational French books?
申し訳ありませんが, 品切れ[売切れ]です I'm sorry. We've run out of them. / I'm sorry, but they're out of stock. / I'm sorry, but we're all sold out.

(4) 売り場を尋ねる

¶「女物[子供用品]売り場はどこでしょうか」「2階でございます」"Where's the ｢ladies' [boys'; girls'; babies'] department?" "It's ｢on the second floor [upstairs], ma'am." ★《英》では the first floor となる. 《☞ -かい[3]》
「野菜はどこでしょうか」「向こう側でございます」"Where can I find fresh vegetables?" "They're on the other side."
勘定場[レジ]はどこですか Where's the check-out counter?

対話例

A：ご用は承っておりますか
B：いえ, 結構です. 拝見しているだけですから

A：Are you being helped?
B：No, thank you. We're just looking.

A：すみません．婦人用品売り場はどちらですか	A：Excuse me. Where's the ladies' department?
B：5階にございます	B：It's on the fifth floor.
A：ありがとう	A：Thank you.
A：何かお探しですか？	A：May I help you?
B：ええ，お願いします．いい皮手袋はどこにあるか教えてくれますか	B：Yes, thank you. Could you tell me where I can find some good leather gloves?
A：はい．とてもいい手袋がここにございます	A：I certainly can. We have some really nice gloves right here.
B：それはいい．ちょっと見せて下さい	B：Oh, good. Let me take a look at them.
A：綿100パーセントのブラウスはありますか	A：Do you carry hundred-percent cotton blouses?
B：はい，ございます	B：We certainly do.
A：特売の品はありますか	A：Do you have any on sale?
B：はい，こちらにおいで下さい．これはいかがですか？	B：Yes, just come this way, please ... How about this one?
A：あら，いいわね．着てみてもいいかしら	A：Oh, yes. May I try it on?

★この対話例およびさらに詳しい対話例は別売テープに吹き込まれています．

た) We *borrowed* the word from English. / That is a *loan word* from English. / (⇒その語は英語から出たものだ) The word *comes from* English. **外来者** (訪問客) visitor Ⓒ ★観光客のような外国からの客にも用いる；(見知らぬ人) stranger Ⓒ.

かいらく 快楽 (欲望が満たされた満足感) pleasure Ⓤ ★愉快な事という意味では Ⓒ；(喜びが得られるような楽しいこと) enjoyment Ⓒ. (☞ よろこび；たのしみ). **快楽主義者** (道楽者) man of pleasure Ⓒ, epicurean [èpikjuríːən] Ⓒ ★後者は特に主義として快楽を求める人をいう.

かいらん 回覧 ━名 circulation Ⓤ. ━動 (物や手紙などを回す) send round ⓗ, circulate ⓗ ★前者のほうがより口語的；(次の人へ順に回す) pass on ⓗ. (☞ まわす). ¶我々は彼の手紙を*回覧して読んだ We *sent round* his letter among us and read it. // これを*回覧して下さい Please *pass* this *on*.
回覧板 circular notice Ⓒ.

かいり 海里 nautical mile Ⓒ (☞ 度量衡(囲み)).

かいりき 怪力 (巨大な[ヘラクレスのような]力) superhuman [Herculean] strength Ⓤ. ¶彼は*怪力の持ち主だ He is endowed with ˹*superhuman* [*Herculean*] *strength*.

かいりつ 戒律 (Buddhist) precepts ★通例複数形で；(神の命令・道徳上の規律) commandments ★複数形で. ¶*戒律を守る[破る] practice [violate] the (*Buddhist*) *precepts*

がいりゃく 概略 (大筋を述べたもの) outline Ⓒ；(内容を要約したもの) summary Ⓒ. (☞ たいい；だいたい[1]；ようし[1]).
¶我々の計画の*概略をお話ししましょう I will give you an *outline* of our plan. // ブラウン博士の講演の*概略は次のとおりです The *summary* of Dr. Brown's lecture is as follows. / (⇒ブラウン博士の講演は次のようにまとめられる) Dr. Brown's lecture may *be summarized* as follows.

かいりゅう 海流 (ocean) current Ⓒ. ¶日本*海流 the Japan *Current*

かいりょう 改良 ━動 improve ⓗⓐ; better ⓗ; reform ⓗ. ━名 improvement Ⓤ; betterment Ⓤ; reform Ⓤ.
【類義語】不足している部分を補って向上させるのが **improve**. より満足すべき状態へと近づけるのが **better** (動). 以上2つは特に欠陥のないものを質的に向上させる意味を持つが，本質的に重大な欠陥があるものを訂正してよくする[改革する]のは **reform** という. (☞ かいぜん)
¶彼はその機械を*改良しようとした He tried to *improve* (˹*on* [*upon*]) the machine. [語法] on, upon を加えると「改良を加える」というニュアンスが加わる. // 我々はこの制度を*改良しなくてはならない We must *make* this system *better*. / We must *reform* this system. // もう*改良の余地はほとんどない (⇒それはほとんど改良され得ない) It can hardly *be improved upon*. / It has no room for further *improvement*. / (⇒それはほぼ完璧だ) It is almost perfect. // 品種 (⇒家畜[植物])の*改良 *improvement* of ˹breed [plants]

かいろ[1] 海路 ¶彼は*海路 (⇒船で) 沖縄へ行った He went to Okinawa *by* ˹*boat* [*ship*; *sea*]. [参考] 「陸路」の場合は by land,「空路」は by air. (☞ 乗り物 (囲み)) // 待てば*海路の日和あり Everything comes to him who waits. (ことわざ：待つ人にはすべてが実現する)

かいろ[2] 回路 〖電気〗 circuit [sə́ːkit] Ⓒ.

かいろ[3] 懐炉 body warmer Ⓒ.

がいろ 街路 (町なかで両側に家のある通り) street Ⓒ；(大通り) avenue Ⓒ [参考] 米国の都会では南北に走る街路を avenue, 東西に走る街路を street と呼ぶ習慣がある. (☞ みち[1]（類義語）; とおり 語法. **街路樹** street tree Ⓒ. ¶ *街路樹のある通り a *tree-lined street* / a *street lined with trees*

かいろう 回廊（片側に窓のある）gallery Ⓒ;（廊下）corridor Ⓒ.

がいろん 概論（全般を概括的に述べたもの）outline Ⓒ;（入門・手引）introduction Ⓒ.
¶経済学*概論 an *outline* of economics /（⇒経済学への入門）an *introduction* to economics

かいわ 会話 ―名（何人かの間での話のやりとり）conversation ★ 会話を抽象的な行為と考える場合は Ⓤ, 具体的な事例を指す場合は Ⓒ;（2人の人の間での会話・対話）dialog(ue) Ⓒ;（くだけた話）talk Ⓒ. ―動 converse ⓐ; talk ⓐ.《☞ はなし; えいかいわ》.
¶「あなたは外人と英語で*会話した（⇒話した）ことがありますか」「ええ, 2, 3度あります」"*Have* you ever *talked* ⌈*to* [*with*] a foreigner in English?" "Yes, I have. Two or three times." // これは夫婦の*会話になっています This is (in the form of) a *dialog* between a husband and his wife. // *会話体の英語 *colloquial* [*conversational*] English (↔ written English)

かいわい 界隈 neighborhood Ⓤ《☞ きんじょ; ふきん[1]; あたり[1]》.

かいん 下院（一般的に）the Lower House;《米》the House of Representatives;《英》the House of Commons ★ 日本の衆議院は《米》と同じ言い方を用いるのが普通.《☞ 政治・経済（囲み）》.
¶ 彼は*下院議員だ《米》He is a *Representative*. / He is a member of *the House of* ⌈*Representatives* [《英》*Commons*]. // *下院議員スミス氏《米》*Rep.* Smith /《英》Mr. Smith, *M.P.*《☞ ぎいん》

かう[1] 買う **1**《品物を》: buy ⓗ《過去・過分 bought》(↔sell) ★ 最も一般的な語. 以下の語の代わりに使える場合が多い;（高価なものをよく考えた上で）purchase ⓗ ★ buy よりも形式ばった語;（切符などを）get ⓗ;（買い物で品物を決めるとき）take ⓗ.《☞ かいもの》.
¶ 彼は新車を*買った He ⌈*bought* [*purchased*] a new car.
「そのTシャツはどこで*買ったの」「ショッピングセンターです」"Where did you *buy* that T-shirt?" "I *bought* it at the shopping center."
私はそのラジオを彼から*買った I *bought* the radio from him.
私はそのカメラを3万円で*買った I *bought* the camera for 30,000 yen. /（⇒私はそのカメラに3万円払った）I *paid* 30,000 yen for the camera.
彼は彼女に指輪を*買ってやった <S（人）+V（*buy*）+O（人）+O（物）> He *bought* her a ring. / <S（人）+V（*buy*）+O（物）+*for*+名（人）> He *bought* a ring *for* her.
彼女はその皿を1枚500円で*買った She *bought* the dishes *at* 500 yen a piece. 語法 このように「…につきいくらで」という場合の前置詞は at を用いる.
「前売り券は*買いましたか」「ええ, 買いました」"Did you *get* the advance ticket?" "Yes, I did."
「お気に入りのものがありましたか」「ええ, これを*買います」"Have you found anything you like?" "Yes, I'll *take* this one."
2《招く》:（招く）incur ⓗ;（得る）win ⓗ, gain ⓗ;（引き受ける）take up ⓗ.
¶ 彼女は告げ口をして彼の恨み[怒り]を*買った（⇒招いた）She told on him and *incurred* his ⌈grudge [anger].
彼の発言は仲間の冷笑を*買った His statement *incurred* the sneers of his colleagues.
彼は彼女の歓心を*買おうと（⇒得ようと）一生懸命だ He is eager to ⌈*win* [*gain*] her favor.
彼はそのけんかを*買って出た（⇒引き受けた）He *took up* the quarrel.
3《価値を認める》:（認める）recognize ⓗ;（大いに尊敬する）hold ... in high regard, have a high regard for ...;（高く評価する）have a high opinion of ...;（重く見る）think ⌈much [highly] of ...
¶ 会員はみな彼の外交的手腕を*買っている（⇒認めている）All the members *recognize* his diplomatic ability.
私はその医者を高く*買っている（⇒尊敬している）I *hold* the doctor *in high regard*. / I *have a high regard for* the doctor.
社長はその新しい方法を高く*買っている（⇒評価している）The president *has a high opinion of* the new method.
私はその著者を*買っていない（⇒偉いとは思っていない）I *don't think* ⌈*much* [*highly*] *of* the author.

かう[2] 飼う（飼って世話をする）keep ⓗ;（ペットなどを所有する）have ⓗ;（家畜を飼育する）raise ⓗ, rear ⓗ, breed ⓗ 語法 breed は繁殖させる意味が強い.《米》では raise が一般的に用いられ, しかも動植物のみならず人を育てる場合にも用いられる.（(例) *raise* ⌈children [a family]）. これに対して《英》では rear, breed が一般的.《☞ しいく》.
¶「君はペットを*飼っているかい」「うん, 猫を*飼っているよ」"Do you ⌈*have* [*keep*] any pet(s)?" "Yes, I ⌈*have* [*keep*] a cat." // その農場では牛を50頭*飼っている They ⌈*raise* [*rear*; *breed*] 50 cows on the farm. / The farm ⌈*raises* [*rears*; *breeds*] 50 head of cattle. 語法 動物を数えるときの head は単複同形.

カウボーイ cowboy Ⓒ.

ガウン gown Ⓒ《☞ 衣服（囲み）》. ¶ 彼女はサテンの*ガウンを着ていた She was dressed in a satin *gown*.

カウンセラー counselor Ⓒ《☞ こもん》.

カウンター counter Ⓒ ★ 酒場などでの細長いテーブルは bar Ⓒ ともいう;（スーパーなどの計算所）check-out counter Ⓒ. ¶ テーブルは満員だから*カウンターに座ろう All the tables are occupied. Let's sit at the *counter*. // お金は*カウンターでお払い下さい Please pay at the *check-out counter*. / Please pay to the *cashier*. ★ 売り場での計算係は cashier Ⓒ.

カウント count Ⓒ《☞ かぞえる》.
¶それはノー*カウントだ That's no *count*. / That does not *count*. ★ 後の例の count は動詞. // 《野球で》「*カウントはいくつだ」「2 ストライク 3 ボールだ」"What's the *count*?" "It's ⌈three to two [three balls two strikes]."
[参考] three (balls) and two (strikes) とも言う. 英語ではボールを先にストライクを後に言うことに注意. 《☞ 野球の英語 (囲み)》 // 《野球で》フル*カウント a full *count* (of 3 and 2) // 10 万*カウントの放射能 100,000 *counts* of radioactivity ★ 100,000 は one hundred thousand と読む.

かえ 替え (代わり) substitute Ⓒ; (着替え) change Ⓒ. 《☞ よび; きがえ》. ¶下着の*替えを持っていったほうがいいよ You'd better take a *change* of underwear with you.
替え芯 refill [ríːfìl] Ⓒ **替えズボン** spare trousers ★ 複数形で. 数える場合には a pair of spare trousers のように言う.

かえうた 替え歌 (もじった歌) parody Ⓒ.

かえぎ 替え着 change (of clothes) Ⓒ 《☞ かえ; きがえ》.

かえす[1] 返す (返却する) return ㊐, give back ㊐ ★ 後者のほうがより口語的; (手渡して返す) hand back ㊐; (持ってきて返す) bring back ㊐; (送り返す) send back ㊐; (金を返済する) repay ㊐, pay back ㊐ ★ 後者のほうがより口語的; (支払われた金を戻す) refund ㊐; (移動したものを元の位置へ戻す) put back ㊐.
¶私はあしたこの本を正夫に*返さなくてはならない I have to ⌈*return* [*give back*] this book to Masao tomorrow. // 彼は借金をまだ*返していない He *has* not *paid* (*back*) the debt yet. // そのノートをあした私に*返して下さい Please *bring* the notebook *back* to me tomorrow. // もしこの機械がうまく働かないときはいつでもお金はお*返しします If this machine does not work well, we will *refund* the money immediately. // それを元のところに*返しておいて下さい Please *put* it *back* to ⌈where it was [its place]. // 彼に*返す言葉がなかった (⇒ 何と言ってよいかわからなかった) I did not know what to ⌈*say* [*answer*] to him.

かえす[2] 帰す (許可を与えて人を帰らせる) let ... go ⌈back [home]; (帰宅させる) send ... home. ¶この女の子を暗くならないうちに家に*帰さなくてはならない We must ⌈*let* this girl *go* [*send* this girl] *home* before it gets dark.

かえす[3] 孵す (卵・ひなを) hatch ㊐; (鳥が巣につく) sit on ... 《☞ かえる[5]》. ¶卵[ひな]を*かえす *hatch* ⌈an egg [a chicken] // その鳥は卵を*かえしはじめた The bird began to *sit on* its eggs.

かえすがえすも 返す返すも ¶彼が若死にしたのは*かえすがえすも (⇒ とても) 残念だ It is *a* ⌈*great pity* [*thousand pities*] that he (should have) died so young. [語法] should を用いると「…とは」という驚き・遺憾の気持ちが表される.

かえだま 替え玉 (代用品または代わりの人) substitute Ⓒ 《☞ かわり[1]》. ¶ジョンはトムの*替え玉として試験を受けた John took the examination for Tom as a (*spurious*) *substitute*. [語法] substitute は必ずしも悪い意味とは限らないので, 意味があいまいであれば spurious (=いんちきの) のような形容詞を加える.

かえって 却って (反対に) on the contrary; (期待に反して) contrary to *one's* expectation; (結局は・結果としては) after all; (どちらかといえば) rather; (…だからこそますます) all the more. 《☞ むしろ[1]》.
¶彼は喜ぶかと思ったら*かえって怒った I thought he would be pleased. *On the contrary* he got angry. // 小さな家は大きな家より*かえって住み心地がよい *Contrary to our expectation*, a small house is more comfortable than a large one. // 彼の親切が*かえってあだとなった His kind intention turned out (to be) harmful *after all*. // 丁寧すぎると*かえって迷惑だ (⇒ 過度の丁寧は迷惑になり得る) Excessive politeness can be a nuisance. // 薬の中には*かえって害になるものもある (⇒ ある薬は益よりも害をなす) Some medicine will do *more* harm *than* good. // 雪の日のほうが風の吹く日より*かえって暖かい Snowy days are *rather* warmer than windy days. // 彼女は欠点があるから*かえって好きだ I ⌈like [love] her *all the* ⌈*more* [*better*] *for* her faults.

かえで 楓 maple (tree) Ⓒ.

かえり 帰り ━動 (帰宅する) come [go] home; (帰ってくる) come [go] back ㊀ [語法] 必ずしも自宅へ帰ることは意味しない. また話し手のいまいる所に帰るのは come, 話し手が元いた所に帰るのには go を用いる. ━名 (帰ること) return Ⓤ. 《☞ かえる[1]; きたく》.
¶彼女は夫の*帰りを待っている She is waiting for her husband to ⌈*come* [*return*] *home*. // *帰りに (⇒ 帰宅の途中) 私のところに寄って下さい Please drop in at my house *on your way home*. // きょうは*帰りが遅くなる予定だ (⇒ 遅くまで外にいる予定だ) I'm staying out (till) late this evening. // *帰りの旅[航海, 飛行, 切符] a *return* ⌈trip [voyage; flight; ticket] [語法] 最後の語は《英》では往復切符のことになる. 《☞ きと; 旅行 (囲み)》

かえりざき 返り咲き ━名 comeback Ⓒ. ━動 come back ㊀. 《☞ カムバック》.
¶彼はステージ[政界]に*返り咲いた He *made his comeback to* ⌈the stage [politics]. // 今度の選挙で彼は衆議院議員として*返り咲いた (⇒ 衆議院の議席を再び手に入れた) In the recent election he ⌈*resumed* [*regained*] *his seat* in the House of Representatives.

かえりみる 顧みる, 省みる ¶彼は危険をも*顧みず (⇒ 危険を忘れて) 燃える家の中へ飛びこんだ *Forgetting* danger he dashed into the burning house. // だれも彼女を*顧みる者はいなかった (⇒ だれも彼女の世話をしなかった) Nobody *took care of* her. // 彼は他人の意見など*顧みようともしない (⇒ 彼は他人の意見を無視する) He *ignores* the opinions of others. / He *thinks nothing of* the opinions of others. // *省みて (⇒ 良心にかけて) 何もやましいところはありません *Upon my con-*

か

science I have nothing to be ashamed of.

かえる[1] 帰る come [go] back (自), get back (自), return (自); (帰宅する) come [go] home; (人の家などから去る) leave (自), go (自); (いとまを告げる) take *one's* leave ★ やや形式ばった表現.

【類義語】話し手がいまいる所に帰るのには **come back**. 話し手が元いた場所に帰るのには **go back** を用いる. 同様に,「帰宅する」というのを家にいて言う場合には **come home**. 学校など家以外の場所にいて言う場合には **go home** を用いる. ただ出発点に戻るという意味では **get back**, **return** が用いられるが, ともに話し手のいる場所に従って *come back* の意味にも *go back* の意味にもなる. 《☞ もどる (挿絵); かえり; きたく》

¶ 智子は朝7時に家を出て午後3時に*帰ります Tomoko leaves home at 7 in the morning, and *comes home* at 3 in the afternoon.

「彼はいつ*帰りますか」「まもなく*帰ります」"When will he *come back*?" "He'll ⌈*be* [*get*; *come*] *back* soon."

父は夕方6時に会社から*帰ります My father *comes home* from his office at 6 in the evening.

田中氏は先月アメリカから*帰った Mr. Tanaka *returned home* from the U.S. last month.

すぐ*帰ってきますからここで待っていて下さい Please wait here. ⌈I'll *be back* in a minute [I won't be long].

お*帰りなさい *Welcome home.* [語法] これは外国から故国へ帰ったりしたときに用いる言葉で, 普通勤務先や学校から帰宅したときには「ただいま」も「お帰りなさい」も決まった表現はない. "Hello." "Hi." などを用いることもある.

もうそろそろ*帰らなくてはなりません (⇒ さよならを言わなければなりません) I must *say good-by*(*e*) now. / I must *be* ⌈*leaving* [*going*] now. 《☞ 訪問の表現 (囲み)》

もうお*帰り下さい *Good-by*(*e*). [語法] 相手がなかなか帰らないときにはこのあいさつを言うと「帰れ」という意味になる.

*帰れ! (⇒ 行ってしまえ) *Go away*! / (⇒ 家へ帰れ) *Go home*!

かえる[2] 変える change (他); alter [ɔ́:ltər] (他).

【類義語】全部を変えて元の状態と見分けがつかないほどにするのが **change**. 部分的に変更するのが **alter**. 《☞ かわる[1]》

¶ 我々は計画を*変えた We ⌈*changed* [*altered*] our plan. // 熱は水を水蒸気に*変える Heat *changes* water into steam. // 話題を*変えましょう Let's *change* our topic. // 日を*変えて伺います (⇒ 別の時に来ます) I will come back *some other time*. // 彼女は顔色を*変えた (⇒ まっ青になった) She *turned pale*. / (⇒ (恐怖などで)血の気が失せた) She *turned white*. // 私は主義[考え]を*変えた I *changed* my ⌈principle [mind].

かえる[3] 替える, 換える, 代える (取り替える・交換する) change (他); exchange (他) ★ 一般的には change が用いられるが, 特に交換の意味を強調する場合には exchange を用いる; (別なものと入れ替える) replace (他); (改革する) reform (他); (改善する) improve (他). 《☞ とりかえる; いれかえる; こうかん[1]》

¶ 銀行でお金を*替えなくてはならない I have to *change* money at a bank. // 日本円をアメリカドルに*替えてもらえますか Could you *change* Japanese yen into American dollars? // 私と席を*替えてくれませんか Could you *change* seats with me? [語法] 同種のものを交換するときには目的語は複数形をとる. // 路面電車をバスに*代えてしまった They *have replaced* streetcars ⌈by [with] buses. // 何ものも健康には*代えがたい (⇒ 何ものも健康の代わりにはなり得ない) Nothing can *take the place of* health. / (⇒ 健康ほど大切なものはない) Nothing is ⌈as [so] ⌈precious [valuable] as health. // カリキュラムを*替えるために委員会を作るべきだ We have to form a committee to ⌈*reform* [*improve*] the curriculum.

かえる[4] 返る (元に戻る) return (to ...) (自).

¶ なくなったカメラは持主に*返った The lost camera *returned to* the owner. // 貸した金がまだ*返ってこない (⇒ 返済されていない) The loans *have* not *been paid back* yet. // 彼はしばらくして我に*返った (⇒ しばらくして意識を取り戻した) After some time he ⌈*regained consciousness* [*came to*].

かえる[5] 孵る be hatched, hatch (自) ★ どちらかといえば受身用法が普通である. 《☞ かえす[3]; ふか[2]》. ¶ 卵が*かえった The egg (*was*) *hatched*. // ひなが*かえった The chickens (*were*) *hatched*. [語法] hatch の主語は「卵」,「ひな」のいずれでもよい. // 卵は*かえってひなになる An egg *hatches into* a chicken. / An egg *is hatched* and becomes a chicken.

かえる[6] 蛙 frog Ⓒ; (ひきがえる) toad Ⓒ.

¶ *蛙が鳴いている *Frogs* are croaking. 《☞ 動物の鳴き声 (囲み)》 // *蛙の子は*蛙 Like father, like son. 《ことわざ: 同じような父に同じような子》

かえん 火炎, 火焔 (燃えさかる大きな炎) blaze Ⓒ; (1つのちらちら燃える炎) flame Ⓒ. 《☞ ほのお》. ¶ その家はたちまち*火炎に包まれた The house was enveloped in *flames* in a second. **火炎びん** Molotov [málətɔ̀:f] cocktail Ⓒ **火炎放射器** flamethrower Ⓒ.

かお 顔 **1** «顔»: face Ⓒ; head Ⓒ; (目鼻だち) features ★ 複数形で; (顔つき・表情) look Ⓒ; countenance Ⓒ.

【類義語】頭部の前面の目・鼻・口のある部分を指すのが **face**. 首から上全体を指すのが **head**. 日本語の「顔」は場合によって, そのいず

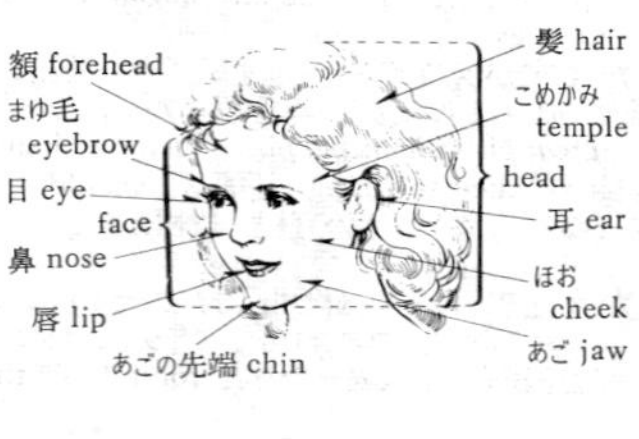

れにもなる. 顔に現れる表情をいう最も一般的な語が **look** で, それよりやや形式ばった語で, 感情の現れというニュアンスが強い語が **countenance**. 《☞ ひょうじょう; かおつき; かおだち》
¶ 朝食の前に*顔を洗いなさい Wash your *face* before breakfast.
彼は整った*顔をしている (⇒ 美男子だ) He is *handsome*. / (⇒ 整った目鼻だちを持っている) He has ⌈a handsome *face* [handsome *features*]. [語法] 日本語で「…な顔をしている」とあっても, 英語では必ずしも「顔」という語にこだわらず,「美貌の」「美しい」などの形容詞を用いるほうが自然な英語になることが多い.
彼女はきれいな*顔をしている (⇒ きれいだ) She is *pretty*. / (⇒ きれいな顔をもっている) She has a pretty *face*.
彼は恐い*顔をした He made a frightening *face*.
彼女は悲しそうな[楽しそうな]*顔をしていた (⇒ 悲しそうに[楽しそうに]見えた) She *looked* ⌈sad [happy].
彼は丸*顔[あから*顔]だ He has a ⌈round [ruddy] *face*.
彼女はぷいと*顔をそむけた She turned her ⌈*head* [*face*] away abruptly.
恥ずかしくて彼女の*顔をまともに見ることができなかった I was so ashamed that I couldn't *look* ⌈*her in the face* [*in her face*].
2 人は*顔を見合わせた They *looked at each other*.
危険だから窓から*顔を出してはいけない It's dangerous to put your *head* out of the window, so don't do it.
彼はこのごろあまり*顔を見せない (⇒ 会いにこない) He does not come to *see* me very often these days.
彼は*顔は知っているが話したことはない I know him *by sight* but I've never talked to him.
2 «比喩的に用いて» ¶ 彼はこのあたりでは*顔がきく (⇒ 有力者だ) He is ⌈*a big* [*an important*] *man* in ⌈this neighborhood [town]. / (⇒ 影響力がある) He is ⌈*an influential man* [*a man of influence*] in this neighborhood. ★ 前者が口語的.
私は彼の*顔で (⇒ 影響力で) この会社に入れた Through his *influence* I was able to join this company. / (⇒ この会社で仕事を得るため彼の影響力を用いた) I used his *influence* to get a job *in this* company.
彼は政界では*顔が売れている (⇒ よく知られている) He is ⌈*well* [*widely*] *known* in political circles.
彼は*顔が広い (⇒ 多くの人を知っている) He *knows a lot of people*. / He *has a wide circle of acquaintances*.
*顔を売る (⇒ 人に知られる) のに絶好のチャンスだ This is the very best opportunity to *gain publicity*.
彼は私の*顔を立ててくれた He saved my *face*.
彼と*顔を合わせる (⇒ 会う) のはいやだ I don't want to *see* him.
時々は彼の所へ*顔を出しておきなさい (⇒ 彼に会う) You'd better *see* him from time to time.
彼は何くわぬ*顔で (⇒ まるで何事も起こらなかったかのように) 戻ってきた He came back *as if nothing had happened*. 《☞ なにくわぬかお》
彼女は両親の*顔をつぶした She *made* her parents *lose face*.
こんなことをして彼女に会わす*顔がない (⇒ どうして会えようか) How can I *see* her after doing such a thing! 《☞ かおむけ》

かおあわせ 顔合わせ (会合) meeting Ⓒ; (試合) match Ⓒ. 《☞ かいごう; あつまり》.
¶ わが校は北高校とは今度が初*顔合わせだ (⇒ 今度が我々の北高校との初試合だ) This is our first *match* with the team from Kita High School.

かおいろ 顔色 (顔の皮膚の色) complexion Ⓒ; (血色) color (《英》 colour) Ⓤ; (顔の表情・顔つき) look Ⓒ. 《☞ けっしょく; けっそう》.
¶ *顔色が悪いようですが (⇒ 青ざめて見えるが), どうかしましたか You *look pale*. What's the matter with you? ∥ 彼女は*顔色がよい (⇒ 彼女は健康に見える) She *looks well*. ∥ その言葉を聞くと彼は*顔色を変えた (⇒ 怒りで顔を真っ赤にした) He *turned red* with anger at the words. / He *changed color* at the words. [語法] 後者は怒った場合にも恐怖で顔色を変えた場合にも用いる. ∥ 彼はいつも上役の*顔色を窺っている (⇒ 上役を怒らせないよう気をつけている) He always takes care not to offend his superior. / (⇒ 上役の気分に神経をとがらせている) He is always sensitive to his superior's mood.

かおく 家屋 (家) house Ⓒ; (建物) building Ⓒ; (土地および付属物を含む家屋) premises ★ 複数形で. 《☞ いえ》.

かおだち 顔立ち (顔の各部の配列) features ★ 複数形で; (顔全体の様子・容貌) look Ⓒ ★ しばしば複数形で. 《☞ かお》.
¶ 彼は*顔立ちがよい He is ⌈*good-looking* [*handsome*]. ∥ 彼女は*顔立ちのあまりよくないほうだ (⇒ 彼女はどちらかというと器量が悪い) She is rather ⌈*homely* [*plain-looking*]. / She has plain *features*. [語法] いずれも ugly の婉曲的な表現. 《☞ 婉曲語法 (欄外)》

かおつき 顔つき —名 look Ⓒ ★「容貌」という意味では複数形で用いる; (表情) countenance Ⓒ. —動 (顔つきが…だ) look 自 ★ 後に形容詞がくる. 《☞ かお; ひょうじょう》.
¶ その男は怒った[がっかりした]*顔つきをしていた The man *looked* ⌈angry [disappointed]. [語法] 日本語で「顔つき」という言葉があっても英語ではそれにこだわらないほうが自然な表現となることが多い. / The man had ⌈an angry [a disappointed] *look*.

かおなじみ 顔馴染み ¶ 彼とは*顔なじみだ (⇒ 私は彼をよく知っている) I *know* him very *well*. / (⇒ 彼とは親しい仲だ) I am *on friendly terms with* him. ∥ 彼とは古くからの*顔なじみだ (⇒ 友達[知り合い]だ) He is an old ⌈*friend* [*acquaintance*] of mine. ∥ 彼女とはパーティで*顔なじみになった (⇒ 知り合った) I *got acquainted with* her at a party. 《☞ かおみしり; しりあい》

かおぶれ 顔ぶれ (メンバー) member Ⓒ; (職員全体) staff Ⓒ ★ 集合的に用いる. 《☞ メンバー》. ¶ 新内閣の*顔ぶれが決まった (⇒ 新内閣のメンバーがすべて選ばれた) All the *members* of the new Cabinet have been chosen. // 今度の執行部の*顔ぶれには新鮮味がない (⇒ 新顔がほとんどいない) There are few fresh *faces* on the new executive committee.

かおまけ 顔負け ― [動] (屈服する) bow [báu] (to ...) (自). ¶ 料理[庭造り]のことになると専門家も彼には*顔負けだ (⇒ 彼を負かすことはできない) When it comes to ⌜cooking [gardening], even an expert ⌜*can't beat* [will *bow to*] him.

かおみしり 顔見知り (知人) acquaintance Ⓒ 《☞ かおなじみ; しりあい》. ¶ あの人は友人ではなく単なる*顔見知りです He is not a friend, but only an *acquaintance*. // 彼は 10 年来の*顔見知りだ (⇒ 過去 10 年間彼を知っている) I *have known him* for the past ten years.

かおむけ 顔向け ¶ 世間に*顔向けができない (⇒ 人に会う勇気がない) I don't *have the nerve to* meet people. [語法] このような表現は日本語の「義理を欠いた」とか,「めんつがつぶれた」というニュアンスとは少し違い, 単に人に会う勇気や厚かましさを持てないことを言う. このような場合, 英語では普通「人には会いたくない」I don't want to meet people.「人に会う気になれない」I'm not in the mood to meet people. のように話し手の気持ちを主観的に表してすますことが多い. また, 日本語では「そんなことをしては…に顔向けができなくなる」のように決心を強調する語句として用いることが多いが, そのような場合は次の例文のように意訳するほうがよい. // そんなことをしては彼に*顔向けができなくなる (⇒ 彼との信頼関係を守りたいので決してそんなことはしないつもりだ) I will never do such a thing because I want to keep faith with him by all means. 《☞ かお》

かおやく 顔役 (有力者) important [big] man Ⓒ; (影響力の強い人) influential man Ⓒ, man of influence Ⓒ; (政界の大立者) boss Ⓒ. 《☞ かお》. ¶ 彼は町の*顔役だ He is ⌜an *important* [a *big*] *man* in town. / He is a *political boss* in our town.

かおり 香り, 薫り ― [名] smell Ⓤ ★ 最も一般的な語; (芳香) fragrance Ⓤ; (コーヒーなどのふくいくとした香り) aroma Ⓤ. ― [動] smell (自). 《☞ におい (類義語)》.
¶ この花は*香りがよい This flower *smells* sweet. / This flower has a sweet *smell*. [語法] 形容詞を伴うと普通 a が付く. 《☞ 可算・不可算名詞 (欄外)》 // 部屋にはばらの*香りが満ちていた The room was filled with the ⌜*fragrance* [*smell*] of roses. // 私はそのコーヒーの*香りを吸いこんだ I ⌜breathed [inhaled] the *aroma* of the coffee.

かおる 薫る (匂いがする) smell (自); (かすかなよい匂いがする) be fragrant. 《☞ におい (類義語)》. ¶ 部屋はばらの花が*薫っていた The room was *fragrant with* roses. // 風*薫る五月に (⇒ 5 月の快い天候に) in the pleasant weather of May

がか[1] 画家 painter Ⓒ.

がか[2] 画架 easel Ⓒ.

かかあでんか 嬶天下 (女性による支配) petticoat government Ⓤ. ¶ 彼の家は*かかあ天下だ (⇒ 彼は女房のしりにしかれている) He is ⌜*henpecked* [a *henpecked* husband]. / (⇒ 彼の家では妻がズボンをはいている) His wife *wears the pants* in his family. ★ 口語的な表現で慣用的な言い方.

かがい 課外 ― [形] (学校の正規の授業外の) extracurricular; (補習の) supplementary.
¶ *課外授業 an *extracurricular* lesson / (⇒ 補習授業) a *supplementary* lesson 課外活動 extracurricular activities ★ 複数形で.

がかい 瓦解 ― [動] fall (自), collapse (自) ★ やや文語的. ― [名] fall Ⓒ, collapse Ⓤ. 《☞ たおれる; めつぼう; ほうかい》.

かがいしゃ 加害者 (暴力・暴行事件の) assailant Ⓒ; (事故を起こした人) person who caused the accident Ⓒ; (殺人者) murderer Ⓒ.

かかえこむ 抱え込む ¶ 私はたくさん仕事を*抱え込んでしまった (⇒ 私はなすべき仕事を多く持ちすぎている) I *have* too much work to do. // 彼は難問に頭を*抱え込んでしまった (⇒ 難問をどうしてよいかわからなかった) He didn't know what to do with the difficult problem.

かかえる 抱える (両腕で抱える) have [carry] ... in *one's* arms ★ 小脇に抱える場合は under *one's* arm となる; (仕事などを持つ) have (他). 《☞ だく; だきかかえる》.

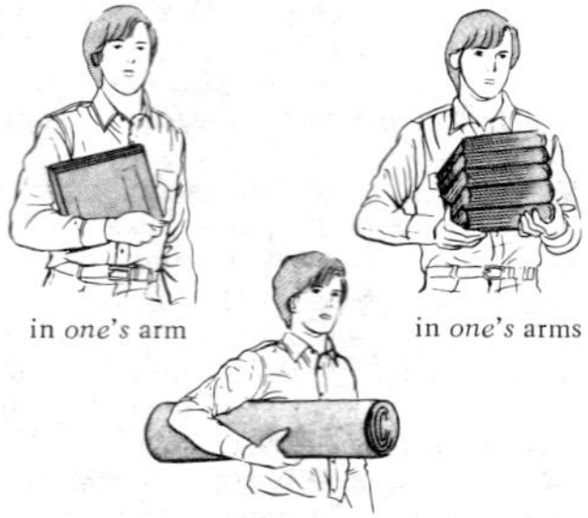

in *one's* arm　　in *one's* arms

under *one's* arm

¶ 彼女は両腕でかごを*抱えている She *has* a basket *in her arms*. // 彼は机に座って両手で頭を*抱えていた He was at his desk with his head *buried in his hands*. // 彼は大家族を*抱えている (⇒ 彼には養うべき多くの家族がある) He *has* a large family to ⌜support [feed]. // 現代の世界は数多くの問題を*抱えている (⇒ 解決すべき多くの問題をもっている) The world today *has* a lot of problems to solve.

かかく 価格 (売り値) price Ⓒ; (金額に換算できる値打ち) value Ⓒ ★ market value ともいう. 《☞ ねだん (類義語)》.
¶ *価格は変動する (⇒ 価格が上がったり下がったりする) *Prices* ⌜go up and down [fluctuate]. // 彼らは*価格を上げた[下げた] They ⌜raised [lowered] the *price*. // 土地の*価格

は近年値上がりしている Land *values* have gone up in recent years. // 日用品の*価格は急騰している Commodity *prices* are ˹soaring [skyrocketing]. // 来月1日から*価格を10% 値上げします The *price* will be raised 10% from the 1st of next month. // 公定*価格 the official *price* // 生産者[消費者]*価格 the ˹producer(s') [consumer(s')] *price*
価格協定 agreement on prices Ⓒ **価格統制** price control Ⓤ **価格表** price list Ⓒ.

かがく¹ 科学 ―名 science Ⓤ ★ 特に物理・化学など, 学問の分野を指す場合には Ⓒ. ―形 (科学の・科学的な) scientific. ―副 (科学的に) scientifically.
¶ 近年, *科学はめざましい発展を遂げた In recent years *science* has made remarkable progress. // 君はその問題に対して*科学的な方法を用いるべきだ You should use a *scientific* approach on the problem. // *科学的にいって, 彼の考えは基本的に間違っている *Scientifically* (speaking), his idea is basically wrong. // 自然*科学 natural *science* // 社会*科学 social *science* // 人文*科学 the humanities ★ 各種の分野を総称して複数形で扱う.
科学技術 technology Ⓤ **科学技術庁** the Science and Technology Agency 《☞ 政治・経済 (囲み)》 **科学技術庁長官** the Director General of the Science and Technology Agency **科学者** scientist Ⓒ **科学博物館** science museum Ⓒ.

かがく² 化学 ―名 chemistry Ⓤ. ―形 (化学の・化学的な) chemical. ―副 (化学的に) chemically.
¶ 水を*化学的に分解すると水素と酸素になる Water can be *chemically* separated into hydrogen and oxygen. // 有機[無機]*化学 organic [inorganic] *chemistry* // 応用*化学 applied *chemistry*
化学記号 chemical symbol Ⓒ **化学工業** chemical industry Ⓤ **化学式** chemical formula Ⓒ. ¶ 水の*化学式は H_2O です The *chemical formula* for water is H_2O. **化学者** chemist Ⓒ **化学製品[薬品]** chemicals ★ 複数形で. **化学繊維** synthetic fiber Ⓒ **化学調味料** monosodium glutamate Ⓤ **化学反応** chemical reaction Ⓤ ★ 具体的な例を指す場合は Ⓒ. **化学肥料** chemical fertilizer Ⓤ **化学兵器** chemical weapon Ⓒ **化学変化** chemical change Ⓒ **化学方程式** chemical equation Ⓒ.

ががく 雅楽 Japanese ceremonial court music Ⓤ 《☞ 日本固有の風物と英語 (囲み)》.

かかげる 掲げる (旗を) fly ㊉; (掲示やプラカードなどを) put up ㊉; (つるすようにして掲げる) hang up ㊉. ¶ その船は日本の旗を*掲げていた The ship ˹*was flying* [*flew*] the Japanese flag. // 彼はドアに掲示を*掲げた He ˹*put* [*hung*] *up* a sign on the door. // 20ページに*掲げてある (⇒ にある) 図を参照しなさい See the diagram *on* p. 20.

かかし 案山子 scarecrow Ⓒ.

かかす 欠かす ¶ 彼は一日も*欠かさず散歩する (⇒ 毎日散歩するのを習慣としている) He makes it a ˹practice [rule] to take a walk every day. // 私はそのテレビ番組を毎回*欠かさず見ている (⇒ 決して逃さない) I never *miss* the TV program. / I *regularly* watch the TV program. // 電気は文明生活に*欠かせない (⇒ 絶対に必要だ) Electricity is ˹*absolutely necessary* [*indispensable*] ˹to [for] the civilized life. // 我々にはあの人は*欠かせない (⇒ 彼なしにはやっていけない) We *cannot do without* him. // 日本の観光に京都は*欠かせない (⇒ 絶対必要なものだ) Seeing Kyoto is *a must* for the tourists to Japan. 《☞ かく³》

かかと 踵 (足・靴・靴下のかかと) heel Ⓒ 《☞ あし¹ (挿絵); くつ (挿絵)》.
¶ この靴は*かかとがきつい These shoes are a little too tight at the *heels*. / (⇒ この靴は私のかかとを締めつける) These shoes pinch my *heels*. // *かかとの高い[低い]靴 high-[low-] *heeled* shoes / shoes with ˹high [low] *heels* // 靴の*かかとがすり減った My shoes are down at the *heel*. 【語法】 転じて「みすぼらしいなりをしている」の意味にも用いる.

かがみ¹ 鏡 (一般にあらゆる種類の鏡) mirror Ⓒ; (姿見) (looking) glass Ⓒ.
¶ 彼女は*鏡を見た She looked in the ˹*mirror* [*glass*]. / (⇒ 鏡で自分の姿を見た) She looked at herself in the ˹*mirror* [*glass*]. // 彼女の泣き顔が*鏡に写っていた Her tearful face was reflected in the *mirror*. // 新聞は世論のよい*鏡だ The press is a good *mirror* of public opinion. // 海は*鏡 (⇒ ガラス) のように穏やかだった The sea was as smooth as *glass*. // 手*鏡 a hand *mirror*

かがみ² 鑑 (理想とされる人[もの]) ideal Ⓒ; (まねすべき手本) model Ⓒ ★ 後者は形容詞的にも用いられる. 《☞ もはん; てほん》.

かがむ (上体を曲げる) bend (over ...; forward) ㊎ 《過去・過分 bent》; (頭と肩のあたりの比較的上体の上部に当たるところをかがめる) stoop down ㊎; (うずくまるほどに体を丸める) crouch ㊎; (しゃがみこむ) squat ㊎ 【参考】 英米では squat する姿勢は不自然と考えられているようで, 普通はあまりこの姿勢をとることがない. 《☞ しゃがむ (挿絵)》.
¶ 彼は*かがんでボールを拾った He ˹*bent over* [*stooped down*] and picked up the ball. // 彼女は前*かがみになって雨の中を歩いた She walked *with a stoop* in the rain. // 彼女は*かがんで草取りをしていた She *was crouching down* picking up weeds.

かがめる (曲げる) bend ㊉ ㊎; (頭や肩など, あるいは上半身を前かがみにする) stoop ㊎ 【語法】 bend は意味の広い一般的な言葉で, 人体に限らず通常まっすぐなものを曲げることを言い, stoop は主に人について用いる.
¶ 彼は前に身を*かがめた He *bent himself forward*. / He *stooped down*. // 私は身を*かがめてその紙きれを拾った I ˹*bent* (*myself*) *down* [*stooped*] to pick up the piece of paper. // 彼女は身を*かがめて花の香りをかいだ She ˹*bent* [*stooped*] *over* the flower to smell it.

か

かがやかしい 輝かしい (明るい) bright; (光り輝く) brilliant ★ 後者のほうが意味が強い; (栄光ある) glorious.
¶ 君には*輝かしい未来がある You have a *bright* future. // 彼はその*輝かしい業績によって賞を受けた He was awarded the prize for the ⌈*great* [*brilliant*; *glorious*] achievements. // 彼らは*輝かしい勝利をおさめた They gained a ⌈*glorious* [*brilliant*] victory.

かがやかす 輝かす ¶ その少年は目を*輝かして話に聞き入った The boy listened to the story with *sparkling* eyes.

かがやき 輝き (光輝) brightness Ⓤ; (ぴかぴかした輝き) brilliance Ⓤ. 《☞ ひかり (類義語)》.

かがやく 輝く ― 動 (光を発したり反射して) shine ⓐ 《過去・過分 shone》 ★ 比喩的にも用いられる; (ぱっと光る) flash ⓐ; (強い光でぴかぴか光る) glitter ⓐ; (星などがきらきら光る) twinkle ⓐ; (宝石・目などがきらめく) sparkle ⓐ. ― 形 bright; brilliant; radiant.
【類義語】「暗い」(dark) に対する反意語として用いられるのが **bright** で, 最も一般的な語. 強い光で輝くのが **brilliant**. 反射ではなく自ら光を発して輝くのが **radiant**. 《☞ ひかる》
¶ 太陽[月]が明るく*輝いていた The ⌈sun [moon] *shone* bright(ly). // 彼女の顔は喜びで*輝いていた Her face *was* ⌈*shining* [*bright*; *radiant*] with delight. // 日光が水面にきらきら*輝いていた Sunlight *was flashing* on the water. / (⇒ 水面が日光で輝いていた) The water was *brilliant* in the sunshine. // 彼女の目は興奮[期待]で*輝いた Her eyes ⌈*flashed* [*sparkled*] with ⌈excitement [expectation]. // 星が夜空にきらきらと*輝いていた Stars *were* ⌈*glittering* [*twinkling*] in the dark sky. / (⇒ 夜空に星がちりばめられていた) The sky *was spangled with* stars.

かかり 係 (受け持ち) charge Ⓤ; (担当者) person [clerk; official] in charge (of ...) Ⓒ; (公共施設などの係員) attendant Ⓒ. 《☞ たんとう¹; かかりいん》. ¶ 彼女は答案を集める*係だ She *is in charge of* collecting the papers. // この売り場の*係はだれですか Who is the ⌈*person* [*clerk*] *in charge* at this counter?

-がかり ...掛かり ¶ その仕事は 2 人*がかりだった (⇒ その仕事を終えるのに 2 人必要だった) It *took two* (*persons*) to finish the work. / (⇒ その仕事は 2 人の人でなされた) The work was done *by two people*. // デパートに買い物に行くのは 1 日*がかりだ (⇒ デパートに買い物に行くにはまる 1 日必要だ) It *takes a whole day* to go shopping at a department store. // その本は 10 年*がかりの労作だ The book is the product of *ten years'* labor.

かかりあう 掛かり合う (何らかの形で関与する) have something to do with ... [語 法] something は疑問文では anything に, 否定文では nothing または not ... anything に変わる; (関係する) have relations with ... ★ 取引・利害関係に用いる; (巻き込まれる) be ⌈involved [mixed up] in ... 《☞ かかわる; かんけい; かんよ》.
¶ 私はその事件と*掛かり合いがありません I *have nothing to do with* the matter. // 私どもはあの会社とは何の*掛かり合いもありません We *have* no ⌈*relations* [*connections*] *with* the firm. [語 法] connections は偶然できたような関係, relations は商取引などの関係. // 私はこんなことに*掛かり合いたくない (⇒ 巻き込まれたくない) I don't want to *be* ⌈*involved* [*mixed up*] *in* such a matter.

かかりいん 係員 (案内係) attendant Ⓒ; (担当の職員) clerk in charge Ⓒ. 《☞ かかり》.
¶ 緊急の際は*係員の指示に従って下さい In case of emergency, please follow the instructions of the *attendants*.

かかりちょう 係長 chief clerk Ⓒ.

かかりつけ 掛かり付け ¶ *かかりつけの医者 *one's family* doctor 《☞ しゅじい》

かがりび 篝火 (祝いの大かがり火) bonfire Ⓒ; (野営してたく火) campfire Ⓒ. ¶ *かがり火をたく make a ⌈*bonfire* [*campfire*]

かかる¹ 掛かる **1** 《垂れ下がる》: hang (on ...; over ...) ⓐ 《過去・過分 hung》《☞ かける¹; ぶらさがる; つるす》.
¶ 壁に絵が*掛かっている A picture ⌈*hangs* [*is hanging*] *on* the wall. [語 法] いずれもほぼ同意だが,「いつも壁に掛かっている」という習慣を強調するには現在形を,「一時的にいま掛かっている」という気持ちを表すには進行形を用いる. 《☞ 進行形 (欄外)》 / *There is* a picture (*hanging*) *on* the wall. [語 法] There is ... よりも始めの 2 文のような表現のほうが picture を話題の中心にする気持ちが強く表される. // 窓にはカーテンが*掛かっていた There were curtains *hanging over* the window.
2 《ある場所に支えられている》 ¶ なべが火に*かかっている A ⌈pot [pan] *is* ⌈*on* [*over*] the fire. / *There is* a ⌈pot [pan] ⌈*on* [*over*] the fire. // 入口に看板が*かかっていた A signboard *was on* the front door. / *There was* a signboard *on* the front door. [語 法] ひもなどでぶら下げてあれば hang を用いる. なお, 以上の例で There is ... よりも始めの表現のほうが主語を話題の中心にする気持ちが強い言い方.
3 《鍵・ボタンなどが》 ¶ 入口に鍵が*かかっている The front door *is locked*. // このスーツケースは錠が*かからない This suitcase won't *lock*. [語 法] この won't は「どうしても...しない」という拒絶の気持ちを表す. // このシャツはボタンがなかなか*かからない This shirt doesn't *button* easily.
4 《一方から他方にさし渡される》 ¶ その入江には橋が*かかっている There is a bridge *across* the bay. // ここに橋が*かかる (⇒ 建設される) 予定だ A bridge is going to *be built* here. [語 法] 家・橋・駅など構築物はすべて build と言ってよい. // 空に美しい虹が*かかった A beautiful rainbow ⌈*appeared* [*was formed*] in the sky. // 箱にはひもが*かかっていた The box *was tied* (*up*) *with* strings. // 山には雲が*かかっていた The clouds *were hanging over* the mountains. // その日はかすみが*かかっていた It was ⌈*hazy* [*misty*] (on) that day. 《☞ かすみ》

5 《費やされる・要する》: (時間・労力などが) take (他); (必要である) require (他); (金が) cost (他).

¶「駅までどのくらい*かかりますか」「歩いて 5 分です」 "How long [How many minutes] does it *take* to get to the station?" "It's ˹five minutes' [a five-minute] walk from here." 《☞ 道のきき方 (囲み)》 // 「それはいくら*かかりますか」「5 万円ぐらいです」 "How much does it *cost* (me)?" "(It will cost you) about 50,000 yen." / (⇒ どのくらい料金を取るのですか) "How much do you *charge* for that?" "About 50,000 yen." // お金は 1 銭も*かかりません (⇒ 無料です) It is *free* (of charge). / (There will be) no *charge*. // その仕事はたいへん手間 (⇒ 時間) が*かかった The work *took* (me) a lot of time. / It *took* (me) a lot of time to finish the work.

6 《とらえられる》: (わなにかかる) be caught in a trap, be trapped. 《☞ ひっかかる》.

¶ くまがわなに*かかった A bear *was* ˹*caught in a trap* [*trapped*].

7 《泥やほこりが》: (水や泥が) splash (自).

¶ 泥水が私のズボンに*かかった The mud *splashed* on my trousers. // それに雨が*かからないようにしておきなさい *Keep* it *out of* the rain. / (⇒ 雨にさらすな) Don't *expose* it *to* the rain.

8 《負担・迷惑・疑い・税金などが》: (迷惑がかかる) be troubled; (疑いがかかる) be suspected of ... ¶ あなたに迷惑が*かからないようにします (⇒ 迷惑をかけないように) I will try not to *trouble* you. // あなたに収賄の疑いが*かかっている You *are suspected of* having accepted a bribe. // 所得にはすべて税金が*かかる All income *is taxed*.

9 《医者に》: see (他), consult (他) ★ 前者のほうが口語的. いずれも医者を目的語として.

¶ 医者に*かかったほうがいい You'd better ˹*see* [*consult*] the doctor. / You'd better *go to* the doctor.

10 《一方の作用が他方に及ぶ・うまく作用する》 ¶ 彼から電話が*かかった I *had a* (*phone*) *call* from him. // 彼からドライブの誘いが*かかった (⇒ 一緒にドライブに行こうと彼は私に言った) He *asked* me to go driving with him. // 就職の口が*かかった I *was offered* a ˹position [job]. // エンジンが*かからない (⇒ 始動しない) This engine won't *start*. / I can't get this engine ˹*started* [*to start*].

11 《始める》: start (他)(自), begin (他)(自) ★ 前者が口語的. 《☞ とりかかる; はじめる》.

¶ さあ仕事に*かかろう (⇒ 仕事を始めよう) Let's ˹*start* [*begin*] our work. / Let's *get* the work *started*. ★ 後者はより口語的.

12 《よる・依存する》: depend on ... 《☞ いぞん¹》. ¶ 成功するかどうかはあなたの努力に*かかっている Success *depends on* ˹your effort [how hard you will try]. // それは君に*かかっている (⇒ 君次第だ) It's *up to* you.

13 《相手になる》 ¶ さあ, *かかってこい *Come on*!

かかる² 罹る (病気に) get (自); (病気になる) become (自), fall (自); (病気に感染する) catch (他); (病気で苦しむ) suffer (from ...) (自). 《☞ 病気・病院 (囲み)》.

¶ 彼は先週病気に*かかった He ˹*got* [*became*; *fell*] ˹sick [ill] last week. ★ sick と ill の区別については ☞ びょうき. // その赤ちゃんははしかに*かかった The baby ˹*got* [*caught*] (the) measles. // その子は結核に*かかっている The child ˹*has* [*is suffering from*] tuberculosis.

-かかる 《ちょうど…する》 ¶ 彼女が私の家の前を通り*かかった (⇒ たまたま通った) She *happened to* pass by my house. // 私は家を出*かかっていた (⇒ ちょうど出ようとしていた) I *was about to* leave home. // 彼は殺され*かかった (⇒ もう少しで殺されるところだった) He was *nearly* killed. // 太陽は沈み*かかっていた (⇒ 太陽は沈みつつあった) The sun *was going* down. // 彼の家は壊れ*かかっていた I found his house *falling apart*.

【参考語】 — [副] (半ば…である) half; (ほとんど) nearly, almost. — [動] (まさに…しようとする) be about to (*do*), be on the point of (*doing*), be going to (*do*); (たまたま…する) happen to (*do*).

かがる (縫う) sew [sóu] (他); (縫ってふさぐ) sew up (他); (裂け目に布をあて, 上から縦横に縫って繕う) darn (他); (繕う) repair (他). 《☞ つくろう; さいほう (挿絵)》. ¶ この靴下の穴を*かがって下さい Please ˹*repair* [*sew up*] the hole in this sock. / Please *darn* this sock.

-がかる ¶ 緑*がかった黄色 green*ish* yellow / yellow ˹*tinged* [*with a tinge of*] green 《☞ 色 (囲み)》 // あの人は左翼*がかっている That man is leftist *oriented*. 《☞ -ぽい; -じみる》

かかわらず **1** 《…ではあるけれども》 — [接] though ..., although ... — [前] in spite of ..., despite ... ★ 後者のほうが形式ばった語. 《☞ けれど(も); 譲歩の表現 (囲み)》.

¶ 雨にも*かかわらず運動会は開かれた The athletic meet was held *in spite of* the rain. // 彼らは反対にも*かかわらずその計画を実行した They carried out their plan *despite* opposition. // 彼女の息子はいたずらだが, それにも*かかわらず彼女はたいへんかわいがっている *Though* [*Although*] her son is a naughty boy, she loves him very much.

2 《…に関係なく》: regardless of ..., without regard to ..., irrespective of ..., independent of ... ★ 以上 4 つはほぼ同意で入れ替えて用いることができるが, 最初のが最も普通; (…しようがしまいが) whether ... or not.

¶ 年令, 性別に*かかわらずだれでも応募できる Any person can apply for it ˹*regardless of* [*without regard to*; *irrespective of*; *independent of*] age or sex. // 会は晴雨[天候]に*かかわらず (⇒ 降っても照っても) 開かれます The meeting will be held *rain or shine*. // 君が望むと望まないとに*かかわらずその金を受け取らなくてはならない You must accept the money ˹*whether* you want it *or not* [*whether or not* you want it]. // 結果のいかんに*かかわらず (⇒ どのような結果になろうと) 私に電話して下さい Please call and let me know the result *no matter how* it turns out to be.

かかわる 拘わる, 係わる, 関わる ¶それは彼の命に*かかわる問題だ (⇒その問題は彼の生命の危険を伴う) The problem *involves* great risk to his life. / (⇒その問題の結果は彼にとって生死の問題となるだろう) The outcome of the problem will be *a matter of* life and death for him. ∥ それは私の名誉に*かかわる (⇒名誉が賭けられている) My ⌈honor [reputation] *is at stake*. ∥ それは命に*かかわる (⇒致命的な) 病気だ That is a *fatal* disease. ∥ そんなことに*かかわっては (⇒関係しては) いられない I have no time to *concern myself in* such a matter. ∥ ああいう人には*かかわらないほうがいい (⇒あんな人からは離れていたほうがいい) You'd better ⌈*keep* [*stay*] *away from* such a person. 《☞ かかりあう》

かき¹ 柿 persimmon [pəsímən] Ⓒ.

かき² 牡蠣 oyster [ɔ́istə] Ⓒ. ¶*牡蠣フライ fried *oysters*

かき³ 下記 ━[形] (下記の・次の) the following … ★通例 the を付けて; (下にあげた) mentioned below. ━[名] (物・者) the following ★単数または複数扱い.
¶*下記の品物はすでに注文済みだ *The following* articles are already on order. ∥ *下記の者がその会に欠席した *The following* were absent from the meeting. ∥ 委員会のメンバーは*下記のとおりである The committee members are *as follows*: [語法] 主語が単数でも複数でも as follows となる. 《☞ コロン (欄外)》 ∥ 会は*下記のとおりいつもの場所で開かれる The party will be held at the usual place *as mentioned below*.

かき⁴ 火気 fire Ⓤ. ¶*火気厳禁 (⇒注意: 可燃物) Caution: Flammables / No open *fire* 《☞ 掲示の英語 (囲み)》

かき⁵ 夏季, 夏期 summer Ⓤ; (夏の期間) summertime Ⓤ ★前者のほうが普通. 形容詞的にも用いる. 《☞ なつ》. ¶*夏季[期]講習会 *summer* school / (⇒夏の間の特別授業) *summer* sessions ∥ *夏期休暇 *summer* ⌈vacation [《英》 holidays]

かぎ¹ 鍵 ━[名] key Ⓒ ★比喩的に「手がかり・ポイント」などの意味でも用いる; (錠) lock Ⓒ [参考] 日本語の鍵は「錠」の意味も含むが, 英語では鍵 (key) と錠 (lock) ははっきりと区別される. ━[動] (錠を掛ける・錠がかかる) lock (他) (自). 《☞ キー; じょう²; かけがね (挿絵)》.
¶これが私の部屋の*鍵です This is the *key* to my room. ∥ ドアに*鍵をかけた I *locked* the door. ∥ *鍵をあけて下さい Please *unlock* the door. ∥ 彼は*鍵を回して戸をあけた He turned the *key*, and opened the door. ∥ この戸はどうしても*鍵がかからない This door won't *lock*. ∥ その箱にはいつも*鍵をかけておきなさい Always keep the box *locked*. ∥ 彼女は貴重品を*鍵をかけて金庫にしまいこんだ She *locked up* the valuables in the safe. ∥ その男がそのなぞの*鍵を握っている The man holds *the key to* the mystery.
鍵穴 keyhole Ⓒ **鍵っ子** latchkey child Ⓒ.

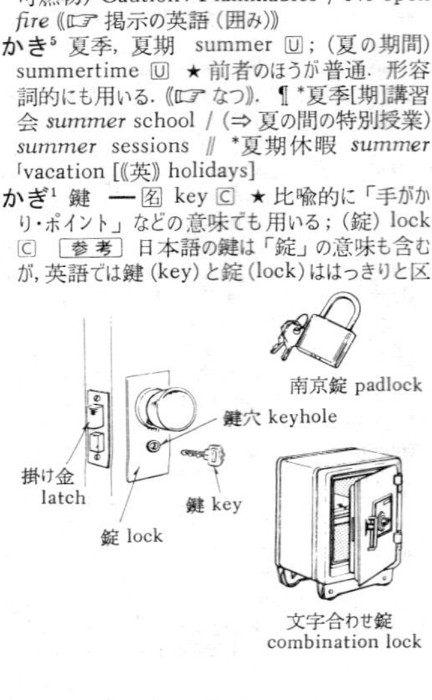

かぎ² 鉤 hook Ⓒ. ¶帽子はこの*かぎに掛けて下さい Will you hang your hat on the *hook*, please?

かきあげる 書き上げる (書き終える) finish writing (…) 《☞ かく¹》. ¶その手紙をいま*書き上げたところです I *have* just *finished writing* the letter.

かきあつめる 掻き集める (寄せ集める) gather up (他); (金などを苦労して集める) scrape ⌈together [up] (他); (くまでのようなもので集める, またはそれに似た動作) rake ⌈together [up] (他). 《☞ あつめる (類義語)》.
¶私は庭の落葉を*かき集めた I ⌈*gathered up* [*raked together*] the fallen leaves in the garden. ∥ 私たちはやっと少しお金を*かき集めた We *have scraped together* some money.

かきあらわす 書き表す (表現する) express in writing; (言葉で表す) put into words. 《☞ かく¹; ひょうげん¹; びょうしゃ》. ¶私の感謝の気持ちは筆では*書き表せない I can't *express* my gratitude *in writing*.

かきいれどき 書き入れ時 (一番忙しいとき) the ⌈busiest [peak] season. ¶行楽地はいまが*書き入れどきだ It is *the* ⌈*busiest* [*peak*] *season* for the holiday resorts.

かきいれる 書き入れる (項目に入れる) put … in …, enter (他) ★後者のほうが形式ばった語; (空所に書き入れる) fill in (他); (書類などに書き入れて完成する) fill out (他), complete (他) ★後者はやや形式ばった語. 《☞ きにゅう》.
¶あなたの名前を申し込み書の欄に*書き入れましたか Did you *put* your name *in* the box on the application form? ∥ 《問題の指示などで》 空所に*書き入れなさい *Fill in* the blanks. ∥ この書類に*書き入れて下さい (⇒この書類を書いて完成して下さい) Please ⌈*fill out* [*complete*] this form.

かきうつす 書き写す copy (他) 《☞ うつす²》. ¶私はそのページをノートに*書き写した I *copied* the page in my notebook.

かきおき 書き置き (置き手紙) note left behind Ⓒ; (書面の言付け) written message Ⓒ. 《☞ おきてがみ》. ¶彼は*書き置きを残していった He *left* a *note behind*. ∥ 死体のそばには*書き置きがあった There was a *suicide note* beside the body. ∥ 何か彼の*書き置きはありませんか Didn't he *leave* any *message*?

かきおとす 書き落とす (書き忘れる) forget

to write；(忘れて抜かす) miss ⑯；(抜かす・省く) leave out ⑯ ★ 忘れて抜かす場合と, 故意に無視する場合の両方に使われる. 《☞ ぬかす》. ¶ 名簿に彼の名前を*書き落とした I *forgot to write* his name in the list. // 彼の名前は名簿に*書き落とされていた His name [He] *was left out* in the name list. // 1 行*書き落とした I *dropped* a whole line.

かきおろし 書き下ろし — 图 (新作の作品) newly written work Ⓒ. — 動 (特に…のために書く) write ... specially for ... ¶ *書き下ろしの小説 a ⌈*newly written* [*new*] novel // この小説は鈴木氏によって特にこの雑誌のために*書き下ろされたものです This novel *was specially written for* this magazine by Mr. Suzuki.

かきかえる 書き換える **1** «書き直す» — 動 rewrite ⑯；(特に物語などを) retell ⑯ ★ 受身で用いられることが多い；(文を別の表現に言い換える) paraphrase ⑯. — 图 rewriting Ⓤ；paraphrasing Ⓤ；(書き換えた文) paraphrase Ⓒ. 《☞ かきなおす》.
¶ 次の文を別の言葉で*書き換えなさい《試験の問題などで》*Rewrite* the following sentence in different words. / *Paraphrase* the following sentence. 《☞ パラフレーズ (欄外)》 // シェイクスピアの戯曲の多くは現代の作家によって子供向きに*書き換えられている Many of Shakespeare's plays *are* ⌈*rewritten* [*retold*] for children by modern writers. // これは易しく*書き換えたものです This is a *simplified* edition. // *書き換えは私がやりましょう I'll do the *rewriting*.
2 «証明書・免許証などを» — 動 (更新する) renew ⑯. — 图 renewal Ⓤ. 《☞ こうしん[2]》.
¶ 今月は運転免許証を*書き換えなくてはならない I have to *renew* my driver's license this month. / I have to *have* my driver's license *renewed* this month. 《☞ 使役 (囲み)》

かきかた 書き方 (書く方法) how to write；(書類など) how to fill in. 《☞ かく[1]》. ¶ 英語の手紙の*書き方を教えてくれませんか Could you tell me *how to write* a letter in English? // この書類の*書き方がわかりません I don't know *how to fill in* this form.

かきくわえる 書き加える (付け足す) add ⑯ 《☞ つけくわえる；くわえる[1]》. ¶ 私は手紙に妻からの伝言を*書き加えた I *added* my wife's message *in the letter*. / 《追伸を加える場合》 I *wrote a postscript* to ⌈send [pass on] my wife's message.

かきことば 書き言葉 written language Ⓤ 《☞ 話し言葉と書き言葉 (欄外)》.

かきこみ 書き込み — 图 note Ⓒ；(ごく手短に書いたメモ) notation Ⓒ. — 動 (書き込む) write in ⑯. 《☞ かく[1]；かきいれる》.
¶ その本には前の所有者の*書き込みがあった There were some ⌈handwritten [penciled] ⌈notes [*notations*] of the previous owner in the book. // 教科書に*書き込みをしてはいけません (⇒ 落書きしてはいけない) Don't *scribble* in your textbook.

かぎざき 鉤裂き (引き裂いた裂け目) tear [tέər] Ⓒ, rent Ⓒ. 《☞ さけめ》.

かきしるす 書き記す (書く) write ⑯；(書き留める) write [put] down ⑯ ★ put のほうがより口語的. 《☞ かきつける》. ¶ 彼女は一部始終を日記に*書き記した She *wrote* every detail in her diary. // 彼はその考えをノートに*書き記した He ⌈*wrote* [*put*] *down* the idea in his notebook.

かきそえる 書き添える (加える) add ⑯ 《☞ かきくわえる》.

かきぞめ 書き初め the New Year's writing Ⓤ. ¶ 1 月 2 日には*書き初めをする We do *the New Year's writing* on January 2.

がきだいしょう 餓鬼大将 boss of the kids in the neighborhood Ⓒ.

かきだし 書き出し (始まり) beginning Ⓤ；(始まりの文) opening sentence Ⓒ；(始まりの一節) opening paragraph Ⓒ. ¶ その物語は次のような*書き出しで始まっている The story *begins* (with a sentence) like this. // 作文では*書き出しが大事だ The *opening* ⌈*sentence* [*paragraph*] is important in a composition.

かきだす 書き出す (一覧表を作る) make a list；(文章などをある表現で始める) open ⑯. ¶ 買う物を*書き出しておきなさい *Make a list* of things to buy.

かぎだす 嗅ぎ出す smell out ⑯；(鋭い嗅覚でかぎつける) scent out ⑯；(においをかぎ回って探し出す) sniff out ⑯；(見つけ出す) detect ⑯. 《☞ かぐ[2] (類義語)；みつける》.
¶ 犬が泥棒の足跡を*かぎ出した The dog ⌈*smelled* [*scented*；*sniffed*] *out* the trace of a thief. // 彼はいつも他人の秘密を*かぎ出そうとしている He is always trying to *smell out* other people's secrets.

かきたてる[1] 書き立てる (ほめて[けなして]書く) write ⌈up [down] ⑯；(新聞・雑誌などが大見出しで) play up ⑯ **語法** よいことにも悪いことにも用いる. またこの意味で write ⌈up [down] を用いることもある.
¶ 彼の新作は大いに新聞に*書き立てられた His new work *was written up in* the papers. // その醜聞は出版界で大いに*書き立てられた The scandal *was played up in* the press. // 個人的なことをけなして*書き立てるのはよくない (⇒ 避けるべきだ) We should avoid *writing down* private matters.

かきたてる[2] 掻き立てる (感情を刺激する) excite ⑯；(あおり立てる) stir (up) ⑯. 《☞ あおる》. ¶ 彼の話は我々の好奇心を*かき立てた His story ⌈*excited* [*stirred* (*up*)] our curiosity.

かきちらす 書き散らす (書きなぐる・下手な字で書く) scrawl ⑯；(読めないような字で走り書きする) scribble ⑯. 《☞ かく[1]》. ¶ 彼は紙片に鉛筆でメモを*書き散らした He *scrawled* notes on a piece of paper with a pencil.

かきつけ 書き付け (書類) papers ★ この意味では複数形で；(覚え書き) note Ⓒ；(他人に対する覚え書き) memo Ⓒ《複 ～s》. ¶ *書き付けを回す send round a *note*

かきつける 書き付ける (書き留める) write [put] down ⑯ ★ put のほうがより口語的；

(メモをとる) take [make] a note of ... 《☞ かく¹; かきとめる; かきしるす》.
¶ 私はそれらの名前をノートに*書き付けた I 「*wrote* [*put*] *down* those names in the notebook. // その演説の要点を*書き付けた I 「*took* [*made*] *notes of* the speech. 語法 メモが単一のものなら take [make] a note of ... となる.

かぎつける 嗅ぎ付ける smell out ㊐ 《☞ かぎだす》.

かきつばた 杜若 iris [ái(ə)ris] Ⓒ.

かきとめ 書留 ― 名 (郵便) registered 「mail [《英》 post] Ⓤ. ― 動 (書留にする) register ㊐.
¶ 彼女はその手紙を*書留で出した She sent the letter *by registered* 「*mail* [《英》 *post*]. // その手紙は*書留にしたほうがいい You should 「*get* [*have*] the letter *registered*. 《☞ 使役 (囲み)》 / You should *register* the letter. // *書留料 the *registration* fee // *書留速達 a *registered special delivery* letter

かきとめる 書き留める (書き付ける) write [put] down ㊐ ★ put のほうがより口語的; (メモとして書く) note down ㊐. 《☞ かく¹; かきつける; きろく》. ¶ 彼の言ったことを*書き留めておいて下さい Please 「*write* [*put*] *down* what he said.

かきとり 書き取り (書き取りの試験) dictation Ⓒ ★ 書き取ることをいう場合は Ⓤ. ¶ きょうは英語の時間に*書き取りがあった We had (a) *dictation* in the English class today. // あした*書き取りをします I'll give you some *dictation* tomorrow.

かきとる 書き取る write [put] down ㊐ ★ put のほうがより口語的; (メモとして書く) note down ㊐; (書き取らせる) dictate ㊐. 《☞ かく¹; かきつける》. ¶ 私は彼の言葉を*書き取った I 「*wrote* [*put*] *down* what he said. // 先生は生徒に短文を*書き取らせた The teacher *dictated* short sentences to the students.

かきなおす 書き直す (もう一度書く) write ... again; (別の表現に直す) rewrite ㊐; (易しい別の表現に変える) paraphrase ㊐. 《☞ かきかえる; せいしょ²》.
¶ 私はその作文を3度*書き直した I *wrote* the same composition three times for improvement. // その手紙をもう一度*書き直しなさい *Write* the letter *over again*. // 次の文を別の表現で*書き直しなさい《問題などで》*Rewrite* the following sentences in different words./ *Paraphrase* the following.

かきなぐる 書きなぐる (下手な字で) scrawl ㊐; (そんざいに走り書きする) scribble ㊐. 《☞ はしりがき; かきちらす; なぐりがき》.

かきね 垣根 (木または金属の囲い) fence Ⓒ; (生け垣) hedge Ⓒ. 《☞ へい¹; かこい》.
¶ 家の周りには*垣根がめぐらされていた There was a *fence* around the house. / The house had a *fence* around it. // *垣根のある庭 a *hedged* garden // 家の周りに*垣根を作った We 「made [built; put; erected] a *fence* around the house. / (⇒ 生け垣を作った) We 「planted [laid] a *hedge* around the house. // *垣根を取り払わなくてはならない We have to break down the *fence*.

かきのこす 書き残す **1** 《書かないままに残す》 ¶ 時間がなくて*書き残した部分がある (⇒ 全部は書けなかった) I was short of time and 「*could not write down* everything [*left* some part *unwritten*].
2 《書いて置いていく》: leave a 「message [note] behind 《☞ かきおき》. ¶ 私は彼の郵便受けに一言*書き残しておいた I *left a* 「*message* [*note*] in his mailbox.

かきまぜる 掻きまぜる (スープ・シチューなどの液体を) stir [stə́ː] ㊐; (道具を使って卵などを勢いよく) beat ㊐; (卵の白味やクリームを泡立つように急激にかきまぜる) whip ㊐. 《☞ かくはん; 料理の用語 (囲み)》.
¶ 紅茶の中の砂糖をスプーンで*かきまぜなさい *Stir* the sugar in your tea with a spoon. // 彼女は小麦粉と卵を*かきまぜて練り粉を作った She *beat* flour and eggs to paste. // クリームを*かきまぜて泡立てなさい *Whip* the cream.

かきまわす 掻き回す **1** 《かきまぜる》: stir ㊐ 《☞ かきまぜる; かくはん》.
2 《秩序などを乱す》 ¶ あの男がこの会社をすっかり*かき回してしまった (⇒ だめにした) That man *ruined* our company.

かきみだす 掻き乱す (平和・秩序などを乱す) disturb ㊐; (混乱させる) confuse ㊐. 《☞ みだす; かくらん》. ¶ その事件は世界の平和を*かき乱した The incident *disturbed* world peace.

かきむしる 掻きむしる (髪を) tear [tέə] ㊐ 《過去 tore; 過分 torn》; (つめなどで引っかく) scratch ㊐. 《☞ かく²; ひっかく》. ¶ 彼女は怒って[絶望のあまり]髪の毛を*かきむしった She *tore* her hair in 「rage [despair].

かきゅう 下級 ― 形 (下の) lower; (下の階級の) lower-grade; (劣った) inferior; (従属している・部局などが下級の) subordinate; (官職・役職などが下級の) junior (↔ senior), minor ★ 以上2語はほぼ同意だが前者が普通. ¶ *下級裁判所 a *lower* court / an *inferior* court 下級生 student in the lower 「class [grade] Ⓒ. ¶ 彼は私の*下級生だ He is *junior* to me. ★ これは会社の下役などにも用いられる.

かきょう¹ 佳境 (最もおもしろい部分) the most interesting part; (物語などの最高潮の部分) climax Ⓒ. 《☞ やまば; さいこうちょう》. ¶ 物語は*佳境に入った (⇒ 我々はその物語の一番おもしろいところに達した) We finally reached *the most interesting part* of the story. / (⇒ 最高潮に達した) The story reached its *climax*.

かきょう² 華僑 Chinese (merchant) *abroad* Ⓒ.

かぎょう 家業 (商業・技術的な職業) trade Ⓒ; (活躍または従事する職業の方面) line Ⓒ; (客観的な言葉としての職業) occupation Ⓒ; (家代々の仕事) family business Ⓤ ★ ややくだけた言い方. 《☞ しょくぎょう (類義語)》.
¶ *家業は何ですか What is your 「*trade* [*line*; *occupation*]? / (⇒ 何を取り扱っているのか) What do you *deal in*? 語法 trade, deal

in などは主として自家営業などをしていることがわかっている場合に用いる. それ以外の場合には line または occupation を用いるほうがよい. / What is your *family business*? // *家業は農業です My *occupation* is farming. / I'm a farmer (*by occupation*). // *家業は食料品販売業です I'm *in* the grocery *business*. / I'm a grocer. // 彼は*家業に精を出した He worked very hard in his *business*. // 私は父の*家業を継ぐつもりです I will succeed to my father's *business*. / I am going to succeed my father in his *business*.

かきょく 歌曲 song Ⓒ《☞ 音楽 (囲み)》.

かぎり 限り **1** «限界»: (限度) limit Ⓒ; (終わり) end Ⓒ. 《☞ げんど; げんかい》.
¶ 我々の知識には*限りがある There is a *limit* to our knowledge. // 会員数には*限りがあります (⇒ 数が制限されている) Membership *is limited in* number. // 人間の欲望には*限りがない There is no *limit* to man's desire. // *限りのない議論 an *endless* argument
2 «限度いっぱい» ¶ できる*限り早く仕上げて下さい Please finish it *as soon as possible*. // その会にはできる*限り多くの人を招待しようと思います I am going to invite *as many people as I can* to the party. // できる*限りのことはいたしましょう I will do *what I can* for you. // 私の知る*限りでは, 何の異常もありませんでした *As* [*So*] *far as* I know, everything was all right. 《☞ 接続詞 (欄外)》 // 私に関する*限りそれについては何も聞いていません *As far as* I am concerned, I haven't heard anything about it. // 目の届く*限り水ばかりであった There was nothing but water *as far as* the eye could see.
3 «範囲内で» ¶ 申し込みは今月末*限りで締め切ります (⇒ 申し込みは今月末までに提出されなければならない) Applications must be ⌈made [turned in; handed in] ⌈*by the end of* [*within*] this month. // それをするチャンスは 3 回*限りです (⇒ 3 回だけ試みることができる) You can try it *only* three times. // 君の誤りを見逃すのは今回*限りだよ I'll overlook your error just (*for*) *this once*. // 雨が降らない*限りそこへ行きます I'll be there *unless* it rains.

かぎる 限る **1** «範囲を定める»: limit (他); (制限する) restrict (他) ★ より制限する意味が強い; (日などを定める) fix [set] (a date). 《☞ せいげん; せいやく[1]》.
¶ それは数が*限られている It *is limited in* number. // 時間が*限られている (⇒ 時間が少ない) My time *is limited*. / (⇒ 時間の制限がある) There is a time *limit*. // 参会する人数は 3 人に*限られている The number of persons who can attend the meeting *is limited to* three. / (⇒ 3 人だけしか参会できない) Only three persons *are permitted to* attend the meeting. // 演説は 5 分以内に*限られている Speeches *are limited to* five minutes.
2 «一番よい» ― [形] best; (唯一の) the only . . ¶ 旅行は秋に*限る (⇒ 秋は旅行に一番よい季節だ) Fall [Autumn] is *the best season for* traveling.
3 «…とは限らない» ¶ 金持ちが常に幸福だとは*限らない The rich are *not always* happy. 《☞ 否定の表現 (囲み)》 // 光るものがすべて金とは*限らない *All* that glitters is *not* gold. 《ことわざ》

かく[1] 書く, 描く **1** «字や文を»: write (他) 《過去 wrote; 過分 written》 ★ 最も一般的な語; (書き留める) write [put] down (他) ★ put down のほうがより口語的; (空所に書き込む) fill in (他); (書式などに書き入れる) fill out (他) ★ 目的語には「カード・書式」などがくる; (印を付ける) mark (他); (新聞・掲示などに…と書いてある) say (他) ★「新聞」や「掲示」が主語; (…と書いてある) run (自); (…と読める) read (自) ★ as や副詞をとることが多い. 《☞ かきいれる; かきしるす; きにゅう》.
¶ 答案は鉛筆でなくペンで*書いて下さい Please *write* your answers *with* a pen and not *with* a pencil. [語法] 通常 with を用いる. 「インクで」という場合には in ink.
彼に手紙を*書いたところだ I have finished ⌈*writing* a letter *to* him [*writing* (*to*) him].
[語法] 最も一般的なのは write to ... である. to を省くのは口語的. 《☞ てがみ》
彼女は英語で論文を*書いている She *is* now *writing* her papers *in* English.
これは K 氏の*書いた (⇒ K 氏によって書かれた) 作文です This is a composition *written* by Mr. K.
私の言う言葉をノートに*書いて下さい Please ⌈*write* [*put*] *down* my words in your notebooks.
申し込み用紙に必要事項を*書きなさい Please *fill out* the application form.
彼女はそのメモ用のカードに × 印を*書いた She *marked* an "×" on the slip. ★ × は [éks] と読む.
「そのメモには何と*書いてありましたか」「『重要書類』と*書いてありました」"What did the note *say*?" "It *said*, 'important papers'." 《☞ 引用符(号) (欄外)》
その手紙はこう*書いてある The letter ⌈*runs* [*reads*] as follows.
2 «絵などを»: (鉛筆やペンで) draw (他); (絵の具で) paint (他). 《☞ えがく》.
¶ あなたの家に行く略図を*かいてくれませんか Will you ⌈*draw* [*make*] a rough map showing the location of your house?
その子は鉛筆で丸や三角を*かいた The child *drew* circles and triangles with a pencil.
彼女は風景画を油絵で*かいた She *painted* a landscape in oils.

かく[2] 掻く (つめなどでこする) scratch (他).
¶ 私はかゆいところをつめで*かいた I *scratched* the itching area with my fingernails. // 彼は頭を*かいた He *scratched* his head.
[参考] この表現は日本語と違い, いらだちのしぐさを意味する.

かく[3] 欠く (必要なものがまったくないか, または不足している) lack (他), be lacking in ...; (必要なものがないので補う必要がある) be wanting in ...; (人または物が不足している・見当たらない) be missing. 《☞ かける[2]; たりない》.

¶ 彼は常識を*欠いている He *is* ⌈*lacking* [*wanting*] *in* common sense. / He completely *lacks* common sense. // 彼の返事は誠意を*欠いている His reply *lacks* sincerity. [語法] want も使えるが, 形式ばった古い用法になる. // 水は生きるために*欠かせない (⇒ 必要だ) Water is ⌈*necessary* [*indispensable*] for life. / (⇒ 我々は水なしでは生きられない) We cannot live *without* water. // 何か大切なことを*欠いている Something important *is missing*. // 礼儀を*欠いてはいけない (⇒ 礼儀を忘れるな) Don't *forget your manners*.

かく[4] 核 ── 图 (細胞・原子の) nucleus [n(j)úːkliəs] Ⓒ《複 nuclei [n(j)úːkliài]》★ 比喩的に,「中心・中軸」などの意味でも用いられる; (植物の堅い種の中身) kernel Ⓒ. ── 形 nuclear [n(j)úːkliɚ]. 《☞ げんし[1] (挿絵)》.

¶ 原子*核 an atomic *nucleus* // 家族は我々の社会の*核を成す The family is the *nucleus* of our society. // 日本は唯一の*核被爆国だ (⇒ 原子爆弾を受けた) Japan is the only country bombed by *atomic* bombs.

核拡散防止条約 the nuclear nonproliferation treaty **核家族** nuclear family Ⓒ **核時代** the nuclear age **核実験** nuclear (explosion) test Ⓒ. ¶ *核実験を行う carry out a *nuclear test* **核実験禁止協定** nuclear test ban agreement Ⓒ **核戦争** nuclear war Ⓒ **核弾頭** nuclear warhead Ⓒ **核爆弾** nuclear bomb Ⓒ **核爆発** nuclear explosion Ⓒ **核反応** nuclear reaction Ⓤ **核武装** nuclear armament Ⓤ **核兵器** nuclear weapon Ⓒ, nuclear arms ★ 後者は常に複数形で. **核保有国** nuclear power Ⓒ, member of the nuclear club Ⓒ.

かく[5] 格 **1** «格式・地位・身分»: (格式) status Ⓤ; (地位) rank Ⓒ; (社会的階級) class Ⓒ; (仕事の上での地位) post Ⓒ. 《☞ ちい; かくしき; かくづけ》.

¶ A は B より*格が上だ (⇒ 社会的地位[階級]が高い) A is higher in ⌈social *status* [*rank*] than B. // 彼と私では*格が違う (⇒ 比べられない) He is not *comparable with* me. // 彼は今度*格が上がった (⇒ 昇格した) He has been promoted to a higher ⌈*rank* [*post*] recently. 《☞ かくあげ; かくさげ》

2 «文法用語として»: case Ⓒ.

かく[6] 角 (角度) angle Ⓒ; (将棋の角) bishop Ⓒ [参考] チェス (chess) で両方に 2 つずつあり, 動きが将棋の角に相当するもの.

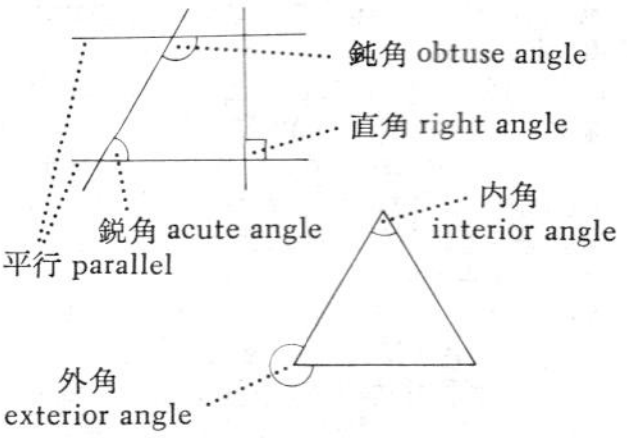

かく- 各… ── 形 (おのおのの) each 《☞ それぞれ; めいめい[1]; かくじ》. ¶ 校長は*各教室を見回った The principal inspected *each* classroom. // 首相はこの冬ヨーロッパ*各国を訪問する The Prime Minister will visit some European countries this winter. [語法] このような場合, すべての国を回るわけではないので each は付けない.

かぐ[1] 家具 furniture Ⓤ [語法] furniture はある部屋・建物内のすべての家具(じゅうたんなども含む)を指す不可算名詞. 《☞ 可算・不可算名詞 (欄外)》. 量を表すには little, much などを用いる. ((例) この部屋には家具がほとんどない[たくさんある] There is ⌈*little* [*a lot of*] furniture in this room.). また家具の 1 つ 1 つを言うときは a *piece* [an *article*] of furniture のように言う. ((例) そこには家具が 1 つしかなかった There was only one *article* of furniture there. // この家具が欲しい I want this *piece* of furniture.). 《☞ 数の数え方 (囲み)》; (その部屋の目的にかなった家具一式) suite [swíːt] Ⓒ. 《☞ びひん》.

¶ この机は私の部屋では一番古い*家具だ This desk is the oldest *piece of furniture* in my room. // *家具付きの家を借りたい I'd like to rent a *furnished* house. [参考] furnished は「家具付きの」の意. 英米のアパートや貸家には家具付きのものが多い. 《☞ かしや (写真)》 // その家には*家具が十分に備え付けてあった The house was well *furnished*.

家具商 furniture dealer Ⓒ **家具店** furniture store Ⓒ. 《☞ 店の呼び名 (囲み)》.

かぐ[2] 嗅ぐ smell ㊎; scent [sént] ㊎; sniff (at …) ㊐.

【類義語】最も一般的な語は **smell**. 嗅覚を働かせて, かすかなにおいや兆候などをかぎ出すような動作は **scent**. くんくん音を立てたり, あるいは音を立てるほど息を吸いこんでかぐのが **sniff**. 《☞ かぎだす; におい (類義語)》

¶ この花のにおいを*かいでごらんなさい *Smell* this flower. // 犬が何かを*かいでいる The dog *is sniffing at* something. // 彼女はエーテルを*かがされた (⇒ エーテルの一吹きを与えられた) She was given a *whiff* of ether. ★ whiff は「ぷーんとくる香り」.

がく[1] 額 (金額) sum Ⓒ; (量) amount Ⓒ ★ 以上いずれも「総額」という意味で用いられるときには the を付ける. 《☞ きんがく》.

¶ 支出の総*額 the *sum* (*total*) of the expenses 《☞ そうがく》 // こんな少*額の金では何もできない We cannot do anything with such a small ⌈*sum* [*amount*] of money. // 「合計でどのくらいの*額になりますか (⇒ 合計でいくらか)」「7 千円ほどです」"How much is it in ⌈all [total]?" "About 7,000 yen."

がく[2] 額 ── 图 (絵に額縁をつけたもの) framed painting Ⓒ; (絵) picture Ⓒ. ── 動 (額に入れる) frame ㊎, put … in a frame.

¶ 壁に*額が掛かっている A *picture* is hanging on the wall. / There is a *picture* hanging on the wall.

がく[3] 学 (学問) learning Ⓤ; (教育) education Ⓤ; (知識) knowledge Ⓤ. 《☞ がくも

ん；きょうよう¹》. ¶彼は*学がある(⇒教育がある) He *is well-educated.* / (⇒たいした学者だ) He is quite a *scholar.* // 上田氏は草花についてはたいへん*学がある(⇒すばらしい知識を持っている) Mr. Ueda has a wonderful *knowledge* of flowers.

がく⁴ 萼 calyx Ⓒ《複 ～es, calyces》《☞花(囲み)》.

かくあげ 格上げ ━動 (上げる) raise ㊀；(昇進させる) promote ㊀；(位を上げる) upgrade ㊀. 《☞かく⁵；しょうかく》. ¶彼は支配人に*格上げされた He *was* ⌈*raised* [*promoted*] to manager. // その事務所は支店に*格上げされた The office *was upgraded* to branch status.

かくい 各位 ¶部員*各位へ《手紙》To the members: 《☞コロン(欄外)》 // 関係*各位 To whom it may concern ★公式の文書・手紙の冒頭で不特定の人に対する書き出し文句.

がくい 学位 (academic) degree Ⓒ《☞学校・教育(囲み)》.
¶博士の*学位 a doctor's *degree* / a *doctorate* / *Ph.D.* ★Doctor of Philosophy の略. // 修士の*学位 a Master's *degree* / a *degree* of Master of Arts / *M.A.* ★Master of Arts の略. // 彼は経済学博士の*学位を取った(⇒受け取った) He ⌈got [received] *Ph.D.* in economics. // 彼はその大学で博士の*学位を与えられた He was granted a doctor's *degree* from the university.
学位論文 (doctor's) dissertation Ⓒ 参考 「修士論文」は a Master's thesis.

かくいつ 画一 (すべてがそろっていること) uniformity Ⓤ；(規格化) standardization Ⓤ.
¶すべてを*画一的に(⇒同じ基準で)考えるのはよくない It is undesirable to consider everything *on the same basis.* / (⇒規格化という考えは望ましくない) The idea of *standardization* is undesirable.

がくいん 楽員 (オーケストラの) member of an orchestra Ⓒ.

かくう 架空 ━形 (作り事の) fictitious；(想像上の) imaginary；(現実と違う) unreal. 《☞つくりごと；くうそう》.
¶これは*架空の話です This is *fiction.* / This is a *fictitious* story. // この劇の中の人名はすべて*架空のものです All the names of the ⌈persons [characters] in this drama are *fictitious.* // 彼の描く世界は*架空のものだ(⇒現実のものではない) The world he describes is *unreal.* // 龍は*架空の動物である A dragon is an *imaginary* animal.

かくえきていしゃ 各駅停車 ━形 (各駅停車の) local. ━名 (各駅停車の普通列車) local train Ⓒ. 《☞乗り物(囲み)》. ¶私は*各駅停車の列車で仙台まで行った I went as far as Sendai on a *local train.* // この電車は所沢から先は*各駅停車になる(⇒所沢駅から先は各駅に止まる) This train *stops at every station* from Tokorozawa on.

がくえん 学園 school Ⓒ；(教育団体) educational institution Ⓒ 語法 普通日本の学校名で「…学園」とあるのは固有名詞の一部と考えて，そのままローマ字書きするほうがよい. ((例) 桜学園高等学校 Sakura Gakuen High School). 《☞がっこう》. **学園紛争** campus ⌈dispute [unrest] Ⓒ.

かくぎ 閣議 (会議) Cabinet meeting Ⓒ 語法 特定の政府のものを指すときは大文字で始める. 《☞ないかく¹》. ¶きのう*閣議が開かれた A *Cabinet meeting* was held yesterday. // 首相は本日午後臨時*閣議を召集した The Prime Minister called for an extraordinary *Cabinet meeting* this afternoon.

がくぎょう 学業 (学校での勉強) school work Ⓤ, studies ★複数形で. 《☞べんきょう；がくもん》.
¶彼の*学業はあまりかんばしくない He does not do very well in his *school work.* // 私は金がなくなって*学業を断念した(⇒学校をやめなければならなかった) I had to *leave school* due to lack of money.
学業成績 school [academic] record Ⓒ, grades ★後者のほうが口語的. 《☞せいせき》.

がくげい 学芸 **学芸会** literary exercises ★複数形で；(やや本格的なもの) student theatricals and concert **学芸欄** arts and sciences column Ⓒ.

かくげつ 隔月 ━副 every other month, bimonthly ★同意だが，前者がより口語的. ━形 bimonthly. 《☞かくしゅう；かくねん》. ¶*隔月刊行の雑誌 a *bimonthly* magazine / a *bimonthly* 語法 このように名詞としても用いる. // 会合は*隔月に開かれる Meetings are held *every other month.*

かくげん 格言 (よく人の口にのぼるもので，真理を手短に表したもの) saying Ⓒ；(比喩的な表現や具体的な事実を織り込んであることわざ) proverb Ⓒ；(処世訓的なもの) maxim Ⓒ. 《☞ことわざ》.
¶とらぬ狸の皮算用(はするな)という*格言がある There is a *saying,* "Don't count your chickens before they are hatched." // *格言にいわく「時は金なり」The [A] ⌈*maxim* [*proverb*] says that time is money.

かくご 覚悟 ━動 (…の用意ができている) be ready ⌈for … [to *do*]；(…の準備ができている) be prepared for …；(決心ができている) be determined to *do*. ━名 readiness Ⓤ; preparedness Ⓤ; determination Ⓤ. 《☞けっしん；こころがまえ；かんねん》.
¶*覚悟はいいですか(⇒心の準備はできているか) *Are you* ⌈*ready* [*prepared*] *for* it? // 私は命をかける*覚悟だ I *am ready to* risk my life. // 私はできるだけ早くその仕事に決着をつける*覚悟を決めた(⇒決心をした) I ⌈*am determined* [*have made up my mind*] *to* accomplish the task as quickly as possible.

かくさ 格差 (相違) difference Ⓒ；(隔たり) gap Ⓒ；(等級・質などの差・不均衡) disparity Ⓒ ★改まった語. 《☞さ；へだたり》. ¶その2国の間には経済力に大きな*格差がある[ほとんど*格差がない] There is ⌈a wide [only a narrow] *gap* in economic power between the two countries. 語法 a ⌈large [small] gap

という言い方もできる. // 賃金の*格差は是正すべきだ Wage *disparities* must be corrected.

かくざい 角材 (四角の大きな材木) square ˹lumber [《英》 timber] Ⓤ; (四角の棒) square rod Ⓒ. 《☞ ざいもく (類義語)》.

かくさく 画策 ― 動 (策動する) maneuver ⓐ ⓗ; (計画する) plan ⓗ; (計画を作り上げる) work out a plan. 《☞ たくらむ; くわだてる; もくろむ》. ¶ だれが(舞台)裏で*画策しているのか Who *is maneuvering* in the background? / (⇒ だれが操っているのか) Who *is pulling the* ˹*wires* [*strings*]? 語法 pull (the) ˹wires [strings] は「陰で操る」の意.

かくさげ 格下げ ― 動 (階級を下げる) degrade ⓗ; (下の地位に落とす) reduce ... to a lower ˹post [rank]. ― 名 degradation Ⓤ; (昇任の反対) 《米》 demotion Ⓤ (↔ promotion). 《☞ かく⁵》.
¶ 彼は*格下げされた (⇒ 地位を下げられた) He *was* ˹*degraded* [*demoted*]. // 彼はスキャンダルで*格下げされた He *was* ˹*degraded* [*reduced*] *to a lower* ˹*rank* [*post*] because of the scandal.

かくざとう 角砂糖 cube sugar Ⓤ, lump sugar Ⓤ 語法 数を数えるときには two *cubes* of sugar, あるいは three *lumps* of sugar のように言う. 《☞ さとう; 数の数え方 (囲み)》.

かくさん 拡散 ― 名 (方々に広がること) the spread; (内容物が細胞分裂のように増えて広がること) proliferation Ⓤ. ― 動 spread ⓗ ⓐ; proliferate ⓗ ⓐ. 《☞ ひろがる》. ¶ 核の*拡散を防がなくてはならない We must stop *the spread* of nuclear arms. / We must prevent nuclear *proliferation*. ★ 後者の文のほうがより形式ばった言い方.

かくじ 各自 ― 代 each (one) 《☞ それぞれ; めいめい¹》. ¶ *各自みなくせがある *Each* (*one*) has his own habits. // 彼らは*各自別別の道を行くことにした They *each* have decided to go their separate ways.

がくし¹ 学士 bachelor [bǽtʃ(ə)lə] Ⓒ 《☞ がくい; 学校・教育 (囲み)》. ¶ 文*学士 a *Bachelor* of Arts // 理*学士 a *Bachelor* of Science 語法 それぞれ B.A., B.S. と略す. 人名に付けるときは James Brown ˹*B.A.* [*B.S.*] のように後に付ける. **学士号** Bachelor's degree Ⓒ.

がくし² 学資 school expenses ★ 複数形で. 《☞ がくひ》.

かくしカメラ 隠しカメラ hidden camera Ⓒ 《☞ カメラ》.

かくしき 格式 (社会的な地位) social ˹status [standing] Ⓤ; (社会的なしきたり) social rule Ⓒ; (形式・儀礼にこだわること) formality Ⓤ. 《☞ かく⁵; みぶん; けいしき》.
¶ 両家はまったく*格式が違う The two families have quite different *social status*. / The *social* ˹*status* [*standing*] of the two families is totally different. // *格式ばらずにやりましょう Let's do without *formality*. // 彼は*格式にこだわる He sticks to *formality*.

がくしき 学識 (学問) learning Ⓤ; (特定の分野における深い知識) scholarship Ⓤ; (知識) knowledge Ⓤ. 《☞ がくもん; がく³》.
¶ あの人は*学識のある人だ He is a *learned* [lə́ːnid] man. / (⇒ 彼は学者だ) He is a *scholar*. / (⇒ 深い知識がある) He is a man of profound *knowledge*. // 彼は*学識がない He has no *scholarship*. / (⇒ 教育を受けていない) He *is uneducated*.
学識経験者 scholars and men of experience.

かくしげい 隠し芸 (客の集まった所でする手品・芸など) parlor trick Ⓒ; (いままで表されなかった才能) hidden talent Ⓒ. ¶ 参加者は余興として*隠し芸をやった All the participants displayed their *hidden talents* just for fun.

かくじつ¹ 確実 ― 形 (確かな) certain, sure 語法 主観的に確かなのが後者で, 客観的に見た場合が前者; (明確で決定的な) positive; (確保したような) secure; (信頼できる) reliable. ― 副 certainly, surely; (疑いもなく) undoubtedly. ― 名 certainty Ⓤ, sureness Ⓤ; (信頼できること) reliableness Ⓤ; (確実性) reliability Ⓤ. 《☞ たしか (類義語)》.
¶ 彼が成功するのは*確実だ I'm ˹*sure* [*certain*] he will succeed. / He is ˹*sure* [*certain*] to succeed. / It is *certain* that he will succeed. 語法 It is sure that ... とは言わない. / (⇒ 彼の成功を確信している) I'm ˹*sure* [*certain*] of his success. / He will ˹*surely* [*certainly*] succeed. / There is *no doubt* that he will succeed. // 我々の勝利は*確実だ (⇒ 確信している) I'm *sure* we will win. / Our victory is *secure*. 語法 第 1 の文では話し手の主観が強く表れるのに対し, 第 2 の文では客観的な状況を言っている意味が強い. // *確実な証拠がある There is a *positive* proof. // その報道は*確実ですか (⇒ 信頼できるか) Is that news *reliable*? // それは 100 パーセント [絶対]*確実です It's one hundred percent *certain*.

かくじつ² 隔日 ― 副 every other day.
¶ 当地では郵便は*隔日に集配する (The) mail is collected and delivered *every other day* here.

かくしマイク 隠しマイク hidden microphone Ⓒ; (盗聴用マイク) 《米口語》 bug Ⓒ.

がくしゃ 学者 scholar Ⓒ, learned [lə́ːnid] man Ⓒ ★ ほぼ同意だが, 後者は多少エレガントな言い方; (学問のある人) man of learning Ⓒ ★ やや文語的. 《☞がくもん》.
¶ 彼は*学者だ He is a ˹*scholar* [*learned man*]. / He is a *man of learning*. // 大*学者 a great *scholar* / a *man of* profound *learning* // 著名な[一流の]*学者 a distinguished [an eminent; a noted] *scholar* // 彼は法*学者だ He is a *scholar in* law. // 彼には*学者的なところがある He has something of the *scholar* in him.

かくしゃく 矍鑠 ¶ *かくしゃくたる (⇒ 活気にあふれた) 老人 a *vigorous* old man // 彼の父親は 80 歳でなお*かくしゃくとしている (⇒ 丈夫で健康だ) His father is eighty years old, and still *strong and healthy*. 《☞ げんき; たっしゃ》

かくしゅ 各種 ―形 (あらゆる種類の) all ⌈kinds [sorts] of ...; (いろいろな種類の) many [different; various] ⌈kinds [sorts] of ... [語法] ... of all kinds のような言い方もよく用いられる. 例えば「各種の本」というときに *all kinds of* books または books *of all kinds* のいずれでもよい. ただし後者のほうがより改まった言い方と考えられている. これは all kind(s) of ... という場合の kind を単数形にするか, 複数形にするかの議論を避けるためである. ((☞ しゅるい [語法])).

¶ 私どもの店では*各種の帽子をとりそろえてあります We have *all kinds of* hats in stock. // 会には*各種の職業の人々が集まった People *of various* occupations gathered for the meeting.

かくしゅう 隔週 ―副 every other week, biweekly, ((英)) fortnightly. ―形 biweekly, ((英)) fortnightly. ((☞ かくげつ; かくねん)).
¶ 彼は*隔週月曜日に講義する He lectures *every other* Monday. // 私たちは*隔週金曜日にここへ集まる We meet here on Friday *every other week*.

かくじゅう 拡充 ―動 (大きくする) make ... large; (拡張・拡大する) expand ㊀㊁. ―名 expansion Ⓤ. ((☞ かくだい; ひろげる)).

がくしゅう 学習 ―動 (学んで修得する) learn ㊀; (学校の学科として勉強する) study ㊀. ―名 learning Ⓤ; study Ⓤ. ((☞ べんきょう (類義語); ならう; まなぶ)).
¶ 英語の*学習法 how to *learn* English // 私は英語を第一外国語として*学習しています I'*m studying* English as a ⌈second language [first foreign language].
学習指導要領 course of study Ⓒ **学習者** learner Ⓒ.

かくしゅがっこう 各種学校 (一般には) school Ⓒ [語法] 料理・会話・タイプなどのいわゆる専門学校の名称には school, college, academy などを用いる; (職業につくための特定の技能を学ぶ学校) vocational school Ⓒ; (すべてをひっくるめて呼ぶときには) miscellaneous schools. ((☞ 学校・教育 (囲み))).

がくじゅつ 学術 (学問) learning Ⓤ; (科学) science Ⓒ; (古典の知識など人文学的学識) scholarship Ⓤ. ((☞ がくもん)). **学術講演** (scientific) lecture Ⓒ.

かくしょ 各所 ―副 (至る所に) everywhere, all over ★ 後者は一面に広がっているニュアンスを持つ; (ここかしこに) here and there. ―前 all over ... ((☞ かくち; ほうぼう; あちこち)). ¶ 日本の*各所に中華料理店がある There are Chinese restaurants ⌈*all over* Japan [*in all parts of* the country].

かくしょう 確証 (十分な証拠) sufficient evidence Ⓤ; (信頼するにたる証拠) reliable evidence Ⓤ. ((☞ しょうこ)). ¶ 次のような結論を下す*確証があります There is *sufficient evidence* to conclude as follows. // まだ*確証をつかんでいない (⇒ まだ十分な証拠がない) There is not *sufficient evidence*.

がくしょう 楽章 movement Ⓒ ((☞ 音楽 (囲み))).

かくしん[1] 確信 ―動 (非常に確かだと思う) be quite ⌈sure [certain], strongly [firmly] believe ㊀ ★ 前者が口語的; (自信がある) be confident of ... ―名 (強い信念) strong belief Ⓒ, conviction Ⓤ ★ 後者は多少堅苦しい言葉; (自信) confidence Ⓤ. ((☞ しんじる; たしか)).
¶ 我々は勝利を*確信しています We *are* ⌈*sure* [*certain*; *confident*] *of* our victory. / (⇒ 勝つと信じている) We *are* ⌈*sure* [*certain*; *confident*] that we will win. // 私は彼は潔白だと*確信している I ⌈*strongly* [*firmly*] *believe* that he is innocent. // 次のことを私は*確信を持って言えます I can say the following *with confidence*. // そのことについてはあまり*確信が持てません I'm not very *sure of* that.

かくしん[2] 革新 ―名 (革新主義者) reformist Ⓒ (↔ conservative); (革新政党) reformist party Ⓒ; (進歩主義者) progressive Ⓒ; (進歩主義政党) progressive party Ⓒ [語法]「革新」という語の訳には reformist を用いるほうが一般的; (技術などの刷新) innovation Ⓤ. ―形 (革新系の) reformist; (進歩主義的な) progressive. ((☞ ほしゅ[1]; 政治・経済 (囲み))).
¶ 彼は*革新系代議士だ He is a ⌈*reformist* [*progressive*] Member of Parliament. // 彼は*革新的な考えの持ち主だ He is a *progressive* thinker. // 今度の選挙は保守と*革新の一騎打ちだろう The coming election will turn out to be a hard contest between a conservative and a ⌈*reformist* [*progressive*] candidate. // 最近の技術の*革新は実に目覚ましい Technical *innovation* in recent years is really remarkable.
革新政党 reformist party Ⓒ.

かくしん[3] 核心 (肝心な点) point Ⓒ; (最も大切なところ) the most important part; (中心になるもの) the ⌈core [heart]. ((☞ ようてん)).
¶ いよいよ問題の*核心に触れてきた (⇒ 肝心なところに入りつつある) Now we are going into *the* ⌈*most important part* [*heart*] of the matter. // あなたの話は少しも*核心に触れていない What you have said is totally beside the *point*. // 彼の意見はまさに*核心に触れている His opinion is exactly *to the point*.

かくじん 各人 (ひとりひとり) each (person); (すべての人) everyone, everybody. ((☞ それぞれ; めいめい[1]; かくじ)).

かくす 隠す **1** «見えない所に置く»: hide ㊀ ((過去 hid; 過分 hidden)), conceal ㊀, put [keep] ... out of sight [語法] conceal はやや形式ばった語. また最後の表現は「それをどこに隠したか」などの疑問文では用いないのが普通. ((☞ かくれる)).
¶ 私はそれを押入れに*隠した I ⌈*hid* [*concealed*] it in the closet. // 彼女は木陰に身を*隠した She *hid herself* behind a tree. // それを人目につかない所に*隠しなさい *Put* it somewhere *out of sight*. / *Hide* it *out of sight*.
2 «秘密にする»: (...を...に秘密にする) keep ... (a) secret from ...; (事実などを隠す) hide

㊥, keep ... from ...;（包み隠す）cover up ㊥.《☞ ひみつ；つつみかくす》.
¶このことは彼には*隠しておいて（⇒ 秘密にしておいて）下さい Please *keep* it (*a*) *secret from* him. // 彼は事実を*隠そうとした He tried to ˹*hide* [*cover up*] the fact. //「君は僕に何か*隠しているね. *隠さず話したまえ」「いいえ,*隠してなんかいません」"You *are* ˹*keeping* [*hiding*; *concealing*] something *from* me, aren't you? Speak out." "No, I'*m* not *keeping* anything *from* you."

かくする 画する（...の印を付ける）mark ㊥.
¶それは新時代を*画した It *marked* a new epoch. // 我々はいわゆる右翼とは一線を*画している（⇒ 明確な区別の線がある）There is *a clear line of demarcation* between what you call rightists and us.

がくせい 学生 student Ⓒ 語法《英》では大学生を指すが,《米》では中学校・高等学校の生徒をも指すので注意. なお《米口語》では男女共学の大学の女子学生を coed [kóuèd] とも言う.《☞ せいと；学校・教育（囲み）》.
¶彼女は心理学専攻の*学生です She is a ˹psychology *student* [*student* of psychology]. 語法「法律[化学]専攻の学生」のように, ある学科の専攻学生であることを表すには a ˹law [chemistry] *student* とも a *student of* ˹law [chemistry] とも言える. // 彼はロンドン大学の*学生です He is a *student at* London University. 語法 ある特定の大学の学生であることを表すには前置詞は at を用いる. 日本語の「の」に引かれて of を用いるのは間違い. // その大学は*学生数が多い[少ない] The university has a ˹large [small] number of *students*. / The university has a ˹large [small] *enrollment*. 語法 enrollment は在籍学生全体をいう. // 私は*学生時代「よく学びよく遊べ」を座右の銘としていた I had "Work hard and play hard" for my motto in my ˹*school* [*student*] *days*. // *学生時代に（⇒ 在学している間に）たくさん本を読むことは重要なことです It is important that you should read many books *while you are at school*.
学生運動 students' (political) activity Ⓒ **学生課[部]** the student affairs office **学生会館** the student union **学生自治会** the student body **学生証** student's (identification) card Ⓒ **学生生活** student life Ⓒ; (大学生活) campus life Ⓒ **学生大会** the student meeting **学生服** school uniform Ⓒ **学生部長** student ˹adviser [advisor] Ⓒ, dean Ⓒ ★《英》では「学生監」.

かくせいき 拡声器 loudspeaker Ⓒ.

かくせいざい 覚醒剤 stimulant (drug) Ⓒ.

かくせいそうち 拡声装置（マイク・拡声器などから成る）public-address system Ⓒ.

かくぜつ 隔絶 ― 動（分離されている）be ˹isolated [separated] from ...;（連絡を絶たれている）be cut off from ... ¶その場所は外界と*隔絶している The place *is* ˹*isolated from* [*cut off from* communication with] other parts of the world.

がくせつ 学説 theory [θíːəri(ː)] Ⓒ《☞ りろん；せつ[1]》. ¶彼は新しい*学説を発表した He published a new *theory*. // 田中博士は新しい*学説を唱えた Dr. Tanaka ˹formulated [set up] a new *theory*.

がくぜん 愕然 ¶私はそれを知って*愕然とした（⇒ 驚いた）I *was* ˹*surprised* [*astonished*] to know that. /（⇒ ショックを受けた）I *was shocked* to know that.《☞ おどろく（類義語）；ショック》

がくそく 学則 school regulations ★ 通例複数形で.《☞ きそく；こうそく[3]》. ¶それは*学則に違反する It's against the *school regulations*. // この*学則は 10 年前に設けられた These *school regulations* were laid down ten years ago.

かくだい 拡大 ― 動（大きさ・量・範囲などを広げる）expand ㊥ ㊀;（事業・意味などを拡張する）extend ㊥ ㊀;（実物より大きくする）magnify ㊥;（段階的に拡大する）escalate ㊀ ㊥. ― 名 expansion Ⓤ; extension Ⓤ; magnification Ⓤ; escalation Ⓤ.《☞ かくちょう[1]》.
¶その 2 国間の貿易は最近*拡大した Trade between the two countries *has* recently *expanded*. // その会社は商売を東南アジアからオーストラリアまで*拡大しようとしている The firm is intending to *extend* its business from Southeast Asia to Australia. // 彼は研究を新しい分野にまで*拡大した He *extended* his research into a new field. // この顕微鏡は物体を 1000 倍に*拡大する This microscope *magnifies* an object 1,000 times.《☞ ばい》// 戦争の*拡大はなんとしても止めなければならない We must stop the *escalation* of the war by all means. // 地域戦争が全面戦争に*拡大することがしばしばある A local conflict very often *escalates into* a global war.

かくだん 格段 ― 形（相違などが著しい）marked, distinct;（主に好ましいことで目立つ・注目すべき）remarkable.《☞ めざましい；けんちょ》. ¶2 つの間には*格段の差がある There is a ˹*marked* [*distinct*] difference between the two. // 彼の勉強は*格段に進歩した He has made *remarkable* progress in his studies.

がくだん[1] 楽団 orchestra Ⓒ;（軽音楽のための小編成の）band Ⓒ.《☞ バンド[2]》.

がくだん[2] 楽壇 the musical world, musical circles ★ この場合は普通 the を付けない.

かくち 各地（いろいろな[すべての]地方）various [all] parts《☞ ぜんこく；かくしょ》.
¶その大会には世界*各地から大勢の人が参加した Many people from *various* countries attended the conference. // 台風が*各地に大きな被害をもたらした The typhoon caused much damage to ˹*various* [*all*] *parts* of the country. // 彼は日本*各地（⇒ 全国）を旅行した He traveled *all over* Japan.

かくちょう[1] 拡張 ― 動（広げて大きくする）expand ㊀ ㊥;（幅を広くする）widen ㊀ ㊥;（大きさ・程度などを大きくする）enlarge ㊥. ― 名 expansion Ⓤ; widening Ⓤ; enlarge-

ment Ⓤ. (☞ かくだい).
¶ 彼らは領土*拡張を試みた They tried to *expand* their territory. // 我々は事業をもっと*拡張する計画です We are planning to *expand* our business. // 道路が*拡張された The road *was widened*.

かくちょう² 格調 ¶ 彼は*格調の高い (⇒ 古典的な[気品のある]文体の) 文章を書く He writes in ⌈a *classical* [an *elevated*] style.

がくちょう 学長 (大学の) president Ⓒ; chancellor Ⓒ ★ 後者はある種の大きな大学の学長に用いる. (☞ そうちょう²; 学校・教育 (囲み)). ¶ 東西大学*学長 the *president* of Tozai University // 佐藤*学長 *President* Sato

かくづけ 格付け ━ 動 (等級をつける) grade 他; (評価する) rate 他; (人を地位や業績などで段階に分ける) rank 他. (☞ ひょうか). ¶ 学校はある基準で*格付けされている Schools *are graded* ⌈according to [by] a certain standard. // 彼は技術的*格付けが低い (⇒ 低く評価されている) He *is rated* low in skill.

かくてい 確定 ━ 名 (決定) decision Ⓤ; (確認) confirmation Ⓤ. ━ 動 (決定を下す) decide 他, decide (on ...) 自; (日取りなどを明確に決める) settle 他, fix 他. ━ 形 (確定的な) definite; (日取りなどが決まった) fixed. ━ 副 (確定的に) definitely. (☞ きめる; きまる; けってい).
¶ 彼が議長になることが*確定した (⇒ 決定された) It *was decided that* he would be chairman. // 新しい校舎を建てることが*確定した (⇒ 彼らは新しい校舎を建てることを決めた) They *decided on* building a new schoolhouse. // パーティーの日取りは*確定しましたか *Has* the ⌈day [date] for the party *been settled* yet? // 会合の日時と場所がきのう*確定した The date and place for the meeting *was fixed* yesterday.
確定申告 (所得税の) final income tax return Ⓒ.

カクテル cocktail [kάktèil] Ⓒ.

かくど 角度 angle Ⓒ (☞ ど; かく⁶ (挿絵); 度量衡 (囲み)). ¶ 45 度の*角度で at an *angle* of 45°

かくとう¹ 格闘 ━ 動 (殴り合う) fight 自 (過去・過分 fought); (つかみ合う) grapple (with ...) 自. ━ 名 fight Ⓒ; grapple Ⓒ. (☞ なぐりあい; とっくみあい; らんとう). ¶ 彼らは必死になって*格闘した They *fought* desperately. // 彼は強盗と*格闘した He *grappled with* the burglar.

かくとう² 確答 ━ 名 definite ⌈answer [reply] Ⓒ. ━ 動 answer definitely, give a definite answer. (☞ へんじ (類義語)).

がくどう 学童 schoolchild Ⓒ (複 -children) (☞ せいと).

かくとく 獲得 ━ 動 get 他; gain 他; win 他; obtain 他; secure 他; acquire 他. ━ 名 acquisition Ⓤ.
【類義語】手に入れるという意味で最も一般的な語は **get**. 何か自分に有利なものを苦労して手に入れるのは **gain**. 競争などでほかの人と争って手に入れるのは **win**. ((例) 賞を*獲得する *win* a prize). 望んでいるものを手に入れるのは **obtain**. ((例) 地位を*獲得する *obtain* a post). 手に入れることが困難であるばかりでなく, 維持することも困難なものを手に入れるのは **secure**. 長いことかかってやっと手に入れるのは **acquire** という. (☞ える)
¶ 彼はスピーチコンテストで一等賞を*獲得した He ⌈*won* [*got*; *obtained*] the first prize in the ⌈speech [oratorical] contest. // 彼らはついに勝利を*獲得した They finally *gained* (a) victory. // その男は不正な手段で富を*獲得した The man ⌈*got* [*obtained*; *acquired*] his wealth dishonestly. // 我々は多くの命を犠牲にして平和を*獲得した We *secured* peace at a cost of many lives. // 外国語の知識は長いことかかって*獲得されるものだ It takes a long time to *acquire* (a) knowledge of a foreign language.

がくない 学内 ¶ 寮は*学内 (⇒ 校内) にある The dormitory is *on the campus*. // その会合は*学内で開かれる The meeting will be held *on* (*the*) *campus*. (☞ こうない²)

かくにん 確認 ━ 動 (不確かなことを) confirm 他; (調査や事実に照らして) verify 他; (同一物[人]だと認める) identify 他. ━ 名 confirmation Ⓤ; verification Ⓤ; identification Ⓤ. (☞ たしかめる).
¶ そのうわさはまだ*確認していない We *have* not *confirmed* the rumor yet. // ホテルの予約は電話で*確認したほうがいいですよ You should *confirm* the reservations at the hotel by telephone. // その報告は目撃者によって*確認された The report *was* ⌈*verified* [*confirmed*] *by* an eyewitness.

かくねん 隔年 ━ 副 every other year, every two years, biennially [bàiéniəli(ː)] ★ 最後のものは多少堅苦しい表現. ━ 形 biennial. (☞ かくしゅう; かくげつ).
¶ その会合は*隔年に開かれる The meeting is held *every other year*. // そのレポートは*隔年に刊行されます The report is published once *every two years*. / The report is a *biennial* publication.

がくねん 学年 **1** «学校年»: school year Ⓒ, academic year Ⓒ 語法 後者は少し改まった言い方で, 特に大学の学年には普通後者を用いる. 日本では 4 月から 3 月までであるが, 英米では 9 月から 6 月までで, 夏 (7 月-8 月) は含まれない. (☞ 学校・教育 (囲み)).
¶「アメリカの*学年はいつ始まり, いつ終わりますか」「9 月に始まり, 6 月に終わります」"When does the ⌈*school* [*academic*] *year* in the United States begin and (when does it) end?" "It begins in September and ends in June."
2 «学級»: class Ⓒ; (米) grade Ⓒ 参考 grade は普通は小学校・ハイスクールの学年に用いて twelfth grade (＝第 12 学年) が最高学年. 高等学校・大学の学年については ☞ 学校・教育 (囲み); (英) form Ⓒ 参考 中等学校までの学年に用いて sixth form (＝第 6 学年) が最高学年. (☞ 学校・教育 (囲み)).

¶「君は何*学年ですか」「(小学校の) 5 年生です」"What *grade* are you in?" "I'm in the fifth *grade*." 参考 この質問は普通は高等学校以下の生徒に対してだけ用いる. // 第2*学年の生徒は3時に校庭に集合のこと The second-year students are requested to meet in the school field at 3 p.m. this afternoon. 語法 《米》では高校以上では第1学年の学生は freshman, 第2学年は sophomore, 第3学年は junior, 第4学年は senior という.

学年度 school year Ⓒ **学年末試験** final exam(ination) Ⓒ.

かくのうこ 格納庫 (飛行機の) hangar [hǽŋ(g)ər] Ⓒ《☞ くうこう (挿絵)》.

がくは 学派 school Ⓒ《☞ は⁴》.

がくばつ 学閥 academic clique [klíːk] Ⓒ《☞ はばつ》.

かくばった 角ばった ― 形 (四角い) square; (体などがやせて骨っぽい) angular. ¶彼は*角ばったあごをしている He has a *square* jaw.

かくはん 攪拌 ― 動 (スプーンなどでかき回す) stir [stə́ː] 他; (卵などを道具で勢いよくかきまぜる) beat 他; (卵やクリームなどをかき回して泡立てる) whip 他. ― 名 stir Ⓒ.《☞ かきまぜる; 料理の用語 (囲み)》.

¶容器の液体を熱しながら*攪拌しなさい *Stir* the liquid in the container while heating it.

攪拌器 whisk Ⓒ ★ 卵などをまぜるときに使う針金製のもの; (電動式の) mixer Ⓒ.《☞ 台所・家事 (囲み)》.

がくひ 学費 (種々の費用をひっくるめて) school(ing) expenses ★ 通例複数形で; (定期的なもの) school fees ★ 通例複数形で; (授業料) tuition Ⓤ.

がくふ 楽譜 score Ⓒ; (書いてある内容) music Ⓤ.《☞ 音楽 (囲み)》. ¶彼女は*楽譜が読める She can read *music*. // 彼は*楽譜なしで演奏した (⇒ 楽譜を見ないで[記憶で]) He played ˹without looking at the *score* [*from memory*].

がくぶ 学部 college Ⓒ; school Ⓒ; department Ⓒ; 《英》faculty Ⓒ.

【類義語】《米》では大学の学部は普通 *college* または *school* と呼ぶ大学が多いが, *department* を用いる場合もある. 日本のように一定していないのは各大学の慣例に従って呼び名が違っているからである. 学部の中にさらに下位区分として学科が分かれている場合は *department* を用いる. 従って *department* のみの大学は1学科が1学部を成している形となる. 《英》では *faculty* が用いられるが, 例えばロンドン大学のように *school* を用いる場合もある. ((例) *school* of economics (=経済学部)). また《米》では *faculty* は学部の教員全体を指す. なお, 《米》では *college, school* の両方を用いる場合には「教育学部」*school* of education, 「法学部」*school* of law, law *school*, 「医学部」*school* of medicine, medical *school* などは school で呼ばれる場合が多い. そこで日本の大学の学部を英訳するには, 《米》の一般例にならって *college* または *school* を用い, 「学科」に *department* を当てるのがよい.《☞ 学校・教育 (囲み)》

¶文[理]*学部 a *college* of ˹literature [science] // 工*学部 a *college* of engineering // 理工*学部 a *college* of science and engineering // 経済*学部 a *college* of economics / a *school* of economics // 教養*学部 a *college* of arts and sciences / (⇒ 専門課程ではない一般教育のための学部) a *college* of general education // 我々の大学には8つの*学部がある Our university has eight *colleges*. // この*学部には何人の教員がいますか How many *faculty members* are there in this college? // 私は経済*学部の学生 (⇒ 経済学の学生) です I'm a student of economics.

学部長 dean Ⓒ.

がくふう 学風 (学問の伝統) academic tradition Ⓒ; (学問上の遺産) academic heritage Ⓒ; (研究の方法) method [way] of study Ⓒ.《☞ こうふう》.

がくぶち 額縁 (picture) frame Ⓒ《☞ がく²》.

かくべつ 格別 ― 形 (例外的な) exceptional; (異常なほど著しい) remarkable. ― 副 exceptionally; remarkably.《☞ とくに (類義語); とくべつ》. ¶きょうの暑さは*格別だ It's *exceptionally* hot today. / Today's heat is *exceptional*.

かくほ 確保 ― 動 (手に入れて保持する) secure 他; (苦労して手に入れる) obtain 他.《☞ かくとく》. ¶あなたのために座席を*確保しておきました I *secured* a seat for you. // 食糧は十分*確保してある (⇒ 食糧の十分な供給が手元にある) We *have* a good supply of food *on hand*. / (⇒ 食糧は十分に供給されている) We *are* well *supplied with* food.

かくほうめん 各方面 ― 副 in every direction, in all directions ★ 前者のほうが少し意味が強い.《☞ たほうめん》. ¶彼の商売は*各方面に発展している His business is expanding *in* ˹*every direction* [*all directions*]. // それは*各方面 (⇒ あらゆる種類の人人) に多大な影響を与えた It produced a great influence on *all kinds of people*.

かくまう 匿う (ひそかに隠す) hide 他; (悪事を働いた者をかくまう) harbor 他; (危険に迫られている人に隠れ場所を提供する) give refuge to ...《☞ かくす》.

¶犯罪者を*かくまうのは不法なことである It is ˹against the law [illegal] to ˹*hide* [*harbor*] a criminal. // だれもその亡命者を*かくまう者はいなかった Nobody *gave refuge to* the defector. // その亡命者はアメリカ大使館に*かくまわれている (⇒ 保護されている) The ˹defector [political refugee] is *under the shelter of* the American embassy.

かくまく 角膜 cornea [kɔ́ːrniə] Ⓒ.

かくめい 革命 ― 名 revolution Ⓒ. ― 動 (革命を起こす) revolutionize 他. ― 形 revolutionary.《☞ せいへん; クーデター》.

¶その国に*革命が起こった A *revolution* broke out in the country. // 陸軍の幹部が*革命を起こした Military [Army] leaders

started the *revolution*. // *革命は成功した[失敗した] The *revolution* was ⌈successful [a failure]. // 飛行機は旅行の方法に*革命をもたらした Airplanes ⌈brought about a *revolution* in [*revolutionized*] travel. // 武力[無血]*革命 an armed [a bloodless] *revolution* // *革命政府 a *revolutionary* government // *革命運動 a *revolutionary* movement // *革命的な考え a *revolutionary* idea
革命家 revolutionalist [C].

がくめい 学名 scientific name [C]; (植物[動物]の) botanical [zoological] name [C] [参考] ラテン語で書かれることが多いので, くだけた表現では Latin name ということもある.

がくめん 額面 (額面価格) face value [U].
¶ *額面どおりに受け取る accept [take] ... at *face value*

がくもん 学問 learning [U]; study [C] ★ときに複数形で; scholarship [U]; education [U]; knowledge [U]; science [U].
【類義語】一般には **learning**. 特に従事している学業や研究には **studies**.「学識」には **scholarship** を用いる. 広い意味では「教育」**education** や「知識」**knowledge**,「科学」**science** をも含めることができる. (☞ がく[3])
¶ 彼の仕事には大した*学問はいらない His job requires little ⌈*learning* [*education*]. // *学問に王道なし There is no royal road to *learning*. 《ことわざ》 // その著作は*学問の進歩に大いに貢献した The book ⌈greatly contributed [was a great contribution] to the advancement of *learning*. // 地理は興味ある*学問である Geography is an interesting *study*. [語法]「学問の分野」という意味では a branch of learning. // 社会学は社会現象を論ずる*学問である Sociology is a *science* which treats of social phenomena. // 私たちは高度な*学問をするために大学へ行く We go to ⌈college [the university] in order to pursue advanced *studies*.

がくや 楽屋 (出演者控え室) greenroom [C].

かくやく 確約 ━ [動] (明確に約束する) promise ⌈absolutely [definitely]; (誓約を与える) give *one's* word to ... (☞ やくそく).
¶ *確約いたしかねます I cannot *promise* ⌈*absolutely* [*definitely*]. // *確約しましょう I'll *give you my word*. / (⇒ それは私の誓言です) It's *my word of honor*.

かくやす 格安 ━ [名] (安い買い物) bargain [C], 《口語》 good buy [C]. (☞ やすい; ほりだしもの). ¶ このテレビは*格安だった This television was ⌈*quite a bargain* [*a good buy*].

がくゆう 学友 schoolfellow [C], schoolmate [C].

がくようひん 学用品 school equipment [U], school supplies ★ 複数形で.

かくらん 攪乱 ━ [動] (かき乱す・動揺させる) disturb (他); (混乱に陥れる) throw ... into confusion. ━ [名] disturbance [U]. (☞ みだす; かきみだす).

かくり 隔離 ━ [動] isolate [áisəlèit] (他) [語法] 一般的な語で, 病気のためだけでなく, ほかのものから離して孤立させる意味にも用いる; (病気予防のための) quarantine [kwɔ́:rəntì:n] (他). **隔離期間** quarantine [U], quarantine period [C] **隔離病棟** isolation ward [C].

かくりつ[1] 確立 ━ [動] (確立する) establish (他); (築き上げる) build up (他); (基礎などを固定させる) lay (他) 《過去・過分 laid》. ━ [名] establishment [U].
¶ 我々は永遠の世界平和を*確立しなくてはならない We must *establish* everlasting world peace. // その会社は公正な商法で広く名声を*確立した The firm ⌈*built up* [*established*] a widespread reputation for fair dealing(s). // 彼は新しい科学の基礎を*確立した人である He was a man who *laid* the foundation of a new science.

かくりつ[2] 確率 〘数学〙 probability [U] (☞ こうさん[1]; かのうせい).

かくりょう 閣僚 cabinet ⌈member [minister] [C], member of the cabinet [C] [語法] of を用いるほうが形式ばった言い方. 特定の内閣を指すときはしばしば大文字で始められる. (☞ ないかく[1]; かくぎ; 政治・経済 (囲み); 大文字 (欄外)).

がくりょく 学力 scholarship [U], learning [U] [語法] 以上 2 つはほぼ同意になることもあるが, 前者は古典などの, より学問的な力をいうのに対し, 後者は一般的な学習や技術の習得を意味することが多い. (☞ がくもん; がくしき).
¶ 彼は*学力がある[ない] He is a ⌈good [poor] *scholar*. / (⇒ 彼は学力においてすぐれている[いない]) He is ⌈excellent [poor] in ⌈*scholarship* [*scholarly work*]. // ブラウン氏の*学力は大したものだ Mr. Brown is a man of great ⌈*scholarship* [*learning*]. // このごろの学生は*学力がない (⇒ 学力が低い) Students today are low in *scholarship*. // 彼女は英語の*学力がない (⇒ 知識が多くない) She does not have much *knowledge* of English. / (⇒ 英語ができない) She is poor ⌈in [at] English.

がくれい 学齢 school age [U].

かくれが 隠れ家 hiding place [C]; (犯人などの) 《口語》 hideout [C].

がくれき 学歴 (学校に通うこと) schooling [U]; (学校教育) school education [U]. (☞ きょういく; けいれき).
¶ あの人はほとんど*学歴がない He has had little *schooling*. / (⇒ 彼は学校教育はほとんど受けなかった) He has hardly received any *school education*. // 彼女は*学歴が高い (⇒ 彼女はよい学校教育を受けた) She has had a good *school education*. / She *is* highly *educated*. // 日本は*学歴社会だ (⇒ 日本の社会は学歴を気にする) Japanese society is *education-conscious*. / (⇒ 卒業証書が日本では重きをなす) *School diplomas* count a great deal in Japan.

かくれる 隠れる hide (自) 《過去 hid; 過分 hidden》; (身を隠す) hide *oneself*; (隠れている) keep *oneself* out of sight. (☞ かくす).
¶ 彼はどこに*隠れているだろうか Where *is* he *hiding*? // 子供はカーテンの後ろに*隠れた The child *hid himself* behind the curtain. // 彼はなぜ*隠れているのだろうか Why does he *keep*

himself out of sight? // 太陽が雲に*隠れた(⇒雲が太陽を隠した) The clouds *hid* the sun. / (⇒太陽が雲に覆われた) The sun *was covered* by (the) clouds. // その子供は親に*隠れて(⇒親の見ていないところで)たばこを吸った The boy smoked a cigarette *without being* ⌈*seen* [*noticed*] by his parents. // その岩は水面下に*隠れている The rock lies under the water.

かくれんぼう 隠れん坊 hide-and-seek Ⓤ. ¶*かくれん坊をして遊ぼう Let's play *hide-and-seek*.

かくろん 各論 (細かな部分の説明・討論) detail [ditéil, dí:teil] Ⓒ.
¶総論は終わりにして*各論に入ろう So much for the outline. Now let's go into ⌈*detail* [(*the*) *details*]. // それは*各論で詳しく述べてある(⇒それぞれの見出しの下に) It is fully ⌈treated [explained] *under each heading*. // 総論賛成, *各論反対だ(⇒原則には反対ではないが, 各項目には賛成できない) I'm not against the principle, but I can't agree with *each item*.

がくわり 学割 special discount for students Ⓒ 《☞わりびき》. ¶*学割は20%だ They ⌈make [give; allow] *a special discount* of 20% *for students*.

がくんと ¶エレベーターが*がくんと(⇒ぐいと)止まった The elevator stopped *with a jerk*. / (⇒急に止まった) The elevator made a *quick* stop. // ひざが*がくんときた(⇒ひざが急に折れ曲がった) My knees *buckled* under me. // 道が悪くて車は*がくんがくんと揺れた The car ⌈*jolted* [*bumped*] badly on the rough road. 《☞擬声・擬態語(囲み)》

かけ¹ 賭 (一般に広い意味での) bet Ⓒ; (賭け金) stake Ⓒ ★しばしば複数形で; (ばくち, 特に金を賭ける賭け事) gambling Ⓤ; (危険を伴う選択) a gamble ★aを付けて. 《☞かける³》.
¶*賭をしよう Let's make a *bet*. // 彼は*賭に勝った[負けた] He ⌈won [lost] a *bet*. // 彼らはよくトランプで少額[高額]の*賭をする They often play cards for ⌈small [high; big] *stakes*. // 私は*賭け事は嫌いだ I don't like *gambling*.

かけ² 掛け credit Ⓤ 《☞つけ》. ¶当店では*掛け売りはいたしません We don't sell *on credit*.

かげ¹ 影 (影ぼうし) shadow Ⓒ; (シルエット) silhouette [sìluét] Ⓒ; (水面などに映った映像) image [ímidʒ] Ⓒ; (人影) figure Ⓒ. 《☞かげ²; ひとかげ》.
¶木の長い*影が地面に映っていた The long *shadow* of a tree was on the ground. / (⇒木が長い影を地面に落としていた) The tree cast a long *shadow* on the ground. // その男は*影のように彼女につきまとっている The man follows her like a *shadow* wherever she goes. // 彼女の*影が障子に映った Her *silhouette* was on the paper screen. // 富士山はその*影を水面に映していた(⇒映像が水面にあった) The ⌈*image* [*reflection*] of Mt. Fuji was ⌈on [in] the water. / (⇒水面に映し出されていた) Mt. Fuji *was* ⌈*reflected* [*mirrored*] ⌈on [in] the water.

かげ² 陰 (日陰) shade Ⓤ 《☞かげ¹; ひかげ》.
¶*陰になっているところで休もう Let's take a rest in the *shade*. // その男は建物の*陰に(⇒後ろに)隠れた The man hid (himself) *behind* the building. // *陰で(⇒背後で)人の悪口を言ってはいけない Don't speak ill of others *behind* their backs. // *陰でだれかが糸を操っているに違いない Somebody must *be pulling the strings*. 【語法】 pull the strings で「(人形劇のように)糸を操る」の意.
陰干し drying in the shade Ⓤ.

がけ 崖 cliff Ⓒ; (特に切り立った崖) precipice [présəpis] Ⓒ. 《☞だんがい¹》. ¶その木は*崖っぷちに立っている The tree stands on the edge of a *cliff*. // 私は急な*崖をよじ登った I climbed a steep *cliff*. // 自動車が*崖から海に落ちた A car fell over the ⌈*cliff* [*precipice*] into the ocean. **崖崩れ** landslide Ⓒ.

-がけ **1** «…の途中»: on *one's* way to …; (…するときに) when …, as … 《☞とちゅう》.
¶帰り*がけに私の家に寄って下さい(⇒家へ帰る途中で) Please drop in at my house *on your way home*.
2 «…を着て»: in …; (特にはっきり示すときは) wearing … ¶私はゆかた*がけで(⇒ゆかたを着て)散歩した I took a walk ⌈*wearing* [*in*] (a) yukata.

かけあう 掛け合う ── 動 (交渉する) negotiate ⓐ; (話し合う) talk ⓐ; (駆け引きをする) bargain ⓐ ⓣ. ── 名 negotiation Ⓒ ★しばしば複数形で.
【類義語】外交・商業などの正式な掛け合いで, 条件などを提示して正式に話し合うのは **negotiate**. 一般に公式・非公式を問わず話し合うのを **talk** というが, これは口語的で一般的な語. 値段などの駆け引きをするのを **bargain** という. 《☞こうしょう¹; かけひき》
¶私が売り手と値段について*掛け合ってみましょう I'll ⌈*negotiate* [*talk*; *have a talk*] with the seller ⌈about [over] the price. / I'll *bargain* the price with the seller.

かけあし 駆け足 ── 名 run Ⓒ; (馬の) gallop Ⓒ. ── 動 run ⓐ; (馬が) gallop ⓐ. 《☞はしる》. ¶彼は*駆け足でやってきた(⇒走ってやってきた) He came *running*. / He came *at a run*. // 馬は*駆け足でやってきた The horse came *at a gallop*.

かけい¹ 家系 (家柄) family Ⓒ ★集合的に用いる; (血統) lineage [líniidʒ] Ⓤ.
【類義語】一般に「家柄」という意味では **family** を用いて表すことが多い. 特にある一人の祖先からの血統の流れを表す場合には **lineage** という. 《☞けっとう¹; いえがら》
¶彼の*家系は立派だ(⇒彼はよい家族の出身だ) He comes from a good *family*. / He is a man of good *lineage*. 【語法】 後者は多少堅苦しい言い方.
家系図 family tree Ⓒ.

かけい² 家計 (家庭の予算) the family budget; (家庭の金銭上のやりくり) family finance(s); (一家の生計費) housekeeping

costs ★ 複数計で. 《☞ せいけい[1]; くらし》.
¶ うちの*家計は豊かだ[苦しい] We are 「*well* [*badly*] *off*. // うちの*家計は逼迫(ひっぱく)している Our *family finances* are straitened. // 彼女は*家計を10パーセント切り詰めた She cut the 「*living expenses* [*housekeeping costs*] by ten percent. // 物価の急騰が*家計に大きな影響を与えた Soaring prices strained *the family budget*.
家計簿 housekeeping log Ⓒ. ¶ うちの女房は*家計簿をつけたことがない My wife never keeps *a housekeeping log*.

かげえ 影絵 (芸能としての) shadow picture Ⓒ; (シルエット) silhouette Ⓒ. 《☞ かげ[1]》.

かけおち 駆け落ち —[動] run 「away [off] (with ..) (自), elope (with ...) (自) ★ 後者のほうが形式ばった語. —[名] elopement Ⓒ.
¶ その女性は恋人と*駆け落ちした The woman *ran* 「*away* [*off*] *with* her lover.

かけがえのない 掛けがえのない —[形] (代わりの物がない) irreplaceable; (大切な) precious; (最愛の) dearest.
¶ あの人は*掛けがえのない (⇒ 代えることのできない) 大切な人です He is an important person who cannot *be replaced* by anybody. // 多くの若者が戦争で*掛けがえのない (⇒ 貴重な) 生命を失った Many young men lost their *precious* lives in the war.

かけがね 掛け金 —[名] (ドアなどの) latch Ⓒ, hasp Ⓒ; (ベルト・ネックレスなどの) clasp Ⓒ. —[動] (掛け金を掛ける) latch (他). 《☞ かぎ[1]; じょう[2]; とめがね》.

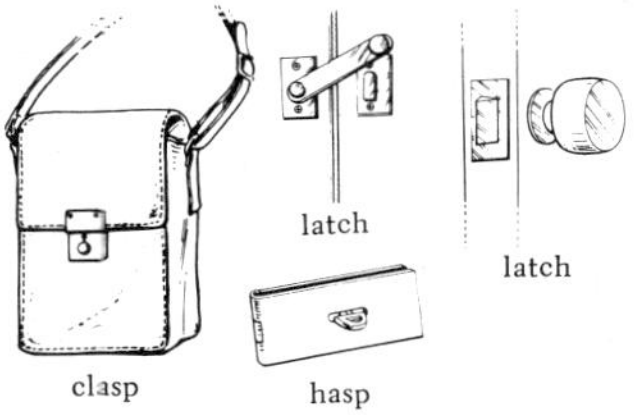

¶ 戸に*掛け金を掛けて下さい Please *latch* the door. // 戸の*掛け金がはずれていた The door was 「*unlatched* [*off the latch*]. // ネックレスの*掛け金を留めて下さい Will you fasten the *clasp* of my necklace?

かげき[1] 過激 —[形] (急進的な) radical; (極端な) extreme; (暴力的な) violent; (極左の) ultra-leftist. 《☞ きゅうしん[1]; きょくたん》.
¶ *過激な思想 a *radical* idea // *過激な学生 a *radical* student // *過激な学生運動 *radical* student activities 過激派 radical Ⓒ; (極端な行動に出る者) extremist Ⓒ; (極左運動家) ultra-leftist Ⓒ.

かげき[2] 歌劇 opera Ⓒ 《☞ 音楽 (囲み)》.
歌劇団 opera company Ⓒ.

かけきん 掛け金 (月賦などの) instal(l)ment Ⓒ; (保険の) premium Ⓒ.

かげぐち 陰口 —[動] (悪口を言う) speak ill of ...; (批判する) criticize (他). 《☞ わるくち》. ¶ *陰口をきいてはいけない (⇒ 陰でほかの人の悪口を言うな) Don't *speak ill of* others *behind their backs*. // *陰口 (⇒ 悪意のあるうわさ話) を気にしないほうがよい You'd better not worry about *malicious gossip*.

かけごえ 掛け声 —[動] (大声を出す) shout (自)(他); (呼びかける) call (他), call (to ...) (自). —[名] shout Ⓒ; call Ⓒ.
¶ 彼らは綱を引くたびに「よいしょ」と*掛け声をかけた They *shouted*, "Yo-ho!" every time they gave a strong pull 「at [on] the rope. // 彼は私に「しっかりやれ」と大声で*掛け声をかけた He *called to* me in a loud voice, "Come on!" // その計画は*掛け声だけに終わった (⇒ その計画は結局実現しなかった) The plan *did not materialize* in the end.

かけこむ 駆け込む (走りこむ) run into ...; (保護を求める) seek refuge in ... ¶ 彼は家の中に*駆け込んだ He *ran into* the house. // その男は大使館に*駆け込んだ (⇒ 保護を求めた) The man *sought refuge in* the embassy.

かけざん 掛け算 —[名] multiplication Ⓤ (↔ division). —[動] multiply (他), do multiplication. 《☞ かける[1]; くく; 数字 (囲み)》.
¶ 次の数を*掛け算しなさい *Multiply* the following numbers.

かけじく 掛け軸 (絵) hanging picture Ⓒ; (書) hanging scroll of calligraphy Ⓒ.

かけず 掛け図 (地図) wall map Ⓒ; (図表) wall chart Ⓒ.

かけずりまわる 駆けずり回る run about (自) 《☞ かけまわる》.

かけだし 駆け出し —[名] (初心者) beginner Ⓒ; (未経験者) inexperienced person Ⓒ; (新米) novice [nάvis] Ⓒ. —[形] inexperienced; (来たばかりの) new. ¶ 私はまだ*駆け出しです I'm just a 「*beginner* [*novice*]. / (⇒ 私はこの職業には未経験です) I'm *inexperienced* in this 「work [occupation].

かけだす 駆け出す (外へ) run out (自); (駆け始める) start running, begin to run. ¶ 彼は急に部屋から表へ*駆け出した He *ran out of* the room suddenly. // 雨が降ってきたのでみな*駆け出した When it began to rain everybody *started running*.

かけつ 可決 —[動] (認める・承認する) approve (他) (↔ disapprove; reject); (議会で法案を) pass (他)(自); (動議を) carry (他), adopt (他) (↔ reject, turn down). 《☞ 政治・経済 (囲み)》.
¶ その提案は*可決された The proposal *was approved*. // その法案は衆議院で*可決された The bill 「*was passed* by [(⇒ 通過した) *passed in*] the House of Representatives. // その動議は*可決された The motion *was* 「*carried* [*adopted*].

かけつける 駆けつける (走って行く・走って来る) run (to ...) (自); (走りながら来る) come running; (突進するように行く) rush (to ...) (自); (急いで行く) hurry (to ...) (自). 《☞ はしる; いそぐ》.
¶ 彼らは彼女の救助に*駆けつけた They *ran to* her aid. // 警察が現場に*駆けつけた The

police *rushed to* the scene. // すぐ駅に*駆けつけたほうがいいですよ You'd better *hurry to* the station.

かけっこ 駆けっこ —名 (競走) race Ⓒ. —動 (走る) run ⓐ; (競走する) have a race. 《☞ きょうそう²; はしる》.

か

かけて **1** «…から…にわたって» ¶ 私は7月から8月に*かけてヨーロッパを旅行する予定です (⇒7月から8月まで) I am going to travel [I'll be traveling] in Europe ˹*from* July *to* August [(⇒7月と8月に) *in* July and August]. 《☞ -から》 // 月曜日から木曜日に*かけて留守にします I won't be at home *from* Monday ˹*to* [*through*] Thursday. [語法] through は to よりも期間が長い含みがある. // 週末に*かけて泊まりがけでいらっしゃい (⇒週末の間) Please come and stay at my home *over* the weekend. // いまから夜に*かけて一雨ありそうだ (⇒夕方近くに) It's likely to rain *toward* (the) evening. // 関東から東北に*かけて雪が降った It snowed *in* the Kanto and Tohoku districts. // 首から背中に*かけて痛む I have a pain *from* ˹the [my] neck down *to* ˹the [my] back.

2 «…に関して» ¶ 彼は音楽に*かけては天才だ (⇒彼は音楽の才能を持っている) He has a genius *for* music. / He is a genius *at* music. // 野球に*かけては彼にかなう者はいない (⇒野球のことになると) *When it comes to* baseball, no one can beat him.

【参考語】(…について) about …, on …, as to …, concerning …, regarding …, as regards …; (に関する限り) as for …; as far as … is concerned; (…に対する) for …

3 «誓って» ¶ 私は名誉に*かけてもこの仕事をやりとげます *Upon my honor* I will carry out this task. // 私は名誉に*かけて約束します I give you my word *of honor*.

かけね 掛け値 —動 (不当な代金を請求する) overcharge ⓗ. —名 (普通より高い値段) fancy price Ⓒ; overcharge Ⓒ; (誇張) exaggeration Ⓤ.

¶ 彼らは普通外国人には1割程度の*掛け値をする They usually *overcharge* foreigners by ten percent. // *掛け値なしでいくらですか (⇒正味の値段はいくらですか) What is the *net* price? // *掛け値のないところ (⇒率直に言うと) 仕上げるのにたっぷり1か月かかるでしょう *To be honest with you*, it will take a whole month to finish it.

かけはなれる 掛け離れる (距離が) be ˹a long way off [far away] from … ★ 前者のほうがより口語的; (内容がひどく違っている) be quite different from …; (…どころかまったく反対である) be far from …

¶ その町はここと*かけ離れている That town *is* ˹*a long way off* [*far away*] *from* here. // 2人の意見はまったく*かけ離れていた The opinions of the two persons *were quite different from* each other. // それは事実とは*かけ離れている It *is far from* ˹being true [truth].

かけひき 駆け引き —動 (値段などについて相手と交渉する) bargain with …, make [strike] a bargain with …; (策略を用いる) use tactics. —名 (値段などの交渉の結果まとまる売買契約) bargain Ⓒ; (策略) tactics ★ 複数形で. 《☞ かけあう (類義語)》.

¶ 彼はその商人と値段の[じゅうたんについて] *駆け引きをした He ˹*bargained* [*made a bargain*] *with* the merchant ˹*over* the price [*for* the rug]. // あの人は*駆け引きがうまい (⇒人との交渉にすぐれている) He *is skilled in dealing with other people*. / (⇒交渉の上手な人だ) He is a ˹*skillful* [*skilled*] *negotiator*. / (⇒策略を用いるのがうまい) He is good at (*using*) *tactics*.

かげひなた 陰日向 ¶ 彼は*陰ひなたなく働く (⇒彼は良心的に働く) He works *conscientiously*. // 彼女には*陰ひなたがある (⇒誠実ではない) She is not an *honest* person. / (⇒裏表がある) She is *two-faced*. // あの人は*陰ひなたのない人だ (⇒正直な[良心的な]人だ) The man is ˹an *honest* [a *conscientious*] person.

かけぶとん 掛け布団 (一般的に) covers ★ 通例複数形で; (中に毛や綿を入れて縫い合わせたもの) quilt Ⓒ; (羽毛布団) eiderdown Ⓒ [参考] ベッドにはあまりたくさんの掛け布団を掛けないのが普通で, 毛布 (blanket) を用いるのがごく一般的習慣である. 寒いときには毛布を重ね, さらにその上に quilt や eiderdown を重ねることもある. 《☞ ふとん (挿絵)》.

¶ 母親は子供に*掛け布団を掛けてやった The mother ˹covered [wrapped] her child in a *blanket*. / The mother laid a *quilt* over her child.

かげぼうし 影法師 shadow Ⓒ 《☞ かげ¹》.

かけまわる 駆け回る (走り回る) run ˹about [around] ⓐ; (かけずり回ってばかりいる) be on the run; (忙しく立ち回る) be busy *doing*, busy *oneself* ˹in [by] *doing* ★ 前者は状態の表現に, 後者は特定または習慣的行為に用いる. 《☞ とびあるく; とびまわる》.

¶ きょうは一日方々を*駆け回ってばかりいた I spent the whole day *running about* here and there today. / (⇒私はきょう一日あちこち訪問して忙しく過ごした) I ˹*was* [*kept myself*] *busy* all day visiting various places. // 母はいつも*駆け回っています My mother *is* always *on the run*. // 私たちは基金集めに方々*駆け回った We *busied ourselves* ˹*in* [*by*] raising funds.

かけもち 掛け持ち ¶ 私は2つの仕事を*掛け持ちしている (⇒仕事口が2つある) I have *two jobs* now. / (⇒2つの違った仕事をしている) I have *two different kinds of work* to do. // 私はここでは*掛け持ちで働いているのです (⇒非常勤者として) I work here as a *part-timer*. // 彼は3つの大学を*掛け持ちで教えている (⇒3つの異なった大学で) He teaches *at three different* colleges. 《☞ けんむ》

かける¹ 掛ける, 懸ける, 架ける ★ 日本語の「掛ける」は元来何か支点となるもの, または何かを置くべき場所などに物をぶら下げたり, 置いたりすることを意味するが, それから発展して比喩的にさまざまの意味で用いられる.

例えば「気にかける」は自分の心にある心配事などをとどめて置くことを言い,「命をかける」は遂行すべき事柄などに自分の命を預けることを言う.その他,「はかりにかける」「税金・保険をかける」「会議・裁判にかける」「声をかける」「なぞをかける」「わなにかける」「迷惑・心配・苦労をかける」「疑いをかける」「望みをかける」など,かなり広い範囲に用いられる.

本項ではそのようなものを扱うことはかえって記述の混乱を招くので,以上のようなものについては「はかり」「税金」などの項目を参照するか,あるいは「はかりにかける」＝「はかる」,「疑いをかける」＝「疑う」のように,日本語を関連する動詞に言い直してその項目を参照されたい.

1 «ぶら下げる»: hang ㊀㊁《過去・過分 hung》. ¶ 彼の部屋の壁には絵が*掛けてあった A picture *was hanging* on the wall of his room. // 私は窓にカーテンを*掛けた I ⌈*hung* the window *with* a curtain [*curtained* the window]. // オーバーはハンガーに*掛けなさい *Put* your overcoat on the hanger.

2 «上にのせる»: (広げて) lay ㊀《過去・過分 laid》; (置く) put ㊀, place ㊀ ★ 後者はやや形式ばった語; (覆う) cover ㊀; (受話器を置く) hang up ㊀.

¶ 食卓にこのテーブルクロスを*掛けて下さい Please ⌈*put* [*lay*] this (table)cloth ⌈on [over] the dining table. / Please *cover* the dining table *with* this (table)cloth. // もう1枚毛布を*掛けてあげましょうか Shall I ⌈*lay* [*put*] another blanket ⌈over [on] you? // やかんを火に*かけて下さい *Put* the kettle on the fire, please.

3 «橋などを渡す»: (造る) build ㊀, construct ㊀ ★ 前者が口語的; (据える) put up ㊀ ★ 口語的; (両端をつなぐ) span ㊀. 《☞ はし¹; わたす》. ¶ この川に橋を*かける必要がある We must ⌈*build* [*put up*; *span*] a bridge over this river. // その川に*かけた橋 a bridge ⌈*over* [*across*] the river

4 «身につける»: (着ている) wear ㊀; (着る) put on ㊀ 【語法】身につけた状態を表すのが wear で,身につける動作を表すのが put on.

¶ 彼女は眼鏡を*かけている She *wears* glasses. / She *has* glasses *on*. 《☞ めがね》 // 眼鏡を*かけた人がけさあなたに会いに来た A man ⌈*wearing* glasses [*with* glasses *on*] came to see you this morning. // 私はよくエプロンを*かけたままで買い物に出かける I often go shopping ⌈*in* [*wearing*] an apron.

5 «鍵をかける»: lock ㊀ 《☞ かぎ¹; じょう²》. ¶ ドアに鍵を*かけましたか Did you *lock* the door? // この鍵でトランク[金庫]に鍵を*かけて下さい Please *lock* the ⌈trunk [safe] with this key.

6 «ひも・なわなどで縛る»: fasten [fǽsn] ㊀ ★ 最も意味の広い語; tie ㊀; bind ㊀《過去・過分 bound》 【語法】tie は結びつけるだけだが, bind には周囲にひもやバンドを回して結ぶという感じがある. 《☞ しばる (類義語)》.

¶ 古雑誌にひもを*かけておきなさい *Tie* the old magazines together with string. 【語法】string には冠詞が付かない. // いつでも旅行に出られるように,トランクにはひもが*かけてあった The trunk *was* tightly *bound*, all ready for my ⌈trip [journey].

7 «立て掛ける»: put (up) ㊀; (置く) place ㊀. 《☞ たてかける; はしご》. ¶ 屋根にはしごを*掛けて下さい Please ⌈*put* (*up*) [*place*] the ladder against the roof.

8 «振りまく»: (水などを注ぐ) pour ㊀; (振りまく) sprinkle ㊀; (はねかける) splash ㊀; (水をかける) water ㊀. 《☞ そそぐ¹; ふりかける》.

¶ それに熱湯[ソース]を*かけて下さい Please *pour* ⌈hot water [sauce] over it. // 彼女はドーナツに粉砂糖を(パラパラと)*かけた She *sprinkled* powder sugar ⌈over [on] the doughnuts. // その車は私に泥を*かけた The car *splashed* mud ⌈over [on] me. // 花に水を*かけるのを忘れた I forgot to *water* the flowers.

9 «機械などを作動させる»: (レコード・ラジオ・テープなどを) play ㊀; (エンジンなどを) start ㊀; (スイッチを入れる) turn [switch] on ㊀.

¶ 彼女はそのレコード[テープ]を何度も*かけた She *played* the ⌈record [tape] over and over (again). // 彼は1日中ラジオを*かけている He *plays* the radio all day. // 彼はエンジンを*かけて彼女を待った He *started* the engine and waited for her.

10 «金や時間を使う»: (費す) spend ㊀《過去・過分 spent》; (必要とする) take (time); (支払う) pay ㊀. 《☞ つかう》.

¶ 私は食事の支度に長い時間を*かけた I *spent* a ⌈long [lot of] time preparing the meal. // いくら時間を*かけてもいいから (⇒十分時間をかけて), 徹底的にやりなさい Do it thoroughly, *taking* your time. / (⇒好きなだけ時間を費してよい) You may *spend* as much time as you like in order to do it thoroughly. // 彼らは3時間*かけてその問題を話し合った (⇒話し合うのに3時間かかった) It *took* them three hours to discuss the matter. // その旅行はいくら*かかりましたか How much did you *spend* on the trip?

11 «腰をおろす»: sit (down) ㊁, take (a seat) ★ 後者はやや形式ばった言い方. 《☞ すわる》. ¶ どうぞお*掛け下さい Please ⌈*sit down* [*take a seat*]. / Please *be seated*. ★ これは丁寧な表現. // どうぞお*掛けになっていて下さい Please ⌈*remain* [*stay*] *seated*. // 私は公園のベンチに腰を*かけて彼女を待った I *sat on* a bench in the park and waited for her arrival.

12 «掛け算をする» ¶ 4*掛ける6は24 (4×6＝24) Four *times* six ⌈is [makes] twenty-four. // 4に8を*掛けると32になる Four (*multiplied*) *by* eight make(s) thirty-two. ★ この表現はやや改まった表現. 《☞ 数字 (囲み); くく》

13 «電話をする»: 《米》 call ㊀, 《英》 ring (up) ㊀ ★ 口語的. 目的語には「人」がくる; phone ㊀, telephone ㊀ ★ 前者のほうが口語的; (電話をかける) make a phone call ★「...に電話をかける」ではなくて,単に電話をかける動作を示すときに使う. 《☞ でんわ》.

¶今晩電話を*かけて下さい Please ⌈*call* me [*ring* me (*up*)] tonight. // 長距離電話の*かけ方を知っていますか Do you know how to ⌈*place* [*make*] a long-distance call? // 電話を*かけたいのですが (⇒ 使えますか) Can I *use* the telephone? // 彼はいま電話を*かけています He's *making a phone call.* / He's *on the phone.*

かける² 欠ける ─動 (一部が壊れる) break off ㊀ ㊉; (不足する) lack ㊉; (不足している) want ㊉ 語法 lack と want はほぼ同意であるが, 後者のほうが改まった語. want にはどうしても必要なものが欠けているというニュアンスがある; (月が) wane ㊀. ─形 (見当たらない) missing, lacking, wanting 語法 後の 2 つはこの意味では述語的にだけ用いられる. 《☞ かく³; たりない; ふそく¹》.
¶茶わんが*欠けた (⇒ 茶わんの一部がとれた) Part of the cup *has* (*been*) *broken off*. // その子供は音楽の才能が*欠けている The child *is lacking in* musical talent. // 彼女は常識が*欠けている She *is wanting in* common sense. // このパンフレットは何ページか*欠けている Several pages are *missing from* this pamphlet. // クラブからまた一人メンバーが*欠けた (⇒ もう一人の人がやめた) Another member ⌈*left* [*dropped out of*] the club.

かける³ 賭ける bet ... (on ...) 《過去・過分 bet, betted》 ★ 一般的な語; (特に金などを賭け金として差し出す) stake ㊉; (賭け事をする) gamble ㊀; (危険を冒す) risk ㊉. 《☞ かけ¹》.
¶彼はそのレースに 1 万円*賭けた He ⌈*betted* [*staked*] 10,000 yen *on* the race. // マージャンで*賭けるのはよくない (⇒ 金のためにマージャンをするのは) It's no good to ⌈*play* mah-jong *for* money [*gamble at* mah-jong]. // 我々は命を*賭けてその事業をやらねばならない We must ⌈*risk* [*stake*] our lives *on* the work. // 彼は命を*賭けて祖国を守った He defended his country *at the risk of* his own life. // *賭けてもいい. あの人はきっと来る I *bet* (that) she'll come. 語法 普通は I bet ... であって I'll bet ... という形はあまり使われない.

かける⁴ 駆ける (人や馬が) run ㊀ 《☞ はしる (類義語)》. ¶彼はタラップを[2 階へ]*駆け上がった He *ran* ⌈*up* the gangplank [upstairs]. // 子供たちは斜面を*駆け下りた The children *ran down* the hill. // その子は母親に*駆け寄った The child *ran up to* his mother.

かげる 陰る, 翳る (暗くなる) get dark. ¶日が*陰った (⇒ 太陽が雲の後ろに隠れた) The sun went *behind the clouds*. // 午後 5 時にはもう日が*陰り始めた (⇒ 辺りが暗くなりはじめた) It *was getting dark* at 5 in the afternoon.

かげろう 陽炎 heat haze Ⓤ.

かげん 加減 **1** 《数の加減》: addition and subtraction Ⓤ, adding and subtracting Ⓤ ★ 後者のほうが動作を表す感じが強い. 《☞ 動名詞 (欄外); 数字 (囲み)》.
2 《ほどよく調節すること》 ¶*加減して食べなさい (⇒ 食べすぎるな) Don't overeat. // まだ小さい子供だから*加減してしかったほうがいい (⇒ あまり厳しくしかるな) He is only a little child. Don't scold him *too severely*. 《☞ てかげん; ちょうせつ》
3 《程度・具合》 ¶「風呂の*加減はいかがですか」「ちょうどよい(*加減)です」"*How* is the (temperature of the) bath?" "It's ⌈*warm* [*hot*] *enough*." // 味*加減はいかがですか (⇒ どんな味か) *How* does it *taste*? / (⇒ お気に召しますか) *How* do you *like* the food? // 彼のばかさ*加減にはあきれた I was amazed ⌈at [by] his *stupidity*. // 「お*加減はいかがですか (⇒ 気分はどうですか)」「きょうは少し気分がいいです」"*How* do you *feel* today?" "I feel a little better today." ★ 病気の人との対話. // もういい*加減にしろ (⇒ もうやめろ) *Cut it* (*out*)! 語法 冗談やいたずらに対して言う. cut (out) は stop の意. 《☞ いいかげん》

かこ 過去 ─名 (過ぎ去った時) the past; (過ぎ去った出来事・経歴) past Ⓒ. ─形 past. 《☞ むかし; いぜん¹》.
¶それは*過去の出来事だ It's a *past* event. / It's a thing of *the past*. // *過去のことは水に流しましょう (⇒ 忘れましょう) Let's forget about *past* ⌈troubles [difficulties]. // *過去を振り返って見てみよう Let's look back (into *the past*). 参考 look back だけでも過去を振り返る意味になる. // そんなことは*過去においてはしばしば起こった Such a thing happened very often *in the past*. / (⇒ 大昔はごく普通だった) Such a thing was very common *in olden* ⌈*times* [*days*]. // 物価は*過去 10 年間上がりっぱなしだ Prices [Consumer prices] have been continuously rising for *the past* ten years.

かご¹ 籠 (編みかご) basket Ⓒ; (鳥かご) cage Ⓒ. ¶*かごの鳥 a bird in a *cage* // *かごの中にりんごが 10 個入っている There are ten apples in the *basket*. // 彼女は*かごいっぱいのいちごを持ってきた She brought a *basketful* of strawberries. 《☞ いっぱい》 // *かごを編む make a *basket*

かご² 駕籠 (2 人が肩でかつぐ東洋式・日本式かご) palanquin Ⓒ; (2 人が腰の高さに棒を持ってかつぐ西洋式かご) sedan (chair) Ⓒ.

かこい 囲い (塀) wall Ⓒ; (さく・柱を建て, 金網や横木を付けたもの) fence Ⓒ; (さく・塀など, 囲うもの) enclosure Ⓒ. 《☞ かこみ; へい¹; さく³; かきね》. ¶彼らは家の周囲に*囲いを付けた They ⌈set up [built] a *fence* around their house. / They enclosed their house with a *wall*.

かこう 囲う (囲む) enclose ㊉; (垣根で) fence (in) ㊉. 《☞ かこむ》. ¶庭は生け垣で*囲いたい I want to ⌈*enclose* [*fence* (*in*)] the garden with a hedge. // *囲った場所に入らないで下さい Please do not step into the ⌈*enclosed* area [*enclosure*].

かこう¹ 下降 ─動 (下る) go down ㊀; (高い位置から降下する) descend [disénd] ㊀ ★ やや形式ばった語; (落ちる) fall ㊀; (下に傾く) decline ㊀ ★ やや改まった語. ─名 descent [disént] Ⓤ; fall Ⓒ; decline Ⓒ; (景気などの) downturn Ⓒ. 《☞ さがる》.

¶ 最近，物価は*下降の傾向にある Recently prices *have been* ⌈*going down* [*falling*]. // 景気は*下降の途にある Business is *on the* ⌈*decline* [*downturn*].

かこう[2] 加工 ― [名] (食品の) processing [U]; (広い意味の) manufacturing [U]. ― [動] process (他); manufacture (他). **加工業** manufacturing [U], processing industries ★ 複数形で. **加工業者** manufacturer [C]; processor [C], processer [C].

かこう[3] 河口 the mouth of a river, river mouth [C] ★ 前者のほうがより改まった言い方.

かこう[4] 火口 crater [C].

かごう 化合 ― [名] (chemical) combination [U]. ― [動] combine (with ...) (自). **化合物** (chemical) compound [C].

かこうがん 花崗岩 granite [grǽnit] [U].

かこく 苛酷 ― [形] (容赦なく厳しい) severe; (ひどく残酷な) brutal; (無慈悲な) merciless. ― [副] severely; brutally; mercilessly. 《☞ きびしい; ざんこく; むごい》.
¶ *苛酷な気象条件 (⇒ 厳しい気候) にもかかわらず，木は育っていった The trees kept growing in (spite of) the *severe* climate. // 捕虜は*苛酷な扱いを受けた The prisoners were treated ⌈*brutally* [*mercilessly*].

かこつける (...を口実とする) use ... as a pretext, make a pretext of ... 《☞ こうじつ》. ¶ 彼は母親の病気に*かこつけて来なかった *Using* his mother's illness *as a pretext* [*Making a pretext of* his mother's illness], he didn't come.

かこみ 囲み (囲い) enclosure [C]; (都市のとりでなどの包囲) siege [síːdʒ] [U]; (囲み記事) box [C], boxed account [C]. 《☞ かこい》.
¶ 敵はすぐに*囲みを解いた The enemy soon raised the *siege*. // この*囲み記事はだれが書いたのですか Who has written this *boxed account*?

かこむ 囲む **1** 《取りまく》: (さくなどを巡らす) enclose (他); (四方を囲む) surround (他); (丸く囲む) encircle (他). 《☞ かこう; とりかこむ》.
¶ 町は山々に*囲まれていた The town *was surrounded* by mountains. // 私は多くの友達に*囲まれて幸せだった I was happy with many friends (of mine) ⌈*around* [*surrounding*; *encircling*] me. // テーブルを*囲んで (⇒ 周りに) 4 人は座っていた The four sat *around* the table. // 自然に*囲まれて (⇒ 自然の胸の中で) 暮らしたい I want to live *in the bosom of* nature. // 正しい答えを円で*囲みなさい *Enclose* the right answer with a circle. / *Circle* the right answer.
2 《軍隊が包囲する》: besiege (他).

かごん 過言 ¶ 彼を英雄といっても*過言ではない (⇒ と言っても言いすぎはしない) It is ⌈*not too much* [*no exaggeration*] *to say* that he is a hero.

かさ[1] 傘 umbrella [C]; (日傘) sunshade [C], parasol [C] ★ 前者のほうがより一般的.
¶ 私は*傘をたたんだ I ⌈closed [folded] my *umbrella*. // *傘をさしなさい Put up [Open] your *umbrella*. // *傘に入れて下さいませんか (⇒ あなたの傘を共同で使ってよろしいですか) May I share your *umbrella*? // 私の*傘に入りませんか Won't you get under my *umbrella*? // 他国の核の*傘の下にいて，果たして安全だろうか Are we really safe under the nuclear *umbrella* of a foreign nation?
傘立て umbrella stand [C].

かさ[2] 嵩 ― [名] (容積) bulk [U], volume [U] ★ 以上 2 語はほぼ同意だが，後者はやや形式ばった語. ― [形] (かさばる) bulky. 《☞ たいせき[1]; ようせき》. ¶ それは*かさはあるが重くはない It's ⌈*bulky* [*big*] but not heavy.

かさ[3] 笠 (電燈のかさ) (lamp)shade [C]; (すげ笠) sedge hat [C].

かさい 火災 fire [C] 《☞ かじ[1]》.
火災報知機 fire alarm [C] **火災保険** fire insurance [U], 《英》 fire assurance [U]. ¶ 私は家に*火災保険をかけた I *insured* my house *against fire*. **火災保険会社** fire insurance company [C] **火災予防週間** Fire Prevention Week.

火災報知機

かざい 家財 (家具類) furniture [U]; (家財道具一切) household ⌈effects [goods] ★ 複数形で. 形式ばった語. 《☞ かぐ[1]》. ¶ 私は*家財をすっかり火事で焼かれた All my *household effects* ⌈(were) burned up [were destroyed in the fire].

かさかさ ― [形] (乾いた) dry. ― [動] (葉や布などがすれる音を立てる) rustle (自). 《☞ 擬声・擬態語 (囲み)》. ¶ 私の肌は*かさかさだ My skin is *very dry*. // 木の葉が風で*かさかさと鳴っている The leaves *are rustling* in the wind.

がさがさ ― [形] (荒れている) rough; (乾いた) dry. ― [動] (すれる音を立てる) rustle (自). 《☞ 擬声・擬態語 (囲み)》. ¶ 私の手は*がさがさしている My hands feel *rough*. // 何か*がさがさという音が聞こえた I heard a *rustling* sound.

かざかみ 風上 ― [名] windward [U] (↔ leeward). ― [形] (風上の) windward.
¶ 私の家は火元の*風上だったので安全だった My house was safe, because it ⌈stood [was] ⌈*to windward* [*on the windward side*] *of* the fire. // 彼はプロの*風上にも置けない奴だ (⇒ プロと呼ばれるに値しない) He is *not worthy* of being called a professional.

かさく[1] 佳作 fine (piece of) work [C].

かさく[2] 寡作 ¶ あの小説家は*寡作だ (⇒ たくさん書かない) That novelist ⌈*doesn't write much* [*writes little*].

かざぐるま 風車 (おもちゃの) pinwheel [C].

かざごえ 風邪声 ― [形] (声が) husky (from a cold); (人が) hoarse (from a cold).

かざしも 風下 ― [名] leeward [U] (↔ windward). ―形 (風下の) leeward. ¶彼の家は火元の*風下にあった His house ｢was [stood] *to leeward of* the fire.

かざす 翳す ¶彼女は手を*かざしてこちらを見た She looked toward(s) us ｢*with her hand over her eyes* [*shading her eyes with her hand*].

か

がさつ ―形 (行儀のよくない) ill-behaved, ill-mannered. 《☞ そざつ》. ¶彼は*がさつだが根はよい男だ He is ｢*ill-behaved* [*ill-mannered*], but good at heart.

かさなる 重なる (事故などが同時に起こる) happen [occur] at the same time ; (次から次へと起こる) happen [occur] ｢one after another [in a row] ; (重複する) overlap 自他. 《☞ ダブる ; ちょうふく ; おりかさなる》.
¶去年は飛行機の墜落事故が*重なった (⇒ 一連の飛行機墜落事故が起こった) A *series of* plane crashes ｢*happened* [*occurred*] last year. // きのうは2つの事故が*重なってダイヤは1日中混乱した The train runs were disrupted all day yesterday because two accidents ｢*happened* [*occurred*] ｢*at the same time* [*one after the other*]. // 祝日が日曜日に*重なると (⇒ 祝日が日曜日の場合) 次の月曜日は休みになる When a national holiday *falls on* Sunday, the following Monday becomes a holiday. // 練習問題の2番と8番が*重なっている (⇒ 重複している) Exercises No. 2 and No. 8 *overlap* (each other). // 悪いことは*重なるものだ Misfortunes *never come* ｢*single* [*singly*]. 《ことわざ : 不幸は単独では訪れない》

かさねがさね 重ね重ね ―形 (繰り返し起こる) repeated.
¶*重ね重ねありがとうございました Thank you very very much. 語法 口語では強調のためよく very を重ねて言う. / (⇒ 何とお礼を申し上げてよいかわかりません) I don't know how to ｢thank you [express my thanks to you]. 語法 このような場合, repeatedly や over and over (again) などは使わない. 《☞ 感謝の表現 (囲み)》 // *重ね重ねの失敗で彼は首になった He was ｢fired [dismissed] because of (his) *repeated* ｢errors [mistakes].

かさねる 重ねる **1** «積む» : (積み重ねる) pile (up) 他 ; (…の上に置く) put … on … 《☞ つみかさねる》. ¶本はそこに*重ねないで下さい Don't *pile* (*up*) the books there.
2 «繰り返す» : repeat 他 《☞ くりかえす》.
¶彼は失敗に失敗を*重ねた (⇒ 繰り返し失敗した) He made errors ｢*repeatedly* [*in a row*]. // 彼は若い時から苦労を*重ねてきた (⇒ たくさんの苦労を体験した) He has experienced *a lot of* hardship(s) since his youth. // 回を*重ねるに従って (⇒ 反復するごとに) 彼女の演技はよくなった Her performance improved with each *repetition*. // *重ねて (⇒ もう一度) 申し上げますが, これが最後のチャンスです Let me ｢tell [remind] you *once again* that this is your last chance.

かさばる 嵩張る ―形 bulky, voluminous ★後者はやや形式ばった表現. ¶これは*かさばっているが, 重くはない This is ｢*bulky* [*voluminous*] but not heavy.

かさぶた scab Ⓒ. ¶傷に*かさぶたができた A *scab* has formed over the cut.

かざみ 風見 (矢の形をした) (weather) vane Ⓒ. **風見鶏** weathercock Ⓒ.

かさむ 嵩む (増大する・させる) increase 自他 ; (かなりの額になる) amount to a considerable sum. ¶この計画はよいが費用が*かさむ (⇒ 増大させる) This plan is good but it will *increase* our expenses. // 彼はますます借金が*かさんでいった (⇒ 借金の深みにはまった) He *got deeper and deeper* in debt.

かざむき 風向き **1** «風の吹く方向» : the direction of the wind Ⓒ 《☞ かぜ[1]》.
¶「いまの*風向きはわかりますか」「はい, 風はいま南から吹いています」"Can you tell ｢*the direction of the wind* [*which way the wind is blowing*]?" "Yes. It's blowing from the south." // *風向きが北から南に変わり, 暖かくなってきた *The wind has* ｢*changed* [*turned*] from northerly to southerly, and it is getting warmer.
2 «形勢» : the situation Ⓒ 《☞ けいせい[1]》.
¶どうも*風向きがよくない (⇒ 事態は不利だ) *The situation* is not favorable to us. / *Things* are turning against us.

かざり 飾り (装飾) decoration Ⓤ, ornament Ⓤ ★前者のほうが派手な感じ.
¶私は部屋にあまり*飾りを付けるのは好きではない I don't like to put up too many *decorations* in my room. // これは単なる*飾りですか, それとも何か意味があるのですか (⇒ 役に立つのですか) Is this a mere *ornament* or does it have any use?
飾り棚 (商店の) display shelf Ⓒ ; (家庭用で, ガラス戸の付いたケース状の) cabinet Ⓒ **飾りボタン** fancy [ornamental] button Ⓒ.

かざりけ 飾り気 **飾り気のない** (率直な) frank. ¶彼は*飾り気がなく, 何でもずばずば言う He is *frank* and outspoken.

かざりつけ 飾り付け ―名 (ショーウインドーの) window dressing Ⓤ. ―動 dress (a store window).

かざる 飾る **1** «美しくする» : (飾り立てる) decorate 他, ornament 他 語法 後者は特に付属品・アクセサリーなどを付けるという意味が強調される. 《☞ そうしょく[1]》.
¶何で部屋を*飾ろうか What shall we *decorate* the room with? // 通りはちょうちんで*飾られていた The street *was decorated with* lanterns. // その王冠はダイヤモンドで*飾られている The crown *is ornamented* with diamonds.
2 «陳列する» : display 他 《☞ ちんれつ》.
¶ショーウインドーに靴が*飾ってある Shoes *are* ｢*on display* [*displayed*] in the showcase.

かさん 加算 ―名 addition Ⓤ (↔ subtraction). ―動 add 他 (↔ subtract). 《☞ たす ; 数字 (囲み)》. ¶特別料金が*加算されます An extra charge [A surcharge] will *be added*.

かざん 火山 ―名 volcano [vɑlkéinou] Ⓒ

《複 ～(e)s》. ― 形 (火山(性)の) volcanic. ¶ 活*火山 an active [a live] *volcano* // 休[死]*火山 a dormant [an extinct] *volcano*
火山帯 volcanic zone Ⓒ **火山灰** volcanic ash Ⓤ.

かさん・ふかさんめいし 可算・不可算名詞 〘文法〙 countable and uncountable nouns (《☞ 欄外》).

かし[1] 菓子 (ケーキ類) cake Ⓤ ★ まるごと 1 つをいう. 従って日本の洋菓子店で売っているように切ったものは a piece of cake という. 《☞ 数の数え方 (囲み)》; (あめ・チョコレートなどのキャンデー類) candy Ⓤ ★ 種類をいうときには Ⓒ, 《英》 sweet Ⓒ; (クッキー類) cookie Ⓒ, cooky Ⓒ; (あめ・チョコレート・ケーキなどすべての総称) confectionery Ⓤ ★ やや形式ばった語. 「菓子」は英語では以上のように種類によって使い分ける.
¶ お*菓子をどうぞ Have some ˹*cake* [*candy*], please. // 彼女は*菓子を一箱持ってきた She brought with her a box of ˹*candy* [*cookies*]. // お*菓子をいかがですか How about ˹a piece of *cake* [some *cookies*; some *candy*]? [語法] このような場合に confectionery は使わない.
菓子屋 confectionery (shop) Ⓒ; (たばこ・雑誌なども売るような) 《米》 candy ˹store [shop] Ⓒ; 《英》 sweet shop Ⓒ. 《☞ 店の呼び名 (囲み)》.

かし[2] 貸し (貸すこと) loan Ⓤ; (貸し付けた金) loan Ⓒ. 《☞ かす[1]》. ¶ 彼には 3 千円*貸しがある (⇒ 彼は私に 3 千円借りている) He *owes* me 3,000 yen. // あの男には*貸しがある (⇒ 彼は私に恩を受けている) He *is indebted to* me.
貸し倒れ ¶ その金は*貸し倒れになった (⇒ 取り返せなくなった) The debt has become *irrecoverable*.

かし[3] 華氏 Fahrenheit [fǽrənhàit] ★ F. または Fahr. と略す. 《米》 ではピリオドを付けずに F と略すことも多い. 《☞ 度量衡 (囲み)》.
¶ 気温は*華氏 60 度です It is ˹60° *F*. [sixty degrees *Fahrenheit*.] // 氷点は*華氏では何度ですか What is the freezing point on the *Fahrenheit scale*?
華氏温度計 Fahrenheit thermometer Ⓒ.

かし[4] 歌詞 words ★ 複数形で. ¶ この歌の曲は*歌詞に合っていない The tune of this song does not quite fit the *words*.

かし[5] 樫 (木) oak Ⓒ; (材) oak Ⓤ; (樫の実) acorn [éikɔən] Ⓒ.

かし[6] 河岸 (魚市) fish market Ⓒ.

かし[7] 仮死 suspended animation Ⓤ. ¶ *仮死状態に陥る fall into a state of *suspended animation*

かじ[1] 火事 fire Ⓒ 《☞ ひ[2]; かさい; ぼや》.
¶ ゆうべ近所に(大)*火事があった There was a (big) *fire* in the neighborhood last night. / (⇒ (大)火事が起こった) A (big) *fire* ˹broke out [occurred] in the neighborhood last night.
*火事はどこだ Where is the *fire*?
見ろ, 学校が*火事だ (⇒ 燃えている) Look! The school *is* ˹*burning* [*on fire*].
彼は*火事で家を焼かれた He had his house burned down in a *fire*.
*火事は 1 時間ばかりで消し止められた The *fire* was ˹put out [gotten under control; extinguished] in about an hour.
*火事は台所から出た The *fire* ˹started [broke out] in the kitchen. [語法] 「台所で発生した」という意味なので from は使わない.
ストーブの過熱が*火事の原因だった The overheating [Overheating] of the stove was the cause of the *fire*. / (⇒ 火事は過熱したストーブから起こった) The *fire* started from an overheated stove.
原因不明の*火事 a *fire* of unknown origin
火事現場 the scene of a fire **火事場泥棒** thief at a fire Ⓒ. ¶ *火事場泥棒を働く fish in troubled waters ★「荒れた水面で漁をする」が原意の成句.

かじ[2] 家事 (洗濯・掃除などの, 家庭の日常の仕事) housework Ⓤ; (家の雑用) household chores ★ 複数形で. chores は半端仕事の意で, くだらない仕事というニュアンスが加わる; (家庭の仕事をきりもりすること) housekeeping Ⓤ ★ 仕事のみでなく, 家庭経済も含めていう言葉. 《☞ 台所・家事 (囲み)》.
¶ 私はいま*家事手伝いをしています (⇒ 母の家事を手伝っている) I help my mother with her *housekeeping* now. // 毎日*家事に追われている I'm busy with (my) ˹*housework* [*household chores*] every day.

かじ[3] 舵 (船のかじ・飛行機の方向舵) rudder Ⓒ; (かじの柄・舵輪) helm Ⓒ. 《☞ ふね (挿絵); ヨット (挿絵)》. ¶ おも[とり]*かじ(左[右]舷)(に取れ) *Left* [*Right*] *rudder*! // 彼は*かじ

可算・不可算名詞 (countable and uncountable nouns) 英語の名詞には, one, two, three などの数詞を付けて数を数えることができ, 2 つ以上の場合は複数形になり, 1 つの場合, すなわち単数の場合は単数形に不定冠詞 a, an が付くものと, 1 つ 2 つと数えることができず, 従って複数形が用いられず, 単数形に不定冠詞が付かないものとの 2 種類がある. 前者を可算名詞または数えられる名詞 (countable noun), 後者を不可算名詞または数えられない名詞 (uncountable noun) という. この辞書では可算名詞を Ⓒ, 不可算名詞を Ⓤ で示してある.
(1) 可算名詞と不可算名詞の区別について.
普通名詞, 集合体を 1 つのものとしてまとめて考える場合の集合名詞は可算名詞で, 物質名詞と抽象名詞は不可算名詞であるが, 同一の語でも意味によって可算名詞となったり不可算名詞となったりして両用に使われることがあることに注意しなくてはならない.
例えば beauty (＝美) は元来抽象名詞であるが, 「美しい人・美人」という意味では普通名詞となり, 可算名詞となる. 一般に物質名詞が種類を表したり, 製品の意味になったりする場合, また, 抽象名詞が具体的な事物を指したりするときは可算名詞となると考えてよい.
また silence (＝静けさ・沈黙) のような抽象名詞に形容詞が付くと a long silence (＝長い沈黙) のように不定冠詞が付くが, 複数形が用いられることはない. 不定冠詞は付くが, 複数形にはならないということであれを取っていた He *was* ⌈*steering* [*at the helm*].

がし 餓死 —[名] starvation [U]. —[動] starve (to death) [自], die of hunger [自]. ¶多くの人が*餓死しかかっている Many people *are starving*.

かしかた 貸方 〘簿記〙 the credit side [C] (↔ the debit side); the creditor [C] (↔ the debtor) ★ Cr. cr. と略す. creditor には「債権者」の意味もある. **貸方勘定** credit account [C] (↔ debtor account).

かじかむ be ⌈numb [benumbed] with cold. ¶寒くて手が*かじかんでいる My hands *are* ⌈*numb* [*benumbed*] with cold.

かしかり 貸し借り —[名] (貸借勘定) account [C]. —[形] (金銭上の貸し借りのない) even. 《☞ かり²; たいしゃく》. ¶彼との間には*貸し借りはない (⇒ 精算すべき貸借勘定はない) I have no *accounts* to settle with him. // これでお互いに*貸し借りはなくなった We are *even* now. / This makes us *even*.

かしかん 下士官 〘米・英陸軍〙 noncommissioned officer [C] 《略 NCO》; 〘米・英海軍〙 petty officer [C].

かしきり 貸し切り —[形] (飛行機・船・バスなどの) chartered; (劇場の席や列車の車両など, 予約がしてある) reserved. 《☞ かりきる》. ¶*貸し切りバス a *chartered* bus // この車両は*貸し切りです This car is *reserved*.

「このバスは貸し切りできます」という掲示

かしげる 傾げる tilt [他] 《☞ かたむける》. ¶彼女は小首を*かしげた She *tilted* her head.

かしこい 賢い wise; clever; smart.

【類義語】必ずしも頭脳のよしあしとは関係なく, 経験などに基づく判断のよさをいうのが **wise**. 頭がよく器用であるのが **clever**. この語は「小才がきく」という意味で軽蔑をこめた悪い意味にも使う. 頭のよさに加えて抜け目がないというニュアンスが加わるのが **smart**. 《☞ りこう¹; けんめい¹》

¶君が彼らに加わらなかったのは*賢かったよ You were *wise* to stay away from them. // 彼は*賢い男で, 何をやっても金をもうける He is very *clever* and makes money out of everything. // それは*賢い答え方だ It's a ⌈*wise* [*smart*] answer. [語 法] smart を使うと「ずる賢い」というニュアンスが加わる.

かしこまる 畏まる (堅くなる) be stiff; (儀式ばる) be ceremonious.

¶彼は社長の前で*かしこまっていた He *was stiff* in the presence of the president. // そんなに*かしこまらないで下さい (⇒ 儀式ばったことはやめましょう) Let's forget about *ceremony*. / (⇒ 気楽にして下さい) Please *make yourself at home*. // 「この品物を届けてもらえますか」「*かしこまりました (⇒ 承知しました)」 "Will you deliver the goods to our house?" "*Certainly*, ⌈*sir* [*ma'am*]." 《☞ 丁寧な表現 (欄外)》

かしだす 貸し出す (本などを無料で) lend [loan] out [他]; (有料で貸す) rent [他]. 《☞ かす¹》. ¶この本は*貸し出しますか Do you *lend out* this book? / (⇒ 持ち出してよいか) May I *take* this book *out*?

かしつ 過失 mistake [C], error [C] [語 法] 入れ替え可能な場合も多いが, 判断の誤りには mistake を用いる; (比較的軽い誤り・落ち度) fault [C] [語 法] 複数形で使われるのはまれ. three mistakes とは言えるが, three faults とは言えない; (大きな過ち) blunder [C] ★ 非難の気持ちを含む. 《☞ あやまち; まちがい (類義語)》. ¶それは明らかに彼の大きな*過失だ It is apparently his gross ⌈*mistake* [*error*]. // 彼は自分の*過失を認めた He admitted his ⌈*error* [*fault*].

過失傷害罪 accidental [unintentional] infliction of injury [U] **過失致死罪** (一般に) accidental [unintentional] ⌈killing [manslaughter] [U] ★ [ ] の中の語のほうが形式ばった語; 〘法律〙 involuntary manslaughter [U].

かじつ 果実 fruit [U] ★ 種類を表す時は [C]. 《☞ み²; くだもの》. ¶この鳥は数種の*果実を食べます This bird ⌈feeds on [eats] several kinds of *fruit*.

かしつけ 貸し付け, 貸付 —[名] loan [U] ★「貸し付け金」の意味では [C]. —[動] loan [他]. 《☞ かす¹》. ¶これは一時*貸し付けです This is a temporary *loan*. // 銀行はその金額を*貸し付けてくれるだろうか Will the bank ⌈give me *the loan* for [*loan* me] that amount? **貸付信託** loan trust [C].

ば, この silence は [C] と [U] の中間的存在ということもできるが, このような場合は学習上は抽象名詞に形容詞が付くと原則として不定冠詞が付くという語法上の決まりとして覚えたほうがよい.

この辞書では簡潔な記述をするために, silence のような抽象名詞には [U] とのみ表示し, 特に必要のないかぎり, a long silence のように形容詞を伴う場合に不定冠詞が付くことについては, 語義の欄では触れないことにした. ただし用例にはこのような表現がしばしば含まれている.

以上のほかにも, 実は [C] と [U] とに明確に割り切れない場合がいろいろある. 例えば trousers (=ズボン) は普通は複数形で用いられ, 単数形では用いられない. また, smoke は「煙」という物質名詞で不可算名詞であるが, have a smoke (=たばこを吸う・一服する) という言い方では不定冠詞が付くが, 複数形にはならない. このような場合, この辞書では「★ 複数形で」とか「a を付けて」のような説明を付け, 特に [C] [U] の区別はしていない. このようなものに [C] [U] の区別をしても学習上の意味がないからである.

しかし, 以上のほかにも [C] とも [U] ともとれるような名詞があり, それらについては学習という観点から思い切っ

かしほん 貸本 book for rent Ⓒ, rental book Ⓒ. **貸本屋** rental library Ⓒ.

かしま 貸間 《米》 room for rent Ⓒ, 《英》 room to let Ⓒ. 《☞ アパート》. ¶ *貸間あり 《米》 *Rooms for rent.* / 《英》 *Rooms to let.* 《☞ 掲示の英語 (囲み)》

かしや 貸家 《米》 house for rent Ⓒ, 《英》 house to let Ⓒ. ¶ *貸家 *For Rent* / 《英》 *To Let.* 《☞ 掲示の英語 (囲み)》 // 私は*貸家を探しています I am looking for a *house* ⌈*for rent* [*to let*].

《米》「貸しアパート. 家具付き」という掲示

《英》「貸し事務所」の掲示

かしゃ 貨車 freight car Ⓒ, 《英》 goods waggon Ⓒ.

かじや 鍛冶屋 blacksmith's (shop) Ⓒ; (人) (black)smith Ⓒ. 《☞ 店の呼び名 (囲み)》.

かしゃく 呵責 (良心の) the ⌈sting [pang; prick] of conscience [語法] sting, prick は刺すような痛み, pang は一時的な痛みで, いずれも心の痛みを比喩的にいう.
¶ 良心の*かしゃくを感じないのか Don't you feel *the* ⌈*sting* [*pang*; *prick*] *of conscience*? / (⇒ 良心があなたを悩まさないのか) Doesn't your conscience ⌈*bother* [*prick*] you? [語法] bother のほうが prick より口語的.

かしゅ 歌手 singer Ⓒ; (特にバンド演奏で歌う歌手) vocalist Ⓒ.

かじゅ 果樹 fruit tree Ⓒ 《☞ くだもの; き²》. **果樹園** orchard Ⓒ; (家庭の) fruit orchard Ⓒ.

カジュアル ウェア casual ⌈wear Ⓤ [clothes] ★ clothes は複数形で. 《☞ 衣服 (囲み)》.

かしゅう 歌集 (詩集) collection of poems Ⓒ; (選歌集) anthology Ⓒ; (音楽の) song book Ⓒ.

かじゅう¹ 果汁 fruit juice Ⓤ 《☞ ジュース¹; しる²》.

かじゅう² 荷重 〖電気・機械〗 load Ⓒ.

がしゅう 画集 book of paintings Ⓒ; (特定の画家などの) collection of paintings Ⓒ.

かしょ 個所, 箇所 (場所) place Ⓒ; (地点) point Ⓒ; (部分) part Ⓒ; (文章の) passage Ⓒ. 《☞ ぶぶん; 数の数え方 (囲み)》.
¶ 地震で数*か所から火が出た Fires broke out in several *places* after the earthquake. // この記事から何*か所か引用したい I want to quote several *passages* from this article. // あなたの作文には誤りが 2, 3 *か所あります There are two or three mistakes in your composition. ★「か所」を必ずしも英語に訳さなくてもよい場合がある.

かしょう 仮称 tentative [provisional] name Ⓒ ★ provisional はやや形式ばった語.

かじょう¹ 過剰 ― [形] (多すぎる) too many; (人口が) overpopulated. ― [接頭] over- (↔ under-) [語法] これを動詞もしくは動詞から派生した名詞に付けて「過剰に…する」の意を表すことができる.
¶ 東京は人口*過剰だ There are *too many* people in Tokyo. / Tokyo *is overpopulated.* // 今年は車が生産*過剰ぎみだ Cars *are* rather *being overproduced* this year.

かじょう² 箇条 (条項) article Ⓒ; (法律・条約などの) clause Ⓒ; (項目) item Ⓒ. **箇条書き** ― [動] (箇条書きにする) itemize (他).

がしょう 画商 art dealer Ⓒ.

かしょうひょうか 過小評価 ― [動] underestimate (他) (↔ overestimate). ¶ 彼の能力を*過小評価してはならない We must not *underestimate* his abilities.

かしら 頭 **1** «頭部»: head Ⓒ 《☞ あたま》. **2** «長»: head Ⓒ, chief Ⓒ. 《☞ ちょう³》. **頭文字** (名前の) initial (letter) Ⓒ; (大文字) capital (letter) Ⓒ. 《☞ イニシャル》.

-かしら **1** «疑問の気持ち»: I wonder (if …; whether …; what …; who …; where …; when …; why …; how …) [語法] wonder はもともと「いぶかる・怪しむ」という意味. 従って次に if あるいは疑問詞がくると「…かどうかいぶかる」のような意味となり, 日本語の「…かしら」に当たることになる.
¶ 彼は本当に来るの*かしら *I wonder if* he is really coming. // 彼女は顔色が悪いけれど, どうしたの*かしら (⇒ 彼女に何が起こったのか) She looks pale. *I wonder what* has happened to her. // 彼はどこに行ったの*かしら *I wonder where* he's gone.
2 «願いの気持ち»: I hope …. 《☞ 意志・願望の表現 (囲み)》. ¶ 早く雨がやまない*かしら *I hope* it will stop raining soon. [語法] やみそうにない場合には *I wish* it would stop raining soon. と言う. 《☞ 仮定の表現 (囲み)》
3 «相手に対する質問» ¶ これ, あなたの本では

て割り切ることにし, 主として Ⓤ だがときに Ⓒ のものは Ⓤ, 主として Ⓒ で場合によっては Ⓤ のものは Ⓒ として記述してある. これをそれぞれ [U,C], [C,U] のように記述することも可能であるが, 和英辞典の立場からは割り切るほうが学習者の便宜に適するであろうと考えたからである. 《☞ 冠詞 (欄外)》
(2) 不可算名詞の数え方.
　不可算名詞を何らかの単位で数える場合には次のような語句を用いる.
¶ コップ 1 杯の水 *a glass of* water // コップ 2[3] 杯の水 *two* [*three*] *glasses of* water // 1 杯のコーヒー *a cup of* coffee // 2[3] 杯のコーヒー *two* [*three*] *cups of* coffee [参考] ただし, 喫茶店などの用語として *a* coffee, two coffee*s* のように coffee を Ⓒ として用いることがある. // パン 1 切れ *a slice of* bread // 2[3] 切れのパン *two* [*three*] *slices of* bread [語法] ただしパン 1 斤[1 かたまり]は *a loaf of* bread, 2[3] 斤 [2[3] つのかたまり] は *two* [*three*] *loaves of* bread // 1 つの忠告 *a piece of* advice // 2[3] つの忠告 *two* [*three*] *pieces of* advice
　以上のほか, 多くの単位があり, 具体的には各項目, および「数の数え方 (囲み)」を参照のこと.

ない*かしら Isn't this your book?

かじりつく **1** «かみつく»: bite ｢into [at] … 《☞ かぶりつく; かみつく》. ¶ 少年はリンゴに*かじりついた The boy *bit* ｢*into* [*at*] the apple. **2** «すがりつく»: cling to … 《☞ すがる》.
¶ 子供は私に*かじりついて, どうしても私を行かせなかった The child *clung to* me and wouldn't let me go. // 石に*かじりついても (⇒ どんなことがあっても) この仕事はやり遂げる I will complete this work *at any cost*. // 子供たちはテレビに*かじりついていた (⇒ 見るのをやめようとしなかった) The children *wouldn't stop* watching television.

かじる **1** «少しずつかむ»: (堅い物を) gnaw [nɔ́:] ㊀, gnaw at … ; (りんごなどを) bite ㊀ 《過去 bit ; 過分 bitten, bit》. 《☞ かむ¹ (類義語) ; かじりつく》.
¶ 犬が骨を*かじっている The dog *is gnawing* (*at*) the bone. // 彼はりんごをひと口*かじった (⇒ ひとかじりした) He *took a bite* out of an apple. // 私はまだ親のすねを*かじっている (⇒ 親に依存している) I *am* still *dependent on* my parents. 《☞ すね》
2 «少し知っている»: know a ｢little [bit] of … 《☞ なまかじり》. ¶ フランス語は少し*かじっただけです I ｢*know* [*have learned*] only *a* ｢*little* [*bit*] *of* French.

かしわで 柏手 **—**動 clap *one's* hands. ¶ 私たちは神殿の前で*かしわ手を打った We *clapped our hands* (*in worship*) in front of the (Shinto) shrine.

かしわもち 柏餅 rice cake wrapped in an oak leaf Ⓤ 《☞ 日本固有の風物と英語 (囲み)》.

かしん 過信 **—**名 overconfidence Ⓤ. **—**形 (自信過剰な) overconfident. **—**動 (過信する) overestimate ㊀. ¶ 自分の能力を*過信するな Don't ｢*be overconfident of* [*overestimate*] your own abilities.

かじん 歌人 poet Ⓒ 《☞ しじん》.

かす¹ 貸す **1** «物・金を»: (無料で貸す) lend ㊀ 《過去・過分 lent》, 《米》 loan ㊀ ; (一般に, 有料で貸す・賃貸しする) 《米》 rent (out) ㊀, 《英》 hire out ㊀; (家を賃貸しする) 《米》 rent ㊀, 《英》 let ㊀ ; (アパートや部屋を) 《米》 rent ㊀, 《英》 let out ㊀ ; (金を) lend ㊀ ★ 英米ともに利子を取っても取らなくてもこの語を使う, 《米》 loan ㊀; (土地などの不動産を) lease ㊀; (使わせる) let (*a person*) use …
【類義語】 貸し借りについては日本語と違って有料・無料の区別によって言葉が違うことに注意. 無料で貸すのは **lend** で, 《米》 では **loan** も同じ意味で用いられる. ただし, 《米》 でも鉛筆や自転車などの物については *lend* のほうが普通で, 人によっては物に *loan* を用いるのを嫌う場合がある. また金を貸すのは利子を取る取らないにかかわらず *lend* を使うが, 《米》 では *lend* のほかに *loan* も使われる. 有料で貸すのは 《米》 では **rent** で, **rent out** ともいう. 有料で借りるのも *rent* と言うので, 貸し借りの区別をはっきりさせる必要があれば *rent out* を使う. 《英》 ではボート・テレビなどを期間を限って賃貸しするのは **hire out** といい, 特に家を賃貸しするのは **let** という. 《英》 ではアパートや部屋などを賃貸しするのは *let out* と out を付けるのが普通. 不動産を貸すのは **lease** で, 《米》 では *rent* と入れ替え可能な場合も多い. 日本語の「貸す」という言葉には, 例えば電話・トイレなど移動不可能なものを, 好意で一時的に使用させるという意味があるが, 英語ではこのような場合には *lend* は用いられない. このような場合には英語では「使わせる」という意味で **let** (*a person*) **use …** を用いる. 《☞ かりる (類義語)》

「3.5 エーカー 売り地または貸し地」という掲示

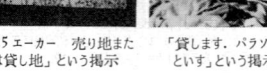

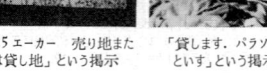

「貸します. パラソルといす」という掲示

¶ 彼は私に自転車を*貸してくれた <S (人)+V (*lend* ; *loan*)+O (名・代)+O (名・代)> He ｢*lent* [*loaned*] me his bicycle. / <S (人)+V (*lend* ; *loan*)+O (名・代)+*to*+名・代> He ｢*lent* [*loaned*] his bicycle *to* me.
あなたの辞書を*貸してくれませんか Will you *lend* me your dictionary? / (⇒ 借りてもいいですか) May I ｢*borrow* [*use*] your dictionary? 語法 相手に貸す意志があるかどうかを尋ねるよりもこのほうが丁寧な言い方なので, 遠慮を置く間柄ではこの言い方が好ましい. 《☞ 依頼の表現 (囲み) ; 意志・願望の表現 (囲み)》
電話を*貸していただけますか (⇒ 使ってもいいですか) May I *use* your telephone?
公園の入口で自転車を*貸してくれますよ (⇒ 彼らは…) They'll ｢*rent* (*out*) [*hire out*] bicycles at the entrance of the park. / (⇒ 有料で借りられる) You can ｢*rent* [*hire*] a bicycle at the entrance of the park.
うち (の会社) では乗用車は*貸しますがトラックは貸しません We ｢*rent* (*out*) [*hire out*] cars but not trucks.
あの銀行では 8 分の利子で金を*貸す That bank ｢*lends* [*loans*] money at eight percent interest.
この家の持ち主はこの家を外人に*貸したいと言っている The owner of this house says (that) he wants to ｢*rent* [*let*] it to a foreigner.
土地を*貸す人はいないでしょうか Don't you know anyone who would like to *lease* land?
2 «知恵・力などを与えて助ける»: (助言を与える) give advice (to …); (耳を) give ear (to …), listen (to …) ㊀ ★ 後者のほうが口語的; (力を) help ㊀.
¶ 知恵を*貸して下さいませんか Could you *give* me *advice*?
彼は私たちの主張に耳を*貸そうとしない He won't *listen to* us.

かす² 滓 (飲み物などの下にたまるおり) dregs ★ 複数形で; (おり・茶がら・コーヒーかす) grounds ★ 複数形で.

かず 数 number Ⓒ《☞ 数の数え方 (囲み); 数字 (囲み)》.

¶ 小さな[大きな]*数 a ˹small [large] *number* // 君のクラスは生徒の*数は何人ですか *How many* students are there in your class? / What is the *number* of students in your class? ★ 前の表現のほうが口語的. // その町には学校の*数が多い[少ない] There are ˹*many* [*only a few*] schools in the town. // 彼はよく*数を間違える (⇒ 間違って数える) He often *counts* wrong.

ガス **1** «燃料用ガス»: gas Ⓤ《☞ きたい[2]》.

¶ *ガスを出して[止めて]下さい Turn ˹on [off] the *gas* please. // *ガスの火を弱く[強く]しなさい Turn the *gas* ˹down [high]. // ここには*ガスが来ていますか Do we have *gas* service here? // 天然*ガス natural *gas*

2 «濃霧»: dense [thick] fog Ⓒ《☞ きり[1]》.

ガス会社 gas company Ⓒ **ガス管** gas pipe Ⓒ **ガスストーブ** gas heater Ⓒ **ガスタンク** gas tank Ⓒ **ガス洩れ** gas leak Ⓒ **ガス湯沸かし器** gas water-heater Ⓒ **ガスレンジ** gas ˹stove [cooker; range] Ⓒ《☞ 台所・家事 (囲み)》.

かすか 微か, 幽か —形 (明るさ・力などが弱い) faint; (形がはっきりしない) vague; (ぼやけて見えたりして不明瞭な) dim, indistinct ★ 前者のほうが口語的. —副 faintly; vaguely; dimly, indistinctly. 《☞ ほのか; わずか》.

¶ *かすかな光が遠くに見えた I saw a ˹*faint* [*dim*] light in the distance. // その音は*かすかに聞こえた The sound was ˹*faintly* [*dimly*] heard. // 私は彼女のことを*かすかに覚えている I have only ˹*dim* [*vague*; *indistinct*] memories of her. // *かすかな望みも消えた The ˹*slightest* [*faintest*] hope is gone.

かずかず 数数 —形 (たくさんの) many; (非常にたくさんの) numerous. 《☞ おおく; たくさん (類義語)》.

カスタネット castanets ★ 通例複数形で.

カステラ sponge cake Ⓤ.

かずのこ 数の子 herring roe Ⓤ《☞ たまご》.

かすみ 霞 (spring) mist Ⓤ; haze Ⓤ

[語法] haze は mist よりも薄く, mist と違って湿気を暗示しない. ともに一地域にかかっているかすみ全体を言う場合には Ⓒ として用いられることが多い. 《☞ きり[1] [語法]; もや》.

¶ 山々には*かすみがかかっていた A *haze* hung *over the hills*. / (⇒ かすみに包まれていた) The hills were veiled in a *spring mist*.

かすみ網 (Japanese) mist net Ⓒ.

かすむ 霞む **1** «かすみが立ち込める»: (かすんでいる) be hazy 《☞ きり[1]; もや》. ¶ 遠くの空は*かすんでいた The distant sky *was hazy*.

2 «目がかすむ»: dim (自), be blurred. 《☞ ぼやける》. ¶ 涙で目が*かすんだ My eyes ˹*dimmed* [*were blurred*] with tears.

かすめる 掠める **1** «盗む»: steal (他)《過去 stole; 過分 stolen》《☞ ぬすむ (類義語); とる; ちゃくふく》.

2 «触れるか触れないかのところを通る»: (軽く触れて通る) graze (他)(自); (水面などをかすめて飛ぶ) skim (over ...) (自). 《☞ すれすれ》. ¶ 弾丸が私の腕を*かすめた A bullet *grazed* my arm. // 鳥が水面を*かすめて飛んだ A bird *skimmed over* the water.

3 «目をごまかす» ¶ 彼は人目を*かすめて (⇒ こっそりと) その小屋に近づいた He approached the cottage *stealthily*. 《☞ こっそり; ひそか》

かする[1] 課する (税金・義務・仕事などを) impose (他); (税金を) assess (他), lay (他) ★ 後者のほうが口語的; (仕事・宿題などを) assign (他). ¶ 市は昨年, 彼に1千万円の税金を*課した The city ˹*imposed* [*assessed*; *laid*] a tax of ten million yen ˹upon [on] him last year. // 私は生徒に宿題を*課した I *assigned* homework to the pupils.

かする[2] 掠る graze (他)《☞ かすめる》.

かすれる 掠れる (声が) become ˹hoarse [husky]《☞ かれる[3]》.

かせ 枷 (手かせ) handcuffs; (足かせ・手かせ) shackles ★ 以上の語は通例複数形で. ¶ その捕虜は*かせをかけられていた The prisoner was *in* ˹*handcuffs* [*shackles*].

かぜ[1] 風 (一般的に) wind Ⓤ [語法] 種類をいうときは Ⓒ. 単に「風」というときは普通は the wind という; (そよ風) breeze Ⓤ ★「快い」というニュアンスがある. 種類をいう場合は Ⓒ; (強風) gale Ⓒ; (すき間風) draft Ⓒ, 《英》 draught Ⓒ. 《☞ 天候の表現 (囲み)》.

¶ きょうは*風がない There is no *wind* today. *風が出て[静まって]きた *The wind* is ˹rising [falling]. / It is getting ˹*windy* [*calm*]. 強い*風が吹いていた *The wind* [*It*] was blowing hard. / There was *a* strong *wind*.

[語法] 種類を表すときは不定冠詞を用いることが多い. 《☞ 冠詞 (欄外)》

*風は南から吹いている *The wind* is blowing from the south.

私たちは*風に向かって進んだ We went against *the wind*.

川からの*風は涼しくて気持ちがよかった *The*

風 力 階 級

風力階級	名 称	風速(km/h)	特 徴
0	静穏 calm	1未満	煙が真っすぐ
1	至軽風 light air	1-5	煙が曲がる; 風見は静止
2	軽風 light breeze	6-11	木の葉が揺れる
3	軟風 gentle breeze	12-19	小枝が絶えず揺れる
4	和風 moderate breeze	20-28	砂ぼこりが舞い上がる
5	疾風 fresh breeze	29-38	葉の茂った小枝が揺れる
6	雄風 strong breeze	39-49	大枝が揺れ, 電線が鳴る
7	強風 moderate gale	50-61	風に向かっては歩行困難
8	疾強風 fresh gale	62-74	小枝が折れる
9	大強風 strong gale	75-88	かわらがはがれる
10	全強風 whole gale	89-102	樹木・家屋が倒れる
11	暴風 storm	103-117	被害が広範囲に及ぶ
12	颶風 hurricane	118以上	被害猛烈を極める

か

数の数え方

「紙 2*枚」,「本 2*冊」という日本語は，ともに〈名詞＋数詞＋助数詞〉の形をしているが，英語ではその名詞が Ⓤ ならば〈容器・単位・量目などを表す名詞＋*of*＋名詞〉，Ⓒ であれば〈数詞＋名詞 の複数形〉となり，それぞれ two *sheets of* paper, two books となる.

原則的には英語の Ⓤ に相当する物についてだけ適当な補助語を用い，その他の日本語の「数を数えるときの語」は特に英語に訳す必要はない.《☞ 可算・不可算名詞（欄外）; 度量衡（囲み）》

疑問文で「何回・何か所・何機・何枚」などは，〈数詞＋名詞〉で表現できるものは〈*How many*＋名詞 の複数形〉で示し，〈数詞＋容器・単位・量目＋*of*＋名詞〉の場合は〈*How many*＋容器・単位・量目 の複数形＋*of*＋名詞〉または，〈*How much*＋名詞 の単数形〉で表す.

以下に，日本語でよく使われる数の数え方の語を示し（50 音順），それに対する英語の表現をあげる.（なお，それぞれの見出しを参照のこと）

…回	欠席 3 回	three absences
	当選 2 回	two elections
	2 回の公演	two performances
…か所	間違い 3 か所	three mistakes
	破損 2 か所	two breakages
…機	飛行機 3 機	three airplanes
	3 機編隊で	in a three-plane formation
…曲	アリア 3 曲	three arias
	バイオリン曲 3 曲	three pieces of violin music
…切れ	ベーコン 2 切れ	two rashers of bacon
	牛肉 3 切れ	three ˹cuts [rounds] of beef
	レモン 2 切れ	two slices of lemon
…組	アベック 3 組	three couples
	トランプ 1 組	a pack of cards
…件	事故 3 件	three accidents
	申し込み 3 件	three applications
	盗難 3 件	three robberies
…軒	農家 3 軒	three farmhouses
	2 軒長屋	a semidetached house
…個	みかん 3 個	three oranges
	ボール 3 個	three balls
…戸	1 万戸《家》	10,000 houses
	〃《家族》	〃 families
	〃《世帯》	〃 households
…冊	本 3 冊	three books
	アルバム 2 冊	two albums
…品	5 品の食事	a meal of five dishes
		a five-course dinner
	料理 2 品	two dishes
…隻	タンカー 2 隻	two tankers
…艘	ボート 2 艘	two boats
…足	靴 2 足	two pairs of shoes
	靴下 3 足	three pairs of socks
…台	バス 2 台	two buses
	カメラ 3 台	three cameras
	テレビ 2 台	two TV sets
…題	問題 3 題	three problems
…着	オーバー 2 着	two overcoats
	学生服 2 着	two school uniforms
	ズボン 2 着	two pairs of trousers
…通	手紙 2 通	two letters
	コピー 3 通	three copies
…点	衣類 2 点	two articles of clothing
	水彩画 3 点	three watercolors
	家具 4 点	four ˹pieces [articles] of furniture
	3 点セット	a three-piece suite
…頭	馬 2 頭	two horses
	牛 10 頭	ten head of cattle
	★この意味の head は単複同形.	
…人	老人 3 人	three old people
	警官 3 人	three policemen
	5 人家族	a family of five (people)
	100 人乗り	accommodation for one hundred passengers
…杯	(スープ)お代わり 2 杯	two helpings (of soup)
	コーヒー 2 杯	two cups of coffee
		two coffees ★後者は特にレストランなどでの表現.
	牛乳 2 杯	two glasses of milk
	砂糖大さじ 2 杯	two tablespoons of sugar
	★two tablespoonfuls of sugar ともいう.	
…発	弾 2 発分	two ˹rounds [shots]
…匹	猫 2 匹	two cats
	魚 3 匹	three fish
	★種類の異なる魚の場合は fishes も用いる.	
…部	夕刊 2 部	two copies of an evening paper
		two evening papers
	販売数 5 万部《新聞・雑誌の》	a circulation of 50,000
	〃《本などの》	a sale of 50,000 copies
…分	食事 3 人分	three portions of food
	3 人分の食事	food for three
…へん	電話 2 へん	two phone calls
…本	鉛筆 2 本	two pencils
	ホームラン 3 本	three home runs
	カセット 2 本	two cassette tapes
	チョーク 2 本	two pieces of chalk
	ビール 2 本	two bottles of beer
	松の木 2 本	two pine trees
…枚	レコード 2 枚	two discs
	シャツ 2 枚	two shirts
	千円札 2 枚	two 1,000-yen bills
	紙 2 枚	two sheets of paper

★紙などは sheet, piece, bit のほかに, ページなどでは leaf ともいう.

…名	先生5名	five teachers
	参加者5名	five participants
…人	老人2人	two old people, an old couple
	2人乗り	a two-seater; (自転車) a tandem
…両	客車3両	three passenger cars
	5両連結の列車	a five-car train
…羽	カナリヤ3羽	three canaries

用　例

¶「猫を何*匹飼っていますか」「2*匹です」 "How many *cats* do you have?" "We have two."

「チョークは何*本いりますか」「3*本下さい」 "How many *pieces of chalk* do you want?" "*Three*, please."

ここにある本を5*冊下さい Can I have five *copies* of the book here? / Can I have these five *books* here? 語法 前者は同じもの5冊, 後者は5種類のもの.

この前の夏休みに小説5*冊と随筆2*編を読んだ I read five *novels* and two *essays* during the last summer vacation.

この村には家が20*軒しかない There are only twenty ˹*houses* [*families*] in this village.

「先月は何*回学校を休みましたか」「4*回休みました」 "*How* ˹*often* [*many times*] did you stay away from school last month?" "Four *times*." / "*How many absences* did you have last month?" "I had four." 語法 第1文のほうがより口語的.

「朝は何を食べますか」「いつもゆで卵2*個, トースト2*枚, コーヒー3*杯, バナナ2*本を食べます」 "What do you have for breakfast?" "I usually have two boiled *eggs*, two *slices of toast*, three *cups of coffee* and two *bananas*."

「写真何*枚とったの」「はっきりわからないが, このフィルムはあと2*枚しかない」「ではフィルムをあと3*本買おう」 "*How many exposures* have you made?" "I'm afraid I don't know exactly, but I've two *exposures* left on this roll now." "Then I'd better get three more *rolls* (of film)."

男女それぞれ20*名, 全部で40*名のクラスを教えています I teach *a class of* 40, 20 *boys* and 20 *girls*. 語法 a class of 40 students のような場合は, 数字の後の単位名を省くことが多い.

もう1*杯食べたい I'd like *a second helping*.

breeze coming from the river was cool and pleasant.

私は帽子を*風に飛ばされた I had my hat blown off by *the wind*.

すきま*風が入る There is [I feel] a *draft*.

どうした*風の吹きまわしか, 私が議長に選ばれた *By a curious turn of winds* [*For some reason or other*] I have been elected Chairman.

そんなに先輩*風を吹かすな (⇒ 恩着せがましい態度をとるな) Don't put on such *a patronizing air*.

風の便り ¶ *風の便りによると彼はもう日本にはいないようだ (⇒ …ということをだれかから聞いた) *I heard from someone that* he is no longer in Japan.

かぜ² 風邪 cold Ⓒ; (インフルエンザ) influenza Ⓤ, 《口語》 flu Ⓤ. 《☞ インフルエンザ; 病気・病院 (囲み)》.

¶ 私は*風邪を引いた I have caught (a) *cold*.

ひどい[軽い]*風邪を引いた I have caught a ˹bad [slight] *cold*. 語法 「風邪を引く」 catch (a) cold という場合, 不定冠詞 a は付けても付けなくてもよいが, 「ひどい風邪」のように形容詞が付いた場合は a を付ける.

私は*風邪を引いている I have a *cold*.

鼻*風邪を引いている I have a *cold* in the ˹head [nose].

彼はきょう*風邪を引いて休んでいます He is absent with a *cold* today.

少し*風邪気味なので気分がよくない I have *a* ˹*slight cold* [*touch of cold*] and don't feel well.

*風邪がはやっている *Colds* are raging.

彼女から*風邪をうつされた (⇒ もらった) I got a *cold* from her. / She gave me her *cold*.

風邪薬 cold ˹medicine [remedy] Ⓒ; (錠剤) cold pill Ⓒ.

かせい¹ 火星 Mars. ¶ *火星には生物はいるだろうか Is there any life on *Mars*?

火星人 Martian Ⓒ.

かせい² 加勢 (手伝い) help Ⓤ; (援助) assistance Ⓤ ★ 前者が口語的; (後援・支持) backup Ⓒ. 《☞ たすけ; おうえん》.

かせい³ 火勢 (火) fire Ⓤ; (炎) flame Ⓒ ★しばしば複数形で; (火の力) the force of the fire Ⓤ. 《☞ ひ²; かじ¹》. ¶ *火勢は強くなっている (⇒ 広がっている) The *fire* is spreading. / The *flames* are raging ˹violently [furiously]. ∥ *火勢はいくらか衰えた *The force of the fire* has gone down somewhat.

かぜい 課税 ―名 (税を課すこと) taxation Ⓤ; (税金) tax Ⓤ ★ 具体的な個々の税金は Ⓒ. ―動 impose tax (on …), tax ㊀. 《☞ ぜいきん; かする¹》.

¶ これは*課税される (⇒ これは税の対象となる) This is ˹subject to [liable for] *taxation*. ∥ *課税品をお持ちですか《税関で》(⇒ 申告すべきものを持っていますか) (Do you have) *anything to declare*?

かせいか 家政科 (家政学科) the department of ˹home economics [domestic science].

かせいソーダ 苛性ソーダ sodium hydroxide Ⓤ, caustic soda Ⓤ ★ 前者は正式名.

かせいふ 家政婦 《米》 housekeeper Ⓒ 参考 この語は特に《英》では主婦のことを意味するので注意, 《英》 home help Ⓒ.

かせき 化石 ―名 fossil [fásl] Ⓒ. ―動 (化石になる) be fossilized, be petrified

[参考] 後者は「(化石になったように)茫然自失する」という比喩的な意味にも用いる.

かせぎ 稼ぎ (稼ぎ高) earnings ★ 複数形で; (収入) income Ⓒ. 《☞ しゅうにゅう》.

かせぐ 稼ぐ (働いて金を得る) earn (他); (金を手に入れる) make money; (働く) work (自); (時を稼ぐ) gain [earn] time. 《☞ もうける[1]; かね[1]; しゅうにゅう》.
¶ 私は自分で小遣い銭を[生活費を]*稼がなければならない I have to *earn* ⸢my pocket money [my living] for myself. // 1日に1万円*稼ぐのは容易ではない It is not easy to *earn* 10,000 yen a day. // *稼ぐに追いつく貧乏なし A hard worker is a stranger to poverty. 《ことわざ: 一生懸命に働く人は貧乏に縁がない》

かせつ[1] 仮説 hypothesis [haipɑ́θəsis] Ⓒ 《複 -ses [-si:z]》《☞ かてい[2]》. ¶ *仮説を立ててから実験して試します We will ⸢make [build] a *hypothesis* and test it by experiment. // その*仮説は証明された The *hypothesis* was ⸢proved [verified].

かせつ[2] 架設 ―[動] (電話を取り付ける) install (他). ―[名] installation [ìnstəléiʃən] Ⓤ. 《☞ とりつける; すえつける》. ¶ 電話の*架設をしたいのです I would like to ⸢*install* a telephone [have a telephone *installed*] in my house.

カセット cassette Ⓒ 《☞ テープレコーダー》.
¶ 私はそのラジオ番組を*カセットに録音した I taped the radio program on a *cassette*.
カセットテープ cassette (tape) Ⓒ **カセットテープレコーダー** cassette tape recorder Ⓒ **カセットデッキ** cassette deck Ⓒ.

かぜとおし 風通し (換気) ventilation Ⓤ.
¶ 私の部屋は*風通しがよい My room ⸢is *well ventilated* [has good *ventilation*]. // この部屋は*風通しが悪い (⇒ 息苦しい) This room is *stuffy*.

かせん[1] 下線 ―[名] underline Ⓒ. ―[動] (下線を引く) underline (他). 《☞ アンダーライン (欄外)》. ¶ *下線の部分を日本語に訳しなさい Translate the *underlined* part into Japanese.

かせん[2] 河川 river Ⓒ 《☞ かわ[1]》. **河川改修工事** river conservation work Ⓤ **河川敷** (dry) riverbed Ⓒ.

かせん[3] 架線 (電線・電話線など) wires ★ 複数形で用いることが多い; (工事) wiring Ⓤ. 《☞ でんせん[1]》.

がぜん 俄然 ―[副] (急に) suddenly, all of a sudden. 《☞ きゅう[1]; とつぜん》.

かそう[1] 火葬 ―[名] cremation Ⓤ. ―[動] cremate (他). [参考] 欧米では土葬が普通.
火葬場 crematory Ⓒ, 《英》 crematorium Ⓒ.

かそう[2] 仮装 ―[名] (余興などの仮装服) fancy dress Ⓤ, costume Ⓒ. ―[動] (仮装する) be dressed as ..., be in [wear] a costume of ... **仮装行列** fancy dress [costume] parade Ⓒ **仮装舞踏会** (実在・架空を問わず, 様々な人物に扮して行う舞踏会) fancy dress [costume] ball Ⓒ; (仮面をつけて行う舞踏会) masked ball Ⓒ.

かそうかいきゅう 下層階級 (社会の) the lower class ★ しばしば複数形で. (↔ the upper class; the middle class).

かそうてきこく 仮想敵国 imaginary [hypothetical; potential] enemy Ⓒ [語法] imaginary には実在しないというニュアンスがあるが, potential にはいつでも敵になり得るという意味が含まれる.

かぞえあげる 数え上げる (列挙する) enumerate (他); (総計する) count up (他). 《☞ れっきょ》. ¶ 彼女はアメリカで訪れた地名を*数え上げた She *enumerated* all the places she had visited in America. // このことに関する本は*数え上げたらきりがない (⇒ 挙げきれないほど多い) There are too many books on this matter *to mention*.

かぞえる 数える (数を数える) count (他)(自); reckon (他) ★ 前者が普通. 後者はくだけた感じの語. 《☞ けいさん; 数の数え方 (囲み)》.
¶ 彼は箱の中のボールを*数えた He *counted* the balls in the box.
この子はもう数が*数えられる He [She] can already *count*.
10まで*数えたら目をあけていいよ *Count* ((*up*) *to*) ten and you can open your eyes.
指で (⇒ 指を折って)*数えてごらん *Count* them on your fingers. [参考] 日本人は指を折って数えるが, 英米人は指を人差し指から小指へ向かって順に立てて数える.

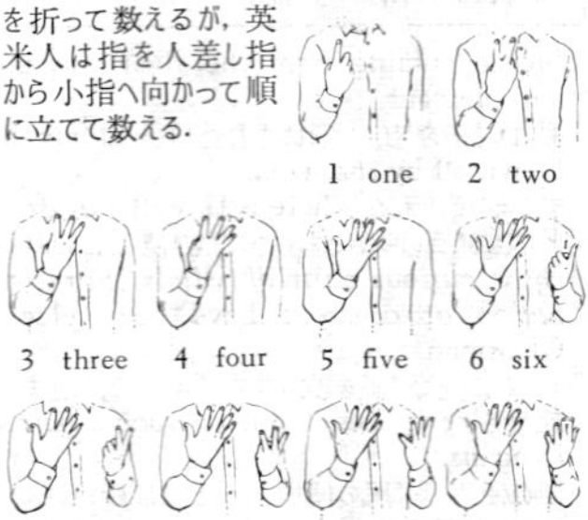
1 one 2 two
3 three 4 four 5 five 6 six
7 seven 8 eight 9 nine 10 ten

子供たちは夏休みを指おり*数えて (⇒ 期待して) 待っている Children *are looking forward to* the summer vacation.
誤りがあまりにも多くてもう*数え切れなくなった The ⸢errors [mistakes] were so many that I lost *count* of them.

かそく 加速 ―[名] acceleration Ⓤ, speed-up Ⓤ ★ 後者のほうが口語的. ―[動] accelerate (自), speed up (自) (↔ slow down).
¶ 列車は次第に*加速した The train *speeded up* gradually. **加速度** acceleration Ⓤ.
¶ *加速度的に at an *increasing tempo* / with *increasing speed*

かぞく 家族 family Ⓒ, 《米》 folks, people [語法] 「家族」を表す語は family が最も普通. 口語では folks や people も用いるが, 《米》では folks のほうが普通. またどの語も集合名詞として扱う. family はその意味により単数にも複数にも用いられるが, folks, people は複数にしか用いられない. 《☞ 親族関係 (囲み)》.

¶私は*家族が多い[少ない] I have a ˹large [small] *family*.
「ご*家族はお元気ですか」「はい，みな元気です」“How's [How is] your *family*?” “They're all fine thank you.” [語法] 《米》では家族の安否を尋ねるときは，このように単数動詞で呼応する. 《☞ 性・数・人称の一致 (欄外)》
*家族の者はみな元気です My *family* are all well. [語法] この場合は家族の一人一人について述べる気持ちを表すために複数動詞で呼応する.
「ご*家族は何人ですか」「5人です」“How many members are there in your *family*?” “(There are) five.”
「あの人たちはだれですか」「私の*家族ですよ」“Who are those people?” “They're my *folks*.”
この家に5人*家族には小さすぎる This house is too small for a *family* of five.
先月*家族そろって旅行に出かけました I went on a trip with my *family* last month.
それは*家族数によって違う It depends upon the size of the *family*.
この映画は*家族向きだ This is a *family* film.
家族計画 family planning Ⓤ **家族制度** the family system Ⓒ **家族手当** family allowance Ⓒ **家族的** —形 homey. ¶日本の旅館には*家族的雰囲気がある There is a *homey* atmosphere in a Japanese inn.

ガソリン 《米》 gasoline Ⓤ, 《英》 petrol Ⓤ, 《米口語》 gas Ⓤ. 《☞ アメリカ英語とイギリス英語 (欄外)》.
¶車の*ガソリンが切れた We have run out of ˹*gas* [*petrol*]. // (この)車に*ガソリンを入れて下さい Fill it up, please.
ガソリンスタンド 《米》 gas(oline) [《英》 petrol] station Ⓒ, service [filling] station Ⓒ [参考] gasoline stand は和製英語. 《☞ 和製英語 (囲み)》.

かた¹ 肩 shoulder Ⓒ [語法] 両肩のときは複数形. なお英語の shoulder は日本語の「肩」より範囲が広く，鎖骨や肩甲骨あたりまで含む. 《☞ からだ (挿絵)》.
¶彼女はなで*肩をしている She has sloping *shoulders*. / She is sloping-*shouldered*.
*肩の力を抜きなさい (⇒ 肩の筋肉をゆるめなさい) Relax your muscles *in the shoulders*.
だれかが私の*肩を (軽く) たたいた Someone tapped me *on the shoulder*.
彼女は*肩をすくめた[そびやかした] She ˹shrugged [raised] her *shoulders*.
彼は*肩を怒らせて歩く He walks with his *shoulders* squared.
私は*肩にかついで荷物を運んだ I carried the ˹baggage [《英》 luggage] *on my shoulder*.
子供たちは*肩にかばんをさげて (⇒ 肩からつるして) 通学している The children go to school with their bags hanging from their *shoulders*.
*肩が凝っている I have stiff *shoulders*. [語法] 片方だけなら a stiff *shoulder* となる. / I feel stiff *in my* ˹*shoulder* [*shoulders*].
*肩の凝らない本 (⇒ 軽い本) を貸して下さい Please lend me ˹*a book for light reading* [*something light to read*].
息子が大学を卒業して*肩の荷がおりた My son's graduation from the university took a load off *my shoulders*.
肩で風を切る ¶彼はいつも*肩で風を切って (⇒ 威張って[気取って]) 歩く He always ˹*swaggers* [*struts*] about when he walks.
肩を並べる ¶彼らは2人*肩を並べて走った They ran ˹*side by side* [*two abreast*]. // 英語の成績では2人は*肩を並べている (⇒ 等しい) They are *equal* in English. // 料理にかけては彼女に*肩を並べるものはいない (⇒ 料理がだれよりもうまい) She is *better than anyone else* in cooking. / (⇒ 対等の者はいない) She *has no equal in* cooking.
肩を持つ ¶私はどっちの*肩も持てない (⇒ 味方はできない) I can *take* neither ˹*side* [*part*]. / (⇒ 中立でいよう) I'll *remain neutral*.

かた² 型，形 **1** «原型»: (鋳型) mold (《英》 mould) Ⓒ; (型紙) pattern Ⓒ; (スポーツなどの規範となる形式) form Ⓒ ★ 複数形で用いることが多い.
¶ろうそくは*型に入れて固められる Candles are set in a ˹*mold* [*mould*]. // まず紙で*型をとります First we ˹cut out [make] a *pattern* out of paper. // 彼はレスリングの*型を私たちに見せた He showed us ˹*forms* in wrestling [wrestling *forms*].
2 «様式»: (タイプ) type Ⓒ; (スタイル) style Ⓒ; (パターン) pattern Ⓒ; (自動車などの) model Ⓒ.
【類義語】他の種類と明確に異なる特徴をもつ型は **type**. **style** もほぼ同意で用いられるが，物に関して用いることが多い. 物事の行われる型は ***pattern***. 自動車などの年式などをいうのが ***model***.
¶彼女の父は古い*型の人間だ Her father is a man of the old ˹*style* [*type*]. / Her father is *old-fashioned*. // どうも新しい*型の生活にはなじめない Somehow I can't get used to the new ˹*pattern* [*way*] of living. // 「これは最新*型の車ですか」「いいえ，1983年*型の車です」“Is this car the latest *model*?” “No, it's a 1983 *model*.”
3 «慣習» —形 (型にはまった) stereotyped; conventional. 《☞ かたやぶり》. ¶そんな*型にはまった考え方は私は好きではない I don't like such a *stereotyped* way of thinking.

かた³ 方 ¶あの*方はどなたですか Who is *that* ˹*gentleman* [*lady*] over there? // あなたがコンテストに優勝した*方ですか Are you *the one* who won the contest? [語法] 英語では日本語ほど敬語表現が用いられないので，一般には日本語の「方」のニュアンスは表せないことが多い. 例えば「この方が…さんです」も This is ... でよいし，「どなたか…をご存じの方はいませんか」も Isn't there anyone who knows ...? となって「人」と「方」との差を訳出できない. 《☞ ひと [語法]》

-かた¹ …方 (in) care of ... ★ c/o と略す. 《☞ きづけ；手紙の書き方 (囲み)》. ¶私の住所は新宿区神楽坂2 太田一郎*方です My address is: *c/o* Mr. Ichiro Ota, 2 Kagurazaka, Shinjuku-ku. 《☞ コロン (欄外)》

-かた² …方 (…のやり方) way Ⓒ, manner Ⓒ. 《☞ ほうほう》. ¶彼女のそのやり*方は私は好きでない I don't like her ⌈*way* [*manner*] of doing it. // この機械の使い*方を教えて下さい Show me *how to* use this machine. 《☞ やりかた；つかいかた》

-かた³ …方 (2つの一方) side Ⓒ. ¶彼は父*方のおじです He is an uncle of mine *on my father's side.* 《☞ 親族関係 (囲み)》

かたい 堅い, 固い, 硬い **1** «物について»: hard (↔ soft); firm (↔ loose); solid (↔ fluid); (肉・野菜などが) tough (↔ tender); (紙・体などが) stiff; (文体などが) bookish.

【類義語】最も一般的な語で, 砕いたり突き通したりしにくく, 石のように堅いのが ***hard***. 変化しやすい状態から, 堅く引き締まった状態になるのが ***firm***. *hard* には弾力性はないが, *firm* にはある. 外部からの支えがなくても中が詰まってしっかりしていることを示すのが ***solid***. 体の堅いこと, または容易に曲がらない堅さを示すのが ***stiff***. 肉や野菜などが堅いのは ***tough***. 文体の硬さには ***bookish***, *stiff* のいずれも用いられるが, *bookish* は学者ぶった書き方などのときに用いる. 《☞ かたく¹》

¶このパン[粘土]は石のように*堅い This ⌈bread [clay] is *hard* as a stone. // 土地が*硬くて耕せない The ground is too ⌈*hard* [*solid*] to be plowed. // この辺の地盤は*固いから地震の心配はいらない The ground around here is *firm*, so we need not be concerned about earthquakes. // この肉は*堅すぎる This meat is too *tough*. // *堅いいすに1時間以上も座らねばならなかった I had to sit in a *stiff* chair for more than one hour. // 彼女の毛は*硬い She has ⌈*stiff* [(⇒ こわい) *bristly*] hair. // 彼の文は*硬い (⇒ 硬い文で書く) He writes in a *stiff* style.

2 «まじめな»: (正直な) honest; (良心的な) conscientious; (信頼できる) reliable; (きまじめな) serious; (頭が固くて頑固な) obstinate, stubborn ★ 前者はある特定のことに関して, 後者は性格的に頑固なことをいう; (口が堅い) close-mouthed, tight-lipped. 《☞ まじめ》.

¶彼は*堅い人だから仕事を任せることができる I can entrust the work to him because he is ⌈an *honest* [(⇒ 良心的な) a *conscientious*; (⇒信頼できる) a *reliable*] person. // *堅い話は (⇒ まじめな話は) このくらいにしておこう That's enough for such *serious* talk. / So much for such *serious* talk. // 彼は頭の*固い男だ (⇒ 頑固な) He is ⌈an *obstinate* [a *stubborn*] man. // 彼は口が*堅い He is a ⌈*close-mouthed* [*tight-lipped*] person.

3 «不変の・強い»: (信念・主義などが変わらない) firm; (強い) strong. 《☞ かたく¹》.

¶私の決心は*堅い I have ⌈a *firm* [(⇒ 揺るぎない) an *unshakable*] resolution. // 2人は*堅い友情で結ばれている The two are bound together by ⌈*firm* [(⇒ 強い) *strong*] friendship. // 彼らの結束は*堅い They have a *strong* solidarity. // その守りの*固いチームが優勝した The *strong* team on defense won the pennant.

かだい¹ 課題 (解決すべき問題) question Ⓒ, problem Ⓒ. 《☞ しゅくだい；もんだい》.

かだい² 過大 ― 形 (過度の) excessive; (法外な) unreasonable. ¶こんな*過大な要求はとてものめない We cannot satisfy such an *unreasonable* demand. // 彼の力を*過大評価してはいけない Don't *overestimate* his ability.

-がたい …難い ― 助 (…できない) cannot … ― 形 (不可能な) impossible (to *do*); (難しい) hard [difficult] (to *do*). ¶それは信じ*がたいことだが本当だ It is *hard* to believe, but it is true.

かたいじ 片意地 ― 形 (頑固な) obstinate; (偏屈な) perverse. 《☞ がんこ (類義語)》.

かたうで 片腕 (片方の腕) one arm; (最も頼りになる助力者) *one's* most reliable helper Ⓒ, *one's* right-hand man Ⓒ ★ 後者は比喩的表現. ¶彼は首相の*片腕だ He is the premier's ⌈*right-hand man* [*most reliable helper*].

がたおち がた落ち ― 名 (売り上げなどの暴落) slump Ⓒ (↔ boom). ― 動 slump 自, drop sharply 自. 《☞ おちる》. ¶今月は売り上げが*がた落ちだ Sales *have* ⌈*slumped* [*dropped sharply*] this month. // スキャンダルでその歌手の人気は*がた落ちだ (⇒ 急に人気を失った) The singer *has suddenly lost* popularity because of the scandal.

かたおもい 片思い one-sided love Ⓤ. ¶彼の恋は*片思いに終わった (⇒ 報われなかった) His *love was not returned* after all.

かたおや 片親 one parent. ¶あの子は*片親だ He [She] has only *one parent*. / (⇒ 父親[母親]のない子だ) He [She] is a ⌈*fatherless* [*motherless*] child.

かたがき 肩書き title Ⓒ; (学位) degree Ⓒ. ¶彼は*肩書きをたくさん持っている He has a lot of *titles* to his name.

かたかけ 肩掛け shawl Ⓒ; (長いもの・あるいは毛皮の) stole Ⓒ.

がたがた **1** «音» ― 動 (がたがた鳴る) rattle 自 他, clatter 自 他 [語法] いずれも堅い物のぶつかる音を表すが, 普通は前者は戸などが風で鳴ったり, 硬貨の音, 馬車の音などに, 後者は皿やなべなどを洗っている時の音などに用いる; (がたがた小刻みに震える) tremble 自; (車などが) jolt 自. 《☞ 擬声・擬態語 (囲み)》.

¶窓は風で*がたがた鳴った The window *rattled* in the wind. / (⇒ 風ががたがたさせた) The wind *rattled* the window. // 寒くて*がたがた震えた I *trembled* with cold. // バスは*がたがたと走って行った The bus ⌈*jolted* [*rattled*] away.

2 «不完全である様子» ― 形 (不安定でぐらぐらする) shaky; (いまにも壊れそうな) rickety. ¶私は*がたがたの階段を上って行った I went up a ⌈*shaky* [*rickety*] staircase. // 我々の組織は*がたがただ (⇒ 崩壊寸前だ) Our organization *is about to fall apart*.

かたかな 片仮名 *katakana* Ⓤ ★ 個々には

Ⓒ. 日本語をそのまま用いるのでイタリック体で表す. 《☞ イタリック体 (欄外)》. 外国人に対して説明的に言う場合には one of the two kinds of *kana* script used for Japanese syllabary writing のようにすればよい.

かたがみ 型紙 (paper) pattern (for a dress) Ⓒ 《☞ かた[2]》.

かたがわ 片側 one side 〔語法〕 2つあるもののうち, どちらか一方の側を one side, 残りの一方を the other side で表す. 《☞ かたほう; がわ; いっぽう[1]》. ¶ 番地は道の*片側が偶数, 反対側が奇数です The house numbers on *one side* of the street are even and those on the other side are odd.

かたがわり 肩代わり ━動 take over ⊕. ━名 take-over Ⓤ. 《☞ ひきつぐ》. ¶ 彼は私の借金の*肩代わりをしてくれた He *took over* my debts.

かたき 敵 **1** «敵» ━名 enemy Ⓒ. ━動 (軽く仕返しをする) pay back ⊕; (個人的にかたきを討つ) revenge *oneself* on ...; (他人のために仕返しをしてやる) avenge (*a person*) ⌈on [upon] ... 〔語法〕 被害者以外を主語にすることが多い. 後の2つは改まった表現. 《☞ しかえし; ふくしゅう[2]》.

¶ いずれこの*かたきはとってやる (⇒ 仕返しをしてやる) I'll *pay* you *back* for this some day. // 昔は主人の*かたきを討つのが家来の義務だった (⇒ 主人を殺した者に復讐するのが) In former days it was the follower's duty to *avenge on* the murderer of his master.

2 «競争相手»: rival Ⓒ 《☞ てき》. ¶ 彼は私を恋*がたきと思っている He regards me as his ⌈*rival* in love [*rival* lover]. // 私の商売*がたきは多い I have many ⌈*rivals* [*competitors*] in business.

かたき討ち revenge Ⓤ; (報復・仕返し) retaliation Ⓤ.

かたぎ 気質 (ものの考え方) way of thinking Ⓒ; (...精神) -ship 〔語法〕 例えば「職人気質」craftsman*ship* のように用いる. ¶ 私の父は昔*気質だ (⇒ 古い考え方をしている) My father has an old-fashioned *way of thinking*.

かたく[1] 堅く, 固く, 硬く **1** «物について» ━副 (崩れないようにしっかりと) fast; (すき間なくきっちり) tight(ly); (砕けずに固まって) hard; (こわばって) stiff. ━動 (かたくなる) harden ⊜. 《☞ かたい (類義語); しっかり》.

¶ その箱は縄で*堅く縛ってある The box is bound *fast* with a rope. // 彼は目を*堅く閉じた He shut his eyes *tight*. // 彼女は唇を*堅く結んだ She had her lips *tightly* closed. // 卵が*堅くゆだった The eggs were boiled *hard*. // パンは乾くと*堅くなる Bread *hardens* when it dries. 〔語法〕 日数がたって堅くなるときには stale を用いる. ((例) Bread goes *stale*.) // 小麦粉とミルクを*堅く練りなさい (⇒ かき回して堅いペーストにしなさい) Stir the flour and milk to a *stiff* paste.

2 «心などが長く変わらず確かで»: (強固に) strongly; (しっかりと) firmly; (絶対に) absolutely; (きっぱりと) flatly.

¶ 彼はその説を*固く信じている He ⌈*strongly* [*firmly*] believes the theory. / (⇒ 固守している) He holds *fast* to the theory. // 彼女はその仕事をやりぬこうと*固く決意している She is *firmly* determined to finish the job. // 2人は互いの愛で*固く結ばれている The two are ⌈*firmly* [(⇒ 密接に) *closely*] united by mutual love. // 母親は息子を*固く (⇒ 絶対に) 信じて疑わなかった The mother trusted in her own son *absolutely*. // お申し出の件は*固く (⇒ きっぱりと) お断りいたします I ⌈*flatly* [*positively*] refuse your offer. // 彼女は他言はしないと*固く約束した (⇒ まじめな約束をした) She made a ⌈*solemn* [*firm*] promise to keep the secret.

3 «緊張して»: tense; (神経質になって) nervous. 《☞ きんちょう》. ¶ そう*硬くならないでいいよ Don't be so ⌈*tense* [*nervous*]. / (⇒ 気楽に) Please *relax*. / (⇒ くつろいで下さい) *Make yourself at home*.

かたく[2] 家宅 house Ⓒ. ¶ 男は*家宅侵入罪に問われた The man was charged with ⌈*housebreaking* [*trespass(ing)*]. 〔語法〕 trespass は「土地への不法侵入」の意味も表す.

家宅捜索 house-searching Ⓤ, house search Ⓒ. ¶ 警官は*家宅捜索をした The policemen *searched the house*. // 彼は*家宅捜索を受けた He *had his house searched*.

かたくな ━形 (性格的に頑固な) stubborn; (ある事について頑固な) obstinate. ━副 stubbornly; obstinately. 《☞ がんこ (類義語)》.

かたくりこ 片栗粉 Japanese powdered starch made from a lily-like plant and used as food Ⓤ ★ 説明的表現.

かたくるしい 堅苦しい ━形 (形式ばった) formal (↔ informal) ★ 表現や態度についていう. ━名 (堅苦しい儀礼) ceremony Ⓤ. 《☞ きゅうくつ》.

¶ 私は*堅苦しいことは嫌いだ I don't like being *formal*. // これは*堅苦しい表現です This is a *formal* expression. // *堅苦しいあいさつは抜きにしましょう (⇒ 儀式は忘れよう) Let's forget about *ceremony*. / (⇒ くだけた気分になろう) Let's be *informal*.

かたぐるま 肩車 ¶ 彼はその子を*肩車していた He *was carrying* the child *on his shoulders*.

かたこと 片言 ━名 (子供の) prattle Ⓤ; (たどたどしい言い方) baby talk Ⓤ, babble Ⓤ. ━動 prattle ⊜. ¶ あの子供の*片言がわからない I can't understand that child's ⌈*prattle* [*prattling*]. // 息子は先月から*片言を言い始めた (⇒ 話し始めた) My son started to talk last month.

かたさ 堅さ, 固さ, 硬さ (物体の硬度) hardness Ⓤ; (内容物がしっかり詰まっていて堅いこと) firmness Ⓤ; (曲げたり伸ばしたりできない固さ) stiffness Ⓤ. 《☞ かたい (類義語)》.

¶ 彼の言葉でみんなの*堅さがとれた (⇒ 彼の言葉が我々を気楽にさせた) His words *eased* us. // 筋肉の*固さをほぐすには熱い風呂に入るのがよい You had better take a hot bath to *relax* your muscles.

かたず 固唾 かたずをのむ ―動 (注意を集中する) strain *one's* attention. ―形 (はらはらさせるような) exciting. 《☞ いきづまる》.
¶私は*かたずをのんで発表を待った I waited for the announcement *holding my breath*. // それは*かたずをのむような演技だった It was a *breath-taking* performance.

か

かたすかし 肩透かし ―名 (身をかわすこと) dodge Ⓒ. ―動 (身をかわす) dodge ㊀㊁; (まともに答えない) evade ㊀. ¶彼は私の質問に*肩透かしをくわせた He *evaded* my question.

かたすみ 片隅 (すみ) corner Ⓒ; (引っ込んだ所) nook Ⓒ. 《☞ すみ¹》.
¶彼はページの*片隅を折った He turned down the *corner* of the page. // 彼女は台所の*片隅に消火器を置いている She keeps a fire extinguisher in a *nook* in the kitchen. // そのことがいまも私の心の*片隅に引っ掛かっている (⇒ 心の重荷となっている) It still weighs on my mind.

かたち 形 (ある種類などに共通の形) form Ⓤ; (個々のものの具体的な形) shape Ⓤ ★ 以上は入れ替え可能な場合もある. 《☞ かっこう¹》.
¶「それはどんな*形をしていますか」「箱のような*形です」"What *shape* is it?" "It's box *shape*." // そのチョコレートはハートの*形をしている The chocolate has the ˹*shape* [*form*] of a heart. / The chocolate *is shaped* like a heart. ★ この shape は動詞. // それは*形 (⇒ 形式) の問題ではなく内容の問題だ It's not a matter of *form* but of the content. 《☞ けいしき》 // 彼は*形だけの重役だ He is a *nominal* member of the executive board. / He is an executive *in name only*.

かたちづくる 形作る (作る) make ㊀; (組織・グループ・概念などを作る) form ㊀; (ある具体的な形を作る) shape ㊀. 《☞ つくる》. ¶数軒の家が小さな村を*形作っている Several houses ˹*form* [*make*] a small village.

かたづく 片付く (整頓されている) be (put) in (good) order; (仕事などが終わる) be finished; (問題や紛争などの結末がつく) be settled; (結婚する) marry ㊀, get [be] married (to ...). 《☞ おわる》.
¶彼の部屋はよく*片付いていた His room *was (put) in (good) order*. 語法 put を付けると「片付けられた」という動作を表す. / His room was *neat and tidy*. // 宿題は*片付いたかい *Have* you *finished* your homework? // 事件はやっと*片付いた The matter *has been settled* at last. // この仕事が*片付いたら (⇒ を片付けたら) 1 日休みをとる I'll take a holiday when I *get through with* this work.

かたづける 片付ける (整頓する) put ... in order, tidy up ㊀; (きれいに掃除する) clean up ㊀; (取り去る) put away ㊀, clear (away) ㊀ ★ ほぼ同意だが, clear は「全部片付ける」という気持ちが強い; (問題・紛争などを解決する) settle ㊀; (問題・困難を解決する) solve ㊀; (仕上げる) finish ㊀, get through with ..., put an end to ... ★ いずれもほぼ同意だが, 第 1 番目は最も一般的で, 2 番目は口語的; (殺す) kill ㊀, 《口語》 do away with ... 《☞ あとかたづけ》.
¶あなたの部屋を*片付けなさい *Put* your room *in order*. / *Tidy* [*Clean*] *up* your room. // テーブルの上の茶わんを*片付けましょうか Shall I ˹*put* [*clear*] *away* the tea cups on the table? // この難問をどう*片付けようか How ˹shall [can] we ˹*settle* [*solve*] this difficult problem? // この仕事は今週末までに*片付けなくてはならない We must ˹*finish* this work [*get through with* this work; *get* this work *done*] by the end of this week. // あの男は*片付けたほうがいい He should *be done away with*.

かたっぱしから 片っ端から (次から次へと) one after another; (1 つずつ) one by one.

かたつむり 蝸牛 snail Ⓒ.

かたて 片手 (片方の手) one hand ★ 残りのもう一方の手は the other hand という. ¶彼女は*片手には辞書を, *片手には数冊の本を持っていた She held a dictionary *in one hand*, and several books *in the other*.

かたておち 片手落ち ―形 (不公平な) unfair 《☞ ふこうへい》.

かたてま 片手間 ―副 (暇な時に) in *one's* spare time, at *one's* leisure. ¶これは*片手間ではできない You can't get this done *in your spare time*.

かたどおり 型通り ―形 (型にはまった) conventional; (正式の) formal. ―副 conventionally; formally. 《☞ かた²; つきなみ; せいしき》.
¶彼は*型通りの祝辞を述べた He delivered a *conventional* speech of congratulation. // 彼らは*型通りに契約書を作成した They drew up the contract *formally*. // 私は法律上の*型通りの手続きを済ませた I went through the legal formalities.

かたとき 片時 (つかの間) a moment. ¶その子から*片時も目が離せなかった I couldn't take my eyes off the child even for *a moment*. // 彼はそのラジオを*片時も離さなかった (⇒ いつも手元に置いた) He *always kept* the radio *at hand*. // 彼は彼女のことを*片時も忘れられなかった (⇒ いつも心にとめていた) He *kept* her *in his mind all the time*.

かたどる 象る (型に合わせて作る) model ㊀; (表す) represent ㊀. 《☞ にせる》.
¶彼は松島に*かたどって盆栽を仕立てた He *modeled* his bonsai ˹after [on] Matsushima. // このマークは東という字を*かたどったものだ (⇒ 東という漢字を表す) This mark represents a Chinese character, *higashi*. // 私は富士山を*かたどった (⇒ 富士山の形をした) 文鎮を持っている I have a paper weight *in the shape* of Mount Fuji.

かたな 刀 sword Ⓒ. **刀かじ** sword smith Ⓒ.

かたなし 形無し ―動 (台なしになる) be ˹ruined [spoiled] 《☞ だいなし》. ¶彼も母親の前では*形なしだ (⇒ 子供も同然だ) He is *like a little child* in front of his mother.

かたはし 片端 (一方の端) one end; (片側) one side. 《☞ いっぽう[1]》. ¶このひもの*片端を手に持って下さい Will you hold *one end* of this string in your hand?

かたはば 肩幅 the breadth of *one's* shoulders 《☞ かた[1]; はば》. ¶彼は*肩幅が広い[狭い] (⇒ 広い[狭い]肩を持つ) He has ⌜*broad* [*narrow*] *shoulders*.

かたほう 片方 (片側) one side ★残りの側は the other side; (対の一方) one (of the pair); (2つのうちのもう一方) the other (one) 語法 2つあるもののうち, どちらか1つを one で表し, 残りの1つは the other で表す. 《☞ いっぽう[1]; かたがわ》.

¶道の*片方には杉の木が1列に植えてある There is a row of cedars on *one side* of the street. // 家が2軒並んでいて, *片方は新しくペンキが塗ってあったが, もう*片方は風雨にさらされたままだった Two houses stood side by side. *One* of them had a new coat of paint on, but *the other* was weather-beaten. // *片一方の話だけでは判断ができない I cannot judge if I hear only *one side* of the story. // この靴のもう*片方はどこにあるのだろう Where's *the other* shoe?

かたぼう 片棒 **片棒をかつぐ** ¶君に*片棒をかついで (⇒ 仲間になって) もらいたい I'd like you to be my *partner*. // 彼はその陰謀の*片棒をかついだ (⇒ 加わった) He *took part in* the plot.

かたまり 塊 (比較的小さな塊) lump Ⓒ; (同種の物がたくさん集まってできた大きな塊・集団) mass Ⓒ; (石や木の) block Ⓒ; (肉・チーズなどの) 《口語》 chunk Ⓒ; (土などの) clod Ⓒ; (人・動物などの小集団) group Ⓒ, cluster Ⓒ 語法 前者のほうがより一般的な語. また後者は人間には普通用いない.

¶彼は数個の石炭の*塊を火に入れた He put *several lumps* of coal on the fire. // 大きな岩の*塊が道をふさいだ A *mass* of rock blocked the road. // 谷間にひと*塊の家が見えた I saw a *cluster* of houses in the valley.

かたまる 固まる (物が固くなる) harden ⓐ, become hard; (水気がなくなる) become dry; (ゼリー・セメントなどが) set ⓐ, be set ★後者は固まっている状態. 《☞ かためる》. ¶のりが*固まってしまった The paste *has* ⌜*hardened* [*become dry and hard*]. // セメント[ゼリー]は*固まった The ⌜cement [jelly] *is set*.

かたみ[1] 形見 (贈り主を思って大切にするもの) keepsake Ⓒ; (思い出になるもの) memento Ⓒ 《複 ~(e)s》 参考 いずれも遺品とは限らないことに注意. 《☞ わすれがたみ》. ¶この時計は父の*形見 (⇒ 記念) です I keep this watch *in memory of* my late father. // おばは*形見にこの指輪をくれた My aunt gave me this ring as a *keepsake*.

かたみ[2] 肩身 ¶あんな男をクラスメートに持つと*肩身が狭い (⇒ 恥ずかしく思う) I ⌜*am* [*feel*] *ashamed of* having such a fellow among my classmates.

かたみち 片道 (行きか帰りか一方の道) one way (↔《米》round trip, 《英》return trip); (副詞的に用いて) each way.

¶京都まで*片道下さい A *one-way ticket* to Kyoto, please. // 料金は*片道500円です The fare is 500 yen *each way*.

片道乗車券 《米》one-way ticket Ⓒ (↔ round-trip ticket), 《英》single (ticket) Ⓒ (↔ return (ticket)). 《☞ きっぷ》.

かたむき 傾き (垂直・水平に対する傾き) slant Ⓒ; (斜面) slope Ⓤ; (勾配(こうばい)) inclination Ⓤ ★形式ばった語; (一方が持ち上がっての) tilt Ⓒ. 《☞ けいしゃ; こうばい[1]》. ¶屋根の*傾きはわずかだ (⇒ わずかの傾きを持つ) The roof has a slight *slant*.

かたむく 傾く **1** «傾斜する»: (垂直なものが斜めになる) lean (to ...; toward ...) ⓐ; (ゆるやかに下方に傾斜する) slope (to ...) ⓐ ★以上2語は一般的で, 以下の動詞の代わりに使われることも多い; (まっすぐであるべきものが) slant ⓐ; (一方が持ち上がって傾く) tilt ⓐ; (特に船が一方に) list (to ...) ⓐ; (飛行機が旋回・車がカーブする時に) bank ⓐ. 《☞ けいしゃ》.

¶このビルは少し*傾いている This building *is* ⌜*leaning* [*slanting*] somewhat to one side. // イタリック体の文字は右に*傾いている Italic letters *slant to* the right. // この運動場は川のほうへ少し*傾いている This playing field *slopes* slightly *to* the river bank. // オートバイはカーブを切って大きく*傾いた The motorcycle ⌜*banked* [*leaned*] sharply as it turned.

2 «傾向を帯びる»: lean (toward ...) ⓐ; (...する気でいる) be inclined to *do*.

¶彼はどちらかというと賛成に*傾いている He rather *leans toward* the affirmative side. / He *is* rather *inclined to* approve it.

3 «滅びる・衰える»: decline ⓐ 《☞ おちめ》.

¶彼の家運は*傾いていた His family *was going downhill*. ★go downhill は「没落する」という意味の慣用句. / (⇒ 家運は落ち目だった) The fortune of his family *was declining*.

4 «日・月が»: (沈む) go down ⓐ, sink ⓐ, set ⓐ 語法 ほぼ同意だが, この順に改まった言い方になる. 特に set を使うのは慣用的表現.

¶日は西に*傾いている The sun *is* ⌜*going down* [*sinking*; *setting*] in the west.

かたむける 傾ける **1** «かしげる»: (垂直なものを) lean ⓣ; (斜めにする・傾斜させる) slant ⓣ; (水平なものを) tilt ⓣ. ¶彼らは板を*傾けて滑り台を作った They *set up* a board *at a slant* to make a slide.

2 «集中する»: (専念する) devote (*oneself*) to ... 《☞ せんねん[1]》. ¶彼女は全力を*傾けて勉強した She *devoted* ⌜*herself* [all her energies] *to* her studies.

かため 片目 (一方の目) one eye.

かためる 固める (固くする) harden ⓣ, make ... hard; (ぎゅっと締めて固くする) tighten ⓣ; (守りを固める) fortify ⓣ; (身を) settle down ⓐ. 《☞ かたまる》.

¶私はその粘土を日に当てて*固めた I *hardened* the clay in the sun. // 彼はこぶしを*固めて振り上げた He *tightened* his fist and brandished it. // それはうそで*固めた話だ (⇒ うそのかたまり) The story is a *pack of* lies. // 国境

地帯の守りを*固めなければならない We must *fortify* the border area. // 彼はついに結婚して身を*固めた He got married and *settled down* at last.

かたやぶり 型破り ―形 (普通ではない) unusual ★ 一般的な語；(慣習に合っていない) unconventional ★ やや形式ばった語；(突飛で空想的な) fantastic. ―名 (はずれること) deviation Ⓤ. ¶ それは*型破りの考えだ That is ⌈an *unusual* [a *fantastic*] idea.

かたよる 偏る (不公平である) be partial (to …)；(偏見がある) be ⌈prejudiced [biased] (against …)；(新聞記事などが) be slanted；(バランスがとれていない) be imbalanced. 《☞ ふこうへい》.

¶ 彼の考えは*偏っている His view *is* ⌈*partial* [*prejudiced*; *biased*]. // この記事は*偏っている This article *is slanted*. // *偏らない考えを持つべきだ (⇒ 公平である) We must *be* ⌈*fair* [*impartial*; *unprejudiced*].

かたる[1] 語る (しゃべる) talk (about …; over …) ⓐ ★ くだけた雰囲気で話すニュアンスがある；have a talk；(…について述べる) tell ⓗ；(談笑する) chat ⓐ. 《☞ はなす[1]》. ¶ 私たちは学校時代のことを*語り合った We *talked over* our school days. // 彼女は真実を*語った She *told* the truth.

かたる[2] 騙る **1** «だまし取る»: swindle ⓗ 《☞ だます》. **2** «偽る»: (他人の名を) use …'s name. ¶ 彼はずうずうしくも私の名を*かたった (⇒ 使った) He shamelessly *used my name*.

カタル catarrh [kətɑ́ːə] Ⓤ 《☞ 病気・病院 (囲み)》.

カタログ catalog Ⓒ, catalogue Ⓒ.

かたわら 傍ら ―前 (…のそばに) by … ★ 必ずしも横とは限らず，漠然と近くにあることをいう；(…の近くに) near …；(…の横に) beside …, by the side of … ★ 後者のほうがより位置が明確；(…に加えて) besides … ―副 (近くに) near by；(わきの方へ) aside；(一方の側へ) to one side. ―接 (一方で) while … 《☞ そば[1]；よこ》.

¶ 母の*傍らで子供は眠っていた The child was sleeping ⌈*by* (*the side of*) [*beside*] his mother. // 車が来たので私は*傍らに寄った (⇒ 横によけた) When a car approached, I stepped ⌈*aside* [*to one side*]. // 彼は学校で教える*傍ら (⇒ 教える一方[ほかに]) 小説を書いていた *While* [*Besides*] teaching at school, he was writing a novel. 《☞ 省略 (欄外)》

かたわれ 片割れ (共犯者) accomplice Ⓒ；(…の一人) one of … ¶ 強盗の*片割れ (⇒ 一人) はまだ逃走中だ *One of* the burglars is still at large.

かたん 荷担 ―名 (参加) participation Ⓤ. ―動 (加わる) take part in …, participate (in …) ⓐ. 《☞ くわわる》. ¶ 彼はその陰謀に*荷担した He *took part in* the conspiracy.

かだん 花壇 flower bed Ⓒ；(大きな花壇) flower garden Ⓒ. ¶ *花壇にチューリップを植えた I planted tulips in the *flower bed*.

がたん ―副 (突然) suddenly；(ひどく) sharply. ―名 (がたんという音) bang Ⓒ. 《☞ 擬声・擬態語 (囲み)》. ¶ 先月は生産額が*がたんと落ちた (⇒ 急激に) Output dropped *suddenly and sharply* last month. // 戸が*がたんと閉まった The door shut *with a bang*.

がだん 画壇 painting circle Ⓒ.

かち[1] 価値 ―名 worth Ⓤ; value Ⓤ. ―形 (価値がある) worth; worthy; valuable；(時間をかけるだけの価値がある) worth while; worth *one's* while.

【類義語】金銭に換算できるような「価値」という意味では **value** も **worth** もほぼ同じで，いずれを使ってもよい. ((例) 1 平方メートルの土地の*価値 the ⌈*worth* [*value*; *price*] of one square meter of land). しかし，ものの有用性に重点をおいた相対的な価値を意味する場合には *value* が多く用いられる. ((例) 教育の*価値 the *value* of education // 実際的*価値のある発見 a discovery of practical *value*). 《☞ ねうち》

¶ この本はたいして*価値がない This book is of little *value*. // 彼の切手のコレクションは 10 万円の*価値がある His stamp collection is *worth* 100,000 yen. 【語法】この worth は 形. 名詞または動名詞の目的語をとり，述語的にだけ用いられる. // この本は読む*価値がある This book is *worth* reading. // 彼の方法は議論してみる*価値がある His method is *worth* discussing. // 彼はたいへん*価値のある発見をした He made a very *valuable* discovery. // 日光は一見の*価値がある It's *worth while* visiting Nikko. / It's *worth your while* ⌈to visit [visiting] Nikko. 【語法】worth while は後に動名詞を伴うが，所有代名詞が間に入ると to 不定詞 を伴うことが多い.

価値観 a sense of values **価値判断** value judg(e)ment Ⓤ；(見積もり) estimate [éstəmit] Ⓒ；(見積もること) estimation Ⓤ；(結果に対する評価) evaluation Ⓤ.

かち[2] 勝ち (勝利) victory Ⓒ；(成功) success Ⓤ. 《☞ かつ；しょうり》.

¶ 君の*勝ちだ You *win*! / 《試合の後では》 You*'ve won*! / (⇒ 勝負は君のものだ) The *game* is yours. // 競技は彼の*勝ちだった (⇒ 彼は競技に勝った) He *has won* the race. / (⇒彼の勝利で終わった) The race *ended in his victory*. // *勝ち負けは問題ではない *Victory* or defeat is a matter of little importance.

-がち (…する傾向がある) tend to *do* ★ 一般的な表現；(…しがち) be ⌈apt [liable] to *do* ★ 前者よりはやや堅苦しい表現. なお liable は特によくないことや不利なことに用いられる.

¶ 学生はそのような誤りを犯し*がちだ Students *tend to* make such mistakes. / Students *are* ⌈*apt* [*liable*] *to* make mistakes of this kind. // それはあり*がちなことだ (⇒ 珍しいことではない) It's not unusual. // 彼はほかの人たちから遅れ*がちだった (⇒ しばしば) He *often* fell behind the others.

かちあう かち合う (ぶつかる) clash ⓐ, conflict ⓐ ★ 前者のほうがより口語的；(日などが) fall (on …) ⓐ. 《☞ ぶつかる》.

¶その2つの会は*かち合ってしまった The two meetings ｢*clashed* [*conflicted*]. // 祭日が日曜と*かち合うと月曜が休みになる When a national holiday *falls on* Sunday, we have an extra holiday on Monday.

かちいくさ 勝ち戦 (勝利) victory Ⓒ; (大勝利) triumph Ⓒ. 《☞ しょうり; かつ》.

かちかち **1** «固い様子» ¶池は*かちかちに凍っていた The pond *was frozen hard*. 《☞ こちこち; 擬声・擬態語 (囲み)》

2 «時計などの音» ― 名 ticktack Ⓒ; (やや低い音で) ticktock Ⓒ. ― 動 (かちかち音をたてる) tick ⓐ. 《☞ 擬声・擬態語 (囲み)》. ¶時計は*かちかちと動いていた The clock *was* ｢*ticking* [*ticking away the time*].

かちき 勝ち気 ― 形 (頑固な) unyielding; (競争心に富む) competitive. ¶彼女はとても*勝ち気だ She is quite *unyielding*. / (⇒競争心のある女性だ) She is a very *competitive* woman.

かちく 家畜 (牛・馬・豚など業務用の家畜を含めて) livestock Ⓤ; (特に牛を指して) cattle Ⓤ ★以上は集合名詞; (人に飼われている動物) domestic animal Ⓒ ★愛玩用の動物も含む総称.

¶*家畜20頭 twenty head of *cattle* 《☞ 数の数え方 (囲み)》 // *家畜は牧場で草をはんでいた *Cattle* were grazing in the pasture. // 私たちのところでは*家畜を飼っている We raise ｢*cattle* [*livestock*].

家畜小屋 shed Ⓒ　**家畜病院** veterinary hospital Ⓒ.

かちこす 勝ち越す ¶私たちは3ゲーム*勝ち越した (⇒3ゲームリードしている) We *are leading* the opposing team by three wins. / We *are* three games *ahead of* the opposing team. 《☞ リード》

かちぬく 勝ち抜く (完全な勝利を得る) attain a ｢full [complete] victory; (戦いながら進む) fight *one's* way. ¶彼らはついに*勝ち抜いた They *have attained a* ｢*full* [*complete*] *victory* at last. // 彼は5回の予選を*勝ち抜いてきた He *has fought his way through* the five preliminary matches.

勝ち抜き戦 tournament Ⓒ 《☞ トーナメント》.

かちほこる 勝ち誇る ― 動 be ｢triumphant [exultant] (over ...), triumph (over ...) ⓐ. ― 副 triumphantly, in triumph. ¶彼らは*勝ち誇って歓声を上げた They gave shouts of joy *in triumph*.

かちぼし 勝ち星 (競技の勝利) win Ⓒ; (競技などの点数) point Ⓒ. ¶彼らは多くの*勝ち星をあげた They *have scored many points*.

かちまけ 勝ち負け victory or defeat Ⓤ; (結果) issue Ⓒ. 《☞ しょうぶ[1]; しょうはい》.

¶*勝ち負けは時の運 *Victory or defeat* is a matter of luck.

かちめ 勝ち目 (勝つ見込み) chance of winning Ⓒ; (可能性) odds ★しばしば「勝ち目」の意で用いる. ¶今度は*勝ち目がありそうだ (⇒勝てる見込みが十分にある) We *have a* ｢*good* [*fair*] *chance of winning* this time. // 彼に*勝ち目はない The *odds* are against him. // *勝ち目は5分5分だ The ｢*chances* [*odds*] are fifty-fifty.

かちゃかちゃ ― 動 (かちゃかちゃ鳴る・鳴らす) clank ⓐⓑ; (軽く短い音で) clink ⓐⓑ. ― 名 (かちゃかちゃという音) clank Ⓒ; clink Ⓒ. 《☞ 擬声・擬態語 (囲み)》. ¶彼女が歩くと, 手に持った鍵の束が*かちゃかちゃ鳴った The keys in her hand *clinked* as she walked.

がちゃがちゃ ― 動 (皿などが音を立てる) clatter ⓐⓑ; (戸・ガラス戸・小銭などが) rattle ⓐⓑ; (重い鎖などが) clank ⓐⓑ. ― 名 (がちゃがちゃという音) clatter Ⓒ; rattle Ⓒ; clank Ⓒ. 《☞ 擬声・擬態語 (囲み)》.

がちゃん ― 動 (金属などががちゃんと音を立てる) clang ⓐⓑ; (ぶつかって) crash ⓐⓑ. ― 名 (がちゃんという音) clang Ⓒ; crash Ⓒ. 《☞ 擬声・擬態語 (囲み)》.

¶スパナが床に落ちて*がちゃんといった The wrench *clanged* when it hit the floor. / The wrench fell to the floor with a *clang*. // ボールが*がちゃんと窓ガラスを割った A ball *crashed* through the windowpane. // そんなに*がちゃんと電話を切るものではない (⇒強く下に置く) You shouldn't *slam* the receiver *down* that way.

かちゅう 渦中 (渦巻) vortex Ⓒ ★戦争・論争など比喩的な意味でも用いられる. ¶私はその*渦中に巻き込まれた I was drawn into the *vortex*.

かちょう 課長 the ｢chief [head] of the ｢section [department].

がちょう 鵞鳥 goose [gúːs] Ⓒ 《複 geese》 ★元来は「雌がちょう」をいうが, がちょうの一般名として使われる; (雄) gander Ⓒ. 《☞ めす 語法; 動物の鳴き声 (囲み)》.

かちり ― 動 (鍵などがかちりと鳴る・鳴らす) click ⓐⓑ. ― 名 click Ⓒ. 《☞ 擬声・擬態語 (囲み)》. ¶錠は*かちりと開いた The lock *clicked* open. / The lock opened *with a click*.

かちん ― 動 (ややかん高い音を立てる) clink ⓐⓑ 《☞ 擬声・擬態語 (囲み)》. ¶彼らは乾杯してコップを*かちんと合わせた They *clinked* glasses in toasting. // 彼の言葉はどうしても*かちんとくる (⇒痛い所を刺す) His words always *sting* me *to the quick*. ★to the quick は「痛切に」という慣用表現.

かつ 勝つ **1** «戦って相手を負かす»: (勝利を得る) win ⓑ 《過去・過分 won》 (↔ lose) ★最も一般的; win [gain] a victory ★やや形式ばった語; (相手を破る) defeat ⓑ, beat ⓑ ★後者が口語的. 《☞ かち[2]》.

¶わがチームは7対5で彼らに*勝った Our team *won* the game against them (by a score of) 7 to 5. 《☞ スポーツ (囲み)》 // 我々は相手チームに*勝たなければならない (⇒打ち破らなければならない) We must ｢*defeat* [*beat*] our rival team. // 口では (⇒議論では) 彼女に*勝てない I cannot ｢*beat* her [*get the better of* her] in an argument.

2 «克服する»: overcome ⓑ 《過去 overcame; 過分 overcome》 《☞ こくふく》.

カツ fried cutlet Ⓒ 《☞ 料理の用語 (囲み)》.

か

かつあい 割愛 ―動(省く) omit ⓗ《☞ はぶく; しょうりゃく(類義語)》.

かつお 鰹 bonito Ⓒ《複 ～(s)》. **鰹節** dried bonito Ⓤ ★ 数えるときは a piece of ～.

かっか¹ ―動(興奮する) get [be] excited ★ 怒り以外の興奮にも用いる; (激怒する) get [be] furious; (かっとなる) get [be] hot ★くだけた言い方.《☞ おこる¹; かっと》.
¶そんなに*かっかするな(⇒興奮するな) Don't *get so excited*. ∥ 彼は*かっかとして(⇒ぷんぷん怒って)部屋から出て行った He *got* ⌈*furious* [*hot*] and went out of the room. / He went out of the room *fuming*.

かっか² 閣下 (大臣・大使などに) Your [His] Excellency; (裁判官などに) Your [His] Honor 〔語法〕 直接に呼びかけて用いるときは Your ..., 間接に用いるときは His ... として後に官職名を続ける.《☞ 呼びかけ(囲み)》.

がっか¹ 学科 **1** «科目»: subject (of study) Ⓒ《☞ かもく; 学校・教育(囲み)》. ¶私の好きな*学科は英語です My favorite *subject* is English.
2 «課程»: (大学の専攻学科) department Ⓒ《☞ がくぶ(類義語)》. ¶物理[英文]*学科 the *department* of ⌈physics [English] / the ⌈physics [English] *department* ★ of を用いるほうがより改まった言い方.

がっか² 学課 lesson Ⓒ. ¶*学課の予習[復習]はもうすみましたか Have you finished ⌈preparing [reviewing] your *lessons* yet?

がっかい¹ 学会 learned [academic] society Ⓒ; (学会の会議・集まり) meeting Ⓒ.《☞ かい¹(類義語)》. ¶数*学会の会員 a member of the mathematical *society* ∥ 医*学会は来年は京都で開かれる The *meeting* of the medical society will be held in Kyoto next year.

がっかい² 学界 academic [learned] circles ★ 複数形で.《☞ -かい²》. ¶彼は生物*学界の権威だ He is an authority in the biological *circles*.

がつがつ ―副(空腹で) hungrily; (貪欲に) greedily.《☞ 擬声・擬態語(囲み)》. ¶彼は手あたり次第に*がつがつ食べた He ate up ⌈*greedily* [*hungrily*] anything he could lay (his) hands on. ∥ そんなに*がつがつ(⇒豚のように)食べるな Don't eat *like a pig*.

がっかり ―動(失望する) be disappointed; (気落ちする) be disheartened, lose heart; (がっかりして, 悲しく哀れな気持ちになる) be sad 〔語法〕 sad は口語では日本語の「悲しい」ほど大げさな気持ちでない場合にも使う. ―副(がっかりして) disappointedly, in disappointment.《☞ しつぼう; しょげる; がっくり》.
¶彼女はその結果に[本に, 彼に]*がっかりした She *was disappointed* ⌈at the result [with the book; in him]. 〔語法〕 at は「原因・理由」に, with は「物」に, in は「人」やその「行為」などに用いる. ∥ そんなに*がっかりするなよ Don't *be* so *sad*.

かっき 活気 ―名(活力) vigor (《英》 vigour) Ⓤ; (生気) life Ⓤ; (精力) energy Ⓤ; (元気) spirit Ⓤ; (活発さ) liveliness Ⓤ. ―形(活動力のある) active; energetic; (元気のよい) lively; spirited; vigorous. ―動(活気づける) (en)liven ⓗ.《☞ げんき》.
¶彼女はいつも*活気に満ちている She is always *full of* ⌈*vigor* [*life*]. / She is always ⌈*energetic* [*lively*]. ∥ 町は買い物客で*活気があった The streets were *lively* with shoppers. ∥ 彼らはパーティーを*活気づけようとした They tried to *liven up* the party. ∥ この町には*活気がない(⇒生気がない) There is not much *life* in this town. / This town looks *dull*.

がっき¹ 学期 (3学期制の) term Ⓒ; (2学期制の) semester Ⓒ.《☞ 学校・教育(囲み)》.
学期(末)試験 terminal exam(ination) Ⓒ.

がっき² 楽器 musical instrument Ⓒ《☞ 音楽(囲み)》. ¶「*楽器はどんなものをおやりになりますか」「バイオリンを弾きます」"What kind of *musical instrument* do you play?" "I play the violin."

かっきてき 画期的 ―形(新時代を開く) epoch-making [épək-mèikiŋ]. ¶彼は*画期的な発見をした He made an *epoch-making* discovery.

がっきゅう¹ 学級 class Ⓒ《☞ クラス; くみ; 学校・教育(囲み)》.

がっきゅう² 学究 ―名(学者) scholar Ⓒ. ―形(学者的な・学問好きの) scholarly; (学問の・学問に関する) academic. ¶彼は*学究的な人だ He is a *scholarly* man. ∥ 彼は*学究生活を楽しんでいる He is enjoying ⌈an *academic* [a *scholarly*] life.

かっきょう 活況 ―名(繁栄) prosperity Ⓤ; (活発なこと) activity Ⓤ. ―形(活況を呈した) active; (活発な) lively.《☞ せいきょう¹; こうきょう²》. ¶彼らの商売の*活況がうらやましい I envy them their business *prosperity*. ∥ 売買は*活況を呈している The market is ⌈*lively* [*active*].

かっきり ―副(精確に) just, exactly ★ 後者のほうが意味が強い; (時刻を表す言葉の後に付けて, ...かっきり) sharp.《☞ きっかり》.

かつぐ 担ぐ **1** «になう»: (肩で運ぶ) carry ... on *one's* ⌈shoulder [back]《☞ せおう》.
¶彼はスキーを肩に*担いでいた He *was carrying* a pair of ski(s) *on his shoulder*. ∥ 彼は大きなザックを*担いで(⇒身につけて)山へ登った He climbed the mountain *with* a big rucksack.
2 «だます»: (いたずらで) play a trick on ...; (笑いものにする) make a fool of ...; (一杯食わす) take in ⓗ. ¶*かつぐなよ Don't ⌈*make a fool of* me [*play a trick on* me]. ∥ エープリルフールに*かつがれた I *was taken in* on April Fool's Day.

がっく 学区 school ⌈district [area] Ⓒ.
学区制 the school district system.

がっくり ―副(際立って) markedly [mάːkidli(:)]; (急に) suddenly. ―動(がっくりくる) be shocked; (落胆する) be disheartened; (がっくりと倒れる) collapse ⓐ; (気がゆるんで) break down ⓐ.《☞ がっかり》.
¶その知らせで彼は*がっくりきていた He ⌈*was*

shocked [*got a* (*sad*) *shock*] at the news. // 彼女は*がっくりとうなだれた Her head drooped *sadly*. 語法 she を主語にするよりはこのほうが普通. また hang *one's* head を用いると「恥ずかしさで人に顔が合わせられないで頭を垂れる」という意味となる.

かっけ 脚気 beriberi Ⓤ《☞ 病気・病院(囲み)》.

かっこ[1] 括弧 ―名 (丸かっこ) parenthesis [pərénθəsis] Ⓒ《複 -ses [-sìːz]》; (大かっこ { }) brace Ⓒ; (角がっこ [ ]) (square) bracket Ⓒ ★以上はみな対をなすので, 複数形で用いることが多い. ―動 (かっこで囲む) parenthesize ⓗ; bracket ⓗ. 《☞ 欄外》.

¶ *かっこの中は翻訳です The translation is given in *parentheses*. // この項目は*かっこに入れておきます This item will *be* ˹*parenthesized* [*bracketed*].

かっこ[2] 確固 ―形 (しっかりした) firm; (はっきり決心した) determined. ¶ 彼女の*確固たる決心をだれが変えられようか Who can change her *firm* resolution?

かっこう[1] 格好 **1** «姿» ―名 (外見) appearance Ⓒ; (物の特有の形) shape Ⓤ; (ある基準に合った形) form Ⓤ; (スタイル) style Ⓤ. ―形 (衣服などが格好のよい・流行に合った) stylish, fashionable; (物の形がよい) well-shaped. 語法 日本語では「格好がよい[悪い]」のように主語・述語の関係で言うが, 英語では一語の形容詞で表すのが普通. 《☞ かたち; ていさい; ぶかっこう》.

¶ こんな*格好で失礼します Please excuse my *appearance*. ★寝巻姿などで人前に出るときに言う言葉. // この木は*格好がよい This tree ˹has a good *shape* [is *well-shaped*]. // 彼のあのコートは*格好いい That coat of his is ˹*stylish* [*smart*]. // この車は*格好はいいが (⇒よく見えるが), 乗り心地はよくない This car *looks* good but doesn't run smoothly. // 2度も試験に落ちるとは*格好が悪かった I ˹*felt so awkward* [*was so ashamed of myself*] to have failed in the examination twice. 《☞ ばつ[2]》

2 «適当な» ―形 (ふさわしい) suitable, fit. 《☞ うってつけ; あつらえむき》. ¶ これはあなたには*格好な家だ This house is just ˹*suitable* [*fit*] for you (to live in).

かっこう[2] 滑降 (スキーの) descent Ⓒ. **滑降競技**〖スキー〗downhill Ⓒ.

かっこう[3] 郭公 Japanese cuckoo [kúkuː] Ⓒ《☞ 動物の鳴き声(囲み)》.

がっこう 学校 school Ⓒ 語法 学校本来の目的, すなわち「授業」などを表して「学校」というときには冠詞を付けない; (教育機関の総称) educational institution Ⓒ.

¶「あの建物は何ですか」「*学校ですよ」"What's that building?" "It's a *school*."

《小さい子供に》君は*学校に行って[上がって]いるの Do you go to *school*?

あなたはどこの*学校に行っているのですか What *school* do you go to?

*学校は8時30分に始まる *School* ˹begins [starts] at 8:30 a.m. / (⇒1時間目は) *The first class* ˹begins [starts] at 8:30.

あしたは*学校は休みだ We have no ˹*school* [(⇒授業が) *classes*] tomorrow. / There will be no ˹*school* [*classes*] tomorrow.

土曜日は*学校は半日だけです(⇒午前のクラスだけある) We have only morning *classes* on Saturdays.

*学校が引けてからテニスをしようか Shall we play tennis after *school* (is over)?

日本の子供は6歳で*学校に入る[上がる] Japanese children enter (elementary) *school* at the age of six.

彼女の一番下の弟はまだ*学校へ行っている (⇒在学中である) Her youngest brother is still *in school*.

彼女は無断でよく*学校を休む She ˹*is* often *absent from* [often *stays away from*] *school* without leave.

*学校をさぼってはいけない You must not *play* ˹*truant* [*hooky*]. 語法 play ˹truant [hooky] は「学校をずる休みする」という慣用句だが, hooky は米口語表現.

彼が*学校を出たのは(⇒卒業したのは)いつですか When did he leave *school*? / (⇒大学を) When did he graduate from *college*?

彼は働きながら*学校を出た (⇒大学を) He worked his way through *college*.

学校給食 school lunch Ⓤ **学校教育** school education Ⓤ, schooling Ⓤ **学校経営** school management Ⓤ **学校時代** *one's* school days **学校生活** a [*one's*] school life; (大学の) a [*one's*] college life **学校友達** schoolmate Ⓒ; (同じクラスの) classmate

---

かっこ (parentheses) 日本語で「かっこ」という場合には, 表題にあげた parentheses (＝丸かっこ, すなわち ( )) のほかに, brackets (＝角がっこ, すなわち [ ]) も含むが, 英文の中で用いられることが多いのは丸かっこであるので, 主として丸かっこの用法について述べることにする. なお, かっこは始めと終わりの1対で1つの単位なので, 普通は複数形の parentheses という名称で呼ばれる.

次のような用法がある.

(1) 本文中に含む必要はないが, それがあれば意味がより明確になるような言葉を付け加える場合.

¶ 彼はオックスフォード大学(英国)の出身だ He graduated from Oxford University (*Britain*).// 感嘆符は書く場合に驚きや強い感情を表すのに用いられる Exclamation marks (*or points*) are used in writing to express surprise or strong emotion./ An exclamation mark (*also called an exclamation point*) is used in writing to express surprise or strong emotion. // この市には多くのいろいろな公園があります(正確には48) There are many different parks in this city (there are exactly 48 now).

(2) 箇条書きにするときの番号に用いる (ちょうどこの項目の (1), (2) のように). ただし, ( ) を付けないことも多いが, その場合は番号の後にピリオド (.) を打つ.

なお, ( ) に文が入る場合には, その文のピリオドは付けないで, 文全体のピリオドのみ付けるのが普通.

また, この辞典での説明・記述の中での ( ), [ ] は英語の文での通常用法とは異なり, 記述上の約束ごととして用いているので, それについては巻頭の「この辞書の使い方」を参照されたい.

か

学 校・教 育

1 学校制度

(1) アメリカの学校制度

6–3–3 制か 8–4 制で,「公立学校」(public school) と「私立学校」(private school) とがある. 6–3–3 制の場合は elementary school, junior high school, senior high school であり, 8–4 制の場合は elementary school からすぐ high school となる. 数から言えばまだ 8–4 制のところが多い.

大学は多数あり, 各州には「州立大学」(state university) がある. 私立のハーバード (Harvard) やイエール (Yale) などは昔から有名.

(2) イギリスの学校制度

6 年間の primary school の教育の後, 11 歳になると能力試験を受け, 合格者は大学進学を目標にした「グラマースクール」(grammar school) に入る. ほかの生徒は一般教養をつけるための「モダンスクール」(modern school) や, 技術の習得のための「工業学校」(technical school) へ行く. 以上の区別を廃した 7 年制の中等学校を「総合中等学校」(comprehensive school) という.

私立の「パブリックスクール」(public school) (13 歳から) ではイートン (Eton), ラグビー (Rugby) などが有名. 大学の数は少ないが, オックスフォード (Oxford), ケンブリッジ (Cambridge) は歴史が古い.

★ 両国とも「義務教育」(compulsory education) の始まる前に「幼稚園」(nursery school, kindergarten) の教育が 2–3 年行われる.

また, 両国ともに大学の上には「大学院」(postgraduate school, 《略》 graduate school) があり, 学生は「院生」(graduate student) と呼ばれる. これに対して「学部の学生」は undergraduate student という.

大学院の「修士課程」は M.A. course という. M.A. は「修士」Master of Arts の略. なお, 理科系は Master of Science で M.S. と略す.「博士課程」は Doctor course という. 博士は正式には Doctor of Philosophy と呼ばれ, Ph.D. と略す. なお, 大学の学部を卒業すると Bachelor of Arts (理科系は Bachelor of Science) という学位 (degree) をもらう (be granted ; receive). それぞれ B.A., B.S. または B.Sc. と略す.

(3) 日本の学校制度を英語で表す場合

わが国は第 2 次世界大戦後, 主として米国の教育制度, 特に 6–3–3–4 制を取り入れたので, 英語に直す場合は《米》用法が便利である.

すなわち「幼稚園」は kindergarten, nursery school,「小学校」は elementary school,「中学校」は junior high school,「高等学校」は senior high school,「総合大学」は university,「単科大学」は college (「学部」も college と呼ぶ. ただし,「法学部」,「教育学部」などはそれぞれ school of law あるいは law school, school of education と呼ぶ習慣に従うほうがよい. 《☞ がくぶ (類義語)》),「短期大学」は junior college,「大学院」は (post)graduate school と呼ぶ. また学位についても, 一般に《米》にならって, B.A., M.A., Ph.D. などとするのがよい.

なお,「予備校」は preparatory school と訳している場合もあるが,《英》のものとは内容が違うので, 例えば special preparatory school (for college entrance examination(s)) のように訳せばよいであろう.

2 学年の呼び方

(1) 英米の学年別の呼称

学年別の呼称は,《米》では elementary school から junior high school (ときに senior high school) までは原則として通しの学年で言うことが多い.

「学年」には grade を用い, 1st grade, 2nd grade, 3rd grade … と 12th grade まである. ただし 4 年制の high school では大学と同じように,「1 年生」は freshman,「2 年生」は sophomore,「3 年生」は junior,「4 年生」は senior と呼ぶことも多い. 3 年制の senior high school では sophomore を抜かし, 2 年生を junior と言う.

大学では上にも触れたように「1 年生」は freshman,「2 年生」は sophomore,「3 年生」は junior,「4 年生」は senior と呼ぶ.

《英》では小学校では grade が使われるが, public school, grammar school では特に form を用い, 1st form から 6th form まである.

(2) 日本の学年別の呼称を英語に直す場合

学校制度の場合と同様に, 原則としては《米》にならうのが便利である. しかし, 中学校・高等学校では, 7 年生 (seventh grade または 7 年生の生徒なら seventh grader) のような呼び方をせず, 1st year(-class) of 「junior [senior] high school, 2nd year(-class) of 「junior [senior] high school のように英語に訳しても不都合はない.

3 先生についての英語

小・中・高校の先生は一般に teacher と呼ぶ. 大学でも, 教える先生という意味では teacher と呼ぶことも多いが, 正式には「教授」professor,「助教授」assistant professor,「講師」instructor または lecturer を用いる.

なお, アメリカでは教授と助教授の間に「準教授」associate professor がいる. 日本の助教授はこの associate professor に当たる場合が多い.

教員全部を faculty という.「学長」あるいは「総長」は president, 小・中・高校の「校長」は principal,《英》headmaster,「教頭」は head teacher (アメリカでは「副校長」vice-principal) というが, わが国では《米》によるのが一般的である. ただし, 教頭は head teacher のように《英》を流用することもある.

先生に対する呼びかけは, 英米では一般に名前を使い,「ブラウン先生」"Mr. [Miss; Mrs.] Brown." のようにし, 大学では "Professor Brown.", 博士号を持つ人なら "Doctor Brown." と呼びかける. ただし, 人によって Professor と呼ぶほうがよいか Doctor と呼ぶほうがよいか違う場合があるので, これについては他人の呼び方などによって承知しておかなくてはならない. もし, 名前がわからないか, 名前を呼ぶ必要がないときは "Sir!" という. 普通は "Teacher!" という呼び方はしない.

日本語を英語に訳す場合は日本語ではあまり人の名を使って呼びかける習慣がないので, 場合によっては日本語にない呼びかけを補わなければならないこともある. 例えば日本語では単に「おはようございます」とあっても, それが先生に向かって言うのであれば, "Hello [Good morning], Mr. Watanabe!" とするほうが自然になる.《☞ 呼びかけ(囲み); あいさつ(囲み)》

4 講座・課目についての英語

特に「…の講座」という場合は a course in … を用いる.「必修課目」は required subject,「選択課目」は elective (subject) という.「文学」literature,「言語学」linguistics,「社会学」sociology,「社会科」social studies,「(外国語としての)英語」English (as a foreign language),「歴史」history,「地理」geography,「(中学の)理科」science,「哲学」philosophy,「自然科学」natural science,「化学」chemistry,「生物学」biology,「物理学」physics,「家政学」home economics,「家庭科」housekeeping,「数学」mathematics,「体育」physical education など.

また例えば home economics → home ec ; mathematics → math ; physical education → P.E. のように省略した形を用いることがある.「課外活動」は extracurricular activities という.

なお, 大学における「専攻科目」は《米》では通称 major,「副専攻科目」は minor で,「あなたの専攻は」と聞くには "What's your major?" または "What are you majoring in?" のように聞く. 答えは My major is … または I'm majoring in … のようにいう. I specialize in … と言ってもよい.

5 授業と試験

学校の「授業」は class というのが普通で,「(私の) 3時間目の授業」は (my) third period class,「出席をとる」は take [call] (the) roll,「(授業の間の)休み時間」は between periods,「3単位の講座」は a three-credit course,「試験を受ける」は take an examination,「学年末試験」は final examinations, finals,「(…で)よい成績をとる」は get a good grade (in …),「試験に失敗する」は fail the examination という. fail の代わりに flunk を用いることも多い.

6 入学と卒業

「入学願書」は application for admission,「授業料」は tuition,「大学に入学する」は enter the ⌜university [college],「大学入試」は college [university] entrance examination,「卒業式」は《米》commencement (exercise),《英》graduation (ceremony), その大学の「卒業生」は graduate of the ⌜university [college],「大学卒業生」は college [university] graduate という.

Ⓒ **学校放送** school hour Ⓒ; (学校向け番組) program for schools Ⓒ **学校用品** school things ★ 複数形で.

かっさい 喝采 ━名 (拍手による) applause Ⓤ; (歓声・拍手での) cheer Ⓒ ★ cheers と複数形で用いることが多い. ━動 applaud 自 他; cheer 自 他.《☞ はくしゅ》.
¶ 彼の演説は満場の*かっさいを博した His speech ⌜won [received] the *applause* of the whole house. // 拍手*かっさいのうちに幕は下りた The curtain fell amid the *cheers* of the audience. // 観客はその歌手に*かっさいを送った The audience ⌜*applauded* [*cheered*] the singer.

がっさく 合作 (共同作業・その作品) joint work Ⓒ. ¶ 日米*合作映画 a movie *produced by a joint* U.S./Japanese *staff*

かつじ 活字 type Ⓒ ★ 印刷された活字の集合体は Ⓤ. ¶ この論文は間もなく*活字になります (⇒ 印刷になる) This article will soon ⌜appear *in print* [*be printed*]. **活字体** ¶ 住所と姓名は*活字体で書いて下さい *Print* your name and address. / Write your name and address *in print*.

かっしゃ 滑車 (車) pulley Ⓒ; (滑車・滑車装置) block Ⓒ.

がっしゅうこく 合衆国 (アメリカ合衆国) the United States (of America)《略 U.S.A., the U.S.》《☞ アメリカ》.

がっしゅく 合宿 ━名 training camp Ⓒ. ━動 have [hold] a training camp. ¶ テニス部は大島で1週間*合宿をします The tennis club will ⌜*have* [*hold*] *a training camp* on Oshima Island for a week.

がっしょう¹ 合唱 ━名 chorus [kɔ́:rəs] Ⓒ; (斉唱) unison Ⓤ. ━動 chorus 自 他.《☞ 音楽(囲み)》.
¶ 子供たちはその歌を*合唱した The children sang the song in ⌜*chorus* [*unison*]. // 私たちはそのメロディーを*合唱した We *chorused* the melody. // この歌は3部*合唱のためのものです This song ⌜is for a *chorus* of [has] three

parts. // こちらへ来て皆で*合唱しませんか Won't you come here, and *join us in singing*?
合唱隊[団] chorus Ⓒ; (教会の聖歌隊) choir [kwáiə] Ⓒ.

がっしょう² 合掌 ―動 (手のひらを合わせて拝む) join [put ; place] *one's* hands together (in prayer) 《☞ おがむ》.

かっしょく 褐色 ―名 (dark) brown Ⓤ. ―形 (dark) brown 参考 brown は日本語の「褐色」よりやや明るい感じの色をいう. チョコレート色は dark brown が近い. 《☞ 色(囲み)》. ¶ 彼女は*褐色の髪をしている She has *brown* hair. // *褐色を帯びた黄色 *brownish* yellow

がっしり ―形 (身体が強くたくましい) strong and firm, sturdy ★ 前者のほうが口語的; (筋骨たくましい) muscular.
¶ その人は*がっしりした人だった The man was *strong and firm*. / He was a *sturdy* man. // 彼の肩は*がっしりしている (⇒ 彼は幅の広い[丈夫な, 筋骨たくましい]肩をしている) He has ˹*broad* [*strong* ; *muscular*] shoulders.

かっすい 渇水 (水不足) shortage of water Ⓒ, water shortage Ⓒ; (日照り・かんばつ) drought [dráut] Ⓤ.

かっせん 合戦 (戦闘) battle Ⓒ; (競争) contest Ⓒ. 《☞ たたかい; せんそう¹》. ¶ 関が原の*合戦はこのあたりであった The *battle* of Sekigahara was fought around here. // 紅白歌*合戦 the singing *contest* between the red and white groups

かっそう 滑走 ―名 (滑るように動くこと) glide Ⓒ 語法 航空機の場合は「滑空」を指す; (離着陸の滑走) run Ⓒ. ―動 glide ㊀; run ㊀. 《☞ すべる》. ¶ 飛行機は着陸し, しばらく*滑走して止まった The plane touched down, *ran* for a while (*on the ground*) and stopped. 滑走路 runway Ⓒ; (ごく簡単な) airstrip Ⓒ. 《☞ くうこう (挿絵)》.

がっそう 合奏 (合奏の技術・合奏団) ensemble Ⓒ 《☞ 音楽 (囲み)》. ¶ その*合奏は見事だった The *ensemble* was very beautiful.

がっち 合致 ―動 (一致して矛盾を来たさない) agree with ... ―名 agreement Ⓤ. 《☞ いっち; あう²》.

かつて ―副 (昔・あるとき) once, at one time, formerly ★ この順に改まった表現となる; (疑問・否定・最上級の形容詞・条件節などで) ever. ―形 (かつての) former. ―接頭 ex- 語法 合成語の第 1 要素としてハイフン付きで用いられる. 《☞ いぜん¹; むかし; もと²》.
¶ 彼は*かつて作家として知られていた He was ˹*once* [*formerly*] known as a writer. // 彼女は*かつての教え子です She is my *former* student. / She was *once* my student. // 彼女には*かつての美人の面影はない She is no longer the beauty she (*once*) *was*. // 彼女のような親切な人はいまだ*かつて見たことがない (⇒ 私がいままでに会った最も親切な人だ) She is the kindest person I have *ever* known. // 私は*かつてこんなことを経験したことがない I have *never* experienced such a thing.

かって 勝手 **1** «わがままな・自由意志で» ―形 (わがままな) selfish. ―副 (好きなように) as *one* pleases. ―動 (思いどおりにする) have *one's* own way. 《☞ わがまま; みがって》.
¶ 彼は本当に*勝手な奴だ He is really a *selfish* person. // 彼の*勝手にさせてやりなさい (⇒ 自分のやりたいことをやらせなさい) Let him *have his own way*. // *勝手なまねは許さない (⇒ 私の命令に従わなくてはならない) You must obey my order. // ここに*勝手に (⇒ 許可なく) 入ってはいけない You should not enter here *without* ˹*permission* [*leave*]. // 行こうと行くまいと君の*勝手だ (⇒ 君に任されている) It's *up to* you to go or not. // *勝手にしろ *Go to* ˹*the devil* [*Hell*]! ★ 激しい怒りを表す.
2 «様子» ★ 日本語ではこの意味の「勝手」は「勝手がわかる」「勝手が違う」など, ほとんどの場合慣用的な表現として使われるので,「勝手」だけを英語に置き換えても意味のないことが多い.
¶ この付近はよく*勝手がわからない (⇒ 不案内だ) I'm a *stranger* in this neighborhood. // その町ならよく*勝手を知っている I know *my way* ˹*round* [*about*] the town quite well. / I know the *geography* of the town very well.
3 «台所»: kitchen Ⓒ 《☞ だいどころ》.
勝手口 kitchen door Ⓒ; (裏口) backdoor Ⓒ.

かっと ―動 (かっとなる) get very angry, get furious, fly into a rage ★ この順に形式ばった表現となる. ―形 (かっとなりやすい・短気な) hot-[quick-]tempered. ―副 (一時的に激怒[興奮]して) in a fit of ˹anger [passion ; rage]. 《☞ ぎゃくじょう; かっか¹》.
¶ 彼は私の言葉を聞いて*かっとなった He ˹*got very angry* [*got furious* ; *flew into a rage*] at what I said. // 彼は*かっとなりやすい (⇒ 短気だ) He is ˹*hot*-[*quick*-]*tempered*. // 私は*かっとなって彼を殴った I hit him *in a fit of anger*.

カット¹ ―動 (切る・切り詰める・削除する) cut ㊀ 《☞ きる¹; けずる; さくじょ》.
¶ 彼女は髪を*カットしてもらった She had her hair *cut*. // 彼らは賃金を 5% *カットされた Their wages *were cut* by five percent. // 編集者はその記事を*カットすることに決めた The editor decided to *cut* the article. // 彼はそのボールを*カットした He *cut* the ball. // ノー*カットの映画 an *uncut* movie

カット² (挿絵) illustration Ⓒ, picture Ⓒ ★ 後者のほうがより口語的. 《☞ さしえ》. ¶ この本にはおもしろい*カットがたくさんある This book has a lot of interesting ˹*illustrations* [*pictures*].

ガット GATT 参考 the General Agreement on Tariffs and Trade (＝関税と貿易に関する一般協定) の略. 《☞ 政治・経済 (囲み); 略語 (欄外)》.

かっとう 葛藤 (ごたごた) trouble Ⓒ; (争い) conflict Ⓒ. 《☞ あらそい》.

かつどう 活動 ―名 (動き回って活動すること) activity Ⓒ; (人の行動) action Ⓤ; (作業)

operation Ⓒ. ―形 (活動的な) active ; (精力的な) energetic. ―動 (活動している) be active ; (働く) work ⓐ. 《☞ うんどう》.
¶ 阿蘇山はいまでも*活動している Mt. Aso is still *active*. // 彼らは平和を願う*活動のために一生懸命だ (⇒ 働いている) They *are working* hard for peace. // 生徒たちは課外*活動に興味を持っている Students are interested in extracurricular *activities*. // 救援*活動は徹夜で続けられた The rescue *operation* was continued throughout the night.
活動家 (活動的な人) man of action Ⓒ ; (積極的な人) active person Ⓒ ; (政治運動などでの) activist Ⓒ.

かっとばす かっ飛ばす (ボールなどを打つ) hit ⓗ ; (強打する) swat ⓗ, wallop ⓗ. 《☞ うつ》.

かっぱ 河童 *kappa* Ⓒ ; (説明的に) Japanese mischievous river-sprite Ⓒ ; (泳ぎの上手な人) excellent swimmer Ⓒ.

かっぱつ 活発 ―形 (元気のよい) lively [láivli:] ; (にぎやかで生気のある) animated ; (積極的で活動的な) active ; (機敏な) brisk. ―副 lively ; actively ; briskly.
¶ そのグループは*活発に活動している The group is now very *active*. // 彼女は*活発な足取りで立ち去った She walked away *briskly*. // その問題について私たちは*活発な議論をした We had a ⌈*lively* [*heated*] discussion about the problem. 語法 heated は非常に活発で, 実際には激論に近い場合.

かっぱらう かっ払う ―動 (一般的に) steal ⓗ ; (こそどろをする) pilfer ⓗ, filch ⓗ. ―名 (行為) stealing Ⓤ ★ 一般的な語 ; (こそどろ) filching Ⓤ, pilfering Ⓤ ; (人) filcher Ⓒ. 《☞ ぬすむ (類義語)》.

かっぱん 活版 (活版印刷) letterpress Ⓤ 参考 凸版で刷ることで, 図や写真なども含む. ¶ これは*活版印刷にしてもらいます I am going to get this printed (by *letterpress*).

カップ (賞盃) cup Ⓒ ; (トロフィー) trophy Ⓒ ; (茶わん) cup Ⓒ. 《☞ コップ》. ¶ 彼は優勝*カップを得た He won the ⌈*cup* [*trophy*].

かっぷく 恰幅 ―形 (体格がよい[大柄の]) of ⌈stout [large] build ; (でっぷり太った) heavyset ; (特に老人が太った) portly ; (堂々とした) imposing ★ やや形式ばった語. 《☞ おしだし》. ¶ 彼はなかなか*かっぷくがいい He is (a man) *of* ⌈*stout* [*large*] *build*. / (⇒ たいへん堂々としている) He is quite *imposing*.

カップル couple Ⓒ 《☞ くみ ; くみあわせ》.
¶ 彼らは似合いの*カップルになるだろう They will make a good *couple*. // 私は彼女と*カップルを組んで (⇒ 一緒に) 踊った I danced *with* her.

がっぺい 合併 ―名 (幾つかの会社が対等の立場で合併して, まったく新しいものになること) merger Ⓒ, amalgamation Ⓒ ★ 前者がより口語的 ; (1 つの会社に他の会社が吸収されること) absorption Ⓤ. ―動 merge ⓐ ⓗ, amalgamate ⓗ ⓐ ; (併合される) be absorbed (by ...).
¶ その 2 社は最近*合併した The two firms *have* ⌈*merged* [*amalgamated*] recently. // その会社はライバル会社に*合併された The company *has been absorbed by* their rival. // その 2 社の*合併は戦後最大のものだ The *merger* of the two corporations was the biggest corporate *amalgamation* since the end of the war.

かっぽ 闊歩 ―動 (大またで歩く) stride ⓐ ; (もったいぶって歩く) strut ⓐ ; (いばって歩く) swagger ⓐ.

かつぼう 渇望 ―名 (強い望み) craving Ⓒ ; (遠く得難いものに対する強い望み・切望) longing Ⓒ. ―動 crave ⌈for ... [to *do*] ; long ⌈for ... [to *do*]. 《☞ ねつぼう ; せつぼう》.

かっぽう 割烹 (料理) (Japanese) cooking Ⓤ ; (料理法) (Japanese) cuisine [kwizí:n] Ⓤ. 《☞ りょうり》.

かつやく 活躍 ―動 (積極的な役割を果たす) take an active part (in ...), participate actively (in ...) ★ 前者が口語的. ―名 (めざましい活動) (remarkable) activity Ⓒ.
¶ 彼のこの事件での*活躍はめざましい (⇒ すばらしい役割を果たした) He *has played* ⌈*a conspicuous* [*an active*] *part* in this affair. // あの子は運動会で大*活躍だった (⇒ 大いに動き回った) That child *had a very lively time* on the field day.

かつよう 活用 **1** «生かして使う» ―動 (利用する・用いる) make use (of ...) ; (利用する) utilize ⓗ ; (できるだけ利用する) make the most (of ...). 《☞ つかう ; りよう ; いかす》.
¶ 我々はもっと余暇を*活用すべきだ We should *make* better *use of* our leisure time. // 知識は最大限に*活用しなさい *Make the most of* your knowledge. // 私は新しいものを買う前に, 持っているものの*活用を考える I try to *utilize* what I have before buying something new.
2 «語形変化» ―名 inflection (《英》 inflexion) Ⓤ ★ 以下のものの総合的な呼び方 ; (動詞の活用) conjugation Ⓤ ; (名詞・代名詞の変化) declension Ⓤ ; (形容詞・副詞の変化) comparison Ⓤ. ―動 inflect ⓐ ⓗ ; conjugate ⓐ ⓗ.

かつら 鬘 wig Ⓒ ; (部分的な) hairpiece Ⓒ ★ 後者のほうが毛のない人に配慮した遠回しな言い方.

かつりょく 活力 (生命力) vitality Ⓤ ; (元気) vigor (《英》 vigour) Ⓤ ; (精力) energy Ⓤ. 《☞ げんき ; せいりょく²》. ¶ 子供は*活力にあふれている Children are full of ⌈*vitality* [*vigor* ; *energy*]. / Children are ⌈*energetic* [*lively* ; *vigorous*].

カツレツ cutlet Ⓒ 《☞ 料理の用語 (囲み)》.

かつろ 活路 (逃げ道) way out (of ...) Ⓒ ; (逃れる手段) means of escape Ⓒ ★ means は単複同形. ¶ 何とか我々の*活路 (⇒ 困難から脱け出す方法) を見出さなくてはならない We have to find *a* ⌈*way out of* [*means of escape from*] the difficulty.

かて 糧 (食物および(心の)糧) food Ⓤ ; (パン・命の糧) bread Ⓤ. ¶ 生きるためには体の*糧も心の*糧もいる In order to live we need *food* for the mind as well as for the body. // 日日の*糧 (⇒ パン) を得るのは容易なことではない It isn't easy to ˹earn [win] our daily *bread*.

かてい¹ 家庭 — 名 home Ⓒ; (家族) family Ⓒ. — 形 (家庭内の) domestic; (世帯の) household. 《☞ いえ; しょたい¹ (類義語)》. ¶ 新婚夫婦は東京の郊外に*家庭を持った (⇒ 作った) The newly married couple made their *home* in a suburb of Tokyo. // 彼は1950年に東京で*家庭をもった (⇒ 結婚生活を始めた) He started his *married life* in Tokyo in 1950. // 彼は貧しい*家庭に生まれた He was born into a poor *family*. // 彼は*家庭に恵まれなかった His *home* life was anything but happy. // この付近はどこの*家庭にも自動車がある Every *family* in this neighborhood has a car. // それは*家庭の平和を乱すことになるだろう That may disturb the *domestic* peace. // 彼は*家庭の事情で妻と別れた He divorced his wife because of *family* problems.

家庭科 (学科名) domestic science Ⓤ, home economics Ⓤ, homemaking Ⓤ 家庭教師 private teacher Ⓒ, tutor Ⓒ. ¶ 彼は*家庭教師について英語を勉強している He is studying English under a *private* ˹*teacher* [*tutor*]. // 彼女は週に2回その少年に英語の*家庭教師をしている (⇒ 家で教えている) She *teaches* the boy English *at his home* twice a week. 家庭菜園 kitchen garden Ⓒ《☞ レクリエーション (囲み)》 家庭裁判所 family court Ⓒ, 《米》 domestic relations court Ⓒ. 《☞ さいばんしょ》 家庭争議 domestic [family] trouble Ⓒ, family dispute Ⓒ ★ やや形式ばった表現. 家庭婦人 (主婦) housewife Ⓒ, 《米》 housekeeper Ⓒ ★《英》では「家政婦」の意味になる, 《米》 homemaker Ⓒ 家庭訪問 home visit Ⓒ《☞ ほうもん》. ¶ *家庭訪問をする *visit the students' homes* 家庭用品 household ˹articles [commodities] ★ 通例複数形で. 家庭欄 (主婦の欄) homemaker's ˹section [page] Ⓒ; (家庭生活欄) home life section Ⓒ 家庭料理 — 名 home cooking Ⓤ. — 形 (家庭で料理した) homemade.

かてい² 仮定 — 名 (根拠がなくても仮定すること) assumption Ⓒ; (多少根拠があって推定すること) supposition Ⓒ; (仮定(条件)) postulate Ⓒ ★ 形式ばった語; (仮説) hypothesis Ⓒ《複 -ses [-sìːz]》. — 動 assume ㊉; suppose ㊉; postulate ㊉. 《☞ かせつ¹》.

¶ 彼の*仮定は結局間違いであることがわかった His *assumption* turned out (to be) wrong. // これが事実と*仮定すると, 次に来るものは何か *Granting* [*Assuming*; *Supposing*] that this is true, what will come next? 《☞ 分詞構文 (欄外)》 // あなたが間違っていると*仮定しよう Let us *suppose* [*Suppose*] you are (in the) wrong. // ABはCDと等しいと*仮定せよ *Let* AB be equal to CD.

かてい³ 過程 (物事の自然な進行) process Ⓒ; (経過) course Ⓤ. ¶ 討論の*過程でこの問題の重要性がはっきりした The importance of this problem became clear in the ˹*process* [*course*] of discussion. / (⇒ 討論しているうちに問題の重要性がわかってきた) *As* we discussed it, we came to realize the importance of this problem.

かてい⁴ 課程 course Ⓒ; (教科課程) curriculum Ⓒ《複 curricula, ~s》. 《☞ かもく; 学校・教育 (囲み)》.

かていほう 仮定法 subjunctive mood Ⓤ 《☞ 仮定の表現 (囲み)》.

-がてら — 接 (…の間に) while …; (…しているときに) when … — 前 (…と一緒に) (along) with … ¶ 商用*がてら, 大阪にA氏を訪ねた (⇒ 商用で大阪にいる間に) I called on Mr. A, *while* I was in Osaka on business. // 散歩*がてら (⇒ 散歩しながら) 店に寄って2, 3買い物をした *While* taking a walk, I dropped in at a store and bought a few things.

がてん 合点 — 名 (承知) consent Ⓤ; (了解) understanding Ⓤ. — 動 understand ㊉, 《口語》 make out ㊉. 《☞ なっとく; りかい》.

がでんいんすい 我田引水 — 名 (身勝手) self-seeking Ⓤ. — 形 (自己中心の) self-centered, self-seeking. 《☞ みがって》.

¶ *我田引水はよしなさい Don't be so ˹*self-centered* [*self-seeking*]. // *我田引水 Every miller draws water to his own mill. 《ことわざ: 粉屋はだれでも自分の所へ水を引いてくる》

かど¹ 角 **1** «とがった部分»: (岩石の鋭い角) jag Ⓒ; (端) edge Ⓒ; (物の角) corner Ⓒ. ¶ テーブルの*角で頭を打ってしまった I hit my head against the ˹*edge* [*corner*] of the table.

2 «道路などの»: (曲がり角) corner Ⓒ; (曲がり目) turn Ⓒ; (道の分かれる所) turning Ⓒ. 《☞ まがりかど》.

¶ *角の店まで行きます I'm going to the store ˹*on* [*at*] *the corner*. / I'm going to the *corner* store. // 次の*角を右折しなさい Turn (to the) right at the first *corner*. / Take the first ˹*turning* [*turn*] to the right. // 彼の家は*角を曲がって2軒目だ His house is the second one around the *corner*.

角が取れる ¶ 彼も円熟して*角が取れた (⇒ 愛想がよくなった) He has matured and become ˹*sociable* [*affable*].

かど² 過度 — 名 (ある限度を超えること) excess Ⓤ. — 形 excessive, too much ★ 後者は口語的. またそのままで 副 としても用いられる. — 副 excessively. 《☞ きょくど》. ¶ *過度の勉強はするな (⇒ 勉強し過ぎるな) Don't *overwork* yourself. / Don't study ˹*too much* [*excessively*]. // *過度の飲酒で彼は健康を害した (⇒ 飲み過ぎが彼の健康をだめにした) *Too much* drinking [*Excessive* drinking] ruined his health.

かど³ 廉 (罪) charge Ⓒ; (容疑) suspicion Ⓤ. 《☞ ようぎ》. ¶ あの男は殺人の*かどで起訴された That man was indicted [indáitid] ˹*for* [*on a charge of*] murder.

かとうきょうそう 過当競争 excessive competition Ⓤ.

か

仮定の表現

1 日英の仮定の表現の比較

「もし…ならば」というように，仮に想定してみる表現を「仮定の表現」と呼んでいるが，内容を細かく検討してみると，仮定にもさまざまな段階があることがわかる．例えば「もしあした雨が降ったらピクニックはやめにしよう」If it rains tomorrow, we will cancel our picnic. と言う場合には，あした雨が降るか降らないかは不明のことで，両方の可能性がある場合の発言である．

ところが，「もし，あの飛行機に乗っていたら事故にあっていただろう」If I had taken that plane, I would have been involved in the accident. はすでに起こってしまったことに対する仮定で，事故にあっていなかったからこそ生きていてこの発言ができたのであり，この仮定はもはや起こる可能性のまったくないこと，すなわち過去の事実に反する仮定である．

また「もし今度戦争があれば人類は滅亡するだろう」If another war were to break out, mankind would be wiped out. という仮定は未来のことであるから，起こる可能性は含まれているが，この話者が，戦争は絶対に起こっては困るが，「もし仮に…」という気持ちをこめて言ったとすると，「もしあした雨が降れば…」とは少し違った内容の仮定ということになる．

日本語では以上のような種々の仮定を言う場合に，「もし，仮に」などで文を始め，「…ならば…だろう」と文を結ぶのがごく一般的な表現で，仮定の内容の違いを表現するには「万が一」「あり得ないことだが」「あっては困ることだが」などの修飾語句を添えるのが普通であるが，英語ではこのような相違を動詞の形で表す．

英語では日本語の「もし」に当たる接続詞として if が一般的に用いられ，その他に suppose, provided [providing] that が用いられる．また条件を表す節を省略あるいは短縮した形で，動詞の形だけで表現することもある．

いずれにしろ，英語では「もしあした雨ならば…」のように，可能性が五分五分の場合には普通の動詞の形(直説法)が用いられるが，可能性が少ないかあるいはまったくないか，または話者が可能性の少ないことを望んでいるような場合には特別の決まった動詞の形が用いられる．これを「仮定法」(subjunctive mood) と呼ぶ．このようなことは日本語にはないことなので，注意を要する．

すなわち，英訳に当たっては文の内容によって仮定法動詞を使うかどうかを決めなければならないし，また同一の日本語表現を，話者の気持ちによって，直説法を使う文に訳したり，仮定法を使う文に訳したりすることにもなるのである．例えば「もしあした雨ならば…」は単純に未来の仮定を述べるだけなら if it *rains* tomorrow, と直説法を用いるが「もし万が一雨なら」「雨が降ると困るのだが」という気持ちが加わっていると解釈すれば if it *should rain* tomorrow, のように仮定法動詞を用いることもできる．

2 仮定法過去 (subjunctive past)

現在の事実に反する仮定や条件，実現の可能性のない願望，あるいは未来に関することで可能性の少ない(または話者が少ないことを希望する)仮定などを表す動詞の形．

if の節(条件節)には過去形の動詞を用い，帰結を表す主節には過去形の助動詞が用いられる．be 動詞はすべて were となる．また条件節が用いられない場合には過去形の助動詞で表される．

(1) 仮定・条件を表す節を伴う場合

動詞の形：〈*if* … 動詞の過去形，…助動詞の過去形…〉

¶ もしあなたが 1 億円持っていたら，何を買いますか If you *had* one hundred million yen, what *would* you buy?

もし彼女がいまここにいてくれたら，私はどんなに幸せでしょう If she *were* here, how happy I *would* be. [語法] 現実に彼女がいない場合.「もし彼女が隣の部屋にいたら呼んで下さい」If she is in the next room, please tell her to come over here. では直説法となる.

もしあなたが私の立場だったら，どうしますか Suppose you *were* in my position. What *would* you do?

(2) 仮定・条件を表す部分を句の形で表す場合

¶ 水がなくては生物は生きられない *Without water* no living thing *would* be able to exist. ★ without water が仮定を表す.

彼がここに一緒にいてくれればすばらしいことです It *would* be wonderful *to have him here with us*. ★ to 以下が条件.

あなたの忠告なしでは私は成功できないでしょう *But for* [*Without*] *your advice* I would not be able to succeed. ★ but for … advice が仮定を表す．without を用いるほうが口語的.

(3) 仮定・条件を表す部分を省略する場合

¶ 私ならそんなことはしませんよ I *would* not do that. [語 法] 「もし私があなたなら」If I were you, … などの節が省略されていると考える．日本語には「私なら」とあるが，その含みは would という仮定法動詞によって表されるし，さらに，実際の発話では I に強い強勢を置き，高いイントネーションで発音することで表される.

日本人ならそんな表現はしないでしょう A Japanese *would* not use such an expression. [語 法] 「もしも話し手が日本人なら」という意味が主語の a Japanese に含まれ，would という仮定法動詞によって表される．言い方は前の例文と同様，A Japanese の部分を強く高い調子で言う.

か

(4) *I wish*＋仮定法動詞を含む節

「…ならいいのだが」のように，実現不可能または実現の可能性が少ないか，あるいは話者が少ないと判断した表現は〈*I wish*＋仮定法動詞を含む節〉で表す．

¶あなたがここにいて下さればいいのですが *I wish* you *were* here. ★実現不可能な場合．《☞時制の一致（欄外）》

「ハワイにいつか来て下さいますか」「ええ，行ければよいのですが」"Will you come to Hawaii some day?" "*I wish* I *could.*" [語法] Yes, I'*d like to* very much. とすると，「行きたい」という気持ちの表現となる．…'d like to は would like to の短縮形で，この would も仮定法動詞だが，実際には (5) で述べる丁寧な表現となり，不可能性は表さない．

(5) 丁寧な表現に用いられる仮定法過去

仮定法の過去形の助動詞を用いると，「できれば…したい」とか「もし…だったら…できるでしょう」「もし…なら…かもしれない」というような意味が加わるので，控えめでしかも丁寧な表現となる．この用法は英語の口語表現で広く慣用化して用いられているので，仮定とか条件などという理屈を抜きにして用法に慣れる必要がある．《☞丁寧な表現（欄外）》．

¶駅へ行く道を教えていただけませんか *Could* you tell me the way to the station? [語法] Will you …? よりも「もしご存じなら」というような控えめで丁寧な意味が加わる．なお Please … という表現も丁寧な表現であるが，相手がこちらの要請に応じられるかどうかがわからないような場合には，仮定法助動詞を用いるのが適当である．

彼女は 30 は越していると思いますが I *would* say she is over thirty. [語法] I think… とするより控えめで，断定的なニュアンスが少ない．

(6) 未来に関することで，可能性の少ないことを表す言い方

If 節に should, または were to が用いられる．were to は起こり得ないこと，または起こってはならないことを表す意味が強い．

¶もし試験に落ちたらどうしますか If you *should* fail (in) the exam, what *would* you do?

もし君と僕がけんかしたらどちらが勝つだろうか If you and I *were to* fight, which do you think *would* win?

(7) 「あたかも…のように」という表現で仮定法動詞が用いられる場合

¶彼はまるで何でも知っているような口ぶりだ He talks *as* ⌈*if* [*though*] he *knew* everything.

(8) その他の仮定法動詞を用いる慣用表現

¶もう寝る時間ですよ It's (high) time you *went* to bed. [語法] 当然寝ていなくてはならない時間(なのに起きている)という意味で仮定法を用いる．

彼はいわば生き字引だ He is, *as it were*, a walking dictionary.

3 仮定法過去完了 (subjunctive past perfect)

過去の事実の反対の仮定，すなわち実現の可能性のまったくないことを表す動詞の形で，if などによる仮定・条件の節には過去完了形の動詞を，帰結を表す主節には〈過去の助動詞＋*have*＋過去分詞〉の形を用いる．なお，仮定・条件の節がない場合もある．

(1) 仮定・条件の節がある場合

動詞の形：〈*If* … *had*＋過去分詞…, … ⌈*would* [*should*; *could*, etc.]＋*have*＋過去分詞〉《☞完了形（欄外）》

¶もしあのとき金があったら，あの家を買っていたのだが If I *had had* enough money at that time, I *would have bought* that house.

(2) 仮定・条件を表す節が句の形で表される場合

¶あなたの助けがなかったら，私は仕事に失敗していたでしょう *Without* [*But for*] your help I *would have failed* in my business. [語法] Without … help に仮定が含まれる．but for はやや形式ばった言い方．

(3) 仮定・条件を表す部分が省略されている場合

¶私ならそんなばかなことはしなかったのだが I *would not have done* such a silly thing. [語法]「もしも私が彼なら」If I had been in his position, … のような部分が省略されていると考えられる．主語の I にその条件が含まれているので，I は強く高い調子で発音される．

(4) *I wish*＋仮定法過去完了の動詞を使う節

「もしあのとき…だったらよかったのだが」と，すでに過ぎ去ったことについての不可能な願望は〈*I wish*＋仮定法過去完了の動詞〉で表す．《☞完了形（欄外）》

¶あのとき私があの場所にいればよかったのだが *I wish* I *had been* there at that time.

彼と一緒に行ければよかったのですがねえ *I wish* I *could have gone* with him. [語法] can, may などが必要なときはこの形になる．

(5) 「あたかも…のように」という意味の表現に仮定法過去完了が用いられる場合

¶彼は何事もなかったように平静だった He was calm, *as* ⌈*if* [*though*] nothing *had happened*.

4 仮定法現在 (subjunctive present)

願望や祈願，あるいは命令・決定・提案・主張などを表す表現で，原形動詞が用いられることがある．これを仮定法現在と呼ぶ．後者の場合に原形動詞を用いるのは《米》の用法で，《英》では代わりに should が用いられるのが標

準とされてきたが, 最近では《米》と同じ用法も多く見られる.

（1） 願望・祈願

¶ 王様ばんざい (⇒ 王様が長生きされますように) Long *live* the King!
神が女王を助けたまわんことを God save our gracious Queen! [語法] 英国国歌の一節. このように願望に原形を用いるのは古くから慣用的に用いられている表現だけで, 普通の場合は may を用いる.
あなたとあなたの家族が幸せでありますように *May* you and your family be happy!

（2） 命令・決定・提案・主張などに仮定法現在を用いる場合

¶ 彼が一人で行ったらよい I *suggest* that he *go* alone.
彼女は我々が一緒のテーブルで食事をすることを提案した She *proposed* that we *dine* together at the same table.

かとうどうぶつ 下等動物 lower animal Ⓒ.

かとき 過渡期 (移り変わる時期) transition ˹period [stage] Ⓒ, period [age; stage] of transition Ⓒ ★ 前者がやや口語的. ¶ その国は社会主義から共産主義への*過渡期にある The country is *in the stage of transition* from socialism to communism.

かどで 門出 (出発) start Ⓒ《☞ しゅっぱつ》. ¶ これは私たちの新しい人生への*門出だ This is the *start* of our new life.

かどまつ 門松 New Year's decorative pines [語法] 一対として用いるから普通は複数形にしたほうがよい. なおローマ字で *kadomatsu* とするときは複数でも -s は付けない.《☞ 日本固有の風物と英語 (囲み)》.
¶ 日本では正月に門に*門松を立てる We decorate the gates of our houses with pine trees called *kadomatsu* in the New Year season.

カドミウム 〘化学〙 cadmium Ⓤ《元素記号 Cd》.

かとりせんこう 蚊取線香 mosquito-repellent incense Ⓤ. ¶ *蚊取線香をつけましょうか Shall I burn *mosquito-repellent incense*?

カトリック ― 名 (カトリック教) Catholicism Ⓤ; (カトリック教徒) Catholic Ⓒ. ― 形 (カトリック(教)の) Catholic. ¶ (ローマ)*カトリック教会 the (Roman) *Catholic* Church // 彼は*カトリックですかそれともプロテスタントですか Is he (a) *Catholic* or (a) Protestant?

かな 仮名 *kana* Ⓤ ★ 個々には Ⓒ; the Japanese syllabary [síləbèri(ː)] Ⓤ ★ 説明的表現.《☞ ひらがな》. ¶ *かなで書いて下さい Please write in *kana*.

かなあみ 金網 (囲い) wire fence Ⓒ《☞ あみ; あみど》.

かないこうぎょう 家内工業 cottage industry Ⓒ.

かなう[1] 敵う ¶ 私はピアノでは彼女に*かなわない (⇒ 彼女は私より上手にピアノを弾く) She plays the piano *better than I do.* / She is a *better* pianist *than I am.* / (⇒ ピアノでは彼女の競争相手ではない) I am *no match* for her in playing the piano. ★ やや形式ばった表現.《☞ 比較の表現 (囲み)》 // 私たちの組では英語で彼女に*かなう者はいない (⇒ 私たちのクラスでは彼女が一番英語がうまい) She is *the best speaker* of English in our class. / (⇒ 英語に関しては彼女はだれにも劣らない) As for English she is *second to none.* ★ やや口語的表現. / (⇒ 英語のことになるとだれも彼女を負かせない) When it comes to English *no one* in our class *can beat her.* ★ 口語的表現. // こう寒くては*かなわない (⇒ 我慢ができない) I *cannot* ˹*stand* [*bear*] such cold weather.

かなう[2] 適う ― 動 (適合する) suit ㊀; (要求などに合う) meet ㊀; (希望に応える) answer ㊀. ― 形 (理屈に合った) reasonable; (適合した) suitable.《☞ てきする》.
¶ それは我々の目的に*かなっている (⇒ 適合している[役に立つ]) It ˹*suits* [*serves*] our purpose. // その番組は視聴者の要求に*かなっています (⇒ こたえている) The program ˹*meets* [*answers*] the demands of the audience. // 彼の言うことは理屈に*かなっている What he says ˹is *reasonable* [*makes sense*]. / (⇒ 彼の言うことには道理がある) There is *reason* in what he says. // 握手をするときは手袋をとるのが礼儀に*かなっている It is *good manners* to take your gloves off when you shake hands.

かなう[3] 叶う (希望・夢などが実現する) come true ★ 口語的表現; (成就する) be ˹realized [fulfilled].《☞ じつげん》.
¶ 長年の望みが*かなった (⇒ 私の夢が実現した) My dream *has come true.* / (⇒ 私が長い間望んでいたことが実現した) My long-cherished wish *has been realized.* // それは願ったり*かなったりだ (⇒ それよりいいことはない) There's nothing better than that. / (⇒ それは正に私が願っていたことです) That is just what I have wished for.

かなえる 叶える (希望などを満たす) fulfill ㊀; (願いなどを許す) grant ㊀; (与える) give ㊀.《☞ じつげん》.
¶ 神さま, どうか私の願いを*かなえて下さい <S(人など)+V(*grant*)+O(人)+O(希望)> Oh God, please *grant* me my wish. // その少女の願いはついに*かなえられた The girl's wish *was* finally *fulfilled.* // あなたの願いを*かなえることはできません (⇒ 私はあなたの欲しいものを与えることはできない) I'm afraid I can't *give* you what you want.

かなきりごえ 金切り声 ― 名 (驚き・苦痛・恐怖などで上げる叫び声) scream Ⓒ; (キャーという甲高い突然の叫び声) shriek Ⓒ; (単に甲高い声) shrill cry Ⓒ. ― 動 scream ㊁; shriek ㊁.《☞ さけぶ (類義語); ひめい》.
¶ その娘は*金切り声で助けを求めた The girl ˹*screamed* [gave a *shriek*] for help. /

か

"Help!" the girl *shrieked*.

かなぐ 金具 (金属の付属品) metal fittings ★ 複数形で; (特にスキーなどの締め具) binding [báindiŋ] [C]. 《☞ かけがね; スキー (挿絵)》.

かなしい 悲しい ―[形] sad, sorrowful ★ 前者が日常的で一般的; (不幸な) unhappy; (嘆き悲しむ) mournful ★ 文語的. 《☞ かなしむ; 感情の表現 (囲み)》.

¶ あなたはその*悲しい知らせを聞きましたか Have you heard the *sad* news? // 私は*悲しい気持ちになった I ˹felt [was] *sad*. // *悲しいことに, その話は本当です *Sad to say* [*To our sorrow*], the story is true. / (⇒ 残念だがその話は本当だ) *It is a pity* that the story is true. // うれしいにつけ*悲しいにつけあの当時の生活を思い出す I recollect my life of those days in joy and (*in*) *sorrow*. // 女の*悲しげな泣き声が聞こえた We heard a woman's *mournful* wailing. // 人は*悲しい気持ち (⇒ 惨めな気持ち) をよく酒に紛らす People often drown their *miserable* feelings in liquor.

かなしみ 悲しみ (失望した気持ち) sadness [U]; (深く長期的な心の痛み) sorrow [U] ★ 人の死など, 特定の原因による悲しみ; (短期的な激しい悲しみ) grief [U]. 《☞ なげき; 感情の表現 (囲み)》.

¶ 私は彼女の*悲しみの原因を知っている I know the reason for her *sadness*. // 彼女は*悲しみに暮れた (⇒ 彼女はとても悲しかった) She was very *sad*. / (⇒ 彼女の心は悲しみでいっぱいだった) Her heart was ˹filled with [full of] *sorrow*. // 彼女は*悲しみに耐えた She ˹bore [endured] her *sorrow*. // 両親は*悲しみに打ちひしがれていた The parents were overcome ˹with [by] *grief*. / (⇒ 悲しみに沈んでいた) The parents were deep in *grief*. // 彼はよく*悲しみを酒で紛らわしていた He used to drive away his *sorrows* in wine. [語法] 「悲しみの種」の意味ではしばしば複数形となる.

かなしむ 悲しむ feel [be] sad (at ...; about ...) ★ 最も平易で一般的な言い方; (深く悲しむ) grieve (at ...; for ...; over ...) (自); (特に人の死を) mourn [lament] (*a person's*) death ★ lament のほうが嘆き悲しむ意味が強い. 《☞ なげく (類義語); かなしい; 感情の表現 (囲み)》.

¶ 両親は私の不合格を*悲しんだ (⇒ 試験に失敗したことを) My parents *felt sad* that I had failed in the examination. // 彼女は最愛の夫を失って*悲しんでいる She *is in deep sorrow over* having lost her beloved husband. // 級友は皆, 彼の不慮の死を*悲しんだ All his classmates ˹*grieved over* [*mourned* (*over*)] his untimely death. // 世界情勢が悪化しているのは*悲しむべきことだ *It is a pity* [(⇒ 遺憾だ) *It is a matter of regret*] that the world situation has grown worse.

かなた 彼方 ―[副] (遠くに) a long way off, far away, far off, in the distance. 《☞ とおく; はるか》. ¶ はるか*かなたに松の木の先が見えた The top of a pine tree was seen ˹*a long way off* [*far away*; *far off*; *in the distance*].

カナダ ―[名] (固) Canada [kǽnədə] ★ 公式名は the Dominion of Canada. ―[形] (カナダの) Canadian [kənéidiən]. **カナダ人** Canadian [C] ★ 全体を示すときは the Canadians.

かなづち 金槌 hammer [C] 《☞ だいく (挿絵)》. ¶ 彼は*金槌でくぎを打った He drove a nail in with a *hammer*. // 私はまったくの*かなづちです (⇒ 全然泳げない) I cannot swim ˹a stroke [at all]. / (⇒ 石のようだ) I swim *like a* ˹*rock* [*stone*]. ★ like a hammer とは言わない.

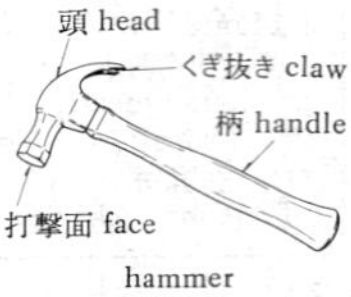

かなでる 奏でる play (他) 《☞ えんそう》. ¶ このオルゴールは美しい調べを*かなでる This music box *plays* a beautiful tune.

かなめ 要 (扇の) pivot [C]; (比喩的に, 大切な点) point [C]. 《☞ ようてん》. ¶ ここが肝心*かなめなところです (⇒ これが大切な点です) This is the *point* of it.

かなもの 金物 (鉄類の道具を集合的に) ironware [U]; hardware [U] ★ 後者は鉄類とは限らず, 金属ならなんでもよい. ただしほぼ同じ意味でも用いられる; 《英》 ironmongery [U] ★ ただし《英》でも最初の2つも用いる; (金属製品) metal goods ★ 説明的で, やや漠然とした言い方; (個々の物) metal utensil [C].

金物屋 (商人) 《米》 hardware man [C], 《英》 ironmonger [C]; (店) 《米》 hardware store [C], 《英》 hardware shop [C], ironmonger's shop [C]. 《☞ 店の呼び名 (囲み)》.

かならず 必ず ★ 日本語で「必ず」とあっても, それを英語の1語の副詞に置き替えるのではなく, 「私は…ということを確信している」 I'm ˹sure [certain] that ... のように, 文全体の表現でその意味を表すほうがよい場合がしばしばあることに注意.

―[副] surely, certainly, sure; for sure, for certain; (是が非でも) by all means; (いかなる犠牲を払っても) at any cost, at all costs; (間違いなく) without fail; (常に) always; (必然的に) necessarily. ―[動] (必ず…する) be sure to (*do*).

【類義語】疑う余地がなく「確実に」という意味で最も普通の語は **surely, certainly** で, ほぼ同意だが, 後者のほうがやや改まった語で, 客観的観察に基づいているというニュアンスがある. 以上2語は以下の表現の代わりに使える場合も多い. くだけた会話で以上2語の代わりに副詞として用いられるのが **sure**. 意味においては以上の表現とほとんど同意だが, 文中の位置など文法的用法が違うのが **for sure, for certain** で, 後者のほうがやや改まった言い方. ((例) *必ずそうするよ I will *surely* do that. / I *sure* will do that. / I will do that *for sure*.). あらゆる方法・手段を使って何かを行うことを意味するのが **by all means**. だいたい会話の返事に独立して用いられる. さらに意味が強いのが **at any cost, at all costs**. 前者のほうが普通で, 間違いなくという意味. あることが万事手ぬかりなく行われることを言うのが **without fail** で, 少し堅苦しい表現．以上とは少し意味合いが違い，習慣的にいつも決まって何かが行われることを表すのが **always** で，平易な日常語．日本語の「いつも」，あるいは『常に』などにも当たる．必然的な結果を表す語が **necessarily**．また口語で「必ず…する」という意味で，くだけた会話で用いられるのが **be sure to** (*do*)．《☞ きっと¹（類義語）》

¶ 彼は*必ず試験に受かるでしょう（⇒ 私は確信している）*I am sure* [*I have no doubt*] (*that*) he will pass the exam. / He will ⌈*surely* [*certainly*] pass the exam.

*必ずあす 10 時にまいります I will ⌈*surely* [*certainly*] come at ten tomorrow. / (⇒ 約束します) I *promise* to come at ten tomorrow.

彼女は*必ず戻って来ますよ *I am sure* she will come back. / I know *for* ⌈*sure* [*certain*] she will come back.

我々は*必ず彼を救い出す We will ⌈save [rescue] him ⌈*at any cost* [*at all costs*].

「*必ずパーティーに来て下さいよ」「ええ，*必ず行きますよ」"*Be sure to* come to our party." "I *sure* will."

「この本を家に持って行っていいですか」「ええ．でも*必ずあした返して下さい」"May I take this book home?" "Yes, you may. But *be sure to* bring it back tomorrow."

彼はあらゆる会に*必ず出席する He attends every meeting *without fail*.

彼女は自分が*必ず成功すると信じている She is ⌈*sure* [*confident*] of her own success.

私は*必ず（⇒ いつも）食事の前に手を洗う I *always* wash my hands before meals.

彼は毎朝*必ず散歩する He takes a walk *every* morning.

この答えが*必ずしも正しいとは限らない This answer may not *necessarily* be correct. 《☞ 否定の表現（囲み）》

かなり ― 副 pretty ★ 最も一般的な語；（好ましい場合）fairly；（好ましくない場合）rather；（相当に）considerably ★ やや形式ばった語．なお，以上いずれも「たいへん」「とても」の意味に用いられることがある．《☞ だいぶ；そうとう；強意語（囲み）；強調の表現（囲み）》

¶ きょうは*かなり暑いですね It's ⌈*pretty* [*rather*] hot today, isn't it? 語法 pretty を用いれば客観的に暑いという意味で，しかも多くの場合，たいへん暑いことを意味する．rather にはその暑さが好ましくない意味が含まれる．// 君は*かなりよくやった You've done it ⌈*pretty* [*fairly*] well. // ここから私の家まで歩くと*かなりあります（⇒ 相当な道のりです）It's a *good* walk from here to my house. // *かなりの（⇒ 相当の）金額がそれに対して支払われた A *considerable* sum of money has been paid for it.

カナリヤ canary [kənέ(ə)ri(:)] Ⓒ.

かに 蟹 crab Ⓒ. ¶ *かにの缶詰 a can of *crab* / canned *crab* かに座 Cancer, the Crab. 《☞ じゅうにきゅう（挿絵）》

かにゅう 加入 ― 動（メンバーとなる）become a member of ... ★ 一般的表現；（自由意志で加わる）join ⊕；（組織などへ）get into ..., enter ⊕ ★ 前者のほうがより口語的；（特権的なものへの加入を認める）admit ⊕；（電話などへ）subscribe (for ...) ⊜. ― 名 joining Ⓤ；entry Ⓤ；admission Ⓤ；（電話などへの）subscription Ⓤ. 《☞ かめい；にゅうかい》

¶ 私は来年テニスクラブに*加入するつもりです I'll *join* the tennis club next year. // そのクラブへの*加入はとても難しい It is very difficult to ⌈*get into* [*enter*; *be admitted into*] the club. // 彼は最近組合に*加入した（⇒ 組合の一員になった）Recently he *has become a member of* the trade union. // 彼女は私に 1 千万円の保険に*加入してくれと（⇒ 掛けてくれと）頼んだ She asked me to be insured for ten million yen.

カヌー canoe [kənú:] Ⓒ 《☞ スポーツ（囲み）；かい³（挿絵）》. ¶ *カヌーをこげますか Can you paddle a *canoe*?

かね¹ 金 1 《金銭》: money Ⓤ ★ 最も一般的な語；（現金）cash Ⓤ. 《☞ 金銭（囲み）；げんきん¹》.

¶ 私は*金がない（⇒ 金の持ち合わせがない）I have no *money* ⌈with [on] me. 語法 with [on] me は現在身につけて持っている意味を表す．

「君はいくら*金を持っている」「3 千円だ」"How much *money* do you have (with you)?" "I have 3,000 yen."

*金が足りない I'm short of *money*. / (⇒ 金に困っている) I am *hard up*.

「*金を少し貸してくれませんか」「いいとも」"Will you lend me some *money*?" "OK."

僕はアルバイトをして*金を稼がなくてはならない I have to ⌈*earn* [*make*] *money* by (doing) a part-time job.

彼はたくさん*金をもうけた He made a lot of *money*. 《☞ かねもうけ》

*金がすっかりなくなった All my *money* is gone. / I'm ⌈*flat* [*dead*] *broke*. ★ flat [dead] broke は「無一文」の意.

それは*金になる仕事だ It's a ⌈*money-making* [*profitable*; *paying*] business.

このごろはなんでも*金がかかる Everything is *expensive* these days.

彼女は着るものに*金をかける She spends a lot of *money* on clothes.

彼は株に手を出してずいぶんお*金を損した He has lost an awful lot of *money* through stock speculation.

彼にとっては*金がすべてだ For him *money* is everything.

時は*金なり Time is *money*. 《ことわざ》

彼は*金の問題で困っている He has ⌈*money* trouble [trouble with *money*].

2 《通貨》: currency Ⓤ 《☞ つうか²》.

¶ この車はアメリカの*金で少なくとも 6 千ドルはする This car costs at least six thousand ⌈dollars in U.S. *currency* [U.S. *dollars*].

3 《貨幣》:（紙幣）paper money Ⓤ ★ 一般的な表現；bank note Ⓒ, paper currency Ⓤ ★ この順で形式ばった表現となる；《米》bill Ⓒ；（硬貨）coin Ⓒ. 《☞ しへい；さつ；こうか³》.

¶ これは*金を入れると動く機械だ This is a

coin-operated machine.
この洗濯機を使うには，ここの穴にお*金を100円入れて下さい To ｢use [operate] this washer, please insert a 100-yen *coin* in the slot here.
このお*金（⇒お札）をくずしていただけますか Could you change this *bill*?
4 《資金》: fund Ⓒ　［語法］特定の目的のための「資金」の意味では単数形，「財源」「手持ち金」の意味では複数形で. 《☞ しきん》.
¶その計画は*金がないため実現しなかった The project failed to materialize for lack of *funds*.
その新しい原子力発電所の建設には政府が*金を出す（⇒資金を調達する）ことになっている The government is to *finance* the construction of that nuclear power station.
金詰まり ―形（金融などが苦しい）tight. ¶*金詰まりです *Money is tight*.　金目の物（高価な物）valuable Ⓒ.

かね² 鐘 bell Ⓒ;（一組の）chimes ★複数形で. 《☞ なる²》.

かねあい 兼ね合い（釣り合い）balance Ⓤ, equilibrium [ìːkwəlíbriəm] Ⓤ ★後者は改まった語. 《☞ バランス》.

かねかし 金貸し（業者）moneylender Ⓒ;（金貸し商売）moneylending Ⓤ;（高利貸し業者）usurer [júːʒurə] Ⓒ;（高利貸し商売）usury [júːʒuri(ː)] Ⓤ.

かねがね（長い間）for a long time;（すでに）already;（何度も）several times.
¶*かねがねロンドンへ行ってみたいと思っていた I've been wanting to visit London *for a long time*. /（⇒何年も考えていた）*For years* I've been looking forward to visiting London. // *かねがねそのことは聞いております（⇒それについては多くのことを知っている）I *already* know a lot about it. /（⇒そのことについて何度も聞かされた）I've been told about it *several times*.

かねぐり 金繰り ¶彼はこのところ*金繰りに困っているらしい（⇒財政上の困難にあるらしい）He seems to be in *financial difficulties* these days.　［語法］財政的な困難の意味では difficulties と複数形. // どうしても*金繰りがつきません（⇒私は十分なお金を用意することができない）I cannot *raise* enough *money* by any means. 《☞ きんさく》

かねつ¹ 加熱 ―動 heat (up) ㊀. ―名 heating Ⓤ. 《☞ ねっする》. ¶*加熱装置 a *heating* apparatus　［参考］これは暖房装置の意味にもなる.

かねつ² 過熱 ―動 overheat ㊀㊀. ―名 overheating Ⓤ. ¶*過熱したエンジン an *overheated* engine // エンジンが*過熱した The engine *overheated*.

かねづかい 金遣い ¶彼女は*金遣いが荒い（⇒金を惜しげもなく使う）She *spends her money freely*. /（⇒むだ使いをする）She *is too extravagant with her money*. ★やや改まった表現.

かねて（以前に）before;（すでに）already;（あらかじめ）beforehand;（前もって・以前に）previously ★やや形式ばった語.
¶*かねてのお約束通り，きょうは家族を連れて来ました Today I've brought my family, as I promised *before*. // そのことは*かねてお伺いしております（⇒私はそのことをすでに聞いている）I *have* ｢*heard* [*been told*] about it. // 私たちは*かねての計画（⇒前もって作られた計画）に従ってそれを行った We carried it out according to the plan worked out *beforehand*. /（⇒以前取り決めたように）We did it as was arranged *previously*.

-かねない（…かもしれない）may (*do*);（…しても当然だ）may well (*do*);（大いに…しそうだ）be likely to (*do*);（…する能力がある）be capable of (*doing*) ★以上はいずれもよい意味にも悪い意味にも使う. 《☞ -かねる》.
¶そんな男は人殺しもし*かねない Such a man *may* commit murder. // あの男ならばそれをやり*かねない（⇒その男がそれをやるのはもっともだ）The man *may well* do it. /（⇒その男はそれをやる能力がある）The man *is capable of* doing it. /（⇒彼がそれをすることは大いにありうる）It's very *likely* that he does it.

かねもうけ 金儲け ―名 moneymaking Ⓤ. ―動（金をもうける）make money. 《☞ もうける¹; かね¹》.
¶彼は*金もうけの才がある He has a genius for ｢*moneymaking* [*making money*]. // 彼は*金もうけのためなら（⇒金のために）何でもやる He will do anything for *money*. // その商売はたいして*金もうけにならなかった（⇒ほとんど利益が出なかった）That business yielded little *profit*.

かねもち 金持ち ―形 rich (↔ poor);（裕福な）wealthy. ―名 rich person Ⓒ;（上流の）wealthy person Ⓒ;（集合的に）rich people;（the poor に対して）the rich ★複数扱い.
【類義語】最も一般的な語で，普通以上に金・収入・財産のあるのが **rich**. しかし，どのくらいという基準はなく，話者の主観によって用いられる. 永続性のある資産を持ち，生活が豊かで安定しており，社会的にも地位の高いのが **wealthy**. 《☞ ゆうふく》
¶あの人はたいへんな*金持ちです He is very *rich*. // 彼女は生まれながらの*金持ちだった（⇒彼女は金持ちに生まれた）She was born *rich*. // *金持ちがいつも幸せとは限らない *The rich* are not always happy. // どうしたら*金持ちになれるだろうか How can I ｢become [get] *rich*? // 彼女は*金持ちの家庭で育った She was brought up in a *wealthy* family.

かねる 兼ねる（A でも B でもある）be both A and B;（A と B の両方の役割をする）serve both as A and (as) B;（2役を務める）double as ... 《☞ けんむ; -けん²; かけもち》.
¶この部屋は食堂と居間を*兼ねています（⇒食堂と居間の両方に使われる[両方の役割をする]）This room ｢*is used* [*serves*] *both as* a dining room and (*as*) a living room. / This is a living room *plus* a dining room. / This is a living/dining room. // 観光と市場調査を*兼ねて1か月ほどヨーロッパへ行ってきます（⇒

一部は観光のため，一部は調査のために）I'm going to Europe for about a month *partly* for sightseeing and *partly* for market research. // 大は小を*兼ねる（⇒ 大きいものは小さいものの役割をも果たす）The greater *serves for* the lesser as well. / The greater ˹*embraces* [*includes*] the lesser.《ことわざ：大は小を含む》// 彼女の仕事は趣味と実益を*兼ねている（⇒ 楽しみと利益を同時に与える）Her work gives her pleasure and profit *at the same time*. // しばらくの間，彼はコーチを*兼ねていた（⇒ コーチとして 2 役を務めた）For some time, he *doubled as* coach. ★ ほかの仕事をしてコーチも務めた場合.

-かねる（…できない）cannot (*do*), be unable to (*do*)；（…することを許されていない）be not allowed to (*do*).《☞ -かねない》.
¶ その仕事はお引き受けし*かねます（⇒ 引き受けることができない）I'm sorry, but I *cannot* take on the job. // その点については何とも申し上げ*かねます（⇒ 言うことができない）I'm afraid I *cannot* say anything about it. /（⇒ 言うことが許されていない）I *am not allowed to* make any comment on it.

かねん 可燃 ―形（可燃性の）inflammable, flammable 語法 以上 2 語は同意だが，科学・技術用語としては後者のほうが好まれる．前者は「不燃性」と誤解されるおそれがあるため.（↔ non(in)flammable). ―名（可燃性）(in)flammability Ⓤ. **可燃物** (in)flammables ★ 複数形で. ¶ 危険―*可燃物あり DANGER—FLAMMABLES《☞ 掲示の英語（囲み）》

かのう[1] 可能 ―形（場合により）possible；（実行が）practicable；（立派に成し遂げることが）feasible. ―名（可能なこと・可能性）possibility Ⓤ.
【類義語】最も一般的には **possible** で，「状況次第ではありうる」の意. It is *possible* that ... / It is *possible* to *do* の形で使うのが普通．この構文では「人」は主語にはならない．「現実の問題として，実行する可能性がある」の意は **practicable**.「現状況によって最も好ましい」または「成就しやすい」という意味が **feasible**.《☞ できる[1]；かのうせい》
¶ それに*可能ですか Is it *possible*? /（⇒ それをすることは可能ですか）Is it *possible* to do that? /（⇒ 実行可能か）Is it *practicable*? // そう遠くない将来にロンドン日帰り旅行も*可能になることでしょう A one-day return trip to London may become ˹*possible* [*feasible*] in the near future. /（⇒ 間もなく日帰り旅行ができます）It won't be long before we *can* make a one-day return trip to London. // *可能な範囲で（⇒ できるだけ）お手伝いします I'll help you *as much as* I *can*. // この地域はまだ大いに開発の*可能な所です（⇒ 開発されるべき所が残っている）This area still *has a lot of potential for* development.

かのう[2] 化膿 ―動（はれものが化膿する）be ripe, come to a head；（傷が）fester ㊀；（医学用語）maturate ㊀. ―名 maturation Ⓤ.《☞ うむ[2]》. ¶ おできが*化膿した That boil *has come to a head*. // その傷口は*化膿しそうだ That cut is likely to *fester*.
化膿菌 suppurative germ Ⓒ.

かのうせい 可能性 possibility Ⓤ；（潜在的な）potentiality Ⓤ；（能力の）capacity Ⓤ ★ いずれも個別的な事例では Ⓒ として用いる；（好機）chance Ⓒ；（客観的に見て）likelihood Ⓤ.《☞ かのう[1]；みこみ》.
¶ 彼女がその仕事を引き受ける*可能性は薄い There is not much ˹*possibility* [*likelihood*] of her taking the job. 語法 thin possibility とは言わない. /（⇒ 彼女はその仕事を引き受けそうにない）She is not *likely* to undertake the work. // 中国は大いなる*可能性を秘めた国である China is a country with great ˹*potentialities* [*potential*]. // 私は自分の*可能性（⇒ 能力）の限界をしみじみと悟った I've come to realize the limits of my *capacity* for work.

かのじょ 彼女 ―代 she《複 they》(↔ he) 語法 日本語の「彼女」には指示的な意味があるが，英語の she には差し示す意味がないことに注意．また日本語では「彼女」を省略する場合にも，英語ではしばしば she を用いることに注意；（彼女の）her《複 their》；（彼女を・彼女に）her《複 them》；（彼女のもの）hers《複 theirs》★ 日本語では「それは彼女のです」のように，「彼女の」となることが多い；（彼女自身）herself《複 themselves》. ―名（女友達）girlfriend Ⓒ；（愛人）love Ⓒ, sweetheart Ⓒ ★ 後者は元来口語的な語であったが，あまり使われなくなりつつある.《☞ 代名詞（欄外）》.
¶ *彼女はだれですか（⇒ あそこの女の人はだれですか）Who's *that woman*? //「えみ子ってだれですか」「（*彼女は）山田君の*彼女だよ」"Who's Emiko?" "*She*'s Yamada's *girlfriend*." // *彼女はまだ 20 代です *She* is still in her twenties.

かば[1] 河馬 hippopotamus [hìpəpɑ́təməs] Ⓒ《複 ～es, hippopotami [hìpəpɑ́təmài]》,《口語》hippo [hípou] Ⓒ《複 ～s》.

かば[2] 樺 birch Ⓒ. **かば色** reddish yellow Ⓤ《☞ 色（囲み）》.

カバー **1**《覆い》―名（何かを保護するために覆うもの）cover Ⓒ；（何かを覆うために用いられるもの）covering Ⓒ；（まくらの）pillowcase Ⓒ, pillow slip Ⓒ；（ベッドの）bedspread Ⓒ；（本の）(dust) jacket Ⓒ, book jacket Ⓒ,《英》dust cover Ⓒ ★《英》でも dust jacket のほうが普通. ―動（カバーをかける）cover ㊥.《☞ ひょうし[1]；おおい[2]；ほん（挿絵）》.
¶（本の）*カバーのイラスト *jacket* illustrations // その本は赤い表紙に黒い*カバーです The book is bound in a red cover, with a black *jacket*. 参考 英語では cover は表紙のことになる.《☞ 和製英語（囲み）》// ソファーに*カバーをかけた I put a *cover* on the sofa. // このテーブルに*カバーをかけて下さい（⇒ 布でテーブルを覆って下さい）Would you please *cover* the table with a cloth? // 寝るときはベッドの*カバーを取って下さい Please take off the *bedspread* before you use the bed.
2《埋め合わせる》―動 cover ㊥, make up for ...《☞ つぐなう；うめあわせ》. ¶ その損

か

可能の表現

「可能」といった場合，(1) 何らかの能力によってあることをなし得ること，(2) 状況によってあることをなすことが可能であること，(3) 何かが起こり得ることなど，さまざまな意味が考えられるが，ここではいまあげた順序に従って略述する．

1　能力

体力・知力・知識・技術などによって「…できる」という意味を表すには，**can** または **be able＋to** 不定詞を用いるのが普通である．ただし can を使えない場合もあるので注意を要する．

¶ 私は車の運転ができる I *can* drive a car. 語法 I *am able to* drive a car. ともいえるが，can を用いるほうが自然．

君は泳げるかい *Can* you swim?

彼女はギリシャ語が読めない She ｢*can't* [*cannot*] read Greek.

1 週間もすれば泳げるようになると思う I think I ｢*will* [《英》 *shall*] *be able* to swim in a week. 語法 未来のことをいうときには be able to を用いる．

まだ眼鏡が見つからない I *have* not *been able to* find my glasses. 語法 現在[過去]完了形を作るには be able to を用いる．

彼女は若いころは歌を上手に歌えた She ｢*could* [*was able to*] sing very well when she was young. 語法 過去時における能力を表すには can, be able to いずれも用いることができる．ただし仮定法の could とまぎらわしいときは be able to を用いるほうがよい．なお，次の注意事項を見よ．

彼は 100 メートル競走で 1 位になれた He *was able to* come in first in a 100-meter race. / He *came* in first in a 100-meter race. 語法 過去の 1 回限りの行為の達成には could は使えない．be able to を用いるか，あるいは第 2 文のように当該動詞の単純過去形を用いる．succeeded in＋動名詞 (＝…に成功した)，managed＋to 不定詞 (＝どうにかやってのけた) などを用いてもよい．

彼はその問いに答えることができなかった He *could not* answer the question. / He *was* ｢*not able* [*unable*] *to* answer the question. 語法 否定文のときは，上の注意事項は当てはまらず，could を用いることができる．

2　可能

周囲の状況・事情が許すために，あることが可能である場合には，can を用いるか，あるいは possible, allow などを適当に用いる．

¶ きょうは湖でスケートができる We *can* skate on the lake today. / It is *possible* to skate on the lake today. 語法 氷が十分厚いというような場合で，前者が口語的．

ここには駐車できません You ｢*can't* [*cannot*] park your car here. / You *are* not *allowed* to park your car here. 語法 規則によって禁じられている場合などであるが，前者の表現のほうが口語的．

はっきりしたお答えはできません I ｢*can't* [*cannot*] give you a definite answer. / I *am* not *in a position* to give you a definite answer. 語法 自分が解答を与える立場にない場合などであるが，前者のほうが口語的．

3　可能性

(1)　現在・未来の可能性

現在あるいは未来のことについて，「…かもしれない」という可能性を示すには，助動詞 may, might を用いるのが最も一般的である．両者はほぼ同意だが，強いていえば，might を用いると可能性がより少ないことを暗示する．また副詞 maybe, perhaps を用いて表すこともできる．

¶ あしたジョンが来るかもしれない John ｢*may* [*might*] come tomorrow. / *Maybe* [*Perhaps*] John will come tomorrow. / *It is possible* [*There is a possibility*] that John will come tomorrow. ★ 3 番目はかなり形式ばった表現．

あしたジョンが来るなんてことがあるかな *Do you think* John will come tomorrow? / Is John *likely* to come tomorrow? / Is it *likely* that John will come tomorrow? 語法 可能性を尋ねる疑問文では may, might は使わない．上記の表現の中では，最初のものが最も一般的．

(2)　過去の可能性

過去のことについて，「…だったかもしれない」という可能性を表すには，may＋have＋過去分詞 の形を用いる．副詞 maybe, perhaps を用いてもよい．

¶ 彼女は整形手術を受けたのかもしれない She *may* have had plastic surgery. / *Maybe* [*Perhaps*] she has had plastic surgery. / *It is possible* [*There is a possibility*] that she has had plastic surgery. ★ 3 番目はかなり形式ばった表現．

語法 You *might* have missed the chance.(＝君はチャンスを逸したかもしれなかったんだよ) のように might を用いると仮定法過去完了の帰結の形となり，実際は逸しなかったが，逸する可能性があったということを述べることになる．《☞ 仮定の表現 (囲み)》

(3)　可能性がないことを表す場合

can't または cannot を用いる．現在のことをいうときは原形と共に，過去のことをいうときは have＋過去分詞 の形と共に用いる．

¶ そのニュースが本当だなんてことはありえない The news ｢*can't* [*cannot*] be true. / *It is impossible* [*There is no possibility*] that the news is true. ★ 第 2 文はかなり形式ばった表現．

彼がまだそこに住んでいるはずはない He ｢*can't*

[*cannot*] be still living there.
彼女が自殺したなんてことはありえない She *can't* have killed herself. / *It is impossible* [*There is no possibility*] that she killed herself. ★ 第 2 文はかなり形式ばった表現.
[語 法] He *couldn't* have seen me in Paris ; I was in London then. (＝彼がパリで私に会ったはずがない. 私はそのときロンドンにいたのだから) のように事実がはっきりしているときは, can よりも could のほうを用いる. これは仮定法過去完了の帰結の形である. 《☞ 仮定の表現 (囲み)》

か

対 話 例

A : 君は車の運転ができるかい	A : Can you drive a car?
B : いや, でも家内はできるよ	B : No, I can't, but my wife can.
A : 習いなさいよ. 1 か月でできるようになるよ	A : You should learn. You'll be able to drive in a month.
B : そう思ったんだけどね. でもなかなか暇がないし, それに免許が取れたって車を買う金がないよ	B : I thought I would. But I've been unable to find the spare time, and even if I get a license, I can't afford a car.
A : 買えるさ. なにも一度に払わなくたっていいんだ. 恐らく 10 人中 9 人は月賦にしているよ	A : You can. You don't have to pay all at once. Maybe nine people out of ten pay by installments.
B : そうか. じゃあ買えるかもしれないな. 一つ習ってみるか	B : Well, then, perhaps I could buy one. I think I'll start learning to drive.

害を彼はどうやって*カバーする (⇒ 埋め合わせる) つもりでしょう I wonder how he could ⌜*make up for* [*cover*] the loss.

かばう 庇う (害・危険などが及ばないようにして守る) protect ㊉; (襲ってくるものを撃退して守る) defend ㊉; (注意する) take care of ... 《☞ まもる; ふせぐ; べんご》.
¶ 弱い者は*かばってあげなければいけない We should *protect* ⌜the weak [weak persons]. // 彼女はけがをした左手を一生懸命に*かばいながら仕事をした She did her work *taking* great *care of* her injured left hand. // だれも私を*かばってくれない (⇒ 私を弁護してくれる人がいない) I've no one to *speak up for* me. / No one *speaks in my defense*.

がばっと (突然) suddenly, all of a sudden. 《☞ とつぜん》. ¶ その男は*がばっと飛び起きた (⇒ その男は突然, 立ち上がった) *Suddenly* the man stood up. / The man *sprang to his feet*.

かばやき 蒲焼 (うなぎの) barbecued [broiled] eel Ⓤ.

かはん 河畔 (川辺) riverside Ⓒ; (川沿いの地) the river bank(s), the bank(s) of a river ★ 後者のほうが改まった言い方. 《☞ かわ[1]》.
¶ 私がロンドンで泊まったのはテムズ*河畔のホテルでした (⇒ 川沿いにありました) My hotel in London was *on* the Thames.

かばん 鞄 bag Ⓒ [語 法] bag は最も一般的な語で, 以下の語の代わりに用いることができる. つまり briefcase や satchel は bag の一種である. 前後関係でどのようなかばんかはっきりしないときは school bag のように前に限定の言葉を添える; (旅行用の) traveling bag Ⓒ; (通学用で肩から掛ける) satchel Ⓒ; (書類用の) briefcase Ⓒ; (書類用で折りたたみ式の) portfolio Ⓒ; (旅行用の両開きかばん) portmanteau Ⓒ.
¶ 旅行*かばんが 1 つ欲しい I want to buy a

portfolio

briefcase

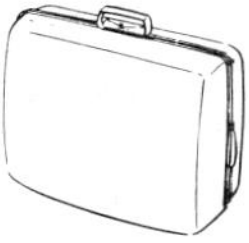
traveling bag

satchel

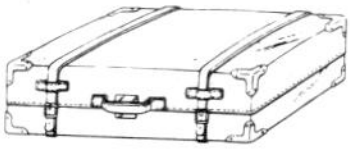
portmanteau

traveling bag. // 子供たちは*かばんを持って通学する The school children go to school with their *school bags*. // *かばんを開けて[閉めて]下さい Please ⌜open [close] your *bag*. // 私は電車の網棚に*かばんを忘れた I left my *briefcase* on the rack of a train.

かはんしん 下半身 the lower half of the body (↔ the upper half of the body) 《☞ はんしん》.

かはんすう 過半数 the greater ⌜part [number]; (やや形式ばって) the majority [語 法] majority は個人とみるか, 集団とみるかによって単数または複数扱いにする. 《☞ だいたすう》.
¶ 自民党は衆議院で*過半数を占めている The Liberal Democratic Party holds a *majority* in the House of Representatives. // *過半数の委員は私の案に賛成でした *The majority* of the committee members were in favor of my plan.

かひ 可否 ¶ 私たちはその提案の受け入れの*可否について話し合った (⇒ 受け入れることができるかどうか) We discussed *if* we could accept the offer. 《☞ さんぴ; ぜひ[2]》

かび 黴 ━名 (パン・チーズなどに生じる青っぽいかび) mold (《英》 mould) Ⓤ; (皮・布・紙な

どに生じる白っぽいかび) mildew [U]. ―[形] (かびの生えた・かび臭い) moldy (《英》mouldy); (比喩的に) musty; (古くさい) stale. ―[動] (かびる) mold [mildew] forms on ..., mold (自), mildew (自) ★最初の表現が一般的; (かび臭くなる) become ˹musty [moldy].
¶このパンは*かびが生えている (⇒かびで覆われている) This bread is covered with *mold.* // チーズは冷蔵庫の中でも*かびが生える Cheese ˹gathers *mold* [*molds*] even in the refrigerator. / *Mold forms on* cheese even in the refrigerator. // 彼の考えは*かび臭い His ideas are ˹*musty* [(⇒古臭い) *out-of-date*].

がびょう 画鋲 《米》thumbtack [C], 《英》drawing pin [C]. (☞びょう[2]). ¶この時間割を掲示板に*画鋲で留めておいて下さい Please *pin up* this ˹school schedule [timetable] on the notice board.

かびん[1] 花瓶 (flower) vase [véis] [C].

かびん[2] 過敏 ―[形] (敏感な) sensitive; (神経が) nervous; 〖医学〗hypersensitive. ―[名] sensitiveness [U]; (神経が) nervousness [U]; (医学用語で神経過敏) hypersensitivity [U]. (☞びんかん; しんけい).
¶彼は神経*過敏だ He is too *nervous.* / (⇒彼は全身が神経だ) He is *all nerves.* // その著者は批判に対して*過敏になっていた The author of the book was *sensitive* to criticism.

かぶ[1] 株 stock [U] ★具体的には [C], 《英》share [C]. (☞かぶしき).
¶私はこの会社の*株を持っている I ˹own [hold] *stock* in this company.
*株価が上がった[下がった] The ˹*stock* [*share*] prices went ˹up [down]. [語法] rose あるいは fell でもよい.
その*株は急に上がった[下がった] The *stocks* suddenly ˹appreciated [depreciated]. [語法] appreciate [depreciate] は「値が上がる[下がる]」の意. price を用いないときはこの語を用いる.
その*株でもうけた I've made profit on those ˹*stocks* [*shares*].
*株の下落が続いている *Stock* prices are continuing ˹to drop [their downward trend].
その*株は買ったときの値段よりも5円下がった The *stock* declined ¥5 below cost.
石油*株は多少下がった Oil *shares* are slightly lower.
友人の間で彼の*株 (⇒評判) が上がった[下がった] His *reputation* has ˹risen [fallen] among his friends.
株主 stockholder [C], 《英》shareholder [C] **株主総会** general meeting of ˹stockholders [《英》shareholders] [C] **株屋** stockbroker [C].

かぶ[2] 下部 ―[名] the lower part (↔the upper part). ―[形] lower; (従属する) subordinate. ¶組合の*下部組織 a ˹*lower branch* [*substructure*] of the union // ここは文部省の*下部機関である (⇒この機関は文部省に従属している) This office is *subordinate* to the Ministry of Education.

かぶ[3] 蕪 Japanese turnip [C].

カフェテリア cafeteria [kæ̀fətí(ə)riə] [C].

がぶがぶ ―[動] (がぶがぶ飲む) guzzle (他), drink ... greedily. (☞擬声・擬態語 (囲み)).
¶彼はビールを*がぶがぶ飲んだ He *guzzled* beer. // 選手は水を*がぶがぶと飲んだ (⇒むさぼるように飲んだ) The players *drank* water *greedily.*

かぶき 歌舞伎 (the) *kabuki* [U]; *kabuki* ˹drama [play] [C]; (説明的には) Japanese classical drama [U]. (☞日本固有の風物と英語 (囲み)). ¶今度の日曜日に*歌舞伎に連れていきましょう I'll take you to a *kabuki performance* next Sunday. **歌舞伎役者** *kabuki* actor [C].

かふくぶ 下腹部 the underbelly, the abdomen ★後者は多少改まった言い方. (☞はら).

かぶさる 被さる (上に突き出すように覆う) hang over ... (☞おおう; かぶせる; かぶる).
¶山の頂上に雲が*かぶさっている Cloud *is hanging over* the top of the mountain.

かぶしき 株式 stock [C], 《英》share [C]. (☞かぶ[1]).
株式会社 《米》incorporated company [C], 《英》limited company [C] [語法] 《米》の表現は法人組織であることを表し, 《英》の表現は株主の債務責任が投資額を越えないという有限責任の法人組織であることを表す. いずれも内容的には同じもの. なお, 会社名に付けるときは《米》Smith and Jones ˹*Company* [*Co.*], *Inc.* または Smith and Jones, *Inc.*, 《英》Smith and Jones & *Co.*, *Ltd.* または Smith and Jones *Ltd.* のようにする. この *Ltd.* は Limited の略で, 出資者の義務が限られており, 会社の債務には責任を一切負わないという意味である. 日本の株式会社に当たる; joint-stock company [C] [語法] 《米》では stock company ともいう. 多人数の株主の合同投資による会社という意味. これは社名には付けない. (☞かいしゃ) **株式市況** stock ˹quotations [prices] ★複数形で. **株式市場** the stock market **株式取引所** stock exchange [C] **株式仲介人** 《米》stockbroker [C], 《英》sharebroker [C].

カフスボタン cuff links ★複数形で.

かぶせる 被せる (上に置く) put ... ˹on [over] ...; (覆う) cover (他) [語法] 両者はほぼ同意に用いられるが, put の場合は「かぶせる物」, cover の場合は「かぶせられる物」が目的語になる. (☞かぶさる; かぶる; おおう).
¶彼女はタイプライターにカバーを*かぶせた She *put* a cover ˹*on* [*over*] the typewriter. // 彼女はチューリップの球根に土を*かぶせた She *covered* the tulip bulbs with earth.

カプセル capsule [kǽpsəl] [C].

かふそく 過不足 ¶それは*過不足なしだ (⇒それはちょうど足りる) It's *just enough.* / (⇒それは多過ぎもしないし少な過ぎもしない) It's neither too much nor too little.

かぶと 兜 helmet Ⓒ. ¶勝って*かぶとの緒を締めよ Tighten your *helmet*-strings in victory. / Don't ⌈hallo [whistle] until you are out of the wood. 《ことわざ：森から出るまでは大声で叫ぶな》

かぶとを脱ぐ ¶彼はついに*かぶとを脱いだ (⇒敗北を認めた) He *acknowledged his defeat* at last. // 私は彼の根気に*かぶとを脱ぐ (⇒脱帽する) I *take off my hat to* him for his patience.

かぶとむし 甲虫 beetle Ⓒ.

かぶりつく bite (他), bite at ... 《☞かじりつく》. ¶その子供はリンゴに*かぶりついた The boy *bit* (*at*) an apple. // その空腹の男はパンに*かぶりついた (⇒むさぼるようにパンを食べ始めた) The hungry man started eating bread ⌈*hungrily* [*greedily*].

かぶる 被る **1** «頭・顔の上に»: (帽子を) put on (他), wear (他) [語法] 身に着けている状態が wear で,「身に着ける」という1回の動作は put on; (布団などを) pull ... over *one's* head; (ほこりなどを) get [be] covered. 《☞かぶさる; かぶせる; きる²》.

¶彼は帽子を*かぶった He *put* his hat *on.* / He *put on* his hat. // 彼女は黒い帽子を*かぶっていた She ⌈*was wearing* [*wore*] a black hat. / She had a black hat *on.* ★後者がより口語的. // 彼女は帽子を*かぶったまま部屋に入ってきた She came into the room *with* her hat *on.* // 田舎道を歩いてほこりを*かぶった I ⌈*got* [*was*] *covered* with dust walking along a country road.

2 «浴びる»: (水などを) pour ... over *oneself*; (波を) take in water over the side, ship water ★後者は船の用語として用いられるもの. 《☞あびる》. ¶冷たい水をバケツに何杯も*かぶった I *poured* several buckets of cold water *over myself.* // ボートが波を*かぶって沈んだ The boat *shipped water* and sank.

3 «引き受ける»: (罪・責任を) take ... on *oneself* 《☞ひきうける》. ¶責任[罪]はすべて私が*かぶります I'll *take* all the ⌈responsibility [guilt] *on myself.*

かぶれる ―[動] (毒される) be poisoned; (皮膚病・発疹が出る) have a rash; 〚医学〛 have an eruption; (影響を受ける) be influenced. ―[名] (皮膚のかぶれ) rash Ⓒ; 〚医学〛 eruption Ⓒ; (主義や趣味などに対する熱狂) mania Ⓒ. 《☞病気・病院 (囲み); そまる》.
¶私はうるしに*かぶれた I *was poisoned* with lacquer. / I've ⌈*got* [*had*] *a rash* due to lacquer poison. // 彼はすっかりアメリカ*かぶれになった (⇒彼は非常にアメリカ的な考え方に影響を受けた) He *has been* ⌈greatly [extremely] *influenced* by the American way of thinking. // 彼女はイギリス*かぶれだ (⇒親英派だ) She is an *Anglophile.*

かふん 花粉 pollen Ⓤ.

かべ 壁 wall Ⓒ [語法] 家屋・建物の壁だけでなく, 防御などのために陣地・敷地などを囲むものも意味し, 日本語の塀・城壁などにあたることもある; (間仕切り壁) partition [pətíʃən] Ⓒ.
¶*壁に絵が掛かっている There is a picture on the *wall.* / A picture is (hanging) on the *wall.* ★後者は絵に興味の重点がある場合の言い方. // この部屋をベニヤの*壁で2つに仕切りたい I want to divide this room into two with a plywood *partition.* // *壁の穴にねずみが1匹逃げ込むのが見えた I saw a rat running into a hole in the *wall.* // *壁に耳あり *Walls* have ears. 《ことわざ》 // 犯人の捜索は*壁に突き当たった The manhunt resulted in a ⌈*deadlock* [*dead end*]. 《☞ゆきづまり》

壁紙 wallpaper Ⓤ **壁新聞** (中国の) wall-poster Ⓒ, wall newspaper Ⓒ. ¶私はそれを*壁新聞で読んだ I read it in a *wall newspaper.*

かへい 貨幣 ―[名] money Ⓤ ★「金(かね)」に当たる最も一般的な語; (通貨) currency Ⓤ. ―[形] monetary. 《☞かね¹; 金銭 (囲み)》.

貨幣価値 the value of ⌈money [currency]

貨幣単位 the ⌈monetary [currency] unit.

かべん 花弁 petal Ⓒ 《☞花 (囲み)》.

かほう 果報 (good) luck Ⓤ, (good) fortune Ⓤ [語法] 前者はくだけた言葉. 後者はどちらかというと重大なことについての幸運をいうことが多い. 《☞こううん》. ¶*果報者 (⇒運のいい奴) a *lucky* fellow // *果報は寝て待て Everything comes to him who waits. 《ことわざ：待つ人には何でも来る》

かぼそい か細い (ほっそりした) slender; (きゃしゃな) delicate; (声などが弱々しい) feeble; (声などがはっきりしない) faint. 《☞ほそい; よわよわしい》. ¶彼女は*かぼそい腕をしている She has *slender* arms. // 赤ん坊は*かぼそい声で泣いていた The baby was crying *feebly.*

かぼちゃ 南瓜 (丸形の) pumpkin Ⓒ; (ひょうたん形の) squash Ⓒ.

かま¹ 釜 iron pot Ⓒ. ¶茶の湯の*かま a teakettle / an *iron pot* for the tea ceremony // 彼とは学生時代, 同じ*かまの飯を食った仲だ (⇒彼と同じ屋根の下に住んでいた) I lived *under the same roof with* him during our school days.

かま² 鎌 sickle Ⓒ; (両手用大型の) scythe [sáið] Ⓒ.

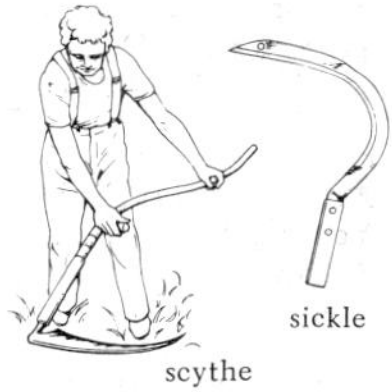

かまをかける ¶彼に*かまをかけて (⇒彼をうまく引っ掛けて) 秘密を聞き出した I *tricked* him into telling the secrets. / (⇒うまく聞き出した) I *pumped* the secrets *out of* him.

かま³ 窯 (陶器などを焼く) kiln Ⓒ; (炉) furnace Ⓒ; (汽罐(きかん)) boiler Ⓒ.

がま 蝦蟇 toad Ⓒ 《☞かえる⁶》.

かまう 構う **1** «気にかける»: mind (他); (否定の表現で,「どちらでもよい」) do not make

か

any difference; (気にして心配する) care about …; (注意を払う) pay attention to …; (関心・考慮を示す) pay regard to …; (骨を折ってわざわざ…する) trouble (*oneself*) to *do*, bother to *do* ★ ほぼ同意だが, 前者は骨折りについて言い, 後者はめんどうなことについて言うニュアンスがある. 語法 (1) 日本語の「かまわない」という否定表現は英語でも否定表現となることに注意. (2) 日本語表現の直訳だけにとらわれず, 文全体として意訳するほうが自然な英語の表現になることがある. ((例) 入っても*かまいませんか (⇒ 入ってもいいですか) May I come in?).

¶ 私は何が起ころうと*かまわない <S(人)+V(*mind*)+O(*wh* 節)> I don't *mind* whatever happens. / (⇒ 何が起ころうと私にとって問題ではない) It doesn't *matter* to me what happens.

私は彼がいてもいなくても*かまわない (⇒ 私にとっては何の違いもない) It *doesn't make any difference* whether he is here or not.

「ここでタバコを吸っても*かまいませんか」「ええ, *かまいません」"*May* [*Can*] I smoke here?" "Certainly." 《☞ 許可の表現 (囲み)》 / (⇒ 私がここでタバコを吸っても気にかけませんか) "Do you *mind* ˹if I smoke [my smoking] here?" "No, I don't." 《☞ 依頼の表現 (囲み)》

彼女は身なりのことは*かまわない (⇒ 服装にはむとんちゃくだ) She doesn't *care about* her appearance.

彼は人のことはまったく*かまわない (⇒ 他人の気持ちを配慮しない) He *pays little regard to* other people's feelings.

日本語ならばどんな本でも*かまいません (⇒ どんな本でもよい) *Any* book will *do* so long as it is in Japanese.

どうぞお*かまいなく (⇒ 心配しないで下さい) Please don't ˹*trouble yourself* [*bother*].

2 «干渉する»: (自分の興味から余計な世話をやく) meddle in …; (厚かましく割って入って邪魔をする) interfere ˹in [with] … 《☞ おせっかい; くちだし; かんしょう[1]》.

¶ 人のことに*かまうな (⇒ 私をひとりにしておいてくれ) Leave me alone! / (⇒ 私の事におせっかいをしないでくれ) Don't *meddle in* my affairs. / (⇒ それはあなたの仕事ではない) That's none of your business. ★ かなりきつい言い方. / (⇒ 私を邪魔するな) Don't *interfere with* me.

彼女なんかに*かまっておれない (⇒ 私は彼女のことで時間をつぶしたくない) I won't waste my time on her.

あの男には*かまわないほうがいい (⇒ 近づくな) You should *keep away from* him.

3 «めんどうをみる»: take care of …, look after … 《☞ めんどう; せわ》.

¶ 夫は私のことを*かまってくれない (⇒ 夫は私をないがしろにする) My husband almost completely *neglects* me.

かまえ 構え (建物の構造) structure Ⓤ; (建造物の外観) appearance Ⓒ; (身体の姿勢) posture Ⓒ. 《☞ がいかん[1]; みがまえ》. ¶ 彼は立派な*構えの家に住んでいる He lives in a gorgeous house.

かまえる 構える ―動 (身構える) take a posture; (特にスポーツなどの姿勢をとる) take a stance; (用意をする) make [get] … ready (for …), prepare *oneself* (for …). ―副 (構えの姿勢で) at the ready. 《☞ みがまえる》.

¶ その警官はピストルを*構えて (⇒ ピストルを発射できる状態で手に持って), その部屋に入った The policeman came into the room with his gun *at the ready*. // 相手は「さあこい」といわんばかりに*構えた (⇒「さあこい」というように戦闘の姿勢をとった) My opponent *took a* fighting *stance* as if to say "Come on!"

かまきり 蟷螂 (praying) mantis Ⓒ 《複 ~es, mantes [mǽntiːz]》.

がまぐち がま口 (硬貨用の) (coin) purse Ⓒ 《☞ さいふ》.

かまぼこ *kamaboko* Ⓤ; (説明的には) boiled fish-paste Ⓤ, fish sausage Ⓤ.

がまん 我慢 ―動 (我慢する) be patient, put up with …; (特に痛みや苦しみなどを) bear ㊍ 《過去 bore; 過分 borne》; stand ㊍ 《過去・過分 stood》; tolerate ㊍; endure ㊍. ―名 patience Ⓤ; tolerance Ⓤ; endurance Ⓤ; (自制) self-˹control [restraint] Ⓤ.

【類義語】最も一般的で, 意味も広い言葉が **be patient** およびその名詞の **patience** で, 痛み・苦しみ・怒りなどについて自制心を発揮して我慢することをいう. 口語で「我慢しなさい」という命令の場合にはこれ以外の動詞はあまり使われない. 命令以外で, ほぼ同じ意味に使われるがくだけた感じの表現として, 特に怒りを我慢することによく用いられるのが **put up with …** 特に痛みや苦しみなどの重圧に耐えるという意味が **bear**. 自制心を働かせて我慢するのが **stand**. ほぼ同意でやや形式ばった語が **tolerate** で, その名詞が **tolerance**. 形式ばった語で, 特に長期にわたる我慢を表すのが **endure** と **endurance**. 《☞ しんぼう[1]; たえる[1]》

¶ *我慢をしなさい *Be patient*. / (⇒ 忍耐力を持て) Have *patience*. ★ 前者が一般的.

私は彼女にはもう*我慢ができない I cannot ˹*stand* [*put up with*] her any longer. ★ 最も一般的な表現. / (⇒ 私は彼女に忍耐力を失った) I've lost my *patience* with her.

彼はとても*我慢強い男だ He's a very *patient* man.

彼女は*我慢強く待っていた She waited *patiently*.

痛くて*我慢できない I cannot *bear* the pain. 語法 この意味に用いるときは can, could とともに否定・疑問に用いるのが普通. / (⇒ 痛みは耐えられない) The pain is ˹*intolerable* [*unbearable*]. ★ 改まった表現.

もう*我慢できません I cannot *stand* it any ˹longer [more]. ★ 口語的表現. / (⇒ 私は忍耐力の限界にきた) I've reached the limit of my *patience*. / (⇒ これはひどすぎる) This is *too much* for me. 語法 口語的だが漠然とした言い方で, 前後関係によってはほかの意味にもとれる. / (⇒ これは私の忍耐力をこえている) This is beyond my *endurance*.

私は腹が立つのを*我慢できなかった (⇒ 私は私の怒りを抑えることができなかった) I could not

「hold back [*restrain* ; *control*] my anger. / (⇒ 私は私の怒りを腹の中に抑えることができなかった) I could not *swallow* my anger. / (⇒ 平静な心を失った) I lost my temper.
当分は中古車で*我慢しよう (⇒ 当分は中古車で間に合わせなければならない) I'll have to *make do with* a used car for a while. 語法 make do with ... で「...で間に合わせる」という慣用表現.
それは彼女のやせ*我慢です (⇒ 彼女はそれを誇りのために耐えている) She *endures* it out of pride. (☞ やせがまん)
たばこを吸うのは 2, 3 日*我慢して下さい Please *refrain from* smoking for a few days.
アイスクリームを見ると*我慢ができない (⇒ 誘惑には抵抗できない) I can't *resist* ice cream.

かみ¹ 神 — 名 (キリスト教などの一神教の) God Ⓤ ★ 冠詞を付けずに常に大文字で始める. (☞ 冠詞 (欄外); 大文字 (欄外)); (多神教の) god Ⓒ; (神性をもっているものの意で) deity [díːəti(ː), déiə-] Ⓒ; (全能の神) the Almighty; (主なる神) the Lord; (創造主) the Creator; (回教の神) Allah [ǽlə]; (女神) goddess Ⓒ. — 形 (神の) divine; (神のような) godlike.
¶ 私は*神を信じる I believe in *God*.
*神に祈れ Pray to *God*.
*神様, どうか私をお助け下さい O *God*, please 「save [help] me.
彼は*神に祈って助けを求めた He prayed to *God* 「for [to] help. / He prayed for *God's* help. (☞ いのる)
ローマ神話の*神々の名前を言ってごらんなさい Give me all the names of the Roman 「*deities* [*gods*].
この神社には何という*神様が祭ってあるのですか What *god* is enshrined here?
あなただけを愛することを*神にかけて誓います I swear 「to [by] *Heaven* that I love you and nobody else.
*神のみぞ知る *God* knows. 語法 「だれが知るか」という捨てぜりふとなるので, 使うときには十分気をつけること.
苦しい時の*神頼み The danger past, *God* forgotten. (ことわざ: 危険が去ると神は忘れられる) / (⇒ 人は困ったときにだけ神に頼る) Man turns to *God* only in trouble.

かみ² 紙 paper Ⓤ 語法 「新聞」, 「試験問題用紙」, 「論文」などの意味では Ⓒ. また「書類・文書」などの意味では複数形で用いる. 数を数えるときは紙片の場合は piece, 四角い紙は sheet を用いて数える. (☞ 可算・不可算名詞 (欄外); 数の数え方 (囲み)).
¶ *紙が少し[たくさん]いる I need 「some [a lot of] *paper*.
ざら*紙でいいです Rough *paper* will be all right.
もう少し厚い[薄い]*紙が欲しい I'd like to have a little 「thicker [thinner] *paper*.
*紙を 2 枚下さい Please give me two *sheets of paper*.
床に*紙切れが落ちていた I found a 「*piece* [*slip* ; *scrap*] *of paper* on the floor.
「小包用の*紙はありますか」「はいあります」"Do you have any brown *paper* for making parcels?" "Yes, I do." ★ brown paper は包装用の褐色紙.
この箱は*紙製です (⇒ この箱は紙で作られている) This box is made of *paper*. / (⇒ これは紙の箱です) This is a *paper* box.
この*紙に書いて申し込んで下さい (⇒ この申し込み用紙に記入せよ) Fill out this *form*.
紙コップ páper cúp Ⓒ **紙細工** páperwòrk Ⓤ **紙製品** páper pròducts ★ 複数形で. **紙タオル** páper tówel Ⓒ **紙箱** carton Ⓒ **紙ばさみ** páper hòlder Ⓒ, páper clìp Ⓒ; (書類を入れる) folder Ⓒ, portfolio Ⓒ **紙一重** ¶ 1 等と 2 等の差は*紙一重です (⇒ 1 等と 2 等との間にはごくわずかの差しかない) There is only a *slight* difference between the first and the second. // 彼は*紙一重の差で助かった (⇒ 彼は髪の毛の幅ほどの差で助かった) He escaped by a *hair's breadth*. / He had a *hair-breadth* escape. **紙表紙** páper cóver Ⓒ **紙袋** páper bág Ⓒ **紙屋** (店) páper 「stòre [《英》 shòp] Ⓒ; (文房具店) stationer's Ⓒ; (人) dealer in paper Ⓒ **紙やすり** sandpaper Ⓤ.

かみ³ 髪 hair ★ 髪の毛全体を指すときは Ⓤ, 1 本 1 本が問題のときは Ⓒ となる. (☞ け).
¶ 彼女は茶色い[黒い]*髪の毛をしている (⇒ 茶色い[黒い]髪を持っている) She has 「brown [dark] *hair*.
彼は*髪が柔らかい[硬い] (⇒ 柔らかい[硬い]髪の毛を持っている) He has 「soft [bristly] *hair*.
*髪をセットしてもらった I had my *hair* set. (☞ 使役 (囲み))
きのう*髪を刈ってもらった I 「had [got] a *haircut* yesterday. ★ 口語的表現. / I had my *hair* cut yesterday.
彼は*髪を短く刈っている His *hair* is cut short.
彼は*髪を長く伸ばしている He wears his *hair* long.
私はスープの中に*髪の毛を 1 本[2 本]見つけた I found 「a *hair* [two *hairs*] in the soup.
あのもじゃもじゃの[長い]*髪の男はだれだ Who is that 「*wooly-haired* [*long-haired*] man?
彼女は*髪をきれいに結い上げた She 「did up [put up] her *hair* beautifully.
彼の*髪はいつもきれいになでつけてある His *hair* is always carefully combed.
彼はしょっちゅう*髪に櫛を入れる He frequently combs his *hair*.
彼はいつも*髪を真中で[七三に]分けている He always parts his *hair* 「in the middle [in a three-quarter part].
*髪が薄くなってきた My *hair* is 「thinning [becoming thin]. / I am getting bald.
彼は目の前に下がった*髪をかき上げた He ran the *hair* back out of his eyes.

かみあう 嚙み合う (歯車が) mesh ㊐, engage ㊐, gear ㊐, get into gear.
¶ 歯車が*かみ合わない The gears will not *mesh*. / The cogs will not *engage*. // 彼らの議論はまったく*かみ合わなかった (⇒ 彼らは異なった平面の上で議論した) They argued *on*

different planes. / (⇒ 彼らの意見はまったく異なっていたので，議論が行き詰まった) The discussion came to a deadlock because their views were *too divergent.* / (⇒ 彼らはそれぞれ異なった意図をもって話し合った) They talked *at cross-purposes.* // 私の歯はうまく*かみ合わない My teeth do not *meet* properly.

かみいれ 紙入れ (折りたたみ式の札入れ) wallet Ⓒ《☞ さいふ》.

かみがかる 神懸る ¶ 彼の言うことは*神がかっている (⇒ 彼は何かに取り付かれた人のようにしゃべる) He talks like one *possessed.*

がみがみ ━[動] (かみつくように言う) snap at ... ; (しかる・小言を言う) scold (他) (自). ━[形] snappish. 《☞ しかる ; こごと ; くちやかましい ; 擬声・擬態語 (囲み)》.

¶ *がみがみ言うな (⇒ 私に対してがみがみ言うのを止めよ) Stop *snapping at* me. / (⇒ 私について口やかましくしないでくれ) Don't be so *snappish* with me. // あの先生はいつも*がみがみと (⇒ 小言を) 言っている The teacher *is* always *scolding.*

かみきる 噛み切る bite ⌜off [away] (他) ; (かじりとる) gnaw through (他). 《☞ かむ[1] ; かじる》. ¶ 彼の犬はつなを*かみ切って逃げた His dog *bit* the lead *off* and ran away. // ロープをねずみに*かみ切られた I *have had* the rope *gnawed through* by a rat. 《☞ 使役 (囲み)》

かみくず 紙屑 wastepaper Ⓤ ; (ごみとしての) litter Ⓤ ★ 紙くずだけでなくごみ全体をも指す. 《☞ かみ[2] ; くず (類義語) ; ごみ》.

¶ *紙くず入れ《掲示》Trash // *紙くずを捨てないで下さい No Litter 《☞ 掲示の英語 (囲み)》 // その教室は*紙くずだらけだった The classroom was littered with *bits of paper.*

紙くずかご 《米》wastebasket Ⓒ, 《英》wastepaper basket Ⓒ.

かみくだく 噛み砕く (平易な言葉で説明する) explain ... in easy words. ¶ 先生はその問題を*かみくだいて説明した (⇒ 学生にわかりやすい方法で) The teacher *explained* the matter *in an easy way* for the students to understand.

かみころす 噛み殺す (かんで殺す) bite ... to death ; (抑える) suppress (他). ¶ 彼はその講義の間中あくびを*かみ殺していた (⇒ あくびを抑えるのに努力していた) He was trying very hard to *suppress* a yawn during the lecture.

かみしばい 紙芝居 picture-card [paper picture] show Ⓒ.

かみしめる 噛みしめる (かむ) bite (他) ; (よく考える) think (deeply) about ... ; (じっくり考える) contemplate (他). 《☞ かむ[1]》. ¶ 彼はじっと唇を*かみしめた He *bit* his lip. // 彼の言うことは*かみしめると味がある (⇒ 彼の考えについて考えれば考えるほどおもしろくなる) The more you ⌜*think about* [*contemplate*] his ideas, the more interesting they will become.

かみそり 剃刀 razor Ⓒ ; (安全かみそり) safety razor Ⓒ ; (電気かみそり) electric razor Ⓒ, shaver Ⓒ. 《☞ そる[1]》. ¶ ひげは*かみそりでそる We shave our faces with *razors.* // この*かみそりはよく切れる (⇒ うまくそれる) This *razor* shaves well.

かみだな 神棚 household ⌜altar [shrine] Ⓒ 《☞ 日本固有の風物と英語 (囲み)》.

かみつ 過密 ━[形] (人・物などが詰まり過ぎた) overcrowded ; (人口過剰の) overpopulated ; (密集した) congested. ━[名] (人口過多) overpopulation Ⓤ ; (密集) congestion Ⓤ. 《☞ みつ[2] ; みっしゅう》.

¶ 工業化は*過密都市を生み出す Industrialization brings about *overpopulated* cities. // 東京のような*過密地帯には住みたくない I don't like to live in ⌜an *overcrowded* [a *congested*] area like Tokyo. // *過密ダイヤ a *tight* schedule

かみつく 噛みつく bite (他), bite (at ...) (自) ; (ぱくっと) snap (at ...) (自) ; (言葉の上で) bite *a person's* head off. 《☞ かむ[1] (類義語)》.

¶ この犬は絶対に*かみつくことはない This dog never *bites.* // その犬は男の左足に*かみついた The dog *bit* the man in the left leg. / The dog *snapped at* the man's left leg. // 彼は上役に*かみついた He *bit his senior's head off.*

かみて 上手 (観客に向かって左方) the left (side of the stage) 《略 L》《☞ げきじょう[1] (挿絵)》.

かみなり 雷 ━[名] (雷鳴) thunder Ⓤ ; (稲妻を伴った1回の雷) thunderbolt Ⓒ ; (稲光) lightning Ⓤ. ━[動] (雷が鳴る) thunder (自) ★ it を主語として. ━[形] (雷のような) thunderous. 《☞ 天候の表現 (囲み)》.

¶ *雷が鳴っている It's *thundering.* // 午後には*雷を伴った雨になるだろう This afternoon we will have rain with *thunder and lightning.* // 遠くで*雷が鳴った The *thunder* ⌜rolled [rumbled] in the distance. // *雷が私の別荘に落ちた My cottage was ⌜struck [hit] by *lightning.* / *Lightning* ⌜struck [hit] my cottage. // 彼はゴルフ中，*雷にやられて亡くなった (⇒ ゴルフ中，彼は稲妻に襲われて死んだ) While playing golf he was struck dead by *lightning.*

かみはんき 上半期 the first half of the year 《☞ はんき[1]》. ¶ 1984年度*上半期 *the first half* of fiscal 1984 ★ fiscal year は「会計年度」.

かむ[1] 噛む ━[動] (歯で) bite (他) 《過去 bit ; 過分 bitten, bit》, bite (at ...) (自) ; (咀嚼(そしゃく)する) chew (他) ; (音を立てて) crunch (他) ; (つめなどを) gnaw [nɔ́ː] (他). ━[名] (ひとかみ) a bite.

【類義語】かむの意味で一般的な語は **bite**. 特に前歯でがぶりとかんで食いちぎるときに用いる. ((例) 彼は梨を一口大きく*かんだ He took a big *bite* out of a pear.). 咀嚼するために何度もよくかむことは **chew**. つまり，歯のない子供は *chew* できない. 消化の悪いものを食べるときは You should *chew* it well when you eat. と注意する. 堅い物を食べるとき，音を立てて「ばりばり・ばりばりとかむ」に相当するのは **crunch**. つめなど，堅い物を少しずつかむのは **gnaw**. 《☞ かみつく ; かみきる ; かじる》

¶ 私は犬に手を*かまれた <S (犬) + V (*bite*) +

o (人)+*in*+名 の受身> I *was bitten in* the hand by a dog. / I *had* my hand *bitten* by a dog. 《☞ 使役 (囲み)》 // よくご飯を*かんで食べなさい (⇒ 飲みこむ前に食物を十分にかめ) *Chew* your food well before you swallow it. // 彼はピーナッツをぽりぽり*かんでいた He *was crunching* peanuts. // あの子はいつもつめを*かんでいる He *is* always *gnawing* his fingernails.

かむ² 擤む (鼻を) blow (他). ¶ 彼は鼻紙で鼻を*かんだ He *blew his nose* in a piece of tissue paper.

ガム (chewing) gum [U] 《☞ チューインガム》. ¶ *ガムを1枚ちょうだい Give me a stick of (*chewing*) *gum.* // 授業中に*ガムをかんではいけない Don't chew *gum* in class.

がむしゃら ― [副] (気が狂ったように・猛烈に) like mad 《☞ めちゃくちゃ; もうれつ》. ¶ 若いころ彼は*がむしゃらに仕事をした He worked *like mad* when he was young. // 彼には少し*がむしゃらなところがある (⇒ 彼は時によると不必要な危険を冒す) He sometimes *takes unnecessary risks.*

カムバック cómebàck [C] 《☞ かえりざき》. ¶ 彼女は歌手として見事に*カムバックした She made a remarkable *comeback* as a singer.

カムフラージュ ― [名] camouflage [kǽməflɑ̀:ʒ] [U]. ― [動] camouflage (他). ¶ 戦車は若木で*カムフラージュされていた The tank *was camouflaged* with green saplings.

かめ¹ 瓶 (一般に土製のつぼ) earthenware pot [C] 《☞ つぼ (挿絵); びん¹》.

かめ² 亀 (陸がめ) tortoise [tɔ́ətəs] [C]; (海がめ) turtle [C].

かめい 加盟 ― [動] (平等な資格で加わる) join (他); (法的に関係がある; …に加入している) be affiliated with …; (成員になる) become a member. ― [名] joining [U]; affiliation [U]. 《☞ かにゅう; さんか¹》.
¶ 我々はその組合に*加盟することにした We decided to *join* the association. // 日本は1956年に国連への*加盟を認められた Japan ˹*was admitted to* [*gained membership* in] the United Nations in 1956. // 日教組は総評に*加盟 (⇒ 加入) している The Japan Teachers' Union *is affiliated with* (the) Sohyo.
加盟国 member nation [C]. ¶ 今年3月現在国連の*加盟国は158です (⇒ 国連は158の国の成員を持っている) As of March this year the United Nations has a *membership* of 158 nations. / The number of *member nations* of the U.N. as of March this year, is 158. // 非*加盟国 a nonmember **加盟者** (参加者) participant [C]; (成員) member [C] (↔ nonmember) **加盟団体** member organization [C].

がめつい (けちな) stingy [stíndʒi(:)]; (欲ばりの) greedy. 《☞ けち (類義語); よくばり》.

カメラ camera [C] 《☞ 挿絵; しゃしん; 映画 (囲み)》.
¶ この*カメラにはカラーフィルムが入っている This *camera* is loaded with color film. // きのうすばらしい夕陽を*カメラに収めた (⇒ 写真をとった) I took a ˹picture [photograph] of the glorious sunset yesterday. // すみませんが*カメラのシャッターを押して下さい (⇒このカメラで私の写真をとって下さい) Sorry to trouble you, but will you please take my picture with this *camera*? 《☞ 依頼の表現 (囲み)》
[語法] 「シャッターを押す」は「press [release] the shutter というが, 写真をとることを頼むときは上の表現のように言うほうがよい. // *カメラを向けたら子供たちは逃げてしまった The kids ran away when I aimed my *camera* at them. // 一眼レフ*カメラ a single-lens reflex *camera* // 35ミリ*カメラ a 35 millimeter *camera* // テレビ*カメラ a ˹TV [television] *camera* // 彼は*カメラ狂だ He has a mania for *photography.*
カメラマン (写真家) photographer [C]; (新聞・映画・テレビの) cameraman [C] **カメラ屋** camera store [C] 《☞ 店の呼び名 (囲み)》.

カメレオン chameleon [kəmí:ljən] [C].

かめん 仮面 mask [C]; (人をだますための) disguise [C]. 《☞ へんそう¹; ふくめん》.
¶ *仮面を付ける put on a *mask* // *仮面を付けている wear a *mask* // *仮面をとる throw off [drop] a *mask* // 彼女は友達という*仮面をかぶって私を裏切った She betrayed me under ˹a [the] *mask* of friendship. // 彼はその偽善者の*仮面をはいだ He *unmasked* the hypocrite.

がめん 画面 (テレビ・映画などで映っている物) picture [C]; (テレビ・映画などのスクリーン) screen [C]. 《☞ えいぞう》.

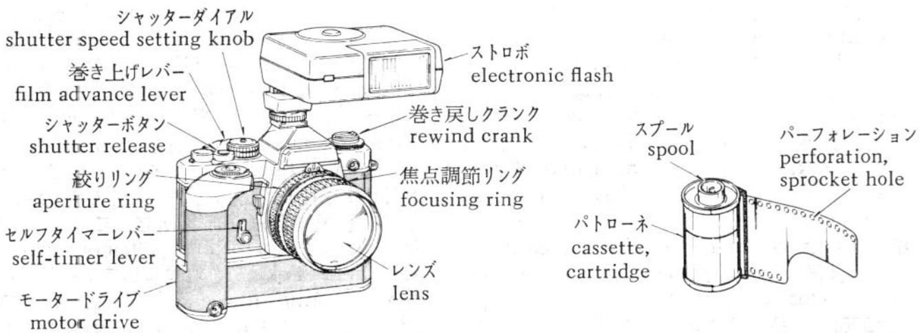

カメラ camera

¶ *画面のゆがみ *picture* distortion // (テレビの) *画面が暗すぎる[明るすぎる] The *screen* is too「dark [bright]. // *画面がぼけている (⇒画像は焦点が合っていない) The *picture* is out of focus. // このテレビの*画面は 19 インチです This TV set has a 19-inch *screen*.

か

かも 鴨 (wild) duck Ⓒ《複 ～, ～s》; (特に雄鴨を指すときは) drake Ⓒ; (だまされやすい人) gull Ⓒ, 《口語》easy mark Ⓒ. (☞ めす 語法; 動物の鳴き声 (囲み)). ¶ 彼は悪者たちのいい*かも (⇒えじき) になった He fell *an easy prey* to the bad men. // 彼らは観光客をいい*かもにする (⇒いい獲物と見なす) They consider the tourists fair *game*.

かもい 鴨居 lintel Ⓒ.

かもく 科目, 課目 subject (of study) Ⓒ (☞ 学校・教育 (囲み)).

¶ 英語は私の得意[不得意]な*科目です English is my「strong [weak] *subject*. // 数学は私の好きな*科目だ Math(ematics) is my favorite *subject*. // 彼女は全*科目で優[5]を取った She got A's in all *subjects*. / (⇒彼女は全優だった) She received straight A's. (☞ ゆう[1]) //「クラーク先生は何の*科目を教えているのですか」「英語です」"What *subject(s)* does Mr. Clark teach?" "He teaches English." // 必修*科目 a「required [《英》compulsory] *subject* // 選択*科目 an「elective [《英》optional] *subject*

かもしか 羚羊 (日本かもしか) Japanese serow Ⓒ; (れいよう) antelope Ⓒ《複 ～, ～s》.

-かもしれない ★推量を表す場合は普通, 助動詞 (may, might), 副詞 (perhaps, maybe) などを使ってその意味を表す. しかし, 日本語の「かもしれない」がいつもそのように英語と対応するとは限らないことに注意する必要がある. 例えば「それはそう*かもしれないが」が I agree with you in that point, but ... (＝私はあなたにその点では同意するが) などという場合である. (☞ -だろう; おそらく; 推量の表現 (囲み); 可能の表現 (囲み)).

¶ あすは雪*かもしれない It *may* snow tomorrow. // それは本当*かもしれない It「*may* [*might*] be true. 語法 might のほうがより控えめな言い方. / (⇒恐らくそれは本当です) *Perhaps* [*Maybe*] it is true. // それは本当だった*かもしれない It *may have been* true. 語法 ＜*may have*＋過去分詞＞ は過去に対する推量を表す. // もしあの列車に乗っていたら会合に間に合った*かもしれない If I had taken the train, I *might* have been in time for the meeting. //「彼の答えは正しいですよね」「そう*かもしれないね」"His answer is correct, isn't it?" "I *hope* so." 語法「そうだと思う」という希望的観測. // あしたは雨*かもしれない (⇒と思う) *I'm afraid* it will rain tomorrow. // 君の言うとおり*かもしれないな I *guess* you are right.

かもつ 貨物 freight [fréit] Ⓤ; cargo Ⓤ ★具体的な積み荷をいうときは Ⓒ《複 ～(e)s》; 《英》goods ★複数形で.

【類義語】長距離を大量に運送される貨物が **freight** または **cargo**. 《米》では鉄道便・トラックによるものを普通 *freight* と言い, 船によるものを *cargo* と呼んでいる. なお, 現在ではどちらも航空貨物にも用いられる. 《英》では *freight* といえば船によるものを指し, 鉄道などの貨物は **goods** と言う. (☞ にもつ; つみに)

¶ あの船は*貨物を運送する That ship carries *freight*. / That is a *freighter*. // その船は重い*貨物を積んでいた The ship was「carrying [loaded with] a heavy *cargo*. // その品物は航空*貨物で送られた The goods were sent by air「*cargo* [*freight*].

貨物駅 freight depot [díːpou] Ⓒ, 《英》goods station Ⓒ **貨物置場** freight yard Ⓒ **貨物自動車** truck Ⓒ, 《英》lorry Ⓒ **貨物車** (列車に連結されている) freight car Ⓒ, 《英》goods van Ⓒ **貨物船** freighter Ⓒ, cargo vessel Ⓒ **貨物輸送** freight transportation Ⓤ **貨物列車** freight train Ⓒ, 《英》goods train Ⓒ.

かもめ 鷗 (sea) gull Ⓒ (☞ 動物の鳴き声 (囲み)).

かや 蚊帳 mosquito net Ⓒ. ¶ *かやを釣って[はずして]下さい Please「put up [take down] the *mosquito net*.

がやがや —動 (互いに話す) talk to each other ⓐ 参考 日本語の「がやがや」を特に英訳する必要のないことが多い; (うるさい) be noisy. —副 (声高に) loudly. (☞ ざわざわ; さわがしい; 擬声・擬態語 (囲み)).

¶ 隣の部屋で数人の人が*がやがや話しているのが聞こえた I heard several people *talking* (*to each other*) in the next room.

かやく 火薬 gunpowder Ⓤ ★単に powder ともいう. **火薬庫** (powder) magazine Ⓒ.

かやぶき 茅ぶき —形 thatched (☞ やね; ふく[5]). ¶ *かやぶきの家 a *thatched* cottage / a cottage with a *thatched* roof

かゆ 粥 (オートミールやほかの穀粒を牛乳または水でどろどろに煮たもの) porridge Ⓤ; (病人用などの薄い) gruel Ⓤ. 参考 日本のかゆと同じものは英米にはないが, 米のかゆで濃いものは rice porridge,「いもがゆ」なら rice and potato porridge,「おもゆ」のように薄いものは rice gruel といえばよい.

かゆい 痒い —形 itchy. —動 (かゆみを覚える) itch ⓐ. (☞ かく[2]; むずむず).

¶ 背中が*かゆい My back「feels *itchy* [*itches*]. // そんなことをしても私は痛くも*かゆくもない (⇒そんなことは私を少しも悩ませない) That doesn't bother me at all. // 彼の説明は*かゆいところに手が届くようだった (⇒それ以上は望むべくもなかった) His explanation *left*「*nothing* [*little*] *to be desired*.

かよう 通う **1**《通学・通勤する》: go to [attend] (school) ★前者が口語的; (電車などで) commute to ... ★《米》の表現で, 定期券[回数券]で通うこと. (☞ つうがく; つうきん).

¶ 彼の息子は東京の有名私立校に*通っている His son「*goes to* [*attends*] a famous private school in Tokyo. // 私は歩いて学校に*通っている I *walk to* school. // 彼は会社に電車で*通っている He *takes* the train *to and from* his office. / He「*commutes* [*goes*]

to his office by train.

2 «しばしば行く»: visit … frequently, pay frequent visits to … ¶ 彼は図書館に*通って古文書を調べている (⇒ 調べるために図書館をよく訪れる) He *frequently visits* the library to look over old documents. // 私は歯医者に*通って虫歯を全部治療してもらった I *paid frequent visits to* the dentist and had all my decayed teeth treated.

かようきょく 歌謡曲 popular song Ⓒ.

がようし 画用紙 drawing paper Ⓤ.

かようび 火曜日 Tuesday 《略 Tue., Tues.》《☞ 時刻・日付・曜日 (囲み); 略語 (欄外)》.

かよわい か弱い weak 《☞ よわい; きゃしゃ》. ¶ *かよわい女性 the ｢*weaker* [*gentle*] sex

から[1] 空 ― 形 (中に何もない) empty (↔ full). ― 動 (空にする) empty 他; (空になる) become empty, be emptied. ― 名 emptiness Ⓤ. 《☞ あける[1]》.

¶ その箱の中は*空です The box is *empty*. / (⇒ 何もない) There is *nothing* in the box. // 行ってみたら教室は*空だった I found the classroom *empty*. / (⇒ だれもいなかった) I found no one in the classroom. // 彼女はそのバケツを*空にした She *emptied* the bucket.

から[2] 殻 (穀物の) husks ★ 通例複数形で; (特に, 豆などの) hull Ⓒ; (貝・卵・果物の堅い殻) shell Ⓒ; (特に卵の殻は) eggshell Ⓒ; (木の実の) nutshell Ⓒ. 《☞ さや[1]; いね (挿絵)》.

¶ 彼は自分の*殻にとじこもりがちだ (⇒ 自分の殻の中へ入りがちだ) He tends to withdraw into ｢his *shell* [*himself*].

-から **1** «場所の起点を示す»: from … ; off … ; out of … 語法 運動などの出発点を表して to に対するのが from. ある場所から離れることを示し, on に対するのが off. 外に向かって離れることを強調するのが out of. 以上のほかに, 日本語の「…から」は at, in, through などで表されることもあり, また, 前置詞を用いずに日本語とは違う発想で表されることもある.

¶ 私たちは東京*から大阪へ行きました We ｢went [traveled] *from* Tokyo to Osaka. 語法 常に from が先で to は後にくる. 日本語には「…へ…から」という語順もあるので注意を要する. / (⇒ 東京をあとにして大阪へ発った) We left Tokyo for Osaka.

「どこ*から来たのですか」「日本*からです」 "Where did you come *from*?" "I came *from* Japan." 語法 これは漠然と出発点をきいているので, 必ずしも出身地だけを意味しない. はっきりと出身地をきくときには次のように言う "Where are you *from*?" "I'm *from* Japan." / "Where *do* you *come from*?" "Japan."

彼は海外*から帰ってきた He has returned *from* abroad. 語法 from の後には普通は名詞が用いられるが, このように副詞が, また1つ置いて後の例のように前置詞＋名詞[代名詞]が用いられることもある.

彼女は私を上*から見下ろした She looked at me *from* above.

彼は塀の向こう*から現れた He came out *from* behind the wall.

私はこの車を彼*から買った I bought this car *from* him.

10*から3を引くと7だ Ten minus three is seven. / If you subtract three *from* ten you'll get seven. ★ 後者は説明調.

太郎ははしご[木]*から落ちた Taro fell ｢*off* the ladder [*out of* the tree].

男は馬[バス]*から下りた The man got *off* the ｢horse [bus]. 語法 公共の乗り物・馬などから下りるのは get off …, 乗用車・ボートなどから下りるのは get out of …

彼は車*から下りた He got *out of* a car.

窓*から手を出すな Don't put your hand *out of* the window.

ここ*から出ていってくれ Get *out of* here!

牛乳を瓶*から飲んではいけません Don't drink milk *out of* a bottle.

太陽は東*から昇る (⇒ 太陽は東に昇る) The sun rises *in* the east. 語法 in に注意すること.

駅*からタクシーに乗った (⇒ 私は駅でタクシーに乗った) I caught a taxi *at* the station.

きょうは10ページ*から始めましょう (⇒ 10ページで始める) Let's begin *at* page 10.

その少年はこの窓*から入り込んだ (⇒ 窓を通って入り込んだ) The boy came in *through* this window.

彼は表通り*から離れた家を買った He bought a house *off* the main road.

裏門*から入って下さい (⇒ 裏門を使って下さい) Please use the back gate. / Enter *at* the back door.

だれ*からそれを聞いたのか (⇒ だれがそれをあなたに言ったのか) Who told you about it?

そのことは彼*から聞いた (⇒ 彼がそのことを私に言った) He told me about it. / (⇒ 私は彼からそれを知った) I learned it *from* him.

「だれ*から先に始めますか」「私が先にやりますが, 何*から始めたらよいですか」 "Who begins first?" "I do, but what shall I begin *with*?"

2 «時間»: from … ; since … ; after … 語法 時間や順序の起点を示すのには時制に関係なく from を用いる. 過去の一定の時からの継続を示すには since を現在完了形とともに用いる. 「ある特定の時の後」を示すには after. 《☞ 時・期間の表し方 (囲み); 完了形 (欄外)》.

¶ 私は朝8時*から夜9時まで働いている I work *from* eight in the morning ｢till [to ; until] nine in the evening.

私は子供のとき*から彼を知っている I've known him ｢*from* the time when [*since*] he was a child.

店は月曜日*から土曜日まで毎日開いています Our store is open ｢(*from*) Monday through Saturday [*from* Monday to Saturday]. 語法 場所・時間などで「…から…まで」は from … ｢to [till] … で表されるが, 特に慣用的に使われる言い方では名詞に冠詞を付けないことがある. ((例) 朝*から夜まで *from* morning till night // 生まれて*から死ぬまで *from* birth till death ★ ただし「揺りかご*から墓場まで」*from* the cradle to the grave // 端*から端まで *from* end to end // 花*から花へ *from* flower to flower // 頭のてっぺん*から足の先まで *from* head to foot // 始め*から終わりまで *from* beginning to end).

か

彼が死んで*からもう5年になる (⇒ 彼は5年間死んでいる) He has been dead for five years. / (⇒ 彼が死んでから5年が過ぎた) It is five years [Five years have passed] *since* he died. [語法] 年数を主語にするとやや改まった言い方となる.

夏休みは7月21日*から始まる The summer vacation begins *on* Jul. 21. [語法] begin の後は on, in, at は使えるが, from は使えない.

あした*から新学期だ (⇒ 新学期はあした始まる) The new term begins tomorrow.

10月10日*から新料金実施 (⇒ 10月10日とその後は新料金)《掲示》New Fares *on and after* October 10.

2時*から3時の間にお待ちしています (⇒ 私はあなたを2時と3時の間に待っている) I expect you *between* two and three this afternoon.

「今夜はいつ*からお暇ですか」「8時*からあいています」"When are you free this evening?" "I am free *after* eight this evening."

あす*から毎朝6時に起床します I will get up at six every morning *starting* tomorrow.

「店は何時*からやっていますか」「朝10時*からです」"When do you open?" "Ten in the morning."

3 «原因・理由» ━[接] because ... ; since ... ; as ... ; for ... ━[前] because of ... ; for ... [語法] 最も一般的で, 明確に理由を表す接続詞は because で, 口語でも文語でも用いられる. 前置詞の because of は内容的には because と同じ. because に次いで強く理由を表す接続詞は since で, やや形式ばった語. 文頭に置くのが普通. 理由というよりは付帯的な状況を表し,「たまたま...だったので...」という感じの言葉が as. 従って明らかに理由を述べる文では as は使わずに because を使うのが普通である.「...というのは」という感じで主節の内容に付随して, 追想的に理由を述べるのが接続詞の for. この語は文語的で口語では使わないほうがよい. 主節との間はコンマで区切る. 前置詞の for は口語でも用いられる.《☞ -ので ; 理由の表し方 (囲み)》.

¶「なぜ来なかった」「とても忙しかった*からです」"Why didn't you come?" "*Because* I was very busy."

雨が降った*からピクニックは延期になった The picnic was put off ⌈*because of* the rain [*because* it rained].

もう遅い*から失礼いたします I must say good-by(e) now. It's getting late. [語法] 口語ではこのように理由を表す接続詞を省くこともある.

だれも私の提案に賛成しない*からやめにしよう *Since* no one agrees to my proposal I will give it up.

遅くなった*からタクシーに乗った *As* I was late, I took a taxi. [語法]「タクシーに乗ったのは遅くなったからです」とその理由を明確にしたいときは I took a taxi *because* I was late. とする.

彼は恐ろしいとは思わなかった. というのは彼は勇気のある男だった*からである He felt no fear, *for* he was a brave man.

その仕事を終えた*から外へ出ていいよ *Now that* you have finished the work, you may go outside. [語法] now that は「...となったいまでは」というように, 時に関係のある理由を表す.

そこで辞書がいるかもしれない*から1冊持っていきなさい Take a dictionary with you *in case* you need one there. [語法] in case は「もし...だといけないから」と用心を表す.

4 «動機»: out of ..., from ...

¶私はほんの好奇心*からそれをしたのです I did it just *out of* curiosity.

彼はそれを義務感*からではなく, 自分*からしたのです He did it not *from* sense of duty but *of* his own accord. ★ of *one's* own accord は「自発的に」という意味の慣用句.

新しい発明は必要*から生まれる New inventions come ⌈*from* [*out of*] necessity.

5 «標準・見地・根拠»: from ...

¶私の考え*からすると (⇒ 私の考えでは) それは間違っている *In* my opinion, it is wrong.

科学的観点*からはそれはありえないことである *From* the scientific point of view, it is impossible. / (⇒ 科学的にはそれは不可能だ) Scientifically, it is impossible.

6 «原料・材料»: of ... ; from ... ; out of ... [語法] 原則として, of は「材料」を, from は「原料」を表す. 従って, 作られた物を見て, 材料が常識的に明らかにわかる場合, 例えば「絹で作られたドレス」とか,「ガラスで作られた容器」とかいう場合には of を用い, 米やぶどうから作られた「酒やぶどう酒」には from を用いる. この相違は of と from の元来の意味の違いからきている. すなわち, of は「材料」や「内容物」を示す前置詞であるのに対して, from は「出発点」や「原点」を示す前置詞なのである. しかしながら, 酒・ぶどう酒など技術的加工の末, 原料が完全に姿を変えている場合は別として,「木やれんがでできている家」など, どっちつかずの場合は of, from のいずれでもよいことが多い. 特にこの傾向はアメリカ英語に強い. しかもその傾向がさらに拡大されており, 上にあげた「絹のドレス」や「ガラスの容器」でも, from を用いてもおかしくない. out of は of の強められた形であるが, 特に形が明らかに変わる場合, 例えば粘土かられんがを作るとか, 紙で飛行機を作るとかいう場合に用いられる. その反対は into であって,「我々は粘土かられんがを作る」We make bricks *out of* clay. は Clay is made *into* bricks. と内容的には同じである.

¶酒は米*から作る *Sake* is made *from* rice. / They make *sake from* rice.

それは何*からできていますか What is it made *of*? [語法] 質問では of と from の区別はせずに, 一般的にこの形をとる.

私は毛布*から息子のオーバーを作った I made my son's overcoat *out of* a blanket.

がら 柄 **1** «模様»: pattern Ⓒ; (小さい幾何学的な柄) figure Ⓒ; (形・色を含めた全体的な) design Ⓒ.《☞ もよう》. ¶この服の*柄は

おもしろい The *figures* in this dress are interesting. // この壁紙は少し*柄が派手です I think the *design* of this wallpaper is a little too loud. // ほかの*柄を見せて下さい Please show me other *patterns*.

2 «体格»: build Ⓤ《☞ こがら; おおがら》.

¶ 彼は大*柄な人です (⇒ 彼は大きな作りの人です) He is a man of large *build*.

3 «身分・性質・品格» ¶ 私はこんな仕事は*柄ではない (⇒ 私はその仕事に適当な人間ではない) *I'm not the right person* to do the job. // 彼は*柄が悪い (⇒ 彼は低級である) He is *vulgar*. / (⇒ 彼は行儀の点で粗野である) He is *coarse in manners*. // 彼は*柄にもなく赤くなった (⇒ 赤くなったのは彼らしくなかった) It was *not like him* to blush.

カラー¹ (色) color Ⓒ ★ 絵の具のときは colors (《英》 colours) と複数形にする. 《☞ いろ》.

¶「その映画は*カラーですか」「そうです」"Is that movie in *color*? / Is that a *color* movie?" "Yes, it is."

カラー写真 color ⌈photo [picture] Ⓒ **カラースライド** (color) slide Ⓒ **カラーテレビ** color ⌈television [TV] Ⓤ ★ 受像機のときは Ⓒ. **カラーフィルム** color film Ⓒ.

カラー² (衣類のえり) collar Ⓒ 《☞ えり (挿絵); 衣服 (囲み)》.

がらあき ━形 almost empty 《☞ すく¹》.

¶ その列車は*がらあきだった (⇒ その列車はほとんどからだった) I found the train *almost empty*. / (⇒ 列車に乗っている客はごく少なかった) There were *very few* passengers aboard the train.

からあげ 空揚げ (じゃがいものからあげ) 《米》 French fried potatoes, 《口語》 French fries, 《英》 chips ★ 複数形で; (とりのからあげ) fried chicken Ⓤ. 《☞ フライ¹; 料理の用語 (囲み)》.

からい 辛い (口の中がひりひりするように) hot; (舌を刺すように) pungent; (塩が) salty; (比喩的に厳しい) severe, strict. 《☞ 味 (囲み)》.

¶ メキシコ料理は一般に*辛い Mexican food is usually *hot*. // きょうのスープは*辛すぎる Today's soup is too *salty*. // 田中先生は点が*辛い (⇒ 点を付ける上で厳しい) Mr. Tanaka is ⌈*severe* [*strict*] in ⌈marking [evaluating students].

からいばり 空威張り ━名 (強がって大声を出すこと) bluster Ⓤ; (こけおどし) bluff Ⓤ. ━動 (空威張りする) bluster ㊀; bluff ㊀. 《☞ いばる》.

からかう (わざとうそを言ったり, いやがらせを言ったりして) tease ㊉, 《口語》 kid ㊉; (いたずらをする) play a ⌈trick [joke] on ...; (笑いものにして) make fun of ... 《☞ ひやかす》.

¶ 彼は*からかっているんだよ He's ⌈*teasing* [*kidding*] you. // 私たちは彼を*からかった We *played a joke on* him. // 彼らは私を*からかった (⇒ 笑いものにした) They *made fun of* me.

からかみ 唐紙 Japanese sliding ⌈screen [door] Ⓒ 《☞ ふすま》.

からから ━形 (のどが乾いた) thirsty; (乾いて水気がない) dry. ━動 (干上がる) be dried up ★ 動作をいうときは run dry という. 《☞ 擬声・擬態語 (囲み)》.

¶ 私はのどが*からからだ (⇒ 私はたいへんのどが乾いている) I'm very *thirsty*. // 田んぼは水がなくて*からからです (⇒ 田んぼは完全に干上がっている) The rice fields *are entirely dried up*. // 昨年の夏は貯水池が*からからになった (⇒ 貯水池は干上がった) The reservoir *ran dry* last summer.

がらがら (がらあき) almost empty 《☞ がらあき; 擬声・擬態語 (囲み)》.

からきし (まったく…でない) not ... at all; (まったく) quite. 《☞ ぜんぜん; まったく》.

¶ 私はスキーは*からきしだめだ (⇒ ぜんぜんできない) I can'*t* ski *at all*. // 英語は*からきしだめです (⇒ 私は英語はまったく弱い) I'm *very* poor ⌈in [at] English. // 米国のことは*からきし知らない (⇒ 何も知らない) I do*n't* know *anything* about the U.S. / (⇒ 私は米国についてはまったく無知である) I'm *quite* ignorant of the U.S.

からくさもよう 唐草模様 arabesque ⌈pattern [design] Ⓒ.

からくじ 空くじ blank (ticket) Ⓒ 《☞ くじ》.

¶ 私のは*空くじだった I've got a *blank ticket* in the lottery. / (⇒ 空くじを引いた) I drew a *blank* in the lottery.

がらくた (どうにもならないくず) junk Ⓤ ★ 役立たないものの比喩にも用いられる; (使い古した道具) worn-out ⌈furniture Ⓤ [articles]; (半端なもの) odds and ends. 《☞ くず》.

からくり (機械の仕組み) the works, mechanism Ⓒ ★ 後者がやや改まった語; (工夫された道具) device Ⓒ; (計略・ごまかしの) trick Ⓒ. 《☞ しくみ; しかけ》. ¶ 私はこの古い時計の*からくりを知っている I know *the* ⌈*works* [*mechanism*] of this old watch. // 裏に何か*からくりがあるに違いない There must be some *trick* behind the scenes.

からげる (荷物などをひもで) tie up ㊉; (2つのものを結びつけて) bind ㊉; (衣服のすそを) tuck up ㊉. 《☞ しばる; まくる》. ¶ 私は古本を*からげて包みにした I *tied up* the used books in a bundle. // 彼は着物のすそを*からげた He *tucked up* the end of his *kimono*.

からげんき 空元気 (見せかけの勇気) show of courage Ⓒ; (虚勢) bravado Ⓤ.

からし 芥子 mustard Ⓤ.

からす¹ 烏 crow Ⓒ; (大がらす) raven Ⓒ

[参考] raven はわたりがらすと呼ばれ, crow より大型の鳥. 不吉のきざしとされる. 《☞ 動物の鳴き声 (囲み); とり¹ (挿絵)》.

からす² 枯らす kill ㊉; (水分がなくなって) wither ㊉㊀. 《☞ かれる¹》. ¶ 害虫は大木さえ*枯らすことがある Vermin may *kill* even big trees. // 花に水をやるのを忘れて*枯らしてしまった (⇒ 枯れた) The flowers *have withered* because I have forgotten to water them.

からす³ 嗄らす (声を) get [become; be] hoarse ★ be を用いると状態. 《☞ かれる³》.

¶ 彼は声を*嗄らした His voice *became hoarse*. // 私は声を*嗄らして叫んだ (⇒ 声が嗄れるまで叫んだ) I shouted until I *was hoarse*.

ガラス glass Ⓤ; (窓ガラス) windowpane Ⓒ.

¶ *ガラスは割れやすい *Glass* breaks easily. // 板[すり]*ガラス plate [ground] *glass* 《☞ 数の数え方（囲み）》 // 父は私が割った窓*ガラスを直した My father fixed the *windowpane* which I had broken. // 我々の取り引きはすべて*ガラス張りだ (⇒ 隠し立てはない) All our dealings are *open and aboveboard*.

ガラス細工 glasswork Ⓤ **ガラス製品** glassware Ⓤ **ガラス戸** glazed door Ⓒ **ガラス屋** (人) glazier Ⓒ ; (店) glass store Ⓒ.

からだ 体 **1** «身体»: body Ⓒ 語法 最も一般的な語で, 広い意味では身体全部, 狭い意味では胴体の部分をいう名称. 体格・骨格などは意味しない ; (体の造り) build Ⓤ ; (体格) physique Ⓤ ; (体質) constitution Ⓒ ★ やや形式ばった語 ; (骨格) frame Ⓒ.

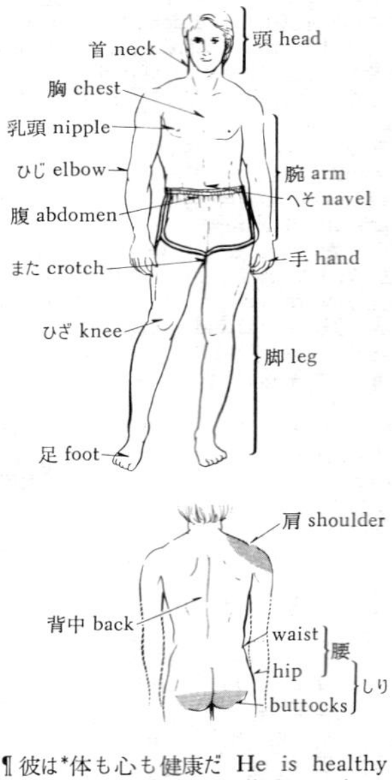

¶ 彼は*体も心も健康だ He is healthy in *body* and mind. // 私は*体があまり強くない I am not very strong. 語法 My *body* is not very strong. あるいは I have a weak *body*. とはいわない. // *体中が痛い I have aches and pains *all over*. // 彼は*体ががっしり[すらり]としている He has a ⌈sturdy [slender] *build*. // 少し*体を動かさなくてはだめだ (⇒ 運動をしなければ) You must have some *physical* exercise. // 湯船に入る前に*体をよく洗いなさい Wash *yourself* well before getting into the tub.

2 «健康»: health Ⓤ ; (状態) 《口語》 shape Ⓤ. 《☞ ぐあい ; 病気・病院 (囲み)》.

¶ 私は*体の具合がよい[悪い] I'm in ⌈good [bad ; poor] *health*. // 私は*体の調子がよい[悪い] I'm in ⌈good [bad] *shape*. ★ 口語的. // 私の*体は健康です I am *healthy*. 語法 My *body* is healthy. とは言わない. // すっかり*体がよくなった I am quite *well* again. // どうぞお*体を大切に Please take (good) care of *yourself*. 語法 普通は病人に対する見舞いの言葉として言われる. // 喫煙は*体によくない Smoking is ⌈not good [bad] for the *health*. // 過労で*体をこわした (⇒ 過労で健康が損なわれた) My *health* broke down from overwork. // 私は*体の丈夫なのだけが取り柄だ Good *health* is my only asset.

からっかぜ 空っ風 dry wind Ⓒ 《☞ かぜ[1]》.

からっと ¶ 空は*からっと晴れた (⇒ 完全に晴れ上がった) The sky *has* completely *cleared up*. // 彼は*からっとした (⇒ 率直な) 性格の若者です He is ⌈a *frank* [an *openhearted*] young fellow. 《☞ 擬声・擬態語 (囲み)》

カラット carat [kǽrət] Ⓒ. ¶ 14*カラットの金 14-*carat* gold

からて 空手 *karate* [kərɑ́:ti(:)] Ⓤ 《☞ イタリック体 (欄外) ; 日本固有の風物と英語 (囲み)》. ¶ 彼は*空手を毎日(練習)する He practices *karate* every day.

からてがた 空手形 fictitious bill Ⓒ ; (空約束) empty promise Ⓒ.

からぶり 空振り — 動 (見当違いに振る) swing wide ; (打ち損なう) miss a ball. 《☞ 野球の英語 (囲み)》. ¶ その選手は*空振りの三振をした The player *swung wide* and struck out.

からまつ 唐松, 落葉松 larch (tree) Ⓒ.

からまる 絡まる (巻き付く) get twisted round ... ; (もつれる) get [be] entangled ; (引っ掛かる) catch ㊀. 《☞ からむ》. ¶ ロープがマストに*絡まった The rope *got twisted round* the mast. // 何かが私の足に*絡まった Something *caught* my foot. // 僕の凧(たこ)は木の枝に*絡まった My kite *got entangled in* the branches.

からまわり 空回り — 動 (機械などが) idle ㊁. — 形 (むだな) idle. ¶ モーターが*空回りしている The motor *is idling*. // 彼らは*空回りの (⇒ 無益な) 議論で時間をむだにした They wasted their time in *idle* argument.

からみ 辛味 (ひりひりした味) hot [sharp] taste Ⓒ ; (塩味) salty taste Ⓒ. 《☞ からい》.

からみつく 絡み付く twine around ... ; (まとわりつく) cling to ... 《☞ からまる》.
¶ つるは壁に*絡みついていた The vine *clung to* the wall.

からむ 絡む **1** «絡まる»: twine ㊀ 《☞ からまる》. **2** «言いがかりをつける»: (酔っ払いが) annoy ㊀ ; (けんかをしかける) pick a quarrel. ¶ 彼は酔うと人に*絡む He *annoys* others when he gets drunk. **3** «含む・伴う»: involve ㊀. ¶ この問題に金銭は*絡んでいない No money *is involved* in this problem.

からりと — 形 (晴れた) clear ; (天気がとてもよい) beautiful. 《☞ からっと ; 擬声・擬態語 (囲み)》.

がらりと ¶ 彼は*がらりと戸を開けた (⇒ 開け放った) He *threw open* the door. // 彼女は結婚して*がらりと (⇒ まったく) 人が変わった

She has *completely* changed since she got married. // 彼は*がらりと (⇒ 突然) 態度を変えた He *suddenly* changed his attitude toward me. 《☞ 擬声・擬態語 (囲み)》

がらんと ―形 (人のいない) empty, vacant 語法 この2語は共に埋めるべきものが欠けていることを表す. 普通 vacant は empty より, その期間が長かったり状態が定着していることを意味する. 《☞ ひとけ ; かんさん[2]》. ¶ 私は一人 *がらんとした教室に残っていた I remained in an *empty* classroom alone.

がらんどう ―形 (中空の) hollow 《☞ から[1]》. ¶ このブロンズ像は中は*がらんどうになっている This bronze statue is *hollow* inside.

かり[1] 仮 ―形 (臨時の) temporary ; (暫定的な) provisional ★ 後者のほうがより形式ばった語 ; (当座の・試験的な) tentative. 《☞ かりに ; とうざ ; いちじ[1]》.
¶ ここは*仮の住まいです This is our *temporary* home. / (⇒ 一時的に住んでいるだけだ) We are only living here *temporarily*. // この設計図は*仮のものです This is a ⌈*tentative* [*provisional*] plan.
仮建築 temporary building Ⓒ **仮採用** trial employment Ⓤ **仮出所** (release on) parole Ⓤ, conditional release Ⓤ **仮免許** temporary [provisional] license Ⓒ **仮処分, 仮縫い** ☞ 見出し.

かり[2] 借り (借金) debt [dét] Ⓒ 《☞ かりる ; しゃっきん ; おいめ》.
¶ 彼には大きな*借りがあります I *am* ⌈greatly [deep] *in debt to* him. 語法 deep は普通は「借金」の場合だけに, greatly はその他「無形の借り」の場合にも用いる. // 今月末までに*借りは支払います I will pay the ⌈*debt* [*bill*] before the end of this month. // 君にいくら*借りがあったっけ How much do I *owe* you? // 金の貸し*借りはしないほうがよい You had better not *borrow* or lend money. // 今度こそ奴に*借りを返してやる (⇒ おあいこにしてやる) つもりだ I will be sure to *get even with* that fellow this time.

かり[3] 狩り hunt Ⓒ ; (狩猟) hunting Ⓤ, shooting Ⓤ 参考 《英》では鉄砲を持って獣や鳥を撃ちに行くのを go shooting といい, 犬を使い, 馬に乗って獣を狩りに行くのを go hunting という. 《米》ではいずれの場合にも go hunting を用いる. 《☞ りょう[2]》.
¶ 我々は鹿*狩りに行った We went on a deer *hunt*. // ハンターの夢はアフリカに猛獣*狩りに行くことです The hunters' dream is to go *hunting* game in Africa. // 紅葉(もみじ)*狩り maple *viewing* // きのこ*狩り mushroom-*gathering*

かり[4] 雁 wild goose Ⓒ 《複 wild geese》.

かりあげる 刈り上げる (短く刈る) cut ... ⌈short [close] ; (動物の毛を刈る) clip ㊎ ; (刈って整える) trim ㊎. 《☞ かる ; きる[1]》.
¶ 僕は髪を*刈り上げてもらった (⇒ 短く刈ってもらった) I *had* my hair *cut* ⌈*close* [*short*]. 《☞ 使役 (囲み)》 // 彼女は犬の毛を月に1回*刈り上げる She ⌈*clips* [*trims*] her dog once a month.

かりあつめる 駆り集める gather ... together ; (散らばっているものを1か所に集める) round up ㊎ ; (人員を募集する) recruit [rikrúːt] ㊎. 《☞ よせあつめる ; あつめる (類義語) ; かりだす》. ¶ 彼は牛を*駆り集めた He *rounded up* the cattle. // 農場では人手を*駆り集めている The farm *is* now ⌈*recruiting* [*rounding up*] farmhands.

かりいれ[1] 刈り入れ ―動 (取り入れる) harvest ㊎. ―名 (収穫) harvest Ⓒ ; (刈り入れ時) the harvest time. 《☞ とりいれ ; しゅうかく[1] ; かりとる》. ¶ 農夫は麦の*刈り入れに忙しい Farmers are busy ⌈*harvesting* [*cutting*] the wheat. // 小麦の*刈り入れは終わりました The wheat *harvest* is over.

かりいれ[2] 借り入れ ―動 (借りる) borrow ㊎ 《☞ しゃっきん》. ¶ わが社は銀行から1億円の*借り入れをした Our company *borrowed* 100 million yen from the bank.

カリウム 〖化学〗 potassium Ⓤ 《元素記号 K》.

カリキュラム (全課程の) curriculum Ⓒ 《複 curricula, ～s》; (1科目の) course of study Ⓒ. 《☞ 学校・教育 (囲み)》.

かりきる 借り切る (乗り物・施設などを) hire ㊎ ; (特にバス・船・飛行機などを) charter ㊎. 《☞ かしきり》. ¶ 私たちはバスを*借り切って旅行をした (⇒ 借り切ったバスで旅行した) We took a trip by ⌈*hired* [*chartered*] bus.

かりこむ 刈り込む (樹木を) trim ㊎ ; (特に果樹などの剪定(せんてい)をする) prune ㊎ ; (切る) cut ㊎ ; (動物の毛を) clip ㊎. 《☞ かる》.
¶ 生け垣は*刈り込まなければいけない (⇒ 刈り込みを必要としている) The hedge needs *trimming*. // 農夫はせっせとリンゴの木を*刈り込んでいた Farmers *were* busily *pruning* the apple trees. // 彼は羊の毛を*刈り込んだ He ⌈*cut* [*clipped*] the wool of the sheep.

かりしょぶん 仮処分 provisional disposition Ⓤ 《☞ かり[1]》. ¶ 裁判所はその件に関する*仮処分を下した The court made *provisional disposition* on the matter.

かりずまい 仮住居 ―名 temporary home Ⓒ. ―動 live temporarily. 《☞ かり[1]》.

かりだす 駆り出す (人を集める) gather ㊎ 《☞ かりあつめる ; あつめる (類義語)》.
¶ 私たちのクラスの男子は全員野球の応援に*駆り出された All the boys in our class *were gathered* to cheer at the baseball game.

かりたてる 駆り立てる (何かの力が人をある状態にする) drive ㊎; (せきたてる) urge on ㊎.
¶ 恐怖が私を狂乱状態に*駆り立てた <S (抽象名詞)＋V (*drive*)＋O (人)＋C (形)> Fear *drove* me mad. // 何が少年たちを非行に*駆り立てるのでしょうか What is it that *drives* boys ⌈to [into] juvenile delinquency? // 騎手は必死に馬を*駆り立てた The jockey *urged* his horse *on* wildly.

かりちん 借り賃 (定期的に支払う) rent Ⓒ 《☞ かりる ; りょうきん (類義語)》. ¶ 私は忘れずにアパートの*借り賃を払います I will never fail to pay the *rent* for my apartment. //

「このボートの*借り賃はいくらですか (⇒借りるのにいくら払えばよいのか)」「1時間300円です」"How much do I have to *pay* to *rent* this boat?" "300 yen per hour."

かりて 借り手 borrower Ⓒ；(土地・家屋などの) tenant Ⓒ；(法律用語) lessee Ⓒ. 《☞ かりる》. ¶銀行は*借り手を慎重に選ぶ Banks choose the *borrowers* very carefully. // このアパートは*借り手がつかない (⇒あいている) This apartment (house) ˹is [remains] *vacant*.

かりとる 刈り取る (取り入れる) harvest ㊍；(実った穀物などを) reap ㊍；(生えている草を) mow ㊍. 《☞ かる；かりいれ[1]》. ¶農夫は初夏に大麦を*刈り取る Farmers ˹*harvest* [*reap*] barley in the early summer. // 彼は芝刈り機で草を*刈り取った He *mowed* the grass with the lawn mower.

かりに 仮に **1** «もしも»: if ..., suppose ... ★ 前者が最も一般的. 後者は口語的；(たとえ…だとしても) even if ..., granting (that) ... ★ 後者は形式ばった語. 《☞ もし；たとえ[1]；譲歩の表現 (囲み)》.
¶ *仮にあなたが私の立場にいたらどうするか *If* [*Suppose*] you were in my place, what would you do? // *仮にそんなことが起こったとしたらどうしますか *If* [*Suppose*] such a thing happened, what would you do? // *仮に彼の言うことが正しいとしても，その問題の解決にはつながらない *Even if* [*Granting*] what he says is true, that does not lead to the solution of the problem.
2 «間に合わせに・暫定的に»: (さしあたってしばらくの間) for the time being, for the present, temporarily 【語法】 以上3つはほぼ同意だが，for the present は過去のことをいう時には使えない；(試しに・試験的に) tentatively. 《☞ かり[1]；とうざ》.
¶この装置は*仮に使用されているだけです This device is being used only ˹*for the time being* [*for the present*; *temporarily*]. // この項目を*仮にAと呼んでおこう Let us *tentatively* call this item A.

かりぬい 仮縫い (仮に縫うこと) tacks ★ 複数形で；(寸法合わせ) fitting Ⓒ. 《☞ さいほう (挿絵)；しつけ[2]》. ¶彼は*仮縫いをしてもらいに洋服屋へ行った He went to the tailor's to *be fitted*.

カリフォルニア California 《☞ アメリカ (表)》.

かりもの 借り物 borrowed thing Ⓒ 《☞ かりる》. ¶このピアノは*借り物です This is a *borrowed* piano. // その意見は君の独創ではなく，本からの*借り物だ (⇒借りた物だ) The *opinion is* not your original; you *borrowed* it from a book.

かりゅう 下流 ―【名】 (川の) the lower ˹course [part] (of a river). ―【副】【形】 downstream. ―【前】 down ... 《☞ かわしも》.
¶私たちはボートを*下流に向かってこいだ We rowed our boat ˹*down* the river [*downstream*].

かりゅうど 狩人 hunter Ⓒ 《☞ かり[3]》.

かりょう 科料 minor fine Ⓒ 《☞ ばっきん》.

かりょく 火力 (熱) heat Ⓤ；(熱する力) heating power Ⓤ. ¶このガスバーナーは*火力が強い This gas burner has strong *heating power*. **火力発電所** thermal power plant Ⓒ.

かりる 借りる **1** «借用する»: (無料で借りる) borrow ㊍ (↔ lend)；(使用する) use ㊍；(有料で借りる) rent ㊍；(土地などを) lease ㊍.
【類義語】 無料で人から物を借りることを表す最も一般的な語が **borrow** で，有料で借りるのが **rent**. 英語では有料・無料をはっきり区別する. *borrow* には普通借りた物の位置が移動する意味が含まれるので，借りてその場で使うような場合は **use** を用いる. 土地・家屋など比較的大きなものを賃借りするのを **lease** という. 《☞ かす[1] (類義語)；日本語と英語 (欄外)》
¶お金をお*借りしたいのですが May I *borrow* some money from you? / (⇒お金を貸していただけませんか) Will you please *lend* me some money? 【語法】 以上2文のうち，前者のほうが丁寧な言い方. lend を使うと相手に貸すか貸さないかの責任を負わすニュアンスが出てしまう. 《☞ 依頼の表現 (囲み)》
この図書館はだれでも本を*借りることができます Everybody can *borrow* books from this library.
電話をお*借りできますか May I *use* your telephone? 【語法】 電話は普通移動できないので，borrow は使えない.
トイレをお*借りしてよいですか May I *use* the ˹toilet [bathroom]?
銀行でお金を*借りた I *borrowed* money from the bank. 【語法】 利息がついても，それはいわゆる借り賃ではないので borrow でよい. / I *got a loan* from the bank. ★ 後者のほうがより一般的.
車をお*借りしたいのですが《レンタカーの会社で》 I'd like to *rent* a car. / 《友人など個人に向かって》 May I *borrow* your car? 【語法】 有料・無料の区別で英語では動詞が異なることに注意.
私たちはホールを*借りるのに200ドル払った We *paid* two hundred dollars *for* the hall.
2 «援助など頼む» ¶あなたの力をお*借りしたい Will you help me? / May I *ask* (*for*) your help? / (⇒援助が必要だ) I *need* your help.
彼女はあなたのお知恵をお*借りしたいそうです (⇒助言を望んでいる) She *wants* your advice.

かる 刈る (髪を) cut ㊍ ★ 一般的；(特に短く) crop ㊍；(草を) mow ㊍. 《☞ かりいれ[1]；かりこむ；かりとる》.
¶僕は月に1度は髪を*刈ってもらう I ˹*have* [*get*] *a haircut* at least once a month. / <S (人) + V (*have*) + O (名) + C (過分)> I *have* my hair *cut* at least once a month. 【語法】 口語では前者のほうが普通の言い方. 《☞ 使役 (囲み)》 // 少年は庭の芝生を*刈るように言われた The boy was told to *mow* the lawn in the garden.

-がる (…したいと思う) want ㊍；desire ㊍；(…しやすい) be apt to ...
【類義語】 欲しがることを表す最も普通の言い

方で，またぶっきらぼうな表現が ***want***. 同じような意味を表すが形式ばった言い方が ***desire***. この語は性的な欲望をいうことがあるので注意.《☞ 意志・願望の表現 (囲み)》

¶ 彼は医者になりた*がっている He *wants to* be a doctor. // 兄は仕事をやめた*がっています My brother *wants to* quit his job. // やせた人は一般に寒*がり屋だ (⇒ 寒いとこぼしがちである) Skinny people *are apt to* complain of the cold. // 息子は私について来た*がった (⇒ しきりに望んだ) My son *was eager to* come with me.

かるい 軽い **1** «重量» : light (↔ heavy).

¶ この荷物は*軽いから私にも持てる This baggage is *light* enough for me to carry.

2 «程度» : (ちょっとした) slight ; (優しい) gentle ; (重要ではない) minor ; (穏やかな) mild ; (静かな) soft.

¶ 私は先週*軽い風邪を引いた I had a *slight* cold last week. // *軽い食事をしましょうか Shall we have a *light* meal? // 私は腰を*軽くもんでもらった I had my waist massaged ⌈*gently* [*lightly*]. // *軽い罪 a *minor* ⌈crime [offense] // 私はそのとき*軽い失望を味わった I felt *mild* disappointment then. // ドアは*軽く (⇒ 静かに) ノックして下さい Knock *softly* at the door. // 易しい問題でも*軽く見てはいけない You must not *make light of* even an easy question. // 彼は口が*軽い (⇒ おしゃべりだ) He is *talkative*.

3 «楽な» : easy《☞ らく》. ¶ 姉のお産は*軽かった (⇒ 楽な分娩(ぶんべん)だった) My sister had an *easy* delivery. // 我々は*軽く (⇒ 楽々と) 相手チームに勝った We won over our opponent *with ease*. // その知らせを聞いて心が*軽くなった (⇒ ほっとした) I *felt relieved* to hear the news.

かるいし 軽石 pumice [pʌ́mis] (stone) Ⓤ ★ 数えるときは a piece of pumice (stone).

かるがる 軽軽 ― 副 (簡単に) easily ; (軽快に) lightly. ― 形 easy ; light.《☞ らく》. ¶ その男は大きな石を*軽々と持ち上げた The man lifted a big stone quite *easily*. // 彼女は*軽々とした足取りで私たちの所にやってきた She came up to us with *light* steps.

かるがるしい 軽軽しい (思慮に欠ける) thoughtless; (言動が不注意な) careless; (慎重な判断を欠く) imprudent ★ 改まった語.《☞ けいそつ ; かるはずみ》.

カルシウム 〖化学〗 calcium [kǽlsiəm] Ⓤ《元素記号 Ca》.

かるた cards《☞ トランプ》. ¶ 正月には子供たちはいろは*がるたをします Children play a game with Japanese syllabary *cards* in the New Year season.《☞ 日本固有の風物と英語 (囲み)》

カルテ medical report Ⓒ.

カルテル cartel [kɑətél] Ⓒ.

かるはずみ 軽はずみ ― 形 (不注意な) careless ; (思慮に欠けた) thoughtless ; (無分別な) rash.《☞ けいそつ》.

¶ そんな事をするとは君も*軽はずみだ It was ⌈*careless* [*thoughtless*] of you to do such a thing. // 自分の将来について*軽はずみな (⇒ 無分別な) 決心をしてはいけない Don't make a *rash* decision on your future. // *軽はずみなまねはよせ (⇒ もっと分別あるように) Be more *sensible*.

かるわざ 軽業 acrobatic performance Ⓒ, acrobatics ★ 複数形だが，時に単数扱い.《☞ アクロバット》.

かれ 彼 ― 代 he《複 they》(↔she) 語法 日本語の「彼」には指示的な意味があるが，英語の he にはその意味はないことに注意. また日本語では「彼」を使わない場合でも英語では he が用いられることに注意 ; (彼の) his《複 their》; (彼に・彼を) him《複 them》; (彼のもの) his《複 theirs》; (彼自身) himself《複 themselves》. ― 名 (男友達) boyfriend Ⓒ ; (愛人) lover Ⓒ ★ 性関係を暗示する語なので注意.《☞ かれら ; 代名詞 (欄外)》.

¶ *彼はだれですか (⇒ あそこにいる人はだれですか) Who is *that man*? //「田中さんてだれですか」「(*彼は)僕の友人です」"Who's Tanaka?" "*He*'s a friend of mine." // 鈴木さんには*彼 (⇒ 愛人) がいる I know Miss Suzuki has a *lover*.

かれい[1] 華麗 ― 形 (輝くようにすばらしい) splendid ; (華やかで目のさめるような) gorgeous; (優雅で華やかな) magnificent. ― 名 splendor Ⓤ ; gorgeousness Ⓤ ; magnificence Ⓤ.《☞ りゅうれい ; けんらん》.

¶ 外国から来た人たちはその劇場の*華麗さに目をみはった The visitors from abroad were amazed at the *splendor* of the theater. // 彼の演奏は*華麗だ He plays *magnificently*.

かれい[2] 鰈 flatfish Ⓒ《複 ～, ～es》.

カレー curry Ⓤ ; (カレーライス) curry and rice Ⓤ.《☞ 食事 (囲み)》. **カレー料理** curry Ⓒ, curried food Ⓤ.

ガレージ garage [gərɑ́:ʒ] Ⓒ.

かれえだ 枯れ枝 dead ⌈branch [twig] Ⓒ《☞ えだ》.

かれき 枯れ木 dead tree Ⓒ.

がれき 瓦礫 (破壊されて壊れたものや岩石など) debris [dəbríː] Ⓤ ; (石・れんがなどの破片) rubble Ⓤ.

かれくさ 枯れ草 (枯れて乾燥した草) dry grass Ⓤ ; (家畜の飼料となる干し草) hay Ⓤ.

かれこれ (およそ) about ; (ほとんど) almost.《☞ やく[3] (類義語)》.

¶ 彼がアメリカに行ってから，*かれこれ (⇒ 約) 10 年になります It is *about* ten years since he went to America. / *About* [*Some*] ten years have passed since he went to America. 語法 後者のほうが改まった調子. // *かれこれ (⇒ ほとんど) 夜中になるのに父はまだ帰って来ません It is *almost* midnight but my father has not come back yet.

かれは 枯れ葉 dry [dead] leaf Ⓒ《複 leaves》.

かれら 彼等 ― 代 they 語法 日本語の「彼ら」には指示的な意味があるが，英語の they にはその意味はないことに注意 ; (彼らの) their ; (彼らに[を]) them ; (彼らのもの) theirs ; (彼ら自身) themselves.《☞ かれ ; 代名詞 (欄外)》.

¶ *彼らはだれですか (⇒ あそこにいる人たちはだれ

ですか) Who are *those people*? [語法] 英語では前に話題にのぼった人々についてしか they は使えない.

かれる[1] 枯れる ―動 (植物が) die ㊀; (水分を失ってしおれる) wither ㊀. ―形 dead; (乾いた) dry. (☞ からす[2]).
¶花瓶に生けたばらはすぐに*枯れる Roses in a vase soon *die*. // この炎天で畑のもの (⇒ 植物) が*枯れ始めた Plants in the fields have begun to *wither* in this hot weather. // 庭の松の木が虫にやられて*枯れた (⇒ 虫が枯らした) Beetles *have* ⌈*blighted* [*killed*] the pine tree in the garden.

かれる[2] 涸れる (水が) go dry, dry up ㊀.
¶この井戸は水が*涸れることはない This well never *goes dry*. // 乾季にはこの川の水は*涸れます This river will *dry up* in the dry season.

かれる[3] 嗄れる (声が) get ⌈hoarse [husky] (☞ からす[3]). ¶あまり大声を出して声が*嗄れてしまった I shouted myself *hoarse*. // 大声を出していると声が*嗄れるよ Your voice will *get hoarse* if you keep shouting.

かれん 可憐 ―形 pretty, lovely. (☞ かわいい).

カレンダー calendar [kǽləndə] Ⓒ.

かろう 過労 overwork Ⓤ. ¶父は*過労から病気になった My father got sick through *overwork*.

がろう 画廊 (art [picture]) gallery Ⓒ.

かろうじて 辛うじて barely; (やっと) narrowly; (苦労して) with difficulty; (やっとのことで・命からがら) by the skin of *one's* teeth.
【類義語】ぎりぎりで余裕がないことを表すのが **barely**. 事の成否の間に差がほとんどないことを表すのが **narrowly** だが, 形容詞の **narrow**＋名詞で用いられることも多い. ((例) 我々は*辛うじて勝利を得た We gained a *narrow* victory.). 困難を伴うことを表すのが **with difficulty**. (☞ やっと; あやうく)
¶彼は非常に小声で話したので, 言っていることが*辛うじて聞き取れただけでした He spoke so softly that I could *barely* hear him. // 彼は*辛うじて汽車に間に合った (⇒ ほとんど乗り遅れるところだった) He *nearly* missed the train. // 私は*辛うじて難を免れた I escaped the danger *by the skin of my teeth*. / I *had a narrow escape* from the danger. // その道はきわめて狭く, 小さい車が*辛うじて通れる程度だった The road was quite narrow and even small cars passed *with difficulty*.

カロリー calorie Ⓒ, calory Ⓒ ★前者が一般的. ¶アメリカ人は平均1日に約3300*カロリーとっている The average American takes in about 3,300 *calories* a day. // きゅうりは*カロリーが少ない Cucumbers are low in *calories*.

ガロン gallon Ⓒ (☞ 量の表し方 (囲み); 度量衡 (囲み)).

かろんじる 軽んじる (軽視する) make ⌈little [light] of ..., think little of ...; (無視する) neglect ㊉; (実際よりも軽くみる) underestimate ㊉; (見下す) look down (on ...). (☞ けいし[1]; ないがしろ).
¶どんなことがあっても人命を*軽んじるようなことがあってはならない We should never *make light of* human life in any circumstances. // 規則は*軽んじては (⇒ 無視しては) いけない We should not *neglect* the rules. // 彼の意見はいつも*軽んじられる His opinion *is* always *made little of*. // 彼の能力を*軽んじたのは私たちの間違いです (⇒ 軽視すべきではなかった) We should not *have underestimated* his ability.

かわ[1] 川, 河 river Ⓒ; (流れ) stream Ⓒ; (小川) brook Ⓒ. ¶長良*川 (米) the Nagara (*River*) / (英) the (*River*) Nagara [語法] 川の名前には必ず the を付ける点に注意. (☞ 冠詞 (欄外); 大文字 (欄外))
川岸 riverside Ⓒ; (川岸の堤) riverbank Ⓒ ★bank だけでもよい. **川床** riverbed Ⓒ **川幅** the width of a river. ¶*川幅100メートルの川 a *river* 100 meters *wide* / a hundred-meter-*wide river*

かわ[2] 皮 ―名 (皮膚) skin Ⓤ; (獣皮) hide Ⓒ; (果物や野菜の薄い皮) peel Ⓒ; (果物の厚くて堅い皮) rind Ⓤ; (樹皮) bark Ⓒ. ―動 (皮をむく) skin ㊉, peel ㊉; (皮がむける) peel ㊀. (☞ き[2] (挿絵); りんご (挿絵)).
¶私は日に焼けて*皮がむけた I got sunburned and my *skin* peeled.
バナナの*皮を踏んで転んでしまった I slipped on a banana *peel*.
子やぎの*皮は靴や手袋を作るのによく使われます *Kid* is often used to make shoes and gloves. [語法] kid Ⓤ で「子やぎの皮」.
この靴は子牛の*皮で作られています These shoes are made of *calf*.
じゃがいもの*皮をむいて下さい Will you *peel* the potatoes?
彼女はオレンジの*皮をむいてくれた She *peeled* me an orange.
ハンターは射止めた鹿の*皮をはいだ The hunter *skinned* the deer he shot.
彼は面の*皮が厚い (⇒ 厚かましい) He is quite shameless.
【参考語】(羊・やぎなどの生皮・毛皮) pelt Ⓒ; (液体などの表面の薄皮) film Ⓒ; (牛乳の皮・クリーム) cream Ⓤ; buckskin Ⓤ; calfskin Ⓤ; deerskin Ⓤ; doeskin Ⓤ; goatskin Ⓤ; kidskin Ⓤ; lambskin Ⓤ; sheepskin Ⓤ.

かわ[3] 革 leather Ⓤ (☞ かわ[2]). ¶*革の手袋 a pair of *leather* gloves

がわ 側 side Ⓒ (☞ よこ; かたがわ).
¶私たちは通りの日の当たる*側を歩いた We walked along the sunny *side* of the street. // その道の両*側には木が植わっています There are trees on ⌈either *side* [both *sides*] of the street. [語法] either の場合は単数, both は複数形が続くことに注意. // ビルは僕の右*側に, 良子はテーブルの向かい*側に座った Bill sat on my right(-hand) *side*, and Yoshiko sat at the opposite *side* of the table. // その箱の内[外]*側は青く塗られていた The ⌈*inside* [*outside*] of the box was painted blue. // あなたは私と彼のどちら*側の味方をするんですか

Which *side* do you take, mine or his?

かわいい 可愛い **1** «愛らしい»: (きれいな) pretty; (子供・動物などが)《米口語》cute.
¶何て*かわいい女の子だろう What a ⌈*cute* [*pretty*] girl (she is)! / How *cute* (she is)! 《☞ 感嘆の表現 (囲み)》// 彼女は*かわいい子猫を飼っている She has a *cute* kitten. // 彼女はとても*かわいい顔をしている She looks very *pretty*.
2 «小さい»: little; (とても小さい) tiny [táini(:)]. 《☞ ちいさい (類義語)》. ¶花びらの上に一匹の*かわいい虫がいた I found a *tiny* insect on the petal.

かわいがる 可愛がる (愛する) love ㊍ ★最も一般的な語; (手を触れたり抱いたりして) caress ㊍; (抱きしめるようにして) cuddle ㊍; (愛玩する) pet ㊍, make a pet of ...; (盲目的に) dote on ... 《☞ あいする》.
¶彼女はその犬をとても*かわいがっている She *loves* the dog dearly. / (⇒よく世話をしている) She *takes* ⌈*good* [*loving*] *care* of the dog. // 彼女はだれからも*かわいがられる She *is loved* by everyone. // 赤ちゃんはできるだけ*かわいがってあげなさい (⇒抱いてあやしてあげなさい) *Cuddle* your baby as often as you can. // 彼女は息子を*かわいがりすぎる (⇒だめにしてしまう) She ⌈*spoils* [(⇒盲目的な愛情を注ぐ) *dotes on*] her son.

かわいそう —形 (気の毒な) poor; (哀れな) pitiful; (悲しさを誘う) sad; (残酷な) cruel; (みじめな) miserable.
【類義語】人などが不運で気の毒なのは **poor**. 人の様子・立場などが哀れで同情を誘うのは **pitiful**. 事柄などが他人の悲しみを誘うのは **sad**. 行為などが残酷でかわいそうなのは **cruel**. 特に惨めなのは **miserable**. 《☞ きのどく》
¶*かわいそうに What a *pity*! // 少年は*かわいそうにお金をなくしてしまった The *poor* boy has lost his money. // その2人の子供は*かわいそうな境遇におかれた The two children were put in a *pitiful* situation. // 彼が若くして両親を亡くしたのは*かわいそうなことです It's a *pity* that he has lost his parents so young. // その子供たちのことを思うと*かわいそうになる (⇒同情を感じる) I feel *pity* when I think of those children. // 私たちは彼の*かわいそうな (⇒悲しい) 話を聞いて泣いた We wept to hear his *sad* story.

かわいらしい 可愛らしい pretty 《☞ かわいい》.

かわうお 川魚 river fish Ⓒ 《☞ さかな》.

かわうそ 獺 otter Ⓒ.

かわかす 乾かす dry ㊍ 《☞ ほす; かわく¹》.
¶彼女はぬれた衣服を日に干して*乾かした She *dried* the wet clothes in the sun.

かわかみ 川上 —名 the upper ⌈part [course] of a river. —副 upstream. 《☞ じょうりゅう¹; かわしも》.

かわきり 皮切り (始め) beginning Ⓒ; (開始) start Ⓒ. 《☞ てはじめに; さいしょ》.
¶それを*皮切りに彼は大成功を収めた (⇒それが大成功の始めだった) It was the *beginning* of his great success. // *皮切りに (⇒最初に) 彼が歌を歌った As a *start*, he sang a song. // 私が*皮切りに彼に質問した (⇒私が彼に質問した最初の人だった) I was *the first* to put a question to him.

かわく¹ 乾く —動 dry ㊀. —形 dry. 《☞ かわかす; かんそう¹》. ¶雨天で干し物が*乾かない Wet clothes don't *dry* in the rainy weather. // シャツはまだ*乾いていません Your shirt is not *dry* yet.

かわく² 渇く —動 (のどが) be [feel] ⌈thirsty [dry]. —名 (のどの渇き) thirst Ⓤ. 《☞ からから》. ¶暑いね. のどが*渇いた It's hot! I'm very *thirsty*.

かわざんよう 皮算用 ¶とらぬたぬきの*皮算用をするな Don't count your chickens before they are hatched. 《ことわざ: たまごが孵(かえ)らないうちにひなを数えるな》

かわしも 川下 —名 the lower ⌈part [reaches] of a river. —副 downstream, down the river ★後者がより口語的. 《☞ かわかみ; かりゅう》. ¶この*川下に多くの工場があります There are many factories on *the lower reaches of this river*. // 彼らはボートを*川下に向けてこいだ They rowed their boat ⌈*downstream* [*down the river*].

かわす¹ 交わす (交換する) exchange ㊍ 《☞ とりかわす》. ¶私たちは毎朝あいさつを*交わします We *exchange* greetings every morning. // 私は彼と言葉を*交わしたことがない I *have* never *talked* ⌈*to* [*with*] him.

かわす² 躱す (横に移動してよける) step aside ㊀; (体をかわす) dodge ㊍ ㊀; (避ける) avoid ㊍. 《☞ よける; さける¹》.
¶私はとっさに身を*かわしてよけた I ⌈*stepped aside* [*dodged*] quickly and made my escape. // あき子はクラスメートが投げたボールを身を*かわしてよけた Akiko *dodged* the ball that her classmate threw at her. // 彼はいつでも議論の肝心な点を*かわしてしまう He always *avoids* the ⌈crucial [central] issue of an argument.

かわせ 為替 (郵便為替) (postal) money order Ⓒ; (外国為替) exchange Ⓤ.
¶3千円の*為替を組みたいのですが I want to ⌈send [remit] a *postal money order* for ¥3,000. // 電報*為替で1万円送った I sent ¥10,000 by telegraphic *money order*. // 外国*為替市場 the foreign *exchange* market // 銀行*為替 a bank *money order*
為替受取人 payee Ⓒ **為替管理法** the Exchange Control Law **為替手形** bill of exchange Ⓒ **為替振出人** drawer Ⓒ **為替レート[相場]** the rate of exchange, exchange rate Ⓒ. ¶*為替レート[相場]は毎日変動する The *exchange rates* fluctuate every day. // きょうの*為替レートは1ドル230円です The *exchange rate* for today is two hundred and thirty yen to the dollar.

かわった 変わった (奇妙な) strange; (風変わりな) eccentric; (独特の) peculiar; (いろいろな) various; (おかしな) funny; (異常な) unusual. 《☞ へん¹ (類義語); きみょう; おかしい》.
¶*変わった動物だ. 何だろう What a *strange*

animal! What is it? // 彼女はとても*変わった (⇒ 独特の[おかしな]) 表現をします She has a 「*peculiar* [*funny*] way of expressing herself. // 彼は*変わった人だ He is 「a *strange* [an *eccentric*] man. // 何か*変わったことはありませんか (⇒ すべて申し分ありませんか) Is everything all right? / (⇒ 何かニュースはないか) Is there any news? // 彼はいろいろ*変わった国々を旅行した He has traveled in *various* countries.

かわびらき 川開き river festival Ⓒ.

かわら¹ 瓦 tile Ⓒ 〔参考〕 tile は日本語で言う「タイル」と同時に屋根の瓦も指す. ¶ *瓦屋根の家 a *tile*-roofed house // *瓦屋根 a *tile(d)* roof // 屋根*瓦が何枚か風で飛んだ Some of the roof *tiles* were blown off.

かわら² 河原, 川原 river beach Ⓒ.

かわり¹ 代わり **1** «代理・代用» —名 (代わりの人・物) substitute Ⓒ. —前 (…の代わりに) instead of …, in place of …, for … —副 instead. —動 (代わりをする) substitute ㊀ ㊁. 《☞ だいり ; かわる²》.

¶ 君の*代わりに僕が行きます I will go 「*instead* [*in place*] *of* you. / I will go 「*for* you [*in your place*]. // もしあなたが忙しくてご一緒できなければ, *代わりに妹さんを連れていきましょう If you are too busy to go with me, I will take your sister *instead*. // 石炭の*代わりに石油が燃料となった (⇒ とって代わった) Oil *has replaced* coal as fuel. // スミス先生が休みで, *代わりの先生が授業をした Mr. Smith was absent and a *substitute* taught us at school. / Another teacher *substituted for* Mr. Smith who was absent. // どんな機械でも人間の*代わり (⇒ 代用品) にはなれない No machine can (be a) *substitute for* a man. 《☞ だいよう 〔語法〕》

2 «代償» —前 (…の代償として) for … ; (…の返礼として) in return (for …).

¶ 私は彼に英語を教えてもらう*代わりに (⇒ お返しに) 彼に日本語を教えた He taught me English and I taught him Japanese *in return*. // 彼は私のペンをなくしてしまったので, *代わりに (⇒ 代償として) 新しいペンを買ってくれた He bought me a new pen 「*in compensation for* [to *replace*] the one he had lost.

かわり² 変わり (変化) change Ⓒ ; (相違) difference Ⓒ. 《☞ かわる¹》.

¶ この 10 年間, この町の人口はまったく*変わりがない There has been no *change* in the population of this town these ten years. // 私たち 2 人の意見にはほとんど*変わりはありません There is little *difference* of opinion between the two of us. // 私の留守中, 何の*変わりもなかった (⇒ すべてうまくいった[何事も悪くいかなかった]) *Everything went well* [*Nothing went wrong*] while I was away. // 「近ごろお*変わりありませんか (⇒ どうやっていますか)」「おかげさまで別に*変わりはありません」 "How *are* you *getting along* these days?" "(I'm) quite well, thank you." 《☞ あいさつ (囲み)》.

かわりだね 変わり種 (例外) exception Ⓒ.

¶ 彼は一家の*変わり種です He is an *exception* in his family.

かわりばえしない 代わり映えしない none the better for … ¶ 彼女は新しい服を着ても少しも*代わり映えしない (⇒ 新しい服なのにちっともよくない) She is *none the better for* her new clothes.

かわりばんこ 代わりばんこ —副 (交替に) by turns, alternately ★ 後者は前者より改まった語 ; (順々に・次々に) in turn(s). 《☞ かわるがわる ; こうご¹》. ¶ *代わりばんこに休みを取りましょう Let's take 「a rest *in turns* [*turns* resting].

かわりめ 変わり目 (ある状態からほかの状態へ移ること) change Ⓒ ; (変動) turn Ⓒ ; (終わり) end Ⓒ. 《☞ てんき²》.

¶ 私は季節の*変わり目によく風邪を引く I often catch (a) cold at the *change* of seasons. // その戦争は世紀の*変わり目に起こった The war broke out at the *turn* of the century. // 私たちは月の*変わり目 (⇒ 月末) に引っ越します We move at the *end* of the month.

かわりもの 変わり者 eccentric person Ⓒ ; (不思議な行動をする人) strange person Ⓒ ; (おかしな男) funny guy Ⓒ.

かわる¹ 変わる, 換わる (変化させる・する) change ㊀ ㊁ ; (…になる) turn to … 《☞ かえる² ; へんか》.

¶ 彼女はよく気が*変わる (⇒ 気持ちを変える) She often *changes* her mind. // 彼は怒りで顔色が*変わった (⇒ 彼の顔は怒りで赤かった) His face was red with rage. // 魔法使いが手を触れると同時にすべての物は金に*変わった Everything 「*changed* [*turned*] *to* gold as soon as the magician touched it. // 4 月にテレビの番組の一部が*変わります Some of the TV programs will 「*be changed* [*change*] in April. // 彼は結婚前とは人が*変わった He *has changed* since he got married. // 引っ越して住所が次のように*変わりました (⇒ 次の住所に移った) I *have moved to* the following address. // 秋の天気は*変わりやすい Autumn weather is very *changeable*.

かわる² 代わる (…の代わりをする) replace ㊀ ; (…にとって代わる) displace ㊀ ; (…の代わりになる) substitute ㊀, take the place of … ★ 後者のほうがより口語的. 《☞ かわり¹ ; とってかわる ; こうたい¹ ; いれかわる》.

¶ 報道機関として, テレビはラジオに取って*代わった (The) TV *has* 「*replaced* [*displaced*] the radio as a means of communication. // 彼女に*代わって (⇒ 彼女の代わりに) 私が説明します I will explain it 「*instead of* [*in place of*] her. // 新しい先生に*代わってから (⇒ 新しい先生を持って以来) 生徒たちはよく勉強するようになった The students have been studying harder 「since they have had a new teacher [with the new teacher]. // 《電話で》 少々お待ち下さい. いま父と*代わります (⇒ 父を電話に出します) Hold the line, please. I'll put my father on (the phone) in a minute. 《☞ 電話の英語 (囲み)》

かわるがわる 代わる代わる（交互に）in [by] turns, alternately ★ 後者はやや改まった語；（順々に・次々に）in turn.《☞ かわりばんこ；こうご[1]；こうたい[1]》.
¶3人の少年は*代わる代わるボートをこいだ Three boys took ⌈the oars *in turns* [*turns* rowing]. // 委員会のメンバー全員が*代わる代わる立って話をした All the members of the committee got up and spoke *in turn*.

かん[1] 感 （感じ）a feeling ★ a を付けて；sense Ⓤ; sensation Ⓒ;（感情）emotion Ⓤ.
【類義語】以下4語中，最も広い意味に用いられるのが **feeling** で，主観的な感情を表す．精神的な意識に重点があるのが **sense**．肉体的な感覚を表すのが **sensation**．喜び・悲しみなどの情緒的な感情が **emotion**．《☞ かんかく[2]（類義語）；かんじ[1]》
¶彼女は幸福*感に満たされた She ⌈was filled with *a feeling* of happiness [*felt* much happiness]. // 彼は方角*感が鋭い He has a keen *sense* of direction. // 恐怖*感が彼女の身体中に広がった A *sensation* of fear spread over her whole body. // 私たちは彼女の悲しい話を聞いて*感きわまった（⇒ ひどく感動した）We *were* deeply ⌈*moved* [*touched*] by (hearing) her sad story. // 私は*感きわまって言葉が出なかった I was nearly choked with *emotion*.

かん[2] 勘 （感じ）a feeling ★ a を付けて；（直観）intuition Ⓤ；（知覚力）perception Ⓤ；（第六感）a sixth sense,《口語》a hunch.《☞ ちょっかん[2]；だいろっかん》.
¶私は*勘でわかった（⇒ 感づいた[直観で知った]）I ⌈*sensed* it [knew it *by intuition*]. / I had *a feeling* that it was so. // 彼は*勘がいい（⇒ 素早い知覚力を持っている）He has quick *perception*. // *勘を働かせろ（⇒ 頭を使え）You *use your head*.《☞ 命令の表現（囲み）》

かん[3] 巻 volume Ⓒ; book Ⓒ ★ book は「内容」，volume は「外形」を言う.
¶その辞典は12*巻から成る The dictionary ⌈is made up of [consists of; comprises] twelve *volumes*. ★ is made up of から [ ] の中へ，この順に改まった言い方となる. // 第1*巻は1970年に出版された The first *volume* [*Vol.* 1] was published in 1970. // 第1*巻 *Book* I 【語法】必ずしも1冊でなく，2冊 (two volumes) のこともあり得る.

かん[4] 観 （見方）view Ⓒ;（外観）appearance Ⓒ. ¶彼はユニークな女性*観の持ち主です He has a unique *view* of women. // 議論は泥試合の*観を呈した The debate ⌈had [bore] the *appearance* of a mudslinging contest.

かん[5] 癇 ―[形]（癇にさわる）provoking；（人をいらいらさせるような）irritating. ¶彼女は何か*癇にさわることを言った（⇒ 人を怒らせること）She said something quite *provoking*.

かん[6] 寒 （季節）the cold season；（真冬）midwinter Ⓤ. ¶*寒の入り[明け] the ⌈beginning [end] of *the coldest season*

かん[7] 缶 can Ⓒ,《英》tin Ⓒ.《☞ かんづめ》.

かん[8] 棺 coffin Ⓒ,《米》casket Ⓒ.

-かん …間 ―[前]（2者の）between …；（3者以上の）among … 【語法】3者以上の間でも，個々の間の関係をいうときは between を用いる；（ある期間内で）in …；（ある期間ずっと）during …；（…の間）for … 【語法】for は「時間・距離」両方に用いる．また during が特定の期間中ずっと続くことを意味するのに対し，for は不特定・特定いずれにも用いられる.《☞ あいだ（類義語）；このかん；時・期間の表し方（囲み）》.
¶東京博多*間にいくつ駅がありますか How many stations are there *between* Tokyo and Hakata? // 私は2日*間でこの本を読んだ I read through this book *in* two days. // 彼とはここ10日*間会っていません I haven't seen him (*for* these) ten days.

がん[1] 癌 cancer Ⓤ ★ 個々についてはⒸ；（婉曲的に）tumor Ⓤ ★ 日本語の「悪性のはれもの」という感じに似た言い方.《☞ 病気・病院（囲み）；婉曲語法（欄外）》.
¶彼は胃*がんだ He's got (a) *cancer* in his stomach. / He's got ⌈*cancer* of the stomach [stomach *cancer*]. // その老人は*肺がんで亡くなった The old man died of lung *cancer*. // 乳*がんは治る Breast *cancer* is curable.

がん[2] 雁 wild goose Ⓒ《複 wild geese》.

がん[3] 願 **願をかける** make a vow to ⌈a god [God].

ガン gun Ⓒ；（ライフル銃）rifle Ⓒ；（ピストル）pistol Ⓒ.《☞ じゅう[2]；けんじゅう（挿絵）》.

かんい 簡易 **簡易裁判所** summary court Ⓒ《☞ さいばんしょ》 **簡易水道** provisional water supply system Ⓒ《☞ すいどう》 **簡易保険** postal life insurance Ⓤ.

かんいっぱつ 間一髪 ―[副] narrowly, by a ⌈hairbreadth [hair's breadth]. ¶私は*間一髪のところで事故をまぬがれた I *narrowly* escaped the accident. / I escaped the accident *by a hairbreadth*. / I had a *hairbreadth* escape.

かんえん 肝炎 hepatitis [hèpətáitis] Ⓤ《☞ かんぞう；病気・病院（囲み）》.

かんおけ 棺桶 coffin Ⓒ,《米》casket Ⓒ.

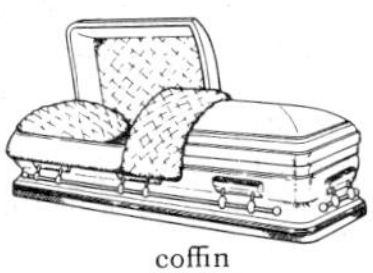
coffin

かんか 感化 ―[名] influence Ⓤ. ―[動]（影響を与える）influence (他).《☞ えいきょう》.
¶少年は悪い友達に*感化された The boy *was influenced* by his ⌈bad [derelict] friend. // 彼は若い人によい*感化を与えた He had a good *influence* ⌈over [on] the young people.

がんか[1] 眼下 below (*one's* eyes). ¶断崖の上からは*眼下に青い海が見えた From the top of the cliff we could see the blue sea just *below* (⌈*our eyes* [us]).

がんか[2] 眼科 ophthalmology [ɑ̀fθælmɑ́lədʒi(ː)] Ⓤ《☞ 病気・病院（囲み）》. **眼科医** eye ⌈doctor [specialist] Ⓒ, oculist Ⓒ ★ 前者が口語的.《☞ いしゃ》.

かんがい[1] 感慨 deep emotion Ⓤ. ¶家へ

帰ってきたときは*感慨無量でした (⇒ 言葉では表せないほどの気持ちだった) *My heart was too full for words* when I got back home again.

かんがい² 灌漑 —動 irrigate ㊤. —名 irrigation Ⓤ. 《☞ すいり²》. ¶ *灌漑の不十分な土地は収穫が悪い Ill-*irrigated* land ˹produces [yields] a poor harvest.

か

かんがえ 考え **1** «思考»: thought Ⓤ ★「意見」という意味では通例複数形. 《☞ かんがえる》. ¶ 彼は*考えにふけった He was lost in deep *thought.* // どうも*考えがまとまらない I cannot collect my *thoughts.*

2 «思いつき»: idea Ⓒ 《☞ おもいつき; アイディア》. ¶ それはよい*考えだ That's a good *idea.* // よい*考えが浮かんだ I ˹hit upon [thought of] a good *idea.*

3 «意見»: opinion Ⓒ; (見解) view Ⓒ. 《☞ いけん (類義語)》. ¶ これについてあなたの*考えはどうですか What's your *opinion* on this? // 私の*考えではあなたの計画はやめたほうがよいと思う In my ˹*opinion* [*view*], you should give up your plan.

4 «意図»: intention Ⓤ 《☞ いと²; -つもり》. ¶ それによって金をもうけようという*考えはない I have no *intention* of making money out of it. // どういう*考えでそんなことをしたのですか (⇒ なぜそんなことをしたのか) Why did you do such a thing?

かんがえこむ 考え込む (一生懸命に考える) think hard; (じっと深くあれこれと) brood ˹over [on; upon] ... 《☞ おもいつめる》. ¶ 何をそんなに*考え込んでいるの What makes you *think* so *hard*? / What *are* you *brooding over* now? // 彼女はしばらく*考え込んでいた She *was lost in thought* for some time.

かんがえだす 考え出す (よく考えて案出する) think ˹out [up] ㊤; (考案する) invent ㊤ ★ やや改まった語. 《☞ つくりだす; こうあん¹》. ¶ 彼はその案をうまく*考え出した He *thought* the plan *out* well. // 彼女は新しい料理法を*考え出した She *thought up* a new method of cooking. // これは彼が*考え出したものです (⇒ 彼の発明品です) This is his *invention.*

かんがえちがい 考え違い (間違い) mistake Ⓒ; (誤解) misunderstanding Ⓒ. 《☞ おもいちがい; かんちがい; ごかい》.
¶ それは君の*考え違いです (⇒ 間違っている) I'm afraid you're *wrong.* // 彼は*考え違いをしていたことをどうしても認めようとしない He won't admit that he had a *mistaken* idea. // 私の*考え違いでなければ (⇒ 正しく記憶していれば) その言葉はシェイクスピアの作品にあります If I remember it right, you can find these words in Shakespeare.

かんがえなおす 考え直す (考え直して決心を変える) reconsider ㊤; (もう一度考える) think ... over again, rethink ㊤ ㊀ ★ 前者のほうが口語的. 《☞ おもいとどまる; おもいなおす; さいこう²》.
¶ もう一度*考え直してごらん I suggest you *think* it *over again.* // 先生は退学するのを*考え直すように私に忠告した Our teacher advised me to *reconsider* my quitting school. // 初めはお断りしようと思いましたが, *考え直して彼の申し出を受けることにしました I intended to decline his offer, but *on second thought* I decided to accept it.

かんがえぬく 考え抜く think out ㊤.
¶ 彼は*考え抜いた末, 仕事をやめた He has quitted his job after *thinking* ˹it all [everything] *out.*

かんがえぶかい 考え深い thoughtful; (用心深い) prudent. 《☞ しんちょう²》.

かんがえる 考える **1** «思考する・思う»: think (of ...; about ...) ㊀ 《過去・過分 thought》, think ㊤ ★ 後に名詞節を従える; (熟慮する) think over ㊤, consider ㊤ ★ 前者のほうが口語的; (想像して考える) suppose ㊤, imagine ㊤ [語法] 前者は「仮定する」の意味であるのに対し, 後者は「心に感情的に想像する」という気持ちが強い; (懸念する) fear ㊤, be afraid of ... ★ 後者がより口語的; (予期する) expect ㊤ [語法] よいことに用いることが多いが, 悪いことにも用いる. 《☞ おもう (類義語); こうりょ; かんがえ》.
¶ 私もそう*考える I *think* so, too.
私はそうは*考えません I don't *think* so.
あなたはそれについてどう*考えますか What do you *think* ˹*of* [*about*] that?
私はそれについて何度も*考えた I *thought* it over and over again.
それについてよく*考えて下さい Please *think* it *over.*
私は大学院に進学することを*考えています I'*m considering* going to graduate school.
いろいろ*考えた末, 私は医者になろうと決心した After much *consideration,* I decided to become a doctor.
私は彼の言ったことは正しいと*考えます I *suppose* what he said was right.
みな彼が少しおかしい (⇒ 気が狂った) のではないかと*考えた Everyone ˹*thought* [*feared*; *was afraid*] he was out of his mind.
その映画の結末は私たちが*考えていたものとは違っていた The ending of the movie was different from what we *had* ˹*imagined* [*expected*].

2 «...とみなす»: regard ... (as ...); (...を...と理解する) take ... for ...; (...を...と思いこむ) believe [think] ... (to be ...). 《☞ みなす》.
¶ 私たちはあなたを最良の友人と*考えています We *regard* you *as* our best friend.
私たちは誤って彼をアメリカ人と*考えてしまった We *took* him *for* an American. / We ˹*believed* [*thought*] him *to be* an American mistakenly.

かんかく¹ 間隔 (2つの出来事・動作の) interval Ⓒ; (物と物との空き) space Ⓤ. 《☞ あいだ; -おき; 時・期間の表し方 (囲み)》.
¶ 次の列車まで 30 分の*間隔がある (⇒ 次の列車まで 30 分待たなくてはならない) We have to wait 30 minutes ˹before [till] the next train comes. // バスは 10 分*間隔で来ます Buses come ˹at ten-minute *intervals* [(⇒ 毎 10 分ごとに) *every* ten minutes]. // もっと*間隔を詰めて (⇒ もっとくっついて) お座り下さい

Please sit ⌈a little closer [more closely] together.

かんかく² 感覚 sense Ⓤ; sensibility Ⓤ.
【類義語】元来, 視覚・触覚などのいわゆる五感の感覚が *sense* で, さらに「勘」をも指す. ((例) 距離*感覚 a *sense* of distance). 感覚を感じとる能力, すなわち「感受性・感度」という意味での感覚は *sensibility*. 《☞ かん¹ (類義語)》
¶ 彼は国際問題に関して鋭い*感覚をもっている He has a keen *sense* of international affairs. // 彼は文学に対する繊細な*感覚を持っている He has a delicate *sensibility* for literature // 畳に座っていたら足の*感覚がなくなった (⇒ しびれた) My legs got *numb* ⌈while [as] I sat on the *tatami*.

かんかつ 管轄 (法的に, ある権限を持って管理・決定をなすこと) jurisdiction Ⓤ; (支配・取り締まり) control Ⓤ. 《☞ とうかつ》.
¶ その島はわが国が*管轄権を持っている Our country ⌈has [exercises] *jurisdiction* over the island. // その殺人事件は警視庁の*管轄です (⇒ 警視庁で取り扱われている) The murder case *is being handled* by the Metropolitan Police (Department).

かんがっき 管楽器 wind instrument Ⓒ; (楽団中の管楽器部門) the wind ★ 複数扱いにすることもある. 《☞ 音楽 (囲み)》.

カンガルー kangaroo [kæ̀ŋgərúː] Ⓒ.

かんかん ¶ 父は*かんかんになって (⇒ ひどく) 怒った My father was ⌈*furious* [*very angry*; *in a rage*]. 《☞ げきど》 // *かんかん照りの (⇒ 熱くて乾いた) 日が続いた *Hot and dry* weather continued. 《☞ 擬声・擬態語 (囲み)》

かんかんがくがく 侃侃諤諤 ―形 heated.
¶ その問題については*かんかんがくがくの議論があった We had a *heated* discussion ⌈about [on] the matter. 《☞ ぎろん》

かんき¹ 換気 ―名 ventilation Ⓤ. ―動 ventilate ㊀. ¶ この部屋は*換気がよい[悪い] The room *is* ⌈well [poorly] *ventilated*. // 彼は*換気のために (⇒ 新鮮な空気を入れるために) 窓を開けた He opened the windows to *let fresh air in*. **換気扇** ventilation [ventilating] fan Ⓒ; ventilator Ⓒ ★ 後者は他の「換気装置」も指す. 《☞ 台所・家事 (囲み)》.

かんき² 喚起 ―動 (呼び起こす) arouse ㊀, stir (up) ㊀ ★ 後者がより口語的; (注意などを求める) call ㊀. 《☞ よびおこす》. ¶ 彼女の話は彼の好奇心を*喚起した Her story ⌈*stirred up* [*aroused*] his curiosity. // 我々はその問題に対して彼の注意を*喚起した We *called* his attention *to* the matter.

かんき³ 歓喜 (喜びで我を忘れるような) rapture Ⓤ ★ しばしば複数形で; (有頂天) ecstasy Ⓒ; (喜び) joy Ⓤ. 《☞ よろこび》.

かんき⁴ 乾季 the dry season.

かんきつるい 柑橘類 citrus fruits.

かんきゃく 観客 audience Ⓒ ★ 集合的に. 《☞ かんしゅう²》. ¶ *観客はかなり多かった[少なかった] There was a ⌈fairly large [rather small] *audience*. / The *audience* was ⌈fairly large [rather small]. **観客席** seat Ⓒ; (スタンド) stands ★ しばしば複数形で. 《☞ スタンド》.

かんきょう 環境 ―名 (周囲の環境) environment Ⓒ; (周りを取り巻くもの) surroundings ★ 複数形で; (周囲の状況) circumstances ★ 特に出来事などを含む. 複数形で. ―形 (環境の) environmental.
¶ 我々の学校は静かなよい*環境にある (⇒ 環境を持つ) Our school has a nice quiet *environment*. // その発電所の建設で*環境が損なわれた The construction of the power plant ⌈harmed [damaged] our *environment*. // 不快な*環境ではよい仕事はできない Good work cannot be done in uncomfortable *surroundings*. // 彼女は新しい*環境にすぐ慣れる She can adapt herself readily to new ⌈*surroundings* [*environments*]. // 恵まれた[恵まれない]*環境 a favorable [an unfavorable] *environment*
環境汚染 environmental pollution Ⓤ **環境庁** the Environment Agency 《☞ 政治・経済 (囲み)》 **環境庁長官** the Director General of the Environment Agency **環境破壊** environmental disruption Ⓤ **環境保護** environmental protection Ⓤ **環境問題** environmental problem Ⓒ.

がんきょう 頑強 ―形 (粘り強い) tenacious; (頑固な) stubborn. ―副 tenaciously; stubbornly. ¶ 敵は*頑強に抵抗した The enemy resisted ⌈*stubbornly* [*tenaciously*]. / The enemy ⌈made [put up] a *stubborn* resistance.

かんきり 缶切り can opener Ⓒ, 《英》 tin-opener Ⓒ. 《☞ 台所・家事 (囲み)》.

かんきん 監禁 ―名 confinement Ⓤ; (牢獄に) imprisonment Ⓤ. ―動 imprison ㊀. 《☞ なんきん¹》. ¶ 彼は1か月間*監禁されていた He *was* ⌈*under confinement* [*imprisoned*] for a month.

がんきん 元金 principal Ⓒ.

がんぐ 玩具 (おもちゃ) toy Ⓒ; (遊び道具) plaything Ⓒ. 《☞ おもちゃ》.

かんぐる 勘ぐる (…だろうと疑う) suspect ㊀ 《☞ うたがう》. ¶ 彼がうそをついているのではないかと*勘ぐった I *suspected* that he was lying.

かんけい 関係 **1** «関連・関与» ―名 relation Ⓤ; connection Ⓒ; relationship Ⓤ. ―動 (物事が…に関係がある; …を…と関係させる) relate ㊀, connect ㊀ 【語法】人・物を主語にして be related, be connected の形で用いられることが多い; (人がかかわり合いをもつ) take part in … ; (人・物が) have something to do with …
【類義語】緊密な相互関係・交渉などの関係を示すのが *relation*. 国際関係などをいうときは複数形. 独自性を保ちつつ互いのつながりを強調する関係は *connection*. つまり, 親戚・親友・因果関係などは *relation* で, ビジネスやその他の偶然の関係は *connection* といえるが, 両者はほぼ同意で, 入れ替え可能のことが多い. やや形式ばった語は *relationship* で, *relation* と同意に用いられることもある. 《☞ かんれん; つながり》

か

¶それは私には*関係がない I have no *connection with* the matter. / I *have nothing to do with* it.
青木氏と由美子さんはどんな*関係ですか What *relation* is Mr. Aoki to Yumiko? [語法] 2人がどのような親戚関係かをきく意味となる. / What is the *relationship* between Mr. Aoki and Yumiko?
彼女は私の家とは何の*関係もない She ⌈has [is of] no *relation* to my family at all. / She *is* not *connected with* my family.
彼の仕事と私のやっていることはまったく*関係(⇒共通なところ)がない His work and mine *have nothing in common.*
その2つの出来事は密接な*関係があった The two incidents *were* closely ⌈*connected* [*related*].
エジプトはリビアとの外交*関係を断絶した Egypt broke off diplomatic *relations* with Libya.
2国の間には友好*関係が確立された Friendly *relations* have been established between the two countries.
その陰謀にたくさんの人間が*関係した A lot of people ⌈*were involved* [(⇒加わった) *took part*] *in* the plot.
2 «問題になる» —[動] (重大な問題である) matter ㊀ [語法] 通常は it を主語として否定文・疑問文に用いられる.
¶彼女が外で何をしようと私には何の*関係もありません It doesn't *matter* to me what she does while she's out. ‖ 仕事の*関係で(⇒仕事で) 10日ほど中国へ行ってきた I've been in China for ten days *on* business.
関係官庁 the ⌈authorities [government office] concerned **関係者** (個人) person concerned Ⓒ; (関係者全体) party concerned Ⓒ **関係代名詞** relative pronoun Ⓒ《☞関係詞(欄外)》 **関係副詞** relative adverb Ⓒ《☞関係詞(欄外)》.

かんげい 歓迎 —[名] (好意をもって迎えること) welcome Ⓒ ★最も一般的な語; (迎え入れること) reception Ⓤ [語法] 必ずしも暖かく迎えることは意味しない. 従って冷たく迎えること (a cold *reception*) もある. —[動] welcome ㊉《過去・過分 welcomed》; give a welcome. 《☞むかえる; かんたい¹》.
¶私たちは彼を*歓迎した We *welcomed* him. / We *gave* him *a welcome.* ‖ 私は大いに*歓迎された I *was* heartily *welcomed.* / I met with a ⌈cordial [friendly] *reception.* ‖ 一言*歓迎のごあいさつを申し上げます Let me say a few words of *welcome* to you all. ‖ 私は*歓迎されざる客だった I was an *unwelcome* guest.
歓迎会 welcoming party Ⓒ; (やや改まった会) reception Ⓒ.

かんげいこ 寒稽古 (mid)winter ⌈exercises [training Ⓤ].

かんけいし 関係詞 〘文法〙 relative Ⓒ《☞欄外》.

かんげき¹ 感激 —[名] (deep) emotion Ⓤ; (興奮) excitement Ⓤ. —[動] (感激させる) move ㊉; (強い印象を与える) impress ㊉. 《☞かんどう¹; かんめい》.
¶私は*感激して涙があふれた I *was moved* to tears. ‖ 彼の心からの歓迎に私たちはたいへん*感激した (⇒彼の大歓迎が私たちを感激させた) His hearty welcome ⌈*moved* [*impressed*] us very much. / We *were* very much ⌈*moved* [*impressed*] by his hearty welcome.

かんげき² 観劇 theater-going Ⓤ《☞しばい》.

かんけつ¹ 完結 —[名] (完了) completion Ⓤ; (結末) conclusion Ⓤ; (終わり) end Ⓒ. —[動] (仕事などを仕上げる) finish ㊉; (結末をつけて終わりにする) conclude ㊉. 《☞かんりょう¹; かんせい¹》. ¶彼の最後の小説は*完結に至らなかった He left his last novel *unfinished.* ‖ 次号*完結 To *be concluded.*

かんけつ² 簡潔 —[形] brief and to the point, concise ★後者はやや改まった語.

関係詞 (relative) 日本語では長い修飾節は修飾すべき語(名詞・代名詞)の前に置くので関係詞に相当するものはないが, 英語では関係詞を用いて, 修飾節を修飾する語の後にもってくる.
関係詞を用いた文構造にすると, 複雑な内容が読みやすくなる. また, 文章の単調さを避けることができる.
関係詞には「関係代名詞」(relative pronoun), 「関係副詞」(relative adverb), 「関係形容詞」(relative adjective) がある.

1 関係代名詞
代名詞と接続詞の2つの働きをする語で, 先行詞の性質に応じて, (人を表す) who; (物・動物を表す) which; (人・物・動物のいずれにも用いられる) that; (物や事柄を表す語を受け, その中に先行詞を含む) what などがある.
(1) who と which には格の区別がある.

先行詞	主格	所有格	目的格
人	who	whose	whom
物・動物	which	whose (of which)	which

(i) 例えば,「時計を見つけた子はそれを持ち主に返した」という文を英訳する場合,「子供が時計を見つけた」The child found the watch. と「彼はそれを持ち主に返した」He returned it to its owner. という2文を関係代名詞 who でつなぐと, The child *who* (had) found the watch returned it to its owner. となる.
who は先行詞 the child を受けて, 代名詞 (He) の働きをするし, 同時に child を修飾する形容詞節をつないでいる.
この場合, 関係代名詞は形容詞節の中では found の主語 (He) の働きをするので主格 who を用いる.
(ii) 犬に逃げられた人はたいへん心配している The man *whose* dog has gotten loose is very worried.
whose は先行詞 the man を受けて, 代名詞 (His) の働きをするし, 同時に man を修飾する形容詞節をつないでいる.
この場合, 関係代名詞は形容詞節の中では名詞 dog の前に付ける一種の形容詞として, 所有格 whose を用いる.
(iii) 私のよく知っている子が時計を見つけた A child *whom* I know well found the watch.
関係代名詞は形容詞節の中では動詞 know の目的語なので, 目的格 whom を用いる.
口語では目的格の whom, which が省略されることがよくある.

— 副 briefly; concisely. — 名 conciseness U. ((☞ かんりゃく; てみじか)). ¶ 彼はその問題を*簡潔に説明した He explained the issue 「briefly and to the point [concisely]. / He gave a *concise* account of the issue.

かんげん[1] 還元 — 動〘化学〙deoxidize 他; (元へ返す) return 他. — 名〘化学〙deoxidization U. ¶ 利益は出資者に*還元すべきだ The profit(s) should *be returned* to the investors.

かんげん[2] 換言 **換言すれば** in other words; (すなわち) that is (to say), namely ★ 後者は後に名詞を挙げる場合の言い方. ((☞ いいかえる; つまり; すなわち)).

がんけん 頑健 — 形 very strong; (健康状態がよい) be in good health. ((☞ じょうぶ; げんき; けんこう)).

かんげんがく 管弦楽 orchestral music U ((☞ オーケストラ; 音楽 (囲み))).
管弦楽団 orchestra C.

かんご 看護 — 動 (看護する) attend 他; (世話をする) look after ... — 名 nursing U. ((☞ かんびょう; つきそい)). ¶ 彼女は病院で手厚い*看護を受けた She *was* well 「*attended* [*looked after*] in the hospital. **看護人** (male) nurse C ★ 常識的には nurse は女性を指す. **看護婦** nurse C.

がんこ 頑固 — 形 stubborn; obstinate. — 名 stubbornness U; obstinacy U.
【類義語】生まれつき性格的に頑固であるのが **stubborn**. ある目的や自分の意志にあくまでも固執するのが **obstinate**. ((☞ ごうじょう))
¶ なんと*頑固な老人だろう What 「a *stubborn* [an *obstinate*] old man! // そんなに*頑固なことを言うな Don't be so *obstinate*. // 彼はいつも自分の意見を*頑固に主張する (⇒ 意見に固執する) He always *persists* in his opinion.

かんこう[1] 観光 sightseeing U; (社会現象として, または事業としての) tourism U. ((☞ けんぶつ; 旅行 (囲み))).
¶ 今度の旅行はただの*観光です I am traveling just for 「*pleasure* [*sightseeing*]. // *観光がこの町の最大の収入源だ The 「*tourist industry* [*tourism*] is the main source of revenue 「of [for] the city.
観光案内 (パンフレット) travel brochure C; (案内所) (tourist) information C **観光客** (旅行者) tourist C; (見物客) sightseer C **観光業** tourist industry U, tourism U **観光業者** travel agent C **観光シーズン** the tourist season **観光団** tourist [sightseeing] party C **観光地** (海・山などの) tourist resort C; (名所などの) place of interest C; (見所) sights ★ 通例複数形で; (景勝地) scenic spot C **観光バス** sightseeing bus C **観光旅行** sightseeing tour C; (行楽の旅) pleasure trip C.

かんこう[2] 刊行 — 動 publish 他, issue 他
語法 前者は「書籍」に, 後者は「雑誌」に用いられることが多い; (本などが刊行される) come out 自. — 名 publication U. ((☞ しゅっぱん[1]; はっこう[1])). **刊行物** publication C.

かんこう[3] 慣行 custom C, practice C
語法 よくない慣行には practice のほうをよく用いる. ((☞ かんしゅう[1] (類義語); かんれい)).

かんこうちょう 官公庁 government and municipal offices. **官公庁労働組合** the Government and Public Workers' Union.

かんこうへん 肝硬変 cirrhosis [siróusis] U ((☞ 病気・病院 (囲み))).

かんこく[1] 勧告 — 名 (...してはどうかと勧めること) recommendation U; (個人的な忠告) advice U; (公的で重要な問題についての) counsel U. — 動 advise 他; counsel 他; recommend 他. ((☞ ちゅうこく (類義語))).
¶ 私は辞職の*勧告を受けた (⇒ 辞職するように勧められた) I *was* 「*advised* [*counseled*] to resign.

かんこく[2] 韓国 — 名 固 South Korea ★ 正式には「大韓民国」the Republic of Korea ((略 R.O.K.)). — 形 (韓国の) (South) Korean. **韓国語** Korean U, the Korean

---

(iv) 私が話しかけた人は彼女のお母さんです The woman to *whom* I spoke is her mother.
これは関係代名詞が前置詞の目的語になっている例である. この場合に関係代名詞を省略するときは, 前置詞は節の終わりに付ける.
(v) 表紙の青い本は私の英語の教科書です The book *whose* cover is blue is my English textbook.
先行詞が物・動物の場合, 形容詞節をつなぐ関係代名詞の所有格には whose を用いることが多い.
(2) 関係代名詞の用法には「制限用法」,「非制限用法」の2つがある.
(i) 制限用法.
関係代名詞を用いた節が直接先行詞を限定するもの.
¶ 伝言を持ってきた男の子が外で待っています The boy *who* brought the message is waiting outside.
(ii) 非制限用法.
関係代名詞を用いた節が先行詞を間接的に説明するもので, 関係代名詞の前に (,) を付ける. 日本語の「...それで...」,「...だが...」,「...ので...」など前の先行詞に関連してさらに説明を加えたいときに, この用法を用いると便利である. 非制限用法は別名, 継続用法ともいう.
¶ このエッセイは友人が書いたものですが, 彼女は北海道に住んでいます This essay was written by a friend of mine, *who* lives in Hokkaido. // 私はまずホワイト氏に紹介され, その人が校内を案内してくれました First I was introduced to Mr. White, *who* showed me around the school. 語法 先行詞が固有名詞の場合は普通, 非制限用法しか用いられない.
2 関係副詞
副詞と接続詞の2つの働きをする語で, (時を表す) when; (場所を表す) where; (理由を表す) why; (方法を表す) how などがある.
¶ ここが彼の生まれた所です This is (the place) *where* he was born. // これがあなたをお呼びした理由です This is (the reason) *why* I sent for you.
語法 以上の2例のように, 先行詞 the place, the reason を付ける場合と付けない場合がある. また関係代名詞の場合と同じように, 制限用法と非制限用法がある.
3 関係形容詞
関係代名詞の which や what, 複合関係代名詞の whichever, whatever が形容詞的に用いられたもの.
¶ あなたのお好きなケーキのどれを取っても結構です You may take *whichever* cake you like.

language **韓国人** (South) Korean Ⓒ.

かんごく 監獄 prison Ⓒ, 《米》 jail Ⓒ, 《英》 gaol Ⓒ. 《☞ けいむしょ》.

かんごふ 看護婦 nurse Ⓒ 《☞ 病気・病院 (囲み)》.

かんこんそうさい 冠婚葬祭 ceremonial occasions.

かんさ 監査 ― 名 (検査) inspection Ⓤ; (会計検査) audit Ⓒ. ― 動 inspect ㊀; audit ㊀. 《☞ けんさ; しらべる》. **監査役** inspector Ⓒ, auditor Ⓒ.

かんさい 関西 the Kansai ⌈district [area]. **関西弁** the Kansai dialect; (なまり) Kansai accent Ⓒ. 《☞ -べん》.

かんざし 簪 ornamental hairpin Ⓒ.

かんさつ¹ 観察 ― 名 observation Ⓤ. ― 動 observe ㊀; (動物・人の行動など動きのあるものを) watch ㊀; (静止しているものを) look (at …) ㊁ 語法 最初の語は研究する態度で観察する意味で, やや改まった語. 後の 2 つは一般的な語. 《☞ みる; かんそく》.

¶ 息子は毎晩星を*観察している My son ⌈*observes* [*gazes* at] the stars every night. ∥ 私は彼のしていることを*観察した I *watched* what he was doing. ∥ 野鳥の*観察が私の趣味です Bird *watching* is my hobby. ∥ 彼女の*観察は鋭い (⇒ 鋭い観察眼を持っている) She has a sharp and ⌈*watchful* [*observant*] eye.

かんさつ² 鑑札 license (《英》 licence) Ⓒ; (犬の首輪などにぶら下げる) tag Ⓒ. 《☞きょか》.

かんさん¹ 換算 ― 動 (換算する) convert ㊀. ― 名 conversion Ⓤ; (計算) calculation Ⓤ.

¶ それは円に*換算するといくらになりますか How much is it in ⌈yen [Japanese money; Japanese currency]? ∥ 彼の骨折りは金に*換算できない (⇒ 金という名目で計算することはできない) His efforts cannot *be calculated in* (*terms of*) money.

換算表 conversion table Ⓒ **換算率** the exchange rate Ⓒ.

かんさん² 閑散 ― 形 (静かな) quiet; (人けのない) deserted. 《☞ ひとけ; がらんと》.

¶ 通りは*閑散としていた (⇒ 人があまりいなかった) *There were* ⌈*not many* [*few*] *people* on the street. / (⇒ 交通があまりなかった) *There was* ⌈*not much* [*little*] *traffic* on the street.

かんし¹ 監視 ― 名 (不都合がないように見守ること) watch Ⓤ; (観察) observation Ⓤ; (防衛のための) guard Ⓤ; (人) guard Ⓒ. ― 動 watch ㊀. 《☞ みはり; みはる》.

¶ 我々は囚人たちを厳しく*監視した We kept *watching* the prisoners very carefully. / (⇒ 囚人たちを厳しい監視の下に置いた) We kept the prisoners under strict *observation*. ∥ 大気汚染に対しては厳しい*監視が必要だ We must keep (a) close ⌈*watch* [*lookout*] on air pollution.

かんし² 冠詞 〘文法〙 article Ⓒ 《☞ 欄外》.

¶ 定*冠詞 a definite *article* ∥ 不定*冠詞 an indefinite *article*

かんし³ 漢詩 (個々の作品) Chinese poem Ⓒ; (文学の一形態としての) Chinese poetry Ⓤ. 《☞ し³》.

かんじ¹ 感じ **1** «印象»: (心持ち) a feeling ★ a を付けて; (印象) impression Ⓒ.

¶ 彼は*感じのいい[悪い]男だ He is ⌈a *pleasant*

冠詞 (article) 冠詞は名詞および名詞相当語句の前に置かれるが, 定冠詞 (the), 不定冠詞 (a(n)) および, 無冠詞の 3 つに分けて, その用法を説明する.

1 定冠詞 (definite article)

(1) 限定された事物に.

文脈, または状況によって限定された名詞に付ける.

¶「あの 2 匹の犬はあなたのですか」「いいえ. 白い犬は私のですが, 黒い犬は隣の家のです」 "Are those two dogs yours?" "No. *The* white dog is mine. *The* black dog is our neighbor's." ★ the は第 1 文で限定された 2 匹の犬のそれぞれを指している. ∥ ドアを閉めてくれませんか Will you shut *the* door? ★ 部屋に 1 つしかドアのない場合.

(2) 唯一と考えられるものに.

¶ 太陽 *the* sun ∥ 月 *the* moon ∥ 地球 *the* earth ∥ 宇宙 *the* universe ∥ 世界 *the* world ∥ 空 *the* sky

(3) 総称的用法.

「…というもの」という言い方で用いる.

¶ 虎と猫は同族の動物である *The* tiger and *the* cat belong to the same family of animals. 語法 このほかに, A tiger and a cat … あるいは Tigers and cats … のように不定冠詞を用いる用法, 複数形で言う用法がある. 口語的には複数形を用いるのが一般的. 《☞ 総称用法 (欄外)》

(4) 形容詞の最上級に付ける. 《☞ 比較の表現 (囲み)》

¶ 東京は日本で一番大きな都市である Tokyo is *the* largest city in Japan. ∥ あなたのクラスではだれが一番背が高いですか Who is *the* tallest in your class? ★ このように後に名詞が続かなくても the が付く. ∥ すべての学科の中で私は理科が一番好きだ Of all the subjects, I like science (*the*) best. ★ このように副詞の最上級には the を付けても付けなくてもよいが, 付けないほうが普通である.

(5) 序数詞とともに. 《☞ 数字 (囲み)》

¶ 彼はスピーチコンテストで 1 等を獲得した He won (*the*) first prize in the speech contest. ∥ 私は 10 月 5 日に渡米します I will leave for America on October 5. ★ October (the) fifth と読む. この場合には the は言っても言わなくてもよい. しかし, on the fifth of October のような言い方では the を言わなくてはならない.

(6) 体の部分を示す名詞に付ける.

¶ 彼は私の頭を殴った He hit me on *the* head. ∥ 彼は虎の心臓を撃ち抜いた He shot a tiger through *the* heart.

(7) 形容詞・過去分詞・現在分詞に the を付けて, 「…の人たち」という意味を表す.

¶ 金持ちが必ずしも幸福とは限らない *The rich* are not always happy. ∥ 革命軍は弾圧された人々を解放した The revolutionary army liberated *the oppressed*. 語法 以上のように「…の人々」となることが多いが, the accused (＝被告), the deceased (＝故人) のように単数である場合もある.

(8) 形容詞・過去分詞・現在分詞に the を付けると抽象名詞と同じ働きになることがある.

¶ 彼は美を愛する人です He is a lover of *the beautiful* (＝beauty). ∥ 既知のことと未知のこと *the known* and *the unknown*

(9) 単位を表す語に付ける.

¶ 私は時給で (⇒ 1 時間単位で) 働いている I am

[an *unpleasant*] fellow. // 今度の先生は*感じがよかった[悪かった] (⇒ よい[悪い]印象を与えた) The new teacher gave us a ˹favorable [bad] *impression*. / The new teacher made a ˹favorable [bad] *impression* on us. // 彼はどんな*感じの男でしたか (⇒ あなたにどんな印象を与えましたか) What *impression* did he ˹give [make on] you? / What was he like? // あの男は刑事みたいな*感じだ (⇒ のように見える) He *looks like* a detective. // 私の*感じでは彼は私と一緒に仕事をしたいようだ (⇒ 私は…という気がする) I have *a feeling* [My *impression* is] that he is willing to work with me.

2 «感覚»: feeling Ⓤ; (感触) feel Ⓤ; (手触り) touch Ⓤ. 《☞ かんしょく¹; てざわり》.

¶ 寒さで指先の*感じがなくなった (⇒ 寒さで感覚を失った) My fingers were *numb* with the cold. // 手触りが絹のような*感じだ (⇒ 絹のような感触がする) It *feels* like silk. / It has a silk-like *feel*. // ビロードの滑らかな*感じが好きだ I like the smooth ˹*feel* [*touch*] of velvet.

かんじ² 漢字 *kanji* Ⓤ ★ 個々には Ⓒ; (説明的には) Chinese character Ⓒ. 《☞ じ¹; もじ》. ¶ 名前を*漢字で書く write *one's* name in *kanji*

かんじ³ 幹事 secretary Ⓒ; (催し物などの) steward Ⓒ. ¶ クラス*幹事 a class *secretary* **幹事長** chief secretary Ⓒ, secretary-general Ⓒ.

がんじがらめ ― 動 (手足を縛る) bind [tie] … hand and foot; (比喩的に, 行動などを) hedge ˹in [round] ㊀. 《☞ しばる》.

¶ 我々はその男を*がんじがらめに縛った (⇒ 手も足も縛った) We *bound* him firmly *hand and foot*. // 制約で*がんじがらめになっています (⇒ 拘束されて動きがとれない) We *are hedged* ˹*in* [*round*] with restrictions.

かんしき 鑑識 (判断・評価) judgment Ⓤ; (犯罪などの確認) identification Ⓤ. 《☞ かんてい¹; ひょうか》. ¶ 彼は美術品について*鑑識眼がある (⇒ 目のきく人だ) He is a good *judge* of (works of) art. **鑑識課** (警察の) the identification section.

がんじつ 元日 New Year's Day 《☞ がんたん》. ¶ *元日は休みです *New Year's Day* is a legal holiday.

かんしゃ¹ 感謝 ― 名 thanks ★ 複数形で; gratitude Ⓤ ★ 後者はより形式ばった語. ― 動 thank ㊀, be ˹thankful [grateful], appreciate ㊀ ★ この順に改まった表現となる. 《☞ れい²》.

¶ あなたの助言に心から*感謝します *Thank you* very much *for* your advice. / I *am* very *thankful* [*grateful*] (to you) for your advice. 語法 thank は必ず人を直接目的語とし, 感謝の対象は for で示す. // ご協力を心から*感謝します I very much *appreciate* your cooperation. // *感謝の言葉もありません (⇒ どのようにして感謝すればよいかわからない) I don't know how to *thank* you. // *感謝の印に粗品をお送り致しました I have sent you a small gift ˹in token of [as a token of] my *gratitude*.

感謝祭 (米国の) Thanksgiving (Day) **感謝状** testimonial Ⓒ; (手紙) letter of thanks Ⓒ.

かんしゃ² 官舎 (官邸) official residence Ⓒ; (公務員用のアパート) civil servant's

---

paid by *the* hour. // 車は週単位で借りると安くなる If you rent a car by *the* week you can get a discount.

(10)　固有名詞に付けて.

(i) 国名で, 複数形をとるもの, および Kingdom, Republic などが付くもの.

¶ アメリカ合衆国 *The* United States of America // 英国 *the* United Kingdom // 南アフリカ共和国 *the* Republic of South Africa

(ii) 国民を総称的に表す場合.

¶ フランス人 *the* French // 英国人 *the* English // スペイン人 *the* Spanish

(iii) 山脈・群島.

¶ アンデス山脈 *the* Andes Mountains // カナリア諸島 *the* Canary Islands

(iv) 河川・大洋・運河・砂漠.

¶ テムズ河 *the* Thames // 大西洋 *the* Atlantic Ocean // スエズ運河 *the* Suez Canal // サハラ砂漠 *the* Sahara Desert

(v) 建物のうち, 図書館・美術館・博物館・官庁・銀行・店舗など, 個人名の付かない場合.

¶ メトロポリタン美術館 *the* Metropolitan Museum // ウエストミンスター銀行 *the* Westminster Bank // 文部省 *the* Ministry of Education // スタトラーホテル *the* Statler Hotel 参考 ただし, アンバサダーホテル Hotel Ambassador など, Hotel が最初に置かれる場合のように, 冠詞の付かないものもある. // エンパイアステートビル *the* Empire State Building

(vi) 船名・列車名.

¶ クイーン エリザベス号 *the* Queen Elizabeth // ゴールデン アロー号 *the* Golden Arrow

(vii) 学校名で, University などが先に来る場合.

¶ ハワイ大学 *the* University of Hawaii

(viii) 委員会・クラブ名など.

¶ ロータリー クラブ *the* Rotary Club // 外務委員会 *the* Foreign Relations Committee

(ix) 新聞など. 《☞ 新聞の英語 (囲み)》

¶ タイムズ紙 *the* Times // デイリー メール紙 *the* Daily Mail 語法 例えばアメリカの週刊誌 *Time* のように原題に the の付いていないものも, 引用するときは the を付ける. ただしイタリック体にせず(手書きでは下線を引かず), the *Time* のようにする. 《☞ イタリック体 (欄外); アンダーライン (欄外)》

(11)　官庁名・官職名など.

官庁名や官職名は, 普通名詞として扱われることもあるが, 特定の国の特定のものを指すときは大文字で書き, 固有名詞扱いされる. その場合は the が付く.

¶ 外務省 *the* Foreign Office / *the* Ministry of Foreign Affairs // (アメリカの) 国務省 *the* State Department // 総理大臣 *the* Prime Minister ★ ただし, *Prime Minister* Yasuhiro Nakasone のように, 称号となる場合は無冠詞. // (アメリカの) 国務長官 *the* Secretary of State 《☞ 政治・経済 (囲み)》

(12)　慣用句として定冠詞を含むもの.

¶ 朝[夕方, 午後]に in ˹*the* morning [*the* evening; *the* afternoon] // 日中 in *the* daytime

2　不定冠詞 (indefinite article)

(1)　単数の可算名詞とともに. 《☞ 可算・不可算名詞 (欄外)》

¶ ロンドンは大きな都市だ London is *a* big city.

(2)　特に, (i) 総称的に用いる場合. (ii) 数詞

か

quarters ★ 複数形で；civil servant's ｢residence [apartment] Ⓒ.

かんじゃ 患者 (治療を受けている人) patient Ⓒ；(病気にかかった人) case Ⓒ. ((☞ びょうにん；病気・病院 (囲み))). ¶ 入院*患者 an *inpatient* // 外来*患者 an *outpatient*

かんしゃく 癇癪 ― 動 (かんしゃくを起こす) fly into a ｢rage [temper]；(腹を立てる) lose *one's* temper. ((☞ かっと；おこる¹；げきど)). ¶ 彼はときたま*かんしゃくを起こす He sometimes *loses his temper*. **かんしゃく持ち** hot-tempered [quick-tempered] person Ⓒ. ((☞ たんき¹)).

かんしゅ 看守 guard Ⓒ, jailer Ⓒ.

かんしゅう¹ 慣習 custom Ⓒ, convention Ⓤ；practice Ⓒ.

【類義語】ある社会で一般に認められる伝統的な行動様式は **custom** または **convention**. 後者はやや改まった語. 繰り返し行われている規則的な習慣, つまり慣行ないし慣例は **practice**. ((☞ しゅうかん¹；かんれい))

¶ 長い間続いている*慣習はなかなか廃止できない A *custom* of long standing [(An) old custom] cannot be done away with easily. // その村には古い*慣習がずいぶん残っている Many old *customs* are kept alive in that village.

かんしゅう² 観衆 (集合的) audience Ⓒ；(個々の) spectators；(通りすがりに集まった見物人) onlookers, lookers-on ★ 複数形で. ((☞ かんきゃく；ちょうしゅう¹)).

¶ その試合は*観衆がまばら (⇒少し) だった The match had a very small *audience*. // *観衆は総立ちとなった The whole *audience* got up on its feet all at once. / All the *spectators* got up on their feet all at once.

かんしゅう³ 監修 ― 名 (editorial) supervision Ⓤ. ¶ その辞書は A 氏の*監修で編さんされた The dictionary was compiled *under the supervision* of Mr. A. **監修者** (editorial) supervisor Ⓒ.

かんじゅせい 感受性 ― 形 (感受性の強い) sensitive；(繊細な) delicate. ― 名 sensibilities ★ 複数形で. ((☞ かんかく² (類義語))). ¶ 彼女はとても*感受性が強い She is very *sensitive*.

がんしょ 願書 application (form) Ⓒ ((☞ もうしこみ；しゅつがん)). ¶ *願書はもう出しましたか Have you sent in your *application* yet? // *願書の受付けは 1 月 20 日からです *Applications* will be accepted from the 20th of January. // 入学*願書 an *application* for admission

かんしょう¹ 干渉 ― 動 (干渉する) interfere with ...；(口出しする) meddle [interfere] in ...；(余計なせんさくをする) put [poke] *one's* nose ｢in [into] ... ★ 口語的. ― 名 interference Ⓤ. ((☞ かいにゅう；くちだし)).

¶ だれにも内輪のことに*干渉してもらいたくない I don't like anybody to ｢*meddle* [*interfere*] *in* our family disputes. // 人のことに*干渉するな (⇒ 鼻を突っ込むな) Don't ｢*put* [*poke*] *your nose into* other people's affairs.

かんしょう² 鑑賞 ― 名 appreciation Ⓤ. ― 動 (楽しむ) enjoy ㊥；(内容などをよく理解して味わう) appreciate ㊥.

¶ 英語がよくできないのでこの詩を*鑑賞することができない My English is so poor that I can't ｢*enjoy* reading [*appreciate*] this poem. // *鑑賞に耐える映画は少ない (⇒ 見る価値のある映画は少ない) Few ｢movies [motion pic-

---

one の意味で用いる場合がある. ((☞ 総称用法 (欄外)))

(i) ライオンは危険な動物だ A lion is a dangerous animal.

(ii) 彼は 1 日か 2 日で帰ってきます He will be back in *a* day or two.

(3) 抽象名詞とともに用いて抽象名詞を普通名詞化する場合.

¶ まだ負ける場合もあり得る Defeat is still *a* possibility. ★ possibility は元来 Ⓤ で「可能性」であるが, 上の文では「起こりうること」という普通名詞.

(4) 物質名詞とともに用いて種類・分量などを表す.

¶ これはほんとうによいワインですね This is certainly *a* good wine.

(5) 固有名詞とともに.

(i) 作品などを表す場合.

¶ レンブラントの作品 *a* Rembrandt // 本物のモネの作品 *a* genuine Monet

(ii) …という人.

¶ 私はテーラーという人にそこで会った I met *a* Mr. Taylor there.

3 無冠詞

(1) 物質名詞・抽象名詞には冠詞が付かない.

¶ コーヒーにしますかそれともお茶にしますか Would you like coffee or tea? // 正直は最良の策 Honesty is the best policy. 《ことわざ》

(2) 次の名詞は無冠詞.

(i) 食事名.

¶ 朝食ができました Breakfast is ready.

(ii) 病名. ((☞ 病気・病院 (囲み)))

¶ 盲腸炎 appendicitis // ぜんそく asthma [ǽzmə] // がん cancer

(iii) スポーツ名・遊戯名.

¶ 私たちは野球[テニス, ブリッジ]をした We played ｢baseball [tennis；bridge].

(iv) 学科名.

¶ 歴史学 history // 言語学 linguistics // 地理学 geography

(v) 建物名がその本来の目的を表す場合.

¶ 私はきのう教会[学校, 病院]へ行った I went to ｢*church* [*school*；《米》*the hospital*, 《英》*hospital*] yesterday. // 食事中はお行儀よくしなさい Be polite at ｢*the table* [《英》*table*]. 語法 以上の例でもわかるように church, school などを除き, 《米》では the を付ける傾向が強い.

(vi) 補語として用いられる官職・身分を表す名詞.

¶ 彼は翌年大統領に選ばれた The following year he was elected president.

(3) 固有名詞の場合.

定冠詞 (10), 不定冠詞 (5) で述べた固有名詞以外のものは普通は無冠詞である.

(4) 慣用用法. ((☞ イディオム (欄外)))

(i) 対句のとき.

¶ 彼らは夫婦となった They became man and wife. // 2 人は腕を組んで歩いた They walked arm in arm.

(ii) そのほか動詞句あるいは副詞句の中で.

¶ 起こる take place // 参加する take part // 握手する shake hands // 床につく go to bed // 夜中[夜, 昼] に at ｢midnight [night；noon]

感謝の表現

(1) 感謝の基本的表現

¶ありがとう Thanks. / Thank you. // どうもありがとう Thanks [Thank you] very much. / Thanks a lot. / Thanks [Thank you] ever so much. ★ ever so ...はどちらかといえば女性的表現. / I'm much ⌈obliged [indebted] to you. ★ 堅苦しい表現.

(2) あることに対しての感謝の表現

¶お手紙をありがとう Thank you *for* your letter. // いろいろとありがとう Thanks *for* everything. // ご援助感謝します Thank you *for* your help. / Thank you *for* helping me. / I appreciate your help. // はるばる来て下さってありがとうございます Thank you very much *for* coming ⌈all this way [all the way here ; such a long way].

(3) 感謝の基本的表現に添える言葉

¶ご親切にどうもありがとうございます That's very ⌈kind [nice] of you. Thank you very much. / Thanks a lot. I appreciate your kindness.

(4) 「...してくれてありがとう」という言い方

¶そう言って下さってほんとにありがとう It's very ⌈nice [kind ; thoughtful] of you to say ⌈so [that].

(5) 感謝に対する応答

¶どういたしまして You're (⌈quite [very]) welcome. [語法] quite または very を付けるほうが丁寧. / Not at all. [語法] たいしたこともしないのに礼を言われたような気持ちを表す. / Don't mention it. ★ 少し堅苦しい表現. 《☞ くだけた英語と堅苦しい英語(欄外)》

(6) 自分の願いや要請が受け入れられなかった場合の表現

¶「駅へ行く道を教えて下さい」「すみませんが, 私は当地はよく知らないのです」「そうですか. どうもありがとうございました」 "Could you tell me the way to the station?" "I'm sorry, but I'm a stranger here (myself)." "I see. *Thank you* [*Thanks*] *just the same.*"

(7) 人にものを勧められたときの応答

¶「お茶を 1 杯いかがですか」「ありがとうございます[いただきます]」 "How about [Would you like] a cup of tea?" "*Thank you.*" // 「ケーキをもう 1 ついかがですか」「いえ, もう結構です. たくさんいただきましたので」 "Won't you have another piece of cake?" "*No, thank you. Thanks* anyway, but ⌈I've had plenty already [I'm (really) full]." [語法] [ ] 内は特に腹いっぱい食べた場合.

対話例

A: 岡野さん, コーヒーをもう少しいかがですか	A: How about some more coffee, Mr. Okano?
B: いえ, 結構. もう, 十分すぎるほど飲みましたから	B: No, thanks. I've had too much already.
A: ジョージ, もう 1 杯どう?	A: Another cup, George?
C: いただきます. ありがとう, ルース	C: Yes, please ... Thanks, Ruth.
A: どういたしまして	A: You're welcome.
C: あなたにつぎましょう	C: Let me pour some for you.
A: いえ, 結構. 本当に. でも, どうもありがとう	A: No. Really. Thanks just the same.

A: ポーラ, 誕生日おめでとう	A: Happy birthday, Paula!
B: あら, ルース, どうもありがとう	B: Oh, Ruth! How very thoughtful of you!
A: どういたしまして	A: Not at all.
B: いま開けてもいいかしら	B: May I open it now?
A: どうぞ	A: Go ahead.
B: まあ, すてき. こんなことしてくれなくてもよかったのに	B: Oh, how lovely! You shouldn't have done it!
C: これは僕から	C: This one's from me.
B: あら, ジョージ! どうもありがとう. これ前から欲しかったの. 皮手袋. すばらしい贈り物ね	B: George! How sweet of you! ...Just what I wanted: a pair of leather gloves! What a wonderful gift!

★ この対話例およびさらに詳しい対話例は別売テープに吹き込まれています.

tures] are worth *seeing.* // 私の趣味はクラシック音楽の*鑑賞です My pastime is *listening to* classical music.

かんしょう³ 感傷 — 名 sentiment Ⓤ.
— 形 sentimental. 《☞ センチメンタル》.
¶ *感傷的な小説[詩] a *sentimental* ⌈novel [poem] // *感傷におぼれるな Don't give ⌈yourself up [in] to *sentimental* feelings.

か

かんじょう¹ 感情 ―名 feelings ★最も一般的な語. 複数形で; (強い感情) emotion Ⓒ. ―形 emotional.

¶私は*感情を表すまいと努めた I tried to ˹hide [conceal] my *feelings.* // 彼女はすぐ*感情を表に出す She easily betrays her ˹*feelings* [*emotions*]. // *感情の激しい人はこの部署には向かない A man of strong *emotion(s)* is not suited to the post. // あの人の*感情を害してしまったらしい I'm afraid I have hurt her *feelings.* / I'm afraid I *have offended* her. // 彼は私に対して*感情的になっている (⇒感情的な偏見を持っている) He has an *emotional bias* towards me. // 女の子はすぐ*感情的になる (⇒感情に流される) Girls soon give way to their *feelings.*

かんじょう² 勘定 **1** «計算» ―名 (計算すること) calculation Ⓤ; (数を数えること・1回ごとの計算) count Ⓒ. ―動 calculate ㊀; count ㊀; (総計する) sum up ㊀. 《☞けいさん; かぞえる》.

¶私は時々*勘定を間違う (⇒勘定で間違いをする) I sometimes ˹make mistakes in *calculation* [*miscalculate*]. // 子供も*勘定に入れれば全部で20人になる There will be twenty if we *count in* the children. // 彼は*勘定高い (⇒打算的だ[報酬目当てだ]) He is ˹*calculating* [*mercenary*].

2 «支払い・会計»: (勘定(書)・取引きの口座) account Ⓒ; (勘定書) bill Ⓒ, 《米》 check Ⓒ. 《☞しはらい; かいけい》.

¶《レストランなどで》*勘定をお願いします *Check* [*Bill*], please. 《☞レストラン (囲み)》 // *勘定はすませましたか (⇒払いましたか) Did you pay the ˹*bill* [*check*]? // *勘定はいくらですか How much is my *bill*? / How much do I owe you? // *勘定はめいめいでしましょう Let's ˹separate [split] the ˹*bill* [*check*]. / (⇒わりかんでいこう) Let's *go Dutch.* // 《店の人に》めいめいの*勘定にして下さい Please make out separate ˹*checks* [*bills*]. // この*勘定は私がもつ (⇒私のおごりだ) This is my *treat.* // クリーニング屋の*勘定がたまってしまった I've run up a lot of laundry *bills.*

3 «考慮»: (評価・考慮) account Ⓤ; (考慮・熟考) consideration Ⓤ. 《☞こうりょ》.

¶その可能性は*勘定に (⇒考慮に) 入れてある I *have taken* that possibility *into* ˹*account* [*consideration*].

かんじょう³ 環状 (環・環状のもの) ring Ⓒ; (ベルト状のもの) belt Ⓒ. 《☞わ¹》.

環状線 (道路) 《米》 belt highway Ⓒ, 《英》 ringroad Ⓒ; (鉄道) belt ˹line [railroad] Ⓒ.

がんじょう 頑丈 ―形 (強い) strong ★最も一般的な語; (堅固で壊れにくい) firm; (強い作りの) sturdy. ―副 strongly; firmly; sturdily. 《☞つよい (類義語); じょうぶ》.

¶*頑丈ないす a *strongly-built* chair // この本箱はずいぶん*頑丈にできている This bookcase is very *firmly* built. // 私の車は古いが*頑丈だ My car is old but *sturdy.* // 彼は*頑丈な体の持ち主だ He has a *strong* body.

かんしょうちたい 緩衝地帯 buffer zone Ⓒ.

かんしょく¹ 感触 (触れた感じ) feel Ⓤ; (手触り) touch Ⓤ. 《☞かんじ¹; てざわり》.

¶この布は*感触がとても柔らかい The cloth is very soft to the *touch.* / (⇒柔らかい感じがする) The cloth *feels* very soft.

かんしょく² 間食 ―動 (間食する) eat between meals. ―名 (食事と食事の間にとる軽食) snack Ⓒ.

かんしょく³ 官職 (政府・公職での地位) government [official] post Ⓒ.

かんじる 感じる feel ㊀㊀ 《過去・過分 felt》; (感づく) sense ㊀; (気づいている) be aware (of ...); (知覚する) be conscious (of ...); (感動する) be impressed (by ...; with ...); (心を動かされる) be moved (by ...).

¶私は空腹[疲労]を*感じた I *felt* ˹hungry [tired].

全然寒さ[痛み]を*感じなかった I did not *feel* ˹the cold [any pain] at all.

私は危険を*感じた (⇒感づいた) I *sensed* danger.

だれかが私を見守っているのを*感じた I *felt* somebody watching me. / (⇒気づいていた) I *was aware of* somebody watching me.

彼の振舞いは奇異に*感じられた <S(行為)+V (*strike*)+O(人)+*as*+形> His behavior *struck* us *as* odd.

あなたはその小説を読んでどう*感じましたか (⇒その小説はあなたにどんな印象を与えましたか) How did the novel ˹*impress* [*strike*] you?

彼の冷たい言葉に彼女は怒りを*感じた (⇒彼の冷たい言葉が彼女を怒らせた) His harsh words ˹*moved* her to anger [angered her].

車がなくても不便は全然*感じていない (⇒不便と思っていない) I don't have a car, but I don't *find* it inconvenient at all.

彼の言うことには誠意が*感じられなかった (⇒誠実さを認めることができなかった) I could *detect* no sincerity in what he said.

かんしん¹ 感心 ―動 (感嘆・称賛する) admire ㊀; (印象付けられる) be impressed (by ...; with ...). ―名 admiration Ⓤ. ―形 (よい) good; (称賛すべき) admirable; (ほめる価値のある) praiseworthy.

¶何て*感心な子なのだろう What a *good* ˹boy [girl]! // みんな彼の腕に*感心した Everybody *admired* his skill. // 彼女の努力にはまったく*感心する (⇒彼女の努力はほめるにふさわしい) Her efforts are really *praiseworthy.* / (⇒彼女の努力に感銘を受けた) I *was* very much *impressed* ˹*by* [*with*] her efforts. // 彼の考えは余り*感心しない (⇒余り気に入らない) I don't ˹*like* his idea very much [*care* much for his idea]. / (⇒あまりぴんとこない) His idea doesn't *appeal* to me very much. // テレビをそんなに長い時間見続けるのは*感心できない (⇒よくない) It isn't *good* for you to keep watching TV for such a long time.

かんしん² 関心 ―名 (興味) interest Ⓤ; (気がかり) concern Ⓤ. ―動 (関心がある) be interested (in ...), be concerned (with ...); (関心を持つ) take [have] interest (in ...). 《☞きょうみ; むかんしん》.

感情の表現

日本語で「喜怒哀楽」という言葉があるが，ここでは大まかに人間の感情を「喜び」，「怒り」，「悲しみ」の3つに分けて，どのような英語の表現があるかを述べる．

1 喜び

(1) 最も一般的な表現

喜んでいる状態を表す最も普通の形容詞は **glad** である．**happy** もしばしば同様に用いられるが，*glad* のほうが意味が強く，相手に会ったときの喜びなどを表すには *happy* より *glad* のほうが喜びの度合が強く表される．「満足感」に重点を置けば **pleased** でもよい(名詞形は **pleasure**)．喜びの度合がもっと強くなると **delighted** が用いられる(名詞形・動詞形は **delight**)．また突然の珍客などに対しては **pleasant surprise** などが使われる．

¶ あの人が帰ってきてくれてうれしい I'm *glad* she has come back. / I'm *glad* ⌜of [about] her coming back. ★ 第1文のほうが普通の表現. // そのニュースを聞いてみんなとても喜んでいる We are very ⌜*glad* [*happy*] to hear the news. // 君が来てくれてうれしいよ I'm ⌜*glad* [*happy*] you are here with me. / I'm ⌜*glad* [*happy*] to have you here with me. // 君が試験に受かってみんな大喜びだ We are all *delighted* that you've passed the examination. // 思いもかけずうれしいことです What a *pleasant surprise*!

(2) 強い喜びの表現

非常に強い喜びは **jump** [**leap**] ⌜**for** [**with**] **joy**, **burst with joy** などで表されるが，*leap* を用いるのは今日ではやや使い古した表現．

¶ 彼は息子の成功を聞いて躍り上がって喜んだ He ⌜*leaped* [*jumped*] *for joy* at his son's success. // 彼はその知らせを聞いて小躍りして喜んだ He *danced* ⌜*for* [*with*] *joy* ⌜to hear [at] the news. // 男の子は喜びではち切れんばかりだった The boy *was bursting with joy*. // 彼女は喜びで我を忘れた She *was carried away with delight*.

(3) 感嘆詞などによる喜びの表現

¶ いいぞ Bravo! ★「やったぞ」などにも当たる. // そいつはすごい Wow! ★ 強い驚きを含む. 《☞ 感嘆詞 (欄外)》 // 「今年の夏はアメリカに連れていってあげるよ」「わあ，うれしい」 "I'll take you to America this summer." "*Wow*! [*Gee*!] *That's great*!"

2 怒り

(1) 最も一般的な表現

怒っている状態を表す最も一般的な形容詞は **angry** である(名詞形 **anger**)．米口語では **mad** も用いる．

¶ 何をそんなに怒ってるんだい What are you so *angry about*? // 君は僕のことを怒っているのかい Are you *angry with* me? // そんなに怒らないでよ Don't be so *mad at* me. // それを見て彼女は怒りに震えた She trembled with *anger* at the sight.

(2) 強い怒りの表現

激怒した状態は **furious**, または **burst into a** ⌜**fury** [**rage**] などで表される．

¶ 彼は娘が外泊したのでたいへん怒った He was *furious* ⌜*about* his daughter's [*with* his daughter for] staying out overnight. // 私が彼の申し出を断ったら彼はかっとなった He *burst into a* ⌜*rage* [*fury*] when I refused his offer. // 彼は真っ赤になって怒った He *turned red with anger*.

(3) 相手を罵倒する表現

¶ 出ていけ Get out of here! // このばかやろう You son of a bitch! ★ 下品な言葉とされる. // だまれ[うるさい] Shut up! // ちくしょう God damn (it)! ★ 宗教上使ってはならない言葉とされているので，使わないほうが無難.

3 悲しみ

(1) 最も一般的な表現

悲しんでいる状態を表す最も一般的な形容詞は **sad** である(名詞形 **sadness**)．原因が比較的はっきりしている持続的な悲しみは **sorrow** で表すことが多い(形容詞形 **sorrowful**)．もっと強い悲しみには **grief** を用いる(動詞形 **grieve**)．

¶ 彼女は悲しそうな様子だった She looked *sad*. // 別れたときは悲しかった(⇒ 悲しみの中に別れた) We parted *in sorrow*. // 彼女は最初の赤ん坊に死なれて嘆き悲しんだ She suffered great *grief* at the death of her first baby. / She *grieved* ⌜*over* [*at*] her first baby's death.

(2) 強い悲しみの表現

非常に悲しんでいる状態は **be filled with grief, be overwhelmed by grief** などで表す．

¶ 息子の戦死の知らせを聞いて彼女は悲しみに打ちひしがれた She *was* ⌜*filled with* [*overwhelmed by*] *grief* when she heard the news of her son's death in battle. // それを聞いて彼の胸は張り裂けんばかりだった(⇒ もう少しで破れるところだった) His heart nearly *broke* when he heard it.

(3) 感嘆詞などを用いる表現《☞ 感嘆詞 (欄外)》

¶ ああ，悲しい *Ah*! I'm sad. // ああ，あの人はもう帰ってこない *Alas*! She has left me for good. ★ alas! は文語的.

か

¶私は歴史に*関心がある I *am interested in* history. 《☞ 受身 (囲み)》 // 彼女は*関心がなさそうな様子だった (⇒興味があるように見えなかった) She didn't seem *interested*. // 推理小説にはまったく*関心がありません I *have* not the least *interest in* detective stories. // 彼は音楽に全然*関心を示さなかった He showed no *interest in* music. // 息子は昨年から数学に*関心を持ち始めた My son began to *take interest in* mathematics last year. // 彼女に対する*関心がなくなった I have lost *interest in* her.

かんしん³ 歓心 favor Ⓤ 《☞ こうい²; ひいき》. ¶彼は上司の*歓心を買うことばかり考えている He is always trying to win his superiors' *favor*.

かんじん (肝心) —形 (重要な) important; (必要な) essential; (重大な) critical. 《☞ たいせつ; だいじ¹; じゅうよう¹》. ¶語学の授業では出席が*肝心だ Attendance is ˹*most important* [*essential*] in a foreign language class. // 彼は*肝心なときに三振した He was struck out at the *critical* moment.

かんすい 完遂 completion Ⓤ 《☞ やりとげる》.

がんすいたんそ 含水炭素 carbohydrate Ⓒ.

かんすう 関数 〖数学〗 function Ⓒ.

かんする 関する —前 (…に関する) about …; on …; concerning …; regarding …; pertaining to …; relative to …; as to …; as regards …; with ˹respect [regard] to …

【類義語】最も一般的な語は **about**. 話題やテーマなどの場合「…について」は **on**. 以上の2語は以下の語の代用として用いることのできる場合が多い. 「…の点では」「…に関しては」と, ある点・ある面での関連について述べるのが **concerning, regarding, as to, with ˹respect [regard] to, as regards** で, 意味はほぼ同じであるが, これらの中では *concerning* が最も一般的. ほかはいずれもやや改まった感じの語. *with ˹respect [regard] to* はある点を特定するニュアンスが強い. *as to* は後に名詞のほかに疑問詞で始まる従属節がくる. 当面の問題などとの関係があることを強調して, 「…に関係がある」というのが **relative to,** および **pertaining to** で, いずれも改まった語. 《☞ ついて》

¶物理学に*関する本 books *on* physics

この件に*関する一切の情報 all the information ˹*on* [*pertaining to*; *relative to*] this case

彼に*関して知っていることはすべてお話しましょう I'll tell you all I know *about* him.

君はその点に*関しては正しい You are right *on* that point.

家事に*関しては小川夫人は申し分ない *As regards* housekeeping, Mrs. Ogawa is excellent.

彼の現在の病状に*関して彼女に手紙を書いた I wrote to her *with ˹respect* [*regard*] *to* his present condition.

彼は車に*関することなら何でも興味がある He is interested in anything that *has to do with* cars. 〔語 法〕 have something to do with … は「…と関係がある・かかわりがある」という口語的表現.

私に*関して言えば (⇒関する限り) 別に不満はありません *As* [*So*] *far as I am concerned* I have nothing particular to complain about.

これは私の名誉に*関する問題だ (⇒影響を与える問題) This is a question *affecting* my honor.

かんせい¹ 完成 —動 (終える) finish ㊀; (完全なものにする) complete ㊀ 〔語 法〕 前者はあることを終わらせる意味だが, 後者は完全なものとして仕上げることをいう. 前後関係では入れ替え可能な場合もある; (任務などを成し遂げる) accomplish ㊀. —名 completion Ⓤ, perfection Ⓤ. 《☞ かんりょう¹; しあげる》.

¶新しい校舎が*完成した The new school-building *has been completed*. // 新家屋は*完成直後に火事で焼けた The new house was burned down just after ˹its *completion* [it *was completed*].

かんせい² 歓声 (かっさい・歓呼) cheer Ⓒ; (喜びの叫び声) shout of joy Ⓒ. ¶子供たちは*歓声をあげた The children ˹*shouted for* [gave *shouts of*] joy. // 観衆は彼が舞台に登場すると*歓声を上げた The audience *cheered* as he appeared on the stage.

かんせい³ 管制 control Ⓤ. **管制官** (air-traffic) controller Ⓒ **管制塔** control tower Ⓒ 《☞ くうこう (挿絵)》.

かんせい⁴ 閑静 —形 nice and quiet; (静かな) quiet. 《☞ しずか》. ¶どこか*閑静な所に引っ越したい I want to move to some place *nice and quiet*.

かんぜい 関税 (輸入品にかけられる関税) customs (duties) ★複数形で; (輸入および輸出品にかけられる関税) tariff Ⓒ.

¶この品物には*関税はかかりません This article is *duty-free*. // 外国商品に対する*関税が1割引き上げられた *Customs duties* on foreign goods have been raised by ten percent. // 輸入[輸出]*関税 import [export] *duties*

関税率 tariff rate Ⓒ.

かんせいはがき 官製葉書 postal card Ⓒ 〔参 考〕 postcard は普通「私製はがき」で, しばしば「絵はがき」のことをいう.

がんせき 岩石 rock Ⓒ 《☞ いわ; いし¹》.

かんせつ¹ 間接 —形 (副次的・2次的) indirect (↔ direct); (受け売りの) secondhand. —副 indirectly; secondhand.

¶そのことは*間接に聞きました I've heard about it *indirectly*. / I've got the information ˹*secondhand* [*at second hand*]. // それはわが国の経済に*間接に影響を及ぼすだろう It will have an *indirect* influence on our economy.

間接撮影 (レントゲン透視検査) fluoroscopy Ⓤ **間接照明** indirect lighting Ⓤ **間接税** indirect tax Ⓒ **間接選挙** indirect election Ⓤ **間接目的語** 〖文法〗 indirect object Ⓒ **間接話法** 〖文法〗 indirect ˹narration [speech] Ⓤ 《☞ 話法 (欄外)》.

かんせつ² 関節 joint Ⓒ《☞ふし¹》. ¶ 指[ひざ]の*関節 finger [knee] *joints* // あごの*関節がはずれた I *had* my jaw *dislocated.* / I had my jaw out of *joint.* **関節炎** arthritis [ɑəθráitis] Ⓤ **関節リューマチ** articular [joint] rheumatism Ⓤ.

かんせん¹ 感染 ― 動 be infected (with ...); (うつる) catch ㊐ ★ 後者のほうが口語的. ― 名 infection Ⓤ; (接触による) contagion Ⓤ. ― 形 (伝染性の) infectious; (接触によりうつる) contagious; (うつりやすい) catching. 《☞ うつる; でんせん²》. ¶ その病気は*感染する The disease is ˹*infectious* [*contagious*; *catching*].

かんせん² 幹線 trunk [main] line Ⓒ. ¶ 東海道新*幹線 the New Tokaido *Trunk Line* / the *Shinkansen* 《☞ しんかんせん》
幹線道路 trunk [main] road Ⓒ 《☞ みち¹》.

かんぜん¹ 完全 ― 形 (十分な) full; (まったくの) complete; (申し分のない) perfect. ― 副 (すっかり) quite; fully; completely; perfectly. ― 名 (完全であること) completeness Ⓤ; (申し分のないこと) perfection Ⓤ. 《☞ かんぺき; まったく》.
¶ 私の仕事はまだ*完全には終わっていない My work is not ˹*quite* [*completely*] finished yet. // その寺はいまも*完全な姿で保存されている The temple (building) is ˹preserved [kept] ˹*completely* [*exactly*; *just*] as it used to be. // 彼女の書庫はそのまま*完全に (⇒ そっくりそのまま手をつけずに) 残されている Her library ˹has been [is] left ˹*intact* [*untouched*]. // 何事でも*完全を望んでいては (⇒ 完全を期待する限り), 仕事を先に進められない You cannot get on with your work as long as you expect *perfection* in everything.
完全雇用 full employment Ⓤ **完全試合** perfect game Ⓒ 《☞ 野球の英語 (囲み)》 **完全燃焼** full [complete] combustion Ⓤ **完全犯罪** perfect crime Ⓒ.

かんぜん² 敢然 ― 副 (大胆に) daringly; (勇敢に) bravely; (恐れずに) fearlessly.
¶ 彼は*敢然と難局に当たった He faced the difficult situation *bravely.*

かんそ 簡素 ― 形 (飾り気のない) simple; (質素な) plain. ― 副 simply; plainly. ― 名 simplicity Ⓤ; plainness Ⓤ. 《☞ しっそ; じみ (類義語)》. ¶ 我々は*簡素な生活をしている (⇒ 質素で単純に暮らしている) We live *simply.* / We lead a *simple* life. // 彼女はいつも*簡素な身なりをしている She is always dressed ˹*simply* [*plainly*].

がんそ 元祖 (創始者) the originator Ⓒ; (生みの親) the father; (発明者) the inventor Ⓒ. ¶ エドガー アラン ポーは推理小説の*元祖だ Edgar Allan Poe is *the father* of the mystery story. 《☞ かわく¹》.

かんそう¹ 乾燥 ― 形 (乾いた) dry. ― 動 (乾く・乾かす) dry ㊀ ㊐; (乾燥させる, 特に食物などを乾燥させて保存する) desiccate ㊐ ★ 改まった語. ― 名 (乾いた状態) dryness Ⓤ; (乾かすこと) drying Ⓤ. 《☞ かわく¹》.
¶ 空気が非常に*乾燥している The air is extremely *dry.* // この木材は*乾燥が早い This wood *dries* quickly.
乾燥器[装置] drier Ⓒ, dryer Ⓒ **乾燥季** the dry season **乾燥剤** desiccant [désikənt] Ⓒ, desiccating agent Ⓒ **乾燥室** drying room Ⓒ **乾燥野菜** dehydrated vegetable Ⓒ.

かんそう² 感想 (印象) impression Ⓒ; (意見) opinion Ⓤ; (批評) comment Ⓒ. 《☞ いけん (類義語); いんしょう》.
¶ 私は彼の最新作について*感想を述べた I gave him my *impressions* of his latest work. // この件についてのあなたのご*感想は (⇒ どのように考えますか) What do you *think* of this? // この問題について彼の*感想 (⇒ 意見) をきいてみよう Let's ask him for his *opinion* on this issue.

かんぞう 肝臓 liver Ⓒ 《☞ ないぞう¹ (挿絵)》. **肝(臓)炎** hepatitis Ⓤ **肝臓病** liver ˹complaint [disorder] Ⓒ, liver trouble Ⓤ.

かんそうかい 歓送会 farewell [send-off] party Ⓒ.

かんそく 観測 ― 動 (観察する) observe ㊐. ― 名 observation Ⓤ. 《☞ かんさつ¹; すいそく; よそう》. ¶ ここでは気象*観測を行っています We make meteorological *observation* here. // それは希望的*観測 (⇒ 考え) に過ぎない That's mere wishful *thinking.*
観測気球 trial [observation] balloon Ⓒ **観測所** observatory Ⓒ.

かんたい¹ 歓待 ― 動 (歓迎する) welcome ㊐; (温かくもてなす) entertain ... warmly. ― 名 welcome Ⓒ; (親切にもてなすこと) hospitality Ⓤ. 《☞ かんげい; もてなす》. ¶ 私たちは彼を*歓待した We *gave* him *a* ˹*warm* [*hearty*] welcome.

かんたい² 艦隊 fleet Ⓒ. **艦隊司令官** the commander of the fleet.

かんたい³ 寒帯 the frigid zone 《☞ ちきゅう (挿絵)》. **寒帯動物[植物]** polar ˹animal [plant] Ⓒ.

かんだい 寛大 ― 形 (度量の広い) generous; (心の広い) broad-minded; (罰則などが厳しくない) lenient [lí:njənt]; (他人の意見などに寛容な) tolerant. ― 副 generously; leniently; tolerantly. ― 名 generosity Ⓤ; broad-mindedness Ⓤ; leniency Ⓤ; tolerance Ⓤ (↔ intolerance). 《☞ かんよう¹》.
¶ 彼らは私の過ちに*寛大でした They were *tolerant* of my errors. // 彼を*寛大に取り扱って下さい Please deal with him *leniently.* // 我々は彼の*寛大さに深い感銘を受けた We were deeply impressed by his ˹*generosity* [(⇒ 心の広さ) *broad-mindedness*].

かんだかい 甲高い ― 形 (金切り声の) shrill; (鋭い) sharp; (調子の高い) high-pitched. ― 副 (甲高く) shrilly. 《☞ かなきりごえ》. ¶ 彼女の声は*甲高い She has a *high-pitched* voice.

かんたく 干拓 ― 名 land reclamation by drainage Ⓤ. ― 動 (干拓する) reclaim ... by drainage. 《☞ うめたて》. **干拓工事** reclamation works ★ 複数形で. **干拓地**

か

reclaimed land Ⓤ.

かんたん[1] 簡単 ―形 (易しい) easy; (単純な) simple. ―副 easily; simply. 《☞ やさしい[2]; たんじゅん; らく》.
¶「どうしたらできるだろうか」「そんなのは*簡単だよ (⇒ 易しいよ)」"How can I do it?" "It's very *easy*." // 彼をだますのは*簡単だ (⇒ 易しい) It's *easy* to take him in. // 仕事は*簡単だった The job was *simple*. // そんな*簡単な問題はすぐ解ける I can answer such ⌈a *simple* [an *easy*] question right away. // 昼食は*簡単にすませた (⇒ 軽い昼食を取った) We had a *light* lunch. // 彼は事情を*簡単に (⇒ 手短に) 説明した He explained the situation *briefly*. // 君が思うほど事は*簡単に (⇒ 順調に) 運ぶまい Things won't go on as *smoothly* as you expect.

かんたん[2] 感嘆 ―動 (賛美する) admire ㊎; (驚嘆する) wonder (at …) ㊐, marvel (at …) ㊐. ―名 admiration Ⓤ; wonder Ⓤ. 《☞ かんしん[1]》. ¶彼の根性には*感嘆する I *admire* his perseverance. // それは*感嘆すべき (⇒ 驚くべき[すばらしい]) 発見だ That's a ⌈*marvelous* [*wonderful*] discovery.
感嘆詞 〖文法〗 interjection Ⓒ 《☞ 欄外》
感嘆符(号) 〖文法〗 exclamation mark Ⓒ 《☞ 欄外》 **感嘆文** 〖文法〗 exclamatory sentence Ⓒ.

かんだん 歓談 pleasant ⌈talk [chat] Ⓒ.
¶我々はその学生たちと*歓談した We had a *pleasant* ⌈*talk* [*chat*] with the students.

がんたん 元旦 New Year's Day 《☞ がんじつ; しゅくじつ (表); 大文字 (欄外)》. ¶私は*元旦には早起きをする I get up early on *New Year's Day*.

かんだんけい 寒暖計 thermometer Ⓒ 《☞ おんどけい》. ¶*寒暖計は摂氏 15 度を示している The *thermometer* ⌈reads [stands at] 15°C.

かんだんなく 間断なく (休むことなく) without a pause; (継続的に) continuously; (絶え間なく) incessantly ★ 改まった語. 《☞ たえず (類義語); ひっきりなし》.

かんち 関知 ¶それは当社の*関知するところではありません (⇒ かかわりあっていない) We *are* not *concerned with* it. / (⇒ 関係がない) We *have nothing to do with* it.

かんちがい 勘違い ―名 (誤り) mistake Ⓒ; (誤った推測) wrong guess Ⓒ; (誤解) misunderstanding Ⓤ. ―動 mistake ㊎. 《☞ ごかい; かんがえちがい; おもいちがい》.
¶すみません, 私の*勘違いでした I'm sorry it was my *mistake*. // それは君の*勘違いだ (⇒ 誤った推測をした) You've made a *wrong guess*. / You *are mistaken* about it. // この間弟さんを君と*勘違いしたよ The other day I ⌈*mistook* [*took*] your brother *for* you.

がんちく 含蓄 (言外の意味・含み) implication Ⓤ; (特に単語にまつわる言外の意味) connotation Ⓤ; (ニュアンス) nuance [n(j)úːɑːns] Ⓒ ★ より間接的な微妙な意味の差. 《☞ ふくみ; いみ (類義語); ニュアンス》.

がんちゅう 眼中 ¶彼女には私の存在などまるで*眼中になかった (⇒ まったく無視された) My presence *was* utterly *ignored* by her. // 彼は私など*眼中にないようだった (⇒ 明らかに注意を払っていなかった) He apparently *took no notice* of me.

かんちょう[1] 干潮 low tide Ⓤ (↔ high tide) 《☞ ひきしお; しお[2]》. ¶*干潮時に at *low tide*

かんちょう[2] 官庁 government office Ⓒ.
官庁街 (首都などの) government offices area Ⓒ.

かんちょう[3] 館長 director Ⓒ; (博物館の) curator Ⓒ; (図書館の) (chief) librarian Ⓒ.

かんちょう[4] 灌腸 enema [énəmə] Ⓒ.

かんちょう[5] 艦長 the ⌈captain [commander] (of a warship).

かんつう[1] 貫通 ―動 (貫く) penetrate ㊎;

感嘆詞 (interjection) 品詞の1つで, 感心したり, 驚いたり, 喜んだり, 悲しんだりしたときに発する語句. 大きく分けて, (1) 痛み・驚き・恐怖などによって発する, 半ば無意識で自然な声. (2) 従来より用いられている語句が転じて感嘆詞になったもの, の2つに分類できる.

(1) 半ば無意識で自然に発する声.
自然に発する声は, 同じ人間が発するものである以上, 万国共通のものであるはずだが, 実際には各言語のパターンに当てはめられて, 各言語特有の言い方ができている.
また, 英語と日本語の感嘆詞を比べてみると, それらは1対1の対応をしておらず, 日本語では1つの感嘆詞で表されるものが, 英語では2つ以上の感嘆詞に分かれていたり, またその逆の場合もあったりする.
さらに, 日本語では感嘆詞を用いて言うような場合に, 英語では感嘆詞を用いなかったり, またその逆の場合もある.

(i) 驚きを表す言葉.
あー, おや, あら Oh! 語法 日本語の「おーっ」ほど意味が強くない. どちらかというと, 軽い驚きの声で, 日本語の「ああ, わかりました」の「ああ」に近い; O! ★ 文語的.
¶ああ, わかりました *Oh*, I see. 語法 oh は下がり調子. 書くときにはコンマを打つ. // あら, どうもありがとう *Oh*, thank you very much. // おや, 君だったのか *Oh*, it's you.

(ii) 喜びを表す言葉.
いいぞ, やったぞ, ばんざい Hurrah [hərάː]; すごい Gee! ★ やや俗語的; うわー, すごい Wow [wáu]! ★ かなり強い驚きを伴った喜び.
¶ばんざい! 勝ったぞ *Hurrah*! We've won.

(ii) 悲しみを表す言葉.
ああ Oh!; Alas! ★ 後者は文語的.

(iii) 呼びかけに使う言葉.
おい Hey! ★ あまり丁寧ではない; おーい Yoohoo! ★ 遠くへの呼びかけ; やあ, こんにちは Hi! ★ 親しい間で, 時刻に関係なく使う.

(v) いらだち・嫌悪などを表す言葉.
ちぇっ Phew!

(2) 従来から用いられていた語句が転じて感嘆詞になったもの.
この種のものは, いったいどの範囲までを感嘆詞として扱うかがはっきりしない. 以下にごく代表的なものをあげる.

(i) 驚きを表す言葉.
おやおや, おやまあ Oh, (my) God! 語法 キリスト教では神の名をみだりに使うことを禁じているから, よくない言い方とされる; おや, まあ Oh, (my) Gosh! 語法 oh を使わないことも多い. Gosh は God の婉曲な言

(通り抜ける) go through ... ―名 penetration Ⓤ. 《☞ つらぬく ; うちぬく》.
¶弾丸は壁を*貫通した The bullet ⌈*penetrated* [*went through*] the wall. // 弾は彼の胸部を*貫通した (⇒ 彼は胸を撃ち抜かれた) He *was shot through* the chest. // トンネルは予定どおり*貫通した (⇒ 完成した) The tunnel *was completed* on time.

かんつう² 姦通 ―名 adultery Ⓤ. ―動 commit adultery (with ...).

かんづく 感づく (感覚でわかる) sense ⓗ; (気づく) be aware of ... ; (怪しいと思う) suspect ⓗ; (うさんくさいと気づく) 《口語》 smell a rat. 《☞ きづく ; あやしむ》.
¶彼は危険だと*感づいた He *sensed* the danger. // 彼女に*感づかれないように気をつけなさい (⇒ 彼女の猜疑(さいぎ)心を起こさないように) Take care not to arouse her *suspicion*. // 彼は彼女の秘密に*感づいていないようだ He does not seem to *be aware of* her secret. // 私は何か変だと*感づいた I *smelled a rat*.

かんづめ 缶詰 ―名 (缶詰食品) canned ⌈food Ⓒ [goods] ★ 主に《米》. 《英》では tinned food Ⓒ [goods]; (1つ1つの缶詰) can Ⓒ ★ 主に《米》. 《英》では tin Ⓒ のほうが普通. ―動 (缶詰にする) can ⓗ, 《英》 tin ⓗ. ―形 (缶詰にした・缶詰の) canned.
¶鮭(さけ)の*缶詰を2つ下さい Two ⌈*cans* [*tins*] *of* salmon, please. // 「鮭の*缶詰は好きですか」「いいえ, あまり」 "Do you like ⌈*canned* [*tinned*] salmon?" "No, not much." // 彼はホテルに*缶詰になって (⇒ 閉じこもって) 原稿を書いた He wrote the manuscript after *locking himself in* a hotel room.
缶詰業者 packer Ⓒ, canner Ⓒ **缶詰工場** cannery Ⓒ.

かんてい¹ 鑑定 ―名 (判断・評価) judgment Ⓤ; (値ぶみ) appraisal Ⓤ. ―動 (鑑定する) judge ⓗ; (価値を定める) appraise ⓗ; (確認する) identify ⓗ.
¶その筆蹟の*鑑定を専門家に依頼した We asked an expert to *identify* the handwriting. / (⇒ その筆蹟について専門家の意見をきいた) We asked for an *expert opinion* on the handwriting. // 彼は刀剣の*鑑定にすぐれている (⇒ 優れた鑑定をする人だ) He is an excellent ⌈*judge* [*appraiser*] of swords.
鑑定家 (美術品などの) connoisseur [kɑ̀nəsə́ː] Ⓒ.

かんてい² 官邸 official residence Ⓒ.
¶首相*官邸 the Prime Minister's *official residence*

かんてつ 貫徹 ―動 (成し遂げる) carry ⌈out [through] ⓗ, put through ⓗ. 《☞ やりとげる ; つらぬく》. ¶私はなんとしても初志を*貫徹するつもりだ I'll ⌈*carry out* [*put through*] my first plan by all means. // 組合は要求*貫徹まで (⇒ 要求が満たされるまで) ストを続けると言っている The unionists say that they will continue to strike until their demand *is satisfied*.

かんてん¹ 観点 (見地) point of view Ⓒ, viewpoint Ⓒ; (立場) standpoint Ⓒ; (物を見る角度) angle Ⓒ. 《☞ たちば ; みかた²》.
¶実用的*観点からいえば彼の案のほうがあなたのよりよい From a practical ⌈*point of view* [*viewpoint*] his plan is better than yours. // 彼の意見は科学的*観点からいえばたわごとだ His opinion is nonsense from a scientific ⌈*viewpoint* [*standpoint*]. // 別の*観点からこの件を論じてみよう (⇒ 別の角度から) Let's discuss the matter from a different *angle*.

かんてん² 寒天 vegetable gelatin Ⓤ, agar Ⓤ, agar-agar Ⓤ.

かんでん 感電 electric shock Ⓒ. ¶彼は*感電死した He was killed by an *electric shock*. // 電線に触るな. *感電するぞ Don't touch the wire or you'll get a *shock*.

かんでんち 乾電池 dry ⌈cell [battery] Ⓒ 《☞ でんち》.

い方. 第1番目よりはましな言い方とされ, よく使われる; おや, まあ, 驚いた Oh, dear!, Dear me!, Dear, dear!, Heavens!, My goodness! ★ 以上いずれも主として女性がよく使う; 何だって What!
(ii) 喜びを表す言葉.
それはすごい, いいぞ That's great!, Great!; すてきだなあ How nice! 語法 How の後に beautiful, pretty, lovely などの形容詞を付けて, いろいろな喜び, 称賛を表す.
(iii) 呼びかけ, 注意の喚起に使う言葉.
もしもし, 失礼ですが Excuse me. ★ 丁寧な言い方; あのー, ちょっと Say., 《英》 I say. ★ Excuse me. よりぞんざいな呼びかけ; お知らせします, お聞き下さい Attention, please. ★ アナウンスなどするときに言う; さあ, 聞きたまえ Listen! ★ やや, ぞんざい; こちらを見て下さい Look!, Look here!
(iv) 激励したり, けしかけたりする言葉.
がんばれ, しっかりやれ Come on!; うまいぞ, でかした Atta ⌈boy [girl]! 語法 子供に対するほめ言葉で That's the ⌈boy [girl]. がなまったもの.
(v) 強い否定や疑問の気持ちを表す言葉.
まさか, そんなことあるはずがない You don't say!, You are kidding me!, No kidding! 語法 kid は「からかう」という意味. 「からかっちゃいけない」に当たる; 本当なの? Really? 語法 イントネーションによって, 気持ちの表れ方が違う.
(vi) 哀れみ・軽蔑を表す言葉.
何と情けない, ひどいもんだ What a shame!; 何と残念なことだ What a pity!; かわいそうな子だこと Poor ⌈boy [girl]!
(vii) 悪態をつくときの言葉.
ちくしょう Oh, hell!, Hell! ★ hell は「地獄」の意, God damn (it)!; 勝手にしやがれ Go to hell! 参考 以上のようなののしりの言葉 (curse word) は宗教上の理由から使ってはならないとされているので, いずれもみだりに使わないようにするのが安全である.

感嘆符(号) (exclamation mark) 句読点の1つで, エクスクラメーション マーク[ポイント] (exclamation ⌈mark [point]) ともいう. 《☞ 感嘆詞 (欄外)》
次の場合に用いる.
(1) 感嘆文の終わりに. 《☞ 感嘆の表現 (囲み)》
¶何て美しい朝なのだろう What a beautiful morning (it is)! // そうおっしゃって下さるなんて, 何とご親切なのでしょう How kind of you to say so!
(2) 強い感情を表す語・語群, および注意を引くための語・語群の終わりに.
¶助けて Help! // 火事だ Fire! // 気をつけろ Be careful! / Watch out! // 何て悲しいことだ How sad!

か

感嘆の表現

感心したり，興奮したり，驚いたりした気持ちを表す文または表現は，すべて「感嘆の表現」または「感嘆文」と呼ぶ．例えば，「痛い」Ouch!「何だって」What!「あら」Oh!「火事だ」Fire!「きれいだ」Beautiful!「かわいい」How cute!「何と高い木だろう」What a tall tree! などはみな感嘆文と呼ぶことができる（文を広い意味で定義した場合には必ずしも主語・述語の構文だけでなく，まとまった意味を表す発話をすべて含む）．

感嘆文は感心したり驚いたりした気持ちを表すイントネーション，すなわち声が高く上がって下がる調子で言われるが，感嘆の気持ちは人間に共通の感情であるから，ある程度万国共通のイントネーションであると言ってよい．英語では書くときに感嘆符(号)（!）が付けられる．

以上のように，感嘆文の範囲は広いが，英語に特有の典型的な，また文法的に決まった感嘆の表現の型がある．

感嘆文の形

典型的な感嘆文は ***what*** または ***how*** を用いる．例えば，「(あれは)なんと大きな船だろう」は *What* a big ship (that is)! あるいは *How* big (that ship is)! と言う．この場合（ ）の部分はしばしば省略される．会話の場合はむしろ省略されるのが普通．

これらの感嘆文は，平叙文の That is a *very* big ship. または That ship is *very* big. の very をそれぞれ what または how に置き換えて，それに従えられるフレーズを文頭に出したものである．

注意すべきことは，what は形容詞，how は副詞であるので，前者は後に中心語として名詞を従えるのに対して，後者は形容詞または副詞のみを従え，名詞を伴わないということである．冠詞は what の次に置かれる．また感嘆文と what や how を用いる疑問文との区別は，文の主語・述語の語順が感嘆文では平叙文と同じであることですぐわかる．

{How big *is that ship*?《疑問文》
How big *that ship is*!《感嘆文》

なお，what で始まる感嘆文では，単数の場合には冠詞が後に続くこと，そしてさらに普通は形容詞がそれに続くことで識別は容易である．

¶何とかわいい赤ちゃんでしょう What a cute baby! [語法] この場合，*How* cute! のように how を用いて主語・述語を省略した感嘆文を使うと省略されている部分が前後関係（その場の状況も含む）で補われることになる．従って，How cute! だけでは日本語の「何とかわいい赤ちゃんでしょう」という日本語の字句に忠実な訳とはならないが，実際の会話では，その場に baby がいるか，あるいは写真などを見て言うのが普通であるから，不必要な名詞を表現に入れ，かえって冗長になることを避け，How cute! のように how による省略された感嘆文が使われる頻度が非常に高い．

何とおかしな話なんだろう What a funny story (it is)! / How funny (that story is)!

何という(たいへんな[ひどい])女だ What a girl! [語法] このように形容詞を省略する場合は主として悪い意味を表すことが多い．((例)) What a ⌜moon [sea]! (＝何という不気味な月[荒れた海]だろう))．

対話例

A：まあ，かわいい．それはあなたの小犬なの
B：そうだよ
A：小犬ちゃん，こっちへおいで
B：その犬は女の子は嫌いなんだよ
A：まあ，変な犬ね

A：How cute! Is that your puppy?
B：Yes, it is.
A：Come here, puppy.
B：He hates girls.
A：Really? What a funny dog!

A：君に忠告があるんだけど
B：いいとも，何だい
A：君はもっと将来のことを真剣に考えたほうがいいよ
B：ずいぶん厳しいことを言うね

A：I have a piece of advice for you.
B：O.K. What is it?
A：You should think of your future more seriously.
B：What a nice friend you are! [語法] 「ずいぶん厳しいことを言う」ということを皮肉った表現で表す感嘆文．このような場合には you are の部分は省略できない．

かんど 感度 ―[名] sensitivity Ⓤ. ―[形]（感度の強い）sensitive. ¶このマイクはとても*感度がいい This microphone is highly *sensitive*. // 高*感度フィルム a *fast* film

かんとう¹ 敢闘 ―[名] good fight Ⓒ. ―[動]（勇敢に戦う）fight ⌜bravely [courageously];（よく戦う）put up a good fight.《☞ けんとう³; ぜんせん¹》. ¶彼は*敢闘むなしく敗れた He *put up a good fight* but lost. // 彼は*敢闘精神旺盛だ He has a lot of *fighting spirit*.

かんとう² 巻頭 the ⌜beginning [opening page] of a book (↔ the end of a book).
巻頭言 foreword Ⓒ, preface [préfis] Ⓒ.《☞ じょぶん》 **巻頭論文** the opening article (of a magazine).

かんとう³ 関東 the Kanto ⌜district [area].

関東平野 the Kanto plains.

かんどう¹ 感動 ―名 (深い感激) (deep) emotion Ⓤ; (強い感銘) strong [deep] impression Ⓒ. ―動 (心を動かす) move ⑭; (強い印象を与える) impress ⑭; (幾分感傷的に) touch ⑭. ―形 (感動的な) moving; (強く心に訴える) impressive; (涙をそそる) touching. 《☞かんげき¹; かんめい》.
¶私たちは彼の勇気に*感動した We *were impressed* ⌈by [with] his courage. / (⇒彼の勇気が私たちの心を動かした[に感銘を与えた]) His courage ⌈*moved* [*impressed*] us. // その話に*感動して, 私は涙を流してしまった (⇒その話は私を感動させて涙を流させた) The story *moved* me to tears. // その映画の最後のシーンはとても*感動的だった The last scene of the film was very *impressive*.

かんどう² 勘当 ―動 (勘当する) disown ⑭.

かんとうし 間投詞 〘文法〙 interjection Ⓒ 《☞感嘆詞 (欄外); 感嘆の表現 (囲み)》.

かんとく 監督 ―名 (仕事・組織などを監督すること) supervision Ⓤ, superintendence Ⓤ [語法] 後者はより改まった語. この2つは under the ⌈supervision [superintendence] of ... の形で用いられることが多い; (管理) control Ⓤ; (指揮・指導) direction Ⓤ; (人) supervisor Ⓒ; (管理者・所長) superintendent Ⓒ; (労働者の取締り人) overseer Ⓒ; (映画などの) director Ⓒ; (野球などの) manager Ⓒ. ―動 supervise ⑭; superintend ⑭; oversee ⑭; control ⑭; direct ⑭.
¶あんな人の*監督の下で働くのはいやだ I don't want to work under the ⌈*direction* [*supervision*] of such a man. // これらの企業は政府の*監督下にある These enterprises are under government *control*. // 君の*監督不行届きだ (⇒もっと厳重に監督すべきだった) You ought to *have supervised* them more strictly. // 彼らはよく*監督 (⇒監視) していないとすぐさぼる If we don't *keep an eye on* them, they are sure to neglect their work. // この映画の*監督はだれですか (⇒だれが監督したか) Who *directed* this film? 《☞映画 (囲み)》

がんとして 頑として (頑固に) stubbornly; (断固として) firmly ★後者は決心の固さを強調する. 《☞がんこ; だんこ》.
¶彼女は*頑として彼の計画に反対している She is *firmly* opposed to his plan. // 彼は*頑として自説を曲げなかった (⇒自説に固執した) He *stuck to* his own opinion. // 彼は息子の願いを*頑として聞き入れなかった (⇒耳を貸さなかった) He *turned a deaf ear to* his son's request.

カントリー クラブ country club Ⓒ.

かんな 鉋 ―名 plane Ⓒ. ―動 (かんなをかける) plane ⓐ ⑭. 《☞だいく (挿絵)》.
かんなくず shavings ★複数形で.

カンナ canna [kǽnə] Ⓒ 《☞花 (囲み)》.

かんにん 堪忍 (忍耐) patience Ⓤ; (寛容) tolerance Ⓤ. 《☞かんべん¹; がまん; ゆるす》.
¶あの男には*堪忍袋の緒が切れた (⇒忍耐が尽きた) I've *run out of patience* with him.

カンニング ―動 (カンニングをする) cheat ⓐ, 《口語》 crib ⓐ. ―名 cheating (in an examination) Ⓤ; (カンニングペーパーを使うこと) 《口語》 cribbing Ⓤ. [参考] cunning は「ずるい」「ずる賢さ」の意で, いわゆるカンニングの意味にはならない. 《☞和製英語 (囲み)》.
¶彼は英語の試験で*カンニングをした He *cheated* in the English exam. // ジョンは*カンニングをしているところを見つかった John was caught *cheating* (*in the examination*).
カンニングペーパー 《口語》 crib Ⓒ.

かんぬき 閂 ―名 (さし錠) bolt Ⓒ; (戸・窓などに付ける横棒) bar Ⓒ. ―動 (かんぬきを掛ける) bar ⑭ (↔ unbar), bolt ⑭ (↔ unbolt).

かんぬし 神主 Shinto priest Ⓒ.

かんねん 観念 **1** «考え»: idea Ⓒ; concept Ⓒ; conception Ⓤ; notion Ⓒ.
【類義語】最も一般的で意味の広いのは **idea** で, 以下の語の代わりに使われる場合もある. ある特定の事象から導き出される観念・概念は ***concept***. 例えば「犬」という *concept* は我々が日常接する様々な犬の例から得られる. またこの語は事物の姿, あるいはあるべき姿を指すのにも用いられる. ((例) 民主主義という*観念 the *concept* of democracy). この第2の意味では ***conception*** も用いられるが, このほうはより個人的な色彩が強い. ((例) 子供の宇宙についての*観念[とらえ方] a child's *conception* of the universe). 根拠のない漠然とした観念は ***notion***. 《☞かんがえ; がいねん (類義語)》
¶彼女は幸福ということについて誤った*観念をもっている She has a ⌈wrong *idea* [mistaken *notion*] of happiness. // あなたの民主主義の*観念はどこか間違っている There is something wrong with your ⌈*concept* [*conception*] of democracy. // 彼の言うことはまったく*観念的だ (⇒夢想的だ) What he says is simply *idealistic*.
2 «意識»: sense Ⓤ 《☞いしき; センス》.
¶彼女はまるで経済*観念がない She has no *sense* of economy. // 彼には道徳*観念が欠けている He ⌈is lacking in [has no] moral *sense*.
3 «あきらめ・覚悟» ―名 (あきらめ) resignation Ⓤ; (覚悟) resolution Ⓤ. ―動 (あきらめる) give (*oneself*) up; (あきらめて…に従う) resign (*oneself* to ...); (覚悟する) be prepared (for ...). 《☞あきらめる; かくご》.
¶泥棒は*観念して (⇒運命に身を任せて) 警官について行った The thief *resigned himself to* his fate and followed the policeman. // 命はないものと*観念している (⇒死を覚悟している) I *am prepared for* death. // *観念しろ. もう逃げられないぞ *Give* (*yourself*) *up*! You can't escape.
観念論 idealism Ⓤ 観念論者 idealist Ⓒ.

がんねん 元年 the first year (of an era).
¶昭和*元年 *the first year of* Showa

かんのう 官能 ―形 (官能的な) sensual. ―名 (官能にふけること) sensuality Ⓤ.
¶*官能的なダンス a *sensual* dance

かんのんびらき 観音開き (戸) folding [double] door Ⓒ.

か

かんぱ[1] 寒波 cold wave [C] (☞ 天候の表現 (囲み)). ¶関東地方は時ならぬ*寒波に襲われた The Kanto District was hit by an untimely *cold wave*.

かんぱ[2] 看破 —[動] (見通す) see through …; (真相などを見抜く) penetrate (他). (☞ みぬく; みやぶる).

カンパ —[名] (資金カンパ) fund-raising ⌈campaign [drive] [C]; (寄付金) contribution [C]. —[動] (寄付する) contribute (他) (自). (☞ ばきん; きふ). ¶彼女は私たちの資金に千円*カンパしてくれた She *contributed* 1,000 yen to our funds.

かんぱい[1] 完敗 complete [crushing] defeat [C] (☞ まける). ¶我々は*完敗を喫した We suffered a ⌈*complete* [*crushing*] *defeat*.

かんぱい[2] 乾杯 —[名] toast [C]. —[動] (乾杯する) drink to …, toast (他) (自). (☞ しゅくはい). ¶*乾杯! Cheers! // さあ, 彼の健康[成功]のために*乾杯しよう Let's *drink to* his ⌈health [success].

かんばしい 芳しい (においが) fragrant; (快い) sweet; (評判などがよい) good, favorable. (☞ こうばしい; このましい). ¶あの子の学校の成績は*かんばしくない (⇒ あまりよくない) His school record is ⌈*not very good* [(⇒ どちらかというと悪い) rather *poor*]. // 彼の評判はあまり*かんばしくない His reputation is (rather) *unfavorable*.

カンバス canvas [C].

かんばつ 旱魃 drought [dráut] [U], dry weather [U]. (☞ 自然災害 (囲み)).

がんばる 頑張る —[動] (もちこたえる) hold ⌈on [out] (自); (言い張る) insist (on …; upon …) (自); (一生懸命やる) try hard (自); (最善を尽くす) do *one's* best.
¶*頑張れ Come on! ★ 競技中の選手などに対して. // 一生懸命*頑張るつもりです I'll *try* ⌈*my best* [*as hard as I can*]. // *頑張ったがだめだった (⇒ 最善を尽くしたが失敗した) I *did my best* but failed. // もうこれ以上は*頑張れない I can't *hold* ⌈*on* [*out*] any longer. // 彼は無実だといって*頑張った He *insisted on* his innocence. // 彼女は*頑張りがきかない (⇒ すぐにへこたれる) She *gives in* easily.

かんばん 看板 sign [C]; (看板板) signboard [C]; (特色) feature [C]; (呼びもの) draw [C].
¶あの店はどうしてそこに*看板を出さないんだろう I wonder why they don't ⌈put [set] up a ⌈*sign* [*signboard*] there. // 彼女がこの一座の(一枚)*看板だ She's the ⌈only *star* [big *draw*] of this troupe. // 福祉増進が現内閣の政策の一枚*看板だ The promotion of social welfare is the only *feature* of present government policy. // もう*看板です (⇒ 閉店時刻です) It is closing time.

かんぱん 甲板 deck [C] (☞ ふね (挿絵)).
¶彼は新鮮な空気を吸いに*甲板へ出た He went up on *deck* to have some fresh air.

かんび[1] 完備 —[形] (設備の整った) well-equipped; (アパートなどがカーペット・家具の完備した) fully-furnished. (☞ せつび).
¶施設の*完備した大学がよい大学であるとは限らない A *well-equipped* university is not always a good university. // どの部屋も冷暖房*完備です (⇒ 空気調節付きです) All the rooms are *air-conditioned*.

かんび[2] 甘美 —[形] (快い・美しい) sweet ★ 一般的な語; (おいしい) delicious.

かんぴ 官費 government expense [U].
¶彼は*官費でアメリカへ留学した He studied in America at *government expense*.

かんびょう 看病 —[動] (看護する) nurse (他); (世話する) tend (他), look after …; (付き添う) attend (他); (夜も寝ずに) sit up with … —[名] nursing [U]; attendance [U]. (☞ かんご; せわ (類義語); つきそい).
¶娘たちは手厚く父親の*看病をした The daughters tenderly ⌈*nursed* [*looked after*; *attended*] their sick father. // 母親は寝ずに息子の*看病をした The mother *sat up with* her sick son. // 彼には手厚い*看病が必要だ He needs careful *nursing*.

かんぴょう 干瓢 dried gourd shavings.

かんぶ[1] 幹部 (指導的な[主たる]メンバー) leading [principal] member [C]; (会社・組合などの1人の幹部) executive [C]; (会社・組合などの執行の任に当たる幹部全体) the executives, the management; (指導者全体) the leaders. (☞ しゅのう).

かんぶ[2] 患部 the ⌈diseased [affected] part.

かんぷく 感服 —[動] (感心する) admire (他) (☞ けいふく; かんしん[1]).

かんぶつ 乾物 dried goods ★ 複数形で. **乾物屋** (店) grocery [C]; (人) grocer [C].

カンフル camphor [kǽmfər] [U]. **カンフル注射** camphor injection [C].

かんぶん 漢文 (古典中国語の文章) classical Chinese (writing) [U]; (科目名) Chinese classics ★ 複数形で.

かんぺき 完璧 —[形] (申し分のない) perfect; (欠ける所のない) complete; (きずのない) flawless. —[副] perfectly; completely; thoroughly. —[名] perfection [U]; completeness [U]. (☞ かんぜん[1]).
¶彼のアリバイは*完璧だ His alibi is ⌈*perfect* [*flawless*]. // 彼女の行儀作法は*完璧だ (⇒ 完全な行儀作法を身につけている) She has *perfect* manners. // 彼女はフランス語を*完璧に使いこなせる She has a *perfect* command of French. / Her French is *perfect*.

がんぺき 岸壁 (船着場・船が横づけになる石または木の構造物) wharf [C] (複 ~s, wharves) ★ 最も一般的な語; (コンクリート・石などの岸壁で, 荷物の積み下ろしのできるもの) quay [kíː] [C]. (☞ ふとう[2]; はとば).

かんべつ 鑑別 —[動] (見分ける) discriminate (他) (☞ しきべつ; みわける).

かんべん[1] 勘弁 —[動] (許す) forgive (他); (大目に見る) pardon (他); (見逃す) overlook (他). —[名] (容赦) pardon [U]; (寛容) tolerance [U]; (忍耐) patience [U]. (☞ ゆるす).
¶もう二度としませんから今度だけは*勘弁して下さい Please ⌈*forgive* [*pardon*] me for this once; I'll never do it again. // 今度はあなたの不始末を*勘弁する (⇒ 見過ごす) わけにはい

かない I won't *overlook* your misconduct this time. // もういいかげんに*勘弁して下さいよ (⇒ もう解放して下さい) Please let me go now.

かんべん² 簡便 ―形 (簡単な) simple; (易しい・楽な) easy; (便利な) convenient; (手ごろな) handy. 《☞ かんたん¹; べんり; てごろ》.

かんぽう¹ 漢方 Chinese [herb] medicine Ⓤ. **漢方医** herb doctor Ⓒ **漢方薬** herb medicine Ⓒ.

かんぽう² 官報 the official gazette [gəzét], 《英》 gazette Ⓒ.

がんぼう 願望 wish Ⓒ 《☞ のぞみ; ねがい》. ¶ 私の*願望はすべてかなった (⇒ 願ったものはすべて得た) I have attained all my *wishes*.

かんぼうちょうかん 官房長官 (内閣官房長官) the Chief Cabinet Secretary 《☞ 政治・経済 (囲み)》.

かんぼく 灌木 shrub Ⓒ.

かんぼつ 陥没 ―動 (沈下する) sink (in) ⓐ ★ 一般的な語; (一部に穴があいてへこむ) cave (in) ⓐ. ―名 sinking Ⓤ; cave-in Ⓒ. 《☞ ちんか²; へこむ》.

かんまつ 巻末 the end of a book.

かんまん¹ 緩漫 ―形 (動作などが) slow; (鈍い) sluggish; (活気がない) dull. ―副 slowly. 《☞ ゆっくり; のろい¹》. ¶ 彼女は動作が*緩漫だ She is *slow* in action. // 潮の流れは*緩漫だった The tide was coming in *slowly*.

かんまん² 干満 (引き潮と満ち潮) the ebb and flow; (潮) tide Ⓤ.

かんみりょう 甘味料 sweetening materials ★ 複数形で; sweetening Ⓒ; (人工甘味料) sweetener Ⓒ.

かんむり 冠 crown Ⓒ. ¶ 王は*冠をかぶった The king put on a *crown*. // 彼女はお*かんむりのようだった (⇒ 機嫌を損ねたようだった) She looked ⌈*offended* [*displeased*].

かんめい 感銘 ―名 impression Ⓒ. ―動 (感銘を与える) impress ⓣ; (感動させる) move ⓣ. 《☞ かんどう¹; かんげき¹》.
¶ 私たちは彼女の話に大いに*感銘を受けた (⇒ 彼女の話は私たちの心を大いに動かした) Her story ⌈*moved* [*touched*] us a great deal. // 彼の闘志は観客に強い*感銘を与えた His fighting spirit made a ⌈strong [deep] *impression* on the spectators.

がんめい 頑迷 ―形 (わからずやで頑固な) bullheaded, pigheaded ★ 軽蔑的なニュアンスがある; (頑固な) stubborn. ―名 stubbornness Ⓤ. 《☞ がんこ; ごうじょう》.

がんめん 顔面 face Ⓒ 《☞ かお》.

かんもん¹ 喚問 ―名 summons Ⓒ 《複 ~es》. ―動 (呼び出す) summon ⓣ. 《☞ しょうかん¹; よびだし》. ¶ 地方裁判所から*喚問状を受け取った I have received a *summons* from the District Court. // 彼はその委員会に*喚問された He *was summoned* to the committee.

かんもん² 関門 (障壁) barrier [bǽriə] Ⓒ 《☞ しょうへき》. ¶ 筆記試験という第一の*関門を突破した I ⌈got over [passed] the first *barrier* of a written examination.

がんやく 丸薬 pill Ⓒ 《☞ くすり》.

かんゆう 勧誘 ―動 (…しないかと聞いてみる) ask ⓣ; (誘う) invite ⓣ; (懇請する) solicit ⓣ. ―名 invitation Ⓒ. 《☞ さそう; すすめる²》.
¶ 私は入会するようしつこく*勧誘された I *was asked* persistently to be a member of the society. // 田中さんという方が寄付の*勧誘に来ています A Mr. Tanaka is here to *solicit* contributions. // 保険*勧誘員 an insurance *salesman*

がんゆう 含有 ―動 (含む) contain ⓣ; (保有する) have ⓣ. ―名 (含有量) content Ⓒ. 《☞ ふくむ¹》. ¶ にんじんは多量のビタミンAを*含有している Carrots ⌈*contain* [*have*] a lot of vitamin A. // 彼はその鉱石の銅の*含有量を調べた He examined the copper *content* of the ore.

かんよ 関与 ―動 (…とかかわりがある) have something to do with … ★ 最も口語的表現. 打ち消しでは something が nothing に変わる; (参加する) participate (in …) ⓐ, take part in … ★ 後者がより口語的; (関係がある) be concerned (with …; in …). ―名 (参加) participation Ⓒ; (役割・参加) share Ⓤ; (掛かり合い) concern Ⓒ. 《☞ かかりあう》.
¶ 私はその件には*関与しておりません I *have nothing to do with* the affair. / I have ⌈no *share in* [no *concern with*] the affair. / I *am* not *concerned* ⌈*with* [*in*] the affair. // その件には*関与しないほうがいい You should not ⌈*participate* [*take part*] *in* the affair.

かんよう¹ 寛容 ―形 (規律・罰などに対してゆるやかな) lenient; (ほかの人の意見などに対して寛容な) tolerant; (度量の大きい) generous. ―名 leniency Ⓤ; tolerance Ⓤ. 《☞ かんだい; あまい》. ¶ ほかのひとの考えに対しては*寛容であるべきだ We should be *tolerant of* the views of others. // 彼は*寛容の精神が欠けている He has no *tolerance*.

かんよう² 慣用 ―名 (慣例・慣用法) usage Ⓤ. ―形 (しきたりの) customary; (語句が慣用的な) idiomatic. ¶ それは英語の*慣用に反する (⇒ それは英語らしい英語ではない) It is not *idiomatic* English. **慣用語法** idiom Ⓒ, idiomatic ⌈phrase [expression] Ⓒ.

かんよう³ 肝要 ―形 (欠くことのできない) essential; (重要な) important; (主要な) main. 《☞ かんじん; じゅうよう¹; だいじ¹》.
¶ そこが*肝要なところだ (⇒ 要点だ) That's *the point*. // *肝要な点では双方は一致した Both agreed on the ⌈*essential* [*main*] points.

がんらい 元来 (本来) originally; (本質的に) essentially; (生来) by nature. 《☞ もともと; ほんらい; うまれつき》.
¶ 彼は*元来おとなしいたちだ He is docile *by nature*. // 人間は*元来利己的なものだ (⇒ 利己的に生まれついている) Man is *born* selfish. // その土地は*元来私のものだ (⇒ 最初から私のものだ) The estate was mine *from the first*. // 科学は*元来, 道徳とは無関係だ Science is *essentially* amoral.

かんらく 陥落 **―動**（城などが陥落する）fall ⓐ；(降伏する・屈する) yield ⓐ；(特に戦いで) surrender ⓐ. **―名** fall Ⓒ；(降伏) surrender Ⓤ. ¶城は*陥落して敵の手に渡った The castle *fell to* the enemy.

かんらくがい 歓楽街 （劇場などのある地区）entertainment area Ⓒ；(飲食店・劇場などのある) amusement center Ⓒ.

かんらん 観覧 （見ること・視察）view Ⓤ.

¶その花の品評会は*観覧自由です（⇒一般に公開されている）The flower show is *open to the public.*

観覧券 admission ticket Ⓒ **観覧自由**《掲示》Admission Free **観覧車**（遊園地の）Ferris wheel Ⓒ **観覧者**（観客）spectator Ⓒ；(見物人) viewer Ⓒ；(訪問者・客) visitor Ⓒ；(観客全体) audience Ⓒ **観覧席** seat Ⓒ；(野球などの) stand(s) **観覧料** admission fee Ⓒ, admission Ⓤ.

かんり[1] 管理 **―名**（運営・経営）administration Ⓤ ★政府・行政レベルの管理をいうことが多い；(経営) management Ⓤ；(統制・取締り) control Ⓤ；(監督・管理) supervision Ⓤ. **―動**（管理運営する）administer ⓗ；manage ⓗ；(取り締まる) control ⓗ；(監督する) supervise ⓗ. 《☞ けいえい；うんえい》.

¶労務*管理の不手際が彼の倒産の最大原因だ Bad labor *management* is the principal reason for his bankruptcy. // 彼女の財産はおじが*管理している Her property *is administered* by her uncle. // 私の留守の間，農園の*管理（⇒世話）を頼みます Please *take care of* my farm while I am away. // この事務所は私が*管理しています This office is *under my supervision.* // このアパートは*管理がいい（⇒よく気が配られている）This apartment house *is* well *looked after.*

管理者 administrator Ⓒ, manager Ⓒ **管理職**（地位）managerial position Ⓒ；(人) member of the management Ⓒ；(集合的) the management (staff) **管理人**（アパート・ビルなどの）janitor Ⓒ ★主に《米》；(遺産などの) executor Ⓒ；(財産の) property custodian Ⓒ.

かんり[2] 官吏 （政府の役人・国家公務員）government official Ⓒ；(公務員) public servant Ⓒ,《英》civil servant Ⓒ.《☞ こうむいん》.

かんりゃく 簡略 **―形**（簡単な）simple；(簡潔な) concise；(短い) brief. **―名** simplicity Ⓤ；conciseness Ⓤ；brevity Ⓤ.《☞ かんたん[1]；かんけつ[2]；てみじか》.

¶結婚式はできるだけ*簡略にしよう Let's make our wedding as *simple* as possible. // 彼の伝言は*簡略すぎて（⇒短すぎて）わからなかった His message was too *brief* to understand.

【参考語】**―動**（簡略化する）simplify ⓗ. **―名**（簡略化）simplification Ⓤ.

かんりゅう 寒流 cold current Ⓒ (↔ warm current).

かんりょう[1] 完了 **―動**（完了する）complete ⓗ；finish ⓗ. **―名** completion Ⓤ.

【類義語】「始めたことを終わらせる」の意味は *finish*. はっきりとした結果を示し，格式ばったことの終わりを示すのは *complete*.《☞ かんせい[1]；しゅうりょう[2]；おわる》

¶建設工事は予定どおり*完了した The construction work *has been completed* on time. // 準備は*完了しました Our preparations are「*complete* [*all set*]. /（⇒用意はすっかりできています）We are quite ready now. // その仕事を*完了するのにどれくらい（の期間が）かかりますか How long will it take you to *finish* the work?

完了形〖文法〗perfect form Ⓒ《☞ 欄外》 **完了時制**〖文法〗the perfect tense. ¶現在[過去]*完了時制 *the*「present [past] *perfect tense*

完了形 (perfect form)

1 基本的用法

ある時を基準として，その時までに動作・状態が完了したこと，継続していること，完了して結果が残っていること，あるいはその時までに経験したことを表す動詞の形.

<have＋過去分詞> の形で表されるが，have が現在形であれば現在完了形，have が過去形であれば過去完了形，<will [shall]＋have＋過去分詞> の形であれば未来完了形と呼ばれる.《☞ 時・期間の表し方（囲み）》

(1) 現在完了形.

<have [has]＋過去分詞> の形で，現在までの動作・状態の完了・継続・結果・経験を表す．ただし，動作の継続を表す場合には <have [has]＋been＋動詞 -ing> の形をとる.

(i) 完了を表す場合.

¶私はいまちょうど仕事を終えたところです I *have* just finished my work. //「昼食はすみましたか」「いえ，まだです」"*Have* you *had* lunch yet?" "No, not yet." // 彼はまだやって来ない He *hasn't come* yet. 語法 完了形とともに just（＝ちょうど），already（＝すでに），yet（＝まだ）などの副詞が用いられるのが普通．これらの副詞によって，完了[未完了]を表していることが明らかにされる．また yesterday, last year など明確に過去を示す副詞，疑問詞 when は現在完了とともには用いられない.

(ii) 継続を表す場合.

¶私は彼女を子供のころから知っている I *have known* her since she was a child. // 私は東京に20年住んでいる I *have lived* in Tokyo for twenty years. 語法 継続を表す場合は期間を示す副詞(句)が付くのが普通. // 彼女はもう1時間以上も電話をかけている She *has been talking* on the telephone for over an hour. 語法 動作の継続を表すには，このように現在完了進行形にしなくてはならない.

(iii) 結果を表す場合.

¶私は財布をなくした I *have lost* my wallet. 語法 なくした結果，いま手もとにないという結果が強調される．これに対して，I *lost* my wallet. のように過去形を用いると，財布をなくした後，それがまだ紛失中であるのかどうかは明らかでない．しかし，この区別は当該文のニュアンスの問題であって，普通は過去形で表しても，前後関係やその場の状況から，結果が現在に及んでいるか否かが明らかとなるため，この種の現在完了形はしばしば過去形で代用される．これは次の文についても同じである. // 彼は新しい車を買った He *has bought* a new car. 語法 買った結果，いまそれを所有していることを言う.

(iv) 経験を表す場合.

かんりょう² 官僚 ── 名 bureaucrat [bjú(ə)rəkræ̀t] C；(全体) bureaucracy U. ── 形 (官僚的な) bureaucratic [bjù(ə)rəkrǽtik]. ¶彼にはどうも*官僚的なところがある He has something of the *bureaucrat* about him.
官僚主義 bureaucratism U, red tape U 参考 もと公文書を赤ひもで結んだことから出た言い方で，口語的. 形 としても用いる. **官僚政治** bureaucracy U.

かんれい 慣例 ── 名 (社会的習慣) custom C；(繰り返し行われること・習慣) practice C；(世間のしきたり) convention U；(前例) precedent C. ── 形 (慣例の) customary；conventional. (☞ かんしゅう¹ (類義語)).
¶それは*慣例にもとる That breaks our *custom*. / That is not in accordance with the *precedents*. // 新入社員のために歓迎会を開くのが我々の*慣例だ It is our *custom* to welcome the new members by giving a reception. // そのようなばからしい*慣例はやめたほうがよい Such a silly *convention* should be done away with.

かんれいぜんせん 寒冷前線 cold front C (☞ ぜんせん²).

かんれき 還暦 *a person's* 60th birthday. ¶おやじもそろそろ*還暦だ My father's getting on for *sixty*. / My father's *60th birthday* is drawing near.

かんれん 関連 (血縁・親友などの，特に深い関係) relation U；(一般的なかかわり合い) connection U；(当面の問題との関連) relevance U. (☞ かんけい (類義語)；つながり).
¶それに*関連して一言申し上げたい I should like to say a few words in that *connection*. // その事件に*関連して数人の男が拘留された A few men have been detained *in connection with* the affair. // 君の言ったことは当面の問題と何の*関連もない What you said has no ⌈*relation* [*relevance*] to the present problem.

かんろく 貫録，貫禄 (堂々とした態度) presence U；(威厳) dignity U. (☞ どうどう；かっぷく). ¶彼は*貫録がある He has *presence*. / He is a man of *presence*.

かんわ 緩和 ── 動 (束縛などをゆるめる) ease 他；(苦痛・心配などを和らげる) relieve 他；(緊張などをゆるめる) relax 他；(鎮静する) mitigate 他；(苦痛などを) alleviate 他；(軽減する) lighten 他；(少なくする) lessen 他. ── 名 (軽くすること) relief U ★ しばしば a を付けて；(ゆるめること) relaxation U；mitigation U；alleviation U. (☞ やわらげる；けいげん；ゆるめる).
¶彼の穏やかな微笑が彼女の緊張を*緩和させた His gentle smile ⌈*relieved* [*relaxed*] her tension. // 外国貿易の制限が*緩和された Restrictions on foreign trade *have been* ⌈*relaxed* [*eased*].

かんわじてん 漢和辞典 dictionary of classical Chinese explained in Japanese C.

¶「あなたはアメリカに行ったことがありますか」「いいえ，一度もありません」"*Have* you ever *been to* America?" "No, I'*ve* never *been* there." 語法 ever, never, あるいは once, twice, often などの頻度を表す副詞がともに用いられる.
(2) 過去完了形.
<had＋過去分詞> の形で，過去のあるときまでの動作・状態の完了・継続・結果・経験を示す. つまり，現在完了形を過去に移行した用法と考えればよい.
過去完了形は文脈の中で，過去形の動詞によって過去のある時点が明らかに示されているときにだけ用いられる.
¶私は傘を電車に忘れてきたことに気づいた I noticed that I *had left* my umbrella on the train. 語法 noticed という過去形によって示された時点における結果を表す. // 私は自分の店を開くまでにずいぶん苦労しました I *had experienced* many hardships before I started my own store. 語法 started という過去形によって示される時点までの経験.
過去完了形は，従属節で主節の動詞より前に起こったことを表すために用いられる. この用法を特に大過去と呼ぶ場合がある.
¶私はおじが誕生祝いにくれた時計をなくしてしまった I lost the watch which my uncle *had given* me as a birthday present.
(3) 未来完了形.
<will [shall]＋have＋過去分詞> の形で，未来のある時までの動作の完了・継続・結果・経験を表す. つまり現在完了形が未来のある時点に移行したものと考えればよい.
未来の時点は副詞(句)によって示される.
¶今週末までにはこの仕事を終えてしまっているでしょう I *will have finished* this work by the end of this week. 語法 未来完了形は，かなり理屈っぽい形であるため，口語ではあまり用いられない.
2 完了形のその他の用法
(1) 現在完了形は副詞節において未来完了形の代わりに用いられる.
¶仕事が終わったらコーヒーを飲みましょう Let's have coffee after we ⌈*have finished* [finish] the work. 語法 この場合，完了形を用いず [ ] 内のように現在形で代用する場合がしばしばある.
(2) <had＋過去分詞> の形は仮定法過去完了を表すのに用いられる. (☞ 仮定の表現 (囲み))
¶もしもあの飛行機に乗っていたら私は事故にあっていたでしょう If I *had taken* that plane, I would have been involved in the accident.

き

き

き[1] 気 **1** «心»: (頭の働き・知力・心) mind Ⓤ 【語法】 mind は感情的な心である heart に対して, 理性的な心を表す. 時には「精神」「頭」という日本語にも当たる; (気分) mood Ⓒ, feelings ★ 複数形で. 《☞ こころ (類義語)》.
¶ 私は*気が変わった I've changed my *mind.*
*気が済みましたか (⇒ 満足したか) *Are* you *satisfied?*
*気を静めなさい Calm *down.*
彼は*気が狂っている He is ｢*mad* [*crazy*]. / He is out of his *senses.*
音で*気が散って勉強できない The noise *distracts* me from studying.
彼女は*気が利く (⇒ いつでもすぐ手助けしてくれる) She is always *ready to help.*
5 分後に彼は*気がついた (⇒ 意識を取り戻した) He *came to* his senses after five minutes.
彼女はそこで*気を失った She ｢*fainted* [lost *consciousness*] there.
彼のことについて私は*気が気ではない I *am* ｢*very anxious* [*very uneasy*; *worried*] about him.
それは*気のせいですよ It's only *your nerves.*
きょうは*気が重い I'*m feeling blue* today.
2 «性格»: (天性) nature Ⓤ; (性癖) disposition Ⓒ; (気質) temper Ⓒ. 《☞ きしょう[1]》.
¶ 彼女はとても*気が強い She is quite *unyielding.* / She is a *strong-willed* woman. 《☞ かちき》
彼は*気が弱い[小さい] He is ｢*weak-willed* [(⇒ 臆病だ) *timid*]. 《☞ よわき》
彼は*気が短い He ｢is *quick-tempered* [has *quick temper*]. 《☞ たんき[1]》
彼女は*気がいい She is ｢*good-natured* [*kind by nature*].
私たちは*気が合う We *get on well* (with each other).
3 «意向・意図» ―【名】 intention Ⓤ, mind Ⓒ ★ 後者のほうが口語的; (意志) will Ⓤ.
―【動】 (…する気がある) intend (to *do*); (…するつもり) mean (to *do*).
¶ どうする*気だ What *are* you *going to* do? 《☞ -つもり》
彼女(の気持ち)を傷つける*気はなかった I never *meant to* hurt her.
あの人と結婚する*気にはなれません I can't *bring myself* to marry him.
彼の*気が知れない (⇒ 彼を理解できない) I don't quite understand him.
*気が向いたら行きます I'll go if I *feel like it.*
私は彼が来ないような*気がする (⇒ 来ないと思う) I *think* he won't come. 《☞ おもう; 推量の表現 (囲み)》
彼は*気のない返事をした He gave a *half-hearted* answer.
それを彼に言うのは*気がひける[*気が進まない] I *don't feel like* telling him about it. 《☞ きおくれ》
4 «注意・気遣い»: (注意) care Ⓤ, attention Ⓤ ★ 前者のほうがより一般的; (気遣い・心配) worry Ⓤ. 《☞ ちゅうい; しんぱい》.
¶ そんなに*気をもむな Don't ｢*worry* so much [be so *worried*].
これから*気をつけなさい *Be more careful* from now on. / *Pay more attention* in the future.
車に*気をつけなさい *Watch out* for cars.
*気をつけて色を塗りなさい Paint it *carefully.*
彼女はそれを*気にやんで[*気にして]いるようだ She seems to *be worrying about* it.
何が*気にかかっているのですか What's *on your mind?*
彼は私の言ったことなど*気にもかけない He doesn't *take* any *notice of* what I told him.
彼女が言うことなんか私は*気にしない I *don't care* what she says.
気が抜ける ¶ ビールはすっかり*気が抜けている The beer has become *flat.* 《☞ きぬけ》
気が張る ¶ *気が張っているときには (⇒ 緊張して何かを決意しているときには) 眠くならない When I am *tense and determined* to do something, I don't feel sleepy. 《☞ きんちょう》
気に入る ☞ 見出し.
気にくわない ¶ 彼らのすることは*気にくわない (⇒ 好まない) I *don't like* what they are doing.
気になる ¶ 彼女の言ったことがどうも*気になる (⇒ 私を苦しめる) What she said somehow *bothers* me.
気の長い ¶ それは*気の長い話だ It's a ｢*slow* [*lengthy*] *process.*
気を利かせる ¶ 彼女は*気を利かせて (⇒ それと感づいて) 部屋から出ていった She *took the hint* and went out of the room.
気を配る take care of … 《☞ くばる》.

き[2] 木, 樹 **1** «樹木»: tree Ⓒ; (灌木(かんぼく)) shrub Ⓒ. 《☞ えだ》.

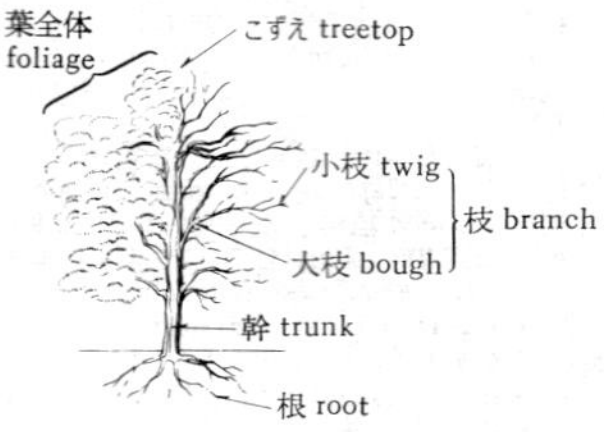

¶ このあたりは*木が多い There are a lot of *trees* around here. // *木の茂った[*木のない] 山 a ｢*tree*-covered [*bald*] mountain

2 «木材» ―名 wood Ⓤ ★ 最も一般的な語; (加工したもの)《米》 lumber Ⓤ, 《英》 timber Ⓤ; (丸太) log Ⓒ. ―形 wooden, (made) of wood. 《☞ ざいもく (類義語)》.
¶ *木の箱 a *wooden* box / a box *made of wood* // *木はいろいろな方面に使われている *Wood* is used in many ways.

き³ 機 (機会) opportunity Ⓒ; (好機) chance Ⓒ ★ 後者のほうが口語的. 《☞ きかい³ (類義語); こうき¹; チャンス》.
¶ この*機を逃してはならない We shouldn't miss this ⌈*chance* [*opportunity*]. // この*機に乗じて彼を説得しよう Let's persuade him, taking advantage of this *occasion*. // 彼は*機を見るのが早い He is quick in seizing an *opportunity*. // *機は熟している *The time* is ripe.

-き …期 (期間) period Ⓒ; (契約などの一定の期間) term Ⓒ; (段階) stage Ⓒ; (会期) session Ⓒ. 《☞ きかん¹》. ¶ 彼は議長を 2*期務めた He served two *terms* as chairman. // 今*期の議会はあす終わる The present *session* of the Diet will adjourn tomorrow.

きあい 気合い (気迫) spirit Ⓤ; (掛け声) yell Ⓒ ★「気合い」には日本語独特の意味合いがあり, ぴったりした訳語はない. 《☞ きはく¹》.
¶ それは*気合いのこもった討論だった It was a *spirited* discussion. // 彼は*気合いが入っている (⇒かあっと燃えている) He *is all fired up*. // 彼に*気合いを入れてやれ *Fire* [*Pep*] him *up*.

きあつ 気圧 (大気の圧力) (atmospheric) pressure Ⓤ; (空気圧) air pressure Ⓤ. 《☞ 天候の表現 (囲み)》.
¶ 上に行くほど*気圧は下がる As we go higher, the (*air*) *pressure* becomes less. // *気圧配置は西高東低だ (⇒ 高気圧区域が西にあり, 低気圧区域が東にある) The high *pressure* area lies to the west, and the ⌈low *pressure* area [*depression*] to the east. // ここはいま*気圧の谷に入っている We are now in a (low *pressure*) trough here. 《☞ たに》 // いまの*気圧は 995 ミリバールだ The present *atmospheric pressure* is 995 ⌈millibars [mb]. // 機内の*気圧が急に下がった The *pressurization* in the cabin suddenly failed.
気圧計 barometer [bərɑ́mətɚ] Ⓒ.

ぎあん 議案 bill Ⓒ 《☞ ほうあん; ぎだい》.
¶ *議案は衆議院に提出され, 審議され, 可決された The *bill* was ⌈introduced into [laid before] the House of Representatives, ⌈discussed [deliberated] and passed. 語法 deliberate は特に国会の審議などを意味する. // 多くの人がその*議案に賛成[反対]だ Many people ⌈support [oppose] the *bill*.

キー (鍵・鍵盤の 1 つ) key Ⓒ 《☞ かぎ¹》.
¶ その子はでたらめにタイプ[ピアノ]の*キーをたたいた She pounded the *keys* of the ⌈typewriter [piano] at random. // マスター*キー a master *key* **キーホルダー** key ring Ⓒ.

きいきい ―名 (きいきいいう音) creak Ⓒ; (子供・豚などの) squeal Ⓒ; (ねずみなどの) squeak Ⓒ; (金切り声) shriek Ⓒ. ―動 creak ⓐ; squeal ⓐ; squeak ⓐ; shriek ⓐ. 《☞ 擬声・擬態語 (囲み); 動物の鳴き声 (囲み)》. ¶ この戸は*きいきい鳴る This door *creaks*.

ぎいぎい ―名 (やすりでこするような音) rasp Ⓒ. ―動 (耳障りな音を立てる) rasp ⓐ, grate ⓐ; (きいきいきしむ) creak ⓐ. 《☞ ぎしぎし; 擬声・擬態語 (囲み)》. ¶ 木の塀が風で*ぎいぎいいっている The wooden fence is making ⌈*rasping* [*grating*; *creaking*] sounds in the wind.

きいと 生糸 raw silk Ⓤ.

キーパー (サッカー・アイスホッケーなどの) goalkeeper Ⓒ, keeper Ⓒ. 《☞ スポーツ (囲み)》.

きいろ 黄色 ―名 (卵の黄味のような) yellow Ⓤ; (こはく色) amber Ⓤ ★ いずれも種類をいうときは Ⓒ. 前者のほうが口語的で, 多くの場合後者の代わりに用いてよい. ―形 yellow; amber; (声などが甲高い) shrill. 《☞ 色 (囲み)》.
¶ *黄色の絵の具[ペンキ] *yellow* paint / a *yellow* color // 彼はドアを*黄色く塗った He painted the door *yellow*. // 信号が*黄色に変わった The traffic light ⌈turned *yellow* [changed to *amber*]. // *黄色い声で in a *shrill* voice
黄色っぽい (黄色がかった) yellowish 《☞ 色 (囲み)》.

ぎいん 議員 (国会議員)《米》Congressman Ⓒ, M.C. [émsíː] Ⓒ; 《英》member of Parliament [pɑ́ɚləmənt] Ⓒ, M.P. [émpíː] Ⓒ 語法 M.C. や M.P. の不定冠詞は an, 定冠詞は the [ði] となる. member of ⌈Congress [Parliament] の略. 普通は「下院議員」を指す; Diet member Ⓒ, Dietman Ⓒ ★ 以上 2 つはほぼ同意だが, 前者のほうがより正式な言い方; (一般に, ある団体・会議などの議員) member (of an assembly) Ⓒ. 参考 Dietman は国の区別なく用いることができるが, 《米》ではあまり用いない. 日本の代議士は《英》式で呼ぶことが習慣になっているが, 衆議院議員ということをはっきりさせる場合なら Representative あるいは member of the House of Representatives というのがよい. 《☞ だいぎし; 政治・経済 (囲み)》.
¶ 彼は国会*議員になった He became a ⌈*Diet member* [*Dietman*; *member of Parliament*]. / (⇒ 彼は国会議員に選ばれた) He was elected a *Diet member*. // 彼は島根県選出の*議員です He is the *Diet member* for Shimane. // 彼は衆議院[参議院]*議員だ He is a *member* of the House of ⌈Representatives [Council(l)ors]. 《☞ しゅうぎいん; さんぎいん》 // 彼は参議院*議員に立候補するだろう He will run in the House of Council(l)ors election. // 上院*議員《米》a Senator ★ Sen. と略す. / 《英》a *member* of the House of Lords // 下院*議員《米》a *member* of the House of Representatives 語法 単に a Representative ともいう. Rep. と略す. また人の名に冠して *Rep.* Brown のようにいう. / 《英》a *member* of the House of Commons // 都[県, 市]議会*議員 a *mem-*

ber of the ｢Tokyo Metropolitan [prefectural ; municipal] assembly

きうん 気運 (傾向) tendency Ⓒ; (ある方向への動き) trend Ⓒ. 《☞ けいこう ; うごき》.

きえいる 消え入る ¶ 彼は*消え入るような声で (⇒ 非常にかすかな声で) 答えた He replied in a *very faint* voice. 《☞ かすか ; よわよわしい》

きえる 消える **1** «見えなくなる» : go out of sight, disappear ⓐ, vanish ⓐ ★ 以上の順に文語的になる ; (だんだん薄くなって消える) fade away ⓐ. ¶ 朝からの霧がやっと*消えた The morning fog *has* ｢*disappeared* [*faded away*] at last. // 船は水平線のかなたに*消えた The ship ｢*went out of sight* [*disappeared*] over the horizon.

2 «火・明かりなどが» : (火が) go out ⓐ, die out ⓐ ; (消火される) be put out ★ 口語的 ; (明かりが) go out ⓐ ; (スイッチをひねって) be turned off. 《☞ ひ² ; あかり》. ¶ たき火が*消えたかどうか確かめなさい Make sure that the fire ｢*has been put out* [*has gone out*]. // 電灯が*消えた The lights *went out*.

3 «雪・うわさ・文字などが» : (溶けてなくなる) melt away ⓐ ; (消えてなくなる) disappear ⓐ ; (うわさなどが) blow over ⓐ, die out ⓐ ; (跡が) be lost ; (ぬぐい去るように) be wiped out ; (こすり取られる) be worn away ; (泡が) burst ⓐ. 《☞ なくなる ; しょうめつ》.

¶ 春になって雪が*消えた Spring has come and the snow *has* ｢*gone* [*melted away* ; *disappeared*]. // 財布が*消えた My purse *is lost*.

きえん 奇縁 (不思議な巡り合わせ) curious coincidence Ⓒ. ¶ 私たちが義理の兄弟となるとは, まさに*奇縁だ It is a *curious coincidence* that we became brothers-in-law.

ぎえんきん 義捐金, 義援金 donation Ⓒ 《☞ きふ》.

きおう 気負う ― 動 (意気込む) rouse *oneself*, brace *oneself* up. ― 形 (一生懸命) keen, anxious. 《☞ いきごむ ; はりきる》.

¶ うまくやってやろうなんてあまり*気負うな Don't be so ｢*keen* [*anxious*] to succeed.

きおうしょう 既往症 (前にかかった病気) previous illness Ⓒ; (病歴) medical history Ⓒ. 《☞ びょうれき》. ¶ 何か*既往症がありますか (⇒ 重大な病気にかかったか) Have you suffered from any *serious diseases*?

きおく 記憶 ― 名 (記憶すること) memory Ⓤ; (思い出すこと) remembrance Ⓤ ★ 個々の記憶は Ⓒ; (忘れていたものを思い出すこと・回想) recollection Ⓒ. ― 動 (覚えている・思い出す・忘れずに覚えておく) remember ⓣⓐ ; (暗記する) learn ... by heart ; (記憶する) memorize ⓣ 語法 remember と違い, 積極的に記憶すること. memorize のほうがやや改まった語 ; (心に留めておく) keep [bear] ... in mind. 《☞ おぼえ ; おぼえる ; おもいで》.

¶ 彼女は*記憶(力)がよい[悪い] She has a ｢good [poor] *memory*.

私の*記憶に誤りがなければ, そのとき雨が降っていた It was raining then, if I *remember* ｢right [correctly].

このことは*記憶しておいてもらいたい I want you to ｢*keep* this *in mind* [*memorize* this].

そんなにたくさんのことは一度に*記憶できない I cannot ｢*memorize* [*remember*] so many things at a time. 語法 memorize を用いると記憶のための努力をしてもだめだという意味になり, remember を用いると努力とは関係なく (つまり努力するかしないかは問題とせず) 記憶には残らないことをいう.

あの人には前に何回か会った*記憶がある <S (人)＋V (*remember*)＋O (動名)> I *remember* seeing that person several times before.

その事件は私の*記憶にまだ新しい The incident is still ｢fresh [clear] in my *memory*. / (⇒ その事件のはっきりした記憶をもっている) I still have a clear *memory* of the incident.

金をもらったことはまったく*記憶にない (⇒ 思い出せない) I'm afraid I can't *recall* receiving the money.

記憶喪失症 〘医学〙 amnesia [æmníːʒə] Ⓤ.

きおくれ 気後れ ― 形 (自信がなくて引っ込み思案の) diffident, backward ; (人前ではにかむ) shy ; (臆病な) timid. ― 名 diffidence Ⓤ, backwardness Ⓤ ; shyness Ⓤ ; timidity. ¶ 彼女は*気後れがして, 口がきけなかった She felt so ｢*shy* [*diffident*] that she couldn't speak (out).

きおち 気落ち ― 名 (勇気をなくさせること・なくすこと) discouragement Ⓤ ; (失望させること・すること) disappointment Ⓤ. ― 動 be discouraged ; lose courage ; be disappointed. 《☞ がっかり ; しつぼう》.

きおん 気温 temperature Ⓤ 《☞ おんど¹ ; 度量衡 (囲み) ; 天候の表現 (囲み)》.

¶ *気温は摂氏 20 度に上がった[下がった] The *temperature* went ｢up [down] to 20°C. ★ twenty degrees centigrade と読む. // *気温はいまどれくらいですか What's the *temperature* now? // *気温の変化はほとんどないでしょう There will be little change ｢in [of] *temperature*. // 最高[最低]*気温 the ｢maximum [minimum] *temperature* / high [low] 語法 天気予報などで the ｢highest [lowest] temperature の略として today's ｢high [low] のように用いる.

ぎおん 擬音 imitation sound Ⓒ; (放送・劇などの音響効果) sound effects ★ 複数形で ; (擬声語) onomatopoeia [ɑ̀nəmæ̀təpíːə] Ⓒ. 《☞ 擬声・擬態語 (囲み)》.

きか¹ 帰化 ― 動 (帰化させる) naturalize ⓣ ; (帰化する) be naturalized. ― 名 naturalization Ⓤ. ¶ 彼女は日本に*帰化した She *was naturalized* ｢in Japan [as a Japanese citizen].

きか² 幾何 geometry Ⓤ. ¶ 広場はきれいな*幾何学模様で舗装されている The plaza is paved in a pretty ｢*geometrical* pattern [*geometric* design].

きか³ 気化 ― 動 (気化させる・する) vaporize ⓣⓐ ; (蒸発する・させる) evaporate ⓐⓣ. 《☞ じょうはつ》.

きが 飢餓 (餓死) starvation Ⓤ; (空腹・飢え) hunger Ⓤ. 《☞ うえ²; うえる²》. ¶ 多くの人が*飢餓に瀕している Many people *are starving.*

きかい¹ 機械 ―名 machine Ⓒ; (総称的に, 機械類全体) machinery Ⓤ; (部分的に) mechanism Ⓤ; (ちょっとした小さな装置・小道具) gadget Ⓒ. ―形 (機械的な) mechanical. ―副 mechanically. ―動 (機械化する) mechanize ⓗ.
¶ これは穴を開ける*機械です This is a *machine* for drilling holes.
この*機械は調子よく動く This *machine* runs smoothly.
今度この工場に新しい*機械が入った A new *machine* has recently been installed in this factory.
これは便利な*機械だ This is a convenient *gadget.*
この*機械はうまく動かない (⇒ どこか故障だ) There is something wrong with this *machine.* / This *machine* won't run smoothly.
この工場の*機械は新式だ The *machinery* in this factory is up-to-date.
この*機械の組み立ては3日かかります It will take three days to ⌈assemble [put together] this *machine.*
彼はなかなか*機械に強い He's quite a *mechanic.* ★ mechanic は「機械工」.
この*機械の操作ができますか Do you know how to ⌈work [use ; operate] this *machine?*
その仕事はいまでは全部*機械化されている Now all the work is done by *machines.*
*機械仕掛けの人形 a *machine-operated* doll
このごろの道具は手製よりも*機械製の物が多い Utensils these days are more often *machine-made* than hand-made.
日本における*機械工業 the *machinery* industry of Japan
機械油 machine oil Ⓤ **機械工** mechanic Ⓒ, mechanical engineer Ⓒ **機械工学** mechanical engineering Ⓤ **機械文明** industrial civilization Ⓤ.

きかい² 器械 (道具) instrument Ⓒ; (一式の) apparatus Ⓒ 《複 ～, ～es》. 《☞ きぐ¹》. ¶ 彼は医療*器械の商売をしている He deals in medical *instruments.* **器械体操** apparatus gymnastics Ⓤ.

きかい³ 機会 opportunity Ⓒ; occasion Ⓒ; chance Ⓒ; time Ⓤ.
【類義語】「機会」の意味で最も一般的なのは *opportunity.*「…をする特定の時機」は *occasion.*「偶然に与えられた機会」が *chance* で,「…をするのによい機会」は *time.* 《☞ チャンス; こうき¹; き³》
¶ 彼らはお互いに会う*機会がなかった They had no ⌈*chance* [*opportunity*] to see each other. // もうこんなよい*機会は2度とないだろう No better ⌈*chance* [*opportunity*] will ever come to us. // この*機会を逃すな Don't miss this *chance.* // この*機会に私は彼に会います I'll see him on this *occasion.* // いまが絶好の*機会だ Now's the *time.*

きかい⁴ 奇怪 ―形 (いままでに見聞きしたことのないような奇妙な) strange; (不可解な) mysterious. 《☞ きみょう; ふしぎ》.
¶ 彼の行動は*奇怪だ His behavior is *strange.* // それはまったく*奇怪な事件だ It is quite a *mysterious* incident.

きがい¹ 危害 harm Ⓤ; (けが・害) injury Ⓒ. 《☞ がい》. ¶ この虎は脅かさない限り人に*危害は加えない This tiger ⌈is *harmless* [(⇒ 攻撃しない) does not *attack* people] unless he is frightened.

きがい² 気概 (気骨) backbone Ⓤ; (強い意志) strong will Ⓤ; (勇気) 《口語》 grit Ⓤ; (不屈の精神) fortitude Ⓤ ★ 形式ばった語. 《☞ きこつ》. ¶ 彼の*気概に打たれた I was impressed by his ⌈*strong will* [*fortitude*]. // 彼は困難に打ち勝つ*気概のある人だ He has ⌈enough *backbone* [*grit*] to overcome difficulties.

ぎかい 議会 (一般に) assembly Ⓒ; (国会) the Diet, 《米》 Congress, 《英》 Parliament
参考 日本の国会は《英》にならって Parliament を用いるか, あるいは the Diet と訳すのが普通. また議会の建物は《米》the Capitol building, 《英》the Houses of Parliament という; (米の州議会) legislature [lédʒislèitʃɚ] Ⓒ. 《☞ ぎいん; 政治・経済 (囲み)》.
¶ きのう県[市]*議会が開かれた The ⌈prefectural [municipal] *assembly* ⌈met [was called into session] yesterday. // *議会はきのうから1か月の会期で開かれている The *assembly* was convened yesterday and will be in session for a month. // 市*議会が解散した The municipal *assembly* was adjourned.
議会主義 parliamentarism Ⓤ **議会政治** representative democracy Ⓤ, parliamentary government Ⓤ **議会制度** parliamentary ⌈system [institution] Ⓒ.

きがえ 着替え (着替えること・着替えの一そろい) change of clothes Ⓒ. ¶ *着替えは持って行きなさい Take ⌈*a change of clothes* [(⇒ 余分の衣類を) *some extra clothes*] with you. // *着替えは急ぎなさい Make a quick *change.* / *Change* (your) *clothes* quickly.

きかえる 着替える change ⓐ; (…に) change into … ; change (*one's*) clothes. 《☞ 衣服 (囲み)》. ¶ 夕食のために*着替えをする *change* for dinner // 新しいドレスに*着替えた I ⌈*changed into* [*put on*] a new dress. // *着替える時間があるでしょうか Do I have time to *change* (*my clothes*)?

きがかり 気掛かり (気掛かりなこと) worry Ⓒ ★ 複数形で用いることが多い; (心配) worry Ⓤ; (不安で心配なこと) anxiety Ⓤ; (自分が関心のあることに対する心配) concern Ⓤ. 《☞ しんぱい (類義語)》.
¶ 近ごろ*気掛かりなことが多すぎる Recently I have had too many *worries.* // 彼の将来がたいへん*気掛かりだ I ⌈*have* [*feel*] great *concern* about his future. // 来年の入試のことがすごく*気掛かりだ Next year's entrance exam is a big *worry* for me.

きかく¹ 企画 ―名 (かなり大がかりな企画) project Ⓒ; (会合などの) arrangements ★複数形で; (企画すること) planning Ⓤ; (計画) plan Ⓒ ★平易な日常語で, 企画の大小によらず使える; (案) idea Ⓒ. ―動 (企画する) plan ㊀; (会などを) arrange ㊀. 《☞ けいかく (類義語); あん¹》.
¶私の*企画はどうですか What do you think of my ˹*plan* [*idea*]? // これはまったく新しい*企画です This is an entirely new *project*. // 親睦会を*企画しました We've ˹*arranged* [*made arrangements for*] a get-together.

きかく² 規格 (基準) standard Ⓒ; (要求されている点・水準など) requirements ★複数形で. ¶この品は*規格に達していない This article ˹doesn't meet [is below; is not up to] our ˹*standards* [*requirements*].
規格化 ―動 standardize ㊀.

きがく 器楽 instrumental music Ⓤ《☞ 音楽 (囲み)》.

きかざる 着飾る (盛装する) dress (*oneself*) up; (着飾っている) be dressed up; (一番いい服を着ている) be (dressed) in *one's* best.
¶少女たちは皆*着飾っていた The girls *were* all *dressed in their best*.

きかす¹ 聞かす ☞ きかせる¹

きかす² 利かす ☞ きかせる²

きかせる¹ 聞かせる (…に告げる) tell ㊀; (人の耳に入れる) let (*a person*) ˹hear [know] …
¶ヨーロッパ旅行の話を*聞かせて下さい *Tell* us [*Let* us *hear*] about your trip to Europe. // これは彼に*聞かせないほうがよい It's better not to *tell* him about this. // 毎晩, 私は子供たちにお話を読んで*聞かせる Every evening I *read* a story (*out*) to my children. // 彼の歌はなかなか*聞かせる (⇒彼は歌がなかなか上手だ) He *is* pretty *good* at singing.

きかせる² 利かせる ¶スープはもう少し塩を*利かせなさい (⇒塩を入れなさい) *Put* a little more salt in the soup. // 彼らはすごみを*きかせて (⇒怖がらせて) 人々を追い払った They *frightened* the people away.

きがね 気兼ね ―動 (内気である) be shy; (ためらう) hesitate ㊁. 《☞ えんりょ》.
¶だれにも*気兼ねする必要はありません You don't have to *worry about* anyone. / (⇒気楽にしなさい) Make yourself at home. // どうか*気兼ねなく (⇒堅苦しく考えないで) お暇の時はいつでも遊びにおいで下さい Please *feel free to* drop in whenever you have (the) time. // あの人と一緒だとどうも*気兼ねしてしまう (⇒落ち着かない) I somehow *feel* ˹*uneasy* [*ill at ease*] in his company.

きがまえ 気構え ―名 (何かをしようとする意志) will Ⓤ《☞ こころがまえ; かくご》.
¶彼女はどうしてもそれをやり遂げる*気構え (⇒強い意志) を示した She showed a strong *will* to accomplish this.

きがる 気軽 ¶彼女はいつも*気軽に (⇒喜んで, 気持ちよく) 手助けしてくれる She is always ˹*ready* [*willing*] to help. // いつでもお*気軽に (⇒堅苦しく考えないで) お立ち寄り下さい Please *feel free to* drop in anytime. 《☞ きやすく; きらく》

きかん¹ 期間 (不特定の期間) period Ⓒ; (契約などによる一定の期間) term Ⓒ; (長さ) length Ⓤ. 《☞ きげん²》.
¶「どのくらいの*期間, ロンドンにいらっしゃる予定ですか」「約2か月です」"*How long* are you going to stay in London?" "About two months." 語法 「どのくらい長く…」と期間をきく場合には How long を用いるのが最も一般的な質問の形である. 《☞ 時・期間の表し方 (囲み)》 // 彼は長*期間日本を留守にしていた He was away from Japan *for a long time*. // この仕事は一定の*期間内に終えなくてはならない I must finish this work within a ˹given [certain; definite] ˹*period* [*length*] *of time*. // その本は貸し出し*期間を過ぎています The book is *overdue*. // 貸し出し*期間を延長できますか Can I extend the *period* of loan? // 契約*期間は何年ですか How many years is the *term* of contract?

きかん² 機関 **1** «エンジン»: engine Ⓒ. ¶蒸気*機関 the steam *engine*
2 «組織・手段» ¶報道*機関 news *media* // 交通*機関 the *means* of transportation
機関士 (船の) engineer Ⓒ **機関誌** ☞ 見出し. **機関室** (船などの) engine room Ⓒ **機関車** ☞ 見出し. **機関長** chief engineer Ⓒ.

きかん³ 気管 windpipe Ⓒ; 〚医学〛 trachea [tréikiə] Ⓒ《複 tracheae [tréikiì:]》.
気管支 bronchi [brɑ́ŋkai] ★複数形. **気管支炎** bronchitis [brɑŋkáitis] Ⓤ. 《☞ 病気・病院 (囲み)》.

きかん⁴ 器官 organ Ⓒ. ¶消化*器官 digestive *organs* // 発音*器官 *organs* of speech

きかん⁵ 季刊 ―名 quarterly publication Ⓤ. ―形 (季刊の) quarterly. 《☞ げっかん》. **季刊誌** quarterly (magazine) Ⓒ.

きがん 祈願 ―名 prayer Ⓤ. ―動 (祈る) pray ㊁. 《☞ いのる; ねがう》.

ぎがん 義眼 artificial [false] eye Ⓒ.

きかんさんぎょう 基幹産業 key industries ★複数形で.

きかんし 機関誌 (公報・会報) bulletin Ⓒ; (政党などの) organ Ⓒ.

きかんしゃ 機関車 railroad [《英》 railway] engine Ⓒ, locomotive Ⓒ ★後者は形式ばった語. ¶*機関車の運転士 a *locomotive* engineer / 《英》 an *engine* driver // 電気[蒸気]*機関車 an electric [a steam] *locomotive*

きかんじゅう 機関銃 machine gun Ⓒ.

きかんぼう きかん坊 naughty ˹boy [child] Ⓒ《☞ わんぱく; いたずら》.

きき 危機 ―名 crisis [kráisis] Ⓒ《複 crises [-si:z]》; (緊急の事態) emergency Ⓤ; (ピンチ) pinch Ⓒ. ―形 (成否がかかっている) critical; (重大な) crucial. 《☞ ピンチ》.
¶我々は (財政的)*危機に直面している We are now ˹facing [confronting] a (financial) *crisis*. // 彼は*危機一髪のところで逃れた He escaped ˹*by the skin of his teeth* [*by a hair's breadth*]. ★ by the skin of *one's* teeth, by a hair's breadth は「危いところで」の慣用句.

ぎぎ 疑義 doubt Ⓤ《☞ぎもん；うたがい》.

ききあきる 聞き飽きる be ⌈tired [sick] of hearing《☞あきる》. ¶あなたの不平は*聞き飽きた I *am sick of* (*hearing*) your complaints.

ききいる 聞き入る （注意深く聞く) listen to ... attentively；(...に没頭している) be ⌈lost [absorbed] in ...《☞きく¹》. ¶彼女は音楽に*聞き入っていた She *was* ⌈*absorbed* [*lost*] *in* the music. // 彼は私の話に*聞き入っていた He *was listening to* me *attentively*.

ききいれる 聞き入れる （願い・要求などを認める) grant ㊀；(常に否定形で) hear of ...；(忠告を) take ㊀, follow ㊀；(申し出を) accept ㊀.《☞きく¹；うけいれる》.
¶彼は私たちの願いを即座に*聞き入れた He *granted* our request on the spot. // あの先生はそんなことは*聞き入れてくれない The teacher would not *hear of* such a thing. // 彼はだれが何といっても*聞き入れない He refuses *to listen to* anybody. // 委員会は彼の申し出を*聞き入れた The committee *accepted* his proposal.

ききうで 利き腕 the dominant hand.

ききおとす 聞き落とす （聞き損う) miss ㊀, fail to ⌈hear [catch] ...；escape *a person's* ear ★「事」が主語になる.《☞ききもらす》.
¶私はその重大な事実を*聞き落とした I *missed* the important fact. / The important fact *escaped* my *ear*.

ききおぼえ 聞き覚え ¶その名前は*聞き覚えがある I remember *hearing* that name.

ききかえす 聞き返す （再び聞く) ask (the same question) again. ¶私は*聞き返したが，彼女の答えは同じだった I *asked* her *the same question again*, but she repeated the same answer.

ききかじる 聞きかじる have a ⌈smattering [superficial knowledge] of ...《☞かじる》.
¶天文学については*聞きかじっただけです I ⌈*know only a little about* [*have only a smattering of*] astronomy.

ききぐるしい 聞き苦しい disagreeable [unpleasant] to hear, harsh [offensive] to the ear. ¶風邪を引いたので，*聞き苦しくてごめんなさい (⇒私の声をかんべんして下さい) Please excuse my voice. I have caught a cold.

ききずて 聞き捨て ―動 (聞きながら無視する) ignore ㊀；(何の注意も払わない) pay no attention (to ...)；(大目に見る) pass over ㊁.
¶あなたの言葉は*聞き捨てならない I can't ⌈*pass over* [*ignore*] your words. / (⇒許せない) Your remarks *are* ⌈*inexcusable* [*unpardonable*].

ききだす 聞き出す （手に入れる) get ㊀；(事実や真実などを見出す) find out ㊀；(かまをかけて) pump ... (out of ...). ¶彼女から何も*聞き出せなかった I could not ⌈*get* [*find out*] anything from her. // 彼から少しでも情報は*聞き出せたか Did you *pump* any information *out of* him?

ききつける 聞き付ける （聞いて知る) learn ... (from ...)；(耳にする) hear ㊀；(ふと耳にする) overhear ㊀, happen to hear ...《☞きく¹》. ¶彼はその秘密をだれかから*聞き付けた He ⌈*learned* [*heard*] the secret *from* somebody. // 物音を*聞き付けて人々はその場にかけつけた When they *heard* the noise, people ⌈rushed [ran] to the scene.

ききて 聞き手 （対話などの相手) hearer Ⓒ；(ラジオ番組などの聴衆の1人) listener Ⓒ；(聴衆) audience Ⓒ；(対談などの) interviewer Ⓒ.《☞ちょうしゅう¹》. ¶私たちは話し手だけでなく，上手な*聞き手となる必要がある We must be good *hearers* as well as good speakers.

ききとがめる 聞き咎める （途中で話をさえぎる) stop ㊀, interrupt ㊀. ¶彼女は私の言葉を*聞きとがめて真意を問うた She ⌈*stopped* [*interrupted*] me and asked what I really meant.

ききどころ 聞き所 （要点) the point；(重要な所) the most important part；(音楽などの) fine [beautiful] passage Ⓒ.

ききとどける 聞き届ける (願いを) grant ㊀；(祈りを) answer ㊀. ¶とうとう彼女の願いは*聞き届けられた (⇒かなえられた) Finally her wish *was fulfilled*. / (⇒ついに彼女の夢が実現された) At last her dream *has come true*.

ききとり 聞き取り （語学などの) listening comprehension Ⓤ《☞ヒヤリング》.
聞き取りテスト listening comprehension test Ⓒ.

ききとる 聞き取る （聞こえる) hear ㊀；(音を捕える) catch ㊀.《☞きこえる》. ¶彼の話はよく*聞き取れなかった I could hardly ⌈*hear* [*catch*] what he said.

ききなおす 聞き直す ask ... again《☞ききかえす》.

ききながす 聞き流す （注意を払わない) pay no attention to ..., take no notice of ...；(見逃す) let pass ...；(無視する) neglect ㊀, ignore ㊀.《☞むし²；うけながす》.
¶彼は私の忠告は*聞き流した He ⌈*paid no attention to* [*took no notice of*；*neglected*] my advice. // 夫は妻の言うことを*聞き流すだけだった The husband simply *ignored* what his wife said.

ききなれる 聞き慣れる ―動 be ⌈accustomed [used] to (hearing) ... 【語法】 be used to, be accustomed to の後には動名詞または名詞形が続く. ―形 (なじみの) familiar (with ...). ¶彼の不平は*聞き慣れている I *am* ⌈*used* [*accustomed*] *to* (*hearing*) his complaints.

ききほれる 聞き惚れる （うっとりする) be ⌈charmed [enraptured] ⌈with [by] ...《☞うっとり》. ¶私は彼女の歌に*聞きほれた I *was enraptured by* her singing.

ききみみ 聞き耳 ¶*聞き耳を立てたが (⇒注意して聞いたが)，何もわからなかった I *listened attentively*, but couldn't understand anything.《☞きく¹ (類義語)》

ききめ 効き目，利き目 effect Ⓤ《☞こうか¹；こうりょく；きく²》.
¶薬の*効き目はすぐあらわれた The medicine took *effect* soon. / (⇒直ちに作用した) The medicine *worked* instantly. / (⇒すみやかな

効果をもたらした) The medicine had an immediate *effect.* // 彼には何を言っても*効き目がない (⇒私の忠告は彼に効果がない) My advice ʳhas no *effect on* [doesn't *do any good to*] him.

ききもらす 聞き漏らす miss ㊀, fail to ʳhear [catch] ... 《☞ ききおとす》. ¶ 彼は指示を*聞き漏らした He ʳ*didn't* [*failed to*] *hear* the instructions. // 彼の住所を*聞き漏らした (⇒聞くのを忘れた) I *forgot to ask* his address. // 彼は一言も*聞き漏らすまいと身を乗り出した He leaned over, trying *not to miss a single word.*

ききゃく 棄却 〖法律〗 ―動 dismiss ㊀, reject ㊀. ―名 dismissal Ⓤ, rejection Ⓤ. 《☞ きゃっか》. ¶ 控訴は*棄却された The suit *was dismissed.* / The *appeal was rejected.*

ききゅう 気球 balloon Ⓒ. ¶ 熱*気球 a hot air *balloon* // *気球を上げる fly a *balloon*

ききょ 起居 ¶ 私たちは数年間, *起居を共にした (⇒一緒に暮らした) We *lived together* for several years. / (⇒同一の屋根の下で暮らした) We *lived under the same roof* for years.

ききょう¹ 帰郷 ―動 go [come] home. ―名 homecoming Ⓤ. 《☞ きせい⁴》.

ききょう² 桔梗 Chinese bellflower Ⓒ.

ききょう³ 帰京 ―動 return to Tokyo.

きぎょう 企業 enterprise Ⓒ, business Ⓒ ★前者がより形式ばった語; (会社) company Ⓒ. 《☞ かいしゃ; じぎょう (類義語)》.

> 企業のいろいろ
>
> 大企業 giant company, big business ★後者のほうが口語的. 中小企業 small and medium enterprises, 零細企業 tiny enterprise, 民間企業 private enterprise, 公共企業 public enterprise

ぎきょうしん 義侠心 ―名 (騎士道精神) chivalry [ʃívəlri(ː)] Ⓤ, chivalrous spirit Ⓒ; (英雄的精神) heroism Ⓤ. ―形 chivalrous; heroic. ¶ 彼は*義侠心のある男だ He is ʳ*chivalrous* [*heroic*]. / He has a *chivalrous spirit.*

ぎきょうだい 義兄弟 brother-in-law Ⓒ 《☞ ぎり; 親族関係 (囲み)》.

ぎきょく 戯曲 ―名 drama Ⓒ, play Ⓒ ★前者が改まった言い方. ―動 (戯曲化する) dramatize ㊀. 《☞ げき》.

ききわける 聞き分ける **1** «聞いて区別する»: tell ... (by hearing); (聞いてわかる) recognize ㊀. 《☞ くべつ》. ¶ あなたと弟さんの声は*聞き分けられない ＜S(人)＋V(*tell*)＋O(物)＋*from*＋O(物)＞ I can't *tell* your voice *from* your brother's. // 私はあなたの声をすぐ*聞き分けた (⇒わかった) I *recognized* your voice at once.

2 «納得する» ―動 understand ㊀. ―形 (分別を持った) reasonable. ¶ 彼女は*聞き分けのない人だ (⇒道理を聞き入れない) She won't *listen to reason.*

ききん¹ 基金 fund Ⓒ; foundation Ⓒ ★固有名詞を冠して「...基金」として使う. ¶ 我々は*基金を募ることを考えている (⇒募金をして基金を設立する) We are thinking of raising some *funds* to establish a *foundation.* // 国際児童*基金 United Nations Children's *Fund* 《略 UNICEF》

ききん² 飢饉 famine Ⓤ. ¶ 多くの人が*飢饉で苦しんだ Many people suffered from *famine.*

ききんぞく 貴金属 precious metal Ⓒ 《☞ ほうせき》. **貴金属商** jeweler Ⓒ **貴金属店** jeweler's Ⓒ, jewelery store Ⓒ. 《☞ 店の呼び名 (囲み)》.

きく¹ 聞く, 聴く **1** «直接耳で»: (耳を傾けて) listen to ... ; (耳に入る) hear ㊀ 《過去・過分 heard》.

【類義語】意識的に物音・内容などを聞き取ろうとするのは *listen to*. 本来, 自然に物音が聞こえてくることを表すのは *hear*. ただし「講演を聞く」のように *listen to* と類似の用法もある. 《☞ きこえる》

¶ 音楽を*聞いていると心が静まる *Listening to* music calms my emotions.

鳥の声を*聞いてごらん *Hear* the birds singing.

さあよく注意して(私の)話を*聞きなさい Now *listen* (*to* me) carefully.

静かにして私の言うことを*聞きなさい Please be quiet and ʳ*listen to* me [*hear* what I am going to say]. 〔語法〕前者は「注意して聞く」, 後者は「耳に入れる」というようなニュアンスの違いがあるが, 結果的には同じ.

言い訳なんか*聞きたくない I won't *listen to* excuses.

私はいつも9時のニュースを*聞きます I always *listen in to* the radio news at 9 o'clock. / I always tune in at 9 o'clock to *hear* the news.

彼女はいつもラジオを*聞きながら (⇒かけたままで) 台所仕事をする She usually cooks with the radio playing.

学校では彼の授業を*聞いた (⇒授業に出席した) I *took* his class at school.

2 «間接的にうわさなどを»: (耳にする) hear ʳof [about] ... 〔語法〕hear of ... は否定文で用いられるのが普通; (聞いて知る) learn ㊀, learn ʳof [about] ... ; (人から聞く) be told (that ... ; of ...).

¶「そんなことは僕は*聞いたことがないけれど, 君はだれから*聞いたの (⇒だれが教えたのか)」「彼女から*聞いたよ」"I've never *heard of* it. Who *told* you so?" "She *told* me so. / I *learned about* it from her."

彼が結婚したことを*聞いたかい *Have* you *heard* ʳ(*that*) he got married [*of* his marriage]?

*聞くところによると来月アメリカへ行くそうだね I *hear* [I'm *told*; *They say*] *that* you're going to the U.S. next month.

3 «尋ねる»: ask ㊀ ★最も一般的な語; (情報などについて質問する) inquire ㊀; (尋問する) question ㊀; (...について調べる) make inquiries (about ...). 《☞ たずねる¹》.

¶ *聞くは一時の恥 To *ask* is but a moment's shame.
彼女の電話番号を*聞いたが，教えてくれなかった I *asked* her phone number, but she didn't ʳtell [give] it to me.
来るかどうか彼に*聞いてごらん *Ask* him if he will come.
そんなことを*聞いているのではない That's not what I'm *asking* you.
4 «言うことをきく・聞き入れる»: (…に耳を傾ける) listen to … ★「人」を目的語として；(人またはその命令などに従う) obey ㊐；(助言・勧めなどを受け入れる) take (*a person's* advice)；(言うとおりにする) follow ㊐ 語法 以上はほぼ同意で用いられることが多いが，中でも listen to, take が口語的. 《☞ ききいれる；したがう》. ¶ 彼は私の言うことをちっとも*聞かない He won't *listen to* me. / He *pays no attention to* what I say.
私の言うことを*聞きなさい *Take my advice.*
君の頼み事なら何でも*聞くよ I'll *do* whatever you want me to.

きく² 効く，利く **1** «薬などが効能がある» — 動 (効果がある) have an effect (on …)；(作用する) work ㊉, operate ㊉ ★ 前者がより口語的. — 形 (効能のある) effective. 《☞ ききめ；こうか¹；こうりょく》.
¶ この薬はよく*効く This medicine *works* well. / This medicine is quite *effective.* // その注射はすぐに*効いた The shot ʳ*worked* [*operated*] quickly. // この療法は腰痛によく*効く (⇒ …によい) This treatment *is good for* back trouble.
2 «有効に働く・働かせる» ★ 日本語のこの意味の「きく」は英語ではいろいろに意訳しなくてはならない.「気が利く」,「口をきく」など慣用的な表現はそれぞれの名詞の個所を見ること.
¶ この車のブレーキが*きかない The brakes on this car don't *work.* 《☞ ブレーキ》 // この部屋は冷房が*きいている This room is pleasantly cool. / The air conditioning *is working properly* in this room. 《☞ れいぼう》 // あそこへ上ればもっと見晴らしが*きく (⇒ よりよい眺めを持つことができる) Up there you could *have* a better view. // このスープは塩が*ききすぎている (⇒ 塩からすぎる) This soup is too *salty.*
3 «…に耐える；…が可能» ¶ 彼は老人で無理が*きかない *He is* too old to *push* himself. // このセーターは洗濯が*きく This sweater is *washable.* // この時計はもう修理が*きかない (⇒ 修理を越えている) This watch is *beyond repair.* // もう変更は*ききません You can no longer make any changes. // まだ訂正は*ききます You can still make corrections.

きく³ 菊 chrysanthemum [krisǽnθəməm] Ⓒ 《☞ 花 (囲み)》.

きぐ¹ 器具 (家庭用などの) appliance Ⓒ；(特に 1 組の) apparatus Ⓒ 《複 ～, ～es》. 《☞ そうち》. ¶ その台所には最新式の電気*器具がついていた The kitchen was furnished with the latest model electric *appliances.* // 暖房*器具 a heating *apparatus*

きぐ² 危惧 (恐れ) fear Ⓤ；(心配・不安) anxiety Ⓤ；(将来に関する気がかり) apprehension Ⓤ, misgiving Ⓤ ★ 以上 2 語はしばしば複数形で用いる. 《☞ しんぱい (類義語)；ふあん》. ¶ *危惧の念を抱く have ʳ*misgiving(s)* [*apprehension(s)*]

きぐう 奇遇 (偶然の出会い) chance [unexpected] meeting Ⓒ；(偶然) coincidence Ⓒ. 《☞ ぐうぜん》. ¶ あなたは田中君の妹さんだって. これは*奇遇だ Are you Mr. Tanaka's sister? What a *coincidence*!

ぎくしゃく — 形 (動作・表現などが) awkward, clumsy；(不自然な・わざとらしい) unnatural. — 副 awkwardly；unnaturally；(滑らかでなく) jerkily. 《☞ ぎこちない；ふしぜん》. ¶ 彼の話し方は*ぎくしゃくしていた His way of talking was ʳ*unnatural* [*awkward*]. / He spoke *jerkily.*

きぐらい 気位 — 名 (誇り) pride Ⓤ. — 形 (気位の高い) proud；(うぬぼれた) vain. 《☞ ほこり²》.

ぎくり — 動 (ぎくりとなる) be startled (at …)；(はっとさせる) start ㊐, give … a start. 《☞ びっくり；擬声・擬態語 (囲み)》. ¶ 彼は*ぎくりとして身を起こした He sat up *with a start.* // その知らせは私たちを*ぎくりとさせた The news ʳ*startled* us [*gave* us *a start*].

きぐろう 気苦労 (特に，ある事についての心配) worry Ⓤ；(世話のやけること・手のかかること・責任の重いことなどによる心配) care Ⓤ ★「心配事」の意味ではいずれも Ⓒ. 《☞ しんぱい (類義語)》.
¶ 彼はいつも*気苦労が絶えない He always has *something to worry about.* // 彼女は*気苦労などないように見える (⇒ まったく苦労を免れているように見える) She looks ʳso *carefree* [quite free of *care*].

きけい 奇形，奇型 — 名 (奇形であること) deformation Ⓤ；(奇形のもの) deformity Ⓒ. — 形 (奇形の) deformed.

ぎけい 義兄 brother-in-law Ⓒ 《複 brothers-in-law》 語法 英語では義兄・義弟は区別なく，この語を用いる. 《☞ 親族関係 (囲み)；ぎり》.

きげき 喜劇 — 名 comedy Ⓒ. — 形 (喜劇の・喜劇的な) comic. **喜劇映画** comic ʳfilm [picture] Ⓒ **喜劇作者** comic ʳdramatist [writer] Ⓒ **喜劇女優** comedienne [kəmìːdién] Ⓒ **喜劇俳優** comic ʳactor [actress] Ⓒ, comedian [kəmíːdiən] Ⓒ ★ 男女両性に用いる.

きけつ 帰結 (結論) conclusion Ⓒ；(最終的な結末) result Ⓒ；(成り行きによる結果) consequence Ⓒ. 《☞ けっか；けつまつ；けつろん》. ¶ それは当然の*帰結だ It's a logical *conclusion.* / (⇒ 成り行きだ) It's a natural ʳ*consequence* [*result*].

ぎけつ 議決 — 名 (決定) decision Ⓤ. — 動 (議決する) decide ㊐；(議会などで可決する) pass ㊐. 《☞ さいけつ¹；けつぎ；かけつ》. ¶ その問題は出席者の過半数によって*議決された The issue *was decided* by a majority of those present.

きけん[1] 危険 —〔名〕(一般的に) danger Ⓤ; (差し迫った) peril Ⓤ; (自分で背負い込む) risk Ⓒ; (思いがけない) hazard Ⓒ. —〔形〕 dangerous; perilous; risky; hazardous; (安全でない) unsafe.
【類義語】大小を問わず「危険」を表す最も一般的な語は ***danger***. これは注意すれば避けられる可能性がある. 差し迫ったより大きな危険は ***peril*** で, これは起こる可能性が大きく, 避け難いものを指す. 自分の責任でのるかそるかやってみる危険は ***risk***. あることに固有の危険, または人の力では避けられない, 思いがけない危険は ***hazard*** で, やや形式ばった語. (☞ あぶない (類義語); ぼうけん; おそれ[1])
¶ それは*危険な仕事だ That's a *dangerous* task.
*危険! *Caution*!/*Danger*! (☞ 掲示の英語 (囲み))
登山にはある程度*危険が伴う There is some *danger* in mountain climbing.

「危険」の掲示

私たちは*危険を脱した We are now out of *danger*.
私は首になる*危険がある I am in *danger* of being fired.
そんな*危険を冒す必要はない We don't need to ˹run [take] such a *risk*.
彼は自分の*危険をかえりみず (⇒ 命をかけて) 私を救ってくれた He saved me at the *risk* of his life.
その川で泳ぐのは*危険だ It is *dangerous* to swim in the river. / The river is *dangerous* to swim in.
そこへ1人で行くのは*危険だ It's ˹*unsafe* [*risky*] for you to go there alone.
彼の命は*危険にさらされている His life is in ˹*peril* [*danger*].
危険信号 danger signal Ⓒ.

きけん[2] 棄権 —〔名〕(投票の) abstention (from voting) Ⓤ; (競技の) default Ⓤ. —〔動〕 abstain (from voting) (自); (競技で) withdraw *one's* entry; (欠席する) be absent.
¶ 私は投票を*棄権するつもりはない I won't *abstain from voting*. // 相手の*棄権で (⇒ 競技を拒否したので) 私たちのチームが勝った We won the game because the opponents ˹*withdrew* [*refused to play*].

きげん[1] 機嫌 (一時的な気分) mood Ⓒ, temper Ⓒ, humor (《英》 humour) Ⓤ 〔語法〕 temper には「強い感情」, humor には「気まぐれ」というニュアンスがある; (感情) feelings ★ 通例複数形で. (☞ ごきげん; じょうきげん; ふきげん).
¶「ご*機嫌いかがですか」「ありがとう, 元気です. あなたのほうは」 "*Hòw áre you?*" "Fine, thank you. Hòw are yóu?" (☞ あいさつ (囲み)) // 彼はきょうは*機嫌がよい[悪い] He is in a ˹good [bad] ˹*humor* [*mood*] today. // 山本氏はたいへん*機嫌がとりにくい (⇒ 気に入るようにするのは難しい) Mr. Yamamoto is *very hard to please*. // 斉藤はご*機嫌とりだ Saito is *eager to please*. // 彼の*機嫌 (⇒ 感情) をそこねたようだ I'm afraid I have hurt his *feelings*. // 彼は上役のご*機嫌をとった (⇒ 上役の気に入るようにした) He *got on the good side of* his boss. / (⇒ 上役にへつらった) He *played up to* his boss. // たまには彼のご*機嫌をうかがいに行ったらどうだ (⇒ あいさつに行ったら) Why don't you go to ˹*pay* your *respects to* [*see*] him sometimes?

きげん[2] 期限 (日限・時限) time limit Ⓒ; (締め切り日・時間) deadline Ⓒ; (契約などの期間) term Ⓒ; (一般的に期間) period Ⓒ. (☞ きかん[1]; きじつ).
¶ この仕事の*期限は今月いっぱいです The ˹*time limit* of [*deadline* for] this job is the end of the month. // この定期の有効*期限は3か月です This commuter ticket *is good for* three months. // 長[短]期*期限の借金をした I have taken out a ˹long-[short-] *term* loan. // 一定の*期限で仕事をするのはつらい It is difficult to complete the job within a definite *period of time*. // この仕事には*期限がない There is no ˹*deadline* [*time limit*; *fixed date of completion*] for this job.

きげん[3] 起源, 起原 (発生した根本原因) origin Ⓒ; (出発点) beginning Ⓒ; (発展の元) source Ⓒ. (☞ おこり; はじまり; もと[1]).
¶ この文明の*起源を尋ねたい I would like to trace this civilization to its ˹*origin* [*source*]. / (⇒ いつどこで発生したかを知りたい) I want to know *when and where* this civilization ˹*originated* [*had its birth*].

きげん[4] 紀元 ¶ アウグストゥスは*紀元前63年から*紀元後14年まで生存した Augustus lived from 63 B.C. to ˹14 A.D. [A.D. 14].
〔語法〕 紀元前と紀元後を区別して言うときは B.C., A.D. を年号に付ける. B.C. は before (the birth of) Christ の略で, A.D. はラテン語の Anno Domini (=in the year of the Lord) の略. また A.D. を数字の後に置くのは主に《米》で, 前に置くのは主に《英》. (☞ 数字 (囲み))

きこう[1] 気候 (一定地域の長期間にわたる平均的な天候) climate Ⓒ; (時・場所の限られた特定の地域の天候) weather Ⓤ. (☞ 天候の表現 (囲み)).
¶ この地は*気候が温暖である The *climate* here is ˹mild [moderate]. / We have a mild *climate* here. // 3月なのに毎日寒く, *気候不順だ We are having unseasonably cold *weather* now in March. // *気候 (⇒ 季節) の変わり目には病気になりやすい At the change of *seasons* we are apt to fall ill.

きこう[2] 機構 (仕組み) mechanism Ⓒ; (構造) structure Ⓤ; (組織) organization Ⓤ. (☞ こうぞう; そしき; しくみ). ¶ 社会*機構 the *mechanism* of society // 国際*機構 an international *organization* // 北大西洋条約*機構 North Atlantic Treaty *Organization* ★ NATO と略す. **機構改革** reorganization Ⓤ; structural reform Ⓒ.

きこう³ 寄稿 —[動] contribute (to ...) (自); write (for ...) (自). —[名] contribution [C]. 《☞ とうこう²; とうしょ¹》. ¶ 彼女はオーロラ誌に時たま*寄稿した She 「sent a *contribution* [*contributed*] to *the Aurora* from time to time. 《☞ イタリック体 (欄外)》/ She sometimes *wrote for the Aurora*.
寄稿家 contributor [kəntríbjutər] [C].

きこう⁴ 寄港 —[動] call at (a port); (補給・避難などのために立ち寄る) put in (自).
¶ この船は神戸に*寄港する This ship *calls at* Kobe. // 次の*寄港地は横浜です The next *port of call* is Yokohama.

きこう⁵ 帰港 —[動] (港に帰る) return [put back] to port.

きごう 記号 sign [sáin] [C]; symbol [C]; mark [C]; 〖音楽〗(音部記号) clef [C].
【類義語】記号を表す最も包括的な語で, 以下の語の代わりに使われる場合もあるのが **sign**. 「はとは平和を表す」というように何か内容を象徴するような記号が **symbol**. ただし **sign** とほぼ同じ意味で使うこともある. 標識や "?!" あるいは "○ ×" などのように特定の意味を持たせて使う記号は **mark**. 《☞ しるし; ふごう¹》
¶ +の*記号は加算を示す The *sign* + represents for addition. // 発音*記号 phonetic 「*symbols* [*signs*] // 正解には ○ の*記号をつけなさい *Mark* the correct answer with a circle. / *Circle* the correct answer.
記号化 —[名] symbolization [U]. —[動] symbolize (他).

ぎこう 技巧 —[名] (技) art [U]; (熟練による) skill [U]; (技術による) technique [C]; (職人の技能) craftsmanship [U], workmanship [U]. —[形] (技巧をろうする) artful ★ 悪い意味で用いられる; (巧みな) skillful (《英》skilful); (苦心して作った) elaborate. 《☞ ぎじゅつ (類義語); わざ》.
¶ その模型は*技巧を凝らしたものだった (⇒ 非常に精巧にできていた) The model *was most elaborately made*.

きこうしき 起工式 the ground breaking ceremony.

きこえ 聞こえ ¶ その案は*聞こえはよいが (⇒ よく聞こえるが) 実行できそうにない The plan will not work, though it *sounds* good. // そんなことをしたら世間の*聞こえが悪いよ (⇒ 評判が悪くなる) You'll get a bad *reputation* if you do that.

きこえよがし 聞こえよがし ¶ 彼は*聞こえよがしに (⇒ 私に聞こえることを望んでいるかのように) 私の失敗を話していた He was talking about my failure *as if wishing to be overheard* (*by me*).

きこえる 聞こえる (自然に耳に入る) hear (他) (自) 《過去・過分 heard》; (聞き取れる) be audible; (音が耳に達する) reach *a person's* ear; (響く) sound (自). 《☞ きく¹》.
¶ 小川のせせらぎの音が*聞こえる I can *hear* the murmur of a stream.
だれかが悲鳴を上げるのが*聞こえた <S(人)+V(*hear*)+O(人)+C(原形)> I *heard* somebody scream. 《☞ 不定詞 (欄外)》
彼女は耳がよく*聞こえない She 「doesn't [cannot] *hear* well.
飛行機の音が*聞こえてきた The sound of airplanes *reached my ears*.
*聞こえるように (⇒ 大きな声で) 言いなさい Say it *aloud*.
彼女の足音はすぐ*聞こえなくなった (⇒ 消えていった) Her footsteps soon *died away*.
彼らは私の*聞こえる [*聞こえない] 所で話していた They were talking 「within [out of] my *hearing*.
彼の言い訳はもっともらしく*聞こえる His excuse *sounds* plausible.

きこく 帰国 —[動] (自分の国へ帰る) return [come back; go back] to *one's* country, go [come; return] home [語法] 以上いずれの場合も return を使うほうがやや改まった言い方. また go, come の区別は前後関係による. 《☞ かえる¹ (類義語); 旅行 (囲み)》.
¶ 彼はあす*帰国する He 「*comes* [*goes*] *home* tomorrow. // 一行は*帰国の途についた (⇒ 故国へ向かって出発した) The party *left for home*.

きごこち 着心地 ¶ このコートは*着心地がよい[悪い] This coat is 「*comfortable* [*uncomfortable*] (*to wear*). // 「ユニフォームの*着心地はいかがですか」「すてきです」"How do you 「*feel in* [*like*] that uniform?" "Fine."

きごころ 気心 ¶ 私たちは*気心の知れた仲だ (⇒ 近しい仲だ) We *are close friends*. / (⇒ お互いによく理解し合っている仲だ) We 「*know* [*understand*] *each other thoroughly*. // 彼の*気心はよくわからない (⇒ 信頼できるかどうか知らない) I don't know whether he is *reliable* or not.

ぎごちない —[形] (ぎくしゃくした) awkward, clumsy, stiff. —[副] awkwardly, clumsily, stiffly. 《☞ ぎくしゃく; ぶきよう; ふしぜん》.
¶ 彼は*ぎごちないおじぎをした He made 「an *awkward* [a *stiff*] bow. / He bowed 「*awkwardly* [*clumsily*; *stiffly*]. // 彼女の文は*ぎごちない (⇒ 彼女はぎごちない文体で書く) She writes in 「an *awkward* [a *stiff*] style.

きこつ 気骨 —[名] backbone [U]; (危険・不利にもめげない勇気) pluck [U], 《口語》grit [U]; (度胸) nerve [U]. —[形] plucky, gritty. 《☞ きがい²; いじ¹》. ¶ 彼は*気骨のある人だ He has *backbone*. / He is 「*plucky* [*gritty*]. // 彼は*気骨を示した He showed his *nerve*.

きこなす 着こなす (上手に着る) dress (*oneself*) well; (粋に着る) be dressed 「stylishly [elegantly]. 《☞ きる²》. ¶ 彼女は何でもよく*着こなす She *dresses herself well* in any clothes. / She *is dressed stylishly* in anything.

きこり 樵 woodcutter [C].

きこん 既婚 —[形] married (↔ unmarried, single) 《☞ けっこん¹》. ¶ *既婚女性の 3 分の 1 が仕事を持っている A third of *married* women have jobs. **既婚者** married person [C]; (総称的に) the married.

きざ 気障 —[形] (気取った) affected; (うぬぼれた) conceited; (学者気取りで物知り顔の)

き

pedantic；(紳士気取りの) snobbish.《☞ きどる》. ¶私は彼の*きざな態度が嫌いだ I don't like his *affected* manner. // 彼は*きざな男だ He is a ˹*conceited* [*snobbish*] person.

きさい 記載 ―動 (言及する) mention ㊀；(文章ではっきり述べる) state ㊀；(帳簿などへ) enter ㊀；(記録する) record ㊀. ―名 mention Ⓤ；(帳簿などへの記入および記載事項) entry Ⓒ.《☞ きにゅう》.
¶この件の*記載はどこにもない No *mention* is made of this case. // すべての細目をこの帳簿に*記載しなさい *Enter* [*Make an entry of*] every item in this ledger.

きざい 器材 (材料や器具) tools and materials ★複数形で.

きさき 后 (女王) queen Ⓒ；(皇后) empress Ⓒ.

ぎざぎざ ―名 (刻み目) notches ★複数形で；(へりなどの) indentation Ⓒ. ―形 notched；(貨幣の) milled；(のこぎりの歯のような) jagged. ¶100円硬貨はまわりに*ぎざぎざがある 100-yen coins are *milled* around the edges.

きさく 気さく ―形 (率直な) frank, candid, openhearted；(社交的な) sociable；(こだわらずに進んで…する) ready；(喜んで…する) willing. ―副 frankly, candidly, openheartedly.《☞ そっちょく；ざっくばらん》.
¶彼はまったく*気さくな人だ He is very ˹*frank* [*candid*; *openhearted*]. // 彼女は*気さくに私たちの頼みを聞いてくれた She *was* ˹*ready* [*willing*] *to* comply with our request.

ぎさく 偽作 (だます目的で作った偽物) counterfeit Ⓒ；(本物に似せて作った物) fake Ⓒ；(特に文書・署名の) forgery Ⓒ.《☞ にせ(類義語)》.

きざし 兆し (病気の) symptom Ⓒ；(前ぶれ) sign Ⓒ；(はっきりした徴候) indication Ⓤ；(宗教・迷信などに関係した超自然的前兆) omen Ⓤ.《☞ ちょうこう[1]；ぜんちょう[1]》. ¶春の*兆しが感じられる There are *signs* of spring in the air.

きざす 兆す (前兆を示す) show ˹signs [symptoms] (of ...)；(芽生える) spring up ㊀；(生じる) arise ㊀.《☞ めばえる》. ¶少年の心には悪い考えが*兆した An evil thought ˹*arose* [*sprang up*] in the boy's mind.

きざみめ 刻み目 (V 形の) notch Ⓒ；(表面に刻まれた浅いもの) nick Ⓒ；(ぎざぎざ・くぼみ) indentation Ⓒ.《☞ ぎざぎざ》.

きざむ 刻む (肉・野菜を) mince ㊀；(切り刻む) chop (up) ㊀；(細かく) cut (fine) ㊀；(彫る) carve ㊀；(金属・石など固いものに) engrave ㊀.《☞ ほる[2]》.
¶彼女は玉ねぎを*刻んだ She *chopped up* the onion.《☞ 料理の用語(囲み)》// 彼は木を*刻んで彫像を作った ＜S(人)＋V(*carve*)＋O(材料)＋*into*＋名＞ He *carved* the wood *into* a statue. / ＜S(人)＋V(*carve*)＋O(作品)＋*out of* [*from*]＋名(材料)＞ He *carved* a statue ˹*out of* [*from*] wood. // あなたの言葉は私の心に深く*刻み込まれている Your words *have been engraved* deeply in my ˹mind [heart].

きし[1] 岸 (川岸) bank Ⓒ；(海・大河・湖の) shore Ⓒ；(海岸) coast Ⓒ 【語法】 shore は海から見た海岸，coast は陸から見たときの海岸に用いられることが多い；(浜) beach Ⓒ.《☞ かいがん(類義語)；はまべ》.
¶彼は*岸を目指して一生懸命に泳いでいた He was swimming hard, trying to reach the *shore*. // 波が*岸に打ち寄せている Waves are washing the *shore*. // ボートを*岸に引き上げよう Let's haul the boat *ashore*.

きし[2] 騎士 (ヨーロッパ中世の) knight [náit] Ⓒ. **騎士道** chivalry [ʃívəlri(:)] Ⓤ.

きじ[1] 記事 (ニュース) news Ⓤ ★単数扱い. 数えるときは a piece [two pieces] of news のように言う；(1つの記事) (news) item Ⓒ；(報道記事) newsstory Ⓒ；(新聞・雑誌の記事・論説) article Ⓒ.《☞ 新聞の英語(囲み)》.
¶この*記事は夕刊に載るはずだ This ˹*news* [*article*] will appear in the evening paper. // これはおもしろい*記事になる This will make an interesting ˹*item* [*news article*]. // 彼は中国について*記事を書いた He wrote an *article* on China.

きじ[2] 生地 (布地) cloth Ⓤ；(服地) material Ⓤ；(織物地) texture Ⓤ.《☞ ふくじ》.
¶*生地は2メートルいる We need two meters of the *cloth*. // 「この服の*生地は何ですか」「ウールです」"What *material* is this dress?" "It is wool." // この*生地は手触りが滑らかだ This *texture* feels smooth. // スーツ[ワイシャツ]用の*生地 suit [shirt] *material*

きじ[3] 雉 pheasant [féznt] Ⓒ《☞ 性(欄外)》.

ぎし[1] 技師 engineer [èndʒəníə] Ⓒ 【参考】 アメリカでは engineer は非常に広い意味で用いられる. 例えば清掃係は sanitation engineer, 窓修理工は casement window engineer のようにいわれることが多い. ¶機械[土木]*技師 a ˹mechanical [civil] *engineer*

ぎし[2] 義肢 artificial limb Ⓒ.

ぎし[3] 義歯 false tooth Ⓒ《☞ いれば》.

ぎじ 議事 proceedings ★複数形で；(会議事項) agenda ★単数または複数扱い.《☞ ぎだい》. ¶議長は*議事を進行させた The chairman expedited the *proceedings*.
議事進行 progress of proceedings Ⓤ. ¶議長！ *議事進行について提案があります Mr. Chairman! I have a motion concerning the *progress of the proceedings*. **議事妨害** obstruction of proceedings Ⓤ；(長い演説などによる)《米》filibuster(ing) Ⓤ **議事録** minutes, proceedings ★以上いずれも複数形で.

ぎしき 儀式 ―名 (式典) ceremony Ⓒ；(祝典) function Ⓒ；(型が決まっている宗教上の) rite Ⓒ ★しばしば複数形で；(特定の宗教の) ritual Ⓤ. ―形 (儀式ばった) ceremonial；(形式ばった) formal.《☞ しき[2]》.
¶その*儀式はあすとり行われる The *ceremony* will be ˹held [carried out] tomorrow. // 私はその*儀式に参列した I attended the *cere-*

mony. // その牧師が結婚の*儀式を行った The clergyman ⌈performed [presided over] the wedding *ceremony.* // それはたいへん*儀式ばったものだった It was a very ⌈*formal* [*ceremonial*] occasion. // *儀式ばるのはやめよう (⇒くだけた方法でいこう) Let's be *informal.*

ぎしぎし ―動 (きしむ音で) creak (自); (耳ざわりな音て) jar (他) (自). 《☞ ぎいぎい; 擬声・擬態語 (囲み)》. ¶ 強い風で戸が*ぎしぎし鳴った The door *creaked* with the strong wind. / (⇒ 強い風が戸をきしませた) The strong wind *jarred* the door.

きしつ 気質 temperament Ⓤ 《☞ きしょう[1]; せいしつ; たち[1]》.

きじつ 期日 (定められた日) (fixed) date Ⓒ; (約束した日) (appointed) day Ⓒ; (支払いなどの) term Ⓒ; (日限) time limit Ⓒ. 《☞ きげん[2]; にちじ; ひどり》.
¶ 我々は出発の*期日を決めた We ⌈fixed [set] the *date* for our departure. // *期日までにこの仕事を終えなくてはならない I have to finish this work by the *appointed day.* // 彼はいつも*期日を守る He always meets the *deadline.*

ぎじどう 議事堂 (国会の) the Diet (Building); (米国の州会議事堂) capitol Ⓒ 参考 米国国会議事堂の場合は the Capitol; (英国の) the Houses of Parliament; (地方議会などの) assembly hall Ⓒ. 《☞ ぎかい》.

きしべ 岸辺 (川岸) bank Ⓒ 《☞ きし[1]》.

きしむ 軋む ―動 (きいきいいう) squeak (自), creak (自), grate (自); (ぎいぎいいう) jar (自) (他). 《☞ ぎしぎし; きしる》. ¶ この戸は開けるたびに*きしむ This door ⌈*creaks* [*grates*; *squeaks*] whenever it is opened.

きしゃ[1] 汽車 (列車) train Ⓒ 《☞ れっしゃ; てつどう; 乗り物 (囲み)》.
¶ 私は*汽車で九州へ行った I went to Kyushu by *train.* / I took a *train* to Kyushu. // 私は*汽車旅行が大好きです I'm fond of ⌈traveling by *train* [*train* travel]. 《☞ 旅行 (囲み)》 // その町はここから*汽車で 40 分です The town is a forty-minute *train ride* from here. // 私の母は*汽車に弱い My mother always feels sick on the *train.*
汽車賃 railroad [railway] fare Ⓒ.

きしゃ[2] 記者 (新聞記者) (newspaper) reporter Ⓒ, 《英》 pressman Ⓒ; newspaperman Ⓒ ★ 記者だけでなく新聞社で働く人も指す; (報道記者) newsman Ⓒ ★ 新聞のみでなく, 雑誌などの記者も含む; (通信員・特派員) correspondent Ⓒ; (報道関係者一般を指して) journalist Ⓒ. 《☞ しんぶん》.
¶ スポーツ*記者 a *sportswriter* // 彼は K 誌の*記者だ He is a *reporter* for K magazine. // 彼は*記者として 10 年の経験を持っている He has 10 years' experience as a ⌈*journalist* [*newspaperman*; *newsman*; *reporter*].
記者会見 press [news] conference Ⓒ. ¶ 午前 10 時から大統領の*記者会見が行われた The President's *press conference* was held at 10:00 a.m. **記者団** press corps [prés kɔ̀ɚ] Ⓒ 《複 ～ [kɔ̀ɚz]》.

きしゅ[1] 機首 the nose (of an airplane) 《☞ ひこうき (挿絵)》. ¶ 飛行機は*機首を上げた[下げた] The plane *nosed* ⌈*up* [*down*]. ★ nose ⌈up [down] は 動. // 飛行機は*機首をいま東に向けている (⇒東に向かっている) The plane *is heading* east.

きしゅ[2] 騎手 (競馬の) jockey Ⓒ; (乗馬者) rider Ⓒ ★ 専門の騎手だけではなく, 馬に乗る人一般をいう; (特に馬に乗るのがうまい人) horseman Ⓒ.

きしゅ[3] 旗手 standard-bearer Ⓒ.

ぎしゅ 義手 artificial ⌈arm [hand] Ⓒ.

きしゅう 奇襲 ―名 (不意打ち) surprise Ⓤ; (奇襲攻撃) surprise attack Ⓒ. ―動 make a surprise attack (on ...). ¶ 我々は敵に*奇襲攻撃をかけた We *made a surprise attack on* the enemy. / (⇒ 不意打ちをくわせた) We *took* the enemy *by surprise.*

きじゅうき 起重機 (クレーン) crane Ⓒ; (基部から斜めに腕木の出たもの) derrick Ⓒ.

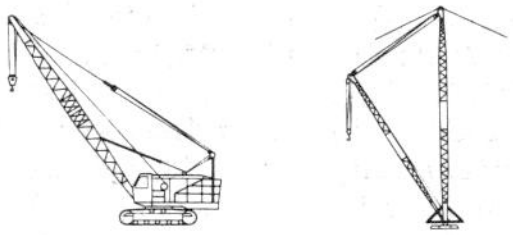

crane derrick

きしゅくしゃ 寄宿舎 dormitory Ⓒ 《☞ りょう[4]》.

きじゅつ[1] 記述 ―名 (叙述・描写) description Ⓒ; (説明・話) account Ⓒ. ―動 (叙述する) describe (他); (説明を与える) give an account of ... 《☞ じょじゅつ; せつめい》.
¶ この*記述は正確でない This ⌈*description* [*account*] is inaccurate.

きじゅつ[2] 奇術 ―名 magic Ⓤ. ―動 (奇術をする) conjure (自). 《☞ てじな》. **奇術師** magician Ⓒ.

ぎじゅつ 技術 ―名 (専門的な) technique [tekní:k] Ⓒ; (特殊な技能) skill Ⓒ; (技芸) art Ⓒ; (職業的な) craft Ⓤ; (科学技術) technology Ⓤ. ―形 (技術上の・技術的な) technical.
【類義語】 機械・芸術・科学などの仕事で広く一般に用いる方法としての専門的な技術は **technique**. 練習によって得られる, 特に巧妙な特殊技能は **skill**. 職業的な, 特に手で物を作る技術は **craft** を用いる. 「こつ」のようなものをいうには **art** がよい. 科学知識を実用化する技術は **technology** である. 《☞ ぎのう》
¶ 彼は鋳像の*技術を持っている He has the *technique* of casting a statue. // 彼は心臓手術の新しい*技術を開発した He developed a new *technique* for heart surgery. // あなたは英語の表現上の*技術をもっと練習する必要がある You need more practice in the *art* of expression in English. // 手で陶器を作るのはたいへんな*技術を要する Making pottery by hand requires great ⌈*craft* [*skill*]. //

近年, 科学*技術はめざましい進歩を遂げた In recent years *technology* has made remarkable progress. // *技術上の困難のため, そのテレビ中継は中止された Due to a *technical* difficulty the live telecast was called off.
技術顧問 technical adviser Ⓒ **技術者** technician Ⓒ; (技術の専門家) technical expert Ⓒ; (技師) engineer Ⓒ. 《☞ ぎし[1]》 **技術提携** technical cooperation Ⓤ.

きじゅん 基準, 規準 (標準) standard Ⓒ; (判断の) criterion Ⓒ 《複 criteria》; (基礎・論拠) basis Ⓒ 《複 bases》. 《☞ しゃくど》.
¶何を*基準にして選んでいるのですか (⇒ あなたの選択は何を基礎にしているのか) What is your choice *based on*? // この車は政府で決められた安全*規準に合っていない This car does not meet safety *standards* set by the government. // 財産は成功の*基準ではない Wealth is not a *criterion* of success in life.

きしょう[1] 気性 (生まれながらの性質) temperament Ⓒ, nature Ⓤ; (気質) temper Ⓒ; (性向) disposition Ⓒ ★ 以上4語はほぼ同じ意味で, 交換して用いられる; (精神) spirit Ⓤ. 《☞ たち[1]; せいしつ (類義語); しょうぶん》.
¶私は弟の*気性はよくわかっている I know my brother's ⌈*disposition* [*temper*; *nature*; *temperament*] well. // 彼は怒りっぽい*気性だ He has a ⌈hot [fiery] *temper*. // 彼女は負けずぎらいの*気性だ She has an unyielding ⌈*spirit* [*nature*].

きしょう[2] 気象 (天候) weather Ⓤ ★ 普通は無冠詞だが, 特定の地方の気象には the を付ける. 《☞ てんき[1]; 天候の表現 (囲み)》.
¶*気象の観測 observations of *weather conditions* // 異常*気象 unusual [abnormal] *weather* // *気象の変化に注意しなさい Be careful about any change in the *weather*.
気象衛星 meteorological [weather] satellite Ⓒ **気象学** meteorology [mìːtiərάlədʒi(ː)] Ⓤ **気象台** (通俗的には) weather station Ⓒ; (正式には) meteorological ⌈observatory [station] Ⓒ **気象庁(長官)** (the Director General of) the Meteorological Agency **気象通報** weather report Ⓒ.

きしょう[3] 起床 ━動 (床から起きる) get up ⓐ, rise ⓐ ★ 前者のほうが口語的. 《☞ おきる》.

きしょう[4] 記章, 徽章 (バッジ) badge Ⓒ; (メダル) medal Ⓒ. 《☞ メダル 語法; バッジ》.

きじょう[1] 机上 ━形 (卓上用の) desk 《☞ たくじょう》. **机上の空論** armchair theory Ⓒ.

きじょう[2] 気丈 ━形 (勇敢な) courageous; (大胆な) stouthearted; (しっかりした) firm. ¶*気丈な女性 a woman of *firm* character

ぎしょう 偽証 〘法律〙 (偽証(罪)) perjury Ⓤ; (偽りの証言) false witness Ⓤ, false ⌈testimony [evidence] Ⓤ. ¶彼は*偽証し, *偽証罪に問われた He gave *false* ⌈*witness* [*evidence*; *testimony*] and was ⌈accused of [charged with] *perjury*.

ぎじょう 議場 (集会用ホール) assembly hall Ⓒ; (会議所) chamber Ⓒ; (議員席) the floor. 《☞ ぎかい; ぎじどう》.

きしょうかち 希少価値 scarcity [rarity] value Ⓤ. ¶彼のような人は*希少価値がある A man like him has ⌈*scarcity* [*rarity*] *value*.

ぎじょうへい 儀仗兵 guard of honor Ⓒ, honor guard Ⓒ.

きしる 軋る (戸などが) creak ⓐ; (きいきい音を立てる) squeak ⓐ; (耳ざわりに響く) grate ⓐ; (不快なきしり音を立てる) jar ⓐ. 《☞ ぎしぎし; ぎいぎい; きしむ》. ¶車輪が荷物の重さで*軋った The wheels ⌈*creaked* [*squeaked*; *grated*; *made a creaking sound*] under the heavy load.

きじん 奇人 eccentric (person) Ⓒ.

ぎしんあんき 疑心暗鬼 ¶我々は*疑心暗鬼だった (⇒ 我々は疑い[心配]と不安でいっぱいだった) We *were full of* ⌈*suspicion* [*doubt*; *apprehension*] *and fear*.

ぎじんか 擬人化 〘文法〙 personification Ⓤ 《☞ 欄外》.

キス ━名 kiss Ⓒ. ━動 (キスする) kiss ⓣ. ¶彼は彼女に(別れの)*キスをした He *kissed* her (good-bye). // おばあさんは幼児のほおに*キスした The grandmother *kissed* the child on the cheek.

きず 傷, 疵 **1** «負傷» ━名 wound Ⓒ; injury Ⓒ; cut Ⓒ; bruise [brúːz] Ⓒ; slash Ⓒ; gash Ⓒ; scratch Ⓒ; scrape Ⓒ. ━動 (武器・刃物などで傷つける) wound ⓣ; (けがをさせる) injure ⓣ.
【類義語】 鉄砲の弾や鋭い刃物など武器に類するもので意識的に加えられた傷は **wound**. 事故などの偶然により受ける傷・けがは **injury**. 日本語の場合と異なり, *wound* と *injury* が区別されることに注意. なお *injury* は以下の語の代わりにも使える. 皮膚に受ける切り傷は **cut**. ナイ

擬人化 (personification) 無生物や抽象概念などを人間にたとえて, 代名詞も he, she で受ける作文上の方法を擬人法という.
擬人法は詩や韻文で好まれるが, ここでは動物も合わせて, 口語における英語特有の擬人化の例を幾つか取り上げる. 《☞ 性 (欄外); 性・数・人称の一致 (欄外)》
(1) 動物.
犬・猫・馬・牛など, 大きな哺乳類の動物は多くの場合, 人間と同じように性別に合わせて he, she で呼応する.
¶「あなたの犬はおとなしいですか」「いいえ, 知らない人を見るといつもすごく吠えるんです」 "Is your dog quiet?" "No. *He* barks furiously every time *he* sees a stranger." 参考 小鳥, その他の小動物は it で受けることも多いが, それらをペットとしている飼い主はやはり擬人化するのが普通.
(2) 車・機械類など.
車の持ち主などは自分の車を擬人化する習慣がある.
¶この車はもう5年も使ったが, 1度もエンジン故障がない I have been driving this car for five years, but *she* has never had any engine trouble. // 満タンにして下さい Fill ⌈*her* [it] up, please.
語法 ガソリンスタンドでの言葉. it を用いるほうが上品とされる.

フなどでスーっと長く切ってできる傷は *slash*. 特に深く長い傷は *gash* という. 打撲傷は *bruise*. 先のとがったもので引っかいてできる傷は *scratch*. こすってできるすり傷は *scrape*. 《☞ けが; ふしょう[1]; きずつける》

¶ 戦争の時の*傷がまだ痛むことがある My war *wounds* still hurt me sometimes.

*傷がうずいて寝られなかった The smart of my *wound* kept me awake.

彼は額に切り*傷がある He has a *cut* on his forehead.

看護婦が*傷の手当てをしてくれた The nurse took care of my ⌈*injury* [*wound*].

右足にひどい*傷を負った I suffered a bad *injury* in my right leg.

転んだとき彼は足に*傷ができた When he fell, he cut a *gash* in his leg.

彼は全身*傷だらけだった He *was wounded* all over. / (⇒ 青あざだらけだった) He was *black and blue* all over.

体の*傷は早く治るが心の*傷はなかなか治らない Bodily *injury* heals itself soon, but emotional *injury* takes a long time to heal. [語法] injury は「損傷」という意味では Ⓤ.

2 《品物のきず》 ―[名] (宝石などの) flaw Ⓒ; (陶器などのひび) crack Ⓒ; (果物の) bruise Ⓒ. ―[動] (ひびを入らせる) flaw ㊀; crack ㊀; (果物がいたむ) bruise ⓘ. 《☞ ひび; われめ》.

¶ この茶わんには*きずがある There is a ⌈*flaw* [*crack*] in this cup.

桃はすぐに*きずがつく Peaches *bruise* easily.

きずあと 傷跡 scar Ⓒ.

きすう[1] 奇数 odd [uneven] number Ⓒ 《☞ 数字 (囲み)》.

きすう[2] 基数 cardinal (⌈number [numeral]) Ⓒ 《☞ 数字 (囲み)》.

きずく 築く (建てる) build ㊀ ★ 最も一般的; construct ㊀, erect ㊀ ★ 以上 2 語は build より形式ばった語; (名声などを) establish ㊀. 《☞ たてる[1]》. ¶ 信長はここに城を*築いた (⇒ 築かせた) Nobunaga *had* a castle ⌈*built* [*constructed*; *erected*] here. 《☞ 使役 (囲み)》 // 彼は石油で財産を*築いた (⇒ 作った) He *made* a fortune out of oil.

きずぐすり 傷薬 ointment Ⓤ 《☞ くすり》.

きずつく 傷つく be [get] ⌈injured [wounded; hurt] ★ 感情・名誉などが傷つけられるという意味ではいずれも用いられる. 《☞ きず (類義語)》.

¶ 彼女の心は彼らの非難で*傷ついた She *was* ⌈*hurt* [*wounded*] by their criticism.

きずつける 傷つける (鉄砲・刃物など武器に類するもので傷つける) wound ㊀; (事故などで負傷させる) injure ㊀ ★ 名誉・健康などを傷つけるという意味でも用いる; hurt ㊀ 《過去・過分 hurt》 [語法] injure よりくだけた語. 「気持ちを傷つける」 (hurt *one's* feelings) という場合は最も一般的; (だめにする) damage ㊀; (台なしにする) spoil ㊀. 《☞ きず (類義語); けが; いためる[1]》.

¶ あやまって自分の腕を*傷つけてしまった Accidentally I ⌈*hurt* [*wounded*; *injured*] my own arm. // 彼の言葉は私の自尊心を*傷つけた His words ⌈*hurt* [*injured*; *wounded*] my pride. // 滑らかな表面を*傷つけないよう注意しなさい Be careful not to ⌈*scratch* [*injure*; *damage*] the smooth surface. // 彼は家の名誉を*傷つけた (⇒ 辱めた) He *disgraced* his family.

きずな 絆 (強い結びつき) bond Ⓒ ★ しばしば複数形で; (つながり) ties ★ 複数形で; (束縛) yoke Ⓒ; (拘束) fetters ★ 複数形で.

¶ 愛情の*きずなはたやすく断つことはできない You can't easily sever ⌈*bonds* [*ties*] of affection.

きずもの 傷物, 疵物 (いたんだ物) damaged [flawed; defective] article Ⓒ 《☞ きず》.

きする[1] 期する **1** 《前もって決心する・予期する》: (決心している) be ⌈determined [resolved] (to *do*); (覚悟する) be prepared (to *do*); (期待する) expect ㊀. ¶ レースでの必勝を*期している (⇒ 勝つことを決意している) I *am* ⌈*determined* [*resolved*] *to* win the race.

2 《定めた日時から》 ¶ 今夕 8 時を*期して (⇒ 今夜 8 時に) 行動を開始する We will go into action *at* 8 o'clock this evening.

きする[2] 帰する (行き着く) come to …; (到着する) arrive at …; (…という結果になる) result [end] in … 《☞ おわる》. ¶ 我々の努力は水泡に*帰した (⇒ 失敗に終わった) Our effort ⌈*ended* [*resulted*] *in* failure.

きせい[1] 既成 ―[形] (確立した) established; (完成した) completed; (現存する) existing. 《☞ げんこう[1]》.

¶ 私は*既成の政党はどれも好まない I don't like any of the ⌈*existing* [*established*] political parties. // これは*既成事実として認められている This has been recognized as ⌈an *established* fact [a *fait accompli*]. [参考] fait accompli [féitəkɑmplí:] は「既成事実」という意味の法律用語. フランス語より来ている. // 君は*既成概念にとらわれすぎている You adhere too much to ⌈*ready-made* ideas [your *stereotypes*].

きせい[2] 既製 ―[形] ready-made ★ 一般的; (洋服に限って) ready-to-wear. **既製品** ready-made article Ⓒ **既製服** ready-made clothes, ready-to-wear Ⓒ.

きせい[3] 気勢 **気勢があがる** ¶ 成功の知らせを聞いて大いに*気勢があがった (⇒ 成功のニュースが我々を元気づけた) The news of success *put us in high spirits*. / (⇒ 意気が上がった) Our *spirits* ⌈*lifted* [*rose*] at the news of success. **気勢をそぐ** ¶ 彼の話で私たちは*気勢をそがれた (⇒ 私たちをがっかりさせた) His talk ⌈*discouraged* [*dispirited*] us. 《☞ いき[4]》

きせい[4] 帰省 ―[動] go [come; return] home ★ go と come の区別は ☞ ゆく. ―[名] (帰郷) coming [going] home Ⓤ, homecoming Ⓤ ★「帰国」の意味もある.

¶ 今年の夏は*帰省しますか *Are* you ⌈*going* [*coming*] *home* this summer? // 彼は休暇で*帰省中だ He *is* (*back*) *home* for the holidays. // 列車は*帰省する学生で混んでいた The train was crowded with students *going home*.

きせい[5] 規制 —【動】(規則に従って取り締まる) regulate (他)；(権限によって取り締まる) control (他). —【名】regulation Ⓤ；control Ⓤ. 《☞ とりしまり》. ¶このあたりは交通*規制が (⇒交通規制することが) 必要だ We need to ⌈*control* [*regulate*] traffic here. / Traffic *control* is needed here.

きせい[6] 寄生 —【動】be ⌈parasitic [a parasite] on ... —【形】parasite. —【名】parasitism Ⓤ. ¶サナダムシは動物に*寄生する Tapeworms *are parasites on* animals. **寄生植物[動物]** parasitic ⌈plant [animal] Ⓒ **寄生虫** parasite Ⓒ；(集合的に) vermin Ⓤ ★通例複数扱い.

ぎせい 犠牲 —【名】(立派な目的のための) sacrifice Ⓒ；(いけにえ) victim Ⓒ；(身代わり) scapegoat Ⓒ. —【動】(犠牲にする) sacrifice (他). 《☞ だいしょう[1]；いけにえ》.
¶多くの若い生命が戦争の*犠牲となった Many young lives *were sacrificed* in the war. // 彼らは自分たちの利益を*犠牲にして, 公共福祉のために働いた They worked for public welfare *at the sacrifice of* their own interest. // どんな*犠牲を払ってもこれだけは仕上げる I will accomplish this *at* ⌈*any cost* [*all costs*；*any price*]. // 彼は*犠牲的精神に富んでいる He is *self-sacrificing*. // 彼女はほかの人たちの*犠牲になった (⇒身代わりにさせられた) She was made a *scapegoat* for others.

ぎせいご 擬声語 onomatopoeia [ɑ̀nəmæ̀təpíːə] Ⓒ, onomatopoeic word Ⓒ. 《☞ 擬声・擬態語 (囲み)》.

きせき[1] 奇跡, 奇蹟 —【名】(科学的には説明のつかない不思議な現象) miracle Ⓒ；(驚異) marvel Ⓒ；(驚くべき出来事) wonder Ⓒ. —【形】(奇跡的な) miraculous. ¶私たちが無事に帰れたのは*奇跡だ It was a *miracle* that we could come back safely. // 彼は*奇跡的に助かった (⇒奇跡によって) He escaped death by a *miracle*.

きせき[2] 軌跡 (幾何学の術語として) locus Ⓒ《複 loci [lóusai]》.

ぎせき 議席 (議員としての席) seat (in the ⌈House [Diet]) Ⓒ；(議事堂の議員席) the floor. ¶新党は選挙で10*議席を得た The new party won ten ⌈*seats* [*places*] in the election. // 彼は*議席を失った He lost his *seat*.

きせつ 季節 (春夏秋冬の1つ, または何かの盛りの時期) season Ⓒ；(1年のうちのある時期) time (of the year) Ⓤ. 《☞ シーズン；じき[1]》.
¶「あなたは1年のうちでどの*季節が一番好きですか」「春です」"Which [What] *season* of the year do you like best?" "I like (the) spring best." // 桜の*季節となった The cherry blossom *season* ⌈has come [is here]. // 毎年この*季節には長雨が降る We have a long spell of rain at this *time* ⌈*of the year* [*every year*]. // 昨夜*季節はずれの雪が降った We had an *unseasonable* snowfall last night.
季節風 seasonal [periodic] wind Ⓒ；(インド洋の) monsoon Ⓒ.

きぜつ 気絶 —【動】(失神する) faint (away) (自)；(意識を失う) lose ⌈*one's* senses [consciousness]；(気絶して倒れる) fall ⌈senseless [unconscious] ★以上はどれも「気絶する」の意味で交換して用いられる. —【名】fainting Ⓤ, faint Ⓒ. 《☞ しっしん[1]；そっとう》. ¶彼はその場で*気絶した He ⌈*fainted* (*away*) [*fell senseless*] on the spot.

きせる 着せる (晴れ着などを) dress (他)；(衣服を) clothe (他) 【語法】clothe には「衣服を与えて養う」という含みがある；(罪などを負わせる) put a guilt on ... 《☞ きる[2]》.
¶彼女は子供に晴れ着を*着せた She ⌈*dressed* [*clothed*] her child in ⌈his [her] best. // 彼女は娘を手伝って着物を*着せてやった <S(人)＋V(*help*)＋O(人)＋*on*＋*with*＋名(衣服)> She *helped* her daughter *on with* her kimono. // この服を娘に*着せたい (⇒娘のために手に入れたい) I want to *get* this dress for my daughter. // 彼は友人に罪を*着せようとした He tried to *put the guilt on* his friend.

キセルじょうしゃ キセル乗車 —【動】steal a ride (on a train) without paying for the middle part of the trip；(運賃をごまかす) cheat on the fare.

きぜわしい 気ぜわしい (落ち着かない) restless；(どたばたと忙しい) bustling；(つまらないことを騒ぎ立てる) fussy. 《☞ いそがしい》. ¶彼女は*気ぜわしい人だ She is always ⌈*restless* [*bustling*].

きせん[1] 汽船 (大洋を航海する大型の) steamship Ⓒ；(主として河川・湖で用いられる) steamboat Ⓒ；(汽船一般) steamer Ⓒ；(観光用の) cruise ship Ⓒ；(大洋航路の客船) ocean liner Ⓒ ★単に ship ということもある. 《☞ ふね；乗り物 (囲み)》.
¶クイーンエリザベス2世号は豪華な*汽船である The S.S. Queen Elizabeth II is a luxury ⌈*cruise ship* [*ocean liner*]. 【語法】船名には定冠詞を付ける. また「汽船」の意味で船名に S.S. (steamship の略字) を付けることがある. 《☞ 冠詞 (欄外)》 // 私の父は*汽船でホノルルへ行った My father went to Honolulu *by steamer*. 【語法】交通手段を示す by の後の名詞は無冠詞. 《☞ 冠詞 (欄外)》

きせん[2] 機先 **機先を制する** ¶彼らの*機先を制することが必要だ (⇒彼らを出し抜くことが必要だ) We need to *forestall* them. / We need to *get ahead of* them. / (⇒彼らより先に出ることが必要だ) We need to *get a head start on* them. 《☞ さきんずる；せんせいこうげき》

きぜん 毅然 —【形】(きっぱりした) firm；(断固とした) resolute；(不屈の) dauntless. ¶彼女の*毅然たる態度は私たちの心を強く動かした Her ⌈*firm* [*resolute*；*dauntless*] attitude impressed us deeply. // 彼は*毅然として (⇒きっぱりと[断固として]) 申し出を断った He declined the offer ⌈*firmly* [*resolutely*].

ぎぜん 偽善 —【名】hypocrisy [hipɑ́krəsi(ː)] Ⓤ ★「偽善行為」は Ⓒ. —【形】hypocritic(al) [hìpəkrítik(əl)]. ¶あの人は

き

擬声・擬態語

1 擬声・擬態語とは何か

人の発声や鳥・けものなどの鳴き声や物音などを，例えば「コケコッコー」「ガチャン」のようにまねて表した語を擬声語（または擬音語）といい，実際に音は出ないが，動作や状態を，例えば「はらはら」「たじたじ」のように象徴的に表したものを擬態語（または擬容語）という．しかし，なかには両方を兼ねていたり，あるいはどちらに属するか決めがたいものもあるので，以上の区別は厳密なものではない．

擬声語は，例えば日本語の「コケコッコー」に対する英語が cock-a-doodle-doo [kάkədù:dldú:] であるというように，たとえ同じ音を表すものでも日本語と英語の間にはかなりの食い違いがあるのが普通である．これはそれぞれの言葉の発音の仕方に合わせて擬声語が作られるからである．

擬態語は日本語にはたいへんたくさんある．「のこのこ」「はらはら」「ひりひり」など思いつくままあげてもかなりの数をあげることができるが，国語辞典を開いて当たってみるとその数が非常に多いことに驚く．上にあげた例はみな漢字を当てることのできない擬態語であるが，これらのほかに，「あつあつ(熱熱)」「さんさん(燦燦)」などのように，元来は漢字の当てはまる言葉の語幹を反復した語があり，特に漢語系のものが多い．これらは純粋な擬態語とは言えないが，用法からいって擬態語に準じるものと考えてよい．このようなものも加えると日本語の擬態語はたいへんな数になり，日常よく使われるものだけでも 1,000 語は下るまいと思われる．それに対して，英語にも「ジグザグ」zigzag,「てんやわんや」hurly-burly などの擬態語があるが，日本語に比べるとはるかに少ない．

2 なぜ日本語には擬声・擬態語が多いか

英語は他のヨーロッパの言語と比べると擬声・擬態語が多いと言われる言語であるが，それでもなぜ日本語との間に大きな差があるのだろうか．英語では，その構造上，擬声・擬態語を名詞や動詞として文中に入れる傾向がある．もちろん，後で述べるようにくだけた会話や子供の言葉，あるいは漫画などではそうでないことも多いが，英語全体の傾向としてそういうことが言える．

ところが，そのような動詞や名詞は時制・格・数などの語形変化をするという事情もあって長い間には母音が変わったり，子音が付け加わったりして次第にその擬音的性格を失ってしまうことが多い．例えば，crack (動 名 割れる(音)), crash (動 名 衝突(する)), dash (動 名 突進(する)), flash (動 名 ぱっと光る(光)), scratch (動 名 ひっかく(こと), ひっかき傷), scream (動 名 金切り声(を上げる)) などは元来擬声語または擬態語であるが，現在は普通の動詞や名詞としての性格が強い．また，文中で文法上重要な働きをする動詞や名詞として用いるとなると，自由に擬声・擬態語を挿入したり，あるいは新しく作ったりすることがかなり難しくなる．

それに対して，日本語ではどうであろうか．日本語の擬声・擬態語は，「ふと」「ぱっと」「ぽんと」「ごうごうと」「のほほんと」などのように多くは「と」という助詞を付けるだけで（★ なかには「どんどん」「ちらほら」のように「と」がなくてもよいもの,「かんかんに」のように「に」が付くものもあるが)，文中の動詞の前に自由に挿入できる．また擬態語のなかには「それはあべこべだ」,「ぼくはふらふらだ[している]」のように「…は…だ[している]」という文の述部の部分に自由に入れられるものが多い（★ ただし，擬声語の場合にはこれが不可能なものが多い．例えば「雨がざあざあだ」とか「音がごうごうだ」とは言えない)．

このように日本語では擬声・擬態語が,「と」などの助詞を付けるだけで，その擬音的性格を失うこともなく自由に文中に挿入できることが，日本語に擬声・擬態語が非常に多い第 1 の理由である．

さらに第 2 の理由として，「どんどん」とか「はらはら」のような音の反復を日本語が好むということがあげられる．英語では wee-wee（おしっこ）とか，choo choo（汽車の音）とかいう同じ音の反復は幼児語の特徴と考えられているが，日本語では必ずしもそうではない．

もちろん日本語の幼児語でも「わんわん」「にゃんにゃん」「ぽんぽん（腹)」などのような反復が多いのは確かであるが，成人語の場合にはそれが磨かれ洗練されて，ある場合には口語的なくだけた感じを，またある場合には文学的な強調や味わいを表すのに用いられる．これは必ずしも擬声・擬態語だけではなく，日本語全般に見られる傾向で,「少々」「たかだか」「やまやま」「ひろびろ」「子供子供している」「立場立場で違う」などの表現を考えてみてもわかることで，日本語は同じ音の反復による豊かな造語力を備えているといってよい．

3 英語の擬声・擬態語の種類

(1) 擬音的・描写的な性格が強いもの

動物の鳴き声とか物音などをできるだけ忠実に模倣しようとして用いられるもので，英語ではこれらは主として子供の言葉や非常にくだけた会話，または漫画などで用いられることが多く，やや改まった表現や書き言葉では後に述べるような別の動詞や名詞を用いるのが普通である．

この種の擬声・擬態語は文中で動詞や名詞として使われることは少なく，単独あるいは文と遊離した形で使われたり，または副詞的に使われたりすることが多い．次にその音声上の構造別に例をあげてみよう．《☞ 動物の鳴き声(囲み)》

(i) 音をそのまま反復するもの：この種のものは幼児語的と考えられており，幼児向けの話や漫画などに多く用いられる．

ぶくぶく（水の泡立つ音）bubble bubble **わんわん**（犬の鳴き声）arf arf ★ bowwow もあ

るが，漫画などではこのほうが多い．**しゅっしゅっ**（汽車の音）choo choo　**ぶーぶー**（自動車のクラクションの音）honk honk　**ほーほー**（ふくろうの鳴き声）hoo hoo　**ぶうぶう**（豚の鳴き声）oink oink　**ぴよぴよ**（ひよこの声）peep peep　**ぽーぽー**（はとの鳴き声）coo coo　**こっこっ**（めんどりの鳴き声）buck buck；cluck cluck　**くわっくわっ**（がちょうの鳴き声）quack quack　**ばんばん**（打ったりたたいたりする音）wham wham　**ちー**（おしっこ）wee-wee　**ごくごく**（飲む音）gluck gluck；glug glug　★ 酒などを大きな瓶から注ぐ音にもなる．

（ii）母音を変えて反復するもの：

がーんがーん（教会などの鐘の音）ding-dong　**かちかち**（時計の音）ticktack　**ジグザグ** zigzag　**ぱちゃぱちゃ**（雨の音）pitter-patter　**ひひーん**（ろばの鳴き声）hee-haw　**こちっこちっ**（大きな時計の振子の音）hickory, dickory, dock ★ マザーグースの歌にある．

（iii）子音を変えて反復するもの：

ちりんちりん（小さな鐘の音）dingaling　**わーん**（人の泣き声）boo-hoo　**むしゃむしゃ**［**ぼりぼり**］（食べる音）munch crunch　**てんやわんや** hurly-burly　**いんちき**（手品やごまかしなど）hanky-panky　**奇術**（まじないの言葉）hocus-pocus

（iv）音を連続して用いるもの：

ぐーぐー（いびきの音）zzzz　★ この音はいくつ連続させてもよく，数は決まっていない．以下も同様．**しゅー**（蒸気の音・へびが怒る時の音）Hissss　**きゃーっ**（叫び声）eeek　**うー**（犬のうなり声）grrrr ★ growl（うなる）からきている．

（v）反復なしで用いることが多いもの（★ ただし反復される場合もある）：

ばーん；ばたん（ピストルの音；ドアの閉まる音）bang　**ブロロロ…**（レーシングカーの音）vroom　**どかーん**（爆発の音）boom　★ これは「どんどん」という太鼓の音にも用いる．**はくしょん**（くしゃみの音）《米》a(h)choo, atchoo [ətʃúː], 《英》atishoo [ətíʃuː]　**どさっ**（落ちる音）fump　**ぴゅー**（矢の音）zing　**びゅーん**（鉄砲の弾などが飛ぶ音）whiz　**どすん**（重いものが落ちる音）thud　**ごつん；がつん**（重い物がぶつかる音）thump　**ぶーん**（弓の弦など張ったものが鳴る音）twang　**さっ**（速い動き）swish　**ぽん**（栓の抜ける音）pop

（vi）普通の動詞や名詞を擬声・擬態語に転用する場合：

普通の動詞や名詞といっても，元来擬声語や擬態語だったものが多いのだが，この場合は後の (2) で述べる場合と違って，それらの動詞や名詞を文の中に入れずに単独で用いたり，あるいは反復することによって擬音的効果を高めるような用い方をする場合を指す．これらは特に漫画などに多く見られる．

びりびり（引き裂く音）rip　**しゃなりしゃなり**（もったいぶって歩くようす）strut strut　**くるくる**（回るさま）spin spin　**ごろごろ**（転がるさま）roll roll　**ばたーん**（ドアの閉まる音）slam　**きーっ**（ブレーキの音）screech　**ちゅっ**（キスの音）smack

なお英語では慣用的に形の決まった擬声語のない場合も多く，会話の際などに実際の音に似せて物まね・口まね的に，擬音効果を出す演技をする習慣があることにも注意する必要がある．

（2）文中で動詞や名詞として用いられる擬声・擬態語

先に述べたとおり，やや改まった文や書き言葉では，(1) であげたようなものを用いずに，古くから擬声・擬態語として存在し，すでに半ば擬音的効果を失ったような動詞や名詞を用いたり，あるいはまったく擬声・擬態語は用いずに，ほかの語を使って説明的に表現することが多い．

動詞あるいは名詞として用いられる擬声・擬態語の例を次にあげる．

ふくろうが**ほーほー**と鳴く hoot《☞ (1) (i) hoo hoo》　犬が**うーっ**とうなる growl《☞ (1) (iv) grrrr》　**ぷつり**と切れる snap ★ この語は「ぽきん」Snap！などとして擬音的に用いることもある．　**きゃーっ**と叫ぶ scream《☞ (1) (iv) eeek》　ドアが**ばたん**と閉まる slam《☞ (1) (vi) slam；(1) (v) bang》　犬が**わんわん**ほえる bark《☞ (1) (i) arf；bowwow》　時計が**かちかち**いう tick《☞ (1) (ii) ticktack》　**どしん**と落ちる plump　**どん**と打つ thump　**とぼとぼ**歩く plod　(少女が)**くすくす**笑う giggle　軽く**ぽん**とはたく［はじく］flip

4　日本語と英語の擬声・擬態語の対応の仕方

前述したように英語の擬声・擬態語は日本語と比べるとはるかに少ないので，日本語の擬声・擬態語を英語に直すときにはどのように言い替えるかについていろいろの工夫がいる．次にそれについて概略を述べる．

（1）日本語の擬声・擬態語を英語の擬声・擬態語に訳せる場合

（i）英語の擬声・擬態語が副詞として用いられる場合：

この場合は日本語と英語がそのまま対応する形となるので，その点では英訳上の困難は少ないが，英語の語順に注意がいる．

¶ コルクの栓が*ぽんと抜けた *Pop went* the cork.　［語法］擬声・擬態語が副詞として用いられ，動詞の前に置かれることが多く(そうでない場合もある)，その場合は語順が上のようになる．なお，「鳴る・音がする」という場合の動詞には go を用いる．

*ずどんと銃声がとどろいた *Bang went* the gun.

半鐘が*がんがんと鳴った A fire bell *went clang, clang*. ★ このように擬声・擬態語を動詞の後に置くほうが口語的．

（ii）英語では擬声・擬態語が動詞または名詞として表される場合：

この場合は，例えば日本語が「ちゃらちゃら鳴らす」とある場合，これ全体で英語の jingle という 1 語の動詞に相当するという点をはっきり認識しておく必要がある．

¶ 彼はポケットの中で硬貨を*ちゃらちゃら鳴らした He *jingled* the coins in his pocket.

彼は*どかっといすに腰をおろした He *plumped* into a chair.
彼はこぶしでテーブルを*どんとたたいた He *thumped* the table with his fist.
老人が通りを*とぼとぼと歩いていった An old man *plodded* down the street.
その少女は何を見ても*くすくす笑う The girl *giggles* at everything.
彼はたばこの灰を*ぽんとたたき落とした He *flipped* the ash from his cigarette.
時計の*かちかちいう音以外，何も聞こえなかった There was no sound save the *ticking* of the clock.
私は弾丸の*びゅーんという音を聞いた I heard the ⌈*whiz* [*zip*] of a bullet.

なお日本語のいろいろな擬声・擬態語が英語の同じ1つの擬声・擬態語を使って訳せる場合がある．
¶ ロープが*ぷつりと切れた The rope *snapped.*
枝が*ぽきん[*ぽきっ]と折れた The branch *snapped.*
旗が風に吹かれて*ぱたぱた音を立てた The flag *snapped* in the wind.
彼はむちを*ぴしりと鳴らした He *snapped* his whip.
その犬は彼の足に*ぱくりとかみついた The dog *snapped* at his leg.
その部屋からタイプライターの*かたかたいう音が聞こえた The *clatter* of a typewriter came from the room.
シャッターが風で*がたがた鳴った The shutters *clattered* in the wind.
その犬は私を見て*くんくん鳴いた The dog *whined* when he saw me.
遠くでパトカーの*ピーポーピーポーという音が聞こえた I heard the distant *whine* of a police siren.

(iii) 日本語の擬声・擬態語が英語では「with＋擬声・擬態語」で表される場合：

例えば日本語で「ばたんと閉める」という場合，「ばたんと」に当たる部分を with ... を使ってそのまま英語に訳出できるので，日本人にとっては比較的易しい構文である．
¶ 彼はドアを*ばたんと閉めた He slammed the door *with a bang.*
皿が*がちゃんと床に落ちた The plate hit the floor *with a terrible crack.*
金属の柱が*がちゃんと音を立てて地面に倒れた The metal pole came down on the ground *with a ringing thud.*

(2) 日本語の擬声・擬態語を英語では擬声・擬態語以外の副詞・動詞などを使って訳す場合

(i) 英語の副詞を用いる場合：

この場合は我々日本人にとって英訳はそれほど困難ではない．例えば「雨がざあざあ降っていた」という日本語を英語に直す場合，「雨が降っていた」は It was raining. であり，「ざあざあ」に当たる英語の擬声語はなくても very hard という副詞がそれに代わるものだということを見出すのはそれほど難しくはない．つまり日本語の擬声語の部分だけを英語に置き換えられる構文である．
¶ 彼は*かんかんに怒っていた He was *very* angry.
その男は*すたこら逃げていった The man ran away *hurriedly.*
私はその喫茶店に*ちょくちょく行く I *often* drop into the coffee shop. / I drop into the coffee shop *frequently.* [語法] frequently のほうが often より改まった語で，しかも頻度がより高いというニュアンスがある．
彼は*ぽっくり死んでしまった He died *suddenly.*

(ii) 日本語の擬声・擬態語を英語では with ...という句を使って表す場合：

この場合は (1) (iii) と同様で英訳はそれほど困難ではない．
¶ 彼女は私に*にこにこしてあいさつした She greeted me *with a smile.*
彼は*ほっと安どのため息をついた He sighed *with relief.*

(iii) 日本語の擬声・擬態語を英語の普通の動詞を使って訳す場合：

この場合は (1) (ii) と類似しているといえる．ただし，対応する英語の動詞が擬声・擬態語ではないために，訳語を探す場合の選択の範囲が広く，日本人にはなかなか難しいケースである．例えば「私はその本でふと美しい詩を見つけた」という日本語を英訳する場合，「ふと見つける」が come across であるということになかなか気がつかない．また「彼女はその知らせを聞いてさめざめと泣いた」の「さめざめと泣く」が英語では weep 1 語で表されるということを理解するのに困難が伴う場合が多い．
¶ 彼は通りを*ぶらぶら歩いた He *strolled* along the street.
その少女は自分の部屋で*しくしく泣いていた The girl *was sobbing* in her room.
彼女は私に*にっこり笑った She *smiled* at me.
彼はその騒音に*いらいらしていた He *was irritated* by the noise. ★ この場合は受身形．

(3) 意訳しなくてはならない場合

この場合は日本語の擬声・擬態語の部分だけに当たる英語の表現を探すのではなく，文全体の発想をどうするかという問題から考えなくてはならないので，英訳に伴う困難度が最も大きい場合である．
¶ 彼は大声で叫んで声が*がらがらになってしまった He *shouted himself hoarse.*
私はその映画を見て最後まで*はらはらしどおしだった (⇒ その映画は私を最後のシーンまではらはらした気持ちにさせた) The movie *kept me in suspense* until the last scene.
歯が1本*ぐらぐらしている (⇒ 私はゆるんだ歯を1本持っている) *I've got a loose tooth.*
*ぐずぐずしてはいられない (⇒ むだにする時間はない) *There is* [*We have*] *no time to lose.*
電線に触ったら*びりっときた (⇒ ショックを感じた) I *felt a shock* when I touched the electric wire.

き

*偽善者だ He is a *hypocrite* [hípəkrìt]. / (⇒ 羊の皮を着たおおかみだ) He is a *wolf in sheep's clothing.*

きそ[1] 基礎 ―名 base Ⓒ; basis Ⓒ《複 bases [béisiːz]》; foundation Ⓤ; groundwork Ⓤ. ―形 basic; fundamental; (初歩の) elementary.

【類義語】具体的で物質的な基礎を表すのが **base** で, 考え・理論・意見など抽象的な事柄の基礎は **basis**. 安定して, しっかりした永続的な基礎・土台は **foundation**. 発言・思想など抽象的なものの根拠は **groundwork** で, *foundation, basis* と交換しても用いられる. 《☞ きばん; こんぽん; こんきょ; きほん (類義語)》

¶ 建造物の*基礎は堅固でなくてはならない The ⌈*base* [*foundation*] of a building should be firm. // 何事も*基礎 (⇒ 基本の知識) が大切だ A *fundamental* [An *elementary*] level of knowledge is important in doing anything. // 英文法を*基礎から学びたい I want to learn ⌈the *elements* of English grammar [English grammar from *the very beginning*]. // お互いの尊敬が私たちの友情の*基礎だった Mutual respect was the *basis* of our friendship. // 大学 4 年間では専門知識の*基礎を得るのも難しい Four years of college is hardly enough to ⌈lay the *groundwork* [acquire a *basis*] for one's professional studies. // 次に進む前に, *基礎を固めなさい Before you go on, try to ⌈consolidate [solidify] the *foundation*.

基礎工事 the foundation work.

きそ[2] 起訴 ―名〘法律〙prosecution Ⓤ, indictment [indáitmənt] Ⓤ 語法 後者は特に《米》などの陪審制度による起訴をいうが, 交換して用いることも可能. ―動 (検事が) prosecute ... for ...; (陪審が) indict ... for ... 《☞ こくそ; うったえる; そしょう》.

¶ 彼は収賄で*起訴された He *was* ⌈*prosecuted* [*indicted*] *for* bribery. // その事件は*起訴にならなかった The case *was dropped.*

起訴状〘法律〙indictment Ⓒ.

きそう 競う (競争相手に打ち勝とうとして争う) compete (with ...) 自; (相手を倒すために奮闘する) contend (with ...) 自; (賞などを得ようとして争う) contest (with ...) 自; (張り合う) rival 他. 《☞ あらそう; はりあう》. ¶ 5 人の学生がコンテストで技を*競った Five students *competed with* each other in the contest.

きそう 起草 ―動 (草案を書く) draft 他; (契約書などを) draw up 他. ―名 drafting Ⓤ. 《☞ そうあん; したがき》. **起草委員会** drafting committee Ⓒ.

きぞう 寄贈 ―動 (与える) give 他; (相当価値のあるものを) present 他; (慈善事業として) donate 他. ―名 presentation Ⓤ; donation Ⓤ. 《☞ おくる[2]; きふ》.

¶ 彼はその本を全部市の図書館に*寄贈した He *gave* all the books to the city library. // 卒業生たちはビデオテープレコーダーを学校に*寄贈した The graduating students *presented* a video tape recorder to the school.

ぎそう 偽装, 擬装 ―名 (所在を隠すための) camouflage Ⓤ; (変装) disguise Ⓤ. ―動 camouflage 自; disguise 自. 《☞ カムフラージュ》.

ぎぞう 偽造 ―動 (署名などを) forge 他; (でっちあげる) fabricate 他; (貨幣などを) counterfeit 他. ―名 forgery Ⓤ; fabrication Ⓤ ★「偽造品」の意味ではいずれも Ⓒ; (偽物) counterfeit Ⓒ. 《☞ にせ; へんぞう》.

¶ 彼らは貨幣を*偽造した They ⌈*counterfeited* [*made counterfeit*] coins. // 彼は*偽造品はすぐ見分ける He can distinguish a ⌈*counterfeit* [*fabrication*] from the real thing at once.

きそうてんがい 奇想天外 ―形 (途方もない) fantastic; (予想外な) most unexpected. ¶ 彼は時々*奇想天外なことを考えつく He sometimes hits upon a ⌈*fantastic* [*most unexpected*] idea.

きそく 規則 (個々の行為に関する) rule Ⓒ; (公の) regulation Ⓒ 語法 これら 2 語は交換して用いられることが多いが, regulation は特にある権威により与えられ, 実行を強いられるものを示すことがある. 例えば traffic *rules* は個人が常識として守るべき「交通規則」であり, traffic *regulations* は「交通法規」. 《☞ きてい[1]》.

¶ *規則に従う follow [observe; obey] the *rules* // すべては*規則どおりに行われた Everything was carried out according to the ⌈*rules* [*regulations*]. // *規則違反をする者は罰せられる Those who ⌈violate [break; go against] the ⌈*rules* [*regulations*] will be punished. // どんな*規則にも例外はある (⇒ 例外のない規則はない) There is no *rule* that doesn't have exceptions. // 彼は*規則正しい生活を送っている He leads a *well-regulated* life.

規則書 (案内書) prospectus Ⓒ; (会則) the regulations **規則動詞**〘文法〙regular verb Ⓒ.

きぞく[1] 帰属 ―動 (所属する) belong to ... ―名 (所管) jurisdiction Ⓤ. 《☞ ぞくする; しょぞく》. ¶ その島はアメリカへ正式に*帰属した The island came formally *under the jurisdiction of* the U.S.

きぞく[2] 貴族 ―名 (男性の) nobleman Ⓒ; (女性の) noblewoman Ⓒ; aristocrat Ⓒ ★ 3 番目は改まった語; 《英》peer Ⓒ 参考 peer は男[女]の, 男爵 (baron [baroness]), 子爵 (viscount [viscountess]), 伯爵 (earl [countess]), 侯爵 (marquess [marchioness]), 公爵 (duke [duchess]) のいずれかの称号を有する人; (総称) the nobility, 《英》the aristocracy, the peerage. ―形 (貴族の) noble; (貴族的な) aristocratic.

¶ 彼女は*貴族の出だ She is a *noblewoman.* / She is of *noble* birth.

ぎそく 義足 artificial leg Ⓒ.

きた 北 ―名 the north. ―形 (北の・北方の) north, northern 語法 境界がはっきりしていて「北部(地方)の」という意味の場合は north を, 漠然と「北方の」という意味のときは northern を使う; (北寄りの) north-

erly. ━副 (北へ) north, northward(s) ★ 後者は方向を示す意味が強い. (☞ ほくぶ).
¶ *北はどっちの方角ですか Which direction is *north*? / 福岡は九州の*北にある Fukuoka is in *the north* of Kyushu. // 日本の*北にはソ連がある The Soviet Union is to *the north* of Japan. // この部屋は*北に面している This room faces *the north*. // 私たちはいま*北に向かって進んでいます We are traveling *northward*.
北風 north wind Ⓒ (☞ かぜ[1]) 北半球 the Northern Hemisphere.

ギター guitar [gitάːr] Ⓒ; (電気ギター) electric guitar Ⓒ. (☞ 音楽 (囲み)).

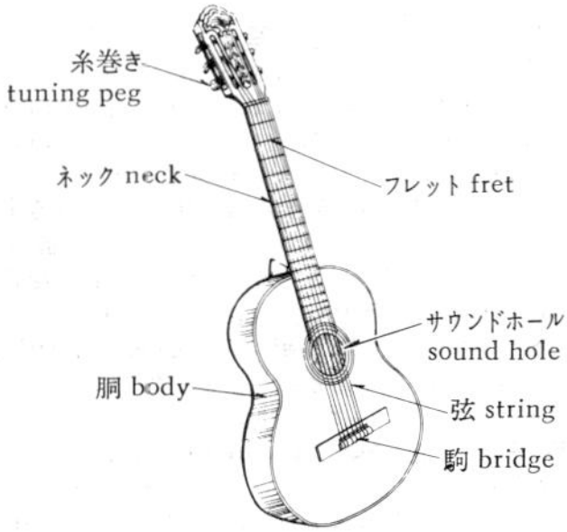

¶ *ギターが弾けますか Can you play the *guitar*? 語法 定冠詞を付けることに注意.
ギター奏者 guitarist Ⓒ.

きたい[1] 期待 ━動 expect ㊀; anticipate ㊀; hope ㊀. ━名 expectation Ⓤ; hope Ⓤ ★ 具体的なことを念頭においた場合はいずれもⒸ.
【類義語】ある事態をかなりの確信を持って待ち望むのが **expect**. あることを予測して心構えをするのが **anticipate**. ある事が起こるであろうと望み, 可能性を信じるのは **hope**.
¶ 彼には大いに*期待している We *expect* much from him. // 彼は*期待通り[*期待以上に]よくやった He has done well ˹as we (*had*) *expected* [beyond *expectation*]. // 彼らは私たちの*期待に添わなかった (⇒ こたえなかった) They ˹didn't answer [fell short of] our *expectation(s)*. // 結果は私たちにとって*期待はずれだった The result was not up to our *expectations*. / The result was quite *disappointing* to us. // 新政府には何を*期待しますか What do you *want* the new Government to do?

きたい[2] 気体 gas Ⓤ ★ 種類をいうときはⒸ; (蒸気) vapor (《英》 vapour) Ⓤ (↔ liquid, solid). ¶ 水を熱すると*気体となる Water turns into *gas*, when it is heated.

きたい[3] 機体 (主要部分) body (of an airplane) Ⓒ; (飛行機の胴体) fuselage [fjúːsəlὰːʒ] Ⓒ. (☞ ひこうき (挿絵)).

ぎだい 議題 (話題) topic Ⓒ, subject Ⓒ ★ 前者がより口語的; (問題) problem Ⓒ; (会議事項のリスト) agenda ★ 単数または複数扱い. (☞ ぎじ; テーマ; ぎあん).
¶ 会議ではさまざまな*議題が討議された Various ˹*topics* [*subjects*] were dealt with at the conference. // それは*議題に含まれていない It is not on the *agenda*. // その問題は先だっての会議で*議題にのぼった The problem ˹*came up* [*was brought up*] at the last meeting. 語法 come up [be brought up] は「話題・議題にのぼる[のせる]」の意味.

きたえる 鍛える ━動 (体を鍛え上げる) build up ㊀; (訓練する) train ㊀; (繰り返し厳しく教え込む) drill ㊀; (しつける) discipline ㊀; (強くする) strengthen ㊀; (刀などを) forge ㊀. ━名 training Ⓤ; drill Ⓤ; discipline Ⓤ. (☞ たんれん; くんれん).
¶ 君は体を*鍛える必要がある You must *build up* your body. // 彼らは皆*鍛え抜かれた若者たちだ They are all *well trained* young boys. // この夏は君の英語を*鍛えてやろう I'm going to *drill* you in English this summer.

きたかいきせん 北回帰線 the Tropic of Cancer (↔ the Tropic of Capricorn).

きたく 帰宅 ━動 go [come; return] home 語法 話者が自宅外にいるときは go, 自宅にいるときは come. ただし, 電話などで自宅の人と話すときは, 外部にいても come を用いる. (☞ ゆく); (帰り着く) get home; (帰宅している) be home. (☞ かえる[1] (類義語)).
¶ お父様はご*帰宅ですか *Is* your father *home*? / *Has* your father ˹*come* [*returned*] *home*? // *帰宅の途中, 私は彼に出会った I met him *on my way home*.

きたたいせいようじょうやくきこう 北大西洋条約機構 the North Atlantic Treaty Organization (《略 NATO [néitou]》).

きだて 気立て (性向) disposition Ⓤ; (気質) temperament Ⓤ. (☞ せいしつ (類義語)).
¶ 彼女は*気立てのやさしい娘だ She is a ˹*tenderhearted* [*kindhearted*] girl.

きたない 汚い **1** 《不潔な》: dirty; filthy; foul; (よごれた) soiled; (みすぼらしい) shabby; (取り散らかした) untidy, messy ★ 後者のほうが口語的.
【類義語】「汚い」に対する最も一般的な語は **dirty** である. とても汚いのは **filthy** で, いやなにおいを伴うのは **foul**. 特に表面が汚れているのは **soiled**. (☞ ふけつ)
¶ *汚い手をしているね Your hands are *dirty*. // テーブルクロスが*汚くなった The tablecloth has become *soiled*. // なんて*汚い子なんでしょう What a *messy* child you are! // 窓を開けて, *汚い空気を出して下さい Will you open the window and let out the *foul* air? // 彼は*汚い身なりをしていた He was *shabbily* dressed.
2 《卑猥な》: (慎みのない) indecent; (みだらな) filthy; (いかがわしい) nasty. ¶ そんな*汚い言葉を使わないで下さい Don't use such ˹*indecent* [*nasty*] words.
3 《卑劣な》: (不正な) dirty; (下劣な・卑しい) mean; (低級な) low; (人や行為が) base ★ 形式ばった語. (☞ ひれつ). ¶ 彼は金銭問題には*汚い He is *mean* over money mat-

き

ters. // 彼女は*汚い手を使ってその地位を得た She got the position by using a ˹*mean* [*dirty*] trick.

きたならしい 汚らしい dirty(-looking);(不潔な) filthy. 《☞ きたない》.

きたる 来る ━形 (次の) next; (やって来る) coming. 《☞ 時刻・日付・曜日 (囲み)》.
¶ *来る月曜に会を開きます We have a meeting ˹*next* Monday [(on) Monday *next*]. // *来る4月30日を期限といたします The deadline is the 30th of this *coming* April.

きたんのない 忌憚のない (率直な) frank 《☞ そっちょく》.

きち[1] 基地 base Ⓒ. ¶ 軍事[海軍, 空軍]*基地 a military [a navy; an air force] *base*

きち[2] 機知 ━名 wit Ⓤ. ━形 (機知に富んだ) witty. 《☞ きてん[1] (類義語)》. ¶ 彼は*機知に富んでいる He is full of *wit*.

きちゃく 帰着 ━動 (議論などがある結論に到達する) come to the conclusion (that ...); (...に終わる) end in ... 《☞ けつろん; おちつく》.

きちゅう 忌中 ━名 (喪) mourning Ⓤ. ━動 (忌中である) be in mourning. 《☞ もちゅう》.

きちょう[1] 貴重 ━形 precious, valuable
語法 この2語は交換可能なことも多いが, 前者は金銭で買えないような貴重さ, 後者は金銭的価値, または有用性などが非常に高いというニュアンスがある. 《☞ たいせつ; えがたい》.
¶ これは*貴重な品です. なくさないように This is a very *valuable* thing. Don't lose it. // その経験は非常に*貴重なものだった The experience was ˹most *valuable* [most *precious*; *of great value*] to me.
貴重品 valuables ★ 複数形で.

きちょう[2] 記帳 ━動 (帳簿に記入する) book ㊀, make an entry (in ...), enter ㊀; (宿帳などに登録する) register ㊁ ㊀; (署名する) sign [enter] *one's* name. 《☞ きにゅう》.
¶ まずフロントで*記帳して下さい Will you please ˹*register* [*sign the register*] at the (front) desk?

きちょう[3] 基調 (根底にある考え方) keynote Ⓒ. **基調演説** keynote ˹speech [address] Ⓒ.

きちょう[4] 機長 captain Ⓒ.

ぎちょう 議長 (一般に) chairman Ⓒ; (女性の) chairwoman Ⓒ; chairperson Ⓒ ★ 男性・女性の区別を避けて用いる語. 《☞ 性 (欄外)》; 《米》 president Ⓒ; (米英議会の下院議長) the Speaker; (同上院の) the President.
¶ 彼[彼女]は*議長に選ばれた He [She] was elected ˹*chairman* [*chairperson*]. 語法 「議長」の意味の chairman は女性の場合にも用いられる. 《☞ 冠詞 (欄外)》 // A氏が*議長となり, 会が始まった The meeting opened with Mr. A ˹*presiding* [*as chairman*]. // *議長, 緊急動議があります Mr. ˹*Chairman* [*Chairperson*], I have an urgent motion to propose. 語法 議長が女性の場合には Madam Chairman と呼びかける. 《☞ 呼びかけ (囲み)》

きちょうめん 几帳面 ━形 (細部にわたって緻密な) exact, precise; (細心な) meticulous; (整然とした) methodical; (時間に正確な) punctual. ¶ 彼は*きちょうめんな男だ He is ˹*meticulous* [*punctual*]. // 彼女は何をするにも*きちょうめんだ She is ˹*precise* [*exact*; *methodical*] in everything she does. / She does everything ˹*exactly* [*precisely*; *methodically*].

きちんと ━副 (正確に) accurately, exactly; (とどこおりなく) regularly; (服装など乱れなく) neatly; (時刻通りに) punctually; (整然と) in good order; (しつけ・作法上から見て) properly; (立派に) finely. 《☞ ちゃんと; せいかく[1]; ただしい》.
¶ 机の上を*きちんと整理しなさい *Tidy* your things on the desk. // 部屋は*きちんとしていた The room was ˹*in good order* [kept *neat and tidy*]. // *きちんとした数を知りたいのです I'd like to know the ˹*exact* [*precise*] number. // 彼は*きちんと会合に出席している He attends our meetings *regularly*. // 彼女は*きちんとした服装だった She was *neatly* dressed. // 彼女は毎朝8時に*きちんと来る She comes *punctually* at 8 every morning. // 子供は*きちんとおじぎをした The child bowed to me *properly*.

きちんやど 木賃宿 cheap hotel Ⓒ.

きつい **1** 《程度のはなはだしい・厳しい》 ━形 (強烈な) intense; (仕事などがつらい) hard; (厳しい) stern, severe. ━副 very; intensely; sternly, severely. 《☞ きびしい (類義語); はげしい; つらい》.
¶ この冬は寒さが*きつかった (⇒ とても寒かった) It was *very* cold this winter. / We had a *severe* winter this year. / It was *intensely* cold this winter. // その仕事は私には*きつすぎる The work is too ˹*much* [*hard*] for me. // 彼は*きつい目をして私を見た He looked *sternly* at me. / He gave me a ˹*stern* [*sharp*] look. // 先生はその生徒を*きつくしかった The teacher scolded the pupil *severely*.
2 《強い・しっかりした》 ━形 (勝ち気な) strong-minded. ¶ 彼女は*きつい女だ She is a *strong-minded* woman.
3 《窮屈な》: (ぴったりした) tight; (目の詰まった) close. 《☞ きゅうくつ》. ¶ このコートは*きつすぎる. もう少し大きいのはありませんか This coat is too *tight*. Don't you have a bigger one? 《☞ 衣服 (囲み); 買い物 (囲み)》

きつえん 喫煙 ━動 (たばこを吸う) smoke ㊀ ㊁; (一服する) have a smoke. ━名 smoking Ⓤ. 《☞ たばこ》. ¶ *喫煙は健康によくない *Smoking* is not good for the health.
喫煙室 smoking room Ⓒ 《☞ 動名詞 (欄外)》 **喫煙車** smoking ˹car [《英》 carriage] Ⓒ, smoker Ⓒ.

きづかう 気遣う (心配である) be ˹anxious [concerned] (about ...); (心配する) worry (about ...) ㊁; (あやぶむ) fear ㊀; (恐れている) be afraid (of ...); (心を配る) give attention to ..., be attentive to ... 《☞ しんぱい (類義語)》.

¶彼は息子の安全を*気遣っていた He *was* ｢*anxious* [*concerned*; *worrying*] *about* the safety of his son. // 何も*気遣うことはないよ You have nothing to ｢*worry about* [*be afraid of*].

きっかけ 切っ掛け (手始め) start Ⓒ; (手がかり) clue Ⓒ; (機会) chance Ⓒ; (芝居のせりふ・練習などの始めの合図) cue Ⓒ. 《☞ いとぐち》. ¶*きっかけをつかんで彼に話してみよう (⇒ 彼に話しかける機会をつかもう) I'll find a *chance* to talk to him.

きっかり (正確に) exactly, precisely; (ちょうど) just, right ★ この 2 語は口語的. 《☞ ちょうど¹; きっちり》. ¶飛行機は*きっかり時間どおりに到着した The plane arrived ｢*just* [*right*] on time. // このやかんには*きっかり 1 リットル入る This kettle contains ｢*exactly* [*precisely*] one liter.

きづかれ 気疲れ ━名 (精神的疲労) mental fatigue Ⓤ; (緊張) mental strain Ⓤ. ━動 (精神的に疲労する) be ｢tired [fatigued; strained] mentally. 《☞ つかれる¹》. ¶彼と話すと*気疲れする I *get* ｢*tired* [*fatigued*; *strained*] *mentally* when talking with him.

キック オフ ━名 kick-off Ⓒ. ━動 kick off ㊀.

きづく 気付く (知る・わかる) become aware (of ...); (気がつく) notice ㊀; (見出す) find out ㊀; (感づく) suspect ㊀; (考えつく) think of ...; (正気づく) come ｢to [round; around] ㊀. 《☞ き¹; かんづく》.
¶君があそこにいたのに*気付かなかった I ｢*wasn't aware* [didn't *notice*] that you were there. // 私たちが抜け出したことにだれも*気付かなかった Nobody *noticed* us leave. // 彼らは我々の計画に*気付いているようだ They seem to *be suspicious of* our plan. // 何かよいことに*気付いたら (⇒ 思いついたら) お知らせします I'll tell you if I ｢*come upon* [*think of*; *hit on*] a good idea.

きつけ¹ 着付け ━名 dressing (up) Ⓤ. ━動 dress ㊀. ¶だれかに*着付けをしてもらわないと (⇒ だれかの助けなしでは) 着物は着られない I can't *put on a kimono* without someone's help. // 安達さんの奥さんはいつも*着付けが上手だ Mrs. Adachi *is* always *dressed* ｢smartly [well].

きつけ² 気付け (気付け薬) restorative Ⓒ; (興奮剤・刺激性の飲料) stimulant Ⓒ.

きづけ 気付 care of ..., c/o [kὲ(ə)rəv]. 《☞ -あて; -かた¹; 手紙の書き方 (囲み)》. ¶手紙は鈴木氏*気付でお出し下さい Write (to) me (*in*) *care of* Mr. Suzuki. // 外国人学生アドバイザー*気付, 田中和子様《宛名》Miss Kazuko Tanaka, *c/o* The Foreign Students' Advisor

きっさてん 喫茶店 tearoom Ⓒ, 《米》coffee shop Ⓒ, 《英》coffee bar Ⓒ. 【参考】アメリカには日本の喫茶店にあたる店はない. tearoom は teashop とも呼ばれる一種のレストランで, 紅茶・コーヒー・軽食などを出す. ホテルや町の中には coffee shop があるが, いずれも軽食をとるところ. 《☞ 店の呼び名 (囲み)》.

ぎっしり ━副 (すきまなく) closely, tightly; (最大限に) to the full. ━形 (いっぱいの) full; (満員の) crowded; (予定などが) tight; (定員いっぱいの) capacity. 《☞ いっぱい; まんいん; つまる》.
¶箱には写真が*ぎっしり詰まっている The box is *tightly* ｢packed [filled] with photos. // 劇場は観客で*ぎっしり満員だった The theater was ｢full [crowded] with a *capacity* audience. // 今週はスケジュールが*ぎっしりだ My schedule is quite *tight* this week. / I have a *tight* schedule this week. // 彼女は衣類をかばんに*ぎっしり詰め込んだ She *crammed* her bag *with* her clothes. // 駐車場は車で*ぎっしりだった The parking lot *was jammed with* cars. 【語法】jam 動㊀ はいっぱいで動きがとれなくすること.

きっすい¹ 生粋 ━形 (純血の) pure; (生まれながらの) trueborn. 《☞ じゅんすい》.
¶*生粋の英国人 a *pure* Englishman // *生粋の江戸っ子 a *trueborn* Tokyoite

きっすい² 喫水, 吃水 (特に積み荷をしたときの) draft (《英》draught) Ⓤ ★ この意味では《米》でも draught とつづることがある. ¶*喫水の深い[浅い]船 a ship of ｢deep [shallow] *draft* **喫水線** waterline Ⓒ《☞ ふね (挿絵)》.

きっする 喫する ¶私たちは 3 連敗を*喫している We *have suffered* three successive defeats.
【参考語】(こうむる) suffer ㊀; (敗北を喫する) be defeated.

きっちり ━副 (ちょうど) just, sharp ★ 後者は時刻を示す語の後に置く; (決められた時間どおり) punctually; (完全に) perfectly; (正確に) exactly. 《☞ きっかり; ちょうど¹》.
¶彼は*きっちり 8 時に帰ってきた He came back *just* at eight (o'clock). / He came back at eight o'clock *sharp*. // 列車は*きっちり時間どおりに着いた The train arrived *exactly* on time. // 新調の服は彼女に*きっちり合う Her new dress fits (her) *perfectly*. // 彼は瓶に*きっちり栓をした He corked the bottle *tight*(*ly*).

キッチン (台所) kitchen Ⓒ; (部屋の一部の) kitchenette Ⓒ. 《☞ 台所・家事 (囲み)》.

きつつき 啄木鳥 woodpecker Ⓒ.

きって 切手 (postage) stamp Ⓒ.
¶郵便局で 80 円の*切手を 5 枚買った I bought five 80-yen *stamps* at the post office. // この手紙は幾らの*切手をはるのですか (⇒ この手紙の郵送料は幾らか) What is the *postage* for this letter? // この手紙には 120 円*切手をはらなければならない You have to ｢put [stick] a 120-yen *stamp* on this ｢letter [envelope]. // 彼の趣味は*切手の収集です His hobby is collecting *stamps*. 《☞ レクリエーション (囲み)》 // 記念*切手 a commemorative *stamp*
切手アルバム stamp album Ⓒ, stock book Ⓒ **切手収集** stamp collection Ⓤ **切手収集家** stamp collector Ⓒ.

-きっての 切っての ¶彼はクラス*きっての秀才

だ (⇒ クラスの中で最も頭がよい) He is *the brightest* boy in his class. 《☞ いちばん》

きっと[1] (確かに) surely, certainly; (疑いなく) undoubtedly, without doubt; (恐らく) no doubt, doubtless; (間違いなく) without fail. 【類義語】まったく疑いがなく，確信の根拠となる裏付けのある場合は **certain(ly)**. 完全に疑いがないとは言いきれず，やや確信に欠ける場合に **sure(ly)** を用いる. *certain(ly)* は客観的. *sure(ly)* は主観的で，より口語的である. ***undoubtedly*** と ***without doubt*** は *certainly* とほぼ同じ意味で使われるが，***no doubt*** と ***doubtless*** はもっと意味が弱まって probably の意味でしばしば用いられる. 《☞ かならず (類義語)；たしか (類義語)》

¶ *きっとこの手紙を出して下さい *Be sure to* ⌈mail [《英》 post] this letter.

彼は*きっと成功するだろう He will ⌈*surely* [*certainly*] succeed. / He is ⌈*sure* [*certain*] to succeed. / I am ⌈*sure* [*certain*] (that) he will succeed. / I am ⌈*sure* [*certain*] of his success. / It is *certain* that he will succeed. [語法] (1) 最後の例文では sure は使えない. 《☞ It の用法 (欄外)》 (2) He *is sure of* success.＝He *is sure* that he will succeed. と He *is sure to* succeed.＝I *am sure* that he will succeed. の違いに注意. 前者は主語が確信をもっている場合で，後者ではこの文の話者が確信をもっている場合.

彼は*きっと東京にいるでしょう He will *undoubtedly* be in Tokyo. 《☞ 推量の表現 (囲み)》

*きっと知らせて下さい (⇒ 知らせることを怠るな) *Do not fail to* let me know.

あす*きっとお訪ねします (⇒ 間違いなく) I will call on you tomorrow *without fail*. / (⇒ あらゆる手段で) I'll come to see you tomorrow *by all means*.

もし彼女が 7 時に出たのなら，いまごろは*きっとあちらに着いているはずだ If she left at seven, she *ought to* be there by now.

きっと[2] — 副 (きつく) hard; (締めつけるように) tight. ¶ 彼女は*きっと私をにらんだ (⇒ きつい一瞥(いちべつ)を投げた) She shot a ⌈*hard* [*stern*] look at me. // 彼は*きっと口を結んで座っていた He sat *tight*-lipped. 《☞ きゅっと》

きつね 狐 fox Ⓒ 《複 ~es, ~》; (めす) vixen Ⓒ; (子) cub Ⓒ. 《☞ めす [語法]；性 (欄外)；動物の鳴き声 (囲み)》.

¶ 彼は*きつねにつままれたような顔をしてうなずいた (⇒ とまどった顔つきをして) He nodded with *a baffled look*. // 彼女はいつも*きつねの(毛皮の)えりまきをしている She always wears a *fox-fur* muffler. [参考] きつねの毛皮は単に fox Ⓤ ともいう.

きつね色 light brown Ⓤ, yellowish-brown Ⓤ [参考] 本物のきつねの色は red あるいは reddish-brown とされている. 《☞ 色 (囲み)；こんがり；料理の用語 (囲み)》.

きっぱり — 副 (そっけなく・はっきりと) flatly, point-blank ★ 前者が普通；(はっきり) definitely; (率直に) frankly; (断固として) decisively; (決然として) resolutely. 《☞ きぜん》.

¶ 彼女は私の申し出を*きっぱりと断った She *flatly* refused my offer. / She refused my offer *point-blank*. // 私たちはその論争に*きっぱり (⇒ これを最後に) 決着をつけた We have settled the argument *once and for all*.

きっぷ 切符 ticket Ⓒ ★ 最も一般的；(切り取り・とじ込み式の) coupon Ⓒ.

¶ 入口で*切符を見せて下さい Show [Present] your *ticket* at the ⌈gate [entrance]. // 事務所で*切符を買うことができる You can ⌈get [buy] the *ticket* at the office. // 仙台までの片道*切符を 1 枚下さい Please give me a ⌈one-way [《英》 single] *ticket* to Sendai. [参考] 「往復切符」は round-trip [《英》 return] ticket. // この*切符は発行の日とも 3 日間有効です This *ticket* is ⌈good [valid] for three days inclusive of the day of issue. // 途中下車をするとその*切符は無効になる If you break your journey, the *ticket* will cease to be valid. //*切符を拝見します *Tickets, please!* 《☞ 省略 (欄外)》

「切符はここでお買い求め下さい」という掲示

切符売り場 (駅の) ticket office Ⓒ 《☞ えき[1] (挿絵)》; (窓口) wicket Ⓒ, ticket window Ⓒ; (台になっている所) ticket counter Ⓒ; (劇場の) box office Ⓒ.

きっぽう 吉報 (喜ばしい知らせ) good [glad] news Ⓤ ★ news は単数扱い.

きづまり 気詰まり ¶ 彼は知らない人と同席して*気詰まりだった (⇒ 落ち着かなかった) He *felt ill at ease* with strangers. 《☞ きゅうくつ；きがね；とうわく》

きつもん 詰問 — 動 (尋問を厳しくする・調べる) question ... ⌈closely [severely] 《☞ しつもん》. ¶ 彼らはその真相について彼に*詰問した They *questioned* him ⌈*closely* [*severely*] as to the truth.

きづよい 気強い ☞ こころづよい.

きてい[1] 規定 — 名 (規則) rule Ⓒ; (公的な規則) regulation Ⓒ; (法律などの条項) provision Ⓒ; (契約などの条項) stipulation Ⓒ. — 動 (規定する) provide (他); (法律が) prescribe (他); (契約などで) stipulate (他). 《☞ きそく；きやく；さだめる》.

¶ 第 1 条の*規定により，彼は 3 千円の罰金を課せられた According to the *provisions* of Article I, he was fined 3,000 yen. // *規定のスピードで行くと 1 時間かかる It will take one hour if you drive at the *regulation* speed. // *規定の書式に記入しなさい Complete the *prescribed* form.

きてい[2] 既定 — 形 (すでに決まった) established; (予定された) prearranged. 《☞ きせい[1]》. ¶ *既定の事実 an *established* fact // *既定の方針 a *prearranged* ⌈plan [program]

ぎてい 義弟 brother-in-law Ⓒ 《☞ ぎり；親族関係 (囲み)》.

きてき 汽笛 (steam) whistle Ⓒ; (船の) siren Ⓒ. ((☞ けいてき)). ¶ *汽笛を鳴らす blow [sound] a *whistle*

きてん[1] 機転, 気転 (機知) quick wit Ⓤ; (如才なさ) tact Ⓤ.

【類義語】適切な言葉または行為によって, 気まずい場面を巧みに切り抜けるそつのなさが ***tact***. 当意即妙な機知は ***wit***. *wit* は他人を傷つける こともあるが *tact* は傷つけない. ((☞ きち[2]; じょさいない))

¶ 彼は*機転がきく[きかない] He has ⌜*quick* [*slow*] *wits*. 語法 この意味では通例複数形になる. / He is ⌜*quick-witted* [*slow-witted*]. // 彼女の*機転で私はばつの悪い思いをしないですんだ (⇒ 彼女の機転が私をばつの悪さから救った) Her *tact* saved me from embarrassment. // *機転をきかしなさい (⇒ 頭を使いなさい) Use your ⌜*brains* [*head*].

きてん[2] 起点 starting point Ⓒ. ¶ この角を*起点にして距離を測って下さい Please measure the distance using this corner as the *starting point*.

きと 帰途 ― 名 (帰りの旅行) return trip Ⓒ. ― 副 (…からの帰り道) on *one's* way from ... ― 動 go [come] back ㊀; get home. ((☞ かえり; きたく; きこく)).

¶ *帰途につくやいなや雨が降りだした As soon as we started ⌜*on our way home* [*for home*], it began to rain. // 彼女はサンフランシスコからの*帰途, ちょっとホノルルに寄った She stopped over at Honolulu *on her way back from* San Francisco. // 彼は旅行の*帰途, その事故にあった He met with the accident *on his return trip*.

きどあいらく 喜怒哀楽 (感情) feeling Ⓒ; (強い感情) emotion Ⓒ. ((☞ 感情の表現 (囲み))). ¶ 彼は決して*喜怒哀楽を表に現さない (⇒ 感情を示さない) He never ⌜shows [betrays] his ⌜*feelings* [*emotions*].

きとう 祈禱 (神への) prayer [préə] Ⓤ; (食前食後の短い祈禱) grace Ⓤ. ((☞ いのる; いのり)). **祈とう書** prayer book Ⓒ.

きどう[1] 軌道 (天体・人工衛星・電子などの) orbit Ⓒ ((☞ せんろ; げんし[1] (挿絵))).

¶ 彼らは最初の人工衛星を*軌道に乗せることに成功した They succeeded in ⌜*putting* [*launching*] the first (artificial) satellite *in orbit*. ★ put ... in orbit として慣用句. // 彼の仕事は*軌道に乗った (⇒ うまく進行している) His work *is well under way*. / His work *is running smoothly*.

きどう[2] 機動 **機動隊** (警察の) riot police ★ 複数扱い; (一分隊) riot squad Ⓒ **機動部隊** (軍隊の) task force Ⓒ **機動力** mobile power Ⓤ.

きとく[1] 危篤 ― 形 (重態の) critical, serious. ((☞ じゅうたい[1])). ¶ 彼の父親は*危篤だ His father is *in a* ⌜*critical* [*serious*] *condition*. // 彼は夜中に*危篤に陥った He fell into a ⌜*critical* [*dangerous*] *condition* at midnight.

きとく[2] 奇特 ― 形 (称賛に値する) praiseworthy, laudable, commendable. ((☞ しゅしょう[2])). ¶ そりゃまた*奇特な人だね What a *laudable* personage! 語法 皮肉な意味で使われる.

きとくけん 既得権 vested ⌜rights [interests] ★ 複数形で. ((☞ けんり)). ¶ 彼女は*既得権を守るべく戦った She fought to protect her *vested rights*.

きどる 気取る (実際よりよく見せようとする) put on airs, give *oneself* airs. ((☞ きざ; もったいぶる)).

¶ そう*気取るな Don't ⌜*put on airs* [*give yourself airs*]. // 彼女は*気取った口のきき方をする (⇒ 気取った態度で話す) She speaks ⌜*affectedly* [in an *affected* way]. // 私は彼の*気取らない態度が好きだ I like his ⌜*unassuming* [*unaffected*] manner. // 彼は学者*気取りでいる (⇒ 学者のように振舞う) He *poses* as a scholar. // 彼らは夫婦*気取りで暮らしている (⇒ 夫婦のように) They live together *like* man and wife.

気取り屋 affected person Ⓒ; (おしゃれな男) dandy Ⓒ. ((☞ きざ)).

きなが 気長 ― 副 (辛抱強く) patiently; (急がずに) without ⌜haste [hurry]; (のんびりと) at leisure; (ゆっくりと) slowly. ((☞ のんびり; ゆっくり)). ¶ 私は彼を*気長に待った I waited for him ⌜*patiently* [*with patience*]. // この仕事は*気長にやったほうがよい It is better to ⌜*take your time* [work *slowly*] at this job.

きなくさい きな臭い ¶ 何か*きな臭い (⇒ 何かが焦げるにおいがする) There's a smell of something ⌜*burning* [*smoldering*]. / I'm beginning to *smell a rat*. ★ 後の文は比喩的に「何か怪しい」の意. ((☞ こげくさい; くさい))

きなこ きな粉 soybean flour Ⓤ. ¶ *きな粉もち rice cake powdered with *soybean flour*

きにいる 気に入る ¶ みんなの*気に入るようにすることは難しい (⇒ すべての人を満足させることはできない) We cannot ⌜*please* [*satisfy*] everybody. // 彼女は新しいドレスが*気に入った She *liked* her new dress. // 彼らはその踊り子が*気に入った They *took a fancy to* the dancer. // 彼はその絵が*気に入った (⇒ その絵が彼の好みにあった) That picture ⌜*caught* [*took*; *struck*] *his fancy*. // 彼は先生のお*気に入りだ He is *in* his teacher's *favor*. / He is his teacher's *favorite*. //「新車は*気に入りましたか」「ええ, とても*気に入りました」"How do you *like* your new car?" "I *like* it very much." ((☞ すき[1]; まんぞく))

【参考語】― 動 (喜ばせる) please ㊇; (満足させる) satisfy ㊇; (好む) like ㊇; (…が好きになる) take a fancy to ... ― 形 (気に入りの) favorite.

きにゅう 記入 ― 動 (書き込む) write down ㊇; (帳簿に入れる) enter ㊇; (アンケート・書類などに必要事項を) fill in ㊇; (必要事項を書き入れて書類などを完成する) fill ⌜in [out] ㊇. ― 名 entry Ⓒ. ((☞ かきいれる; きさい)).

¶ 彼女は出費を全部手帳に*記入した She *wrote down* all her expenses in a notebook. // あなたの住所と氏名をここに*記入して下さい Please *fill in* your name and address here. ((☞ ところ 2 語法)) // 申込書には必要

事項を*記入しましたか Have you *filled* ⌈*out* [*in*] the application?
記入済《表示》 entered　記入もれ omission Ⓤ.

きぬ 絹 ―名 silk Ⓤ. ―形 silk ; silky. 語法 絹でできているものには silk, 比喩的な意味では silky. ¶ *絹のような髪 *silky* hair // *絹張りのかさ a *silk* umbrella
絹糸 silk thread Ⓤ《☞ いと¹》 絹織物 silk fabrics ★複数形で. 絹製品 silk goods, silks ★いずれも複数形で.

きぬけ 気抜け ¶私は彼女が不在なので*気抜けしてしまった (⇒失望した) I *was disappointed* because she was not at home. 《☞ がっかり ; しつぼう》

きねん 記念 ―名 commemoration Ⓤ;(思い出) memory Ⓒ, remembrance Ⓤ ★「記念になるもの」の意味では Ⓒ. ―動 (記念する) commemorate ⑱ ; (祝典などで祝う) celebrate ⑱. 《☞ おもいで》.
¶私たちは学校の創立を*記念して木を植えた We planted some trees ⌈*in commemoration of* [to *commemorate*] the founding of our school. // 彼らは創立者を*記念して彫像を建てた They erected a statue *in* ⌈*memory* [*remembrance*] *of* the founder. // きょうは私にとって*記念すべき日です This is a ⌈*special* [*memorable*] day for me. // 彼らは恩師の還暦を*記念して (⇒祝して) 論文集を出版した They published a collection of essays ⌈*in celebration of* [to *celebrate*] their teacher's 60th birthday. // 彼女は自分の写真を*記念にくれた (⇒記念品として) She gave me her picture as a ⌈*remembrance* [*token*].
記念切手 commemorative stamp Ⓒ　記念号 (雑誌などの) commemoration ⌈number [issue] Ⓒ　記念祭 memorial festival Ⓒ; (儀式) commemoration Ⓒ　記念写真 souvenir ⌈picture [photograph] Ⓒ　記念出版 commemorative publication Ⓒ　記念碑 monument Ⓒ ★記念となる建物・塔などをも示す.　記念日 memorial day Ⓒ; (年1度の) anniversary Ⓒ. ¶きょうは私たちの10回目の結婚*記念日だ This is our tenth wedding *anniversary*. // 創立*記念日 foundation *day*　記念品 remembrance Ⓒ; memento Ⓒ; souvenir Ⓒ　語法 いずれも, ある事・人・所などを思い起こさせるものの意味であるが, remembrance はかなり抽象的であり, 特定のものについては memento を用いることが多い. また souvenir は例えば旅行先などで買うもののこと.

ぎねん 疑念 doubt Ⓤ; (疑惑) suspicion Ⓤ; (不信) distrust Ⓤ ★しばしば a を付けて. 《☞ ぎわく ; うたがい》.

きのう¹ 昨日 yesterday 語法 副詞と名詞の用法があるが, 名詞の場合も常に無冠詞. 《☞ 時刻・日付・曜日 (囲み)》.
¶ *きのうは土曜だった *Yesterday* was Saturday. / It was Saturday *yesterday*.
彼は*きのうの朝[午後, 晩]に出発した He left *yesterday* ⌈morning [afternoon ; evening].
語法 「きのうの朝・午後・晩・夜」などでは yesterday, または last を用いるが, その組み合わせ方は次の通り.

yesterday	last	
○	×	morning
○	×	afternoon
○	○	evening
×	○	night

それはつい*きのうのことのように覚えている I remember it as if it were (only) *yesterday*. *きのうの新聞はどこにありますか Where is *yesterday's* newspaper?

きのう² 機能 ―名 function Ⓒ. ―形 (機能的) functional. ―動 (機能する) function ⓐ, work ⓐ ★後者のほうが口語的. 《☞ やくめ ; はたらき》.
¶心臓はどんな*機能をもっていますか What is the heart's *function*? // ブレーキは正常に*機能しなかった The brake failed to ⌈*function* [*work*] properly. // *機能障害 a *functional* disorder ★ a を付けて.

きのう³ 帰納 〔論理学〕 ―名 induction Ⓤ ★「帰納された結論」の意味では Ⓒ. (↔ deduction). ―形 (帰納的な) inductive. ―動 (帰納する) induce ⑱.
¶彼は*帰納的方法でその問題にあたった (⇒その問題に帰納的方法を用いた) He used an *inductive* approach to the problem.
帰納法 induction Ⓤ, inductive method Ⓒ.

ぎのう 技能 skill Ⓤ ★具体的な意味では Ⓒ. 《☞ わざ ; ぎじゅつ (類義語)》. ¶私たちは英語の4*技能を習得しなければならない We have to master the four *skills* of English.
参考 4技能とは「話す」speaking,「聞く」hearing,「読む」reading,「書く」writing.
技能オリンピック Olympics in Technology ; (正式名) the International Vocational Training Competition　技能賞 technical ⌈prize [award] Ⓒ.

きのこ 茸 mushroom Ⓒ; (有毒の) toadstool Ⓒ; (菌類) fungus Ⓒ《複 fungi [fʌ́ndʒai], ～es》 ★ fungus は「きのこ」を含んだ菌類の総称で,「かび」mold, mildew なども含む.
¶ *きのこ狩りに行く go to gather *mushrooms* / go ⌈*mushrooming* [*mushroom*-gathering]

きのどく 気の毒 ¶お*気の毒です I am (very) *sorry*.　語法 I ⌈am [feel] *sorry* for you. のように for you を付けると,「お気の毒さま」という皮肉の意味が含まれ, 相手に冷たい感じを与えるから, 軽く同情を示すには付けないほうがよい.
それはお*気の毒に (⇒それを聞いて気の毒に思う) I am *sorry* to hear that.
彼は*気の毒な人だ (⇒同情に値する) He deserves *pity*. / (⇒運が悪かった) He's been an *unlucky* fellow. / (⇒気の毒な状態にある) He is in a *pitiable* condition.
ご病気でお*気の毒です (⇒あなたが病気であることを気の毒に思っている) We are *sorry* (that) you are sick.
彼女はひとりぼっちで*気の毒だ It's *a pity* that she should live a lonely life.
彼女はその孤児たちをたいへん*気の毒に思った

She ⌈felt [was filled with] deep *pity* for the orphans.

私は彼を*気の毒に思って幾らか金を貸してやった (⇒ 同情の念から) I lent him some money out of ⌈*pity* [*sympathy*; *compassion*]. 《☞ どうじょう¹ (類義語)》

彼女の息子は*気の毒に戦死しました (⇒ 彼女のかわいそうな息子は戦死した) Her *poor* son was killed in the war.

「歯が痛くてね」「それはお*気の毒に (⇒ いけませんね)」"I have (a) toothache." "That's too *bad*." 《☞ いけない》

彼が試験に失敗したのは*気の毒なことだ (⇒ 私を悲しませる) It makes me *sad* to hear that he failed in the exam.

きのみきのまま 着のみ着のまま ¶ 彼らは*着のみ着のままで逃げた (⇒ 着ている服以外何も持たずに逃げた) They escaped *with* ⌈*nothing but* [*only*] *the clothes they had on*.

きのり 気乗り ¶ 彼はその計画に大いに*気乗りしている (⇒ 熱意を示している) He is very *enthusiastic* about the plan. / (⇒ 興味を持っている) He is very *interested* in the plan. // きょうは映画へ行くのは*気乗りがしない (⇒ 行きたいような気がしない) I don't *feel like going* to the movies today. 《☞ のりき》

【参考語】 ━ 動 (興味がある) be interested in ...; take interest in ...; (...したい気がする) feel like ...ing; be inclined to ... ━ 形 (熱心な) eager, enthusiastic; (気が進まない) reluctant; (無関心な) indifferent, uninterested, unconcerned; (熱意がない) halfhearted. ━ 名 (関心) interest Ⓤ, concern Ⓤ; (熱心さ) enthusiasm Ⓤ, eagerness Ⓤ.

きば 牙 (象などの) tusk Ⓒ ★「象牙」は ivory Ⓤ; (おおかみ・犬・へびなどの) fang Ⓒ. ¶ 犬はその見慣れない人に向かって*きばをむいた (⇒ うなった) The dog ⌈*snarled* [*growled*] at the stranger.

きはく¹ 気迫 ━ 名 (活気) spirit Ⓤ; (欲求心) drive Ⓤ; (元気) vigor Ⓤ; (勇気) courage Ⓤ, guts ★ 後者は口語的. ━ 形 high-spirited. 《☞ いきごみ》. ¶ 彼は*気迫に満ちている[欠けている] He is ⌈full of [lacking in] *spirit*. // あいつには*気迫がない The fellow lacks *drive*.

きはく² 希薄 ━ 形 (液体・気体など) thin (↔ thick); (空気など) rare; (人口など) sparse (↔ dense). 《☞ うすい》. ¶ 高く上がれば上がるほど空気は*希薄になる The higher you go, the ⌈*rarer* [*thinner*] the air is.

きばく 起爆 ¶ その事件が戦争の*起爆剤となった (⇒ その事件が戦争の引き金を引いた) The event ⌈*triggered* [*led up to*] the war.
起爆装置 triggering device Ⓒ.

きはつ 揮発 ━ 形 (揮発性の) volatile [vɑ́lətl]. **揮発性** volatility Ⓤ **揮発物** volatile matter Ⓤ **揮発油** benzine [bénzi:n] Ⓤ ★「ベンゼン」benzene [bénzi:n] と混同しないこと; naphtha [nǽfθə] Ⓤ, volatile oils ★ 複数形で.

きばつ 奇抜 ━ 形 (いままでに例をみない) novel; (風変わりな) eccentric. 《☞ ふうがわり; きみょう》. ¶ それは*奇抜な思いつきだ That's a *novel* idea. // みんなは彼女の*奇抜な服をじろじろ眺めた People stared at her *eccentric* clothes.

きばむ 黄ばむ ━ 動 yellow ㊀, become yellow(ish). ━ 形 (黄色がかった) yellow(ish). 《☞ きいろ》. ¶ 紙は年がたつと*黄ばんでくる Paper *yellows* with age.

きばらし 気晴らし ━ 名 (暇つぶし) pastime Ⓤ, diversion Ⓤ ★ 後者は形式ばった語; (労働の後などの健全な娯楽や休養) recreation Ⓤ ★ 以上いずれも具体的なものを指すときは Ⓒ. ━ 動 (気晴らしをする) amuse *oneself*. 《☞ うさばらし; レクリエーション (囲み)》. ¶ 彼は*気晴らしによく魚釣りに行く He often goes fishing for ⌈*recreation* [*diversion*]. / He often goes fishing as a ⌈*pastime* [*diversion*].

きはん 規範 (外部から与えられた) standard Ⓒ ★ しばしば複数形で; (行動などの) norm Ⓒ. 《☞ ひょうじゅん; きじゅん》.

きばん 基盤 (特に抽象的な) basis Ⓒ 《複 bases [béisi:z]》; (強固で永続性のある) foundation Ⓒ. 《☞ きそ¹ (類義語); どだい》. ¶ 民主主義の*基盤は自由を守ろうという国民の意志である The *foundation* of democracy is the will of the people to preserve liberty.

きひ 忌避 ━ 動 (義務などを) evade ㊀; 〘法律〙(判事・陪審員などを) challenge ㊀. ━ 名 evasion Ⓤ; challenge Ⓒ. 《☞ かいひ¹; きょひ》. ¶ 彼は兵役を*忌避した He *evaded* military service. // 良心的兵役*忌避者 a conscientious objector

きび 機微 ¶ 人情の*機微に通じる know the *subtlety* of human nature

きびき 忌引き absence from ⌈work [school] due to mourning Ⓒ.

きびきび ━ 形 (動作がきびきびした) quick; (活発な) brisk; (活動的な) active; (有能な) efficient; (言葉の歯切れがよい) crisp. 《☞ てきぱき; きびん; 擬声・擬態語 (囲み)》.
¶ 彼は動作が非常に*きびきびしている He is very *quick* in his movements. // 彼は非常に*きびきびした人だ (⇒ 活動的な人だ) He is a very *active* man. // 彼は*きびきびと仕事をする (⇒ 仕事ぶりが有能だ) He is *efficient* at his work. / He is an *efficient* worker. // 彼の話しぶりは*きびきびしている (⇒ 歯切れのよい話し方をする) He has a *crisp* manner of speaking.

きびしい 厳しい ━ 形 (厳格な) severe; stern; strict; (冷厳な) austere; (手厳しい) harsh; (程度が強烈な) intense; hard. ━ 副 severely; sternly; strictly; intensely; hard. ━ 名 (厳しさ) severity Ⓤ; sternness Ⓤ; strictness Ⓤ; rigor Ⓤ; intensity Ⓤ.

【類義語】 決められたことを厳格に守り, 妥協を許さないのが **severe**. 情け容赦せず断固としているのが **stern**. 規律などを厳正忠実に守るのが **strict**. 感情を表に出さず冷たく厳しいのが **austere**. とげとげしくて手厳しいのが **harsh**.
《☞ げんかく¹ (類義語); げんじゅう》

¶ 私たちの先生は*厳しすぎる Our teacher is

too ⌈*strict* [*severe*] ⌈on [with] us. [語法] on は罰則などが厳しく, with は扱い方が厳しい.
彼女は召使いに*厳しかった She was ⌈*harsh* [*stern*] ⌈to [with] her servant.
彼は*厳しい顔つきをしている He wears a *stern* look.
彼の父親は*厳しい人だった His father was an *austere* man.
彼らはその*厳しい規則に従った They followed the *strict* rules.
政府は規定を*厳しくした The Government *has tightened up* the regulations.
裁判官は被告に*厳しい判決を下した The judge imposed a *severe* sentence on the prisoner.
彼女はそのいたずらっ子を*厳しくしかった She scolded the naughty boy *severely*.
私たちは人生の*厳しい現実に立ち向かわねばならない We have to face up to the ⌈*stern* [*harsh*] realities of life.
この冬は寒さが*厳しかった (⇒寒さの厳しい冬をもった) We had a ⌈*very cold* [*severe*] winter this year. / It was *severely* cold this winter.
夏の*厳しい暑さ the *intense* heat of summer
日本では8月が一番暑さが*厳しい (⇒ 最も暑い) August is the *hottest* month in Japan.
私たちはそれを*厳しく (⇒ 綿密に) 検査した We examined it *very closely*.
私は彼に支払いを*厳しく催促した I pressed him *hard* for payment.

きびょう 奇病 strange disease Ⓒ.

きひん 気品 ━形 (優美な) graceful; (優雅な) elegant; (高貴な) noble; (洗練された) refined. ━名 grace Ⓤ; elegance Ⓤ; nobleness Ⓤ. 《☞ ひん; じょうひん (類義語)》. ¶ 彼女の物腰 (⇒ 態度) にはどことなく*気品がある There is something ⌈*graceful* [*noble*] about her manners.

きびん 機敏 ━形 (すばやい) quick, prompt [語法] いずれも反応の早いことを意味するが, prompt は自発的行為を暗示する. ━副 quickly, promptly. 《☞ びんしょう; すばやい》. ¶ 彼は動作が*機敏だ He is *quick* in action. // 君は自分の権利を守るために*機敏に行動すべきだ You should take *prompt* action to defend your rights.

きひんしつ 貴賓室 (ホテルなどの) royal suite [swíːt] Ⓒ 《☞ ホテル (囲み)》.

きひんせき 貴賓席 (劇場などの) royal box Ⓒ.

きふ 寄付 ━名 contribution Ⓤ ★一般的な語; (特に慈善事業とか, 宗教的・社会的な意味での) donation Ⓤ ★以上の語は寄付金の意味では Ⓒ. ━動 contribute ⓗⓐ; donate ⓗⓐ. 《☞ きぞう; けんきん》.
¶ 彼は慈善事業に200万円*寄付した He ⌈*contributed* [*donated*] two million yen to charities. / He made a ⌈*contribution* [*donation*] of two million yen to charities. // 私は毎年共同募金に*寄付する I ⌈*contribute* [*donate*] to the community chest every year.
寄付金 contribution Ⓒ, donation Ⓒ **寄付者** contributor Ⓒ, donor Ⓒ.

ぎふ 義父 father-in-law Ⓒ 《複 fathers-in-law》; (養父) foster father Ⓒ; (継父) stepfather Ⓒ. 《☞ ぎり; 親族関係 (囲み)》.

ギブ アンド テイク give-and-take Ⓤ.

きふう 気風 (雰囲気) tone Ⓒ; (精神) spirit Ⓤ. 《☞ ふんいき》. ¶ 私はその学校の開放的な (⇒ 自由な) *気風が好きだ I like the liberal *tone* of the school. // その会社は創造的な*気風で知られている The firm is known for its creative *spirit*.

きふく 起伏 ━名 ups and downs ★複数形で. ━動 (上下する) rise and fall ⓐ. ━形 (起伏のある) rolling. 《☞ でこぼこ》.
¶ その道路は*起伏が多い The road is full of *ups and downs*. // 丘陵はゆるやかに*起伏している The hills *rise and fall* in gentle slopes. // 彼の人生は*起伏に富んでいた His life was full of *ups and downs*.

きふじん 貴婦人 lady Ⓒ 《☞ ふじん[1]》.

ギプス (plaster) cast Ⓒ [参考] cast はしっくいなどで骨折部分を固めるもの. 添え木は splint Ⓒ という. 《☞ いりょう[1] (挿絵)》. ¶ 彼は*腕にギプスをしていた His arm was in a *plaster cast*.

きぶつはそん 器物破損 ¶ 彼は*器物破損で訴えられた He was accused of *property damage*.

きぶん 気分 (…しようという気分) mood Ⓒ; (雰囲気) atmosphere Ⓒ. 《☞ きもち》.
¶「*気分はいかがですか」「だいぶよくなりました」 "How do you *feel* today?" "I feel much better now, thank you." ★この質問は病人に対して用いる. 《☞ 病気・病院 (囲み)》
きょうはどうも*気分がすぐれない I'*m* not *feeling* well today.
*気分爽快だ I *feel* very fine.
田舎道を歩くのは*気分がいい It's *pleasant* walking along a country road.
酔って*気分が悪くなった I drank myself *sick*.
歌を歌いたい*気分だ I'm in a singing *mood*.
泣きたいような*気分だ I *feel like* crying.
トランプをやる*気分じゃない I'm in no *mood* for playing cards.
彼がいると*気分が壊れる (⇒ 彼の存在は雰囲気を壊す) His presence destroys the *atmosphere*.
村はお祭り*気分がみなぎっていた The whole village was in a festive *mood*.
*気分転換に旅行に出かけた I went on a trip *for a change*.
気分屋 (気分の変わりやすい人) man of moods Ⓒ, moody person Ⓒ.

ぎふん 義憤 indignation Ⓤ, righteous anger Ⓤ ★後者は説明的. 《☞ いかり[1]; いきどおり》.
¶ 私はその残虐行為に強い*義憤を感じた I felt strong *indignation* at the cruelties. [語法] 人に対するときの前置詞は against. with も用いられる. / I was filled with *righteous anger* at the cruelties. / (⇒ その残虐行為が私を憤らせた) The cruelties made me *indignant*.

きべん 詭弁 sophistry Ⓤ;(個々の議論) sophism Ⓒ;(こじつけ) quibble Ⓒ.《☞ へりくつ; こじつけ》. ¶彼は*詭弁をろうして要点をはぐらかした He *quibbled* about the point.
詭弁家 sophist Ⓒ.

きぼ 規模 (他のものと計って比べた場合の) scale Ⓒ;(大きさ) size Ⓤ.《☞ スケール》.
¶その会社はどの程度の*規模ですか (⇒どのくらいの大きさか) How *big* is that company? // この2つはまったく*規模が違う The two are quite different in *size.* // 彼は大[小]*規模な商売をしている His business is carried out on a ˹large [small] *scale.*《☞ だいきぼ》// 彼らはその運動を全国的な*規模で計画している They are planning the campaign on a nation-wide *scale.*

ぎぼ 義母 mother-in-law Ⓒ《複 mothers-in-law》;(養母) foster mother Ⓒ;(継母) stepmother Ⓒ.《☞ ぎり; 親族関係 (囲み)》.

きぼう 希望 ―名 (将来に対する期待) hope Ⓤ ★しばしば複数形で;(実現がかなり難しい望み) wish Ⓒ;(頼み) request Ⓤ;(見込み・期待) expectation Ⓤ ★しばしば複数形で;(夢) dream Ⓒ. ―動 (希望する) hope ㊀, hope for ...; wish ㊀, wish for ...;(不足しているもの・必要なものが欲しい; ...したいと思う) want ㊀ 〔語法〕率直な表現なので, 遠慮を置く間柄では失礼になる場合がある; (期待する) expect ㊀.《☞ のぞむ[1]; -したい; 意志・願望の表現(囲み)》.
¶貴社に入社することが私の*希望です It is my *wish* to work ˹for [at] your company.
彼の*希望は医者になることだ He *wants* to be a doctor.
治るだろうという*希望はまだ捨てずにいる I still cling to the *hope* that I will recover.
あなたの将来の*希望は何ですか (⇒何をしたいか) What are you going to ˹do [be] in future?
君たちにはそれぞれ夢と*希望がある You have your own dreams and *expectations.*
何かほかに*希望があるかい Do you *want* anything else? / What else do you *want*?
彼女は*希望を失った She has lost all her *hope(s).*
私は*希望に燃えてアメリカへ渡った I went to America full of *hope.*
計画は*希望どおりにはいかなかった The plan *did not turn out* as we *had expected.*

きぼね 気骨 ¶それは*気骨の折れる (⇒やっかいな) 問題だ It is a *troublesome* problem.

きぼり 木彫り wood carving Ⓤ. ¶*木彫りの人形 a *wooden* doll / a doll *carved* ˹*in* [*out of*] *wood*

きほん 基本 ―名 (基礎) basis Ⓒ《複 bases [béisi:z]》;(基礎的な事項) elements, basics, fundamentals ★いずれも複数形で. ―形 (基本の・基本的な) fundamental; basic.
【類義語】何かを積み重ねたり発展させたりするときに必要な, 基本的になることを示すやや形式ばった語が **fundamental**. それがなければ全体が崩れてしまうような土台を意味するのが **basic**.《☞ きそ[1] (類義語); こんぽん; げんそく[1]》
¶農業は国の*基本である Agriculture ˹forms the *basis* of [is *basic* to] a nation. // 言論の自由は民主主義に必要な*基本的な権利である Freedom of speech is *fundamental* to democracy. // 読み・書き・算数は学校で習う最も*基本的なことです Reading, writing, and arithmetic are the most *fundamental* skills that you learn at school. // 彼は数学の*基本を父親から学んだ He learned the ˹*elements* [*basics*; *fundamentals*] of mathematics from his father.
基本給 base pay Ⓤ《☞ きゅうりょう[1] (類義語)》 **基本的人権** fundamental human right Ⓒ《☞ けんり》 **基本料金** (タクシーの) minimum fare Ⓒ《☞ りょうきん (類義語)》.

ぎまい 義妹 sister-in-law Ⓒ《複 sisters-in-law》《☞ ぎり; 親族関係 (囲み)》.

きまえ 気前 **気前のよい** ―形 generous; liberal; lavish. ―副 generously; liberally.
【類義語】人に物などを与える場合, 温かい気持ちで快くやるのが **generous** で, 受け取る人の期待以上のものをあげるという感じが含まれる. 物惜しみなく, たくさん与える場合は **liberal**. さらに多くの量を暗示し, ときには度を過ごしているという意味を含むのは **lavish**.
¶彼女は*気前よく金を使う She is ˹*generous* [*lavish*; *liberal*] with her money. // 彼は*気前よく贈り物をする (⇒彼は気前よく人に与える人だ) He is ˹a *liberal* [an *openhanded*] giver.

きまぐれ 気まぐれ ―名 caprice Ⓒ; whim Ⓒ; fancy Ⓒ. ―形 capricious; whimsical.
【類義語】はっきりした動機もなく突然考えや行動を変えるのが **caprice** で, 故意にやる意味を含む. 突然の移り気, ときに奇妙で風変わりな行動は **whim**. ひねくれたところのある奇想または思いつきは **fancy**.《☞ うつりぎ》
¶彼はほんの一時の*気まぐれでそれをやったのだ He did it ˹from [out of] a momentary *caprice.* // *気まぐれで, 彼はハワイ行きの船に乗った *On a whim,* he went aboard the ship for Hawaii. // 彼の恋は一時の*気まぐれだ His love is a passing *fancy.* // *気まぐれな人は信用できない I can't believe a ˹*capricious* [*whimsical*] person. // こんな*気まぐれな (⇒変わりやすい) 天気では外出できない We cannot go out in such ˹*changeable* [*capricious*] weather.

きまじめ 生真面目 ―形 (深刻で真剣な感じの) serious《☞ まじめ》. ¶*生まじめな人は付き合いにくい A ˹*serious* person [(⇒ユーモアのセンスのない人) person *lacking a sense of humor*] is hard to get on with.

きまずい 気まずい ―形 (ぎこちなくて, ばつが悪い) awkward; (困惑して, ばつが悪い) embarrassed.《☞ ばつ[2]》.
¶彼は現在彼女と*気まずい関係にある (⇒うまくいっていない) He *is not getting on well* with her at present. // 彼がまず口を開いてその*気まずい沈黙を破った (⇒彼がその気まずい沈黙を破った最初の人だった) He was the first to break the *awkward* silence. // 私は彼女

に断られて*気まずい思いをした I「*was* [*felt*] *embarrassed*「at [by] her refusal.

きまつ 期末 the end of a term《☞ 学校・教育（囲み）》. **期末試験** term exam(ination) Ⓒ《☞ しけん[1]》.

きまま 気まま ¶彼女は息子を*気ままにさせておいた（⇒好きなようにさせていた）She let her son「*do whatever he liked* [*have his own way*]. // 私は彼の*気ままな行動を許せない（⇒彼が好き勝手な行動をすることを許せない）I cannot allow him to *act as he*「*pleases* [*likes*].《☞ わがまま；かって》

きまり 決まり **1**《規定》:（一般的な広い意味での）rule Ⓒ；（統制をとるための）regulation Ⓒ.《☞ きそく；きてい[1]》.
¶彼らは自分たちだけの*決まりを作った They made *rules* of their own.
2《決着》:（問題などの解決）settlement Ⓒ；（結論）conclusion Ⓒ；（協定）agreement Ⓒ；（終わり）end Ⓒ.《☞ けっちゃく；けり》.
¶彼らの話し合いはやっと*決まりがついた（⇒決着がついた）They「came to [reached]「a *settlement* [an *agreement*] at last. // それは間もなく*決まりがつくでしょう（⇒終わりになる）It will be brought to「an *end* [a *conclusion*] before long. // 私はこの件にできるだけ早く*決まりをつけたい（⇒片をつけたい）I want to *settle* this matter as soon as possible. // 仕事は*決まりがつきましたか（⇒終えましたか）*Have* you *finished* your work?
3《習慣》:（個人的な）habit Ⓒ；（社会的な）custom Ⓒ；（社会的に慣例化しているような）convention Ⓤ.《☞ しゅうかん[1]；かんしゅう[1]（類義語）》.
決まり文句 stock phrase Ⓒ.

きまり(が)わるい きまり(が)悪い ¶私はそんな幼稚な間違いをして*きまり悪かった I *felt*「*embarrassed* [*awkward*] at making such an elementary mistake.《☞ きまずい；ばつ[2]》

きまりきった 決まりきった ¶それは*決まりきったことだ（⇒きわめて明白だ）That's *as clear as day*. /（⇒自明のことだ）That's *self-evident*.

きまる 決まる **1**《決定する》:（決定される）be decided ★一般的；（手はずが整って決まる）be arranged；（日取りなどが）be「fixed [decided] ★be fixed のほうが口語的.《☞ きめる；けってい》.
¶結婚式は3月10日に*決まった（⇒取り決められた）The wedding *was*「*fixed* [*arranged*] for March 10. // 彼は一度*決まった（⇒決定された）ことは最後までやり通す Once something「*is* [*has been*] *decided*, he (always) implements it. // 条件はすぐに*決まった（⇒合意された）The terms *were* readily *agreed on*. // 物価は需要と供給によって*決まる（⇒規制される）Prices *are determined* by supply and demand.
2《確実・当然である》:（…することは確実だ）be「sure [certain] to … ★sure のほうがより口語的. certain は sure より客観的な感じ；（私は…と信じる）I'm sure (that …)；（必ず…となる）be bound to …《☞ きっと[1]（類義語）；かならず（類義語）；とうぜん[1]》.
¶生物はすべて死ぬと*決まっている（⇒必ず死ぬことになっている）All living things are「*certain to die* [*mortal*]. // 彼は努力家だから試験に受かるに*決まっている He is「*sure* [*certain*] *to* pass the exam because he is a hard worker. / He studies very hard, so *I'm sure that* he will pass the exam. // 金持ちが幸福だとは*決まっていない（⇒金持ちは必ずしも幸福ではない）The rich are not *always* happy.《☞ 否定の表現（囲み）》 // 彼は外出すると*決まって傘をなくす *Whenever* he goes out, he loses his umbrella. /（⇒彼は傘をなくさずには外出しない）He *never* goes out *without* losing his umbrella. // 彼らは日曜日には*決まって教会へ行く They「*always* [*never fail to*] go to church on Sunday(s).
3《一定の・定まっている》 ―形（定期的な）regular；（固定した）fixed；（限定されている）definite.《☞ せいしき》. ¶彼はいまのところ*決まった収入はない He has no「*fixed* [*regular*] income now. // その人工衛星は*決まった時刻に肉眼で見える The satellite is visible to the naked eye at a *definite* hour.

ぎまん 欺瞞 deception Ⓤ《☞ だます；あざむく》.

きみ[1] 君 ―代 you [語法] (1) 英語では2人称代名詞は単数・複数とも you しかない. 従って日本語における「君」「あなた」「おまえ」などの区別はない. (2)「おい, 君」のような呼びかけは年下や, 目下に対するものだが, これに当たるのは "Hey, *you*!" がある. しかしこれはぞんざいで失礼なので, 普通は "Excuse me." または "Sir."《男に対して》, "Ma'am."《女に対して》を用いるのがよい；（君(たち)の）your；（君(たち)に・君(たち)を）you；（君(たち)のもの）yours；（君自身）yourself《複 yourselves》.《☞ 代名詞（欄外）；呼びかけ（囲み）》.

きみ[2] 気味 ¶いい*気味だ（⇒当然の報いだ）It *serves* you *right*! /《口語》*Serve(s)* you *right*! [語法] 以上は話し相手に対して言う場合. 第3者のことを言うときには you の代わりに him, her, them などを使う. // 私は*気味の悪い物音に目を覚ましたI was awakened by「a *weird* sound [an *uncanny* noise]. // その空き家は*気味の悪い外観をしていた The empty house had a *creepy* look.《☞ ぶきみ》

きみ[3] 黄身 yolk Ⓤ, yellow Ⓤ (↔ white) ★前者のほうが改まった語.《☞ たまご》.

-ぎみ …気味 ―名（…の気味）touch, shade, hint [語法] いずれも「わずか・少々」という意味で不定冠詞を付け, a … of … の形で用いられる. ―副（少し）a bit; a little.《☞ やや；-がち》.
¶彼は風邪*気味で寝ている（⇒少し風邪を引いて寝ている）He is in bed with *a*「*touch of* [*slight*] cold. // 彼女は疲れ*気味の顔をしていた（⇒少し疲れた顔つきをしていた）She looked「*a little* [*rather*] tired. // 彼女はこのところ太り*気味だ（⇒太ってきている）She has been putting on weight these days. / She is *on the plump side* these days.

きみじか 気短 ━ 形 (短気な) short-tempered, quick-tempered, hot-tempered. 《☞ たんき[1]; せっかち》.

きみつ 機密 (機密であること) secrecy U; (機密事項) secret C; (機密の情報) secret [classified] information U. 《☞ ひみつ》.

きみつしつ 気密室 airtight ｢chamber [room] C.

きみゃく 気脈 ¶ 彼は相手側と*気脈を通じている (⇒ 秘密の了解を持っている) He has a *secret understanding* with the enemy. / (⇒ ひそかに通じている) He *secretly communicates* with the enemy.

きみょう 奇妙 ━ 形 (不思議な) strange ★ 最も一般的な語; (常識・基準に反した) odd; (異常な) queer; (一種独特な) peculiar; (好奇心をそそる) curious; (おかしな) funny; (風変わりな) eccentric. 《☞ みょう; へん[1] (類義語); ふうがわり; かわった》.

¶ その*奇妙な風習はいまでもこの地方で行われている (⇒ 保存されている) That ｢*strange* [*odd*] custom is still maintained in this district. // 彼女がその計画を知っているのは*奇妙だ It is ｢*strange* [*funny*] that she should know (about) the plan. 語法 should は「驚き・意外な気持ち」を表す. / (⇒ 奇妙なことに彼女はその計画を知っている) *Strange to say*, she knows (about) the plan. // 彼女の*奇妙な振舞いにみんながうんざりした They were all disgusted ｢at [with] her ｢*strange* [*eccentric*; *odd*; *peculiar*] behavior. // 彼は*奇妙な話し方をする He has a ｢*queer* [*funny*] way of speaking. / (⇒ 彼の話しぶりは奇妙だ) His way of speaking is ｢*queer* [*funny*]. // 彼は健康法についていろいろ*奇妙な考えを持っている He has many ｢*curious* [*queer*] ideas about how to stay healthy. // この薬は腹痛に*奇妙にきく (⇒ 不思議なほど効能を持っている) This medicine has *miraculous* efficacy ｢for [with] a stomachache.

ぎむ 義務 duty U ★「職務」「任務」という意味では C で, 通常複数形で用いられる; obligation C.

【類義語】良心・正義感・道徳心などに基づく義務で, 自分または他人に対して当然しなければならないと考えられるものが **duty**. 特定の約束・契約・慣習, または法律などに縛られた個人的な義務が **obligation**. この語は他人に対するもので, 自分に対するものは含まれない. なお *duty* は長期にわたる義務であるが, *obligation* は 1 回限りのもの. 《☞ せきにん (類義語); つとめ[2]》

¶ 権利を主張する前に*義務を果たさねばならない You must ｢do [perform; fulfill] your *duties* before you assert your rights.

国家への*義務を怠るな Do not neglect your *duty* to your country.

病人の世話をするのは私たちの*義務だ (⇒ 世話をすべきである[しなくてはならない]) We ｢*ought to* [*must*] care for the sick. 語法 このように日本語で「…の義務だ」とあっても, 英語では duty などの語を用いないで言うこともある点に注意. 《☞ 義務の表現 (囲み)》

私たちは税金を払う*義務がある We ｢*are under obligation* [*have an obligation*] *to* pay our taxes.

子供を学校に入れることは法律的に*義務づけられている (⇒ 子供を学校に入れる法律上の義務がある) We have ｢the [a] legal *obligation* to send our children to school.

私には彼の忠告に従う*義務はない I have no *obligation* to follow his advice.

彼には少しも*義務感がない He has no *sense of duty*. / (⇒ 義務感に欠けている) He is lacking in a *sense of duty*.

彼は*義務的にその仕事をした (⇒ 単なる義務感から) He did the work from a mere *sense of duty*. 《☞ とおりいっぺん》

義務教育 compulsory education U 《☞ 学校・教育 (囲み)》.

きむずかしい 気難しい hard to please 《☞ うるさい; やかましい》. ¶ あの男は*気難しい It's *hard to please* him. / He is *hard to please*. // 先生は彼が遅れて入ってきたとき*気難しい (⇒ 不機嫌な) 顔をした The teacher ｢*frowned* [*made a sour face*] when he came in late.

きめ 木目, 肌理 (材質中心に考えた) grain U; (感触・外形を重点にした) texture U. 《☞ もくめ》. ¶ 私は本棚に*きめの細かい[粗い]木を使った I used wood of ｢fine [coarse] *grain* for my bookshelf.

きめ(の)細かい ━ 形 (精密な) minute [mai-n(j)ú:t]; (入念な) elaborate. 《☞ めんみつ; ねんいり》. ¶ 彼らは非常に*きめの細かい検査をやった They made a very *minute* examination. // 彼は*きめの細かい計画を練った He worked out an *elaborate* plan.

ぎめい 偽名 pseudonym [sú:dənìm] C; (仮名) assumed [fictitious] name C; (犯罪者などの) alias C. ¶ 彼は田中という*偽名を使ってホテルに泊まった He stayed at the hotel under the ｢*pseudonym* [*alias*] of Tanaka.

きめいとうひょう 記名投票 open [signed] ｢vote [ballot] C (↔ secret vote); write-in C. 《☞ とうひょう》.

きめこむ 決め込む (…を当然と考える) take … for granted, take (it) for granted that … 語法 前者は「…」の所に 名 代 が入り, 後者は it が that 節を受ける形式上の目的語の場合. it は省略可能. 《☞ おもいこむ》.

¶ 私たちは彼が来るものと*決め込んでいた We *took* (*it*) *for granted that* he would come. / (⇒ 現れることを疑わなかった) We *didn't doubt that* he would show up.

きめつける 決めつける ¶ 彼女はいつも*決めつけるような (⇒ 高飛車な) ものの言い方をする She always speaks *high-handedly*. // 彼をうそつきだと*決めつけるのは早い (⇒ 即座に結論を出せない) You cannot so *readily conclude* that he is a liar. / You cannot *jump to the conclusion* that he is a liar. 《☞ だんてい》

きめて 決め手 (決定的な証拠) conclusive [decisive] evidence U 《☞ しょうこ》. ¶ 彼が有罪だという*決め手はない There is no ｢*conclusive* [*decisive*] *evidence* of his guilt.

き

義務の表現

義務には，その強制の度合が強いものから弱いものまでさまざまあり，英語の場合，その場に応じた用語を選んで表現する必要がある．

(1) must と have to

ともに「…しなければならない」という意味で用いられる．**must** には過去・未来・完了形がないので，**have to** を代用し，*had to, will* [*shall*] *have to, have had to* の形を用いる．

must は話者の強い意志や主張を主観的に表し，相手にとっては強い命令調となるが，*have to* は客観的にそうする必要のあることを表し，響きは柔らかい．従って口語では *have to* のほうが好んで用いられる．

¶約束は守らなければならない You *must* keep your word. 〔語法〕 このように you を主語にして must を用いるとかなりきつい調子になるので普通は好まれない．should を用いると少し柔らかく忠告のような感じになる．一般には we を主語にするほうがよい．

あなたは10時前に帰宅しなければいけません You *have to* come home before ten.

私はすぐに手紙を書かなければならない I'*ve got to* write a letter right away. 〔語法〕 have to でもよい．have got to のほうがより口語的で，また，「直ちに」の意味がこもる．

君は旅券に査証をしてもらわなければならないでしょう You will *have to* get a visa (stamped) in your passport.

彼はひとりでそこへ行かねばならなかった He *had to* go there alone.

もうおいとましなくてはなりません I *must* ˹say good-bye [be going] now. 〔語法〕 この場合はこんなに遅くまでお邪魔しては失礼なので，どうしても帰るべきだ，という話者の気持ちが must で表される．have to を使ってもよい．

★ 否定は have (got) to または need の否定形を使う．must の否定形は「…してはならない」という強い禁止を表すことになる．

¶あすの朝は早く起きる必要はありません You ˹*don't have to* [*need not*] get up early tomorrow morning.

(2) should と ought to

義務として当然すべきであるというときに用いられる．一般的にいって **ought to** のほうが **should** よりもやや意味が強い．従って相手に助言を与えるような場合は *should* のほうが適している．ただし，両者区別なく，入れ替えて用いることのできる場合も多い．

「するべき」だったのに「しなかった」というように，過去のことを表すには *should have done, ought to have done* の形を用いる．

¶親には従うべきだ You [We] *should* obey ˹your [our] parents. 〔語法〕 we … our のほうが表現が柔らかくなる．

彼はその損失を埋め合わせるべきだ He ˹*should* [*ought to*] make up the loss.

私は試験前にその本を読んでおくべきだった I ˹*should* [*ought to*] have read the book before the examination.

★ 否定は should not, ought not to である．

¶君はそんな口のきき方をすべきではない You ˹*should not* [*ought not to*] speak like that.

(3) duty と obligation を使って

法律上，または道徳上当然なすべき公の義務が **duty** で，慣習や約束事などにより守るべき特定の場合の個人的な義務が **obligation**.

¶最善を尽くすのがあなたの義務だと思う I ˹feel [think] it's your *duty* to do your best. 〔語法〕 duty だけでは意味が強すぎるので，このように I ˹feel [think] を文頭にもってくると全体の感じが柔らかくなる．

私は彼を援助する義務がある I have an *obligation* to help him.

★ 次のようにどちらでもよい場合もある．

¶税金を納めるのは国民の義務である It is the *duty* of every citizen to pay his taxes. / Every citizen ˹has an *obligation* [is under (an) *obligation*] to pay his taxes. / Taxes are an *obligation* which falls on every citizen. / Every citizen *is obliged* (by law) to pay his taxes.

(4) compulsory と mandatory を使って

権限のある者，または法律などにより，上から強制的に命じられ，それを守らないと罰せられるのが **compulsory**. *compulsory* ほど強制的でなく，規則上そうなっているというように穏やかに命じるのは **mandatory**.

¶学校へ行くのは子供の義務である Attendance at school [School attendance] is *compulsory* for children.

図書館の中では静粛にしなければなりません It's *mandatory* to keep silence in the library.

(5) be bound to と be supposed to

「縛られている」という意味から「…する義務[責任]がある」という意味で用いられるのは **be bound to**.「当然…することになっている」というように，期待の込められた表現で，会話でもよく用いられるのは **be supposed to**.

¶我々はその決定に従わねばならない We *are bound to* obey the decision.

契約により，我々はその全額を払わなければならない According to the agreement, we *are bound to* pay the full amount.

あなたはあす9時までにここへ来なければならない You *are supposed to* come here by nine tomorrow.

運転者は踏切の所で止まることになっている Drivers *are supposed to* stop at a railroad crossing.

対話例

A：その会には出席しなければいけませんか	A: Must I attend the meeting?
B：もちろん，出席しなければいけません	B: Yes, of course, you must.
A：何時に来ればいいんですか	A: What time am I supposed to come?
B：3時までに来なければなりません	B: Be sure to be there by three.
A：ここは駐車できないんじゃないの	A: I'm afraid we cannot park here.
B：ほんの10分ぐらいだ	B: Only ten minutes.
A：交通規則は守るべきだと思うよ	A: I think we ought to obey the traffic rules.

きめる 決める **1** «決定する»: decide ㊎㊐, determine ㊎㊐ ★ determine のほうが decide よりも決意が固い；(問題を解決し，調和させて決める) settle ㊎, settle on ...；(はっきりと決める) fix ㊎；(選択して決める) choose ㊎, fix ˹upon [on] ... 《☞ けってい》.

¶ 私はまだ将来の方針は *決めていない <S (人) + V (*decide*; *determine*) + *on* + 名 (事)> I *have* not yet ˹*decided* [*determined*] *on* my future.

私たちはその問題に対する態度を *決めなければならない We must *determine* our attitude toward the question.

出発の時刻は *決めましたか *Have* you *settled on* ˹the [your] departure time?

彼らはその値段を2千円と *決めた <S (人) + V (*fix*) + O (値段) + *at* + 名 (金額)> They *fixed* the price *at* 2,000 yen.

彼は自分の息子を後継者に *決めた <S (人) + V (*fix*) + *upon* + O (人) + *as* + 名 (人)> He *fixed upon* his son *as* his successor.

2つのうちどちらに *決めますか (⇒ どちらを選ぶか) Which do you *choose* between the two?

その件はいまのところ *決めずにおいたほうがよい (⇒ 未決定[未解決]のままにしておく) It is better to *leave* the matter ˹*undecided* [*unsettled*] for the present.

2 «決心する»: decide ㊎, determine ㊎, resolve ㊎ ★ この順に意味が強くなる. また3番目はやや改まった語；make up *one's* mind ★ 口語的. 《☞ けっしん》.

¶ 彼は酒をやめることに *決めた <S (人) + V (*decide*; *resolve*) + O (*to* 不定詞)> He ˹*decided* [*resolved*] *to* ˹quit [give up] drinking. / <S (人) + V (*decide*; *resolve*) + O (*that* 節)> He ˹*decided* [*resolved*] *that* he would ˹quit [give up] drinking.

彼は医者になることに *決めた He ˹*determined* [*is determined*] to ˹become [be] a doctor.

[語法] determine が「決心する」という動作を表すのに対し，be determined は「決心している」という心的状態に意味の重点がある. / He *decided* to ˹become [be] a doctor.

彼は仕事をやめることに *決めた He *made up his mind* to resign from his job.

3 «取り決める»: fix ㊎, settle ㊎；(打ち合わせなどをして) arrange ㊎㊐；(特に日時を定める) appoint ㊎. 《☞ とりきめる》.

¶ 私たちは会合の時と場所を *決めた We ˹*fixed* [*settled*] the time and place for the meeting.

私は彼女と駅で会うことに *決めた <S (人) + V (*arrange*) + *for* + O (動名詞)> I *arranged for* meeting her at the station. / <S (人) + V (*arrange*) + O (*to* 不定詞)> I *arranged to* meet her at the station.

あなたとお会いする日時を *決めておきたいと思います (⇒ 会う約束をしておきたい) I would like to *make an appointment* with you.

彼は *決められた時間に現れなかった (⇒ 彼は約束した時間に来なかった) He did not come at the *appointed* hour.

4 «必ず…する» ¶ 彼は毎日，英字新聞を読むことに *決めている (⇒ 読むことを習慣としている) He *makes it a* ˹*practice* [*rule*] *to* read an English newspaper every day. / He ˹*makes a point of reading* [*makes it a point to read*] an English newspaper every day.

彼はたばこは1日1箱と *決めている (⇒ 制限している) He *limits himself to* one pack of cigarettes a day.

5 «思い込む»: (当然と思う) take (it) for granted that ...；(当然のこととしている) assume ㊎. 《☞ きめこむ；おもいこむ》.

¶ 私たちは彼が帰って来るものと *決めていた We ˹*took* (*it*) *for granted* [*assumed*] *that* he would come back.

きも 肝 (肝臓) liver Ⓒ；(度胸) courage Ⓤ. 《☞ きもったま》.

¶ 彼は *肝の太い[小さい]男だ (⇒ 彼は大胆な[臆病な]男だ) He is a ˹*bold* [*timid*] man. ‖ 私たちはこの教訓を *肝に銘じておかなければならない We must *take* this lesson *to heart*. ‖ 私は彼の計画を聞いて *肝をつぶした (⇒ びっくり仰天した) I *was* ˹*flabbergasted* [*astounded*] ˹*at* [*by*] his plan. ★ be flabbergasted はくだけた表現. 《☞ おどろく (類義語)》

きもち 気持ち 一 名 (感情) feeling Ⓒ；(思い) thought Ⓤ；(…したい気分) mood Ⓒ. 一 動 (…したい気がする) feel like ...ing. 《☞ こころ；きぶん；き[1]》.

¶ あなたの *気持ちはよくわかる (⇒ 言うことはわかる) I see what you *mean*. / (⇒ どう感じているかわかる) I know how you *feel*.

あの人の *気持ちがわからない (⇒ 何を考えているのかわからない) I can't understand what he *is thinking about*. / (⇒ 彼の気持ちがうまく探れない) I can't *feel* him *out*.

彼女の *気持ちを損ねたらしい It seems I hurt her *feelings*.

感謝の *気持ちでいっぱいです I am filled with *gratitude*.

き

いままで起こったことはすべて夢のような*気持ちがする I *feel* as if everything that has happened were just a dream.
泣きたいような*気持ちだった I *felt like* crying.
もうじき死にそうな*気持ちがしてならない I can't escape (the) *feeling* that I am going to die soon.
外に出たら*気持ちがよくなった I *felt better* when I got outside.
ああ, いい*気持ちだ I *feel*「*great* [*wonderful*]!
あの人と会う*気持ちになれない I am in no *mood* to see him.
どうしてもそれを信じる*気持ちになれなかった I couldn't *bring myself to* believe it.
気持ちが悪い ―形 (健康でなく) unwell; (吐き気で) sick, nauseated; (不快な) disagreeable, unpleasant. ―動 (吐き気がする) feel「sick [nauseated], have nausea ★ feel sick が最も平易な言い方. 《☞ 病気・病院 (囲み)》.
¶ *気持ちが悪い I *don't feel well.* / I *feel unwell.* / (⇒ 吐き気がする) I *feel sick.* / I *feel like*「throwing up [vomiting]. ★ throw up のほうが口語的. / I *have nausea.* ‖ 蛇は*気持ちが悪い (⇒ 蛇は私に悪感を与える) Snakes give me the creeps. 《☞ きみ²》
気持ち(の)よい ―形 (快適な) pleasant; (居心地のよい) comfortable; (人当たりのよい) agreeable, amiable; (一般的に, 好ましい) good; (進んで…する) willing, ready. ―副 (楽しく) happily; (快く) willlingly, readily.
¶ *気持ちのよい朝だった It was a *pleasant* morning. ‖ *気持ちのよい日ですね It's a「*nice* [*beautiful*] day, isn't it? ‖ とても*気持ちのよい部屋だ This is a very *comfortable* room. ‖ 彼は*気持ちのよい男だ He is an「*agreeable* [*amiable*] person. ‖ *気持ちよく別れようじゃないか Let's part *happily.* ‖ 彼は*気持ちよく私の申し出を受け入れた He was quite *ready* to accept my offer. / He「*willingly* [*readily*] accepted my offer.

きもったま 肝っ玉 (根性) guts ★ 口語的. 複数形で用いる. 《☞ きも; こんじょう》.
¶ あいつは*肝っ玉が座っている (⇒ 根性がある) He has (got) *guts.*

きもの 着物 (衣服) clothes ★ 複数形で; (集合的に) clothing Ⓤ; (和服) kimono Ⓒ. 《☞ ふく²; 衣服 (囲み)》.
¶ *着物を着なさい Put on your *clothes.* / Put your *clothes* on. ‖ *着物を脱ぎなさい Take off your *clothes.* / Take your *clothes* off. ‖ 近ごろの若い娘は*着物のたたみ方[着方]も知らない Young girls these days do not know how to「fold [put on] a *kimono.* ‖ 彼女は*着物がよく似合う She looks nice in (a) *kimono.* 《☞ 日本固有の風物と英語 (囲み)》

ぎもん 疑問 ―名 question Ⓤ, doubt Ⓤ
[語法] 以上はほぼ同意で入れ替えて用いられることが多い.「疑い」という意味では両者とも Ⓤ だが, 具体的に「疑問な点」を指すときは Ⓒ で, doubt は複数形で用いられることが多い.「質問」という意味での question は Ⓒ. ―動 (疑問に思う) doubt 他, question 他. ―形 (疑わしい) questionable, doubtful; (確かでない) uncertain. 《☞ うたがわしい; ふしん¹》.
¶ 彼が正直であることについては*疑問の余地はない There is no「*question* [*doubt*] about his honesty. / There is no「*question* [*doubt*] that he is honest.
その絵が本物かどうかについて*疑問が生じた A「*question* [*doubt*] arose as to the genuineness of the painting. [語法] doubt のほうが疑いの念が強い.
*疑問 (⇒ 質問) があればどうぞ遠慮なくお尋ね下さい (⇒ 尋ねるのをためらわないで下さい) Please don't hesitate to ask me if you have any *question(s).* [語法] この場合 doubt は使えない. 答えることのできる疑問が question.
私はこの点に関して*疑問をもっている I have (my) *doubts* about this point. [語法] この例では question は用いられない.
彼が成功するかどうかは*疑問だ It is「*questionable* [*doubtful*]「if [whether] he will succeed. / (⇒ 彼が成功するかどうか私は疑問に思う) I *doubt*「if [whether] he will succeed. [語法] (1) 以上2文では if のほうが口語的. (2) doubt に続く節を導く接続詞は肯定文のときは if, whether で, 否定文または疑問文では that を用いる. / I am *doubtful* of his success. [語法] この場合は questionable は使えない.
彼の明快な説明で私のすべての*疑問は解消した His lucid explanation「drove away [dispelled] all my *doubts.*
疑問詞 interrogative Ⓒ《☞ 欄外》 **疑問符(号)** question [interrogation] mark Ⓒ《☞ 欄外》 **疑問文** interrogative sentence Ⓒ.

ギヤ gear Ⓒ《☞ 自動車 (囲み)》. ¶ *ギヤを入れなさい Put it in *gear.* ‖ *ギヤをローからセカンドに入れた (⇒ 変えた) I shifted the *gears*

疑問詞 (interrogative) 人・物・場所・時・理由などについて,「だれ」「何」「どこ」「いつ」「なぜ」などの疑問を表す語で, 疑問代名詞, 疑問副詞, 疑問形容詞がある.
who (=だれが), when (=いつ), where (=どこで), what (=何を), why (=なぜ), which (=どっち) など, how (=どんなやり方で) 以外はすべて wh- で始まるので, wh-語 (wh-word) とも呼ばれる.
疑問詞は常に文や節の初めに置かれ, 疑問詞で始まる文の終わりは普通下降調が用いられる.
(1) 疑問代名詞 (interrogative pronoun).
who (=だれ), which (=どちら), what (=なに) などがあり,「人」に対する「だれ」には, 主格 who (=だれが), 所有格 whose (=だれの), 目的格 whom (=だれを[に]) がある.
(i) 疑問代名詞を主語とする場合は, 疑問文ではあっても語順は平叙文と同じになる.「主語+述語動詞」の順序で, 助動詞の do は用いない. 《☞ 語順 (欄外)》
¶ だれが来ますか *Who* is coming? ‖ 何が起こったんですか *What* happened?
(ii) 疑問代名詞を主語としない場合は, 普通の疑問文の語順をとる.
¶ 何を見ましたか *What* did you see?

from ʳlow [first] (in)to second. [語法] このような場合, 冠詞は省略する.

きゃあきゃあ ―動 (きゃあきゃあ笑う) cackle ⓐ. ―名 (笑い声) cackle Ⓒ. 《☞ 擬声・擬態語 (囲み)》.
¶ 子供たちはおもしろがって*きゃあきゃあ笑った The children *cackled* with amusement. // 会場は女の子たちの*きゃあきゃあいう声で騒然としていた (⇒ 会場は女の子たちの熱狂的な叫び声でいっぱいだった) The hall was filled with the girls' *wild shouts*.

ぎゃあぎゃあ ―動 (幼児が) squall ⓐ. ―名 (ぎゃあぎゃあいう声) squall Ⓒ. 《☞ 擬声・擬態語 (囲み)》. ¶ 彼女の赤ん坊は*ぎゃあぎゃあ泣いてばかりいる Her baby *is* always *sqalling*.

きやく 規約 (規則) rule Ⓒ ★ 規約全体をいうときは複数形で; (細かい規定も含めて) rules and regulations. 《☞ かいそく²》. ¶ 委員会は*規約の改正を検討した The committee discussed the revision of the *rules and regulations*.

きゃく 客 **1** «来客»: visitor Ⓒ; caller Ⓒ; (招待客) guest Ⓒ.
【類義語】社交・商用・観光などで訪れる訪問客が **visitor** で, ある期間滞在する人も含む. 招待されて接待を受ける客が **guest** で, ホテルなどの客にもいう. 病院の見舞い客など, ちょっと顔を出したりする短時間の訪問客が **caller**.
¶ きのうは*客が 3 人あった I had three *visitors* yesterday. //「お*客様です」「では応接間にお通しして下さい」"There's *someone to see you*." "Show him (in)to the drawing room." 《☞ 家・部屋 (囲み)》 // だれかお*客みたいだ (⇒ だれかが戸をノックしている) Someone is knocking at the door. / There is a knock at the door. // 彼は不意の来*客には会わない He doesn't ʳreceive [see] unexpected *callers* [*visitors*]. / (⇒ 予約のない人には会わない) He does not meet anyone without an appointment. // 2 人は結婚式に 30 人の*客を招待した The couple invited 30 *guests* to their wedding.
2 «商売の»: (商店などの) customer Ⓒ; (旅館などの) guest Ⓒ; (ある土地を訪れる観光客) visitor Ⓒ; (弁護士など専門職の) client Ⓒ.
¶ その店はいつもお*客でいっぱいだ The store is always ʳfull of [crowded with] *customers*. // このホテルは夏は宿泊*客が多い This hotel has a lot of ʳ*guests* [*visitors*] in summer. // 日本を訪れる外人観光*客の多くは京都見物を希望している Many foreign *visitors* to Japan want to ʳsee [do] the sights of Kyoto. // その弁護士は有名人をたくさん*客に持っている The lawyer has many ʳwell-known *clients* [*clients* who are well-known individuals].
3 «観客»: (聴衆) audience Ⓒ; (見物人) spectator Ⓒ. 《☞ かんきゃく; ちょうしゅう¹》.
4 «乗客»: (列車・バス・飛行機・船などの) passenger Ⓒ. 《☞ じょうきゃく》.

ぎゃく 逆 ―形 (逆の) reverse; (反対の) contrary (to ...); (正反対の) opposite. ―名 reverse Ⓤ; contrary Ⓤ; opposite Ⓒ; converse Ⓤ [語法] 以上の名詞は通例 the を付けて用いられる. ―動 (逆にする) reverse ⓗ; (上下をひっくり返す) invert ⓗ, turn upside down ★ 後者のほうが口語的; (裏表を) turn inside out; (方向を) turn the other way. ―副 (逆に) conversely; contrariwise.
【類義語】位置・方向・順序・表裏などの逆を表す最も一般的な語は **reverse** である. 位置・方向などが対称的で正反対の関係にあるのが **opposite**. さらに対立関係のような反対の関係にある場合が **contrary**. 数学や論理学の命題などにおける逆は **converse** を用いる. ただし *converse* も *reverse* と同じ意味で用いられる場合がある. 《☞ はんたい; あべこべ; うらがえす》
¶ *逆もまた真である The ʳ*reverse* [*converse*] is also true.
私の考えはあなたの考えとは*逆だ My opinion is *contrary to* yours.
残念ながら結果は予想とは*逆だった Unfortunately the results were *contrary to* our expectation.
「熱い」は「冷たい」の*逆である "Hot" is the *opposite* of "cold." / "Hot" is *opposite* to "cold."
彼は*逆の方向へ逃げて行った He ran away in the *opposite* direction.
夢は実際とは*逆のことが多い Dreams often ʳgo *by contraries* [contain *oppositions*].
数字の順序を*逆にしなさい *Reverse* the order of the numbers.
君のセーターは裏表*逆になっている (⇒ セーターの内側が外側を向いている) Your sweater is *inside out*.
彼はドアの取っ手を*逆に (⇒ 間違った向きに) 回した He turned the ʳdoor handle [doorknob] *the wrong way*.
彼はアルファベットを*逆に言える He can recite the alphabet ʳ*backward* [*in reverse*(*d*) *order*].

(iii) 所有格の whose は名詞の前に置かれて,「だれの…」という意味となる.
¶ だれのペンを使っていますか *Whose* pen are you using?
(iv) whose は一度話題にのぼった名詞の重複を避けるため,「だれのもの」の意で単独でも用いられる.
¶「この傘はあなたのですか」「いいえ, 違います」「ではだれのでしょう」"Is this umbrella yours?" "No, it isn't." "*Whose* is it, then?"
(2) 疑問副詞 (interrogative adverb).
when (=いつ), where (=どこで), why (=なぜ), how (=どうして, どうやって) がある. それぞれの用法については各項目参照のこと.
(3) 疑問形容詞 (interrogative adjective).
what (=何の), which (=どちらの) が名詞の前に置かれると, 形容詞的な働きになる.
¶ あなたは何時に学校に行きますか *What* time do you go to school? // どっちのりんごが欲しいですか *Which* apple do you want?
疑問符(号) (question [interrogation] mark) 句読点の 1 つで, クエスチョン マークともいう.
次の場合に用いられる.
(1) 疑問文の終わりに.
¶ 彼女はそこにいますか Is she there? // だれがそんな

父にほめられると思っていたら*逆にうんとしかられた I thought my father would praise me, but *on the contrary* I got a good scolding. **逆効果** contrary [reverse ; opposite] effect Ⓤ, adverse [counter] result Ⓤ. ¶それは*逆効果だ (⇒さらに悪くする) That'll *make the matter worse*. **逆コース** reverse course Ⓒ **逆(推)進ロケット** retro-rocket Ⓒ **逆輸入** reimport Ⓤ.

きゃくいん 客員 associate [honorary] member Ⓒ. **客員教授** visiting professor Ⓒ.

ぎゃくさつ 虐殺 ―名 slaughter Ⓤ; massacre Ⓒ; genocide Ⓤ. ―動 slaughter ㊀; massacre ㊀.

【類義語】残忍な殺し方が ***slaughter*** で, 戦争のように大勢の人の場合のほか, 1 人のときにも用いられる. 無防備または無抵抗の人たちを無差別に大量虐殺するのが ***massacre***. 人種・民族などを抹殺(まっさつ)するために, 計画的に行う集団虐殺が ***genocide***.

¶約 500 人の囚人が 1 日で*虐殺された About 500 prisoners *were slaughtered* in a day. // 国中の幼児はすべて王の命令によって*虐殺された All the infants in the land *were massacred* by order of the king.

ぎゃくさん 逆算 ―動 (逆に数える[計算する]) count [calculate] backward(s) ㊀

[語 法] 単に数を数えるのには count, 複雑な数式を用いてする計算には calculate を用いる.

―名 reverse [inverse] operation Ⓒ.

¶納期から*逆算して彼はその品物を月末までに出荷することに決めた He *counted backward(s)* from the delivery date and decided to ship the goods by the end of the month.

きゃくしつ 客室 (ホテル・旅館・公共施設の) room Ⓒ; (個人の家の来客用) spare [guest] room Ⓒ; (船・飛行機の) cabin Ⓒ; (列車の仕切り客室) compartment Ⓒ.

きゃくしゃ 客車 《米》(passenger [railroad]) car Ⓒ, 《英》(passenger [railway]) carriage Ⓒ; coach Ⓒ [語 法] 《英》では客車には car を使わず, 必ず carriage を使うが, 展望車・食堂車・寝台車などにはそれぞれ observation car, dining car, sleeping car のようにcar も用いる. coach は《英》では客車の公式名. 《米》では寝台車などと区別して普通客車の意味で用いる. 仕切りのあるものが多く, 《米》では day coach ともいう. (☞ れっしゃ).

¶1 等の*客車は前の方です The first-class ⌈*cars* [*carriages*] are in front.

ぎゃくしゅう 逆襲 ―動 (逆襲する) counterattack ㊀. ―名 counterattack Ⓒ. (☞ はんげき). ¶彼らの不当な非難に対して彼はすぐに*逆襲した He was quick to *make a counterattack* against their false accusation(s).

ぎゃくじょう 逆上 ―動 (怒り狂う) get really mad ★口語的; (かっとなって怒る) fly into a (sudden) rage; (我を忘れる) be beside *oneself*; (理性を失う) lose *one's* head. (☞ おこる[1]; かっと). ¶彼女は侮辱されて*逆上した She *got really mad* at the insult. // 彼はつまらないことによく*逆上する (⇒かっとなる) He often *flies into a* (*sudden*) *rage* over trifles.

きゃくしょく 脚色 ―動 (小説などを劇化する) dramatize ㊀; (上演形式に合うように改作する) adapt ㊀. ―名 dramatization Ⓤ; adaptation Ⓤ. ¶その物語は映画[劇場]向きに*脚色された The story *was adapted* for the ⌈movies [stage]. **脚色者** dramatizer Ⓒ; adapter Ⓒ.

きゃくせき 客席 seat Ⓒ (☞ せき[1]). ¶*客席は満員だ All the *seats* are occupied. // そのホールには*客席が 3 千ある The hall has 3,000 *seats*.

ぎゃくせつ 逆説 paradox Ⓒ. ¶「急がば回れ」というのは*逆説である " More haste, less speed " is a *paradox*. // *逆説的に言えば, 両親は子供を愛するからこそ罰するのだ *Paradoxically speaking*, parents punish a child because they love him.

きゃくせん 客船 passenger ⌈boat [ship ; steamer] Ⓒ [語 法] 厳密にいえば boat はかいや帆などで動かす小さな船であるが, 口語では大型の汽船や客船の意味でも使われる. ただし船員は boat と呼ばない; (定期船) (passenger) liner Ⓒ [語 法] 特に貨物船などと区別するとき以外は passenger を付けなくてもよい. (☞ ふね).

きゃくせんび 脚線美 ¶彼女は*脚線美 (⇒脚の美しさ) が自慢だ She is proud of the *shapeliness of her legs*. // あの子は*脚線美だ (⇒美しい脚をもっている) She has *shapely legs*.

ぎゃくたい 虐待 ―動 treat ... cruelly, ill-treat ㊀. ―名 ill-treatment Ⓤ; (残酷) cruelty Ⓤ. (☞ こくし).

¶動物を*虐待してはならない (⇒動物に残酷であってはならない) Don't *be cruel to* animals. / (⇒動物を残酷に扱ってはいけない) Don't *treat* animals *cruelly*. // 私は彼らに*虐待された I

質問をしたのですか Who asked such a question?// だれに図書館で会ったとおっしゃいましたか Who did you say you met in the library?

間接疑問の場合には, 次の例のように, 疑問符は付けない.

¶彼女は私たちが映画に行ったかどうか私に尋ねた She asked me whether we went to the movie.

(2) 疑問の意味を持つ語, あるいは語群の終わりに.

¶私ですって Me? // 左側の 2 番目の家ですか The second house on the left?

(3) 付加疑問の終わりに. (☞ 付加疑問 (欄外))

¶あなたは A さんですね You are Mr. A, aren't you? // あなたは来ないのでしょう You aren't coming, are you?

(4) 引用された疑問文, 疑問の語句の終わりに.

¶彼は私に「あすはどういう予定ですか」と言った He said to me, " What are your plans for tomorrow? " ★引用符と疑問符の位置に注意. 引用されたものが疑問文の場合には疑問符は終わりの引用符の前に置く. また次の例のように引用部分が全体としての疑問文の一節にすぎない時には, 疑問符は引用符の後に置く. ((例)「いいえ」と言ったのですか Did you say " No "?). (☞ 引用符(号) (欄外))

was ill-treated by them. / (⇒ つらく当たった) They were *hard on* me.

ぎゃくたんち 逆探知 ¶ 警察は電話を*逆探知した (⇒ 突き止めた) The police *traced* the phone call.

きゃくちゅう 脚注 footnote Ⓒ 《☞ ちゅう[1]》. ¶ 本に*脚注を付ける give [make] *footnotes* to a book

ぎゃくてん 逆転 — 動 (逆にする) reverse ㊀; (形勢を一変させる) turn the tide, turn the tables. 《☞ ぎゃく》.

¶ 彼らの立場はいまや*逆転した (⇒ 入れ替わった) Their positions ⌈*have* now *been* [*are* now] *reversed.* // 形勢が*逆転して我々が勝った *The tables were turned* (in our favor) and we won. // 彼のヒットが試合*逆転のチャンスとなった (⇒ 試合の流れを変えた) His hit *turned the tide* in the game.

ぎゃくひれい 逆比例 inverse ⌈ratio [proportion] Ⓤ 《☞ はんぴれい》.

ぎゃくふう 逆風 unfavorable wind Ⓒ. ¶ 風は*逆風だ The wind is ⌈*unfavorable* [*against us*]. // ヨットは*逆風をついて (⇒ 風に逆らって) 走った The yacht sailed *against the wind.*

きゃくほん 脚本 (演劇の) play Ⓒ, drama Ⓒ ★ play のほうが口語的; (映画の) scenario Ⓒ 《複 ~s》, screenplay Ⓒ ★ 最近では screenplay を用いることが多い; (映画・演劇・ラジオ・テレビの台本) script Ⓒ.

¶ *脚本山田洋一 *Screenplay* by Yoichi Yamada

脚本家 (劇作家) playwright Ⓒ, dramatist Ⓒ; (映画の) scenario [screenplay] writer Ⓒ, scenarist Ⓒ.

きゃくま 客間 (客を接待する応接室) drawing room Ⓒ; (客を泊める部屋) guest room Ⓒ. 《☞ 家・部屋 (囲み)》.

ぎゃくもどり 逆戻り — 動 (逆の方向に戻す) turn back ㊀; (元の方向に戻る) go [turn] back ㊁, return ㊁; (元の悪い状態に戻る) relapse ㊁. 《☞ あともどり; ひきかえす》.

¶ 彼は時計を*逆戻りさせた He *turned back* the clock. // 列車は事故のため*逆戻りしなければならなかった The train had to *run in reverse* because of an accident. // 我々は出発点までもと来た道を*逆戻りした We ⌈*went* [*turned*] *back* to where we started. // 金が切れると彼はまたみじめな生活に*逆戻りした Once out of money, he ⌈*relapsed into* [*returned to*] a wretched life.

ぎゃくよう 逆用 — 動 (つけいる) take advantage (of ...) 《☞ あくよう; りよう》. ¶ 彼は他人の善意を*逆用して詐欺を働いた He *took advantage of* other people's goodwill to swindle.

きゃくよせ 客寄せ ¶ その広告は*客寄せに (⇒ 客を引きつけるのに) 効果があった The advertisement was effective in ⌈*drawing* [*attracting*] *many customers.*

ぎゃくりゅう 逆流 — 動 (逆の方向に流れる) flow ⌈backwards [in reverse] ㊁ 《☞ ぎゃく》. ¶ 彼は*逆流に棹(さお)さして (⇒ 流れに逆らって) いるようなものだ He *is,* as it were, *rowing against the* ⌈*stream* [*current*].

ギャザー gather Ⓒ ★ 複数形で用いるのが普通. 《☞ ひだ》. ¶ 腰の所に*ギャザーをとったスカート a skirt *gathered* at the waist / a skirt with *gathers* around the waist

きゃしゃ 華奢 — 形 (かぼそい) slight; (ひ弱い) delicate, frail; (物が壊れやすい) fragile. ¶ 彼は*きゃしゃな体をしている He is ⌈of *slight* build [*slight* in build]. // その子は*きゃしゃだからそんな活発な運動は無理だ(⇒ その子はそんな活発な運動をするにはあまりにもひ弱すぎる) The child is too ⌈*delicate* [*frail*] to take part in such active sports. // この水差しの取っ手は*きゃしゃにできている The handle of this pitcher is *fragile.*

きやすく 気安く (率直に) frankly; (気楽に) at (*one's*) ease. 《☞ きがる; きらく》. ¶ 私と彼は*気安く行き来する仲だ I am *on* ⌈*friendly* [*visiting*] *terms with* him. // 私は彼女には*気安く話せる I can speak to her *at* (*my*) *ease.*

キャスチング ボート casting vote Ⓒ.

キャスト (配役) cast Ⓒ ★ 集合的で配役全員をいう; (役) role Ⓒ ★ 日本語ではこの意味でも「キャスト」を使うので注意. 《☞ はいやく》. ¶ オールスター*キャストの映画 a movie with an all-star *cast* // 彼はその映画のメイン*キャストに選ばれた He was given a leading *role* in the movie. // *キャストは全員女性だった The *cast* was composed entirely of women.

きやすめ 気休め (ただの慰め) mere consolation Ⓤ; (口先だけの慰め) lip comfort Ⓤ. 《☞ なぐさめ》. ¶ 彼女は私に*気休めを言っただけだ (⇒ 彼女の言ったのは気休めだった) What she said was *mere consolation.* // 私はそんな口先だけの*気休めなどいらない I don't need such *lip comfort.*

きゃたつ 脚立 stepladder Ⓒ [参考] 各段が, はしごのように横木 (rung) でなく踏み板 (step) になっている. 《☞ はしご (挿絵)》.

キャタピラ caterpillar Ⓒ, endless (metal) ⌈belt [track] Ⓒ [参考] 前者はもと Caterpillar として無限軌道式トラクターの商標名.

きゃっ — 動 (きゃっと叫ぶ) shriek ㊁, scream ㊁ ★ 前者は後者より鋭く激しい感じ. — 名 (きゃっ) eeek [íːk] ★ 擬声語で, 実際の叫び声; (きゃっという叫び声) shriek Ⓒ, scream Ⓒ. 《☞ さけぶ (類義語); 擬声・擬態語 (囲み)》.

¶ 彼女はねずみを見て*きゃっと叫んだ She ⌈*screamed* [*shrieked*] when she saw the mouse. // 彼女は*きゃっと叫んで逃げた She ran away with a ⌈*scream* [*shriek*].

ぎゃっ — 動 (ぎゃっという) yell ㊁. — 名 (ぎゃっ) eeek [íːk] ★ 擬声語で, 実際の叫び声; (ぎゃっという悲鳴) yell Ⓒ. 《☞ さけぶ (類義語); 擬声・擬態語 (囲み)》. ¶ 蛇が木にいるのを見て彼女は*ぎゃっと叫んだ She *yelled* when she saw a snake in the tree.

きゃっか 却下 — 動 〘法律〙 (却下する) dismiss ㊀; (願書・提案などを拒否する) turn down ㊀, reject ㊀ ★ 前者がより口語的;

(高圧的に拒否する) overrule ㊎. ━名【法律】dismissal Ⓤ; rejection Ⓤ. 《☞ ききゃく; きょひ; きょぜつ》.
¶最高裁判所への上告は*却下された The appeal to the Supreme Court *was dismissed*. // その異議は*却下された The objection *was overruled*.

きゃっかん 客観 ━名 (客観性) objectivity Ⓤ (↔ subjectivity). ━形 (客観的な) objective (↔ subjective). ━副 (客観的に) objectively (↔ subjectively).
¶その問題は*客観的に見る必要がある We should view the problem *objectively*. / We should *take an objective view* of the problem. // *客観情勢はまだはっきりしない The circumstances are still obscure. 語法 単に「情勢」と訳せばよい. // *客観的に言って彼の裁定は公平を欠く *Objectively* (speaking), his decision is unfair.
客観テスト objective test Ⓒ.

きゃっきゃっ ━動 (猿などがきゃっきゃっと叫ぶ) chatter ㊀; (きゃっきゃっと笑う) cackle ㊀. ━名 (きゃっきゃっという声) chatter Ⓒ, cackle Ⓒ. 《☞ 擬声・擬態語 (囲み)》. ¶彼女は*きゃっきゃっと笑った She *gave a cackle* (of a laugh). // 猿が木の上で*きゃっきゃっと鳴いた The monkeys *chattered* in the trees. 《☞ 動物の鳴き声 (囲み)》

ぎゃっきょう 逆境 (不幸・困難な状態) adversity Ⓤ; (不幸な境遇) adverse ˹circumstances [situation] ★ 経済的に困った暮らしの意味では circumstances を用いる. 《☞ ふこう[1]; ふぐう; きょうぐう》.
¶彼は一生*逆境と戦った All his life he struggled ˹against [with] *adversity*. 語法 against は立ち向かう, with は取り組むという感じ. // 彼は*逆境にあっても全力を尽くした He has done his best ˹under [in] *adversity*. // 彼女は*逆境に陥った She fell into *adversity*. // 彼女はついにその*逆境から脱け出した At last she made her way out of ˹*adversity* [*adverse circumstances*].

きゃっこう 脚光 ¶彼はベストセラー作家として*脚光を浴びている (⇒ 世間の注目を集めている) As a best-selling author, he *is in the* ˹*limelight* [*spotlight*]. 参考 limelight (=灰光灯) は昔の舞台照明用. spotlight は舞台上の一人物・一点に集中する光.

ぎゃっこう[1] 逆行 ¶その政府案は時代に*逆行するものだ The government('s) plan ˹*goes against* [*is contrary to*] the (currents of the) times. 《☞ ぎゃく (類義語)》
【参考語】━形 (時代遅れの) old-fashioned. ━名 (時代錯誤) anachronism Ⓤ.

ぎゃっこう[2] 逆光 backlight Ⓤ. ¶彼は*逆光を利用しておもしろい写真を撮った He took an interesting picture using the *backlight* effectively. // そっちから撮ると*逆光になるよ The face will *be in the* ˹*shadows* [*shade*] if you shoot (the picture) from that angle.

キャッシュ (現金) cash Ⓤ 《☞ げんきん[1]》.
¶「クレジット カードで支払ってもいいですか」「*キャッシュでお願いしたいのですが」"Can I pay by credit card?" "No, please pay (by) *cash*." キャッシュカード bank card Ⓒ.

キャッチ ━動 (無線を) receive ㊎; (情報を) obtain ㊎ 参考 日本語の「キャッチ」は普通 catch とは訳されないことに注意.
¶その船からの無線を*キャッチした We *received* a wireless message from the ship. // そのことについてはまだ何の情報も*キャッチしていない We *haven't* yet *obtained* any information about it.

キャッチフレーズ catchphrase Ⓒ ★ catch phrase とも書く. 《☞ ひょうご》.

キャッチボール ¶*キャッチボールをしよう Let's *play catch*. ★ catchball は和製英語. 《☞ 和製英語 (囲み)》

キャッチャー catcher Ⓒ 《☞ 野球の英語 (囲み)》.

キャップ (帽子・ふた) cap Ⓒ; (鉛筆の) point protector Ⓒ; (責任者) chief Ⓒ, head Ⓒ. 《☞ ぼうし[1] (類義語); ふた》.

ギャップ gap Ⓒ, (相違) difference Ⓒ. 《☞ みぞ》. ¶彼らの意見の間にはまだ大きな*ギャップがある There is still a large ˹*gap* [*difference*] between their opinions.

キャディー caddie Ⓒ, caddy Ⓒ.

キャバレー cabaret [kæbəréi] Ⓒ.

キャプテン captain Ⓒ. ¶私の兄はこの野球チームの*キャプテンだ My brother is *captain* of this baseball team. 語法 補語として用いられるときは冠詞が省略される. 《☞ 冠詞 (欄外)》

ぎゃふん ¶彼女の一言が彼を*ぎゃふんとまいらせた Her remark *reduced* him *to silence*. // 私は相手を*ぎゃふんと言わせた (⇒ 徹底的にやっつけた) I *beat* him (*all*) *hollow*. ★ くだけた表現. / (⇒ まいったと言わせた) I made him *say uncle*. 《☞ やりこめる; いいまかす》

キャベツ cabbage Ⓒ ★ 食卓に出る「キャベツの葉」は Ⓤ.

ギャラ (出演料) performance fee Ⓒ.

キャラメル (飴) caramel Ⓒ; (砂糖を煮つめたもの) caramel Ⓤ. 《☞ あめ[2]》.

キャリア ¶彼は新聞記者としての*キャリアが長い (⇒ 長い間新聞記者をしていた) He has been a newspaper reporter for a long time. 語法 相当する英語は career [kəríə] Ⓒ だが, 一生の職業, かなりめざましい業績という意味で用いられ,「経験」という意味の日本語の「キャリア」とは意味がずれるので注意. また career は 形 としても用いられ, career teacher (=《米》一生教師をする人) のように用いる. 《☞ けいれき; -れき》
キャリアウーマン career ˹woman [girl] Ⓒ ★ 社会で職業人として活躍し, 高い地位を目指す女性をいう.
【参考語】(経験) experience Ⓤ.

きゃんきゃん ━動 (きゃんきゃんと鳴く) yelp ㊀, yap ㊀. ━名 (きゃんきゃんと鳴く声) yelp Ⓒ, yap Ⓒ. 《☞ 動物の鳴き声 (囲み); 擬声・擬態語 (囲み)》. ¶その犬は*きゃんきゃんと鳴いた The dog ˹*yelped* [*yapped*]. / The dog gave a ˹*yelp* [*yap*].

ギャング (一味) gang Ⓒ; (一味の1人)

gangster Ⓒ ★「暴力団員」という意味でも使われる; 《口語》 holdup man Ⓒ. ¶その店は*ギャングの一団に襲われた The store was robbed by a group of *gangsters*. // 彼らは銀行*ギャングを計画した (⇒彼らは銀行を襲うことを計画した) They plotted to *rob* a bank.
ギャング映画 gangster film Ⓒ.

キャンセル —[動] cancel (他) 《☞ とりけす》. ¶予約を*キャンセルしたいのですが I'd like to *cancel* my reservation.

キャンデー 《米》 candy Ⓤ ★種類をいうときは Ⓒ, 《英》 sweet Ⓒ; (棒付き) lollipop Ⓒ. 《☞ あめ[2]; かし[1]》.

キャンバス (絵の) canvas Ⓒ.

キャンパス campus Ⓒ.

キャンピングカー camper Ⓒ ★トラックの荷台などに積みこめるように作られたキャンプ用のユニット, またはそれを積んでキャンプ用に仕立てた車をいう; (乗用車の後ろにつけて牽引するキャンプ用車両) trailer Ⓒ, 《英》 caravan Ⓒ.

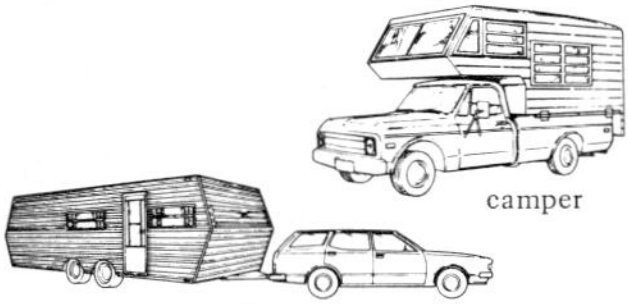

キャンプ —[動] camp (自). ¶「昨夜はどこで*キャンプをしましたか」「湖のそばです」"Where did you *camp* last night?" "We *camped* by the lake." // 来年の夏は山に*キャンプに行きます We'll go *camping* in the mountains next summer. [語法]「山でキャンプをする」という意味なので to the mountains とはいわない.
キャンプ施設 camping facilities ★複数形で.
キャンプ場 campsite Ⓒ, camping ground Ⓒ
キャンプファイアー campfire Ⓒ. ¶*キャンプファイアーをしよう Let's make a *campfire*.
キャンプ村 camping village Ⓒ **キャンプ用品** camping outfit Ⓒ; (装備全体を指して) camping equipment Ⓤ 《☞ 挿絵》.

ギャンブル gambling Ⓤ 《☞ かけ[1]》.

キャンペーン campaign [kæmpéin] Ⓒ 《☞ うんどう》. ¶彼らは禁煙*キャンペーンを始めた They started a *campaign* against smoking.

きゆう 杞憂 ¶それは単なる*杞憂に過ぎなかった (⇒そのことについて私の心配はまったく根拠がないということがわかった) I found my fears about it utterly ⌈*groundless* [*unfounded*]. ★やや改まった表現. 《☞ しんぱい (類義語)》

きゅう[1] 急 **1** «急ぎ» —[形] (緊急な) urgent; (差し迫った) pressing; (すぐさまの) immediate. —[副] (直ちに) quickly, promptly, immediately ★最後は切迫感の度合いが強い語. —[名] (緊急) urgency Ⓤ. 《☞ すぐ (類義語); いそぎ; しきゅう[2]》.
¶これは*急を要します This is *urgent*. / (⇒これは直ちに考慮することが必要だ) This ⌈requires [needs] *immediate* attention. // 父は*急な用事で出かけています My father is away on *urgent* business. 《☞ きゅうよう[2]》
2 «突然» —[副] suddenly, all of a sudden; (思いがけなく) unexpectedly. —[形] sudden; unexpected; (不意の) abrupt ★不愉快な結果を暗示する. 《☞ とつぜん》.
¶電車が*急に止まった The train stopped *suddenly*. / The train came to a *sudden* stop. // 天気が*急に変わった The weather changed *all of a sudden*. / There was ⌈a *sudden* [an *abrupt*] change in the weather. 《☞ きゅうへん》
3 «急角度の» —[形] (坂などが) steep; (曲がり角が) sharp. ¶その階段は*急だ The stairs are very *steep*. // 前の方は*急な登り坂になっていた We found the road rising *steeply* in front of us. / There was a *steep* slope in front of us. // 前方に*急なカーブがある There's a *sharp* ⌈turn [bend] ahead.
4 «非常の場合»: (非常事態) emergency

キャンプ用品 camping equipment

き

Ⓤ ★具体的な事例を指す場合は Ⓒ；(危機) crisis [kráisis] Ⓒ《複 crises [kráisi:z]》；(危険) danger Ⓤ.
¶*急な場合に備えて食料を用意しておくべきだ We should provide food for an *emergency.* // 日米関係は風雲*急を告げつつあった Things were coming to a *crisis* between Japan and the United States. // 友人の*急を聞いて (⇒友人の病状が危険だとの知らせで) 私は病院に駆けつけた I hurried to the hospital at the news that my friend was ʳ*seriously* [*critically*] *ill.*
5 «流れなどが速い» —形 rapid《☞はやい¹》. ¶ここは流れが*急だ (⇒この川はここでは速い) The river ʳis *rapid* [*runs rapidly*] here.

きゅう² 級 **1** «学校の»：(学級・学年) class Ⓒ；(特に小中高の学年)《米》grade Ⓒ.《☞学校・教育 (囲み)；くみ》. ¶私は彼女と同*級でした I was in the same *grade* with her. // あの人は私の1*級下[上]だった He was one *grade* ʳjunior [senior] to me.
2 «階級»：(一般的に) class Ⓒ；(等級・程度) grade Ⓒ；(順位・地位) rank Ⓒ.
¶10万トン*級のタンカー a tanker ʳin [of] the 100,000 ton *class* // これはロンドンの第一*級のホテルです This is one of the ʳ*best* [*top*] hotels in London. // 彼は大臣*級の (⇒大臣のような地位の) 人物です He is a person of ministerial *rank.* // 彼らは大使*級 (⇒大使のレベルでの) 会談を開いた They had an ambassador-*level* conference. // この寺は国宝*級のものです (⇒この寺はほとんど国宝として格付けされる) This temple *is ranked* almost as a national treasure. // 重[軽]量*級 the ʳheavyweight [lightweight] *division* 参考 個々の選手は a ʳheavyweight [lightweight].

きゅう³ 旧 —形 (元の) former, onetime；(古い) old. —接頭 ex- ★人を表す名詞と共に用いる.《☞接頭辞 (欄外)》.
¶*旧正月 (⇒古い暦[太陰暦]による正月) New Year's Day according to the ʳ*old* [*lunar*] calendar《☞きゅうれき》 // *旧軍人 an *ex*-ʳsoldier [serviceman] / a *former* soldier // 破損がひどくて*旧に復せない (⇒その破損は元の状態に回復させるにはあまりにもひどい) The damage is too serious for it to be restored ʳto its *former state* [to the way *it was before*].

きゅう⁴ 球 sphere Ⓒ；(地球儀などの) globe Ⓒ；(野球の) ball Ⓒ；(電球など) bulb Ⓒ.《☞りったい (挿絵)》. ¶ピッチャー第1*球 The pitcher throws the first *pitch.*

きゅう⁵ 九, 9 —名形 nine 語法「第9(番目)の」, あるいは「第9(番目)のもの」の場合は the ninth.《☞数字 (囲み)》.

きゅう⁶ 灸 moxibustion Ⓤ. **灸をすえる** (もぐさで焼く) cauterize with moxa；(罰する) punish ㊍.《☞しかる》.

ぎゅう 牛 (牛肉) beef Ⓤ《☞ぎゅうにく》.

きゅうあい 求愛 —名 (女性への) courting Ⓤ；(動物などの) courtship Ⓤ. —動 (結婚を求めて) court ㊍,《文語》woo ㊍.《☞きゅうこん¹》.

きゅうえん¹ 救援 —名 (遭難など緊急事態の人の) rescue Ⓤ；(老齢・貧困などで困っている人の) relief Ⓤ. —動 rescue ㊍；(援助する) aid ㊍, help ㊍ ★後者のほうが口語的；(野球で投手を) relieve ㊍.《☞きゅうじょ；すくう¹ (類義語)；きゅうさい》.
¶警察官が彼らの*救援に向かった The police set out to *rescue* them. // 赤十字は洪水被害者の*救援にあたった The Red Cross *aided* the flood victims.
救援活動 relief operation Ⓒ **救援資金** relief funds ★通例複数形で. **救援隊** (遭難の) rescue [relief] party Ⓒ **救援投手** relief pitcher Ⓒ, reliever Ⓒ.《☞リリーフ》 **救援物資** relief ʳgoods [supplies] ★複数形で.

きゅうえん² 休演 ¶本日*休演《掲示》(⇒上演が中止になって) *Performance Cancel(l)ed* // 指揮者の急病のためそのオペラは3日間*休演した Due to the illness of the conductor, the opera *suspended its performances* for three days.

きゅうか¹ 休暇 vacation Ⓒ；holiday Ⓒ 語法《米》では vacation のほうがよく用いられる. なお holiday は1日の休暇にも連続の休暇にも用いられる.《☞やすみ》.
¶「*休暇はどこで過ごしましたか」「軽井沢で過ごしました」"Where did you spend your ʳ*vacation* [《英》*holidays*]?" "I spent my ʳ*vacation* [《英》*holidays*] in Karuizawa." / "Where did you go for your ʳ*vacation* [《英》*holidays*]?" "I went to Karuizawa for my ʳ*vacation* [《英》*holidays*]." // 来週は*休暇を取ろうと思う I think I will take a *vacation* next week. 語法 take a vacation の代わりに take a holiday と言うと「1日の休暇を取る」(take a day off) の意味にもなってあいまいである. // あすは*休暇です (⇒あすは休暇を取る) I'll take tomorrow *off.* / I'll be *off* tomorrow. // 今年の夏は1か月ばかり*休暇を取るつもりだ I intend to take a month's ʳ*vacation* [《英》*holiday*] this summer. // 彼は*休暇で今週中は休み[留守]です He is (away) *on* ʳ*vacation* [《英》*holiday*] this week. 語法 on ʳvacation [holiday] で「休暇中で」「休暇をとって遊びに行っている」という成句. // あすから学校は(夏期)*休暇になる School *breaks up* (for (the) summer) tomorrow. // 有給*休暇 a paid ʳ*vacation* [*holiday*]

きゅうか² 旧家 old family Ⓒ.

きゅうかい 休会 (開期中の一時的な) adjournment Ⓤ；(休憩や閉会しての) recess Ⓤ ★個々には Ⓒ.《☞やすみ；きゅうけい¹》.
¶国会は6月から*休会になる The Diet will *go into recess* in June. // その委員会は来週の金曜日まで*休会になった The committee meeting *was adjourned* until next Friday.

きゅうかく 嗅覚 the sense of smell, smell Ⓤ. ¶猫より犬のほうが*嗅覚が鋭い (⇒犬は猫よりよくかぐことができる) Dogs can *smell* better than cats. / (⇒ 犬は猫より鋭い嗅覚をもっている) A dog has a keener *sense of smell* than a cat. ⦅☞ 総称用法 (欄外)⦆

きゅうがく 休学 ━動 (休む) be absent from school. ━名 temporary absence from school Ⓤ. ¶ 彼は外国へ行ったために1年間*休学をした (⇒ 彼は海外へ行き，1年間学校を休んだ) He traveled abroad and was ⌈*away* [*absent*] *from school* for ⌈the whole [one] year.

きゅうかざん 休火山 dormant volcano Ⓒ ⦅☞ かざん⦆.

きゅうかん[1] 休刊 ¶ 当分の間*休刊いたします *No issue* until further notice. // その雑誌は*休刊になった (⇒ 発行を一時停止した) They *stopped publishing* the magazine temporarily. **休刊日** newspaper holiday Ⓒ.

きゅうかん[2] 急患 emergency case Ⓒ ⦅☞ かんじゃ；きゅうびょう⦆.

きゅうかんちょう 九官鳥 myna(h) [máinə] Ⓒ.

きゅうぎ 球技 ball game Ⓒ ★ 特に野球. ⦅☞ スポーツ (囲み)⦆.

きゅうきゅう[1] 救急 emergency Ⓒ ⦅☞ きんきゅう；ひじょう[1]⦆. **救急車** ambulance Ⓒ **救急箱** first-aid [emergency] kit Ⓒ **救急病院** emergency hospital Ⓒ **救急病棟** emergency ward Ⓒ.

きゅうきゅう[2] 汲汲 ¶ 彼は金もうけに*きゅうきゅうとしている (⇒ 彼は金もうけのことしか考えない) He *only thinks of* making money.

ぎゅうぎゅう ¶ 私はスーツケースに衣類を*ぎゅうぎゅうに詰め込んだ I *squeezed* my clothes *into* my suitcase. // 電車は*ぎゅうぎゅう詰めだった The train *was full*. / The train *was* tightly *packed* with people. ⦅☞ 擬声・擬態語 (囲み)；つめこむ⦆

【参考語】━形 (すし詰めになっている) packed like sardines；(ぎゅうぎゅうに詰め込んだ) jam-packed.

きゅうきょ 急遽 (急いで) in a hurry, hurriedly. ⦅☞ ただちに⦆.

きゅうきょう 旧教 ━名 (Roman) Catholicism Ⓤ; the Catholic Church. ━形 (旧教の) Catholic. ⦅☞ カトリック⦆. **旧教徒** (Roman) Catholic Ⓒ.

きゅうぎょう 休業 ━動 (店などを閉める) close ㊀ ㊁. ¶ 本日*休業 *Closed* ⦅☞ 掲示の英語 (囲み)⦆ // 午後は*休業いたします Early *closing* // 改築のため当分の間臨時*休業します Temporarily *closed* for renovation. // パリでは多くの店は7月，8月は*休業します Most shops and stores in Paris *are closed* in July and August.

きゅうきょく 究極 ━形 (最終的な) ultimate. ━副 (究極的に) ultimately. ¶ 人生の*究極の目的は何ですか What is the *ultimate* ⌈object [goal] in your life?

きゅうくつ 窮屈 **1** ≪余裕がない≫ ━形 (小さい) small; (衣服などがぴったりとした) tight; (間が詰まった) close. ⦅☞ きつい⦆.

¶ この家は4人家族が住むのには少々*窮屈です This house is a little too *small* for a family of four to live in. // この靴は*窮屈で足が痛い These shoes are so *tight* that they hurt. / (⇒ この靴は私を締めつけて痛くする) These shoes *pinch* (me). // その日程は少し*窮屈です I'm afraid that your schedule is too *tight*.

2 ≪堅苦しい≫ ━形 (ぎこちない) stiff; (形式ばった) formal (↔ informal); (儀式ばった) ceremonious; (規則などが厳しい) rigid; (人や行為など，柔軟さがない) strict. ━名 (形式ばったこと) formality Ⓤ; (堅苦しい儀礼) ceremony Ⓤ. ⦅☞ かたくるしい⦆.

¶ 私は*窮屈なのは嫌いだ I don't like *formality*. // 公務員は*窮屈な規則に縛られている The civil servants are bound by ⌈*rigid* (rules and) regulations [*hard and fast* rules].

3 ≪心地よくない≫ ━形 (気づまりな) uncomfortable; (落ち着かない) ill at ease. ⦅☞ きづまり⦆. ¶ 知らない人と一緒では*窮屈だ I ⌈feel *uncomfortable* [*don't feel at ease*] in the company of strangers.

きゅうけい[1] 休憩 ━名 (お茶などのための) break Ⓒ; (休息のための) rest Ⓒ; (劇場などの) ⦅米⦆ intermission Ⓒ, ⦅英⦆ interval Ⓒ. ━動 take [have] a break ★ 口語的；rest ㊁, take a rest. ⦅☞ やすみ；きゅうそく[2]⦆.

¶ さあ*休憩にしよう Let's *take a* ⌈*break* [*rest*]. // *休憩してお茶でも飲みませんか Won't you *take a break* for tea? / Won't you *take a* tea *break*? 参考 同じようにコーヒーを飲んで休憩するのを coffee break Ⓒ という. ⦅☞ 提案・勧告の表現 (囲み)⦆ // 5分間*休憩した We had a five-minute ⌈*rest* [*break*]. 語法 形容詞的に用いられた名詞は複数形にならないことに注意. / We *took a rest* for five minutes. // 次の*休憩は何分ですか (⇒ 次の休憩はどのくらい長いか) How long is the next ⌈*intermission* [*interval*]? // *休憩なしで5時間働いた I worked for five hours without a *break*.

休憩室 (ホテルなどの) lounge Ⓒ, lobby Ⓒ 参考 lobby は入口から各部屋へ通じるホールで，部屋ではない. なお restroom Ⓒ はトイレを指すので注意. **休憩所** (バスなどの) rest station Ⓒ.

きゅうけい[2] 求刑 ━動 demand ㊀. ¶ 検事は被告に対し3年の禁固を*求刑した The prosecutor *demanded* three years' imprisonment for the accused.

きゅうげき 急激 ━形 (突然の) sudden; (急速な) rapid; (不意の) abrupt; (過激な) radical; (思い切った) drastic; (大きい) great. ━副 suddenly; abruptly; drastically. ⦅☞ きゅう[1]；きゅうそく[1]；とつぜん⦆.

¶ 午後から*急激に気温が上昇した The temperature went up *suddenly* in the afternoon. // 今世紀になって科学技術は*急激な進歩を遂げた (⇒ 今世紀は科学技術の急激な進歩を経験した) This century has seen ⌈a *rapid* advance [*rapid* progress] in technology. // 彼は病状が*急激に悪化した (⇒ 彼の病気は急に悪いほうに向かった) His illness took a *sudden* turn for the worse.

き

きゅうけつき 吸血鬼 vampire Ⓒ, bloodsucker Ⓒ ★ どちらも比喩的にも同じ意味で用いる. 《☞ 比喩 (欄外)》.

きゅうご 救護 ―名 (遭難者などの救援) rescue Ⓤ; (一般的に救助) help Ⓤ; (応急の手当) first aid Ⓤ. ―動 aid ㊀; help ㊀; rescue ㊀. 《☞ きゅうじょ; きゅうえん[1]》.
¶ 看護婦がけが人の*救護に駆けつけた The nurses arrived to *help* the injured people. / (⇒ 応急手当のために駆けつけた) The nurses rushed to give *first aid* to the injured persons.
救護所 First Aid 《掲示》; first-aid station Ⓒ **救護班** relief 「party [squad] Ⓒ.

きゅうこう[1] 急行 (列車) express Ⓒ, express [fast] train Ⓒ. 《☞ 乗り物 (囲み); かいそく[1] 参考; じゅんきゅう》.
¶ 私は東京から*急行に乗った I took an *express* (*train*) at Tokyo. // 10時発大阪行*急行. 途中停車駅名古屋, 京都 《掲示》 The 10:00 Osaka *Express*, stopping at Nagoya and Kyoto / (⇒ この大阪行きの急行は午前10時発で, 名古屋, 京都に停車する) This *express train* for Osaka leaves at ten a.m. and stops at Nagoya and Kyoto. // 「*急行はここに止まりますか」「はい止まります」 "Does the *express* 「stop [call] at this station?" "Yes, it does." // 大阪・京都間には10分間隔で*急行があります (⇒ 10分ごとに急行電車を走らせている) They run an *express train* every ten minutes between Osaka and Kyoto. // 特別*急行列車 a 「limited [special] *express* (*train*)

きゅうこう[2] 休校 ¶ 来週の火曜日は*休校になります There will be *no school* next Tuesday. / School will *be closed* next Tuesday.

きゅうこう[3] 休講 ―動 (講義を中止する) cancel a 「class [lecture] 《☞ こうぎ[2]; じゅぎょう; やすみ》. ¶ 中山先生本日*休講 《掲示》 Mr. NAKAYAMA: LECTURE Cancel(l)ed / NO CLASS—Mr. NAKAYAMA // 彼は3週間続けて*休講した He *cancel(l)ed* his *lectures* for three consecutive weeks.

きゅうこう[4] 旧交 **旧交を温める** ¶ 私たちのクラスは3年ごとにクラス会をして,*旧交を温めることにしている Our class holds a reunion every three years to *renew our old friendship*.

きゅうこうか 急降下 ―名 (飛行術の1つとして) nose diving Ⓤ; (1回ごとの) (nose) dive Ⓒ. ―動 (急降下をする) (nose-)dive ㊁ 《過去 (nose-)dived, 《米》ではまた (nose-)dove; 過分 (nose-)dived》.

きゅうこく 急告 urgent notice Ⓒ 《☞ きゅう[1]; つうち》. ¶ *急告 《掲示》 *Urgent*

きゅうごしらえ 急ごしらえ ¶ 火事の後,*急ごしらえの家がたくさん建った (⇒ 雑に建てられた) Many houses *were rigged up* after the fire. // 彼は*急ごしらえで論文を書き上げた (⇒ 急いでその論文を仕上げた) He finished his article *in a hurry*. 《☞ きゅうば; まにあわせ》

きゅうこん[1] 求婚 ―動 (結婚を申し込む) propose (marriage) to ...; (女に求愛する) court ㊀. ―名 proposal [offer] of marriage Ⓒ. 《☞ けっこん[1]; きゅうあい》.
¶ 彼は彼女に*求婚した (⇒ 結婚してくれと言った) He *asked* her *to marry* him. / He *proposed* (*marriage*) *to* her. // 彼女は私の*求婚を承諾した[断った] She 「accepted [declined; refused] my *proposal* (*of marriage*).
求婚者 (男の) suitor Ⓒ.

きゅうこん[2] 球根 bulb Ⓒ 《☞ 花 (囲み)》.
¶ チューリップの*球根 tulip *bulbs*

きゅうさい 救済 ―動 (困っている人を救い出す) relieve ㊀; (困っている人を救援する・救援物資を与える) give relief to ...; (不正・悪をただして苦しむ人を救う) remedy ㊀; (最も一般的に「助けを与える」の意味) help ㊀; (公的な意味で積極的に助力する) aid ㊀; (救う) save ㊀. ―名 relief Ⓤ; (主として救う方策) remedy Ⓤ; help Ⓤ; aid Ⓤ; (魂の) salvation Ⓤ. 《☞ たすける (類義語); すくう[1] (類義語); えんじょ》.
¶ 私たちは貧しい家庭の*救済に資金を集めた We raised funds to *relieve* the poverty-stricken families. // 国連は難民の*救済に乗り出した (⇒ 救援の計画を開始した) The United Nations launched *aid* programs for the refugees.
救済策 relief measure Ⓒ; (改善策) remedy Ⓒ. ¶ 失業者に対して何か*救済策が講じられなければならない Something should be done for the *relief* of the unemployed. / *Relief measures* should be taken for the jobless people. **救済事業** relief work Ⓤ **救済資金** relief funds ★ 通例複数形で.

きゅうし[1] 休止 ―名 (休み・停止) rest Ⓒ. ―動 pause ㊁; stop ㊁. 《☞ ちゅうだん》.
¶ 冬の間はバスの運行を*休止します No bus service during winter. 《掲示》 / We do not 「run [operate] buses during the winter months. // 小*休止しましょう Let's take a short *rest*.
休止符 〖音楽〗 rest Ⓒ 参考 全音 [二分, 四分, 八分] 休止符はそれぞれ, whole [half; quarter; eighth] rest Ⓒ. 《☞ 音楽 (囲み)》.

きゅうし[2] 急死 (突然の死) sudden death Ⓒ. ¶ 彼は先月*急死した He *died suddenly* last month. / (⇒ 彼の死は青天のへきれきだった) His *death* last month *came like a bolt from the blue*.

きゅうし[3] 臼歯 (俗に) grinder Ⓒ; (専門的に大臼歯) molar (tooth) Ⓒ; (小臼歯) premolar (tooth) Ⓒ. 《☞ は[1] (挿絵); おくば》.

きゅうし[4] 九死 **九死に一生** ¶ 彼は*九死に一生を得た (⇒ 彼は辛うじて死を免れた) He *narrowly* escaped death. / He had a 「*narrow* [*hairbreadth*] escape from death. / He escaped death *by a hair's breadth*. 《☞ あやうく; かろうじて》

きゅうじ 給仕 **1** «食事の給仕» ―動 wait on ...; (食事を出す) serve ㊀. 《☞ しょくじ[1]; サービス》. ¶ 昨夜はきれいな女性が*給仕をしてくれた We *were served* by a pretty girl at dinner yesterday evening./A beautiful girl *waited on* us yesterday evening.

2 «人»: (ウエーター) waiter Ⓒ; (ウエートレス) waitress Ⓒ. 《☞ レストラン (囲み); 呼びかけ (囲み)》.

きゅうしき 旧式 ― [形] (時代遅れの) out-of-date, old-fashioned; (流行に遅れた) outmoded; (軽蔑的に) antiquated. 《☞ ふるい[1]; ふるめかしい; ふるくさい》.
¶ 彼の考えはすごく*旧式だ His ideas are quite *old-fashioned*. // 彼は*旧式な教え方をしている He is an *old-fashioned* teacher. / He teaches ˹in a *traditional* way [in an *old-fashioned* method]. // もうそれは*旧式になった (⇒ いま使われていない) It's no longer in use now. / (⇒ その習慣はすたれた) The custom *has disappeared*.

きゅうじつ 休日 holiday Ⓒ; (非番の日) day off Ⓒ. 《☞ やすみ; きゅうか[1]; しゅくじつ》.
¶ きょうは*休日です Today is a *holiday*. / It's a *holiday* today. / (⇒ 私はきょうは休みを取っている) I'm on *holiday* today. / (⇒ 勤めがない) I am *off duty* today. / This is my *day off*. // *休日はたいてい釣りに出かけます I usually go fishing on *holidays*.

きゅうしゃ[1] 厩舎 stable Ⓒ.

きゅうしゃ[2] 鳩舎 dovecot(e) Ⓒ.

きゅうしゅう[1] 吸収 ― [動] (吸い取る) absorb (他); (吸い込む) suck in (他); (中に取り入れる) take in (他) ★ 以上の3つはどれも一般的に吸い込むことに用いる. 後の2つはやや口語的; (同化する) assimilate (他). ― [名] absorption Ⓤ; (吸い上げ) suction Ⓤ; (同化) assimilation Ⓤ. 《☞ すいとる; すいこむ》.
¶ スポンジは水を*吸収する A sponge ˹*sucks in* [*absorbs*] water. // 若いころは新しい思想をたやすく*吸収できる (⇒ 若い人たちは) Young people can easily ˹*absorb* [*take in*; *assimilate*] new ideas.
吸収剤 absorbent Ⓒ.

きゅうしゅう[2] 急襲 (突然[不意をついて]襲うこと) sudden [surprise] attack Ⓒ; (特に軍事上のものは) raid Ⓒ; (特に空軍による奇襲) blitz Ⓒ; (敵陣などへの) storm Ⓒ. 《☞ きしゅう; おそう》. ¶ 彼らは敵軍を*急襲した They made a ˹*sudden* [*surprise*] *attack* on the enemy. / They made a *raid* on the enemy position. / They *stormed* the enemy fort.

きゅうじゅう 九十, 90 ― [名][形] ninety [語法] 「第 90 (番目)の」, あるいは「第 90 (番目)のもの」の場合は the ninetieth. 《☞ 数字 (囲み)》.

きゅうしゅつ 救出 ― [名] (切迫した危険から) rescue Ⓤ ★ 具体的な例は Ⓒ; (救助) saving Ⓤ. ― [動] (救出する) rescue (他); save (他). 《☞ きゅうじょ; すくう[1] (類義語)》.
¶ 消防士は燃えている家からその子を*救出した The fireman ˹*rescued* [*saved*] the boy from the burning house. // 夜を徹して*救出活動が続けられた The *rescue* operation was continued throughout the night.

きゅうじゅつ 弓術 archery Ⓤ.

きゅうしょ 急所 (身体の) vital organ Ⓒ [参考] 英語では heart, artery など具体的に箇所を示すのが普通; (欠くことのできない箇所) vital point Ⓒ; (要点) key point Ⓒ.
¶ 幸いなことに弾丸は*急所をはずれていた Luckily the bullet missed his *vital organs*. // この問題の*急所はどこですか What is the *key point* of this matter? // 彼は私の*急所を握っている (⇒ 私の弱点を知っている) He knows my *weak point*.

きゅうじょ 救助 ― [動] (救助する) save (他) ★ 一般的; (遭難しかけている人などを) rescue (他); (助ける) help (他) [語法] 意味の広い言葉なので,「救助」に当たるときは目的語の後に out of danger のような語句が付くことが多い. ― [名] saving Ⓤ; rescue Ⓤ; help Ⓤ. 《☞ すくう[1] (類義語); きゅうえん[1]; きゅうしゅつ》.
¶ 彼はおぼれかけている少年を*救助した ＜S (人)＋V (*save*)＋O (人)＋*from*＋名·動名＞ He *saved* a boy *from* drowning. / He *rescued* a boy who was drowning. // 彼は貨物船に*救助された (⇒ 拾い上げられた) He *was picked up* by a freighter. // 彼はその火事で多くの人命を*救助した He *saved* many lives in the fire. / He *helped* many persons out of the fire. // 最上階で数人の人が*救助を求めている Several persons are ˹crying [calling] for *help* from the top floor of the building. // 消防士は彼らの*救助に向かった The firefighters went to their *rescue*.
救助信号 SOS [ésòués] (call) Ⓒ; ((船舶·航空機の) 国際無線電話救助信号) Mayday (call) Ⓒ; (海難信号) distress ˹signal [call] Ⓒ **救助隊** rescue ˹team [party] Ⓒ; (隊員) rescue worker Ⓒ **救助艇** (救助に来る船) salvage boat Ⓒ; (救命艇) lifeboat Ⓒ.

きゅうじょう[1] 窮状 (悲惨な状態) distress [distrés] Ⓤ; (一般的に, 困っている状態) trouble Ⓒ; (打開が非常に難しい) hardships; (困難な状況) difficulties ★ 以上 2 つは通例複数形で; (哀れな状態) plight Ⓒ [語法] しばしば terrible, sorry, hopeless, miserable などの形容詞とともに用いる. 《☞ きゅうち》.
¶ 彼らはさんたんたる*窮状にあった They were in ˹deep *distress* [a terrible *plight*]. // 彼らは何とか*窮状を打開した They managed to get over the *difficulties*. // 私は彼に*窮状を訴えた (⇒ 困っていることを話した) I told him my *troubles*.

きゅうじょう[2] 休場 ¶ 北の山は春場所を*休場することにした Kitanoyama decided to *sit out* the spring tournament. [語法] sit out はダンスなどに加わらず座って見ていること.

きゅうじょう[3] 球場 baseball ˹diamond [field] Ⓒ, 《米》 ball park Ⓒ. 《☞ 野球の英語 (囲み)》. ¶ 後楽園*球場 the Korakuen *Stadium*

きゅうしょく[1] 求職 ― [動] hunt for [seek] a job ★ 前者は口語的. 《☞ しょく[1]》.
¶ 2, 3 *求職の申し込みがあります (⇒ 2, 3 の人が雇用を求めてきた) A few persons came *asking for* ˹*employment* [*a position*]. / There are a few *applications for the* ˹*situation* [*position*]. // 新聞に*求職広告を 5 日間出した I put a *want* ad in a newspaper for five consecutive days. // *求職《掲示》

き

Situation Wanted《☞ 新聞の英語（囲み）》
求職者 one who seeks employment Ⓒ, job hunter Ⓒ ;（志願者）applicant Ⓒ.

きゅうしょく[2] 休職 leave of absence Ⓤ ;（操業短縮のためなどの）layoff Ⓒ. ¶ 彼は病気のために 1 年間*休職した Because of his illness, he ｢was given [had] one year's *leave of absence*.

きゅうしょく[3] 給食 ━ 名（学校の）school ｢meal [lunch] Ⓒ ;（制度として）school-｢lunch [meal] program Ⓒ. ━ 動 provide ｢lunch [meals] for school children.

ぎゅうじる 牛耳る（支配する）control (他) ;（指導する）lead (他).《☞ じっけん[2] ; にぎる》.
¶ その政党を*牛耳っている（⇒ 支配している）のはだれですか Who *is* ｢*ruling* [*in control of*] the party? / (⇒ 率いている) Who *is* ｢*leading* [*the leader of*] the party? // 私は彼にすっかり*牛耳られている（⇒ 彼の支配下にいる）I am completely *under his control*.

きゅうしん[1] 急進 ━ 形（過激な）radical ;（極端な）extreme.《☞ かげき[1] ; きょくたん》.
¶ 彼は考え方が*急進的だ（⇒ 過激な考えを持つ）He has *radical* ideas. / He seems to hold *extreme* opinions. // 彼は*急進論者です He's a *radical*.

きゅうしん[2] 休診 ¶ 本日*休診 *Office Closed* / *No consultation* today《☞ 掲示の英語（囲み）》

きゅうしん[3] 球審（野球の）home plate [chief] umpire Ⓒ《☞ しんぱん[1]》.

きゅうじん 求人 ¶ *求人 *Help Wanted*《☞ 掲示の英語（囲み）》// 新聞に*求人広告を出した We put a ｢*want* ad [*situation vacant* advertisement] in the paper. ★ want ad は米口語.《☞ 新聞の英語（囲み）》// 来年は*求人難になる（⇒ 労働力の深刻な不足がある）でしょう There will be a serious ｢labor shortage [shortage of labor] next year.

求人係 recruiting clerk Ⓒ.

きゅうしんりょく 求心力 centripetal [sentrípətl] force Ⓤ（↔ centrifugal force).

きゅうす 急須 (small) teapot Ⓒ.

きゅうすい 給水 ━ 動 supply water. ━ 名 water supply Ⓤ ;（ボイラーなどへの）water feeding Ⓤ.
¶ 昔，この川が町へ*給水していた In the old days, this river used to *supply* ｢*water* for the town [the town with *water*]. // この夏は何度も*給水制限があった（⇒ 給水の切り詰めがあった）We had several *water supply* cuts this summer.《☞ だんすい》// 東京では 4 月 1 日から 25% の*給水制限が始まる Tokyo will begin cutting down to 75 per cent of the normal *water supply* on April 1. // 時間*給水 regulated *water supply* / hour-restricted *supply of water*
給水施設 water(-supply) system Ⓒ **給水車**《米》water-wagon Ⓒ,《英》water-waggon Ⓒ **給水タンク** feed tank Ⓒ.

きゅうすう 級数〘数学〙（概念としての）progression Ⓤ ;（具体的な数）series Ⓒ ★ 単複同形. ¶ 等差[等比]*級数 arithmetic [geometric] *progression* / an arithmetic [a geometric] *series*

きゅうする 窮する **1**《当惑する》:（途方に暮れる）be at a loss, be at *one's* wit's end, be puzzled,《口語》be in a fix.《☞ こまる》.
¶ 私はそう言われて答えに*窮した（⇒ それに対して私は答えるのに途方に暮れた）At that I *was* quite *at a loss* for an answer. / (⇒ それに対して何と答えてよいかわからなかった）I did*n't know* ｢what to answer [what answer to give] to that. // *窮すれば通ず（⇒ 常に出口[打開策]はあるものだ）There's always a way (out). / Necessity is the mother of invention.《ことわざ：必要は発明の母》
2《窮乏している》:（貧しい）be poor ;（困窮している）be in ｢want [need] ;（窮地に陥る）be in a tight squeeze.《☞ びんぼう ; こまる》.
¶ 当時彼は金に*窮していた（⇒ とても貧乏だった）At that time he *was* very *poor*. / (⇒ 金がなくて困っていた）Then he *was hard up* (for money). / Then he *was pressed for* money.

きゅうせい[1] 旧姓 former name Ⓒ ;（婦人の）maiden name Ⓒ. ¶ 福田夫人，*旧姓三木 Mrs. Fukuda, *née* [néi] Miki // 伊藤太郎，*旧姓森 Taro Ito, *formerly* Mori

きゅうせい[2] 急性 ━ 形 acute (↔ chronic)《☞ 病気・病院（囲み）》. ¶ *急性の病気 an *acute* disease

きゅうせいぐん 救世軍（団体名）the Salvation Army ;（個人）Salvationist Ⓒ.

きゅうせいしゅ 救世主（キリスト教の）《米》the Savior,《英》the Saviour ★ 定冠詞を付けて，大文字で始まる.《☞ 冠詞（欄外）; 大文字（欄外）》. ¶ *救世主イエスキリスト Jesus Christ, our *Savior* / *the Savior*

きゅうせき 旧跡 historic ｢spot [site] Ⓒ ;（遺跡）ruins ★ 複数形で.《☞ めいしょ》.

きゅうせっきじだい 旧石器時代 the Old Stone Age ;（専門語では）the ｢Paleolithic [pèiliəlíθik] ｢period [era].

きゅうせん 休戦（短期の）armistice Ⓒ ;（長期の）truce Ⓒ.《☞ ていせん[1]》. ¶ *休戦協定が調印された The *armistice* was signed.

きゅうせんぽう 急先鋒（先頭に立つ人）leader Ⓒ ;（先駆者）forerunner Ⓒ ;（主義のために戦う戦士）champion Ⓒ.
¶ 彼は反政府運動の*急先鋒である（⇒ 反政府運動を指導している）He ｢*heads* [*leads*] the anti-government movement. / (⇒ 指導者である）He is ｢one of the *leaders* [(⇒ 先頭にいる）at *the forefront*] of the anti-government movement.

きゅうぞう 急増 ━ 名（突然の[急速な]増加）sudden [rapid] increase Ⓒ ;（急な上昇・増大）sharp rise Ⓒ ;（特に物価などの急上昇）jump Ⓒ ;（爆発的な増大）explosion Ⓒ.

━[動] (急に増える) increase ˹rapidly [suddenly] (自); jump (自). 《☞ ふえる; げきぞう》.
¶この2,3か月に売上げが*急増した(⇒ 売り上げにおいて急増加[急上昇]があった) There has been a ˹*sudden increase* [*sharp rise*] in sales over the last few months. // 開発途上国の人口*急増は世界にとって重大な問題である The population *explosion* in the developing countries is a very serious problem for the world as a whole. // 車故が*急増した Accidents *have increased* ˹*suddenly* [*rapidly*] in number.

きゅうそく¹ 急速 ━[形] (スピードが速い) fast ★ 一般的な語で, 以下の語の代わりに使える場合が多い; (運動や動作が速い) rapid; (仕事などが) speedy; (対応がすばやい) quick; (対応の動作が) prompt ★ やや形式ばった語; (突然の) sudden. ━[副] fast; rapidly, with rapidity; quickly; promptly; (突然に) suddenly; 〘音楽〙 *presto, allegro* ★ 前者がより急速な調子. 《☞ イタリック体 (欄外); 音楽 (囲み)》. ━[名] rapidity [U]; promptitude [U]. 《☞ きゅうげき; はやい¹ (類義語)》.
¶日本の自動車産業は1960年代に*急速な発展を遂げた The automobile industry of Japan made ˹*rapid* [*fast*] progress in the 1960's. // 近年になって海外旅行者の数は*急速に増えてきた The number of tourists going ˹overseas [abroad] has *rapidly* increased in recent years. / Recently there has been a *rapid* increase in the number of people going abroad.

きゅうそく² 休息 ━[名] (一般的に) rest [U] ★ 1回の休息は [C]; (心地よい休息) repose [U] ★ 形式ばった語; (緊張をゆるめること) relaxation [U]. ━[動] (休息する) rest (自), rest *oneself*; (一休みする) take a rest; relax (自)(他). 《☞ きゅうけい¹; やすみ; きゅうよう¹》.
¶十分に*休息をとって下さい *Take a* good *rest*. / (⇒ 元気を取り戻すまであなた自身を休ませなさい) *Rest yourself* until you are really refreshed.
休息所 resting place [C].

きゅうたい 旧態 ¶工場は近代化されたが人事管理は*旧態依然としている(⇒ 変わらない) Factories were modernized but personnel management *remains unchanged*.

きゅうだい 及第 ━[動] (試験に合格する) pass [be successful in] an examination, 《口語》 make the grade. 《☞ ごうかく; 学校・教育 (囲み)》. ¶その試験で*及第点を取るのは難しい It's hard to ˹get a *pass* [make the *passing mark*] in the examination. // 彼女は教師としては*及第です(⇒ 適格である) She *is qualified* to be a school teacher.

きゅうだん¹ 糾弾 ━[動] (非行官吏などを弾劾する) impeach (他); (非難する) censure (他); (法により告発する) charge (他); (罪状をあげて本人を直接的に責める) accuse (他). ━[名] impeachment [U]; censure [U]; charge [C]. 《☞ こくはつ; ひなん¹》. ¶我々は彼を収賄のかどで*糾弾するつもりである We are going to *impeach* him for taking bribes.

きゅうだん² 球団 professional baseball team [C].

きゅうち 窮地 (難しい立場) difficult situation [C]; (まずい立場) awkward position [C]; (板ばさみ) dilemma [C]; (困った立場) 《口語》 a fix ★ 常に a を付けて; (比喩的に) corner [C] ★ in a tight corner, drive ... into a corner などの成句で. 《☞ くきょう; きゅうじょう¹》.
¶私は*窮地に立った I found myself in ˹*a fix* [an *awkward position*; a *dilemma*]. / I *was* ˹*in a tight corner* [*driven into a corner*]. // 彼女はかろうじて*窮地を脱した She narrowly got out of ˹*difficulty* [*trouble*].

きゅうてい¹ 休廷 ━[動] (裁判を開かない) hold no court; (閉廷する) adjourn (他).

きゅうてい² 宮廷 the Court. **宮廷画家** court painter [C].

きゅうていしゃ 急停車 ━[名] sudden [quick] stop [C]. ━[動] (突然[急に]止まる) stop ˹suddenly [short] (自), come to [make] a sudden stop; (急停車させる) bring ... to a sudden stop. 《☞ きゅう¹; ていしゃ》.
¶電車は*急停車すること(⇒ しなくてはならないこと) がある The train may have to *stop suddenly*. // 車はキキーといって*急停車した The car ˹*made* [*came to*] *a sudden stop* with a screech. // しっかりおつかまり下さい. やむをえず*急停車することがあります《バスなどの掲示》 Please hold on. *Sudden stops* are sometimes necessary.

PLEASE HOLD ON
SUDDEN STOPS ARE
SOMETIMES NECESSARY

彼は*急停車して車から飛び降りた He *brought* his car *to a sudden stop* and jumped out (of it).

きゅうてん 急転 ━[名] (急激な変化) sudden ˹change [turn] [C]. ━[動] (突然変わる) change suddenly, take a sudden turn. 《☞ きゅうへん; いっぺん²》.
¶事態は*急転した Things *changed suddenly*. / Things *took a sudden turn*. // 彼のおかげで問題は*急転直下解決した(⇒ その件はすみやかな解決に達した) Thanks to him, the matter came to a *quick* settlement.

きゅうでん 宮殿 palace [C] [語法] 「王室の」(royal), 「皇帝の」(imperial) を冠して用いることがある. ¶バッキンガム*宮殿 Buckingham *Palace*

きゅうとう 急騰 ━[動] (急に高くなる) jump (自), rise suddenly (自); (ややくだけて) skyrocket (自). ━[名] jump [C], sudden [sharp] rise [C]. 《☞ ねあがり; こうとう⁴; ぼうとう²》.
¶そのニュースで石油製品が*急騰した The prices of petroleum products ˹*jumped* [*rose suddenly*; *skyrocketed*] at the news. // 昨年末以来, 諸物価の*急騰は著しい The *sharp rise* in prices has been remarkable since the end of last year.

き

きゅうなん 救難 rescue Ⓤ; (船の) salvage Ⓤ; (救難作業) rescue [salvage] work Ⓤ. 《☞ きゅうじょ》.

ぎゅうにく 牛肉 beef Ⓤ; (食用子牛肉) veal Ⓤ. 《☞ にく》. ¶ *牛肉を厚く切ったのを2切れ下さい Can I have two thick cuts of *beef*? 《☞ 数の数え方 (囲み)》

きゅうにゅう 吸入 ―名 inhalation Ⓤ. ―動 (吸入する) breathe in ⓐ, inhale ⓐ ★ 後者は改まった語. 《☞ すいこむ》.
吸入器 (医療用) inhaler Ⓒ.

ぎゅうにゅう 牛乳 (cow's) milk Ⓤ 《☞ ちち²》. ¶ *牛乳を1杯下さい A glass of *milk*, please. 《☞ 数の数え方 (囲み)》
牛乳屋 (配達人) milkman Ⓒ; (店) milk shop Ⓒ, dairy Ⓒ. 《☞ 店の呼び名 (囲み)》.

きゅうば 急場 (緊急の事態) emergency Ⓒ; (危機) crisis Ⓒ 《複 crises [kráisi:z]》; (重大時機) critical [crucial] moment Ⓒ; (危険な状態) danger Ⓤ.
¶ 彼は私の*急場を救ってくれた (⇒ 危機から私を救い出した) He helped me out of a *crisis*. / He helped me at the most *crucial time*. // 彼女はその金でなんとか*急場をしのいだ (⇒ 切り抜けた) With that money she managed to ⌜get through [tide over] the *crisis*. // これは*急場の間に合わせです (⇒ これは一時しのぎです) This is a mere ⌜*stopgap* [*makeshift*] *for the moment*.

キューバ ―名固 Cuba. ―形 Cuban.
キューバ人 Cuban Ⓒ.

きゅうばん 吸盤 (たこ・ひるなどの) sucker Ⓒ.

ぎゅうひ 求肥 Turkish ⌜delight [paste] Ⓤ 〔参考〕 日本の「ぎゅうひ」と同じ菓子は英米にはない. 上にあげたものは果汁をゼラチンで固め, さいの目に切って砂糖をまぶしたもので, これにある程度似ていると説明すればよい.

きゅうびょう 急病 sudden (attack of) illness Ⓒ; (急性の病気) acute disease Ⓒ. 《☞ びょうき; 病気・病院 (囲み)》.

きゅうふ 給付 ―名 (要請に対する下付) grant Ⓤ; (交付) delivery Ⓒ; (保険の) benefit Ⓒ; (支払い) payment Ⓤ. ―動 grant ⓣ; deliver ⓣ; pay ⓣ. 《☞ こうふ¹; しきゅう¹》. ¶ 医療*給付 a medical *benefit*

ぎゆうへい 義勇兵 (一般に) volunteer Ⓒ; (陸軍の) volunteer soldier Ⓒ 〔参考〕 義勇軍は volunteer army Ⓒ.

きゅうへん 急変 ―動 (急に変わる) change suddenly ⓐ; (病気が急に悪くなる) take a sudden turn for the worse. ―名 sudden [unexpected] change Ⓒ. 《☞ うってかわる; いっぺん²; げきへん》.
¶ 彼の態度は*急変した His attitude *changed suddenly*. // 彼の病状は一夜のうちに*急変した His condition took a *sudden turn* for the worse overnight. // 山登りのときは天候の*急変に備えておかねばいけません You should prepare for ⌜*sudden* [*unexpected*] *changes* in the weather, when you go mountain climbing.

きゅうほう 急報 ―動 (急ぎの知らせを送る) send an urgent message (to ...); (急いで報告する) report ... promptly. ―名 (警報) alarm Ⓒ.
¶ 彼はそのことを国もとの両親へ*急報した (⇒ ただちに手紙を書いた) He *immediately wrote* about it to his parents at home. / He *sent an urgent message* on the matter *to* his parents at home. // *急報により消防隊が駆けつけた At the ⌜*fire alarm* [*report*] the fire department rushed to the scene.

きゅうぼう 窮乏 (貧乏) poverty Ⓤ; destitution Ⓤ ★ 後者は形式ばった語. 《☞ びんぼう; きゅうする》.

きゅうむ 急務 (緊急の必要性) urgent [immediate] necessity Ⓤ; (緊急の仕事) urgent business Ⓤ. 《☞ きんきゅう》.
¶ この問題の解決は現在の*急務である (⇒ この問題は即刻配慮を要する) This problem requires *immediate attention*. / (⇒ この問題を解決することは緊急の必要性がある) It is of *urgent necessity* to solve this problem.

きゅうめい¹ 究明 ―動 (公の機関が) investigate ⓣ; (詳しく検討して) study ⓣ; (相手から聞き出して) inquire into ... ―名 investigation Ⓒ; study Ⓒ; inquiry Ⓒ. 《☞ かいめい¹; ちょうさ; そうさ¹》.
¶ 警察はその事故の原因*究明に乗り出した The police ⌜started to *investigate* ⌜launched an *investigation* of] the cause of the accident. // その件は徹底的に*究明されなければならない We must ⌜*inquire* [*look*] *into* the matter thoroughly.

きゅうめい² 救命 **救命いかだ** life raft Ⓒ **救命具** (胴衣式のもの) life jacket Ⓒ, life preserver Ⓒ ★ 救命胴着のほか浮き袋なども指す; (ブイ) life buoy Ⓒ; (ベルト) life belt Ⓒ; (総称して) lifesaving equipment Ⓤ **救命艇** lifeboat Ⓒ **救命袋** escape chute Ⓒ.

きゅうやくせいしょ 旧約聖書 the Old Testament 《略 O.T., OT》 《☞ せいしょ¹》.

きゅうゆ 給油 ―名 (燃料の補給) 《米》 refueling Ⓤ, 《英》 refuelling Ⓤ; (潤滑油の) oiling Ⓤ, lubrication Ⓤ ★ 後者は形式ばった語. ―動 refuel ⓣ; oil ⓣ; lubricate ⓣ. 《☞ ねんりょう; ほきゅう》. ¶ その飛行機は*給油のためにアンカレッジに立ち寄った The airplane stopped over at Anchorage for *refueling*.

きゅうゆう¹ 旧友 (古い[長年の]友達) old [longtime] friend Ⓒ 《☞ ともだち》. ¶ 彼は私の*旧友です He is ⌜an *old* [a *longtime*] *friend* of mine.

きゅうゆう² 級友 classmate Ⓒ.

きゅうよ¹ 給与 (一般的な語) pay Ⓤ ★ 以下の語の代わりに使えることが多い; (定期的に定額支給される俸給) salary Ⓒ; wages ★ 複数形で. 元来は肉体労働に対する賃金. 《☞ きゅうりょう¹ (類義語); サラリー; ちんぎん》.
¶ あの会社は*給与がいい (⇒ あの会社では彼らは十分に支払われている) They *are* well *paid* at that company. / (⇒ あの会社は従業員に対して高いサラリーを支払う) That company pays high *salaries* to the employees. // 4月には*給与の改訂があると思う We are expect-

ing a *pay* increase this April.
給与所得 earned income Ⓤ　給与水準 wage [pay] level Ⓒ　給与体系 wage [pay] structure Ⓒ.

きゅうよ² 窮余 ¶ 彼は*窮余の一策を案じた (⇒ 彼は最後のよりどころとしての 1 つの計画を考えた) He thought out a plan as a *last resort*. 《☞ くにく；くるしまぎれ》

きゅうよう¹ 休養 ―名 (一般的に) rest Ⓤ；(くつろいでの) relaxation Ⓤ；(病後の) recuperation Ⓤ. ―動 rest (*oneself*) ⓐ, take a rest；(くつろぐ) relax ⓐ. 《☞ やすむ；きゅうけい¹；きゅうそく²》.
¶ あなたは*休養しなければいけない You must ˹*rest* [*take a good rest*]. // きょうは家でゆっくり*休養しましょう (⇒ 家にいて静かな日をもちましょう) Let's stay at home and *have a quiet day* today.
休養施設 recreation facilities ★ 複数形で.
休養室 resting room Ⓒ.

きゅうよう² 急用 urgent [pressing] business Ⓤ 《☞ きゅう¹；ようじ¹》.
¶ 父はいま*急用で出かけています My father is away on *urgent business*. // *急用のため会議に出られなかった (⇒ 急用が会議の出席から私を妨げた) *Urgent* [*Pressing*] *business* prevented me from attending the meeting.

きゅうらく 及落 (成功か失敗) success or failure；(試験の結果) the result of an ˹exam [examination]. 《☞ ごうひ》.
¶ *及落はあすお知らせします You will be notified of *the result of the examination* tomorrow. // 英語の成績で*及落が決まる (⇒ あなたの成功は英語の試験の成績によっている) Your *success* depends upon the result of the English exam. // *及落はまだわかりません (⇒ 私が合格したかどうかは知らされていない) I have not yet been told whether I *passed or failed in the exam*.

きゅうり 胡瓜 cucumber Ⓒ.

きゅうりゅう 急流 (一般に, 速い流れのこと) rapid ˹stream [current] Ⓒ；(より急な奔流) torrent Ⓒ；(岩などが顔を出している早瀬) rapids ★ 複数形で. 《☞ げきりゅう》. ¶ *急流を下る shoot the *rapids*

きゅうりょう¹ 給料 pay Ⓤ；wages ★「賃上げ」(a wage raise) のような複合語の場合を除き, 主として複数形で用いる；salary Ⓒ.
【類義語】一般に「給料」の意味では **pay**. この語は以下の語の代わりに使える場合が多い. 元来, 肉体労働者などの日給・週給を指すのが **wages** であるが, 労働用語としては労働者の賃金すべてについて用いられる. やや改まった語で, 定期的に定額を支給する俸給を指すのが **salary** で, 通常銀行振り込みなどの月給. 《☞ げっきゅう；しゅうきゅう²；きゅうよ¹；サラリー》
¶ 私の*給料は月額 18 万円だ My ˹*pay* [*salary*] is ¥180,000 a month. / I *am paid* ¥180,000 a month. // 彼はよい*給料を取っている (⇒ 十分に支払いを受けている) He *is* well *paid*. // *給料だけでは暮らしてゆけない I can't ˹live [get by] on my ˹*salary* [*wages*] alone. // 女性の*給料は一般に男性より低い (⇒ 女性は男性より少なく支払われている) Women *are* generally *paid* less than men. // *給料が 2 割上がった I had a 20 percent *pay* raise.
給料生活者 salaried person Ⓒ　給料日 payday Ⓒ　給料袋 pay envelope Ⓒ.

きゅうりょう² 丘陵 hill Ⓒ 《☞ おか；やま》.
丘陵地帯 the hills ★ 固有名詞として the Chiltern *Hills* などの形で用いる；(一般的に) hilly regions.

きゅうれき 旧暦 the old calendar；(太陰暦) the lunar calendar ★ いずれも同じ意味で用いる. ¶ *旧暦のお正月 New Year's Day according to *the old calendar* / the *lunar* New Year's Day

きゅっと ¶ 彼女は口を*きゅっと結んで部屋に入ってきた (⇒ 唇を固く締めて) She entered the room with her lips *tightly* drawn. 《☞ きっと²；擬声・擬態語 (囲み)》

ぎゅっと ¶ 彼は私の手を*ぎゅっと握った He *squeezed* my hand. / (⇒ 私に強い握手をくれた) He gave my hand *a squeeze*. // 私は取っ手を*ぎゅっと左へ回した (⇒ 力を入れて) I turned the knob counterclockwise ˹*with force* [(⇒ 急にぐっと) *with a jerk*]. // そこを*ぎゅっと (⇒ きつく) 縛って下さい Please ˹bind [tie] it *fast* there. // 母はその子供を*ぎゅっと抱きしめた The mother gave her child a *hug*. 《☞ 擬声・擬態語 (囲み)；しっかり》

きよ 寄与 ―名 (貢献) contribution Ⓤ ★ 具体的な例を指す場合は Ⓒ；(尽力・奉仕) services ★ しばしば複数形で. ―動 contribute (to ...) ⓐ, serve ⓣ. 《☞ こうけん¹》.
¶ 彼は物理学の発展に*寄与するところ大であった His *contributions* to the progress of physics were remarkable. // 国連は世界の平和に大きく*寄与している (⇒ 多くのことをしている) The United Nations *has been doing a great deal* for world peace. / (⇒ 重要な役割を果たしている) The U.N. *is playing an important part* in maintaining world peace.

きよい 清い (汚れがなく清潔な) clean；(人・心などが純潔な) pure；(けがれがない) innocent. 《☞ きよらか》.
¶ 彼女は*清い心の持ち主でした She was a woman ˹of *pure* heart [*pure* in heart]. // 心の*清い者は幸いである Blessed are the *pure* in heart. ★ 聖書の言葉. 【語法】形容詞に the が付くと, その性質をもつ人たち全体を表し, 複数扱いとなる. 《☞ 倒置 (欄外)》 // 水*清ければ魚住まず (⇒ きれいな水は魚を育てない) *Clear* water breeds no fish. // 私は彼に*清き一票を投じた (⇒ 偽りのない投票をした) I cast an *honest* vote for him.

きよう¹ 器用 ―形 (頭の働きがよく) clever；(熟練して) 《米》 skillful, 《英》 skilful；(身近で簡単なことに) handy；(特に手先が) deft. ―副 《米》 skillfully, 《英》 skilfully；handily；cleverly. ―名 《米》 skillfulness Ⓤ, 《英》 skilfulness Ⓤ；cleverness Ⓤ. 《☞ たさい²；ぶきよう》.
¶ 彼は*器用な人です (⇒ 利口である) He is a *clever* man. / (⇒ 何でも屋です) He's a *jack-of-all-trades*. // 彼女は手先が*器用だ She is

き

「skillful [good] with her hands. / (⇒ 彼女は器用な[すばやい]指を持っている) She has 「deft [nimble] fingers. // あの子はなかなか*器用に歌う (⇒ 歌がうまい) She is quite 「skillful [good] at singing. // *器用貧乏 Jack of all trades, and master of none. 《ことわざ：何でも屋はどれについても大家ではない》

き

きよう² 起用 ―― 動 (任命する) appoint ⓗ; (昇任させる) promote ⓗ. ―― 名 (ある地位に) appointment Ⓤ; (雇用) employment Ⓤ; (昇任させて) promotion Ⓤ. 《☞ にんめい；とうよう²；ばってき》.

¶オリンピックには若手の選手が多数*起用される (⇒ 派遣される) ことに決まった It was decided that a number of younger athletes were to *be sent* to the Olympic Games. // 田中氏は第2次佐藤内閣の大蔵大臣として*起用された (⇒ 任命された) Mr. Tanaka *was appointed* finance minister in Prime Minister Sato's second administration.

きょう¹ 今日 today 語法 副詞と名詞の用法があるが, 名詞の場合も常に無冠詞; this day. 《☞ 時刻・日付・曜日 (囲み)》.

¶「*きょうは何曜日ですか」「*きょうは木曜日です」"What day (of the week) is it *today?*" "It's Thursday. / *Today*'s Thursday." 語法 of the week なしでも, 普通曜日をきくことになる.

「*きょうは何日ですか」「*きょうは11月3日です」"What's *today*'s date? / What 「day of the month [date] is it *today?*" "It's [*Today*'s] 「Nov. 3 [the third of November]." ★ Nov. 3 は November (the) third と読む.

*きょうはいい天気ですね It's a 「beautiful [lovely] day, isn't it? 《☞ 天候の表現 (囲み)》

彼女は先週の*きょうホノルルに着きました She arrived at Honolulu 「《米》 a week ago *today* [《英》 *this day* week]. 語法 《米》では普通, 曜日を言って last Thursday, Thursday last, (on) Thursday 「next [last] week, あるいは a week ago today, a week from today のように言う. また, 主に《英》では today [this day] week は文脈によって「先週のきょう」になるか「来週のきょう」になるかが決まる. 特にはっきりさせたいときは today 「last [next] week とする.

彼は1か月前の*きょう仕事からの帰路に立ち寄った He dropped by on his way home from work a month ago *today*.

*きょうの新聞を読みましたか Have you read *today's* paper? 《☞ 所有格 (欄外)》

*きょうはこれまで So much for *today*.

きょう² 興 ¶彼女の踊りはその会に一層の*興を添えた (⇒ その会をより楽しいものにした) Her dancing made the party *more enjoyable*. // 彼の言葉で一同はすっかり*興をそがれてしまった His words threw a *wet blanket* on all of us. ★ ぬれた毛布は「火消し」となるので. 《☞ きょうざめ》

きょう³ 経 (個々の) sutra Ⓒ; (集合的に) the Buddhist scriptures. ¶*経を読む chant [recite; intone] a *sutra*

きょう⁴ 卿 Lord; Sir 参考 Lord は侯爵 (marquis), 伯爵 (earl), 子爵 (viscount), および男爵 (baron) に付け, Sir は准男爵 (baronet), ナイト爵 (knight) に付ける.

¶ネルソン*卿 *Lord* Nelson // ウィンストン チャーチル*卿 *Sir* Winston Churchill 語法 Sir は姓 (surname) だけに付けることはない.

-きょう¹ …狂 (何かにつかれている人) maniac Ⓒ; (スポーツなどの観客として) fan Ⓒ, enthusiast Ⓒ. 《☞ マニア 語法》. ¶野球*狂 a baseball *fan* // カメラ*狂 a camera 「*fan* [*enthusiast*]

-きょう² …強 (余り) odd; (少し…より多い) a little 「more than [over] … ¶これは60キロ*強です (⇒60キロと余り) This is sixty-*odd* kilograms in weight. // 2割*強 *a little over* twenty percent

ぎょう¹ 行 (文字の) line Ⓒ ★ l. と略し, 複数形は ll. [láinz]; (特に詩の) verse Ⓒ.

¶1*行おきに書くこと Write on every other *line*. // ここで*行を改めたほうがよい (⇒ 新しい行を始める) You should begin a new *line* here. / (⇒ 新しいパラグラフにしなさい) Make a new paragraph here. // 5ページの上[下]から6*行目から始めましょう Let's begin with 「*line* six [the sixth *line*] from the 「top [bottom] of 「page five [the fifth page]. // 234ページ11*行目から25*行目までを参照せよ Cf. p. 234 *ll*. 11-25. 語法 この読み方は cf. [síː éf] (＝compare), page two thirty-four, from line eleven to line twenty-five. 《☞ 数字 (囲み)》

ぎょう² 行 (宗教上の修業) religious austerities ★ 通例複数形で. 《☞ しゅぎょう》.

¶彼はその寺で10年間僧としての*行をつんだ He practiced *religious austerities* at the temple for ten years.

きょうあく 凶悪 ―― 形 (極悪な) atrocious; (憎しみ・怖れを引き起こすほどの) heinous. 《☞ ごくあく》. **凶悪犯罪** heinous crime Ⓤ ★具体的な行為の場合は Ⓒ. **凶悪犯人** heinous criminal Ⓒ.

きょうあん 教案 teaching plan Ⓒ.

きょうい¹ 驚異 ―― 名 (称賛の気持ちを込めた驚き) wonder Ⓤ ★ 具体的な例は Ⓒ; (不思議さ・異常さなどに対する驚き) marvel Ⓒ; (奇跡的なこと) miracle Ⓒ; (畏敬の念) awe Ⓤ. ―― 形 (驚異的な) wonderful; marvelous (《英》 marvellous); surprising; miraculous; (世間をあっと驚かすような) sensational. ―― 副 wonderfully; marvelously; surprisingly; miraculously; sensationally. 《☞ おどろき；きせき¹；きょうたん》.

¶コンピューターは現代科学の*驚異の1つである The computer is one of the 「*wonders* [*marvels*] of modern science. // 日本における科学技術の進歩は世界の*驚異の的になっている The advance of technology in Japan has been a real *wonder* of the world. // 彼はそのレースで*驚異的な記録を出した He set 「a *sensational* [a *surprising*; an *unbelievable*] record in the race. // 彼の仕事には世界中が*驚異の目をみはった (⇒ 全世界は驚嘆した) All the world *was amazed* at his achievement.

きょうい² 脅威 ―名 (言動・条件などでの) threat Ⓒ; (特に敵意を強調して) menace Ⓒ ★前者より形式ばった語; (危険) danger Ⓒ. ―動 (脅威を与える) threaten ㊀; menace ㊀; (危険に陥らせる) endanger ㊀. ―形 (脅威となる) threatening; menacing; dangerous. 《☞ おびやかす》.
¶私たちはいつも戦争の*脅威にさらされている We are always ˹exposed to the *menace* of war [under the *threat* of war]. // 世界平和に対する重大な*脅威 a grave *menace* to world peace

きょうい³ 胸囲 chest measurement Ⓤ 《☞ むね¹; バスト》. ¶「君の*胸囲はどれくらいですか」「92 センチです」"What is your *chest size?*" "92 centimeters." // 私の*胸囲は 83 センチです My *chest measurement* is 83 centimeters.

きょういく 教育 ―名 education Ⓤ; (学校教育) schooling Ⓤ; (教授) teaching Ⓤ, instruction Ⓤ; (訓練) training Ⓤ; (教養) culture Ⓤ; (養育) upbringing Ⓤ; (しつけ) discipline Ⓤ. ―動 (教育する) educate ㊀; (教える・教授する) teach ㊀, instruct ㊀; (訓練する) train ㊀; (養育する) bring up ㊀. ―形 (教育の・教育に関する) educational; (教育的な・ためになる) instructive.
【類義語】一般的に「教育」という意味では *educate, education*. 特に「学校教育」という意味では *schooling* が用いられる. 教育の手段として教えるという意味での一般的な語は *teach(ing)*. 特殊な知識の系統的な教授という意味での形式ばった語は *instruct(ion)*. 特殊な能力の訓練には *train(ing)*, しつけをも含めた養育という意味では *bring up* (動), *upbringing* (名) が用いられる. 《☞ 学校・教育 (囲み); おしえる》
¶日本人は*教育程度が高い Japan has a high standard of *education*.
14 歳まで*教育は無償で義務づけられている Up to the age of fourteen, *education* is free and compulsory. ★「無償義務教育」は free compulsory education.
私は自分の息子によい*教育を受けさせたい I want my son to ˹get [receive] a good *education*.
この学校はこの地方で唯一の高等*教育機関です This school is the only institution of higher ˹*education* [*learning*] in this district.
日本における英語*教育 the ˹*teaching* of English [English *teaching*] in Japan
私たちは 6 週間の英語の発音の特別*教育を受けた We took a six-week special ˹*training* [*course*] in English pronunciation. ★course はカリキュラムとして構成されている講座.
彼は大学*教育を受けていない He has had no college *education*.
彼女はフランスで*教育を受けた She *was educated* in France.
彼は旧家に生まれ厳しい*教育を受けた (⇒厳しく育てられた) Born ˹into [of] an old family, he *was* ˹*brought up* [*raised*] severely.
この本はおもしろくてしかも*教育的である This book is ˹*instructive* as well as interesting [both interesting and *informative*].
このようなテレビ番組は*教育上子供たちにふさわしくない Such a TV program is inappropriate for children from an *educational* point of view.

> 教育のいろいろ
> 初等教育 elementary [primary] education, 中等[高等]教育 secondary [higher] education, 義務教育 compulsory education, 英語教育 English teaching, 家庭教育 home ˹training [discipline], 語学教育 language training, 職業教育 vocational training, 専門教育 professional [specialized] training, 性教育 sex education, 大学教育 college education, 通信教育 education by correspondence

教育委員 member of the Board of Education Ⓒ　**教育委員会** the Board of Education Ⓒ　**教育界** educational ˹world [circles] ★world は単数形, circles は複数形で.　**教育学** pedagogy Ⓤ　**教育学者** pedagogist Ⓒ　**教育学部** the School of Education 《☞ がくぶ (類義語)》　**教育機関** educational facilities ★通例複数形で.　**教育者** educator Ⓒ; (教師) teacher Ⓒ　**教育制度** educational [school] system Ⓒ　**教育大学** teachers college Ⓒ　**教育庁** the Office of Local Education　**教育番組** educational program Ⓒ　**教育費** educational [school] expenses ★複数形で.

きょういご 強意語 〘文法〙 intensifier Ⓒ 《☞ 強調の表現 (囲み)》.

きょういん 教員 (教師) teacher Ⓒ; (一校全体の) the teaching staff Ⓒ ★集合的に; (特にある科目を専門に教える) instructor Ⓒ ★形式ばった語. 《☞ せんせい¹ (類義語); 学校・教育 (囲み)》.
¶あの学校は*教員がそろっている (⇒優秀な教育陣をもっている) That school has an excellent *teaching staff*.
教員組合 teachers' union Ⓒ　**教員室** teachers' ˹room [office] Ⓒ　**教員免許状** teaching certificate Ⓒ.

きょうえい 競泳 ―名 (水泳競争) swim [swimming] ˹race [competition] Ⓒ; (競泳大会) swim meet Ⓒ. ―動 (競泳する) swim (in) a race. 《☞ スポーツ (囲み)》.

きょうえん 共演 ―動 (主役として共演する) costar (with ...) ㊂, play (with ...) ㊂; (助演者として) support ㊀, assist ㊀. ―名 costarring Ⓤ. ¶この映画で彼はバーグマンと*共演した He *costarred with* Bergman in this movie. **共演者** fellow actor Ⓒ; (主役としての) costar Ⓒ.

きょうおう 供応, 饗応 ―動 (もてなす) entertain ㊀; (おごる) treat ㊀. ―名 entertainment Ⓤ; treat Ⓒ ★treat のほうがややくだけた表現. 《☞ せったい; もてなし》.

きょうか¹ 強化 ―動 (強める) strengthen ㊀ ★一般的な語; (不足を補って) reinforce ㊀; (組織・構造を) fortify ㊀; (特に軍備を) build up ㊀. ―名 strengthening Ⓤ;

き

き

強　意　語

形容詞・副詞・過去分詞，ときには名詞など，それらの表す程度・性質・動作の強さを高める役割を果たす語を強意語という．

日本語は程度を示す副詞（とても，はなはだ，たいへん），呼応の副詞（決して…，全然，ちっとも），また場合によっては副助詞（…も，…こそ），終助詞（…とも，…さ）などが強意語として用いられる．英語では very, quite, rather などの副詞がその代表的なものである．

日英を問わず，強意語は客観的な程度の強さを示すというよりも，話者の感情移入の程度，文体的な相違によることが大きく，その内容も形式ばったものから，俗語的な表現まで多数ある．ここではその中の代表的なものについて説明する．《☞ 強調の表現（囲み）；倒置（欄外）》

1　形容詞・副詞の強調

大きく分けて以下の3つに分類する．

(1) やや形式ばったもの．

(2) 日常の話し言葉で頻繁に用いられるもの．

(3) ややくだけたもの．

これらの中で代表的なものは通常の強調では very, ややくだけた文では terribly である．

(1)　やや形式ばったもの

日本語の「はなはだ」「たいそう」「ずいぶん」「たいへん(に)」に相当するもの：（これ以上ないほどに）exceedingly；（極端なほどに）extremely；（異常に）unusually；（相当な程度に）considerably.

これらの英語は話し言葉で使われないというのではなく，やや改まったニュアンスを持つということである．

(2)　日常の話し言葉で頻繁に使われるもの

日本語の「非常に」「実に」「とても」「とっても」「ほんと(う)に」などに相当するもの：very; quite ★《英》でよく用いられる；too ★「あまりにも…すぎる」というニュアンスがある；so ★ 女性が好んで用いる；（ほんとに）really.

(3)　ややくだけたもの

日本語の「いやに」「ひどく」「すごく」「ものすごく」などに相当するもの：terribly; awfully; dreadfully ★ 前2者より意味が強い．

本来の意味は強調ではなく，控えめな意味を示すのであるが，これがかえって表現を効果的かつ強意的にするものがある．主として口語で用いられ，日本語の「かなり」に当たる：（なかなか）pretty；（どちらかというと・だいぶ）rather；（相当・まったく）fairly.

¶けさは*非常に寒い It's *very* cold this morning.
彼は*とてもよく勉強する He studies *very* hard.
この本は*とてもおもしろかった I found this book *very* interesting.
きょうは*すごく寒い It's *terribly* cold today.
*まったくあなたの言うとおりです（⇒ 私はまったくあなたに同意する）I *quite* agree with you.
*ほんとにご親切にありがとう You are ˹*too* [*very*] kind.
それは*ほんとにお気の毒です That's *too* bad.
彼女は*とても優しい She's *so* sweet.
あの花は*とてもきれいね Those flowers are *so* lovely.
君は走るのが*とても速いね You run *really* fast.
私はその知らせで*ひどくびっくりした I was *very* surprised at the news. 語法 過去分詞を強めるには much か very much が一般的であるが，interested, surprised, worried など，形容詞に近くなっているものは，普通 very を用いる．
彼女は*なかなか歌がうまい She sings *fairly* well. / She's a ˹*pretty* [*fairly*] good singer. 語法 fairly よりも pretty のほうが意味が強く，ほぼ very と同じ．ただし，pretty は That's *pretty* bad. のように，悪いことにも用いるが，fairly にはその用法はない．
けさは*だいぶ寒いね It's *rather* cold this morning, isn't it?

2　比較級・最上級に対する強調

「ずっと」much（＋比較級）；「はるかに」far, by far（＋比較級）；「飛び抜けて」「ずば抜けて」by far, very, much（＋最上級）．《☞ 比較の表現（囲み）》．

¶そのほうが*ずっとよい That's *much* better. 語法 That's *very* good. と，原級 good に対する強意語は very であるが，good が比較級になると much という強意語をとる．
アメリカは日本より*はるかに広い America is ˹*far* larger than Japan [larger than Japan *by far*].
この本はあれよりも*ずっと難しい This book is *far* more difficult than that.
彼はクラスの中で*飛び抜けて背が高い He is *by far* the tallest in the class.
これは中でも*ずば抜けてよいものです This is *much* the best of all. / This is the *very* best of all. 語法 much と very の語順に注意．

3　名詞に対する強調

形容詞 all, very を名詞の前に付けて強意語として用いることがあるが，very は非常に形式ばった表現なので，普通は just the … を用いるのが好ましい．all は抽象名詞に限られる．

¶これは*まったくの幻想です This is *all* fantasy.
これが*まさに私の探していた本です This is ˹*just the* [the *very*] book I have been looking for.

4　否定語に対する強意語

日本語の「決して…でない」「ちっとも…でない」「まるで…でない」「全然…でない」「まったく…でない」「何も…でない」に相当するもの：never …　**語法** not＋ever の意味で，このように not と ever を分けて用いることもあり，そのほうが意味が強い；no … whatever, not … at all, not … in the least, not … a bit, by no means …, … in no way.

¶私は*決してあなたのことを忘れません I'll *never* forget you.

この町では*決して事件は起こらない *Nothing ever* happens in this town.

それについては*全然疑いの余地はありません There's *no* doubt *whatever* about it.

彼は*まったく酒は飲まない He does*n't* drink *at all*.

すべての人を満足させるのは*決して易しいことではない It is *by no means* easy to satisfy everyone.

対話例

A：それはあなたの小犬？
B：そうだよ
A：まあかわいい．抱いてもいい
B：いいとも．ほら
A：まあ，とても軽いのね．それにこの顔，とてもかわいいわ
B：君，犬，好きかい
A：ええ，大好きよ
B：では，そのうち小犬を1匹あげるよ
A：ほんと．うれしいわ．ありがとう

A：Is that your puppy?
B：Yes, it is.
A：How cute! May I hold him?
B：Sure. Here you are.
A：He's so light. Look at his face! He's so cute.
B：Do you like puppies?
A：Yes, very much.
B：All right. I'll give you one someday.
A：Really? That's very nice of you.

reinforcement Ⓤ; fortification Ⓤ; buildup Ⓒ.《☞ そうきょう；ほきょう；つよめる》.
¶日本は国防の*強化を計っている Japan intends to 「*strengthen* [*build up*] its national defenses. / Japan is planning its defense *buildup*. // 市当局は警察に対して取締りの*強化を要請した (⇒ 規則の厳しい施行を) The city authorities asked the police to *enforce* the regulations rigidly. // ビタミン*強化食品 vitamin-*enriched* food
強化合宿 camp training Ⓤ　**強化米** enriched rice Ⓤ.

きょうか² 教科 (科目) subject Ⓒ《☞ 学校・教育 (囲み)；かもく》．**教科課程** course of study Ⓒ, (school) curriculum Ⓒ《複 ～s, curricula》.

きょうかい¹ 教会 (キリスト教の) church Ⓒ ★ 最も一般的．なお組織としての教会をいうときは Ⓤ；(公共施設に付属する礼拝所) chapel Ⓒ.
¶毎週日曜日は10時に*教会へ(礼拝に)行きます I go to *church* at ten o'clock every Sunday.　**語法** 礼拝という教会本来の目的で行くときは Ⓤ として冠詞を付けずに用いる．《☞ 冠詞 (欄外)》 // 彼らは*教会で結婚式を挙げた They held their wedding in 「a [the] 「*church* [*chapel*]. / They had a *church* wedding.

きょうかい² 境界 (領土などはっきりした区切りをもつ) boundary Ⓒ；(山・川などの地理的条件による境界) border Ⓒ；(他国に境を接した所を内から見て) frontier Ⓒ.《☞ さかい》.
¶彼らは土地の*境界にさくをした They built a fence along the *boundary* of their land. // 多摩川は東京と神奈川の*境界になっています The Tama River forms the *boundary* between Tokyo and Kanagawa. // アメリカはカナダと*境界を接している The United States *borders* 「on [upon] Canada.
境界線 borderline Ⓒ；(人為的な) line of demarcation Ⓒ, demarcation line Ⓒ；(時代区分などの) dividing line Ⓒ.

きょうかい³ 協会 association Ⓒ, society Ⓒ ★ いずれも「…協会」と固有名詞として用いられることが多い．《☞ かい¹ (類義語)》．¶動物愛護*協会 the *Society* for the Prevention of Cruelty to Animals ★ S.P.C.A. と略す.

ぎょうかい 業界 (ある特定の業界) the industry Ⓒ；(製造業界) the manufacturers ★ 複数形で；(実業界) the business world, business circles ★ 複数形で.
¶それは日本の石油*業界[テレビ*業界]にとって大きな打撃だった It was a terrible shock to *the* Japanese 「oil *industry* [TV *manufacturers*]. // 彼は*業界の大物です He is a VIP in *the business world*. ★ VIP の発音は [víːàipíː]. // *業界の再編成が必要である It is necessary to reorganize *the industry*.
業界紙[誌] trade 「paper [journal] Ⓒ.

きょうがく 共学 ―名 (男女の)《米》coeducation Ⓤ,《英》mixed education Ⓤ. ―形 coeducational.　¶男女*共学の学校《米》*coeducational* schools /《英》*mixed* schools // 「君の行っている学校は*共学ですか」「いいえ男子校です」"Is your school *coeducational*?" "No. It's a boys' school."

きょうかしょ 教科書 textbook Ⓒ, schoolbook Ⓒ ★ 普通は前者を用いることが多い；(タイプなど，技能習得用の) manual Ⓒ.
¶これは英語[国語，数学，理科]の*教科書です This is my 「English [Japanese; math(s); science] *textbook*. // *教科書の20ページを開きなさい Open your *textbook(s)* 「to [at] page 20. // *教科書には何と書いてありますか What does the *textbook* say about it? // 英作文の*教科書 a *textbook* 「of [in] English composition // 検定済み*教科書 an

authorized *textbook*
教科書会社 textbook publisher Ⓒ **教科書検定** textbook authorization Ⓤ.

きょうかつ 恐喝 ―名 blackmail Ⓤ. ―動 blackmail ㊕ ㊐. 《☞ きょうはく[1] (類義語); おどす; ゆする[2]》. ¶ その男は*恐喝の罪でつかまった The man was arrested on a charge of *blackmail(ing)*.

きょうかん 共感 ―名 (同じ考え・同情) sympathy Ⓤ; (反響) response Ⓤ. ―動 (同感する) sympathize with ... 《☞ どうかん; さんせい[1]; どうじょう[1] (類義語)》.
¶ 彼の意見には深い*共感を覚える (⇒ 私は彼にまったく賛成です) I quite *agree with* him. // 彼の訴えは広く世間の*共感を呼んだ His appeal aroused (a) public *response* everywhere. // そんな内容では読者の*共感を得ることは難しい The contents are too poor to excite the *sympathy* of the readers.

ぎょうかん 行間 space between the lines Ⓤ 《☞ ぎょう[1]; かんかく[1]》. ¶ *行間を十分にあけて書きなさい Please write with plenty of *space between the lines*. // *行間の意をくみ取ることが大切である It is important to read *between the lines*.

きょうき[1] 凶器 weapon Ⓒ 《☞ ぶき》.
¶ *凶器を持った強盗がその建物に押し入った A robber (armed) with a *weapon* broke into the house. / (⇒ 武装をした) An *armed* robber broke into the building. // これが犯行に使われた*凶器である This is the *weapon* used in the crime. // 時として自動車は走る*凶器と呼ばれる The car is sometimes called a *deadly weapon* on wheels.

きょうき[2] 狂気 ―形 mad, crazy ★ crazy は軽蔑の気持ちを含む. ―名 madness Ⓤ, craziness Ⓤ. ¶ そんなことをするとは*狂気のさただ (⇒ 君がそんなことをするとは気が狂っている) It'd be *crazy* of you [You would be *mad*] to do such a thing. / (⇒ 狂気であろう) It would be *madness* to do such a thing. 《☞ くるう》

きょうき[3] 狂喜 ―名 (喜び) joy Ⓤ; (有頂天) rapture Ⓤ ★ 形式ばった語. ―動 (喜びで我を忘れる) be ˹mad [beside *oneself*] with joy. 《☞ よろこび; うちょうてん》. ¶ 彼女はその知らせを聞いて*狂喜した She *was* ˹*mad* [*beside herself*] *with joy* at the news.

きょうき[4] 狭軌 〘鉄道〙 narrow gauge [géidʒ] Ⓒ (↔ broad gauge).

きょうぎ[1] 協議 ―動 (さまざまな考えを出し合って) discuss ㊕, talk with ... over ... ★ 口語的には後者を用いる; (対等に意見を交換する) confer with ...; (専門的な助言を求めて) consult with ...; (重要な問題を慎重に) deliberate (on ...; upon ...; over ...) ㊐. ―名 discussion Ⓤ; talks ★ 口語的. 通例複数形で; conference Ⓤ; consultation Ⓤ; deliberation Ⓤ. 《☞ はなしあい; そうだん; かいぎ (類義語)》.
¶ この件についてあす*協議を行います This problem is to *be* ˹*discussed* [*talked about*] at the meeting tomorrow. // 彼はそのことについて弁護士と*協議した He ˹*conferred* [*consulted*] *with* his lawyer on the matter. // 彼は*協議の結果, 妻と離婚した He ˹divorced [obtained a divorce from] his wife by mutual *agreement*.
協議会 (会議) conference Ⓒ; (助言を与えるための会議) council Ⓒ **協議事項** (集合的に, 議題) the agenda; (個別には) item on the agenda Ⓒ; (討論の主題) subject [topic] of discussion Ⓒ **協議離婚** divorce by mutual ˹agreement [consent] Ⓒ.

きょうぎ[2] 競技 (一般に, 試合) contest Ⓒ, competition Ⓒ ★ 後者はやや改まった語; (球技などの) match Ⓒ, game Ⓒ ★ 《米》では後者が普通; (競技会など, 総合的に) meet Ⓒ; (トーナメント) tournament Ⓒ; (運動競技) race Ⓒ; (競技種目) (sports) event Ⓒ. 《☞ スポーツ (囲み)》.
¶ そろばんの*競技があった We ˹held a *competition* [*competed*] in the use of the abacus. // 来週テニス*競技大会が開かれる A tennis *tournament* will be held next week. // 彼は陸上*競技が得意だ He is good at track and field *events*.
競技場 stadium Ⓒ 《☞ スポーツ (囲み)》.

きょうぎ[3] 教義 (宗教上の) dogma Ⓒ, creed Ⓒ 【語法】 教会が真理として権威をもって教えるものが dogma. 信者の側から見たものが creed; (宗教以外のものも含めて) doctrine Ⓒ; (一般的に教えという意味で) teachings ★ 通例複数形で. 《☞ おしえ》. ¶ キリスト教の*教義 Christian *doctrine(s)*

きょうぎ[4] 狭義 narrow sense Ⓒ. ¶ その言葉を*狭義にとれば... If you take it in the *narrow sense* of the word, ...

ぎょうぎ 行儀 ―名 (作法) manners ★ 複数形で; (行い) behavior (《英》 behaviour) Ⓤ. ―形 (行儀のよい) well-˹mannered [behaved]; (行儀の悪い) ill-˹mannered [behaved]. 《☞ さほう; れいぎ》.
¶ 彼女は*行儀がよい She has good *manners*. / She is *well-mannered*. // 彼は*行儀が悪い (⇒ 作法をもっていない) He has no *manners*. // そんな*行儀の悪いことをしてはいけません (⇒ あなたの作法はどこにあるのか) Where're your *manners*? ★ 子供に向かって使う慣用表現. // *行儀よくしなさい *Behave yourself*. / (⇒ よい子でいなさい) *Be a good boy*. // 他人*行儀 (⇒ 儀式ばること) はやめて下さい Please don't *stand on ceremony*. / (⇒ 気楽にしなさい) Please *be at home*.

きょうきゅう 供給 ―名 supply Ⓤ. ―動 (必要・不足を補って) supply ㊕; (備蓄のために) provide ㊕. 《☞ ていきょう》.
¶ 石油が*供給不足だ Oil ˹is in [has fallen into] short *supply*. // 需要に*供給が追いつかない The *supply* cannot meet the demand. // 彼らは私たちに食糧を*供給してくれた <S(人)+V(*supply*; *provide*; *furnish*)+O(人)+*with*+名(物)> They ˹*supplied* [*provided*; *furnished*] us *with* food. 【語法】 《米》では with を省略してよい. / <S(人)+V(*provide*)+O(物)+*for*+名・代(人)> They *pro-*

vided focd *for* us. / <S(人)+V(*supply*; *furnish*)+O(物)+*to*+名・代(人)> They ˹*supplied* [*furnished*] food *to* us.

ぎょうぎょうしい 仰仰しい ―形 (言葉などが大げさで) exaggerated; (もったいぶった) pompous, stilted; (派手な) showy. ―副 exaggeratedly; pompously. 《☞ おおげさ; もったいぶる》.

¶ 彼の言い方はいつも*仰々しい (⇒ 彼は物事を誇張してしゃべる) He has an *exaggerated* way of speaking. / (⇒ 彼はいつも誇張して言う) He always *exaggerates*. / (⇒ もったいぶった言葉を使う) He always uses ˹*pompous* [*stilted*] language in his speech. // 彼女は*仰々しい格好で (⇒ 人目につく衣服で) やってきた She arrived in a *showy* dress. // つまらないことを*仰々しく騒がないで下さい Don't *make a fuss* ˹about [over] ˹small things [trifles].

きょうきん 胸襟 ¶ 彼と*胸襟を開いて語り合った (⇒ 卒直な話し合いを持った) I had a *frank* talk with him.

きょうく 教区 parish Ⓒ 《☞ ぼくし》.

きょうぐ 教具 (補助教材) teaching aid Ⓒ.

きょうぐう 境遇 (周りの状況) surroundings ★ 複数形で; (環境) environment Ⓤ; (身の上) lct Ⓒ; (暮らし向き) circumstances ★ 複数形で.

【類義語】周囲を取り巻く環境の意味では ***surroundings***, ***environment*** が用いられるが, 特に人の感情・思考などに与える影響という点から考えた場合は *environment* が用いられる. 経済的な意味での境遇には ***circumstances*** が用いられる. 運命・巡り合わせの意味では ***lot***. 《☞ かんきょう; みのうえ》

¶ 彼は恵まれた[恵まれない]*境遇に育った He was brought up in ˹favorable [unfavorable] *surroundings*. // 彼女の*境遇にはだれもが同情する Everyone sympathizes with her *lot*. // どんな*境遇にあっても, 最善を尽くすべきだ We should do our best ˹under [in] any *circumstances*.

きょうくん 教訓 (戒め) lesson Ⓒ; (物語などの) moral Ⓒ. 《☞ いましめ; おしえ》. ¶ この話には幾つかの*教訓が含まれている This story has severa. ˹*lessons* [*morals*] in it. // この失敗によって私たちは*教訓を得た We learned a *lesson* from this failure.

きょうけん[1] 強健 ―形 (強い) strong, stout ★ 前者が一般的. stout は strong よりも意味が強く, がっしりした体格を暗示する; (心身ともに堅固な) sturdy; (丈夫な) robust. 《☞ じょうぶ; がんじょう》. ¶ 彼は身体*強健である He has a ˹*strong* [*robust*] constitution.

きょうけん[2] 狂犬 mad dog Ⓒ. **狂犬病** rabies Ⓤ; 〘病理学〙 hydrophobia Ⓤ.

きょうげん 狂言 **1** «能狂言»: (*Noh*) farce Ⓒ 《☞ 日本固有の風物と英語 (囲み)》.

2 «作りごと»: (見せかけ・ごまかし) sham Ⓒ; (作り話) make-believe Ⓤ. ¶ 彼の自殺未遂は*狂言だった His attempted suicide was found to be a *sham*.

狂言自殺 sham suicide Ⓒ.

きょうこ 強固 ―形 (強い) strong (↔ weak); (しっかりした) firm (↔ loose); hard (↔ soft); solid.

【類義語】最も普通の意味で強いことは ***strong***. 後の3語は, どれも外力に対抗する強さを表すが, ***firm*** は容易に変形できない強さを, ***hard*** は堅さを, ***solid*** は固体としての結合力の強さを強調する. 目的や信念に関しては ***firm*** が用いられる. 《☞ かたい (類義語)》

¶ *強固な基礎 a ˹*solid* [*firm*] foundation // 彼は*強固な意志の持ち主だ He has ˹a *strong* [an *iron*] will. / He is a man of *strong* will.

ぎょうこ 凝固 ―動 (固まらせる) solidify ㊀; (冷やして固める) congeal ㊁ ㊀; (血液などが) coagulate ㊁ ㊀. 《☞ かたまる》. **凝固点** the ˹solidifying [coagulation] point Ⓒ.

きょうこう[1] 強硬 ―形 (強い) strong; (びくともしない) firm; (頑固な) stubborn; (譲らない) unyielding; (不屈な) unbending; (妥協しない) uncompromising. ―副 strongly; firmly; stubbornly; unyieldingly; uncompromisingly; unbendingly.

¶ 彼の反対は*強硬だ His opposition is ˹*strong* [*firm*]. // 彼は私の計画に*強硬に反対した He opposed my plan *strongly*. // 彼の主張は*強硬だ (⇒ 彼は強硬に主張する) He insists on his opinion ˹*uncompromisingly* [*unyieldingly*]. // 彼らは我々に対し*強硬な態度をとった They took a *firm* attitude toward us. // *強硬な手段を取るべきだ We should take *strong* measures. // 彼はなかなかの*強硬派だ He is a *hard-liner*.

きょうこう[2] 強行 ―動 (…を無理やりにする) force ㊀; (実施に移す) enforce ㊀.

¶ 我々の反対にもかかわらず, 彼らはその政策を*強行した They *enforced* the policy in spite of our opposition. // 彼らはピケを*強行突破した They *forced* their way through the picket line. // 彼らは委員会で採決を*強行した They *forced* a vote in the committee.

きょうこう[3] 恐慌 panic Ⓤ ★ 具体的な事実を指すときはしばしば a を伴う. 《☞ ふきょう[1]》. ¶ 金融*恐慌 a financial *panic*

きょうこう[4] 凶行 (暴力(行為)) violence Ⓤ; (殺人) murder Ⓤ; (犯罪) crime Ⓤ; (残虐行為) atrocity Ⓒ. ¶ *凶行の現場を見てしまった I happened to witness the *murder*.

きょうこう[5] 教皇 (ローマ・カトリックの) pope Ⓒ ★ しばしば the Pope として.

きょうごう[1] 競合 ―動 (競争する) compete (with …) ㊁; (争う・衝突する) conflict (with …) ㊁. ―名 competition Ⓤ; conflict Ⓤ. ¶ 彼らの利益は*競合した (⇒ ぶつかり合った) Their interests ˹*conflicted* [*were in conflict*] *with* each other.

きょうごう[2] 強豪 (ずば抜けた選手) outstanding player Ⓒ; (優秀な選手) excellent player Ⓒ. 《☞ きょうてき》.

ぎょうこう 僥倖 (幸運) (good) luck Ⓤ.

きょうこうぐん 強行軍 ¶ *強行軍をすれば

(⇒できる限りの速さで歩けば), 2時間で行けるだろう If we walk as fast as we can, we may be able to cover the distance in two hours.

きょうこく¹ 峡谷 gorge Ⓒ; (深く大きな峡谷) 《米》 canyon [kǽnjən] Ⓒ. 《☞たに》. ¶アリゾナ州にあるコロラド川の*峡谷はグランドキャニオンと呼ばれる The *gorge* of the Colorado River in Arizona is called the Grand Canyon.

きょうこく² 強国 (強大な国家) strong [powerful] ˹nation [country] Ⓒ; (強い国力を持った国) great power Ⓒ ★ power に「強国」の意味が含まれる. ((例) 経済大国 an economic *power*). 《☞たいこく》. ¶世界の2大*強国 the two *great powers* of the world

きょうさ 教唆 ━動 instigate ㊥. ━名 instigation Ⓤ. 《☞そそのかす; せんどう¹》.

ぎょうざ 餃子 Chinese food consisting of a mixed paste of meat and vegetables fried in dough Ⓤ, Chinese ravioli Ⓒ ★いずれも説明的表現.

きょうさい 共催 ━名 joint auspices [ɔ́:spisiz] ★複数形で. ━動 cosponsor ㊥. 《☞こうえん³》. ¶展覧会は文部省と新聞社の*共催で開かれた The exhibition was ˹held under the (*joint*) *auspices of* [*cosponsored by*] the Ministry of Education and a newspaper company.

きょうざい 教材 (教える材料) teaching materials ★複数形で用いることが多い; (補助教具) teaching aids ★複数形で.

きょうさいか 恐妻家 henpecked husband Ⓒ.

きょうさいくみあい 共済組合 mutual ˹aid [benefit] ˹association [society] Ⓒ, 《英》 Friendly Society Ⓒ.

きょうさく 凶作 bad [poor] ˹crop [harvest] Ⓒ 《☞ふさく》. ¶じゃがいもは今年, *凶作だった We have had a *poor crop* of potatoes this year. / (⇒失敗だった) The potato crop was a *failure* this year.

きょうざめ 興醒め (人および物) wet blanket Ⓒ ★ぬれた毛布を投げると火が消えることから; (興ざめになるもの) skeleton at the feast Ⓒ. 《☞しらける》. ¶彼の下手な冗談で私たちは*興ざめしてしまった His bad joke ˹*threw a wet blanket* over us [*spoiled our fun*].

きょうさん 協賛 ━名 (賛成) approval Ⓤ; (支持) support Ⓤ; (協力) cooperation Ⓤ. ━動 approve ㊥; support ㊥; cooperate (with ...) ㊀. 《☞きょうりょく¹》. ¶慈善バザーは町内の*協賛を得て開かれた The charity bazaar was held with the *cooperation* of the people in the neighborhood.

きょうさんしゅぎ 共産主義 ━名 communism Ⓤ ★特にマルクス・レーニン主義を指すときは大文字で始める. ━形 communist(ic), 《口語》 red ★しばしば大文字で. 《☞政治・経済 (囲み)》. ¶*共産主義社会 a *communist(ic)* society **共産主義者** communist Ⓒ.

きょうさんとう 共産党 the Communist Party ★大文字で始める. 《☞政治・経済 (囲み)》. ¶彼は*共産党に入った He joined *the Communist Party*. // 日本*共産党 *the* Japan *Communist Party* ★JCP と略す. 《☞略語 (欄外)》
共産党員 Communist Ⓒ, member of the Communist Party Ⓒ **共産党宣言** the Communist Manifesto.

きょうし 教師 (先生) teacher Ⓒ; (専門分野の) instructor Ⓒ. 《☞せんせい¹ (類義語); 学校・教育 (囲み)》. ¶私の姉は中学校の*教師をしています (⇒中学校で教えている) My ˹older [elder] sister *teaches* ˹at [in] a junior high school. **教師用指導書** teacher's manual Ⓒ.

ぎょうじ¹ 行事 (催し物) event Ⓒ; (式典) function Ⓒ ★改まった語.
¶ひな祭りは昔からの年中*行事のひとつです The ˹Girls' [Doll's] Festival is ˹one of the chief traditional *events* of the year [a traditional annual *event*]. // 次の学校*行事は10月の運動会だ The next *event* on our school calendar is the athletic meet in October. // 彼は来週のすべての公式*行事への出席を取りやめた He cancel(l)ed all his plans for attendance at official *functions* for next week.

ぎょうじ² 行司 *sumo* ˹referee [umpire] Ⓒ 《☞日本固有の風物と英語 (囲み)》.

きょうしつ 教室 classroom Ⓒ, schoolroom Ⓒ ★後者は建物全体に視点がある場合に使う.
¶*教室では静かにしなさい Keep quiet in the *classroom*. //「この学校には普通*教室は幾つありますか」「15 です」"How many ordinary *classrooms* ˹does this school have [are there in this school]?" "Fifteen." // 公民館で毎週話し方[料理]*教室を開いています They give a ˹speech [cooking] *lesson* at the public hall every week. // 音楽*教室 a music *room* // 理科*教室 a science *room* // 階段*教室 a theater

ぎょうしゃ 業者 (取り引きをする人) dealer (concerned) Ⓒ ★concerned を付けると「関係の」という意味になる; (商人・貿易業者) trader (concerned) Ⓒ; (実業家) businessman (concerned) Ⓒ; (製造業者) manufacturer (concerned) Ⓒ; (個人として, 同業者) fellow ˹dealer [trader; businessman] Ⓒ; (総称して, 同業者) men in the same ˹trade [business].
¶彼は我々*業者仲間の一人です He is one of our *fellow* ˹*dealers* [*businessmen*; *traders*; *manufacturers*].

きょうじゃく 強弱 (強さと弱さ) strength and weakness Ⓤ; (強さ) strength Ⓤ; (力) power Ⓤ; (音の強勢) stress Ⓒ; (音のリズム) rhythm Ⓒ.

きょうじゅ¹ 教授 **1** «大学の»: professor Ⓒ 語法 略字は prof. 肩書きとして姓名の前に付ける場合は Prof. を用いるが, 姓だけを書く場合には Professor を用いるのが正式. ((例) Prof. Richard Smith / Professor Smith). 《☞学校・教育 (囲み); 略語 (欄外)》.

¶ 彼は大学*教授だ He is a ⌈university [college] *professor*. // 彼は東西大学英文学*教授です He is a *professor* of English literature at Tozai University.

2 《教えること》 ―― 名 (一般的な意味で) teaching Ⓤ; (専門分野の系統的な) instruction Ⓤ; (授業) lessons ★ 通例複数形で, 続けて受けるけいこなどを表す. ―― 動 teach ⊕ ⊜; instruct ⊕; give lessons. 《☞ おしえる》.

¶ 彼女は自宅でピアノ*教授をしている She *gives* ⌈piano *lessons* [*lessons* in piano] at home. // 彼女はダンスの個人*教授を受けた She took private *lessons* in dancing. // ピアノ*教授 《掲示》 Piano *lessons* given // 英語[生け花]*教授 《掲示》 *Instruction* given in ⌈English [flower arrangement] 《☞ 掲示の英語 (囲み)》

教授会 faculty ⌈meeting [council] Ⓒ **教授法** teaching method Ⓒ, method of teaching Ⓒ; (学問分野としての) pedagogy Ⓤ.

きょうじゅ² 享受 ―― 動 (持つ) have ⊕; (恩恵を受ける) enjoy ⊕; (与えられる) be given.

ぎょうしゅ 業種 type of ⌈industry [business] Ⓒ. ¶ わが国の主な国内産業は 10 の*業種に分類される Our chief domestic industries are classified into ten *types*.

きょうしゅう¹ 郷愁 ―― 名 (故郷に帰りたい気持ち) homesickness Ⓤ; (想い出に対する懐かしみの気持ち) nostalgia Ⓤ ★ 後者はやや改まった語で, 故郷を思う気持ちには前者を用いるのが普通. ―― 形 (郷愁を感じている) homesick; nostalgic.

¶ *郷愁を感じる feel *homesick* // その古い映画を見て若き日の*郷愁をおぼえた I was filled with *nostalgia* by seeing the old film.

きょうしゅう² 強襲 attack ... violently ★ 一般的な言い方; (あらしのように襲う) storm ⊕; (突然襲う) assault ⊕ [語 法] この語は女性に暴行を加えるという意味で用いられることがあることに注意. 《☞ おそう》.

きょうしゅうじょ 教習所 (自動車の) drivers' school Ⓒ; (ダンスの) dancing school Ⓒ.

きょうしゅく 恐縮 ★ 日本語の「恐縮」は自己を卑下する独特のニュアンスがあり, ぴったりの訳語はない. 前後関係によっていろいろに意訳する必要がある. 《☞ おそれいる》.

¶ あなたのご親切には*恐縮 (⇒ 感謝) しております I ⌈*am* [*feel*] ⌈*much obliged* [*grateful*; *thankful*] *to* you *for* your kindness. / I *deeply appreciate* your kindness. [語 法] どちらも形式ばった表現. くだけた口語では Thank you very much. または Thanks a lot. だけでよい. 《☞ 感謝の表現 (囲み); くだけた英語と堅苦しい英語 (欄外)》 // 「*恐縮ですが (⇒ すみませんが) 窓を開けて下さいませんか」「承知しました」 "*I am sorry to trouble you*, but would you mind opening the window?" "Certainly not. / Not at all." [語 法] <would you mind+動名詞> は依頼を表す丁寧な表現. 答え方は承知を示すときは Certainly not., Not at all. のように否定の形で答える. 《☞ 依頼の表現 (囲み)》 // あなたにご迷惑をかけたことを*恐縮しております (⇒ 申し訳なく思います) I *am very sorry* I have troubled you so much. 《☞ 謝罪の表現 (囲み)》 // 私は自分の誤りだとわかって*恐縮しました (⇒ 恥ずかしいと思った) I *was ashamed* to find out that it was my ⌈mistake [fault].

ぎょうしゅく 凝縮 ―― 動 (凝縮する・させる) condense ⊕ ⊜. ―― 名 condensation Ⓤ.
¶ 気体は*凝縮して液体となる Gas *is condensed into* liquid.

きょうしゅつ 供出 ―― 動 (引き渡す) deliver ⊕; (割り当てを出す) give [deliver] the allotment of ... (to the government). ―― 名 delivery Ⓤ.

きょうじゅつ 供述 ―― 名 (陳述) statement Ⓒ; (法廷での証言) testimony Ⓤ. ―― 動 state ⊕; testify ⊕ ⊜. ¶ 何人も自分に不利な*供述は強要されない No person shall be compelled to *testify* against himself. [語 法] この shall は法令などに用いられ, 「…すべし」の意味.

きょうしょ 教書 message Ⓒ. ¶ 年頭*教書 《米国大統領の》 the State of the Union *Message*

ぎょうしょ 行書 the semicursive style (of Chinese handwriting).

ぎょうしょう 行商 ―― 名 (行商人) peddler Ⓒ, pedlar Ⓒ. ―― 動 peddle ⊜.

ぎょうじょう 行状 (行い) behavior (《英》 behaviour) Ⓤ; (意図のある行為) conduct Ⓤ. 《☞ おこない; ふるまい》.

きょうしょく 教職 the teaching profession 《☞ きょうだん¹》.

¶ 彼女は*教職につく準備をしている She is preparing for *the teaching profession*. // 彼はこの春, *教職につく (⇒ 教師になる) He will ⌈*become a teacher* [*enter the teaching profession*] this spring. ★ [ ] 内は改まった言い方. // 彼女は 20 年の*教職経験がある (⇒ 20 年間教員をしている) She *has been a teacher* for 20 years. / She has 20 years' *teaching experience*.

教職課程 course (of study) for the teaching profession Ⓒ.

きょうしょくいん 教職員 (1 つの学校の教職員全体) the staff (of a school); (教員全体) the teaching staff. ¶ 彼はわが校の*教職員の一員です He is ⌈on [a member of] *the staff of our school*.

教職員組合 teachers' union Ⓒ.

きょうしん¹ 狂信 ―― 形 fanatic(al). ―― 名 fanaticism Ⓤ ★ 狂信的行為は Ⓒ. 《☞ もうしん》. ¶ 彼の信仰は*狂信に近い His religious belief is ⌈almost *fanatic*(*al*) [near *fanaticism*]. **狂信者** fanatic Ⓒ.

きょうしん² 強震 severe [violent] earthquake Ⓒ 《☞ じしん²; 自然災害 (囲み)》.

きょうじん 強靱 ―― 形 (ねばり強い) tenacious; (強い) strong; (不屈の) tough. 《☞ ねばりづよい; つよい (類義語)》. ¶ 彼は*強靱な神経の持ち主だ He ⌈has [is a man of] ⌈*steel* [*strong*] nerves.

き

き

きょうしんざい 強心剤 heart stimulant Ⓒ.
きょうしんしょう 狭心症 〘医学〙 angina [ændʒáinə] (pectoris [péktəris]) Ⓤ《☞ 病気・病院 (囲み)》.
ぎょうずい 行水 shower Ⓒ. ¶ *行水を使う take [have] a *shower*
きょうせい[1] 強制 ―動 force ⓣ; compel ⓣ; coerce ⓣ. ―形 (義務的な) obligatory. ―名 compulsion Ⓤ; coercion Ⓤ. 【類義語】無理やり何かをさせる意味では一般に *force* が用いられる. *force* よりやや弱い意味では *compel*. 非常に厳しく強制するという強い意味では *coerce* が用いられる.
¶ 彼らは私たちにその切符を買えと*強制した <S (人) + V (*force*) + O (人) + C (*to*不定詞)> They *forced* us *to* buy the tickets. [語 法] 実際に切符を買わされた意味を含む. // その会への出席は*強制的ですか Is attendance at the meeting *obligatory*? // 私は*強制的にここに連れてこられた I was brought here ˹*by force* [*forcibly*].
強制執行 compulsory [forcible] execution Ⓤ **強制送還** ―名 enforced repatriation Ⓤ. ―動 repatriate ... under compulsion. **強制労働** forced [compulsory] ˹labor [《英》 labour] Ⓤ.
きょうせい[2] 矯正 ―動 (誤りを) correct ⓣ; (罪人・悪癖などを) reform ⓣ; (欠点・悪を) remedy ⓣ; (病気・障害などを) cure *oneself* (of ...). ―名 correction Ⓤ; reform Ⓤ; remedy Ⓤ. 《☞ なおす》.
¶ 近視は眼鏡で*矯正できます You can ˹*cure yourself of* [*get rid of* your] nearsightedness by wearing glasses. // 私は発音を*矯正してもらった I *had* my pronunciation *corrected*. 《☞ 使役 (囲み)》
きょうせい[3] 強勢 〘音声学〙 stress Ⓤ《☞ アクセント》. ¶ pattern という語では, *強勢は最初のシラブルにくる In "pattern" the *stress* ˹falls [is] on the first syllable.
きょうせい[4] 教生 practice teacher Ⓒ.
ぎょうせい 行政 ―名 administration Ⓤ. ―形 administrative [ədmínəstrèitiv].
¶ *行政, 立法, 司法の3権は分立 (⇒ 互いに独立) するものである The three powers of *administration*, legislation, and judicature are independent of each other.
行政改革 administrative reform Ⓤ **行政機関** administrative organ Ⓒ **行政権** administrative [executive] ˹power [authority] Ⓤ **行政指導** administrative advice Ⓤ **行政処分** administrative ˹measure [disposition] Ⓒ **行政訴訟** administrative litigation Ⓤ.
ぎょうせき 業績 (著作物・製作品) work Ⓒ; (成し遂げたこと) achievement Ⓒ; (結果・成績) result Ⓒ; (記録) record Ⓒ. 《☞ じっせき; こうせき[1]》.
¶ 彼女はこの分野で多くの*業績を上げている (⇒ 多くの仕事をした) She has ˹produced many *works* [made many *contributions*] in this field. // わが社の今期の*業績は比較的よかった Our *business* for this quarter was comparatively good. / We had comparatively good *business results* this quarter.
きょうそ 教祖 the founder of a ˹religion [religious sect] Ⓒ.
きょうそう[1] 競争 ―動 (互いに敵対して競い合う) compete (with ...) ⓘ; (奮闘して戦う) struggle against ...; (戦う) fight (against ...) ⓘ. ―形 competitive. ―名 competition Ⓤ; (実力の競い合い) contest Ⓒ; struggle Ⓤ; fight Ⓤ. 《☞ せりあう》.
¶ あの兄弟は*競争して勉強する Those brothers *compete with* each other in their studies. // この*競争社会に生き残ることは難しい It is difficult to survive in this *competitive* society. // 生存*競争 a hard *struggle* for existence // 勉強ではとても彼と*競争できない I can't *compete with* him in studies.
競争相手 rival Ⓒ.
きょうそう[2] 競走 race Ⓒ, run Ⓒ [語 法] race は馬やボートなどにも用いられる. run は a mile run (＝1 マイル競走) のように「距離」をつけて用いられる; (短距離の) dash Ⓒ. 《☞ レース[1]; スポーツ (囲み)》.
¶「さあ, あの丘まで*競走しよう」「よしきた」 "Shall we ˹have [run] a *race* to the top of the hill over there?" "OK." // 彼は100メートル*競走に出場した He ˹ran in [entered; took part in] the 100-meter *dash*. ★ 100メートル競走には普通 dash を用いる. // 彼はその*競走に勝った[負けた] He ˹won [lost] the *race*.
きょうそう[3] 強壮 ―形 (強い) strong; (たくましい) robust. 《☞ じょうぶ; きょうけん[1]》.
強壮剤 tonic Ⓒ.
きょうぞう 胸像 bust Ⓒ.
ぎょうそう 形相 (顔つき・表情) look Ⓒ; (特別な表情) expression Ⓒ. ¶ 彼はすさまじい (⇒ 恐ろしい) *形相をしていた He *looked* furious. // 彼女の怒りの*形相はすさまじかった Her *expression* of rage was extraordinary.
きょうそうきょく 協奏曲 concerto [kəntʃέətou] Ⓒ《複 concerti [kəntʃέəti:], ～s》《☞ 音楽 (囲み)》. ¶ ピアノ[バイオリン]*協奏曲 a ˹piano [violin] *concerto*
きょうそくほん 教則本 manual Ⓒ; 〘音楽〙 school Ⓒ.
きょうそん 共存 ―名 coexistence Ⓤ. ―動 coexist ⓘ, live together ⓘ ★ 後者がより口語的. ¶ 平和*共存以外に我々の生きのびる道はない We cannot survive without peaceful *coexistence*.
きょうだ 強打 ―名 (相手を殴って強く打つこと) (heavy) blow Ⓒ; (野球) hard [heavy] hit Ⓒ; (ゴルフ・テニス) drive Ⓒ; (ボクシングの) haymaker Ⓒ. ―動 (野球) hit hard ⓘ; (相手を殴って強打を与える) deal ... a heavy blow. 《☞ うつ[1]》.
¶ 私は胸を*強打された I ˹*got* [*received*] *a* (*heavy*) *blow* on the chest. // 2番打者はセンターへ*強打を放った The second batter *hit hard* to the center field.
きょうだい[1] 兄弟 (男の) brother Ⓒ; (女の)

sister Ⓒ 語法 日本語では兄弟・姉妹を含めて「きょうだい」ということがあるが，英語の場合には兄弟と姉妹の区別をしなくてはならない；(同胞・信者仲間) brethren ★ brother の複数形.《☞ あに 語法；親族関係 (囲み)》.
¶「ご*兄弟は何人ですか」「姉が 1 人と弟が 2 人です」"How many *brothers* and *sisters* do you have?" "I have a (older) *sister* and two (younger) *brothers*." 語法 older, younger は年上・年下を強調するとき以外は普通省略される.
私は 3 人*兄弟です (⇒ 私は 2 人の兄弟をもっている) I have two *brothers*.
彼らは双子の*兄弟だ They are twin *brothers*.
私は弟とよく*兄弟げんかをした My *brother* and I quarreled very often. 語法 つかみ合いのけんかなら fight を用いる.
人間は皆*兄弟だ All ˹men [human beings] are ˹*brothers* [*brethren*]. 語法 同じ信仰の仲間，または他の種類と対比して同類であることを表す場合には複数形が brethren となることがある.

きょうだい² 強大 ━形 (力強い) mighty ★ 文語的；(強力な) powerful；(強い) strong.《☞ つよい (類義語)；きょうりょく²》.

きょうだい³ 鏡台 dressing table Ⓒ,《米》dresser Ⓒ.《☞ しんしつ (挿絵)；たんす (挿絵)》.

きょうたく¹ 供託 ━名 deposition Ⓤ. ━動 deposit ⑭.

きょうたく² 教卓 teacher's desk Ⓒ.

きょうたん 驚嘆 ━名 (感嘆) admiration Ⓤ. ━動 admire ⑭. ━形 (びっくりするような) amazing；(すばらしい) wonderful；(驚くべき) marvelous (《英》marvellous) ★ 以上の順に意味が強くなる.《☞ きょうい¹；かんたん²》.
¶ 彼のすごい記憶力には*驚嘆のほかない His powerful memory is just *amazing*.

きょうだん¹ 教壇 platform Ⓒ《☞ きょうしょく》. ¶ 私は*教壇に立つことを希望している (⇒ 先生になりたい) I want to *become a teacher*. ∥ *教壇に立ったことはありません (⇒ 学校で教えた経験がない) I haven't had any experience in *teaching at school*.

きょうだん² 凶弾 ¶ 彼は*凶弾に倒れた (⇒ 暗殺者に射殺された) He was shot to death by an assassin.

きょうち 境地 (時期・段階) stage Ⓒ；(状態) state ★ 単数形で；(分野) ground Ⓤ；(進路) path Ⓒ.《☞ しんきょう¹》.
¶ 私はあきらめの*境地に達している I have ˹reached [come to] the ˹*stage* [*state*] of resignation. ∥ 彼は無我の*境地にあった He was in a *state* of perfect selflessness. ∥ 彼は新*境地を開いた He ˹opened up new *ground* [found a new *path*].

きょうちゅう 胸中 ━副 (心の底では) at heart；(心の中では) in *one's* mind. ━名 (胸の中) breast Ⓒ；(気持ち) feeling Ⓒ；(心・胸) heart Ⓤ.《☞ しんちゅう¹》.
¶ 彼は落ち着いて見えたが，*胸中思い悩んでいた He looked calm, but was worried ˹*at heart* [*in his mind*]. ∥ 彼の*胸中を察して (⇒ 彼に同情して) 何も言えなかった I couldn't say anything, ˹*sympathizing with* [*feeling for*] him.

きょうちょ 共著 (共同の著作) joint work Ⓒ；(共に執筆すること) collaboration Ⓤ ★「著作」の意味では Ⓒ.
¶ この本は A 氏と B 氏の*共著です This book is ˹the *joint work* of [a *collaboration* between] Mr. A and Mr. B. ∥ 私は鈴木さんと*共著で 2 冊の本を書いた I wrote two books ˹*in collaboration* [*under joint authorship*] *with* Mr. Suzuki.

きょうちょう¹ 協調 ━名 (調和・一致) harmony Ⓤ；(協力) cooperation Ⓤ. ━動 cooperate (with ...) ⓐ. ━形 (協調的な) cooperative. ━副 (協力して) in concert, harmoniously.《☞ きょうりょく¹》.
¶ 私たちは互いに*協調して仕事をした We worked ˹*in cooperation* [*harmoniously*] with each other. ∥ 彼はグループの*協調を乱した He disturbed the *harmony* of the group. ∥ 彼女は*協調的な人だ She is *cooperative*.

きょうちょう² 強調 ━動 (重要性を説く) emphasize ⑭；(重点を置く) stress ⑭；(自分の主張を通す) make a point (of ...ing). ━名 emphasis Ⓒ《複 emphases [émfəsìːz]》, stress Ⓤ.《☞ じゅうてん¹；りきせつ》.
¶ 先生は予習の重要さを*強調した The teacher ˹*emphasized* [*stressed*] the importance of making preparations for lessons. ∥ この本の価値はいくら*強調してもしすぎることはない You can't ˹*overemphasize* [*place too much stress on*] the value of this book. ∥ 彼は規則に従うことをかなり*強調した He *made a* considerable *point of* observing the rules.

きょうつう 共通 ━形 (共通の) common, in common；(お互いの) mutual. ━名 (思想・利害などの共通性) community Ⓤ.《☞ きょうどう¹》.
¶ *共通の利害 *common* interests ∥ 私たち 2 人は*共通するところが多い We two have many things *in common*. ∥ この 2 つの考え方の間には*共通性がない There is nothing *in common* between these two ways of thinking. ∥ 青木さんは私たちの*共通の友人です Mr. Aoki is our *mutual* friend. ∥ この切符は 3 つの劇場に*共通です (⇒ 3 つの劇場のどれでも有効である) This ticket is *good for at any of* the three theaters.
共通一次試験 the Joint Achievement Test.

きょうてい¹ 協定 (合意した事柄) agreement Ⓒ；(取り決め) arrangement Ⓒ；(協議して決めたこと) pact Ⓒ；(国際間の) accord Ⓒ.《☞ とりきめ》.
¶ 彼らは*協定を結んだ They concluded an *agreement*. ∥ 2 者間に*協定が成立した The two parties ˹arrived at [came to；entered into] an *agreement*. / An ˹*arrangement* [*accord*] was ˹arrived at [reached] between the two parties. ∥ その通商*協定はまだ調印が済んでいない The trade ˹*pact* [*agreement*]

き

強調の表現

1　強意語を用いて

(1)　形容詞・副詞の強調

very, quite, too, so, terribly, awfully, really, extremely, highly, simply, dreadfully, pretty, rather, any などの強意語を形容詞・副詞の前に，それを修飾する語として置く．これらは，それぞれ本来の意味を持っているが，強意の手段として用いられることが多い．《☞ 強意語 (囲み)》

¶ 私は*とてもくたびれた I am ˈ*very* [*quite*; *so*; *dead*; *terribly*] tired.
この部屋は*すごく暑いとは思いませんか Don't you think it is ˈ*very* [*so*; *awfully*; *really*; *extremely*; *too*] hot in this room?
雨が*とてもひどく降っている It is raining ˈ*very* [*so*; *really*] hard.
その日は*たいへん暖かかったので，コートなしですませられた The day was warm *enough* to go without a coat.
あの車は古*すぎるから，その旅行には無理だ That car is *too* old to make the trip.
[語法] 上記の 2 例は <形容詞・副詞 + enough + 不定詞句> で「たいへん…なので…できる (=…するには十分…である)」と，<too + 形容詞・副詞 + 不定詞句> で「たいへん…なので…できない (=…するには…すぎる)」の意味を表す例．
あなたのプランは*非常によい Your plan is *very* good.
私は*たいへん残念に思います I'm ˈ*very* [*awfully*] sorry.

(2)　述語動詞の強調

very much, greatly, a great deal などにより，述語動詞を修飾して強調する場合．

¶ 彼は山田博士を*たいへん尊敬している He respects Dr. Yamada ˈ*very much* [*greatly*].
この車を維持するには*非常にお金がかかる Keeping this car has cost me *a great deal*.

2　同じ語句を繰り返して

¶ 彼らは*何時間も立ち続けた They kept standing for *hours and hours*.
大岩は*どんどん転がり落ちていった The big rock rolled *down and down*.
凧(たこ)は風を受けて*ずんずん上がっていった The kite went ˈ*up and up* [*up higher and higher*] with the wind.
その木は*どんどん成長していった The tree grew *taller and taller*.

3　助動詞 *do* を用いて

この強調の do には必ず強勢が伴う．

¶ 私は*どうしてもあなたが間違っていると思いますよ I *dó* [dúː] think you are mistaken.
私は*確かに彼に手紙を書いたのです I ˈ*díd* write [*háve* written] to him. [語法] do 以外の助動詞のある文では do を用いずに，助動詞に強勢を置いて強調する．
だれが*いったいこの雪の中を出て行ったのだ Who *díd* go out in the snow?
静かにしなさい *Dó* be quiet.

4　再帰代名詞を用いて

「…自身(で)」という強調を表す．《☞ 再帰代名詞 (欄外)》

¶ 彼は*自分(自身)でその仕事を引き受けた He *himself* undertook the work.
あなた*自身，答えをご存知なのですか Do you know the answer *yourself*?

5　構文を変えて

(1)　語順の変更

最もよく行われるのは，強調する語を文頭に置くもの．それに伴う助動詞などの語順の変更に注意．《☞ 倒置 (欄外)》

¶ あの日以来，私は彼女に会ったことは*決してない *Never have* I met her since that day.
わずかな望み*しか私たちは持っていなかった *Only a little gleam of hope did* we have.

(2)　*It is ... that* 節・*wh* 節の構文

¶ その仕事をするべきなのはあなたなのです *It is* you *that* should do the work.
その事故が起こったのはきのうの朝早くでした *It was* early yesterday morning *that* the accident took place.
あなたを助けようとしたのは田中さんです *It was* Mr. Tanaka *who* tried to save you. 《☞ It の用法 (欄外)》

(3)　修辞疑問文で

答えが当然 no となるような，いわゆる「反語」を修辞疑問文と呼ぶが，内容を強調した表現になる．《☞ 修辞疑問 (欄外)》

¶ だれがそのことを知っていようか (=だれも知らない) *Who knows* the fact? (=No one knows the fact.)
それを知らない者があろうか *Who does not know* it?
彼のような男にだれが本当のことを言うだろうか *Who should tell* the truth to such a man as he?

6　強勢だけを用いて

話し言葉では，文中の強調したい語に強勢をつけることによって強調を表すことがしばしばある．特に日常的な口語表現でよく使われる．印刷の場合にはイタリック体，手書きやタイプではアンダーラインで示す．《☞ イタリック体 (欄

外)；アンダーライン (欄外))
¶私は彼ではなく彼女と話をしていたのです I was talking with *her*, not *him*.
あしたこの本を図書館へ返すまでに，どうしても読み終えてしまうつもりです I *will* have finished reading this book before I return it to the library tomorrow.

has not been signed yet. // 漁業*協定 a fisheries ˹*agreement* [*pact*] // 航空*協定 a civil air ˹*agreement* [*pact*] // 紳士*協定 a gentleman's *agreement*
協定価格 price agreed upon Ⓒ；(決まった値) fixed price Ⓒ.

きょうてい² 競艇 (モーターボートの) motorboat [speedboat] race Ⓒ；(ボートレース) boat race Ⓒ.

きょうてき 強敵 (強い敵) powerful [formidable] enemy Ⓒ；(競争相手) powerful [strong] rival Ⓒ. 《☞ てき (類義語)》. ¶彼は商売上の*強敵だ He is a ˹*formidable* [*powerful*] *rival* of mine in business.

きょうてん 経典 (仏教の) sutra Ⓒ；(キリスト教の) the (Holy) ˹Bible [Scripture(s)]；(キリスト教以外の) scripture Ⓒ；(回教の) the Koran.

ぎょうてん 仰天 ― 動 (非常にびっくりする) be ˹astonished [flabbergasted] ★[ ] 内の語は口語的な大げさな表現. 《☞ おどろく (類義語)；びっくり》. ¶私はそれを見て*仰天した I *was* ˹*greatly astonished* [*flabbergasted*] to see it.

きょうと 教徒 (信者) believer (in ...) Ⓒ；(支持者) adherent (to ...) Ⓒ；(信奉者) follower (of ...) Ⓒ. ¶仏*教徒 a *Buddhist* // キリスト*教徒 a *Christian*

きょうど¹ 強度 ― 名 (光・熱などの) intensity Ⓤ；(物体の) strength Ⓤ. ― 形 (頑丈な) strong；(強烈な) intense；(強力な) powerful. 《☞ つよい (類義語)》.
¶光の*強度はルクスで示す The *intensity* of light is measured in lux. // 彼は*強度の (⇒ひどい) 近視で*強度の (⇒ 度の強い)眼鏡をかけなくてはならない He is *very* nearsighted and has to wear ˹*powerful* [*strong*] glasses.

きょうど² 郷土 **1** «故郷»：(郷里) *one's* home Ⓒ；(故郷の町) hometown Ⓒ；(出生地) *one's* birthplace Ⓒ；(生まれ育った土地) *one's* native place Ⓒ [参考] native には「原住民の」という感じがあり *one's* native place はあまり用いられない. 《☞ こきょう；きょうり；くに》. ¶彼はわが*郷土の誇りである He is the boast of our *town*.
2 «ある地方の» ― 形 (民衆の) folk；(ある地方の) local. ¶*郷土色豊かな祭りをお目にかけましょう I'll show you a festival full of *local* color.
郷土芸能 local performing arts ★複数形で. **郷土史** local history Ⓤ.

きょうとう¹ 共闘 (共同戦線) united [common] front Ⓒ；(共に闘争すること) joint struggle Ⓒ. ¶社会党と共産党は*共闘を約した The Socialist Party and the Communist Party agreed to ˹*form a common front* [*join forces*]. // 彼らは*共闘して勝利を得た They *struggled jointly* and won.

きょうとう² 教頭 (筆頭の教師) head teacher Ⓒ；(副校長) vice-principal Ⓒ.

きょうどう¹ 共同 ― 形 (共通の) common；(公共の) public；(一致協力した) united. ― 名 (連合) combination Ⓤ；(協力) collaboration Ⓤ；(共通・共有) community Ⓤ. ― 動 (共にする) share ㊎；(結合させる) combine ㊎；(団結する・させる) unite ㊍ ㊎. 《☞ きょうつう；きょうよう²；ごうどう》.
¶この部屋は私たち２人が*共同で使っている (⇒ 共用している) We two *share* this room. / We two use this room ˹*in common* [*between us*]. // 彼らは*共同して問題解決に努力した (⇒ 努力を結集した) They ˹*combined* their efforts [made *united* efforts] to solve the problem.
共同コミュニケ joint communiqué [kəmjúːnikèi] Ⓒ **共同社会** community Ⓒ, society Ⓒ **共同声明** joint statement Ⓒ **共同戦線** united [common] front Ⓒ. ¶*共同戦線を張る form [make] a *common front* **共同体** community Ⓒ **共同謀議** conspiracy Ⓤ **共同募金** 《米》 community chest Ⓤ；(行為) charity fund raising Ⓤ **共同墓地** cemetery Ⓒ.

きょうどう² 協同 ― 動 (協力する) cooperate (with...) ㊍；(力を合わせる) join ˹forces [hands] (with ...). ― 名 (協力) cooperation Ⓤ；(共同・協力) collaboration Ⓤ；(提携) partnership Ⓤ. 《☞ きょうりょく¹》.
¶彼らが*協同してくれればよいのだが I wish they would *cooperate with* us. // 彼らには*協同の精神が欠けているようだ They seem to lack a ˹*cooperative* spirit [spirit of *cooperation*]. // 彼は*協同経営から手を引いた He left the *partnership*.

きょうとうほ 橋頭堡 (橋・川の) bridgehead Ⓒ；(海岸の) beachhead Ⓒ.

きょうねん 享年 *one's* age at death Ⓤ.
¶彼は*享年80歳だった (⇒80歳で死んだ) He *died at* (*the age of*) eighty.

きょうばい 競売 ― 名 auction Ⓒ ★at [by] auction などでは無冠詞. ― 動 (競売にかける) auction ㊎. 《☞ せり¹》.
¶これらの物品は*競売に付される These articles will *be sold* ˹*at* [《英》 *by*] *auction*. / These articles will *be put up* ˹*at* [《英》 *to*] *auction*. // 彼はその家具を*競売にかけた He *auctioned* the furniture.
競売人 auctioneer [ɔ̀ːkʃəníə] Ⓒ.

きょうはく¹ 脅迫 ― 名 (脅し) threat Ⓒ；(おびやかすこと) intimidation Ⓤ；(脅威) menace Ⓤ. ― 動 threaten ㊎；intimidate ㊎；menace ㊎.
【類義語】相手に対してある行為をするぞと言葉に出して脅すのが **threaten** で，最も一般的な語. 相手が恐怖心を起こすような手段を用いて脅し，脅威を与えるのが **menace** で，やや文語

的. 相手を脅して屈服させたり服従させたりするのが ***intimidate.*** 《☞ おどす; きょうかつ》
¶ その男は私を*脅迫した The man *threatened* me. ∥ 私は*脅迫に屈してしまった I have ⌈surrendered [yielded] to *intimidation.* ∥ 追いはぎは殺すぞと*脅迫した The bandit *threatened* me with death.

きょうはく[2] 強迫 — [動] (強制する) coerce [kouə́ːs] (他), (無理にさせる) compel (他); (強いる) force (他). — [名] coercion [kouə́ːʃən] Ⓤ; compulsion Ⓤ. 《☞ きょうせい[1] (類義語)》.
¶ 彼はいつもだれかが見ているのではないかという*強迫観念につきまとわれている He *is obsessed* ⌈*with* [*by*] *the idea* that someone is always watching him.

きょうはん 共犯 (共犯者) accomplice [əkάmplis] Ⓒ; (行為) complicity Ⓤ.

きょうふ 恐怖 (ぎょっとするような) fright Ⓒ; (体がすくむような) terror Ⓤ; (身の毛もよだつ) horror Ⓤ.
【類義語】突然ぎょっとすくむような短時間の恐怖は ***fright.*** 衝撃的で体のすくむような非常に強い恐怖は ***terror.*** 身の毛がよだつようでしかも嫌悪をもよおさせるような恐怖は ***horror.*** 《☞ おそれ[1] (類義語); おどろき》
¶ 彼は*恐怖に襲われた He was ⌈seized [struck] with ⌈*terror* [*horror*]. ∥ それを見ると*恐怖心が起こる I *am terrified* by the sight of it.
恐怖政治 terrorism Ⓤ.

きょうぶ 胸部 (胸の前面) breast Ⓒ; (肋骨に囲まれた) chest Ⓒ. 《☞ むね[1] (類義語)》.
胸部疾患 chest disease Ⓒ.

きょうふう 強風 (一般的に強い風) strong [high] wind Ⓒ; (気象上の用語で) gale Ⓒ ★ 歩行困難で時によっては危険な程度の風. 《☞ かぜ[1] (表)》.

きょうへん 共編 — [名] coeditorship Ⓤ. — [動] coedit (他). 《☞ -へん; きょうちょ》.

きょうべん 教鞭 教べんをとる (先生をしている) be a teacher; (学校で教える) teach at (a) school, 《米》 teach school. 《☞ きょうだん[1]》.

きょうほ 競歩 race walking Ⓤ.

きょうぼう[1] 共謀 — [動] (ひそかに共同でたくらむ) conspire (自) (他); (共に計画を立てる) plot ... together. — [名] conspiracy Ⓤ. 《☞ いんぼう; たくらむ; ぐる》. ¶ ...と*共謀して in *conspiracy* with ...

きょうぼう[2] 凶暴 — [形] (獰猛(どうもう)な) ferocious; (残虐な) atrocious; (残忍な) brutal. — [名] ferocity Ⓤ; atrocity Ⓤ; brutality Ⓤ.
¶ 怒ると彼は*凶暴になる When angry, he shows his *brutality.* 《☞ 省略 (欄外)》

きょうぼう[3] 狂暴 — [形] (逆上した) frenzied; (暴力的な) violent; (荒れ狂った) wild. — [名] frenzy Ⓤ.

きょうほん 狂奔 — [動] (狂ったように走り回る) run madly about; (多忙である) be very busy (in ...ing); (...に夢中になる) be absorbed (in ...). 《☞ ほんそう》. ¶ 彼は金もうけに*狂奔している He *is* ⌈*absorbed* [*very busy*] *in* making money.

きょうみ 興味 — [名] (興味・関心) interest Ⓤ; (人の心に興味を起こさせるもの・魅力) appeal Ⓤ. — [形] (物・事が興味深い) interesting; (人が...に興味を持っている) (be) interested in ...; (魅力的な) appealing, attractive. 《☞ かんしん[2]; おもしろい》.
¶ 彼は歴史に非常に*興味を持っている He has a great *interest in* history. / He *is* ⌈very [greatly; keenly; deeply] *interested in* history. ★ very は平易な表現. / History has a great ⌈*appeal* [*attraction*] to him. ∥ それは*興味ある話だ That is an *interesting* story. ∥ 私は金もうけには*興味がない I ⌈*am* not *interested* [have no *interest*] *in* making money. ∥ 彼はこのごろ心理学に*興味を持つようになった He *has gotten interested in* psychology these days. ∥ 彼は宗教に*興味を失った He (has) lost *interest in* religion. ∥ *興味本位の新聞記事 a *sensational* news story

ぎょうむ 業務 (仕事) business Ⓤ; (公共事業などの業務) service Ⓤ. 《☞ しごと (類義語); じむ; えいぎょう》. ¶ストライキで*業務はすべて停止している All *business* has been stopped by the strike. **業務上過失致死** manslaughter through professional negligence Ⓤ.

きょうむか 教務課 (大学で, 成績・登録などの記録を扱う部門) registrar's office Ⓒ.

きょうめい 共鳴 **1** «共感» — [動] (共感する) sympathize (with ...) (自); (反応する) respond (to ...) (自). 《☞ きょうかん; どうじょう[1] (類義語)》. ¶ 多くの人が彼の主張に*共鳴した Many people *sympathized with* his opinion.
2 «物理上の現象» — [名] resonance Ⓤ. — [動] be resonant (with ...).

きょうもん 経文 (経典) sutra Ⓒ 《☞ きょうてん》.

きょうやく 協約 (お互いに合意した約束) agreement Ⓒ; (申し合わせ) understanding Ⓒ. 《☞ きょうてい[1]》.

きょうゆ 教諭 teacher Ⓒ 【語法】日本語における「田中二郎教諭」のように肩書あるいは敬称としては用いない. 英語では Mr. Jiro Tanaka, *teacher* of English at a high school のように言う. 《☞ せんせい[1]; 呼びかけ (囲み)》.

きょうゆう 共有 — [名] (共同の所有) joint ownership Ⓤ. — [動] (共同で所有する) own ... jointly; (共通に持つ) hold ... in common. 《☞ きょうどう[1]; きょうよう[2]》. ¶ 私たち 2 人はこの別荘を*共有している We two *own* this cottage *jointly.*

きょうよ 供与 — [動] (与える) give (他) ★ 平易な日常語. 以下の語の代わりに用いることができる場合が多い; (許可などを与える) grant (他); (供給する) furnish [provide] ... with ... 《☞ ていきょう; きょうきゅう; あたえる》.

きょうよう[1] 教養 — [名] (洗練された思考・態度) culture Ⓤ; (教育による教養) education Ⓤ; (洗練) refinement Ⓤ. — [形] cultured; educated; refined. 《☞ がく[3]》.
¶ 彼は*教養のある人だ He is ⌈a man of *culture* [a well-*educated* person]. ∥ *教養を

高めるには古典を読みなさい If you want to *cultivate* yourself, read the classics.
教養学部 the ⌈college [《英》faculty] of liberal arts, liberal arts college Ⓒ **教養学科** the department of liberal arts 【語法】英米では大学によっては department を「学部」に当たるものに使う場合がある. 《☞ がくぶ (類義語)》 **教養課程** liberal arts ⌈course [section] Ⓒ **教養科目** the liberal arts ★ 複数形で ; subject for general education Ⓒ **教養番組** educational program Ⓒ.

きょうよう² 共用 ─ 動 (一緒に使用する) share ㊀ ; (共同で使う) use ... in common. ─ 形 (共通の) common ; (公の) public. 《☞ きょうどう¹ ; きょうゆう》. ¶ 私たちは一人一人部屋を持っているが, 台所は*共用している We each have a room, but ⌈*share* the kitchen [*use* the kitchen *in common*].

きょうよう³ 強要 ─ 動 (無理にさせる) force ㊀ ; compel ㊀ ★ 前者のほうが意味が強い ; (おどして強制する) coerce ㊀ ; (約束・自白などを) extort ㊀. ─ 名 coercion Ⓤ. 《☞ きょうせい¹ (類義語) ; おしつける》.
¶ 私は辞職を*強要された I *was* ⌈*forced* [*compelled*] to resign. // 自白は*強要されてはならない Confessions must not *be* ⌈*forced* [*extorted*].

きょうらく 享楽 (楽しむこと) enjoyment Ⓤ ; (快楽) pleasure Ⓤ ★ 以上 2 語とも享楽の対象に対しては Ⓒ. 《☞ たのしみ ; かいらく》.
享楽主義者 epicurian Ⓒ.

きょうらん 狂乱 ─ 形 (逆上した) frantic ; (気も狂わんばかりの) mad ; (狂気じみた) wild. ─ 動 be frantic ; (正気を失う) go [be driven] mad ; (我を忘れる) be beside *oneself*. ─ 名 (狂気) madness Ⓤ ; wildness Ⓤ. 《☞ ぎゃくじょう ; さくらん》. ¶ 彼女は知らせを聞いて半*狂乱になった She *was beside herself* at the news.

きょうり 郷里 (故郷の町) *one's* ⌈hometown [home] Ⓒ 【語法】《米》では village という用語を用いないので, 集落程度でも hometown でよいし, また東京・大阪のような大都市でも homecity とは言わず hometown でよい. 簡単に言うときは home でもよいが, 「故郷の家」との混同が起こる場合がある ; (出生地) *one's* birthplace Ⓒ ; (故郷の県) home prefecture Ⓒ. 《☞ こきょう ; ふるさと ; くに》.
¶「ご*郷里はどちらですか (⇒ どこから来たのですか)」「大阪です」"Where *are* you *from*?" "I am from Osaka." // *郷里は仙台です I ⌈*come* [*am*] *from* Sendai. 【語法】「出身」の意味のときは came from という過去時制にはしない. / My *hometown* is Sendai. // *郷里にはよく帰ります I often go back ⌈*home* [to *my hometown*].

きょうりゅう 恐竜 dinosaur [dáinəsɔ̀ːr] Ⓒ.

きょうりょく¹ 協力 ─ 名 cooperation Ⓤ ; (共同) collaboration Ⓤ ; (共に働くこと) working together Ⓤ. ─ 動 cooperate (with ...) ㊁ ; collaborate (with ...) ㊁ ; work together ㊁ ; (努力を結集する) unite *one's* efforts (with ...) ; (共同で行う) team up (with ...) ㊁. 《☞ きょうどう² ; えんじょ》.
¶ あなたの*協力をぜひお願いしたい I would like to ask for your ⌈*cooperation* [*help* ; *assistance*]. // 私はいつでも*協力を惜しみません I am ready to give my *cooperation*. // あなたのご*協力を感謝します I appreciate your *cooperation*. // 私たちは彼らと*協力してこの仕事を完成した We completed this project *in cooperation with* them. // 彼女は*協力者としては貴重な存在だ She is valuable as our *collaborator*.

きょうりょく² 強力 ─ 形 (強い) strong ; (力のある) powerful ; (強大な) mighty ; (エンジンなどの) high-powered. 《☞ つよい (類義語)》. ¶ その運動は大衆の*強力な支持を得た The movement obtained ⌈*strong* [*powerful*] support from the public. // ボートには*強力なエンジンが付いている The boat is equipped with a *high-powered* engine.

きょうれつ 強烈 ─ 形 (強い) strong ; (光・寒暑・感情など) intense ; (色彩の) loud ; (厳しい) fierce. 《☞ つよい (類義語)》.
¶ この液体は*強烈なにおいがある This liquid has a *strong* smell. // 私は*強烈な光に目がくらんだ (⇒ 強烈な光が私の目をくらませた) An *intense* light dazzled me. // 彼は相手に*強烈な一撃を加えた He gave his opponent a ⌈*crushing* [*powerful* ; *strong*] blow.

ぎょうれつ 行列 **1** «並んだ列» ─ 名 line Ⓒ ★ 最も一般的 ; (順番を待つ列) queue [kjúː] Ⓒ ; (行進) parade Ⓒ ; (行進をする列) procession Ⓒ. ─ 動 (整列する) line up ㊁ ; (列を作る) queue ㊁ ; (行進する) parade ㊁, march in procession ㊁. 《☞ れつ ; ならぶ》.
¶ 私たちは*行列して何時間も待った We waited *in line* for hours. ★ in line は成句的に用いられる. // 劇場の前には待っている人々の長い*行列ができていた There was a long *line* of people waiting in front of the theater. / (⇒ 長い列を作っていた) People were making a long *queue* before the theater. // *行列から離れないで下さい Please don't ⌈fall [drop] out of the ⌈*line* [*procession*].
2 «数学の術語» : 〔数学〕 matrix [méitriks] Ⓒ 《複 matrices [méitrisìːz]》.
行列式 determinant Ⓒ.

きょうわおん 協和音 〔音楽〕 consonance Ⓒ (↔ dissonance), concord Ⓒ.

きょうわこく 共和国 republic Ⓒ. ¶ 中華人民*共和国 the People's *Republic* of China

きょうわせいじ 共和政治 republican government Ⓤ.

きょうわとう 共和党 (米国の) the Republican Party. **共和党員** Republican Ⓒ.

きょえい 虚栄 ─ 名 (虚栄心) vanity Ⓤ ; (強い虚栄心) vainglory Ⓤ. ─ 形 vain ; vainglorious. 《☞ みえ》. ¶ それは彼女の*虚栄心を傷つけた It ⌈hurt [wounded] her *vanity*. // 彼はとても*虚栄心が強い He is really ⌈*vain* [*vainglorious*].

き

きょか 許可 **1** «許すこと» ━名 permission Ⓤ, leave Ⓤ 語法 日本語で「許可」という語が用いられていても, 以上の訳語を用いずに may, can で言い表すことができる場合も多い. ━動 (許容する) permit ㊀; (是認する) allow ㊀; (許す) let ㊀.

【類義語】人に何かをしてもよいとはっきり積極的に許可を与えるのが ***permit*** で, やや形式ばった語. 名詞形は ***permission*** であるが, 口語では ***leave*** を用いる. 特に外出・休日などの許可には *leave* が使われる. 人が何かをするのを禁止しないという消極的な許可を表すのは ***allow***. 人が何かするのを止めないで好きなようにさせるという意味のくだけた日常語は ***let***. 《☞ ゆるし; ゆるす; みとめる》

¶「今晩, 外出の*許可を頂けますか (⇒ 外出してもいいですか)」「いいとも」“*Can* I go out this evening?” “Sure.” / “May I have your *permission* to go out this evening?” “Certainly.” 《☞ くだけた英語と堅苦しい英語 (欄外)》 // 私は外出の*許可をもらった I got ˹*leave* [*permission*] to go out. // 彼女の父は彼女が一人で外国へ行くことを*許可した Her father ˹*allowed* her to [*let* her] go abroad alone. // 私は子供たちにプールで泳ぐことを*許可した I ˹gave *leave* to [*permitted*] the children to swim in the pool. // 私はそんなことは*許可していない I've never ˹granted [given] such *permission*. // だれの*許可を得てそんなことをしたのですか (⇒だれが許可をしたか) Who ˹gave you *permission* [*allowed* you] to do such a thing?

2 «免許・承認» ━名 (公認) authorization Ⓤ; (免許) license (《英》 licence) Ⓤ ★「許可証」の意味では Ⓒ; (承認) approval Ⓤ; (認可) sanction Ⓤ ★ 形式ばった語. ━動 authorize ㊀; license ㊀; approve ㊀; sanction ㊀. 《☞ にんか; しょうにん¹》.

¶ 我々は独自の決定をすることを*許可されている (⇒ 権限を与えられている) We *are authorized* to make our own decisions. // このレストランは酒類の販売を*許可されている This restaurant *is licensed* to sell liquor. // 東西大学に入学*許可を得た I have received *admission* to Tozai University. / I *have been* ˹*admitted* to [*matriculated* in] Tozai University.

許可証 (公式の) permit Ⓒ; (法律に基づく) license (《英》 licence) Ⓒ.

ぎょかいるい 魚介類 (魚類と貝類) fish(es) and shells; (海産物) marine products ★ 以上 2 つは通例複数形で; (海産食品) seafood Ⓤ.

きょがく 巨額 ━名 huge [enormous] sum Ⓒ. ━形 huge, enormous. 《☞ たがく; ばくだい》.

ぎょかく 漁獲 (魚を捕らえること) fishing Ⓒ; (漁獲高) haul [catch] (of fish) Ⓒ. 《☞ みずあげ》.

きょぎ 虚偽 ━名 (偽り) falsehood Ⓤ ★ やや形式ばった語; (うそ) lie Ⓒ (↔ truth). ━形 (偽りの) false; (真実でない) untrue 語法 untrue は真実でないことを客観的に言うが, false は「偽の」,「人造の」などのニュアンスがある; (実在しない) unreal; (架空の) fictitious. 《☞ うそ (類義語)》. ¶ 証人は*虚偽の申し立てをした The witness ˹made a *false* statement [gave *false* evidence].

ぎょぎょう 漁業 fishery Ⓒ. ¶ 日ソ*漁業協定は間もなく締結されよう The Soviet-Japanese *fisheries* agreement will soon be concluded. **漁業(協同)組合** fishermen's (cooperative) association Ⓒ **漁業(専管)水域** (exclusive) fishery zone Ⓒ.

きょきん 拠金, 醵金 ━名 (寄付) contribution Ⓤ ★「寄付金」の意味では Ⓒ; (寄付金) subscription Ⓒ. ━動 (金を寄付する) contribute [donate] money (to ...) ★ donate は特に恵まれない人々への奉仕などへの寄付をいう. 《☞ けんきん; きふ》.

きょく¹ 曲 (音楽) music Ⓤ 語法 特に「1 曲」というときは a piece of music とする; (単純な短い旋律) tune Ⓒ; (簡単な旋律) air Ⓒ ★ tune と air はほぼ同意に用いられるが, tune のほうが一般的; (歌) song Ⓒ; (メロディー) melody Ⓒ; (小品) piece Ⓒ; (楽曲) composition Ⓒ. 《☞ 音楽 (囲み)》.

¶ 彼はその*曲をピアノで弾いた He played the ˹*tune* [*melody*; *piece*] on the piano. // 彼はその詩に*曲をつけた He ˹put [set] the poem to *music*. // この*曲はベートーベンの晩年に書かれた This ˹*music* [*piece*; *musical composition*] was written by Beethoven in his later years.

きょく² 局 **1** «官庁の»: bureau Ⓒ 《複 ～s, bureaux [～z]》.

¶ 外務省アジア*局 the Asian *Bureau* of the Foreign ˹Ministry [Office] // 日本の省は*局と課から成る A Japanese ministry is made up of ˹*bureaus* [*bureaux*] and sections. // 放送*局 a broadcasting *station* 《☞ ほうそう¹》 // 郵便*局 a post *office* // 電話*局 a telephone *office* / 《交換局》 a telephone *exchange* // 電信*局 a telegraphic *office*

2 «将棋・囲碁の»: game Ⓒ. ¶ 私は彼と碁を一*局打った I had a *game* of go with him. **局留め** general delivery Ⓤ, 《英》 poste restante Ⓤ. ¶ この手紙は*局留めて送る I'll send this letter ˹*to general delivery* [*poste restante*]. **局番** (電話の) exchange number Ⓒ.

ぎょく 漁区 (漁場) fishing ˹ground [area] Ⓒ.

ぎょぐ 漁具 fishing implements ★ 複数形で; (釣り道具) (fishing) tackle Ⓤ.

きょくう 極右 (極右主義者) extreme rightist Ⓒ, ultrarightist Ⓒ; (総称) the extreme right, the ultraright.

きょくがいしゃ 局外者 outsider Ⓒ; (第三者) third party Ⓒ; (傍観者) onlooker Ⓒ, looker-on Ⓒ 《複 lookers-on》. 《☞ ぶがいしゃ》.

きょくげい 曲芸 (軽わざ) (acrobatic) feat Ⓒ; (離れわざ) stunt Ⓒ; (早わざ) trick Ⓒ. **曲芸師** acrobat Ⓒ.

きょくげん¹ 極限 (限度) the utmost limit;

き

許可の表現

許可を求める表現は相手により異なる. 親しい間柄などではくだけた表現を使い, 相手が目上の人や知らない人の場合は表現も丁寧になる. 丁寧な表現には助動詞を過去形にして仮定法を用いる場合が多い. 形式としては疑問文で直接許可を求める場合のほか, 平叙文を使って間接的に求める場合もある. 《☞ 丁寧な表現 (欄外)》

(1) *may* と *can* を使って

許可を与える場合, 権威的で形式ばった表現では may が, より柔らかい調子のくだけた表現では can が用いられる.

¶ もう行ってもよろしい You ˹*may* [*can*] go now.

許可を求める最も一般的な表現は May I ...? の形をとる. Can I ...? はごく親しい間柄で用いられ, 子供などが使うと, たしなめる親もいる. ただし, 口語では使われることが多くなってきている. はっきり許可を求めるときは May I have permission to ...? となる.

May I ...? に対する肯定の答えは Yes, you may. だが, この表現は目下の者とか子供などに対する場合はよいが, 相手によっては尊大に響くので失礼になる場合がある. 従って普通は Yes, ˹certainly [please]. または単に Certainly. あるいはくだけた表現では Sure. のように答える.

不許可の場合は No, you may not. となるが, これも上と同じ理由で, No, you can't. のように can't を may not の代わりに使う場合が多い. もっと丁寧に断りたいときは, Well, I'm sorry. などと言ってもよい. 強い禁止を表すには No, you must not. のように must not を使う.

¶「紙を切るのにこのナイフを使ってもいいですか」「いいですよ」"*May* I use this knife to cut paper?" "Yes, ˹you *may* [certainly; of course]." [語法] 答えは "Oh, yes." だけでもよい. だめな場合は "No, you ˹may not [can't]."

次は, 本来は「...できる」という意味の can を許可を求めるために使った生徒に対する先生の皮肉な答えの例である: "*Can* I leave the room?" "*You can*, but you *may not*."

丁寧な表現には may の代わりに might を使うが, これは初対面の人とか, 相手をよく知らない場合などに用いられることが多い.

¶「この窓を開けてもよろしいですか」「どうぞ」"*Might* I open this window?" "Yes, of course. / Sure."

can の過去形の could は, 許可というよりも相手に対する依頼を表す丁寧な表現として用いられることが多い. 《☞ 依頼の表現 (囲み)》

(2) *Do you mind ...?*

丁寧に,「...してかまいませんか」という意味で用いられる. mind の後には動名詞または if 節が続く. mind は「気にかける」という意味であるから, Yes と肯定で答えると「気にかける」つまり「...しては困る」ということになってしまう. そこで「どうぞ」という場合は Not at all. または Of course not. のように否定で答えなければならない.

なお, Would you mind ...? と would を用いるさらに丁寧な言い方があるが, これは前後関係によっては「...して下さいませんか」という依頼にもなる. 答えは普通は "Not at all." "Certainly not." となる. 《☞ 依頼の表現 (囲み)》

¶「ここでたばこを吸ってもかまいませんか」「ええ結構です」"Do you *mind* my smoking here?" "No, not at all. / Of course not."

「このタイプライターを使ってもよろしいですか」「ええ, いいですよ」"Do you *mind* if I use this typewriter?" "No, I don't. / Not at all. / Certainly not."

さしつかえがあるようなときの返事は, 普通は I'm sorry, but smoking is not permitted here. とか, No, you can't. のように答える.

(3) *I wonder if ...*

「...してもよいかしら」というように, 間接的に許可を求める丁寧な言い方. 仮定法の助動詞を伴うことが多い. 《☞ 仮定の表現 (囲み)》

¶「一緒に行ってもよろしいでしょうか」「いいですとも」"*I wonder* ˹*if* [*whether*] I ˹*might* [*could*] ˹go [come] along with you." "Yes, of course."

感情をこめるときは次のように進行形も使う.

¶「この包みを持つのを手伝っていただけますか」「いいですとも」"*I'm* just *wondering if* you *could* help me carry these parcels." "Certainly."

(4) *all right* を使って

会話でよく用いられる表現に Is it *all right* ...?, Would it be *all right* ...? がある. 「...してもいいですか」という意味である.

¶「この手紙のコピーを取ってもいいですか」「いいですとも」"Is it *all right* for me to make a copy of this letter?" "Sure. / Yes, of course. / Certainly."

「彼を招待してもよろしいですか」「いいですとも」"Would it be *all right* if we invite him?" "Why, of course."

(5) 動詞 *permit, allow, let* を使って

積極的にはっきり許可を与えるのが permit で, 反対や禁止をしないで,「...させておく」という消極的な態度を示すのが allow. allow とほぼ同じだが, より口語的なのが let.

¶ 先生は早退を許してくれた The teacher *permitted* me to leave class early.

彼女はいつでも私にピアノを弾かせてくれた She *allowed* me to play the piano any time.

「あなたの辞書を使わせて下さい」「どうぞ」 "Will you *let* me use your dictionary?" "Yes, please do." [語法] 間接的に頼むなら "I hope you will *let* me use your dictionary." となる.

対話例

A：この部屋でしばらくお待ち下さい
B：テレビをつけてもよろしいですか
A：結構です

A: Will you please wait in this room for a while?
B: Mind if I turn on the television?
A: Not at all.

A：この電話をお借りしてもいいですか
B：どうぞ

A: May I use this telephone, please?
B: Certainly.

(境界) bounds ★通例複数形で；(限界) boundary Ⓒ. 《☞ げんかい》. ¶ *極限まで自分の能力を伸ばしたい I want to develop my faculties *to the utmost limit.*

きょくげん² 極言 ―[動] go so far as to say ... ―[副] (厳密に言うと) strictly speaking. 《☞ きょくろん》. ¶ *極言すれば (⇒厳密に言えば) この取り決めは無効だ *Strictly speaking,* this agreement is no longer valid. // そこまで*極言する必要はない We need not *go so far as to say* that much.

きょくさ 極左 (極左主義者) extreme leftist Ⓒ, ultraleftist Ⓒ; (総称) the extreme left, the ultraleft.

きょくしょ 局所 (体の限られた部分) (limited) part (of the body) Ⓒ.

ぎょくせきこんこう 玉石混交 ¶「あなたの部下は優秀な人が多いですか」「いや, *玉石混交です (⇒あるものはよく, あるものは悪い)」"Do you have many good men under you?" "No, some are *good and* some are *bad.*"

きょくせつ 曲折 (曲がりくねっていること) winding Ⓤ; (ジグザグ) zigzag Ⓒ; (変化) ups and downs; (変動や急変) twists and turns; (複雑) complications ★以上3つは通例複数形で. 《☞ まがりくねる》.
¶ 多くの*曲折を経て私たちはある結論に達した We came to a conclusion after many *twists and turns.* // 少しばかり*曲折はあるだろうが, 解決できない問題ではない We may have some *complications,* but the problem is not insoluble.

きょくせん 曲線 curve Ⓒ, curved line Ⓒ.

きょくだい 極大 ―[形] maximum.

きょくたん 極端 ―[形] (極度の) extreme; (過激な) radical; (過度の) ultra ★接頭辞にもなる. ―[副] extremely; (過度に) excessively, to excess; (極度に) to an [in the] extreme. ―[名] extreme Ⓤ ★「極端な行為」などでは Ⓒ. 《☞ きょくど》.
¶ 彼は*極端に潔癖だ He is ｢*extremely* [*excessively*] fastidious. // *極端に走るな Don't go to ｢*extremes* [*excess*]. / (⇒行き過ぎるな) Don't *go too far.* // 彼は*極端な国家主義者だ He is an *ultranationalist.* // これは*極端な例だ This is an *extreme* case. // 我々は暑さと寒さの両*極端を経験した We experienced the *extremes* of heat and cold. [語法] このような両極端を指すときは extremity は使えない.

きょくち¹ 極地 ―[名] (極) the pole Ⓒ; (極地方) the polar regions. ―[形] polar. 《☞ ほっきょく；なんきょく¹》.

きょくち² 極致 ¶ 彼は美の*極致 (⇒申し分のない[完璧な]美) を求め続けた He kept on looking for ｢*ideal* [*perfect*] beauty. 《☞ ぜっちょう；ちょうてん》

きょくちょう 局長 (官庁の) director [chief] of the bureau Ⓒ; (郵便局長) postmaster Ⓒ; (一般の長) the head of an office Ⓒ.

きょくど 極度 ―[形] (極端な) extreme; (過度の) excessive; (最高の) utmost; (最大の) maximum. ―[副] extremely; excessively. 《☞ きょくたん》. ¶ *極度の疲労で彼は倒れた He collapsed from ｢*extreme* [*excessive*] fatigue. // 彼らは*極度に興奮[緊張]していた They were *extremely* ｢excited [strained].

きょくとう 極東 ―[名][固] the Far East. ―[形] Far Eastern.

きょくのり 曲乗り (曲馬) circus riding Ⓤ; (自転車の) trick riding Ⓤ; (飛行機の) stunt flying Ⓤ; (離れわざ) stunt Ⓒ; (軽わざ) acrobatics ★複数形だが, 時に単数扱い.

きょくぶ 局部 ―[名] (体の一部) part (of the body) Ⓒ; (患部) the affected part. ―[形] (局部の・局部的) local. **局部麻酔** local anesthesia Ⓤ 《☞ ますい》.

きょくめん 局面 (一般的な情勢) situation Ⓒ; (ある状況下における様相) aspect Ⓒ; (変化の段階) phase Ⓒ; (碁などの盤面の形勢) the position. 《☞ けいせい¹；じょうせい》.
¶ *局面を打開するために首脳会談が行われた (⇒行き詰まりを打開するために) Summit talks were held to *break the deadlock.* // 戦争はいまや新しい*局面に入った The war has now entered a new *phase.* // *局面はいまや一変した (⇒形勢は変わった) The *tide* has turned.

きょくもく 曲目 (出し物の1つとしての) number Ⓒ; (プログラム) program Ⓒ; (演奏曲目, 特に自分が演奏できるものの範囲) repertory Ⓒ. 《☞ きょく¹》.
¶ 次の*曲目は『埴生の宿』です Our next *number* is "Home, Sweet Home." // *曲目には (⇒プログラムには) シューベルトの歌が幾つかあります There are several songs by Schubert on the *program.*

きょくりょく 極力（できる限り）to the utmost；（能力の及ぶ限り）to the best of *one's* ability；（できるだけ…）as … as possible；（力いっぱい）with all *one's* might；（あらゆる方法で）in every way.《☞なるべく》.
¶ *極力，問題の解決に努力します（⇒最善を尽くします[力の及ぶ限り努力します]）I'll *try* ⌈*my best* [*to the best of my ability*] to solve the problem. // 彼らを*極力説得しようとしたが，失敗に終わった I tried to persuade them ⌈*in every way* [*as well as I could*] but I failed.

きょくろん 極論 ― 名 extreme ⌈logic [argument] Ⓤ. ― 動（極端な議論をする）go too far in *one's* argument.《☞きょくげん²；きょくたん》.
¶ *極論すればこれは自殺行為だ *To put it extremely*, this is suicidal. // それは*極論ですよ That's *carrying your argument too far*. // 君の言うことは少し*極論（⇒大げさ）ではないかな I'm afraid you *are exaggerating*.

きょこう¹ 挙行 ― 動（会・式などを開く）hold 他；（行う）perform 他；（祝う）celebrate 他；（実行する）carry out 他.
¶ 学校の 50 周年記念式典は来月 1 日に*挙行の予定です The fiftieth anniversary of our school will *be* ⌈*held* [*celebrated*] on the first of next month. // その行事はいつ*挙行されますか（⇒ありますか[実行されますか]）When will the event ⌈*take place* [*be carried out*]?

きょこう² 虚構 ― 名（作りごと）fiction Ⓒ；（でっち上げ）fabrication Ⓒ. ― 形（偽りの）false；（架空の）fictitious；（でっち上げた）made-up, invented.《☞つくりごと》.

ぎょこう 漁港 fishing port Ⓒ.

きょしき 挙式 ― 名（結婚式）wedding ceremony Ⓒ. ― 動（式を挙げて祝う）celebrate a wedding.《☞しき²》. ¶ *挙式の日（⇒結婚式の日）が決まりました We have fixed *the wedding date*.

ぎょしゃ 御者（一般に）driver Ⓒ；（大型 4 輪馬車の）coachman Ⓒ.

きょじゃく 虚弱 ― 形（弱い）weak；（人が本質的に病弱な）weakly；（体格などがかよわい）delicate；（生来弱い・抵抗力のない）frail；（老齢のため体力の衰えた）infirm；（病身の）sickly.《☞よわい》. ¶ 彼は*虚弱だ He is in *delicate* health. / （⇒彼はかよわい体質を持っている）He has a ⌈*delicate* [*weak*] constitution.

きょしゅ 挙手 ― 動（手を上げる）raise *one's* hand. ― 名 raising *one's* hand Ⓤ；（採決の）show of hands Ⓒ；（挙手の礼）salute Ⓒ.
¶ *挙手で採決することにしましょう Let's decide by (a) *show of hands*. // 質問があれば*挙手して下さい If you have any questions, please *raise your hand*. 語法 複数の人の場合でも hands とはしないのが普通. // 兵士は立ち上がって*挙手の礼をした The soldier stood up and made a (military) *salute*.

きょしゅう 去就（行動の）*one's* course of action；（態度の）*one's* attitude.《☞しんたい²；たいど》.

きょじゅうけん 居住権 the right of residence.

きょしょう 巨匠（great）master Ⓒ；（特に音楽界の）maestro [máistrou] Ⓒ《複 ～s, maestri [máistri(:)]》. ¶ 彼は今世紀の楽壇の最大の*巨匠だ（⇒最大の[最も著名な]音楽家だ）He is *the* ⌈*greatest* [*most distinguished*] *musician* of this century.

ぎょじょう 漁場 fishery Ⓒ.

きょしょく 虚飾（見え）show Ⓤ；（虚栄心）vanity Ⓤ.《☞みえ；きょえい；ていさい》.

きょじん 巨人（並はずれて大きい男）giant Ⓒ；（有力者）leading figure Ⓒ；（大立者）magnate Ⓒ.

きょしんたんかい 虚心坦懐 ― 副（率直に）frankly；（ありのままに）candidly；（遠慮なく）without reserve.《☞そっちょく》. ¶ *虚心坦懐に彼らと話してみます I'll talk with them ⌈*frankly* [*candidly*].

きょすう 虚数〘数学〙imaginary number Ⓒ.

ぎょする 御する（うまくあしらう）manage 他；（制御する）control 他；（操る）handle 他；（巧みに操る）manipulate 他；（支配する）rule 他；（統治する）reign 他；（車・馬などを）drive 他.《☞あやつる；あしらう》. ¶ あの人たちはきわめて*御しやすい[にくい] They are very ⌈easy [difficult] to ⌈*handle* [*manage*].
【参考語】― 形（御しやすい）manageable；（御し難い）unmanageable.

きょせい¹ 虚勢 ― 名（はったり）bluff Ⓤ；（こけ脅し）bluster Ⓤ；（大胆な態度）bold front Ⓒ. ― 動（虚勢を張る）bluff 自, make a bluff；put up a bold front；show off 自. ¶ 弱虫ほど*虚勢を張るものだ The weaker the man, the stronger the *bluff*.

きょせい² 去勢 ― 名 castration Ⓤ. ― 動（動物・人を）castrate 他；（断種する）sterilize 他.

きょぜつ 拒絶 ― 動（きっぱり断る）refuse 他；（提案・申し込みなどをはねつける）reject 他；（拒否する）deny 他；（そっけなく断る）rebuff 他；（断る）turn down 他. ― 名 refusal Ⓤ；rejection Ⓤ；denial Ⓤ；rebuff Ⓒ.《☞きょひ；ことわる（類義語）；いっしゅう²》.
¶ 私たちの要求は政府により*拒絶された Our claim *was* ⌈*refused* [*rejected*; *turned down*; *rebuffed*] by the government. // 彼は私の頼みなど一も二もなく*拒絶するだろう He will probably *give* me a flat *refusal*. / （⇒私の要求に耳を貸さないだろう）He will *turn a deaf ear to* my request. // 私は入場を*拒絶された I *was denied* admission.
拒絶反応 rejection (symptom) Ⓒ.

ぎょせん 漁船 fishing boat Ⓒ《☞ふね》.

きょぞう 虚像〘光学〙virtual image Ⓒ（↔ real image）；（真実でない姿）unreal image Ⓒ.《☞きょめい》.

ぎょそん 漁村 fishing village Ⓒ.

きょたい 巨体（大きな姿）gigantic figure Ⓒ；（大きな身体）big body Ⓒ；（巨人）giant Ⓒ.

き

きょだい 巨大　―形 huge; vast; immense; enormous; gigantic, colossal, mammoth.

【類義語】形・容量などが非常に大きいことを表す最も一般的な語が **huge**. 広がり・程度・範囲などが非常に大きいのは **vast** で, この語は具体的な物にはあまり用いない.「普通の基準では測定できないほど大きい」というのが元の意味で, 大きさ・量・程度などに用いられるのが **immense**. この語は特に高さよりも広がりの大きいときに用いられる. 異常に並外れて大きいのは **enormous** で, この語も大きさ・量・程度に用いられ, *huge* よりも形式ばった語. 誇張的・比喩的に用いられるのは **gigantic, colossal, mammoth**. 《☞ おおきい (類義語); ばくだい》

¶水平線上には*巨大な黒雲の塊があった There was ⌈a *huge* [an *enormous*] black mass of cloud over the horizon. // 日本には幾つかの*巨大な企業がある There are several ⌈*mammoth* [*gigantic*] enterprises in Japan.

ぎょたく 魚拓　fish print Ⓒ.

きょだつ 虚脱 (衰弱・元気の喪失) collapse Ⓒ; (疲労困ぱい) prostration Ⓤ; (無気力) lethargy Ⓤ.　¶私は彼が*虚脱状態にあるのを見て驚いた I was shocked to find him ⌈*prostrated* [in a state of *collapse*; in a state of *lethargy*].

きょっかい 曲解　―動 (意味を曲げて解釈する) pervert ㊐; (事実などをゆがめる) distort ㊐; (意味などを無理にこじつける) strain ㊐; (意味・言葉をひねって解釈する) twist ㊐.　―名 perversion Ⓤ; distortion Ⓤ; (無理な解釈) forced [strained] interpretation Ⓤ. 《☞ まげる; わいきょく》.　¶彼女の言葉を*曲解してはいけない You shouldn't ⌈*pervert* [*distort*; *strain*; *twist*] what she meant.

きょっけい 極刑 (死刑) capital punishment Ⓤ, the death penalty. 《☞ しけい》.

ぎょっと　―動 (衝撃を受ける) be shocked (by …; at …); (不意をつかれて驚く) be taken by surprise (by …; at …); (跳び上がるほどびっくりする) be startled (by …; at …); (怖くて) be frightened (by …; at …). 《☞ おどろく (類義語); 擬声・擬態語 (囲み)》.　¶ノックの音で*ぎょっとした I *was startled by* the sound of the knock.

きょてん 拠点 (根拠地) base Ⓒ; (とりで) stronghold Ⓒ; 〚軍事〛((防衛)拠点) strongpoint Ⓒ; (軍事拠点) strategic point Ⓒ.

きょとう 巨頭 (指導的な[卓越した]人) leading [prominent] figure Ⓒ; (リーダー) leader Ⓒ; (経済界の有力者) magnate Ⓒ. 《☞ しゅのう》.　**巨頭会談** summit conference Ⓒ.

きょどう 挙動 (振舞い) behavior (《英》behaviour) Ⓤ; (行い) conduct Ⓤ; (行動) action Ⓒ ★複数形は「振舞い」の意味を表す; 《口語》doings ★複数形で. 《☞ こうどう[1]; ふるまい; たいど》.

¶彼の*挙動 (⇒振舞い) はまったく予測し難い His ⌈*actions* [*doings*] are ⌈quite unpredictable [hard to predict]. // *挙動不審で警官に調べられた (⇒警官は私の不審な行動を説明せよと迫った) The policeman demanded that I *account* for my ⌈strange [suspicious] ⌈*behavior* [*conduct*].

きょときょと　―動 (落ち着きがない) be restless; (きょろきょろする) look around restlessly. 《☞ きょろきょろ; 擬声・擬態語 (囲み)》.　¶子供は*きょときょとして落ち着かなかった The child was *restless, looking around* him.

きょとんと　―動 (ぼうっとする) be ⌈stupefied [dazed].　―形 (放心した) vacant; (ぼんやりした) blank. 《☞ 擬声・擬態語 (囲み)》.

¶彼女は*きょとんとした (⇒ぼうっとした) 顔をしていた She looked ⌈*stupefied* [*dazed*]. // 彼は*きょとんとして (⇒放心した顔つきをして) 一言も言わなかった He remained speechless, *with a* ⌈*vacant* [*dazed*] *look*.

きょねん 去年　last year　[語法] しばしば前置詞を伴わずに副詞句を作る. 《☞ ことし; らいねん》.

¶*去年は雨が多かった We had much rain *last year*. // *去年の4月にここへ来ました I came here ⌈in April *last year* [*last April*].

[語法] last April は, 4月より前にいう場合に限られる. 以後は今年の4月のこととなる. // *去年のきょう, 私は彼に初めて会った I first met him *a year ago* today. / Today it's exactly one year since I first met him.

きょひ 拒否　―動 (申し出などを断る) refuse ㊐; (要請などを却下する) reject ㊐; (要求されたものを断る) deny ㊐; (断る) turn down ㊐; (提案・議案などを) veto ㊐.　―名 refusal Ⓤ; rejection Ⓤ; denial Ⓒ. 《☞ きょぜつ; ことわる》.　¶彼らは提案をはっきりと*拒否した They ⌈*refused to accept* [*vetoed*; *turned down*] the proposal.

拒否権 veto (power) Ⓤ ★具体的な場合はⒸ 《複 vetoes》.　¶米国は*拒否権を行使しないだろう The U.S. won't exercise its *veto*.

拒否反応 rejection (symptom) Ⓒ.

ぎょふ 漁夫　fisherman Ⓒ.　¶*漁夫の利を占める fish in troubled waters 《ことわざ: 濁った水の中で魚をとる＝どさくさに紛れてうまいことをする》/ Two dogs fight for a bone and the third runs away with it. 《ことわざ: 二匹の犬が骨を争って, 第三の犬がその骨をくわえて逃げ去る》

きょまん 巨万　―形 (数十万の) hundreds of thousands of …　¶*巨万の富を積む amass a *vast* fortune / (⇒百万長者になる) become a millionaire

ぎょみん 漁民　fishermen.

きょむ 虚無　―形 (虚無主義の) nihilistic [nài(h)əlístik].　¶*虚無思想 *nihilistic* ⌈thoughts [ideas]

きょめい 虚名 (偽りの名声) false reputation Ⓒ; (実質の伴わない名声) empty name Ⓒ; (単なる売名) mere publicity Ⓤ.

きよめる 清める (心・身を清める) purify ㊐; (心・罪などを) purge ㊐; (清浄・清潔にする) cleanse ㊐; (きちんとする) clean ㊐, make … clean. 《☞ じょうか》.

¶神が私の罪を*清めて下さった God *has*

purged me ｢of [from] sin. // 神社では心身を*清める象徴として, まず手を洗う When visiting a shrine, we first of all wash our hands as a symbol of ｢*cleansing* ourselves [*making* ourselves *clean*]. // おばあさんは庭を掃き*清めていた (⇒ きれいに掃いていた) The old woman *was sweeping* the garden *clean*.

きょよう 許容 ―動 (自由にさせる) allow ㊕; (許可する) permit ㊕ 語法 前者は「自由に…させる」の意味に対し, 後者は意志をもってはっきりと許すこと; (是認する) approve ㊕; (認める) admit ㊕; (大目に見る) tolerate ㊕. 《☞ もくにん; ようにん; ゆるす》. ¶その誤差は*許容範囲だ (⇒ 許される誤差だ) It is ｢an *allowable* [a *permissible*] error.

きょらい 去来 ―動 come and go ㊐; (よみがえる) recur ㊐. ¶いろいろな思い出が私の胸に*去来した Many memories *recurred* to me.

ぎょらい 魚雷 torpedo Ⓒ《複 ～es》.

きよらか 清らか ―形 (汚れのない) pure; (澄みきった) clear; (高潔な) noble; (天真らんまんな) innocent. 《☞ きよい; じゅんけつ》.
¶彼女は*清らかな (⇒ 汚れのない) 生涯を送った She led a *pure* life. // 彼女は赤ん坊のような*清らかな眼をしている She has *clear* eyes, like a baby's. // 流れの水は*清らかだった (⇒ 水晶のように澄みきっていた) The water of the stream was as *clear* as crystal. // 彼は*清らかな (⇒ 気高い) 心の持ち主だ He has a *noble* mind. / He is *noble* in mind.

きょり 距離 (隔たり) distance Ⓤ; (場所の間隔) interval Ⓒ 語法「距離」という日本語は必ずしも以上の訳語に置き換えられるわけではなく, far などを用いたほかの表現を用いるほうがよい場合がある. 《☞ とおい (類義語)》.
¶「ここから駅までの*距離はどのくらいですか」「約200メートルです」“How *far* is it [What is the *distance*] from here to the station?” “It is about two hundred meters.” 《☞ It の用法 (欄外)》 // 地球と太陽の*距離は約1億5千万キロです The *distance* ｢from the earth to the sun [between the earth and the sun] is about one hundred and fifty million kilometers. // 駅は歩くには少し*距離がある (⇒ 遠すぎる) The station is a little too ｢*far* [*distant*] to go on foot. // 私たちは3メートルの*距離をおいて木を植えた We planted trees at *intervals* of 3 meters.

ぎょるい 魚類 fishes 《☞ さかな》.

きょろきょろ ¶彼は*きょろきょろ (⇒ 落ち着きなく) あたりを見回した He *looked around restlessly*. // 男の子は母親の姿を求めて*きょろきょろしていた The boy *was looking around for* his mother. 《☞ みまわす; きょときょと; 擬声・擬態語 (囲み)》

ぎょろぎょろ ¶彼の目は*ぎょろぎょろしている He ｢is *goggle-eyed* [has *goggle eyes*]. // そんなに*ぎょろぎょろと見回すな Don't ｢*glare* [*stare*] *at* people like that. 《☞ 擬声・擬態語 (囲み)》
【参考語】―形 (ぎょろ目の) goggle-eyed; goggle. ―動 (目玉をぎょろつかせる) goggle ㊕; (じろりとにらむ) glare (at …) ㊐; (不審の目でじろじろ見つめる) stare (at …) ㊐.

ぎょろりと ¶老人は私を*ぎょろりと見た The old man ｢*glared* [*stared*] *at* me. / The old man looked at me *with a glare*. 《☞ じろりと; 擬声・擬態語 (囲み)》
【参考語】―動 (じろりとにらむ) glare (at …) ㊐; (不審の目でじろじろ見つめる) stare (at …) ㊐. ―名 (にらみ) glare ★ a ～ として.

きらい[1] 嫌い **1** «嫌うこと» ―名 (好まないこと) dislike (for …; to …; of …) Ⓒ; (嫌悪) distaste (for …) Ⓤ; (憎悪) hatred (for …; toward …) Ⓤ 語法 以上の3つはいずれも have a ～ for … の形で用いられる; (ひどく嫌うこと) aversion Ⓤ; (毛嫌い) antipathy Ⓤ 語法 以上2語は形式ばった語で, have an ～ to … の形で用いられる. ―形 (いやな) disagreeable; (胸が悪くなるような) disgusting, offensive; (大嫌いな) detestable; (憎むべき) hateful. ―動 (好まない) dislike ㊕ ★ 最も一般的; (憎む) hate ㊕; (ひどく嫌う) detest ㊕. 《☞ きらう (類義語); けんお》.
¶彼は好き*嫌いが激しい (⇒ 多い) He is full of likes and *dislikes*. // 私はうわさ話は*嫌いです I *don't like* gossip. // 食べ物で*嫌いなものはありません (⇒ 食べ物にはやかましくない) I am not *particular* about food. / (⇒ 出された物は何でも食べる) I will eat any food offered to me. // あの病気の後, 彼はスポーツが*嫌いになった (⇒ 興味を失った) He *has lost interest in* sports after that illness (of his).
2 «傾き»: (傾向) tendency Ⓒ; (趨勢(すうせい)) trend Ⓒ; (気味) touch Ⓒ; (…じみたところ) tinge Ⓒ; (恐れ) fear Ⓒ. 《☞ けいこう》. ¶あなたは心配しすぎる*きらいがある You have a *tendency* to worry too much.

きらい[2] 機雷 mine Ⓒ.

きらう 嫌う (好きではない) do not like ㊕ ★ 最も平易で口語的; (ひどく嫌う) hate ㊕ ★ 口語的で, do not like より意味が強い; (好まない) dislike ㊕, have a dislike (for …; to …; of …); (ぞっとするほど嫌う) abhor ㊕ ★ 形式ばった語.
【類義語】「嫌う」という意味の最も平易で口語的なのは **do not like**. それより意味が強く, ひどく嫌うのは **hate**. やや改まった語は **dislike** で, 人・物・行為など, 幅広く用いられる. ぞっとするほど嫌うのは **abhor**. この語の対象は主に抽象的なものに限られる. 《☞ きらい[1]; けんお》
¶「あなたはてんぷらは好きですか」「いいえ, *嫌いです」“Do you like *tempura*?” “No, I *don't* (*like* it).” // 私は賭事は*嫌いだ I *don't like* gambling. // だれでも動物に対する虐待は*嫌う Everybody *abhors* cruelty to animals. // 彼女はあなたを*嫌っている She ｢*dislikes* [*hates*] you. // 私は人に*嫌われたくない I don't want to get myself *disliked*. // あの子たちは近所で*嫌われている (⇒ 近所中のやっかい者だ) Those children are *a nuisance to* the whole neighborhood. // 彼らは所*きらわず (⇒ そこらじゅうに) ごみを捨てた They threw away trash *all around them*.

きらきら ―動 (きらきら輝く) glitter ㊐;

(ぬれた感じできらきらする) glisten [glísn] ㊀; (星などがぴかぴか光る) twinkle ㊀. ―圖 (ちかちかと) glitteringly; (きらびやかに) brilliantly; (目をくらませるように) dazzlingly. 《☞ きらめく; かがやく; 擬声・擬態語 (囲み)》.

¶ 空には星が*きらきら輝いていた There were stars ⌈*glittering* [*glistening*] in the sky. / Stars *were twinkling* in the sky.

ぎらぎら ―動 (まばゆく輝く) glare ㊀; (目をくらます) dazzle ㊉. ―形 glaring; dazzling. ―圖 dazzlingly; glaringly. 《☞ 擬声・擬態語 (囲み)》. ¶ 外では太陽が*ぎらぎら照りつけていた The sun *was glaring* outside.

きらく 気楽 ―名 (のんびりしていること) ease Ⓤ; (安楽) comfort Ⓤ. ―形 (心配のない) carefree; (気が楽な) easy; (ゆったりとした気分の) comfortable. ―圖 at ease; comfortably; in comfort. 《☞ あんらく; のんき》.

¶ どうぞ*気楽にして下さい (⇒ おくつろぎ下さい) Please *make* yourself *at home*. / Please *relax*. // *気楽にやりなさい Take it *easy*.

[語法] この表現は多少困難な状況にある人に向かって言う慣用表現である. かなりくだけた口語表現なので, 親しい間柄の人にのみ用いる. // 彼女は*気楽な人 (⇒ 楽天的な人) で, 将来の事など心配もしていない She is *quite optimistic*, without any anxiety for the future.

きらす 切らす (…がない) be out of …; (使い果たす) run out of …; (売り切れる) be sold out. 《☞ きれる; しなぎれ》. ¶ その品は*切らしています (⇒ 品切れ[売り切れ]です) The article *is* ⌈*out of stock* [*sold out*]. // 砂糖を*切らしてしまった We've *run out of* sugar. // 彼らは息を*切らして走ってきた They came running ⌈*breathless* [*panting*].

きらびやか ―形 (目をくらますような) dazzling; (けばけばしい) gaudy; (わざと人目を引くような) showy; (豪華な) gorgeous. 《☞ はで; ごうか; はなやか》.

きらめく (きらきら光る) glitter ㊀; (しっとりと輝く) glisten ㊀; (無数の光がきらめく) sparkle ㊀; (ちかちか光る) twinkle ㊀; (ぱっと光る) flash ㊀. 《☞ きらきら; かがやく》.

¶ 星がダイヤモンドのように空に*きらめいていた Stars *were twinkling* like diamonds in the sky. // 光が一瞬*きらめいて, あたりは再びやみとなった After a *flash* of light, there was again darkness all around us. // 山頂の雪は太陽を反射して*きらめいていた The snow on the mountaintop *glittered* in the sunshine.

きり[1] 霧 ―名 (湿気を含んだ薄い霧) mist Ⓤ; (視界のきかないほど濃い霧) fog Ⓤ; (湿りけの少ないもや) haze Ⓤ [参考] 強さの順でいえば薄いものから haze, mist, fog となる; (スモッグ) smog Ⓤ. ―形 (霧のかかった) misty; (もやのかかった) hazy; (霧が深い) foggy.

[語法] 「霧」と「かすみ」は英語では普通区別しない. しいて区別すれば後者は spring mist. 《☞ かすみ [語法]; もや; 天候の表現 (囲み)》.

¶ けさは*霧が深い It is ⌈*foggy* [*misty*] this morning. 《☞ It の用法 (欄外)》 // *霧はだんだん濃く[薄く]なっていく The *fog* is gradually ⌈thickening [thinning]. // *霧は晴れ上がった The ⌈*fog* [*mist*] has cleared ⌈up [off]. // 湖の上に*霧が立ちこめていた The *mist* was hovering over the lake. // アイロンする前に, その布に*霧を吹いて下さい *Spray water* on the cloth before ironing. / *Sprinkle* the cloth with *water* before ironing.

きり[2] 切り (限度) limit Ⓒ; (境界) bound Ⓒ ★ 複数形で用いることが多い; (終わり) end Ⓒ. ¶ ここらできょうの仕事に*切りをつけよう (⇒ きょうの仕事をやめよう) Now let's ⌈*stop* [*put an end to*] today's work. // 彼らの要求は*切りがない (⇒際限がない) Their demands know no *bounds*. // これはちょうど*切りのよい所だ (⇒ やめるのによい所だ) This is a good place to ⌈*leave off* [*stop*].

きり[3] 錐 (T 字形の取っ手のある) gimlet Ⓒ; (千枚通し) awl [ɔ́ːl] Ⓒ; (ドリル) drill Ⓒ; (らせん形の木工ぎり) auger Ⓒ ★ gimlet より大きい. 《☞ だいく (挿絵)》.

きり[4] 桐 (木) paulownia [pɔːlóuniə] Ⓒ; (材) paulownia wood Ⓤ.

-きり **1** «…以来» ¶ あれっ*きり, 彼女には会ってない I haven't met her *since* then. / (⇒ あれが彼女に会った最後だ) That was the last time I saw her. 《☞ それっきり》

2 «…だけ» ―形 (最後の) last; (唯一の) only. 《☞ -だけ》. ¶ あげられるお金はこれっ*きりですよ This is *the last* money I can give you. // このあたりに住む外国人は私一人*きりです I am the *only* foreigner living around here.

ぎり 義理 **1** «交際上の礼儀として他人に対して行うべきこと» ★ この意味での義理という日本語にぴったりの英語の語句はない. ただし, 他人に対して当然果たすべき義務という意味での duty Ⓤ, あるいは返すべき恩義という意味での obligation Ⓒ という言葉があり, owe a favor (＝親切の借りがある), repay an obligation (＝恩義を返す) という表現もあって, まったく重なりがないわけではない. しかし, 上司と部下, 親分・子分などのタテ関係, または親戚関係などによって, 具体的な恩義もないのに内心はいやいやでも, 表面上は喜んで犠牲を払うのが人の道だという考え方は英米にはないので, ぴったりした訳語がない. 《☞ にんじょう》.

¶ 彼は*義理がたい[*義理を知らない] (⇒ 義務感が強い[義務感がない]) He has ⌈a strong [no] sense of *duty*. / (⇒ いつも恩義のお返しをする[決してしない]) He ⌈always [never] repays his *obligations*. // 彼には*義理がある (⇒ 恩義を受けている) I *owe a favor* to him. // 彼は*義理と人情を重んじる He places a high value on *moral obligations* and personal relationships.

2 «姻戚の»: in-law Ⓒ [語法] in-law は father-in-law のように家族関係・親族関係を表す語の後にハイフンで結んで用いる. 複数形は fathers-in-law のように名詞の部分を複数形にする. また in-law は姻戚関係の親族という名詞として in-laws と複数形で用いることも多い. 《☞ 親族関係 (囲み); ハイフン (欄外)》.

¶ 彼は私の*義理の弟です He is my brother-

in-law. [語法] 兄と弟の関係は普通英語では表さない. もし必要なら younger brother-in-law などとする.

きりあげる 切り上げる (やめる) leave off ⑩; (仕事などを中止する) «口語» knock off ⑩; (平価を) revalue (upward) ⑩; (端数を) raise ⑩.

¶ このへんで仕事を*切り上げよう Let's ˹*leave* [*knock*] *off*˺ work now. / (⇒ きょうはこのへんにしておこう) Let's call it a day. // もう一杯やって*切り上げよう (⇒ 最後の一杯をやろう) Let's have one more glass *to finish with.* // 円はドルに対して 17% *切り上げられた The yen *has been revalued* (*upward*) *by* 17% against the dollar. // 小数点以下は*切り上げなさい *Raise* the decimals to a unit. // 0.5 以上の端数は*切り上げなさい (⇒ 0.5 以上の端数を整数として数えなさい) *Count* fractions of .5 and over *as a whole number.* (☞ ししゃごにゅう; 数字 (囲み))

きりうり 切り売り ― [動] sell ... ˹by the piece [piecemeal]˺. ¶ 学問の*切り売りで暮らすとは情けない It's a pity one has to ˹*sell* [*peddle*] *one's knowledge*˺ for a living.

きりおとす 切り落とす cut ˹off [down]˺ ⑩ ★ 最も一般的で, 以下の語の代わりに用いられることもある; (切断する) sever [sévər] ⑩ ★ やや形式ばった語; (小枝などを刈り込む) prune (off) ⑩. (☞ きる[1]). ¶ 彼は木の先端を*切り落とした He *cut off* the top of the tree.

きりかえる 切り換える, 切り替える (改める) change ⑩; (更新する) renew ⑩; (転じる) switch ⑩ ⑪. (☞ てんかん[1]).

¶ 今月, 運転免許を*切り替え (⇒ 更新し) なくてはならない I must *renew* my driver's license this month. // あなたも考えを*切り替えたら (⇒ 考え方を改めたら) どうですか Don't you think you should ˹*change* [*switch*]˺ your way of thinking? // 彼が入って来たので私たちは急いで話題を (⇒ 別の話に)*切り替えた Seeing him enter the room, we quickly *switched* to another subject.

きりかぶ 切り株 (木の) stump Ⓒ; (稲などの刈り株) stubble Ⓒ.

きりきざむ 切り刻む chop [cut] up ⑩; (細片に切る) cut ... into small pieces; (肉などを細かく) mince ⑩. (☞ きる[1]; きざむ; 料理の用語 (囲み)).

きりきず 切り傷 (刃物による傷) cut Ⓒ; (武器・凶器による傷) wound Ⓒ; (深い傷) gash Ⓒ; (傷あと) scar Ⓒ. (☞ きず (類義語); けが).

きりきり ― [形] (割れるような) splitting; (激しい) sharp. (☞ 擬声・擬態語 (囲み)). ¶ 頭が*きりきり痛んだ I had ˹a *splitting* [an *acute*]˺ headache. // 背中が*きりきり痛む I have a *sharp* pain in my back.

ぎりぎり (ぎりぎりの限界) the (very) limit; (ぎりぎりの時間) the last moment. (☞ げんかい; どたんば).

¶ 時間*ぎりぎりでどうにか列車に間に合った I got on the train at *the last moment.* // これが譲れる*ぎりぎりの線です This is *the very limit* of our flexibility. // 私たちは彼らに*ぎりぎりの (⇒ 最低の) 値段の見積りを出した We quoted them our *lowest possible* price.

きりぎりす grasshopper Ⓒ (☞ こんちゅう (挿絵); 動物の鳴き声 (囲み)).

きりきりまい きりきり舞い ¶ 仕事が忙しくて*きりきり舞いした (⇒ 仕事が私をぴょんぴょん飛び回らせた) The work *kept* me *hopping.* (☞ てんてこまい)

きりくずす 切り崩す (山などを平らにする) level (off) ⑩; (団結を崩す) break ⑩.

きりくち 切り口 (木口) cut end Ⓒ; (傷口) opening Ⓒ; (断面) (cross) section Ⓒ.

きりこむ 切り込む **1** «深く切る»: cut ˹deep [deeply]˺ (into ...) ⑪ (☞ きる[1]).

2 «襲撃する»: (敵陣へ深く攻め込む) cut [fight] *one's* way (into ...); (急所を突く) hit home; (議論などで鋭く攻撃する) press (*a person*) hard. ¶ 彼女は彼らの議論に鋭く*切り込んでいった She ˹*hit* [*pressed*]˺ them *hard* in the argument.

きりさく 切り裂く (引きちぎる) tear ⑩; (縦に裂く) split ⑩; (切って開く) cut ... ˹open [apart]˺. (☞ さく[2]). ¶ 彼女は怒ってその手紙を 2 つに*切り裂いた She angrily *tore* the letter in two.

きりさげる 切り下げる (値段などを) cut ⑩; (値引きする) reduce ⑩ ★ 前者のほうが口語的; (平価を) devalue ⑩. (☞ さげる; ねさげ).

¶ 全製品の値段を 10% *切り下げました We ˹*reduced* [*cut*]˺ our list prices on all our products by ten percent. // その国の通貨は 50% *切り下げられた The currency of the country *was devalued* by 50 percent.

きりさめ 霧雨 ― [名] (霧のように細かい雨) a fine misty rain ★ a を付けて; drizzle Ⓤ. ― [動] (霧雨が降る) drizzle ⑪. (☞ あめ[1]; きり[1]). ¶ *霧雨が降っている It *is drizzling.*

キリシタン 切支丹 ((日本の初期の)キリスト教) (early) Christianity (in Japan) Ⓤ; (キリシタンの人) (early) Christian (in Japan) Ⓒ.

ギリシャ ― [名] [固] Greece. ― [形] Greek; Grecian [語法] Grecian は建築や顔つきなどに慣用的に用いられるほかはあまり使われない; (古代ギリシャ(人)の) Hellenic.

ギリシャ語 Greek Ⓤ　**ギリシャ人** Greek Ⓒ
ギリシャ神話 (1 つの) Greek myth Ⓒ; (全体) Greek mythology Ⓤ.

きりすてる 切り捨てる **1** «切って捨てる»: cut ˹away [off]˺ ⑩ (☞ きる[1]).

2 «端数を無視する»: (省く) omit ⑩; (捨てる) discard ⑩; (切り離す) cut off ⑩. (☞ ししゃごにゅう). ¶ 端数は*切り捨ててよい You can ˹*omit* [*discard*; *ignore*; *cut off*]˺ fractions.

キリスト Christ; Jesus (Christ); (救世主) the Messiah [misáiə] ★ ユダヤ教で「救世主」. キリスト教ではキリストを指す. (☞ きゅうせいしゅ). **キリスト教** Christianity Ⓤ　**キリスト教徒** Christian Ⓒ.

きりたおす 切り倒す cut down ⑩; (木を) fell ⑩ ★ 前者のほうが口語的; (なたなどで) chop down ⑩. (☞ たおす).

きりだし 切り出し **1** «小刀»: pointed knife Ⓒ《☞ ナイフ》.
2 «切り出すこと»: (木材の) logging Ⓤ; (切ること) cutting Ⓤ.

きりだす 切り出す **1** «話を始める»: begin to talk; (話の皮切りをする) break the ice. ¶彼女はもじもじしながら*切り出した (⇒ ためらいがちに話し始めた) She *began to talk* hesitatingly.
2 «切って運び出す»: (木を切り倒す) cut down ㊀; (丸太にして) log ㊀; (石を) quarry ㊀. 《☞ きる[1]》.

きりつ[1] 規律, 紀律 (規定) rule Ⓒ; (規則) regulation Ⓒ; (秩序) order Ⓤ; (集団の規律) discipline Ⓤ. 《☞ きそく; ちつじょ; しつけ[1]》. ¶*規律は守らなければならない You should observe the ⌈*rules* [*regulations*]. // *規律を乱す者は罰せられる If anyone ⌈breaks a *rule* [fails to follow the *rules*], he will be punished. // 少年たちは*規律正しい生活をしている The boys are living an *orderly* life.

きりつ[2] 起立 ━動 (立ち上がる) stand up ㊀, get up ㊀ ★後者は「起き上がる」の意味にも用いる; rise ㊀ ★やや文語的. 《☞ たつ[1]; たちあがる》. ¶*起立《号令》*Stand up*! / *Rise*!

きりっと ━形 (きちんとした) neat; (いきな) smart; (こざっぱりとした) spruce. ━副 neatly; smartly; sprucely.
¶彼女はいつも*きりっと装っている She is always dressed ⌈*neatly* [*sprucely*]. // あの*きりっとした顔立ちの (⇒ 彫りの深い顔の) 若い人はだれですか Who is that young man with *clean-cut* features?

きりつめる 切り詰める (切って短くする) cut ... short; (短縮する) shorten ㊀; (節減する) cut down ㊀; (減らす) reduce ㊀. 《☞ せつげん[1]》. ¶ベルトが長すぎます. 少し*切り詰めましょう The belt is too long. Let me ⌈*cut* it *shorter* [*shorten* it a little]. // 経費を*切り詰めなくてはならない We have to ⌈*cut down* [*reduce*] expenses.

きりとる 切り取る cut ⌈off [away; out] ㊀; (はさみで切る) clip ㊀. 《☞ きる[1]》.
¶しおれた葉は*切り取りなさい *Cut* withered leaves ⌈*away* [*off*]. // その記事を新聞から*切り取った I've ⌈*cut* [*clipped*] the article out of the newspaper.

きりぬき 切り抜き (新聞・雑誌などの) clipping Ⓒ, 《英》cutting Ⓒ.

きりぬける 切り抜ける (困難から脱出する) get out of ...; (脱出の道を見つける) find *one's* way out of ...; (困難などに打ち勝つ) get over ..., overcome ㊀, surmount ㊀ ★この順に形式ばった語となる. 《☞ こくふく; のりこえる; だかい》.
¶彼は立派に苦境を*切り抜けた (⇒ 困難から脱け出すことに成功した) He succeeded in ⌈*getting* [*finding his way*] *out of* the trouble. // 彼にはこの難局を*切り抜ける腕はなさそうだ He doesn't seem to have the ability to ⌈*get over* [*overcome*; *surmount*] this difficulty.

きりはなす 切り離す, 切り放す cut ... ⌈off [apart] ㊀; (結合していたものを) separate ㊀. 《☞ きりとる; はなす[2]》.
¶この部分を*切り離しましょう Let's *cut* this section *off*. // この車両は前の4両から次の駅で*切り離します This car will *be separated* from the first four cars at the next station. // 権利と義務は*切り離せない (⇒ 相伴うものだ) Right and duty *go hand in hand*.

きりひらく 切り開く (道などを) cut ㊀; (開く) open ㊀; (開拓する) clear ㊀; (切り抜けて進む) cut *one's* way (through ...). 《☞ ひらく; きりぬける; かいたく》.
¶この丘を*切り開いて道を作ります We will ⌈*cut* [*open*] a road through this hill. // 彼らは荒地を*切り開いて豊かな畑とした (⇒ 荒地を豊かな畑に転じた) They *turned* the wasteland into a rich field.

きりふき 霧吹き spray(er) Ⓒ; (噴霧器) atomizer Ⓒ.

きりふだ 切り札 (トランプの) trump (card) Ⓒ《☞ おくのて; エース》. ¶監督は彼を*切り札にとっておいた The manager saved him for a *trump card*. // 彼らは最後の*切り札 (⇒ 手段) としてストライキを行った They went on strike as a last *resort*.

きりまわす 切り回す (仕事をうまく処理する) manage ... ⌈skillfully [with skill]; (家・家庭を) run ㊀. 《☞ やりくり》. ¶彼女は新家庭をよく*切り回している She *is* ⌈*managing* [*running*] her new home quite well. // 彼はこの会社を一人で*切り回している (⇒ 管理の全責任を持っている) He *has sole responsibility for the management of* this company.

きりみ 切り身 (薄い切り身) slice Ⓒ; (切り取った肉の) cut Ⓒ; (魚や肉の骨のない切り身) fillet [filéi] Ⓒ; (肉・魚の厚い切り身) steak Ⓒ. ¶魚は*切り身にして下さい *Cut* the fish *in slices*.

きりもみ 錐揉み 〖航空〗(きりもみ降下) tailspin Ⓒ.

きりもり 切り盛り ━動 (巧みに処理する) manage ㊀; (管理する) administer ㊀; (やりくりする) handle ㊀. ━名 management Ⓤ; administration Ⓤ. 《☞ やりくり; きりまわす》.

きりゅう[1] 寄留 ━動 (一時的に住む) live [reside] temporarily ㊀. ━名 (仮の住まい) temporary residence Ⓤ; (仮の居住地) temporary domicile Ⓒ. 《☞ とうりゅう; たいざい》. ¶*寄留先をここに書きなさい Write your place of *temporary* ⌈*residence* [*domicile*] here.

きりゅう[2] 気流 air current Ⓒ《☞ らんきりゅう》. ¶グライダーは*気流に乗ってゆっくり降りてきた The glider came down slowly on the *air currents*.

きりょう 器量 (顔立ち) features ★複数形で; (容貌・見かけ) looks ★複数形で. 《☞ かおだち》. ¶あの娘は*器量よしだ (⇒ 顔立ちがよい) That girl is ⌈*good-looking* [*pretty*]. // 彼女は*器量がよくない (⇒ 十人なみだ) She is ⌈*plain* [*plain-looking*; 《米》*homely*].

ぎりょう 技量 (技能) skill Ⓒ; (持って生まれた能力) talent Ⓤ; (積極的に成し遂げる能力) ability Ⓤ; (潜在的な能力) capacity Ⓤ. 《☞ うでまえ; のうりょく (類義語)》.

きりょく 気力 (意志の力) will Ⓤ; (精神力) willpower Ⓤ; (元気) energy Ⓤ; (活力) vigor Ⓤ; (活気) vitality Ⓤ. 《☞ とうし²》. ¶彼らは*気力旺盛だ They are full of ˹*energy* [*vigor*; *vitality*]. // 彼はただ*気力で歩いていた (⇒意志の力で歩き続けた) He kept on walking only through his *strong will*.

きりりと ━形 (きちんとした) trim; (しゃれた) smart; (こぎれいな) spruce. 《☞ きりっと; 擬声・擬態語 (囲み)》.

きりん 麒麟 giraffe Ⓒ.

きる¹ 切る **1** «刃物などで»: cut ㊀《過去・過分 cut》★最も一般的で, 以下の語の代わりに用いられる場合も多い; (大まかに切る) chop ㊀; (みじんに切る) mince ㊀; (薄く切る) slice ㊀; (のこぎりでひく) saw ㊀; (はさみで) shear ㊀; (樹木を切り倒す) cut down ㊀, fell ㊀ ★前者のほうが口語的. 《☞ きれる》.

¶そのケーキを2つに*切って下さい Please *cut* the cake into two.

彼はナイフで指を*切った He *cut* his finger with a knife. [語法] 切り傷を負ったということで, 切り落としたことを言うには普通 cut off と off を付ける.

私にパンを一切れ*切ってくれませんか Will you *slice* that bread for me?

にんじんは大まかに*切り, たまねぎはみじんに*切ります *Chop* carrots and *mince* onions. 《☞ 料理の用語 (囲み)》

その板をのこぎりで2つに*切りなさい *Saw* the board into two.

その大木を*切るのに5時間かかった It took me five hours to ˹*cut down* [*fell*] the big tree.

2 «関係を切断する»: (電話を) hang up ㊀; (手を切る・断交する) sever relations with ...; (電気やラジオ・テレビなどのスイッチを) cut [switch] off ㊀, turn off ㊀ (↔ turn on). 《☞ きれる》.

¶電話を*切らないで下さい Don't *hang up*, please. / (⇒受話機をそのままにしておいて下さい) Please *hold on*. 《☞ 電話の英語 (囲み)》

電話が何かの間違いで*切れた The line *was* ˹*disconnected* [*cut off*] by accident.

彼はついにあの女と手を*切った He finally *severed relations with* that woman.

浴室の電気のスイッチは*切りましたか Did you *turn off* the switch in the bathroom?

テレビのスイッチを*切り忘れた I forgot to ˹*switch* [*turn*] *off* the TV.

3 «トランプ・切符などを»: (トランプを) shuffle ㊀, cut ㊀ ★前者が普通; (切符にはさみを入れる) punch ㊀.

4 «水気などを除く»: drain (off) ㊀; (振って除く) swish off ㊀. ¶レタスはよく水を*切って下さい *Drain* (*off*) the lettuce well.

5 «基準より少ない»: (不足する) short of ... 《☞ きらす; きれる》. ¶募金総額は100万円をわずかに*切った The total sum of the contributions was a little *short of* one million yen. // 彼女の記録は10秒を*切った (⇒10秒の壁を破った) Her record *broke through* the barrier of 10 seconds.

きる² 着る (身に着ける) put on ㊀《過去・過分 put on》(↔ take off), get into ... ★前者が一般的. 以上2つは「動作」を表す; (着ている) have ... on, wear ㊀《過去 wore; 過分 worn》, be dressed in ... ★以上3つは「状態」を表す; (身仕度のために服を着る) get dressed. 《☞ きせる; きかえる; 衣服 (囲み)》.

¶彼は上着を*着た He *put* his jacket *on*. / He *put on* his coat.

彼はパジャマを*着た He *got into* his pajamas.

彼女はきれいな着物を*着ていた She ˹*was wearing* [*wore*] a beautiful kimono. / She *had* a beautiful kimono *on*.

オーバーを*着たままでいいですよ You can *keep* your overcoat *on*.

「この服を*着てみていいかしら」「ええ, どうぞ」"May I *try* this dress *on*?" "Certainly."

葬式では皆黒い服を*着る Everybody *is dressed in* black at a funeral.

あの白い服を*着た少女は天使みたいだ That girl *in white* looks like an angel.

結婚式には何を*着て行こうかしら What shall I *wear* to the wedding?

子供が大きくなってもうこの服は*着られない The child has grown out of these *clothes*.

きる³ 斬る kill [slay] ... with a sword ★slay はやや文語的.

きれ 切れ (一般的な意味で, 布) cloth Ⓤ; (ぼろの) rag Ⓒ; (生地) material Ⓤ; (織物) fabric Ⓤ. 《☞ きじ²》. ¶その箱には白い*きれがかけてあった The box was covered with white *cloth*. // 窓をふく*きれを下さい Give me a *rag* to clean the window with.

-きれ …切れ (一般的に, 小片) piece Ⓒ; (小さい) bit Ⓒ; (パンなどの平らで薄い) slice Ⓒ; (細い) slip Ⓒ; (長くて細い) strip Ⓒ; (ハム・ベーコンの薄切れ) rasher Ⓒ [語法] 以上いずれも主として物質名詞の分量を示す単位語として用いる. 《☞ 数の数え方 (囲み)》.

¶彼女は私にケーキを1*切れくれた She gave me a *piece* of cake. // 彼は木*ぎれで火を燃やした He made a fire with a few *bits* of wood. // 私は肉を4*切れ買った I bought four ˹*slices* [*pieces*] of meat. // 私は朝食はパン2*切れとベーコン3*切れです I eat two *slices* of bread and three *rashers* of bacon for breakfast. // 彼は細長い紙*切れでこよりを作った He twisted a *strip* of paper into a string.

きれあじ 切れ味 ¶このナイフは*切れ味がよい[悪い] (⇒よく切れる[切れない]) This knife ˹*cuts well* [*won't cut*]. / (⇒これは鋭い[なまくらな]ナイフだ) This is a ˹*sharp* [*dull*] knife. // 彼はその刀の*切れ味を試した He tested the *sharpness* of the sword. 《☞ きる¹; きれる》

きれい 綺麗 **1** «美しい» ━形 beautiful (↔ ugly); (かわいらしい) pretty; (愛らしい) lovely (↔ hideous). 《☞ うつくしい (類義語); あざやか; みりょく》.

¶なんて*きれいな花でしょう What a ˹*pretty*

[*lovely*] flower (this is)! 《☞感嘆の表現(囲み)》 // 「あの*きれいな方はだれですか」「私の姉です」 "Who is that *beautiful* lady?" "She is my sister." // こんな*きれいな蝶は見たことがない I've never seen such a *beautiful* butterfly (as this). / (⇒ これは私が見たうちで一番きれいな蝶だ) This is the most *beautiful* butterfly I've ever seen.

き

2 《清潔な》 —形 (清潔で汚れのない) clean; (純粋で清らかな) pure; (澄みきった) clear; (整頓した) tidy; (きちんとした) neat. —副 cleanly; purely; tidily; neatly. 《☞ せいけつ; こぎれい; せいとん》.

¶ いつも手を*きれいにしておきなさい Always keep your hands *clean*. // この湖の水はとても*きれいだ The water in this lake is very ˹*clear* [*pure*]. // 家の中は何もかも*きれいできちんとしていた Everything in the house was *neat* and *tidy*. // 彼女は髪を*きれいに整えてから部屋を出ていった She arranged her hair *neatly* before going out of the room. // 彼はいつも字を*きれいに書く He always writes ˹*neatly* [in a *clear* hand]. 《☞ ひっせき》

3 《完全に》 —副 (きれいさっぱり) clean; (完全に) completely; (すっかり) wholly; (まったく) entirely; (すべて) all. 《☞ すっかり》.

¶ それを*きれいに忘れてしまった I have *clean* forgotten it. / (⇒ 記憶から完全に去ってしまっている) It has slipped ˹from my memory [my mind] *completely*. // 彼は息子の借金を*きれいに払った He ˹*paid* [*cleared*] *off* his son's debts.

4 《公明正大な》: (公正な) fair; (清い) clean. 《☞ こうめいせいだい》. ¶ 彼は*きれいな選挙運動を行うことを約束した He promised to ˹conduct [hold] a ˹*clean* [*fair*] election campaign.

ぎれい 儀礼 (礼儀正しい行動) courtesy Ⓤ; (社交上の決まり) etiquette Ⓤ. ¶ *儀礼的な訪問 a *courtesy* call / (⇒ 正式の) a *formal* visit

きれぎれ 切れ切れ —名 (半端物) odds and ends ★ 複数形で; (音楽・会話などの断片) snatch Ⓒ. —形 (寄せ集めの) patchy; (断片的な) fragmentary. 《☞ ばらばら; だんぺん; とぎれとぎれ》.

¶ 彼らの会話をほんの*切れ切れに小耳にはさんだだけです (⇒ 断片を立ち聞きしただけだ) I overheard just *snatches* of conversation between them. // *切れ切れの (⇒ 寄せ集めの [断片的な]) 知識ではいい本は書けない *Patchy* [*Fragmentary*] knowledge will not help us write good books.

きれつ 亀裂 (固くもろい物に生じる) crack Ⓒ; (岩や地面の深い割れ目) fissure Ⓒ; (細いすきま) chink Ⓒ. 《☞ われめ; すきま; ひび》.

¶ その建物の壁には幾つかの*亀裂がある There are several *cracks* in the walls of the building. [語法] ほんの表面だけのものなら in の代わりに on も可. // 地震で地面に*亀裂が生じた The ground ˹*was fissured* [*opened in fissures*] owing to the earthquake.

きれはし 切れ端 (1片) piece Ⓒ; (小片) bit Ⓒ; (不用になった破片) scrap Ⓒ; (半端物) odds and ends ★ 複数形で. ¶ 彼は紙の*切れ端にメモを残した He left a note on a *scrap* of paper. // 私はパンの*切れ端をその犬にやった I gave a *piece* of bread to the dog.

きれめ 切れ目 (空間的な透き間) gap Ⓒ; (途中での) break Ⓒ; (特に雲などの) rift Ⓒ; (終わる点) end Ⓒ; (休み) pause Ⓒ. 《☞ くぎり》.

¶ 雲の*切れ目から日が差している The sun is shining through a *rift* in the clouds. // 仕事の*切れ目切れ目で体を動かしたほうがよい You should move around a bit whenever there is a *pause* in your work. // 彼の話には*切れ目がない There is no *end* to his talk. // いまちょうど*切れ目のよい所だ This is a good time for a *break*.

きれる 切れる **1** —形 (刃物などの切れ味がよい) sharp (↔ blunt, dull), keen. —動 (よく切れる) cut well. 《☞ きる¹; きれあじ》.

¶ このナイフはよく*切れる This knife ˹is *sharp* [*cuts well*]. // このナイフは*切れない This knife is ˹*blunt* [*dull*]. // 彼は*切れる (⇒ 有能な) 男だ He is ˹an *able* [a *competent*] man. / (⇒ ナイフのように切れる) He is as *sharp* as a knife.

2 《途中で切れる》: (なわ・ひもなどが) break ⓐ, be broken; (糸などがぷつんと) snap ⓐ; (電話などが) be cut off, be disconnected ★ 後者はやや形式ばった語. 《☞ きる¹》.

¶ 雪の重みでケーブルが*切れた The cable *was broken* by the weight of the snow. // このひもは弱い. ちょっと引っぱったら*切れた This string is frail. It *broke* at a slight pull. // 大きな魚がかかったが糸が*切れて逃げられた I hooked a big fish but the line *snapped* and it got away. // 話しの途中で電話が*切れた We *were* ˹*cut off* [*disconnected*].

3 《土手などが》: collapse ⓐ, give way ⓐ ★ 後者が口語的; (ダムが) burst ⓐ, break down ⓐ ★ 後者が口語的. 《☞ けっかい》.

¶ ダムが*切れたぞ. すぐ避難しろ Run for it! The dam *has burst*! // 土手が*切れて水があふれた The embankment ˹*gave way* [*collapsed*] and the river flooded.

4 《品物がなくなる》: run out (of ...) ⓐ; (貯えがなくなる) be out of stock. 《☞ きらす; しなぎれ; うりきれる》.

¶ 「コーヒーはありますか」「あいにくただいま*切れています」 "Do you have any coffee?" "I'm sorry, but ˹we've just *run out* [we're *out of stock*]." // 砂糖が*切れているから買って来て下さい We'*ve run out of* sugar. Please go and get some.

5 《期限が》: run out ⓐ, expire ⓐ ★ 前者が口語的. ¶ 契約期限が*切れた The contract *has* ˹*expired* [*ended*; *terminated*]. // 定期(券)が*切れた My commuter ticket *has* ˹*run out* [*expired*].

6 《息が》: be out of breath 《☞ きらす》. ¶ 走ってきたので息が*切れた I've come running and *am out of breath*.

きろ¹ 岐路 (十字路) crossroads ★ 通例複数形で, 単数扱い; (ふたまた道) forked road

Ⓒ. 《☞ まがりかど；わかれめ》.
¶ 私はいま人生の*岐路に立っている (⇒ 十字路に立っている) Now I have found myself standing at the *crossroads* in my life. / (⇒ 人生の曲がり道に来た) Now I have reached a *turning point* in my life.

きろ² 帰路 ¶ 男たちは*帰路についた (⇒ 家に向かって出発した) The men ｢*started* [*left*] *for home*. // 彼は*帰路を急いでいた (⇒ 急いで家に向かっていた) He was hurrying *home*. 《☞ きと；かえり》

キロ (キロメートル)《米》kilometer [kilɑ́mətɚ] Ⓒ, 《英》kilometre Ⓒ, 《口語》kilo [kíːlou] Ⓒ, 《略号》km；(キログラム)《米》kilogram [kíləgræ̀m] Ⓒ, 《英》kilogramme Ⓒ, 《口語》kilo Ⓒ, 《略号》kg；(キロワット) kilowatt Ⓒ. 語法 その他「サイクル」(cycle),「ヘルツ」(hertz),「トン」(ton),「ワット時」(watt-hour),「カロリー」(calorie) などの単位名に付けて用いられる. 《☞ 度量衡 (囲み)》.
¶ 新じゃがいも 1*キロ 500 円 Fresh Potatoes: ¥500 ｢per [a] *kilo* // 制限時速 60*キロ Speed Limit: 60 k.p.h. ★ kilometers per hour の略. 《☞ じそく》 // 彼は時速 40*キロで運転していた He was driving at a speed of forty *kilometers* per hour. // 東京・大阪間は約 550*キロです From Tokyo to Osaka is about five hundred and fifty *kilometers*. // 私は 60*キロあります I weigh 60 *kilograms*.

きろく 記録 **1** «競技の» ―名 record Ⓒ. ―動 (記録する) record ⑩. 《☞ しんきろく》.
¶ 彼はその競技会で自己の持つ*記録を破った He broke his own (earlier) *record* at the athletic meet. 《☞ スポーツ (囲み)》 // 彼は 100 メートルの自由型で日本新*記録を出した He ｢set [made; established] a new Japan *record* in the 100-meter freestyle (swim event). // 彼はマラソンの世界*記録を持っている He holds the world *record* for the marathon. // 私は 100 メートル 15 秒の*記録でした (⇒ 100 メートルに対して 15 秒の時間を記録した) I *clocked* 15 seconds in the 100 meters. / Fifteen seconds was my best time in the 100 meters. // 彼女は 200 メートルに世界タイ*記録で優勝した She won the 200-meter race with a time equaling the world *record*.
2 «文書に残した» ―名 (議事録) minutes; (会議録) proceedings ★ 以上は複数形で. 後者は改まった語. ―動 (書き留める) write down ⑩; (記録に残す) put ... on record.
¶ 彼はその会議の*記録をとった He kept the *minutes* of the meeting. // 私は彼の言動を忠実に*記録した I *have* ｢*recorded* faithfully [*kept a* faithful *record of*] what he said and did. / I *have* ｢*written down* [*put on record*] all his sayings and doings.
3 «出来事» ―動 (記録する) record ⑩. ―形 (記録的な) record ★ 名詞の形容詞用法; (記録破りの) record-breaking.
¶ 最も災害の大きかった所では, その一昼夜で 200 ミリの雨が*記録された In the hardest-hit area, two hundred millimeters of rainfall *was recorded* in twenty-four hours. 《☞ 自然災害 (囲み)》 // 日本では今年は*記録的な豊作でした There was a *record* rice crop in Japan this year. // 昨年は*記録的な干ばつがあった We had a *record-breaking* drought last year. // このところ*記録的な暑さが続いている We are having a long spell of *record* heat. 《☞ くうぜん》
記録映画 documentary ｢film [motion picture] Ⓒ 《☞ 映画 (囲み)》 **記録係** recorder Ⓒ; (競技の) scorer Ⓒ **記録文学** documentary literature Ⓤ **記録保持者** record holder Ⓒ. ¶ 100 メートル競走の日本*記録保持者 a Japan-*record holder* in the 100-meter dash

ぎろん 議論 ―名 argument Ⓤ ★ 具体的な事実を指すときは Ⓒ; discussion Ⓒ; dispute Ⓒ; debate Ⓤ; controversy Ⓒ. ―動 argue ⑩ⓐ; discuss ⑩; dispute ⑩ⓐ ★ やや形式ばった語; debate ⑩; (話し合いをする) talk (about ...) ⓐ. ―形 (議論の余地のある) disputable; controversial.
【類義語】事実や論理に基づき, 自分の意見を主張したり, 相手を説得しようとする議論が **argument**. 問題解決のために意見を出し合い, 和気あいあいのうちに行われる討論が **discussion**. 相手の主張を覆すために感情的になって行うやりとりは **dispute**. 一定のルールのもとに行われる公開の場での討論は **debate**. 重要問題について, 団体の間で行われる長期の論争, または論議は **controversy**. 《☞ とうろん (類義語); ろんぎ; とうぎ; ろんそう》
¶ 私は政治的な*議論は嫌いだ I don't like to *argue* politics.
*議論のための*議論はよそう Let's not *argue* for the sake of ｢*arguing* [*argument*].
私は彼と軍縮問題について*議論した I *argued* with him about disarmament.
私はその問題について彼と*議論をした I ｢*discussed* [*talked about*] the problem with him. / I had a *discussion* with him about the matter.
3 時間もたいへんな*議論をしてこの決定をした After three hours of heated *discussion*, we ｢made [took] this decision.
それは目下*議論されている問題です (⇒ 論争になっている問題) It is one of the *controversial* problems of the day.
それは*議論の余地がない It is beyond *dispute*.
その提案に対しては*議論が百出した (⇒ 多くの議論があった) There was a great deal of *argument* over the proposal.
彼は*議論好きだ He is fond of ｢*argument*(*s*) [*arguing*].

-ぎわ ...際 ¶ 窓*ぎわ (⇒ 窓のそば) の席に座った I took a seat ｢*by* [*near*] the window. / I took a window seat. 語法 乗り物などで「通路ぎわ」(aisle side) に対して言う. // 私たちは波打ち*ぎわを散歩した We took a walk *on* the beach. // 別れ*ぎわに彼はこれをくれました (⇒ 別れるときに) *When* I parted from him, he handed this to me.

き

き

ぎわく 疑惑 ―名 (嫌疑) suspicion Ⓤ; (確信が持てない疑い) doubt Ⓒ. ―形 suspicious; doubtful. ―副 (疑惑をもって) suspiciously; doubtfully. 《☞ うたがい; けんぎ; ふしん[1]》.
¶ 彼の行動は世間の*疑惑を招く His behavior will ˹arouse [excite] public *suspicion*. // 私はそのことにいささか*疑惑を抱いている I am *suspicious of* the matter. / (⇒ 疑いを持っている) I have *doubts* about the matter. // 近所の人々は私を*疑惑の目で見た (⇒ 疑わしそうに[疑いの目で]) The neighbors looked at me ˹*suspiciously* [*with doubtful eyes*]. // 彼はついに世間の*疑惑を晴らす (⇒ 世間の疑いから自分自身を解放する) ことができなかった In the end he was unable to clear himself of the public *suspicion*.

きわだつ 際立つ ―動 (目立つ) stand out ⓐ. ―形 outstanding; (人目につく) conspicuous ★ やや改まった語; (傑出して顕著な) prominent; (特に著しい) marked, remarkable. 《☞ めだつ; けんちょ; いちじるしい》.
¶ 彼は選手として*際立っている He ˹*stands out* [is *outstanding*] as a player. // 彼はその組では*際立った存在です (⇒ ほかの者とはまったく違う) He is *quite different from* the other students in his class. // *際立った例を幾つかあげます Let me show you a few ˹*remarkable* [*conspicuous*] examples. // その 2 人の兄弟には*際立った違い (⇒ 対照的なこと) がある There is a *contrast* between the two brothers.

きわどい 際どい ¶ *きわどいところで最終列車に間に合った (⇒ ちょうど間に合った) I was *just* in time for the last train. / (⇒ もう少しで逃すところだった) I *almost* missed the last train. // *きわどいところで助かった (⇒ かろうじて危険から逃れた) I *narrowly* escaped (from) danger. / I had a *narrow* escape from danger. // 勝ったが*きわどい勝負だった (⇒ 互角だった) We gained (the) victory, but the game was very *close*. / (⇒ 少差の勝利を得た) We won a very *close* victory. // 彼はよく*きわどい (⇒ 卑猥な[セックスを暗示する]) 冗談を言う He often makes ˹*sexy* [*suggestive*] jokes.

きわまる 窮まる, 極まる ¶ それは危険*きわまりない (⇒ 極端に危険である) It is ˹*extremely* [*most*] dangerous. / (⇒ それより危険なことはない) *Nothing is more* dangerous than that. // 彼女は進退*きわまった (⇒ 窮地に追い込まれた) She *was* ˹*put into* [*on*(*to*) *the horns of*] *a dilemma*. // 聴衆は感*きわまって (⇒ 感動して) 涙を流した The audience *was moved* to tears.

きわみ 極み ¶ 彼の行為は愚かの*きわみである (⇒ 彼があんな行動をするとは愚の骨頂である) It was the *height* of folly for him to do such a thing. ★ 改まった言い方. // このような事件は我々にとって遺憾の*きわみである (⇒ たいへんに悲しむべきことである) It is *most* regrettable that that sort of thing happened.

きわめて 極めて (とても・非常に) very ★ 日常的な平易な語で, 以下の語の代わりにも使える場合が多い; (極度に) extremely ★ very より意味が強い; (普通の程度を越えて) exceedingly. 《☞ ひじょうに; とても; 強意語 (囲み)》.
¶ あの少年は*きわめて勤勉だ That boy is ˹*very* [*most*; *really*] diligent. // それは*きわめて深刻な問題だ It is ˹an *extremely* [a *very*; a *most*] serious problem. // 彼女は*きわめて親切だった She was *exceedingly* kind. // 私の時計は*きわめて正確だ (⇒ 完全に時間が合っている) My watch keeps *perfect* time.

きわめる 窮める, 極める, 究める ¶ 我々はついに山頂を*きわめた (⇒ 到達した[征服した]) We ˹*reached* [*won*] the summit of the mountain at last. // この事件の真相を*きわめる (⇒ 真相に達する[真相を見つけ出す]) ことは不可能です It is impossibe to ˹*reach* [*find* (*out*)] the truth of the case. // 柔道の奥儀を*きわめるには最低 10 年はかかる (⇒ 柔道についてすべてを知るには) It takes at least ten years to *learn all about* judo. // その事故現場は悲惨を*きわめた (⇒ 非常に悲惨な光景を呈した) The scene of the accident presented a *most miserable sight*. // 彼らの態度は丁重を*きわめたものでした (⇒ 極度に丁重だった) They were *extremely* polite to us.

きわもの 際物 (季節の品) seasonable article Ⓒ; (場当たりの行為) claptrap Ⓤ. ¶ *際物小説 a ˹*catching* [*sensational*] novel

きん[1] 金 ―名 (鉱物としての金) gold Ⓤ 《元素記号 Au》. ―形 (金でできた) gold; (金のような・金色の) golden 【語法】 前者は「本物の金からなっている」の意であり, 後者は比喩的に用いられる.
¶ *金の指輪 a *gold* ring // この鎖は*金でできている This chain is made of *gold*. // 光るものが必ずしも*金ではない All is not *gold* that glitters. 《ことわざ》 // 彼はロサンゼルスのオリンピックで*金メダルをとった He won a *gold* medal ˹at [in] the Los Angeles Olympics.
金色 ―名 gold Ⓤ. ―形 golden. 《☞ 色 (囲み)》 **金びょうぶ** gold-leafed folding screen Ⓒ **金ペン** gold pen Ⓒ; (ペン先) gold nib Ⓒ **金ボタン** (真鍮のボタン) brass button Ⓒ **金めっき** ―名 gilding Ⓤ, gold plating Ⓤ. ―形 (金めっきの) gilt, gilded, gold-plated. ―動 (金めっきをする) gild ⓣ, gold-plate ⓣ, plate ... with gold. 《☞ めっき》 **金モール** gold ˹lace Ⓤ [braid Ⓒ].

きん[2] 菌 (病原菌) germ Ⓒ; (バクテリア) bacterium Ⓒ 《複 bacteria》; (棒状菌) bacillus Ⓒ 《複 bacilli [bəsílai]》; (きのこなどの菌類) fungus Ⓒ 《複 fungi [fʌ́ndʒai]》. 《☞ さいきん[2]; ばいきん》.

ぎん 銀 ―名 silver Ⓤ 《元素記号 Ag》. ―形 (銀(製)の) silver; (銀のような) silvery.
銀色 ―名 silver Ⓤ. ―形 silver. 《☞ 色 (囲み)》 **銀めっき** ―名 silver plating Ⓤ. ―形 (銀めっきの) silver-plated. ―動 (銀めっきをする) plate ... with silver. 《☞ めっき》.

きんいつ 均一 ―名 (むらがなく同一のこと) uniformity Ⓤ; (均等) equality Ⓤ. ―形

uniform; equal; (値段などが均一の) flat; (同じ) same. 《☞ いちりつ; おなじ》.
¶《乗り物などの》*均一料金 a *flat* rate //《商品などの》千円*均一 (⇒1つにつき千円) ¥1,000 a piece // この地下鉄は*均一130円の料金です (⇒一律130円の料金が課せられる) A *uniform* fare of 130 yen is charged for a ride on this subway line. // 彼女はケーキを*均一に分けた She divided the cake into ⌈*equal* parts [pieces of *equal* size].

「紳士靴：12ドル均一」という掲示

きんいっぷう 金一封 ¶私は会社から永年勤続で*金一封をもらった (⇒特別の贈り物としてある金額の金を) I was given *a sum of money as a* ⌈*special gift* [*bonus*] for my long (years of) service at the office.

きんえん 禁煙 ―名 (喫煙の禁止) prohibition of smoking [U], no smoking [U]. ―動 (喫煙をやめる) give up [quit] smoking.
¶*禁煙 *No Smoking* / *Smoking is prohibited* here. / Please *refrain from smoking*. 《☞ 掲示の英語 (囲み)》// 医者は*禁煙するようにと言った (⇒喫煙をやめるように忠告した) My doctor advised me to ⌈*give up* [*quit*] *smoking*.
禁煙車 no-smoking ⌈car [《英》 carriage] [C], non-smoker [C].

「禁煙．エンジン止めろ」というガソリンスタンドの掲示

きんか 金貨 gold ⌈coin [piece] [C]; (総称として) gold currency [U]. ¶*金貨5枚 five *pieces of gold* // 千ポンドを*金貨で支払った I paid £1,000 in *gold*.

ぎんか 銀貨 silver coin [C]. ¶私は*銀貨で500ドル持っている I have $500 in *silver*.

ぎんが 銀河 the Milky Way, the Galaxy; the Via Lactea ★最後のものは学術名として用いられる. **銀河系** the galactic system **銀河系宇宙** the Milky Way Galaxy.

きんかい[1] 近海 the nearly seas, the ⌈neighboring [home] waters ★通例複数形で.
近海漁業 inshore fishery [U] **近海航路** coastal ⌈service [line] [C] **近海物[魚]** (in-)shore fish [U].

きんかい[2] 金塊 lump of gold [C]; (貿易・鋳造用の) gold bullion [U]; (鋳塊) gold ingot [C]; (棒状のもの) gold bar [C]; (天然の) nugget [C].

きんがく 金額 amount [sum] of money [C] 《☞ かね[1]; がく[1]》.
¶私は毎月わずかの*金額を月給から貯金しています I have been saving a small *sum* out of my pay every month. // 被害*金額は100万円に達する The *amount* of ⌈damage [the damages] comes to a million yen. // その年の旅費は相当の*金額に達した (⇒その年は旅行に多額の金を使った) We spent *a lot of money* (on) traveling that year.

きんがしんねん 謹賀新年 (I wish you a) Happy New Year. 《☞ しんねん[2]》.

きんかん 近刊 (最近出版された本) recent ⌈publication [issue] [C]; (近く予定されている) forthcoming ⌈book [title] [C]. 《☞ しんかん[1]》.
¶*近刊予定 *Forthcoming* ★本の題名の後に入れる.

きんがん 近眼 ―名 (近視) nearsightedness [U], shortsightedness [U]; myopia [maióupiə] [U] 語法 《米》では主に nearsightedness, 《英》では shortsightedness が用いられる. myopia は形式ばった医学用語. ―形 nearsighted, shortsighted; myopic. 《☞ きんし[2]; しりょく[1]》.
¶彼は*近眼だ He is ⌈*nearsighted* [*shortsighted*; *myopic*]. // 私は軽い[ひどい]*近眼です I am ⌈a trifle [dreadfully] *nearsighted*.

きんかんがっき 金管楽器 (オーケストラの一部門の) (the) brass [U]; (説明的には) musical instrument made of brass [C] 語法 個別のときは tuba [C], trombone [C] など具体的な名前で示す. 《☞ 音楽 (囲み)》.

きんかんしょく 金環食 annular [gold ring] eclipse of the sun [C].

きんきゅう 緊急 ―形 (重大で急を要する) urgent; (差し迫った) pressing; (即刻の) immediate. ―名 (非常事態) emergency [U] ★具体的な出来事をいうときは [C]; urgency [U]. 《☞ ひじょう[1]; きゅうむ》.
¶それは目下*緊急の問題です It is an *urgent* problem. / It is a matter of great *urgency*. // *緊急の場合は999を回して下さい In case of *emergency*, dial 999. 参考 dial 999 [náin-nàin-náin] は《英》で, 警察や消防署などに電話すること. 日本の110番, 119番に相当する. 《米》では地方によって異なり, 一定していない. // *緊急の場合に限ります *Emergency* Use Only 《☞ 掲示の英語 (囲み)》/ *Emergency* Cases [*Emergencies*] Only ★病院などの急患に対する掲示. // 父は*緊急の用事で大急ぎで家を出ました My father left home quickly on *pressing* business. // パイロットは名古屋に*緊急着陸した The pilot made an *emergency* landing at Nagoya Airport. // 市当局はそれに対して*緊急措置をとった The city authorities took ⌈*emergency* measures [*immediate* action] against it.
緊急動議 urgent motion [C]. ¶*緊急動議が出された An *urgent motion* was made.

きんぎょ 金魚 goldfish [C] ★単複同形. ただし種類を表すときは ~es となる. **金魚鉢** fishbowl [C] **金魚屋** goldfish vendor [C].

きんきょう 近況 ¶手紙で両親に*近況を知らせた (⇒両親に手紙を書いて, 最近どのように暮らしているかを知らせた) I wrote to my parents and told them how I have been (getting along) recently. // *近況を(⇒どのように過ごしているか)お知らせ下さい Please let me know *how you are* (*getting on*) *these days*.

きんきょり 近距離 (短い距離) short[close] distance Ⓒ 《☞ ちかい[1]；たんきょり》. ¶野球場は家から*近距離にある The baseball stadium is (「at [within]) a *short distance* from my house.

きんきんごえ きんきん声 ¶彼女は*きんきん声だ(⇒彼女は鋭い声をもっている) She has a「*shrill* [*high-pitched*] *voice*.

きんく 禁句 ―[名] tabooed「word [phrase] Ⓒ；(禁じられたもの) taboo Ⓒ. ―[形] (禁句の) taboo. 《☞ きんもつ》. ¶そのような言葉はここでは*禁句だ(⇒タブーとなっている) Such words are *taboo* here.

きんげん[1] 謹厳 ―[形] (まじめな) serious；(自分に対して厳しい) austere；(いかめしく厳格な) stern. ―[名] seriousness Ⓤ；austerity Ⓤ. 《☞ まじめ；きびしい (類義語)》.
¶私の祖父は*謹厳な人だった(⇒厳しい品行の人) My grandfather was a man of *strict morals*. / (⇒非常にまじめな人) My grandfather was a *very serious* man. // 私たちの先生は*謹厳な方です Our teacher is an *austere* man.

きんげん[2] 金言 golden [wise] saying Ⓒ；(格言) maxim Ⓒ ★やや改まった語. 《☞ かくげん》.

きんけんせいじ 金権政治 money (power) politics Ⓤ 《☞ 政治・経済 (囲み)》.

きんこ[1] 金庫 safe Ⓒ；(銀行などの地下にある) vault Ⓒ. ¶その金は*金庫の中へ入れておいて下さい Please put the money in the *safe*. // 貸し*金庫 a safe(ty)-deposit box
金庫破り (人) safecracker Ⓒ, 《英》 safebreaker Ⓒ.

きんこ[2] 禁固 imprisonment Ⓤ, confinement Ⓤ ★前者のほうが一般的. ¶彼は1か月の*禁固刑を受けた He was sentenced to one month's *imprisonment*.

きんこう[1] 均衡 (釣り合い) balance Ⓤ；(平衡状態) equilibrium Ⓤ ★後者は改まった語. 《☞ バランス；つりあい；へいこう[4]》.
¶国際平和のためには力の*均衡を保つことが必要です The *balance* of power is essential for world peace. // 今年の予算は*均衡がとれている[いない] The budget for this year is「in [out of] *balance*. [語法] 「よく均衡がとれている」という意味では well-balanced も用いられる.

きんこう[2] 近郊 (都市の周辺部) the suburbs, the outskirts, environs [語法] the *suburbs* が最も普通. いずれも通例複数形だが, the suburbs は近郊のうちのある地区の場合は a suburb と単数形も使う；(付近) vicinity Ⓒ ★改まった語. 《☞ こうがい[1]；しゅうへん》.
¶私は東京*近郊に住みたい I'd like to live in「*the suburbs* [*a suburb*] of Tokyo. / I want to live in *the outskirts* of Tokyo. // 京都やその*近郊は竹で有名です Kyoto and its「*environs* [*vicinity*] are famous for their bamboo.

きんこう[3] 金鉱 (鉱石) gold ore Ⓤ；(鉱山) gold mine Ⓒ. 《☞ こうざん[1]》.

ぎんこう 銀行 bank Ⓒ 《☞ こうざ[1]》.
¶私はあの*銀行に預金がある(⇒口座を持っている) I have an account「with [at] that *bank*. // その金はその*銀行から借りた I borrowed the money from the *bank*. // 私は金を全部その*銀行に預けた I've「put [deposited] all my money in the *bank*. // 金を全部*銀行から引き出した I've withdrawn all my money from the *bank*. // 都市[信託]*銀行 a「city [trust] *bank* // チェース マンハッタン*銀行 *the* Chase Manhattan *Bank* 《☞ 冠詞 (欄外)》
銀行員 bank employee Ⓒ **銀行家[業者]** banker Ⓒ.

きんこつ 筋骨 ―[形] (筋骨たくましい) muscular；(腕などが) sinewy；(強い) sturdy.

きんこんしき 金婚式 golden wedding anniversary Ⓒ.

ぎんこんしき 銀婚式 silver wedding anniversary Ⓒ.

きんざい 近在 the neighboring districts；(近くの村[町]) neighboring「villages [towns]；(都会の) suburban districts ★以上は複数形で. 《☞ きんじょ；こうがい[1]；きんこう[2]》.

きんさく 金策 ―[動] (金を借りる) borrow money；(貸付金を借りる) get a loan；(資金を集める) raise funds. 《☞ かねぐり》.
¶彼は土地の*金策に(⇒貸付金を得るのに)忙しい He is busy「*getting* [*negotiating*] *a loan* for buying land. // なんとか*金策はできた(⇒金[資金]を調達することができた) I managed to *raise*「*money* [*funds*] for it. // 彼は*金策に困っていたようだ(⇒金がなくて困っていたようだ[経済的な困難にあったようだ]) He seemed to *be*「*pressed for money* [*in financial difficulty*].

きんし[1] 禁止 ―[動] (公に禁止する) prohibit (他) ★一般的な語；(道徳的な理由などで) ban (他)；(上からの権威で禁じる) forbid (他) 《過去 forbade, forbad；過分 forbidden》. ―[名] prohibition Ⓤ；ban Ⓒ；(輸出入禁止令) embargo Ⓒ 《複 ～es》；(権力による) suppression Ⓤ. 《☞ きんじる；掲示の英語 (囲み)》.
¶駐車[停車]*禁止 *No*「Parking [Standing] // 立入*禁止 (⇒近づくな) Keep off / (⇒区域外) Off limits / Private ★施設等が公開されていないことを示す. // 遊泳*禁止 No Bathing / Bathing strictly *prohibited* / No Bathing *Allowed* // 彼女は外出を*禁止された She

「ここで魚釣り禁止」「遊泳禁止」の掲示

was forbidden to go out. // すべての核兵器は*禁止されるべきだ All nuclear weapons must *be banned.*

きんし² 近視 nearsightedness Ⓤ, shortsightedness Ⓤ ★ 後者は主として《英》; 〖医学〗 myopia Ⓤ. (☞ きんがん). ¶ 仮性*近視 false *nearsightedness* / *pseudomyopia* // *近視眼的考え a ⌈*shortsighted* [*nearsighted*] view

きんじち 近似値 approximate value Ⓒ, 〖数学〗 approximation Ⓒ.

きんしつ 均質 ― 名 homogeneity Ⓤ. ― 形 (均質の) homogeneous. ― 動 (均質にする) homogenize ⑪. (☞ どうしつ²).

きんじつ 近日 ― 副 (間もなく) soon ; (数日中に) in a few days ; (近いうちいつか) one of these days ; (2, 3 日中に) in a couple of days ; (やがて) before long ★ やや改まった表現. (☞ まもなく ; そのうち).

¶ *近日中におめにかかりたいと思います I'd like to see you *one of these days.* // それは*近日中に (⇒ やがて) 届くはずです It will be sent to you *before long.* // *近日開店 Opening *Soon*!

きんじとう 金字塔 (記念として残る業績) monumental ⌈work [achievement] Ⓒ ★ 後者のほうがより形式ばった言い方. ¶ 彼の著書は日本美術研究における*金字塔である His book on Japanese art proved to be a *monumental achievement.*

きんしゅ 禁酒 ― 名 (酒を避けること) abstinence Ⓤ, temperance Ⓤ ★ 後者は「節酒」の場合を指すこともある ; (絶対禁酒主義) teetotalism Ⓤ. ― 動 (酒をやめる) give up [quit] drinking ; (酒を慎む) abstain from drinking ★ やや改まった言い方.

¶ 医者は 1 年間*禁酒するようにと私に言った (⇒ 酒を飲むなと忠告した) The doctor advised me *not to drink* for one year. // 病気のために彼は*禁酒した Because of illness, he *gave up drinking.* // 彼は*禁酒の誓いを立てた He took ⌈an oath [a vow] of *temperance.*

禁酒運動 temperance movement Ⓒ, teetotallers' movement Ⓒ.

きんしゅく 緊縮 (費用の節約) retrenchment Ⓤ (☞ せつやく ; さくげん).

¶ 新政権は*緊縮政策を始めた (⇒ 経費節約の政策をとっている) *The new government is* following a policy of *retrenchment.* / (⇒ 金融の引き締め政策を) The new government has adopted a *tight-money* policy. // 政府は本年度は*緊縮予算を組んだ (⇒ 予算を切り詰めた) The administration *cut down* the budget for this fiscal year.

きんじょ 近所 ― 名 (特定の場所から近くの地域) 《米》 neighborhood Ⓒ, 《英》 neighbourhood Ⓒ ; (近所の人) 《米》 neighbor Ⓒ, 《英》 neighbour Ⓒ ; (近隣一帯) vicinity Ⓤ [語法] vicinity のほうが, neighborhood より範囲が広く, 改まった語. ― 副 (近くに) near [around] here ; (…の近所に) close to … ― 前 (…の近くの ; …の近くに) near … (☞ ふきん¹ ; ちかく¹ ; このへん).

¶「この*近所に銀行はありますか」「この通りの次の角にあります」"Is there a bank ⌈*near here* [*around here*]?" "Yes, there's one at the next corner."

私たちの学校は駅の*近所にある (⇒ 近くにある) Our school is ⌈*near* [*close to*] the station.

隣*近所にはあいさつをしておくべきだ You should say hello to your next-door *neighbors.*

*近所の子供たちをパーティーに呼んだ We invited the *neighbor* children to the party.

彼女はうちの*近所の人です She is our *neighbor.* / (⇒ うちの近くに住んでいる) She lives *near* my home.

彼はほとんど*近所づきあいがない (⇒ 近所に友人がいない) He has very few friends in his *neighborhood.*

彼の奥さんは*近所づきあいがよい His wife gets on well with her *neighbors.*

あのピアノは*近所迷惑だ The noise of the piano is ⌈a constant nuisance to [always bothering] the *neighbors.*

この*近所は初めてです I'm quite a stranger ⌈in [to] this *neighborhood.*

子供たちは*近所の池へ釣りに行った The kids went fishing on the ⌈*nearby* pond [pond *near here*].

きんしょう 僅少 ― 形 (わずかの) a few, a little [語法] 前者は数を示し, 後者は量を示す ; (かろうじて) narrow. (☞ わずか ; すこし).

¶ 自民党は*僅少差で勝った (⇒ 僅かの差で) The Liberal Democratic Party won by a *narrow* margin.

きんじる 禁じる **1** «禁止する» : (しないように命じる) tell … not to *do* ★ 口語的 ; (公権力などが) prohibit ⑪ ★ 一般的な語 ; (権威のある人が) forbid ⑪ 《過去 forbade, forbad ; 過分 forbidden》 ; (社会的・倫理的に) ban ⑪. (☞ きんし¹).

¶ この川での水泳は*禁じられています Swimming in this river *is prohibited.* / (⇒ 許されていない) Swimming *is not allowed* in this river. // 車の乗り入れを*禁ずる *No* Vehicles / *Closed to* all vehicles // 母は私に夜の外出を*禁じた (⇒ 外出しないように命令した) Mother *told* me *not to* go out after dark. / Mother *forbade* me to go out after dark. ★ 後者は改まった表現. // 私は医者にコーヒーを*禁じられている (⇒ 医者は私にコーヒーを飲むなと忠告した) The doctor *advised* me not to drink coffee. / I *am forbidden* by my doctor to drink coffee. // 賭博は法律によって*禁じられている Gambling *is prohibited* by law. / Gambling *is banned.*

2 «抑える» ¶ それを聞いて笑いを*禁じえなかった (⇒ それに接して笑わないではいられなかった) I could not *help* laughing at that. // 私は涙を*禁じえなかった (⇒ 涙を抑えることができなかった) I could not *hold back* my tears. (☞ こらえる)

きんしん¹ 近親 (近い親類) near [close] relative Ⓒ ; (近親の者を集合的に) kin Ⓒ ; (近

親の関係) near relationship Ⓤ. 《☞ しんるい; けつえん》. **近親結婚** consanguineous marriage Ⓤ; (俗に) intermarriage Ⓒ.

きんしん² 謹慎 ¶私は目下*謹慎中です (⇒罰として家に閉じ込められている) Now I'*m confined to the house* as punishment. // 彼は学校から*謹慎を命じられた (⇒ 彼らは罰として彼に登校を禁じた) They ordered him to *stay away from* school as punishment.

きんせい¹ 均整 ― 形 (栄養・人の性格などが釣り合いのとれた) well-balanced; (左右相称の) symmetrical; (姿・形が釣り合いのとれた) well-proportioned. ― 名 symmetry Ⓤ; balance Ⓤ; proportion Ⓤ; (調和) harmony Ⓤ. 《☞ つりあい; ちょうわ》.
¶彼女は*均整のとれた体をしている She has a *well-proportioned* figure. // この絵は*均整のとれた美しさで有名です This picture is noted for its ⌈beauty of *proportion* [*symmetrical* beauty].

きんせい² 近世 ― 名 early modern ⌈time(s) [ages]. ― 形 (近世の) early modern. 《☞ きんだい》.

きんせい³ 金星 Venus 《☞ みょうじょう》.

きんせい⁴ 禁制 ¶江戸時代にはキリスト教は*禁制であった (⇒ 禁じられていた) In the Edo period Christianity *was* ⌈*prohibited* [*proscribed*]. // この山は昔女人*禁制だった (⇒ 女性には道を閉ざされていた) This mountain used to *be closed to* women in former days. 《☞ きんし¹; きんじる》

ぎんせかい 銀世界 ¶外は一面の*銀世界だ (⇒ すべての場所は雪に覆われている) The whole place *is covered with snow*.

きんせつ 近接 ― 形 (近くの) near; (接近した) close; (隣の) neighboring. ― 動 (近づく) approach ⓗ; (近くにくる) draw near... ― 名 (近いこと) proximity Ⓤ. 《☞ ちかく¹; せっきん; となり》.

きんせん 金銭 money Ⓤ; (現金) cash Ⓤ. 《☞ かね¹》.
¶彼らは*金銭上の問題で大げんかをした They had a big quarrel over the *money*. // 彼は*金銭的に汚い He plays dirty ⌈with [in matters of] money. // 彼は父親に*金銭上の援助を仰いだ He turned to his father for *financial* ⌈help [support].
金銭出納係 (窓口で現金を扱う人) cashier Ⓒ; (団体・官庁などの出納課員) treasurer Ⓒ; (銀行の) teller Ⓒ **金銭登録機** cash register Ⓒ 《☞ レジ》.

きんぞく¹ 金属 ― 名 metal Ⓤ; (貴金属) precious metal Ⓤ ★以上 2 語はいずれも種類をいうときは Ⓒ. ― 形 (金属の) metal; (金属性の) metallic.
¶*金属製の棒 a *metal* bar // すべての*金属は熱と電気をよく導く All *metals* are good conductors of heat and electricity. // この箱は*金属でできている This box is made of *metal*. // それは*金属性の音を立てた It gave a *metallic* ring.
金属元素 metallic element Ⓒ **金属工業** metal [metalworking] industry Ⓤ **金属製品** (金属類) hardware Ⓤ; (金属でできた物品) metal goods Ⓤ.

きんぞく² 勤続 ¶M 先生はこの学校で*勤続 30 年です (⇒ この学校で 30 年間教えている) Mr. M has been teaching at this school for thirty years. // 私は永年*勤続で表彰された (⇒ 長く勤めたことで) My name was listed on the honor roll in recognition of my *long service* ⌈in [at] the company.
勤続手当 length-of-service allowance Ⓒ.

きんだい 近代 ― 名 modern ages ★複数形で. ― 形 (近代の) modern. ― 動 (近代化する) modernize ⓗ. 《☞ げんだい》.
¶日本は*近代国家になった Japan has developed into a *modern* state. // 石油は*近代産業には欠かすことができない Petroleum is indispensable to *modern* ⌈industry [industries]. // 生活様式を*近代化することは金がかかる It takes much money to *modernize* the way of life.

きんだん 禁断 ¶*禁断の木の実 the *forbidden* fruit **禁断症状** withdrawal symptom(s) Ⓒ 《☞ しょうじょう¹》.

きんちさん 禁治産 ― 名 【法律】 incompetency Ⓤ. ― 形 (無能力の) incompetent. ¶彼は*禁治産の宣告を受けた He was declared *incompetent*. // 彼女は*禁治産者だ She is (an) *incompetent*. / (⇒ 法律上の資格がない) She *is not legally qualified*.

きんちょう 緊張 ― 名 (精神的・政治的な) tension Ⓤ; (張り詰めること) strain Ⓒ. ― 動 (緊張する) become tense, be ⌈strained [keyed up; strung (up)]; (緊張させる) tense ⓗ, strain ⓗ. ― 形 (緊張した) tense, strained. 《☞ きんぱく¹; かたく¹; はりつめる》.
¶彼の前ではすごく*緊張します I feel extremely *tense* when he is with us.
初めて飛行機に乗ったときは*緊張する (⇒ 神経質になる) You ⌈feel [get] *nervous* when you ⌈fly [take an airplane] for the first time.
彼らは試験の前でたいへん*緊張している They ⌈*are* high-*strung* [*tensed up*] before examinations.
新入生の*緊張をほぐす必要がある (⇒ 窮屈な思いをさせないようにしてあげることが必要だ) It is necessary to *make* the newcomers *feel at home*.
彼女は*緊張した (⇒ 非常に真剣な) 面持ちで部屋に入ってきた She entered the room with great *seriousness*.
南北の*緊張が高まった (⇒ 関係が緊張した) The relationship between North and South ⌈*has become tense* [*was strained*].
EC はヨーロッパの政治的*緊張の緩和に役立つ EC will make for the easing of political *tensions* in Europe. 語法 tension は対人関係・国家間などの緊張を指すときはしばしば複数形で用いられる.

きんてい 謹呈 ¶*謹呈《著者が贈呈本に書く言葉》(⇒ 著者のあいさつをそえて) With the compliments of the author. / 《謹呈として贈る本》 a *presentation* copy 《☞ ぞうてい》

きんてき 金的 (的の中心) the bull's-eye.

金　　銭

(1) 単位

英米での金銭の単位は次のとおりである.

《米》 セント　cent (¢)
　　ドル　1 dollar ($, $) =100¢ ★ 日本円の約 225 円に相当.
　　　［参考］カナダ，オーストラリアも米国と同じ単位を用いる.

《英》 ペニー　penny (p) 《複 pence》
　　ポンド　1 pound (£) =100p ★ 日本円の約 315 円に相当.

《日》 円　yen (¥) 《複 yen》

［語法］ $, £, ¥ は数字の前に付け, ¢, p は後に付ける: $12; $10.15; 10¢; £7; £7.30; 20p; ¥500 ★ 読み方はそれぞれ twelve dollars; ten dollars and fifteen cents; ten cents; seven pounds; seven pounds thirty; twenty pence; five hundred yen.

(2) 紙幣と硬貨

紙幣は《米》では普通 bill Ⓒ, または総称として口語的には paper money Ⓤ, 1 枚 1 枚は greenback Ⓒ という.《英》では形式ばって言うときは bank note Ⓒと言うが, 普通 note Ⓒ, 口語的に総称として paper money Ⓤ という. 硬貨は《米》《英》ともに coin Ⓒ である.

札の種類は《米》では 1 ドル, 5 ドル, 10 ドル, 20 ドル, 50 ドル, 100 ドルなどがよく使われる.《英》では 1 ポンド, 2 ポンド, 5 ポンド (fiver ともいう), 10 ポンド (tenner ともいう) など.

硬貨は《米》では次のとおりで, (　) 内は通称.

1 セント貨	(penny)
5 セント貨	(nickel)
10 セント貨	(dime)
25 セント貨	(quarter)
50 セント貨	(half dollar)
1 ドル貨	

《英》では $^1/_2$ ペニー (halfpenny), 1 ペニー (penny), 2 ペンス (pence), 5 ペンス, 10 ペンス, 20 ペンス, 50 ペンス, 1 ポンドの硬貨がある.

なお《英》では 1971 年に通貨制度が改正されたが, それ以前は 1 ポンドが 20 シリング (shilling), 1 シリングが 12 ペンスという複雑な仕組みであった.

(3) 釣り銭

《米》《英》ともに店で釣り銭 (change Ⓤ) を渡すときは, 買い物の値段につり銭を加える形で勘定しながら渡す.

例えば, 5 ドル札で 4 ドル 15 セントの買い物をしたとすると, まず 10 セント (dime) を渡して "Four twenty-five." と言い, 次に 25 セント (quarter) を渡して "Fifty." と言い, 次に 50 セント貨 (half dollar) を渡して "Five dollars." と言う. 日本人のように即座に暗算で渡すことは普通しない.

米国の硬貨　　★(　) 内は肖像の人物名.

1ドル one dollar (アンソニー Anthony) ／ 1ドル one dollar (アイゼンハワー Eisenhower) ／ 50セント half dollar (ケネディー Kennedy) ／ 25セント quarter dollar (ワシントン Washington) ／ 10セント dime (F. ルーズベルト F. Roosevelt) ／ 5セント nickel (ジェファーソン Jefferson) ／ 1セント penny (リンカーン Lincoln)

米国の紙幣

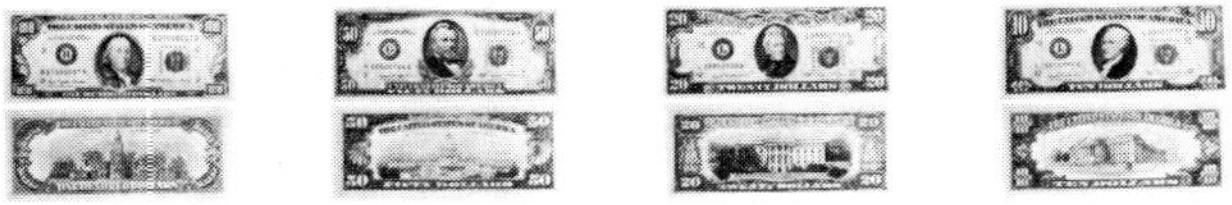

100ドル one hundred dollars (フランクリン Frankl n) ／ 50ドル fifty dollars (グラント Grant) ／ 20ドル twenty dollars (ジャクソン Jackson) ／ 10ドル ten dollars (ハミルトン Hamilton)

米国の紙幣

5ドル five dollars (リンカーン Lincoln)	2ドル two dollars (ジェファーソン Jefferson)	1ドル one dollar (ワシントン Washington)

英国の硬貨

1ポンド	50ペンス	20ペンス	10ペンス	5ペンス	2ペンス	1ペニー	½ペニー
one pound	fifty pence	twenty pence	ten pence	five pence	two pence	penny	halfpenny

★表側の肖像はすべてエリザベス2世 Elizabeth II.

英国の紙幣

50ポンド fifty pounds (レン Wren)	20ポンド twenty pounds (シェークスピア Shakespeare)	10ポンド ten pounds (ナイチンゲール Nightingale)	5ポンド five pounds (ウェリントン公 Duke of Wellington)	1ポンド one pound (ニュートン Newton)

★(　)内は裏側の肖像の人物名.
表側はすべてエリザベス2世 Elizabeth II.

対話例

A：このシャツはいくらですか
B：12ドル50セントです

A：How much is this shirt?
B：Twelve dollars and fifty cents. ★$12.50. とも書く. dollars, cents を略して, "Twelve fifty." という答え方もよく用いられる.

A：1人部屋の料金はいくらですか
B：バス付きの1人部屋ですと38ドル, バスなしですと30ドルです

A：What's the rate for a single room?
B：A single room with bath is thirty-eight dollars. Without bath, thirty dollars, sir.

A：1ポンドは日本のお金でいくらですか
B：約315円です

A：How much is one pound in Japanese currency?
B：About 315 yen.

¶ 彼は*金的を射とめた (⇒ すばらしい成功を成し遂げた) He has achieved (a) *brilliant success*.

きんとう¹ 均等 ― 形 (等しい) equal; (同一の) uniform; (平等な) even. ― 副 equally; uniformly; evenly. ― 名 equality Ⓤ; uniformity Ⓤ; evenness Ⓤ. 《☞ びょうどう》.
¶ 日本では教育の機会は*均等である (⇒ 等しい機会を持っている) In Japan we have *equal* opportunity ⌈in [for] education. // 私たちはその金を*均等に分けた (⇒ 平等の分け前を持った) We got *even* shares of the money. // これを 5 人で*均等割にしましょう Let's divide this into five *equal* parts.

きんとう² 近東 the Near East; (近東諸国) the Near Eastern countries ★ 複数形で. 《☞ ちゅうきんとう》.

ぎんなん 銀杏 gingko nut Ⓒ.

きんにく 筋肉 ― 名 (組織としての) muscle [mʌ́sl] Ⓤ ★ 体の各部の筋肉を具体的に指すときは Ⓒ; (腕・脚などのたくましい筋肉) brawn Ⓤ. ― 形 (筋肉の) muscular; (筋肉のたくましい) brawny.
¶ 彼は*筋肉が隆々としている (⇒ 彼は多くの筋肉をもっている) He has (got) plenty of *muscle*. / (⇒ 彼は筋肉のたくましい腕や脚をもっている) He has *brawny* arms and legs. // 私は腕に*筋肉をつけるためにテニスをしている I play tennis to develop my arm *muscles*. // 彼は*筋肉質です He is a *muscular* man.
筋肉組織 the muscular tissue **筋肉注射** intramuscular injection Ⓒ **筋肉痛** muscular ⌈pain [ache] Ⓒ **筋肉労働** physical labor Ⓤ **筋肉労働者** manual ⌈worker [laborer] Ⓒ.

きんねん 近年 in recent years; (最近) lately, of late 語法 第 1 番目が最も一般的. lately, of late は《英》では普通, 疑問文・否定文で用いられる. 《☞ さいきん¹; このごろ》.

きんぱく¹ 緊迫 ― 形 (張りつめた) tense, strained. ― 動 (緊迫する) become tense, grow strained. ― 名 tension Ⓤ, strain Ⓤ. 《☞ きんちょう; せっぱく》.
¶ *緊迫した国際情勢 a ⌈*tense* [*strained*] international situation // 両国の関係は領土問題をめぐって*緊迫してきた (⇒ めんどうなことになってきた[緊張してきた]) Relations between the two nations *have become very* ⌈*troubled* [*tense*] because of the territorial problems.

きんぱく² 金箔 (やや厚めの) gold foil Ⓤ; (ごく薄い) gold leaf Ⓤ. 《☞ はく⁴》.

きんぱつ 金髪 ― 名 blond [golden] hair Ⓤ. ― 形 (色白で金髪の) blond(e) 語法 《米》では男女共通に blond が用いられるが, 《英》では女性の場合 blonde が好まれる.
¶ *金髪の女の子 a girl with *blond hair* / a *blonde* (girl)

ぎんぱつ 銀髪 silver [silvery] hair Ⓤ 《☞ しらが》. ¶ *銀髪の婦人 a lady with *silvery hair*

ぎんばん 銀盤 (アイススケート場) skating rink Ⓒ; (室内の) ice rink Ⓒ. ¶ 彼女は冬季オリンピックで*銀盤の女王と言われた She was said to be the queen on the *ice* at the Winter Olympic Games.

きんぴか 金ぴか ¶ 建物の内部は*金ぴかに飾ってあった (⇒ 建物の内部は派手な飾りでしつらえてあった) The interior of the building was furnished with ⌈*garish* [*gaudy*] ornaments and decorations. 《☞ けばけばしい》

きんぶち 金縁 ― 名 gold rim Ⓒ. ― 形 gold-rimmed; (本などが) gilt-edged. ¶ *金縁の眼鏡 *gold-rimmed* glasses

ぎんぶち 銀縁 ― 名 silver rim Ⓒ. ― 形 silver-rimmed. ¶ 彼女は*銀縁の眼鏡をかけている She wears *silver-rimmed* glasses.

きんぷん 金粉 gold dust Ⓤ.

きんべん 勤勉 ― 形 (よく働く・勉強する) hardworking; (自分の関心のあることに熱心な) diligent ★ 前者は最も口語的で一般的な語. 以下の語の代わりに使える場合も多い. 後者はやや改まった語; (性格的・習性的に仕事に熱心な) industrious. ― 名 diligence Ⓤ; industry Ⓤ. 《☞ じっちょく; まじめ》.
¶ アメリカ人は*勤勉な国民です The Americans are ⌈a *hardworking* [an *industrious*] people. // *勤勉は幸運の母 *Diligence* is the mother of good ⌈luck [fortune]. 《ことわざ》 // 彼の成功は*勤勉のおかげだ His success was due to *industry*.

きんぺん 近辺 neighborhood Ⓤ 《☞ きんじょ; ちかく¹; ふきん¹》.

ぎんみ 吟味 ― 動 (調べる) examine ㊀; (点検する) check ㊀. ― 名 examination Ⓤ; check Ⓒ. 《☞ けんとう²; しらべる》.
¶ よく*吟味して選びなさい (⇒ 選ぶのに十分時間をかけなさい) *Take time* (in) making your choice. // 自分の答えをもう一度*吟味して (⇒ 照合して[調べて]) ごらんなさい *Check* [*Examine*] your answer(s) once again. // これはよく*吟味した (⇒ えりすぐった) 材料を使ってあります This is made ⌈from [of] *choice* material.

きんみつ 緊密 ― 形 (密接な) close 《☞ みっせつ》. ¶ その件に関しては私どもと*緊密な連絡をとって下さい Please keep in *close* contact with us over the matter. // 私たちは*緊密に協力してそれを成し遂げた We accomplished it in *close* cooperation with each other.

きんみゃく 金脈 (鉱山の) vein of gold Ⓒ; (財政上のつながり) financial connections ★ 複数形で; (出資者) financial supporter Ⓒ.

きんむ 勤務 ― 名 (仕事) work Ⓤ ★ 一般的な語; (仕事・会社などのために働くこと) service Ⓤ; (任務) duty Ⓒ. ― 動 (働く) work ㊀ ★ 一般的な語; be on duty; serve ㊀. 《☞ しつむ; しごと (類義語); つとめる¹》.
¶ 彼は*勤務(時間)中[外]です He is ⌈*on* [*off*] *duty*. // 彼は石油会社に*勤務している He *works* for an oil company. // 彼は夜間*勤務です He *works* the night shift. // 彼は*勤務を怠っている He is neglecting his *duties*. // 彼は*勤務成績がよい He has shown good *work* performance. // 今度の仕事は*勤務条

件がよい The *working* conditions on my new job are good. //「彼の*勤務状況はどうですか」「まじめに*勤務してますよ」"How is his *service* record?" "He is a「diligent [faithful] *worker*."
勤務時間 office [business; working] hours ★ 複数形で. **勤務評定** the [an] efficiency rating《☞ ひょうてい》.

きんむく 金無垢 solid [pure] gold Ⓤ.

きんもつ 禁物 (禁じられているもの) prohibited [forbidden] thing Ⓒ; (言ってはならないこと) taboo Ⓒ.《☞ きんく》. ¶ その話題はここでは*禁物です That topic is *taboo* here. ★ この taboo は 形. / (⇒ それは口に出して言うべきではない) You should not mention that here.

きんゆう 金融 (資金の需給関係) finance Ⓤ; (金) money Ⓤ.《☞ 政治・経済 (囲み)》. ¶ *金融引き締めで企業は経営が苦しくなった The *money* squeeze on [Tight *money* for] businesses has put strong pressure on their management. // 住宅*金融公庫 the Housing Loan Corporation
金融機関 banking agency Ⓒ, financial institution Ⓒ **金融業** financial [banking] business Ⓤ **金融恐慌** financial crisis Ⓒ **金融業者** moneylender Ⓒ **金融市場** the「money [financial] market **金融資本** financial capital Ⓤ.

きんようび 金曜日 Friday《略 Fri.》《☞ 時刻・日付・曜日 (囲み); 略語 (欄外)》.
¶ *金曜日はいつも忙しい I'm very busy on「*Friday* [*Fridays*]. / *Friday* is my「busiest [longest] day (of the week). // 来週の*金曜日にお会いしましょう See you again「next *Friday* [on *Friday* next].

きんよく 禁欲 ―名 (特に性欲の) continence Ⓤ; (宗教的な訓練としての) asceticism [əsétəsìzm] Ⓤ. ―形 (禁欲的な) continent; ascetic.《☞ せっせい[1]》. ¶ 私はその1年間はまったくの*禁欲生活を送った I led「a *continent* [an *ascetic*] life (for) that year. / I practiced *asceticism* (for) that year.
禁欲主義 asceticism Ⓤ; stoicism Ⓤ.

きんらい 近来 ―副 (近ごろ) these days; (最近) recently, lately 【語法】以上2語は過去形または現在完了形とともに用いる. lately は《英》では疑問・否定構文に用いるのが普通. ―形 (近来の) late, recent.《☞ さいきん[1]; ちかごろ; このごろ》.

きんり 金利 (利子) interest Ⓤ; (利率) rate of interest Ⓒ.《☞ りりつ; りし; 政治・経済 (囲み)》. ¶ いま*金利は年5分です The *rate of interest* is five per cent. // 8月には*金利が引き上げ[引き下げ]られるでしょう The *interest rate(s)* will be「raised [lowered] in August.

きんりょう 禁猟 ¶ いまは*禁猟期間です (⇒ 閉ざされた季節です) It is (*the*)「*closed* [《英》*close*] *season* now. / (⇒ 猟はここでは1年のいまの時期には許されない) *Hunting is not allowed* here at this time of (the) year. // ここは*禁猟区です This area is a *game preserve*. / This is a *no-hunting* area.

きんりょく 金力 (金の影響力) the influence of money. ¶ 彼は*金力にものを言わせてそれを成し遂げた (⇒ 自分の財政的な力を使って) He accomplished it by using his *financial power*. / (⇒ 金の影響力によって) Through *the influence of* his *money* he has done it.

きんりん 近隣 ―形 neighboring《☞ きんじょ; ちかく[1]; となり》. ¶ *近隣諸国 the *neighboring* countries

きんれい 禁令 prohibition Ⓒ, ban Ⓒ ★ 前者は形式ばった語.《☞ きんし[1]; めいれい》.

きんろう 勤労 (働くこと) work Ⓤ; (肉体的労働) labor (《英》labour) Ⓤ; (勤め) service Ⓤ.《☞ ろうどう》.
¶ *勤労は楽しくはなくつらいことだ *Labor* is not joyous, but grievous. // その出来事は彼らの*勤労 (⇒ 働こうとする) 意欲を高めた The event heightened their will to *work*.
勤労階級 the working class **勤労感謝の日** Labor Thanksgiving Day《☞ しゅくじつ (表)》.

く

く[1] 苦 ―名 (苦痛) pain Ⓤ ★「苦労」の意味では複数形で; (心配) worry Ⓤ, care Ⓤ 【語法】worry が一般的. care は心にのしかかる心配.「心配事」の意味ではいずれも通例複数形で; (困難) difficulty Ⓤ; (面倒) trouble Ⓤ; (困苦) hardship Ⓒ. ―動 (苦にする) worry (about ...; over ...) ⓐ; (悩ます・悩む) bother ⓣ ⓐ.《☞ しんぱい (類義語); なやみ; くろう》.
¶ 楽あれば*苦あり No *pains*, no gains.《ことわざ: 苦労がなければ利益もない》
彼女はいつもつまらないことを*苦にしている (⇒ くよくよしている) She *is* always *worrying*「*about* [*over*]「little things [minor problems]. 【語法】over のほうが関心度が強い.
私は早起きは*苦にならない (⇒ 何とも思わない) I *think nothing of* getting up early.
彼は物事を*苦にしない人だ (⇒ のんきな人だ) He is an *easygoing* person.
その騒音は少しも*苦にならない (⇒ 迷惑でない) The noise doesn't *bother* me at all.
費用のことは*苦にするな (⇒ 気にかけるな) Don't「*worry about* [*bother* yourself *over*] the expense.
彼はその問題を*苦もなく解いた (⇒ やすやすと解いた) He solved the problem「*easily*

[*with ease*].
彼女は生活*苦に耐えられなかった She could not bear the *hardships* of life.

く² 区 (都市の行政上の) ward Ⓒ; (他の地域と明確に区別された地区) zone Ⓒ; (選挙区) constituency Ⓒ [参考] 手紙のあて名などでは, 例えば Chiyoda-ku のようにローマ字で (-ku) を付けるのがよい. 《☞ ちく; くいき; ちいき (類義語); 手紙の書き方 (囲み)》.
¶ 私たちの会社は新宿*区にある Our company is located in Shinjuku *Ward*. // バス料金は1*区間130円です The bus fare is 130 yen (for) a *zone*. // 彼は東京第1*区から立候補した He ran as a candidate in the 1st *constituency* of Tokyo. // 郵便*区 a mail *zone*
区議会 ward assembly Ⓒ **区長** the headman of a ward **区民** the inhabitants of a ward **区役所** ward office Ⓒ.

く³ 句 (語句) phrase Ⓒ; (俳句) *haiku*.
¶ この*句は聖書に由来する (⇒ 聖書から来ている) This ˹*phrase* [*expression*] comes from the Bible.

く⁴ 九, 9 ―名形 nine 《☞ 数字 (囲み)》.

ぐ 愚 ―形 (愚かな) foolish, silly, stupid ★ 後のものほど意味が強い; (不合理な) absurd. ―名 folly Ⓤ; silliness Ⓤ; stupidity Ⓤ; absurdity Ⓤ; (ばかばかしいこと) nonsense Ⓤ. 《☞ ばか (類義語); ばかげた》.
¶ それは*愚の骨頂だ (⇒ それよりもばかげたものは何もない) Nothing is more *absurd* than that. // あんな男と結婚するなんて*愚の骨頂だ (⇒ 愚かなことの極致だ) It is *the height of* ˹*folly* [*absurdity*] to marry a man like that. // *愚にもつかないことを言うな (⇒ ばかなことを言うな) Don't talk *nonsense*!

ぐあい 具合 **1** 《状態・調子》 ★「具合」という日本語をそのまま英語に直さず, 「具合よい」「具合が悪い」などのまとまりとしてとらえて英訳しなくてはならない. 2 以下についても同様.
¶ 機械は1日中*具合よく (⇒ 好調に) 動いた The machine ˹*went* [*worked*] *well* all day./ (⇒ 機械は一日中よい状態にあった) The machine *was in good condition* all day. // テレビがどこか*具合が悪い (⇒ 何かがおかしい) *Something is wrong* [*There's something wrong*] *with* the television. // 「商売の*具合はいかがですか (⇒ どのように進行していますか)」「まあまあです」 "How *are things going on with* your business?" "Only so-so." // 万事*具合よくいっています Everything *is going* ˹*well* [*smoothly*]. / Everything *is all right*. 《☞ じょうたい¹; ちょうし¹》
2 《健康状態》 ¶「*具合はいかがですか」「おかげさまでだいぶいいようです」 "How *are* you *feeling* today?" "I'm feeling much better, thank you." 《☞ 病気・病院 (囲み)》 // 彼女は体の*具合がよさそうだ She seems to *be* ˹*in good shape* [*enjoying good health*]. ★ 前者は口語的. // 私はいまは体の*具合がよくない I'm *not very well*. / 《口語》 I'm in *bad shape*. // 私は腹*具合が悪い I *feel sick* ˹at [to] my stomach.
3 《都合》 ¶ 彼が参加できないとは*具合が悪い (⇒ 困ったことだ) It's *awkward* that he cannot join us. // 彼女は*具合の (⇒ 都合の) 悪いときにやって来た She came at an *inconvenient* time.
4 《方法》 ¶ それはこんな*具合にやったらよい (⇒ あなたはそれをこんなふうにすべきだ) You should do it ˹(*in*) *this way* [*like this*]. [語法] way の前に this や that があるときは in は省略されることが多い.

グアム Guam.

くい¹ 杭 (目印・支えとなる) stake Ⓒ; (真っすぐに立てる支柱) post Ⓒ; (土台として地下に打ち込む) pile Ⓒ. 《☞ ぼう¹; はしら》.
¶ 彼は地面に*くいを打ち込んだ He drove a *stake* into the ground. // *くいを抜く pull out a *stake* // 出る*くいは打たれる A tall tree catches much wind. 《ことわざ: 高い木は風当たりも強い》 / (⇒ でしゃばりは災いを招く) Forwardness will cause trouble.

くい² 悔い ―名 (残念に思うこと) regret Ⓤ; (自分の悪い行為などに対して) repentance Ⓤ ★ やや形式ばった語; (強く後悔すること) remorse Ⓤ. ―動 (残念に思う) be sorry for ..., regret ㊀ ★ 前者のほうが口語的; repent ㊀. 《☞ こうかい¹; くやむ》.
¶ 私はできるだけのことをしたから*悔いはない As I have done everything in my power, I have nothing to *regret*. // *悔いを残さないように (⇒ 後で残念に思わないように) ベストを尽くしなさい Do your best so that you will not *feel regret* later. // 彼女は自分の罪を*悔いている She feels *remorse* for her crime.

くいあらす 食い荒らす ¶ 白ありはその柱を*食い荒らして穴をあけていた Termites *have eaten their way through* the post.

くいあらためる 悔い改める (自分のしたことを悪いと思う) repent ㊀ 《☞ こうかい¹; はんせい¹》. ¶ 彼は自分の非行を*悔い改めた He *repented* his wrongdoing.

くいいじ 食い意地 ―形 (食い意地がはって, がつがつ食べる) greedy; (飽くことを知らず大量に食べる) gluttonous. 《☞ くいしんぼう》.
¶ 彼は*食い意地がはっている He is ˹*greedy* [*gluttonous*]. / (⇒ 彼は大食家だ) He is a *glutton*.

くいいる 食い入る ¶ 彼は私の顔を*食い入るように (⇒ じっと) 見つめた He *stared* ˹me *in the face* [*into my face*]. / He *stared hard at* my face. // 彼はその実験を*食い入るように (⇒ 熱心に) 見つめた He *gazed intently at* the experiment. 《☞ みつめる》

クイーン (女王) queen Ⓒ ★「トランプ・チェス」のクイーンも同じ. ¶ ハートの*クイーン the *queen* of hearts

くいき 区域 (地区) district Ⓒ [語法] ある特徴を持った地域を指す場合にも, また司法・行政上の区域を指す場合にも用いられる; (ほかと明らかに区別される地域) zone Ⓒ; (特定の用途や, ある種の特徴を持った地域) area Ⓒ; (都市の住居区域) quarter Ⓒ; (警官などの巡回区域) beat Ⓒ. 《☞ ちいき (類義語); ちく》.
¶ 住宅*区域には工場を建てられない We can-

not build factories in the residential ˹*zone* [*quarter*; *district*]. // その警官の巡回*区域はこの通りを含んでいる The policeman's *beat* includes this street.

くいきる 食い切る bite ˹off [away] ㊀ 《☞ かみきる》.

ぐいぐい ¶ 私はそのロープを*ぐいぐい (⇒ 力いっぱい) 引っ張った I pulled the rope *with* ˹*jerks* [*all my strength*]. // 彼はジョッキのビールを*ぐいぐい飲んだ He *gulped down* a mug of beer. // 彼は私を満員電車の中に*ぐいぐい (⇒ 無理やり) 押し込んだ He *squeezed* me *into* the crowded train. 《☞ ぐいと; 擬声・擬態語 (囲み)》

くいけ 食い気 appetite Ⓤ 《☞ しょくよく》. ¶ 私は色気より*食い気だ (⇒ 女性よりもおいしい食べ物のほうが好きだ) I like *good food* better than women.

くいこむ 食い込む **1** «食い入る»: cut into ... ¶ そのロープは肌に*食い込んだ The rope *cut into* the flesh.
2 «侵入する» ¶ 化学の授業は休み時間に少し*食い込んだ Chemistry class *ran* a little *over into* the recess.

くいさがる 食い下がる (質問などで苦しめる) harass ㊀. ¶ 私たちは質問して彼に*食い下がった (⇒ 絶え間なく質問した) We asked him questions *without ceasing*. / (⇒ 絶え間のない質問で彼を悩ませた) We *harassed* him *with* ceaseless questions. ★ 前者のほうがより口語的.

くいしばる 食いしばる (歯を) clench [set] *one's* teeth 《☞ は[1]》. ¶ 彼は歯を*食いしばって我慢した He *clenched his teeth* to endure it. / He endured it *with* ˹*his teeth set* [*set teeth*].

くいしんぼう 食いしん坊 —名 (大食の人) glutton Ⓒ; (食道楽の人) epicure Ⓒ. —形 (がつがつした) greedy; (食い意地のはった) gluttonous. 《☞ くいどうらく》. ¶ 彼は*食いしん坊だ (⇒ 彼は大食家だ) He is a *big eater*. / (⇒ 食い意地がはっている) He is a *glutton*.

クイズ quiz Ⓒ 参考 英語の quiz は学校での「小テスト」が元の意味. 《☞ しけん[1] (類義語)》. ¶ うちの娘はその*クイズ番組に出場した My daughter took part in the *quiz* ˹show [program]. // 彼は*クイズ番組の司会者だ He is a *quizmaster*.

くいたりない 食い足りない ¶ 現在の仕事は私には*食い足りない (⇒ 不満だ) I *am not satisfied with* my present job. / (⇒ 簡単すぎる) My present job is *too* ˹*easy* [*unchallenging*; *soft*] for me. 《☞ ものたりない; あきたりない》

くいちがう 食い違う (相違する) differ [be different] from ...; (矛盾する) contradict ㊀. 《☞ ちがう; むじゅん》.
¶ 彼と彼女は意見が*食い違っている (⇒ 彼の意見は彼女のと違っている) His opinion ˹*differs* [*is different*] *from* hers. / (⇒ 彼と彼女の間には意見の相違がある) There is a *difference* of opinion between him and her. // 事実はその新聞記事と*食い違っている (⇒ 矛盾している) The facts *contradict* the newspaper accounts. // 彼は言うこととやることが*食い違っている He says one thing and does another./ (⇒ 行為と言葉が矛盾する) His deeds and words *contradict* each other.

くいちぎる 食いちぎる bite off ㊀ 《☞ かみきる》.

くいつく 食いつく bite ㊀, bite (at ...) ㊂. 《☞ かみつく; かむ[1]》.

くいつなぐ 食いつなぐ (仕事をして) eke out a living. ¶ 彼はそのよい仕事を失ってもなんとか*食いつなぐことができた (⇒ 細々と生計を立てることができた) He was barely able to *eke out a living* after losing that good job. // 彼女は古着を売ってなんとか*食いつないだ (⇒ かろうじて生計を立てた) She *barely managed to make a living* by selling used clothing.

くいつぶす 食い潰す (すべての…を使ってしまう) spend all ..., run through ... ★ 後者のほうがより口語的. 《☞ つぶす》. ¶ 彼は財産を*食いつぶしてしまった He *has* ˹*spent all* [*run through*] his fortune.

くいつめる 食い詰める (文無しになる) 《口語》 be [go] broke; (金がなくなる) become penniless. 《☞ きゅうする》. ¶ 彼は*食い詰めて彼女に無心をした He *became penniless* and asked her for money.

ぐいと —副 (引っ張って) with a jerk; (飲み物を一飲みに) at a gulp. —動 (急にぐいと動く) jerk ㊂. 《☞ ぐっと; ぐいぐい; 擬声・擬態語 (囲み)》.
¶ 彼はその綱を*ぐいと引いた He pulled the rope *with a jerk*. // 私は釣り糸が突然*ぐいと引くのを感じた I felt my line suddenly *jerk*.// 彼はウイスキーをストレートで*ぐいと飲んだ (⇒ 一息に飲んだ) He drank the whisky straight *at a gulp*.

くいどうらく 食い道楽 —名 epicurism Ⓤ; (美食家) epicure Ⓒ; (食通の人) gourmet [gúəmei] Ⓒ. —形 epicurean. 《☞ くいしんぼう》. ¶ あの人は*食い道楽だ (⇒ 彼は美食家[食通]だ) He is ˹an *epicure* [a *gourmet*].

くいとめる 食い止める (阻止する) check ㊀; (防止する) prevent ㊀. 《☞ ふせぐ; はばむ; そし》. ¶ 彼らは火の広がるのをなんとか*食い止めた They managed to *check* the spread of the fire. / They managed to *prevent* the fire from spreading.

くいにげ 食い逃げ —動 (支払いをせずに逃げる) run away [leave] without paying.
¶ 彼はそのレストランで*食い逃げした (⇒ 勘定を払わずに逃げた) He ˹*ran away from* [*skipped out of*] the restaurant *without paying his bill*. 語法 skip out は「急いで立ち去る」という意味のくだけた表現.

くいのばす 食い延ばす ¶ 彼らは2日分の食糧を5日間に*食い延ばした (⇒ 2日分の食糧が5日間もつようにした) They *made* two days' provisions *last* for five days.

くいはぐれる 食いはぐれる ¶ 彼は急いでいたので朝食を*食いはぐれた He was in such a hurry that he *missed* his breakfast. // この

会社にいる限り*食いはぐれない (⇒ 生活が保証されている) You *are assured of* ˹*a living* [*your daily bread*] as long as you work ˹for [in] this company. // この技術を身につけておけば*食いはぐれない (⇒ この技術はあなたを飢えから救ってくれる) This skill will *save you from starving.*

くいもの 食い物 **1** «食べ物»: (食べ物) food Ⓤ ★ 種類を言うときは Ⓒ; (貯蔵した) provisions ★ 改まった語. 複数形で. 《☞ しょくりょう[1,2]; たべもの》. ¶ 彼らは*食い物がなくなった They ran out of ˹*food* [*provisions*].

2 «犠牲»: (えじき) prey Ⓤ; (犠牲) victim Ⓒ. 《☞ えじき》. ¶ 彼女はその詐欺師の*食い物になった She fell ˹*prey* [*victim*] to the swindler. / She became the ˹*prey* [*victim*] of the swindler. // 彼は悪友たちに*食い物にされている (⇒ 不当に利用されている) He *is being exploited* by his bad friends.

くいる 悔いる (悪いことをしたことを) repent ㊀ ㊁; (済んだことを残念がる) regret ㊀. 《☞ こうかい[1]; くやむ; くい[2]》. ¶ 彼は前非 (⇒ 過去の悪行) を*悔いている He *repents* (*of*) his past misdeed.

くう[1] 食う **1** «食べ物を»: eat ㊀ 《過去 ate; 過分 eaten》 《☞ たべる》.

2 «生活する»: live ㊁; (生計を立てる) earn [make] ˹a [*one's*] ˹living [livelihood].

¶ 彼は年金で*食っている He *lives on* a pension. // 彼女はファッションモデルをして*食っていた She ˹*earned* [*made*] ˹*a* [*her*] *living* as a fashion model. // 現在の月給では*食っていけない We cannot ˹*live* [*make our living*] *on* the present pay.

3 «虫の類が»: (食い荒らす) eat ㊀; (刺す) bite ㊀. 《☞ むし[1]》. ¶ この毛布は虫に*食われた The moths *have eaten* holes in this blanket. // このりんごは虫が*食っている (⇒ このりんごには虫がいる) *There's* a worm in this apple. // 私は蚊[のみ]に*食われた I *was bitten* by a ˹mosquito [flea].

4 «消費する»: consume ㊀; (むだに) waste ㊀; (金などが…に使われる) go on …

¶ この新車はたくさんガソリンを*食う (⇒ 消費する) This new car *consumes* lots of gasoline. // 収入の大半は本代に*食われる (⇒ 使われる) Most of the income *goes on* books. // 私はその本を探すのに時間を*食ってしまった (⇒ 時間をむだにしてしまった) I *have wasted* time finding the book.

5 «だます»: be ˹taken in [fooled; deceived] ★ 最初の 2 つが口語的. 《☞ だます》.

¶ 私は彼の話に完全にいっぱい*くわされた I *was* completely *taken in* by his story. 《☞ いっぱい》 // その手は*食わないぞ (⇒ そのたくらみは私には通用しない) That trick doesn't ˹*work* [*do*] *with* me. / (⇒ 君は私をだますことはできない) You can't ˹*fool* [*deceive*] me.

食うか食われるか ¶ 彼はその*食うか食われるかの (⇒ 生死を賭けた) 戦いに生き残った He survived the *life-*˹*and* [*or*]*-death* struggle

人を食った ¶ 彼は*人を食った (⇒ 生意気な) 返事をした He made an *insolent* reply.

くう[2] 空 (空中) the air. ¶ *空を打つ[つかむ] beat [grasp at] *the air*

くうかん 空間 (宇宙空間, または一定の範囲の) space Ⓤ; (人や物が占めることのできる空間・余裕) room Ⓤ. 《☞ スペース; よち[1]》.

くうき 空気 air Ⓤ [語法] 物質としての「空気」は無冠詞だが,「大気」「特定の場所の空気」では the を付ける; (雰囲気) atmosphere Ⓒ. 《☞ たいき[1]》.

¶ *空気は主として窒素, 酸素, アルゴン, 炭酸ガスでできている *Air* consists mainly of nitrogen, oxygen, argon, and carbon dioxide. // この部屋の*空気は悪い *The air* is stale in this room. // 彼女は窓を開けて部屋の*空気を入れ替えた She opened the windows of the room to let in fresh *air.* // 上へ行くにしたがって*空気はだんだん冷たくなった *The air* grew colder as we went up. // 彼はポンプでタイヤに*空気を入れた He *pumped up* the tire. // 私はこの店の*空気 (⇒ 雰囲気) が好きだ I like the *atmosphere* of this store.

空気銃 air gun Ⓒ **空気ポンプ** (空気入れ) air pump Ⓒ **空気枕** air cushion Ⓒ.

くうきちょうせつ 空気調節 air conditioning Ⓤ 《☞ クーラー [語法]》.

くうきょ 空虚 — ㊎ (むなしい) empty; (単調な) blank; (何もない) void. — ㊔ emptiness Ⓤ. 《☞ うつろ; むなしい》.

ぐうぐう ¶ 彼は*ぐうぐう (⇒ 大きな) いびきをかいて寝ていた He was snoring *loudly.* // 腹が*ぐうぐう鳴っている (⇒ 飢え死にするほど空腹だ) I'*m starving.* 《☞ 擬声・擬態語 (囲み)》

くうぐん 空軍 the air force. ¶ 米国*空軍 the United States *Air Force* 《略 USAF》 // 英国*空軍 the Royal *Air Force* 《略 RAF》

空軍基地 air base Ⓒ **空軍力** air power Ⓤ.

くうこう 空港 airport Ⓒ 《☞ 旅行 (囲み); 次ページ (挿絵)》.

¶ *空港で会いましょう Let's meet at the *airport.* // ロンドンのヒースロー*空港は毎日千機近くの飛行機が発着し, ヨーロッパで一番忙しい*空港である Heathrow *Airport,* London, with nearly 1,000 aircraft arriving and departing daily, is the busiest *airport* in Europe. // 新東京国際*空港 New Tokyo International *Airport*

空港ビル terminal building Ⓒ.

くうしゃ 空車 ¶ 《タクシーの運転手に向かって》 これ*空車ですか Are you *free?* // いまの時間はタクシーの*空車はありません There are no taxis *available* at this time of the day. // *空車 《タクシーの表示》 *Vacant* / 《英》 *For Hire*

くうしゅう 空襲 — ㊔ air ˹raid [attack; blitz] Ⓒ. — ㊍ make an air ˹raid [attack; blitz] (on …) [語法] blitz は特に「突然の襲撃」. 《☞ しゅうげき》. **空襲警報** air-raid ˹alarm [warning] Ⓒ, alert Ⓒ. 《☞ けいほう[1]》.

くうしょ 空所 blank Ⓒ 《☞ くうらん》.

ぐうすう 偶数 even number Ⓒ (↔ odd [uneven] number) 《☞ 数字 (囲み)》.

くうせき 空席 — ㊔ vacant [unoccupied] seat Ⓒ; (地位などの) vacancy Ⓒ; (余地)

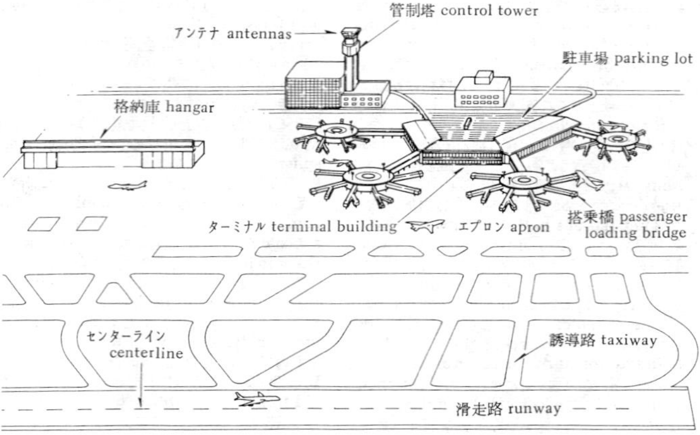

空港 airport

room Ⓤ. 《☞ あく²; せき¹》.
¶「ここは*空席ですか」「はい，空いています[いいえ，空いていません]」"*Is* this *seat free?*" "Yes, no one is using it [No, I'm sorry, but it's taken]." 語法 この場合 empty とはいわない．また「だれかに占められているか」という意味で，"Is this seat ˹taken [occupied]?" と聞くこともよくある．その場合，答えの Yes, No は以上のものと逆になる．∥ *空席はありません (⇒ すべての席はふさがっている) All the *seats are occupied.* ∥ 支店長のいすは*空席になっている The position of branch manager is *vacant.* ∥ 教授が 2 人退職したので*空席が 2 つできた (⇒ 教授の退職が 2 つの空席を作った) The retirement of two professors made two *vacancies.*

くうぜん 空前 ― 形 (例のない) unprecedented; (画期的な) epoch-making; (記録的な) record; (記録破りの) record-breaking. ¶その宇宙飛行は*空前の (⇒ 先例のない[画期的な]) 出来事だった The space flight was an ˹*unprecedented* [*epoch-making*] event. ∥ その劇は*空前の (⇒ 記録破りの) 大当たりをとった The play made a *record-breaking* hit. 《☞ きろく》 ∥ 今年は*空前の (⇒ 記録的な) 米の大豊作だった We have had a *record* crop of rice this year. ∥ 売り上げは*空前の高額に達した Sales have reached an *all-time high.* 語法 口語的な表現．all-time は 形, high は 名. ∥ このようなベストセラーは*空前絶後といってよい (⇒ このようなベストセラーはもったこともなければこれからももたないだろう) We *have never had and never again will have* such a best seller as this.

ぐうぜん 偶然 ― 名 (運・不運に左右されること) chance Ⓤ; (偶発的な出来事) accident Ⓒ. ― 形 accidental; (行き当たりばったりの) casual. ― 副 by ˹chance [accident], accidentally. ― 動 (偶然…する) happen to *do*; (偶然…に出くわす・見つける) happen ˹on [upon] … 《☞ たまたま》.
¶私は彼に*偶然東京駅で会った I *ran into* him at Tokyo Station. ★ run into … は「(人に)思いがけなく会う」という口語的表現．この文は以下の文より口語的．/ I met him at Tokyo Station *by* ˹*chance* [*accident*]. / I *happened to* meet him at Tokyo Station. ∥ 彼が成功したのは決して*偶然ではない It is no *accident* that he succeeded. / (⇒ 彼の成功は偶然ではなかった) His success was not *accidental.* ∥ それは単なる*偶然の一致である It is just a *coincidence.* ∥ 私は欲しいと思っていたその本を*偶然見つけた I *happened* ˹*on* [*upon*] just the book I wanted.

くうそう 空想 ― 名 (現実離れした楽しい) daydream Ⓒ; (とりとめのない) fancy Ⓤ; (創造的な) imagination Ⓤ. ― 形 fanciful; (現実性のない) visionary; (想像上の) imaginary. ― 動 daydream ㊀; fancy ㊉; imagine ㊉. 《☞ そうぞう¹; かくう; げんそう》.
¶その話はまったく*空想の産物だ The story is pure *imagination.* ∥ 竜は*空想の動物である The dragon is an *imaginary* animal. ∥ 彼は*空想家だ He is a ˹*visionary* [*dreamer*]. ∥ 彼女はよく女優になる*空想にふけっていたものだ She used to ˹*daydream* about [have a *daydream* of] being an actress.
空想科学小説 science fiction Ⓤ.

ぐうぞう 偶像 idol Ⓒ 《☞ アイドル》. ¶その歌手は十代の若者たちの*偶像だった The singer was an *idol* of the teenagers.
偶像崇拝 idol worship Ⓤ, idolatry [aidɑ́lətri(ː)] Ⓤ **偶像崇拝者** idol worshiper Ⓒ, idolater [aidɑ́lətər] Ⓒ.

ぐうたら ― 形 (ごくつぶしの) good-for-nothing; (怠け者の) lazy. ― 名 (怠け者)

lazybones ★複数形だが，通例単数扱い；good-for-nothing [C].

くうちゅう 空中 ―[形] in the air, midair. ―[副] in the air.
¶ちりは*空中を浮遊する Dust floats *in the air.* // 彼はボールを*空中高く投げた He threw the ball high up *into the air.* // その飛行機は*空中衝突を避けるために急上昇した The plane climbed sharply to avoid a *midair* collision.
空中戦 air ˹fight [battle] [C] [語法] fight は個別の戦い，battle は集団間の戦い；(特に戦闘機同士の) dogfight [C].《☞ せんとう²》 **空中分解** midair explosion [U]. ¶ロケットは打ち上げるとすぐ*空中分解した The rocket *exploded in ˹the air [midair]* soon after it was launched. **空中楼閣** castle in the air [C].

クーデター coup (d'état) [kúː(deitáː)] [C]《複 coups (d'état) [kúː(z)(deitáː)]》 [参考] coup d'état はフランス語で，文字どおりの意味は stroke of state (＝国家への一撃).《☞ せいへん；かくめい；てんぷく》.
¶彼らは2月26日に*クーデターを実行した They ˹carried out [executed] their *coup d'état* on February 26. // 彼らの計画した*クーデターは結局失敗に終わった Their attempted *coup* ended in failure.

くうどう 空洞 ―[名] cavity [C] ★解剖学の用語としても用いられる. ―[形] hollow.《☞ あな》. ¶その内部は*空洞です It is *hollow* inside.

ぐうのね ぐうの音 ¶彼の筋の通った議論に一同は*ぐうの音も出なかった (⇒ 彼の論理的な論法は彼らを黙らせた) His logical argument *left* everyone *in silence.* // 私たちはその試合で*ぐうの音も出ないほどやられた (⇒完敗した) We *were completely defeated* in the game.

くうはく 空白 ―[名] (何もない白紙の状態) blank [C]; (あるべきものがなくてできた空白) vacuum [C]. ―[形] blank.《☞ くうらん》.
¶私は*空白のところはそのままにしておいた I left the ˹*blanks* [*blank spaces*] as they were. // 内閣の総辞職は政治的*空白を生んだ The general resignation of the Cabinet ˹caused [created] a political *vacuum.*

ぐうはつ 偶発 ¶事故が次々に*偶発した (⇒予期しない事故が連続して起こった) *Unforeseen accidents happened* in succession. // それはまったく*偶発的な出来事だった It was a pure *accident.*《☞ ぐうぜん》

くうふく 空腹 ―[名] hunger [U]. ―[形] hungry.《☞ うえ²》.
¶彼は*空腹を感じたが食べる物が何もなかった He *felt* ˹*hungry* [*hunger*] but he had nothing to eat. // 彼らは*空腹をしのぐためにクッキーを食べた They ate cookies to stay their *hunger.* / (⇒クッキーを食べて空腹をいやした) They ˹satisfied [appeased] their *hunger* with cookies. // *空腹にまずいものなし *Hunger* is the best sauce.《ことわざ：空腹は最上のソースである》

くうぶん 空文 (法律などの) dead letter [C].
¶その法律は*空文化している The law has become a *dead letter.* / (⇒その効力を失った) The law *has lost its force.*

くうぼ 空母 (aircraft) carrier [C].

くうほう 空砲 blank (shot) [C]; (弾丸の入っていない弾薬筒) blank cartridge [C].
¶彼は*空砲を3発放った He fired three ˹*blanks* [*blank shots*].

クーポンけん クーポン券 coupon ticket [C].

くうゆ 空輸 ―[動] send [transport] ... by air; (緊急の場合の) airlift (他). ―[名] air transport [U]; airlift [U].《☞ ゆそう》.
¶この肉はオーストラリアから*空輸されたものだ This meat *was* ˹*sent* [*transported*] *by air* from Australia. // 彼らは雪で途絶された町へ救援物資を*空輸した They *airlifted* relief goods to the town isolated by snow.

クーラー (冷房装置) air-conditioning system [C]; (冷房機) air conditioner [C]; (冷却器) cooler [C] [語法] ルームクーラーは a room cooler といえるが，単に cooler といえば，普通は飲み物などを冷やす冷却器または冷却用の容器を指す. air conditioning は冷房だけでなく，空気の浄化・暖房・除湿なども含む.
¶*クーラーを入れる家がだんだん増えてきている (⇒ますます多くの家に冷暖房装置が設置されるようになってきている) More and more homes *are being air conditioned.* // 彼は車に*クーラーを付けた (⇒付けてもらった) He had an *air conditioner* installed in his car.

くうらん 空欄 blank [C], blank ˹column [space] [C].《☞ くうはく》.
¶*空欄を適当な語で埋めなさい Fill (˹in [up]) the *blanks* with the proper words. [語法] fill in は《米》, fill up は《英》. // 答えは*空欄に書き込みなさい Write your answers in the *blanks.* // 申し込み用紙の*空欄に名前と住所を書きなさい Fill in your name and address on the application form.

くうれい 空冷 ―[名] air cooling [U]. ―[形] (空冷式の) air-cooled. ¶この車(のエンジン)は*空冷だ (⇒この車は空冷エンジンを持っている) This car has an *air-cooled* engine.

くうろ 空路 ¶彼女は*空路帰国した (⇒飛行機で帰った) She returned home *by* ˹*air* [*(air)plane*]. // 彼はロンドンから*空路パリへ飛んだ He *flew* from London to Paris.《☞ ひこうき；乗り物 (囲み)》

くうろん 空論 ¶机上の*空論 an *armchair theory*

ぐうわ 寓話 (動物を擬人化した) fable [C]; (教訓的たとえ話) allegory [C].《☞ どうわ；ものがたり；たとえ》.

クォーツ quartz [U]. **クォーツ時計** quartz ˹watch [clock] [C]《☞ とけい》.

くかく 区画 (区分) division [C]; (地理的・行政的区画) district [C]; (部分) part [C]; (地所・敷地) lot [C].《☞ くいき；ちいき (類義語)》.
¶その2つの庭の*区画ははっきりしていない The *division* between the two yards is not clear. // グラウンドは白線で4つの*区画に分け

られていた The ground was divided into four *parts* by white lines.

区画整理 the readjustment of town lots.

くがく 苦学 **—** 動 (働いて大学を出る) work *one's* way through college ; (財政的困難のもとで勉強する) study under difficulties; (自分の学資を稼ぐ) earn *one's* own school expenses. 《☞ くろう》.

くがつ 九月 September 《略 Sep., Sept.》 ★ 語頭は必ず大文字. 《☞ いちがつ 語法; 時刻・日付・曜日 (囲み); 略語 (欄外)》.

くかん 区間 section Ⓒ 《☞ ぶぶん (類義語)》. ¶ 東海道線のその*区間は不通になっている Service is suspended on that *section* of the Tokaido Line.

くき 茎 (草花の) stem Ⓒ ★ 一般的な語; (葉柄・花梗などの細いもの) stalk Ⓒ. 《☞ 花 (囲み); くさ (挿絵)》.

くぎ 釘 **—** 名 nail Ⓒ; (掛けくぎ) peg Ⓒ. **—** 動 (くぎで打ち付ける) nail ⑱. 《☞ うちつける》.

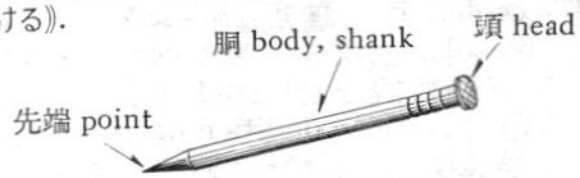

¶ 私は上着を*くぎに引っ掛けた I caught my jacket on a *nail.* / (⇒ くぎが私の上着に引っ掛かった) A *nail* caught my jacket. / (⇒ 上着がくぎに引っ掛かった) My jacket caught a *nail.* // 帽子はこの*くぎに掛けなさい Hang your hat on this *peg.* // 彼はハンマーで*くぎを打ち込んだ He drove in *nails* with a hammer. // 彼はそのふたを*くぎで箱に打ち付けた He *nailed* the lid on the box. // 柱からその*くぎを抜くのは難しい It is hard to ⌈pull [draw] out the *nail* from the post. // この*くぎはよく効かない (⇒ 効果がない) This *nail* ⌈doesn't work [is no good].

くぎづけ ¶ 恐怖のあまり彼はその場に*くぎづけになった Fear *riveted* him to the spot. // 私の目はその光景に*くぎづけになった My eyes *were* ⌈*glued to* [*riveted to*; *fixed on*] the sight.

くぎ抜き (やっとこ) pincers, nippers ★ 複数形で. 数えるときは a pair of ⌈pincers [nippers]; (金てこ) nail puller Ⓒ. 《☞ だいく (挿絵); かなづち (挿絵)》.

くきょう 苦境 (困った立場) difficult situation Ⓒ; (逆境) adversity Ⓤ ★ 形式ばった語; (板ばさみ) dilemma Ⓒ. 《☞ こんなん; きゅうち; ぎゃっきょう》.

¶ 彼は*苦境にある[陥った] He ⌈is in [got into; fell into] a *difficult situation.* // 年末までには*苦境を脱することができるだろう We will be able to ⌈get [find a way] out of the *difficulties* by the end of the year. // 彼は妥協するか職を失うかの*苦境に直面した He faced the *dilemma* of making a compromise or losing his job.

くぎり 区切り, 句切り ¶ ここは*区切りがよい[悪い] (⇒ やめるのによい[悪い]場所だ) This is a ⌈good [bad] place to *quit.* // この辺で仕事に*区切りをつけて (⇒ 小休止して) お茶にしよう Let's *take a break* (from the work) now and have some tea. // 私はその件にできるだけ早く*区切りをつけたいと思っている (⇒ 早く終わらせたいと願っている) I wish to ⌈*settle* [*put an end to*] the matter as soon as possible. 《☞ きれめ》

くぎる 区切る, 句切る (分割する) divide ⑱; (カーテンなどで仕切りをつけて区切る) partition ⑱; (一定の間隔をあける) space ⑱; (句読点をつける) punctuate ⑱.

¶ 彼女は部屋をカーテンで*区切った (⇒ 仕切った) She *partitioned* the room with a curtain. // 彼らは土地を3つに*区切った They ⌈*divided* [*separated*] the land into three parts. // 彼は一語一語*句切りながらはっきり発音した He pronounced clearly, ⌈*punctuating* each word [*spacing* his words]. // 2つの句の間をコンマで*句切りなさい (⇒ 2つの句の間にコンマを置きなさい[使いなさい]) Put [Use] a comma between the two phrases. 《☞ 句読点 (欄外); コンマ (欄外)》

くく 九九 (表) multiplication table Ⓒ 参考 英語では12の段 (12 times) まである. 《☞ かける[1]; 数字 (囲み)》.

¶ 私の息子は*九九を5の段まで覚えた My son has learned his *multiplication table* up to 5 times.

multiplication table

1	2	3	4	5	6	7	8	9	10	11	12
2	4	6	8	10	12	14	16	18	20	22	24
3	6	9	12	15	18	21	24	27	30	33	36
4	8	12	16	20	24	28	32	36	40	44	48
5	10	15	20	25	30	35	40	45	50	55	60
6	12	18	24	30	36	42	48	54	60	66	72
7	14	21	28	35	42	49	56	63	70	77	84
8	16	24	32	40	48	56	64	72	80	88	96
9	18	27	36	45	54	63	72	81	90	99	108
10	20	30	40	50	60	70	80	90	100	110	120
11	22	33	44	55	66	77	88	99	110	121	132
12	24	36	48	60	72	84	96	108	120	132	144

★ 英語では次のように読む: Two times four ⌈is [makes; equals; are; make] eight ($2 \times 4 = 8$), Seven times five ⌈is [makes; equals; are; make] thirty-five ($7 \times 5 = 35$), Twelve times eleven ⌈is [makes; equals; are; make] ⌈one [a] hundred (and) thirty-two ($12 \times 11 = 132$).

くぐりど くぐり戸 wicket (gate) Ⓒ 語法 大きな door または gate に付属しているか, あるいはそのそばにある小さな door, gate などを指す.

くぐりぬける 潜り抜ける ¶ 彼はこれまで多くの困難を*くぐり抜けてきた He *has passed through* many difficulties in his life. 《☞ くぐる; とおりぬける》

くくる 括る (ひもなどで縛る) bind (up) ⑱, tie (up) ⑱; (首を) hang ⑱. 《☞ しばる》.

¶ 彼女は手紙の束をひもで*くくった (⇒ 縛った) She ⌈*bound* [*tied*] (*up*) the packet of letters with (a piece of) string. // 裏切り者は自ら首を*くくった The traitor *hanged himself.* 語法 物を「掛ける」という意味での過去形は hung. // その語をかっこで*くくりなさい (⇒ その語をかっこの中に入れなさい) *Put* [*Enclose*] the word in parentheses.

くぐる 潜る (…の間を通り抜ける) pass [go] through …; (…の下を通る) pass [go] under … 《☞ とおりぬける》.
¶列車はトンネルを*くぐった The train *went through* a tunnel. // 私たちの船は橋を幾つか*くぐった (⇒幾つかの橋の下を通った) Our boat *passed under* several bridges. // 猫はその穴を*くぐって(⇒通って)逃げて行った The cat ran away *through* the hole.

くけい 矩形 ―名 rectangle Ⓒ. ―形 rectangular. 《☞ しかく² (挿絵)》.

くげん 苦言 ―名 (率直な忠告) frank [candid] advice Ⓤ; (率直な意見) frank [candid] opinion Ⓒ. 《☞ ちゅうこく》.
¶君の態度についてひと言*苦言を申し上げたい (⇒私の率直な忠告[意見]を述べさせて欲しい) Let me give you my ˹*frank* [*candid*] ˹*advice* [*opinion*] on your attitude.

ぐげん 具現 ―動 (具体的に表す) embody ⑭; (実現する) realize ⑭. ―名 embodiment Ⓤ; realization Ⓤ. 《☞ じつげん》.
¶彼の考えはこの本に*具現されている(⇒表されている) His ideas *are embodied* in this book.

くさ 草 grass Ⓤ [語法] 草の葉を数えるときは a ˹blade [leaf] of grass のようにいう. 種類をいうときは Ⓒ. 庭にある grass といえば普通は芝を指す. いね科の植物, 例えば麦・あし・とうもろこし・竹なども grass というから, 日本語の「草」と必ずしも一致しないことに注意; (雑草) weed Ⓒ. 《☞ ざっそう》.

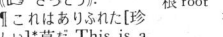

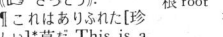

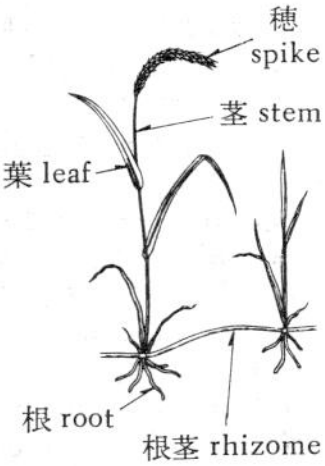

¶これはありふれた[珍しい]*草だ This is a ˹common [strange] *grass*. // 彼は*草の上に横になった He lay on *the grass*. [語法] 草の生えている場所を指すときは定冠詞を付ける. // 彼は納屋の周りの*草をかまで刈った He cut the *grass* around the barn with a sickle. [語法] 芝刈り機 (lawn mower) などで刈るときは mow ⑭. 《☞ くさかり》 // 彼の庭は*草ぼうぼうだ (⇒一面草がはびこっている) His garden is ˹overrun [overgrown; covered] with *weeds*. // 牛が牧場で*草を食べているのが見える I can see the cows *grazing* in the pasture. // 彼女は毎週庭の*草を取る She *weeds* the garden every week. 《☞ くさとり》

くさい 臭い **1** «悪臭を放つ» ―動 smell ⑭ ⓐ [語法] 「においをかぐ人」が主語のときは元来 ⑭,「におうもの」が主語のときは ⓐ; stink ⓐ 《過去 stank, stunk; 過分 stunk》; reek ⓐ ★ 後の2語は普通「におうもの」が主語. ―形 ill-smelling; (口語的に) smelly.
【類義語】最も一般的な語は **smell**. よいにおいにも悪いにおいにも使われるが, 単に smell といえば「悪臭がする」という意味. この語は以下の語の代わりに用いられる場合も多い. むかつくような悪臭がするのは **stink** で, 上品な語ではない. 強い, 不快なにおいがするのは **reek**. 《☞ におい (類義語); あくしゅう¹》
¶この魚は*臭くなり始めた (⇒悪臭がし始めた) This fish has started to *smell*. // ああ*臭い! What a (nice) *smell*! [語法] nice は皮肉として言う. // 何だか焦げ*臭いぞ (⇒何かが焦げているにおいがする) I *smell* something burning. // ここはガス*臭くないですか Don't you *smell* gas here? // その男はひどく酒*臭かった The man ˹*smelled* strongly [*stank*] *of* liquor. // 彼の服は汗*臭い His clothes *reek of* sweat. // 彼は息が*臭い (⇒彼は臭い息を持っている) He has ˹*bad* [*foul*] breath. / (⇒彼の息は臭い) His breath ˹is *foul* [*smells*; *stinks*].
2 «怪しい» ―形 (疑わしい) suspicious; (まゆつばの) 《口語》 fishy. 《☞ あやしい》.
¶店員の1人が*臭い One of the clerks *looks suspicious*. / (⇒怪しいと思う) I ˹*am suspicious of* [*suspect*] one of the clerks. // 彼がその部屋から出て行くのを見て, 私は*臭いなと思った When I saw him going out of the room, I *smelled a rat*. [参考] smell a rat は文字通りには「ねずみのにおいがする」ということで,「へんだなと感づく・怪しく思う」の意味. // 彼の話はいんちき*臭い His story *smells fishy*. // 彼の行為には少し偽善者*臭いところがある (⇒気味がある) His conduct *savors* somewhat of hypocrisy. 《☞ -じみる》
臭い物にはふた ¶彼らは*臭い物にはふた式にその汚職を隠そうとした (⇒汚職を包み隠そうとした[汚職にふたをかぶせようとした]) They tried to ˹*cover up* [*put a lid on*] the scandal.

くさいきれ 草いきれ vibrant aroma of grass Ⓤ. ¶空気は*草いきれでむんむんしていた The air was thick with the *vibrant aroma of grass*.

くさいろ 草色 (dark) green Ⓤ [参考] 英語でも緑色 (green) のことを the color of grass という. 《☞ みどり; 色 (囲み)》.

くさかり 草刈り mowing Ⓤ; (草を刈る人) mower Ⓒ. 《☞ くさ; かる》. **草刈りがま** sickle Ⓒ; (長柄の) scythe [sáið] Ⓒ. 《☞ かま² (挿絵)》 **草刈り機** mowing machine Ⓒ, mower Ⓒ ★ 後者のほうが普通; (芝刈り機) (lawn) mower Ⓒ.

くさき 草木 (植物) plant Ⓒ; (集合的に) vegetation Ⓤ. 《☞ しょくぶつ》. ¶*草木の緑 the green of *grass and trees*

くさくさ ―形 (暗い気分で) gloomy; (憂うつで) melancholy, blue ★ 後者のほうが口語的. 《☞ めいる; 擬声・擬態語 (囲み)》.
¶私は1日中*くさくさしていた I *felt* ˹*gloomy* [*blue*] all day (long). / I ˹was *in low spirits* [had *the blues*] all day.

くさす 腐す speak ill of … 《☞ けなす》.

くさち 草地 grassland Ⓤ ★ 複数形で「大草原」の意味でも使われる.

くさとり 草取り ―名 weeding Ⓤ. ―動 weed ⑭ ⓐ. 《☞ くさ》. ¶今度の日曜は庭の*草取りをしなければならない I have to ˹*weed* [*pull weeds* in] the garden next Sunday.

くさのね 草の根 ¶警察は*草の根を分けても

犯人を探すと約束した (⇒ 犯人を探すために石を1つ残らずひっくり返すと約束した) The police promised to *leave no stone unturned* in their search for the criminal. / (⇒ 警察は犯人を探すためにあらゆることをすると約束した) The police promised to do what they could to find the criminal.

くさばな 草花 (花の咲く植物) flowering plant Ⓒ, flower Ⓒ [語法] 後者は「花」も意味するので, 植物全体を言うことを明らかにするときは前者を用いる. 《☞ はな[1] (類義語); くさ; しょくぶつ》.

くさはら 草原 grass Ⓤ; (牧草地) meadow Ⓒ; (野原) field Ⓒ.

くさび 楔 ━[名] wedge Ⓒ. ━[動] (くさびを入れる) wedge (他). ¶ 彼はドアを開けておくために下に*くさびを入れた He put a *wedge* under the door to keep it open. / (⇒ くさびでドアを止めて, 開けておいた) He *wedged* the door open. // 私は丸太に*くさびを打ち込んだ I drove a *wedge* into the log.

くさぶかい 草深い ━[形] (草の多い) grassy; (人里離れた) out-of-the-way.

くさみ 臭み (におい) smell Ⓒ, odor Ⓒ ★ 後者は特にいやなにおい; (悪臭) bad smell Ⓒ. 《☞ くさい; におい (類義語)》.
¶ 羊肉には独特の*臭みがある Mutton has a peculiar ˹*smell* [*odor*]. // この油は*臭みがない This oil is ˹*odorless* [*free from smell*]. // これが*臭みを抜く (⇒ 除く) 最良の方法です This is the best way to ˹take out [remove; get rid of] the *smell*.

くさむら 草むら (草地) grass Ⓤ; (茂み) thicket Ⓒ. ¶ こおろぎが*草むらで鳴いている A cricket is singing in *the grass*. // 私の家の裏は*草むらだ (⇒ 私の家の後ろには草が生い茂っている) There is a *thick growth of grass* behind my house.

くさやきゅう 草野球 (素人野球) sandlot baseball Ⓤ [参考] sandlot は都会などの空き地; (下手なプロ野球選手) bush leaguer Ⓒ [参考] bush league は minor league の俗称. プロの選手などをけなすときに使われる.

くさり 鎖 ━[名] chain Ⓒ. ━[動] (鎖でつなぐ) chain (up) (他). ¶ 私は*鎖で犬を木につないだ I *chained* my dog to a tree. // 彼は犬を*鎖につないでおいた He kept his dog ˹*on a chain* [*chained up*]. // 私は犬を*鎖から放した I *unchained* my dog.

ぐさりと ━[副] (深く) home 《☞ ぶすりと; つきさす; 擬声・擬態語 (囲み)》. ¶ 彼は彼女の脇腹をナイフで*ぐさりと刺した He thrust a knife *home* into her side.

くさる 腐る **1** 《腐敗する》 ━[動] (食べ物が悪くなる) go bad; decay (自)(他); rot (自)(他); spoil (自)(他). ━[形] (腐った) bad; rotten; decayed; spoiled.
【類義語】最も口語的な表現として, 食べ物が腐るのは **go bad** という. やや改まった語で, 完全な状態から細菌などによって徐々に自然に腐ってゆくのが ***decay***. 動物にも植物にも用いられ, 例えば虫歯などで歯が腐るのは *decay*. *decay* よりさらに意味が強く, 有機物が腐るのが ***rot*** で, 主として植物質に用いられるが, 動物質のものにも使われる. 台所などで食べ物が腐るのは ***spoil***. 《☞ ふはい[1]; いたむ[1]》
¶ 夏は食べ物がすぐに*腐る Foods ˹*go bad* [*spoil*] quickly in summer. // この肉は*腐っている This meat is ˹*bad* [*spoiled*]. // この床は*腐っている This floor is ˹*rotten* [*decayed*]. // 卵は*腐りやすい Eggs easily ˹*go bad* [turn *rotten*]. // 牛乳が*腐ってしまった (⇒ 酸っぱくなった) The milk *has turned sour*. // 彼は根性が*腐っている He *is corrupted* at heart. / (⇒ 彼は心まで腐っている) He *is rotten* to the heart.
2 《落胆する》 ¶ *くさるな (⇒ 元気を出せ) Cheer up! // 降り続く雨でみんな*くさっている (⇒ ふさぎこんでいる) Everybody *is depressed* by the long spell of rain.

くされえん 腐れ縁 (断ちがたい関係) inseparable relation Ⓤ 《☞ つきあい; えん[3]》.
¶ 政治家と財界との*腐れ縁 the *inseparable relation* between politicians and the financial world

くさわけ 草分け ━[名] (先駆者) pioneer Ⓒ; (創始者) originator Ⓒ. ━[動] (草分けとなる) pioneer (in ...) (自); (始まる) originate (in ...) (自). 《☞ さきがけ》.
¶ フランクリンは電気研究の*草分けだ Franklin ˹was a *pioneer* [*pioneered*] *in* the study of electricity. // 大量生産の考えの*草分けはアメリカである (⇒ 起源を発した) The idea of mass production *originated in* America.

くし[1] 串 ━[名] (鳥の丸焼きなどに使う大きな串) spit Ⓒ; (焼き鳥などの小さな串) skewer Ⓒ. ¶ 私たちは肉を*串に刺して火の上で焼いた We roasted meat on a *spit* over a fire. // 彼女は玉ねぎと肉を交互に*串に刺した She put onions and meat alternately on a *skewer*. / She pierced meat and onions alternately with a *skewer*.
串焼き spit-roasting Ⓤ; (説明的に) roasting [broiling] on a ˹spit [skewer] Ⓤ.

くし[2] 櫛 ━[名] comb [kóum] Ⓒ. ━[動] (くしでとかす) comb (他).
《☞ かみ[3]; とかす[2]》.

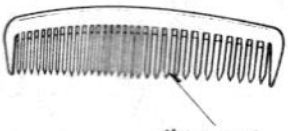
歯 teeth

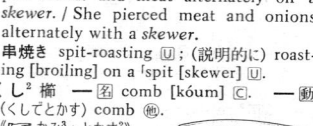

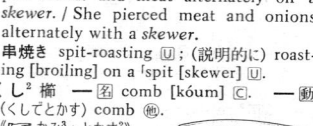

¶ 彼女は出かける前に髪に*くしを入れた She *combed* (*down*) her hair before going out. // この*くしは歯が何本か欠けている Several teeth of this *comb* are missing.

くし[3] 駆使 ━[動] (最大限に活用する) make the most of ...; (自由に使いこなす) have a ˹good [perfect] command of ... 《☞ あやつる; つかいこなす》.
¶ 彼は光の速度を計算するのにコンピューターを*駆使した He *made the most of* the computer to calculate the speed of light. // 彼の兄は3か国語を*駆使する His brother *has a* ˹*good* [*perfect*] *command of* three languages.

くじ 籤 lot Ⓒ; lottery Ⓒ [語法] 何かを決めるために引くくじが lot で, 「抽せん」という意味では Ⓤ. 宝くじや福引きのように当たった人に賞金や賞品の出るのが lottery.《☞ くじびき；ふくびき；ちゅうせん》.

¶議長は*くじで選ばれた The chairman was chosen *by lot.* // 私たちはだれが最初に行くかを決めるために*くじを引いた We drew *lots* to decide who should go first. // その*くじは私に当たった The *lot* came to me. / (⇒私は当たりくじを引いた) I drew a winning *number.* // 彼は空*くじを引いた He drew a blank. // 彼女は*くじに強い[弱い] She is ˹lucky [unlucky] in the *lottery.* // 彼女は*くじでテレビを当てた She won a television (set) *in a lottery.*

くじく **1**《手足を》: (手足の関節を) sprain ㊀; (激しくねじって) wrench ㊀. ¶彼はスケートをしていて足首を*くじいた He ˹*sprained* [*wrenched*] his ankle while skating.

2《勢いを弱める・挫折させる》: (計画を挫折させる・希望をくじく・がっかりさせる) frustrate ㊀; (妨害する) balk ㊀; (まごつかせる) baffle ㊀; (落胆させる) discourage ㊀; (打ち砕く) crush ㊀.

¶彼の希望はすべて思わぬ出来事で*くじかれた All his hopes *were frustrated* by the accident. // 私たちは出鼻を*くじかれた (⇒初めにだめになった) We *were* ˹*baffled* [*balked*] at the start. 《☞ でばな》// その悪い知らせは彼の元気を*くじいた The bad news ˹*broke* his spirits [*discouraged* him]. // 弱きを助け強きを*くじくのが私の主義だ I make it a principle to ˹help [side with] the weak and ˹*fight* [*crush*] the strong. / It is a principle with me to support the weak against the strong.

くじける (気が) be ˹discouraged [disheartened]; (がっかりする) lose ˹heart [courage]. 《☞ がっかり》. ¶その不評に彼は*くじけてしまった He ˹*was discouraged* by [*lost heart* at] the unfavorable criticism. // 1回ぐらいの失敗で*くじけるな Don't let a single failure *dishearten* you.

くしざし 串刺し ―動 (串に刺す) skewer ㊀《☞ くし[1]》.

くじびき 籤引き ―動 (くじびきをする) draw [cast] lots《☞ くじ；ちゅうせん》.

¶*くじびきで決めましょう Let's decide by *drawing lots.*

くじゃく 孔雀 (雄) peacock Ⓒ; (雌) peahen Ⓒ [語法] 一般に「くじゃく」というときは *peacock* で代表させる.《☞ めす [語法]; 性 (欄外)》. ¶その*くじゃくは長い尾をすばらしい扇のように広げた The *peacock* spread out his long ˹tail [train] feathers ˹into [like] a gorgeous fan.

くしゃくしゃ ―動 (つぶしてしわくちゃにする・なる) crumple (up) ㊀㊁, rumple ㊀㊁ ★後者は前者よりも軽い意味で用いられる; (もつれさせる) tangle ㊀.《☞ もみくちゃ；しわくちゃ；擬声・擬態語 (囲み)》.

¶彼女はその手紙を*くしゃくしゃに丸めると紙くずかごへ投げ込んだ She *crumpled* the letter (*up*) into a ball and threw it into the wastebasket. // 彼女の髪は*くしゃくしゃだった Her hair *was* ˹*rumpled* [*tangled*]. // 服がスーツケースの中で*くしゃくしゃになった The dress (got) *rumpled* in the suitcase.

ぐしゃぐしゃ ¶雨で道は*ぐしゃぐしゃだった The road was *muddy* because of the rain. // タオルは*ぐしゃぐしゃで, 水がたれていた The towel was ˹*soaked* [*very wet*] and dripping.《☞ ぐちゃぐちゃ；擬声・擬態語 (囲み)》

ぐしゃっと ¶彼はその箱を足で踏んで*ぐしゃっとつぶした He *crushed* the box ˹with [under] his foot.《☞ つぶす；擬声・擬態語 (囲み)》

くしゃみ ―名 sneeze Ⓒ. ―動 (くしゃみをする) sneeze ㊁.《☞ はくしょん》.

¶彼は大きな*くしゃみをした He gave a violent *sneeze.* / He *sneezed* violently. [参考] 英米には人が sneeze をするとそばにいる者は (God) bless you! と呼びかける習慣がある.

くじょ 駆除 ―名 (根絶) extermination Ⓤ. ―動 (やっかい払いをする) get rid of ... ★口語的; (根絶する) exterminate ㊀ ★やや形式ばった語.《☞ たいじ[1]》. ¶彼は毒薬でねずみを*駆除 (⇒根絶) した He *exterminated* the rats with poison. // 私は家からごきぶりを*駆除した (⇒家にいるごきぶりを駆除した) I *got rid of* the cockroaches in the house.

くしょう 苦笑 ―動 (無理に笑う) force a smile; (苦笑いする) smile ˹grimly [wryly] ㊁. ―名 (苦笑い) bitter [grim; wry; forced] smile Ⓒ.《☞ にがわらい；わらう》.

¶彼は照れ隠しに*苦笑した (⇒ろうばいを隠すために無理に笑った) He *forced a smile* to hide his confusion. // 彼女は私の批判に*苦笑した She *smiled* ˹*grimly* [*wryly*] at my criticism.

くじょう 苦情 ―名 complaint Ⓤ ★苦情の種の意味では Ⓒ; grievance Ⓒ; grumble Ⓒ; (反対) objection Ⓤ. ―動 (苦情を言う) complain ˹about [of] ...; grumble ㊁.

【類義語】ある状態・状況などに対する不満から生じる不平・苦情が **complaint**. 不当・不正などに起因する怒り・不平が **grievance**. 心の不満でぶつぶつ苦情を言うのは **grumble**.

《☞ ふへい (類義語)；もんく》

¶彼はその店のサービスが悪いと*苦情を言った He made a *complaint* ˹of [against; about] the poor service ˹in [at] the store. // 労働者たちは彼らの労働条件について経営者に*苦情を申し立てた The workers expressed to the manager their *grievances* over their working conditions. // 私たちは隣人の騒音 (⇒騒々しい隣人) に対して警察に*苦情を持ち込んだ We ˹*complained* [took our *complaints*] to the police about our noisy neighbors. // 私には何も*苦情を言うことはありません I have nothing to *complain about.* / (⇒私はそのことに異議はない) I have no *objection* to it. // 彼は給料が安いといつも*苦情を言っている (⇒少ない給料に対してこぼしてばかりいる) He *is* always ˹*grumbling* [*complaining*] *about* his small salary.

くじら 鯨 whale Ⓒ.

くしん 苦心 ―名 (骨折り) pains ★この意味では常に複数形; (努力) effort Ⓒ; (奮闘) struggle Ⓒ; (苦労) labor (《英》 labour) Ⓤ.

— 動 (苦心する) take pains; (頑張る) work hard (自). 《☞ どりょく; くろう; ほねおり》.

¶ 彼の*苦心はやっと実を結んだ[報われた] His 「*struggles* [*efforts*] 「bore fruit [were rewarded] at last. // 彼のすべての*苦心は水の泡になった (⇒ 失敗に終わった) All his 「*struggles* [*efforts*] ended in failure. // その小説は彼の*苦心の作だ (⇒ 彼は非常に苦心してその小説を書いた) He wrote the novel *with great effort*. / He *took great pains* 「to write the novel [with the novel]. // 彼は問題を解くのに*苦心さんたんした (⇒ たいへん苦労した) He 「*took great pains* in solving [*made strenuous efforts* to solve] the problem. // 彼の*苦心談は聞きあきた I have heard enough of the account of his 「*bitter* [*hard*; *severe*] *experiences*.

くず 屑 《米》 trash [U], 《英》 rubbish [U]; litter [U]; refuse [réfju:s] [U]; waste [U]; (台所の) garbage [U].

【類義語】紙・ぼろ・木片など, 比較的小さな可燃性のくずは《米》***trash***, 《英》***rubbish***. ただし, 瓶やガラス・金属など, 燃えないものも含まれるときがある. 道路や部屋などに散らかす紙くずなどは ***litter***. 壊れたり, 使用できなくなったがらくたで, 整理・処分の対象となるものは ***refuse***. 残りくずや廃品のようなくずは ***waste***. これは, 使おうと思えば再利用も可能なところがほかのくずと異なる. 生ごみは ***garbage***. 《☞ ごみ; はいひん》

¶ ここに*くずを投げ捨ててはいけません Don't throw 「*trash* [*rubbish*] here. / Don't *litter* here. ★ この litter は 動. 《☞ 掲示の英語(囲み)》 // その*くずを拾いなさい Pick up the *litter*. // 残り*くずはみんなこの袋の中に入れなさい Put all the *waste* in this bag. // 子供たちは紙*くずを集めてかごの中に入れた The children gathered up the 「*litter* [*wastepaper*; *scraps of paper*] and put 「it [them] into the basket. // 人間の*くず the *dregs* of society ★ 全体を指して.

くず入れ, くずかご (特に室内用の紙くずかご) 《米》 wastebasket [C], 《英》 wastepaper basket [C]; (路上などのくずかん) 《米》 trash can [C], 《英》 dustbin [C]; (駅・公園などの) 《米》 trash basket [C], 《英》 litter basket [C].

「くず入れ」の表示

くすくす — 動 (特に女性や子供がくすくす笑う) giggle (自); (女性が照れ隠しや軽蔑して笑う) titter (自); (男性が独りで笑う) chuckle (自). 《☞ わらう; 擬声・擬態語 (囲み)》.

¶ 私は女の子たちに*くすくす笑うのはやめろと言った I told the girls to stop 「*giggling* [*tittering*]. // 彼は漫画本を読んで*くすくす笑った He *chuckled* over a comic book.

ぐずぐず ¶ *ぐずぐずするな (⇒ 早くしなさい) Hurry up! // *ぐずぐずしていると学校に遅れるぞ (⇒ 急がないと学校に遅刻するぞ) Hurry up or you'll be late for school. // *ぐずぐずしてはいられない (⇒ むだにする時間はない) There is [We have] no time to lose. // 何を*ぐずぐずしているんだ What's taking you so much time? // 彼はいつも手紙の返事を*ぐずぐずしている (⇒ 返事するのが遅い) He is always 「*slow* [*late*] (*in*) answering letters. // 彼は食事が済んでも*ぐずぐずしていた (⇒ なかなか立ち去らなかった) He *lingered* at the table after the meal. // 決定したことを*ぐずぐず言うな (⇒ 文句を言うな) Don't 「*complain* [*grumble*] *about* what has been decided. 《☞ 擬声・擬態語 (囲み)》

【参考語】— 形 (のろい) slow, tardy; (決断力のない) irresolute; (ちゅうちょする) hesitant; (怠惰な) lazy. — 動 (遅れる・遅らせる) delay (自)(他); (ぶらぶら時を過ごす) dawdle (自); (道草を食ったりしてぶらぶらする) loiter (自); (なかなか立ち去らない) linger (自); (ためらう) hesitate (自); (ぶつぶつ言う) grumble (about ...) (自); (不平を言う) complain (about ...; of ...) (自). — 副 slowly; lazily; hesitatingly.

くすぐったい — 動 (むずむずする) tickle (自). — 形 (くすぐったがる) ticklish. 《☞ むずむず》.

¶ 鼻[背中]が*くすぐったい My 「nose [back] *tickles*. // 私は彼にほめられて*くすぐったかった (⇒ うれしかった[まごついた]) I *felt* 「*flattered* [*embarrassed*] by his compliments.

くすぐる tickle (他). ¶ 彼女は赤ん坊の脇の下[横腹]を*くすぐった She *tickled* the baby 「under the arm(s) [in the ribs]. // 彼らは彼女の息子の成功をほめて彼女の虚栄心を*くすぐった They *tickled* her vanity by praising her son's success.

くずす 崩す **1** «壊す»: (一般に物の一部または全部を壊す) break [take] down (他); (家などを壊す) pull [tear] down (他) ★ pull down のほうが普通. 《☞ くずれる; こわす (類義語)》.

¶ 彼らは新しい家を建てるために古い家を*崩した They 「*pulled* [*tore*] *down* the old house to build a new one.

2 «両替する»: change (他) 《☞ こまかい》.

¶ 切符を買うのに千円札を百円玉に*くずした <S(人)+V(*change*)+O(札)+*into*+名(硬貨)> I *changed* a 1,000-yen note *into* 100-yen coins to get a ticket. // この1万円札を*くずしてもらえますか Could you *break* this 10,000-yen note?

3 «字を»: (簡略にする) simplify (他). ¶ *くずした (⇒続け字の) 文字は読みにくい *Cursive* (hand) writing is hard to read. // 彼は自己流に字を*くずして書く (⇒ 自分のやり方で文字を簡単にしてしまう) He *simplifies* characters in his own way.

くすだま くす玉 decorative ball [C] ★ 説明的には次のようにも言える a hanging ball made of paper or cloth in the shape of flowers with long five-colored tails.

ぐずつく — 形 (不安定な) unsettled; (変わりやすい) changeable. 《☞ さだまる》. ¶ 天気はここ2, 3日*ぐずつきそうだ The weather will *remain unsettled* for a few days. / We will have *changeable* weather for the next few days.

くずてつ 屑鉄 scrap iron Ⓤ.

くすねる (たいして価値のない物をこっそり盗む) pilfer ㊀ 《☞ ぬすむ (類義語); ちゃくふく》.

くすのき 楠, 樟 camphor tree Ⓒ [参考] しょうのう (camphor) の原木.

くすぶる 燻る (煙を出す) smoke ㊀; (炎を出さずにぶすぶすと燃える) smolder (《英》 smoulder) ㊀. 《☞ けむる》. ¶ ストーブがひどく*くすぶっている The stove *is smoking* badly. // 先週の日曜は一日家で*くすぶっていた (⇒一日家にいた) I *stayed* (*at*) *home* all day last Sunday.

くすり 薬 **1** «薬剤»: (内服薬) medicine Ⓤ ★ 種類をいうときは Ⓒ; medication Ⓤ; (薬物) drug Ⓒ; (治療薬) remedy Ⓒ; (軟膏) ointment Ⓤ; (丸薬) pill Ⓒ; (錠剤) tablet Ⓒ; (粉薬) powder Ⓒ; (水薬) liquid Ⓤ; (外用の水薬) lotion Ⓤ; (化学薬品) chemicals ★ この意味では複数形が普通.

【類義語】病気を治したり, 防止したり, 健康を増進するための薬物は, 日常的には ***medicine***, 専門的には ***medication***. その *medicine* のもとになる材料が ***drug*** である. *drug* は薬と限らず毒の場合もある. *drug* をもとにして, 体のためになるように作ったのが *medicine* で, 害になる *drug* は poison (=毒) である. また *drug* には「麻薬」の意味がある. ある特定の病気の治療薬 (medicine) を ***remedy*** と呼ぶことがあり, その場合は a headache *remedy* (=頭痛薬) のように普通, 病名と共に用いられる. しかし *remedy* は「改善法・救済法」というような比喩的な意味で用いられることが多い. 《☞ 病気・病院 (囲み)》

¶ この*薬を 6 時間おき[毎食後 30 分]に飲みなさい Take this ˹*medicine* [*medication*] ˹at intervals of six hours [30 minutes after each meal]. [語 法] 水薬 (liquid) の場合なら drink も使える.

私は 5 日分の*薬をもらった I received ˹*medicine* [*medication*] for five days.

あの眠り*薬はたいへんよく効いた That sleeping *pill* worked ˹well [wonderfully].

この瓶には 5 回分の*薬が入っている This bottle contains five *doses* (*of* ˹*medicine* [*medication*]). [語 法] dose は薬の 1 回分の服用量をいう.

医者は私のために新しい*薬を処方してくれた The doctor prescribed a new ˹*medicine* [*medication*] for me.

薬剤師はその*薬を慎重に調合した The druggist dispensed the ˹*medicine* [*medication*] with the greatest care.

彼女は赤ん坊の蚊に食われたところに*薬 (⇒軟膏) を塗った She applied *ointment* to the baby's mosquito bites.

「これは何の*薬ですか (⇒何に効くのですか)」「胃腸の*薬です (⇒消化を助けます)」 "What is this (*medicine*) ˹good [effective] for?" "It helps (the) digestion."

この*薬を飲めば風邪は治りますよ (⇒この薬はあなたの風邪を治すでしょう) This *medicine* will cure your cold.

この*薬はどのくらいで効き目が現れますか How soon does this *medicine* take effect?

この*薬はすぐに効きます This *drug* ˹acts [works] quickly.

2 «役立つもの» ¶ その経験は彼にとってよい*薬 (⇒**教訓**) になっただろう The experience may have taught him a *good lesson*. / The experience may have been a *good lesson* ˹to [for] him.

彼は毒にも*薬にもならない男だ (⇒特によくもなく特に悪くもない) He is neither very good nor very bad.

薬箱 medicine ˹chest [cabinet] Ⓒ; (救急薬品の) first-aid kit Ⓒ **薬屋** (店) pharmacy Ⓒ; 《米》 drugstore Ⓒ ★ たばこ・文房具・本なども売っていて, 簡単な食事もできる; 《英》 chemist's (shop) Ⓒ; (病院などに付属している薬局) dispensary Ⓒ; (人) pharmacist Ⓒ ★ 有資格の薬剤師; 《米》 druggist Ⓒ, 《英》 chemist Ⓒ. 《☞ やっきょく; 店の呼び名 (囲み)》.

くすりゆび 薬指 the third [ring] finger Ⓒ [語 法] ring finger は特に左の薬指に使われる. 《☞ ゆび; て (挿絵)》.

ぐずる (むずかる) fret ㊀; (不機嫌になる) get peevish; (泣いてねだる) cry for ... 《☞ むずかる; だだ》. ¶ 赤ん坊は暑いと*ぐずる The baby ˹*frets* [*gets peevish*] in hot weather. // その子はおもちゃを買ってくれと*ぐずった (⇒泣いてねだった) The child *cried for* the toy.

くずれる 崩れる **1** «崩壊する»: (崩れ落ちる) collapse ㊀; (破壊される) be destroyed; (壊れる) break ㊀; (音を立てて) crash ㊀; (力に屈して崩れる) give way ㊀; (屋根・天井・壁などが崩れ落ちる) fall [cave] in ㊀. 《☞ くずす; こわれる; たおれる》.

¶ 洪水で土手が*崩れた (⇒洪水が土手を崩壊させた) The flood *destroyed* the embankment(s). // 石垣が*崩れそうな気配だ The stone wall shows signs of ˹*falling in* [*collapsing*]. // 足場が突然*崩れた The scaffolding ˹*gave way* [*collapsed*] suddenly. // トンネルが*崩れて 5 人が閉じ込められた (⇒トンネルの崩壊が 5 人を閉じ込めた) The *collapse* of the tunnel trapped five workers.

2 «形が»: (形を失う) lose *one's* shape. ¶ 雪だるまの形が*崩れだした The snowman began to *lose its shape*. // この背広は 5 年も着たのにまだ形が*崩れない (⇒その形を保っている) I have worn this business suit for five years, but it *has kept its shape*.

3 «天気が»: (変わる) change ㊀ 《☞ 天候の表現 (囲み)》. ¶ 天気が*崩れないうちに出発しよう Let's start before the weather *changes*. // 天気が*崩れなければいいんだが (⇒天気がこのままもつことを望む) I hope the (good) weather will ˹*keep up* [*last*].

くすんだ ━形 (色がはっきりしない) dull; (黒ずんだ) darkish. 《☞ 色 (囲み)》.

くせ 癖 **1** «習癖»: (無意識的な習慣) habit Ⓒ; (独特の癖) peculiarity Ⓒ; (行動の仕方) way Ⓒ. 《☞ しゅうかん[1]》.

¶ あの子はつめをかむ*癖がある He has a *habit* of biting his nails.

彼女には夜更かしの*癖がある (⇒ 夜遅くまで起きている習慣がある) She is *in the habit of* keeping late hours.
悪い*癖はつきやすいものだ We are apt to ˹develop [fall into] bad *habits*.
子供に早起きの*癖をつけさせなさい Let your children ˹form [develop] the *habit* of getting up early.
彼は頭をかく*癖を直した He got ˹rid [out] of the *habit* of scratching his head. ★ 自分の癖を自分で直す場合.
彼女はその子の指をしゃぶる*癖を直した She cured the child of (the *habit* of) sucking his finger. ★ ほかの人の癖を直してやる場合.
一度ついた*癖は直らない Once you get into a *habit*, it ˹will stay with you [is difficult to shake it off].
その*癖を直すのに 1 か月かかった It took me about a month to break (myself of) the *habit*.
彼は晩酌の*癖がついた He *took to* drinking at dinner every day.
気にするな, それが彼の*癖だ Never mind. ˹It's just his *way* [That's a *way* he has].
2 «特色» ¶ 彼は*癖のある (⇒ 特異な) しゃべり方をする He has a *peculiar* way of speaking.
彼は*癖のない英語を話す (⇒ なまりなしで) He speaks English *without* ˹*an* [*any*] *accent*.
彼女の髪の毛には *癖がある (⇒ ちぢれている[巻き毛の, 波のような]) She has ˹*kinky* [*curly*; *wavy*] hair.

-くせに ★ この日本語に対応するぴったりの英語はないのでいろいろに意訳する必要がある.
¶ 彼は 3 年もアメリカにいる*くせに英語がうまく話せない *Though* he has lived in America for three years, he doesn't speak English well. // 何も知らない *くせに大きな口をきくな Don't talk big *when* you know nothing. // 知っている*くせに知らないふりをするなんて (⇒ 知らないふりをするな. 私はあなたが知っていることを確信している) Don't pretend ignorance. I'm sure you know it. // 子供の*くせに生意気だ (⇒ なんて生意気な子供だ) What ˹a cheeky [an impudent] child! // 男の*くせにしっかりしろ (⇒ 男らしくしろ) You must be a man.

くせん 苦戦 (厳しい戦い) hard [severe] fight Ⓒ; (死に物狂いの戦い) desperate ˹battle [fight] Ⓒ; (接戦) close contest Ⓒ, tight [tough; close] game Ⓒ.
¶ 私たちは*苦戦した (⇒ 厳しい戦いを持った) We had a ˹*hard* [*severe*] *fight*. / (⇒ 死に物狂いの戦いをした) We fought a *desperate battle*. // きょうの試合は*苦戦だった (⇒ 互角の試合を持った) We had a ˹*close* [*tight*] *game* today. // 今度の選挙では彼は*苦戦するだろう (⇒ 接戦に直面するだろう) He will face a ˹*close contest* [*tough game*] in the coming election.

くそ 糞 ―名 (ふん便) feces (《英》 faeces) ★ 複数形で; (排泄物) excrement Ⓤ, 《卑語》 shit Ⓤ [語法] shit は改まった場所では使ってはならないとされる語で, もし言及する必要が起こった場合は excrement を用いるのがよい. これは客観的な語とされる; (牛馬の) dung Ⓤ; (鳥獣の) droppings ★ 複数形で. ―動 (ふん便をする) evacuate *one's* bowels, 《卑語》 shit ㊀ [語法] 名 の場合と同様, 改まった場所では shit を避けて, evacuate *one's* bowels か, さらにもっと婉曲な sit on a stool (＝便器に腰掛ける) などを使うのがよい.
¶ えい, *くそ Damn [Hang] it! // *くそくらえ Go to hell! / Damn (you)! 《☞ 感嘆詞 (欄外)》
くそ度胸 ―形 (むこうみずの) foolhardy, daredevil; (無謀な) reckless. **くそまじめ** ―形 too serious.

くそみそ 糞みそ ―動 (けなす) run down ㊄; (ひどく批判する) criticize ... severely; (悪態をつく) call *a person* names. 《☞ けなす; こくひょう》. ¶ 彼は相手のことを*くそみそに言った (⇒ 相手を痛烈にこきおろした) He *ran down* his opponent. / (⇒ ひどく批判した) He *criticized* his opponent *severely*.

くだ 管 (比較的太い管) pipe Ⓒ; (比較的細い管) tube Ⓒ ★ tube は一方が閉じられているものにも使える. 《☞ チューブ; つつ》.
¶ 私は*管で水を引いた I led water ˹through [by means of] a ˹*pipe* [*tube*].

ぐたいか 具体化 ¶ その計画は*具体化された (⇒ その計画は実現した) The plan ˹*materialized* [*was realized*]. / (⇒ その計画は具体的な形をとった) The plan *took concrete shape*. 《☞ じつげん》

ぐたいてき 具体的 ―形 (具体的な) concrete (↔ abstract) ★ 最も一般的な語; (明確な) definite (↔ indefinite); (詳細な) detailed. ―副 concretely; definitely.
¶ 私は彼が有罪であるという*具体的な証拠を持っている I have *concrete* proof of his guilt. // 君の説明は抽象的すぎる. もっと*具体的にしなさい Your explanation is too abstract. ˹Be more *concrete* [Give me a more *concrete* explanation; (⇒ 具体的に説明して下さい) Please explain it more *concretely*]. // その会議では*具体的な (⇒ はっきりした) ことは何一つ決められなかった Nothing *definite* was decided at the meeting.

くだく 砕く (壊す) break ㊄ 《過去 broke; 過分 broken》 ★ 最も口語的で一般的な語. to pieces (＝粉々に) などを補って以下の語の代わりに使うこともできる; (壊れやすいものを粉粉に砕く) shatter ㊄; (投げつけたりして粉々に砕く) smash ㊄; (押しつぶしたり, 細かく砕く) crush ㊄. 《☞ こなごな; こわす (類義語)》.
¶ 私はアイスピックで氷を細かく*砕いた I *broke* (*up*) the ice ˹into [in; to] pieces with an ice pick. // 砕氷船は氷を*砕いて進んだ The icebreaker *broke through* the ice. // この機械は木材を*砕いてパルプにする This machine *crushes* (wooden) logs into pulp. // 彼女の希望は打ち*砕かれた Her hopes *were* ˹*broken* [*shattered*; *crushed*].

くたくた ―形 (疲れきって) dead tired,

worn out, exhausted ★ この順に改まった語となる.《☞ へとへと；つかれる；くたびれる；擬声・擬態語(囲み)》.

¶ 私は*くたくただった(⇒まったく疲れた) I was *dead tired.* / (⇒消耗しきった) I was *exhausted.* ‖ 彼は何時間も歩いたので*くたくただった(⇒長時間の歩行ですっかり疲れていた) He was ⌈*utterly* [*entirely*] *exhausted* from walking for hours. ‖ 彼女はテニスをやって*くたくたに疲れた She *exhausted herself* playing tennis. 語法 -ing 形がくることに注意.

くだけた 砕けた (親しみやすい) familiar；(平易な) easy；(わかりやすい) simple；(形式ばっていない) informal (↔ formal)；(口語的な) colloquial.

¶ 彼はなかなか*くだけた(⇒話しやすい)人のようだ He seems to be *easy* to talk ⌈with [to]. ‖ 手紙は*くだけた文体で書きなさい Write your letter in ⌈an *informal* [a *familiar*; a *simple*] style. ‖ あの外人は非常に*くだけた日本語を話す That foreigner speaks very *colloquial* Japanese.

くだけた英語と堅苦しい英語 formal and informal English Ⓤ《☞ 欄外》.

くだける 砕ける (壊れる) break ㊀ ㊉《過去 broke；過分 broken》 語法 最も一般的な語,「粉々に」の意のときは be broken to pieces のように修飾語を付けて受身構文で用いることが多い；(ぶつかって瞬間的に) smash ㊀ ㊉；(壊れやすいものが, 破片が飛び散って砕ける) shatter ㊀ ㊉；(ばらばらになる) go to pieces.《☞ くだく；こわれる》.

¶ 波が岩に当たって*砕けた The waves *broke* ⌈against [on] the rocks. ‖ コップが床に落ちて*砕けた(⇒ばらばらに壊れた) The glass fell on the floor and ⌈*was broken* [*went*] *to pieces.* / (⇒コップが床の上でがしゃんと砕けた) The glass *smashed* on the floor. / (⇒コップが床に当たったとき粉々に砕けた) The glass *shattered* when it hit the floor.

ください 下さい (…して下さい) please 語法 この語は元来「もしもお気に召すなら」(if you please) が縮まった形で, 動詞の前に付けて, 丁寧な依頼・要請を表す最も一般的な語である. 従って依頼・要請の文では, 例えば「どうぞお入り下さい」*Please* come in. のように please を動詞の原形の前に用いれば最も一般的な丁寧な表現となる. また, please は Come in, *please.* のように文尾に付けて上がり調子で言ってもよく, さらに, Will you *please* come in? のように Will you …? の文の文中に入れても, Will you come in, *please*? のように文尾に置いてもよい. 文尾に please が置かれると通常上がり調子になる. また please は「水を1杯いただけますか」May I have a glass of water, *please*? のように May を用いた丁寧な要請の文の文尾に付けても用いられる. さらに「お名前をどうぞ」Your name, *please.* のように please を置くことによって, 丁寧な要請であることを表すこともできる. 以上のように「…して下さい」という日本語に最も近い英語は please であると言えるが, そのほかにも「…して下さい」という日本語に近い丁寧な表現を表す言い方は幾つかある.《☞ 丁寧な表現(欄外)；依頼の表現(囲み)》.

¶ どうぞおかけ*下さい *Please* sit down. / Sit down, *please.* ‖ 申し込み用紙を1枚*下さい *Please* give me an application form. ‖ 静かにして*下さい *Please* be quiet. / Be quiet, *please.* ‖ 窓を閉めて*下さいませんか Will you *please* close the window? / *Please* close the window. / *Would you mind* closing the window? 語法 最後の表現が一番丁寧とされる. 普通 please を用いれば礼儀上最も丁寧な表現とされるが, この文の表す状況に関して言えば,「窓を閉めろ」という要求は, たとえ please を使ってもかなりぶしつけな要求と解されるから, Would you mind -ing …? のような仮定法の含まれた形式で要請する必要があるわけである. ‖ お名前をお教え*下さい May I have your name, *please*? ‖ ちょっと見せて*下さいませんか *May I* have a look at it? ‖ 駅へ行く道を教えて*下さい *Could you* tell me the way to the station? 語法 このように過去の助動詞を用いると丁寧な表現となる.《☞ 道のきき方(囲み)》

くだす 下す **1** «命令を»: give ㊉ ★ 最も平易な語；(命令する) order ㊉, command ㊉ ★ 後者はやや形式ばった語.《☞ めいれい》.

¶ 彼は私たちにすぐ出発するよう命令を*下した He *gave* us orders to start at once. 語法「命令」の意味で order はしばしば複数形にする. / (⇒すぐ出発すべきであると命じた) He *ordered* that we (should) start at once. 語法《米》では should が省略される.

2 «判決を»: pass ㊉《☞ はんけつ；せんこく[1]》.

¶ 裁判官はその犯人に判決を*下した The judge *passed* ⌈judgment [sentence] on the criminal.

3 «結論を»: (決定する) conclude ㊉；(到達する) reach ㊉, come to …《☞ けつろん》.

くだけた英語と堅苦しい英語 (formal and informal English) 日本語の場合と同様に, 英語では単語に類義語があり, また句や文には意味の似た表現が幾つもあって, ほぼ同じ内容のことが幾つもの違った言葉や表現を使って言い表せる.

なぜかというと, 1つには大まかな意味は同じでも, 本来持っている意味のニュアンスが少しずつ違う語句や表現が幾つもあるためであり, いま1つにはくだけた言い方と堅苦しい言い方とではおのずと使う単語も違い, また文の表現も異なるためである.

前者は obtain (＝努力して手に入れる), acquire (＝時間をかけて手に入れる) のような類義語や類義表現の場合である.《☞ 類義語(欄外)》

後者は例えば, 単語の場合だと, poor に対して impecunious (＝金がない) とか hard up (＝金に困っている), flat broke (＝一文なしの) などという言葉の持つ関係を見るとわかる. poor はごく普通の日常的な言葉であるのに対して, impecunious はたいへん堅苦しい改まった言葉であり, また hard up, flat broke はよく会話で使われるくだけた表現である.

また, 文の例をあげると,「彼はどこに行くのですか」は Where is he going? と言えばごく普通の言い方だが, What is his destination? (＝彼の目的地はどこか) と言えば形式ばって堅苦しくなる.

このような違いは言葉を使う環境・状況の違いによって起こる. 学術論文とか改まった演説をする場合は自

¶ この問題についてどういう結論を*下しましたか What conclusions did you *come to* on this problem?

4 《腹を》: (下痢をしている) have loose bowels 《☞ げり》. ¶ 私は腹を*下している (⇒下痢をしている) I *have loose bowels.* / I am *loose in the bowels.* / My *bowels are loose.*

5 《負かす》: beat ㊀, defeat ㊀ ★ 前者が口語的. 《☞ まかす; かつ》.

くたばる (死ぬ) kick the bucket ★「死ぬ」(die) という意味の米俗語; (くたくたになる) be exhausted. 《☞ しぬ (類義語); へこたれる》.

¶ *くたばってしまえ *Go to* ˹*hell* [*the devil*]!

くたびれる ── 動 (疲れている) be tired; (疲れる) get [become] tired; (くたくたに消耗する) be [get] exhausted. ── 形 (くたびれた) tired; (うんざりして) weary; (身心がくたくたに) exhausted; (使い古した) worn out. 《☞ つかれる; くたくた; へこたれる》.

¶ 私は水泳ですっかり*くたびれた I *got* ˹very [quite] *tired* (from) swimming. // 彼女はすぐに*くたびれる She *gets tired* easily. // 私は彼女を待ち*くたびれた I ˹was [grew; became] *weary* of waiting for her. / I *got tired* of waiting for her. // 彼のレインコートはすっかり*くたびれていた (⇒すり切れていた) His raincoat was utterly *worn out.*

くだもの 果物 fruit Ⓤ 〔語法〕 果物一般を指すときは冠詞を付けず, 複数形にもならないが, 種類を指すときは Ⓒ. 《☞ 可算・不可算名詞 (欄外); かじつ》.

¶「あなたは*果物が好きですか」「はい, 大好きです」"Do you like *fruit*?" "Yes, I like it very much." // 我々はもっと*果物を食べるべきだ We should eat more *fruit*. // あの店ではいろいろな*果物を売っている They sell ˹various *fruits* [various kinds of *fruit*] at that store. // ビタミンCは主に*果物や野菜に含まれている Vitamin C is found mainly in *fruits* and vegetables.

果物ナイフ paring knife Ⓒ　**果物屋** (店) fruit ˹store [shop] Ⓒ; (人) fruit dealer Ⓒ, 《英》 fruiterer Ⓒ. 《☞ 店の呼び名 (囲み)》.

くだらない 下らない **1** 《取るに足らない》 ── 形 trivial, trifling. 《☞ つまらない》.

¶ 私は彼と*くだらないことでけんかをした I had a quarrel with him over a ˹*trivial* [*trifling*] matter. // *くだらないことにくよくよするな (⇒つまらないことについて心配するな) Don't worry over *trifles*.

2 《無価値な》 ── 形 (価値のない) worthless; (くず同様の) trashy; (役に立たない) good-for-nothing; (無益な) useless. ── 名 (物・人などで取り柄のないもの) trash Ⓤ.

¶ 彼女は*くだらないことに金を使う She wastes money on *worthless* things. // あんな*くだらないやつとつきあうな Don't make friends with such a ˹*good-for-nothing* [*useless*] fellow.

3 《馬鹿らしい》 ── 形 absurd. ── 名 (馬鹿げたこと) nonsense Ⓤ. 《☞ ばかばかしい》.

¶ *くだらないことを言うな Don't talk *nonsense*! // *くだらない *Nonsense*!

くだり 下り ── 名 (下ること) descent Ⓒ; (列車の) down train Ⓒ; (坂道の) downhill Ⓒ. ── 形 down (↔ up).

¶ *下りホームはあちらです The *down* platform is over there. // 彼は*下り列車に乗った He took a *down* train. // 道はここから*下りになる The path ˹*goes* [*slopes*] *down* from here. // *下りのエスカレーターはどこですか Where's the *down* escalator?

くだりざか 下り坂 (坂道の) downhill Ⓒ ★ 最も一般的な語; (説明的には) downward ˹slope [path] Ⓒ (↔ upward path), downhill road Ⓒ (↔ uphill road).

¶ その土地は海の方へ*下り坂になっている The land ˹*slopes* [*goes*] *down* to the sea. // 彼の評判[人気]は*下り坂だ (⇒落ち目だ) His ˹reputation [popularity] is *on the wane.* 《☞ おちめ》 // 年をとると体力も*下り坂になる (⇒衰える) Our strength *declines* in old age. // 天気は*下り坂だ (⇒天気は悪いほうに変わった) The weather has changed for the worse.

くだる 下る **1** 《おりる》 ── 動 go [come; get] down ㊀, descend ㊀ (↔ ascend) ★ 後者のほうが改まった語. 《☞ おりる》.

¶ この坂を*下って左へ曲がりなさい *Go down* this slope and turn (to the) left. // 彼らはその川をボートで*下った They *went down* the river ˹by boat [in a boat]. // 滝は橋から約1キロ*下ったところ (⇒下流) にある The waterfall is about one kilometer ˹*below* [*past*] the bridge.

2 《命令などが》: (命令が出される) be ˹given [issued]; (人が命令される) be ordered; (判決が下る) be passed; (人が判決を下される) be sentenced. 《☞ めいれい》. ¶ 前進命令が*下った Orders *were* ˹*given* [*issued*] to advance. // 彼には重い判決が*下った A heavy sentence *was passed* ˹upon [on] him. 《☞ はんけつ; くだす》

然に堅苦しくなるし, 親しい友人と話したり, 親しい人に手紙を書いたりするときはくだけた表現となるのである. この点は日本語でも状況が似ているから理解は難しくないであろう.

そこで, これらの区別を,

(i) 堅苦しい表現 (または「形式ばった表現」「改まった表現」).
(ii) 普通の表現.
(iii) くだけた表現.

の3段階に分けて考えるのが都合がよい.

英語を学習する際にはこれらの段階の区別に常に注意しなくてはならない. なぜならば, 例えば遠慮を置く間柄の人にぞんざいなくだけた表現を使って無用な誤解や摩擦を起こしたり, あるいは3つの段階をめちゃくちゃに使って「ごめんあそばせやがれ」式のこっけいな表現になったり, ひいては自分の意思が誤って伝わったり, 意味が不明になったりすることがあるからである.

日本人に多い例は, 3つの段階の混同のために意味不明になるケースである.

本辞典では, この3段階に関する情報をできるだけ正確に示すように努めた. しかも単なる3つの段階の区別のほかに, 「やや...」という表現で中間的な区別も示すようにした.

使われている用語は堅苦しい表現には「形式ばった

3 «下痢をする» ── 動 have ˹diarrhea [loose bowels] ★ diarrhea は「下痢」. ── 形 loose 《☞ げり》. ¶ 私は腹が*下っている I *have* ˹*diarrhea* [*loose bowels*]. / My *bowels are loose*.

くち 口 **1** «器官»: mouth Ⓒ 《複 ～s [máuðz]》; (唇) lips ★ 話す器官としては複数形で用いる. 《☞ くちびる ; かお (挿絵)》.
¶ 大きく*口を開けなさい Open your *mouth* wide.
*口を閉じなさい Shut your *mouth*.
*口をゆすぐ rinse (out) *one's mouth*
彼女は照れ隠しに*口をすぼめた She pursed (up) her *lips* to cover her embarrassment.
彼女は*口をとがらせた She *pouted*.
*口をいっぱいにしたままでしゃべってはいけない Don't talk with your *mouth* full.

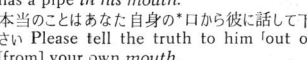

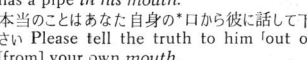

pout

その子は*口をぽかんと開けて私を見つめた The child stared at me ˹with his *mouth* open [*openmouthed*].
彼はいつも*口にパイプをくわえている He always has a pipe *in his mouth*.
本当のことはあなた自身の*口から彼に話して下さい Please tell the truth to him ˹out of [from] your own *mouth*.
彼の名が*口から出かかっているのだが出ない (⇒ 彼の名が舌の先にある) His name is on the tip of my *tongue*.
痛みを訴える言葉は一度も彼女の*口から出なかった No complaints of pain have ever passed her *lips*.
そのうわさは*口から*口へと伝わった The rumor passed *from mouth to mouth*.
彼は*口が臭い (⇒ 臭い息を持っている) He has ˹foul [bad] *breath*.
そのことについては彼に*口が酸っぱくなるほど言った (⇒ 繰り返し繰り返し) I told him about it *over and over again*.

2 «しゃべること・言葉» ── 動 (口をきく) talk ㊀, speak ㊀ ★ 前者が口語的. ── 名 (話す力) speech Ⓤ; (比喩的に) tongue Ⓤ.
¶ その赤ん坊もじきに*口をきける (⇒ しゃべる) ようになるだろう The baby will soon *talk*.
彼は大きな*口をきく (⇒ ほらを吹く) He *talks big*. 《☞ おおぐち》
彼女はどうしても*口を開こうとしなかった She would not *open her lips*.
彼は自分の家族のことについては*口を閉ざして語らなかった He was *closemouthed* about his family.
人が話しているとき横から*口をはさむのは失礼だ It is impolite to ˹*interrupt* [*break in*] when someone is talking.
人のことに*口を出さないでくれ (⇒ おせっかいをするな) Don't *meddle in* my affairs. / (⇒ 自分のことに気をつかえ) Mind your own business!
彼があまり熱心だから私は*口を出せなかった He was so earnest that I could not *put in a word*.
私は他人のことには*口を出したくない (⇒ 干渉したくない) I don't like to ˹*meddle* [*interfere*] in other people's ˹affairs [business].
容疑者は最後まで*口を割らなかった (⇒ 白状することを拒否した) The suspect refused to ˹*open up* [*confess*] after all.
彼女は*口をすべらせた Her *tongue slipped*. / She *made a slip of the tongue*.
彼女はつい*口をすべらせてその秘密をもらした She let ˹*slip* [*drop* ; *fall*] the secret.
子供たちは*口をそろえて「おはようございます」と言った The children said *in* ˹*chorus* [*unison*], "Good morning, sir."
みんなは*口をそろえて (⇒ いっせいに) 彼の勇敢さをほめた All of them *unanimously* praised him for his courage. 《☞ くちぐちに》
彼女は君の名前をよく*口にした Your name was often *on her lips*. / (⇒ 名前を引き合いに出した) She often ˹*referred to* [*mentioned*] your name.
彼女は驚いて*口がきけなかった (⇒ 言葉を失った) She *lost her* ˹*speech* [*tongue*] in surprise. / (⇒ 物も言えないほどびっくりした) She was *dum(b)founded*.
人の*口はうるさいもの (⇒ 人はしゃべるもの) People will *talk*.
*口は災いのもと Out of the *mouth* comes evil. 《ことわざ: 悪いことは口から来る》

3 «しゃべり方» ¶ 彼は*口が重い He is *slow of speech*. / (⇒ ゆっくりしゃべる) He *speaks slowly*.
彼女は*口が軽い (⇒ おしゃべりだ) She is *talkative*. / (⇒ 秘密を守れない) She can't *keep a secret*.
彼は*口が悪い (⇒ 鋭い舌をもつ) He has a *sharp tongue*.
彼は*口がうまい (⇒ 甘いことを言う[おせじを言

表現」「改まった表現」などとなっており，続いて「やや形式ばった表現」「やや改まった表現」という区別があり，普通の表現については訳語が複数ある場合は普通の表現として最も多く使われるものに「最も一般的」という説明がついている．

また語の本来持つニュアンスの違いのために幾つもの訳語があり，そのほとんどが普通の表現の場合には，それ以外のものに (★) を使って「形式ばった語」「専門的な語」などの説明を付けるようにした．

くだけた表現については「くだけた表現」，また主として話し言葉，日常会話に使われるものには《口語》という印が付いている．

また，大切なことは，1つの日本語に対して幾つかの訳語がある場合には，そのいずれが他と比べてよりくだけているか，あるいはより形式ばっているかということであり，その区別を示すことにも本辞典の全体を通じて配慮がなされてある．その場合には「前者のほうが(より)口語的」「後者はより形式ばった語」などと比較の形式で示されている．

以上のような，堅苦しさやくだけた感じによる言葉の区別は類義語を作る大きな要因の1つであり，類義語・類義表現には語の本来持つ意味の違いだけでなく，堅苦しさとか，くだけている感じなどの違いが絡んでいることが多いという認識は重要である．

う]) He has a 「*honeyed* [*flattering*] *tongue*.
彼は*口がよくまわる He has a 「*ready* [*fluent*] *tongue*.
彼は*口の達者なセールスマンだ He is a *glib* salesman.
4 «食べること・味覚» ¶病気の女の子は何も*口にしなかった(⇒食べなかった) The sick girl *ate* nothing. / (⇒ひと口も食べなかった) The sick girl didn't 「take [eat] a *bite* of food.
このりんごがお*口に合えばいいのですが(⇒お気に召すと思いますが) I hope you will like these apples.
羊の肉は私の*口に合わない(⇒羊の肉の味は好まない) I don't like the *taste* of mutton. / Mutton is not *to my* 「*liking* [*taste*].
彼は*口が肥えている(⇒繊細な味覚を持っている) He has a *delicate palate*. / (⇒美食家だ) He is a *gourmet*.
5 «器物の»: (口の形をしたもの) mouth Ⓒ; (口のあたるところ) mouthpiece Ⓒ; (栓) stopper Ⓒ; (やかんなどの飲み口) spout Ⓒ. 《☞ やかん[2] (挿絵)》.
¶つぼ[瓶]の*口 the *mouth* of a 「jar [bottle]
6 «就職口»: (勤め口) job Ⓒ, position Ⓒ ★ 前者が一般的で口語的. 後者は中立的な語; (仕事) work Ⓤ; (職業) employment Ⓤ; (空き・欠員) opening Ⓒ; (空席) vacancy Ⓒ. 《☞ しょく[1] (類義語)》.
¶彼は勤め*口を探しているそうだ I hear he is 「looking for [seeking] 「a *job* [*work*; *employment*].
私は外国の商社に*口を探している I am looking for an *opening* in a foreign trading company.
彼のおかげで彼女はタイピストのよい*口を見つけることができた Through his influence, she was able to find a good *job* as a typist.
7 «初め・入口» ¶まだ宵の*口だ The 「evening [night] is still *young*. / It is still *early* in the evening.
駅の東*口で待っています I will be waiting for you at the east 「*gate* [*exit*] (of the station). 《☞ いりぐち; でぐち; とぐち》

ぐち 愚痴 —[名] complaint Ⓤ; grumble Ⓤ [語法] 何かに不満があって言うのが complaint.「不平の種」という意味では Ⓒ. 気分的におもしろくなくてぶつぶつ言うのが grumble. —[動] complain (自); grumble (自). —[形] (愚痴っぽい) querulous. 《☞ もんく; ふへい》.
¶*愚痴をこぼすのはやめなさい Stop *grumbling*. // あの男はいつもぶつぶつ*愚痴をこぼしている He is always making *complaints*. // 彼女の*愚痴は聞きあきた I got tired of her 「*complaints* [*grumbles*]. // 彼女は部屋が狭いと*愚痴をこぼしている She *complains* of the room being too small. / She *complains* that her room is too small. [語法] that 節の前に前置詞が省略されたと考えられている. // 彼はその仕事を*愚痴ひとつこぼさずにやった He accomplished the task without making any *complaints*. // 年を取ると*愚痴っぽくなる We get *querulous* with age.

くちあたり 口当たり ¶このワインは*口当たりがよい(⇒よい味がする) This wine *tastes good*. // それはとても*口当たりがよい(⇒味がおいしい) It is very 「*pleasing* [*delightful*] *to the taste*. 《☞ 味 (囲み)》

くちうつし 口移し ¶彼女は赤ん坊に水薬を*口移しで飲ませた(⇒自分の口から) She *gave* her baby the liquid *from her mouth*.

くちうら 口裏 ¶彼らはその事故について*口裏を合わせた(⇒お互いに共謀して同じことを述べた) They gave the same account of the accident *in collusion with each other*. // 彼らが*口裏を合わせたのは明らかだ(⇒お互いに食い違いのないようにあらかじめ打ち合わせをした[話をでっち上げた]のは明白だ) It is obvious that they 「*prearranged* [*concocted*] the story so as not to contradict each other.

くちうるさい 口うるさい ☞ くちやかましい.

くちえ 口絵 frontispiece Ⓒ.

くちかず 口数 ¶彼は*口数が少ない(⇒言葉の少ない人) He is a man *of few words*. / (⇒あまりしゃべらない) He *doesn't speak much*. / (⇒静かな男だ) He is a *quiet* man.// 彼女は*口数が多い(⇒おしゃべりだ) She is very *talkative*. / (⇒大いにしゃべる) She *talks a great deal*. 《☞ むくち; おしゃべり》

くちがね 口金 (かばん・ベルトの) clasp Ⓒ; (瓶の) (bottle [metal]) cap Ⓒ; (瓶の王冠) crown cap Ⓒ.

くちきき 口利き ¶彼女は先生の*口利き(⇒世話)でその銀行に就職した She got the position in the bank 「*by* [*through*] *the* 「*good* [*kind*] *offices of* her teacher. // 彼は田中氏の*口利きで(⇒影響力のおかげで)現在の地位を得た He obtained his present post *through* Mr. Tanaka's *influence*. // 私はその紛争を解決するために彼に*口利き(⇒調停)を頼んだ I asked him to *mediate* a settlement of the dispute. 《☞ くちぞえ; せわ》
【参考語】(尽力) offices ★ 複数形で; (影響力) influence Ⓤ; (調停者) mediator Ⓒ; (仲裁人) go-between Ⓒ.

くちぎたない 口汚い —[形] (口汚くののしる) abusive; (下品な) foul. —[動] abuse (他); (ののしりの言葉を使って毒づく) swear at … [語法] Damn you! Go to hell! などの呪いの言葉を用いてののしること. abuse よりののしりの程度が強い; (悪態をつく) call *a person* names. —[副] abusively. 《☞ ののしる》.
¶彼は時々自分の妻に*口汚い言葉を使う He sometimes uses *abusive* language to his wife. // 彼は私のことを*口汚くののしった He *called* me *names*.

くちく 駆逐 —[動] (追い払う) drive away (他), expel … from … ★ 後者はやや改まった語; (除く・やっかい払いをする) get rid of … ★ 口語的. 《☞ おいはらう》. ¶悪貨は良貨を*駆逐する Bad money will *drive* good money *out of* circulation. **駆逐艦** destroyer Ⓒ.

くちぐせ 口癖 (言葉遣い) way [habit] of saying Ⓒ; (よく口にする言葉) pet [favorite] 「phrase [saying] Ⓒ.
¶「最善を尽くせ」というのが彼の*口癖の1つだ "Do your best" is one of his 「*favorite*

[*pet*] *phrases*. // 彼は*口癖のように「金が足りない」と言う (⇒ 彼はいつも金が不足していると言う) He *always says* that he is short of money. / (⇒ 金が足りないと言うことなしに口を開かない) He *never opens* his *mouth without saying* that he is short of money. ★ 第2文は改まった言い方.

くちぐちに 口々に —副 (いっせいに) unanimously; (声をそろえて) in chorus, in unison; (同時に) at once. 《☞ いっせい¹》.
¶ 彼らは*口々にそのスローガンを繰り返した They repeated the slogan ⌈*in chorus* [*unanimously*]. // みんなはその件について*口々に (⇒ めいめい) 自分の意見を述べた *Everybody* gave his *own* opinion on the matter. // みんなは*口々に (⇒ それぞれのやり方で) 彼女の新作をほめた Everybody praised her new work *in his own way*.

くちぐるま 口車 **口車に乗る** ¶ 彼の*口車に乗るな (⇒ 彼の甘い言葉に気をつけろ) Be careful of his *sweet words*. / (⇒ 彼の甘い言葉にだまされるな) Don't *fall for* his *sugar-coated words*. 語法 fall for は話などに「だまされる」という意味の口語. / Be careful not to *be taken in* by his *honeyed words*.
【参考語】(甘い言葉) sweet [honeyed; sugar-coated] words.

くちげんか 口喧嘩 —名 (口論) quarrel Ⓒ; (論争) dispute Ⓒ; (やかましい) brawl Ⓒ; (意見の衝突) conflict Ⓒ. —動 quarrel ⓐ, have a quarrel with ..., have words with ... 《☞ けんか (類義語); こうろん》.
¶ 私は彼女とつまらないことで*口げんかをした I ⌈*quarreled* [*had a quarrel*] *with* her ⌈about [over] a trifling matter.

くちごたえ 口答え —名 (生意気な) back talk Ⓤ, 《英》 backchat Ⓤ; (鋭い言い返し) retort Ⓤ ★ retort はより改まった語. —動 talk back ⓐ, answer back ⓐ ⓗ; retort ⓗ ⓐ. 《☞ いいかえす; はんろん》.
¶ *口答えするな None of your *back talk*! // 先生はその子が*口答えをしたのでしかった The teacher scolded the boy for ⌈*talking* [*answering*] *back*. // 両親には*口答えをするものじゃない You should not ⌈*talk back to* your parents [*answer* your parents *back*]. // 彼は生意気にも私の言ったことに*口答えをした He had the cheek to *retort upon* me for *what I said*.

くちコミ 口コミ —副 (口コミで) by word of mouth; (口から口へと) from mouth to mouth. 《☞ くちづたえ》.
¶ 私はその知らせを*口コミで知った I learned the news *by word of mouth*. // その知らせは*口コミで知れ渡った The news spread all over *by word of mouth*. / The news spread *from mouth to mouth* ⌈everywhere [in all directions].

くちごもる 口ごもる (もぐもぐ言う) mumble ⓗ ⓐ; (どもる) stammer ⓗ ⓐ; (つかえつかえ言う) falter ⓗ ⓐ 語法 以上は ⓗ として用いるときは out を伴うことがある. 《☞ しどろもどろ; ぶつぶつ¹; もぐもぐ》.
¶ 彼女は*口ごもって何か言ったが, 私には聞きとれなかった She *mumbled* something, but I couldn't catch it. // 彼は*口ごもりながら言い訳をした He *stammered* (*out*) an excuse. // その子は*口ごもりながら私に礼を言った The boy thanked me ⌈*hesitatingly* [*falteringly*]. / The boy *faltered out* his thanks.

くちさがない 口さがない —形 (うわさ好きの) gossipy; (人の悪口を言う) slanderous. —名 (おしゃべりな人) gossip Ⓒ; (悪口を言い触らす人) scandalmonger Ⓒ.

くちさき 口先 ¶ 彼は*口先のうまい男だ (⇒ まことしやかなことを言う男だ) He is a very *plausible* person. / (⇒ 口の達者な男だ) He is a ⌈*glib* [*smooth*] talker. // ああいう*口先のうまい連中には気をつけなさい Be careful ⌈about [of] those ⌈*smooth*-[*honey*-]*tongued* fellows. // 彼は*口先だけだ (⇒ 本気で言っているのではない) He never *means* what he says. // *口先だけの親切 *lip* service // *口先だけの約束 an *empty* promise

くちずさむ 口ずさむ —動 (小声で歌う) croon ⓗ; (ハミングをする) hum ⓗ 語法 hum は口を閉じ, 声を鼻に抜いて歌うことで, 厳密に言えば声に出して歌って口ずさむこととは異なる. 《☞ はなうた》. ¶ 彼女は子守歌を*口ずさんでいた She *was crooning* a lullaby.

くちぞえ 口添え —名 (推薦) recommendation Ⓤ; (尽力・斡旋(あっせん)・好意) good offices ★ 複数形で. —動 recommend ⓗ. 《☞ くちきき; せわ; すいせん¹》.
¶ 私は山田先生の*口添えでいまの職につくことができた (⇒ 斡旋で) I got my present job through the *good offices* of Mr. Yamada. / (⇒ 推薦で) Thanks to [Through] Mr. Yamada's *recommendation*, I got my present position.

くちだし 口出し —動 (おせっかいを焼く) meddle [interfere] in ... 語法 interfere は with を伴うと「邪魔する」の意味になる; (他人のことに介入する) poke [put; thrust] *one's* nose into ... ★ 口語的; (他人の話の最中に割り込む) cut in (on ...) ⓐ, interrupt ⓗ 語法 前者は「割り込む」ことに, 後者は「さえぎる」ことに重点がある; (人の話を横取りする) take the words out of *a person's* mouth. —名 interference Ⓤ; interruption Ⓤ. 《☞ おせっかい; かんしょう¹; かいにゅう》.
¶ 彼女はいつも他人のことに*口出しする She is always ⌈*meddling* [*interfering*] *in* other people's affairs. // 彼のことには*口出ししないようにしなさい Don't ⌈*poke* [*put*; *thrust*] *your nose into* his business. // 彼女はしばしば人の話に*口出しする She often ⌈*cuts in on* [*interrupts*] other people's talk. // 余計な*口出しをしないでくれ (⇒ ほっておいてくれ) Leave me alone. / (⇒ 自分の職分を守れ) Mind your own business.

くちづけ 口づけ kiss Ⓒ 《☞ キス》.

くちづたえ 口伝え —名 (言葉によって伝えること) word of mouth Ⓤ; (うわさ・風評) hearsay Ⓤ. —副 (口伝えで) by word of mouth; (口から口へと) from mouth to mouth. 《☞ くちコミ》. ¶その知らせは*口伝えに広まった The news spread ˹*by word of mouth* [*from mouth to mouth*].

くちどめ 口止め ━動 (人にしゃべらないようにさせる) make *a person* keep ˹quiet [silent] (about ...) ★ 説明的だが平易な口語表現; stop *a person's* mouth (on ...) ★ 前者よりは改まった表現; (口外を禁じる) muzzle ㊀ 語法 元来, 犬などの鼻づらのことで, それから犬の口にはめる口輪のことになり, 比喩的に権力者などが命令によって口外を禁じること; (もみ消すために口止めする) hush up ㊀ ★ もみ消すことのほうに重点がある. 《☞ ひみつ》.

¶私は彼女にそのことを言わないように*口止めした (⇒ 黙っているように約束させた) I *made her promise to keep* ˹*quiet* [*silent*] *about* the matter. / I *stopped her mouth on* the matter. ∥ 私たちはそこへ行ったことを*口止めされている (⇒ 口に出すことを禁じられている) We *have been* ˹*forbidden* [*told not*] *to mention* having gone there. ∥ その件については社員は皆社長から厳重に*口止めされている All the employees *have been* strictly *muzzled* about the affair by the president.

口止め料 hush money Ⓤ.

くちなおし 口直し (デザート) dessert Ⓒ. ¶*口直しをする(⇒ あと味を取り除く) take off [kill] the aftertaste

くちなし 梔子 (木・花) gardenia [gɑədíːnjə] Ⓒ, Cape jasmine Ⓒ.

くちならし 口慣らし (口を使っての練習) oral practice Ⓤ 《☞ ならす[2]》.

くちばし 嘴 (鳩・すずめなどの) bill Ⓒ; (肉食鳥の鋭くかぎ形の) beak Ⓒ. 《☞ とり[1] (挿絵)》. ¶1羽のロビンが赤い木の実を*くちばしでつついていた I saw a robin *pecking* (*at*) some red berries. ∥ 彼らはまだ*くちばしの黄色い若造だ They are still *wet behind the ears.* 語法 生まれたばかりの赤ん坊は耳の後ろがぬれているとされていることから, 未経験や新前という意味で使われる口語表現. 反対は dry behind the ears.

くちばしる 口走る ━動 (口に出す) utter ㊀ 《☞ もらす》. ¶彼女は興奮してわけのわからぬことを*口走った She *uttered* meaningless words in her excitement.

くちはてる 朽ち果てる (物が腐る) rot away ㊁; (廃墟となる) fall ˹to [into] ruin ㊁. 《☞ くさる; ろうきゅう》.

くちはばったい 口幅ったい ━形 (目上の人に対して生意気な) impertinent, impudent; (自信過剰で) presumptuous. 《☞ なまいき》. ¶*口幅ったいことを言うようですが (⇒ 私の言うことは生意気のようですが) あなたは間違っています What I say may sound *presumptuous*, but I think you are wrong.

くちび 口火 (ガス湯沸かしなどの) pilot ˹light [burner] Ⓒ. ¶彼女は湯沸かしの*口火をつけた[切った] She turned ˹on [off] the *pilot light* of the boiler. ∥ 彼女が彼への質問の*口火を切った (⇒ 質問を始めた最初だった) She was *the first* to fire questions at him.

くちひげ 口髭 《米》 mustache [mʌ́stæʃ] Ⓒ, 《英》 moustache [məstɑ́ːʃ] Ⓒ ★ しばしば複数形で. 《☞ ひげ[1] (挿絵); はやす》. ¶彼は*口ひげを生やしている[生やした] He ˹wears [grew] a *mustache.* ∥ あの*口ひげの紳士を知っていますか Do you know that gentleman with the *mustaches*?

くちびる 唇 lip Ⓒ 語法 上下の唇を指すときは複数形. 《☞ くち; かお (挿絵)》. ¶彼は上[下]*唇をなめた He licked his ˹upper [lower] *lip.* ∥ 彼女は厚い[薄い]*唇をとがらした She pouted her ˹thick [thin] *lips.* 《☞ くち (挿絵)》 ∥ 口笛を吹くときは*唇をすぼめる When we whistle, we ˹pucker [purse] up our *lips.* ∥ 彼はくやしくてじっと*唇をかんだ He bit his *lip*(*s*) in his mortification. ∥ 彼の*唇はきゅっと結ばれていた His *lips* were drawn tightly.

くちぶえ 口笛 ━名 whistle Ⓒ. ━動 whistle ㊁ ㊀ 参考 歯の間から音を出すのも whistle. ¶私はだれかが(楽しい曲を)*口笛で吹いているのを聞いた I heard someone *whistling* (a merry tune). ∥ 彼は*口笛を吹いて犬を呼んだ He *whistled for* his dog.

くちぶり 口振り ¶彼はそのことを知っているような*口ぶりだった (⇒ 知っているかのように話した) He *talked as if* he knew it. ∥ 彼の*口ぶりから (⇒ 言っていることから) 判断すると, 彼は自分で商売をしているようだ Judging from *what he says*, he seems to be in business for himself. ∥ 彼は近いうちに退職するような*口ぶりだった (⇒ 退職をほのめかした) He *hinted* at his retirement in the near future. 《☞ くちょう; ごちょう》

くちべた 口下手 (人) poor speaker Ⓒ 《☞ とつべん》. ¶彼は*口べただ He is ˹a *poor speaker* [*poor at making speeches*]. / (⇒ 自分を表現するのが下手だ) He is ˹*poor* [*not very good*] *at expressing himself*.

くちべに 口紅 lipstick Ⓤ ★ 化粧道具としては Ⓒ. ¶彼女は唇に*口紅を塗った She put *lipstick* on her lips. ∥ あなたは*口紅をつけるのは早すぎる You are too young to ˹wear [use] *lipstick*.

くちまね 口真似 ━名 (言ったことをそのまま繰り返すこと) mimicry Ⓤ; (意味もわからずに繰り返すこと) parroting Ⓤ; (まね) imitation Ⓤ. ━動 mimic ㊀; imitate ㊀; parrot ㊀. 《☞ まね; ものまね》.

¶おうむは人間の*口まねをすることができる Parrots can *mimic* human speech. ∥ 彼が先生の*口まねをしたときみんなが笑った Everyone laughed when he ˹*mimicked* [*imitated*] his teacher's ˹speech [way of speaking]. ∥ 彼女は*口まねがうまい She is a good *mimic*.

くちもと 口元 (口) mouth Ⓒ; (唇) lips ★ 日本語の「唇」より少し範囲が広い. 複数形で. 《☞ くち; くちびる》. ¶彼女は*口元がかわいらしい (⇒ かわいらしい口を持っている) She has a ˹lovely [sweet] *mouth.* ∥ 彼女は*口元に笑みを浮かべて私のほうへやってきた She came up to me with a smile on her *lips*.

くちやかましい 口喧しい ━形 (うるさく小言を言う) nagging; (人をしかる) scolding;

(細かい) particular ; (あら捜しをする) fault-finding. ── [動] nag (自) (他) ; scold (他) ; find fault with ... 《☞ うるさい ; やかましい》.
¶ *口やかましい妻 a *nagging* wife // 彼女は食べ物に*口やかましい She is *particular* about her food. // 彼の主人はいつも彼に*口やかましく小言を言う His boss *is* always *nagging* him.

くちやくそく 口約束 ── [名] (口頭の約束) verbal [oral] promise Ⓒ ; (信義にかけて誓う約束) *one's* word ★ 必ず所有格を付け, word は単数. ── [動] give *one's* word. 《☞ こうとう[1]》. ¶ 彼はそれを*口約束だからと軽く見た (⇒ 文書にされなかったから) He made little of the *promise,* as it *wasn't put in writing.*

ぐちゃぐちゃ (水たまりなどで) sloppy ; (道などが) muddy ; (ぬかるみの) slushy. 《☞ びしょびしょ ; ぬかる[1] ; 擬声・擬態語 (囲み)》. ¶ 豪雨で道が*ぐちゃぐちゃになった (⇒ 豪雨が道をぬかるみにした) A heavy rain made the road ⌈*sloppy* [*muddy*].

くちゅうざい 駆虫剤 (殺虫剤) insecticide Ⓒ ; (粉末) insect powder Ⓒ ; (虫下し) vermifuge Ⓒ.

くちょう 口調 (語調) tone Ⓒ ; (話す調子) accents ★「口調」の意味では通例複数形で. 《☞ くちぶり ; ごちょう》. ¶ 彼は怒った[興奮した, 熱心な]*口調でしゃべった He spoke in an ⌈angry [excited ; earnest] *tone.* // 彼女は気取った[優しい]*口調で話す She talks in ⌈affected [tender] *accents.*

くちる 朽ちる (いやらしいという意味を込めて) rot (自) ; (自然の成り行きとして) decay (自). 《☞ くさる (類義語)》.

くちわ 口輪 (犬などの) muzzle Ⓒ. ¶ その犬に*口輪を付けておけ Keep the dog *muzzled.*

くつ 靴 (短靴) shoe Ⓒ ; (ブーツ) boot Ⓒ ; (運動用の) sneaker Ⓒ [語法] 以上は特に片方を指すとき以外は複数形で用いる. 数えるときは a pair of ⌈shoes [boots], two pairs of ⌈shoes [boots] ; (商業用語で, 履き物一般を指して) footwear Ⓤ. 《☞ 数の数え方 (囲み)》.
¶ *靴をはいた I put on my *shoes.* / I put my *shoes* on. // *靴を脱いだ I took off my *shoes.* / I took my *shoes* off. // 彼女は赤い*靴をはいていた She was wearing red *shoes.* / She had red *shoes* on. // あの*靴は幾らですか How much is that *pair of shoes?* / How much are those *shoes?* // *靴が痛い My *shoe* ⌈hurts [pinches] me. // この*靴は寸法がぴったりだ These *shoes* are exactly the right size. // その*靴は少し小さすぎた The *shoes* were a little too ⌈small [tight].
[参考] 英米では靴のサイズは 3 分の 1 インチ刻みが普通. 男性用のサイズで 7 から 13 くらい, 女性用で 5 から 11 くらいが一般的. 中間の $9^1/_2$ などのサイズもある. また横幅を AAA, AA, A, B, C, D, E, EE, EEE に分けてあり, EEE が一番太い. eight B とか nine C のように言う.

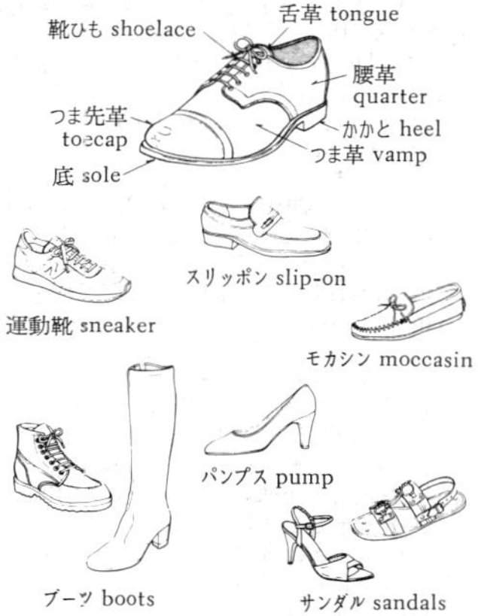

Petite Feet という名の, 女性用小さいサイズの靴屋の看板

靴ずみ shoe polish Ⓤ **靴底** sole Ⓒ **靴直し** shoe repair Ⓤ ; (人) shoemaker Ⓒ **靴ひも** shoelace Ⓒ, 《米》shoestring Ⓒ **靴ブラシ** shoe [boot] brush Ⓒ **靴べら** shoehorn Ⓒ **靴磨き** shoeshine Ⓒ ; (人) shoeshine boy Ⓒ **靴屋** 《米》 shoe store Ⓒ, 《英》shoe shop Ⓒ ; (製造・修繕する人) shoemaker Ⓒ ; (製造・修繕する店) shoemaker's Ⓒ. 《☞ 店の呼び名 (囲み)》.

靴屋の看板

くつう 苦痛 (一般的な痛み) pain Ⓤ ★ 体の一部の痛みの意味では Ⓒ ; (身体的な持続的な痛み) ache Ⓒ ; (激痛) pang Ⓒ ; (精神的・肉体的な悩み) distress Ⓤ ; (精神的・肉体的な苦しみ) suffering Ⓤ ; (もがくほどの苦しみ) agony Ⓤ ★ 複数形で用いることがある ; (激しい精神的な苦しみ) anguish Ⓤ ; (精神的・肉体的で持続的な苦しみ) torture Ⓤ, torment Ⓤ. 《☞ いたみ (類義語) ; くるしみ》.
¶ 失恋は若者に精神的*苦痛を与える Lost love gives young people mental *pain.* // 1 時間もじっと立っているのは*苦痛です I find it *painful* to keep standing still for one hour. 《☞ It の用法 (欄外)》 // その病人はしきりに*苦痛を訴えている The patient is complaining of *pain.* // 私はもうなんの*苦痛も感じません (⇒ 私は痛みから自由である) I'm quite free

from *pain*. / I don't feel *pain* any more. / (⇒ 痛みが私を去った) The *pain* has left me now.

くつがえす 覆す (上級機関などが決定を) overrule ㊉; (反対の決定をする) reverse ㊉; (既成のものを) overthrow ㊉; (ひっくり返す) upset ㊉, overturn ㊉. 《☞ ひるがえす》.
¶裁判所はその決定を*覆した The court ˹overruled the decision [*reversed* the judgment]. // その新発見によって定説が*覆された The new discovery *overthrew* the established theory.

くつがえる 覆る (反対の決定をされる) be reversed; (却下される) be overruled; (既成のものが倒れる) fall ㊀, be overthrown.

クッキー cookie Ⓒ, cooky Ⓒ. 《☞ ビスケット 参考》.

くっきょう 屈強 ―形 (たくましい) sturdy; (筋骨たくましい) muscular; (強い) strong; (丈夫な) robust. 《☞ つよい (類義語); たくましい》.

くっきりと ―副 (明瞭に) clearly, sharply; (他と区別してはっきりと) distinctly. 《☞ はっきり; あざやか》. ¶夕空に富士山が*くっきりと見える (⇒ 夕空を背景にしてはっきりと見える) Mt. Fuji can be seen *clearly* against the evening sky. / (⇒ 夕空にはっきりと輪郭が描かれている) Mt. Fuji is *sharply* outlined in the evening sky.

ぐつぐつ ¶なべのふたをして約1時間*ぐつぐつと牛肉を煮て下さい Cover the pot and *simmer* the beef for about 1 hour. 《☞ 料理の用語 (囲み); 擬声・擬態語 (囲み)》
【参考語】―動 (よく煮る) boil down ㊉; (静かに沸騰させて煮る) simmer ㊉; (煮る) stew ㊉; (時間をかけて煮る) cook ... gently.

くっし 屈指 ―形 (一流の) leading; (他を引き離している) outstanding; (名高い) distinguished; (最もよいものの1つ) one of the best 語法 「最も大きいもの」「最も強いもの」など, 形容詞は意味によって変わる. 次に来る名詞は複数形にする.
¶それは日本*屈指の美術館です It is *one of the best* museums in Japan. // 東京は世界でも*屈指の大都市です (⇒ 最も大きい都市の1つ) Tokyo is *one of* the largest cities in the world.

くつした 靴下 (短い靴下) sock Ⓒ; (長い靴下) stocking Ⓒ 語法 両者とも特に片方を指すとき以外は複数形で用いる. 数えるときは a pair of socks, three pairs of stockings. 《☞ 数の数え方 (囲み); 衣服 (囲み)》.
¶*靴下が片方裏返しですよ You are wearing that *sock* inside out. // *靴下を脱ぎなさい Take off your ˹*socks* [*stockings*]. // *靴下をはいたまま寝床に入った I went to bed with my ˹*stockings* [*socks*] on.
靴下どめ garter Ⓒ 語法 両方で garters として用いられることが多い.

くつじょく 屈辱 ―名 (屈すること) humiliation Ⓤ; (不名誉) disgrace Ⓤ; (侮辱) insult Ⓒ. ―形 (屈辱的・不面目な) disgraceful. 《☞ はじ[1]; ふめいよ》. ¶*屈辱感 a sense of *humiliation* // そのような*屈辱には堪えられない We find it hard to put up with such an *insult*.

ぐっしょり ¶雨で*ぐっしょりになった (⇒ 雨は私の服をびしょびしょにした) The rain *soaked* my clothes. / (⇒ 私は肌までびしょびしょになった) I *was* ˹*soaked* [*drenched*] *to the skin* by the downpour. / (⇒ しずくがたれるほどに) I got *dripping wet*. 《☞ びっしょり; 擬声・擬態語 (囲み)》

クッション cushion Ⓒ 《☞ ざぶとん (挿絵)》.

くっしん 屈伸 ¶スキーをはく前にはひざの*屈伸をしなさい Give good *bending exercise* to your knees before you put on skis.
【参考語】(曲げることと伸ばすこと) bending and stretching Ⓤ; (広げたり縮めたりすること) expansion and contraction Ⓤ.

ぐっすり ―副 ((眠り方が)よく) well; ((眠り方が)深く) fast, sound, soundly 語法 fast, sound は be ˹fast [sound] asleep の形で用いることが多い. ―形 (十分な) good. 《☞ じゅくすい; あんみん》.
¶昨夜は*ぐっすり眠れましたか Did you sleep *well* last night? // 今夜は*ぐっすりおやすみなさい Have a *good* night's sleep tonight. // 弟は*ぐっすり眠っている My brother is ˹*fast* [*sound*] asleep.

くっする 屈する (力などに) yield (to ...) ㊀; (抵抗の後) submit (to ...) ㊀; (議論などに) give in (to ...) ㊀; (敬意を表して従う) bow (to ...) ㊀; (譲歩して) give way (to ...) ㊀. 《☞ くっぷく》. ¶そんな誘惑に*屈してはいけない Don't *yield to* such temptation. // 彼はついにその要求に*屈した He *gave way to* the demand after all.

くつずれ 靴擦れ (まめ) blister Ⓒ. ¶*靴擦れができた I've got a *blister*.

くっせつ 屈折 ―名 (光・音の) refraction Ⓤ. ―動 (屈折させる) refract ㊉; (曲げる) bend ㊉. ¶光は水を通ると*屈折する Light *is refracted* as it passes through water. / (⇒ 水は光を屈折させる) Water *refracts* light.

くったく 屈託 ¶彼は*屈託のない人だ (⇒ のんきだ) He is *happy-go-lucky*. / (⇒ 何の心配もないように見える) He looks quite *free from care*. / He seems to *have nothing to worry about*.

ぐったり ¶その少年は疲れて*ぐったりしていた (⇒ まったく疲れていた) The boy *was dead tired*. / The boy *was tired out*. / (⇒ 疲労困ぱいしているように見えた) The boy looked *completely exhausted*. // 生徒はこの暑さでみんな*ぐったりとしている (⇒ 弱って疲れた感じを持っている) All the students are feeling *weak and weary* in the heat. / (⇒ 元気がなく意気消沈して見える) All the students look *limp and droopy* in the hot weather.

くっつく ―動 (粘着する) stick (to ...) ㊀ 《過去・過分 stuck》; (まつわりつく) cling (to ...) ㊀ 《過去・過分 clung》; (のりでつける) paste ... together. 《☞ ふちゃく; こびりつく》.
¶靴の底にチューインガムが*くっついた Chewing gum *stuck to* the sole of my shoe. // この

切手はうまく封筒に*くっつかない This stamp doesn't *stick on* the envelope very well. // この種のプラスチックはのりでは*くっつかない This sort of plastic can't *be* ｢*pasted together* [*fastened* by glue]. // ぬれたブラウスが彼女の肌にぴったり*くっついた The wet blouse *clung to* her skin. // その子はいつも母親に*くっついている (⇒まつわりついている) That child always *clings to* his mother. // もっと*くっついて座って下さい Please sit *closer*.

くっつける (2つ以上のものを結合する) join ㊉; (一緒に合わせる) put ... together; (ぺたりとはり付ける) stick ㊉; (のりではり付ける) paste ㊉; (にかわではり付ける) glue ㊉; (部分的に取り付ける) fix ㊉; (小さな物を大きな物へ) attach ㊉. 《☞ つける[1]; はる[3]》.
¶これらのブロックはセメントで*くっつけてある These blocks *are joined* by cement. // この机を壁に*くっつけなさい (⇒壁のそばに置きなさい) *Put* [*Place*] this desk ｢*close to* [*against*] the wall. // この2つのベッドを*くっつけましょう Let's *put* these two beds *close together*. // 紙を*くっつけるのにのりを使う Paste is used to *stick* paper *together*. // 彼女は帽子に赤いリボンを*くっつけた She *put* a red ribbon *on* the hat.

くってかかる 食ってかかる (敵意をもって反抗する) turn ｢upon [on] ... ; (激しく非難する) lash out at ... ; (公然と反抗する) defy ㊉. 《☞ はんこう[2]; かみつく》. ¶彼は私に*食ってかかった He ｢*turned on* [*defied*] me. // 彼らはその判定に抗議して審判に*食ってかかった They *lashed out at* the umpire, protesting his decision.

ぐっと (急に) suddenly; (強く) firmly, tightly; (しっかり) fast; (力いっぱい) with all *one's* might; (瞬間的に強く) with a jerk; (一飲みに) at one ｢gulp [swallow]; (十分に) well; (じっと一心に) hard. 《☞ ぐいと; 擬声・擬態語 (囲み)》.
¶列車は*ぐっとスピードを上げた The train *suddenly* speeded up. // 彼はバットを*ぐっと握った He gripped the bat ｢*fast* [*firmly*]. / He took a *firm* grip on the bat. // 彼女はそのひもを*ぐっと引っ張った She pulled the rope ｢*with a jerk* [*with all her might*]. / (⇒激しい引っ張りを与えた) She gave a *hard* pull at the rope. // 彼は水をコップに一杯*ぐっと飲んだ (⇒一飲みでコップ一杯の水を空けた) He emptied the glass of water *at one gulp*. / He drank the glass of water *at one swallow*. // *ぐっと体を後ろへそらせて下さい Lean *well* back. // 先生は私を*ぐっとにらみつけた (⇒先生は私にきつい注目を与えた) The teacher gave me a *hard* stare. / The teacher stared at me *very hard*.

くっぷく 屈服, 屈伏 ━ 動 (相手の力に服従する) submit (to ...) ㊀; (戦争で抵抗をやめて降参する) surrender (to ...) ㊀; (力・議論などに) yield (to ...) ㊀; (権威などの前に) bow (to ...) ㊀. ━ 名 submission Ⓤ; surrender Ⓤ. 《☞ くっする; こうふく[2]》. ¶彼は既成の権威に*屈服するような人ではない He is not a man to ｢*submit* [*bow*] *to* established authority.

くつろぐ 寛ぐ (のびのびとする) make *oneself* ｢comfortable [at home]; (気楽にする) feel [be] at ease; (気楽に振舞う) relax ㊉ ㊀. ━ 形 (くつろいで) at ease. ━ 名 (くつろぎ) relaxation Ⓤ, ease Ⓤ. 《☞ のびのび[1]; のんびり; きらく》.
¶どうぞお*くつろぎ下さい Please *feel at home*. / Please *make yourself comfortable*. // 私は*くつろいだ気分だ I'm feeling quite *relaxed* now. // 畳の部屋だと*くつろげる A tatami-room makes me feel ｢*comfortable* [*at ease*]. // 日曜日は本でも読んで*くつろぎたい I like to *relax* reading books on Sundays.

ぐでんぐでん ¶彼は*ぐでんぐでんに酔っ払った He was ｢*dead* [*blind*] drunk. 《☞ よっぱらう; 擬声・擬態語 (囲み)》

くどい (表現などが長くて) lengthy; (言葉を使いすぎて) wordy. 《☞ しつこい》.
¶彼の話は*くどい (⇒同じことを何度も言う) He *says the same thing again and again*. // この文章は少し*くどい This passage is a little too ｢*lengthy* [*wordy*]. // *くどいようですがあすは必ずおいで下さい (⇒もう一度あなたに注意しておきますが) May I remind you *once again* that you are supposed to be here tomorrow?

くとう 苦闘 ━ 動 (苦しい戦いをする) have a hard fight; (奮闘する) struggle ㊀. ━ 名 hard [bitter] struggle Ⓒ. 《☞ くせん; あくせんくとう》.

くとうてん 句読点 ━ 名 punctuation mark Ⓒ. ━ 動 (句読点を付ける) punctuate ㊉. 《☞ 欄外》. ¶次の文に適当な*句読点を付けよ Put the appropriate *punctuation marks* in the following sentences. / *Punctuate* the following, if necessary.

句読点 (punctuation mark) 日本語の句読点は普通, 丸, 点, かぎかっこ, 丸かっこなどであり ? (疑問符), ! (感嘆符), ― (ダッシュ) などは一貫して使われているというわけではない. しかし, 英語では次の記号が使われることはほぼ定着しており, この用法を正しく覚えることは英作文上たいへん重要なことである. というのは, これらの記号はそれぞれ特定の意味を持っており, それを間違えると意味があいまいになったり, あるいはまったく違った意味になってしまうことがあるからである.
英語の句読点には次のものがある.
*(') アポストロフィー (apostrophe), (*) アステリスク (asterisk), ({ }) 大がっこ (braces), ([ ]) 角がっこ (brackets), *(( )) かっこ, 丸かっこ (parentheses), *(∧) 脱字記号 (caret), *(:) コロン (colon), *(;) セミコロン (semicolon), *(,) コンマ (comma), *(―) ダッシュ (dash), (...) 省略符号 (ellipsis) ★文の一部を省略するときに使う; *(!) 感嘆符(号) (exclamation mark), *(-) ハイフン (hyphen), (....) リーダー, 引出線 (leaders) ★目次などに使う; *(.) ピリオド (period), *(?) 疑問符(号) (question mark), *(" ") 引用符(号) (quotation marks), *(_) アンダーライン (underline).
以上のうち * のあるものは各項参照.

くどく¹ 口説く **1** «言い寄る»: (女性に求愛する) court ㊀; (誘惑する) seduce ㊀; (女などに言い寄る) make 「approaches [advances] to ... 《☞ いいよる》.

2 «説得する»: (説き伏せる) persuade ㊀; (その気にならせる) induce ㊀. 《☞ せっとく》.

¶ 彼を*口説いてその仕事を頼んだ I *persuaded* him to undertake the job.

くどく² 功徳 (慈善) charity Ⓤ; (人徳・効力など) virtue Ⓤ; (善行) good works.

¶ *功徳を施す do an act of *charity*

くどくど (長たらしく) at 「full [great] length; (退屈なほど) tediously. ¶ 先生はそのことについて*くどくどと説明した The teacher explained it *tediously*. 《☞ くどい; 擬声・擬態語 (囲み)》

くないちょう 宮内庁 the Imperial Household Agency. **宮内庁長官** the Director General of the Imperial Household Agency 《☞ 政治・経済 (囲み)》.

くなん 苦難 hardship Ⓤ; (受難) suffering Ⓤ. 《☞ くるしみ; くろう》. ¶ その老人は多くの*苦難を経験してきた The old man had experienced a lot of *hardship*. // 私はどんな*苦難にも耐えるつもりです I intend to bear any *hardship*.

くに 国 **1** «国家»: (国・地方) country Ⓒ; (国民・国家) nation Ⓒ; (国家・政府) state Ⓒ ★ しばしば State と大文字で書き始める. 「政府」の意では Ⓤ.

【類義語】国を表す最も一般的な語が ***country***. 国民に重点を置く場合に用いるのが ***nation***. やや形式ばった語で, 政治的統一体としての国家を表すのが ***state***. 《☞ こっか¹》

¶ 日本は島*国だ Japan is an island *country*. // アメリカ合衆国は大きな*国だ The U.S.A. is a big *country*. // 新しい*国を作るために世界中から多くの人々がアメリカにやって来た Many people from all over the world came to America to form a new *nation*. // アジアの*国々は協力して平和を確立すべきだ The *nations* of Asia should cooperate and establish peace. // 私たちは自転車で*国中を旅行するつもりです We are going to travel all over the *country* by bicycle. // この銀行は*国が監督している This bank is under *state* control. // 彼女に対しては*国を挙げての歓迎ぶりであった There was a *nationwide* welcome for her. 《☞ あげて》

2 «故郷»: (故郷) home Ⓒ ★ 最も一般的; (故郷の町) hometown Ⓒ 〔語法〕《米》では village を用いないので, hometown は村・町共通に使える. また市も hometown でよい; (故郷の府県) home prefecture Ⓒ. 《☞ きょうり; こきょう; ふるさと》.

¶「あなたの*国はどこですか (⇒ あなたはどこの出身ですか)」「北海道です」"Where are you from?" "I'm from Hokkaido." / "Where do you come from?" "I come from Hokkaido." ★ 前者のほうが普通. // お正月には*国に帰るつもりです I'm going *home* during the winter vacation. // 静岡は私の*国です Shizuoka is my *home prefecture*. // 彼の*国は神戸だ His *hometown* is Kobe. // 彼らが集まるといつもお*国自慢だ Whenever they get together they brag about their *hometowns*. ★ brag about ... は「ほらを吹く」の意.

くにがら 国柄 (国の性格) national character Ⓒ; (国の特色) national characteristics ★ 複数形で. ¶ フランスとイギリスはまったく*国柄が違う (⇒ 国としての歴史的背景がまったく異なる) France and Britain greatly differ in *historical background as nations*.

くにく 苦肉 **苦肉の策** ¶ これは彼の*苦肉の策です (⇒ 最後の手段) He is going to do it *as a last resort*. 《☞ きゅうよ²; くるしまぎれ》

くにざかい 国境 border Ⓒ 《☞ こっきょう¹》.

ぐにゃぐにゃ ― 形 (柔らかでしなやかな) soft and limp; (つぶれやすい) squashy; (筋肉・精神などがたるんだ) flabby. 《☞ 擬声・擬態語 (囲み)》.

くねくね ― 動 (川・道などが屈曲する) wind [wáind] ㊂; (川などが曲がりくねる) meander ㊂ ★ やや文語的; (身体をくねくねさせる) wiggle ㊂; (身をよじる) twist ㊂. 《☞ うねうね; まがりくねる; 擬声・擬態語 (囲み)》.

¶ その道は山の間を*くねくねと曲がっている The path *winds* through the mountains.

くのう 苦悩 (長く続く心身の苦痛) affliction Ⓤ; (悩み) distress Ⓤ; (心の苦しみ) anguish Ⓤ. 《☞ くるしみ; くつう》. ¶ 彼の顔には*苦悩の色が見られた I saw a look of *distress* on his face. / (⇒ 心配そうな顔をしていた) He had a *worried* look. / (⇒ たいへんな悩みにあるように見えた) He appeared to be in *deep trouble*.

くはい 苦杯 ¶ 我々は*苦杯をなめた (⇒ 苦いコップを飲まされた) We were compelled to *drink a bitter cup*. / (⇒ 敗北をこうむった) We suffered a *defeat*. 《☞ はいぼく》

くばる 配る **1** «物品を»: (多くの対象物へ) distribute ㊀; (1つずつ分配する) deal out ㊀; (配達して) deliver ㊀; (食事など盛り分けて) serve ㊀; (書類などを手渡す) hand out ㊀; (配布する) pass out ㊀; (案内状など送って) send out ㊀; (トランプの札などを) deal ㊀. 《☞ わける; はいふ; とりわける》.

¶ 彼は校門の所でビラを*配っていた He *was* 「*distributing* [*handing out*] handbills at the school gate. // 先生は試験の問題用紙を*配った The teacher *passed out* the examination papers. // 郵便配達は1日2回手紙を*配る The 「《米》mailman [《英》postman] *delivers* letters twice a day. / (⇒ 1日2回の配達がある) There are two *deliveries* of mail a day here. // 彼女はサラダを*配った She *served* the salad. // 彼はブリッジをするのに札を*配った He *has dealt* the cards for a hand of bridge.

2 «心などを»: (気を付ける) take care of ..., be careful about ...; (注意を払う) pay attention to ... 《☞ ちゅうい》.

¶ 歯にはいつも十分に気を*配っています I always *take good care of* my teeth.

くび 首 **1** «身体の部分»: (首の部分) neck

Ⓒ; (頭) head Ⓒ 【語法】 日本語の「首」は頭部全体をいうことがあるので英語の head に当たることがある. 《☞ かお (挿絵); あたま》.

¶ 窓から*首 (⇒ 頭) を出してはいけない Don't put your *head* out of the window. // 彼は*首が太い He has a thick *neck*. // あなたのシャツの*首回りは幾つですか What is the *neck size* of your shirt? // 彼は子猫の*首をつかまえた He seized a kitten by the *neck*. 《☞ つかまえる》 // 車は塀に衝突して運転者は*首の骨を折った The car crashed into the wall and the driver broke his *neck*. // 彼女は私の提案に*首を横に[縦に]振った She ˹shook her *head* [*nodded*] at my proposal. // 反乱軍の指導者は*首をはねられた The leader of the rebellious troops ˹had his *head* cut off [*was beheaded*].

2 《解雇》 — 動 (首にする) dismiss ㊀, 《口語》 fire ㊀. 《☞ かいにん (類義語)》.

¶ 3 人の怠慢な労働者が*首になった Three lazy workers *were* ˹*dismissed* [*fired*]. // 私たちは当局の不当な*首切りに反対だ We are against the unreasonable *dismissal* by the authorities. // 君は*首だ You *are fired*!

3 《首の形をしたもの》 ¶ 瓶の*くび the *neck* of a bottle 《☞ びん[1] (挿絵)》

首が回らない ¶ 彼は借金で*首が回らない (⇒ 耳[首]まで借金につかっている) He *is in debt up to his* ˹*ears* [*neck*]. ★ ears がより一般的.

首を長くして待つ ¶ あなたにお目にかかるのを*首を長くして (⇒ 楽しみにして) 待っています I'*m looking forward to* seeing you.

首をひねる ¶ 私は難問に*首をひねった (⇒ 懸命に考えた) I *thought hard* ˹*over* [*at*] the difficult question. / I *puzzled my brain* ˹*over* [*at*] the difficult question.

首飾り necklace Ⓒ 《☞ ネックレス》 **首切り** (解雇) dismissal Ⓤ **首筋** the ˹nape [scruff] of the neck 《☞ うなじ》 **首根っ子** ¶ 彼は息子の*首根っ子をつかまえた He ˹grabbed [seized] his son *around the neck*. **首輪** (犬の) collar Ⓒ 《☞ いぬ[1] (挿絵)》. ¶ *首輪をつけた犬 a dog with a *collar*

くびったけ 首ったけ ¶ トムはジェーンに*首ったけだ (⇒ 深く愛している) Tom *is head over heels in love with* Jane. / (⇒ ジェーンはトムにとってすべてだ) Jane *is all in all to* Tom. 《☞ ぞっこん》

くびっぴき 首っ引き ¶ 彼は辞書と*首っ引きで (⇒ 絶えず辞書を引いて) なんとかその翻訳をやった He managed to translate it *by constantly referring to* a dictionary. / (⇒ 辞書をそばにして) He managed to translate it *with* a dictionary *by his side*.

くびれる ¶ その瓶は真ん中が*くびれている (⇒ 細くなっている) The bottle is *narrow* in the middle. / The bottle has the *narrow* part in the middle.

くふう 工夫 — 動 (一生懸命考える) think hard ㊁ ★ 口語的; (考え出す) think out ㊀; (ありもしないことを考えつく) invent ㊀; (どうにかしてうまく…する) contrive to *do* ★ やや改まった語. — 名 (考え) idea Ⓒ ★ 最も一般的な語; (方法・仕掛け) device Ⓒ; (特に, 考案して作った装置) contrivance Ⓒ ★ device と入れ替え可能なこともある.

¶ なんとか*工夫すれば (⇒ 一生懸命考えれば) よい考えが思いつくものだ If you *think* really *hard*, you will hit ˹on [upon] a good idea. // それはよい*工夫だ (⇒ 考えだ) That's a good *idea*. // 何とかその問題を解決する*工夫をしなければならない (⇒ 解決する方法を考え出さねばならない) We have to think out some *device* to solve the problem. // 何とか支出を減らす*工夫をしなくてはならない We must *contrive to* reduce our expenditure. // これはうまい*工夫だ (⇒ 装置だ) This is an ingenious *contrivance*.

くぶくりん 九分九厘 — 副 (ほとんど常に) in nine cases out of ten; (きっと) ten to one, in all probability. 《☞ くぶどおり; じっちゅうはっく》. ¶ *九分九厘彼は大丈夫です *Ten to one* he will succeed. / *In all probability* he will make a success of it.

くぶどおり 九分どおり ¶ *九分どおり大丈夫です (⇒ 私はそのことにほぼ確信をもっている) I'm *quite* sure of it. // その本は*九分どおり出来上がっています The book is ˹*almost* [*nearly*] finished. // 試合は*九分どおり (⇒ 10 中の 9 まで) 彼の勝ちだろう He's 90% *sure* to win the game. 《☞ くぶくりん; じっちゅうはっく》

くぶん 区分 — 名 (分割) division Ⓤ ★ 分けられたものは Ⓒ; (区画) section Ⓒ; (分類) classification Ⓤ. — 動 (幾つかの部分に分ける) divide ㊀; (区画する) section ㊀; (分類する) classify ㊀. 《☞ わける; ぶんるい》.

¶ それは 5 つに*区分されている (⇒ 分けられている) It *is divided into* five. / (⇒ 5 つに分類されている) It *is classified into* five groups.

くべつ 区別 — 動 (…と…とを見分ける) tell … from …; (識別する) distinguish ㊀㊁; discriminate ㊀㊁; (区別を立てる) differentiate ㊀㊁ 【語法】 以上 3 語は ＜V＋O＋*from*＋名＞ または ＜V＋*between*＋名＋*and*＋名＞ のいずれの文型にも用いられる. — 名 distinction Ⓤ; discrimination Ⓤ; (区別すること) differentiation Ⓤ; (区別・違い) difference Ⓒ.

【類義語】 2 つの物を区別する最も口語的な言い方が ***tell … from …***. 物の特色・特性から違いを見分ける一般的な語が ***distinguish***. 微妙な違いを見分けたり評価することを表すのが ***discriminate***. 同一種類の物を細かく比較して区別を立てることを表すのが ***differentiate***.

《☞ ちがい (類義語); みわける》

¶ うちの子はまだ猫と犬の*区別がつきません Our baby can't *tell* a cat *from* a dog yet. // 私には彼と彼の兄の*区別がつきません I can't *distinguish* him *from* his brother. / I can't *distinguish between* him *and* his brother. // そのゲームは老若男女の*区別なく, だれにでも楽しめる Everyone can enjoy the game without *distinction* of sex or age. // 彼女は本物の真珠と人造の真珠の*区別ができると言っている She says she can ˹*tell the difference* [*discriminate*] *between* real *and* imitation pearls. / She says she can *discriminate* real pearls *from* imitations. // あひるとがちょうは何で*区別できるのですか (⇒ 違いは何か) What is the *difference between* a duck *and* a goose? // 本はジャンル別に*区別されて (⇒ 分類されて) 棚に置いてあります Books are put on the shelves *classified* by genres.

く

くべる (燃料などを入れる) put ... ⌈in [into] ... ; (投げ入れる) throw ... ⌈in [into] ...
¶ 炉に石炭を*くべて下さい (⇒ もっと入れて下さい) Please *put* some more coal ⌈*in* [*into*] the furnace. / *Stoke* (*up*) the furnace, will you? // 彼女はストーブにまきを*くべた (⇒ 投げ入れた) She *threw* some pieces of wood ⌈*in* [*into*] the stove.

くぼち 窪地 (低い[押し下げられた]土地) the ⌈low [depressed] ground; (小さい谷間に似た) hollow Ⓒ.

くぼみ 窪み (空洞になっている) hollow Ⓒ; (地面などの表面の) depression Ⓒ.

くぼむ 窪む (押されて) become depressed; (平らであるべき所が落ち込んで) become sunken; (陥没する) fall in ⓐ, cave in ⓐ; (下にさがる) sink ⓐ. 《☞ へこむ; おちこむ》.
¶ 目が*くぼんだ人 a man with ⌈*sunken* [*deep-set*] eyes / a *hollow*-eyed man

くま[1] 熊 bear Ⓒ.

くま[2] 隈 (目のまわりなどの) ring Ⓒ. ¶ 彼女は目のまわりに*隈ができた (⇒ 黒い輪ができた) She has got *black rings* around her eyes.

くまで 熊手 ― 图 (下からすくい上げる) fork Ⓒ; (掃除などに使う) rake Ⓒ. ― 動 (くまでで掃除する) rake ⓣ ⓐ.

くまなく 隈なく (至るところ) everywhere; (すみからすみまで) in every nook and cranny. 《☞ すみずみ; まんべんなく》. ¶ 我々は教室を*くまなく捜したが, その本は見つからなかった We looked *in every nook and cranny* of the classroom for the book but we could not find it.

くまんばち 熊ん蜂 hornet Ⓒ 参考 hornet は「大型の蜂」一般を指す. 《☞ はち[1]》.

くみ 組 **1** «学校などの»: class Ⓒ, homeroom Ⓒ. 《☞ クラス; 学校·教育 (囲み)》.
¶ 私は3年A*組です (⇒ 私は3年A組に属している) I ⌈belong to [am in] *Class* A of the third year. // 中学校のときは私たちは同じ*組だった As junior high school students, we were in the same ⌈*homeroom* [*class*].
語法 class は the class of 1985 (＝1985 年度生), the graduating class (＝卒業年度の生徒たち) のように学年全体を指すこともあるので, homeroom を用いるほうがよい. 次の文でも同様. // 「あなたの*組にはどのくらい生徒がいますか」「40人います」 "How *many* students are there in your ⌈*homeroom* [*class*]?" "There are 40."
2 «仲間»: (集団) group Ⓒ; (同一行動をとるグループ) party Ⓒ; (競技などの人数の一定した組) team Ⓒ; (泥棒などの) gang Ⓒ; (2人の1組) pair Ⓒ; (2人で対になった) couple Ⓒ
語法 pair のほうが couple よりも結合感が強く, couple は two の意味が強い.
¶ 各学年は赤, 白, 青の3つの*組に分けられた Each grade was divided into three ⌈*groups* [*teams*], Red, White and Blue. // みんなで5人の*組を4つ作りなさい Form four ⌈*groups* [*teams*] of five among you all. // この飛行機には新婚さんが20*組乗っている Twenty newly-married *couples* are on board now.
3 «1そろい»: (そろいになったもの) set Ⓒ; (トランプなどの) pack Ⓒ; (1対) pair Ⓒ. 《☞ そろい; いっしき; 数の数え方 (囲み)》.
¶ ゴルフクラブ1*組 a *set* of golf clubs // スキー2*組 two *pairs* of ski(s)

くみあい 組合 (労働組合) union Ⓒ ★ 正式には《米》では labor union, 《英》では trade union; (協同組合) cooperative Ⓒ.

> 組合のいろいろ
> 職業別組合 craft [horizontal] union, 産業別労働組合 industrial union, 生活協同組合 cooperative society 《略 coop》, 消費組合 consumers' cooperative, 農業協同組合 agricultural cooperative association

¶ *組合を組織する organize a (*labor*) *union* // 消費*組合に加入する become a member of the *consumers' cooperative*
組合員 (労働組合の) member of a (labor) union Ⓒ, unionist Ⓒ　**組合費** union dues ★ 複数形で.

くみあげる 汲み上げる (くみ出す) draw ⓣ; (ポンプで) pump (up) ⓣ; (運び上げる) carry up ⓣ. 《☞ くむ[2]》. ¶ 彼はバケツで水を*くみ上げた He *carried* water *up* in a bucket.

くみあわせ 組み合わせ (配合) combination Ⓒ; (競技などの) matching Ⓤ; (一対) pair Ⓒ. 《☞ とりあわせ; はいごう》.
¶ 黄色と青の*組み合わせ the *combination* of yellow and blue // AとBではあまりいい*組み合わせではない (⇒ A対Bではあまり面白いゲームにならない) A vs. B will not make a very interesting *game*. ★ vs. は versus の略. / (⇒ AとBはよい一対をなさない) I'm afraid A and B will not make a good *pair*.
語法 前者は敵対する組み合わせ, 後者は味方としての組み合わせ. // その2人はなかなかよい*組み合わせだ (⇒ 彼らは似合いの夫婦になるだろう) They will make a good ⌈*couple* [*pair*]. // 順列*組み合わせ 〖数学〗 permutations and *combinations*

くみあわせる 組み合わせる (くっつける) put ... together ★ 最も口語的だが, 意味の広い言葉; (結合して1つのものにする) combine ⓣ; (単に一まとめにする) group ... together; (一対にする) pair ⓣ; (競技で対抗させる) match ⓣ.
¶ このシンボルは3つの文字を*組み合わせて作ったものです This symbol is made up of three letters ⌈*combined* [*put*] *together*. // 第1日目はAとBとを*組み合わせよう (⇒ AとBを取り組ませよう) We will *match* A against B on the first day. // AとBとを*組み合わせて文章を作りなさい Make a sentence *combining* A ⌈with [and] B. // どんな色を*組み合わせたらいいかしら (⇒ どの色がよい組み合わせを作るか) Which colors do you think will

make a good *combination*?

くみいれる 組み入れる (取り入れる) incorporate ㊀; (全体の中に含める) include ㊀.
¶ 彼の提案は本年度の計画に*組み入れられている His idea *has been incorporated* into the plan for this year. // 彼はそれを予定に*組み入れた He *included* it in his schedule.

くみかえる 組み替える (修正する) revise ㊀; (整理し直す) rearrange ㊀.
¶ 政府は予算案を*組み替えた (⇒ 修正した) The Government *revised* the budget bill. // 新学期から時間割が*組み替えられます (⇒ 新しい時間割が導入される) A new class schedule is to *be introduced* for the coming term. // 科学者は遺伝子の*組み替えには慎重でなくてはならない Scientists must be careful in ⌈*splicing* genes [gene *splicing*].

くみかわす 酌み交わす ¶ 酒を*酌み交わしながら (⇒ 酒を飲みながら) しばし歓談した We had a pleasant chat *over a glass of wine*.

くみきょく 組曲 suite [swíːt] Ⓒ 《☞ 音楽 (囲み)》.

くみしやすい 与し易い (扱いやすい) easy to deal with (↔ hard to deal with).
¶ 彼は*くみしやすい男のようだ He seems to be *easy to deal with*.

くみする 与する (論争などで味方する) side with ..., take sides with ...; (支持する) support ㊀. 《☞ みかた[1]; しじ[1]》.

くみたて 組み立て (文・語句の) construction Ⓒ; (構造) structure Ⓤ; (機械などの) assembling Ⓤ. 《☞ くむ[1]; こうぞう》.
¶ *組み立て式の (⇒ 分解できる) 家具 knockdown furniture // やっと建築足場の*組み立てが終わった (⇒ 足場を築き終えた) We have just finished *building* a scaffold.
組み立て工 assembler Ⓒ　組み立て工場 assembly ⌈shop [plant; factory] Ⓒ.

くみたてる 組み立てる (ばらばらの物を1つに) put [join] ... together ★ 口語的; (部分品などを) assemble ㊀; (がっちりと) construct ㊀; (言葉・詩文を) compose ㊀. 《☞ くむ[1]》.
¶ 文章をうまく*組み立てるのは難しい It's difficult to ⌈*build up* [*compose*] good sentences. // この工場では自動車を*組み立てている In this factory they *assemble* automobiles.

くみとる 汲み取る **1** 《液状のものを》: (くみ出す) draw (up) ㊀; (すくって) scoop up ㊀. 《☞ くむ[2]; すくう[2]》.
2 《事情などを》: (考慮に入れる) take ... into consideration, make allowance(s) for ... 《☞ こうりょ; しんしゃく》.
¶ この間の事情を*くみ取っていただきたい (⇒ 考慮に入れてほしい) I wish you could *take* the circumstances *into consideration*. / (⇒ 私たちの立場を理解していただければありがたい) I would be very happy if you would kindly *understand* our situation.

くみふせる 組み伏せる (下へ押さえつける) hold ... down; (倒す) get ... down; (つかまえて倒す) grapple ... down. ¶ 警官はその男をとらえて*組み伏せた The policeman tackled the man and *got* him *down*.

くみわけ 組み分け ── 動 (一定の集団に分ける) separate ... into groups; (クラスに分ける) divide ... into classes; (程度に応じて分類する) classify ... into grades; (えり分ける) sort out ㊀. ── 名 separation into groups Ⓤ; division into classes Ⓤ. 《☞ くぶん; わける; ぶんるい》.
¶ 成績にしたがって生徒を3つに*組み分けした (⇒ 能力別に3つのグループにした) We *made* three *groups* of pupils according to their ability. // 能力別の*組み分け a *grouping-by-ability* system

くむ[1] 組む **1** «身体の一部を交差させる»: (交差させる) cross ㊀; (腕などを) fold ㊀.
¶ 彼は腕を*組んだ He *folded* his arms. // 公園では若い人たちがたくさん腕を*組んで (⇒ 腕を取り合って) 歩いていた In the park I saw many young couples walking *arm in arm*. // 彼女は脚を*組んでいすに座った She sat on the chair with her legs *crossed*.
2 «協力する»: (仕事などで) cooperate with ...; (競技などで組を作る) pair with ...
¶ 彼と*組んで (⇒ 彼と協力して) 商売を始めます I'm going to start a business *in cooperation with* him. // テニスではいつも彼女と*組む (⇒ 彼女は私のテニスの相棒だ) She is my *partner* in tennis. / I usually *pair with* her in tennis.
3 «組み立てる»: (ばらばらのものを) put ... together; (部品などを) assemble ㊀; (しっかりと作る) construct ㊀; (上方へ) erect ㊀; (活字を) compose ㊀, set type ★ 前者がやや改まった表現; (列などを) form ㊀. 《☞ くみたて; つくる; へんせい》.
¶ いま建築の足場を*組んでいます They *are* now ⌈*putting up* [*erecting*] a scaffold for the construction // もう鉄骨は*組み終わった (⇒ 鉄骨組み立ては終わった) The steel-frame *assembly* was finished. // スクラムを*組め *Form* a scrummage! // 列を*組んで歩きなさい (⇒ きちんとした順序で) Please go *in regular order*.

くむ[2] 汲む **1** «液状のものを»: (引き出す) draw ㊀; (ひしゃくで) ladle ㊀; (すくって) scoop up ㊀; (ポンプで) pump ㊀.
¶ 池からバケツに1杯水を*くんできて下さい (⇒ 持ってきて下さい) Will you *fetch* a bucket of water from the pond? // 井戸で水を*くむときはポンプを使う We usually use a pump in *taking* water *from* the well. / A pump is usually used in *drawing* water *from* the well.
2 «事情などを»: (考慮する) consider ㊀, take ... into consideration; (同情を示す) sympathize with ... 《☞ くみとる》.

くめん 工面 ¶ 私は金の*工面で忙しい (⇒ 金を用意するのに[資金を集めるのに]忙しい) I'm very busy ⌈*getting* the money *ready* [*raising* funds]. // 10万円ばかり*工面してくれないか (⇒ 私は10万円あなたから借りられるだろうか) Could I borrow one hundred thousand yen from you? 《☞ さんだん[1]; つごう》

くも¹ 雲 cloud Ⓒ《☞ くもり; くもる》.

> 雲のいろいろ
> 雨雲 rain cloud, 入道雲 thunderhead, 雷雲 thundercloud, きのこ雲 mushroom cloud, 飛行機雲 vapor trail;〘気象学〙巻雲 cirrus, 巻積雲 cirrocumulus, 巻層雲 cirrostratus, 高積雲 altocumulus, 積乱雲 cumulonimbus, 高層雲 altostratus, 乱層雲 nimbostratus, 積雲 cumulus, 層積雲 stratocumulus, 層雲 stratus

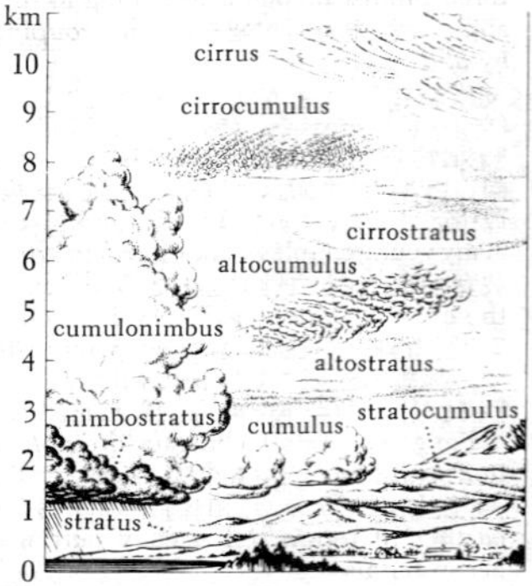

clouds

¶ 薄い[厚い]*雲 thin [heavy] *clouds*《☞ あつい³ [語法]》// *雲が出てきた (⇒ 曇ってきている) It is getting *cloudy*. / *Clouds* are gathering. / The sky is getting *overcast*. // 空には*雲ひとつなかった The sky was ⌈*clear* [*cloudless*; without *a speck of cloud*]. // *雲が切れてきた The *clouds* are breaking. // *雲が低くたれこめて, 暗かった It was dark with *clouds* hanging low. // *雲の切れ目から空港が見えてきた Through a break in the *clouds* the airport came into sight. // 彼の話は*雲をつかむようだ (⇒ あいまいだ) His story is quite *vague*.

雲間 (雲の切れ目) break in the clouds Ⓒ.

くも² 蜘蛛 spider Ⓒ. ¶ *くもの糸 a *spider*'s thread // *くもの巣 a *spider*'s web / a cobweb // *くもが巣を作っている A *spider* is spinning a web. // 彼らは*くもの子を散らすように (⇒ あらゆる方向に) 逃げた They *fled in all directions*.

くもがくれ 雲隠れ ―[動] (姿を消す) disappear (自); (隠れる) hide *oneself*. 《☞ くらます; かくれる》.

くもつ 供物 offering Ⓒ.

くもゆき 雲行き ¶ *雲行きが怪しい (⇒ 雨になりそうだ) It *looks like* rain. // 中東情勢の*雲行きがまた怪しくなった (⇒ 危険になってきた) The *circumstances* in the Middle East are getting dangerous again.

くもり 曇り **1** «天候» ―[形] (曇天の) cloudy; (一面雲に覆われた) overcast. ―[名] (曇りの状態) cloudiness Ⓤ; (曇りの天気) cloudy weather Ⓤ; (曇り空) the cloudy sky. 《☞ くもる; 天候の表現 (囲み)》.

¶ *曇りのち晴れ *Cloudy*, later ⌈clear [fair]. // あすは*曇りでしょう It will be *cloudy* tomorrow. 《☞ It の用法 (欄外)》/ The outlook for tomorrow is for *cloudy* skies. ★ 天気予報などで. // 10月は*曇りの日が多い We have a lot of *cloudy* days in October.

2 «物の表面の»: (鏡などの) blur Ⓒ; (影) shadow Ⓒ; (宝石などの) cloud Ⓒ; (水蒸気などによる) fog Ⓤ; (目の) mist Ⓤ.

¶ レンズの表面に*曇りができた The lens has got a *covering of fog* on its surface. // 眼鏡の*曇りをよくふきなさい (⇒ よごれやほこりをとってきれいにしなさい) Clean the *blurs and dust* from your glasses.

くもりガラス 曇りガラス (つや消しガラス) frosted glass Ⓤ; (すりガラス) ground glass Ⓤ. 《☞ ガラス》.

くもる 曇る **1** «空が»: (曇り空になる) become cloudy; (一面に曇る) cloud over (自), become overcast. 《☞ くも¹; くもり; 天候の表現 (囲み)》. ¶ 午後から*曇ってきた It *became cloudy* [The sky *clouded over*] in the afternoon. 《☞ It の用法 (欄外)》

2 «ぼんやりする»: (霧がかかったように) fog up (自) (他); (ガラスなどが) cloud up (自) (他); (表面に水蒸気などがついて) collect moisture; (顔などが心配で) cloud (自).

¶ 夜になると窓が*曇る The windows ⌈*cloud* [*fog*] *up* at night. // 外からきたら眼鏡が*曇った My glasses *fogged* (*up*) when I entered the room from outside. // 息で鏡が*曇った (⇒ 息が鏡を曇らせた) My breath ⌈*clouded* [*fogged*] the mirror *up*. // その知らせを聞いて彼女の顔は*曇った Her face *clouded* when she heard the news.

くもん 苦悶 (肉体および精神上の) agony Ⓤ; (主として精神面の) anguish Ⓤ. 《☞ くるしみ》.

くやしい 悔しい ―[形] (屈辱的な) mortifying; (残念な) regrettable; (がっかりさせる) disappointing. ―[動] (自分の失敗などを悔しがる) be chagrined [ʃəgrínd]; (後悔する) regret (他). 《☞ ざんねん; くやむ》.

¶ ああ*悔しい (⇒ 何という不名誉なことか) What a *shame*! / (⇒ 何たる期待はずれ) How *disappointing*! 《☞ 感嘆の表現 (囲み)》// 彼は失敗を*悔しがった He *was chagrined* at his failure. // そんなことで*悔しがることはない (⇒ それによって悔しい思いをする必要はない) You don't have to *feel mortified* by that. / (⇒ それを悔む理由はない) You have no cause to *regret* it. // *悔しいことにまた失敗した To my *disappointment*, my attempt failed again. // *悔しかったらこの問題を解いてみろ (⇒ この問題を君が解くことに私はいどむ) I ⌈*defy* [*dare*] you to answer this question.

くやしなき 悔し泣き ¶ 彼女は負けて*悔し泣きした (⇒ 悔しさで涙を流した) She *shed tears in her chagrin* over the defeat.

くやしなみだ 悔し涙 tears of ⌈regret [mortification] ★ 複数形で.

くやしまぎれ 悔し紛れ ¶ 彼は*悔し紛れに

私に悪態をついた *Spurred on by chagrin, he* swore at me.《☞ はらいせ》

くやみ 悔やみ (弔慰) condolences ★ しばしば複数形で；(弔問) visit of condolence Ⓒ.
¶ 心からお*悔やみ申し上げます (⇒ 私の心からの弔慰の気持ちを受け取って下さい) Please accept my sincere *condolences*. / (⇒ 心からの同情の気持ちを述べます) I extend my heartfelt *sympathy* to you. / (⇒ 深く同情申し上げます) I offer you my deepest *sympathy*. // 彼の家へお*悔やみに行った We paid a *visit of condolence* to him. / I called on him to offer my *condolences*.
悔やみ状 letter of ⌈condolence [sympathy] Ⓒ.

くやむ 悔やむ (悪いことをしたと思う) be sorry (for ...) ★ 口語的；(後悔する) regret ㊀；(特に, 自分の罪などを悔いる) repent ㊀.《☞ こうかい[1]》.
¶ 済んだことを*悔やんでも仕方がない What's done cannot be undone.《ことわざ：なされたことは元へ戻せない》/ It is no use *crying over spilt milk*.《ことわざ：こぼれた牛乳を嘆いても仕方がない》// 後になって*悔やむぞ (⇒ 後になって君はわかるよ) You shall *see* later. / You will ⌈*be sorry for* it [*repent* it] someday. // いまになってあんなことをしなければよかったと*悔やんでいる Now I'm very *sorry for* what I have done. / (⇒ あんなことをしたことに対して後悔の念を感じている) Now I *regret* ⌈that I did [having done] such a thing. 語法 第1文は口語的. 第2の文は that 節のほうがより口語的.

くゆらす (たばこを吸う) smoke ㊀；(ぷかぷかと) puff at ...《☞ ぷかぷか》.

くよう 供養 ━名 (追悼の儀式) memorial service (for ...) Ⓒ. ━動 (供養する) hold a memorial service.

くよくよ ━動 (思いわずらう) worry (*oneself*) ⌈about [over] ...；(じっと思いにふける) brood over ...《☞ おもいつめる；擬声・擬態語 (囲み)》.
¶ そう*くよくよするな (⇒ 元気を出せ) Cheer up! / (⇒ 心配するな) Don't worry! / (⇒ 気軽に考えなさい) Take it easy! / (⇒ 深刻に考えるな) Don't take it too seriously. // 何を*くよくよしているんだ (⇒ 何が君をそんなに悲しませているのか) What makes you so *sad*? / (⇒ 何を心配しているのか) *What are you* ⌈*worrying* [*worried*] *about*? // 彼はなくした時計のことを*くよくよ考えた He *brooded over* the lost watch. // 済んだことを*くよくよしても仕方がない It is no use *crying over* spilt milk.《ことわざ：こぼれた牛乳を嘆いても仕方がない》

くら[1] 倉, 蔵 (貯蔵庫) storehouse Ⓒ；(商品倉庫) warehouse Ⓒ；(穀物用の) granary Ⓒ.《☞ そうこ》. **蔵払い** (整理のための売り出し) clearance sale Ⓒ《☞ セール》.

くら[2] 鞍 saddle Ⓒ《☞ うま[1] (挿絵)》. ¶ 馬に*鞍を置く *saddle* a horse

くらい[1] 暗い **1** «明暗・表情など» ━形 dark (↔ light, bright)；(薄暗い) dim；(夕闇の) dusky；(陰気な) gloomy；(陰の多い) shady. ━動 (暗くなる) become [get] dark, darken ㊁ ★ 後者はやや形式ばった語.
【類義語】暗いことを一般的に表す最も基本的な語が **dark**. 光が弱く, ぼんやりしてよく見えない状態を表すのが **dim**. 夕闇のような薄暗さを表すのが **dusky**. 気持ちや表情が沈んで暗いのが **gloomy**. 光がさえぎられて影になるために暗いことを表す語で, 行為などが明るみに出せないようないかがわしいものであることを表すのが **shady**.《☞ まっくら；くらやみ；色 (囲み)》
¶ *暗い夜 a *dark* night
ほら穴はとても*暗かった The cave was very *dark*.
外は*暗くなってきた It is *getting dark* outside.
空が*暗くなった The sky *got dark*.
父はまだ*暗いうちに起きます My father gets up ⌈while it is still *dark* [(⇒ まだ夜が明けないうちに) *before daybreak*].
*暗い明かりの下では本が読めない I can't read the book under a *dim* light.
玄関は照明が*暗かった The hall was *dimly* ⌈lighted [lit].
私の少年時代には戦争の*暗い (⇒ つらい) 思い出しかない I have only *bitter* memories of my childhood because of the war.
彼は将来のことを考えると*暗い気持ちになった He felt *gloomy* about his future.
*暗い過去のある女性 a woman with a *shady* past
2 «無知» ━動 ((…を)知らない) be ignorant (of ...)；(土地に不案内の) be a stranger.《☞ むち[1]；ふあんない》.
¶ 私は町のこの辺りの地理には*暗い I'*m a stranger* in this part of the town.

くらい[2] 位 ━名 (官職の) rank Ⓤ；(等級に分けられたものの一つ一つの区分) grade Ⓒ；(数の) the position；(小数点以下の) place Ⓒ. ━動 (位する) rank ㊁；(位置する) be ⌈situated [located], lie ㊁；(建物・山など) stand ㊁.《☞ ちい；かいきゅう》.
¶ 一佐は三佐より*位が上だ Colonel is above major in *rank*. 語法 「位が下」は below を用いる. // 彼は*位の高い役人です He is a high-*ranking* official. // その生徒は最終テストの成績では上位に*位していた The student *ranked* high ⌈in [on] the final exam.
位取り ¶ *位取りを間違える (⇒ 間違った場所に小数点を付ける) put a decimal point at a wrong place **位負け** ━動 (自分の地位に対して) cannot live up to *one's* position；(相手に対して) be ⌈overawed [outranked] by ...

-くらい **1** «およそ»：(約) about,《米口語》around；(ほぼ) approximately ★ やや改まった語. 語法 数・量に付けて用いる. なお日本語で疑問文に使って「どのくらい」「幾つぐらい」などの場合は必ずしも英語の訳に表さなくてもよい場合が多い；(…かそのくらい) ... or so ★ 数・量の後に付ける.《☞ やく[3] (類義語)；-ほど》.
¶「ここから駅までどの*くらいありますか」「2キロ*ぐらいです (⇒ 約2キロ)」"How far is it from here to the station?" "It's ⌈*about*

[*around*] 2 kilometers." 《☞ どのくらい》
「どの*くらい待っていますか」「もう1時間*ぐらい待っています」"How long have you been waiting?" "(For) ˹*about* an hour [an hour *or so*]."
「いくら*ぐらいしましたか」「1万円*ぐらいでした」"How much was it?" "It was ˹*about* [*approximately*] ten thousand yen."
「いま何時*ぐらいでしょう」「7時*ぐらいです」"What time is it now?" "I suppose it's *around* seven o'clock."
「彼は幾つ*ぐらいでしょうか」「40代の半ば*ぐらいでしょう」"How old do you think he is?" "I guess he is in his mid-forties."
彼は君*ぐらいの年でしょう He appears to be *about* your age.
2 «程度の比較»: (同程度) as ... as 《☞ -ほど; このくらい; それくらい; 比較の表現 (囲み)》.
¶ 私の部屋もこの*くらい広い (⇒ これと同じだけ広い) といいな I wish my room were *as* large *as* this one.
彼*ぐらい健康であればいいが I wish I were *as* strong *as* he is. / (⇒ 私は彼の健康をうらやましく思う) I envy his health.
彼女は英語を日本語と同じ*ぐらい上手に話す She speaks English *as* fluently *as* (she speaks) Japanese. / She has a good command of English *as well as* Japanese.
スポーツの中で水泳*ぐらい好きなものはない (⇒ 水泳が一番好きだ) I like swimming best of all sports. / (⇒ ほかのどのスポーツよりも) I like swimming better than any other sport.
これだけあれば余る*くらいです (⇒ 十分より多い) This is *more than enough* for us.
泣きたい*ぐらいだった (⇒ 泣きたい気がした) I felt like crying. / (⇒ ほとんど泣かんばかりだった) I *almost* cried.
その*くらいは私にもできる (⇒ 私も同じだけすることができる) I can do *as much* myself. ★ I と myself に強い強勢を置く. / (⇒ これは私にとってさえ易しい) This is easy enough even for me. ★ me に強い強勢がある.
3 «少なくとも»: (せめて) at least; (...しても悪くない) might as well ...
¶ 月に1度*ぐらいは (⇒ 少なくとも1度は) 電話を下さい Please call me *at least* once a month.
返事*ぐらいしてもよさそうなものだ (⇒ ...しても悪くない) He *might as well* answer me.
4 «むしろ»: (どちらかといえば) rather; (...したほうがよい) may [might] as well ...
¶ 車を買う*くらいならば海外旅行をする (⇒ よりもむしろ) I'd ˹*rather* [*sooner*] travel abroad *than* buy a car.
途中で止める*ぐらいならば始めなければよい You ˹*may* [*might*] *as well* not start at all as leave it unfinished.

グライダー glider Ⓒ.

クライマックス climax Ⓒ 《☞ かきょう[1]》.
¶ そのお祭りは*クライマックスに達した The festival ˹came to [reached] ˹the [its] *climax*.

グラウンド (競技場) ground Ⓒ, field Ⓒ
[語法] 用途によって baseball, football, sports などを付けて用いる; (学校などの) playground Ⓒ; (野球・フットボールなどの施設全体) stadium Ⓒ; (野球の) 《米》 ballpark Ⓒ. 《☞ こうてい[3]; スポーツ (囲み)》.

くらがえ 鞍替え ―動 (...から...へ移る) switch [shift] from ... to ... ¶ 今度の選挙では A 候補から B 候補に*くら替えをした (⇒ 投票の切り替えをした) I *switched* my vote *from* Candidate A to B in the last election.

くらがり 暗がり (やみ) dark Ⓤ, darkness Ⓤ. 《☞ くらやみ; うすくらがり》. ¶ *暗がりで in the *dark*(*ness*)

くらく 苦楽 (喜びと悲しみ) joys and sorrows; (人生の楽しみと苦しみ) the bittersweet of life. ¶ 彼らは*苦楽を共にした仲だ They shared their *joys and sorrows*. // 私は彼と*苦楽を共にしてきた (⇒ 彼の喜びもつらいことも分かちあった) I have shared his *troubles* as well as his *joys*.

クラクション ―名 horn Ⓒ [参考] クラクション (klaxon) は元来は商標名. 《☞ 和製英語 (囲み)》. ―動 (クラクションを鳴らす) blow [use] a horn, honk ㊀ ㊉ ★ 前者が一般的. 《☞ 自動車 (囲み); けいてき》.

くらくら ―動 (目まいがする) feel ˹dizzy [giddy]; (頭などがふらふらする) swim ㊀ ★「頭」あるいは「周りの物」を主語とする; (くるくる回る) reel ㊀, spin ㊀ ★「頭」などが主語. 《☞ 擬声・擬態語 (囲み); めまい》.
¶ あそこへ登ったときは*くらくらした (⇒ 目まいを感じた) I *felt* ˹*dizzy* [*giddy*] when I was up there. // ジェットコースターに乗ったら頭が*くらくらした (⇒ ジェットコースターは私の頭をくらくらさせた) The roller coaster made my head ˹*spin* [*reel*]. // 暑さで頭が*くらくらした My head *swam* with the heat. // 部屋へ入ると目の前が*くらくらとした (⇒ 部屋がぐるぐる回った) The room *swam* before my eyes.

ぐらぐら ¶ なべが*ぐらぐら煮えている (⇒ なべが沸騰している) The pot *is boiling*. // 歯が1本*ぐらぐらしている (⇒ 私はゆるい歯を持っている) I've got a *loose* tooth. // ねじが*ぐらぐらしてきた The bolt is coming *loose*. // この戸は*ぐらぐらしている (⇒ 安定していない) This door *is not secure*. // けさの地震で家がかなり*ぐらぐら揺れた My house *shook hard* in the earthquake this morning. // 頭が*ぐらぐらする My head *is swimming*. / I am feeling *dizzy*. 《☞ 擬声・擬態語 (囲み); ゆれる; ぐらつく》
【参考語】―動 (沸騰する) boil ㊀, bubble up ㊀; (煮え立つ) seethe ㊀; (揺さぶる・揺れる) shake ㊉㊀, rock ㊉㊀, tremble ㊉㊀; (態度などが) waver ㊀; (頭などが) swim ㊀; (目まいがする) feel dizzy. ―形 (本来動かないものがガタガタになって) loose, shaky; (不安定で前後左右に) rocky; (しっかり安定していない) unstable.

くらげ 水母 jellyfish Ⓒ 《複 ～, ～es》.

くらし 暮らし (生き方・暮らし方) life Ⓒ; (生活) living Ⓤ; (生計) livelihood [láivlihùd] ★ 通常 a, *one's* を付けて; (生活水準) standard of living Ⓒ. 《☞ せいかつ; せいけい[1]》.
¶ 彼女は英語を教えて*暮らしを立てている She

⌈earns her *living* [obtains her *livelihood*] by teaching English. [語法] [ ] 内のほうがより改まった言い方. / She *lives* by teaching English. // その給料では*暮らしが立たない I can't *live* on that wage. / (⇒ その給料では家族を養えない) I can't *support* my family ⌈on [with] that salary. / (⇒ それは生活賃金ではない) That is not a *living* wage. // 東京の*暮らしは楽ではない (⇒ 東京に住むのは金がかかる) It's very expensive to *live* in Tokyo./ (⇒東京は高くつく所です) Tokyo is an expensive city to *live* in. // 彼女は*暮らしに困っている (⇒ 彼女は貧窮した境遇にいる) She is in needy *circumstances.* / (⇒ 金がなくて困っている) She *is hard up* (*for money*). // 彼らは以前はたいそう貧乏だったが, いまでは*暮らし向きがよくなっている They were very poor before but now they *are better off*. [参考] better off の反意語は badly off. // 当時私はその日*暮らしだった I used to *live* from hand to mouse in those days. ★ live from hand to mouth は「その日暮らしをする」という成句. / (⇒ かろうじて生活できるだけ稼いでいた) I earned a *bare living* then.

グラジオラス gladiolus [glæ̀dióuləs] Ⓒ 《複 gladioli [glæ̀dióulai], ～es》 《☞ 花 (囲み)》.

クラシック (音楽) classical music Ⓤ ★ ジャズやポップミュージックと区別していう. 《☞ こてん¹; 音楽 (囲み); 和製英語 (囲み)》.

くらす 暮らす (生活する) live (自) ★ 最も一般的な語; (やって行く) get along (自) ★ 口語的; (生計を立てる) make a living; (滞在する) stay (自). 《☞ せいかつ》.

¶ だれでも楽しく*暮らしたいと願っている Everyone wishes to ⌈*live* [*lead*] *a happy life.* [語法] live [lead] a happy life で live happily と同じ. happy の代わりにほかの形容詞を入れて用いることができる. // 彼らはその後ずっと幸福に*暮らしました 《童話などの結びの言葉》 They *lived* happily ever after. // 彼はわずかな年金で*暮らしている He *lives on* a small pension. // いかがお*暮らしですか How *are* you *getting along*? 《☞ あいさつ (囲み)》 // その男は大工の仕事をして*暮らした The man *made his living* as a carpenter. // 彼女は2か月間ロンドンでホテル*暮らしをした She *stayed* ⌈*at* [*in*] a hotel in London for two months.

クラス (学級・等級) class Ⓒ; (教室によって分かれる組) homeroom Ⓒ [参考] 学校で単に class というと「同年度の学生」の意味にもなり, あいまいなので, 中・高校などのクラスは homeroom を用いるほうがよい. 《☞ くみ; 学校・教育 (囲み); きゅう²》.

¶ 彼と私は同じ*クラスです He and I are in the same ⌈*homeroom* [*class*]. // 田中先生は2B の*クラスの担任です Mr. Tanaka is in charge of *class* 2B. // 2000 cc *クラスの自動車が欲しい I want a car ⌈in [of] the 2000 cc *class.* // A *クラスのホテル a *first-rate* hotel

クラス会 class meeting Ⓒ; (卒業後の) class reunion Ⓒ **クラスメート** classmate Ⓒ.

グラス (コップ) glass Ⓒ 《☞ コップ》.

グラスファイバー fiberglass Ⓤ.

グラタン gratin [grǽtn] Ⓤ ★ 普通「…グラタン」として料理の名称で用いる. ¶ マカロニ*グラタン macaroni *au gratin* [ou-grǽtn]

クラッカー cracker Ⓒ [語法] 食べ物のクラッカーも破裂して音が出るクラッカーも同じ. ただし後者は firecracker ともいう.

ぐらつく ― [動] (人や物が倒れそうになって) totter (自); (ゆらゆらする) wobble (自); (足もとがおぼつかなくて) stagger (自); (決心・態度などが) waver (自). ― [形] (がたつく) shaky; (ふらふらする) groggy; (特に継ぎ目などにがたがきて) rickety. 《☞ ぐらぐら; ふらつく》.

¶ 花瓶が*ぐらついて倒れた The vase *tottered* and fell. // それを聞いて彼の決心は*ぐらついた (⇒ その知らせは彼の決心を揺さぶった) The news ⌈*shook* [*upset*] his resolution. / (⇒ 決心の点でぐらついた) At the news he *wavered* in his resolution. // ねじが*ぐらついてきた (⇒ ゆるんできた) The nut *is getting loose.*

クラッチ (自動車の) clutch Ⓒ 《☞ 自動車 (囲み)》. ¶ *クラッチがつないである[切ってある] The *clutch* is ⌈in [out]. // *クラッチを切れ Let the *clutch* out.

グラビア photogravure [fòutəgrəvjúə] Ⓤ, gravure [grəvjúə] Ⓤ.

クラブ **1** «同好会»: club Ⓒ; (形式ばった語では) society Ⓒ; (建物) clubhouse Ⓒ. 《☞ かい¹ (類義語); どうこうかい》.

¶ テニス*クラブへ入る join a tennis *club* // 彼女は私たちの読書*クラブの一員です She is a member of our ⌈book [reading] *club.* //「あなたは何の*クラブに入っていますか」「私は英会話の*クラブに入っています」 "What *club* do you belong to?" "I belong to the English Conversation *Club*."

2 «トランプの»: club Ⓒ [語法] clubs として用いるのが普通で, 単数・複数両方の扱いをする. ¶ *クラブの8 the eight of *clubs*

3 «ゴルフ»: (golf) club Ⓒ 《☞ ゴルフ (挿絵)》.

クラブ活動 club activity Ⓤ ★ 種類をいうときは Ⓒ; (課外活動全体) extracurricular activities ★ 改まった言い方. 複数形で.

グラフ (図表) graph Ⓒ; (図表・絵も含めて

の) diagram Ⓒ. 《☞ ず¹; ずひょう》. ¶私は温度の変化を*グラフにした I made a *graph* of the temperature change(s).

グラブ glove Ⓒ 《☞ てぶくろ》.

-くらべ …比べ ¶力[腕]*くらべ a *contest* of ˹physical strength [skill] // 知恵*くらべ (⇒知恵の戦い) a *duel* of wits

くらべもの 比べ物 ¶広さでは日本とアメリカは*比べものに (⇒比較に) ならない In terms of (total) land area, there is *no comparison* between Japan and America. / (⇒日本はアメリカにかなわない) Japan is *no match* for America in land area. / (⇒日本はアメリカと比較できない) Japan cannot ˹*be compared* [*compare*] *with* America for territorial size. 語法 この場合の compare は通常否定文・疑問文で用いる.

くらべる 比べる (一般的には) compare … ˹and [with] … ; (特に相異を際立たせるための比較対照は) contrast … ˹and [with] …; (競争をする) compete with … ; (標準を決めて) measure … ˹with [against] … 《☞ ひかく¹》.
¶この2つのカメラを*比べてみましょう Let's *compare* these two cameras. // AとBとを*比べよ *Compare* A ˹*and* [*with*] B. // 彼は仏教とキリスト教とを*比べながら宗教について論じた He talked about religions, *contrasting* Buddhism *with* Christianity. // パリも東京と*比べると小さいものです Paris is rather small ˹*in comparison* [*compared*] *with* Tokyo. // 私は彼とジャンプ力を*比べた I *measured* my jumping ability ˹*with* [*against*] his.

グラマー curvaceous girl Ⓒ 参考 日本語の「グラマー」は肉体美が強調されるが, 英語の glamor girl は魅力と着こなしのうまさに重点がある.

くらます ¶彼女は突然姿を*くらました(⇒姿を消した) She suddenly *disappeared*. // 彼は警察の目を*くらますことに (⇒警察に手がかりを失わせることに) 成功した He succeeded in *putting* the police *off the* ˹*scent* [*trail*]. / (⇒警察の追跡からなんとか身を隠した) He managed to ˹*hide* [*conceal*] *himself* from the police. 《☞ かくれる; ゆくえ》

くらむ 眩む ― 動 (光などがまぶしくて) be dazzled; (金や欲などで) be blinded. ― 形 (目の回るような) giddy, dizzy. 《☞ めまい; くらくら; め¹》.
¶目も*くらむばかりの高さ a ˹*giddy* [*dizzy*] height // 目も*くらむばかりの輝き *dazzling* brightness // 目も*くらむばかりのライト (⇒目を見えなくさせる光) a *blinding* light / (⇒ぎらぎらする光) a *glaring* light // 太陽の光で一瞬目が*くらんだ (⇒明るい太陽が一瞬私の目を見えなくさせた) The bright sun *blinded* me for a moment. / I *was dazzled* by the glaring sun for a moment. // 彼は欲[金]に目が*くらんでいる He *is blinded* by love of money.

グラム gram Ⓒ, gramme Ⓒ 《略 g, gm, gr》 《☞ 度量衡 (囲み)》.

くらやみ 暗闇 darkness Ⓤ, dark Ⓤ; (暗い場所) dark place Ⓒ. 《☞ くらい¹; まっくら》.
¶彼女は*暗闇を怖がった She was afraid of the *dark*. // *暗闇の中で何をしているんだ What are you doing in the *dark*? // *暗闇にまぎれて彼は逃亡した He escaped under (the) cover of ˹*darkness* [*night*].

クラリネット clarinet Ⓒ 《☞ 音楽 (囲み)》.
¶彼は*クラリネットを吹く He plays the *clarinet*. // 彼は*クラリネットがうまい He is a good *clarinetist*.

くらわす 食らわす ¶私は彼に一発*くらわせた (⇒彼に一撃を加えた) I ˹*struck* [*dealt*] him a blow. / <S(人)+V(*strike*)+O(一撃)+*at*+O(人)> I *struck* a blow *at* him.

クランク (機械の) crank Ⓒ.

グランド ground Ⓒ 《☞ グラウンド》.

グランドピアノ grand piano Ⓒ 《☞ ピアノ (挿絵)》.

グランプリ grand prix [grɑ́ːmpríː] Ⓒ 《複 grands prix [grɑ́ːm-]》 語法 フランス語で英語の great prize にあたる. 固有名詞的に使われる場合は大文字で始める; (一等賞) (the) first prize. ¶彼は1984年度の*グランプリを取った He won the *Grand Prix* for 1984.

くり¹ 栗 (Japanese) chestnut Ⓒ ★ 木と実の両方の意味で用いられる. ¶*栗拾いに行きましょう Let's go gathering *chestnuts*. // 彼は彼女のために自ら火中の*栗を拾った (⇒自分の首を危険にさらした) He *risked his neck* for her sake. **栗色** chestnut brown Ⓤ 《☞ 色 (囲み)》.

くり² 庫裏 the living quarters of a temple ★ quarter はこの意味では複数形で.

くりあげる 繰り上げる (決まった日時などを) advance ㊀ (↔ put off, postpone), move up ㊀ (↔ move down) ★ 後者がくだけた表現. 《☞ はやめる》.
¶彼らは締め切りを*繰り上げた They *moved up* the deadline. // 出発の日を3日*繰り上げます (⇒3日早く出発する) I'll *leave* three days *earlier*. / (⇒出発は3日早められる) Our departure will *be advanced* by three days.

くりあわせる 繰り合わせる (都合をつける) manage to *do*; (時間を) make time; (仕事などを) arrange matters. 《☞ やりくり》.
¶ぜひ*繰り合わせて来て下さい (⇒何とか都合をつけて我々と一緒にいることを願う) I hope you can *manage to* be with us. // 先約がありますがなんとか*繰り合わせて出かけましょう I have a previous engagements, but I think I can ˹*make* [*find*] *time* to visit you.

クリーニング ― 名 (洗濯してアイロンをかけること) laundering Ⓤ; (きれいにすること) cleaning Ⓤ 参考 この語は掃除・洗濯など「汚れを落とすこと」を広く意味するので, 日本語の「クリーニング」にそのまま対応しないことに注意; (ドライクリーニング) dry cleaning Ⓤ; (洗濯屋) laundry Ⓒ, cleaner's; dry cleaner's. ― 動 launder ㊀; clean ㊀; dry-clean ㊀. 《☞ せんたく¹》.
¶私はオーバーを*クリーニングに出した I have sent my overcoat to the ˹*laundry* [*cleaner's*]. // 私はシャツを*クリーニングしても

らった I *had* my shirt 「*laundered* [*cleaned*]. 《☞ 使役 (囲み)》

クリーニング屋 (人) laundryman Ⓒ, cleaner Ⓒ, dry cleaner Ⓒ; (店) laundry Ⓒ, cleaner's, dry cleaner's [語法] cleaner という語は「掃除人」,「掃除の機械」なども意味し, 必ずしも洗濯屋という意味だけではないが, cleaner's と -'s を付けた形は常に洗濯屋を意味する. dry cleaner's もこれに準ずる. あいまいさを避けるためには cleaner's は別として, laundry, laundryman, launder などの語を使うほうがよい; (貸し洗濯機店) 《米》 laundromat Ⓒ, 《英》 launderette Ⓒ. 《☞ 店の呼び名 (囲み)》.

クリーム (一般にクリーム状の物を指して) cream Ⓤ; (アイスクリーム) ice cream Ⓤ; (化粧用の) facial cream Ⓤ. ¶ 彼女は手に*クリームを塗った She applied *cream* to the hands. // 生*クリーム fresh *cream*

クリーム色 cream (color) Ⓤ 《☞ 色 (囲み)》.

くりいれる 繰り入れる (繰り越す) carry over ㊀, transfer ㊀; (…に加える) add … to … 《☞ くりこす》. ¶ 残高は翌年度の予算に*繰り入れられた The balance *was* 「*carried over* [*transferred*] *to* the next year's budget. // 利子は元金に*繰り入れられた (⇒ 加えられた) The interest *was added to* the principal.

グリーン —名 (緑色) green Ⓤ; (ゴルフ) (putting [pʌ́tiŋ]) green Ⓒ. —形 green. 《☞ みどり; 色 (囲み); ゴルフ (挿絵)》.

グリーン車 (特別の座席指定車) special reserved-seat coach Ⓒ; (特別料金を要する車両) surcharge car Ⓒ [語法] 以上は説明的訳. 意味がわかっている場合には green car と言ってもよい. ちなみに国鉄では extra-charge green car という訳を用いている. 《☞ 旅行 (囲み)》.

グリーンピース green peas ★ 複数形で.

くりかえし 繰り返し repetition Ⓤ ★ 具体的なものを指すときは Ⓒ; (歌などの) refrain Ⓒ. 《☞ 頻度を表す副詞 (囲み)》.

¶ 学習には*繰り返しが大切だ *Repetition* is important in learning. // 彼の話は*繰り返しが多い His speech is full of *repetition*(*s*). // 人生は*繰り返しがきかない (⇒ 2度人生を生きられない) You cannot live (your life) *twice*. // 私はその本を*繰り返し繰り返し (⇒ 何度も) 読んだ I read the book *over and over again*.

くりかえす 繰り返す (同じことを言ったりしたりする) repeat ㊀ ★ 最も一般的. 以下の語の代わりに使える場合も多い; (命令・要求などを何度もしつこく) reiterate ㊀ ★ 形式ばった語; (…をもう一度行う) do … over again ★ 口語的; (おうむ返しに) parrot ㊀. 《☞ はんぷく》.

¶ 歴史は*繰り返す History *repeats* itself. 《ことわざ》 // よく聞いて*繰り返してごらんなさい 《教室での指示》 Please listen and *repeat*. // 先生はその単語を何度も*繰り返して発音した The teacher *repeated* the word 「over and over [several times]. / The teacher pronounced the word 「*repeatedly* [*over again*; *many times*]. // 同じ間違いを2度と*繰り返してはいけない Never *make* the same mistake *again*. / (⇒ 同じ間違いをするな) Don't make the *same* mistake. [語法] この場合 repeat とするのは誤り. *repeat* the mistake ならよい. // *繰り返して言って下さい Please *say* that *again*. // この表現はこの小説の中で幾度も*繰り返されている This expression 「*recurs* [*is repeated*] many times in this novel.

くりくり ¶ *くりくり坊主にされた (⇒ 私は髪を短くされた) I had my hair 「*cut close* [*closely cropped*]. // *くりくりした目 (⇒ 大きい丸い目) *big round* eyes

くりげ 栗毛 (馬) bay (horse) Ⓒ, chestnut (horse) Ⓒ.

クリケット cricket Ⓤ.

くりこし 繰り越し (移すこと) transfer Ⓒ; (前からの) bringing forward Ⓤ; (次のものへの) carrying forward Ⓤ [参考] 簿記では前ページからの繰り越しを b/f (brought forward), 次ページへの繰り越しを c/f (carried forward) という; (繰り越しの残高) the balance 「brought [carried] forward ★ the balance の代わりに the amount of money ともいう.

¶ 前期からの*繰り越しが3万円ある We have a balance of 30,000 yen *carried forward* from the previous account.

くりこす 繰り越す (移す) transfer … (from … to …); (前から) bring forward ㊀; (次のものへ) carry forward ㊀. 《☞ くりいれる》.

¶ 彼らはその金を次期へ*繰り越すことに決めた They decided to 「*carry forward* [*transfer*] the money to the next account.

くりごと 繰り言 (不平) complaint Ⓒ 《☞ ふへい; ふまん; ぐち》.

くりこむ 繰り込む ¶ デモ隊が公園に*繰り込んできた (⇒ 行進して[ぞろぞろ]入ってきた) The demonstrators 「*marched in* [*trooped into*] the park.

くりさげる 繰り下げる (決まった目的などをずらす) move [shift] (over) ㊀; (延期する) put off ㊀, postpone ㊀ ★ 前者のほうが口語的. 《☞ えんき; のばす; ずらす》.

¶ 2時間目の英語の時間を午後に*繰り下げて下さい Will you *move* the English class of the second period to the afternoon? // 彼らは出発を翌日に*繰り下げた (⇒ 延期した) They 「*put off* [*postponed*] their departure till the next day.

クリスチャン Christian Ⓒ.

クリスマス Christmas Ⓤ [語法] Xmas と略すことがあるが, この形はポスターなど以外は避けたほうがよい. なお X'mas は誤り. また, 英語の Christmas はクリスマス期間 (Christmastide: 12月24日から元日まで) をいうことがあるので, はっきり当日をいうには Christmas Day という. 《☞ 大文字 (欄外); 冠詞 (欄外)》.

¶ 間もなく*クリスマスだ *Christmas* is coming soon. // 英米では*クリスマス(の日)に贈り物を開ける In England and America they open their gifts on *Christmas Day*. // *クリスマスおめでとう I wish you a merry *Christmas*. / (A) merry *Christmas* (to you)! // 彼らは部屋に*クリスマスの飾り付けをした They decorated the room for *Christmas*.

クリスマス イブ Christmas Eve　クリスマス カード Christmas card Ⓒ　クリスマス キャロル Christmas carol Ⓒ　クリスマス ケーキ Christmas cake Ⓒ, Christmas pudding Ⓤ　クリスマス ツリー Christmas tree Ⓒ　クリスマス プレゼント Christmas ˹gift [present] Ⓒ.

く

くりだす 繰り出す（軍隊などを）send out ㊐;（出かける）go out ㊐. ¶敵は新手を*繰り出してきた The enemy *sent out* fresh troops. // 彼らは花見に*繰り出した They *went* (*out*) to see the cherry blossoms.

クリップ clip Ⓒ;（髪用の）hair clip Ⓒ;（ヘアピン）hairpin Ⓒ.

くりぬく 刳り貫く（えぐるように）hollow out ㊐;（穴をあける）bore [make; cut] a hole. ¶彼は丸太を*くりぬいてカヌーを作った He *hollowed out* a log to make a canoe.

くりのべる 繰り延べる（延期する）put off ㊐, postpone ㊐ ★前者のほうが口語的.《☞ くりさげる; のばす; えんき》.

くりひろげる 繰り広げる ¶あすから10日間甲子園球場では熱戦が*繰り広げられる（⇒試合がなされる[見られる]）For ten days starting tomorrow exciting games are to *be* ˹*played* [*watched*] at Koshien Stadium.

くりょ 苦慮 ━動（気をもむ）worry *oneself* ˹over [about] ...《☞ なやむ; しんぱい（類義語）》.

グリル（レストランの意味で, 特にホテルなどにあるもの）grill Ⓒ, grillroom Ⓒ 参考 grill は本来,「焼き網」または「焼き網で焼いた料理」の意味.《☞ 料理の用語（囲み）》.

くる 来る **1**《やって来る》:（話し手の方へ）come ㊐《過去 came; 過分 come》(↔ go) 語法 come は話し手の方にやって来ることを表す最も基本的な語. この意味では日本語とほぼ同じだが, そのほかに, 英語では話し相手を尊重する意味から相手を中心に考えて「相手の方に行く」と言う意味にも用いられる.《☞ ゆく（類義語）》;（人が現れる）show up ㊐ ★口語的;（「人」を訪れる）visit ㊐ 語法「場所」を目的語にすることもできる;（期日が来る）be due. ¶ここに*来なさい *Come* here!
郵便屋さんは2, 3日に1回*来ます The mailman *comes* ˹round [around] every two or three days.
冬が去って春が*来た Winter is gone and spring *has come.* 語法 be gone は去ってしまった状態を, have come は「いま来たところだ」という完了を表す.
あなたに手紙が*来ていますよ Here's a letter for you.
今夜は大勢客が*来る（⇒客を持つだろう）We'll have a lot of visitors *coming* this evening.
外人が私の所にやって*来て駅への道を尋ねた A foreigner *came up* to me and asked the way to the station.
ここには以前*来たことがあります *I've been* here before.
彼は間もなくやって*来るでしょう He will ˹*arrive* [*come*; *show up*] before long.
夏休みがもうすぐやって*来る (The) summer vacation *is* ˹*coming* soon [*drawing near*].
おじはよく日曜日に私たちの所に*来たものでした Our uncle used to *visit* us on Sunday(s).
ぜひ私どもの工場を見学に*来て下さい You're welcome to *visit* our factory.
スミスさんとか言う人が*来ましたよ A Mr. Smith wants to see you.《☞ 冠詞（欄外）》
今月の20日に借金の返済期日が*来る The debt *is due* on the twentieth of this month.
*来る日も来る日も雨だった It kept raining *day after day.*
もうすぐひと雨*くるかもしれない We might *have* ˹*a shower* [(*a*) *rain*] soon.
2《なる》: get ㊐, become ㊐ 語法 この2語は補語を伴ってほぼ同じ意味に用いられるが, 前者が口語的. また「…するようになる」の意味では become の代わりに <come+to 不定詞> が用いられる.《☞ なる[1]》.
¶彼は年を取って*きた He *is* ˹*getting* [*becoming*] old.
物語はおもしろくなって*きた The story *is getting* exciting.
彼女には事故の原因がわかって*きた She *came to* see the cause of the accident.
3《起因する・由来する》:（…がもとだ; …からきている）come from ...;（…が原因だ）be caused by ...《☞ もと[1]》.
¶熱はのどの炎症から*きている The fever ˹*comes from* [*is caused by*] a sore throat.
「チーズ」という言葉はラテン語から*きている The word "cheese" ˹*comes* [*derives*] *from* Latin. / "Cheese" is a word of Latin *origin.*

ぐる ¶彼らはみんなで*ぐるになってそれをやった（⇒全員の秘密の了解のもとに）They did it *with a secret understanding* among them all. /（⇒秘密の同盟で）They did it (*secretly*) *in league with* each other.《☞ けったく》

くるい 狂い ¶君の計算に*狂いがある（⇒何か間違いがある）There's *something wrong* with your calculations. /（⇒計算で何か間違えた）You've made some *mistakes* in your calculations. // この時計は1秒の*狂いもない（⇒完全に合っている）This watch keeps perfect time. // 私の目に*狂いはなかった（⇒私の想像はまったく正しかった）My guess was quite ˹*correct* [*right*]. // どこかに*狂いがきている（⇒調子が狂ってきている）It seems to *be getting out of order* somewhere.《☞ ごさ; くるう》

くるいざき 狂い咲き ━名（時期はずれの開花）untimely [unseasonable] flowering Ⓤ. ━動（狂い咲きする）bloom out of season ㊐, come out unseasonably ㊐ ★前者は特に観賞植物の場合. 後者は一般的に用いる.《☞ さく[1]》.

くるいじに 狂い死に ━動（狂い死にする）die mad.

くるう 狂う **1**《人の気が》:（発狂する）go [run] mad;（気が変になる）go [become] crazy 語法 以上は口語的で, 実際に精神に異常をきたしたのではない場合でも用いる; (正常でなくなる) go [become] insane 語法 やや改まった言い方で, 実際の精神病というニュアンスが強い; (逆上して我を忘れる) go out of *one's* mind, go off *one's* head, lose *one's* ⌈head [wits ; mind]. 《☞ はっきょう》.

¶彼女は気が*狂っている She is ⌈*mad* [*insane* ; *crazy* ; *out of her mind*]. / (⇒ 気がふれている) She's ⌈*touched* [*disturbed*] *in the head*. ★ 第2文はやや婉曲的. // 彼は絶望のあまり気が*狂った (⇒ 絶望は彼を狂わせた) Despair *drove* him *mad*. / (⇒ 絶望によって狂気に追いやられた) He *was driven mad* ⌈by [with] despair. // 彼は*狂ったようにわめいている He is shouting ⌈like *mad* [*frantically*].

2 «物事が»: (機械などが) get out of order ⓐ, go wrong ⓐ; (計画などが) be upset, be frustrated ★ 後者のほうが改まった表現; (音などの調子が) go out of tune; (ねらいなどが) miss ⌈the mark [*one's* aim] ★「人」を主語にする. 《☞ くるい》.

¶私の時計は*狂っています My watch *is wrong*. // 彼の言うことはいつもピントが*狂っている (⇒ 要点をはずれてしゃべる) He always talks *off* the ⌈point [subject]. // 台風のために旅行の計画が*狂った (⇒ 台風が計画を混乱させた) The typhoon ⌈*upset* [*frustrated*] our plans for a trip. // 順番が*狂った (⇒ 乱された) The order *was* ⌈*changed* [*disturbed*]. / (⇒ 順番が間違っていた) The order *was wrong*. // この暑さで体の調子が*狂った (⇒ 健康状態が悪い) I am *out of* ⌈*condition* [*shape*] in this hot weather. ★ [　] 内は口語的. // 無理してそれを買ったために予算が*狂った (⇒ 金が不足した) As we were forced to buy it, we found ourselves *short of* money.

グループ group Ⓒ 《☞ だんたい; だん²; くみ》.

¶私たちは小*グループで旅行をした We traveled in a small *group*. // 先生は生徒を3つの*グループに分けた The teacher divided the students into three *groups*. // その5人が*グループを作った The five of them ⌈formed a *group* [*grouped* together].

ぐるぐる ¶腕を*ぐるぐる回しなさい (⇒ 円をえがいて[回転して]) Swing your arms ⌈*in circles* [*round and round*]. // 友人を連れて学校中を*ぐるぐると案内して回った (⇒ 学校の構内すべて) I took my friend *around* the campus. // 彼は手首に包帯を*ぐるぐる巻いていた (⇒ たっぷりと包帯をしていた) He had his wrist *fully* bandaged. / His wrist was *heavily* bandaged. 《☞ 擬声・擬態語(囲み)》

くるしい 苦しい (つらい) painful; (困難な) hard, difficult ★ 前者のほうが口語的; (やっかいな・立場上困る) awkward; (困窮した) needy. 《☞ くるしむ; つらい; くつう》.

¶それは*苦しい旅だった It was a *painful* trip. // *苦しい仕事で疲れ果てた I was exhausted from (the) *hard* work. // 私は*苦しい立場に陥った I found myself in ⌈an *awkward* [a *painful*] position. // 胸が*苦しい (⇒ 圧迫を感じる) I *feel pressure* in the chest. / (⇒ 痛い) I have chest *pain*(*s*). // 食べ過ぎて*苦しい (⇒ 気持ちが悪い) I've eaten too much and I *feel sick*. // 彼は*苦しい (⇒ 下手な[不完全な]) 言い訳をした He made a ⌈*poor* [*lame*] excuse.

くるしまぎれ 苦し紛れ ¶彼女は*苦しまぎれにうそをついた (⇒ まったくの口実として) She lied to me *as a sheer excuse*. / (⇒ 止むをえず) She was compelled to tell a lie *under the pressure of necessity*. 《☞ くるしい; くにく; きゅうよ²》

くるしみ 苦しみ (痛み・苦痛) pain Ⓤ; (苦難) hardship Ⓤ; (体・心の) suffering Ⓤ ★ やや改まった語; (困ったこと・悩みの種) trouble Ⓤ; (ひどい苦しみ・苦悶) agony Ⓤ 語法 以上の語は具体的なものを指すときはいずれもⒸとなる. 《☞ くつう; くのう》.

¶私はこの*苦しみに耐えられない I cannot ⌈bear [endure] this ⌈*pain* [*suffering*]. 語法 endure は改まった語で,「長い間耐える」こと. // この*苦しみを耐え抜かねばならない We have to go through ⌈this *hardship* [these *hardships*]. // 彼女の*苦しみを和らげてやりたい I wish to ease her *pain*. // 彼女は大した*苦しみもなく死んだ She died without much ⌈*suffering* [*pain*]. // 人生は*苦しみに満ちている Life is full of *trouble*(*s*).

くるしむ 苦しむ **1** «苦痛を受ける»: (病気などで) suffer from ...; (激痛で) feel pain; (精神的な苦痛で) be in pain; (精神および肉体上の痛みで) be ⌈afflicted [tortured ; tormented] ★ 激しい苦痛の場合. いずれも受身形で; (堪えがたいほどに) be in agony.

¶彼女は長い間病気で*苦しんでいた She *had* long *been suffering from* illness. // 昨夜は頭が痛くて一晩中*苦しんだ I *suffered from* a severe headache all last night. // 彼女はひどく*苦しんでいるようだ She seems to *be in* great *pain*. // 彼らは飢えと渇きで*苦しんだ They *were tormented* ⌈with [by] hunger and thirst.

2 «困る»: be ⌈troubled [distressed ; harassed] ★ 後者ほど強い意味になり, また改まった表現; (悩む) be worried; (途方に暮れる) be at a loss; (わからなくて) be puzzled; (心配・不安で) be perplexed. 《☞ こまる》.

¶私はその借金で*苦しんだ I *was* ⌈*harassed* [*distressed*] by the debt. / (⇒ その借金から抜け出すのがたいへん困難であった) It was very *hard* for me to get out of (that) debt. // 彼女は返答に*苦しんだ (⇒ 当惑した) She *was at a loss* ⌈for an answer [what to answer]. // 彼の行動は理解に*苦しむ (⇒ 理解することは難しい) It is *hard* to understand his conduct. / (⇒ まごつかせる) His strange behavior ⌈*baffles* [*puzzles* ; *mystifies*] me.

くるしめる 苦しめる (精神的・肉体的な苦痛を与える) distress ⓗ; (いらいらさせる) annoy ⓗ; (重荷で) burden ⓗ; (激しく) torture ⓗ, torment ⓗ. 《☞ なやます》.

¶あまり親を*苦しめないでくれ Don't *annoy* your parents anymore. // 彼女は若いころは貧乏に*苦しめられた She *was distressed* by poverty when she was young. // 長いことその借金に*苦しめられた I *have* long *been burdened* with that debt.

くるぶし ankle Ⓒ《☞ あし[1] (挿絵)》.

くるま 車 1 «自動車»: (乗用車) car Ⓒ; (タクシー) taxi Ⓒ. 《☞ 自動車 (囲み); 乗り物 (囲み)》.

¶ *車で行こう Let's go ⌈by *car* [in a *car*]. / (⇒ タクシーで) Let's take a *taxi*.

*車が混んでいて (⇒ 交通渋滞から脱け出すのに) 時間がかかった It took me a long time to get out of the *traffic jam*.

6時に*車で迎えに行きますよ I'll come and *pick* you *up* at six o'clock. [語法] pick up は「車に乗せる」という意味.

彼が*車で家まで送ってくれた He *drove* me home. / He took me home in his *car*.

そこは*車を止める所がない There is no parking ⌈place [space] there. 《☞ ちゅうしゃ[2]》

ここから甲府まで*車で20分です It is a twenty-minute *drive* from here to Kofu./ It takes twenty minutes to *drive* to Kofu from here.

彼女は彼の*車に乗り込んだ She got in his *car*.

「さあ, 乗って」と彼は*車のドアを開けて私に言った "Just hop in," he said, opening the (*car*) door for me.

あなたの*車に乗せてもらえますか Will you give me a ⌈ride [lift] (in your *car*)?

通りを横断するときは走っている*車に注意しなければなりません When crossing the street, you must look out for speeding *cars*.

彼は門の前で*車を止めた He ⌈stopped [pulled up] (his *car*) in front of the gate.

私の*車は故障した My *car* broke down.

この*車は5人が楽に乗れる This *car* ⌈holds [seats] five people comfortably.

この*車はたいへん乗り心地がよいですね This *car* is very comfortable to ride in, isn't it?

きょうは*車ですか (⇒ あなたはきょうは運転しているのですか) *Are* you *driving* today? [語法] 前後関係にもよるが, この日本語の意味は普通, 運転しているかどうかを聞く場合が多い. もし, Did you come in your car? とすると, 自分の車か他人の車かの区別を聞く質問となる.

2 «車輪»: wheel Ⓒ《☞ 自動車 (囲み)》.

¶ *車がはずれた The *wheel* has come off.

そのいすには*車が6つ付いていた The chair was on six *wheels*.

くるまいす 車椅子 wheelchair Ⓒ.

くるまえび 車えび prawn Ⓒ《☞ えび》.

くるまる (包まれる) be wrapped up; (くるみ込む) wrap [tuck] *oneself* up; (巻くように包む) roll *oneself*. 《☞ くるむ; つつむ》.

¶ 彼女は毛布に*くるまった (⇒ 自分自身をくるんだ) She ⌈*wrapped* [*tucked*] *herself up* in a blanket.

くるみ 胡桃 (実・木) walnut Ⓒ. **くるみ割り** (a pair of) nutcrackers.

-ぐるみ ¶ 彼は家族*ぐるみで海外へ出かけた (⇒ 家族と一緒に) He went abroad *with* his family. // 私は身*ぐるみとられてしまった (⇒ 私の持っているものすべて) I was robbed of ⌈*all I had* [*all* (*of*) *my belongings*].

くるむ (包む) wrap (up) ㊀; (寝具などで) tuck (up) ㊀. 《☞ つつむ; くるまる》.

¶ 彼女は毛布でその子を*くるんだ She *tucked* a blanket around the child.

くるりと ¶ 彼女は*くるりと向こうを向いた She *turned* ⌈*around* [*round*]. 《☞ ふりむく; 擬声・擬態語 (囲み)》

ぐるりと ¶ 彼は居並ぶ人々を*ぐるりと見渡した (⇒ 視線をすばやく動かした) He *moved* his *eyes quickly over* the people. / (⇒ 彼の視線がさっと人々全部に注がれた) His eyes *swept* the people. // その町は山に*ぐるりと (⇒ 完全に) 取り巻かれている The town *is completely surrounded* by mountains. / (⇒ 周り全部が山だ) The town has mountains *all around it*. 《☞ みわたす; 擬声・擬態語 (囲み)》

くれ 暮れ (年末) the year-end, the ⌈end [close] of the year ★ 前者のほうが口語的; (大みそか) New Year's Eve. 《☞ さいまつ》.

¶ *暮れが近づいてきた *The year-end* is drawing near. / (⇒ 年が終わりに近づいてきている) The year is drawing to an *end*. // *暮れのうちにその仕事を済ませておきたい I want to finish the work ⌈*before the year is out* [*within the year*; *before the New Year comes*]. // *暮れには皆忙しい Everybody is very busy ⌈at [(⇒ 近くには) toward] *the year-end*.

グレー — 名 形 gray (《英》 grey) 《☞ はいいろ; 色 (囲み)》.

クレーム (不平・文句) complaint Ⓒ [語法] 英語の claim は損害などに対する賠償の支払いの要求という意味. 不満を述べるという意味では claim は使えないことに注意. 《☞ くじょう; もんく》. ¶ そのお客から*クレームがついた The client has made *complaints* about our service.

クレーン crane Ⓒ; (船の積荷などに使う) derrick Ⓒ. 《☞ きじゅうき (挿絵)》.

くれぐれも ★ 例えば「この件についてはくれぐれもよろしくお願いします」などという場合, 英語では普通日本語の「くれぐれもよろしく」に当たるような表現がない. 具体的な依頼をした後では何も言わないか, Thank you. と礼を述べる程度が普通. 《☞ よろしく》.

¶ *くれぐれも注意をするように (⇒ よく注意をしなさい) Be *very* careful. // *くれぐれも奥さんによろしく Please give my ⌈*kind* [*best*] *regards* to your wife. / Please *remember me* to your wife. 《☞ あいさつ (囲み)》

クレジット credit Ⓤ《☞ げっぷ[1]; つけ》.

¶ この店は*クレジットがききますか Do you sell goods *on credit*? **クレジットカード** credit card Ⓒ.

クレゾール cresol [kríːsɔːl] Ⓤ.

くれない 紅 — 名 形 deep red, crimson ★ どちらも 名 では Ⓤ. 後者がやや形式ばった語. 《☞ あか[1]; 色 (囲み)》.

クレバス crevasse Ⓒ《☞ やま (挿絵)》.

クレパス pastel crayon Ⓒ ★ クレパスは和製英語.

クレヨン crayon Ⓒ.

くれる[1] 呉れる **1** «与える»: give ⑩《過去 gave; 過分 given》《☞ もらう》.

¶ 父が私に時計を*くれた My father *gave* me a watch. / My father *gave* a watch to me. [語法] 2番目の文のほうが「私に」という意味が強調される. // 彼はこじきに一番よい上着を*くれてやった He *has given away* his best coat to a beggar. // 知らない人が私に金を*くれと言ってきた A stranger *asked* me *for* money.

2 «...してくれる»: (労を惜しまず...する) take the trouble (to *do*); (親切にも...してくれる) be kind enough to *do*, be so kind as to *do*; (...してくれればよいと思う) hope ⑩, wish ⑩ [語法] 後者は実現の可能性が薄いときに使われることが多い. 《☞ もらう》.

¶ 私は母に5時に起こして*くれるよう頼んだ I *asked* my mother to wake me at 5 o'clock. // 姉が私の部屋を片付けて*くれた My sister ˹*did* [*arranged*] my room *for* me. // 警官が私に郵便局へ行く道を教えて*くれた A policeman *showed* me the way to the post office. // 船長がわざわざ私たちを船室に案内して*くれた The captain *took the trouble to* guide us to our cabin. // 彼は親切にも荷物を運んで*くれました He *was* ˹*kind enough* [*so kind as*] *to* carry my baggage. // あしたは晴れて*くれるといいが I *hope* it will be ˹fine [nice] tomorrow. // 彼女がここにいて*くれればいいのに I *wish* she ˹were [was] here. 《☞ 仮定の表現 (囲み)》

3 «...してくれませんか»: Will you ...?; Would you ...? [語法] 相手に対して依頼する場合 Will you ...? より Would you ...? のほうが丁寧な言い方. ほぼ同じ意味で Could you ...? も用いられる. 《☞ 依頼の表現 (囲み); ください》.

¶ 窓を開けて*くれませんか *Will you* open ˹the [a] window? // すみませんがたばこは部屋の外で吸って*くれませんか *Would* [*Could*] *you* smoke outside the room, please?

くれる[2] 暮れる **1** «日や年が»: (暗くなる) get [grow] dark; (終わりに近づく) come [draw] to an end. 《☞ くれ》.

¶ 日が*暮れた (⇒ 夜が来た) Night *came*. / (⇒ 日が沈んだ) The sun *went down*. // 冬には5時ごろ日が*暮れます (⇒ 暗くなる) *It* ˹*gets* [*grows*] *dark* around 5 in winter. // 日が*暮れないうちに (⇒ 暗くなる前に) そこへ着くでしょう You can get there before *dark*. [語法] 日本語では「暮れないうちに」と否定表現であるが, 英語ではそうではない点に注意. 《☞ 否定の表現 (囲み)》 // 日が*暮れてから外出してはいけません Don't go out *after dark*. // 年が*暮れた The year *has* ˹*come* [*drawn*] *to an end*. // 年が*暮れて新年になった The old year *has gone* and the new year has come.// あと2, 3日で今年も*暮れる (⇒ 年が終わるまでにあと数日しかない) Only a few days are left *before the year is out*.

2 «思案・悲嘆に» ¶ 彼はどうしたらよいか思案に*くれた (⇒ 彼はどうしてよいかわからなかった) He *didn't know* what to do. / He was *at a loss* as to what to do. // 父の死に際して彼女は悲嘆に*くれた (⇒ 悲しみに打ちひしがれた) She *was overcome with* ˹sorrow [grief] at her father's death.

ぐれる ¶ 彼は中学生時代に*ぐれた He *went wrong* in his junior high school days. 《☞ ふりょう[1]; ひこう[2]》

クレンザー cleanser Ⓒ; (洗剤) detergent Ⓒ. 《☞ せんざい[2]》.

ぐれんたい 愚連隊 gang of hooligans Ⓒ.

くろ 黒 **1** «色» — 名 black Ⓤ. — 形 (黒の) black; (皮膚・髪などが) dark (↔ fair). 《☞ まっくろ; 色 (囲み)》.

¶ *黒っぽい鳥 a *blackish* bird // 彼女は*黒い服を着ていた She wore a *black* ˹suit [dress]./ (⇒ 喪服を着ていた) She was in *black*. // 彼女は*黒い眼, *黒い髪をしている She has ˹*dark* [*black*] eyes and ˹*dark* [*black*] hair. [参考] a black eye にはまた「目の周りの青あざ」の意味があるので, dark を用いるほうがよい. // 彼は色が*黒い He has *dark* skin. / He is *dark*-skinned. / His ˹skin [complexion] is *dark*. [語法] complexion は特に顔の色をいう. // 私は真っ*黒に日焼けしてしまった I was very ˹*tanned* [*sunburnt*]. 《☞ ひやけ》 // 彼女は髪を*黒く染めた She dyed her hair *black*.

2 «潔白でないこと» — 形 (有罪の) guilty.

¶ 彼はやはり*黒だった (⇒ 彼は結局無罪ではなかった) He was *not innocent* after all. / (⇒ 彼は有罪とわかった) He turned out to be *guilty*.

黒パン (ライ麦製の) brown [rye] bread Ⓤ

黒ビール porter Ⓤ, stout Ⓤ, dark beer Ⓤ.

くろう 苦労 — 名 (面倒なこと) trouble Ⓤ ★ 最も一般的; (困難) difficulty Ⓤ; (苦難) hardship Ⓤ; (心配・気苦労) care Ⓤ [語法] 以上の語は具体的なことを指すときは Ⓒ で, しばしば複数形で用いられる. 《☞ 可算・不可算名詞 (欄外)》. — 動 (苦労する) have ˹trouble [difficulty], be in trouble; (苦しい目にあう) have a hard time; (耐えがたい苦しみを受ける) suffer [go through] hardships; (努力する) make efforts; (骨折る) take pains. 《☞ ほねおり; どりょく (類義語)》.

¶ *苦労のかいがあった (⇒ 私の努力はむだにされなかった) My *efforts* were not wasted.

これが*苦労の種です (⇒ やっかいなことの原因です) This is a cause of *trouble*.

「ご*苦労さま」「どういたしまして」"Thank you very much (for your *trouble*)." "You're welcome." 《☞ 感謝の表現 (囲み)》

どうもご*苦労をおかけしました (⇒ あなたに手数をかけてすまなかった) I'm sorry to *have troubled* you.

生徒の名前を覚えるのに*苦労します (⇒ いつも難しいと感じる) I always *find it very hard to* memorize the names of my students.

私は英語を学ぶのにたいへん*苦労した I *had a hard time* learning English.

戦後日本はたいへんな*苦労をした Japan ˹*suffered* [had to *go through*] many *hardships* after the war

これは私が*苦労してもうけた金です This is my *hard*-earned money. 《☞ ハイフン (欄外)》
彼女は*苦労のない(⇒ 気楽な) 生活を送っている She is leading an *easy* life. / She lives in ⌈*easy* [*comfortable*] circumstances.
彼は*苦労して大学を卒業した (⇒ 彼は働いて大学を出た) He *worked his way* through college.
まだ*苦労が足りない (⇒ もっと努力をすべきだ) You should *make* much more *effort*.
子供のころは親にずいぶん*苦労をかけた (⇒ 頭痛の種だった) As a child I was the cause of my parents' *headache*. ★ 悪い子だったことをいう. / (⇒ 両親は私を養い育てるのに苦労した) My parents *had a hard time* to support and bring me up.

ぐろう 愚弄 ━ 動 (笑い者にする) ridicule ㊉; (あざける) scoff (at ...) ㊀; (なぶりものにする) make a fool of ...; (からかう) make fun of ... 《☞ あざわらう; ぶじょく》.

くろうと 玄人 (本職の人) professional Ⓒ (↔ layman); (熟練者) expert Ⓒ; (特殊な分野の) specialist Ⓒ; (美術品・酒などに目がきく) connoisseur [kὰnəsə́ː] Ⓒ.
¶ *くろうとの外交官 a *professional* diplomat / (⇒ 経歴のある) a *career* diplomat // 彼のピアノは*くろうとです (⇒ 彼は専門家のレベルでピアノを弾く) He plays the piano ⌈on [at] a *professional* level. / He is like a *professional* pianist. // 彼の作品は*くろうとはだしだ (⇒ 大家も顔負けする) His work *puts the masters to shame*.

クローバー clover Ⓒ. ¶ 四つ葉の*クローバー a four-leaf *clover*

グローブ glove [glʌ́v] Ⓒ.

クロール the crawl, crawl stroke Ⓤ ★ しばしば the を付けて.

くろじ 黒字 ━ 名 (貿易などの剰余金) surplus Ⓒ (↔ deficit). ━ 副 (黒字で) in the black ★ やや口語的. 《☞ りえき; あかじ》.
¶ 10 億ドルの貿易の*黒字 (⇒ 貿易の剰余金) one billion dollar trade *surplus* // うちの会社はいまは*黒字だ Our company is operating *in the black*. // 何とか*黒字でやっています We manage to keep our balance *in the black*. // 今月は 10 万円の*黒字です (⇒ 貸し方勘定を持っている) I *have a credit balance* of ¥100,000 this month.

くろしお 黒潮 the ⌈Black [Japan] Current.

くろずむ 黒ずむ ━ 動 (黒くなる) become black; (黒味を帯びる) become blackish; (色彩などが) become dark. 《☞ くろ》.

クロッカス crocus [króukəs] Ⓒ 《☞ 花 (囲み)》.

グロッキー ━ 形 (すっかり疲れた) tired out, exhausted ★ 後者のほうが改まった語で意味も強い. 参考 日本語の「グロッキー」は英語の groggy からきているが, この語は殴打・病後などで足がふらつく状態をいう. 《☞ ふらふら》.

グロテスク ━ 形 (気味の悪い) weird [wíərd]; (奇妙な格好の) odd and strange-looking; (お化けのような) 《米口語》 spooky; grotesque 語法 最後のものは日本語のもとになっている英語であるが, やや形式ばった語で, 口語では使わないほうがよい.

くろぼし 黒星 (負け) defeat Ⓒ; (負けた印) black mark Ⓒ; (失敗) failure Ⓤ ★ 具体例を指すときは Ⓒ. ¶ それは現政権にとって大きな*黒星 (⇒ 失敗[マイナス]) だった It turned out to be a great ⌈*failure* for [*discredit* to] the present government. // 彼はこのところ*黒星が続いている (⇒ たて続けに負けている) Recently he *has been losing every game*.

くろまく 黒幕 (背後で操る人) wirepuller Ⓒ. ¶ 彼はその事件の*黒幕だった (⇒ 事件の底にいた) He was *at the bottom of* the scandal. / (⇒ ひもを引っ張っていた) He *pulled the wires* in the affair. / He was the *wirepuller* in the scandal.

クロム chromium [króumiəm] Ⓤ 《元素記号 Cr》.

くろめ 黒目 ━ 名 the iris (and pupil) of the eye (↔ the white of the eye). ━ 形 (黒いひとみの) dark-eyed, black-eyed. 《☞ ひとみ; め¹ (挿絵)》.

くろやま 黒山 ¶ 校門の所は*黒山のような人だかりだった (⇒ 大勢の人が群がっていた) There was *a* ⌈*large crowd* [*mass*] *of people* at the school gate. 《☞ ひとだかり; ひとごみ》

くろわく 黒枠 (死亡告示) obituary Ⓒ.

くわ¹ 桑 (木・実) mulberry Ⓒ.

くわ² 鍬 (長柄の) hoe Ⓒ.

くわえる¹ 加える **1** «合わせる»: (付け足す) add ㊉ ★ 最も一般的な語; (合計する) add up ㊉, sum up ㊉; (あるものの中に含める) include ㊉; (参加させる) join ㊉. 《☞ たす; ごうけい; 数字 (囲み)》.
¶ 10 に 1 を*加えなさい *Add* one *to* ten. // 10 に 1 を*加えると 11 です Ten *and* one ⌈makes [is] eleven. / Ten *plus* one equals eleven. // なべに水を少々*加えて下さい Please *add* some water *to* the pot. // 私もその旅行に*加えて下さい Can I *join* you on the trip? // あなたを*加えて全部で 5 人です We are five in all, ⌈*including* [*counting*] you.
2 «増す»: increase ㊉ ㊀; (特に速度などを) gather ㊉, pick up ㊉. 《☞ ます¹》.
¶ 列車は次第にスピードを*加えていった The train began to ⌈*speed up* [*increase* speed]. / (⇒ 速度を増した) The train ⌈*gathered* [*picked up*] speed. // 経済不況は一段と深刻さを*加えてきた (⇒ より深刻になった) The economic depression has been getting *more and more* serious.
3 «与える»: give ㊉ ★ 一般的な語; (圧力などを) put ㊉; (打撃などを) deal ㊉.
¶ 彼らは賠償を求めて会社に圧力を*加えた They *put* pressure *on* the company by demanding damages. // 敵軍が突然攻撃を*加えてきた The enemy began to ⌈*attack* [*fire at* us; *fire on* us] all of a sudden. // 彼はその男の頭に一撃を*加えた <S(人)+V(*give*; *deal*)+O(人)+O(一撃)+*on*+名(個所)> He ⌈*gave* [*dealt*] the man a blow

on the head.

くわえる² ¶パイプを*くわえている人 (⇒口にパイプをもった) a man *with* a pipe *in* (*his*) *mouth* / (⇒パイプを吸っている) a man *smoking* a pipe // 犬がパンを一切れ*くわえて逃げた A dog went away *with* a slice of bread *in its mouth*.

くわけ 区分け —名 (分類すること) sorting Ⓤ, classification Ⓤ ★後者はやや改まった語. —動 (区分けする) sort ⑩, classify ⑩. (☞ぶんるい; くみわけ; くぶん).

くわしい 詳しい **1** «詳細な» —形 (十分な・完全な) full ★口語的; (記述などが) detailed; (調査などが細かすぎるほどに) minute [main(j)úːt]. —名 (詳細) detail Ⓒ. —副 (詳しく) in detail, minutely, in full, fully; (長々と) at (full) length. (☞しょうさい¹; しさい¹; こまかい).

¶この本は税金のことに*詳しい This book contains a ˹*full* [*detailed*] account of taxes. / This book gives (us) *full* information ˹about [on] taxes. // *詳しく言うと (⇒詳細は) 次の通りです The *details* are as follows. / (⇒正確には) To be *more* ˹*precise* [*exact*], it is as follows. // *詳しいことは旅行センターにお問い合わせ下さい (⇒それ以上の詳細について) For *further* ˹*information* [*details*] please ˹ask [make inquiries at] the Travel Center. // 後で*詳しいことを申し上げます I'll give you ˹the *full detail* of it [*all the details*] later.

2 «熟知している»: (よく知っている) know ... (very) well ★最も口語的で一般的. 以下のものの代わりに使える場合が多い; have a good knowledge of ... ★know ... (very) well とほぼ同じだが, 少し改まった言い方; (なじんでいてよく知っている) be familiar with ..., be at home in ...; (内容によく通じている) be well acquainted with ..., be well-informed in .... (☞じゅくち; せいつう).

¶彼は野球のルールに*詳しい He *knows* the rules of baseball *very well*. / He *is familiar with* the rules of baseball. // 彼はロンドンは*詳しい (⇒ロンドンをよく知っている) He *knows very well* about London. [語法] 「...についての情報・地理などを知っている」という意味のときは know about ... と ⓐ の用法になる. / He *is well acquainted with* London. // 彼女は英文学に*詳しい (⇒英文学の専門家だ) She is an *expert* in English literature. / (⇒広く読んでいる) She *is well read in* English literature.

くわずぎらい 食わず嫌い ¶新しい考え方に対して*食わず嫌いではだめです (⇒偏見を持ってはいけない) Don't *be prejudiced against* the new theory.

くわせもの 食わせ物 (偽物) fake Ⓒ; (ぺてん師) humbug Ⓒ. (☞いんちき; ぺてん).

くわだてる 企てる —動 (試みる) attempt ⑩, try ⑩ [語法] 後者のほうが口語的. なお前者は結果的に失敗だったことを暗示する; (計画する) plan ⑩; (陰謀などを) plot ⓐ ⑩. —名 attempt Ⓒ; (企画) enterprise Ⓒ; plan Ⓒ; plot Ⓒ. (☞けいかく; こころみる; たくらむ).

¶彼女は自殺を*企てた She *tried* to kill herself. [語法] 結果は不明. / She *attempted* to ˹kill herself [suicide]. [語法] 結果的には不成功. // 彼は北極探検を*企てている He *is planning* to go on an Arctic expedition. // 彼らは政府に対する陰謀を*企てた They *plotted* against the government. // 我々の*企てはすべて失敗に終わった All our *attempts* ˹failed [ended in failure]. / We failed in all our *attempts*.

くわわる 加わる **1** «参加する»: (同等の立場で) join ⑩ ⓐ ★しばしば in ... が続く; take part in ..., participate (in ...) ⓐ ★以上はほぼ同意に用いるが, 最後のものはやや形式ばった表現. (☞さんか¹).

¶私は彼らのゲームに*加わった <S(人)+V(*join*)+(*with*+)名(人)+*in*+名(ゲーム)> I *joined* (*with*) them *in* the game. // 「その話し合いに*加わってもいいですか」「どうぞ」"May I *join in* the discussion?" "Certainly." // 彼はそのデモに*加わらなかった He didn't *take part in* the demonstration.

2 «増加する» ¶日に日に寒さが*加わっている (⇒だんだん寒くなる) It is ˹getting [becoming] colder ˹every day [day by day]. (☞ます¹)

くん- 勲... ¶*勲一等 (⇒功績の第一位の勲章) the First *Order of Merit*

-くん ...君 ★英語では友人・親しい知人の間では姓を用いずに first [given] name をそのまま, あるいは短縮形で用いるのが普通で, 日本語の「...君」に当たる言葉はない. (☞呼びかけ(囲み); -さん).

¶やあ, 田中*君 Hi, *Tanaka*. [語法] 英語の習慣では田中一郎なら, Hi, Ichiro. のほうが普通. // 山田*君, その文を読みなさい *Yamada*, read the sentence aloud. [語法] 教師が教室で生徒を呼ぶときは姓を用いるのが普通. ただし, 名を呼ぶ場合もある.

ぐん¹ 軍 —名 (軍隊) (armed) forces ★兵員・武器などを総合した軍隊. 複数形で; (兵員に焦点を当てたとき) troops ★複数形で; (陸軍) army Ⓒ ★この語は以下の海・空軍を含めて軍隊全部を表すこともある; (海軍) the navy; (空軍) the air force. —形 military (↔civil). (☞ぐんたい; ぐんじ).

¶中東に国連*軍が派遣された U.N. ˹*troops* [*forces*] were sent to the Middle East.

ぐん² 郡 《米》county Ⓒ, 《英》district Ⓒ [参考] county は《米》では州 (state) の中で最も大きな行政区画. 《英》では「州」に当たる.

¶新潟県中頸城(くびき)*郡清里村 Kiyosato Village, Nakakubiki *County*, Niigata Prefecture [語法] ただし, 手紙の宛名, または差出人の住所として書くときは Kiyosato-Mura, Nakakubiki-*Gun*, Niigata-Ken のように, 固有名詞扱いにして日本語どおりローマ字書きするほうがよい. (☞手紙の書き方(囲み))

ぐん³ 群 **群を抜く** ¶彼は読書力ではみんなの中で断然*群を抜いている (⇒彼はみんなを越えている) He ˹*excels* [*surpasses*] *all of us in* reading ability. / He *is superior to all of us* in reading ability. 《☞ ばつぐん》

ぐんい 軍医 army [naval] surgeon Ⓒ; (軍隊内では) medical officer Ⓒ.

ぐんか 軍歌 war song Ⓒ, martial song Ⓒ ★ 後者はやや改まった表現.

くんかい 訓戒 ━名 (教えさとすこと) admonition Ⓒ. ━動 (さとす) admonish ㊀. 《☞ さとす》.

ぐんがくたい 軍楽隊 (陸軍) military band Ⓒ; (海軍) naval band Ⓒ.

ぐんかん 軍艦 warship Ⓒ.

ぐんき 軍紀, 軍規 military discipline Ⓤ.

くんくん ¶ 犬が戸口の所で*くんくんと鳴いている A dog *is whining* at the door. 《☞ 動物の鳴き声 (囲み)》 // その犬は塀の所を*くんくんとかいでいた The dog *was sniffing* (*at*) the fence. 《☞ 擬声・擬態語 (囲み)》

ぐんぐん ━副 (急に) quickly, fast, rapidly ★ 第3番目はやや改まった語. 《☞ どんどん; ずんずん; 擬声・擬態語 (囲み)》.

¶ 彼女は*ぐんぐんと英語が上達した (⇒ 急速な進歩をした) She made ˹*quick* [*fast*; *rapid*] progress in English. // 気温は*ぐんぐん上がっている (⇒ 温度計は急速に上がりつつある) The thermometer is ˹*quickly* [*rapidly*] rising. / (⇒ 水銀柱は) The mercury is going up *fast*.

ぐんこくしゅぎ 軍国主義 militarism Ⓤ.

くんし 君子 (有徳の人) man of virtue Ⓒ; (賢い人) wise man Ⓒ. ¶ *君子危きに近寄らず Discretion is the better part of valor. 《ことわざ: 慎重さは勇気の大部分を占める》 / It is best to be on the safe side. 《ことわざ: 安全な側にいるのが一番よい》

くんじ 訓示 (指示) instructions ★ 複数形で. ¶ 校長先生は集会で全生徒に*訓示を与えた The principal gave *instructions* to all the students in the assembly.

ぐんじ 軍事 **軍事援助** military aid Ⓤ **軍事行動** military activities ★ 複数形で. **軍事費** war expenditure Ⓤ **軍事予算** arms budget Ⓒ.

ぐんしきん 軍資金 war chest Ⓒ 〔語法〕 選挙, その他の運動資金にも比喩的に用いる.

くんしゅ 君主 (最高の支配者) sovereign Ⓒ; (特に王・女王・皇帝などの位を持っているもの) monarch Ⓒ; (封建制度の) liege (lord) Ⓒ. ¶ 専制*君主 an absolute *monarch*

ぐんじゅ 軍需 **軍需工場** munitions factory Ⓒ **軍需産業** the ˹war [munitions] industry Ⓤ, armaments industry Ⓤ **軍需品** munitions ★ 複数形で; military supplies ★ 複数形で.

ぐんしゅう 群衆, 群集 (無秩序に集まった) crowd Ⓒ 〔語法〕 群衆を一まとめに考えるときは単数扱いにし, 個人個人を考えるときは複数扱いとする; (ひしめきあう) throng Ⓒ; (暴徒化した) mob Ⓒ.

¶ 事故の現場に*群衆が集まった A *throng* gathered at the site of the accident. // 駅には大*群集が彼の到着を待ちうけていた There was a large *crowd* of people waiting for his arrival at the station.

群集心理 mob [mass] psychology Ⓤ.

ぐんしゅく 軍縮 disarmament Ⓤ, armament reduction Ⓒ, cut in armaments Ⓒ ★ 後のものほどくだけた表現. 《☞ しゅくしょう》

軍縮会議 disarmament conference Ⓒ.

くんしょう 勲章 (勲位を示す) order Ⓒ; (コイン形のもの) medal Ⓒ; (一般的な胸飾り・飾りひもをも含めて) decoration Ⓒ 〔参考〕 記章などは insignia Ⓒ, 飾りひも形は ribbon Ⓒ ともいう. 《☞ くん-; メダル》.

¶ 彼は*勲章を3つ付けていた He wore three *decorations*. // 彼は大統領から*勲章をもらった He *was decorated* by the President. 〔語法〕 その場で勲章をつけてもらうニュアンスがある. // 彼は1977年に文化*勲章をもらった A Cultural *Medal* was awarded (to) him in 1977. / He was awarded an *Order* of Cultural Merit for 1977.

ぐんしょう 群小 ━形 (重要でない) minor; (より劣った) lesser. ¶ *群小作家たち the *lesser* writers

ぐんしれいかん 軍司令官 (最高司令官) commander in chief Ⓒ 《複 commanders in chief》.

ぐんじん 軍人 (陸軍の) soldier Ⓒ ★ この語は以下の語の代わりに用いられることもある; (海軍の) sailor Ⓒ; (空軍の) airman Ⓒ 〔語法〕 soldier はすべてを代表して, 位の上下を問わず軍人の意味で用いられることもあるが, 狭い意味では以上3語は普通下士官以下の兵士を指す; (将校) officer Ⓒ; (客観的な言い方) serviceman Ⓒ 《複 -men》; (全体) service personnel ★ 集合的.

くんせい 燻製 ━形 (燻製の) smoked.

¶ *燻製のさけ *smoked* salmon

ぐんせい1 群生 ━形 (植物が群生する) gregarious ★ 動物の「群棲」にも用いる. **群生植物** gregarious plant Ⓒ.

ぐんせい2 軍政 military ˹administration [government] Ⓤ.

ぐんぞう 群像 (彫刻) group Ⓒ.

ぐんたい 軍隊 ━名 (陸・海・空軍を一括して) armed forces, army Ⓒ 〔語法〕 army は狭い意味では陸軍を意味するが, 広い意味では軍隊全部の意味でも用いられる; (兵員に重点を置く場合) troops ★ 複数形で. ━形 military, army. 《☞ ぐん1》. ¶ 暴動を鎮めるために*軍隊が派遣された *Armed forces* [*Troops*] were sent to control the riot.

-くんだり ¶ 彼らは食うためにアラスカ*くんだりまでも出かけた (⇒ アラスカほどの遠くまで行かなければならなかった) They had to go *as far as* Alaska to earn a living.

ぐんと (きつく) hard; (急に) suddenly; (思いもかけず不意に) abruptly; (ぐいと急に動く動作を伴って) with a jerk. 《☞ ぐいと; 擬声・擬態語 (囲み)》.

くんとう 薫陶 ¶ 私は子供のころ, 音楽で青木先生の*薫陶を受けた (⇒ 指導の下に教育を受けた) As a child I received music *instruction under the* ˹*supervision* [*guidance*] *of* Mr. Aoki.

ぐんとう 群島 group of islands Ⓒ; (列島) archipelago [ɑ̀əkəpéləgòu] Ⓒ《複 ～(e)s》.
ぐんばい 軍配 ¶接戦でどちらに*軍配が上がるか (⇒どちらが勝つか) わからない The game is so close that I cannot tell ｢which will be *the winner* [which side will *win*]. // 行司の*軍配は吉野山に上がった (⇒審判官の判定は吉野山に有利である) The umpire's *judgment* is in favor of Yoshinoyama. / (⇒吉野山が勝ったと合図をした) The referee signaled that Yoshinoyama ｢*won* [was *the winner*]. 《☞ はんてい》
ぐんび 軍備 armaments ★ 複数形で. ¶*軍備拡張[縮小] the ｢expansion [reduction] of *armaments*
ぐんぶ 軍部 (総称) the military; (軍当局) the military authorities ★ 複数形で.
ぐんぷく 軍服 military uniform Ⓒ; (海軍の) naval uniform Ⓒ.
ぐんゆうかっきょ 群雄割拠 ¶出版界は*群雄割拠の観がある (⇒出版社はお互いに相手を出し抜こうと競い合っている) The publishers are in competition to outsell one another.
くんよみ 訓読み ¶この漢字を*訓読みにして下さい Will you *read* this *Chinese character in the Japanese pronunciation?*
ぐんらく 群落 〚生物学〛 stock Ⓒ; (植物などの) community Ⓒ, colony Ⓒ.
くんりん 君臨 ━動 (皇帝・王として統治する) reign [réin] ㊀; (支配する) dominate ㊉ ㊀. ━名 reigning Ⓤ. 《☞ しはい[1]; とうち[2]》. ¶彼は政界に*君臨している He *is dominating* the political world.
くんれい 訓令 (指令) instructions; (強い命令) orders ★ この意味ではともに複数形で用いるのが普通. 《☞ めいれい; しれい[1]》.
くんれん 訓練 ━動 train ㊉ ★ 最も一般的な語; (繰り返し集団的に行う) drill ㊉. ━名 training Ⓤ; drill Ⓤ. 《☞ きたえる; たんれん; トレーニング》.
¶彼は犬を狩猟のために (⇒獲物をとるように) *訓練している He *is training* his dogs to hunt for game. // その兵士は狙撃兵としての*訓練を受けた The soldier *was trained* as a sniper. // 新兵たちは厳しく*訓練を受けた The new soldiers *were drilled* very hard. // 火災*訓練 a fire *drill*
くんわ 訓話 (訓戒の講話) admonitory lecture Ⓒ.

け

け 毛 hair Ⓤ ★ 毛の1本1本を指すときはⒸ; (動物などの柔らかい毛) fur Ⓤ; (鳥の) feather Ⓒ; (ブラシの) bristle Ⓒ. 《☞ かみ[3]》. ¶彼は柔らかい[硬い]*毛をしている He has ｢soft [stiff] *hair*. // スープに*毛が1本入っていた There was [I found] a *hair* in the soup. // *毛が薄くなってきた My *hair* is thinning. / (⇒毛を失いつつある) I am losing my *hair*. // うまい具合にまた*毛が生えてきた Fortunately my *hair* is beginning to grow again. // このブラシは豚の*毛でできている This brush is made of hog *bristles*. // その番組の歌手は素人に*毛の生えた程度だった (⇒素人よりちょっとよかった) The singers on the program were *little better than* amateurs.
-け[1] …気 (少量・軽い症状) touch Ⓒ; (病気などのきざし) symptom Ⓒ. ¶これはちょっと塩*気が足りない This needs a *touch* of salt. // 彼には結核[神経症]の*気がある He has the *symptoms* of ｢tuberculosis [neurosis]. // ストーブにはまったく火の*気がなかった There was no *fire* in the stove. 《☞ ひのけ》 // この部屋は火の*気がない This room is *unheated*.
-け[2] …家 ¶三井*家 *the* Mitsui ｢*family* [*clan*] / *the* Mitsuis 【語法】 複数形の固有名詞の前に the を付けて「…一家; …一族; …夫妻」などを表す. // 彼はカーネギー*家の一員です He is ｢a member of *the* Carnegie *family* [one of *the* Carnegies].
けい[1] 刑 (懲罰) punishment Ⓤ; (刑罰・罰金など, 具体的なもの) penalty Ⓒ; (宣告) sentence Ⓒ; (禁固刑) imprisonment Ⓤ. 《☞ けいばつ; ちょうえき; しょばつ》.
¶彼は重い*刑に処せられた He *was* severely *punished*. / (⇒重い刑が彼に科せられた) Severe *punishment* was inflicted on him. // 彼は禁固2年の*刑に処せられた He was sentenced to two years' *imprisonment*. // 彼は10年の*刑で服役中である He is in jail on a ten-year *sentence*.
けい[2] 計 **1** «計画»: plan Ⓒ 《☞ けいかく (類義語)》. ¶私は一*計を案じた I worked out a *plan*. // 一年の*計は元旦にあり New Year's Day is the day to make your *plans* for the year.
2 «総計»: (多くのものを合わせた結果の数量) total Ⓒ; (数字を足したもの) sum Ⓒ. 《☞ そうけい[1]; ごうけい》. ¶「*計は出ましたか」「はい出ました」 "Have you ｢figured out [found] the ｢*sum* [*total*]?" "Yes, I have." // 彼の年収は*計800万円になる His annual income comes to a *total* of eight million yen.
けい[3] 罫 ━名 (印刷の) (ruled) line Ⓒ. ━動 (罫線を引く) rule ㊉. ¶紙に*罫を引く *rule lines* on paper // *罫のない紙 plain [unruled] paper
-けい …系 **1** «系統»: system Ⓒ. ¶太陽[銀河]*系 the ｢solar [galactic] *system*
2 «血統»: (家系) family line Ⓒ; (血統) lineage [líniidʒ] Ⓤ; (子孫) descent Ⓤ. ¶男[女]*系 the ｢male [female] *line* // 日*系米人 a Japanese-American / an American of

Japanese *descent* ★ 後者は改まった言い方.

げい 芸 **1** «技芸»: art Ⓤ《☞ ぎじゅつ》.
¶ 君はもっと*芸をみがく必要がある You should cultivate your *art*.
2 «独自の技術» ¶ あの男は何の*芸もない (⇒おもしろ味のない人) He is a prosaic person. // *芸は身を助ける Learn a trade, for the time will come when you shall need it. 《ことわざ: 手に職を持て. 必要となる日が来るから》
3 «演技・演芸»: performance Ⓒ; (犬の) trick Ⓒ. 《☞ えんぎ[1]》. ¶ 僕は犬に*芸を仕込んでいる I am teaching my dog *tricks*.

けいあい 敬愛 ― 名 (尊敬) respect Ⓤ. ― 動 (尊敬する) respect ⊛. 《☞ けいい[1]; そんけい》. ¶ 僕は彼を先輩として*敬愛していた I *respected* him as my senior.

けいい[1] 敬意 (尊敬) respect Ⓤ; (一目置くこと) regard Ⓤ. 《☞ そんけい; そんちょう[1]》.
¶ 我々は先輩には*敬意を払うべきだ We should ⌈*have respect* for [*pay respect* to] our seniors. // 私は彼の才能には大いに*敬意を払っている I have a high *regard* for his ability. // 安田氏に*敬意を表して送別会が催された A farewell meeting was held *in honor of* Mr. Yasuda. [語法] in honor of ... で「...に敬意を表して, ...を記念して」という成句.

けいい[2] 経緯 (詳細) details; (細かい内容) particulars; (周囲の事情・状況) circumstances ★ いずれも通例複数形で. 《☞ しょうさい[1]; いきさつ; けいか》. ¶ 私はその事件のいっさいの*経緯が知りたい I want to know ⌈the whole *story* [all the *details*; full *particulars*] of the case.

けいえい 経営 ― 名 management Ⓤ; (管理) administration Ⓤ ★ 後者のほうがより改まった語. ― 動 (経営する) manage ⊛; (運営する) operate ⊛; (店などを) run ⊛ ★ くだけた日常語. 《☞ かんり[1]; うんえい》.
¶ 彼は店の*経営が下手だ (⇒下手な経営者だ) He is a bad store *manager*. // 彼は*経営の才がある He is gifted with ⌈*administrative* [*managerial*] ability. // 彼女はコーヒー店を*経営している She *runs* a coffee shop. // 彼は*経営に失敗して倒産した He went bankrupt because he *had managed* his business badly. // この病院は*経営が苦しい (⇒財政上困難な状態にある) This hospital is in *financial* difficulties. // 新しい*経営陣[者]の下で会社はもち直すだろう Under the new *management* the firm will pull round.
経営学 business ⌈administration [management] Ⓤ **経営コンサルタント** management consultant Ⓒ **経営者** manager Ⓒ; (全体) the management.

けいえん 敬遠 ¶ ピッチャーは彼を*敬遠した (⇒意図的に歩かせた) The pitcher ⌈*gave* him *an intentional walk* [*walked* him *intentionally*]. // 生徒は皆その先生を*敬遠している (⇒避けたがっている) All the students want to *avoid* the teacher. // 君はあの男は*敬遠した (⇒遠ざけておく) ほうがいいよ You had better ⌈*keep* [*stay*] *away from* him. 《☞ とおざける; けむたい》

けいおんがく 軽音楽 light [popular] music Ⓤ 《☞ 音楽 (囲み)》.

けいか 経過 **1** «事の»: (進行) progress Ⓤ; (新たな進展) development Ⓒ; (自然の成り行き) course Ⓤ. 《☞ けいい[2]; なりゆき》.
¶ *経過は常に連絡いたします I'll keep you informed of the ⌈*progress* [*developments*]. // 私たちは事の*経過を注意深く見守った We keenly watched the *course* of events. // その後の*経過が知りたい (⇒その後何が起こったか) I want to know *what has happened since*. // 「お父さんの*経過はどうですか」「手術後の*経過は良好です」 "How is your father?" "He *is making* good *progress* after the operation."
2 «時日の» ― 名 (時間の合い間) lapse Ⓒ; (時間が過ぎてゆくこと) passage Ⓤ. ― 動 pass (away) ⊜. 《☞ たつ[2]》. ¶ 5, 6 分間*経過して, やっと彼女は物を言った There was a *lapse* of several minutes before she spoke.

けいかい[1] 警戒 ― 名 (用心) caution Ⓤ; (予防措置) precaution Ⓒ; (見張り) watch Ⓤ, lookout Ⓤ ★ 後者がより口語的; (警備) guard Ⓤ. ― 動 (用心深くする) be cautious of ...; (注意する) look [watch] out (for ...) ⊜; (警備する) guard (against ...) ⊜. 《☞ ちゅうい; ようじん[1]》.
¶ 万一に備えて*警戒するように言われている We were told to *take* every *precaution* against emergencies. // 山登りの時, なだれを*警戒しなさい *Watch out for* avalanches during the mountain climb. // 警官が空港周辺を厳重に*警戒している The police *are keeping* strict ⌈*guard* [*watch*] around the airport. // *警戒をゆるめてはいけない Don't be off (your) *guard*! // 全空軍基地は*警戒態勢に入っている All the air force bases are on *alert*. // 川は*警戒水位に達した The river water has risen to (the) *danger* level.

けいかい[2] 軽快 ― 形 (軽やかな) light; (すばしこい) nimble; (リズムに合わせた) rhythmical. ― 副 lightly; nimbly. ¶ りすは動きが*軽快だ Squirrels are *nimble*. // 彼女は*軽快な足取りで演壇に上った She came up to the platform with *light* steps. // 私は*軽快な (⇒リズミカルな) メロディーが好きだ I like a *rhythmical* melody.

けいかく 計画 ― 名 plan Ⓒ ★ 最も一般的で口語的; (用意周到な) design Ⓒ; (大規模で具体的な) project Ⓒ; (漠然とした企て) scheme Ⓒ; (予定の) program (《英》 programme) Ⓒ. ― 動 plan ⊛; project ⊛; scheme ⊛.
【類義語】「計画」に対して, 最も広く一般に用いられるのは **plan**. ある種の意図の下に綿密周到に考案された計画は **design**. 大規模で野心的・実験的な計画は **project**. やや漠然とした計画で, 時に空想的であったり, また陰謀的・利己的な意味でよく用いられるのは **scheme**. 予定行事や番組などの実施計画は **program**.
¶ その*計画は進行中だ The *plan* is under way.

*計画はうまくいった[いかなかった] The *plan* ⌈worked well [did not work].
万事*計画どおりに進んでいる Everything is going according to *plan*.
「休暇の*計画は立てましたか」「いいえ, まだです」 "Have you made a *plan* for the vacation yet?" "No, not yet."
僕は世界一周の*計画を立てている I *am planning* to make a tour around the world.
月探検のためのアポロ*計画は成功した *Project* Apollo for moon exploration proved successful.
彼は政府転覆を*計画した He *schemed* to overthrow the Government.
それは現在*計画中です The *project* is under consideration.
彼は将来の*計画について話してくれた He told me about his *program* for the future.
彼はそれを*計画的にやった (⇒故意に) He did it *deliberately*.
都市*計画 city *planning*
計画経済 planned economy Ⓤ.

けいかん¹ 警官 policeman Ⓒ, police officer Ⓒ ★後者がやや改まった表現; 《英》 constable Ⓒ ★policeman に対するイギリスの公式語; (巡回の) 《米》 patrolman Ⓒ; 《米俗語》 cop Ⓒ [語法] cop は軽蔑的な意味の含まれる語で, 普通は面と向かって使ってはならないが, 現在では親しみのこもった語と考えられるようになりつつあり, アメリカの警官は自ら "I'm a *cop*." と名乗ることもある. その場合は policeman とほぼ同意; 《英俗語》 bobby Ⓒ [語法] cop と似ているが, 警官に対する一般人の親しみの気持ちが感じられる語. なお《英》《米》とも, 正式に警官に呼びかけるときは "Officer!" を使う. 《☞けいさつ》.
¶婦人*警官 a *policewoman* // *警官はその青年を怪しいと思って職務尋問をした The *policeman* suspected the young man and officially questioned him.
警官隊 police ⌈force [squad] Ⓒ.

けいかん² 景観 (目の前の景色) scene Ⓒ; (光景) sight Ⓒ; (眺め) view Ⓒ. 《☞けしき》.

けいき¹ 景気 (商況) business (situation) Ⓤ; (生活一般) things ★複数形で. 口語的.
¶「*景気はどうですか」「おかげさまでまあまあです」 "How's ⌈*business* [*everything*]?" "Just so-so, thanks." / "How goes it with you?" "Not bad, thank you."
*景気がよい[悪い] *Business* is ⌈brisk [slow; bad].
*景気は上向いている *Business* is ⌈looking [picking] up.
秋には*景気はよくなるでしょう *Business* will recover in the autumn.
*景気抑制 (⇒経済の抑制) が緩和された The restrictions on the *economy* have been eased.
政府は*景気刺激策を検討している The Government is studying plans to stimulate *business*.
(一時的)*景気後退が最近深刻になってきた The ⌈*economic* [*business*] *recession* has deepened recently.
*景気の悪い顔をしてどうしたい (⇒何が君をそんなに陰気にしているのか) What makes you so *gloomy*?
一杯飲んで*景気をつけた (⇒元気をつけた) We had a drink to *cheer* ourselves *up*.

けいき² 刑期 (禁固[懲役]の期間) term of imprisonment Ⓒ; (刑務所に入っている期間) jail term Ⓒ. 《☞けい¹》. ¶彼は3年の*刑期 (⇒刑) を務め上げた He ⌈completed [served out] his *sentence* of three years. // 彼は*刑期を10月で終える (⇒彼の刑期は10月で満期となる) His *term of imprisonment* expires in October.

けいき³ 計器 (使用量を計るもの) meter Ⓒ; (計量のための) gauge [géidʒ] Ⓒ; (器械) instrument Ⓒ. **計器盤** instrument ⌈board [panel] Ⓒ, dashboard Ⓒ 《☞自動車 (囲み)》 **計器飛行** instrument [blind] flying Ⓤ.

けいき⁴ 契機 (ふとした) chance Ⓒ; (好機) opportunity Ⓒ; (転機) turning point Ⓒ. 《☞きっかけ; きかい³; げんいん》.

けいきんぞく 軽金属 light metal Ⓒ 《☞きんぞく¹》.

けいく 警句 (機知に富んだ言葉) witty remark Ⓒ; (深みのある言葉) aphorism Ⓒ; (才気かんぱつな皮肉) epigram Ⓒ. ¶*警句を吐く make a *witty remark*

けいぐ 敬具 Yours (very) truly, Yours sincerely, Truly (yours), Sincerely (yours), Cordially (yours) [語法] いずれもやや改まった手紙の結びの言葉. yours とともに truly, sincerely などを用いるのは事務的で形式ばった表現. しかしビジネスレターでも yours は省くことがよくある. 《☞手紙の書き方 (囲み)》.

けいけん¹ 経験 ━[名] (経験で得た知識・能力) experience Ⓤ ★「体験したこと」の意味では Ⓒ. ━[動] experience ㊀; (危険・困難などを) go through ..., undergo ㊀ 《過去 underwent; 過分 undergone》.
¶アメリカではたいへん楽しい[苦い]*経験をしました I had a very ⌈pleasant [bitter] *experience* in America.
彼女には教職の*経験がない She has no teaching *experience*.
こんな寒さは*経験したことがない I *have* never *experienced* such cold weather. / This is the coldest weather (that) I *have* ever ⌈*experienced* [*had*]. ★第2文の言い方のほうが普通. 《☞完了形 (欄外)》
彼は戦争中多くの危険を*経験した He *went through* many dangers during the war.
初期のアメリカの移民たちは多くの困難を*経験しなくてはならなかった The early settlers of America had to *undergo* many hardships.
彼はコックとしての*経験を生かしてレストランを始めた To make good use of his *experience* as a cook, he started a restaurant.
彼は人生*経験に富んでいる He has wide *experience* in life.
彼は海外旅行の*経験者だ He has been abroad.
いまから君たちに私の*経験談を聞かせましょう

Let me tell you something interesting from my *experience*.

けいけん² 敬虔 ― 形 (信心深い) devout; (宗教上の義務に忠実な) pious ★ 前者のほうが意味が強い. ― 名 piety Ⓤ. ¶ 彼女は*敬虔な祈りを捧げた She offered a prayer full of *piety*. // 彼は*敬虔なクリスチャンだ He is a *devout* Christian.

けいげん 軽減 ― 動 (少なくする) reduce 他 ★ 最も一般的; (減少する) decrease 他 自; (痛み・厳しさなどを) mitigate 他. ― 名 reduction Ⓤ; decrease Ⓤ; mitigation Ⓤ. 《☞ へらす; かんわ》.

¶ 判事は彼の5年の刑の判決を3年に*軽減した The judge *reduced* his sentence from five years to three. // この錠剤は痛みを*軽減する This pill *mitigates* pain.

けいこ 稽古 ― 名 (技能習得のために繰り返し行う練習) practice Ⓤ; (体を動かす組織的な練習) exercise Ⓤ; (先生についての) lesson Ⓒ; (演劇などの) rehearsal Ⓤ ★ 具体的なものを指すときは Ⓒ. ― 動 practice 他 自; exercise 自; take lessons. 《☞ れんしゅう》.

¶ 彼女は毎日ピアノの*稽古をする She *practices* the piano every day. / (⇒ 先生について) She *takes* piano *lessons* every day. // 俳優たちは開演前に何度も*稽古をした The actors had many *rehearsals* before the play opened.

けいご¹ 警護 ― 名 guard Ⓤ. ― 動 guard 他. 《☞ ごえい; けいび¹》. ¶ 彼は警官の厳重な*警護のもとで式に参列した He attended the ceremony under a heavy *guard* of policemen.

けいご² 敬語 honorific Ⓒ; (説明的に) honorific 「expression [word] Ⓒ. 《☞ 丁寧な表現 (欄外)》. ¶ *敬語を使って話す use *polite expressions*

けいこう 傾向 ― 名 (ある方向への) tendency (to ...; toward ...) Ⓒ; (趨勢(すうせい)) trend Ⓒ. ― 動 (傾向がある) tend to *do*; (...がちだ) be apt to *do*. 《☞ すうせい; ふうちょう; -がち》.

¶ 毎年物価は上昇の*傾向にある Prices *tend to* rise every year. / Prices 「have [show] a rising *tendency*. // 彼は音楽界の現代の*傾向について講義した He gave a lecture on contemporary *trends* in music. // 彼はもの忘れの*傾向がある (⇒ 忘れがちだ) He *is apt to* forget.

けいこうぎょう 軽工業 light industries ★ 通例複数形で.

けいこうとう 蛍光燈 fluorescent [flùːərésnt] lamp Ⓒ.

けいこうひにんやく 経口避妊薬 oral contraceptive Ⓒ, 《口語》 the pill.

けいこく¹ 警告 ― 名 warning Ⓤ; (注意) caution Ⓤ ★ 以上は具体的な警告の言葉を指すときは Ⓒ. 《☞ 可算・不可算名詞 (欄外)》. ― 動 warn 他; caution 他; give a 「warning [caution] to .... 《☞ ちゅうい; ちゅうこく》.

¶ 彼らは私の*警告を無視した They disregarded my 「*warning* [*caution*]. // 巡視艇は漁船に対して, そこへ行かないように*警告を発した The patrolboat 「*gave a warning to* [*warned*] the fishing boats not to go there. // 私は彼にここで泳いではいけないと*警告した I *warned* him 「against swimming [not to swim] here.

けいこく² 渓谷 (両岸が絶壁の) gorge Ⓒ; (狭く奥まった) glen Ⓒ; (特に深く大きな) canyon Ⓒ. 《☞ たに》.

げいごと 芸事 accomplishments ★ 通例複数形で. 《☞ げい》.

けいさい 掲載 ― 動 (新聞・雑誌が記事を載せる) carry 他; (掲載される) be carried; (誌[紙]面に出る) appear 自; (誌[紙]面に印刷する) print 他. 《☞ のる²; のせる²》.

¶ すべての新聞がそのニュースを*掲載した All the papers *carried* the news. // 彼の記事がタイムズ紙に*掲載された His article *appeared* in *The Times*. 《☞ 新聞の英語 (囲み)》

けいざい 経済 **1** «経済・財政» ― 名 (国・社会・家庭などの経済) economy Ⓤ. ― 形 economic. 《☞ 政治・経済 (囲み)》.

¶ 日本*経済は高度成長から安定成長へ切り替わった Japan's *economy* was switched from fast growth to stable expansion. // 安い石油が日本*経済の高度成長を可能にしていたのである Cheap oil made possible the Japanese *economy's* high growth rate. // 日本は本当に*経済大国か Is Japan really a major *economic* power? // 政府の*経済政策は破たんした The Government's *economic* policy has failed. // *経済援助が打ち切られた The *economic* 「aid [assistance] has been discontinued. // 自由*経済 a free *economy*

2 «節約» ― 名 (倹約) economy Ⓤ; (節約) saving Ⓤ. ― 形 (経済的な・徳用の) economical 語法 「財政上の」「経済学的に見た」という意味での「経済的」は economic. 《☞ せつやく; けんやく》.

¶ 彼女には*経済の観念がからきしない She hasn't got any sense of *economy*. // この道具を使えばずいぶん労力の*経済になる (⇒ 面倒を省ける) This tool *saves* you a lot of trouble. // 暖房には灯油が一番*経済的だ Kerosene is the 「most *economical* [*cheapest*] for house heating.

経済学ècономícs Ⓤ **経済学者** ecónomist Ⓒ **経済学博士** doctor of economics Ⓒ; (学位) Doctor of Economics **経済学部** the 「college [school; 《英》 faculty] of economics ★ 英米では学部に当たるものを department と呼ぶ大学もある. 《☞ がくぶ (類義語)》 **経済企画庁** the Economic Planning Agency 《☞ 政治・経済 (囲み)》 **経済企画庁長官** the Director General of the Economic Planning Agency **経済協力開発機構** the Organization for Economic Cooperation and Development 《略 OECD》 **経済成長(率)** economic growth (rate) Ⓤ **経済白書** white paper on economics Ⓒ **経済封鎖** economic blockade Ⓒ.

けいさつ 警察 police [語法] ある特定の地域の警察を指す場合は通例 the を伴って複数扱い. ただし警察一般を指すときは無冠詞.
¶すぐに*警察を呼べ Call *the police* ⸢right away [immediately]. // すぐ*警察に届けなさい Report to *the police* immediately. // *警察では目下犯人を追跡中である *The police* are now after the criminal. // 国際*警察 Interpol [参考] *Inter*national Criminal *Pol*ice Organization を短縮した形. ICPO と略す. // 秘密*警察 secret *police*
警察学校 police school Ⓒ **警察官** (男) policeman Ⓒ; (女) policewoman Ⓒ; (男女とも) police officer Ⓒ. (☞ けいかん¹) **警察犬** police dog Ⓒ **警察権** police power Ⓤ **警察国家** police state Ⓒ **警察署** police station Ⓒ **警察署長** the ⸢head [chief] of a police station **警察庁** the National Police Agency **警察手帳** police credentials ★複数形で; policeman's identification Ⓒ **警察本部長** 《米》the chief of police.

けいさん 計算 ―名 calculation Ⓒ ★最も一般的; sums, figures ★いずれも複数形で; (特に金銭の計算) account(s); (規模の大きい計算) computation Ⓒ. ―動 calculate ㊀㊁; (数える) count ㊀㊁; compute ㊀; (合計を出す) figure out ㊀ ★口語的. (☞ ごうけい; かんじょう²).
¶この*計算は間違っている This ⸢*calculation* [*account*; *computation*] is wrong. / These ⸢*figures* [*sums*] are wrong. // 彼は*計算が早い He is quick at ⸢*figures* [*sums*]. // そんなに*計算ずくでやるな Don't be so *calculating*. // 「燃料費は*計算に入っていますか」「いいえ, それは*計算に入れませんでした」 "Have you taken fuel expenses into *account*?" "No, I left ⸢them [it] out (of *account*)." // このごろ給料*計算は計算機がするようになった The computer does the salary *computations* these days. [参考] 単純な計算をする小型のものは calculator という. // 費用がどのくらいかかるか*計算しておきなさい *Figure out* how much the cost will come to.

けいし¹ 軽視 ―動 (おろそかにする) slight ㊀; (軽く見る) play down ㊀; (軽く扱う) treat … lightly; (取るに足らないものと考える) make [think] ⸢little [light] of … ―名 (侮ること) contempt Ⓤ; (無視・怠慢) neglect Ⓤ. (☞ かろんじる; みくびる; ないがしろ).
¶仕事を*軽視してはいけない Don't *slight* your work. // 生命を*軽視すべきではない You should not *make light of* your life. // 彼らはその計画での彼の役割を*軽視した They *played down* his part in the scheme.

けいし² 警視 《米》deputy inspector Ⓒ, 《英》(police) superintendent Ⓒ.
警視総監 the Superintendent-General (of Metropolitan Police) **警視庁** the Metropolitan Police Department.

けいじ¹ 掲示 ―名 (告示・はり札) notice Ⓒ; (公のことに関する通知) bulletin Ⓒ; (標識) sign Ⓒ. ―動 (掲示を出す) put up a notice. (☞ こくじ¹; はりがみ).
¶*掲示板に…と*掲示が出ている There is a *notice* up on the *bulletin board* ⸢saying [reporting] that …. // *掲示には「休講」とある The *notice* says, "No Class." // *掲示には何と書いてありますか What does that ⸢*notice* [*sign*] say? // 壁には「禁煙」の*掲示があった There was a *sign* saying "No Smoking" on the wall. // 彼はドアに「本日休業」の*掲示を出した He put up a "No business today" *notice* on the door.

けいじ² 刑事 (刑事巡査) (police) detective Ⓒ. ¶部長*刑事 a *detective* sergeant // 私服*刑事 a plainclothesman

けいじ³ 刑事 ―形 (犯罪に関する) criminal; (罰則に関係のある) penal. ¶*刑事事件 a ⸢*criminal* [*penal*] case **刑事訴訟法** the Code of Criminal Procedure **刑事犯** criminal [penal] offense Ⓒ.

けいじ⁴ 啓示 revelation Ⓤ.

けいしき 形式 ―名 (形) form Ⓒ; (形式にこだわること・儀礼的な行い) formality Ⓤ [語法] 具体的なことをいう場合は Ⓒ. しばしば複数形で何かを行うための正式の手続きをいう場合もある. ((例) 帰化の*手続き *formalities* for naturalization). ―形 formal; (おざなりの) perfunctory ★形式ばった語. ―副 (形式的に(は)) formally. (☞ かたち).
¶彼らは*形式にこだわりすぎる They stick too much to ⸢*forms* [*formalities*]. // そういう*形式ばったことは無視しようLet's disregard those *formalities*. (☞ かたくるしい) // それは単なる*形式的なものです It is a mere *formality*.
形式主義 (芸術の) formalism Ⓤ **形式主義者** formalist Ⓒ **形式主語[目的語]** the formal ⸢subject [object] (of a sentence) (☞ It の用法 (欄外))

けいしゃ 傾斜 ―名 (一般的に, 水平でないことを示して) slant Ⓒ; (坂などの) slope Ⓒ; (傾斜・傾向) inclination Ⓤ. ―動 (一方に傾く) incline ㊁; slant ㊁; slope ㊁; (下る) descend ㊁. ―形 (傾いた) inclined; sloping; slant. (☞ かたむき; さか; こうばい¹).
¶屋根はゆるく*傾斜している The roof has a slight *slant*. // 土手はこの地点で急*傾斜している The river bank has a steep *slope* at this point. // 野原は湖畔に向かってなだらかに*傾斜している The field *descends* slowly toward the shore of the lake. // 塔は少し左に*傾斜している The tower *inclines* slightly to the left. // その建物はゆるやかに*傾斜した土地にある The building stands on gently *sloping* ground.

げいしゃ 芸者 geisha (girl) Ⓒ (☞ 日本固有の風物と英語 (囲み)).

げいじゅつ 芸術 ―名 art Ⓤ ★「美術」は特に the fine arts ともいう. ―形 (芸術的) artistic. (☞ びじゅつ). ¶*芸術作品 a work of *art* // 彼は*芸術を解さない He has no sense of *art*. / He doesn't appreciate *art*.
芸術家 artist Ⓒ. ¶彼女は真の*芸術家だ She is a true *artist*.

けいしょう¹ 継承 ―動 (地位などについて

掲 示 の 英 語

掲示・広告は必要な情報を端的に伝えるのが目的であるから，用語も必要最少限に限られ，冠詞や be 動詞なども省略されるのが普通である．また，しばしば終止符も打たれず，全部を大文字を使って書く場合も多い．

1 場所を示す掲示

多くはその場所を示す名詞のみで表すが，形容詞 1 語の場合もある．

Information (案内所) Taxi (タクシー乗り場) Entrance (入り口) Exit (出口) Emergency Exit (非常口) Toilet (トイレ) Gentlemen (男子用トイレ) Ladies (女子用トイレ) Private (私室)

2 知らせるもの

(1) 名詞中心

Clearance sale (在庫一掃セール) Year-end sale (歳末大売り出し) Store wide sale (全店大売り出し) Bargain (sale) day (特売日) House [《米》 Home; Rooms] ｢for rent [《英》 to let] (貸し家[室]あり) No consultations today (本日休診) Admission free (入場無料)

(2) 名詞＋過去分詞

Staff wanted (求人) Piano lessons given (ピアノ教授) Instruction given in ｢English [flower arrangement] (英語[生け花]教授) Catalog(ue) offered free (カタログ無料進呈) All sold out today (本日売り切れ)

(3) 過去分詞のみで，その状態を表す

Sold (売約済み) Reserved (予約済み) Occupied (使用中) ★ 飛行機の座席やトイレなど． Opened (本日開店) ★ "Open" は「営業中」の意となる． Closed (本日休業；本日終業)

(4) 前置詞＋名詞で，事柄が進行中であることを示す

Under repairs (修繕中) Under construction (工事中) Out of order (故障中) In mourning (忌中) In operation (営業中) Now in session (会議中)

(5) 形容詞を中心としたもの

Good for drinking (飲料水) Open to the public (飛び入り自由；一般に開放) Welcome to beginners (初心者歓迎)

3 注意をうながすもの

(1) 名詞のみ，名詞中心

Danger (危険) Liquid (水もの注意) Inflammables (火気厳禁) Perishables (いたみやすいから注意) Wet [Fresh] paint (ペンキ塗りたて) Wet floor (床がぬれています) Warning (注意；警告) Restricted area (制限区域)

(2) 形容詞のみ

Quiet (静かに) Fragile (壊れ物注意)

(3) 命令形

Beware of pickpockets (スリに用心) Beware of fire (火の用心) Beware of savage dogs (猛犬に注意) Guard against damp (湿気に注意) Handle with care (取り扱い注意) Keep dry (ぬれ物用心) Watch your step (足元に注意) Keep arm in ((窓から)腕を出さないで下さい) Push (押して下さい)

4 禁止を表す掲示

(1) 動詞＋*no*＋名詞

Post no bills (貼り紙無用) Use no hooks (手かぎ無用) Commit no nuisance (小便無用) ★ ただしこのような掲示はめったに見ることはない．

(2) *No*＋...*ing*

No Dumping (ごみを捨てるな) No Littering (紙くずを散らかすな) ★ No litter (please) もある． No Loitering (うろつくな) No Smoking (禁煙) No Spitting (つばを吐くな) No Trespassing (立ち入り禁止) No fishing here (ここで魚釣り禁止)

(3)　*Do not*＋動詞

Don't disturb（入室ご遠慮を）★ ホテルの部屋のドアなどにかける．Don't feed the animals（動物に食べ物を与えないで下さい） Don't step on the grass（芝生に入るな） Don't touch the exhibits（陳列品に手を触れるな） Don't leave litter（ごみを残すな） Do not turn over（天地無用）

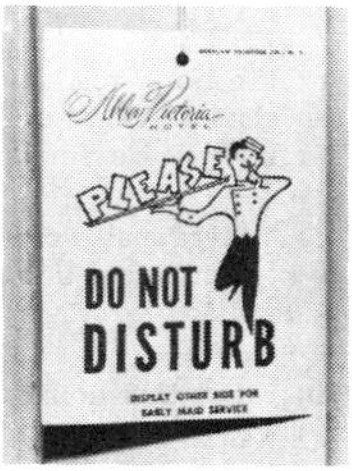

(4)　その他

Hands off（手を触れるな） Keep off（近寄るな） (Please) Keep off the grass（芝生に入るな） Keep out（立ち入り禁止） Off limits（立ち入り禁止） Shoes off（土足厳禁） (Please) Shut [Close] the door after you（ドアの開放厳禁）

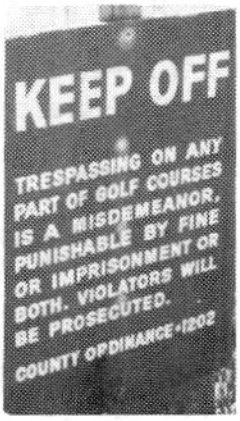

5　断りや謝絶

No＋名詞＋allowed で表すものが多い．

No peddlers or salesmen（押し売りお断り） No solicitors allowed in this building（当ビルでは押し売りお断り） No entrance to children（子供の入場お断り） No dogs allowed（犬はお断り） No visitors allowed（面会謝絶） No ball playing allowed（ボール遊び禁止） No admission except on business（無用の者の立ち入りお断り） No litter (please)（ごみを散らかすな） No radios to be played（ラジオをかけること禁止）

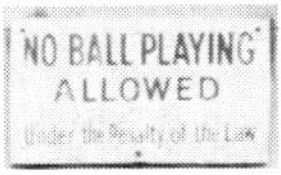

6　制限するもの

名詞＋only で表すものが多い．

Employees [Staff] only（従業員専用）

Members only（会員のみ） Room for standing only（立ち見席のみ） Used clothing only（古着専門） Adults only（成人のみ） Exit only（出口専用）

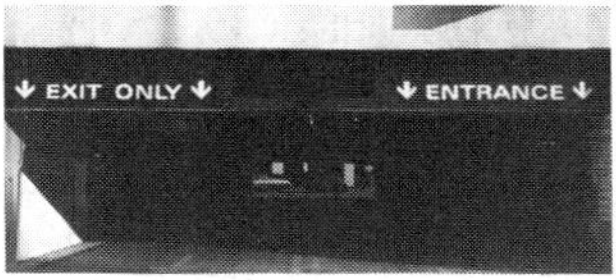

7　交通標識

(1)　規制標識（Regulatory signs）

Load limit（重量制限） Speed limit（速度制限） Stop（一時停止） Halt（一時停止） One way（一方通行） Keep right（右側通行） No Parking（駐車禁止） No Passing（追越禁止） No U-turn（転回禁止） Do not enter（進入禁止） Do not cross here（横断禁止） No right turn (ahead)（(この先)右折禁止）

(2) **警戒標識** (Warning signs)
School (学校あり) Railroad crossing (踏切あり) Winding road (つづら折れあり) Sharp turn (屈折あり) Dead end road (この先行き止まり) Merging traffic (合流交通あり) Fallen rock ahead (落石注意) Soft shoulder (路肩弱し)

(3) **案内標識** (Guide signs)
多くの場合, 名詞のみで表す.
Detour (回り道) Toll gate (料金所)

対 話 例

A : 眼鏡がないと読めないんですが, あの掲示は何て書いてあるんですか B : "禁煙" と書いてあるんです	A : I cannot read that sign without glasses. What does it say? B : It says 'No Smoking.'
A : この掲示はどこへ出しましょうか B : 塀にびょうではったらいいと思うけど	A : Where shall we put up this notice? B : I think we'd better tack it on the wall.
A : あの家が売りに出されているそうですね B : ええ, そうです. 競売にするという掲示を見ましたよ	A : I hear that house is up for sale. B : Yes. I saw a notice announcing that it would be sold by auction.

跡を継ぐ) succeed to ... ; (財産などを相続する) inherit ㊐ ; (引き継ぐ) take over ㊐ ★ 前2者より口語的で, いずれの代わりにも使える. ― 图 succession Ⓤ ; inheritance Ⓤ. 《☞ そうぞく ; つぐ² ; ひきつぐ》.
¶ 王位*継承(権) *succession* to the throne ∥ 父が亡くなりエリザベス2世が王位を*継承した Upon her father's death, Elizabeth II *succeeded to* the throne. ∥ 彼の死後, 彼の一人息子が全財産を*継承した After his death, his only son *inherited* all his property.
継承者 successor Ⓒ.

けいしょう² 軽傷 (軽いけが) slight injury Ⓒ ; (武器などによる) slight wound Ⓒ. 《☞ きず ; けが (類義語)》. ¶ 彼は*軽傷を負った He suffered a *slight* ˹*injury* [*wound*]. / He *was slightly* ˹*injured* [*wounded*].

けいしょう³ 敬称 term of respect Ⓒ ; (肩書き) title (of honor) Ⓒ. ¶ 男の名の前には "Mr." の*敬称を付ける We ˹put [prefix] "Mr." to a man's name.

けいしょう⁴ 景勝 ― 图 (絵のように美しい景色) picturesque scenery Ⓤ. ― 形 (風景が美しい) scenic ; (美しい) beautiful ; picturesque. 《☞ けしき》.
¶ *景勝の地 a *scenic* ˹spot [area] / a place of ˹*scenic* [*natural*] *beauty* ∥ この地方は*景勝の地として知られる (⇒ 景色の美しさで有名だ) *This district is* ˹*known* [*famous* ; noted ; famed] for its *scenic beauty*.

けいしょう⁵ 軽症 (軽い病気[発病]) slight ˹illness [attack] Ⓒ.

けいじょう¹ 計上 ― 動 (予算上割り当てる) appropriate ㊐. ¶ 政府は高速道路建設工事のため巨額の金を*計上した The government *appropriated* a huge amount of money for the construction of the highway system.

けいじょう² 形状 (一般的な形) form Ⓒ ; (外見) shape Ⓒ. 《☞ かたち》.

けいじょうひ 経常費 working [running ; operating] expenses ★ 複数形で.

けいしょく 軽食 (軽い食事) light meal Ⓒ; (間食として食べる) snack Ⓒ; (食べる時刻に関係のない) 《米》 lunch Ⓒ. 《☞ 食事 (囲み)》.
軽食堂 lunchcounter Ⓒ, lunchroom Ⓒ ; (セルフサービスの) cafeteria Ⓒ, 《米》 snack ˹bar [counter] Ⓒ.

けいしん 軽震 weak [slight] earthquake Ⓒ 《☞ じしん²》.

けいず 系図 (家系図) family tree Ⓒ ★ 一般的で口語的 ; genealogy Ⓒ ★ 改まった語.

けいすう 係数 〘数学〙 coefficient Ⓒ.

けいせい¹ 形勢 (置かれた状況・情勢) the situation ★ 周囲との関係を強調する ; (物事の状態) the ˹state [condition] of ˹affairs [things] ; (事態・成り行き) things ★ 複数形で. 《☞ じょうせい ; すうせい》.
¶ 天下の*形勢 *the* general *state of affairs* ∥ *形勢がよい[悪い] *The situation* is ˹favorable [unfavorable]. / *Things* look ˹hopeful [bad]. ★ 後者がより口語的. ∥ *形勢は好転[悪化]しつつある *Things* are getting ˹better [worse].

けいせい² 形成 ― 動 (作り上げる) form ㊐. ― 图 formation Ⓤ. ― 形 (形成する) formative. 《☞ つくる (類義語)》.
¶ それは彼の人間*形成に役立つだろう That will help to *form* his character. ∥ 最近では3歳までが子供の人格*形成期だと言われている It is currently said that a child's first three years are his *formative* years.

けいせき 形跡 (痕跡) trace Ⓒ; (気配) sign Ⓒ 【語法】主として否定語とともに用いる; (証拠) evidence Ⓒ. (☞ あと²).
¶ 森には狼のいた*形跡はなかった We saw no 「signs [traces] of wolves in the wood. // このナイフは使った*形跡がある This knife bears the *marks* of use. // この島には人の住んだ*形跡がない This island 「gives [shows] no *evidence* of having been lived in.

けいせん¹ 経線 〖地理〗 line of longitude [lάndʒət(j)ù:d] Ⓒ, longitude line Ⓒ; (子午線) meridian Ⓒ. (☞ けいど).

けいせん² 罫線 (ruled) line Ⓒ (☞ けい³).

けいそ 硅素 〖化学〗 silicon Ⓤ (元素記号 Si).

けいそう 軽装 (気軽な衣服) light 「dress Ⓤ [clothes]; (ふだん着) casual dress Ⓤ; (形式ばらない服装) informal dress Ⓤ. (☞ 衣服 (囲み)). ¶ 彼女は*軽装で出かけた She went out in 「*light clothes* [*casual dress*].

けいぞく 継続 ━名 (続けること) continuation Ⓤ; (契約などの更新) renewal Ⓤ. ━動 (続行する) go on with ... ★ 口語的な表現; (中断の後で続ける) continue ㊀ ㊁. ━形 (切れ目のない) continuous. (☞ つづける; ぞっこう).
¶ 法案を*継続審議する (⇒ 次の会期へ繰り越す) *carry* a bill *over* for consideration at the next session // *継続的な仕事 *continuous* work // いまやっていることをずっと*継続していきたいと思います I'd like to *go on with* what I am doing.

けいそつ 軽率 ━形 (注意に欠ける) careless; (思慮のない) thoughtless; (早まった) hasty. ━副 carelessly; thoughtlessly; hastily. (☞ うかつ; ふちゅうい; かるはずみ).
¶ 何て君は*軽率なんだ How *careless* [*thoughtless*] you are! // そんなことを信じるなんて君も*軽率だね It's 「*careless* [*thoughtless*] of you to believe such a thing. // *軽率なことをするな Don't act *hastily*.

けいたい¹ 携帯 ━動 (持ち歩く) carry ㊀; (身につけて持っている) have ... with ...; about ...). ━形 (携帯できる・携帯用の) portable. (☞ もっていく; もちはこび).
¶ 必ず何か身分証明になるものを*携帯しなさい Don't forget to *carry* some (form of) identification (with you). // このカセット式のテープレコーダーは*携帯に便利だ This cassette tape recorder *is handy to carry*. *携帯用テレビ a *portable* TV
携帯品 (持ち物類) *one's* things ★ 複数形で. 最も口語的な言い方; (手荷物) hand 「baggage [《英》luggage] Ⓤ ★ 数えるときは piece of ... を用いる; (身の回りの品) personal effects ★ 複数形で. 改まった言い方. 必ずしも持ち歩いているとは限らないこともある; *one's* belongings ★ 複数形で. **携帯品預り所** cloakroom Ⓒ, 《米》checkroom Ⓒ.

けいたい² 形態, 形体 form Ⓒ; (外観) shape Ⓒ. (☞ かたち).

けいだい 境内 precincts ★ 複数形で.
¶ 神社の*境内で in the 「*precincts* [*grounds*] of a shrine

けいだんれん 経団連 the Federation of Economic Organizations ★ 正式名は「経済団体連合会」という. (☞ 政治・経済 (囲み)).

けいてき 警笛 (自動車などの) horn Ⓒ 【参考】「クラクション」(klaxon) は商品名で, 「警笛」の意味では普通使われない. (☞ クラクション; 自動車 (囲み)).
¶ *警笛を鳴らせ Sound [Blow] *horn* // 運転手は子供に向けて*警笛を鳴らした The driver 「honked [blew] his *horn* at the child. // 市街地では自動車の*警笛を鳴らしてはいけません You shouldn't use a *horn* in built-up areas.

けいと 毛糸 ━名 (編み物用の) (knitting) wool Ⓤ. ━形 wool(l)en. ¶ *毛糸の靴下 [セーター] a *wool(l)en* 「socks [sweater] // 彼女は*毛糸で手袋を編んでいる She is knitting gloves. 【語法】 knit といえば, 通例毛糸を用いるから, 表現する必要はない.

けいど 経度 longitude [lάndʒət(j)ù:d] Ⓤ (略 long.) (☞ ど; せいけい²; いど²). ¶ *経度は東経 28 度 30 分 It is situated at 28°30′ east *longitude*. ★ twenty-eight degrees thirty minutes と読む.

けいとう¹ 系統 ━名 (組織) system Ⓒ. ━形 (系統的な) systematic. ━副 (系統的に) systematically; (秩序正しく) methodically. (☞ そしき; けいれつ).
¶ 神経[筋肉, 消化器]*系統 the 「nervous [muscular; digestive] *system* // 本は*系統立てて読むべきだ You should read books in a *systematic* way. // あの協会には命令*系統が 2 つある There are two 「*chains* [*lines*] of command in that organization.

けいとう² 傾倒 ━動 (崇拝する) admire ㊀ (☞ しんすい²). ¶ 彼女はシェークスピアに*傾倒している (⇒ シェークスピアの熱心な賛美者だ) She is an *ardent admirer* of Shakespeare. / (⇒ 熱心な読者である) She is a *devoted reader* of Shakespeare.

けいとう³ 鶏頭 〖植物〗 cockscomb Ⓒ.

げいとう 芸当 (人を楽しませる) trick Ⓒ; (曲芸・離れわざ) feat Ⓒ; (人目を引くために行う妙技) stunt Ⓒ. (☞ はなれわざ).
¶ 彼はいるかにすばらしい*芸当を仕込んだ He taught a dolphin (to do) some amazing *tricks*. // 綱渡りは難しい*芸当だ Walking on a tightrope is a difficult *feat*. // 僕ならそんな危い*芸当 (⇒ 危険な試み) はしないよ If I were you, I wouldn't make such a *risky attempt*.

けいどうみゃく 頸動脈 carotid (artery) Ⓒ (☞ どうみゃく).

げいにん 芸人 entertainer Ⓒ; (寄席芸人) 《米》vaudevillian Ⓒ.

げいのうかい 芸能界 the entertainment world, (the world of) show business.
¶ 彼女は 16 歳のとき*芸能界に入った She entered *show business* at the age of sixteen.

げいのうじん 芸能人 entertainer Ⓒ; (テレビタレント) TV 「talent [personality] Ⓒ; (芸能界の人) man in show business Ⓒ.

けいば 競馬 horse-racing Ⓤ, the races. ¶ 彼は日曜ごとに*競馬に行く He goes to *the races* every Sunday. // 彼は*競馬でもうけた[損した] He ˹made [lost] money ˹*at the races* [*on the horses*]. **競馬馬** racehorse Ⓒ **競馬場** 《米》race track Ⓒ, 《英》racecourse Ⓒ, the turf.

けいはく 軽薄 — [形] (うわついた) frivolous; (不まじめな) flippant. ¶ 彼女は*軽薄で頭がからっぽの娘だ She is a *frivolous* empty-headed girl.

けいはつ 啓発 — [動] (教えることによって, 偏見・無知などを正す) enlighten (他). — [名] enlightenment Ⓤ. 《☞ けいもう; きょういく》. ¶ 彼には*啓発された (⇒ 多くを学んだ) I've *learned a lot* from him. // 私はその解説で大いに*啓発された I *was* greatly *enlightened* by the commentary.

けいばつ 刑罰 — [名] (処罰) punishment Ⓤ; (判決) sentence Ⓒ. — [動] (罰する) punish (他). 《☞ けい[1]; ばつ[1]; しょばつ》. ¶ 彼は重い[軽い]*刑罰を受けた He received a ˹heavy [mild] ˹*sentence* [*punishment*]. / (⇒ 彼は厳しく[軽く]罰せられた) He *was punished* ˹severely [lightly].

けいはんざい 軽犯罪 (一般的には) minor [lesser; petty] ˹offense [《英》 offence] Ⓒ; (法律用語で) misdemeanor (《英》 misdemeanour) Ⓒ. 《☞ はんざい》. ¶ 彼は*軽犯罪の前歴がある He has a record of ˹*minor offenses* [*misdemeanors*]. **軽犯罪法** the Minor Offense Law.

けいひ 経費 (費用) expenses ★ 通例複数形で; (維持費) upkeep Ⓤ, (出費) outlay Ⓒ, expenditure Ⓤ ★ 後者は改まった語. 《☞ ひよう; ししゅつ; しゅっぴ》.
¶ それはたいへん*経費がかかる[かさむ] It *costs* a great deal of money. // それに要した*経費はお支払いいたします I'll ˹pay [cover] the *expenses* involved in it. // 車の*経費は思いのほかかかる The *upkeep* on the car is higher than you would expect.

けいび[1] 警備 — [名] (警戒) guard Ⓤ; (防備) defense (《英》 defence) Ⓤ. — [動] guard (他); defend (他); (見張る) keep watch on ... 《☞ けいかい[1]; ごえい; まもる》.
¶ 首相官邸は警官によって厳重に*警備されていた The premier's official residence *was* strictly *guarded* by policemen. // 彼らは空港周辺の*警備を強化した They tightened the *security guard* around the airport. // この辺は*警備が手薄だ The *defense* is weak around here.
警備員 guard Ⓒ **警備艦[艇]** guardship Ⓒ **警備隊** garrison Ⓒ.

けいび[2] 軽微 — [形] (ささいな) slight; (取るに足らぬ) trifling; (わずかな) little; (無視し得る) negligible. 《☞ かるい》. ¶ *軽微な損害 *slight* damage

けいひん 景品 《米》giveaway Ⓒ, 《英》free gift Ⓒ. 《☞ おまけ》.

けいふ[1] 系譜 genealogy Ⓒ 《☞ けいず》.

けいふ[2] 継父 stepfather Ⓒ 《☞ ぎふ; 親族関係(囲み)》.

けいぶ[1] 警部 《米》captain Ⓒ, 《英》chief inspector Ⓒ; (一般的に) police inspector Ⓒ. **警部補** 《米》lieutenant Ⓒ, 《英》inspector Ⓒ.

けいぶ[2] 頸部 cervix Ⓒ 《複 ~es, cervices》, neck Ⓒ ★ 前者は専門用語. 後者は一般的な語. 《☞ くび》.

けいふく 敬服 — [動] (感心する) admire (他); (感動する) be deeply impressed by ... — [形] (敬服すべき) admirable. — [名] admiration Ⓤ. 《☞ かんしん[1]; そんけい》. ¶ 私は彼の良識に*敬服している I *admire* his good sense. // 私は彼の腕前に*敬服している I *am deeply impressed* ˹by [with] his skill.

けいべつ 軽蔑 — [動] look down (up)on ...; despise (他); scorn (他); slight (他); have [feel] ˹contempt [scorn] for ...; hold ... in contempt. — [名] (侮蔑) contempt Ⓤ; (さげすむこと) scorn Ⓤ; (軽視) slight Ⓤ. — [形] contemptuous; scornful; (相手をいやしめるような) derogatory, pejorative ★ いずれも言葉などについて用いられる; (軽蔑すべき) contemptible.
【類義語】最も口語的な表現は ***look down (up)on ...*** 感情的に心底から軽蔑するのは ***despise***. この語はやや文語的. 特に激しい嫌悪を露骨に示して軽蔑するのは ***scorn***. 相手を軽んじ, 無視するのは ***slight***. [名] で, 強い非難の意味を含んだ軽蔑は ***contempt***.
¶ 貧しい人を*軽蔑してはいけない Don't ˹*look down (up)on* [*despise*] poor people. // 彼女は動物を残酷に扱う人を*軽蔑している She ˹*has* [*feels*] *contempt for* people who are cruel to animals. // 私は試験でカンニングをする人を軽蔑する I *scorn* those who cheat in examinations. // 彼女はパーティーに招待されなかったので*軽蔑されたと思っている She felt she *had been slighted* when she was not invited to the party. // 彼女は*軽蔑的な顔つきで私を見た She looked at me *contemptuously*. // この語は*軽蔑的に用いられる This word is used in the *pejorative* sense. // 彼は最も*軽蔑すべき奴だ He is a most *contemptible* fellow.

けいぼ 継母 stepmother Ⓒ 《☞ ぎぼ; 親族関係(囲み)》.

けいほう[1] 警報 (警告の) warning Ⓒ; (非常の) alarm Ⓒ. ¶ 暴風雨[津波]*警報が出された A ˹storm [tidal wave] *warning* has been issued. // *警報装置がうまく働かなかった The *alarm* system did not work well.

けいほう[2] 刑法 — [名] the ˹criminal [penal] ˹law [code]. — [形] (刑法(上)の) criminal, penal. **刑法学者** criminalist Ⓒ.

けいぼう 警棒 (policeman's) club Ⓒ, 《米》billy Ⓒ, 《英》truncheon Ⓒ.

けいみょう 軽妙 — [形] (器用な) clever; (巧妙な) smart; (才気のある) witty.

けいむしょ 刑務所 prison Ⓒ, 《米》jail Ⓒ, 《英》gaol [dʒéil] Ⓒ ★ 成句では無冠詞. 《☞ しゅうち; とうごく; ろう[2]》.
¶ 泥棒たちは*刑務所に入れられた The thieves

were「sent to *prison* [put in *jail*]. // 彼は*刑務所に入っている He is in *prison*. // その男は最近*刑務所を出たばかりだ The man has just been released from *prison*.

刑務所長 《米》warden Ⓒ, 《英》prison governor Ⓒ.

げいめい 芸名 (職業上の) professional name Ⓒ; (映画俳優の) screen name Ⓒ; (舞台俳優の) stage name Ⓒ.

けいもう 啓蒙 ―動 enlighten ㊀. ―名 (啓発) enlightenment Ⓤ. ―形 (啓蒙的な) enlightening. 《☞ けいはつ》. ¶彼の著作によって大いに*啓蒙された I *was* greatly *enlightened* by his books.

啓蒙運動 campaign for enlightenment Ⓒ.

けいやく 契約 ―名 (正式な文書などにより, 法的な効果を持つもの) contract Ⓒ; (相互の同意による約束) agreement Ⓒ; (借地・借家の) lease Ⓒ. ―動 contract ㊀㊁

[語法] 「…する契約をする」という意味の場合, ㊀ では to不定詞 を伴い contract to *do* となり, ㊁ では contract for *doing* という言い方になる. 《☞ きょうてい[1]》.

¶私はその会社と販売*契約を結んだ I「made [signed] a sales *contract* with the company. // 彼は*契約を履行しなかった He failed to「carry out [perform] the *contract*. // それは*契約違反です It is a breach of our *agreement*. // この*契約はもう無効です This *contract* no longer stands. / This *agreement* has already expired. // 私たちはそのアパートを2年借りる*契約をした We are to take the apartment on a *lease* of two years. // 彼はその仕事を1千万円で請け負う*契約をした He *contracted* to undertake the work for 10 million yen. // *契約は破棄された The *agreement* was cancelled.

契約期間 term of contract Ⓒ **契約書** contract Ⓒ.

けいゆ[1] 経由 ―前 (…経由で) by way of …, via [vàiə] … ★ 後者のほうがやや形式ばっている. ¶彼はシベリア*経由でロンドンへ行った He went to London「*by way of* [*via*] Siberia.

けいゆ[2] 軽油 light oil Ⓤ.

けいよう[1] 形容 ―動 (言い表す) express ㊀; (詳しく描写する) describe ㊀. 《☞ いいあらわす》. ¶その美しさは*形容できないほどだった Its beauty was beyond *description*. / (⇒ 描写できないほど美しかった) It was too beautiful to *describe*. **形容詞** 〖文法〗 adjective Ⓒ 《☞ 形容詞の2用法 (欄外)》.

けいよう[2] 掲揚 ―動 (旗を) hoist ㊀; (空中に掲げる・翻す) fly ㊀ ★ 旗以外にも使う意味の広い語. 《☞ かかげる》. ¶我々は国旗を*掲揚した We *hoisted* the national flag.

けいらん 鶏卵 (hen's) egg Ⓒ 《☞ たまご》.

けいり 経理 (会計) accounting Ⓤ 《☞ かいけい》. ¶あの会社の*経理は乱脈です (⇒ お金にだらしがない) That company is very loose in money.

けいりし 計理士 《米》certified public accountant Ⓒ, 《英》chartered accountant Ⓒ.

けいりゃく 計略 (わな) trap Ⓒ; (たくらみ) trick Ⓒ; (戦略) strategy Ⓤ; (計画) plan Ⓒ ★ 口語的な日常語. 《☞ わな; さくりゃく》.

¶それは敵の*計略だろう That will be the enemy's「*trap* [*strategy*]. // 我々の*計略はうまくいった Our「*plan* [*trick*] worked. / They fell into our *trap*.

けいりゅう[1] 係留 ―動 (船などを) moor … (at …; to …) 《☞ つなぐ》.

けいりゅう[2] 渓流 mountain stream Ⓒ.

けいりょう[1] 計量 ―動 (一般に, 物を計る) measure ㊀; (重量を) weigh ㊀. 《☞ はかる[1]》.

計量カップ measuring cup Ⓒ 《☞ 台所・家事 (囲み)》 **計量器** (ガス・水道・タクシーなどの) meter Ⓒ; (計器) ga(u)ge [géidʒ] Ⓒ **計量スプーン** measuring spoon Ⓒ.

けいりょう[2] 軽量 ―名 light weight Ⓤ. ―形 light. 《☞ かるい》.

けいりん 競輪 bicycle [cycle] race Ⓒ.

競輪場 bicycle race track Ⓒ.

けいるい 係累 (扶養家族) dependent Ⓒ; (親戚) relative Ⓒ. 《☞ かぞく; しんせき》.

けいれい 敬礼 ―名 (軍隊で, 挙手による) salute Ⓒ. ―動 salute ㊀.

けいれき 経歴 (職業的な経歴) career Ⓒ

[語法] 社会的にかなり重要性を持つ職業というニュアンスがあるので, bad などとは結び付かない; (記録として持っている) record Ⓒ; (履歴) *one's* personal history ★ 職業的なものとは限らない; (教育・職歴など広い意味での背景) *one's* background. 《☞ りれき; キャリア》.

¶彼は外交官としてすばらしい*経歴を持っている He has had a brilliant「*career* [*record*] as a diplomat. // 彼の*経歴はかんばしくない He has a bad *record*. // 彼はどんな*経歴の人ですか What is his「*career history* [*background*]?

けいれつ 系列 (系統) system Ⓒ; (一派・学派) school Ⓒ. 《☞ けいとう[1]》.

形容詞の2用法 (attributive and predicative uses of adjectives) 形容詞には限定用法, 叙述[述語]用法と呼ばれる2つの使い方がある.

1 2用法の区別

(1) 限定用法.

名詞について直接これを修飾する.

¶幸福な王子 the *happy* prince // 赤いバラ *red* roses

普通, 限定用法の形容詞は修飾される語の前に置くが, 中には後に置く場合もある.

¶「きょうの新聞に何か新しいことが載っていますか」「いや, 別に」 "Is there anything *new* in today's paper?" "No, nothing (*new*)." [語法] 一般に -thing の付く不定代名詞は形容詞が後に置かれる. // 利用しうる最も新しい技術 the most advanced technology *available*

(2) 叙述用法.

補語として, 主語・目的語に関する叙述を行う.

¶王子は幸福だった <S(人)+V(be)+C(形)> The prince was *happy*. 《主格補語》 // 彼らは王子を幸福にした <S(人)+V(make)+O(人)+C(形)> They made the prince *happy*. 《目的格補語》

大部分の形容詞は限定用法・叙述用法のいずれにも用いられるが, 中にはどちらか一方にしか使わないもの, どちらにも用いるがそれぞれ意味の異なるものもある.

¶ 企業の*系列化 the「*systematization* [*taking over*] of enterprises // 彼は印象派の*系列の画家だ He is an artist of the impressionist *school.* // わが社はその会社の*系列会社の1つです Our firm is「one of the *affiliated* firms [(⇒ 子会社の1つ) a *subsidiary*] of the company.

けいれん 痙攣 —[名] (痛みのある筋肉の) cramp ★《英》では [U],《米》では [C]; (震え) convulsions ★ 通例複数形で; (突然筋肉が収縮すること) spasm [C]. —[動] cramp (自); convulse (自).《☞ つる[3]; 病気・病院 (囲み)》.
¶ 彼は泳いでいて足に*痙攣を起こした He got (a) *cramp* in his leg while swimming. // 彼は突然*痙攣を起こした He suddenly fell into a fit of *convulsions.*

けいろ 経路 (進路) course [C]; (ある場所からある場所へ至る決まった道筋) route [C]; (情報・手続きなどの) channel [C]; (過程) process [C].《☞ ルート[1]》.
¶ 彼らは逆の*経路をとった They followed the opposite *course.* // 感染*経路はまだ判明しない The *route* of infection is not yet known. // 彼はその情報の入手*経路をあかすことを拒んだ (⇒ どのようにして情報を得たか) He refused to show「*how* [*through what channel*] he got that information.

けいろう 敬老 respect for the「aged [old] [U].
敬老の日 Respect-for-the-Aged Day《☞ しゅくじつ (表)》.

ケーキ cake [U] [語法] 丸ごと1つのものをいうときは [C]. 切ったケーキは [U] で, a piece of cake のようにいう.《☞ かし[1]; 可算・不可算名詞 (欄外)》. ¶ 誕生日[クリスマス]の*ケーキ a「birthday [Christmas] *cake*

ゲージ (計器・標準寸法・規格など) ga(u)ge [géidʒ] [C].

ケース (入れ物) case [C]; (個々の事例) case [C].《☞ はこ; れい[1]》. **ケース バイ ケース** ¶ それは*ケース バイ ケースでやって下さい You can do it「*case by case* [*on a case-by-case basis*].

ケースワーカー caseworker [C].

ケーブル (太い綱) cable [C]; (海底電線) cable [C]. ¶ 地下に*ケーブルを敷設する lay a *cable* under ground

ケーブルカー cable car [C].

ゲーム —[名] game [C]. —[動] (ゲームをする) play [have] a game.《☞ しあい; あそび (類義語)》. ¶ 卓球を1*ゲームしよう Let's have a *game* of table tennis. // 彼は*ゲームがうまい He plays a good *game.* // いま巨人は2*ゲーム差で阪神に勝っている The Giants have a lead of two *games* over the Tigers.

けおとす 蹴落とす (失脚させる) bring *a person* down, bring about *a person's* downfall. ¶ 彼は同僚を*蹴落として (⇒ 同僚を犠牲にして) 今日の地位を得た He got his present position *at the expense of* his colleagues.

けおりもの 毛織物 wool [U], woolen「goods [cloth; fabrics; textiles] ★ cloth は [U]. それ以外は複数形で. **毛織物業** the woolen textile industry.

けが 怪我 —[名] injury [C]; hurt [C]; wound [C]. —[動] (けがをさせる) injure (他); hurt (他); wound (他).
【類義語】 事故などによって生じるけがで, 最も一般的な語は ***injury.*** 同じ意味で, よりくだけた語は ***hurt.*** 戦争・けんかなどで武器による意図的なけがを指すのが ***wound.***《☞ きず (類義語); ふしょう[1]》
¶ 彼はその事故で大*けが[軽い*けが]をした He *was*「seriously [slightly] *injured* in the accident. / He suffered a「serious [slight] *injury* in the accident. // 手を*けがしちゃった I've *hurt* my hand. // 「*けがはありませんでしたか」「大丈夫です」"Did you *hurt* yourself?" "No, I'm all right. Thank you." // *けが人は病院へ運ばれた The「*injured* [*wounded*] were「taken to the hospital [hospitalized]. // *けがの功名 a *chance* hit

げか 外科 —[名] surgery [U]; (病院の) the department of surgery. —[形] (外科的な・外科の) surgical.《☞ 病気・病院 (囲み)》.
¶ 脳*外科 brain *surgery* // 脳*外科医 a brain *surgeon* // *外科的療法 a *surgical* treatment // 整形*外科 cosmetic [plastic] *surgery*
外科医 surgeon [C]《☞ いしゃ》 **外科医院** surgery [C] **外科手術** surgery [U], surgical operation [C].

げかい 下界 ¶ 我々は山頂から*下界を眺めた We looked down upon the *lowlands* from the mountaintop.

けがす 汚す (辱める) disgrace (他), dishonor (他); (神聖を) profane (他).《☞ はずかしめる》.
¶ 彼は家名を*汚した He「*disgraced* [*brought disgrace on*] his family. // 彼はわいろを受け取って会社の名誉を*汚した He *dishonored* his company by taking a bribe.

けがらわしい 汚らわしい (きたない) dirty; (ひどくきたない) filthy; (胸がむかつくような) disgusting.《☞ きたない; わいせつ》. ¶ それは見るも*けがらわしい It is *disgusting* to look

---

2 2用法に関する注意
(1) 限定用法のみに用いるもの.
¶ 私の姉 my *elder* sister《英》★《米》ではこのような場合 older を使うことが多い. // まったく見ず知らずの人 an *utter* stranger // 当クラブの前会員 the *former* member of our club // 上部右隅 the *upper* right-hand corner // 総計 the sum *total* // ほんの子供 a *mere* child // まったくの幸運 *sheer* luck // 内側[外側]の表面 the「*inner* [*outer*] surface // 時折りのにわか雨 *occasional* rain showers // 酔っ払った男 a *drunken* man [語法] drunk は叙述的に用いる. ((例) 彼は酔っ払っている He is *drunk.*)
(2) 叙述用法のみに用いるもの.
性質よりも, 一時的な状態を表すものが多い.
¶ 彼女はその犬を怖がっている She is *afraid* of the dog. [語法]「怖がっている女の子」の場合は the *frightened* girl のように言う. // 彼らは二人とも似ている They are *alike.* [語法] alike に対する限定用法の形容詞には like があるが, 例えば *like* value (= 同じくらいの値打ち) のような場合に用い,「あなたによく似ている人」のような場合は a man who is just *like* you のような言い方になるのが普通. // 彼女は独りぼっちでした She was all *alone.* // 赤ん坊は眠っています

at. // 彼は*けがらわしい言葉で私をののしった He jeered at me in *filthy* words. // そんな*けがらわしい金は受け取れない I cannot receive such *dirty* money.

けがれ 汚れ ¶ 彼女は*汚れを知らぬ (⇒ 無邪気な) 少女だ She is an *innocent* girl.

けがわ 毛皮 fur Ⓤ. ¶ *毛皮のコート a *fur* coat **毛皮商** furrier Ⓒ.

げき 劇 (芝居) play Ⓒ; (戯曲) drama Ⓒ ★ やや改まった語. 《☞ えんげき; しばい》.
¶「その*劇はどこで上演されていますか」「東都劇場です」"Where's that *play* on now?" "It's on at the Toto Theater."
劇作家 playwright Ⓒ, dramatist Ⓒ.

げきか[1] 激化 ―[動] (より重大になる[激しくなる]) become ˹more serious [intensified]; (悪いことがひどくなる) worsen (自). 《☞ はげしい》. ¶ 両者の対立は*激化した The confrontation between the two *has become more serious.*

げきか[2] 劇化 ―[動] dramatize (他). ―[名] dramatization Ⓤ. 《☞ きゃくしょく; ドラマ》.

げきが 劇画 comic strip Ⓒ 《☞ まんが》.

げきげん 激減 ―[動] (急激に減る) decrease ˹sharply [rapidly; remarkably] (自). ―[名] marked [rapid] decrease Ⓒ. 《☞ へる[1]; げんしょう[1]》. ¶ 先月のわが国の対米輸出は*激減した Our exports to the United States ˹*decreased sharply* [*showed a marked decrease*] last month.

げきしょう 激賞 ―[動] (大いにほめる) praise ... highly. ―[名] high praise Ⓤ. 《☞ ほめる》.

げきじょう[1] 劇場 theater Ⓒ, 《英》 theatre

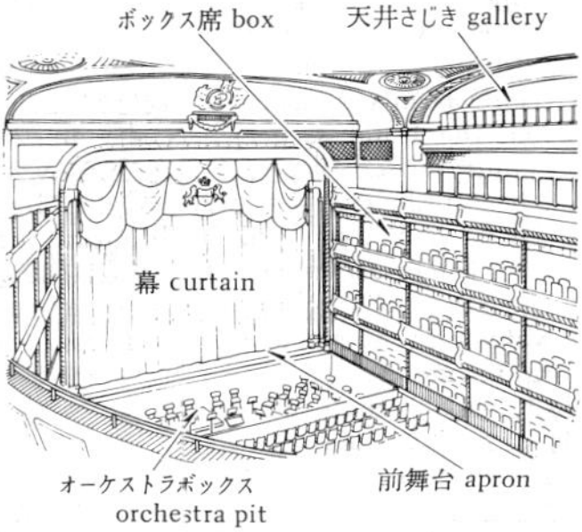

劇場 theater

Ⓒ [参考] アメリカでも劇場の固有名詞などでは theatre とつづることがある; (特に固有名詞の一部として) playhouse Ⓒ.
¶ ここは*劇場街だ This is a *theater* district.

げきじょう[2] 激情 (激しい[強い]感情) violent [strong] emotion Ⓒ; (熱情) passion Ⓤ. ¶ 彼は*激情を抑えられなかった He could not hold back his ˹*strong emotion* [*passion*].

げきしん 激震 severe ˹shock [earthquake] Ⓒ 《☞ じしん[2]》.

げきせん 激戦 (激しい戦い) fierce battle Ⓒ; (激しい競争) close [hot] contest Ⓒ.
¶ *激戦地 a *hard-fought* field / 《選挙の》 a ˹*hotly* [*closely*] *contested* district // この前の選挙は*激戦だった The last election was a *hot contest*.

げきぞう 激増 ―[動] (著しく増す) increase ˹markedly [remarkably; sharply] (自). ―[名] (急激な増加) sudden [rapid] increase Ⓒ; (著しい増加) marked [remarkable; sharp] increase Ⓒ. 《☞ ふえる; きゅうぞう》.
¶ 住宅の需要が*激増した The demand for houses has shown a ˹*marked* [*remarkable*] *increase*. // 2輪車の事故が*激増している The number of motorcycle accidents *is rapidly increasing*.

げきたい 撃退 ―[動] (追い返す) drive ˹back [away] (他).

げきだん 劇団 (演劇の一団) dramatic [theatrical] company Ⓒ; (俳優の一座) (acting) troupe [trú:p] Ⓒ ★ 特に旅回りの一座を指す. ¶ 彼は地方回りの*劇団に加わった He joined a provincial touring ˹*company* [*troupe*]. **劇団員** member of a dramatic company Ⓒ.

げきつい 撃墜 ―[動] shoot [bring] down (他), down (他). 《☞ うちおとす》.

げきつう 激痛 sharp [acute] pain Ⓒ 《☞ いたみ (類義語); 病気・病院 (囲み)》.

げきてき 劇的 ―[形] (あっと驚くような) dramatic; (徹底的な) drastic ★ 前者のほうが意味が強い. ―[副] dramatically; drastically. 《☞ ドラマチック》. ¶ *劇的な回復 a *dramatic* recovery // *劇的な変化 a *drastic* change

げきど 激怒 ―[動] (激しく怒る) become [get] very angry, fly into a ˹rage [fury] ★ 前者が口語的. ―[名] violent [great] anger Ⓤ, rage Ⓒ, fury Ⓒ ★ 最初が口語的. fury は rage より意味が強い. ―[形] (激怒した) furious. 《☞ おこる[1]; 感情の表現 (囲み)》.
¶ 彼女は彼に侮辱されて*激怒した She was

The baby is *asleep*. [語法]「眠っている赤ん坊」の場合は the *sleeping* baby のように言う. // お母さんは元気です My mother is *well*. [語法] 限定用法の「元気な (⇒ 健康な)」は healthy. ただし主として《米》では a *well* man (＝健康な人) のような用法もある. // この魚は生きていますか Is this fish *alive?* [語法] 限定用法の形容詞は living または live [láiv]. // 彼はぱっちり目が覚めていた He was wide *awake*. // 油は火がつきやすい Oil is *liable* to catch fire. // 計画は変更される場合もある The schedule is *subject* to change. // あなたはそれで満足ですか Are you *content* with it? [語法]「満足した顔つき」は a *contented* look のように言う.

(3) 限定用法と叙述用法で意味が違うもの.
¶ 彼女は有能な教師だ She is an *able* teacher. // 彼女は泳ぐことができる She is *able* to swim. // 不幸 *ill* luck // 彼女は病気で寝ています She is *ill* in bed. [語法]《米》では sick を用いるのが普通. // あなたは彼の成功を確信していますか Are you *certain* of his success? // 私はある場所で彼に会いました I met him at a *certain* place. // いまの市長 the *present* mayor // 私たちの中にはそのパーティーに出席していた人もいました Some of us were *present* at the party.

furious at his insult. // 彼は*激怒してその手紙を引き裂いた He tore up the letter in *great anger*.

げきどう 激動 (動乱) convulsion Ⓒ. ¶ *激動の時代 an age of *convulsions*

げきとつ 激突 ―動 (激しくぶつかる) crash ⓐ. ―名 crash Ⓒ. (☞ しょうとつ). ¶ 車は門柱に*激突した The car *crashed into* the gatepost.

げきひょう 劇評 dramatic ⌈criticism [review] Ⓤ (☞ ひひょう (類義語)). 劇評家 drama ⌈critic [reviewer] Ⓒ.

げきへん 激変 ―名 (急変) sudden change Ⓒ; (急速な変化) rapid change Ⓒ; (徹底的な変化) drastic change Ⓒ; (社会などの大変動) upheaval Ⓒ. ―動 (急激に変わる) change suddenly ⓐ; (激しい変化を受ける) undergo a sudden change. (☞ きゅうへん). ¶ 気象の*激変に注意しなさい Be careful of *sudden changes* in the weather. // その戦争は社会的*激変の原因となった The war caused ⌈a *rapid change* of society [social *upheavals*].

げきむ 激務, 劇務 hard work Ⓤ.

げきやく 劇薬 (強力な薬) powerful drug Ⓒ; (毒薬) poison Ⓒ.

けぎらい 毛嫌い ¶ 彼は警官を*毛嫌いする (⇒ 警官アレルギーだ) He is *allergic to* policemen. (☞ きらう; けんお).

げきりゅう 激流 (激しい流れ) violent stream Ⓒ; (ほとばしる流れ) torrent Ⓒ. (☞ きゅうりゅう). ¶ ボートは*激流にのまれた The boat was caught in the *torrent*.

げきれい 激励 ―動 (励ます) encourage ⓣ; (元気づける) cheer up ⓣ. ―名 encouragement Ⓤ. (☞ はげます; せいえん[1]).
¶ 先生はベストを尽くすように彼を*激励した The teacher *encouraged* him to do his best.

げきれつ 激烈 ―形 (激しい) violent; (競争などが厳しい) severe, keen. ―副 violently; keenly, severely. (☞ はげしい; もうれつ). ¶ 現代は*激烈な競争の時代だ This is an age of *keen* competition.

げきろん 激論 (激しい討論[議論]) heated ⌈discussion [argument] Ⓒ; (はっきり2派に分かれた, 激しい論争) active [fierce] debate Ⓒ. (☞ ぎろん; ろんそう). ¶ 我々は*激論を戦わせた We had a *heated* ⌈*discussion* [*argument*]. // 彼もその*激論に加わった He, too, took part in the *active debate*.

けげん 怪訝 ―形 (とまどった) puzzled; (半信半疑の) dubious [d(j)úːbiəs].
¶ 彼は*怪訝な顔をして私のほうを振り向いた He turned to me with a ⌈*dubious* [*puzzled*] look. // その知らせを聞くと父は*怪訝そうな顔をした Father looked ⌈*dubious* [*puzzled*] at the news.

げこ 下戸 ¶ 私は*下戸です (⇒ 酒は飲まない) I *don't drink*.
【参考語】―名 (酒を飲まない人) nondrinker Ⓒ.

げこう 下校 ―動 (学校を出る) leave school ★「学校を卒業する」という意味もある. (☞ きたく; かえる[1]).

けさ 今朝 this morning (☞ あさ[1]). ¶ *けさは寒い It's cold *this morning*.

げざい 下剤 laxative Ⓒ.

けし 罌粟 poppy Ⓒ (☞ 花 (囲み)).

げし 夏至 the summer solstice.

けしいん 消印 ―名 (日付・発信地の印を含む) postmark Ⓒ. ―動 (消印を押す) postmark ⓣ.
¶ その絵葉書には8月10日付のマイアミの*消印があった The post card bore the *postmark* of Miami on August 10. // 7月15日の*消印まで有効 (⇒ 遅くとも7月15日の消印を有すること) Must *be postmarked* no later than July 15. / (⇒ 7月15日を期限とする) Closing date: July 15 (*mailing date*).

けしかける (犬などを) set (a dog) ⌈on [at] ...; (そそのかす) egg *a person* on (to *do*). (☞ たきつける; そそのかす; しむける). ¶ 老人は不法侵入者に猟犬を*けしかけた The old man *set* the hounds ⌈*on* [*at*] a trespasser. // 私は彼を*けしかけてその商売をやらせた I *egged* him *on to* start the business.

けしからん (無礼な) rude; (許しがたい) unpardonable; (言い訳の立たない) inexcusable; (言語道断な) scandalous. (☞ しつれい; なまいき). ¶ それは*けしからん That's a *shame*. // 彼の態度は*けしからん (⇒ 許しがたい) His attitude is ⌈*unpardonable* [*inexcusable*]. // 市長が賄賂を受け取るなんて*けしからん It is *scandalous* for the mayor to take a bribe.

けしき 景色 (一地方の自然の風景全体) scenery Ⓤ; (ある特定の場所から見える限られた景色) scene Ⓒ; (広く見渡せる風景) landscape Ⓒ; (一定の場所で目に入る眺め) view Ⓒ. (☞ ふうけい; ながめ[1]).
¶ *景色のよい場所 a *scenic* spot / a place of *scenic* beauty // 私は田舎の*景色が好きだ I like the ⌈rural *scenery* [*scenery* in the country]. // なんてすばらしい*景色だろう What a beautiful *view*! // 私たちはその美しい*景色を堪能した We enjoyed the ⌈beautiful *scenery* [picturesque *scene*]. // 彼女は列車の窓から通り過ぎる*景色を眺めていた She was watching the passing *landscape* from the train window.

げじげじ house centipede Ⓒ.

けしゴム 消しゴム eraser Ⓒ, 《英》(India) rubber Ⓒ ★ 前者が普通.

けしとぶ 消し飛ぶ ¶ 私の心配は*消し飛んだ (⇒ 心配は去った) My worry *was gone*. / (⇒ それが私の心配に終止符を打った) That *put an end to* my worry. // 我々の希望は*消し飛んでしまった (⇒ だめになった) All our hopes *were* ⌈*ruined* [*frustrated*].

けしとめる 消し止める (火を) put out ⓣ, extinguish ⓣ ★ 前者のほうが口語的; (火事を) get the fire under control. (☞ けす). ¶ 消防隊が火を*消し止めた The firemen ⌈*put out* [*extinguished*] the fire. / The fire ⌈brigade [company] *got the fire under control*.

けじめ (区別) distinction Ⓤ ★ 具体的な相

違点をいうときは Ⓒ. 《☞ くべつ》.

¶ 彼は仕事と遊びの*けじめがつかない (⇒ 仕事と遊びの区別ができない) He cannot *distinguish* play *from* work. / He cannot *make a clean distinction between* work and play. // 公私の*けじめは(はっきり)つけるべきだ (⇒(はっきりと)一線を画すべきだ) We must *draw a* (*clear*) *line between* public and private matters.

げしゃ 下車 ━[動] (乗り物から降りる) get off (...) (自) (↔ get on); (車から) get out (of a car) (↔ get in). 《☞ おりる; 乗り物 (囲み)》.

¶ 私は次の駅で*下車します I'm going to *get off* at the next station. // *下車前途無効 《切符などの注意書き》 No *stopover* on this ticket.

げしゅく 下宿 ━[名] (まかない付きの下宿屋) boardinghouse Ⓒ; (部屋のみ貸す下宿屋) 《米》 rooming house Ⓒ; (労働者用の木賃宿) lodging house Ⓒ; (下宿の部屋) room Ⓒ; (まかない付きの下宿) room and board ★ 広告文などの用語. ━[動] (下宿する) room (自), 《英》 lodge (自); (まかない付きで) board (自). 《☞ まがり[1]; まかない》.

¶ 私は大学の近くに*下宿している (⇒ 下宿屋に住んでいる) I ˹*live in a rooming house* [*am rooming*] near the campus. // 彼女は学生相手の*下宿をやっている (⇒ 彼女は学生を下宿させて生計を立てている) She makes a living by ˹*taking in student lodgers* [*running a rooming house for students*]. // 「*下宿は見つかりましたか」「はい, 見つかりました」 "Have you found yourself a *room*?" "Yes, I have." // 「*下宿代にいくら払うのですか」「月6万円です」 "How much ˹is [do you pay for] your *room and board*?" "I pay 60,000 yen a month." // 彼はパーカーさんの家に*下宿している He is ˹*rooming* [*lodging*; *boarding*] at Mrs. Parker's (house).

げじゅん 下旬 (月末) the end of the month; (月末の10日間) the last ten days of the month [参考] 英語では日本語のように10日区切りで月を分けるのは普通ではなく, 従って「月末」のような漠然とした言い方にするのが普通. ¶ 今月の*下旬には中間試験がある We will have a midterm exam ˹near [toward] *the end of this month*.

けしょう 化粧 ━[名] (顔の化粧) makeup Ⓤ. ━[動] make (*oneself*) up; (どぎつく) paint (他). 《☞ メーキャップ》.

¶ 彼女はあまり*化粧をしていない She doesn't wear much *makeup*. // 彼女はいつも厚*化粧だ She always wears heavy *makeup*. / She always *paints* her face thickly. // 彼女はお*化粧中です She *is making herself up*. // お*化粧を直したいのですが I'd like to adjust my *makeup*. // *化粧を落とす remove *one's makeup*

化粧鏡 toilet mirror Ⓒ **化粧室** dressing room Ⓒ [語法] 「手洗い」の意味では, 個人の家では bathroom Ⓒ, 公共の建物では rest room Ⓒ といい, 掲示では (男子用) Gentlemen; (女子用) Ladies などとする. **化粧石けん** toilet soap Ⓤ **化粧台** dressing table Ⓒ, 《米》 dresser Ⓒ **化粧品** cosmetic Ⓒ **化粧品店** cosmetic(s) ˹shop [store] Ⓒ 《☞ 店の呼び名 (囲み)》.

けしん 化身 ━[名] (普通はあまり好ましくない考えや性質などが人の姿をして現れたもの) incarnation Ⓒ; (ある思想などが具体的な形をとったもの) embodiment Ⓒ. ━[形] (人の姿をした) incarnate. ¶ 彼は悪魔の*化身だ He is a devil *incarnate*.

けす 消す **1** 《消火する》: put out (他), extinguish (他) ★ 前者のほうが口語的; (息で) blow out (他); (踏みつけて) stamp out (他); (毛布などをかけて火を) smother (他).

¶ キャンプの後は火をすっかり*消さなければならない You must completely ˹*put out* [*extinguish*] the fire at the campsite. // 落ち葉に移った火を踏みつけて*消した We *stamped out* the fire that had started in the fallen leaves.

2 《電灯・テレビ・ラジオ・ガスなどを消す》: turn off (他) (↔ turn on), switch off (他) (↔ switch on). ¶ テレビを*消しなさい *Turn* [*Switch*] *off* the TV set.

「使用しないときは電灯を消して下さい」という掲示

3 《書いたものを消す》: erase (他); (こすって) rub off (他); (拭いて) wipe off (他); (線を引いて文や語を削除する) cross out (他), cancel (他).

¶ 黒板を*消して下さい Please *erase* the blackboard. // 塀のいたずら書きを*消した I ˹*rubbed off* [*wiped off*] the writing on the wall. // テキスト1ページ3行目から5行目まで*消して下さい Please ˹*cross out* [*cancel*] from line 3 to line 5 on page 1 of the textbook.

4 《取り除く》: (においを) remove (他); (音を) deaden (他); (音を吸収する) absorb (他).

¶ この薬品でトイレのにおいを*消せるでしょう This chemical will *remove* all smells from your toilet. // この建材は音を*消します This building material ˹*deadens* [*absorbs*] noise.

5 《姿を》: (見えなくなる) disappear (自); (突然原因不明のまま) vanish (自). ¶ 彼は姿を*消した He *has* ˹*disappeared* [*vanished*]. / (⇒ それ以後消息がわからない) He has never been heard of since.

げすい 下水 (下水設備) drainage Ⓤ, sewerage [sú:əridʒ] Ⓤ [語法] 前者は排水の方法やシステムに重点を置いた語で, 後者は排水のためのパイプ・溝などの敷設状況に重きを置いた語. 同意に用いられることもある; (排水溝[管]) drain Ⓒ; (地下にあるもの) sewer [sú:ər] Ⓒ; (排出される水など) sewage [sú:idʒ] Ⓤ, waste water Ⓤ ★ 前者のほうが改まった語. 《☞ はいすい[1]》.

¶ *下水が詰まった The *drain* is stopped up. // この市は*下水設備が完備している The city has a very adequate *sewerage system*.

ゲスト (ゲスト出演者) guest performer Ⓒ,

guest Ⓒ 【語法】 英語の guest は「客」という一般的な語なので，明白にする必要があるときは前者を使う．¶ 彼はテレビ番組に*ゲストとして出演した He appeared on a TV program as a *guest* (*performer*). / He made a *guest* appearance on a TV program.

け

けずる 削る **1** «刃物でそぎ取る»:（薄く削る）shave ㊀；（かんなで平らにする）plane ㊀；（鉛筆を削る）sharpen ㊀. ¶ 大工がかんなで板を*削っている A carpenter *is shaving* a plank with a plane. / A carpenter *is planing* a plank. // かつおぶしを*削る *chip off* dried bonito *into* small pieces // 鉛筆は全部*削ってあります The pencils *are* all *sharpened*.

2 «削除する・減らす»: cut ㊀; delete [dilíːt] ㊀; cross out ㊀; reduce ㊀, curtail ㊀.

【類義語】ある部分を削除するという意味の最も平易な語は **cut** で，これは以下の語の代わりに使える場合も多い．特に，文や文章の一部などを削除することは **delete**. 鉛筆やペンで塗りつぶして文字や記号を消すのは **cross out** という．また金額や量を減らすのは **reduce** で，特に切り詰めるというニュアンスが加わる場合は **curtail** という．《☞ さくじょ；さくげん；カット[1]》

¶ 第 2 節目を*削りましょう Let's「*cut* [*delete*] the second paragraph. // 私の名前がリストから*削られた My name *was*「*crossed out* [*removed*] from the list. // ストライキで彼らの給料は*削られた Their salaries *were cut* because of the strike. // 旅費を*削らなくてはならない We have to「*cut* [*curtail*] our traveling expenses. // 予算が*削られたので案を作り直さなくてはならない Since the budget *was*「*reduced* [*cut down*], we have to revise our plan.

げせない 解せない ¶ 彼のしていることは私には*解せない（⇒ 彼が何のためにそれをしているのか理解できない）I *cannot*「*understand* [*make out*] what he is「doing it for [aiming at].

けた 桁（数字の）figure Ⓒ 【語法】 0 から 9 までの数字を figure といい，数字を並べて表される数が figures である．《☞ 数字（囲み）》.

¶ 2 [3, 4]*桁の数 double [three; four] *figures* // 君，計算が 1*桁 違っているよ（⇒ 数字の数を間違った）You've made a mistake in the number of *digits*. // きょうは 5*桁の計算練習をしましょう Let's practice calculating sums of five *figures*.

桁違い ¶ 私と彼では*桁違いだ（⇒ 比較にならない）There is *no comparison* between him and me. // あの家の財産は*桁が違うよ（⇒ 比較にならない[程度が違う]）The wealth of that family is「*beyond comparison* [*on a different level*].

桁はずれ ¶ 彼のやることはいちいち*桁はずれだ（⇒ 並の尺度では計れない）Whatever he does, he does it *on an extraordinary scale*. 《☞ なみはずれた》

げた 下駄 *geta*,（説明的には）Japanese (wooden) clogs ★ 左右の組から成るので普通は複数形. ¶ 1 足の*げた a pair of *clogs* // *げたをはく[脱ぐ] put on [take off] *clogs* // 彼は*げたばきでやってきた He came *in clogs*.

clog

げたを預ける ¶ 君にすべて*げたを預けよう（⇒ 君にすべてを任せよう）I will *leave everything to* you.

けだかい 気高い（高潔で崇高な）noble《☞ こうけつ》. ¶ 彼は*気高い心を持っている He has a *noble* mind.

けたたましい（甲高い）shrill;（つんざくような）piercing [píəsiŋ];（音の大きな）loud. ¶ *けたたましい叫び声 a *shrill* cry // 私は女の*けたたましい悲鳴を聞いた I heard a woman's *piercing* shriek. // 火災警報のベルが*けたたましく鳴っていた The fire-alarm bell was ringing「*loudly* [*noisily*].

けたてる 蹴立てる ¶ 船は波を*蹴立てて進んだ The ship *sailed through* the waves.

けだもの 獣 ━ 名（大きな四足獣）beast Ⓒ;（野獣）brute Ⓒ. ━ 形 brutal.

【類義語】日本語の「けだもの」と同じようによく比喩的に軽蔑語として用いられるのが **beast** と **brute** で，前者は「嫌悪・下品さ」など，後者は特に男に用い，「残忍さ・どうもうさ・欲望のとりこ」などを意味し，後者のほうが意味が強い．

¶ あいつは*けだものだ He is a「*brute* [*beast*]. / He is a *brutal* person.

けち ━ 形 stingy (↔ generous); miserly; parsimonious; niggardly; penurious; close-fisted;（根性がけちな）mean;（心の狭い）narrow-minded. ━ 名（けちであること）stinginess Ⓤ; parsimony Ⓤ; niggardliness Ⓤ; close-fistedness Ⓤ;（けちんぼう）stingy person Ⓒ; miser Ⓒ; niggard Ⓒ.

【類義語】一般に金銭を出ししぶる状態は **stingy** といい，口語的な語．また金をためこむことを目的として出し惜しむのは **miserly**, そういう人を **miser** という．非常識なほど出すべきものを出さないのは **parsimonious** で，やや改まった語．金銭に汚く，出し惜しみすることを軽蔑をこめていう言葉は **niggardly**, そういう人を **niggard** という．なりふりかまわず，金はあるのに貧しい生活をしているのを **penurious** といい，やや改まった語．いったん手にした金はなかなか出さないのを **close-fisted** という．

¶ あいつは*けちなやつだ He is「*stingy* [*miserly*; *close-fisted*]. / He is a *stingy* man. /（⇒ さもしい男だ）He is a *mean* person. /（⇒ 心が狭い）He is *narrow-minded*. // *けちけちするな Don't be so *stingy*. // *けちな（⇒ 汚い）手は使うなよ Don't play a *dirty* trick.

ケチャップ ketchup Ⓤ, catsup [kétʃəp, kǽtsəp] Ⓤ.

けちんぼう けちん坊 stingy person Ⓒ;（守銭奴）miser Ⓒ. 《☞ けち（類義語）》.

けつ 決 **決を採る** ¶ その問題について*決を採ることにしましょう（⇒ 票決に付しましょう）Let's *put* the question *to a vote*. / Let's *vote on* the question. / Let's *take a vote on* the question. 《☞ ひょうけつ[1]；さいけつ[1]》

けつあつ 血圧 blood pressure Ⓤ《☞ こうけつあつ；ていけつあつ》.

¶ *血圧は薬で下げることができる The *blood*

pressure can be ｢lowered [reduced] with medicine. // 私は*血圧が高い[低い] I have ｢high [low] *blood pressure*. // *血圧を計ってもらいたい I'd like my *blood pressure* ｢checked [taken]. // 私の*血圧は上が 120, 下が 80 です My *blood pressure* is 120 over 80.
血圧計 blood pressure machine Ⓒ.

けつい 決意 (意志を固めること) determination Ⓤ; (決心) resolution Ⓒ. 《☞ けっしん; かくご》.

けつえき 血液 blood [blʌ́d] Ⓤ 《☞ ち[1]》. ¶ 私は*血液銀行に血を寄付した I donated some blood to the *blood* bank. // 私の*血液型は A だ I have type A *blood*.

けつえん 血縁 (関係) blood relationship Ⓤ 《☞ しんぞく》. ¶ 彼は私の*血縁の者 (⇒血族) です He is my *blood* ｢*relation* [*relative*].

けっか 結果 result Ⓒ; effect Ⓒ (↔cause); consequence Ⓒ; outcome Ⓒ.
【類義語】最も一般的に, ある行為・事件の結果をいう言葉は **result** である. ある原因に対する直接の結果は **effect** という. 原因に対する直接の結果としてではなく, 前の出来事と関連して出てくる結果は **consequence**. 問題点を含んだ出来事などの結果は **outcome** という.
¶ 原因と*結果 cause and *effect* // 試験の*結果はあした発表される The *results* of the exam will be announced tomorrow. // 「試験の*結果はどうでしたか」「ひどいものでしたよ[かなりよかったです]」 "How did the ｢test [exam] *turn out*?" "It turned out (to be) ｢miserable [pretty good]." 《☞ 目的・結果の表し方 (囲み)》 // そのテストでは望ましい*結果は出なかった The test did not ｢bring about [produce] the desired *effect*. // 職務怠慢の*結果, 彼は首になった As a *consequence* of his failure in duty, he was fired. // 選挙の*結果は予測を許さない No one can ｢foresee [forecast] the ｢*outcome* [*result*] of the election.

けっかい 決壊 —動 (土手などが崩れる) break down ⓐ; (急に崩れ落ちる) collapse ⓐ; (支えきれなくて崩れる) give way ⓐ. 《☞ きれる》. ¶ 川の堤防が*決壊した The embankment ｢*broke down* [*collapsed*; *gave way*].

けっかく 結核 tuberculosis [t(j)ubə̀ːkjulóusis] Ⓤ ★ 正式な名称. TB, tb などと略す; (特に肺結核) consumption Ⓤ. 《☞ 病気・病院 (囲み)》. ¶ 彼は*結核だ He has ｢*tuberculosis* [*consumption*]. // 肺*結核 (pulmonary) *tuberculosis*
結核患者 tuberculous [t(j)ubə́ːkjuləs] [TB] patient Ⓒ **結核療養所** sanatorium [sæ̀nətɔ́ːriəm] Ⓒ, 《米》 sanitarium [sæ̀nətɛ́(ə)riəm] Ⓒ.

げつがく 月額 ¶ 家賃は*月額 7 万円です (⇒家賃は 1 月につき 7 万円です) The rent for the house is ¥70,000 *per month*. // 彼の給料は*月額 20 万円だ He gets a *monthly* ｢pay [salary] of ¥200,000. / His *monthly* pay is ¥200,000. 参考 欧米では週単位の支払いが多い 《☞ げっきゅう; つきづき》

けっかん[1] 欠陥 flaw Ⓒ; fault Ⓒ; defect Ⓒ; shortcomings ★ 複数形で.
【類義語】完璧さのためには不足しているようなちょっとした欠点を **flaw** という. それに対して, それがあるためにそのものが損なわれているような欠陥を **fault**. かなり重大な欠点で, 簡単には治らないようなものは **defect**. それほど重大ではない短所を **shortcomings** という. 《☞ けってん (類義語); たんしょ》
¶ 我々の計画には*欠陥がある There is a *flaw* in our plan. // この機械は*欠陥が多すぎる There are too many ｢*faults* [*defects*] in this machine. // 彼は性格上大きな*欠陥がある He has a serious *defect* in his character.

けっかん[2] 血管 (blood) vessel Ⓒ; (静脈) vein Ⓒ ★ 俗には血管の意味でよく用いられる; (動脈) artery Ⓒ. ¶ 静脈は血液を心臓へ戻す*血管です Veins are *blood vessels* that carry the blood back to the heart.

げっかん 月刊 —形 (毎月発行される) monthly. **月刊誌** (雑誌) monthly (magazine) Ⓒ; (月刊発行物一般に) monthly publication Ⓒ. ¶「それは*月刊誌ですか, それとも週刊誌ですか」「(年 4 回の)季刊です」 "Is it a *monthly* (*magazine*) or a weekly (magazine)?" "It's a quarterly (magazine)."

けっき[1] 決起 —動 (立ち上がる) rise (to action) ⓐ. ¶ 人民は専制主義に反抗して*決起した The people *rose against* the despotism. // 要求貫徹国民総*決起大会 the *nationwide* rally for winning the demand

けっき[2] 血気 ¶ 彼は*血気盛んである He is full of *youthful* ｢*vigor* [*high spirits*]. / (⇒若くて熱しやすい) He is *young and hot-blooded*.

けつぎ 決議 —名 resolution Ⓒ. —動 resolve ⓣ ⓐ, pass [adopt; carry] a resolution. 《☞ けってい; ぎけつ》.
¶ 国会の*決議 a *resolution* of the Diet // 国連総会で次のような*決議がなされた The United Nations General Assembly ｢*adopted* [*carried*] the following *resolution*. // その申し出を拒否することが*決議された It *was resolved* that we refuse the offer. 《☞ 仮定の表現 (囲み)》

けっきゅう 血球 (blood) corpuscle Ⓒ 《☞ せっけっきゅう; はっけっきゅう》.

げっきゅう 月給 monthly pay Ⓤ, (monthly) salary Ⓒ ★ 前者のほうが口語的. 参考 欧米では生活が週や曜日単位で行われてきたので元来給料も週給が多く, 月給制度は比較的新しい傾向である. 《☞ サラリー; きゅうりょう[1] (類義語)》.
¶ 彼の*月給はいくらですか *How much* does he get *a month*? / What is his *monthly* ｢*pay* [*salary*]? // 彼の*月給は安い He gets a ｢low [small] (*monthly*) *salary*. ★「高い」は high [large]. // *月給を上げてもらいたい I want a raise (in my *monthly pay*). / I want to have my *salary* raised. // あしたは*月給日だ Tomorrow is *payday*.
月給とり salaried man Ⓒ 《☞ サラリーマン》.

けっきょ 穴居 cave-dwelling Ⓤ. **穴居時**

代 the cave period 穴居人 caveman Ⓒ.

けっきょく 結局 ―副 (いろいろやってみたあげく) after all; (最後には) in the end ★後者は単に最後の段階ということを表す言い方; (長い目で見れば) in the long run. ―動 (…として終わる) end (in …) ⓐ; (結果が…となる) result (in …) ⓐ; (結局…となる) turn out ⓐ, prove ⓐ. 《☞ 目的・結果の表し方 (囲み)》.

¶*結局彼らの計画は失敗した Their plan failed ˹*after all* [*in the end*]. / (⇒ 失敗に終わった) Their plan ˹*resulted* [*ended*] *in* failure. // 彼は*結局来なかった He didn't show up *after all*. 【語法】「待っていたが来なかった」という意味が含まれる. // *結局は (⇒ 長い目で見れば) 正直者が勝つと思う I believe that the honest will win *in the long run*. // そのうわさは*結局本当だった The rumor ˹*turned out* [*proved*] (to be) true.

けっきん 欠勤 ―動 (休む) be absent (from …), absent *oneself* (from …) ★後者は堅苦しい言い方; (行かない) stay away (from …) ⓐ. ―名 absence Ⓤ. 《☞ やすむ; けっせき[1]》.

¶私はきのう会社を*欠勤した I ˹*was absent* [*stayed away*] *from* my office yesterday. // きょうは熱があるので*欠勤します《電話などで会社に言う場合》I *cannot come to work* today because I feel feverish. // 彼女は無届けで*欠勤した She *absented herself from* her office without ˹reporting [notice]. // きのうは 2 名の*欠勤者があった Two people *were absent* yesterday. / There were two *absentees* yesterday. ★後者は前者より改まった言い方. // 長期*欠勤 a ˹long [long-term] *absence*

欠勤届 report of absence Ⓒ.

げっけい 月経 period Ⓒ ★しばしば複数形で; menses [ménsi:z] ★複数形で; menstruation Ⓤ ★最初の語が一般的.

げっけいじゅ 月桂樹 laurel Ⓒ.

けっこう[1] 結構 **1** «よい・立派な» ―形 (よい) good; (すてきな) nice; (とても上等の) excellent; (すてきで申し分のない) splendid; (美味の) delicious. 《☞ よい[1]》.

¶これは*結構なお茶ですね (⇒ この茶はおいしい) This tea tastes ˹very *good* [*splendid*]. // *結構なお部屋ですね (⇒ あなたはすてきな部屋を持っている) You have a *nice* room. // *結構な品物をありがとうございました Thank you very much for the *nice* present. 《☞ 感謝の表現 (囲み)》

2 «拒絶» ¶「たばこはいかがですか」「*結構です. 私はたばこは吸いませんので」 "How about a cigarette?" "*No, thank you*. I don't smoke." //「コーヒーをもう 1 杯いかがですか」「もう*結構です. 十分いただきました」 "How about another cup of coffee?" "*No, thank you*. I've had enough."

3 «是認» ¶「これでよろしいでしょうか」「非常に*結構です」 "Is this all right?" "Yes, that's *perfectly all right*." 《☞ 許可の表現 (囲み)》 //「ペンは持っておりません」「鉛筆で*結構です」 "I don't have a pen." "A pencil *will do*." // 私はこの給料で*結構です (⇒ 満足です) I'*m satisfied with* this salary. //「いつお返ししましょうか」「いつでも*結構です」 "When shall I return it to you?" "Any time *will do*." / "When shall I give it back to you?" "You can keep it *as long as you* ˹*like* [*wish*]." ★wish はやや形式ばった表現.

けっこう[2] 決行 ―動 (予定どおり行う) carry out [hold] … as scheduled 《☞ じっこう[1]; すいこう[1]》.

¶組合はストを*決行した (⇒ 予定どおり行った) The union ˹*staged* [*carried out*] the ˹strike [walkout] *as scheduled*. / The union *went on* strike. 《☞ ストライキ》 // あすの運動会は小雨なら*決行します Tomorrow's athletic meet will *be held as scheduled* in the event of light rain.

けっこう[3] 血行 circulation (of the blood) Ⓤ 《☞ じゅんかん[1]》. ¶この薬は*血行をよくします (⇒ 血の循環を促進する) This medicine stimulates (*blood*) *circulation*.

けっこう[4] 欠航 ―動 (取りやめる) cancel ⓣ; (一時休止する) suspend ⓣ. ―名 cancellation Ⓤ. 《☞ うんきゅう》. ¶705 便は*欠航です《飛行機》 Flight 705 will *be canceled*. // 今夜の連絡船は*欠航します The ferry service for tonight will *be canceled*.

けつごう 結合 ―動 join ⓣ; unite ⓣⓐ; combine ⓣⓐ. ―名 union Ⓤ; combination Ⓤ.

【類義語】2 つのものを結んで 1 つのものにしたり, 片方が他方の一部になったりすることを表すには **join** を用いる. 2 つのものが完全に合体してそれぞれの特性を失い, 完全に 1 つのものになりきることを **unite** (名 **union**) といい, 2 つのものを合わせるが, 必ずしも完全に 1 つのものにならず, それぞれの特性を残したままで合体することを **combine** (名 **combination**) という. 《☞ つなぐ》

¶彼は金属部分をはんだで*結合した He *joined* the metal parts together with solder. // 炭素は酸素と*結合して炭酸ガスを作る Carbon *combines with* oxygen to form carbon dioxide. // 2 つの政党が*結合して新しい政党が生まれた Two parties *were united* and a new party was born.

げっこう[1] 激高, 激昂 ―動 (激しく怒る) get ˹very angry [furious] ★後者のほうが怒り狂う意味が強い; get mad ★get angry の口語的表現; be ˹enraged [infuriated] (at …; with …) ★多少文語的表現. ―名 (激しい怒り) rage Ⓤ; (憤激) fury Ⓤ. 《☞ げきど; 感情の表現 (囲み)》.

¶彼はその言葉を聞いて*激昂した He *got* ˹*very angry* [*mad*; *furious*] at what was said.

げっこう[2] 月光 moonlight Ⓤ, moonshine Ⓤ ★前者のほうが普通. 《☞ つきあかり》.

¶2 人は*月光の中を歩いた The ˹two people [couple] walked *in the moonlight*.

けっこん[1] 結婚 ―動 (結婚する) marry ⓐⓣ, get married (to …) ★後者はより口語的; (結婚式をする) wed ⓐ. ―名 marriage Ⓤ ★具体的な取り決めなどを指す場合に

は Ⓒ. ―形 (結婚した) married.
¶2人は去年の秋*結婚した They ˹*married* [*got married*] last autumn.
メリーはジョンと*結婚した Mary ˹*married* [*got married to*] John.
彼は生涯*結婚しなかった He remained ˹*single* [*unmarried*] all his life.
僕と*結婚してくれませんか Will you *marry* me? / (⇒僕の妻になってくれませんか) Will you be my wife?
*結婚とは賭(かけ)である *Marriage* is a lottery.
「あなたは*結婚していますか」「いいえ, 独身です」"Are you *married*?" "No, I'm single."
彼女は*結婚を申し込まれた She has had an offer of *marriage*. / (⇒彼女は求婚された) She *was proposed to*.
一郎と恵美子の*結婚が決まった A *marriage* has been arranged between Ichiro and Emiko.
彼女は幸福な[不幸な]*結婚をした She made ˹a happy [an unhappy] *marriage*.
私は*結婚してから5年になります I *have been married* five years.
「あなたは見合い*結婚ですか, それとも恋愛*結婚ですか」「見合いです」"Is your *marriage* an arranged one or a love match?" "It is an arranged *marriage*." 《☞みあい》
*結婚おめでとう Congratulations! 参考 このあいさつは普通新郎に対してのみ使い, 新婦に対しては I hope you'll be very happy. または I wish you every happiness. と言うべきだといわれている. これは, 男が女に求婚する形式を伝統的にとってきているからである. しかし, 最近はこの習慣もくずれかけているようで, 花嫁に対しても Congratulations! というあいさつがされることが多くなってきた.
彼は息子を医者の娘と*結婚させた He *married* his son *to* a doctor's daughter.
結婚記念日 wedding anniversary Ⓒ 《☞きねん》 **結婚式** wedding Ⓒ, wedding ceremony Ⓒ. ¶「*結婚式はいつですか」「今年の秋です」"When will the *wedding* be?" "This fall." **結婚生活** married life Ⓒ **結婚相談所** matrimony agency Ⓒ **結婚披露宴** wedding reception Ⓒ **結婚指輪** wedding ring Ⓒ.

けっこん² 血痕 bloodstain Ⓒ; (血のあと) mark of blood Ⓒ. ¶*血痕のあるシャツ a *bloodstained* shirt / a shirt with *marks of blood*

けっさい¹ 決済 ―動 (勘定を済ませる) settle ⓗ; (手形を支払う) honor ⓗ. ―名 settlement (of accounts) Ⓤ. 《☞しはらい》.
¶その*決済は済んでいる (⇒その勘定は払った) I've *settled* the bill. // その負債はまだ*決済が済んでいない (⇒未払いのままである) The debts are still left *outstanding*. // 手形の*決済を迫られている I've been urged to *honor* the draft.

けっさい² 決裁 ―名 (上役の決定・承認) approval Ⓤ; (決定) decision Ⓤ. ―動 approve ⓗ; decide ⓗ. 《☞しょうにん¹》.
¶この案は上司の*決裁を得ています This plan *was* already *approved* by our chief. // 重要な案は社長の*決裁を受けるために提出しなくてはならない We must submit important plans for our president's *approval*.

けっさく 傑作 (芸術作品などの) masterpiece Ⓒ, great work of art Ⓒ ★後者は説明的. 《☞めいさく》. ¶この版画は北斎の*傑作だ This print is a *masterpiece* of Hokusai. // 彼がそんなことを言うとは*傑作だ (⇒おもしろいではないか) Isn't it *funny* that he said something like that?

けっさん 決算 (最終的な勘定) closing accounts ★一定期間の純利益と財産状態を決定すること. 複数形で; (元帳の締切り) closing Ⓤ; (財務の結果) financial results ★複数形で.
¶その会社の*決算は来月発表になる The ˹*accounts* [*financial results*] of the company will be published next month. // 3月は会社の*決算期です March is the time for *closing accounts* in our firm. // 会の会計係が今年度の*決算報告をした The treasurer of the association made a report on the *closing accounts* of this fiscal year.

げっさん 月産 (毎月の生産量) monthly ˹production [output] Ⓤ ★output のほうが一定期間内の一単位当たりの生産量を示す意味が強い. 《☞せいさん¹》. ¶日本の自動車*月産量は先月, これまで最高の50万台に達した The *monthly output* of the Japanese automobile industry reached a record 500,000 last month.

けっし 決死 ―形 (死にもの狂いの) desperate. ―副 (命をかけて) at the risk of *one's* life. ¶囚人は*決死の脱獄を企てた The prisoners made a *desperate* attempt to escape from the prison. // 彼は*決死の覚悟で (⇒命をかけて) その子を火から救った He saved the child from the fire *at the risk of his life*.

けつじつ 結実 ―動 (植物の実がなる) bear fruit; (成功する・よい結果が出る) be fruitful (↔ fruitless). ―名 (植物の結実・目的などの達成) fruition Ⓤ; (努力などの成果) fruit Ⓤ ★しばしば複数形で. 《☞み²; みのる; せいか¹》. ¶この本は彼の長年の研究の成果が*結実したものである This book is the ˹*fruition* [*fruit*] of his long research.

けっして 決して (いかなるときも…しない) never 語法 最も一般的. not at any time の意味だから, 単に not の強調として使ってはならない; (どんなことがあっても…しない) by no means; (少しも…でない) not at all; (どんな理由があろうと) on no account, not ... on any account. 《☞ぜったい; 強意語 (囲み)》.
¶*決してうそはつきません I will *never* tell a lie. // *決して絶望してはならない *Never* lose hope. / (⇒希望を捨ててはならない) You should *not* give up hope *on any account*. // この仕事は*決して易しくはない This task is ˹*not at all* [*by no means*] easy. // 彼女は*決して友人を裏切るような人ではない (⇒友人を裏切る最後の人だ) She *is the last person to* betray a friend.

け

けっしゃ 結社 association Ⓒ. ¶ *結社の自由は憲法により保障されている Freedom of *association* is guaranteed by the Constitution.

げっしゃ 月謝 monthly fee Ⓒ《☞ しゃれい》.

けっしゅう 結集 ―動 (集中する) concentrate ⊕, focus ⊕; (合わせて1つにする) unite ⊕; (合わせる・合流する) join ⊕ ⊜. ―名 concentration Ⓤ. 《☞ しゅうけつ[1]》.
¶ 彼らは総力を*結集してその仕事に当たった They ｢*concentrated* [*focused*] their efforts on the task. / They *united* their efforts for the work. // すべての労働者がその大会に*結集した All the workers *joined* in the meeting.

げっしゅう 月収 (毎月の収入) monthly income Ⓒ; (毎月の給料) monthly ｢pay Ⓤ [salary Ⓒ]. 《☞ げっきゅう; しゅうにゅう》. ¶ 彼は*月収が30万円だ He has a *monthly income* of 300,000 yen. / (⇒ 彼は月に30万円稼ぐ) He *earns* 300,000 yen *a month*.

けっしゅつ 傑出 ―形 (優秀な) excellent; (卓越した) prominent; (顕著な) outstanding. ―動 (他に抜きん出ている) stand out (from ...; among ...) ⊜; (卓越している) excel (in ...) ⊜ ★ 形式ばった語. 《☞ ずばぬける; ばつぐん; ぬきんでる》.

けつじょ 欠如 ―名 (必要なものが欠けていること) lack Ⓤ, want Ⓤ 【語法】 いずれもしばしば a を付けて. なお後者は絶対に必要なものが欠けているというニュアンスで用いられることもあるが, 《米》では lack を, 《英》では want を多く用いる傾向がある; (ある場所にないこと) absence Ⓤ. ―動 (欠ける) lack ⊕, 《英》 want ⊕. ―形 (欠けている) lacking [wanting] (in ...); absent. 《☞ ふそく[1]; けつぼう (類義語)》.
¶ それは常識が*欠如している証拠だ It shows a ｢*lack* [*want*] of common sense. // 彼女には知性が*欠如している That woman ｢*lacks* [*wants*] intelligence. 【語法】 受身には用いられない. / That woman is ｢*lacking* [*wanting*] *in* intelligence. // それは理性の*欠如が原因だ It was caused by the *absence* of reason.

けっしょう[1] 決勝 (競技などの) final ｢round [game] Ⓒ; (決勝戦) finals ★ 複数形で. 《☞ スポーツ (囲み)》.
¶ きょうは高校野球の*決勝が行われる The ｢*final game* [*finals*] of the High School Baseball Tournament will be held today. // 彼は準決勝に勝って*決勝に進出することになった He won the semifinals and will go into the *finals*.
決勝戦進出者 finalist Ⓒ **決勝点** (場所) goal Ⓒ; (点数) winning score Ⓒ.

けっしょう[2] 結晶 ―名 (鉱物などの) crystal Ⓒ; (結晶化) crystallization Ⓤ; (努力の結果など) fruit Ⓤ ★ しばしば複数形で. ―動 crystallize ⊜. 《☞ けつじつ》.
¶ 私は拡大鏡で雪の*結晶を見た I saw the snow *crystal* through a magnifying glass. // この本は彼の長年の研究の*結晶である This book is the *fruit* of his long study.

けっしょう[3] 血漿 (blood) plasma Ⓤ.

けつじょう 欠場 ―動 (欠席する) be absent (from ...), absent *oneself* (from ...) ★ 後者のほうがやや文語的. 《☞ けっせき[1]; きけん[2]》.

けっしょく 血色 (顔の色つや) complexion Ⓒ; (顔色) color Ⓤ ★ color は顔の色つやだけでなく, 顔色すべてを指す. 《☞ かおいろ》.
¶ 彼は*血色がよい (⇒ 元気に見える) He *looks well*. / (⇒ 健康そうな顔色をしている) He has a healthy *complexion*. ★ 前者のほうがくだけた言い方. // 彼女は*血色が悪い (⇒ 顔色がよくない) She *looks pale*. / (⇒ 病人のような顔色をしている) She has a sickly *complexion*.

げっしょく 月食, 月蝕 eclipse of the moon Ⓒ, lunar eclipse Ⓒ ★ 後者が正式な用語.

けっしん 決心 ―動 (心を決める) make up *one's* mind ★ 口語的で一般的; (考えた末に決める) decide ⊕ ⊜ ★ 一般的で, 以下の語の代わりにも使える; (固い決意をする) determine ⊕ ⊜; (最後までやり抜く腹を決める) resolve ⊕ ⊜ ★ やや形式ばった語. ―名 decision Ⓤ; determination Ⓤ; resolution Ⓤ ★ 以上の語は具体的に決心したことの意味では Ⓒ. 《☞ きめる; かくご》.
¶ 彼は医学の研究に一生を捧げようと*決心した He ｢*made up his mind* [*decided*; *resolved*; *determined*] *that* he would devote his (whole) life to the study of medicine. // 彼女は三郎と結婚する*決心をした She ｢*decided* [*resolved*] to marry Saburo. / She made a ｢*determination* [*decision*; *resolution*] to marry Saburo. // 私は今年はもっと一生懸命勉強しようと*決心しています I *am* ｢*determined* [*resolved*] *to* study harder this year. // 我我は彼の*決心を変えることができなかった We could not change his *determination*. // その知らせで彼の*決心はぐらついた (⇒ 知らせが彼の決心を弱くした) The news weakened his *resolution*. // 彼の*決心は固い His ｢*determination* [*resolution*] is unshakable.

けっする 決する (決める) decide ⊕, determine ⊕. 《☞ きめる; きまる; けってい》.

けっせい[1] 結成 ―動 make ⊕; form ⊕; organize ⊕; establish ⊕.
【類義語】 意味の広い一般的な語で, 組織とか内容とかに関係なくあるものを作るのが **make**. 公的なものも, 私的で小さなものもひっくるめて, ある組織体を作るのが **form**. 公的な団体などを形成する場合に用いるやや形式ばった語が **organize** である. 従って, 「協会[学会]を結成する」 *make* [*form*; *organize*] a society のように, ニュアンスの違いはあるが3つのいずれを用いてもよい場合が多い. 特に規模の大きなものを設立する場合に用いる語が **establish**. 《☞ つくる》
¶ 1つの新しい法人(会社)が*結成された A new corporation *was* ｢*organized* [*formed*; *made*; *established*]. // 贈収賄調査委員会が*結成された A bribery probe committee *was* ｢*organized* [*formed*].

けっせい[2] 血清 serum Ⓒ《複 ~s, sera》.
血清注射 serum injection Ⓒ.

けつぜい 血税 ¶ 国民の*血税 (⇒ 納税者が額に汗して払った税金) のむだ使いは許せない It

is unpardonable to waste *the taxes paid by tax-payers* 「*with* [*from*] *the sweat of the brow(s)*. 《☞ ぜいきん》

けっせき[1] 欠席 —動 (欠席する) stay away (from ...), absent *oneself* (from ...) ★ 後者はやや形式ばった言い方；(欠席している) be absent (from ...) ★ 状態；(無断で授業を休む)《口語》cut (*one's*) (class). —名 absence Ⓤ ★ 個々の欠席をいう場合は Ⓒ. 《☞ やすむ；サボる；けっきん》.

¶ 彼は学校を*欠席しています He *is absent from* school. ∥ 腹痛できのうは学校を*欠席してしまった As I had a stomachache, I *stayed away from* school yesterday. / I *absented myself from* school because of a stomachache yesterday. ∥ 風邪でクラスの半分が*欠席した Half the class 「*was absent* with a cold [*were absent* with colds]. ∥ 長期*欠席 a long *absence* ∥ 病気*欠席 (an) *absence* on account of illness ∥ 無断*欠席 (an) *absence* without notice / an unexcused *absence*

欠席者 absentee Ⓒ　**欠席届** notice [report] of absence Ⓒ.

けっせき[2] 結石 〘医学〙(腎臓・膀胱(ぼうこう)などの) calculus Ⓒ《複 calculi [kǽlkjulài]》；(通称は) stone Ⓒ. 《☞ 病気・病院 (囲み)》.

けっせん[1] 決戦 (決着をつける戦争) decisive battle Ⓒ；(競技の決勝戦) finals ★ 複数形で；final game Ⓒ；(事件などでの最後の対決)《口語》showdown Ⓒ. 《☞ けっしょう[1]》. ¶ 今度の総選挙は両党の*決戦となるであろう The two parties will have a *showdown* in the coming general election(s).

けっせん[2] 血栓 〘医学〙(病名) thrombosis Ⓤ《☞ 病気・病院 (囲み)》.

けつぜん 決然 —形 (決然とした) decisive, determined, resolute. —副 decisively, determinedly, resolutely. 《☞ きぜん；きっぱり；だんこ》.

けっせんとうひょう 決選投票 (最終的投票) final ballot Ⓒ；(決戦選挙) runoff (election) Ⓒ. ¶ 投票結果は同数で，*決選投票をすることになった The result of the vote was a tie, so a *runoff* (*election*) will be held.

けっそう 血相 **血相を変える** ¶ 彼はその言葉を聞いて*血相を変えた (⇒ 青くなった) He *turned pale* at the words. / (⇒ たいへん怒った) He *flew into a rage* at the words. / (⇒ 顔色が変わった) He *changed color* at the words. 〔語法〕 この場合は怒り，驚きのいずれの意味にもなる. 《☞ かおいろ》

けっそく 結束 —名 (完全に1つにまとまること) unity Ⓤ；(団結) union Ⓤ. —動 (1つになる) unite ㊀㊁；(...に対して結束する) unite *oneself* (against ...). 《☞ だんけつ》.

¶ 我々の*結束は堅い Our *unity* is tight. / (⇒ 緊密に一体となっている) We *are* closely *united*. ∥ すべての労働者が*結束して経営者に当たった All the workers *united themselves against* the management. ∥ 最近我々の組合の*結束がだんだん乱れてきている The *unity* of our (labor) union is now getting 「less and less tight [looser and looser].

けつぞく 血族 (人) blood 「relation [relative] Ⓒ；(関係) blood relationship Ⓤ. 《☞ けつえん》.

げっそり ¶ 彼は*げっそりと (⇒ 非常に) やせた He has become *very thin*. / (⇒ 体重[肉付き]が減った) He *has lost* much 「*weight* [*flesh*]. ∥ 私はその結果を見て*げっそりしてしまった (⇒ 急にがっかりした) When I saw the result(s), I *suddenly felt* 「*downcast* [*run down*]. 《☞ 擬声・擬態語 (囲み)》

けっそん 欠損 (赤字・不足額) deficit [défəsit] Ⓒ；(損失額) loss Ⓒ (↔ gain). 《☞ あかじ》. ¶ 会社は3千万円の*欠損であった The company had a *deficit* of ¥30,000,000. ∥ この*欠損をどうやって埋めたらよいのかが問題だ The problem is how to 「make up for [cover] the 「*deficit* [*loss*].

けったく 結託 —動 (共同して悪事を企てる) conspire ㊁；(共謀している) be in collusion with ... —名 (陰謀) conspiracy Ⓤ；(共謀) collusion Ⓤ. 《☞ ぐる》. ¶ 銀行は地主と*結託していた The banker *was in collusion with* the landowner. / The banker and the landowner *were in collusion with* each other.

けつだん 決断 —名 (決定) decision Ⓒ ★「決断力」という意味では Ⓤ；(具体的な計画を伴った) determination Ⓤ；(固い決意) resolution Ⓤ. —動 decide ㊀㊁；determine ㊀㊁；resolve ㊀㊁. 《☞ けってい；きめる；さいけつ[2]》.

¶ 我々はいま*決断しなくてはならない We must *decide* it now. / We must make 「a *decision* [*resolution*] now. ∥ 彼は計画を実行に移すことを*決断した He 「*decided* [*determined*; *resolved*] *to* carry out the plan. ∥ あの人は*決断が早い[遅い] That man is 「quick [slow] to make *decisions*. ∥ 彼は非常に*決断力に富む人だ He is a man of great 「*determination* [*resolution*]. ∥ 彼女は*決断力の乏しい人だ She is an 「*indecisive* [*irresolute*] person.

けっちゃく 決着 —名 (終わり) end Ⓒ；(結末・結論) conclusion Ⓒ. —動 (問題・紛争などを解決する) settle ㊀；(議論などにけりをつける) have it out. 《☞ かいけつ；けり》.

¶ その事件は*決着がついた The affair came to 「an *end* [a *conclusion*]. / (⇒ 論争は解決された) The dispute *was settled*. ∥ いずれ彼とは*決着をつけるつもりだ Anyway, I'll *have it out* with him.

けっちん 血沈 the precipitation of (*one's*) blood.

けってい 決定 —名 (いろいろ考慮した上での) decision Ⓤ；(実行を決意した) determination Ⓤ ★ 以上2語は具体的な決定の事実や事項を意味するときは Ⓒ；(結論・断定) conclusion Ⓒ；(論争などの解決) settlement Ⓤ. —動 decide ㊀；determine ㊀；(結論を出す) conclude ㊀；(決める) settle ㊀㊁；(日取りなどを) fix ㊀. 《☞ きめる；けつだん》.

¶ そのことはまだ*決定していない The matter 「*is* not [*has* not *been*] *decided* yet. / (⇒ そ

のことについては何も決まっていない) Nothing「is [has been] *decided* about this matter yet. / (⇒ 我々はまだ決定に達していない) We have not「reached [made ; taken]「a [any] *decision* yet. ∥ どういうふうに *決定しましたか (⇒ あなたの決定は何ですか) What is your *decision*? / (⇒ 結論はどうなりましたか) What is the *conclusion*? ∥ 我々はその計画を実行することに*決定した We「*decided* [*determined*] to carry out the plan.

けっていてき 決定的 ―形 (明確な) definite ; (疑いのない・確実な) beyond [without] question, unquestionable ★ 後者のほうが改まった語. ―副 definitely ; beyond [without] question, unquestionably. (☞ かくじつ[1] ; たしか (類義語)).
¶ 彼の優勝は*決定的だ He will *definitely* win the championship. / His winning the championship is「*definite* [*beyond question* ; *unquestionable*].

けってん 欠点 bad point Ⓒ ; weak point Ⓒ (↔ strong point) ; shortcomings ★ 複数形で ; fault Ⓒ ; flaw Ⓒ ; defect Ⓒ.
【類義語】最も平易で口語的な表現が ***bad point***. それと交換可能な場合も多いが, 本質的な弱点という意味で日常的な平易な表現が ***weak point***. 比較的軽い欠点・短所が ***shortcomings***. 欠けているものという意味での欠点を意味する一般的な語は ***fault***. 完璧さを損なうちょっとした欠点という意味で使われるのが ***flaw***. どこかに狂いがあってうまく機能しないような欠陥は ***defect***. (☞ けっかん[1] (類義語) ; たんしょ)
¶ それがいまの教育の*欠点だ That's a *bad point*「about [of ; in] education today. ∥ 私は自分の*欠点を直したいと思っています I am trying to「correct [cure ; remedy] my「*bad points* [*weak points* ; *shortcomings*]. ∥ この論文には*欠点が一つもなかった I could not find a (single) *flaw* in this paper. ∥ あの人には*欠点がない He is free from *faults*. / He is *faultless*. ∥ 彼は人格的に大きな*欠点がある He has a serious *defect* in his character. ∥ 彼はいつも人の*欠点ばかり捜している He is always finding *fault* with others. 語法 過失の責任という意味の fault は Ⓤ.

けっとう[1] 血統 blood Ⓤ ; (直系の血筋) lineage [líniidʒ] Ⓤ ; (一族) family Ⓒ ; (家柄・家系) (family) line Ⓒ ; stock Ⓤ ★ 形容詞とともに用いる ; (系図) pedigree Ⓒ ★「人」以外のものも指す. (☞ ちすじ ; かけい[1] (類義語)).
¶ 彼は*血統がよい He is a man of good *family*. / He comes「from [of] good *stock*. ∥ この馬は*血統がよい This horse has a good *line of descent*. ∥ *血統書つきの犬 a *pedigreed* dog

けっとう[2] 決闘 ―名 duel Ⓒ. ―動 duel ⓐ. ¶ 彼はその男に*決闘を申し込んだ He challenged the man to a *duel*.

けっぱく 潔白 ―形 (道徳・法律上, 罪のない) innocent ; (罪を犯していない) guiltless (↔ guilty) 語法 前者には他に害を与えないこと, 悪や不正に染まっていない清潔さなどの意味が含まれるのに対し, 後者はその罪に該当しないということだけを意味する. ―名 innocence Ⓤ ; guiltlessness Ⓤ. (☞ むじつ ; むざい).
¶ 彼は*潔白だと信じています I am confident that he is *innocent*. ∥ 私は身の*潔白を証明することができる I can prove my *innocence*.

けつばん 欠番 missing number Ⓒ.

げっぷ[1] 月賦 (割賦) 《米》installment plan Ⓒ, easy payment plan Ⓒ ★ 前者が正式な呼び方 ; 《英》hire purchase (system) Ⓒ. (☞ ぶんかつばらい).
¶ 冷蔵庫を*月賦で買った I bought a refrigerator「*on the monthly installment plan* [*in monthly installments*]. 語法 installment は 1 回分の払込金を指す. ∥ 私は毎月 5 千円の 24 か月*月賦でテレビを買った I bought a television「in [by] 24 *monthly*「*installments* [*payments*] of 5,000 yen each.

げっぷ[2] ―名 belch Ⓒ. ―動 belch ⓐ.
¶ *げっぷが出るまで食べた I ate until I *belched*. 参考 欧米では「げっぷ」は日本よりはるかに失礼なこととして受け取られる.

けつぶつ 傑物 (偉大な人物) great man Ⓒ ; (傑出した人) giant Ⓒ.

けっぺき 潔癖 ―形 (きれい好きの) cleanly [klénli(:)] (☞ せいれんけっぱく). ¶ 彼はとても*潔癖だ He is a very *cleanly* person.

けつべつ 訣別 ―名 (別離) parting Ⓤ ; (離れ離れになること) separation Ⓤ. ―動 (別れる) part (from ...) ⓐ ; (離れ離れになる) be separated. (☞ わかれ ; わかれる[1]).

けつぼう 欠乏 lack Ⓤ, want Ⓤ ; shortage Ⓤ ; scarcity [skέəsəti(:)] Ⓤ ★ 以上いずれも具体的な状態をいうときは Ⓒ. ―動 lack ⓣ, lack for ..., 《英》want ⓣ.
【類義語】「足りない」という意味で最も一般的な語は ***lack, want*** で, この 2 語はほぼ同意に用いられることが多く, 《米》では *lack* を, 《英》では *want* を多く用いる傾向がある. 特に動詞として用いる場合にこの傾向が強い. ただし, *want* は必需品, 特に生活に必要なものが欠けているというニュアンスで用いられる場合があり,「欠乏[貧困]の生活をする」という場合には live in *want* であって, *lack* は使えない. 普通の基準とされている量に満たない欠乏・不足は ***shortage***. 需要を満たすにははるかに足りない欠乏は ***scarcity***. (☞ ふそく[1] ; けつじょ ; かける[2])
¶ 資金*欠乏のためその企画は中止した We gave up the project *for*「*lack* [*want*] *of* funds. / The project was dropped because they *lacked* (*for*) funds. ∥ 人々は水の*欠乏に悩まされた People suffered (from) a *shortage* of water.

げっぽう 月報 monthly「bulletin [report] Ⓒ.

けつまく 結膜 conjunctiva [kὰndʒʌŋ(k)táivə] Ⓒ 《複 ～s, conjunctivae [-vi:]》.
結膜炎 conjunctivitis [kəndʒʌ̀ŋ(k)tiváitis] Ⓤ.

けつまつ 結末 ―名 (終わり) end Ⓒ (↔ beginning); (ある期間開かれていたものの) close [klóuz] Ⓤ (↔ opening); (物語・映画などの締めくくり) ending Ⓤ ; (結論) conclusion Ⓒ ; (結果) result Ⓒ. ―動 (結末がつく・結末を

つける) end ㊀ ㊉ ; close ㊀ ㊉ ; conclude ㊉ ; (終わりにする) bring ... to an end. 《☞ おわり (類義語) ; けつろん ; けっか》.
¶ これがその話の*結末です (⇒ 終わりです) This is the *end* of the story. / (⇒ 締めくくりはこうです) This is how the story *ends*. / This is the *ending* of the story. // とにかくこれでこの事件の*結末がついた Anyhow(,) this affair came to an *end*. // もうこの事件にも*結末をつけなくてはならない Now we have to *bring* the matter *to* ⌈*an end* [*a conclusion*]. // *結末は (⇒ 結果は) 初めからわかっていた We knew the *result(s)* from the beginning.

げつまつ 月末 the end of the month 《☞ げじゅん》. ¶ *月末に[までに] at [by] *the end of the month*

げつめん 月面 the surface of the moon 《☞ つき[1]》. ¶ ロケットは*月面に着陸した The rocket landed on *the moon*.

げつようび 月曜日 Monday 《略 Mon.》《☞ 時刻・日付・曜日 (囲み) ; 略語 (欄外)》.
¶ *月曜日には6時間授業があります We have six classes on *Mondays*. // この前の*月曜日には英語の試験があった We had a test in English last *Monday* // この次の[来週の]*月曜日には野球の試合があります We('ll) have a baseball game ⌈next *Monday* [on *Monday* ; on *Monday* next]. [語法] on next Monday とならないことに注意.

げつれい[1] 月例 ―[形] monthly. ¶ *月例会 a *monthly* meeting

げつれい[2] 月齢 (月の位相) phase of the moon Ⓒ 《☞ つき[1] (挿絵)》.

けつれつ 決裂 ―[動] (交渉などが失敗に終わる) break down ㊀ ; (不和の状態になる) come to a rupture. ―[名] breakdown Ⓒ ; rupture Ⓒ. 《☞ ものわかれ ; ふちょう[1]》.
¶ 交渉は*決裂した The negotiations ⌈*broke down* [*came to a rupture*]. // その会談は*決裂した (⇒ 不成功であった) The conference was ⌈a *failure* [*unsuccessful*].

けつろん 結論 ―[名] (最終的な考え) conclusion Ⓒ ; (推論による判断) inference Ⓒ. ―[動] (結論に達する) come to [reach] a conclusion ; (結論を下す) draw a conclusion, conclude ㊉. 《☞ けってい》.
¶ 会議はどういう*結論に達しましたか What *conclusion* did you *come to* at the meeting? // 直ちに作業を開始すべきであるという*結論に到達した We *reached the conclusion* that we should start the operation at once. // *結論として私は次のことを言いたい *In conclusion* I'd like to say the following things. // *結論は急がないほうがいい Don't ⌈jump [rush] to *conclusions*.

げどく 解毒 ―[名] detoxi(fi)cation Ⓤ. ―[動] (毒を除去する) detoxify ㊉ ; (毒を中和する) counteract [neutralize] the poison. **解毒剤** antidote Ⓒ.

けとばす 蹴飛ばす (足で) kick ㊉ ★ 最も一般的 ; (けって飛ばす) kick away ㊉ ; (... に向かってける) kick (at ...) ㊀. 《☞ ける》.
¶ 少年はボールを*けとばした The boy *kicked* the ball *away*. // その馬は彼を*けとばした The horse *kicked at* him. // 彼は私の横腹を*けとばした He *kicked* me *in* the side.

けなげ 健気 ―[形] (感嘆に値する) admirable ; (称賛に値する) praiseworthy. 《☞ かんしん[1]》. ¶ 我々はその女性の*けなげな働きに心を打たれた We were deeply ⌈moved [impressed] by the woman's ⌈*admirable* [*praiseworthy*] deed.

けなす 貶す (悪口を言う) speak ill of *a person* (↔ speak well of *a person*) ; (こきおろす)《口語》run down ㊉ ; (批判する) criticize ㊉ ★ やや改まった語 ; (あらを探す) find fault with ... 《☞ ひなん[1] ; わるくち ; こきおろす》.
¶ 彼はいつも他人を*けなす He always *speaks ill of* others. / (⇒ あら探しをする) He *is* always *finding fault with* others. // 彼はいつも課長を*けなしてばかりいる He *is* constantly *running down* his boss. // 私の案は実行不可能として*けなされた My plan *was criticized* as ⌈impractical [unworkable].

けなみ 毛並 **毛並がよい** ¶ あの犬は*毛並がよい That dog has a *fine* (*coat of*) *fur*. // 彼女は*毛並がよい (⇒ 名家の出である) She is a girl *of good* ⌈*family* [*stock*]. / She comes from a *good family*. 《☞ けっとう[1] ; いえがら》

けぬき 毛抜き (hair) tweezers ★ 複数形で用いる. 数えるときは a pair of tweezers.

げねつざい 解熱剤 (専門的に) antifebrile (drug) Ⓒ ; (熱を下げる薬) medicine for fever Ⓒ. 《☞ くすり (類義語)》.

けねん 懸念 ―[名] (不安・恐れ) fear Ⓒ ; (将来に対する強い不安・心配) anxiety Ⓤ ★ やや改まった語. 具体的なものを指すときには Ⓒ. ―[動] fear ㊉ ; be anxious (about ... ; for ...) ; (心配する) worry (about ...) ㊀. 《☞ しんぱい (類義語)》.

けば 毛羽 ―[名] (ブラシなどで立てた毛布・ラシャなどの表面の短い毛) nap Ⓤ ; (毛布・ラシャなどの自然の柔らかい毛) fluff Ⓤ. ―[形] (けば立った) nappy ; fluffy.

けはい 気配 (徴候・形跡) sign Ⓒ ; (かなりはっきりした証拠のある徴候) indication Ⓒ.
¶ 廊下に人の*気配がした (⇒ 私はだれかが廊下沿いに近づいてくると感じた) I ⌈*felt* [*sensed*] someone approaching along the hallway. // その家には人の*気配はなかった There were no *signs* of life in the house. 《☞ ひとけ》 // 天気は一向によくなる*気配はなかった The weather showed no ⌈*signs* [*indications*] of improving.

けばけばしい (俗っぽく派手である) gaudy ; (見栄を張るような) showy ; (安っぽく派手な) tawdry ; (派手な色で安ぴかの) flashy. 《☞ はで ; 擬声・擬態語 (囲み)》.
¶ 彼女はいつも*けばけばしい服を着ている She always wears *gaudy* clothes. // 部屋には*けばけばしい飾りがしてあった The room had *showy* decorations. // そのテーブルクロスには*けばけばしい刺しゅうがしてあった The tablecloth had *tawdry* embroidery. // 彼は*けばけばしいスポーツカーに乗っている He drives a *flashy* sports car.

けげばひょう 下馬評 (うわさ) rumor Ⓒ; (個人的な事柄についてのうわさ) gossip Ⓒ. 《☞ うわさ》.

けびょう 仮病 feigned [pretended] illness Ⓤ, 《米》 sham sickness Ⓤ. 《☞ びょうき》.
¶ 彼は*仮病を使った (⇒ 病気のように見せかけた) He *pretended to be* ˹*sick* [*ill*]. / He *feigned* ˹*sickness* [*illness*]. // 彼の病気は単なる*仮病だ His illness is a mere *sham*.

げひん 下品 ―形 (野卑な) vulgar; (粗野な) coarse; (洗練されてない) unrefined; (みだらな) indecent. ―名 vulgarity [vʌlgǽrəti(ː)] Ⓤ; coarseness [kɔ́ɚsnis] Ⓤ. 《☞ ていぞく; みだらな; げれつ》.
¶ 彼はよく*下品なしゃれをとばした He often cracked *vulgar* jokes. // *下品な言葉を使わないように気を付けなさい Be careful never to use ˹*vulgar* [*coarse*; *bad*] language. // スープを飲むときすする音をたてるのは*下品です (⇒ 無作法[エチケット違反]だ) It is ˹*bad manners* [*against etiquette*] to make slurping sounds when eating soup.

けぶかい 毛深い (毛が多い) hairy, hirsute; (長い毛がもじゃもじゃ生えた) shaggy; (毛の濃い) thickly-haired (↔ hairless). 《☞ け》.
¶ 彼は*毛深い He is *thickly-haired*. / (⇒ 体中毛がある) He is *hairy* all over. // *毛深い犬 a *shaggy* dog

けむ 煙 けむに巻く mystify ㊥; (まごつかせる) bewilder ㊥. ¶ すっかり彼の話に*けむに巻かれた (⇒ 惑わされた) I found myself quite *mystified* by his speech.

けむくじゃら 毛むくじゃら ―形 (毛が多い) hairy; (毛の深い) thickly-haired; (長い毛の生えた) shaggy. 《☞ けぶかい》.

けむし 毛虫 (hairy) caterpillar Ⓒ 《☞ ちょう¹ (挿絵)》.

けむたい 煙たい **1** «煙て息苦しい»: smoky 《☞ けむり; けむる》.
2 «窮屈だ・気がねだ» ¶ 私は山田先生が*煙たい (⇒私は山田先生と一緒にいると落ちつかない) I *don't feel at ease with* Mr. Yamada. // 今度の課長は課員から*煙たがられている (⇒ 人気がない) The new section chief is *unpopular* among the staff members. 《☞ けいえん》

けむり 煙 (物が燃えてできる) smoke Ⓤ; (においの強い) fumes ★ 通例複数形で.
¶ 部屋はたばこの*煙でいっぱいだった The room was ˹full of [thick with] ˹cigarette [tobacco] *smoke*. // 彼の葉巻の*煙は迷惑だった The *fumes* from his cigar annoyed us. // その煙突からは黒い*煙がもくもくと出ている The chimney is ˹giving out [sending out] thick black *smoke*. // 火のないところに*煙は立たない Where there's *smoke*, there's fire. 《ことわざ: 煙のあるところには火がある》

けむる 煙る smoke ㊀; (くすぶる) smolder (《英》 smoulder) ㊀; (かすむ) look dim.
¶ このストーブはひどく*煙る This stove *smokes* badly. // この石炭は*煙るだけで燃えない This coal only *smolders* and does not burn. // 山は春雨に*煙っていた The mountains ˹*were seen* [*looked*] *dim* in the spring rain.

けもの 獣 (比較的大きな四つ足獣) beast Ⓒ; (野獣) brute Ⓒ 語法 beast と brute は比喩的に用いられる場合が多い. その場合, brute のほうが意味が強い. 《☞ けだもの; やじゅう》.
¶ 彼は*けもののような奴だ He is a ˹*beast* [*brute*].

けやき 欅 zelkova [zélkəvə] (tree) Ⓒ.

けやぶる 蹴破る break ... open by kicking; (けって開ける) kick ... open 語法 け破るを文字通り表したのが前者で, 後者は単にけって開ける意味にもとれる. 《☞ ける》. ¶ 警官はドアを*け破った The police *broke* the door *open* (*by kicking*).

けらい 家来 (雇われて仕える者) retainer Ⓒ ★ 昔使われた語; (ある人を信奉して従う者) follower Ⓒ; (手下) *a person's* man Ⓒ.

げらく 下落 ―動 (値段などが) fall ㊀, go [come] down ㊀ (↔ rise; go [come] up); (急に下がる) drop ㊀. ―名 fall Ⓒ; drop Ⓒ. ¶ 外国為替市場でポンドが急に*下落した The pound (sterling) *fell* sharply [There was a sharp *fall* of the pound] on the foreign exchange market.

げらげら ¶ 彼は*げらげら笑った (⇒ 大きな声で笑った) He laughed *loudly*. / (⇒ ばか笑いをした) He had a *horselaugh*. / He *guffawed*. / (⇒ 大笑いした) He *had a good laugh*. // それを聞いてみんなが*げらげら笑った (⇒それはみんなをどっと笑わせた) That provoked *a roar of laughter*. / That gave everybody *a good laugh*. 《☞ わらう; どっと; 擬声・擬態語 (囲み)》

けり ¶ 仕事に*けりがついた (⇒ 私は仕事を仕上げた) I *have finished* my work. // これでこの事件にも*けりがついた (⇒ これで終わりになった) This *brought* the matter *to* ˹*an end* [*a close*]. / (⇒ 解決した) This *settled* the matter. // 彼らは最後の*けりをつけようとしていた They were going to have a *showdown*. 語法 showdown は米口語で,「最終的に決着をつける対決」. // その議論にはなかなか*けりがつかなかった (⇒ どこまでも続いた) The argument *went on and on*. 《☞ けっちゃく; けつまつ》

げり 下痢 ―名 diarrhea [dàiəríːə] Ⓤ ★ diarrhoea ともつづる. ―動 suffer from diarrhea, have loose bowels. 《☞ くだる》.
下痢止め binding medicine Ⓒ.

ゲリラ guer(r)illa [gəríla] Ⓒ ★ guerrilla は「ゲリラ部隊」(guerrilla band) の一員を指す.
¶ 4 人のアラブ*ゲリラがジェット旅客機を乗っ取った Four Arab *guerrillas* hijacked a jetliner. **ゲリラ戦** guerrilla warfare Ⓤ.

ける 蹴る ―動 kick ㊥, give a kick. 《☞ けとばす; きょひ》.
¶ 彼はボールを*けった He *kicked* the ball. / He *gave* the ball *a kick*. // その国の代表は席を*けって会場を出た (⇒ 怒って突然出て行った) Representatives of that country *left* the auditorium *abruptly in anger*. // 会社側は我々の申し入れを*けった (⇒ 拒否した) The management *turned down* our proposal.

ゲルマン ― 形 Germanic [dʒə:mǽnik].
ゲルマン民族 the Germanic race.

げれつ 下劣 ― 形 (低劣な) base (↔ noble); (卑劣な) mean; (低級な) low. ― 名 baseness U; meanness U. 《☞ げひん; ていぞく; ひれつ》. ¶ 彼は*下劣な男だ He is a ⌈*base* [*mean*] fellow. // 彼女の趣味は*下劣だ She has ⌈*vulgar* [*bad*] taste.

けれど(も) (しかし) but ... ★ 最も日常的で一般的; (しかしながら) however, ... 語法 but よりやや改まった語. 文頭にも置かれるが, また文中に差しはさむことが多い; (それにもかかわらず) yet; (…だけれども) although ..., though ... 語法 although は通例文頭に置かれる. 《☞ しかし (類義語); だが; -が; 譲歩の表現 (囲み); 接続詞 (欄外)》.
¶ 彼はよく勉強した*けれども, 効果は上がらなかった He studied hard, *but* could not obtain good results. / *Though* [*Although*] he worked hard, he couldn't get satisfactory results. 語法 but は前後の文を対等に結びつけ, その間に強調の差はないが, though, although に導かれる節は, 後に続く節に従属し, 後の文が強調されている. // 彼は最大の注意を払った*けれども, それでも間違えた He took the utmost care, *yet* (he) made a mistake.

ゲレンデ (スキー場) slope C 参考 日本語の「ゲレンデ」はドイツ語の Gelände から.

げろ ― 動 throw up 自, vomit 自 ★ 前者のほうが口語的. 《☞ はく[1]》. ¶ *げろを吐きたいような気持ちだ I'm *sick*.

ケロイド 〘医学〙 ― 名 keloid [kí:lɔid] U. ― 形 (ケロイド状の) keloid.

けろりと ¶ それは彼にとってショックだったに違いないが, 彼は*けろりとした顔をしていた (⇒ 彼はまるで何事も起こらなかったかのように冷静に見えた) It must have been a shock to him, but he *looked calm as if nothing had happened*. // だれかが彼に悪態をついたが, 彼は*けろりとした顔をしていた (⇒ それを気にかけないように見えた) Somebody called him names, but he seemed *not to* ⌈*be bothered* [*mind it*]. // 彼女の病気は*けろりと治った (⇒ すぐに治った) She ⌈got over [recovered from] her sickness *very quickly*. 《☞ へいき[1]; 擬声・擬態語 (囲み)》

けわしい 険しい (坂・崖などが) steep, precipitous ★ 後者は改まった語; (厳しい) severe; (顔つきなどがいかめしくて) grim. ¶ 彼は*けわしい崖を登っていった He climbed (up) the *steep* cliff. // 彼女は*けわしい顔をして (⇒ 怒って) 私を見た She looked at me *angrily*.

けん[1] 件 (ことがら) matter C; (事件) affair C; (問題) problem C; (題目) subject C; (会議などの議題) item on the agenda C. 《☞ こと[1]; もんだい》. ¶ 私はその*件について彼に忠告した I gave him advice on the *matter*. // その*件はあなたにお任せします (⇒ その問題はあなたの決定に任せる) I'd like to leave the *problem* ⌈to you [for you to solve].

けん[2] 県 ― 名 prefecture [prí:fektʃə] C 語法 日本やフランスの県を英訳するときにのみ用い, 《英》《米》などの行政区画には用いない. ― 形 prefectural. 《☞ けんりつ》.
¶ 石川*県の県庁所在地はどこですか What is the capital city of Ishikawa *Prefecture*? // 都道府*県 Tokyo, Hokkaido, and all the other *prefectures*
県知事 (prefectural) governor C **県庁** prefectural office C.

けん[3] 圏 ¶ 共産*圏の国 a country in the Communist *bloc* // その国はいまだにイギリスの勢力*圏内にある (⇒ いまだにイギリスの影響を受けている) That country is still *under the influence of* Britain. 《☞ けんない; けんがい》

けん[4] 剣 (刀) sword [sɔ́əd] C; (サーベル) saber C. ¶ 彼は*剣を抜いた He drew his *sword*.

けん[5] 券 (切符) ticket C; (切り取り式の切符) coupon C. 《☞ きっぷ》.

けん[6] 鍵 (ピアノ・タイプライターなどの) key C 《☞ キー; けんばん》.

-けん[1] …軒 ¶ この通りに新築の家が 5*軒ある There are five new *houses* ⌈on [《英》 in] this street. 語法 日本語では, この「…軒」のほかに「…人」「…冊」「…個」のような個数詞を用いるが, 英語では物質・抽象名詞の場合を除いてはそれらに該当するものがないのが普通である. 《☞ 数の数え方 (囲み)》 // 彼は角を曲がって[角から] 3*軒目に住んでいる He lives in the third *house* ⌈round [from] the corner. // 彼は私の 3*軒先に住んでいる He lives three *doors* from ⌈me [my house]. // セールスマンは 1*軒ずつ (⇒ ドアからドアへ) 歩き回った The salesman walked (⌈around [round]) *from door to door*.

-けん[2] …兼 ¶ 首相*兼外相 the prime minister *and* foreign minister // 彼は画家*兼詩人だった He was a painter *and* poet. 語法 同一人のときは不定冠詞を 1 つだけ付ける. // 彼は社長*兼 (⇒ 社長と同時に) 雑用係だ He is the president of the company *and at the same time* a janitor. // 寝室*兼居間 a bed-sitting room 《☞ けんよう; かねる》

げん[1] 言 ¶ 彼の*言によればそんなことはありえない According to him [If he is right], it is unlikely to happen. // 彼は*言を左右にして (⇒ 何だかんだと理由をつけて) 本当のことを言おうとしない He is avoiding (telling) the truth *on some pretext or other*. // *言を左右にするな (⇒ あいまいな言葉を使うな) Don't *quibble*. / Stop *equivocating*.

げん[2] 弦 (1 本 1 本の) string C; (弦楽器) the strings ★ the を付けて複数形で用いる; 〘数学〙 chord C. 《☞ ギター (挿絵); バイオリン (挿絵); えん[3] (挿絵); 音楽 (囲み)》.

げん- 現… (現在の) present; (現職の) incumbent, currently in office ★ 後者は説明的. (↔ former; ex-). 《☞ げんしょく[1]》.
¶ それは*現校長に責任がある The *present* principal is responsible for it. // *現内閣 the *present* cabinet

-げん …減 ¶ 収入が 2 割*減となった (⇒ 20% 減った) My income *has been reduced* (by) 20 percent. // 交通事故は昨年と比べて 3 割

*減であった (⇒ 30% 減少した) Traffic accidents *have decreased* (by) 30 percent this year as compared with the figure of last year. / We have had 30 percent *fewer* traffic accidents this year than last year. 《☞ げんしょう[1]；へる[1]》

け

けんあく 険悪 ─形 (天気が崩れそうな) threatening；(荒れ模様の) stormy；(重大な段階の) serious；(緊張した) tense；(緊迫した) strained. 《☞ あっか[1]；きんぱく[1]》.

¶空模様が*険悪になってきた The sky looks *threatening*. / The weather is getting *stormy*. ∥ 両国の関係は*険悪になるばかりだ The relations between the two countries are going to be ⌈*tenser and tenser* [more and more *strained*]. ∥ 2人の仲は*険悪になった (⇒ 2人の友情[愛]は崩壊の危険にさらされている) Their ⌈friendship [love] is now *in danger of* ⌈*being broken* [*falling apart*].

けんあん 懸案 pending ⌈problem [question] Ⓒ. ¶それは長い間の*懸案だ It's a long⌈*-pending*[*-standing*] *problem*. ∥ その問題はここ2, 3年*懸案となっている (⇒ この2, 3年未解決のままだ) The problem *has remained unsettled* for the past few years.

げんあん 原案 (もとの計画) original plan Ⓒ；(提案) proposal Ⓒ. 《☞ あん[1]》.

¶私は*原案に賛成します I support the *original plan*. ∥ *原案通り (⇒ 何の修正もなく) 可決された The *proposal* was approved *without any revisions*.

けんい 権威 (ある分野での権威のある人・物) authority Ⓒ；(専門家) expert Ⓒ. 《☞ いげん；たいか[1]》. ¶このごろは親の*権威は尊重されない The ⌈*authority* of parents [parental *authority*] is not respected these days. ∥ A博士は斯界の*権威だ Dr. A is an *authority* in this field. **権威主義** authoritarianism Ⓤ.

けんいん 牽引 ─動 (ロープや鎖などで車両を引っ張る) tow [tóu] ㊀. **牽引車** tow ⌈car [truck] Ⓒ；(特に故障車・事故車などの処理のための) wrecker Ⓒ.

げんいん 原因 (ある結果を生み出す) cause Ⓒ；(起源) origin Ⓒ, beginning Ⓒ 〔語法〕以上2語は事故・事件とは限らず広い意味での起源をいう；(根源) root Ⓒ 〔語法〕規模の大きい, 根の深い問題などについていう. 《☞ おこり；理由の表し方 (囲み)》.

¶「事故の*原因は何ですか」「運転手の不注意らしいです」"What was the *cause* of the accident?" "They say it was the driver's carelessness." / (⇒「何が事故を起こしたか」「運転手が不注意な運転をしていたらしい」) "What *caused* the accident?" "The driver seems to have been driving carelessly." ∥「火事の*原因は何ですか (⇒ 何が火事を起こしたか)」「たばこの火の不始末ですよ」"What *started* the fire?" "It was a cigarette butt." ∥ その火事は*原因不明だ The *origin* of the fire is unknown. / It was a fire of unknown *origin*. ∥ けんかの*原因は何ですか (⇒ 彼らは何について口論しているのか) What are they quarreling about? / (⇒ どうやってけんかは始まったか) How did they ⌈*start* quarreling [*begin* to quarrel]? ∥ 彼らの不満の*原因は給料が安いことだ The *cause* of their complaint is (their) low ⌈pay [wages；salary]. 〔語法〕cause が「原因」を意味するときは前置詞 of が後に続き,「理由」のときは for が続く. ∥ 我々はすべての悪[戦争]の*原因を根絶しなければならない We must eliminate (all) the *roots* of ⌈evil [war].

けんうん 巻雲, 絹雲 〘気象〙 cirrus [sírəs] Ⓒ《複 cirri [sírai]》《☞ くも[1] (挿絵)》.

げんえい 幻影 (幻) vision Ⓒ；(錯覚) illusion Ⓒ. 《☞ げんかく[2]；げんそう》.

けんえき 検疫 quarantine [kwɔ́ːrəntìːn] Ⓤ **検疫官[所]** quarantine ⌈officer [station] Ⓒ.

げんえき 現役 ¶彼は*現役だ (⇒ 在職中である) He is *in active service*. ∥ 彼は*現役の陸軍大佐だ He is a colonel *on* ⌈*active duty* [*the active list*]. ∥ 彼はあと2年で*現役から退く (⇒ 退職する) He will retire (from ⌈*work* [*active service*]) in two years. ∥「君は*現役で大学に入りましたか」「いいえ2年浪人しました」(⇒「君は高校卒業後すぐに大学に入ったか」「いいえ, 2年後に入りました」) "Did you enter college *directly* ⌈*from* [*you had finished*] *high school?*" "No, two years after I had graduated from high school."

けんえつ 検閲 ─名 (手紙・出版物などの) censorship Ⓤ. ─動 censor ㊀.

¶その本は*検閲に引っ掛かった (⇒ 検閲官により禁止された) The book *was banned by the censors*. ∥ 手紙の*検閲は間もなく廃止された *Censorship* ⌈on [of] letters was soon ⌈removed [lifted].

けんえん 犬猿 ¶彼らは*犬猿の間柄だ They are *on cat-and-dog terms*. / (⇒ 彼らはたいへん仲が悪い) They are *on very bad terms*.

けんお 嫌悪 ─名 (憎み嫌うこと) hatred Ⓤ ★ しばしば a を付けて；(いやに思うこと) dislike Ⓒ ★ 前者のほうが意味が強い；(むかむかするような気持ち) disgust Ⓤ. ─動 hate ㊀；dislike ㊀；disgust ㊀. 《☞ きらう》.

¶彼はそれに強い*嫌悪の念を抱いている He *hates* it. ★ 口語的. 〔語法〕hate は「強い嫌悪」を意味するから普通副詞は付けない. / He has a *hatred* ⌈*for* [*of*] it. / He has a ⌈strong [great] *dislike* ⌈*for* [*of*；*to*] it. ∥ その話は私に*嫌悪感を抱かせる (⇒ その話は私をむかむかさせる) The story *makes* me *sick*. / The story *disgusts* me.

けんか 喧嘩 ─名 (口げんか) quarrel Ⓒ；(殴り合い・とっくみ合いのけんか) fight Ⓒ；(大騒ぎのけんか) brawl Ⓒ, 《口語》row [ráu] Ⓒ. ─動 quarrel (with ...) ㊁；fight (with ...) ㊁；have a fight；have a quarrel 〔語法〕このほか「けんか」に当たる名詞をすべて have a ... の形で用いることができる.

【類義語】口げんかで実力行使を伴わないものは ***quarrel***. 実力行使を伴う殴り合い, とっくみ合いは ***fight*** であるが, 実際に実力行使を伴わなくても, 激しいけんかは ***fight*** という. 酒場などでの騒々しい大げんかは ***brawl***. 同じく騒々しいけん

かだが，夫婦げんかなどは **row** という.《☞ こうろん；とっくみあい》

¶私はきのう山田と*けんかをした I *had a* ˹*quarrel* [*fight*] *with* Yamada yesterday. / I ˹*quarreled* [*fought*] *with* Yamada yesterday. ★《英》では quarrelled.

私は妹とお菓子を取り合って*けんかした I *quarreled with* my sister over a piece of cake.

彼らはその金をどう分けるかで互いに*けんかした They ˹*quarreled* [*fought*] *with* each other ˹about [over] how to divide the money.

彼らは何で*けんかをしているのですか（⇒なぜ）Why *are* they ˹*quarreling* [*fighting*]? / (⇒原因は何だったのか) What was the cause of the ˹*quarrel* [*fight*]? / (⇒何についてけんかしているのか) What *are* they ˹*quarreling* [*fighting*] ˹about [over]?

あの家では夫婦*げんかが絶えない（⇒あの夫婦はいつもけんかしている）That couple ˹*is* [*are*] always *having a row.*

その口論は大*げんかに発展した The quarrel developed into a noisy *brawl.*

*けんかはやめなさい Stop *fighting*! / Break it up!

私は*けんかの仲裁に入った I tried to ˹stop [settle] the *quarrel.*

彼が*けんかをしかけてきたので買ってやった He tried to pick a *fight* with me, so I accepted the challenge.

*けんか両成敗だ In *quarrels* both ˹sides [parties] are equally to blame.

げんか 原価 cost (price) Ⓒ. **原価計算** cost accounting Ⓤ.

げんが 原画（複製でないもとの絵）original picture Ⓒ (↔ replica, copy).

けんかい 見解（意見）opinion Ⓒ；（物の見方）view Ⓒ.《☞ いけん（類義語）》.

¶それは*見解の相違だ（⇒それは単に意見の違いに過ぎない）That's a mere difference of *opinion.* // 彼と私とでは*見解を異にする He and I have different ˹*opinions* [*views*]. // A 氏と B 氏にその点では*見解が一致している Mr. A and Mr. B hold the same ˹*opinion* [*view*] on that point. // 皆の*見解はまちまちである People's *opinions* are divided.

けんがい 圏外 ¶その地方はローマ帝国の勢力*圏外にあった The district was ˹*outside the range* [*out of the sphere*] *of* the power of the Roman Empire. // 彼は（選挙で）当選*圏外に落ちた（⇒いまや彼が当選する見込みがなくなった）Now there's *no chance* ˹for him to be [of his being] elected.

げんかい 限界（それ以上越えられない限度）limit Ⓒ；（限界となるもの・ぎりぎりの能力）limitations ★通例複数形で；（境界線を持っている限界）bounds ★通例複数形で.《☞ げんど；かぎり；ぎりぎり》.

¶私は自分の力の*限界は知っています I know my *limitations.* / I know the *limit*(*s*) of my ˹power [strength]. // それは私の能力の*限界を越えている It's *beyond* me. ★口語的. やや軽く「私にはとてもできない」というような感じ. / It's *beyond* my ability. // それは人間の知識の*限界を越えている It exceeds the *bounds* of human knowledge. // このホテルは100人が収容能力の*限界だ（⇒このホテルの最大収容能力は100人だ）The *capacity* of this hotel is one hundred / (⇒最大限100人を収容できる) This hotel can accommodate one hundred guests *at most.*

げんがい 言外 ¶彼は辞意を*言外にほのめかした He *hinted at* his own resignation. / He *hinted that* he would resign. // *言外の意味を読み取らなければならない（⇒行間を読む）You have to *read between the lines.*《☞ ふくみ；ほのめかす》

けんがく 見学 ¶我々のクラスはきのう工場の*見学に行ってきた（⇒実地旅行で工場を訪れた）Our class *visited* a factory *on a field trip* yesterday. / Our class made a *study visit* to a factory yesterday. //「校内を*見学させていただいてよいでしょうか（⇒歩き回ってもよいか）」「ええ，どうぞ」"May I *walk around* the campus?" "Certainly." // *見学者の方はここへ名前をお書き下さい *Visitors* will please register their names here. // 足をけがしたので体育の授業を*見学した（⇒体操を免除された）I injured my leg, so I *was excused from* the exercises in the ˹gym [physical education] class.

げんかく[1] 厳格 ── 形 strict; severe; stern; rigorous.

【類義語】規則などを厳密に守ることを要求し，妥協を許さない態度を表す一般的な語は **strict**. それがもっと厳しく和らぎや柔らかさなどの感じられない状態は **severe**. 怖いほどいかめしく，おそれや威圧を感じるほどなのが **stern**. 一分のすきもなく精確無比ではりつめた感じの厳しさは **rigorous**.《☞ きびしい（類義語）》

¶田中先生はとても*厳格な先生だ Mr. Tanaka is a very ˹*strict* [*severe*; *stern*; *rigorous*] teacher. 語法 a *strict* teacher は最も普通の言い方で，a *severe* teacher は多少冷酷な感じの先生，a *stern* teacher は性格的に怖い先生，a *rigorous* teacher は勉強に非常にうるさい先生という含みを感じさせる. // この学校の規則は*厳格だ The rules of this school are very *strict.* // 彼は*厳格な父親のもとで厳しくしつけられた He was severely disciplined by a *stern* father.

げんかく[2] 幻覚 hallucination Ⓒ. ¶彼は*幻覚に襲われた He had a *hallucination.*

幻覚症状 hallucinosis Ⓤ.

げんがく[1] 弦楽 string music Ⓤ《☞ げんがっき；音楽（囲み）》. ¶*弦楽四[五]重奏 a *string* ˹quartet [quintet] 語法「楽団」,「演奏の形式」,「作品」のいずれの意味にも用いられる. // *弦楽合奏 a *string* ensemble

げんがく[2] 減額 ── 動（減らす）reduce ㊀；（費用などの一部を削る）cut (down) ㊀, cut down on ... ── 名 reduction Ⓤ；cut Ⓒ.《☞ さくげん；けずる》.

げんかしょうきゃく 減価償却〘経済学〙depreciation Ⓤ.

げんがっき 弦楽器 stringed instrument Ⓒ；（集合的に）the strings.《☞ 音楽（囲み）》.

け

けんがん 検眼 eye examination Ⓤ ★具体的な事実を言うときは Ⓒ. ¶その眼科医で*検眼してもらった I *had my eyes* ⌈*examined* [*tested*] at the eye doctor's.《☞ 使役 (囲み); しりょく¹ 参考》

げんかん¹ 玄関 (正面の出入口) (front) door Ⓒ; (家の入口から外に突き出た屋根のある所) porch Ⓒ; (入口から入ってすぐの所) hall Ⓒ; (入口) entrance Ⓒ.《☞ いりぐち; とぐち; 家・部屋 (囲み)》.

¶*玄関のところにだれかがいる There is someone at the (*front*) *door*. ∥ *玄関から出入りして下さい Please use the *front door* only. ∥ 帽子とオーバーは*玄関に置いて下さい Please leave your hat and overcoat in the *hall*. ∥ 成田空港は日本の*玄関だ Narita Airport is the *gateway* to Japan.

げんかん² 厳寒 intense [severe] cold Ⓤ.

けんぎ 嫌疑 ━名 suspicion Ⓤ ★しばしば a を付けて. ━動 (嫌疑をかける) suspect ㊀.《☞ うたがい; ようぎ; ぎわく》.

¶いったん受けた*嫌疑を晴らすのはたいへんだ It is not easy to clear oneself of a *suspicion* once incurred. ∥ 証拠もないのに人に*嫌疑をかけてはいけない (⇒ 証拠があるのでなければ人を疑ってはいけない) Don't *suspect* a person unless you have evidence.

げんき 元気 ━形 (達者で変わりのない) fine, well,《口語》all right, OK 語法 以上はほぼ同意だが OK が最もくだけた表現. OK は O.K. とも Okay とも書く. 以上はいずれも述語用法.《☞ 形容詞の2用法 (欄外)》; (健康な) healthy; (機嫌がよく明るい感じの) cheerful; (活発で軽やかであり陽気な) lively [láivli(ː)]; (威勢のよい) high-spirited (↔ low-spirited), in high spirits 語法 後者では常に複数形で用いる; (元気旺盛ではつらつとした) vigorous, full of vigor; (精力的な) energetic; (活動的で元気な) active; (老人などがかくしゃくとした) hale and hearty. ━動 (病気が治る) get well ㊁; (前の状態よりよくなる) get better ㊁; (疲れなどをとって元気にする) refresh ㊀; (回復する) recover (from ...) ㊁; (しおれていたり, 活気のなかったものが生き返る) revive ㊁ ★やや改まった語; (元気を出す・陽気になる) cheer up ㊁ ★㊀として「元気を出させる」という意味にも用いる; (元気づける) encourage ㊀. ━名 (気力) spirits ★複数形で; (活力) vigor Ⓤ; (精力) energy Ⓤ.《☞ じょうぶ; けんこう; けんざい》.

¶「お*元気ですか」「ええ, *元気です. あなたは」"How are you?" "*Fine* [*Quite well*; *All right*; *OK*]. How are you?" 語法 最初の How are you? は How áre you? でも How are yóu? でもよいが, 相手に聞き返すときは「あなたは」という意味をこめて必ず How are yóu? となる. 答えでは Fine. が最も普通で, All right. や OK. はくだけた言い方. また, 形式ばって丁寧に言うときは Thank you. を添える. なお, 少々気分が悪くても, 普通は「元気です」と答えるのが礼儀になっている.《☞ あいさつ (囲み)》

「ご家族はお*元気ですか」「ええ, おかげさまでみな*元気です」"How's your family?" "They're all ⌈*fine* [*well*]. Thank you."

「彼は病気ですか」「いいえ, *元気ですよ (⇒健康だ)」"Is he ⌈sick [ill] in bed?" "No, he is quite *healthy*."

「おかげんはいかがですか」「きょうは少し*元気になりました」"How do you feel?" "I feel a little *better* today." ★病人に病状を尋ねるときのやりとり.《☞ 病気・病院 (囲み)》

彼はすっかり*元気になりました (⇒ 病気から回復した) He *recovered from his illness* completely.

病人はすぐ*元気になりますよ The patient will soon *get well*.

あの老人はなかなか*元気だ That old man is *hale and hearty*.

彼は*元気がいい (⇒ 上機嫌だ) He's ⌈*in high spirits* [*high-spirited*]. / (⇒ 活力にあふれている) He is ⌈*full of vigor* [*vigorous*]. / (⇒ 精力的な人だ) He's an *energetic* man.

彼女は*元気がない She's ⌈*low-spirited* [*in low spirits*]. / (⇒ 打ちひしがれている) She is *depressed*.

*元気を出せ (⇒ もっと明るくしろ) *Cheer up*!

水をやったらその花は*元気を取り戻した (⇒ 生き返った) I watered the flower, and it *revived*.

ひと風呂浴びたら*元気になりました A bath *refreshed* me. / I *refreshed myself* with a bath.

私は彼女の言葉に大いに*元気づけられました Her words were a great *encouragement* to me.

けんきゃく 健脚 ¶彼は*健脚だ (⇒ 彼はよく歩く人だ) He is *a good walker*. ∥ 私の祖父は*健脚を誇っている My grandfather boasts that he's *a strong walker*.

けんきゅう 研究 ━動 study ㊀ ★一般的な語で, 以下の語の代わりにも使える場合が多い; (学術的な研究をする) research (into ...) ㊁, do [make] (some) research; (調査に基づく研究) investigate ㊀. ━名 study Ⓒ; research Ⓒ; investigation Ⓤ.

¶僕は医学の*研究をするつもりです I intend to *study* medicine. ∥ 蝶に関する彼の*研究は有名だ His *studies* on butterflies are well-known. ∥ その問題はいま*研究中です The problem is now under *investigation*. ∥ それをどうやって実行に移すか*研究してみよう Let's ⌈*find out* [*investigate*] how to put that into practice. ∥ 彼はいま原子力の*研究に取り組んでいる He *is* at present *doing research work* on atomic energy.

げんきゅう¹ 言及 ━名 (引き合いに出すこと) reference Ⓤ; (偶然話題に出すこと) mention Ⓤ ★いずれも具体的な例の場合は Ⓒ. ━動 refer to ...; mention ㊀; make reference to ... ★最後は少し堅苦しい言い方.《☞ ふれる¹》.

¶この本はギリシャ思想について多少*言及している This book has a few *references* to Greek thought. ∥ 講師はたまたま私の友人の名前に*言及した The speaker incidentally *mentioned* the name of my friend. ∥ 上に*言及

した用語について説明しましょう I will explain the above-*mentioned* term.

げんきゅう² 原級 〘文法〙 the positive degree《☞ 比較の表現 (囲み)》.

けんぎゅう(せい) 牽牛(星) Altair [æltáiə]《☞ せいざ¹ (表)》.

けんきょ¹ 謙虚 ― 形 (謙遜(けんそん)で慎み深く, 威張らない) modest; (つつましく控えめな) humble. ― 名 modesty U; humbleness U. 《☞ けんそん; ひかえめ》. ¶ 彼は自分の業績に対していつも*謙虚です He is always *modest* about his achievements. // 彼はだれに対しても*謙虚だ He is *humble* to everyone.

けんきょ² 検挙 ― 動 (逮捕する) arrest 他; (いっせいに検挙する) round up 他. ― 名 arrest C; roundup C. 《☞ たいほ¹》.
¶ 麻薬常用者が大量に*検挙された A large number of drug addicts *were arrested*. / The police *rounded up* a large number of drug addicts.

けんぎょう 兼業 ¶ 彼の家はレストランと食料品店を*兼業している (⇒ 彼は両方を経営している) He *runs both* a restaurant *and* a grocery store. // 私の家は*兼業農家です (⇒ 私たちは農業をもう一つの仕事としてやっています) We *do farming as a side job*. 語法 もしも農業が主であれば We *do a side job beside* farming. のように言う. 《☞ かけもち》

けんきん 献金 ― 名 (公の目的のために金を寄付すること) contribution U; (慈善事業・宗教団体, その他人道的な目的のために金を寄付すること) donation U ★ いずれも「寄付金」の意味では C; (教会などでの) collection C ★ 集める立場から見たとき; offering C ★ 出す立場から見たとき. ― 動 give (money) to ...; contribute (to ...) 自; donate (to ...) 自 ★ 以上 2 語は 他 の用法もある. 《☞ きふ》.
¶ 政治*献金 political *contribution*

げんきん¹ 現金 **1** «そのままで通用する金»: (硬貨・紙幣) cash U; (即座に払える金) ready ⌈money [cash] U. 《☞ かね¹; 金銭 (囲み)》.
¶ *現金でお願いします (⇒ 現金で払って下さい) Please pay *in cash*. // *現金の持ち合わせがない I have no ⌈*cash* [*money*] with me. / I'm out of *cash*. // このテレビは*現金で買いました I bought this TV set for *cash*. // *現金 (⇒ 即金) で 1 万円払ってあとは分割払いにした I paid 10,000 yen *down* and the rest in installments. 語法 即金で頭金などを払うことを down payment U という. // この小切手を*現金にしたいのですが I'd like to *have* this check *cashed*. 《☞ 使役 (囲み)》
2 «利害に敏感な» ― 形 (損得を計算する) calculating; (利己的な) selfish; (無邪気な) innocent. 《☞ ドライ》. ¶ 彼は*現金だ He is a *calculating* man. // 子供は*現金だ Children are completely *innocent*.
現金書留 cash registered mail U 参考 英米では普通の書留に現金も入れられるので特にこのように呼ばれる制度はない. **現金引き換え** cash on delivery《略 C.O.D.》《☞ ひきかえ》 **現金輸送車**《米》armored car C, car carrying cash C.

げんきん² 厳禁 ― 名 strict prohibition U. ― 動 prohibit ... strictly. 《☞ きんじる》. ¶ この寮内での飲酒は*厳禁されている Drinking in this dormitory *is strictly prohibited*. // 火気*厳禁 (⇒ 注意: 可燃物) Caution: Flammables / No open flame(s)《☞ 掲示の英語 (囲み)》

げんけい¹ 減刑 ― 動 (刑を少なくする) reduce a sentence to ... ★ 一般的な言い方; (刑をより軽いものに変える) commute a sentence for ... ★ やや改まった言い方. ― 名 〘法律〙 commutation U.
¶ 私たちは彼の*減刑を嘆願した We petitioned for a *reduction* in his sentence. // その囚人は死刑を終身刑に*減刑された The death sentence of the prisoner *was commuted to* life imprisonment.

げんけい² 原形 the original form. ¶ 地震で私の家は*原形をとどめないほどにやられた (⇒ がれきとなった) My house was reduced to rubble by the earthquake.

げんけい³ 原型 (後から作られる物のもとになる型) prototype C; (彫刻などのもとになるもの) model C.

けんけつ 献血 blood donation U. ¶ 私はきのう*献血をしました I ⌈*donated* [*gave*] *blood* yesterday.

けんげん 権限 ― 名 (一般的に権力) power U; (命令したり, ある行動を起こしたりする権利・職権) authority U; (権力の限界・範囲) the limit of ⌈authority [power]. ― 動 (権限を与える) authorize 他. 《☞ けんりょく; しょっけん¹; ちから》.
¶ あなたには命令する*権限はない You don't have ⌈*authority* [*power*] to give orders. // 彼はそれをする*権限を与えられている He *is* ⌈*authorized* [*commissioned*] *to* do that. 語法 commission 動 他 は上からの命令に従って忠実に実行する権利または任務を与えること. // これは私の*権限を超えたことです That is beyond ⌈my *power* [*the limit(s) of authority* given to me].

けんけんごうごう 喧喧囂囂 ― 形 (騒々しい) noisy; (要求・不満などで騒ぎたてる) clamorous [klǽm(ə)rəs]. ¶ 国民は政府に対して*けんけんごうごうたる抗議の声を上げた People raised the *clamorous* voice of protest against the Government.

けんご 堅固 ― 形 (丈夫な) strong; (しっかりした) firm; (城などが難攻不落の) impregnable ★ 文語的. 《☞ じょうぶ; つよい》.
¶ 彼は意志*堅固だ He has a *strong* will.

げんこ 拳固 (clenched) fist C 《☞ げんこつ; こぶし》.

げんご¹ 言語 (言葉) language U ★ ある特定の国の言葉を指すときは C. 《☞ 可算・不可算名詞 (欄外)》; (話し言葉) speech U. 《☞ ことば; こくご》.
¶ *言語は人間の思想の伝達手段である *Language* is a vehicle of human thought. / *Language* is a means of communication. // 英語はいまや英米人の*言語であるばかりでなく, 国際語である English is not only the *lan-*

guage of the British and Americans but (also) it is an international *language*. // 世界には約3千の*言語があると言われている It is said that there are about 3,000 *languages* in the world. // 英語はフィリピンでは第2*言語である English is the second *language* in the Philippines. [語 法]「第2言語としての英語」は English as a second *language*.《略 ESL》.

言語障害 speech defect Ⓒ.

げんご² 原語（最初に書かれた言語）the original language；（翻訳される前の文）original text Ⓤ.

けんこう 健康 ― [名] health Ⓤ（↔ illness). ― [形] healthy；well；fine；（健康によい）wholesome, healthful.

【類義語】ある一定の期間にわたって健康であることを表す最も一般的な語は *healthy*. これに対して，前後の状況には関係なく，ある時点で健康なのを *well* という. *well* は普通述語用法にのみ用いる.《☞ 形容詞の2用法（欄外）》. 口語では very *well* の意味で *fine* をよく用いる. 健康を増進し，衛生的にもよいのが *wholesome, healthful* で，前者のほうが口語的な語.《☞ じょうぶ；げんき；病気・病院（囲み）》

¶ 彼はとても*健康だ He is *fine*. / He is ⌈very [quite] *well*. / He is enjoying good *health*.

彼女は*健康そうだった She looked *healthy*.

*健康は富に勝る *Health* is better than wealth.《ことわざ》

彼は*健康がすぐれない He is in ⌈poor [bad] *health*. / He is out of *sorts*.

早起きは*健康によい Rising early is good for the *health*. [語 法] この場合は普通定冠詞を付ける.

ここの気候はとても*健康によい The climate here is very ⌈*healthful* [*healthy*].

私はいつも*健康によい物を食べている I always eat *wholesome* food.

彼は*健康を回復した He (has) recovered his *health*. / (⇒ 彼は病気が治った) He got over his sickness.

彼の*健康はだんだん衰えた His *health* gradually ⌈declined [failed].

ご*健康を祈ります《乾杯で》(Here's) to your *health*! / Cheers! ★ ややくだけた言い方.

健康診断 physical examination Ⓒ,《米》checkup Ⓒ. ¶ *健康診断を受ける take a *physical examination* **健康法** how to maintain *one's* health **健康保険** health insurance Ⓤ **健康保険医** health insurance doctor Ⓒ **健康保険証** health insurance card Ⓒ.

げんこう¹ 現行 ― [形]（現在の・目下の）*present*；（現在行われている）existing, current；（いま用いられている）now in use；（法律などが施行されている）in force.

【類義語】時間的な面に意味の重点を置いて，現時点の状況などを問題にするときは *present* を用い，制度や状況などの存在を問題の中心にして，それがいま行われているかどうかを言うときには *existing, current* を用いる. 存在しているかどうかに重点を置くときには *existing* を，状況や動作などが進行中であることを強調するときには *current* を用いる. またある制度などが採用されている意味には *now in use* を，法律・規則など政府や権力者が施行しているものは *in force* を用いる.

¶ *現行制度の欠点は何か What are the ⌈defects [weak points；bad points] of the ⌈*present* [*existing*；*current*] system? // *現行の教科書は2年後に改訂される予定だ The textbooks *now in use* will be revised in two years time. // *現行の規定はそれについて何も言っていない The regulations (now) *in force* [The *present* regulations] do not say anything about it. // この点は規則改正後も*現行どおりです（⇒ この点については規則の改正後でも変化はないでしょう）Concerning this point there will be no change even after the revision of the rules. // その男は盗みの*現行犯で（⇒ 盗んでいる最中に）捕えられた The man was ⌈arrested [caught] *in the act of* stealing.

げんこう² 原稿（手書きまたはタイプによる）manuscript Ⓒ；（書いた作品）writing Ⓤ ★ 数えるときは a piece of ..., two pieces of ... のようにいう；（草稿・下書き）draft Ⓒ.

¶ 私はいまその記事の*原稿を書いている I'm ⌈writing [preparing] the *manuscript* for the article. // タイプで打った*原稿 a *typescript* // もう*原稿は渡しました I have already ⌈turned [handed] in my ⌈*writing* [*manuscript* (*paper*)].

原稿用紙 manuscript paper Ⓤ《☞ 数の数え方（囲み）》 **原稿料** pay (for the writing) Ⓤ.

げんこう³ 言行 ¶ 彼は*言行一致の人だ（⇒ 彼は誠実な人だ）He is a *sincere* man. /（⇒ 彼は約束を守る人だ）He is *a man of his word*. // 彼は*言行不一致だ（⇒ 彼はしばしば約束を破る）He often *breaks his* ⌈*word* [*promise*]. /（⇒ 言うこととやることが違う）He always *says one thing and does another*.

げんごう 元号 the name of the era [í(ə)rə].

けんこうこつ 肩甲骨 scapula [skǽpjulə] Ⓒ《複 scapulae [skǽpjulìː], ～s》；（俗な言い方）shoulder blade Ⓒ.

げんごがく 言語学 linguistics Ⓤ. **言語学者** linguist Ⓒ.

けんこく 建国 the founding of a ⌈state [nation]. **建国記念の日** National Foundation Day；（独立記念日）Independence Day.《☞ しゅくじつ（表）》.

げんこく 原告 plaintiff Ⓒ（↔ defendant)；（告発者）accuser Ⓒ.

げんこつ 拳骨 (clenched) fist Ⓒ. ¶ 彼は私を*げんこつで殴った He ⌈struck [hit] me with his *fist*. // 私は*げんこつを握りしめた I clenched my *fist*.《☞ こぶし》

けんさ 検査 ― [名] inspection Ⓒ；examination Ⓒ；test Ⓒ. ― [動] inspect ㊀；examine ㊀；test ㊀.

【類義語】ある基準に照らしてどこかに欠点や誤りがないかと調べることが *inspect*.（(例) 衛生*検査 a sanitary *inspection*). また内容や質・量・特徴などを知るために検査するのは *exam-*

ine. ((例) 身体*検査 a health *examination*). ある基準に照らしてそれに合致するかどうかを検査するのは **test**. 《☞ ちょうさ；しらべる》

¶その店は保健所の立ち入り*検査を受けた The store underwent an on-the-spot *inspection* by the local health center inspectors. / (⇒ 検査の目的で保健所の係員の突然の訪問を受けた) The store was suddenly visited by the public health officials for an *inspection*. // 入国のためには税関*検査を受けなくてはならない We must undergo customs *inspections* when entering a country. // この井戸の水は水質*検査をしなくてはならない The water of this well must *be examined*. // この機械は*検査に合格するだろうか Does this machine ⌈stand up to [pass] the *test*?

けんざい[1] 健在 ―形 (存命で) living；(達者な) well；(よい健康状態にある) in good health；(どこも悪いところがない) all right [語法] well, all right は口語的. また述語的にのみ用いる. 《☞ けんこう；げんき》

¶「ご両親はご*健在ですか」「父は亡くなりましたが母は*健在です」 "Are your parents *living*?" "Well, my father died, but my mother is *living*." // 祖父は 88 才で*健在です My grandfather is 88 years old and is still ⌈*in good health* [*hale and hearty*]. [語法] hale and hearty は老人が元気なことを意味する慣用句.

けんざい[2] 建材 building material Ⓒ.

¶新*建材 (⇒ 化学合成物質による建材) synthetic *building materials*

げんざい[1] 現在 ―副 (いま) now, at present ★ now のほうが口語的；(いまちょうど) right now ★ now より強調的；(いまのところ) currently ★ 状態がいま継続中の意味が強い；(今日) today. ―形 (現在の) present；(現在行われている) current. ―前 (…現在で) 《米》 as of … 《☞ いま[1]；げんこう[1]》.

¶これが私の*現在の住所です This is my *present* address. / (⇒ 私はいまここに住んでいる) I live here ⌈*now* [*at present*]. // *現在の状況のもとではそれは困難でしょう It will be difficult under *present* circumstances. 《☞ げんじょう[1]》 // *現在までに何人が申し込みましたか How many people have applied *up to* ⌈*now* [*the present*]? / How many people have applied *so far*? // 志願者数は 2 月 10 日*現在で 1500 人です The number of applicants is 1,500 *as of* Feb. 10. // その件は*現在開会中の国会で審議されることになっている The matter will be ⌈discussed [deliberated] at the *current* Diet session. // それは*現在使われていない It's not used *today*. / It's out of use *now*.

現在完了 the present perfect 《☞ 完了形 (欄外)》 **現在進行形** the present progressive form 《☞ 進行形 (欄外)》 **現在分詞** the present participle 《☞ 分詞構文 (欄外)》.

げんざい[2] 原罪 (キリスト教の) (the) original sin.

けんさく 検索 ―動 (本などである記事を参照する) refer to … ; (辞書などで引く) look up (a word). ―名 reference Ⓤ. ¶索引を*検索してその出典がわかった I *referred to* the index and found the source.

げんさく 原作 the original work, the original ★ 後者のほうが「原文・絵・歌」など, その含む意味が広い.

¶これはトルストイの*原作です (⇒ これはトルストイによって書かれた) This was written by Tolstoy. [語法] このように日本語に「原作」とあっても original を用いないこともあることに注意. // この翻訳は*原作に忠実だ This translation is faithful to *the original*.

けんさつ[1] 検察 (犯罪の告発・捜査をすること) prosecution Ⓤ.

¶私は*検察側の証人として呼ばれた I was summoned as a witness for the *prosecution*.

検察官 (public) prosecutor Ⓒ 《☞ けんじ[1]》 **検察庁** public prosecutor's office Ⓒ. ¶最高*検察庁 the Supreme *Public Prosecutor's Office* // 高等[地方]*検察庁 a ⌈high [district] *public prosecutor's office*

けんさつ[2] 検札 ―名 inspection of tickets Ⓒ. ―動 inspect tickets. **検札係** ticket inspector Ⓒ.

けんざん[1] 検算 ―動 go over (accounts) ★ 口語的；check ㊀.

けんざん[2] 剣山 needlepoint holder Ⓒ 《☞ 日本固有の風物と英語 (囲み)》.

げんさん 減産 ―動 (生産を減らす) reduce [curtail] production. ―名 (自然に減ること) decrease in production Ⓤ；(人為的に減らすこと) reduction of production Ⓤ. 《☞ へる[1]；へらす；-げん》.

¶今月は 5% の*減産となった (⇒ 生産が減った) *Production decreased* by five percent this month. // 当社は来月から 2 割の*減産をしなければならない We have to ⌈*cut* [*reduce*; *curtail*] *production* by 20 percent from next month on.

げんさんち 原産地 the ⌈place [country] of origin 《☞ さんち[1]》. ¶スコットランドはウイスキーの*原産地です Scotland is the *home* of whisky.

けんし[1] 検視, 検死 (検視官が変死者の死因を調べること) inquest Ⓒ 《☞ かいぼう》.

¶検視官が*検視を行った The coroner held an *inquest*. **検視官** coroner Ⓒ.

けんし[2] 犬歯 canine (tooth) Ⓒ；(上あごの) eyetooth Ⓒ. 《☞ は[1] (挿絵)》.

けんじ[1] 検事 (public) prosecutor Ⓒ 《☞ けんさつ[1]》. ¶*検事は被告に終身刑を求刑した The (*public*) *prosecutor* proposed life imprisonment for the accused. **検事総長** the (Public) Prosecutor-General.

けんじ[2] 堅持 ―動 (ある状態・主張などを続ける) hold fast to … ; (ある態度に固執して離れない) stick to … 《☞ こしつ[2]》.

¶彼は死ぬまでその信念を*堅持した He *held fast to* his belief until the day he died.

げんし[1] 原子 ―名 atom Ⓒ；(原子核)

け

nucleus Ⓒ. — 形 (原子力の・核の) nuclear [語法] 「原子力による・核の」という意味の複合語ではしばしば nuclear は N- と略される. ((例) *原子[核]爆弾 *N*-bomb). (☞ かく⁴).

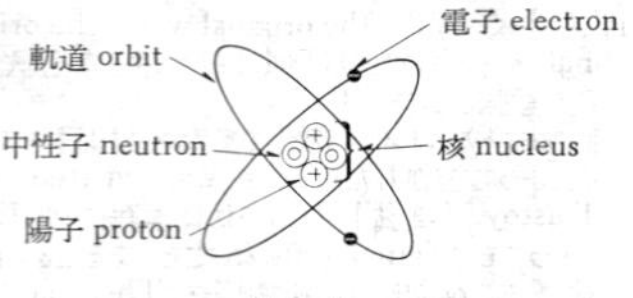

原子 atom

原子爆弾 atom(ic) bomb Ⓒ (☞ げんばく) **原子物理学** nuclear physics Ⓤ **原子物理学者** nuclear physicist Ⓒ **原子力** atomic energy Ⓤ **原子力委員会** the Atomic Energy Commission (略 A.E.C.) **原子力研究所** the Atomic Energy Research Institute **原子力時代** the atomic age **原子力船** nuclear-powered vessel Ⓒ **原子力発電** nuclear power generation Ⓤ **原子力発電所** nuclear power plant Ⓒ **原子炉** nuclear reactor Ⓒ.

げんし² 原始 — 形 (原始時代の・未開の・幼稚な) primitive (↔civilized) ★最も一般的な言葉; (太古の) primeval [praimíːvəl]; (非文明的な) uncivilized. ¶ *原始時代に人はどのように生活したのだろうか How did people live in the *primeval* ages? // *原始社会 *primitive* society

げんし³ 原紙 (謄写版の) stencil paper Ⓤ.

けんしき 見識 (判断力・見解) judgment Ⓤ; (個人的な考えや見方) view Ⓒ.
¶ 彼は*見識のある人だ (⇒ 判断力のある人だ) He is a man of *good judgment*. // そんなことを言うなんてあの人の*見識を疑う (⇒ 彼は知性がないに違いない) He must be lacking in *intelligence* to say such a thing.

けんじつ 堅実 — 形 (信頼できる) reliable, trustworthy; (思想・考えなどが健全な) sound; (しっかりした) steady. (☞ ちゃくじつ; てがたい). ¶ あの人は*堅実な人だ He is a ⌈*reliable* [*trustworthy*] person. // 彼は人生に対して*堅実な考えを持っている He has a *sound* philosophy ⌈for [of] life.

げんじつ 現実 — 名 (理論や可能性に対する) actuality Ⓤ ★「現状」の意味では複数形で; (想像・空想に対する) reality Ⓤ [語法] 具体的な事実の場合は Ⓒ. 以上2語はほぼ同意で入れ替え可能なことも多いが, 後者は目に映っているものが真の姿と一致することを強調する; (事実) fact Ⓒ. — 形 actual, real; (現実的な) realistic. (☞ じっさい; じじつ¹).
¶ それが人生の*現実だ That's the *reality* of life. / Those are the stern *realities* of life. // それは*現実には不可能だ It is impossible in *actuality*. // 残念ながらそれが*現実だ It's a pity that it's a *fact*. // この計画は*現実的ではない (⇒ 実現できそうもない) This plan is not ⌈*realistic* [*practicable*]. (☞ じつげん) // 夢が*現実となった My dream *has come true*. // *現実は厳しいよ That's a hard *fact*.

げんしゅ¹ 厳守 — 動 (規則などに従う) observe [keep] ... strictly; (決められたことなどを守る) abide by ...; (時間や期日をきちんと守る) be punctual. — 名 strict observance Ⓤ; punctuality Ⓤ. (☞ まもる; じゅんしゅ).
¶ 交通規則を*厳守しなくてはならない We must *strictly observe* traffic ⌈rules [regulations]. // 時間は*厳守して下さい Please be *punctual*. // 原稿の締め切りは*厳守のこと (⇒ 原稿は締め切りまでに必着しなければならない) The manuscripts must reach us before the deadline *without fail*.

げんしゅ² 元首 sovereign [sɑ́v(ə)rən] Ⓒ; the chief of a state Ⓒ.

けんしゅう 研修 — 名 (研究) study Ⓤ; (訓練) training Ⓤ. — 動 (研究する) study 他. (☞ けんきゅう; くんれん). ¶ この夏はアメリカに英語*研修に行きます (⇒ アメリカで英語を勉強するつもりです) I'm going to *study* English in the United States this summer. // 教師は時々*研修が必要だ Teachers need *in-service training* from time to time.

けんじゅう 拳銃 — 名 pistol Ⓒ; (銃) gun Ⓒ [語法] gun は銃の総称として用いられるが, くだけた表現では「拳銃」を指すことが多い. hand gun Ⓒ ともいう; (回転式の) revolver Ⓒ; (自動拳銃) automatic (pistol) Ⓒ. (☞ ピストル; じゅう²).

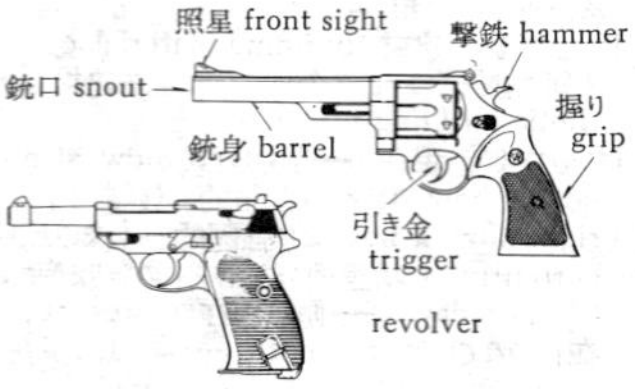

¶ 強盗は*拳銃を向けて銀行の中にいる人々を足止めした The robber kept the people in the bank covering them with his ⌈*pistol* [*revolver*]. // その飛行機は*拳銃を持った男に乗っ取られた The plane was hijacked by a man armed with a *gun*. // 私は*拳銃を突き付けられて手を上げた I held up my hands *at gunpoint*.

げんしゅう 減収 (収入の減少) decrease in income Ⓤ; (収穫の減少) decrease in production Ⓤ. (☞ へる¹; げんぽう).

げんじゅう 厳重 — 形 (きちんとした) strict; (厳しく, 何らの妥協も許さないような) severe; (強い態度の) strong. — 副 (厳しく・きちんと) strictly; severely; strongly. — 名 strictness Ⓤ; severity Ⓤ. (☞ きびしい (類義語); げんかく¹ (類義語); げんに²).
¶ スピード違反に対して警察はもっと*厳重に取り締まってもらいたい We want the police to take *stricter* measures against speeding. // 最近税関の検査が*厳重になった Customs inspections have got *severer* these days. //

わが国はソビエト政府に対して*厳重に抗議した The Japanese Government *strongly* protested to the Soviet Union.

げんじゅうしょ 現住所 *one's* present address 《☞ げんざい[1]; じゅうしょ》.

げんじゅうみん 原住民 (外国人に対する) native Ⓒ ★最も一般的; (特に植民者に対して) aborigines ★集合的. 複数形で; aboriginal Ⓒ ★原住民の一人一人. ¶アフリカの*原住民 the ⌈*natives* [*aborigines*] of Africa

げんしゅく 厳粛 ─形 (儀式などが) solemn [sɑ́ləm]; (重大で重々しい) grave; (顔つきなどがまじめで真剣な) serious. ─名 solemnity Ⓤ; gravity Ⓤ; seriousness Ⓤ. 《☞ おごそか (類義語); そうちょう[3]》.

¶私は*厳粛なミサに参列した I attended a *solemn* Mass. // 我々は*厳粛な面持ちでそのニュースを聞いた We listened to the news with ⌈*grave* [*serious*] expressions. // それは*厳粛な事実です (⇒ 厳しく, 無情な事実) It's a *hard* fact. / (⇒ 厳然たる現実) It's a *harsh* reality.

けんしゅつ 検出 ─動 (見つける) find ㊍; (隠れている物を検査して見つける) detect ㊍. ─名 detection Ⓤ. ¶その食べ物からコレラ菌が*検出された Cholera germs *were found* in the food. // その水から少量の青酸化合物が*検出された A small amount of potassium cyanide *was detected* in the water.

けんじゅつ 剣術 (剣を使う武術) fencing Ⓤ; (剣で闘う技) swordsmanship Ⓤ. 《☞ けんどう》.

げんしょ 原書 the original (⌈work [text]) 《☞ げんさく》.

けんしょう[1] 懸賞 (競争などにかける賞) prize Ⓒ; (尋ねごとなどへの謝礼) reward Ⓒ. 《☞ しょう[4]; しょうきん》.

¶これには*懸賞がかかっています (⇒ これは賞金の出る競争です) This is a *prize* competition. // 私はその*懸賞に応募した I entered the *prize* contest. // 彼はめでたく*懸賞に当選した He succeeded in winning the *prize*. // その男の首には*懸賞がかけられた A *price* was set on the man's head. ★この場合 prize は使わない.

懸賞論文 prize essay Ⓒ.

けんしょう[2] 検証 (調査) inspection Ⓤ ★具体的な事例を言うときは Ⓒ. 《☞ ちょうさ; けんさ》. ¶事故現場で現場*検証が行われた An on-the-spot *inspection* was ⌈held [made] at the scene of the accident.

けんしょう[3] 憲章 (ある団体の目的・規則・約束などをまとめたもの) charter Ⓒ. ¶国際連合*憲章 the United Nations *Charter* // 児童*憲章 the Children's *Charter*

けんじょう[1] 献上 ─動 (贈呈する) present [prizént] ㊍ 《☞ ぞうてい》.

けんじょう[2] 謙譲 (慎み深く控えめなこと) modesty Ⓤ; (謙虚) humility Ⓤ. ¶*謙譲の美徳 the virtue of *modesty*

げんしょう[1] 減少 ─動 (少しずつ次第に減る) decrease ㊌ (↔ increase); (量や大きさが外的なことが原因で減る) diminish ㊌; (特に特定の数や量を話題としないで) lessen ㊌ ★以上2語はほぼ同意だが, diminish のほうが形式ばった語; (人為的に減らされる) be reduced. ─名 decrease Ⓤ ★「減少量」を指すときは Ⓒ; diminution Ⓤ. 《☞ へる[1]》.

¶アメリカ向けの輸出は*減少している Exports to the U. S. *are* ⌈*decreasing* [*on the decrease*]. // この大学では男子学生の数が次第に*減少している There is a *decrease* in the number of male students in this college.

げんしょう[2] 現象 phenomenon Ⓒ 《複 phenomena》. ¶それは自然*現象だ It's a natural *phenomenon*. // 珍しい*現象が起こった A rare *phenomenon* ⌈was observed [presented itself]. ★[ ] 内はやや改まった言い方.

げんじょう[1] 現状 (現在の状況) the present condition; (そのままの状態) the *status quo* [stéitəs kwóu] ★ラテン語. 改まった表現. 《☞ じつじょう; じょうたい[1]; げんじつ》.

¶彼らは日本の経済の*現状を知らない They are ignorant of *the present* economic *condition* of Japan. // *現状を維持することは難しい It is difficult to maintain *the status quo*. // 我々は*現状 (⇒ 現在あるがままの状態) に満足していない We are not content with *things as they are*.

げんじょう[2] 原状 (元の状態) original [former] ⌈state [condition] Ⓒ ★state と condition はほぼ同意. 《☞ じょうたい[1]》. ¶借家人は家を*原状に復するように言われた The tenant was ordered to restore the house to its *original condition*.

げんじょう[3] 現場 the ⌈scene [spot] 《☞ げんば》.

げんしょく[1] 現職 ─名 (現在の職) the present post. ─形 (現在在職している) incumbent, currently in office ★後者は説明的. 《☞ げん-; げんえき》.

¶*現職の知事が選挙で当選した The *incumbent* governor won the election. 《☞ 政治・経済 (囲み)》 // すべての*現職の理事は来年3月で辞めます All the trustees *currently in office* will resign next March.

げんしょく[2] 原色 primary color Ⓒ 《☞ いろ》. ¶赤, 黄, 青は色の3*原色である Red, yellow, and blue are the three *primary colors*.

げんしょく[3] 減食 ─動 (減食する) go on a diet. ─名 (食餌療法) diet Ⓒ; (減食すること) dieting Ⓤ. 《☞ せっしょく[2]; しょくじりょうほう》. ¶私は体重を減らすために*減食をしています I'*m on a diet* to lose weight. // 医者は彼に*減食を命じた The doctor put him *on a diet*.

けんしん[1] 検診 medical examination Ⓒ, (medical) checkup Ⓒ ★同意のこともあるが, 後者は特に定期的な全般にわたる検査をいう. 《☞ しんさつ; けんさ》.

¶私は医者の*検診を受けなくてはならない I have to see the doctor for a *checkup*. // 毎年1回社員は集団*検診を受ける Once a year the employees of our company undergo a group *medical examination*.

け

けんしん² 献身 —動 (身を捧げる) devote *oneself* to ... —形 (献身的な) devoted ; (自分を犠牲にする) self-sacrificing. —名 devotion Ⓤ. 《☞ つくす ; ほうし¹》. ¶ 彼は社会福祉に*献身的に尽くした He *devoted himself to* social welfare.

けんしん³ 検針 —動 (ガス・電気などのメーターの針を見る) read a meter. —名 the inspection of a meter. ¶ ガスの*検針係 a gas *meterman*

けんすい 懸垂 —名 (運動) chin-up Ⓒ. —動 chin *oneself* (up). ¶「君は*懸垂を何回できるの」「20 回はできるよ」"How many times can you *chin yourself up*?" "About twenty times."

げんすい¹ 元帥 (陸軍)《米》general of the army Ⓒ, 《英》(field) marshal Ⓒ ; (海軍) admiral of the fleet Ⓒ.

げんすい² 減水 —動 (水位が下がる) fall (off) ⓐ 《☞ へる¹ ; げんしょう¹》.

げんすいばく 原水爆 atom(ic) and hydrogen bombs, A- and H-bombs ★ 現在では原水爆を一緒にして nuclear bomb Ⓒ (=核爆弾) ということも多い. ¶ *原水爆禁止世界大会 the World Conference Against *Atomic and Hydrogen Bombs*

けんすう 件数 (事件・ことがらの数) the number of cases. ¶ 交通事故の*件数 the *number* of traffic accidents

げんせ 現世 —名 this world ★ あの世 (the other world), またはキリスト教での天国 (Heaven) に対していう. —形 (世俗的な・浮世の) worldly. 《☞ このよ》.

けんせい¹ 牽制 —動 (相手の行動を抑制する) check ⓣ ; 〘野球〙(ボールを投げる) peg ⓣ. —名 (相手の注意をそらすためにかける見せかけの攻撃や動き) feint Ⓒ. 《☞ 野球の英語 (囲み)》.

¶ 彼は脅かして私の計画を*牽制しようとした (⇒ 私の計画を阻止しようとした) He tried to *check* my plan by threatening me. // ピッチャーは 1 塁に*牽制球を投げた The pitcher *pegged* a ball to first base.

けんせい² 憲政 (憲法によって行う政治) constitutional government Ⓤ ; (憲法にのっとった政治組織) constitutionalism Ⓤ ★ 後者は「憲法擁護(主義)」の意味にも用いられる. 《☞ けんぽう》.

けんせい³ 権勢 (権力) power Ⓤ ; (影響力) influence Ⓤ. 《☞ けんりょく》.

げんせい 厳正 —形 (公正な) fair ; (えこひいきをせず公平な) impartial ★ 入れ替え可能のこともあるが, 後者はやや改まった語 ; (厳しい・規則に忠実な) strict. 《☞ げんみつ ; きびしい (類義語) ; こうへい (類義語)》.

¶ 我々は*厳正なる裁判を期待する We expect a *strict and fair* ruling from the law court. // 特にこの件については*厳正な判断が必要とされる Especially in this case a *fair and impartial* judgment is required.

げんぜい 減税 —名 tax reduction Ⓒ. —動 reduce [cut] taxes.

げんせいどうぶつ 原生動物 protozoan Ⓒ ★ protozoon ともつづる.

げんせいりん 原生林 (処女林) virgin forest Ⓒ ; (太古からの森林) primeval forest Ⓒ.

けんせき 譴責 —名 (懲戒) reprimand Ⓤ. —動 reprimand ⓣ. 《☞ ちょうかい¹》. ¶ 彼は*譴責処分を受けた He *was* ˹officially [formally] *reprimanded*.

けんせきうん 巻積雲 〘気象〙 cirrocumulus [sìrokjú:mjuləs] Ⓒ 《複 -cumuli [-kjú:mjulài]》《☞ くも¹ (挿絵)》.

けんせつ 建設 —動 build ⓣ 《過去・過分 built》; construct ⓣ ; erect ⓣ. —名 construction Ⓤ ; erection Ⓤ. —形 (建設的な) constructive.

【類義語】 いろいろな部品を組み合わせてある建造物を作り上げるのが ***build*** で, 最も一般的な語. 建てる作業よりも, あるプランに従って建造物を作り上げることを強調し, 特に大きな建造物を建てることを意味する言葉が ***construct***. 元は高い物を打ち立てるという意味で使われたが, 現在では単に建てるという意味でも広く使われるのが ***erect*** で, 作る過程より建設される事実に重点がある. 《☞ たてる¹ (類義語) ; けんぞう》

¶ いま市の中心に 60 階のビルが*建設されつつある A sixty-storied high-rise building *is* now ˹*being built* [*under construction*] in the center of the city. // エッフェル塔は 1889 年に*建設された The Eiffel Tower *was erected* in 1889. // 我々は平和的な国家を*建設しなければならない We must ˹*build* [*establish*] a peaceful nation. // もっと*建設的な意見をいただけませんか Can't you ˹offer [deliver ; have] more *constructive* ˹ideas [opinions]? **建設会社** construction company Ⓒ **建設省** the Ministry of Construction 《☞ 政治・経済 (囲み)》 **建設大臣** the Minister of Construction.

けんぜん 健全 —形 (すこやかな) healthy ; (心身に好影響をもたらす) wholesome ; (しっかりした) sound. 《☞ けんこう》. ¶ 彼は非常に*健全な生活を送っている He leads a very *healthy* life. // それは*健全な考えだ That's a *wholesome* idea. // 彼は*健全な商売をしている He has a *sound* business.

げんせん¹ 厳選 —名 (慎重に選ぶこと) careful selection Ⓤ. —動 (慎重に[厳しく]選ぶ) select ... carefully. 《☞ えらぶ》. ¶ *厳選の結果, 彼の作品が選ばれた As a result of *careful selection*, his work was chosen.

げんせん² 源泉 **源泉課税** taxation at the source Ⓤ, 《英》 pay-as-you-earn Ⓤ ★ P.A.Y.E. と略す. **源泉所得税** withholding tax Ⓒ.

げんぜん 厳然 —形 (事実などが確固として厳しい) stern ; (しっかりしていて動かしがたい) solid ; (厳格な) strict. 《☞ きびしい》. ¶ それは*厳然たる事実だ (⇒ 動かしがたい事実だ) It's a *solid* fact. // 我々は*厳然たる態度で (⇒ 厳しい厳密なやり方で) この事件を調査する We are going to investigate this case in a *strict and rigorous* way.

げんそ 元素 element Ⓒ. **元素記号** the symbol of an element.

けんぞう 建造 ―動 (組み立てて造る) build 他 ★ 最も一般的な語；(かなり大きなものを作る) construct 他. ―名 building U；construction U. 《☞ けんせつ (類義語)；たてる[1] (類義語)；つくる (類義語)》.

¶ この造船所ではいまタンカーを*建造中です We *are* ⌈*building* [*making*；*constructing*] a tanker in this shipyard. 語法 construct は build に比べて形式ばった語.

げんそう 幻想 (夢うつつで見る幻想) vision C；(実在するように見えて現実には存在しないもの) illusion C；(実現したいと考えている夢) dream C；(気まぐれな空想) fantasy C. 《☞ もうそう；くうそう；かくう》.

¶ それは若い人の理想主義的な*幻想に過ぎない It's only an idealistic *vision* of a young man. // 彼は社会主義への*幻想を抱いている He is under an *illusion* about socialism. // 彼女はその*幻想的な (⇒ 夢のような) 場面にうっとりした She was enchanted by the *dreamy* scene.

幻想曲 fantasy C 《☞ 音楽 (囲み)》.

げんぞう 現像 ―動 develop 他, process 他. ―名 (現像すること) development U. ¶ このフィルムを*現像して下さい I'd like to *have* this film ⌈*developed* [*processed*]. 《☞ 使役 (囲み)》

けんそううん 巻層雲 〔気象〕 cirrostratus [sìrostréitəs] C 《複 -strati [-stréitai]》 《☞ くも[1] (挿絵)》.

げんそく[1] 原則 (基本的でもとになる規則) principle C；(一般に通用する規則) general rule C. 《☞ げんり》.

¶ それが教育の大*原則だ That's the ⌈fundamental [essential] *principle* of education. // *原則として学期末試験は年に 3 回ある *As a general rule* three terminal exams are given a year. // 私は*原則として人に本を貸さないことにしている I *make it a* ⌈*rule* [*practice*] not to lend books. // *原則的にはあなたに賛成だ *In principle*, I agree with you. // その条約は平和 5*原則にそって締結されることになるだろう The treaty will be concluded in line with the five-point peace *principle*.

げんそく[2] 減速 ―名 slowdown C. ―動 slow down 自 (↔ speed up)；(速度を減ずる) reduce speed (↔ increase speed). 《☞ スピード；そくど；自動車 (囲み)》.

けんそん 謙遜 ―形 (控えめで威張らない) modest ★ 最も一般的で, 以下の語の代わりにも使える；(自己主張をしたり威張ったりしない) humble ★ modest よりやや意味が強い. ―名 modesty U；humbleness U. 《☞ けんきょ[1]》.

¶ 彼は*謙遜な人だ[*謙遜家だ] He is a ⌈*modest* [*humble*] person. // 彼は*謙遜してそう言ったのですよ (⇒ 謙遜からそう言った) He said that out of *modesty*. // そんなことをおっしゃって, ご*謙遜でしょう It's *modest* of you to say so.

げんそん 現存 ―形 (いまも生きている) living；(物などがいまも存在している) existing；(文書・絵画などがまだ存在している) extant.

¶ これは*現存の作家の作品ではありません This is not a work of a *living* writer. // それはいまでも*現存している It is still *existing*. // その記録の一部がいまも*現存している Some of the record is *extant*.

けんたい 倦怠 (退屈) weariness U；(おもしろくなかったり, やることがなくていやになること) ennui [ɑːnwíː] U. ¶ 結婚をして 10 年もすると*倦怠期になる (⇒ 興がさめる) Married life ten years old tends to become *less exciting*.

げんたい 減退 ―動 (衰える) decline 自；(次第に減る) decrease 自；(失う) lose 他. ―名 decline C；(失うこと) loss U. 《☞ おとろえる；へる[1]》. ¶ 私は夏には食欲が*減退する I *lose* my appetite in (the) summer.

げんだい 現代 ―名 (いまの時代) the present ⌈age [day]；(今日(こんにち)) today ★ 無冠詞で用いる. ―形 (現代の) present-day. 《☞ こんにち；きんだい；いま[1]》.

¶ *現代は原子力の時代である *This* is the ⌈atomic [nuclear] age. // 彼の家はなかなか*現代的だ His house is very *modern*.

現代音楽 modern music U **現代文学[作家]** contemporary ⌈literature U [writer C].

けんち 見地 (観察や判断の立場) standpoint C；(観点) viewpoint C, point of view C. 《☞ たちば；かんてん[1]；みかた[2]》.

げんち[1] 現地 (ある事柄の起こった地点) spot C；(ある特定の場所) the place；(特に事故などの起こった場所) scene C. 《☞ げんば》.

¶ 我々は午前 8 時に*現地に到着した (⇒ 目的地[場所]に着いた) We arrived at the ⌈*destination* [*place*] at 8 a.m. // *現地からの報告によると混乱はようやくおさまったとのことです According to an *on-the-spot* report, order was finally restored. // *現地の災害の模様を (⇒ 災害現場から) お伝えします We are reporting from the *scene* of disaster. // 我々は*現地の人たちの応援を求めた We asked for the *local* people's help.

げんち[2] 言質 ―名 (約束) promise C；(保証としての誓い) pledge C；(深入りして逃れられない立場に置くこと) commitment C. ―動 (約束する) promise 他；pledge 他；(言質を与える) commit *oneself* to ...

¶ 彼はそれを直ちに行うという*言質を与えてしまった (⇒ 約束をした) He ⌈made a *promise* [*promised*] to do it at once. / He gave *his* ⌈*pledge* [*word*] that he'd do it at once. / He *committed himself to* doing it immediately.

けんちく 建築 ―名 (建物) building C；(建設) construction U；(構築物) structure C；(建築術[学]) architecture [ɑ́ːkətèktʃə] U 語法 この語は「建築物」の意味では歴史上, あるいは文化的見地から見たものに対して, 集合的に用いられる. ―動 build 他 《過去・過分 built》 ★最も一般的；put up 他 ★ 口語的；(かなりの規模のものを建てる) construct 他. 《☞ けんせつ (類義語)；たてる[1] (類義語)》.

¶ 彼の専門は*建築だ He specializes in *architecture*. // これは日本最古の木造*建築だ This is the oldest wooden ⌈*building*

け

[*structure*] in Japan. ∥ 大学は新しい建物を*建築中だ The college *is* now ｢*building* [*putting up*] a new building.

建築家 architect [ɑ́ːəkətèkt] Ⓒ **建築学** architecture Ⓤ.

けんちょ 顕著 ― 形 (人目を引くような) noticeable ; (注目に値するような) remarkable ★ noticeable より意味が強い ; (だれの目にもはっきりそれとわかる) marked ★ remarkable よりくだけた語 ; (とび抜けて・群を抜いている) outstanding. 《☞ いちじるしい ; きわだつ》.

¶ その2つの間には*顕著な違いがある There is a ｢*noticeable* [*marked* ; *remarkable*] difference between the two.

げんちょ 原著 the original (work) 《☞ げんさく》.

けんちょう 県庁 (自治体の行政府) prefectural government Ⓤ ; (事務所) prefectural office Ⓒ. 《☞ けん²》.

けんてい 検定 ― 動 (権限のあるものが認定する) authorize ㊉ ; (公式に認可する) officially approve ㊉ ★ 前者のほうが意味が強い. ― 名 authorization Ⓤ ; official approval Ⓤ ★ いずれも具体的な事例を指すときは Ⓒ.

¶ すべての学校教科書は文部省の*検定を受けなくてはならない All school textbooks must *be authorized* by the Ministry of Education.

検定教科書 authorized textbook Ⓒ 《☞ きょうかしょ》.

げんてい 限定 ― 動 (制限する) limit ㊉ ; (範囲を決めて限る) restrict ㊉. ― 名 limitation Ⓤ ; restriction Ⓤ. 《☞ せいげん ; かぎる》. **限定版** limited edition Ⓒ.

げんてん¹ 原点 (出発点) starting point Ⓒ ; (最初) the (very) beginning. 《☞ さいしょ ; はじめ》. ¶ もう一度*原点に立ち戻ってみなくてはならない We have to go back to the *starting point* again.

げんてん² 減点 ― 動 (点を引く) subtract ㊉ (↔ add), take off ㊉ [語法] 以上2つは「引く」という意味では同意として用いられるが, 数学的な用語としては普通前者を用いる.

¶ 1つの誤りにつき5点*減点される Five points *are subtracted* for each error. ∥ 英語のテストで冠詞の間違いで2点*減点された In the English test I ｢*had* two points *subtracted* [*lost* two marks] because of an error in article usage. 《☞ 使役 (囲み)》

げんてん³ 原典 the original (text) 《☞ げんさく ; しゅってん》.

げんど 限度 limit Ⓒ ; (最大限) maximum Ⓒ ; (最小限) minimum Ⓒ ; (能力などの限界) limitations ★ 複数形で. 《☞ げんかい》.

¶ これが*限度だ (⇒ これが最高の限界だ) This is the ｢*maximum* [upper *limit* ; highest *limit*]. / (⇒ これが私のできる最大の限界だ) This is *the best I can* do. ∥ それは*限度を越えている That's ｢beyond [above] the *limit*. ∥ それは*限度内にある That's within the *limit*. ∥ 私は*限度はわきまえている I know my *limitations*.

けんとう¹ 見当 ¶ 私にはまったく*見当がつきません (⇒ 私には想像もできない) I *cannot guess* at all.

だれがそれをやったのか*見当がつかない (⇒ だれも知らない) *Nobody knows* who did it.

それについては*見当がついている (⇒ 思い当たることがある) I *have an idea* about it.

彼が何をしようとしているのか*見当もつかない (⇒ 理解できない) I *cannot make out* what he's ｢going to do [aiming at]. ★ make out は「わかる」(understand) の意.

まあそんな*見当でいいでしょう (⇒ それがだいたいにおいて正しい) That's *just about right*.

それは*見当違いです (⇒ あなたは間違っています) You'*re wrong* about it. / (⇒ ピントがずれている) You'*ve gone off the point*.

駅はこの*見当です (⇒ この方向です) The station is in this *direction*.

費用は5千円*見当です (⇒ 約5千円です) It will cost *about* 5,000 yen.

けんとう² 検討 ― 名 (よく調べてみること) examination Ⓤ ; (研究して調べること) study Ⓤ ★ 以上は具体的な事例については Ⓒ ; (探りを入れて調べること) probe Ⓒ. ― 動 examine ㊉ ; study ㊉ ; probe into ... 《☞ ぎんみ ; しらべる ; さいけんとう》.

¶ この問題はもっと*検討してみなくてはならない We must carry out a further *examination* of this problem. / We have to *examine* this problem further. ∥ その計画はもっとよく*検討すべきだ We should *study* the plan more carefully. ∥ 政府はいまその対策を*検討している The Government *is* now ｢*studying* [*reviewing*] what measures to be taken.

けんとう³ 健闘 ― 動 (善戦する) make [put up] a good fight ; (努力する) make ｢a great effort [strenuous efforts]. 《☞ かんとう¹ ; ぜんせん¹》.

¶ わがチームは*健闘 (⇒ 善戦) したがついに敗れた Our team ｢*made* [*put up*] *a good fight* but finally lost the game. ∥ 彼は*健闘むなしく (⇒ 精力的な努力にもかかわらず) ついに失敗した He finally failed in spite of *his* ｢*great effort* [*strenuous efforts*]. ∥ ご*健闘を祈ります Good luck to you! [語法] 試合とか試験などに向かう人に言う言葉.

けんとう⁴ 拳闘 boxing Ⓤ 《☞ ボクシング》.

けんどう 剣道 *kendo* Ⓤ ★ イタリック体にする. [参考] まったく剣道を知らない人には *kendo* or Japanese ｢swordsmanship [fencing] と説明するとよい. 《☞ イタリック体 (欄外) ; 日本固有の風物と英語 (囲み)》. ¶ 彼は毎朝*剣道の稽古をする He practices *kendo* every morning. ∥ 彼は*剣道6段だ He is a 6th ｢*dan* [grade] *kendo* swordsman.

げんとう 幻燈 (スライドの映写機) slide projector Ⓒ 《☞ スライド》.

げんどう 言動 ¶ 今後は*言動を慎みます I'll be more careful about ｢*what I say and do* [*my words and deeds*] in (the) future. ★ 定冠詞を使うのは主に《米》. ∥ 少し*言動に気をつけなさい (⇒ もう少し思慮分別があってもよいはずだ) You should be *more sensible*. / You should *know better*. ∥ 彼の*言動 (⇒ 態度)

は許しがたい His *behavior* is unpardonable.

げんどうき 原動機 motor Ⓒ《☞ モーター》. ¶ *原動機付自転車 a *motorbike*

げんどうりょく 原動力 (ある行動をとる動機となる力) motive power Ⓤ; (何かへ人を駆り立てる力) driving force Ⓤ. ¶ 愛国心がその運動の*原動力だった Patriotism was the *motive power* ⌈of [behind] the movement. // 神への愛が彼らの行為の*原動力であった Love of God was the *driving force* ⌈of [behind] their action(s).

けんない 圏内 ¶ 彼は当選*圏内にいる (⇒ 彼が選挙に勝つ強い可能性がある) There is *a strong possibility of* his winning the election. // その船はいま台風*圏内にいる The ship is now *in* the typhoon *area*. // その国は英国の勢力*圏内にあった The country was *within the sphere of* British influence.

げんに[1] 現に ―副 (本当に・実際に) really, actually; (自分の目[耳]で) with *one's* own ⌈eyes [ears]; (いま) now, at this moment. ¶ 私は*現にそれを見た (⇒ 本当にそれを見た) I *really* saw it. / (⇒ 自分の目で見た) I saw it *with my own eyes*. // *現にその事実を知っている人はたくさんいます A lot of people know that fact. 語法 この例のように,「現に」に当たる部分が必ずしも英語に訳出されないことも多い. その代わりに話し言葉ではイントネーション, あるいは know に強い強勢を置くことなどによって強調を表す. またくだけた会話では, 文の前に I tell you, を付けることもある. // 彼の予言したことが*現にいま起こっている What he foretold is *actually* happening now.

げんに[2] 厳に ¶ 彼らの動きは*厳に警戒を要する (⇒ 我々は彼らの行動を厳重に警戒しなくてはならない) We must keep a constant and *strict* watch on their activities. // そのような行為は*厳に慎んでもらいたい (⇒ そのようなことは決してしてはならない) *Never* do ⌈such a thing [anything like that]. 《☞ げんじゅう》

けんにょう 検尿 urinalysis Ⓤ.

けんにん 兼任 ―動 (同時に…の職を持つ) concurrently hold the ⌈position [post] of ... 《☞ けんむ; かねる; かけもち》.

げんば 現場 (事故・事件の) scene Ⓒ; (犯行などの) spot Ⓒ; (建築などの) site Ⓒ. ¶ 警察が*現場に駆けつけた The police rushed to the *scene*. // これが犯行の*現場です This *is the spot* where the crime was committed. // その男は盗みの*現場を (⇒ 盗みをしている最中に) 捕らえられた The man was ⌈caught [arrested] *in the act of* stealing. // *現場の教師 (⇒ 初・中等教育の教師) elementary and secondary school teachers
現場監督 field overseer Ⓒ **現場検証** on-the-spot ⌈investigation [inspection] Ⓒ《☞ けんしょう[2]》.

げんばく 原爆 atom(ic) bomb Ⓒ, A-bomb Ⓒ. 《☞ げんし[1]; かく[4]; ひばく》. ¶ 広島と長崎は世界で*原爆を投下されたただ2つの都市である Hiroshima and Nagasaki are the only two cities in the world ⌈where [on which] *atomic bombs* were dropped.

げんばつ 厳罰 severe [heavy] punishment Ⓤ《☞ ばつ[1]; ばっする》. ¶ そのような人は*厳罰に処すべきです (⇒ 厳しく罰せられるべきだ) Such a person must *be punished severely*. // *厳罰主義 policy of *severe punishment*

けんばん 鍵盤 (全体) keyboard Ⓒ; (1本1本の) key Ⓒ. 《☞ キー; ピアノ (挿絵)》.
鍵盤楽器 keyboard instrument Ⓒ.

けんびきょう 顕微鏡 microscope Ⓒ. ¶ その細胞を*顕微鏡で調べてみた I examined the cell ⌈*under* [*through*; *with*] *a microscope*. 語法 顕微鏡でのぞきこむ意味を強調する場合には under, 単に顕微鏡を手段として用いたことを言う場合には through または with. // 倍率1000倍の*顕微鏡 a *microscope* of 1,000 magnifications / a one-thousand-power *microscope*

けんぶつ 見物 ―動 (都市・名所などを) see [do] the sights of ..., see ㊀ 語法「見物」の意味をはっきりと出すときは前者を用いる; (観光に出かける) go sightseeing; (パレード・ゲームなど動きのあるものを) watch ㊀. ―名 (観光) sightseeing Ⓤ; (訪問) visit Ⓒ. 《☞ かんこう[1]; けんがく》. ¶ 私は今度の休みに京都*見物に行くつもりです I'm going to ⌈*see* [*do*] *the sights of* Kyoto during the next vacation. / I'*m going sightseeing in* Kyoto on a coming vacation. // 通りはその行列の*見物客でごったがえしていた The street was crowded with people *watching* the parade.

げんぶつ 現物 (実際の品物) the (actual) article 《☞ じつぶつ; ほんもの》. ¶ *現物は倉庫にあります *The article* is in the warehouse. // *現物は見本より少し大きめです *The actual article* is a little larger than the sample. // 支払いは*現物でなされた The payment [Payment] was made *in kind*. 語法「金ではなく, 物で」という意味の句が in kind.

けんぶん 見聞 (学習・観察などによる知識) knowledge Ⓤ; (情報) information Ⓤ; (経験) experience Ⓤ ★ 具体的な事実をいうときには Ⓒ. 《☞ けいけん[1]》. ¶ あの人は*見聞が広い (⇒ 広い知識を持っている) He has ⌈wide [broad] *knowledge*. / (⇒ 情報に通じている) He is *well-informed*. // 彼は*見聞を広めるために (⇒ もっと世の中を見るために) 旅に出た He went on a tour to *see more of the world*.

げんぶん 原文 (元の本文) the original (text) 《☞ げんさく》.

けんぺい 憲兵 (集合的に陸軍の憲兵隊) the military police ★ 複数扱い; (1人について) military policeman Ⓒ ★ MP [émpíː] と略す; (集合的に海軍の) the shore patrol; (1人について) shore patrol(man) Ⓒ ★ SP と略す.

けんべん 検便 stool examination Ⓒ.

げんぼ 原簿 ledger Ⓒ《☞ だいちょう[2]》.

けんぽう 憲法 ―名 constitution Ⓒ. ―形 (憲法(上)の・合憲の) constitutional. ¶ 日本の現在の*憲法は昭和22年に施行された The present *Constitution* of Japan came into force in ⌈the 22nd year of Sho-

け

wa [1947]. 語法 自国の憲法は大文字にして，固有名詞的に扱う. // その処置は*憲法違反ではない[違反である] The procedure is ˹constitutional [unconstitutional]. // それは*憲法で保障された権利である That's a *constitutional* right. // 日本の*憲法第9条はすべての戦争を放棄することを述べている Article 9 of the *Constitution* of Japan ˹declares [states] (that) ˹she [it] will not make any kind of war. / Article 9 of the Japanese *Constitution* renounces all forms of war. // *憲法の改正は国民投票によらなくてはならない An amendment to [The amendment of] the *Constitution* must be ˹approved [decided] by a ˹plebiscite [nationwide referendum].

憲法記念日 Constitution Day《☞しゅくじつ (表)》.

げんぽう 減俸 ―名 salary cut Ⓒ, cut in salary Ⓒ. ―動 cut [reduce] *a person's* ˹pay [salary]. ¶彼は5パーセント[1万円]*減俸された He ˹had [suffered ; experienced] a *salary cut* of ˹five percent [10,000 yen]. / He *had his pay* ˹*cut* [*reduced*] by ˹five percent [10,000 yen].《☞使役 (囲み)》

けんぼうじゅっすう 権謀術数 (策略を用いて人を欺くこと) trickery Ⓤ ; (たくらみ) trick Ⓒ.《☞さくりゃく ; けいりゃく》. ¶彼らはあらゆる*権謀術数を用いて目的を達した They used all kind(s) of *trickery* to achieve their aim(s). / They played various *dirty tricks* to accomplish their aim(s).

けんぼうしょう 健忘症 forgetfulness Ⓤ ;〘医学〙(記憶喪失) amnesia Ⓤ. ¶私はこのごろ*健忘症にかかっている I've ˹been [become] *forgetful* these days. // 父は*健忘症だ (⇒記憶力が弱い) My father has a *poor memory*.

けんぽん 献本 (自分の著作を親しい人に寄贈するもの) complimentary copy Ⓒ 参考 人に本を贈るときは中に With ˹the compliments of ... [...'s compliments] などと書く ; (無料で配布する出版物) free copy Ⓒ ; (書評用) review copy Ⓒ.《☞ぞうてい ; きんてい》.

げんまい 玄米 unpolished rice Ⓤ ; (真っ白ではない米) brown rice Ⓤ.

けんまく 剣幕 ¶彼はすごい*剣幕で (⇒激しく) どなった He shouted *fiercely*. // 彼は恐ろしい*剣幕で (⇒すごい顔つきで) 私をにらんだ He *looked daggers at me*. / He glared at me ˹*with a fierce look* [fiercely].《☞ぎょうそう》

げんみつ 厳密 ―形 (正確な) strict ; (注意深い) careful ; (規則などが柔軟性がなく厳しい) rigid. ―副 strictly ; carefully ; rigidly.《☞めんみつ ; きびしい (類義語)》.

¶*厳密な意味ではそれは規則に反する In the *strict* sense of the word, it is against the rules. // もっと*厳密に (⇒注意深く) 調べてみるべきだった We should have examined it more *carefully*.《☞仮定の表現 (囲み)》// この規則は*厳密すぎる This rule is too *rigid*.

けんむ 兼務 ―動 concurrently hold the ˹position [post] of ...《☞-けん[2] ; かけもち ; かねる》. ¶首相は外相を*兼務している (⇒同時に外相の職にもついている) The prime minister *concurrently holds the post of* the foreign minister.

けんめい[1] 賢明 ―形 (賢い) wise ; (思慮分別のある) judicious ; (よい判断をする) sensible. ―名 wisdom Ⓤ ; (分別) sense Ⓤ.《☞かしこい (類義語) ; りこう[1]》. ¶君が彼の申し入れを受け入れたのは*賢明だった It was *wise* of you to accept his offer. // 君がそれを彼女に言わなかったのは*賢明だった It was *sensible* of you not to tell (it to) her.

けんめい[2] 懸命 earnestness Ⓤ《☞いっしょうけんめい ; ひっし[1]》.

げんめい[1] 言明 ―動 (公に宣言する) declare ⓗ ; (明確に述べる) state ... ˹clearly [definitely] 語法 日本語の「言明する」が単に「述べる」という意味で用いられる場合には clearly, definitely は不要. ―名 declaration Ⓤ ; (definite) statement Ⓤ.《☞だんげん ; せいめい[2] ; せんげん》.

¶彼はその案に反対であると*言明した He *declared* ˹that he was against [his opposition to] the plan. // 大統領はそのことをはっきりと演説の中で*言明した (⇒明確に述べた) The president *stated* it ˹*clearly* [*definitely*] in his speech. // 彼はそのことについての*言明を避けた (⇒何の批評もしなかった) He *made* no *comment on* it. / (⇒はっきり述べることを避けた) He avoided *making* any *definite statement* about it.

げんめい[2] 厳命 strict order Ⓒ《☞めいれい》.

げんめつ 幻滅 ―名 disillusion Ⓤ. ―動 (幻滅を感じさせる) disillusion ⓗ ; (がっかりさせる) disappoint ⓗ.《☞がっかり ; しつぼう》.

¶私はいまの学校生活に*幻滅を感じている I *am disillusioned with* my present school life. // 私は真実を知って*幻滅を感じた (⇒がっかりした) I *was disappointed* to know the truth.

けんもほろろ 剣もほろろ ―形 (拒絶などがきっぱりした) flat ; (ぶっきら棒な) blunt ; (素っ気ない) curt. ―副 flatly; bluntly; curtly.《☞そっけない ; すげない》. ¶彼は我々の頼みを*けんもほろろに断った (⇒すげなく拒絶した) He refused our request ˹*flatly* [*bluntly* ; *curtly*]. / He gave a *flat* refusal to our request.

けんもんじょ 検問所 checkpoint Ⓒ.

げんや 原野 (荒野) wilderness Ⓒ ; (人の手が入っていない未開地) the wilds ★複数形で.

けんやく 倹約 ―動 (省いて節約する) save ⓗ, save on ... ―名 (金銭のむだを省き，つましくすること) thrift Ⓤ 語法 貯えを作るためというニュアンスがある.「けち」という悪い意味はない. ―形 thrifty (↔ extravagant).《☞せつやく ; つましい》.

¶*倹約は美徳だ *Thrift* is a virtue. // 彼は*倹約して100万円貯金した He has been *thrifty* and saved a million yen. // 彼はバス代を*倹約するために歩いて帰った He walked home to *save* ˹the bus fare [*on* bus fare].

げんゆ 原油 《米》crude oil Ⓤ, 《英》crude petroleum Ⓤ. 《☞ せきゆ》.

けんよう 兼用 ¶この部屋は書斎と客間の*兼用です (⇒書斎と客間として使われている) This room is used *as both* a study *and* a parlor. // この机は食卓*兼用です This desk also *serves as* a table. 《☞ -けん²; かねる》

けんらん 絢爛 ―形 (豪華な) gorgeous; (色とりどりの) brilliantly colored; (壮大な) magnificent; (文体などが美文調の) flowery. ―名 gorgeousness Ⓤ; brilliancy Ⓤ. 《☞ ごうか; かれい¹》. ¶その宮殿は豪華*絢爛たるものだった The palace was ˹*magnificent* [*gorgeous*].

けんり 権利 (道徳上または法律的に認められている資格) right Ⓒ; (請求権) claim Ⓒ. 《☞ けんげん; じんけん》.
¶*権利は義務を伴う *Rights* carry duties. // 私には発言する*権利がある I have a *right* to speak. // だれもその財産の*権利を主張しなかった Nobody made a *claim* ˹to [on] the property. // あなたは憲法によって保障されている*権利を行使すべきだ You should exercise your *rights* (that are) guaranteed by the Constitution. // あなたは何の*権利があってそのようなことを言うのか What gives you the *right* to say such a thing? // 他人の*権利を侵害してはいけない Don't infringe ˹on [upon] other people's *rights*. // 我々はお互いの*権利を尊重しなければならない We must respect each other's *rights*.
権利金 premium Ⓤ.

げんり 原理 (根本の原則) principle Ⓒ; (学問や行動など, 全体にかかわるような哲理) philosophy Ⓒ; (応用のもとになる理論) theory Ⓒ. 《☞ げんそく¹; りろん》.
¶それは科学の*原理に反する It is against scientific *principles*. // 多数決は民主主義の最も重要な*原理だ Decision by ˹the [a] majority is one of the most important *principles* of democracy. // それに対してこの*原理を応用できる We can apply this *theory* to it. // 文法[経済学]の*原理 the *philosophy* of ˹grammar [economics]

けんりつ 県立 ―形 prefectural 《☞ けん²》. **県立高校** prefectural high school Ⓒ 《☞ 学校・教育 (囲み)》. ¶私は*県立高校に入りたい I want to enter a *prefectural high school*. // 三重*県立津高等学校 Mie *Prefectural* Tsu *High School*

げんりょう¹ 原料 (加工してない) raw materials (↔ manufactured goods); (鉱産物などが天然のままの) crude materials ★いずれも普通は複数形で. 《☞ ざいりょう》.
¶わが国は*原料を輸入して製品を輸出する We import *raw materials* and export manufactured goods. // ナイロンの*原料は何ですか (⇒ナイロンは何から作られるか) What is nylon made ˹of [from]?

げんりょう² 減量 ―動 reduce (*one's* weight) (↔ put on (*one's*) weight) ★㊀としても用いられる. ―名 loss ˹in [of] weight Ⓒ. 《☞ へらす; たいじゅう》. ¶私は5キロほど*減量しなくてはならない I have to *reduce* (*my weight*) by 5 kilograms.

けんりょく 権力 (ことをなす力) power Ⓤ ★一般的な広い意味の語; (法的に認められた権力) authority Ⓤ; (影響力) influence Ⓤ. 《☞ ちから》. ¶彼は*権力の座につきたがっている He wants to get (into) *power*. // 彼はほしいままに*権力をふるった He ˹exercised [wielded] his *authority* at will. // あの人は*権力者だ He is a man of ˹*power* [*influence*].

けんろう 堅牢 ―形 (丈夫な) strong; (堅くがっしりとした感じの) solid; (長持ちする) durable. 《☞ けんご; じょうぶ; がんじょう》.

げんろう 元老 (政界の) elder statesman Ⓒ; (一般に長老) senior Ⓒ.

げんろん 言論 (話すこと) speech Ⓤ; (書くこと) writing Ⓤ. ¶*言論の自由は憲法で保障されている Freedom of *speech* is guaranteed by the Constitution.

げんわく 眩惑 ―動 (目をくらませる) dazzle ㊉; (魅了する) fascinate ㊉. ―名 dazzlement Ⓤ; fascination Ⓤ. 《☞ みわく; まよわす》. ¶男たちは彼女の美しさに*眩惑された The men *were* ˹*dazzled* [*fascinated*] by her beauty.

こ

こ¹ 子 (子供) child Ⓒ 《複 children》; (息子) son Ⓒ; (男の子) boy Ⓒ; (娘) daughter Ⓒ; (女の子) girl Ⓒ. 《☞ こども (類義語); 親族関係 (囲み); むすこ; むすめ》.
¶お*子さんは何人おいでですか (⇒何人お持ちですか) How many *children* do you have? // あの*子はだれですか Who is that *child*? // 男の*子は野球が好きだ *Boys* like (to play) baseball. // いい*子にしなさい Be a good ˹*boy* [*girl*; *child*].

こ² 弧 arc Ⓒ 《☞ えん³ (挿絵)》. ¶*弧を描いて飛ぶ fly in an *arc* // *弧を描く draw an *arc*

こ- 故… ¶*故田中氏 the *late* Mr. Tanaka 《☞ なき-; こじん²》

-こ¹ …個 piece Ⓒ 【語法】 不可算名詞に付けて用いる. このほか石けん (soap) には cake Ⓒ, 家具 (furniture) には article Ⓒ なども用いられる. 可算名詞の場合は日本語で「…個」となっていても英語では単に「数詞＋名詞」でよい場合が多い. 《☞ 数の数え方 (囲み); 可算・不可算名詞 (欄外)》.

¶ テーブルにケーキが3*個ある There are three *pieces* of cake on the table. // 石けん5*個 five ʳ*cakes* [*bars*] of soap //「オレンジは何*個いりますか」「5*個下さい」"How many oranges do you want?" "Five, please." // このリンゴは1*個50円です These apples are fifty yen ʳ*each* [*apiece*].

-こ² …戸 (家) house Ⓒ; (世帯) family Ⓒ. 《☞ -けん¹; こすう; しょたい¹》. ¶ 500*戸が床上浸水した Five hundred *houses* were flooded above ʳthe floors [floor level].

ご¹ 語 (単語) word Ⓒ; (用語) term Ⓒ; (言語) language Ⓒ. 《☞ たんご; ことば; こくご》. ¶ この*語の意味は何ですか What does this *word* mean? / What is the meaning of this *word*? // 彼は何*語をしゃべるのですか What *language* does he speak? / (⇒ 彼の母国語は何か) What is his native *language*? // 専門*語 a technical *term* // 外国*語 a foreign *language* // 外来*語 a ʳloan [borrowed] *word* / a *word* of foreign origin

ご² 碁 *go* 《☞ イタリック体 (欄外); レクリエーション (囲み); 日本固有の風物と英語 (囲み)》. ¶ *碁が打てますか Can you play *go*? / Do you know how to play *go*?

碁石 *go* stone Ⓒ **碁盤** *go* board Ⓒ.

ご³ 五, 5 — 名 形 five 〔語法〕「第5(番目)の」, あるいは「第5(番目)のもの」の場合は the fifth. 《☞ 数字 (囲み)》.

-ご …後 — 副 (そのとき以来) since ★ 完了時制とともに用いる. 《☞ 完了形 (欄外)》; (後になって) later, 《米》 afterward, afterwards 〔語法〕 later は「3時間後」three hours *later* のように期間を示す語を付けて用いられることもある. その場合, 過去の意味に用いられることが多い. — 前 (…以来) since … ★ 完了時制とともに用いる; (…の後) after …; (…の時間がたったら) in … — 接 after … 《☞ あと¹; そのご; 時・期間の表し方 (囲み)》.

¶「その*後いかがですか」「元気ですよ」"How have you been?" "I've been ʳfine [all right]." ★ 完了形で「その後」という気持ちが示されている. 《☞ あいさつ (囲み)》 // その*後彼女に会っていない I have not seen her ʳ*since* [*since* that time; *since* then]. // その*後彼女から手紙がきた I received a letter from her ʳ*later* [*afterward(s)*]. // 10分*後に出発します We are leaving *in* ten minutes. // それから5年*後に彼は死んだ He died five years *later*. // 卒業*後間もなく彼女は結婚した She got married soon *after* she graduated. // 到着*後直ちに父に電話をした I called my father *as soon as* I arrived.

こい¹ 濃い (色が鮮やかで濃い) deep; (暗さが強くて濃い) dark (↔ light); (スープなどが) thick; (茶・コーヒーなどが) strong (↔ weak); (霧が) thick, dense. 《☞ のうこう¹; つよい; 色 (囲み); 味 (囲み)》.

¶ *濃いブルー[茶色] *dark* ʳblue [brown] // *濃い赤 *deep* red / *crimson* //「お茶は*濃いのがいいですか, それとも薄いのがいいですか」「薄いのがいいです」"Would you like your tea *strong* or weak?" "I'd like it weak." // イギリス中部では冬には*濃い霧がでる Central England has ʳ*thick* [*dense*] fog(s) in (the) winter. // 君は髪の毛が*濃い You have *thick* hair. // 血は水よりも*濃い Blood is *thicker* than water. 《ことわざ》

こい² 恋 — 名 love Ⓤ ★ 最も一般的; (慕情) tender ʳfeeling [sentiment; passion] Ⓤ ★ やや文学的. — 動 (愛する) love ㊀; (恋をしている) be in love (with …); (恋に落ちる) fall in love (with …). 《☞ れんあい》.

¶ あなたは*恋をしたことがありますか *Have* you (ever) *been in love*? / *Have* you ever *loved* a ʳwoman [man]? // *恋は盲目 *Love* is blind. 《ことわざ》 // 彼らはもう2年前から*恋仲だ They *have been in love with* ʳeach other [one another] for two years. // 太郎は花子に*恋をした Taro *fell in love with* Hanako. // 私は彼に初めて*恋を感じた For the first time I ʳfelt [had] *tenderness* ʳfor [toward] him.

恋敵 rival in love Ⓒ, rival ʳlover [suitor] Ⓒ.

こい³ 故意 — 副 (意図的に) intentionally, on purpose ★ 後者のほうが口語的; (慎重に考えた上でわざと) deliberately. 《☞ わざと》.

¶ 彼はそれを*故意にやったのです He did it ʳ*intentionally* [*on purpose*; *deliberately*]. // 私は*故意にやったのではありません (⇒ やるつもりだったのではない)—偶然なのです I didn't *mean* to do it—it was just by accident. 《☞ ダッシュ (欄外)》

こい⁴ 鯉 carp Ⓒ 《複 ~(s)》 〔参考〕 《米》では日本のようにきれいな魚のイメージはない.

ごい 語彙 vocabulary Ⓤ 〔語法〕 集合的にある言語, またはある種類の語彙全体を指す. 語彙の一つ一つは a vocabulary item というが, いろいろな種類の語彙をいうときには Ⓒ となる. 《☞ ご¹; たんご》.

¶ 彼は*語彙が豊富[貧弱]だ He is ʳrich [poor] in *vocabulary*. / He has a ʳlarge [limited] *vocabulary*. // 読書をして*語彙を増やすことができる We can ʳincrease [enrich] our *vocabulary* by reading.

こいし 小石 small stone Ⓒ, 《米》 small rock Ⓒ; (海岸や流れの) pebble Ⓒ.

こいしい 恋しい — 動 (なくて[いなくて]寂しい) miss ㊀; (…にあこがれる) long for … — 形 (家・故郷が) homesick. 《☞ なつかしい》. ¶ 母が*恋しい I *miss* my mother very much. // 家が*恋しい I feel *homesick*. / How I *long for* home! // 夏になると海が*恋しい I *long for* the sea in (the) summer.

こいぬ 小犬 (犬の子) pup(py) Ⓒ 《☞ いぬ¹; おす³ (表)》.

こいのぼり 鯉のぼり carp ʳpennant [streamer] Ⓒ, carp-shaped streamers traditionally flown on Boy's Day ★ 後者は説明的な訳. 《☞ 日本固有の風物と英語 (囲み)》.

こいびと 恋人 (女から見た男の恋人) lover Ⓒ; (男から見た女の恋人) love Ⓒ; (男女ともに) sweetheart Ⓒ ★ やや古風で, あまり使われなくなってきている; (男友達) boyfriend Ⓒ;

(女友達) girlfriend Ⓒ ★以上2語は必ずしも恋人とは限らない場合もある.
¶彼はよし子の*恋人だ He is Yoshiko's *lover.* / Yoshiko *is in love with* him. // 彼らは*恋人同士だ They *love* each other. / They *are in love* (with each other).

コインランドリー (店)《米》laundromat Ⓒ,《英》launderette Ⓒ; (機械) coin(-operated) washer Ⓒ. 《☞ せんたく¹; 台所・家事 (囲み)》.

コインランドリーの看板

コインロッカー coin(-operated) locker Ⓒ [参考] 普通は単に locker と呼ぶ.

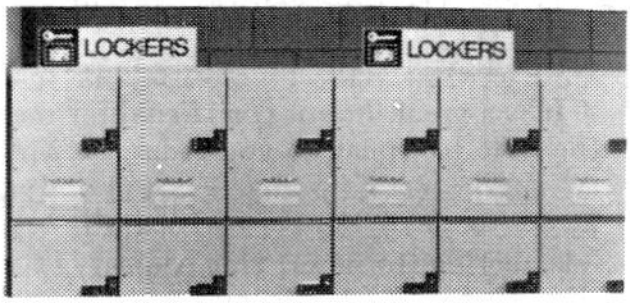

コインロッカーとその表示

こう¹ 功 (成功) success Ⓤ; (尽力・功労) services ★通例複数形で; (手柄) credit Ⓤ.
¶彼は*功成り名遂げて引退した He retired after winning *success* and fame. / (⇒輝かしい経歴を残して) With a *brilliant career* behind him, he withdrew from public life. // 彼は*功を焦りすぎる He is too eager ˹for [to achieve] *success.* // 年の*功 (⇒老人の知恵) the *wisdom* of age // 亀の甲より年の*功 (⇒経験が重要だ) *Experience* counts. / (⇒年は知恵を持ってくる) Years bring *wisdom.*

こう² 効 **効を奏する** ¶彼らの作戦は*効を奏した (⇒計画はかなり成功した[うまくいった]) Their plan ˹was quite *successful* [*worked well*].

こう³ 項 (法律文などの条項) clause Ⓒ [語法] 上位の「条項」が section Ⓒ と呼ばれる場合には subsection Ⓒ ともいう; (予算表などの項目) item Ⓒ; 〘数学〙 term Ⓒ. 《☞ こうもく; じょうこう》. ¶協定書第3*項 *clause* 3 of the agreement

こう⁴ *甲 (手の甲) the back* (of the hand) Ⓒ; (足の甲) instep Ⓒ; (亀の) shell (of a ˹turtle [tortoise]) Ⓒ. 《☞ て (挿絵); あし¹ (挿絵)》.

こう⁵ 香 incense Ⓤ. ¶*香をたく burn *incense*

ごう¹ 号 (番号) number Ⓒ; (刊行物の号) issue Ⓒ, number Ⓒ; (雅号) pen name Ⓒ, pseudonym Ⓒ.
¶「何*号室ですか」 「私は107*号室です」 "What is your room *number?*" "It's 107." 《☞ 数字 (囲み)》 // リーダーズダイジェスト9月*号 the September *issue* of *Reader's Digest* // 以下次*号 (⇒続く) To be continued. ★続き物の末尾に付ける予告. 次の用例も同様. // 次*号完結 (⇒完結される) To be concluded. // メイフラワー*号 the *Mayflower* 《☞ 冠詞 (欄外)》

ごう² 合 (山の) stage Ⓒ. ¶富士山の8*合目 the eighth *stage* of Mt. Fuji

ごう³ 業 **業を煮やす** ¶彼女ののろまには*業を煮やした (⇒いらいらした) I became quite ˹*impatient* with [*irritated* at] her slowness.

ごう⁴ 郷 ¶*郷に入っては郷に従え When in Rome, do as the Romans do. 《ことわざ: ローマにいるときはローマ人がするようにせよ》

こうあつせん 高圧線 high-tension ˹wire [line] Ⓒ, 《米》high-voltage cable Ⓒ.

こうあつてき 高圧的 ━形 (強硬な) strong; (力ずくの) strong-arm, high-handed ★前者のほうが口語的; (抑圧的な) oppressive. 《☞ きょうこう¹; こうしせい》. ¶学校当局は*高圧的な手段をとった The school authorities took ˹*strong* [*strong-arm*; *oppressive*] measures.

こうあん¹ 考案 ━動 (装置などを工夫する) devise ⑩; (計画・方法を案出する) work out ⑩, originate ⑩ [語法] 前者は「苦労して」, 後者は「独創的に」という気持ちが含まれる. ━名 (思いつき) idea Ⓒ; (工夫されたもの・仕掛け) device Ⓒ. 《☞ かんがえだす; つくりだす; くふう》.
¶彼は新しい方法を*考案した He *worked out* a new method.

こうあん² 公安 public ˹peace [safety] Ⓤ, public order Ⓤ [語法] 時には public peace and order としても用いられる. 《☞ ちあん》. **公安委員** public safety commissioner Ⓒ **公安委員会** public safety commission Ⓒ **公安条例** public safety regulation Ⓒ. ★しばしば複数形で.

こうい¹ 行為 (行動) action Ⓒ; act Ⓒ; deed Ⓒ; behavior (《英》behaviour) Ⓒ; conduct Ⓒ.
【類義語】行動の過程全体が **action**. 短い1回の行動は **act**. 例えば, 海難救助は a heroic *action* で, そのために海へ飛び込んで泳ぐのは a brave *act*. 行為の結果で特に立派な行いなどの含みがあるのが **deed**. 人の行状・振舞いという意味では **behavior**. 道徳的な観点から見る行いが **conduct**. 《☞ ふるまい; こうどう¹》
¶親切な*行為 an *act* of kindness / a kind ˹*act* [*action*] // 言葉でなく*行為で示して下さい Give me *deeds*, not words. / Don't talk, but show me. ★口語的. // 彼の*行為は許せない His *conduct* is ˹not pardonable [inexcusable].

こうい² 好意 ━名 (相手の希望や計画などに対する) favor (《英》favour) Ⓤ; (親切) kindness Ⓤ; (親愛の気持ち) friendliness Ⓤ. ━形 (好意的な) favorable (《英》favourable); kind; friendly. ━副 (好意的に) favorably (《英》favourably). 《☞ ぜんい; しんせつ¹ (類義語); こうかん²》.
¶彼らは我々にたいへんな*好意を示した They have shown (a) great *favor* to us. // 彼女は私に*好意を持っている (⇒私を好きだ) She

likes me. / (⇒ 彼女は私に友好的だ) She is *friendly to* me. // せっかくのご*好意を無にして (⇒ 親切な申し出を受けられないで) 申し訳ない I'm sorry, but I cannot accept your *kind offer*. // 彼女は私の計画に対して*好意をもっている (⇒ 賛成している) She ˹*favors* [is *in favor of*] my plan. // みんなは彼の言葉を*好意的に解釈した They all interpreted his words *favorably*. // この番組は BBC の*好意によるものです This program is prepared and presented *by* (*the*) *courtesy of* BBC.

こうい³ 厚意 kindness Ⓤ《☞ しんせつ¹(類義語)》. ¶ご*厚意深く感謝いたします (⇒ あなたの親切に) Thank you very much [I'm very grateful] for your *kindness*. / (⇒ そうして下さるのはたいへん思いやりのあることでした) It was very *considerate of you* to do so. 《☞ 感謝の表現 (囲み)》

こうい⁴ 校医 school doctor Ⓒ.

ごうい 合意 ―[名] agreement Ⓤ ★具体的な「協定」の意味では Ⓒ. ―[動] agree (自). 《☞ どうい; とりきめ》. ¶両者は*合意に達した The two sides ˹came to [arrived at; reached] an *agreement*. / An agreement was reached between the two.

こういしつ 更衣室 (体育館・プールなどの) locker room Ⓒ; (舞台・テレビスタジオなどに付属の) dressing room Ⓒ.

こういしょう 後遺症 aftereffect Ⓒ; 〘医学〙 sequela [sikwíːlə] Ⓒ《複 sequelae [sikwíːliː]》.

こういっつい 好一対 ¶この 2 人ならば*好一対の夫婦になる The two will make a ˹very *good couple* [*well-matched pair*].

こういってん 紅一点 ¶このグループではあなたが*紅一点です (⇒ ただ 1 人の女性です) You are the *only woman* in our group.

こういん¹ 工員 factory worker Ⓒ; (一般的な産業労働者) industrial worker Ⓒ.

こういん² 光陰 ¶*光陰矢の如し *Time flies*. 《ことわざ: 時は速く過ぎ去る》

ごういん 強引 ―[動] (無理に…させる) force (他). ―[形] (力ずくの) forcible; (高飛車の) high-handed. ―[副] forcibly, by force; high-handedly. 《☞ ちからずく; きょうせい¹; こうあつてき》.
¶彼は*強引に中に入ってきた He *forced* his way *in*. / He made a *forcible* ˹entrance [entry]. ★後者がより改まった言い方. // 君のやり方は少し*強引だ You are a little too *high-handed* in this matter. // 彼らはその法案を*強引に衆議院を通過させた They *forced* the bill through the Lower House.

こうう 降雨 rainfall Ⓒ, rain Ⓤ. 《☞ あめ¹》.
降雨量 (the amount of) rainfall Ⓤ; (専門語として) precipitation Ⓤ. 《☞ うりょう; 天候の表現 (囲み)》.

ごうう 豪雨 (大雨) a heavy rain ★a を付けて; (どしゃ降り) downpour Ⓒ; (一時的にどっと降る) a torrential rain ★a を付けて. 《☞ おおあめ; 天候の表現 (囲み); 自然災害 (囲み)》. ¶伊豆地方は集中*豪雨に見舞われた A ˹*torrential* [concentrated *heavy*] *rain* hit the Izu Peninsula.

こううん 幸運 ―[名] (good) luck Ⓤ, good fortune Ⓤ. ―[形] lucky, fortunate ★ともに後者がやや形式ばった表現. 《☞ うん¹ (類義語); ついている》.
¶君は何と*幸運なんだろう How ˹*lucky* [*fortunate*] you are! / What a ˹*lucky* [*fortunate*] man you are! 《☞ 感嘆の表現 (囲み)》 // その事故にあわなかったのは*幸運だった I was ˹*lucky* [*fortunate*] to escape the accident. // *幸運を祈ります I wish you *good luck*. / *Good luck* (to you)! [語法] 何か勝負の決まることとか, 多少の困難を伴う仕事などに出かける人に向かって言う言葉.

こううんき 耕耘機 cultivator Ⓒ.

こうえい¹ 光栄 (名誉) honor (《英》 honour) Ⓤ; (特別の恩恵・特典) privilege Ⓒ. 《☞ めいよ》.
¶きょう皆さまにお話しできるのはまことに*光栄です It is a great ˹*honor* [*privilege*] for me to (be able to) speak to you today. ★演説のはじめなどに言う文句. // 女王に拝謁の*光栄に浴した (⇒ 会う名誉を持った) I had the *honor* ˹of meeting [to meet] Her Majesty. // *光栄に思います I feel *honored*.

こうえい² 公営 ―[形] public.
公営企業 (国営の企業) government enterprise Ⓒ; (地方自治体の) municipal enterprise Ⓒ **公営住宅** (総称) public [municipal] housing Ⓤ; (個々の) unit of public housing Ⓒ, 《英》 council-house Ⓒ.

こうえい³ 後衛 (軟式テニスの) the back player (↔ the forward player); (サッカーなどの) back Ⓒ (↔ forward).

こうえきじぎょう 公益事業 public utility Ⓒ 《☞ こうきょう¹》.

こうえつ 校閲 ―[動] (読んで修正する) revise (他). ―[名] revision Ⓤ.

こうえん¹ 公園 park Ⓒ 《☞ こくていこうえん; 次ページ挿絵》.
¶*公園へ散歩に行きましょう Let's go for a walk in the *park*. [語法] 「公園を散歩する」という意味では in を用いる. // 日比谷*公園へはどう行ったらよいのですか Can you direct me to Hibiya *Park*? [語法] 公園の名前には普通 the を付けない. // 日光国立*公園 Nikko National *Park* 《☞ 冠詞 (欄外)》

米国ケンタッキー州にある「マンモスケーヴ国立公園」の掲示

こうえん² 講演 ―[名] (教育的目的の) lecture Ⓒ; (演説) speech Ⓒ; (形式ばらない談話の) talk Ⓒ. ―[動] lecture (自), give a

lecture; make a speech, speak (自); talk (自). 《☞ えんぜつ; こうぎ²》.
¶ 彼はアメリカの歴史について*講演することになっている He is going to 「*give* [*deliver*] *a lecture* on American history. // ブラウン博士は昼食会で*講演した Dr. Brown *made a speech* at the luncheon. // 彼は歴史学会で*講演した He *talked* before the Historical Society. [語法] 聴衆を示す場合は before.
講演会 lecture meeting Ⓒ.

こうえん³ 後援 ― [名] (発起人などとしての) sponsorship Ⓤ; (政府などの指導的立場での後援) auspices [語法] 複数形で. 普通 under the auspices of ..., under ...'s auspices の形で用いる; (一般的な意味での支援・援助) support Ⓤ, backing Ⓤ ★ 後者のほうがくだけた言い方. ― [動] sponsor (他) (↔ organize); support (他), back up (他). 《☞ しゅさい; うしろだて》.
¶ そのオペラは文部省*後援で上演された The opera was performed *under the* 「*sponsorship* [*auspices*] *of* the ministry of education. // 鈴木氏の*後援会が作られた A society was formed 「to *support* [*for the support of*] Mr. Suzuki.
後援者 sponsor Ⓒ; (支援者) supporter Ⓒ.

こうえん⁴ 公演 performance Ⓒ 《☞ じょうえん; こうぎょう²》.

こうおん¹ 高音 (調子が) high tone Ⓒ (↔ low tone); (ピッチが) high-pitched sound Ⓒ (↔ low-pitched sound). **高音部** treble Ⓒ.

こうおん² 高温 high temperature Ⓒ (↔ low temperature) 《☞ おんど¹》.

ごうおん 轟音 (とどろくような音) roar Ⓒ, roaring sound Ⓒ; (耳をつんざくような音) deafening roar Ⓒ. 《☞ ばくおん; とどろき》.
¶ 火山が*轟音を上げて噴火した The volcano erupted *with a roar*.

こうか¹ 効果 ― [名] effect Ⓒ ★ 一般的な語; (薬などの効能) efficacy Ⓤ. ― [形] (効果的な) effective; (成果のある) successful; (実りのある) fruitful. ― [副] (効果的に) effectively; successfully; with effect. 《☞ こうりょく; ききめ; きく²》.
¶ この薬は*効果てきめんです The medicine has an immediate *effect*. / (⇒ すぐに効く[効力を生じる]) The medicine 「*works* [*takes effect*] quickly. // 「アスピリンは腹痛に*効果がありますか」「いいえ, おなかの病気には*効果はありません」 "Is aspirin *effective* for stomachache(s)?" "No, it has no *effect* on stomach diseases." // 宣伝はすばらしい*効果を上げた [さっぱり*効果がなかった (⇒ 失敗だった)] The advertisement proved to be 「quite *successful* [a total failure]. // この番組では特殊な音響*効果を使っている We use special sound *effects* in this program. // *効果的な英語の勉強はどうしたらいいですか How can I learn English most *effectively*?

こうか² 降下 ― [動] (飛行機などが) descend (自) (↔ ascend), come down (自) ★ 後者は口語的; (温度が) fall (自) (↔ rise), drop (自) ★ 後者は「急激に」というニュアンスがある.

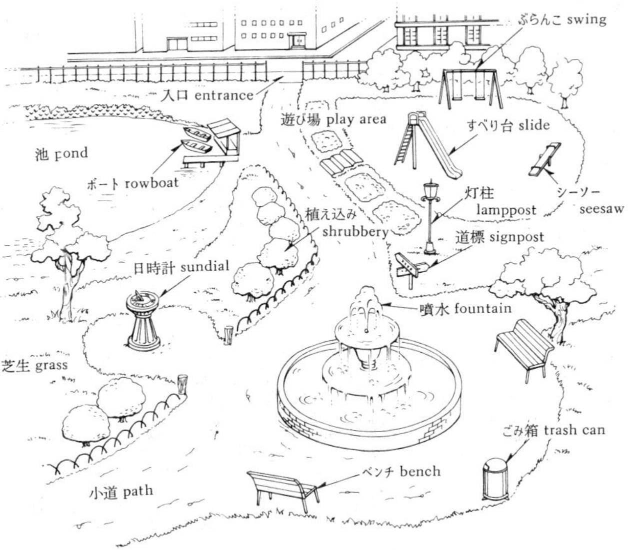

公園 park

—名 descent Ⓤ (↔ascent); fall Ⓒ (↔rise), drop Ⓒ. 《☞ きゅうこうか; おりる; かこう¹》.

こうか³ 硬貨 coin Ⓒ《☞ 金銭 (囲み)》.
¶10円*硬貨を入れて下さい Put in a ten-yen *coin*.

こうか⁴ 硬化 —動 (こわばらせる) stiffen ㊀. —名 stiffness Ⓤ. ¶彼は態度を*硬化させた He *stiffened* his attitude. / (⇒友好的でなくなった) He became *unfriendly* to us.

こうか⁵ 高価 —形 (高価な) expensive, high-priced; (費用がかかる) costly. 《☞ たかい¹》.

こうか⁶ 校歌 school [college] song Ⓒ.

ごうか 豪華 —形 (衣装などがきらびやかな) gorgeous; (邸宅などが壮大な) magnificent; (生活や食事がぜいたくな) luxurious. —名 magnificence Ⓤ; luxury Ⓤ; (すばらしさ) splendor Ⓤ. 《☞ デラックス; けんらん》.
¶*豪華な家 a *magnificent* house // *豪華な食事 a *luxurious* meal // 彼は*豪華な暮らしをしている (⇒ぜいたくに暮らしている) He lives in *luxury*. // 彼はその*豪華さに目を奪われた (⇒目をくらませるすばらしさに圧倒された) He was overwhelmed with the dazzling *splendor*.
豪華版 (本) deluxe edition Ⓒ.

こうかい¹ 後悔 —動 (残念に思う) be sorry for ..., regret ㊀ ★前者が口語的; (悪い行いを悔やむ) repent ㊀ ★形式ばった表現. —名 regret Ⓤ; repentance Ⓤ. 《☞ くい²; くやむ; ざんねん》.
¶後になって*後悔しますよ You will *be sorry for* it. // 彼女は自分のしたことを*後悔していない She does not *feel sorry* ⌈*for* [*about*] what she has done. // 若いころ英語を勉強しておかなかったことを*後悔しています I *regret* that I did not learn English when I was young. / I *regret* not having learned English in my youth. ★後者は形式ばった表現. 《☞ 動名詞 (欄外)》 // *後悔先に立たず *Repentance* comes too late. 《ことわざ: 後悔はあまりにも遅く来る》

こうかい² 航海 —名 (長い船旅) voyage Ⓒ; (観光のため各地に寄港する) cruise Ⓒ; (航行) navigation Ⓤ ★やや改まった語; (本来は帆による) sailing Ⓤ. —動 go by sea ㊀, sail ㊀, cruise ㊀. 《☞ こうこう³; 乗り物 (囲み); 旅行 (囲み)》.
¶よい*航海をお祈りします I wish you *bon voyage* [bɔ̀ːnvwaiáːʒ]. 語法 I wish you は省略することも多い. 少し気取った表現. / Have a nice *trip*! ★口語的な表現. 以上は船旅以外にも用いる. // 地中海を*航海してみたい I'd like to go on a Mediterranean *cruise*. // 我々は大西洋を*航海した We ⌈*crossed* [*traveled across*] the Atlantic *by* ⌈*ship* [*boat*]. // 彼はいま*航海中です He *is* now ⌈*out at sea* [*on a voyage*]. // 遠洋*航海に出る commence *ocean navigation*
航海士 mate Ⓒ. ¶一等[二等]*航海士 the ⌈first [second] *mate* **航海術** (the art of) navigation Ⓤ **航海日誌** log Ⓒ, logbook Ⓒ.

こうかい³ 公開 —形 (公衆に対して開かれている) open to the public; (私有に対して公共の) public. —動 (公衆に対して開く) open ... to the public; (展示する) exhibit ㊀; (映画などを) release ㊀.
¶その図書館は一般に*公開されていない The library is ⌈not *open* [closed] *to the general public*. 《☞ ひこうかい》 // これらの国宝は国立博物館で一般に*公開されている These national treasures *are exhibited* at the National Museum. // これはアメリカで最近*公開された映画です This is a recently *released* film from America. // *公開の席でそんなことを言ってはいけない You should not mention such a thing *in public*.
公開講座 (大学の) extension course Ⓒ; (受講資格制限のないもの) open class Ⓒ **公開討論会** (public) forum Ⓒ **公開録音[録画]** public recording Ⓒ.

こうかい⁴ 公海 the high seas ★複数形で.

こうがい¹ 郊外 —名 (都市周辺の住宅地) suburb Ⓒ ★郊外全体を指すときは the suburbs とする; (suburb のさらに外側の地区) exurb Ⓒ; (都市周辺) the outskirts ★通例複数形で. —形 suburban. 《☞ きんこう²; しがい¹; しゅうへん》.
¶私は東京の*郊外に住んでいる I live ⌈in a *suburb* [on the *outskirts*] of Tokyo. // 都市で働いて*郊外に住んでいるという人が多い Many people work in the city and live in *the suburbs*.
郊外電車 suburban train Ⓒ; (交通機関全体としては) suburban train service Ⓤ.

こうがい² 公害 (環境汚染) environmental pollution Ⓤ; (大気[水質]汚染) air [water] pollution Ⓤ; (騒音・悪臭など近所迷惑になるようなこと) public nuisance Ⓤ. 《☞ おせん》.
¶大都市では*公害に悩む人が多い Many people suffer from *environmental pollution* in (the) big cities. // 私たちは*公害を防ぐ努力をすべきだ We should make efforts to prevent *environmental pollution*. // その工場は*公害を引き起こす (⇒地域にとって害となる) おそれがある The factory may *cause harm to the community*. // 産業*公害 industrial *pollution* // 騒音*公害 noise *pollution*
公害対策 pollution measures ★複数形で. 《☞ たいさく¹》 **公害病** pollution-caused disease Ⓒ **公害病患者** pollution disease patient Ⓒ **公害問題** pollution problem Ⓒ.

こうがい³ 梗概 (あらまし) outline Ⓒ; (内容を要約したもの) synopsis Ⓒ《複 synopses [sinápsiːz]》 語法 outline のほうが少し意味が広く, 箇条書きのようなまとめ方をしたものも含む. 《☞ がいりゃく; ようやく²; たいい》.

こうがい⁴ 口外 (口に出す) mention ㊀; (言う) tell ㊀. 《☞ もらす; ひみつ》.

ごうかい 豪快 ¶彼は*豪快に笑った He gave a *big* laugh. // 彼はライトスタンドに*豪

快なホームランを打ち込んだ (⇒ 大きな) He hit a ˹*big* home run [(⇒ 息をのむような) *breath-taking* homer] into the right-field stands. 《☞ 野球の英語 (囲み)》

ごうがい 号外 extra Ⓒ; (説明的には) special edition of a newspaper Ⓒ.

こうかいどう 公会堂 public hall Ⓒ, 《米》community center Ⓒ 語法 市庁舎と同じ建物に入っている場合には town hall Ⓒ と呼ばれることもある.

こうがく¹ 工学 engineering Ⓤ. **工学士** bachelor of engineering Ⓒ **工学博士** doctor of engineering Ⓒ **工学部** (大学などの) the ˹college [school; 《英》 faculty] of ˹technology [engineering] ★ 英米では学部に当たるものを department と呼ぶ大学もある. 《☞ がくぶ (類義語)》

こうがく² 光学 ―名 optics Ⓤ ★ 単数扱い. ―形 optical. ¶ *光学器械 an *optical* instrument

こうがく³ 後学 ¶ *後学のためにちょっと見せて下さい (⇒ 好奇心があります[おもしろい]. 見せていただけますか) I'*m curious* [It's *interesting*]. May I have a look at it? 《☞ さんこう》

こうがく⁴ 高額 (大きな金額) a large ˹sum [amount] of money 《☞ たいきん; たがく》.
高額所得者 person in a high income bracket Ⓒ ★ 税金関係の用語.

ごうかく 合格 ―動 (学校などの試験に合格する) succeed in ... (↔ fail (in) ...), pass ㊀ ★ pass は「合格させる」という意味でも用いられる; (物が検査に合格する) pass ㊀. ―名 success Ⓤ (↔ failure); passing Ⓤ. 《☞ しけん¹; きゅうだい; 学校・教育 (囲み)》.
¶ 彼は東西大学の入学試験に*合格した He ˹*passed* [*succeeded in*; *got through*] the entrance examination for Tozai University. // *合格おめでとう Congratulations on your *success* ˹*on* [*with*] *the exam.*
合格者 successful candidate Ⓒ **合格点** the passing ˹mark [grade] Ⓒ.

こうがくしん 向学心 (学問を愛する心) love of learning Ⓤ; (知的な欲望) intellectual appetite Ⓤ ★ しばしば不定冠詞を伴って. ¶ 彼は*向学心に燃えて大学に入った (⇒ 勉強をしたくて) He entered the college *eager to study.*

こうかくレンズ 広角レンズ wide-angle lens Ⓒ.

こうかつ 狡猾 ―形 cunning, sly. 《☞ ずるい; わるがしこい》.

こうかてつどう 高架鉄道 《米》 elevated railroad Ⓒ, 《英》 overhead railway Ⓒ.

こうかん¹ 交換 ―動 (プレゼント・名刺・座席など, 同種のものを) exchange ㊀, 《口語》 swap ㊀ ★ exchange は最も一般的で, 以下の語の代わりにも用いられる; (異種のものを) trade ㊀; (商業的な物々交換) barter ㊀. ―名 exchange Ⓒ; trade Ⓤ; barter Ⓤ. 《☞ とりかえる; かえる³; とりかわす》.
¶ 私たちはクリスマスプレゼントを*交換した We *exchanged* Christmas presents. 語法 同種のものを交換するときには目的語は複数形をとる. // 私と席を*交換してくれませんか Will you ˹*exchange* [*change*] seats *with* me? / Can you *swap* places *with* me? ★ 後者のほうがより口語的. // トムは切手帳と万年筆を*交換した Tom ˹*exchanged* [*traded*] his stamp album *for* a fountain pen. / (⇒ ...と交換に...をもらった) Tom got a fountain pen *in return for* his stamp album. // 彼らは互いに意見を*交換した They *exchanged* opinions *with* each other. // タイヤを*交換したほうがいいね (⇒ 新しいタイヤをつけたほうがいい) You'd better get a new tire.
交換学生[教授] exchange ˹student [professor] Ⓒ **交換手** (telephone [switchboard]) operator Ⓒ 《☞ 電話の英語 (囲み)》
交換台 switchboard Ⓒ.

こうかん² 好感 ¶ 彼は*好感のもてる人柄だ (⇒ 気持ちのよい性格をもっている) He has a ˹*pleasing* [*pleasant*] personality. // 明るい人柄の人はだれからも*好感をもたれる (⇒ 好かれる) People with bright personalities *are liked* by everybody. // 彼の話しぶりには私たちだれもが*好感を抱いた (⇒ 彼の話しぶりは私たちみんなに好ましい印象を与えた) His way of speaking gave a *favorable impression* to us all. 《☞ かんじ¹; こうい²》

こうかん³ 交歓 ¶ 彼らは地元チームと*交歓 (⇒ 親善) 試合をした They played a *good-will* game with the local team.

こうかん⁴ 高官 high(-ranking) official Ⓒ.

こうがん¹ 厚顔 ―名 (ずうずうしさ) impudence Ⓤ; (恥を知らないこと) shamelessness Ⓤ. ―形 impudent; shameless; (恥知らずでずうずうしい) brazen-faced. 《☞ あつかましい; ずうずうしい》. ¶ 彼の*厚顔無恥なのにはあきれた I am disgusted with his *shamelessness.* / (⇒ なんと厚かましいことか) How *impudent* he is! 《☞ 感嘆の表現 (囲み)》

こうがん² 睾丸 the testicles ★ 通例複数形で.

ごうかん 強姦 ―名 rape Ⓤ; assault Ⓒ ★ 後者は「強姦」を例えば「暴行」のように遠回しに言う婉曲的表現. ―動 rape ㊀; assault ㊀, violate ㊀ ★ 後の 2 つは婉曲的表現. 《☞ ぼうこう¹; 婉曲語法 (欄外)》.

こうき¹ 好機 good [golden] opportunity Ⓒ, good [favorable] chance Ⓒ, good time Ⓒ ★ 後のものほど平易で口語的な表現. 《☞ きかい³ (類義語); チャンス》.
¶ 彼はその*好機を逸した He ˹missed [lost] ˹a [that] *good chance.* // *好機到来 (⇒ いまこそその時だ) Now's *the time.* 語法 状況によって the に替えて my, your などを用いる. // *好機逸すべからず Strike while the iron is hot. 《ことわざ: 鉄は熱いうちに打て》

こうき² 後期 ―名 (2 つに分けた後のほうの半分) the second half; (2 学期制の) 《米》 the second semester. ―形 (後期の) late. 《☞ こうはん¹》. ¶ *後期 (⇒ 最後) の試験はいつからですか When do (the) *final* exams start? // これは平安朝*後期の最も重要な作品です This is one of the most important works of the *late* Heian period.

こうき[3] 高貴 ―[形] (身分などが) noble.
¶彼の奥さんは*高貴の生まれだといわれる They say that his wife comes from a *noble* family.

こうき[4] 綱紀 (規律)(official) discipline Ⓤ; (道徳) the morals (of officials) ★ 複数形で. 《☞ ちつじょ; きりつ[1]》. ¶ *綱紀粛正を行うべきだ *Official discipline* should be enforced. / *The morals of officials* should be improved.

こうき[5] 校旗 school「flag [banner] Ⓒ 《☞ はた[1]》.

こうき[6] 広軌 〖鉄道〗 broad gauge [géidʒ] Ⓒ (↔ narrow gauge).

こうぎ[1] 抗議 ―[動] protést (against …) (自) ★《米》では (他) の用法もある; (苦情を言う) complain (of …; about …) (自). ―[名] prótest Ⓒ; complaint Ⓤ. 《☞ いぎ[2]; はんたい; くじょう》.
¶その投手は審判の判定に*抗議をした The pitcher *protested* (*against*) the umpire's decision. // 彼らは不当な措置に関し政府に*抗議を申し入れた They *filed a protest with* the government *against* the unfair measure. // 市民は核実験に*抗議してデモを行った The citizens demonstrated (*in protest*) *against* nuclear testing.
抗議集会 protest「meeting [rally] Ⓒ **抗議スト[デモ]** protest「strike [demonstration] Ⓒ **抗議文** written protest Ⓒ, note of protest Ⓒ.

こうぎ[2] 講義 ―[名] lecture Ⓒ. ―[動] lecture (on …) (自), give a lecture (on …). 《☞ じゅぎょう; 学校・教育 (囲み)》. ¶彼は大学で哲学を*講義しています He「*lectures* [gives *lectures*] *on* philosophy at the university. // 午後の*講義に出席します I'm going to attend the *lecture* in the afternoon.

こうぎ[3] 広義 broad [wide] sense Ⓒ (↔ narrow sense) 《☞ いみ》. ¶その言葉を*広義に解釈したほうがよい You should「take [understand] the word in「a [the] *broad sense*.

ごうぎ 合議 ―[名] (相談) consultation Ⓤ; (会議) conference Ⓤ ★ 具体的な意味では Ⓒ. ―[動] (相談する) consult with …; (話し合う) confer (with …) (自).
¶重要事項は全員の*合議の上で決定されます Important matters are decided after *consultation* among all the members.
合議制 council system Ⓒ.

こうきあつ 高気圧 high (atmospheric) pressure Ⓤ (↔ low (atmospheric) pressure) 《☞ きあつ; 天候の表現 (囲み)》.

こうきしん 好奇心 ―[名] curiosity Ⓤ. ―[形] (好奇心のある) curious; (根ほり葉ほりものを尋ねる) inquisitive. 《☞ きょうみ; かんしん[2]》. ¶彼女は*好奇心が強い She is very「*curious* [*inquisitive*]. / She is full of *curiosity*. // 私は*好奇心からその箱を開けた I opened the box「out of [from] *curiosity*. // その本の挿絵が読者の*好奇心をそそった The illustrations in the book aroused the readers' *curiosity*.

こうきゅう[1] 高級 ―[形] (物の品質が) high-class, high-grade; (店など, 一般の人が利用するには高すぎる) exclusive.
¶そのレストランは*高級だ The restaurant is very *exclusive*. // 彼の話は*高級すぎて (⇒深遠すぎて) わからない What he says is too *deep* for me. // 彼は*高級品しか買わない He buys only articles of「*the highest* [*superior*] *quality*.
高級官僚 high-ranking official Ⓒ **高級車** high-class [expensive] car Ⓒ **高級船員** officer Ⓒ.

こうきゅう[2] 高給 good [high] pay Ⓤ, high [big] salary Ⓒ. 《☞ きゅうりょう[1] (類義語)》.
¶彼女は*高給取りだ She gets「*good pay* [a *high salary*]. / (⇒給与をたくさん支払われている) She *is paid very well*. // 彼は私より*高給を取っている He *is better paid* than I. / His *salary is bigger* than mine. 《☞ 比較の表現 (囲み)》

こうきゅう[3] 恒久 ―[形] (永遠に続く) permanent; (長く続く) lasting. 《☞ えいきゅう; えいえん》. ¶ *恒久平和 a *permanent* peace

こうきゅう[4] 硬球 (堅いボール) hardball Ⓒ; (公式のボール) regulation ball Ⓒ. 《☞ こうしき[3]》.

こうきゅうび 公休日 (法定の) legal holiday Ⓒ, 《英》 bank holiday Ⓒ; (仕事の休みの日) day off Ⓒ. 《☞ きゅうじつ; ていきゅうび》.

こうきょ 皇居 the Imperial Palace.
¶ *皇居前広場 the *Palace*「Plaza [Park]

こうきょう[1] 公共 ―[形] (公の) public.
¶この法律は*公共の福祉に大いに役立つでしょう This law will「make greatly for [contribute much to the]「*public* [*general*] welfare.
公共企業体 public corporation Ⓒ **公共事業** public enterprise Ⓒ **公共施設** public facilities ★ 通例複数形で. **公共団体** public「body [organization] Ⓒ **公共料金** public utility charges ★ 通例複数形で.

こうきょう[2] 好況 ¶来年も*好況が続くでしょう (⇒商況は活気があるでしょう) Business will continue to be *brisk* next year. 《☞ けいき[1]; かっきょう》

こうぎょう[1] 工業 ―[名] industry Ⓤ
[語法] (1) 工業や産業のいろいろな部門について用いる場合には複数形も用いる. (2)「製紙業」the paper *industry*,「織物工業」the textile *industry* のように「…業」という形で, 工業や産業の部門を表す場合には the … industry の形を用いる. ―[形] industrial. 《☞ さんぎょう》.
¶川崎は重*工業で有名である Kawasaki is known for its heavy *industries*. // ドイツはヨーロッパの先進*工業国の1つである Germany is one of the advanced *industrial* nations of Europe.
工業高等学校 technical high school Ⓒ **工業大学** institute of technology Ⓒ, technical「university [college] Ⓒ [語法] 固有

名詞として用いる場合は the を付ける.《☞ 冠詞 (欄外)》 **工業地帯** industrial ⌈district [area] Ⓒ **工業都市** industrial city Ⓒ.

こうぎょう² 興行 (1回の公演・上演) performance Ⓒ, show Ⓒ ★ 後者が口語的.
¶ 終夜*興行 an all-night *show* / 《掲示で》 Open all night 《☞ 掲示の英語 (囲み)》 // 今度の*興行は大成功だった The last ⌈*show* [*performance*] turned out to be a great success.

こうぎょう³ 鉱業 mining (industry) Ⓤ.

こうきょうがく 交響楽 symphony Ⓒ《☞ 音楽 (囲み)》. **交響楽団** symphony orchestra Ⓒ.

こうきょうきょく 交響曲 symphony Ⓒ 《☞ 音楽 (囲み)》. ¶ ベートーベンの*交響曲第9番 Beethoven's 9th / Beethoven's *Symphony* No. 9 / the ninth *symphony* of Beethoven

こうきん¹ 拘禁 ―動 (取り調べのために拘留する) detain ⓗ; (監禁する) imprison ⓗ; (…の身柄を拘束する) take … ⌈in [into] custody. ―名 detention Ⓤ; imprisonment Ⓤ; custody Ⓤ. 《☞ こうりゅう²; たいほ¹》.
¶ 彼は警察署に身柄を*拘禁された He *was* ⌈*detained* [*taken into custody*] at the police station.

こうきん² 公金 public money Ⓤ, public funds ★ 前者が口語的. 後者は複数形で; (政府の資金) government funds ★ 複数形で.
¶ 会計係は*公金横領の罪に問われた The cashier was charged with the embezzlement of *public money*.

ごうきん 合金 alloy Ⓒ. ¶ ジュラルミンはアルミニウムと銅などとの*合金である Duralumin is an ⌈aluminum *alloy* [*alloy* of aluminum] with copper and other metals.

こうぐ 工具 (職人が使う) tool Ⓒ; (特に農業用の) implement Ⓒ. 《☞ どうぐ (類義語)》.
¶ *工具一式 a set of *tools* // *工具箱 a *tool* box 《☞ だいく (挿絵)》

こうくう 航空 (航空術) aviation Ⓤ.
航空会社 airline (company) Ⓒ [語法] 社名としては … Airlines, または … Airways として用いることが多い. **航空管制官** air-traffic controller Ⓒ **航空管制塔** control tower Ⓒ 《☞ くうこう (挿絵)》 **航空機** (ヘリコプターなども含めて) aircraft Ⓒ ★ 形式ばった言い方; (飛行機) airplane Ⓒ, 《英》 aeroplane Ⓒ, plane Ⓒ ★ 今日では3番目の略式の言い方が最も普通. 《☞ ひこうき (挿絵)》 **航空自衛隊** the Air Self-Defense Force 《略 A.S.D.F.》 **航空写真** aerial photograph Ⓒ **航空便** airmail Ⓤ (↔ surface mail); (手紙の表に書く場合) Airmail, Air Mail; Par Avion ★ フランス語; Via ⌈Airmail [Air Mail] [語法] 初めのほうほど一般的. 《☞ くうゆ》. ¶ 手紙を*航空便で出す send a letter by *airmail* **航空母艦** (aircraft) carrier Ⓒ.

こうぐう 厚遇 ¶ 彼はその会社で*厚遇されている (⇒ 給料がいい) He *is well paid* at the company. 《☞ ゆうぐう; たいぐう》

こうけい¹ 光景 (景色) scene Ⓒ ★ 特に美しい景色に用いることが多い; (目に入るもの) sight Ⓒ; (眺め) view Ⓒ. 《☞ シーン; ながめ¹; けしき》. ¶ その場の*光景に皆あぜんとした We were all stunned ⌈at [by] the *sight*. // ここから見る日の出の*光景はすばらしい (⇒ ここではすばらしい日の出の眺めを楽しむことができる) Here you can enjoy a spectacular ⌈*scene* [*view*] of the sunrise.

こうけい² 口径 (鉄砲などの) caliber (《英》 calibre) Ⓒ; (レンズの) aperture Ⓒ. ¶ 38*口径のピストル a 38-*caliber* revolver

こうげい 工芸 industrial arts ★ 複数形で; (手先を使う) craft Ⓒ. 《☞ しゅげい》. ¶ 美術*工芸 arts and *crafts* **工芸品** craftwork Ⓒ.

ごうけい 合計 ―名 sum Ⓒ; total Ⓒ; the sum total Ⓒ 《複 the sums total》. ―形 total.
【類義語】単純に加算した総計という気持ちでは **sum**. 合計した結果が全体として大きな数量になるような場合には **total**. そのやや形式ばった表現としては **the sum total** が用いられる. 《☞ けい²; そうけい¹; そうがく》
¶ 3と8と7の*合計は18です The *sum* of three, eight, and seven is eighteen. / Three, eight, and seven make(s) eighteen. // 経費は*合計で100万円に達した The expenses ⌈*amounted to* [reached a *total* of] ¥1,000,000. // 家と土地で*合計4千万円かかります The *total* cost of the house and land will be 40 million yen. // 「*合計 (⇒ 全部で) いくらですか」「40ドルです」 "How much is it *altogether*?" "Forty dollars." // 2つの数の*合計を出しなさい *Add* the two figures *together*.

こうけいしゃ 後継者 successor Ⓒ 《☞ あととり (類義語); こうにん²》. ¶ あなたの*後継者にはだれを選びますか Who are you going to recommend as your *successor*? / (⇒ だれに後を継いでもらいたいか) Who do you want to *succeed* ⌈*to* [you in] your post?

こうげき 攻撃 **1** «攻める» ―動 (軍事力などを使って) attack ⓗ ★ 最も一般的; (急に襲う) raid ⓗ. ―名 attack Ⓒ; raid Ⓒ. 《☞ おそう (類義語); せめる²》.
¶ 我々は敵を*攻撃した We *attacked* the enemy. // 我々はいま敵の激しい*攻撃を受けている We are under severe *attack* by the enemy. [語法] 形容詞が付かない場合は under attack と無冠詞. // *攻撃は最良の防御だ *Attack* is the best defense.
2 «非難する» ―動 (非難する) criticize ⓗ ★ 最も一般的; (公然と非難する) denounce ⓗ ★ やや改まった語; (徹底的に非難する) condemn ⓗ. ―名 criticism Ⓤ; denunciation Ⓤ; condemnation Ⓤ ★ いずれも具体的な事実をいうときは Ⓒ. 《☞ ひなん¹》.
¶ 彼の発言は特に進歩派の人々から激しく*攻撃された His remark *was criticized* severely, especially by progressives. / (⇒ 激しい攻撃の的だった) His remark was the target of the *criticism* by progressives. // 大臣の不品行は新聞で*攻撃された The immorality

of the minister *was condemned* in the newspaper.

こうけつ 高潔 ―[形] (気高い) noble, high; (高貴な心をもった) noble-minded; (正しい) upright [語法] man など「人」を修飾する場合には high は使えない. また character (= 人格) などを修飾する場合は noble-minded は使えない. ―[名] nobility Ⓤ, nobleness Ⓤ; noble-mindedness Ⓤ. ¶*高潔な人柄 a man of ˹*noble* [*high*; *upright*] character

ごうけつ 豪傑 (大胆な人) bold man Ⓒ; (偉人) great man Ⓒ; (並はずれた人) extraordinary man Ⓒ. ¶あんなことをするとは彼はなかなか*豪傑だ (⇒ 大胆にもあんなことをした) He was *bold* enough to do such a thing. / (⇒ たいしたものだ) He is *great* to have done such a thing.

こうけつあつ 高血圧 high blood pressure Ⓤ (↔ low blood pressure) 《☞ けつあつ; 病気・病院 (囲み)》. ¶彼は*高血圧だ He has *high blood pressure.*

こうけん[1] 貢献 ―[名] contribution Ⓤ; (奉仕) service Ⓤ. ―[動] contribute (to ...) (自). 《☞ きよ; こうせき[1]》. ¶彼は医学の発展に大いに*貢献した He *contributed* greatly *to* the progress of medical science. // 彼は新政府に対して大いに*貢献した He did great *service* to the new administration.

こうけん[2] 後見 guardianship Ⓤ 《☞ ほご[1]》. ¶おじが私の*後見人になっています My uncle acts as my *guardian.* / (⇒ 私はおじの後見の下にある) I am under the *guardianship* of my uncle. ★ 後者はより形式ばった表現.

こうげん[1] 高原 (山岳地帯) highlands ★ 主に複数形で; (高地・高台) heights ★ 複数形で. ¶今年は天城*高原に避暑に行くつもりです We are planning to spend this summer at Amagi *Heights.*

こうげん[2] 公言 ―[名] (公に声明をすること) declaration Ⓤ; (信念・考えなどを) profession Ⓒ. ―[動] declare (他); profess (他). 《☞ げんめい[1]; せんげん》.

こうご[1] 交互 ―[副] (交替に) by turns, alternately [ɔ́:ltənətli(:)] ★ 前者がより口語的; (2つのものが交互に) one after the other; (相互に) mutually. ―[動] (交互に入れ替わる) alternate (自). 《☞ こうたい[1]; かわるがわる》. ¶喜びと悲しみが*交互にやってきた Joy *alternated with* sorrow. // *交互にやりましょう Let's *alternate.* / Let's do it ˹*alternately* [*by turns*]. // 右と左と*交互に手を上げなさい (⇒ 一度に1つずつ) Raise your hands, right and left, *one at a time,* please.

こうご[2] 口語 (話し言葉) spoken language Ⓤ (↔ written language); colloquial language Ⓤ [語法] 前者と同じ意味にも使うが, 特に堅苦しい表現形式に対してややくだけたスタイルの意味で用いられることが多い; (個々の口語的表現形式) colloquialism Ⓒ. 《☞ 話し言葉と書き言葉 (欄外); くだけた英語と堅苦しい英語 (欄外)》.
¶*口語体の例文を暗記するように努めなさい Try to memorize example sentences written in ˹the *colloquial style* [*spoken language*].

ごうご 豪語 ―[動] (自慢する) boast (他); (大言壮語をする) brag (自); (ほらをふく) talk big (自). ―[名] (自慢) boast Ⓒ. ¶彼は絶対に負けることはないと*豪語していた (⇒ 自慢していた) He (*had*) ˹*boasted* [*said boastfully*] that he could never be defeated.

こうこう[1] 高校 (senior) high school Ⓒ 《☞ 学校・教育 (囲み); こうとうがっこう》.
¶二郎は*高校へ通っています Jiro goes to (*senior*) *high school.* [語法] この場合, 普通は冠詞を付けないで用いる.
高校生 (senior) high school student Ⓒ **高校野球** (senior) high school baseball Ⓤ.
¶(第60回) 全国*高校野球大会 the (60th) National *Senior High School Baseball* ˹Tournament [Championship]

こうこう[2] 孝行 ★ 日本語の「孝」の概念が英語にはない. 親に尽くすという考えはあるにしてもそれは「孝」とはかなりずれている. 従って「優しくする」(be good to ...),「思いやりのある」(be thoughtful to ...),「面倒を見る」(take good care of ...) などの言い方で言い換えるほかない. 《☞ ふこう[2]》.
¶親*孝行をしなさい *Be good to* your parents. / *Be thoughtful to* [*Take good care of*] your parents. // 彼は*孝行息子だ He is a *good* son.

こうこう[3] 航行 ―[名] sailing Ⓤ, navigation Ⓤ ★ 後者はやや形式ばった語. ―[動] sail (自), navigate (自). 《☞ こうかい[2]》.
¶その船は銚子沖を*航行中だ The ship *is sailing* off Choshi.

こうこう[4] 口腔 the mouth; (専門用語) the oral cavity ★ 以上は the を付けて.
口腔衛生 oral [dental] hygiene Ⓤ **口腔外科** dental surgery Ⓤ.

こうごう 皇后 empress Ⓒ 《☞ へいか[1]》.
¶ *皇后陛下 Her Majesty the *Empress*

ごうごう 轟轟 ¶列車が*ごうごうと音を立てて (⇒ 鳴り響くような音で) 通った The train passed with a ˹*roar* [*thunder*]. 《☞ 擬声・擬態語 (囲み)》

こうごうしい 神神しい (神聖な) holy; (荘厳な) solemn [sɑ́ləm]. 《☞ そうごん》.

こうこがく 考古学 ―[名] arch(a)eology [ɑ̀ːkiɑ́lədʒi(:)] Ⓤ. ―[形] arch(a)eological [ɑ̀ːkiəlɑ́dʒikəl]. **考古学者** arch(a)eologist Ⓒ.

こうこく 広告 ―[名] (営業上の) advertisement Ⓤ ★ 具体的な意味では Ⓒ; 《口語》 ad Ⓒ. ―[動] (広告する) advertise (他)(自). 《☞ せんでん; コマーシャル》.
¶彼らはテレビで新製品の*広告をした They *advertised* the new product on television. // 自動車を売るために彼らは地元の新聞に*広告を出した They put an *advertisement* in the local newspaper to sell their cars. // 英語教師募集の新聞*広告を出した We *advertised for* an English teacher in the newspaper. // 三行[案内]*広告 a classified *ad* ★ 項目別に分類されているので「分

類された広告」という. /《米口語》a want *ad* ★ 職・住居を求めるための広告が主なのでこう呼ばれている. 《☞ 新聞の英語(囲み)》
広告板 (野外にある大きなもの)《米》billboard Ⓒ, 《英》hoarding Ⓒ **広告欄** advertisement [ad] column Ⓒ.

こうこつ 恍惚 (喜び・楽しさなどで夢中になる状態) rapture Ⓤ ★ しばしば複数形で; (うっとりして我を忘れる状態) ecstasy Ⓤ; (夢心地でぼうっとした状態) trance Ⓒ. 《☞ うっとり》.
¶ 彼は*恍惚としていた He was in ⌈a *trance* [*rapture*]. // 私は*恍惚として彼女の美声に聞きほれた I listened to her beautiful voice in ⌈*rapture* [*ecstasy*]. / (⇒ 彼女の美しい声によって我を忘れた) I *was carried away* by her beautiful voice. // 彼はすっかり*恍惚になってしまった (⇒ もうろくしている) He is quite in his *dotage*. 《☞ もうろく》

こうさ 交差 ― 名 crossing Ⓤ, intersection Ⓤ ★ 後者がやや形式ばった表現. ― 動 (交差する) cross 自 他, intersect 自 他; (会う) meet 自 他. 《☞ まじわる; こうさてん》.
¶ 平行線は*交差しない Parallel lines never ⌈*cross* [*meet*]. // この通りはここから3丁先で銀座通りと*交差しています This street *crosses* Ginza Street three blocks away from here.// 中央高速と東名高速は名古屋近くで*交差する The Chuo and Tomei Expressways *intersect* near Nagoya. // 立体*交差 a two-level *crossing* // 平面*交差 a ⌈grade [《英》level] *crossing*

こうざ[1] 口座 (銀行の) account Ⓒ 《☞ ぎんこう》. ¶ 東洋銀行に*口座をもっています[設けた] I ⌈have [opened] an *account* with the Toyo Bank. // 妻の*口座へ100万円を振り込んで下さい Please pay ¥1,000,000 into my wife's *account*.

こうざ[2] 講座 (講習など, 数回にわたる講義などの) course Ⓒ; (講義) lecture Ⓒ. 《☞ じゅぎょう; こうぎ[2]; こうしゅう[1]》.
¶ この1年間ラジオの英語*講座を聞いた I have been listening to a radio English *course* for one year. // この大学には日本文学の*講座はありません They don't give any *lectures* on Japanese literature at this college.

こうさい[1] 交際 ― 名 (個人間の比較的親しい) company Ⓤ; (仲間としての) association Ⓤ; (友人としての関係) friendship Ⓤ; (知り合い程度の関係) acquaintance Ⓤ. ― 動 (親しくする) keep company with ...; (知り合いである) be acquainted with ... 《☞ つきあい; こうゆう[1]》.
¶ このごろは彼とは*交際をしていません (⇒ しばらく彼と会っていない) I *haven't seen* him for some time. / (⇒ 彼との関係を断っている) I have broken off *relations* with him. // 彼女は学校の先生たちと*交際が広い (⇒ 多くの先生と知り合っている) She *is acquainted with* a lot of school teachers. 語法 この場合 be associated with を使うと職業上または商売上の関係を指すことになる. / (⇒ 先生の間に多くの友人をもっている) She has many *friends* among the teachers. // 私は彼女とこの3年間*交際をしています I *have been keeping company with* her for the past three years. / (⇒ 彼女の友人である) I have been her *friend* for the past three years. ★ 後者のほうがよりくだけた表現. // このごろ彼は人との*交際を避けている (⇒ 友人と会うのを避けようとしている) These days he always tries to avoid *meeting* his friends. // 彼とは家族ぐるみで親しく*交際をしています (⇒ 私の家族はみんな彼のところと親しい関係にある) All my family *have friendly relations* with his. / My family has enjoyed a close *association* with his. ★ 前者がより口語的.
交際費 (会社が支給する) expense account Ⓒ; (一般の) social expenses ★ 通例複数形で.

こうさい[2] 公債 public ⌈loan [debt] Ⓒ; (証書) public [government] bond Ⓒ. 《☞ こくさい[2]》.

こうざい[1] 功罪 (長所と欠点) merits and ⌈demerits [faults] 語法 demerit は単独では [dimérit] であるが, 上のように merit と組み合わされた場合, 対照のために [díːmèrit] となる; (利益と害) advantages and disadvantages ★ disadvantage についても demerit と同じことがいえる.
¶ 官僚制度の*功罪は相半ばするものがある (⇒ 長所と欠点とはお互いに釣り合っている) The *merits and demerits* of bureaucracy balance out. / (⇒ お互いに埋め合わせている) The *merits and demerits* of bureaucracy offset each other.

こうざい[2] 鋼材 steel Ⓤ.

こうさく[1] 工作 ― 名 (物を作ること) making Ⓤ ★ 意味の広い口語的な語; (手工芸) handicraft Ⓤ; (計画的な働きかけ) maneuvering (《英》manoeuvring) Ⓤ; (特定の目的のための一連の手立て・動き) move Ⓒ. ― 動 make 他; maneuver (《英》manoeuvre) 自. 《☞ ずこう; かくさく》.
¶ 私は*工作の時間に本立てを作った I made a pair of bookends during the *handicraft* hour. // 日本は和平*工作に失敗した Japan failed in making a peace *move*. // 彼らは交渉のための準備*工作をした (⇒ 道を開いた) They *paved the way for* the negotiation. // 彼は裏面*工作をしている He *is maneuvering* behind the scenes.
工作機械 machine tool Ⓒ.

こうさく[2] 耕作 ― 名 (田畑を耕すこと) cultivation Ⓤ; (農作業) farm work Ⓤ. ― 動 (土地を農耕地として) cultivate 他; (すきで耕す) plow 他. 《☞ たがやす》. ¶ その土地の大半は*耕作されている Most of the land *is cultivated*. **耕作機械** cultivator Ⓒ **耕作地** cultivated land Ⓤ **耕作物** farm products ★ 複数形で.

こうさく[3] 交錯 ― 動 (入り交じる) mingle (with ...) 自 《☞ さくそう》.

こうさつ[1] 考察 ― 名 (よく考えること) consideration Ⓤ; (内容を検討すること) examination Ⓤ; (研究) study Ⓒ. ― 動 consider 他; examine 他; study 他. 《☞ けんとう[2];

かんがえる》. ¶その件については一層の*考察が必要である Further *consideration* is required on the problem.

こうさつ² 絞殺 —[動] (締め殺す) strangle (他), choke ... to death ★後者のほうが口語的. —[名] strangulation [U]. 《☞ しめころす》. ¶彼は*絞殺された He *was* ˹*strangled* [*choked*] *to death*.

こうさてん 交差点 crossing [C], intersection [C] ★後者のほうが少し形式ばった言い方. 《☞ じゅうじろ; よつかど; こうさ¹》. ¶*交差点に入ろうとしたら信号が変わった The light changed when I was about to enter the *intersection*.

こうさん¹ 公算 (見込み) probability [U]; (可能性) chance [C]. 《☞ みこみ; かのうせい》. ¶彼が助かる*公算はほとんどない There is ˹little *probability* [only a small *chance*] that he will be rescued. // うまくいく*公算は大きい There is ˹every *probability* [a good *chance*] that we will succeed.

こうさん² 降参 —[動] (降伏する) surrender (to ...) (自); (屈伏する) submit (to ...) (自); (あきらめる) give up (他)(自). —[名] surrender [U]; submission [U]. 《☞ こうふく²; くっぷく; まいる》. ¶彼らは敵に*降参した They ˹*surrendered* [*submitted*] *to* the enemy. // この問題はわからない. もう*降参だ (⇒ 放棄する) I can't solve this problem. I *give up*.

こうざん¹ 鉱山 mine [C] 《☞ たんこう》. ¶彼は*鉱山で働いている He works in a *mine*. / (⇒ 彼は鉱山労働者だ) He is a ˹*miner* [*mine* worker]. // その銅の*鉱山は1970年に閉山になった The copper *mine* was closed in 1970. **鉱山技師** mining engineer [C] **鉱山労働者** miner [C], mine worker [C].

こうざん² 高山 —[名] high mountain [C]. —[形] alpine. 《☞ やま; さんがく》. **高山植物** alpine plant [C]; (集合的に) alpine flora [C] **高山病** mountain sickness [U].

こうさんぶつ 鉱産物 mineral product [C] 《☞ こうぶつ²》.

こうし 子牛 calf [kǽ(:)f] [C] 《複 calves [kǽ(:)vz]》; (食肉としての) veal [U]. 《☞ おす³ (表)》.

こうし¹ 講師 (話す人) speaker [C]; (講演者) lecturer [C] ★ほぼ同意に用いられるが, 前者のほうが意味が広い; (大学の) 《米》 instructor [C], lecturer [C] ★いずれを使うかは大学によって違うが, 前者のほうが多い; 《英》 lecturer [C] [語法] イギリスの大学では lecturer と professor の間の位を reader と呼び,「講師」と訳す場合もあるが, 実際には助教授に当たる; (*非常勤講師*) part-time ˹instructor [lecturer; teacher] [C] ★ teacher は中・高・大学を問わず使える; (地位) lectureship [U]. 《☞ こうえん²; 学校・教育 (囲み)》. ¶きょうの*講師はどなたですか (⇒ だれが話すか) Who is going to *speak* today? // 私は慶応大学で英語の非常勤*講師をしています I teach English *part-time* at Keio University. / I am a part-time ˹*lecturer* [*instructor*; *teacher*] of English at Keio University.

こうし² 行使 —[動] (武力・実力などを使う) use (他), employ (他) ★前者がより口語的; (権利などを) exercise (他). —[名] use [jú:s] [U]; exercise [U]. ¶警官隊は暴徒に対して実力*行使に踏み切った The police started to ˹*use* [*employ*] force against the mob. // これは私の正当な権利を*行使することです This is to *exercise* my legal rights.

こうし³ 公私 ¶*公私混同をしてはならない (⇒ 公と私的な事柄を混同するな) Don't mix up *public and private* matters. // 在任中は*公私ともにたいへんお世話になりました (⇒ 私のためにしてくれたことすべてに感謝します) Thank you very much for everything you have done for me while I was in the post. [語法]「公私」に必ずしもこだわらないほうがよい.

こうし⁴ 格子 (窓・戸などのガラスがはまっている) lattice [C]; (防御のための) grille [C]; (鉄の棒などの) bar [C]. **格子稿** checkered pattern [C], tartan check [C] **格子窓** lattice window [C].

lattice window

こうし⁵ 公使 minister [C]. ¶日本駐在のイタリア*公使 the Italian *minister* to ˹Japan [Tokyo] **公使館** legation [C].

こうし⁶ 孔子 Confucius [kənfjú:ʃəs].

こうじ¹ 工事 (建設工事) construction (work) [U] 《☞ けんせつ (類義語)》. ¶来年の4月から*工事が始まる The *construction* (*work*) will start next April. // 近所の道路が*工事中だ The road in my neighborhood is *under construction* now. // *工事中 《掲示》 Under ˹*Construction* [*Repair*] / (⇒ 作業中) Men *Working* / Men at *Work* 《☞ さぎょう (写真); 掲示の英語 (囲み)》

こうじ² 公示 —[名] (公に発表すること) official ˹announcement [notice] [C]. —[動] (公式に発表する) announce ... officially. 《☞ こくじ¹; はっぴょう》. ¶投票日がきょう*公示された The voting day *was officially announced* today.

こうじ³ 麹 *koji* [U]; malt [U] [参考] 後者は酒造に用いる麦芽. 英米ではこうじは使われない.

こうしき¹ 公式 —[形] (正式の) formal (↔ informal); (公務上の) official (↔ unofficial). —[副] formally; officially. 《☞ せいしき; せいき³; おおやけ》. ¶彼女は*公式の場にふさわしい服装をしていた She was properly dressed for the *formal* occasion. // 彼は数年前に日本を*公式訪問した He came to Japan on ˹a *state* [an *official*] visit several years ago. [語法] 国賓としての公式訪問は a state visit (to ...) を用いる. // 政府は一両日中に*公式な声明を出すだろう The government will ˹issue [give out] an *official* statement in a few days.

こうしき² 公式 (数学などの) formula Ⓒ《複 ～s, formulae [-lìː]》. ¶その問題を解くにはどの(数学の)*公式を用いるのですか Which (mathematical) *formulas* do we ˹apply [follow] to solve the problem? // 長方形の面積を出す*公式は w×l [横掛ける縦] だ The *formula* for finding the area of a rectangle is ˹w×l [width times length].

こうしき³ 硬式 ¶中学校では*硬式野球はやりません (⇒硬いボールの野球はしない) We don't play *hardball* baseball in the junior high school. 参考 軟式野球は説明的に rubberball baseball とする. テニス・野球は硬式が正規のものであり, それぞれ tennis, baseball という. 軟式は日本のみ.

こうしせい 高姿勢 ━名 (攻撃的な態度) aggressive attitude Ⓒ; (横柄な態度) overbearing ˹manner [attitude] Ⓒ; (高圧的な態度) high-handed attitude Ⓒ. ━副 aggressively; high-handedly. 《☞ こうあつてき; たかびしゃ; きょうこう¹》.
¶彼は私たちに対して*高姿勢だった He took ˹an *aggressive* [an *overbearing*; a *high-handed*] *attitude* toward us.

こうしつ¹ 皇室 the ˹Imperial [Royal] Household; (皇族) the ˹Imperial [Royal] Family 参考 日本の天皇は普通 emperor と訳されるので, それと関係のある Imperial を用いることが多いが, 英国などの皇室の場合は「王の」という意味の Royal を用いる. 日本の皇室にこれを用いることもよくある. 《☞ おうしつ》.

こうしつ² 硬質 ━形 (硬い) hard 《☞ かたい (類義語)》. ¶*硬質ガラス *hard* glass // *硬質ゴム *hard* rubber / (⇒エボナイト) ebonite

こうじつ 口実 (言い訳) excuse [ikskjúːs] Ⓒ; (偽りの理由) pretext Ⓒ ★形式ばった語. 《☞ いいわけ; べんかい; りゆう》.
¶彼女は病気を*口実にして学校を休んだ She used illness as ˹an *excuse* [a *pretext*] ˹for staying [to stay] away from school. / (⇒病気が口実だった) Sickness was her *excuse* for being absent from school. // そんなことは*口実にならない (⇒あなたの行いを正当化しない) That doesn't *justify* your behavior. // 彼はいつももっともらしい*口実を言う He always makes plausible *excuses*.

こうしゃ¹ 校舎 (学校の建物) school build*ing* Ⓒ; (特に小学校の) schoolhouse Ⓒ.

こうしゃ² 後者 the second (↔ the first), the latter (↔ the former) ★前者が口語的. 《☞ ぜんしゃ》. ¶その本の初版と改訂版があるが, 私は*後者が気に入っています I have a copy of both the first and the revised edition of the book, but I prefer *the* ˹*second* [*latter*].

こうしゃ³ 公社 public corporation Ⓒ 《☞ こうだん¹》. ¶日本専売*公社 the Japan ˹Tobacco and Salt *Public* [Monopoly] *Corporation* // 電電*公社 (＝日本電信電話公社) Japan [Nippon] Telegraph and Telephone *Public Corporation*

こうしゃく¹ 公爵 (英国の) duke Ⓒ; (英国以外の) prince Ⓒ 参考 英国では皇子[孫]を prince と呼ぶため, 公爵を duke という. 《☞ きぞく² 参考》. **公爵夫人** duchess [dʌ́tʃis] Ⓒ; princess Ⓒ.

こうしゃく² 侯爵 marquis Ⓒ 《☞ きぞく² 参考》. **侯爵夫人** marchioness [mάːʃ(ə)nis] Ⓒ.

こうしゅ 攻守 ¶*攻守入れ替わった The tables are turned. ★ turn the tables で「形勢を逆転する」という意味の成句. / (⇒彼らの立場は完全に逆になった) Their *positions were* completely *reversed*.

こうしゅう¹ 講習 (何回か続いて行われる) (training) course Ⓒ; (授業) class Ⓒ. 《☞ けんしゅう; こうざ²》.
¶私は来年ハワイで英語の夏期*講習を受けるつもりです I'm planning to take a summer *course* in English in Hawaii next year. // 来月からフランス料理の*講習が始まる The French Cooking *Class* will start next month.
講習会 course Ⓒ; (特に専門的な内容の) institute Ⓒ.

こうしゅう² 公衆 the (general) public 《☞ たいしゅう¹》.
¶*公衆の面前でそんなことをしてはいけない You should not do such a thing *in public*.
公衆衛生 public ˹health [hygiene] Ⓤ **公衆電話** public telephone Ⓒ, pay (tele-)phone Ⓒ; (ボックス) (tele)phone booth Ⓒ, 《英》 call box Ⓒ. 《☞ 電話の英語 (囲み)》 **公衆道徳** public morality Ⓤ **公衆便所** public rest room Ⓒ **公衆浴場** public bath Ⓒ.

こうしゅう³ 口臭 (臭い息) bad breath Ⓤ 《☞ いき¹; くさい》. ¶彼は*口臭がある (⇒彼の息はにおう) His *breath smells*.

こうしゅうは 高周波 〖電気〗 high frequency Ⓒ 《☞ しゅうは²》.

こうしゅけい 絞首刑 (death by) hanging Ⓤ. ¶彼は*絞首刑に処せられた[を宣告された] He was ˹put [sentenced] to *death by hanging*.

こうしゅだい 絞首台 gallows Ⓒ 《複 ～, ～es》.

こうじゅつ¹ 口述 ━動 (口で言って書き取らせる) dictate ⓗ. ━形 (口を使っての) oral. 《☞ かきとる; こうとう¹》. ¶社長は手紙を*口述してタイピストに打たせた The president *dictated* a letter to the typist.
口述試験 oral examination Ⓒ.

こうじゅつ² 後述 ━動 (後で扱う) treat ... ˹later [below]; (後で詳しく述べる) give the detail(s) later; (もっと十分に扱う) treat ... more fully later; (後で触れる) touch upon ... later 語法 以上はしばしば受身形にして... will be treated more fully ˹later [below] のようにも使われる.
¶それについては*後述の予定です (⇒後で触れる) It will *be touched upon later*. / (⇒後で扱われる) The matter will *be treated later*.

こうじょ 控除 ━動 (差し引く) deduct ⓗ; (減じる) subtract ⓗ. ━名 (控除額)

deduction Ⓒ; (減額すること) subtraction Ⓤ; (税金の) exemption Ⓒ. 《☞ めんぜい》.

¶その金額は課税収入から*控除できる That amount of money can *be deducted* from your taxable income. // 基礎*控除 a basic *deduction*

控除額 amount deducted Ⓒ, deduction Ⓒ.

こうしょう¹ 交渉 **1** 《話し合い》 ━ 名 negotiations ★通例複数形で; (協議・会議) talks ★通例複数形で. ━ 動 negotiate (with ...) 自; talk (with ...) 自. 《☞ かけあう (類義語); せっしょう¹》.

¶私たちはその問題について市当局と*交渉した We *negotiated with* the city authorities on the problem. / We carried on *negotiations with* the city authorities over the matter. // その問題は目下政府と*交渉中である We *are negotiating with* the government on the problem. / The matter is now under *negotiation(s) with* the government. ★後者がより改まった言い方. // 和平*交渉がまとまった The peace 「*negotiations* [*talks*] were concluded. // 値段についてはもう少し*交渉の余地があります The price still remains *negotiable*. // (労使間の)団体*交渉 collective *bargaining* // 予備*交渉 preliminary 「*negotiations* [*discussion*]

2 《付き合い》: (関係) relation Ⓤ 語法 具体的なことを示す場合は通例複数形で. 人の場合は性的関係の含みがあるから注意; (つながり) connection Ⓤ. 《☞ こうさい¹; つきあい》.

¶あれ以来彼女とはまったく*交渉がない (⇒ 接触していない) I have been out of *touch* with her since then.

こうしょう² 高尚 ━ 形 (高貴な) noble; (学問のレベルなどの程度が高い) advanced; (上品な) elegant; (洗練された) refined. 《☞ こうきゅう¹》. ¶彼女の趣味は*高尚です She has 「*elegant* [*refined*] taste.

こうじょう¹ 工場 (製造・加工する場所) factory Ⓒ ★最も一般的な語; (特に修理などの) (work)shop Ⓒ; (大規模な) plant Ⓒ; (特に製粉・製紙・製鉄・紡績関係の) mill Ⓒ; (ガス工場など, ある種の工程による作業場) works Ⓒ ★単複同形. しばしば合成語で. 語法 以上の語は何を作り, どのような作業を行う工場かということで, つまり前に置かれる語によって使い分けられることが多い.

> 工場のいろいろ
>
> 自動車工場 automobile plant, 自動車修理工場 auto repair shop, 石油化学工場 petrochemical plant, アイスクリーム工場 ice-cream plant, 製造工場 manufacturing plant, 製鋼工場 *steel mill*, 製紙工場 paper mill, 製糸工場 cotton [silk] mill, 製粉工場 flour mill, ガス工場 gasworks, ガラス工場 glassworks, 機械工場 machine shop, レンガ工場 brickyard

¶彼は*工場で働いている He works in a *factory*. / He is a *factory* worker. // 彼は自動車修理*工場を経営している He runs an auto repair *shop*.

工場長 factory manager Ⓒ **工場廃水** industrial waste water Ⓤ.

こうじょう² 向上 ━ 名 (地位などが上に上がること) rise Ⓤ; (改善) improvement Ⓤ; (進歩) progress Ⓤ. ━ 動 (向上させる) raise 他; improve 他 自; progress 自. 《☞ しんぽ; かいぜん; かいりょう》.

¶君の2学期の成績はだいぶ*向上した (⇒ 2学期は以前より非常によくやった) You'*ve done much better* in the second term. / Your grades *have* [Your school record *has*] *improved* considerably in the second term. // 戦後の民主主義は労働者の社会的地位を*向上させた Democracy helped (to) *raise* the social 「status [position] of the working class after the war. // 若い人たちの体位の*向上はめざましい The *improvement* of the physique of young people is remarkable.

向上心 desire to improve *oneself* Ⓒ; (大望) aspiration Ⓤ ★改まった語; (野心) ambition Ⓤ. ¶*向上心のある者は勉強もよくする *Ambitious* students work hard.

ごうじょう 強情 ━ 形 (人の意見に耳を貸さず, 我を張る) obstinate; (生まれつき頑固な) stubborn 語法 「あくまでも自説を押し通す」という積極的な意味では前者を用いる. ━ 名 obstinacy Ⓤ; stubbornness Ⓤ. 《☞ がんこ (類義語); いじ¹》. ¶彼女は顔に似合わず*強情(張り)だ She is much more *obstinate* than she appears to be.

こうじょうせん 甲状線 thyroid gland Ⓒ.

甲状線ホルモン thyroid hormone Ⓤ.

こうしょきょうふしょう 高所恐怖症 〖医学〗 acrophobia Ⓤ.

こうしょく¹ 公職 (公の職務) public 「office [position] Ⓒ; (公務員の) civil service Ⓤ.

公職選挙法 the Public Offices Election Law.

こうしょく² 好色 ━ 形 (色欲的な) amatory; (多情な) amorous 語法 前者は「色欲を起こさせるような」, 後者は「色欲におぼれた」の意. **好色文学** pornographic literature Ⓤ, pornography Ⓤ.

こうじる 高じる (悪化する) grow worse; (悪いほうに向かう) change for the worse. 《☞ あっか¹; エスカレート》. ¶彼の病気はだんだん*高じてきた (⇒ 彼の病状は一層悪くなってきた) His condition *has grown worse and worse*. 《☞ 強調の表現 (囲み)》

こうしん¹ 行進 ━ 名 (軍隊などの整然とした) march Ⓒ; (集まった人に見せるための) parade Ⓒ. ━ 動 march 自; parade 自. 《☞ パレード》. ¶デモ隊はいま銀座を*行進している The demonstrators *are* now 「*walking* [*marching*] through the Ginza. **行進曲** march Ⓒ. ¶軍隊[結婚]*行進曲 a 「military [wedding] *march*

こうしん² 更新 ━ 動 (書類・手続きなどを) renew 他; (記録などを破る) break 他. ━ 名 renewal Ⓤ. 《☞ かきかえる》.

¶借地権をもう1年*更新したい I want to *renew* my lease for another year. // 来週運

転免許証の*更新を申請する予定です I'm going to apply for the *renewal* of my driver's license next week. // 彼は100メートル平泳ぎで日本記録を*更新した (⇒ よりよくした[破った]) He 「*bettered* [*broke*] the Japanese national record for the 100 meter breaststroke.

こうしん³ 後進 (自分よりも若い人) younger 「person [man; woman] Ⓒ; (後輩) junior Ⓒ; (総称として) the younger generation. 《☞ こうはい¹》. ¶ 60歳で彼は*後進に道を譲った (⇒ 引退した) At the age of sixty he retired. 参考 文字通り「後進に道を譲る」ということを示したければ to make room for a younger man と言えばよい. 《☞ いんたい》

こうしんじょ 興信所 (人)《米》private 「detective [investigator] Ⓒ, 《英》inquiry agent Ⓒ; (会社)《米》private detective agency, 《英》inquiry 「agency [office] Ⓒ; (商業上の信用調査をする会社) credit bureau [bjú(ə)rou] Ⓒ 参考 世界的に信用調査網を持っているアメリカの興信所で有名なのは Dun & Bradstreet, Inc.

こうしんりょう 香辛料 spice Ⓤ ★ 種類を指すときは Ⓒ.

こうず 構図 (絵の) composition Ⓤ; (小説などの) plot Ⓒ. 《☞ こうせい²》.

こうすい¹ 香水 perfume Ⓤ, 《英》scent [sént] Ⓤ; (総称的に香水類) perfumery Ⓤ. ¶ あなたは*香水をつけるにはまだ早い You are too young to use *perfume*.

こうすい² 硬水 hard water Ⓤ (↔ soft water).

こうずい 洪水 (水が氾濫(はんらん)すること) flood Ⓒ ★ 一般的; (豪雨による大洪水) deluge Ⓒ ★ やや文語的. 《☞ はんらん²; 自然災害(囲み)》. ¶ 1 週間降り続いた雨は*洪水を引き起こした The rain which continued for a week caused a *flood*. // 多くの家が*洪水にあった Many houses *were flooded*. // 私の家は*洪水で流された My house was 「washed [carried] away by a *flood*.

こうすいりょう 降水量 precipitation Ⓤ.

こうずか 好事家 dilettante [dìlətɑ́:nt(i)] 《複 ~s, dilettanti [-ti:]》.

こうせい¹ 公正 ─ 形 (合法的で正しい) just; (私情に左右されない) fair; (一方に片寄らない) impartial. ─ 名 justice Ⓤ; fairness Ⓤ; impartiality Ⓤ ★ 最後はやや形式ばった語. 《☞ こうへい (類義語); げんせい》. ¶ 彼は*公正な裁判官だ He is a *just* judge.// 彼は*公正な判断を下した He passed a *fair* judgment. // 私たちは*公正な裁判を要求する We demand 「a *fair* [an *impartial*] trial.

こうせい² 構成 ─ 名 (組織化) organization Ⓤ; (部分を組み立てて作ること) composition Ⓤ; (構造) structure Ⓤ. ─ 動 organize ㊀ ★「人」が主語; (作り上げる) make up ㊀ ★ 口語的; compose ㊀; (部分が全体を構成する) constitute ㊀ ★ make up 以下の3つは「構成要素」が主語; (…から構成されている) be made up of … ★ 口語的; consist of …, be composed of …; (含む・構成要素として持つ) comprise ㊀ 語法 be made up of … 以下はすべて構成の「対象物」が主語. 《☞ そしき; こうぞう; なりたつ》.
¶ 会計課は人員の*構成がまずい There is something wrong with the personnel *organization* in the accounts section. / (⇒ うまく組織されていない) The staff of the accounts section *is* not well *organized*. // 国会は参議院と衆議院とで*構成されている (⇒ …で成り立っている) The Diet 「*consists of* [*is made up of*] the House of Councilors and the House of Representatives. // その委員会は6人で*構成されていた The committee 「*comprised* [*consisted of*; *was composed of*] six members.
構成員 constituent (member) Ⓒ.

こうせい³ 更生 ─ 名 (犯罪者・病人などの社会復帰) rehabilitation Ⓤ. ─ 動 (正常に返る) come back to normal; (社会に復帰させる) rehabilitate ㊀; (改心させる) reform ㊀. 《☞ たちなおる》. ¶ その少年はすっかり*更生して立派な社会人になった The boy completely 「*reformed himself* [*came back to normal*] and became a respected citizen.

こうせい⁴ 厚生 ¶ 教員のための*厚生施設 *recreational* facilities for teachers
厚生課 (会社などの) staff-office Ⓒ **厚生省** the Ministry of Health and Welfare 《☞ 政治・経済 (囲み)》 **厚生大臣** the Minister of Health and Welfare **厚生年金** social security (pension) Ⓤ.

こうせい⁵ 後世 ¶ 名指揮者として彼の名は永く*後世に残るであろう (⇒ 人々の心に生きるだろう) As a great conductor he will *live long* in people's hearts.

こうせい⁶ 校正 ─ 名 proofreading Ⓤ. ─ 動 proofread ㊀ ㊁. **校正係** proofreader Ⓒ **校正刷り** (printer's) proof Ⓒ.

こうせい⁷ 攻勢 offensive Ⓒ. ¶ そろそろ*攻勢に出よう It is time for us to 「take [change to; turn to] the *offensive*. // 平和*攻勢 a peace *offensive*

こうせい⁸ 恒星 fixed star Ⓒ; (単に星という意味で) star Ⓒ.

ごうせい¹ 合成 ─ 名 〖化学〗 synthesis Ⓤ; (別々のものを1つにまとめること) composition Ⓤ. ─ 動 (化学的に, または人工的に) synthesize ㊀; compose ㊀.
¶ 力の*合成 *composition* of forces // たんぱく質を*合成する *synthesize* albumin
合成語 compound (word) Ⓒ **合成ゴム** synthetic rubber Ⓤ **合成樹脂** synthetic resin Ⓤ, plastic(s) ★ 単数扱い. **合成繊維** synthetic 「fiber [《英》fibre] Ⓤ **合成洗剤** (synthetic) detergent Ⓒ.

ごうせい² 豪勢 ─ 形 (壮大な) grand; (大きくて立派な) magnificent; (ぜいたくをきわめた) luxurious [lʌgʒú(ə)riəs]; (見た目が派手で) gorgeous. 《☞ ごうか; ぜいたく》. ¶ 彼は*豪勢な暮らしをしている (⇒ ぜいたくに暮らしている) He lives in *luxury*.

こうせいのう 高性能 ─ 形 (性能の高い) highly efficient; (力が強い) high-power(ed). — [名] high ⌈effectiveness [efficiency] [U]; (機械の) high performance [U]. 《☞ せいのう》. ¶ *高性能の機械 a machine of *good performance* / a ⌈*high-performance* [*highly efficient*] machine // *高性能爆薬 a *high* explosive

こうせいぶっしつ 抗生物質 antibiotic [æ̀ntibaiɑ́tik] (substance) [C].

こうせき¹ 功績 (顕著な尽力) distinguished [remarkable] services ★通例複数形で; (貢献) contribution [U]; (達成された仕事) achievement [C]. 《☞ てがら; ぎょうせき》.
¶ 彼女は医学の進歩に大きな*功績を残した She rendered *remarkable services* toward progress in medical science. // その*功績は称賛に値する The *achievement* deserves praise.

こうせき² 鉱石 ore [U]. ¶ 鉄*鉱石 iron *ore*

こうせきうん 高積雲 〘気象〙 altocumulus [C] 《複 -cumuli [-kjúːmjulài]》 《☞ くも¹ (挿絵)》.

こうせつ¹ 降雪 snowfall [C], snow [U] [語法] 同じ内容を [C], [U] の異なる形式で示したもの. snowfall はまた [U] として「降雪量」を示すことがある. 《☞ ゆき¹; 天候の表現 (囲み)》.

こうせつ² 巧拙 ¶ 仕事の*巧拙は問わない (⇒ あなたに腕があるかないかは問題ではない) It doesn't matter whether you *are skillful or not* with your work. / Whether you *have skill or not* is of no importance. 《☞ うまい; へた¹》

ごうせつ 豪雪 heavy fall of snow [C]; (特に積雪量) heavy snowfall [U]. 《☞ おおゆき; 天候の表現 (囲み)》. ¶ 秋田県地方は昨夜からけさにかけて10年ぶりの*豪雪に見舞われた The Akita area had the *heaviest snowfall* in ten years overnight.

こうせん¹ 光線 (明かり) light [U]; (光の筋) ray [C] ★説明的には a ⌈beam [ray] of light などという. 《☞ ひかり (類義語)》. ¶ 太陽*光線 the *rays* of the sun

こうせん² 交戦 — [名] (国家間の大規模な戦争) war [U] ★個々の戦争を指すときは [C]; (特定地域での戦闘) battle [C]. — [動] (戦争を行う) wage war. 《☞ たたかう; せんそう¹》.
¶ 当時日米は*交戦中であった At the time Japan and America were ⌈*at war* with each other [*fighting* against each other].
交戦国 warring nation [C].

こうせん³ 公選 public election [U]; (説明的に) election by popular vote [U]. 《☞ せんきょ¹; 政治・経済 (囲み)》. ¶ *公選知事 a *publicly-elected* governor

こうせん⁴ 高専 technical college [C]. ¶ 富山工業*高専 Toyama *Technical College*

こうせん⁵ 抗戦 — [名] resistance [U]. — [動] offer resistance, resist (他).

こうせん⁶ 鉱泉 mineral spring [C]; (水) mineral water [U].

こうぜん¹ 公然 — [形] (あからさまの) open; (世間に公開された) public; (公式の) official; (明白な) overt. — [副] openly; publicly; officially; overtly. 《☞ おおっぴら; おおやけ》.
¶ その件は私たちの間では*公然の秘密です The matter is an *open* secret among us. // そうすることは*公然とは (⇒ 公式には) 許されていない It is not *officially* permitted to do so. / No *authorization* has been given to do such a thing. // その雑誌はどんな書店でも*公然と売られている The magazine is ⌈*easily* available [*openly* sold] at any bookstore.

こうぜん² 昂然 — [副] (得意になって) elatedly; (勝ち誇って) triumphantly; (意気盛んで) in high spirits. ¶ 彼らは意気*昂然と街頭をかっぽした They strutted along the streets ⌈*in high spirits* [*triumphantly*].

ごうぜん 傲然 — [形] (尊大な) arrogant; (横柄な) haughty. — [副] arrogantly; haughtily. 《☞ おうへい (類義語); こうまん》.
¶ 彼は私たちを*傲然と見下ろしていた (⇒ 尊大に, 人を軽蔑した態度で) He was looking down at all of us *in arrogant contempt*.

こうせんてき 好戦的 — [形] warlike.

こうそ¹ 控訴 — [名] 〘法律〙 appeal [C]. — [動] appeal (自) (他), file an appeal. ¶ 私はその判決に対して*控訴をするつもりだ I will ⌈*appeal* [*file an appeal*] against the decision. // 彼はその件を上級裁判所へ*控訴した He *appealed* the case to a higher court.

こうそ² 酵素 ferment [C], 〘化学〙 enzyme [C].

こうそう¹ 構想 (一般的な計画) plan [C]; (考え・思いつき) idea [C]; (望み・もくろみ) vision [C]; (小説などの筋) plot [C]. 《☞ けいかく; かんがえ》.
¶ この件について今後はどのような*構想をお持ちですか What is your ⌈future *plan* [*vision*] in this matter? // 彼は独自の*構想を実行に移した He put his original *idea* into practice. // 執筆前に彼は十分にその小説の*構想を練り上げた He fully worked out the *theme and detailed plot* of his novel before sitting down to write.

こうそう² 広壮 — [形] (形が大きく壮大な) grand (↔ petty, small); (雄大で美しい) magnificent; (堂々とした) stately. 《☞ ゆうだい; ごうそう》. ¶ *広壮な宮殿 a ⌈*grand* [*magnificent*] palace

こうそう³ 高僧 high priest [C] 《☞ そう³》.

こうぞう 構造 (各部の配列や相互関係に注目した全体の成り立ち方) structure [U]; (各部を組み立ててできたもの) construction [U]; (組織) organization [U]; (構成) constitution [U]. 《☞ こうせい²; そしき》.
¶ 人体の*構造 the *structure* of the human body // 文の*構造 the *structure* of a sentence / sentence *structure* // 社会の*構造 the ⌈*structure* [(⇒ 組織) *organization*] of society // この建物は*構造が複雑[単純]である This building is ⌈complicated [simple] in ⌈*construction* [*structure*]. // *構造上欠陥のある家を買わないように気をつけなさい Be careful not to buy a *structurally* defective house.
構造式 〘化学〙 structural [constitutional]

formula Ⓒ《複 ～s, formulae [fɔ́ːrmjulìː]》.

ごうそう 豪壮 ━形 (立派で見事な) splendid; (抜きんでてすばらしい) magnificent; (壮大ですばらしい) grand; (豪華な) gorgeous. 《☞ ごうか; ごうせい²》.

こうそううん 高層雲 〘気象〙 altostratus Ⓒ《複 -strati [-stréitai]》《☞ くも¹ (挿絵)》.

こうそうけんちく 高層建築 high rise Ⓒ ★ 最も口語的. なお, high-rise apartments のように 形 としても用いる; multistory [multistoried] building Ⓒ, 《英》 multistorey [multistoreyed] building Ⓒ; (摩天楼) 《米》 skyscraper Ⓒ ★ やや古めかしい語.

こうそく¹ 拘束 ━動 (束縛する) bind 他 《過去・過分 bound》 語法 しばしば be bound (＝拘束されている) という受身の形でも用いられる; (身柄を) take ... into custody. ━形 binding. 《☞ そくばく; しばる (類義語); こうりゅう²》.

¶ その規則はすべての公務員を*拘束する The rule *binds* all public workers. / All public workers *are bound* by the rule. // その男は警察に身柄を*拘束された (⇒ 拘留された) The man *was taken into custody* by the police. // 私は週 5 日, 毎日 5 時まで*拘束されています (⇒ 自由ではない) I'm *not free* until five from Monday through Friday.

拘束時間 (労働の) actual working hour Ⓒ.

こうそく² 高速 ━名 high speed Ⓒ. ━副 (高速で) at (a) high speed.

¶ 私は*高速運転には慣れていない I'm not used to ˹*high speed* driving [driving *at (a) high speed*]. // 東名*高速の上りは事故のため静岡で閉鎖中です Due to a traffic accident, the Tomei *Expressway* for Tokyo is now closed at Shizuoka.

高速道路 expressway Ⓒ, 《英》 motorway Ⓒ **高速(度)撮影** high-speed photography Ⓤ **高速(度)写真** slow-motion [ultrarapid] picture Ⓒ.

こうそく³ 校則 school ˹regulations [rules] ★ rules のほうが形式ばらない言い方. いずれも通例複数形で. 《☞ がくそく; きそく》.

¶ *校則を守る[破る]生徒が多い Many students ˹observe [break] the *school regulations.* // 君のしたことはこの学校の*校則に反している What you did is against our *school regulations.*

こうぞく¹ 後続 ━形 (次に続く) following; (続いて起こる) succeeding.

¶ *後続のバッターも三振に倒れた The ˹*next* [*following*] batter was also struck out. // その交差点で*後続車の長い列ができた There was a long line of cars *behind us* at the crossing.

後続部隊 〘軍隊〙 (後衛) rear guard Ⓒ (↔ vanguard); (増援隊) reinforcements ★ 複数形で.

こうぞく² 皇族 the ˹Imperial [Royal] Family Ⓒ; (集合的に王族全体) royalty Ⓤ; (個人) Imperial [Royal] ˹Prince [Princess] Ⓒ; (説明的には) member of ˹the Imperial Family [Royalty] Ⓒ. 《☞ こうしつ¹ 参考》.

こうぞくきょり 航続距離 (maximum) range Ⓒ.

こうぞくじかん 航続時間 maximum flying time Ⓒ.

こうそくど 高速度 high speed Ⓒ 《☞ こうそく²》.

こうたい¹ 交代, 交替 ━動 (代わるがわるやる) take turns ˹in [at] ..., alternate 自 他 ★ 前者がより口語的; (肩代わりをする) relieve 他; (人が場所や位置を) take *a person's* place; (代理をする) take the place of ... ━副 (交代で) by turns; (交互に) alternately. ━名 (交代勤務) shift Ⓒ; (交代の人) relief Ⓒ. 《☞ かわる²; こうご¹》.

¶ *交代で (⇒ 代わるがわる) 運転しましょう Let's drive *by turns.* / Let's ˹*take turns* [*alternate*] *at* the wheel. // 鈴木投手が先発ピッチャーと*交代した Suzuki *relieved* the starting pitcher. // お疲れのようですね. 私が*交代しましょう (⇒ あなたの代わりにそれをやらせて下さい) You look tired. Let me do it *for* you. // 看護婦は 8 時間ずつ 3*交代で働いている The nurses are working ˹in three *shifts* of eight hours [on three eight-hour *shifts*].

交替時間 (時刻) the changing time; (長さ) shift Ⓒ **交替制** shift system Ⓒ. ¶ 3*交替制 three-*shift system*

こうたい² 後退 ━動 (軍隊などが退却する) retreat (from ...) 自; (ある場所などから引き下がる) withdraw (from ...) 自 他; (後に退く) 《口語》 fall [go; move] back 自 (↔ advance); (徐々に) recede 自 (↔ proceed); (自動車をバックさせる) back up 他 自. ━名 retreat Ⓤ; withdrawal Ⓤ; (景気の一時的不況) recession Ⓒ. 《☞ てったい; たいきゃく》.

¶ 敵は国境から 15 マイル*後退した The enemy ˹*retreated* [*made a retreat*] fifteen miles *from* the border. // 塀のところまで車を*後退させなさい *Back up* (your car) to the wall. // 景気の*後退で多数の失業者が出た The *recession* caused a lot of unemployment.

こうたい³ 抗体 〘生理〙 antibody Ⓒ.

こうだい 広大 ━形 (広い) extensive; (果てしなく広い) vast. 《☞ ひろびろ》.

こうたいごう 皇太后 (天皇・皇帝に対して) the Empress Dowager [dáuədʒər] Ⓒ; (王・女王に対して) the Queen Mother Ⓒ.

こうたいし 皇太子 the Crown Prince Ⓒ. ¶ *皇太子殿下 His ˹Royal [Imperial] Highness *the Crown Prince* // 英国*皇太子 *the Prince of Wales* // *皇太子妃 *the Crown Princess*

こうたく 光沢 ━名 (反射された光の輝き) luster Ⓤ; (表面だけの) gloss Ⓤ; (磨き出された) polish Ⓤ. ━形 glossy; polished. 《☞ つや¹》. ¶ この石は真珠のような*光沢だ This stone has a pearly *luster.* // *光沢のある紙 *glossy* paper

ごうだつ 強奪 ━動 (力づくで奪う) rob 他 ★「人」または「場所」が目的語; (集団で略奪する) plunder 他; (公共の乗り物などを) hijack 他. ━名 robbery Ⓤ; plunder Ⓤ;

hijacking Ⓤ. 《☞ りゃくだつ; のっとる[1]》.
¶その男は銀行から1千万円*強奪した<S(人)+V (rob)+O(場所)+of+名(物)> The man *robbed* the bank *of* ten million yen. // 私は10万円を*強奪された I *was robbed of* 100,000 yen.

こうたん 降誕 (キリストの) the Nativity 《☞ たんじょう》.

こうだん[1] 公団 public corporation Ⓒ 《☞ こうしゃ[3]; だんち》. ¶日本住宅*公団 Japan Housing *Corporation* // 日本道路*公団 Japan Highway *Public Corporation* **公団住宅** Japan Housing Corporation apartment Ⓒ.

こうだん[2] 講談 (物語をすること) storytelling Ⓤ; (話そのもの) story Ⓒ. **講談師** storyteller Ⓒ.

こうだんし 好男子 ━形 good-looking, handsome ★ 前者のほうがより口語的.

こうち 耕地 (耕作された) cultivated ⌈land Ⓤ [field Ⓒ]; (耕作可能な) arable [ǽrəbl] land Ⓤ. 《☞ こうさく[2]; たがやす》. **耕地面積** cultivated acreage Ⓤ ★ エーカー数で計った面積のこと.

こうちしょ 拘置所 (刑務所) prison Ⓒ; (監獄) jail (《英》 gaol) [dʒéil] Ⓒ ★ prison より口語的で, 通俗的な呼び方. 《☞ けいむしょ》.

こうちゃ 紅茶 (black) tea Ⓤ [参考] 英米では単に tea と言えば black tea を指す. 《☞ ちゃ; 食事 (囲み)》.
¶*紅茶を入れる[出す] make [serve] *tea* // *紅茶を飲む have [drink] *tea* // *紅茶は濃い[薄い]ほうがいい I like my *tea* rather ⌈strong [weak]. // *紅茶を2つ下さい 《喫茶店で》 Two *teas*, please. [語法] 普通は two cups of tea のように cup を用いて数えるが, 喫茶店などでは tea を Ⓒ として扱う. 《☞ 数の数え方 (囲み)》

こうちょう[1] 好調 ━形 (体調がよくて) in good ⌈shape [condition] ★ shape のほうが口語的. ━副 (都合よく) all right, well; (困難や中断がなく) smoothly. 《☞ ちょうし[1]; かいちょう[2]》.
¶彼のコンディションは*好調です He is *in good* ⌈*shape* [*condition*]. //「仕事のはかどりぐあいはどうですか」「万事*好調に進んでいます」 "How is the work going?" "Everything is going ⌈*all right* [*well*]."

こうちょう[2] 校長 principal Ⓒ, 《英》 headmaster Ⓒ. 《☞ 学校・教育 (囲み)》.

こうちょう[3] 紅潮 ━動 (顔がぱっと赤らむ) flush ㊀ ㊉. ━名 flush Ⓒ. 《☞ あか[1]; あからめる; せきめん》. ¶彼は喜びで顔を*紅潮させた He *flushed* with joy. // 彼の顔は熱で*紅潮していた (⇒ 熱が彼のほおを赤くした) The fever *flushed* his cheeks.

こうちょうかい 公聴会 public [open] hearing Ⓒ.

こうちん 工賃 (料金) charge Ⓒ; (賃金) wages ★ 複数形で; (費用) cost of labor Ⓤ. 《☞ ちんぎん》.

こうつう 交通 (人・車の往来) traffic Ⓤ.
¶この地区は*交通が激しい The *traffic* is ⌈heavy [busy] in this section.
この通りは*交通があまりない There is not much *traffic* on this street.
ひどい*交通混雑のため1時間遅れた I was an hour late because of a terrible *traffic* jam.
ずっと車がじゅずつなぎの*交通渋滞だった There was a bumper-to-bumper *traffic* all the way.
新しいバイパスで*交通混雑が緩和されるだろう The new bypass will help relieve the *traffic* congestion.
いまは*交通の流れがよい *Traffic* is moving smoothly now.
台風のため*交通が途絶している *Traffic* has been held up by the typhoon.
*交通事情は早急に改善しなければならない *Traffic* conditions must be improved without delay.
今度の家は*交通の便がよい (⇒ 家に来る場合に) My new house is easy ⌈to reach [to get to]. / (⇒ 公共の乗り物に便利です) My new house is very convenient for *public transport*. / (⇒ 都合のよい場所にある) My new house *is conveniently located*.
あそこの交差点で巡査が*交通整理にあたっていた There was a policeman controlling the *traffic* at the crossroad.
彼は*交通安全について話した He spoke on *traffic* safety.
毎年何百万という人が*交通事故で死傷する Millions of people are killed or injured in ⌈*road* [*traffic*] accidents each year.
きのう私の父が*交通事故にあった My father met with a *traffic* accident yesterday.
交通違反 violation of the traffic ⌈regulations [law; rules] Ⓤ ★ law は道路交通法の意. rules は口語的. 《☞ いはん》. ¶彼は*交通違反で罰金をとられた He was fined for ⌈*breaking* [*violating*] *the traffic* ⌈*regulations* [*law*]. ★ break のほうが口語的. // それは*交通違反になる It is against the *traffic regulations*. **交通機関** transportation Ⓤ; means of transport Ⓒ **交通規則** traffic ⌈regulations [rules] ★ rules のほうが口語的; (交通法) traffic law Ⓤ. ¶すべての人が*交通規則を守るべきだ Everybody must ⌈obey [observe] the *traffic* ⌈*regulations* [*rules*]. **交通巡査** traffic patrolman Ⓒ; (駐車などを取り締まる) 《英》 traffic warden Ⓒ **交通信号 (灯)** traffic light Ⓒ; (信号灯以外のものも含めて) traffic signal Ⓒ. 《☞ しんごう》. ¶彼女は*交通信号を無視して歩いていた She was crossing against the *traffic signal*. / She was jaywalking. [語法] jaywalk は信号を無視したり, 横断すべきでないところを横断するという意味の口語. 「人」は jaywalker Ⓒ という. // *交通信号が赤になったので私は車を止めた As the *traffic* ⌈*light* [*signal*] turned red, I stopped (the car). **交通費** traveling [traffic] expenses ★ 複数形で; (料金) fare Ⓒ **交通標識** traffic sign Ⓒ; (道路の) road sign Ⓒ **交通網** public transport system Ⓤ.

こうつごう 好都合 ―形 (必要や目的に便利で) convenient; (事情が) favorable. ―副 (よい具合に) 《口語》 well, all right; favorably; (すらすらと) smoothly. 《☞ つごう; べんり; さいわい》.
¶ もしそうなら, 私たちには*好都合だ If that is the case, it would be *convenient* for us. // 万事我々に*好都合に運んだ Everything went ⌈*well* [*all right*; *smoothly*] for us.

こうてい1 行程 (旅行の) journey Ⓤ 〔語法〕 かなりの長さの陸の旅行にいう. また必ずしも帰路の意味を含まない; (全行程の中の一区切りの) leg Ⓒ; (距離) distance Ⓒ; (車での) drive Ⓒ; (飛行機での) flight Ⓒ; (行進や行軍の) march Ⓒ; (旅行日程) itinerary Ⓒ. 《☞ みちのり; にってい》.
¶ その町まではここからだいたい 4 時間の*行程です The town is about ⌈four hours' [a four-hour] *journey* from here. / (⇒ 車で) It is about a four-hour *drive* from here to the town. // 1 日目の*行程ではホンコンまで行った The first *leg* of the trip took us to Hong Kong. // 100 km の*行程を 2 時間で行った We covered a *distance* of 100 km in two hours.

こうてい2 肯定 ―名 (そうだとはっきり言うこと) affirmation Ⓤ (↔ negation). ―動 affirm ㊀. ―形 (肯定の・肯定的な) affirmative (↔ negative).
¶ *肯定文 an *affirmative* sentence // 彼女は私の質問に対して*肯定も否定もしなかった (⇒ イエスともノーとも言わなかった) She answered neither *yes* nor no to my question. / She didn't answer my question either in the *affirmative* or in the negative. 〔語法〕 第 2 文のほうが改まった言い方.

こうてい3 校庭 (小・中学校の運動場) playground Ⓒ; (学校の構内・敷地) school grounds ★ 複数形で; (主として大学の構内) campus Ⓒ. 《☞ こうない2》. ¶ 放課後はいつも*校庭で遊びます We usually play on *the playground* after school.

こうてい4 公定 ―形 (公の) official.
公定価格 official price Ⓒ **公定歩合** the official discount rate. ¶ 日本銀行は*公定歩合を 0.75% 下げることを決めた The Bank of Japan decided to ⌈cut [reduce] its *official discount rate* by 0.75 percent. 〔参考〕 0.75 は zero point seven five と読む. 《☞ 数字 (囲み)》

こうてい5 高低 (うねうねとした起伏) undulation Ⓒ; (上がり下がり) ups and downs ★ 複数形で; (声や音の上がり下がり) pitch Ⓒ; (上昇と下降) rise and fall Ⓤ. 《☞ でこぼこ; きふく》.

こうてい6 皇帝 (帝国の元首) emperor Ⓒ.

こうてい7 工程 (製造の手順) process Ⓤ; (進行の) progress Ⓤ. 《☞ かてい3; てじゅん》.

こうでい 拘泥 ―動 (固執する) stick (to ...) ㊀, adhere (to ...) ㊀ ★ 後者のほうが形式ばった語. 《☞ こしつ2; こだわる》. ¶ そんなつまらない間違いに*拘泥するな Don't ⌈*stick* [*adhere*] *to* such silly mistakes.

こうてき1 好適 ―形 (理想的な) ideal; (ぴったり合った) fitted; (その場に適切な) suitable. 《☞ うってつけ; あつらえむき》.

こうてき2 公的 ―形 (公共のための) public (↔ private); (公務上の) official. 《☞ おおやけ; こうしき1; せいしき》.

こうてきしゅ 好敵手 rival Ⓒ ★ 最も一般的; (力が伯仲する競争相手) match Ⓒ.

こうてつ1 鋼鉄 steel Ⓤ 《☞ てつ; スチール1》.

こうてつ2 更迭 ―動 (組織・人事などを入れ替える) reshuffle ㊀; (職をやめさせる) dismiss ㊀. ―名 reshuffle Ⓒ; dismissal Ⓤ. 《☞ いどう2; かいにん》. ¶ 近い将来人事の*更迭があるだろう There will be a *reshuffle* of the staff in the near future. // その大臣は*更迭された (⇒ 免職になった) The minister *was dismissed*.

こうてん1 好転 ―動 (もっとよくなる) become [get] better; (よいほうに転じる) (take a) turn for the better ★ 後者は多少形式ばった言い方; (事情などが好都合になる) take a favorable turn; (事態などが改善される) improve ㊁.
¶ 情勢は*好転している The situation *is* ⌈*improving* [*getting better*]. // 今年は景気が*好転するだろう Business will *take a turn for the better* this year.

こうてん2 公転 ―名 〘天文学〙 revolution Ⓤ. ―動 (公転する) revolve ㊁; (太陽の回りを回る) move ⌈around [round] the sun. 《☞ かいてん1 (類義語)》.

こうてん3 荒天 (暴風(雨)を伴う) stormy [rough] weather Ⓤ 《☞ あれる; 天候の表現 (囲み)》.

こうでん 香典 monetary offering to a ⌈deceased person [departed spirit] Ⓒ 〔参考〕 欧米では遺族に対して香典を贈る習慣はなく, 教会に献金するのが普通なので, 説明的な表現しかできない. 《☞ 日本固有の風物と英語 (囲み)》.

こうてんてき 後天的 ―副 (経験によって) through experience; 〘哲学〙 a posteriori [ɑ́:-poustì(ə)riɔ́:ri(:)] (↔ a priori). ¶ 人格は*後天的に形成される (⇒ 主に経験を通じて得られる) Personality is largely acquired *through experience*.

こうど1 高度 **1** «高さ»: (物の高さ) height Ⓤ ★ ht., hgt. と略す; (海抜・仰角など計測による) altitude Ⓤ ★ 改まった語. 以上は具体的な高さをいう場合には Ⓒ. 《☞ たかさ》.
¶ 飛行機は*高度を下げた[上げた] The plane ⌈lowered [elevated] its *altitude*. // 「どれくらいの*高度を飛んでいますか」「*高度 1 万メートルで飛んでいます」 "How *high* are we flying?" "We are flying at ⌈an *altitude* [a *height*] of 10,000 meters.
2 «程度» ―形 (程度の進んだ) advanced; (レベルの高い) high-level; (一般的に高い) high; (非常に発展した) highly developed. ―副 (高度に) highly; (高い程度にまで) to a high degree. 《☞ こうきゅう1; たかい1》.
¶ 彼は印刷についての*高度な技術を修得した He has acquired a ⌈*high-level* [*advanced*]

technique in printing. // 中国は*高度な文化を持っている China has *highly developed* culture. // 日本では*高度経済成長とインフレが長い間続いた A *high* economic growth rate with inflation continued for a long time in Japan.

こうど² 光度 (明るさ) brightness Ⓤ;〖天文学〗(等級に分けられた星の光度) magnitude Ⓤ. **光度計** photometer Ⓒ.

こうど³ 硬度 (物体・鉱物などの) hardness Ⓤ《☞ かたさ》.

こうとう¹ 口頭 ―形 (書かれたものに対して, 口による) oral (↔ written); (他の表現手段に対して, 言葉による) verbal. ―副 orally ; verbally.

¶彼に*口頭で報告しておいた I made an *oral* report to him. // それは*口頭の約束だった It was ⌈an *oral* [a *verbal*] agreement. 《☞ くちやくそく》

口頭作文 oral composition Ⓒ **口頭試問** oral ⌈test [examination] Ⓒ《☞ めんせつ》.

こうとう² 高等 ―形 (高い) high ★最も一般的な語; (上級の) higher; (程度の進んだ) advanced. 《☞ こうきゅう¹; こうど¹》.

高等科 advanced course Ⓒ **高等学校** ☞見出し. **高等教育** (専門学校・大学・大学院における教育) higher education Ⓤ **高等裁判所** high court Ⓒ《☞ さいばんしょ》. ¶東京*高等裁判所 the Tokyo *High Court* **高等動物** the higher animal.

こうとう³ 好投 ―動 (よく投げる) pitch well ⓐ; (試合でよく投げる) pitch a good game. ―名 good ⌈pitching [delivery] Ⓤ ★fine や nice を使ってもほぼ同じ. 《☞ 野球の英語 (囲み)》. ¶彼はきのうの試合で*好投した He *pitched well* in the game yesterday. / He *pitched a good game* yesterday.

こうとう⁴ 高騰 ―名 (物価などの急激な[突然の]値上がり) sharp [sudden] rise Ⓒ; (はね上がること) jump Ⓒ ★くだけた語. ―動 rise sharply ⓐ; (急上昇する) soar ⓐ, 《口語》skyrocket ⓐ. 《☞ ねあがり; きゅうとう》.

¶人件費の*高騰が値上げの原因だ The price hike is due to a ⌈*jump* [*sudden rise*] in labor costs. // 地価はべらぼうな*高騰を続けている Land prices are continuing to ⌈show *fantastic rises* [*soar* fantastically]. / Land prices *are skyrocketing*.

こうどう¹ 行動 ―名 (1回の動き) act Ⓒ; (何回かにわたる行為) action Ⓤ ★「日常の行動」の意味では複数形で用いられる; (振舞い) behavior Ⓤ; (全体的に見た人の品行) conduct Ⓤ ★最後の2語はしばしば同じ意味で使われる. ―動 (何かを行う) act ⓐ; (振舞う) behave ⓐ. ―形 (行動的な) active. 《☞ こうい¹ (類義語); ふるまい; おこない》.

¶彼は*行動の人であった He was a man of *action*. // 彼の*行動は理解に苦しむ (⇒ 彼の行動を説明するのは難しい) It's hard to explain his ⌈*actions* [*behavior*; *conduct*]. // 君はもっと慎重な*行動をとらなければならない You should ⌈*act* more cautiously [be more careful in your *actions*]. // ナマズは地震の前に異常な*行動をとる Catfish *behave* in an abnormal way prior to earthquakes. // 京都では団体*行動で, 夕方5時から7時までは自由*行動とします While in Kyoto we will go around (all together) in a group, but you will be free from 5 to 7 in the evening. // その地域でアメリカは軍事*行動を起こした America launched military *operations* in that area.

行動範囲 (仕事の範囲) the [a] range of operations **行動半径** (1回の給油で可能な) the [a] radius of action; (巡航速度で往復できる半径) cruising radius Ⓒ. ¶彼はたいへん*行動半径が広い (⇒ 多方面にわたる[順応性のある]) 人だ He is a very ⌈*versatile* [*adaptable*] man. **行動力** (ファイト) drive Ⓤ; (行動できる能力) ability to act Ⓤ. ¶彼は頭はいいが*行動力に欠けている He is clever but lacks *drive*. // 私は彼らの*行動力と好奇心にびっくりした I was surprised at their *ability to act* and their curiosity.

こうどう² 講堂 《米》auditorium [ɔ̀ːdətɔ́ːriəm] Ⓒ, 《英》assembly hall Ⓒ; (大学などの階段付きの大教室) theater (《英》theatre) Ⓒ.

こうどう³ 公道 highway Ⓒ; (公の車道) (public) road Ⓒ (↔ private road); (町中の通り) (public) street Ⓒ. 《☞ みち¹; どうろ》.

こうどう⁴ 坑道 (横坑) gallery Ⓒ; (縦坑) shaft Ⓒ; (地下道) tunnel Ⓒ.

こうどう⁵ 黄道 〖天文学〗ecliptic Ⓒ.

ごうとう 強盗 ―名 (夜盗) burglar Ⓒ; (強奪者) robber Ⓒ; (行為) burglary Ⓤ; robbery Ⓤ ★以上2つはいずれも具体的な事件の場合は Ⓒ. ―動 (強盗をする) rob ⓣ ★「人」「場所」が目的語; (夜盗を働く) 《米》burglarize ⓣ; (家などに押し入る) break ⌈in [into ...].

【類義語】家に押し入る強盗, 特に夜の強盗は **burglar**. 被害者からその場で, 暴力や脅しにより強奪するのが **robber**. 以上は区別なしに, 同じように使われることもある. 《☞ どろぼう; ぬすむ (類義語); おしいる》

¶きのう*強盗がその銀行を襲った A ⌈*burglar* [*robber*] robbed the bank yesterday. / (⇒ 銀行が強盗に入られた) The bank *was robbed* yesterday. // 彼は銀行*強盗をした He ⌈*burglarized* [*robbed*] the bank. // 昨夜, 隣のビルで*強盗があった A *robbery* took place in the next building last night. / There was a *break-in* ⌈at [in] the next building last night. // 銀行*強盗はつかまった The bank *robbers* were captured.

ごうどう 合同 ―名 (組み合わせ) combination Ⓤ; (結びつけて1つにしたもの) union Ⓤ; (事業などの) incorporation Ⓤ; (政党などの) coalition Ⓤ ★以上は具体的な事実を指す場合は Ⓒ; (図形の) congruence Ⓤ. ―形 (2つ以上のものをつないだ) joint; united; combined; incorporated; congruent. ―動 combine ⓣⓐ; unite ⓣⓐ; join ⓣⓐ.

【類義語】2つ以上のものを混ぜ合わせて新しい

ものを作るのが *combine*. 共同の目的で組み合わせて1つにするのが *unite*. 2つ以上のものを結んだり, つないだりするのが *join*.
¶ 2クラスが*合同して彼の講演を聞いた The two classes (*were*) *combined* to listen to his lecture. // 私は彼らと*合同でその難しい仕事をした I *joined* with them in that ˹difficult [hard] ˹work [task]. // 日本と西ドイツの*合同委員会が作られた A *joint* Japanese-West German committee was established.
合同演奏 joint ˹recital [performance] Ⓒ **合同会議** joint ˹session [convention] Ⓒ.

こうとうがっこう 高等学校 《米》(senior) high school Ⓒ, upper secondary school Ⓒ ★ 後者は日本の高等学校を指す改まった呼称. 《☞ 学校・教育 (囲み)》.
¶ 弟は*高等学校に通っている My brother ˹goes to [attends] (*senior*) *high school*. // 全日制[定時制]*高等学校 a ˹full-time [part-time] *high school* // 女子*高等学校 a girls' *high school* // 滋賀県立大津*高等学校 Shiga Prefectural Otsu *High School*

こうとうせんもんがっこう 高等専門学校 technical college Ⓒ.

こうとうてき 高踏的 ― 形 (高踏的な・知識人ぶった) highbrow, highbrowed.

こうとうむけい 荒唐無稽 ― 形 (奇想天外で空想的な) fantastic(al); (ばかげていて理性に反すること) absurd; (無意味でばかげている) nonsensical. ― 名 fantasy Ⓤ; absurdity Ⓤ; nonsense Ⓤ.

こうどく[1] 購読 ― 動 (予約してとる) subscribe (to ...) 自; (定期的に買う) take 他 ★ 以上はほぼ同意だが, 後者のほうが口語的. ― 名 (定期刊行物の予約購読) subscription Ⓤ. 《☞ とる》.
¶ 私の家では新聞を2種類, 雑誌を3種類*購読している We *take* two newspapers and three magazines. // 私はその新聞の*購読契約を更新したいと思います I'd like to renew my *subscription* to the newspaper.
購読者 (新聞や雑誌の) subscriber Ⓒ; (読者) reader Ⓒ. 《☞ どくしゃ》 **購読料** subscription rate Ⓒ.

こうどく[2] 講読 ― 名 (読むこと) reading Ⓤ. ― 動 read 他. 《☞ よむ》. ¶ 大学ではシェークスピアの原典*講読がある We *read* (the works of) Shakespeare in the original *at the university*.

こうとくしん 公徳心 (社会道徳的な) sense of public morality Ⓒ 《☞ どうとく》.
¶ あの人は*公徳心がある[ない] He ˹is a man of [is lacking in] *public spirit*.

こうない[1] 構内 (建物を含めた敷地) premises ★ 複数形で; (教会・寺院などの) precincts ★ 複数形で; (囲いをした) compound Ⓒ; (公共の建物に隣接した) yard Ⓒ ★ 複合語として用いられることが多い; (主として大学の) campus Ⓒ; (小学校・中学・高校の) school grounds ★ 複数形で. 《☞ こうない[2]; こうてい[3]》.
¶ 駅*構内 the railroad *yard* // 大使館の*構内 the embassy *compound* // *構内立入禁止 Keep off the *premises* 《☞ 掲示の英語 (囲み)》 // 学長は大学の*構内に住んでいる The president lives on (the) *campus*. // (大学)*構内では静かにして下さい Please keep quiet on (the) *campus*.

こうない[2] 校内 ― 名 (学校の校内) school grounds ★ 複数形で; (大学などの) campus Ⓒ 語法 大学の校内[学内]を指す場合が多いが, その他の学校にも用いられる. ― 形 (校内の・校内で行われる) intramural; (クラス間の) interclass. 《☞ こうない[1]》.
¶ *校内を案内します I'll show you around (the) *campus*. // *校内では静かにしなさい Be quiet on (the) *campus*. // *校内対抗運動会は10月に開かれます The *intramural* athletic meet is held in October.

こうない[3] 港内 ― 副 (港(の中)に) in [within] the harbor 《☞ みなと》.

こうない[4] 坑内 (坑) pit Ⓒ; (縦坑) shaft Ⓒ. **坑内火災** pit [underground] fire Ⓒ **坑内労働者** miner Ⓒ.

こうないえん 口内炎 inflammation of the mouth Ⓤ 《☞ えんしょう[2]》.

こうなん 後難 (後になってふりかかる災難) future trouble Ⓒ 《☞ あとくされ》. ¶ 彼は*後難を恐れて黙っていた He remained silent for fear of *future trouble(s)*.

こうにゅう 購入 ― 動 (物を買う) buy 他 (↔ sell); (手に入れる) get 他 ★ 以上は一般的な日常語; (かなりの値段または量のものを取り引きなどで買う) purchase [pə́ːtʃəs] 他 ★ やや改まった語で日本語の「購入」にニュアンスが近い. ― 名 purchase Ⓤ. 《☞ かう[1]》.
購入者 buyer Ⓒ, purchaser Ⓒ **購入図書** books purchased; (最近入手したもの) new acquisition Ⓒ.

こうにん[1] 公認 ― 動 (公式なものとして認める) recognize ... officially; (公式に是認する) approve ... officially. ― 形 (公式の) official (↔ unofficial); (是認された) approved. ― 名 official ˹recognition [approval] Ⓤ. 《☞ しょうにん[1]; にんてい》.
¶ 彼の記録 (⇒ 数値) は世界新記録として*公認された His figure *was recognized officially* as a new world record.
公認会計士 《米》certified public accountant Ⓒ 《略 C.P.A.》, 《英》chartered accountant Ⓒ 《略 C.A.》 **公認記録** official record Ⓒ **公認候補(者)** nominated candidate Ⓒ.

こうにん[2] 後任 (後継者) successor Ⓒ (↔ predecessor) 《☞ こうけいしゃ; あととり (類義語)》. ¶ 彼は高橋氏の*後任として新社長に就任した He became the new president as the *successor to* Mr. Takahashi. / He *has succeeded* Mr. Takahashi as head of the company. // 彼の*後任はまだ決まっていない His *successor* has not been ˹appointed [named] yet.

こうねつ 高熱 (病気による) high fever Ⓒ 《☞ ねつ》. ¶ 風邪で*高熱が出た I had a *high* ˹*fever* [*temperature*] with a bad cold. 《☞ 病気・病院 (囲み)》

こうねつひ 光熱費 lighting and heating

こ

expenses ★ 複数形で.

こうねん[1] 後年 ―[副] (のちに) later, afterward [語法] 年や月などにとらわれない言い方で, 日本語で「後年」とあっても以上の語があてはまることも多い; (何年か後に) in ˹later [after] years. (☞ ばんねん; そのご).

こうねん[2] 光年 〖天文学〗 light-year [C].

こうねんき 更年期 the ˹turn [change] of life; (婦人の) the menopause [ménəpɔ̀:z]. **更年期障害** (婦人の) menopausal [mènəpɔ́:zəl] disorder [C]; (男女両方の) climacteric [klaimǽkt(ə)rik] suffering [U].

こうのう 効能 (効果) effect [U]; (薬などの効き目) efficacy [éfikəsi(:)] [U], virtue [C]. (☞ ききめ; きく[2]; こうか[1]). **効能書き** statement of virtues [C].

こうのとり stork [C] [参考] 西洋では, 屋根に巣をかけ, 昔は赤ん坊を運んでくると言われた.

こうば 工場 factory [C] (☞ こうじょう[1]).

こうはい[1] 後輩 ―[名] (後進) *one's* junior [C]; (学校での) lowerclassman [C]. ―[形] junior (to ...) (↔ senior); younger (↔ older). (☞ こうしん[3]; としした).

¶ 彼は私の高校の*後輩だ He ˹is [was] *my* ˹*junior* [lowerclassman] in high school. // この会社ではあなたの2年*後輩です I am ˹your *junior* by two years [two years *junior to* you] in this company.

こうはい[2] 荒廃 ―[名] (国土などの, 広い範囲にわたる) devastation [U]. ―[動] (荒廃させる) devastate (他). ―[形] devastated. (☞ あれる). ¶ 戦争でわが国土は*荒廃した (⇒ 戦争は我々の土地を荒廃させた) The war *devastated* our land. / Our land *was devastated* by the war.

こうばい[1] 勾配 ―[名] (主に水平線に対する) slope [C]; (主に垂直線に対する) slant [C] ★ 両者は同じように使われることもある; (傾き) incline [C]; (道路・鉄道などの数字で表せる傾斜度) (米) grade [C], (英) gradient [C]; (屋根や階段などの) pitch [U]. ―[動] (勾配をつける・勾配がつく) slope (他)(自). (☞ けいしゃ; しゃめん[1]; さか; かたむき).

¶ 道路はここで上り[下り]*勾配になっている The road *slopes* ˹upward(s) [downward(s)] here. // この山道は*勾配が急だ This mountain path has a ˹sharp [steep] ˹*slant* [*slope*]. / This mountain path is very *steep*. // この屋根の*勾配は急だ This roof has a steep *pitch*. // 道路の*勾配は1000分の20だった There was a ˹*grade* [*gradient*] of ˹20 in 1,000 [two percent] in the road.

こうばい[2] 購買 ―[動] (計画的で大量に) purchase (他); (買う) buy (他) ★ 前者より口語的だが, 日本語の「購買」のニュアンスには前者が近い. (☞ かう[1]). ¶ 消費者の*購買力が落ちている Consumer ˹*purchasing* [*buying*] power is getting lower.

こうばいすう 公倍数 common multiple [C] (↔ common divisor). ¶ 最小*公倍数 the least *common multiple* ★ 略語は L.C.M. または l.c.m.

こうはく 紅白 (赤と白) red and white [U] [参考] 英語では赤と白について, 日本語の「紅白」のような意味がないので, 前後関係に応じて意訳したり説明を加えたりする必要がある.

¶ 彼らは*紅白の幕を張った They stretched out a curtain in *red and white* stripes. // *紅白試合 a game *between two* (*opposing*) *teams*

こうばしい 香ばしい ―[形] (香りのよい) nice-[sweet-]smelling; (芳香のある) aromatic. ―[動] (よい香りがする) smell ˹sweet [nice]. (☞ におい (類義語); かおり). ¶ 私はひきたてのコーヒーの*香ばしい香り (⇒ 芳香) が好きだ I like the *aroma* of freshly ground coffee.

こうはん[1] 後半 the second half (↔ the first half), the latter half [語法] 前者のほうが口語的. しかし時間的な意味が含まれるときは後者が用いられる.

¶ その本の*後半は読む必要がない You don't have to read *the second half* of the book. // 彼は40代の*後半だ He is in his *late* forties. // 19世紀の*後半は激動の時代だった *The latter half* of the 19th century ˹saw a great transition [was the period of a great transition] in world history.

こうはん[2] 広範, 広汎 ―[形] (範囲が広い) extensive; (比喩的な意味で, 幅の広い) wide, broad. (☞ ひろい; こうはんい).

こうはん[3] 公判 〖法律〗 (public) trial [C] (☞ さいばん). ¶ この事件の*公判はあす開かれる The *trial* ˹in [of] this case is to be held tomorrow. / This case is to be *tried* tomorrow.

こうばん 交番 police ˹box [stand] [C] [参考] 英米にはわが国の交番に当たるものはない. しかし, 写真のような警察への直通電話などを設置した box のある所もある.

こうはんい 広範囲 ―[名] (広い地域) large area [C]; (広い範囲) large extent [C]. ―[形] (広範囲にわたる) extensive. (☞ はんい[1]; ひろい). ¶ 洪水による被害は*広範囲にわたっている (⇒ 広範囲の土地が洪水によってひどい損害を受けた) A *large* ˹*extent* [*area*] of the land has been badly damaged by the flood.

こうひ[1] 公費 public expense [U] (☞ こうきん[2]; こくひ). ¶ 老人には*公費で無料の医療が施される Free medical care is given to old people at *public expense*. // 役所では*公費 (⇒ 公金) のむだ使いがある Some government offices squander *public money*.

こうひ[2] 工費 the cost(s) of construction, construction cost(s) ★ 前者のほうが改まった言い方. (☞ ひよう).

こうび 交尾 ―[動] (動物が) copulate (自); (鳥や動物が) mate (自). ―[名] copulation [U]; mating [U]. **交尾期** the mating season.

ごうひ 合否（試験の結果）the result of an examination《☞ きゅうらく》. ¶入試の*合否は1週間後に発表されます *The results of the entrance examination* will be「given [announced] in a week.

こうひょう[1] 公表 ── 動（公式に発表する）announce ...（officially）;（印刷物などでの）publish ㊐;（手段に関係なく公表する）make ... public;（隠されていたことを）disclose ㊐. ── 名（official）announcement Ⓒ; publication Ⓤ; disclosure Ⓤ.《☞ はっぴょう; おおやけ; ばくろ》.
¶成績の詳しいことは*公表しない The detailed results are not to *be*「*published* [*made public*]. ∥ 彼らはその真相を*公表した They *made* the truth *public*. ∥ 新聞は容疑者の氏名の*公表を断った The newspapers refused to *disclose* the name of the suspect.

こうひょう[2] 好評 ── 名（人気）popularity Ⓤ;（好意的な批評）favorable（《英》favourable）comment Ⓒ. ── 形（人気のある）popular.《☞ にんき[1]; ひょうばん》.
¶その本は学生に*好評だ The book is *popular* among students. ∥ その映画は*好評を博した（⇒ ヒットした）The movie was a *hit*. /（⇒よい受け取り方をされた）The film「had [met (with)] a *favorable reception*.

こうひょう[3] 講評 ── 動（...について意見を述べる）comment「on [upon] ... ── 名 comment Ⓤ ★具体的な例を指す場合は Ⓒ.《☞ ひひょう（類義語）》.

こうふ[1] 交付 ── 動（所定の手続きを経て交付する）grant ㊐;（書類などを手渡す）deliver ㊐;（証明書などを発行する）issue ㊐. ── 名 grant Ⓤ; delivery Ⓤ; issue Ⓤ ★いずれも具体的な行為を指す場合は Ⓒ.
¶政府は私立学校にもっと助成金を*交付すべきだ The government should *grant* private schools more subsidies. ∥ 旅券はあす*交付される The passport will *be issued* tomorrow.
交付金（一定の条件を備えた特定の目的のためのもの）grant(-in-aid) Ⓒ;（公共の利益を目的としたもの）subsidy Ⓒ.

こうふ[2] 公布 ── 動（法律など拘束力のあるものを）promulgate ㊐;（戦争・即位など重大事件を）proclaim ㊐. ── 名 promulgation Ⓤ; proclamation Ⓤ.
¶（米国の）独立宣言は1776年7月4日に*公布された The Declaration of Independence *was proclaimed* on July 4, 1776. ∥ その法律の*公布は延期された The *promulgation* of the law was put off.

こうふ[3] 工夫 workman Ⓒ.

こうふ[4] 坑夫, 鉱夫 miner Ⓒ, mine worker Ⓒ.《☞ こうざん[1]》.

こうふう 校風（歴史的に確立した）school tradition Ⓤ ★具体的な事例を指すときは Ⓒ.《☞ がくふう》.

こうふく[1] 幸福 ── 形（幸せな）happy（↔ unhappy）;（幸運な）fortunate（↔ unfortunate）. ── 名 happiness Ⓤ（↔ sadness, unhappiness）;（good）fortune Ⓤ;（暮らし全体の）welfare Ⓤ. ── 副 happily.
【類義語】単なる満足から大きな喜びまで, 幸福を表す最も一般的な形容詞は ***happy***.「幸運」という意味での幸福には ***fortunate*** を用いる. 健康・快適な生活を含めた幸福な状態は ***welfare***.《☞ しあわせ; さいわい》
¶金持ちが必ずしも*幸福とは限らない The rich [Rich people] are not「always [necessarily] *happy*.《☞ 否定の表現（囲み）》∥ 二人は*幸福な家庭を築くことを誓いあった The couple promised to make a *happy* home. ∥ あなたがたの*幸福と繁栄をお祈りします I wish you prosperity and every *happiness*. ∥ 交通事故は一家の*幸福を破壊することがよくある Traffic accidents often destroy the *happiness* of a family. ∥ 人はだれでも*幸福を求める権利がある Everybody has a right to the pursuit of *happiness*. ∥ 王子様と王女様はその後*幸福に暮らしました The prince and princess lived *happily* ever after.

こうふく[2] 降伏 ── 動（降参して相手の支配下に入る）surrender（to ...）㊀ ★surrender *oneself* の形をとることもある;（屈伏する）yield（to ...）㊀,《口語》give in（to ...）㊀. ── 名 surrender Ⓤ ★具体的な例を指す場合は Ⓒ.《☞ とうこう[3]》.
¶日本は1945年連合国に無条件*降伏した Japan *surrendered* unconditionally *to* the Allied Powers in 1945. ∥ 乗っ取り犯人はついに警察に*降伏した The hijacker *surrendered* (*himself*) *to* the police at last.

こうぶつ[1] 好物（好きな料理）favorite [《英》favourite] dish Ⓒ;（好きな食べ物）favorite [《英》favourite] food Ⓒ ★いずれも普通は所有格を付けて用いる.《☞ 所有格（欄外）》.
¶トンカツは私の*好物の1つです Pork cutlet is one of my *favorite dishes*. ∥ 彼女は甘いものが大*好物だ She *is fond of* sweets. / She *has a weakness for* sweets. / She *has a sweet tooth*. ★慣用的な口語表現.

こうぶつ[2] 鉱物 ── 名 mineral Ⓒ ★塩・石油・水・天然ガスも含む. ── 形 mineral.
鉱物学 mineralogy Ⓤ **鉱物学者** mineralogist Ⓒ **鉱物資源** mineral resources ★複数形で.

こうふん 興奮 ── 動（興奮する）be [get] excited ★be excited は「興奮している」という状態も表すことができる;（興奮させる）excite ㊐;（喜び・驚きなどで興奮させる）thrill ㊐;（神経や器官を興奮させる）stimulate ㊐. ── 名（感情の）excitement Ⓤ;（神経や器官の）stimulation Ⓤ; thrill Ⓤ.
¶彼は*興奮して眠れなかった He could not sleep because he *was* too *excited*. / He *was* too *excited* to sleep. / He *was* so *excited* that he could not sleep.《☞ 理由の表し方（囲み）》∥ 病人を*興奮させてはいけない You shouldn't *excite* a sick person. ∥ *興奮するな Don't *get excited*. /（⇒ 落ち着け）Calm down. /（⇒のんきに構えよ）Take it easy. ★慣用的な口語表現. ∥ 彼女はすぐ

*興奮する She *is* easily *excited.* // *興奮して胸がわくわくした I *was* ⌜filled *with excitement* [*thrilled*]. // 子供たちは*興奮して[*興奮のあまり]飛び回った The children were jumping about *in excitement.*

興奮剤 stimulant Ⓒ ★ アルコール飲料・茶・コーヒー・タバコなども指す.

こうぶん 構文 construction (of a sentence) Ⓒ. ¶ 分詞*構文 a participial *construction* 《☞ 分詞構文 (欄外)》

こうぶんしょ 公文書 (記録・資料・証拠となる) official document Ⓒ 《☞ ぶんしょ》.

¶ 彼は*公文書偽造の罪で逮捕された He was arrested on ⌜the [a] charge of forgery of *official documents.*

こうへい 公平 —形 fair; just; impartial; unbiased. —副 fairly; justly; impartially. —名 fairness Ⓤ; justice Ⓤ; impartiality Ⓤ.

【類義語】個人的な感情や利益にとらわれず, 公平無私という意味では ***fair*** が一般的. 法律・正義・倫理の規範からはずれない公平は ***just***. 偏見・えこひいきがないという意味では ***impartial*** と ***unbiased*** が用いられるが, 後者のほうが意味はずっと強い. 《☞ ふこうへい; こうせい¹; びょうどう (類義語)》

¶ 我々は両方に*公平であるべきだ We must be *fair* to both sides. // すべては*公平な手段でなされたか Was everything done ⌜by *fair* means [*fairly*]? // それは不*公平だ It's ⌜not *fair* [*unfair*]. // 教師は学生すべてに*公平でなければならない A teacher should be ⌜*impartial* [*unbiased*] *to* all his students.

こうへん 後編 (第2部) Part 2; (第2巻) Volume 2 ★ 本の見出しなどに用いる場合; (後の部分[巻]) the second ⌜part [volume] (↔ the first ⌜part [volume]); (前編に対して) the second half (↔ the first half) ★ 前・中・後編に分かれている場合は the third ⌜part [volume] となる.

ごうべん 合弁 —名 (共同経営) joint management Ⓤ. —形 joint. 《☞ ごうどう》. ¶ *合弁事業 a *joint* undertaking // 日米*合弁会社 a Japan-U.S. *joint* venture

こうほ 候補 **1** «選挙の候補»: (候補者) candidate Ⓒ; (指名を受けた者) nominee [nɑ̀məníː] Ⓒ. 《☞ りっこうほ》.

¶ 彼は市長選挙の*候補者です He is a *candidate for* mayor. / (⇒ 市長に立候補している) He *is running for* mayor. // ケネディは1960年の大統領選挙で民主党の指名*候補だった John F. Kennedy was the Democratic *nominee* for the presidency in 1960.

2 «あるもの, または状態になる可能性» ¶ その映画は1984年度アカデミー賞*候補に選ばれた The film *was nominated* for the 1984 Academy Award. // 名古屋は1988年のオリンピックの*候補地だった Nagoya was a *proposed site* for the 1988 Olympic Games. // 今年のプロ野球の優勝*候補はどのチームですか Which team is *the top favorite* for the pro(fessional) baseball championship this year?

こうぼ¹ 公募 —動 (論文や小説を) invite (the) public contribution of ...; (要員を募る) solicit applications for ...; (従業員などを広告で) advertise for ... 《☞ ぼしゅう》.

¶ その雑誌は環境問題に関する論文を*公募している The magazine *is inviting* (*the*) *public contribution of* papers on environmental problems. // 彼は新聞で秘書を*公募した He *advertised* in the newspaper *for* a secretary.

こうぼ² 酵母 (パン・ビールの) yeast Ⓤ; (パン種の) leaven [lévən] Ⓤ.

こうほう¹ 後方 —名 the rear. —副 (後方に) backward. —前 (…の後ろに) behind ..., 《口語》 in back of ... 《☞ あと¹; うしろ; はいご¹》. ¶ 車を運転する時は前方だけでなく*後方にも注意しなさい When driving a car, observe the movement of traffic not only ahead of you but *behind* you.

こうほう² 広報 (広報活動) public relations ★ 単数扱い. P.R., PR と略される. 《☞ ピーアール; せんでん; 略語 (欄外)》.

¶ わが社は*広報活動が上手[下手]だ Our company has ⌜good [poor] *public relations.*

広報課 public relations section Ⓒ **広報誌** public relations magazine Ⓒ.

こうほう³ 公報 (簡潔にまとめた公の掲示) official bulletin Ⓒ; (少し詳しい報告) official report Ⓒ.

こうぼう 興亡 (興隆と没落) rise and fall Ⓤ.

ごうほう 合法 —形 (法に違反していない・法律で許された) lawful (↔ unlawful); (法律に定められた) legal (↔ illegal) ★ 以上2語は交換可能な場合もある; (資格・権利などが法的に正当な) legitimate (↔ illegitimate). —副 (合法的に) lawfully; legally; legitimately. —名 lawfulness Ⓤ; legality Ⓤ; legitimacy Ⓤ. 《☞ せいとう¹; ほうてき》.

¶ そのストライキは*合法的だ The strike is ⌜*lawful* [*legal*]. // 彼はその手続きの*合法性を問題にした He questioned the *legitimacy* of the proceedings. // 私はその金を盗んだのではありません. *合法的に手に入れたのです I did not steal the money; I got it quite *legally.* 《☞ セミコロン (欄外)》

こうぼうせん 攻防戦 battle Ⓒ 《☞ せんとう²》. ¶ フランス軍とドイツ軍との間でその町の激しい*攻防戦が展開された The fierce *battle for* the town was fought between the French and the Germans.

こうぼく 公僕 public servant Ⓒ 《☞ かんり²; こうむいん; やくにん》.

こうま 小馬, 子馬 (小型の馬) pony Ⓒ; (雄の子馬) colt Ⓒ; (雌の子馬) filly Ⓒ. 《☞ うま¹》.

こうまん 高慢 —形 (思い上がった・尊大な) proud ★ この語は「誇り高い」というよい意味でも用いられる; (尊大で威張った態度の) arrogant ★ 以上2語は交換可能な場合もある; (うぬぼれが強い) conceited. —名 pride Ⓤ; arrogance Ⓤ; conceit Ⓤ. 《☞ おうへい (類義語); ごうまん; うぬぼれ》.

¶ *高慢な女は嫌いだ I don't like a *proud* woman. // 我々は彼の*高慢な態度を苦々しく思っている We are all disgusted with his ⌈*arrogant* [*proud*] manner.

ごうまん 傲慢　— [形] (相手を侮辱するような) insolent; (尊大で威張った態度の) arrogant; (人を見下して横柄な) haughty.　— [名] insolence [U]; arrogance [U]; haughtiness [U]. 《☞ おうへい (類義語); こうまん; いばる (類義語)》. ¶ 彼の*傲慢無礼な態度に皆腹を立てた Everybody got angry at his *haughty* and *insolent* attitude.

こうみゃく 鉱脈　vein (of ore) [C].

こうみょう[1] 巧妙　— [形] (小才が利いて抜け目のない) clever ★ この語は「頭のよい」というよい意味でも用いられる; (だますのが上手な) cunning; (抜け目のない) smart ★ clever と交換可能なこともある; (策略がある) crafty.　— [副] cleverly; cunningly; smartly; craftily.　— [名] cleverness [U]; cunning [U]; smartness [U]; craft [U].

¶ 彼は*巧妙な手段を用いて私をだました He deceived me by using a *clever* trick. // 彼は*巧妙なうそをついた He told a *smart* lie. // 彼は*巧妙にしかけられたわなに引っかかった He was caught in a *well-devised* trap.

こうみょう[2] 功名 (偉業) great exploit [C]; (名声) fame [C]. 《☞ てがら; めいせい》.

功名心 (善悪いずれの意味にも) ambition [U]; (良い意味にだけ) aspiration [U] ★ いずれも具体的なものを指す場合は [C]. 《☞ やしん》.

こうみょう[3] 光明 (希望の光) hope [U].

¶ 私は暗やみの中に一筋の*光明を見る思いがした I felt as if I saw *a gleam of hope* before me in the dark(ness).

こうみん 公民　citizen [C] 《☞ しみん》.

公民館 public hall [C], community center [C]. 《☞ こうかいどう》 **公民権** (一般的に) citizenship [U]; (特に, 米国憲法の規定による) civil rights ★ 通例複数形で.

こうむ[1] 公務 (公用) official business [U]; (公務員の職務) official duty [U] ★ 具体的な内容を表す場合は [C]. 《☞ こうよう[1]》.

¶ 父は*公務出張で大阪に出かけました My father went to Osaka *on official business.* // 市長はきょうは*公務多忙のため来客には面会しません The mayor will not meet visitors today because he is busy with his *official duties.* // 彼は*公務執行妨害で逮捕された He was arrested on ⌈the [a] charge of interference with a government official in the exercise of his duties.

こうむ[2] 校務 (職務としての) school duties; (業務としての) school affairs ★ いずれも複数形で.

こうむいん 公務員 (国家公務員) government ⌈official [worker; employee] [C], public sector worker [C], public servant [C] [語法] public sector worker は公社・公団なども含めた言い方で, 複数形で全体を指していう場合に使われることが多い; (特に軍人と区別して文官の) civil servant [C]; (地方公務員) local government ⌈official [worker; employee] [C].

公務員宿舎 apartment [《英》 flat] for government workers [C] ★ 一家族分をいう. 宿舎全体なら apartment house [《英》 block of flats] for government workers [C].

こうむてん 工務店　construction company [C].

こうむる 被る (被害や損害などを受ける) suffer ㊥; (恩恵を) be indebted to (*a person*). 《☞ うける》.

¶ その町は台風のため大被害を*被った The town *suffered* heavy damage because of the typhoon. / The typhoon ⌈caused [did] heavy damage to the town. / (⇒ ひどく壊された) The town *was* greatly *damaged* by the typhoon. // 私は彼に多大の恩恵を*被っています I *am* greatly *indebted to* him.

こうめい 高名　— [形] (有名な) famous.　— [名] fame [U]. 《☞ ゆうめい (類義語); ちょめい》.

ごうめいがいしゃ 合名会社　unlimited partnership [C].

こうめいせいだい 公明正大　— [形] (公平な) fair; (いんちきのない) fair and square ★ 後者はややくだけた言い方.　— [副] fair; fair and square. 《☞ こうせい[1]》. ¶ お互いに*公明正大にやりましょう Let's play *fair.* // 彼は何事につけても*公明正大だ He is *fair* (*and square*) in all his dealings.

こうめいとう 公明党　the Komeito (Party) 《☞ 政治・経済 (囲み)》.

こうもく 項目 (表や目録の) item [C]; (主要な内容をまとめた題目) heading [C]. 《☞ こう[3]; じょうこう》.

¶ その表には重要な*項目が抜けていた There was an important *item* missing from the list. // 私たちはその問題を3*項目に分けた We divided the problem under three *headings.* // 労働者側は経営者側に3*項目要求を行った The labor made a three-*point* demand ⌈on [upon] the management.

こうもり 蝙蝠　bat [C]. **こうもり傘** umbrella [C] 《☞ かさ[1]》.

こうもん[1] 肛門　anus [éinəs] [C].

こうもん[2] 校門　school gate [C].

ごうもん 拷問　— [名] torture [U].　— [動] (拷問にかける) torture ㊥, put *a person* to (the) torture [語法] 後者は特に「拷問にかける」意味を明白にする場合に用いる.

¶ 彼は*拷問にかけられた He *was put to* (*the*) *torture.* / He *was tortured.* // 彼らは情報を得るために彼を*拷問にかけた They *tortured* him to obtain information.

こうや 荒野　wilderness [C] ★ 通例単数形で用いる.

こうやく[1] 公約　— [名] pledge [C]; (特に選挙での) campaign pledge [C].　— [動] pledge *oneself.* 《☞ せいやく[2]》. ¶ 市長は*公約を実行した The mayor carried out his *campaign pledge.* // 首相は減税を*公約した The prime minister ⌈made a *pledge* [*pledged himself*] to reduce taxes.

こうやく[2] 膏薬 (貼り薬) plaster [C]. ¶ 彼は

こ

背中に*膏薬をはった He applied a *plaster* to his back.

こうやくすう 公約数 common divisor Ⓒ (↔ common multiple). ¶最大*公約数 the greatest *common divisor* ★略語は G.C.D. または g.c.d.

こうゆう¹ 交友 ¶彼は*交友範囲が広い[狭い] He has a 「large [small] circle of 「*friends* [*acquaintances*]. / (⇒たくさん友人を持っている[ほとんど持っていない]) He has 「plenty of [few] *friends*. 《☞ともだち; ゆうじん; こうさい¹》

こうゆう² 校友 (男の同窓生)《米》alumnus [əlʌ́mnəs] Ⓒ《複 alumni [əlʌ́mnai]》, (女の)《米》alumna [əlʌ́mnə]《複 alumnae [əlʌ́mniː]》. 《☞どうそう》. **校友会** alumni [alumnae] association Ⓒ.

ごうゆう 豪遊 (ぜいたくな遊興) extravagant pleasure Ⓒ; (ばか騒ぎ) spree Ⓒ.
¶彼は競馬でもうけて*豪遊した He made money on the races and had a *spree*.

こうよう¹ 公用 (官公庁・会社などの用事) official business Ⓤ; (公の事柄に関する用務) public business Ⓤ; (公の使用) public use Ⓤ. 《☞こうむ¹》. ¶彼は*公用で大阪に出かけた He went to Osaka *on official business*. // *公用の施設 *public* facilities / facilities for *public use* **公用語** official language Ⓒ.

こうよう² 紅葉, 黄葉 (紅葉した葉) red leaves; (黄葉した葉) yellow [golden] leaves; (紅葉・黄葉した風景) autumn 「colors [tints] [語法] 優美で微妙な色あいという気持ちでは tints を用いる. また, 以上はいずれも複数形で. 《☞いろ》.
¶*紅葉を求めてたくさんの人が山に出かけた Many people went (up) to the mountains to enjoy *autumn colors*. // もみじ[ポプラ]は秋になると*紅葉[*黄葉]します Maples [Poplars] *turn* 「*red* [*yellow*] in fall.

こうよう³ 高揚 ― [動] (波のように湧き上がらせる) surge up (他); (感情を高める) exalt (他). ― [名] upsurge Ⓤ; exaltation Ⓤ. 《☞たかぶる; たかまる》.
¶民族主義の*高揚が国家の独立につながった The [An] *upsurge* of nationalism led to the independence of the country. // 国民の愛国心を*高揚するのは困難だった It was difficult to *exalt* patriotism among the people.

こうよう⁴ 効用 ― [名] (効能) effect Ⓤ. ― [形] (効き目がある) good, effective ★前者がより口語的. 《☞ききめ; こうか¹; こうりょく》.

ごうよく 強欲 ― [形] (欲張りの) greedy; (けちでどん欲な) avaricious. 《☞どんよく(類義語); よくばり》.

こうら 甲羅 (亀やかにの) shell Ⓒ. ¶海岸で*甲らを干す (⇒日を浴びる) *bask* [*bathe*] *in the sun* on the beach / *sunbathe* on the beach

こうらく 行楽 (野外で食事を楽しむ遠足) picnic Ⓒ; (楽しみ・観光などのための旅行) pleasure trip Ⓒ; (グループで出かける旅行) excursion Ⓒ; (戸外の散歩や簡単な遠足) outing Ⓒ. 《☞りょこう(類義語); レクリエーション(囲み)》.
¶*行楽に出かける計画を立てましょう Let's make a plan to go on a 「*picnic* [*pleasure trip*]. // 5月には観光地はどこも*行楽の人出でにぎわう Every tourist resort is crowded with 「*vacationers* [*holidaymakers*; *vacationists*] in May. // 春は絶好の*行楽シーズンです Spring is the best time for an *outing*.
行楽客 《米》vacationer Ⓒ, vacationist Ⓒ, 《英》holidaymaker Ⓒ **行楽地** (holiday) resort Ⓒ. ¶海や山の*行楽地 mountain and ocean *resorts*

こうり 小売り ― [名] retail Ⓤ (↔ wholesale) ★形容詞的にも用いられる. ― [動] retail (他)(自) (↔ wholesale).
¶このシャツは*小売りで500円です This shirt is ¥500 「*at* [*by*] *retail*. / This shirt *retails* 「for [at] 500 yen. // 父は衣類の*小売りをやっています My father is a clothing *retailer*.
小売価格 retail price Ⓒ **小売商人** retailer Ⓒ **小売店** 《米》retail store Ⓒ, 《英》retail shop Ⓒ.

こうり¹ 高利 high interest Ⓤ; (法外な利子) usury [júːʒuri(ː)] Ⓤ. 《☞りし》. ¶彼は金を低利で借りて*高利で貸している He borrows money at low interest and lends it *at high interest*. **高利貸し** (人) usurer [júːʒurə] Ⓒ, 《口語》loan shark Ⓒ; (行為) usury Ⓤ.

こうり² 公理 〖数学〗axiom Ⓒ 《☞げんり》.

ごうり 合理 ― [形] (理性・理論に合った) rational (↔ irrational); (理屈に合った) reasonable (↔ unreasonable); (実際的な) practical. ― [副] rationally (↔ irrationally); reasonably (↔ unreasonably).
¶それは*合理的な考えだ It is a 「*rational* [*reasonable*] idea. // あなたの言うことはたいへん*合理的だ There's a great deal of 「*reason* [*sense*] in what you say. / What you say sounds very *reasonable*. // 科学者はそのなぞを*合理的に説明しようとした Scientists tried to give a *rational* explanation of the mystery. // 近ごろの若い人は*合理的な考え方をしています Young people these days 「have a *practical* mind [are *practical*-minded].
合理化 ― [動] rationalize (他). ― [名] rationalization Ⓤ. ¶彼は*合理化のため解雇された He was 「dismissed [fired] as (part of) a *rationalization* measure. **合理主義** rationalism Ⓤ **合理主義者** rationalist Ⓒ **合理性** rationality Ⓤ.

こうりつ¹ 公立 ― [形] (公の) public (↔ private); (市・町・村・区立の) municipal; (道・府・県立の) prefectural; (都立の) metropolitan; (国立の) national, state [参考] 後者の state も元来は「国立の」の意味であるから, 大学などの場合, 日本の大学にはいずれを用いて訳してもよい. ただし《米》では連邦政府の経営している大学はない. 日本の国立に当たるものは各州の州立大学であり, state university という. 《☞こうえい²; こくりつ》.

¶彼は息子を*公立の学校に入れた He entered his son in a *public* school. 参考 public school は《米》では小学校から高等学校までの公立学校を指す.《英》では public school と言うと, 一部の有名私立学校を指し, 公立学校は一般に country school と言う.《☞ 学校・教育 (囲み)》

こうりつ² 効率 efficiency Ⓤ《☞ のうりつ》. ¶機械の*効率を高めなければならない We must increase the *efficiency* of the machine. // この機械は*効率がよい[悪い] This machine is ˹*efficient* [*inefficient*].

こうりてき 功利的 ━形 utilitarian.《☞ ださんてき; じつよう》. **功利主義** utilitarianism Ⓤ **功利主義者** utilitarian Ⓒ.

こうりゃく 攻略 ━名 capture Ⓤ. ━動 (手中におさめる) capture ⓗ, carry ⓗ ★ 後者は軍事用語. ¶敵陣を*攻略する *carry* [*capture*] the enemy's position

こうりゅう¹ 交流 **1** «交換»: (お互いにやりとりする) interchange Ⓤ; (交換する) exchange Ⓤ 語法 ほぼ同意だが,「相互間」という意味と,「やりとりが繰り返し行われる」という気持ちが強い場合には interchange を用いる. ¶東西文化の*交流を促進しなければならない We must promote cultural ˹*interchange* [*exchange*] between (the) East and (the) West. // 部局間の活発な人事*交流を計ることに決定した It was decided to promote an active *interchange* of personnel between sections. // 対校試合は学校同士の*交流 (⇒友好) を深めるよい機会だ An interschool match is a good chance to promote *friendship* among schools.

2 «電気»: alternating current Ⓤ《略 AC, A.C., a.c.》(↔ direct current). ¶*交流発電機 an ˹*alternating current* [*AC*] generator

こうりゅう² 拘留, 勾留 ━動 (拘留する) take (*a person*) into custody; (勾留する) detain ⓗ. ━名 custody Ⓤ; detention Ⓤ 参考 刑罰として短期間留置所に入れるのが「拘留」. 未決の被告人や被疑者の身柄を拘禁するのが「勾留」.《☞ りゅうち; こうきん¹》. ¶彼は*拘留[*勾留]されています He is *in* ˹*custody* [*detention*]. // 警察は容疑者を*拘留[*勾留]した The police ˹*took* the suspect *into custody* [*detained* the suspect]. // 彼は*拘留を解かれた He was ˹discharged [released] from *custody*.

こうりゅう³ 興隆 ━名 (勢力の高まり) rise Ⓤ (↔ fall); (繁栄) prosperity Ⓤ; (前進・発達) advancement Ⓤ. ━動 (繁栄する) prosper ⓘ.《☞ さかえる》. ¶ローマ帝国の*興隆 the *rise* of the Roman Empire // 産業の*興隆は外国貿易に依存している Industrial *prosperity* depends on foreign trade.

ごうりゅう 合流 ━動 (一緒になる) join ⓗ; (出会う) meet ⓗ.
¶犀川は川中島付近で千曲川と*合流する The Sai River *joins* the Chikuma River near Kawanakajima. // 我々は途中で仲間の一行に*合流した We *joined* the party on the way. // *合流注意 *Merging* traffic ★ 交通標識.《☞ 掲示の英語 (囲み)》
合流点 (川などの) meeting Ⓒ, junction Ⓒ, confluence Ⓒ ★ この順に改まった語となる.

こうりょ 考慮 ━動 (理解や決定のためにあれこれ考える) think over ⓗ, consider ⓗ ★ 以上はほぼ同意だが, 前者が口語的; (事情や状況を考慮に入れる) take ... into ˹consideration [account]; (弱点や困難な点を考慮に入れる・斟酌(しんしゃく)する) make allowance(s) for ... ★ 最後の 2 つを用いるとやや改まった言い方になる. ━名 consideration Ⓤ.《☞ かんがえる; はいりょ; しんしゃく》.
¶この点を*考慮して下さい Please *think* ˹*over* this point [this point *over*]. 語法 目的語が代名詞のときは <*think*＋目的語＋*over*> の語順. ((例) Please *think* it *over*.) / Please *consider* this point. / Please *take* this point *into* ˹*consideration* [*account*]. ★ 最後の文はやや改まった表現.
その件にはしかるべき*考慮を払います We will *give* the matter due *consideration*. ★ 形式ばった言い方.
これは慎重な*考慮を要する問題だ This is a problem that ˹requires [demands] careful *consideration*.
彼は他人の気持ちを*考慮に入れなかった (⇒考慮の外に置いた) He *left* other people's feelings *out of consideration*. / (⇒無視した) He *disregarded* other people's feelings.
あなたの提案は目下*考慮中です Your proposal is *under consideration* now. / We have your proposal *under consideration* now.
その計画はまだ*考慮の余地がある The plan still leaves some room for *consideration*.
彼の年を*考慮してやる必要がある We should *make allowance(s) for* his age.

こうりょう¹ 荒涼 ━形 (不毛で荒れ果てた) desolate; (わびしい) dreary; (寒々とした) bleak. ━名 desolation Ⓤ; dreariness Ⓤ; bleakness Ⓤ.《☞ あれる; さむざむ》.
¶私たちの前には*荒涼とした原野が広がっていた There spread a *desolate* plain before us. // 寒い冬の日の*荒涼とした光景が窓から見えた I saw a *bleak* scene of a cold winter day through the window.

こうりょう² 綱領 (公に発表された政党の政綱) platform Ⓒ; (政党の政策方針) party lines ★ 通例複数形で; (基本方針) general principles ★ 通例複数形で.

こうりょう³ 香料 (食物の) spice Ⓤ ★ 種類を示すときは Ⓒ.

こうりょく 効力 ━名 (薬や法律などの) effect Ⓤ ★ 具体的な例を指すときは Ⓒ; (手続きや期限などについての有効性) validity Ⓤ; (法律・協定などの拘束力) force Ⓤ. ━形 effective; (期限・手続きに関して有効な) good, valid ★ 前者のほうが口語的; (契約などが拘束力がある) binding.《☞ ききめ; こうか¹; ゆうこう¹》.
¶この薬はすぐに*効力が表れます This medi-

cine has an immediate *effect.* / This medicine *works* immediately. // その規則はまだ*効力がある The rule is still *in* ˹*effect* [*force*]. // 条約は批准されたのち*効力を生じる A treaty *takes effect* ˹after it is ratified [on ratification]. // 本契約は5年間*効力を有する This contract ˹*holds good* [is *valid*] for five years. // この契約はもう*効力を失っている (⇒期限が切れた) This contract *has* already *expired.* / (⇒拘束力がなくなった) This contract has already ceased to be *binding.* ★形式ばった言い方.

こうれい[1] 恒例 ―名 (年中行事) annual event Ⓒ; (確立した習慣) established custom Ⓤ. ―形 (毎年行われる) annual; (慣習的な) customary; (通例の) usual; (伝統的な) traditional. 《☞ かんれい》.

¶10月10日の運動会はわが校の毎年の*恒例行事です The athletic meet on October 10 is an *annual event* in our school. // 優勝チームの*恒例のパレードがもうじき始まります The *customary* parade of the championship team is going to start soon. // 試合の後*恒例により選手全員に花束が贈られた After the game a bouquet [boukéi] was presented to all the players ˹*according to* [*in accordance with*] *custom.*

こうれい[2] 高齢 advanced age Ⓒ. ¶彼は90の*高齢で亡くなった He died *at the age of* ninety. 語法 このように具体的な数字が示されているときには, 英語では at the advanced age of ... という言い方はしないのが普通.

高齢者 (個人) person of advanced age Ⓒ; (一般) old people ★複数扱い; (集合的に) the aged [éidʒd] ★複数扱い. 《☞ 冠詞 (欄外)》.

ごうれい 号令 (権力者が発する命令) (word of) command Ⓒ; (指図) order Ⓒ.

¶「進め!」と隊長は*号令をかけた The captain *called* march. / "March!" the captain ˹gave [shouted] a *command.* 語法 「大声で」というときには shout, call を用いる.// 兵隊は「全隊止まれ」の*号令で全員立ち止まった All the soldiers stopped *at the words of command* "Parade, halt!" // 先生の*号令で生徒は起立した The students stood up ˹at [on] the teacher's *order.*

こうろ 航路 (いつも往復する決まった道筋) route Ⓒ; (進路) course Ⓒ; (船の定期航路) line Ⓒ. 《☞ コース; しんろ[2]》.

¶それがインドへの一番早く行ける*航路だった That was the shortest *route to* India. // 台風のため船は予定の*航路をはずれた Because of the typhoon the ship deviated from its scheduled *course.* // 東京—小笠原*航路 Tokyo—Ogasawara *line*

航路標識 (発光式の) beacon Ⓒ.

こうろう 功労 (他人や社会のために尽くす行為) service Ⓒ; (尊敬や称賛に値する功績) merits ★通例複数形で; meritorious deed Ⓒ ★後者は説明的表現. 《☞ こうせき[1]》.

¶文化*功労者が表彰された The men of *meritorious* cultural *service* were commended.

こうろん 口論 ―名 quarrel Ⓒ; row [ráu] Ⓒ; wrangle Ⓒ. ―動 quarrel ⓐ; have a row; wrangle ⓐ.

【類義語】言い争いを表す最も一般的な語は **quarrel**. この語は以下の語の代わりにも使える. 夫婦げんかなどの騒々しい争いは **row**. 騒々しいだけで実りの少ないものが **wrangle**. 《☞ くちげんか; けんか (類義語)》

¶彼らはつまらないことで*口論した They had a *quarrel* ˹*over* [*about*] a (mere) trifle. / They *quarreled* ˹*over* [*about*] a trifling matter. // ささいなことから*口論になった A trivial accident ˹caused [led to; created] a *quarrel* between them. // 子供たちはその本のことで*口論を始めた The children got into a *wrangle* ˹*over* [*about*] the book. // ブラウン氏はけさ奥さんと*口論した Mr. Brown *had a row* with his wife this morning.

こうわ 講和 peace Ⓤ 《☞ わへい》.

¶両国間についに*講和条約が締結された A *peace* treaty was finally concluded between the two countries.

こうわん 港湾 harbor (《英》 harbour) Ⓒ.

港湾施設 harbor [port] facilities ★複数形で. **港湾労働者** longshoreman Ⓒ 《複 -men》.

こえ 声 (人間の) voice Ⓒ; (鳥や獣の) cry Ⓒ, call Ⓒ; (小鳥や虫のちいっちいっという) chirp Ⓒ; (歌声) note Ⓒ; (鳥のさえずり) song Ⓒ. 《☞ おおごえ; こごえ》.

¶私の*声が聞こえますか Can you hear ˹my *voice* [me (*speaking*)]?

彼女はよい[優しい]*声をしている (⇒よい[優しい]声を持つ) She has a ˹sweet [soft] *voice.*

甲高い[低い]*声で in a ˹high-pitched [low-pitched] *voice*

太い[細い]*声 a ˹deep [faint] *voice*

その課を*声を出して読みなさい Please read the lesson *aloud.*

赤ちゃんが寝ているから*声を立てないで *Hush* [*Sh*]! The baby is sleeping.

彼女は*声を限りに助けを求めた She ˹cried out [shouted] for help at the top of her *voice.*

子供たちは*声をそろえて先生に「おはようございます」と言った The children said, "Good morning, sir," *in unison.*

彼は*声をはり上げて命令した He *shouted* (*out*) his order(s).

彼は次第に*声を荒らげた (⇒だんだん怒った調子で話し始めた) He gradually shifted to an angry tone of *voice.*

教室では大きいはっきりした*声で話しなさい Speak in a loud, clear *voice* in the classroom.

朝はいつも鳥の*声で目が覚める I usually wake in the morning ˹at [with] the *twitters* and *chirps* of birds. 《☞ 動物の鳴き声 (囲み)》

彼女は*声ですぐわかる She can easily be recognized by her *voice.*

「失礼します」という*声がした A *voice* said, "Excuse me."

遠くで人の*声が聞こえた I heard the *sound(s) of voice(s)* in the distance.
風邪を引いて*声が出ない I've caught (a) cold and lost my *voice*.
耳を澄ますといろいろな鳥の*声が聞こえます (⇒鳥が歌うのが聞こえる) If you listen carefully, you can hear many kinds of bird *songs*.
彼女の*声はよく通る Her *voice* carries very ˹well [far].
君の*声は大きすぎる. もう少し静かに話しなさい You *talk* too loud(ly). Please talk more quietly.
庶民の*声が政治に反映されるべきだ The ˹*voice(s)* [*opinion(s)*] of the (common) people should be reflected in politics.
彼は市長のお*声がかりで (⇒推薦で) 就職が決まった He got a job on the mayor's recommendation.
あまりびっくりしたので*声も出なかった I was so shocked that I couldn't get my *voice* out. / *Words* failed me because of the shock. ★ 後者は改まった表現.

ごえい 護衛 ━名 guard Ⓤ; (同行して守ること) escort Ⓤ; (人) guard Ⓒ; escort Ⓒ. ━動 guard ㊀; escort ㊀. (☞ まもる; けいび[1]; ボディーガード).
¶ 彼は首相の*護衛の1人だ He is one of the premier's *guards*. // 政界の要人には常時*護衛が付いている A politically important person is under *escort* at all times.
護衛兵 guard Ⓒ, (military) escort Ⓒ.

こえがわり 声変わり the ˹change [breaking; cracking] of the voice. ¶ 一郎はいま*声変わりの時期だ Ichiro is now going through *the change of the voice*.

こえだ 小枝 (小さい枝) twig Ⓒ; (葉や花の付いた) sprig Ⓒ ★ sprig のほうが twig よりも小さい; (花や葉・果実が付いた美しい) spray Ⓒ. (☞ えだ).

こえる[1] 越える, 超える (越えて進んで行く) go [get] beyond ..., go over ...; (...より多い) be more than ..., exceed ㊀ ★ 後者のほうがより改まった語; (よりすぐれている) be above ..., excel ㊀ ★ 後者のほうがより改まった語; (...を抜く) surpass ㊀; (...の力が及ばない) be far beyond ... (☞ こす[1]; うわまわる; とっぱ).
¶ 彼は野山を*越えて旅をした He traveled *over* the mountains and fields. // その不思議な出来事は人間の理解をはるかに*超えていた The mystery *was far beyond* human understanding. // 台風の被害は100億円をはるかに*超えている The damage from the typhoon *was far more than* ten billion yen. // 彼の資質は友人たちのをはるかに*超えている His ability ˹*excels* [*exceeds*] his friends'. / He ˹*excels* [*exceeds*] his friends in ability.

こえる[2] 肥える ━動 (人や動物が) grow [get] fat; (肉が付く) put on ˹flesh [weight]; (土地が) grow ˹fertile [rich]. ━形 (人や動物が) fat; (筋肉が多い) fleshy; (婉曲に) stout; (丸々と太っている) plump; (土地が) rich, fertile. (☞ ふとる (類義語); ひよく).
¶ カリフォルニアの*肥えた土地はたくさんの果物を産出する The ˹*rich* [*fertile*] land of California produces a great many (kinds of) fruits. // 彼女は舌[耳, 目]が*肥えている (⇒...に対してよい口[耳, 目]を持っている) She has a *good* ˹*palate for* food [*ear for* music; *eye for* paintings].

こおう 呼応 **1** «示し合わせる» ━動 (協力して行動する) act in ˹concert [unison].
¶ 彼らは相*呼応して立ち上がり, 敵を倒した They rose *in* ˹*concert* [*unison*] and beat the enemy. **2** «文法の用語として»: (数・格・人称・性の一致) concord Ⓤ, agreement Ⓤ. (☞ 性・数・人称の一致 (欄外)).

ゴーカート kart Ⓒ, go-˹kart [cart] Ⓒ.

コークス coke Ⓤ.

ゴーグル goggles ★ 複数形で. (☞ スキー (挿絵)).

コース **1** «道筋»: course Ⓒ; (競走・競泳の) lane Ⓒ; (森の中などの道) trail Ⓒ [参考] 日本語の「コース」が常に英語の course に対応するわけではない点に注意. (☞ しんろ[2]).
¶ このハイキング*コースには危険な所が幾つかある There are several dangerous places along this hiking *trail*. // このゴルフ*コースはとても広い This golf *course* is very large. // 彼は会社でエリート*コースに乗っている (⇒有望な人の1人だ) He's one of the hopefuls in this company.
2 «課程»: course Ⓒ (☞ しんろ[1]; かてい[4]).
¶ 私は大学進学*コースをとることにした I decided to take the college preparatory *course*. // 彼は速成*コースで英会話の力をつけた He acquired (his) ability in English conversation through an intensive *course*.

コーチ ━名 (人) coach Ⓒ. ━動 (コーチをする) coach ㊀. ¶ 彼は私たちの野球チームの*コーチをしている He *coaches* our baseball team.

コート[1] (上着・オーバー・レインコート) coat Ⓒ [参考] 英語ではスーツの上着も含むことに注意; (オーバー) overcoat Ⓒ; (レインコート) raincoat Ⓒ. (☞ 衣服 (囲み)).

コート[2] (テニス・バレーボール・バスケットボールなどの) court Ⓒ (☞ スポーツ (囲み); テニス (挿絵); バレーボール (挿絵); バスケットボール (挿絵)).

コード[1] (電気の) (electric) cord Ⓒ, 《英》 flex Ⓒ.

コード[2] (和音) chord Ⓒ (☞ 音楽 (囲み)).

こおどり 小躍り ━動 (喜んで跳び回る) dance ˹for [with] joy ㊁ (☞ よろこぶ).
¶ 彼はその知らせを聞いて*小躍りして喜んだ He *danced* ˹*for* [*with*] *joy* ˹to hear [at] the news.

コーナー **1** «曲がり角»: corner Ⓒ (☞ まがりかど; かど[1]). ¶ 先頭の走者はすでに第4*コーナーを曲がった The first runner has already turned the fourth *corner*.
2 «一角»: (店の売り場) department Ⓒ, counter Ⓒ ★ 前者のほうが広い感じ. (☞ 買い物 (囲み)). ¶「紳士服の*コーナーはどこですか」「2階です」"Where is the ˹men's wear *department* [*counter* for men's wear]?" "It is on the ˹second [《英》 first] floor."《☞ -かい³ (挿絵)》

コーヒー coffee Ⓤ ★種類をいうときは Ⓒ.《☞ 冠詞 (欄外); 可算・不可算名詞 (欄外); 数の数え方 (囲み); 食事 (囲み)》.

¶ *コーヒーを飲む drink [have] *coffee* / (⇒少しずつ飲む) sip *coffee* //「何になさいますか」「*コーヒーを1杯下さい」"What would you like (to have), sir?" "A cup of *coffee*, please." //「*コーヒーにはクリームを入れましょうか」「ブラックでいただきます」"Do you take cream in your *coffee*?" "No, thank you. I take it black." // *コーヒーを3つお願いします Three *coffees*, please. [語法] レストランなどでは three cups of coffee の代わりに three coffees と複数形を用いる.

コーヒーカップ coffee cup Ⓒ; (小型の) demitasse Ⓒ **コーヒー店** coffee shop Ⓒ《☞ きっさてん; 店の呼び名 (囲み)》.

コーラス chorus Ⓒ《☞ がっしょう¹》.

コーラン the Koran ★the を付けて.

こおり 氷 —名 ice Ⓤ. —形 (氷のような) icy; (氷のように冷たい) ice-cold.

¶池に*氷が張っている The pond is covered with *ice*. / *Ice* has formed in the pond. // 道を歩いていて*氷で滑った On the way I slipped on the *ice*. // ビールは*氷で冷やしてあります The beer has been ˹cooled with *ice* [*iced*]. // 探検隊は*氷に閉ざされてしまった The exploration party was *icebound*. // 魚は*氷詰めにされた The fish were packed in *ice*. // (冷蔵庫の)角*氷 an *ice* cube // かき*氷 shaved *ice* with syrup

氷砂糖 《米》 rock candy Ⓒ, sugar candy Ⓒ **氷枕** ice pillow Ⓒ; ice bag Ⓒ ★この語は氷嚢(ひょうのう)も含めた広い意味. **氷水** ice water Ⓤ.

こおる 凍る (液体・物が凍る[を凍らす]) freeze ⓐ ⓗ《過去 froze; 過分 frozen》; (凍っている) be frozen. ¶水は摂氏0°で*凍る Water *freezes* at 0°C. // 水道管が*凍ってしまった The water pipes *have frozen*. // 湖が一面に*凍った The lake *has frozen over*. // 恐怖で血も*凍る思いだった Fear *froze* my blood.

ゴール (レース・球技の到達点) goal Ⓒ; (レースなどの決勝点) finish Ⓒ.《☞ もくてき (類義語); とくてん¹; スポーツ (囲み)》.

¶アンカーは*ゴールを目指して走った The anchor ran for the *goal*. // 花形選手が再びボールを*ゴールに入れた The star player ˹got [kicked; scored] another *goal*.

ゴール イン ★goal-in という英語は用いられない.《☞ 和製英語 (囲み)》. ¶彼らは6月に結婚に*ゴールインした (⇒結婚した) They got married in June. **ゴールキーパー** goalkeeper Ⓒ.

コールタール coal tar Ⓤ.

コールテン corduroy Ⓤ ★形 としても用いる.

ゴールデン アワー (テレビなどの) prime (television) time Ⓤ《☞ 和製英語 (囲み)》.

ゴールデン ウィーク ★この語にぴったり当たる英語はない. 従って「いわゆる」という意味で引用符号をつけ, 必要ならその後に説明を加えて, "Golden Week," a succession of holidays from the end of April to the beginning of May のようにすればよい.

コールドクリーム (化粧用の) cold cream Ⓤ.

コールドゲーム 〖野球〗 called game Ⓒ.

¶第1試合は雨のため*コールドゲームになった The first game *was called* because of rain.

こおろぎ cricket Ⓒ. ¶ *こおろぎが鳴いている *Crickets* [The *crickets*] are chirping.《☞ 動物の鳴き声 (囲み); 総称用法 (欄外)》

こがい 戸外 —名 (the) outdoors; (野外の広々としたところ) (the) open air Ⓤ. —形 outdoor; open-air. —副 outdoors.《☞ おくがい; そと》. ¶ *戸外で子供たちが遊んでいる Children are playing ˹in *the open* (*air*) [*outdoors*]. // *戸外運動は健康にいいよ *Outdoor* exercise ˹does [is] good for your health.

ごかい 誤解 —名 (誤って理解すること) misunderstanding Ⓒ; (思い違い) misapprehension Ⓒ ★以上の2語は交換可能なことも多いが, 後者のほうが形式ばった語. —動 misunderstand ⓗ《過去・過分 misunderstood》; misapprehend ⓗ.《☞ おもいちがい; かんちがい; かんがえちがい》.

¶私は彼を*誤解していた I *misunderstood* him. // 彼らの間の*誤解は簡単に解けた The *misunderstanding* between them was easily ˹removed [resolved]. // その不注意な発言が彼の人柄について*誤解を招いた The careless remark caused a *misunderstanding* ˹about [of] his personality. // 彼の説明は*誤解を招くものだった His explanation was *misleading*.

こがいしゃ 子会社 subsidiary (company) Ⓒ.

ごかく 互角 —形 (対等の) equal; (同等な・均等な) even. —名 (等しいこと) equality Ⓤ; (均等) evenness Ⓤ.《☞ たいとう¹ (類義語); どうとう; ごぶ》.

¶彼らは*互角の力量だ They are of ˹*equal* [*even*] strength. / (⇒よい組み合わせだ) They ˹make a *good* match [are well *matched*]. // 彼らは*互角の勝負をした They played ˹an *even* [an *equal*; a *close*; a *well-matched*] game.

ごがく 語学 ★日本語で「語学」というと外国語の学習のことを言うが, 以下の用例のように前後関係をみて訳すほうがよい.

¶彼は*語学ができる[できない] (⇒外国語が達者な[下手な]人だ) He is a ˹good [bad] *linguist*. // 私は*語学が大の苦手だ *Languages* are my weakest subjects. // 彼女は*語学の才能がある She has ˹(a) *linguistic* talent [a talent for *language*(*s*)]. // この仕事には*語学力が必要だ This work requires ˹*linguistic* knowledge [a knowledge of *language*(*s*)].

ごかくけい 五角形 ―名 pentagon Ⓒ. ―形 (五角形の) pentagonal; (角が5つある) five-cornered.

こかげ 木陰 the shade of a tree《☞ ひかげ; かげ²》. ¶あそこの*木陰でお弁当を食べましょう Let's have lunch *under that tree* over there.

こがす 焦がす (焼き焦がす) burn ㊉; (表面や端を) singe ㊉; (じりじりと変色するほどに) scorch ㊉; (黒く) char ㊉. 《☞ こげる》.
¶彼女は肉を*焦がしてしまった She *has burned* the meat. // 私はたばこを落としてじゅうたんを*焦がしてしまった I dropped my cigarette butt and *burned* the carpet. // 私は火に近づきすぎて毛皮を*焦がしてしまった I got too near the fire and *singed* the fur. // 私はアイロンをかけたときにシャツを*焦がしてしまった I *scorched* my shirt when I ironed it.

こがた 小型, 小形 ―形 (小さい) small ★最も一般的な語; (型が小さい) small-sized; (携帯用の) portable; (ポケット大の) pocket(-size(d)). 《☞ ちいさい (類義語)》.
¶*小型車 a *small* ⌈car [automobile] // *小型辞書[カメラ] a *pocket(-size(d))* ⌈dictionary [camera] // *小型のラジカセを買った I bought a *portable* radio-cassette recorder.

こがたな 小刀 knife Ⓒ; (2つに折れる) pocketknife Ⓒ, penknife Ⓒ ★後者のほうが小さい. 《☞ ナイフ》.

ごがつ 五月 May ★語頭は必ず大文字. 《☞ いちがつ 語法; 時刻・日付・曜日 (囲み); 略語 (欄外)》. **五月人形** doll for the Boys' Festival Ⓒ.

こがねむし 黄金虫 gold beetle Ⓒ, goldbug Ⓒ 参考 ともに日本の黄金虫とは別種.

こがら 小柄 ―形 (背が低い) short (↔ tall), of small stature ★後者のほうが形式ばった表現; (小さな体つきの) of small build.
¶彼女は*小柄だ She is rather *short in* ⌈*height* [*stature*]. / She is a woman *of small stature.* // 彼は野球選手としては*小柄だ He is *of small build* for a baseball player.

こがらし 木枯らし (冷たい冬の風) cold winter wind Ⓒ《☞ かぜ¹》.

こがれる 焦がれる (切に思い望む) long for …, yearn for …; (どうしても欲しい)《口語》be dying for …; (恋い慕う) be in love with …, *lose one's* heart to … 《☞ あこがれる; まちこがれる》.
¶彼女は外国の友人からの手紙を待ち*焦がれている (⇒ 切に望んでいる) She *is longing for* a letter from her friend (who is) ⌈overseas [abroad]. // 私は長い間ひそかにあなたに思い*焦がれてきました (⇒ あなたを深く愛していました) I *have been deeply in love with* you secretly for a long time. // 王子はパーティーで会った美しい娘に恋い*焦がれた (⇒ 心を奪われた) The prince *lost his heart to* ⌈the [a] beautiful girl he met at the party.

ごかん¹ 五感 the five senses《☞ かんかく²》.
¶*五感とは視覚, 聴覚, 嗅覚, 味覚, 触覚である *The five senses* are sight, hearing, smell, taste, and touch.

ごかん² 語感 **1** 《言葉に対する感覚》: speech feeling Ⓤ. ¶私はネイティヴスピーカーではないから英語の*語感がない Since I'm not a native speaker of English, I don't have *speech feeling* (for it).
2 《語の持つ感じ》: (語の含んでいる意味・含蓄) implication Ⓤ, connotation Ⓤ ★交換可能なことが多いが, 後者は主として悪い含蓄の場合に用いる; (意味の微妙な違い) nuance Ⓒ. 《☞ いみ (類義語)》.

ごかん³ 語幹 〘文法〙 stem Ⓒ.

こき¹ 古希 ¶*古希の祝い *one's* seventieth birthday celebration 参考 欧米では還暦 (sixtieth birthday) は祝うが, 古希の祝いはない.

こき² 呼気 (息を吐き出すこと) exhalation Ⓤ (↔ inhalation)《☞ こきゅう》.

ごき 語気 (声の調子) tone (of voice) Ⓒ; (声) voice Ⓒ. 《☞ ごちょう》. ¶彼は*語気鋭く詰め寄った (⇒ 反ばくした) He refuted it in a sharp *tone.* // 彼は急に*語気を和らげた Suddenly he ⌈softened his *voice* [*toned down*].

ごぎ 語義 the meaning of a word《☞ いみ》.

こきおろす (厳しく批判する) criticize ⌈severely [sharply] ㊉; (くそみそに言う)《口語》run down ㊉. 《☞ こくひょう; けなす》.
¶彼は政府の政策を*こきおろした (⇒ 厳しく批判した) He *severely criticized* the policy of the government.

ごきげん 御機嫌 ¶*ご機嫌よう (⇒ さようなら) *Good-by(e)*! 《☞ あいさつ (囲み)》// 彼は上役のところへ*ご機嫌伺いに行った (⇒ 儀礼として訪問した) He *paid a* ⌈*social* [*courtesy*] *call* on his superiors. / He *visited* his superiors as a *courtesy.* // 彼女はいつも上司の*ご機嫌をとっている She *is* always *playing up to* her boss. // 彼は*ご機嫌斜めだ (⇒ 怒っている) He's *angry.* // あいつはきょうは*ご機嫌だ He's *in* ⌈*high* [*good*] *spirits* today. // 彼女はたくさん贈り物をもらって*ご機嫌だ (⇒ 本当にうれしそうな顔をしている) She *looks really happy* with all those presents. 《☞ きげん¹》

こきざみ 小刻み ―副 (徐々に) gradually; (少しずつ) little by little. ―形 gradual; (ゆっくりした) slow. 《☞ じょじょに》.
¶物価が*小刻みに (⇒ 徐々に[ゆっくり]) 上昇している Prices are ⌈*gradually* [*slowly*] rising.

こきつかう こき使う (あれやこれやといろいろ用を言いつける) order ⌈around [about] ㊉; (ひどく働かせる) work … hard, 《口語》push *a person* around. 《☞ こくし》. ¶*こき使われるのはごめんだ I don't like to *be* ⌈*ordered about* [*pushed around*].

こぎつける 漕ぎ着ける (どうにかうまく…する) manage (to *do*); (…に達する) reach ㊉.
¶やっと開店に*こぎつけた We finally *managed to* open our store. // 我々が合意に*こぎつけるまでには時間がかかるだろう It will take (some) time before we ⌈*reach* [*come to*] (an) agreement.

こぎって 小切手 check [C], 《英》cheque [C]. 《☞ てがた》.
¶旅行者用*小切手 a traveler's *check* // 個人(使用の)*小切手 a personalized *check* // 彼は10万円の*小切手を振り出した He ⌈drew [wrote] a *check* for 100,000 yen. // 「*小切手で払ってもいいですか」「ええ, どうぞ」 "May I pay by *check?*" "Yes, certainly." // この*小切手を現金にして下さい I'd like to get this *check* cashed. // 彼の*小切手は不渡りだった His *check* ⌈bounced [was not honored].

ごきぶり cockroach [C].

こきゃく 顧客 customer [C] 《☞ きゃく》.

こきゅう 呼吸 **1** «息» ― [名] (息) breath [bréθ] [C]; (息を吸ったり吐いたりすること) breathing [U], respiration [U] ★ 後者は改まった語. ― [動] breathe [bríːð] (自)(他).
¶私たちは新鮮な山の空気を*呼吸した We *breathed* the fresh mountain air. // 深*呼吸しなさい Take in a deep *breath.* / (⇒ 深く吸い込みなさい) *Inhale* deeply. // 彼は*呼吸が荒かった He *was breathing* hard. // 病人の*呼吸が止まった The ⌈sick person [patient] stopped *breathing.* / (⇒ 息を引き取った) The patient *breathed* his last. ★ 後者は慣用的表現. // 魚はえらで*呼吸する Fish use gills ⌈in [for] *respiration.* // 彼はひどい*呼吸困難に陥った He ⌈had [encountered] serious difficulty (*in*) *breathing.* // 彼はそこでひと*呼吸おいてから話を続けた He *took a breath,* and went on talking.
2 «こつ»: knack [C] ★ 通例単数形で; (効果的なやり方) trick [C]; (巧みさ) craft [C]. 《☞ こつ; ようりょう[1]》. ¶彼は英語を教える*呼吸をのみ込んでいる He has ⌈the *knack* of [a *knack* for] teaching English. // 彼は人を喜ばせる*呼吸を知っている He knows the *trick* of pleasing people.
3 «調子» ― [形] (調和のとれた) harmonious. ¶2人の*呼吸はぴたりと合っていた The two *were getting along quite well* with each other. // 彼らは*呼吸の合った (⇒ 調和のとれた) 演技を見せた They presented a *harmonious* performance.
呼吸器 respiratory organ [C]. ¶*呼吸器病 a *respiratory* disease

こきょう 故郷 (出身地) (*one's*) home [C]; (故国) homeland [C] [語法] home のほうが一般的. またいずれも「故国」を指すこともある. また home は「故郷へ」という副詞としても用いられる; (出身の都市や町) hometown [C]; (出生地) *one's* birthplace [C]. 《☞ きょうり; くに; ふるさと; いなか》.
¶「君の*故郷はどこですか (⇒ どこの出身か)」「北海道です」 "Where are you from?" "I'm from Hokkaido." / "Where do you come from?" "(I come) from Hokkaido." 《☞ しゅっしん》/ "Where is your *hometown?*" "My home is (in) Hokkaido." [語法] 北海道のように市町村ではない場合には hometown とは言えない. // 私は京都を第2の*故郷と思っている I regard Kyoto as my second *home.* // *故郷が懐かしい I am homesick. // 彼は*故郷に錦を飾った (⇒ 成功者として故郷へ帰った) He returned *home* (as) a successful man. // 学生の多くは夏休みで*故郷(の町)へ帰った Many of the students went ⌈*home* [to their *hometown(s)*] for the summer vacation.

こぎれい 小綺麗 ― [形] (清潔できちんとしている) neat; (整理・整頓されている) tidy; (手入れの行き届いた) trim; (こぢんまりした) snug. ― [名] neatness [U]; tidiness [U]; trim [U]. 《☞ きれい; こざっぱり》.
¶彼女はいつも*小ぎれいな身なりをしている She always dresses *neatly* (*and cleanly*). // 彼の部屋は*小ぎれいだ His room is *tidy.* / He keeps his room *tidy.*

こく[1] ― [名] (酒などの) body [U]. ― [形] (こくのある) full-bodied; (こってりした) rich. 《☞ 味 (囲み)》. ¶この酒は*こくがある This *sake* has *body.* // 私は*こくのある赤ぶどう酒が好きだ I like (a) ⌈*full-bodied* [*rich*] red wine.

こく[2] 酷 ― [形] (むごい) cruel; (思いやりがない) thoughtless, inconsiderate ★ 前者のほうが口語的. ― [名] cruelty [U]; thoughtlessness [U]. 《☞ むじょう[2]; ひどい; むごい》.
¶そんなことを言うとは*酷だ It ⌈is [was] ⌈*cruel* [*thoughtless; inconsiderate*] of you to say such a thing.

こぐ 漕ぐ **1** «舟などを»: (舟を) row (他)(自); (カヌーなどを) paddle (他).
¶「君はボートを*こげるかい」「うん, *こげるよ. *こぐのはうまいんだ」 "Can you *row* a boat?" "Yes, I can. I'm a good *oarsman.*" // 彼らは海へ*こぎ出た They *rowed out* into the ⌈ocean [sea]. // 私はぐいとかいを*こいだ I *pulled* the oar with a jerk. // ボートを*こぎに行こう Let's *go boating.*
2 «ぶらんこなどをこぐ»: swing (自)(他), go [get] on a swing; (自転車など, ペダルをこぐ) pedal (自)(他). 《☞ ぶらんこ; ペダル》.

ごく[1] 極く (たいへん) very [語法] 最も一般的な語. 以下の語の代わりにも使える. 口語では意味を強めるため very, very ... のように重複して用いることがよくある; (非常に) exceedingly ★ very よりも意味が強い; (極端に) extremely. 《☞ ひじょうに; きわめて; とても; 強意語 (囲み)》. ¶それは*ごくまれな出来事だ It is a *very* rare event.

ごく[2] 語句 words ⌈and [or] phrases.

ごくあく 極悪 ― [形] (たいへん悪い) very bad ★ 最も口語的で, 意味が広い; (邪悪な) most wicked; (悪人などが) villainous [vílənəs]; (乱暴で残虐な) outrageous [autréidʒəs], atrocious [ətróuʃəs] ★ この順に形式ばった語となる. ¶彼らの*極悪非道な行いは許せない We cannot tolerate their ⌈*outrageous* [*atrocious*] deeds.

ごくい 極意 (秘訣) secret [C]; (秘密の原理) secret principle [C]. 《☞ ひけつ[1]; こつ》.

こくいっこく 刻一刻 (絶え間なく) every moment, moment by moment. 《☞ こっこく; じょじょに》.

こくうん 国運 (国の宿命) the ⌈destiny

[fate] of ⌈a [the] nation《☞ うんめい》.

こくえい 国営 ―形 (国有の) state, state-[government-]owned ★後者は説明的表現; (国立の) national; (政府で運営している) government(al), government-[state-] operated ★後者は説明的な言い方. ―動 (国営にする) nationalize ⑩. ―名 nationalization Ⓤ. 《☞ こくゆう; こくりつ》.
¶ソ連や中国の通信社は*国営企業である The news agencies in the Soviet Union and China are ⌈*government* [*government-owned*; *state-owned*] enterprises. // その国ではすべての銀行が*国営になった All the banks *were nationalized* in that country.

こくえき 国益 the national interest Ⓤ.
¶彼の行為は*国益に反したものである What he did was against *the national interest*.

こくおう 国王 (王国の) king Ⓒ; (世襲の君主で, 男女に関係なく) monarch [mɑ́nək] Ⓒ.
¶イギリス*国王 the *King* of England

こくがい 国外 ―副 (外国へ) abroad (↔ at home); (海外へ) overseas ★以上2つは交換可能; (国外で) outside *one's* country ★説明的表現.《☞ がいこく; かいがい》.
¶私はまだ*国外に旅行したことがない I have never traveled ⌈*abroad* [*overseas*]. / (⇒私はまだ外国に行ったことがない) I have never been ⌈*abroad* [*to a foreign country*]. // 彼は国内でも*国外でも有名だ He is ⌈famous [wellknown] (both) at home and *abroad*. // その好ましくない外国人は*国外に追放された The undesirable alien *was deported*.

こくがく 国学 the study of Japanese classical literature Ⓒ. **国学者** scholar (in the field) of classical Japanese (studies) Ⓒ.

こくぎ 国技 the national ⌈game [sport] Ⓒ.

こくご 国語 **1** «日本語»: Japanese Ⓤ.
¶*国語(の授業)は1週間に5時間ある We have five classes ⌈of [in] *Japanese* ⌈(in) a [per] week.
2 «数詞をつけて»: (言語) language Ⓒ.
¶彼女は3か*国語が話せる She speaks three *languages*. / She is *trilingual*. 参考 2か国語話せる[話す], または2か国語を用いたという 形 は bilingual, 2か国語以上にわたる場合をまとめて multilingual という. またたくさんの国語を話す人という 名 は polyglot Ⓒ.
国語辞典 (日本語の) Japanese dictionary Ⓒ.

ごくごく ―動 (一気にぐいと飲む) gulp (down) ⑩《☞ 擬声・擬態語 (囲み)》.
¶私は水を*ごくごく飲んだ I *gulped* (*down*) a glass of water.

こくさい¹ 国際 ―形 (国際的・国際上の) international; (世界の) world; (全世界に属する) cosmopolitan [kɑ̀zməpɑ́lətn].
¶私たちは*国際上の問題について討議した We discussed ⌈*international* [*world*] problems. // わが社の社長は先週*国際会議に出席した Our president attended ⌈the [an] *international* conference last week. // 彼は*国際親善のために尽くした (⇒国際親善を築くために努力した) He made efforts to build (up) *international* goodwill. // ニューヨークは*国際都市である New York is a *cosmopolitan* city. // 日本の*国際収支は20億ドルの赤字[黒字]だった Japan's (*international*) balance of payments showed a ⌈deficit [surplus] of $2 billion. // 彼は*国際的に有名な学者である He is a *world-famous* scholar.
国際化 ―動 internationalize ⑩. ―名 internationalization Ⓤ **国際関係** international relations ★複数形で. **国際協力** international cooperation Ⓤ **国際空港** international airport Ⓒ **国際結婚** international marriage Ⓒ **国際司法裁判所** the International Court of Justice **国際情勢** international situation Ⓒ **国際通貨基金** the International Monetary Fund《略 I.M.F.》 **国際法** the international law **国際連合** the United Nations《略 UN, U.N.》《☞ こくれん》 **国際労働機構** the International ⌈Labor [《英》 Labour] Organization《略 I.L.O.》.《☞ 略語 (欄外)》.

こくさい² 国債 (証券) government [national] bond Ⓒ. ¶*国債を発行する issue ⌈*government* [*national*] *bonds*

こくさく 国策 national [state] policy Ⓒ.

こくさん 国産 ―形 (自国で作った) Japanese-made (↔ foreign-made), domestic, domestically produced.《☞ -せい¹; -さん²》.
¶きょう*国産のワインを買った I bought a bottle of ⌈*domestic* [*Japanese*] wine today. // このウイスキーは*国産(品)です This whisky is ⌈*domestic*(*ally produced*) [*Japanese-made*]. / This whisky *was made in Japan*. // 「これは外車ですか」「いいえ, *国産車です」 "Is this ⌈a foreign(-made) [an imported] car?" "No, it's ⌈*Japanese* [a *Japanese* car]." // アメリカでは*国産品の奨励運動が盛んだ The Buy-*American* Movement is strong in America.

こくし 酷使 ―動 (人や牛馬などを) work [drive] ... hard; (働かせすぎる) overwork ⑩.《☞ こきつかう; はたらかせる》. ¶その主人はいつも召使いたちを*酷使した The master always ⌈*worked* [*drove*] his servants *hard*. // 40歳をすぎて体を*酷使するのは危険なことがある It's dangerous to *overwork* (yourself) when you are over forty.

こくじ¹ 告示 (文書など, 特にはり出したもの) notice Ⓒ; (特に初めての発表・知らせ) announcement Ⓒ; (官庁などの掲示) bulletin Ⓒ; (正式な通知など) notification Ⓤ ★通知書とか公告文などの意味のときは Ⓒ.《☞ こうじ²; けいじ¹; つうち》.
¶その*告示はきのうはり出された The *notice* was put up yesterday. // その*告示は官報に出た The *announcement* ⌈appeared [was made] in the official gazette.

こくじ² 酷似 ―動 (非常に似ている) resemble ... ⌈closely [strikingly]. ―名 close [striking] resemblance Ⓤ ★「類似点」の意味では Ⓒ.《☞ にる¹; るいじ》. ¶この絵は2つとも*酷似している There is a *close resemblance* between these two pictures.

こくしょ 酷暑 (猛烈な暑さ) intense [severe] heat Ⓤ《☞ あつい[2]》.

こくじょう 国情, 国状 (国の事情) conditions of a ˹country [nation; state] ★ 通例複数形で; (国内の事態) state of affairs in a ˹country [nation] Ⓒ. ¶ 彼は中国の*国情に明るい[暗い] He is ˹well informed in [ignorant of] Chinese *affairs*.

ごくじょう 極上 ━ 形 (最上の) best (↔ worst) ★ 最も一般的な語; (1 級の) first-rate; (質が最上の) of the ˹highest [best] quality; (すばらしい) superb ★ 多少文語的で上品な表現; (えりすぐった) choice. 《☞ じょうとう; とくじょう》.

¶ *極上のクッキー *choice* cookies ∥ この品物は*極上だ (⇒ この品物は最高の品質だ) This article is of the ˹*highest* [*finest*; *best*] quality.

こくじょく 国辱 (国家の体面を傷つけること) national disgrace Ⓤ.

こくじん 黒人 ━ 名 black Ⓒ, Negro Ⓒ, negro Ⓒ《複 ～es》 参考 最近では黒人の民族意識の高まりから, Negro, negro よりもかえって black のほうが誇りを持った言い方として好まれる; (集合的に) black people ★ 複数扱い. ━ 形 (黒人の) black, Negro, negro. ¶ その人は*黒人です The man is (a) *black*. ∥ *黒人の女性 a *black* woman ∥ アメリカ合衆国には*黒人はどのくらいいますか What is (percentage of) the *black* population in the U.S.?

黒人霊歌 (Negro) spiritual Ⓒ.

こくすいしゅぎ 国粋主義 ultranationalism Ⓤ.

こくせい 国政 (国の行政) (national) administration Ⓤ; (治めること) government Ⓤ. 《☞ せいじ[1]; ぎょうせい》.

こくぜい 国税 national tax Ⓒ (↔ local tax)《☞ ぜい; ぜいきん》. **国税庁(長官)** (the Director General of) the National Tax Administration Agency.

こくせいちょうさ 国勢調査 census Ⓒ. ¶ *国勢調査を行う take [carry out] a *census*

こくせき 国籍 nationality Ⓤ; (市民権・公民[国民]としての身分) citizenship Ⓤ. ¶「彼の*国籍はどこですか」「アメリカ人です」"What is his *nationality*?" "He's (an) American." ∥ 彼は 10 年前に日本*国籍を取得した He acquired his Japanese ˹*nationality* [*citizenship*] ten years ago. / (⇒ 日本に帰化した) He ˹*was* [*became*] *naturalized in* Japan ten years ago. ∥ *国籍不明の飛行機が 1 機近づいている A plane of unknown ˹*nationality* [*flag*] is approaching.

こくそ 告訴 ━ 動 (公式または非公式に訴える) accuse ㊀; (法律違反などを正式に訴える) charge ㊀; (裁判の手続きをとる) sue ㊀ ㊁; (民事について) complain (to ... about ...) ㊁. ━ 名 accusation Ⓤ; charge Ⓒ; (裁判所への訴え) suit Ⓒ; complaint Ⓒ. 《☞ うったえる; きそ[2]; そしょう》.

¶ 彼は窃盗罪で*告訴された <S(人)+V (*accuse*)+O(人)+*of*+名(罪名)の受身> He *was accused of* theft. / <S(人)+V (*charge*)+O(人)+*with*+名(罪名)の受身> He *was charged with* theft. 《☞ 受身 (囲み)》 ∥ 山田氏は損害賠償を求めて鈴木氏を*告訴した <S(人)+V(*sue*)+O(人)+*for*+名(被害)> Mr. Yamada *sued* Mr. Suzuki *for* damages. ∥ 私は損害賠償を求めて会社を*告訴したが負けてしまった I brought a *suit for* the damages *against* the company, but I lost it.

告訴状 letter of complaint Ⓒ **告訴人** accuser Ⓒ (↔ the accused); (民事の原告) complainant Ⓒ.

こくそう 国葬 state [national] funeral Ⓒ 《☞ そうぎ[1]》.

こくそうちたい 穀倉地帯 granary Ⓒ.

こくたん 黒檀 ebony Ⓤ.

こぐち 小口 (金銭の少額) small ˹sum [amount] (of money) Ⓒ. ¶ 金額は大口でも*小口でもお受けします Any amount, large or *small*, will be appreciated.

こくちばん 告知板 bulletin [notice] board Ⓒ 《☞ けいじ[1]》.

ごくつぶし 穀潰し good-for-nothing Ⓒ.

こくていこうえん 国定公園 quasi-national park Ⓒ ★「国立公園」(national park) に準じる公園. 《☞ こうえん[1]》.

こくてつ 国鉄 (国有鉄道) national ˹railroad [《英》 railway] Ⓒ 参考 ただし, 英国の国鉄は British Rail として固有名詞となっており, BR と略す. また米国のこれに相当するものは半官半民の Amtrak; (日本国有鉄道) the Japanese National Railways 《略 JNR》. 《☞ てつどう》. ¶ *国鉄バス(の便) *National Railways* bus (services)

こくてん 黒点 (太陽の) sunspot Ⓒ.

こくでん 国電 National Railways (electric) train Ⓒ 《☞ こくてつ; でんしゃ》.

こくど 国土 (国) country Ⓒ; (領土) territory Ⓒ; (土地) land Ⓤ. **国土庁** the National Land Agency 《☞ 政治・経済 (囲み)》 **国土庁長官** the Director General of the National Land Agency.

こくどう 国道 national highway Ⓒ 《☞ みち[1] (類義語)》. ¶ *国道 18 号線 *National Highway* 18 / *Route* 18 ★ 後者は特に地図や道路標識などで使う.

こくない 国内 ━ 形 (外国に対して) domestic (↔ foreign); (自国内の) home. ━ 副 (国の中で) in [inside; within] the country. ¶ *国内ニュース *domestic* news ∥ *国内産業は急速に発展してきた *Home* [*Domestic*] industries have ˹grown [developed] rapidly.

こくなん 国難 (国家の危機) national crisis Ⓒ 《☞ きき》.

こくはく 告白 ━ 動 confess ㊀ ㊁. ━ 名 confession Ⓒ. 《☞ じはく; うちあける》.

こくはつ 告発 ━ 動 (法的に犯罪の容疑を負わせる) charge ㊀, accuse ㊀. ━ 名 charge Ⓒ, accusation Ⓤ. 《☞ こくそ》.

¶ 彼は窃盗罪で*告発された He *was* ˹*charged*

with [*accused of*] theft.

こくばん 黒板 blackboard Ⓒ；(緑色の) greenboard Ⓒ, green blackboard Ⓒ.

¶その文を*黒板に書きなさい Write the sentence on the *blackboard*. // 先生は彼に*黒板をふいておくように言った The teacher told him to erase the *blackboard*.

黒板ふき (blackboard) eraser Ⓒ.

こくひ 国費 (事業などをする時の費用) national expenses ★通例複数形で；(出費) national expenditure(s)；(資金・蓄え) national fund Ⓒ ★「財源」の意味では通例複数形で. (☞ こうひ[1]).

¶彼は*国費で (⇒ 政府の奨学金で) アメリカに留学した He studied in America on a *government scholarship*. (☞ しょうがくきん) // 軍備に費す*国費は大きい The *national expenditure* for armaments is enormous.

ごくひ 極秘 ━形 top-secret, strictly secret ★前者のほうが口語的. ━名 top [strict] secret Ⓒ；(極秘の状態) strict secrecy Ⓤ. (☞ ひみつ). ¶彼らは*極秘に準備を進めた They made arrangements in *strict secrecy*.

こくびゃく 黒白 ¶この問題は*黒白つけがたい (⇒ 明確な解決を拒む) This problem defies a *clear-cut* solution. / (⇒ どちらが正しいかわからない) As for this problem, it's hard for us to tell which side is *right or wrong*. (☞ しろくろ)

こくひょう 酷評 ━動 (厳しく批評する) criticize ... ⌈severely [sharply]; (けなす) run down ㊕ ★口語的. ━名 severe [sharp] criticism Ⓤ ★「批評すること」の意味では Ⓤ, 「批評文」の意味のときは Ⓒ. (☞ けなす；こきおろす；ひはん).

¶私は彼から*酷評された I *was* ⌈*severely* [*sharply*] *criticized* by him. // その美術評論家は彼の絵を*酷評した The art critic *criticized* his picture *severely*. / The art critic *ran down* his picture.

こくひん 国賓 national [state] guest Ⓒ.

こくふく 克服 ━動 (大いに努力して打ち勝つ) conquer ㊕；(忍耐・勇気などで打ち勝つ) overcome ㊕ ★以上2語は入れ替え可能な場合も多い；(病気・困難などを)《口語》get over ... ━名 conquest Ⓤ. (☞ うちかつ；のりこえる).

¶*彼は多くの困難を*克服した* He ⌈*conquered* [*overcame*] many difficulties. // 彼は病気を*克服した He *got over* his ⌈sickness [illness ; disease].

こくぶんがく 国文学 (日本の文学) Japanese literature Ⓤ (☞ ぶんがく). **国文学科** department of Japanese (literature) Ⓒ.

こくぶんぽう 国文法 (日本語の文法) Japanese grammar Ⓤ (☞ ぶんぽう).

こくべつしき 告別式 (葬儀) funeral (⌈service [ceremony]) Ⓒ (☞ そうぎ[1]).

こくほう 国宝 national treasure Ⓒ. ¶この絵は*国宝級のものです This picture ranks with the *national treasures*.

こくぼう 国防 national ⌈defense [《英》defence] Ⓤ. ¶日本は*国防予算の増額を求められている Japan has been asked to increase *defense* budget. **国防総省**《米》the Department of Defense,《米》the Pentagon ★俗称. 建物が5角形なので. **国防長官**《米》the Secretary of Defense.

こくみん 国民 ━名 (国家を構成する国民全体) nation Ⓒ 〔語法〕 the nation として, 1国の国民全体を表す.「私は日本国民だ」のように個人については I'm a Japanese (⌈citizen [national]). のように言う；(特に社会主義国の国民・人民) the people ★the を付けて全体を表し, 複数扱い. ━形 (国民の) national.

¶日本*国民(全体) *the* Japanese *nation* // *国民の声 the voice of *the nation* // インフレは*国民生活を破壊する Inflation does great damage to the *national* ⌈welfare [well-being]. // 大統領の死を聞いて全*国民が悲しんだ All *the* ⌈*nation* [*people*] grieved to hear of the death of the President.

国民感情 national feeling Ⓒ **国民健康保険** national health insurance Ⓤ,《英》National Health Service Ⓤ **国民宿舎** (public) hostel Ⓒ ★これに相当するものが英米にないので説明的. **国民性** national characteristics ★複数形で. (☞ くにがら) **国民総生産** gross national product Ⓤ《略 GNP》 **国民投票** (national) referendum Ⓒ《複 ～s, referenda》 **国民年金(制度)** national ⌈annuity [pension] (system) Ⓒ.

こくむ 国務 state affairs ★複数形で. **国務省**《米》the Department of State **国務大臣** Minister of State Ⓒ (☞ 政治・経済 (囲み)) **国務長官**《米》the Secretary of State 〔参考〕 アメリカの「国務長官」というのは筆頭の閣僚で,「外務大臣」の役も兼ねる.

こくめい 克明 ━形 (詳細にわたって説明してある) detailed; (手が込んで念入りな) elaborate. ━副 in detail ; elaborately. (☞ しょうさい[1]；くわしい).

¶彼女は毎日*克明に日記をつけている (⇒ 詳細な日記を書いている) She keeps a *detailed* diary every day. // この本はその事件を*克明に描いている This book ⌈gives [describes] the full *details* of the event.

こくもつ 穀物《米》grain Ⓤ,《英》corn Ⓤ 〔参考〕 corn は米国・カナダ・オーストラリアでは「とうもろこし」, 英国では主に「小麦」の意味に用いられる. (☞ むぎ (挿絵)；いね (挿絵)).

こくゆう 国有 ━形 (国有の) national, state ; (国有にされた) nationalized ; (国家の所有する) state-[government-]owned. ━動 (国有化する) nationalize ㊕. (☞ こくえい；こくりつ).

¶*国有林 a ⌈*national* [*state*] forest / a ⌈*state*-[*government*-]*owned* forest // イランは石油産業を*国有化した Iran [Iranian government] *nationalized* the oil industry.

国有財産 national [state(-owned)] property Ⓒ.

ごくらく 極楽 (楽園) paradise Ⓒ ★聖書にあるエデンの園のような所；(キリスト教でいう天

国) heaven Ⓤ (↔ hell) [語法] paradise より宗教的意味あいの強い言葉である. 従って多くの場合, 日本語の「極楽」は paradise としたほうが近い. 《☞ てんごく; らくえん》.

¶ この島はこの世の*極楽です This island is an earthly *paradise.*

こくりつ 国立 ―[形] (国家の) national, state ★ 前者のほうが普通. 後者はアメリカでは「州立の」の意味にも使われる; (政府管轄の) government. 《☞ こうりつ[1]; こくゆう; こくえい》. ¶ 私は*国立大学に入学した I entered a *national* university. // *国立劇場 the *National* Theater

こくりょく 国力 (勢力) national power Ⓤ; (困難などに耐える強さ) national strength Ⓤ; (富・経済力) national wealth Ⓤ. 《☞ ちから; せいりょく[1]》.

¶ 日本は*国力の充実 (⇒ 発展) に努めている Japan is trying to develop ⌈its [her] *national power.* / (⇒ 日本は国の強さを養おうと努めている) Japan is trying to build up (her) *national strength.* 《☞ 性 (欄外)》

こくるい 穀類 《米》 grain Ⓤ, 《英》 corn Ⓤ. 《☞ こくもつ; むぎ (挿絵); いね (挿絵)》.

こくれん 国連 the United Nations ★ the を付けて, 単数扱い. UN または U.N. と略す. 《☞ 略語 (欄外)》.

¶ *国連は 1945 年に組織された *The United Nations* was organized in 1945. // 日本は 1956 年に*国連に加入した (⇒ 国連のメンバーになった) Japan became a member of *the United Nations* in 1956.

国連安全保障理事会 the United Nations Security Council 《略 UNSC》 **国連憲章** the Charter of the United Nations **国連事務局** the secretariat of the United Nations **国連事務総長** the secretary-general of the United Nations **国連総会** the United Nations General Assembly ★ 新聞の見出しなどで UNGA と略されることがある. 《☞ 新聞の英語 (囲み)》 **国連大学** the United Nations University 《略 UNU》 **国連大使** the ambassador to the United Nations **国連本部** the United Nations Headquarters ★ 単数扱い.

こくろん 国論 national opinion Ⓤ 《☞ よろん》. ¶ *国論は二分された The *national* [*National*] *opinion* ⌈was divided [split].

こぐんふんとう 孤軍奮闘 ―[動] (単独で戦う) fight alone (自); (1 人の戦いをする) fight a lone battle. 《☞ たたかう》.

こけ 苔 moss Ⓤ. ¶ 岩に*こけが生えた *Moss* has formed on the rock. // 庭石は*こけむしている The ⌈garden stones [stones in the garden] are ⌈*mossy* [covered with *moss*]. // 転石*こけむさず A rolling stone *gathers* no *moss.* 《ことわざ》

ごけ 後家 widow Ⓒ.

こけい 固形 ―[形] (固形の) solid. ―[名] (固体) solid (body) Ⓒ. ¶ *固形燃料 *solid* fuel // 私はきのう手術を受けたので*固形物は食べられない Since I underwent an operation yesterday, I cannot eat *solid* food.

ごけい 語形 word form Ⓒ. **語形変化** 〖文法〗 inflection Ⓤ.

こけおどし (実行する意志のないおどし) empty threat Ⓒ; (からいばり) bluff Ⓤ ★ 具体例を指すときは Ⓒ. 《☞ おどし; はったり》.

¶ そんな*こけおどしには乗らないほうがいい (⇒ そんなこけおどしに負けるな) Don't give in to such *empty threats.* // それは単なる*こけおどしだ It is merely a *bluff.*

こげくさい 焦げ臭い ¶ *焦げ臭いよ (⇒ 何かが焦げている臭いがする) I *smell something burning.* // このご飯は*焦げ臭い This rice *has a* ⌈*burned* [*burnt*] *smell.* 《☞ こげる》

こけこっこう cock-a-doodle-doo Ⓒ 《☞ 動物の鳴き声 (囲み); 擬声・擬態語 (囲み); ハイフン (欄外)》.

こけし *kokeshi* doll Ⓒ; (説明的に) Japanese wooden doll Ⓒ. 《☞ 日本固有の風物と英語 (囲み)》.

こげちゃ 焦茶 ―[名][形] dark brown ★ [名]では Ⓤ. 《☞ ちゃいろ; 色 (囲み)》.

こけつ 虎穴 ¶ *虎穴に入らずんば虎児を得ず Nothing ventured, nothing gained. 《ことわざ: 思い切ったことをしないと何も手に入らない》

こげつく 焦げ付く **1** «焼けつく»: burn (自); (黒焦げになる) char (自). 《☞ こげる; やける[1]》.

¶ ステーキが*焦げ付いてしまった The beefsteak *has* ⌈*burned* [*charred*].

2 «借金などが回収できなくなる»: become ⌈irrecoverable [uncollectable]. ¶ 貸した金が*焦げついた The money I ⌈lent [loaned] *became* ⌈*irrecoverable* [*uncollectable*].

こけらおとし こけら落とし the (grand) opening (of a new theater).

こける (ほおが) sink (in) (自); (落ち込む) become hollow ★ 目などがくぼむという意味でも使われる. 《☞ やせる; おちこむ》. ¶ 彼女はほおが*こけてしまった Her cheeks *have* ⌈*sunk in* [*become hollow*].

こげる 焦げる (焼け焦げる) burn (自)(他); (外側がチリチリと焦げる) singe (自)(他); (表面が熱でだめになるほど焦げる) scorch (自)(他); (真っ黒に焦げる) char (自)(他) [語法] いずれも「物」を主語にして受身形で言う言い方のほうが頻度が高い. 《☞ こがす; こげつく; やく[1]》.

¶ 肉が*焦げてますよ The meat *is burning.* // 台所で何かが*焦げているにおいがする I (can) smell something *burning* in the kitchen. // トーストが真っ黒に*焦げてしまった The toast *was burned* black.

こけん 沽券 ¶ そんなことをするとあなたの*こけんにかかわる (⇒ それはあなたに不名誉をもたらす) It will bring *discredit* upon you to do such a thing.

ごげん 語源, 語原 the origin of a word, etymology [ètəmɑ́lədʒi(ː)] Ⓒ ★ 後者のほうが改まった語. 《☞ きげん[3]》. ¶ この単語の*語源はフランス語です (⇒ この単語はフランス語から来ています) This word *comes from* French. / This is a word of French *origin.* ★ 前者のほうがより口語的. **語源学** etymology Ⓤ.

ここ[1] 此処 ―[副] here, over here [語法] here は話者のいる場所, または話者を中心とした話者に近い場所を言う点では日本語の「ここ」とだいたい一致する．離れた場所から話者のほうへ向かっての移動を含む場合に口語ではよく over here が用いられる．また，日本語の「ここ」は主として指示語として使われるが，英語の here は同じ場所の名を繰り返すことを避けるために，代名詞的に用いられることがある点に注意．《☞ 代名詞（欄外）》． ━名（この場所）this place.《☞ こちら；あそこ；そこ²》.
¶ *ここにあるアメリカ人の少女の手紙があります *Here* is ⌈*Here's*] a letter from an American girl. 語法 強調がない場合には口語では普通 Here's となる．《☞ 短縮形（欄外）》
*ここでしばらく待っていて下さい Please wait *here* for a moment.
*ここは禁煙です No smoking *here.*
*ここ（⇒ これ）が私の部屋です *This* is my room.
*ここへいらっしゃい Come (*over*) *here.*
*ここから駅までどのくらいありますか How far is it from *here* to the (train) station?
「僕の傘はどこだろう」「*ここにあるよ」"Where is my umbrella?" "*Here* ⌈it is [you are]."
語法 Here ⌈it is [you are]. は「さあ，ここにあるよ」というように，相手に物を差し出すときに用いる決まった言い方．単に「それはここだ」という意味なら，It's *here.* でもよい．
*ここにいる私の友人が学校内をご案内します My friend *here* will show you around the campus. 語法 here は副詞だが前の名詞を修飾することがある．
*ここはどこですか（⇒ 私たちはいまどこにいるのか）Where are we now?
*ここはもう大阪市です（⇒ 私たちは大阪市内にいる）We are now ⌈within [inside] the city limits of Osaka. 語法 以上 2 例のように，日本語で「ここ」とあっても英語では here が用いられないことがある．特に現在地点の説明の場合にそうであることに注意．
*ここしばらくは寒い日が続くでしょう We'll have cold weather for some time.

ここ² 個個 ━形（めいめいの）individual；（各々の）each ★ 単数名詞を伴う；（別々の）separate [sép(ə)rət]. ━副（個別的に）individually；（別々に）separately；（一つ一つ・次々と）one by one.《☞ べつべつ；それぞれ；こべつ²》.
¶ *個々の問題について話す時間がない I don't have time to discuss *each* problem. // それらは*個々に扱ったほうがよい We had better treat each of them *separately.* // それらの問題は*個々別々に（⇒ 一つ一つ）解かねばならないだろう We will have to solve those problems *one by one.*

こご 古語（使われてはいるが古風な語）archaic [ɑəkéiik] word Ⓒ；（廃語）obsolete word Ⓒ；（古い言葉）old word Ⓒ ★ 初めの 2 つは形式ばった語．

ごご 午後（正午から夕方まで）afternoon Ⓤ；（時刻を示す場合）p.m.（↔ a.m.）★ 時刻を表す数字の後に付ける．《☞ 時刻・日付・曜日（囲み）》．
¶ 私は*午後ピアノの練習をする I practice the piano *in the afternoon.*《☞ 冠詞（欄外）》// 彼は*午後 2 時にここに来るだろう He'll come here at ⌈two (o'clock) *in the afternoon.* [2 *p.m.*] // 弟は*午後遅く帰ってきた My brother came home late *in the afternoon.* // 母は毎日*午後買い物に行きます Mother goes shopping every *afternoon.* // きょう[あす]の*午後授業があります I have classes ⌈this [tomorrow] *afternoon.* // 私は土曜日の*午後は暇です I'm free *on* Saturday *afternoon.* 語法「午後に」は前置詞は in を用いるが，特定の日の午後の場合は on を用いる．// ここの図書館は月曜から金曜まで午前 10 時から*午後 6 時まで開いています The library is open from 10:00 a.m. to 6:00 *p.m.* (from) Monday through Friday.

ココア cocoa [kóukou] Ⓤ ★ 喫茶店などで注文するときは Ⓒ.

ごこう 後光（頭の回りの）halo Ⓒ《複 ～(e)s》. ¶ 仏像の頭から*後光がさしていた（⇒ 後光が仏像の頭の回りに現れた）A *halo* ⌈appeared around [ringed] the head of the ⌈Buddhist statue [buddha].

こごえ 小声（低い声）low voice Ⓒ；（つぶやき）whisper Ⓒ.《☞ こえ；ささやく》.
¶ 彼女は*小声で私に話しかけた She spoke to me in a ⌈*low voice* [*whisper*].

こごえる 凍える ━動（凍るほど寒く感じる）freeze ⓐ；（凍えてしまう）be frozen；（寒さで無感覚になる）be benumbed with cold；((骨まで)冷える) be chilled (to the bone). ━形（凍えるほど寒い）freezing；（寒さで無感覚の）numb with cold；（身震いするほど寒い）chilly；（氷のように冷たい）icy.
¶ けさは冷えて*凍えそうだ It *is freezing* this morning.《☞ It の用法（欄外）》/ I *am freezing* this morning. // 寒くて手が*凍えた My ⌈hands [fingers] are *numb with* (*the*) *cold.* // この寒さでその鳥は*凍え死んでしまうでしょう The bird will ⌈*freeze* [*be frozen*] *to death.*

ここく 故国 home Ⓒ 語法 意味の広い語で，「家庭」「故郷」なども意味する．従って，はっきりと「故国」の意味を出したければ homeland Ⓒ, home country Ⓒ という語を使うこともできる．しかし，前後関係で明らかであれば，home を使うのがよい．《☞ こきょう；そこく》.
¶ *故国を離れてから 10 年になる（⇒ 10 年間故国を離れている）I have been away from *home* for ten years. // *故国を去る決心をした I have resolved to ⌈leave [forsake] my *homeland.*

ここち 心地 ¶ この車は乗り*心地がいい This car *is comfortable to* ⌈ride in [drive]. // この家は住み*心地がいい[悪い] This house *is* ⌈*comfortable* [*uncomfortable*] *to* live in. 語法「はき心地がいい」,「着心地がいい」,「座り心地がいい」という言い方もこれに準じる．// 彼の家は居*心地がいい（⇒ 私は彼の家でくつろげる）I *feel at home* in his house. // 生きた*心地もしなかった（⇒ 生きているよりむしろ死んだ気持ちがした）I *felt more dead than alive.* // 悪夢を見ている*心地がした I *felt as if* I were

こ

having a nightmare. // 潮風が*心地よい The ⌈sea [ocean] breeze is pleasantly ⌈*refreshing* [*bracing*]. // 朝の空気ですっかりさわやかな*心地になった I *felt* quite *refreshed* by the morning air.

【参考語】 ―形 (快適な) comfortable, cozy, snug; (感じのよい) nice, pleasant; (すがすがしい) refreshing.

こごと 小言 ―名 (子供をしかるときのような) scolding Ⓒ; (上役が部下に対するような非難の口調の) reproof Ⓤ; (説教口調の) lecture Ⓒ. ―動 scold ⑯, give (*a person*) a scolding; reprove ⑯; lecture ⑯. 《☞ しかる; がみがみ; おおめだま》.

¶ 怠けてぶらぶらしていて母に *小言を言われた Mother *scolded* me *for* idling (away my time). // 彼は犬をいじめたことで, 父からうんと*小言を食った He got ⌈*a good scolding* [*a long lecture*] from his father because he was cruel to the dog.

ここのつ 九つ ―名 nine. ―形 (9つの) nine; (9つめの) the ninth. 《☞ 数字 (囲み)》 ¶ 私の弟はこの4月で*九つになります My brother will be *nine* this April.

こごむ 屈む ―動 stoop ⓐ ⑯; (曲げる) bend ⑯. 《☞ かがむ》.

こころ 心 heart Ⓤ; mind Ⓤ; spirit Ⓤ.

【類義語】 愛や悲しみなどの感情の宿る心は **heart**. 理知的に考える心で,「頭」「頭脳」と言い換えることもできるのが **mind**. 肉体と対比して「精神」という意味での心は **spirit**. なお, 日本語で「心」という語を用いても英語にはそのまま表されない場合もあることに注意.

¶ 私はその悲しい知らせで*心が痛んだ[沈んだ] My *heart* ⌈ached [sank] ⌈with [at] the sad news. / The sad news broke my *heart*.

いまの彼女は*心が落ち着いている She is *calm* now.

きょうは一日中, *心が落ち着かなかった (⇒ いらいらしていた) I *felt* ⌈*nervous* [*impatient and restless*] all day long today.

私は*心が重い My *heart* is heavy. / (⇒ 悲しい) I am *sad*.

その歌を聞くと*心が軽くなる The song makes me feel ⌈*lighthearted* [*happy*].

庭の花を見ると*心が和む (⇒ 慰められる) I *am comforted* by the flowers in the garden.

私には彼の*心がわからない I don't know what's ⌈in [on] his *mind*. / (⇒ 彼が理解できない) I can't *make him out*.

あなたに*心から感謝しています I thank you *from* (*the bottom of*) *my heart*. / I'd like to express my *heartfelt* thanks to you. ★ 後者は改まった言い方.

私は彼女に*心から同情している I ⌈sympathize with [feel for] her ⌈*sincerely* [*from* (*the bottom of*) *my heart*].

彼は彼女を*心から愛している He is *deeply* in love with her. / He loves her ⌈*deeply* [*passionately*; (⇒ 献身的に) *devotedly*].

私は長いことその考えを*心に抱いている I've had the idea in (my) *mind* for a long time.

ある新しい考えが*心に浮かんだ A new idea ⌈crossed my *mind* [*occurred to me*]. / (⇒ 思いついた) I *hit upon* a new idea.

彼女はそのロマンチックな情景を*心に描いた She ⌈*imagined* [*pictured to herself*] the romantic scenes.

*心にもない (⇒ 本気で考えていない) ことを口にするな Don't say *what you don't mean*.

彼女は*心の温かい人だ She has a kind *heart*. / She is a ⌈*warmhearted* [*kindhearted*] person. / She is ⌈kind [warm] *at heart*.

彼女は*心の狭い人間だ She is a ⌈*narrow-minded* [*petty*] person.

彼は*心の広い人だ He is a ⌈*broad-minded* [*largehearted*; *bighearted*; *large-minded*] person.

それで*心の重荷がとれた That's a [That takes the] weight off my *mind*.

このようにせわしい世の中では, *心の触れ合いが特に必要である It is especially necessary for us to ⌈have mutual *sympathy* [come into contact with other *minds*] in such a busy world.

彼女は息子のことで*心を痛めている She *is* very much *worried* about her son.

*心を入れ替えます (⇒ 新しい出発をします) I am going to make a fresh start now. / (⇒ 真剣に行いを改めます) I'm serious about ⌈*reforming myself* [*mending my ways*].

彼女に*心を打ち明けよう I'll tell her frankly (*how I feel about her*).

その言葉は私の*心を打った The remark ⌈*moved* [*touched*; *impressed*] me deeply.

彼女は別なことに*心を奪われていた She *was* entirely ⌈*taken up with* [*absorbed in*] something else.

私は*心を鬼にして真相を話した I ⌈steeled [hardened] my *heart* and told the truth.

先生から*心暖まるお話を聞かされた The teacher told us a *heartwarming* story.

*心ある (⇒ 思いやりのある) 人はそんなことをしない A ⌈*thoughtful* [*considerate*; *sensible*] person won't do such a thing.

これはきっと*心ない (⇒ 思いやりのない) 人の仕業だ An *inconsiderate* [A *thoughtless*; An *insensitive*] man must have done this.

それは子供*心にも変に思われた It seemed strange even to my young ⌈*mind* [*way of thinking*].

こころあたり 心当たり (見当) idea Ⓒ; (手掛かり) clue Ⓒ; (ありそうな場所) likely place Ⓒ. 《☞ おもいあたる》.

¶ その犬に*心当たりのある方は (⇒ その犬がどこにいるか知っていたら) 至急お知らせ下さい Please let us know immediately if you *have any idea* where the dog is. // この鍵に*心当たりはありますか (⇒ この鍵はあなたに何か意味がありますか) Does this key *mean anything* to you? // *心当たり (⇒ ありそうな場所) を捜したが, 財布は見つからなかった I have looked for my wallet *in every likely place*, but I've been unable to find it.

こころいき 心意気 spirit Ⓤ《☞ こころ》.

こころえ 心得 (知識) knowledge Ⓤ《☞ こころえる；ちしき》.

こころえがお 心得顔 ―副 (心得顔に) knowingly, with a knowing look.《☞ しったかぶり》.

こころえちがい 心得違い ¶君のそういう考え方は*心得違いもはなはだしい (⇒そういう風に考えるのなら，まったく間違っている) If you think that way, you are completely *wrong*.《☞ ふこころえ》

こころえる 心得る (知っている) know ㊀；(多少知識がある) have some knowledge of …；(気がついている) be aware of …

¶彼女は多少生け花を*心得ている She ˹*knows* a bit about [*has some knowledge of*] flower arrangement. // 彼女はその事情については十分*心得ている (⇒気づいている) She *is* well *aware of* the situation.

こころおきなく 心置きなく ¶医者がいいと言ってくれたので，これからは*心おきなく (⇒健康について心配することなく) 酒が飲める Now I can drink sake *without worrying* about my health because I have my doctor's permission.

こころがけ 心掛け ¶それはふだんの*心がけが悪いからだよ (⇒勤勉でないからだ) That's because you don't work hard. 語法 前後関係によって，「不注意だ」(you are careless),「人に親切でない」(you are not kind to others) などいろいろに変える必要がある. // ふだんから*心がけのいい人は試験のときに困らない (⇒毎日勉強すれば，詰め込み勉強をする必要はない) You don't have to cram for the exam *if you study every day*.

こころがける 心掛ける (…するつもり) mean ㊀；(…しようと努める) try ㊀；(気にかけておく) keep [bear] … in mind；(取り計らって…する) see (to it) that …《☞ つとめる²》.

¶私はもっと一生懸命勉強しようといつも*心がけている I always ˹*mean* [*try*] to study harder. // そのことを*心がけて (⇒心に留めて) おきましょう I'll ˹*keep* [*bear*] the fact *in mind*. // 月曜日までに終えるよう*心がけて下さい Please *see* (*to it*) *that* it ˹is [gets] done by Monday. // 私は毎日予習するよう*心がけている (⇒常に予習することにしている) I *make a point of* ˹preparing (for) my lessons [doing my homework] every day.

こころがまえ 心構え mental attitude Ⓒ, attitude of mind Ⓒ. ¶あの人たちは私たちとは*心構えが違う Their *mental attitude* is different from ours. // 私は最善を尽くす*心構えでいる (⇒つもりだ) I will do my best.

こころがわり 心変わり ―動 (気が変わる) change *one's* mind；(裏切る) betray ㊀. ―名 change of mind Ⓒ；betrayal Ⓤ, treachery Ⓤ. ¶彼は急に*心変わりして大学進学をあきらめた He suddenly *changed his mind* and gave up (on) going to college.

こころぐるしい 心苦しい ¶こんなことをお願いするのは*心苦しいのですが… (⇒少し厚かましいのですが…) I am afraid I am asking too much of you but … / (⇒ご迷惑をかけてすみませんが) I'm sorry to trouble you, but …《☞ 依頼の表現 (囲み)》

こころざし 志 **1**《意志・目標》：(意志) will Ⓤ；(はっきりした意図) intention Ⓤ；(決心) resolution Ⓒ；(目的) aim Ⓒ.《☞ いし³；もくてき；けっしん》.

¶彼は父の*志を継いで裁判官になった He ˹bowed [bent] to the *will* of his father and became a judge. // 彼は将来大臣になるという*志を立てて，政界入りした He entered politics *with the* ˹*intention* [*ambition*] *of* becoming a cabinet minister in the future. // 彼は立派な医者になろうと*志を立てた (⇒決心した) He ˹*made a resolution* [*resolved*] to become a great physician.

2《親切》：kindness Ⓤ；(好意) favor Ⓤ.《☞ しんせつ¹；こうい²》. ¶お*志に感謝します Thank you very much for your *kindness*. // 彼女のせっかくの*志を無にしてはいけない (⇒彼女の親切な申し出を感謝すべきだ) You should appreciate her *kind offer*.

こころざす 志す (思い立つ) plan ㊀；(意図する) intend ㊀；(目指す) aim (at …) ㊁；(大望を抱く) have an ambition to …；(目標に決める) set *one's* ˹heart [mind] on …《☞ めざす；のぞむ¹；しぼう¹》.

¶彼は子供のころ宇宙飛行士を*志した As a child he ˹*planned* [*intended*; *aimed*] to ˹be [become] an astronaut. // 彼は高校時代からジャーナリズムを*志した (⇒彼の心は決まっていた) *His* ˹*heart* [*mind*] *was set on* journalism from his high school days.

こころづかい 心遣い (思いやり) thoughtfulness Ⓤ, consideration Ⓤ ★前者のほうがより口語的.《☞ おもいやり；はいりょ》.

¶お*心づかいありがとう Thank you very much for your *kind consideration*.

こころづくし 心尽くし (親切) kindness Ⓤ；(世話) attention(s) ★しばしば複数形で；(配慮) consideration Ⓤ；(思いやり) thoughtfulness Ⓤ.《☞ おもいやり；はいりょ》.

¶彼女の*心づくしが身にしみた I was really grateful for her ˹*kindness* [*thoughtfulness*; *kind consideration*; *kind attention(s)*]. // 母の*心づくしの (⇒母によって愛情こめて作られた) 田舎料理が懐かしい I sometimes feel homesick for the country-style food *lovingly prepared* by my mother.

こころづけ 心付け tip Ⓒ《☞ チップ¹》.

こころづよい 心強い ―形 (励みとなる) encouraging；(頼もしい) reassuring.《☞ たのもしい；あんしん》. ¶君の助言で私は*心強かった (⇒君の助言は私を勇気づけてくれた) Your advice *encouraged* me.

こころならずも 心ならずも (自分の意思に反して) in spite of ˹*one's* will [*oneself*], against *one's* will；(気が進まず) unwillingly；(いやいやながら) reluctantly, with reluctance.《☞ やむなく；しぶしぶ》.

¶彼は*心ならずもその提案を承諾した He ˹*reluctantly* [*unwillingly*] accepted the proposal. / He agreed to the offer *against* *his* (own) *will*.

こころにくい 心憎い (すばらしい) excellent; (称賛に値する) admirable. (☞ すばらしい (類義語)). ¶ 舞台の彼女は*心憎いほど落ち着きはらっていた She was *admirably* calm on the stage.

こころのこり 心残り ― 名 (残念) regret Ⓒ. ― 動 (心残りに思う) regret 他. (☞ ざんねん). ¶ これで*心残りなく死ねる Now I can die ⌐without any *regret(s)* [(⇒ 心安らかに) *in peace*].

こころぼそい 心細い (独りぼっちで寂しい) lonely; (孤独で悲しい) lonesome; (頼るもののない) helpless. (☞ さびしい; ふあん).
¶ 日が暮れて*心細くなった It became dark, so I felt *lonely*. // 月給がこれだけでは*心細い (⇒ 月給はがっかりするほど少ない) My salary is *discouragingly* small.

こころまち 心待ち ― 動 (楽しみにして待つ) look forward to ... 語法 名, 動 いずれも続くが 動 の場合は -ing 形. (☞ たのしみ; まちこがれる). ¶ お目にかかるのを*心待ちにしています We *are looking forward to* ⌐seeing you [your visit]. // 彼は彼女の手紙を*心待ちにしていた He *was* ⌐*anxiously expecting* [*anxious for*] a letter from her.

こころみ 試み (本番に入る前の試し) trial Ⓒ; (能力・性能などを知るための) test Ⓒ, (口語) try Ⓒ; (実現しなかった企て) attempt Ⓒ; (冒険的な試み) venture Ⓒ; (実験) experiment Ⓒ. (☞ ためし[1]; じっけん[1]).
¶ *試みにその青年を採用してみよう We'll hire the young man ⌐*on a trial basis* [*as a trial*]. // *試みにやってごらん *Give it a try*. // 私たちの*試みはことごとく失敗に終わった All our *attempts* were unsuccessful. // 太陽エネルギーを活用する新しい*試み (⇒ 実験) が始まっている A new *experiment* is now under way to ⌐make use of [utilize] solar energy.

こころみる 試みる (試しにやってみる) try 他 ★ 最も一般的な語; attempt 他 ★ この語は結果としては失敗を暗示する; (実験的に) experiment (with ...) 自. (☞ ためす; くわだてる; やってみる).
¶ たとえ失敗しても, もう一度*試みてごらんなさい If you don't succeed this time, ⌐*try* once again [*have* another *try*]. // 温室で蘭(らん)の栽培を*試みた I *tried* growing orchids ⌐under glass [in a glass case]. // 彼らは逃亡を*試みた They *attempted* ⌐an escape [to escape]. 語法 結果は失敗だったことを意味する.

こころもち 心持ち **1** «感じ» ¶ 急に不安な*心持ちになった (⇒ 不安に感じた) Suddenly I *felt* uneasy. (☞ きもち; かんじ[1])
2 «ほんの少し»: a bit, a little, slightly ★ この順に改まった調子となる. (☞ やや; すこし; いくぶん).

こころもとない 心許ない (不安で心配な) uneasy; (安全でない) unsafe; (当てにならない) unreliable. (☞ しんぱい; ふあん).
¶ 子供たちだけで留守番させるのはどうも*心もとない We *feel* ⌐*uneasy* [*unsafe*] when the children are left alone at home. // 彼女の運転は*心もとない Her driving is *unreliable*.

こころやすい 心安い (親しく知っている) familiar; (関係が友好的な) friendly. (☞ したしい (類義語)).

こころゆくまで 心行くまで (十分に) fully, to the full; (満足できるまで) to *one's* heart's content. (☞ おもうぞんぶん; じゅうぶん[1]).
¶ その音楽を*心ゆくまで楽しんだ We *fully* enjoyed the music. / We enjoyed the music *to our hearts' content*.

こころよい 快い (気持ちがいい) nice; pleasant; pleasing; agreeable; delightful; (さわやかな) refreshing.
【類義語】最も一般的で口語的なのは **nice**. **pleasant** と **pleasing** とはほぼ同義であるが, 多少「人」を意識している時には **pleasing** が用いられる. 好み, 性などに合っていて快いのは **agreeable**. 喜びの気持ちが特に強いのは **delightful**. 人に生気を与えるのは **refreshing**. (☞ かいてき (類義語))
¶ なんと*快い涼しい風だろう What a *nice* cool breeze! // 鈴の音が耳に*快かった The tinkling of the bell was ⌐*pleasant* [*agreeable*] to the ear.

こころよく 快く (喜んで) gladly; (進んで) willingly; (二つ返事で) readily; (心から) heartily. ¶ 彼は私の頼みを*快くきいてくれた He was quite *ready* to comply with my request. // 彼はみんなからあまり*快く思われていない (⇒ 我々の間で評判がよくない) He is not so *popular* among us.

ここん 古今 ¶ 彼は*古今東西の文学に通じている He is well read in Eastern and Western literature, *both* ⌐*ancient* [*classical*] *and modern*.

ごさ 誤差 〘数学〙 error Ⓒ. ¶ 1% 以内の*誤差は免れない *Errors* ⌐in the range [within a tolerance] of 1 percent are unavoidable.

ござ mat Ⓒ. ¶ *ござを敷く spread a *mat*

ごさい 後妻 second wife Ⓒ.

こざいく 小細工 (相手をだます) cheap trick Ⓒ (☞ さいく). ¶ 彼は私に「*小細工を弄(ろう)するな」と言った He told me not to *play cheap tricks*.

コサイン 〘数学〙 cosine Ⓒ (略 cos).

こざかしい 小賢しい (抜け目のない) shrewd; (生意気な) impertinent. (☞ ぬけめ; なまいき).

こさく 小作 tenant farming Ⓤ. **小作地** tenant land Ⓒ **小作人** tenant (farmer) Ⓒ.

こさじ 小匙 teaspoon Ⓒ; (計量の単位として, 小さじ 1 杯分) teaspoonful Ⓒ. (☞ 数の数え方 (囲み)). ¶ 砂糖*小さじ 2 杯 two *teaspoonfuls* of sugar

こざっぱり ― 形 (服装などが) neat (and ⌐tidy [trim]); (清潔できちんとした) clean and tidy. (☞ せいけつ; さっぱり; こぎれい).
¶ 彼女はいつも*こざっぱりした服装をしている She is always ⌐*neat and tidy* in her dress [*neatly* dressed].

こさめ 小雨 (細かく降る雨) a fine rain; (短時間降る雨) shower Ⓒ; (少量の雨) a light

rain ; (ぱらぱらと降る雨) sprinkle Ⓒ. 《☞ あめ¹ ; こぶり ; 天候の表現 (囲み)》.
¶ *小雨が降っている It *is raining lightly.* / A *light rain* is falling. ∥ 天気予報によると午後は*小雨がぱらつくでしょう According to the weather report, ⌈there will be [we will have] a ⌈*shower* [*light rain*] in the afternoon.

こさん 古参 ― 名 (年長者) senior Ⓒ (↔ junior); (古顔) 《口語》 old-timer Ⓒ. ― 形 senior. ¶ 会社では彼のほうが私より*古参です He is *senior* to me in our company.

ごさん 誤算 (計算違い) miscalculation Ⓒ; (見込み・判断の誤り) misjudg(e)ment Ⓒ.
¶ 私はひどい*誤算をしてしまった (⇒ 判断を誤った) I *made a gross error* ⌈in [of] judgment.∥ 10 人しか集まらなかったとは, 私の思わぬ*誤算だった It was quite a ⌈*miscalculation* [*misjudgment*] on my part that only ten people showed up.

こし 腰 (胴のくびれた部分) waist Ⓒ; (左右に張り出した部分の一方) hip Ⓒ ★ 全体をいうときは複数形にする; (腰骨付近の背中の部分) loins ★ 複数形で. 参考 日本語の「腰」に当たる部分は英語では waist と hip などに区別される. 《☞ からだ (挿絵)》.
¶ *腰が痛い I have pain in the *waist*.
彼女はほっそりした[太い]*腰をしている She has a ⌈slender [thick] *waist*.
彼は*腰に手をあてて立っていた He stood with his hands on his *hips*. / He stood with arms *akimbo*.
彼は立ち上がって*腰を伸ばした (⇒ のびをした) He stood up and ⌈*stretched* [*straightened*] (*himself*).
彼は年で*腰が曲がっている He *is bent* with age. / He *stoops* from age.
彼はベンチに*腰をおろした (⇒ かけた) He *sat on* a bench.
彼は*腰が低い (⇒ 控えめだ) He is modest.
彼は*腰が重い (⇒ 行動を起こすのが遅い) He is *slow* ⌈to act [to take action].
彼はこのありさまに*腰を抜かした (⇒ 足がすくんだ) His legs ⌈folded [wobbled] to see the sight. / (⇒ 恐怖で身がすくんだ) He *was* ⌈*petrified with terror* [*paralyzed with fear*] at the sight.

こじ¹ 孤児 orphan Ⓒ. ¶ 彼女は 3 歳で*孤児になった She was ⌈left an *orphan* [*orphaned*] at the age of three.

こじ² 故事 (歴史的事実) historical fact Ⓒ; (伝説) legend Ⓒ. 《☞ いいつたえ》.
故事来歴 (史上の起源など) origin and history Ⓒ; (史上の秘話など) anecdotes and history.

こじ³ 誇示 ― 動 (みせびらかす) show off 他; (はっきりと示す) display 他, make a display of ... ― 形 (見せびらかすような) ostentatious. 《☞ みせびらかす ; じまん》.
¶ 権力を*誇示するとは彼は最低だ (⇒ 彼はなんと愚かだろう) How stupid he is to *show off* his ⌈power [authority]! ∥ 大国はお互いに軍事力を*誇示している The ⌈major powers [superpowers] *are making an ostentatious display of* their military strength.

こじ⁴ 固持 ― 動 (主張する・言い張る) insist on ... ; (押し通す) persist in ... ; (しがみつく) stick (to ...) 自. 語法 以上いずれも名詞または動名詞が続く. 《☞ こしつ² ; けんじ² ; いいはる》. ¶ 彼はいつも自説を*固持する He ⌈always *persists in* [*never changes*] his mind.

-ごし ...越し **1** «場所» ― 前 (...の中を通して) through ... ; (...の上を越えて) over ...
¶ 若い男が車から降りるのが窓*越しに見えた *Through* the window I saw a young man get(ting) out of a car. ∥ ボールは塀*越しに飛んでいった The ball went *over* the fence. ∥ 彼はめがね*越しに私を見た He looked at me *over* (the rims of) his glasses.
2 «時» ― 前 (...の間) for ... ; (...にわたって) over ... ¶ 彼とは 10 年*越しの付き合いだ I have been friends with him ⌈these ten years [*for* ten years].

ごじ 誤字 (つづり違い) misspelling Ⓒ; (誤った語) wrong ⌈word [letter] Ⓒ 語法 英語ならば word, 日本語の場合は文字であるから letter. 《☞ ごしょく ; ミスプリント》.

こじあける こじ開ける (壊して開ける) break open 他; (無理をして開ける) force open 他; (ねじ回しなどで) wrench [réntʃ] open 他.
¶ 泥棒は戸を*こじ開けて中に入った The thief *broke in* through the door. / The thief *wrenched* the door *open*. ∥ 彼は金庫の錠を*こじ開けて金を奪った He *broke* (*open*) the lock of the safe and stole the money.

こしかけ 腰掛け (いす) chair Ⓒ; (一時の勤め) temporary work Ⓤ; (一時しのぎのもの) makeshift Ⓒ; (成功などへの踏み台) stepping stone Ⓒ. 《☞ いす》.
¶ 彼女は結婚までの*腰掛けのつもりで働いている She is working ⌈*temporarily* [*as a makeshift*] until ⌈her marriage [she gets married]. ∥ いまの仕事はよい地位につくための*腰掛けだ My present job is a *stepping stone* to a better position in the future.

こしかける 腰掛ける sit down, take a seat, seat *oneself* ★ この順に改まった言い方となる. 《☞ すわる》.

こしき 古式 (古い儀式) old [ancient] rite Ⓒ; (古くから伝わる儀式) time-⌈honored [《英》 honoured] rite Ⓒ; (古くからのしきたり) ancient custom Ⓤ. ¶ 彼らは*古式にのっとって結婚式を挙げた They held their wedding ceremony according to (the) *ancient custom*.

こじき 乞食 beggar Ⓒ.

ごしごし ¶ お手伝いさんは*ごしごしと床を磨いた The maid ⌈*scrubbed* the floor [*gave* the floor *a good scrub*]. ∥ 私は鉛筆の字を*ごしごしこすって消した I *rubbed out* the pencil marks. 《☞ 擬声・擬態語 (囲み) ; こする》

こしたんたん 虎視眈眈 ¶ 彼は*虎視たんたんと政界への返り咲きをねらっている He *is biding his time* until he can ⌈get back into politics [make a political comeback]. 《☞ ねらう》

こしつ[1] 個室 (部屋) *one's* room Ⓒ; (自分専用の部屋) *one's* own room Ⓒ, room to *oneself* Ⓒ; (病院などの) private room Ⓒ; (寝台車の) roomette Ⓒ. 《☞ へや》.
¶これは田中先生の*個室です This is *Mr. Tanaka's room.* // 彼は2階に*個室がある He has *his (own) room* upstairs. // あなたの部屋は*個室ですか Do you have a *room to yourself?*

こしつ[2] 固執 — 動 (頑固に守る) stick to ..., adhere to ... ★ 後者のほうが改まった言い方; (しがみつく) cling to ...; (言い張る) insist on ..., persist in ... — 名 adherence Ⓤ; insistence Ⓤ; persistence Ⓤ. 《☞ しゅうちゃく; こだわる》.
¶彼は終始一貫同じ見解を*固執した He consistently 「*stuck* [*adhered*] *to* the same view(s). // 彼は昔の慣習に*固執した He *clung to* 「old custom(s) [the old ways].

ごじつ 後日 (追って) later on; (そのうちに) some day; (将来) in (the) future. 《☞ あと[1]; いずれ》.
¶*後日改めて事故の原因を調べましょう I'll reinvestigate the cause of the accident *later on.* // *後日の証拠に彼の言葉をメモしなさい Take down what he says *for future evidence.*
後日談 (出来事の結果・続き) sequel to the incident Ⓒ.

ゴシック 1 《建築・美術》 — 形 (ゴシック式の) Gothic. 2 《活字》: (太字体) bold face Ⓤ; (太字の活字) bold-faced type Ⓒ, Gothic type Ⓒ ★ 前者が普通.
ゴシック建築 Gothic architecture Ⓤ.

こじつけ — 動 (構造・意味などを曲解する) strain 他. — 形 (無理じいした) forced, strained; (持って回った) farfetched.
¶君の解釈はちょっと*こじつけだ Your interpretation is rather *strained.* / You have given rather a *forced* interpretation.

ゴシップ gossip Ⓒ 《☞ うわさ》.

ごじっぽひゃっぽ 五十歩百歩 ¶もう間に合わないから, 走ったって歩いたって*五十歩百歩だ (⇒ 走ったって歩いたってほとんど違わない) You can't 「be [get] there 「in [on] time now. There is *not* much *difference* whether you walk or run. 《☞ にたりよったり》

こしぬけ 腰抜け — 名 (臆病者) coward Ⓒ; (めめしい男子) sissy Ⓒ, 《英》 milksop Ⓒ. 《☞ よわむし》.

こしゅう 固執 ☞ こしつ[2].

ごじゅう 50, 五十 — 名 形 fifty **語法** 「第50(番目)の」, あるいは「第50(番目)のもの」の場合は the fiftieth. 《☞ 数字 (囲み)》.

ごじゅうおん 五十音 the Japanese (*kana*) syllabary.

ごじゅうそう 五重奏 quintet(te) [kwintét] Ⓒ 《☞ 音楽 (囲み)》.

こじゅうと 小舅, 小姑 (小舅) brother-in-law Ⓒ; (小姑) sister-in-law Ⓒ.

ごじゅうのとう 五重の塔 five-storied pagoda Ⓒ.

ごじゅん 語順 word order Ⓤ 《☞ 欄外》.

こしょ 古書 (昔の本) old book Ⓒ; (まれな本) rare book Ⓒ. 《☞ ふるほん》.

ごしょ 御所 the Imperial Palace.

こしょう[1] 故障 — 名 trouble Ⓤ; (突発的な) breakdown Ⓒ. — 動 (故障する) go out of order, break down 自; (故障している) be out of order, be in trouble. 《☞ こわれる》.
¶エンジンの*故障 engine *trouble* // このエレベーター[電話]は*故障している This 「elevator [telephone] *is out of order.* / (⇒ このエレベーター[電話]は動かない) This 「elevator [telephone] *doesn't work.* ★ 後者のほうが口語的. // 車が途中で*故障した My car *broke down* on the way. // 「その機械はどこか*故障したのですか」「どこも*故障していませんよ」 "*Is there* [*Is*] *anything wrong with* the machine?" "No, 「*there is nothing* [*nothing is*] *wrong with* it." // *故障はすぐ直った The *breakdown* was soon 「fixed [repaired]. // *故障中 *Out of Order* 《☞ 掲示の英語 (囲み)》

こしょう[2] 胡椒 pepper Ⓤ. ¶*こしょう入れ a *pepper* 「pot [caster] / a *pepperbox*

語順 (word order) 語や句が文中で占める位置を語順という. 日本語でも英語でも主語が普通文頭に置かれるという点では同じであるが, 日英の最も際立った違いは, 日本語では動詞(または英語の動詞に相当する語句)が文の終わりにくるのに対して, 英語では動詞は主語の次の位置にくることである.

従って主語と動詞のみの文 <S+V> では「戸が開いた」 The door opened. のように日英の語順は変わらないが, それ以外の文では, 英語では目的語 (O), 補語 (C) などは動詞の後に置かなくてはならない. この日英の違いを端的に表現して, 英語は <VO 構文>, 日本語は <OV 構文> という言い方をする場合がある.

次に普通の単文の場合について, 日英の文の要素の語順を大ざっぱに比較してみよう.

なお, 特別な場合の語順については ☞ 倒置 (欄外); 強意語 (囲み), そのほか ☞ 付加疑問 (欄外); 副詞の位置 (欄外), 複文については ☞ 関係詞 (欄外).

(1) 平叙文.
(i) 《日》「…は[が]…する」, 《英》 <S+V>
日本語と英語とは同じ語順.
¶ベルが鳴った The bell rang.
副詞が入る場合については ☞ 副詞の位置 (欄外).

(ii) 《日》「…は[が]…である」, 《英》 <S+V+C>; 《日》「…は[が]…を…する」, 《英》 <S+V+O>
英語では目的語 (O), 補語 (C) は動詞の次に置く.
¶山田君は私の同級生です Yamada is *my classmate.* // 私は毎日英語を勉強する I study *English* every day.

(iii) 《日》「…は[が]…に…を…する」, 《英》 <S+V+O+O>
「…に…を」の部分は日本語では逆にする場合, 「…を…に」と入れ替えるだけだが, 英語では前置詞 (to または for) が必要である.
¶おじは私にこのカメラをくれた My uncle gave me this camera. / My uncle gave this camera *to* me.

(iv) 《日》「…は[が]…を…にする」, または「…は[が]…が…なのを…する」, 《英》 <S+V+O+C>

ごしょう 後生 ¶ *後生だから助けて下さい *For goodness' sake* help me. / (⇒ 命を助けて下さい) *For* ⌈*Christ's* [*God's*] *sake* spare my life! // 彼女は母からもらった指輪を*後生大事にしている She *treasures* the ring her mother gave her

ごじょかい 互助会 benefit ⌈society [association] Ⓒ.

ごしょく 誤植 (印刷上の誤り) misprint Ⓒ, typographic(al) error Ⓒ ★ 後者は少し形式ばった言い方; (印刷工の誤り) printer's error Ⓒ. 《☞ ミスプリント; ごじ》.

こしょくそうぜん 古色蒼然 ―動 (非常に古く見える) look very old. ¶ そのつぼは*古色蒼然としていた The urn *looked very old*.

こしらえる 拵える ☞ **つくる**.

こじらす 拗らす ¶ 不注意から私は病気を*こじらせてしまった (⇒ ほっておいたために病気が悪くなった) My ⌈sickness [illness] *got worse* through (my own) negligence. 《☞ あっか[1]》

こじれる 拗れる (物事・問題が) become complicated; (人間関係などが) 《口語》 go [turn] sour; (病気が) grow [get] worse. 《☞ あっか[1]》. ¶ 2人の仲は*こじれた The relationship between them *has gone sour*.

こじん[1] 個人 ―名 individual Ⓒ. ―形 individual; (私的な) private.

¶ *個人の自由を守らなければならない We must protect *individual* freedom(s). // 私は*個人の資格で会議に参加した I attended the meeting in a *private* capacity. // その地区の*個人平均所得はかなり高い An average *individual* income in that area is pretty high.

個人教授 private lesson Ⓒ 《☞ きょうじゅ[1]》. ¶ 私は数学の*個人教授を受けている I'm taking *private* ⌈*lessons* [《英》 *tuition*] in mathematics. **個人主義** individualism Ⓤ **個人タクシー** privately owned taxi Ⓒ 《☞ タクシー》.

こじん[2] 故人 (亡くなった人) the deceased, the decedent ★ 2つとも形式ばった語で, 単複両用. 《☞ こ-; なき-; 冠詞 (欄外)》.

¶ *故人は私の親友でした *The* ⌈*deceased* [*decedent*] was a ⌈good [close] friend of mine. // 山田氏はすでに*故人となられました (⇒ すでに死亡した) Mr. Yamada (*has* already) *died*.

ごしん[1] 誤診 wrong diagnosis Ⓒ 《複 diagnoses [-nóusi:z]》. ¶ その医者は肺炎を風邪と*誤診した The doctor *made a wrong diagnosis of* a case of pneumonia, calling it a cold.

ごしん[2] 護身 self-defense Ⓤ. **護身術** the art of self-defense.

こす[1] 越す, 超す **1** «越える»: (橋・川・海・山・平野などを横切る) cross ⑭; (乗り越える) go over ...; (病気などから回復する) get over ⑭. 《☞ こえる[1]》.

¶ ボールはフェンスを*越した The ball *went over* the fence. // 彼の病気も峠を*越した (⇒ 危機を脱した) He *got* ⌈*over* the critical stage [*out of* critical condition]. // 暑さも峠を*越した (⇒ 最も暑い日はもう過ぎた) The hottest days *are* ⌈*gone* [*over*]. // 彼に先を*越された He *took the lead over* me.

2 «移転する»: (引っ越す) move ⑥, remove ⑥ ★ 前者が普通. 《☞ ひっこす; いてん》.

¶ 彼は最近新しい家に*越した He (*has*) recently *moved into* a new house.

3 «時期を過ごす»: spend ⑭ 《過去・過分 spent》. ¶ 彼らは南極で冬を*越した They *spent* the winter in the Antarctic. 《☞ えっとう》 // その金がないと年が*越せない (⇒ やっていけない) We cannot get along during New Year's season without that money.

4 «超過する»: be over ..., be more than ... 《☞ こえる[1]》. ¶ 日本の人口は1億を*超している The population of Japan *is* ⌈*over* [*more than*] one hundred million. // 早いに*越したことはない (⇒ 早いほどよい) The sooner, the better.

こす[2] 漉す, 濾す (紙・布・砂などの濾過器で) filter ⑭; (料理などで) strain (off) ⑭; (濾過器で徐々に) percolate ⑭. 《☞ ろか》.

¶ 肉汁は*こしてからもう一度火にかけて煮つめます *Strain off* gravy, and boil until thick.

こすい 狡い ☞ **ずるい**.

英語の O+C の部分には O が主語, C が述語の関係がある. 従ってこの O と C は普通は語順を入れ替えられない.

¶ 私はドアをグリーンに塗った I painted the door green. // 私は泥棒が逃げてゆくのが見えた I saw the thief running away.

(v) 《日》「...は...が...だ」

この日本語の構文にそのままの語順で対応する英語はない.

例えば,「象は鼻が長い」という日本語はどう英語に直したらよいであろうか. この文は「象の鼻は長い」という別の日本語に言い替えができるが, これをそのまま An elephant's trunk is long. のような英語に直すと原文と少し意味がずれる. なぜなら, 原文は象の鼻の長さをトピックにしているのではなく,「象というものは, 鼻の長い動物だ」という意味だからである.

このような場合, 英語では have を使って, An elephant *has* a long trunk. のように言うのがよい. 一般に人や物の特徴や性質を言う「...は...が...だ」は, 英語では have を用い, <S+V+O> の文型にして訳すのがよい.

¶ 彼女は目が青い She *has* blue eyes. // 東京は人口が多い Tokyo *has* a large population. 語法 ただし「彼は背が高い」He is tall. のように,「...が...だ」の部分が英語では1語の形容詞で置き換えられる場合もかなりあることに注意.

(vi) 《日》「...に...がある」,《英》There ⌈is [are]...

「机の上に本がある」のように不特定のものがあることを表すには, 英語では There ⌈is [are] で文を始める.「...に」と場所を表す語句は文尾に置く.

ただし, There ⌈is [are] の構文は,「私の」「父の」などや定冠詞が付いた特定の名詞については使えない. 例えば「私のかばんがテーブルの上にある」は My bag is on the table. と <S+V> の構文になる.

(vii) 発想上, または習慣上語順が異なる場合.

例えば「儀式の後で夕食会があった」は英語では Dinner followed the ceremony. のように, 日本語と語順が逆になる. これは英文の発想が「夕食会が儀式の後に続いた」となるからである.

また, 日本語では「あなたと私」「彼女と私」は「私

こすう 戸数 the number of ⌈houses [families] (☞ -こ[2]; しょたい[1]). ¶「この村の*戸数はどのくらいですか(⇒何世帯ありますか)」「約350です」"How many ⌈*houses* [*homes*; *families*] are there in this village?" "There are about 350."

こずえ 梢 (木のてっぺん) treetop Ⓒ, the top of a tree.

コスト cost Ⓒ (☞ ひよう; けいひ). ¶生産*コスト production *cost(s)*

コスモス cosmos [kɑ́zməs] Ⓒ (複 ～(es)) (☞ 花 (囲み)).

こする 擦る (手や布などで物をこする) rub ㊤; (ごしごしこすって物をきれいにする) scrub ㊤.
¶彼女は目を*こすってあくびをした She *rubbed* her eyes and yawned. // 私は塀から泥を*こすり落とした I *scrubbed* the dirt off the wall.

ごする 伍する (地位・順位が同等である) rank ⌈among [with] …; (能力・資質が対等である) be equal to … ¶日本は明治維新後世界の列強に*伍するようになった Japan *has* (*been*) *ranked* ⌈*among* [*with*] the Great Powers of the world since the Meiji Restoration.

こせい 個性 personality Ⓤ; individuality Ⓤ.
【類義語】この2語はほぼ同じ意味だが, 単にその人と他の人を区別する特徴を ***individuality*** と言うのに対し, ある人特有の肉体的・精神的特徴は ***personality*** と言う.
¶彼女は*個性がある[ない] She ⌈has [lacks] *individuality*. // ゴッホの自画像には彼の強烈な*個性が出ている The self-portrait of Van Gogh expresses his intense *personality*.

こせいだい 古世代 〖地質学〗 the Paleozoic [pèiliəzóuik] era (↔ the Mesozoic era; the Cenozoic era).

こせき 戸籍 family register Ⓒ (☞ ほんせき). ¶結婚すると夫婦は新しい*戸籍を持つ A newly married couple makes a new *family register*. **戸籍抄本** extract [partial] copy of *one's* family register Ⓒ **戸籍謄本** full copy of *one's* family register Ⓒ.

こせこせ ―動 (ささいなことに思い煩う) worry [fuss] ⌈about [over] trifles. ―形 (こせこせした) fussy; (落ち着きのない) restless. (☞ くよくよ). ¶ささいな事で*こせこせするな (⇒つまらないことについて心配するな) Don't ⌈*worry* [*fuss*] *about trifles*. // 彼は*こせこせした男だ He is a ⌈*fussy* [*restless*] man.

こぜに 小銭 (硬貨) coin Ⓒ; (small) change Ⓤ. (☞ こまかい; 金銭 (囲み)). **小銭入れ** small-change purse Ⓒ (☞ さいふ (挿絵)).

こぜりあい 小競り合い skirmish Ⓒ.

ごせん 互選 mutual vote Ⓤ, co-optation Ⓤ. (☞ とうひょう). ¶彼は*互選によって議長に選ばれた He was elected chairman by *mutual vote*.

ごぜん 午前 morning Ⓒ; (記号として) a.m. (↔ p.m.) ★ 時刻を表す数字の後に置く. (☞ あさ[1]; 時刻・日付・曜日 (囲み)).
¶私は*午前中に英語の勉強をする I study English *in the morning*. (☞ 冠詞 (欄外)) // 列車は*午前7時に着きます The train will arrive at ⌈7 *a.m.* [seven *in the morning*.] // きょう[あす]の*午前中に高知行きの飛行機はありますか Is there a flight for Kochi ⌈this [tomorrow] *morning*? // 会議は9月15日の*午前中です The meeting will be (held) *on the morning* of September 15. 語法 「午前中に」には前置詞は in を用いるが,「日」が含まれる場合には on を用いる. // *午前中に (⇒昼前に) 大阪に着きますか Can I get to Osaka ⌈*by* [*before*] *noon*?

ごせんし 五線紙 music [scoring] paper Ⓤ, music [scoring] sheet(s). (☞ 音楽 (囲み)).

こせんじょう 古戦場 old [ancient] battlefield Ⓒ (☞ せんじょう[1]).

ごせんふ 五線譜 score Ⓒ (☞ がくふ; 音楽 (囲み)).

-こそ ★ 日本語では特にあるものを取り立ててあげるのに用いる助詞であるが, 英語では強調・譲歩などの表現として適宜意訳するのがよい. (☞ 強調の表現 (囲み); 譲歩の表現 (囲み)).
¶彼*こそ非難されるべきだ *It* is he ⌈*that* [*who*] should be blamed. (☞ It の用法 (欄外)) // 彼は年*こそ若いが非常に有能だ Young *as* he

---

とあなた」「私と彼女」のように語順を逆にしても特に違いはないが, 英語では習慣上 I は常に最後に置き, you and I, she and I としなくてはならない. このような発想上, 習慣上の語順の違いもかなりあることに注意. (☞ 発想 (欄外))
(2) 疑問文.
(i) 疑問詞のない疑問文.
日本語では「か」を文尾に付けると疑問文になるが, 英語では動詞(あるいは助動詞)と主語の語順を逆にすることで疑問文を作る.
be動詞の時は be を文頭に出し, その他の動詞の場合は do [does; did] を文頭に出す. 語法 《英》および一部の《米》では have 動詞は所有の意味の場合には be 動詞に準じて do [does; did] を用いずに, 主語の前に出して疑問文を作る.
なお話し言葉では文尾が上がり調子で言われる.
¶あなたはアメリカ人ですか *Are you* (an) American? // 彼は大学生ですか *Does he go* to college? // 入ってもいいですか *May I come in*?
(ii) 疑問詞のある疑問文.
日本語では「何」「どこ」のような疑問を表す語は文中でその答えになる語を置く位置にそのまま置いてかまわないが, 英語では普通は文頭に出さなくてはならない.「普通は」と言う理由は, 1つには文頭に副詞句[節]が置かれる場合があること, そしてまた1つには特に口語において,「あなたが何を買ったんですって」と相手の言ったことに対しておうむ返しの質問をするときに "You bought *what*?" のような語順をとることがあるからである.
¶あなたはどこの学校に通っていますか *What* school do you go to? // 結婚式はいつですか *When* will the wedding ceremony be? // 何が起こったのですか *What* happened? ★ このように疑問詞が主語の場合のみ日本語と語順が一致する.
(3) 感嘆文. (☞ 感嘆の表現 (囲み))
(4) 祈願文.
「…でありますように」という願いや祈りを表す文は, 英語では may を文頭に出して言う形が一般的である.
¶あなたのコンサートが成功しますように *May* your concert be successful!

is [*Though* he is young], he is very able.// 「失礼しました」「いえ, こちら*こそ」"Excuse me." "Excuse *mé*." [語法]「こちらこそ」の意味を出すために, me を高い調子のイントネーションで言う. (☞ 謝罪の表現 (囲み)) // いま*こそ戦うべき時だ Now is the time ⌈to fight [for fighting].

こぞう 小僧 (少年) boy Ⓒ; (子供)《口語》kid Ⓒ ★男女両方に用いる; (寺の) priestling Ⓒ. (☞ こ¹; こども). ¶いたずら*小僧 a mischievous *boy*

ごそう 護送 ¶罪人は警察によって刑務所に*護送された The culprit *was sent* to jail *under police escort*.

こそく 姑息 ━形 (間に合わせの) makeshift; (中途半端の) halfway. ¶*こそくな手段 a ⌈*makeshift* [*halfway*] measure

ごそくろう 御足労 ¶ちょっとそこまで*ご足労願いたい (⇒私と一緒に来て下さい) Would you mind *coming* [May I trouble you to *come*] with me?

こそこそ ━副 (こっそりと) stealthily, secretly, sneakingly; (ささやき声で) in whispers. (☞ こっそり; 擬声・擬態語 (囲み)). ¶近所の人たちは事件について*こそこそ (⇒ささやき声で) 話した My neighbors talked about the affair *in whispers*. // その男は*こそこそと立ち去った The man ⌈*sneaked* away [left *stealthily*].

ごそごそ ¶彼は静かな音楽会で紙を*ごそごそさせた He ⌈*made rustling sounds* with paper [*rustled* papers] in the quiet concert. (☞ がさがさ; 擬声・擬態語 (囲み))

こぞって ¶町の青年たちは*こぞって (⇒皆) その会合に出席した *All* the young men of the town attended the meeting. // クラス*こぞって (⇒クラス全体が) 彼の提案を支持した *The whole* class supported his proposal. (☞ みな; すべて; ぜんぶ¹)

【参考語】(すべての) all, every; (例外なく) without exception; (一致して) unanimously.

こそどろ こそ泥 sneak [petty] thief Ⓒ (☞ あきす; どろぼう).

こそばゆい ━動 tickle ⓐ (☞ くすぐったい).

こたい 固体 ━名 solid (body) Ⓒ (↔ liquid; gas). ━形 solid. (☞ こけい).

こだい¹ 古代 ━名 ancient [old] times ★複数形で. ━形 ancient. ¶*古代史 *ancient* history

こだい² 誇大 ━形 (誇張した) exaggerated. ━名 exaggeration Ⓤ. (☞ こちょう). **誇大広告** (人目を引く) sensational advertisement Ⓒ **誇大妄想** megalomania Ⓤ **誇大妄想患者** megalomaniac Ⓒ.

こたえ 答え ━名 answer Ⓒ; reply Ⓒ; (反応) response Ⓒ; (問題などの解答) solution Ⓒ. ━動 (答える) answer ⑩ⓐ; reply ⓐ; respond ⓐ.

【類義語】単に質問だけでなく, 呼びかけ・命令・要求などに対する答えのいずれにも用いられる最も一般的な語は **answer**. やや改まった語で, 考慮を払った上での返答・返事は **reply**. 要請や呼びかけなど刺激に対する反応で, 即座の回答は **response**. (☞ かいとう²)

¶私の質問に*答えなさい *Answer* my question. / Give me an *answer*. [語法] 日本語で「答え」という名詞形が使われていても, 英語に訳すときは動詞形が使われたり, またその逆のこともあることに注意.

あなたの*答えは合って[間違って]います Your *answer* is ⌈right [wrong]. / Your *answer* is ⌈correct [incorrect].

彼は何と*答えましたか What was his *answer*? / How did he *answer* (your question)? [語法] 2番目の文は答え方, つまり「はきはき答える」,「あいまいに答える」など答え方の態度を含むので, 意味があいまいである.

ノックしたが*答えがなかった Nobody *answered* the door. / I knocked ⌈at [on] the door but there was no ⌈*answer* [*response*].

この問題の*答えは次のページにあります The ⌈*answer to* this question [*solution to* this problem] is on the next page.

この問題の*答えがどうしても出せない (⇒問題が解けない) I cannot *solve* this problem at all. / I cannot find the *answer* to this question, however hard I try.

こたえる¹ 答える answer ⑩ⓐ ★最も一般的な語; (回答する) reply (to ...) ⓐ ★やや改まった語; (反応・応答する) respond (to ...) ⓐ. (☞ こたえ).

こたえる² 応える (要求などに) meet ⑩《過去・過分 met》(☞ おうじる). ¶経営者側の解答は組合の要求に*応えるものではない The ⌈reply [offer] ⌈by [of] the management does not *meet* the demands of the (labor) union. // ご期待に*応えるよう頑張ります I'll do my best to *meet* your expectations.

こたえる³ 応える, 徹える (悪影響を持つ) tell on ...; (身にしみてわかる) come home to ... (☞ しみる; ほねみ). ¶寒さは体に*こたえる The cold *tells on* me. / (⇒寒さを心底感じる) I *really feel* the cold. // 彼の言葉は胸に*こたえた His words ⌈*came* [*went*] *home to* me.

こだかい 小高い ━形 (土地が少し隆起している) slightly [a little] elevated.

¶*小高い所 (⇒丘) a hill / (⇒高台) heights ★主に複数形で. // 町は北のはずれが*小高くなっている The city is *a little elevated* toward its northern verge.

ごたごた **1** «問題»: (面倒) trouble Ⓤ; (特定の問題) problem Ⓒ ★以上2語は「困った問題」の意ではほぼ同意; (もめごと) discord Ⓒ ★「不和」の意では Ⓤ; (紛争) conflict Ⓤ. (☞ もめごと; いざこざ).

¶最近, 会社で*ごたごたがあった Our company has recently had ⌈some *trouble(s)* [a *problem*; *problems*]. // あの家では*ごたごたが絶えない That family is in constant ⌈*trouble* [*discord*]. // あの男はいつも近所の人と*ごたごたを起こしている He is always getting in(to) *trouble* with the neighbors.

2 «無秩序»: (混乱) disorder Ⓤ, confusion Ⓤ, 《口語》mess Ⓤ ★しばしば a を伴う.

《☞ ごちゃごちゃ；らんざつ》.
¶ 引っ越したばかりでまだ*ごたごたしています (⇒落ち着かせることができない) I've just moved in and *can't get things settled down*. ∥ 学園祭の用意で教室が*ごたごたしている The classroom is (in) a *mess* because of (the) preparation for the school festival.

こだし 小出し ¶ 彼女は金を*小出しに使う (⇒彼女は一度に大金を使わない) She *doesn't spend much* (money) *at* ⌜*a* [*one*] *time*.

こだち 木立ち (a ⌜clump [cluster] of) trees 【語 法】 文脈から群生していることが明らかであれば trees のみでよい；(やぶ) thicket Ⓒ；(下生えのない小さな林) grove Ⓒ. ¶ 家は*木立ちに囲まれて建っていた The house was surrounded by *trees*.

こたつ 火燵, 炬燵 *kotatsu* Ⓒ ★ 単複同形；Japanese foot warmer with frame and ⌜coverlet [quilt] (over it) Ⓒ ★ 説明的な言い方. 《☞ 日本固有の風物と英語 (囲み)》.
¶ *こたつにあたる warm *oneself* at ⌜a [the] *kotatsu*

ごたぶん 御多分 ¶ ティーンエージャーの*ご多分にもれず (⇒ほかのティーンエージャーと同様に), よし子はロック(音楽)が大好きだ Yoshiko, *like other* teenagers, loves rock music.

こだま 木霊 ━ 名 echo [ékou] Ⓒ 《複 ～es》. ━ 動 (こだまする) echo ㊀.
¶ あの山は*こだまを返す That mountain produces *echoes*. ∥ 大砲の音は山々の間[谷間]に*こだました The sound of the gun *echoed* ⌜between the mountains [through the valley]. / <S(場所)＋V(*echo*)＋*with*＋名(音)> The ⌜mountains [valley] *echoed with* the sound(s) of the gun.

こだわる ━ 形 (細かい点を気にする) particular; (選択についてこだわる) choosy, picky; (凝りすぎる) finicky. ━ 動 (固守する) adhere (to …) ㊀, stick (to …) ㊀. 《☞ うるさい；しゅうちゃく；こしつ²》.
¶ 母は服装に*こだわる (⇒やかましい) My mother is *particular about* her clothes. ∥ 彼は自分の使う道具に*こだわる He is *finicky about* the tools he uses. ∥ 色に*こだわらなければ, どんな型でもあります Any model is available(,) if you're not *picky about* (a specific) color. ∥ 彼は古いしきたりに*こだわる (⇒どうしても守ろうとする) He ⌜*adheres* [*sticks*] *to* ⌜old custom(s) [the old ways]. ∥ 試験の点数にあまり*こだわる (⇒重大に考える) 必要はない Don't *take* the results of the exam *too seriously*.

こちこち **1** 《堅い》 ━ 形 hard ★ 最も一般的な語；(石のように堅い) stony, stoney；(パンの外皮のように外側が堅い) crusty.
¶ 粘土は乾くと*こちこちになる Clay will get *hard* when it dries. ∥ チーズの切り口は*こちこちになっている The cut end of the cheese has gotten *crusty*.
2 《緊張した》 ━ 形 nervous, tense. ━ 動 (緊張する) be [get] ⌜nervous [tensed up]；(あがる) feel stage fright. 《☞ きんちょう；あがる²》. ¶ 彼は面接のとき*こちこちだった He ⌜*was* [*got*] ⌜*nervous* [*tensed up*] ⌜at [during] the interview. ∥ 私は舞台の上で*こちこちになった I *felt stage fright* as I stood before the audience.
3 《融通がきかない》 ━ 形 (頑固な) obstinate; (生まれつき頑固な) stubborn. 《☞ がんこ》.

ごちそう 御馳走 **1** 《饗応》 ━ 動 (食事に招く) invite … ⌜for [to] dinner；(おごる) treat ㊉. 《☞ おごる¹；食事 (囲み)》.
¶ 私は先週友人を呼んで夕食[昼食]を*ごちそうした I ⌜*invited* a friend [had a friend over] (to my house) *for* ⌜*dinner* [*lunch*] last week. ∥ 彼は私に昼食を*ごちそうしてくれた He *treated* me *to* lunch.
2 《豪華な食事》: gorgeous ⌜dinner [lunch] Ⓒ；feast Ⓒ 【語 法】 feast は「祝宴・宴会」の意だが, 比喩的に「豪華な食事」の意でも使われる；(おいしい食べ物) excellent food Ⓤ；(手のこんだ料理) elaborate dish Ⓒ.
¶ たいへんな*ごちそうだった That was quite a *feast*. / That was a ⌜*gorgeous* [*wonderful*] *dinner*. ∥ 私はパーティーですばらしい*ごちそうを食べた I ⌜ate [had] some ⌜*wonderful* [*excellent*] *food* at the party.

ごちゃごちゃ ━ 形 (混乱した) confused, muddled；(いろいろのものが交じり合った状態で) mixed up；(雑然とした) jumbled, messy ★ 後者のほうがより口語的. ━ 副 in a ⌜jumble [muddle]. 《☞ ごっちゃ》.
¶ やることが山ほどあって頭の中が*ごちゃごちゃだ (⇒混乱した状態にある) I am ⌜*mixed up* [*confused*] with so many things to do. ∥ 君の部屋は*ごちゃごちゃだ Your room is (*in*) *a mess*. ∥ 私は狭くて*ごちゃごちゃした通りを歩いた I walked through a narrow, *jumbled* street. ∥ 書類を*ごちゃごちゃにしないでくれよ Don't ⌜*muddle up* [*mix up*] those papers.

こちょう 誇張 ━ 名 overstatement Ⓤ, exaggeration Ⓤ 【語 法】 前者は, 単に行き過ぎがあるという客観的事実を述べる語であるの

誇張 (overstatement, hyperbole) 実際より大げさな表現を使って, 読者や聞き手に強い印象を与えようとする表現法. 「…のように」などの比喩を使う言い方が多い. 《☞ 比喩 (欄外)》
効果的に用いられれば, 格調の高い威厳のある文体を作り出したり, 場合によってはユーモラスな表現となったりする. しかし, 乱用すると仰々しく空疎な印象を与えることになる.
英語と日本語では誇張の仕方に違いがあり, 日本語でごく普通に用いられる誇張表現も, 英語にそのまま直すと意味が正確に伝わらないことがある点に注意. 《☞ 控えめな表現 (欄外)》
¶ ずいぶん長い間 (⇒幾時代も) 会わなかったね I haven't seen you for *ages*. ∥ 波は山のように高くなった The waves rose *mountain high*. ∥ 汗が滝のように (⇒川となって) 顔を流れた The sweat ran down my face *in rivers*. ∥ 地下鉄ですし詰めにされた (⇒缶詰のいわしのように詰め込まれた) They were packed in the subway *like sardines*. ∥ 目から火が出た (⇒星が見えた) I saw *stars*. ∥ 彼は借りてきた猫みたいに (⇒ねずみのように) おとなしい He is as quiet *as a mouse*. ∥ 猫の額ほどの土地 a small strip of land 【参考】「猫の額」という比喩は英語では使われない.

に対し，後者は偏見のある誇張だとか，事実にとらわれない文学的誇張などをいう；(修辞上の手法としての誇張) hyperbole [haipə́:bəlì:] Ⓤ ★ 以上３語は具体的な発言を指すときは Ⓒ. ── 形 (誇張された) overstated, exaggerated; (文体などが大仰な) high-flown. ── 動 (誇張する) overstate ⓗ, exaggerate ⓗ. 《☞ 欄外；おおげさ》.

¶ 彼の話はいつも大部分が*誇張だ What he says is always an *exaggeration* for the most part. // 記者は事実を*誇張しないように注意すべきだ Reporters should be careful not to *overstate* facts. // *誇張でなく，あの男は天才だ He is, without *exaggeration*, a genius. // 民話には*誇張された話がたくさんある There are a number of *exaggerated* stories among folktales. // 山田夫人はものごとを*誇張する傾向がある Mrs. Yamada tends to *exaggerate* things.

ごちょう 語調 tone Ⓒ, note Ⓒ 語法 前者がより一般的な言葉の調子を指すのに対し，後者はある気分・感情を反映した特定の調子を指す. 《☞ くちょう；ちょうし[1]；くちぶり》.

¶ 彼の*語調から (⇒ 彼の話し振りから) 私は彼が結果に満足していないと判断した I judged from *the way he spoke* that he was not satisfied with the results.

こちら ── 副 (この場所へ) here; (こちらのほうへ) this way. ── 名 (こちら側) this side Ⓒ. ── 代 (このもの・この人) this; (電話で自分のこと) this; (我々・当方) we. 《☞ ここ[1]；そちら；あちら；代名詞 (欄外)》.

¶ *こちらではもう桜が満開です The cherry blossoms are already in full bloom *here*.

お手洗いは*こちらです *Here*'s the bathroom.

*こちらにお座り下さいませんか Will you sit *over here*, please? 語法 here の前に over が付くと，相手のいる位置から「こちら」が離れているというニュアンスが伝わる.

*こちらへどうぞ *This way*, please. / Please come *this way*. ★ 人を案内するときの言い方.

*こちらのほうを見てごらん Look *this way*.

車は通りの*こちらに止めておいて下さい Please park your car on *this side* of the street.

あちらより*こちらのほうがいい *This* (*one*) is better than that (one). / *These* (*ones*) are better than those (ones). ★ 複数の場合.

*こちら (⇒ この人) はヘンリー ミルズさんです *This* is Mr. Henry Mills. 《☞ 紹介(囲み)》

《電話で》*こちらは井上明です *This* is Akira Inoue (speaking). 《☞ 電話の英語 (囲み)》

その件は*こちらで (⇒ 我々で) 処理いたします *We* will take care of the matter.

こぢんまり ── 形 (小さい) small; (小さいながらも安らぎを与える) snug, cozy ★ 後者は corner, nook などと結びつくことが多い；(余計なものがなく清潔で整った) neat; (小さいが緻密な) compact.

¶ この大学は*こぢんまりしている This is a *small* college. // その老婦人は*こぢんまりした郊外の家に住んでいる The old lady lives in a ⌈*cozy* [*snug*] *little* house in the suburbs.

こつ (要領)《口語》the hang, a [the] knack. 《☞ こきゅう；ひけつ[1]》. ¶ *こつを飲み込むのにしばらくかかるよ It'll take you some time to *get the* ⌈*hang* [*knack*] of it. // 彼は金もうけの*こつを知っている He has ⌈*a* [*the*] *knack* of making money.

ごつい ── 形 (粗野な) rough; (頑丈な) tough. 《☞ がっしり》. ¶ 彼は*ごつい男に見える He looks like a *tough* man.

こっか[1] 国家 ── 名 (主権のある政府，また，その下に統一された国) state Ⓒ; (国) country Ⓒ; (国民・民族) nation Ⓒ ★ state と同じ意味で用いることもある；(政府) government Ⓒ. ── 形 (国有の・国立の) national, state; (政府の) governmental. 《☞ くに (類義語)》.

¶ *国家は我々に補償すべきだ The ⌈*state* [*government*] should indemnify us. // その組織は*国家の援助を断った The organization turned down ⌈*national* [*governmental*; *state*] assistance.

国家公務員 government ⌈official [employee] Ⓒ; public servant Ⓒ ★ 後者には「公僕」のニュアンスがある. 《☞ こうむいん》 **国家試験** state [national] examination Ⓒ.

こっか[2] 国歌 national anthem Ⓒ.

こっか[3] 国花 national flower Ⓒ 《☞ 花 (囲み)》.

こっかい 国会 the Diet ★ 最も一般的. 日本の「国会」の英訳はこれを用いる；(上下両院) the Houses ★ ややくだけた言い方；(国民の代表の会議) national assembly Ⓒ; (立法府) legislative Ⓒ 参考 以上の語はどこの国の国会をも指すことができるが，通常は以下のように国に応じて決まった表現がある；(米国の) Congress; (英国・カナダ・オーストラリアなどの) Parliament [pɑ́ːələmənt] ★ Congress も Parliament も大文字で始め，定冠詞は付けない. 《☞ ぎかい；しゅうぎいん；さんぎいん；政治・経済 (囲み)》.

¶ *国会はいま開会中だ *The Diet* is now ⌈in session [sitting]. // *国会が召集された *The Diet* was ⌈convened [called in session]. // *国会は来週解散する *Parliament* ⌈will [is scheduled to] dissolve next week. // 臨時*国会 an extraordinary *Diet* session

国会議員 (日本の) Member of Parliament Ⓒ ★ M.P. [émpíː] と略す，(男性) Dietman Ⓒ, (女性) Dietwoman Ⓒ; (米国の) member of Congress Ⓒ, (男性) Congressman Ⓒ, (女性) Congresswoman Ⓒ; (英国の) Member of Parliament Ⓒ《略 M.P.》★ 下院議員を指すことが多い；(法律を作る人) lawmaker Ⓒ ★ ややくだけた言い方. 《☞ ぎいん》. ¶ 彼は*国会議員だ He is a *Member of Parliament*. / He is an *M.P.* / He is a ⌈*Dietman* [*lawmaker*]. / (⇒ 議席を持っている) He *has a seat in Parliament*. **国会議事堂** (一般に) the Diet building; (米国の) the Capitol; (英国の) the Houses of Parliament ★ 複数形で. 《☞ ぎじどう》 **国会図書館** the National Diet Library; (米国の) the Library of Congress.

こづかい 小遣い pocket money Ⓤ, 《米》 spending money Ⓤ ★ 以上はくだけた言い方；

(定期的に与えられるお金) allowance Ⓒ.
¶私の*小遣いは月7千円です I am given an *allowance* of 7,000 yen a month.

こっかく 骨格 (体格) frame Ⓒ; (人間の体の形・大きさなど) build Ⓒ; (特に男性の体格) physique Ⓒ; (建物の枠組) framework Ⓒ. 《☞ ほねぐみ; たいかく》.

こっき 国旗 national flag Ⓒ 《☞ はた[1]》.
¶私たちは*国旗を掲揚した We hoisted our *national flag.*
【参考語】《各国の国旗の通称》: (イギリス) the Union Jack; (アメリカ) the Stars and Stripes; (フランス) the Tricolor; (ソ連) the Hammer and Sickle; (日本) the Rising Sun.

こっきょう[1] 国境 (一般に) border Ⓒ, frontier Ⓒ 語法 以上は「国境地帯」という意味でも使われる. 後者は《米》で未開拓の土地に接した地域という意味でも使われるので, 前者のほうがより一般的; (national) boundary Ⓒ ★ 国境線のみを意味するやや改まった語.
¶*国境の町 a ⌈*border* [*frontier*] town // 彼らは*国境を越えた They crossed the ⌈*border* [*frontier; national boundary*]. // フランスとスペインは*国境を接している France and Spain *border* each other. ★ この border は 動 他. // 中ソ*国境 the Russo-Chinese *border* // *国境紛争 a *border* dispute / (⇒ 衝突) a *border* conflict

こっきょう[2] 国教 state religion Ⓒ.

コック[1] cook [kúk] Ⓒ. ¶私の兄は*コックをしている My older brother is a *cook.*
コック長 chef [ʃéf] Ⓒ.

コック[2] (調節弁) cock Ⓒ; (蛇口) 《米》 faucet Ⓒ, 《英》 tap Ⓒ. 《☞ じゃぐち; せん[3]》.
¶あの*コックを開け[閉じ]なさい Turn ⌈on [off] that ⌈*cock* [*faucet*; *tap*].

こづく 小突く (指・棒・ひじなどで) poke 他; (押す) push 他; (強くぐいと押す) thrust 他; (注意を喚起するためにひじでちょっと突く) nudge 他. 《☞ つつく》.
¶私は彼をひじで*小突いて笑いを制止した I ⌈*nudged* him [*poked* him *with* my elbow] to keep him from laughing. // 彼はよたものたちに*小突きまわされた He *was pushed around* by a gang of hoodlums.

こっくり ── 動 (うなずく・うなずいて示す) nod 自 他, give a nod; (居眠りをする) nod 自. ── 名 nod Ⓒ. ¶彼女は*こっくりとうなずいた She *nodded* (her agreement). / She answered *with a nod.* // 彼は*こっくりこっくり居眠りをしていた He *was nodding* with drowsiness.

こっけい 滑稽 ── 形 (おかしい) funny; (ユーモアがある) humorous; (喜劇的な) comical; (笑いを誘うような) laughable; (嘲笑を誘うほどばかげた) ridiculous. ── 名 (無意味でばかげたこと) nonsense Ⓤ. 《☞ おかしい》.
¶彼の話し方はとても*滑稽だ The way he talks is very ⌈*funny* [*humorous*]. // それは*滑稽な出来事だった It was a ⌈*comical* [*laughable*] incident. // あの人が社長に選ばれるなんて*滑稽だよ How *ridiculous* [What *nonsense*] it is that he should be elected as president!

こっけん 黒鍵 (ピアノなどの) black key Ⓒ.

こっこ 国庫 the ⌈national [state] treasury.
¶私の医療費は*国庫負担となる (⇒ 政府が私の医療費を払う) *The government pays* my medical bills. / (⇒ 国庫から支払われる) My medical bills are paid out of the ⌈*national* [*state*] *treasury.* // この学校は*国庫補助を受けている This school is subsidized by the government. / (⇒ 国の助成金を受ける) This school receives *government subsidies.*

-ごっこ (…ごっこをする) play… ¶泥棒*ごっこをする *play* cops and robbers // 兵隊*ごっこをする *play* soldiers // お医者さん*ごっこをする *play* doctors and patients // お店屋さん*ごっこをする *play* store // 彼らは鬼*ごっこをした They *played* tag.

こっこう 国交 (外交関係) diplomatic relations ★ 通例複数形で.
¶その国とは*国交がない We have no *diplomatic relations* with that country. // 1876年に両国間に*国交が樹立した *Diplomatic relations* were established between the two countries in 1876. / (⇒ 両国は外交関係に入った) The two countries entered into *diplomatic relations* in 1876. // 両国の*国交は断絶した The *diplomatic relations* between the two countries were ⌈severed [broken; cut]. / The two countries have broken off *diplomatic relations.* // 日中間の*国交は1972年に回復した *Diplomatic relations* between Japan and China were restored in 1972. // その国との*国交を正常化するのが急務だ It is very necessary to normalize *diplomatic relations* with that country.

こっこく 刻刻 ── 副 every minute, minute by minute ★ 前者のほうがより口語的. また minute の代わりに second, moment も可能. 《☞ いっこく》. ¶空の色が*刻々変わった The sky changed ⌈color [《英》 colour] *every minute.* // 彼の死は*刻々近づいていた (⇒ 徐徐にかつ確実に) He was dying *gradually and surely.* / His death was *imminent.*

こつこつ ── 副 (着実に・うまずたゆまず) steadily; (辛抱強く) patiently; (常に一定して) constantly; (少しずつ) little by little. 《☞ 擬声・擬態語 (囲み)》.
¶彼は*こつこつ働いた He worked *steadily.* // *こつこつ金をためるのは私の趣味じゃない I don't like saving money *little by little.* // *こつこつ努力すればきっとうまくいくよ You'll get a good result if you make *constant* efforts.

ごつごつ ── 形 (滑らかでない) rough, harsh ★ 後者は「不愉快な」というニュアンスが入ることが多い; (土地が起伏が多い) rugged; (でこぼこの) uneven; (岩の多い) craggy. 《☞ 擬声・擬態語 (囲み)》. ¶*ごつごつした道 a very ⌈*rugged* [*uneven*] road // *ごつごつした山 *craggy* mountains // *ごつごつした手 *bony* hands

こっし 骨子 (主要な点) main point Ⓒ; (要旨) the gist. 《☞ ようし[1]; ようてん》.

こつずい 骨髄 the marrow. ¶彼に対しては彼女は恨み*骨髄に徹している She ˹has [bears; harbors] a ˹bitter [deep] grudge against him. **骨髄炎** osteomyelitis Ⓤ.

こっせつ 骨折 ―名 fracture of a bone Ⓒ ★形式ばった語. ―動 (骨折する) break a bone. 《☞ ほね》. ¶彼はスキーをしていて右足を*骨折した He *broke* his right leg while skiing.

こつぜん 忽然 ―副 (突然に) suddenly, all of a sudden, all at once; (不意に) unexpectedly. 《☞ ふい[1]; とつぜん》.
¶彼は*忽然と姿を消した He *suddenly* disappeared. / He disappeared ˹*all of a sudden* [*all at once*; *unexpectedly*]. / (⇒ 消え失せた) He *vanished into thin air*. ★口語表現. // 古代都市の廃墟は探検隊の前に*忽然と (⇒ あたかも魔法のように) 現れた The ruins of the ancient city appeared before the expedition members *as if by magic*.

こっそり (ひそかに) secretly, in secret; (公然とではなく) in private 語法 secretly ほど積極的に隠し立てをするニュアンスはない; (人目を忍んで) on the sly ★悪いニュアンスで用いる; (ずるいやり方でそっと) stealthily; (うさんくさい態度で) furtively; (だれにも見られないで) without letting anyone see, without being seen ★この2つは中立的な表現. 語法 以上のほかに日本語の「こっそり」に当たる言葉をそのまま用いないでも, その意味を含む言い方がいろいろある. ((例) *こっそり見る steal a glance of... // *こっそり入る sneak in... // *こっそり持ち去る steal ...). 《☞ ひそか》.
¶私は彼に*こっそり金を渡した I handed him the money ˹*secretly* [*in secret*]. // 彼は夜は*こっそり別の会社でアルバイトをしている He works part time for another company at night *in private*. // 彼はよく個人的な手紙を*こっそり勤務時間中に書く He often writes his private letters during office hours *on the sly*. // 彼女は*こっそり家を抜け出した She ˹*sneaked* [*slipped*; *tiptoed*] out of the house. / (⇒ だれにも見られないように家を抜け出した) She ˹left [walked out of; went out of] the house *without letting anyone see her*.

ごっそり ¶彼は持ち物を*ごっそり奪われた (⇒ 持っていたすべての物を奪われた) He was robbed of ˹*everything* he had [*the whole lot*]. ★[ ] 内はくだけた言い方. // 彼女はコンテストで賞を*ごっそりさらった (⇒ 提供されたすべての賞を得た) She won *all* the prizes offered at the contest.

ごったがえす ごった返す (混乱している) be in confusion; (とり散らかっている) be in a mess ★口語的表現; (混んでいる) be crowded; (騒がしく混んでいる) be thronged; (押し合いへし合いになるほどに混んでいる) be jammed. 《☞ こみあう; こんざつ》.
¶家の中は*ごった返している The house is ˹*in a mess* [*in confusion*]. // 市場は*ごった返していた There was a lot of *hustle and bustle* at the market. 語法 hustle and bustle は「ざわついてせわしい様子」を表す. // 売り場は買い物客で*ごった返していた The department *was* ˹*crowded* [*thronged*; *jammed*] with shoppers.

こっち ☞ こちら.

ごっちゃ ¶君は2つの考えを*ごっちゃにしている You *are confusing* the two ideas. // その食べ物は中国料理とインド料理とを*ごっちゃにしたようなものだった The food was like a *mixture* of Chinese and Indian food. / The food was like Chinese and Indian food *mixed* together. // 書類がみんな*ごっちゃになってしまった The papers *got* all *mixed up*. 《☞ こんどう; ごちゃごちゃ》

こつつぼ 骨壺 urn Ⓒ 参考 このようなものは英米では普通は用いられない.

こづつみ 小包 (postal) parcel Ⓒ, (postal) package Ⓒ; (小包便) parcel post Ⓤ.
¶この*小包を出してきます I'll go and mail this ˹*parcel* [*package*]. // これらの本を*小包で送りましょう I'll ˹send [mail] these books by *parcel post*.

こってり **1** «食べ物がしつこい» ―形 (栄養価が高く, 内容的に豊かな) rich; (腹にもたれるような) heavy; (いやにしつこい) 《口語》 stodgy. 《☞ 味 (囲み)》.
¶彼は*こってりした食べ物が好きだ He likes ˹*rich* [*stodgy*] food. // このスープはとても*こってりしている This soup is very ˹*rich* [*heavy*].
2 «たっぷり» ―形 (たくさんの) a lot of ...; (十分な) good. ―副 (うんと) a lot; (厚く) thick.
¶彼女はパンにバターを*こってり塗った (⇒ たくさんのバターを付けた) She put *a lot of* butter on the bread. / (⇒ バターを厚く塗った) She spread the butter *thick* on the bread. // 私は父から*こってり油をしぼられた (⇒ たくさんしかられた) I was scolded *a lot* by my father. / (⇒ 父は私に十分な叱責を与えた) My father gave me a *good* scolding.

こっとう 骨董 (骨董品一般) antique [æntí:k] Ⓒ; (珍しい品・掘り出し物) curio Ⓒ.
¶彼は*骨董を集めている He collects ˹*antiques* [*curios*]. // この機械はもはや*骨董品でしかない (⇒ 骨董的価値しかない) This machine has nothing more than *antiquarian* value. ★antiquarian は「骨董品研究上の」の意. / (⇒ 博物館の陳列品でしかない) This machine is nothing more than a *museum piece*.
骨董屋 (店) curio [antique] shop Ⓒ, curiosity shop Ⓒ; (人) antique [curio] dealer Ⓒ. 《☞ 店の呼び名 (囲み)》.

こっぱみじん 木端微塵 ¶爆発で家は*こっぱみじんに壊れた The explosion blew the house ˹*into pieces* [*to fragments*; *to atoms*]. 語法 fragments は「かけら」, atoms は「微粒子」だが, どちらも誇張した言い方.

こつばん 骨盤 pelvis Ⓒ 《複 ~es, pelves [pélvi:z]》.

こっぴどく ―副 (厳しく) severely 《☞ こてんこてん; こってり》. ¶父に*こっぴどくしかられた I was *severely* scolded by my father. /

My father gave me a *good* scolding.

こつぶ 小粒 ━ 形 (小さい) small (in size). ━ 名 (小さい種類) small ⌈kind [type] Ⓒ. 《☞ ちいさい (類義語)》. ¶ このトマトは*小粒だ (⇒ 小さい) This tomato is *small*. / This is a *small* ⌈*kind* [*type*] of tomato. ∥ 山椒(さんしょう)は*小粒でもぴりりと辛い (⇒ 彼は体は小さいが頭がいい) He is *small* but smart.

コップ glass Ⓒ 《☞ グラス (挿絵)》. ¶ 毎朝*コップ 1 杯の牛乳を飲むことにしています I *usually* drink a *glass* of milk every morning. 《☞ 数の数え方 (囲み)》

こつまく 骨膜 periosteum [pèriɑ́stiəm] Ⓒ 《複 periostea [pèriɑ́stiə]》. **骨膜炎** periostitis [pèriɑstáitis] Ⓤ 《☞ 病気・病院 (囲み)》.

こて[1] 鏝 (左官の) trowel Ⓒ; (整髪用の) curling iron Ⓒ; (ハンダごて) soldering iron Ⓒ.

こて[2] 小手, 籠手 (前腕) forearm Ⓒ 《☞ うで (挿絵)》; (剣道の防具) Japanese-fencing glove Ⓒ.

ごて 後手 ¶ 私はチェスの試合で*後手に回った I *had the second move* in the chess game. / (⇒ 私の相手が先手を打った) *My opponent* ⌈*had* [*made*] *the* ⌈*first* [*initial*] *move* in the chess game. ∥ 政府の行動は*後手に回った (⇒ 遅すぎて効果がなかった) The government's actions came *too late to be effective*. 《☞ おくれ》

【参考語】━ 名 (碁・将棋などの) the second move (↔ the ⌈first [initial] move); (人) the second mover. ━ 動 (後れをとる) fall behind ...; (先手を失う) lose a lead; (守勢になる) be on the defensive.

こてい 固定 ━ 動 (固定する) fix 他. ━ 形 (動かない) fixed; (規則的な) regular; (基本的な) basic. ¶ 工事の人は電話を壁に*固定した The mechanic *fixed* the telephone to the wall.

固定観念 fixed [set] idea Ⓒ **固定客** regular customer Ⓒ **固定給** basic [base; regular] pay Ⓤ **固定資産** fixed assets ★ 複数形で; fixed property Ⓤ **固定資産税** the ⌈municipal [fixed] property tax.

こてきたい 鼓笛隊 drum and bugle ⌈corps [band] Ⓒ 語法 corps [kɔ́ə] の複数形は corps [kɔ́əz]. この語には「軍楽隊」のニュアンスがある. bugle (＝らっぱ) の代わりに fife (＝横笛) としてもよい.

ごてごて ━ 形 (ごてごてとしつこい) heavy; (量が多すぎる) too much. 《☞ けばけばしい; 擬声・擬態語 (囲み)》. ¶ あまり*ごてごて化粧をするとあなたの持って生まれた美しさが台無しになるよ *Too much* [*Heavy*] makeup will damage your natural beauty.

こてさき 小手先 ━ 形 (容易な) easy; (仮の・一時の) temporary; (代用の) makeshift; (中途半端な) halfway. ¶ それは彼にとっては*小手先の仕事だ (⇒ 易しい仕事だ) It is an *easy* job for him. ∥ そんな*小手先の対策ではだめだ Such ⌈*temporary* [*makeshift*; *halfway*] measures won't do.

こてしらべ 小手調べ (試し・予行) trial Ⓒ ★ 抽象的意味では Ⓤ; (練習) practice Ⓤ; (準備運動) warm-up Ⓒ. ¶ *小手調べにこの問題をやってごらん Solve this problem *just* ⌈*for practice* [*as a warm-up*].

こてん[1] 古典 ━ 名 (評価の定まった一流の作品) classic Ⓒ; (古典文学) the classics ★ 複数形で; classical literature Ⓤ. ━ 形 (古典的な) classic; (古典主義の・古典文学の) classical 語法 classic は古いことよりも標準的で一流のものを指す意味が強いのに対して, classical は (1) 古典主義の (2) 古典文学の, という意味が中心である. 特に後者は英語では古代ギリシャ・ローマの文学を指すが, 日本の古典に流用してもよい.

¶「枕草子」は日本の代表的な*古典の 1 つである *The Pillow Book* is one of the Japanese *classics*.

こてん[2] 個展 (個人的な) private ⌈exhibition [show] Ⓒ; (1 人で開いた) one-man ⌈show [exhibition] Ⓒ 語法 前者とほぼ同意だが, show は exhibition よりもくだけた言い方. 《☞ てんらんかい》.

ごてん 御殿 palace Ⓒ 《☞ きゅうでん》.

こてんこてん ━ 副 (完全に) completely; (こっぴどく) sharply; (厳しく) severely. 《☞ こっぴどく; 擬声・擬態語 (囲み)》.

¶ 我々は*こてんこてんに (⇒ 完全に) 負けた We were *completely* defeated. ∥ 彼は*こてんこてんにやっつけられた (⇒ 殴られた) He *was beaten* ⌈*up* [*to a pulp*]. / (⇒ 批判された) He was criticized ⌈*sharply* [*severely*].

こと[1] 事 **1** 《物事・事柄》: thing Ⓒ; matter Ⓒ; affair Ⓒ.

【類義語】意味が広く, 最も一般的な語で日本語の「こと」に相当するのは **thing** である. 平易で口語的な語で, 考え・事情・出来事などかなり広範囲にわたって, 一種の代名詞のように用いることができる. ただしそれだけに, 意味があいまいなことも多く, 「こと」という意味では改まった調子の言い方にはあまり用いられない. *thing* とほぼ同意であるが, 客観的で多少改まったニュアンスの言葉が **matter** である. 個人のすべきこと・計画的な行動や仕事という意味で用いられるのが **affair**. ((例) 君は自分の*ことをまずしなさい Take care of your own *affairs* first.).

語法 (1) 日本語では「こと」と「もの」を区別するが, 英語では thing, matter は具体的な「物」をも意味する. ((例) それは役に立つ*物だ It's a useful *thing*. ∥ 印刷*物 printed *matter*). (2) 日本語の「こと」は「事柄」「出来事」などのほかに, 動詞・形容詞などについて「…すること」のように内容を表す表現を作る. このような日本語表現を英語に直す場合には「こと」を英語のそれに相当する語に直接置き換えるのではなく, 内容をくんで, 適宜訳出するように注意しなくてはならない.

¶ 私はそういう*ことはしない I ⌈will not [won't] do such a *thing*. / I won't do *anything* like that. / (⇒ そのような種類のことはしない) I will not do *anything* of that ⌈kind [sort].

その*ことなら知っている I know *that* (*thing*).

彼がたばこをやめたのはいい*ことだ It is a good *thing* that he gave up smoking.

この*ことに私が片づけましょう I will take care of this「*matter* [*business*].
彼は*ことの重要性を（⇒いかに重要かを）よく知っている He knows very well how important the *matter* is.
彼は自分の*ことはそっちのけで弟の勉強を見ている（⇒自分自身のことには注意を払わずに）He is helping his little brother with his studies without paying attention to his own *affairs*.
ばかな*ことを言うな Don't say such a silly *thing*. / Don't be silly.
音楽の*ことは（⇒音楽については）あまり知りません I don't know much *about* music.
それを1日で仕上げる*ことは不可能です It is impossible *to finish* it in a day.《☞不定詞（欄外）》
彼の言った*ことはうそです *What* he said is not true.《☞関係詞（欄外）》
教える*ことは学ぶ*ことです Teach*ing* is learn*ing*.《☞動名詞（欄外）》
それは何の*ことですか What do you *mean* by that?
あなたのおっしゃるのは何の*ことかさっぱりわかりません I don't「get [understand] *what you said* at all.
「それは難しいのでしょう」「いいえ，そんな*ことはありませんよ」"It's difficult, isn't it?" "*No, it isn't*."
それは君の知った*ことではない It's none of your *business*. 語法 none of your business は慣用的な表現.
2《出来事》：（付随的な小さな出来事）incident Ⓒ；（起こってしまった出来事）occurrence Ⓒ；（重大な出来事）event Ⓒ.《☞できごと；じけん（類義語）》.
¶その*こと（⇒出来事）があってから彼女はとても注意深くなった She became extremely careful after the「*incident* [*occurrence*; *event*].
*ことなきを得た（⇒結局何も起こらなかった）*Nothing happened* after all. /（⇒深刻な事態には発展しなかった）It did not develop into a *serious situation*.
3《やっかいな事》：trouble Ⓤ《☞めんどう》.
¶私は*ことを構えたくありません（⇒面倒を起こしたくない）I don't want to「cause [make] *trouble*.
そいつは*ことだ（⇒それは深刻だ）That's *serious*.
4《計画・予定》：（計画）plan Ⓒ；（予定）schedule Ⓒ.《☞けいかく；よてい》.
¶着々と*こと（⇒計画）を運ばなくてはならない We must carry out our *plans*「steadily [step by step].
彼とはあす会う*ことになっている I *am scheduled* to meet him tomorrow.
ニューヨークへ引っ越す*ことになりました We *will* move to New York.
5《経験》 ¶「あなたはイギリスに行った*ことがありますか」「いいえ，まだ一度も行った*ことはありません」"*Have* you *ever been to* England?" "No, I haven't. I *have never been* there."《☞完了形（欄外）》
6《習慣》 ¶夜ふかしはしない*ことにしている I *make it a*「*rule* [*practice*] *not to stay up* late.
7《強調》 ¶彼はゴルフのクラブを持っている*ことは持っているが，めったにゴルフをしない He *does* have a set of golf clubs, but he rarely plays golf. / *It is true that* he has a set of golf clubs, but he rarely plays golf.
驚いた*ことにはみんながそれを知っていた *To my surprise* everybody knew it.

こと² 琴 *koto* Ⓒ ★単複同形；Japanese (traditional) harp Ⓒ.《☞日本固有の風物と英語（囲み）；音楽（囲み）》.

-ごと¹ …毎 every《☞まい-；-おき；-たび》.
¶オリンピックは4年*ごとに開かれる The Olympic games take place *every*「four years [fourth year]. ∥ 彼女は会う人*ごとにその話をする She tells the story to *everybody* she meets. ∥ 彼は休み*ごとにゴルフに行く He plays golf *every* holiday.

-ごと² ¶へびは丸*ごとかえる（⇒かえる全体）を飲み込んだ The snake swallowed the frog *whole*. ∥ この魚は丸*ごと（⇒骨も含めてみんな）食べられます You can eat this fish, *bones and all*. ∥ 彼は土地*ごと（⇒土地も一緒に）その家を売った He sold the house *together with* the land.《☞まるごと；ぜんぶ¹》

ことう 孤島（1つだけぽつんとある島）solitary island Ⓒ；（人のあまり行かない島）lonely island Ⓒ；（無人島）desert island Ⓒ；（陸上の辺鄙(へんぴ)な場所）out-of-the-way place Ⓒ.

こどう 鼓動 ━名（心臓の）(heart)beat Ⓒ, pulsation Ⓤ ★前者は最も一般的な語. 後者はやや専門的. ━動 beat ⓐ, pulsate ⓐ.《☞どうき³》. ¶医者は彼の心臓の*鼓動を聞いた The doctor listened to the *beat* of his heart. ∥ 泳ぐ時は心臓の*鼓動が速くなる Our hearts *beat* rapidly when we swim.

ごとう 語頭（語のはじめの位置）beginning of a word Ⓒ, initial position (of a word) Ⓒ ★後者は形式ばった言い方；（語頭の文字）initial letter Ⓒ；（語頭の音）initial sound Ⓒ.《☞ご¹》.

こどうぐ 小道具（映画・劇の）《口語》props, (stage) properties ★いずれも複数形で. 後者は少し改まった言い方；（便利で気のきいた）gadget Ⓒ.

ことかく 事欠く ━動（十分に持っていない）do not have enough …；（…を必要とする）be in need of …；（貧乏な）be poor；（貧乏暮らしをする）live from hand to mouth.
¶彼は衣食にも*事欠く生活だった（⇒食物・衣服が十分なかった）He *didn't have enough* food and clothes. ∥ 私は毎日の生活には*事欠かない（⇒生活に十分なだけ稼ぐ）I earn *enough to* get along with. ∥ 彼女は金には*事欠かない（⇒金を十分に持っている）She has *plenty of* money.

ことがら 事柄 matter Ⓒ《☞こと¹》.

こどく 孤独 ━形（独りぼっちで寂しい）lonely；（ただ1人で）alone 語法 述語的に用いる.「寂しさ」は含まない；（仲間や連れがなくただ1人の）solitary 語法 やや改まった語.

「寂しさ」は含まない. ―名 loneliness Ⓤ; solitude Ⓤ. ―副 alone, in solitude. 《☞ さびしい; ひとりぼっち》.

¶私は東京にいるといつも*孤独を感じる I always feel *lonely* in Tokyo. // 彼女は*孤独を好む She ˹is fond of [likes] *solitude*. // 彼は*孤独な生活をしている He lives ˹*alone* [*in solitude*].

ごとく 如く (…のように) like …; as … 《☞ -よう[1]; あたかも; まるで》.

ことごとく ―形 (すべて) every, all 語法 前者は単数名詞を, 後者は定冠詞を後に伴い, 複数名詞を修飾する. 前者のほうが口語的. ―副 (すっかり) entirely. 《☞ すべて; みな; ぜんぶ[1]》.

¶家は*ことごとく破壊された *Every* house was destroyed. / *All* the houses were destroyed. // 園芸に必要なことは*ことごとくこの本に書いてある In this book you will find *everything* you need to know about gardening.

ことごとに 事毎に ¶彼は*ことごとに失敗する (⇒ やることすべてに失敗する) He fails *in everything he does*. / (⇒ やるたびに) He fails *every time he tries* something. // 彼女には*ことごとに文句を言われる (⇒ 彼女は私のやることすべてにけちをつける) She finds fault with *everything I do*.

ことこまか 事細か ―副 (詳細に) in detail 《☞ しょうさい[1]; くわしい》. ¶彼は計画を*ことこまかに説明した He explained his plan *in detail*.

ことさら 殊更 (わざと) on purpose, intentionally ★ 後者のほうが改まった語; (慎重に考慮した上でわざと・たくらんで) deliberately; (特別に) particularly. 《☞ わざと; とくに》.

¶彼は*ことさらそれを無視した He ignored it ˹*on purpose* [*intentionally*].

ことし 今年 this year 語法 しばしば前置詞を伴わずに副詞句を作る. 《☞ きょねん; らいねん》.

¶*今年の春 *this* spring ★ これから来る場合. / *last* spring ★ すでに過ぎ去った場合. // 「*今年は何年ですか」「1985年です」 "What year is *this*?" "This is nineteen eighty-five." // *今年は雨が多かった We have had a lot of rain *this year*. // *今年の夏休みはどのように過ごしますか How are you going to spend the summer vacation *this year*? // その本は*今年中に発行されます The book will be published before the end of *this year*.

ことづけ 言付け message Ⓒ 《☞ でんごん》. ¶何かお*言づけがありますか Would you like to leave a *message*? ★ 電話や受付などでよく使われる言い方. 《☞ 電話の英語 (囲み)》

ことづける 言付ける (伝言を残す) leave a message; (人に…することを頼む) ask *a person* to *do*. 《☞ でんごん》.

ことづて 言づて message Ⓒ 《☞ ことづけ; でんごん》.

ことなかれしゅぎ 事無かれ主義 (消極的な態度) negative attitude Ⓒ; (受身の態度) passive attitude Ⓒ. ¶彼はいつも*ことなかれ主義だ He always takes a ˹*negative* [*passive*] *attitude*.

ことなる 異なる ―動 (違っている) be different (from …), differ (from …) ⓐ ★ ほぼ同意だが be different のほうが普通; (いろいろに変わる) vary ⓐ. ―形 (違った) different; (明瞭に異なった) diverse ★ different より意味が強いが形式ばった言葉; (違いが多岐にわたっている・多種多様の) divergent; (はっきりと異なった・まったく別個の) distinct. 《☞ ちがう (類義語)》.

¶A は B と*異なる A ˹*is different* [*differs*] *from* B. // 私たちは意見が*異なっている We have *different* opinions. / We *differ in* opinion. // 私は前とは*異なった見方をしています I see it in a *different* way than before. 語法 different に続く語は from が標準とされるが, 《英》では to ((例) A is *different to* B.), 《米》では than もよく用いられる. 特に than は元来接続詞であるので, It is *different* in size *than* I expected. のように節を伴う場合, from that which … のような複雑な表現を避けることができるので好んで用いられる. 上の例文の than before も節を省略した表現と考えられる. // 彼の答えと私の答えは*異なっていた There was a *difference* between his answer and mine. // 彼女と私は子供の教育について考えが*異なる (⇒ 異なった考えをもつ) She and I have *diverse* ideas on how to educate children. // 値段は季節によって*異なる Prices *vary* with the seasons. // その2つは形は似ているが, 内容はまったく*異なる The two are similar in form, but ˹wholly *distinct* [totally *different*] in content.

ことに 殊に (とりわけ) especially; (特に) specially. 《☞ とくに (類義語)》.

-ごとに …毎に every 《☞ -ごと[1]》.

ことによると 事によると (もしかすると) maybe, perhaps ★ 前者のほうが口語的; (おそらく) possibly ★ perhaps より不確実で, 見込みは乏しい. 《☞ おそらく (類義語); もしかしたら; -かもしれない; 推量の表現 (囲み)》.

¶*ことによると本当かもしれないが, 確かではない *Maybe* it is true [It *may* be true], but I am not sure. // *ことによると彼女は来ないかもしれない (⇒ 彼女が来ないということはあり得る) *It is possible that* she won't come. / (⇒ 最悪の場合は) *In the worst case* she will not come.

ことのほか 殊の外 (期待していた以上に) more … than *one* (had) expected; (めったにないほど) unusually. 《☞ ひじょうに; おもいのほか》. ¶成績は*ことのほかよかった My grades were *better than I had expected*. // 昨夜は*ことのほか寒かった It was *unusually* cold last night.

ことば 言葉 **1** «言語»: (抽象的に言語) language Ⓤ 語法 英語・ドイツ語など, 具体的な言語をいうときは Ⓒ; (音声言語) speech Ⓤ. 《☞ げんご[1]; こくご; ようご[1]》.

¶話し[書き]*言葉 spoken [written] *language* // 人間は*言葉を話す唯一の動物である

Man is the only creature that ⌈*talks* [has *speech*]. // 英語は難しい*言葉だ English is a difficult *language*.

2 «実際に話される言葉»: (言葉遣い・表現の仕方) language Ⓤ; (話す言葉) speech Ⓤ; (個々の語) word Ⓒ.

¶ *言葉(遣い)に気を付けなさい Watch your *language*. // 彼の*言葉はちょっとはっきりしない His *speech* is not very clear. // あなたの最後の*言葉が聞こえませんでした I ⌈missed [couldn't hear] the last *word* you said. // 彼と*言葉を交わしたことはない I have never had a chance to *talk* ⌈with [to] him. // 私は感謝の*言葉もありません (⇒感謝をどのように表現してよいかわからない) I don't know how to *express* my thanks. // 私は彼の*言葉を信じます I believe ⌈*him* [*what he says*]. // *言葉が口から出てこなかった *Words* failed me. // その*言葉が口まで出かかっているが思い出せない I have the *word* on the tip of my tongue.

3 «方言»: speech Ⓤ, dialect Ⓒ. ¶ 東京の*言葉が日本の標準語である The ⌈*speech* of Tokyo [Tokyo *dialect*] is the standard dialect of Japan.

言葉の綾 ¶ それは*言葉の綾 (⇒比喩的表現) にすぎない It is only a *figure of speech*.

言葉を返す ¶ お*言葉を返すようですが (⇒反論するつもりはありませんが), これは重大な問題だと思います I don't mean to *contradict* you, but I think this is a serious problem.

言葉を濁す ¶ 彼は*言葉を濁した (⇒思い切って言うことをためらった) He *hesitated to speak out*. 《☞ にごす》

こども 子供 **1** «(親に対しての)子»: child Ⓒ 《複 children》 ★ 男女両性に用いる; (息子) son Ⓒ; (娘) daughter Ⓒ [語法] 以上の語は成人した者にも使う; (赤ん坊) baby Ⓒ. 《☞ むすこ; むすめ; 親族関係 (囲み)》.

¶「あなたは*子供が何人いますか」「3人です」"How many *children* do you have?" "I have three." 《☞ 省略 (欄外)》 // これは私の*子供です This is my ⌈*son* [*daughter*]. // 弟のところに*子供が生まれました A *baby* was born to my ⌈brother [brother's wife].

2 «年少者»: (大人に対して) child Ⓒ; (男の) boy Ⓒ; (女の) girl Ⓒ; 《口語》 kid Ⓒ; youngster Ⓒ.

【類義語】性別にかかわらず思春期前の子供を指す最も一般的な語は **child**. 男の子は **boy**, 女の子は **girl** だが, 打ち解けた気分を表すために成年者に対しても用いることがある. 男女ともに用いられるくだけた語は **kid** で, 親しみまたは軽蔑の意味を含む. 成人が男女の青少年を呼ぶときに用いるのは **youngster** で, 幾分見下した言い方. 《☞ しょうねん; しょうじょ; こ[1]》

¶ *子供たちを呼び入れて下さい Please call the *children* in. // *子供たちには自由に駆け回れる遊び場が必要だ (⇒子供たちは…を必要とする) *Children* [*Kids*] need a playground where they can run about freely. // 彼はほんの*子供にすぎない He is ⌈only a [a mere] *child*. / He is just a *kid*. ★ 多少ばかにした言い方. // 彼女は*子供っぽい顔をしている She has a *childish* face. // 私は*子供のころよくここへ来たものだ I often came here ⌈when I was a *child* [in my *childhood*]. // 私は*子供向けの読み物の研究をしている I am making a study of ⌈*children's* [*juvenile*] literature.

子供だまし (幼稚な手) childish trick Ⓒ; (あり得ない話) unrealistic story Ⓒ; (安ぴかもの) bauble Ⓒ **子供の日** Children's Day 《☞ しゅくじつ (表)》 **子供部屋** child's room Ⓒ.

¶ *子供部屋はみな2階です My *children's rooms* are all upstairs.

こともなげ 事もなげ ―形 (無関心な) nonchalant [nὰnʃəlɑ́:nt]; (無頓着な) indifferent. ―副 nonchalantly; indifferently; (しごく容易に) easily; (何の困難もなく) without (any) difficulty. 《☞ むぞうさ》.

¶「そんなことだろうと思った」と彼は*事もなげに言った "That's what I thought," he said *indifferently*. // 彼は*事もなげにその仕事をやってのけた He accomplished the work ⌈*easily* [*without any difficulty*].

ことり 小鳥 (little [small]) bird Ⓒ [語法] bird は鳥一般を指す場合と, 小鳥だけを意味する場合とがある. 《☞ 動物の鳴き声 (囲み)》.

¶ 息子が*小鳥を飼いたがっている My son wants to keep *little birds*.

ことわざ 諺 (世間でよく言われるもの) saying Ⓒ ★ 最も一般的な語で, 以下の語の代わりに用いることができる; (古くから言い古されたことわざ) saw Ⓒ; (具体的な言葉で風刺などを表したもの) proverb Ⓒ; (短い格言・処世訓) maxim Ⓒ. 《☞ かくげん》.

¶「泣きっ面に蜂」という古い*ことわざがある There is an old ⌈*saying* [*proverb*], "Misfortunes never come ⌈singly [alone]." // *ことわざにもあるとおり, 転石こけを生ぜずだ As the *proverb* ⌈says [goes], "A rolling stone gathers no moss."

ことわり 断り **1** «辞退・拒絶»: (辞退) declining Ⓤ; (拒絶) refusal Ⓒ.

2 «了承・許可»: permission Ⓤ 《☞ りょうしょう; きょか》. ¶ 彼は一言の*断りもなく僕の自転車を使う He rides my bicycle without my *permission*.

ことわる 断る **1** «拒否する»: refuse ⑩; decline ⑩; reject ⑩, turn down ⑩.

【類義語】要求・要請などをかなり強い調子で断るのは **refuse**. **refuse** より柔らかい調子の語で, 例えば社交的な招待などを丁寧な調子で断るのは **decline**. 提案などを不適当あるいは無価値として拒否するのが **reject** で, 同じ意味で, より口語的な表現が **turn down**. 《☞ きょひ; きょぜつ; にべもない》

¶ 彼は私たちの頼みをきっぱりと*断った He flatly *refused* our request. // 私は入場を*断られた <S(人)+V(*refuse*)+O(人)+O(事)の受身> I *was refused* admission. // 主任は私たちの提案を*断った Our head ⌈*turned down* [*rejected*] our proposal. // 私は先約のため彼らの招待を*断らなければならない I have to *decline* their invitation because of a previous engagement. // 犬はお*断り No dogs *allowed* 《☞ 掲示の英語 (囲み)》

こ

2 «許可を得る»: get permission; (許可を求める) ask for ⌈permission [leave]; (話す) tell ㊕; (予告する) give (*a person*) notice. 《☞ きょか》.

¶この機械を使うときは必ず私に*断って下さい(⇒私にそう言って下さい) If you want to use this machine, please be sure to *tell* me so. / (⇒機械を使う前に私の許可を得て下さい) Please be sure to *get* my *permission* before you use this machine. ∥ あなたは家に帰るときに(⇒前に)先生に*断りましたか Did you *ask for* your teacher's *leave* before you went home? ∥ 引っ越すときは少なくとも1か月前に家主に*断らなくてはならない We must *give* at least one month's *notice* to the landlord before we move out.

こな 粉 ―名 (一般に,粉末) powder Ⓤ; (小麦粉) flour Ⓤ. ―動 (粉にする・粉を塗る) powder ㊕. ¶小麦を*粉にひく grind wheat into *flour* **粉薬** powder Ⓒ《☞ くすり》 **粉せっけん** soap powder Ⓤ《☞ せっけん》 **粉ミルク** powdered [powder] milk Ⓤ, dry [dried] milk Ⓤ **粉屋** (粉ひき屋・製粉業者) miller Ⓒ; (製粉所) flour mill Ⓒ.

こなごな 粉粉 ―副 (粉々に) to [into] pieces《☞ くだける》. ¶彼女はグラスを落として*粉々にした She dropped the glass and smashed it ⌈*to* [*into*] *pieces*. ∥ 水差しは落ちて*粉々になった The pitcher fell *to pieces*.

こなし **身のこなし** carriage [kǽridʒ] Ⓒ ★通例単数形で; (振舞い) behavior Ⓤ. ¶彼女は*身のこなしが優雅だ (⇒彼女は優雅に振舞う) She *behaves* graciously. / She has a graceful *carriage*.

こなす **1** «処理する»: (行う) do ㊕; (何とかうまくやる) manage ㊕; (うまくいく・所期の目的を果たす)《口語》make it.

¶あなたなら1週間で*こなせる (⇒なんとか1週間で終わらせることができる) You *can manage to finish* it in a week. / (⇒うまくやることができる) I'm sure you can *make it* in a week. ∥ 彼は割り当てを*こなした He *did* his share of work. ∥ あそこ(の店)は数で*こなす (⇒大量に売ってもうける) They make a profit *due to the large sales*. ∥ 彼はハムレットの役を立派に*こなした (⇒演じた) He *played* the part of Hamlet *very well*.

2 «消化する»: digest ㊕《☞ しょうか[1]》.

こなゆき 粉雪 powdery [powder] snow Ⓤ.

こなれる (食べ物が消化する) digest ㊖《☞ しょうか[1]》.

こにもつ 小荷物 (小さく包装されたもの) parcel Ⓒ; (箱などに納められたもの) package Ⓒ. 《☞ こづつみ》. **小荷物取扱所** parcels office Ⓒ.

コニャック cognac [kóunjæk] Ⓤ, brandy Ⓤ.

ごにん 誤認 ―動 (…を…と見誤る) take [mistake] … for …; (読み違える) misread ㊕. 《☞ みあやまる; まちがえる》. ¶彼らは友軍を敵と*誤認した They ⌈*took* [*mistook*] their allies *for* the enemy. ∥ (電車の)運転手は信号を*誤認した The motorman *misread* the signal.

こにんずう 小人数 ―名 a small number of people. ―形 (人数の少ない) a small number of …; (聴衆などが) small. 《☞ しょうすう[1]》. ¶*小人数の会合だった It was a party of *a small number of people*. ∥ 聴衆は*小人数だった There was a *small* audience. ∥ 彼の家は*小人数だ His family is a *small* one.

コネ (縁故) connection Ⓒ; (交際・近づき) contacts ★通例複数形で; (有力な引き) pull Ⓤ ★具体的な行為の場合には Ⓒ. 《☞ つて; くちきき; 和製英語 (囲み)》.

¶彼はあの会社に*コネがある He has some ⌈*connections* [*contacts*] in that company. / He has *pull* with that firm. ∥ 私は*コネで入社したくない I don't want to enter the firm through *pull*.

こねこ 子猫 kitten Ⓒ; (小児語) kitty Ⓒ. 《☞ ねこ; おす[3] (表); 動物の鳴き声 (囲み)》.

ごねどく ごね得 ¶あの人は*ごね得をした (⇒(交渉などで)粘って, より有利になった) He *gained greater advantage by holding out*.

こねる 捏ねる (粉・粘土などを練り混ぜる) knead ㊕; (粉を) work ㊕; (他人に向かって理屈をこねる) chop logic. ¶彼女は粉を*こねた She ⌈*kneaded* [*worked*] the flour. ∥ 彼はしばしば私に向かって理屈を*こねる He often *chops logic* with me. / (⇒私と議論を始める) He often *starts* ⌈*an argument* [*arguing*] with me.

この 《指示形容詞》(話者の近くにあるものを指して) this 《複 these》 (↔ that 《複 those》) 《☞ あの; その; 代名詞 (欄外)》.

¶「*この傘はあなたのですか」「いいえ」 "Is *this* umbrella yours?" "No, it isn't." ∥ *この本はだれのですか Whose book is *this*? [語法] Whose is this book? という言い方は普通用いられない. ∥ 私は*この町に10年間住んでいます I have been (living) in *this* town for the past ten years. [語法] in this town が前後関係で here と置き換えられることがある. 《☞ ここ[1]; 代名詞 (欄外)》

このあいだ この間 (最近) recently, lately; (先日) the other day; (何日か前) a few [several; some] days ago ★a few, several, some の相違については《☞ いくつか (類義語)》; (幾らか前) some time ago. 《☞ さいきん[1]; せんじつ; このまえ》.

¶彼らは*この間結婚した They got married ⌈*recently* [*the other day*]. ∥ 彼は*この間まで学生だった He was a student until *recently*. ∥ 彼女は*この間から病院に入っている She has been in (the) hospital ⌈*recently* [*lately*].

このあたり around [about] here 《☞ このへん》.

このうえ この上 ―形 (もっと多く) more. ―副 (加えて) in addition to this; (すでに量が多いのに, それに加えて) on top of this; (また別に) besides this; (そのほかに) else. 《☞ そのうえ》.

¶*この上まだ何か望もうというのは虫がよすぎる

(⇒これより多くを欲しいのなら，要求し過ぎている) If you want *more than this*, you are asking for too much. // もう*この上望むものはありません There is nothing *more* that I could ask for. / (⇒私は欲しいものをすべて持っている) I *have all I want*. // あなたは*この上まだすることがあるのですか Is there anything *more* that you have to do? / Is there anything that you have to do ⌈*in addition to* [*on top of*; *besides*] *this*? // *この上あなたにご迷惑をかけるには忍びない I cannot put you to any *more* trouble. // 彼女は*この上なく(⇒最高に) 幸福に見えた She looked *as* happy *as can be*.

このかた この方 (…以来) since … ¶生まれて*この方(⇒生涯で)，病気をしたことがない I have never been ⌈sick [ill] in bed (in my life). // 私は20年*この方，米を作ってきた I have been growing rice *these* twenty years. / I have been growing rice ⌈*for* [*in*; *over*] *the* ⌈*last* [*past*] twenty years.

このかん この間 ¶2日間の実験だったが，彼は*この間まったく実験室を離れなかった(⇒2日間の実験の間まったく実験室を離れなかった) He did not leave the laboratory at all *during* the two-day experiment. / (⇒2日間の実験の終わりまでまったく実験室を離れなかった) He did not leave the laboratory at all *until the end of* the two-day experiment. [語法] 後者の例文のように until を使うと，実験が済んだ時点で彼が実験室を離れたというニュアンスが出る.

このくらい ―[副] (これだけ) this; (このように) like [as] this ★ like を用いるほうが口語的; (そのように) so. 《☞ -くらい; そのくらい》.
¶魚は*このくらい大きかった The fish was *this* (*much*) big. ★手でジェスチャーをまじえながら言う.
去年も*このくらいの人が集まった *About this many* people gathered last year.
*このくらい上手に詩の書ける人は少ない Few (people) can write ⌈poems *so* well [*such* fine poems].
*このくらいの嵐で驚いてはいけない (⇒このような小さな嵐に驚くな) Don't be surprised at ⌈a small storm *like this* [*such* a small storm *as this*].
子供でも*このくらい知っている Even a child knows *this much*.
*このくらいの荷物は何でもない *This much* baggage is just nothing.
*このくらいの金があれば当座は間に合うだろう *This much* money will do for the time being.
*このくらいでよかろう (⇒これで十分だろう) *This* ⌈will [would] be *enough*. 《☞ 推量の表現 (囲み)》
彼のような初心者は，まあ*このくらいのものだろう (⇒これは私たちが彼のような初心者から期待し得るほぼ最大限のものだと思う) I think that this is *about* ⌈*as much as* [*the most that*] *we can expect of* a beginner like him.

このごろ この頃 ―[副] these days ★「何日か前からこの方」という短期間も指し得る; (現今では) nowadays; (今日・いまの時代) today; (最近) lately, recently, of late [語法] 以上3つはほぼ同意だが，lately が最もくだけた語で，of late は堅苦しい言い方. いずれも過去時制・完了時制に用いられ，普通は単純な現在時制とともには用いられない. また lately は《英》では主として疑問文・否定文に用いられる. 《☞ ちかごろ; 時・期間の表し方 (囲み)》.
¶*このごろ私は忙しい I am busy *these days*. // *このごろ，船旅はあまりはやらない *These days* [*Nowadays*; *Today*], travel by ship is not very popular. // *このごろ，この市の人口は急激に増えてきている The population of this city has been rapidly increasing ⌈*recently* [*lately*; *of late*]. // *このごろになってやっと彼もそれに気付いた He noticed it only ⌈*recently* [*lately*]. / It is only ⌈*recently* [*lately*] that he noticed it. [語法] lately がこの用例のようにかなりはっきりと過去を指すときは，recently と違って，only などの強調語を伴うことが多い. // 宇宙時代の*このごろでも，迷信は存在する Even in *this day and age* of space exploration, superstitions still exist. // *このごろの学生は本がたやすく手に入るから幸せだ Students (of) ⌈*these days* [*nowadays*; *today*] are lucky because they can obtain books very easily.

このさい この際 (いま) now; (この時点で) at this moment; (現状では) under ⌈the [these] circumstances; (いまの場合) on this occasion. 《☞ きかい³》.
¶*この際はっきりさせたい点が1つある There is one thing that I want to clarify ⌈*now* [*at this moment*; *on this occasion*]. // *この際，この会を解散したほうがよい *Under* ⌈*the* [*these*] *circumstances*, we should dissolve this organization.

このさき この先 **1** «ここより先»: (行く手に) ahead; (もっと先に) farther [further] ahead; (ちょっと先) a little ahead. 《☞ さき¹》.
¶この道路は*この先工事のため通行止めになっている This road is blocked (⌈*farther* [*further*]) *ahead* because of construction. // *この先少し行った所に消防署があります There is a fire station just (*a little*) *ahead*. // 公衆電話ならだいぶ*この先になります The pay phone is rather *far ahead*. // *この先の(⇒次の) 角を曲がりなさい Turn (at) the *next* corner.

「この先工事中」の掲示

2 «今後»: (いまから) from now; (いまからずっと) from now on; (将来) in the future; (いままでと違って今後) in future. 《☞ こんご; これから; しょうらい》.
¶*この先どうするつもりだ What are you going to do *from now*? // 私は*この先ずっとここに住みます I am going to live here *from now on*. // あんなことが*この先もう起きないようにして

くれよ Don't let that happen again *in* (*the*) *future.*

このたび この度 ★英語では特定の語句でなく，前後関係によっていろいろに訳せることに注意．《☞ こんど》．

¶私は*この度渡英することになりました（⇒ 私は間もなくイギリスへ行きます） I am going to Britain *very soon.* // *この度はおめでとう（⇒ おめでとう） Congratulations! // *この度はご愁傷さまでした（⇒ 深くご同情申し上げます） I'd like to offer you [Please accept] my deepest sympathy. 語法 お悔やみの決まり文句. // *この度はありがとう（⇒ 私のために最近あなたがして下さったことを感謝します） I appreciate what you have done for me *recently.*

このつぎ この次 ― 形 （すぐ次の）next《☞ つぎ[1]；こんど》．

¶「*この次の会合はいつですか」「4月の10日です」"When is the *next* meeting?" "It is on April 10." // 食堂車は*この次の車両だ The dining car is the *next* one. // *この次の木曜日に集まろう Let's get together ˹*next* Thursday [Thursday *next* week; *this coming* Thursday]. 語法 next Thursday が最も一般的. Thursday next week は「来週の木曜日」. // また*この次の機会にしてくれませんか（⇒ 別のときまで待ってくれませんか） Couldn't you wait until *some other time?*

このとおり この通り （このように）like this; （同じ方法で）in the same way; （ご覧のように）as you can see. 《☞ -とおり[1]》．

¶*このとおりにやって下さい Please do it *like this.* / （⇒ 同じようにやって下さい） Please do (it) *in the same* ˹*way* [*manner*]. 語法 manner の場合，方法・手順が強調される. / （⇒ 私のするようにやって下さい） Please do (it) ˹*as* [(*in*) *the same way as*] I do. 語法 特に正確を期す場合以外は as のみを用いるのが一般的. / （⇒ 指示にあるように） Please do (it) *as the instructions say.* //「展示会はどうでしたか」「*このとおり，大成功でした」"How was the exhibition?" "It was very successful, *as you can see.*"

このとき この時 at this time; （その時）then; （この時点）at this moment; （時間的連続の中のこの一点）at this point 語法 現時点以外の具体的な時を話題にする場合，上の表現の中の this を that に替えるのが適当であることが多い．《☞ そのとき》．

¶私は*この時が来るのをずっと待っていた I have long been waiting for *this moment* (to come). // *この時彼は15歳だった He was fifteen years old ˹*then* [*at that time*; *at that moment*]. // ほかのみんなが黙ると，彼は*この時とばかりに立って話し始めた（⇒ あたかもその機会ができるのを待っていたかのように） When everyone else became silent, he stood up and started talking as if he had been waiting for *that opportunity* to arise.

このところ この所 （近ごろ）these days; （最近）recently, lately ★後者は《英》では主に疑問文・否定文で．《☞ このごろ》．

¶*このところ海外へ出かける人が多い（⇒ このごろ多くの人が海外へ行く） Many people go overseas *these days.* // *このところ（⇒ 最近）私は彼女に会っていない I haven't seen her ˹*lately* [*recently*].

このは 木の葉 leaf Ⓒ《複 leaves》; （1つの草木の葉全体を集合的に指して）foliage Ⓤ. 《☞ は[2]》．

このぶん この分 ¶*この分では彼はまた留年だ（⇒ 彼がまた留年するように見える） *It looks* ˹*as if* [*as though*; *like*] he is flunking again. ★ like は口語的. // *この分では市は破産するだろう（⇒ 物事がこのように進めば） *If things go on like this,* the city will be broke. / （⇒ 状況が好転しなければ） *If the situation does not improve,* the city will be broke. // *この分では，人口はじきに100万を超えるだろう（⇒ もし人口がこの割で増加し続ければ） If the population continues to increase *at this rate,* it will soon exceed one million. // *この分では（⇒ 現在の状況から見ると），政府は結局その条約を締結できないだろう *From* [*Judging from*; *Considering*] *the present state of affairs,* the government will never be able to conclude the treaty.

このへん この辺 around [near] here ★最も一般的で口語的な表現; （この近所に）in this ˹neighborhood [vicinity] ★ vicinity のほうがより堅苦しい言い方．《☞ へん[2]；あたり[1]；きんじょ；ちかく[1]》．

¶彼は*この辺に住んでいた He ˹lived [used to live] *somewhere around here.* / （⇒ この地域に） He lived *in this area.* / He lived *in this* ˹*neighborhood* [《英》*neighbourhood*]. / （⇒ 町のこの部分に） He lived *in this* ˹*part* [*quarter*; *section*] *of* ˹*the city* [*town*]. //「*この辺に地下鉄の駅はありませんか」「100メートルほど先にあります」"Is there a subway station ˹*around* [*near*] *here?*" "Yes, it's about a hundred meters ahead." / （⇒ 最も近い地下鉄の駅はどこでしょうか） "Where is the *nearest* subway station?" "It is about a hundred meters ahead." // 教科書の*この辺（⇒ この部分）を特によく勉強しておきなさい Study especially *this part* of the textbook.

このほか この他 besides this; （これに加えて）in addition to this. 《☞ ほか》．

このまえ この前 **1**《この間》: （先日）the other day; （最近）recently. 《☞ このあいだ；せんじつ》．

2《前回》 ― 形 last《☞ まえ；このあいだ》．

¶*この前の日曜に私はテニスをやった I played tennis *last* Sunday. // きょうは*この前のコンサートの時より聴衆が多いようだ I think we have a larger audience today than we did at the *last* concert. // 彼はいつも英語でいい点を取るのに，*この前は成績が悪かった（⇒ うまくやらなかった） He usually gets a good mark in English, but he didn't do well *last time.* //「*この前の授業ではどこまでやりましたか（⇒ 私たちはこの前の授業でどれくらい遠くまで行きましたか）」「120ページまで終わりました」"How far did we ˹go [get] (in the) *last* class?" "We finished up to p. 120."

このましい 好ましい (人柄のいい) nice; (適している) suitable; (好都合な) favorable (《英》 favourable); (望ましい) desirable; (よい) good; (有利な) advantageous; (利益になる) beneficial. 《☞ のぞましい; よい[1]》.
¶ 彼は*好ましい青年だ He is a *nice* young man. // 彼が会長になったのは*好ましいことだ (⇒ よいことだ) It is a *good* thing that he became (the) chairman. // 新しい税制はわが社にとって*好ましいものだ The new tax system will ⌈be *good* for [be *beneficial* to; *benefit*] our company. // 彼は面接で*好ましくない (⇒ 悪い) 印象を与えた He gave a *bad* impression at an interview. // その学校は勉学に*好ましい環境の中にある The school is located in an environment that is ⌈*suitable* [*favorable*] for studying. // 彼には*好ましくない (⇒ 道徳的にかんばしくない) 評判がある He has an ⌈*unsavory* [《英》 *unsavoury*] reputation.

このまま (そのままの状態に) as it is, as they are; (手をつけない状態で) intact. 《☞ まま; そのまま》.
¶ この木は*このままではじきに枯れてしまう (⇒ 現状のままに放って置かれれば) This tree will soon die *if it is left as it is*. // この机やいすは*このままにしておいてくれ *Leave* these desks and chairs *as they are*. // 警察が来るまでこの部屋は*このままにしておくべきだ (⇒ 手をつけずにおくべきだ) We should *leave* this room ⌈*intact* [*as it is*] until the police arrive. // *このままでは気が済まない (⇒ 何もしないでいては罪悪感を感じる) I'd feel ⌈guilty [bad] *if I didn't do anything*. ★ bad は口語的. // *このままでは済まないだろう (⇒ このことが気付かれずにいるはずはない) This matter *can't remain unnoticed*.

このみ[1] 好み ── 名 (一般的に) liking Ⓤ ★ 意味が最も広い; (趣味) taste Ⓒ; (気まぐれな好み) fancy Ⓒ; (好き嫌い) likes and dislikes ★ 複数形で. ── 形 (好きな) favorite. 《☞ しこう[2]; すききらい; すきずき》.
¶ このドレスはなかなか彼女の*好みに合っている This dress is pretty much to her ⌈*liking* [*taste*]. // このタイプは私の*好みではない This type is not to my *liking*. // 私は彼の*好みに合わせて料理に味をつけた I seasoned the food so that it will ⌈suit [please] his *taste*. // 彼は食べ物の*好みがやかましい He *is particular* about his food. // これは彼女の*好みの色だ This is her *favorite* color. // 彼女は地味*好みだ (⇒ 彼女は服装に関して保守的な趣味を持っている) She has (a) conservative *taste* in clothes. // 人によって*好みはまちまちだ *Tastes* differ. 《ことわざ: 好みは異なる》 / (⇒ すべての人は自分の好みを持つ) Every man has his (own) ⌈*taste* [*likes and dislikes*]. / There is no accounting for *tastes*. 《ことわざ: 好みを説明することはできない》

このみ[2] 木の実 (果実) fruit Ⓒ ★ 一般的な語; (栗などの堅い木の実) nut Ⓒ; (いちごなどの柔らかい木の実) berry Ⓒ. 《☞ み[1]》.

このむ 好む (好きである) like ㊎; (…のほうを好む) prefer ㊎. 《☞ このみ[1]; すき[1]》.
¶ *好むと好まざるとにかかわらず, 彼はそれをしなくてはならない Whether he *likes* it or not, he has to do it.

このよ この世 ── 名 (あの世に対して) this world; (世界) the world. ── 形 (世俗的な) worldly; (天国に対して, この世の) earthly. 《☞ よ[1]; うきよ; よのなか》.
¶ 彼女は 80 歳で*この世を去った (⇒ 80 歳で死んだ) She *died* at the age of eighty. // その夜景は*この世のものとは思われぬ美しさだった The night view was of ⌈*unearthly* [*heavenly*] beauty. // これが彼との*この世の別れになるかもしれない (⇒ 私の生涯において私が彼に会う最後の時となるかも知れない) This may turn out to be the (very) last time *in my life* that I see him.

このよう この様 ── 形 (このような) such; (この種の) this ⌈kind [sort] of ..., ... of this ⌈kind [sort] ★ 以上 2 つはほぼ同意だが, 後者のほうが形式ばった言い方. ── 副 (このように) like this; (この方法で) (in) this way. 《☞ こんな; -よう[1]》.
¶ *このような話は聞いたことがない I have never heard ⌈*such* a story [a story *like this*]. / (⇒ こんな種類の話は) I have never heard a story *of this* ⌈*kind* [*sort*]. // *このようなことは 2 度とするな Don't do ⌈*such* a thing [*it*] again. [語法] it を使うほうが直接的な表現だが, 実際上の意味はほぼ同じ. // *このようにやって下さい Please do it *like this*.

こはく 琥珀 ── 名 amber Ⓤ. ── 形 (こはく色の) amber. 《☞ 色 (囲み)》.

ごはさん 御破算 ── 動 (約束などを取り消す) cancel ㊎; (予定などを中止する) call off ㊎. 《☞ かいしょう[1]; ちゅうし[1]; とりけす》.
¶ この約束は*ご破算にしよう (⇒ この約束のことは忘れよう) Let's *forget* about this promise.

こばしり 小走り ── 動 (小またにせかせかと歩く) trot ㊀; (軽快な足取りで進む) trip ㊀.
¶ 彼は*小走りに走って行った He ⌈*trotted* [*tripped*] along. / (⇒ 急ぎ足で) He *went* along *with hurried steps*.

こばなし 小話 (冗談) joke Ⓒ; (短いこっけいな話) short comic story Ⓒ.

こばむ 拒む (拒否する) refuse ㊎; (断る) decline ㊎. 《☞ ことわる; きょひ》.

コバルト 〚化学〛 cobalt [kóubɔːlt] Ⓤ 《元素記号 Co》.

こはるびより 小春日和 Indian summer Ⓒ ★ Ⓤ としても扱われる.

こはん 湖畔 lakeside Ⓒ, lakeshore Ⓒ. 《☞ みずうみ》. ¶ 私は*湖畔のホテルに泊まった I put up at ⌈a *lakeside* hotel [a hotel on *the shore*(*s*) *of a lake*].

こばん 小判 *koban*(*g*) Ⓒ ★ 単複同形; (説明的に) oval gold coin formerly used in Japan Ⓒ. 《☞ 日本固有の風物と英語 (囲み)》.
¶ そりゃ猫に*小判だ (⇒ 豚に真珠を投げ与えるようなものだ) It's just like *casting pearls before swine*.

ごはん 御飯 (米) rice Ⓤ; (炊いた飯) cooked

[boiled] rice Ⓤ ★文脈から生米でないことが明らかであれば rice のみでよい；(食事) meal Ⓒ. 《☞こめ；めし；食事(囲み)》.

¶「*ご飯ですよ(⇒朝食[昼食, 夕食]の用意ができた)」「いま行きます」"*Breakfast* [*Lunch*; *Dinner*; *Supper*] is ready." "I'm coming." 彼は*ご飯の2杯めをおかわりした He asked for a second helping of *rice*.

ごばん 碁盤 *go* board Ⓒ; (碁(のゲーム)で使われる盤) board used in (the game of) *go* Ⓒ ★説明的な言い方.

こび 媚 flattery Ⓤ 《☞こびる》.

ごび 語尾 ending Ⓒ, the ending of a word ★語の終わりの部分ということをはっきり言うときは後者の言い方となる；(屈折語尾) inflection Ⓒ.

コピー ―名(写し) copy Ⓒ; (複写) photocopy Ⓒ 【語法】前者の語は手書きによる写しなども含み, 意味が広い. 英語の copy は日本語の「コピー」と違って複写機によるものだけではない点に注意. ―動(コピーをとる) copy ⓗ; photocopy ⓗ. 《☞ふくしゃ[1]》.

¶私はその表の*コピーをとった I ˹made [took] a ˹*copy* [*photocopy*] of the table. / I ˹*copied* [*photocopied*] the table. // このページの*コピーを3部とって下さい Make [Take] three ˹*copies* [*photocopies*] of this page.

コピーライター copywriter Ⓒ.

こひつじ 小羊 lamb [lǽ(:)m] Ⓒ 《☞ひつじ[1]》.

こびと 小人 dwarf Ⓒ.

こびりつく (くっつく) stick (to ...) ⓐ 《過去・過分 stuck》 《☞くっつく；ふちゃく》.

¶ガムが私の靴に*こびりついた Gum *stuck to* my shoes. // フライパンの底に焼けこげが*こびりついている(⇒底が焼けこげで覆われている) The bottom of the frying pan *is coated with* scorches. // その苦い思い出はいまでも私の心に*こびりついている Those bitter memories still *stick* in my mind.

こびる 媚びる (お世辞を言う) flatter ⓗ; (卑しいお世辞や大げさな敬意の表現でへつらう) fawn (on ...; upon ...) ⓐ; (召使い・取り巻き連中・出世をねらう人などが迎合的態度をとる) toady (to ...) ⓐ. 《☞へつらう；おせじ》.

¶そんなに上司に*媚びるのはよせ Don't ˹*flatter* [*fawn upon*; *toady to*] your boss like that.

こぶ[1] 瘤 **1** «身体的»: (打撲によるもの) bump Ⓒ; (はれ物) lump Ⓒ ★lump は必ずしも打撲によるものではない；(木の) gnarl Ⓒ; (らくだの) hump Ⓒ. 《☞はれもの》. ¶頭に*こぶができた A ˹*bump* [*lump*] came out on the head. / I got a ˹*bump* [*lump*] on the head.

2 «比喩的»: (目ざわりで邪魔になるもの) eyesore Ⓒ 《☞めざわり》. ¶あいつは我々みんなの目の上の*こぶだ He is an *eyesore* to us all.

こぶ[2] 昆布 *kombu* Ⓤ; (茶褐色で, 大きく長いもの) kelp Ⓤ; (一般的に海草類) seaweed Ⓤ.

こぶ[3] 鼓舞 ―動(勇気づける) encourage ⓗ (↔ discourage); (沈んだ気持ちを高めて元気づける) cheer (up) ⓗ; (刺激を与える) stimulate ⓗ. 《☞げきれい；はげます》.

ごぶ 五分 ―形(等しい) equal; (平等の) even; (五分五分) fifty-fifty. 《☞ごかく》.

¶あの2人の少年は(力量が)*五分だ Those two boys are ˹*equal in ability* [*equally matched*]. // 成功か失敗かの見込みは*五分五分である The chances of success or failure ˹*are even* [*stand even*]. 《☞どっこいどっこい》 // 彼女が試験に合格する見込みは*五分五分である There is ˹an *even* [a *fifty-fifty*] chance that she will pass the examination.

こふう 古風 ―形 antique [æntíːk]; archaic [ɑːkéiik]; (旧式な) old-fashioned; (時代おくれの) antiquated; out-of-date.

【類義語】現代よりも前の時代の物や型などに用いられるのは ***antique***. いまはあまり使われていない古めかしい言葉や表現などに用いられるのが ***archaic***. 慣習が変わったために使用されなくなったものを軽蔑的に指したり, 古い物に価値を認めて懐かしむ気持ちで用いるのが ***old-fashioned***. しばしば軽蔑的な意味で, 時代おくれ・流行おくれのものに対して用いるのが ***antiquated*** で, そのもの本来の機能がうまく働かなくなったものにも用いられる. ものが旧式で流行おくれのときに用いる一般的な言葉は ***out-of-date***. 《☞ふるい[1]; ふるめかしい》

¶この本は*古風な文体で書かれている This book is written in an *archaic* style. // 母はその*古風なウエディングドレスを20年もの間宝物にしていました Mother treasured the *old-fashioned* wedding dress for twenty years.

ごぶがり 五分刈り ¶*五分刈りの(⇒短く刈った)頭 *close-cropped* [*short-cropped*] head 【参考】「角刈り」という意味では《米》では crew-cut head.

ごふく 呉服 (着物の生地) cloth for kimonos Ⓤ; (織物類・反物) 《主に米》 dry goods ★常に複数形で；《主に英》 drapery Ⓤ.

ごぶさた 御無沙汰 long silence Ⓤ.

¶長いこと*ごぶさたして申し訳ありません(⇒私の長い音信不通を許して下さい) Excuse [Forgive; Pardon] me for my *long silence*. / (⇒長いこと便りをしないですみません) I am very sorry I have not written (to) you for a long time. ★《米》では to は省かれることが多い. 【参考】英語の手紙では日本の習慣と違って, あまりこのような形式的なわびごとは書かないで, いきなり用件に入るのが普通である. 《☞手紙の書き方(囲み)》 // *ごぶさたしています. お変わりありませんか《人に会って言う言葉》 I *haven't seen you for* ˹*a long time* [*ages*]. How have you been? 《☞あいさつ(囲み)》 // *ごぶさたしました It's *been ages since I saw you last*. 【語法】口語的. 元来は誇張表現.

こぶし 拳 fist Ⓒ 《☞げんこつ》. ¶彼は*こぶしを固めた He clenched his *fist*. // 彼は息子に*こぶしを振り上げた(⇒まさに殴ろうとした) He was about to hit his son. 《☞ふりあげる【参考】》

こぶた 子豚 little [baby] pig Ⓒ 《☞ぶた》.

こぶつ 古物 (年月のたった骨董的なもの) antique [æntíːk] Ⓒ; (珍しく, めったにないもの) curio [kjú(ə)riòu] Ⓒ; (中古品) secondhand

[used] article Ⓒ. 《☞ こっとう》. **古物商** (人) antique [secondhand] dealer Ⓒ; (店) antique [curio; secondhand] shop Ⓒ.

こぶとり 小太り —形 (ぽちゃぽちゃとした) plump; (女性が健康で肉づきのよい) buxom [bʌ́ksəm]. 《☞ ふとる; ぽちゃぽちゃ》. ¶ 彼女は*小太りだ She is ˹*plump* [*buxom*].

こぶね 小舟 (一般的に小さな舟) boat Ⓒ; (櫂(かい)・櫓(ろ)でこぐ舟) rowboat Ⓒ, rowing boat Ⓒ. 《☞ ボート》.

コブラ cobra Ⓒ; (キングコブラ) king cobra Ⓒ. 《☞ へび (挿絵)》.

こぶり 小降り —動 (小降りになる) let up ⓐ 《☞ こやみ; こさめ; 天候の表現 (囲み)》. ¶ 雨は*小降りになってきました The rain *is* ˹*letting up* [*lessening*].

こふん 古墳 (古代の盛り土をした墓) old mound Ⓒ; (古代の墓) ancient tomb Ⓒ.

こぶん¹ 子分 (特に政治家などの手下・子分) henchman Ⓒ 《複 -men》; (部下) *one's* men ★ 通例複数形で.

こぶん² 古文 (昔に書かれたもの) ancient writing Ⓒ; (古典) the classics.

ごへい 語弊 ¶ それは*語弊がある (⇒ 適切な言葉ではない) It is *not the proper word.* / (⇒ その言葉は誤解されるおそれがある) The word is *misleading.*

こべつ¹ 戸別 —形 (家から家への) door-to-door, house-to-house ★ 前者のほうがより慣用的表現. —副 from door to door, from house to house.

戸別訪問 door-to-door [house-to-house] ˹visit [call] Ⓒ; (選挙) door-to-door [house-to-house] canvass Ⓒ. ¶ 彼らは*戸別訪問して寄付を集めた They made ˹*door-to-door* [*house-to-house*] *visits* to collect contributions. / They visited from ˹*door to door* [*house to house*] to collect contributions.

こべつ² 個別 —副 (一つ一つ) one by one; (各々に) each; (個別的だが, それぞれの比重が同じでないとき) individually; (一つ一つばらばらに) separately. 《☞ ここ²; それぞれ; べつべつ》. ¶ 面接室で*個別に面接を受けました We were interviewed *individually* in a reception room. // 小包は*個別に送りました We sent the parcels *separately.*

ごほう¹ 語法 (言葉の使われ方) usage [jú:sidʒ] Ⓤ ★ 具体的な語法を意味するときは Ⓒ. 《☞ 欄外》. ¶ 彼はアメリカ英語の*語法をよく知っている He is familiar with ˹American *usage* [*Americanisms*]. ★ Americanism は「アメリカ特有の表現」の意. 《☞ アメリカ英語とイギリス英語 (欄外)》

ごほう² 誤報 (新聞などの誤った報道) false [incorrect] report Ⓒ ★ incorrect のほうが多少形式ばった表現; (間違った情報) wrong information Ⓤ ★ 人に誤ったことを教えたりしたときはこの言い方.

ごぼう 牛蒡 burdock root Ⓒ 参考 日本のごぼうと違って食用にしない. **ごぼう抜き** ¶ 警官隊はピケの学生を*ごぼう抜きにした The police ˹*pulled* [*lifted*] the students by force one by one out of the picket line.

こぼす **1** «液体をこぼす»: (液体・粒状のものを誤ってこぼす) spill ⓣ; (涙など) shed ⓣ; (パンくずなどを落とす) drop ⓣ. ¶ 私はうっかり敷き物の上にコーヒーを*こぼしてしまった I *spilled* my coffee on the rug. // 少女はひざの上に涙を*こぼした The girl *shed* tears on her knees. // 彼はパンくずを床に*こぼしてばかりいた He kept *dropping* crumbs on the floor.

2 «不平を言う»: (単にぶつぶつと文句を言う) grumble (about ...) ⓐ; (なんらかの改善策を求めて不平を言う) complain (about ...; of ...) ⓐ. 《☞ ふへい; ぐち》. ¶ 彼らは給料のことを*こぼしてばかりいる They *are* always ˹*complaining* [*grumbling*] *about* their pay.

こぼれる 零れる (落ちる) fall ⓐ; (思いがけなく落ちる) drop ⓐ; (液体がこぼれる) spill ⓐ. 《☞ あふれる》. ¶ その悲しい知らせを聞いて, 彼の目から涙が*こぼれた Tears ˹*dropped* [*fell*] from his eyes when he heard the sad news. // 手おけから水が*こぼれた Water ˹*spilled* [*spilt*] from the pail.

こぼんのう 子煩悩 ¶ 彼女は本当に*子煩悩です She is really a *doting* mother. / She really *dotes on* her children. ★ dote on ... は「...を盲目的にかわいがる」の意.

こま¹ 駒 (将棋・チェスなどのこま) chessman Ⓒ 《複 -men》; (一つ一つのこま) piece Ⓒ 参考 チェスでは8個の一番弱い位の駒を pawns (＝卒) といい, king (＝王), queen (＝

語法 (usage) 語い・語形・連語関係・慣用などの各面における実際的な用法のことをいう.

(i) 「語い」の面でいえば, 新語や古語などの使われ方などは語法の問題となる. 例えば「郊外」という意味で exurb が使われ出したのは1955年以後のことであり, また日本語のベッドタウンに相当する英語は bedroom ˹suburbs [town] であって, bed town という英語はない. 以上のことなどは日本人の英語学習という観点からの語法上の問題である.

(ii) 「語形」の面から見た語法の問題としては, 例えば「君はきのうだれに会ったか」という英語では *Who* did you meet yesterday? のほうが口語的で, Whom を用いるのは, 文法的には正しいとされながらも普通ではない, などの問題が1例にあげられる.

(iii) 「連語」の面では「スープを飲む」は *eat* soup のように動詞は eat を用いること, あるいは「...で死ぬ」という表現では die *with* ..., die *from* ..., または die *of* ... のように, 動詞と前置詞の結び方で意味上の区別が起こるかどうか, また die に続く with, from, of はどのようなパーセンテージで用いられているか, などは語法の研究の課題である. 《☞ コロケーション (欄外)》

(iv) 「慣用」については, 前述した語形の問題と重なるところもあるが, It's *me.* と It's *I.* では, 文法的には後者が正しいとされるが, It's *me.* が口語においては慣用語法として確立されている, ということを調べるのも語法研究の問題である.

このように語法とは必ずしも文法にとらわれない実際の言葉の用法のことで, これを調べるには実地作業 (fieldwork) をして多くのデータを集めなくてはならない. また学習上から見ると, 常に英文の語法的な面に気を配って聞き・読むこと, 辞書の語法的な注意にも注目すること, 語法関係の書物もできるだけ読むことなどが必要である.

本辞書では学習上必要な語法についての注意を 語法 または ★ の印を付けて, できるだけ多く載せるように努力したので, 参照されたい.

女王), bishop (＝僧正, 2 個), knight (＝騎士, 2 個), rook (＝城, 2 個) の 8 個の駒を pieces という. 《☞ チェス》.

こま² 齣, 駒 **1** «フィルム»: (ひとこま) frame Ⓒ. **2** «場面»: scene Ⓒ《☞ ばめん》.
¶ 歴史の一*こま a *scene* from history // 私はあの映画の戦闘の一*こまにたいへん感動しました I was much impressed by the battle *scene* in the movie.

こま³ 独楽 top Ⓒ. ¶ *こまを回す spin a *top*

ごま 胡麻 sesame [sésəmi(:)] Ⓒ. ¶「開け*ごま」"Open *sesame*." **ごまをする** ¶ 彼は主任に*ごまをすった (⇒ 彼は主任におせじを言った) He *flattered* his boss. // 彼は*ごますりだ He is「a *toady* [《米俗語》an *apple-polisher*]. 《☞ おせじ; へつらう》 **ごま油** sesame oil Ⓤ.

コマーシャル (テレビ・ラジオの短い広告放送) commercial Ⓒ 参考 日本語でシー・エムというのは commercial message の略と言われるが, この略語は用いられない. 《☞ せんでん; こうこく》. ¶ 航空会社のテレビ*コマーシャル an airline('s) TV *commercial* / a TV *commercial* for an airline

こまかい 細かい **1** «小さい»: (普通または平均より大きさが小さい) small; (粒や線などがそろっていて細かい) fine (↔ coarse). 《☞ ちいさい (類義語); ほそい (類義語)》.
¶ *細かい活字は目に悪い *Small* type is bad for the eyes. // この海岸は砂が*細かい The beach has *fine* sand. // いま*細かい雨が降っています A *fine* rain is falling now. // もっと目の*細かい網が欲しい I want a net of *finer* mesh. // 彼女は玉ねぎを*細かく刻んだ She *chopped* the onions *up*.
2 «詳細な»: (細目にわたって詳しい) detailed; (注意深く綿密な) close; (注意深い) careful; (正確で精密な) minute [main(j)ú:t]; (金銭について勘定高い) stingy, tight. 《☞ くわしい; めんみつ; けち》.
¶ ここでは*細かい点には触れません I am not going to go into *details*. // 費用を*細かく書き出しなさい Give a *detailed* account of the expenses. // 君はその点に*細かい注意を払うべきだ You should pay「*close* [*careful*] attention to that point. // 彼はひどく金に*細かい He is very「*stingy* [*tight*] with his money.
3 «些少な» ― 形 (比較的小さく重要でない) minor (↔ major); (些細な) small; (取るに足らない・つまらない) trifling. ― 名 (細かくてつまらないこと) trifles ★ 通例複数形で. 《☞ ささい; つまらない; こまごま》.
¶ *細かい誤りに気をとめる前に, 重要なものを直しなさい Correct the major errors before you bother with the *minor* ones. // *細かいことで彼はいつも彼女に小言ばかり言っている He is always grumbling at her about *trifles*.
4 «微妙な»: (感覚が鋭く繊細な) delicate; (刺激に対して敏感で神経質な) sensitive. 《☞ せんさい¹; しんけい》. ¶ 彼女はたいへん神経の*細かい人ですよ She is a very *sensitive* lady. / She has *delicate* feelings.
5 «金銭が少額の»: small 《☞ こぜに; くずす; 買い物 (囲み)》. ¶ 私は*細かい持ち合わせがありません I have no (*small*) *change* with me. //「1 ドル札を 10 セント硬貨に*細かくしていただけませんか」「いいですとも」"Would you「*change* [*break*] a dollar bill into dimes?" "Certainly."

ごまかす **1** «だます»: (だまし取る) cheat ㊀; (金銭をだまし取る) swindle ㊀; (人を欺く) deceive ㊀; (策略を用いる) trick ㊀. 《☞ だます; ぺてん》.
¶ 私は彼を*ごまかして金をまきあげた <S (人)＋V (*cheat*; *swindle*)＋O (人)＋*out of*＋名 (金)> I「*cheated* [*swindled*] him *out of* his money. // 彼はうそをついて, 先生を*ごまかそうとした He tried to *deceive* the teacher by lying. // 私は*ごまかされてそれを買うはめになった<S (人)＋V (*trick*)＋O (人)＋*into*＋動名 の受身> I *was tricked into* buying it.
2 «言い抜ける»: (質問や義務などをずるく, 巧みにはぐらかす) evade ㊀; (あいまいなことを言って, 言い逃れる) quibble ㊀. 《☞ いいのがれ; はぐらかす》. ¶ 彼はやっかいな質問を*ごまかそうとした He tried to *evade* an embarrassing question. // *ごまかさないで承諾か否かをおっしゃって下さい Please say yes or no without *quibbling*.
3 «数量などをごまかす»: (目方[升目]をごまかす) short ㊀, give short「weight [measure] ★ 偶然の不足を意味することもある; (釣り銭をごまかす) shortchange ㊀; (年齢をごまかす) misrepresent *one's* age; (不正に変更する) doctor ㊀. 《☞ ふせい¹; いんちき》.
¶ あの店員はときどき目方を*ごまかす That shop clerk sometimes *shorts* me on weights. // 私はあの店で釣り銭を*ごまかされた I *was shortchanged* at that store. // その女性は年を 3 つも若く*ごまかしました The girl *misrepresented her age*, taking off three years. // だれが記録を*ごまかしたのだ Who *doctored* the record(s)?
4 «着服する»: (こっそりと自分のものにする) pocket ㊀; (他人から任されているお金を横領する) embezzle ㊀. 《☞ ちゃくふく》.
¶ 彼は利益を全部*ごまかした He *pocketed* all the profits. // 会計係が銀行から 3 千万円を*ごまかして蒸発した The accountant *embezzled* thirty million yen from the bank and disappeared.

こまぎれ 細切れ, 小間切れ ― 名 (断片) fragment Ⓒ; (切りきざんだ肉) chopped [hashed] meat Ⓤ. ― 動 (こま切れにする) cut (up) ... into small pieces; (肉などを切りきざむ) chop (up) ㊀, hash ㊀. 《☞ きる¹》.
¶ 肉を*こま切れにして下さい *Chop* the meat *up*, please. // 私は化学については*こま切れの知識しかない (⇒ 化学の知識は断片的です) My knowledge of chemistry is just *fragmentary*.

こまく 鼓膜 eardrum Ⓒ, tympanum [tímpənəm] Ⓒ《複 tympana [tímpənə], ～s》 ★ 後者は医学用語. 《☞ みみ》.

こまごま 細細 ― 副 (細部にわたって) in detail; (詳細に) minutely [main(j)ú:tli(:)].

—形 (細かい) detailed; (詳細な) minute [main(j)úːt]. —名 (詳細) details, particulars ★ いずれも複数形で. 《☞ こまかい》.
¶ 彼は*こまごまと説明した He explained it *in detail*. / He explained *all the details* of it. / (⇒ こまごました説明を与えた) He gave a *detailed* account of it. // 主任が私たちの仕事について*こまごました指示をした The boss gave us *minute* instructions about our work.

ごましおあたま 胡麻塩頭 —名 (白髪まじりの髪) grizzled [grayish; graying] hair Ⓤ; (白髪がところどころに見える) gray-flecked hair Ⓤ. —形 grizzled; grayish-haired. 《☞ かみ³; しらが》.

こましゃくれた (年令よりませた) forward; (早熟な) precocious. 《☞ なまいき; ませる》.
¶ あの子供は*こましゃくれている That child is *too* ˹*forward* [*precocious*] *for* ˹*his* [*her*] *age*.

こまた 小股 —動 (小股で歩く) walk with [take] short steps.

こまどり 駒鳥 robin Ⓒ, (robin) redbreast Ⓒ ★ 後者は特に子供に話すときに使う語.

こまぬく 拱く (何もしないで傍観する) look on with ˹folded arms [*one's* hands in *one's* pockets]; (何もしないことを強調して) be an idle onlooker. ¶ 彼は手を*こまぬいているだけで, 私のために何もしてくれませんでした He *was* merely *an idle onlooker* and did not do anything for me.

こまむすび 小間結び square [reef] knot Ⓒ.
¶ そのひもを*小間結びにしました I tied the strings in a ˹*square* [*reef*] *knot*.

こまめ —形 (きびきびした) brisk; (喜んで…する) ready. —副 briskly; (しばしば) often. 《☞ まめ³》. ¶ 彼女は*こまめに (⇒ しばしば) 便りをよこす She *often* writes to me. // 彼は*こまめに人の面倒をみる He is always *ready* to help others. // 彼女は*こまめによく働く She works *briskly*.

こまもの 小間物 (ボタン・糸・針などの) 《米》 notions ★ 複数形で; 《英》 haberdashery [hǽbədæʃ(ə)ri(ː)] Ⓤ. **小間物屋** 《米》 notions store Ⓒ, 《英》 haberdashery Ⓒ.

こまやか 細やか, 濃やか —形 (誠意のこもった, 温かみのある) warm; (同情的な優しさのある) tender; (親密な) close. ¶ 彼女は*こまやかな愛情の持ち主だ She has a *warm* affection. // 2人は愛情*こまやかな夫婦だ The couple ˹*is* [*are*] *devoted to* each other. // 彼は*こまやかな友情が欲しかった He needed (some) *close* friendship.

こまる 困る **1** «困難»: (…するのに苦労する) have difficulty (in … ing); (ひどい目にあう) have a hard time; (もめ事になる・手間取る) have trouble ˹with [in] … 語法 もめ事や困難の場合は with を, 事に手間取る場合は in を用いる; (困っている) be in trouble ★ 状態をいう; (苦しめられる・悩ませられる) be troubled ˹by [with] …; (…がなくて困る) be pressed for … 《☞ くろう; くるしむ; なやむ》.
¶ この問題が解けなくて*困っています I *am having difficulty* (*in*) solving this problem.
パリでは英語が通じなくてひどく*困りました In Paris I *had a hard time* because they didn't understand English.
何か*困ったことがあるのではないですか I'm afraid you *are in trouble*.
車が動かなくなって本当に*困った We are *in a real fix*. Our car has broken down.
彼はリューマチで*困っている He *is* ˹*troubled with* [*suffering from*] rheumatism.
私たちは時間がなくて*困っている We *are pressed for* time.
2 «金銭»: (金銭上のやりくりで困る) be in (financial) ˹difficulty [difficulties], be hard up; (貧しく, 暮らし向きが悪い) be badly off (↔ be well off). 《☞ びんぼう》.
¶ 彼はこのごろずっとお金に*困っている He *has been* ˹*in* (*financial*) *difficulties* [*hard up*] recently.
彼らはちっとも暮らしには*困っていなかった They *were* not at all *badly off*.
3 «迷惑・当惑»: (いらいらする・手をやく) be annoyed (at …; with …; by …) 語法 物事にいらいらして困る場合は at, 人に手をやいて困るときは with, 困る直接の原因は by; (煩わされて困る) be bothered; (まごつく・ばつが悪くて困る) be embarrassed (by …; at …; with …) 語法 困った気持ちを表すときは by, at が用いられ, 肉体的に困った状態や, 相手からの好意にとまどう場合は with がよく用いられる; (どうしてよいかわからなくて当惑する) be perplexed; (皆目見当がつかなくて途方に暮れる) be ˹puzzled [at a loss] 語法 be puzzled はきつねにつままれたような気持ちというニュアンスがある. 《☞ めいわく; なやむ; とうわく (類義語); まごつく》.
¶ *困ったね That's too bad. ★ 相手の困った状態に同情して言う.
*困ったなあ (⇒ どうしたらよいだろうか) What shall I do?
あの酔っ払いには*困った (⇒ 悩まされた) I *was annoyed* ˹*with* [*by*] the drunkard.
専門家たちは長年この問題で*困っています The experts *have been bothered* by this problem for many years. / (⇒ この問題は長年, 専門家たちを困らせている) This problem *has bothered* the experts for many years.
彼の露骨な質問に私は*困った (⇒ 彼は露骨な質問をして私を困らせた) He *embarrassed* me ˹by asking [with] blunt questions.
先生でさえもその難しい問題に*困りました Even the teacher *was perplexed* by the hard question. / (⇒ その問題は先生さえも困らせるほど難しかった) The question was hard enough to *perplex* even the teacher.
彼女はどうしてよいか*困ってしまった (⇒ 途方に暮れた) She *was at a loss* what to do.
私たちは疲れていたし, さらに*困ったことには, 何も食べるものがなかった We were tired, and ˹*to make matters worse* [*what is worse*], we had nothing to eat.

こまわり 小回り small turn Ⓒ. ¶ この車は*小回りがききます (⇒ この車は回るのが易しい)

This car is *easy* to turn around. // 彼は*小回りのきく人だ (⇒ 融通のきく人だ) He is a *flexible* person.

こみ 込み ¶勘定はサービス料*込みです The bill ⌈*includes* [*is inclusive of*] the service charge. // 私の初任給は税*込み 10 万円でした My starting salary was ¥100,000 a month ⌈*before taxes* [*gross*].

ごみ (紙・木片・瓶など)《米》trash Ⓤ, 《英》rubbish Ⓤ; (かさばった大きなごみ) refuse [réfju:s] Ⓤ ★ やや形式ばった語; (道路などに散らかる紙くずなど) litter Ⓤ ★ 動 としても用いる; (台所から出るような生ごみ) garbage Ⓤ; (廃棄物) waste Ⓤ. 《☞ くず (類義語)》.

¶ *ごみを捨てないで下さい No [Don't] *litter*, please 《☞ 掲示の英語 (囲み)》 // *ごみはここへ捨てて下さい Pitch *waste* here. // *ごみの収集は毎週木曜日です They ⌈haul [take] the ⌈*trash* [*rubbish*] away every Thursday. / They ⌈collect [gather] the *refuse* on Thursday every week.

ごみ収集車 《米》garbage truck Ⓒ, 《英》dustcart Ⓒ **ごみ収集人** 《米》garbage ⌈man [collector] Ⓒ ★ 婉曲的に sanitation engineer ともいう; 《英》dustman Ⓒ. 《☞ 婉曲語法 (欄外)》 **ごみ処理場** land disposal site Ⓒ; (ただ, ごみを捨てておくだけの所) open dump area Ⓒ; (捨てたごみを固め, 土をかけて, 後にほかの目的に使用する場所) landfill Ⓒ **ごみ捨て場** dump Ⓒ, trash [garbage] dump Ⓒ **ごみ取り** dustpan Ⓒ **ごみ箱** 《米》trash can Ⓒ, garbage can Ⓒ, 《英》dustbin Ⓒ; (箱状のもの) trash box Ⓒ; (紙くずかご)《米》wastebasket Ⓒ.

こみあう 込み合う (混雑する) be crowded; (ぎっしりと) be packed; (満員である) be full; (ぎゅうぎゅうに詰め込まれた状態である) be jammed; (大混雑する) be congested. 《☞ こむ; こんざつ; ごったがえす》.

¶デパートはクリスマスの買い物客で*込み合っていた The department store *was crowded* with Christmas shoppers. // 列車はスキー客で*込み合っていた The train *was* ⌈*packed* with [*full* of] skiers.

こみあげる 込み上げる (怒り・笑い・涙などが) well up ⓐ; (出てくる) come to ...; (...でいっぱいになる) be filled with ... ★「人」が主語になる; fill *one's* heart with ... ★「事・物」が主語になる.

¶彼女の目に涙が*込み上げてきた Tears ⌈*came to* [*welled up* in] her eyes. // その知らせを聞いて怒りが*込み上げた (⇒ 怒りでいっぱいになった) I *was filled with* anger to hear the news. / (⇒ その知らせが私の心を怒りで満たした) The news *filled my heart with* anger.

こみいる 込み入る — 形 (複雑でわかりにくい) complicated; (複雑に入り組んだ) intricate; (各部が複雑に絡み合った) involved. 《☞ ふくざつ; ややこしい》. ¶事態は君が考えているよりも*込み入っている The situation is more *complicated* than you think. // これは*込み入った文章だ This is an *involved* sentence.

ごみごみ — 形 (清潔でない) dirty (↔ clean); (汚く雑然としている) squalid; (ごみの散乱した) littered. 《☞ きたない》.

こみだし 小見出し subhead Ⓒ 《☞ みだし; 新聞の英語 (囲み)》.

こみち 小道 (市街地の路地・田舎の小道) lane Ⓒ; (野山などの狭い道) path Ⓒ; (庭園・公園などの生け垣や植え込みの間の小道) alley Ⓒ. 《☞ みち[1] (類義語)》.

こみみ 小耳 ¶ちょっと*小耳にはさんだのですが, ジョーンズ博士が来月日本に来るそうですね I *happened to hear* that Dr. Jones will come to Japan next month.

こむ 込む, 混む **1** «混雑»: (雑踏する) be crowded; (人でぎっしり詰まる) be packed; (満員である) be full; (ぎゅうぎゅう詰め込まれている) be jammed; (車などで大混雑する) be congested; (群衆が押し合いへし合いする) be thronged. 《☞ こみあう; こんざつ》.

¶列車は帰省する学生で*混んでいました The train *was* ⌈*crowded* [*packed*] with homecoming students. // 電車は身動きできないほど*混んでいた The train *was* so much *jammed* that I couldn't move. // 道路がすごく*混んでいました The street *was* very (much) *congested*.

2 «精巧な»: (細かく正確な) elaborate; (複雑な) intricate. 《☞ せいこう[2]》. ¶これはなかなか手の*込んだ戸棚だ This is a cabinet of *elaborate* workmanship. // それは手の*込んだデザインです It's (of) an *intricate* design.

ゴム rubber Ⓤ. ¶天然*ゴム natural *rubber* // 合成*ゴム synthetic *rubber* **ゴム園** rubber plantation Ⓒ **ゴムの木** (観葉植物の) rubber plant Ⓒ **ゴムバンド** (輪ゴム) rubber band Ⓒ **ゴムボート** rubber raft Ⓒ.

こむぎ 小麦 wheat Ⓤ, 《英》corn Ⓤ 参考 《米》で corn といえば「とうもろこし」を指す. 《☞ むぎ (挿絵)》. **小麦色** — 形 (黄味がかった茶色) yellowish-brown; (健康的に日に焼けた) sun-tanned. 《☞ ひやけ; 色 (囲み)》. ¶私は海辺で肌を*小麦色に焼いた I *tanned* myself on the beach. **小麦粉** (wheat) flour Ⓤ 《☞ こな》 **小麦畑** wheat farm Ⓒ.

こむすめ 小娘 young girl Ⓒ.

こむらがえり こむら返り leg cramps ★ 複数形で; cramp in the calf Ⓒ. 《☞ けいれん; つる[3]》. ¶私は*こむら返りになった I got *leg cramps*. / I was seized with (*a*) *cramp in the calf*.

こめ 米 rice Ⓤ 《☞ ごはん; いね (挿絵)》.

¶日本人の多くは*米を主食にしています Many Japanese people live on *rice*. 《☞ しゅしょく》 // よく*米をといでからたきなさい Wash the *rice* well, and then ⌈boil [cook] it. // 日本の農家では*米はたいてい水田で作ります Japanese farmers ⌈grow [raise; cultivate] most of their *rice* in paddies.

米俵 straw rice-bag Ⓒ **米粒** (もみがついているもの) grain of rice Ⓒ **米所** rice-producing district Ⓒ **米屋** rice shop Ⓒ《☞ 店の呼び名(囲み)》.

こめかみ 顳顬 temple Ⓒ《☞ かお(挿絵)》.

こめる 込める **1** «装塡する»:(弾丸を込める) load ⑱. ¶ 彼はライフルに弾丸を*込めた He *loaded* the rifle.

2 «集中する» ¶ 私は心を*込めて(⇒ 一心に)仕事をした I did the work *wholeheartedly*. / (⇒ その仕事に全身全霊を注いだ) I *put heart and soul into* the work.

3 «含める»: include ⑱, 《口語》 count in ⑱. 《☞ こみ; ふくめる》.

ごめん 御免 **1** «謝罪» ¶ *ごめんなさい Excuse me. / Pardon me. / I'm sorry. / Sorry. / I beg your pardon. 語法 相手に失礼を謝るときに用いるのが Excuse me. で, 例えば, 知らずに相手の体に触れたとか, 相手の前を横切ったとか, そんなときに自然に口に出す表現である. Pardon me. もこれとほぼ同じである. Excuse me. に対する受け答えは, 丁寧には Certainly., くだけた言い方は That's all right. であり, また me を強い強勢で発音し Excuse mé. と答えると「こちらこそ」の意となる. また自分の落ち度・過失を認めて謝るのが I'm sorry. である. I'm を略して Sorry. と言うと, 少し謝り方が軽く感じられる. なお英米で用い方に少し違いがあり, 軽く謝るときには《米》では Excuse me. を,《英》では Sorry. をより多く使う. また《米》では I'm sorry. は Excuse me. より謝り方の程度が深い. より大きな過失や罪について用いるのが I beg your pardon. であり, 音調はし り下がりになる. ちなみにしり上がりのときは, 相手の言葉が聞きとれなくて,「もう一度お願いします」という意味になる. 《☞ すみません; 謝罪の表現(囲み)》 // 遅れてきて*ごめんなさい *I'm sorry* I was late. / (⇒ 遅れてきたことに対して私を許して下さい) *Excuse me for* coming late. // 長い間お待たせして本当に*ごめんなさい *I am* awfully *sorry to* have kept you waiting for a long time.

2 «断り» ¶ *ごめんください Excuse me. 語法 人の前を通ったり, 道をあけてもらったり中座したりするときに用いる. これに対する受け答えには, Certainly., Sure., Surely. などが用いられる. なお, 2 人以上で失礼する場合は, Excuse us. となる. 《☞ しつれい》

3 «拒絶» ¶ 私は*ごめんです (⇒ 私はしたくない) I don't want to. // 残業は*ごめんこうむりたいものです *I would rather be excused from* working overtime.

ごもくずし 五目鮨 boiled rice mixed with various delicacies seasoned with vinegar Ⓤ《☞ 日本固有の風物と英語(囲み)》.

ごもくならべ 五目並べ gobang Ⓤ.
¶ *五目並べをする play *gobang*

ごもくめし 五目飯 boiled rice mixed with fish and vegetables Ⓤ《☞ 日本固有の風物と英語(囲み)》.

こもごも ¶ 悲喜*こもごも至る (⇒ 私の心の中で悲しみと喜びが互い違いになった) Joy and sorrow *alternated* in my heart. / (⇒ 喜びと悲しみの入り交じった感情を持った) I had *a mingled feeling* of joy and sorrow.

こもじ 小文字 small letter Ⓒ (↔ capital, capital letter).

こもり 子守 ━名 (両親が留守の間の, 仕事としての子守) baby-sitting Ⓤ; (子守をする人) baby-sitter Ⓒ ★ 単に sitter とも言う; (子守女) nursemaid Ⓒ. ━動 (子守をする) baby-sit ⓐ《過去・過分 -sat》. 《☞ おもり[1]》.
子守歌 lullaby Ⓒ, cradlesong Ⓒ.

こもる 籠る **1** «人が»: (閉じこもる) shut *oneself* up (in ...); (病気などのためにこもる) be confined (to ...). 《☞ とじこもる》. ¶ 彼は部屋に*こもってばかりいる He *shuts himself up in* his room. / (⇒ 彼はめったに自分の部屋から出ない) He *seldom goes out of* his room.

2 «気体が»: (…でいっぱいである) be full of ..., be filled with ... 《☞ いっぱい》. ¶ 部屋にはタバコの煙が*こもっていた The room *was* ⌈*full of* [*filled with*] cigarette smoke.

3 «感情が»: (自発的な思いやりのこもった) thoughtful; (他人に不愉快な感じを与えないような心づかいのある) considerate. ¶ 心の*こもった言葉 *considerate* words // 私は彼らから心の*こもった贈り物をもらった I received a *thoughtful* gift from them.

こもん 顧問 (実際的な知識や経験で助言する人) adviser Ⓒ ★ advisor とつづることもある; (慎重に検討して結論を与える専門家や弁護士) counselor Ⓒ; (専門的な相談相手) consultant Ⓒ. 《☞ コンサルタント》.
顧問団 advisory group Ⓒ **顧問弁護士** legal adviser Ⓒ; (会社の) corporation lawyer Ⓒ ★《米》では lawyer の代わりに attórney がよく用いられる; (各家庭かかりつけの) family lawyer Ⓒ.

こもんじょ 古文書 (書かれたもの一般) ancient writings; (手で書かれた原稿) ancient [old] manuscripts; (証拠となる文書類) ancient documents ★ 以上は複数形で.

こや 小屋 (粗末な掘っ建て小屋) hut Ⓒ, shack Ⓒ; (物置き小屋) shed Ⓒ; (丸太などで簡素に建てられた小屋) (log) cabin Ⓒ.

> 小屋のいろいろ
> 家畜小屋 pen Ⓒ,《米》barn Ⓒ, 馬小屋 stable Ⓒ, 犬小屋 kennel Ⓒ, doghouse Ⓒ, 牛小屋 cowbarn Ⓒ, 鶏小屋 coop Ⓒ, 豚小屋《米》pigpen Ⓒ,《英》pigsty Ⓒ, 道具小屋 toolshed Ⓒ

こやぎ 子山羊 kid Ⓒ《☞ やぎ; おす[3](表)》.

こやく 子役 child ⌈actor [actress] Ⓒ; (役割) child's ⌈part [role] Ⓒ. ¶ *子役をつとめる play a *child's* ⌈*part* [*role*] / *act as a child*

ごやく 誤訳 ━名 (間違った訳) mistranslation Ⓒ, incorrect translation Ⓒ; (訳の間違い) mistake [error] in translation Ⓒ. ━動 (誤訳する) mistranslate ⑱; translate ... incorrectly; make ⌈a mistake [an error] in translation.
¶ この本には*誤訳はありません There is not a (single) *mistranslation* in this book. / (⇒ この本は翻訳の間違いがない) This book is free from *errors in translation*.

こやし 肥やし (牛馬のふんなど) manure Ⓤ; (化学肥料) fertilizer Ⓤ. 《☞ ひりょう》.

こやま 小山 hill Ⓒ; (hill よりも低く, 草で覆われているようなもの) hillock Ⓒ.

こやみ 小止み ―名 (一時的に小降りになったり, 風がないだりする状態) lull Ⓒ. ―動 lull ⓐ, break ⓐ, 《口語》 let up ⓐ. (☞こぶり; こさめ; 天候の表現 (囲み)). ¶雨が*小止みになった間に走って家に帰った I ran home during a *lull* in the rain. // 雨は*小止みになってきた The rain *is letting up*.

こゆう 固有 ―形 (特定の人・場所などに限られた) peculiar (to ...); (自分自身の) *one's* own; (特徴的な) characteristic (of ...); (本来備わっている) inherent (in ...), instinctive (to ...); (その土地で生まれ育った) native (to ...). (☞とくゆう).
¶生存欲はあらゆる生物に*固有のものである The urge to survive is「*inherent in* [*instinctive to*] all creatures. // カンガルーはオーストラリア*固有の動物である The kangaroo is *native to* Australia.
固有名詞 〖文法〗 proper noun Ⓒ.

こゆき 小雪 a light snow ★ a を付けて. (☞冠詞 (欄外)).

こゆび 小指 (手の) little finger Ⓒ; (足の) little toe Ⓒ. (☞ゆび; て (挿絵)).

こよう 雇用 ―名 employment Ⓤ. ―動 employ ⓣ. (☞やとう). ¶完全*雇用 full *employment* // 終身*雇用 permanent *employment* **雇用期間** period of employment Ⓒ **雇用契約** contract of employment Ⓒ **雇用条件** employment terms, terms of employment ★以上複数形で. **雇用主** employer Ⓒ (↔ employee).

ごよう[1] 御用 ¶何の*御用ですか (⇒私はあなたのために何をすることができますか) What can I do for you? ★受付などでよく言われる言葉. / (⇒あなたは私に何をしてほしいと思っているのですか) What do you want me to do? // 何か*御用はありませんか (⇒私はあなたのために何かすることができますか) Can I do anything for you? / (⇒私はあなたのために何かすることがありますか) Is there anything I can do for you? // *御用の時はいつでもお電話下さい Please「call [telephone] (me) whenever you want me.
御用納め the last business day of the year **御用聞き** order taker Ⓒ **御用組合** company union Ⓒ **御用始め** the reopening of「offices [an office] after the New Year recess.

ごよう[2] 誤用 ―名 (間違った使い方) wrong use Ⓤ; (誤った, または不適切な用法) misuse [misjúːs] Ⓤ; (誤った適用) misapplication Ⓒ. ―動 misuse [misjúːz] ⓣ. (☞あやまり; まちがい).

こよみ 暦 calendar Ⓒ; almanac [ɔ́ːlmənæ̀k] Ⓒ 〔参考〕 後者は, 月日のほかに行事・故事・日の出・日の入・月の満ち欠け・天気・人口・農作物のことなどが記してある書物式の暦. ¶*暦の上では春だが, まだ寒い It is spring according to the *calendar*, but it is still cold.

こより 紙縒り paper string Ⓒ (☞よる[5]).

こら (相手の注意を喚起する言葉) Hey !, Hey you ! ★ you を付けるほうが呼びかけの気持ちを明確にする. (☞おい[2]; 感嘆詞 (欄外); 呼びかけ (囲み)). ¶*こら, 待て *Hey*! Stop!

こらい 古来 ―副 (古代から) from「ancient [early] times; (伝説上) traditionally. ―形 old, ancient; (由緒ある) time-honored.
¶この習慣は*古来この地方に伝わってきたものである This custom has「come [been handed] down to us from「*ancient* [*early*] *times* in this part of the country. / This is a *time-honored* custom in this district.

ごらいこう 御来光 view of the sunrise from the mountaintop Ⓒ 〔参考〕 御来光を拝むという習慣は英米にはない. (☞ひので).

こらえる 堪える **1** «耐える»: (つらいこと・いやなことを我慢する) bear ⓣ; (頑張って耐える) stand ⓣ ★以上2語は交換可能なことも多い; (継続的な苦痛・困難に耐える) endure ⓣ; 《口語》 put up with ... 〔語法〕 これらの語は疑問文・否定文で用いられることが多い. (☞がまん (類義語); たえる[1]).
2 «抑制する»: control ⓣ; (感情・欲望などを) subdue ⓣ; (一時的な衝動を) refrain (from ...) ⓐ; (おもてに出さないように) keep in ⓣ, stifle ⓣ, suppress ⓣ, contain ⓣ ★後になるほど形式ばった語. (☞おさえる; よくせい).
¶彼女は涙を*こらえることができなかった She could not *control* her tears. // 彼は笑いたいのをぐっと*こらえた He *refrained from* laughing. // 私は怒りを*こらえることができなかった I could not「*keep* my anger *in* [*contain* my anger]. // 彼女はあくびを*こらえた (⇒かみ殺した) She「*suppressed* [*stifled*] a yawn.

ごらく 娯楽 recreation Ⓤ; amusement Ⓒ; entertainment Ⓤ; pastime Ⓒ.
【類義語】 スポーツ・園芸など, 仕事でなく楽しみのために行うのが **recreation** で, work に対する語. おかしいもの, おもしろいものなどを見たり聞いたりするのが **amusement**. 演芸・余興などの娯楽は **entertainment**. 暇つぶしや気晴らしで行う娯楽が **pastime**. (☞たのしみ; レクリエーション (囲み))
¶観劇はこの町の*娯楽の1つです Attending the theater is one of the *amusements* of this city. // フォークダンス, 水泳, ボートこぎは活動的な*娯楽です Folk dancing, swimming, and boating are active forms of *recreation*.
娯楽雑誌 humor magazine Ⓒ **娯楽施設** recreation facilities ★複数形で. **娯楽室** amusement hall Ⓒ, recreation room Ⓒ **娯楽番組** entertainment「program [《英》 programme] Ⓒ.

こらしめる 懲らしめる (罰する) punish ⓣ, discipline [dísəplin] ⓣ; (戒める) teach [give] (*a person*) a lesson, give a lesson to ... (☞とっちめる). ¶行儀の悪い子供は*こらしめなければいけません You must「*discipline* [*punish*] a child for bad behavior. // 彼を*こらしめてやろう I'll「*teach* [*give*] *him a lesson*.

こらす 凝らす (精神を集中する) concentrate ⓣ; (緊張させる) strain ⓣ; (苦心して作り上

げる) elaborate ㊀.

¶ 彼女は瞳を*こらしてそれを見た She *strained* her eyes to see it. / (⇒ じっと見た) She *looked hard at* it. / (⇒ 目をくぎ付けにした) She *fixed her eyes on* it. // 彼らはその計画に趣向を*こらした (⇒ 計画を念入りに作り上げた) They *have elaborated* their plans.

ごらん 御覧 **1** «見る»: (…を見る) look at …; (見せる) show ㊀; (見える・理解する) see ㊀ 語法 日本語では「見なさい」と「ご覧なさい」の間にはニュアンスの差があるが, 英語ではその違いを表す必要のないことが多い. (☞ みる; 丁寧な表現 (欄外)).

¶ ちょっとこれを*ご覧なさい Just *look at* this. // 私の新しい帽子を*ご覧に入れましょう I'll *show* you my new hat. //「あの映画はもう*ご覧になりましたか」「はい, 見ました」"*Have* you *seen* that movie yet?" "Yes, I have." // *ご覧なさい (⇒ あなたのしたことを見なさい). 壊れてしまったじゃないの *See* what you have done! It's broken. // それ*ご覧 (⇒ 私はあなたにそう言ったでしょう) I *told* you (so)! / (⇒ 私はあなたにそう言わなかったですか) *Didn't* I *tell* you (so)?

2 «試みる» ★「…してごらん」の意味での「ごらん」を英語に直すときには, 必要に応じて表現全体にその意味を含めるしかない. (☞ 命令の表現 (囲み)). ¶ もう一度やって*ごらん *Try* (and do) it again. // もう一度考え直して*ごらんなさい Think it over again. // それを書いて*ごらん Write it down, *will you*?

こり 凝り (肩などのこり) stiffness Ⓤ (☞ こる).

こりかたまる 凝り固まる —形 (熱狂的な) fanatical; (夢中になっている) crazy (about …); (偏屈な) bigoted [bígətid].

¶ 彼は自分の信念に*凝り固まっている He is ˹*fanatical* [*bigoted*] *in* his belief(s). // 彼女は新興宗教に*凝り固まっている (⇒ 新興宗教の熱狂的な信者だ) She is a *fanatical* believer in a new religion.

こりこう 小利口 —形 (小才のきく) clever; (抜け目のない) shrewd. (☞ りこう[1]).

こりこり (食べ物が新鮮でかみごたえのある) fresh and firm (☞ 擬声・擬態語 (囲み)).

¶ このいかの刺身は*こりこりしている These slices of raw squid are *fresh and firm*.

こりごり 懲り懲り —動 (こりる) have *enough of* … (☞ こりる). ¶ もう*こりごりです (⇒ 十分だ) I've *had enough of* it. / (⇒ もう2度とそれをする気はない) I'll *never do* that again.

ごりごり —動 (やすりでこするような音を立てる) rasp ㊀ ㊁; (ナイフなどで平たい物をこするような音を立てる) scrape ㊀ ㊁ ★ ぴったりの訳語はないが, 後者のほうが低い音である. (☞ 擬声・擬態語 (囲み)). ¶ その木を*ごりごり削りました I *rasped* the wood. // ナイフで靴を*ごりごりこすった I *scraped* my shoes with a knife. ★「泥を落とした」の意.

こりしょう 凝り性 —形 (好みのやかましい) particular (about …); (気難しい) fastidious [fæstídiəs] ★ 後者は形式ばった語; (細かいことにこだわる) meticulous. —名 (完全主義者) perfectionist Ⓒ. (☞ こる).

¶ 彼女は着物に関しては*凝り性です She is ˹*particular* [*fastidious*] *about* her clothes. / She is a *perfectionist* when it comes to clothing. // 彼は*凝り性だ He is a *perfectionist*. / (⇒ なんでもやることに熱中する) He tends to *have a mania* for everything he does.

こりつ 孤立 —形 (孤立している) isolated. —副 (単独で) alone. —名 isolation Ⓤ.

¶ その国は世界から*孤立した The country *was isolated from* the world. // 彼は*孤立無援で戦った (⇒ 単独で戦った) He fought ˹*alone* [a *lone* battle]. **孤立主義** isolationism Ⓤ **孤立政策** isolation policy Ⓒ.

ごりやく 御利益 (祈りに対する答え) answer to a prayer Ⓒ. ¶ *ご利益があった (⇒ 祈りがかなった) My *prayers were answered*.

こりょうり 小料理 (一品料理) Japanese *a la carte* [æ̀ləkɑ́ət] dish Ⓒ. **小料理屋** small Japanese-style restaurant Ⓒ.

ゴリラ gorilla [gəríla] Ⓒ.

こりる 懲りる (十分経験する) have enough of …; (気勢をそがれていやになる) be soured (on …); (教訓を学ぶ) learn a lesson (from …). (☞ こりごり). ¶ 彼はまだ*懲りないらしい It seems he *is* not *soured on* it. / It seems he *has* not *learned a lesson from* it. // これで彼も*懲りるだろう (⇒ これは彼の教訓となるだろう) This will teach him a *lesson*.

ごりん 五輪 five rings (☞ オリンピック). **五輪旗** the five-ring Olympic flag, the Olympic flag **五輪のマーク** the five-ring Olympic emblem.

こる 凝る **1** «夢中になる» —動 (熱中する) «口語» be crazy (about …); (あるものに偏執する) have a mania (for …), be a maniac ★ 後者は人そのものを指す; (心も時間も奪われる) be absorbed in … ★ 多少形式ばった表現; (1つのことに精力を傾ける) be devoted to …, devote *oneself* to … ★ かなりまじめな目的について用いることが多い; (身も心もまかせて専念する) be given up to …, give *oneself* up to … ★ be absorbed in と意味は似ているが, こちらのほうが口語的. —形 (細かく入念に作った) elaborate; (表現が文学的な) literary. (☞ こりしょう; むちゅう; ねっちゅう).

¶ 彼はジャズに*こっています He's *crazy about* jazz. / He *has a mania for* jazz. / He *is a* jazz *maniac*. / He *is devoted to* jazz. 語法 第1文は口語体で, 前後の見境いなくこっている感じが強い. 第2, 3文はいわゆる「ジャズ狂い」という言い方. maniac は例えば a car *maniac* などのような場合, 他人への迷惑や危険性をはらむようなニュアンスがあり, 日本語の「凝る」より悪い意味を含む場合がある. 第4文はまじめにジャズを勉強している感じが含まれる. // なかなか*こったデザインだ This is quite an *elaborate* design. // あまり*こった表現はしないで下さい Please avoid too *literary* a manner of expression.

2 «肩など» —形 (筋肉が張った) stiff.

¶ 肩が*こっています My ⌈shoulders *are* [shoulder *is*] *stiff*. / I *feel stiff* in the ⌈shoulders [shoulder]. / I have ⌈*stiff* shoulders [a *stiff* shoulder].

コルク (コルク材) cork Ⓤ; (栓) cork Ⓒ. ¶ *コルク栓抜き a corkscrew《☞ せんぬき (挿絵)》

コルセット corset [kɔ́əsit] Ⓒ ★ しばしば複数形で.

ゴルフ golf Ⓤ《☞ 挿絵》. ¶ 彼は*ゴルフがうまい[下手だ] He is a ⌈good [poor] *golfer*. / He is ⌈good [not good] at *golf*. ∥ 彼らはきのう山梨*ゴルフ場で*ゴルフをした They played *golf* on the Yamanashi *golf* ⌈links [course] yesterday. ★ links は複数形で.

ゴルフクラブ (golf) club Ⓒ **ゴルフ練習場** (独立した) driving range Ⓒ; (ゴルフ場に付属した) practice tee Ⓒ.

ゴルファー golf player Ⓒ, golfer Ⓒ.

これ 《指示代名詞》(話者の近くにあるものを指して) this《複 these》(↔ that《複 those》); (相手と自分の間に距離がある場合) this over here.《☞ それ; あれ; 代名詞 (欄外)》.

¶「*これは何ですか」「地図です」"What is *this*?" "It's a map." ［語法］ 手に持っていても, 近くのものを指し示していてもよい. また相手との中間にあっても, 手を伸ばして指せばこのように言える.

これから ―［副］(これ以後) after this; (将来) in the future; (これから先ずっと) from now on. ―［形］(将来の) future; (来るべき) coming ［語法］「これから」が予定などを意味する場合は特に英語のそれに当たる語を使うことなく, 文の表現の中にいろいろな形で表されることも多い.《☞ こんご (類義語); このさき》.

¶ *これからはもっと頑張ります I'll work harder *from now on*. ∥ *これからどうなるのか (⇒ 将来何が起こるのか) 私にはわからない I don't know what will happen *in the future*. ∥ *これから出かけるところだ I'*m going out*. ∥ その番組は*これから (⇒ ちょうど) 始まるところです The program *is* (*just*) *going to* start. ∥ 私は*これからの世代に期待する I'm ⌈awaiting [waiting for] the *coming* generation.

コレステロール cholesterol [kəléstərɔ̀:l] Ⓤ. ¶ 私の*コレステロールは正常値よりも高い I have more than the normal amount of blood *cholesterol*.

これみよがし ―［副］(見せびらかすために) for show, to show off; (必要以上に見えを張って) ostentatiously. ―［形］(見えを張ってけばけばしい) showy; (見えを張った) ostentatious.《☞ みせびらかす》.

¶ 彼女は*これみよがしにダイヤの指輪をはめていた She wore a diamond ring ⌈*for show* [*to show off*]. ∥ 彼の*これみよがしの態度が気にくわない I don't like his ⌈*showy* [*ostentatious*] attitude.

コレラ cholera [kɑ́lərə] Ⓤ《☞ 病気・病院 (囲み)》. ¶ *コレラ患者 a *cholera* patient / a case of *cholera* ∥ *コレラ菌 a *cholera* germ

ころ 頃 ―［名］the time (when ...). ―［前］(およそ) about ..., 《米》around ...; (...に近い時間に) toward ... ―［接］(...するころ) when ... ―［副］about.《☞ 時・期間の表し方 (囲み)》.

¶「いま何時*ごろですか」「6時*ごろです」"What time is it?" "It's ⌈*about* [*around*] six." ［語法］ 日本語の「...ごろ」は,「何時ごろ」などの場合には特に英語の特定の語に置き換える必要はない.

あなたが帰宅する*ころまでには雨もやむでしょう The rain will stop by *the time* you get home.

彼はもう独立してもいい*ころだ It's high *time* for him to be independent. / (⇒ 独立するのに十分な歳だ) He is old enough to be independent.

「いつ*ごろが一番都合がいいですか」「午後2時*ごろです[何時でもいいです]」"What *time* is most convenient for you?" "*Around* 2 p.m. [Any time is OK.; Any time will do.]"

あしたのいま*ごろは飛行機の中だ I'll be flying *about* this *time* tomorrow.《☞ いまごろ》

いつも7時*ごろ朝食を食べます I always have breakfast (at) *about* seven. ［語法］ at はしばしば省略され, about は前置詞としての働きを持つ. at のないほうがくだけた表現.

日暮れ*ごろきれいな虹を見た I saw a beautiful rainbow *toward*(*s*) evening.

子供の*ころは楽しかった I spent happy days ⌈*when* [*while*] I was a child. / I was ⌈happy *as* a child [a happy child].

その*ころ私は高校生でした I was a high school student ⌈*in those days* [*at that time*; *then*].《☞ そのころ》

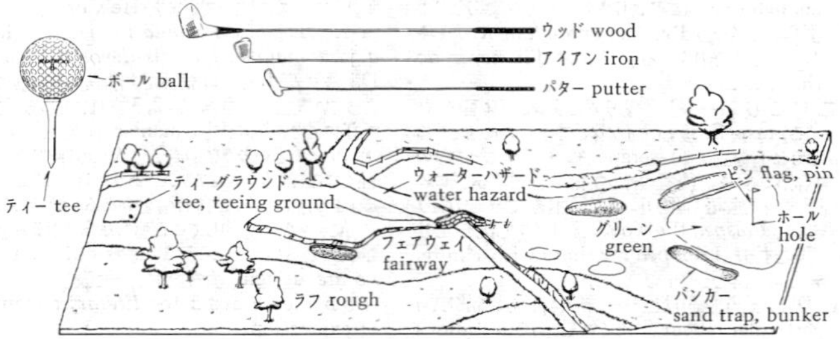

ゴルフ場 golf course

ごろ 語呂，語路 ¶この名前は*語呂がよい[悪い] This name *sounds* ˹*good* [*bad*]. // この標語は*語呂がよい（⇒よい響きを持つ）This slogan *has a nice ring*.

ゴロ grounder [C], ground ball [C].《☞野球の英語（囲み）》. ¶ピッチャー*ゴロを打つ hit a *grounder* to the pitcher

ころあい 頃合い ¶彼は*ころあいを見はからって（⇒ちょうどよいときに）部屋から出た He ˹went out of [left] the room *at the right moment*.

ころがす 転がす（ごろごろと）roll (他)；（倒す）tumble over (他). ¶彼はそのたるを自動車のところまで*転がした He *rolled* the barrel to the car.

ころがる 転がる（回転する）roll (自)；（倒れる）fall (down) (自)；（転げ落ちる）tumble down (自).《☞ころぶ；たおれる》. ¶その缶は坂をどんどん*転がっていった The can *rolled along* the slope. // ボールが箱から*転がり出た A ball *rolled* out of the box. // そのバスは崖から*転がり落ちた The bus *fell over* the cliff.

コロケーション 〖文法〗 collocation [U]《☞欄外》.

ころころ ¶ボールが*ころころみぞに転がりこんだ The ball *rolled* into the gutter.《☞ころがる；擬声・擬態語（囲み）》

ごろごろ **1**《音》 ¶雷が*ごろごろ鳴り始めた It began to *thunder*. / The thunder began *rolling*.

2《大きな物がたくさん転がっている状態》 ¶川原には大きな石が*ごろごろしている Big stones lie *scattered* all around the river beach.

3《怠けて仕事をしない状態》 ¶彼はいつも家で*ごろごろしている（⇒むだに時を過ごす）He always *idles his time away* at home.《☞擬声・擬態語（囲み）》

ころし 殺し（殺人）murder [U]；（殺人事件）murder (case) [C].《☞さつじん；ひとごろし》.

殺し屋 hired killer [C]；（ピストルなどを持った）gunman [C].

ころす 殺す kill (他) ★最も一般的で，以下の語の代わりにも使える；（意図的に殺す）murder (他)；（殺意の有無にかかわらず，無残な殺し方で殺す）slaughter (他)；（大量に虐殺する）massacre (他)；（暗殺する）assassinate (他)；（人の命を奪う）take *a person's* life.《☞さつじん》.

¶昨夜老夫婦が強盗に*殺された An old couple ˹*were* [*was*] *killed* by a burglar last night. // それは事故ではない．彼は*殺されたに違いない It was not an accident. He must *have been murdered*. // その男は大統領を*殺そうとした The man attempted to ˹*kill* [*assassinate*] the president.

ごろつき（無法者）ruffian [C]；（暴力団員）gangster [C]；（不良）hoodlum [C], hooligan [C] ★後者のほうが俗語的.

コロッケ croquette [krokét] [C]《☞食事（囲み）》.

コロナ 〖天文学〗 corona [kəróunə] [C].

ごろね ごろ寝 **—**動（着がえしないで寝る）sleep without changing *one's* clothes《☞ねる[1]》.

ころぶ 転ぶ（倒れる）fall (˹down [over]) (自)《過去 fell；過分 fallen》；（急に倒れる）tumble (down) (自).《☞たおれる；てんとう[2]》.

¶老人はつまずいて*転びやすい Old people stumble and *fall* (*down*) easily. // 私は石につまずいて*転んだ I *tumbled* ˹over [on] the stone. // どっちに*転んでも（⇒どっちにしても）損はしない I have nothing to lose *either way*. // *転ばぬ先の杖 Prevention is better than cure.《ことわざ：予防は治療に勝る》/ Look before you leap.《ことわざ：跳ぶ前によく見なさい》

ころも 衣（僧衣）(priest's) robe [C]；（食べ物のころも）coating [U]. ¶*衣替え a change of *clothes*

ころりと（たわいなく）easily；（突然に）suddenly；（すっかり）quite.《☞かんたん[1]》.

¶私たちのチームは1回戦で*ころりと負けてしまった Our team was *easily* beaten in the first game.

ごろりと ¶彼は帰るなりソファーに*ごろりと横になった As soon as he got home, he ˹*laid himself* [*lay*] *down* on the sofa.《☞擬声・擬態語（囲み）》

コロン[1] colon [C]《☞欄外》.

コロケーション（collocation）語と語の結びつき方，すなわち「連語法」をいう．

例えば，日本語では「ピアノを弾く」「笛を吹く」「太鼓をたたく」というように楽器によって動詞が違うが，英語では *play* the piano, *play* the flute, *play* the drum のように，「演奏する」という意味ではすべて play という動詞を使う．ただし，play だけが唯一の動詞ではない．例えば「たたく」という動作に重点を置けば *beat* the drum（＝太鼓をたたく）という言い方もある．

このような結びつき方は動詞と名詞のコロケーションである．これらは各国語によって異なっているので，ちょうど単語を覚えるのと同じように，このコロケーションも覚えておかなくてはならない．そうしないと単語を幾ら知っていても，実際には使えないことが多い．日本語で「床を敷く」というが，英語では make the bed というし，「茶を入れる」は make tea である．

英語のコロケーションでは，以上のような組み合わせのほかに次のようなものがある．

(i) 動詞や形容詞と前置詞のコロケーション：die ˹*of* [*from*] …；be interested *in* …；be good *at* … ing

(ii) 主語と動詞のコロケーション：猫が鳴いている A *cat is mewing*. // 虫が鳴いている *Insects* are *chirping*. // 戦争が起こった *War broke out*. // 2国間に条約が結ばれた A *treaty was* ˹*concluded* [*signed*] between the two countries. ★以上のように，意味に従って主語に対する動詞が決まっている場合が多い．

(iii) 形容詞と名詞のコロケーション：a *pretty girl* とは言っても a *pretty boy* とは言わない，などが重要である．

コロン（colon）句読点の1つで（ : ）の印．次に内容の敷衍(ふえん)的または付加的説明，言い替えなどが続くことを示す記号．

よくセミコロン（ ; ）と間違えられるが，セミコロンは区切りを表し，コンマとピリオドの中間的終止の記号であるから，まったく性格が異なる．コロンはいわば（→）的な性格を持ち，次に続くことを表す点が大きな特徴である．《☞セミコロン（欄外）》

コロンには次のような用法がある．

(1) 文中での本来の用法．

コロン² (オーデコロン) (eau de) cologne [kəlóun] Ⓤ.

こわい 怖い, 恐い **—**形 (身の毛のよだつような) dreadful, horrible ; (厳格な) strict. 《☞ おそろしい ; こわがる》.
¶あのすごく*怖い情景は忘れられない I'll never forget that ˹*dreadful* [*horrible*] scene. // 青木先生はとても*怖い先生だった Mr. Aoki was a very *strict* teacher. // 彼は*怖い顔をして戸口に立っていた (⇒ 厳しい顔つきで) He was standing at the door with a *stern* look. // ああ, *怖い I'*m scared*. // 彼女は*怖いもの知らずだ (⇒ 何も彼女を怖がらすことができない) Nothing can make her *afraid*. / (⇒ 何をするにも向こうみずだ[大胆だ]) She is ˹*reckless* [*bold*] enough to do anything.

こわいろ 声色 ¶彼は*こわいろを使うのが (⇒ 人の声をまねるのが) 上手だ He is good at ˹*imitating* [*mimicking*] other people's *voices*. 《☞ ものまね》

こわがる 怖がる be afraid ˹of ... [to *do*] ★ いつも怖がっているという意味を表す ; be ˹frightened [scared] of ... ★ 突然一時的な恐怖心が起こることをいう. scared のほうがより口語的. 《☞ おそれる ; こわい ; きょうふ》.
¶その少女は犬をとても*怖がる The little girl *is* very much *afraid of* dogs. // その少女は犬を*怖がった The little girl *was* ˹*frightened* [*scared*] *of* the dog. // 彼は高い所を*怖がる He *is afraid* ˹*of* [*to* go to] high places. 語法 怖くて登れないという意味. be afraid of going to ... とすると,「高い所へ行くのではないかと恐れる」という意味になる. // 子供たちは雷を*怖がる Children *are* ˹*frightened* [*scared*] *of* thunder. 語法 雷が鳴るたびに怖がるという意味.

こわき 小脇 **—**副 under *one's* arm.
¶彼女は本を*小脇に抱えていた She had a book *under her arm*. 《☞ かかえる (挿絵)》

こわごわ 怖怖, 恐恐 **—**副 (おずおずと) timidly ; (恐ろしそうに) with fear ; (神経質に) nervously ; (ためらいながら) hesitatingly. 《☞ おそるおそる ; おずおず ; びくびく》.
¶彼は*こわごわその洞窟に入っていった He went into the cave *with fear*. // 彼は先生に*こわごわ質問した He asked the teacher *timidly*. // 彼らは壊れかけた橋を*こわごわ渡った They stepped *nervously* over the half-broken bridge.

ごわごわ **—**形 (こわばった) stiff (↔ soft) ; (のりがついて堅い) starchy.

こわす 壊す **1** «破壊する» : break (down) 他《過去 broke ; 過分 broken》; (破壊する) destroy 他, ruin 他 ; (建物などを取り壊す) demolish 他, pull [take ; tear] down 他 (↔ construct) ; (粉々に砕く) break [take] ... ˹to pieces [into fragments], break up 他, smash 他 ; (損傷する) damage 他 ; (狂わす) put [get] ... out of order.
【類義語】「壊す」に当たる最も基本的な語は **break** である. **break** は部分が離れたり, とれたりすることを意味し, He *broke* the table. と言えば, 足がとれたとか, 台が 2 つに割れるなどの状態を意味する. 回復不能なほどに壊すとか, 大きな物を壊すのは **destroy** で, やや形式ばった語. ものが壊れるまでに時間がかかり, しかも壊れてしまった結果に重点をおくのが ***ruin***. 建物のように人工的に作られた物を取り壊すのは ***pull*** [***take*** ; ***tear***] ***down***. ほぼ同意で, 形式ばった語が ***demolish***. この語には「完全に破壊する」という強い意味が含まれる. 粉々に打ち砕いて壊すのは ***break*** [***take***] ***...*** ˹***to pieces*** [***into fragments***], あるいは ***break up*** と言うが, 意図的か偶然かは意味に含まれない. それに対して, 普通は意図的に, 力によって一瞬のうちに音を立てて粉々にするのは ***smash*** という. また, 傷つけたり一部を壊して損傷するのは ***damage***. 機械類を狂わせて故障させるのは ***put*** [***get***] ***... out of order***. 《☞ こわれる》
¶彼女はうっかりして花瓶を*壊した She *broke* the vase by accident. // 彼女はコップを粉々に*壊した She *broke* a glass ˹*into* [*to*] *pieces*. / She *smashed* a glass (*to pieces*). 語法 後者の文は意図的に壊したことが含まれる. // 彼はその箱を*壊して開けた He *broke* the box open. // 竜巻でその町の何十軒もの家が*壊された Dozens of houses in the town *were destroyed* by the tornado. // その古い教会は近く取り*壊される The old church will *be* ˹*demolished* [*pulled down*] soon. // 何軒かの屋根が突風で*壊された (⇒ 損傷した) The roofs of several houses *were damaged* by the gale. // ねじを巻きすぎて時計を*壊した I ˹*put* my watch *out of order* [*broke* my watch] by winding it too tightly.
2 «健康を害する» : injure 他 ; (調子をおかしくする) upset 他. ¶彼は働きすぎて体を*こわした He *injured* his health by overworking (himself). // 彼は食べ過ぎて胃を*こわした He *upset* his stomach by overeating.

こわばる 強ばる (堅くなる) stiffen 自, get [go] stiff 自 ★ 後者のほうがより口語的.
¶彼は恐怖で体[顔]が*こわばった He [His face] *stiffened* with terror.

こわれもの 壊れ物 (壊れやすい品物) fragile article Ⓒ ; (割れ物) breakables ★ 複数形で集合的に用いる. ¶*こわれ物注意 *Fragile*—Handle with Care 《☞ 掲示の英語 (囲み)》

(i) 次に敷衍的・付加的説明が続くことを表す.
¶この調査の目的は次の通りである. すなわち... The aims of this survey are (as follows): ....
(ii) やや改まった, 長めの引用文の前に使われることがある.
¶首相は記者会見で次のように語った.「我々は国会の解散は考えていない. しかし...」The prime minister told the news conference: "We are not considering the dissolution of the Diet. However, ... "
(2) 慣用的な記号として.
(i) 《米》で時刻を数字で示すとき.
¶10:25 a.m. 参考 《英》では 10.25 a.m. のようにピリオドを用いる.
(ii) 著者名に続いて書名をあげるとき.
¶Thornton Wilder: *Our Town*, 1938 語法 コロンの代わりにセミコロン, またはコンマも用いられる.

こわれる 壊れる (部分がとれたり, はずれたりする) break ⓐ《過去 broke; 過分 broken》; (壊される・壊れている) be broken ★ 以上 2 つは最も一般的な語; (崩れ落ちる・車などが故障する) break down ⓐ; (完全に破壊される) be destroyed; (粉々に壊れる) be broken [break] ⌈to [into] ⌈pieces [fragments]; (破損する) be damaged; (機械類が調子が狂う) get out of order. 《☞ こわす (類義語); われる; くずれる; こしょう[1]》.

¶ お皿は床に落ちて粉々に*壊れた The plate ⌈*broke* [*was broken*] *into pieces* when it fell on the floor. // 塀の一部が*壊れた Part of the wall *broke down*. // このいすは*壊れている This chair *is broken*. // カメラが*壊れた My camera *got out of order*. // 落石で私の車が*壊れた A falling rock hit my car and *damaged* it. // 町のはずれに 1 軒の*壊れかかった家がある There is a *half-ruined* house on the edge of (the) town. // *壊れやすい物を運ぶときは気を付けなさい Be careful when you carry *breakables*.

こん[1] 紺 ― 形 dark [deep] blue, navy blue 語法 ほぼ同じ色を指す. 英語には 1 語で紺にあたる色の名前はない. 《☞ 色 (囲み)》.

こん[2] 根 〔数学〕 root Ⓒ 《☞ 数字 (囲み)》.

こんい 懇意 ― 形 (非常に親しい) intimate 語法 この語は場合によっては性的な関係を持つ意味に用いられることがあるので用法に注意がいる; (仲がよい) friendly; (よく知っている) familiar. ― 動 (友人になる) make friends with ...; (親しい関係である) be good friends with ... 《☞ しんみつ; したしい (類義語)》.

¶ 彼とは*懇意です I'm *good friends with* him. / He's one of my *best friends*. // 彼と*懇意になりたい I want to *make friends with* him.

こんいん 婚姻 marriage Ⓒ 《☞ けっこん[1]》.

婚姻届 registration of *one's* marriage Ⓤ 《☞ とどけ》.

こんがらがる (糸などが) get ⌈entangled [tangled]; (頭が混乱する) get confused; (事柄が複雑になる) get complicated. 《☞ からまる; もつれる; ふくざつ》. ¶ たこ糸が枝に*こんがらがった The kite string *got entangled in* the branches. // 彼と話をしているといつも頭が*こんがらがってくる Every time I talk with him, I *get confused*.

こんがり ― 形 (茶色の) brown. ― 動 (こんがりと焼く) brown ⓣ. 《☞ 料理の用語 (囲み)》. ¶ トーストが*こんがりと焼けた The toast is done (to a beautiful) *brown*. // 彼女はチキンをオーブンで*こんがりと焼いた She *browned* the chicken in the oven.

こんがん 懇願 ― 動 (頼む) beg ⓣ; (頼み込む) entreat ⓣ; (哀願する) implore ⓣ. ― 名 entreaty Ⓒ; earnest appeal Ⓒ. 《☞ たんがん (類義語); たのむ》. ¶ 我々は彼らに援助を*懇願した We ⌈*implored* [*entreated*] them to help us.

こんき[1] 根気 ― 名 (我慢) patience Ⓤ (↔ impatience); (積極的な忍耐) perseverance Ⓤ ★ 改まった語; (永続的な忍耐力) endurance Ⓤ; (精力) energy Ⓤ. ― 形 (根気のある) patient (↔ impatient). ― 副 patiently; perseveringly; with patience. 《☞ がまん (類義語); ねばりづよい; しんぼう[1]》.

¶ その仕事には*根気がいる That work ⌈requires [needs] *patience*. // そんなに(長く)は*根気が続かない That's ⌈beyond [past] *endurance*. // 私は*根気よく待ってそのチャンスをとらえた I seized the chance after waiting *patiently*.

こんき[2] 婚期 (結婚できる年齢) marriageable age Ⓤ; (結婚する好機) chance of marriage Ⓒ. 《☞ けっこん[1]; てきれいき》. ¶ 彼女がなぜ*婚期を逸したのかわからない I don't know why she has lost *the chance to get married*.

こんきゅう 困窮 (貧困) poverty Ⓤ (↔ wealth) 《☞ びんぼう; きゅうする》.

こんきょ 根拠 (基礎となるもの) basis Ⓒ 《複 bases [béisi:z]》, foundation Ⓒ ★ 後者はやや形式ばった語; (事実など客観的なよりどころ) ground Ⓤ ★ または複数形で; (よりどころ・典拠) authority Ⓒ; (理由) reason Ⓒ. 《☞ よりどころ; うらづけ; もとづく》.

¶ 彼の研究はしっかりした*根拠がある His study has a firm *basis*. // 彼らのうわさは*根拠のないものだ Their rumor is ⌈*groundless* [without *foundation*]. / Their rumor has no *foundation* in fact. // 何を*根拠にそんな事が言えるのか *On* what ⌈*grounds* [*authority*] can you say that? // 彼がその表現を使ったのには*根拠(⇒ 理由)がある He has his *reasons* for using that expression.

根拠地 base Ⓒ 《☞ ほんきょ; きょてん》.

こんく 困苦 (耐え難くつらいこと) hardship Ⓤ ★ 最も一般的で口語的. 《☞ くるしみ》.

コンクール (優劣を決める競争) contest Ⓒ 参考 日本語のコンクールはフランス語の concours から.

コンクリート concrete Ⓤ. ¶ 鉄筋*コンクリートの建物 a reinforced *concrete* building

コンクリート ミキサー concrete mixer Ⓒ.

ごんげ 権化 incarnation Ⓒ, personification Ⓒ. ¶ 悪の*権化 the ⌈*incarnation* [*personification*] of evil / an *incarnate* devil

こんけつ 混血 ― 形 half-blooded.

¶ 彼は*混血だ He is *a child of mixed parents*. // 彼女は日本人とフランス人の*混血だ She is *half*-Japanese and *half*-French.

混血児 half blood Ⓒ.

こんげつ 今月 this month 《☞ せんげつ; らいげつ; 時刻・日付・曜日 (囲み)》.

¶ *今月は忙しい I'm busy *this month*. 語法 in this month とは言わない. // *今月 15 日は休みです The 15th of *this month* is a holiday. // その雑誌の*今月号を買いましたか Did you buy *the current* ⌈*number* [*issue*] *of* ⌈the [that] magazine?

こんげん 根源, 根元 root Ⓒ 《☞ こんぽん; こんてい》. ¶ 金に対する執着心がすべての悪の*根源である The love of money is the *root* of all evil.

こんご 今後 (これ以後) after this; (これから後ずっと) from ⌈now [this time] on, in

future; (将来) in the future; for the future.
【類義語】最も幅広く使われるのは **after this.** 「いま」を起点として今後という意味の口語的表現は ***from now on, from this time on. in future*** も同じ意味に用いる. 遠い将来という意味では ***in the future.*** 「今後は」と強める意味合いがあるのは ***for the future.*** 《☞ これから; このさき; しょうらい》
¶ *今後うそはつきません I will never tell a lie *after this.* ∥ *今後君と一緒に仕事をしたい I want to work with you *from now on.* ∥ この状態は*今後数年間続くでしょう Things will go on like this *for a few years.* ∥ それは*今後の問題である That remains to be solved *in future.*

こんごう 混合 ― [動] mix (他)(自) ★最も一般的な語; (混ざった成分が識別できるような状態で) mingle (他)(自); (味などが調和のとれたものになるように同一系統のものを) blend (他)(自). ― [形] (男女混合の) mixed. ― [名] mixture Ⓒ. 《☞ まぜる (類義語)》.
¶ 水と油は*混合できない We can't *mix* oil *with* water. / Oil and water will not ⌈*mix* [*blend*]. ∥ 空気はいろいろな気体の*混合物だ Air is a *mixture* of various gases. ∥ 私たちのチームは*混合ダブルスに勝った Our team won the *mixed* doubles. ★複数形で.

ごんごどうだん 言語道断 ― [形] (もってのほか・乱暴でけしからぬ) outrageous; (言い訳の立たない・許しがたい) inexcusable. ¶彼は*言語道断な奴だ He is an *outrageous* fellow.

こんこんと[1] 昏昏と ¶彼は*こんこんと (⇒ぐっすりと) 眠っている He is sleeping *like a log.* / He is *fast* asleep. 《☞ 擬声・擬態語 (囲み); ぐっすり; ねる[1]》

こんこんと[2] 滾滾と ¶岩の間から清水が*こんこんと湧き出ている Clear water *is gushing* ⌈*out* [*forth*] in the rock. 《☞ 擬声・擬態語 (囲み); わく[2]》

コンサート concert Ⓒ 《☞ 音楽 (囲み)》.
¶彼らはレコード*コンサートを開いた They ⌈gave [held] a record *concert.* **コンサートマスター** concertmaster Ⓒ.

こんざつ 混雑 ― [名] (過密の状態) congestion Ⓤ; (動きがとれないほどの) jam Ⓒ ★口語的. ― [動] be ⌈crowded [congested; jammed] with .... 《☞ こむ; こみあう》.
¶きょうは道路が*混雑している There's *heavy* traffic on this road today. / (⇒込み合っている) The street *is* ⌈*thick* [*congested*] *with* heavy traffic today. ∥ 駅はたいへんな*混雑だった The train station *was crowded with* people.

コンサルタント consultant Ⓒ. ¶経営*コンサルタント a management *consultant* / a *consultant on* business methods ∥ わが社の*コンサルタント a *consultant to* our company

こんしゅう 今週 ― [名] this week. ― [副] this week. 《☞ せんしゅう[1]; らいしゅう; 時刻・日付・曜日 (囲み)》.
¶私は*今週中ずっと忙しかった I have been busy the whole (of *this*) *week.* ∥ *今週のいつかあなたに会いたい I want to see you sometime *this week.* ∥ 会議は*今週の金曜日です The meeting will be (on) (*next*) Friday. [語法] next は「この次の」の意であるから, 例えば土曜日に next Friday と言えば「来週の金曜日」となり, last Wednesday と言えば「今週の水曜日」となることに注意. なお, 口語では, しばしば on Friday のように何も修飾語を付けずに曜日を用いることで,「今週の金曜日」に当たる表現になる.

こんじょう 根性 (気迫) spirit Ⓤ; (闘志) 《口語》 guts ★複数形で; (勇気) grit Ⓤ. 《☞ きこつ》. ¶あの男は*根性がある He is a man ⌈of *spirit* [with *guts*]. / He has ⌈*guts* [*grit*]. ∥ 彼にはそれをするだけの*根性がない He has no *guts* for it. ∥ あいつは*根性が悪い He is *crooked.* ∥ 島国*根性 insularism / insularity

こんしん[1] 渾身 **渾身の力** ¶その男は*渾身の力をこめて重いドアを押し開けた (⇒全力で) The man pushed the heavy door open *with* ⌈*all his might* [*might and main*]. 《☞ ちからいっぱい; ぜんりょく》

こんしん[2] 混信 (ラジオの) interference Ⓒ 《☞ こんせん》.

こんしんかい 懇親会 (パーティー) party Ⓒ; (形式ばらない親睦のための集い) 《米》 get-together Ⓒ. 《☞ しんぼく; かい[1] (類義語)》.

こんすい 昏睡 (意識不明の状態) coma Ⓒ; (失神) trance Ⓒ. ¶彼女は*昏睡状態に陥った She fell into a ⌈*coma* [*trance*]. / (⇒意識を失った) She became *unconscious.*

こんせいがっしょう 混声合唱 mixed chorus Ⓒ 《☞ 音楽 (囲み)》.

こんせき 痕跡 (跡) traces; (物が通過した跡) tracks; (印となる) marks; (証拠) evidence(s) ★いずれも通例複数形で. 《☞ けいせき; あと[2]》.

こんせつ 懇切 ― [形] (親切な) kind; (手の込んだ・詳しい) elaborate. 《☞ しんせつ[1]; ていねい》. ¶彼は*懇切な指導をしてくれた He gave me *kind* instruction. / He instructed me *kindly.* ∥ 彼は*懇切丁寧な解説をしてくれた He gave us a very *elaborate* explanation.

こんぜつ 根絶 ― [動] (ある場所の人・動物を皆殺しにする) exterminate (他); (望ましくないものを撲滅する) eradicate (他). 《☞ たやす; ぼくめつ; ねこそぎ》. ¶彼はすべての悪を*根絶しようとした He tried to ⌈*get entirely rid of* [*eradicate*] all the evils. ∥ ゴキブリを*根絶することは不可能だろう It will be impossible to *exterminate* the cockroaches.

こんせん 混線 ― [動] (電話が) get crossed; (話などが錯綜する) get mixed up. ¶電話が*混線している The lines *are* crossed. ∥ 我々の話はよく*混線する Our talks often *get mixed up.*

こんぜんいったい 渾然一体 ― [副] (完全に調和して) in perfect harmony. ¶2つの色が*渾然一体となっている The two colors are *in perfect harmony.*

こんぜんこうしょう 婚前交渉 premarital sexual relations ★ 複数形で.

コンセント 《米》 outlet Ⓒ, plug receptacle Ⓒ, 《英》 socket Ⓒ 〔参考〕「コンセント」という呼び方は *concent*ric plug からの和製英語. (☞ 和製英語 (囲み)). ¶ 彼はプラグを*コンセントに差し込んだ He put the plug in(to) the ⌜*outlet* [*socket*]. // 彼女はアイロンのコードを*コンセントに差し込んだ She *plugged in* the iron.

コンソメ 〖料理〗 *consommé* [kὰnsəméi] Ⓤ ★ もとフランス語 ; clear soup Ⓤ ★ 後者は平易な俗称. (☞ レストラン (囲み)).

コンタクトレンズ contact lens Ⓒ (☞ レンズ). ¶ 彼女は*コンタクトレンズをしている She wears *contact lenses*.

こんだて 献立 menu Ⓒ ; (献立表) bill of fare Ⓒ. (☞ 食事 (囲み) ; レストラン (囲み)).
¶ 今晩の*献立は何ですか What is on the *menu* (for) this evening?

こんたん 魂胆 (ひそかな意図) secret intention Ⓒ ; (いかがわしい計画) plot Ⓒ, scheme Ⓒ ; (秘密のもくろみ) secret design Ⓤ ; (隠れている動機) underlying motive Ⓒ. (☞ たくらみ ; さくりゃく ; けいかく).
¶ 彼は彼女をだます*魂胆だ He has a *secret intention* to deceive her. // 彼には何か*魂胆があるようだ He seems to have some *secret* ⌜*plan* [*design*]. // 私は彼の*魂胆をすぐ見破った I soon penetrated his ⌜(*secret*) *scheme* [*plot*].

こんだん 懇談 ― 動 (…と…について話し合う) talk … over with … ; (くだけた雰囲気で話し合う) have an informal talk with … ; (形式ばらないで討議する) discuss … informally. (☞ そうだん ; はなしあう).
¶ その件についてあなた方と*懇談したい I'd like to *talk* ⌜*with* you about that matter [the matter *over with* you]. // 私たちは先生と*懇談した We *had an informal talk with* the teacher.
懇談会 meeting Ⓒ (☞ こんしんかい).

コンチェルト (協奏曲) concerto [kəntʃέətou] Ⓒ (☞ 音楽 (囲み)).

こんちゅう 昆虫 insect Ⓒ (☞ むし[1] (類義語)). ¶ *昆虫を採集する collect *insects*

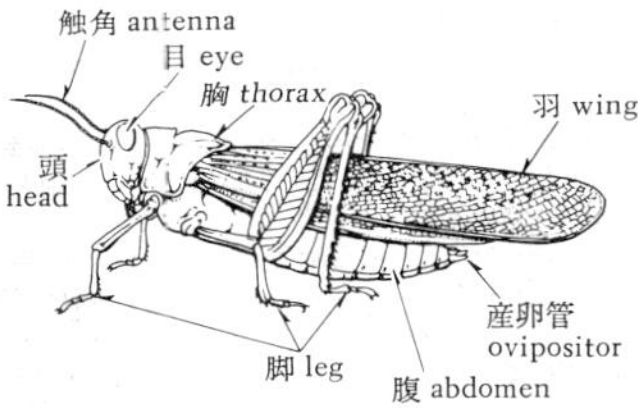

昆虫網 insect net Ⓒ, butterfly net Ⓒ **昆虫採集** insect collecting Ⓤ (☞ さいしゅう[1]).

こんてい 根底 (根源・根本) root Ⓒ ; (具体的な基本構造) base Ⓒ ; (抽象的な基礎) basis Ⓒ (複 bases [béisi:z]) ; (物事の根本・真相) bottom Ⓒ ; (強固で大がかりな基礎) foundation Ⓒ. (☞ きそ[1] ; もと[1] ; こんぽん).
¶ これは彼の理論の*根底をなしている This is *at the root of* his theory. / This forms the *basis* of his theory. // その問題の*根底を窮めるべきだ You should ⌜get at [get to ; find out] the *bottom* of the problem.

コンディション (調子・状態) condition Ⓤ, 《口語》 shape Ⓤ. (☞ ちょうし[1]).
¶ 私はきょうは体の*コンディションがよい[悪い] I'm in ⌜good [bad] ⌜*shape* [*condition*] today. // 体の*コンディションがよくないので会に出席できない I can't attend the meeting because I don't feel very well. 〔語法〕このような表現では condition を用いると堅苦しい言い方になるので, 使わないほうがよい. // 彼は試合に備えて*コンディションを整えた He *conditioned himself for* the game.

コンテスト contest Ⓒ (☞ きょうぎ[2]).

コンテナー container Ⓒ.

コンデンサー condenser Ⓒ.

コンデンスミルク condensed milk Ⓤ.

こんど 今度 ― 副 (このたび) this time ; (いま) now ; (次回) next time ; (最近) recently, lately ★ lately のほうがくだけた語. ― 形 (このたびの・これから行われる) this ; (次回の) next ; (これから行われる) coming ; (この前の) last. 〔語法〕日本語で「今度」とあっても, 以上の訳語が英語にそのまま当てはまらない場合もある. これは日本語の「今度」が現在, 未来, 過去いずれにも適用されるからで, 英語ではそれらの意味が副詞を伴わず「現在進行形」,「be going to…」,「現在完了形」などで表されることもしばしばあることに注意. (☞ このつぎ).
¶ *今度はよくできたね You have done it well *this time*.
*今度は君が話す番だ *Now* it is your turn to speak.
*今度の (⇨ 新しい) 英語の先生は厳しい The *new* English teacher is very strict.
*今度だけは許してやる I'll forgive you *for this* ⌜*once* [*time*].
*今度来るときは電話して下さい Please call me *next time* you come.
*今度 (⇨ 最近) 彼は運転免許を取った He (has) obtained a driver's license *recently*.
それはまた*今度議論しなさい Discuss it (at) *another time*.
*今度の水曜日は祝日です *Next* Wednesday ⌜is [falls on] a national holiday.
*今度の夏までにはこの仕事を終えよう I will finish this work by the *coming* summer.
*今度またいつか会いましょう Let's have another get-together *some day*.
*今度大阪に引っ越します I'*m going to* move to Osaka.
彼は*今度議長になりました He ⌜*was* [*has been*] elected chairman.
*今度また留学しようと思っています I'*m planning to* study abroad again.

こんどう 混同 ― 名 confusion Ⓤ. ― 動 (…を…と混同する) mix up [confuse] … with … ★ mix up のほうが平易な言い方. (☞ と

りちがえる；まちがえる》.

¶私はいつもあなたを妹さんと*混同する I always *mix* you *up with* your sister. / (⇒取り違える) I always *mistake* you *for* your sister. // 手段と目的を*混同するな Don't *confuse* the means *with* the end(s).

ゴンドラ (水上の) gondola Ⓒ; (ロープウェーの) car Ⓒ.

コントラスト contrast Ⓤ《☞ たいしょう¹》.

コントラバス double bass [béis] Ⓒ, contrabass [kɑ́ntrəbèis] Ⓒ, (string) bass Ⓒ 語法 クラシックでは double bass が最も普通の名称. ジャズでは bass. 《☞ 音楽 (囲み)》.

コントロール —名 control Ⓤ. —動 control ⑱ 語法 英語の control はやや形式ばった語に属する. 従って日本語で「コントロール」とあっても, 必ずしも英語で control と言う訳語を使えるとは限らないことに注意. 《☞ ちょうせつ；とうせい¹》.

¶よい投手はスピードと*コントロールがある A good pitcher throws a fast ball with good *control.* // 彼女は感情を*コントロールできない She can't *control* her own feelings. // 彼は奥さんに*コントロール (⇒操縦) されている He *is managed by* his wife. / (⇒尻に敷かれている) He is ˹*henpecked* [a *henpecked* husband].

こんとん 混沌, 渾沌 —形 (混乱した) confused；(収拾のつかないほど混乱した) chaotic [keiɑ́tik]. —名 confusion Ⓤ; chaos [kéiɑs]. 《☞ こんらん；むちつじょ》. ¶世界情勢は*混沌としてきた The world ˹situation [affairs] became ˹*chaotic* [*confused*].

こんな so；such 語法 so は 副, such は 形. 従って so は直接に名詞を修飾することはできない. また so, such とも不定冠詞を伴う名詞句を修飾するときは不定冠詞の前に置かれる；this 語法 日本語の「こんな」は口語的で, しばしば指示詞として「この」, つまり this と同じ意味を持つ；like this 語法 such とほぼ同意であるが, 具体的な例としてはっきりと取り出せる感じのときにはこの言い方になることがある. それに対して, such は程度の問題を中心にすることが多い；such as this 語法 like this とほぼ同意だが, やや改まった言い方；(この種の) this ˹kind [sort] of ..., ... of this ˹kind [sort] ★後者のほうが改まった言い方. また sort は kind より口語的. 《☞ そんな；あんな；このよう》.

¶*こんな日には外へ行きたくない I don't feel like going out on ˹*such* a day [a day *like this*]. // *こんなに雨が降るのはここでは珍しい It is rare to have ˹*so much* rain [*such* a heavy rainfall] here. // *こんな事は予期していなかった (⇒これは私の予期していたことではない) *This* isn't what I expected. // *こんな風に紙を折って下さい Fold the paper ˹*in this way* [*like this*]. // *こんな本は役に立たない *This* ˹*kind* [*sort*] *of* book(s) is useless. / *These* ˹*kind* [*sort*] *of* books are useless. 語法 前者の表現では「この種の本」と「種類」が強調される. それに対して, 後者は kind [sort] of が次の名詞に付く軽い修飾語として用いられる感じの口語的表現である. この場合の these は kind of の次の複数名詞と結ばれている. しかし, これは文法的に誤りであると非難する人々もおり, その問題を避けるために少し改まった表現では books of this ˹kind [sort] という形を用いることが多い.

こんなん 困難 —名 difficulty Ⓤ; (問題) trouble Ⓤ; (苦難) hardship Ⓤ ★以上は具体的な事柄をいうときは Ⓒ; (難問) problem Ⓒ; (立場上困ること) embarrassment Ⓤ ★間が悪い, ばつが悪い, 返答に窮することなど. —形 hard, difficult ★前者のほうが口語的; (めんどうな) troublesome；(立場などがまずい) awkward; (人を困った立場に立たせる) embarrassing. 《☞ むずかしい；こまる》.

¶私たちはいま経済的*困難に直面している We are now facing financial *difficulties.* // 若い人はあらゆる*困難に耐えてゆかなければならない Young people must ˹endure [stand; bear] every *hardship.* // あなたの立場が*困難になるのは明らかだ It is clear that you will be in ˹an *awkward* [a *difficult*; an *embarrassing*] position.

こんにち 今日 —副 (現代) today；(いま) now；(近ごろ) (in) these days；(現今) nowadays 語法 いずれもほぼ同意だが, nowadays は特に過去と対比した場合に用いる. —名 today ★無冠詞で用いる；(現代) the present time Ⓤ. 《☞ げんざい¹；いま¹》.

¶*今日の若者 young people (*of*) *today* // *今日では人々はそんなことを信じない People do not believe such things ˹*today* [*nowadays*]. // 第2次大戦以前の日本は*今日の日本とまったく違っていた Japan before World War II was quite different from *what it is now.*

こんにちは 今日は (午前中) Good morning.；(午後) Good afternoon.；Hello. 参考 日本語の「こんにちは」は普通午前10時ごろから夕方までの間に使われるが, これに時間的にぴたりと合うあいさつが英語には存在しないことに注意. Hello [həlóu, helóu] は時刻にかかわらず用いられる. 現在の傾向として, 《米》では Good afternoon, Good evening はともに多少古風な言い方となりつつあり, よく Hello で代用される. またくだけた言い方として《米》では hi [hái] が用いられる. 《☞ あいさつ (囲み)》.

¶ブラウン先生, *こんにちは《午前中》*Good morning* [*Hello*], Mr. Brown. / 《午後》*Good afternoon* [*Hello*], Mr. Brown.

こんにゃく (食物) *konjak* (jelly) Ⓤ, paste made from the devil's-tongue Ⓤ; (植物) devil's-tongue Ⓤ. ¶*こんにゃく1丁 a piece of *konjak jelly*

コンパ (形式ばらない懇親会)《口語》get-together Ⓒ; (パーティー) party Ⓒ; (同級の者の会) class party Ⓒ. 《☞ こんしんかい》.

コンパクト¹ —形 (小型の) small, of small size ★後者のほうが改まった言い方；(あまり場所をとらない・車など小型の) compact ★日本語の「コンパクトな」は必ずしも英語の compact に当たらないこともある. 《☞ こがた》. ¶*コンパクトなカメラ a *small* camera **コンパクトカー** compact car Ⓒ **コンパクトディスク** compact disc Ⓒ《略 CD》《☞ オーディオ (挿絵)》.

コンパクト² (化粧品容器) compact [kάmpækt] Ⓒ.

コンパス compass [kʌ́mpəs] Ⓒ 〔語法〕「方向磁石」「円を描く道具」「船の羅針盤」はいずれも compass である. 区別が必要な場合は,「方向磁石」を a compass,「円を描く道具」を a pair of compasses,「船の羅針盤」を a mariner's compass という.

こんばん 今晩 (今夕) this evening; (今夜) tonight. 《☞ ばん¹ 〔語法〕; こんや; 時刻・日付・曜日 (囲み)》. ¶「*今晩うかがってよろしいですか」「ええ, どうぞ」 "May I come to see you *this evening*?" "Certainly." ∥ その列車は*今晩 10 時 30 分に到着の予定です The train is ˹due [to arrive] at 10 : 30 ˹*tonight*. [*p.m.*]

こんばんは 今晩は Good evening. 〔語法〕 夕方から晩にかけて人に会ったときのあいさつだが,《米》では多少古風になりつつあり, 普通は Hello. で代用されることが多い. 《☞ あいさつ (囲み); こんにちは》. ¶ 山田さん, *こんばんは *Good evening*, ˹Mr. [Miss ; Mrs.] Yamada.

コンビ (2 人の組) pair Ⓒ; (相棒) partner Ⓒ 〔参考〕 日本語の「コンビ」は英語の combination から. 《☞ くみ; くみあわせ; ペア》. ¶ こんどは彼と*コンビを組みたい I want to be *partners* with him next time. ∥ 彼らは名*コンビだ They are good *partners* for each other.

コンビーフ corn(ed) beef Ⓤ. ¶ *コンビーフの缶詰 canned *corn beef*

コンビナート industrial complex Ⓒ 〔参考〕「コンビナート」はロシア語の「結合」を意味する *kombinat* から.

コンビネーション (組み合わせ) combination Ⓒ 《☞ くみあわせ; はいごう》.

コンピューター ━〔名〕 computer Ⓒ. ━〔動〕 (コンピューターで処理する) computerize 〔他〕. ¶ 今度試験の採点にも*コンピューターが使われることになった The marking of the exam papers is going to *be computerized*.

こんぶ 昆布 *kombu* Ⓤ 《☞ こぶ²》.

コンプレックス (劣等感) inferiority complex Ⓒ (↔ superiority complex) 《☞ れっとうかん; 和製英語 (囲み)》. ¶ 日本人は西洋人に対してある種の*コンプレックスを持っている (The) Japanese have a kind of *inferiority feeling* toward (the) Westerners.

こんぺき 紺碧 deep [dark] blue Ⓤ 〔語法〕〔形〕としても用いる. 英語には日本語の「紺碧」に当たる 1 語はない. 《☞ 色 (囲み)》.

こんぼう 棍棒 club Ⓒ 〔語法〕 英語の club は日本語の「こん棒」より意味が広く, ゴルフクラブのようなスポーツ用の棒もいう.

こんぽん 根本 ━〔名〕 (物事の根底) foundation Ⓒ; (基礎) basis Ⓒ 《複 bases [béisiːz]》; (根源) root Ⓒ; (起源) source Ⓒ. ━〔形〕 (基本的な) fundamental ; (完全な) complete ; (全体にわたる) thorough ; (徹底的な) drastic. 《☞ きそ¹; こんてい; もと¹》.
¶ *根本まで掘り下げなければいけない We must go down to the ˹*root* [*source*]. ∥ それは教育の*根本問題にかかわる討論だった It was the discussion about the *fundamental* problems of education. ∥ 彼らは民主主義の*根本原理がわかっていない They don't understand the *basic* principles of democracy. ∥ *根本的な改革が必要だ We need a ˹*drastic* [*thorough*] improvement.

コンマ comma Ⓒ 《☞ 欄外》. ¶ 2 つの形容詞の間に*コンマを入れたほうがよい It's better

コンマ (comma) 句読点の 1 つで (,) の記号. 文の途中にあって, 短い休止・段落を示す.
次のような用法がある.

(1) 2 つ以上の形容詞・名詞・副詞などを並べる場合.
¶ すてきで, 清潔で, 住み心地のよい部屋 a *nice, clean*, (*and*) *comfortable* room ∥「あなたは朝食に何を食べますか」「たいていトースト, コーヒー, フルーツジュース, 卵などです」 "What do you have for breakfast?" "I usually have *toast, coffee, fruit juice*, (*and*) *eggs*." 〔語法〕 幾つか並べられたうちの最後の形容詞(または名詞など)の前には, and を入れても入れなくてもよく, and を入れた場合, その前のコンマはあってもなくてもよいが, どちらかと言えばコンマを打つほうが普通.

(2) 主節の前に置かれたり, 長めであったり, あるいは主節と余り密接に結びついていない副詞句・副詞節の前後に用いる.
¶ もし私がその飛行機に乗っていたら事故にあっていたでしょう *If I had taken that plane*, I would have been involved in the accident. ∥ そのうちに彼の健康は衰え始めた *In course of time*, his health began to fail.

(3) 挿入語句の前後に用いる.
¶ 来年はどんなことがあろうと, 私はヨーロッパに行くつもりです Next year, *no matter what may come up*, I will go to Europe.

(4) 呼びかけの語句の前後に用いる.
¶ よし子さん, こんにちは Hello, *Yoshiko*.

(5) yes, no の次に用いる.
¶「これはあなたのかばんですか」「はい, そうです」 "Is this your bag?" "*Yes*, it is." 〔参考〕 Yes. または No. のみで終わるときはピリオドを付ける.

(6) 同格であることを示す場合.
¶ こちらは私の親友の田中君です This is *Tanaka*, a very good friend of mine. 〔語法〕 ただし, my friend Tanaka のような場合はコンマは用いない. つまり, Tanaka, who is a very good friend of mine のように, 非制限用法の関係詞節に言い替えられるような場合のみコンマが必要である. 《☞ 同格 (欄外)》

(7) 非制限用法の関係代名詞・関係副詞の前に用いる. 《☞ 関係詞 (欄外)》
¶ 私はその書類を鈴木氏に送り, 彼はそれを渡辺氏に回した I sent the papers to Mr. Suzuki, *who passed them on to Mr. Watanabe*.

(8) その他の慣用的用法.
(i) 住所を示すとき.
¶ 1-6-2 Sakura-machi, Chiyoda-ku, Tokyo Japan 〔語法〕 数字の次には用いない. また改行するときは, 行末にはコンマを打たない.
(ii) 手紙の書き出しの後に.
¶ Dear Tom, ...
(iii) 数字で, 桁を示すとき.
¶ 3,561,234 ★ three million five hundred sixty-one thousand two hundred (and) thirty-four と読む.
(iv) 感嘆詞 oh の後に.
¶ ああ, わかりました *Oh*, I see. 〔語法〕 O には付けないのがよいとされているが, この区別は英米でも実際には必ずしも守られていない.

コンピューター

コンピューター (computer) の用語は，ハードウェア (hardware) の用語とソフトウェア (software) の用語に大別できるが，実際にパソコン (personal computer) を使う人にとって関係が深いのは後者で，ここではよく使われるソフトウェアの用語と用法を中心に集めてある.

1　よく使われる用語

アウトプット ― 名 output U (↔ input). ― 動 output ⊛他. アクセス ― 名 access U. ― 動 access ⊛他. アスキー ASCII [ǽski:] ★ *A*merican *S*tandard *C*ode for *I*nformation *I*nterchange の略. アセンブラー assembler C アナログ ― 形 analog (↔ digital) インターフェイス interface U インプット ― 名 input U (↔ output). ― 動 input ⊛他. オーバーフロー ― 名 overflow U. ― 動 overflow ⊛自 ⊛他. オンライン ― 形 on-line (↔ off-line) カウンター counter C カーソル cursor C キー key C キーボード keyboard C 機械語 machine ˹language [code]˺ C キャラクター character C 行 (プログラムの) line C 行番号 line number C グラフィックディスプレイ graphic display U ★ 装置は C. コード code C コボル COBOL ★ *CO*mmon *B*usiness-*O*riented *L*anguage の略. コマンド command C コンソール console C コンパイラー compiler C コンパチブル ― 形 compatible コンピューター computer C サブルーチン subroutine C シーケンシャル アクセス sequential access U (↔ random access) シミュレーション simulation U ステートメント statement C ストリング string C セーブ ― 動 save ⊛他 ソーティング sorting U ソフトウェア software U (↔ hardware) タイムシェアリング システム time-sharing system 《略 TSS》 ディジタル ― 形 digital (↔ analog) ディスケット diskette C ディスプレイ ― 名 display U ★ 装置は C. ― 動 display ⊛他. データ data ★ 複数形だが単・複両様に扱われる. デバイス device C デバッグ ― 動 debug ⊛他 デフォルト default U トラック track C 2進法 binary (˹system [notation]˺) U バーコード bar code C ハードウェア hardware U (↔ software) ハードコピー hard copy C バイト byte C パソコン (＝パーソナルコンピューター) personal computer C バッファ buffer C パラメータ parameter C ビット bit C ★ *bi*nary digi*t* の短縮形. ファイル file C フィールド field C フォートラン FORTRAN ★ *FOR*mula *TRAN*slator の短縮形. プリンター printer C フローチャート flowchart C プログラマー programmer C プログラム ― 名 program C. ― 動 program ⊛他. プロセッサー processor C フロッピーディスク floppy disk C ベーシック BASIC ★ *B*eginner's *A*ll-Purpose *S*ymbolic *I*nstruction *C*ode の略. 編集 ― 動 edit ⊛他 変数 variable C マイコン (＝マイクロコンピューター) microcomputer C メモリー memory U ★ 装置は C. ラム RAM ★ *R*andom *A*ccess *M*emory の略. ランダムアクセス random access U (↔ sequential access) ルーチン routine C ループ loop C ロード ― 動 load ⊛他. ― 名 load U. ロム ROM ★ *R*ead-*O*nly *M*emory の略. ワードプロセッサー word processor C.

2　使用に関する表現

¶ コンピューターで問題を解くにはプログラムを書かなければならない We must write a program to solve a problem on a computer.
BASIC ではコンピューターに掛け算をさせるときにはアステリスクを使う In BASIC we use an asterisk when we want the computer to multiply.
プログラムを入力するときにはよくエラーをする We often make errors when we ˹enter [key in]˺ a program.
各行の先頭は行番号で始まる Every line begins with a line number.
各行の終わりでは RETURN キーを打たなけ

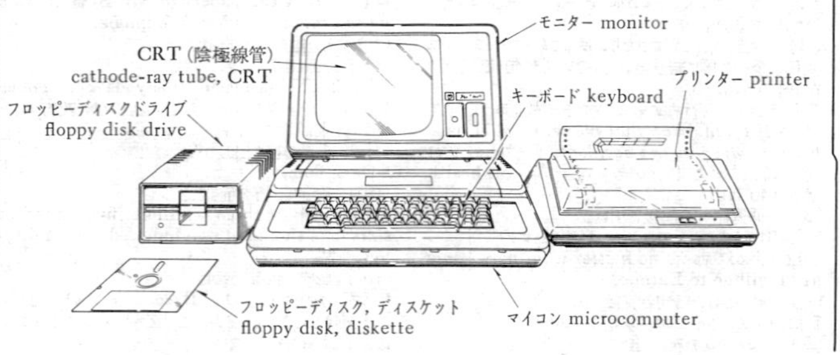

れぱならない At the end of each line you must ⌈hit [press] the RETURN key.
私は第 30 行を間違えたので打ち直した I made a mistake in line 30 and ⌈retyped [corrected] it.
REM 文はプログラムによるアウトプットには何の影響もない REM statements have no effect on the output produced by the program.
DATA 文はどこでも好きな所へ置ける You can put (the) DATA statements anywhere you like.
コンピューターにプログラムを実行させるには RUN とタイプしなければならない You must key in ⌈the command RUN [a RUN command] to have the computer execute the program.
変数 R に 4 を代入せよ Assign 4 to the variable R.
文字変数には $ を付ける A string variable is followed by $.
答えを表示させるには PRINT 文を使う We use PRINT statements to display (our) answers.
プログラムは 2 次記憶装置にセーブすることができる You can save a program on secondary storage.
あらかじめセーブされたプログラムはロード命令によって呼び出すことができる A previously stored program can be retrieved by using ⌈the command LOAD [a LOAD command].

to ⌈put [insert; use] a *comma* between the two adjectives.

こんめい 混迷 (混乱している状態) confusion Ⓤ; (途方に暮れた状態) bewilderment Ⓤ. 《☞ こんらん; こんとん》.

こんもう 懇望 ―名 (熱心な頼み) earnest request Ⓤ. ―動 (熱心に頼む) request ... earnestly. 《☞ たんがん (類義語); こんがん; ねがい》. ¶ 彼の*懇望によって私はその仕事を引き受けた I accepted the ⌈work [job] at his *earnest request*.

こんもり ―副 (多くのものが透き間なく) thickly; (密集して) densely. ―形 thick; dense. ¶ その丘の上には*こんもりと木が茂っている The hill is capped with a *thick* clump of trees.

こんや 今夜 (今晩) this evening; (きょうの夜) tonight 〔語 法〕 前者は仕事・団らん・パーティーなどの行われる活動的な夜の時間を意味し, 後者はそれを含めて, もっと広く夜全体をいう. 《☞ こんばん; ばん[1]; 時刻・日付・曜日 (囲み)》. ¶ *今夜は暇です I ⌈am [will be] free ⌈*this evening* [*tonight*].

こんやく 婚約 ―名 (marriage) engagement Ⓒ. ―動 (婚約する) get [become] engaged to .... 《☞ けっこん[1]》.
¶ 彼女の*婚約が発表された Her *engagement* was announced. ∥ 私は彼女と*婚約した I've ⌈*gotten* [*become*] *engaged to* her. ∥ 彼女は医者と*婚約している She *is engaged to* a doctor.
婚約者 (男性) fiancé Ⓒ; (女性) fiancée Ⓒ; (1 組の) engaged couple Ⓒ. ¶ 彼は石田さんの*婚約者です He is the *fiancé* of Miss Ishida. / (⇒ 石田さんと彼は婚約者です) Miss Ishida and he are ⌈an *engaged* (*couple*) [*engaged*]. **婚約指輪** engagement ring Ⓒ.

こんゆう 今夕 this evening 《☞ こんばん》.

こんよく 混浴 mixed [promiscuous] bathing Ⓤ ★ [ ] 内が改まった語.

こんらん 混乱 ―名 (入り乱れている状態) confusion Ⓤ; (整っていない状態) disorder Ⓤ, mess Ⓤ ★ 後者のほうが口語的. しばしば a を付けて; (形をとどめないほどの状態) chaos Ⓤ. ―動 (混乱させる) confuse ㊀, disorder ㊀. ―形 confused; messy; chaotic. 《☞ みだれる; みだす》.
¶ 部屋の中が*混乱していた The room was *messy*. ∥ その会議は*混乱のうちに終わった The conference ended in *confusion*. ∥ その大地震の後, 全市はひどい*混乱状態だった After the great earthquake, the whole city was in (a state of) *chaos*.

こんりゅう 建立 ―名 erection Ⓤ. ―動 erect ㊀. 《☞ けんせつ; たてる[1]》.

こんれい 婚礼 wedding Ⓒ 《☞ けっこん[1]; きょしき》.

こんろ 焜炉 portable clay cookstove Ⓒ.

こんわく 困惑 ―動 (まごつかせる) perplex ㊀; (不愉快な思いをさせる) embarrass ㊀. ―名 perplexity Ⓤ; embarrassment Ⓤ. 《☞ とうわく; こまる》.
¶ 彼は*困惑の表情を浮かべた He looked *embarrassed*. ∥ 実験の結果は科学者たちを*困惑させた The result(s) of the experiment ⌈*perplexed* [*embarrassed*] the scientists. / (⇒ 科学者たちは実験の結果に困惑した) The scientists *were* ⌈*perplexed* [*embarrassed*] by the result(s) of the experiment.

さ

さ 差 (差異) difference Ⓤ; (意見などの差・相違) gap Ⓒ ★ あってほしくない場合に用いる; (金額・勝ち負けなど数量で示される差) margin Ⓒ. 《☞ ちがい; かくさ; へだたり》.
¶ この 2 人は能力にあまり*差がない There is very little *difference* in ability between these two people. 《☞ たいさ》 ∥ 彼らの意見にはだいぶ*差がある There's a wide *gap*

between their views. // 自民党は社会党にわずかの*差で勝った The Liberal Democratic Party defeated the Socialist Party by a narrow *margin*.

-さ¹ — 接尾 -ness, -th, -(i)ty, -ship 語法 形容詞に前記のような接尾辞を付けて抽象名詞とするが，日本語の「…さ」が必ずしも以上のような英語の抽象名詞に対応するとは限らないことに注意.《☞ 日本語と英語（欄外）；接尾辞（欄外）》.

¶ 彼女の親切*さに感動した I was impressed by her *kindness*. // 彼の強*さは想像以上だった（⇒ 私が想像していたより強かった）He was far *stronger* than I had expected. // 私は彼のあの粘り強*さに負けた I was beaten by that *tenacity* of his.

-さ²（本当に）indeed；（あなたも知っているとおり）you know；（自信をもって言える）I can tell you；（確かに）I assure you；（もちろん）of course, certainly 語法 どの表現も，文の終わり，あるいは中途に挿入的に用いて，自分の言明を強める働きをする．ただし，以上の言葉を入れないで，イントネーションによって，日本語の「…さ」の感じを表すことも多いことに注意.

¶ 彼は正直*さ He is honest, *I* ʳ*can tell* [*assure*] *you*. 語法 I can tell you などを付けず be 動詞を強調することで同じような意味を表すことができる．以下の場合も同様.《☞ 強調の表現（囲み）》// これは本当のこと*さ This is true, *you know*. // この本は僕の*さ This book is mine, ʳ*of course* [*certainly*]. // 彼女はもちろん行った*さ She *did* go, *for sure*. 語法 did は強調の助動詞．言葉の言い方によっては for sure がなくても同じような意味を表すことができる. //「僕は動物が好きだ」「僕も*さ」"I like animals." "*So do I*."

ざ 座 **1**《席》: seat Ⓒ《☞ ざせき；せき¹》.
¶ 皆が*座についた All the people took their *seats*.
2《地位》¶ 彼は権力の*座を守るためには何でもする He would try anything to ʳkeep himself [remain] *in power*.

さあ（催促して）come (on) ★ ややぞんざいな表現；（やや余裕をもって相手に話しかけるとき）now；（そら）here 語法 here は具体的な物・場所と関連をもたせる場合で，now, well, と違って here の後は休止を置かない；（言いよどんで）well, let me see 語法 以上 2 つはほぼ同意だが，後者のほうがこれから考えることをはっきりと相手に言う言い方.
¶ *さあ，行こう *Let's go*. 語法 後に，shall we? を付けると少し柔らかい言い方になる.《☞ 付加疑問（欄外）》// *さあ，こい *Come on*! ★ 挑戦を促すときなど. // *さあ，よい機会だ *Now*, we have a good chance. // *さあ，バスが来たよ *Here* comes our bus. // *さあ，駅に着いた *Here* we are at the station. // *さあ，それはどうだろう *Well*, I am not sure of that.《☞ 相づち（囲み）》// *さあ，ちょっと考えさせて下さい *Let me see*. I have to think it over a little.

サーカス circus Ⓒ.

サークル（形式ばらない集まり）circle Ⓒ；（一応の正式な組織をもつ）club Ⓒ.《☞ かい¹（類義語）；クラブ》. ¶ 私は演劇*サークルに入った I have joined a dramatic ʳ*club* [*circle*].

ざあざあ ¶ *ざあざあ（⇒ ひどく）雨が降っている It's raining *hard*.《☞ It の用法（欄外）》/（⇒ どしゃ降りだ）We are having a ʳ*downpour* [*heavy* rain].《☞ 擬声・擬態語（囲み）；天候の表現（囲み）》

サード（野球の塁）third base Ⓤ ★ 冠詞は普通付けない；（三塁手）third baseman Ⓒ《複 -men》.《☞ 野球の英語（囲み）》.

サービス service Ⓤ. ¶ あのホテルは*サービスがよい[悪い] The *service* is ʳgood [poor] at that hotel. / They give ʳgood [poor] *service* at that hotel. // その料金には*サービス料が入っていますか Does the price include the *service* charge?《☞ レストラン（囲み）》// マッチは*サービスです（⇒ ただで差し上げます）You can have the matches *free*.《☞ 和製英語（囲み）》
サービス業 service industry Ⓤ.

サーブ — 名 service Ⓒ, serve Ⓒ. — 動 serve ⓐ. ¶ 彼はうまい*サーブをした He delivered a good *service*.

サーフィン surfing Ⓤ《☞ スポーツ（囲み）》.

サーフボード surfboard Ⓒ.

サーモスタット thermostat Ⓒ.

さい¹ 才（才能）abilities ★ 最も一般的．複数形で；（磨けば光るような生まれつきの才）talent Ⓒ；（天賦の才）gift Ⓒ.《☞ さいのう（類義語）；のうりょく；ゆうのう》.

さい² 犀 rhinoceros [rainάs(ə)rəs] Ⓒ《複 ～es, rhinoceri [rainάsərài]》,《口語》rhino [ráinou] Ⓒ《複 ～(s)》.

さい³ 際（…のとき）when …；（…の場合）in case of …《☞ とき²；このさい；さいして》.

さい⁴ 差異，差違 difference Ⓤ；（意見などの食い違い）gap Ⓒ.《☞ ちがい；さ》.

さい⁵ 賽，骰子 die Ⓒ《複 dice [dáis]》.
¶ *さいは投げられた The *die* is cast.《ことわざ》

さい-¹ 最… -est, most 語法 -est は形容詞・副詞の語尾に，most は前に付けて最上級を作る．形容詞の最上級は普通，定冠詞を伴う.《☞ 比較の表現（囲み）》；（最大の・最高の）maximum；（極度の）extreme, ultra-.《☞ もっとも²；いちばん》.
¶ あのチームが*最強のようだ That team seems to be *the* ʳ*strongest* [*most powerful*]. // これが私の払える*最大限です This is the *maximum* (amount) I can pay. // 彼は党の*最右翼に属している He belongs to the *extreme* right (wing) of the party.

さい-² 再… re- ★「再び」という意味の接頭辞．口語では again を用いる言い方もある.《☞ 接頭辞（欄外）》. ¶ 事件を*再審査する *re*-examine the case / examine the case *again*

-さい …歳，…才 — 名（年令）age Ⓤ. — 形（…歳で）old ★ 前に「…歳」(…years) を置く.《☞ とし¹；ねんれい》.
¶ 私は 16*歳です I am sixteen years ʳ*old* [*of age*]. ★ [ ] 内はやや形式ばった言い方. //「あなたは何*歳ですか」「18*歳です」"How *old* are you?" "I'm 18 (years *old*)." 語法

years old はしばしば省略される. // 5*歳の子供 a five-year-*old* child 語法 この場合 year は複数形としない. 《☞ハイフン (欄外)》 // 彼は私より2*歳年上です He is two *years* older than me. 語法 文法的には I が正しいが, me のほうが自然で慣用的. 《☞比較の表現 (囲み)》 // 20*歳以上の人は選挙権がある Those who are twenty *years* and over have the right to vote. // 祖父は80*歳で死んだ My grandfather died at the *age* of eighty.

ざい 在 (近在) outskirts (of ...) ★ 通例複数形で ; (近郊の村) neighboring village Ⓒ.

さいあい 最愛 ―形 (一番大切にしている) (the) dearest, beloved [bilʌ́vid] ★ 後者はやや形式ばった語. ¶ 彼は*最愛の妻に死なれた He lost his *beloved* wife.

さいあく 最悪 ―形 (the) worst (↔ (the) best). ―名 (最悪の事態) the worst. 《☞比較の表現 (囲み)》. ¶ *最悪の事態に備えておけ Prepare for *the worst*. // *最悪の場合には家を捨てなければならない In *the worst* case [If *the worst comes to the worst*], we have to leave our house.

ざいあく 罪悪 (道徳・宗教上の) sin Ⓒ ; (法律上の犯罪) crime Ⓒ ; (罪悪感) guilt Ⓤ. 《☞つみ (類義語) ; はんざい》. ¶ いかなる形であれ戦争は*罪悪である War, in any form, is a *crime*. // 彼は*罪悪感に欠けている He ˹lacks [doesn't have] the sense of *guilt*.

ざいい 在位 (在位期間) reign [réin] Ⓒ.

さいえん 才媛 intelligent [talented] ˹girl [woman] Ⓒ.

さいかい[1] 再会 ―動 meet again ㊀. ―名 (親類・友人・仲間などの) reunion Ⓒ. 《☞あう[1]》. ¶ 私たちは*再会を約束した We promised to ˹*meet again* [have a *reunion*].

さいかい[2] 再開 ―動 (いったん閉じてまた始める) reopen ㊉ ; (一時的な中断の後再開して続行する) resume ㊉. ―名 reopening Ⓤ ; resumption Ⓤ. 《☞ひらく》. ¶ 会議は午後1時に*再開される The meeting will *be* ˹*resumed* [*reopened*] at 1 p.m.

さいがい 災害 (天災) disaster Ⓒ 《☞自然災害 (囲み) ; てんさい[2]》. ¶ 今年はいろいろと*災害が多かった (⇒多くの災害を被った) We have suffered from many *disasters* this year. // *災害地では人々が苦しい生活をしている In the ˹*disaster* [*stricken*] areas people are having a hard time. **災害保険** casualty insurance Ⓤ.

ざいかい 財界 business [financial] circles ★ 複数形で. **財界主脳** business leader Ⓒ.

ざいがい 在外 ―形 overseas. ―副 (海外で[に]) overseas, abroad. 《☞かいがい》. ¶ *在外邦人の数は増加している The number of Japanese residents ˹*overseas* [*abroad*] is increasing. **在外研究員** researcher [research worker] overseas Ⓒ 語法 overseas researcher とすると, 外国からやって来た研究員の意味になる.

ざいがく 在学 ―動 be ˹in [at] ˹school [college] ; (在籍している) be enrolled ˹at [in] ˹school [college]. 《☞ざいせき》.
¶ 私が大学*在学中に父が死んだ My father died *when I was* ˹*in college* [*a college student*]. // この大学の*在学生は約5千人です There are about five thousand students *in* this *college*.
在学証明書 certificate of studentship Ⓒ ; (身分証明書) student identification card Ⓒ.

さいかくにん 再確認 ―名 reconfirmation Ⓤ. ―動 reconfirm ㊉. 《☞かくにん》. ¶ 予約の*再確認をしたいのですが I would like to *reconfirm* my reservation.

さいき 再起 ―名 (立ち直り) comeback [kʌ́mbæ̀k] Ⓒ ; (病気の回復) recovery Ⓤ. ―動 come back ㊀ ; recover (from ...) ㊀. ¶ 彼は*再起不能らしい There seems to be little chance of his *comeback*.

さいぎしん 猜疑心 ―名 (疑い) suspicion Ⓤ ; (ねたみ) jealousy Ⓤ. ―形 (疑いを持った) suspicious ; (懐疑的な) skeptical (《英》 sceptical) ★ 何でも疑ってかかるような性質をいう ; (ねたみ深い) jealous. 《☞うたがい ; ねたみ ; ふしん[2]》. ¶ 彼は非常に*猜疑心が強い He is extremely ˹*suspicious* [*skeptical* ; *jealous*].

さいきだいめいし 再帰代名詞 〘文法〙 reflexive pronoun Ⓒ 《☞欄外》.

さいきょういく 再教育 ―名 (広い意味での) reeducation Ⓤ ; (特定の職種のための) retraining Ⓤ ; (現職教育) in-service training Ⓤ. ―動 reeducate ㊉ ; retrain ㊉. 《☞きょういく》.

さいきん[1] 最近 ―副 recently, lately 語法 意味は同じであるが, lately は《英》では通常, 疑問文・否定文で用いられる. ―形 (時間的に, つい前の) (the) latest, (the) most recent. 《☞このごろ ; ちかごろ ; 時・期間の表し方 (囲み)》.
¶ *最近, 鈴木氏に会いましたか Have you seen Mr. Suzuki ˹*recently* [*lately*]? 語法 recently, lately は過去時制にも用いることが

再帰代名詞 (reflexive pronoun) -self または -selves の付いた人称代名詞, およびそれらの代表形として用いられる oneself をいう. 日本語では「自分」または「…自身」という言葉がこれに当たるが, 用法は日英で必ずしも一致しない.

英語の再帰代名詞には次のようなものがある: myself, ourselves ; yourself, yourselves ; himself, herself, itself, themselves, etc.

用法は大きく分けて再帰用法と強意用法がある.

(1) 再帰用法.

(i) 一般他動詞の目的語.

目的語が主語と同一の人[物]であることを示す.
¶ 彼は自殺した He killed *himself*. // 彼はいすに座った He ˹seated *himself* [sat] on a chair. ★ この場合は自動詞と同じ意味. // 彼女はけがをした She ˹hurt *herself* [got hurt]. ★ この場合は受動態と同じ意味. なお, 以上のような場合, 日本語では「自分」「彼(女)自身」などの言葉は使われない. ただし,「鈴木さんは青木先生に自分の[彼女自身の]ことを話した」Miss Suzuki talked to Mr. Aoki about *herself*. のように,「…に」が入ると日本語でも「自分」「…自身」を用いる. // 私は弟の体は洗ってやった

できる. // 彼女には*最近 (⇒ 最後は) いつ会いましたか When did you see her *last*? // つい*最近まで私は岡山に住んでいました I lived in Okayama *until quite recently*. // *最近3年間に出版された小説のリストです This is the list of novels published in the ⌈*last* [*past*] three years. // *最近の流行は私の好みに合わない I don't like *the latest* ⌈fashion [styles].

さいきん[2] 細菌 ― [名] germ Ⓒ ★ 最も一般的な語. あらゆる細菌を意味する; (バクテリア) bacteria ★ 複数形. ― [形] bacterial. 《☞ きん[2]; ばいきん》. ¶ *細菌の培養[繁殖] the ⌈cultivation [propagation] of *bacteria*
細菌学 bacteriology Ⓤ **細菌学者** bacteriologist Ⓒ.

さいく 細工 **1** «手芸»: (できばえ・仕上がり) workmanship Ⓤ; (製作品) piece of work Ⓒ. 《☞ しゅげい; てぎわ》. ¶ これは見事な竹*細工だ This is a beautiful *piece of* bamboo *work*.
2 «術策» ― [名] (術策・策略) artifice Ⓒ; (戦術) tactics ★ 複数扱い. ― [動] (でっち上げる) make [cook] up (他); (手を加えてごまかす) doctor (他). 《☞ こざいく》. ¶ 彼はどうも*細工が多すぎる He uses ⌈too many *artifices* [too much *tactics*]. // これらの記録はどうも*細工してあるようだ These records seem to *be* ⌈*cooked* [*made*] *up* somehow.

さいくつ 採掘 ― [動] (鉱石などを掘る) mine (他) ★ 最も一般的; (掘る) dig (他). ― [名] (採鉱) mining Ⓤ; (掘ること) digging Ⓤ. 《☞ ほる[1]》.

サイクリング cycling Ⓤ 《☞ じてんしゃ; レクリエーション (囲み)》. ¶ *サイクリングに行きませんか How about going on a *cycling* tour?

さいくん 細君 wife Ⓒ 《☞ つま》.

さいぐんび 再軍備 ― [名] rearmament Ⓤ. ― [動] rearm (自) (他). 《☞ ぐんび》.

さいけいこくたいぐう 最恵国待遇 most-favored-nation treatment Ⓤ.

さいけいれい 最敬礼 ― [名] deep bow Ⓒ. ― [動] make a deep bow, bow very low (自). 《☞ おじぎ》.

さいけつ[1] 採決 ― [動] (ある件について賛否の投票をする) vote (on ...) (自), take a vote (on ...). ― [名] (投票権行使) voting Ⓤ; (票決) vote Ⓒ. 《☞ ひょうけつ[1]; けつ》.
¶ この問題につき*採決を行います We will *vote on* this matter. / A *vote* will be taken on this matter. ★ 後者のほうがより改まった言い方. // *採決の結果, 議案に対し, 賛成10票, 反対8票だった The result of *voting* was ten for and eight against the bill.

さいけつ[2] 裁決 ― [名] (決定) decision Ⓤ; (法律上などの重大な事柄に関しての決定) judgment (《英》 judgement) Ⓤ ★ 以上2語は入れ替え可能な場合もある. ― [動] (決定する) decide (他) ★ 一般的な語; (裁定・裁決・判定・判決などを下す) pass [give] judgment (on ...). 《☞ けっさい[2]; けつ; はんけつ》.
¶ 最終的*裁決は社長に仰ぐ We will ask our president for the final *decision*.

さいけつ[3] 採血 ― [動] (血液提供者から) gather [collect] blood; (血管から) draw blood. 《☞ ち[1]; けつえき》.

さいげつ 歳月 (時・時の流れ) time Ⓤ; (年) year Ⓒ. 《☞ ねんげつ; としつき; つきひ》.
¶ あれから3年の*歳月が流れた Three *years* ⌈have [has] passed since then. 語法 「...年の歳月」という表現は, 英語では「...年」とするだけでよい. Three years は1つの期間と考えて単数で扱うこともある. 《☞ 時・期間の表し方 (囲み)》 // *歳月がたつにしたがって, 彼もその土地が気に入ってきた He came to like the place ⌈*as time passed on* [*in the course of years*; *as the days went by*]. // *歳月人を待たず *Time and tide* wait for no man. 《ことわざ》 語法 time も tide も「時」という意味で, 語頭の 't' をそろえて頭韻になっている.

さいけん[1] 再建 ― [名] (復興・復活) reconstruction Ⓤ ★ 形式ばった語で, 比喩的な意味で用いる; (建物などの建て直し) rebuilding Ⓤ. ― [動] reconstruct (他); rebuild (他). 《☞ たてなおす[2]; ふっこう[1]》. ¶ 地震の後, 1年で町はすっかり*再建された The town *was* completely ⌈*reconstructed* [*rebuilt*] (from ruin) one year after the earthquake.

さいけん[2] 債券 (公債) bond Ⓒ; (社債) debenture Ⓒ.

さいけん[3] 債権 credit Ⓒ (↔ debt). **債権者** creditor Ⓒ (↔ debtor).

さいげん[1] 再現 ― [動] (昔のものをそのままに作る) reproduce (他). ― [名] reproduction Ⓒ. ¶ シェークスピア時代の劇場をここに*再現した We have made a *reproduction* of a Shakespearean theater.

さいげん[2] 際限 **際限がない** ¶ 欲には*際限がない Avarice knows *no bounds*. ★ 慣用的表現. // 彼らの到着を*際限なく待つのですか Are we to wait for their arrival *indefinitely*? 《☞ きり[2]; はてしない》

ざいげん 財源 (収入源) source of ⌈revenue [income] Ⓒ; (資金) funds; (財力) finances ★ 以上2語はしばしば複数形で; (資源・物資を含めた財源) resources ★ 複数形で. 《☞ しきん; しゅうにゅう》.

が, 自分の体を洗うのを忘れた I washed my little brother, but forgot to wash *myself*. 語法 一般に日本語ではこのように対照的な場合, あるいは「自分」がないと意味不明になる場合を除いては, 「自分」という語を使わない. そこで「私は体を洗った」という日本語を英語に直す場合は I washed *myself*. のように再帰代名詞を用いることを忘れがちであるので注意を要する.
(ii) 再帰動詞の目的語.
英語の再帰動詞とは再帰代名詞しか目的語にとらない動詞のことである. これらは日本語では多くの場合, 自動詞的表現である.
¶ 私はその会に欠席した I absented *myself* from the meeting. // 彼は自分の成功を自慢している He prides *himself* on his success. // 君は働きすぎだ You are overworking (*yourself*). 語法 このように意味があいまいにならない場合, 再帰代名詞が省略されることがある.
(iii) 慣用的用法.
¶ 私はしゃべり過ぎて声がかれた I talked *myself*

¶新しい*財源 (⇒ 収入源) を探す必要がある We have to look for a new *source of* ⌈*revenue* [*income*]. // 彼らの*財源は豊かだ[乏しい] Their financial *resources* are ⌈very secure [exhausted].

さいけんとう 再検討 —動 (再度よく調べる) reexamine ㊀; (もう一度研究する) study ... again ★ 後者のほうがより口語的; (再び考慮する) reconsider ㊀. —名 (再検査) reexamination Ⓤ. 《☞ けんとう²; さいこう²; かんがえなおす》.

¶その案は*再検討します We will *study* the plan *again*. // 理事会は予算の*再検討をした The board of directors ⌈*reconsidered* [*reexamined*] the budget.

さいこ 最古 —形 the oldest. ¶法隆寺は世界*最古の木造建造物です Horyu-ji is *the oldest* wooden building in the world.

さいご¹ 最後 **1** «一番終わり» —名 (順序の終わり) the last (↔ the first); (最終部分) end Ⓒ (↔ beginning). —形 (the) last; (最終段階の) final 語法 last は連続したものの一番最後で, 次はないことを意味し, final は何かを仕上げたり, 決定したりするための最後のもの. —副 (動詞を修飾して) last; (文全体を修飾して) lastly; (結局は) in the end. 《☞ おわり (類義語)》.

¶彼が*最後に部屋を出た He left the room *last*. / (⇒ 彼が部屋を出た最後の人だ) He was *the last* (*one*) to leave the room. // *最後の5分間が最も重要だ *The last* five minutes is most important. // 最善を尽くす者が*最後の勝利を得る Those who try their best will ⌈win *in the end* [get *the final* victory]. // *最後にこの事を述べて, 私の話を終わりたい I would like to [Let me] ⌈*close* [*conclude*] my speech by saying this.

2 «いったん…したら» —接 once ...

¶彼は一度言い出したら*最後, ほかの人の意見には耳も貸さない *Once* he has started saying something, he won't even listen for a second to the opinions of others.

さいご² 最期 —名 (臨終) the last moment; (死ぬ日) dying day Ⓒ. —形 (人生の最後の) (the) last; (死ぬ時の) dying. 《☞ しぬ》. ¶*最期の時まで彼は自分の信条に誠実だった Till his ⌈*last moment* [*dying day*], he was faithful to his belief. // 彼は気の毒な*最期だった (⇒ 彼は悲惨の中で死んだ) He *died* in misery.

ざいこ 在庫 (商品の蓄え) stock Ⓤ; (在庫品) goods in stock ★ 複数形で. ¶中古車の*在庫がなくなった Used cars have run out of *stock*. 《☞ しなぎれ》 // 灯油の*在庫はたっぷりあります[もうありません] We have ⌈a large [no more] *stock* of kerosene. // *在庫一掃セール *Clearance* sale 《☞ 掲示の英語 (囲み)》

「秋物上着在庫すべて値下げ」という店頭の掲示

さいこう¹ 最高 —形 (高さが一番の) (the) highest; (一番よい) (the) best 語法 「最高の…」という程度を表すときは形容詞の最上級を用いればよい. 《☞ 比較の表現 (囲み)》; (権力・地位・程度などの) supreme [suprí:m]; (最大限の) maximum (↔ minimum).

¶彼は私たちの中では*最高の給料を得ている He gets *the highest* salary among us. // 彼女は幅跳びで自己*最高記録の4メートルを出した She set her career *best* (mark) of four meters in the long jump. 語法 mark は省略されることが多い. // きょうはこの夏*最高の暑さだ Today is the warm*est* this summer. // これが私の出せる*最高額です This is the *maximum* amount I can offer. // 私は*最高に (⇒ 完璧に) 幸せだった I was *perfectly* happy. // 天気は*最高だった (⇒ すばらしかった) The weather was *marvelous*. // *最高だね That's ⌈*great* [*wonderful*]! 《☞ すばらしい (類義語)》

最高気温 high Ⓤ (↔ low), the maximum temperature ★ 前者は天気予報で the highest temperature の意味で使われる言い方. また「最高記録」の意味で気温以外に用いられることもある. 《☞ きおん; 天候の表現 (囲み)》.

さいこう² 再考 —動 (もう一度熟考する) think ... over again, reconsider ㊀ ★ 後者は前者より形式ばった語. —名 reconsideration Ⓤ. 《☞ さいけんとう; かんがえなおす》.

¶この件については*再考の必要はない There is no necessity for *reconsideration* of the matter.

さいこう³ 採光 (照明) lighting Ⓤ. ¶この部屋は*採光がよい[悪い] This room is ⌈*well-lighted* [*poorly lighted*].

さいこうけんさつちょう 最高検察庁 the Supreme Public Prosecutors Office 《☞ けんさつ¹》.

さいこうさいばんしょ 最高裁判所 the Supreme Court 《☞ さいばんしょ》. **最高裁判所長官[判事]** the Chief Justice [a jus-

---

hoarse. // 子供は泣き疲れて眠ってしまった The child cried *himself* to sleep. // あらゆる機会を利用しなさい You should avail *yourself* of every opportunity.

(iv) 前置詞の目的語.

¶彼は興奮して我を忘れていた He was beside *himself* with excitement. // 自分ひとりで by *oneself* // 自分自身の利益のために for *oneself* // それ自体では in *itself* // ひとりでに of *itself* // 自分の心の中で to *oneself*

(2) 強意用法.

英語の再帰代名詞は主語または目的語と同格に用いられて, それらの意味を強める働きがある. この場合は再帰代名詞に強勢が置かれる.

なお, この場合は日本語でも「自分」「…自身」を用いることが多い.

¶彼は自分でやって来た He came *himself*. // 私自身がそれを見た I saw it *myself*. 語法 I *myself* saw it. は文語的.

tice] of the Supreme Court.

さいこうちょう 最高潮 —[名] (劇·演説などの) climax [C]; (起伏がある中での) the peak. —[形] climactic. 《☞ クライマックス; かきょう[1]; たけなわ》. ¶話は*最高潮に達しようとしていた The story was reaching its *climax*. // ビートルズの人気は, 1960年代に*最高潮に達した The popularity of the Beatles reached its *peak* in the 1960's.

さいこうふ 再交付 —[名] reissue [U]. —[動] reissue [他]. 《☞ こうふ[1]》.

さいこうほう 最高峰 the highest peak.

さいころ die [C] 《複 dice》.

さいこん 再婚 —[動] marry again [他][自], remarry [他][自]. —[名] second marriage [U]. 《☞ けっこん[1]》.

さいさき 幸先 ¶こいつは*幸先がいい This makes a *lucky start*.

さいさん[1] 採算 (金銭的な利益) profit [U]; (利得) gain [U] ★後者は「もうけ」の意味ではしばしば複数形で用いられる. 《☞ りえき; もうけ》. ¶この商売は*採算がとれない This business ⌈does not *pay* [is not *profitable*]. // 彼は*採算を度外視して協力してくれた He cooperated with us without considering his ⌈*profit* [*gain*] *or loss*.

さいさん[2] 再三 —[副] (幾度も) many times, again and again; (しばしば) often; (繰り返し) repeatedly ★やや改まった語. 《☞ たびたび; しばしば》.

ざいさん 財産 (特に不動産) property [U] ★最も一般的; (莫大な金額などを指して) fortune [C]. 《☞ しさん[1]》.
¶彼は全*財産を甥(おい)に譲った He made over all his *property* to his nephew. // 私はひと*財産を手に入れた I've come into a large *fortune*. // 彼は*財産家だ He's a *wealthy* man. / He is a man of ⌈*wealth* [*property*]. // 彼は全*財産を失った (⇒持っていた全部のセントをなくした) He lost *every cent* he had.

さいし 妻子 *one's* ⌈family [wife and children] 《☞ かぞく》. ¶*妻子を養うために彼は昼も夜も働いた He worked day and night to support *his family*. // 彼は*妻子を見捨てて家出した He ran away, deserting *his wife and children*.

さいしけん 再試験 (単位を落とした人の) 《米口語》 makeup (exam) [C]; (再び調べること) reexamination [U].

さいじつ 祭日 (全国的な) (national) holiday [C]; (祝祭日) 《口語》 red-letter day [C] [参考] カレンダーに赤字で書き込まれることから. 《☞ しゅくじつ (表); きゅうじつ》. ¶6月には*祭日が1日もない There isn't any ⌈*national holiday* [*red-letter day*] in June. // この神社は10月10日が*祭日です October 10 is the *festival day* at this shrine.

ざいしつ 材質 ¶この柱は*材質がいい (⇒質のいい木でできている) This pillar is made of *high-quality wood*. // この像の*材質は何ですか What *material* is this statue made of? 《☞ しつ[1]》

さいして 際して on ... [語法] 「...した際」のような場合は後に動名詞が続く; (特別の行事などの場合に) on the occasion (of ...); (万一...の場合には) in case (of ...). 《☞ とき[2]》. ¶出発に*際して一言申し上げたい I would like to say a few words *on* leaving here. // 建物の落成に*際して, 式典が挙行された A ceremony was held *on* (*the occasion of*) the completion of the building. // 緊急事態に*際しては敏速に行動すること Act promptly *in case of* emergency.

さいしゅ 採取 —[動] (一つずつ丹念に拾い取る) pick [他]; (集める) gather [他]; (抽出する) extract [他]. 《☞ さいしゅう[1]》.

さいしゅう[1] 採集 —[動] (目的をもって組織的に集め, 蓄える) collect [他]; (1か所にかき集める) gather [他]. 《☞ あつめる (類義語)》. ¶彼は日曜ごとに昆虫*採集に出かける He goes *hunting for* insects every Sunday.

さいしゅう[2] 最終 —[形] (時間的に一番後の) (the) last (↔ (the) first); (これで決着がつく終わりの) final. 《☞ さいご[1]》. ¶*最終列車はもう出ました *The last* train has already left. // これが*最終案です This is our *final* draft.

ざいじゅう 在住 —[動] (住む·暮らす) live (in ...) [自]; (ある場所に居を構える) reside (in ...) [自] ★後者のほうが改まった語. 《☞ すむ[1]; ちゅうざい》.

さいしゅつ 歳出 annual expenditure [U] (↔ annual revenue) 《☞ ししゅつ》.

さいしゅっぱつ 再出発 fresh start [C] 《☞ しんきいってん》. ¶彼は人生の*再出発をした He made a *fresh start* in life.

さいしょ 最初 —[形] (第一番目の) (the) first (↔ (the) last); (物事の始まりの) initial ★やや改まった語; (時間的に最も早い) (the) earliest. —[名] (初めの部分) beginning [C] (↔ end); (開始) start [C]. —[副] (まず最初に) first ★最も一般的; (初めに) in the beginning. 《☞ はじめ; だいいち; いちばん》. ¶これが彼の書いた*最初の詩です This is his *first* poem. // 風邪を引いたら特に*最初の時期を大切にしなさい If you have caught a cold, take good care of yourself, especially in the *initial* stage. // *最初はたいへんうまく行った (⇒私たちはよいスタートを切った) We made a good ⌈*start* [*beginning*]. // 会の*最初に会長が歓迎の辞を述べた (⇒会は会長の歓迎の辞で始まった) The meeting ⌈*began* [*opened*] with the president's welcoming address.

さいじょう 最上 —[形] (一番よい) the best 《☞ さいこう[1]; ごくじょう》. ¶それが*最上の方法でしょう I think it is *the best* way.
最上級 〖文法〗 the superlative degree 《☞ 比較の表現 (囲み)》.

ざいじょう 罪状 (犯罪) crime [C]; (罪を犯したという事実·意識) guilt [U]. 《☞ つみ (類義語); はんざい》. ¶彼は*罪状を自白した He confessed his ⌈*crime* [*guilt*]. **罪状認否** 〖法律〗 arraignment [U].

さいしょうげん 最小限 —[形] minimum. —[名] minimum [C] (↔ maximum). ¶村

人は被害を*最小限にとどめるよう最善を尽くした The villagers did their best to ⌈keep the damage at a *minimum* [*minimize* the damage].

さいしょうこうばいすう 最小公倍数 the ⌈least [lowest] common multiple《略 L.C.M., l.c.m.》.

さいしょく 菜食 ━動 (菜食する) live on vegetables. **菜食主義** vegetarianism Ⓤ **菜食主義者** vegetarian Ⓒ.

ざいしょく 在職 ━動 be in office ★ office Ⓤ は「職」の意.《☞ ざいにん[1]》.
¶ 彼は*在職中に亡くなった He died *in office*. // 私の父はこの学校に 15 年間*在職した My father *worked for* this school for fifteen years.

さいしょくけんび 才色兼備 ━形 beautiful and intelligent.

さいしん[1] 最新 ━形 (一番新しい) (the) newest ; (ニュース・製品などが最近の) (the) latest ; (時代に即応した・最近の) up-to-date.《☞ あたらしい》.
¶ *最新の情報をお知らせします I'll tell you *the latest* news. // 彼はいつも*最新式の車に乗っている He is always driving *the* ⌈*latest*- [*newest*-] model car. // ここの設備を*最新式にしたい I want to make the facilities here *up-to-date*.

さいしん[2] 細心 ━形 (注意深い) careful ; (用意周到な) scrupulous [skrú:pjuləs] ; (慎重な) prudent. ━副 carefully ; scrupulously ; prudently.《☞ しんちょう[2]》.
¶ 車の運転には事故を起こさないように*細心の注意が必要です (⇒ 非常に注意して運転しなくてはいけない) You should drive *very carefully* so that you don't run into troubles.

さいしん[3] 再審 retrial Ⓒ《☞ しんり[3]》.
¶ 裁判所は*再審を命じた The court ordered a *retrial*.

サイズ size ★ 大きさでは Ⓤ, 衣服などのサイズでは Ⓒ.《☞ おおきさ ; すんぽう》. ¶「この*サイズは私には合いません」「どの*サイズをお召しですか」「9 *サイズです」"I'm afraid this is not my *size*." "What *size* (dress) do you wear?" "I wear *size* 9."

さいせい 再生 ━名 (音・映像の) reproduction Ⓤ ; (テープの) playback Ⓤ ; (テープレコーダーなどの再生のボタン) playback (control) Ⓒ ━動 reproduce ㊀ ; play back ㊀.《☞ さいげん[1]》.
¶ このごろはテレビ放送をビデオで*再生して見るのがはやっている Nowadays it is quite popular to watch a television program ⌈*played back* [*reproduced*] on a videotape recorder.

ざいせい 財政 ━名 finance Ⓤ. ━形 financial.《☞ かね[1] ; しきん》. ¶ その会社は*財政がしっかりしている The firm has good *financial* standing. // *財政上の危機 the *financial* crisis // *財政基盤の弱い会社は今年中につぶれるだろう *Financially* weak firms will go bankrupt within this year.
財政学 (public) finance Ⓤ.

さいせいき 最盛期 (黄金時代) the golden age 語法 比較的長い期間を示すやや気取った表現 ; (起伏がある中での絶頂) peak Ⓒ.《☞ ぜっちょう ; さかり》.
¶ ローマ帝国はその*最盛期にはイギリスの諸島まで支配した In its *golden age* the Roman Empire's rule extended as far as the British Isles. // この火山はいま, 活動の*最盛期だ This volcano's activity is *at its peak* now. // ぶどうはいまが*最盛期です (⇒ 出盛りだ) Grapes are now *in season*.

さいせいさん 再生産 ━名 reproduction Ⓤ. ━動 reproduce ㊀.

さいせき 採石 ━動 (石を切り出す) quarry ㊀. **採石場** quarry Ⓒ.

ざいせき 在籍 ━動 (登録されている) be registered《☞ ざいがく》. ¶ 彼はまだ*在籍していますか *Is* he still *registered*? // 彼は本学にはもう*在籍していません (⇒ 我々の学生ではない) He is no longer *our student*.

さいせん[1] 再選 ━動 reelect ㊀. ━名 reelection Ⓤ.《☞ 政治・経済 (囲み)》.
¶ 彼は議長に*再選された He *was reelected* chairman.

さいせん[2] 賽銭 offertory Ⓒ. **さい銭箱** offertory ⌈box [chest] Ⓒ.

さいぜん 最善 ━名 the [*one's*] best. ━形 (the) best.《☞ ベスト[1] ; さいじょう》.
¶ 私は*最善を尽くした I did *my best*. // この場合これが*最善のやり方でしょう I think this is *the best* thing to do in this case.

さいそく[1] 催促 ━動 (しつこく勧める) urge ㊀ ; (要求する) ask ㊀ ; (せかす) hurry (up) ㊀ ; (気付かせる) remind *a person* (of ...) ; (借金の返済を) dun ㊀. ━名 (催促状) reminder Ⓒ ; (借金の催促状) dun Ⓒ.
¶ 早く来るよう彼に*催促します I'll ⌈*ask* [*urge*] him to come quickly. // 彼らは借金の*催促をしてきている They *are dunning* us for payment of the debt.

さいそく[2] 細則 (detailed) regulations ★ 通例複数形で.《☞ きそく》.

サイダー (soda) pop Ⓤ 参考 cider Ⓤ はりんご酒のこと.《☞ 和製英語 (囲み)》.

さいだい[1] 最大 ━形 (the) biggest, (the) largest 語法 前者はより口語的で大げさな感じ. 後者は多少改まった表現に用いられ, biggest, greatest のような感情的な意味合いは少ない ; (最も大きい・偉大な) (the) greatest ; (最高の) maximum.《☞ さいこう[1] ; おおきい (類義語) ; 比較の表現 (囲み)》.
¶ 東京は世界*最大の都市だ Tokyo is *the largest* city in the world. // 私たちは*最大多数の*最大幸福を目標にしている We aim at *the greatest* happiness of *the greatest* number.

さいだい[2] 細大 **細大漏らさず** (どんな細かなことも) to the smallest details ; (詳しく) in (full) detail ; (全部) fully. ¶ 家へ帰ると彼女は学校での出来事を*細大漏らさず両親に話す When she gets home from school, she tells her parents *in full detail* all the things that took place at school that day.

さいだいげん 最大限 ━名 maximum Ⓒ

(↔ minimum). —[形] maximum (↔ minimum). 《☞ さいこう[1]》. ¶この仕事は*最大限 2 日でできます This job will take me a *maximum* of two days. // 彼の救出にあたっては*最大限の努力をした We did our *best* to help him out.

さいだいこうやくすう 最大公約数 the greatest common divisor 《略 G.C.D., g.c.d.》.

さいたいしゃ 妻帯者 married man Ⓒ.

さいたく 採択 —[動] adopt (他). —[名] adoption Ⓤ. 《☞ さいよう》. ¶会議でその決議は*採択された The resolution *was adopted* at the meeting.

ざいたく 在宅 —[動] be at home, be in. ¶お父様はご*在宅ですか *Is* your father ⌈*at home* [*in*]? [語法] 《米》のくだけた口語では at を使わず be home も用いられる. 《☞ 電話の英語 (囲み); 訪問の表現 (囲み)》 // 彼は午前中は*在宅のはずです He *is* usually *at home* in the morning.

さいたん 最短 —[形] (the) shortest (↔ (the) longest). ¶*最短コースを行きましょう Let's take *the shortest* ⌈way [route]. // 駅まで*最短距離はどのくらいですか How far is it from here to the station by *the shortest* route?

さいだん[1] 裁断 **1** «布などの» —[動] cut (out) (他). —[名] cutting Ⓤ. 《☞ たつ[6]》.
2 «決定すること» —[名] decision Ⓤ ★個々の決定は Ⓒ; (判断) judgment (《英》 judgement) Ⓤ. —[動] decide (他); judge (他). 《☞ さいけつ[2]; けってい》.

さいだん[2] 祭壇 altar Ⓒ.

ざいだん 財団 foundation Ⓒ. ¶フォード*財団 the Ford *Foundation* **財団法人** foundation Ⓒ, foundational juridical person Ⓒ.

さいちゅう 最中 —[副] (…の間に; …て忙しいとき) in the middle of … ; (…の度合いが最も激しいときに) at the height of … —[接] (…している間に) while … 《☞ -ちゅう》.
¶試合の*最中に電話がかかってきた I got a phone call ⌈*in the middle of* the game [*while I was playing* the game]. // 暑い*最中には外出しないほうがよい You shouldn't go out *at the height of* the heat.

ざいちゅう 在中 ¶「印刷物*在中」Printed Matter (Only) [語法] 封筒の上書きの表示. なお同封物の在中していることを示すのは手紙本文の下に Encl(s). または Enclosure(s) と書く. 《☞ どうふう》

さいてい 最低 —[形] (the) lowest (↔ (the) highest); (最低限の) minimum (↔ maximum). —[副] (少なくとも) at least.
¶家を建てるには*最低に見積もって 1 千万円かかる It will cost *at least* 10 million yen to build a house. // *最低必要条件は備わっている The *minimum* requirements are met. // これは*最低だね (⇒これ以上悪いものはない) I'm afraid *nothing could be worse than* this one. 《☞ 比較の表現 (囲み)》
最低気温 low Ⓤ (↔ high), the minimum temperature ★前者は天気予報で the lowest temperature の意味で使われる言い方. また「最低記録」の意味で気温以外に用いられることもある. 《☞ きおん; 天候の表現 (囲み)》.
¶きょうの*最低気温は 20°C でした *The minimum temperature* for today [Today's *low*] was 20 degrees centigrade.

さいてき 最適 —[形] (一番よい) (the) best; (最もふさわしい) (the) most suitable. 《☞ てきする; うってつけ; あつらえむき》. ¶この仕事は彼に*最適だ I think this job is *most suitable* for him.

さいてん[1] 採点 —[動] (答案・試験の) grade (他), mark (他) ★《米》では前者のほうが一般的. —[名] grading Ⓤ, marking Ⓤ. 《☞ てん[1]; 学校・教育 (囲み)》.
¶先生は答案の*採点中です The teacher *is* ⌈*grading* [*marking*] the exam papers. // 答案は 100 点満点で*採点してある The papers *are* ⌈*graded* [*marked*] on the basis of 100 points. // 英語の先生は*採点が甘い[辛い] Our English teacher is ⌈lenient [strict; severe] *in* ⌈*grading* [*marking*].
採点者 marker Ⓒ.

さいてん[2] 祭典 (祭り) festival Ⓒ; (儀式) ceremony Ⓒ. 《☞ まつり》.

さいど 再度 —[副] (もう一度) again, a second time, for the second time [語法] 第 1 番目が最も一般的で, 以下の語句の代わりとしても用いられる. 2 番目は本来なら一度で済むものをもう一度, という感じ. 3 番目はやや改まった言い方; (2 度) twice. —[形] second, another. 《☞ また[1]; ふたたび》.

さいどく 再読 —[名] second reading Ⓒ. —[動] read … again. 《☞ よむ; よみかえす》. ¶この本は*再読の価値がある This book is worth a *second reading*.

さいなむ 苛む (苦しめる) distress (他) 《☞ くるしめる》.

さいなん 災難 (災い・大きな事故) disaster Ⓒ; (事故) accident Ⓒ; (不幸) misfortune Ⓒ. 《☞ じこ[1]; ふこう[1]; わざわい》.
¶私はとんだ*災難にあった I met (with) a *misfortune*. // 彼は家が崖崩れで押しつぶされるという*災難にあった He had the great *misfortune* of having his house destroyed by a landslide. // 5 分早く出かけたので, 彼女は*災難を免れた She ⌈escaped the *disaster* [wasn't involved in the *accident*] because she had left five minutes before it occured.

さいにゅう 歳入 revenue Ⓤ.

ざいにん[1] 在任 ¶彼がパリ*在任中 (⇒パリの事務所に勤めているとき) にその事件は起こった The incident took place while he *was working* in the Paris office. [語法] 公職などの場合は be in office という. 《☞ ざいしょく》

ざいにん[2] 罪人 (刑法上の) criminal Ⓒ; (法律違反者) offender Ⓒ ★この語のほうが意味が広く, 調子も柔らかい; (宗教上の) sinner Ⓒ. 《☞ つみ (類義語)》.

さいにんしき 再認識 ¶外国を旅行して英語の重要性を*再認識した (⇒十分[はっきり]わ

かった) I 「*fully realized* [*realized clearly*] how important the knowledge of English is when I traveled overseas.

さいねん 再燃　—動 (再び問題となる) be brought up again; (再び活発になる) be revived.　—名 revival Ⓤ. ¶ あの古い論争が*再燃している That old controversy *has been* 「*brought up again* [*revived*].

さいねんしょう 最年少　—形 (the) youngest. ¶ 彼は私たちの間では*最年少です He is *the youngest* (one) among us.

さいねんちょう 最年長 —形 (the) oldest. ¶ *最年長の志願者は 65 歳だった *The oldest* applicant was 65 years old.

さいのう 才能　—名 (能力) ability Ⓤ; (生まれつきの) talent Ⓤ; (天才的な能力) gift Ⓒ; (特別なことに対する天分) genius Ⓒ.　—形 (幅広い才能のある) able; talented; gifted.

【類義語】最も一般的に, 先天的・後天的な能力を表す語は **ability** で,「才能」の意味では *abilities* と複数形で用いることが多い. 先天的で特に芸術・芸能など, ある種の特別なことに対する才能であるが, それを訓練することによって初めて開発されるような才能は **talent**. 天賦の才で何の努力も要せず, 自然に発揮される才能は **gift**. ((例) 音楽の*才能 a *gift* for music). 創造的なことに発揮される非凡な才能は **genius**. 《☞ のうりょく (類義語); てんさい[1]》

¶ 彼女の*才能はすばらしい (⇒ 彼女はすばらしい才能を持っている) She has a 「brilliant [remarkable] *talent*. / She is a person of great *talent*. // 彼は数学の*才能がある He *has a genius for* mathematics. // 私たちは*才能を十分に発揮するよう努めるべきです We should try to 「give full play to our *ability* [develop our *ability* fully].

さいのめ 賽の目　—動 (さいの目に刻む) dice (他), cut ... into small cubes. 《☞ 料理の用語 (囲み)》.

さいはい 采配 ¶ 彼がその仕事の*さい配を振っている (⇒ 彼が大将だ) He *is the boss*. ★ 口語的.

さいばい 栽培 —動 grow (他), raise (他) ★ 以上 2 語は平易な日常語; cultivate (他) ★ やや形式ばった語.　—名 cultivation Ⓤ; culture Ⓤ　〔語法〕 culture は特によい品種を育てることに用いる場合がある.

¶ 彼はばらを何種類も*栽培している He 「*grows* [*raises*] many kinds of roses. // その地方は梨の*栽培で有名だ That part of the country is famous for 「pear *culture* [*growing* pears].

さいはつ 再発 —名 (病気の症状の) return Ⓒ; (小康状態の後, 前よりいっそう悪くなる再発) relapse Ⓒ.　—動 return (自); relapse (自). 《☞ ぶりかえす》.

¶ 病気が*再発して彼は入院中です He is in the hospital with a 「*relapse* [*return*] of the disease. // この病気は*再発すると (⇒ 2 度目に発病すると) 危険です A *second attack* of this illness will be serious.

ざいばつ 財閥 *zaibatsu* ★ 単数または複数扱い; great financial combination Ⓒ ★ 説明的訳.

さいはっこう 再発行 —動 reissue (他). —名 reissue Ⓤ.

さいはて 最果て —形 (the) farthest.

¶ ここは北海道の*最果ての地だ We are now at *the farthest* end of Hokkaido.

さいはん[1] 再版 —名 (改訂なしの 2 度目の印刷・第 2 刷) second 「impression [printing] Ⓒ; (以前出版された本などの) reprint [ríːprìnt] Ⓒ; (改訂版) second [revised] edition Ⓒ.　—動 reprint [rìːprínt] (他); (改訂する) revise (他). 《☞ はん[3]; かいてい[2]》.

さいはん[2] 再犯　second offense Ⓒ.

さいばん 裁判 (公判) trial Ⓤ ★ 個々の公判は Ⓒ; (訴訟) suit Ⓒ. 《☞ こうはん[3]; しんり[3]; そしょう》.

¶ その紛争はどうも*裁判ざたになりそうだ (⇒ 法廷に持ち込まれるかもしれない) The trouble may be taken 「into [to] *court*. // 原告が*裁判に勝った[負けた] The plaintiff 「won [lost] his *suit*. // いま*裁判中です The case is *on trial* now. // *裁判 (⇒ 判決) はどうでしたか What was the court 「*decision* [*judgment*]?

さいばんかん 裁判官 (職種名として一般の裁判官を指す) judge Ⓒ; (裁判官の肩書きとして) justice Ⓒ　〔参考〕 なお justice は《米》では a *justice* of the peace (＝治安判事) という職名においても用いられる. これは地方の郡・市の小裁判所の裁判官で, magistrate ともいう; (裁判官の職, および裁判官の総称) the bench. ¶ 彼のお父さんは*裁判官です His father is a *judge* of a law court. // *裁判官 A 氏 Mr. *Justice* A

さいばんしょ 裁判所 (建物) courthouse Ⓒ; (法廷) court Ⓒ. ¶ 奈良地方*裁判所 the District *Court* of Nara Prefecture

> 裁判所のいろいろ
>
> 簡易裁判所 summary court, 家庭裁判所 family court, 地方裁判所 district court, 高等裁判所 high court, 最高裁判所 the Supreme Court

さいばんちょう 裁判長 presiding [chief] judge Ⓒ. ¶ *裁判長! Your Honor! ★ 裁判官への呼びかけに使う敬称.

さいひ 歳費 (国会議員などの手当) annual allowance Ⓒ; (歳出) annual expenditure Ⓤ. 《☞ ししゅつ》.

さいひょうか 再評価 —名 (専門家による) revaluation Ⓤ; (課税のための) reassessment Ⓤ. —動 revaluate (他); reassess (他). 《☞ ひょうか》.

さいひょうせん 砕氷船 icebreaker Ⓒ.

さいふ 財布 (札入れ) wallet Ⓒ　〔参考〕「財布のひもを締める」などの比喩的用法には, 袋型の古い財布を意味する purse が使われる. なお, purse は《米》では普通婦人のハンドバッグを指す.

purse

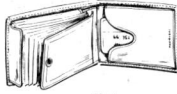

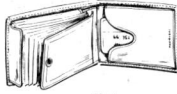

wallet

¶ 列車の中で*財布を盗まれた I had my *wallet* stolen on the train. 《☞ 使役(囲み)》 // 彼女にドレスを買ってやったら*財布がすっかり軽くなった (⇒ ほとんど文無しになった) After buying her a dress, I found myself *almost penniless.* // うちでは妻が*財布のひもを握っている My wife holds the *purse* strings in my family.

さいぶ 細部 (細かい所) details; (詳しい説明・内容) particulars ★ いずれも複数形で. 《☞ しょうさい[1]; こまかい》. ¶ *細部が知りたい What I would like to know is the 「*details* [*particulars*].

さいぶん 細分 — [動] (一度分けられたものをさらに分割する) subdivide (他). — [名] subdivision [U] ★ その 1 つ 1 つを指すときは [C].

さいへんせい 再編成 — [名] (組織の) reorganization [U]; (人事などの) reshuffle [C]. — [動] reorganize (他); reshuffle (他). 《☞ へんせい》. ¶ 首相は内閣の*再編成を予定している The premier is planning to 「*reorganize* [*reshuffle*] his cabinet.

さいほう 裁縫 sewing [sóuiŋ] [U]; (針仕事) needlework [U]. ¶ 彼女は*裁縫が上手だ She is good at 「*sewing* [*needlework*]. // *裁縫道具を買いたい I want to get a *sewing* set.

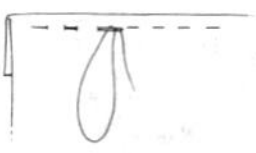
直線縫い
running stitch

まつり縫い
hemming stitch

ふちかがり
overcast stitch

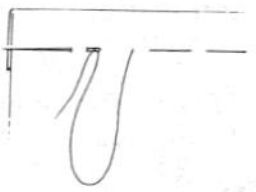
しつけ縫い
basting

さいぼう 細胞 — [名] cell [C]. — [形] cellular. **細胞学** cytology [U] **細胞学者** cytologist [C] **細胞組織** cellular tissue [U] **細胞分裂** cell division [U].

ざいほう 財宝 (宝物) treasure [U]; (富) riches ★ 複数形で. 《☞ たから》.

さいほうそう 再放送 — [名] (再放送をすること) rebroadcasting [U]; (番組) rebroadcast [C], repeat [C]. — [動] rebroadcast (他). ¶ これは昨夜の番組の*再放送です This is the 「*repeat* [*rebroadcast*] of a program from yesterday evening.

サイホン siphon [C].

さいまつ 歳末 — [名] the end of the year. — [形] year-end. 《☞ ねんまつ; くれ》. ¶ *歳末助け合い運動を始めています We have started a *year-end* charity drive. // *歳末には交通量が増える There is heavier traffic toward *the end of December.* // *歳末大売り出し *Year-end* sale 《☞ 掲示の英語(囲み)》

さいみんじゅつ 催眠術 — [名] hypnotism [U]. — [動] (催眠術をかける) hypnotize (他). **催眠術師** hypnotist [C].

さいむ 債務 debt [C] (↔ credit); 〖法律〗 obligation [C]. **債務者** debtor [C] (↔ creditor).

ざいむ 財務 financial affairs ★ 複数形で. ¶ 彼が*財務担当の理事です He is 「a [the] director in charge of *financial affairs.* [語法] 理事が 1 人のときは定冠詞を用いる. **財務省[長官]** 《米》 the 「Department [Secretary] of the Treasury.

ざいめい 罪名 the name of 「a crime [an offense]; (告訴の理由) charge [C]. 《☞ ざいじょう; つみ (類義語)》. ¶ 彼らは 5 項目の*罪名で起訴されることになっている They are to be indicted on five 「*counts* [*charges*].

さいもく 細目 (全体の一部をなす小区分) details; (全体の一部をなすが独自の性格をもつもの) particulars; (個々の箇条・項目) items ★ 以上いずれも複数形で. 《☞ うちわけ; しょうさい[1]》.

ざいもく 材木 wood [U] ★ 最も一般的な語; 《米》 lumber [U], 《英》 timber [U]; (丸太) log [C].

【類義語】 切り出した木の樹皮をはいで建築その他の用途のために整えたのが ***wood*** で, 最も一般的な語. 用材として板・角材などのように加工されたものが 《米》 ***lumber***, 《英》 ***timber***. 《米》 では *timber* を山林の樹木, または切り出したままの木材に用い, のこでひいて調整したものを *lumber* として区別する場合もある. 《英》 ではその区別は普通されない. 切り出した樹木の枝を切り落とし, 丸太の形にしただけのものが ***log*** である.

ざいや 在野 — [形] (官職についてない) out of office; (権力の座にない) out of power; (政党が野党の立場にある) in opposition. ¶ 政府はこのポストのために*在野の人材を求めている The government is looking for an able man *out of office* to fill this post.

さいよう 採用 — [動] (採り上げて用いる) adopt (他); (受けて承認する) accept (他); (正式に雇用する) employ (他). — [名] adoption [U]; acceptance [U]; employment [U]. 《☞ とりいれる; さいたく》.

¶ 彼女の提案はすぐ*採用された Her proposal *was accepted* at once. // ヘボン式ローマ字は広く*採用されている The Hepburn system of *romaji* 「*is* widely *adopted* [has found wide *acceptance*]. // 会社は今年, 女子を 10 名タイピストとして*採用した Our company *employed* ten girls as typists this year. // 仮*採用の期間は 3 週間です The term of *appointment* on trial is three weeks.

採用試験 examination for service [C] **採用通知** notification of appointment [C].

さいらい 再来 second 「coming [advent] [C]; (生まれ変わり) reincarnation [C].

ざいらい 在来 — [形] (その土地原産の) native; (普通の) ordinary; (伝統的な) traditional. ¶ このタンポポは*在来種です This dandelion is a *native* 「species [kind]. // *在来の習慣だからといって尊重することはない

We ⌈don't need to [needn't] respect the custom simply because ⌈it is *traditional* [(⇒ いままで守ってきた) we *have followed* it so far].

ざいりゅう 在留 ―動 (ある場所に生活の根拠地を置く) reside (at … ; in …) 自 ; (住む) live (in … ; at …) 自. ―形 resident ; living. ―名 (在留民) resident C.

さいりょう[1] 最良 ―形 (最善の) (the) best ★ 最も一般的な語 ; (一番見事な) (the) finest ; (最高の) supreme [suprí:m]. 《☞ さいこう[1] ; さいぜん》. ¶ きょうは私の全生涯で*最良の日です Today is *the best* day in all my life.

さいりょう[2] 裁量 (決定) decision U ; (思慮分別) discretion U ; (行動・判断・選択の自由) free hand C ★ 単数形で用いる. ¶ この件はあなたの*裁量に任せます I'll leave this matter to your ⌈*decision* [*discretion*]. / I'll give you *a free hand* in this matter.

ざいりょう 材料 material U, stuff U ★ 最も一般的なのが material. stuff は比喩的にも用いられる ; (料理などの成分) ingredient C ; (資料) data 語法 元来はラテン語 datum の複数形. 単複両用に扱われるが, 《米》では複数扱いが多い. ¶ 建築*材料が値上がりしている The prices of ⌈*building* [*construction*] *materials* have gone up. 語法 具体的な諸材料を言うときは C 扱いになる. // 彼女は目下次の小説の*材料を集めている She is now collecting ⌈*material(s)* [*data*] for her new novel. // ケーキの*材料は粉, 砂糖のほかに何がいりますか What do we need as *ingredients* of a cake besides flour and sugar?

ざいりょく 財力 (財政上の力) finance power U ; (財源・資金) resources ★ 複数形で ; (財産) wealth U ; 〖法律〗(資産) assets ★ 複数形で. 《☞ しりょく[2] ; かね[1] ; しさん[1]》.

ザイル climbing rope C 参考 「ザイル」はドイツ語の *Seil* に由来する.

さいるいガス 催涙ガス tear gas U.

さいるいだん 催涙弾 tear gas ⌈canister [shell] C.

さいれい 祭礼 festival C 《☞ まつり》.

サイレン siren C. ¶ *サイレンを鳴らす sound [blow] a *siren*

サイロ silo C 《複 ～s》 《☞ のうじょう (挿絵)》.

さいろく 採録 ―動 (抜粋する) extract 他 ; (選抜する) select 他.

さいわい 幸い ―名 (幸福) happiness U ★ 最も一般的で, 以下の語の代わりにも用いられる ; (非常な幸福・至福) felicity U ; (幸いなこと・もの) blessing C ★ 後の 2 語はやや文語的. ―形 (幸福な) happy ; (運のよい) fortunate ; (偶然運のよい) lucky. ―副 happily ; fortunately ; luckily ★ 後の 2 語は文修飾副詞としてのみ用いられる. 《☞ こうふく[1] (類義語) ; しあわせ ; 副詞の位置 (欄外)》.
¶ その日は天気がよくて*幸いでした We were ⌈*lucky* [*fortunate*] to have good weather that day. // 訪ねて行ったら*幸いにも彼は在宅だった *Fortunately* [*Luckily*](,) he was in when I ⌈called [visited]. // 課長の留守を*幸いに (⇒ 留守を利用して), 彼らは自分たちの計画を練った *Taking advantage of* the ⌈section chief's [department head's] absence, they put their heads together over their own plan. // これがお役に立てば*幸いです I shall be *happy* if [I *hope*] this will be of ⌈help [service] to you. // 不幸中の*幸い (⇒ よかった点) はだれもその事故でけがをしなかったことです *A bright spot* (in the misfortune) was that nobody was hurt in the accident.

サイン[1] ―名 (書類や手紙などの署名) signature C ; (記念のためや, 有名人などがファンのためにする署名) autograph C ; (合図) sign C ; (特に野球で) signal C. ―動 (署名する) sign *one's* name (to …), sign (a letter) 他 ; autograph (a statement) 他 ; (野球で) signal 他. 《☞ しょめい[1]》.
¶ ここに*サインして下さい Please ⌈*sign* (*your name*) [*write your name*] here. // これは確かにあの有名な小説家の*サインだ This is ⌈surely [definitely] the ⌈*autograph* [*signature*] of that famous novelist. 《☞ 和製英語 (囲み)》 // 監督はピッチャーに*サインを送った The manager ⌈*signaled* [*gave the signal to*] the pitcher.
サイン帳 autograph ⌈album [book] C **サインペン** felt (-tipped) pen C ★ サインペンは商標.

サイン[2] 〖数学〗 sine C 《略 sin》.

ざいん 座員 member of a ⌈troupe [company] C, trouper C.

サウジアラビア ―名 固 Saudi Arabia. ―形 Saudi Arabian. **サウジアラビア人** Saudi Arabian C.

サウスポー (左腕投手) southpaw (pitcher) C, left-hander C, 《口語》 lefty C. 《☞ 野球の英語 (囲み)》.

サウナぶろ サウナ風呂 sauna (bath) C.

さえ 冴え ¶ 彼の腕の*冴え (⇒ 偉大な技術) はこの作品にも見られる We can ⌈see [appreciate] his *great skill* in this piece of work. // 彼女の頭の*冴え (⇒ 頭のよいの) には驚いた I was impressed ⌈by [with] her ⌈*keen intelligence* [*brilliance*]. 《☞ さえる》

-さえ **1** «…すら» ―副 even 《☞ 副詞の位置 (欄外)》. ¶ 子供で*さえそんなことは言わない *Even* a child wouldn't say that. // その事を思い出すと, いまで*さえ身震いする *Even* now I shudder to think of it.
2 «ただ…ならば» ―接 (ただ…でさえあれば) if only … ; (…である限りは) as [so] long as… ¶ 彼*さえいたらなあ *If only* he were here now. 《☞ 仮定の表現 (囲み)》 // 全力を尽くし*さえすれば, 合格するでしょう *If only* you do your best, you will pass the exam. // 本*さえ読めれば, 私は満足です *As* [*So*] *long as* I have books to read, I ⌈am [will be] ⌈happy [satisfied]. // 折*さえあれば, 彼はさぼる *Whenever he has a chance*, he neglects his duties.
3 «加えて» ―前 (…のほかに) besides … ; (…に加えて) in addition to … ; (…の上に) on

top of ... —[副] besides; in addition; (さらに) furthermore.

¶強い風に加えて, 雨*さえ降り出した Rain began to fall ⌜*in addition to* [*on top of*] strong winds. // 黒幕*さえ動き出しているそうだ *Furthermore* [*Besides*], someone is said to be working behind the scenes.

さえぎる 遮る (人の発言や行動などを) interrupt (他); (視界を) obstruct (他), shut out (他) ★ 後者のほうが口語的; (光などを) intercept (他), shut off (他) ★ 後者のほうが口語的; (行く手を) block (他), bar (他), stand in *a person's* way. 《☞ じゃま (類義語)》.

¶私が話しているのを*さえぎって彼が話し始めた *Interrupting* ⌜my speech [me], he started talking. // 前の大きな建物がこの窓からの視界を*さえぎっている A tall building in front ⌜*obstructs* [*shuts out*] the view from this window. // トラックがぬかるみで立往生して私たちの道を*さえぎっている A truck has stalled in the mud, ⌜*blocking* [*barring*; *standing in*] our way. // まぶしい光はカーテンで*さえぎれる You can ⌜*shut off* [*intercept*] the glaring light with a curtain.

さえずり 囀り (小鳥の鳴き声) song Ⓒ ★ごく一般的に小鳥の鳴き声を表し, 以下の語の代わりにも使える; (鳥がさえずること) twittering Ⓤ; (小鳥などがちゅっちゅっと鳴くこと) chirping Ⓤ. 《☞ 動物の鳴き声 (囲み)》. ¶小鳥の*さえずりが朝の澄んだ空気を通して聞こえた The ⌜*songs* [*twittering*; *chirping*] of birds came through the clear morning air.

さえずる 囀る sing (自), twitter (自) ★ 前者は小鳥の鳴くのをいうごく一般的な語で, 以下の語の代わりにも使える; (小鳥がちゅっちゅっと) chirp (自); (ひばりなどが) warble (自). 《☞ 動物の鳴き声 (囲み)》. ¶太陽が昇る前から小鳥が*さえずり始めた The birds began to ⌜*sing* [*twitter*; *chirp*] before the sun rose.

さえる 冴える **1** «澄んでいる» —[形] (澄んだ) clear; (明るい) bright. 《☞ さえ》.

¶月が*冴えている The moon ⌜is [shines] *bright*. // 鐘の*冴えた音が大きく響き渡った The bell rang loud and *clear*. // 彼は*冴えない顔つきだ (⇒ 顔色がよくない) He looks ⌜*unwell* [*poorly*; *blue*].

2 «腕前・頭がよい» —[形] (腕前が鮮やかな) skillful; (手先が器用な) dext(e)rous ★ やや改まった語; (頭が明晰(めいせき)な) clearheaded; (聡明な) bright. ¶あなたの腕前は*冴えてきた (⇒ あなたは技が巧みになった) You have become ⌜*skillful* [*dext*(*e*)*rous*]. // 彼女は頭の*冴えた人だ She is a ⌜*clearheaded* [*bright*] person.

3 «目が冴えている» —[形] (目覚めている) wakeful; (眠れない) sleepless. ¶目がますます*冴えてきた I have become *more* ⌜*wakeful* [*awake*].

さお 竿, 棹 pole Ⓒ, rod Ⓒ ★ 特に, 物を支えたり舟を押したりするときに用いるのが pole.

さおばかり 竿秤, 棹秤 steelyard Ⓒ.

さか 坂 slope Ⓒ ★ 最も一般的な語; (上り坂) ascent Ⓒ; (下り坂) descent Ⓒ. 《☞ こうばい[1]; けいしゃ》.

¶私たちは急な*坂を上って行った We ⌜went up [climbed; ascended] a steep *slope*. // *坂の上[下]には松の木が1本ある There is a pine tree at the ⌜head [foot] of the *slope*. // *坂の中ほどで彼と出会った I met (with) him halfway ⌜up [down] *the slope*. [語法] up を用いれば上り道で, down を用いれば下る途中で会ったことになる.

さかい 境 —[名] (2つの土地を分割する線, またはこれに沿う一帯の地域) border Ⓒ; (地図の上で明確に指示できる境界線) boundary Ⓒ. —[動] (境を接する) border (on...; upon...) (自). 《☞ きょうかい[2]; こっきょう[1]》.

¶ここで米国はメキシコと*境を接する Here the U.S. *borders* ⌜*on* [*upon*] Mexico. // この川が私たちの町と隣村の*境となっている This river forms the *boundary* between our town and the neighboring village. // どこが*境なのかはっきりしない We can't see clearly where the *boundary* is. // 彼は3日間, 生死の*境 (⇒ 生死の間) をさまよった He hovered *between* life and death for three days.

さかうらみ 逆恨み ¶彼らは私たちを*逆恨みしている (⇒ 彼らこそ非難されるべきなのに, 彼らは私たちを非難する) They blame us, although it is they who are to blame.

さかえる 栄える —[動] (繁盛する) prosper (自) ★ 最も一般的な語; (繁栄する) flourish (自), thrive (自). —[形] prosperous; flourishing, thriving. 《☞ はんじょう; はんえい[2]》.

¶彼の事業は*栄えているようだ His business seems (to be) ⌜*prosperous* [*flourishing*; *thriving*]. // この町もかつては*栄えたことがある This town once ⌜*flourished* [*prospered*; *thrived*].

さがく 差額 (差し引きした差の金額) difference Ⓤ; (特に収支などの) balance Ⓤ; (利ざや) margin Ⓒ. 《☞ ざんきん》. ¶取り引きの*差額は現金で払います I'll pay the *balance* (of the transaction) in cash.

さかぐら 酒蔵 (酒貯蔵用の地下室) (wine) cellar Ⓒ; (酒を飲ませる店) bar Ⓒ, 《英口語》 pub Ⓒ.

さかさ 逆さ —[名] the reverse. —[形] reverse(d). 《☞ ぎゃく》.

さかさま 逆様 —[動] (位置・順序を逆にする) reverse (他); (上下を逆にする) invert (他). —[名] the reverse; inversion Ⓤ. —[副] (上下逆に) upside down; (頭から先に) headfirst, headlong. 《☞ あべこべ; ぎゃく》.

¶ポスターは*逆さまにはってあった The poster was put up *upside down*. // 彼は真っ*逆さまに木から落ちた He fell ⌜*headfirst* [*headlong*] from the tree. 《☞ まっさかさま》

さがしあてる 捜し当てる, 探し当てる (なくした物や隠れている人・物を) find (他) 《過去・過分 found》 ★ 最も一般的な語; (よくない物・ことを) detect (他); (位置を捜し当てる) locate (他). 《☞ みつける》.

¶なくしたと思った鍵を*捜し当てた I *have found* the key which I thought was lost. // レーダーが敵機を*捜し当てた The radar *detected* an enemy plane. // 長い間かかって, 彼はついに遺跡を*捜し当てた After a long search, he finally *located* the remains.

さがす 捜す, 探す look for ... ; seek (for ...) (自) ★ (他)の用法もある ; search (他)(自) ; hunt (for ...) (自) ★ (他)の用法もある ; look up (他) ; feel for ...

【類義語】「捜す」の意を表す最も一般的な語は **look for ...**, ほぼ同意なのが **seek** (**for ...**) であるが, この語は *look for* より改まった語で古風な感じを伴う. 人や物を求めて場所や人の身体を捜すのが **search**. 捜す「場所」を目的語に, 捜し求める「物」を for 以下に置く点に注意. ((例) 警察は彼の家を*捜して凶器を見つけ出そうとした The police *searched* his house *for* the weapon.). *search* を用いて「警察は凶器を*捜した」を訳す場合は The police *searched for* the weapon. とする. 狩の獲物を追うようにやっきになって捜し求めることを暗示するのが **hunt** (**for ...**). 辞書やガイドブックで項目などを調べて捜すのが **look up**. 目でなく, 手探りで捜すのが **feel for ...**

¶ このあたりで落とした時計を*捜しています I'*m* ʳ*looking for* [*searching for*] the watch I lost around here. // 彼はよい仕事[新しい家]を*捜している He *is* ʳ*seeking* [*hunting*] (*for*) a ʳgood job [new house]. // 辞書でこの語を*捜したが見つからない I have tried to *look up* this word in the dictionary, but have not been able to find it. // 彼女はハンドバッグに手を入れて, 万年筆を*捜していた She *was feeling* (*around*) in her handbag *for* the pen.

さかずき 杯 (*sake*) cup Ⓒ ; (ワイングラス) (wine)glass Ⓒ. (☞ グラス (挿絵)).

さかだち 逆立ち ━ [名] handstand Ⓒ. ━ [動] (逆立ちする) do a handstand ; (両手で) stand on *one's* hands ; (頭と両手で) stand on *one's* head.

さかだつ 逆立つ stand on end. ¶ 恐ろしさでまさに毛が*逆立った My hair virtually *stood on end* with terror.

さかだてる 逆立てる (毛を逆立てる) set up *one's* hair. ¶ 猫は怒って毛を*逆立てた The cat was angry and *set up its hair*. // 彼女は柳眉を*逆立てた She *lowered her eyebrows* (in anger). [参考] 英語では日本語と逆に「眉を下げた」と言う点に注意. raise *one's eyebrows* (=眉を上げる) は非難したりあきれ果てたりしたときの表情.

さかだる 酒樽 cask Ⓒ, (wine) barrel Ⓒ. (☞ たる[1] (挿絵)).

さかて 逆手 ¶ 彼は短刀を*逆手に取った (⇒ 先を下に向けて握った) He grasped his dagger *point downward*(*s*).

さかな 魚 **1** «魚類» : fish Ⓒ [語法] 複数形は普通 fish を用いる. 種別を表すときは fishes とすることもある.「魚肉」の意味では Ⓤ.

¶「*魚は何匹釣れましたか」「たった 3 匹です」"How many *fish* did you catch?" "Only three (*fish*)." // 僕は池に*魚を飼っている I keep *fish* in the pond. // 水族館で種々の珍しい*魚を見た I saw various rare ʳ*fish* [*fishes*] in the aquarium. // *魚をもう少しいかがですか Will you have a little more *fish*? (☞ 食事 (囲み))

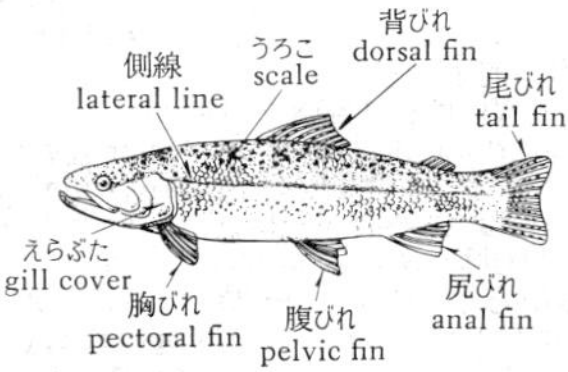

2 «酒の肴» : (添え料理) side dish Ⓒ.
¶ 酒の*さかなはこれに限る This is the best *side dish* for sake. / (⇒ 酒にはこれが一番だ) This goes best *with* ʳwine [sake].

さかなで 逆撫で ━ [動] (人の神経を逆なでする) rub *a person* the wrong way ★ 口語的な慣用表現. 元来は rub a cat the wrong way から, つまり猫の背中を逆なですると怒るので ; (人の神経に不快な感じを与える) jar *a person's* nerves. ¶ 彼の神経を*逆なでするようなことはするな Don't *rub* him *the wrong way*.

さかなや 魚屋 (人) fish ʳdealer [《英》 merchant] Ⓒ, 《英》 fishmonger Ⓒ ; (店) fish shop Ⓒ; (行商の) fish ʳpeddler [vendor] Ⓒ. (☞ 店の呼び名 (囲み)).

さかねじ 逆捩じ **逆ねじを食わせる** (言い返す) retort (他) ★ 発言した言葉を目的語にとる ; (形勢を逆転する) turn the tables (on ...).
¶「大きなお世話だ」と彼は*逆ねじを食わせた "Mind your own business!" he *retorted*. // 私たちは*逆ねじを食って非難を受けることになった We *had the tables turned upon* us, and had to face criticism.

さかのぼる 遡る **1** «上流へ» : (歩いて, あるいは船で) go upstream ; (船で) sail ʳupstream [up the river]. ¶ 私たちは 2 キロ川沿いに*さかのぼった We *went upstream* ʳalong [on] the river for two kilometers.
2 «過去に» : (戻って行く) go back (to the past) (自) ; (...の起源が...から始まる) date from ... ; (...が...までさかのぼる) date back to ... [語法] 起源そのものではなく, 風習・建築物など, 起源を有するものが主語になる.
¶ さらに 100 年*さかのぼると徳川時代の初期です If we go *back* a hundred years ʳfurther [farther] (*in*)*to the past*, we will be in the early part of the Tokugawa era. // その寺[風習]の起源は平安時代に*さかのぼる The ʳtemple [custom] *dates* ʳ*from* [*back to*] the Heian era.

さかば 酒場 (店) bar Ⓒ ; (ホテルなどの) bar-(room) Ⓒ ; (西部劇に出てくるような) 《米》 saloon Ⓒ ; 《英》 public house Ⓒ ★ 口語では pub と略す. (☞ バー[1]).

さかまく 逆巻く (押し寄せる) surge (自) ; (うねる) roll (自) ; (荒れ狂う) rage (自). ¶ 風が強く, 波が*逆巻いていた The wind blew hard and the waves *were* ʳ*rolling* [*surging* ; *raging*]. // *逆巻く大波に小舟は木の葉のよう

にもてあそばれた The little boat was tossed about in the *turbulent* seas.

さかみち 坂道 slope Ⓒ《☞ さか》.

さかもり 酒盛り (酒宴) drinking party Ⓒ; (ひとしきり大いに酒を飲む) drinking bout [báut] Ⓒ; (祝宴) feast Ⓒ.

さかや 酒屋 (店) sake [wine] shop Ⓒ, liquor store Ⓒ; (人) wine ˹dealer [《英》 merchant] Ⓒ; (酒の醸造所) sake [wine] brewery Ⓒ. 《☞ 店の呼び名 (囲み); でいり 参考》.

さかゆめ 逆夢 contrary dream Ⓒ.

さからう 逆らう ― 動 (…に逆らって進む) go against …; (反対する) oppose ㊀; (否定・反駁(はんばく)する) contradict ㊀; (親などに従わない) disobey ㊀. ― 前 (…に反対して) against …; (…を無視して) in defiance of …; (…を冒して) in the teeth of … 《☞ はんこう²》.

¶ 私たちは風に*逆らって走った We ran ˹*against* [*in the teeth of*] the wind. // 彼は両親に*逆らうような人 (⇒ 種類の人) ではない He is not the kind of person who ˹*disobeys* [*goes against*] his parents. // 彼らは命令に*逆らって行動した They acted *in defiance of* orders.

さかり 盛り **1** «絶頂»: (最高の状態) the height; (振幅が最大に振れたような状態・最高潮) full swing Ⓤ 語法 いずれも用例中にあるように, 副詞または形容詞の働きをもつ句の形で使用されるのが普通. 《☞ さいせいき》.

¶ さるすべりは夏の*盛りに花をつける Crape myrtles bloom *in the height of* summer. // 暑い*盛りに (⇒ 日盛りに) 出かけたくない I don't want to go out *in the heat of the day.* // 桜は4月の10日ごろが*盛りです The cherry blossoms will be ˹*in full bloom* [*at their best*] ˹about [around] the 10th of April.

2 «人生の»: (全盛期) prime Ⓤ; (若い盛り・青春) bloom Ⓤ, flower Ⓤ 語法 いずれも普通は句の形で用いられる. ¶ 彼らは若い*盛りだ They are *in the* ˹*prime* [*bloom*; *flower*] of youth.

3 «発情»: (雌の) heat Ⓤ; (雄の) rut Ⓤ.

さかりば 盛り場 (みんなが行く所) public resort Ⓒ; (歓楽街) amusement quarter(s); (繁華街) the busiest quarters (of a city).

さがる 下がる **1** «低い所へ移動する»: go down ㊀ (↔ go up); (気温・値段などが) fall ㊀ (↔ rise); (低下する) lower ㊀; (急に下がる) drop ㊀. 《☞ ていか¹》.

¶ 気温が急に*下がった The temperature ˹*went down* [*fell*; *dropped*] suddenly. // 熱がなかなか*下がらない (⇒ 下がろうとしない) The fever won't ˹*go down* [*abate*]. // 野菜の値段が*下がった The price of vegetables *has* ˹*come down* [*gone down*; *fallen*]. // いま円の価値が*下がっている The yen *has* ˹*lowered* [*gone down*] in value now. // 今度の試験で成績がぐんと*下がってしまった (⇒ 非常に悪い点を取った) I got ˹very bad [(⇒ 前よりうんと悪い) far worse] marks on the last exam.

2 «後方に移る»: go [step] back ㊀; (邪魔にならないように) stand back ㊀. ¶ まず3歩*下がって, 1歩進みます Three steps *backward(s)*, one step forward(s). // 警官はやじ馬に後ろへ*下がってと言った The policeman ordered the spectators to *stand back.*

さかん¹ 盛ん ― 形 (繁盛している) prosperous, flourishing, thriving ★ prosperous が最も一般的な語; (勢いのよい) vigorous; (精力的な) energetic; (活発な) active; (熱烈な) enthusiastic; (人気がある) popular. ― 副 prosperously; vigorously; energetically; actively; enthusiastically.

¶ 幸いいまのところ彼らの商売は*盛んだ Fortunately their business is ˹*prosperous* [*flourishing*; *thriving*] at present. // 私たちは*盛んな (⇒ 熱烈な[心からの]) 歓迎を受けた We received ˹an *enthusiastic* [a *hearty*] welcome. // 彼女は*盛んに新しい作品を書き続けている She has been writing new works ˹*energetically* [*vigorously*]. // 彼らは*盛んに議論をしている They are ˹having an *active* discussion [discussing something *actively*]. // 学生の間では海外旅行が*盛んだ Traveling abroad is *popular* among students.

さかん² 左官 plasterer Ⓒ.

さがん 左岸 the left bank (of …) 参考 川下に向かって左.

さき¹ 先 **1** «先端・先頭»: (針・棒などのとがった先) point Ⓒ; (指・つま先などの) tip Ⓒ; (先端・端) end Ⓒ; (先頭) head Ⓒ.

¶ 鉛筆の*先をとがらせた I've sharpened the *points* of my pencils. // 人さし指[舌]の*先を傷めてしまった I hurt *the tip* of my ˹forefinger [tongue]. // ロープの*先に人がぶら下がっている A man is hanging from the *end* of a rope. // 半島の北の*先に灯台がある There is a lighthouse at the northern *end* of the peninsula.

2 «前方・将来など» ― 名 (将来) the future. ― 副 (前方に) ahead; (これから先は) from now on. ― 前 (…の先に) beyond … 《☞ このさき; さきざき; しょうらい》.

¶ 300メートル*先, 工事中 Road (under) construction 300 meters *ahead* 《☞ 掲示の英語 (囲み)》 // 私の家はあの大きな松の木の3軒*先です My house is three ˹doors [houses] ˹*beyond* [*from*] that big pine tree. // 熱海は箱根の*先ですか手前ですか Is Atami (on) this side of Hakone or ˹*beyond* [on] the other side (of it)? // これから[それから]*先は歩こう (⇒ 残りの道は) We'll [Let's] walk *the rest of the way.* // *先のことを心配してもしようがない It's ˹useless [no use] worrying about (*what may come up in*) *the future.* // 10年*先には (⇒ 10年たてば) 私たちもそれぞれ家族を持っているだろう *In ten years* ˹[*Ten years from now*], we will ˹have [be having] our own families. 語法 未来進行形を用いたほうが生き生きした言い方になる. // これから*先はどうなさいますか What are you going to do ˹*from now on* [(⇒ この後は) *after this*]?

3 «順位» ― 副 (前もって・あらかじめ) in advance, beforehand; (第一に) first; (より

早く) earlier (than …)　★ 時間的にのみ先であることを表す.　━ 前 (より前に) ahead of …; (先に・前に) before … 《☞ まえ》.

¶ 代金は*先に払います I'll pay ｢*in advance* [*beforehand*]. ∥ 彼女が私より*先にそこに着くはずです She will arrive there ｢*earlier than* I [*ahead of* me; *before* me]. ∥ 彼女がいつも一番*先に来る She always comes *first*. ∥ 何より*先に食事をしましょう Let's eat *first of all*. ∥ どうぞお*先に *After* you.　★ 日本語とは発想が逆であるが, 一番よく使われる言い方. / Go *ahead*, please.

さき² 左記　━ 形 (次の) following (↔ preceding); (下記の) mentioned below.　━ 名 (以下のこと・次の人(たち)) the following　★ 英語には縦書きがなく横書きのみなので以上のように言う. 《☞ かき³; つぎ¹》.　¶ *左記の品を至急お送り下さい Please send us the *following* articles immediately.

さぎ¹ 詐欺　━ 名 (犯罪行為となる詐欺) fraud Ⓤ; (単に, 金品をだまし取ること) swindle Ⓒ.　━ 動 swindle (｢*a person* out of money [money out of *a person*]).

¶ 彼は*詐欺にあって大金をだまし取られた He *was swindled out of* a great deal of money. ∥ その男は*詐欺の容疑で逮捕された The man was arrested on suspicion of *fraud*.

詐欺師 fraud Ⓒ, swindler Ⓒ　**詐欺事件** fraud case Ⓒ.

さぎ² 鷺　heron Ⓒ.

さきおととい three days ago.　¶ *さきおととい彼に会った I met him *three days ago*.

さきおととし three years ago.

さきがけ 先駆け　**1** 《先導》　━ 名 (率先・指揮) the lead; (主導権) the initiative; (開拓者) pioneer Ⓒ.　━ 動 (先駆けとなる) take the ｢lead [initiative] (in…); (先に立って導く) lead ㊀.

¶ 彼らは世論の*先駆けの役をした They *took the* ｢*lead* [*initiative*] *in* ｢stirring up [influencing; arousing] public opinion. ∥ 彼女は日本の婦人参政権運動の*先駆けとなった She was a *pioneer* in the women's suffrage movement in Japan.

2 《前ぶれ》: forerunner Ⓒ, 《文語》 harbinger Ⓒ. 《☞ ぜんちょう¹; まえぶれ》.

さきがけて 先駆けて　¶ 夏にはるか*先駆けて水着のショーが開かれた A swimwear show was held, *long before summer*. 《☞ さきだって》

さきごろ 先頃 (先日) the other day; (しばらく前) some time ago; (最近) lately, recently. 《☞ せんじつ; このあいだ; さいきん¹》.　¶ 彼ならつい*先ごろ見かけました I saw him ｢*the other day* [*quite recently*].

さきざき 先先　**1** 《ずっと先までの将来》: (distant) future Ⓤ 《☞ さき¹; しょうらい》.　¶ *先々のこと (⇒ 自分の将来) を思い悩んでいます I'm ｢worrying [anxious] about my *future*. ∥ *先々どうなるか (⇒ 将来何が起こるか) だれにもわかりはしない Nobody knows what will happen *in the future*.

2 《行く[訪れる]すべての場所》: every place one ｢goes to [visits].　¶ 行く*先々で歓迎された We were welcomed at *every place we* ｢*went to* [*visited*]. / (⇒ どこへ行っても) We were welcomed *wherever we* ｢*went* [*visited*].

サキソフォン saxophone Ⓒ, 《口語》 sax Ⓒ.　**サキソフォン奏者** saxophonist Ⓒ.

さきだつ 先立つ　**1** 《先に死ぬ》: die (before …) ㊁.　¶ 彼は妻に*先立たれた His wife *died before* him. / (⇒ 妻に死なれた) He *had his wife die*. 《☞ 使役 (囲み)》 / (⇒ 妻より長生きした) He ｢*survived* [*outlived*] his wife.

2 《まず必要とする》　¶ *先立つものは (⇒ 何よりもまず必要なのは) 金です *What we need* ｢*first of all* [*before anything else*] is money. / (⇒ 金がなくては何もできない) We can't do anything without money.

さきだって 先立って　━ 前 (…より前に) before …, previous to …, prior to …　★ この順に形式ばった言い方となる. 《☞ さきがけて》.

¶ 試合に*先立って開会式がある There is an opening ceremony ｢*before* [*previous to*] the game. / (⇒ 開会式が試合に先行する) An opening ceremony *precedes* the game.

さきどり 先取り　**1** 《あらかじめ受け取る》 ━ 動 take [receive] … in advance.

2 《予想して行動する》 ━ 動 anticipate ㊀ 《☞ さきんずる》.　¶ 彼らは私たちの計画を*先取りした They *anticipated* our plan.

さきに 先に　(前に) before …; (より早く) earlier (than …). 《☞ さき¹》.

さきばしる 先走る (出しゃばる) be forward; (軽はずみである) be hasty.　¶ 彼は時々*先走ったことをする Sometimes he is so ｢*forward* [*hasty*].

さきばらい 先払い　**1** 《前払い》　━ 名 advance payment Ⓤ.　━ 動 pay… in advance. 《☞ まえばらい》.

2 《受取り人払い》　━ 名 payment on delivery Ⓤ; (電話の先方払い) 《米》 collect call Ⓒ.

さきぶれ 先触れ　forerunner Ⓒ, 《文語》 harbinger Ⓒ. 《☞ まえぶれ》.

さきほこる 咲き誇る　(見事に咲く) bloom magnificently ㊁; (満開である) be in full bloom. 《☞ まんかい》.　¶ 池のいちはつが*咲き誇っている The irises in the pond *are* ｢*blooming magnificently* [*in full bloom*].

さきぼそり 先細り　━ 動 (だんだん減る) decrease gradually ㊁; (先が細くなる・だんだん減る) taper off ㊁.　━ 形 tapering.　¶ 生徒数は*先細りしそうだ I'm afraid the number of students may ｢*gradually decrease* [*taper off*].

さきほど 先程　a little while ago 《☞ さっき¹》.　¶ スミスさんはつい*先ほど (⇒ ちょうどいましがた) お帰りになりました Mr. Smith left *just now*. ∥ *先ほど述べたように, 私は反対です As I told you ｢*a little while ago* [(⇒ 前に) *before*], I am against it. ∥ *先ほどから (⇒ しばらくの間) お客様がお待ちです A guest has been waiting for you *for some time*.

さきまわり 先回り　━ 動 (…より先に目的

地に着く) arrive ˹ahead of [before] ... 《☞ だしぬく》. ¶私たちは彼らの*先回りをして目的地に着いた We *arrived* at the destination *ahead of* them.

さきみだれる 咲き乱れる (一面に咲く) bloom all over (自); (ふんだんに咲く) bloom in profusion (自) ★後者は文語的表現. 《☞ さく[1]; さきほこる》.

さきゅう 砂丘 sandhill Ⓒ, (sand) dune Ⓒ ★前者のほうが一般的.

さきゆき 先行き (将来) future Ⓤ 《☞ さきざき; しょうらい; さき[1]》.

さぎょう 作業 ―[名] work Ⓤ, operation Ⓒ ★後者のほうが改まった語. ―[動] work (自). 《☞ しごと》.
¶*作業中に話をしないこと Don't talk while (you *are*) ˹*working* [*at work*]. // 毎日8時に*作業を始め, 4時に終わる Every day we start *working* at eight and stop (*working*) at four. // *作業中 Men *Working* / Men at *Work* 《☞ 掲示の英語 (囲み)》

作業着[服] (一般の) work(ing) clothes; (工員用の上ばきズボン) overalls; (上着とズボンが一緒になっているもの) coveralls ★いずれも複数形で用いる.

overalls

coveralls

作業場 workshop Ⓒ.

ざきょう 座興 (余興) entertainment Ⓒ; (慰み) amusement Ⓒ; (楽しみ) fun Ⓤ.
¶*座興にひとつ歌いましょう Let me sing a song to ˹*entertain* [*amuse*] you.

さきわたし 先渡し (商品の引き渡しを一定期間後に行うこと) future [forward] delivery Ⓤ; (前渡し) advance payment Ⓤ, payment in advance Ⓤ. 《☞ まえばらい》.

さきん 砂金 gold dust Ⓤ.

さきんずる 先んずる (…より先に行く) go ˹before [ahead of] ..., precede (他); (先を越す) forestall (他); (先取りする) anticipate (他). 《☞ せんこう[3]; さきどり; さきまわり》.
¶真のリーダーは時勢に一歩*先んずる A true leader ˹*goes* [*is* (*always*)] *a step ahead of* the ˹times [age]. // 私たちの計画は敵に*先んじられた Our plan *was* ˹*anticipated* [*forestalled*] by the enemy. // *先んずれば人を制す *First come*, first served. 《ことわざ: 一番早く来た者が, 一番先にもてなしを受ける》

さく[1] 咲く blossom (自), bloom (自), flower (自); (花が開く) 《口語》 come out (自); (花が咲き出す) come ˹into [to] flower.
【類義語】果実を結ぶ木の花が咲くのが *blossom*. 特に満開を思わせるニュアンスがあるのが *bloom*. 花が咲くのは一般に *flower* で表せるが, 花の新鮮さ・美しさ・生命の短さを含みとして用いることが多い. 《☞ はな[1] (類義語)》
¶りんごの花は間もなく*咲く The apple trees will ˹*blossom* [*come into flower*] soon. // 公園のばらが*咲いている The roses in the park *are* ˹*in bloom* [*blooming*]. // たちあおいは次々と*咲くが, すぐにしおれてしまう Hollyhocks *flower* one after another, but they fade very soon. // 5月になるとたくさんの花が*咲く Many flowers *come out* in May.

さく[2] 裂く, 割く **1** «2つ(以上)に割る・切る»: (引き裂く) tear (他) 《過去 tore; 過分 torn》, split (他), rip (他) [語法] 以上の3語はほぼ同じ意味で交換して用いられるが, rip は接続点やある線などから裂くこと, split はしばしば縦に, 何かの層などに沿って裂くこと; (切り裂く) 《口語》 cut (up) (他); (無理に分かれさせる) separate (他), sever (他). 《☞ さける[2]; ひきさく; やぶる》.
¶彼は怒って書類を*裂いてしまった He *tore* (*up*) the paper in anger. // 知らせを聞いて, 彼は胸が*裂かれる思いだった He felt his heart *break* to hear the news. // あの2人の仲を*裂くことなどはとてもできない It's impossible to ˹*separate* [*sever*] the two.
2 «さき与える»: spare (他). ¶5分ほど時間を*さいてもらえますか Can you *spare* me five minutes?

さく[3] 柵 ―[名] (木や金網の) fence Ⓒ; (横棒の) railing Ⓒ ★しばしば複数形で; (丈夫な材木を縦に並べた防御さく) stockade Ⓒ. ―[動] (さくをする) fence (他); (さくで囲む) fence [rail] in (他). 《☞ へい[1]; かきね》.
¶庭の回りに*さくを作りたい I want to ˹set up *a fence* round [*fence*] the garden. // 牧草地は*さくで囲まれていた The pasture *was* ˹*fenced* [*railed*] *in*.

さく[4] 策 plan Ⓒ, design Ⓒ, scheme Ⓒ [語法] 以上の3語はどれも, ある目的を持った案・計画を示すのに用いるが, plan が最も一般的な語. これに対し, design は企画性が強く, scheme は plan よりさらにはっきりした構想を持つものに用いられる; (方策・やり方) policy Ⓒ; (対策・処置) measure Ⓒ ★しばしば複数形で. 《☞ たいさく[1]; しゅだん》.
¶何かよい*策はないのか Isn't there any good *plan*? // *策は前もって十分に練っておこう We will draw up our ˹*plan*(*s*) [*scheme*] very carefully beforehand. // 正直が最善の*策だ Honesty is the best *policy*. 《ことわざ》 // *策が尽きてしまった We are *at* ˹(our) *wit's end* [*the end of our resources*]. ★斜字体の部分はいずれも慣用句.

さくい[1] 作為 ―[名] (人為的なこと) artificiality Ⓤ; 〘法律〙 commission Ⓤ. ―[形] (人為的な) artificial. 《☞ ふしぜん》. ¶この小説には*作為的なところが多すぎる This novel has too many *artificial* passages. **作為動**

詞 factitive verb Ⓒ.

さくい² 作意 ―名 (意図) intention Ⓤ. ―形 (意図的な) intentional; (故意の) deliberate. ―副 intentionally; deliberately. 《☞ こい³; わざと》. ¶ *作意があってそれをしたわけではない I didn't do that ⌈*intentionally* [*by intention*].

さくいん 索引 ―名 index Ⓒ 《複 ～es, indices [índəsìːz]》. ―動 (索引を付ける) index ⓣ.

さくがら 作柄 harvest Ⓒ, crop Ⓒ. 《☞ しゅうかく¹》.

さくがんき 鑿岩機 rock drill Ⓒ.

さくげん 削減 ―動 (切り詰める) cut (down) ⓣ, cut down on … ★ 以上は最も一般的な語: (出費などを切り詰める) curtail ⓣ; (減少・低下させる) reduce ⓣ. ―名 cut Ⓒ ★ 最も一般的な語; curtailment Ⓤ; reduction Ⓤ. 《☞ けずる (類義語); へらす》. ¶ 車の輸出は 5%*削減される The export of automobiles is to *be* ⌈*cut* (*down*) [*reduced*] by five percent. // 経費の*削減を考えなければならない We have to devise some way of ⌈*cutting* (*down*) *on* [*curtailing*; *reducing*] (our) expenses.

さくさく ¶ 霜柱は私たちの足の下で*さくさくと音を立てた The frost on the ground *crunched* under our feet. 《☞ 擬声・擬態語 (囲み)》

ざくざく ¶ 砂利道を大勢の人たちが*ざくざくと歩いて行く Many people *are crunching* along the gravel path. // 彼のポケットには硬貨が*ざくざくあった Coins *jingled* in his pocket. 《☞ 擬声・擬態語 (囲み)》

さくさん 酢酸 acetic [əsíːtik] acid Ⓤ.

さくし¹ 作詞 ―動 write a ⌈song [lyric]. ¶『夢路より』はスティーブン フォスターが*作詞・作曲したものです (⇒ 歌詞と音楽を書いた) Stephen Foster wrote both the *words* and the music for *Beautiful Dreamers.*

作詞家 songwriter Ⓒ.

さくし² 作詩 ―動 write [compose] a poem 《☞ し³》.

さくじつ 昨日 yesterday 《☞ きのう¹》.

さくしゃ 作者 (筆者) writer Ⓒ; (著者) author Ⓒ. 作者不詳 ―形 anonymous 《略 anon.》.

さくしゅ 搾取 ―動 (利己的にこき使う) exploit (*a person*) ⓣ; (しぼり取る) squeeze ⓣ. ―名 exploitation Ⓤ. ¶ 上流階級は農民を*搾取した The upper classes *exploited* the farmers. // 独裁者は重税を課して人民から金を*搾取した The dictator *squeezed* money out of the people by imposing heavy taxes.

さくじょ 削除 ―動 (書いたり印刷したりしたものを消す) delete ⓣ; (横線などを引いて) cross ⌈out [off] ⓣ; (取り除く) eliminate ⓣ. ―名 deletion Ⓤ; elimination Ⓤ. 《☞ けずる (類義語); カット¹》.

¶ 次の 5 語を本文から*削除して下さい Please ⌈*delete* [*cross out*; *eliminate*] the next five words from the text. // 会費未納者は名簿から*削除されます The members in arrears will *be crossed off* the list.

さくず 作図 ―動 (図をかく) draw (a figure); 〚幾何〛(コンパスと定規で) construct ⓣ. ―名 〚幾何〛construction Ⓤ. 《☞ ず¹》.

さくせい 作成 ―動 make ⓣ, prepare ⓣ, draw up ⓣ ★ 以上 3 つは書類・計画などの作成について, ほぼ同意で交換して用いられる; (計画などを立てる) frame ⓣ; (証書・小切手などを) make out ⓣ. 《☞ つくる》.

¶ 私たちはすぐに計画の*作成に取りかかった We started to ⌈*draw up* [*prepare*; *make*; *frame*] a plan at once. // 書類は 2 [3]通*作成する必要があります The document must *be* ⌈*drawn up* [*made out*] in ⌈duplicate [triplicate].

さくせん 作戦 ―名 (軍隊の軍事行動) operations ★ 通例複数形で; (戦略・策略) strategy Ⓤ; (戦術) tactics Ⓤ 〔語法〕 strategy は全体の作戦計画. tactics は個々の戦術をいい,「策略」の意味では複数扱いとなる. ―形 (作戦的な・作戦上の) operational; strategic; tactical. 《☞ せんじゅつ》.

¶ *作戦上重要な地点を我々は勝ち取った We won a spot of *strategic* importance. // 彼らは*作戦を誤った They committed ⌈a *tactical* [an *operational*] error.

さくそう 錯綜 ―動 (込み入る) get [become] complicated; (もつれる) get [become] entangled. ―形 complicated; entangled; (どうしようもないほど複雑な) intricate. 《☞ ふくざつ; こみいる》. ¶ 事情が*錯綜していて, 私にはよくわからない I can't understand the situations, for they are most ⌈*complicated* [*entangled*; *intricate*].

さくづけ 作付け ―名 planting Ⓤ. ―動 (作物を植える) plant ⓣ ★ 最も一般的; (畑に植える) crop (a field with …) ⓣ; (種をまく) sow ⓣ. 《☞ うえる¹; まく³》.

さくどう 策動 ―動 (策略を用いる) maneuver (《英》 manoeuvre) ⓘ; (陰謀をめぐらす) scheme [skíːm] ⓘ. ―名 maneuver (《英》 manoeuvre) Ⓒ; scheme Ⓒ. ¶ あの男は陰で*策動した He ⌈*maneuvered* [*schemed*] behind the scenes. 策動家 schemer Ⓒ.

さくにゅう 搾乳 ―動 milk (a cow) ⓣ. 搾乳器 milker Ⓒ 搾乳場 dairy Ⓒ.

さくねん 昨年 last year 《☞ きょねん》.

さくばく 索漠 ―形 (物寂しい) dreary; (寒々とした) bleak; (さびれ果てた) deserted; (住む人もない) desolate. 《☞ こうりょう¹》.

¶ だれもその*索漠とした光景を美しいとは思わないだろう Nobody would appreciate the ⌈*dreary* [*desolate*] sight.

さくばん 昨晩 last night 《☞ さくや》.

さくひん 作品 work Ⓒ ★ 最も一般的な語. 複数形は通例「全作品」の意味を表す場合に限って用いられる; (文学・音楽上の短い作品) piece Ⓒ; 〚音楽〛opus [óupəs] 〔語法〕 作品番号を言うとき op. 8 (＝作品第 8 番) のように略して書く.

¶ この彫刻はロダンの*作品だ This sculpture is Rodin's *work*. // 私はロダンの*作品が好き

さ

だ I like the *works* of Rodin. //『戦争と平和』はトルストイの偉大な*作品です (⇒ 小説です) *War and Peace* is a great *novel* by Tolstoy. [語法] 特定の個々の作品を言う場合は, 一般的な work を用いるより, このように意味の限定された語を用いるほうがよい. // この*作品は十分に感情を込めて演奏しなければならない This *piece* (of music) should be played with great feeling.

さくふう 作風 (人・流派・時代の表現様式) style Ⓒ.

さくぶん 作文 composition Ⓒ《☞ えいさくぶん; 英作文 (欄外); 自由作文 (欄外)》.
¶ 我々は「私の趣味」という題で*作文を書かなければならない We must write a *composition* entitled "My Hobby." // この*作文はあすまでに提出しなくてはならない I must ˹turn in [submit; hand in] this *composition* by tomorrow. // 自由*作文 free *composition* 《☞ 自由作文 (欄外)》

さくもつ 作物 (栽培して収穫する) crop Ⓒ; (農場で収穫された) farm product Ⓒ. ¶ どのような*作物を栽培していますか What kind(s) of *crop*(s) do you ˹raise [grow]?

さくや 昨夜 last night, yesterday evening [語法] 普通は last evening, yesterday night とは言わないことに注意. 《☞ ばん[1]; きのう[1]; 時刻・日付・曜日 (囲み)》. ¶ *昨夜はおもしろかった I had a very good time *yesterday evening*. // *昨夜から雪が降り続いている It has been snowing since *last night*.

さくら[1] 桜 (木) cherry (tree) Ⓒ; (花) cherry ˹blossoms [flowers] ★ 通例複数形で. 《☞ 花 (囲み)》. ¶ *桜はもうすぐ咲く The *cherry blossoms* will come out soon.
桜色 (light) pink Ⓤ 《☞ 色 (囲み)》.

さくら[2] (大道商人の仲間で客のふりをする人) decoy Ⓒ; (劇場で拍手喝采するために雇われた人, 集合的に) claque [klǽk] Ⓒ, (その一人) claqueur [klækə́ː] Ⓒ.

さくらそう 桜草 primrose Ⓒ《☞ 花 (囲み)》.

さくらん 錯乱 ―動 (気が狂う) go mad; (取り乱す) be distracted; (一時的に精神が混乱する) be deranged. ―名 distraction Ⓤ; derangement Ⓤ. 《☞ きょうらん》.
¶ 彼女は悲しみで*錯乱した She *went mad* with grief. / She *was* ˹*distracted* [*deranged*] by grief. [語法]「錯乱している」という状態をも意味する. was の代わりに got を用いれば「錯乱した」という動作のみを表す. 《☞ 受身 (囲み)》

さくらんぼう 桜ん坊 cherry Ⓒ.

さぐり 探り ―動 (人の意向・気持ちに探りを入れる) sound (out) *a person*, feel out *a person* ★ 英語では「人」が目的語になる点に注意. ―名 (探りを入れること) sounding Ⓤ. 《☞ さぐる》.
¶ 彼ら(の気持ち)に*探りを入れてみよう I'll try to ˹*sound* [*feel*] them *out*. // その件について彼(の意見)に*探りを入れてみた I *have sounded* him (*out*) ˹*on* [*about*] the matter.

さくりゃく 策略 (特に, 軍事上の入念な計略) stratagem [strǽtədʒəm] Ⓒ; (たくらみ・ごまかし) trick Ⓒ; (悪い意味で) artifice [ɑ́ːtəfis] Ⓒ. 《☞ けいりゃく; けんぼうじゅっすう》.
¶ 彼は*策略を使ってその金を手に入れた He got the money by a *trick*. // 彼らは目的を達するためにあらゆる*策略を用いた They ˹used every *artifice* [resorted to every possible *stratagem*] to attain their aim.

さぐる 探る **1** «手などで捜し求める»: (あちこち手探りする) grope (for ...) ㊀; (不器用に) fumble (for ...) ㊀; (手で触れながら) feel (for ...) ㊀. 《☞ さがす; てさぐり》. ¶ 暗やみの中で私はスイッチを*探った I ˹*groped* [*fumbled*] (*about*) *for* the switch in the dark(ness). // 彼はポケットを*探って鍵を捜した He ˹*fumbled* [*groped*; *felt*] in his pockets *for* the key.
2 «そっと調べる»: (人の意向・考えをそれとなく探る) sound (out) ㊉, feel out ㊉ [語法] 通例「人」が目的語になる; (秘密などをこっそり内密に調べる) spy out ㊉. 《☞ さぐり》.
¶ 私は彼女の顔を見つめて本心を*探ろうとした I gazed into her face, trying to ˹*sound* [*feel*] her *out*. // 何か秘密が*探り出せたか *Have* you *spied out* any secrets?

さくれつ 炸裂 ―動 explode ㊀. ―名 explosion Ⓤ. 《☞ ばくはつ》.

ざくろ (ざくろの実・木) pomegranate Ⓒ.

さけ[1] 酒 (アルコール飲料) alcoholic ˹drink [beverage] Ⓤ, alcohol Ⓤ, 《英》 liquor [líkər] Ⓤ ★《米》ではウイスキーのような特にアルコール分の強い酒を指す; (日本酒) sake [sɑ́ːki(ː)] Ⓤ; (ぶどう酒) wine Ⓤ ★ 以上は種類をいうときは Ⓒ. 《☞ 可算・不可算名詞 (欄外)》.
¶ この*酒はかなり強い This ˹*sake* [*liquor*] is pretty strong. // 彼は*酒飲みだ He is *a heavy drinker*. // 私は*酒は一滴も飲みません I do not *drink* at all. [語法] drink のみで「酒を飲む」という意味になる. // 彼は*酒が強い[弱い] (⇒ 強い[弱い]飲み手だ) He is *a* ˹*heavy* [*light*] *drinker*. // 私は医者に*酒 (⇒ 飲酒) をやめるように忠告された My doctor advised me to ˹give up [stop; quit] *drinking*. // *酒は百薬の長 *Sake* is the best of all medicines.

さけ[2] 鮭 salmon [sǽmən] Ⓒ《複 ~(s)》.

さけい 左傾 ―動 (左翼になる) become ˹leftist [left-wing]; (急進的になる) become radical. 《☞ さよく》.

さげすむ 蔑む (見下す) look down (up)on ..., despise ㊉ ★ 前者のほうが口語的. 《☞ けいべつ》.

さけび(ごえ) 叫び(声) (叫ぶこと・叫ぶ声) cry Ⓒ, shout Ⓒ, yell Ⓒ ★ cry は大声とは限らない; (金切り声の) scream Ⓒ, shriek Ⓒ. 《☞ ひめい》. ¶ 表の通りで助けを求める[火事だという]*叫び声が聞こえた A *cry* ˹for help [of "Fire!"] was heard outside in the street.

さけぶ 叫ぶ (大声を上げる) shout ㊀, cry (out) ㊀, yell ㊀; (金切り声で叫ぶ) scream ㊀, shriek ㊀; (感嘆して叫ぶ) exclaim ㊀ ★ 改まった語.
【類義語】喜び・怒りなど叫ぶ内容に関係なく, 声を限りに大声で叫ぶのが **shout**. 喜び・驚き・苦しみ・痛みなどで声を立てるのが **cry** で, 特に大

声を上げる場合は **cry out** という．特にスポーツの応援などで大声を上げて絶叫するのが **yell.** 女性などが金切り声で「きゃー」と叫ぶような叫び方が **scream.** 恐怖などで *scream* よりさらに甲高い声で突然に叫ぶのが **shriek.** やや改まった語で，感嘆して叫ぶという意味の語は **exclaim.** ¶ 彼らは助けを求めて*叫んだ They ˹*cried out* [*shouted*; *yelled*] *for* help. // 女の*叫ぶ声が聞こえた I heard a ˹woman [woman's] *scream.* // そんなに*叫ばなくても聞こえます Don't *shout* like that. I can hear you (well enough). // 彼女は驚いて「きやっ」と*叫んだ She *gave a* ˹*scream* [*shout*] in surprise. // 彼女は「しまった」と*叫んだ She ˹*cried* [*exclaimed*], "Oh, my goodness!" // 我々は大声で*叫んでのどをからした We *shouted* ourselves hoarse.

さけめ 裂け目 (破れた箇所) tear [tέɚ] Ⓒ; (布のほころびなど) rent Ⓒ, rip Ⓒ; (茶わん・壁・地面などの割れ目) crack Ⓒ; (岩・地面の深く狭い) crevice Ⓒ. 《☞ われめ》.
¶ 彼女はコートの*裂け目を縫い合わせた She sewed up the ˹*tear* [*rent*; *rip*] in her coat. // タイヤがパンクして*裂け目ができた (⇒ パンクがタイヤに裂け目を作った) A puncture caused a *rip* in the tire.

さける[1] 避ける (意図的によける) avoid (他); (未然に防ぐ) avert (他); (嫌って避ける) shun (他); (近寄らない) keep [stay] away (from ...) (自); (逃れて避ける) escape (他); (質問・義務などをうまく逃れる) evade (他). 《☞ かいひ[1]》.
¶ 彼はいつも私に会うのを*避ける He always *avoids* seeing me. [語 法] 不定詞を目的語にすることはできない. // 慎重に運転すれば交通事故は*避けられる Traffic accidents can *be averted* by careful driving. // ダイエットをしているので彼女は栄養分の高い食べ物は*避けている Being on a diet, she *shuns* rich food(s). // 彼のような人物は*避けたほうがよい You'd better ˹*keep* [*stay*] *away from* such a person as ˹he [《口語》 him]. // 彼は聞こえない振りをしてその質問に答えるのを*避けた He *evaded* (answering) the question by pretending not to hear it.

さける[2] 裂ける (木・岩などが割れて) split (自); (布などが線状に) tear [tέɚ] (自), rip (自); (袋などが破裂して) burst (自). 《☞ さく[2]; やぶれる》.
¶ 引っ張ったらそで口が*裂けてとれてしまった A cuff ˹*tore* [*ripped*] *away* (from the sleeve), as I pulled it.

さげる 下げる **1** «低くする»: (降ろす・下げる) lower (他); (引っ張って下げる) pull down (他); (削減する) reduce (他); (値段を) bring down (他); (賃金を) cut down (他); (頭を) bow (自); (階級を) 《米》 demote (他).
¶ もう少し日よけを*下げて下さい Please ˹*lower* [*pull down*] the ˹(window) shade [blinds] a little bit. // 値段を*下げればこれはよく売れますよ This will sell well, if you ˹*lower* [*bring down*; *reduce*] the price. // 彼らは先生に頭を*下げた They *bowed to* their teacher.
2 «つるす»: (つり下げる) hang (他); (身につける) wear (他). 《☞ ぶらさげる; かける[1]》. ¶ この風鈴をそこへ*下げてちょうだい *Hang* this wind-bell there, please. // 将軍は勲章をいくつも*下げていた The general *wore* several decorations.
3 «片付ける»: (取り除く) clear (away) (他); (持ち去る) take away (他). ¶ この皿を*下げましょう Let me ˹*take away* [*clear* (*away*)] these (empty) plates.
4 «後方に移す»: (後方へ動かす) move back (他); (後方へ引く) draw [pull] back (他); (後方へ押す) push back (他). ¶ 少し机を*下げて下さい Please ˹*move* [*draw*; *pull*; *push*] *back* the desk a little bit.

さげん 左舷 port Ⓤ (↔ starboard) 《☞ ふね (挿絵)》.

ざこ 雑魚 (小魚) small fish Ⓒ 《複 ~es, ~》; (取るに足らない人たち) small fry Ⓤ ★ 複数扱い.

ざこう 座高 *a person's* height sitting down Ⓤ. ¶ 彼は*座高が低い (⇒ 胴が短い) He is *short-*˹*bodied* [*trunked*].

さこく 鎖国 ━[名] (national) isolation Ⓤ. ━[動] close the country; (門戸を閉ざす) close the door to foreigners. **鎖国主義** isolationism Ⓤ.

さこつ 鎖骨 collarbone Ⓒ 《☞ ほね》.

ざこつしんけいつう 坐骨神経痛 sciatica Ⓤ, the hip gout.

ざこね 雑魚寝 ━[動] (皆でごたごた押し合う状態で寝る) sleep together all in a huddle.

ささ 笹 bamboo grass Ⓒ; (笹の葉) bamboo ˹leaf [blade] Ⓒ.

ささい 些細 ━[形] (取るに足らない) trifling, trivial; (小さい) small; (わずかな) slight; (重要でない) insignificant. ━[名] (つまらないこと) trifle Ⓒ. 《☞ こまかい; つまらない》. ¶ 彼らは*ささいなことでけんかした They quarreled about a ˹*trifle* [*trifling matter*; *trivial matter*].

ささえ 支え (助けてやること) support Ⓤ; (つっかい棒) prop Ⓒ, stay Ⓒ. 《☞ ささえる》.

さざえ 栄螺 turban shell Ⓒ.

ささえる 支える (倒れないようにしっかりと支える・扶養する) support (他); (支えの棒などで) prop up (他). ¶ こんな細い柱で屋根が*支えられるのか Can these thin posts *support* the roof? // 彼女は一家を*支えている She *supports* her family.

ささげもの 捧げ物 offering Ⓒ; (いけにえ) sacrifice Ⓒ.

ささげる 捧げる **1** «真心・努力・金銭・時間などをささげる»: devote (他). ¶ 彼は一生を教育に*ささげている He *has devoted* ˹*himself* [*his life*] *to* education. // 亡き父母に*ささぐ 《献辞》 *Dedicated to* [*To*] the memory of my late parents. ★ 形式ばった表現.
2 «神にささげる»: offer (他). ¶ 彼は熱心に祈りを*ささげた He zealously ˹*offered* [*said*] a prayer (to God).
3 «高くさし上げる»: lift [hold] up (他).

ささつ 査察 inspection Ⓤ 《☞ けんさ》.

さざなみ 漣 ripple Ⓒ 《☞ なみ[1]》. ¶ 湖の

おもてには*さざなみが立っていた The surface of the lake was covered with *ripples*.

さざめき (人々の声) people's voices.

ささやか —形 (小さい) small ; (取るに足りない) insignificant ; (質素な) humble ; (控えめな) modest. 《☞ ちいさい (類義語)》.
¶私は*ささやかな家を郊外に建てた I have built a *small* house in the suburbs. // これは*ささやかなお礼のしるしです This is a *small* token of my gratitude. // 会社は我々の*ささやかな要求さえも拒否した The company refused even this *modest* demand of ours.

ささやき 囁き whisper Ⓒ ; (つぶやき) murmur Ⓒ. ¶小川の*ささやき the *murmur(s)* of a stream

ささやく 囁く whisper ⓐ ; (ひそひそと話す) speak「under [below] *one's* breath.
¶彼らはひそひそと*ささやきあった They *whispered* to each other. / They *spoke* to each other *under their breath*. // 人の前で耳に*ささやくようなことをしてはいけない You shouldn't *whisper* in someone's ear in front of「others [other people].

ささる 刺さる stick ⓐ, get stuck. 《☞ さす²》. ¶とげが親指に*刺さった A thorn「*stuck* [*got stuck*] in my thumb.

さざんか 山茶花 sasanqua [səsɑ́ːŋkwə] Ⓒ.

さじ 匙 spoon Ⓒ ; (小さじ) teaspoon Ⓒ ; (大さじ) tablespoon Ⓒ. 《☞ スプーン (挿絵)》.
¶次に砂糖を大*さじ 2 杯加えて下さい Next add two *tablespoonfuls* of sugar. 《☞ 数の数え方 (囲み)》 **さじを投げる** ¶医者は 2, 3 日前にすでに*さじを投げた (⇒ 見放した) The doctor already *gave up* on the「case [patient] a few days ago.

ざし 座視 —動 (座して眺める) sit and watch ... ; (傍観者である) be [remain] a passive「onlooker [spectator]. ¶彼の窮状は*座視するにしのびなかった I couldn't just *sit and watch* him in his sad plight.

さしあげる 差し上げる (進呈する) give ⓣ, present ⓣ ★前者が一般的な語. 後者はやや形式ばった語. 《☞ あげる¹》. ¶この絵を*差し上げましょう I will *present* this picture *to* you. / I'll *present* you (*with*) this picture. //「何を*差し上げましょうか」「ハンカチを 1 枚下さい」"May I help you,「sir [ma'am]?" "Yes, I'd like a handkerchief." 《☞ 買い物 (囲み)》

さしあたり 差し当たり (現在) now ★最も口語的 ; (いまのところ・ここしばらくは) for the time being, for the present ★いずれも改まった言い方 ; (ただいまのところ) at present, at this moment. 《☞ いまのところ ; とうざ》.
¶*さしあたり, そのほかに必要なものは思いつきません *I don't think I need anything else*「*now* [*for the time being*; *for the present*]. // *さしあたり (⇒ いまは) 急ぐ仕事はありません I don't have any urgent work to do「*now* [*at present* ; *at this moment*].

さしいれ 差し入れ (刑務所への) thing sent in to a prisoner Ⓒ.

さしえ 挿絵 (図) figure Ⓒ ; (絵) illustration Ⓒ. 《☞ ず¹ ; ずかい》. ¶この本にはきれいな*挿絵がたくさんある There are many beautiful「*figures* [*illustrations*] in this book. // *挿絵 1 を見よ See *Fig.* 1. ★ Fig. は figure の略. **挿絵画家** illustrator Ⓒ.

さしおく 差し置く (無視する) neglect ⓣ, disregard ⓣ, ignore ⓣ **語法** neglect は不注意などによる無視. disregard と ignore は, この順に, 故意の度合いが強まる. 《☞ むし²》.
¶彼らは議長を*差し置いて, どんどん発言した They spoke「out [up],「*ignoring* [*disregarding*] the chairman. // 私は係の人を*差し置いて, 課長と交渉した I negotiated with the「section chief [department head] *over the head of* the person in charge. // 何を*差し置いても (⇒ まず第一に) この手紙を書かなければならない I have to write this letter「*first of all* [*before anything else*].

さしおさえ 差し押さえ —動 seize ⓣ, 〖法律〗 attach ⓣ. —名 seizure Ⓤ, 〖法律〗 attachment Ⓒ. ¶債権者は*差し押さえをすると言って脅かした (His) creditors threatened (him with)「*attachment(s)* [*seizure*]. // 債権者は彼の給料を*差し押さえた The creditors「*attached* [*seized*] his wages.

さしかえる 差し替える (入れ替える) replace ⓣ ; (…の代わりに…を入れる) put ... in place of ... 《☞ いれかえる》.

さしかかる 差し掛かる (その場に来る) come「upon [to] ... ; (近づく) approach ⓣ, draw near ⓐ ★後者のほうが口語的. ¶我々は山道に*差し掛かった We *came to* a mountain path.

さしかける 差し掛ける hold ... over ... ¶背の高い少年は母親に傘を*差し掛けていた A tall boy *was holding* an umbrella *over* his mother.

さじかげん 匙加減 —動 (手かげんする) make allowances 《☞ てかげん》.

さしがね 差し金 (示唆) suggestion Ⓤ ; (暗示) hint Ⓒ ; (そそのかし) instigation Ⓤ.
¶だれの*差し金だ, これは Whose *suggestion* was this? // 彼が気を変えたのは父親の*差し金 (⇒ 圧力) に違いない He must have changed his mind under *pressure* from his father.

さしき 挿し木 —動 plant a cutting. —名 cutting Ⓒ.

さじき 桟敷 (劇場の 2 階さじき) balcony Ⓒ ; (同じく天井さじき) gallery Ⓒ. 《☞ げきじょう¹ (挿絵) ; スタンド》.

ざしき 座敷 (部屋) room Ⓒ ; (居間) family room Ⓒ. ¶お客様をお*座敷へ案内しなさい Show the guest into the *family room*.

さしこみ 差し込み (急激な腹痛) the gripes ★通例 the を付けて複数形で ; (コンセント) outlet Ⓒ.

さしこむ 差し込む, 射し込む **1** «光が»: come [shine]「in [into] ... ; (ふんだんに差し込む) pour「in [into] ... 《☞ さす¹》. ¶部屋には月の光があふれるように*差し込んでいた The moonlight「*was pouring into* [*filled*] the room.
2 «挿入する»: insert ⓣ, put in ⓣ ★後者

のほうが口語的；(プラグを) plug in ㊎. ¶プラグをコンセントに*差し込んで下さい *Put* the plug *in* the outlet, please. / *Plug* it *in*, please.

さしころす 刺し殺す stab ... to death.

さしさわり 差し障り ―名 (他人の感情を傷つけること) offense (《英》offence) Ⓤ. ―形 (他人の感情を傷つけるような) offensive. (☞ さしつかえ；ししょう；あたりさわり).
¶ *差し障りのあることは言うまい I won't make any *offensive* remarks. // それをすると何か*差し障りがありますか Will it ⌈do [cause] any *harm* if I do that?

さししめす 指し示す point ⌈to [at] ... ¶彼は地図の一点を*指し示した He *pointed* ⌈*at* [*to*] a spot on the map.

さしず 指図 ―名 (指示) directions, instructions；(命令) orders, command Ⓒ [語法] 最初の3語はしばしば上記のように複数形で用いる. また, 後の2語は公的な権威で指図する意味合いで, 前の2語よりも意味が強い. ―動 (指示する) direct ㊎, instruct ㊎；(命令する) order ㊎, command ㊎. (☞ めいれい；しじ²).
¶私の*指図どおりにしなさい Follow my ⌈*directions* [*instructions*；*orders*]. // 私は*指図どおりにしたまでです (⇒ 命令に従っただけだ) I was only obeying an *order*. // 私はいまだれにも*指図を受けていない I am not ⌈taking *orders* [receiving *instructions*] from anyone now.

さしずめ 差し詰め (さしあたり) for the present, for the ⌈time being [moment]；(結局) after all. (☞ さしあたり；けっきょく).

さしせまる 差し迫る ―形 (いまにも起こりそうな) imminent；(切迫した) impending；(緊急の) urgent；(目前に迫って) close at hand. ―動 (近づく) draw near ㊀, approach ㊀. (☞ せっぱく).
¶ *差し迫った危険はないようだ I see no ⌈*imminent* [*impending*] danger now. // 選挙が*差し迫っている The election ⌈*has approached* [*is now close at hand*]. // 締め切りが*差し迫っている The deadline *is* ⌈*drawing near* [*approaching*].

さしだす 差し出す **1** «前へ出す»: (握手などのために手を) hold out ㊎；(手をいっぱいに伸ばす) reach [stretch] out ㊎. ¶彼は立ち上がり, 手を*差し出した He stood up and ⌈*held* [*stretched*] *out* his hand. ★ 握手を求める動作.
2 «提出する»: (正式に渡す) present ㊎；(書類などを) submit ㊎ ★ いずれもやや形式ばった語；(権威ある人に提出する) hand [turn；send] in ㊎. (☞ ていしゅつ；だす). ¶彼は紹介状を私に*差し出した He *presented* a letter of introduction to me.
差出人 (手紙・小包などの) sender Ⓒ, addresser Ⓒ (↔ addressee). (☞ 手紙の書き方 (囲み)).

さしたる (多くの) much；(特別の) special；(重大な) serious [語法] この意味ではどれも否定の語とともに, 否定の表現に用いる. (☞ たいした). ¶前途に*さしたる困難はなさそうだ I see no *serious* ⌈difficulty [difficulties] ahead.

さしつかえ 差しつかえ (困難) difficulty Ⓤ；(害) harm Ⓤ；(障害) obstruction Ⓒ. [語法] 「差しつかえない」という日本語の否定表現は英語では以上の訳語を使わないで, 「よろしい」「都合がよい」というように肯定の表現で表されることが多い. (☞ さしさわり；ししょう).
¶私は*差しつかえありません It's ⌈*all right* [*OK*] with me. // 書類の印刷は少し不鮮明だが, 読むのには*差しつかえない (⇒ 困難はない) The paper is not very clearly printed, but I have *no difficulty* in reading it. // あすうかがっても, *差しつかえありませんか (⇒ よろしいですか) *May* [*Can*] I call on you tomorrow?

さして very, much, greatly [語法] この意味では否定の表現とともに否定の意味で用いる. (☞ さしたる；たいして²).

さしでがましい 差し出がましい ―形 (出しゃばりでなまいきな) impudent；(無礼な) impertinent. ―動 (邪魔をする) interfere (with ...) ㊀；(侵入して邪魔する) intrude ㊀. (☞ でしゃばる；おせっかい).
¶彼はいつも*差し出がましいことを言う He always makes *impertinent* remarks. // *差し出がましいようですが, ここには注意書が必要ではないでしょうか I don't want to ⌈*interfere* [*intrude*；*butt in*], but don't you think you need instructions here?

さしでぐち 差し出口 ―名 uncalled-for [impertinent] remark Ⓒ. ―動 (介入する) interfere (with ...；in ...) ㊀. (☞ くちだし；でしゃばる). ¶彼は関係のないことによく*差し出口をする He often *interferes* ⌈*with* [*in*] matters that are none of his business.

さしとめる 差し止める (禁止する) stop [prohibit] ... (from *doing*), forbid ... (to *do*) ★ 最初の語が口語的；(停止する) suspend ㊎.
¶A 氏が B 氏と契約することは*差し止めなければならない We must *stop* Mr. A *from making* a contract with Mr. B. // 記事は*差し止められた Publication of the article *has been suspended*.

さしのべる 差し伸べる ¶困っている人たちに助けの手を*差し伸べなさい *Give a helping hand* to those in need.

さしはさむ 差し挟む (言葉を) put in (a word) ㊎, cut [break] in ㊀；(口を出して邪魔をする) interrupt ㊎㊀；(異議などを唱える) raise ㊎. (☞ くちだし). ¶彼が話している間, 言葉を*差し挟まないで下さい Please don't ⌈*interrupt* (him) [*cut in*；*break in*] while he is speaking. // 異議を*差し挟むことはできなかった I couldn't *raise* an objection to it.

さしひかえる 差し控える (慎む) refrain [abstain] (from ...) ㊀；(節制する) moderate ㊎. (☞ ひかえる). ¶批評は*差し控えた I ⌈*refrained* [*abstained*] *from* making ⌈a [any] comment. / I ⌈*reserved* [*held back*] my comment(s). // 食べることをできるだけ*差し控えている I'm trying to *moderate* my eating habits.

さしひき 差し引き (総計) total Ⓒ; (差額) the balance. ¶ *差し引き (⇒ 全部で [差額は]) いくらになりますか What's the ˹*total* [*balance*]?

さしひく 差し引く take ˹off [away] ㊝ ★ 最も口語的; (金額・量などを) deduct ㊝. ¶ 必要経費を*差し引いても, まだ100万円は残る Even after we ˹*take off* [*deduct*] (the) necessary expenses, we'll have a million yen left.

さしみ 刺身 *sashimi* Ⓤ; (説明的には) sliced raw fish Ⓤ, slices of raw fish ★ 複数形で. (☞ 日本固有の風物と英語 (囲み); 食事 (囲み)).

さしむかい 差し向かい ―副 (向かい合いで) face to face (with ...). ¶ 私たちはテーブルに*差し向かいに座った We sat *face to face* at the table.

さしむける 差し向ける (派遣する) send ㊝, dispatch ㊝ ★ 前者のほうが口語的.

さしもどす 差し戻す (送り返す) send ... back (to ...); (任せる) refer ... back (to ...) ★ 前者のほうが口語的. ¶ その件は下級裁判所に*差し戻された The case *was* ˹*sent* [*referred*] *back to* the original court.

さしゅ 詐取 ―動 (だまし取る) swindle ㊝, cheat ㊝. ―名 fraud Ⓤ ★ 行為を指す場合はⒸ; swindle Ⓒ. (☞ さぎ¹). ¶ 彼はかなりの額の金を田中氏から*詐取した He ˹*swindled* [*cheated*] Mr. Tanaka *out of* a ˹great deal [large amount] of money.

さしょう¹ 査証 visa [víːzə] Ⓒ (☞ ビザ; 旅行 (囲み)). ¶ 大使館で*査証を受けなくてはならない I must get a *visa* at the embassy.

さしょう² 詐称 ―動 (偽名を用いる) use [assume] ˹a false name [an alias]; (偽る) falsify ㊝. ―名 (虚偽の申し立て) false statement Ⓒ. (☞ ぎめい; いつわる). ¶ 彼は学歴を*詐称した He *falsified* his academic background.

さしょう³ 些少 ¶ *些少ですが私の感謝の気持ちとして (⇒ 私の感謝の小さな印として) お受け下さい Please accept this as a *small* token of my gratitude.

さじょう 砂上 **砂上の楼閣** a house (built) on the sand.

ざしょう 座礁 ―動 go [run] aground, hit ground. ¶ その船は*座礁した The ship ˹*went* [*ran*] *aground*. / The ship *hit ground*.

さしわたし 差し渡し diameter Ⓒ (☞ ちょっけい¹).

さじん 砂塵 cloud of sand Ⓒ; (砂あらし) sandstorm Ⓒ.

さす¹ 差す, 射す **1** «光が» : (輝く) shine ㊀; (入る) come [get] ˹in [into] ... (☞ ひ¹; さしこむ). ¶ この部屋は全然日が*差さない (⇒ 入らない) The sun doesn't ˹*get* [*come*] *into* this room at all. // 雨がやんで日が*差してきた The rain stopped and the sun began to *shine* (on us).

2 «色・気持ちなどがあらわれる» ¶ 東の空にはわずかに赤みが*さしていた The eastern sky *was tinged with* a faint blush of color. // 私は仕事に嫌気が*さしている (⇒ 嫌になってきた) I am getting ˹tired [sick] of my job.

3 «入れる» : put ... in ... ¶ このばらを花瓶に*差して下さい Please *put* these roses *in* the vase. // 自転車に油を*差しなさい *Oil* your bicycle.

4 «傘を» : put up ㊝ (☞ かさ¹). ¶ だれも傘を*差していない Nobody has his umbrella *up*.

さす² 刺す (ナイフなどで) stab ㊝; (とがったもので) pierce ㊝; (虫が) bite ㊝ (過去 bit; 過分 bitten), sting ㊝ (過去・過分 stung); (野球で) throw out ㊝. (☞ つきさす).
¶ 警官は腹部を*刺された The policeman *was stabbed* in the belly. // 蚊に*刺された I *was bitten* by mosquito(e)s. // 肌を*刺すような風 a *piercing* wind // ランナーは2塁で*刺された The runner *was thrown out* at second base. (☞ アウト)

さす³ 指す (指し示す) point (to ...) ㊀; (教室などで) call ˹on [upon] ...; (意味する) mean ㊝; (言及する) refer to ... ★「人」が主語. (☞ しめす).
¶ 針は真北を*指した The needle *pointed* right *to* the north. // 先生はよく私を*指す Our teacher often *calls* ˹*on* [*upon*] me to answer questions. // 彼が「この国」と言ったのは日本のことを*指す He ˹*means* [*refers to*] Japan by saying 'this country.'

さす⁴ 砂州 sandbank Ⓒ; (特に河口や港の入口の浅瀬) sandbar Ⓒ.

さすが (...に期待されるように) as may be expected (of ...); (...でさえも) even.
¶ *さすが専門家だ. 彼は実によく知っている He knows (about) the subject (matter) very well, *as may be expected of* a specialist. // 金を受け取らないとは*さすがに彼だ (⇒ 彼らしい) It's *just like* him to refuse the money. // 難問に*さすがの彼も答えられなかった *Even* he couldn't solve the difficult problem.

さずかる 授かる (与えられる) be given, be granted ★ 後者は形式ばった語.

さずける 授ける (与える) give ㊝, grant ㊝ ★ 後者は形式ばった語; (位・勲章・称号・恩恵などを) confer ㊝. (☞ あたえる; じゅよ).
¶ 王はナイトの位を彼らに*授けた The king *conferred* knighthood on them.

サスペンス suspense Ⓤ. ¶ この探偵小説は*サスペンスに富んでいる This detective story is ˹full of *suspense* [*suspenseful*].

さすらい wandering Ⓤ ★「放浪の旅」の意味では複数形. (☞ ほうろう¹). ¶ 彼は*さすらいの旅に出た He started ˹his *wanderings* [(⇒ 目的のない旅に) on an *aimless journey*].

さする (優しくなでる) stroke ㊝; (こする) rub ㊝. (☞ なでる; こする). ¶ 背中を*さすってあげましょう I'll ˹*rub* [*massage*] your back.

ざせき 座席 seat Ⓒ (☞ せき¹). ¶ 窓側[通路側]の*座席はありますか Do you have ˹a window [an aisle] *seat*?

させつ 左折 ―動 turn left, turn to the left ★ 前者のほうが普通. (☞ ひだり). ¶ 次の信号で*左折して下さい Please *turn* (*to the*) *left* at the next traffic ˹light [signal]. // *左折禁止 No *left turn* // *左折のみ *Left turn* only《☞ 掲示の英語 (囲み)》

ざせつ 挫折 ―[動] (計画が) break down (自), collapse (自) ★ 後者は形式ばった語.
¶ 資金難で彼の計画は*挫折した His plan ˹*broke down* [*collapsed*] owing to financial difficulties. // 彼は失恋して深い*挫折感を味わった He was disappointed in love and felt *a* deep *sense of failure*.

させる (強いて…させる) make (他); (無理に…させる) force (他); (本人の意志のままにさせる) let (他); (依頼して) have (他), get (他). 《☞ 使役 (囲み)》.
¶ 彼にはもう少し勉強*させるべきだ You should *make* him study harder. // 私は部屋の掃除を*させられた I *was* ˹*made* [*forced*] to tidy up the room. // その問題では考え*させられた The problem ˹*set* [*got*] me (to) thinking. // 彼女の好きに*させるつもりだ I'm going to *let* her do as she likes. // 私は靴を直*させるつもりです I'm going to *have* the shoemaker repair my shoes. [語法] この have は「…に…させる」という能動的な使役を表す.

させん 左遷 ―[動] (左遷する·格下げする) relegate (他); (降等する) demote (他) (↔ promote); (説明的に) transfer … to a lower position. ―[名] relegation Ⓤ; demotion Ⓤ. 《☞ かくさげ》. ¶ 彼は(下位の職に)*左遷された He *has been* ˹*relegated* [*demoted*] *to* a lower position.

ざぜん 座禅 meditation in Zen Buddhism Ⓤ.

さぞ (非常に) very; (きっと) surely; (確信する) I'm sure [語法]「さぞ…でしょう」は「とても…に違いない」という意味であると考えて, must を用いるほうがよい場合が多い. ¶ ご両親も*さぞお喜びのことでしょう *I'm sure* your parents are very pleased. // *さぞ盛会だったことでしょう It *must* have been a grand occasion.

さそい 誘い (招き) invitation Ⓤ; (誘惑) temptation Ⓤ. 《☞ まねき; しょうたい¹》.
¶ 私はダンスパーティーへの*誘いを受けた (⇒ 誘われた) I *was invited to* a dance. // 彼の*誘いに乗るなよ Don't give ˹in [way] to *temptation* from him.

さそいこむ 誘い込む lure … into … ¶ 彼らは彼女をその家に*誘い込んだ They *lured* her *into* the house.

さそう 誘う (招待する) invite (他); (人に…してくれと頼む) ask (*a person* to *do*) (他). 《☞ まねく; しょうたい¹; かんゆう》. ¶ 彼は私を音楽会に*誘ってくれた He *invited* me to a concert. // 彼も一緒に来るように*誘うつもりだ I'm going to ˹*invite* [*ask*] him to come with us.

さぞかし (たいへん) very; (きっと) surely; (本当に) indeed; (確信する) I'm sure. 《☞ さぞ》.

さそり 蠍 scorpion Ⓒ. **さそり座**〖天文〗Scorpio [skɔ́ə·piòu], the Scorpion. 《☞ じゅうにきゅう (挿絵)》.

-さた …沙汰 ¶ それはついに刃物*ざたになった (⇒ 血を流す結果になった) It ended in (an *affair* of) bloodshed. // 事件はついに裁判*ざたになった (⇒ 法廷に持ち込まれた) The affair *was* finally *brought to court*.

さだまる 定まる (決定する) be ˹decided [fixed]《☞ きまる; おちつく; さだめる》. ¶ 日が*定まったらお知らせします I'll tell you ˹when [after] the date ˹*is* [*has been*] *fixed*. // この秋は天候が*定まらない (⇒ 変わりやすい) The weather is quite ˹*changeable* [*fickle*] this fall.

さだめ 定め **1**《おきて》: (法律) law Ⓒ; (規定) regulation Ⓒ; (規則) rule Ⓒ. 《☞ きそく; さだめる》. ¶ これは国の*定めです This is a *law* of the ˹state [land].
2《運命》: fate Ⓤ, destiny Ⓤ ★ 後者のほうが重々しい語. 《☞ うんめい》.

さだめし 定めし (きっと) surely, no doubt. 《☞ きっと¹; さぞ》.

さだめる 定める **1**《法規などで規定する》: (法律·条約が) provide (他); (条項として) stipulate (他). 《☞ きてい¹》. ¶ そのことは法律により*定められている It *is* ˹*provided* [*stipulated*] by law.
2《固定させる》: set (他)《☞ ねらい》. ¶ 彼は目標を*定めないで行動する (⇒ 彼の行動は特定の目標に向けられていない) His actions *are directed* ˹*to* [*toward*] no particular goal(s).

ざだんかい 座談会 round-table talk Ⓒ.

さち 幸 **1**《幸福》: happiness Ⓤ; (幸運) (good) luck Ⓤ. 《☞ こうふく¹; さいわい》.
¶ *幸あれとお祈りします I wish you *good luck*.
2《産物》 ¶ 海の*幸, 山の*幸を (⇒ ありとあらゆる美味を) ごちそうになった We were ˹entertained with [served] all sorts of *delicacies*. // 海の*幸 (⇒ 海産物) sea [marine] *products*

ざちょう 座長 **1**《議長》: chairman Ⓒ; (男女差別をしないように) chairperson Ⓒ. 《☞ ぎちょう; 性 (欄外)》.
2《劇団などの長》: the leader of a troupe.

さつ 札《米》bill Ⓒ,《英》(bank) note Ⓒ. 《☞ しへい; 金銭 (囲み)》. ¶ この1万円*札を千円*札10枚に替えて下さい Will you change this 10,000-yen ˹*bill* [*note*] into ten 1,000-yen ˹*bills* [*notes*]?

-さつ …冊 copy Ⓒ《☞ ほん; 数の数え方 (囲み)》. ¶ この本を10*冊 (⇒ 10部) 欲しい I want ten *copies* of this book.

ざつ 雑 ―[形] (粗雑な) coarse; (荒削りの) rough; (雑多の) miscellaneous. ―[名] (雑録) miscellany Ⓤ. 《☞ そざつ; ぞんざい》.
¶ 彼は*雑な人だ (⇒ 粗雑な性格の人だ) He is

さ

a man of *coarse* fiber. // *雑な草案しかできていません I've made only a *rough* draft. // その記事は*雑の項の中にあります You will find the article under the heading (of) "*miscellany.*"

さつい 殺意 murderous intent Ⓤ. ¶彼は*殺意を抱いてその男を待った With *murderous intent*(,) he lay in wait for the man.

さついれ 札入れ wallet Ⓒ, 《米》billfold Ⓒ. 《☞ さいふ (挿絵)》.

さつえい 撮影 ―〔動〕(写真をとる) take a ⌈picture [photograph] (of ...); photograph (他); (映画で) film (他), shoot (他). ―〔名〕photographing Ⓤ; (映画の) shooting Ⓤ. 《☞ しゃしん; 映画 (囲み)》.
¶彼は式典の写真を*撮影した He *took* ⌈*pictures* [*photographs*] *of* the ceremony. / He *photographed* the ceremony. // 映画の*撮影は 10 月に開始です We will start *shooting* the film in October. // *撮影禁止 No ⌈*photographing* [*cameras*] allowed 《☞ 掲示の英語 (囲み)》/ *Cameras* are forbidden in this zone.
撮影所 (映画の) movie [cinema] studio Ⓒ.

ざつえき 雑役 (半端仕事) odd jobs ★ 複数形で; (種々雑多な [パートタイムの] 仕事) miscellaneous [part-time] work Ⓤ.

ざつおん 雑音 noise Ⓒ; (耳障りな音) jar Ⓒ; (電波障害) static Ⓤ; (雷など, 空電による) atmospherics Ⓤ. 《☞ そうおん》. ¶テレビに*雑音が入った The television program was affected by ⌈*noises* [*static*; *atmospherics*].

さっか 作家 writer Ⓒ; (著者) author Ⓒ ★ 女性にも用いる; (小説家) novelist Ⓒ.

ざっか 雑貨 miscellaneous [sundry] goods, sundries ★ 複数形で用いる. **雑貨店** 《米》general store Ⓒ 《☞ 店の呼び名 (囲み)》.

サッカー soccer Ⓤ ★ association football を短縮して -er を付けたもの; 《英》football Ⓤ. 《☞ スポーツ (囲み)》. ¶彼は*サッカーが上手だ He is a good *soccer* player.

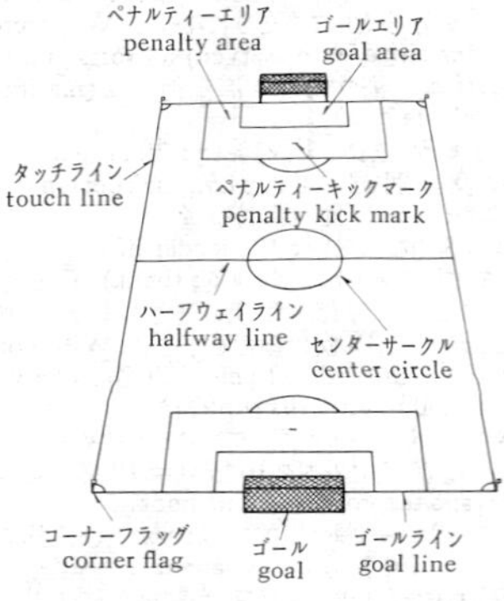

soccer [football] field

さつがい 殺害 ―〔動〕(最も一般的に) kill (他); (人を不法に殺す) murder (他). ―〔名〕murder Ⓤ; killing Ⓤ. 《☞ ころす; さつじん》. ¶彼はその夜*殺害された He *was* ⌈*killed* [*murdered*] that night. // 警察はこれを*殺害事件とみている The police suspect this is a case of *murder*. // *殺害者はその場で逮捕された The *murderer* was caught on the spot.

さっかく 錯覚 (見誤り・勘違い) illusion Ⓤ. ¶これは目の*錯覚にちがいない This must be an optical *illusion*. // 眼を覚ましたとき, 朝だと*錯覚した When I woke up, I was under ⌈an [the] *illusion* that it was morning.

ざつがく 雑学 knowledge of ⌈various [miscellaneous] matters Ⓤ; (幅広い知識) general knowledge Ⓤ.

サッカリン saccharin [sǽkərin] Ⓤ.

ざっかん 雑感 (miscellaneous [scattered]) ⌈impressions [thoughts] ★ 複数形で.

さつき 五月, 皐月 (植物) azalea [əzéiljə] Ⓒ; (五月) May. 《☞ ごがつ》.

さっき[1] (しばらく前) some time ago; (少し前) a little while ago. 《☞ さきほど》.
¶*さっき彼女はここにいました She was here *a* ⌈*little while* [*few minutes*] *ago*. // *さっきから (⇒ しばらくの間 [長いこと]) お待ちしていました I have been waiting for you *for* ⌈*some* [*a long*] *time*.

さっき[2] 殺気 ―〔形〕(血に飢えた) bloodthirsty; (おびやかすような) menacing. ¶暴徒たちは*殺気立っていた The rioters looked ⌈*bloodthirsty* [*menacing*].

さっきゅうに 早急に (直ちに) immediately; (緊急に) urgently. 《☞ ただちに; しきゅう[2]》. ¶*早急に必要な手続きをとりました We followed the required procedure(s) *immediately*. // 書類は*早急に必要です We need the paper *urgently*.

ざっきょ 雑居 ―〔動〕live [dwell] together (自). **雑居ビル** shopping ⌈center [village] complex Ⓒ.

さっきょく 作曲 ―〔動〕(曲を作る) compose (他); (曲を書く) write music. ―〔名〕(musical) composition Ⓤ. 《☞ さくし[1]; 音楽 (囲み)》. **作曲家[者]** (musical) composer Ⓒ.

さっきん 殺菌 ―〔動〕(微生物・細菌などを) sterilize [stérəlàiz] (他); (低温殺菌する) pasteurize [pǽstʃəràiz] (他). ―〔名〕sterilization [stèrəlizéiʃən] Ⓤ; pasteurization Ⓤ. 《☞ しょうどく》. ¶これは低温*殺菌牛乳です This milk *is pasteurized*.

ざっきん 雑菌 various ⌈germs [bacteria; bacilli] ★ 複数形で. 《☞ さいきん[2]; ばいきん》.

サック (眼鏡などのケース) case Ⓒ 《☞ ふくろ》.

ザック (リュックサック) rucksack Ⓒ, knapsack Ⓒ.

ざっくばらん ―〔形〕(卒直な) frank; (正直で公正な) candid; (ずけずけ物を言う) outspoken. ―〔副〕frankly; candidly; outspokenly. 《☞ そっちょく; あけすけ》.
¶彼はまったく*ざっくばらんな人だ He is quite ⌈*frank* [*outspoken*]. // *ざっくばらんに言えば,

私はこの案が気に入らない If I may「speak frankly [speak up; speak my mind freely], I don't like this plan.

ざっこく 雑穀 minor「cereals [grains] ★ 複数形で.

さっこん 昨今 (このごろ) these days; (最近) recently, lately, nowadays. 《☞ このごろ; ちかごろ; さいきん[1]》.

さっさと (速く) quickly; (直ちに) promptly; (急いで) in a hurry, in haste ★ 後者は文語的. 《☞ すぐ; 擬声・擬態語 (囲み)》. ¶ *さっさと仕事を片づけなさい Get your work done *quickly*. // 会が終わったら, 彼は*さっさと帰ってしまった (⇒会が終わるとすぐ) He left「*promptly after* [*as soon as*] the meeting was over.

さっし[1] 察し (理解) understanding Ⓤ; (推察) guess Ⓒ; (判断) judgment (《英》 judgement) Ⓤ. 《☞ さっする》. ¶ 彼女は*察しがよい (⇒理解[のみこみ]が速い) She is *quick to*「*understand* [*catch on*]. // お*察しの通りです (⇒あなたは正しく推測した) You *have guessed* right.

さっし[2] 冊子 (小冊子) booklet Ⓒ; (パンフレット) pamphlet Ⓒ.

サッシ (窓枠) sash Ⓒ 《☞ まど (挿絵)》.

ざっし 雑誌 (一般に) magazine Ⓒ; (特に専門的な) journal Ⓒ; (定期刊行物) periodical Ⓒ [参考] 日本語では雑誌も本の一種と考えられるが, 英語の magazine は book (=単行本) には含まれないことに注意. 《☞ げっかん; しゅうかん[2]; きかん[5]》.

¶ どんな*雑誌を予約購読なさっていますか What「*magazine* [*journal*] are you「taking [subscribing to]? // これはその*雑誌の5月号です This is the May「issue [number] of the *magazine*.

雑誌記事 magazine article Ⓒ **雑誌記者** magazine writer Ⓒ, journalist Ⓒ **雑誌編集者** magazine editor Ⓒ.

ざつじ 雑事 miscellaneous [various; assorted]「affairs [matters] ★ 複数形で.

ざっしゅ 雑種 ―[名] (動植物など, 異種交配による) cross(breed) Ⓒ; (特に犬の) mongrel Ⓒ. ―[形] crossbred; mongrel.

雑種犬 mongrel (dog) Ⓒ.

ざつしゅうにゅう 雑収入 miscellaneous income Ⓒ; (公共団体の) miscellaneous revenue(s). 《☞ しゅうにゅう》.

さっしょう 殺傷 ―[動] (殺したり傷つけたりする) kill and wound ㊀; (血を流す) shed blood. 《☞ ころす; ししょうしゃ》.

ざっしょく 雑食 ―[形] omnivorous.

さっしん 刷新 ―[名] (よい状態へ戻すこと) renovation Ⓤ; (改革) reform Ⓒ; (人事の) reshuffle Ⓒ; (再編成) reorganization Ⓤ. ―[動] renovate ㊀; reform ㊀; reshuffle ㊀; reorganize ㊀. 《☞ かいかく》.

¶ 彼は政界の*刷新を図った He tried to「carry out a political *reform* [*renovate* the political world]. // 人事の*刷新をしました We had a personnel *reshuffle*. / We *reorganized* our staff.

さつじん 殺人 (計画的な殺人・謀殺) murder Ⓤ ★「殺人事件」の意味では Ⓒ; (故殺) manslaughter Ⓤ; (謀殺と故殺を含む) homicide Ⓤ. 《☞ ころす; さつがい》.

¶ 彼は*殺人の容疑を受けている He is suspected of (having committed) *murder*.

殺人事件 murder (case) Ⓒ, case of murder Ⓒ **殺人犯人** murderer Ⓒ **殺人未遂** attempted murder Ⓤ.

さっする 察する (推測する) 《米口語》 guess ㊀; (…だろうと思う) suppose ㊀; (推定する) presume ㊀; (…から…と推測する) infer ㊀ ★ やや改まった語; (…から…と了解する) gather ㊀; (想像する) imagine ㊀; (同情する) sympathize (with …) ㊂. 《☞ すいさつ; そうぞう[1]; 推量の表現 (囲み)》.

¶ *察するところ彼らは勉強したくないのだ I「*suppose* [*presume*; *guess*] they don't want to study. // 彼が語ったことから*察すると, お金に困っているようだ As I've「*gathered* [*inferred*] from what he told me, he is in need of money. // 彼の悲しみを*察すると, どうしてよいかわからない When I *imagine* how grieved he must be, I'm at a loss (as to what I should do). // 彼の胸中を*察して, 慰めるために手紙を書いた I「*felt for* [*sympathized with*] him and wrote a letter to cheer him (up).

ざつぜん 雑然 ―[副] (乱雑に) in「disorder [confusion]. ―[名] (乱雑) confusion Ⓤ, disorder Ⓤ, mess Ⓤ ★ しばしば a を付ける. 最も口語的な語. 《☞ らんざつ》. ¶ ノートが机の上に*雑然と積んであった Notebooks were piled up *in*「*confusion* [*disorder*] on the desk. // 部屋は*雑然としていた The room was in「a *mess* [*disorder*].

ざっそう 雑草 ―[名] weed Ⓒ. ―[動] (雑草をとる) weed ㊀. 《☞ くさ》. ¶ 庭には*雑草がはびこっていた The garden was「overgrown [overrun] with *weeds*. // 庭の*雑草をとらなくてはならない I must *weed* the garden.

さっそうと 颯爽と (スタイルよく) smartly; (足取りも軽く) with light steps. ¶ 青年は新しいスーツに*さっそうと身を包んでいた The youth was *smartly* dressed in a new suit.

さっそく 早速 (直ちに) immediately, at once ★ 後者のほうが口語的; (すばやく) promptly; 《米口語》 right「away [off]. 《☞ すぐ; ただちに; さっきゅうに》. ¶ *早速パーティーの手配をいたします I'll arrange (for) the party「*promptly* [*right away*; *right off*]. // 彼は*早速, 仕事にかかった He got (down) to work「*at once* [*immediately*].

ざった 雑多 ―[形] (種々の) various, sundry ★ 形式ばった語; (寄せ集めの) miscellaneous. ―[名] (雑品) sundries ★ 複数形で. 《☞ しゅじゅ》. ¶ そこには*雑多な人々が集まっていた There were「*all* [*various*] *sorts of* people gathered there.

さつたば 札束 sheaf [bundle] of「(bank) notes [bills] Ⓒ.

ざつだん 雑談 ―[名] (たわいない会話) idle [small] talk Ⓤ; (気楽なおしゃべり) 《口語》

さ

chat Ⓒ; (他人の私事などについてのうわさ話) gossip Ⓒ. ―動 chat ⓐ; gossip ⓐ.
¶私たちは2時間も*雑談してしまった We spent two hours「*gossiping* [*in small talk*; 「*in* [*on*] *idle talk*]. ∥ 彼らはすぐに*雑談を始めた Soon they got into a *chat*.

さっち 察知 ―動 (かぎつける) sense ⓗ, get wind of ... ★ 後者は口語的. (☞ かんづく).
¶敵は我々の計画を*察知したらしい The enemy seems to *have gotten wind of* our plan.

さっちゅうざい 殺虫剤 insecticide Ⓒ.

さっと (すばやく) quickly; (すばしこく) nimbly; (急に) suddenly. ¶ドアが*さっと開いて女の子が入ってきた The door「opened *suddenly* [*flung open*] and a girl came in. ∥ 彼は*さっと身をかわした He「stepped aside [got out of the way] *nimbly*.

ざっと **1** «ぞんざいに»: (簡単に) briefly.
¶彼は新聞に*ざっと目を通した He「*glanced* [(⇒ざっと読んだ) *skimmed*] over the newspaper. ∥ *ざっと問題の大筋だけを言って下さい Tell me *briefly* the main points of the problem.
2 «大体»: (おおよそ) about, roughly, approximately ★ 最後の語はやや改まった語; (ほとんど) almost. (☞ おおざっぱ; やく³). ¶費用は*ざっと30万円ぐらいになろう The cost will be「*roughly* [*about*] 300,000 yen. ∥ *ざっと2千人ばかり集まっている *About* [*Almost*] two thousand people have gathered.

さっとう 殺到 ―動 (大挙して入ってくる) rush [pour] in ⓐ; (ある所に押しかける) rush [throng] (to ...) ⓐ; (...をめがけて) rush (for ...) ⓐ; (あらしのように襲う) storm ⓗ. ―名 rush Ⓒ. (☞ おしかける; おしよせる).
¶人々はドアへ*殺到した People「*made a rush* [*rushed*] *for* the door. ∥ 注文が*殺到している Orders *have poured in*. ∥ 少女たちはサインを求めて彼のところに*殺到した Girls *stormed* him for his autograph.

ざっとう 雑踏 ―名 (人ごみ) crowd Ⓒ 語法 群衆を一団と考えるときは単数扱い, 一人一人を別々に考えるときは複数扱い; (大群衆) throng Ⓒ. ―形 (混み合った) crowded. (☞ ひとごみ; こんざつ). ¶通りは人々で*雑踏していた The street *was*「*crowded* [*thronged*] *with* people.

ざつねん 雑念 (あること以外の考え) other thoughts; (世俗心) worldly thoughts ★ 以上はいずれも複数形で. ¶彼は*雑念を去って研究に専心した He devoted himself to research, dismissing「*all the other* [*worldly*] *thoughts*.

ざっぱく 雑駁 ―形 (統一のない) inconsistent; (首尾一貫しない) incoherent [ìnkouhí(ə)rənt]; (知識などが雑で寄せ集めの) patchy. ¶*雑駁な知識 a *patchy* knowledge

さつばつ 殺伐 ―形 (血なまぐさい) bloody; (乱暴な) violent; (無法な) wild. (☞ ちなまぐさい; むざん). ¶暴動などが多く, *殺伐とした時代であった It was a *bloody* age with many riots and other disturbances.

さっぱり **1** «さわやかな» ―形 (清潔な) clean; (きちんとした) neat; (あっさりした性格の) frank; (心の広い) open-minded; (あっさりした味の) plain, simple; (気分が爽快になって) refreshed. (☞ こざっぱり; 擬声・擬態語 (囲み)).
¶子供は*さっぱりした服を着ていた The child was「*neatly* dressed [dressed in *clean* clothes]. ∥ 彼は*さっぱりした人なので, そんなことは気にかけまい He's *open-minded*, so he wouldn't mind such trifles. ∥ *さっぱりした味が好きです I like「*plain* [*simple*] seasoning. (☞ 味 (囲み)) ∥ シャワーを浴びて*さっぱりした (⇒気分が爽快になった) I feel *refreshed* after a shower.
2 «まったく» ―副 (全然...でない) not ... at all. ―形 (これっぱかりも...ない) not the slightest ★ 以上いずれも否定語を伴って用いる. (☞ ぜんぜん).
¶数学は*さっぱりわからない I *can't* understand mathematics *at all*. ∥ 彼の考えていることは*さっぱりわからなかった I could*n't* get even *the slightest* idea of what he was thinking. ∥ 景気は*さっぱりだ (⇒低調だ) The market [Business] is very「*slow* [*inactive*].

ざっぴ 雑費 (雑多な費用) miscellaneous expenses; (予期しない出費) incidental expenses ★ 以上いずれも複数形で.

さつびら 札びら ¶彼はいたる所で*札びらを切った (⇒金を浪費した [無謀に使った]) He「*squandered his money* [*spent his money recklessly*] everywhere (he went).

さっぷうけい 殺風景 ―形 (魅力のない) dull; (荒涼とした) bleak. ¶何て*殺風景な景色だろう What a *dull* view!

ざつぶん 雑文 miscellaneous writings ★ 複数形で.

さつまいも 薩摩芋 sweet potato Ⓒ.

ざつむ 雑務 (半端な仕事) odd jobs; (つまらぬこと) small [trifling] things ★ 以上いずれも複数形で. ¶毎日, *雑務に追われている I'm kept busy with「*odd jobs* [*small things*; *trifling things*] every day.

ざつよう 雑用 (家事などの) 《米》 (domestic [household]) chore Ⓒ (☞ ざつむ; ざつじ).

さつりく 殺戮 ―名 (人を無残に殺すこと) slaughter [slɔ́:tə] Ⓤ; (人種・国民皆殺しなど大量殺りく) genocide Ⓤ; (大量虐殺) massacre [mǽsəkə] Ⓒ. ―動 massacre ⓗ; slaughter ⓗ. (☞ ぎゃくさつ (類義語)).

さて now, well 語法 いずれも間投詞で, 話題を変えたり, 要求や勧誘などを表すときに用いる. (☞ さあ; では). ¶*さて, どうしよう *Now* what shall we do? ∥ *さて, お話をうかがってみましょう *Well* [*Now*], let me hear the story.

さてい 査定 ―名 (財産・税額・罰金・損害などの算出) assessment Ⓤ. ―動 assess [əsés] ⓗ. (☞ ひょうか). ¶彼の収入は年500万円と*査定された His income *was assessed at* 5,000,000 yen a year. **査定価格** assessed value Ⓤ.

さておき ¶何は*さておき (⇒ 何よりも先に) まず両親に会いたい I want to see my parents ｢*before everything else* [*first of all*]. // さて, 冗談は*さておき (⇒ 別にして) 本題に戻りましょう Now, joking *aside,* let's return to our topic of discussion. // この問題は*さておき (⇒ ひとまず別にして) 一番重要なものを考えましょう Let's take up the most important problem, *setting* this one ｢*aside* [*apart*] *for the moment.*

さてつ 砂鉄 iron sand Ⓤ.

さては (それでは) then; (きっと) surely, certainly 【語法】 普通, 日本語の「さては」に当たる英語の語句を置き替えるのではなく, 内容をくんで訳すようにしなくてはならない. ¶ *さては彼女は逃げたな (⇒ 逃げたに違いない) She *must have run away.* // *さてはきのう来たのは君だったのか *Oh,* was it you (who) came to see me yesterday?

さと 里 **1** «人家のあるところ»: (村) village Ⓒ; (町) town Ⓒ 【参考】 日本語のこの意味の「里」にぴったりする英語表現はない.
2 «実家・生家»: *one's* ｢parents' [old] home. ¶妻は2, 3日*里に帰っている My wife is staying at *her parents' home* for a few days.
里親 foster parent Ⓒ **里子** foster child Ⓒ ★受け入れた側からの表現; child put out to nurse Ⓒ ★送り出した側からの表現. **里心** homesickness Ⓤ.

さとい (賢い) smart《☞ かしこい; ぬけめ》.

さといも 里芋 taro Ⓒ.

さとう¹ 砂糖 sugar Ⓤ《☞ 量の表し方 (囲み); 数の数え方 (囲み)》.
¶コーヒーに*砂糖を入れますか Would you like (to have) *sugar* in your coffee? // コーヒーに*砂糖は幾つ入れますか How many *sugars* in your coffee? 【語法】 スプーン一杯の砂糖や角砂糖1個を表す場合には Ⓒ としても用いられる. // 角*砂糖 a ｢lump [cube] of *sugar* // 黒[白]*砂糖 raw [refined] *sugar*
砂糖きび sugarcane Ⓒ **砂糖大根** sugar beet Ⓒ.

さとう² 左党 (酒好きの人) drinker Ⓒ, 《俗語》 drunk Ⓒ. 《☞ さけ¹》.

さどう¹ 作動 ―動 (動く・回る) work (自), run (自), operate (自) ★初めの2つが最も口語的. 《☞ うごく》. ¶機械は*作動していますか *Is the machine* ｢*working* [*running*; *operating*]? // 彼はエンジンを*作動させた He *started* the engine.

さどう² 茶道 the tea ceremony《☞ ちゃ; 日本固有の風物と英語 (囲み)》.

さとがえり 里帰り ―動 (re)visit *one's* ｢old [family] home after (*one's*) marriage 【参考】 英米ではこのような決まった習慣がないので説明的な訳しかできない.

さとす 諭す (優しく注意する) admonish (他) ★やや文語的; (助言する) advise (他); (説得する) persuade (他). ¶彼は父親に*諭されて学校を続けることにした He *has been persuaded* by his father to ｢keep attending [continue in] school.

さとり 悟り (宗教的に何かを会得すること) spiritual enlightenment Ⓤ. ¶彼が*悟りを開いたのはその時です It was then that he ｢attained *spiritual enlightenment* [*was spiritually awakened*].

さとる 悟る **1** «知る»: (認識する) realize (他); (気がつく) become aware of ...; (わかる) find (他); (危険などを感づく) sense (他). 《☞ さっち; きづく》.
¶私は事の深刻さをすぐに*悟った I soon ｢*realized* [*became aware of*] the seriousness of the matter. // 私はだまされていたことを*悟った I *found* that I had been deceived. // 彼は危険を*悟って, すぐにその場を立ち去った He *sensed* (the) danger and left the place at once.
2 «悟りを開く»: attain spiritual enlightenment.

サドル saddle Ⓒ《☞ じてんしゃ (挿絵)》.

さなか 最中 in the ｢midst [middle] of ... 《☞ さいちゅう》.

さながら (...のように) exactly [just] like..., as if ... 【語法】 as if は動詞に仮定法を用いる. 《☞ まるで; あたかも》. ¶雨が降って寒く, 気候は*さながら真冬のようだった It was cold and rainy(,) *as if it were* in the middle of winter.

さなぎ 蛹 (蝶・蛾などの) chrysalis [krísəlis] Ⓒ《複 chrysalides [krisǽlədìːz], ～es》; (昆虫の) pupa [pjúːpə] Ⓒ《複 pupae [pjúːpiː]》. 《☞ ちょう¹ (挿絵)》.

サナトリウム sanatorium Ⓒ, 《米》 sanitarium Ⓒ.

さは 左派 (集合的に) the left (wing); (個人) leftist Ⓒ; (ある党の) the left faction ★集合的に用いる. 《☞ さよく; 政治・経済 (囲み)》.

さば 鯖 mackerel Ⓒ《複 ～(s)》. **さばを読む** ¶彼女は自分の年をいつも少し*さばを読んで (⇒ 少なめに) いう She always *understates* her (true) age.

さばき 裁き judgment (《英》 judgement) Ⓤ; (一般的な意味での決定) decision Ⓤ. 《☞ はんけつ》. ¶その件にはすでに*裁きが下された *Judgment* [*Decision*] has already been passed on the matter.

さばく¹ 裁く, 捌く **1** «裁判・裁定する»: judge (他); (判決を下す) pass judgment on ...; (決定を下す) decide (他). 《☞ さいばん》.
¶だれが彼を*裁くことができようか Who can ｢*judge* [*pass judgment on*] him?
2 «処理する»: (問題を解決する) settle (他); (問題を扱う) deal with ...; (巧みに扱う) handle (他). 《☞ しょり》.
¶彼女は多くの難問題をうまく*さばいてきた She *has* ｢*settled* [*dealt with*; *handled*] many difficult problems successfully. // 次々に注文がきて*さばき切れない (⇒ 注文が多すぎて需要に応じられない) We have had so many orders that we cannot *meet the demands.*
3 «売る»: sell (他)《過去・過分 sold》.
¶入荷した商品はその日のうちに*さばいた (⇒ 売

り切れた) The goods which arrived *were* all *sold out* before the day was over.

さばく² 砂漠 desert Ⓤ ★具体的な意味では Ⓒ. ¶サハラ*砂漠は世界最大の*砂漠です The Sahara (*Desert*) is the largest *desert* in the world. 《☞冠詞(欄外)》

さばけた 捌けた **—**形 (人づきあいのよい) sociable; (心の広い) open-minded.

さばける 捌ける (売れる) be sold 《☞さばく¹》. ¶最新流行のドレスは皆たちまちのうちに*さばけた The dresses ⌈in [of] the latest fashion *were* (all) *sold* (*out*) at once. 語法 out をつけると「売り切れ」という意味がはっきり表される.

さばさば **1** «気分がよい» **—**動 (新鮮な気持ちになる) feel refreshed; (ほっと安心する) feel relieved. 《☞さっぱり; 擬声・擬態語(囲み)》. ¶シャワーを浴びて*さばさばした I *feel very refreshed* after (taking) a shower. // 宿題を片づけて, やっと*さばさばした I *feel relieved* after doing my homework.

2 «性格などが» **—**形 (率直な) frank; (心が広い) open-minded. 《☞さっぱり》.

さはんじ 茶飯事 everyday ⌈occurrence [affair] Ⓒ 《☞にちじょう》.

さび¹ 錆 (鉄などの) rust Ⓤ; (金属表面などが空気にさらされてできるくもり) tarnish Ⓤ. 《☞さびる; さびつく》.

¶鉄格子は*さびでまっ赤だ The iron lattice is red with *rust*. // 包丁の*さびを落としたい I want to ⌈remove the *rust* from [get the *rust* off; rub off the *rust* from] the knife. // 身から出た*さびだ (⇒私自身の過ちだ) It is all my own fault. // それは身から出た*さびだ (⇒自分のまいた種は自分で刈りとらねばならない) You have to reap what you have sown.

さび² 寂 (落ち着いた静けさ) tranquil(l)ity Ⓤ; (高尚な穏やかさ) serenity Ⓤ 参考 日本語の「さび」にぴったりする英語表現はない. 《☞日本語と英語(欄外)》.

さびしい 寂しい, 淋しい **—**形 (寂しい) lonely, lonesome; forlorn; deserted.

【類義語】友達や家族から離れた寂しさには ***lonely, lonesome*** を用いる. 特に人恋しい寂しさの気持ちを表すには ***lonesome*** を用いる. 人のあまりいないという意味では ***lonely*** は場所にも用いられる. 人ごみの中でひとり取り残されたような寂しさを表す文語的な語が ***forlorn***. 通りなど人通りのない寂しさには ***deserted*** を用いる.

¶私はひとりぼっちで*寂しい I am alone and *lonely*. // *寂しいところにひとりで行ってはいけません Don't go alone to a ⌈*lonely* [*deserted*] place. // 夫の死後, 彼女は*寂しい暮らしをしている Since her husband's death, she has been leading a *lonely* life. // このあたりは日が暮れると*寂しくなる The neighborhood is *deserted* after dark.

さびつく 錆び付く (さびる) rust ⓐ; (さびて動かなくなる) be ⌈fastened [stuck] with rust. 《☞さび¹; さびる》.

さびどめ 錆止め anticorrosive Ⓒ, rust preventive Ⓒ. ¶このはさみは*さび止めがしてあります This pair of scissors has been treated with an *anticorrosive*.

ざひょう 座標 〖数学〗 coordinate [kouɔ́ədənət] Ⓒ. **座標軸** coordinate axis Ⓒ.

さびる 錆びる rust ⓐ, get [become] rusty, gather rust. 《☞さび¹; さびつく》. ¶手すりがすっかり*さびてしまった The railing *has* completely ⌈*rusted* [*gotten rusty*; *become rusty*; *gathered rust*].

さびれる 寂れる (衰える) decline ⓐ; (落ちめになる) 《口語》 go downhill. ¶この村は*寂れて行く This village *is declining*. / (⇒人口が減っている) This village *is losing population*.

サファイア sapphire [sǽfaiə] Ⓒ 《☞たんじょうせき(表)》.

ざぶざぶ (水をはねかせて) with a splash, splashingly. 《☞擬声・擬態語(囲み)》.

¶子供たちは*ざぶざぶと海へ入って行った The children [Children] *splashed* into the seawater. // 彼らは*ざぶざぶと川を渡った They crossed the river, *splashing water about*.

ざぶとん 座布団 (Japanese) cushion Ⓒ 参考 日本の座布団は主としてその上に座るものだが, cushion は尻の下に敷くほかに, 背中にあてたり, その上にひざまづいたりするのに使う; (いすの上に敷く) chair pad Ⓒ.

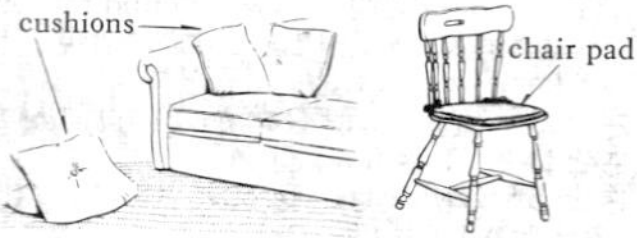

サフラン saffron Ⓒ; (ハナサフラン・クロッカス) crocus Ⓒ.

ざぶり ¶彼は*ざぶりと (⇒たくさんの) 水をかぶった He poured *a lot of* water over himself. 《☞ざぶん; 擬声・擬態語(囲み)》

ざぶん (水をはねる音を立てて) with a splash 《☞擬声・擬態語(囲み)》. ¶彼は*ざぶんとプールに飛び込んだ He ⌈*jumped* [*plunged*] into the pool. 語法 このように, 必ずしも日本語の「ざぶん」に直接対応する語句を使わない場合もあることに注意. // そのとたん私は川に*ざぶんと落ちてしまった At that moment, I fell into the river *with a splash*.

さべつ 差別 **—**動 (差別待遇をする) discriminate (against ...; in favor of ...) ⓐ ★ⓣの用法もある. 次の語の代わりにも使える; (特に人種間で) segregate ⓣ. **—**名 discrimination Ⓤ; segregation Ⓤ.

¶女性を*差別してはならない Don't *discriminate against* women. // アメリカでは黒人は*差別されていた In the United States black people used *to be* ⌈*discriminated against* [*segregated*]. // 性による*差別は法律により禁止されている *Sex discrimination* [*Sexism*] is prohibited by law. 語法 sexism は通俗的な言い方. // 人種*差別は憲法違反である *Racial discrimination* [*Racism*] is unconstitutional. 語法 racism は通俗的な言い方. // 彼は人種*差別主義者だ He is a *racist*.

// *差別語はいかなる場合にも決して使ってはならない *Discriminatory* [*Discriminative*] words should be used on no occasion.

さほう 作法 (行儀) manners ★ 複数形で; (エチケット) etiquette Ⓤ.

【類義語】社会習慣としての一般的な行儀作法には ***manners,*** 社交上の決まりには ***etiquette*** を用いる. (☞ ぎょうぎ; れいぎ)

¶ 彼女はよい*作法を身につけている She has good *manners.* // あの人は*作法を知らない That person ⌈has no *manners* [knows no *etiquette*].

サボタージュ (怠業) ((米)) slowdown Ⓒ, ((英)) go-slow Ⓒ; (妨害) sabotage [sǽbətɑ̀ːʒ] Ⓤ [語法] 英語の sabotage は機械や製品を破壊したりする妨害行為を指し, 日本語のように仕事を怠けるという意味はない. (☞ サボる).

サボテン cactus Ⓒ ((複 cacti [kǽktai], ~es)).

さほど (not) ⌈so [very] [語法] not を伴って「さほど…ではない」「あまり…ではない」という日本語に当たる表現となる. 過去分詞の前では not ⌈so [very] much となる; (特別に…ではない) not particularly … (☞ そんなに).

¶ 彼は*さほど有名ではない He is *not* ⌈*so* [*very*] famous. // 彼女は*さほどの (⇒ たいした) 学者ではない She is *not much of* a scholar. // 私はこの出来事に*さほど興味を持っていない I am *not* ⌈*so much* [*very much*; *particularly*] interested in this event.

サボる (学校をずる休みする) ((口語)) be truant, ((米)) play hook(e)y; (仕事を怠けて熱心にしない) be lazy at *one's* work; (授業を) cut (class(es)). (☞ なまける).

¶ 彼はきのう学校を*サボった He ⌈*played hooky* [*was truant*] yesterday. // 彼はいつも仕事を*サボっている He *is* always *lazy at his work.* // 午後の2クラスは*サボろう I'm going to *cut* two classes this afternoon.

ザボン 〖植物〗shaddock Ⓒ.

-さま …様 (男) Mr.; (未婚女性) Miss; (既婚女性) Mrs.; (未婚・既婚の別なく女性) Ms. [mìz] ★ 用法上の注意などは ☞ -さん[1].

ざま ¶ 何という*ざまだ (⇒ 何と情けない) *What a shame!* ★ 相手に向かって用いる口語的表現. // *ざまをみろ (⇒ 君には当然の報いだ) *It serves* [*Serves*] *you right.* / (⇒ だからそう言ったでしょう) *I told you so!*

さまざま *様様* —形 *(数多くのいろいろな)* various; (あらゆる種類の) all ⌈kinds [sorts] of … ★ 特に種類を強調して用いる; (いろいろ異なった) different. (☞ いろいろ; しゅじゅ).

さます 冷ます, 覚ます, 醒ます **1** 《冷やす》: cool ㊎ ㊐ (☞ ひやす; さめる). ¶ 熱くて飲めません. すこし*冷ましましょう It's too hot to drink. Let's *cool* it a bit. // 熱を*冷ます薬がほしい I want some medicine to *bring down* ⌈the [my] fever.

2 《感情・興味をそぐ》: (楽しみなどを損なう) spoil ㊎; (気力などをくじく) dampen ㊎; (水をさす) put [cast] a damper on …

¶ 彼の言葉が私たちの興を*さましてしまった His words *spoiled* our pleasure. // 小さな失敗が彼らの熱意を*さましてしまった A small failure (of theirs) ⌈*dampened* [*put a damper on*] their enthusiasm.

3 《意識を取り戻す》: (目を覚ます) wake up ㊐ ㊎, awake ㊐ ㊎ ★ 前者のほうが口語的. awake は比喩的にあることに気づかせるという意味にも用いられる; (酔いからさます) sober ㊎; (迷いから) awaken ㊎. (☞ さめる; おこす[1]).

¶ 屋根に降る雨の音で目を*覚ました I *woke up* at the sound of raindrops on the roof. // 彼は酔いを*さまそうとした He tried to *sober* himself. // 父の死が私の迷いを*さました My father's death ⌈*awakened* me [(⇒ 私を正気に戻した) *brought* me *to my senses*].

さまたげ 妨げ (通行の) obstruction Ⓒ; (計画や実行の) hindrance Ⓒ. (☞ じゃま).

¶ 放置した自転車は通行の*妨げになる Unattended bicycles are an *obstruction to* traffic.

さまたげる 妨げる (人の仕事などを邪魔する) disturb ㊎; (障害物で道や視界などをさえぎる) obstruct ㊎; (人やものを締め出す) bar ㊎; (…できないようにする) prevent ㊎; (計画や行動をはばむ) hinder ㊎. (☞ じゃま (類義語); はばむ; ぼうがい).

¶ その騒音が私の眠りを*妨げた The noise *disturbed* my sleep. // 落石が通行を*妨げていた Fallen rocks ⌈*obstructed* [*barred*] the way. // 我々の計画を*妨げているものがあと1つある There is one more thing that ⌈*hinders* [*is hindering*] our plan.

さまよう さ迷う (あてもなく歩き回る) wander ㊐, roam ㊐ ★ ほぼ同意だが, roam にはそうすることが気ままな楽しみという感じがある. (☞ あるきまわる). ¶ その森をよく*さまよい歩いたものだ I used to ⌈*wander* [*roam*] about in the forest.

さみしい 寂しい, 淋しい ☞ さびしい.

さみだれ 五月雨 early summer rain Ⓒ [参考] この英語には日本語の「五月雨」のような語感はない.

さむい 寒い cold; chilly; freezing.

【類義語】最も一般的な語は ***cold*** で, very などの副詞を付ければ以下の語の代わりにも用いられる. 肌寒い不快な寒さは ***chilly.*** 程度の一番強い凍るような寒さは ***freezing.*** なお, *freezing* を副詞のように扱って *freezing* cold として用いることが多い. (☞ さむさ; 天候の表現 (囲み); *It* の用法 (欄外))

¶「きょうは*寒い. 君は*寒くないの」「それほどでもないね」"It's *cold* today. Aren't you *cold?*" "No, not very (much)." // こう*寒くては我慢できない I cannot stand this *cold* (weather). // *寒くないようにセーターを着なさい (⇒ 暖かくするように) Put on a sweater *to keep yourself warm.* // 私は*寒い部屋で震えていた I was shivering in ⌈the [a] *chilly* room. // 外は身を切るような北風が吹いていてとても*寒い It is *freezing* (*cold*) outside from ⌈the [an] icy north wind. // いまはふところが*寒いんだ (⇒ 財布が軽い) I *have a light purse* now.

さむけ 寒気 a chill ★ a を付けて; (発作的

な寒気) cold fit Ⓒ. 《☞ 病気・病院 (囲み)》. ¶ *寒気がする I have *a* ˹*chill* [*cold fit*]. ∥ 考えただけで*寒気がする (⇒ そのことを考えただけで体が震える) The mere thought of it makes me *shudder*. / (⇒ そのことを考えると背中が寒くなる) The thought sends *a chill* down my ˹back [spine]. 《☞ ぞっと》

さむさ 寒さ cold Ⓤ ★ しばしば the を付けて; (天候) cold weather Ⓤ [語法] 普通は無冠詞だが, 特定の天候をいうときは the が付く. 《☞ さむい; さむぞら》.

¶ きょうは*寒さが厳しい (⇒ ひどく寒い) It is ˹very [intensely] *cold* today. [語法] 日本語で「寒さ」と名詞が用いられていても, 英語では形容詞を用いることが多い点に注意. ∥ 彼らは*寒さをしのぐために寄り添って座った They sat huddled together to protect themselves from *the cold*. ∥ この*寒さには我慢できない I can't stand this *cold weather*. ∥ ここの冬の*寒さは大したことはない (⇒ ここでは冬は穏やかだ) The winter is *mild* here. [語法] 冬が暖かいことには warm は使わない.

さむざむ 寒寒 ―形 (冬を思わせるように寒寒とした・荒涼とした) wintry; (荒れて心を暗くするような) bleak; (ものさびしい) dreary. ¶ それは*寒々とした冬の夕方だった It was a *dreary* winter evening.

さむぞら 寒空 (寒い天気) cold weather Ⓤ. ¶ この*寒空に彼はまだ町をうろついているのだろうか I wonder if he is still wandering around town in this *cold weather*.

さむらい 侍 samurai [sǽm(j)ʊràɪ] Ⓒ ★単複同形; 《文語》 warrior Ⓒ. 《☞ 日本固有の風物と英語 (囲み)》.

さめ 鮫 shark Ⓒ. **さめ肌** rough skin Ⓒ.

さめざめ ¶ *さめざめと泣く cry *bitterly* 《☞ なく[1]; 擬声・擬態語 (囲み)》

さめる 冷める, 覚める, 醒める, 褪める **1** 《冷える》: (熱さ・熱情などが) cool ⓐ ★ 熱情や怒りには cool ˹down [off] としても用いる; (物の温度が) get cold. 《☞ ひえる; さます》.

¶ 料理が*冷めてしまった The dishes *have gotten cold*. ∥ スープが*冷めないように (⇒ 暖かくしておくために) なべをストーブの上にのせておいた I've put the pan on the stove to *keep* the soup *hot*. ∥ 彼らの熱意は*冷めるかもしれない Their enthusiasm may *cool* (*down*).

2 《意識が戻る》: (目が覚める) wake (up) ⓐ, awake ⓐ ★ 前者のほうが口語的. awake は比喩的に「あることに気づく」という意味にも用いられる; (迷いがさめる) come to *one's* senses; (酔いが) sober up ⓐ, become sober. 《☞ めざめる; さます》.

¶ 10時に目が*覚めた I *woke* (*up*) at ten (o'clock). ∥ 彼女は目の*さめるような赤のコートを着ていた She was dressed in a *bright* red coat. ∥ 彼の忠告で私の迷いが*さめた His advice *brought* me *to my senses*. ∥ 酔いが*さめたら話をしよう Let's talk when you've ˹*sobered up* [*become sober*].

3 《色が褪める》: (だんだんと) fade (away) ⓐ; (すっかり) go out ⓐ ★ 以上は「色」が主語; (色が消える) lose *one's* color, discolor ⓐ ★ 以上は「物」が主語. 《☞ あせる[2]》.

¶ この色は*さめやすい This color ˹*fades* (*away*) [*goes out*] easily. ∥ 屋根の色が*さめてしまった The roof *has* ˹*lost its color* [*discolored*]. ∥ この青は洗っても*さめませんか (⇒ 洗濯に耐えるか) Does this blue ˹*stand washing* [*hold fast*]? ∥ これは*さめない色です This is a ˹*fast* [*lasting*] color.

さも ―副 (とても) very, quite. 《☞ いかにも》. ¶ 彼らは*さも幸せそうだった They looked ˹*very* [*quite*] happy. ∥ 彼は*さも満足げに自分の作品を見た He looked at his own work ˹with a *great* satisfaction [being *quite* satisfied].

さもしい (卑しい) mean, base ★ 後者のほうが意味が強い; (軽蔑に値する) contemptible. ¶ 私はそんな*さもしい根性はしていない I don't possess such a ˹*mean* [*base*] mind.

さもないと otherwise, or (else), if not ★ ほぼ同意で入れ替えて用いられるが, 口語では前の2つが多く用いられる.

¶ 急ぎなさい. *さもないと学校に遅れますよ Hurry up, *or* you will be late for school. ∥ きっと来て下さい. *さもないとあなたの分はほかの人に取られてしまいますよ Be sure to come. *Otherwise*, [*If not*; *Or*] some other person may get your share.

さもん 査問 ―名 (調査) inquiry Ⓒ; (審理) inquisition Ⓤ ★ 法律用語. ―動 (問いただす) interrogate ⓣ. ¶ 贈賄事件に関し, *査問が行われる An *inquiry* ˹*into* [*on*] the bribery case is to be held. ∥ 彼らは委員会の*査問を受けた They *were interrogated* by the committee.

さや[1] 莢 (豆の) pod Ⓒ, shell Ⓒ ★ 固くなったものには shell を用いる. **さやいんげん** kidney [French] bean Ⓒ **さやえんどう** garden [field] pea Ⓒ.

さや[2] 鞘 (刃物・道具の) sheath Ⓒ; (刀の) scabbard Ⓒ.

さゆ 白湯 (plain) hot water Ⓤ 《☞ ゆ》.

さゆう 左右 **1** 《左と右》: right and left ★ 英語では日本語と語順が逆になることに注意. ¶ *左右を見てから道を渡りなさい Look ˹*right and left* [*both ways*] before you cross the street. ∥ 彼は*左右を (⇒ 辺りを) 見回した He looked *around*. ∥ 道の*左右 (⇒ 両側) に美しい家が並んでいた There were beautiful houses on ˹*either* side [*both* sides] of the street. ∥ 彼は言を*左右にして (⇒ あれこれの口実で) 答えなかった *On some pretext or another* he gave no answer.

2 《支配する》 ―動 (決定する) decide ⓣ; (人の考えや行動に影響を与える) influence ⓣ. 《☞ けってい; えいきょう》. ¶ この事件が彼の今後を*左右するかもしれない This incident may *decide* his future. ∥ 彼女はあなたの言うことにはすぐ*左右される (⇒ 影響される) ようだ She seems to *be influenced* easily by what you tell her.

ざゆう 座右 ―副 (傍らに) by *one's* side; (手近に) at hand. ¶ この本は*座右に備えています I always ˹have [keep] this book ˹*by* *my side* [*at hand*]. // 彼は「正直」を*座右の銘(⇒モットー)としている He has "honesty" for his *motto*.

さよう 作用 ―[名] (機械・器官・薬などの) operation Ⓤ, action Ⓤ ★後者のほうが口語的; (機能) function Ⓒ; (働き) working Ⓒ. ―[動] operate (自), act (自); function (自); work (自). 《☞ はたらき》.
¶ 呼吸*作用 the *operation* of breathing // 酸の*作用で金属が腐食する Metals corrode by the *action* of (an) acid. // 2つの要素が互いに*作用しあって, よい結果を生んだ The *interaction* of the two elements brought (forth) a good result.

さようなら Good-by(e)!, So long!; (また会いましょう) (I'll) see you!, (I'll be) seeing you! ★少しくだけて俗っぽい言い方; (午前中の) Good morning!; (午後の) Good afternoon!; (夕方の) Good evening! [語法] 以上3つは普通上がり調子で言われる. ただし, このようなあいさつの仕方は少し古風で改まった感じ; (夜の) Good night! [語法] (1) 別れのあいさつとして一番普通に用いられるのは Good-by(e)! 親しい間柄では So long! も用いられる. 「おやすみなさい」を含め, 夜別れる場合には Good night! が用いられる. (2) このような英語のあいさつでは Good-by(e), John! のように相手の名前を一緒に言うのが普通. 《☞ あいさつ (囲み)》.
¶「*さようなら, パティー」「ではまた, あきら」"*Good-by*, Patty!" "I'll see you, Akira." //「*さようなら」「お休みなさい」"*Good-by*!" "Good night!"

さよく 左翼 (翼) left wing Ⓒ; (政治団体・思想の) the left wing; (左派の人) leftist Ⓒ (↔ rightist), left-winger Ⓒ ★前者のほうが普通; (野球の) left field Ⓤ. **左翼手** left fielder Ⓒ 《☞ 野球の英語 (囲み)》 **左翼団体** leftist organization Ⓒ.

さら 皿 (総称および, やや深いもの) dish Ⓒ [語法] 複数形で dishes とすると皿・茶わん類をまとめていう言い方となる; (平皿) plate Ⓒ; (大皿) platter Ⓒ ★特に肉・魚などを出すときのもの; (茶わんの受け皿) saucer Ⓒ. [語法] 一般に dish は料理全体を入れる大きな皿を言い, それから転じて「料理」の意味に使われることが多い. 食卓で料理を取り分けるために個人が用いる皿は plate と言う. 《☞ 食事 (囲み)》.

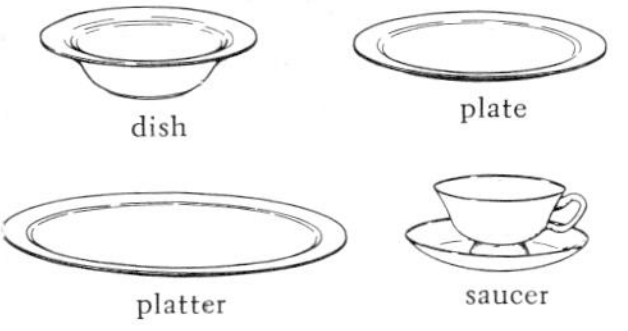

¶ *皿を持ち上げてはいけません Don't lift your *plate*. [参考] 欧米では食べるときに, 皿を持ち上げないのが食事のマナー. 《☞ 食事 (囲み)》 // お*皿を洗わせて下さい Let me ⌈wash [do] the *dishes*. // この*皿に料理を盛りましょう Let's serve the food ⌈in this *dish* [on this *plate*].

ざら ¶ あんな人はごく*ざらだ (⇒ありふれている) A person like that is quite *common*. / (⇒見つけるのはまれではない) It is *not rare* to find a person like that. 《☞ ざらに》

さらいげつ 再来月 the month after next 《☞ らいげつ》.

さらいしゅう 再来週 the week after next 《☞ らいしゅう》.

さらいねん 再来年 the year after next 《☞ らいねん》.

さらう 攫う, 浚う **1** «奪い去る»: carry off (他); (押し流す) sweep ⌈away [off] (他); (人気などを) sweep ⌈along [up] (他); (誘拐する) kidnap (他). 《☞ ゆうかい[1]》.
¶ 釣り人が大波に*さらわれた An angler *was* ⌈*carried off* [*swept away*; *washed away*] by a big wave. // 富豪の子供が*さらわれた A millionaire's child *has been kidnap(p)ed*. // あの歌手は若者たちの人気をすっかり*さらってしまった That singer *has swept* the young audience ⌈*along* [*up*] with him.
2 «きれいにする»: clean (out) (他); (浚渫(しゅんせつ)する) dredge (他); (網を引いて物を捜す) drag (他). 《☞ しゅんせつ》. ¶ 溝は月に1回*さらいます We *clean* (*out*) the drain once a month. // 警察は凶器を求めて池を*さらった The police ⌈*dragged* [*dredged*] the pond for the weapon.

サラきん サラ金 (消費者金融業[会社]) consumer credit ⌈business Ⓤ [company Ⓒ].

さらさら ¶ 木の葉が風で*さらさら鳴った Leaves *rustled* in the wind. // あたりは静かで, 小川の*さらさらいう音が聞こえるばかりだった It was very quiet and only the ⌈*murmuring* [*purling*] of a brook was heard. // 彼女はペンを手に取り, *さらさらと書きはじめた She took up a pen and started writing ⌈*fluidly* [*smoothly*]. 《☞ 擬声・擬態語 (囲み)》

ざらざら ―[形] (手触りが粗い) rough; (ほこり・砂などで) sandy; (ほこりだらけの) dusty. 《☞ ざらつく; 擬声・擬態語 (囲み)》. ¶ 彼の手はひびがきれて*ざらざらしていた His hands were chapped and *rough*. // テーブルはほこりで*ざらざらだ The table is *sandy* with dust.

さらし 晒し (さらし木綿) bleached cotton Ⓤ.

さらしもの 晒し者 ¶ 罪人は*さらし者にされた (⇒一般の人にさらされた) The convict *was exposed* ⌈*to public view* [*for public viewing*].

さらす 晒す **1** «漂白する»: bleach (他). ¶ 布は*さらしてから, よくゆすぎなさい After *bleaching* the cloth, rinse it well.
2 «外気などに当てる»: expose (他). ¶ その仏像は風雨に*さらされたままになっていた The Buddhist icon was left ⌈*exposed to* the weather [*weather-beaten*]. // 君は危険に身を*さらすことはないよ You should not ⌈*expose yourself to* [*thrust yourself into*] danger.
3 «人の目に»: (恥をさらす) be put to (shame). ¶ 大勢の前で恥を*さらしてしまった I *was* ⌈*put to shame* [*ridiculed*] in front

of many people.

サラダ salad Ⓤ《☞ 食事 (囲み); レストラン(囲み)》. ¶私が*サラダを作ります I'll 「make [prepare; dress] *salad*. **サラダオイル** salad oil Ⓤ **サラダボール** salad bowl Ⓒ.

ざらつく (手触りが粗い) be rough to the touch; (砂などがこぼれて) be 「sandy [gritty] (with …). 《☞ ざらざら》.

さらに (さらに進んで) further ★英語では比較級を用いて表せることが多い. 《☞ 比較の表現 (囲み); もっと; いっそう[1]; そのうえ》.

¶私はそれを*さらに調べなくてはならない I must examine it *further*. ∥ 山田氏は田中氏より年上だが, 青木氏は*さらに年上です Mr. Yamada is older than Mr. Tanaka. But Mr. Aoki is *still older* (than Mr. Yamada). 語法 still は even と同じく「なおいっそう」という意味で比較級を強める語. ∥ *さらに悪いことには強い風が吹きはじめた *What was worse* [*To make matters worse*], it began to blow hard.

ざらに ¶こんな貝がらは*ざらにある (⇒ どこにでもある) You can *find* such shells *anywhere*. ∥ こんなよい記事は*ざらにない (⇒ まれだ) Such good articles are *rare*. 《☞ ざら》

サラブレッド thoroughbred [θə́:rəbrèd] Ⓒ ★馬の場合には t を大文字にするのが普通.

サラリー (給料) pay Ⓤ; (年俸など) salary Ⓒ 語法 日本語の「サラリー」は「月給」とほぼ同意で, しかも堅苦しくない文脈で使われることが多い. この意味で一番近い英語は pay で, 最も口語的で一般的な語である. 少し堅苦しい感じで月給・年俸などを指す語が salary で, 知的な職業について用いられる. 日本語の「サラリー」とのずれに注意すること. 《☞ きゅうりょう[1] (類義語); げっきゅう》.

¶彼は20万円の*サラリーをもらっている His *pay* is 200,000 yen. / He gets a *salary* of 200,000 yen. ∥ こんな安*サラリーでは暮らせない I cannot live on such a small *salary*.

サラリーマン (事務職員) office worker Ⓒ, white-collar worker Ⓒ 語法 後者は blue-collar worker Ⓒ (=工場などの現場勤務者) に対して用いる; (主に高級職の) salaried worker Ⓒ. 《☞ かいしゃいん》.

さらりと ¶講演者は意地の悪い質問を*さらりと (⇒ 軽く) 受け流した The speaker parried a malicious question *lightly*. 《☞ 擬声・擬態語 (囲み)》

ざりがに crayfish Ⓒ, crawfish Ⓒ.

さりげない さり気ない ―形 (無頓着な) nonchalant [nɑ̀nʃəlɑ́:nt]; (無関心な) indifferent. ―副 nonchalantly; indifferently. 《☞ なにげない》.

¶彼は*さり気なく (⇒ 何気ない様子で) あたりを見回した He looked around *in a casual manner*. ∥ 私は*さり気ない風を装う (⇒ 無関心な態度をとる) ように努めた I tried to assume an attitude of *indifference*. ∥ 彼は*さり気ない調子でその問題の核心に触れた (⇒ 重要なことではないかのように) He touched upon the problem *as if it* 「*were* [*was*] *nothing important*.

さる[1] 去る **1** 《離れて行く》: (場所や地位を) leave 他 自 《過去・過分 left》; (地位や職を) resign 他 自; (あらしなどが通り過ぎる) pass 自; (あらしや季節が終わる) be over. 《☞ たちさる; すぎさる》.

¶彼女は悲しげにその場を*去って行った She *left* the place sadly. ∥ 彼はその職を*去らねばならなかった He had to 「*leave* [*resign*] his office. ★leave のほうが口語的. ∥ あらしは*去った The storm *has passed*. / The storm *is over*. ∥ *去る者は日々に疎し Out of sight, out of mind. 《ことわざ: 姿が見えなくなると, 心からも消えていく》

2 《亡くなる》: die 自, pass away 自 ★婉曲的な表現. 《☞ しぬ》. ¶彼は1950年にこの世を*去った He 「*died* [*passed away*] in 1950.

3 《前の》 ¶*去る20日の出来事です (⇒ それは今月20日に起こった) It happened on the twentieth of this month. 語法 過去形を用いて表現すれば十分なことが多い.

さる[2] 猿 monkey Ⓒ; (チンパンジーやゴリラなどのように尾がなく大型の) ape Ⓒ. 《☞ 動物の鳴き声 (囲み)》.

¶*猿も木から落ちる Even Homer sometimes nods. 《ことわざ: ホメロスのような大詩人でもへまをすることがある》

猿芝居 (猿の芸) monkey 「show [mime] Ⓒ; (浅はかなたくらみ) thoughtless [shallow] trick Ⓒ **猿まね** blind imitation Ⓤ; (猿まねをする人) blind [slavish] imitator Ⓒ, 《口語》 copycat Ⓒ **猿回し** monkey show Ⓒ; (人) monkey showman Ⓒ.

さる[3] 申 (十二支の) the Monkey 《☞ ね[4] 参考》.

さる[4] (ある) certain 《☞ ある[2]》.

ざる 笊 Japanese colander made of bamboo Ⓒ. ★説明的訳. colander は水切り用の穴のあいた容器. 《☞ 台所・家事 (囲み)》. **ざるそば** buckwheat noodles served on a 「bamboo plate [slatted bamboo tray].

さるぐつわ 猿ぐつわ gag Ⓒ. ¶*さるぐつわをはめる put a *gag in a person's* mouth

さるすべり 百日紅 crape [crepe] myrtle Ⓒ, Indian lilac Ⓒ. 《☞ 花 (囲み)》.

サルベージ (海難救助, および沈没船の引き揚げ作業) salvage Ⓤ 《☞ ひきあげる》.

サルモネラきん サルモネラ菌 salmonella [sæ̀lmənélə] Ⓤ.

さるもの さる者 (したたか者) no 「common [ordinary] fellow Ⓒ; (抜け目ない者) smart [sharp] fellow Ⓒ. ¶我々をこんなにうまくだますとは敵 (⇒ 彼ら) も*さる者だ They are really 「*sharp* [*smart*] (*fellows*) to have cheated us so cunningly.

サロン (社交用の広間) reception hall Ⓒ, social room Ⓒ, *salon* Ⓒ, *saloon* Ⓒ ★後の2語は元来フランス語.

さわ 沢 (湿地) swamp Ⓤ, marsh Ⓤ ★特に低地帯のもの.

さわがしい 騒がしい noisy; loud; boisterous; (時代などが) turbulent, troubled.

【類義語】音がやかましい様子を表す最も一般的な語は *noisy*. 声が大きいことを示すには

loud. 行動なども含めてにぎやかでやかましい様子には *boisterous*. 時代などが騒然として不穏な様子には *turbulent*, *troubled* がほぼ同意で用いられる. 《☞ うるさい ; やかましい》
¶ ここは*騒がしい. どこか別の所へ行こう It's *noisy* here. Let's go somewhere else. 《☞ It の用法 (欄外)》 // 周りの人々が*騒がしくて, アナウンスが聞こえない I can't hear the announcement, as people around me are ˹*very noisy* [speaking to each other *in a loud voice*]. // 私たちは*騒がしい時代に住んでいる We are living in ˹*troubled* [*turbulent*] times.

さわがせる 騒がせる ― 動 (心を動揺させる) disturb ⑭; (人々に衝撃を与える) create a ˹stir [sensation]; (心配させる) worry ⑭; (迷惑をかける) trouble ⑭. ― 形 (世間をあっと言わせる) sensational. 《☞ さわぐ》.
¶ そのニュースは私の心を*騒がせた The news *disturbed* ˹me [my mind]. // 今月は世間を*騒がせた誘拐事件が3つもあった There were as many as three *sensational* kidnap(p)ing cases this month. // お*騒がせしてすみませんでした I'm sorry to *have* ˹*disturbed* [*worried*] you.

さわぎ 騒ぎ **1** «騒ぐこと・騒動»: (騒音) noise Ⓒ; (大騒音) clamor (《英》 clamour) Ⓤ ★ 人の騒ぎにのみ用いる; (騒動) an uproar ★ an を付けて; (面倒・困ったこと) trouble Ⓒ; (妨害) disturbance Ⓒ; (騒ぎ立てること) fuss Ⓤ ★ 口語的. しばしば a を付けて; (事件) affair Ⓒ, case Ⓒ. 《☞ おおさわぎ ; そうどう ; じけん》.
¶ あの*騒ぎは何だ What's all that *noise* about? // 部屋中*大騒ぎになった The whole room was ˹*in an uproar* [filled with *clamor*]. // *騒ぎが起こらなければよいが I hope there won't be any ˹*trouble* [*disturbance*] (coming up). // 子供たちは小さなことで*大騒ぎをする Children make *a fuss* over trifles.
2 «程度» ¶ 私にとっては笑うどころの*騒ぎではない (⇒ 真剣な事柄である) It is *no laughing matter* for me. // いまは忙しくて, 旅行どころの*騒ぎではない (⇒ 忙しすぎて考えられない) Now I'm *too* busy *to* think of making a trip.

さわぐ 騒ぐ **1** «騒がしくする»: make (a) noise ★ 最も一般的な表現 ; (騒ぎ立てる) clamor (《英》 clamour) ⓐ; (パーティーなどでにぎやかに) *make* merry ; (…について騒ぎ立てる) make a fuss (about … ; over …), fuss (about … ; over …) ⓐ. 《☞ さわがせる》.
¶ *騒ぐな. うるさいぞ Don't *make noise*. // 少女たちはしゃべり, *騒いだ The girls gabbled and ˹*made a great noise* [*were very noisy*]. // そのことで学生が*騒いだ The students ˹*got excited* at [*clamored* against] it.
2 «不穏になる»: be [become] agitated; (心配する) be ˹alarmed [nervous]; (騒ぎを起こす) make [cause; raise] a disturbance. ¶ どうも胸が*騒ぐ (⇒ 不安な気持ちがする) I feel *uneasy*. / I *am* somehow ˹*agitated* [*alarmed*; *nervous*]. 《☞ むなさわぎ》

ざわざわ ― 動 (触れ合って音が出る) rustle ⓐ. ― 副 (さらさらと音を立てて) rustlingly; (騒がしく) noisily. 《☞ がやがや ; さわがしい ; 擬声・擬態語 (囲み)》.
¶ 会場が*ざわざわしていた There was a *hum* of voices in the audience. // *ざわざわして (⇒ やかましくて) 演説が聞こえない It is too *noisy* to hear the speech. // 風で木々の葉が*ざわざわ鳴った The leaves on the trees *rustled* in the wind.

ざわつく be noisy; (木の葉などが) rustle ⓐ; (騒ぎで) bustle ⓐ. 《☞ ざわざわ》. ¶ 彼らはまだ*ざわついている (⇒ 静まらない) They *haven't quieted down* yet. / (⇒ まだ騒いでいる) They *are* still *making noise*.

ざわめく (騒ぐ) make (a) noise ; (鼻歌を歌うようにぶんぶんという) hum ⓐ; (ささやく) murmur ⓐ. 《☞ ざわざわ》. ¶ 部屋からは人人の*ざわめく声が伝わってきた We heard *a* ˹*hum* [*murmur*] *of voices* from the room.

さわやか 爽やか ― 形 (新鮮な) fresh; (すがすがしい) refreshing ; (空気が) crisp; (快い) delightful, pleasant ; (弁舌が) fluent, eloquent. 《☞ すがすがしい; そうかい[1]; こころよい》.
¶ *さわやかな空気を胸いっぱい吸い込んだ I breathed in ˹*fresh* [*crisp* ; *refreshing*] air deeply. // 冷たい湖の水は*さわやかに感じられた The cool lake water was ˹*delightful* [*pleasant*] to (the) touch.

さわる 触る, 障る **1** «触れる»: (接触する) touch ⑭; (触って感じる) feel ⑭ 《過去・過分 felt》. 《☞ ふれる[1]》. ¶ 絵に*触らないで Do not *touch* the pictures. // *触らないこと 《掲示》 *Hands off*. // *触らぬ神にたたりなし Let sleeping dogs lie. 《ことわざ : 眠っている犬を起こすな》
2 «感情などを害する» : (傷つける) hurt *a person's* feelings ; (いらいらさせる) get on *a person's* nerves ; (怒らせる) offend ⑭. ¶ お気に*触ったらごめんなさい Forgive me if I've ˹*hurt your feelings* [*offended* you].
3 «害を与える» : (傷つける) hurt ⑭ ; (害がある) be harmful (to …); (影響する) affect ⑭. ¶ 喫煙は身体に*さわる Smoking *is* ˹*harmful* [*hazardous*] *to* your health. // この暑さが病人に*さわったのではないか I'm afraid this heat *has* ˹*affected* [*been bad for*] the patient.

さわんとうしゅ 左腕投手 left-hander Ⓒ, southpaw Ⓒ. 《☞ 野球の英語 (囲み)》.

さん[1] 三, 3 ― 名 形 three 語法 「第3(番目)の」, あるいは「第3(番目)のもの」の場合は the third. 《☞ 数字 (囲み); だいさん》.

さん[2] 桟 (雨戸などの戸締まり用の) bolt Ⓒ; (障子の) frame Ⓒ. ¶ 戸の*さんは下ろしました I *have bolted* the door.

さん[3] 酸 ― 名 acid Ⓤ ★ 種類をいうときは Ⓒ ; (酸類) acids. ― 形 (酸性の) acid.

-さん[1] (男性) Mr. 《複 Messrs.》 ★ 男性の姓または姓名に付ける ; (既婚の女性) Mrs., Madame 《複 Mesdames [meidáːm]》 語法 Mrs. のほうが普通の言い方で, 既婚女性の夫の姓または姓名に付け, Mrs. (John) Smith のように言う ; (未婚の女性) Miss ; (区別なしに) Ms. [mìz] ★ 既婚・未婚の区別を避けるときに用いる. [語法] 英語では親しい間柄では日本語と違い, 敬称抜きで名 (first name) で呼び合うのが一般的である. 《☞ 呼びかけ (囲み); -くん》.
¶ 中田*さん, お電話です *Mr.* [*Mrs.*; *Miss*; *Ms.*] Nakada, ⌈you are wanted on the phone [a phone (call) for you].

-さん² …産　―[名] product [C], produce [prɑ́d(j)u:s] [U].　―[動] produce [prəd(j)ú:s] [他]. 《☞ さんぶつ; さんち¹; とくさん》.
¶ これはハワイ*産のものです This is a *product* of Hawaii. / This is *from* Hawaii. // 県*産の4分の1の米はこの地域から出る One fourth of the rice *produced* in the prefecture comes from this district. // オランダ*産のチーズはおいしい I like *Dutch* cheese.

-さん³ …山　Mount …, Mt. …　★ 山の名の前に付ける. Mt. は Mount の略. 《☞ やま》.
¶ 富士*山 *Mount* [*Mt.*] Fuji　[語法] Mount のほうが普通. Mt. は地図・新聞などで用いる.

さんいん 産院　maternity [《英》 lying-in] ⌈ward [hospital; clinic] [C].

さんか¹ 参加　―[動] (役割などを共にする) participate (in …) [自], take part in …; (加わる) join [他] [自].　―[名] participation [U]; joining [C]. 《☞ くわわる》.
¶ あなた方の*参加は歓迎です Your *participation* is ⌈welcome [welcomed]. // 彼らはボランティア活動に*参加した They ⌈*participated* [*took part*; *joined*] *in* volunteer activities. // 次の競技に*参加の方はこちらへおいで下さい Those who will *enter* the next race, please come over here.

さんか² 傘下　―[形] (従属的) subsidiary; (加入している) affiliated.　¶ 親会社も*傘下の子会社もすべて不況で苦しんでいる The parent company and all the ⌈*subsidiary* [*affiliated*] companies are suffering from the depression. // 総評*傘下の労組 (the) labor unions *under the control of* the General Council of Labor Unions

さんか³ 酸化　―[名] oxidation [U].　―[動] oxidize [他].　¶ *酸化とはある物質が酸素と化合することである *Oxidation* is the combination of a substance with oxygen.　**酸化鉄** oxide of iron [U]　**酸化物** oxide [U], oxide compound [C].

さんか⁴ 産科　―[名] obstetrics [əbstétriks] [U].　―[形] obstetric(al). 《☞ 病気・病院 (囲み)》.　**産科医** obstetrician [C]　**産科病院** maternity hospital [C] 《☞ さんいん》.

さんか⁵ 賛歌　song [poem] in praise (of …) [C].

さんが 参賀　―[動] go ⌈to [and] offer one's congratulations.

さんかい¹ 散会　―[動] (一定期間, 会を閉じる) adjourn [自] [他]　★ 改まった語; (閉会する) close [自]; (解散する) break up [自].　―[名] adjournment [U]. 《☞ かいさん》. ¶ 委員会は5時に*散会となった The committee meeting ⌈*adjourned* [*closed*] at five o'clock. // 会は混乱のうちに*散会した The meeting *broke up* in confusion.

さんかい² 参会　―[動] (出席する) attend (a meeting) [他], be present (at …).　―[名] attendance [U]. 《☞ しゅっせき》.

さんがい 三階　―[名] the third ⌈floor [story]; (《英》のように1階を the ground floor という場合) the second ⌈floor [storey].　―[形] (3階建ての) three-story　★ 名詞の前にだけ用いられる; three-⌈storied [《英》 storeyed]. 《☞ -かい³ [語法]》.
¶ 彼の事務所は*3階です His office is on *the third floor*. // 私の家は*3階建てです My house ⌈has *three stories* [is *three-storied*].

ざんがい 残骸　(船・建物などの) wreck [C]; (集合的に) wreckage [U]; (残留物) remains　★ 複数形で; (崩れ落ちたもの) debris [U].
¶ 船の*残骸はサルベージされる The ⌈*wreck* [*wreckage*; *remains*] of the ship will be salvaged. // 飛行機の*残骸はジャングルの中で見つかった The *wreckage* ⌈from [of] the plane was found in the jungle.

さんかく 三角　―[名] triangle [C].　―[形] (三角の) triangular.

> 三角形のいろいろ
> 正三角形 equilateral triangle, 直角三角形 right-angled triangle, 二等辺三角形 isosceles [aisɑ́səlì:z] triangle, 鋭角三角形 acute-angled triangle, 鈍角三角形 obtuse-angled triangle, 不等辺三角形 scalene triangle

¶ *三角形の頂点[底辺] the ⌈vertex [base] of a *triangle*　★ vertex の代わりに apex でもよい. // *三角形の内角の和は 180° です The ⌈interior [internal] angles of a *triangle* added together make 180 degrees.

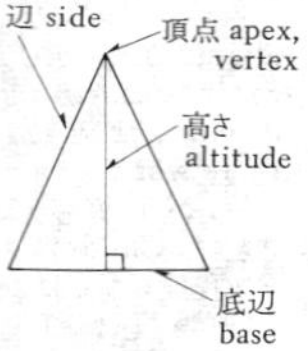

三角関係 triangular love affair [C], love triangle [C]　**三角関数** 〔数学〕 trigonometric(al) function [C]　**三角定規** triangle [C], set square [C]. 《☞ じょうぎ (挿絵)》　**三角州** delta [C]　**三角測量** triangulation [U]　**三角点** 〔測量〕 triangulation point [C]; (標石) stone marker of triangulation [C]　**三角法** 〔数学〕 trigonometry [U].

さんがく 山岳　mountain [C] 《☞ やま》.
¶ 彼らは*山岳部員です They are members of *the* ⌈*mountaineering club* [*alpine club*].
山岳地帯 mountain district [C].

ざんがく 残額　(差引残高) the balance; (残金) the remainder. 《☞ ざんきん》.　¶ 銀行預金の*残額を知りたい I'd like to know ⌈*the balance* in the bank [my (*bank*) *balance*].

さんがつ 三月　March 《略 Mar.》 ★ 語頭は必ず大文字. 《☞ いちがつ [語法]; 時刻・日付・曜日 (囲み); 略語 (欄外)》.

さんがにち 三箇日　the first three days of a new year.

さんかん 参観　―[名] (訪問) visit [C].

―動 (訪問する) visit 他; (授業などを)《米口語》sit in (on ...) 自; (見る) see 他. ¶ 貴校を*参観したいのですが May I *visit* your school? // きょうは授業*参観がある We are going to have *visitors* in our class today. // 彼は私たちに授業を*参観させてくれた He ⌜allowed us to [let us] *sit in on* his class.

さんかんおう 三冠王 triple crown Ⓒ. ¶ 彼は再び*三冠王となるだろう He will get a *triple crown* again.

さんかんしおん 三寒四温 cycle of three cold days and four warm days Ⓒ.

さんぎいん 参議院 the House of Council(l)ors《☞ 政治・経済 (囲み)》. **参議院議員** member of the House of Council(l)ors Ⓒ《☞ ぎいん》 **参議院議長** the President of the House of Council(l)ors.

さんきゃく 三脚 ―名 (写真の) tripod [tráipɑd] Ⓒ. ―形 three-legged. ¶ *三脚をここへ立てましょう Let's put the *tripod* here.

ざんぎゃく 残虐 ―形 (冷酷な) cruel; (野蛮で残酷な) brutal; (極悪な) atrocious. ―名 cruelty Ⓤ; brutality Ⓤ; (暴虐非道) atrocity Ⓤ. 《☞ ざんこく》. **残虐行為** cruelty Ⓒ; brutality Ⓒ; atrocity Ⓒ.

さんぎょう 産業 ―名 industry Ⓤ. ―形 industrial. 《☞ こうぎょう¹》.

¶ 鉄鋼[レジャー]*産業 steel [recreation] *industry* // 漁業がこの村の主な*産業だ Fishing is the ⌜main [dominant] *industry* in this village. // *産業発展の結果が環境汚染となった *Industrial* development has resulted in the spread of environmental pollution. **産業界** the industrial world **産業革命** the Industrial Revolution **産業スパイ** industrial [corporate] spy Ⓒ.

ざんきょう 残響 reverberation Ⓤ ★ 複数形では残響音を表す. 《☞ よいん》.

ざんぎょう 残業 ―名 overtime [extra] work Ⓤ. ―動 work ⌜overtime [extra hours] 自. 《☞ ちょうか》. **残業手当** overtime pay Ⓤ《☞ てあて》.

さんぎょうこうこく 三行広告 (求人・求職等の案内広告) classified ad Ⓒ ★ ad は advertisement の略. 《☞ 新聞の英語 (囲み)》.

さんきょく 三曲 trio of three (Japanese) musical instruments (, *koto, samisen*, and *shakuhachi or Chinese fiddle*) Ⓒ.

ざんきん 残金 (後に残った金) money left over Ⓤ; (差引残高) the balance ★ 会計用語; (借金などの残金) remainder Ⓤ. 《☞ ざんがく; さがく》.

¶ これで*残金は2万円になる *The balance* after this transaction ⌜will be [is] twenty thousand yen. // *残金は幾らですか (⇒ 幾ら残っているか) How much money *is left?* // *残金を今週末までに払わなければならない I have to pay *the remainder of* ⌜*my debt* [*what I owe*] by the end of this week.

サングラス sunglasses ★ 複数形で. 数えるときは a pair [two pairs] of sunglasses. 《☞ めがね》. ¶ あの*サングラスをかけているのが私の弟です The one ⌜with *sunglasses* (on) [wearing *dark glasses*] is my brother.

さんけ 産気 ―動 (産気づく) begin to labor, feel [have] labor pains. ―名 (陣痛) labor Ⓤ.

ざんげ 懺悔 ―名 (ざんげの告白) confession Ⓒ; (後悔) penitence Ⓤ; (悔い改め) repentance Ⓤ. ―動 (告白する) confess 自 他, make a confession (of ...).

さんけい¹ 山系 mountain system Ⓒ; (山脈) mountain range Ⓒ. 《☞ やま; さんみゃく》.

さんけい² 参詣 visit a ⌜temple [shrine], go to worship at a ⌜temple [shrine] ★ 後者には礼拝する意味が加わる. 《☞ さんぱい》.

さんげき 惨劇 (悲劇) tragedy Ⓒ; (悲劇的な出来事) tragic event Ⓒ. 《☞ さんじ¹》.

さんげんしょく 三原色 three primary ⌜colors [《英》colours]《☞ 色 (囲み)》.

さんご¹ 産後 ―形 副 after ⌜childbirth [delivery]《☞ おさん》. ¶ *産後の肥立ちがよい be doing well *after* ⌜*childbirth* [*delivery*]

さんご² 珊瑚 coral Ⓤ. **さんご礁** coral reef Ⓒ; (環礁) atoll Ⓒ.

さんこう 参考 (何かに言及していること, または言及すること) reference Ⓤ ★ 具体的なものは Ⓒ; (情報) information Ⓤ.

¶ 何かこの件の*参考になるものをお持ちですか Do you have any *references* on this matter? // この本は日本史の勉強に大いに*参考になる (⇒ 役に立つ) This book is very *helpful* in the study of Japanese history. // ご*参考までに (⇒ 情報をお知らせするために) 新聞の切り抜きをお送りします For your *information*(,) I'm sending you some newspaper ⌜cuttings [clippings].

参考書 reference [guide] book Ⓒ **参考資料** reference ⌜materials [data] ★ 通例複数形で. **参考人** (証人) witness Ⓒ.

ざんごう 塹壕 trench Ⓒ.

ざんこく 残酷 ―形 (むごい) cruel; (残虐な) atrocious ★ 形式ばった語; (けだもののように残忍な) brutal; (野蛮でむごい) savage; (哀れみのない) pitiless, merciless. ―名 cruelty Ⓤ; brutality Ⓤ; atrocity Ⓤ ★ 以上の3語は行為を表す場合は Ⓒ となる. ―副 cruelly; brutally. 《☞ むごい; むじょう²》.

¶ 彼は召使いに*残酷であった He was *cruel* to his servant(s). / He treated his servant *harshly*. // 彼らは*残酷にも仲間を見捨てた They ⌜were so *cruel* as to [were *cruel* enough to; had the *cruelty* to] desert their comrade(s).

さんさい 山菜 wild grass Ⓤ, wild plant Ⓒ.

さんざい¹ 散在 ¶ 野原にははなみずきの木が*散在 (⇒ 点在) していた The field *was dotted* with dogwood (trees). // 瀬戸内海には小さな島が*散在している The Inland Sea of Seto *is studded with* small islands.

さんざい² 散財 ¶ 彼はむだな*散財をする (⇒ 大金を浪費する) He *wastes a lot of money*. / He is *prodigal* with his money. // とんだ

*散財をおかけしましたね I'm sorry I've *put* you *to* so *much expense.*

さんざし 〘植物〙 hawthorn [hɔ́:θɔːn] Ⓤ 《☞ 花(囲み)》.

ざんさつ 惨殺 murder Ⓤ [語法] cold-blooded, brutal, barbarous などを付けて用いることがある. 《☞ ぎゃくさつ》. ¶一家はその強盗に*惨殺された The (whole) family *was ruthlessly murdered* by the burglar.

さんさん 燦燦 ¶太陽が*さんさんと (⇒ 明るく) 輝いていた The sun was shining ˹*brightly* [*brilliantly*]. 《☞ 擬声・擬態語 (囲み)》

さんざん 散散 ¶帰りが遅かったので私は*さんざんしかられた (⇒ たっぷりしかられた) I got a *good* scolding for coming home late. ∥ 土砂降りの雨で私たちは*さんざんな目にあった (⇒ ひどい経験をした) We *had a hard time* (*of it*) in the downpour. ∥ 彼は我々に*さんざん迷惑をかけた (⇒ たいへん迷惑をかけた) He has caused us *a great deal of* trouble. ∥ *さんざん人を待たせておいて (⇒ ずいぶん私を待たせた後で), 彼は姿を見せなかった After keeping me waiting (*for*) *such a long time,* he did not show up.

さんさんくど 三三九度 ¶新郎新婦は*三三九度の杯を交わした The new couple *exchanged nuptial cups.*

さんさんごご 三三五五 ¶彼らは*三三五五 (⇒ 2, 3 人ずつかたまって) 家路についた They went homeward in *twos and threes.*

さんじ¹ 惨事 (突然の大災害) disaster Ⓒ; (悲劇的な事件) tragedy Ⓒ. ¶その墜落事故は史上最悪の航空*惨事になった The plane crash turned out to be the most terrible air *disaster* in history. ∥ その*惨事は静かな山村で起きた The *tragedy* took place in a peaceful mountain village.

さんじ² 賛辞 (称賛) eulogy Ⓤ, praise Ⓤ ★ いずれも言葉で表したものは Ⓒ. 《☞ しょうさん¹》. ¶彼女は彼の葬儀で*賛辞をおくった She delivered a *eulogy* at his funeral. ∥ 私たちは彼の勤勉さに対して最大の*賛辞を惜しまない We have the highest *praise* for his diligence.

さんじ³ 三次 —[形] (3 次の・立体の) cubic; (第 3 の) tertiary. 《☞ さんじげん》.

さんじ⁴ 参事 (書記官など) secretary Ⓒ; (参議・参事官など) council(l)or Ⓒ.

さんしきすみれ 三色菫 pansy Ⓒ.

さんじげん 三次元 —[名] three dimensions; (第 3 次元) third dimension Ⓒ. —[形] three dimensional; 3-D [θrí:dí:] ★「立体映画」などを指す略語.

さんじせいげん 産児制限 birth control Ⓤ.

さんじゅう¹ 三十, 30 —[名][形] thirty [語法]「第 30 (番目)の」, あるいは「第 30 (番目)のもの」の場合は the thirtieth. 《☞ 数字 (囲み)》.

さんじゅう² 三重 —[形] triple ★ single, double に対する語; (3 列・3 様・3 倍) treble. —[副] trebly. 《☞ にじゅう¹》. **三重唱[奏]** trio Ⓒ 《☞ 音楽 (囲み)》.

さんしゅつ¹ 産出 —[動] (生産物一般を) produce ㊀; (作物などを) yield ㊀. —[名] production Ⓒ (↔ consumption); (産出高) yield Ⓒ. 《☞ せいさん¹》. ¶わが国では米の*産出が需要を上回る The ˹*production* [*yield*] of rice exceeds the demand in our country.

さんしゅつ² 算出 —[動] (一般的に) calculate ㊀ ㊁; (複雑なものを正確に) compute ㊀ ㊁. —[名] calculation Ⓤ; computation Ⓤ ★ いずれも「算出額」では Ⓒ. 《☞ けいさん》.

さんじゅつ 算術 arithmetic [əríθmətìk] Ⓤ 《☞ さんすう; すうがく》. **算術平均** arithmetic(al) mean Ⓒ.

さんじょ 賛助 —[動] (支持する) support ㊀; (後援する) back up ㊀. —[名] support Ⓤ; backing Ⓤ. 《☞ えんじょ; こうえん³》. ¶有名な歌手が何人か*賛助 (⇒ ゲストとして) 出演する Several famous singers will *appear as guest* ˹*artists* [*stars*].

ざんしょ 残暑 (夏の終わりの炎暑) the heat of late summer; (夏の暑さの名残) the lingering summer heat. ¶*残暑がまだ厳しい We are still experiencing *the severe heat of late summer.*

さんしょう¹ 参照 —[動] (見る) see ㊀. ¶28 ページ*参照 *See* p. 28 / *cf.* p. 28. [参考] *cf.* はラテン語 confer の略で, [sí: éf] または [kəmpέɚ] と読む. 《☞ 略語 (欄外)》

さんしょう² 山椒 (木) Japanese pepper tree Ⓒ; (香辛料) Japanese pepper Ⓤ.

さんしょう³ 三唱 ¶万歳を*三唱する give three cheers

さんじょう¹ 三乗 —[動] (3 乗する) cube ㊀. —[名] cube Ⓤ. 《☞ 数字 (囲み)》. ¶2 の*三乗は 8 The *cube* of 2 is 8. / 2 *cubed* is 8.

さんじょう² 惨状 (窮状) misery Ⓤ; (ひどい光景) disastrous [terrible] scene Ⓒ; (ひどい状況) dreadful [pitiable] condition Ⓒ.

さんしょううお 山椒魚 salamander Ⓒ.

さんしょく 三食 three meals 《☞ しょく²》.

さんしょくすみれ 三色菫 pansy Ⓒ.

さんしん 三振 —[名] strikeout Ⓒ. —[動] strike out ㊁ ㊀. 《☞ 野球の英語 (囲み)》. ¶バッターは*三振した The batter ˹*got three strikes* [*was struck out*]. ∥ 彼は空振りの*三振をした He *struck out* swinging. ∥ 彼は見逃しの*三振をした He ˹*took* [*looked at*] *a third strike.*

ざんしん 斬新 —[形] (奇抜な) novel ★ 人を驚かせるような新しさに用いる; (新しい) new, fresh; (独創的な) original; (型にはまらない) unconventional; (当世風の) up-to-date. —[名] novelty Ⓤ, originality Ⓤ. ¶何か*斬新なアイディアが欲しい I want ˹a *novel* [an *original*] idea. ∥ これはまさに*斬新なデザインだ This is indeed a ˹*very original* [*most unconventional*] design.

さんすい¹ 山水 (陸上の風景) landscape Ⓒ; (景色を集合的に) scenery Ⓤ. **山水画** landscape (painting) Ⓒ **山水画家** landscapist Ⓒ.

さんすい² 散水 ―動 sprinkle water (over ...), sprinkle ... with water. 《☞まく²》. **散水車** sprinkler Ⓒ ★芝生などの「散水器」にも用いる.

さんすう 算数 (学科としての) arithmetic Ⓤ; (数学) mathematics Ⓤ, math (《英》 maths) Ⓤ ★学科としては後者のほうが口語的; (数えること) counting Ⓤ. 《☞すうがく; 数字 (囲み)》. ¶私は*算数に強くない I'm not good at ⌈*arithmetic* [*counting*]. / (⇒数字の計算に向く頭がない) I don't have a head for *figures*.

さんすくみ 三すくみ ―動 (どうにも動きがとれなくなる) be at a deadlock.

さんずのかわ 三途の川 the (River) Styx.

さんする 産する (生産する) produce ⊕; (作物などを) yield ⊕. 《☞さんしゅつ¹》. ¶この鉱山は多量の銅を*産する The mine *produces* a great deal of copper. // この地は種々の果物を*産する (⇒生産される) Many kinds of fruits *are produced* here.

さんせい¹ 賛成 ―名 (同意) agreement Ⓤ (↔ disagreement); (承認) approval Ⓤ (↔ disapproval); (味方・好み) favor (《英》 favour) Ⓤ; (支持) support Ⓤ. ―動 agree ⓐ; approve ⊕; support ⊕. 《☞どうい; しじ¹; ふさんせい》.
¶私は彼の計画に*賛成した I ⌈*agreed* [was *agreeable*] *to* his plan. [語法] 計画・申し出などに同意する場合は to を用いる. // 彼は私の考えに*賛成です He *agrees with* me. [語法] 意見や考えが一致するの意では「with＋人」. // 父は私の提案に*賛成しなかった My father did not ⌈*approve* [give his *approval* to] my suggestion. [語法] give ... to の代わりに show ... toward, express ... for などを用いてもよい. // 私はスミス氏の考えに*賛成です I *am in favor of* Mr. Smith's idea. // 彼の方針に*賛成の学生はほとんどいなかった There were very few students who *supported* his policy.

さんせい² 酸性 ―名 acidity Ⓤ. ―形 acid. **酸性反応** acid reaction Ⓤ.

さんせい³ 三世 sansei Ⓒ 《複 ～(s)》 《☞日本固有の風物と英語 (囲み)》.

さんせいけん 参政権 suffrage Ⓤ.

さんせき 山積 ¶仕事が*山積していてゆっくり旅をする暇もない (⇒忙しすぎて時間が取れない) I am *too busy* ⌈at [with my] work to *take time (out)* to make a leisurely trip.

ざんせつ 残雪 lingering [remaining] snow Ⓤ.

さんせん¹ 参戦 ―名 participation in [entry into] (a) war. ―動 enter [participate in] (a) war; (宣戦する) declare war (against ...). ¶ソ連の*参戦は大きな脅威であった The Soviet Union's ⌈*participation in* [*entry into*] *the war* was a great menace to us.

さんせん² 三選 ―動 be elected ⌈to [for] a third (consecutive) term 《☞政治・経済 (囲み)》.

さんぜん 燦然 ―形 bright, brilliant [語法] bright が最も一般的な語. brilliant は改まった語で, 目もまばゆく輝くこと. ―副 brightly, brilliantly. 《☞かがやく》. ¶彼女の指には大きなダイヤが*燦然と輝いていた A diamond shone *brilliantly* on her finger.

さんそ 酸素 oxygen Ⓤ 《元素記号 O》. **酸素化合物** oxygen compound Ⓒ, oxide Ⓒ **酸素吸入** oxygen inhalation Ⓤ **酸素吸入器** oxygen ⌈inhaler [apparatus] Ⓒ **酸素熔接** oxyacetylene [àksiəsétəlin] welding Ⓤ.

さんそう 山荘 summer house Ⓒ, mountain villa Ⓒ ★前者は個人の夏向き別荘として一般的な語. 《☞べっそう》.

ざんぞう 残像 afterimage Ⓒ.

さんぞく 山賊 bandit Ⓒ 《複 ～s, banditti [bændíti(:)]》.

さんそん 山村 mountain village Ⓒ.

ざんぞん 残存 ―動 (生き残る) survive ⊕; (...のままでいる) remain ⓐ. ―名 survival Ⓤ. 《☞のこる; いきのこる; げんそん》.

ざんだか 残高 (収支の) the balance; (残額) the remainder. 《☞ざんきん》.

サンタクロース Santa Claus, St. Nicholas [参考] イギリスでは Father Christmas ともいう. Santa Claus は元来オランダ語. 米語を経て英語に入った.

サンダル sandals ★複数形で. 数えるときは a pair [two pairs] of ... のようになる. 《☞くつ (挿絵)》.

さんたん 惨憺 ―形 (哀れむべき) pitiable; (気の毒な) pitiful; (悲惨な) wretched; (困窮した・みじめな) miserable; (ひどい) terrible; (ぞっとするような) horrible. 《☞ひさん》.
¶我々はまさに*惨たんたる状態だった We were really in a ⌈*pitiable* [*pitiful*] state. // 私は*惨たんたる光景を目の前にして立ちすくんだ I was transfixed ⌈at [by] the ⌈*terrible* [*horrible*] sight (in front of me). // 彼らは*惨たんたる生活を強いられた They were forced to lead a ⌈*wretched* [*miserable*] life.

さんだん¹ 算段 ―動 (どうにかこうにか…する) manage ⊕ ⓐ; (…しようとする) try ⊕; (工面する・やりくりする) make shift. 《☞やりくり; くめん》. ¶彼はどうにか*算段してその金を作った He *has* somehow *managed to* scrape together the sum. // 彼女は少ない収入でどうにかやりくり*算段をしている (⇒収支を合わせようとしている) She *is trying to make both ends meet* on a small income.

さんだん² 散弾 shot Ⓒ; (空気銃などの) slug Ⓒ. 《☞たま³ (挿絵)》. **散弾銃** shotgun Ⓒ.

さんだんとび 三段跳び the triple jump; the hop, step and jump. 《☞スポーツ (囲み)》.

さんち¹ 産地 ¶愛媛はみかんの*産地として有名です Ehime is famous ⌈*for its production of* tangerines [as an orange-growing *district*]. 《☞げんさんち; -さん²; とくさん》

さんち² 山地 mountainous [mountain] ⌈district [region] Ⓒ; (高地) highlands ★主に複数形で用いる.

さんちょう 山頂 mountaintop Ⓒ, top [summit] of a mountain Ⓒ ★summit は文語的. 《☞ちょうじょう; やま (挿絵)》.

さんてい 算定 —［動］(計算する) calculate (他); (見積もる) estimate (他). —［名］calculation Ⓤ; estimation Ⓤ. 《☞ けいさん》.

ざんてい 暫定 —［形］(暫時の・仮の) tentative; (臨時の) provisional. 《☞ かり[1]》. **暫定予算** provisional budget Ⓒ.

さんディーケー 3DK 3-room ⌈apartment [house; dwelling] with a dining room and kitchen Ⓒ 《☞ 家・部屋 (囲み)》.

サンドイッチ sandwich [sǽn(d)witʃ] Ⓒ ［語法］ひと重ね全部, すなわち一人分を a sandwich という. 3枚のパンを使った2段重ねのものは doubledecker Ⓒ という. 《☞ 食事 (囲み)》. ¶トマトときゅうりの*サンドイッチを下さい Give me a tomato and cucumber *sandwich*, please.

さ

さんどう[1] 賛同 —［動］(承認する) approve (of ...) (自); (同意する) consent (to ...) (自). —［名］approval Ⓤ; consent Ⓤ. 《☞ さんせい[1]; どうい》. ¶我々はこの案について彼の*賛同を得た We obtained his *approval* ⌈of [on] this plan. / We obtained his *consent* to this plan.

さんどう[2] 参道 the approach (to a shrine).

ざんとう 残党 (残存者) the remnants ★複数形で; (残りの人々) the remainder. ¶平家の*残党 *refugees* ⌈of [from] the *Taira* clan

ざんにん 残忍 —［形］(残酷な) cruel; (非人間的な) inhuman; (無慈悲な) merciless; (血も涙もない) cold-blooded; (野蛮な) brutal; (むごい) harsh. —［名］cruelty Ⓤ; brutality Ⓤ. 《☞ ざんこく; れいこく》.

さんにんしょう 三人称 〘文法〙 the third person 《☞ 性・数・人称の一致 (欄外)》.

ざんねん 残念 —［動］feel [be] sorry (for ...; that ...); regret (他); repent (of ...) (自). —［形］sorry; regrettable; repentant.

【類義語】不幸・不運などについて悲しい感情を表す一般的な語は **sorry** である. 特に後悔の気持ちやどうにもならないことに対する残念さを表すのは **regret**. 悔い改める気持ちを含む場合は **repent**. 《☞ がっかり; しつぼう》

¶きのうはお目にかかれなくて*残念でした I'm *sorry* (*that*) I couldn't see you yesterday. // 「試験はだめでした」「それは*残念でしたね」"I failed in the exam." "*That's too bad.*" // *残念ながら出席できません *To my* (*deep*) *regret*, [*I regret to say*; *I'm sorry to say*] I will be unable to attend. // 勉強を十分にしなかったことを*残念がってももう遅い It's too late for you to *repent of* not having studied enough.

さんねんせい 三年生 third-year student Ⓒ; (小学校の) 《米》 third-grade pupil Ⓒ, third grader Ⓒ ★後者のほうがより口語的; (4年制の大学・高校の) junior Ⓒ. 《☞ 学校・教育 (囲み)》.

¶私は高校*3年(生)です I am ⌈in my *third year* [a *third-year student*] in senior high school. // 彼は大学*3年生のとき重病をわずらった He became seriously ill ⌈when he was a *junior* [in his *junior* year of college; in the *third year*].

さんば 産婆 midwife Ⓒ 《複 -wives》.

さんばい 三倍 three times 《☞ ばい》. ¶5の*3倍は15である *Three times* five is fifteen. // 彼は私より*3倍も多くの本を持っている He has *three times* as many books as I (do). // 彼らの人数は私たちより*3倍も多い They are *three times* our number.

さんぱい 参拝 —［動］visit a ⌈temple [shrine]; (儀式などに従って礼拝する) worship (at a ⌈shrine [temple]) (自). ¶この神社は元日には多くの人々が*参拝に来る Many people ⌈*come to worship at* [*visit*] *this shrine* on New Year's Day.

ざんぱい 惨敗 —［動］(完全に負かされる) be beaten completely; (押しつぶされる) be crushed; (圧倒的に敗北する) be defeated overwhelmingly. —［名］crushing [disastrous] defeat Ⓒ. 《☞ かんぱい[1]; まける》.

¶我々のチームは再び*惨敗を喫した Our team *was* again ⌈*beaten completely* [*defeated overwhelmingly*; *crushed*].

さんばがらす 三羽烏 (3人1組) trio Ⓒ.

さんばし 桟橋 (船が横付けされる) pier Ⓒ; (波止場・岸壁) wharf Ⓒ 《複 wharves, ~s》; (埠頭) quay [kíː] Ⓒ; (上陸用浮き桟橋) landing stage Ⓒ. 《☞ はとば》. ¶間もなく船は*桟橋に横付けになった Soon the ship came alongside the *pier*.

さんぱつ[1] 散髪 —［動］get [have] a haircut; (髪を切ってもらう) have *one's* hair cut. —［名］haircut Ⓒ; (髪を整えること) hairdressing Ⓤ. ¶きのう*散髪した I ⌈*got* [*had*] *a haircut* yesterday. / I *had my hair cut* yesterday. ★前者のほうが口語的. 《☞ 使役 (囲み)》 // 15分で*散髪してもらえますか Can you *give* me *a haircut* in fifteen minutes?

さんぱつ[2] 散発 —［形］(散発的な・時々起こる) sporadic. —［副］sporadically. ¶*散発的妨害行為があるかもしれない There may be *sporadic* sabotage.

ざんぱん 残飯 the remains (of a meal) ★複数形で; (飲食物の残り物) leftover(s). ¶彼女は*残飯をごみ箱に投げ捨てた She dumped the ⌈*leftover food* [*leftovers*] into the garbage can.

さんび 賛美 —［名］(称賛・賛美) praise Ⓤ. laudation [lɔːdéiʃən] Ⓤ ★後者は文語的; ((神の) 栄光をたたえる) glorification Ⓤ. —［動］praise (他); glorify (他); (あがめる・(神を)崇拝する) adore (他). 《☞ しょうさん[1]》.

¶彼らは神を*賛美し祈った They ⌈*praised* [*gave praise to*; *sang the glories of*] God and prayed.

賛美歌 hymn [hím] Ⓒ; (賛美歌集) hymnal Ⓒ.

さんぴ 賛否 —［名］(承認か否認) approval or disapproval Ⓤ; (決議の諾否) yes or no; (賛否両論) pros and cons ★やや文語的. —［副］(賛否両様に) pro and con. 《☞ さんせい[1]; ふさんせい》.

¶議長は議案に対する*賛否を問うた (⇒ 議案を票決に付した) The chairman *put* the bill

to the vote. ‖ 彼らは問題に関する*賛否の意見を述べた They argued ˹the problem *pro and con* [*for and against* the problem].

さんぴょう 散票 scattered votes ★ 複数形で.

さんびょうし 三拍子 **1** «音楽»: triple ˹time [measure] Ⓤ 《☞ 音楽 (囲み)》. ¶ この曲は*三拍子だ This tune is in *triple time.*
2 «重要な3条件» ¶ 彼は攻・守・走の *3 拍子そろった野球選手だ He is an ˹*all-(a)round* [*ideal*] baseball player with perfect fielding, batting, and (base) running.

ざんぴん 残品 (残りの在庫) the remaining stock(s); (売れ残り) unsold goods ★ いずれも複数形で.

さんぶ 三部 three parts. **三部合唱[合奏]** chorus [ensemble] in three parts Ⓒ **三部作** trilogy Ⓒ.

さんぷ 散布 ━動 (まき散らす) scatter ㊐; (水・粉をふりかける) sprinkle ㊐; (粉を) dust ㊐; (液体を) spray ㊐. ¶ いま殺虫剤を*散布しているところです I'*m* now ˹*dusting* [*sprinkling*] the plants with insecticide.

ざんぶ with a splash 《☞ ざぶん; 擬声・擬態語 (囲み)》.

さんぷく 山腹 mountainside Ⓒ, hillside Ⓒ. 《☞ ちゅうふく》. ¶ *山腹に1軒, 家が建っていた There was a house on the ˹*mountainside* [*hillside*].

さんふじんか 産婦人科 obstetrics[əbstétriks] and gynecology [gàinəkálədʒi(:)] Ⓤ 《☞ さんか[4]; 病気・病院 (囲み)》.

さんぶつ 産物 (天然の産物または製品) product Ⓒ; (特に農産物) produce [prád(j)u:s] Ⓤ; (結果) result Ⓒ; (成果) outcome Ⓒ.
¶ みかんがこの地の主要*産物です Tangerines are the ˹main [staple] ˹*produce* [*products*] of this district. ‖ この小さな機械が私の長年の研究の*産物です This small machine is the ˹*result* [*outcome*] of my long years of research.

サンフランシスコ San Francisco 《☞ アメリカ (表)》.

サンプル sample Ⓒ 《☞ みほん》.

さんぶん[1] 三分 ━動 divide ... into three (parts); 〖数学〗 divide ... by three; (3(等)分する) trisect ㊐. ━名 trisection Ⓤ. 《☞ 数字 (囲み)》. ¶ 私たちの約 *3 分の2の人たちは行くだろう About *two-thirds* of us will probably go.

さんぶん[2] 散文 ━名 prose Ⓤ (↔ verse); (書き物) prose writing Ⓤ. ━形 prosaic [prozéiik].

さんぽ 散歩 ━動 take [go for] a walk; (ぶらぶら歩く) stroll ㊀, take a stroll. ━名 walk Ⓒ; (ぶらぶら歩き) stroll Ⓒ; (遊歩) promenade Ⓒ.
¶ 少し*散歩しましょう Let's *take a walk.* / Let's *go* (*out*) *for a walk.* ‖ 私は毎朝公園を*散歩します I ˹*take* [*go for*] *a walk* in the park every morning. ‖ 犬を*散歩に連れていかなくてはならない I must *walk* my dog. ★ この walk は ㊐. / I must *take* my dog *for a walk.* ‖ 朝の*散歩中に彼を見かけた I saw him on my morning *walk.*

さんぼう 参謀 (軍の) the staff ★ 総称; (個人) staff officer Ⓒ. **(統合)参謀本部** the joint chiefs of staff.

さんま 秋刀魚 (Pacific) saury [sɔ́:ri(:)] Ⓒ.

ざんまい 三昧 ¶ 読書*三昧に (⇒ 読書に没頭して) 暮らしています I spend my days ˹*absorbed in* reading [*poring over* my books; *with* books]. ‖ 彼女はぜいたく*三昧に (⇒ 安楽[ぜいたく]に) 育った She has been raised *in* ˹*clover* [*luxury*].

さんまん 散漫 ━形 (落ち着きのない・おっちょこちょいの) scatterbrained; (気を散らした) distracted; (思考が) loose. ¶ あの人は*散漫な人だ He is ˹a *scatterbrain* [a *loose thinker*; *scatterbrained*]. ‖ 疲労で注意力が*散漫になっていた My attention *was distracted* by fatigue. / (⇒ 集中できなかった) I could not *concentrate* because I was tired.

さんみ 酸味 ━名 (酸性) acidity Ⓤ; (すっぱさ) sourness Ⓤ. ━形 (すっぱい) sour; (酸性の) acid (↔ alkaline). 《☞ 味 (囲み)》.

さんみゃく 山脈 mountain ˹range [chain] Ⓒ. ¶ ロッキー*山脈 *the* Rocky *Mountains* 《☞ 冠詞 (欄外)》

ざんむ 残務 remaining [unfinished] business Ⓤ.

さんめんきじ 三面記事 (新聞などの) city news Ⓤ; (社会のニュース) social news Ⓤ; (ゴシップ欄) gossip column Ⓒ. 《☞ 新聞の英語 (囲み)》.

さんもん 山門 temple gate Ⓒ.

さんや 山野 fields and mountains.

さんやく 三役 (相撲) the three highest (-ranking) wrestlers ˹except [besides] the *yokozuna* ★ 説明的訳; (幹部) the three key officials.

さんゆこく 産油国 oil-[petroleum-] producing country Ⓒ.

さんよ 参与 (役名) council(l)or Ⓒ.

ざんよ 残余 ━名 (残部) the remainder; (残留物) the residue; (ある物以外の物) the rest. ━形 remaining; residuary, residual. 《☞ のこり; あまり[1]》.

さんようすうじ 算用数字 Arabic ˹numerals [figures] 《☞ すうじ (類義語)》.

さんらん[1] 散乱 ━動 (各所に) be scattered (about) ★ 最も一般的な語; (砂・花・葉などが) be strewn (about) in disorder. 《☞ ちらかる; ちらばる》. ¶ 新聞紙や雑誌が部屋一面に*散乱していた Newspapers and magazines *were* ˹*scattered about* [*strewn in disorder*] all over the room.

さんらん[2] 産卵 ━動 lay eggs; (魚介が) spawn ㊐ ㊀. **産卵期** breeding [spawning] season Ⓒ.

さんりゅう 三流 ━形 third-˹rate [class; grade] 〔語法〕 いずれもほぼ同意だが class や grade ははっきりと決まった等級を表すことが多い. ¶ これは*三流のホテルだから, 安いがよくはない This is a *third-class* hotel which is cheap but not good.

ざんりゅう 残留 ―動 (後まで残る) remain ⓐ; (後に残る) stay behind ⓐ. 《☞ とどまる (類義語); のこる》. ¶私たちは危険をおかしても*残留を決意した We were determined to ⌈*remain* [*stay behind*] in spite of the danger.

さんりん 山林 forest Ⓒ; (地域) forest land Ⓤ; (森林地帯) woodland Ⓤ.

さんりんしゃ 三輪車 tricycle Ⓒ.

さんるい 三塁 third base Ⓤ, third Ⓤ. 《☞ 野球の英語 (囲み)》. **三塁手** third baseman Ⓒ, third (base) Ⓒ **三塁打** three-base hit Ⓒ, triple Ⓒ.

ざんるい 残塁 ¶走者は1塁に*残塁に終わった The runner *was left on first base*. 《☞ 野球の英語 (囲み)》

さんれつ 参列 ―動 (出席する) attend ⓗ, be present (at ...); (参加する) participate (in ...) ⓐ. ―名 attendance Ⓤ ★参列者の意味では Ⓒ; presence Ⓤ; participation Ⓤ. 《☞ しゅっせき; さんか[1]》.
¶明日の葬式には*参列します I'll ⌈*attend* [*be present at*] the funeral tomorrow. // *参列者は非常に多かった There was a very large *attendance*. / (⇒ 多くの人が出席した) A great many people *were present*.

さんろく 山麓 the ⌈foot [base] of a mountain 《☞ ふもと》. ¶*山麓で at *the foot of the mountain*

し

し[1] 市 city Ⓒ 《☞ しない[1]; しえい; しりつ[1]》. ¶鎌倉*市 the *City* of Kamakura 語法 Kamakura City のような言い方は, 例えば New York City のように名前となっている場合以外は使わない. **市当局** the municipal government **市役所** city hall Ⓒ, city office Ⓒ ★前者が普通.

し[2] 死 death Ⓤ 《☞ しぬ (類義語); しぼう[2]》. ¶不注意が彼の*死を招いた Carelessness caused his *death*. // 人は*死を免れ得ない (⇒ 死すべきもの) Man is *mortal*. // 彼は危うく*死を免れた He narrowly escaped *death*. // 我々は*死を恐れない We are not afraid of ⌈*death* [*dying*].

し[3] 詩 ―名 (一編の詩) poem Ⓒ; (文学形式の一分野としての) poetry Ⓤ; (散文に対しての韻文) verse Ⓤ; (詩の一行) line Ⓒ. ―形 (詩についての・詩的な) poetic; (詩で書かれた) poetical. 《☞ しじん; ししゅう[2]》.
¶私もかつては*詩を書いた I once wrote *poems*. // 彼はキーツの*詩から数行引用した He quoted a few *lines* from Keats.

し[4] 四, 4 ―名形 four 《☞ 数字 (囲み)》.

し[5] 史 (歴史) history Ⓤ; (史書) history Ⓒ. 《☞ れきし[1]》. ¶近代[中世]*史 modern [medieval] *history*

し[6] 師 teacher Ⓒ 《☞ せんせい[1]》.

-し ...氏 Mr. 《複 Messrs.》 参考 遠慮を置く間柄で, 男の姓または姓名に付ける. 《☞ -さん[1]; 呼びかけ (囲み)》. ¶田中*氏 *Mr*. Tanaka // 木村, 佐藤両*氏 *Mr*. Kimura and *Mr*. Sato / *Messrs*. Kimura and Sato

シ 〔音楽〕 ti [tíː] Ⓒ 《☞ 音楽 (囲み)》.

じ[1] 字 (漢字などの表意文字) character Ⓒ; (アルファベットの1つの字) letter Ⓒ; (筆跡) hand Ⓒ; (活字) type Ⓤ. 《☞ もじ; ひっせき》. ¶お父さん, この*字はなんて読むの Dad, how do you read this *character*? // 彼女は*字がうまい[下手だ] She writes a ⌈good [bad] *hand*. // 彼は2歳の時にもう*字が読めた[書けた] He could ⌈*read* [*write*] when he was only two. // その手紙は女の*字だった The letter was written in a woman's *hand*. // この本は*字が大きいから好きだ I like this book because it is printed in large *type*. // もっと*字をきれいに書きなさい *Write* more ⌈clearly [neatly].

じ[2] 地 **1** 《素地》: background Ⓒ. ¶赤い*地に白い花のデザイン a design of a white flower *on* a red *background* **2** 《本性》: *one's* real character 《☞ じがね; ほんしょう》.

じ[3] 痔 〔医学〕 h(a)emorrhoids [hémərɔ̀idz], piles ★いずれも通例複数形で.

-じ ...時 o'clock 語法 o'clock は毎時ちょうどのときは付けても付けなくてもよいが, 「...分過ぎ」など端数のあるときは付けない. なお時刻の読み方については ☞ 時刻・日付・曜日 (囲み).
¶音楽会は午後6*時に始まった The concert began at six (*o'clock*) in the evening. // いま何*時ですか What *time* is it (now)? / What *time* do you have? ★時計を持っていると思われる人にきく質問. // いま8*時半です It is half past eight now. / It's 8 : 30. ★8 : 30 は eight-thirty と読む. // 午前0*時 twelve *o'clock* midnight // 13*時 thirteen hundred *hours* 語法 数字では 13 : 00 と書く. このように24時制にしていうときには, 毎時ちょうどの時刻は o'clock ではなく hours という. 13 : 18 は thirteen-eighteen (hours) のように読む. この場合 hours は o'clock と違って付けてもよい. // 私は午後4*時32分発の東京行きの列車に間に合った I caught the 4 : 32 (p.m.) train for Tokyo.

しあい 試合 ―名 (テニスなどの) match Ⓒ ★対抗の勝負という感じが強い; (野球などの) game Ⓒ ★競技という意味が強い; (ボクシング・レスリングなどの) bout [báut] Ⓒ; (勝ち抜きの) tournament Ⓒ; (場所・種目に関係なく競うという形態を指して) competition Ⓒ. ―動 (試合をする) play a game, have a match; (競争に加わる) compete [kəmpíːt] ⓐ. 《☞

スポーツ (囲み)》.
¶きょうの午後野球の*試合がある We are going to have a baseball *game* this afternoon. // 我々は東西高校チームとサッカーの*試合をした We *played* soccer against the Tozai High School team. // 練習*試合は午後1時から行われた The practice ⌈*game* [*match*] started at one o'clock. // 彼はその*試合に負けた He lost the ⌈*game* [*match*]. // 彼女はテニスの校内*試合で優勝した She has won the interclass tennis *tournament*.

じあい¹ 自愛 ━動 (自分の健康に気を付ける) take care of *oneself*. ¶ご*自愛を祈ります Please *take care of yourself*. / I hope you will *take care of yourself*. 語法 以上の表現は日本語と違って, 普通は健康のすぐれない人に対してのみ用いる.

じあい² 慈愛 ━名 (愛情) affection Ⓤ; (心の優しさ) kindness Ⓤ. ━形 (慈愛深い) affectionate; kind. 《☞ あいじょう》.

しあがり 仕上がり finish Ⓤ.

しあげ 仕上げ finish Ⓤ. ¶この本棚はマホガニー*仕上げだ This bookcase has a mahogany *finish*. // 物事は*仕上げが肝心 All's well that *ends* well. 《ことわざ: 終わりよければすべてよし》

しあげる 仕上げる (済ませる) finish ⓗ; (完成させる) complete ⓗ, 《口語》 do ⓗ ★完了形または受身で用いる. 《☞ おえる》. ¶この仕事は一両日中に*仕上げます We'll *finish* the work in a day or two. // それはちょうど*仕上げたところだ I've just ⌈*finished* [*done*] it.

しあさって (3日後に) three days later, two days from tomorrow 語法 前者がより普通. 両者とも副詞句として前置詞なしで用いられる. 後者は間接話法の場合には用いられない; (3日のうちに) in three days.
¶「*しあさって出発します」と彼女が言った She said, "I will leave *two days from tomorrow*." / She said that she would leave *three days later*. 《☞ 話法 (欄外)》

しあつ 指圧 (指圧療法) finger pressure therapy Ⓤ; (指先でのマッサージ) fingertip-massage Ⓤ; acupressure Ⓤ, acu-massage Ⓤ 語法 説明的な訳語が必要な場合は最初の2つ, 術語としては3番目がよい. acu- は鍼(はり)療法 (acupuncture) の「はり」の意で, *acupoint* (=つぼ) という語もここから来ている. なお, *shiatsu* というローマ字語も英米の辞書にはあるので, これを添えて用いてもよい.
指圧師 acupressurist Ⓒ.

しあわせ 幸せ ━形 (満足に思って幸せな) happy; (持続的な事について運がよくて) fortunate. ━名 (幸福) happiness Ⓤ; (幸運) fortune Ⓤ. ━副 happily; fortunately. 《☞ こうふく¹ (類義語); こううん》.
¶彼女は*幸せだった She was *happy*. // 金持ちが常に*幸せとは限らない The rich are not always *happy*. // 彼らは*幸せに暮らした They lived *happily*. / They lived in *happiness*. // あんなよい息子さんがあってお*幸せですね You are *fortunate* to have such a good son. // お*幸せにね I wish you ⌈a lot of [great] *happiness*.

しあん¹ 思案 ━名 (考え) thought Ⓤ; (思いつき) idea Ⓒ; (計画案) plan Ⓒ; (熟慮) consideration Ⓤ. ━動 think ⌈about [of] ...; consider ⓗ ★やや形式ばった語.
¶ほかによい*思案もない I cannot *think of* a better plan. // ここが*思案のしどころだ (⇒よく考える) Now you must *think* hard.

しあん² 試案 tentative plan Ⓒ.

しい¹ 椎 (木) chinquapin Ⓒ; (椎の実) chinquapin Ⓒ, sweet acorn Ⓒ.

しい² 恣意 ━形 (恣意的な・任意の) arbitrary 《☞ にんい》.

じい¹ 辞意 *one's* ⌈intention [decision] to resign 《☞ じしょく; じひょう》.
¶社長は*辞意をもらした The president ⌈suggested [intimated; implied] that he would *resign*. // 私は*辞意を固めた I've made up my mind to ⌈*resign* [*give up my post*; *quit my job*]. // 彼は*辞意をひるがえした He backed away from *his decision to resign*.

じい² 自慰 ━名 masturbation Ⓤ. ━動 masturbate ⓐ ★*oneself* を付けて ⓗ となることもある; (婉曲には) play with *oneself*.

じい³ 示威 (示威運動) demonstration Ⓤ 《☞ デモ》.

しいか 詩歌 poetry Ⓤ 《☞ し³》.

しいく 飼育 ━動 (飼育する) raise ⓗ, breed ⓗ 《過去・過分 bred》, rear ⓗ; (飼う) keep ⓗ 語法 《米》では一般には raise が用いられるが, 《英》ではその他の語を用いるのが普通. ━名 breeding Ⓤ, raising Ⓤ, rearing Ⓤ; keeping Ⓤ. 《☞ かう²; そだてる》. ¶彼は牧場で牛を*飼育している He ⌈*raises* [*rears*; *breeds*] cattle on his ranch.
飼育係 keeper Ⓒ; (動物園の一部門の) curator Ⓒ.

シーシー cc., c.c. ★cubic centimeter の略. 《☞ 度量衡 (囲み)》.

じいしき 自意識 ━名 self-consciousness Ⓤ. ━形 (自意識の強い) self-conscious.

シーズン season Ⓒ 《☞ きせつ; じき¹》.
¶野球の*シーズンが近づいてきた The baseball *season* is (near) at hand. // いまはいちごの*シーズンだ Strawberries are *in season* now. // いまはかきの*シーズンじゃない Oysters are *out of season* now.

シーズンオフ ━名 off season Ⓒ. ━形 off-season; (仕事などの) off-peak.

シーソー seesaw Ⓤ ★「シーソー板」の意では Ⓒ. ¶子供たちは*シーソーで遊んでいる The kids are playing on a *seesaw*. **シーソーゲーム** seesaw ⌈game [match] Ⓒ.

しいたけ 椎茸 *shiitake* (mushroom) Ⓒ.

しいたげる 虐げる (圧迫する) oppress ⓗ; (専制政治をする) tyrannize over ..., tyrannize ⓗ. 《☞ ぎゃくたい》. ¶*虐げられた人々 *oppressed* people / the *oppressed* // 王は人民を*虐げた The king *tyrannized* (*over*) the people. // 人民は*虐げられて暮らしていた (⇒専制君主の下に) The people lived *under a tyranny*.

シーツ sheet Ⓒ《☞ ふとん(挿絵)》. ¶ 彼女はベッドにきれいな*シーツを敷いた She put clean *sheets* on the bed. 参考 ベッドでは普通シーツを 2 枚敷き, その間に入る格好で寝るので複数となる. ∥ ベッドの*シーツを取り替えなさい Change the *bedsheets.*

しーっ ―感 (静かに) hush [ʃː, hʌ́ʃ], hiss ; (動物などを追い払うとき) shoo. ―動 (しーっと言って追い払う) shoo ... away, scat 他. 《☞ 擬声・擬態語 (囲み)》. ¶ *しーっ静かに *Shut up! / Hush (up)!* ∥ 彼は*しーっと言って猫を追い払った He *scatted* the cat. / He *shooed* the cat *away.*

しいて 強いて ―副 (...の意志に反して) against *one's* will 《☞ あえて ; たって》.
¶ *強いて行かせるには及ばない You don't have to ⌈*force* [*press*] him to go. / (⇒ 彼の意志に反して行かせてはいけない) You should not let him go *against his will.* ∥ あなたが*強いてとおっしゃるのならそのようにしましょう I'll do so if you *insist.*

シート[1] (一般に覆うもの) cover Ⓒ ; (防水を施したカバー) waterproof canvas Ⓒ ; (トラックなどに付ける) tarpaulin Ⓒ ; (切手の) sheet Ⓒ.

シート[2] (座席) seat Ⓒ ; (いす) chair Ⓒ.

シード〘競技〙 ―動 seed 他. ―名 (シードされたチーム・人) seed Ⓒ. 《☞ スポーツ (囲み)》. ¶ 本校のチームは東京では第 3*シードだった Our team was No. 3 *seeded* in Tokyo.

シートベルト seat belt Ⓒ 《☞ 自動車 (囲み)》. ¶ *シートベルトを締めなさい Fasten your *seat belt.*

ジーパン jeans ★ a pair of jeans, two pairs of jeans のように数える. 《☞ 数の数え方 (囲み) ; 衣服 (囲み)》. ¶ *ジーパンをはいた女の子 a girl *in jeans*

ジープ jeep Ⓒ.

ジーメン (捜査官) investigator Ⓒ 参考 G-man 《複 G-men》は governmental man (=役人) の略とされるが,「アイルランドのダブリン警察の G 部の人」が語源だという説もある. いずれにしろ普通はあまり用いられない. ¶ 麻薬*ジーメン a narcotics *investigator*

しいる 強いる (力ずくなどで直接に) force 他 ★ 一般的な語 ; (相手に何かをせざるをえなくさせる) compel 他 ; (押しつけがましく) press 他. 《☞ きょうせい[1] (類義語) ; きょうよう[3]》. ¶ 彼女は辞職を*強いられた She *was forced to* resign.

シール seal Ⓒ 参考 seal は日本語の「シール」のほかに「封印」「公文書の印章」などの意味があることに注意. ¶ その手紙にクリスマスの*シールをはった I put a Christmas *seal* on the letter.

しいれ 仕入れ ―動 (仕入れる) lay in stock ; (手に入れる) get 他 ; (買う) buy 他. ¶ 小麦粉をたくさん*仕入れなくてはならない We must *lay in a large stock of* flour. ∥ 何か新しい情報を*仕入れたか Have you *got* any new information?
仕入れ価格 cost [buying] price Ⓒ **仕入れ係** purchase clerk Ⓒ **仕入れ先** supplier Ⓒ **仕入れ品** stock Ⓤ.

しいん[1] 子音〘音声学〙consonant Ⓒ 《☞ つづり字 (欄外)》.

しいん[2] 死因 cause of death Ⓒ. ¶ がんが彼の*死因だった Cancer was the *cause of his death.*

シーン (場面) scene Ⓒ ; (光景・目で見た状況) sight Ⓒ 語法 日本語の「シーン」は「映画の一こま」という意味から目の前の光景を指すようになったと思われるが, 英語では sight などほかの語を用いるほうがよい場合があることに注意. 《☞ こうけい[1] ; ばめん》.
¶ 感動的な[劇的な]*シーンだった It was a ⌈moving [dramatic] *scene.* ∥ 恐ろしい*シーンだった It was a horrible *sight.* ∥ ラブ*シーン a love *scene*

じいん 寺院 (キリスト教以外の) temple Ⓒ ; (回教の) mosque Ⓒ.

じいんと ¶ 胸に*じいんとくる話だった It was a ⌈*moving* [*touching*] story. / (⇒ その話は私の心を感動させた) The story *touched* my heart. ∥ その光景を見て目頭が*じいんと熱くなった (⇒ 涙がこぼれそうだった) I *was* almost *moved to tears* ⌈at [by] the sight.
【参考語】―動 (感動させる) move 他, touch 他. ―形 (感動的な) moving, touching.

しうち 仕打ち (扱い・処置) treatment Ⓤ.
¶ 彼はひどい*仕打ちを受けた He received bad *treatment.* / He *was treated* badly.

しうんてん 試運転 (試し) trial Ⓤ ; (車などの) test drive Ⓒ, trial run Ⓒ. 《☞ ためす》.
¶ 新しい機械はいま*試運転中です The new machine *is being* ⌈*tested* [*given a trial run*]. ∥ 新車を*試運転してみた I *test-drove* ⌈a [the] new car.

しえい 市営 ―形 (市の) city ; (市が所有している) city-owned, municipally owned.
¶ この地下鉄は*市営です This subway *is operated by the city.* **市営住宅** municipal apartment house Ⓒ ★ 住宅の集合をいう. 各戸を指すときは apartment Ⓒ という.
市営バス city [municipal] bus Ⓒ.

じえい 自衛 ―名 self-defense (《英》 self-defence) Ⓤ. ―動 defend [protect] *oneself.* ¶ 彼を撃ったのは*自衛上やむをえなかった I could not help shooting him in *self-defense.* **自衛権** the right of self-defense
自衛本能 the instinct of self-⌈protection [preservation].

じえいぎょう 自営業 ¶ 私は*自営業です I'*m self-employed.* 語法 self-employed は自分が経営者で, ほかから給料をもらっているのではないことをいう. ∥ 職業 : *自営業 occupation : retailer ★ retailer は「小売業者」.

じえいたい 自衛隊 the Self-Defense Forces 《略 SDF》. ¶ 陸上[海上, 航空]*自衛隊 the ⌈Ground [Maritime ; Air] Self-Defense Force ★ それぞれ GSDF, MSDF, ASDF と略す. 《☞ 略語 (欄外)》
自衛隊員 Self-Defense official Ⓒ.

シェークスピア ―名 固 Shakespeare.
―形 (シェークスピア風の) Shakespearean [ʃeikspí(ə)riən].

しえきどうし 使役動詞 causative verb Ⓒ 《☞ 使役 (囲み)》.

使　役

主として，人などにある動作をさせることを表す動詞を「使役動詞」(causative verb) と呼び，make, let, have, get, cause などがある．このような動詞は「作為動詞」(factitive verb) ともいうが，例えば，He *made* me go. のように，後にくる動詞に使役の意味を与える働きをする．

(1)　make, let, have

get, cause 以外の使役動詞の後は「目的語＋原形 (to のない不定詞)」を用いる．
¶「どうしてそう思うのですか (⇒ 何があなたにそう思わせるのか)」「いや虫の知らせなんです (⇒ ただの予感です)」"What *makes* you *think* so?" "Oh, it's just a hunch."
彼らはその少年を夜遅くまで働かせた They *made* the boy *work* till late at night. 語法 このような文を受動態にすると，The boy *was made to* work (by them) till late at night. のように to を用いる. 《☞ 受身 (囲み)》
自己紹介をさせて下さい *Let* me *introduce* myself. 語法 let は強制的にさせるのではなく，あることをしたいという意志を持っている人にそうさせること，あるいは事物の動きを妨げないで推移させることなどを意味する．
彼が帰ったらそちらへ電話をかけさせます I'll ˹*have* him [*get* him *to*] *call* you when he comes back. 語法 《米》では have を用いるほうが好まれる．

(2)　get, cause

get, cause の後は「目的語＋to＋動詞」を用いる．
¶「彼に手伝ってもらったらどうなの」「きょうは忙しいそうだ」"Why don't you *get* him *to help* you?" "He says he's busy today." 語法 ここでは「説得して手伝わせる」の意味．
この窓はちゃんと閉まらない I can't *get* this window *to close* properly. / This window will not close properly.
あらしのために私は旅行を延期することにした The storm *caused* me *to put off* the trip. 語法 ここでは「延期の原因」を表す．
大きな音がしたので彼女は飛びのいた A loud noise *caused* her *to jump* back. 語法 A loud noise *made* her *jump* back. よりも文語的．

(3)　過去分詞・現在分詞を伴う構文

¶私は新しい服を注文して作らせなければならない I must *have* a new suit *made* to order.
我々はその山を背景にして写真をとってもらった We *had* a picture *taken* with the mountain for a background.
彼女はホテルでカメラをとられた She *had* her camera *stolen* in the hotel. 語法 「have＋目的語＋過去分詞」は日本語では「…してもらう」「…させる」「…される」など，さまざまな意味になる．
ブラウンさんは人を雇って家のペンキを塗ってもらっている Mr. Brown *has* a man *painting* his house.
私はひとりの学生にリストを調べさせていた I *had* a student *checking* my list.

用　例

「気が進まないのにどうして行くことになったのですか」「仕事なのです」"What *made* you *go* against your will?" "It's my job."
「彼に音を立てるのをやめさせて下さい」「わかった」"Please *get* him *to stop* making that noise." "All right."
「すぐに彼をここから追い出してやろう」「いいえ，もう一日居させてあげなさい」"I'll *make* him *get* out of here right away." "No, *let* him *stay* for another day." 語法 強制的に「…させる」には make を，どちらかといえば「…したがっている」場合には let を用いる．
「到着したらすぐに私たちに知らせて下さい」「はい，そうします」"Please *let* us *know* as soon as you have arrived." "I will." 語法 第 1 文の let us は「…しましょう」の意味の let's ではなく，短縮形を用いない．「(あなたに)お知らせします」の場合は I'll *let* you *know*. / You'll hear from me. などとなる．
「質問があります (⇒ 質問をさせて下さい)」「はい，何ですか」"*Let* me *ask* you a question." "All right. What is it?"
「コートをどうぞ (⇒ コートを脱ぐのを手伝わせて下さい)」「ありがとう」"*Let* me *help* you with your coat." "Thank you."
「彼にあなたの持ち物をそちらへ届けさせましょうか」「どうもご親切に」"Shall I *have* him *take* your things to you?" "Oh, that's very kind of you." 語法 この場合は make を用いると強制的になる．
「このテレビを直してもらわなくちゃ」「スミスさんにやってもらいましょう」"We must *have* this television set ˹*repaired* [*fixed*]." "We'll *get* Mr. Smith *to do* that." 語法 修繕をする人を述べる場合には get *a person to do*, または have *a person do* の形を用いる. make *a person do* は強制的な場合だけ．

ジェスチャー gesture Ⓒ 《☞ みぶり》.
ジェット ☞ ジェットき. **ジェットエンジン** jet engine Ⓒ **ジェット気流** the jet stream **ジェット戦闘機** jet fighter Ⓒ **ジェットパイロット** jet pilot Ⓒ **ジェット旅客機** jet airliner Ⓒ.
ジェットき ジェット機 jet (˹plane [airplane]) Ⓒ; (定期航路のジェット旅客機) jet

airliner Ⓒ. ⟪☞ ひこうき⟫. ¶ 彼は*ジェット機で帰って来た He came back ˹by *jet* [on a *jet plane*].

ジェットコースター roller coaster Ⓒ.

ジェネレーション generation Ⓒ ⟪☞ せだい⟫. ¶ *ジェネレーションの差 a *generation* gap

シェパード German shepherd (dog) Ⓒ ⟪☞ いぬ[1] (挿絵)⟫.

しえん 支援 —名 support Ⓤ. —動 (支援する) support ㊀. ⟪☞ えんじょ; たすけ⟫.

しお[1] 塩 —名 salt [sɔ́:lt] Ⓤ. —形 (塩辛い) salty, salt. ⟪☞ 味 (囲み)⟫.

¶ 恐れ入りますが*塩を回していただけますか ⟪食卓で⟫ Would you please pass me the *salt*? / (⇒ 塩に手が届きますか) Can you reach the *salt*? 語法 前の文よりややぞんざいだが, 食卓でよく使われる. 答えはいずれも "Certainly." または "Sure." が最も普通. ⟪☞ 食事 (囲み); 意味 (欄外)⟫ // *塩を一つまみ[一さじ]加えて下さい Add ˹a pinch [a spoonful] of *salt*. ⟪☞ 数の数え方 (囲み)⟫ // 鶏肉によく*塩こしょうして下さい Season the chicken well with *salt* and pepper. // このスープは*塩がききすぎている This soup is too *salty*. / There's too much *salt* in this soup. // これは少し*塩気が足りない This needs a touch of *salt*.

塩入れ saltcellar Ⓒ; (振り出し式の) salt shaker Ⓒ **塩づけ** salted food Ⓤ.

しお[2] 潮 (海潮) tide Ⓤ ⟪☞ みちしお; ひきしお⟫. ¶ 引き*潮 ebb / ebb *tide* // 満ち*潮 flood / flood *tide* // *潮の満ち干 the ebb and flow (of the *tide*) // *潮が満ちてきている[引き始めている] The *tide* is ˹coming in [going out]. // *潮が満ちた[引いた] The *tide* is ˹in [out]. // 鯨が*潮を吹くのを見たことがありますか Have you ever seen a whale *blow*?

しおから 塩辛 salted fish ˹guts [entrails] ★ 複数形で.

しおからい 塩辛い salty ⟪☞ しお[1]; からい; 味 (囲み)⟫.

しおくり 仕送り —名 (毎月支給を受ける手当・小遣いなど) monthly allowance Ⓒ. —動 send a monthly allowance. ¶ 彼は月々 8 万円の*仕送りで生活している He lives on a *monthly allowance* of eighty thousand yen.

しおさい 潮騒 the sound of the ˹sea [waves].

しおどき 潮時 high time Ⓤ ⟪☞ チャンス⟫. ¶ 辞める*潮時だよ It's *high time* for you to resign. / It's *high time* you resigned. 語法 It is high time の後の節には仮定法を用いる. ⟪☞ 仮定の表現 (囲み)⟫

しおひがり 潮干狩 shell gathering Ⓤ. ¶ きのう木更津へ*潮干狩に行った We went to *gather seashells* at Kisarazu yesterday.

しおみず 塩水 salt water Ⓤ (↔ fresh water); (海水) seawater Ⓤ.

しおやき 塩焼 grilled salt fish Ⓤ ⟪☞ 食事 (囲み); 料理の用語 (囲み)⟫.

しおらしい (従順な) obedient; (つつましい) modest. ⟪☞ おとなしい⟫.

しおり (本の間に挟む) bookmark Ⓒ; (案内・パンフレットなど) brochure [broʃúə] Ⓒ.

しおれる 萎れる (植物などが干からびて) wither ㊁; (生気がなくなって) fade ㊁; (ぐんにゃりとなって) droop ㊁. ⟪☞ かれる[1]; しぼむ⟫. ¶ ばらの花が*しおれた The roses *have* ˹*faded* [*drooped*].

しか[1] 鹿 deer Ⓒ ★ 単複同形; (雄の) stag Ⓒ, buck Ⓒ, hart Ⓒ 語法 stag が一般的. buck はうさぎ・やぎ・かもしかなどにも使う. hart は特に 5 歳以上の雄の赤鹿; (雌の) hind Ⓒ, doe Ⓒ 語法 hind が一般的. doe はうさぎ・やぎ・かもしかなどにも使う; (子鹿) fawn Ⓒ 語法 以上は, 普通は deer で代表する; (鹿肉) venison Ⓤ. ⟪☞ おす[3] (表)⟫.

鹿皮 buckskin Ⓤ **鹿の角** antler Ⓒ.

しか[2] 市価 the market ˹price [value].

¶ *市価の変動 *market* ˹movements [fluctuations] // この自転車は*市価の 2 割引きで買った I bought the bicycle at a discount of 20 percent off *the market price*.

しか[3] 歯科 dentistry Ⓤ, dental surgery Ⓤ. ⟪☞ はいしゃ[1]⟫. **歯科医** dentist Ⓒ, dental surgeon Ⓒ ★ 後者はやや形式ばった表現. **歯科医院** dental ˹clinic [office] Ⓒ **歯科大学** dental college Ⓒ.

-しか (…だけしか・たった…だけ) only ★ この語は修飾する語によって位置が変わることに注意. ⟪☞ 副詞の位置 (欄外); -だけ⟫.

¶ 私は 500 円*しか持っていない I have ˹*only* [*no more than*] 500 yen.

私*しかそのことを知らない *Only* I know that./ I *alone* know that.

私の愛しているのはあなた*しかいない I love *only* you. / You are the *only* woman I love.

頼れるのは君*しかいない It's *only* you that I can rely on. / There is nobody *but* you for me to rely on. ★ 前者のほうが口語的. 後者は「君のほかにはだれもいない」の意.

こんなことをするのは彼*しかいない *No one but* him would do such a thing.

その問題を解決する方法はこれ*しかない (⇒ 唯一の方法だ) This is the *only* way [There is *no other* way *than* this] to solve the problem. ★ 前者のほうが普通.

そこへは一度*しか行ったことがない I have been there ˹*only* [*just*] once.

金はこれ*しか持っていない (⇒ これが私の持っている金のすべてだ) This is *all* the money I have.

あなたが間違っていると*しか思えない I ˹*can't help* thinking [*can't but* think] that you are in the wrong.

じか[1] 直 —副 (直接に) directly; (本人自身で[に]) personally, in person. ⟪☞ ちょくせつ⟫. ¶ これを*じかに彼女に渡して下さい Please hand this *directly* to her. // 君が*じかに尋ねたらよかろう You should ask him ˹*personally* [*in person*]. // 私はいつもパジャマを素肌に*じかに着る (⇒ 肌の隣に) I always wear pajamas *next to my skin*.

じか[2] 時価 (the) current price(s) ⟪☞ しか[2]⟫. ¶ その土地は*時価以上で売れた The lot was sold above *the* ˹*current price* [*market*

value]. // 盗まれた王冠は*時価 (⇒ 現在の金で) 1 億円といわれる The stolen crown is said to be worth a hundred million yen in *today's money*.

じが 自我 (自己) self Ⓤ; 〖哲学〗 ego Ⓤ.
¶ 彼は*自我の強い男だ He is ˹*self-centered* [*egoistic*].

しかい[1] 司会 (パーティー・ショー・テレビなどの司会者) master of ceremonies Ⓒ 《略 M.C.》.
¶ 彼はそのテレビ番組の*司会をしている He is the *master of ceremonies* of that TV program.

しかい[2] 視界 sight [sáit] Ⓤ, view Ⓤ; (見通し) visibility Ⓤ. 《☞ しや》.
¶ 富士山が*視界に入ってきた Mt. Fuji came into ˹*view* [*sight*]. // あっという間に彼の飛行機は*視界から消えた In a moment his plane passed out of ˹*sight* [*view*]. // 霧のため*視界が悪い *Visibility* is poor because of the fog.

しかい[3] 市会 (市議会) municipal [city] assembly Ⓒ 《☞ ぎかい》. **市会議員** member of the ˹municipal [city] assembly Ⓒ 《☞ ぎいん》.

しがい[1] 市外 ― [名] (郊外) suburb Ⓒ ★ 市外全体をいうときは the suburbs; (市・町などの周辺地区) outskirts ★ 複数形で. ― [形] (市外の) suburban. 《☞ こうがい[1]; きんこう[2]》.
¶ 彼は名古屋の*市外に住んでいる He lives ˹in a *suburb* [on the *outskirts*] of Nagoya. // *市外に住む人が多くなった More and more people move into *the suburbs*.
市外通話[電話] long-distance call Ⓒ, 《英》 trunk call Ⓒ. 《☞ 電話の英語 (囲み)》. ¶ *市外通話をする make a *long-distance call*

しがい[2] 市街 (街路) the streets; (市) city Ⓒ; (市も含めて市街のある所) town Ⓒ. 《☞ まち; しない[1]; とおり》.
¶ 旧*市街 the old section of the *city* // *市街に入ると道は急に混んできた The streets were becoming rapidly crowded ˹when [as] we drove into the *town*.
市街戦 street fighting Ⓤ **市街地図** city map Ⓒ **市街電車** streetcar Ⓒ, 《英》 tram (car) Ⓒ.

しがい[3] 死骸 (人間・動物の) (dead) body Ⓒ ★ 最も一般的な語. 誤解のおそれのないときは body のみでよい; (人間の) corpse Ⓒ; (動物の) carcass Ⓒ. 《☞ したい[1] (類義語)》.

じかい *次回* ― [形] (次回の) next. ― [副] (次回に) next time. 《☞ このつぎ; こんど》.
¶ *次回の会議は来週の水曜です The *next* meeting will be held *next* Wednesday.

しがいせん 紫外線 ultraviolet rays ★ 複数形で.

しかえし 仕返し ― [動] (報復する) revenge (他), revenge *oneself* on ..., take revenge on ..., retaliate (against ...) (自) ★ retaliate は改まった語; 《口語》 get back at ... ― [名] revenge Ⓤ, retaliation Ⓤ. 《☞ ほうふく[1]; ふくしゅう[2]》.
¶ あの男に*仕返ししてやる I'll ˹*revenge myself* [*take revenge*] *on* him. // 私が*仕返ししてやる (⇒ あなたの恨みを晴らしてやる) I'll ˹*revenge* you [*take revenge* on your behalf]. // いつか*仕返ししてやるからな I'll *get back at* you sometime. ★ revenge よりも軽い意味.

しかく[1] 資格 ― [名] (ある職・権利の獲得のための資格) qualification Ⓤ; (能力・適格性) competence Ⓤ; (免許) license (《英》 licence) Ⓒ; (要件) requirements ★ 通例複数形で. ― [動] (資格を与える) qualify (他), entitle (他). 《☞ めんきょ》.
¶ 私は中学教員の*資格がある I *am qualified* as a junior high school teacher. / I have a *license* to teach junior high school. // 彼女は医師の*資格を取った She has obtained a ˹doctor's [medical practitioner's] *license*.
資格検定試験 qualifying examination Ⓒ
資格審査 screening Ⓤ.

しかく[2] 四角 ― [名] (正方形) square Ⓒ; (四辺形) quadrilateral Ⓒ. ― [形] square; quadrilateral. ¶ *四角い紙 a *square* (piece) of paper

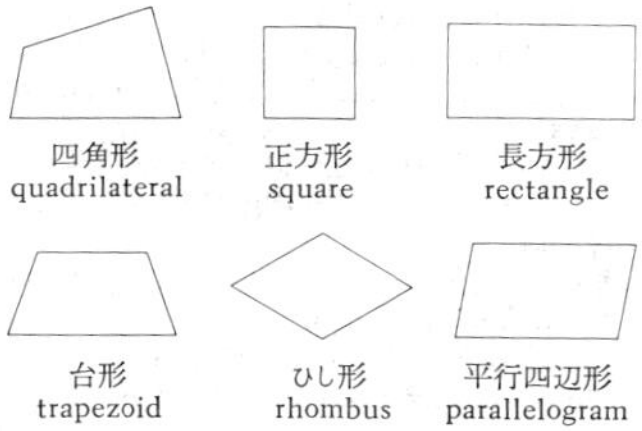

しかく[3] 視覚 vision Ⓤ 《☞ しりょく[1]》.

しかく[4] 死角 dead angle Ⓒ.

しがく[1] 史学 history Ⓤ. **史学科** history department Ⓒ.

しがく[2] 私学 (私立学校) private school Ⓒ; (私立大学) private ˹college [university] Ⓒ.

じかく[1] 自覚 ― [動] (悟る) realize (他); (急に気がつく) awaken (to ...) (自). ― [形] (意識している・わかっている) conscious (of ...), aware (of ...) ★ aware は述語的に用いる. 前者のほうがより改まった語. ― [名] consciousness Ⓤ, awareness Ⓤ. 《☞ いしき; さとる》.
¶ 彼は力不足を*自覚していない He is not ˹*aware* [*conscious*] *of* his lack of ability. // 本人の*自覚を待つよりほかはない We can do nothing but to expect him to ˹*awaken to* [*realize*] the situation.
自覚症状 subjective symptom Ⓒ.

じかく[2] 字画 the number of strokes (in a character).

しかけ 仕掛け (装置) device Ⓒ; (ちょっとした小道具的な仕掛け) 《口語》 gadget [gǽdʒit] Ⓒ; (やや手の込んだ装置) contrivance [kəntráivəns] Ⓒ ★ 形式ばった語; (機械装置) mechanism Ⓒ; (トリック) trick Ⓒ.
¶ この人形はバネ[電気]*仕掛けで動く A spring [An electric] *device* makes this doll move. // これが新しいゴキブリ取りの*仕掛けです This is a new *gadget* for killing cockroaches. // このスイッチを入れるとモーターが回る*仕掛けになっている This switch sets the

motor *in operation.* // 種も*仕掛けもない There is no *trick* in it.
仕掛け花火 (集合的に) set fireworks.

しかける 仕掛ける (わな・爆弾などを) set ㊀; (時限爆弾などをこっそりと) plant ㊀; (けんかなどを) pick (a quarrel) with … ¶ 彼は畑にわなを*仕掛けた He *set* the field with traps. // だれかが機内のどこかに爆弾を*仕掛けた Somebody *planted* a bomb somewhere in the plane.

シカゴ Chicago《☞ アメリカ (表)》.

しかざん 死火山 extinct volcano Ⓒ《☞ かざん》.

しかし but …, however, … ; (対立を明確にして) yet ; (副詞的に) still, nevertheless ; (付け足し的に) though.

【類義語】最も日常的な語は **but**. ほぼ同じ意味だが, やや形式ばった語が **however** で, この語は文頭・文中・文尾のいずれにも置かれる. 非常に対立を明確に表現し,「それでもやはり・しかしやはり」の意味では **yet**. 文修飾の副詞として「そうはいってもしかし」という意味では **still**. ほぼ同意だが, やや形式ばっていう語が **nevertheless**. 口語的な表現で, 文尾に置かれ, 追加的にいうときには **though** が用いられる.《☞ だが; -が ; けれど(も) ; 譲歩の表現 (囲み) ; 接続詞 (欄外)》

¶ 彼は貧しかった. *しかし友人には恵まれていた He was poor, *but* (he was) rich in friends. // 彼は才能がある. *しかしどうも努力が足りない He is talented ; *however*, he doesn't work hard enough. // 彼はよく働いた. *しかし一生貧乏だった He worked hard ; *nevertheless* he remained poor all his life. // *しかし, どうも変なところがある There's something ˹strange [funny], *though*.

じがじさん 自画自賛 ¶ あの男はいつも*自画自賛だ (⇒ 自分自身のラッパを吹く) He always *blows his own trumpet*.《☞ じまん》

じかせい 自家製 ━ 形 (自家製の) homemade《☞ てせい ; てづくり》.

じかせんえん 耳下腺炎 (専門用語では) parotitis [pæ̀rətáitis] Ⓤ ; (通俗的には) mumps ★ 単数扱いで.

じがぞう 自画像 self-portrait Ⓒ.

しかた 仕方 (やり方) way Ⓒ ★ 最も口語的で一般的な語; (…のやり方) how to *do* ★ 動詞の原形を伴う; (系統だったやり方) method Ⓒ; (手段) means Ⓒ ★ 単複同形.《☞ やりかた》.
¶ 彼女に料理[運転]の*仕方を教えてやりなさい Teach her *how to* ˹cook [drive]. // あの男のあいさつの*仕方が気に入らない I don't like his *way* of greeting people. // 彼の勉強の*仕方はどこか間違っている There is *something wrong* with his *method* of study.

しかたがない 仕方がない ━ 動 (…せざるをえない) cannot help (*doing*), cannot help but (*do*) ★ いずれも「人」を主語にして; (役に立たない) it is no ˹use [good] (*doing*) ; (…したくて仕方がない) want very much (to *do*) ; 《口語》 be dying (for … ; to *do*).《☞ しようがない ; やむをえない》.
¶ *仕方がない *It cannot be helped*. / You *cannot help it*.
彼がどうしても一人で行くというのなら*仕方がない We *cannot help* it if he wants to go alone.
彼を首にするよりほか *仕方がない (⇒ …以外の選択はない) We *have no choice but* to fire him.
済んだことは*仕方がない (⇒ やったことはやったことだ) What is done *is done*. / (⇒ やったことは元に戻らない) What is done *cannot be undone*.
泣いたって*仕方がない (⇒ 泣くのは無益だ) *It's no use* crying.
こんなナイフじゃ *仕方がない (⇒ 役に立たない) This knife *won't do*.
ある程度の間違いは*仕方がない (⇒ 不可避だ) Some errors are *inevitable*.
ビールが飲みたくて*仕方がない *I'm dying for* a glass of beer.
車の運転を習いたくて*仕方がない I *want* to learn how to drive very much.

しかたなく 仕方なく (いやいやながら) unwillingly, reluctantly; (自分の意志に反して) against *one's* will.《☞ しぶしぶ》. ¶ *仕方なく彼は出発の用意を始めた *Unwillingly* [*Reluctantly*] he began to get ready for departure. // *仕方なく彼は私についてきた (⇒ 意志に反して) He followed me *against his will*.

じかだんぱん 直談判 ━ 動 (個人で直接話す) talk to … personally.

しかつ 死活 life ˹and [or] death. ¶ それは我々には*死活問題だ It's a matter of *life or death* for us.

しがつ 四月 April《略 Apr.》★ 語頭は必ず大文字.《☞ いちがつ 語法 ; 時刻・日付・曜日 (囲み) ; 略語 (欄外)》. **四月ばか** (四月ばかの日にかつがれた人) April fool Ⓒ ; (四月ばかの日) April Fools' Day.

じかつ 自活 ━ 名 self-support Ⓤ. ━ 動 support *oneself* ; (自分で生活費を稼ぐ) earn *one's* living.《☞ じりつ》.

しかつめらしい 鹿爪らしい (形式ばった) formal ; (堅苦しい) ceremonious ; (まじめくさった) solemn.《☞ かたくるしい》. ¶ *しかつめらしい顔をして with a *solemn* face

しがない ━ 形 (下っぱの) petty.

じかに 直に ☞じか¹.

じがね 地金 (元に使ってある金属) ground metal Ⓤ. ¶ 金の*地金 gold bullion ★ 延べ棒の純金. // 彼女は*地金を現した (⇒ 自分自身を現した) She *betrayed herself*.

しかばね 屍 corpse Ⓒ《☞ しがい³》. ¶ 彼は生ける*屍だ He is like a living *corpse*.

しがみつく (抱きつくようにしてぴったりと) *cling to* …《過去・過分 clung》; (しっかりと物を握る) hang on to …《過去・過分 hung》; (握って離さない) hold on (fast) to …《過去・過分 held》.《☞ すがる》. ¶ 少女は母親に*しがみついた The little girl *clung to* her mother. // 彼は岩にしっかりと*しがみついた He *held on fast to* the rock.

しかめっつら しかめっ面 (相手を怖がらせるた

めの) glowering [frowning] face Ⓒ; (不愉快のための) grimace Ⓒ. ¶ 彼は弟の不作法な言葉に*しかめっ面をした He *grimaced* at his brother's rude words.

しかめる (怖い顔をする) glower ㊀; (いやな顔をする) frown ㊀; (苦痛・不快などで) grimace ㊀. ¶ 彼女は私に向かって顔を*しかめた She *frowned* at me. // 彼は痛みで顔を*しかめた He *grimaced* with pain.

しかも (その上) moreover, besides; (さらによい[悪い]ことには) and what is ˹better [worse]. (☞ そのうえ; さらに; おまけに).
¶ その家は気に入らなかった. *しかも値段も高すぎた I didn't like the house; ˹*moreover* [*besides*], the price was too high. // 彼女は美人で*しかも金持ちだ She is pretty, and *what is* ˹*more* [*still better*], she is rich. / (⇒ 美人なだけでなくまた) She is not only pretty *but* (*also*) rich.

じかようしゃ 自家用車 family car Ⓒ ★ これは「家族で使う車」という意. もし「個人所有の車」という説明的な表現をすれば privately owned car Ⓒ という. (☞ マイカー).

しかる 叱る (やかましく) scold ㊉; (注意を与えるために) reprove [riprúːv] ㊉; 《口語》 tell off ㊉, dress down ㊉.
【類義語】 怒ってがみがみしかることを意味する最も一般的な語は **scold**. 矯正を目的とする穏やかなしかり方は **reprove** で, やや形式ばった語. 口語で, 文句を言ってしかりつけるのは **tell off**, **dress down** という. (☞ がみがみ; こごと)
¶ 母親は娘を帰りが遅いと*しかった The mother ˹*scolded* [*reproved*] her daughter for staying out too late. // 先生はみんなの前でその子を*しかった The teacher ˹*told* him *off* [*dressed* him *down*] in front of everyone. // あの子はうんと*しかってやらなくちゃいけない That child needs a good ˹*scolding* [*telling-off*].

しかるべき 然るべき 一 ㊅ (適切な・基準に合致するような) proper; (ふさわしい) suitable; (相応の) due; (ちゃんとした・人々にも認められるような) respectable. (☞ ふさわしい).
¶ だれか*然るべき人の推薦状が必要です You will need a recommendation from some ˹*proper* [*respectable*; *suitable*] person. // 彼に何か*然るべき仕事を見つけてやろう I'll find him some *suitable* job. // 彼は自分の骨折りに対して*然るべき報酬を得た He received his *due* reward for his efforts.

しかるべく 然るべく (最もよいと思うように) as *one* thinks ˹best [fit]. ¶ その件は*然るべく取り計らいます I'll handle the matter *as I think best*. / (⇒ うまくいくようにする) I will see that it will be all right.

しかん 士官 officer Ⓒ. **士官学校** military academy Ⓒ.

しがん 志願 一 ㊔ (申し込み) application Ⓤ. 一 ㊍ (申し込む) apply (for ...) ㊀; (進んで事に当たる) volunteer ㊀ ㊉. (☞ もうしこむ). ¶ 大学の入学*志願者 the *applicants* for entrance to a university
志願兵 volunteer Ⓒ.

じかん¹ 時間 (1時間・1日の中の時刻) hour Ⓒ; (時) time Ⓤ; (学校の時限・決められた一定の時間) period Ⓒ; (教室での授業) class Ⓒ. (☞ じこく¹ (類義語); 時刻・日付・曜日 (囲み); 度量衡 (囲み)).
¶ 1*時間は60分だ One [An] *hour* has sixty minutes. / There are sixty minutes in an *hour*.
それから3*時間半たった Three and a half *hours* have passed since then.
東京から鎌倉まで車で何*時間ぐらいかかりますか How many *hours* does it take to drive from Tokyo to Kamakura?
ここから頂上まで歩いて2*時間ぐらいだ It's about two *hours'* walk from here to the top.
我々は何*時間も待たされた We were kept waiting for *hours*.
*時間がどんどんたつ *Time* flies. / (⇒ 決められた時間が) The *hours* pass quickly.
*時間がなくなってきた Our *time* is running out. / We are running out of *time*.
もう*時間があまりない There is not much *time* left.
もう*時間です *Time* is up. 【語法】 割り当てられた時間が終わったことを告げる言い方.
私はひどく*時間に追われている I am hard pressed for *time*.
考える*時間を下さい Give me *time* to think it over.
暇な*時間なんてないよ I have no *time* to spare. / I have no spare *time*.
*時間を浪費したくない We do not want to waste *time*.
*時間をつぶすために公園を散歩した I took a walk in the park to kill *time*.
ちょっと*時間をさいていただけますか Could you spare me a few *minutes*?
この道具を使うとうんと*時間の節約になるよ This tool will save you a lot of *time*.
この仕事は*時間がかかりそうだ I'm afraid this work will take *time*.
この時計は*時間が正確だ This watch keeps good *time*.
*時間までに着くかな I doubt if we can get there *in time*.
列車は*時間どおりに着いた The train arrived *on time*.
約束の*時間に遅れてしまった I was ˹late [behind *time*] for my appointment.
音楽会の*時間が変更になった The *hour* for the concert has been changed.
彼女はいつも*時間どおりに来る (⇒ 時間厳守だ) She is always *punctual*.
2*時間目は英語です We have English in the second ˹*hour* [*period*].
彼は数学の*時間に小説を読んでいた He was reading a novel during the math *class*.
時間外勤務 overtime Ⓤ **時間外手当** overtime pay Ⓤ **時間給** (制度としての) payment by the hour Ⓤ; (金額) hourly wages ★ 通例複数形で. **時間帯** time zone Ⓒ **時間表** (電車などの) 《米》 (train) schedule

Ⓒ, 《英》 time table Ⓒ.
【参考語】 ―形 (1時間ごとの) hourly. ―副 (1時間ごとに) hourly.

じかん² 次官 (一般的表現で) vice-minister Ⓒ ★ 日本語の直訳としては普通これを用いる; 《米》 assistant secretary Ⓒ, 《英》 undersecretary Ⓒ. ¶ 文部*次官 *Vice-Minister* of Education

しき¹ 指揮 ―動 (楽団を) conduct ㊀㊁; (軍隊などを指揮する) command ㊀. ―名 command Ⓤ. 《☞ かんとく; しどう¹》.
¶ *指揮はカラヤンだった The orchestra *was conducted* by Karajan. // カラヤン*指揮のブラームスの交響曲第4番 Brahms's Symphony No. 4 *under the baton of* Karajan // その分隊はスミス大尉の*指揮下にある The squad is under the *command* of Captain Smith.
指揮官 commander Ⓒ **指揮者** (音楽の) conductor Ⓒ **指揮棒** (音楽の) baton Ⓒ.

しき² 式 **1** «儀式»: (行事) ceremony Ⓒ; (特に宗教上の) rite Ⓒ ★ しばしば複数形で. 《☞ ぎしき; -しき》.
¶ *式は荘重に行われた The *ceremony* was 「held [performed] solemnly. // 私は病気で*式に参列しなかった I didn't attend the *ceremony* because I was sick in bed. // 君たちはいつ*式を挙げるのかね (⇒ いつ結婚するのか) When are you going to get married?
2 «数学などの式»: (一般的な式) expression Ⓒ; (公式) formula Ⓒ; (等式) equation Ⓒ; (不等式) inequality Ⓒ. 《☞ こうしき²》.
¶ 私の理論を*式にするとこんな具合になる My theory can *be formulated* like this.

しき³ 士気 (広い意味で意気) morale [mərǽl] Ⓤ; (闘志) fighting spirit Ⓤ. ¶ 選手の*士気は上がっている The players' *morale* is 「improving [rising]. // 連敗で選手の*士気は落ちた The players' *morale* 「sagged [flagged] owing to the successive defeats.

しき⁴ 四季 the (four) seasons 《☞ きせつ》. ¶ この庭園は*四季を通じて (⇒ 一年中) 美しい This garden is beautiful 「*throughout the year* [*all the year round*].

しき⁵ 死期 the 「hour [time] of death; (最期) *one's* end. 《☞ し²》. ¶ *死期が近づいた I am near *my end*.

-しき …式 (最も一般的に, 習慣・様式などの意味で) way Ⓒ; (やり方) fashion Ⓒ; (一定の型) style Ⓒ. 《☞ -りゅう》.
¶ 日本*式生活にもう慣れましたか Have you become accustomed to the Japanese *way* of life? // アメリカ*式にやろう Let's do it the American *way*. // この町にはゴシック*式の建物がたくさんある You can find a lot of architecture in the Gothic *style* in this town.

しぎ 鴫 snipe Ⓒ.

じき¹ 時期 (ある時) time Ⓤ ★ 最も一般的な語; (季節・盛りの時) season Ⓒ; (一定の期間を区切った) period Ⓒ. 《☞ じせつ¹; じこう³》.
¶ 毎年この*時期は雨が多い We have a lot of rainfall at this *time* of the year. // ハイキングにはいまが一番いい*時期だ This is the best *season* for hiking. // いまはかきのうまい*時期だ Oysters are now *in season*. // いちごはいまは*時期はずれだ Strawberries are *out of season* now.

じき² 直 (間もなく) soon, before long ★ 後者がやや形式ばった言い方; (2, 3分で) in a few minutes; (ほとんど) almost. 《☞ まもなく》. ¶ 主人は*じきに戻ってきます My husband will 「*soon* be back [come back *in a few minutes*]. // 雨は*じきにやむでしょう It will stop raining *before long*. // もう*じき6時だ It's *almost* six.

じき³ 次期 ―形 (次の) next 《☞ つぎ¹》.
¶ *次期国会 the *next* session of the Diet // *次期大統領 the President-elect 〔語法〕 選挙が終わって次の大統領に決まった人を指す.

じき⁴ 磁気 ―名 magnetism Ⓤ. ―形 (磁気の・磁気を帯びた) magnetic.
磁気テープ magnetic tape Ⓒ.

じき⁵ 磁器 porcelain [pɔ́ːs(ə)lin] Ⓤ.

しきい 敷居 threshold [θréʃ(h)òuld] Ⓒ.
敷居が高い ¶ ごぶさたばかりしてどうも*敷居が高くなりました (⇒ 来るのが気まずい) I have not been here for so long that I *feel awkward in coming*.
敷居をまたぐ ¶ あいつには二度とこの家の*敷居はまたがせないぞ I'll never let him *cross my threshold*.

しきいし 敷石 (地面に敷く大きくて平らな) paving stone Ⓒ; (砂利) gravel Ⓤ.

しぎかい 市議会 municipal [city] assembly Ⓒ 《☞ ぎかい》. **市議会議員** member of the 「municipal [city] assembly Ⓒ 《☞ ぎいん》.

しきがわ 敷き皮, 敷き革 (fur) rug Ⓒ; (靴の) inner sole Ⓒ.

しききん 敷金 (保証・予約のための) (damage) deposit Ⓒ 《☞ 家・部屋 (囲み)》.

しきさい 色彩 ―名 (色) color (《英》 colour) Ⓒ. ―形 (色彩豊かな) colorful. 《☞ いろ (類義語)》. ¶ 日本の着物は*色彩豊かだ Japanese kimonos are *colorful*. // 彼女はなかなか*色彩感覚がいい She has a good sense of *color*. // 政党的*色彩のない人を選ぼう Let's choose a man without any party *coloring*.

しきざき 四季咲き ―形 (通俗的には) perpetual. ¶ *四季咲きのばら *perpetual* roses

しきし 色紙 a square piece of fancy paper (for writing a poem on) ★ 説明的表現.

しきじ 式辞 address Ⓒ. ¶ *式辞を述べる give [deliver] an *address* 〔語法〕 [ ] 内のほうが形式ばった言い方.

じきじき 直直 ―副 (本人自身で[に]) personally, in person. 《☞ みずから; じか¹》.

しきしゃ 識者 (専門家) expert Ⓒ 〔参考〕 英語では日本語の「識者」のような漠然とした言い方をしないのが普通.

しきじゃく 色弱 incomplete color blindness Ⓤ 《☞ しきもう》.

しきじょう¹ 式場 ceremonial hall Ⓒ 《☞ かいじょう¹》.

しきじょう² 色情 (性欲) sexual 「appetite

[desire] Ⓤ; (色欲) lust Ⓤ ★ 前者のほうが客観的な表現. 《☞ せいよく; よく²》.
色情狂 (病気) sexual mania [méiniə] Ⓤ; (人) sexual maniac [méiniæk] Ⓒ.

しきせ 仕着せ ☞ おしきせ.

しきそ 色素 〖生物〗 pigment Ⓤ.

しきたり 仕来たり (慣習) convention Ⓤ; (風習) custom Ⓤ; (慣例) practice Ⓒ. 《☞ しゅうかん¹; かんしゅう¹》.

しきち 敷地 (ある目的のための用地) site Ⓒ; (住宅などのための区画された狭い地所) lot Ⓒ.

しきちょう 色調 (色あい) (color) tone Ⓒ; (明暗の度合い) shade Ⓒ. 《☞ いろ》.

じきでし 直弟子 pupil Ⓒ ★ pupil という語にすでに個人的な教えを受けたものという意味があるので, この訳語で十分である. 《☞ でし》.

しきてん 式典 ceremony Ⓒ 《☞ しき²; ぎしき》.

じきに 直に ☞ じき².

じきひつ 直筆 (自筆) autograph Ⓒ; (その人自身の筆跡) *one's* own ⌈hand Ⓒ [handwriting Ⓤ]. 《☞ じひつ》. ¶ この書簡は王の*直筆だ This letter *was written* by the king *himself*. ∥ 私は漱石*直筆の原稿を手に入れた I've obtained a manuscript in Soseki's *own* ⌈*hand* [*handwriting*].

しきふ 敷布 sheet Ⓒ 《☞ シーツ》.

しきふく 式服 formal dress Ⓒ 《☞ れいふく; 衣服 (囲み)》.

しきぶとん 敷蒲団 (ベッドの) mattress Ⓒ 《☞ ふとん 語法》.

しきべつ 識別 ― 動 (違いを述べる) tell ㊀ ★ 一般的で口語的な語; (特徴をつかんでほかとはっきりと区別する) distinguish ㊀; (類似しているものの微妙な違いを見分ける) discriminate ㊀. ― 名 discrimination Ⓤ. 《☞ くべつ (類義語); みわける》.

しきもう 色盲 ― 形 (色盲の) color-blind (《英》 colour-blind). ― 名 color blindness Ⓤ.

しきもの 敷物 (じゅうたん) carpet Ⓒ; (小型のじゅうたん) rug Ⓒ; (マット・むしろ・ござの類) mat Ⓒ. 《☞ じゅうたん》. ¶ 彼女はテーブルの下に*敷物を敷いた She spread a *rug* under the table.

しきゅう¹ 支給 ― 動 (与える) give ㊀ 語法 日本語の「支給」に相当するような形式ばった感じはない; (必要な物を与える) *supply* ㊀, *provide* ㊀; (一定の金を定期的に与える) allow [əláu] ㊀. ― 名 supply Ⓤ; provision Ⓤ; allowance Ⓒ.
¶ 生徒たちは教科書を*支給された The pupils *were* ⌈*given* [*supplied with*] textbooks. ∥ あなたに交通費として月 1 万円を*支給しよう We'll *allow* you ten thousand yen a month for transportation.

しきゅう² 至急 ― 形 (緊急の) urgent; (差し迫った) pressing ★ 以上 2 つは事の重大さを表すニュアンスがある; (迅速な) prompt; (即時の) immediate. ― 副 urgently; promptly; (直ちに) at once, immediately ★ 後者はやや形式ばった語だが, 強調のために会話でもよく用いられる; (できるだけ早く) as ⌈soon [quickly] as possible. 《☞ ただちに; きゅう¹》.
¶ 彼は*至急の用事で大阪へ行った He went to Osaka on ⌈*urgent* [*pressing*] business. ∥ *至急ご返事を下さい I would appreciate your *prompt* reply. ∥ これを*至急田中さんへ届けてくれ Take [Deliver] this to Mr. Tanaka *as* ⌈*soon* [*quickly*] *as possible*. ∥ この傷は*至急手当を要する The wound should be treated ⌈*promptly* [*immediately*].

しきゅう³ 子宮 womb [wú:m] Ⓒ; (専門用語として) uterus [jú:tərəs] Ⓒ 《複 uteri [-rài]》.

しきゅう⁴ 四球 (野球の) base on balls Ⓒ, walk Ⓒ. 《☞ フォアボール; 野球の英語 (囲み)》.

じきゅう 時給 payment by the hour Ⓤ 《☞ きゅうりょう¹》.

しきゅうしき 始球式 opening of a ball game Ⓤ. ¶ 知事の*始球式で試合が始まった The game was started with the (first) ball thrown by the governor.

じきゅうじそく 自給自足 self-sufficiency Ⓤ.

じきゅうりょく 持久力 ¶ 彼の*持久力 (⇒スタミナ) は大したものだ I admire his ⌈*stamina* [*staying power*]. 《☞ こんき¹; にんたい》

しきょ 死去 death Ⓤ 《☞ しぬ》.

しきょう 司教 (カトリック教会の) bishop Ⓒ. ¶ 大*司教 an *archbishop* [ὰətʃbíʃəp]

しぎょう 始業 ― 動 (学校などが始まる) begin ㊁, start ㊁; (店などが開く) open ㊁. ― 名 opening Ⓤ. ¶ 学校は 8 時半*始業です School ⌈*begins* [*starts*] at eight-thirty. ∥ 会社は 9 時*始業, 5 時終業です The office *opens* at 9 a.m. and closes at 5 p.m.
始業式 the opening ceremony.

じきょう 自供 ― 動 (白状する) confess ㊀ ㊁; (一般的な平易な表現では) tell what *one* has done. ― 名 confession Ⓤ. 《☞ じはく; はくじょう²》. ¶ 彼は犯行のすべてを*自供した He *made a full confession* of his crimes. / He *told* the police *everything he had done*. ∥ 男は殺人を*自供した He *confessed* that he had committed murder.

じぎょう 事業 (売買などの取り引き) business Ⓤ; (大胆に行う企て) enterprise Ⓒ.
【類義語】 一般的で意味の広い語は ***business*** で, 単に商売だけでなく work と同意に用いられることもある. 日本語の「事業」も多くの場合はこの語に相当する. しかし, 特に「企て」というニュアンスを強調したいときは ***enterprise*** を用いる. 《☞ しょうばい; じつぎょう》
¶ 彼は*事業に失敗[成功]した He ⌈failed [succeeded] in *business*. ∥ 国家[民営]*事業 a ⌈state [private] *enterprise*
事業資金 business funds ★ 複数形で.

しきよく 色欲 lust Ⓤ 《☞ しきじょう²》.

しきょく 支局 branch (office) Ⓒ 《☞ しぶ》.

じきょく¹ 時局 (事態) situation Ⓒ; (情勢) the state of ⌈affairs [things]. 《☞ じたい¹; じょうせい》. ¶ この重大な*時局を乗り切るにはこれしか方法はない This is the only means we have to tide us over this ⌈critical *situation* [*crisis*].

じきょく² 磁極 magnetic pole Ⓒ.

しきり 仕切り (部屋をさらに区切っているついたてや薄い壁) partition Ⓒ; (区画された部分) compartment Ⓒ. 《☞ しきる》. ¶ 部屋は*仕切りによって2つに分かれていた The room was divided in two by a *partition*. // このかばんは*仕切りが4つある This bag has four *compartments*.

しきりに 頻りに (非常に頻繁に) very often ★ 最も口語的; (短期間に繰り返し) frequently ★ やや形式ばった表現; (絶えず) continually; (熱心に) eagerly. 《☞ 頻度を表す副詞 (囲み)》.
¶ 彼はこのごろ*しきりに顔を見せる He ｢*often* [*frequently*] comes to see me these days. // 彼は*しきりに私に同行を勧めた He *urged* me to go with him. // 彼は*しきりにあなたに会いたがっている He is *anxious* to see you.

しきる 仕切る (部分に分ける) divide ㊀; (仕切りによって分ける) partition ㊀. 《☞ わける; へだてる》. ¶ その部屋はついたてで2つに*仕切られていた The room *was* ｢*partitioned* [*divided*] in two by a screen.

しきん 資金 (特定の目的のための金) fund Ⓒ ★ すぐ使える手持ちの金・財源の意味では通例複数形で; (資本金) capital Ⓤ. 《☞ しほん; ざいげん; かね[1]》.
¶ *資金が足りない We are short of *funds*. // *資金調達に苦労した We had difficulty in raising the ｢*capital* [*funds*]. // どの会社も*資金繰りが苦しい (⇒ 運営資金の確保に苦労している) All companies are facing difficulties in securing sufficient operating *funds*. // その店はその人が*資金を出している (⇒ 融資されている) The store *is financed* by that person. // 政治*資金 political ｢*funds* [*contributions*] // 選挙*資金 electoral *funds* // 運営*資金 operating [operation] *funds* // 自己*資金 *one's* own ｢*funds* [*resources*]
資金集め fund ｢collecting [raising] Ⓤ.

しぎん 詩吟 recitation of a Chinese poem Ⓤ.

しきんきょり 至近距離 ― 名 very close [point-blank] range Ⓤ. ― 形 (近い) close, near; (すぐ近くからねらって撃った) point-blank. ¶ 彼は*至近距離から撃たれた He was shot at ｢*very close* [*point-blank*] *range*. // 彼は彼女を*至近距離から撃った He fired *point-blank* at her.

しきんせき 試金石 touchstone Ⓒ ★ もともとは金や鉄の純正を試すために使われた黒い石; (試すための手段) test Ⓒ. ¶ 逆境は友情の*試金石だ Adversity is a *test* of friendship.

しく 敷く (敷物・鉄道などを) lay ㊀ 《過去・過分 laid》; (布などを広げる) spread ㊀ 《過去・過分 spread》; (覆う) cover ㊀; (じゅうたんを敷く) carpet ㊀; (砂利を敷く) gravel ㊀. 《☞ しきもの》.
¶ 私たちは床にじゅうたんを*敷いた We *laid* a carpet on the floor. / We *carpeted* the floor. // この道には赤れんがを*敷こう ＜S (人)＋V (*pave*)＋O (場所)＋*with*＋名 (物)＞ We'll *pave* the path *with* red bricks. // どうぞ座ぶとんをお*敷き下さい (⇒ 座ぶとんの上にお座り下さい) Please *sit on* the cushion. // ここにござを*敷いて (⇒ 広げて) 下さい *Spread* a mat here. // 私は部屋全体にじゅうたんを*敷きつめるのが好きだ I like wall-to-wall *carpeting*.

じく¹ 軸 **1** «中心の棒»: (それを中心に物が回転する軸) axis Ⓒ 《複 axes》; (動力を伝えるために回転する長い棒) shaft Ⓒ; (車軸) axle Ⓒ; (旋回軸) pivot Ⓒ. ¶ *軸が折れた The ｢*axle* [*shaft*] has broken. // 地球はその*軸を中心として24時間に1回転する The earth turns on its *axis* once every twenty-four hours.
2 «掛け物»: scroll Ⓒ.
軸受け 〖機械〗 bearings ★ 複数形で.

じく² 字句 ― 名 (単語と句) words and phrases ★ 複数形で; (言い回し) wording Ⓤ. ― 形 (言葉の上の) verbal; (文字どおりの) literal. 《☞ ことば; もじ》.
¶ これは*字句に忠実な [こだわらない] 翻訳の見本だ This is a sample of ｢*literal* [*free*] translation. // この文は*字句どおり (⇒ 文字どおり) に解釈してはいけない You should not ｢take [interpret] this sentence *literally*.

しぐさ 仕種, 仕草 (身振り) gesture Ⓒ 《☞ みぶり; どうさ》. ¶ 彼女は別れの*しぐさをした She made a *gesture* of farewell.

ジグザグ ― 名 (Z字形) zigzag Ⓒ. ― 形 (ジグザグの) zigzag. ― 副 (ジグザグに) zigzag. ― 動 (物・人がジグザグに進む) zigzag ㊂; (人の列がくねくねと曲がって進む) snake-dance ㊂. ¶ デモ隊は通りを*ジグザグ行進した The demonstrators ｢*zigzagged* [*snake-danced*] along the street.

しくしく ¶ おなかが*しくしく痛む I have a *griping* [gráipiŋ] pain in the stomach. 《☞ 病気・病院 (囲み)》 // 女の子は*しくしく泣いていた The girl *was sobbing*. 《☞ 擬声・擬態語 (囲み)》
【参考語】 ― 動 (腹痛で苦しめる・苦しむ) gripe ㊀ ㊂; (しくしく泣く) sob ㊂.

じくじく ¶ *じくじくした地面 *sodden* [*boggy*] ground // *じくじくした傷 an *oozing* wound 《☞ 擬声・擬態語 (囲み)》
【参考語】 ― 動 (じくじく出る) ooze (out) ㊂. ― 形 (膿などがじくじく出る) oozy; (湿った) sodden.

しくじる (失敗する) fail ㊂ ★ 試験などに失敗する意では ㊀ となることもある; (大きなへまをやる) blunder ㊂; (間違いをする) make a mistake. 《☞ しっぱい》. ¶ 彼は試験を*しくじった He *failed* (in) the examination. // 彼は舞台の上で*しくじった He *blundered* on (the) stage.

しくつ 試掘 ― 名 (試し掘り) trial ｢digging [boring] Ⓤ. ― 動 (試掘する) make a trial ｢digging [boring], prospect ㊂.

しくはっく 四苦八苦 ― 動 (苦労する) have difficulty; (つらい思いをする) have a hard time (of it) ★ 後者のほうが口語的. 《☞ くろう》. ¶ 私は原稿を書くのに*四苦八苦している I *have a hard time in* writing manuscripts.

しくみ 仕組み（構造）structure Ⓤ;（機械などの各部の働き）mechanism Ⓒ;（機構）scheme [skíːm] Ⓒ.《☞ こうぞう》.
¶現代社会の*仕組みは実に複雑だ The ⌈*structure* [*scheme*] of modern society is very complicated. // この機械の*仕組みを説明して下さい（⇒どのようにできているか説明して下さい）Please explain to me how this machine *is* ⌈*set up* [*constructed*].

しくむ 仕組む（たくらむ）plot ㊀, contrive ㊀ ★後者は形式ばった語；（企てる）design ㊀ ★この語は特に悪い意味はない.《☞ たくらむ》. ¶それは巧妙に*仕組まれたわなだった It was a cunningly *designed* trap.

シクラメン cyclamen Ⓒ《☞ 花（囲み）》.

しぐれ 時雨（秋のにわか雨）autumn shower Ⓒ《☞ あめ¹；天候の表現（囲み）》.

しけ 時化 ―名（あらし）storm Ⓒ;（荒れ模様）stormy weather Ⓤ. ―形（あらしの）stormy;（特に海が荒れた）rough.《☞ あらし》. ¶海は*しけ模様だ The sea looks ⌈*stormy* [*rough*].

しけい 死刑 ―名（刑罰として）death penalty;（死の宣告）death sentence Ⓒ ★裁判の判決について；（死に値する刑罰）capital punishment Ⓤ ★やや文語的. ―動（死刑を宣告する）sentence [condemn] *a person* to death;（死刑に処する）execute ㊀.《☞ しょけい》.
¶彼は*死刑を宣告された He *was* ⌈*sentenced* [*condemned*] *to death*. // *死刑は廃止すべきだ *The death penalty* should be abolished. // 彼は妻殺害のかどで*死刑になった（⇒絞首刑に処せられた）He *was hanged* for the murder of his wife.
死刑執行 execution Ⓤ **死刑執行人** executioner Ⓒ **死刑囚** condemned criminal Ⓒ.

しげき 刺激 ―名（刺激すること）stimulation Ⓤ;（刺激を与えるもの）stimulus Ⓒ《複 stimuli [stímjulài]》;（誘因）incentive Ⓤ. ―動（刺激する）stimulate ㊀;（ある感情などを起こさせる）excite ㊀;（挑発する）provoke ㊀;（皮膚をひりひりさせる）irritate ㊀. ―形（刺激性の）stimulant;（刺激的な）stimulating;（煽情的な）sensational;（挑発的な・人を怒らせるような）provocative;（舌や鼻を刺激する）pungent.
¶*その*刺激に対して反応は何もなかった* The *stimulus* brought no response. // その煙は*刺激的なにおいがした The smoke had a *pungent* smell. // 彼らは*刺激的なポスターを掲げた They put up a *sensational* poster. // そのにおいは私の食欲を*刺激した The smell *stimulated* my appetite. // 彼の成功は弟にとってたいへんな*刺激だった His success ⌈was [gave] a great *stimulus* to his brother. // この町の*刺激のない生活（⇒退屈な生活）にはもうあきあきした I'm fed up with the *dull* life in this town. // 彼は*刺激的な言辞を吐いた He made some *provocative* remarks.
刺激剤〖医学〗stimulant Ⓒ **刺激物**（コーヒー・茶・酒など）stimulant Ⓒ.

しげしげと ¶彼は*しげしげと（⇒頻繁に）彼女のもとへ通った He *frequently* went to see her.《☞ 頻度を表す副詞（囲み）》// 彼は*しげしげと（⇒じっと）私の顔を見た He looked *hard* at me. / He ⌈*stared* [*gazed*] at me.

しけつ 止血 ―動（出血を止める）stop bleeding. **止血剤** styptic Ⓒ.

じけつ 自決（民族自決）self-determination Ⓤ;（自殺）suicide Ⓤ.

しげみ 茂み（低木が繁茂している所）thicket Ⓒ;（根本から枝分かれしている低木が生い茂っている所）bush Ⓒ.《☞ くさむら；しげる》.

しける 時化る（海が荒れる）be ⌈rough [stormy];（金がなくて困っている）be hard up for money;（けち）be stingy.《☞ しけ》.

しげる 茂る（繁茂する）grow ⌈thick [dense] 語法「植物」が主語となる. thick は茂っている面積が広がることを意味し, dense は茂り方が密になることをいう；（草などが一面にはびこる）be ⌈over-grown [covered] (with ...) ★「場所」が主語となる.《☞ おいしげる；はんも》.
¶庭の木がよく*茂った The trees in the garden *have grown* fairly *thick*. // 庭は雑草が生い*茂っていた The garden *was* ⌈*covered* [*rank*] *with* weeds.

しけん¹ 試験 **1**《学校などでの試験》: examination Ⓒ,《口語》exam Ⓒ; test Ⓒ;（小試験）《米》quiz Ⓒ《複 quizzes》.
【類義語】最も一般的な語は **examination**. ただし口語では普通 **exam** と略される.「試しにやってみるもの」という広い意味の言葉が **test**.「公式でない簡単な試験」の意味では《米》**quiz**. 例えば平常の授業で行う小テストなどはこれに当たる.《☞ テスト；じゅけん；学校・教育（囲み）》
¶きょうは英語の*試験があった We had an English ⌈*exam* [*test*] today.
歴史の*試験は実に難しかった[易しかった] The *examination in* history was very ⌈difficult [easy]. /（⇒歴史の先生はたいへん難しい[易しい]試験をした）The history teacher gave us a very ⌈difficult [easy] *examination*.
トムは化学の*試験に合格した Tom has ⌈passed [succeeded in] the *examination* in chemistry.
私はホワイト先生の*試験に落ちてしまった I have failed (in) Mr. White's *examination*. /《米》I ⌈flunked [was flunked in] Mr. White's *exam*. 語法 flunk は「(教師が)落第点をつける」,「(学生が試験で)落第点を取る」の意.
ブラウン先生は毎時間簡単な*試験をすると言っています Mr. Brown says that he will give us a ⌈*quiz* [small *test*; short *test*] every period.
私はいま*試験勉強でとても忙しい Now I am very busy ⌈preparing [cramming] for the *examination*. 語法 cram は特に「詰め込み勉強をする」の意.
中間*試験は英・数・国です The midterm *examination* covers English, mathematics and Japanese.
この問題は*試験に出るぞ This question will

be asked in the *examination.*
彼はその*試験で A を取った He ˹got [received] an A on the *test.*
今年は約 1 万人の学生が我々の大学の入学*試験を受けた About ten thousand students took the entrance *examination* ˹for [of ; to] our college this year.
追*試験 a supplementary *examination* / 《米》 a makeup (*examination*)
国家*試験 a state *examination*
筆記[口頭]*試験 a written [an oral] ˹*examination* [*test*]
実地*試験 a practical *test*
2 《試してみること》 ── 名 (一定の基準や条件に合うかどうか確かめること) test Ⓒ; (いろいろ試みて調べてみること) trial Ⓒ; (実験) experiment Ⓒ. ── 動 (試す) test ㊀; (実験する) experiment ㊀. 《☞ ためす ; じっけん¹》.
¶ 彼らはその新しい機械の性能*試験をした They put the new machine through an efficiency *test.*
*試験飛行は成功だった The *trial* flight was successful.
それはまだ*試験の段階にある It's now in the ˹*experimental* [*test*] stage.
ただいまマイクの*試験中—本日は晴天なり This is a microphone *test*—one, two, three, four. 《☞ ダッシュ (欄外)》
試験科目[問題] subject [question] for examination Ⓒ, examination ˹subject [question] Ⓒ **試験官** examiner Ⓒ **試験期日** the date of an examination **試験場** examination ˹room [hall] Ⓒ; (試験の行われる場所) the place where an examination is held **試験用紙** examination paper Ⓒ **試験料** examination fee Ⓒ.

しけん² 私見 (自分個人の意見[考え]) *one's* (personal) ˹opinion [view] 《☞ いけん (類義語) ; かんがえ》.

しげん 資源 resources ★ 通例複数形で.
¶ 日本は天然[地下]*資源が乏しい Japan is poor in ˹natural [mineral] *resources.* // 日本は世界一の*資源輸入国だ Japan is the world's leading natural *resources*-importing country. // その業界では人的*資源が不足している There is a shortage of *manpower* in that industry.

じけん 事件 (重要な出来事) event Ⓒ; affair Ⓒ; (問題となる事柄) matter Ⓒ; (小さな出来事) incident Ⓒ; (法律上の) case Ⓒ.
【類義語】何か原因があって起こる重要で注目すべき出来事が **event** で, 特に歴史上に残るような事件に用いられる. 特定の人や事柄に関連して起こる出来事が **affair** で, 恋愛事件などがこれに当たる. 問題となる事柄は **matter**. 大きな出来事に付随して生じる小さな事件は ***incident.*** 法律的または犯罪などの事件は ***case.*** 《☞ できごと》
¶ 昨年の重大*事件の 1 つをお話ししましょう I'll tell you about one of the biggest *events* of last year. // 彼はその*事件に巻き込まれた He got involved in the ˹*affair* [*case*]. // これは重大*事件だ This is a serious *matter.* // その*事件はうやむやにされてしまった The *incident* has been covered up. // 先月は殺人*事件が 3 件あった There were three murder *cases* last month.

じげん¹ 次元 ── 名 dimension Ⓒ; (水準) level Ⓒ. ── 形 (…次元の) dimensional.
¶ 四*次元の世界 the *four-dimensional* world // 君の言っていることは*次元が違うよ What you say ˹is on [belongs to] a different *level.* // 第四*次元 the fourth *dimension*

じげん² 時限 time limit Ⓒ; (授業の) period Ⓒ; (授業の時間) hour Ⓒ. 《☞ じかん¹》.
¶ 第 3*時限は英語です The third *period* is English. // 1*時限は 50 分です The *hour* lasts fifty minutes. // 組合は*時限ストを行う The workers' union will go on (a) strike *for a limited number of hours.*
時限装置 time [timing] mechanism Ⓒ **時限爆弾** time bomb Ⓒ.

しけんかん 試験管 test tube Ⓒ 《☞ じっけん¹ (挿絵)》.

しこ 四股 (踏みつけること) stamp Ⓒ. ¶ *四股を踏む stamp in the ring for a warm-up ★ 英米には類似のものがないので, 説明的訳.

しご¹ 死語 (いまは使われていない言語) dead language Ⓒ; (いまは使われていない単語) obsolete [ɑ̀bsəlíːt, ɑ́bsəlìːt] word Ⓒ.

しご² 私語 ── 名 (個人的な打ち解けた話) private talk Ⓒ; (ささやき) whisper Ⓒ. ── 動 (ささやく) whisper ㊀. ¶ *私語は慎みなさい Don't talk to each other.

じこ¹ 事故 (不慮の) accident Ⓒ; (進行などの障害) hitch Ⓒ. 《☞ むじこ》.
¶ 彼は学校へ行く途中で*事故にあった He ˹had [was in ; met with] an *accident* on his way to school. // その*事故で 10 人が負傷[死亡]した Ten persons were ˹injured [killed] in the *accident.* // 今月は交通*事故が多かった[ほとんどなかった] There have been ˹many [few] traffic *accidents* this month. / Many [Few] traffic *accidents* have ˹happened [occurred] this month. // 不注意がよく*事故を起こす Carelessness is liable to ˹cause [bring about] an *accident.* // 鉄道*事故 a ˹railroad [《英》 railway] *accident* // 飛行機[航空]*事故 an air *accident* / a plane *crash* 【語法】 crash は飛行機の墜落事故をいう.

じこ² 自己 ── 名 (自身) self Ⓤ. ── 代 (自分自身) oneself. 《☞ じぶん¹ ; じしん³》.
¶ *自己を知ることが大切だ It is important to know *oneself.* // 彼は*自己嫌悪に陥っている (⇒ 自分自身を嫌悪している) He hates *himself.* // 私は*自己流でやります (⇒ 自分自身のやり方でやります) I'll do it (*in*) *my own way.* // 私のピアノは*自己流です (⇒ 独学です) I *taught myself* to play the piano. / (⇒ 独学したピアニストです) I'm a *self-taught* pianist.
自己暗示 autosuggestion Ⓤ **自己犠牲** self-sacrifice Ⓤ **自己嫌悪** self-hate Ⓤ **自己修養** self-discipline Ⓤ **自己主張** self-

assertion Ⓤ 自己紹介 self-introduction Ⓤ《☞ 紹介 (囲み)》. ¶それぞれ*自己紹介して下さい Will each one of you *introduce yourself?* 自己宣伝 self-advertisement Ⓤ 自己批判 self-criticism Ⓤ 自己本位 selfishness Ⓤ; (利己主義) egoism Ⓤ 自己満足 self-⌈contentment [satisfaction] Ⓤ.

じご 事後 (出来事の後) after the event; (事後の) *ex post facto* ★ 法律用語として用いられる. ラテン語からの借入語なので斜字体で書く. 《☞ イタリック体 (欄外)》.
事後承諾 *ex post facto* consent Ⓤ 事後報告 *ex post facto* report Ⓒ.

しこう¹ 施行 ━動 (法律などを実施する) enforce ⑩; (法令の効力を発揮させる) put ... in ⌈force [operation]; (法令が効力を持つに至る) come into force; (有効になる) become effective, go [come] into effect; (発効する) take effect 語法 以上の中で enforce が一番形式ばっているが, あとは文体上の差は少ない. ━名 enforcement Ⓤ; operation Ⓤ. 《☞ じっし¹; はっこう²》.
¶この法律は来年の5月から*施行される This law will ⌈*go into effect* [*become effective*; *be put into effect*] next May. ∥ その法律は1965年から*施行されている The law has been *in force* since 1965.
施行期間 period of effectiveness Ⓒ 施行期日 date of enforcement Ⓒ 施行規則 enforcement regulations ★ 複数形で.

しこう² 嗜好 (好み) taste Ⓒ; (好き) liking Ⓤ; (愛好) fancy Ⓒ ★ いずれもしばしば a を付けて; (好きなもの) likes ★ 複数形で. 《☞ このみ¹; しゅみ》. ¶この絵はあなたの*嗜好に合うと思う (⇒ この絵が気に入ると思う) I suppose you ⌈*like* [have *a liking* for] this picture.
嗜好品 (好きな食物) *one's* favorite food Ⓤ; (ぜいたく品) luxury [lʌ́kʃ(ə)ri(ː)] Ⓒ.

しこう³ 思考 (考え) thought Ⓤ; (考えること) thinking Ⓤ. 《☞ かんがえ》. 思考形式 thought pattern Ⓒ 思考法 thought process Ⓤ 思考力 the power of thought.

しこう⁴ 指向 ━動 (指す) point (to ...) ⓐ; (向ける) direct ⑩. ━形 (指向性の) directional. 《☞ さす³》. 指向性アンテナ directional ⌈《米》 antenna [《英》 aerial] Ⓒ.

じこう¹ 事項 (事柄) matter Ⓒ; (題目) subject Ⓒ; (項目) item Ⓒ. 《☞ こう³; こうもく》. ¶関連*事項 a ⌈*related* [*relevant*] ⌈*subject* [*item*] ∥ 調査*事項 *matters* for investigation ★ 複数形で.

じこう² 時効 〘法律〙 ━名 (訴訟提起期間限定法) the statute of limitations; (長年の占有・使用によって権利を獲得すること) prescription Ⓤ. ━動 (時効によって無効にする) prescribe ⑩. ¶その事件の*時効は明日成立する (⇒ 訴訟提起期間限定法は明日切れる) *The statute of limitations* on the case runs out tomorrow.

じこう³ 時候 (季節) season Ⓒ; (天候) weather Ⓤ. 《☞ きこう¹; じせつ¹》.
¶*時候の変わり目には風邪を引きやすい We are susceptible to colds when the *seasons change.* ∥ この暑さ[寒さ]は*時候はずれだ (⇒ 季節はずれに暑い[寒い]) It is *unseasonably* ⌈hot [cold]. ∥ 彼は*時候のあいさつを欠かさない He always sends me the *season's* greetings.

しこうさくご 試行錯誤 trial and error Ⓤ.
¶*試行錯誤によって by *trial and error*

じごうじとく 自業自得 (自分の行いの当然の結果) the natural consequences of *one's* deeds ★ やや形式ばった説明的表現.
¶それは彼の*自業自得さ (⇒ 彼が自分で求めたのだ) He *asked for it.* / (⇒ 当然の報いだ) That *serves him right.* 語法 「ざまあみろ」という気持ちが含まれる. / (⇒ 自分を責めるよりほかない) He *has no one but himself to blame.*

じごえ 地声 *one's* natural voice Ⓤ.

しごく¹ (つらい目にあわせる) run ... through the mill; (連続的に厳しい訓練を施す) put ... through hard training; (一時的に激しい練習をさせる) give ... a real workout. 《☞ きたえる》. ¶彼らは新入生を何週間も*しごいた They *put* the freshmen *through* many weeks of *hard training.*

しごく² 至極 ━副 (非常に) very; (極めて) quite ★ 以上2つは一般的な日常語; (極端に) extremely; (たいそう) exceedingly. 《☞ 強意語 (囲み)》. ¶あなたのおっしゃることは, *至極ごもっともです You are *quite* right (in saying so). ∥ それは迷惑*至極だ It's ⌈*quite* [*such*] a nuisance (to me).

じこく¹ 時刻 (一般に) time Ⓤ; (1日のうちのある時間) hour Ⓒ.
【類義語】時刻を表す最も一般的な語が *time* で, この語は時間の流れも, また時間の流れの中のある1点も表す. 60分という一定の長さを表す語から転じて, 時刻をいうのに使われるようになったのが *hour* である. ただし *hour* は「ちょうどの時刻に」on the *hour* とか, 24時間制の時刻, 例えば「13時」13:00 *hours* などの用法のほかは, 元来の「一定の広がりを持つ時間」という意味が含まれるのが普通で, 日本語の「時刻」に対する訳語としては用法が *time* より狭い. 《☞ じかん¹; 時刻・日付・曜日 (囲み)》
¶「いま(*時刻は)何時ですか」「5時です」"What ⌈*time* is it [is the *time*] (now)?" "It is five." 語法 「いま」を強調するときは now を付けるが, 付けないのが普通. ∥ 私は彼に*時刻を尋ねた I asked him the *time.* ∥ 彼はいつも早い[遅い]*時刻 (⇒時間) に訪ねてくる He always comes to see me at ⌈an early [a late] *hour.* ∥ 列車は*時刻通り着いた The train arrived *on* ⌈*schedule* [*time*].
時刻表 (交通機関の) 《主に米》 time schedule Ⓒ ★ time の代わりに bus, train, flight などを置いてもよい; 《主に英》 time table Ⓒ; (仕事・行事などの) schedule Ⓒ. 《☞ 乗り物 (囲み); 旅行 (囲み)》.

じこく² 自国 (自分の国) *one's* (own) country Ⓒ; (自分の生国) *one's* native land Ⓒ.
自国語 *one's* native language Ⓒ; *one's* mother tongue Ⓒ ★ 前者のほうが口語的.

じごく 地獄 (天国 (heaven) に対する) hell Ⓤ ★「この世の地獄」のような具体的なものをい

し

時刻・日付・曜日

I 時刻の表し方

1 表現の仕方について

(1) ちょうどの時刻の表し方

(i) 時刻が9時, 10時など, ちょうどの時刻のときは, o'clock を付ける. これは of the clock の短縮された言い方だが, 現在では短縮形しか用いられない. o'clock は省略してもよい.

(ii)「午前」は in the morning,「午後」は in the afternoon ★ 正午過ぎから5時ぐらいまで,「夕方」以降は in the evening を時刻の後に付ける.「正午」は (twelve o'clock [twelve]) noon,「真夜中の12時[0時]」は (twelve o'clock [twelve]) midnight を用いる.

(iii) 時刻を文の形で表現するときには主語に it を用いる. この it は時刻をはじめ日付・距離・天候などを表す文て, 漠然と環境を表すために用いられる. (☞ It の用法 (欄外)).

¶いま*午前10時です *It's ten (o'clock) in the morning.* [語法] 日本語では「いま」をよく用いるが, 英語では be動詞が現在形であることが「いま」の意味を表すので, 普通は now を付けない. ただし, 特に「いま」であることを強調したいときには文尾に now または right now を付けることもある.

いま*正午です *It's twelve (o'clock) noon.* [語法] 時刻を表す数字は, この言い方の場合は普通は文字で表し, 算用数字は用いない.

いま*午後4時です *It's four (o'clock) in the afternoon.*

私の家では*7時に夕食を食べる We have dinner *at seven (o'clock).* [語法]「夕食」あるいは「ディナー」であれば, 朝7時ということはないので, in the evening は省略するのが普通. また o'clock は省略するほうが普通である. 時刻を表す前置詞は at を用いる.

私は毎朝*6時に起き, *7時ごろに家を出る I get up *at six* every morning and leave home ⌈*(at) about [around] seven.* [語法] 会話では at about の at は省略されることが多い. around は《米》で多く用いられるが《英》でも使われる.

(2)「…時…分過ぎ[前]」という言い方

30分過ぎまでは past または《米》after, 30分を過ぎると次のちょうどの時刻に向かって「…分前」という意味で to または《米》before を用いて表す. なお, 15分過ぎは quarter (《英》*a quarter*), 30分過ぎは half を用いるのが普通である.

以上は標準的な表現で, 30分を過ぎても past や after を用いる言い方をしたり, quarter を fifteen minutes, half を thirty minutes と言ってもかまわない. また,「…分過ぎ[前]」が付くときは o'clock は用いない.

¶いま*午前9時5分です *It's five (minutes)* ⌈*past [after] nine in the morning.*

学校は*8時15分に始まります School ⌈starts [begins] *at (a) quarter* ⌈*past [after] eight.*

彼は*8時15分前に出発した He started *at (a) quarter* ⌈*to* [《米》*before*] *eight.*

彼は*午後3時半ごろには家に帰ってくるでしょう He will come home ⌈*(at) about [around] half past three in the afternoon.*

(3) 略式の言い方

(1) (2) で述べた時刻の表し方がかつては標準とされていたが, 次に述べる略式な表現が次第に一般に浸透し, 現在ではごく当たり前の言い方となり, 特に丁寧に表現する必要のあるときのみ (1) (2) の表現が用いられるようになった.

略式の言い方は, 例えば「10時20分」なら 10:20 (《英》10.20) と算用数字で書き, ten twenty のように読む.

午前は a.m. (ante meridiem の略) を, 午後は p.m. (post meridiem の略) を時刻の後に付け, [éi ém], [pí: ém] のように読む. 時刻の前に付けるのは誤り. 普通は小文字だが, 大文字を用いる場合もある. いずれも略字なので, ピリオドを付ける. この言い方の場合には o'clock は用いない. 正午は noon, 午前0時は midnight を a.m., p.m. の代わりに付ける.

¶いま*午前9時だ It's *9:00 a.m.* [語法] nine a.m. と読み, 00 は読まない.

いま*午後9時5分だ It's *9:05 p.m.* [語法] nine-o [óu]-five p.m. と読む. nine five のように言うのは少し改まった場合で, 一般にコロン (:) の右側の数字, すなわち「分」が05あるいは06のように0が付いているときは0を [óu] と読む.

この授業は*2時45分に終わる This period ends *at 2:45 (p.m).* [語法] この時刻の表し方では, half とか quarter は用いない.

(4) 24時間制の言い方

交通機関・軍隊などで用いられる表し方で, あまり一般的ではない.

この言い方では, 例えば13時 (午後1時) を13:00と書き, thirteen hundred hours のように00の場合は hundred と読み, 後に hours を付ける以外は, それほどこみ入ったルールはない. (3) の略式の言い方に準じると思えばよい. 24時間制であるから, もちろん a.m., p.m. は用いない.

¶いま*15時30分です *It's 15:30.* ★ fifteen (hundred) thirty と読む.

2 時刻のきき方と答え方

(i)「何時か」をきく場合には What time を用いて, What time is it? または What's the time? のように言う. 英語では be動詞が現在形であることで「いま」ということがわかるので，日本語で必ず「いま」を付けるからといって，英語でも now を付けて What time is it *now?* という必要はない．答えは It's ˹five (minutes)˺ past nine [9:05] のように言う．past を after に代えてもよい．

（ii）以上のきき方，答え方のほかに，米口語では Do you have the time? とか What time do you have? と have を用いるきき方がある．

これは前者は「あなたは時計を持っていますか」という意味がこめられており，後者は相手が時計を持っていることを前提として，「あなたの時計では何時ですか」ときいていることになる．

答え方は，have を用いて答えるのが，形式的には質問と答えが一致するが，実際の対話では，質問に have が使われたからといってそれにこだわる必要はない．

また，以上のほかに Could you tell me the time? というきき方もできる．答えは Yes, No を始めに付けてから時刻を教える．

（iii）「あなたは何時に起きますか」のように「何時に」ときく場合は文法的には At what time ... となるが，この at は省くのが慣用である．((例) What time do you get up?)．ただし，厳密に時間を聞く場合は省略しない．((例) 飛行機は何時に飛び立ちましたか At what time did the plane take off?)．

¶「私の時計では 9 時 15 分ですが，あなたの時計では何時ですか」「9 時 17 分です」「すると私の時計は 2 分遅れているようですね」"My watch says *9:15*. *What time* is *it* by yóur watch?" "*It's 9:17*." "Then I'm afraid my watch is two minutes slow." [語法]「...の時計で」ということを表す前置詞は by，時計が「遅れている」は slow，「進んでいる」は fast を用いる．

II　日付の表し方

1　表現の仕方について

（i）日付は，例えば 6 月 10 日は June 10, 《英》 10 June のように書き，June (the) tenth, 《英》 the tenth of June のように読む．この《英》の用法はアメリカでも用いられることがあるが，改まった言い方とされる．

なお，日を表す数字は序数で言うのが普通だが，June ten のように基数が用いられる場合もある．序数を用いる場合は月の名と日の間には定冠詞を入れても入れなくてもよく，入れるほうが形式ばった言い方となる．

（ii）月の名は書くときは Aug. のような省略形を用いてもよい．年号を添える場合は June 10, 1985 のように，コンマで区切って入れ June (the) tenth, nineteen eighty-five と読む．(☞ 数字（囲み））

（iii）日付を言う文では主語に it または today, the date, today's date などを用いる．この it は時刻に用いる it と同じ種類のものである．

¶きょうは*9 月 1 日です *It's* ˹*Sept.* [*Sep.*] *1* today. ★ 日付は September (the) first と読む. / *Today* is ˹*Sept.* [*Sep.*] *1*.

1 学期は*4 月 8 日に始まる The first term ˹starts [begins] *on Apr. 8*. [語法] 日付を表す前置詞は on.

2　日付のきき方と答え方

日付をきくには date を用いるのが最も普通だが，day of the month も用いられる．

¶「きょうは*何日ですか」「*10 月 29 日です」"*What's today's date?*" "It's *Oct. 29* today [*Today* is *Oct. 29*]." / "*What day of the month* is *it* today?" "It's *Oct. 29* (today)."

「あなたの誕生日は*いつですか」「*4 月 23 日です」「それはきょうですね．おめでとう」「ありがとう」"*When* is your birthday?" "*It's Apr. 23*." "That's today! Happy birthday!" "Thank you." [語法]「...はいつか」ときくときは When is ...? というきき方が普通．

III　曜日の表し方

1　表現の仕方について

曜日は，例えば「きょうは水曜日です」ならば *It's* [*Today* is] Wednesday. のように it または today を主語にして表す．It を主語とする構文では today を省略することが多い．

¶きょうは*金曜日です *It's Friday* (today). / *Today's Friday*.

あしたは*日曜日です Tomorrow is *Sunday*. / *It's Sunday* tomorrow.

2　曜日のきき方と答え方

曜日をきくときは What day is it today? ときくのが最も一般的である．

日本語の習慣から考えると，この質問は直訳が「きょうは何の日か」となるので，日付をきいているようにもとれる．しかし欧米では神が 7 日間で世界を創造したとする聖書の故事にならい，6 日間働いて日曜日を安息日とし，礼拝を行う習慣のあるキリスト教文化の影響もあって，生活のサイクルが曜日中心なので，What day is it today? ときけば普通は曜日をきいていることになるのである．

このことは給料などが元来週単位（ただし現在は salary は月単位，また家賃は《米》では月単位）であったことや，日記などに日付・曜日を記すときも Friday, Mar. 10 のように曜日が先に置かれることなどを考えれば理解ができる．

しかし，曜日だということをはっきりとさせたいときには day of the week を使って What day of the week is it today? のようにきく．

なお，くだけた表現では What's today? というきき方もあるが，これは多少あいまいな質問とされ，答えは Today's Monday. でも，Today's my birthday. でもよいとされており，前後関係で何をきいているかが明らかでないときは使わないほうがよい．

¶「きょうは*何曜日ですか」「*木曜日です」

"*What day* (*of the week*) is *it* today?" "*It's* [*Today's*] *Thursday*."
「今度の*日曜日には何をしますか」「スキーに行くつもりです」"What are you going to do next *Sunday*?" "I'm going skiing."
[語法] (1) 曜日を表す言葉が副詞的に用いられるとき, next, last などが前に付けば常に前置詞なしで用いられる. (2) 新聞の英語や口語では「彼は日曜日に出発する」を He will leave here *Sunday*. のように前置詞なしで用いることもあるが, on Sunday とするのが一般的である.
「*土曜日には授業は何時間あるの」「4時間です」"How many classes do you have *on Saturdays*?" "Four." [語法] 特定の曜日における習慣的なことを述べるには普通は複数形を用いる.

対話例

A: 岡野さん, すみませんが, 今年の授業の最終日が何日だか忘れてしまいました. もう一度教えていただけませんか
B: いいですよ. 28日の金曜日です
A: 再開はいつですか
B: 1985年1月4日, 金曜日です

A: Mr. Okano, I'm sorry, but I can't remember what the last day of school is this year. Could you please tell me again?
B: Surely. It's Friday the twenty-eighth.
A: May I ask when we start up again?
B: Friday, January fourth, nineteen eighty-five.

A: もう閉店時間のはずよ. 出たほうがよくないかしら
B: もう何時になったの
C: 11時半近いわよ, ジョージ
B: 11時半だって
C: 私の時計では11時半よ. ポーラ, あなたの時計では何時なの
A: 私の時計ではちょうど11時半. 終電車に間に合うかしら
B: 間に合うとも. 時間はたっぷりある… 急ぐことはないよ. ビールをもう1杯飲む時間はあるだろうな
A: ジョージ, いま何時かわからないの?
B: わかってるよ
A: きょうは何日だか覚えている?
B: 1984年12月14日金曜日

A: It must be near closing time. Shouldn't we be going?
B: What time has it gotten to be?
C: It's almost eleven-thirty, George.
B: Eleven-thirty?
C: It's eleven-thirty by my watch. What time do you have, Paula?
A: I have exactly eleven-thirty. Will we be in time for our last train?
B: You certainly will! We've got plenty of time—no need to hurry. I have time for another beer, don't I?
A: Don't you realize what time it is, George?
B: I do.
A: Do you remember what day it is?
B: It's Friday, December fourteenth, nineteen eighty-four.

★この対話例およびさらに詳しい対話例は別売テープに吹き込まれています.

うときは Ⓒ; inferno Ⓒ ★ダンテ (Dante) の「神曲」の「地獄篇」に描かれた地獄.
¶ *地獄に落ちろ Go to *hell*! // *地獄の沙汰も金次第 Money is the key that opens all doors.《ことわざ: 金はどんな扉でも開けられる鍵だ》/ Money is the best lawyer.《ことわざ: 金は最良の弁護士》// それはまさしくこの世の*地獄だった It was *hell* on earth.
地獄耳 ¶ 彼は*地獄耳だ (⇒大きな耳を持っている) He has *big ears*.

しごせん 子午線 〘天文学〙 the meridian.

しこたま (たくさんの) a lot of … ★数えられるものにも数えられないものにも用いられる; (多量の) a great deal of …; (多数の) a large number of …《☞ たくさん (類義語); どっさり; たんまり》.

しごと 仕事 **1** «働くこと» ―名 (遊びに対する) work Ⓤ; (収入を伴う) job Ⓒ; (人から課せられた) task Ⓒ; (骨の折れる) labor (《英》labour) Ⓤ; (商売上の) business Ⓤ. ―動 (仕事をする・働く) work 自; (特定の仕事をする) do *one's* job.
【類義語】「仕事」を意味する最も一般的な語は ***work*** で, 肉体的な作業にも精神的なものにも用いられ, 収入の有無・難易には関係ない. この語は以下の語と入れ換えて用いることが可能な場合が多い. *work* よりも少し意味が狭く, また口語的な語であり, 決まった内容を持った具体的な仕事で, 収入を伴うものは ***job***. 日常的な手間仕事の意味でも用いられる. 商売や職業上の仕事という意味を表すのが ***business***. この語はかなり意味が広く, *work* とほぼ同じ意味で使われることもあるが, 多くの場合実業的な仕事を意味する. 平易な語ではあるが, *job* ほどくだけた語ではなく, また *job* よりも少し自主性のある仕事というニュアンスがある. やや改まった感じの語で, ほかの人から任務や義務として課せられる仕事は ***task***. 困難な仕事を指すことが多い. 肉体的・精神的に骨の折れるつらい仕事は ***labor***.《☞ はたらく》

¶ *仕事は終わりました I ˹have finished [am through with] my *work*.
さあ*仕事を始めよう Let's (˹get to [start]) *work*.
*仕事がたくさんある I have a lot of *work* to do.
彼は*仕事熱心だ (⇒一生懸命働く) He *works* hard. / He is a hard *worker*.
私は*仕事が楽しい I enjoy my *work*.
彼は朝早く*仕事に出かける He goes to *work* early in the morning.
木曜日は*仕事がない I have Thursday *off*.
きのうは1日*仕事を休んだ I took a day *off* yesterday.
いま*仕事中です I'*m working*. / I'm doing my ˹*work* [*job*]. / I'm on duty. ★看護婦・警官・兵士・消防士などの特殊な任務の場合の表現. / (⇒いまは暇がない) I'm not free now.
彼は*仕事が速い[遅い] He is a ˹quick [slow] *worker*.
「きょうお暇ですか」「きょうは*仕事があります」"Are you free today?" "No, I have to do *business* today."
私はきつい*仕事はごめんだ I don't like hard *work*.
彼は楽な*仕事をくれた He gave me an easy *task*.
その*仕事を進んで引き受けようという者はいなかった No one was willing to undertake the *task*.
彼は*仕事を家へ持ち帰ることがよくある He often brings *work* home from the office.
彼は*仕事でニューヨークへ向かった He left for New York on ˹*business* [a *job*].
彼は*仕事の虫だ He is a ˹*work* addict [*workaholic*]. [参考] workaholic は work と alcoholic の合成語.
2 «職業»: (勤め口) work Ⓤ ★一般的な語で, 以下の語と入れ換えて用いることが可能な場合が多い; (臨時的または永久的な職) job Ⓒ ★口語的でくだけた語; position Ⓒ ★job よりも形式ばった語だが, 客観的な感じの語なので, 求人・求職の広告などによく用いられる; (人に雇われて働く) employment Ⓤ ★やや形式ばった語. 《☞ しょく[1] (類義語)》.
¶「彼の*仕事は何ですか」「石油会社の社員です」"What does he do (for a living)?" "He *works* for an oil company." / "What *kind of job does he have?*" "He is a clerk at an oil company." / (⇒どんな仕事に従事しているか) "What kind of *business* is he in?" "He *works* for an oil company."
私は*仕事を捜しています I'm looking for ˹*work* [a *job*; a *position*]. / I'm seeking (for) ˹*employment* [a *position*].
彼の*仕事は自動車の販売です His ˹*work* [*job*] is selling cars.
彼女はその会社でパートの*仕事が見つかった She got a part-time *job* with the firm.
仕事着 work clothes ★複数形で. **仕事場** workshop Ⓒ **仕事部屋** workroom Ⓒ. ¶お父さんは*仕事部屋ですよ Father is working in his room.

しこむ 仕込む (訓練する) train (他); (教える) teach (他). 《☞ くんれん; おしえる》. ¶彼は息子を腕のいい大工になるよう*仕込んだ He *trained* his son to be a good carpenter. // このライオンはよく*仕込まれている This lion *is* well *trained*. // 犬にいろいろな芸を*仕込んだ <S(人)+V(*teach*; *train*)+O(動物)+O(*to* 不定詞)> I ˹*taught* [*trained*] my dog *to* do various tricks.

しこり **1** «体にできるもの»: (はれ物) lump Ⓒ; (腫瘍) tumor Ⓒ ★「がん」というニュアンスを持つことが多い; (体の組織にできる悪性のかたまり) growth Ⓒ ★特に「がん」など. 《☞ 病気・病院 (囲み)》. ¶ 脇の下に*しこりができた A *growth* has developed under my armpit. // *しこりがなくても乳がんのこともある Breast cancer can be present without a *lump*.
2 «感情的なもの»: (不愉快な感情[悪感情]) unpleasant [bad] feelings ★通例複数形で; (感情のもつれ) emotional entanglement Ⓤ ★形式ばった表現. 《☞ わだかまり》. ¶2人の間には何の*しこりも残らなかった There remained no *bad feelings* between them.

しさ 示唆 ―[動] (それとなく思いつかせる) suggest (他); (間接的に解決の鍵を与える) hint (他). ―[形] (示唆に富む) suggestive. ―[名] suggestion Ⓤ, hint Ⓒ. 《☞ あんじ; ほのめかす》. ¶彼の論文は*示唆に富んでいる His article is full of *suggestion*.

じさ 時差 time difference Ⓤ, difference in time Ⓤ ★後者のほうが形式ばった言い方. difference の前に時間がくると a が付く.
¶東京とロンドンとは9時間の*時差がある There is ˹a nine-hour [nine hours'] *difference* between Tokyo and London time.
時差出勤 staggered working hours ★複数形で. **時差ボケ** jet lag Ⓤ [参考] ジェット機による高速度の旅の結果, 適応の遅れ (lag) が出ること.

しさい[1] 子細, 仔細 ―[名] (細かなこと) details ★複数形で; (事のわけ) reason Ⓒ; (事情) circumstances ★通例複数形で. ―[副] (綿密に) closely; (詳細に) minutely [main(j)ú:tli(:), mi-]; (細部にわたって) in detail. 《☞ わけ; じじょう[1]; しょうさい[1]》.
¶ *子細は後で話します I'll tell you the *details* later. // 彼女は*子細ありげに (⇒意味ありげに) 私を見た She gave me a *meaningful* look. // 彼は自分の計画を*子細に語ってきかせた He gave a *detailed* account of his plan. / He explained his plan *in detail*. // その件は*子細に検討する必要がある We must discuss the matter *minutely*.

しさい[2] 司祭 〘英国国教会・ローマカトリック教会〙 priest Ⓒ.

しざい[1] 死罪 capital punishment Ⓤ 《☞ しけい》.

しざい[2] 私財 (私有財産) private property Ⓤ; (個人の資金) private funds ★複数形で; (自分の金) *one's* own money Ⓤ. 《☞ ざいさん; しきん》.

しざい[3] 資材 material Ⓒ. **建築資材** building materials ★複数形で.

じざい 自在 —副 (自由に) freely; (意のままに) at will. 《☞ じゆう》.

じさがり 字さがり indention Ⓤ, indentation Ⓤ. 《☞ 欄外》.

しさく[1] 思索 (思考) thinking Ⓤ; (熟考) contemplation Ⓤ; (集中的に深く考えること) meditation Ⓤ. 《☞ かんがえる》. ¶ 彼女は*思索にふけっていた She was lost in ⌈*meditation* [*contemplation*]. // *思索型の人 a *thinking* person

しさく[2] 試作 (試しに製造すること) trial ⌈manufacture [production] Ⓤ. ¶ これは*試作品です (⇒ 実験のために作られた) This *has been* ⌈*made* [*manufactured*] *as an experiment*. **試作品** trial product Ⓒ.

じさく 自作 *one's* own making Ⓤ.
¶ *自作の歌をおきかせしましょう Let me sing a song *of my own composing*. // 彼は*自作の詩を朗読した He recited *his own poem*. // 彼は*自作自演でやるつもりだ He is going to act in a play *of his own writing*.

しさつ[1] 視察 —動 (検査する) inspect ⑩; (観察する) observe ⑩. —名 inspection Ⓤ; observation Ⓤ.
¶ 大臣はいま北海道を*視察中です The Minister is on a tour of *inspection* in Hokkaido. // この工場は毎年1回政府役人の*視察がある This factory *is inspected* by a government official once a year.
視察団 group of inspectors Ⓒ; (観察を目的とした団体) observation ⌈group [party] Ⓒ **視察旅行** tour of inspection Ⓒ, inspection [study] tour Ⓒ ★ 前者のほうが改まった言い方.

しさつ[2] 刺殺 —動 (刃物で突き殺す) stab ... to death.

じさつ 自殺 —名 suicide [súːəsàid] Ⓤ. —動 kill *oneself*, commit suicide ★ 後者のほうが形式ばった表現; (自らの命を断つ) take *one's* own life.
¶ 彼女は*自殺した She *killed herself*. 《☞ 再帰代名詞 (欄外)》/ She *committed suicide*. / She *took her own life*. // 彼はピストル*自殺をした (⇒ 自分を撃って死んだ) He *shot himself to death*. // 彼は服毒*自殺した He *killed himself* by taking poison. // 老人は首つり*自殺した (⇒ 自分の首をつった) The old man *hanged himself*.
自殺者 suicide Ⓒ **自殺未遂** attempted suicide Ⓒ.

しさん[1] 資産 (土地や建物) property Ⓤ; (財力) means ★ 複数扱い; (富) wealth Ⓤ; (莫大な金) fortune Ⓒ; 〘法律〙(個人または会社の) assets ★ 会計上は負債に対する資産. 複数形で. 《☞ ざいさん》. **資産家** (金持ち) rich man Ⓒ; (財産家) man of ⌈property [means] Ⓒ.

しさん[2] 試算 trial calculation Ⓤ 《☞ けいさん》. ¶ ざっと*試算してみた I roughly *calculated* it (*by way of trial*). ★「ざっと計算する」の意味.

しざん 死産 —名 stillbirth Ⓤ. —形 (死産の) stillborn. ¶ 彼女の第1子は*死産だった Her first child was *stillborn*.

じさん 持参 —動 (持ってくる) bring ⑩; (持って行く) take ⑩. ¶ 上ばきをご*持参下さい Please *bring* your slippers with you. // 私は弁当*持参で出かけた I *took* my lunch with me. **持参金** (新婦の) dowry Ⓒ.

しし[1] 四肢 (手足) the limbs ★ limb は手または足の1本を指す. 形式ばった語; (手と足) arms and legs. 《☞ てあし》.

しし[2] 獅子 lion Ⓒ 《☞ ライオン》. **獅子身中の虫** (自分の門内の敵) the enemy within *one's* gate. **しし座** Leo [líːou], the Lion. 《☞ じゅうにきゅう (挿絵)》 **ししっ鼻** snub [pug] nose Ⓒ.

しじ[1] 支持 —動 (意見・考えなどに賛成して援助する) support ⑩; (支援する) back up ⑩. —名 support Ⓤ; backing Ⓤ.
¶ 私たちは新大統領を*支持しています We *support* the new President. // 彼の案を*支持する者はいなかった No one *backed up* his plan. // 彼の提案は熱狂的[圧倒的]な*支持を受けた Enthusiastic [Overwhelming] *support* was given to his proposal. // 彼の政策は世論の*支持を得ることはできなかった His policy failed to win the *backing* of public sentiment.

しじ[2] 指示 —動 (指図する) direct ⑩; (組織的に順序立てて説明し, 指示する) instruct ⑩; (方向などを示す) indicate ⑩. —名 (指図) directions; instructions ★ 以上2つはともに複数形で; (表示) indication Ⓤ. 《☞ しれい[1]; さしず; めいれい》.
¶ 万事あなたの*指示に従います I'll follow your ⌈*directions* [*instructions*] in everything. // 本社から何の*指示もなかった I've received no *instructions* from the main office.

じじ 時事 —形 (時事的な) current [kə́ːrənt]. ¶ *時事問題 *current* problems
時事英語 current English Ⓤ **時事解説** news commentary Ⓒ **時事解説者** news commentator Ⓒ; (ラジオ[テレビ]の) radio [TV] commentator Ⓒ.

ししつ 資質 (生まれつきの性質) nature Ⓤ; (生まれつきの才能) talent Ⓤ. 《☞ さいのう; そしつ》.

しじつ 史実 (歴史上の事実) historical fact Ⓒ; (その証拠) historical evidence Ⓤ.

じじつ 事実 —名 (実際の事柄) fact Ⓒ ★ 想像・理想などに対する事実の意味のときは

字さがり (indention, indentation) 文章の書き始めやパラグラフの始めを, 左端を少しあけて書き始めること. 《☞ パラグラフ (欄外)》
普通, 手書き (handwriting) のときは約3センチ, タイプライターのときは5ストロークぐらいあける.
ビジネスレターなどでは, パラグラフとパラグラフの間を1行あけ, 字下がりをしない場合が多いが, 個人の手紙や小説などでは, 字下がりはパラグラフの切れ目を示す大切な役目を果たす. 《☞ 手紙の書き方 (囲み)》
なお, 字下がりは以上のほかに, 物語・小説などで人の言葉を引用するとき, 詩などで原詩の1行を2行に分けるときの2行目の書き始めなどに用いられる. 《☞ 引用符(号) (欄外)》

Ⓤ; (真実) truth Ⓤ; (現実) reality Ⓒ; (実情) case Ⓒ ★ be the case で「本当である」の意味となる. ―副 (実際は) as a matter of fact; (実際上) practically; (実質的に) virtually; (事実上は) in fact [語法] この句は何かほかのことと対比したり, あるいは前言を違う角度から言い直したりするときに用いる.

¶ 彼の言うことは*事実だ What he says is ⌜a *fact* [*true*].

私は*事実を曲げることはできない I cannot falsify the *facts*. / (⇒ 真実をゆがめることはできない) I cannot pervert the *truth*.

彼の証言は*事実に反する His testimony is ⌜contrary [contradictory] to the *fact*.

この物語は*事実に基づいている This story is based on *facts*.

彼らは直ちにその*事実について調査した They immediately inquired into the ⌜*facts* [*case*].

私が遅れたという*事実を私は否定はしない I don't deny (the *fact*) that I was late. [語法] the fact that ... は回りくどい表現となるので可能な場合は省いたほうがよい.

彼が有罪であるということは否定できない[既定の]*事実だ It is an ⌜undeniable [established] *fact* that he is guilty. / (⇒ 彼が有罪であるという事実は否定できない) There is no denying the *fact* that he is guilty.

*事実はときとして小説よりも奇妙なことがある *Fact* [*Truth*] is sometimes stranger than fiction.

そのうわさは結局*事実だった (⇒ 本当だった) The rumor turned out (to be) *true*.

それが*事実なら, 彼は辞職すべきだ If that *is the case*, he should resign his office.

彼は*事実上は社長だが, 名目上はそうではない He is the president *in fact*, but not in name.

彼は*事実上その会の指導者だ He is the *virtual* leader of the party.

そのうわさは*事実無根 (⇒ 根拠のないこと) です The rumor is *groundless*.

ししゃ¹ 死者 dead person Ⓒ ★ 単に「死んだ人」という客観的な言い方; (事故などでの死者) fatality Ⓒ [参考] 事故の報告で「死傷者」という場合は casualty という; the dead, the killed [語法] 最後の 2 つはともに複数扱い. 後者には病気でなく, 外的原因で死んだ人という意味がある. fatality が統計などで使われる言葉であるのに対してこれらは一般的な言い方; (事故などの代償としての犠牲者の数) (death) toll Ⓤ ★ 報道英語などで用いることが多い. 《☞ ししょうしゃ》.

¶ その事故で多数の*死者が出た The accident *took* ⌜many [a heavy *toll of*] *lives*. / Many people *died* as a result of the accident. / (⇒生命が失われた) Many *lives were lost* in the accident. / There were a large number of *fatalities* due to the accident. // 戦闘が終わって彼らは*死者を葬った After the battle they buried *the dead*.

ししゃ² 支社 branch (office) Ⓒ (↔ head office) 《☞ してん¹; しぶ》. ¶ その会社はニューヨークに*支社がある The company has ⌜a *branch* [an *office*] in New York.

ししゃ³ 試写 preview Ⓒ. ¶ その映画の*試写会はきのうあった The *preview* (of the film) was ⌜given [held] yesterday.

ししゃ⁴ 使者 messenger Ⓒ 《☞ つかい》. ¶ *使者を送る send a *messenger*

ししゃく 子爵 viscount [váikàunt] Ⓒ.
子爵夫人 viscountess [váikàuntis] Ⓒ.

じしゃく 磁石 ―名 magnet Ⓒ; (棒[馬てい]型の) bar [horseshoe] magnet Ⓒ; (羅針盤) compass Ⓒ. ―形 magnetic.

ししゃごにゅう 四捨五入 ―動 (細かい端数を切り捨てる) round (off) ⓗ [参考] 英語では「四捨五入」式の言い方はしないで以上のように言う.「切り上げ」ならば round up ⓗ,「切り捨て」ならば round down ⓗ. ―名 rounding Ⓤ. ―副 (端数をなくして) in round ⌜numbers [figures].

¶ 3.145 を小数以下第 3 位で*四捨五入せよ *Round off* 3.145 *to* two decimals. // 49.8 を*四捨五入すれば 50 になる We can *round* 49.8 *to* 50. / 49.8 can *be rounded to* 50. // *四捨五入して 2.35 になった We had 2.35 *in round figures*.

ししゅ 死守 ―動 (必死に守る) defend [maintain] ... desperately; (最後まで守る) defend ... to the ⌜last [death].

じしゅ¹ 自主 ―形 (人に頼らない) independent; (自発的な) voluntary. ―副 independently; voluntarily; (自分の意志で) of *one's* own free will; (自分の判断で) on *one's* own judgment. ―名 (自主性・独立) independence Ⓤ; (独立独行) self-reliance Ⓤ. 《☞ じはつてき》.

¶ 彼女は考え方に*自主性がない She lacks *independence* in her way of thinking. // 個人の*自主性は尊重すべきである The *free will* of the individual should be respected. // *自主外交政策を進めることが必要だ It is necessary to further an *independent* foreign policy. // *彼は自主的にその会に参加した He participated in the meeting ⌜*of his own free will* [*voluntarily*].

自主規制 self-imposed control Ⓤ **自主防衛** self-defense Ⓤ.

じしゅ² 自首 ―動 (降服して) surrender [deliver] *oneself*; (出頭して) give *oneself* up. ¶ 彼は警察に*自首した He ⌜*surrendered* [*delivered*] *himself* to the police. / He *gave himself up* to the police.

ししゅう¹ 刺繍 ―名 embroidery Ⓤ. ―動 embroider ⓗ ⓙ, do [lay; make] embroidery (on ...). **刺しゅう糸** embroidery thread Ⓤ **刺しゅう台** embroidery frame Ⓒ.

ししゅう² 詩集 collection of poems Ⓒ; (名詩選集) anthology Ⓒ. ¶ 藤村*詩集 Toson's *Poetical Works* / *Collected Poems* of Toson

しじゅう 始終 (いつも) always; (絶えず) constantly ★ always より形式ばった言葉; (しばしば) (very) often; (習慣のように) frequently [語法] often より形式ばった言葉だ

し

が, 頻度はより高いというニュアンスがある；（始めから終わりまで）all the time, from beginning to end. 《☞ たえず；頻度を表す副詞（囲み）》.
¶ 彼は*始終しかめつらをしている He is *always* frowning. ∥ あの子供は*始終何か欲しがっている That child is *constantly* 「asking for [wanting] something. ∥ 彼は*始終ここに来る He comes here *very often.* / He is hanging around here *all the time.* ★ 口語的表現. ∥ *始終そう言っていたのに（⇒ 言い続けていたのに）Haven't I *kept* telling you so?

し

じしゅう[1] 自習 ― [動]（独力で勉強する）study by *oneself.* ¶ 2時間目は先生が休んだので*自習だった The second period was changed into a *study-hall hour* because the teacher was absent. **自習室** study hall [C] **自習書**（虎の巻）crib [C].

じしゅう[2] 次週 next week, the coming week [語法] next week は [副] としても用いる. 現在からみて次の週をいうときは冠詞が付かない. 《☞ らいしゅう；つぎ[1]》.

じじゅう 侍従 chamberlain [C]. **侍従長** the Grand Chamberlain.

しじゅうから 四十雀 titmouse [C] 《複 titmice》《☞ 動物の鳴き声（囲み）》.

しじゅうしょう 四重唱 (vocal) quartet(te) [C] 《☞ 音楽（囲み）》.

しじゅうそう 四重奏 quartet(te) [C] 《☞ 音楽（囲み）》. ¶ 弦楽*四重奏 a string *quartet*

じしゅく 自粛 self-control [U]. ¶ 両方の会社は広告の*自粛を申し合わせた Both companies agreed to use *self-control* over their advertising.

ししゅつ 支出 ― [名]（収入に対しての）outgo [U]（↔ income）；（金銭を使うこと）spending [U]；（支出額）expenditure [C]；（費用）expense [C] [語法] 実際にかかった費用が expense, 支出の額をまとめていうのが expenditure. 《☞ しゅっぴ；ひよう》.
¶ *支出を切り詰めねばならない We should cut down our *expenses.* ∥ 彼の収入は*支出に追いつかない His means are not up to his *needs.*

ししゅんき 思春期 ― [名] adolescence [ædəlésns] [U], puberty [pjúːbərti(ː)] [U] ★ 後者は形式ばった表現で, 意味が広い. ― [形] adolescent. 《☞ せいしゅん》.

ししょ 司書 librarian [laibrέ(ə)riən] [C].

じしょ[1] 地所（土地）land [U] ★ 財産としての「所有地」の意味では複数形で用いられる；（地面）ground [U] ★「家のまわりの土地・屋敷」の意味では複数形で用いられる；（宅地・敷地）lot [C]；（狭い敷地）plot [C]；（大きな地所・私有地）estate [C]. 《☞ とち》.
¶ 私は家を建てるために*地所を買った I bought a 「piece [tract] of *land* 「for my house [to build a house (on)]. ∥ 彼は約300平方メートルの*地所を持っている He has about 300 square meters of *land.* ∥ 私たちの家は狭い*地所の上に建っている Our house stands on a 「small *lot* [*plot*].

じしょ[2] 辞書 dictionary [C]. ¶ その語を*辞書で調べなさい Look up the word in the *dictionary.* ★ 最も普通の言い方. ∥ 新しい単語が出てきたら（⇒ 新しい単語に出会ったら）*辞書を引きなさい Consult your *dictionary* when you come upon a new word. ∥ 彼女は和英*辞書の使い方を知らない She doesn't know how to use a Japanese-English *dictionary.* ∥ その語は私の*辞書に載っていない（⇒ 見つからない）The word is not 「found [given] in my *dictionary.* ∥ *辞書を作る[編集]するのは時間がかかる It takes a long time to 「make [compile] a *dictionary.*

じじょ 次女 the [*one's*] second daughter.

ししょう 支障（前にふさがって邪魔になる物）obstacle [C]；（進行を妨害すること）hindrance [U] ★ 具体的な障害物の意味では [C]. 《☞ しょうがい[1]；じゃま；さしさわり》.
¶ それは私の仕事の*支障にはならない It will not be 「an *obstacle* [a *hindrance*] to my work. ∥ 万事*支障なくいきました（⇒ とどこおりなく進んだ）Everything went on *without* 「*a hitch* [*hindrance*]. /（⇒ すべては円滑にいった）Everything went off *smoothly.*

しじょう[1] 市場 market [C] 《☞ マーケット》.

> 市場のいろいろ
> 国内市場 home [domestic] market, 海外市場 overseas [foreign] market, 世界市場 the world market, 外国為替市場 the foreign exchange market, 買い手市場 buyer's market, 売り手市場 seller's market

¶ この新製品は最近*市場に出た This new product has recently been put on the *market.* ∥ その会社は日本に*市場を求めている The firm is in search of a *market* in Japan. ∥ ECは日本にもっと*市場を開放しろと迫った EC urged Japan to open its *market* wider. 《☞ 政治・経済（囲み）》∥ 輸出*市場を開拓しなければならない We have to build up an export *market.*
市場調査 market research [U].

しじょう[2] 史上 ― [副]（歴史上で）in history. ― [形]（史上最高の・記録的な）record. 《☞ れきし[1]》. ¶ 今年の米の収穫は*史上最高だ We had a *record* rice crop this year. ∥ それは航空*史上前例のない事故だった It was an unprecedented accident *in flying history.* [語法] unprecedented は「先例のない」の意.

しじょう[3] 私情（個人的な感情）personal feelings ★ 複数形で；（個人的な配慮・考え）personal consideration [C]. 《☞ じょうじつ》.
¶ 彼は*私情に左右されない He is never influenced by his *personal* 「*feelings* [*sentiment*]. /（⇒ 彼は常に公平である）He *is* always *impartial.* ∥ 今度の場合*私情を差し挟む余地はない There is no room to admit *personal considerations* in this case.

しじょう[4] 紙上, 誌上 ¶ 私はその記事をどこかの*紙[誌]上で読んだ気がする I think I have read the article *in some* 「*paper* [*magazine*] *or other.* ∥ その事件はきょうの夕刊*紙上に載っている The event is reported *in today's evening papers.*
【参考語】（新聞）paper [C]；（雑誌）magazine [C].

しじょう⁵ 試乗 ―名 trial ride Ⓒ. ―動 have [make] a trial ride.
しじょう⁶ 詩情 poetic(al) sentiment Ⓤ.
じしょう 自称 ―形 (勝手に名乗っている) self-「styled [appointed]; (本当はそうでないがそのつもりになっている) would-be. ―動 style [call; describe] *oneself* …; (言い張っている) claim to be … 《☞ じにん¹》.
¶ 彼は*自称詩人だ He is a 「*self-styled* [*would-be*] poet. / (⇒ 自分自身を詩人と呼んでいる) He 「*styles* [*calls*] *himself* a poet.
じじょう¹ 事情 (状況) circumstances; (状態) conditions ★ 両者とも複数形で; (情勢) situation Ⓒ; (理由) reason Ⓒ.
【類義語】人の周囲の情勢などで，そのまま受け入れざるを得ないような事情は ***circumstances***. それより大きな範囲で，世の中，あるいはある特定の方面についての状態・動向は ***conditions***. 主題となるものと，周囲の状況との関係，つまり「立たされている立場」に重点を置く言葉が ***situation***. 事柄の理由という意味では ***reason***. 《☞ じょうきょう¹; わけ》
¶ それはそのときの*事情による It depends on the 「*circumstances* [*situation*].
やむを得ない*事情で彼は辞職した The *circumstances* forced him to leave the office.
*事情の許す限り[*事情が許せば]援助します As far as [If] *circumstances* permit, I will help you.
私には困った*事情があるのです I'm in a difficult *situation*.
彼は食糧[住宅]*事情について講演した He lectured on the 「food [housing] *situation*.
彼はアメリカの*事情に通じている (⇒ アメリカについて非常に多くのことを知っている) He *knows a great deal about* America. / (⇒ アメリカの情報に詳しい) He *is well-informed on* America.
*事情はいまではまったく一変した (⇒ 形勢は変わった) The *tide* has turned now.
私は家庭の*事情で大学進学をあきらめた I gave up going on to the university for family *reasons*.
私は詳しい*事情 (⇒ 詳しい事柄) は知りません I don't know the *details*.
じじょう² 自乗 ―動 square ㊀. ―名 square Ⓒ. 《☞ へいほう》. ¶ 5 の*自乗は 25 である The *square* of five is twenty-five. / (⇒ 5 を自乗すると 25 になる) Five *squared* 「is [makes] twenty-five. // 4 を*自乗しなさい *Square* four. / *Multiply* four *by itself*.
じじょう³ 磁場 〘物理〙 magnetic field Ⓒ.
じじょうじばく 自縄自縛 ¶ *自縄自縛に陥る (⇒ 自分の仕掛けたわなにはまる) be caught in *one's* own trap / (⇒ 自ら面倒を招く) get *oneself* in trouble
ししょうしゃ 死傷者 ―名 (多数の死傷者) casualties ★ 複数形で. 《☞ ししゃ¹》.
¶ その戦闘で多数の*死傷者が出た There were heavy *casualties* in the battle.
[語法] casualty は死者と負傷者の両方を指す. 死傷者(数)を表すときは複数形. // バスがトラックと衝突したが*死傷者はなかった The bus collided with a truck, but there were no *casualties*. // その山崩れは 30 人の*死傷者を出した (⇒ 山崩れのために 30 人の人が死ぬか負傷をした) Thirty persons *were either killed or injured* on account of the landslide.
ししょく 試食 ―名 sampling Ⓤ. ―動 (検査などのために) sample ㊀; (試みに食べてみる) try ㊀. **試食会** sampling party Ⓒ.
じしょく 辞職 ―動 (職をやめる) resign [rizáin] ㊀ ㊁, 《口語》 quit ㊀ ㊁ 《過去・過分 quit, quitted》; (去る) leave ㊀. ―名 resignation Ⓤ ★「辞表」の意味のときは Ⓒ. 《☞ やめる²; じひょう》.
¶ 彼はきのう*辞職した He *resigned* yesterday. / He 「*left* [*quit*] his job yesterday. // 彼は委員長を 2 週間前に*辞職した He *resigned* as chairman two weeks ago. // 私は*辞職願いを出した I 「sent in [handed in] my *resignation*.
じじょでん 自叙伝 autobiography Ⓒ.
ししょばこ 私書箱 P.O. Box, P.O.B., POB ★ post office box の略. ¶ 手紙は神田郵便局*私書箱第 101 号へお送り下さい Please 「direct [send] your letters to Kanda *P.O. Box* No. 101.
ししん¹ 指針 (参考書) guide Ⓒ. ¶ この本は英語の手紙を書くときのよい*指針となる This book is a good *guide* 「in writing English letters [to letter-writing in English].
ししん² 私信 private [personal] letter Ⓒ 《☞ てがみ》.
ししん³ 私心 (利己的な動機) selfish motive Ⓒ 《☞ りこ》.
しじん 詩人 poet Ⓒ [語法] 男女ともに poet でよいが，特に女性を強調したいときは a woman poet という. 《☞ し³》.
じしん¹ 自信 ―名 (悠々とした自信) confidence Ⓤ; (強い自信) assurance Ⓤ. ―形 (自信のある) confident (of …); (確かな・確信のある) sure (of …), certain (of …) ★ 前者のほうが口語的.
【類義語】自分自身，自分の力に対する自信が ***confidence***. *confidence* よりさらに意味が強く，時として尊大・高慢な態度となって表れることがあるのが ***assurance***. *confidence* が理性的な自信であるのに対して，*assurance* は結果の正否を問題にしない感情的なところがある.
¶ 彼女はたいへん*自信が強い She has great *confidence* in herself. // 彼は自分の能力に*自信をもった[失った] He 「gained [lost] *confidence* in his own ability. // 彼は*自信をもってその質問に答えた He answered the question with 「*confidence* [*assurance*]. // 彼は*自信満々だった He was full of *confidence*. // 私たちは優勝する*自信がある We are *sure* of our victory. // *自信がありますか (⇒ 確かですか) Are you *sure*?
自信過剰 ―名 overconfidence Ⓤ. ―形 overconfident.
じしん² 地震 earthquake Ⓒ, 《口語》 quake Ⓒ. 《☞ 自然災害 (囲み)》.
¶ けさ早く*地震があった We had [There was] an *earthquake* early this morning. //

きのう東京に軽い[強い]*地震があった A「weak [strong] *quake* shook the Tokyo area yesterday. // 東京の*地震の震度は4でした The *earthquake* was rated at four on the Richter scale in Tokyo. 《☞しんど¹》 // *地震の震源地は伊豆半島沖の海底だった The「focus [center] of the「*earthquake* [*shock*] was traced to the sea bottom off the Izu Peninsula. / The epicenter was (located) under the sea off the Izu Peninsula. // *地震の予知はできないものだろうか Can't an *earthquake* be predicted? // かなり強い*地震が近日中に起こるかもしれない A rather「strong [severe] *earthquake* may occur in the near future.

地震学 seismology [saizmáləʤi(:)] Ⓤ **地震学者** seismologist Ⓒ **地震観測所** seismological [sàizməlάʤikəl] observatory Ⓒ **地震計** seismometer Ⓒ **地震研究所** seismographic research institute Ⓒ.

じしん³ 自身 ―名 (自己) self Ⓤ. ―代 *oneself* 〔語法〕人称に従って myself, yourself, himself, herself などとなる. 《☞再帰代名詞 (欄外)》. ―形 (自身の) *one's* own. ―副 (人手を借りずに独力で) for *oneself*, by *oneself* 〔語法〕前者には自己の利益のために独力でする意味が含まれる; (個人的には) personally; (自ら) in person. 《☞じぶん¹》. ¶彼*自身がそう言いました He *himself* said so. / He told me so *himself*. // 自分*自身でそれをやってみなさい Try it *yourself*. // 彼はその本箱を自分*自身で作った He made the bookcase by *himself*. // 私*自身としてはその提案に反対です *Personally* I am against the proposal.

ししんけい 視神経 optic [visual] nerve Ⓒ.

じすい 自炊 ―動 cook for *oneself*, do *one's* own cooking. 《☞すいじ》.

しすう 指数 index (number) Ⓒ. ¶3月末の消費者物価*指数は212.8だった The consumer price *index* at the end of March stood at 212.8.

しずか 静か ―形 (音のしない) quiet, still, silent; (穏やかな) calm [kά:m]; (激しくない) soft; (落ちついて静かな) tranquil. ―副 quietly, still, silently; calmly; softly; tranquilly; (安らかに) peacefully, in peace.

【類義語】一般的で口語的な語で, 騒音や騒ぎなどがなくて静かなのが **quiet**. 音だけでなく動きもなくて静かなのが **still**. 音がまったくせず, ひっそりしているとき, 人が口をきかないで黙っているときなど, 音のしないことを強調するやや文語的な語が **silent**. 以上の語は入れ替えて用いられる場合もしばしばある. ((例) *静かな足音 *quiet* [*silent*] footsteps // *静かなエンジン a *quiet* engine // *静かな夕暮れ a「*quiet* [*still*] evening // *静かな夜 a「*still* [*silent*] night). 海などが穏やかで静かなのは **calm**. 音楽などが静かで穏やかな感じなのが **soft**.

¶*静かにしなさい Be *quiet*! 〔語法〕最も普通の言い方で, 口をきくなというだけでなく, 動きについてもいう. / Shut up! ★「黙れ」という少し乱暴な言い方.

私は彼らにしばらく*静かにしてくれるように頼んだ I asked them to *keep quiet* for a while.

彼女は*静かな部屋で本を読んでいる She is reading in a *quiet* room.

こんなに*静かな (⇒穏やかな) 海は見たことがない I have never seen such a「*calm* [*quiet*] sea.

彼女は*静かな声で話す She speaks in a「*soft* [*gentle*] voice.

私は*静かな音楽が好きだ I like *soft* music. 〔語法〕silent は用いられない点に注意.

彼を*静かに (⇒邪魔しないで) 寝かせておきなさい Let him sleep *undisturbed*.

赤ん坊は*静かに眠っている The baby is sleeping「*peacefully* [*quietly*].

できるだけ*静かに歩きなさい Walk as「*quietly* [(⇒ゆっくり) *slowly*] as you can.

しずく 雫 (1粒の) drop Ⓒ. ¶雨の*しずくが私の顔に当たった A *drop* of rain fell on my face. // ひと*しずくの涙が彼女のほおを伝って落ちた A *tear* fell down her cheek.

【参考語】―動 (しずくとなって落ちる) drip ⓐ, trickle ⓐ.

しずけさ 静けさ (もの一つ動かないような静寂) stillness Ⓤ; (物音がしない) silence Ⓤ; (騒音のない静けさ・閑静) quiet(ness) Ⓤ 〔語法〕単に形の quiet の名詞形としては quietness が用いられるが, 特に静寂・平静な状態の意味では quiet となる; (平穏) calm Ⓤ; (ざわめきがやんでの) hush Ⓒ; (穏やかさ) tranquility Ⓤ. 《☞しずか (類義語); せいじゃく》.

¶サイレンの音が夜の*静けさを破った The siren broke the「*silence* [*stillness*] of the night. // あらしの前の*静けさ the「*calm* [*silence*; *hush*] before「the [a] storm // ホール内は水を打ったような*静けさになった A *hush* fell over the hall.

ジステンパー distemper Ⓤ ★犬の伝染病.

ジストマ distoma Ⓒ.

じすべり 地滑り (大きな) landslide Ⓒ; (小規模の) landslip Ⓒ. ¶昨夜の*地滑りで3人が死亡した Three persons were killed in the *landslide* which occurred last night. // 大統領選で彼は*地滑り的勝利をおさめた He won the presidential election by a *landslide*.

ジスマーク JIS [ʤís] mark Ⓒ ★JIS は日本工業規格 (the Japanese Industrial Standard(s)) の略. 《☞略語 (欄外)》.

しずまる 静まる, 鎮まる (静かになる) become quiet ⓐ, quiet down ⓐ; (穏やかになる) calm [die] down ⓐ; (力などが弱まる) abate ⓐ ★やや形式ばった語; (騒ぎ・暴動などが外部の力により抑え込まれる) be「suppressed [put down]; (一時的な騒ぎ・興奮などが元に戻る) subside ⓐ; (気持ちが落ち着く) feel at ease. 《☞おさまる; しずめる¹》.

¶部屋の中は一日中*静まりかえっていた The room *was*「*quiet* [*silent*] all day. / (⇒すべてが静かだった) Everything *was quiet* in the room all day. // 夕方になって風が*静まった The breeze「*went* [*died*; *calmed*] *down* in the evening. // あらしが*静まると船はすぐに出帆した The ship set sail as soon as the storm *abated*. // 反乱はすぐに*鎮まった The revolt *was* soon ｢*put down* [*suppressed*]. // 騒動は徐々に*鎮まった The tumult *subsided* gradually. // 私は彼がそばにいると気が*静まる (⇒ 彼のいることが私を落ち着かせる) His presence *makes me feel at ease*.

しずむ 沈む **1** «水面下・地平線下に»: go down (自), sink (自)《過去 sank,《米》ではまた sunk; 過分 sunk》 ★ 前者は意味の広い口語的な語; (特に太陽・月などが) set (自)《過去・過分 set》.《☞ ちんか[2]; ちんぼつ》.

¶ 船は*沈んでしまった The ship *went* ｢*down* [*under*]. / The ship *sank*. ★ 前者のほうが口語的. // 日[月]が*沈んだ The ｢sun [moon] *has* ｢*set* [*gone down*]. // 太陽がゆっくり西に*沈むところだった The sun *was* slowly ｢*sinking* [*going down*] in the west.

2 «気分が»: feel ｢depressed [low]《☞ ゆううつ》. ¶ 体が悪いと気が*沈む When we are in poor health, we *feel depressed*. / (⇒ 不健康は我々の気分を沈ませる) Ill health *depresses* us. // 彼女は物思い[悲しみ]に*沈んでいる She *is buried in* ｢thought [grief].

しずめる[1] 静める, 鎮める (静かにさせる) quiet (他), calm (他); (和らげる) soothe (他); (特に痛み・苦しみなどを) relieve (他); (気持ちを落ち着かせる) compose (他); (暴動などを鎮圧する) put down (他), suppress (他) ★ 前者のほうがより口語的.《☞ しずまる; ちんあつ》.

¶ 先生は興奮している子供たちを*静めた The teacher ｢*quieted* [*calmed*] the excited children. // だれも彼の怒りを*静めることができなかった Nobody could ｢*soothe* [*ease*] his anger. // 歯の痛みを*鎮めるにはこの薬がよい This medicine *relieves* toothaches. // 彼は心を*静めようと努めた He tried to *compose* ｢his mind [himself].

しずめる[2] 沈める sink (他); (戦闘などで) send ... to the bottom; (水中につける) submerge (他) ★ 水中に完全に浸すことを表す語. (自) の用法もある. ¶ 我々は敵艦3隻を*沈めた We *sank* three enemy ships.

しせい[1] 姿勢 (一般的な体の格好) posture Ⓤ; (何かをするときの格好) position Ⓒ; (身のこなし) carriage Ⓤ ★ 通例 a を付けて; bearing Ⓤ; (ポーズ) pose Ⓒ; (態度) attitude Ⓒ.

【類義語】 日常の体の構えや格好, またはある瞬間の姿勢を表すのが **posture**. ((例) 立った[座った]*姿勢 a ｢standing [sitting] *posture*). 比喩的には「うわべだけの態度」を示すことがある. いすに座るとか, 壁に寄り掛かるとか, ある物に対する体の置き方を表すのが **position**. ((例) 窮屈な*姿勢 an uncomfortable *position*). 頭や手足など, 体の各部の保ち方・身のこなしを表すのが **carriage**, あるいは **bearing**. ((例) 軍人風の*姿勢 a military *carriage*). 意識的または無意識的に気分・感情などを外面に表した態度が **attitude**. ((例) 傲慢(ごうまん)な*姿勢 an overbearing *attitude*). 写真や絵のモデルのようにある効果をねらって意識的にとる姿勢が **pose**. 気取った態度の意味も含む.《☞ たいど; ポーズ[1]》

¶ 正しい*姿勢は健康に大切だ Good *posture* is important for (the) health.

彼は*姿勢が悪い[よい] He has (a) ｢poor [fine] ｢*posture* [*carriage*].

彼はまっすぐな*姿勢をしている He *carries himself upright*.

*姿勢を正しなさい (⇒ 背中をまっすぐ伸ばしなさい) *Hold your back straight*. / *Straighten yourself*.

写真家は彼女にその*姿勢をくずさない (⇒ そのまま保つ) ように頼んだ The photographer asked her to hold that *pose*.

彼らはその問題に前向きの*姿勢 (⇒ 積極的な態度) で取り組んだ They took up the matter with a positive *attitude*.

彼はこの問題に対しては低[高]*姿勢だった He ｢took [assumed] a ｢modest [haughty] ｢*attitude* [*posture*] towards this question.

兵士は気をつけの*姿勢で立った The soldier stood at *attention*.

しせい[2] 施政 administration Ⓤ; (政治) government Ⓤ.《☞ せいけん[1]; ぎょうせい》.

施政権 administrative ｢power [right] Ⓤ

施政方針 administrative policy Ⓒ; (党の政策) party lines ★ 複数形で. **施政方針演説** (首相などの) (administrative) policy speech Ⓒ.

しせい[3] 市制 municipal system Ⓒ.

しせい[4] 市政 municipal [city] government Ⓤ.

じせい[1] 時勢 (時代) (the) times ★ 複数形で.《☞ じだい[1]; じりゅう》.

時制の一致 (sequence of tenses) 複文 (complex sentence) において, 主節の述語動詞 (predicate verb) と従属節の述語動詞の間には, 時制について一定の相互関係が認められる. これを時制の一致という.

ただし時制の一致が問題になるのは, 主として従属節が名詞節の場合で, 形容詞節や副詞節の場合は特に考慮する必要はない.

時制の一致は話法の転換に際してきわめて重要である.《☞ 話法 (欄外)》

(1) 時制の一致の法則は要約すれば次のようになる.

(i) 主節の述語動詞が現在または未来の時制の場合は, 従属節の述語動詞の時制は何らの制限も受けず, その意味・内容に従っていかなる時制もとり得る.

(ii) 主節の述語動詞が過去時制の場合は, 従属節の述語動詞は過去に属する時制になる. 助動詞のある場合はその過去形が用いられる.

ここで述べた現在・過去・未来には, それぞれの進行形・完了形も含んでいる.

次に時制の一致が特に問題になる (ii) の場合について, もう少し詳しく述べる.

従属節の述語動詞は次のように変わる.

現在時制・未来時制 → 過去時制

現在完了時制・過去時制 → 過去完了時制

¶ 私は彼が病気だと思う I *think* he *is* sick. // 私は彼が病気だと思った I *thought* he *was* sick.

私は彼女が仕事中だと思う I *think* she *is* working. // 私は彼女が仕事中だと思った I *thought* she *was* working.

私は彼らが成功するだろうと思う I *think* they *will* succeed. // 私は彼らが成功するだろうと思った I *thought* they *would* succeed.

私は彼がすでにフランスに行ってしまっていると思う I *think* he *has* already *gone* to France. // 私は彼が

¶ *時勢が変わった *Times* have changed. // 彼は*時勢に遅れないように (⇒ 時勢と共に進むために) 一生懸命勉強している He is studying hard to keep ˹abreast [pace] with *the times.* // 編集者は*時勢に先んじることが重要だ It is important that editors should go ahead of *the times.* // 彼の考えは*時勢に遅れている His ideas are ˹behind *the times* [*out-of-date* ; *old-fashioned*].

じせい[2] 時制 〘文法〙 tense Ⓒ. **時制の一致** 〘文法〙 sequence of tenses Ⓤ 《☞ 前ページ欄外》.

しせいかつ 私生活 *one's* private life Ⓤ 《☞ プライバシー ; せいかつ》.

しせいじ 私生児 illegitimate child Ⓒ.

じせいしん 自制心 self-˹control [restraint] Ⓤ.

しせき[1] 史跡 historic ˹spot [scene] Ⓒ; (歴史的な出来事のあった場所) historical site Ⓒ; (何らかの歴史上の問題のある場所) place of historical interest Ⓒ. 《☞ れきし[1]》.

しせき[2] 歯石 tartar Ⓤ.

じせき[1] 次席 (長の代理) assistant manager Ⓒ; (口語的に, 第 2 番目の地位にある者) No. 2, number two (↔ No. 1, number one).

¶ 彼はロンドン支店の*次席をしている He is ˹the *assistant manager* [*number two*] of our London office.

じせき[2] 自責 (自分を責めること) self-reproach Ⓤ; (良心のとがめ) guilty conscience Ⓒ, pang of ˹conscience [guilt] Ⓒ; (強い後悔) remorse Ⓤ. 《☞ こうかい[1]》.

¶ 彼は*自責の念にかられている (⇒ 良心のかしゃくに苦しんでいる) He is suffering from a *guilty conscience.*

しせつ[1] 施設 (公共機関またはその建物) institution Ⓒ; (設立物) establishment Ⓒ 【語法】 institution が公共のものであるのに対し, establishment は私的なものを含む ; (便宜を与える設備) facilities ★ 複数形で ; (老人・母子家庭などの) home Ⓒ; (難民・孤児などの) refuge Ⓒ. 《☞ せつび》.

¶ 当市には孤児のための*施設がある There is ˹an *institution* [a *refuge*] for orphans in this city. 【参考】 老人・子供などの収容施設は a home と呼ぶこともある. // 我々の厚生[教育]*施設は貧弱だ[すばらしい] We have ˹poor [excellent] ˹welfare [educational] *facilities.* // 軍事*施設 military *installations* ★ 複数形で. // 観光*施設 tourist *establishments* // 公共[文化, 娯楽]*施設 public [cultural ; recreation] *facilities*

しせつ[2] 使節 (大使・公使など特別の使命を帯びた外交上の) envoy Ⓒ; (会議などに出席する代表) delegate Ⓒ; (1つの代表団全員) delegation Ⓒ; (特殊な任務を帯びた使節団) mission Ⓒ. 《☞ とくし》.

¶ 彼は首相の個人*使節です He is the Prime Minister's personal *envoy.* // 政府は貿易[文化]*使節団をアメリカへ派遣した The government sent a ˹trade [cultural] *mission* to the U.S.A. // 彼らは親善*使節として中国へ行った They went to (the People's Republic of) China on a goodwill *mission.*

しせつ[3] 私設 ―形 private. **私設秘書** private secretary Ⓒ.

じせつ[1] 時節 (季節) season Ⓒ; (時期) time Ⓤ; (機会) chance Ⓒ; (時勢) the times. 《☞ じき[1]; じこう[3]》.

¶ いまはかきの*時節だ (⇒ かきはいまが食べごろだ) Oysters are now *in season.* // *時節はずれの果物は高い Fruits *out of season* are expensive. // *時節が来れば (⇒ そのうちに) 彼も昇進するだろう He will get promotion *in (due) time.* // いよいよ*時節到来だ The *time* has come at last. // *時節がら (⇒ 寒い[暑い]天候のおり) お体を大切に I hope you will take good care of yourself *in this* ˹*cold* [*hot*] *weather.* 【語法】 このようなあいさつは英語の手紙では病気の人に対する以外は用いられない.

じせつ[2] 自説 *one's* own ˹view [opinion] Ⓒ 《☞ いけん ; かんがえ》. ¶ *自説を主張する[曲げる] maintain [change] *one's opinion*

しせん[1] 視線 (まなざし) *one's* eyes ★ 複数形で ; (感心したり驚いたりして見つめること) gaze Ⓤ; (じろじろと見つめること) stare Ⓤ; (一べつすること) glance Ⓒ. 《☞ め[1]》.

¶ 偶然に 2 人の*視線が合った *Their eyes* met by chance. // 彼は私から*視線をそらした He turned *his* ˹*eyes* [*glance*] (away) from me. // みんなの*視線が彼女に向けられた *All eyes* were turned ˹upon [on] her. // 私はだれかの*視線を (⇒ だれかが私を見ているのを) 感じた I felt someone ˹*looking* [*staring*] at me.

すでにフランスに行ってしまっていると思った I *thought* he *had* already *gone* to France.

私は彼女は美しかったと思う I *think* she *was* pretty. // 私は彼女は美しかったと思った I *thought* she *had been* pretty.

(2) 次のような場合には, 主節の述語動詞が過去時制でも, 従属節の述語動詞は影響を受けないことが多い. すなわち, 時制の一致の法則からは除外される傾向にある.

(i) 従属節の内容が, 不変の真理などを表す場合.

¶ コロンブスは地球が丸いことを立証した Columbus *proved* that the earth ˹*is* [*was*] round.

(ii) 従属節の内容が現在の事実・習慣などを表す場合.

¶ 彼は毎朝 6 時に起きると言った He *told* me that he *gets* up at six every morning.

(iii) 従属節の内容が歴史上の事実を表す場合は, 常に過去形が用いられ, 過去完了にしない.

¶ 我々の先生は, ナポレオンはワーテルローで, ウェリントン公に破られたと言った Our teacher *told* us that Napoleon *was defeated* at Waterloo by the Duke of Wellington.

(iv) 従属節が as, than などに導かれて比較を表す場合, その中の動詞は時制の制限を受けない.

¶ 彼女はいつも歌っているよりもうまく歌った She *sang* better than she usually *does.*

(v) 従属節の動詞が仮定法の場合には, 主節の動詞の影響を受けない. 《☞ 仮定の表現 (囲み)》

¶ 私は両親が生きていたらと思う I *wish* my parents *were* alive. // 私は両親が生きていたらと思った I *wished* my parents *were* alive. // 彼はもし金持ちなら土地に投資するんだがと言った He *said* he *would* invest in land if he *were* rich.

自 然 災 害

1 地震・津波

地震は earthquake Ⓒ, または略して quake Ⓒ ともいう. 日本では地震をマグニチュードで計るが, 英語の magnitude は種々の大きさを表す言葉でもあり, また, 天文学・数学などいろいろな分野でも使われる言葉である.

地震の大きさの場合は英語では特に Richter scale (＝リクタースケール) を用いるのが普通である. これはアメリカの地震学者 C. Richter の考案した単位で 1 から 10 まであり, 1 つの単位はその下の単位の 60 倍の大きさを表すようになっている. また震度を 1 から 6 まで分ける方法は英語では用いられない. これを用いる場合は, 例えば「震度は 5 だった」は, The intensity of the earthquake was five *on the Japanese scale.* のように注が必要である.

また, 津波は tidal wave Ⓒ か, 地震による波ということで seismic wave Ⓒ, あるいは tsunami という日本語からの借用語を用いる.

地震に関する用語

震源地 (一般的には) focus [center] of ┌an [the]┐ earthquake Ⓒ, epicenter Ⓒ ★後者は専門語だが, 新聞などの報道にしばしば使われる ; 地震計 seismograph [sáizməgræ̀f] Ⓒ, seismometer [saizmɑ́mətɚ] Ⓒ, 地震学 seismology Ⓤ, 地震学者 seismologist Ⓒ, 地震波 seismic [earthquake] wave Ⓒ, 深発地震 deep-focus earthquake Ⓒ, 断層地震 dislocation earthquake Ⓒ, 火山性地震 volcanic earthquake Ⓒ, 余震 aftershock Ⓒ.

¶ 地震がその国の北部地方を襲った An earthquake ┌hit [shook ; rumbled across ; occurred in]┐ the northern part of the country.
けさ東京地区に軽い地震があった A weak earthquake shook metropolitan Tokyo this morning.
震源地は房総半島沖 50 km の海底である The ┌focus [center]┐ of the quake was located on the ocean floor 50 kilometers off the Boso Peninsula.
各地の震度は東京が 3, 水戸で 2, 前橋で 1 だった The magnitude of the earthquake was three at Tokyo, two at Mito, one at Maebashi, on the Richter scale. [語 法] 日本でいう「震度」はリクタースケールとは一致しないので, 実際には換算が必要である.
死傷者数はさらに増える見込みである The toll ┌may still [is expected to]┐ rise.
地震の被害は市の南端が最もひどかった The worst effects of the quake centered on the southern ┌border [end]┐ of the city.
急に建物全体が揺れ出し, 屋根が落ち, 数人の人が下敷きになって死んだ Suddenly, the whole building started shaking, and the roof collapsed, crushing several people to death.
ハイウェーのある部分は陥没し, ほかの部分は大岩でふさがれた Some portions of the highway caved in, while huge boulders blocked other sections.
津波が海岸地方を襲った A ┌tidal wave [tsunami; seismic wave]┐ ┌struck [visited]┐ the coastal areas.

2 天候異変・かんばつ・大雨・洪水

大雨は heavy rain, 集中豪雨は torrential [concentrated heavy] rain, 記録的な雨は record rain(s) という. なお rain は rains と複数形にすると「降り続く雨・雨季」などの意味となる.

1 回の降雨は rainfall という. 降雨量は precipitation といい, これは降雪量にも使う.

かんばつは drought [dráut] Ⓤ である. 洪水は flood Ⓒ であるが, これは動詞としても用いる. 洪水に見舞われた地域は flooded area という. また多少形式ばった用語としては inundation Ⓒ (動 inundate).

¶ アフリカではかんばつが続き 6 年目になっている In Africa, drought is continuing for the sixth consecutive year.
農作物は枯れ, 牧草地は不毛となり, 湖も井戸も干上がった Crops withered, pastures turned barren, and lakes and wells dried up.
雨の多い英国は, ここ 2, 3 年, 春にはいつもとは違った乾燥期に悩まされている Rainy Britain has suffered from uncharacteristically dry spells the past few springs.
記録的な雨で, 過去何世紀間の中で最悪の洪水が幾つか起こった Record rains caused some of the worst flooding in centuries.
ある地域では 1 時間に 100 ミリの雨が降った One hundred millimeters of rain fell in some sections in one hour. / In some areas there was precipitation of 100 millimeters in one hour.
激流は作物を押し流した The torrents washed away crops.
幾つかの村が鉄砲水で流された Several villages were washed away by flash floods.
水は川の堤防を越えて押し寄せた Water surged over the riverbank.

3 台風・竜巻

台風は typhoon Ⓒ というが, 同じ種類の大きな低気圧による風雨も, カリブ海・メキシコ湾地区で発生するものはハリケーン (hurricane Ⓒ), インド洋に発生するものはサイクロン (cyclone Ⓒ) という.

台風の目[中心]は eye Ⓒ または center Ⓒ, 低気圧は low pressure Ⓤ, 風速は wind velocity (per second) Ⓤ, 気圧は atmospheric pressure Ⓤ で, millibar Ⓒ で計る. また「台風が発達する」は gain strength, 「衰える」は lose strength が最も普通.

中心付近の最大風速は the maximum center wind of the typhoon という. 竜巻は tornado Ⓒ である.

¶ 小笠原群島東南 500 km に新しい台風が生まれた A new typhoon was ⌈spawned [formed] 500 kilometers southeast of the Ogasawara Islands. 語法 spawn は「鳥などが卵を生む」というのが本来の意味.

気象庁によれば, 台風の中心付近の最大風速は 50 メートル, 気圧は 930 ミリバールである According to the report of the Meteorological Agency, the maximum center winds of the typhoon are 50 meters per second, and the atmospheric pressure at its center is 930 millibars. 参考 英語では風速は時速…マイル (miles per hour, MPH, mph. と略す) で表すことが多い. 《☞ 度量衡 (囲み)》

台風の勢力は衰えて熱帯低気圧に変わった The typhoon lost its strength and was downgraded to a tropical depression.

熱帯低気圧が発達して台風 9 号となった The tropical depression gained strength and was upgraded to typhoon No. 9.

竜巻の風は, 車, バス, 貨物列車まで空中に巻き上げ, がっちりした電力塔までひっくり返した Tornado winds sent cars, buses and even freight trains spinning aloft, and toppled massive power line towers.

しせん² 支線 (鉄道の) branch line Ⓒ.

しぜん 自然 **1** 《山川草木・自然界・本来の姿》 ―名 nature Ⓤ. ―形 natural.

¶ 彼は*自然の美に深い感銘を受けた He was deeply impressed ⌈with [by] the ⌈beauty [beauties] of *nature*. // それは*自然の法則にかなっている It agrees with the laws of *nature*. // *自然に帰ろう Let's return to *nature*.

2 《当然・ありのまま》 ―形 natural.

¶ 子が親のまねをするのは*自然だ It is *natural* that children should follow their parents' example. 《☞ とうぜん》 // その件は*自然の成り行きに任せたほうがよい (⇒ 放っておきなさい) Leave ⌈it [the matter] alone. ★ 口語的.

3 《ひとりでに》 ―副 (独自で) of *oneself*; (何の手も加えないで) naturally; (自然発生的に) spontaneously. ―形 (生まれつきの) natural; (期せずしての) spontaneous.

¶ 戸は*自然に開いた The door opened *by itself*. // 彼女の髪は*自然にカールしている Her hair is *naturally* curly.

自然界 nature Ⓤ, the ⌈natural [physical] world ★ 後者はやや形式ばった表現. **自然科学** natural science Ⓤ **自然科学者** natural scientist Ⓒ **自然現象** natural phenomenon Ⓒ 《複 phenomena》 **自然公園** natural park Ⓒ **自然主義** naturalism Ⓤ **自然食品** natural foods **自然淘汰** natural selection Ⓤ 《☞ とうた》.

じせん 自薦 ―動 recommend *oneself*.

じぜん¹ 事前 ―副 (前もって) beforehand, ahead of time ★ 口語的; in advance. 《☞ まえもって; あらかじめ》.

¶ 彼はその結果を*事前に知っていた He knew the result *in advance*. // 私たちは席を*事前に決めておいた We arranged the seating ⌈*beforehand* [*ahead of time*]. // 選挙の*事前運動は禁止されている *Pre-election campaigning* is prohibited.

じぜん² 慈善 ―名 charity Ⓤ; (慈善事業[行為]) charities ★ 複数形で. ―形 (慈善の) charitable. ¶ 彼らは*慈善のために金を集めた They collected money for ⌈*charity* [*charitable purposes*].

慈善音楽会 charity concert Ⓒ **慈善家** charitable person Ⓒ **慈善団体** charitable [charity] organization Ⓒ.

しそ 紫蘇 beefsteak plant Ⓒ, perilla Ⓒ ★ ただし西洋では食用としない.

しそう¹ 思想 (考え方) thought Ⓤ; (観念) idea Ⓒ.

【類義語】 理性的に考えて浮かぶ考えが ***thought***. 口語的な語で, まとまっているいないにかかわらず心に浮かぶ考えをいうのが ***idea***. 従って日本語の「思想」という少し改まった言い方に近いのは *thought* のほうであるが, 前後関係によっては *idea* と訳せる場合もある.

¶ 古代ギリシャの*思想 ancient Greek *thought* // 彼の*思想と行動はちぐはぐだ (⇒ 彼の行動は思想と矛盾している) His action is inconsistent with his *thought*. // それは東洋と西洋の*思想の違いからくる It comes from the difference between Eastern and Western *ideas*. // 私は彼の過激な*思想には反対だ I am against his radical ⌈*ideas* [*thought*]. // 近代[科学]*思想 modern [scientific] *thought*

思想家 thinker Ⓒ **思想界** the world of thought **思想統制** thought control Ⓤ.

しそう² 死相 ¶ 彼の顔には*死相が現れている (⇒ 死の影が彼の顔にある) *The shadow of death* is on his face.

じぞう 地蔵 guardian deity of the people Ⓒ 《☞ 日本固有の風物と英語 (囲み)》.

¶ 石*地蔵 a stone ⌈statue [image] of Jizo

しそうのうろう 歯槽膿漏 pyorrhea alveolaris [pàiərí:ə-ælvì:ələ́(ə)ris] Ⓤ.

しそく 子息 son Ⓒ 《☞ むすこ》.

じそく 時速 ¶ 彼は*時速 60 キロで車を運転した He drove *at* (*a speed of*) 60 kilometers ⌈*an* [*per*] *hour*. ★ 60 k.p.h. と略せる. // この超特急は平均*時速 200 キロで走る This super-express runs *at an average* of 200 kilometers ⌈*an* [*per*] *hour*. 《☞ そくど》

じぞく 持続 ―動 (継続する) continue ⓐ; last ⓐ 語法 continue は中断することなく続くことで, 期間よりも続く状態に重点がある. last は特定期間続く. 《☞ つづく》.

¶ 好天は 3 週間*持続した The fine weather

⌈*lasted* [*continued*] (for) three weeks.

しそこなう (…をしない) fail (自); (うっかりとして) miss (他). (☞ -そこなう).

しそん 子孫 (家系・血統上のつながりのある人) descendant [C]; (人間の子孫) children ★ 単数形は child; (親から生まれた子供たち) offspring [C] ★ 単複同形. この語は人間にも動物にも使う.
¶ 彼は*子孫のために財産を一切残さなかった He left no fortune ⌈for [to] his *children*. // 彼は源氏の*子孫だと言っている He claims that he is ⌈a *descendant of* [*descended* from] the Genji family.

しそんじる 仕損じる (失敗する) fail (自) (☞ しっぱい; やりそこなう; -そこなう).

じそんしん 自尊心 (よい意味で) self-respect [U]; (悪い意味をも含めて) pride [U]. (☞ ほこり²). ¶ 彼は*自尊心が強い He has much ⌈*self-respect* [*pride*]. / (⇒ 自分をとても偉いと考えている) He *thinks very highly of himself*. // 彼女の言葉に私の*自尊心は傷つけられた (⇒ 彼女の言葉が私のプライドを傷つけた) Her words ⌈wounded [hurt] my *pride*.

した¹ 下 **1** «場所・位置» ── [前] (…の下に) under … (↔ over …), beneath …, underneath …; (…より下のほうに) below … (↔ above …); (…のふもとに) at the foot of …; (…の底部に) at the bottom of … ── [名] (山などのふもと) foot [C] (複 feet); (一番下・底) bottom [C]. ── [副] (下に) under, beneath, underneath; (下方に) below.
【類義語】「…の真下に」という意味の言葉が **under** で, 接触して真下の場合と, またそうでない場合との両方を意味する. ほぼ同意に用いられるが, 特に上から覆いかぶさっている感じを強調する言葉が **underneath**. また以上とほぼ同意だが多少文語的な言葉が **beneath**. 「…より下の方に」という意味で, 相対的な位置関係を示す言葉が **below** である. 従って, 日本語で「いすの下に」という場合の「下」は *under* the chair と *under* で表され, 「水平線の下に」の「下」は *below* the horizon と *below* で表される. また *below* は日本語の「下手(しもて)に」の意味に当たることもある. ((例) 橋の*下手に *below* the bridge).
¶ あの木の*下でちょっと休もう Let's take a short rest *under* the tree.
机の上には辞書があり, *下にはかばんがある There *is* a dictionary *on* the desk and a bag *under* it.
その2家族は同じ屋根の*下で暮らしている The two families live ⌈*under* [*beneath*] the same roof.
船はその橋の*下を通った The ship ⌈went [passed] *under* the bridge.
その語の*下に線を引きなさい Draw a line *under* the word. / *Underline* the word.
猫がベッドの*下から走り出た A cat ran out *from under* the bed.
私はその手紙を本の*下から見つけた (⇒ 本の下に見つけた) I found the letter *underneath* a book. [語法] 本の下に手紙が敷かれて見えなかったことが underneath によって表されている.

① The ivy vines ⌈are hanging [hang] (*down*) from the pot. (＝植木鉢からつたが垂れている)
② The fishbowl is ⌈*below* [*under*(*neath*)] the flowerpot. (＝植木鉢の下に金魚鉢がある)
③ The goldfish is *at the bottom of* the bowl. (＝金魚は鉢の下のほうにいる)
④ The doily is laid ⌈*underneath* [*beneath*] the fishbowl. (＝金魚鉢の下に敷き物が敷かれている)
⑤ The cat is *at the foot of* the table. (＝猫がテーブルの下にいる)
⑥ The milk dish is *under* the table. (＝ミルク皿がテーブルの下にある)

私たちは丘の*下にキャンプをはった We camped *at the* ⌈*foot* [*bottom*] *of* the hill.
*下から3行目に誤植がある There is a ⌈misprint [typographical error] in the third line from the *bottom*.
その本の各ページの*下に注がついている The book has notes *at the* ⌈*foot* [*bottom*] *of* each page.
彼女のスカートのすそはひざの*下まであった The hem of her skirt was *below* the knee.
その棚は何かで*下から支える必要がある (⇒ あなたはその棚を何かで下から支えなければならない) You have to support the shelf ⌈by [with] something *from below*.
重い本は*下の段に置いて下さい Please place (⌈the [your]) heavy books on the ⌈shelf *below* [*lower* shelf].
2 «内側» ── [前] (…下に) under …; (…のすぐ下に) underneath … ★ この語は副詞的にも用いる. (☞ うちがわ).
¶ 私はワイシャツの*下に何も着ていない I am wearing nothing ⌈*under* [*underneath*] ⌈this [my] shirt.
3 «下方» ── [副] (下の方へ) down ★ 動詞とともに2語でまとまった意味を成す場合が多い; (下へ向かって) downward; (…より下方に) below.
¶ 彼女は日よけを*下におろした She *pulled* the shades *down*.
彼はかばんを静かに*下へ置いた He *laid* the bag *down* gently.
「このエレベーターは*下へ行くのですか」「いいえ, 上です」 "Is this elevator *going down*?" "No, it's going up."
この窓から*下に川が見える From this window you can see the river *below*.
山の頂上からずっと*下のほうに村が見えた From the mountaintop we could see a village (*down*) *below*.

彼女は恥ずかしそうに*下を向いた She looked *downward* shyly. 《☞ うつむく》
4 «階下» ━ 副 (階下に[で]) downstairs (↔ upstairs). ━ 形 (…より下方の) below.
¶ 彼は朝食に*下へ降りて行った He *went downstairs* ˹for [to] breakfast.
彼女は*下で待っている[*下の部屋で勉強している] She is ˹waiting [studying] *downstairs.*
彼女は*下の部屋に住んでいる She lives in the room *below.*
5 «年齢» ━ 形 (…より年下の) younger, junior 語法 以上いずれも「年齢が下で」という意味であるが, younger が年齢が下であることを表す最も普通の言葉で, junior のほうは年齢のほかに「後輩である」というニュアンスが加わる. また younger は後に than を従え, junior は to が付く. junior のほうが形式ばった表現. ━ 名 (年下の人) junior Ⓒ. 《☞ としした》.
¶ 彼は僕より3つ年*下だ He is three years *younger* than me.
彼の一番*下の男の子は幼稚園だ (⇒ 幼稚園に通っている) His *youngest* boy goes to kindergarten.
私のすぐ*下の妹はアメリカに留学中です (⇒ アメリカで勉強している) My *younger* sister who is next to me (in birth order) is studying in the U.S.A.
彼女は40歳より*下のはずはない She cannot be ˹*under* [*less than*] forty. 語法 年齢の場合は under, less than どちらも使われる.
6 «下位・従属» ━ 前 (…より下で) below …; (…の部下として; …の弟子として) under …; (…のすぐ下位に) underneath … ━ 形 (…より後輩で) junior (to …); (…に従属した) subordinate (to …).
¶ 彼女は私より2級*下だった She was two grades ˹*below* [*behind*] me ˹at [in] school.
私は会社では役職が彼より*下だ My rank is *lower than* his at the office. / I am ˹*junior* [*subordinate*] *to* him at the office.
彼の点は平均より*下だ His grade is *below* average.
社長の*下には副社長が3人いる *Under* [*Underneath*] the president are three vice-presidents.
彼は*下からたたき上げた男だ (⇒ 底から苦労して上へ進んだ) He has worked his way up from the *bottom.*
私は彼の*下で働いている I am working *under* him. 語法 階級の上下は above, below を用い, 支配関係は over, under を用いる.

した² 舌 tongue [tʌ́ŋ] Ⓒ. ¶ 私の*舌は荒れている My *tongue* is ˹sore [rough]. 語法 炎症などを起こしているのが sore. ざらざらしているのが rough. // その女の子は私に向かって*舌を出した The girl ˹put [stuck] her *tongue* out at me. ★ 診療の場合, 軽蔑の場合など. // その犬はだらりと*舌を出していた The dog lolled out its *tongue.* // *舌の先をやけどした I've burned the tip of my *tongue.* // 彼女はよく*舌が回る (⇒ ぺらぺらよくしゃべる) She has a glib *tongue.* / (⇒ おしゃべりだ) She is very *talkative.* // 彼は知らない人の前に出ると*舌が回らなくなる He gets *tongue-tied* in the presence of strangers. // 彼は酔っ払っていたので*舌がもつれていた (⇒ はっきりしゃべれなかった) As he was drunk, he *was unable to speak* ˹*distinctly* [*clearly*].
舌先三寸 ¶ 彼は*舌先三寸で (⇒ よく回る舌で) 多くの人をだました He cheated a lot of people with his *glib tongue.* 《☞ くちさき》
舌足らず ¶ 彼女はときどき*舌足らずな (⇒ 子供みたいな) 口をきく She sometimes speaks like a child. // 彼の説明は*舌足らずだった (⇒ 不十分だった) His explanation was *inadequate.*
舌の根 ¶ 彼はうそはつかないと言ったが, その*舌の根も乾かぬうちにまたうそをついた (⇒ その言葉が口から出るや否やもううそをついた) He said he would never tell a lie. ˹*No sooner were the words out of his mouth than* [*While the words were still fresh from his mouth,*] he told another lie.
舌を巻く ¶ 私は彼女の流ちょうな英語に*舌を巻いた (⇒ びっくりした) I *was amazed* by her fluent English.

しだ 羊歯 fern Ⓒ.

じた 自他 ¶ 彼が車の運転のうまいことは*自他ともに認めるところである (⇒ 自分でうまいと言っているがその通りだ) He calls himself an expert driver, and that's what he is.

したあご 下顎 (下あごの先の部分) chin Ⓒ; (下あご全体) lower jaw Ⓒ. 《☞ あご》.

したい¹ 死体 (遺体) (dead) body Ⓒ; corpse Ⓒ; (動物の) carcass Ⓒ, carcase Ⓒ.
【類義語】人間の死体を表す最も口語的で普通の言葉は **body** で, 特にまぎらわしい時を除いては *dead body* とは言わない. 客観的, または冷たい感じで「死体」というときには **corpse** という. 亡くなった人の話をするのに *corpse* は適当でなく *body* のほうがふさわしい. その意味では *body* は日本語の「遺体」の訳としても使われる. また動物の死体は **carcass** または **carcase** という.
¶ 彼らはその身元不明の*死体を解剖した They ˹performed [held] an autopsy on the unidentified ˹*body* [*corpse*]. // 彼は*死体で発見された (⇒ 死んで発見された) He was found *dead.*

したい² 肢体 (手足) the limbs [límz] ★ 複数形で; (身体全体の姿) figure Ⓒ. 《☞ てあし; しし¹; からだ》.

-したい (欲する) want (to *do*); (…したいと思う) would [should] like (to *do*) 語法 'd like to と短縮される. 疑問形は would you like to *do* …? となる; (希望する) hope (to *do*); (できれば…したい) wish (to *do*); (切望する) be anxious (to *do*); long (to *do*).
【類義語】口語的で単刀直入に「…したい」という言い方で最も一般的なのは **want** (to *do*) である. ((例) 私はあなたと話*したい I *want to* talk to you.). しかし, これは自分の欲望・希望を率直に述べる言い方なので, 対人関係ではしばしば少し乱暴で失礼な言い方になることに注意する必要がある. そこで, 控えめに「…したいのですが」と希望を述べる言い方が必要な場合には **would** [**should**] **like** (to *do*) が用いられる.

《米》ではすべての人称で *would* でよいが,《英》では 1 人称には *should* が用いられる傾向がある. また《米》でも書き言葉などで特に改まったときには *should* が用いられることもある. 好ましいことを望むときには **hope** (to *do*) が, 実現不可能な見通しの希望には **wish** (to *do*) が用いられる. 「切望する・どうしても…したい」の意味では **be anxious** (to *do*) または **long** (to *do*) が用いられる. 後者には「あこがれ」の気持ちを表すニュアンスが加わる.《☞ -たい ; 意志・願望の表現 (囲み)》

¶ 私はいつか世界一周旅行を*したいと思う I ⌈*want* [*wish* ; *hope*] *to* make a round-the-world trip someday. 語法 wish の場合には実現不可能な感じが加わる. // 「ちょっとお伺い*したいのですが (⇒ 質問をしたい)」「ええ, どうぞ」 "I'*d like to* ask you a question." "Please do." / (⇒ 質問してもよいですか) "May I ask you a question?" "Certainly." 語法 この言い方のほうが丁寧な言い方. 《☞ 依頼の表現 (囲み)》 // いまのところ何も*したくない (⇒ したい気がしない) I *don't feel like* doing anything ⌈now [for the present]. // 彼らはできるだけ早く出発*したがっている They *are anxious to* start as soon as possible.

しだい¹ 次第 **1** «すぐに»: (…するとすぐ) as soon as …; (…のすぐ後で)《口語》right after …, immediately (after) … ★ after を省略するのは《英》.

¶ 天気になり*次第出発しよう (⇒ 天気になったらすぐ出発しよう) Let's start *as soon as* it clears up. // ロンドンに着き*次第手紙を出します (⇒ ロンドンに着いたらすぐに便りを書きます) I will write to you ⌈*as soon as* [*right after* ; *immediately* (*after*)] I arrive in London. // 機会があり*次第彼に伝えておきます (⇒ 最初の機会に彼に知らせます) I will let him know *at the first opportunity*. // ご都合がつき*次第お返し下さい (⇒ 一番早く都合がついたときに) Please return it to me ⌈*at your earliest convenience* [*as soon as possible*].

2 «…によって決まる»: (…による) depend ⌈on [upon] …, rest on … ★ 前者が一般的 ; (…の責任だ) be up to …, rest with …

¶ 成功はあなたの努力*次第だ (⇒ あなたの努力による) Success ⌈*depends* [*rests*] *on* your efforts. // 値段は数量*次第です (⇒ 数量によって変わる) The price ⌈*varies with* [*depends on*] the quantity. // 決定はあなた*次第です (⇒ 決定権はあなたにある) The decision *rests with* you. / (⇒ 決めるのはあなただ) It is *up to* you to decide.

しだい² 私大 private ⌈college [university] Ⓒ《☞ だいがく》.

じたい¹ 事態 (まわりの状況) situation Ⓒ; (漠然と) matters ; (世の中の事情) things ★ 口語的.《☞ じょうせい ; じょうきょう¹》.

¶ 我々は容易ならぬ*事態に直面した We have faced a ⌈serious [critical] *situation*. // 彼らは*事態の解決[改善]に全力をあげている They are doing their best to ⌈solve [improve] the *situation*. // *事態は楽観を許さない (⇒ 事態は重大である) *The state of* ⌈*things* [*affairs*] is very ⌈serious [grave]. // *事態は好転[悪化]している *Things* are getting ⌈better [worse]. // *事態はさらに悪化した The *situation* [*Things*] went from bad to worse. // 最悪の*事態が生じた The *worst* has happened. // 緊急*事態 an *emergency*

じたい² 辞退 ― 動 (丁寧に断る) decline ㊀ ㊉ ; (拒絶する) refuse ㊉ ㊀ ★ 後者のほうが断り方としては失礼である.《☞ ことわる (類義語) ; きょぜつ》.

¶ 彼は次の選挙に出ることを*辞退した He *refused* to run for the next election. // 先約がありますのでせっかくのご招待を*辞退させていただきます I am sorry, but [I regret that] I must *decline* your invitation because I have a previous engagement. 語法 [ ] 内は改まった表現で, 手紙などに使う.

じたい³ 自体 (そのもの) itself ; (自分) oneself.《☞ じしん³》. ¶ 額縁は別として絵*自体が気にいらない Apart from the frame, I don't like the picture *itself*.

じたい⁴ 字体 the form of a character ; (活字の) type Ⓤ. ¶ 名前は活*字体ではっきり書いて下さい Please *print* your name.

じだい¹ 時代 **1** «時期»: period Ⓒ; era Ⓒ; age Ⓒ ; epoch Ⓒ.

【類義語】長短に関係なく, ある特定の期間を表すのは **period** で, 最も一般的な語. age, time で代えられる場合も多い. ((例) 文芸復興*時代 the ⌈*period* [*age*; *time*] of the Renaissance). 重要な事件や人物などで特徴づけられる時代, 歴史上のある時期は **era**. ((例) ナポレオン*時代 the *era* of Napoleon). *era* がやや漠然としているのに対し, より明確な特色を持ったかなり長い時代を指すのが **age**. ((例) 石器*時代 the Stone *Age*). 新しい時代の幕明け, つまり *era* の初期, または著しい変化を伴う画期的な時代が **epoch**. ((例) 宇宙旅行の*時代 the ⌈*epoch* [*era*] of space travel). 以上の語は互いに交換可能な場合も多く, いずれを用いてもよいときがある. ((例) 革命*時代 the ⌈*period* [*epoch* ; *era* ; *age*] of the Revolution). ただし慣用的に決まっている場合もあることに注意.

¶ 彼は明治*時代に生まれた He was born in the Meiji ⌈*era* [*period*]. 語法 era のほうが普通.

いまは原子力の*時代だ This is the *age* of ⌈nuclear [atomic] power.

人工衛星は通信に新しい*時代を開いた The artificial satellite marked a new *epoch* in communications.

宇宙旅行の*時代は必ず来ると思う (⇒ 宇宙旅行を楽しめるときがきっと来ると思う) I am sure the *time* will come when we can enjoy space travel.

陳列品の中にはいろいろな*時代の品があった Among the exhibits were articles at different *periods*.

私は学生*時代よくそこへ行ったものだ I used to go there in my school *days*.

レンブラントは彼の*時代の最大の画家だった Rembrandt was the best painter of his ⌈*day* [*time*]. 語法 「時代」を day と訳す

場合, 個人的な「…のころ」の意味では複数形, 背景の時代を言うときは単数形.
彼はシェークスピアと同*時代の人だった He was *a contemporary* of Shakespeare.
2 «時勢・世代»: (当代) (the) times ★ 複数形で; (世代) generation Ⓒ. (☞ じせい¹; じりゅう; せだい).
¶ 彼は*時代に先んじていた[遅れていた] He was ˹ahead of [behind] the *times*.
そんな考えは*時代遅れだ Such ˹an idea [a view] is ˹*out-of-date* [*old-fashioned*].
そのスタイルは一*時代前に流行していた The style was in fashion a *generation* ago. [語法] generation は約 30 年間.
いまは*時代が違う (⇒ 物事は以前にあったままではない) Things are not what they used to be. / (⇒ 時代は変わった) *Times* have changed.
時代劇 historical [period] play Ⓒ; (その時代の衣装による) costume play Ⓒ **時代錯誤** anachronism [ənǽkrənìzm] Ⓤ **時代思潮** the ˹trend [current] of the age **時代小説** historical [period] novel Ⓒ **時代物** antique article Ⓒ; (古物) antique Ⓒ.

じだい² 次代 (次の世代(の人々)) the next generation; (若い世代の人々) the younger generation ★ generation は集合的に用いられる. (☞ つぎ¹; せだい).
¶ その仕事は*次代の人たちにゆだねられた The task was entrusted to *the* ˹*next* [*coming*] *generation*. // 私は*次代の青年たちに期待をかけている I hang my hopes on *the* ˹*younger generation* [*coming young men*].

じだい³ 地代 (ground [land]) rent Ⓤ [語法] この語は「借り賃」の意味にも「貸し賃」の意味にもなる. (☞ かりちん; しゃくち).

しだいに 次第に gradually (☞ じょじょに; だんだん).

したう 慕う (愛する) love ㊀; (敬慕する・熱烈に恋い慕う) adore ㊀; (いなくて寂しく思う) miss ㊀ [語法] 以上の語はこの意味では進行形にはならない.
¶ 彼女は父親を*慕っている (⇒ 深く愛している) She *loves* her father *dearly*. // 彼女はピアノの先生を*慕っている She *adores* her piano teacher. // 彼女はいまも亡くなった母を*慕っている She still *misses* her dead mother. // 彼は若い人たちに*慕われている (⇒ 若い人たちの偶像だ) He is the *idol* of the young.

したうけ 下請け —[名] subcontract Ⓒ. —[動] (下請けする) subcontract ㊀㊁; (下請けに出す) sublet ㊀. (☞ うけおい).
¶ その建築家は彼に*下請けを出した The architect gave a *subcontract* to him. / (⇒ 彼にその仕事を下請けさせた) The architect *sublet* the work to him. // 我々は彼の会社の*下請けだ (⇒ 下請負いをもらう) We get *subcontracts* from his company.
下請業者 subcontractor Ⓒ **下請工場** subcontract ˹factory [plant] Ⓒ.

したうち 舌打ち —[動] (短く鋭い音を出す) click *one's* tongue; (吸気でチッと鳴らす) tut ㊁. ¶ 彼はチェッと*舌打ちした He *clicked his tongue*. / He ˹*tutted* [*tut-tutted*].

したえ 下絵 (略図) rough sketch Ⓒ; (図案) design Ⓒ. ¶ ドレスの*下絵を描く make a *rough sketch* of the dress

したがう 従う (命令・法律などに) obey ㊀; (忠告・命令・慣習などに) follow ㊀ [語法] 以上 2 つは入れ替え可能なこともあるが, 前者は特に権威・目上の者の命令についていう; (力に屈する) yield to …; (命令・規則・要求などに) comply with …; (法律・規則・協定などに) abide by …; (慣習・しきたりなどに) conform to … ★ 以上 3 つはいずれも少し改まった語で, 特に制度・規則などについていう. (☞ まもる).
¶ 彼は私の命令に*従った[*従わなかった] He ˹*obeyed* [*disobeyed*] my order.
あなたは両親に*従うべきだ You should *obey* your parents.
彼は先生の忠告に忠実に*従った He faithfully ˹*followed* [*took*; *acted on*] his teacher's advice. [語法] 忠告に従うときは obey とは言わない.
我々は法律に*従わねば (⇒ 守らねば) ならない We must ˹*observe* [*keep*] the law.
学校の規則には*従うべきだ (⇒学校の規則は守るべきだ) We should ˹*abide by* [*obey*] the rules of the school.
私は彼の要求に*従った (⇒ 彼の要求に屈服した) I *yielded to* his demand.
彼は私の提案に*従った (⇒ 同意した) He ˹*agreed to* [(⇒ 受け入れた) *accepted*] my proposal.
残念ながらあなたの要求に*従うことはできません We regret that we are unable to *comply with* your request. ★ 改まった表現.
世間の慣習には*従うべきだ We should *conform to* the customs of society.

したがえる 従える (伴う) be accompanied (by …) (☞ ひきいる; つれている). ¶ 彼は供の者を*従えていた (⇒ 供に付き添われていた) He *was accompanied by* attendants.

したがき 下書き (草稿) draft Ⓒ. ¶ 私はレポートの*下書きを 3 度書いた I made three *drafts* of the term paper. // 彼は手紙をいつも*下書きなしで書く (⇒ 即席に書く) He always writes a letter ˹*off the cuff* [*off the top of his head*].

したがって¹ 従って **1** «…どおりに»: according to …, in accordance with … ★ 後者は形式ばった言い方. ¶ その試合は日本のルールに*従って行われた The game was played *according to* (the) Japanese rules. // 私は彼の指図に*従ってそれをやった I have done it ˹*according to* [*in accordance with*] his instructions.
2 «…につれて»: (…するのに応じて) as …; (…の割合に応じて) in proportion ˹as [to]… ★ 後に名詞がくると to が用いられる. (☞ -つれて).
¶ 上へ登るに*従って空気は冷たくなった *As* we went up, the air grew colder. / *The higher* we climbed, the colder the air became. (☞ 比較の表現 (囲み)) // 収入が増すに*従ってむだ使いをするようになる *In proportion as* our income increases, we are

apt to waste money.

したがって² 従って 一副 (そういうわけで) therefore, consequently, accordingly ★ 後の語ほど形式ばった語. 《☞ だから; 理由の表し方 (囲み)》. ¶ 彼は足にけがをした. *従って走ることができなかった He injured his leg; ｢*therefore* [*accordingly*] he could not run. [語法] いずれも接続詞ではないから, 上例のようにセミコロンで区切るのがよい. あるいは, and ｢therefore [accordingly] とする. 《☞ セミコロン (欄外)》

-したがる (…したい) want (to *do*); (熱心にしたがる) be eager (to *do*), be anxious (to *do*) ★ 後者のほうが口語的; (あこがれを持って切望する) long (to *do*). 《☞ -たがる; -したい (類義語); 意志・願望の表現 (囲み)》.
¶ 彼はあなたと交際*したがっている He *is eager to* make friends with you. / (⇒ あなたとの交際を望んでいる) He *longs for* your companionship. [語法] 後者のほうがやや改まった感じ. // 彼らは早く出発*したがっている They *are anxious to* start soon.

したぎ 下着 underwear Ⓤ, underclothes ★ 複数形で. 《☞ 衣服 (囲み)》. ¶ *下着を着る[脱ぐ] put ｢on [off] *underclothes*

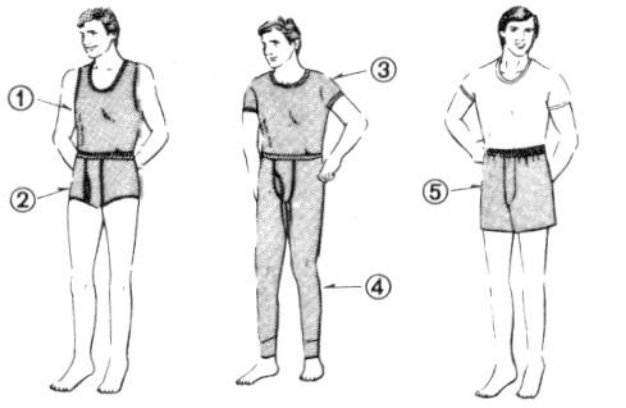

① ランニング シャツ sleeveless undershirt ② ブリーフ briefs ③ 半そでシャツ T-shirt ④ ズボン下 long underpants ⑤ パンツ shorts

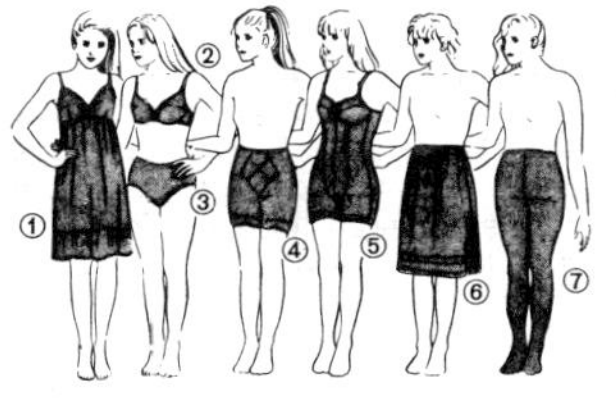

① スリップ slip ② ブラジャー brassiere ③ パンティー panties ④ ガードル girdle ⑤ オールインワン all-in-one, corselet ⑥ ペチコート petticoat ⑦ パンティー ストッキング panty hose

したく 支度 一名 (準備) preparation Ⓤ; (具体的にさまざまな準備・手はずの行為を指して) preparations, arrangements ★ 以上2つは複数形で. 一動 (…を用意する) prepare ㊎; (…のために準備する) prepare for…; (手はずを整える) arrange ㊎. 一形 (支度ができて) ready. 《☞ じゅんび; ようい¹》.
¶ *支度はいいですか Are you *ready?* // 私は今週中に旅行の*支度をしなければならない I have to *make* ｢*preparations* [*arrangements*] *for* the trip within this week. / I must *get everything ready* for the trip within this week. // 私たちは歓迎会の*支度で忙しいところだ We are busy ｢*preparing* [*with preparations*] *for* the reception. // 彼女は朝食の*支度のために早く起きた She got up early to ｢*get* breakfast *ready* [*prepare* breakfast]. // 母は私たちに食事の*支度をしてくれた Mother *prepared* a meal for us. // 夕食の*支度ができました Dinner [Supper] is *ready*. / Dinner *is served*. [語法] 夕食会などで客に告げる時の表現. // 彼女はいつも外出の*支度が長い (⇒ 身支度するのに長い時間をかける) She always takes a long time to ｢*dress herself* [*get ready*; *get dressed*] for going out.
支度金 (結婚の持参金) dowry Ⓒ; (転任などの) outfit allowance Ⓒ.

じたく 自宅 *one's* (own) house; *one's* home [語法] 《米》では home を house と同じように用いる傾向がある. しかし house は建物を, home は家族との生活の場を意味する本来の意味も残っていて, 例えばアパートが自宅の場合には my house ということはできない. 《☞ いえ (類義語); うち²》.
¶ 私はあすは*自宅にいます I will *be* (*at*) *home* tomorrow. [語法] be at home は「在宅」, be home は家に「帰っている」という意味で使われる. // 彼女は*自宅にいなかった She *was* ｢not *at home* [*away from home*]. // 私は彼の*自宅の住所は知らない I don't know his *home address*. // 彼は彼女の*自宅を訪ねた He visited her *at her* ｢*house* [*home*]. // 彼女は*自宅で生け花を教えている She gives lessons in flower arrangement *at her home*.
自宅療法 home ｢treatment [remedy] Ⓤ.

したくさ 下草 undergrowth Ⓤ ★ 草だけでなく小さな木 (underbrush) なども含む.

したくちびる 下唇 the ｢lower [under] lip 《☞ くちびる》.

したげいこ 下稽古 一名 (芝居・音楽などを公開する前の) rehearsal Ⓒ; (練習) practice Ⓤ. 一動 rehearse ㊎ ㊍; practice (《英》 practise) ㊎ ㊍. 《☞ けいこ; れんしゅう》.

したけんぶん 下検分 一名 preliminary ｢inspection [examination] Ⓒ. 一動 (下検分する) go over …

したごころ 下心 (ひそかな意図) secret intention Ⓤ 《☞ たくらみ》. ¶ 彼は何か*下心があって彼女を訪問した He visited her *with some secret intention*.

したごしらえ 下拵え 一名 (前もって整えておくいろいろな手はず) preliminary arrangements; (準備) preparations ★ 以上は複数形で. 一動 (用意をする) prepare ㊎; (あらかじめ手だてをしておく) arrange… beforehand.

したじ 下地 (地色) (back)ground Ⓒ 《☞ じ²; きそ¹; そよう》. ¶ 彼の訪問が両国の友好関係の*下地を作った (⇒ 道を開いた) His visit *paved the way for* friendly relations between the two nations.

しだし 仕出し 一名 (料理の出前をすること) catering Ⓤ ★ パーティーなどの仕出しのことをいう. 一動 cater for … 《☞ でまえ》.
仕出し屋 caterer Ⓒ.

したしい 親しい 一形 (友好関係のある) friendly; (付き合いの深い) familiar; (親密な) intimate; (密接な) close [klóus]. 一動 (友人になる) make friends with … ; (友人である) be (good) friends; (友人関係にある) be on friendly terms ★ やや改まった表現; (親しい関係にある) be on intimate terms; (顔見知りになる) get [become] acquainted with…
【類義語】友達としての仲のよい関係が ***friendly*** で, 友好関係をいう最も一般的な語. 家族間で見られるような, 互いに遠慮のないくだけた関係, または長年の付き合いなどで打ち解けた間柄が ***familiar***. 単なる付き合いだけでなく, 互いに深く理解し合って気心の知れている親密な間柄が ***intimate***. ただしこの語は異性間に用いると性的な関係を暗示するから注意. 他人の介入を許さず密接に結びついた関係が ***close***.
¶ 彼と私は*親しい He and I *are good friends.* / He and I *are on friendly terms.* // 彼らは私にとても*親しくしてくれる They are very *friendly* to me. // 彼は私の*親しい友人の一人だ He is one of my ⌈*good* [*close*; *best*] friends. // 両国は*親しい関係にある The two nations are on *close* relations. // 私は学生のころ彼と*親しくなった (⇒ 友人になった) I *made friends with* him when I was a student. // 彼とあまり*親しくするな Don't be too *familiar* with him. // *親しき仲にも礼儀あり A hedge between keeps friendship green. 《ことわざ: 間の垣根は友情を新鮮に保つ》

したじき 下敷き 一名 celluloid [plastic] ⌈sheet [board] Ⓒ 参考 ノートなどに使う「下敷き」は英米にはない. 一動 (…の下敷きになる) be crushed under … ¶ 彼は崩れた塀の*下敷きになって死んだ He *was crushed* to death *under* the fallen wall.

したしみ 親しみ 一名 (友好的な気持ち) friendly feeling Ⓒ; (愛情) affection Ⓤ. 一形 (友好的な) friendly; (親しみのある・見なれた・聞きなれた) familiar. 一動 (親しみをもつ・好む) like ㊀; (好きになる) take to …
¶ 彼女は彼に*親しみを感じているようだ (⇒ 好きになったようだ) She seems to *have taken to* him. // 私は彼の率直な態度に*親しみを感じた I ⌈had a *friendly* feeling toward [*liked*] him because of his frank manner. // 彼は*親しみやすい[にくい]人だ (⇒ 彼は社交的[非社交的]な人だ) He is ⌈a *sociable* [an *unsociable*] person.

したしむ 親しむ ¶ その歌はみんなに*親しまれている (⇒ 人気がある) The song is very *popular.* / (⇒ よく知られている) The song is *familiar* to everybody. // 彼は田舎で自然に*親しんでいる (⇒ 自然と共に暮らしている) He lives ⌈*with* [*close to*] nature in the country. // いまは書物に*親しむ絶好の季節だ (⇒ 本を読むのに最もよい季節だ) It is the best season for reading.

したじゅんび 下準備 一動 (下準備をする) prepare ㊀; (前もって手だてを講じておく) arrange … beforehand. 一名 (準備) preparations; (あらかじめ立てた手はず) preliminary arrangements ★ 後者のほうがより改まった言い方. 以上 2 つは複数形で. 《☞ おぜんだて; したしらべ; じゅんび》.
¶ 彼はインタビューの*下準備をした He made *preliminary arrangements* for the interview.

したしらべ 下調べ 一名 (準備・予習) preparation Ⓒ. 一動 (準備する) prepare ㊀; (…に備える) prepare for … ; (勉強する) study ㊀; (ひととおり目を通す) go over … 《☞ よしゅう; したじゅんび》. ¶ あしたの授業の*下調べはすみましたか *Have* you *prepared for* tomorrow's classes?

したたか 一副 (強く) hard; (厳しく) severely; (たくさん) a great deal. ¶ 私は*したたか殴られた I was beaten up *severely.*
したたか者 tough person Ⓒ. ¶ 彼は*したたか者だ (⇒ 扱うのが難しい) He is very *hard* to deal with.

したためる 認める write ㊀ 《☞ かく¹》.

したたる 滴る drip ㊂; drop ㊂; trickle ㊂.
【類義語】上から落ちることを表す最も一般的な語が ***drop***. しずくなどがぽたりぽたりと落ちるのが ***drip***. ゆっくり細く流れ落ちるのが ***trickle***. ただし *trickle* はぽたぽた落ちる場合にも用いられる. 《☞ たれる; しずく》
¶ 彼の額から汗が*したたっていた The perspiration *was dripping* ⌈from [off] his forehead. / <S (額) + V (*drip*) + *with* + 名 (汗)> His forehead *was dripping with* perspiration. // 蛇口から水が*したたり落ちている Water *is* ⌈*dripping* [*trickling*] from the faucet. // 彼女の目から大粒の涙が*したたり落ちた Large tears *dropped* from her eyes. / (⇒ 大粒の涙がほおを伝って流れた) Large tears *trickled* down her cheeks.

したつづみ 舌鼓 一動 (おいしいものに口をぱちっと鳴らす) smack *one's* lips; (味わう) relish ㊀; (楽しむ) enjoy ㊀. 一名 smack (of the lips) Ⓒ. 《☞ 味 (囲み)》.
¶ 彼はそのミートパイに*舌鼓を打った (⇒ 唇を鳴らした) He *smacked his lips* ⌈over [on] the meat pie. / (⇒ よい味を楽しんだ) He ⌈*enjoyed* [*relished*] the good taste of the meat pie.
参考 英米では食事中に実際に舌を鳴らすこと (clicking with *one's* tongue) は不作法.

したっぱ 下っ端 (下役) underling Ⓒ ★ 軽蔑的な言葉; (小役人) petty [minor] official Ⓒ. 《☞ ひら》.

したづみ 下積み (低い地位) low position Ⓒ; (底) the bottom; (比喩的に, はしごの一番下の段) the ⌈lowest [bottom] rung of a ladder. ¶ 私は*下積み時代に忍耐強くなった (⇒ 私ははしごの一番下にいるときに忍耐することを学んだ) I learned to be patient while I was *in* ⌈*a low position* [*on the lowest rung of the ladder*].

したて¹ 仕立て (裁縫) sewing Ⓤ; (仕立て方) tailoring Ⓤ; (裁ち方) cut Ⓒ.

¶ 彼女は*仕立てが上手だ (⇒ 上手な仕立て屋だ) She is a good ｢*tailor* [*dressmaker*]. 語法 tailor は紳士服の仕立て屋. dressmaker は婦人・子供服の仕立て屋. / (⇒ 彼女は裁縫が上手だ) She can *sew* very well. // 彼は*仕立てのいい新調の服を着ている He is wearing a new suit of good *cut*. / (⇒ 彼の新調の服は仕立てがよい) His new suit *is* well ｢*tailored* [*made*]. // 彼女の服は最新流行の*仕立てだ Her dress is of the latest ｢*cut* [*style*]. // 彼らは特別*仕立ての飛行機でニューヨークへ行った They flew to New York on a *special* plane.

仕立て下ろし newly-made [brand-new] ｢clothes [suit Ⓒ] **仕立て賃** sewing [tailoring] charges **仕立て直し** ―名 (部分的なサイズなどの変更) alteration Ⓤ. ―動 (仕立て直す) remake ㊍. **仕立て物** (裁縫) sewing Ⓤ; (針仕事) needlework Ⓤ **仕立て屋** (紳士服の) tailor Ⓒ; (婦人・子供服の) dressmaker Ⓒ.

したて² 下手 ―形 (へり下った) humble; (威張らない) low. ―動 (下手に出る) humble *oneself*; (へり下った態度をとる) stoop ㊀. ¶ 彼の*下手に出た態度に私は面くらった (⇒ 彼のへり下った態度に驚いた) I was surprised by his ｢*humble* [*modest*] *attitude*. // こちらが*下手に出ることはないと思う I don't think we should ｢*humble ourselves* [*behave humbly*]. // 彼女はこちらが*下手に出れば出るほどつけあがる (⇒ 屈服すればするほど高慢になる) The more we *stoop* the haughtier she becomes.

したてる 仕立てる (洋服を作る) make ㊍, tailor ㊍ ★ 前者は一般的な語. 後者は特に寸法を取って入念に作る感じ. ¶ 彼女は私に洋服を 3 着*仕立ててくれた She ｢*tailored* [*made*] me three suits. // あなたの服はどこで*仕立ててもらいましたか (⇒ だれが作ったか) Who *made* your clothes?

したどり 下取り ―動 (下取りに出す) trade in ... for ...; (...を下取りする) take ... as a trade-in. ¶ 私は古いテレビを*下取りに出して新しいテレビを買った I *traded in* my old TV *for* a new one. // その自動車を*下取りいたします We will *take* the car *as* ｢*a trade-in* [*part payment*]. **下取り価格** trade-in price Ⓒ **下取り品** trade-in Ⓒ.

したなめずり 舌なめずり ―動 lick *one's* lips (☞ なめる; したつづみ).

したばき 下履 outdoor shoes ★ 複数形で.

じたばた ―動 (もがく) struggle ㊀; (不必要に騒ぎ立てる) make a fuss; (泣いたりわめいたりして騒ぎ立てる) make a scene. (☞ 擬声・擬態語 (囲み)). ¶ いまさら*じたばたしてもはじまらない (⇒ もがいても[騒ぎ立てても]むだだ) It's no use ｢*struggling* [*making a scene*] now. // つまらぬことに*じたばたするな (⇒ 大騒ぎするな) Don't *make a fuss* about a little thing.

したばたらき 下働き (助手) assistant Ⓒ; (料理の下働きの女性) kitchenmaid Ⓒ; (お手伝い) housemaid Ⓒ; (使われている人) subordinate worker Ⓒ. ¶ 私は 3 年間彼の*下働きをした (⇒ 彼の下で働いた) I *worked under* him for three years. / (⇒ 彼の助手を勤めた) I was ｢an *assistant* to him [his *assistant*] for three years.

したび 下火 ―動 (火事が) be (gotten) under control; (火勢が弱まる) burn ｢down [low] ㊀; (衰える) decline ㊀, wane ㊀; (力が弱まる) go [die] down ㊀; (消えてなくなる) tail off ㊀; (流行から) go out of ｢vogue [fashion].

¶ 火事は*下火になった (⇒ 制御された) The fire *has been gotten under control*. / The fire *has burned* ｢*down* [*low*]. // ボーリングは急に*下火になった (⇒ 人気を失った) Bowling *has* suddenly *lost its popularity*. // 彼の人気はその事件のあと*下火になった (⇒ 衰えた) His popularity ｢*declined* [*waned*] after the incident. // インフレはここ当分の間*下火にならないだろう Inflation will not *drop* for the time being.

したまち 下町 ―名 (東京の旧市街) the old part of Tokyo 参考 英語の downtown は町の中心部・繁華街・商業地区などを指し, 日本語の「下町」とは異なる.

したまわる 下回る (...より下である) be below ... (↔ be above ...); (...より少ない) be less than ...; (...より低い) be lower than ...; (...に足りない) come short of ...

¶ 今年の降雨量は平均を*下回る This year's rainfall *is below* average. // 彼の年収は 300 万円を*下回る (⇒ 300 万円より少ない) His annual income *is* ｢*less* [*lower*] *than* ¥3,000,000. (☞ いか¹ 語法) // 売り上げは昨年の水準を*下回った The sales ｢*sank* [*fell*] *below* last year's levels. // 賃上げは我々の期待を*下回った (⇒ 期待はずれだった) The wage hike ｢*came* [*fell*] *short of* our expectations.

したみ 下見 preliminary ｢inspection [examination Ⓤ].

したむき 下向き ―動 (衰える) go down ㊀, decline ㊀ ★ 前者のほうが口語的; (ライトなどを下向きにする) lower ㊍, dip ㊍.

¶ 景気は*下向きになりはじめた (⇒ 衰えだした) The market began to *decline*. / Business *is going down*. // 対行車に対してライトを*下向きにするのはドライバーのエチケットだ It is etiquette for drivers to ｢*lower* [*dip*] a beam for oncoming traffic.

したよみ 下読み ―動 (予習する) prepare ㊍ (☞ よしゅう; したしらべ).

じだらく 自堕落 ―形 (身持ちの悪い) loose [lúːs]; (無精な) slovenly. (☞ だらしない).

したりがお したり顔 ―名 (勝ち誇った様子) triumphant look Ⓒ. ―形 (勝ち誇った) triumphant; (得意気な) proud. ―副 triumphantly. (☞ とくい¹; じまん).

¶ 彼は*したり顔をしていた (⇒ 勝ち誇った顔をしていた) He looked *triumphant*. // 彼は自分の成功を*したり顔に話した He talked about his success *triumphantly*.

しだれざくら しだれ桜 drooping cherry (tree) Ⓒ.

しだれやなぎ しだれ柳 weeping willow Ⓒ.
しだん 師団 division Ⓒ.
じだん 示談 (法廷外での結着) settlement out of court Ⓒ, out-of-court settlement Ⓒ. ¶その件は10万円の*示談で解決した (⇒法廷外で結着がついた) The case *was settled* ˹*out of court* [*privately*] for ¥100,000. // この場合*示談にするのは難しい In this case, it is difficult to *effect a settlement out of court*. // 彼は心よく*示談 (⇒友好的な[私的な]取り決め) に応じてくれた He readily agreed to my proposal for ˹an *amicable* [a *private*] *settlement*.
じだんだ 地団太 **地団太を踏む** ¶彼は絶好の機会を逃して*地団太を踏んだ He missed a capital opportunity and *stamped his feet in* ˹*frustration* [*anger*].
しち¹ 七, 7 ―名形 seven 語法 「第7(番目)の」, あるいは「第7(番目)のもの」の場合は the seventh. 《☞ 数字 (囲み)》.
しち² 質 pawn Ⓤ, pledge Ⓤ ★日常語としては pawn が普通.「質ぐさ」の意味では Ⓒ; 《口語》hock Ⓤ. ¶時計を*質に入れた I have ˹given [put] my watch in *pawn*. // 宝石を*質に入れて1万円借りた I *pawned* a jewel for ¥10,000. // 指輪を*質から受け出した I took my ring out of *hock*.
じち 自治 self-government Ⓤ; autonomy Ⓤ 語法 後者は大きなものの中の小さな単位. 例えば国に対して州・県などについていう場合が多い.
¶第2次大戦後イギリスはその多くの植民地に*自治を許した After World War II, England granted *self-government* to many of its colonies. // 彼は大学の*自治の重要性を強調した He stressed the importance of *autonomy* of a college.
自治会 (学生の) students' union Ⓒ, student body Ⓒ ★body は「団体・組織体」の意味の平易な語. **自治権** autonomy Ⓤ, the right of self-government **自治省** the Ministry of Home Affairs 《☞ 政治・経済 (囲み)》 **自治体** self-governing [autonomous] ˹body [community] Ⓒ; (地方自治体) municipal corporation Ⓒ, municipality Ⓒ **自治大臣** the Minister of Home Affairs **自治領** (self-governing) dominion Ⓒ.
しちがつ 七月 July 《略 Jul.》 ★語頭は必ず大文字. 《☞ いちがつ 語法; 時刻・日付・曜日 (囲み); 略語 (欄外)》.
しちごさん 七五三 (お祝いの日) gala [festival] day for boys of three and five and girls of three and seven Ⓒ 《☞ 日本固有の風物と英語 (囲み)》.
しちごちょう 七五調 the seven-and-five-syllable meter 《☞ いんりつ》.
しちじゅう 七十, 70 ―名形 seventy 語法 「第70(番目)の」, あるいは「第70(番目)のもの」の場合は the seventieth. 《☞ 数字 (囲み)》.
しちてんばっとう 七転八倒 ―動 (苦しくて身もだえする) writhe [ráið] in agony; (ごろごろ転げ回る) toss about 自. ¶彼は腹痛で*七転八倒の苦しみをした He *writhed in* ˹*agony* [*agonies*] with stomachache. // 彼女は苦痛で*七転八倒した She *tossed about* in pain.
しちながれ 質流れ (品) forfeited ˹pawn [article] Ⓒ 《☞ しち²》.
しちふくじん 七福神 the Seven Gods of ˹Fortune [Luck].
しちめんちょう 七面鳥 turkey Ⓒ.
しちや 質屋 (店) pawnshop Ⓒ; (人) pawnbroker Ⓒ. 《☞ しち²; 店の呼び名 (囲み)》.
しちゃく 試着 ―動 (着てみる) try ... on. ¶彼はその新しい上着が合うかどうか*試着してみた He *tried* ˹*on* the new coat [the new coat *on*] to see if it fitted him. **試着室** fitting room Ⓒ.
しちゅう¹ 支柱 (物を上に持ち上げておく) prop Ⓒ; (上から物が落ちないように支える) support Ⓒ; (物を固定させる) stay Ⓒ. 《☞ はしら》. ¶一家の*支柱 (⇒パンを得る人・稼ぎ手) the *breadwinner* of a family
しちゅう² 市中 in the city 《☞ しない¹》.
市中銀行 city bank Ⓒ; (普通銀行) commercial bank Ⓒ.
シチュー stew [st(j)ú:] Ⓤ 《☞ 食事 (囲み); 料理の用語 (囲み)》. ¶ビーフ*シチュー beef *stew*
しちょう¹ 市長 mayor Ⓒ 《☞ し¹》. ¶京都*市長 the *Mayor* of Kyoto
しちょう² 思潮 the ˹current [trend] of thought 《☞ しそう¹》. ¶近代[文芸]*思潮 *the* ˹*current* [*trend*] *of* ˹modern *thought* [literature]
しちょう³ 試聴 ―動 (レコードを) try 他. **試聴室** (楽器・レコード店の) booth Ⓒ.
じちょう¹ 自重 ―動 (思慮深くする) be prudent; (注意深くする) be cautious. ¶今後はもっと*自重します (⇒慎重にします) I will *be* more ˹*prudent* [*cautious*] from now on.
じちょう² 自嘲 ―名 self-˹scorn[mockery] Ⓤ. ―形 (自嘲的な) self-mocking.
じちょう³ 次長 vice-˹chief [director] Ⓒ.
しちょうかく 視聴覚 ―形 audio-visual. ¶*視聴覚教育 *audio-visual* education // *視聴覚教材 *audio-visual* materials
しちょうしゃ 視聴者 (1人) (TV) viewer Ⓒ; (集合的) audience Ⓒ.
しちょうそん 市町村 (市・町・村) cities, towns and villages; (地方自治体) municipalities.
しちょうりつ 視聴率 (audience) rating Ⓤ.
じちんさい 地鎮祭 ground-breaking ceremony Ⓒ.
しつ¹ 質 quality Ⓤ 《☞ ひんしつ; しな》. ¶量よりも*質が大切だ *Quality* matters more than quantity. / *Quality* is more important than quantity. // この本の紙の*質はよい[悪い] The paper of this book is of ˹good [poor] *quality*. / This book is made of ˹good [poor] *quality* paper. // この石けんは*質が悪い (⇒質において劣る) This soap is inferior in *quality*. // 最近は学生の*質が低下した Recently the *quality* of the students

has declined.

しつ² 室 (部屋) room Ⓒ《☞家・部屋(囲み)》.

しっ sh!, hush!《☞しーっ》.

じつ 実 **実を言うと** to tell the truth《☞じつは；じつに；じつの》.

しつい 失意 (期待を裏切られたこと) disappointment Ⓤ《☞しつぼう；ぜつぼう》.

じついん 実印 *one's* ｢registered [legal] seal Ⓒ 参考 説明的な表現. 欧米では印鑑の使用は普通ではない.《☞いんかん；はん¹》.

しつう 歯痛 toothache Ⓤ《☞は¹》.

じつえき 実益 (actual [net]) profit Ⓤ.
¶彼はうまく趣味と*実益を結びつけた He has successfully combined his hobby with *profit.* // 盆栽を育てるのは趣味と*実益を兼ねている (⇒おもしろくもあり利益にもなる) It is *profitable* as well as interesting to grow ｢*bonsai* [potted trees].

じつえん 実演 —名 (劇場の) stage ｢show [performance] Ⓒ；(公演・公開の実験など) (public) demonstration Ⓒ. —動 demonstrate ㊀.

しつおん 室温 room temperature Ⓒ.

しっか 失火 accidental fire Ⓒ《☞かじ¹》.
¶*失火する *start a fire* (*accidentally*)

じっか 実家 *one's* parents' ｢family [home; house] Ⓒ《☞さと》.

じつがい 実害 (害悪) (actual) harm Ⓤ；(損害) (actual) damage Ⓤ.《☞がい；そんがい；ひがい》.

しっかく 失格 —動 (失格させる) disqualify ㊀；(資格がない) be not qualified；(レースからはずす) put … out of the race. —名 (資格を奪うこと) disqualification Ⓤ；(失敗者) failure Ⓒ.《☞しかく¹》.
¶彼は遅刻したために決勝戦で*失格となった He *was disqualified* from the finals for being late. // フライングを3回すると*失格する (⇒ピストルが鳴る前に3回飛び出すとレースからはずされる) If you jump the gun three times, you will *be put out of the race.* // 彼は教師としては*失格だ (⇒教師としては失敗者だ) He is a *failure* as a teacher.

しっかり —副 (一生懸命) hard；(ぎゅっと) tight(ly)；(ぴったりとくっつけて) fast ★以上3つは入れ替えて用いられることも多い；(しっかり固定して) securely；(力を入れて固く) firmly；(強く・頑丈(がんじょう)に) strongly. —形 (ぎゅっとしまった) tight；(ぴったりくっついた) fast；(しっかり固定した) secure ★以上3つは入れ替えて用いることもある；(頑丈な) strong；(固くしっかりした) firm；(歩き方などがちゃんとした) steady；(頼りになる) reliable. —動 (元気を出す) cheer up ㊁.《☞ぎゅっと》.
¶このロープに*しっかりつかまりなさい Hold this rope ｢*hard* [*tight*].
彼は手すりに*しっかりつかまっていた He was holding on ｢*fast* [*tight*] to the rail.
窓は*しっかり閉まっています The window is ｢shut *tight* [*secure*].
彼は靴ひもを*しっかり結んだ He tied his shoelaces *tightly*.
私はくいを地中に*しっかり立てた I fixed a post *firmly* in the ground.
この箱は*しっかり (⇒堅固に) できている This box is *strongly* built.
*しっかり (⇒一生懸命) 勉強すれば必ず試験に受かります If you ｢study [work] *hard*, you will pass the examination for sure.
この家は土台が*しっかりしている (⇒頑丈な土台を持っている) This house has a *solid* foundation.
*しっかりしろ (⇒元気を出せ) *Cheer up*!
彼は年を取っているが*しっかりした足取りで歩く (⇒年にもかかわらず足がしっかりしている) In spite of his old age, he is ｢*steady* [*firm*] on his legs.

しっかん 疾患 disease Ⓒ《☞びょうき》.

じっかん 実感 —名 (感情) feelings ★複数形で；(信じる気持ち) belief Ⓤ；(認識) realization Ⓤ. —動 (fully) realize ㊀, make *oneself* believe.
¶私は百聞は一見にしかずということをつくづく*実感した (⇒悟った) I *fully realized* that seeing is believing. // 彼女の言葉には母親の*実感がこもっていた There were maternal *feelings* in her words. // この文章は*実感が出ている (⇒真に迫っている) This description *is true to* ｢*nature* [*life*]. // 私はコンテストで優勝したという*実感がまだわかない (⇒我ながらまだ信じられない) I am still unable to *make myself believe* that I have won the first prize in the contest.

しっき¹ 漆器 (うるし塗りの器物) lacquer(ed) ware Ⓤ；japan(ned) ware Ⓤ ★日本の漆器は特に有名なのでこの名称がある. 単に japan Ⓤ ともいう.《☞うるし》.

しっき² 湿気 ☞しっけ

しつぎ 質疑 (質問) question Ⓒ；(事実を知るための) inquiry Ⓒ.《☞しつもん；ぎもん》.
¶*質疑応答 *questions* and answers // 我々の*質疑に対する彼の答えは少しも要領を得なかった His answers to our ｢*questions* [*inquiries*] were not to the point at all.

じつぎ 実技 (体操の) (gymnastic) exercise Ⓒ；(運転の) driving Ⓤ. ¶彼は運転の*実技試験に合格した He ｢passed [succeeded in] the *driving* test.

しっきゃく 失脚 —名 (没落) downfall Ⓤ；(権力の座からの失墜) fall (from power) Ⓤ；(地位の喪失) loss of position Ⓤ. —動 fall from power；lose *one's* position.
¶その革命で彼は*失脚した (⇒革命が彼の没落をもたらした) The revolution brought about his *downfall.* // 交渉は失敗し彼は*失脚した (⇒地位を失った) The negotiations failed and he *lost his position.*

しつぎょう 失業 —動 (失業する) lose *one's* job；(職がなくなる) become jobless；(失業している) be out of work；(職がない) be ｢jobless [unemployed]. —名 unemployment Ⓤ.
¶私は*失業した I *have lost my job.* // 彼は*失業中だ He *is out of work.* // 来年は*失業が大幅に増えるだろう *Unemployment* will greatly increase next year.

失業者 unemployed person Ⓒ; (集合的) the unemployed. ¶この国には*失業者はほとんどいない (⇒失業がほとんどない) There is little *unemployment* in this country. 失業対策 relief measure for the unemployed Ⓒ ★しばしば複数形で. ¶政府は*失業対策に失敗した(⇒失業対策は効を奏さなかった) The Government's *relief measure(s) for the unemployed* did not work. / (⇒政府は失業者を救済することに失敗した) The Government failed to *relieve the unemployed*. 失業対策事業 relief work for the unemployed Ⓤ 失業手当 unemployment ⌈benefit [allowance] Ⓒ 失業保険 unemployment insurance Ⓤ 失業問題 the unemployment problem 失業率 the unemployment rate. ¶現在, *失業率は1.3パーセントだ At present *the unemployment rate* is 1.3 percent.

じつぎょう 実業 (仕事) business Ⓤ.
¶彼は卒業後*実業につくことを望んでいる He wants to go into *business* after graduation. / (⇒実業界へ入りたいと望んでいる) He wants to enter *the business world* after leaving school.
実業家 (男) businessman Ⓒ; (女) businesswoman Ⓒ 実業界 the business world. ¶彼はいま*実業界で活躍している (⇒活発に実業に従事している) He is now actively engaged in *business*. 実業学校 (一般的に) vocational school Ⓒ; (商業学校) trade school Ⓒ. 《☞学校・教育 (囲み)》.

じっきょうほうそう 実況放送 〘ラジオ〙(現場からの) on-the-spot broadcast Ⓒ; (試合を逐一伝えるスポーツの) play-by-play broadcast; 〘テレビ〙 on-the-spot telecast Ⓒ. 《☞ほうそう¹》.

シック ―形 (あか抜けした) chic [ʃíːk] ★元はフランス語; (粋な) stylish; (上品な) tasteful. 《☞いき²; あかぬけた》.

しっくい 漆喰 ―名 (れんが・ブロック・石などの間に接合材として使う) mortar Ⓤ; (壁や天井などに塗る) plaster Ⓤ; (仕上げに使う化粧用の) stucco Ⓤ. ―動 (しっくいを塗る) plaster ㊀.

しっくり ―副 (正確に) exactly; (申し分なく) perfectly; (ぴったりと) to a T. ―動 (しっくりいく) get along well (with ...).
¶彼は父親といまのところ*しっくりいっている (⇒仲よくやっている) He *is getting along well with* his father these days. // 彼らはお互いに*しっくりいっていないらしい (⇒調和しない[調子がはずれている]らしい) They seem to *be out of* ⌈*harmony* [*tune*] with each other.

じっくり ―副 (綿密に) closely; (注意深く) carefully; (十分に) thoroughly; (慎重に) deliberately; (急がずに) without ⌈hurry [haste]. 《☞よく¹; じゅくどく; じゅくりょ》.
¶答える前に問題を*じっくり (⇒注意深く) 読みなさい Read the question *carefully* before you answer it. // 私は彼の言ったことを*じっくりと考えてみた I *thought over* what he said. // *じっくりやりなさい (⇒あわてる必要はない) There is no need for *haste*. / (⇒時間をかけなさい) Take your time.
【参考語】―動 (熟考する) think over ㊀; (腰をすえてとりかかる) settle down (to ...) ㊁.

しつけ¹ 躾 ―名 (肉体的な) training Ⓤ; (精神的な) discipline Ⓤ; (行儀・作法) manners ★複数形で. ―動 (訓練する) train ㊀; (規律を身につけさせる) discipline ㊀; (育てる) bring up ㊀; (教育する) educate ㊀; (行儀を教える) teach manners. 《☞ぎょうぎ》.
¶先生は家庭の*しつけの重要さを強調した The teacher stressed the importance of home *discipline*. // 彼の子供たちは家庭でよく*しつけられている His children *are well trained* at home. // 彼の家は*しつけが厳しい His parents are very *strict* with him. // 彼女は子供たちに*しつけをして (⇒行儀を教えて) いるのかしら I wonder if she *teaches* her children ⌈*manners* [*how to behave*].

しつけ² 仕付け ―名 (体に合わせる目的などで仮縫いすること) basting Ⓤ; (何かを服に留めたり, または服の一部を部分的に仮に縫うこと) tacking Ⓤ. ―動 baste ㊀; tack ㊀. 《☞かりぬい》. ¶私は服をミシンで縫う前に*しつけ (⇒仮縫い) をした I *basted* my dress before I stitched it on the sewing machine.
仕付け糸 basting [tacking] thread Ⓒ.

しっけ 湿気 ―名 (しめり気) moisture Ⓤ; (不快な) damp(ness) Ⓤ; (湿度) humidity Ⓤ. ―形 (湿気のある・湿気の多い) moist; damp; humid.
【類義語】不快な湿気, または人に害を与えるような湿気が **damp(ness)**. 必ずしも不快な気持ちを与えない湿気が **moisture**. 空気または大気中に含まれる湿気が **humidity**. 《☞しめる²; しつど; じめじめ》
¶*湿気で本にかびが生えてしまった The books became moldy because of *dampness*. // *湿気の多い気候はリューマチによくない The ⌈*humid* [*damp*] climate is bad for rheumatism. // この箱を*湿気のない所 (⇒乾燥した場所) に置いておきなさい Keep this box in a *dry* place. / (⇒湿気を受けないようにしなさい) Keep this box free from *moisture*.

じっけい 実刑 (刑務所に入れること) imprisonment Ⓤ; (刑務所に入れよという判決) prison sentence Ⓒ. 《☞けい¹; けいばつ》.
¶裁判官は懲役2年の*実刑を彼に言い渡した The judge sentenced him to two years' *imprisonment* at hard labor.

しつげん 失言 ―名 (うっかり口を滑らせること) a slip of the tongue; (不適切な発言) improper remark Ⓒ; (誤った陳述) misstatement Ⓒ. ―動 make a slip of the tongue; misstate ㊀.
¶彼はよく*失言する He often *makes a slip of the tongue*. // 大臣は*失言を取り消した The minister ⌈took back [retracted] his ⌈*misstatement* [*improper remarks*]. 語法 take back のほうが口語的.

じっけん¹ 実験 ―名 (科学的な実験) experiment Ⓒ; (試し) test Ⓒ. ―動 experimént (on ...; with ...) ㊁, make an

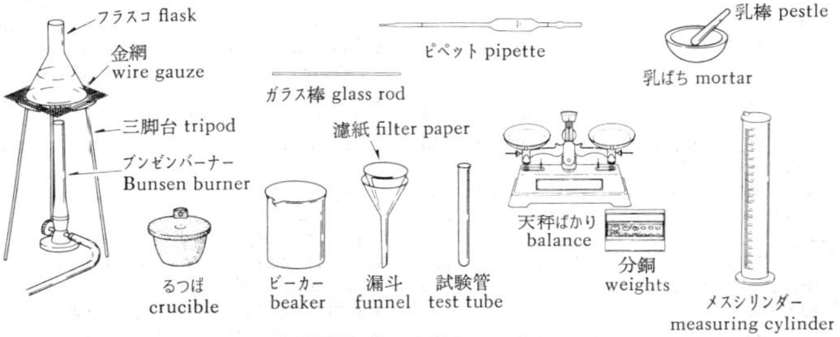

実験道具 chemistry apparatus

experiment (in ... ; on ... ; with ...) ★ 後者は口語的で最も普通の言い方. なお make のほかに conduct, perform, carry out などが使われるが, これらはそれぞれの動詞の意味に従って多少ニュアンスが違う; put ... to the test. ― [形] (実験的な) experimental. ― [副] (実験的に) experimentally.

【類義語】科学上の実験と, 理論や仮説を実際に試してみる実験の両方に **experiment** を用いる. これに対し, 主として試してみる実験の意味では **test** を用いるが, **test** は目的が機械・爆弾などや試作品の実験に限られている.

¶ 彼は*電気の実験をしている He *is making experiments* in electricity. / He *is experimenting on* electricity. // その*実験はうまくいった[いかなかった] The ˹*experiment* [*test*] ˹worked [didn't work] well. // 彼は動物でその薬を*実験した He *tested* the drug on animals. // その安全性は多くの動物*実験によって証明されている Its safety has been proved by many animal *experiments*. // いかなる種類の核*実験も禁止されるべきだ Any kind of nuclear *test* should be banned. // 私は*実験的にこの器具を使っているのです I am using this appliance ˹*by way of experiment* [*experimentally*].

実験室 laboratory Ⓒ ★ 口語では lab と略す. **実験場** (新車などを走らせる) testing ground Ⓒ; (核兵器などの) test site Ⓒ **実験装置** experimental device Ⓒ **実験台** (実験材料) subject Ⓒ; (比喩的に) guinea pig Ⓒ **実験道具** (化学の) chemistry apparatus Ⓒ.

じっけん² 実権 real [actual] power Ⓤ; (完全な支配力) full control Ⓤ.

¶ その党が政治の*実権を握っている The party holds *real power* over the government. // 彼は名ばかりの社長で*実権はない He is the nominal president without *actual power*. // 彼の家庭では奥さんが*実権を握っている In his home it is his wife who has *real power*.

じつげん 実現 ― [動] (現実化する) realize (他); (本当になる) come true ★ 口語的. ― [名] realization Ⓤ.

¶ 彼は医者になりたいという夢を*実現した He ˹*realized* [(⇒達成した) *achieved*] his dream of becoming a doctor. // いつの日かあなたの希望[夢]が*実現する (⇒本当になる) ことを祈ります I hope your ˹wish [dream] will *come true* someday. // その計画は*実現不可能です It is impossible to *realize* the project. / (⇒その計画は実現からほど遠い) The project is far from *realization*. // その計画は資金が不足して*実現しなかった The project *was* never *realized* owing to a lack of funds.

しつこい **1** «執拗な» ― [形] (粘り強い) persistent; (譲らない) pertinacious; (うるさい) importunate. ― [副] persistently; pertinaciously; importunately.

【類義語】ここにあげてある中では最も一般的な語で, 性格などが粘り強く, また反対や忠告にもかかわらず固執するのが **persistent**. この語はなかなか治らない頑固な病気についても使える. 形式ばった語で, 人に嫌われるほど執拗に自分の方針などを曲げないのが **pertinacious**. うるさく物をせがむ人やいつまでも鳴り止まないベルの音などについて用いるのが **importunate**. この語も *pertinacious* ほどではないが, 形式ばった語. (☞ くどい; うるさい)

¶ 彼は*しつこい男だ He is a ˹*persistent* [*pertinacious*] fellow. // 彼はいつも先生に*しつこく質問する (⇒質問で悩ましてばかりいる) He *is* always *pestering* his teacher with questions. // 彼は私に*しつこく借金の返済を催促する He ˹*persistently* [*continually*] presses me for the return of the money loaned. // 彼女は私に隣の人のことを*しつこく聞いた (⇒私の隣人について知りたがった) She was very *inquisitive* about my neighbor.

2 «食べ物が»: (腹にもたれる) heavy; (特に, 甘いものが) cloying; (脂っこい) greasy; (味つけが強い) highly-seasoned. (☞ 味 (囲み)).

¶ その料理は少し*しつこかった The dish was a little too *heavy*.

しっこう¹ 執行 ― [名] (職務の遂行) performance Ⓤ; (公務, 特に死刑の) execution Ⓤ [語法] 以上 2 つは職務の執行の意味ではほぼ同意で入れ替えても用いられるが, 公務などの執行には主として後者が用いられる. ― [動] perform (他); execute (他); (実行する) carry out (他). (☞ じっこう¹).

¶ 彼は警察官の公務*執行妨害で逮捕された He was arrested for obstructing the *execution* of policemen's official duties.

執行委員会 the executive ˹board [committee] **執行機関** the executive organ **執行部** the executives **執行猶予** (刑執行の延期) stay of execution Ⓒ; (執行延期の判決) suspended sentence Ⓒ. 《☞ ゆうよ》.

しっこう² 失効 ━動 (権利などが消滅する) lapse ⓐ; (効力を失う) lose effect ★ 後の2つよりくだけた語; (無効になる) become null and void; (法律上無効になる) be invalidated ★ 最後の2つは形式ばった表現; 《口語》 be no good. ━名 (権利などの消滅) lapse Ⓒ. 《☞ むこう²; こうりょく》.
¶ 免許証は更新を怠ると*失効する Your driver's license will *lapse* if you fail to renew it.

じっこう¹ 実行 ━動 (実際に行う) carry out ⓗ ★ 最も一般的な語; (する・行う) do ⓗ ★ 口語的で意味の広い語; (期待・要求されていることを果たす) fulfill ⓗ; (公務などを遂行する) execute ⓗ ★ 後の2つは形式ばった語; (実行に移す) put ... into practice. ━名 (実践) practice Ⓤ; (活動) action Ⓤ; (実際に行う行為) deed Ⓒ. 《☞ じっせん¹; じっし¹》.
¶ 彼らは契約を*実行しなかった They did not ˹*carry out* [*execute*] the contract. ‖ 我々は早速その計画を*実行に移した We *put* the plan *into practice* at once. ‖ 我々に必要なのは言葉ではなく*実行だ What we need is not words but *deeds*. / (⇒ 我々は議論よりも行動を必要としている) We need *action* instead of debate. ‖ 彼は約束は必ず*実行する (⇒ 約束は必ず守る) He always ˹*keeps* [*carries out*; *fulfills*] his promises. ‖ 彼は*実行力のある人だ He is a man of ˹*action* [*deeds*]. ‖ それは*実行不可能だ It's *impracticable*.
実行委員会 executive committee Ⓒ.

じっこう² 実効 ━名 (実際の効力) actual [real] effect Ⓒ. ━形 (実効のある) effective (↔ ineffective). 《☞ こうか¹; ききめ》.

しつごしょう 失語症 〘医学〙 aphasia [əféiʒ(i)ə] Ⓤ.

じっさい 実際 ━名 (事実) fact Ⓒ; (真実) truth Ⓤ; (現実) reality Ⓤ ★ 以上は入れ替えて用いることのできる場合もある; (理論に対する実地) practice Ⓤ. ━形 (実用的な) practical; (実在する) actual; (外見と実質が一致した) real; (真実の・本当の) true. ━副 actually; really; (強調を示して) indeed; truly ★ 以上は文中の語句を修飾する副詞; (実際には) in practice; (現実には) in reality; (実際問題として) as a matter of fact; (実を言えば) to tell the truth ★ 以上は節や文を連結する副詞. 《☞ じじつ; げんじつ; じつは》.
¶ 彼の話は*実際と違う His story differs from the *facts*.
理論と*実際は必ずしも伴わない Theory and *practice* do not ˹necessarily [always] go ˹together [hand in hand].
彼は貧乏に見えるが*実際は金持ちだ He appears poor, but he is ˹*in reality* [*really*] a rich man.
彼女は*実際よりもふけて見える She looks older than she ˹*really* [*actually*] is.
*実際問題としてそんな大金は集められない *As a matter of fact* [*In practice*], we cannot collect such a large amount of money.
*実際のところ (⇒ 実を言えば) 私は彼の言ったことがわからなかった *To tell the truth*, I could not make out what he said.
それは*実際の話 (⇒ 実話) です That is a *true* story.
*実際の費用は見積もりよりも安かった The *actual* cost was lower than the estimate.
私は英語の*実際的な知識を身につけたい I want to acquire a ˹*practical* [*working*] knowledge of English.
私は事故が起きたとき*実際にその場にいた I was *actually* there when the accident occurred.
*実際 (⇒ 実に) 彼の勇気には感心する I *really* admire his courage.

じつざい 実在 ━名 (存在) existence Ⓤ. ━形 (現実の) real (↔ unreal; imaginary); (人が実存している) living; (物・事・人などが存在する) existent. ━動 (存在する) (really) exist ⓐ.
¶ 私は神の*実在を信じる I believe ˹in the *existence* of God [(that) God *really exists*]. ‖ シェークスピアが*実在の人物であったことには疑いがない There is no doubt that Shakespeare was a *real* person.

しっさく 失策 (誤り) error Ⓒ, mistake Ⓒ 【語法】 以上は入れ替えて用いられる場合も多いが, error が非難の気持ちを含むのに対し, mistake は含まない. 《☞ まちがい; しっぱい》.

じっし¹ 実施 ━動 (実行する) carry out ⓗ; (計画などを実行に移す) put ... into practice ★ carry out と入れ替え可能なこともあるが, より改まった言い方; (行われている状態にする) put ... into operation; (活動などを始める) launch ⓗ; (法律などを施行する) put ... into effect ★ 以上3つはやや改まった表現; (法律などが効力を生じる) become effective, take effect ★ 前者のほうがよりくだけた言い方; (法律などが施行される) come into ˹force [operation] ★ やや改まった表現. ━名 (実行すること) practice Ⓤ; (法律などの実施) operation Ⓤ. 《☞ おこなう; じっこう¹; しこう¹》.
¶ 我々はその計画をできるだけ早く*実施したいと希望している We hope to *put* the plan *into practice* as soon as possible. ‖ 身体検査はあす*実施されます (⇒ 行われる) The medical examination will *be carried out* tomorrow. ‖ その法律はいつから*実施されるのですか When does the law *become effective*?

じっし² 実子 *one's* own child Ⓒ.

じっしつ 実質 ━名 (中身) substance Ⓤ; (本質) essence Ⓤ 【語法】 物質的なものまたは量については substance, 精神的なものまたは質については essence が用いられる傾向がある. ━形 (実質的な) substantial; (本質的な) essential; (実際上の) practical; (事実上の) virtual ★ 以上のうち最後の2つはほぼ同意で入れ替えて用いられることも多い. ━副 (実質的に) in substance, substantially; (本質的に) in essence, essentially; (実際上は)

practically ; (事実上は) virtually. 《☞ ほんしつ ; じっさい ; ないよう》.
¶ 外見と*実質は大違いだった There was a great difference between the appearance and the *substance*. // 彼の意見も私の意見も*実質 (⇒本質) においては同じだ His opinion and mine are the same *in* ⌈*essence* [*substance*]. / (⇒ 彼の意見と私の意見の間には実際的な相違はない) There is no *practical* difference between his opinion and mine. // 売り上げは伸びたが*実質上は赤字だ The sales have improved, but we are *virtually* in the red.
実質賃金 real wages ★ 複数形で.

じっしゃかい 実社会 the world ; (人生) life. 《☞ しゃかい ; せけん》. ¶ *実社会に出る go into *the world* / get a start in *life* // *実社会の荒波にもまれることは彼にとってよい薬になるだろう (⇒ 世の中のつらいことを経験することは彼にとってためになるだろう) It will do him good to *go through the hardships of life*.

じっしゅう[1] 実習 ―名 (訓練) (practical) training Ⓤ ; (練習) practice Ⓤ ; (科目としての) laboratory Ⓒ. ―動 (訓練を受ける) have [receive] (practical) training ; (練習する) practice ㊣. 《☞ くんれん ; れんしゅう》.
¶ 私たちは工場で*実習をした We had *practical training* at a factory. // 教育*実習はどこでやりましたか Where did you *practice-teach*? 参考 「教育実習」は practice teaching Ⓤ.
実習生 trainee [treiníː] Ⓒ.

じっしゅう[2] 実収 (正味の収入) net income Ⓒ 《☞ てどり》.

じっしょう 実証 ―動 (証明する) prove ㊣ ; (理論や例証によって立証する) demonstrate ㊣ ; (証拠を見せる) give evidence. ―名 (証明するための証拠) evidence Ⓤ. 《☞ りっしょう ; しょうめい[1]》.

じつじょう 実情, 実状 (実際[現実]の状況・事情・状態) the ⌈actual [real] ⌈state [circumstances ; conditions] ; (世の中の実際の状況) the ⌈actual [real ; true] state of ⌈things [affairs]. 《☞ じじょう[1] (類義語) ; げんじょう[1] ; じょうきょう[1]》.
¶ 彼は中国の*実情に通じている He is familiar with *the* ⌈*actual* [*real*] *state of affairs* in China. / (⇒ 物事がどんな具合かよく知っている) He is well informed as to *how things are going* in China. // 彼は借金で首が回らないのが*実情だ (⇒ 彼は借金に深くはまっているのが事実だ) *The fact is* that he is deeply in debt.

しっしょく 失職 ―動 lose *one's* job 《☞ しつぎょう》.

しっしん[1] 失神 ―動 (一時的に気を失う) faint ㊀ ; (意識を失う) lose consciousness. ―名 faint Ⓒ. 《☞ きぜつ; そっとう》. ¶ 暑さで何人かの生徒が*失神した Several pupils *fainted* from the heat. // 彼女はしばらく*失神していた She *was in a faint* for a while.

しっしん[2] 湿疹 eczema [éksəmə] Ⓤ.

じっしんほう 十進法 〖数学〗 the decimal system.

じっすう 実数 (実際の数) the actual number ; 〖数学〗 real number Ⓒ.

しっする 失する (失う) lose ㊣ ; (手に入れそこなう) miss ㊣. 《☞ うしなう》.

じっせいかつ 実生活 (毎日の生活) everyday life Ⓤ ; (実際[現実]の生活) actual [real] life Ⓤ. ¶ 学校教育の大部分は*実生活ではあまり役に立たない The greater part of school education is of little use in ⌈*actual* [*real*] *life*.

しっせき 叱責 ―名 (権威をもった痛烈で厳しい) rebuke Ⓒ ; (相手を非難して責める) reproach Ⓤ ; (公務上の譴責(けんせき)など) reprimand Ⓤ. ―動 rebuke ㊣ ; reproach ㊣ ; reprimand ㊣ ★ 以上はいずれも,「叱責」という日本語同様, 堅苦しい言葉. 《☞ けんせき》.

じっせき 実績 (実際の成果) actual result Ⓒ ; (やり遂げた仕事・業績) achievement Ⓒ ; (貢献・功労) service Ⓒ ★ しばしば複数形で. 《☞ ぎょうせき ; せいか[1]》.
¶ その会社の過去 1 年の*実績は注目に値する The company's *achievements* over the past year are worthy of notice. // 昨年の輸出*実績は総額 1 億ドルだった Last year's *actual* exports totaled $100 million. // *実績が上がらないので彼らは苦労した (⇒ 仕事が実を結ばないので 彼らはつらい時を持った) Since the work did not *bear fruit*, they had a hard time. 語法 bear fruit は熟語.

じっせん[1] 実践 ―名 practice Ⓤ. ―動 (実行する) put ... into practice, practice ㊣ ★ 前者のほうが一般的. 《☞ じっこう[1]》. ¶ 新しい理論は直ちに*実践に移された The new theory *was* at once *put into practice*. // 自分の説くところを*実践しなさい *Practice* what you preach. 参考 この英語は日本の「医者の不養生」に当たることわざとして用いられる.

じっせん[2] 実戦 (武器を用いた戦闘) combat Ⓤ ; (演習ではない実際の戦い・戦闘) actual [real] fighting Ⓤ. 《☞ せんそう[1] ; せんとう[2]》.

じっせん[3] 実線 solid line Ⓒ.

しっそ 質素 ―形 (簡素な) simple ; (派手でない) plain ; (ぜいたくでない) homely. ―副 simply ; plainly. ―名 simplicity Ⓤ ; plainness Ⓤ. 《☞ かんそ ; そまつ ; じみ》.
¶ 結婚式は近親者しか招かない*質素なものだった The wedding was a *simple* one, to which only the immediate family was invited. // 彼は田舎で*質素な暮らしをしている He lives a ⌈*simple* [*plain*] life in the country. / He lives ⌈*simply* [*plainly*] in the country. // 彼女は通常*質素な服を着ている She usually wears a *plain* dress.

しっそう[1] 疾走 (全速力で走る) run at full speed ; (車などが速く走る) speed (⌈away [by]) ㊀. 《☞ ぜんそくりょく》.

しっそう[2] 失踪 ―動 (姿を消す) disappear ㊀ ; (逃亡する) run away ㊀. ―名 disappearance Ⓤ. 《☞ ゆくえ ; くらます》.
失踪者 (逃亡者) runaway Ⓒ.

じつぞう 実像 〖光学〗 real image Ⓒ (↔ virtual image).

しっそく 失速 ―名 〖航空機〗 stall Ⓒ.

—動 stall ⓐ.

じっそく 実測 —名 (地形などの) súrvey Ⓒ ★日本語の「実測」の「実」は英語に表す必要はない；(距離・長さ・大きさなどの測定) measurement Ⓤ. —動 measure ⓗ; make a survey (of ...), survéy ⓗ. 《☞ そくてい；そくりょう》.

じつぞんしゅぎ 実存主義 〘哲学〙 existentialism Ⓤ. **実存主義者** existentialist Ⓒ.

しったい 失態 blunder Ⓒ《☞ しっぱい》.

じったい¹ 実態 (実際[現実]の状況[状態, 事情]) the ˹actual [real] ˹state [conditions; circumstances]. 《☞ じつじょう》. ¶私たちは産業労働者の*実態を調べた We investigated *the actual* ˹*conditions* [*circumstances*] of the industrial workers.

実態調査 investigation into the actual conditions Ⓒ; (事実調査) fact-finding Ⓤ.

じったい² 実体 (内容) content Ⓤ; 〘哲学〙 substance Ⓤ. 《☞ じっしつ；ないよう》.

しったかぶり 知ったかぶり —動 (知ったかぶりをする) pretend to know ... —副 (心得顔に) knowingly, in a knowing way.

¶彼は何でも*知ったかぶりをする He *pretends to know* everything. / He's a *know-all*. ★ know-all は軽蔑的に, 何でも知っているような口をきく人をいう. // 彼女は*知ったかぶりの口をきいた She spoke ˹*knowingly* [*in a knowing way*]. / (⇒ あたかもそれを知っているように話した) She talked *as if she knew* it.

じつだん 実弾 live [láiv] ammunition Ⓤ (↔ blank); (小銃弾) bullet Ⓒ; (爆薬を詰めた砲弾) live shell Ⓒ. ¶兵士たちは*実弾を撃っていた The soldiers were firing *live ammunition*. **実弾射撃** (実弾を用いてする大砲の射撃演習) firing practice with live shells Ⓒ.

しっち¹ 失地 lost territory Ⓒ. ¶*失地を回復する recover *the lost territory*

しっち² 湿地 (沼地) marsh Ⓒ《☞ ぬま》.

じっち 実地 —名 (理論だけでなく, 実際に行われること) practice Ⓤ. —形 (実際の) practical; (直接の) firsthand. —副 (実際に) practically, in practice; (現場で) on the spot. 《☞ じっさい；げんば》.

¶彼らはその理論を*実地に応用した They applied the theory to *practice*. / They made *practical* application of the theory. // その件は*実地に (⇒ 直接) 調査する必要がある The matter should be investigated ˹*at first hand* [(⇒ 現場で) *on the spot*].

実地検証 (現場の) inspection of the scene Ⓤ; (現場での) on-the-spot inspection Ⓒ.

じっちゅうはっく 十中八九 (1対10で・きっと) ten to one; (10回のうち9回まで・たいてい) nine times out of ten; (90 パーセント) 90 percent; (多分) most likely.

¶*十中八九彼のチームが勝つだろう *Nine times out of ten*, his team will win. / *Ten to one* [It is *ten to one* that] his team will win. / (⇒ほとんど確実だ) It is *almost certain* that his team will win. / (⇒ きっと) His team *is sure to* win. // *十中八九ストライキは行われるだろう *In all probability*, they will go on (a) strike. // *十中八九彼は成功するだろう *Most likely* he will succeed. / He is *very likely* to succeed. ★この場合の likely は形容詞.

じっちょく 実直 —形 (正直な) honest; (誠実な) sincere; (忠実な) faithful. —副 honestly; faithfully. 《☞ せいじつ；しょうじき》. ¶彼は*実直 (⇒ 正直) な男だ He is an *honest* man. / (⇒ 誠実な男だ) He is a man of *sincerity*.

しっつい 失墜 —動 (失う) lose ⓗ. —名 loss Ⓤ; (地位などから落ちること) fall Ⓒ. 《☞ うしなう》. ¶そのスキャンダルで彼の威信は*失墜した He *lost* his prestige because of the scandal.

じつづき 地続き —形 (隣の) neighboring; (すぐ続いている) adjoining, adjacent. 《☞ となり》. ¶彼は*地続きの土地を買った He bought the ˹*adjoining* [*adjacent*] lot. // その土地は片側が公園と*地続きになっている The land is *adjacent to* the park along one side.

しってん 失点 —動 (相手に得点を許す) allow the opponent to get one point.

しっと 嫉妬 —動 (嫉妬している) be jealous of ...; (嫉妬を示す) show jealousy of ... —形 (嫉妬深い) jealous. —名 jealousy Ⓤ. 《☞ やきもち；ねたみ；うらやむ》.

¶彼女は彼のことで私に*嫉妬している She *is jealous of* me with him. // 彼女は*嫉妬深い女だ She is a *jealous* woman. // 彼女の名声は彼を*嫉妬させた Her reputation made him *jealous*. / (⇒ 彼女の名声が彼に嫉妬を起こさせた) Her reputation aroused his *jealousy*. // 彼女は*嫉妬に目がくらんだ She was blinded by *jealousy*. // 彼女は*嫉妬心からそんなことをした She has done it *out of jealousy*.

しつど 湿度 —名 humidity Ⓤ. —形 (湿度の高い) humid. 《☞ しっけ》.

¶*湿度は現在 75 パーセントです The *humidity* is 75 percent now. // 夏は*湿度が高い The *humidity* is high in summer. / There is much *humidity* (in the air) in summer. // *湿度の高い日は不愉快だ We feel uncomfortable on *humid* days. / (⇒ 湿度の高い日は我々を不愉快にする) *Humid* days make us uncomfortable.

湿度計 hygrometer Ⓒ.

じっと 1 《つくづくと・熱心に》: (じっと動かさずに) fixedly; (一定の期間同じような調子で) steadily; (興味を持って一心に) intently; (注意を向けて) attentively.

¶彼女は私の顔を*じっと見つめた She looked ˹*hard* [*intently*; *fixedly*; *steadily*] at me. / (⇒ じろじろと見つめた) She *stared* at me. / She *stared* me in the face. / (⇒ 驚いたように眺めた) She *gazed* into my face. 《☞ みつめる》 // 彼女はその手紙を*じっと (⇒ 視線を動かさずに) 見つめた She ˹*fixed* [*riveted*] her eyes on the letter. 語法 rivet は「鋲で打ちつける」というのが本来の意味. // 私は*じっ

と耳をすましたが何も聞こえなかった I listened ｢*attentively* [*intently*] but heard nothing. // 彼は*じっと考えこんでいた (⇒ 考えに没頭していた) He *was* ｢*lost* [*absorbed*] *in* thought.

2 《動かずに・落ち着いて》 ―形 (静かな) quiet; (動かず音も立てない) still; (動かない) motionless.

¶ 写真をとる間*じっとしていて下さい Please keep ｢*still* [*quiet*] while I take your photograph. // 国歌が演奏されている間, 私たちは*じっと立っていた We stood ｢*still* [*motionless*] while the national anthem was being played. // 結果がわかるまで彼は*じっとして (⇒ 落ち着いて) いられなかった He was *restless* until he learned the result. // 私は天気がよいと家に*じっとしていられない (⇒何もしないで家にいることができない) I *cannot stay idle* at home when the weather is fine. // 私はその知らせを聞いて*じっとしていられず, すぐに現場へ急行した I was unable to *sit still* after the news, so I rushed to the scene.

3 《忍耐強く》: patiently 《☞ たえる[1]》.

¶ 私は2時間も*じっと待った I waited *patiently* as long as two hours. // 彼はその侮辱[苦痛]を*じっとこらえた He bore the ｢insult [pain] *patiently*.

しっとう 執刀 ―動 perform an operation. ―名 performance of an operation Ⓤ. 《☞ しゅじゅつ》. ¶ その手術は西川博士が*執刀した Dr. Nishikawa *performed the operation*.

じつどう 実働 ―名 (実際の労働) actual working Ⓤ. ―動 work ⓐ. ¶ 私たちは1日*実働8時間です (⇒1日に8時間働く) We *work* eight hours a day. / (⇒8時間労働日を持つ) We have an eight-hour day. 語法 この day は「労働単位としての1日・労働日」の意. **実働時間** actual working hour Ⓒ.

しっとり ―形 (少し湿った) moist, slightly wet; (静かで落ち着いた) quiet. ¶ 草は朝露で*しっとりとぬれていた The grass was ｢*moist* [*slightly wet*] with morning dew. // 私はこの町の*しっとりとしたたたずまいが好きだ I like the *quiet* appearance of this town.

じっとり ―形 (ぬれた) wet; (冷たくべとつく) clammy. 《☞ じとじと》. ¶ 彼のシャツは汗で*じっとりぬれている His shirt is *wet through* with sweat. // 私の背中は汗で*じっとりしていた My back was *clammy* with perspiration.

しつない 室内 ―形 (室内の) indoor (↔ outdoor). ―副 (家の中で) indoors; (部屋の中で) in a room. ―名 the interior of a room. 《☞ へや》.
室内楽 chamber music Ⓤ **室内(管弦)楽団** chamber orchestra Ⓒ **室内競技** indoor athletics Ⓤ **室内競技会** indoor athletic meet Ⓒ **室内競技場** indoor track Ⓒ **室内スポーツ** indoor sports **室内装飾** interior decoration Ⓤ **室内プール** indoor pool Ⓒ.

じつに 実に (たいへん・とても) very; (恐ろしく) terribly; (ものすごく) awfully; (本当に) really; (極度に) extremely; (真に) truly; (まことに) indeed.

【類義語】「とても・たいへん」という意味の強調の言葉として, 最も一般的で口語的なのは ***very***. 日本語の「恐ろしく」に対応し, どちらかというと悪い意味に多く使われるのが ***terribly***. ((例) *実に寒い It's ｢*terribly* [*very*] cold.). 多少俗語的な感じの言葉が ***awfully***. また真実とか虚偽とかいうほどの意味でなく, 日本語の「ほんとに」に対応するような意味で使われるのが ***really***. かなり程度の進んだ状態を表す言葉が ***extremely***. 真実性を強調する場合は ***truly*** が使われる. 「まことに・ほんとに」という意味で少し形式ばった感じのする言葉が ***indeed*** である. 《☞ とても (類義語); ひじょうに; 強意語 (囲み)》

¶ あなたの話は*実におもしろい Your story is ｢*very* [*really*] interesting. // きょうは*実に忙しい I'm *terribly* busy today. // 窓からの眺めは*実にすばらしかった The view from the window was *truly* beautiful. // それは*実に難しい質問だ It's an *extremely* difficult question. // それは*実にばかげた意見だった It was *indeed* an absurd opinion. // *実にたいへんな人出だった The crowds were *very* large *indeed*. 語法 indeed は「very＋形・副」の後に添えて, 意味をさらに一層強調するためにも使える. // それは*実にうまい考えだ (⇒何てすばらしい考えだろう) *What* a good idea it is!

じつの 実の (本当の・実在する) real; (真実の) true ★ 以上2つは入れ替えて用いられる場合もある. 《☞ ほんとう》. ¶ 彼は彼女の*実の父だと名乗りでた He announced himself as her ｢*true* [*real*] father.

じつは 実は (本当は…だ) the truth is (that) …; (真実を述べると) to tell (you) the truth 語法 以上2つはかなり重要な真実を述べる感じを持つ; (事実は…だ) (the) fact is (that)… 語法 相手の理解をくつがえすような事実を述べるときに使う; (事実は) actually; (実際には) as a matter of fact 語法 相手の期待をくつがえすほどの真実ではないような場合に使う; (事実上は・つまり・要するに) in fact 語法 かなり軽い意味で使われ, 会話などで自分のすでに述べたことを少し違った角度から言い直したりするような感じのときにもよく使われる. ((例) 僕は彼をあまりよく知らない. *実は会ったこともないんだよ I don't know him very well. *In fact*, I have never met him.).

¶ *実はあの話はうそだったのです *The truth is* (*that*) the story was a lie. 語法 口語では *The truth is*, the story … のように that がよく省略される. // *実は (⇒ 実を言うと) その手紙を出すのを忘れてしまったんです *To tell* (*you*) *the truth*, I forgot about mailing the letter. // *実は私はまだその本を読んでいません *As a matter of fact*, I haven't read the book yet. // *実はあのとき一文なしだった *Actually* [*In fact*], I had no money with me then. / *The fact is that* I had no money with me then. 語法 口語では that が省略され *The fact is*, I had …, さらに定冠詞も省略して *Fact is*, I had … の形もよく用いられる.

ジッパー zipper Ⓒ 《☞ チャック》.

しっぱい 失敗 ―動 (しくじる) fail 自他 (↔succeed); (挫折する) fall through 自; (うまくゆかない) go wrong 自, be unsuccessful 語法 fail が最も一般的で, 次の 2 つは主語が「人」以外のものに限られる. be unsuccessful は「人」も「事物」も主語になるが,「うまくいかない」に当たる少し消極的なニュアンスの表現. ―名 (不成功) failure U (↔success); (たいへんな失策) blunder C. 《☞ やりそこなう; ふせいこう》.

¶我々の計画は*失敗した Our plans *failed.* / (⇒失敗に終わった) Our plans ˹ended [resulted] in *failure.* // 彼は試験に*失敗した He *failed* (*in*) the examination. // 彼のやることはすべて*失敗した Everything he tried ˹*went wrong* [*fell through*]. // 彼の事業は*失敗だった His business ˹was [turned out to be] a *failure.* ★ 具体的なものを指すときは C. // 彼らの結婚は*失敗だった[*失敗した] Their marriage was ˹a *failure* [*unsuccessful*]. // *失敗は成功のもと (⇒どの失敗も成功への踏み石である) Every *failure* is a stepping-stone to success.

失敗者 failure C.

じっぱひとからげ 十把一からげ ―副 (一括して) sweepingly; (まとめて) all together. ―形 sweeping. ―動 (まとめて扱う) lump together 他. 《☞ いっかつ; ひとまとめ》.

¶*十把一からげの批評 *sweeping* comments // 地方のニュースは*十把一からげにされて 1 つの見出しのもとに扱われた All the local news *was lumped together* under one headline.

じっぴ 実費 ―名 (実際に支出した費用) (actual) expenses ★ 通例複数形で; (原価) cost (price) C ★ 日本語の「実」は特に英語に訳出する必要はない. 《☞ ひよう; けいひ》.

¶かかった*実費はできるだけ早く支払います We will pay the *expenses* (involved) as soon as possible. // この品物の*実費 (⇒原価) はだいたい 500 円です The *cost* (*price*) of this article is about 500 yen.

しっぴつ 執筆 ―動 write 他自. ―名 writing U. ¶彼女に雑誌への*執筆を依頼した We asked her to *write* for our magazine. // 彼は目下新作を*執筆中だ He *is* now *writing* a new book. **執筆者** (筆者) writer C; (寄稿者) contributor C.

しっぷ 湿布 compress C. ¶母は私の腕に温[冷]*湿布をした Mother applied a ˹hot [cold] *compress* to my arm.

湿布薬 poultice C.

じっぷ 実父 *one's* real father C.

しっぷう 疾風 (大風) gale C; (強風) strong wind C; 〖気象学〗 fresh breeze C 《☞ かぜ[1] (表)》.

じつぶつ 実物 ―名 (実際の物[人]) real ˹thing [person] C; (正真正銘の物) genuine object C; (物自体) the thing (itself); (美術品の複製に対する原物) original C; (美術作品の対象となる実物) life U ★ この語は決まった言い方で用いられる. ―形 real; genuine; (人工でない自然の) natural; (実物そっくりの) lifelike. 《☞ ほんもの; げんぶつ》.

¶私はその造花を*実物と間違えた I mistook the artificial flowers for ˹*real* [*natural*] ones. // とにかく*実物 (⇒その物) を見せて下さい Anyway, let me take a look at *the thing* (*itself*). // これは複製で, *実物はロンドンの大英博物館にあります This is a copy. The *original* is in the British Museum in London. // この肖像画は*実物そっくりだ This portrait ˹is very much like [looks just like] a *real person.* / This portrait is quite *lifelike.* // 彼女は*実物より写真のほうがよい[悪い] (⇒写真でのほうがよく[悪く]見える) She looks ˹better [worse] in the photograph.

実物大 ―形 (模型などが) full-scale; (美術品などが) life-size(d), as large as life. ¶*実物大の彫像 a *life-size*(*d*) statue // その写真は*実物大に引き伸ばされた The photograph was enlarged to *life-size.*

しっぺい 疾病 disease C 《☞ びょうき》.

しっぺがえし しっぺ返し (仕返し) retaliation U, 《口語》 tit for tat U; (言い返し) retort C.

しっぽ 尻尾 (動物の) tail C. ¶犬はその訪問客を見ると*しっぽを振った The dog wagged its *tail* when it recognized the visitor.

しっぽを出す ¶彼女はしまいにきっと*しっぽを出すよ (⇒本性を現す) I'm sure she *will show her true* ˹*character* [*colors*] in the end. ★ show *one's* true colors は旗を掲げていずれの味方であるかを示す様子になぞらえて言う成句.

しっぽをつかむ ¶彼らは彼の*しっぽをつかもうとした (⇒過失を見つけようとした) They tried to *find fault with* him.

しっぽを振る ¶彼は上役に年中*しっぽを振っている (⇒上役におべっかを使っている) He *is* always *flattering* his boss. 語法 進行形は話し手のいまいましい気持ちを表す.

しっぽを巻く ¶彼はついに*しっぽを巻いて逃げた He finally ran away *with his tail between his legs.* ★ with 以下は犬の逃げる様子になぞらえた成句.

じつぼ 実母 *one's* real mother C.

しつぼう 失望 ―動 (…に失望する) be disappointed (at …; in …; with …) 語法 at は「…して」というように原因・理由などのとき, in は「人」や「行為」のとき, with は「物」や「人」を目的語とするときに用いられる; (希望を失う) lose *one's* hope(s); (落胆する) lose heart; (…でがっかりする) be disheartened by … ―名 (期待外れ) disappointment U; (落胆) discouragement U. ―形 (失望させる) disappointing; (失望した) disappointed. ―副 (失望して) disappointedly, in disappointment; (失望したことには) to *a person's* disappointment. 《☞ がっかり; ぜつぼう》.

¶その知らせを聞いて私たちは非常に*失望した We *were* very *disappointed* ˹*at* [to hear] the news.

彼[その本]には*失望した I *was disappointed* ˹*in* him [*with* the book]. / (⇒彼[その本]は私にとって失望だった) He [The book] was *a disappointment* to me. 語法 disappoint-

ment は具体的な物や人を指すときは Ⓒ.
*失望するな. 何かいいことがきっとある *Don't lose heart.* Something good is sure to turn up.
講演者は拍手がないのに*失望した (⇒ がっかりした) The lecturer *was disheartened by* the lack of applause. / (⇒ 拍手のないことが講演者をがっかりさせた) The lack of applause *disheartened* the lecturer.
息子が試験に落ちたときの彼女の*失望はたいへんなものだった Her *disappointment* was very great when her son failed (in) the examination.
彼女は*失望の色を浮かべた She looked *disappointed.*
デートの相手が来なかったので彼は*失望して帰って来た He returned *in disappointment,* because his date didn't turn up.

しつむ 執務 ―動 (働く・仕事する) work ⓐ; (勤務中・仕事中である) be at work ; (事務的な仕事について勤務中である) be at *one's* desk [語法]「働く」という動作を表す言い方では work が,「執務中である」という状態を表す言い方では be at work が最も一般的な表現. ―名 (仕事) work Ⓤ, 《口語》 job. 《☞ きんむ ; しごと》.
¶ 私たちは午前 9 時から 5 時まで *執務する We *work* from 9 a.m. ˹to [till] 5 p.m. // 彼は自分の部屋で*執務中です (⇒ 机に向かっている[仕事中]) He *is* now *at* ˹*his desk* [*work*] in his room.
執務時間 office [business ; working] hours ★ 複数形で.

じつむ 実務 (実業・仕事) business Ⓤ 《☞ ぎょうむ ; しごと》. ¶ *実務の経験はありません I have no *business* experience.

しつめい 失明 ―動 lose *one's* ˹eyesight [sight], become [go] blind. ―名 loss of ˹eyesight [sight] Ⓤ.

しつもん 質問 ―名 (最も普通の意味で) question Ⓒ; (問い合わせ) inquiry Ⓒ ★《英》では enquiry も用いられる. ―動 (質問する) ask a question ; (質問を出す) raise a question [語法] ask と同じに使われることもあるが,「質問を提起する」というような形式ばったニュアンスがある. 普通は ask a question が使われる. 《☞ ぎもん ; しつぎ ; たずねる[1]》.
¶ 何か*質問はありますか Do you have [Have you got] any *questions?* / Are there any *questions?* / Any *questions?*
「*質問してもよろしいですか」「ええ, どうぞ」"May I *ask* (you) *a question?*" "Certainly [Of course]."
私の*質問に答えて下さい Please answer my *questions.*
「あなたにお尋ねしたい*質問があります」「何でしょうか」"I have a *question* to ask you." "What is it?"
きょう習ったことでいくつか*質問があります I have some *questions* about today's lessons.
その*質問の正しい答えは何ですか What is the correct answer to the *question?*
私たちは彼にたくさん*質問した We asked him a lot of *questions.* / We put a lot of *questions* to him.
彼らは市長を*質問ぜめにした (⇒ 洪水のように質問を浴びせた) They flooded the mayor with *questions.*
質問者 questioner Ⓒ **質問書** written inquiry Ⓒ; (アンケートの) questionnaire Ⓒ.

しつよう 執拗 ―形 (頑固な) obstinate ; (粘り強い) persistent ; (強情で) stubborn. 《☞ しつこい ; ねばりづよい》. ¶ 彼は我々の計画に*執拗に反対した He offered *stubborn* resistance to our project.

じつよう 実用 ―名 (実際に用いること・実際的な効用) practical use Ⓤ; (役に立つこと) utility Ⓤ. ―形 (実用的な・実際の役に立つ) practical. 《☞ じっさい》.
¶ 彼の発明は*実用になりそうもない His invention seems to ˹be of [have] no *practical use.* / (⇒ 彼の発明を実用に供するのは難しい) It will be difficult to ˹put [turn] his invention to *practical use.* // 私は*実用本位の家具を探している I am looking for *utility* furniture. // この品は*実用向きにできている This article is ˹designed [intended] for ˹*utility* [*practical use*]. / (⇒ この品は実際の目的に役立つ) This article serves a *practical* purpose. // 私は*実用的な英語を身につけたいと思っている I want to get a *practical* knowledge of English.
実用英語 practical English Ⓤ **実用新案特許** patent for a utility article Ⓒ **実用品** useful article Ⓒ; (家庭用品) domestic article Ⓒ; (日用品) daily necessaries ★ 複数形で.

しつりょう 質量 〘物理学〙 mass Ⓤ. ¶ この 2 つの物体の*質量は同じである These two bodies have equal *mass.*

じつりょく 実力 **1** «実際の能力»: (能力) ability Ⓒ ★「才能」の意味ではしばしば複数形で ; (真価) merit Ⓤ ★ しばしば複数形で ; (力量) competence Ⓤ. 《☞ のうりょく (類義語) ; ちから ; ゆうのう (類義語)》.
¶ 彼女は英語の*実力がある (⇒ 英語が上手だ) She is ˹*good* [*excellent*] *at* English. / (⇒ 英語を上手に使う能力[知識]がある) She has *a good* ˹*command* [*knowledge*] of English.
彼は英語の*実力がない (⇒ 英語が下手だ) He is *poor at* English. / He is *weak in* English.
彼女は*実力のある (⇒ 有能な) 先生です She is ˹a *competent* [a *capable*; an *able*] teacher.
実業界でものをいうのは学歴ではなくて*実力だ It is not one's school career but *real ability* that ˹counts [tells] in the business world.
彼は*実力によって現在の地位を得た He ˹won [gained] his present position by *merit.*
その会社では*実力に応じた待遇をする That company treats its employees according to ˹their *merits* [individual *worth*].
君の*実力を示す絶好の機会だ It is a good chance for you to ˹prove yourself really *capable* [display your *ability*].
彼女は試験で十分に*実力を発揮できなかった

(⇒自分の能力を十分に出すことに失敗した) She failed in *doing herself justice* in the examination.
彼は財界の*実力者だ (⇒勢力のある男だ) He is *an influential man* in the nation's economy.
2 «武力»: (武器) arms ★複数形で; (腕力・力づく) force Ⓤ. (☞ちからずく).
¶彼らは*実力に訴えるぞと言って脅した They threatened to ｢appeal to [use] ｢*arms* [*force*].
彼はそれを*実力で奪い返した He recovered it by *force*.
実力行使 (力の行使) use of force Ⓤ; (ストライキ) strike Ⓒ (☞ストライキ) **実力主義** merit system Ⓒ **実力テスト** achievement test Ⓒ.

しつれい 失礼 **1** «無礼» ━形 (粗野で) rude; (丁寧さに欠けて) impolite; (行儀が悪く) ill-mannered.
【類義語】他人の気持ちを無視し, 礼儀をわきまえず粗野な振舞いを表す言葉が *rude*. *rude* とときにはほぼ同意にも用いられるが, 特に言葉遣い・態度が礼儀作法にかなっていないことを表すのが *impolite*. 以上2つが最も一般的な言葉である. 態度・振舞いについて, しつけ・行儀作法が悪いことを強調するのが *ill-mannered*. (☞ぶさほう; ぶれい; ぎょうぎ)
¶知らない人をじろじろ見るのは*失礼だ It is *rude* to stare at strangers.
ほかの人が話しているのにおしゃべりをするのは*失礼だ It is ｢*impolite* [*rude*] to talk when someone else is talking.
人に贈り物をもらってお礼を言わないのは*失礼だ (⇒エチケットに反する) It is ｢*a breach of etiquette* [*bad form*] not to thank people for gifts.
彼はときどき*失礼なことを言う He sometimes ｢says *rude* things [makes *rude* remarks].
彼は私のお客に*失礼なことをした (⇒失礼に振舞った) He acted *rudely* to my guest.
あんな*失礼なやつは二度と呼ばないぞ I will never invite such an *ill-mannered* fellow again.
2 «謝罪・あいさつ» ¶「どうも*失礼しました」「いえ, いいんですよ」"*Excuse me.* / *I'm sorry.* / *Pardon me.*" "That's all right." 語法 前文の3つは人にぶつかるとか, 足を踏むなどして謝るとき. この意味では《英》では Excuse me. よりも (I'm) sorry. のほうが普通.
「ちょっと*失礼」「どうぞ」"*Excuse me.*" "Certainly." 語法 中座したり, 人の前を横切ったりするとき.
お待たせして*失礼しました *I'm sorry* ｢I've [to have] kept you waiting.
日曜は不在で*失礼しました *I'm sorry* I was out on Sunday.
手袋をはめたままで*失礼します (⇒私の手袋をお許し下さい) Please *excuse* my gloves.
*失礼ですが自己紹介させていただきます (⇒自己紹介することをお許し下さい) *Allow me to* introduce myself.
*失礼ですがどちら様でしょうか (⇒お名前を聞いてもよろしいですか) *Might* [*May*] *I ask* your name? 語法 might のほうが丁寧. / *Could I have* your name, please?
*失礼ですがもう一度おっしゃって下さい *I beg your pardon?* / *Beg your pardon?* 語法 どちらも上昇調で普通の疑問文のように言う.
今度の会は*失礼させていただきます I'm afraid *I can't come* to the next meeting.
お先に*失礼します (⇒先に帰ることをお許し下さい) Please *excuse my leaving* early.
もう*失礼いたします (⇒帰らなくてはなりません) Now *I must be going.* / (⇒さようならを言わなければなりません) *I must say good-by(e)* now.
*失礼しちゃうわね (⇒ばかなことはやめてちょうだい) None of your *foolishness*, please! / (⇒失礼なことはやめてちょうだい) None of your *impertinence*! / None of your cheek!
(☞謝罪の表現 (囲み))

じつれい 実例 (代表となる) example Ⓒ; (証拠となる個別的な事例) instance Ⓒ; (絵・説明・例文などによる例証) illustration Ⓒ. (☞れい¹ (類義語)).
¶彼は具体的な*実例をいくつか示してくれた He ｢gave [showed] us some concrete *examples*. ∥ この単語の意味を*実例をあげて説明して下さい Please explain the meaning of this word by giving *examples*. ∥ 彼の説を裏づける*実例はたくさんある There are a lot of *instances* which support his theory. ∥ 先生はその機械がどうやって動くのか*実例で示した The teacher *illustrated* how the machine works.

しつれん 失恋 ━動 be ｢disappointed [crossed] in love. ━名 lost love Ⓤ.
¶彼は*失恋した He was *broken-hearted*. 語法 失意の状態をいうので, 必ずしも失恋とは限らないことに注意. / He *was* ｢*disappointed* [*crossed*] *in love*.

じつわ 実話 (真実の物語) true story Ⓒ.

してい¹ 指定 ━動 (日時・場所を) appoint ㊀; (明示する) designate ㊀ ★形式ばった語; (時・条件などを明確に述べる) specify ㊀. ━名 appointment Ⓤ; designation Ⓤ; specification Ⓤ.
¶彼は次の会合の日時と場所を*指定した He ｢*appointed* [*designated*; *specified*] the time and place for the next meeting. ∥ 彼女は*指定の時間に来なかった She did not come at the ｢*appointed* [*specified*; *designated*] time. ∥ 私たちは学校*指定の旅館に泊まった We put up at a hotel ｢*arranged* [*designated*] by the school. ∥ 彼女は材料を*指定どおりに混ぜた She mixed the ingredients as *specified*. ∥ 特に*指定がなければ荷物は普通便で送ります We will send the goods by ｢ordinary [surface] mail unless otherwise ｢*designated* [*specified*].
指定席 reserved seat Ⓒ.

してい² 師弟 master and pupil, teacher and student. 語法 and で結ばれた2つの名詞が密接な関係にあるときは冠詞を付けない. (☞冠詞 (欄外); でし; せんせい¹; せいと).
¶この2人は*師弟の間柄です The two are

teacher and student.

してい³ 子弟 children; (年少者) young people ★ 複数扱い. 《☞ こども》. ¶良家の*子弟 *children* of respectable families

してい⁴ 私邸 *a person's* private ⌐residence [house] Ⓒ 《☞ いえ (類義語)》.

しでかす 仕出かす (する) do ⊕ 〔参考〕 英語の do には日本語の「しでかす」に当たるようなニュアンスはないので, 文のほかの部分の表現でそれを表すようにするしかない. ¶そんなことを*しでかすとは何て君はばかなんだ What a fool you are to *have done* such a thing! // 彼は次に何を*しでかすやらわからない There's no ⌐knowing [telling] what he will *do* next.

してき¹ 指摘 ―動 point out ⊕, indicate ⊕ ★ 後者はやや形式ばった語. ¶私は彼女に誤りを*指摘してやった I *pointed out* her mistakes to her.

してき² 詩的 ―形 poetic, poetical 〔語法〕 両者は同じようにも用いられるが, 詩的な内容については poetic, 散文に対する韻文という意味で詩の形式については poetical が用いられることが多い. 《☞ し³》.

してき³ 私的 ―形 (公に対して個人的な) private; (ひと個人個人の) personal. 《☞ こじん¹; プライバシー》.

してき⁴ 史的 ―形 historical 《☞ れきし¹》.

してつ 私鉄 private ⌐railroad [railway; line] Ⓒ ★ railroad は《米》, railway は《英》. 《☞ てつどう; こくてつ》.

-しては ―前 (…のわりには) for …; (…ということを考えると) considering … ★ 接続詞としても用いる; (…としては) as … 《☞ -としては》. ¶彼は年に*しては若く見える He looks young *for* his age. // 9月に*してはいくぶん寒い It is rather cold *for* September. // アメリカ人と*しては彼は日本語がうまい *Considering* (that) he is an American, he speaks Japanese well. // 彼は作家と*しては二流だ He is a second-rater *as* a writer. / He is a second-rate writer.

-しても (たとえ…であっても) (even) if …; (…ということを考慮しても) granted (that) …; (どんなに…しても) however …, no matter how …; (何を…しても) whatever …, no matter what …; (だれが…しても) whoever …, no matter who …; (どこへ…しても) wherever …, no matter where …; (いつ…しても) whenever …, no matter when … ★ 以上 -ever と no matter … の2つの表現はいずれもほぼ同意で入れ替え可能. 《☞ -ても; 譲歩の表現 (囲み)》.

¶あなたがよいと*しても, 彼はうんと言うまい *Even if* it is all right with you, he will not give his consent. // この本は間違いがあるに*してもごくわずかです This book has few mistakes, *if* any. // きょうこの本を読み終えたと*しても, 試験までにまだ2冊読まねばならない本がある *Granted that* I finish reading this book today, I have two more to read before the examination. // どんなに努力*しても彼には追いつけない *However* [*No matter how*] hard I (may) try, I cannot catch up with him. 〔語法〕 従属節の may は口語では省略されることが多い. // いつ訪問*しても彼は不在だ *Whenever* [*No matter when*] I call on him, he is ⌐out [not at home].

してやられる (だまされる) be ⌐cheated [deceived]; (ぺてんにかけられる) 《口語》 be taken in. 《☞ だます》. ¶彼は簡単に*してやられた He *was* easily ⌐*deceived* [*taken in*]. // 私は彼に*してやられた (⇒彼は私の機先を制した) He *got a head start on* me.

してん¹ 支店 (一般的には) branch Ⓒ; (店の種類に応じて) branch ⌐office [store; shop; house] Ⓒ. 《☞ ししゃ²》.

¶その会社は世界各地に*支店を持っている The company has *branches* in all parts of the world. // その会社はニューヨークに新しい*支店を開いた The company ⌐opened [established] a new *branch* (*office*) in New York.

支店長 branch manager Ⓒ. ¶彼の父はその銀行の大阪*支店長だ His father is the *manager of the* Osaka *branch* of the bank.

してん² 視点 (観点) point of view Ⓒ; (見地) viewpoint Ⓒ ★ 以上2つは入れ替えて用いられることもある. 《☞ かんてん¹; みかた²》.

してん³ 支点 (てこの) fulcrum [fúlkrəm] Ⓒ 《複 ~s, fulcra [-krə]》.

しでん 市電 (municipal [city]) streetcar Ⓒ.

じてん¹ 次点 (競技などでの2位) runner-up Ⓒ 《複 runners-up, ~s》 《☞ にい》.

¶彼女はコンテストで*次点だった She was the *runner-up* in the contest. / (⇒2位だった) She ⌐was [finished] *second* in the contest./ (⇒2位を獲得した) She took *second place* in the contest. // 《選挙で》 彼はわずかの差で*次点になった (⇒2番目に大量の票を獲得した) He obtained *the second largest number of votes* by a narrow margin.

じてん² 自転 ―動 rotate ⓐ. ―名 rotation Ⓤ ★ 1回転という意味のときは Ⓒ. 《☞ かいてん¹ (類義語); まわる》. ¶地球は西から東へ*自転する The earth *rotates* from west to east. // 地球は太陽の回りを公転しながら, 地軸を中心に*自転している The earth *rotates* on its axis while revolving around the sun.

じてん³ 時点 (時期) the time; (現在あるいはある特定の時) the moment. ¶その*時点ではすべてがうまくいっていた Everything went well *at the time.* // 現在の*時点ではこれが手に入る最良の参考書である This is the best reference book available *at the moment.*

じてん⁴ 辞典 dictionary Ⓒ 《☞ じしょ²》.

じてん⁵ 事典 (百科事典) encyclopaedia Ⓒ; (通俗的には) dictionary Ⓒ. 《☞ じしょ²》.

じでん 自伝 autobiography Ⓒ.

じてんしゃ 自転車 bicycle Ⓒ; (口語的には) bike Ⓒ, cycle Ⓒ.

¶彼は*自転車で通学する He goes to school ⌐on a [by] *bicycle.* // あなたは*自転車に乗れますか Can you ride a *bicycle?* // *自転車で坂道を下りるのは楽しい It is fun coasting on a *bicycle* down a slope. 〔語法〕 coast は

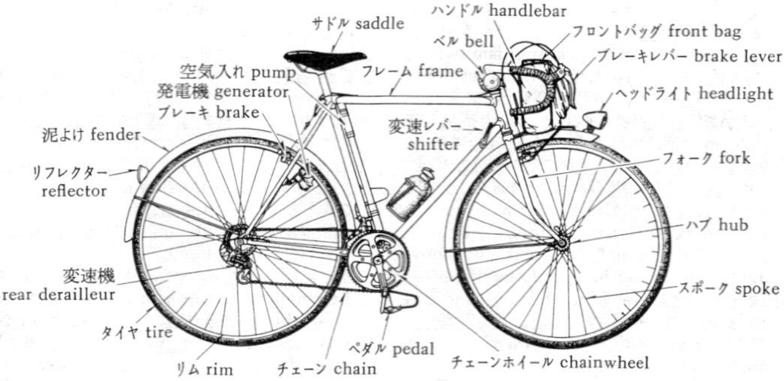

自転車 bicycle

「ペダルを踏まずに自転車に乗って下る」の意. // 私は毎日駅まで*自転車で行く I ride my *bicycle* to the station every day. // 私は*自転車を押して彼と一緒に歩いた I walked my *bicycle* with him. // 彼女は*自転車のハンドルを切り損ねて道ばたに倒れた She lost control of her *bicycle*, and fell down on the road. // *自転車に乗る人 a *bicycle rider* / a *cyclist*

「自転車道路」の掲示

自転車競走 cycling race Ⓒ **自転車操業** ― 動 keep on working constantly ˹like [as] pedaling a bicycle ★ 説明的表現. **自転車屋** bicycle shop Ⓒ **自転車旅行** bicycle trip Ⓒ.

しと¹ 使途 (金の使われ方) how the money is spent ; (金の使われた目的) the purpose for which the money is spent. 《☞ つかいみち ; ようと》. ¶ 彼はその金の*使途を明らかにするように求められた (⇒ どのようにその金を使ったか説明するように要求された) He was asked to account for *how the money was spent*.

しと² 使徒 (伝道者) apostle [əpásl] Ⓒ ; (弟子) disciple Ⓒ ★ キリストの 12 使徒を指す場合, どちらも用いられるが, もともとの意味は apostle は「伝道者」で, disciple は「弟子・門人」.

しとう 死闘 (激しい戦い) fierce battle Ⓒ 《☞ せんとう² ; げきせん》. ¶ この島は第 2 次大戦のとき日米の間で*死闘が繰り広げられた所です A *fierce battle* took place on this island between Japanese and American troops during World War II.

しどう¹ 指導 ― 動 (進むべき道を示しながら導く) guide ⓗ ; (指図する・道などを示す) direct ⓗ ; (先頭に立って導く) lead ⓗ 《過去・過分 led》; (個人的に教える・コーチする) coach ⓗ ; (教育をする) give instruction (to *a person* ; in...) ; (教える) teach ⓗ. ― 名 guidance Ⓤ ; direction Ⓤ ; leadership Ⓤ ; instruction Ⓤ ; teaching Ⓤ. 《☞ おしえる ; きょういく》.

¶ 私は彼に息子の英語の*指導を頼んだ I asked him to *teach* English to my son. / I asked him to *give* private lessons *in* English *to* my son. // 彼は私たちの学校でサッカーを*指導している He *coaches* the soccer team at our school. // 私たちは先生の*指導で英語劇をやった We performed a play in English *under the* ˹*guidance* [*direction*] *of* our teacher. // よろしくご*指導を願います (⇒ この問題であなたの指導を期待します) I look to you for *guidance* in this matter. 〔語法〕 この表現は日本語の表面的な意味を英語に直したものであるが, 英語国の習慣としては日本語と同じような意味合いでこのような表現を相手に向かってすることは普通ではない. 《☞ 日本語と英語 (欄外)》 // 彼はその研究で*指導的役割を果たした He *played a leading part* in the research.

指導案 (授業の教案) teaching [lesson] plan Ⓒ **指導教員** (大学の) (academic) ˹adviser [supervisor] Ⓒ **指導者** leader Ⓒ ; (コーチ) coach Ⓒ **指導主事** (teacher's) consultant Ⓒ.

しどう² 私道 private ˹road [path] Ⓒ ★ road は車も通るが path は歩行者のみ. 《☞ どうろ ; みち¹ (類義語)》.

しどう³ 始動 ― 動 start ⓗ ⓐ ; (...を動かす) set...in motion ★ 説明的な感じの表現. ¶ 彼はモーターを*始動させた He *started* the motor.

じどう¹ 自動 ― 形 (自動の) automatic. ― 副 (自動的に) automatically.

¶ 彼女は*自動食器洗い器を使っている She uses an *automatic* dishwasher. // サーモスタットは*自動的に温度を調節する The thermostat regulates temperature *automatically*. // この扉は*自動的に開閉する This door opens and shuts ˹*automatically* [*by itself*].

自動エレベーター automatic [self-service]

elevator Ⓒ **自動小銃** automatic rifle Ⓒ **自動制御** automatic control Ⓤ **自動操縦装置** automatic pilot Ⓒ **自動扉** automatic door Ⓒ **自動販売機** slot [vending] machine Ⓒ **自動ピアノ** player piano Ⓒ.

じどう² 児童 ━名 (子供) child Ⓒ《複 children》; (学童) schoolchild Ⓒ; (少年少女) juvenile Ⓒ ★形式ばった言葉. ━形 (児童の) child; juvenile. 《☞ こども》.
¶この図書館には*児童向けの本が多い This library has many ⌈books for *children* [*juvenile* books].
児童憲章 the Children's Charter **児童心理(学)** child psychology Ⓤ **児童相談所** child consultation center Ⓒ, children's welfare clinic Ⓒ **児童文学** literature for children Ⓤ, juvenile literature Ⓤ **児童文学者** writer of juvenile stories Ⓒ.

じどうし 自動詞 intransitive verb Ⓒ.

じどうしゃ 自動車 (一般の乗用車) car Ⓒ, 《主に米》automobile Ⓒ, 《主に英》motorcar Ⓒ; (各種のものを総合的に) motor vehicle Ⓒ; (トラック) truck Ⓒ, 《英》lorry Ⓒ; (バス) bus Ⓒ ★《英》では遠距離バスは coach Ⓒ.
【類義語】日常語としては **car** が最も一般的で, 正式な感じの言葉が ***automobile, motorcar***. 日本語では自動車といえば, トラックやバスも含まれるが, 英語では *car* や *automobile* には bus, truck は含まれないことに注意. 《☞ くるま; 乗り物 (囲み)》
¶あなたは*自動車を持っていますか Do you ⌈have [own] a *car*? / Are you a *car* owner?
君の家の前にあるのは私の*自動車だ The *car* in front of your house is mine.
彼は高価な外国の*自動車を買った He bought a high-priced ⌈foreign [imported] *car*.
あなたは*自動車を運転しますか Do you *drive* (a car)?
私は*自動車の運転ができない I don't know how to *drive* (*a car*). / I can't *drive*.
彼女は*自動車の運転がとてもうまい She is a very good *driver*.
彼は*自動車で通勤する He *drives* to work every day.
ここから甲府まで*自動車で 20 分です It is a ⌈twenty-minute [twenty minutes'] *ride by car* from here to Kofu. / It takes twenty minutes to *drive* to Kofu from here.
警察の*自動車 a police *car*
*自動車事故は全国的に深刻な問題の一つである *Automobile* accidents are one of the nation's most serious problems.
私は 5 週間*自動車学校へ行き, きのう運転免許を取った I got my driver's license yesterday after going to *driving* school for as long as five weeks.
自動車運転手 driver Ⓒ; (雇われて専属の) chauffeur Ⓒ **自動車産業** automobile industry Ⓒ **自動車ショー** motor show Ⓒ **自動車税** auto tax Ⓒ **自動車専用道路** expressway Ⓒ, super highway Ⓒ ★前者が普通. **自動車レース** auto race Ⓒ.

しとげる 仕遂げる (努力の結果完成する) accomplish ㊀; (計画などを実行する) carry out ㊀; (仕上げる) finish ㊀, complete ㊀
[語法] finish のほうが口語的. これらの語には努力や忍耐の意味は含まれない. 《☞ なしとげる; やりとげる; しあげる》.
¶彼はその仕事を短時間で*しとげた He ⌈*accomplished* [*completed*; *finished*] the task in a short time.

しどころ ¶ここが我慢の*しどころだ (⇒いまが一番忍耐の必要とされるときだ) Now is *the time* when your patience is most desired.

しとしと ¶きのうは一日中雨が*しとしと降っていた It *was drizzling* all day (long) yesterday. 《☞ 擬声・擬態語 (囲み)》
【参考語】━動 (雨がしとしと降る) drizzle ㊁. ━名 (霧雨) drizzle Ⓤ; (細かい雨) fine rain Ⓤ.

じとじと ━形 (ぬれた) wet; (湿気のある) damp; (冷たくじっとりする) clammy; (粘る) sticky. 《☞ じめじめ; じっとり; 擬声・擬態語 (囲み)》. ¶着ている物が汗で*じとじとしている My clothes feel *wet* with perspiration. // *じとじとした天気でうんざりする (⇒じめじめした天気が私を憂鬱(ゆう)にする) The *damp* weather gets me down.

しとめる 仕留める (殺す) kill ㊀; (撃ち落とす) bring [shoot] down ㊀. 《☞ うちころす》.

しとやか 淑やか ━形 (優美な・美しくて魅力的な) graceful; (物柔らかな・優しい) gentle. ━副 gracefully; gently. 《☞ じょうひん (類義語); ゆうが》. ¶彼女は物腰が*しとやかだ She is *graceful* in manner.

しどろもどろ ━形 (筋の通らない) incoherent; (めちゃくちゃの) confused; (矛盾した) inconsistent. ━副 (うろたえて) confusedly; incoherently; inconsistently; (口ごもりながら) falteringly. ━動 (混乱する) be [get] confused; (口ごもる) falter ㊁. 《☞ くちごもる; 擬声・擬態語 (囲み)》.
¶彼は*しどろもどろの返事をした He ⌈gave [made] ⌈an *incoherent* [a *confused*] answer. / He answered *falteringly*. // その予期しない質問で彼は*しどろもどろになった (⇒予期しない質問が彼を混乱に陥れた) The unexpected question *threw* him into *confusion*.

しな 品 **1** «品物»: (個々の物品) article Ⓒ; (商品) goods ★複数扱いで, 数詞や many は付けられない. 《☞ しなもの》.
¶私はあの店で 3*品買った I bought three *articles* at that store. // この*品はよく売れている This *article* is selling ⌈well [fast]. // 注文の*品は 3 日以内にお届けします The *goods* ordered will be delivered within three days. // 所変われば*品変わる (⇒それぞれの国は各自の習慣を持っている) Each country has its own customs.
2 «品質»: (質) quality Ⓤ; (品種) brand Ⓒ. 《☞ ひんしつ; しつ¹》. ¶彼女のハンドバッグは*品がよい[悪い] Her handbag is of ⌈good [poor] *quality*. // 彼は最高の*品のブランデーを持っている He has the best *brand* of brandy.

自　動　車

自動車の用語は英語がそのまま外来語として定着しているものが多いが，中には和製英語もあるから注意を要する．典型的なものには**ハンドル** (steering wheel Ⓒ), **バックミラー** (rear-view mirror Ⓒ), **フロントガラス** (《米》windshield Ⓒ, 《英》windscreen Ⓒ), **ノークラッチ** (automatic transmission Ⓒ) などがある．また日本語ではよく**スリップ**するというが，英語では skid ㊀ である．ブレーキで止めた車輪がそのまま滑るのが skid で，特に横滑りを指すことが多い．英語ではあるがあまり使われないものに**クラクション** (klaxon Ⓒ) がある．これは商標名から来ており，英語では horn Ⓒ と呼ぶのが普通．《☞ 和製英語 (囲み)》

なお自動車の部分の名称には《米》と《英》では異なるものが少なくない．前にある**ボンネット** (bonnet Ⓒ) はイギリス英語で，《米》では hood Ⓒ である．逆に後ろにある**トランク** (trunk Ⓒ) は米語で，《英》では boot Ⓒ という．**フェンダー** (fender Ⓒ) は《米》で，《英》では wing Ⓒ. つづりが違うものに，**キャブレター** (《米》carburetor Ⓒ, 《英》carburettor Ⓒ), **タイヤ** (《米》tire Ⓒ, 《英》tyre Ⓒ) などがある．《☞ アメリカ英語とイギリス英語 (欄外)》

運転に必要な用語と表現

ハンドル　正しくは steering wheel Ⓒ だが，単に wheel Ⓒ という場合が多い．運転席につくことを get [sit down] behind the *wheel* という．ハンドルを握るのは take the *wheel*. 車を運転している人は the man at the *wheel* である．ハンドルを切るというときは wheel を動詞に用いて *wheel* ˹right [left], turn the *steering wheel*. 左[右]折は make a ˹left [right] turn というのが普通である．

¶ お疲れのようですから私が*運転しましょう (⇒ハンドルを握りましょう) You look tired, so I'll *take the wheel.* // 彼は*運転中眠ってしまったらしい He seems to have fallen asleep *at the wheel*.

アクセル　アクセルのペダルは accelerator (pedal) Ⓒ. 米口語では gas pedal という．アクセルを踏むのは step [press down] on the *accelerator*. 米口語ではスピードを出すことを step on the gas という．アクセルから足を離すのは release the *accelerator* または take *one's* foot off the *gas pedal*.

¶ 車がスリップしたら*アクセルから足を離し，スリップした方向にハンドルを回しなさい．ブレーキを踏んではいけない If your car goes into a skid, release the *accelerator* and steer in the direction of skid ; do not jam on the brakes.

クラッチ　クラッチのペダルは clutch (pedal) Ⓒ. クラッチをつなぐのは engage the *clutch* で，切るのは disengage the *clutch*. 踏み込んだクラッチペダルを徐々に上げていくと (slowly release the *clutch pedal*), やがてクラッチがつながるが，このようにクラッチを入れることを let in the *clutch* という．クラッチが入っている状態は The *clutch* is in. である．

¶ 彼はエンジンをかけ，ギヤをピシッとローに入れ，それからゆっくりと*クラッチをつないだ He switched on the ignition, snapped the gearshift into low gear, and eased in the *clutch*.

ギヤ　gear Ⓒ. 変速機 (transmission Ⓒ) のギヤは日本語と同じく low [first] *gear*, second *gear* のようにいう．高速ギヤは high *gear* で，バックは reverse (*gear*). また最高ギヤを top *gear*, 最低ギヤを bottom *gear* ともいう．4段ギヤの車は a car with four *gears*.

日本語ではギヤをチェンジするというが，英語では shift ㊀ ㊉ というのが普通．高速のギヤに入れるのは *shift* into high *gear*. ニュートラルにするのは *shift* into neutral である．また transmission を目的語として *shift* the transmission into reverse のようにも表現する．

なお日本語でチェンジ レバーと呼んでいるのは英語では gearshift [《英》gear] lever Ⓒ で，単に gearshift Ⓒ ともいう．

¶ のろのろ運転の渋滞の中で，エンジンがオーバーヒートしないように，私は*ギヤをニュートラルに入れエンジンを数回空ぶかしさせた To avoid overheating the engine while idling in heavy stop-and-go traffic, I placed the *transmission* in neutral and raced the engine several times. // 彼はその急な下り坂を*セカンド[*ロー]で下った He descended the steep hill *in* ˹*second* [*low*].

ブレーキ　brake [bréik] Ⓒ. ブレーキをかけるのは put on [apply] the *brakes*, press the *brake pedal* で，解除するのは take off the *brakes* または take *one's* foot off the *brakes*.

急ブレーキのように乱暴にブレーキを踏むのは slam on [hit] the *brakes* という．動詞の brake ㊉ ㊀ を用いれば *brake* suddenly ともいえる．ブレーキは4輪についているから通常複数形で用いる．

なおハンドブレーキ (hand brake Ⓒ) は《英》で，《米》では parking brake Ⓒ. サイドブレーキという英語はなく，和製英語である．エンジンブレーキを使う場合は use the engine as a *brake* といえばよい．

¶ 彼は*ブレーキに足を移してペダルを踏んだ He moved his foot to the *brake* and depressed the pedal. // もしもパンクしたら，*ブレーキをかけずにアクセルから足を離し，徐々に停止するようにしなさい If a blowout occurs, do not *brake* but take your foot off the accelerator and let the car come to a gradual stop. // 彼女はエンジンをかける

と*サイドブレーキをはずし，するすると車を交通の流れにのせた She started the motor, took off the *parking brake,* and slid the car out into the traffic. // エンジンを止めて*ハンドブレーキをかけるまでは車を離れてはいけない Never leave your car until you have stopped the engine and set the *hand brake.*

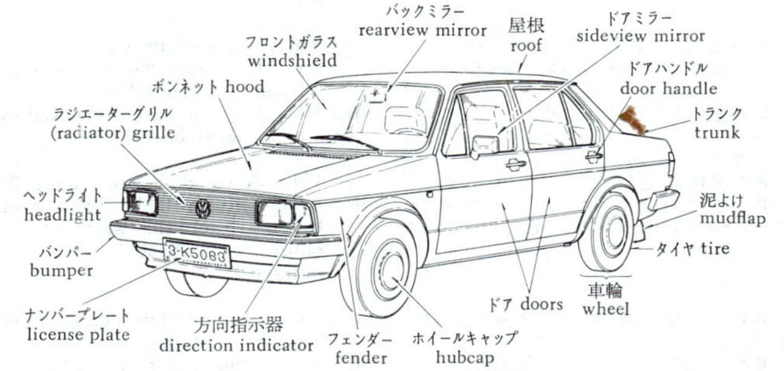

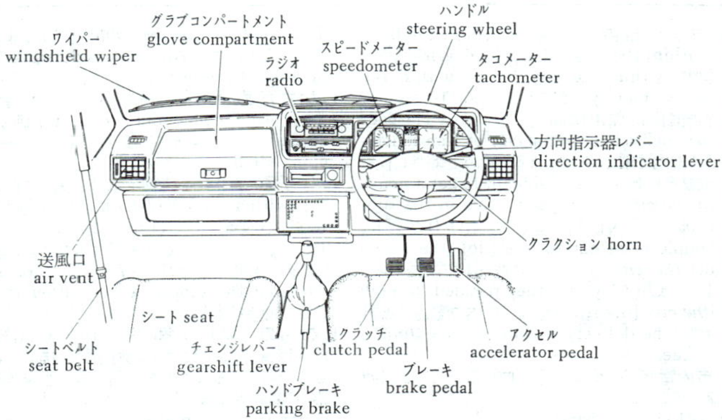

クーペ coupe

セダン sedan

ステーションワゴン station wagon

商用ワゴン delivery van

ハッチバック hatchback

小型トラック pickup

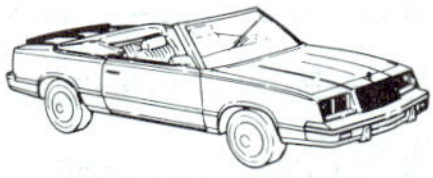
コンバーチブル convertible

大型トラック tractor and trailer

対話例

A：君はリッターあたりどのくらい走りますか	A：How far do you get on one liter of gasoline?
B：平均して約12キロぐらいです	B：I go about 12 kilometers on (the) average.
A：車がどこかおかしいんだ．エンジンの調子がよくなくてちょいちょいエンストするんだ	A：There is something wrong with my car. The engine doesn't run properly, and it often stalls.
B：専門家に見てもらったらどうだ	B：Why don't you have it checked by a professional mechanic?
A：出発前にどんなことをしますか	A：What do you do before you start?
B：そうですね．ボンネットをあけて，オイルのレベルやラジエーターの水，それにバッテリーの液などを調べます	B：Well, I lift up the hood and check the oil level, the water in the radiator and inspect the water level in the battery.
A：子供が車の前に飛び出して来たときにはびっくりしたよ	A：I was surprised when a child darted across in front of my car.
B：いつも気をつけていなければだめだよ	B：You should be alert at all times.

しない¹ 市内 ―副形 (市内に[の]) in [within] the city; (市の行政区画の範囲内に[の]) within the city limits, within the limits of a city. 《☞ し¹; しがい²》.
¶ 彼は山口*市内の高校に通っている He goes to a high school *in the city* of Yamaguchi. // *市内で家を持つことは難しいので郊外に住む人が多い Since it is difficult to get a house *in the city*, many people live in the suburbs. // 2人は*市内見物に出かけた The couple went out to ⌜see [do] (the sights of) *the city*. // メーデーに彼らは*市内をパレードした On May Day they paraded *through* ⌜*the city* [*the streets*]. // *市内の配達は無料です The delivery *within the city* (*limits*) is free.
市内電話 local call Ⓒ 《☞ 電話の英語 (囲み)》.

しない² 竹刀 bamboo sword Ⓒ.

-しないか ☞ -しませんか

しなう 撓う ―動 (曲がる) bend ⓐ《過去・過分 bent》; (先が垂れ下がる) bow [báu] ⓐ. ―形 (曲がりやすい・曲げやすい) pliable, flexible. 《☞ たわむ》.
¶ 竹は雪の重みで*しなった The bamboos ⌜*bent* [*bowed*] under the weight of snow. // この釣りざおはよく*しなう This fishing rod is very ⌜*pliable* [*flexible*]. // その板は彼の重みで*しなった The board *gave* under him.

しなうす 品薄 ―形 (不足している) short, in short supply ★ 前者のほうが口語的. ―動 (不足する) run short (of ...) ⓐ; (なくなる) run out of ... 《☞ ふそく¹》. ¶ この手のものは*品薄だ This particular item is *in short supply*. / The stock of this particular item *is running short*.

しなぎれ 品切れ (売り切れである) be sold out; (在庫がない[なくなる]) be [run] out of stock. 《☞ うりきれる; 買い物 (囲み)》.
¶ その本は*品切れです The book *is sold out*. / This book is *not available*. // ただいまクーラーは*品切れです Air-conditioners *are out of stock* at present.

しなさだめ 品定め ―動 (…について批評する) make comments on ...; (評価する) appraise ⑩ ★ 形式ばった語. ―名 appraisal Ⓤ.

しなびる 萎びる (植物が水分を失って乾きあせる) wither ⓐ; (強い熱などに当たって縮まったり巻いたりする) shrivel ⓐ. 《☞ かれる¹; しぼむ》. ¶ 暑い日差しで作物が*しなびた (⇒ 暑い太陽が作物をしなびさせた) The hot sun *withered* the crops. ★ この wither は ⑩. 《☞ 発想 (欄外)》

しなもの 品物 (1個の物) article Ⓒ; (商品) goods ★ 複数形で用い，数詞は付けない. 《☞ しな; しょうひん¹; 買い物 (囲み)》. ¶ 家から数点の*品物が盗まれた Several *articles* were stolen from the house. // これらの*品物は売り物ではありません These *goods* are not for sale.

しなやか ―形 (手などが柔らかくてきゃしゃな) soft and tender; (折らずに曲げたりねじったりできる) flexible; (とてもしなやかで簡単に曲げたり畳んだりできる) supple. ¶ 少女の*しなやかな手 the girl's *soft and tender* hands // 若い竹は*しなやかだ Young bamboo is quite *flexible*.

じならし 地ならし ―動 (地面をならす) level (ground) ⑩. ―名 ground ⌜leveling [breaking] Ⓤ. 《☞ ならす³》.

じなり 地鳴り ―動 rumble ⓐ. ―名 rumbling of the earth Ⓤ.

シナリオ scenario [sinέ(ə)riòu] Ⓒ 《複 ～s》 《☞ きゃくほん》. **シナリオライター** scriptwriter Ⓒ.

しなん 至難 ―形 most difficult 《☞ むずかしい》.

じなん 次男 the [*one's*] second son Ⓒ, the second son of ... 《☞ 親族関係 (囲み)》.

しにがお 死顔 (死人の顔) the face of a dead person ; (死んだ人の面影を石膏などで残しておくもの·デスマスク) death mask Ⓒ.

しにがみ 死神 the god of death ; Death ★ 擬人化していう場合. (☞ 擬人化 (欄外)).

しにせ 老舗 (古い店) old store Ⓒ ; (昔創業した店[会社]) store [company] established a long time ago Ⓒ.

しにみず 死水 **死水をとる** (死の床で面倒をみる) attend *a person* ˹on [at] ˹his [her] deathbed.

しにめ 死に目 ¶ 親の*死に目に会えない (⇒ 親の死の床に付き添えない) cannot attend *one's* parent's deathbed (☞ りんじゅう)

しにものぐるい 死に物狂い ―副 (命がけで) for dear life, for *one's* life ; (どんな危険を冒しても) desperately. ―形 desperate. (☞ ひっし[1] ; いっしょうけんめい). ¶ 彼は*死に物狂いで逃げた He ran *for* ˹*his* [*dear*] *life*.

しにん 死人 dead person Ⓒ ; the dead ★ 複数として扱われる. (☞ ししゃ[1]). ¶ *死人に口なし *Dead men* tell no tales. (ことわざ : 死人は告げ口をしない)

じにん[1] 自任 think [fancy] *oneself* (to be) 語法 fancy を使えば「かけ離れたことを考えている」というニュアンスがある. (☞ じしょう). ¶ 彼は天才を*自任している He ˹*thinks* [*fancies*] *himself to* be a genius.

じにん[2] 辞任 ―動 (職をやめる) resign [rizáin] ⓐ ⓑ, (口語) quit ⓑ ⓐ ; (去る) leave ⓑ ⓐ. ―名 resignation Ⓤ. (☞ じしょく ; やめる[2]).

しぬ 死ぬ ―動 (最も普通に) die ⓐ ; (外からの原因で死ぬ) be killed ; (婉曲な表現で) pass (away) ⓐ ; (自殺をする) kill *oneself*. ―形 (死んだ) dead.

【類義語】「死ぬ」という最も一般的な語は ***die***. 例えば事故とか戦争などのように, ほかから暴力の加わる急激な死には ***be killed*** を用いる. 死を意味する婉曲的な表現として ***pass away*** または ***pass*** がよく用いられる. その他やや文語的表現として, be gone (＝亡くなる), breathe *one's* last (＝息を引き取る), leave this world (＝他界する) などがある. (☞ し[2] ; しぼう[2])

¶ 彼は若くして*死んだ He *died* young.

彼はがん[ショック]で*死んだ He *died* of ˹cancer [shock]. 語法 通例 die of は病気·飢え·老齢などにより, die from は外傷·不注意に起因する死を示すが, この区別はあまり明確なものではない.

彼は戦争[自動車事故]で*死んだ He *was killed* in ˹the war [a car accident].

父が*死んでから 3 年になる My father has been *dead* for three years. / (⇒ 父は 3 年前に死んだ) My father *died* three years ago.

このことは*死ぬまで忘れないぞ I shall never forget this ˹*to my dying day* [*all my life*]. / I'll remember this *as long as I live*.

彼は*死ぬまで意識がはっきりしていた His mind was clear till the hour of his *death*.

痛くて*死にそうだ The pain *is killing* me.

*死にそうに退屈だった I was bored *to death*.

この病気で*死ぬことはめったにない This disease is seldom *fatal*.

息子は*死んだ父親に生き写しです The son is the very image of his *dead* father.

人は*死ぬものだ Man is *mortal*.

じぬし 地主 (土地の所有者) landowner Ⓒ ; (土地や家を貸す人) landlord Ⓒ.

じねつ 地熱 the heat of the earth Ⓤ.

しのぎ 鎬 **しのぎを削る** (激しい競争をする) have a fierce competition (for ...).

-しのぎ ¶ 一時*しのぎ a makeshift // 暑さ[寒さ]*しのぎに[の] to keep out the ˹heat [cold] // 退屈*しのぎの[に] to kill time

しのぐ 凌ぐ **1** «防ぐ» : (防ぐ) defend ⓑ ; (守る) protect ⓑ ; (避難する) take shelter. ¶ 今年の冬は*しのぎやすい (⇒ 穏やかな冬だ) It's been a *mild* winter this year. // 我々は少量のパンと水で 10 日間飢えを*しのいだ (⇒ 生きた) We lived on a small amount of bread and water for ten days.

2 «まさる» : (ある点においてまさる) surpass ⓑ, excel ⓑ. (☞ まさる ; りょうが). ¶ 彼は知識においては師を*しのいでいる He *surpasses* his teacher in knowledge.

しのばせる 忍ばせる (声を忍ばせる) talk in whispers ; (物を隠す) conceal ⓑ, hide ⓑ ★ 前者は形式ばった語 ; (足音を) walk stealthily. (☞ こそこそ). ¶ 私たちは声を*忍ばせて話した We *talked in whispers*. // 彼はピストルをかばんに*忍ばせていた (⇒ 隠し持っていた) He *carried* a pistol *secretly* in his bag.

しのびあし 忍び足 ―動 (そっと歩く) walk softly ⓐ. ―名 stealthy [soft] steps. (☞ ぬきあし ; こそこそ).

しのびこむ 忍び込む (こっそりと入る) steal into ... ; (こそこそと入り込む) sneak into ... ; (泥棒が) break into ... ¶ 泥棒は地下室から銀行に*忍び込んだ The burglars *broke into* the bank from the basement.

しのびなき 忍び泣き ―動 sob ⓐ. ―名 (忍び泣き(の声)) sob Ⓒ. (☞ なく[1]).

しのびよる 忍び寄る steal up ⓐ. ¶ 見知らぬ人が暗やみで私の方に*忍び寄ってきた A stranger *stole up* toward me in the darkness.

しのぶ[1] 忍ぶ **1** «我慢する» : (耐える) bear ⓑ 語法 can, could とともに, 疑問文·否定文に用いられることが多い ; (不便·不愉快などを) put up with ... (☞ たえしのぶ ; がまん (類義語)). **2** «隠れる» : hide (*oneself*) ⓐ ⓑ. ¶ 2 人は毎晩人目を*忍んで会った The couple *had a secret meeting* every night.

しのぶ[2] 偲ぶ ¶ 私たちは亡き M 氏を*偲んで会を催した We held a meeting *in memory of* the late Mr. M.

しば[1] 芝 (芝生) grass Ⓤ ★ the を付けて使う. 最も一般的な語 ; (庭などのよく手入れされた芝生) lawn Ⓤ ; (芝生の地面からはぎ取って四角に切った泥つきの芝) turf Ⓒ. (☞ しばふ).

芝刈り ―動 (芝を刈る) mow the lawn.

芝刈り機 lawn mower Ⓒ.

しば[2] 柴 (たきぎ) firewood Ⓤ. **柴刈り** ―動 (たきぎを集める) gather firewood.

じば 磁場 〔物理学〕 magnetic field Ⓒ.

しはい[1] 支配 ―[動]（国を治める）rule (他)；（政治的に支配する）govern (他)；（優勢な力で）dominate (他)；（抑圧して）control (他). ―[名] rule [U]；government [U]；（管理）control [U]. ―[形]（支配的な・優勢な）dominant；（多数を占める）predominant.

【類義語】権力で国を治めるのが ***rule***, 権力者が政治を行って支配するのが ***govern*** だが，前者のほうが平易な言葉として，*govern* の代わりによく用いられる．優勢な力で他を支配するのが ***dominate*** で，あまりよい意味には用いられない．[形]の ***dominant*** は勢力・権力で優位を占めている意味だが，よく「抜きんでている」という比喩的な意味に用いられる．((例) 当時の*支配的な考え the *dominant* idea at that time)．数の上で支配的なのは ***predominant*** という．他を抑えつけて支配・管理するのは ***control***.《☞ おさめる[2]（類義語）；とうち[2]》

¶その国は王が*支配している A king ⌈*rules* [*governs*] that country. // 独裁者は完全にその国を*支配していた The dictator had complete *control* over the country. // ローマ帝国は2千年前に世界の相当の部分を*支配した The Roman Empire *dominated* a large part of the world 2,000 years ago. // この意見が若い人たちの間に*支配的である This opinion is *predominant* among young people.

支配階級 the ruling class **支配人** manager [C].

しはい[2] 賜杯 trophy cup [C]《☞ ゆうしょう[1]》.

しばい 芝居 play [C]；drama [C] ★前者が普通．drama は演劇という意味では [U].《☞ げき；えんげき》.

¶今晩*芝居でも見に行かないか How about going to ⌈the *theater* [a *play*] this evening? // 彼は*芝居がうまい（⇒よい俳優だ）He is ⌈a good [an excellent] *actor*. /（⇒人をだますのがうまい）He is good at ⌈cheating [deceiving] people. // その*芝居は当たった The *play* has ⌈been successful [made a big hit]. // その*芝居は受けなかった The *play* was not very popular. / The *play* was a failure. // 彼女は本当に泣いているんじゃないよ．*芝居だよ（⇒演技をしている）She's not really crying. She's only *acting*.

芝居小屋 play-house [C]《☞ げきじょう[1]》.

じはく 自白 ―[動] confess (他). ―[名] confession [U] ★個々の自白の場合は [C].《☞ じきょう；はくじょう[2]》. ¶その男はすっかり罪を*自白した The man ⌈*confessed* [*made a* full *confession* of] his crime. // 拷問による*自白は証拠にならない *Confessions* extracted by torture cannot be accepted as evidence.

しばしば（回数が多く）many times；（習慣的に）often；（頻繁に）frequently.

【類義語】何度も繰り返すことを表す最も一般的な表現が ***many times***. 回数をいうよりは，なかば習慣的にたびたび起こるのが ***often*** で，この言葉も平易な口語．*often* より形式ばっており，しかも頻度がより高いというニュアンスのある語が ***frequently***.《☞ よく[1]；頻度を表す副詞（囲み）；副詞の位置（欄外）》

¶私はその国を*しばしば訪れた I have visited the country *many times*. // 私は昼食に*しばしばサンドイッチを食べる I *often* eat a sandwich for lunch. [語法] often はほかの頻度を表す副詞と同様，位置は文頭・文末も可能であるが，普通は動詞の前に置かれることが多い．《☞ 副詞の位置（欄外）》// 彼は*しばしば同じような間違いをする He makes the same kind of mistakes very *often*. // この問題はこの会議で*しばしば討議されました This problem has *frequently* been discussed at our meetings.

じはだ 地膚（皮膚の）skin [U]；（地面の）ground [U].

しはつ 始発（始発の便）the first run；（始発列車・電車）the first train；（駅）starting station [C].《☞ 乗り物（囲み）》. ¶組合は*始発から午前8時までのストライキをする The ⌈workers' [labor] union will stage a strike from *the first run* ⌈to [until] 8:00 a.m.

じはつてき 自発的 ―[形]（自分の自由な意志による）voluntary. ―[副] voluntarily.《☞ にんい》. ¶彼は*自発的にそのグループに参加した He joined the group *voluntarily*.

しばふ 芝生（芝草）grass [U]；（刈りこんだ芝生）lawn [C].《☞ しば[1]》.

¶*芝生に入らないで下さい Please keep off the *grass*.《☞ 掲示の英語（囲み）》

じばら 自腹 **自腹を切って**（自分の費用で）out of *one's* own pocket, at *one's* own expenses.《☞ じひ[1]》. ¶私たちの夕食は彼が*自腹を切った He *paid* for our dinner *out of his own pocket*.

しはらい 支払い（金銭の支払い）payment [U] ★「支払い額」の意味では [C].《☞ はらう；かんじょう[2]》. ¶車の*支払いは月5万円です My car *payments* are fifty thousand yen a month. // *支払い済み《表示》*Paid*.

支払い期日 the date of payment **支払い条件** terms of payment ★複数形で． **支払い手形** bill payable [C] **支払い伝票** payment slip [C].

しはらう 支払う pay (他)；（借金などを）pay back (他)；（完済する）pay off (他).《☞ はらう》.

しばらく 暫く（少しの間）for a while；（ある期間）for some time；（ほんのちょっとの間）(for) a moment, (for) a minute ★「しばらくたつと」の意味のときは in a minute となる；（やや堅苦しく）one moment；（当分の間）for the time being.

【類義語】何分間とか何時間とかいう時間の長さには特に関係はないが，とにかくあまり長い時間でないことを表すのが ***for a while*** 時間が短いということよりも，ある長さの時間の経過を述べる言葉が ***for some time***. ほんの短い時間で，長くてもせいぜい1分間ぐらいの感じが ***(for) a moment***. ほぼ同意で入れ替え可能なのが ***(for)*** *a minute.* やはりほぼ同意だが，少し堅苦しい感じの言葉が *one moment.* 特に長さに関係はないが，その当座の間という意味の言葉が *for the time being.* 《☞ ちょっと》

¶ 私は*しばらく彼を待った I waited for him *for a while.* // *しばらくすれば彼は戻ります He will be back *in a minute.* // *しばらくお待ち下さい Please wait *a* ⌈*minute* [*moment*]. / *One moment*, please. 語法 会話で使うと少し冷たく響く. 例えば電話の交換手などがよく使う表現. 《☞ 電話の英語 (囲み)》 // 100万円あれば*しばらくやっていけるでしょう We will manage to live *for the* ⌈*present* [*time being*] on one million yen. / One million yen will last me *for some time.* // 私は彼の家に*しばらくやっかいになった I stayed ⌈at his home [with him] *for some time.* // ずいぶん*しばらくでした It's *a long time* since I saw you last. 《☞ あいさつ (囲み)》

しばる 縛る (くくりつける) tie ㊎; (縛って1つにする) bind ㊎ 《過去・過分 bound》.

【類義語】 綱・ひもなどで動かないものに結びつけるのが *tie.* 2つ以上のものをひもなどで結びつけ，1つになるようにするのが *bind.* なお *tie, bind* は比喩的に，時間や自由などを束縛する意味にもなる. その場合，強いものに押さえられ自由がきかなくなるのが *tie* で，義務や友情などに束縛されるのが *bind.* 《☞ こうそく[1]; そくばく》

¶ その男は手足をロープで*縛られていた The man had his hands and feet *tied* with (a) rope. 語法 この文では tied の代わりに bound を使うこともできる. / He *was bound* hand and foot. 語法 hand and foot は成句として用いられ，冠詞・複数形などの考慮はしない. // 2人3脚では2人の人が足を*縛る In a three-legged race two people *tie* their legs together. // 彼女はいつでも髪をリボンで*縛っている She always *binds* her hair with ribbon. // 私は時間に*縛られない職業につきたい I'd like to take a job *free from* office hours restrictions.

しはん 市販 —動 (市場に出す) put … on the market; (売られている) be on sale.

¶ 次々に新しい製品が*市販される New articles *appear on the market* one after another. // その薬は*市販されていますか *Is* the medicine *on sale*?

じばん 地盤 (土地) ground Ⓤ; (足がかり) footing Ⓒ; (選挙区) constituency Ⓒ; (土台) foundations ★ 複数形で.

¶ その家は堅い*地盤の上に建っている The house ⌈is [stands] on the firm *ground.* // この辺は地震で*地盤が沈下した The *ground* around here sank because of an earthquake. // 彼の選挙*地盤 (⇒ 選挙区) は工業地区だ His *constituency* is an industrial area.

しはんき 四半期 —名 quarter Ⓒ. —形 (四半期ごとの) quarterly.

しひ 私費 ☞ じひ[1].

じひ[1] 自費 *one's* own expense 《☞ じばら; じべん》. ¶ 彼は昆虫に関する本を*自費で出版した He published a book on insects at *his own expense.*

じひ[2] 慈悲 —名 (情け) mercy Ⓤ; (あわれみ) pity Ⓤ. —形 (慈悲深い) merciful; (心の優しい) kindhearted. 《☞ なさけ》.

じびいんこうか 耳鼻咽喉科 (医師) nose, ear, and throat specialist Ⓒ; (専門分野名) otolaryngology [óutəlæ̀rəŋgɑ́lədʒi(:)] Ⓤ. 《☞ 病気・病院 (囲み)》.

じびか 耳鼻科 ☞ じびいんこうか

じびき 字引 dictionary Ⓒ 《☞ じしょ[2]》.

¶ 生き*字引き a walking *dictionary*

じびきあみ 地曳網 dragnet Ⓒ 《☞ あみ》.

じひつ 自筆 —名 autograph Ⓒ ★ 自筆の原稿やサインなどをいう. —形 (自分の手で書いた) in *one's* own hand. 《☞ じきひつ》.

¶ 彼女の*自筆の日記が競売で売られた The diary written *in her own hand* was sold at auction.

じひびき 地響き (どしんという音) thud Ⓒ.

¶ その木は*地響きを立てて倒れた The tree fell with a *thud.*

しひょう 指標 index Ⓒ 《複 ~es, indices [índəsì:z]》.

じひょう 辞表 resignation Ⓒ 《☞ じしょく; やめる[2]》. ¶ 市長は市議会に*辞表を提出した The mayor ⌈sent [handed] in his *resignation* to the city assembly. // 彼の*辞表は受理された His *resignation* was accepted.

じびょう 持病 (以前から悩まされ続けている病気) old complaint Ⓒ; (慢性病) chronic disease Ⓒ. 《☞ 病気・病院 (囲み)》. ¶ 祖母は*持病のリューマチで苦しんでいる My grandmother is suffering from her *old complaint* of rheumatism.

しびれ 痺れ (感覚がないこと) numbness Ⓤ; (麻痺) paralysis Ⓤ; (座っていたりしたときの足のしびれ) sleep Ⓤ. 《☞ まひ; むかんかく》.

しびれを切らす (忍耐を失う) lose *one's* patience, grow impatient. ¶ 彼女はしばらく待っていたが，*しびれを切らして出ていった She waited for some time, but *became impatient* and left the room. // 彼は*しびれを切らして (⇒ 待ちくたびれて[我慢できなくて])，とうとう私の家までやって来た At last, ⌈*getting tired of* [*losing his patience in*] waiting, he came to my house.

しびれる 痺れる (感覚が鈍くなって) be numbed; (筋肉などの故障で) be paralyzed; (長く座っていたりして感覚がなくなる) be asleep. 《☞ まひ; むかんかく》.

¶ 寒さで指が*しびれた (⇒ 寒さが私の指をしびれさせた) The cold *numbed* my fingers. // 私は交通事故で右足が*しびれてしまった My right leg became *paralyzed* due to a traffic accident. // 畳に長く座っていたので足が*しびれた I have been sitting on *tatami* for a long time, and my legs *are asleep.* / My legs are *numb* from sitting on *tatami* too long.

しびん 溲瓶, 尿瓶 chamber pot Ⓒ.

しぶ 支部 (本部・本店に対する) branch (office) Ⓒ ★ 最も一般的な語; (クラブや同窓会などの支部) chapter Ⓒ. 《☞ してん[1]》. **支部長** head [manager] of a branch office Ⓒ.

じふ 自負 ―名 (自信) self-confidence Ⓤ; (うぬぼれ) self-conceit Ⓤ. ―動 be confident; (自己を高く評価する) think highly of *oneself*. 《☞ じしん[1]; うぬぼれ》.

しぶい 渋い 1 《味が》: (きつくて突き刺すような) sharp and stinging; (筋肉をきゅっと収縮させるような) astringent ★ やや形式ばった語. 《☞ 味 (囲み)》.

2 《地味な》: (色彩などが) sober; (おとなしい感じの) quiet; (黒っぽい) dark 参考 日本語で言う「渋味のある」という感じにぴったりした英語は1語では存在しないので, 説明的に言わなくてはならない場合が多い. 《☞ じみ; 色 (囲み)》. ¶ *渋い色 *quiet* [*dark*] colors // 古い日本家屋には*渋い美しさがある (⇒ 簡素で芸術的な) Old Japanese houses have a *simple and artistic* beauty.

3 《けちな》: (しまりやの) tight-fisted 《☞ けち》. ¶ 彼は金持ちなのに金には*渋い He is rich but he is *tight-fisted*.

4 《気難しい》: (顔などが) sullen 《☞ ふきげん》. ¶ 父はその手紙を読んで*渋い顔をした My father became *sullen* after reading the letter.

しぶおんぷ 四分音符 〘音楽〙《米》 quarter note Ⓒ, crotchet Ⓒ. 《☞ 音楽 (囲み)》.

しぶがっしょう 四部合唱 (vocal) quartet(te) Ⓒ 《☞ 音楽 (囲み)》.

しぶがっそう 四部合奏 quartet(te) Ⓒ 《☞ 音楽 (囲み)》.

しぶき ―名 (霧のように細かい水煙) spray Ⓤ; (はね散る水) splash Ⓒ. ―動 (しぶきを上げる) splash ⓐ. ¶ 彼は大きな水*しぶきを上げてプールに飛び込んだ He plunged into the pool making a great *splash*. // 車は浅い流れを水*しぶきを上げて横切った The car *splashed* across the shallow stream.

しふく[1] 私服 (制服に対して) plain clothes; (軍服に対して) civilian clothes. **私服警官** plainclothesman Ⓒ.

しふく[2] 私腹 **私腹を肥やす** line *one's* pockets. ¶ 彼は公共事業で*私腹を肥やそうとした He tried to *line his pockets* from a public enterprise.

ジプシー ―名 Gypsy Ⓒ, Gipsy Ⓒ ★ 普通大文字で始める.

しぶしぶ (意志に反して) unwillingly; (何かを行ったり決定したりするのに気が進まない風で) reluctantly. 《☞ ふしょうぶしょう; しかたなく》. ¶ 彼女は*しぶしぶそれをやった She did it *unwillingly*. // 彼は*しぶしぶ自分の非を認めた He admitted *reluctantly* that he was in the wrong. / It was *with reluctance* that he admitted his faults. // その婦人はその申し出に*しぶしぶ応じた The lady accepted the offer ⌈*unwillingly* [*reluctantly*].

しぶつ 私物 (自分のもの) *one's* (own) thing Ⓒ ★ 最も平易な言い方; (私有財産) personal property Ⓤ; (個人の動産) personal effects. 《☞ もちもの》.

じぶつ 事物 (物・事) things; (出来事) affairs. 《☞ ふうぶつ; ものごと》.

ジフテリア 〘医学〙 diphtheria [difθí(ə)riə] Ⓤ. **ジフテリア血清** antidiphtheria serum Ⓤ.

しぶとい (態度が頑固な) obstinate; (性格的に強情で言うことをきかない) stubborn; (断固として屈服しない) unyielding. 《☞ がんこ; しつこい; ねばりづよい》. ¶ *しぶとい子供だ What a *stubborn* child! // *しぶとい精神 *unyielding* spirit // 敵も*しぶとかった (⇒ なかなか降参しなかった) My opponent would not *give in* easily.

しぶみ 渋味 (味が渋い) astringency Ⓤ; (態度や様子などが簡素で地味) severity Ⓤ; (上品で趣がある) refinement Ⓤ. 《☞ しぶい》.

しぶる 渋る (何かをするのに気が進まない) be unwilling (to *do*); (気持ちが定まらないのでいやがる) be reluctant (to *do*); (決断がつかず躊躇(ちゅうちょ)する) hesitate ⓐ. 《☞ いやがる; ためらう; なんしょく》.

¶ 彼はその会に出席することを*渋った He *was* ⌈*unwilling* [*reluctant*] to attend the meeting. // 彼は返事を*渋った He ⌈*was reluctant* [*hesitated*] to answer the question.

しぶろく 四分六 (4対6) the ratio of six to four; (成功率など) sixty percent Ⓤ.

¶ *四分六でAの勝ちだろう The chances are ⌈slightly for A [for A by 60 *percent*].

じぶん[1] 自分 ―代 *oneself* 《☞ 再帰代名詞 (欄外)》. ―名 self Ⓒ. ―形 (自分自身の・自分の所有の) *one's* (own).

¶ *自分のことは*自分でしなさい Do *your* work (*by*) *yourself*. 《☞ 強調の表現 (囲み)》

母親は息子のために*自分を犠牲にした That mother sacrificed *herself* for her son.

彼は*自分だけでは (⇒ 独力では) 何もできない He cannot do anything *for himself*.

あなたは*自分というものがわかっていない You are ignorant of *yourself*.

彼女はその秘密を*自分の胸に秘めておいた She kept the secret to *herself*.

これは*自分の家です This is *my* (*own*) house.

彼女は*自分から進んでそこに行った She went there of *her own* will.

*自分としてはその意見に賛成です *As for me*, I am for the idea.

人に親切にされたければ*自分から人に親切にしなさい (⇒ 人に親切にしなさい, そうすれば人もあなたに親切にするでしょう) Be kind to others and they will be kind to yóu.

彼は*自分勝手な男だ He is a *selfish* man.

じぶん[2] 時分 (時) time Ⓤ; (時刻) hour Ⓒ; (季節) season Ⓒ. 《☞ いまごろ; そのころ》.

しぶんおんぷ 四分音符 ☞ しぶおんぷ

しぶんしょ 私文書 private document Ⓒ.

しへい 紙幣 (硬貨に対して) paper ⌈money [currency] Ⓤ; (1枚の札) 《米》 bill Ⓒ, 《英》 (bank) note Ⓒ; (ドル紙幣) greenback Ⓒ. 《☞ さつ; 金銭 (囲み)》. ¶ この小切手を10ドル*紙幣に替えて下さい Please cash this check in ten-dollar *bills*.

じへいしょう 自閉症 〘心理〙 autism Ⓤ.

¶ *自閉症の子供 an *autistic* child

しべつ 死別 ―動 (失う) lose ⓗ, be bereaved (of ...) ★ 後者は堅苦しく, 古めかしい言い方. 《☞ うしなう; さきだつ》. ¶ 彼女は

30歳のときに夫と*死別した She *lost* her husband when she was thirty.

シベリア ― [名] [固] Siberia [saibí(ə)riə]. ― [形] Siberian.

じへん 事変 (小規模な戦争・暴動など) incident [C]. ¶満州*事変 the Manchurian *Incident*

じべん 自弁 *one's* own expense(s) (☞ じひ[1]; じばら). ¶マラソン大会の参加費用は*自弁だ You have to *pay your own expenses* if you wish to take part in the grand marathon.

しへんけい 四辺形 quadrilateral [C] (☞ しかく[2] (挿絵)). ¶平行*四辺形 a *parallelogram*

しほう[1] 四方 ― [副] (そこら中に) all around ★あたり一面を表す最も普通の言い方; (四方八方に) on every side, on all sides [語法] all around より多少強調的で, 主として場所を示す; (四方で・四方へ) in every direction, in all directions ★方向を示すことが多く, 入れ替え可能; (四方八方から) from every direction, from all directions.

¶私は*四方を見回した I looked *all around*. // 私は*四方を高い山に囲まれた村で生まれた I was born in a village surrounded by high mountains *on* ⌈*every side* [*all sides*]. // *四方で火の手が上がった Fire(s) broke out *in all directions*. // その爆弾は5キロ*四方にある (⇒半径5キロ以内の) ものすべてを破壊する The bomb destroys everything within a *radius of* five kilometers.

しほう[2] 司法 ― [名] (裁判・法務の運用) the administration of justice [U]; (司法権・裁判権) jurisdiction [U], judicature [U] [語法] 後者はどちらかというと「司法権の運用」という意味が強い. ― [形] (司法の) judicial.

¶近代国家では行政・立法・*司法の三権は独立している In modern nations the three powers of administration, legislation and *jurisdiction* are independent of each other.

司法試験 judicial [bar] examination [C] **司法省** the Ministry of Justice ★日本の「法務省」は普通英訳としてこれを用いる; (米) the Department of Justice **司法書士** judicial scrivener [C] **司法大臣** the Minister of Justice, the Justice Minister; (米) (司法長官) the Attorney General.

しぼう[1] 志望 ― [動] (欲する) want (to *do*); (計画する) plan (to *do*); (職やある資格などを得ようと申し込む) apply for …; (将来のことであまり可能性のないようなことを希望する) wish (to *do*). ― [名] (計画) plan [C]; (将来の計画) future plan [C]; (申し込み) application [C]; (希望) wish [C]. (☞ きぼう; こころざす; 意志・願望の表現 (囲み)).

¶彼は画家*志望だ He ⌈*wishes* [*plans*] *to* be a painter. // 私はT大学を*志望した (⇒願書を出した) I *applied for* T University. / (⇒入学したいと思った) I *wanted to* go to T University. // 第1*志望はどこを受けましたか What school did you apply for as your first *choice*?

しぼう[2] 死亡 ― [名] death [U]. ― [動] die [自]; (婉曲に) pass away [自]. (☞ しぬ; し[2]).

死亡数 the number of deaths **死亡通知** obituary notice [C] **死亡届** notice of death [C] **死亡欄[記事]** obituary ⌈column [notice] [C] **死亡率** death rate [C].

しぼう[3] 脂肪 (動物の脂肉の部分) fat [U]; (液状の脂肪(分)) grease [U] [語法] grease はほかの種類の油にも用いる. 食用には用いない; (豚から造る食用の精製した脂肪・ラード) lard [U]; (植物性脂肪) vegetable fat [U]. (☞ あぶら).

しぼう[4] 子房 〔植物〕 ovary [C] (☞ 花 (囲み)).

じほう 時報 the time signal [C]. ¶私は8時の*時報に時計を合わせた I set my watch by *the* 8 o'clock *time signal*.

じぼうじき 自暴自棄 ― [形] desperate. ― [名] (自暴自棄になること) desperation [U]; (状態) despair [U]. (☞ やけ; すてばち).

¶恋人が死んで彼女は*自暴自棄になった She grew *desperate* as her lover died.

しぼむ 萎む (植物などが, また比喩的に) wither [自]; (植物の葉・身体の皮膚など薄いものが) shrivel [自]; (縮んで小さくなる) shrink [自]; (中の空気などが抜けて小さくなる) deflate [自]. (☞ しなびる; しおれる; かれる[1]).

¶花が*しぼんだ The flower *withered* (*away*). // 葉は暑い太陽を受けて*しぼんでしまった The leaves *have shriveled* in the hot sun.

しぼり 絞り **1** «カメラの»: (機械) iris diaphragm [C]; (その開きの程度) aperture [U]. ¶*絞りを小さくすると露出を長くする必要がある A small *aperture* will require a longer exposure. **2** «絞り模様» ― [名] dapple [U]; variegation [U] [語法] 前者は地とは異なった色の斑点のある模様. 後者は多色の絞り模様. ― [形] dappled; variegated.

しぼる 絞る, 搾る **1** «果汁・布の水気などを»: (強く押したり握ったりする) squeeze [他]; (押しつぶす) press [他]; (ねじったり, 絞り機にかけたりして水を出す) wring [他] (過去・過分 wrung). ¶レモンを*絞る *squeeze* a lemon // 母はレモンのジュースを*絞った <S(人)+V(*squeeze*)+O(液体)+*from*+名> Mother *squeezed* the juice *from* a lemon. // その少女はぬれた水着を*絞った (⇒水着から水を絞り出した) <S(人)+V(*wring*)+O(水)+*from*+名> The girl *wrung* the water *from* her bathing suit. // 私は毎朝牛の乳を*搾る I *milk* the cows every morning.

2 «搾取する»: (金銭を搾り取る) squeeze [他]; (資本家・権力者などが搾取する) exploit [他]. (☞ さくしゅ). ¶地主は小作人から金を*搾り取った <S(人)+V(*squeeze*)+O(金)+*from*+名(人)> The landowner *squeezed* money *from* the tenant farmers.

3 «的を絞る»: (正確に目標を定める) pinpoint [他]; (捜査の範囲などを狭める) narrow down [他]; (レンズを絞る) stop down (the lens).

4 «知恵・頭を»: rack *one's* brains. ¶私は知恵を*絞ってその答えを出した I *racked my brains* for the answer.

しほん 資本 (会社などの) capital Ⓤ; (財産) asset Ⓒ. 《☞ もとで; しきん》.
¶ *資本金100億円の大企業 a ⌈big business [mammoth enterprise] with the (authorized) *capital* of ¥10 billion // その会社は*資本金1億円だ The company *is capitalized at* ¥100 million. // 彼らは外国*資本の誘致に懸命だ (⇒ 外国からの投資) They are working hard to attract foreign *investment(s)*. // 私は体が*資本だ (⇒ 健康が私の唯一の財産だ) Good health is my only *asset*.
資本家 capitalist Ⓒ **資本主義** capitalism Ⓤ **資本主義経済** capitalist economy Ⓤ **資本主義国(家)** capitalist country Ⓒ.

しま¹ 島 (一般的に) island [áilənd] Ⓒ; (小さな島) islet [áilit] Ⓒ.
¶ 彼はその*島に10年前から住んでいる He has been living *on the island* for the past ten years. // その*島には病院がありますか Is there a hospital ⌈*on* [*in*] *the island*? // 八丈*島の人口はどのくらいですか What is the population of Hachijo *Island*? 《☞ 冠詞 (欄外)》
【参考語】 ―形 (島の・島についての) insular. ―名 (島の人) islander Ⓒ.

しま² 縞 stripe Ⓒ; (格子縞) checker Ⓒ.
¶ *縞のあるシャツ a *striped* shirt // 彼女は赤い*縞のある黒いドレスを着ていた She wore a black dress with red *stripes*.

しまい¹ 仕舞い (終わり) end Ⓒ; (開いているものを閉じること・店などを閉めること) close [klóuz] Ⓒ. 《☞ さいご¹; おわり》. ¶ この本は*しまいまで読んだ (⇒ 表紙から表紙まで) I have read the book *from cover to cover*. // これで僕の話はお*しまいです This is the *end* of my story.

しまい² 姉妹 ―名 sister Ⓒ. ―形 (姉妹の・姉妹のような) sisterly. 《☞ 親族関係 (囲み); きょうだい¹; あね; いもうと》.
¶ 東京はニューヨークの*姉妹都市である Tokyo is a *sister* city to New York. / Tokyo and New York are *sister* cities. // *姉妹のような愛情 *sisterly* love

しまう 仕舞う **1** 《動作の完了を表す場合》
¶ あなたは宿題をやって*しまいましたか *Have* you ⌈*finished* [*done*] your homework? 《☞ 完了形 (欄外)》 // 彼はもう行って*しまった He *has* already *gone*. // その本はすっかり読んで*しまった I *have read* the book through. / I *have read* the book from cover to cover.
[語法] 日本語で「…してしまう」あるいは「…してしまった」とある場合に, それらがすべて英語で完了形になるとは限らないことに注意. 例えば「私は彼女を怒らせて*しまった」は I *made* her angry. でよく, 「彼は死んで*しまった」は He died *after all*. のように別の語句を添えて意味を表すことができる. このように日本語の「…してしまう」は結末を述べるときにも使われるので, 英語では単に過去形で表されることもかなりある.
2 《終える》: (店などを閉める) close ⊛; (止める) stop ⊛. 《☞ しめる³; おえる》. ¶ 労働者たちはいつもより仕事を早く*しまった The workers *stopped* working earlier than usual. // 彼らは午後8時に店を*しまう They *close* the store at eight o'clock in the evening.
3 《片付ける》: (元の所へ置く) put … back; (よそへ持っていく) put away ⊛; (しまっておく) keep ⊛. 《☞ かたづける》.
¶ そんな物騒な物は*しまっておきなさい *Put away* that dangerous thing. // 物は使ったら元の場所に*しまっておきなさい *Put* things *back* when you have done with them. // また使うかも知れないから, それはどこかに*しまっておいて下さい Please *keep* it somewhere as we may (possibly) use it again.

しまうま 縞馬 zebra Ⓒ.

じまく 字幕 (せりふの) subtitles ★ 複数形で. 《☞ 映画 (囲み)》. ¶ *字幕が画面に出た *Subtitles* were superimposed on the screen.

しまぐに 島国 island [insular] country Ⓒ.
島国根性 insularity Ⓤ.

-しませんか, -しないか (相手に対する勧誘) How about …? ★ 動詞が続くときは -ing 形; (…しよう) Let's … ★ 動詞の原形が続く; (多少くだけた勧誘) Won't you …?; (かなり自信を持って強い調子で相手に勧める言い方) Why don't you …?, Why not …? ★ くだけた表現で目上の人には用いない.
【類義語】 相手に飲食物などを勧めたり, あるいはある動作をすることを勧誘したりするときに, かなり広く一般的に用いるのが ***How about …?*** 提案の形なので, 広い範囲で用いることができ, 目上にも, 同等の人にも用いられる. 自分も含めて一緒に何かをしようと提案するのが ***Let's …*** この表現はかなりざっくばらんな響きがあり, 自分と同じ仲間という意識が持てる間柄においてだけ用いる. 付加疑問の shall we? を付けて語調を和らげることができる. やはりくだけた調子での勧誘であるが, 相手の意志を尋ねる形で, 多少ぞんざいな感じでの誘いかけを表すのが ***Won't you …?*** これは場合によっては Will you …? に似た要請に近いニュアンスを含む. 対等の人または親しい人に対して, 反語的に「…したらいいではないですか」「…しなさいよ」という誘いかけが ***Why don't you …?*** で, ***Why not …?*** もほぼ同意だが, 後者のほうが多少詰問調できつい響きがある. 《☞ 提案・勧告の表現 (囲み)》
¶ 「お茶に*しませんか」「そうしましょう」 "*How about* (having) a cup of tea?" "Fine. / OK. / All right." [語法] この誘いは, 前後関係によっては相手にお茶を勧める言葉にもなる. その際の答えは, 肯定なら "Yes, please." 否定なら "No, thank you." である.
「散歩*しませんか」「いいですね」 "*How about* ⌈taking [going for] a walk?" "That's fine."
「野球を*しないか」「いいとも」 "*Let's* play baseball!" "OK. / All right." [語法] このほかに, Yes, let's (do that). のような答え方も多く行われる.
「一緒にゲームを*しませんか」「よし, やろう」 "*Won't you* join us in the game?" "OK. / I will." / "*Why don't you* join us in the game?" "OK. / All right."
「もう少しゆっくり*しませんか」「ではそうしましょ

う」"Why 「*don't you* [*not*] stay a little longer?" "OK. / All right." 語法 訳語欄にあがっている表現は，文脈と切り離した「…しませんか」という日本語の訳として考える限り，交換可能なことが多い．しかし，各表現ごとに微妙に違うニュアンスに注意する必要がある．

しまつ 始末 ━動 (片づける) tidy up 他；(整理する) put … in order；(廃物・ごみなどを処分する) dispose of …《☞ かたづける；しょぶん；あとしまつ》.

¶ おもちゃを*始末してから寝なさい (⇒ 床に就く前におもちゃを片づけなさい) *Tidy up* your toys before you go to bed. // この子供は甘やかされて*始末に負えない This child is spoiled beyond all *control*. // こんなものをもらっても*始末に困ります (⇒ どうしてよいか) I don't know *what to do with* such a present.

始末書 (わび状) written apology Ⓒ.

しまった Gosh；(Oh) God；Dear me；Oh dear 語法 いずれも大文字で始めて文頭に置くことが多い．また最後には感嘆符を付けるのが普通．

【類義語】いずれも何かに失敗したときのほか，驚き・困惑などを表す感嘆詞になる．最も普通なのは *Gosh*, *(Oh) God* の 2 つで，*Gosh* のほうが *God* より穏やかな言葉．元来キリスト教では神の名をみだりに口にしてはいけないという教えがあり，*Gosh* は *God* を婉曲的に表す言葉として使われてきた．また男女によって使われ方の分かれているものもあり，特に女性的な感じのものは *Dear me*, *Oh dear* など．《☞ 感嘆詞 (欄外)》

¶ *しまった．寝過ごした *Gosh* [*God*], I have overslept (myself)!

しまながし 島流し ━動 (島へ追放する) exile … to an island. ━名 exile Ⓤ.

しまり 締まり ¶ 彼は顔に*締まりがある[ない] (⇒ 知的に見える[知的でない]) He looks 「*intelligent* [*stupid*]. // 彼は*締まりのない格好をする He dresses himself 「*loosely* [*laxly*; *slovenly*].

【参考語】━名 (緊密) tightness Ⓤ (↔ looseness)；(堅固) firmness Ⓤ. ━形 (人の顔などが知的な) intelligent；(断固たる) determined, firm；(態度がきりっとしている) sharp；(人の顔などが間が抜けている) stupid；(格好などがだらしない) loose, sloven.

しまりや 締まり屋 (倹約家) thrifty person Ⓒ；(けちな人) stingy person Ⓒ.《☞ けち》.

しまる 閉まる，締まる (閉じる) close [klóuz] 自, shut 自《過去・過分 shut》 語法 close は閉じた状態，shut は閉じる動作のほうにそれぞれ意味の中心が置かれている．いずれも 他 としても用いられる；(戸がばたんと閉まる) slam 自；(戸締まりされる) be fastened；(錠がかけられる) be locked.《☞ しめる³》.

¶ 門がひとりでに*閉まった The gate 「*closed* [*shut*] 「by [cf] itself. // 風でドアがバタンと*閉まった The door 「*slammed* [*closed with a slam*] with a wind. / The wind *slammed* the door. // その家の戸はみんなぴたりと*閉まっていた All the doors of the house *were fastened* securely. // その店は午後 10 時に*閉まる That store *closes* at 10 p.m.

じまん 自慢 ━動 (…を誇りに思う) be proud of …；(…を自慢そうにする) boast (about …；of …) 自 ★ 他 の用法もある；be boastful of …；speak 「boastingly [boastfully] of …；(大げさに自慢する) brag about …. ━名 (誇り) pride Ⓤ ★ 誇りに思う物・事の場合は Ⓒ；(自己称賛) self-praise Ⓤ；(自慢の種) boast Ⓒ；(大げさな自慢話) brag Ⓒ. ━形 (気位いが高くて自慢をする) proud；(自慢たらたらの) boastful.

【類義語】気持ちの上で誇りに思っているが，それをあからさまに言いふらすかどうかは問題にしないのが ***be proud of …*** 口に出して自慢するのが ***boast*** (***about …***; ***of …***). ほぼ同意で ***be boastful of …*** も使われる．自慢げに話すことを強調するのが ***speak*** 「***boastingly*** [***boastfully***] ***of …*** 特にほらをまじえて大げさな自慢をし，ときにこっけい味のある自慢の仕方を意味するのが ***brag about …*** である．

¶ 彼女は息子を*自慢にしている She *is proud of* her son. // 彼はクラスで走るのが一番速いと*自慢している He *boasts* that he is the fastest runner in his class. // あいつは*自慢がすぎる He *boasts* too much. // 彼は自分より大きな魚を釣ったと*自慢した He *bragged* that he caught a fish bigger than himself. // 生活水準の高さが市の*自慢(の種)です The high standard of living is one of the *boasts* of our city. / Our city *boasts* (*of*) its high standard of living. // 彼の*自慢(話)にはうんざりだ I am sick of his *bragging*. // *自慢じゃないが，私はこのクラブではゴルフが一番だ (⇒ うぬぼれて…と思う) I *flatter myself that* I'm the best golfer in this club.

しみ 染み (汚点) stain Ⓒ；(小さな汚れ) spot Ⓒ；(にじみ出た) blot Ⓒ；(落ちにくい) smear Ⓒ；(ぼんやりとした) smudge Ⓒ；(小さい染み) speck Ⓒ；(顔などの) blotch Ⓒ.

【類義語】一般的に異物によって変色したものを指すのが ***stain*** および ***spot*** であるが，*spot* はまたけがや病気による変色部も指す．インクのにじみなどによる染みや汚れを指すのが ***blot***. 特に油や粘性の物による染みが ***smear*** で，こすったりしてにじんだりぼやけたりしたのが ***smudge***. 小さい染みが ***speck*** で，顔などの染みが ***blotch*** である．

¶ 彼女のスカートにペンキの*染みが付いた (⇒ ペンキが彼女のスカートの上に染みを作った) Some paint made a 「*stain* [*spot*] on her skirt. / Some paint 「*stained* [*spotted*] her skirt. // 果物の汁は*染みになる Fruit juice usually leaves a 「*stain* [*spot*]. // インクの*染みはなかなか落ちない Ink 「*stains* [*spots*] don't come out easily. // 彼のシャツは真っ白で，*染みひとつなく清潔だ His shirt is all white, *spotless* and clean.

じみ 地味 ━形 (服装などがおとなしい) plain；(素朴で) simple；(おとなしい) quiet (↔ loud)；(黒っぽい) dark；(人が) modest. ━名 plainness Ⓤ；simplicity Ⓤ；quietness Ⓤ；modesty Ⓤ.

【類義語】服装などについて，飾り気がなく，目を引くものがないのが ***plain*** で，さらにそれに単純さ，素朴さの加わったのが ***simple***. 色や飾りがあっても極端でなく，あまり目を引くことのないのが *quiet*. 黒っぽい感じが *dark*. 人について，性質・態度が控えめなのが *modest*.

¶ このドレスは*地味すぎる This dress is too ⌈*plain* [*simple*]. // 私は少し*地味な柄がいい I prefer rather *quiet* designs. // 彼女の*地味なドレスは宝石のきらびやかさを引き立たせた Her *quiet* dress emphasized the gorgeousness of her jewels. // その色はあなたのような若い人には*地味だ That color is too *dark* for a young lady like you. // 彼女は*地味な人です She is a *modest* person.

し

シミーズ chemise [ʃəmíːz] Ⓒ《☞ 衣服 (囲み)》.

しみこむ 染み込む (水などが) soak into ... ; (中へ深く入る) sink into ... ; (心に印象づけられる) be impressed (on *one's* mind) ; (心にしみる) come home to *one's* heart.《☞ しみる》. ¶ 一晩で雪が溶けて地面に*染み込んだ The snow melted and ⌈*soaked into* [*sank into*] the ground overnight.

しみじみ (深く) deeply ; (静かに) quietly [語法] 日本語の「しみじみ」をそのまま英語の1語に置き換えられないことが多い. そのような場合には文のほかの部分にその意味を表すのに近い言葉を使う.《☞ 擬声・擬態語 (囲み)》.

¶ いろいろな思いが*しみじみと私の胸に迫った (⇒ いろいろの懐かしい思い出が心に浮かんだ) Various sweet memories passed across my mind. // 彼の親切を*しみじみと感じた (⇒ 彼の親切が私の胸を打った) His kindness *touched* my heart. // 親のありがたさが*しみじみとわかる (⇒ 親のおかげをこうむっていることが十分にわかる) It's come *home* to me how much I owe my parents.

しみず 清水 (澄んだ水) clean water Ⓤ.

じみち 地道 ━[形] (着実な) steady. ━[副] steadily.《☞ ちゃくじつ ; けんじつ》. ¶ 彼は*地道に勉強する He studies *steadily*.

しみったれ ━[形] (けちな) stingy. ━[名] stinginess Ⓤ.《☞ けち》.

しみでる 染み出る ooze (out) ⓐ.

しみとおる 染み透る (水分などが) soak ⌈through [into] ...《☞ しみこむ ; しんとう[1]》.

¶ 雨が私の服に*染みとおった Rain *soaked through* my clothes. / My coat was *wet through*.

しみぬき 染み抜き ━[動] remove stains. ━[名] (染みを抜く薬品) spotter Ⓤ.《☞ しみ》.

しみる 染みる **1**《ひりひりする》: (局部的な痛みを与える・うずくように痛む) smart ⓣ ⓐ ; (刺されたように痛む) sting ⓐ ; (刺激的にひりひりさせる) irritate ⓣ.《☞ ひりひり》. ¶ この塗り薬は*しみません This liniment will not *smart*. // このローションは肌に*しみる This lotion *irritates* my skin.

2《身にこたえる》: (親切心などが) touch ⓣ. ¶ 彼女の優しい心が身に*しみた Her kindness *touched* me. // 彼の忠告は私の心に*しみる His advice *is deeply impressed on* my mind.

3《染み込む》: soak into ...《☞ しみこむ ; しみとおる ; にじむ》.

-じみる 染みる ¶ 彼は年寄り*じみたことを言う (⇒ 年寄りのような話し方をする) He talks *like* an old man. // 彼の行動には気違い*じみたところがある There is something *abnormal* about ⌈him [his behavior]. / There's *a touch of* abnormality in his behavior.《☞ -ぽい ; -がかる》

【参考語】(…の気味がある) have a smack of ... ; (かすかに…のところがある) have a touch of ...

しみん 市民 (市民・国民としての権利をもつ) citizen Ⓒ [語法] 行政区画上の「市の住人」という意味と「国民」という意味の両方に用いられる.

¶ 私は一*市民として政治に参加したい I would like to take part in politics as a *citizen*. // *市民の過半数が現市長に投票した The majority of the *citizens* voted for the present mayor. // 彼はアメリカ*市民だ He's a *citizen* of the United States.

市民権 (市民・国民としての身分) citizenship Ⓤ.

じみんとう 自民党 the Liberal Democratic Party《略 LDP》《☞ 政治・経済 (囲み)》. **自民党員** Liberal Democrat Ⓒ, member of the Liberal Democratic Party Ⓒ.

じむ 事務 ━[名] (工場・現場などに対しての事務) office work Ⓤ, deskwork Ⓤ ; (書記的な仕事) clerical work Ⓤ ; (事務をも含めた広い意味での仕事) business Ⓤ ; (業務) affairs ★ 複数形で. ━[形] (事務的な) businesslike ★ 感情を混じえない冷たい処理の仕方についていう.《☞ しつむ ; しごと》.

¶ 彼は*事務に向いている He is fit for ⌈*office* [*clerical*] work. / He is made for *deskwork*. // 彼女はかなりの年月の*事務の経験がある She has years of experience in *office work*. / (⇒ 彼女は何年間も事務員をしてきた) She has been an *office* worker for years. // その大学はコンピューターを使って*事務を処理している The university conducts its *affairs* using computers. // *事務職員たちがうまく協力して仕事をした The *office* staff worked in full cooperation.

事務員 (office) clerk Ⓒ ; (女) office girl Ⓒ **事務官** (官吏) government official Ⓒ **事務局** secretariat Ⓒ **事務局長** director general Ⓒ **事務次官** undersecretary Ⓒ **事務室** office Ⓒ **事務所** office Ⓒ **事務総長** (国会・国連の) secretary-general Ⓒ **事務長** head official Ⓒ ; (船の) purser Ⓒ **事務当局** authorities [officials] in charge ★ 複数形で.

ジム《口語》gym Ⓒ.

しむける 仕向ける (させる) make *a person do* ; (強制的にさせる) force *a person* to do ; (責任がある) be responsible for ...《☞ させる ; けしかける》.

¶ 親が子供にそんなことをするように*仕向けたのです (⇒ 親が子供にそんなことをさせた) The parents *made* their child do it. // 彼らはその家族がその土地を出て行くよう*仕向けた ＜S(人)＋V(*force*)＋O(人)＋*to* 不定詞＞ They *forced* the family *to* leave the place.

しめい[1] 使命 (権限を与えられ, 派遣されて果たすべき公的な仕事) mission Ⓒ; (一般的な意味で, 与えられた仕事) appointed task Ⓒ.
¶ 彼は*使命を首尾よく果たした He carried out his *mission* successfully. // 彼は政治的な*使命をになって中近東へ飛んだ He flew to the Middle East on a political *mission*. // 彼は秘密の*使命を帯びていた He was charged with a secret *mission*.

しめい[2] 指名 ━動 (候補者として) nominate ㊀; (名指す) name ㊀; (やや形式ばった語で) designate ㊀; (地位などに任命する) appoint ㊀. ━名 nomination Ⓤ; designation Ⓤ; appointment Ⓤ. 《☞ にんめい》.
¶ その党は彼を大統領候補に*指名した <S(人)+V(*nominate*)+O(人)+*as*+名> The party *nominated* him *as* its presidential candidate. // 委員会は彼を議長に*指名した The committee *designated* him as chairman.
指名手配 ━動 hunt down ... as wanted. ━名 (人) wanted man Ⓒ. ¶ 警察はその容疑者を*指名手配した The police initiated a a nationwide ˹*search* [*hunt*] *for* the man *as a wanted criminal*.

しめい[3] 氏名 (full) name Ⓒ; (名と姓) *one's* ˹given [first] name and ˹family [last] name. 《☞ せいめい³; なまえ》.

じめい 自明 ━形 (明白な) self-evident; (説明のいらない) self-explanatory; (明らかな) obvious **[語法]** 明らかなことを表す一般的な語であるが, 日本語の「自明の」というやや改まったニュアンスには self-evident のほうが近い. ━名 self-evidence Ⓤ. ¶ それは*自明のことだ It is ˹*self-evident* [*obvious*].

しめがね 締め金 (ベルトや皮ひもの) buckle Ⓒ; (ネックレスやハンドバッグの) clasp Ⓒ. 《☞ かけがね》.

しめきり 締め切り (最終の日時) closing ˹day [hour] Ⓒ; (原稿などの締め切りの日時) deadline Ⓒ. 《☞ きげん²》.
¶ きょうがレポート提出の*締め切り日です Today is the ˹*closing day* [*final day*; *deadline*] for turning in the papers. // 応募*締め切りは午後4時です The ˹*closing hour* [*deadline*] for applications is 4 p.m.

しめきる[1] 締め切る (期日・申し込みなどを) close [klóuz] ㊀ ㊁.
¶ 彼が求職の申し込みをしようとした時には既に*締め切られた後だった Acceptance of job application *had* already *closed* when he tried to apply. **[語法]** この場合の close は ㊁ で,「終わる」の意味. // 幼稚園への入園志望は定員になり次第*締め切ります Applications for the kindergarten will *be closed* when all the places are filled.

しめきる[2] 閉め切る (戸を) close [shut] up ㊀. ¶ あの家では一日中戸を*閉め切っている They usually *keep* the door *closed* all day long in that house.

しめくくり 締め括り (結論) conclusion Ⓒ; (終わり) end Ⓒ. 《☞ けつろん》. ¶ 年内に仕事の*締めくくりをつけたい (⇒完了したい) と思っている I would like to ˹*complete* [*finish*] the work by the end of this year.

しめくくる 締め括る (完成する) complete ㊀; (完了する) finish ㊀ **[語法]** 前者では完全なものとして仕上げるという意味が, 後者では最後の部分をやり終えるという意味がそれぞれ強調される. 後者のほうが口語的; (結論を出す) conclude ㊀; (結論に持ち込む) bring ... to a conclusion.
¶ 彼はそのスピーチを感謝の言葉で*締めくくった He ˹*finished* [*concluded*] his speech with a word of thanks.

しめころす 締め殺す (窒息させて) choke ... to death; (人の首を締めて) strangle ㊀ **[語法]** 最も口語的なのは choke, 犯罪などでよく使われるのは strangle. 《☞ こうさつ²》.

しめし 示し (手本・例) example Ⓒ; (規律・しつけ) discipline Ⓤ. ¶ 親がこんなに不品行では子供に*示しがつかない (⇒このような不品行な親は子供にとって悪い手本となろう) Such ill-mannered parents will set a bad *example* to their children.

しめしあわせる 示し合わせる (前もって手はずを整える) arrange ˹previously [beforehand] ㊁ ㊀; (悪事をたくらむ) conspire ㊁. 《☞ もうしあわせる》. ¶ 我々はかねて*示し合わせた通りに行動した We acted as we *had arranged* ˹*previously* [*beforehand*].

しめしめ (よかった) Good(!) ★ 感嘆詞的に使う. ¶ *しめしめ. すべてうまくいきそうだ *Good*. Everything is going well.

じめじめ ━形 (かなり湿った) wet; (不快な感じに湿った) damp; (空気などに湿気のある) humid; (性格が暗い) gloomy. 《☞ しめる² (類義語); じとじと; しっけ; 擬声・擬態語 (囲み)》.
¶ 雨の後で運動場はすっかり*じめじめしていた The playground was all *wet* after the rain. // パジャマが*じめじめしている My pajamas are *damp*. // 彼は日本の暑くて*じめじめした夏に慣れていない He is not used to the hot and *humid* summer in Japan. // 私は彼の*じめじめした性格が大嫌いだ I hate his *gloomy* character.

しめす 示す (他人にわかるように見せることで, 最も一般的には) show ㊀; (はっきりと指し示す) point (out) ㊀; (ある事柄の内容・意味を示す) indicate ㊀; (実例・図・絵などで) illustrate ㊀; (計器などがある目盛りを) stand at ..., read ㊁; (実例・模範などを) give ㊀.
¶ その問題に対して彼はたいへん興味を*示した (⇒問題が彼の興味を引いたようだ) The problem seemed to interest him. / He *showed* interest in the problem. // この矢印は北の方向を*示していない This arrow mark does not *point* to the north. // 寒暖計は20度を*示している The thermometer ˹*stands at* [*reads*] twenty degrees. // 2, 3 実例を*示して下さい Please *give* me a few examples.

しめた Good! 《☞ しめしめ》.

しめだす 締め出す (入れない) shut out ㊀ ★ 最も一般的; (道をふさいで通さない) bar out

(他)；(錠をかけて中に入れない) lock out (他) [語法] この語は「工場・職場を閉鎖する」という意味にもよく使われる；(主に比喩的に用いて参加させない) shut [close] the door (on …). ¶彼は寮から*締め出された <S(人)＋V(*shut*)＋O(人)＋*out*＋前＋名の受身> He *was* ⌈*shut* [*barred*; *locked*] *out* ⌈from [of] the dormitory. ∥《ホテルなどで》昨夜は中から錠がかかって*締め出された I *was locked out* last night. ★ドアが閉まると自然に錠がかかる装置になっている場合に言う. ∥ そのクラブは外国人を*締め出している <S(物)＋V(*shut* [*close*])＋O(物)＋前＋名> The club ⌈*shuts* [*closes*] *its door on* foreigners.

しめつ 死滅 ―[動] (死んでいなくなる) die out (自) ★口語的表現；(絶滅する) become extinct. 《☞ たえる[2]；ぜつめつ》.

じめつ 自滅 ―[動] (自分で自分をだめにする) destroy *oneself*；(破滅させる) ruin *oneself*. ―[名] self-destruction Ⓤ; self-ruin Ⓤ. ―[形] (自殺的な) suicidal. ¶彼の怠慢さが*自滅を招いた His idleness resulted in *self-ruin*. ∥ 実際のところは敵は*自滅したのだ In effect, the enemies *destroyed themselves*.

しめつける 締め付ける **1** «堅く締める»：(ひもなどで) bind … tightly; (ボルトなどを) fasten (他). 《☞ しめる[4]》. **2** «厳しく取り締まる»：control … tightly；(抑圧して虐げる) oppress (他). ¶人民は重税で*締め付けられている The people *are* ⌈*tightly controlled* [*oppressed*] by heavy taxes.

しめっぽい 湿っぽい (かなり湿った) wet；(不快に湿った) damp；(空気が湿った) humid；(じめじめと湿気のある) moist；(性格・話などが) gloomy. 《☞ しめる[2] (類義語)；じめじめ；なまがわき》.

しめなわ 注連縄 sacred straw festoon Ⓒ.

しめやか ―[形] (悲しくてもの静かな) sad and quiet；(おごそかな) solemn. ―[副] in a sad and quiet atmosphere；(おごそかに) solemnly. ¶葬儀は*しめやかにとり行われた The funeral was performed *in a sad and quiet atmosphere*.

しめり 湿り (不快な湿気) dampness Ⓤ; (水気・水分) moisture Ⓤ. 《☞ しっけ》.

しめる[1] 占める (位置をとる) occupy (他)；(座席などにつく) take (他)；(しっかりと確保している) hold (他)；(手に入れて確保する) get (他)；(一般的に, 持っているの意味で) have (他).
¶ホテルが海岸沿いのきれいな場所を全部*占めている The hotels ⌈*occupy* [*take up*] all the beautiful sites along the beach. ∥ 主賓が宴会で上座を*占めた The main guest ⌈*took* [*had*] the head seat at the banquet. ∥ 新党は国会で過半数を*占めることを目指している The new party aims at *getting* a majority in the Diet. ∥ わがチームは世界第3位を*占めている <S(物)＋V(*stand*)＋C＋前＋名> Our team *stands* third in the world.

しめる[2] 湿る become [get] ⌈damp [moist]; become [get] wet.
【類義語】じめじめする程度に湿ることを表すには **become** [**get**] **damp** または **become** [**get**] **moist** のいずれも用いられるが, 前者はその湿り気が不快な感じであることを意味するニュアンスがあり, 後者にはそれがない. かなり湿り気が多くて, 日本語で「ぬれる」と言い換えられるような場合には **become** [**get**] **wet** を用いる. 《☞ じめじめ；ぬれる；しっけ》
¶このシャツはまだ*湿っている This shirt is still *damp*. ∥ 雨で地面が*湿った The ground ⌈*became* [*got*] ⌈*moist* [*wet*] with rain.

しめる[3] 閉める close [klóuz] (他)；shut (他) (↔ open) [語法] 以上はほぼ同意で入れ替えて用いられることもあるが, 終わりにする意味が加わるときには close が使われる. 《☞ しまる；とじる[1]》. ¶店は午後6時に*閉められます The store *is closed* at 6 p.m. ∥ その戸を*閉めて下さい Please ⌈*shut* [*close*] the door.

PLEASE KEEP
DOOR CLOSED
「ドアを閉めておいて下さい」という掲示

しめる[4] 締める **1** «結ぶ»：tie (他).
¶私は自分ひとりでは帯を*締めることができない I can't *tie* my *obi* by myself. ∥ 彼はきょうはネクタイを*締めている (⇒つけている) He *is wearing* a ⌈tie [necktie] today. / He *has* a tie *on* today.
2 «ボルトで締める»：bolt (up) (他), fasten [fǽsn] … with a bolt.
3 «合計する»：(計算する) add up (他) (自)；(総計を出す) sum up (他) (自), total (他) (自).

しめん[1] 四面 the four sides, all sides ★複数形. ¶*四面に on *all sides* ∥ *四面楚歌である be surrounded by foes ∥ 日本は*四面を海に囲まれている Japan is surrounded by sea. **四面体** tetrahedron Ⓒ.

しめん[2] 紙面 space Ⓤ. ¶新聞はこの記事に多くの*紙面をさいている The newspaper has assigned a great deal of *space* to this article.

じめん 地面 (水面・空中に対しての) the ground；(土地の表面) the surface of the ⌈earth [land]. 《☞ とち》. ¶*地面がでこぼこだ *The ground* is uneven. ∥ 雨上がりで*地面がぬれている *The* ⌈*ground* [*surface of the land*] is wet after rain.

しも[1] 霜 frost Ⓤ 《☞ 天候の表現 (囲み)》.
¶けさはひどい*霜だった There was a ⌈hard [heavy; severe] *frost* this morning. ∥ けさ初*霜が降りた We had the first *frost* of the season this morning. ∥ ひどく*霜が降りた寒い朝だった It was a (cold and) *frosty* morning. **霜取り装置** defroster [dìːfrɔ́(ː)stə] Ⓒ.

しも[2] 下 ―[名] (下のほう・下の部分) the lower part；(後の半分) the ⌈second [latter] half；(川下) the lower stream. ―[副] (下手へ) downward. ¶短歌の*下の句 *the latter half* of the *tanka* poem

しもじも 下々 (位の高くない一般の平民) the common people.

しもて 下手 (観客に向かって右方) the right (side of the stage)《略 R》《☞ げきじょう[1] (挿絵)》.

じもと 地元 ―[形] local. ¶ *地元(の人)はこぞって新空港建設の計画に反対している *The local people* are all against the plan of constructing a new airport.

しもばしら 霜柱 frost [U]. ¶ *霜柱が立った *Frost* formed on the ground.

しもはんき 下半期 the ˹second [latter] half of the year《☞ はんき[1]》. ¶ 1985 年度*下半期 *the ˹second [latter] half* of fiscal 1985 ★ fiscal year は「会計年度」.

しもやけ 霜やけ ―[名] (凍傷) frostbite [U]. ―[形] (霜やけの・霜やけにかかった) frostbitten.

しもん[1] 指紋 fingerprint [C].

しもん[2] 諮問 consultation [U]. **諮問委員会** consultative [advisory] committee [C].

じもんじとう 自問自答 ―[動] (自分に語りかける・独り言を言う) talk to *oneself*. ―[名] soliloquy [səlíləkwi(:)] [C].

しや 視野 (見える範囲) field [range] of ˹view [vision] [C]; (見る力) view [U], sight [U]; (洞察力) vision [U].《☞ しかい[2]》.
¶ 霧が我々の*視野をさえぎった The mist barred our *field of vision*. // 小鳥が*視野に入った A bird came ˹into *view* [in *sight*]. // 彼は*視野の広い人物です He is a man of broad *vision*. // 彼は外国旅行に行って大いに*視野を広めた Traveling abroad greatly widened his *horizons*.

しゃ 紗 silk gauze [U].

じゃ 蛇 snake [C]; (大蛇) serpent [C].
¶ *蛇の道はへび Set a thief to catch a thief.《ことわざ: 泥棒に泥棒をつかまえさせよ》 ★ 泥棒が泥棒のことを一番知っているから.

じゃあ well, then.《☞ では; それでは》.

ジャー thermos (container) [C] [参考] 英語の jar はガラス・焼物の広口の容器のこと. 日本でごはんなどを入れて保温しておくために用いるジャーと同じものは英米にはない.《☞ ポット》.

じゃあく 邪悪 ―[形] (自分の意志で不正・不道徳を行う; 罪深い) wicked; (道徳的に有害な・悪徳の) vicious; (心も行いも非常に悪い) evil ★ 最も意味が強い. ―[名] wickedness [U]; (悪徳) vice [U] (↔ virtue) ★ この語はよく「悪徳行為」の意味で用い, そのときは [C]; evil [U].《☞ あく[3]; わるい》.

しゃあしゃあ ―[形] (平気な) cool; (恥知らずの) shameless; (厚かましい・ずうずうしい) brazen(-faced). ―[副] shamelessly.
¶ 彼はあんなたいへんな過ちをしでかしておいて*しゃあしゃあとしている He looks *cool* after making such a serious mistake. // その悪徳政治家は*しゃあしゃあと選挙に立候補した The vicious politician was *shameless* enough to run for the election. / The vicious politician *shamelessly* ran for the election.

ジャーナリスト journalist [C]《☞ きしゃ[2]; しんぶん》.

ジャーナリズム journalism [U].

シャープ 〘音楽〙 sharp [C]《☞ 音楽 (囲み)》.

シャープペンシル mechanical pencil [C]《☞ 和製英語 (囲み)》.

シャーベット sherbet [C].

しゃい 謝意 (日常的な語) thanks ★ 複数形で; (形式ばった語) gratitude [U].《☞ かんしゃ[1]》. ¶ *謝意を表する express *one's* ˹*thanks* [*gratitude*]

しゃいん 社員 (従業員) employée [C]; (事務員) clerk [C]; (職員の 1 人) staff member [C]; (職員全体) the staff.《☞ かいしゃいん; じゅうぎょういん》. ¶ 彼はこの会社の正*社員です He is a regular *employee* of this company. // 新入*社員が全員, オリエンテーションのために集まった All the freshmen *employees* gathered for orientation.

しゃおんかい 謝恩会 graduation [commencement] day reception [C] [参考] 日本でいうような謝恩会の習慣は英米にはない.

しゃか 釈迦 (仏陀・釈迦の尊称) Buddha; (釈迦) S(h)akya (Muni).

しゃかい 社会 ―[名] (世の中・世間) society [C]; the world ★ ややくだけた表現. ―[形] (社会の) social; (公共の) public.《☞ せけん; よのなか; じっしゃかい》.
¶ 彼は高校を卒業してすぐに*社会に出た Right [Immediately] after graduating from high school, he went into *the world*. // 私は何か*社会のためになることをします I want to work for the *public* good. // 教師の*社会では, そんなことは通用しない Such a thing will not go among school teachers. // 人間は*社会的な生き物である Human beings are *social* creatures.
社会科 social studies ★ 複数形で. **社会科学** social science [U] **社会学** sociology [U] **社会主義** socialism [U] **社会主義者** socialist [C] **社会情勢** social conditions ★ 複数形で. **社会人** member of society [C] **社会生活** social life [C] **社会不安** social unrest [U] **社会福祉** social welfare [U] **社会保障** social security **社会保障制度** social security system [U] **社会面** (新聞の) local news page [C] **社会問題** social problem [C].

しゃかいとう 社会党 the Socialist Party《☞ 政治・経済 (囲み)》. ¶ 日本*社会党 *the* Japan *Socialist Party*《略 JSP》 **社会党員** Socialist [C], member of the (Japan) Socialist Party [C].

じゃがいも potato [pətéitou] [C]《複 ～es》 [参考]《米》では「さつまいも」(sweet potato) と区別して white [Irish] potato とも言う.

しゃがむ (かがむ) crouch [自]; (うずくまる) squat [自] [参考] 動物が座るようにひざを曲げ, すぐ次の行動に移れるような姿勢が crouch で, ひざを完全に曲げて腰を地面にまで低く落と

crouch

squat

してしゃがみこむのが squat であるが，英米の習慣として，squat する習慣がなく，このような姿勢は異様で，よい印象が持たれない.《☞ うずくまる；かがむ》.

ジャカルタ Jakarta [dʒəkáːətə].

しゃがれる 嗄れる (声がかれる) become hoarse《☞ しわがれる》.

しゃかん 舎監 dormitory superintendent Ⓒ.

しゃきしゃき ―[形] (きびきびした) brisk；(正確な) precise.《☞ きびきび》.

じゃきょう 邪教 heresy Ⓤ《☞ いきょう[2]》. **邪教徒** heretic Ⓒ.

しゃく[1] 癪 ―[形] (態度や言葉などがいかにも挑戦的で，人を怒らせるような) provoking；(いらいらさせるような) irritating ★ ちょっとした個人の振舞いについて言うときは後者のほうが普通. ¶ 彼の言葉は*癪にさわった His words were *provoking*. / His words *made me angry*. ∥ 彼はいつも彼女にからかわれるのが*癪だった <S(事)＋V(*irritate*)＋O(人)の受身> He *was irritated* by her constant teasing.

しゃく[2] 酌 ―[動] (酌をする) fill *a person's* ⌈cup [glass] [参考] 欧米の習慣では普通他人のグラスに酒などをつぐということをしないので，この表現は悪い作法を意味するか，あるいは奇異な動作と感じられることに注意.

しゃく[3] 尺 (Japanese) foot Ⓒ《複 feet》 [参考] 1尺は約0.3 m.

-じゃく …弱 less than. ¶ 私は身長1メートル70センチ*弱です (⇒ 170センチより少し低い) I am a little *shorter than* one meter seventy centimeters. ∥ そこまで車なら1時間*弱で行けます If you drive, you can get there in *less than* an hour.

しゃくい 爵位 (貴族の肩書き) title of nobility Ⓒ《☞ きぞく[2]》.

しゃくし 杓子 (お玉じゃくし) ladle Ⓒ；(ひしゃく) dipper Ⓒ [語法] ladle は長い柄の付いたスプーンのような型をしていて液体をすくう. dipper は長い柄のついたコップのような型をして，水や液体をくむのに使う.《☞ 台所・家事 (囲み)》.

¶ 近ごろは猫も*しゃくしも留学したがる These days *every Tom, Dick and Harry* wants to study abroad.

しゃくし定規 ¶ 彼は*しゃくし定規な人だ (⇒ 規則にこだわる) He *sticks fast to rules*.

じゃくし 弱視 ―[名] weak (eye)sight Ⓤ. ―[形] weak-sighted. (☞ しりょく[1]).

じゃくしゃ 弱者 the weak ★ 複数扱い.《☞ 冠詞 (欄外)》.

じゃくしょう 弱小 ―[形] small and weak；(小さい) minor.

じゃくしん 弱震 slight earthquake Ⓒ《☞ じしん[2]》.

しゃくぜん 釈然 ¶ 君の説明ではどうも*釈然としない (⇒ 満足していない) I'm not quite ⌈*happy* [*satisfied*] *with* your explanation.

じゃくたい 弱体 ―[形] weak《☞ よわい》.

しゃくち 借地 leased land Ⓤ. ¶ *借地にわが家を建てた We built our house on the *leased land*. **借地権** lease Ⓤ **借地人** tenant Ⓒ；leaseholder Ⓒ ★ 後者は形式ばった言葉で「借地権保持者」の意.

じゃぐち 蛇口《米》faucet Ⓒ,《英》tap Ⓒ.《☞ 台所・家事 (囲み)》.

じゃくてん 弱点 (不得手な点・弱い点) weak point Ⓒ, weakness Ⓒ；(欠点) defect Ⓒ；(不足する点・欠点) shortcoming Ⓒ ★ 通例複数形で.《☞ けってん (類義語)；よわみ》.

faucet

¶ だれでもそれぞれ*弱点があります Every man has his *weak point*. ∥ 僕は自分の*弱点を克服しようと努力しています I am trying to conquer my *shortcomings*.

しゃくど 尺度 (計量の単位) measure Ⓒ；(目盛り・度盛り) scale Ⓒ；(変動を予知するもの) barometer Ⓒ ★ 元来は「晴雨計」という意味.《☞ ものさし》. ¶ マイルやヤードは長さの*尺度です Miles and yards are *measures* of length.《☞ 度量衡 (囲み)》∥ 顔色は健康のよい*尺度である One's complexion is a good ⌈*measure* [*barometer*] of his health.

しゃくどういろ 赤銅色 ―[形] (褐色の) brown；(日焼けした) tanned.《☞ 色 (囲み)》.

しゃくとりむし 尺取虫 measuring worm Ⓒ,《米》inchworm Ⓒ.

しゃくなげ 石南花 rhododendron Ⓒ.

じゃくにくきょうしょく 弱肉強食 ¶ 私たちは*弱肉強食の世界に住んでいる (⇒ 強いものが弱いものを餌食にする世界) We live in a world where *the stronger prey upon the weaker*.

【参考語】(ジャングルの掟) the law of the jungle.

しゃくねつ 灼熱 ―[形] (焼けるような) scorching；(燃えるような) burning. ¶ 空には*灼熱の太陽が輝いていた A *scorching* sun was shining in the sky.

じゃくはい 若輩, 弱輩 ―[名] (若くて経験の浅い人) young and inexperienced man Ⓒ；(新前) novice Ⓒ. ―[形] (未熟の) green.《☞ わかい[1]》. ¶ 私はまだ*若輩です (⇒ あなたよりずっと若い) I'm much *younger than* you. / I'm still a *novice*.

しゃくはち 尺八 Japanese bamboo flute Ⓒ.

しゃくほう 釈放 ―[動] (自由の身にしてやる) release (他), set … free ★ 後者のほうが口語的. ―[名] release Ⓤ.《☞ じゆう》. ¶ 乗っ取り犯人たちは刑務所に収容されている仲間の*釈放を要求した The hijackers demanded the *release* of their imprisoned members. ∥ 彼は100万円の保釈金で*釈放された He *was* ⌈*released* [*set free*] on bail of one million yen.

しゃくめい 釈明 ―[名] (説明) explanation Ⓤ；(言い訳) excuse Ⓒ. ―[動] explain (他).

《☞ せつめい；いいわけ》.

しゃくや 借家 rented house Ⓒ. ¶ 彼は*借家住まいだ He lives in a *rented house*.

借家人 tenant Ⓒ.

しゃくやく 芍薬 peony Ⓒ.

しゃくよう 借用 —動 (無料で借りる) borrow ㊎; (有料で借りる) rent ㊎; (用いる) use ㊎. 《☞ かりる (類義語)》. **借用語** 〖文法〗 loan word Ⓒ 《☞ 欄外》 **借用証書** bond of debt Ⓒ, IOU Ⓒ ★ I owe you に由来する語.

しゃくりあげる しゃくり上げる sob ㊀ 《過去・過分 sobbed》 ★ 声を詰まらせて短くあえぐように声をあげて泣くこと. 《☞ なく[1]》.

しゃげき 射撃 —名 shooting Ⓤ. —動 (鉄砲で撃つ) shoot ㊎ ㊀. 《☞ うつ[2]》.

ジャケット (上着) jacket Ⓒ; (本のカバー) bóok jàcket Ⓒ; (レコードの) récord jàcket Ⓒ. 《☞ 衣服 (囲み); ほん (挿絵); カバー》.

しゃけん 車検 automobile inspection Ⓒ. ¶ *車検は来月だ (⇒ 検査してもらわなければならない) I must *have my car inspected* next month.

じゃけん 邪険 —形 (優しくない) unkind; (意地悪く厳しい) harsh. 《☞ そっけない》. ¶ *邪険な言葉 *unkind* [*harsh*] words // 彼らは主人から*邪険な取り扱いを受けた They got *harsh* treatment from their master.

しゃこ 車庫 (自動車の) garage Ⓒ; (電車などの) car barn Ⓒ.

しゃこう 社交 —名 (つきあい) society Ⓤ. —形 (社交上の) social; (人が社交的な) sociable. 〔☞ つきあい; こうさい[1]〕. ¶ 彼はなかなかの*社交家だ He is quite a *sociable* man. // それは*社交辞令でしょう (⇒あなたは私にお世辞を言っている) You *are flattering* me. **社交界** social circle Ⓒ **社交性** sociability Ⓤ **社交ダンス** social dance Ⓒ.

じゃこう 麝香 musk Ⓤ.

しゃさい 社債 bond Ⓒ ★ 証書・証文・債券などの意味にも用いられる.

しゃざい 謝罪 —名 (わび・弁解) apology Ⓒ. —動 (謝る・わびる) apologize ㊀, make an apology 〔語 法〕 以上 2 つとも,「人」に対する場合は to,「事柄」に対する場合は for を用いる. —形 (謝罪の) apologetic. 《☞ あやまる[1]; わび[1]》.

¶ 我々は彼に*謝罪を要求した We demanded an *apology* from him. // 彼は遅刻したことを*謝罪した He ˹*apologized* [*made an apology*] for being late.

しゃさつ 射殺 —動 shoot ... ˹dead [to death] 《過去・過分 shot》 《☞ うつ[2]》.

しゃし 斜視 —名 squint Ⓒ. —形 (斜視の) squint-eyed; (寄り目の) cross-eyed.

しゃじ 謝辞 (感謝の言葉) words of thanks; (感謝を表す演説) address of thanks Ⓒ. ¶ *謝辞を述べる express *thanks*

しゃじく 車軸 axle Ⓒ 《☞ じく[1]》.

しゃじつ 写実 —形 (写実的) realistic. **写実主義** realism Ⓤ.

しゃしょう 車掌 conductor Ⓒ 〔語 法〕 《米》ではバス・電車・列車の車掌を言うが, 《英》では列車の車掌は guard と言う. 女性の車掌は conductress Ⓒ という語もあるが, あまり用いら

借用語 (loan word) ある言語に他の言語から入って用いられるようになった語をいう.

(1) 英語における借用語.

英語はその歴史の中で数多くの借用語をとり入れた言語である.

まず第一に多いのがフランス語である. これはイギリスでは 1066 年のノルマン人の侵入以来 300 年にわたって公用語がフランス語となり, しかもフランスのほうが文明が進んでいたために, court, judge, administer, govern などの法廷・政治用語, army, navy などの軍隊用語, beef, dinner, fruit, pork などの料理用語, art, color, harmony, literature, science などの美術・学術用語をはじめ, 多くの文化的な用語が英語に入ったことによるものである.

ところで, フランス語はラテン語 (Latin) を祖先とする言語であるから, 上にあげた語もほとんどのものはラテン語を起源とする語であるが, フランス語を介さずに直接ラテン語から英語に入った語も多い. もともと, イギリス人は現在のドイツ人と同じゲルマン人で, アングル (Angles)・サクソン (Saxons)・ジュート (Jutes) の 3 種族であり, ヨーロッパ大陸から 5-7 世紀の間に移住してきた. その際すでに大陸で butter, candle, cheap, cheese, dish, wall, wine など, かなりの数のラテン語を借用語としてとり入れていた. その後長い間に宗教・学問に関するような語いを多量にラテン語から借用したのである.

またギリシャ語 (Greek) は, はじめラテン語・フランス語を通して, 後に 17-18 世紀ごろからは直接に, 主として学術用語として英語にとり入れられた.

さらに特徴のあるのはスカンジナビア半島のノルウェー語の祖先古代北方語で, これはヴァイキングという海賊たちに 9-10 世紀にわたってかなりの地域を占領されていた時代に英語に入ってきた (実際に広まったのは少し後であるが). 例えば want, take, sky, skirt, law など, さらには 3 人称複数代名詞の they という重要な語まで借用したのである.

以上のほかに, ロシヤ語, ペルシャ語, 中国語, 日本語など, 英語は世界の言語にもあまり例を見ないほど多くの借用語を抱えている言語である. しかし, それがまたかえって英語に国際語としての有利な地位を与える原因の 1 つになっているともいえる.

(2) 日本語における借用語と英作文上の注意.

日本語もある意味では英語と同じように借用語の多い言語である. まず中国語から多量に語いを借りたのはいまさら言うまでもないが, 明治以後は英語を中心に, 多くのヨーロッパ系借用語が入り, この傾向はいまも続いている.

ところで, これらの借用語について英作文上注意しなくてはならないことがある. それは, 借用語というものは, 学問上の, 定義をして用いる用語などを除けば, 普通はもとの言語で持っていた意味と違う意味になるか, あるいはもとの意味のある一部しか残らないような使い方をされるということである.

例えば日本語では「セックス」は「性別」は意味しないし,「デート」も日付の意味では用いない. さらに「デパート」というのはそのまま英語に直すと depart で,「出発する」の意味であり,「百貨店」department store とは似ても似つかない語になってしまう.

さらにバックミラー, ナイター, アベック・シートなどのように, 外国語に似ていて実はそうではない和製外来語がある. 《☞ 和製英語 (囲み)》

従って借用語を英文の中で用いようとするときには, この点をよく確かめてから用いないと, 誤りを犯すことになりがちである. 例えば本のカバーを book cover とか the cover of a book とすると, 英語では「本の表紙」という意味になってしまう. 英語では普通 book jacket と呼ぶのである.

謝罪の表現

自分にちょっとした落ち度があって,「すみません」「ごめんなさい」「失礼しました」と相手に謝るときは普通 Excuse me. / I'm sorry. のいずれかを用いる.《米》では前者のほうが普通で,後者は少し程度の深い謝り方に感じられるが,《英》では後者のほうが普通で,しかも I'm を略して, Sorry. とだけ言うことが多い. 英米ともに Pardon me. もよく用いられる. これは先の2つとほぼ同意であるが,多少謝り方の程度が深く感じられる表現である.

し

自分に落ち度がなくても,例えば,中座したり,相手の前を横切ったり,あるいは見知らぬ人に質問したりなどして,相手に迷惑をかけることをわびる言葉として,日本語の「失礼します」「失礼ですが」などに当たるのは英米ともに Excuse me. または Pardon me. が最も普通である.

また,自分を含めて,自分の側が複数の場合には Excuse us. という形になる. さらに帽子をかぶったままでいるとか,オーバーを着たままでいることをわびるような場合は, Please *excuse my* ˹*hat* [*overcoat*]. となる. 謝罪の表現としては以上のほかに,その程度に応じていろいろあるが,それは以下の例を参照.

謝罪の表現は言い方によってもその意味合いが違ってくる. 特に, Excúse me. / Párdon me. は軽い謝り方だが, Excúse mé. / Párdon mé. のように me の部分も高い調子で言うと,謝罪の意味が強くなる. また,相手に先に謝られたときには,「こちらこそごめんなさい」という意味で me のみを強く言う.

ここで注意しなければならないのは,日本語の「すみません」と Excuse me. / Pardon me. / I'm sorry. との相違である. 日本語では「すみません」は謝罪以外にも用いられる. 例えば店で店員を呼ぶ時「ちょっとすみません」と大声で言ったり,感謝の言葉として「どうもわざわざすみません」などと言ったりする. このような場合には英語の I'm sorry. などとは置き換えられない.

(1) 謝罪のし方

¶失礼しました[ごめんなさい] *Excuse me.* / *I'm sorry.* / *Pardon me.* ★体がぶつかったり,足を踏んだりしたようなとき. 区別については上の解説参照.

ちょっと失礼します *Excuse me.* ★中座したり,人の前や列を横切ったりするとき. / (⇒ちょっとの間中座します) *Excuse me* for a moment.

遅れてすみません *I'm sorry* I'm late. / I must *apologize* for being late. ★かなり改まった言い方.

お待たせしてすみません *I'm sorry* ˹I've [to have] kept you waiting.

手袋をはめたままで失礼します Please *excuse* my gloves.

こんな格好で失礼 Please *excuse* my appearance. ★前かけをかけたりパジャマ姿のままだったりするとき.

すみませんが駅へはどう行ったらよいでしょう *Excuse me,* but how can I get to the station?

お話し中失礼します *I'm sorry* to interrupt you.

たびたびお手数をおかけしてすみません *I'm sorry* to trouble you so often.

本当にそんなつもりじゃなかったんです I didn't really mean that at all.

そんなことを言うなんてたいへん不注意でした It *was utterly thoughtless of* me to say a thing like that.

遅延に対して心から遺憾の意を表します We must express our ˹deep [deep-felt] *regret* for the delay. ★公式の手紙文などでの堅苦しい表現.

(2) 謝罪に対する答え方

¶いいえ,いいんですよ *That's all right.* / *That's OK.* ★Excuse me. / Pardon me. / I'm sorry. などに対する最も口語的な答え方.

どうぞ *Certainly.* [語法]「ごめんなさい」という意味の Excuse me. / Pardon me. にも使われるが,主として「失礼します」という意味で言われた Excuse me. に対する丁寧な答え方. くだけた言い方では All right. / OK. も用いられる.

こちらこそ失礼しました *Excuse me.* / *Pardon me.* [語法] Excuse mé. / Pardon mé. という言い方になる.

大丈夫です. どうぞご心配なく It's [That's] perfectly all right. Don't worry about it.

おわびには及びません. 私が悪かったのです (⇒私の落ち度でした) Please don't apologize. ˹It was mý fault [I was (the one) at fault].

対話例

A: それは僕のペンだよ	A: That's my pen.
B: ええ? あ,本当だ. ごめん	B: Is it? Oh, so it is! I beg your pardon.
A: いや,いいんだよ	A: That's all right.

A: あっ,いけない. ごめんごめん. 僕がふくよ	A: Oh, no! I'm terribly sorry. Here. Let me clean it up.
B: なに,いいんだよ. 僕も手伝うよ	B: Oh, that's OK. Let me help you.
A: ポール,昨晩は悪かったね	A: I'm really sorry about last night, Paul.
B: 全然問題ないよ	B: No problem.

A：でも，昨晩は迷惑をかけただろう?	A：But I gave you a hard time last night, didn't I?
B：まあ，ちょっとね．でも，気にするなよ	B：Yes, a little. But don't worry about it.
A：でも，ポーラのほうはどうだろう．彼女におわびを言わなくては	A：But what about Paula? I owe her an apology.
B：特には…，でも…	B：Not really, but—
A：必ず謝るよ	A：I'm definitely going to apologize to her.

★この対話例およびさらに詳しい対話例は別売テープに吹き込まれています．

れず，特に必要ある場合には woman conductor Ⓒ が用いられる．

しゃしん 写真 photograph Ⓒ, photo Ⓒ ★後者はよりくだけた語；picture Ⓒ 〔語法〕《米》では photograph よりも picture のほうが多く用いられる．
¶これは祖父の*写真です This is a ⌈*photograph* [*picture*] of my grandfather. / This is my grandfather's ⌈*photograph* [*picture*].
私は*写真をとるのが好きだ I like taking ⌈*pictures* [*photographs*; *photos*].
私は*写真をとってもらった I had my ⌈*picture* [*photograph*] taken.
僕の*写真をとってくれませんか Will you take my ⌈*picture* [*photo*]? / Please take my *snapshot*.
彼は*写真をとるのがうまい (⇒写真をとるのがうまい人だ) He is a good *photographer*.
この*写真をもう一枚焼き増しして下さい Please make another copy of this *picture*.
この*写真を引き伸ばして下さい Please enlarge this *picture*.
この*写真はよくとれている This ⌈*photo* [*picture*] ⌈came [turned] out well.
彼の*写真はピンぼけです His *photo* is out of focus.
彼女は*写真うつりがよい She looks good in a ⌈*picture* [*photo*]. / She is *photogenic*. ★photogenic は「写真うつりがよい」という〔形〕．
ここで[この中で]*写真をとってもかまいませんか Are we allowed to take *pictures* ⌈here [in here]?
あなたは*写真のほうが若く見える You look younger in the *photo*.
彼は*写真嫌いだ He is *camera-shy*. / He hates ⌈having his *picture* taken [*cameras*].
写真家 professional photographer Ⓒ 〔語法〕単に photographer と言うと「写真をとる人」の意味で，専門的な写真家とは限らない． **写真機** camera Ⓒ《☞カメラ(挿絵)》 **写真帳** pícture [phótograph] àlbum Ⓒ **写真屋** (写真の現像などをする店) camera store Ⓒ, photography shop Ⓒ；(写真をとる店) photo studio Ⓒ．《☞店の呼び名(囲み)》．

ジャズ jazz (music) Ⓤ《☞音楽(囲み)》．
ジャズバンド jazz band Ⓒ．

じゃすい 邪推 —〔動〕(偏見をもって疑う) suspect *a person* with a bias [báiəs]. —〔名〕biased suspicion Ⓒ．《☞うたがう；へんけん》．
¶それは*邪推だ．ひどいよ (⇒私は君の偏見を持った態度に怒りを感じる) I resent your *biased attitude*.

ジャスミン jasmin(e) [dʒǽzmən] Ⓒ．

しゃせい[1] 写生 —〔動〕(スケッチする) sketch 〔他〕〔自〕． —〔名〕sketch Ⓒ．《☞スケッチ》．
写生帳 sketchbook Ⓒ．

しゃせい[2] 射精 ejaculation Ⓤ．

しゃせつ 社説 editorial Ⓒ,《英》leading article Ⓒ, leader Ⓒ．《☞新聞の英語(囲み)》．

しゃせん[1] 車線 lane Ⓒ《☞みち[1](類義語)》．
¶4*車線のハイウェー a four-*lane* highway

しゃせん[2] 斜線 slant [oblique] line Ⓒ；(区切りのためなどに入れる短い斜線) slash Ⓒ．《☞ななめ》．

しゃそう 車窓 car window Ⓒ《☞まど》．

しゃたい 車体 the body (of a car)；(自転車の) frame Ⓒ．

しゃたく 社宅 (一戸建ての家も含めて集合的に) company housing Ⓤ；(会社の寮) company dormitory Ⓒ ★家族用のものでもよい．

しゃだん 遮断 —〔動〕(交通などを止める) hold up 〔他〕；(止める) stop 〔他〕．《☞さえぎる；とめる[1]》． ¶交通が*遮断された Traffic *was* ⌈*held up* [*stopped*]. **遮断機** crossing ⌈gate [barrier] Ⓒ．

しゃだんほうじん 社団法人 corporate juridical person Ⓒ ★法律上の名称．あまり厳密である必要のない場合は単に corporation Ⓒ でもよい．

しゃちほこ 鯱 (金の) (golden) dolphin Ⓒ．

しゃちゅう 車中 on the train.

しゃちょう 社長 president (of a company) Ⓒ；(一番上に立つ者) head (of a company) Ⓒ 〔語法〕president はほかに総裁・会長・学長・大統領など広く組織の長を表す言葉．head は平易な口語で，やはりいろいろな長を意味する．
¶副*社長 a vice-*president*

シャツ (下着のシャツ)《米》undershirt Ⓒ 〔参考〕英語の shirt から日本語へ入った語だが，英語で shirt と言えば普通はワイシャツのこと；《英》vest Ⓒ．《☞ワイシャツ；衣服(囲み)》．
¶私は*シャツを着た[脱いだ] I ⌈put on [took off] my *undershirt*.

しゃっかん 借款 loan Ⓒ． ¶わが国は発展途上国に5千万ドルの*借款を与えた Our country [We] offered the developing countries fifty million dollars as a *loan*.

じゃっかん 若干 (数) some, a few；(量) a little.《☞すこし；いくらか；いくつか(類義語)》．

ジャッキ jack Ⓒ．

しゃっきん 借金 debt [dét] Ⓒ；(貸し付け) loan Ⓒ．《☞ふさい[1]；かり[2]》．
¶私はあの店に*借金がある I am *in debt* to

the store. // 私は山田君に1万円*借金している (⇒ 借りがある) I *owe* Yamada 10,000 yen. / I *owe* 10,000 yen *to* Yamada. 語法 borrow を使うこともできるが, その場合は借りたという事実だけを言い, 返済したかしないかはわからない. // 今月の終わりまでに彼女に*借金 (⇒ 金) を返さなければならない I have to pay back the money to her by the end of this month. // 彼は*借金で首が回らない He is ˹deeply [over his head] *in debt*. // 斎藤氏は彼の雇い主に50万円の*借金を申し込んだ Mr. Saito asked his employer for a *loan* of 500,000 yen.
借金取り debt-collector Ⓒ

しゃっくり —名 hiccup Ⓒ, hiccough [híkəp] Ⓒ. —動 hiccup ㊀, hiccough ㊀. ¶朝から*しゃっくりが止まらない I can't get ˹over [rid of] the *hiccups* I've had since morning.

シャッター shutter Ⓒ ★「カメラのシャッター」,「店などのよろい戸」の両方を意味する. (☞ カメラ (挿絵)).
¶彼は素早く*シャッターを切った He quickly ˹released [pressed] the *shutter*. // カメラマンたちは盛んに*シャッターを切った The ˹cameramen [photographers] kept *clicking*. 語法 click は「カチッと音を立てる」の意で, 口語的な表現. // あの店は午後8時に*シャッターを下ろす They put up the *shutters* at 8 p.m.

しゃっちょこばる —動 feel stiff. —形 (しゃっちょこばった) stiff. (☞ きんちょう).

シャットアウト shutout Ⓤ (☞ 野球の英語 (囲み)).

しゃてい 射程 range Ⓒ. ¶この銃の*射程距離は長い This gun has a long *range*. // 敵は射程内[外]だ The enemy is ˹within [out of] *range*.

しゃどう 車道 road Ⓒ (☞ どうろ).

じゃどう 邪道 (正統的でない方法) unorthodox way Ⓒ. ¶それは*邪道だと思います (⇒ ちゃんとしたやり方ではない) I'm afraid that's *not a proper way* of doing it.

しゃにくさい 謝肉祭 carnival Ⓤ ★ カトリック教国で Lent (＝四旬節) の直前3日間の祝祭.

しゃにむに 遮二無二 (向こうみずに) recklessly; (やけくそになって) desperately; (無理に) by force. ¶彼は*しゃにむに (⇒ 無理に) 人込みを押し分けて進んだ He *forced* his way through the crowd.

しゃば 娑婆 (囚人から見た世間) the outside world (☞ せけん).

じゃぶじゃぶ ¶少年たちは川の浅瀬を*じゃぶじゃぶ歩いて (⇒ 水をはねかして) 渡った The boys *splashed* across the shallows. (☞ 擬声・擬態語 (囲み))

しゃふつ 煮沸 —動 boil ㊉ ㊀. —名 boil Ⓤ ★ しばしば a を付ける.

しゃぶる (吸う) suck ㊉. ¶赤ん坊が指を*しゃぶっている The baby *is sucking* ˹its [his; her] thumb. 語法 性別がわかっていれば his, her を用いるのが普通.

しゃへい 遮蔽 —動 (覆い隠す) cover ㊉; (上に何かかぶせて保護する) shelter ㊉.
遮蔽物 cover Ⓒ; shelter Ⓒ.

しゃべる 喋る talk ㊀; (気楽にしゃべる) chat ㊀; (やたらにしゃべる) chatter ㊀.
【類義語】最も一般的で, 以下のものの代わりにも使える語は ***talk***. 友人同士など気がねなく楽しくしゃべるのが ***chat***. つまらないことをぺちゃくちゃしゃべるのは ***chatter***. (☞ はなす[1]; おしゃべり)
¶彼女はよく*しゃべる人だ She *talks* a lot. / She is very *talkative*. // 彼と*しゃべったことはない I've never *talked* ˹to [with] him. // 私たちはビールを飲みながら*しゃべった We ˹*chatted* (*away*) [*had a chat*] over a glass of beer.

シャベル shovel [ʃʌ́vəl] Ⓒ.

シャボンだま シャボン玉 soap bubble Ⓒ.

じゃま 邪魔 —動 (妨害する) disturb ㊉; hinder ㊉; (干渉する) interfere (with ...) ㊀; (障害となる) obstruct ㊉; be in the way; (さえぎる) interrupt ㊉. —名 disturbance Ⓤ; hindrance Ⓒ; interference Ⓤ; interruption Ⓤ; obstruction Ⓤ.
【類義語】平静や集中力をかき乱すのが ***disturb***. 進行を差し止め, 妨害するのが ***hinder***. 余計な手出し口出しをして妨害するのが ***interfere***. 進路の途中に邪魔物を置いて前進を妨げるのが ***obstruct***. 人の行く手をふさぐという意味の口語的表現が ***be [stand] in the way***. 仕事や話などの腰を折るのが ***interrupt***. (☞ ぼうがい; しょうがい[1]; さまたげる)
¶仕事の*邪魔をしないで下さい Don't ˹*disturb* [*hinder*] me in my work. 語法 disturb のほうが普通の言い方. 騒音などで気を散らせるようなことをするなという意味. / (⇒ 口出しなどして干渉するな) Don't *interfere with* my work.
道に大きな石があって交通の*邪魔になった A big ˹rock [stone] on the road *obstructed* the traffic.
お*邪魔でしょうか Am I *in your way*?
お話し中(*邪魔をして)すみませんが, ちょっとお話ししたいことがあります I'm sorry to *interrupt* you, but I have something to talk about with you.
どうもお*邪魔しました (⇒ あなたの時間を取ってしまってすみません) I'm sorry I've *taken so much of your time*. 語法 日本語で「お邪魔しました」を以上のように謝罪する意味で言うことはむしろ少なく, 別れのあいさつ代わりにすることが多い. もしそのような軽い意味であれば, 英語では I must be going now. I'll see you. (＝もう帰らなくてはなりません, さようなら) とか, I've enjoyed talking with you. Good-bye. (＝お話しして楽しかった. さようなら) などとすべきである. しかし, 実際に忙しい相手に時間をさかせてしまったことを謝罪をする必要がある場合は, はじめにあげた英語 (I'm sorry ...) が使われる. (☞ 謝罪の表現 (囲み))
お暇な時にお*邪魔したいと思います (⇒ あなたにお会いしたい) I would like to *see* you when you are free.
彼は私を*邪魔者扱いする He treats me like a *nuisance*.

しゃみせん 三味線 *samisen* Ⓒ ★ 単複同

形；(説明的表現として) (traditional) Japanese three-stringed banjo-like instrument Ⓒ. 《☞ 日本固有の風物と英語 (囲み)》.

シャムねこ シャム猫 Siamese [sàiəmíːz] cat Ⓒ.

ジャム jam Ⓤ, preserves ★ 通例複数形で. 以上 2 つはほぼ同意だが，前者のほうがより一般的；(マーマレード) marmalade Ⓤ. 参考 ジャムには以上のほかに多少ゼラチンを入れた jelly もあり，これも日本ではジャムの一種としている場合が多い. ¶ いちご*ジャム strawberry *jam* // *ジャムつきパン bread with *jam*

しゃむしょ 社務所 shrine office Ⓒ.

しゃめん[1] 斜面 (地面の) slope Ⓒ；(傾斜) slant Ⓒ. 《☞ けいしゃ；こうばい[1]》. ¶ 登山者たちは山の急な*斜面を登って行った The climbers went up the steep *slope* of the mountain.

しゃめん[2] 赦免 (罪を免じること) pardon Ⓤ；(刑期の短縮) remission Ⓤ. 《☞ ゆるす》.

しゃも 軍鶏 gamecock Ⓒ.

しゃもじ 杓文字 (ご飯用のしゃもじ) rice ˹paddle [scoop] Ⓒ 参考 英米には日本のしゃもじに当たるものはないので，説明的には a large wooden spoon for scooping boiled rice のような説明的訳をしなくてはならない.

しゃよう[1] 社用 (会社の用事) the business of *one's* firm. ¶ 彼は*社用でアメリカに渡った He went to the United States *on business*. **社用族** Japanese company employees who take advantage of the expense account system ★ 説明的な訳.

しゃよう[2] 斜陽 — 形 (衰え始めた) declining. **斜陽産業** declining industry Ⓒ.

じゃらじゃら — 動 (じゃらじゃら音を立てる) jingle (自) 《☞ 擬声・擬態語 (囲み)》. ¶ ポケットの中で小銭が*じゃらじゃら音を立てた The coins in my pocket *jingled*.

じゃり 砂利 gravel Ⓤ；(small) pebbles.
【類義語】自然の侵蝕作用で丸くなった小石が ***pebble***. ***pebble*** や岩石の破片が混じったものが ***gravel*** で，道路の修理などに使う.
¶ その小道には*砂利が敷いてある The path *is graveled*. // 私たちの車は*砂利道を走った Our car drove along a *gravel* road.
【参考語】— 動 (砂利を敷く) gravel (他).

じゃりじゃり — 動 (じゃりじゃり音を立てる) crunch (自), make a crunching sound. 《☞ 擬声・擬態語 (囲み)》. ¶ 私たちが歩くと砂は*じゃりじゃりと音を立てた The sand ˹*crunched* [*made a crunching sound*] under our feet.

しゃりょう 車両 (乗り物) vehicle Ⓒ；(鉄道の) car Ⓒ. 《☞ 乗り物 (囲み)》. ¶ この列車は*車両 8 台の編成になっている This train is made up of eight *cars*. // この橋は大型*車両は通行できません This bridge is closed to large *vehicles*.

「駐車禁止. 工事関係車両のみ可」の掲示

しゃりん 車輪 wheel Ⓒ 《☞ くるま》.

しゃれ 洒落 (人を笑わす冗談) joke Ⓒ；(ごろ合わせ) pun Ⓒ. 《☞ じょうだん[1]；ユーモア》. ¶ ほんの*しゃれだよ I'm only *joking*. // 彼にはぼくの*しゃれはわからない He doesn't ˹understand [see the point of] my *joke*.

しゃれい 謝礼 (善行・功績などに対する謝礼金) reward Ⓒ；(弁護士などの専門家に払う手数料・報酬) fee Ⓒ. 《☞ れい[2]；ほうしゅう》. ¶ 新しい情報を提供してくれれば 1 万円の*謝礼を差し上げます A 10,000 yen *reward* will be offered for new information. // 私たちは医者に*謝礼として 5 万円支払った We paid our doctor a *fee* of 50,000 yen. // ピアノの先生の*謝礼は月 2 万円です The *fee* for piano lessons is 20,000 yen per month. // ボランティアの人たちは仕事に対する*謝礼 (⇒ お金) をどうしても受け取ろうとしなかった The volunteers would not take the *money* we offered for their services.

しゃれた 洒落た (趣味のよい) tasteful；(才気のある) witty；(服装が) stylish, smart；(感じのよい・すてきな) nice ★ 口語的な語. 《☞ いき[2]；おしゃれ》. ¶ *しゃれたネクタイをしているね You have a *nice* tie on！ // 彼は*しゃれたことを言った He made *witty* remarks. // 彼はいつも*しゃれた服装をしている He is always *smartly* dressed.

じゃれる play with ... ¶ 子猫が毛糸の玉に*じゃれていた Kittens *were playing with* a ball of yarn.

シャワー shower Ⓒ 《☞ ふろ (挿絵)》. ¶ 彼女は毎朝*シャワーを浴びる She ˹takes [has] a *shower* every morning.

ジャングル jungle Ⓒ ★ 通例 the を付けて. **ジャングルジム** jungle gym Ⓒ.

じゃんけん rock, paper, scissors；toss Ⓒ；toss-up Ⓒ 参考 rock (＝ぐう), paper (＝ぱあ), scissors (＝ちょき) は日本のじゃんけんとほぼ同じだが，元来日本のじゃんけんのような遊びの習慣は英米にはない. そこで例えばかくれんぼの鬼を決めるようなときには，童謡に合わせて数を数え，歌の終わりに当たった者が鬼になるというような選び方をするのが普通である. toss, toss-up は銭投げのことで，硬貨を投げてその裏表で順番を決める. この方法は大人の間でよく行われる.

じゃんじゃん ¶ 彼女はコーヒーに*じゃんじゃん (⇒ 大量に) 砂糖を入れた She put *a great deal of* sugar in her coffee. // 彼は*じゃんじゃん (⇒ 湯水のように) 金を使った He ˹spent [wasted] *money like water*. // あの先生は*じゃんじゃん (⇒ たくさんの) 宿題を出す That teacher assigns us *a large amount of* homework. 《☞ 擬声・擬態語 (囲み)》

シャンソン *chanson* Ⓒ ★ フランス語.

シャンツェ ski jump Ⓒ 参考 「シャンツェ」はドイツ語の Schanze から.

シャンデリア chandelier [ʃæ̀ndəlíə] Ⓒ.

ジャンパー (スポーツ用の) windbreaker Ⓒ ★ 元は商標名. 《☞ 衣服 (囲み)》.

シャンハイ 上海 Shanghai.

シャンパン champagne [ʃæmpéin] Ⓤ.

ジャンプ — 動 (足でけって飛び上がる) jump

[自]; (かなりの距離を飛ぶ・飛んで越える) leap (across ...) [自] ★ 以上2語は入れ替え可能なときもある; (水中などに飛び込む) plunge [自]; (ばねのように勢いをつけて飛び上がる) spring [自]. [語法] 日本語の「ジャンプ」が必ずしも英語の jump に当たるとは限らない点に注意. 《☞ はねる[1] (類義語)》.
¶ 彼は*ジャンプして小川を越えた He *leaped across* the streamlet.

シャンプー —[名] (洗髪) shampoo [ʃæmpúː] Ⓒ; (洗髪剤) shampoo Ⓤ. —[動] (シャンプーで洗う) shampoo [他]. ¶ *シャンプーとセットお願いします《美容院で》I'd like a *shampoo* and set, please.

ジャンボ (ジャンボジェット機) jumbo jet Ⓒ [参考] この語が日本語に入ってきた当時はボーイング747機のことをそう呼んでいた習慣から, いまでも日本語の「ジャンボ」にはそうした限定した使われ方が多いが, 英語ではその他のすべての種類の大型ジェット機が jumbo jet または jumbo と呼ばれる.

しゅ[1] 主 (神) the Lord.

しゅ[2] 主 —[形] (主たる) chief; main; primary. —[副] (主として) chiefly; mainly; primarily. 《☞ しゅとして; おもな (類義語); おもに[1]》.

しゅ[3] 朱 vermilion Ⓤ. ¶ *朱に交われば赤くなる He who touches pitch will be defiled. 《ことわざ: ピッチに触れる者は手が汚れるであろう》

しゅ[4] 種 (生物学上の分類の種) species Ⓒ ★ 単複同形. 《☞ しゅるい; ひんしゅ; いっしゅ》. ¶ このバラはあのバラとは*種が違う This rose is different in *species* from that one.

しゅい 首位 —[名] first [top] place Ⓤ; (指導的な地位) the leading position. —[副] (首位で) at the top. 《☞ いちばん》. ¶ わが国は自動車生産では世界の*首位の座を占めている Our country ⌈is *at the top* [holds *first place*] in automobile production.

しゆう[1] 私有 —[形] private, privately owned ★ 後者のほうが厳密な言い方.
私有財産 private property Ⓤ **私有地** private land Ⓤ ★ 建物も含めた場合は private property Ⓤ.

PRIVATE PROPERTY
NO PARKING
WITHOUT PERMISSION
CAR WILL BE TOWED
AWAY AT OWNERS
EXPENSE

「私有地につき駐車禁止」の掲示

しゆう[2] 雌雄 (雌と雄) male and female ★ 英語は順序が逆. **雌雄を決する** ¶ 2人の英雄が*雌雄を決する (⇒ 勝負を決める戦いをする) 時が来た The time has come when the two heroes *fight a decisive battle*.

しゅう[1] 州 《米》state Ⓒ; 《英》county Ⓒ. ¶ ニューヨーク*州 the *State* of New York 《☞ アメリカ (表)》 // アリゾナ*州立大学 Arizona *State* University // *州議会 *state* assembly

しゅう[2] 週 week Ⓒ 《☞ 時刻・日付・曜日 (囲み)》. ¶ 私は2*週間の休暇をとった I took a two-*week* vacation.

じゆう 自由 —[名] (拘束からの解放) freedom Ⓤ; (権利としての自由) liberty Ⓤ; (気ままな自由) license Ⓤ. —[形] free; (気楽な) easy. —[動] (解放する) free [他], set ... free, liberate [他]; (囚人などを) release [他].
【類義語】束縛・制限・強制などがないことを表すのが **freedom** で, 意味の幅が広い. 選択の自由のように自分のやりたいことができる権利としての自由が **liberty**. 以上の2語はどちらを用いてもよい場合もあるが, 慣用的にいずれも決まった表現に用いられることが多い. これに対して勝手気ままに自由を濫用することを表す語が **license**, また [動] で束縛から解放することを意味するのは **free, set ... free** で, この2つはほぼ同意だが *set ... free* のほうが普通の言い方. 少し形式ばった言い方で, 解放を表す言葉が **liberate**. 囚人など捕えられている者を自由にするのが **release** である. 《☞ かいほう[1]; しゃくほう》
¶ 私たちは*自由な国に住んでいる We live in a *free* country.
私たちは*自由と気ままとをはきちがえてはならない We should not take *freedom* and license to be the same thing.
集会, 結社及び言語, 出版その他一切の表現の*自由は, これを保障する《日本国憲法 第二十一条》*Freedom* of assembly and association as well as speech, press and all other forms of expression are guaranteed.
多くの人々が*自由のために戦い, 死んでいった A lot of people fought and died for ⌈*freedom* [*liberty*].
*自由の女神像はニューヨーク港にある The *Statue of Liberty* stands in New York harbor.
信教の*自由は侵害されてはならない *Liberty* of conscience should not be violated.
最近は忙しくて*自由な時間があまりない I am very busy and have little *free* time these days.
この会では*自由に質問して下さい Please feel *free* to ask any questions at this meeting.
好きな物を何でもご*自由にお取り下さい Please *help yourself to* anything you like.
鳥のように*自由に空が飛びたいものだ I wish I could fly in the sky as ⌈*freely* [*easily*] as a bird. 《☞ 仮定の表現 (囲み)》
彼は6か国語を*自由自在に操ることができる He *has* a very good *command of* six languages.
その囚人は*自由になる日を待ちわびた The prisoner longed for the day he would *be set free*.
自由形 (水泳の) freestyle Ⓤ ★ しばしば the を付けて. **自由主義** liberalism Ⓤ **自由主義国** free nation Ⓒ **自由主義者** liberal Ⓒ **自由世界** the free world **自由民主党**

the Liberal Democratic Party《☞ じみんとう》.

じゅう¹ 十, 10 ―名形 ten [語法]「第10(番目)の」, あるいは「第10(番目)のもの」の場合は the tenth.《☞ 数字(囲み)》.

¶彼女はりんご[石けん]を*10個買った She bought ˹*ten* apples [*ten* cakes of soap]. 《☞ 数の数え方(囲み)》// そのパーティーには何*十人もの人が出席した *Dozens of* people attended the party. // 彼は何*十回となく外国へ行ったことがある He has been abroad *scores of* times. // 彼は一を聞いて*十を知る(⇒理解が速い) He is very *quick to grasp* things.

じゅう² 銃 (大砲・鉄砲・ピストルなど) gun Ⓒ ★一般的に武器を表す語; (ライフル銃) rifle Ⓒ. 《☞ けんじゅう(挿絵); ピストル》. ¶彼は私に*銃を向けた He aimed his *gun* at me.

じゅう³ ―動 (じゅうと音を立てる) sizzle ⓐ. ―名 (じゅうという音) sizzle Ⓒ. 《☞ 擬声・擬態語(囲み)》.

じゅう⁴ 従 ―形 (第2義的な) secondary; (下位の) subordinate.

-じゅう¹ …中 ―前 (一定期間の最初から最後まで) throughout …, all through …; (至る所に[で]) throughout …, all over …; (…の中で) of …; (…の範囲の中で) in … ★以上2つは最上級と共に用いる. ―副 (至る所) throughout, all over. ―形 (すべての) all; (…全体) all, whole. 《☞ -ちゅう; 時・期間の表し方(囲み)》.

¶彼は一日*中(⇒終日)読書しています He is reading books *all day* (*long*).

きのうは一晩*中雨だった It rained *throughout* the night.

今年は夏休み*中忙しかった I was busy ˹*throughout* [*all through*] the summer vacation this year.

彼は一年*中あくせくしていた He busied himself *all the year round*.

家*中ペンキのにおいがする The house smells of paint *throughout*.

体*中かゆい I itch *all over*.

学校*中が大騒ぎした The *whole* school made a fuss about it.

彼は世界*中に名をとどろかせている He is known ˹*all over* the world [*all* the world *over*].

日本*中から申し込みの手紙が届いた Letters of application came from *all over* Japan.

山田君はクラス*中で一番背が高い Yamada is the tallest ˹*in* our class [*of* our classmates].

-じゅう² …重 -fold; (2重の) twofold; (3重の) threefold. 《☞ にじゅう¹; さんじゅう²》.

しゅうあく 醜悪 ―形 ugly《☞ みにくい》.

じゅうあつ 重圧 pressure Ⓤ《☞ あつりょく》. ¶彼は私たちにその提案をのむよう*重圧をかけてきた He put *pressure* on us to accept the proposal.

しゅうい 周囲 (回りの長さ) circumference Ⓤ; (回りの状況) surroundings ★複数形で; (取り巻く環境) environment. 《☞ まわり; あたり¹; かんきょう》.

¶その湖は*周囲約8キロあります The lake is about eight kilometers ˹*around* [*in circumference*]. // 読書をするのにはもっと*周囲が静かでなければいけません We need ˹quieter *surroundings* [a quieter *environment*] to read a book. // その牧場は*周囲にさくをめぐらしてあった The pasture was enclosed with fences all *around*. // 彼が成功したのは*周囲の人々が皆援助してくれたおかげです He has succeeded because all the people *around* him helped him. // あなたは*周囲を(⇒人の言うことを)気にしすぎる You are too conscious of *what other people say*.

じゅうい 獣医 veterinarian [vèt(ə)rənɛ́(ə)riən] Ⓒ,《口語》vet Ⓒ. **獣医学** veterinary [vét(ə)rənèri(:)] ˹science [medicine] Ⓤ **獣医学校** veterinary school Ⓒ.

じゅういち 十一, 11 ―名形 eleven [語法]「第11(番目)の」, あるいは「第11(番目)のもの」の場合は the eleventh. 《☞ 数字(囲み)》.

じゅういちがつ 十一月 November《略 Nov.》★語頭は必ず大文字. 《☞ いちがつ[語法]; 時刻・日付・曜日(囲み); 略語(欄外)》.

しゅうえき 収益 (利益) profit Ⓤ《☞ りえき; しゅうにゅう》. ¶会社は十分な*収益をあげたThe company made a satisfactory *profit*.

じゅうおう 縦横 ―副 (四方八方に) in all directions; (存分に) freely. 《☞ たてよこ》.

¶東京では鉄道が*縦横に通じている A network of railways runs *in all directions* in Tokyo.

じゅうおく 十億 a [one] billion [参考]《英》では最近まで thousand millions と言っていたが, 現在では《米》に合わせて billion を用いる傾向にある. 《☞ 数字(囲み)》.

しゅうかい 集会 meeting Ⓒ; assembly Ⓒ [語法] 前者は一般的な語, 後者は宗教的・政治的その他の公的な集会; (政治的な示威などを目的とする大集会) rally Ⓒ. 《☞ あつまり; かい¹(類義語); かいごう》.

¶学生たちは抗議*集会を開いた The students held a *meeting* of protest. // *集会には約3千人の人が集まった About 3,000 people gathered at the *assembly*. // 国会議事堂の前で政治*集会が開かれた A political *rally* was held in front of the Diet Building.

集会所 (集会の場所) meeting place Ⓒ; (公的な集会所) assembly hall Ⓒ.

しゅうかく¹ 収穫 ―名 crop Ⓒ; harvest Ⓒ [語法] 作物やその収穫を表す最も一般的な語が crop. 取り入れやその時期・収穫高を言うやや文語的な語が harvest. ―動 harvest ⓣ; crop ⓣ ★動詞の場合は前者のほうが一般的. 《☞ とりいれ; かりいれ¹》.

¶今年は小麦の*収穫(高)が多かった We had a large wheat ˹*crop* [*harvest*] this year. // 台風のために彼らは米の*収穫に大きな損害をこうむった They suffered heavy losses in the rice *crop* from the typhoon. // 秋は*収穫の季節だ Fall [Autumn] is the *harvest* season. // その本からあまり多くの*収穫は得られないだろう You will not be able to *get* much

し

from the book.

しゅうかく² 臭覚 the sense of smell《☞ きゅうかく》.

しゅうがく 就学 ―動(入学する) enter [attend] school《☞ にゅうがく》. ¶両親は子供を*就学させる義務がある(⇒子供を学校へやらなければならない) Parents have to *send* their children *to school*. // その少年はまだ*就学年齢に達していない The boy has not yet reached *school age*.

しゅうがくりょこう 修学旅行 school excursion Ⓒ《☞ りょこう(類義語)》.

じゅうがつ 十月 October《略 Oct.》★語頭は必ず大文字.《☞ いちがつ 語法; 時刻・日付・曜日(囲み); 略語(欄外)》.

しゅうかん¹ 習慣 ―名(個人的な習慣・癖) habit Ⓒ; (社会的な習慣・しきたり) custom Ⓒ; (伝統的に確立された習慣・慣習) convention Ⓒ; (意識的に行う習慣) practice Ⓒ. ―形 habitual; customary; conventional.《☞ くせ; かんしゅう¹(類義語)》.
¶喫煙は悪い*習慣です Smoking is a bad *habit*. // 悪い*習慣を身につけないように注意しなさい Be careful not to develop any bad *habits*. // 私はその*習慣を直そうと努めている I'm trying to break that *habit*. // 私は夕食後歯をみがくのを*習慣にしています I *make it a* ˹*rule* [*practice*] to brush my teeth after supper. // この村では昔からの*習慣がよく守られています Old *customs* are well kept up in this village. // 誕生日に贈り物をするのはよい*習慣だと思います I think it's a nice *custom* to give presents on birthdays. // それはこの国の*習慣です It's *customary* in this country.

しゅうかん² 週刊 ―形(週刊の) weekly《☞ げっかん》. ¶これは*週刊の小冊子です This is a booklet *published weekly*.
週刊誌 weekly (magazine) Ⓒ.

しゅうかん³ 週間 week Ⓒ《☞ しゅう²》.
¶2, 3*週間もしたら戻ってきます I'll be back in a couple of *weeks*.

じゅうかん 縦貫 ―動 run through ...
¶この道路は私たちの町を*縦貫しています This road *runs through* our city.

しゅうき¹ 周期 ―名(周期的に起こる事柄) cycle Ⓒ; (周期の長さ・区切り) period Ⓒ. ―形(周期的な) periodic(al), cyclic ★後者はやや形式ばった語. ―副(周期的に) periodically; in cycles.
¶四季は*周期をなしている The seasons of the year make a *cycle*. // それは*周期的に現れる It appears *periodically*. / (⇒規則正しい間隔で) It appears *at regular intervals*.

しゅうき² 臭気 (いやなにおい) bad smell Ⓒ, offensive odor Ⓒ 語法 前者のほうが平易で, 広い意味を持つ言い方. bad, offensive の代わりに foul, nasty なども用いられる. odor は smell とほぼ同意だが, 特に薬品・液体などのにおい; (特に強い悪臭) stink Ⓒ.《☞ におい(類義語); くさい; あくしゅう¹》.
¶この部屋には*臭気が漂っている(⇒不快なにおいをもっている) This room has an *unpleasant smell*. / (⇒何かがにおう) Something *smells* in this room. / (⇒部屋で何かいやな物のにおいがする) I can *smell* something *nasty* in this room. // *臭気が鼻をつく(⇒それはにおう) It *stinks*. / (⇒それはいやなにおいをもっている) It has an *offensive smell*. // この沼は*臭気を放っている This swamp gives off an *offensive smell*.

-しゅうき 周忌 the anniversary of *a person's* death. ¶きょうは父の3*周忌だ Today is *the* second *anniversary of* my father's *death*.

しゅうぎ 祝儀 (祝いの贈り物) gift Ⓒ, present Ⓒ; (心づけ・チップ) tip Ⓒ, gratuity Ⓒ ★後者はやや改まった表現.《☞ チップ¹》.

しゅうぎいん 衆議院 the House of Representatives《☞ 政治・経済(囲み)》.
¶*衆議院は昨日解散した *The House of Representatives* (was) dissolved yesterday.
衆議院議員 representative Ⓒ《略 rep., Rep.》; (少し形式ばった正式の言い方として) member of the House of Representatives Ⓒ.《☞ ぎいん》 **衆議院議長** the Speaker of the House of Representatives.

しゅうきゅう¹ 週休 ¶*週休2日制(⇒週5日の勤務)が普通になってきている The five-day week is becoming usual.

しゅうきゅう² 週給 (weekly) pay Ⓤ; (weekly) wages 語法 wages は通例複数形で用いる. pay は給料を表す最も普通の言葉. wages は「賃金」という感じ. 英米では元来生活のサイクルが週単位であるため, weekly がなくても週給の意味になることが多い. なお, 週給の場合は金曜日が支給日.《☞ きゅうりょう¹(類義語)》.

じゅうきょ 住居 (一般的には) house Ⓒ; (邸宅) residence Ⓒ.《☞ いえ(類義語)》.

しゅうきょう 宗教 ―名 religion Ⓤ ★個別の宗派を指すときは Ⓒ; (信仰) faith Ⓒ, belief Ⓒ ★両者とも信仰の意から転じて宗教の意味に用いられる. ―形 religious.
¶「お宅の*宗教は何ですか」「仏教です」"What is your (family) *religion*?" "We are all Buddhists." // 新興*宗教と既成*宗教 the ˹new [newly-risen] and the established *religions* // 彼女はまったく*宗教に関心がない She is quite indifferent to *religion*. // いま彼女はある*宗教にこっている She has become ˹a *religious* fanatic [fanatic in some *religion*]. / She is now devoted to a certain *religion*. // 私は無*宗教です I do not follow any particular *religious belief*.
宗教家 (宗教に関係している人) man of religion Ⓒ; (宗教心のあつい人) religious man Ⓒ; (司祭) priest Ⓒ **宗教改革** (一般的には) religious reformation Ⓒ; 〚歴史〛 the Reformation **宗教学** the science of religion; (西欧の神学) theology Ⓤ.

しゅうぎょう¹ 終業 ¶*終業は5時です(⇒5時に仕事を終わる) We ˹*close* [*stop working*] at five o'clock in the evening. 語法 close は店・工場などの場合について言うことが多い. / The *closing* [*Closing*] time is at five o'clock. // 本日は*終業しました Business is *over* for today. // 日本の学校では学期の終わりごとに*終業式を行う In Japan a short ceremony is held on the day when *the school breaks up* at the end of the term.

しゅうぎょう² 就業 ¶1日の*就業 (⇒ 勤務) 時間はどのくらいですか What are your 「*working* [*business*] hours? / (⇒ 何時間働くか) How many hours do you work a day? // *就業中の電話はご遠慮下さい No telephone calls [Please don't use the telephone] during *working hours*. // *就業中《掲示》 In *Operation* **就業規則** office regulations.

しゅうぎょう³ 修業 ¶中学校の*修業年限は3年です (⇒ 中学教育は3年の課程からなる) Junior high [Middle] school education consists of a three-year course. / (⇒ 中学校の卒業には3年の出席が必要です) Three years' *attendance* is required for graduation from 「junior high [middle] school.

じゅうぎょういん 従業員 (雇用者に対して被雇用者) employee Ⓒ; (労働者) worker Ⓒ; (一事業所全体の) the (working) staff ★ 複数形にはしない. 《☞ しゃいん; しょくいん》. ¶その工場は*従業員はどのくらいいますか (⇒ どれくらいの人数の人が働いているか) How many people work in the factory? / How many 「*employees* [*workers*] are there in the factory?

しゅうきょく¹ 終局 (終わり) end Ⓒ, close Ⓒ ★ ほぼ同意だが, end のほうが明確な終結という感じ; (音楽・演劇などから転じて) finale [finǽli(:)] Ⓒ. 《☞ おわり (類義語)》.

しゅうきょく² 終極 —形 ultimate 《☞ きゅうきょく; さいしゅう²》. ¶*終極の目的 the *ultimate* purpose

しゅうきん 集金 —動 collect money. —名 collection Ⓤ. ¶牛乳屋は毎週土曜日に*集金をします The milkman *collects money* every Saturday.

じゅうきんぞく 重金属 heavy metal Ⓒ.

じゅうく 十九, 19 —名形 nineteen 語法 「第19(番目)の」, あるいは「第19(番目)のもの」の場合は the nineteenth. 《☞ 数字 (囲み)》.

ジュークボックス jukebox Ⓒ.

シュークリーム cream puff Ⓒ 参考 「シュークリーム」はフランス語の chou à la crème からきている.

じゅうぐんきしゃ 従軍記者 war correspondent Ⓒ 《☞ きしゃ²》.

しゅうけい 集計 —動 (合計する) add up ㊀, total ㊀. —名 (合計) total Ⓒ. 《☞ ごうけい; そうけい¹》.

じゅうけいしょう 重軽傷 serious or slight injury Ⓒ. ¶10人が*重軽傷を負った Ten people *were injured either slightly or seriously*.

しゅうげき 襲撃 —名 attack Ⓒ, raid Ⓒ ★ 後者は特に突然の襲撃をいう. —動 attack ㊀, raid ㊀. 《☞ おそう (類義語); しゅうらい》.

じゅうげき 銃撃 —動 shoot (with a 「gun [rifle; pistol]) ㊀ ㊁.

しゅうけつ¹ 集結 —動 (集まる・集める) concentrate ㊁ ㊀, gather ㊁ ㊀ ★ 後者のほうが口語的だが, 見出し語のニュアンスには前者のほうが近い. —名 concentration Ⓤ. 《☞ あつまる; あつめる; けっしゅう》. ¶敵軍は山の向こう側に*集結している The enemy troops *have concentrated* on the other side of the hill.

しゅうけつ² 終決, 終結 —動 (終わらせる) bring ... to an end 《☞ おわり》. ¶我々はストを*終結させるよう努力したがだめだった We made an effort to *bring* the strike *to an end* but without success.

じゅうけつ 充血 —名 congestion Ⓤ. —形 (充血した) congested; (眼が) bloodshot. 《☞ ちばしる》. ¶目が*充血している Your eyes are *bloodshot*.

じゅうご 十五, 15 —名形 fifteen 語法 「第15(番目)の」, あるいは「第15(番目)のもの」の場合は the fifteenth. 《☞ 数字 (囲み)》. ¶いま8時*15分前です It is 「(a) *quarter* [*fifteen* minutes] to eight. 《☞ 時刻・日付・曜日 (囲み)》

しゅうこう¹ 周航 —名 (遠洋の航海など) cruise Ⓒ; (世界の) circumnavigation Ⓤ. —動 (巡航する) cruise ㊁; (世界を周航する) circumnavigate ㊀. 《☞ こうかい²》.

しゅうこう² 就航 —動 (処女航海をする) make a maiden voyage; (営業を開始する) enter service.

しゅうごう 集合 —動 (人が集まる) gather ㊁; (意図的に, または偶然に複数の人が集まる) meet ㊁; (大勢の人がある目的をもって集まる) assemble ㊁. —名 gathering Ⓤ; meeting Ⓒ; assembly Ⓒ ★ やや形式ばった語; 〘数学〙 set Ⓒ. 《☞ あつまる (類義語)》. ¶全員*集合したか (⇒ みんなここにいるか) Is everybody here? // 1時間後にみんなここに*集合すること We are to *meet* here again one hour later. // 生徒は全員直ちに体育館に*集合しなさい All the students 「must [are requested to] *come* into the gym immediately. // *集合時間と*集合場所を忘れないように Be sure to remember when and where *to meet*.

集合名詞 〘文法〙 collective noun Ⓒ.

じゅうこう 銃口 the muzzle (of a gun) Ⓒ 《☞ けんじゅう (挿絵)》.

じゅうこうぎょう 重工業 heavy industry Ⓤ.

しゅうこうじょうやく 修好条約, 修交条約 amity [friendship] treaty Ⓒ. ¶日本は1854年にアメリカと*修好条約を結んだ Japan concluded an *amity treaty* with America in 1854.

じゅうごや 十五夜 full moon night Ⓒ 《☞ まんげつ; つき¹ (挿絵)》. ¶昨晩は*十五夜の月が (⇒ 満月が) 輝いていた I saw a *full moon* shining in the sky last night. // きょうは*十五夜です (⇒ 満月をもつ) We have a *full moon* tonight. / (⇒ 月が満ちる) *The moon* is *full* this evening.

ジューサー juicer Ⓒ 《☞ 台所・家事 (囲み)》.

しゅうさい 秀才 ―[形]（頭のよい）bright；（知能の高い）intelligent；（生まれつき才能のある）talented. ―[名] bright [intelligent；talented] person [C].《☞ あたま》. ¶ 彼は子供のころはとても*秀才だった He was *very* ˹*bright* [*intelligent*] when he was a child.

じゅうざい 重罪 major crime [C]；（死罪に相当するような重罪）capital crime [C]；felony [C] ★ 法律用語として，「軽犯罪」(misdemeanor) に対して用いる.《☞ はんざい；つみ》. ¶ 彼は*重罪を犯した He committed a *major crime*.

しゅうさく 習作 study [C]；（特に芸術用語では）étude [éit(j)u:d] [C].

じゆうさくぶん 自由作文 free composition [U]《☞ 欄外》.

じゅうさつ 銃殺 ―[動]（銃殺する）execute *a person* by shooting《☞ しけい》.

じゅうさん 十三，13 ―[名][形] thirteen [語法]「第 13（番目）の」，あるいは「第 13（番目）のもの」の場合は the thirteenth.《☞ 数字（囲み）》.

しゅうし[1] 収支 （収入と支出）revenue and expenditure, income and outgo ★ 後者のほうが口語的な表現；（取引の収支勘定）balance [U].《☞ しゅうにゅう；ししゅつ》.
¶ *収支を償わせるのが一苦労だ I have great difficulty in *making* (*both*) *ends meet*. [語法] make (both) ends meet は「収入の範囲内で暮らす」という意味の慣用句. ∥ 日本の国際*収支は赤字[黒字]だ Japan's *balance* of ˹trade [payments] is in the ˹red [black].《☞ 政治・経済（囲み）》

しゅうし[2] 修士 （修士号）master's degree [C]；（文科系）Master of Arts《略 M.A.》；（理科系）Master of Science《略 M.S.》；（修士号をもつ人）master [C].《☞ 学校・教育（囲み）》. **修士課程** the master's course **修士論文** master's thesis [C]《複 theses》.

しゅうし[3] 宗旨 （宗派）religious sect [C]；（宗教）religion [C]. ¶ 彼はキリスト教に*宗旨がえをした（⇒ 改宗した）He ˹*converted* [*was converted*] *to* Christianity.

しゅうし[4] 終始 （初めから終わりまで）from beginning to end；（ずっと）throughout.《☞ ずっと》.

しゅうじ 習字 calligraphy [U]；（書法・書き方練習）penmanship [U].《☞ しょ》.

じゅうし[1] 重視 ―[動]（…を重大にとる）take … seriously；（…を重要と思う）think … important ★ 最も平易な言い方；（重要性を与える）attach importance (to …)；（重んじる）think much of … ―[名]（重大な考慮）serious consideration [U].《☞ じゅうよう[1]；おもんじる》.
¶ 我々はその問題を*重視している We *take* the matter *seriously*. / （⇒ その問題は重要だと考える）We *think* (that) the matter is *important*. / We *attach great importance to* the matter. ∥ 彼は数学を*重視している（⇒ 数学に重点を置いている）He ˹*lays* [*places*；*puts*] *stress* on mathematics.

じゅうし[2] 十四，14 ―[名][形] fourteen [語法]「第 14（番目）の」，あるいは「第 14（番目）のもの」の場合は the fourteenth.《☞ 数字（囲み）》.

じゅうじ[1] 従事 ―[動]（仕事にたずさわる）be engaged in … ¶ 彼は印刷業に*従事している He *is engaged in* printing.

じゅうじ[2] 十字 cross [C].

じゅうじか 十字架 cross [C] ★ キリストがはりつけになった十字架は the Cross. ¶ キリストは*十字架（上）で死んだ Jesus died on *the Cross*. ∥ 私は*十字架を背負う覚悟ができている I am prepared to bear my *cross*. ★「自分の苦難に耐えてゆく」という意味.

しゅうじぎもん 修辞疑問 〖文法〗 rhetorical question [U]《☞ 欄外》.

じゅうじぐん 十字軍 crusade [C] ★ しばしば大文字で用いる；（個々の戦士）crusader [C].

じゅうしち 十七，17 ―[名][形] seventeen [語法]「第 17（番目）の」，「第 17（番目）のもの」の場合には the seventeenth.《☞ 数字（囲み）》.

しゅうじつ[1] 終日 （1 日中）all day (long)；（1 日中ずっと）throughout the day ★ 動作の継続の意味が強い；（丸 1 日）the whole day, all the day ★ 以上 2 つはある特定の日に一日中という意味で，ほぼ同意；（朝から晩まで）from morning till night.

自由作文 (free composition) 特に題を決めずに，自由な題で作文すること．ただし，題を与えて書く作文にも用いることがある．

元来「作文」(composition) とは自分で文を作ることであって，和文英訳を英作文と呼ぶのは本当はおかしいのである．

ところで，英語学習の面から言うと，自由作文はまことによい練習方法である．

一部には自由作文はかなり高度な練習と思っている人もいるようであるが，そんなことはない．それぞれの学習程度に合わせていろいろに応用できる．自分に可能な範囲で，なんとか自分の意思を，当たらずといえども遠からずという感じで表現するように努力することが非常によい練習となるのである．

作文には，日本語と同じように日記・手紙・エッセイなどいろいろのタイプがあるが，完全に自由な表現ができない人は，内容と範囲を限って練習してみるとよい．《☞ 英作文（欄外）》

修辞疑問 (rhetorical question) 強意表現の1つで，形は疑問文であるが，相手の答えを求めているのではなく，反語的に話者の考えを納得させようとする表現．

Who knows? (=No one knows.) あるいは Who doesn't know? (=Everyone knows.) のように，肯定の疑問文は否定の平叙文に，否定の疑問文は肯定の平叙文に相当するが，修辞疑問文を用いると平叙文を用いた場合よりはるかに感情的であって，文意は強められる．

従って説得の折とか，演説などでは好んで用いられるが，余り多用すると作為的で不自然な文体となるおそれがある．

なお修辞疑問には，疑問詞を伴う特殊疑問 (special question) だけでなく，一般疑問 (general question) も用いられる．

¶おかしいだろう Isn't it funny? (=It's very funny.) ∥ 私がそんなところへ行きたがっているものか Will I go to a place like that? (=I will not go to a place like that.)

¶我々は*終日一生懸命働いた We worked hard 「all day [from morning till night].

しゅうじつ² 週日 weekday Ⓒ ★1週間のうち日曜を除いた日. 土曜も除く場合もある. 《☞ウィークデー》.

じゅうじつ 充実 ―形 (内容がいっぱいの) full; (豊かな) rich; (中身のある) substantial. ―名 fullness Ⓤ; substantiality Ⓤ ★やや形式ばった語. 《☞みちたりる》.

¶彼は*充実した生活を送った He 「led [lived] a *full* life. // 私は*充実した夏休みを送った (⇒忙しく有益な日を送った) I have spent very busy and useful days during this summer vacation. // 彼の本は内容が*充実している His book is 「*substantial* [*rich* in content]. // その学校は研究施設が*充実している (⇒完全な研究施設を持っている) The school has *complete* facilities for advanced studies.

しゅうしふ 終止符 period Ⓒ, 《英》 full stop Ⓒ. 《☞ピリオド (欄外)》. ¶そのスキャンダルは彼の政治生命に*終止符を打った The scandal put 「a *period* [an *end*] to his political career.

じゅうしまつ 十姉妹 Bengalee [beŋgɔ́:li(:)] Ⓒ.

しゅうしゃ 終車 (最後の列車[バス]) the last 「train [bus] 《☞しゅうでんしゃ》.

¶「*終車は何時ですか (⇒終車は何時に出ますか)」「11時40分です」"When does *the last* 「*train* [*bus*] leave?" "At 11 : 40 p.m."

しゅうしゅう¹ 収拾 ―動 (事件などを解決する) settle ⊕; (困った状況を回避させる) save the situation ★互いにばつの悪い立場などについていう; (問題を解決する) solve ⊕; (事態を処理する) handle the situation. ―名 (制御) control Ⓤ; settlement Ⓤ; solution Ⓤ. 《☞かいけつ; おさめる²》.

¶事態を何とか*収拾しなくてはならない We must 「*solve* the problem [*settle* the matter] by all means. // 会議は*収拾がつかなくなった (⇒会議は混乱に陥った) The conference was thrown into confusion.

しゅうしゅう² 収集 ―動 collect ⊕ 【語法】組織的に集めることをいう言葉で, 単に集める動作のみをいう gather は用いられない; (手に入れる) obtain ⊕. ―名 collection Ⓤ ★収集物の意味では Ⓒ. 《☞あつめる》.

¶彼女は切手の*収集が趣味だ Her hobby is *collecting* stamps. // 彼は本を書く資料の*収集のためにアメリカへ行った He visited America to *collect* 「materials [data] for his book.

しゅうしゅう³ ―名 (しゅうしゅうという音) hiss Ⓒ. ―動 (しゅうという音を出す) hiss ⓐ. 《☞擬声・擬態語 (囲み)》. ¶空気が小さいすきまから*しゅうしゅうと吹き出している Air is rushing out of a small opening with a *hissing sound*. / Air is *hissing* from a small opening.

じゅうじゅう 重重 ―副 very (much) 《☞かさねがさね; よくよく》.

しゅうしゅく 収縮 ―動 (布などが縮む) shrink ⓐ; (筋肉・金属などが縮小する) contract ⓐ; (圧縮されて狭くなる) be constricted. ―名 shrinkage Ⓤ; contraction Ⓤ; constriction Ⓤ. 《☞ちぢむ; のびちぢみ》.

¶筋肉の*収縮 the *contraction* of a muscle // 血管の*収縮 the *constriction* of the blood vessels // 鉄は熱すると膨張するが冷やすと*収縮する Iron expands when heated and *contracts* when cooled.

しゅうじゅく 習熟 ―動 (慣れる[慣れている]) get [be] used to ... ―形 (習熟した) skilled; (精通した) expert. ―名 (熟練) skill Ⓤ; (精通) mastery Ⓤ. 《☞なれる¹; じゅくれん》. ¶私はまだその仕事に*習熟していない (⇒慣れていない) I *am* not *used to* the job yet.

じゅうじゅん 柔順, 従順 ―形 (言われたことに素直に従う) obedient; (おとなしい) gentle; (怒ったりせず辛抱強くおとなしい) meek. ―名 obedience Ⓤ; gentleness Ⓤ; meekness. 《☞おとなしい; すなお》. ¶彼は*柔順な子だ He is an *obedient* child. / (⇒おとなしい性格を持つ) The boy has a *gentle* nature.

じゅうしょ 住所 (郵便などの所番地) address [ədrés] Ⓒ 《☞手紙の書き方 (囲み)》.

¶「*住所はどちらですか」「調布市小島町1-2-3です」"What is [May I have] your *address*, please?" "It's [My *address* is] 1-2-3 Kojima-cho, Chofu." / (⇒どこに住んでいるのですか) "Where do you live?" "I live at 1-2-3 Kojima-cho, Chofu." 《☞数字 (囲み)》 // 彼は先月末に*住所を変えた He changed his *address* at the end of last month. // *住所不定の男が盗みで捕まった A man of no fixed *address* [A *vagrant*] was arrested for theft. // 東京の現*住所を書きなさい Write down 「your Tokyo *address* [your present *address* in Tokyo], please.

住所不明 (手紙の) address unknown ★このままの形で封筒などに書く. **住所録** (自分で記入する) address book Ⓒ; (1冊の本になっている人名簿) directory Ⓒ.

しゅうしょう 愁傷 **ご愁傷さまです** (⇒心からの同情を申し上げます) I extend my 「sincere [heartfelt] *sympathy* to you. / (⇒私の悔やみを受け入れて下さい) Please accept my sincere *condolences*.

じゅうしょう¹ 重傷 ―動 (重傷を負わせる) seriously 「injure [wound] ⊕ 【語法】名詞の injury は事故などのけが, wound はピストル・刃物などの武器によるけが. なお「重傷を負う」は受身構文となる. ―名 serious [severe] 「injury [wound] Ⓒ. 《☞けが; きず》.

¶彼は*重傷を負った He *was seriously* 「*injured* [*wounded*]. / He 「suffered [received] a *severe injury*. // 強盗は警官に*重傷を負わせた The robber *seriously* 「*injured* [*wounded*] the policeman.

重傷者 seriously 「injured [wounded] person Ⓒ.

じゅうしょう² 重症 ―形 (重い病気で) seriously 「sick [ill]; (危篤状態で) in a critical condition. ―名 serious [grave] illness Ⓤ. 《☞じゅうびょう; じゅうたい¹; 病気・

病院(囲み)》. ¶彼は*重症だ He is ⌈*seriously* [*gravely*] *ill.* / He is *in a critical condition.*
重症患者 serious case Ⓒ.

しゅうしょく¹ 就職 ―動 (職を得る[見つける]) get [find] a ⌈job [position] ★ position のほうがやや堅苦しい言い方; (勤め口を得る[見つける]) get [find] employment ★ 前の言い方とほぼ同意; (雇われる) be employed. ―名 finding employment Ⓤ.
¶彼は出版社に*就職した He *got a* ⌈*job* [*position*] ⌈with [in] a publishing company.
「卒業後はどこへ*就職しますか」「銀行に*就職するつもりです」"What kind of job are you going to do after graduating from school?" "I'm ⌈going [planning] to ⌈*get* [*find*] *a* ⌈*job* [*position*] at a bank."
今年は卒業生全員が*就職できた All the graduates could ⌈*get* [*find*] *employment* this year.
弟さんはどこに*就職していますか (⇒ どんな仕事をもっているか) What kind of *job* does your brother *have?* / (⇒ どんな会社に勤めていますか) *What company* does your brother *work* for?
彼は保険会社に*就職している(⇒ 雇われている) He *is* ⌈*employed* in [*in the employ of*] an insurance company.
彼はまだ*就職が決まっていない He *has* not ⌈*gotten* [*found*] *a job* yet.
おじが*就職の世話をしてくれた(⇒ 私にその職を見つけてくれた) My uncle found me *the job.* / (⇒ おじの世話で就職した) I *got the job* through my uncle's influence.
いまは新卒者にとってたいへんな*就職難です It's very difficult for new graduates *to get jobs* these days.
私は目下*就職運動で忙しい(⇒ 仕事を探して) I am busy ⌈looking [hunting] for *a job.* / I'm busy seeking (for) *employment.*
就職口 (仕事) job Ⓒ; (やや改まった語) position Ⓒ; (欠員) vacancy Ⓒ. ¶何かよい*就職口はありませんか Do you happen to know of any *vacancies* in a good company?

しゅうしょく² 修飾 ―名 〖文法〗 modification Ⓤ. ―動 〖文法〗 modify ㊀, qualify ㊀. **修飾語** modifier Ⓒ.

じゅうしょく 住職 the chief priest (of a Buddhist temple) Ⓒ.

じゅうじろ 十字路 crossroads ★ 複数形で, しばしば単数扱い; (交差点) intersection Ⓒ. 《☞ こうさてん》. ¶この道をまっすぐにいくと*十字路にでます Go along this street and you will come to a *crossroads.*

しゅうしん¹ 終身 ―副 (あるときから死ぬまで) *for life*; (生まれてからずっと) all (through) *one's* life. ―形 life ★ 名詞の前に付けて用いる. **終身会員** life member Ⓒ **終身刑** (判決) life sentence Ⓒ; (懲役) life imprisonment Ⓤ, imprisonment for life Ⓤ **終身雇用** life employment Ⓤ **終身年金** life ⌈pension [annuity] Ⓒ.

しゅうしん² 執心 ―動 (熱心である) be devoted to ...; (愛着を感じる) be attached to ... ―名 devotion Ⓤ; attachment Ⓒ. 《☞ しゅうちゃく》.

しゅうしん³ 就寝 ―動 (寝る) go to bed.

しゅうじん 囚人 (未決囚をも含めた) prisoner Ⓒ; (有罪となった) convict Ⓒ.

じゅうしん 重心 the ⌈center [《英》 centre] of gravity 《☞ つりあい》. ¶彼は*重心でその棒の釣り合いをとった He balanced the pole at its *center of gravity.* // 片足で体の*重心(⇒ 釣り合い) をとるのは難しい It is difficult to ⌈*balance* [*poise*] *yourself* on one leg.

ジュース¹ (缶詰などの清涼飲料) soft drink Ⓒ; (果物を絞った果汁100%のもの) juice [dʒúːs] Ⓤ 【語法】 日本では炭酸水の混じった瓶詰や缶詰のものもジュースというが, これらを英語では soft drink という. 《☞ しる²; 数の数え方(囲み)》. ¶オレンジ*ジュース orange *juice*

ジュース² (テニスなどの) deuce [d(j)úːs] Ⓤ.

しゅうせい¹ 修正, 修整 ―動 (法律・条約などの語句を改める) amend ㊀; (文書などを部分的, 全般にわたって改訂する) revise ㊀; (規則や基準から逸脱したものを直す) rectify ㊀; (一般的に誤りを正す) correct ㊀, put ... right ★ 後者は最も平易な表現. 以上2者はどちらかというと「訂正」という日本語に近いことが多い; (部分的に削ったり加えたりして直す) modify ㊀; (変更する) change ㊀; (特に細部の変更をする) alter ㊀. ―名 amendment Ⓤ; revision Ⓤ; alteration Ⓤ; modification Ⓤ; correction Ⓤ; rectification Ⓤ. 《☞ ていせい; へんこう¹》.
¶委員会はその法案を*修正することに決めた The committee decided to *amend* the bill. // 来年度の予算案はこの前の会議で*修正された The budget bill for the next fiscal year *was revised* at the last meeting. // 字句を少し*修正(⇒ 変更) したほうがいいです You'd better make some ⌈*changes* [*alterations*] in the wording. // その契約の条件は一部*修正された The terms of the contract *were modified.* // 彼らはその人工衛星の軌道を*修正しようとした They tried to *rectify* the orbit of the satellite. / (⇒ 正しい軌道に乗せようとした) They tried to *put* the satellite *in the right orbit.*
修正資本主義 modified [revised] capitalism Ⓤ **修正主義者** revisionist Ⓒ.

しゅうせい² 習性 (動植物の) habit Ⓒ; (人・動物の平常の行動) behavior Ⓒ. ¶私は動物の*習性に関心がある I'm interested in ⌈animal *behavior* [the *habits* of animals].

しゅうせい³ 終生 ―副 (一生涯) all *one's* life; (生きている限り) as long as *one* lives. ―形 (一生の間続く) lifelong. 《☞ いっしょう¹》.

じゅうせい 銃声 (gun) report Ⓒ. ¶私はその*銃声を聞いた I heard the *report* of a gun.

じゅうぜい 重税 (税金) heavy tax Ⓒ; (輸出入物品の) heavy duty Ⓒ; (課税の意味では) heavy taxation Ⓤ. 《☞ ぜいきん》. ¶これらの商品には*重税がかかっている *Heavy taxes* are imposed on these goods. / These goods bear heavy duties.

しゅうせき 集積 ―名 (蓄積) accumulation Ⓤ; 〘物理〙 integration Ⓤ. ―動 (大量に集める) accumulate ⓗ. 《☞ ちくせき; つみかさねる》. **集積回路** 〘電気〙 integrated circuit Ⓒ 《略 IC》.

じゅうせき 重責 (重い責任) heavy responsibility Ⓒ; (重大な任務) important 「duty [mission] Ⓒ. 《☞ せきにん; たいにん¹》.

しゅうせん¹ 周旋 ―名 (不動産などの仲介) agency Ⓒ; (斡旋(あっせん)) good [kind] offices. ―動 (取りもち役を務める) act as an agent. 《☞ あっせん; ちゅうかい》. ¶ 彼は土地の*周旋をしている He is a land 「*agent* [*broker*]. **周旋業** brokerage Ⓤ **周旋屋** broker Ⓒ **周旋料** (手数料) commission Ⓒ.

しゅうせん² 終戦 the end of a war; (特に第2次大戦の) the end of World War II. 《☞ せんそう¹; せんご; せんぜん》.

しゅうぜん 修繕 ―動 (修理する) repair ⓗ, 《米口語》 fix ⓗ. ―名 repair Ⓤ ★ しばしば複数形で. 《☞ しゅうり; なおす》.

¶ 彼は屋根を*修繕していた He was making *repairs* to the roof. // このラジオはもう*修繕がきかない (⇒ 修繕をこえている) This radio is 「beyond [past] *repair*. / This radio cannot *be repaired*.

しゅうそ 臭素 〘化学〙 bromine Ⓤ 《元素記号 Br》.

じゅうそう¹ 縦走 ―動 (尾根伝いに歩く) walk along the (mountain) ridges.

じゅうそう² 重曹 〘化学〙 sodium bicarbonate Ⓤ.

じゅうぞく 従属 ―形 (…より位が下の; …の支配下にある) subordinate (to ...); (…に世話になっている; …に養われている) dependent (on ...); (他の権力の支配下にある) subject (to ...). ―名 subordination Ⓤ; dependence Ⓤ. 《☞ ふくじゅう; したがう》.

¶ その国は長いこと外国に*従属していた The country has long been 「*subject* [*subordinate*] *to* foreign rule. / (⇒ 外国の従属国だった) The nation has long been a foreign *dependency*.

従属節 〘文法〙 subordinate [dependent] clause Ⓒ **従属接続詞** 〘文法〙 subordinate conjunction Ⓒ 《☞ 接続詞 (欄外)》.

しゅうたい 醜態 (恥ずべき行動) disgraceful behavior Ⓤ, shameful conduct Ⓤ. ¶ 私は人前で*醜態を演じてしまった (⇒ 恥ずかしい行動をした) I behaved myself 「in a *shameful manner* [*disgracefully*] in company.

じゅうたい¹ 重態 ―形 (病気が重い) serious; (最悪の事態の) grave; (危篤状態の) critical. ―名 serious [grave] condition Ⓤ ★ a を付けて. 《☞ じゅうびょう; きとく¹; 病気・病院 (囲み)》. ¶ 患者は*重態だ The patient is 「*seriously* [*gravely*] *ill*. / The patient is in a 「*serious* [*grave*] *condition*.

じゅうたい² 渋滞 ―名 (交通の混雑) traffic congestion Ⓤ, 《口語》 (traffic) jam Ⓒ. ―動 (混雑する) be congested. 《☞ こむ》.

¶ 交通*渋滞のために遅刻した I was 「late [delayed] because of 「*traffic congestion* [a *traffic jam*]. // この道路は車の*渋滞が激しい (⇒ 込み合う) This street *is congested*.

じゅうだい¹ 重大 ―形 (重要な) important ★ 最も一般的な語; (深刻な) serious; (特に憂慮しなくてはならないほど重大な) grave ★ serious よりも grave のほうが意味が強い. ―名 importance Ⓤ; seriousness Ⓤ; gravity Ⓤ. 《☞ じゅうよう¹; しんこく¹》.

¶ これは*重大なことです (⇒ 重要な[深刻な]問題だ) This is 「an *important* [a *serious*] matter. / This is a *serious* question. 語法 単に重要なだけでなく憂慮すべき問題というニュアンスがある. // 事態はますます*重大になってきている (⇒ 事態は悪くなっている) The problem is getting *worse*. / (⇒ 深刻になっている) The situation is becoming more and more *serious*. // 彼と*重大な話がある I have something *important* to talk over with him. // 我々は事態の*重大性を認識しなければならない We must realize the 「*gravity* [*seriousness*] of the situation.

じゅうだい² 十代 ―形 (年齢が十代で) in *one's* teens 《☞ ティーンエージャー》.

¶ 彼の奥さんはまだ*十代です His wife is still *in her teens*. // 私は*十代の終わりごろに東京に出てきた I came up to Tokyo when I was *in my* late *teens*. // 観客はほとんど*十代の人たちだった The audience were almost all *teenagers*. ★ teenager は 13 歳から 19 歳までの少年少女.

しゅうたいせい 集大成 ¶ この本は彼の研究を*集大成したものです (⇒ この本は彼の研究の成果をすべて含んでいる) This book *contains the results of all his studies*. // 彼は民話を*集大成して 1 冊の本にまとめた (⇒ 民話を集めて 1 冊の本に編集した) He *collected* folktales and *compiled* them *into a book*.

じゅうたく 住宅 (家屋) house Ⓒ, 《米》 home Ⓒ; (総称的に) housing Ⓤ. 《☞ いえ (類義語); 家・部屋 (囲み)》.

¶ 彼は公務員*住宅に住んでいる He lives in a *house* for government employees. // 東京の*住宅問題は年々深刻になっている The *housing* problem in Tokyo gets more serious every year. // 都市における*住宅難は社会問題になっている The *housing* 「*shortage* [*trouble*] in town is a big social problem. // 私はその銀行に*住宅ローンを申し込んだ I asked for a *housing* loan at the bank.

住宅金融公庫 the Housing Loan Corporation **住宅公団** the Japan Housing Corporation **住宅地域** residential 「area [district; quarter] Ⓒ; (都市計画の) residence zone Ⓒ.

しゅうだん 集団 (行動を共にする集まり) group Ⓒ; (非常に多数の人・物の集まり) mass Ⓒ; (1つにまとまった) body Ⓒ. 《☞ グループ; だんたい》.

¶ 学生たちは*集団でやってきた The students came to us in a *group*. // 彼らは*集団を作って方々へ移動して行く They form *groups* and wander from place to place. // デモ参

し

加者は大きな*集団をなして行進した The demonstrators marched in a huge *mass*.

集団安全保障 collective security Ⓤ **集団検診** group ⌈examination [checkup] Ⓒ **集団就職** mass employment Ⓤ **集団食中毒** mass food poisoning Ⓤ **集団農場** collective farm Ⓒ; (ソ連の) kolkhoz [kɑlkɔ́:z] Ⓒ《複 kolkhozy, ~es》 **集団発生** mass outbreak (of ...) Ⓒ.

じゅうたん 絨毯 (部屋一面または階段に敷く) carpet Ⓒ; (テーブルの下・暖炉の前など, 床の一部に敷く) rug Ⓒ. 《☞ しきもの》. ¶私たちは居間の床に*じゅうたんを敷いた We ⌈put [laid; spread] a *carpet* on the living-room floor. ∥ 床には厚い*じゅうたんが敷きつめてあった The floor was covered with a thick *carpet* from wall to wall.

じゅうだん[1] 縦断 ― 動 (縦に通る) go [run; walk] through ... (↔ go across ...); (縦に分ける) cut [divide] ... vertically ― 名 (縦断面) vertical section Ⓒ. ¶彼は自動車で本州*縦断を計画している He is planning to *travel through* Honshu by car. ∥ ロッキー山脈は北米大陸を*縦断している The Rockies *run through* North America.

じゅうだん[2] 銃弾 (弾丸) bullet Ⓒ; (発射された弾, および射撃・射撃音なども含めて) shot Ⓒ. 《☞ だんがん》.

しゅうち[1] 周知 ¶それは*周知の事実です (⇒ それはみんなに知られている事実です) It is a fact *known to* ⌈*everybody* [*all*]. / (⇒ 共通の知識です) It is a matter of *common knowledge*. / (⇒ それはよく知られた事実です) It is *a well-known fact*. ∥ *周知のようにその計画は失敗に終わった (⇒ みんなが知っているように) As *everybody knows* [(⇒ 一般に知られているように) As is *generally known*], the plot turned out to be a failure.

しゅうち[2] 衆知, 衆智 ¶私たちは*衆知を集めて (⇒各方面の専門家の意見を求めて) 都市計画を作った We made the city plan after *asking professional advice from various fields*. / (⇒ 多くの専門家が都市計画を作るのに援助してくれた) *Many experts* helped us in drawing up the city plan.

しゅうちしん 羞恥心 (はにかむこと) shyness Ⓤ; (恥) shame Ⓤ. 《☞ はずかしい; はじ[1]》. ¶あの男は*羞恥心がない (⇒ 恥知らずだ) He is *shameless*. / He has no *sense of shame*. ∥ 彼女は*羞恥心で (⇒ 恥ずかしくて) 顔を赤らめた She blushed ⌈for [with] *shame*.

しゅうちゃく 執着 ― 動 (あることに打ち込んで離れられない) adhere to ...; (...に愛着がある) be attached to ... ― 名 (執着) adherence Ⓤ; (愛着) attachment Ⓤ. 《☞ こしつ[2]; あいちゃく》. ¶彼はまだ原案に*執着している He still *adheres to* his original plan. ∥ 彼は金銭への*執着が強い (⇒ 金に貪欲だ) He is *greedy* ⌈for [of] money.

しゅうちゃくえき 終着駅 terminal station Ⓒ 《☞ ターミナル; えき[1]; しゅうてん》.

しゅうちゅう 集中 ― 動 (1か所に集める・集まる) concentrate ㊎㊐; (注意などを集中する) focus ㊎㊐, center ㊎㊐; (権力・組織の機能などを中心へ集める) centralize ㊎. ― 形 (集中的な) intensive ★ 短期間に密度を濃く, くまなく何かを行う状態. ― 名 concentration Ⓤ; centralization Ⓤ.

¶日本の人口は大都市に*集中している The population of Japan *is concentrated* in several large cities. ∥ 自分の仕事に注意を*集中させなさい *Concentrate* [*Focus*; *Center*] your attention on your work. ∥ 彼はその問題を*集中的に研究した (⇒ 集中的な研究をした) He has made an *intensive* study of the subject. ∥ 彼は*集中力に欠けている He lacks *concentration*.

集中豪雨 (局地的な大雨) localized torrential downpour Ⓒ; (集中された大雨) concentrated heavy rain Ⓤ. 《☞ ごうう》 **集中講義** intensive course Ⓒ.

しゅうちょう 酋長 chief(tain) Ⓒ ★ 説明的には the chief of the tribe とも言う.

じゅうちん 重鎮 (影響力のある人) man of influence Ⓒ; (傑出した人) prominent figure Ⓒ; (指導的立場の人) leader Ⓒ; (学界の権威) authority Ⓒ.

しゅうてん 終点 (交通機関の) terminal (station) Ⓒ, 《英》 terminus Ⓒ; (物事の終わり) end Ⓒ. 《☞ ターミナル; えき[1]》.

¶私たちは*終点まで行きます We are riding to the ⌈*terminal station* [*end* of the line]. ∥ 「*終点には何時に着きますか」「3時半に着きます」"What time will we arrive at the *terminal* (*station*)?" "At 3:30." ∥ このバスの*終点はどこですか (⇒ このバスはどこ行きか) Where does this bus go? 《☞ 乗り物 (囲み)》 ∥ 「みなさん, *終点です」と車掌が言った "Now we are at the *terminal*!" said the conductor.

じゅうてん[1] 重点 (重要な点) important point Ⓒ; (強調) stress Ⓤ; (力点) emphasis Ⓤ; (優先) priority Ⓤ. 《☞ りきてん》.

¶私たちの学校は理科教育に*重点を置いている Our school ⌈lays [puts] ⌈*stress* [*emphasis*] on the study of science. / (⇒ 理科教育に優先権が与えられている) Science education is given the first *priority* in our school. ∥ あなたは英語を*重点的に (⇒ 集中的に) 勉強しなさい You should study English *intensively*.

重点主義 (優先的なものから先にする) priority system Ⓤ; (好ましいものから先にする) preferential basis Ⓤ.

じゅうてん[2] 充塡 ― 動 (いっぱいにする) fill up ㊎; (虫歯などの) plug ㊎. 《☞ つめる》.

じゅうでん 充電 ― 名 charge Ⓤ. ― 動 (蓄電池に充電する) charge ㊎.

充電器 charger Ⓒ.

しゅうでんしゃ 終電車 (最後の電車) the last train (of the day); (最終便) the last run. 《☞ しゅうしゃ; しゅうれっしゃ》. ¶昨夜は*終電車に乗り遅れてタクシーで帰った I took a taxi, as I missed *the last train* last night. ∥ 鎌倉行きの*終電車は何時ですか When is *the last train* for Kamakura? / When does *the last train* for Kamakura leave?

しゅうと 舅, 姑 (男) father-in-law Ⓒ; (女) mother-in-law Ⓒ. 《☞ 親族関係 (囲み)》.

シュート ―[名] (バスケットなどの) shooting Ⓤ; (1 回のシュート・その得点) shot Ⓒ; (野球の) screwball Ⓒ ―[動] (シュートする) shoot (他)(自)《過去・過分 shot》. 《☞ スポーツ (囲み); 野球の英語 (囲み)》.

¶ 彼はコートの右側からロング*シュートをした《バスケット》 He made a long *shot* from the right-hand side of the court. // 彼は試合の前半にすばらしい*シュートを決めた《サッカー》 He *shot* a beautiful *goal* in the first half of the game.

しゅうとう 周到 ―[形] (間違いを起こさないように注意深い) careful; (よく考えて慎重な) prudent; (危険を避けるために用心深い) cautious. 《☞ ちゅういぶかい; しんちょう²》.

¶ そのために*周到な (⇒ 注意深い) 用意をしなくてはならない We must make *careful* preparations for it. // レインコートを持ってきたとは用意*周到だね (⇒ 賢明だ) It's *wise* of you to have a raincoat with you. // 彼は万事に用意*周到な男だ He is very *careful* and *prudent* in everything.

じゅうとう 充当 ―[動] (特別の用途のためにとっておく) appropriate (他), earmark (他) [語法] 前者は議会用語として予算の充当[割当て]などの意味で使われる. ―[名] appropriation Ⓤ. 《☞ わりあてる; あてる》.

¶ 1 千万円がこの新しい計画に*充当された Ten million yen *has been* ⌈*appropriated* [*earmarked*] *for* the new project.

じゅうどう 柔道 judo Ⓤ ★ イタリック体にすることもある. 《☞ スポーツ (囲み); 日本固有の風物と英語 (囲み)》. ¶ *柔道では彼は黒帯です He holds the black belt in *judo*. // 私たちの*柔道の先生は 5 段の*柔道家です Our *judo* instructor is a 5th ⌈*dan* [grade] ⌈*judoka* [*judoist*]. **柔道着** suit for judo practice Ⓒ.

しゅうどういん 修道院 (男子の) monastery Ⓒ; (主として女子の) convent Ⓒ.

しゅうとく¹ 習得 ―[動] (習って身につける) learn (他) ★ 最も口語的で平易な語; (時間をかけ, 努力して身につける) acquire (他); (知識を完全に身につける) master (他). ―[名] acquisition Ⓤ; mastery Ⓤ. 《☞ えとく; おぼえる》.

¶ タイプの技術を*習得するのに半年かかった It took me half a year to *acquire* typing skill. // 1 年間で英語を*習得するのは無理です It's impossible to *master* English in a year.

しゅうとく² 拾得 ―[動] (拾う) pick up (他); (見つける) find (他). 《☞ にゅうしゅ》. **拾得者** finder Ⓒ **拾得物** find Ⓒ.

しゅうとめ 姑 mother-in-law Ⓒ 《☞ 親族関係 (囲み)》.

じゅうなん 柔軟 ―[形] (順応性のある) adaptable; (融通性のある・しなやかな) flexible ★ flexible は筋肉・体などにも使う. ¶ 子供は一般に*柔軟性 (⇒ 順応性) がある Children are generally *adaptable*. // 彼はとても*柔軟な男だ (⇒ 融通性がある) He is a very *flexible* person. / (⇒ 考え方が融通がきく) He is quite *flexible* in his opinions.

じゅうに 十二, 12 ―[名][形] twelve [語法] 「第 12 (番目)の」, あるいは 「第 12 (番目)のもの」の場合は the twelfth. 《☞ 数字 (囲み)》. **十二進法** duodecimals ★ 複数形で.

じゅうにがつ 十二月 December《略 Dec.》 ★ 語頭は必ず大文字. 《☞ いちがつ [語法]; 時刻・日付・曜日 (囲み); 略語 (欄外)》.

じゅうにきゅう 十二宮 (黄道十二宮・十二図) zodiac Ⓒ.

zodiac

> **十二宮**
> 雄羊座 Aries, the Ram, 雄牛座 Taurus, the Bull, 双子座 Gemini, the Twins, かに座 Cancer, the Crab, 獅子座 Leo, the Lion, 乙女座 Virgo, the Virgin, 天秤座 Libra, the Balance, さそり座 Scorpio, the Scorpion, 射手座 Sagittarius, the Archer, 山羊座 Capricorn, the Goat, 水瓶座 Aquarius, the Water Bearer, 魚座 Pisces, the Fishes

じゅうにしちょう 十二指腸 duodenum [d(j)ù:ədí:nəm] Ⓒ《複 ~s, duodena [d(j)ù:ədí:nə]》. **十二指腸潰瘍** duodenal ulcer Ⓒ.

じゅうにぶん 十二分 ¶ 彼らはその試合で*十二分に実力を発揮した (⇒ 期待された以上に立派に) They played much better than they had been expected to play. // きょうは*十二分に楽しませていただきました I enjoyed myself ⌈*to the full* [*to my heart's content*]. 《☞ じゅうぶん¹; たっぷり》

しゅうにゅう 収入 (個人の所得) income Ⓒ; (歳入) revenue Ⓤ ★ 国庫の収入など公的機関の収入を言う. 《☞ しょとく》.

¶ 私の*収入は少ない[多い] My *income* is ⌈small [large]. / I earn a ⌈small [large] *income*. // 彼は月 15 万円の*収入がある He has an *income* of ¥150,000 a month. // *収入が増えた[減った] My *income* has ⌈increased [decreased]. // 彼の*収入はかなりよい He makes a pretty good *income*. // *収入が 3 年前の 2 倍になった (⇒ 2 倍稼ぐ) I *earn* twice as much as I did three years ago. // 私は自分の*収入で暮らしていける I can get along on my *income*.

収入印紙 revenue stamp Ⓒ.

しゅうにん 就任 —[動] (公職につく) take office (as ...); (役目などを引き受ける) assume (他); (式を行って, 大統領などの高い地位に正式につく) be inaugurated (as ...). —[名] (任につくこと) assumption of office Ⓤ; (大統領などの) inauguration Ⓤ.
¶ A 氏は部長に*就任した Mr. A *took office as* the head of the division. // 彼はそのクラブの会長に*就任した He *assumed* the presidency of the club. // 来年の 1 月に彼は大統領に*就任する He is going to *be inaugurated as* President next January.
就任演説 inaugural (address) Ⓒ **就任式** inauguration Ⓒ.

じゅうにん 住人 (永久的な居住者) inhabitant Ⓒ; (一時的な居住者) resident Ⓒ; (アパートなどの住人) tenant Ⓒ. 《☞ じゅうみん》.

じゅうにんといろ 十人十色 ¶ *十人十色 So many men, so many minds. 《ことわざ: 人の数だけ心の数》/ Every man has his humor. 《ことわざ: 各人は各様の気質を持っている》// 人の好みは*十人十色 There's no accounting for tastes. 《ことわざ: 人の好みは説明できない》

じゅうにんなみ 十人並み ¶ 彼女は*十人並みです (⇒ 平均的な外見の女です) She is an *average*-looking woman. // 彼女の料理の腕は*十人並み (⇒ 平均) 以上[以下]だ She is ⌈above [below] (*the*) *average* in cooking. 《☞ ひとなみ[1]; なみ[2]》

しゅうねん 執念 —[形] (復讐心に燃えた) revengeful; (執拗な) tenacious. —[名] revenge Ⓤ; tenacity Ⓤ. 《☞ しゅうちゃく; しつこい》. ¶ 彼は*執念深い人だ (⇒ 復讐心が強い[執拗な]人) He is a ⌈*revengeful* [*tenacious*] person. // 彼はがんの研究に*執念を燃やしている (⇒ 専念している) He *is devoted to* the study of cancer.

-しゅうねん ...周年 (周年祭) anniversary Ⓒ 《☞ -ねんさい》. ¶ 9 月 15 日は開校 30*周年記念日です September 15 is the 30th *anniversary* of the foundation of our school.

しゅうは[1] 宗派 (分派) sect Ⓒ; (特定の教派) denomination Ⓒ ★ sect より大きいグループ. 《☞ は[4]》. **宗派争い** sectarian strife Ⓒ.

しゅうは[2] 周波 〘電気〙 cycle Ⓒ; (周波数) frequency Ⓒ. ¶ 高[低]*周波 〘電気〙 a ⌈high [low] *frequency* // ラジオやテレビ局は異なった*周波数で放送している Radio and television stations broadcast on different *frequencies*.

しゅうはい 集配 —[動] (集配する) collect and deliver (他). —[名] collection and delivery Ⓤ. 《☞ あつめる; くばる》. ¶ 日曜日は郵便の*集配はありません No *collection and delivery* of mails on Sunday. **集配人** (郵便の) 《米》 mailman Ⓒ, 《英》 postman Ⓒ.

じゅうばこ 重箱 *jūbako* Ⓒ ★ 説明的には a tier [tíə] of lacquered boxes という. 《☞ 日本固有の風物と英語 (囲み)》.
重箱の隅をほじくる ¶ それは*重箱の隅をほじくるようなことだ (⇒ 髪の毛を縦に裂くようなことだ) It is *hairsplitting*. [語 法] hairsplitting は「不必要な細かいことにこだわる」という意味の形容詞.

じゅうはち 十八, 18 —[名][形] eighteen [語 法] 「第 18 (番目)の」, あるいは「第 18 (番目)のもの」の場合は the eighteenth. 《☞ 数字 (囲み)》.

しゅうばん 終盤 (勝負事の) the end game ★ 序盤 (opening), 中盤 (middle game) に対して; (終わりの段階) the ⌈final [last] ⌈stage [phase]. 《☞ おわり》. ¶ 選挙戦はすでに*終盤に入っている The election campaign has already ⌈entered [got into] *the final stage*.

じゅうはん 重版 (そのまま刷り数を重ねること) second [another] impression Ⓒ; (改訂または増補して版を重ねること) second [revised] edition Ⓒ. 《☞ はん[3] (類義語)》.

じゅうびょう 重病 —[形] (重病で) seriously ⌈sick [ill]; (危篤状態で) in a critical condition. —[名] serious illness Ⓒ. 《☞ じゅうしょう[2]; 病気・病院 (囲み)》. ¶ 彼は*重病に陥った He ⌈fell [was taken] *seriously ill*.
重病患者 serious case Ⓒ.

しゅうふく 修復 —[動] (修理して一新する) renovate (他); (元の状態に戻す) restore (他). —[名] renovation Ⓒ ★ しばしば複数形で; restoration Ⓒ. 《☞ しゅうり; しゅうぜん》.
¶ 彼らはその山門を*修復した They *renovated* the temple gate. // この廃屋の*修復は無理だ (⇒ 難しい) It is difficult to *restore* this ruined house.

じゅうふく 重複 overlap Ⓤ 《☞ ちょうふく; かさなる》.

しゅうぶん[1] 秋分 the autumnal equinox.
秋分の日 Autumnal Equinox Day 《☞ しゅくじつ (表)》.

しゅうぶん[2] 醜聞 scandal Ⓒ 《☞ スキャンダル》.

じゅうぶん[1] 十分, 充分 —[形] (必要を満たすに足る) enough; (満ち足りた) sufficient; (必要最少限はある) adequate; (あり余るほどある) ample; (必要以上にある) plentiful; (一杯の) full. —[副] enough; sufficiently; in full; to the full; amply; plentifully. —[名] sufficiency Ⓤ; amplitude Ⓤ; plenty Ⓤ.
【類義語】必要なだけの数または量があり, それよりも多くも少なくもないのが **enough** で, 最も一般的な語. ほぼ同意で用いられるが, *enough* より形式ばった語は **sufficient**. この語には「多くはいらない・それでもう十分」という気持ちが含まれる. 用法としては, *enough* は形容する名詞の前にも後にも付くが, *sufficient* は名詞の前のみ. 具体的な必要十分条件の域まで, とにかく達していることを表すのは **adequate**. あり余るほどたっぷりあるのは **ample** で, 普通不可算名詞に用いられる. 必要以上にたくさんあるのは **plentiful**. 一杯に満ち, 最大限にあるのは **full**. 《☞ たくさん; たっぷり; ほうふ[1]》
¶ 時間は*十分にある We have ⌈*enough* [*plenty of*] time. // 食物は*十分供給された (⇒ 十分な食物が供給された) *Sufficient* food was provided. // 計画は*十分に検討してから実行に移しなさい (⇒ 徹底的に[心行くまで]) Examine the plan ⌈*thoroughly* [*to the full*] and then begin it. // 証拠は*十分にそろった

We have gathered ˹*enough* [*ample*; *plenty of*; *sufficient*] evidence. // その本は*十分 (⇒ 結構) 読む価値がある The book is ˹*well* [*quite*] worth reading. //「もう少しいかがですか」「いや結構です. *十分いただきました (⇒ おなかがいっぱいです)」"Please have some more." "No, thank you. I'm *full*." (☞ 感謝の表現 (囲み))

じゅうぶん² 重文 〖文法〗 compound sentence Ⓒ (☞ 文 (欄外)).

しゅうへき 習癖 habit Ⓒ (☞ くせ).

しゅうへん 周辺 ― 前 (…の周り) around … ― 名 (都市の郊外) environs, outskirts ★ 以上 2 つはほぼ同意だが, 後者のほうが普通. いずれも複数形で; (近所) neighborhood Ⓤ; (近辺) vicinity Ⓤ ★ 少し形式ばった語. (☞ しゅうい; ふきん¹; まわり).

¶ 池の*周辺 (⇒ 周り) を歩いてみましょう Let's walk *around* the pond. // 申し込み者は東京およびその*周辺の居住者に限る Applicants should only be those who live in and *around* Tokyo. // 多くの生徒は市の*周辺部に住んでいる Many students live on the *outskirts* of the city. // イギリスではロンドンとその*周辺を見物した In England I visited London and its ˹*environs* [*vicinity*].

シューマイ *shao-mai* [ʃáumái] Ⓒ.

しゅうまつ¹ 週末 weekend Ⓒ ★ 金曜の夜または土曜から月曜の朝まで. (☞ ウィークエンド). ¶ 私は*週末を別荘で過ごした I spent the *weekend* at my cottage. / I stayed at my cottage ˹over [for] the *weekend*.

しゅうまつ² 終末 end Ⓒ (☞ おわり (類義語)).

じゅうまん¹ 十万, 10 万 a hundred thousand ★ one hundred thousand は少し改まった言い方. (☞ 数字 (囲み)).

じゅうまん² 充満 ― 動 (一杯になる) be full of …, be filled with … ★ 前者のほうが平易な表現. ― 名 ful(l)ness Ⓤ. (☞ いっぱい; みちる). ¶ 部屋には煙が*充満していた The room *was full of* smoke. / I found the room *filled with* smoke.

じゅうみん 住民 (県・市町村の定住者) resident Ⓒ ★ visitor に対して用いられる; (特定の地域に住む人) inhabitant Ⓒ; (ある場所の住民全部) the population Ⓤ ★ 複数扱い.

¶ 彼らはこの町の*住民です They are *residents* of this town. // その計画は*住民の強い反対にあった The plan met with strong opposition from the *inhabitants*. // 彼はその町の*住民の大歓迎を受けた He was warmly welcomed by the whole *population* of the town.

住民税 resident tax Ⓒ **住民投票** the inhabitants' ˹(米) voting [(英) poll] **住民登録** resident registration Ⓤ **住民票** resident card Ⓒ.

しゅうめい 襲名 ― 動 (…の名前を継ぐ) succeed to the name of … ― 名 succession to *a person*'s name. ¶ その若者は「菊五郎」を*襲名した The young man *succeeded to the name of Kikugoro*.

しゅうもく 衆目 ¶ この人選は*衆目の一致するところである (⇒ この選択は一般の賛成を得ている) This choice has *universal approval*. / (⇒ 大部分の人たちがこの任命に同意した) *Most people agreed* on this appointment. // *衆目の見るところでは彼が次期首相だ (⇒ 多くの人の意見では彼が次の首相になりそうだ) In *the opinion of most people*, he is likely to be the next prime minister.

じゅうもんじ 十文字 cross Ⓒ.

しゅうや 終夜 (一晩中) all night (long); (丸一夜) the whole night; (夜中ずっと) throughout the night, (all) through the night, all the night through ★ through または throughout が付くと継続の意味が強い.

¶ あの食堂は*終夜営業している That restaurant is open *all night*. // 大みそかには電車は*終夜運転をする Trains run ˹*through*(*out*) *the night* [*all night*] on New Year's Eve.

しゅうやく 集約 ― 動 (集める) collect ⑯; (1 つにまとめる) put … together. ― 名 collection Ⓤ. ― 形 (集約的) intensive.

¶ すべてのデータはここに*集約されている All the data ˹*are* [*is*] *collected* here.

集約農業 intensive agriculture Ⓤ.

じゅうやく 重役 executive Ⓒ 語法 執行機関 (executive board) に属する人はすべて executive であるので, この語は組合などの執行委員も意味する; (取締役) director Ⓒ. (☞ やくいん).

¶ 彼は*重役だ He is *on the* ˹*executive board* [*board of directors*]. // 彼は B 社の研究開発担当*重役です He is Research and Development *Director* of B company.

重役会 the executive board, the board of directors **重役会議** executive meeting Ⓒ, meeting of directors Ⓒ.

じゅうゆ 重油 heavy oil Ⓤ (☞ せきゆ).

しゅうゆう 周遊 (周遊旅行) (circular) tour Ⓒ 語法 tour は観光または視察などで各所を回って帰ってくる旅行. 一周を強調するときは circular を付ける. (英) では round trip Ⓒ ともいうが, この語は (米) では往復旅行を指す; (巡航) cruise Ⓒ. (☞ りょこう (類義語)).

¶ 彼らは北海道*周遊に出かけた They went on a *circular tour* of Hokkaido.

周遊券 (割引きの) excursion ticket Ⓒ; (回遊の) round-trip [circular tour] ticket Ⓒ.

しゅうよう¹ 収容 ― 動 (建物が人を収容する) accommodate ⑯; (部屋などが座席を持っている) seat ⑯; (建物を主語にして, 余裕がある) admit ⑯; (遺体などを) recover ⑯. ― 名 accommodation Ⓤ; (座席の収容力) seating Ⓤ.

¶ このホテルは 500 人の客を*収容できる This hotel can *accommodate* five hundred ˹people [guests]. / This hotel has *accommodation*(*s*) for five hundred people. 語法 (米) は複数形だが, (英) は Ⓤ で単数形が用いられる. // 校舎の近くに約 100 人を*収容できる寮がある There is a boarding house near the main school building with *accommodation* for about 100 boarders. // この教室

は100人の学生を*収容できる This lecture room *seats* 100 students. / (⇒この部屋は100の座席を持っている) This room has 100 *seats* for students. / (⇒100人の学生が座ることのできる収容力を持っている) This room has *seating capacity* for 100 students. // この図書室にはこれ以上の本は*収容できません (⇒本のためにこれ以上の余地はない) We have no more room for books in this library. // 救助隊は遺体の*収容に向かった The rescue team set off to *recover* the bodies. // 約20人が病院に*収容された(⇒運び込まれた) Some twenty people *were* ˹*taken* to the hospital [(⇒入院させられた) *hospitalized*].

収容所 (貧民や難民の) house of refuge Ⓒ; (政治犯などの) concentration camp Ⓒ **収容人員** the number of persons to be admitted.

しゅうよう² 修養 (精神の教化) the culture of the mind; (道徳的な訓練) moral training Ⓤ; (人格形成) character-building Ⓤ. 《☞ しゅぎょう; たんれん; くんれん》.

¶君はまだ*修養が足りない (⇒自制心を働かすことを習うべきだ) You should learn to exercise *self-control*. / (⇒道徳的な訓練が必要だ) You are still in need of *moral training*. // *修養を積んだ人はどことなく洗練されている There is something refined about *cultured* persons.

しゅうよう³ 収用 ━動 (土地などを公の目的のために取り上げる) expropriate ⊕. ━名 expropriation Ⓤ. ¶政府は彼の土地を*収用した The government *expropriated* his land.

じゅうよう¹ 重要 ━形 (価値・意味・影響力などの点で大切な) important ★最も一般的な語; (不可欠な) essential; (かなめになる) key; (他と比較してより重要な) major; (生死に関する・非常に重大な) vital. ━名 importance Ⓤ. 《☞ しゅよう¹; たいせつ; じゅうだい¹》.

¶彼は*重要人物だ He is an *important* person. 参考 口語で a very important person のことをその頭文字を取って VIP, V.I.P. [ví:àipí:] Ⓒ という. 《☞ 略語 (欄外)》 / He is a person *of great importance*. // 英語は中学・高校では一番*重要な科目の1つです English is one of the most *important* subjects in secondary schools. // 造船業は日本の*重要産業の1つであった Shipbuilding used to be one of the ˹*key* [*major*] industries in Japan. // 脳は*重要な器官の1つです The brain is one of the most *vital* organs of the body. // そんなことはあまり*重要ではない It is of little *importance*.

重要事項 important matter Ⓒ, matter of importance Ⓒ **重要書類** important papers **重要文化財** (全体を指して) important cultural ˹property Ⓤ [assets] **重要無形文化財** intangible important cultural assets ★複数形で用いる.

じゅうよう² 重用 ━動 (重く見る) make much of ...; (人に重要な地位を与える) give an important position (to ...). 《☞ おもんじる; じゅうし¹》. ¶彼は会社で*重用されている (⇒重要な地位を占めている) He *holds an important position* in the company.

しゅうらい 襲来 ━動 (災害などが打撃を与える) hit ⊕; (災害などが襲う) visit ⊕; (攻撃する) attack ⊕; (侵入する) invade ⊕. ━名 attack Ⓒ; invasion Ⓒ. 《☞ しゅうげき; おそう (類義語)》.

¶九州は毎年台風の*襲来を受ける (⇒台風が九州に打撃を与える) Typhoons *hit* Kyushu every year. ★最も一般的な言い方. / (⇒台風に襲われる) Kyushu *is* ˹*visited* [*struck*] by typhoons every year. 《☞ 自然災害 (囲み)》 // 外敵の*襲来に備えておかなければならない We must be ready to defend our country against foreign *invasion*.

じゅうらい 従来 ━形 (伝統的な) traditional; (慣習的な) conventional; (古い) old; (前の) former. ━副 (いままで) until [up to] now; (これまでのところ) so far; (いつもどおり) as usual.

¶*従来のやり方ではだめです (⇒役に立たない) The ˹*traditional* [*conventional*] method will not work any more. // *従来の建物は取り壊された The ˹*former* [*old*] building was pulled down. // その説は*従来正しいとされてきた (⇒これまで) *So far* [(⇒いままで) *Until now*] the theory was believed to be true. // 入試は*従来通り (⇒いつものように) 2月に行います Entrance examinations will be given, *as usual*, in February.

しゅうらく 集落 (村) village Ⓒ; (少数の人家の集まり) hamlet Ⓒ. ¶山間の*集落 small *villages* in the mountains

じゅうらん 縦覧 ━動 (見る) see ⊕; (調べるために見る) inspect ⊕. ━名 inspection Ⓤ. 《☞ えつらん》. ¶それはいつでも*縦覧できる (⇒一般に公開されている) It is open to the public. // 工場内の*縦覧はできません (⇒訪問者には閉ざされている) This factory *is closed* to visitors.

しゅうり 修理 ━動 (大きなもの・構造の複雑なものを直す) repair ⊕; (簡単なものを直す) mend ⊕, 《米口語》 fix ⊕. ━名 repair Ⓤ ★しばしば複数形で; mending Ⓤ, fixing Ⓤ; (アフターサービスの) service Ⓤ. 《☞ しゅうぜん; なおす》.

¶私は時計を*修理してもらった I *had* my watch *repaired*. 《☞ 使役 (囲み)》

私は壊れた窓を*修理した I *mended* the broken window.

この壊れた傘は自分では*修理できない I cannot *fix* this broken umbrella myself.

この車の*修理に2日かかった The *repairs* to the car took two days. / It took two days to *have* my car *repaired*.

この時計はもう*修理がきかない This watch is ˹beyond [past] *repair*.

その道路は目下*修理中です The road is under *repair*.

*修理中 Under *Repair* ★道路などの標識. 《☞ 掲示の英語 (囲み)》

彼は自動車*修理工場で働いている He works

in the ˹auto *repair* shop [*garage*].
修理工 (機械の) repairman Ⓒ《複 -men》; (自動車などの) mechanic Ⓒ.

しゅうりょう¹ 修了 ━動 (コース・学校などを終える) complete ⑲, finish ⑲ ★ 後者のほうが口語的. ━名 completion Ⓤ. (☞ そつぎょう ; かんりょう¹ (類義語)).
¶ *修了証書: 福田まり子は本学においてフランス料理上級の課程を*修了したことを証する CERTIFICATE: This is to certify that Miss Mariko Fukuda *has completed* the advanced course in French cooking at this school. // 私は高校*修了で就職をした I started working just after I *finished* high school.

しゅうりょう² 終了 ━動 (予定されていたことが終わる) end ⓐ; (継続していたものが終わる) close ⓐ. ━名 end Ⓒ, close Ⓒ. (☞ おわる (類義語) ; おえる ; かんりょう¹).
¶ 公演の*終了時刻は 10 時半ごろの予定です The performance will *end* at approximately 10 : 30 p.m. // 大会は無事に*終了した The convention ˹*came to an end* [*was brought to a close*] without any trouble.

じゅうりょう 重量 ━名 weight Ⓤ. ━動 (重さを計る・重さが…ある) weigh ⑲. (☞ おもさ ; 度量衡 (囲み) ; 重さの表し方 (囲み)).
¶「この荷物の*重量はどのくらいでしょうか」「計ってみましょう. 20 キロです」"What is the *weight* of this baggage? / How much does this baggage *weigh*?" "Let me *weigh* it. It's [It *weighs*] 20 kilograms." // この箱は*重量が 5 キロあります This box is five kilos in *weight*. // *重量超過はいくらですか (⇒ 余分の重量にいくら払ったらよいか) How much should I pay for extra *weight*?
重量挙げ weight lifting Ⓤ **重量トン** deadweight ton Ⓒ.

じゅうりょく 重力 (特に地球の) gravity Ⓤ; (重力の作用) gravitation Ⓤ. ¶ 無*重力状態 weightlessness (☞ むじゅうりょく) // *重力の法則 the law of *gravitation*

じゅうりん 蹂躙 ━動 (人の意志などを踏みにじる) trample down ⑲; (権利などを犯す) violate ⑲. (☞ ふみにじる). ¶ そんなことをすると人権*蹂躙になる If you do that, you will *violate* the personal rights of others.

しゅうれっしゃ 終列車 the last train; (最終便) the last run. (☞ しゅうしゃ ; しゅうでんしゃ). ¶ 危ないところで (⇒ かろうじて) *終列車に間に合った I was (only) just in time for *the last train*. / (⇒ 終列車をつかまえた) I (only) just caught *the last train*.

じゅうろうどう 重労働 (つらい仕事) hard work Ⓤ; (特に, 刑期などの) hard labor Ⓤ.

しゅうろく 収録 ━動 (人が記録・録音する) record ⑲; (本などが載せている) contain ⑲. ━名 recording Ⓤ. (☞ きろく ; ろくおん). ¶ 我々は野鳥の声をテープに*収録した We *recorded* the singing of wild birds on tape. // この辞書には約 3 万語が*収録されている This dictionary *contains* about 30,000 words.

じゅうろく 十六, 16 ━形名 sixteen 語法 「第 16 (番目)の」, あるいは「第 16 (番目)のもの」の場合は the sixteenth. (☞ 数字 (囲み)). ¶ *十六分音符 a *sixteenth* note (☞ 音楽 (囲み))

じゅうろくミリ 十六ミリ (フィルム) 16 mm (movie) film Ⓒ; (カメラ) 16 mm ˹cinecamera [movie camera] Ⓒ.

しゅうわい 収賄 ━名 (わいろを受け取ること) acceptance of a bribe Ⓤ; (汚職) corruption Ⓤ. ━動 (収賄する) take bribes. (☞ わいろ ; ぞうわい ; おしょく). ¶ その役人は*収賄のかどで告発された The official was charged with *taking bribes*.
収賄事件 (醜聞) bribery scandal Ⓒ; (刑事事件として) bribery case Ⓒ.

しゅえい 守衛 (警備員) guard Ⓒ; (門番) doorkeeper Ⓒ.

じゅえき 樹液 sap Ⓤ.

じゅえきしゃ 受益者 beneficiary Ⓒ.

しゅえん¹ 主演 ━動 (主演させる・主演する) star ⑲ⓐ. ━名 (主演男優) the leading ˹actor [man]; (主演女優) the leading ˹actress [lady]. (☞ しゅやく).
¶ この映画はジョントラボルタが*主演している This movie *stars* John Travolta. / John Travolta *stars* in this movie. // ジョン ウェイン*主演の西部劇は全部見た I saw all the Westerns *starring* John Wayne.

しゅえん² 酒宴 (酒を飲むパーティー) drinking party Ⓒ; (ごちそうの出る宴会) feast Ⓒ. (☞ えんかい¹).

じゅかい 樹海 (森林地帯) woodland Ⓤ; (広大な地域にわたる森林) forest Ⓒ; (樹の海) a sea of trees ★ a を付けて. 見渡す限り木が生えているような状態の形容のときに使う.

しゅかく 主格 〘文法〙 subjective Ⓒ, subjective case Ⓒ ★ nominative Ⓒ, nominative case Ⓒ ともいう. **主格補語** 〘文法〙 subjective complement Ⓒ.

しゅかくてんとう 主客転倒 ━動 (馬の前に荷車を付ける) put the cart before the horse. ¶ 結婚してから就職するなんて*主客転倒だ To get married first and then get a job is *putting the cart before the horse*. 語法 putting は動名詞.

しゅかん¹ 主観 ━名 (主観性) subjectivity Ⓤ (↔ objectivity). ━形 (主観的な) subjective (↔ objective). ━副 (主観的に) subjectively (↔ objectively). ¶ あなたの意見は*主観的すぎる Your opinion is too *subjective*.

しゅかん² 主幹 the chief editor, the editor in chief ★ 後者のほうが形式ばった言い方.

しゅがん(てん) 主眼(点) (主なねらい) the chief aim; (主要な目的) the principal object. (☞ ねらい ; しゅし¹).

しゅき¹ 手記 (覚え書き) note Ⓒ; (メモ) memo Ⓒ《複 ~s》 語法 いずれも事実の記憶, あるいは情報提供などのために手短に書いたものを言うが, 前者のほうが普通の言葉; (回想録) memoirs [mémwɑəz] ★ memoir の複数形. やや形式ばった言葉.

し

しゅき² 酒気 ― 名 (酒臭いにおい) the smell of「alcohol [liquor]. ― 副 (酒気を帯びて) under the influence of「alcohol [liquor].
¶ 彼は*酒気を帯びて運転をしていた He was driving *under the influence of*「*alcohol* [*liquor*]. 《☞ よう》

しゅぎ 主義 (自己の行動の基準) principle Ⓒ; (宗教や政治上の) doctrine Ⓒ; (大義名文) cause Ⓒ.
¶ それは私の*主義に反する It is against my *principles.* // 彼は絶対に*主義を曲げない (⇒常に主義に忠実である) He is always true to his *principles.* // 従業員はすべて安全第一*主義で働いています All (the) employees work *on the principle* of "Safety first." // *主義のために死ぬ人もいる Some people die for their *cause.* // あの病院はもうけ*主義だ (⇒金が目当てで運営されている) That hospital is run for「money [profit].

じゅきゅう 需給 supply and demand Ⓤ ★ 日本語と順が逆.《☞ じゅよう; きょうきゅう》.
¶ *需給が均衡を取り戻した Balance has been restored between *supply and demand.*

しゅぎょう 修行 ― 動 (技術などの訓練を受ける) be trained; (宗教的な苦行をする) live with「strict [ascetic] discipline. ― 名 training Ⓤ; (宗教上の苦行) (ascetic) self-discipline Ⓤ. 《☞ しゅうよう²; たんれん; くんれん》.

じゅきょう 儒教 Confucianism Ⓤ.

じゅぎょう 授業 ― 名 (学校などの教室で多人数に教える授業) class Ⓒ 語法 学校の授業をいう最も一般的な言葉. 授業を形式としていう言葉なので,「…時間の授業がある」などのときはこの言葉が普通; (特に小学校の) lesson Ⓒ; (学校の授業全体) school Ⓤ; (教師・学生が集まって開いている会合という意味で) session Ⓒ ★ class よりやや形式ばった言葉; (学校での勉強を指して) schoolwork Ⓤ, classwork Ⓤ. ― 動 (授業をする) have a class 語法 この意味では最も普通の言い方.「授業を受ける」という意味にもなる; (授業(を)する・教える) teach ㊀. 《☞ こうぎ²; 学校・教育 (囲み)》.
¶「*授業は何時に始まって何時に終わりますか」「8時45分に始まって3時30分に終わります」"What time does *school*「begin [start] and end?" "*School*「begins [starts] at 8:45 and ends at 3:30." 語法 8:45と3:30はそれぞれ eight forty-five, three thirty と読む. 《☞ 時刻・日付・曜日 (囲み)》
「あすは何時間の*授業がありますか」「6時間あります」"How many *classes* do you have tomorrow?" "We have six *classes.*"
あしたは数学の*授業がありますか Do you have math tomorrow?
青木先生は*授業がうまい[下手だ] (⇒上手[下手]に教える) Miss [Mr.] Aoki is very「good [poor] at *teaching.* / (⇒優秀[お粗末]な先生だ) Miss [Mr.] Aoki is a「good [poor] teacher.
*授業が終わったら (⇒授業時間後は) 教室には残らないこと No students「may [are allowed to] remain in the classroom *after school hours.*
英語の*授業は204番教室です The English *class*「meets [will take place] in「classroom [room] 204. / The English *session* is to be held in「classroom [room] 204.
あすは*授業はありません We have no *class*(*es*) tomorrow. / We have [There is] no *school* tomorrow.
3年の男子は教室で*授業をしている The third year boys are「having a *class* [doing *classwork*] in the「classroom [room].
私はきょうの午前中3つの*授業をしました I have「had [taught] three *classes* this morning. 語法 have taught を用いれば先生の発言に限定される.
先週は*授業を休みました (⇒欠席した) I「did not attend [missed] the *class* last week.
あしたの*授業はお休みにします《先生が生徒に向かって》I will cancel my *classes* tomorrow. / My *classes* (for) tomorrow are canceled. 《☞ きゅうこう³》
山田先生は私たちの英語の*授業を受け持っている (⇒私たちに英語を教える) Mr. Yamada *teaches* us English. / Mr. Yamada is our English teacher.
彼は*授業中によく居眠りをする He often falls asleep during (the) *class.*
静かにしなさい. *授業中に話をしてはいけません Be quiet. Don't talk *in class.*
授業日数 (学校のある日の数) the number of school days; (出席すべき授業時間) *one's* required class hours. ¶ 君は*授業日数が足りないから進級できません You were not promoted because you did not complete your *required class hours.* **授業料** (小中高の) school fee(s); (大学・私学・個人授業の) tuition Ⓤ, tuition fee(s). ¶ *授業料は学期の始めまでに納入のこと Payment of *fees* must be made prior to the first day of the term.

しゅぎょく 珠玉 (カットして磨いた宝石) gem Ⓒ ★ 比喩的にも用いられる.

じゅく 塾 (詰め込み学習の) cramming school Ⓒ; (日本語をそのまま使って) *juku* Ⓒ ★ 単複同形. 参考 日本の塾に当たるものが英米にはないので, 以上の訳語はさらに説明を必要とすることが多い. 例えば A *juku* is a private supplementary school which crams school children outside school hours. のように. 《☞ 学校・教育 (囲み)》.
¶ きょうは学校が終わったら*塾へ行かなくてはならない I must go to (a) *juku* after school today. // 私の父は自宅で英語の*塾をやっています (⇒父は英語の私的な授業をしている) My father gives private English lessons at home.

しゅくえん 祝宴 banquet in celebration (of …) Ⓒ 《☞ えんかい¹》.

しゅくが 祝賀 ― 名 (祝うこと) celebration Ⓤ; (祝いの言葉) congratulations ★ 複数形で. ― 形 (祝賀の) congratulatory. 《☞ いわい》. **祝賀会** celebration Ⓒ **祝賀電報** congratulatory telegram Ⓒ.

しゅくがん 宿願 (長い間胸に抱いていた願い[望み]) *one's* long-cherished ｢desire [wish] (☞ ねんがん). ¶ 英国へ行くことは私のかねての*宿願であった (⇒ 長い間願ってきた) I *have long been wishing* to go to England. / It has been *my long-cherished desire* to go to England.

じゅくご 熟語 (決まった言い方) idiom Ⓒ; (慣用句) idiomatic phrase Ⓒ ★ 前者のほうが一般的で意味が広い. (☞ イディオム (欄外)). ¶ *熟語はそのまま覚えること *Idioms* must be learned as they are.

しゅくさいじつ 祝祭日 national holiday Ⓒ, 《口語》 red-letter day Ⓒ. (☞ しゅくじつ).

しゅくさつ 縮刷 ―動 (縮刷する) print ... in reduced size. **縮刷版** (小さい版) small edition Ⓒ; (ポケット版) pocket edition Ⓒ.

しゅくじ 祝辞 (祝いの演説) congratulatory address Ⓒ; (祝いの言葉) congratulations ★ 複数形で. (☞ いわう).
¶ 卒業式で来賓が*祝辞を述べた A distinguished guest ｢gave [delivered] a *congratulatory address* at the commencement. // 本日ここに一言皆様に心からご*祝辞を述べさせていただきます It is my privilege to have an opportunity to offer my sincere *congratulations* to you on this occasion.

しゅくじつ 祝日 (国で定めた) national holiday Ⓒ; (法律で定められた) legal holiday Ⓒ ★ 後者はやや堅苦しいが, 正式な言い方; (一般的な記念日をも含めて) red-letter day Ⓒ ★ 暦に赤い字で印刷されることに由来する口語的な言い方. (☞ さいじつ; やすみ; きゅうじつ).

> 日本の祝日
> 元旦 New Year's Day, 成人の日 Coming-of-Age Day, 建国記念の日 National Foundation Day, 春分の日 Vernal Equinox Day, 天皇誕生日 The Emperor's Birthday, 憲法記念日 Constitution Day, 子供の日 Children's Day, 敬老の日 Respect-for-the-Aged Day, 秋分の日 Autumnal Equinox Day, 体育の日 Health-Sports Day, 文化の日 Culture Day, 勤労感謝の日 Labor Thanksgiving Day

しゅくしゃ 宿舎 (宿泊する所) lodging Ⓒ; (ホテル) hotel Ⓒ. (☞ やど; ホテル).

しゅくしゃく 縮尺 ―名 (reduced) scale Ⓒ. ―動 scale (down) ㊀.
¶ 地図には必ず*縮尺が示されている Every map carries a *scale*. // *縮尺5万分の1 《地図などの記載》 *Scale* 1 : 50,000 [語法] 1 : 50,000 は one to fifty thousand と読む. (☞ 数字 (囲み)) // *縮尺5万分の1の地図 a map on a *scale* of 1 to 50,000 / a one-to-fifty-thousand map // この模型は実物の10メートルを1センチに*縮尺してある This model *is scaled* (*down*) 1 centimeter to 10 meters.

しゅくじょ 淑女 lady Ⓒ (↔ gentleman).

しゅくしょう 縮小 ―動 (出費などを切り詰める) cut (down) ㊀, cut down on ... ★ 以上は最も一般的な言い方; (数量などを減らす) reduce ㊀; (削減する) curtail ㊀. ―名 reduction Ⓤ; cut Ⓤ, curtailment Ⓤ. (☞ さくげん; ちぢめる).
¶ 政府は公共支出費の*縮小を考えている The government hopes to ｢*cut down on* [*curtail*] public spending. // 米国は軍備*縮小の新提案をした The U.S. has made new proposals for *disarmament*. // わが社は昨年生産[人員]を20%*縮小した We *cut down* our ｢production [personnel] by 20 percent last year.

しゅくず 縮図 (実物を小さくした図) reduced drawing Ⓒ; (小規模のもの) miniature (copy) Ⓒ; (比喩的な) epitome Ⓒ.
¶ これの10分の1の*縮図を書きなさい Make a *reduced copy* of this picture to the scale of 1 to 10. (☞ しゅくしゃく) // 家族は社会の*縮図である The family is the *epitome* of a society. / (⇒ 小規模の社会である) The family is a society *in miniature*.

じゅくす 熟す ―動 (果物など, または比喩的に) ripen [ráipən] ㊂ ㊀, become ripe. ―形 (熟した) ripe (↔ unripe ; green).
¶ もうりんごは*熟している Apples are *ripe* now. / (⇒いつ摘んでもよい) Apples are *ready* to be picked. // このさくらんぼはまだ食べられるほど*熟していない These cherries are not *ripe* enough to eat. // ぶどうは秋に*熟します Grapes *ripen* in autumn. // 果物は日光で*熟する (⇒ 日光は果物を熟させる) The sun *ripens* fruit. // いまや改革の機が*熟した The time is *ripe* for starting some reforms. / (⇒ もうとっくに改革を実施しなければならない時機である) It is *high time* we carried out some reforms. (☞ 仮定の表現 (囲み)) // 機運が*熟すのを待ちなさい Wait till the opportunity *is ripe*. / (⇒ 熟した好機を待ちなさい) Wait for a *ripe* opportunity.

じゅくすい 熟睡 ―動 (よく眠る) sleep ｢well [soundly] ㊂; (熟睡している) be ｢fast [sound] asleep; (疲れたりして, 前後不覚に) 《口語》 sleep like a ｢top [log] ㊂ ★ 熟睡している人を「よく回って止まったように見えるこま」, 「ごろんと横たわっている丸太」になぞらえた言い方. ―名 a ｢sound [good] sleep ★ a を付けて. (☞ ぐっすり; ねむる; あんみん).
¶「昨夜はよく眠れましたか」「ええ*熟睡しました」 "Did you sleep well last night?" "Yes, I *had a good night's sleep*." // 彼は疲労のあまり前後不覚に*熟睡した He was so exhausted that he *slept like a* ｢*top* [*log*].

しゅくせい 粛清 ―動 (追放する) purge ㊀; (除く) get rid of ... ★ 後者のほうが口語的な言い方. ―名 purge Ⓒ. (☞ ついほう).
¶ 彼は政権を掌握するとただちに反対分子を*粛清した When he came to power, he at once ｢*purged* [carried out a *purge* of] his opponents.

しゅくだい 宿題 **1** «学校の»: homework Ⓤ ★ 一般的な言葉; 《米》 assignment Ⓒ [語法] 特に指定された参考書などを読んでまとめる宿題を指す.
¶ きょうは*宿題がたくさんある I have a lot of *homework* (to do) today. // *宿題はいつも夜やります I always do my *homework* in the evening. // あの先生はいつも*宿題を山ほど出

す That teacher always gives his students lots of ⌈*homework* [*assignments*].
2 «未解決の問題»: open question Ⓒ.
¶この問題は*宿題にしておこう This problem shall remain an *open question*. / (⇒もっと後になって解決することにしておこう) Let's leave this problem for *future solution*.

じゅくたつ 熟達 ―動 (完全に修得する) master ㊐; (堪能(たんのう)になる) attain proficiency (in ...), become proficient (in ...). ―名 (自分のものとしていること) mastery Ⓤ; (堪能) proficiency Ⓤ. 《☞ じゅくれん》.
¶1年やそこらで英語に*熟達することはできない You cannot *master* English in only a year or so. / It's impossible to *attain proficiency in* English in just a couple of years. // 彼女はフランス語に*熟達している (⇒フランス語が自由に使える) She has *a good command of* French.

じゅくち 熟知 ―動 (十分に知る) know ... well ★最も平易な言い方; (十分に知りつくしている) have full knowledge (of ...); (いろいろ聞いたり読んだりして十分に知っている) be well informed (of ... ; on ...). 《☞ くわしい》.
¶その件については*熟知している I *am well informed on* the matter. // この付近は長年住んでいて*熟知している所です As I have lived here for many years, I know ⌈this neighborhood *very well* [(⇒この付近のあらゆる所を知っている) *every inch of* this neighborhood].

しゅくちょく 宿直 (夜間勤務) night duty Ⓤ《☞ とうちょく; やきん[1]》. ¶今夜はだれが*宿直ですか Who is on *duty* tonight?
宿直員 (夜間勤務の人) person on night duty Ⓒ.

しゅくてき 宿敵 old enemy Ⓒ《☞ てき》.

しゅくてん 祝典 celebration Ⓒ; (お祭り気分の) festival Ⓒ.

しゅくでん 祝電 congratulatory telegram Ⓒ《☞ でんぽう》.

じゅくどく 熟読 ―動 (注意深く[徹底的に]読む) read ... ⌈carefully [thoroughly]; (何度も読む) read ... over and over again. ―名 careful [thorough] reading Ⓤ.
¶その本は*熟読する価値がある The book deserves ⌈*careful* [*thorough*] *reading*.

しゅくはい 祝杯 ―動 (祝杯を上げる・祝って飲む) drink in celebration (of ...); (乾杯する) toast ㊀, drink a toast (to ...). ―名 (乾杯) toast Ⓒ. 《☞ かんぱい[2]》.
¶彼の無事帰国を祝って我々は*祝杯をあげた (⇒祝って飲んだ) We *drank in celebration of* his safe return from overseas. // 来客一同新郎新婦のために*祝杯をあげた All the guests ⌈*toasted* [*drank a toast to*] the bride and bridegroom.

しゅくはく 宿泊 ―動 (一般的に泊まる・滞在する) stay (at ...) ㊀, 《英》put up (at ...) ㊀, stop (at ...) ㊀ 語法 stop は本来動作を止める意味から転じたもので, 滞在の意味では前の2つのほうが普通; (下宿などに) lodge (at ...; in ...) ㊀; (宿泊させる) lodge ㊐, take in ㊐, 《英》put up ㊐ ★後の2つのほうが口語的; (ホテルなどが宿泊設備を提供する) accommodate ㊐. ―名 (一般的に泊まったり滞在したりすること) stay Ⓤ; (下宿などに滞在すること) lodging Ⓤ; (宿泊設備) accommodation 語法 《米》では複数で用いられ, 《英》では Ⓤ として扱われるのが普通. 《☞ とまる[2] (類義語); とめる[2]; ホテル (囲み)》.
¶彼は豪華なホテルに*宿泊している He is ⌈*staying* [*stopping*; *putting up*] *at* a luxurious hotel. // 電話でホテルに*宿泊を申し込んだ I ⌈called [phoned] the hotel for *accommodation(s)*. / (⇒ホテルに電話して部屋を予約した) I ⌈called [phoned] the hotel and ⌈reserved [《英》 booked] a room. // ここは学生が*宿泊できますか (⇒宿泊させますか) Do you ⌈*lodge* [*take in*] students? // 「そのホテルには何人*宿泊できますか (⇒何人の客を収容できるか)」「200人*宿泊できます」 "How many guests can the hotel *accommodate*?" "It can *accommodate* 200 guests."
宿泊料 hotel charges, hotel rates; (宿泊した後での請求書) hotel bill Ⓒ. ¶「*宿泊料はいくらですか」「シングルで1泊30ドル, ツインで40ドルです」 "What's the *rate*? / How much do you *charge*?" "Thirty dollars for a single room, and forty dollars for a twin per night."

しゅくふく 祝福 ―動 (神の加護を祈る) bless ㊐; (幸運を祈る) wish (*a person*) good luck. ―名 (神の加護・幸運を祈ること) blessing Ⓒ; (特に宗教上の) benediction Ⓒ.
¶司祭はミサの終わりに会衆を*祝福した The priest *blessed* the congregation at the end of the Mass. // 我々[彼ら]に神の*祝福がありますように May God *bless* ⌈us [them]! // その2人の結婚はすべての人の*祝福を受けた The marriage of the two had the *blessing* of everybody.

しゅくほう 祝砲 salute (of guns) Ⓒ.

しゅくめい 宿命 ―名 (運命) destiny Ⓤ; (特に, 不運な運命) fate Ⓤ. ―形 (宿命的な) fatal [féitl]. 《☞ うんめい》. ¶そのような死に方をするのは彼の*宿命であった It was his ⌈*destiny* [*fate*] to die like that. / (⇒彼はそのように死ぬように運命づけられていた) He *was destined to* die in that way.
宿命論 fatalism Ⓤ **宿命論者** fatalist Ⓒ.

じゅくりょ 熟慮 ―動 (よく考える) think over ㊐; (じっくり考える) consider ㊐ ㊀; (あれこれ思いをめぐらして考え込む) ponder ㊐, ponder (over ... ; on ...) ㊀; (慎重に討議して考える) deliberate ㊐, deliberate (upon ...) ㊀ 語法 何らかの手段を講じるべく討論したりして考えるのであって, 一人でじっくり考えこむ意味ではない. ―名 careful consideration Ⓤ; deliberation Ⓤ. 《☞ こうりょ; じゅっこう; かんがえる》.
¶いま*熟慮中だ I'*m thinking* it *over* now. / I'*m pondering* (⌈*on* [*over*]) it now. // その問題は*熟慮を要する The matter requires ⌈*careful consideration* [much *deliberation*]. // *熟慮の末, 彼はその家を買うことにした

After *careful consideration* he decided to buy the house.

じゅくれん 熟練 ―形 (訓練などにより技術を習得した) skilled; (上手な) skillful; (専門的な知識を持った) expert; (経験のある) experienced. ―名 (すぐれた技) skill Ⓤ; (完全に習得していること) mastery Ⓤ. 《☞ じゅくたつ; しゅうじゅく》.

¶この仕事はかなりの*熟練を要する This work requires great *skill*. // 彼は*熟練したドライバーだ He is ˹an *expert* [a *skilled*; a *skillful*] driver.

熟練工 skilled worker Ⓒ.

しゅくん¹ 殊勲 ―名 (際立った務め) distinguished service(s); (称賛に値する行動) meritorious deed(s). ―動 (殊勲を立てる) render distinguished service(s). 《☞ てがら》. ¶最高*殊勲選手 《野球で》 the most valuable player 《略 MVP》

殊勲賞 (野球などの) the most valuable player prize; (相撲などの) the outstanding performance award **殊勲打** (野球) winning hit Ⓒ.

しゅくん² 主君 *one's* lord Ⓒ.

しゅげい 手芸 handicraft Ⓒ ★通例複数形で. **手芸品** (刺しゅう・かぎ針編みなど) fancywork Ⓒ; (編み物・手工芸品) handicraft Ⓒ.

しゅけん 主権 sovereignty Ⓤ. ¶*主権在民 (⇒主権は国民にある) *Sovereignty* rests with the people. ★民主主義の原理とされる.

主権者 the sovereign.

じゅけん 受験 ―動 ((入学)試験を受ける) take [《英》 sit for] an (entrance) examination (for ...); (ある学校を志望する) apply for ... 《☞ しけん¹; うける》.

¶「来年はどこを*受験しますか」「W大学が第一志望です」 "Which university are you going to ˹*apply* [*take the entrance examination*] *for* next year?" "W University is my first choice." // 昨年はK大学の*受験に失敗した Last year I *failed* (*to pass*) *the entrance examination for* K University.

受験科目 subject of examination Ⓒ **受験参考書** reference book for entrance examinations Ⓒ, 《口語》 crammer Ⓒ **受験地獄** the examination ordeal 〔参考〕 英米人が日本について書いた本などでは the "examination hell" と言う言い方がよく用いられているが, この英語は日本語をなぞった直訳. 英米には受験地獄はないので, さらに説明の必要な場合が多い. **受験者** (志願者) applicant Ⓒ; (試験・審査される人) examinee Ⓒ **受験生** student preparing for an (entrance) examination Ⓒ **受験番号** examinee's (seat) number Ⓒ **受験票** (志願者の身分証明書) applicant's identification card Ⓒ; (受験許可票) admission card for (taking) the examination Ⓒ **受験料** examination fee Ⓒ.

しゅご¹ 主語 〔文法〕 subject Ⓒ.

しゅご² 守護 ―名 protection Ⓤ. ―動 (守る) protect ㊀. **守護神** guardian god Ⓒ.

しゅこう 趣向 (思いつき) idea Ⓒ; (案) plan Ⓒ; (工夫して考え出した仕掛け) device Ⓒ.

¶それはなかなかうまい*趣向だ It's a very good *idea*. // 彼らは文化祭を盛り上げるためにいろいろと*趣向を凝らした They put forward lots of *ideas* to enliven the school festival.

しゅごう 酒豪 heavy drinker Ⓒ 《☞ さけ¹》.

じゅこう 受講 ―動 (講義などをとる) take a lecture; (授業などに出席する) attend a class; (講習などに参加する) participate in a course. ―名 attendance Ⓤ. 《☞ こうぎ²》.

¶私は小川先生の講義を*受講している (⇒小川先生の授業に毎週出ている) I *attend* Mr. Ogawa's class every week. // 夏期特別講習会の*受講希望者は*受講料1万円を添えて申し込むこと Those who wish to ˹*take lectures in* [*participate in*; *attend*; *join*] the summer sessions are requested to make an application with a tuition fee of 10,000 yen.

しゅこうぎょう 手工業 manual industry Ⓤ. **手工業者** handicraftsman Ⓒ 《複 -men》.

しゅさい 主催 ―動 (会合・催しなどを組織する) organize ㊀; (後援する) sponsor ㊀; (国際会議などの主催国になる) host ㊀. ―名 (後援する立場) sponsorship Ⓤ. ―副 (…の主催で) under the ˹sponsorship [auspices] of ... 《☞ こうえん³》.

¶「この講演会はどこの*主催ですか」「市の図書館が計画して市が*主催しました」 "Who *organized* this lecture meeting?" "It was ˹planned [arranged] by the city library and *sponsored by* the city authorities. // 「この前のオリンピックはどこが*主催したのだったっけ」「アメリカだよ」 "Which country *hosted* the last Olympic Games?" "The United States." // その英語弁論大会はA新聞の*主催で行われた The English speech contest was held *under the* ˹*sponsorship* [*auspices*] *of* the A Newspaper.

主催国 (国際会議・競技などの) the host country **主催者** (編成した者) organizer Ⓒ; (後援者) sponsor Ⓒ. ¶*主催者側の発表によれば参加者の数は約10万人とのことである According to the *organizers*, the number of participants was about one hundred thousand.

しゅざい 取材 ―動 (新聞記者などが取材する) cover ㊀; (情報[資料]を集める) gather [collect] ˹information [materials]. ―名 (新聞などの報道) coverage Ⓤ. 《☞ ほうどう》.

¶彼は海外へテレビの*取材に出かけた (⇒ニュースの資料を集めるために[取材記者として]) He went abroad ˹to *collect news materials* [*as a news reporter*] for the TV company. // 記者たちがその事故の*取材のために現場へ急行した News reporters [Newsmen] rushed to the scene to *cover* the accident.

取材記者 (news) reporter Ⓒ 《☞ きしゃ²》.

しゅざん 珠算 calculation on the abacus Ⓤ 《☞ そろばん》.

しゅし¹ 趣旨 (公の活動などのねらい) aim Ⓒ; (目的) object Ⓒ; (意味すること) the meaning; (要点) the point; (真意) the spirit.

¶きょうの集まりの*趣旨は何ですか What is the ⌈*aim* [*object*] of the meeting today? // *趣旨に賛同する方は (⇒ もし趣旨に賛成なら) ここに署名して下さい If you support our *aims*, please sign here. // お話の*趣旨はよくわかりました (⇒ あなたの意味することは理解できる) I understand *what you mean*. / (⇒ あなたの議論の要点はつかめた) I've got *the point* of your argument. // 彼の解釈はその法律の*趣旨に反している His interpretation is against *the spirit* of the law. // 彼は良書は最良の友であるという*趣旨の講演をした He gave a talk *to the effect that* a good book is the best of friends. [語法] to the effect that ... は「...という趣旨の」という意味の成句.

しゅし² 主旨 (主要な点) the main point Ⓒ; (要旨) the gist. 《☞ ようてん》.

しゅじ 主事 (指導者) director Ⓒ; (管理者) superintendent Ⓒ. 《☞ かんとく》.

じゅし 樹脂 resin [rézn] Ⓤ. ¶合成*樹脂 synthetic *resin*

しゅじい 主治医 (病院などでの) physician in charge Ⓒ; (かかりつけの医者) *one's* family doctor Ⓒ. 《☞ いしゃ》.

しゅしゃせんたく 取捨選択 ― [動] (選ぶ) choose ㊥; (慎重に吟味して選ぶ) select ㊥. ― [名] choice Ⓤ; selection Ⓤ. 《☞ えらぶ (類義語); せんたく²》. ¶自由に*取捨選択してよろしい (⇒ 何でも好きなものを選んでよい) You can ⌈*choose* [*select*] whatever you like.

しゅじゅ 種種 ― [形] (いろいろの) various; (多くの[あらゆる]種類の) many [all] ⌈kinds [sorts] of ...; (いろいろと違った種類の) different. ― [副] (いろいろと) in ⌈various [many] ways. 《☞ いろいろ》.

¶*種々の理由で会は延期された The meeting was postponed for *various* reasons. // あの店では*種々雑多なものを売っている They sell *all* ⌈*kinds* [*sorts*] *of* things at that shop.

しゅじゅつ 手術 ― [名] operation Ⓒ. ― [動] (手術する) operate [perform an operation] (on a patient for a diseased part); (手術を受ける) be operated on [undergo an operation] (for a diseased part) [語法] undergo の代わりに have を用いれば口語的になる. 《☞ 病気・病院 (囲み)》.

¶*手術は成功[失敗]だった The *operation* was a ⌈success [failure]. // 今日では心臓の*手術でもあまり危険ではない Nowadays even heart *operations* are not so dangerous. // 外科医は患者の胃潰瘍(かいよう)を*手術した The surgeon ⌈*operated* [*performed an operation*] *on* the patient *for* a stomach ulcer. // 父は盲腸炎の*手術を受けた My father *was operated on for* appendicitis. / My father ⌈*had* [*underwent*] *an operation for* appendicitis. // 彼は*手術後の経過は良好です He is progressing ⌈well [favorably] after the *operation*.

手術室 operating room Ⓒ **手術台** operating table Ⓒ.

しゅしょう¹ 首相 prime minister Ⓒ, premier Ⓒ; (ドイツの) chancellor Ⓒ [語法] (1) 以上は話し手の国の首相を指す場合, もしくは姓名に冠して用いる場合は大文字で書き始める. (2) prime minister と premier のいずれを用いるかは各国の習慣によることが多い. 例えばソ連の首相のように, premier という呼称が多く用いられる場合や, 日本の首相のように, prime minister を用いるほうが普通である場合などがある. chancellor は西ドイツなどに限って用いられる. (3) 米国には首相はなく, 首相の権限の多くは大統領が持ち, 閣僚の取りまとめ役を果たすのは国務長官 (Secretary of State) である. 《☞ 政治・経済 (囲み)》.

¶N *首相は来週訪米の予定である *Prime Minister* N will visit the U.S. next week.

首相官邸 official residence of the Prime Minister Ⓒ.

しゅしょう² 殊勝 ― [形] (称賛さるべき) praiseworthy; (行いなどが立派な) admirable. 《☞ りっぱ; かんしん¹》.

¶それはたいへん*殊勝なことだ It is highly *praiseworthy*. // 彼の行いは*殊勝なことだ (⇒ 称賛に値する) His conduct is *worthy of praise*. // 彼は立派な英語の先生になろうという*殊勝な心がけで英語の勉強を始めた He started studying English with the *admirable* intention of becoming a good English teacher.

しゅしょう³ 主将, 首将 captain Ⓒ 《☞ キャプテン》.

じゅしょう 受賞 ― [動] (賞をもらう・授与される) be awarded ★ award は目的語を2つとる他動詞; (勝ち取る) win ㊥ ★ 自らの力で賞を勝ち取る意味が強くなる. 《☞ しょう⁴》.

¶彼は1983年のノーベル平和賞を*受賞した He ⌈*was awarded* [*won*] the Nobel Prize for Peace in 1983. / He was the Nobel *Prize winner* for Peace in 1983. // これは彼のピューリッツァー賞*受賞作品です This is his Pulitzer prize *winning* ⌈novel [work]. // 彼女は英語弁論大会で1等賞を*受賞した She ⌈*won* [*was awarded*] (the) first prize in the English speech contest.

受賞者 prizewinner Ⓒ.

しゅしょうしゃ 主唱者 (先に立って行う人) advocate [ǽdvəkət] Ⓒ; (ある組織を設立するのに発起人として推進する人) promoter Ⓒ.

しゅしょく 主食 ― [名] staple food Ⓒ. ― [動] (...を主食にする) live on ...

¶日本人は米を*主食としている Japanese people *live on* rice. // アジアの多くの国では米が*主食になっている Rice is the *staple food* in many Asian countries.

しゅしん 主審 (野球の) the chief umpire Ⓒ 《☞ しんぱん¹》.

しゅじん 主人 **1** 《一家の主人》: (家族の長) the head of the family; (一家のあるじ) the master of the house.

2 《夫》: husband Ⓒ. ¶*主人は商社に勤めています My *husband* works for a trading company.

3 《店・旅館の主人》: (小売店の店主) 《米》 storekeeper Ⓒ, 《英》 shopkeeper Ⓒ; (経営者としての主人) proprietor Ⓒ; (女の経営者)

proprietress Ⓒ ★以上2語は「所有者」という意味を強調する；(旅館・下宿の男の主人) landlord Ⓒ；(女主人) landlady Ⓒ.
4 《客に対して》：(男の主人) host Ⓒ；(女主人) hostess Ⓒ. ¶だれがパーティーの*主人役をするのですか Who will act as *host* at the party? 語法 この文の host は「主人役」という意味なので冠詞をとらない.
5 《雇い主》：(主人) master Ⓒ 語法 この語は奴隷 (servant) に対する「主人」という感じがあるため，いまではあまり用いられない；(雇用者) employer Ⓒ (↔ employee).

じゅしん 受信 ―名 reception Ⓤ (↔ transmission). ―動 (電波を受け取る) receive ⑩. 《☞ じゅぞう；キャッチ》.
¶午前3時にその船からの緊急電報を*受信した We *received* an urgent message from the ship at 3 a.m. // 山岳地帯ではテレビの*受信状態はあまりよくない Television *reception* isn't very good in mountainous regions. 語法 この reception は「受信状態」を意味する.
受信機 (一般には) receiver Ⓒ；(テレビ・ラジオなどは) receiving set Ⓒ **受信局** receiving station Ⓒ **受信人** (手紙などのあて名の人) addressee Ⓒ **受信料** license fee Ⓒ.

しゅじんこう 主人公 (男) hero Ⓒ 《複 ～es》；(女) heroine [hérouin] Ⓒ. ¶この映画の*主人公は不幸な運命をたどる The ˹*hero* [*heroine*] of the film is ill-fated.

じゅず 数珠 (カトリック教徒が使う) rosary Ⓒ；(一般にガラス玉を連ねた) (a string of prayer) beads.
数珠つなぎ ¶車が*数珠つなぎになって (⇒長い車の列が) のろのろ運転をしていた A *long string of* cars was moving very slowly.

しゅせい 守勢 the defensive (↔ the offensive). ¶始めから終わりまで*守勢に立っていた We were *on the defensive* from start to finish.

しゅぜい 酒税 liquor tax Ⓒ 《☞ ぜいきん》.

じゅせい 受精 〚生物〛 ―名 fertilization Ⓤ. ―動 (受精させる) fertilize ⑩.

しゅぜいきょく 主税局 the Taxation Bureau.

しゅせいぶん 主成分 principal ingredient Ⓒ 《☞ せいぶん》.

しゅせき[1] 首席 ―名 (学業・業績の順位など) the top (↔ the bottom)；(首位に位するもの) the head. ―形 (首位の) top；(最高位の) chief. 《☞ いちばん》.
¶彼女はクラスでいつも*首席だ She is always at *the* ˹*top* [*head*] of her class. // 彼は高校を*首席で卒業した He finished high school at *the top* of the school. / (⇒最高の成績をもって) He graduated from high school *with the highest grades* in the school. // 彼は国際貿易会議の*首席代表に任命された He was appointed *chief* delegate to the International Trade Conference.

しゅせき[2] 主席 (国民会議などの) chairman Ⓒ 《☞ ぎちょう》.

しゅせんど 守銭奴 (ためる一方の) miser [máizər] Ⓒ；(金のためには何でもやる) 《口語》 money grubber Ⓒ. 《☞ けち》.

しゅぞう 酒造 *sake* brewing Ⓤ.

じゅぞう 受像 ―動 (放映された像を受信する) receive a picture. ―名 (受信された像) picture (received) Ⓒ. 《☞ じゅしん》.
¶アンテナなしでは[このテレビでは]*受像がぼけるのは当たり前だ (⇒あなたは鮮明な像は得られない) Naturally you can't get a clear *picture* ˹without an antenna [on this television].
受像機 (テレビ) television Ⓒ；(一般に) receiving set Ⓒ.

しゅぞく 種族 tribe Ⓒ 《☞ じんしゅ》.
¶アメリカインディアンにはいろいろな*種族がある There are various *tribes* among the American Indians.

しゅたい 主体 ¶この集まりは高校生を*主体としたものです (⇒主として高校生のためのもの) This meeting is *primarily* for high school students. // この団体の*主体をなすのは (⇒大多数は) ボランティアです The *majority* of the people in this organization are volunteers.
主体性 (自主性) independence Ⓤ；(自己本位性) subjectivity Ⓤ. 《☞ じしゅ[1]》. ¶彼はまったく*主体性がない (⇒容易に人の言いなりになる) He is easily influenced by others.

しゅだい 主題 (一般に，主たる題目) the subject Ⓒ；(特に，小説・音楽などのテーマ) theme Ⓒ；(主な話題) main topic Ⓒ；(主な内容) subject matter Ⓒ. 《☞ テーマ；だい[1]》.
¶これはイギリスの学校生活を*主題にした小説です (⇒この小説のテーマはイギリスの学校生活です) The *theme* of this novel is school life in Britain / (⇒…についての小説) This is a novel *about* school life in Britain.

じゅたい 受胎 ―名 conception Ⓤ. ―動 (受胎する) conceive ⓐ；(妊娠する) become pregnant. 《☞ にんしん》.

しゅだいか 主題歌 (映画などで，繰り返し歌われる) theme ˹song [tune] Ⓒ；(映画などで，その題名と同名の) title song Ⓒ.

じゅだく 受諾 ―動 (申し出などを受け入れる) accept ⑩ (↔ reject)；(承諾する) consent (to an offer; to *do*) ⓐ. ―名 acceptance Ⓤ；consent Ⓤ. 《☞ うけいれる；ききいれる；しょうだく》.
¶彼らは我々の申し入れを正式に*受諾した They formally ˹*accepted* [*consented to*] our offer. // 彼は校長就任を*受諾した He ˹*accepted* [*consented to* take] the post of principal.

しゅだん 手段 (最も一般的な語) means Ⓒ ★単複同形；(対策) measure Ⓒ ★しばしば複数形で；(やり方の意味で) way Ⓒ；(段階的処置) step Ⓒ；(便宜的な手段) expedient Ⓒ. 《☞ ほうほう (類義語)》.
¶自動車はアメリカでは主要な交通*手段です Automobiles are the principal *means* of transportation in America. // 彼は目的のためには*手段を選ばない (⇒目的をかなえるのに役立つものであれば，どんな手段でも喜んで使う) He is willing to use any *means* so long as it helps him to get what he wants. // 侵略に

対しては断固たる*手段をとるべきだ We must take decisive ⌈*measures* [*steps*] against invasion. // 彼は不正な*手段でその本を手に入れた He got the book ⌈by foul *means* [(⇒不正に) illegally]. // ほかに解決の*手段はないようだ I'm afraid there's no other *way* to solve it. / (⇒これが唯一の解決策だ) I think this is the only *way out*. // もし彼が申し入れを断ったら, 第2の*手段を考えなければならない If he refuses our offer, we must think of our next *step*. // 最後の*手段として彼の助力を求めた I asked (for) his help as a last *resort*.

しゅちゅう 手中 ―副 (手中に) in *one's* hands. ¶彼の将来は私の*手中にある His future is *in my hands*. // 彼はその会社を*手中におさめる (⇒会社の支配権を得る) ことに成功した He succeeded in ⌈gaining [taking] full control of the company. // その町はついに敵軍の*手中に落ちた The town fell into the enemy's *hands* after all.

じゅちゅう 受注 ―動 receive an order. ―名 order received Ⓒ. 《☞ ちゅうもん》. ¶*受注が生産を上回った The *orders* [*Orders*] *received* have exceeded production.

しゅちょ 主著 (重要な著作物) *one's* major writings; (主な著作) *one's* ⌈chief [main] ⌈book [work] Ⓒ. 《☞ ちょさく》.

しゅちょう[1] 主張 ―動 (自分の立場を固持して) insist (on ...) ⓐ ★ that 節がくるときは on を省く; (権利として主張する) claim ⓗ; (事実だとして主張する) assert ⓗ; (反論に対して自分の立場を主張し続ける) maintain ⓗ; (相手を負かそうと) contend ⓗ; (理路整然と議論をして) argue ⓗ ★ 例えば学問上の論争などにおける主張によく用いられる. ―名 insistence Ⓒ; claim Ⓒ; assertion Ⓤ; (意見) opinion Ⓒ ★ 普通は *one's* ... の形で用いる. 《☞ いいはる》.
¶彼は自分が正しいと*主張している He ⌈*insists* [*claims*; *asserts*] *that* he is right. [語法] insist は「正しいこと」をあくまでも力説する. claim は「正しいこと」を事実として承認するように求めて主張する. assert は「正しいこと」を言明して主張する意味. // 彼はそのカバンは自分のものだと*主張した He *claimed* that the bag belonged to him. / He *made a claim to* the bag. // ガリレオは地動説を*主張した Galileo ⌈*argued* [*contended*] that the earth ⌈moved [moves] round the sun. // あなたの*主張は間違っているようだ I'm afraid ⌈your *opinion* [*what you said*] is wrong. [語法] 相手の誤りを指摘するとき I'm afraid を語気を和らげるのに用いることが多い. // 会議で私の*主張は通らなかった (⇒私の提案は受け入れられなかった) My *proposal* was not accepted at the meeting. // 彼は最後まで*主張を通した He stuck to his ⌈*opinion* [*position*] to the last. / (⇒議論では終始屈しなかった) He did not give way throughout the argument.

しゅちょう[2] 首長 head Ⓒ 《☞ ちょう[3]》. ¶地方自治体の*首長 the *head* of a local government

じゅつ 術 (技術) art Ⓒ; (特殊な技術) skill Ⓒ ★ 前者は広い意味で用いる. 《☞ ぎじゅつ (類義語)》. ¶彼は金もうけの*術を心得ている He knows ⌈the *art* of making money [how to make money].

しゅつえん 出演 ―動 (テレビ[舞台]に) appear (on ⌈TV [stage]) ⓐ; (演じる) perform (as ...; in ...) ⓐ. ¶彼女は来週テレビに*出演する She will *appear on* TV next week. **出演者** performer Ⓒ **出演料** (一般に) pay Ⓤ; performance fee Ⓒ ★ やや改まった言い方.

しゅっか[1] 出荷 ―動 (大量の荷物を送る) ship ⓗ ★ 船に限らず, どのような交通機関を使ってもよい; (一般に, 送る) send ⓗ. ―名 shipment Ⓤ. 《☞ つみだす》. ¶毎年じゃがいもが北海道から東京へ(トラック便で)大量に*出荷される A large quantity of potatoes *is shipped* from Hokkaido to Tokyo (by truck) every year. **出荷先** destination Ⓒ.

しゅっか[2] 出火 ¶昨夜隣から*出火した (⇒火事が起こった) A *fire* ⌈*broke out* [*started*] next door last night. // *出火 (⇒火事) の原因は目下調査中です The cause of the *fire* is now under investigation. 《☞ かじ[1]; ひ[2]》

じゅっかい 述懐 ―動 (過去の思い出を語る) reminisce ⓗ; (思い起こす) recollect ⓗ. ―名 reminiscence Ⓤ; recollection Ⓒ. 《☞ かいそう[1]》.

しゅっかん 出棺 (霊柩車が出ること) the leaving of the hearse. ¶*出棺は午後3時です The hearse is to leave home at 3 p.m.

しゅつがん 出願 ―動 (申し込む) apply (for ...) ⓐ; (出願手続きをする) make [file] an application (for ...) ★ file を用いるのはやや形式ばった言い方. ―名 application Ⓤ. 《☞ がんしょ; もうしこむ》.
¶彼は自分の発明に対して特許を*出願した He *applied for* a patent on his new invention. // いつ*出願(手続き)をしましたか When did you ⌈*make* [*file*] *an application*? // *出願の締切りはいつですか When is the deadline for *applications*? // 特許*出願中《広告》 Patent *applied for*. / Patent pending.
出願期日 the deadline for application **出願者** applicant Ⓒ **出願手続き** application procedure Ⓤ.

しゅっきん 出勤 ―動 (働きに行く) go to work; (職場に行く[来る]) go [come] to the office; (家を出る) leave home for work. ―名 attendance (at the office) Ⓤ.
¶「毎朝何時に*出勤しますか (⇒家を出るか)」「8時半です」"When [What time] do you *leave home for work* every morning?" "At 8:30." ★ 8:30 は eight thirty または half past eight と読む. // きょうは彼女はまだ*出勤していない (⇒会社に来ていない) She *is* not yet *at the office* today. / (⇒職場の中にいない) She *is* not yet *in* this morning. // 1月は5日から*出勤します (⇒仕事に戻る[仕事を再開する]) In January we will ⌈*be back at* [*resume*] *work* on 5th.
出勤時間 the starting time for work 出

勤日数 the number of days attended **出勤日** workday Ⓒ, working day Ⓒ **出勤簿** attendance book Ⓒ.

しゅっけ 出家 ―名 priest Ⓒ. ―動 become a priest.

しゅっけつ[1] 出欠 ―動 (名簿を呼ぶ) call the roll; (点呼をする) have a roll call. ―名 (出席と[か]欠席) attendance 「and [or] absence. (☞ しゅっせき; けっせき[1]).

¶ スミス先生は授業時間の終わりに*出欠をとる Miss Smith usually *calls the roll* at the end of each class hour. // 総会についての*出欠 (⇒出席するかどうか) を今月末までに当方までお知らせ下さい Please let us know whether you will *attend* the General Meeting (*or not*) by the end of this month.

しゅっけつ[2] 出血 ―名 bleeding Ⓤ. ―動 (血が出る) bleed ⓐ《過去・過分 bled》. ¶ 歯ぐきから*出血している You *are bleeding* from your gums. / (⇒ 歯ぐきが出血している) Your gums *are bleeding*. // *出血がなかなか止まらない The *bleeding* won't stop. // 彼は*出血多量で死んだ He died from excessive *bleeding*. // 内*出血 internal *bleeding* // *出血セール sacrifice [below-cost] sale

しゅつげん 出現 ―名 (目に見える所への) appearance Ⓒ; (到着の意味から比喩的に) arrival Ⓤ; (特に重要な物・人などの) the advent (of ...). ―動 appear ⓐ, make *one's* appearance. (☞ あらわれる).

¶ けさ東京上空に UFO が*出現した A UFO [júːèfóu] 「*appeared* [*made its appearance*] in the sky over Tokyo this morning. // 電話の*出現で我々の日常生活は大いに変わった *The advent of* the telephone has brought great changes to our daily life.

じゅつご[1] 述語 〖文法〗 predicate Ⓒ.

じゅつご[2] 術語 technical term Ⓒ.

しゅっこう[1] 出航 ―動 (船出をする) sail ⓐ, set sail; (出発する) leave ⓗ. (☞ ふなで; しゅっぱん[2]). ¶ エンタープライズ号は本日午後3時横須賀からハワイに向けて*出航した The Enterprise 「*sailed from* [*left*] Yokosuka for Hawaii at 3:00 p.m. today.

しゅっこう[2] 出港 ―動 leave port. ―名 departure from a port Ⓤ.

じゅっこう 熟考 ―動 (深く考える) think deeply about ...; (あれこれと思いめぐらして考える) ponder ((up)on ...; over ...) ⓐ ★ ⓗ の用法もある; (理解したり, 決定を下すために考える) consider ... carefully. ―名 careful consideration Ⓤ. (☞ こうりょ; じゅくりょ).

¶ 彼はその問題を長いこと*熟考した He 「*thought deeply about* [*pondered* (*up*)*on*] the problem for a long time. // その件はもう少し*熟考の必要がある The matter requires more *careful consideration*. / We must *consider* the matter more *carefully*. / We should *give* the matter more *careful consideration*.

しゅっこく 出国 ―動 (国を出る) leave [depart from] a country, get [go] out of a country. ―名 departure from a country Ⓤ. (☞ しゅっぱつ).

¶ 私は成田から*出国した I *left* Japan from Narita. // 彼がどんな手段・経路によって*出国したかは依然として謎である It still remains a mystery 「by what means and route [how and where] he *got out of the country*.

出国手続き departure formalities (↔ entry formalities) ★ 複数形で. (☞ てつづき).

しゅつごく 出獄 ―名 release from prison Ⓤ. ―動 be released from prison. (☞ しゃくほう).

じゅっさく 術策 (策略) trick Ⓒ ★ 特に商売などの駆け引きの意味では tricks として用いる; (方法・手段の) tactics ★ 複数または単数扱い; (陰謀などの) intrigue Ⓒ; (軍事用語から転じて) stratagem Ⓤ. (☞ さくりゃく; けんぼうじゅっすう). ¶ 彼はそれを手に入れるためにあらゆる*術策を弄した He tried every conceivable 「*trick* [*strategem*] in order to get it.

しゅっさつ 出札 (切符を売ること) the sale of tickets. **出札係** 《米》 ticket agent Ⓒ, 《英》 booking clerk Ⓒ **出札口** ticket [《英》 booking] window Ⓒ **出札所** ticket [《英》 booking] office Ⓒ (☞ えき[1] (挿絵)).

しゅっさん 出産 ―名 (生まれる・生むこと) birth Ⓤ; (子供が生まれる・子供を生むこと) childbirth Ⓤ; (分娩) delivery Ⓤ ★ やや形式ばった言い方だが, 婉曲的な表現としてよく用いられる. ―動 (出産する) give birth to ... ★ bear はこの意味では用いられないことに注意. (☞ おさん; うむ[1]; うまれる).

¶ 彼女は男の双子を*出産した She *gave birth to* male twins. // 「ご*出産はいつごろですか」「12月です」 "When *are* you *expecting* (*a baby*)?" "In December." 語法 be expecting (a baby) は「出産予定である・妊娠中である」という意味の決まり文句で, 常に進行形で用いる. a baby を省略した言い方は婉曲的な口語.

出産休暇 maternity leave Ⓒ.

しゅっし 出資 ―動 (金を投資する) invest (in ...) ⓐ ★ ⓗ の用法もあり, 目的語は money; (事業に資金を調達する) finance ⓗ. ―名 (投資) investment Ⓤ; (資金の調達) financing Ⓤ. (☞ とうし[1]).

¶ うちの会社へ*出資してくれませんか Would you 「*invest* [*make an investment*] *in* my business? / Could you *finance* my enterprise?

出資者 (投資者) investor Ⓒ; (資金調達者) financier Ⓒ.

しゅっしゃ 出社 ―動 (職場へ行く[来る]) go [come] to the office; (職場に出ている) be at the office. (☞ しゅっきん).

しゅっしゅっ ¶ 蒸気機関車が*しゅっしゅっと音を立てて駅から出ていった A steam engine 「*puffed* [*chugged*] out of the station. (☞ 擬声・擬態語 (囲み))

しゅっしょ 出所 **1** «発生源の意味で»: (情報などの) source Ⓒ; (源) origin Ⓒ. (☞ しゅってん; でどころ). ¶ そのニュースは*出所が怪しい (⇒ 信用できない源から来ている) The news came from an unreliable *source*. // こ

れらの例文の*出所はすべて新聞からです (⇒ 例文は新聞からとった) All the example sentences *are taken from* newspapers.

2 «刑務所からの出獄» —名 release from prison Ⓤ. —動 be released from prison. 《☞ しゃくほう》. ¶ 仮*出所 *release* on parole

しゅっしょう 出生 birth Ⓒ《☞ しゅっせい》.

しゅつじょう 出場 —動 (参加する) take part in ..., participate (in ...) ㊀ ★ 前者が口語的 ; (参加して競う) compete in ... ; (参加登録をする) enter for ... —名 participation Ⓤ ; entry Ⓒ. 《☞ さんか[1]》.

¶ あなたは討論会に*出場しますか Are you going to「*take part* [*participate*] *in* the debate? // 負傷のため彼は決勝レースには*出場できなかった Because of an injury he was unable to *compete in* the final race. // その国はオリンピック*出場を取り消した That country has「withdrawn [canceled] her「*participation in* [*entry for*] the Olympic Games.

出場者 (参加者) participant Ⓒ ; (競争者) contestant Ⓒ **出場停止** suspension Ⓤ. ¶その選手は*出場停止になっている The player is *under suspension*.

しゅっしょく 出色 —形 (すぐれた) excellent ; (卓越した) outstanding ; (実に見事な) superb ★ やや文語的な語 ; (注目に値する) remarkable. 《☞ ずばぬける》.

¶ これは彼の作品の中で*出色のものの1つです This is one of the most「*excellent* [*outstanding*] pieces among his works. // 今夜は*出色のできばえだった (⇒ 実に見事な上演をした) They presented a *superb* performance this evening.

しゅっしん 出身 —動 (...の出) be [come] from ... ; (卒業する) graduate from ... —名 (卒業生) graduate Ⓒ. 《☞ で》.

¶「ご*出身はどちらですか」「新潟です」"Where *are* you *from*?" "I'*m from* Niigata." / "Where *do* you *come from*?" "I *come from* Niigata." 語法 以上2つの言い方では前者が一般的. come from を用いる場合は現在形が用いられることに注意. // 今度の社長はW大*出身だ (⇒ W大の卒業生) The new president is「a *graduate* of W University [a W University *graduate*]. // 彼は大蔵省*出身の国会議員です (⇒ 元は大蔵省からの人です) He is「an MP [a member of Parliament], *originally from* the Finance Ministry. // 彼はS大学*出身の生物学者です He is a biologist *from* S University.

出身校 (母校) *one's* alma mater [ǽlmə-mɑ́ːtə] ★ Alma Mater とも書き, 普通単数形で用いられる. ¶「*出身校はどちらですか (⇒ どの学校[大学]を卒業したか)」「K大です」"What「school [university ; college] did you *graduate from*?" "I *graduated from* K University." 語法 大学をきく場合には, (⇒ 第1段階の学位 (B.A. = Bachelor of Arts (学士)) をどこで取ったか) Where did you get your B.A.? というきき方もできる. 《☞ 学校・教育 (囲み)》 **出身地** *one's* hometown Ⓒ 語法 県ならば home prefecture, 市なら home city といえる ; (出生地) *one's* birthplace Ⓒ. 《☞ くに》.

しゅっすい 出水 (洪水) flood Ⓒ ; (氾濫(はんらん)して一面を水浸しにする大水) inundation Ⓒ ★ やや文語的. 《☞ こうずい ; すいがい ; 自然災害 (囲み)》.

しゅっせ 出世 —動 (人生において成功する) succeed in life ㊀ ; (昇進する) be promoted. —名 success in life Ⓤ ; promotion Ⓤ.

¶ 彼の息子は非常に*出世した (⇒ 人生において大きな成功を得た) His son won great *success in life*. // 一生懸命やれば君も*出世するよ If you try hard, you will *succeed in life*. // 彼は*出世 (⇒ 昇進) が早かった He「got [won]「speedy [rapid ; quick] *promotion*. // 彼は*出世コースに乗っている He is on the *promotional* track. // 彼はその銀行の*出世頭だ (⇒ 経営者のはしごの上のほうにいる) He is well up on the management ladder at the bank.

出世作 ¶ これは彼の*出世作 (⇒ 彼を有名にした作品) の1つだ This is one of the *works that made him famous*.

しゅっせい 出生 birth Ⓤ 《☞ うまれ》.

出生地 birthplace Ⓒ **出生届** the registration of a birth **出生年月日** the date of birth **出生率** birth rate Ⓒ.

しゅっせき 出席 —動 (その場に居る) be present (at ...) (↔ be absent (from ...)) ★ 最も口語的. 「出席している」という状態を表す言い方だが, 日本語の「出席する」にも当たる; (会合・授業などに出る) attend ㊀. —名 presence Ⓤ ; attendance Ⓤ ★ 定期的に決められた出席を指す場合は Ⓒ. 《☞ しゅっけつ[1]》.

¶ 全員が*出席しています All the members *are present*. // その会には*出席します I'll「*attend* [*be present at*] the meeting. // 外国語の授業ではきちんと*出席することが非常に大切です Regular *attendance* is very important in a foreign language class. // 年次総会へはなにとぞご*出席下さい Your *presence* is cordially requested at the annual general meeting. ★ 日本語同様, 形式ばった手紙の文句. // きょうは*出席が多かった[少なかった] There was a「large [small] *attendance* today. // では*出席をとります (⇒ 出席簿を読み上げる) Now I'll *call the roll*.

出席回数 the number of *one's* attendances **出席者** (全体) attendance Ⓒ ★ 普通は形容詞とともに用いる ; (出席している人) those (who are) present. ¶ *出席者はたった10人だった (⇒ 10人だけ出席した) Only ten people *were present*. // パーティーには100人以上の*出席者があった (⇒ 100人以上の人によって出席された) The party *was attended by* more than 100 people. **出席調べ** roll call Ⓒ **出席簿** roll book Ⓒ **出席率** the percentage of *one's* attendance.

しゅつだい 出題 —動 (人に問題を出す) set *a person* a「problem [question] ; (試験問題を作る) make questions for an examination. —名 (問題) question Ⓒ.

¶ この問題は私が*出題したものです (⇒ 私の問題です) This is my *question*. // 今度の試験

は教科書から*出題します (⇒ 問題は教科書からとられる) The *questions* of the coming test will *be taken from* the textbook. // 先生は私たちに難しい問題をいくつか*出題した The teacher *set* us some difficult *questions*. // 私はT大入試の*出題傾向を調べてみた I have studied the tendency of entrance examination *questions* of T University.

しゅっちょう 出張 (公務の) official trip Ⓒ; (商用の) business trip Ⓒ.
¶私は月1回大阪へ*出張します (⇒ 商用で行く) I go to Osaka *on business* once a month. / (⇒ 公用の旅行をする) I make *official trips* to Osaka once a month. // 彼はいま東京へ*出張しています He is in Tokyo *on* ˹*business* [*a business trip*]. // 私は1年間の海外*出張を命じられた I was ordered abroad to work for one year.
出張所 (支店) branch office Ⓒ; (代理店) agency Ⓒ **出張旅費** (実際の旅費) travel(l)ing [travel] expenses ★ 複数形で; (旅費手当としての額) travel(l)ing [travel] allowance Ⓒ.

しゅってい 出廷 ―動 (法廷に出頭する) appear in court. ―名 appearance in court Ⓒ. (☞ しゅっとう; ほうてい).

しゅってん 出典 source Ⓒ (☞ でどころ; しゅっしょ). ¶この例文の*出典を教えて下さい Please tell me the *source* of this example sentence. // この文章は*出典にあたってみたほうがいい You'd better check the *source* of this passage.

しゅっとう 出頭 ―動 (事務上の連絡などのため公の場所へ) report ˹to [at] …; (現れる) appear 自; (出席する) present *oneself*. ―名 appearance Ⓒ.
¶私は法廷への*出頭を命じられた I was ordered to (*appear* in) court. / (⇒ 喚問された) I *was summoned* to (the) court. // 彼は警察署へ*出頭するように言われた He was told to *report* ˹*to* the police [*at* the police station]. // 必ず本人が*出頭して (⇒ 本人自身で) 申し込むこと Application(s) should be made *in person*.
出頭命令 (裁判所への) summons Ⓒ 《複 ～es》.

しゅつどう 出動 ―動 (出かける) turn out 自; (派遣する) send 他; (動員する) mobilize 他; (行動を起こす) take action. ―名 mobilization Ⓤ; action Ⓒ.
¶その火事の消火に消防車が5台*出動した Five fire engines *turned out* to put out the fire. // 彼らは警察にパトカーの*出動を要請した (⇒ パトカーを派遣してくれるように頼んだ) They asked the police to *send* a patrol car. // 彼は部下を救助活動に*出動させた (⇒ 動員した) He *mobilized* his men for the rescue work. // 機動隊は*出動しなかった (⇒ 行動を起こさなかった) The riot police didn't *take action*.

しゅつば 出馬 (選挙に立候補する) run [《英》 stand] (for …) 自 【語法】 for の後には「役職」がくる; (…の候補になる) be a candidate (for …). (☞ せんきょ¹; りっこうほ).
¶彼は来年の市長選挙への*出馬が予想されている He is expected to ˹*run* [*stand*] *for* mayor next year. / (⇒ 予想される候補者だ) He *is a* prospective *candidate for* mayor next year. // 彼は次の総選挙に*出馬するだろう He will *run* in the next general election.

しゅっぱつ 出発 ―動 (ある場所から離れる) leave 他 《過去・過分 left》; (目的へ向かって動き出す) start (from …) 自 【語法】 leave は「場所」を離れることに重点があるのに対して, start は動き出す「動作」に重点がある. 従って交通機関などの出発[発車, 出航]時刻などの場合には leave が, 乗り物や人などが動き出す動作の描写には start が用いられる; (立ち去る) depart (from …) 自 ★ やや形式ばった語; (飛行機が離陸する) take off 自; (出航する) sail 自; (旅に出る) set out 自. ―名 departure Ⓤ (↔ arrival), start Ⓒ. (☞ たつ⁴; でかける; でる; はっしゃ¹).
¶あなたの乗る飛行機は何時に*出発しますか When does your plane ˹*leave* [*take off*]? // ベルが鳴り終わると列車は*出発した As soon as the bell stopped ringing, the train *started*. // その列車は8時に東京へ向けて博多を*出発した The train *left* Hakata *for* Tokyo at 8:00. // 彼はロンドンへ向かって*出発した He ˹*left* [*started*] for London. 【語法】 目的地だけを問題とするときは leave も自動詞用法. // その船は明朝*出発します The ship ˹*departs* [*sails*] tomorrow morning. // エンジンの故障のため*出発が2時間延びた Due to engine trouble, *departure* was delayed for two hours. // 私は1週間ほど*出発を延期した I ˹put off [postponed] my *departure* for a week.
出発点 (動き始める地点) the starting point; (乗り物などの) the point of departure; (競走などの) the starting ˹mark [line].

しゅっぱん¹ 出版 ―動 (書籍・雑誌・新聞などを) publish 他; (発行する) issue 他 ★「出す」という意味に重点がある; bring [put] out 他 ★ ややくだけた表現. ―名 publication Ⓤ. (☞ はっこう¹; だす).
¶彼の本は来月*出版される His book will *be* ˹*published* [*brought out*] next month. // その本はS社から*出版された The book *was published* by S Publishing Company. // その本はもう*出版されていません (⇒ 絶版です) The book *is* now *out of print*. // 彼はその本を自費*出版した He *published* the book at his own expense. // これはわが社の一番新しい*出版物です This is our company's latest *publication*. // 日本国民は*出版および言論の自由を持っている The Japanese people enjoy freedom of the *press* and freedom of speech.
出版記念会 party in ˹celebration [honor] of the publication of …'s book Ⓒ **出版業** the publishing business **出版社** publishing ˹firm [house; company] Ⓒ **出版部数** the number of issues.

しゅっぱん² 出帆 ―動 sail 自 【参考】 元来は帆船が航海することを表す語であったが,

現在は汽船にも用いる；(出発する) leave ⓗ ⓙ, depart (from ...) ⓙ ★前者がより口語的. ―名 sailing Ⓤ; departure Ⓤ. 《☞ しゅっこう[1]; しゅっぱつ》.
¶船は東京港から八丈島へ向けて*出帆した The ship ⌈sailed from [left] Tokyo Harbor for Hachijo Island. // その船は数日中に*出帆する The ship ⌈will sail [sails] ⌈off [away] in a few days.

しゅっぴ 出費 (お金を使うこと) expense Ⓤ ★特定のものに対する出費を言うときは expenses; (出費または出費の額) expenditure Ⓤ ★形式ばった語. 《☞ ひよう; ししゅつ》.
¶今月は何かと*出費が多かった (⇒ 多くの金を使った) I have spent a lot of money this month. / (⇒ 支出額が思ったよりもかさんだ) My *expenditure* for this month amounted to much more than I had expected. // もう少し月々の*出費を切り詰めなくてはならない We must cut down on some of our monthly *expenses*.

しゅっぴん 出品 ―動 (作品などを人に見てもらうために公開する) exhibit [igzíbit] ⓗ; (商品などをはっきり見せるために陳列する) display ⓗ; (展示する) show ⓗ. ―名 exhibition [èksəbíʃən] Ⓤ; display Ⓤ ★いずれも具体的な作品を指すときは Ⓒ. 《☞ てんじ[1]》.
¶私は収集した切手を*出品した I *exhibited* my stamp collection. // 彼女は*出品した人形で 1 等賞をもらった She won (the) first prize for the doll she ⌈*exhibited* [*showed*]. // 品評会にはすばらしい盆栽が*出品されていた There was a fine *display* of bonsai at the show. // *出品作品は即売されます The works on *display* will be sold on the spot.

じゅつぶ 述部 〖文法〗 predicate Ⓒ.

しゅっぺい 出兵 ―動 (軍隊を送る) send [dispatch] troops. ―名 the dispatch of troops. 《☞ ぐんたい》.

しゅつぼつ 出没 ―動 (しばしば現れる) appear frequently ⓙ, make frequent appearances; (しばしば来て悩ませる・荒らす) infest ⓗ. ¶昔は瀬戸内海に海賊が*出没していた (⇒ 海賊に荒らし回された) In olden times the Inland Sea of Japan used to *be infested* with pirates.

しゅつりょう 出漁 ¶その船は*出漁中にだ捕された (⇒ 魚を捕らえている最中に) The ship was captured while *fishing*. // 日本の漁船は太西洋までも*出漁する (⇒ 魚を捕りに行く) Japanese ships *go* (*out*) *fishing* as far as the Atlantic Ocean. **出漁区域** fishing area Ⓒ.

しゅつりょく 出力 〖電気〗(発電力の量) generating power Ⓤ; (入力に対しての) output Ⓤ. ¶*出力 100 万キロワットの (⇒ 100 万キロワットの電気を起こす) 原子力発電所 a nuclear power station that *generates* one million kilowatts // *出力装置〖電子工学〗 an *output* device

しゅと 首都 capital (city) Ⓒ 《☞ しゅふ[2]》.
首都圏 the metropolitan area **首都高速道路** the Metropolitan Expressway.

しゅとう 種痘 ―名 vaccination Ⓤ. ―動 (種痘をする) vaccinate ⓗ. ¶私は外国へ行く前に*種痘を受けた I ⌈*was vaccinated* [had a *vaccination*] before going abroad.

しゅどう 手動 ―名 (手で操作すること) hand operation Ⓤ; (自動に対して) manual operation Ⓤ. ―形 (自動に対して) manual; (手で操作される) operated by hand.
¶電話の交換台はしだいに*手動から自動式へ変わっている *Manual* exchanges are gradually being replaced by automatic ones. // この機械に*手動装置を付ける必要がある This machine should be equipped with a ⌈*manual* control device [*hand* operation system].

じゅどう 受動 ―形 (受動的な) passive; (消極的な) negative. **受動態**〖文法〗 the passive voice 《☞ 受身 (囲み)》.

しゅどうけん 主導権 (指導者の地位・任務) leadership Ⓤ; (支配権) control Ⓤ.
¶彼は生徒会の*主導権を握っている He has the *leadership* of the student association. / (⇒ 生徒会を掌握している) He has *control* ⌈of [over] the student union. // 最近の内閣の改造は与党内の*主導権争いのためである The recent Cabinet reshuffle was due to a struggle for ⌈*leadership* [a *leading place*] in the Government.

しゅとく 取得 ―動 (時間をかけて手に入れる) acquire ⓗ; (欲しいものを努力して手に入れる) obtain ⓗ; (所有権を) get [take] possession of ... 語法 get も意味は類似しているが, 日本語の「取得」のニュアンスからは上にあげた語のほうが近い. ―名 acquisition Ⓤ; (購入) purchase Ⓤ. 《☞ にゅうしゅ; える》.
¶運転免許を*取得するのに彼は 3 か月かかった It took him three months to *obtain* a driver's license. // 不動産を*取得した場合は 1 年以内に不動産*取得税を払わなければならない When you *acquire* real estate, you should pay a real estate *acquisition* tax within a year.
取得物 acquisition Ⓒ.

しゅとして 主として (主に) mainly, chiefly; (第 1 に) primarily ★主たる使用目的などをいう場合. 《☞ おもに[1]; おもな (類義語)》.
¶*主としてロンドンを見物するためにイギリスへ行った I visited England *chiefly* to see London. // この本は*主として英語の初歩の人のために書かれている This book was ⌈written [intended] *primarily* for English beginners.

じゅなん 受難 (一般的に苦しみを受けること) suffering Ⓒ; (試練としての) ordeal Ⓒ; (キリストの) the sufferings of Jesus Christ; (キリストの最後の晩餐から十字架で処刑されるまでの苦しみ) the Passion.

ジュニア (若い人) young person Ⓒ; (親しみ, または多少の軽蔑をこめて) youngster Ⓒ; (自分より若い者) junior Ⓒ ★単に「若者」という意味では junior は使わないことに注意.
¶*ジュニアのお店 (⇒ 若者向きの) a store for *young people*

しゅにく 朱肉 vermilion inkpad Ⓒ 参考 「朱色のインク台・印肉」という意味. 英米には

日本の朱肉に正確に当たるものはない.

じゅにゅう 授乳 ―[動] (乳を与える) nurse (他); (人工乳を与えることに対して, 乳房から授乳する) breast-feed (他) 《過去・過分 -fed》 (↔ bottle-feed). 《☞ ちち[2]》. ¶ *授乳の時間です It's time to *nurse* your baby.

しゅにん 主任 (責任者) person in charge Ⓒ; (長) head Ⓒ, chief Ⓒ ★ ほぼ同意だが, head のほうが一般的; (会社などの一部門の責任者) manager Ⓒ.
¶ 調理*主任 the *head* cook // 教務*主任 the teacher *in charge of* (school) curriculum // 彼は本校の英語の*主任です He is the *head* of the English department of our school. // 彼は販売部の*主任になった He was promoted to 「sales *manager* [*chief* of the sales department].

ジュネーブ Geneva.

しゅのう 首脳 ―[名] (長となる人) head Ⓒ; (指導的地位にある人) leader Ⓒ; (最高位の人) top Ⓒ ★ ややくだけた表現. ―[形] (主たる) chief; (指導的な地位にある) leading; (上位の) senior. 《☞ かんぶ[1]》.
¶ 政府*首脳 the *leading members* of the government / the *leaders* of the Administration // 会社の*首脳部 *management* of the company ★ 集合的に「経営者」の意. 管理職を含めた広い意味に使われることもある. / (⇒ 重役) the company's *senior executives*
首脳会議 (会社などの) executive meeting Ⓒ
首脳会談 summit 「conference Ⓒ [talks] 《☞ かいだん[2] (類義語)》. ¶ 日米*首脳会談が 8 月にハワイで行われた A *summit* 「*meeting* [*conference*] between Japan and America was held in Hawaii in August.

しゅはん[1] 主犯 the principal offender Ⓒ 《☞ しゅぼうしゃ》.

しゅはん[2] 首班 head Ⓒ 《☞ しゅしょう[1]》.
¶ 内閣の*首班 the *head* of the cabinet / a *premier* / a *prime minister*

しゅび[1] 守備 ―[動] (守る) defend (他); (スポーツでゴールなどを守る) guard (他); (野球で守備につく) take to the field. ―[名] defense Ⓤ; (特に野球の内外野の守備) fielding Ⓤ. 《☞ 野球の英語 (囲み); まもり》.
¶ あのチームは*守備が弱い That team has a weak *defense*. / That team's *fielding* is poor. // 5 回裏の*守備についた We took to the *field* for the second half of the fifth inning. // 彼は*守備がお粗末だ (⇒ 下手な野手だ) He is a poor *fielder*.

しゅび[2] 首尾 ¶ 彼の言うことはいつも*首尾一貫している (⇒ 矛盾がない) What he says is always *consistent*. // 結局私にとって*首尾よく (⇒ うまく) いきました Everything *went well* for me in the end. // *首尾よく全員を救出することに成功した (⇒ 幸いにも) *Fortunately* we succeeded in rescuing all of them. // 「*首尾はどうでしたか」「うまくいきました」 "How did it *turn out*?" "It *turned out* fine."

じゅひ 樹皮 bark Ⓤ 《☞ き[2] (挿絵)》.

しゅひつ 主筆 the (chief) editor, the editor-in-chief ★ 後者は形式ばった言い方.

じゅひょう 樹氷 (氷で覆われた木) tree covered with ice Ⓒ.

しゅひん 主賓 the guest of honor.

しゅふ[1] 主婦 housewife Ⓒ 《複 housewives》, 《米》 homemaker Ⓒ.

しゅふ[2] 首府 (その国の中央政府のある) capital (city) Ⓒ; (通商・文化などの主要都市) metrópolis Ⓒ ★ capital と同一の場合もあるし, アメリカのように異なっていることもある. ¶ ワシントンは米国の*首府であり, ニューヨークは最も重要な都市である Washington is the *capital* of the United States, and New York is the metropolis.

シュプレヒコール chorus of shouts Ⓒ [参考] 「シュプレヒコール」はドイツ語の Sprechchor から. ¶ デモ隊は「核実験反対」と*シュプレヒコールをした The demonstrators *shouted in chorus*, "Stop nuclear testing!"

しゅぶん 主文 (判決文の) the text (of a decision) 《☞ ほんぶん[1]; はんけつ》.

じゅふん 授粉, 受粉 ―[名] (授[受]粉(作用)) pollination Ⓤ. ―[動] (授粉する) pollinate (他).

しゅべつ 種別 (種類) kind Ⓒ; (分類) classification Ⓤ. 《☞ しゅるい; ぶんるい》.

しゅほう 手法 (絵画や音楽演奏など芸術上の) technique Ⓒ; (技法) technical skill Ⓤ; (方法) method Ⓒ; (問題などの取り上げ方) approach Ⓒ. 《☞ ぎじゅつ》.

しゅぼうしゃ 首謀者 (悪者の一味の指導者) ringleader Ⓒ; (陰謀などの発案者) author (of the plot) Ⓒ; (一般的に他の人を率いていく人) leader Ⓒ. 《☞ ちょうほんにん》. ¶ その暴動の*首謀者たちは逮捕された The *ringleaders* of the riot were arrested.

しゅみ 趣味 (職業としてではなく, 楽しみのためにする事柄) hobby Ⓒ ★ 最も一般的な語; (気晴らし) pastime Ⓒ [語法] 言葉の上では「暇つぶし」という軽い意味だが, 実際には hobby と同じような意味に用いられる; (ある事に対する興味・関心) interest Ⓤ; (好み・審美眼) taste Ⓤ [語法] この語は日本語の場合と異なり, hobby や pastime とはまったく意味が重ならないことに注意. 《☞ レクリエーション (囲み)》.
¶「あなたの*趣味は何ですか」「私の*趣味は切手集めです」 "What are your *hobbies*? / What *hobbies* do you have?" "My *hobby* is collecting stamps." // テニスが彼の*趣味 (⇒お気に入りの気晴らし) です Playing tennis is his favorite *pastime*. // 私は日本の古典音楽にはまったく*趣味 (⇒ 興味) がない I have no *interest* in Japanese traditional music. // 彼女の選んだものは私の*趣味 (⇒ 好み) に合わない Her choice is not to my *taste*. // 彼女は着る物の*趣味がいい She has fine *taste* in clothes.

シュミーズ chemise [ʃəmíːz] Ⓒ 《☞ したぎ (挿絵); 衣服 (囲み)》.

じゅみょう 寿命 (生命) life Ⓤ ★ 個人の生命・命は Ⓒ; (命の長さ) life span Ⓒ; (人の生涯) lifetime Ⓒ; (長寿) longevity Ⓤ.
¶ 亀は*寿命が長い (⇒ 長い命をもっている) A

tortoise has a long *life.* // 人間の*寿命は約70年だ Man's *life span* is about 70 years. // ここ20年間に日本人の平均*寿命は10年伸びた The average *life span* of the Japanese has been「prolonged [extended] by ten years over the past twenty years. // もうそろそろ*寿命です (⇒ 寿命がほとんど終わった) My *lifetime* is nearly over. / (⇒ (電池などが)切れてきた) It has almost *run down.* // それを見て*寿命が縮まる思いがした (⇒ 死ぬほど恐ろしかった) I was「frightened to death [nearly frightened out of my life] at the sight. // 心配すると*寿命が縮む Care killed the cat. 《ことわざ: 心配は猫をも殺す》《☞ やまい 参考》

しゅもく 種目 (項目) item Ⓒ; (競技の) event Ⓒ. 《☞ こうもく; スポーツ (囲み)》.
¶「どの*種目に申し込んでいますか」「500メートル競走に申し込んでいます」"Which *event* have you entered for?" "I've entered for the 500 meters (race)."

じゅもく 樹木 trees (and shrubs) 《☞ き[2]》.
¶ *樹木の多いキャンパス a *wooded* campus

じゅもん 呪文 (魔法の力を持っているものとされる言葉) spell Ⓒ; (主として悪いことを除くために用いられる呪文) charm Ⓒ. 《☞ まほう; まじない》. ¶ 魔法使いは王女に*呪文を唱えた The witch cast the *spell* over the princess.

しゅやく 主役 (中心となる役) the「leading [principal]「part [role]; (演劇で題名の人物を演じる役) title role Ⓒ; (主役を演じる人) the lead. 《☞ しゅえん[1]》.
¶ 東京公演で彼は*主役をつとめた He played *the leading*「*part* [*role*] during the Tokyo performance. // 彼はそのオペラで*主役を演じた He「sang [acted] the *title role* in the opera. // 今度の会議では日本が*主役です (⇒ 日本が会議を導く) Japan is expected to *lead* the next conference.

じゅよ 授与 ― 動 (賞などを) award ㊀; (学位などを) grant ㊀ ★ award も用いられる. ― 名 awarding Ⓤ; granting Ⓤ. 《☞ あたえる; さずける》.
¶ M大学は彼女に文学修士の称号を*授与した M University「*granted* [*awarded*] the「degree of Master of Arts [M.A. degree] to her. // 卒業証書*授与式 a「graduation [commencement] ceremony 語法 卒業式という意味. 英語ではこの言い方が普通.

しゅよう[1] 主要 ― 形 (重要な) important ★ 一般的な語; (主だった) chief; (最も重要な) principal; (全体の中で重要性のある) main ★ 物や場所についてのみ用いる; (大きさ・規模などが大きい) major; (基本的で重要な) key. 《☞ おもな (類義語); じゅうよう[1]》.
¶ 英語は中学校の*主要科目の1つです English is one of the「*main* [*important*] subjects in junior high school. // 自動車生産は現在日本の*主要産業である Automobile production is a「*major* [*key*] industry in present-day Japan. // 日本航空は世界の*主要都市を結んでいる JAL covers all the「*major* [*chief*] cities in the world. // 米はいまでも日本人にとっては*主要な食糧です Rice still remains the「*principal* [*staple*] food for the Japanese.

しゅよう[2] 腫瘍 (細胞や組織の異常に増殖したもの) tumor (《英》 tumour) [t(j)úːmər] Ⓒ; (できもの) growth Ⓒ ★ 医学用語としては前者が一般的によく用いられる. 《☞ できもの; はれ[2]》.
¶ この症状は脳*腫瘍の疑いがある This symptom suggests a brain *tumor.* // 左のももに*腫瘍ができた A *growth* developed on my left thigh. // 良性[悪性]*腫瘍 a「benign [malignant]「*tumor* [*growth*]

じゅよう 需要 demand Ⓤ 《☞ じゅきゅう》.
¶ *需要が供給を上回った The *demand* exceeded the supply. // 供給が*需要に追いつかない (⇒ 需要を満たせない) The supply cannot meet the *demand.* // *需要が急激に伸びた There was a sharp rise in *demand.* // その本に対する*需要は大きい (⇒ 大きい需要がある) There is (a) great *demand* for the book.

ジュラルミン duralumin [d(j)urǽljumin] Ⓤ.

しゅらん 酒乱 (人) vicious drinker Ⓒ.

じゅり 受理 ― 動 (受け入れる) accept ㊀. ― 名 acceptance Ⓤ. 《☞ うけいれる; じゅだく》. ¶ 彼の辞表は*受理された His resignation *was accepted.*

じゅりつ 樹立 ― 動 (確立する) establish ㊀; (設立する) set up ㊀ ★ 後者が口語的; (作る) make ㊀. 《☞ かくりつ[1]》. ¶ 彼女は100メートル競走で世界新記録を*樹立した She「*made* [*established*] a new world record for the 100-meter dash.

しゅりゅうだん 手榴弾 (hand) grenade Ⓒ.

しゅりゅうは 主流派 (主な派閥) leading faction Ⓒ 《☞ は[4]; 政治・経済 (囲み)》.

しゅりょう[1] 狩猟 hunting Ⓤ; (特に鉄砲による猟) shooting Ⓤ. 《☞ りょう[2]; かり[3]》.
¶ 彼は*狩猟に出かけた He went「*hunting* [*shooting*]. **狩猟家** hunter Ⓒ **狩猟期** the「shooting [open] season Ⓒ.

しゅりょう[2] 首領 (悪者一味のかしら) ringleader Ⓒ; (頭となる者) chief Ⓒ. 《☞ しゅぼうしゃ; おやぶん》.

じゅりょう 受領 ― 動 (単に受動的に受け取る) receive ㊀; (提供されたものを喜んで受け取る) accept ㊀. ― 名 receipt Ⓤ; acceptance Ⓤ. 《☞ うけとる》. **受領証** receipt Ⓒ.

しゅりょく 主力 ¶ 3学期は英語に*主力を注いだ (⇒ 私のエネルギーを英語に集中させた) During the third term I *concentrated all my energy on* English. / (⇒ 専念した) In the third term I *devoted myself to* English. **主力選手** main player Ⓒ.

しゅるい 種類 kind Ⓒ, sort Ⓒ ★ 最も普通; (異なった) variety Ⓒ; (分類になった) class Ⓒ; (型などの) type Ⓒ.
【類義語】基本的な性質が同じで, 1つのグループとしてはっきり分類できる種類が **kind**. **kind** よりもくだけた語で, 性質・外観などが大体同じことを示すのは **sort**. どちらも交換して用いることができる場合が多いが, **sort** には軽蔑や非難の意味が含まれることがある. ((例) 私はそんな*種類のことには興味がない I'm not interested in that *sort* of thing.). 同じグループの中にありながら, 細かい点で性質の異なっているのは **variety**. ((例) 衣装には限りなく違った*種類がある There is an infinite *variety* of costumes.). 同じ性質に注目して分類された種類は **class** という. ((例) このペンは最高級(の*種類)だ This pen is of the highest *class*.). 型によって客観的に区別ができる種類は **type**. ((例) これは私の欲しい(*種類の)自転車だ This is the *type* of bicycle that I want.). *type* よりももっと厳密にその区別が定められた種類は **category**. ⦅☞ しゅ[4]; ひんしゅ⦆
¶「あなたはどんな*種類の小説が好きですか」「科学小説です」What *kind* of ⌈novels [stories] do you like?" "I like science fiction."
この花壇には何*種類の花が植えてあるのですか How many *kinds* of flowers are there in this flowerbed? 語法 (1) kind of の次には冠詞を付けないのが普通. (2) kind が複数形であれば, 普通は種類が複数であることを意味する.
私は3*種類の万年筆を持っている I have three *kind(s)* of pens. 語法 この場合 kind が単数形でも用いられるのは, kind が元は不変化複数であったことにもよるが, kind of をまとめて1つの形容詞とも考えられるからである.
この*種類の木は北部にだけ生える Trees of this *kind* [These *kind* of trees] grow only in the north. 語法 *This* kind of tree grows ... も可能. また this kind of *trees* とも言えるが, この表現は this と trees の違和感があり, 好まれない. くだけた表現では *these* kind of trees がしばしば用いられる. しかし, these に続いて単数形の kind が来ることに抵抗を感じる人々がいるので, その代わりに trees of this kind のような表現がよく用いられる. these kind of ... という言い方は, kind が元来単複同形の語であるので, 英語の歴史から見れば問題はないのであるが, 我々外国人としては, This kind of tree のように単数形にするか, あるいは trees of this kind という表現を用いるほうが安全であろう.
これは私が捜している*種類のものではない This is not the *sort* I am looking for.
このカードは色で*種類分けにした These cards *have been classified* by color. / (⇒ 仕分けした) I *have sorted out* the cards according to color.

じゅれい 樹齢 the age of a tree. ¶この松は*樹齢200年以上です This pine tree is ⌈more than [over] two hundred years old.

しゅろ 棕櫚 hemp palm Ⓒ.

しゅわ 手話 ━動 (手[指]により意思伝達をする) talk with the ⌈hands [fingers]. ━名 (その言葉) sign language Ⓤ.

じゅわき 受話器 receiver Ⓒ ⦅☞ でんわ (挿絵)⦆. ¶私は*受話器をとった I ⌈lifted [picked up; took up] the *receiver*. // 彼女は*受話器を置いて部屋から出ていった She ⌈replaced [put back] the *receiver* (in its cradle) and went out of the room.

しゅわん 手腕 (ことを成し遂げる能力) ability Ⓤ; (特定分野での才能) talent Ⓤ; (腕前) skill Ⓤ. ⦅☞ うでまえ; のうりょく (類義語)⦆.

しゅん 旬 ━名 the season. ━形 (旬の) in season (↔ out of season). ¶*旬の野菜 vegetables *in season* // かきはいまはもう*旬ではない Oysters are now *out of season*.

じゅん[1] 順 (順序) order Ⓤ; (順番) turn Ⓒ. ⦅☞ じゅんばん; じゅんじょ; ばん[2]⦆.
¶ABC*順に in alphabetical *order* / alphabetically // 我々は身長の*順に並んだ We stood in *order* of height. // 申し込みは先着*順に受け付ける Applications will be accepted ⌈*in the order of arrival* [*on a first-come-first-served basis*]. 語法 後の言い方が口語ではよく用いられる. // 私はその出来事をみんなに*順を追って話した I told them the events *in order*.

じゅん[2] 純 ━形 (純粋な) pure; (無邪気な) innocent; (素朴な) simple. ⦅☞ じゅんすい⦆. ¶彼は*純日本風に家を建てた He built his house in *pure* Japanese style. // 彼はとても*純な人だ (⇒ 性質が純真で正直だ) He is very *simple and honest* by nature.
純金[銀] pure ⌈gold [silver] Ⓤ **純文学** pure [polite] literature Ⓤ **純毛** all [pure] wool Ⓤ.

じゅん- 準... ¶*準決勝[*準々決勝] the ⌈*semi*final [*quarter*final] game ⦅☞ スポーツ (囲み)⦆ // *準会員 an *associate* member
【参考語】(半分の) semi-; (一見似ているが本物ではない) quasi-; (完全なメンバーになっていない) associate ★ わが国では一般的ではないが「準教授」associate professor など.

じゅんあい 純愛 (汚れのない愛) pure [genuine] love Ⓤ; (天真らんまんな愛) innocent love Ⓤ; (プラトニックな愛) chaste [Platonic] love Ⓤ. ⦅☞ あい[1]⦆.

じゅんい 順位 ━動 (位する) rank ⓐ; (位置を占める) stand ⓐ. ━名 ranking Ⓤ; standing Ⓤ. ⦅☞ じゅんばん⦆. ¶彼女のクラスでの成績の*順位は上[下]のほうだ She *ranks* ⌈high [low] in her class. // 日本の*順位は各国中第2位である (⇒ 2位を占める) Japan *stands* second among the countries in the world. **順位決定戦** (引き分け・同点のときなどの) playoff Ⓒ.

じゅんえき 純益 net [clear] profit Ⓒ ⦅☞ もうけ; りえき⦆. ¶私は約20万円の*純益を上げた I've made a *net profit* of some ¥200,000.

じゅんえん 順延 ━動 (延期する) put off ⓣ, postpone ⓣ ★ 前者のほうが口語的. ━名 postponement Ⓤ ★ 具体的な事柄をいう場合は Ⓒ. 参考 英語では1語で「順延」に当たる語はないので説明的表現しかできない. ⦅☞ えんき; のばす⦆.
¶その会議は何回も*順延された後に開かれた The meeting was held after many *postponements*. // 運動会は雨天の場合*順延される (⇒ 最初の晴天の日まで延期される) In case of rain, the athletic meet will *be* ⌈*postponed* [*put off*] until the first clear day.

じゅんおくり 順送り ━動 (順に次へ回す)

pass ... on (to ...), pass ⌈around [round] ⊕ ★「ぐるりと回す」の意では後者.《☞ まわす》.
¶カードに名前を書いて次の人へ*順送りに回して下さい Write down your name on the card and *pass* it ⌈*around* [*on to* the next person], please.

じゅんかい 巡回 —動 (受け持ち区域を仕事として回る) make *one's* rounds; (異状はないか特定地域を見て回る) patrol ⊕. —名 round Ⓒ; patrol Ⓤ.《☞ みまわる; じゅんし¹》.
¶ガードマンは夜2時間ごとにビル内を*巡回する Patrolmen *make their rounds* of the building every two hours at night. // その警官は30分ごとに*巡回した The policeman *patrolled* every thirty minutes. // *巡回中の警官 a policeman on ⌈*patrol* [*his beat*]

しゅんかしゅうとう 春夏秋冬 —名 (四季) the four seasons. —副 (年中) all (the) year round.《☞ しき⁴; ねんじゅう》.

じゅんかつゆ 潤滑油 lubricating oil Ⓤ.

しゅんかん 瞬間 —名 (つかの間の時間) moment Ⓒ; (ほんの一瞬間) instant Ⓒ ★ instant のほうがより短い感じ. —形 (瞬間的な) momentary; instantaneous ★ 後者には「同時に起こる」という意味もある点に注意.《☞ いっしゅん; すぐ》.
¶我々はその劇的[決定的]*瞬間を待った We awaited the ⌈critical [decisive] *moment*. // それは*瞬間の出来事だった All that happened in ⌈a *moment* [an *instant*]. // ボールが頭上をかすめた*瞬間, 彼は首を引っ込めた The ⌈*moment* [*instant*] the ball shot over his head, he ducked. 語法 the ⌈moment [instant] (that) ... は接続詞的な用法.《☞ 接続詞 (欄外)》 // *瞬間最大風速は30メートルだった The maximum *instantaneous* wind velocity was 30 meters per second.

じゅんかん¹ 循環 —動 (決まった通路内を絶えず回る) circulate ⊜ ⊕; (あるものを中心にぐるぐる回る) rotate ⊜ ⊕. —名 circulation Ⓤ; rotation Ⓤ.《☞ まわる》.
¶血液は体の中を*循環する Blood *circulates* through the body. // このラジエーターは熱湯を*循環させることによって部屋を暖める This radiator heats the room by *circulating* hot water. // 季節は*循環する The seasons *rotate*. // 我々は物価と賃金の悪*循環を断たねばならない We must break the vicious *circle* of prices and wages.
循環器 (心臓・血管などの) circulatory organ Ⓒ 循環小数 recurring [repeating] decimals《☞ 数字 (囲み)》.

じゅんかん² 旬刊 (旬刊誌) magazine ⌈issued [published] every ten days Ⓒ.

じゅんきゅう 準急 semi-express train Ⓒ 参考 これに当たるものは英米にはない.《☞ きゅうこう¹》.

じゅんきょ 準拠 —動 (...に基づく) be based on ...《☞ もとづく》. ¶彼の意見は憲法第9条に*準拠している His opinion *is based on* Article 9 of the Constitution. // この本は新しい学習指導要領に*準拠して作られた (⇒ 新しい学習指導要領に従って編集された) This book was edited *in accordance with* the new course of study.

じゅんきょう 殉教 martyrdom [mɑ́ːətədəm] Ⓤ《☞ じゅんじる²》. 殉教者 martyr Ⓒ.

じゅんぎょう 巡業 —名 (地方を回る旅) tour Ⓒ. —動 (巡業する) tour ⊕. ¶その劇団はこの夏北海道を*巡業する The theater company will ⌈*tour* [*make a tour of*] Hokkaido this summer.

じゅんぐり 順繰り —副 by turns《☞ かわるがわる》. ¶*順繰りに食器を洗おう (⇒ 代わる代わる交替で) Let's wash the dishes ⌈*by* [*in*] *turns*. / Let's take *turns* washing the dishes.

じゅんけつ 純潔 (道徳的に汚(けが)れのないこと) purity Ⓤ; (貞節) chastity Ⓤ ★ やや文語的な言葉.《☞ ていせつ²; しょじょ》. ¶彼女は*純潔を守った[失った] She ⌈kept [lost] her *chastity*. // *純潔 (⇒ 性道徳) 教育 education in *sexual morality*

しゅんこう 竣工 —動 (完成する) be completed. —名 completion Ⓤ.《☞ かんせい¹; できあがる》.

じゅんこう 巡航 —動 (楽しみのため, または何かを捜し求めてあちこち航海する) cruise ⊜. —名 cruise Ⓒ.《☞ こうかい²》. ¶*巡航中のヨット a yacht *on a cruise* 巡航速度 cruising speed Ⓤ.

じゅんさ 巡査 policeman Ⓒ《複 -men》 ★ 最も一般的,《英》constable [kʌ́nstəbl] Ⓒ,《米俗》cop Ⓒ.《☞ けいかん¹》. ¶交通*巡査 a traffic *policeman* // *巡査部長 a (police) sergeant

じゅんし¹ 巡視 —名 (tour of) inspection Ⓒ. —動 (警戒のために回る) patrol ⊕; (視察して検査する) inspect ⊕.《☞ じゅんかい; パトロール; しさつ¹》.
¶1人の男が工場の*巡視にやってきた A man came to *inspect* our factory. // 空港は夜間は警官とガードマンが*巡視する (⇒ 警官とガードマンによってパトロールされる) The airport *is patrolled* at night *by* policemen and security guards.
巡視船 patrol boat Ⓒ.

じゅんし² 殉死 —名 (自らいけにえとなること) self-immolation Ⓤ. —動 (主君[主人]のあとを追って自殺する) kill *oneself* on the death of *one's* ⌈lord [master].《☞ じゅんしょく; じゅんじる²》.

じゅんじ 順次 (順を追って) in order《☞ じゅん¹; じゅんばん; つぎつぎ》.

じゅんしゅ 遵守 —動 (定められたことに従う) obey ⊕; (定められたとおりに行動する) observe ⊕; (定められたことを忠実に守る) abide by ... —名 observance Ⓤ; obedience Ⓤ.《☞ まもる; げんしゅ¹》.
¶法律は*遵守しなくてはならない We must ⌈*obey* [*observe*; *abide by*] the law. // 彼らは法律を*遵守する国民である They are a law-*abiding* people. 参考 イギリス人は自国民の形容にこの言葉を好んで使う.

しゅんじゅん 逡巡 —動 (ためらう) hesitate ⊜. —名 hesitation Ⓤ.《☞ ためら

う；ちゅうちょ》.

じゅんじゅん 順順 in ｢order [turn]《☞ じゅんばん；じゅんぐり》.

じゅんじょ 順序 ― 名（前後・大小など，決まった並び方）order Ⓤ；（続いて起こる順）sequence Ⓤ；（系統だった方法）system Ⓤ. ― 形（順序立った）systematic.《☞ じゅん[1]；じゅんばん；てじゅん》.
¶ *順序はどうでもよいからここにある本を並べなさい Arrange these books in any *order*. // このリストの名前の*順序は逆になっている The *order* of the names on this list is reversed. // 彼はその出来事を起こったとおりの*順序で我我に話した He told us the events in strict *sequence*. // 彼は*順序よく（⇒系統立てて）その事情を説明した He explained the circumstances *systematically*. // *順序不同 No special *order* is observed. / Not in any particular *order*.

じゅんじょう 純情 ― 形（世間ずれしていない）unsophisticated；（うぶで純真な）naïve；（心が清い）pure in heart. ― 名 pure heart Ⓤ.《☞ じゅん[2]；じゅんしん；そぼく》. ¶ 彼女は*純情だ She is ｢*naïve* [*unsophisticated*]. / （⇒彼女は心が純粋だ）She is *pure in heart*.

じゅんしょく 殉職 ― 動（自分の持ち場で死ぬ）die at *one's* post；（仕事中に死ぬ）die with *one's* boots on ★「ブーツをはいたまま死ぬ」が原意. ― 名 death at *one's* post.
¶ 消防士が2名*殉職した Two firemen ｢*died* [*were killed*] ｢*at their post* [*in the performance of their duties*].

じゅんじる[1] 準じる ¶ 彼は正会員に*準じて（⇒正会員と同じように）扱われた He was treated *in the same way* as a regular member. // 彼らは収入に*準じて（⇒収入に応じて）寄付した They contributed *in accordance with* their income. // 以下これに*準じる（⇒これは次のような場合に同じように適用される）This applies ｢*in the same way* [*correspondingly*] to the following cases.

じゅんじる[2] 殉じる（殉職する）die at *one's* post；（殉教する）die a martyr [mάːətə] (to …)；（命をささげる）sacrifice [immolate] *oneself*.《☞ じゅんし[2]；じゅんきょう》. ¶ 彼は主義[信仰]に*殉じた（⇒殉教者として死んだ）He *died a martyr to* his ｢principle [faith].

じゅんしん 純真 ― 形（あるがままの）naïve；（無邪気な）innocent；（素朴な）simple. ― 名（天真らんまん）naïveté [nɑːíːvtéi] Ⓤ.《☞ じゅんじょう；そぼく》. ¶ 彼はまるで子供のように*純真だ He is as ｢*naïve* [*simple*] as a child. // *純真な子供を欺くことはできない We cannot deceive an *innocent* child.

じゅんすい 純粋 ― 形（混じり気のない）pure；（本物の）true；（正真正銘の）genuine；（混合物のない）unmixed. ― 名 purity Ⓤ；（純粋性）genuineness Ⓤ.《☞ じゅん[2]》.
¶ これは*純粋な水です This is *pure* water. // これこそ*純粋の探偵小説だ This is a *true* detective story. // 我々は*純粋な（⇒世間ずれのしていない）若者の気持ちを理解しなくてはならない We must try to understand an *unsophisticated* youngster. // これは*純粋なブルドッグだ This is a ｢*genuine* [*purebred*] bulldog.

しゅんせつ 浚渫 ― 動（泥などをさらう）dredge ㊞. ¶ 彼らは川を*浚渫して深くした They *dredged* the river to make it deeper. **浚渫機** dredge Ⓒ **浚渫作業** dredging ｢operations [work Ⓤ] **浚渫船** dredger Ⓒ.

じゅんぜん 純然 ― 形（混じり気のない）pure and simple ★ 名詞の後で用いる；（正真正銘の）genuine；（まったくの）《口語》downright.《☞ じゅんすい；しょうしんしょうめい》.
¶ 彼女は*純然たる科学者です She is a scientist *pure and simple*. // それは*純然たる（⇒明らかに）私の間違いでした It was clearly my mistake.

しゅんそく 駿足（足の速い人）fast runner Ⓒ《☞ はやい[1]》.

じゅんちょう 順調 ― 形（目指すことをするのに都合のよい）favorable；（支障がない）《口語》O.K., all right ★ いずれも述語的にのみ使う. ― 副（都合よく）favorably；（うまく）well；（すらすらと）smoothly；《口語》all right.《☞ かいちょう[2]；こうちょう[1]》.
¶ 天候は*順調だった（⇒好都合だった）We had *favorable* weather. // 病人の経過は*順調です（⇒少しずつよくなっている）The patient *is improving*. / The patient *is doing well*. // すべて*順調にいった（⇒すらすらと進行した）Everything went (on) *smoothly*. / Everything was *all right*.

じゅんど 純度（純粋さ）purity Ⓤ ★ 光学では色の純度に用いられる；（合金中の金・銀の純度）fineness Ⓤ 参考 金純度を表すには，「18金」gold 18 carats *fine* のように言う.

しゅんとう 春闘 the spring (labor) offensive.

じゅんとう 順当 ― 形（当然そうあるべき）proper；（自然な）natural；（理屈にかなっている）reasonable. ― 副（うまく）well.
¶ 彼がその地位に就くのは*順当だ It is ｢*proper* [*natural*; *reasonable*] that he should get the post. // *順当にゆけば彼は父親の後継者となるだろう（⇒もしすべてのことがうまくゆけば）*If everything goes well*, he will succeed his father.

じゅんのう 順応 ― 動（自分自身を適応させる）adapt *oneself* to …；（一致させる）conform ㊞；（調和させる）harmonize ㊞. ― 名（適合させること）adaptation Ⓤ；（適応性）adaptability Ⓤ.《☞ てきおう（類義語）》.
¶ 彼はすばやく新しい環境に*順応した He quickly *adapted himself to* the new ｢environment [circumstances]. // 彼は時代[時勢]に*順応することができなかった（⇒潮に乗って進めなかった）He could not *go with the tide*. / （⇒時の流れに乗って泳げなかった）He could not *swim with the current*. // この動物は*順応性がない This animal lacks *adaptability*.

じゅんぱく 純白 ― 形（雪のように白い）snow-white. ― 名 pure white Ⓤ.《☞ しろ[1]；まっしろ；色（囲み）》.

し

じゅんばん 順番 (番) turn Ⓒ; (順序) order Ⓤ. 《☞ じゅん¹; じゅんじょ; こうご¹》.
¶さあ今度はあなたが話をする*順番だ Now it's your *turn* to tell a story. [語法] mý [yóur; hís; hér; Tóm's] tùrn のように, turn の前の所有格の代名詞や名詞を強く発音する. // 彼らは*順番に (⇒ 交代で) 車を運転した They *took turns* (*at*) driving the car. / They drove the car ˹*by* [*in*] *turns*. // 彼女は出札口で*順番を待った She waited her *turn* at the ticket office. // 彼女はファイルの*順番を狂わせてしまった She put the files in the wrong *order*.

じゅんび 準備 ── 動 (用意する) prepare ㊀ ㊁ [語法] ㊀ の場合は「…の準備をする, …を作る」の意で, ㊁ の場合は「…に備えて準備する」の意となる; (支度をする) get [make] … ready ★ 口語的な表現で, 何かをする用意を整えることをいう; (前もって計画を立てたり手はずを整えたりする) arrange ㊀. ── 形 (準備の整った) ready. ── 名 preparation Ⓤ ★「準備したもの」の意のときは通例複数形で; arrangements ★ 通例複数形で. 《☞ ようい¹; したく; おぜんだて》.
¶私は W 大学の入学試験を受ける*準備をしている I'm *preparing to* take the entrance examination for W University. // 会合の*準備をしなくてはならない We must make (the) ˹*preparations* [*arrangements*] for the meeting. ★ 手続きその他必要な前支度をすること. // 母は夕食の*準備 (⇒ 支度) をしています Mother *is* ˹*preparing* [*fixing*] dinner. / Mother *is getting* dinner *ready*. // 朝[夕]食の*準備ができました Breakfast [Dinner] *is ready*. //「出発の*準備はできましたか」「ええ, できました」"*Are* you *ready* to start?" "Yes, I am." // *準備完了 All set. ★ もと米口語. / (⇒ すべての準備ができた) Everything *is ready*.
準備委員会 the ˹preparatory [arrangements] committee **準備運動** ── 名 warm-up Ⓤ. ── 動 warm up ㊁ ㊀. **準備室** preparation room Ⓒ.

じゅんぷう 順風 favorable [fair] wind Ⓒ 《☞ かぜ¹》. ¶船は*順風に乗って走った (⇒ 風を受けて[風とともに]) The boat sailed ˹*before* [*with*] *the wind*.

しゅんぶん 春分 the ˹vernal [spring] equinox [íːkwənɑ̀ks]. **春分の日** Vernal Equinox Day 《☞ しゅくじつ (表)》.

じゅんぽう 遵法, 順法 ── 名 observance of the law Ⓤ. ── 形 (法を守る) law-abiding. 《☞ じゅんしゅ; ごうほう》. ¶*順法精神 a *law-abiding* spirit **順法闘争** work-to-rule strike Ⓒ, slowdown strike Ⓒ.

じゅんぼく 純朴 ── 形 (単純で正直な) *simple and honest*; (悪ずれしていない) unsophisticated. 《☞ そぼく; じゅんじょう》.

じゅんようかん 巡洋艦 cruiser [krúːzɚ] Ⓒ 《☞ じゅんこう》.

じゅんりょう 純良 ── 形 (混じり気のない) pure; (正真正銘の) genuine. ¶*純良バター *pure* butter

じゅんれい 巡礼 (巡礼の旅) pilgrimage Ⓒ; (巡礼者) pilgrim Ⓒ. ¶彼らは 88 か所の*巡礼に出た They *went on a pilgrimage* to 88 temples. **巡礼地** destination [goal] of a pilgrimage Ⓒ.

じゅんれつ 順列 〖数学〗 permutation Ⓒ. ¶*順列組み合わせ *permutations* and combinations

じゅんろ 順路 route Ⓒ 《☞ コース; ルート¹》. ¶彼らは*順路をたどって (⇒ 決まった[通常の]ルートで) 山頂へ到達した They reached the summit by *the* ˹*fixed* [*regular*] *route*.

しょ 書 (一般的に習字・書道) calligraphy Ⓤ; (筆跡) handwriting Ⓤ ★ 単に hand ともいう. ¶彼は*書 (⇒ 字) がうまい[まずい] He writes a ˹good [poor] *hand*. / He has ˹good [bad] *handwriting*. // 彼女は*書を習っている She has been ˹studying [practicing] *calligraphy*.

じょ 序 (序文・端書き) preface Ⓒ; (序論) introduction Ⓒ. 《☞ じょぶん; はしがき》.

じょい 女医 woman [lady] doctor Ⓒ 《複 women doctors》 [語法] lady より woman を使うほうが好まれる. 《☞ 性 (欄外)》.

しょいこむ 背負い込む (責任などを負わされている) be ˹burdened [saddled] with. 《☞ ひきうける; せおう》.
¶私は多額の借金を*背負い込んでいる (⇒ 大きな借金を負わされている) I *am* ˹*burdened* [*saddled*] *with* a heavy debt. // 彼は重い責任を*背負い込んでいる (⇒ 押しつけられている) He *has* a heavy responsibility *thrust on* him. / (⇒ 重い責任を自分の肩に背負っている) He *carries* a heavy responsibility *on his* (*own*) *shoulders*.

しょいん¹ 所員 (個々の) member of the staff Ⓒ; (集合的に) the staff; (所属人員全員を指して) the personnel ★ 多少形式ばった語. 《☞ しょくいん》.

しょいん² 署員 (警察の) staff member ˹of [at] a police station Ⓒ; (税務署の) tax office clerk Ⓒ; (消防署の) fire officer Ⓒ.

しよう¹ 使用 ── 動 (使う) use [júːz] ㊀; (特に物・知識などを活用・利用する) employ ㊀ ★ 多少形式ばった語; (利用する) make use of … ── 名 use [júːs] Ⓤ; employment Ⓤ. 《☞ つかう; りよう; もちいる》.
¶電話は 1870 年代に*使用されるようになった The telephone *came into use* in the 1870's. // その計算器は日常*使用されている The calculator *is used* in everyday life. // その方法はだいぶ前から*使用されていない The method is long *out of use*. // このボールペンは長く*使用に耐える This ball-point pen ˹stands [is capable of] long *use*. [語法] この場合の stand は他動詞で「耐える」の意. // 毒ガスの*使用は禁止されている The ˹*employment* [*use*] of poison gas is forbidden.
使用者 (利用者) user Ⓒ; (雇い主) employer Ⓒ; (消費者) consumer Ⓒ **使用中** Occupied 《☞ 掲示の英語 (囲み)》 **使用人** (従業員) employee Ⓒ; (召使い) servant Ⓒ **使用法** how to use; (薬) directions (for use) ★ 通例複数形; (機械などの使い方の説

明) instructions ★ 通例複数形. **使用料** (主として土地・建物・部屋などの) rent Ⓤ.

しよう[2] 枝葉 (つまらない物・事) trifle [tráifl] Ⓒ; (取るに足らない物・事) trifling ˹thing [matter] Ⓒ. 《☞ つまらない; こまかい; ささい》.
¶ そんなことは*枝葉末節だ That's a *trifling* ˹*thing* [*matter*]. // あの人は*枝葉末節にこだわる (⇒ 重要でない[取るに足らない]細かい点にうるさい) He is particular about ˹*unimportant* [*trifling*] *details.* / (⇒ ささいなことにこだわる) He sticks with *trifles.*

しよう[3] 私用 ― [名] (自分のために使うこと) private [personal] use Ⓤ; (自分の用事) private business Ⓤ. ― [形] (公ではなく個人的な) private; (自分個人の・私的な) personal ★ この語には公との対照は含まれない.
¶ 彼はその金を*私用 (⇒ 私的な目的) に使った He *used* the money *for private purposes.* // 父は*私用で出かけています Father has gone out *on* ˹*private* [*personal*] *business.*

しよう[4] 子葉 〖植物〗 seed leaf Ⓒ.

しよう[5] 仕様 (やり方・方法) way Ⓒ 《☞ しかた; しようがない》. **仕様書** specifications ★ 複数形で.

-しよう **1** «勧誘»: let's 《☞ 提案・勧告の表現 (囲み); 命令の表現 (囲み)》.
¶「野球を*しよう」「うん, *しよう」"*Let's* play baseball." "Yes, *let's.* / *O.K.* / *All right.*" [語法] Let's ... に対する答えは以上のようにいずれでもよいが, 典型的な答え方は Yes, let's. である. しかし, 多少子供っぽい響きを持つので, All right. Let's ... のような答え方が好まれることが多い.「いや, よそう」は "No, let's not." である. // 口論は止めに*しよう *Let's* stop quarreling. // もうそのことは言わないことに*しよう *Let's not* talk about it any more. / 《英》 *Don't let's* talk about it any more. [語法] let's の否定形は《米》では Let's not ... が普通. 《英》では Don't let's ... が典型的で, Let's not ... も並行して用いられる. 《米》でも Don't let's ... が使われることもあり, また《米》ではやや強調した場合には Let's don't ... も使われる.
2 «意図»: (...するつもり; ...する意志がある) intend to *do*; (計画している) plan to *do*; (意図的にするつもり) mean to *do*; (意図的に...を...にするつもり) mean ... ˹to be [for] ... 《☞ -つもり》.
¶ 私はあの人と議論*しようとは思わない I don't *intend to* argue with him. // 夏休みに九州を旅行*しようと思う I ˹*plan* [*intend*] *to* travel in Kyushu during the summer vacation. // 彼はいつも他人に親切に*しようと思っている He always *means to* be kind to others. // 私の両親は私を医者に*しようと思った My parents *meant* me ˹*to be* [*for*] a doctor.

しょう[1] 省 **1** «政府機構の1つの機関»: (イギリスおよび日本の) ministry Ⓒ; office Ⓒ ★例えば「外務省」の通称 foreign *office* などのような, ある特別な結びつきの場合; (アメリカの) department Ⓒ. [参考] 省の最高責任者はイギリス・日本では大臣 (minister), アメリカでは長官 (secretary) と呼ばれる. ただし, イギリスでも secretary と呼ばれる大臣もいる. 日本の場合, 省の下部組織としては局 (bureau), 課 (section) がある. また省より小規模なものは庁 (agency) という. 《☞ 政治・経済 (囲み)》.
¶ アメリカの国務*省は日本の外務*省に相当する The U.S. *Department* of State corresponds to the Japanese *Ministry* of Foreign Affairs.
2 «中国の行政区画»: province Ⓒ.

しょう[2] 小 ― [形] small. ― [名] smallness Ⓤ. 《☞ ちいさい》. ¶ *小人数の者だけしか入れてもらえなかった Only a *small* number of people were allowed to enter. 《☞ こにんずう》 // 山口は*小京都 (⇒ 京都を小型にしたもの) といわれている Yamaguchi is called a *miniature* Kyoto. **小アジア** Asia Minor.

しょう[3] 性 ¶ この食べ物は私の*性に合わない This food does not *agree with* me. // この仕事は私の*性に合わない (⇒ この仕事は嫌いだ) I don't like this work. / (⇒ この仕事に合っていない) I'm not *suited to* this job. 《☞ しょうぶん》

しょう[4] 賞 prize Ⓒ 《☞ じゅしょう; にゅうしょう》. ¶ 彼女はスピーチコンテストで1等*賞を得た She ˹won [took; got] first *prize* ˹at [in] the speech contest. // ノーベル(文学)*賞 the Nobel *prize* (for Literature)

しょう[5] 章 (書物の) chapter Ⓒ. ¶ 第2*章 *Chapter* II ★ chapter two と読む. / the second *chapter*

しょう[6] 商 〖数学〗 quotient Ⓒ.

-しょう ...勝 (ゲームなどの勝ち) win Ⓒ (↔ loss). ¶ 6*勝1敗 six *wins* ˹and [against] one loss // そのチームは5*勝零敗である The team has had five *wins* and no losses. [語法] win に対しては loss, victory に対しては defeat を使う.

じよう 滋養 (栄養物) nourishment Ⓤ 《☞ えいよう》.

じょう[1] 情 (愛情) love Ⓤ; (いとおしいという感情) affection Ⓤ. 《☞ あいじょう》.
¶ 彼はなかなか*情のある人だ (⇒ 優しい心をもっている) He has rather a *tender* heart. // あの家族には親子の*情があまりないようだ There seems to be little *love* between the parents and the children in that family. // 彼女は*情にもろい (⇒ 感じやすく, すぐに涙が出る) She is easily *moved to tears.*

じょう[2] 錠 ― [名] (錠前一般) lock Ⓒ; (特にナンキン錠) padlock Ⓒ ★ 日本語と違い,「鍵」と「錠」ははっきり区別する. ― [動] (錠を下ろす) lock (他) (↔ unlock). 《☞ かぎ[1] (挿絵); かけがね (挿絵)》.
¶ ドアは*錠がかかっていた[いなかった] The door *was* ˹*locked* [*unlocked*]. // 泥棒は金庫の*錠をピンであけた The thief ˹opened [picked] the *lock* on the safe with a pin.

じょう[3] 上 (学級などの) the upper; (最上のもの) the best.

-じょう[1] ...条 (規則・法律などの箇条) article Ⓒ; (光などの筋) ray Ⓒ, streak Ⓒ. ¶ 一*条の光 a ˹*ray* [*streak*] of light // 日本国憲法第9*条 *Article* 9 of the Japanese Constitution

-じょう² …錠（薬の錠剤）tablet Ⓒ;（丸薬）pill Ⓒ. ¶毎食後3*錠ずつ飲んで下さい Take three *tablets* after every meal.

-じょう³ …嬢（敬称）Miss 《☞呼びかけ（囲み）》. ¶田中春子*嬢 *Miss* Haruko Tanaka

-じょう⁴ …畳 the number of *tatami* 《☞家・部屋（囲み）》. ¶八*畳の間 an「eight-*tatami* [eight-*mat*] room

じょうあい 情愛 —名 affection Ⓤ. —形（情愛深い）affectionate. 《☞じょう¹; あいじょう; あい¹》. ¶母親は*情愛のこもった目で子供たちを見守った The mother watched her children with *affectionate* eyes.

しょうあく 掌握 —動（支配・命令する）command ⓗ;（支配力を持っている）have control over … 《☞はあく》. ¶若い先生ではこのクラスは*掌握できない Young teachers cannot「*get* [*gain*; *achieve*] *control over* this class.

じょうい¹ 上位 ¶世界の*上位50社 the fifty larg*est* companies in the world / the *top* fifty companies of the world ∥ 彼の*上位入賞は無理でしょう He's not likely to win a *prize*. ∥ 彼はクラスでは*上位のほう（⇒平均以上）です He is *above average* in his class.

じょうい² 譲位 —名 abdication Ⓤ. —動 abdicate ⓗ. ¶王は皇太子に*譲位した The king *abdicated the throne* in favor of the crown prince.

じょうい³ 攘夷 the exclusion of foreigners;（攘夷主義）exclusionism Ⓤ. **攘夷論者** anti-「alienist[foreignist] Ⓒ, exclusionist Ⓒ.

しょういいんかい 小委員会 subcommittee Ⓒ 《☞いいんかい》.

しょういん 勝因 the cause of victory.

じょういん¹ 上院（各国に共通した呼称として）the Upper House,《米》the Senate,《英》the House of Lords. 《☞政治・経済（囲み）》. **上院議員** member of the Upper House Ⓒ,《米》Senator Ⓒ. 《☞ぎいん》.

じょういん² 乗員（個々の）crewmember Ⓒ;（1チームとなった）crew Ⓒ ★集合的に用いられる. 《☞じょうむいん》.

じょうえい 上映 —動（映画を）show ⓗ ⓐ, present ⓗ ★後者は形式ばった語. —副（上映されて・上映中で）on. —名 presentation Ⓤ. 《☞映画（囲み）》.

¶H劇場ではいま何を*上映していますか What's *on* at the H Theater? / What film *are* they *showing* at the H Theater? ∥ プラザ劇場でとてもおもしろい映画を*上映している There's a very entertaining film *on* at the Plaza. ∥ 当劇場は教育映画しか*上映しません Our theater「*presents* [*shows*] only educational films. ∥ 次週*上映．乞ご期待《広告などで》Coming next week! 語法「乞ご期待」に当たるものは付けないのが普通.

上映時間 the running time.

しょうエネルギー 省エネルギー —形 energy-saving. ¶*省エネルギー政策 an *energy-saving* policy

じょうえん 上演 —動（公開する）present ⓗ;（舞台で演じる）stage ⓗ;（続演される）run ⓐ. —副（上演されて）on. —名 presentation Ⓤ.

¶彼の最新作はいま帝国劇場で*上演されている His latest play「is now *on* [*is being presented*] at the Imperial Theater. ∥ 来月「オセロ」を*上演する予定です We are going to *stage* '*Othello*' next month. ∥ その芝居は6年以上も*上演されている The play *has been running* for more than six years.

じょうおん 常温 normal temperature Ⓒ.

しょうか¹ 消化 —動 digest [daidʒést, di-] ⓗ ⓐ. —名 digestion Ⓤ.

¶この肉は*消化がいい This meat *digests* well. / This meat is easy to *digest*. ∥ このテキストは内容が多すぎて我々には*消化できない The contents of this textbook are too much for us to *digest*. ∥ 国内だけではこれらの製品はとても*消化（⇒消費）しきれない The home market alone cannot *consume* all these goods.

消化器(官) digestive organ Ⓒ **消化剤** digestive Ⓒ **消化不良** indigestion Ⓤ **消化力** digestion Ⓤ, digestive power Ⓤ.

しょうか² 消火 —動（火を消す）put out ⓗ ★口語的で一般的な語;（鎮火する）extinguish ⓗ ★形式ばった語;（消火活動をする）fight a fire. —名 fire fighting Ⓤ.

¶我々は総出で*消火にあたった We all *fought the fire*. / We all tried to *put out* the fire.

消火器 extinguisher Ⓒ **消火栓**（fire）hydrant Ⓒ, fireplug Ⓒ **消火ポンプ[ホース]** fire「pump [hose] Ⓒ.

しょうか³ 唱歌 song Ⓒ;（歌うこと）singing Ⓤ. 《☞うた》. ¶小学*唱歌 a *song* for schoolchildren

しょうが 生姜 ginger Ⓤ.

じょうか 浄化 —動（浄化する）purify ⓗ;（掃除してきれいにする）clean up ⓗ. —名 purification Ⓤ. ¶現在の政界を*浄化するには抜本的な改革が必要だ Drastic reforms are needed to *clean up* the present political world. **浄化槽**（バクテリア使用の）septic tank Ⓒ **浄化装置**（下水の）sewage disposal facilities ★複数形で.

しょうかい¹ 紹介 —動（人を）introduce ⓗ, present ⓗ ★少し堅苦しい言い方;（推薦する）recommend ⓗ. —名 introduction Ⓒ, presentation Ⓤ ★前者よりやや形式ばった言い方; recommendation Ⓤ.

¶自己*紹介 self-*introduction* ∥ 私を青木さんに*紹介して下さい Please *introduce* me to Mr. Aoki. 語法 Please introduce Mr. Aoki to me. とはしないことに注意. そのような言い方は失礼に当たる. ∥ ウイリアムズ氏はブラウン氏をスミス夫人に*紹介した Mr. Williams *introduced* Mr. Brown *to* Mrs. Smith. ∥ 彼はバッハの音楽を日本に最初に*紹介した人です He first *introduced* Bach's music *to* Japan.

紹介状 letter of introduction Ⓒ.

しょうかい² 照会 —動（尋ねる・問い合わ

紹　　介

1 紹介のエチケットと表現

人を紹介する場合には英米のエチケットに従うと次のことに注意する必要がある．(a) 男性同士，女性同士の場合は，原則として年下の人を年上の人に紹介する．(b) 男性と女性を紹介するときは，男性を女性に紹介する形をとる．

紹介する言い方はいろいろあるが，普通，紹介する人の名を呼びかけて，紹介される人の名を告げ，同じことを今度は紹介される人に対して言う形式をとる．紹介に使われる表現には次のようなものがある．

(1) 2人の人を紹介する場合

¶ジョン，こちらは友人の山田さんです．山田さん，こちらは僕の友人のジョン君です John, this is my friend Yamada. Yamada, this is my friend John. [語法] (1) 名前の呼びかけは上がり調子で言う．(2) 紹介する名前はフルネーム，すなわち Ichiro Yamada, John White のようにするのが丁寧．(3) 第1の文だけで終わることもある．はじめの名前は呼びかけだが，実際にはそれで両方の名前が出たことになる．// ジョン，山田さんです John, Yamada. [語法] 最も簡単な紹介法．友人同士などでよく用いられる．はじめの John は呼びかけで上がり調子．// ホワイトさん，田中和夫さんを紹介させていただきます Miss White, may I introduce Mr. Kazuo Tanaka? [語法] 相手の許可を求める言い方なので，丁寧で改まった調子．こう言われたら，Yes, please. あるいは Certainly. と答えるのが普通．紹介する人は，それに続いて，This is Mr. Kazuo Tanaka. と言い，自分との関係などを述べる．// グリーン先生，坂本けい子さんをご紹介したいのですが Miss Green, ⌈I'd like to [please let me ; please allow me to] introduce Miss Keiko Sakamoto. [語法] 以上いずれも丁寧で改まった言い方．答えはやはり，Yes, please. である．

(2) 多人数またはグループを紹介する場合

¶皆さん，ウェスタンアメリカ航空，東京出張所のスミス，ジョーンズ，リチャードソン3氏をご紹介します Gentlemen, I want you to meet Mr. Smith, Mr. Jones, and Mr. Richardson of the Tokyo office of Western American Airlines. // 皆さん，新任の松本先生をご紹介します Students, this is Mr. Matsumoto, your new teacher.

(3) 自己紹介をする場合

¶自己紹介させて下さい．私は山本と申します．W大学の4年生です (Excuse me, but) May I introduce myself? [Let me introduce myself.] My name is Yamamoto. I am a senior at W University. [語法] パーティーなどで互いにあまり遠慮のいらない雰囲気であれば，いきなり My name is ... で始めてもよい．女性は未婚・既婚の区別を明らかにするために自分の名前に Miss, Mrs. を付けることがある．

2 紹介されたときのあいさつの仕方

紹介の文句が終わったら，互いに「はじめまして」How do you do? のあいさつをかわす．どちらが先に言い出してもよいのであるが，普通は人を紹介される人，つまり女性や年上の人から口を切ることが多い．Hów do you dó? の言い方は両者とも変わりがない．その後に普通「お目にかかれてうれしい」I'm glad to meet you. のような言葉をそえる．そう言われたら，言われた方も「こちらこそ」と同じ表現を返すのが礼儀．なお，以上はかなり改まった紹介の場合で，くだけた雰囲気での紹介の場合は How do you do? 以下のあいさつは抜きにして，How are you? を代わりに用いることも多い．(☞あいさつ (囲み))

¶「はじめまして，田中さん．お目にかかれてうれしいです」「はじめまして，ホワイトさん．こちらこそお目にかかれてうれしいです」"How do you do, Mr. Tanaka? ⌈I'm glad to meet you [It's nice to meet you]." "How do you do, Mr. White? ⌈I'm glad to meet yóu [It's nice to meet yóu]." [語法] 2番目に言う人は「こちらこそ」の意味を出すために you に強いアクセントを置いて言う．// はじめましてジョンソンさん．かねがねお目にかかりたいと思っておりました How do you do Mr. Johnson? I've been ⌈hoping [wanting] to meet you for a long time.

3 知り合った人と別れるとき

初めて紹介されて知り合いになった人と別れるときは次のように言う．

¶お近づきになったことをうれしく思っています I'm very glad to have met you. / It was really nice meeting you. // 遠からずお目にかかりたいものです I hope to see you again soon. [語法] この句は前の句の次にそえて言うとよい．

対話例

A：校長の岡野先生に会ってみるといいわよ

B：きょうお会いできるかしら

A：ええ，いまオフィスにいるわ．紹介するわよ

A：You should meet Mr. Okano, the director of the school.

B：Can I meet him today?

A：Yes. He's in his office. I'll introduce you to him.

A：岡野さん，友人のメアリー ホールをご紹介します．メアリー，こちらが校長の岡野先生	A：Mr. Okano, I'd like you to meet my friend Mary Hall. Mary, this is Mr. Okano, the director of our school.
B：はじめまして，ホールさん	B：How do you do, Miss Hall?
C：お目にかかるのを楽しみにしていました，岡野先生	C：I've been looking forward to meeting you, Mr. Okano.
A：2人とも，もうお知り合いだったかしら?	A：Do you two know each other?
B：いえ，お目にかかったことはないと思います	B：No, I don't think we've met.
A：ルース，こちらメアリー．メアリー，こちらルース	A：Ruth, Mary. Mary, Ruth.
B：ルース ジョンソンです．はじめまして	B：Ruth Johnson. Glad to meet you.
C：メアリー ホールです．こんにちは，ルース	C：Mary Hall. How are you, Ruth?
B：こんにちは．ここで教えていらっしゃるんですか?	B：Fine. Are you teaching here?
C：いいえ，たまたま来ているだけです	C：No, I'm just visiting.

★この対話例およびさらに詳しい対話例は別売テープに吹き込まれています．

せる) inquire for…；(質問事項などについて知識を得るために問い合わせる) refer to … —名 reference Ⓒ；inquiry Ⓒ．《☞ といあわせ》．

¶ *照会はすべて支配人あてに願います All ⌜*inquiries* [*references*] should be ⌜addressed [directed] to the manager. // 当店の信用状態に関してはM銀行東京本店へご*照会下さい You may [Please] *refer to* the M Bank ⌜in [of] Tokyo for our credit rating. // 詳しい情報については支配人に*照会するように言われた I *was referred to* the manager for detailed information.

照会状 letter of inquiry Ⓒ.

しょうかい³ 商会 company Ⓒ《☞ かいしゃ》．¶ 武田*商会 Takeda & Co. 参考 Takeda and Company の略．

しょうかい⁴ 哨戒 patrol Ⓤ. **哨戒機** patrol (plane) Ⓒ **哨戒艇** patrol (boat) Ⓒ.

しょうがい¹ 障害 —名 (邪魔なもの) obstacle Ⓒ；(邪魔をすること) obstruction Ⓤ；(妨害) hindrance Ⓤ；(身体機能の) defect Ⓒ；(言語の) impediment Ⓒ ★特に「どもること」． —動 (進行・実施を妨げる) obstruct ㊀；(妨害して遅らせる) hinder ㊀． —形 (身体上・精神上障害のある) handicapped, disabled ★後者のほうがより形式ばった言い方．《☞ じゃま (類義語)》．

¶ 君の行く手にはさまざまな*障害があるだろう You will meet with various *obstacles* in your ⌜way [path]. // 大きな木が倒れて交通の*障害となっていた (⇒倒れた大きな木が道をふさいでいた) A big fallen tree *obstructed* the road. // 会員になるにはあなたの国籍が*障害になるだろう (⇒国籍のために会員から除外されるであろう) You will *be barred* from membership because of your nationality. // 私は多くの*障害 (⇒困難) を乗り越えてきた I have ⌜overcome [got over] a lot of *difficulties*. // 彼の干渉が*障害になって仕事の完成が遅れている His interference *hinders* us from completing the work. // あの人は言語*障害がある He has a speech ⌜*impediment* [*defect*]. // 政府や企業は身心*障害者の雇用を促進すべきである Government and business firms should promote the employment of *physically or mentally* ⌜*handicapped* [*disabled*] people.

障害物競争 (ハードル) hurdle race Ⓒ, hurdles ★複数形で；(運動会の) obstacle race Ⓒ；(競馬の) steeple chase Ⓒ.

しょうがい² 生涯 —副 (生きている限り) as long as *one* lives, during *one's* lifetime, throughout *one's* life ★第一の表現が最も平易． —名 (一生涯) *one's* whole life Ⓤ；(人生) life Ⓒ． —形 lifelong.《☞ いっしょう¹；じんせい》．

¶ あの人は幸せな*生涯を送った He led a happy *life*. // 彼は*生涯を医学の研究に捧げた He devoted *his whole life* to the study of medicine. // その詩人はこの村で*生涯を終えた The poet ended *his* ⌜*life* [*days*] in this village. // 彼は*生涯結婚しなかった He ⌜never married [remained single] throughout his *life*. // 私は*生涯あの人のことを忘れない I shall never forget her *as long as I live*. // 彼は私の*生涯の友だった He was my *lifelong* friend.

しょうがい³ 傷害 —名 injury Ⓒ． —動 (傷をつける) injure ㊀．《☞ きず》．

¶ 先月この地区で3件の*傷害事件があった There were three *injury* cases in this district last month. // その男は警官に*傷害を加えたかどで逮捕された The man was arrested on a charge of ⌜*injuring* [inflicting an *injury* upon] a policeman.

傷害致死 bodily injury resulting in death Ⓒ **傷害保険** (personal) accident insurance Ⓤ, casualty insurance Ⓤ.

しょうがい⁴ 渉外 public relations ★複数形で．¶ 彼は*渉外担当だ He is *in public relations*. **渉外課** the public relations section **渉外係** public relations man Ⓒ **渉外事務** public relations (business).

じょうがい 場外 ¶ *場外にいた人たちはけがはなかった The people *outside the hall* were not hurt. **場外馬券売り場** off-track [off-course] betting office Ⓒ **場外ホームラン** out-of-the-park homer Ⓒ.

しょうかく 昇格 —動 (身分などを昇格さ

せる) promote ㊀; (格などを上げる) raise ㊀, elevate ㊀. ━名 promotion Ⓤ; elevation Ⓤ. 《☞ かくあげ》. ¶ 彼は教授に*昇格した He *has been promoted* to (the rank of) professor. // その学校は戦後大学に*昇格した The school *was* ˹*raised* [*elevated*] to the status of a college after the war.

しょうがく¹ 小額 a small ˹sum [amount] (of money). **小額紙幣** small ˹note [bill] Ⓒ.

しょうがく² 商学 commercial science Ⓤ. **商学士[博士]** Bachelor [Doctor] of Commercial Science Ⓒ **商学部** the ˹department [college] of commercial science.

しょうがくきん 奨学金 scholarship Ⓒ, fellowship Ⓒ 語法 一般には scholarship. fellowship は博士号など高い学位のために勉学している大学院生 (fellow) などに与えられる奨学金.
¶ 彼は*奨学金をもらっている He is *on* (*a*) *scholarship*. // 彼は*奨学金をもらうことになっている He is going to ˹obtain [receive; be offered] a *scholarship*. // この大学では優秀な学生に*奨学金を出している This university ˹offers [awards] *scholarships* to excellent students. // 山田氏は*奨学金でハーバード大学に 1 年留学した Mr. Yamada studied at Harvard (University) *on a scholarship* for a year.

しょうがくせい¹ 小学生 schoolchild Ⓒ 《複 -children》; (男の) schoolboy Ⓒ; (女の) schoolgirl Ⓒ 語法 以上いずれも明確に小学生だけを指すわけではなく,「学校に通っている子供」という感じの言葉; elementary [grade; primary] school student Ⓒ ★正式な言い方. 《☞ しょうがっこう; 学校・教育 (囲み)》.
¶ 私の弟はまだ*小学生です (⇒ 小学校に通っている) My brother still *goes to elementary school*.

しょうがくせい² 奨学生 student on a scholarship Ⓒ, scholarship student Ⓒ.

しょうがつ 正月 (新年) the New Year; (1 月) January; (元旦) New Year's (Day) ★《米》では Day を省くことがよくある. 《☞ がんじつ; しんねん²; しゅくじつ (表)》.
¶ 子供たちは*正月を楽しみにしている The children are looking forward to *the New Year*. // *正月休みにちょっと旅行をした I went on a trip for *the New Year holidays*. // まだ*正月気分が残っている *The New Year holiday spirit* still lingers.

しょうがっこう 小学校 elementary school Ⓒ, primary school Ⓒ ★《米》では前者のほうが普通; 《米》 grade school Ⓒ. 《☞ しょうがくせい¹; 学校・教育 (囲み)》.
¶ 私の妹は今年*小学校に入りました My sister entered (an) *elementary school* this year. // 私の弟は*小学校 3 年です My brother is in the third *grade*. // 日本では*小学校と中学校は義務教育です *Elementary* and junior high school education is compulsory in Japan.

しようがない 仕様がない ¶ それはあきらめるより*しようがない (⇒ ほかに何もできない) We *can do nothing but* give it up. // それは*しようがなくてやったことだ (⇒ 必要からやむを得ず) I have done it ˹*from* [*out of*] *necessity*. // 彼が大学をやめたいのなら*しようがない (⇒ どうすることもできない) We *cannot help* his quitting college if he wants to. 《☞ しかたがない》

じょうかまち 城下町 castle town Ⓒ.

しょうかん¹ 召喚 ━動 (法廷などが証人などを) summon ㊀. ━名 summons Ⓒ 《複 ~es》. 《☞ かんもん¹; よびだす》. ¶ 彼は法廷からの*召喚を拒否した He refused a *summons* to the court. // 彼は証人として法廷へ*召喚された He *was summoned* to appear in the court as a witness. **召喚状** summons Ⓒ.

しょうかん² 将官 (陸軍) general Ⓒ; (海軍) admiral Ⓒ.

しょうかん³ 償還 ━名 redemption Ⓤ. ━動 (償還する) redeem ㊀. ¶ その債券は 10 年で*償還になる The bond ˹is *redeemable* [can be *redeemed*] in ten years.

じょうかん 上官 senior [superior] officer Ⓒ.

じょうかんぱん 上甲板 the upper deck.

しょうき¹ 正気 ━名 senses ★複数形で, (right) mind Ⓤ. ━形 (正気の) sane (↔ insane); (酔っていない) sober.
¶ 彼女は数分で*正気づいた She came *to* (*her senses*) in a few minutes. 語法 come to だけで「意識を回復する」という意味がある. / (⇒ 意識を回復した) She *became conscious* in a few minutes. // これで彼も*正気になるだろう This will *bring* him *to his senses*. // そんなことをするなんて*正気のさたとは思えない (⇒ 頭がどうかしているに違いない) He must be *out of his mind* to do such a thing.

しょうき² 勝機 chance of victory Ⓒ.

しょうぎ 将棋 *shogi* Ⓤ; (説明的には) Japanese chess Ⓤ. ¶ 君は*将棋がさせますか Do you know how to play *shogi*?
将棋倒し falling down one upon another Ⓤ. ¶ 乗客は扉のところで*将棋倒しになった The passengers *fell down one upon another* at the door.

じょうき¹ 蒸気 steam Ⓤ. ¶ この船は*蒸気で動く The ship is driven by *steam*.
蒸気機関 steam engine Ⓒ **蒸気機関車** steam locomotive Ⓒ **蒸気船** (やや小型のもの) steamboat Ⓒ; (一般的には) steamship Ⓒ.

じょうき² 常軌 **常軌を逸した** ━形 (普通でない) eccentric; (異常な) abnormal.
¶ 彼は*常軌を逸している He is ˹*eccentric* [*abnormal*]. // 彼は*常軌を逸した行動に出た He behaved in an ˹*eccentric* [*abnormal*] manner.

じょうき³ 上気 ━動 (顔が赤らむ) flush ㊀ ㊂ ★運動・喜びなどで顔が紅潮すること. 《☞ あからめる》. ¶ 彼女は喜びで*上気していた She (*was*) *flushed* with joy. // 彼女の*上気したほおは美しかった Her *flushed* cheeks were beautiful.

じょうぎ 定規 ruler Ⓒ; (T 形や L 形の)

し

square [C]. (☞ものさし). ¶三角*定規 a *triangle* / a set *square* // T字形*定規 a T *square*

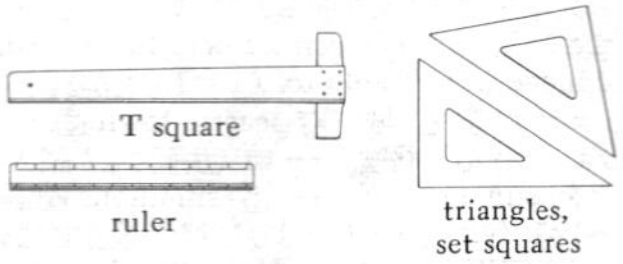

じょうきげん 上機嫌 ―[形] in high spirits; in (a) good humor. (☞きげん[1]; ごきげん). ¶彼は*上機嫌だった He was *in (a) good humor.* / He was *in high spirits.*

しょうきゃく 焼却 ―[名] incineration [U]. ―[動] (日常語で, 物を焼いてしまう) burn up (他); (形式ばって) incinerate (他).
焼却炉 incinerator [C].

じょうきゃく 乗客 passenger [C] (☞乗り物(囲み)). ¶200人の*乗客と5名の乗務員を乗せた飛行機がハワイへ行く途中で行方不明になった A plane carrying two hundred *passengers* and a crew of five was lost on the way to Hawaii. **乗客案内所** information office [C] **乗客係** (列車などの) conductor [C]; (船の) purser [C]; (飛行機の) steward [C], (女) stewardess [C].

しょうきゅう 昇給 《米》(pay [wage]) raise [C], 《英》(pay [wage]) rise [C] ★最も一般的な言い方; pay [salary] increase [C], increase in「pay [salary] [C] ★後者は少し改まった言い方. (☞きゅうりょう[1]).
¶先月*昇給があった I got「a *raise* [an *increase in my salary*] last month. / I *had my*「*pay* [*salary*] *raised* last month. // 定期*昇給 a set annual *pay*「*raise* [*rise*]
昇給率 the rate of pay raise.

じょうきゅう 上級 ―[形] (上の・先輩の) senior (to ...) (↔ junior (to ...)); (進んだ・程度の高い) advanced (↔ elementary).
¶大学で彼は私の2年*上級だった He was two years *senior to* me「at [in] college. / At college he was two years *ahead of* me. // 私は来年は*上級コースへ進める I can get into an *advanced* course next year. // *上級裁判所 a *superior* court
上級生 senior student [C].

しょうきゅうし 小休止 short rest [C] (☞きゅうけい[1]; やすむ).

しょうぎょう 商業 (最も広い意味で, 産業に対しての商業) commerce [U]; (具体的な通商取引を指して) trade [U]; (仕事・業務の意味での) business [U]. **商業英語** business English [U] **商業高等学校** commercial high school [C] **商業都市** commercial town [C] **商業簿記** commercial bookkeeping [U].

じょうきょう[1] 状況, 情況 (物事の状態) state [C]; (周囲の事情) conditions ★複数形で. 後者のほうがやや堅い言い方; (周囲との関係・立たされている立場) situation [C]; (ある事に伴って起こった状況) circumstances ★複数形で; (漠然と, 一般的な状態) things ★複数形で. (☞じょうたい[1] (類義語); じじょう[1]).
¶試合の*状況はどうなっていますか What is the *state* of the game? // 日本は外国貿易をめぐって困った*状況に立たされている Japan is now in an embarrassing *situation* over foreign trade. // 被害の*状況はまったくわかりません Nothing is known about the *damage.* // *状況はだんだんよくなっています *Things* are getting better.

じょうきょう[2] 上京 ―[動] go [come] (up) to Tokyo. ¶来月いとこが*上京してくる My cousin will *come* (*up*) *to Tokyo* next month. // おじがいま*上京している My uncle is *in Tokyo* now.

しょうきょくてき 消極的 ―[形] (否定的な) negative (↔ affirmative); (好ましくない意味で, 人の言いなりになる) passive (↔ active); (控えめな) conservative.
¶私の考えに対して彼女は*消極的だった (⇒消極的な態度を示した) She showed a *negative* attitude toward my plan. // 彼女はいつも*消極的だ She always remains *passive.* // 彼はコンピューターの導入に対しては*消極的だった He was rather *conservative* in adopting computer systems.

しょうきん 賞金 (競技などの) prize money [U]; (報奨金) reward [C]. ¶彼は去年1千万円以上の*賞金を稼いだ He「collected [won] over ten million yen in *prize money* last year. // 紛失した書類をみつけた人には*賞金100万円を出します A *reward* of one million will be offered to anyone giving information leading to the discovery of the lost papers.

じょうきん 常勤 ―[形][副] full-time (↔ part-time). ¶*常勤の音楽の先生が欲しい We want a *full-time* music teacher. // 彼女はこの学校の*常勤です She works *full-time* for this school.

じょうくう 上空 (空) the sky, the skies ★複数形にすると「上空一帯」,「上空の空模様」などの意味となる. (☞そら[1]).
¶とんびが*上空を舞っている A kite is flying in *the sky* over there. // 札幌*上空にUFOが現れた A UFO appeared in *the skies* of Sapporo. // いま東京湾*上空を飛んでいる We are now flying *over* Tokyo Bay. // 5千メートルの*上空 (⇒高度) でエンジンの1つが故障した One of the engines went wrong at「an *altitude* [a *height*] of 5,000 meters.
【参考語】―[名] (高度) altitude [U], height [U] ★前者のほうが形式ばった語. ―[前] (…上空で) over ...

しょうぐん 将軍 (陸軍の) general [C]; (幕府の) *shogun* [ʃóugən] [C]. **将軍家** the Shogunate.

じょうげ 上下 ―[副] (上下に) up and down. ―[形] (上下の) up-and-down, up and down; (両方向の) two ways. ―[動] (船が上下に揺れる) pitch (自).
¶少年は旗を*上下に振った The boy waved the flag *up and down.* // 船は*上下にひどく揺れた The boat *pitched* heavily. // 中央線

は*上下線とも不通です The trains runs on the Chuo Line are suspended *both ways.* // 彼の最新作は*上下2巻で出た His latest novel has come out in *two volumes.* // 寒暖計は30度を*上下した The mercury *hovered* around 30 degrees Centigrade. // 背広の*上下 a suit

しょうけい 小計 subtotal Ⓒ《☞ ごうけい》.

じょうけい 情景 (一場面の) scene Ⓒ; (目に入った) sight Ⓒ. 《☞ こうけい[1]; シーン》.

¶ その*情景はいまでもありありと思い出す I can still remember the ⌈*scene* [*sight*] vividly.

しょうけいもじ 象形文字 hieroglyph [háiərəglìf] Ⓒ.

しょうげき 衝撃 (精神的・物理的両方の意味で) shock Ⓒ; (影響などの) impact Ⓒ. 《☞ ショック; だげき》.

¶ そのニュースは我々には大きな*衝撃だった The news was a great *shock* to us. / (⇒ 我々は衝撃を受けた) We *were* greatly *shocked* by the news. // 彼の辞任は政界に大きな*衝撃を与えた His resignation had a great *impact* on the political world. // その爆発の*衝撃で壁が崩れ落ちた The wall collapsed under the ⌈*shock* [*impact*] of the explosion.

しょうけん 証券 (為替手形) bill (of exchange) Ⓒ; (債券) bond Ⓒ; (有価証券) securities ★ 複数形で. **証券会社** securities company Ⓒ.

しょうげん 証言 ━名 (証人による) testimony Ⓤ; (証拠) evidence Ⓤ. ━動 (法廷で宣誓をして証言する) testify ⓐ ⓗ; (証拠をあげて証言する) witness ⓐ. 《☞ しょうにん[3]》. ¶ 彼女はその男を見たと*証言した She ⌈*testified* [*gave testimony*] that she had seen him. // 彼は私に有利な[不利な]*証言をした He *testified* ⌈in favor of [against] me.

じょうけん 条件 (必要条件) condition Ⓒ; (契約などの) terms; (要求) requirement Ⓒ; (制限) restriction Ⓒ, qualification Ⓒ.

¶ それを承諾するについては1つ*条件がある I agree to it *on one condition.* // あなたがまた貸ししないという*条件でこの本を貸しましょう I'll lend you the book *on condition* that you do not lend it to anyone else. // この*条件には応じられない I cannot accept the *terms.* // 私はよい*条件で雇われた I was employed *on* favorable *terms.* // この大学へ入るには次の*条件を満たさなければならない You must ⌈fill the following *requirements* [have the following *qualifications*] to enter this university.

条件節 〚文法〛 conditional clause Ⓒ **条件反射** conditioned ⌈reflex [response] Ⓒ

【参考語】━形 (条件つきの) conditional; (無条件の) unconditional.

じょうげん 上限 the upper ⌈limit [bounds]; (最大限) maximum Ⓒ; (値段などの) the ceiling 《☞ げんど》.

しょうこ 証拠 evidence Ⓤ; proof Ⓤ ★ 具体的な物をいう場合はいずれも Ⓒ.

【類義語】ある結論や判断の証明となる証拠は *proof* または *evidence* だが, *evidence* は事実関係の証拠であるのに対し, *proof* は人を納得させるような, あるいは真理を証明するような証拠という意味合いが強い. 従って, 裁判などの物的な証拠には *evidence* が, 主張・意見などのための証拠には *proof* が使われることが多い. 《☞ しょうめい[1]; こんきょ》

¶ 彼女が有罪であるという*証拠はない There is no ⌈*evidence* [*proof*] that she is guilty. // 彼が有罪だという*証拠がありますか Is there any ⌈*proof* [*evidence*] that he is guilty? / (⇒ 証拠を提出できるか) Can you produce *evidence* that he is guilty? / (⇒ 証明できるか) Can you *prove* him (to be) guilty? / Can you *prove* that he is guilty? // 彼が有罪であることを証明するに足る*証拠がある There is enough *evidence* to prove him guilty. // *証拠固めに少し時間がかかる It will take some time to ⌈gather [collect] *evidence.* // *証拠不十分ということで彼は釈放された He was set free on the grounds of ⌈insufficient [weak] *evidence.* // 状況*証拠 circumstantial *evidence* // 物的*証拠 material *evidence* // 論より*証拠 The *proof* of the pudding is in the eating. 《ことわざ: プディングのうまいまずいは食べてみればわかること》

証拠書類 documentary evidence Ⓤ **証拠調べ** the taking of evidence Ⓤ **証拠品** piece of evidence Ⓒ.

【参考語】━動 (証拠立てる) prove ⓗ.

しょうご 正午 (真昼) noon Ⓤ; (やや厳密に時を示すときは) twelve (o'clock) noon; midday 〔語法〕 やや文語的で,「昼ごろ」という意味に使われるが, また「正午の」という意味で形容詞的に使われる. 《☞ 時刻・日付・曜日 (囲み); ひる[1]》.

¶ いま*正午です It's *twelve o'clock noon.* // *正午のニュース《ラジオ・テレビの》 a *midday* report / *twelve o'clock* ⌈news [newscast] // 私たちは*正午に昼食をとる We have lunch *at noon.*

じょうご 漏斗 funnel [fʌ́nl] Ⓒ.

-じょうご …上戸 ¶ 泣き*上戸 a maudlin ⌈*drinker* [*drunk*] // 笑い*上戸 a merry ⌈*drinker* [*drunk*]

しょうこう[1] 小康 lull Ⓒ.

しょうこう[2] 将校 officer Ⓒ.

しょうこう[3] 焼香 ━動 offer incense.

しょうごう[1] 照合 ━名 check Ⓒ. ━動 check ⓗ; (一つ一つ印を付けて) check off ⓗ. 《☞ てらしあわせる》. ¶ 私の結果を彼女のと*照合した I *checked* my results with hers. // この数字はみな*照合済みの印が付いている The figures *have* all *been checked off.*

しょうごう[2] 称号 (肩書き) title Ⓒ; (学位) degree Ⓒ. 《☞ かたがき》.

じょうこう 条項 (規則・契約などの) article Ⓒ, item Ⓒ; (条約・法律などの) clause Ⓒ; (契約などの) stipulation Ⓒ. 《☞ こうもく; じょうぶん》. ¶ この契約にはたくさんの*条項がある This contract contains a great number of *stipulations.* // この*条項は削除すべきだ This *clause* should be eliminated.

しょうこうかいぎしょ 商工会議所 the

Chamber of Commerce and Industry.

じょうこうきゃく 乗降客 passengers getting on and off.

しょうこうぐち 昇降口 entrance 🄲.

しょうこうぐん 症候群 syndrome 🄲.

じょうこく 上告 — [名] 〘法律〙 (final) appeal 🄲. — [動] appeal (to ...) ㊂. 《☞ こうそ¹》.

しょうこりもなく 性懲りもなく ¶おまえは*性懲りもなくまたそんな事をやったのか (⇒また同じことをしたのか. この前のとき身にこたえなかったのか) Did you do the same thing again? Didn't you *learn a lesson* last time?

【参考語】(再び) again; (何度も) again and again, repeatedly; (しつこく) persistently; (強情に) obstinately; (教訓を学ぶ) learn a lesson.

しょうこん 商魂 (商売気) commercial spirit 🅄; (営利主義) commercialism 🅄.

¶彼はなかなか*商魂がたくましい (⇒抜け目のない商人だ) He is a *shrewd* salesman.

しょうさい¹ 詳細 — [名] (細部にわたる詳しいこと) details ★ 通例複数形で; (全体から見て枝葉末節) particulars ★ 通例複数形で. [語法] details は細かいけれども必要な情報だが, particulars は全体から見ればどうでもよいことという意味で使われることが多い. — [形] (詳しく述べた) detailed; (全体の・完全な) full; (全体に対する個々の) particular (↔ general); (必要以上に細かく精密な) minute [mai-n(j)ú:t, mi-]. — [副] (細かな部分にわたって詳しく) in detail; (すべてにわたって・完全に) fully, in full; particularly (↔ generally); minutely. 《☞ くわしい; こまかい》.

¶事件の*詳細を話して下さい Please explain the *details* of the ⌈incident [matter]. // それを*詳細に説明しましょう I will explain it *in detail*. // *詳細は彼に聞いて下さい Ask him for *further information*.

しょうさい² 商才 business ⌈ability [talent] 🅄 《☞ さいのう; のうりょく》.

じょうざい¹ 錠剤 tablet 🄲 《☞ くすり》.

じょうざい² 浄財 (寄付金) donation 🄲; (慈善的な寄付金) charity 🄲.

しょうさっし 小冊子 (仮とじの) pamphlet 🄲; (折りたたみ印刷物) leaflet 🄲; (紙表紙の) booklet 🄲. 《☞ パンフレット》.

しょうさん¹ 称賛, 賞賛 — [動] (ほめる) praise (他) ★ 最も一般的な語; (価値を認めて感心・敬服する) admire (他); (拍手かっさいする) applaud (他) ㊂. — [名] praise 🅄; admiration 🅄; applause 🅄. 《☞ ほめる》.

¶皆が彼を*称賛した Everybody *praised* him. / (⇒皆が彼に敬服した) Everybody ⌈*admired* [expressed *admiration* for] him. // 彼の行為は*称賛に値する His conduct is ⌈worthy of *praise* [*praiseworthy*].

しょうさん² 勝算 (勝利の見込み) prospects [chance] of ⌈victory [winning] ★ 複数形で. 期待や予想の意味の時は 🅄; (勝利の自信) confidence of victory 🅄. ¶我々には*勝算がない We have no ⌈*prospect* [*chance*] *of* ⌈*victory* [*winning*]. // この試合には*勝算がある (⇒我々はこの試合に勝つ自信がある) We ⌈have *confidence* [are *confident*] *of winning* the game.

しょうさん³ 硝酸 nitric acid 🅄.

しょうし 焼死 — [動] be ⌈burned [burnt] to death. **焼死者** person ⌈burned [burnt] to death 🄲.

しょうじ 障子 (紙の引き戸) paper ⌈sliding door [screen] 🄲 《☞ 日本固有の風物と英語 (囲み)》. **障子紙** sliding-screen paper 🅄.

じょうし¹ 上司 (上役) *one's* superior 🄲.

じょうし² 城址 the ⌈site [ruins] of a castle. ★ site は「あった場所」. 《☞ あと²》.

じょうじ¹ 常時 (常に) always; (通例・いつもは) usually; (習慣的に) habitually; (絶えず) constantly ★ 一定不変であることを強調する言葉. 《☞ つねに; 頻度を表す副詞 (囲み)》.

じょうじ² 情事 (恋愛) romance 🄲; (恋愛事件) love affair 🄲.

しょうじがいしゃ 商事会社 (一般の) business ⌈company [firm] 🄲; (貿易の) trading company 🄲. 《☞ しょうしゃ¹》.

しょうじき 正直 — [形] (誠実な) honest; (率直な) straightforward, frank. — [名] (誠実) honesty 🅄; (率直) frankness 🅄; straightforwardness 🅄. — [副] honestly; straightforwardly; frankly.

【類義語】他人に対してうそ偽りのないのは *honest*. 包み隠さず率直であるのは *straightforward*. ほぼ同じ意味で *frank* も用いる. 《☞ そっちょく》

¶彼は*正直な少年だ He is an *honest* boy. // *正直な人は決して金を盗んだり, うそをついたりしない An *honest* man never steals money or tells lies. // 彼は*正直に私に本当のことを話した He was *honest* in what he told me. // 彼は私に*正直に答えた He gave me a *straight* answer. // *正直は最良の策だ *Honesty* is the best policy. 《ことわざ》 // *正直なところ私はあなたの意見に賛成できない *Frankly* I cannot agree with you. // 3度目の*正直 third time('s) lucky 《ことわざ》 / Third time's the charm. 《ことわざ》

じょうしき 常識 (たいていの人が知っていること) common knowledge 🅄; (普通の人に共通の思慮・分別) common sense 🅄 [語法] 日本語の「常識」はどちらかというと知識について言うことが多いが, 後者は知識は含まないことに注意; (実際的な知恵・分別) practical ⌈wisdom [sense] 🅄. 《☞ りょうしき》.

¶それは*常識だ It is a matter of *common knowledge*. / (⇒みんなが知っている) Everybody knows it. // 彼は*常識がない (⇒彼は共通の思慮分別を持たない) He ⌈has no [does not have; lacks] *common sense*. 《☞ ひじょうしき》

しょうしつ 焼失 — [動] burn down ㊂, be burned down; (火事によって破壊される) be destroyed by fire; (灰になる) be reduced to ashes. 《☞ かじ¹; やける¹》.

¶この前の火事で10戸ばかりの家が*焼失した About ten houses (*were*) *burned down* in the recent fire. // その火事で我々の学校は*焼失してしまった Our school *was reduced* *to ashes* in the fire. // 私の家は*焼失を免れた My house *escaped the fire*.

焼失家屋 house burned down Ⓒ **焼失区域** the burned district; the area devastated by a fire. ★ かなりの大火について報道などで使う改まった言い方.

じょうしつ 上質 excellent [fine; high; superior] quality Ⓤ《☞ じょうとう; りょうしつ》. **上質紙** paper of fine quality Ⓤ.

じょうじつ 情実 (個人的な考慮) private [personal] consideration Ⓤ ★ 個々の事柄や理由を表す時は Ⓒ; (個人的な事情) private [personal] circumstances ★ 通例複数形で; (えこひいき) favoritism Ⓤ. 《☞ しじょう³》.

¶ 政治家は*情実を排すべきである (⇒ 政治家は個人的考慮をわきに置くべきである) Politicians [Statesmen] should set aside ｢*personal* [*private*] *considerations* in public matters.

しょうしゃ¹ 商社 (商業本位の) business ｢company [firm] Ⓒ; (貿易を主とする) trading ｢company [firm] Ⓒ, 《米》 trading [trade] corporation Ⓒ. ¶ 彼は*商社に勤務している He is working for a *trading company*. // 総合*商社 a general *trading* ｢*company* [*firm*]

しょうしゃ² 勝者 (勝利者) winner Ⓒ (↔ loser); (征服者) conqueror Ⓒ; (勝ち残った者) survivor Ⓒ. ¶ 100 メートル予選の*勝者はスタート地点に集まった The *survivors* of 100-meter preliminaries assembled at the starting point.

しょうしゃ³ 瀟洒 ―形 (洗練された) refined; (整然として清潔な) neat; (外見上整然として均斉のとれた) trim; (優雅な) elegant; (身なりなどのきちんとした) smart. 《☞ せんれん; しゃれた; あかぬけた》. ¶ *瀟洒な家 an *elegant* house // あの婦人はいつも*瀟洒な服装をしている (⇒ きちんとした服を着ている) That lady is always dressed ｢*smartly* [*neatly*; *elegantly*].

じょうしゃ 乗車 ―動 take 他 ★「乗り物」を目的語にとる; (乗る動作を指して) get on ... (↔ get off ...); (中に乗り込む) get ｢in [into] ...; (車中に入る) go on board. 《☞ のる¹; 乗り物 (囲み)》.

¶「あなたはどこの駅で(この列車に)*乗車しましたか」「横浜です」 "At what station did you *get on* (this train)?" "I *got on* (this train) at Yokohama." // 私は間違って仙台行きの列車に*乗車してしまった I *took* a train for Sendai by mistake. // みなさん, ご*乗車下さい All *aboard*! // ニューヨーク行きの方は急いで*乗車して下さい All the passengers for New York will please *get* ｢*on board* [*aboard*] (the ｢train [bus]) immediately. // 無賃*乗車でつかまった I was caught *traveling* without a ticket.

乗車口 the gate (to a platform) Ⓒ (↔ exit), way-in Ⓒ; (列車などの) door Ⓒ **乗車券** (railway [tram-car]) ticket Ⓒ; (乗客の切符) passenger ticket Ⓒ ★ 前後関係で明らかならば, 普通は ticket だけでよい. **乗車券売り場** (切符の窓) ticket window Ⓒ; (出札所) 《米》 ticket office Ⓒ, 《英》 booking office Ⓒ. 《☞ えき¹ (挿絵)》 **乗車賃** (railway [car]) fare Ⓒ.

じょうしゅ 城主 the lord (of a castle) Ⓒ.

じょうじゅ 成就 ―動 (成し遂げる) accomplish 他. ―名 (達成) accomplishment Ⓤ. 《☞ たっせい; なしとげる》. ¶ これで大願*成就だ (⇒ 私の望みは達成された) My desire ｢*is* [*has been*] *accomplished*.

しょうしゅう 召集 ―動 (会に人を呼ぶ) call 他 ★ 以下の訳語より口語的; (会議・議会を) convene 他 ★ 自 として「会を開く」という意味で用いることもできる; (命令によって集める) summon 他. ―名 (会などに人を呼ぶこと) call Ⓒ; (命令による召喚) summons Ⓒ. 《☞ よびよせる》. ¶ きのう臨時国会が*召集された An extraordinary session of the Diet *was convened* yesterday.

しょうじゅう 小銃 (ライフル銃) rifle Ⓒ; (銃砲の1つとして) gun Ⓒ. 《☞ じゅう²》.

小銃弾 bullet Ⓒ.

じょうしゅうはん 常習犯 habitual criminal Ⓒ. ¶ 彼は遅刻の*常習犯だ (⇒ 習慣的に遅れる) He is *habitually* late for school.

しょうじゅつ 詳述 ―動 (詳しく説明する) explain in (full) detail 他 自. ―名 (詳しい[完全な]説明) detailed [full] explanation Ⓒ. 《☞ くわしい》. ¶ このことについては次章で*詳述する《本の中などで》 This will *be more fully treated* in the following chapter.

じょうじゅつ 上述 ―形 (上にある) above; (上に述べられた) above-mentioned, above-stated; (前にある) foregoing; (かなり前の箇所で述べた) aforementioned ★ 文語的だが, 法律・論文などの中ではよく用いられる. 《☞ ぜんじゅつ》.

¶ *上述の文はシェークスピアからの引用です The ｢*above* [*foregoing*] sentence is a quotation from Shakespeare. // *上述の意見は私自身のものです The ｢*above-mentioned* [*above-stated*] opinion is my own.

しょうじゅん 照準 (銃の照尺) sight Ⓒ ★ しばしば複数形で. 《☞ ねらい》. ¶ 慎重に*照準を合わせて撃った I took a careful *sight* and fired.

じょうじゅん 上旬 (月の最初の10日) the first ten days of the month 参考 英語では特にこのような区切り方をしないで, 用例にあるように「…月の早いうちに」というのが普通.

¶ 7月*上旬に (⇒ 7月の早目に) 東京へ戻ってきます I'll come back to Tokyo *early* in July.

しょうしょ 証書 (借用などの) bond Ⓒ ★「債券」や「契約」の意味でも用いられる; (証拠となる文書) document Ⓒ ★「証券」の意味でも用いられる; (資格などの) certificate Ⓒ ★「終了証明書」などの場合.

¶ 英語の講座を修了したので*証書をもらった (⇒ 修了した後で) After ｢I (had) finished [finishing] my course in English, I ｢got [received] a *certificate*. // 卒業*証書 a diploma

しょうじょ 少女 (女の子) girl Ⓒ 語法 くだけた話の中では一般的に「女」という意味で

使われることがある；(年端のゆかない少女) little girl Ⓒ. 《☞ おんな；むすめ》.

¶ あのかわいい*少女はだれですか Who is that ⌈pretty [cute] (*little*) *girl*? [語法] pretty は「かわいらしく美しい」の意味. cute は幼児・児童などに使うのが普通. ‖ 彼女は*少女時代を田舎で過ごした She spent her *girlhood* (days) in the country. / (⇒ 彼女は少女の時田舎で生活した) She lived in the country when (she was) a *girl*.

しょうしょう 少々 ― [形] (量) a little；(数) a few；(いくらかの) some ★ 複数形か Ⓤ の名詞をとる. ― [副] (ちょっと) a little；(わずかに) slightly；(幾分か) somewhat；(しばらくの間) a moment, a minute, a second. 《☞ たしょう (類義語)；いくらか；すこし》.

¶ *少々お待ち下さい Please wait (for) ⌈*a minute* [*a moment*; *a second*]. / *One moment*, please. ★ 交換手などの使う事務的な言い方. 《☞ 電話の英語 (囲み)》 ‖ 私はそのニュースを聞いて*少々驚いた I was ⌈*a little* [*slightly*; *somewhat*] surprised to hear the news.

しょうじょう[1] 症状 (病気の兆候) symptom Ⓒ；(病状) condition Ⓤ. 《☞ ちょうこう[1]；ようだい》. ¶ 風邪に似た*症状が出た Cold-like *symptoms* developed. ‖ 子供の*症状は絶望的だ The child's ⌈*case* [*condition*] is hopeless. ‖ その*症状が出たのは私が 30 代の時だ I was in my 30's when the *symptoms* started.

しょうじょう[2] 賞状 (一般に功績などを称えるための賞状) certificate of commendation Ⓒ；(功労などの表彰状) testimonial Ⓒ；(感謝状) letter of appreciation Ⓒ；(学校の優等賞など) honors ★ 複数形で. 《☞ ひょうしょう[1]》. ¶ その発明者には政府から*賞状が贈られた The inventor was granted a *certificate of commendation* from the Government.

じょうしょう 上昇 ― [動] (物価・気温などが) go up (自), rise (自) ★ 前者のほうが口語的；(物価などが急激に上がる) soar (自)；(まっすぐ上がる) ascend (自) (↔ descend) ★ 多少形式ばった言葉. ― [名] (物価・気温などの) rise Ⓒ (↔ fall)；ascent Ⓒ. 《☞ あがる[1]》.

¶ 牛肉の値段が急*上昇した The price of beef *has* ⌈*gone up* [*risen*] suddenly. / The price of beef *has* ⌈*soared* [*skyrocketed*]. ‖ 彼の人気は*上昇中だ (⇒ 彼は人気を得つつある) He *is gaining* popularity.

上昇気流 ascending air current Ⓒ.

じょうじょう[1] 上上 ― [形] (ずば抜けてよい) the very best；(極上の) superfine；(一番の) number one ★ 通例 No. 1 と書く；(第一流の) 《米口語》 A one [éi-wʌ́n] ★ A 1 とも書く. 《☞ じょうでき》. ¶ 首尾は*上々だった It's *a success*!

じょうじょう[2] 上場 ― [動] (株を上場株名簿にのせる) list (他). ¶ この会社の株は*上場されている The stock of this ⌈company [firm] *is listed*.

じょうじょうしゃくりょう 情状酌量 ― [名] extenuation Ⓤ. ― [動] extenuate (他). 《☞ じじょう[1]；じょうきょう[1]》.

¶ 彼の残酷な犯罪には*情状酌量の (⇒ 事情を考慮する) 余地はない There is no room to *take the circumstances* of his cruel crime *into consideration*. / (⇒ 彼の残酷な犯罪は酌量することができない) We cannot *extenuate* his cruel crime. ‖ *情状を酌量して判事はその男に科料を言い渡した *Taking all things into consideration*, the judge ordered the man to pay a fine.

しょうしょく 少食, 小食 ¶ 彼女は*少食だ (⇒ 少食家だ) She is a ⌈*light* [*small*] *eater*. / (⇒ 食欲が乏しい) She has a *poor appetite*. / (⇒ あまり食べない) She *doesn't eat much*.

じょうしょく 常食 (主要な食物) staple food Ⓤ；(日々の食物) daily food Ⓤ. 《☞ しゅしょく》. ¶ 日本人は米を*常食にしている (⇒ 米によって生きている) The Japanese (people) *live on* rice.

しょうじる 生じる (結果としてもたらす) bring about (他) ★ 口語的な語；(問題などが起こる) arise (自) 《過去 arose；過分 arisen》；(事件などが起こる) happen (自), come about (自) ★ 後者は特に自然の成り行きとして起こる意味が強い；(産み出す) produce (他)；(新たなものを産み出す) create (他)；(結果として起こる) result (自). 《☞ おこる[2]；うむ[1]；まねく》.

¶ これからよい結果が*生じるとよいが (⇒ これがよい結果をもたらすとよいが) I hope this will *bring about* good results. ‖ 家族の間に不和が*生じた Discord *has arisen* within the family. ‖ なぜこのような経済危機が*生じたのか How did such an economic crisis *come about*? ‖ そのショックで表面に亀裂が*生じた (⇒ ショックが亀裂を生じさせた) The shock *produced* a crack on the surface. ‖ そんなことをしたら混乱が*生じるに決まっている I'm sure chaos will *result* if you do that. ‖ この事件で両国間に摩擦が*生じた (⇒ この事件が生じさせた) The incident *created* friction between the two countries. ‖ 無から有は*生じない Nothing *comes out of* nothing. 《ことわざ》

じょうじる 乗じる (好機などを利用する) take advantage of … 《☞ りよう；つけこむ》.

¶ 泥棒は暗やみに*乗じて逃げた The ⌈robber [thief] *took advantage of* the darkness and ⌈ran away [escaped].

しょうしん[1] 昇進 ― [動] (昇進する) be promoted. ― [名] promotion Ⓤ. ¶ 彼は部長に*昇進した He *was promoted to* head of the division.

しょうしん[2] 傷心 ― [形] (悲しみにくれる) sorrowful；(悲しみで心を痛めた) grieved. ― [名] (悲しみ) sorrow Ⓤ. 《☞ かなしみ》.

しょうしん[3] 小心 ― [形] (勇気や自信がなくておずおずした) timid；(臆病(おくびょう)な) cowardly (↔ brave), 《口語》 chicken-hearted. ― [名] (勇気や自信のないこと) timidity Ⓤ；(臆病) cowardice Ⓤ.

しょうじん[1] 小人 (くだらない人) petty person Ⓒ. ¶ 小人*閑居して不善をなす Doing nothing is doing ill.《ことわざ：何もしないことは悪事をすること》/ By doing nothing, we learn to do ill.《ことわざ：何もしないことで我我は悪い事をするのを学ぶ》/ The devil finds work for idle hands (to do).《ことわざ：悪魔はのらくらしている手がする仕事を見つける》

しょうじん² 精進 ―動 (努力する) make ⌈an effort [efforts] (to *do*); (献身的に行う) devote *oneself* to ...《☞ 再帰代名詞 (欄外)》. ―名 (努力) effort Ⓒ; (一身をささげること) devotion Ⓤ.《☞ どりょく》.

¶ 彼が成功したのは*精進のたまものだ (⇒ たゆまぬ努力が彼に成功をもたらした) His constant *efforts* brought him success.

精進揚げ (油で揚げられた野菜) deep fried vegetable Ⓒ **精進料理** vegetable diet Ⓒ.

しょうしんじさつ 焼身自殺 ―動 burn *oneself* to death《☞ じさつ》.

しょうしんしょうめい 正真正銘 ―形 (真の・本当の意味での) true (↔ false); (本物の・実在の・まやかしでない) real; (混じりけのない・純粋な) genuine [dʒénjuin].《☞ ほんとう；じゅんぜん》. ¶ 彼は*正真正銘の学者です He is a ⌈*real* [*true*] scholar. // これは*正真正銘のスコッチだ This is a ⌈*genuine* [*real*] Scotch (whiskey).

じょうず 上手 ―形 (上手な) good (↔ poor; bad); (熟練した) expert. ―副 (上手に) well.《☞ うまい》.

¶ 彼はトランプ[ピアノ]が*上手だ He is *good* at playing ⌈cards [the piano]. / He's a *good* ⌈card-player [pianist]. // 彼女は英語をしゃべるのが*上手だ She is a *good* English speaker. / She speaks English very *well*.

語法 (1) 英語としてはいずれの表現も可能であるが,「…が上手だ」は *do* ... (very) well の表現よりは be a good -er の形が好まれる. (2) 第 2 の表現では, well も very well も厳密な区別はなく, very の付いたほうが多少意味が強いと考えればよい. 言葉の調子の上からも very well のほうが好まれることが多い. // 私の父はゴルフが*上手だ My father is a *good* golfer. / My father plays golf very *well*. // あなたは英語が*上手ですね You speak *good* English.

語法 相手に向かって言うときはこの表現が多く使われる. 単に上手ということ以外に, 話す英語が立派な英語 (good English) ということに重点を置くからであろう.

しょうすい 憔悴 ―形 (疲れ切った) exhausted [igzɔ́:stid], worn-out ★ 後者のほうがやや口語的. ―動 (疲れ切る) be exhausted, be worn out. ―名 exhaustion Ⓤ.《☞ つかれる；やつれる》. ¶ 彼はすっかり*憔悴した様子だった He looked quite ⌈*exhausted* [*worn out*].

じょうすいじょう 浄水場 water filtering plant Ⓒ.

しょうすう¹ 少数 ―形 (小さい数の) a small number of ... (↔ a large number of ...); (過半数に達しない) minor (↔ major). ―名 (小さい数) small number Ⓒ (↔ large number); (過半数に達しない数) minority Ⓒ (↔ majority).《☞ すくない》.

¶ *少数の人が反対しているだけだ Only *a small number of* people are against it. // *少数の意見も尊重すべきである The opinion of the ⌈*minority* [*few*] should also be respected. // 出席者は*少数だった The number of those (who were) present was *small*. // *少数民族 the *minority* race

しょうすう² 小数〘数学〙 ―名 decimal Ⓒ. ―形 decimal.《☞ 数字 (囲み)》.

¶ *小数第 5 位まで求めよ Calculate down to five ⌈*decimal* places [places of *decimals*].

小数点 decimal point Ⓒ.

じょうすう 乗数〘数学〙multiplier Ⓒ.

しょうする 称する (言う) say ㊀; (…を…と呼ぶ) call ㊀; (偽って言う) pretend ㊀; (本当だと主張する) claim ㊀.

¶ 田中氏は病気と*称して会議に出席しなかった Mr. Tanaka didn't attend the meeting, *pretending* that he was ⌈sick [ill].《☞ 分詞構文 (欄外)》// 彼女はその絵は自分の作品だと*称している She *claims* ⌈to have painted [that she has painted] the picture.

しょうせい 招請 ―動 (招待する) invite ㊀. ―名 (招待) invitation Ⓤ.《☞ しょうたい¹; まねく》. **招請状** (letter of) invitation Ⓒ.

じょうせい 情勢, 状勢 (事態) state of ⌈affairs [things] Ⓒ; (具体的な原因または環境によって生じた周囲の状況) conditions ★ 通例複数形で; (周囲の環境) circumstances ★ 通例複数形で; (人が置かれている立場・人と状況との相互関係) situation Ⓒ; (様子) appearances ★ 通例複数形で.《☞ じょうきょう¹; じょうたい¹ (類義語); じたい¹》.

¶ 全般的な*情勢はどうですか What is the general *situation*? // 目下の*情勢ではこの問題は解決されそうにもない Under ⌈present [existing] ⌈*conditions* [*circumstances*], this problem is not likely to be solved. // 政治[世界]*情勢が変わりつつある The ⌈political [world] *situation* is changing.

しょうせき 硝石〘化学〙niter (《英》nitre) [náitə] Ⓤ.

じょうせき 定石 (囲碁の定則) formula in the game of *go* Ⓒ《複 ~s, formulae》; (基本) rudiments ★ 通例複数形で; (決まりきったやり方) tried method Ⓒ, tried and true tactics.

しょうせつ¹ 小説 novel Ⓒ ★ 主として長編のものを指す; (物語) (fictional) story Ⓒ; (架空の話) fiction Ⓤ ★ 総称として用いる.

¶ 彼はいま*小説を書いている He is writing a *novel*. // 事実は*小説よりも奇なり Truth is stranger than *fiction*.《ことわざ》// 日本の*小説には私*小説が多い Quite a few *novels* in Japan deal with their authors' private lives. / Many Japanese *novels* are in fact autobiographical (stories). // あなたは推理*小説ではだれが好きですか Who is your favorite detective *storyteller*? // 短編*小説 a short *story* // 連載*小説 a serial *story* // 通俗*小説 a popular *novel*

小説家 novelist Ⓒ; (作家) writer ★ 一般的で広い意味. 随筆家なども含まれる.

しょうせつ² 小節 〖音楽〗(縦線で囲まれた部分) bar Ⓒ ★小節を分ける縦線の意味でも用いられる; measure Ⓒ. 《☞ 音楽 (囲み)》.

¶最初の 4*小節をピアノで弾いてみなさい Play the first four *bars* on the piano.

しょうせつ³ 詳説 ―[動] (細部にわたって[もらさず全部]説明する) explain ... in ˹detail [full]. ―[名] (細部にわたった[完全な]説明) detailed [full] explanation Ⓒ. 《☞ しょうさい¹》.

じょうせつ 常設 ―[形] (常置の) standing; (永久的な) permanent. ―[動] (永久的に設置する) establish ... permanently.

じょうぜつ 饒舌 ―[形] (話好きな・おしゃべりな) talkative 《☞ おしゃべり》.

しょうせん 商船 (軍艦に対して) merchant ˹ship [vessel] Ⓒ; (総称的に) the merchant marine. **商船大学** mercantile marine college Ⓒ.

しょうぜん 悄然 ―[副] (悲しげに) sadly; (悲嘆にくれて) sorrowfully.

じょうせん 乗船 ―[動] (船に乗り込む) go [get] on board, go aboard (a ship); (船に乗り込む・乗船させる) embark (自)(他) ★少し形式ばった語だが, 書類などではよく使われる. ―[名] embarkation Ⓤ (↔ disembarkation). 《☞ のる¹; 乗り物 (囲み)》.

¶我々は夕方の5時までに*乗船しなければならない We have to ˹*be* [*go*; *get*] *on board* by five (o'clock) in the evening. // 乗客の皆様はいますぐご*乗船下さい All passengers will please *get on board* immediately. ★アナウンスなどで.

乗船券 (passage) ticket Ⓒ.

しょうせんきょく 小選挙区 (小さな選挙区) minor electoral district Ⓒ (↔ major electoral district); (選挙民も含めた意味で) minor constituency Ⓒ (↔ major constituency).

しょうそ 勝訴 ―[動] (裁判に勝つ) win a ˹suit [lawsuit] (↔ lose a suit). ¶裁判は原告の*勝訴になった (⇒ 原告がその裁判に勝った) The ˹plaintiff [accuser] *won the suit*.

しょうそう¹ 焦燥, 焦躁 ¶彼は自分の置かれた状況に*焦燥を感じていた (⇒ 落ち着かなかった) He was ˹*impatient* [*restless*] over his situation. 《☞ あせる¹; いらいら》.

【参考語】―[動] (いらいらさせる) irritate (他); (じらして悩ます) fret (他). ―[形] (我慢できない) impatient; (怒りっぽい) irritable; (落ちつかない) restless; (不安な) uneasy.

しょうそう² 尚早 ―[形] (早すぎる) too early; (まだ熟していない) premature; (時機を得ない) untimely. ¶その案を実行するには時期*尚早だ It is *too early* to ˹put the plan into practice [carry out the plan]. 《☞ It の用法 (欄外)》/ It is *premature* to try to put this plan into practice now.

しょうそう³ 少壮 ―[形] (若々しい) young; (若さにあふれ, はつらつとした) youthful. ¶彼は*少壮気鋭の学者である He is a *young* and spirited scholar.

しょうぞう 肖像 (肖像画) portrait [pɔ́ətrit] Ⓒ ★写真についても用いられる; (絵・写真) picture Ⓒ ★広く一般的な語で, 前後関係で肖像画[写真]の意味になることもある. ¶私は自分の*肖像をかいてもらった I had my ˹*portrait* [*picture*] painted. 《☞ 使役 (囲み)》/ (⇒ 肖像のために座った) I sat for my ˹*picture* [*portrait*]. // この*肖像は生き写しだ This ˹*portrait* [*picture*] is a living likeness. // 私は大統領の*肖像をかくように頼まれた I was asked to *portray* the President.

肖像画 portrait Ⓒ　**肖像画家** portrait painter Ⓒ　**肖像権** portrait right Ⓒ.

じょうそう¹ 上層 ―[名] (地層などの) upper layer Ⓒ (↔ lower layer); 〖地質〗 upper stratum Ⓒ 《複 ~s, strata》 (↔ lower stratum; substratum). ―[形] (上の) upper; (指導的立場の) leading.

¶会社の*上層部 the *leading* members of the company / (⇒ 経営者) the *management* of the company ★集合的に使う. // *上層階級 the *upper* classes

じょうそう² 情操 sentiment Ⓒ. **情操教育** culture of sentiments Ⓤ.

じょうぞう 醸造 ―[動] (ビールなどを) brew (他); (蒸留してウィスキーなどを) distill (《英》 distil) (他). ―[名] (ビールなどの) brewing Ⓤ; distillation Ⓤ. **醸造酒** (特にビール) brew Ⓒ **醸造所** (ビールの) brewery Ⓒ; (ウィスキーの) distillery Ⓒ.

しょうそく 消息 (新しい知らせ) news Ⓤ; (情報) information Ⓤ ★以上2語は数えるときは a piece of ..., two pieces of ... の形をとる; (所在・居所) whereabouts ★単数または複数扱い. 《☞ たより²; ゆくえ》.

¶ここ2年間ほど彼から*消息がない I haven't had any *news* from him for the past two years. / (⇒ 便りをもらっていない) I *haven't heard from* him these two years. // 彼は経済界の*消息に通じている (⇒ よく知らされている) He *is* well *informed on* the economic world. // 最近の彼の*消息を知っていますか (⇒ 所在を知っているか) Do you know his *whereabouts*? / (⇒ 最近どうやっているか) Do you know how he is getting along lately? // それ以来彼の*消息は絶えた He ˹*has been missing* [*has not been heard of*] since then.

消息筋 well-informed sources ★複数形で. **消息通** well-informed person Ⓒ.

しょうぞく 装束 (演劇などの服装) costume Ⓤ 《☞ いしょう¹》.

しょうたい¹ 招待 ―[動] invite (他) ★最も一般的な語; ask ... to ... ★口語的. invite とほぼ同意で入れ替え可能なことが多い. ―[名] invitation Ⓤ. 《☞ まねく; よぶ》.

¶私はパーティーに*招待された I *was* ˹*invited* [*asked*] to the party. // 「何人の人を*招待するのですか」「15人ぐらいです」"How many people are you going to *invite*?" "About fifteen." // ご*招待ありがとう Thank you (very much) for ˹*inviting* me [your *invitation*]. // 来週フランス政府の*招待でパリに行きます I'm going to Paris next week at the *invitation* of the French government.

招待券 invitation ticket Ⓒ; (優待券) complimentary ticket Ⓒ 招待状 invitation (card) Ⓒ, letter of invitation Ⓒ ★ 後者のほうが堅苦しい言い方.

> May 10, 1985
> Tokyo
>
> Dear George,
> We would like to invite you to dinner at my home at 6:00 p.m. on Thursday, May 25. Could you come?
>
> Yours sincerely,
> Akira Sato
> R. S. V. P.

★ この invitation card の例はごく普通の親しい間柄の場合. R.S.V.P. は「返事を下さい」という意味のフランス語の略.

招待席 reserved seat Ⓒ 招待日 day for invited guests Ⓒ ★ 主に展覧会などについて用いられる.

しょうたい² 正体 **1** «本当の姿»: *one's* true colors, *one's* real ⌈nature [character]. ¶ 彼はとうとう*正体を現した (⇒ やつの正体をつかんだ) We've *found* him *out.* / He has shown *his true colors.* / He has betrayed *his real* ⌈*nature* [*character*].

2 «正気» ¶ 彼は*正体なく眠っている (⇒ ぐっすり) He is *fast* asleep. / (⇒ 丸太のように) He is sleeping *like a log.*

じょうたい¹ 状態 (形勢) state Ⓒ ★ 単数形で; (ありさま) condition Ⓤ ★ 特に健康に関して用いられる.「周囲の状況」などの意味で用いる時は通例複数形で; (立場) situation Ⓒ; (周囲の状況) circumstances ★ 通例複数形で.

【類義語】あるがままの客観的な状態を表すには **state** を用いる. ((例) わが国の現在の*状態 the present *state* of our country). その状態を作り出した周囲の状況・原因などとの関係を意味に含めるときは **conditions**. ((例) 初等教育の*状態 the *conditions* of elementary education). ある特定の人・出来事などと, それを取り巻く具体的な状況との相互関係を強調する時には **circumstances** を用いる. 《☞ ようす; じょうきょう¹; げんじょう¹》

¶ 健康*状態がすぐれない (⇒ よい状態にない) I'm not in good *condition.* / (⇒ 気分がよくない) I don't feel very well. // 目下の*状態では手の打ちようがない Under the present *circumstances,* there is nothing I can do. // 天候の*状態がよくなるまで待とう Let's wait until weather *conditions* improve. // 君の精神*状態は正常ではない Your mental *state* is ⌈not normal [abnormal]. // あんな*状態では (⇒ あのまま続けると) 彼は試験に合格できない He won't (be able to) pass the examination if he goes on that way.

じょうたい² 上体 the upper part of the body Ⓒ 《☞ じょうはんしん》.

しょうだく 承諾 ── 名 (提案や要請を特に自発的・積極的に受け入れること) consent Ⓤ (↔ dissent); (意見や提案への賛同) assent Ⓤ ★ 積極的か否かの区別のない無色の感じの言葉; (話し合いなどののち, 相違や食い違いを解決して達する同意) agreement Ⓤ (↔ disagreement); (許可) permission Ⓒ; (申し込みや依頼・懇願などの受諾) acceptance Ⓤ (↔ refusal). ── 動 (自発的に承諾する) consent (to ...) ⓐ (↔ dissent); (提案などに同意する) assent (to ...) ⓐ; (意見などに同意する) agree (to ...) ⓐ (↔ disagree); (依頼などを受け入れる) accept ⓗ (↔ decline; reject; refuse); (許可する) permit ⓗ. 《☞ しょうにん¹; じゅだく; どうい》.

¶ 彼は両親の*承諾を得ないで家を売った He (has) sold the house without (obtaining) his parents' ⌈*consent* [*permission*]. // 彼女は父に結婚の*承諾を求めた She asked her father's *consent to* her marriage. // これは双方*承諾の上でやったことです We have done this by mutual ⌈*consent* [*assent*; *agreement*]. // あなたの意見[考え]は*承諾できない I can't *agree to* your ⌈opinion [idea].

じょうたつ 上達 ── 動 (だんだんよくなる) improve ⓐ ⓗ; (着実に進歩する) progress [prəgrés] ⓐ. ── 名 (力が伸びること) improvement Ⓤ; (進歩) progress [prɑ́grəs] Ⓤ. 《☞ しんぽ》.

¶ あなたの英語はぐっと*上達した Your English *has* greatly *improved.* / You *have* greatly *improved* in (your) English. / You have made great ⌈*improvement* [*progress*] in English. // 英語が*上達する方法を教えてくれませんか Will you tell me how I can *improve* my English? // 私の娘はピアノの*上達が遅い[早い] My daughter is making ⌈slow [rapid] *progress* in her piano lessons.

しょうだん 商談 (商売上の話) business talk Ⓒ; (交渉) negotiation Ⓒ ★ しばしば複数形で. 《☞ かけあう (類義語); とりひき》.

じょうだん¹ 冗談 ── 名 (どっと笑わせるような笑い話・しゃれなど) joke Ⓒ. ── 動 (冗談を言う・ふざける) joke ⓐ, make [tell; crack] a joke. 参考 英米人はよく joke を言う. joke は社交術の一つになっていて, joke を集めた本も多数出版され, それを読んで勉強する人も多い. その点で日本語の「冗談」と英語の joke のニュアンスの違いに注意がいる. 《☞ しゃれ》.

¶ 私の父はいつも*冗談ばかり言っている My father is always ⌈making [telling] *jokes.*

彼は*冗談を飛ばした He ⌈made [cracked] a *joke.*

彼にはその*冗談がわからなかった He didn't see the *joke.*

それはうまい*冗談だ That's a good *one.*

語法 口語で, 決まり文句のようにして使う.

またストライキだって. *冗談じゃない (⇒ やり過ぎだ) They're on strike again? *That's too much.*

*冗談も休み休み言いたまえ (⇒ 君の冗談はこれ以上いらない) I don't want any of your *jokes* any more.

*冗談にもほどがある (⇒ 君は冗談を押し進めすぎている) You are carrying the *joke* too far.

*冗談はさておいて話を続けましょう *Joking* ⌈apart [aside], ⌈let me [I'll] continue my story.

し

彼は私の言った*冗談を真に受けた (⇒ まじめに取った) He took my *joke* seriously.
ただ*冗談に (⇒ おもしろ半分に) やっただけです I did it just 「for [in] *fun*.

じょうだん[2] 上段 (寝台車などの) upper berth Ⓒ (↔ lower berth).

しょうち 承知 ━[動] (知っている) know (他); (わきまえている) be aware (of ...); (承諾する) consent (to ...) (自); (許可する) permit (他). 《☞ わきまえる》.
¶ 彼がうそを言っていることは百も*承知だ I *know* full well [I'*m* well *aware*] that he told a lie. ∥ ご*承知のように私は歌は不得手です As you *know*, I'm not a good singer. ∥ 彼はこの案を*承知するだろうか Do you think he will *consent to* this plan? ∥「あしたまた来てくれますか」「*承知しました」 "Will you come over again tomorrow?" "*Certainly*."
[語法] O.K. や All right は「承知しました」という日本語のニュアンスよりはくだけた感じ. All right, 「sir [ma'am] ならよい. ∥ 二度とこんなことをしたら*承知しないからな (⇒ それに対して後悔するだろう) If you do this again, *you'll be sorry for it*.

じょうちょ 情緒 (喜怒哀楽の感情) emotion Ⓒ; (雰囲気) atmosphere Ⓒ ★ 通例単数形で. ¶ 彼は*情緒不安定だ (⇒ 感情的に) He is *emotionally* unstable. ∥ 浅草には昔の東京の*情緒 (⇒ 雰囲気) がある Asakusa has the *atmosphere* of the old Tokyo.

しょうちょう[1] 象徴 ━[名] (抽象的なものを表すのに選ばれたもの) symbol Ⓒ ★ 形などが似ていなくてもよい; (国などを表す絵や図案) emblem Ⓒ. ━[動] symbolize (他).
¶ はとは平和の*象徴である A [The] dove is the *symbol* of peace. 《☞ 冠詞 (欄外)》 / (⇒ はとは平和を象徴する) A [The] dove 「*symbolizes* [is *symbolic* of] peace. ∥ 菊は日本の*象徴である A [The] chrysanthemum is the *emblem* of Japan.
象徴主義 symbolism Ⓤ.

しょうちょう[2] 小腸 small intestine Ⓒ 《☞ ちょう[2]; ないぞう[1] (挿絵)》.

しょうちょう[3] 消長 (繁栄と衰退) prosperity and decay Ⓤ; (盛衰) the rise and fall; (よい時と悪い時) ups and downs ★ 常に複数形で. the rise and fall よりは口語的.

じょうちょう 冗長 ━[形] (長たらしい) lengthy; (言葉数の多い) wordy; (多弁の) verbose ★ 形式ばった語. 《☞ じょうまん》.

じょうてい 上程 ━[動] (提出する) present (他); (問題などを提議する) bring up (他) ★ 口語的; (議案を持ち込む) submit (他). ¶ この法案は昨日議会に*上程された (⇒ 提出された) This bill *was* 「*presented* [*submitted*] to the Diet (session) yesterday.

じょうでき 上出来 ━[形] (とてもよい) very good ★ 最も口語的な表現; (優秀な) excellent; (よくなされた) well-done, well-made; (輝かしく, すばらしい) splendid; (成功した) successful. 《☞ じょうじょう[1]; でき》.
¶ このレポートは*上出来だ This paper is 「*very good* [*excellent*; *well-done*]. ∥ *上出来, *上出来 *Well-done*! / *Splendid*! ∥ この作品は*上出来のほうだ (⇒ かなりよくできている) This work is fairly 「*well-done* [*well-made*; *good*]. ∥ 彼にしては*上出来だ (⇒ 彼は私が期待していたよりよくやった) He *has done better* than I expected.

しょうてん[1] 焦点 ━[名] focus Ⓒ 《複 ~es, foci [fóusai]》. ━[形] focal. 《☞ ピント》.
¶ 私の撮った写真はみな*焦点が合っていた [いなかった] All the pictures (that) I took were 「in [out of] *focus*. ∥ このカメラの*焦点はどうやって合わせるのですか How do you *focus* this camera? ★ この focus は [動] (他). ∥ あの犬に*焦点を合わせなさい Bring that dog into *focus*.
焦点距離 the focal 「distance [length].

しょうてん[2] 商店 《米》 store Ⓒ, 《主に英》 shop Ⓒ; (商会) firm Ⓒ. 《☞ みせ》.
商店街 shopping center Ⓒ.

しょうてん[3] 昇天 ━[名] ascension Ⓤ ★ キリストの昇天の意の時は the Ascension とする. ━[動] ascend [go] to heaven; (死ぬ) die (自); (婉曲に) pass away (自). 《☞ しぬ》.

じょうと 譲渡 ━[動] (引き渡す) hand over (他), transfer (他). 《☞ ゆずりわたす; ゆずる》.

しょうとう 消燈 ━[動] (明かりを消す) put [turn] out the light; (スイッチを切る) switch off (他) (↔ switch on) ★ テレビやラジオなどについても用いられる. **消燈時間** lights-out Ⓤ.

しょうどう 衝動 (心のはずみ) impulse Ⓒ; (駆り立てるような強い感じ) urge Ⓒ. ¶ 私は大声で叫びたい*衝動にかられた I 「felt [had] an 「*impulse* [*urge*] to cry out loud. ∥ 彼女は*衝動的にそのブローチを万引きしてしまった She lifted the brooch *on impulse*.

じょうとう 上等 ━[形] (よい) good; (質のよい) of good quality; (優秀な) excellent; (よりすぐれた) superior (↔ inferior) [語法] 特定のものとの比較の意味はあまりなく, excellent とほぼ同意のこともある; (上質の) quality ★ 製品名などに付けて, 限定用法のみに使う. 《☞ 写真》; (えりすぐった) choice ★ 製品名に付けて限定用法のみに使う; (第一級の) first-class, first-rate. 《☞ ごくじょう》.
¶ これは*上等の肉です (⇒ この肉は品質において上等だ) This meat is 「*good* [*excellent*; *superior*] in quality. / This meat is *of good quality*. / This is *good quality* meat. ∥「もっと*上等のものはありませんか」「残念ながらこれより*上等のものはありません (⇒ これが当店で一番上等です)」 "Is there [Do you have] anything *better*?" "I'm sorry, this is the

「上等の帽子」という帽子屋の看板

best we have. // *上等, 上等! That's ⌈*good* [*excellent*; *fine*]!

じょうとうしゅだん 常套手段　old trick Ⓒ. ¶ それはあの男の*常套手段だ (⇒ 古い策略だ) It's his *old trick.* / It's the same *old trick* of his.

しょうどく 消毒　―動 (病菌を除去する) disinfect ⊕; (無菌状態にする) sterilize [stérəlàiz] ⊕; (低温殺菌する) pasteurize [pǽstʃəràiz] ⊕.　―名 disinfection Ⓤ; sterilization Ⓤ; pasteurization Ⓤ. (☞ さっきん).

¶ メスを*消毒しなさい *Disinfect* [*Sterilize*] surgical knives. // きのうこの一帯を薬剤で*消毒した We ⌈*disinfected* [*sterilized*] this area with chemical ⌈solution [powder].

消毒液 (防腐溶液) antiseptic solution Ⓒ
消毒薬 disinfectant Ⓒ.

しょうとつ 衝突 **1** «自動車・列車などの» ―名 (衝突事故) collision [kəlíʒən] Ⓒ; (激突) crash Ⓒ.　―動 (衝突事故を起こす) collide [kəláid] (with ...) ⓐ; (ぶち当たる) run into ...; (特に激しく) crash (into ...) ⓐ. (☞ ぶつかる).

¶ 中央線で電車の*衝突事故があった There was a ⌈railroad [(英) railway] *collision* on the Chuo Line. // その踏切で電車とトラックの*衝突があった There was a *collision* between a train and a ⌈truck [(英) lorry] at the crossing. // 車が2台曲がり角で*衝突した Two cars *collided* at the corner. // バスはハンドルを取られて立ち木に*衝突した The bus went out of control and ⌈*ran* [*crashed*] *into* a tree. // 彼の車はダンプカーと正面*衝突した His car *collided* head-on *with* a dump truck.

2 «意見・利害などの» ―名 (意見などの不一致) clash Ⓒ, conflict Ⓒ ★ 前者は「ぶつかり合い」, 後者は「争い」のニュアンスがある. ―動 (意見などが食い違う) clash (with ...) ⓐ, conflict (with ...) ⓐ. (☞ たいりつ).

¶ 両者の間には意見[利害]の*衝突がある There is a *clash* of ⌈opinions [interests] between the two. // デモ隊は警官隊と*衝突した The demonstrators *clashed with* the police. / There was a *clash* between the demonstrators and the police. // その問題で意見[利害]の*衝突が起こった A *conflict* of ⌈opinions [interests] arose over the matter. // 労働者と経営者の*衝突はストライキに発展した The *clash* between the workers and the employer led to a strike. // 我々の考えはよく*衝突する Our ideas often *conflict* (*with* each other).

しょうとりひき 商取引　business transaction Ⓒ ★ しばしば複数形で. (☞ とりひき).

しょうに 小児　infant Ⓒ (☞ ようじ[2]).

小児科 pediatrics [pì:diǽtriks] Ⓤ; (病院の) the pediatrics department. (☞ 病気・病院 (囲み))　**小児科医** child [children's] doctor Ⓒ, pediatrician [pì:diətríʃən] Ⓒ ★ 前者は口語的な言葉.　**小児まひ** infantile paralysis Ⓤ, (口語) polio Ⓤ.

しょうにゅうどう 鍾乳洞　limestone ⌈cave [cavern] Ⓒ.

しょうにん[1] 承認　―動 (地位などを公認する) recognize ⊕; (自ら認める) acknowledge ⊕; (是認する) approve ⊕ (↔ disapprove), approve of ...; (許可する) permit ⊕.　―名 recognition Ⓤ; (許可) permission Ⓒ; acknowledgment Ⓤ ★ (英) では acknowledgement ともつづる; approval Ⓤ (↔ disapproval). (☞ しょうだく; りょうしょう).

¶ 1960年代に多くのアフリカの国々が独立国として*承認された Many African countries *were recognized* as independent states during the nineteen-sixties. // 全員が彼の提案を*承認した Everybody ⌈*approved* [*consented to*] his proposal. // この問題は委員会の*承認を経なければならない This matter is subject to the *approval* of the committee. // だれの*承認を得たのですか (⇒ だれがあなたにそんなことをすることを許可したか) Who *permitted* you to do such a thing?

しょうにん[2] 商人　merchant Ⓒ **語法** 一般的な語だが, 特に貿易商のことを言い, また (米) では「小売り商人」, (英) では「卸し売り商人」という意味で用いられる; (小売り商の店主) (米) storekeeper Ⓒ, (英) shopkeeper Ⓒ.

しょうにん[3] 証人 (目撃者) witness Ⓒ ★ 法律用語としても用いられる. (☞ しょうげん).

¶ 私は*証人として裁判所に喚問された I was summoned to the court as a *witness.* / I was summoned to *testify* in court. // あなたの無罪は私が*証人になりましょう I will *bear witness to* your innocence. / (⇒ 証明する) I will ⌈*testify* [*attest*] to your innocence.

証人台 witness ⌈box [(米) stand] Ⓒ. ¶ *証人台に立つ enter the *witness box* / (米) take the *witness stand*

じょうにん 常任　―形 (常置の) standing; (永久の) permanent; (いつもの) regular.

¶ 彼は*常任委員 (⇒ 委員会の永久のメンバー) である He is a ⌈*permanent* [*regular*] member of the committee. / (⇒ 常任委員会のメンバーである) He is a member of the ⌈*standing* [*permanent*] committee.

常任理事国 (国連安全保障理事会の永久のメンバー) permanent member of the Security Council Ⓒ.

しょうね 性根　¶ あいつは本当に*性根が腐っている (⇒ 骨の髄まで腐っている) He is *corrupt* to the marrow of his bones. // おまえの*性根を (⇒ 曲がった習癖を) たたき直してやる I will correct your ⌈*crooked* [*wicked*] *habits.*

【参考語】―名 (本質的な性質) nature Ⓤ; (個人の性格) character Ⓒ.

じょうねつ 情熱　―名 (理性を圧倒する強い感情) passion Ⓤ ★ a を伴うことがある; (異常な熱心さ) ardor ((英) ardour) Ⓤ; (長続きする熱心さ) fervor ((英) fervour) Ⓤ; (何かを熱心に追求する情熱) enthusiasm Ⓤ; (非常に強い熱情) zeal Ⓤ.　―形 passionate; ardent; fervent; enthusiastic; zealous. (☞ ねつじょう; ねつい).

¶ 彼は平和への*情熱をこめて演説した He spoke with *passion* for peace. // 彼女は音楽への*情熱を持っている She has a *passion* for music. / She is *enthusiastic* ⌈over [about] music. / She has strong *enthusiasm* for music. // 彼は*情熱的な人だ He is a man of *passion*. / He is a *passionate* man. // 彼は*情熱がなさすぎる (⇒ 冷淡すぎる) He is too ⌈*apathetic* [*cool*]. // 彼女は*情熱をこめて詩を朗読した She read the poem *passionately*. // それで彼の*情熱も冷めてしまった (⇒ それは彼の情熱を冷ました) It ⌈chilled [cooled] his *ardor*.

し

しょうねつじごく 焦熱地獄 (burning) hell Ⓒ, inferno Ⓒ ★ 後者のほうがやや形式ばった語.

しょうねん 少年 (17,8 歳までの男の子) boy Ⓒ (↔ girl); (青少年) juvenile Ⓒ ★ 形式ばった語. 《☞ こども; おとこ》.

¶ 私は*少年時代, 田舎に住んでいた I lived in the country ⌈in my *boyhood* [when I was a *boy*]. // *少年よ大志をいだけ Boys, be ambitious. // *少年老い易く学成り難し Art is long, life is short. 《ことわざ: 芸の道は長く人生は短い》

少年院 reformatory (school) Ⓒ, 《米》reform school Ⓒ, 《英》approved school Ⓒ **少年犯罪** juvenile delinquency Ⓤ ★ 個々の犯罪を表す時は Ⓒ. **少年犯罪者** juvenile delinquent Ⓒ.

しょうのう[1] 小脳 cerebellum Ⓒ 《複 ~s, cerebella》.

しょうのう[2] 樟脳 camphor [kǽmfər] Ⓤ; (虫よけ用の玉状になったもの) camphor ball Ⓒ.

じょうば 乗馬 ― 名 (馬に乗ること) (horseback) riding Ⓤ; (馬術) horsemanship Ⓤ. ― 動 (馬に乗る・乗っていく) ride a horse; (馬に乗って行く) go on horseback; (馬の上に乗る) mount [get on] a horse ★ 乗る動作をいう. 《☞ うま[1]; ばじゅつ》.

¶ 私の趣味は*乗馬です My hobby is (*horseback*) *riding*. // 「午後に*乗馬しに行かないかい」「いいね」"Won't you go ⌈(*horseback*) *riding* [for a *ride*] (with me) this afternoon?" "O.K."

乗馬靴 riding boots ★ 通例複数形で. **乗馬クラブ** riding club Ⓒ **乗馬ズボン** (riding) breeches ★ 通例複数形で. **乗馬服** riding dress Ⓒ; (婦人用の) riding habit Ⓒ.

しょうはい 勝敗 (戦いなどの結末) the ⌈issue [result; outcome] of the ⌈battle [contest] Ⓒ [語法] issue はスポーツなどでは用いられない. 《☞ しょうぶ[1]; かちまけ》.

¶ あのホームランが*勝敗を決した (⇒ 試合を決めた) That home run decided *the game*. // 我々の優勝はきょうの試合の*勝敗いかんにかかっている Our winning the championship depends ⌈on [upon] *the outcome of* today's *game*. // *勝敗は時の運だ The ⌈*result* [*outcome*] *of a contest* depends on the breaks.

しょうばい 商売 (商取引・仕事) business Ⓤ, trade Ⓤ; (職業) occupation Ⓒ, line Ⓒ ★ 後者のほうが口語的.

¶「何のご*商売ですか」「靴屋です」"What's your ⌈*trade* [*line*]?" "I'm a shoemaker." 彼は*商売が繁盛している He is succeeding in his *business*. / He's doing good *business*. 彼は*商売をやめる[変える]ことにした He decided to ⌈give up [change] his *business*. 彼は学校をやめて*商売を始めた He left school and ⌈went into [started in] *business*. 彼は*商売が不振の時はぴりぴりしている He gets very nervous when *business* is ⌈down [poor]. 彼はお茶の*商売をしている (⇒ お茶を扱っている) He *deals in* tea. その企画は元手がかかり過ぎて*商売にならなかった (⇒ 利益を生まなかった) The plan needed too much capital *to yield a profit*. 彼は*商売柄きちんとした服装でいなければならない (⇒ 彼の職業が要求する) His *occupation* requires that he (should) be neatly dressed. [語法] 《米》では should を省略することが多い.

商売がたき business [trade] rival Ⓒ.

しょうばつ 賞罰 (ほうびと罰) reward and ⌈punishment [penalty] Ⓤ. ¶ *賞罰なし No *reward* and no *punishment*. [参考] 日本の履歴書に書く言葉を英語に直せばこうなるが, 英米の履歴書にはこのような書き方はしないで, 特記すべきもののみ記す.

じょうはつ 蒸発 ― 動 (水蒸気などになって消散する) evaporate ㊀; (気化する) vaporize ㊀ ★ いずれも ㊉ としても用い, 入れ替え可能なことが多い; (気体に変わる) change into a gas ★ vaporize と同意だが平易な言い方. ― 名 evaporation Ⓤ; vaporization Ⓤ.

¶ ベンジンはすぐ*蒸発する Benzine ⌈*evaporates* [*vaporizes*] quickly. / Benzine quickly *changes into a gas*. // 私の夫が*蒸発して (⇒ 逃げて) からもう 5 年になる It is already five years since my husband *ran away*. / (⇒ 5 年前に消えた) My husband *disappeared* five years ago.

じょうはんしん 上半身 the upper half of the body Ⓒ (↔ the lower half of the body) 《☞ はんしん》. ¶ レントゲンをとるので*上半身裸になった I stripped *to the waist* for an X-ray.

しょうひ 消費 ― 名 (物資などを使い尽くすこと) consumption Ⓤ; (出費・消費のための支出) expenditure Ⓤ. ― 動 (物資を使う) consume ㊉. 《☞ つかう》.

¶ 石油の*消費は夏よりも冬のほうがずっと多い The *consumption* of oil is much greater in winter than in summer. / We *consume* much more oil in winter than in summer. // 政府は個人*消費を抑えようとしている The Government is trying to reduce ⌈*spending* by individuals [personal *consumption*].

消費者 consumer Ⓒ. ¶ *消費者の購買力は落ちている *Consumer* purchasing power ⌈is down [has declined]. **消費者運動** the consumer movement **消費者価格** consumer [consumers'] price Ⓒ **消費者団体** consumer organization Ⓒ **消費者物価指数** consumer price index Ⓒ **消費生活** consumer life Ⓒ.

じょうびやく 常備薬（救急薬品セット）first aid kit Ⓒ.

しょうひょう 商標（トレードマーク）trademark Ⓒ;（レッテル）label [léibəl] Ⓒ. ¶ 登録*商標 a registered *trademark*

しょうびょうへい 傷病兵 the sick and wounded ★ 複数扱い.

しょうひん[1] 商品 goods [語法] 複数扱いだが, 数詞や many などでは修飾できない. 《☞ しな：しなもの》. ¶ あの店は*商品が多い There is a large variety of *goods* in that shop. **商品券** gift certificate Ⓒ **商品名** trade name Ⓒ.

しょうひん[2] 賞品 prize Ⓒ《☞ しょう[4]》.

しょうひん[3] 小品（短い作品）short piece Ⓒ《☞ さくひん》.

じょうひん 上品 ―[形]（しとやかで優美な）graceful;（優雅な）elegant;（洗練されてあか抜けした）refined. ―[名]（上品さ）grace Ⓤ; elegance Ⓤ; refinement Ⓤ.

【類義語】踊り・女性の振舞い・身のこなしなどが優美であるのは **graceful**. 豪華でしかも趣味がよく優雅な感じは **elegant**. 洗練されて知性を感じさせる上品さは **refined**.

¶ スミス夫人は*上品な人です Mrs. Smith is a *graceful* lady. // 彼女は*上品な話し方をする She speaks *gracefully*. / She has a *refined* way of speaking. // 彼女は*上品な身なりをしている She is *elegantly* dressed.

しょうふ 娼婦 prostitute Ⓒ ★ 最も一般的な語. この語は必要があれば正式な場面で使える;《口語》whore Ⓒ ★ この語は改まった場面では使ってはならない. 《☞ ばいしゅん》.

しょうぶ[1] 勝負（試合）game Ⓒ《☞ しあい》. ¶ *勝負に勝った[負けた] We ⌈won [lost] the *game*. // やっと*勝負がついた The *game* is over at last. // *勝負はこっちのものだ We have the *game* in our hands. // あの男とでは*勝負にならない（⇒ 私はまったく彼に匹敵しない）I'm no *match* for him. // あの 2 人はいい*勝負だ They *are* evenly *matched*.

勝負事 gambling Ⓤ **勝負師**（ばくち打ち）gambler Ⓒ;（大胆な競技者）daring [bold] player Ⓒ.

しょうぶ[2] 菖蒲 iris [ái(ə)ris] Ⓒ《複 ～es, irides [ái(ə)rədì:z]》《☞ 花（囲み）》.

じょうぶ 丈夫 **1** «健康な» ―[形]（身心が健康な）healthy;（筋骨たくましく力のある）strong (↔ weak);（特に老人などが）hale;（屈強で頑丈な）robust;（身心ともに堅固で頑張りのきく）tough. 《☞ けんこう；げんき》.

¶ この子はとても*丈夫です This child is very *healthy*. // 少し運動でもして体を*丈夫にしなさい Get a little exercise to ⌈*build up* [*improve*] *your health*. // 私の父は年をとっていますが体はいたって*丈夫です Though my father is old, he is ⌈*hale and hearty* [very *healthy*].

2 «堅固な»:（布などが破壊する力などに強い）strong (↔ weak);（ものの作りががっちりしている）firm;（実質的で頑丈な）substantial;（もちのよい）durable. 《☞ がんじょう；つよい》.

¶ このいすは*丈夫だ This ⌈chair [stool] is ⌈*firmly* [*strongly*] made. // このハンドバッグは*丈夫な布でできている This ⌈handbag [purse] is made of ⌈*strong* [*substantial*; *durable*] cloth. // 革は*丈夫です Leather *wears well*.

しょうふく 承服，承伏 ―[動]（意見・提案などに積極的に同意する）consent (to …) (自), give *one's* consent (to …); assent (to …) (自) ★ assent のほうは単に同意するという事実のみをいう場合が多い;（受け入れる）accept (他) (↔ reject, refuse). ―[名] consent Ⓤ; assent Ⓤ; acceptance Ⓤ. 《☞ なっとく》.

¶ あなたの意見[提案]は*承服できない I can't ⌈*consent to* [*accept*] your ⌈opinion [proposal]. // 彼の理論は人を*承服させるに足るものだ（⇒ 説得力がある）His theory is quite ⌈*persuasive* [*convincing*].

しょうふだ 正札 price tag Ⓒ《☞ ていか[2]》. ¶ *正札を付ける fasten a *price tag* (to …) / (⇒ 値段を付ける) mark a *price* (on …)

しょうぶん 性分（生まれつきの性質）nature Ⓤ;（その人独特の性質）disposition Ⓒ;（気分的な特徴）temperament Ⓒ; temper Ⓒ ★ 主として怒りっぽい性分（short temper）のような結びつきで用いる. 《☞ せいしつ（類義語）; たち[1]; きしょう[1]》.

¶ 僕の持って生まれた*性分だから仕方がない（⇒ 持って生まれた性質は避けられない）I can't help my *nature*. // あの子はおとなしい*性分だ The child has a placid *disposition*. // 私は得[損]な*性分だ（⇒ 常に運がいい[悪い]）I'm always ⌈in [out of] luck. // あの*性分じゃ人に嫌われるのは当たり前だ（⇒ あんな性分である限りはだれもが当然彼を嫌うだろう）As long as he has such a *nature*, everybody will naturally hate him.

じょうぶん 条文（序文や注釈などに対する本文）text Ⓤ;（憲法などの一つ一つの箇条・条文）article Ⓒ;（条令・一般の法律の条文）clause Ⓒ;（法律の規定・個条）provision Ⓒ ★ article（憲法など）, clause（一般の規則）などを総合していう場合. 《☞ じょうこう》.

¶ 基本的人権の擁護は憲法の*条文に明記されている Safeguarding of fundamental human rights is ⌈specified [expressly stated] in the *text* of the Constitution. // 憲法には内閣についての*条文がある There are (some) *provisions* concerning the Cabinet in the Constitution.

しょうへい 招聘 ―[名]（招待）invitation Ⓒ. ―[動] invite (他). 《☞ まねく; ゆうち; しょうたい[1]》.

しょうへき 障壁（進行の妨げになる物）obstacle Ⓒ;（壁・塀）wall Ⓒ ★ 比喩的な障害にも用いる;（進行を妨げ, しかも間を離すような障害物）barrier Ⓒ ★ 克服しがたい障害を表すことが多い. 《☞ しょうがい[1]; じゃま; かべ》.

¶ 言葉の違いが彼らの*障壁となった Their language differences became ⌈a *barrier* [an *obstacle*; a *wall*]. [語法] barrier を用いるほうが重大な障害の感じが強い. / (⇒ 彼らの間には言語の障壁があった) There was a language *barrier* between them.

じょうへき 城壁 castle wall Ⓒ《☞ しろ[2]（挿絵）》.

しょうべん 小便 ―名 (尿) urine [jú(ə)rin] Ⓤ ★ 最も正式で堅苦しい言い方で，改まった場面でも使える；(分泌液としての) water Ⓤ ★ 尿以外の分泌液についても用いられる；《卑語》piss Ⓤ, 《俗語》a pee [píː] ★ a を付けて．人前では使わないほうがよい． ―動 (トイレへ行く) go to the ˹rest room [bathroom] ★ [ ] 内は個人の住宅の場合．この言い方が最も一般的; urinate [jú(ə)rənèit] 自 ★ 堅苦しい言葉なので改まった場面でも使えるが，普通は前者を使う；make [pass] water ★ それほど下品ではないが，改まった場面では使わないほうがよい；《卑語》piss 自, 《俗語》go for [have] a pee ★ 下品とされているので，使う場面が限られる．《☞ てあらい¹；トイレ》．

¶ *小便無用《掲示で》(⇒ 迷惑な事をするな) Commit no nuisance. 参考 「ごみを棄てないで下さい」の意味にもなる．英米では日本のように街中で立小便をする悪習をもつ人が多くないから，その意味でこの掲示を用いる必要も少ない．

じょうほ 譲歩 ―動 (認めて譲る) concede 他 自；(脅迫などに屈して譲る) give way (to ...)；(歩みよって両者の都合のよいところで手を打つ) meet ... halfway ★ meet の目的語として「人」をとる． ―名 concession Ⓤ． ―形 concessive. 《☞ ゆずる；あゆみよる；だきょう》．

¶ 時には*譲歩することも必要である It is necessary to *concede* sometimes. / It is sometimes necessary to make a *concession*. ∥ この問題に関しては*譲歩しかねる I cannot *concede* as to this matter. 語法 as to this matter を文頭にもっていく時は as for this matter を用いてもよい．/ (⇒ この問題は譲歩できない) I cannot ˹*concede* [*give way to*] this matter. ∥ その点だけは君に*譲歩してもいい I can *concede* you only that point. ∥ 彼も仲直りしたいのだからあなたも*譲歩してやりなさい He wants to make up and (so) you had better *meet* him *halfway*.

しょうほう 商法 commercial law Ⓤ．

しょうぼう 消防 (消火活動) fire fighting Ⓤ；(消防士) firemen ★ 普通「消防が来る」などの場合は，1 人で来ることはないので複数となる．《☞ しょうか²；かじ¹》．

¶ *消防は大事な仕事だ *Fire fighting* is an important job. ∥「*消防はまだ来ませんか」「もう来て火を消しています」"Have the *firemen* ˹come [arrived] yet?" "Yes, they are now fighting the fire." ∥ すぐ*消防 (⇒ 消防署) を呼んで下さい Please call the *fire department* immediately.

消防演習 fire drill Ⓒ　**消防士** fireman Ⓒ《複 -men》, fire fighter Ⓒ 参考 女権拡張論の立場から -man の付く言葉を避けて後者を使う場合が多くなりつつある．　**消防自動車** fire engine Ⓒ　**消防署** (市の組織としての) fire department Ⓒ, 《英》fire brigade Ⓒ；(各地区ごとにあるもの) fire station Ⓒ　**消防隊** fire brigade Ⓒ　**消防団** fire-fighting team Ⓒ　**消防庁** the Fire Defense Agency.

「消防署」の掲示

じょうほう 情報 (あることに関しての知識) information Ⓤ ★ 数えるときには a ˹piece [bit] of ... の形を用いる；(資料) data ★ 単数または複数として扱われる；(秘密に調べたり集めたりする情報) intelligence Ⓤ．

¶ *情報をありがとう Thank you for your *information*. ∥ これは役に立つ*情報だ This is *a* useful *piece of information*. ∥ そのことについては何の*情報も持ち合わせていません (⇒ 何も知りません) I don't *know anything about* it. / (⇒ 何の情報も受け取っていない) I have ˹no [not received any] *information* ˹*on* [*about*] that matter. ∥ 結論を出すにはもっと多くの*情報が必要だ We need much more *information* to draw a conclusion. ∥ あなたはその*情報をどこで手に入れましたか Where did you ˹obtain [get] the ˹*information* [*intelligence*]? ∥ スパイとは敵や競争相手の企業から秘密の*情報を探り出す人のことをいう A spy is a person (who is) employed to find out secret ˹*information* [*intelligence*] from an enemy or a company in competition. ∥ 中央*情報局 the central *intelligence* agency 語法 大文字で書いて特定の国の中央情報局をいうことがある．例えば米国の CIA《the Central Intelligence Agency》はその例．

情報化社会 information-oriented society Ⓒ　**情報機関** intelligence service Ⓒ　**情報産業** information industry Ⓤ　**情報処理** (コンピューターなどによる) information processing Ⓤ　**情報網** intelligence network Ⓒ　**情報屋** (警察などへの密告者) informer Ⓒ．

しょうほん 抄本 (抜粋してあるもの) extract Ⓒ． ¶ 戸籍*抄本 an *extract* of *one's* family register 参考 米国では family register は作らない．

じょうまん 冗漫 ―形 (必要以上に言葉の多い) wordy, verbose ★ 前者は口語的，後者は多少改まった感じの言葉；(退屈するような) boring. 《☞ たいくつ》．

¶ 彼のエッセイは*冗漫だ His essays are ˹*wordy* [*verbose*]. ∥ 聴衆は彼の*冗漫な演説にあきあきした The audience ˹was [were] bored with his *wordy* speech. 語法 were を用いれば聴衆の 1 人 1 人に重きを置いた言い方になる．

しょうみ¹ 正味 ―名 (風袋を除いた中身だけ) net Ⓒ (↔ gross). ―形 (中身だけの) net；(時間などについてまるまるの) full. ―副 (まるまる) fully. 《☞ なかみ；まる²》．

¶「中身の目方は*正味どのくらいですか」「800 グラムです」"What's the *net* weight of the contents?" "800 grams." ∥ *正味 200 グラム《ラベルなどの表示》*NET* 200g ∥ きょうは*正味 8 時間たっぷり働いた Today I worked for eight *full* hours.

しょうみ² 賞味 ―動 (おいしく食べる) relish 他, savor 他；(味を楽しむ) enjoy 他．《☞ あ

譲歩の表現

自分の考えを一歩譲るような言い方で「…だけれども」とか「たとえ…しても」「どんなに…しても」というような表現をひっくるめて譲歩の表現という.

日本語では以上のほかに「…だが」とか,「…だからといって」のような言い方もするが, 特に言葉の形式の上から決まった文法規則があるわけではなく, 主として意味の上からの区別と言ってよい. しいて言うなら「…だけれども」「…だが」「たとえ…でも」「どんなに…しても」などが典型的な表現形式と言えるであろう.

しかし, 英語では特別な助動詞を使ったり, 用いられる接続詞や副詞・代名詞などが決まっている形の上からの譲歩表現があるので, その点に注意しなくてはならない.

(1) …だけれども

書き言葉では ***though***, ***although*** を用いるのが典型的だが, それよりも口語的で多少意味の弱い表現として ***but*** や ***however*** も用いられる. *although* は *though* よりもやや文語的で改まった言葉で, 文頭に置かれるのが普通. *though* は文頭・文尾いずれにも置かれる. 少し改まった表現では従属節の *though*, *although* に呼応して主節のはじめに ***yet*** を用いることがある.「…だけれどもそれでもなお…」という強い意味を表すときは ***still*** を接続詞的に用いることもある.《☞ けれど(も)》.

¶ 私の車は古い*けれども, よく走る *Though* [*Although*] my car is old, it runs very well. / My car runs very well, *though* it is old. [語法] (1) コンマを打つのが普通. (2) 会話体では My car runs very well. It's old, *though*. のように though を文尾に付けることがよくある. (3) 以上の表現を but, however を用いて言い換えると My car is old, *but* it runs very well. / My car is old. *However*, it runs very well. のようになる. but のほうが however よりも口語的. however は文中に挿入され, 書くときはコンマで前後を区切る用法も多く用いられる. // 彼は5年間も日本にいる*けれども[いる*が], 日本語がうまく話せない *Though* [*Although*] he has been in Japan for five years, he cannot speak Japanese well. / He cannot speak Japanese well, *though* he has been here for five years. // 明らかに彼は腹がへっていた*が[*けれども], それでも何も食べようとしなかった *Although* he was apparently hungry, *yet* he would not eat anything. // 彼は貧しい*けれど, 幸せである *Poor* ˹*as* [*though*] *he is*, he is happy. [語法] though または as を用いてこのように語順を倒置して譲歩を表すことがある. やや文語的であるが, 慣用的表現として書き言葉ではよく使われる. / *Though* he is poor, he is happy.

(2) たとえ…でも

even if, ***even though*** を接続詞として用いるのが典型的だが, even なしで, ***if*** または ***though*** だけでも用いられる.「万一…だとしても」という強調が加わるときは should が用いられることがある.《☞ たとえ[1]》.

¶ *たとえ雨が降っても, 我々は出かけます We will go out *even if* it ˹rains [*should* rain]. // *たとえいやでも, 私はそれをしなくてはならないのです I have to do it, *though* I do not like it. / *Though* I do not like it, I have to do it. // *たとえいますぐ出かけても, 会には間に合いませんよ You won't be in time for the meeting *even if* you leave right away.

(3) どんなに…しても, どれを…しても

however, ***whatever***, ***whichever*** などの形を用いる. いずれを用いるかは文の意味で決まる. may を用いることもあるが, 口語では省略されるのが普通.《☞ -しても; -ても》.

¶ *どんなに速く走っても, 彼には追いつけないでしょう *However* fast you (*may*) run, you will not be able to catch up with him. // *どちらの案を選んでも, 結果は同じでしょう *Whichever* plan you (*may*) choose, the result will be the same. // *たとえ何が起こっても, 私は任務をやり遂げます *Whatever* ˹*may* happen [happens], I will carry out my duty. [語法] Whatever may happen の代わりに慣用句 Come what may が使われることがある. // *たとえだれがそう言おうとも, 私は彼を信じません *Whoever* ˹*may* say [says] so, I will never believe him. // あなたが*どんな人の言葉を引用しようとも, 私は考えを変えません *Whomever* you (*may*) quote, I will not change my mind. // *どんなに粗末でも, わが家のようなよい住まいはない *Be it ever so humble*, there's no place like home.

じわう; たべる》.

じょうみゃく 静脈 vein Ⓒ《☞ けっかん[2]》.
静脈注射 intravenous injection Ⓒ.

じょうむ 常務 (常務取締役) managing director Ⓒ.

じょうむいん 乗務員 (船・飛行機などの乗務員の1人) crewmember Ⓒ, crewman Ⓒ《複 -men》 ★ 前者のほうが少し堅苦しい言い方; (乗務員全体) crew Ⓒ ★ 集合的に用いる; (列車・電車の運転手) motorman Ⓒ《複 -men》; (列車・電車の車掌)《米》conductor Ⓒ,《英》guard Ⓒ.《☞ のりくみいん》.
¶ その飛行機には6人の*乗務員が乗っていた Six ˹*crewmembers* [*crewmen*] were ˹aboard [on board] the plane. // その墜落事故では乗客も*乗務員も全員が死亡した All the *crew* and passengers were killed in the air crash.
乗務員室 crew's cabin Ⓒ.

しょうむしょう 商務省 the Department of Commerce Ⓤ.

しょうめい¹ 証明 ―動 (実験・証拠などによって真であることを確かめる) prove ⓐ; (本来の意味として, 言葉で証言する) testify ⓐⓑ 語法 「物・事」が主語になると「…の証拠となる」という意味になる; (公式文書によって証明する) certify ⓐ; (相手に証拠を示し, 教えてやる) show ⓐ. ―名 (証拠を示し証明すること) proof Ⓤ; (証言) testimony Ⓤ. ⟪☞ しょうこ; しょうげん; りっしょう⟫.

¶ 私は彼が無罪であることを*証明した I *proved* his innocence. / <S (人) + V (*prove*) + O (人) + C (形)> I *proved* him innocent. / <S (人) + V (*prove*) + O (人) + C (*to* 不定詞)> I *proved* him *to* be innocent. / <S (人) + V (*prove*) + O (*that* 節)> I *proved that* he was innocent. / (⇒ (法廷で)彼の無罪について証言した) I *testified to* his innocence. // 「身分を*証明するものを何かお持ちですか」「はい, 学生証を持っています」"Do you have anything to ⌈*prove* [*establish*] your identity?" "Yes, I have my student's identification card." // その事実は彼の誠実さを*証明している The fact *testifies* ⌈(*to*) his sincerity [*that* he is sincere]. / The fact ⌈*proves* [*shows*] *that* he is sincere. / (⇒ 誠実さの証明である) The fact is *proof* of his sincerity. / (⇒ 誠実さを立証する) The fact *bears testimony to* his sincerity. // この*証明書は山田氏が本大学の卒業生であることを*証明します This is to *certify that* Mr. Yamada is a graduate of this university. ★ This から that までは証明書の決まり文句.

証明書 certificate [sərtífəkət] Ⓒ ⟪☞ しょうしょ⟫.

しょうめい² 照明 ―動 (電灯などで明るくする) light (up) ⓐ, illuminate ⓐ 語法 以上 2 語はほぼ同意だが, 後者のほうが改まった言い方. 特に街路やビルなどを飾る目的で照明するという場合は illuminate を用いる. ―名 lighting Ⓤ, illumination Ⓤ. ⟪☞ てらす⟫.

¶ この部屋は*照明がよい[悪い] This room *is* ⌈well [badly] *lighted*. // そのホールは何十というシャンデリアで*照明されている The hall *is* ⌈*lighted* (*up*) [*illuminated*] by dozens of chandeliers. // 暗くなるとそのビルはいろいろな種類の明かりで*照明される When it gets dark, the building *is illuminated* by various kinds of lighting. // 直接[間接]*照明 direct [indirect] *lighting* // *照明が弱すぎて絵の細部がよく見えない The ⌈*illumination* [(⇒ 光) *light*] is too weak to show the detail of the painting.

照明係 lighting technician Ⓒ **照明器具** (照明する物) light Ⓒ; (照明のための備品) light fixtures ★ 通例複数形で. **照明効果** *lighting* effects ★ 複数形で.

しょうめつ 消滅 ―動 (習慣などがすたれてなくなる) die out ⓑ, go out ⓑ ★ 以上は口語的表現; (いままで存在していた物がなくなる) vanish ⓑ, become extinct; (姿が見えなくなる) disappear ⓑ; (一般に失われる) be lost; (権利などが失効する) lapse ⓑ. ―形 (すっかりなくなって) extinct. ―名 (すっかりなくなってしまうこと) extinction Ⓤ; (法的権利の消滅) lapse Ⓒ; (姿が消えること) disappearance Ⓤ. ⟪☞ たえる²⟫.

¶ この習慣もやがて*消滅するだろう This custom will ⌈*die out* [*disappear*] before long. // このタイプの古い町は急速に*消滅しつつある This type of old town *is* rapidly *disappearing*. // いままでにいろいろな種類の生物が地球上から*消滅した Many kinds of life ⌈*have vanished* from the earth [*have become extinct*]. // 多くの貴重な史的資料が戦火のために*消滅した Many valuable historical documents *were lost* because of the war.

しょうめん 正面 ―名 (前の部分) the front Ⓒ (↔ back; rear) 語法 日本語では離れた前方も「正面」と言うが, front にはその意味はなく, 「…の正面に」という場合には in front of を用いる; (大きな建物の通りに面した部分) façade [fəsɑ́:d] Ⓒ ★ facade とも書く. ―形 front. ―前 (…の正面に; …の前に) in front of … (↔ behind …) ★ 離れていて, しかも直前の地点をいう. ⟪☞ まえ (挿絵); ぜんぽう; ましょうめん⟫.

¶ その建物の*正面はブラウン通りに面している *The front* of the building faces Brown Street. // この建物の*正面入口はどこですか Where is *the front* entrance of this building? // その教会は*正面からの眺めが (⇒ その教会の正面の眺めは) すばらしい *The front* view of that church is very beautiful. // 私の家の*正面は銀行です (⇒ 私の家の前方に銀行がある) There is a bank *in front of* my house. // その大聖堂の*正面は彫刻で飾られている The *façade* of the cathedral is decorated with carvings. // 私はその問題に*正面から (⇒ 一生懸命) 取り組むつもりです I'm determined to struggle *hard* with the problem. // 彼には*正面から (⇒ 直接に) 言ったほうがよい You'd better tell it to him *directly*.

正面衝突 ―名 (正面からぶつかること) head-on collision Ⓒ; (正面からぶつかって壊れること) head-on car crash Ⓒ. ―動 collide [crash] head-on ⓑ. ⟪☞ しょうとつ⟫. ¶ 2 台の自動車が*正面衝突した The two cars ⌈*collided* [*crashed* (into each other)] *head-on*. 語法 crashed into each other という言い方は互いにめり込んだ様子を暗示する.

しょうもう 消耗 ―動 (資源・体力などをすっかり使い尽くす) exhaust [igzɔ́:st] ⓐ ★ すっかりという意味が強調される; (消費物資などを使い切ってしまう・消費する) consume ⓐ; (むだに使う) waste ⓐ. ―名 exhaustion Ⓤ; consumption Ⓤ.

¶ 彼はつらい仕事で*消耗してしまった He *was exhausted* ⌈because of [by] hard work. // それは精力を*消耗させる仕事です It's an energy *consuming* job. / It's a job that *consumes* our energy. // つまらないことで精力を*消耗すべきではない You shouldn't *waste* your energy *on* unimportant things. // 我々はそのときにはもう体力を*消耗してしまっていて何もできなかった We could not do anything because we *had exhausted* our strength by that time.

消耗品 expendable supplies, 《口語》 expendables ★2つとも複数形で用いるのが普通. 数えるときは an article of ... のようにする.

しょうもん 証文 (借金・約束などの証書) bond Ⓒ; (書かれた約束の書類) written document of agreement Ⓒ; (借用証書) IOU [áiòujúː] Ⓒ ★I owe you ... (＝私はあなたに借りがある) の発音を略語風に短縮して書いたもの. 《☞ しょうしょ》.

しょうやく 抄訳 (一部を抜粋して訳したもの) translation of selected passages Ⓒ; (全体を要約して訳したもの) abridged translation Ⓒ. 《☞ ほんやく》.

じょうやく 条約 treaty Ⓒ. ¶両国は*条約を締結[破棄]した The two countries ˹concluded [abolished] the *treaty*. // 日本は米国と安全保障*条約を結んでいる Japan has a security *treaty* with the United States.
条約(加盟)国 treaty power Ⓒ.

しょうゆ 醤油 soy sauce Ⓤ ★略式なら soy だけでよい. 《☞ 日本固有の風物と英語 (囲み)》.

しょうよ 賞与 bonus Ⓒ 《☞ ボーナス》.
¶*賞与は6月と12月に出る *Bonuses* are ˹paid [given] in June and December. // 年末*賞与 a year-end *bonus*

じょうよ[1] 譲与 ━動 (譲る) hand over ㊎; (法的に譲る) transfer ㊎. ━名 transfer Ⓤ. 《☞ ゆずる》.

じょうよ[2] 剰余 surplus Ⓒ; (収支の差額) balance Ⓒ. 《☞ あまり[1]; よじょう》. **剰余金** surplus (fund) Ⓒ.

しょうよう 商用 business Ⓤ 《☞ しごと》.
¶彼は*商用で大阪に行った He went to Osaka *on business*.

じょうよう 常用 ━動 (習慣的に[日常普通に]用いる) use ... ˹habitually [commonly] ★薬などを飲む意味では take を用いる; (麻薬などを常用している) be addicted (to ...). ━名 habitual [common] use Ⓤ.
¶これらの道具は原住民の間ではまだ*常用されている These implements are still *in common use* among the natives. // この薬は*常用すると中毒になるおそれがある If you *take* this medicine *habitually*, you may become addicted to it. / (⇒この薬の常用はあなたを中毒にさせるかもしれない) The *habitual use* of this medicine may make you addicted to it. // 麻薬*常用者 (⇒麻薬中毒患者) a drug *addict*

じょうようしゃ 乗用車 (一般的に) car Ⓒ; (正式名称で) automobile Ⓒ; (特に乗用を示して) passenger car Ⓒ. 《☞ じどうしゃ; くるま; 自動車 (囲み)》.

しょうらい 将来 ━名 future Ⓤ (↔ past). ━形 future. ━副 (漠然と今後は) in future; (未来において) in the future [語法] 後者は「現在から切り離されたずっと先の未来において」という意味で用いられる. 《米》では前者の意味でも後者の言い方が用いられることがある. 《☞ みらい; こんご》.
¶あなたは*将来何になりたいですか What do you want to be *in the future*? / (⇒大人になったら) What would you like to be *when you grow up*?
*将来何が起こるかはだれにもわからない Nobody can tell [We never can tell] what will happen *in the future*.
日本の*将来について皆で話し合おう Let's discuss the *future* of Japan.
君もそろそろ*将来の計画を立てなくてはならない You will soon have to make some plans for your *future*.
彼の前途には明るい*将来がある He has a bright *future* ahead of him. [語法] 形容詞を伴っているので不定冠詞 a が付く.
*将来使えるようにこれはとっておきなさい Keep this for *future* use.
彼には*将来またいつか会えるだろう I hope I can see him again *someday*.
近い*将来我々は宇宙旅行ができるだろう We will be able to travel through space *in the near future*.
将来性 ━名 future Ⓤ. ━形 (将来性のある) promising. 《☞ みこみ》. ¶彼は*将来性のある青年だ He is a *promising* young man. // この仕事には*将来性がある This job is *promising*. / There is a *future* in this job. 《☞ 可算・不可算名詞 (欄外)》

しょうり 勝利 victory Ⓒ (↔ defeat); triumph Ⓒ.
【類義語】勝利を表す一般的な語が **victory** で, 戦いの勝利やスポーツの試合の勝利などに用いられる. 勝利感・勝利の歓喜などの感じを含む言葉は **triumph** で, しばしば比喩的に用いられる. ((例) 近代科学の*勝利 a *triumph* of modern sciences).
¶我々のチームは*勝利をおさめた (⇒勝った) Our team *won*. / Our team *won* the game. / The match ended in a ˹*victory* [*triumph*] for our team. // イギリス海軍は1588年, スペインの無敵艦隊に対して大*勝利をおさめた The British Navy ˹gained [won] a great *victory over* the (Spanish) Armada in 1588. // 負けじ魂が彼らを*勝利に導いたのである Their unyielding spirit led them to *victory*.
勝利者 (ゲームなどの) winner Ⓒ, victor Ⓒ ★後者のほうが改まった大げさな語. **勝利投手** winning pitcher Ⓒ 《☞ 野球の英語 (囲み)》.

じょうり 条理 ━名 (筋道が通っていること) reason Ⓤ. ━形 (条理にかなった) reasonable. 《☞ どうり》.

じょうりく 上陸 ━動 (陸に上がる) go ashore, land ㊌; (船から降りる) disembark ㊌㊎ (↔ embark). ━名 landing Ⓤ; disembarkation Ⓤ.
【類義語】単に陸地へ上がるのが **go ashore** で, 最も一般的な言い方. 目的地に着いて上陸するという意味を含むのが **land**. 出入国管理・交通機関などの正式用語として用いられる形式ばった語が **disembark**.
¶我々はサンフランシスコで*上陸した We ˹*landed* [*disembarked*] at San Francisco. // 台風は四国に*上陸するかもしれません (⇒...に打撃を与える) The typhoon may *hit* Shikoku.

しょうりゃく 省略 ―動 (省く) omit ㊀; (短くする) shorten ㊀ ★以上は口語的な語; (内容を縮める) abridge ㊀; (語句などを省く) abbreviate ㊀; (短縮する) contract ㊀. ―名 omission Ⓤ; shortening Ⓤ; abridgement Ⓤ; abbreviation Ⓤ; contraction Ⓤ. 【類義語】あるものを省いて取り除くことは ***omit***. 長さを短くするために省くのは ***shorten***. ((例) 短く*省略した名前 a *shortened* name). 文章などの一部を取り除いたりして短くする際に, 主要な事柄が残るように配慮する省略の仕方は ***abridge***. 語句などの文字を抜いたり, 代わりの記号を使ったりする省略は ***abbreviate***. 2つのものを1つにしたり, 途中の音を抜いたりしてしまうような省略は ***contract***. ((例) 'don't' は*省略[短縮]形です 'Don't' is a *contracted* form.). 《☞ はぶく; りゃく; たんしゅく; 欄外》 ¶この部分は*省略してもよい You can *omit* this part. / This part can *be omitted*. ∥この本にはずいぶん*省略がある There are many *omissions* [Many *omissions* are found] in this book. ∥「トーマス」は普通「トム」と*省略される 'Thomas' *is* usually「*shortened* [*abbreviated*] *to* 'Tom.' ∥ 'August' は普通 'Aug.' と*省略される 'August' *is* usually「*abbreviated* [*shortened*] *to* 'Aug.' ∥ 'Aug.' は 'August' の*省略である 'Aug.' is the「*abbreviation* [*abbreviated form*; *shortened form*] *of* 'August.' / 'Aug.' is an *abbreviation for* 'August.' 《☞ 短縮形 (欄外)》
省略符号 apostrophe Ⓒ.

じょうりゅう[1] 上流 **1** «川の源の近くの流れ» ―名 the upper stream Ⓒ, the upper reaches (of a river) ★複数形で. 後者は川の上流の地域一帯をいうこともある. ―前 (…の上流に) above … (↔ below …). ―副 (上流に向かって) upstream (↔ downstream). ¶その町はこの川の*上流にある The town is *on the upper reaches of* this river. ∥もう少し*上流によい釣り場があります There is a good fishing spot a little *above* this place. ∥我々は*上流へ向かって泳いだ We swam *upstream*.
2 «社会の上位の階層» ―名 the upper class ★しばしば複数形で. (↔ the middle class; the lower class); (上流の上品な社会) high society Ⓤ ★前者のほうが客観的な分類をするときの言葉. ―形 upper-class. ¶彼は*上流家庭の子弟です He is the son of an *upper-class* family. ∥この国では国民の約5% が*上流に属する About five percent of the people belong to *the upper class*(*es*) in this country.
上流階級 the upper class(es).

じょうりゅう[2] 蒸留 ―名 distillation. ―動 distill ㊀. **蒸留器** distiller Ⓒ **蒸留酒** (ウイスキーなどの) distilled liquor Ⓤ **蒸留水** distilled water Ⓤ.

しょうりょう 少量 ―形 (少しはある) a little (↔ much); (少ししかない) little; (ほんのちょっとの) a bit of … ★「ほんの少量」の意味が強く, 口語的表現; (少しの量の) a small「quantity [amount] of … ★少し堅苦しい言い方. ―名 a small「quantity [amount] ★ amount を用いる場合には「総量」の意味が加わる. 《☞ すこし; りょう[1]》. ¶瓶には*少量の水が入っている There is *a*「*little* [*small quantity of*] water in the bottle. 語法 この表現は, 話者の主観で「瓶の中に水がほとんど入っていない」と感じるならば There is *little* water in the bottle. のように言うこともできる. ∥ごく*少量の塩を加えて下さい Please add just *a little bit of* salt.

しょうりょく 省力 ―名 (労働力を少なくすること) reduction of labor Ⓤ; (労働を節約すること) saving of labor Ⓤ. ―形 (省力的な) labor-saving. ¶オートメーションや自動販売機などで*省力化が進んでいる Automation, vending machines, etc. are helping (to) *reduce labor*.

じょうりょくじゅ 常緑樹 evergreen (tree) Ⓒ.

しょうれい 奨励 ―動 (勧め励ます) encour-

省略 (ellipsis) 日本語でも英語でも一度述べられたこと, あるいは述べられていなくても前後関係から相手に当然わかっていると思われることを何度も繰り返したくないという気持ちが働くのは当然のことである.
例えば駅で切符を買うために窓口に行き,
「私に大阪行きの切符を1枚ください」
などと言う人はまずいないだろう. 忙しい窓口のことだから,
「大阪, 1枚」
で用は足りるし, そうするのが自然である.
つまり,「私に」も「行きの」も「切符」も「ください」もみなわかっていることで,「私」以外の人に切符を売ってくれと頼むことはあり得ないし, 窓口で買うのは「切符」に決まっている.
こういう状況は英語でもまったく同じで, 窓口では,
"Osaka, one."
と言えばよい. 丁寧にするなら, please を付けて,
"Osaka, one, please."
と言う. 日本語の「大阪1枚お願いします」に当たる.
この英語のもとになる文は,
Please give me a ticket for Osaka.
で, 'Please give me' 'ticket' 'for' が省略され, a が one と変えられていることになる.
では日本語と英語で言葉のむだを省くための規則はどうなっているのであろうか. まず, 同じこと, わかっていることを繰り返さないためには次の2つの方法がとられる.
(a) 代名詞または代名詞的表現 (here, there とか so, such など) に替える.
(b) 省略する.
ここでは (b) のみを扱い, (a) については「代名詞」の項で扱う. なお, 省略の1つである「略語」についてはその項参照.
省略する際, 省略しないとおかしな文になる場合, 省略してもしなくてもよい場合の, 2つの場合が考えられる.
(1) 省略しないとおかしな文になる場合.
英語を中心に考えると次のような規則をあげることができる.
(i) 同一文の中で同じ動詞句が繰り返される可能性のある場合は, 2番目以降を省略する.
¶その本を家に持って行きたければ持っていっていいよ You can take the book home if you want to. 語法 後に 'take it home' が省略されている. なお, これは省略ではなく, 文の最後の 'to' を動詞句全体の代用形と考えて,「代不定詞」と呼ぶ場合もある. ∥

age ㊍; (推薦する) recommend ㊍. ―名 encouragement Ⓤ. 《☞ すすめる²》. ¶私たちの学校はあらゆる種類のスポーツを*奨励しています Our school *encourages* all kinds of sport. // それはあまり*奨励できるようなことではない It's not a thing to *be recommended.*

じょうれい 条例 (地方公共団体の定める規則) regulation Ⓒ 《☞ ほうき²》. ¶その*条例は4月1日に施行される The *regulation* will be enforced on April 1. // あなたの行為は市*条例違反です Your conduct is against the municipal *regulations.* / (⇒ あなたは市条例を破っている) You have ⌈violated [broken] a municipal *regulation.*

じょうれん 常連 (いつも来る客) regular ⌈customer [patron] Ⓒ; (いつも来る訪問者) regular visitor Ⓒ.

じょうろ 如雨露 watering can Ⓒ.

しょうろう 鐘楼 (教会堂などに付属した) belfry Ⓒ; (独立した) bell tower Ⓒ.

しょうわ 唱和 ―動 (一緒に言う) say ... in ⌈chorus [unison]. ¶万歳三唱にご*唱和下さい Please *say* three cheers of *banzai in chorus.*

しょえん 初演 ―名 (音楽・演劇の) the first performance; (映画・演劇の) the première [primjέə] ★ 後者は専門的な感じを与える言い方. ―動 perform ... first, give the first performance (of ...) ★ 後者のほうがやや改まった言い方.

¶その交響曲はウィーンで*初演された The symphony *was first performed* in Vienna [viénə]. / *The first performance of* the symphony was given in Vienna. // その劇は日本では1950年に*初演された The drama *was first* ⌈*performed* [(⇒ 上演された) *staged*] in Japan in 1950. / (⇒ その劇は初演をもった) The drama had its Japanese *première* in 1950. // この曲は本邦*初演です (⇒ これがこの曲のこの国での最初の(公開)演奏です) This is *the first* (*public*) *performance of* this piece in this country.

じょえん 助演 ―動 (脇役を演じる) play a supporting role 《☞ きょうえん》.

ショー show Ⓒ 語法 日本語の「ショー」は軽演劇・ミュージカルなどを指すが, 英語の show はもう少し意味が広く, 展示会・映画・サーカス・ラジオ・テレビのドラマなども指す; (レストラン・ナイトクラブなどの) floor show Ⓒ.

¶あの劇場では1日2回*ショーをやっている They give two *shows* at that theater every day. // 今年の自動車*ショーは来月10日から開かれる This year's ⌈auto [car] *show* will ⌈open [be opened] on the tenth of next month. // ワンマン*ショー a one-man *show* 語法 女性の場合には a one-woman *show* となる. // 昨夜は彼女と外出して*ショーを見た I went out with her and saw a *show* last night.

じょおう 女王 queen Ⓒ (↔ king) 参考 「王妃」も queen と呼ばれる.

¶英国*女王エリザベス2世 Elizabeth II, *Queen* of England ★ II は the second と読む. 《☞ 同格 (欄外); 大文字 (欄外)》 / *Queen* Elizabeth the Second of England // *女王陛下がその式にご出席になる *Her Majesty* will be present at the ceremony. 語法 女王に2人称として呼びかける時には Your Majesty を用いる. 《☞ へいか¹》 // ばらは花の*女王だ The rose is the *queen* of flowers.

女王蜂 queen (bee) Ⓒ 《☞ はち¹》.

ショーウインドー show window Ⓒ ★ 店頭または店内の陳列窓をいう; 《米》 store window Ⓒ, 《英》 shop window Ⓒ ★ 以上2つは店頭の陳列窓のみをいう.

ジョーカー (トランプの) joker Ⓒ.

ショーツ (半ズボン・運動パンツ) shorts ★ 複数形で.

ショート 1 《電流が短絡する》 ―動 short-circuit ㊎, 《口語》 short ㊎. ―名 short circuit Ⓒ, 《口語》 short Ⓒ. ¶コードがぬれて*ショートした The electric cord was wet and ⌈caused a *short circuit* [*short-circuited*].

太郎は自分の部屋を, 二郎は居間を, 花子は食堂を掃除した Taro cleaned his room, Jiro the living room, and Hanako the dining room. 語法 Jiro と Hanako の後に cleaned が省略されている. この文は cleaned を繰り返しても文法的に間違った文とはならないかもしれないが, 冗長で幼稚な文となる.

なお, 日本語では第1文の場合「そうする」を使って, 「持って帰りたければそうしてもいいよ」と言うこともあるが, 英語と違って動詞句を繰り返す(ただし目的語ぬきで)のはごく自然である. また, 第2文のように, 日本語では省略する場合は, 最後の動詞のみ残し, 前の動詞を省略する.

(ii) 比較表現での省略.

¶彼はあなたより背が高い He is taller than you (are). 語法 最後に tall が省略されており, これは用いてはならない. are のような be 動詞は口語ではしばしば省略しないで用いる. そのほうが文意がはっきりするからである. なお He studies much harder than I (do). (＝彼は私よりもっと勉強家だ)のような場合, do まで言うと省略ではなく, study の代わりに代動詞 do を用いた表現となる. なお, 口語では than I の代わりに than me もしばしば用いられる. // 花子は二郎よりもあなたをもっと愛しています Hanako loves you much ⌈more [better] than Jiro. 語法 than の後に 'she loves' が省略されている. この文は多少あいまいで, than 以下では Jiro は文法的には主語にもなり得るが, 前後関係から明らかであればこれでよい. もし必要なら she loves を繰り返すことは許される. この規則は日本語と似ていると言ってよいが, 英語では日本語よりもっと厳しく繰り返しを排除する.

(iii) 間接疑問文での省略.

¶彼は会議に出席しないと言ったが, なぜだかわからない He said he wouldn't attend the meeting, but I don't know why. 語法 why の後に he wouldn't attend the meeting が省略されている. 一般に間接疑問文が前に述べられたことの繰り返しの場合は, このように疑問詞のみで代用する. なお, 日本語では「来ないと言ったがなぜ来ないかわからない」とも言えるが, 英語では繰り返しをするとかなりおかしな文になる.

(iv) 前置詞の省略.

¶私は何か大変なことが起こるのではないかと心配している I'm afraid that something terrible might happen. 語法 be afraid of の of のような前置詞

2 «野球の遊撃手»: shortstop Ⓒ,《口語》short Ⓒ.《☞ 野球の英語(囲み)》.
ショートケーキ shortcake Ⓤ ショートスカート short skirt Ⓒ ショートパンツ shorts ★ 複数形で.

ショール shawl Ⓒ.

しょか¹ 初夏 early summer Ⓤ《☞ なつ》.

しょか² 書架 (本棚) bookshelf Ⓒ《複 -shelves》; (図書館の) stacks ★ 通例複数形で.

しょか³ 書家 calligrapher Ⓒ.

じょがい 除外 ━動 (締め出す・仲間などに入れない) exclude ㊎ (↔ include); (ある基準などに合わないため取り除く) except ㊎ ★しばしば否定文で用いる; (負担などを免除する) exempt ㊎, be exempt from … ★ exempt の形容詞用法. ━名 exclusion Ⓤ; exception Ⓤ; exemption Ⓤ. ━前 (…を除外して) except …

¶このようなケースは*除外しなければなるまい We may have to「*exclude* [*except*] such a case. // この国に居住権のない者は会員から*除外される Non-residents in this country *are*「*excluded* [*excepted*] *from* the membership. // この法律は未成年者を*除外してすべての国民に適用される This law is applied to all the citizens *except* minors. // 外国人はこの規則の適用から*除外(⇒免除)される Aliens *are exempt from* the application of these regulations. / (⇒外国人にはこの規則は適用されない) These regulations are not applied to aliens.

しょがくしゃ 初学者 beginner Ⓒ.

じょがくせい 女学生 girl student Ⓒ《☞ がくせい; じょし¹》.

しょがこっとう 書画骨董 objects of art and curios《☞ こっとう》.

しょかつ 所轄 ━名 jurisdiction Ⓤ. ━形 (担当の) in charge of …《☞ かんかつ》.

¶*所轄の警察 the police *in charge of* your district ★この言い方は口語的. / the police station which *has jurisdiction over* your district ★この表現は文書などで用いる文語体.

しょかん¹ 書簡 (手紙) letter Ⓒ; ((往復)書簡類の総称) correspondence Ⓤ.《☞ てがみ》. ¶2人の文豪の間の*書簡が刊行された The *correspondence* between the two great writers was published. / The collection of the *letters* exchanged by the two great writers was published.

しょかん² 所感 (論評・短評) comment Ⓒ; (心に感じた事柄・印象) impression Ⓒ; (簡単な批評) remark Ⓒ.《☞ かんそう²》. ¶この件について一言*所感を述べさせていただきます Let me make a few *comments* on this. / I would like to make a few *remarks* about this. ★前者が口語的. 特に remarks を使うのはやや改まった言い方.

しょかん³ 所管 ☞ しょかつ

しょき¹ 初期 ━名 (初めのころ) the beginning (↔ the end); (早い時代) the early「days [years] 語法 days を用いたほうが観点が一層微視的になる. いずれも複数形で; (いくつかの段階のうちでの最初の段階) the first stage. ━形 (初期の) early (↔ late). ━副 (初期に) early (↔ late).《☞ はじめ》.

¶その寺は江戸時代*初期に建てられた The temple was built「at *the beginning* of the Edo era [*early* in the Edo period]. // ヘミングウェーは作家としての*初期にはパリに住んでいた In *the early years* of his writing career, Hemingway lived in Paris. // 私は彼の*初期の作品が好きだ I like his *early* works. // がんは*初期に発見することが大切だ It is important to detect cancer in its *first stages*. // その戦争は19世紀*初期に起こった(⇒初期の19世紀に起こった) The war broke out in the *early* nineteenth century.

しょき² 所期 ━形 (期待した) expected; (望まれた) desired.

¶残念ながら, *所期の目標を達成できなかった (⇒不幸にも目標に到達できなかった) Unfortunately we could not「reach [achieve; attain] *the goal* (*as expected*). 語法 日

は that 節などの従属節の前では省略される.

(v) and, or の省略.

¶私は朝食にトースト, コーヒー, ジュース, 卵を食べる I have toast, coffee, fruit juice, and eggs for breakfast. 語法 このように名詞などが羅列されるときは A, B, C, D, and E のように, 最後の名詞の前にのみ and を付ける. and の前のコンマはあってもなくてもよい.《☞ コンマ(欄外)》

なお, A and B and C … のように and を繰り返すのは一つ一つに特別な強調を置く場合か, さもなければ幼稚な文となる. or の場合も同様.

(vi) 慣用的な省略.

¶私はおじの家に泊まっている *I'm staying at my uncle's.* 語法 uncle's の後に home または house が略されている. このように前後関係から明らかな名詞が慣用的に省略されるのは, ほかに St. Paul's (Cathedral), 《英》barber's (shop) (《米》barbershop) などがある.

(2) 省略してもしなくてもよい場合.

この場合は, 文体(すなわち, 口語的・文語的など), 個人の好み, 前後関係などが絡むため, 精密な規則は立てにくいが, ごく大まかに言って, 特に会話では相手のわかっていることは文法規則の許すかぎり省略されることが多いということである. この項目の冒頭にあげた例もその1つである.

¶「どうだい」「元気だよ」 "How are you?" "Fine. / OK. / Pretty good." ★かなりくだけた対話. //「あなたは高校生ですか」「ええ」 "Do you go to high school?" "Yes." 語法 この場合 Yes. のみでは失礼な答え方で, Yes, I do. のように代動詞 do を用いて答えるほうがよい. // それはおもしろい Very interesting.

以上のように会話では, しばしば代名詞の主語, be 動詞, 繰り返しになる修飾語句などを省略して言うことが多い.

(3) 最後に以上の文法的な省略とは別に, 発言を途中でやめたり, あるいは, 引用する場合に必要な部分だけ引用して途中や後を省略したりする場合に用いる記号について述べておこう.

それは(...)という3つの点から成る記号で, 文の後半を省略する場合はピリオドを含めるので, (....)と点が4つになる. 印刷はもちろん手書きのときも点の数は慣習によって決まっているので間違えないようにしなくてはならない.

本語の「所期の」という意味は goal の中に含まれる. / (⇒ 期待された結果が得られなかった) Unfortunately we could not ⌈achieve [attain] the ⌈*expected* results [*desired* end].

しょき³ 書記 (事務員) clerk Ⓒ; (秘書) secretary Ⓒ. **書記官** secretary Ⓒ **書記局** secretariat Ⓒ **書記長** chief secretary Ⓒ.

しょき⁴ 暑気 (熱気) the heat; (熱波) 《米》 heat wave Ⓒ; (暑い気候) hot weather Ⓤ.
¶ 彼は*暑気当たりらしい (⇒ 日射病にかかったらしい) He seems to have suffered from sunstroke. / (⇒ 暑さで病気になったらしい) He seems to have gotten sick because of the ⌈*heat* [*heat wave*; *hot weather*].

しょきゅう 初級 ―形 (入門の) introductory; (初歩の) elementary; (初心者の) beginner's. 《☞ しょほ; しょしんしゃ; にゅうもん》. ¶ *初級英会話 *elementary* English conversation / English conversation *for beginners* // 私は*初級のクラスです I'm in the *beginners'* class.

じょきょ 除去 ―動 (邪魔な物などを移動させて除く) remove 他; (規準に合わないものを除く) eliminate 他 ★ やや改まった語; (障害物を除くという意味の口語表現) get rid of ...; (あとがすっきりした形になるように邪魔な物を除く) clear 他. 《☞ のぞく¹; とりのぞく》.
¶ 我々は道路の障害物を*除去した We *removed* the obstruction in the road. // この装置で有害な物質を*除去することができる We can *eliminate* harmful materials with this device. // 除雪車が道路から雪を*除去していった The snowplow *cleared* ⌈snow *from* the road [the road *of* snow].

じょきょうじゅ 助教授 assistant professor Ⓒ, 《英》 reader Ⓒ [参考] 《米》では準教授 (associate professor) という位があり, これが日本の助教授に当たる場合もある. 《☞ きょうじゅ¹; 学校・教育 (囲み)》.

じょきょく 序曲 (歌劇などの) overture Ⓒ 《☞ 音楽 (囲み)》.

ジョギング ―名 jogging Ⓤ. ―動 jog 自 [参考] 「ジョギングをする人」は jogger Ⓒ という. ¶ 私は毎朝30分*ジョギングをする I *jog* for half an hour every morning.

しよく 私欲 self-interest Ⓤ 《☞ しり²; りこ》. ¶ 彼は*私欲に目がくらんでいる He is blinded by *self-interest*.

しょく¹ 職 job Ⓒ; (仕事・仕事の口) work Ⓤ; (雇われること) employment Ⓤ; (仕事の持ち場) position Ⓒ; (官公職) office Ⓤ; (技術的な仕事) trade Ⓒ; (勤め口) situation Ⓒ.
【類義語】 職業としての仕事だけでなく, 臨時あるいは特定の場における仕事も含めて広い意味を持つ語が **job** で, 口語的で最も一般的. 仕事一般を表すとともに, 仕事の口という意味でも用いられる平易な語が **work**. 給料をもらって働く仕事という意味で, 少し堅苦しい感じの言葉が **employment**. ある地位という意味で, 前後関係から勤務上の持ち場・仕事口という意味にも使われるのが **position**. 官職・公職が **office**. 手先の熟練を必要とする職業が **trade**. 案内広告などで, 「勤め口」という限定した意味を表すのに使われるのが **situation** である. 《☞ しょくぎょう (類義語); しごと (類義語)》
¶ 彼は*職を探している He is looking for ⌈a *job* [*work*]. / He is seeking a *position*. [語法] 後者のほうが少し堅苦しい言い方. // 私に*職を見つけてくれませんか Can you find me a *job*? // 彼は*職を失った He lost his *job*. / (⇒ 解雇された) He was fired. // 「君はどうして*職をやめ[変え]たんだい」「もっとよい*職が見つかったからさ」 "Why did you ⌈quit [change] your *job*?" "Because I found a better one." // 不況で*職を失う人が増えている (⇒ 失業者の数が増えつつある) The number of *unemployed* people is increasing because of the business depression. // *職を求む Situation Wanted. [語法] 新聞の案内広告などの見出しに使われる決まり文句. 《☞ 新聞の英語 (囲み)》

しょく² 食 (食事) meal Ⓒ; (食物) food Ⓤ; (食欲) appetite Ⓤ.
¶ 「君は1日に何*食食べますか (⇒ 何回の食事をするか)」「普通は3*食だが, 日曜日は2*食だよ」 "How many *meals* do you *have* a day?" "Usually I *have* three *meals*, but on Sundays I *have* two (*meals*)." // 私はこのごろあまり*食が進まない (⇒ 食欲がない) I don't *have* much *appetite* these days. // ジョギングをすると*食が進む (⇒ ジョギングは我々に十分な食欲を与える) Jogging gives us a good *appetite*. [語法] appetite は Ⓤ であるが, 形容詞を伴うときには不定冠詞を付ける. // 彼は*食が細い (⇒ 小食(家)だ) He is a light *eater*. [語法] 大食をする人は a ⌈big [heavy] eater という.

しょくあたり 食あたり food poisoning Ⓤ.

しょくいん 職員 ―名 (職員の1人) staff member Ⓒ ★ ある職場・作業場などで仕事に携わる人に広く用いる; (職員全体を集合的に) the staff; (特に公共団体・軍隊などの職員全体) the personnel. ―動 (職員を置く) staff 他 ★ 普通受身形で用いる; (…の職員である) be on the staff of ... 《☞ しゃいん; じゅうぎょういん》.
¶ 「あなたの事務所にはいま*職員は何人いますか」「全部で15人です」 "How many *staff members* are there in your office?" "There are fifteen in all." // この課は*職員が多い[少ない] (⇒ この課は大きな[小さな]職員集合体を持っている) This section has a ⌈large [small] *staff*. // 彼はこの研究所の*職員です He *is on the staff of* this research institute. / He is a *staff member* of this research institute. // この仕事には少なくとも100人の*職員が必要だ This task requires a *staff* of at least 100 persons. // この学校は*職員が足りない (⇒ 不十分に職員が配置されている) This school *is* not sufficiently *staffed*.
職員会議 staff meeting Ⓒ; (教員会議) teachers' meeting Ⓒ **職員室** staff room Ⓒ; (教員室) teachers' room ★ 前者も教員室の意味に用いる.

しょぐう 処遇 ―名 (待遇) treatment Ⓒ.

— 動 (処遇する) treat ⓐ. 《☞ たいぐう》.
¶彼は不当な*処遇を受けた (⇒ 彼は公平に扱われなかった) He *was* not fairly *treated*.

しょくえん 食塩 (塩一般) salt Ⓤ; (特に食卓用の) table salt Ⓤ. 《☞ しお¹》. **食塩水** saline solution Ⓤ.

しょくぎょう 職業 — 名 (最も普通には) occupation Ⓒ; (知的な職業) profession Ⓒ; (一生の仕事) career Ⓒ; (技術的な仕事) vocation Ⓒ; (手についた仕事) trade Ⓒ; (商売) business Ⓤ; (仕事) work Ⓤ. — 形 (職業(上)の) occupational; professional; vocational.

【類義語】職業を表す言葉の中で最も無色で一般的なのが ***occupation***. 身上調書その他の書類などの「職業」欄の見出しにはこの言葉が用いられる. 元来かなり高い学歴などが必要とされる知的な職業を表す言葉が ***profession***. 特別な訓練・技術を必要とし, 人が一生の仕事とするような職業を指すのが ***career***. 本来は天職という意味の言葉で, 現在では長い訓練を必要とする技術的な仕事を指す言葉が ***vocation***. ((例) *職業高校 a *vocational* high school). 特に商業あるいは手を用いる技術的な仕事をいう言葉が ***trade***. 生業としての商売という意味で広い範囲の仕事を表す言葉が ***business***. いかなる仕事にも広く使われ, ときには *occupation* または *vocation* とほぼ同意で用いられる平易な言葉が ***work***. 《☞ しょく¹ (類義語); しごと (類義語)》

¶「ご*職業は何ですか」「高等学校の教員をしています」"What is your *occupation*?" "I'm a teacher at a (senior) high school." / "What do you *do* (*for a living*)?" "I teach at a (senior) high school." / (⇒ あなたは何ですか) "*What* are you?" "I'm a high school teacher." 語法 What are you? という質問は多少失礼な聞き方なので, 遠慮のいらない間柄か, あるいはクイズ番組などで相手の職業をあてたりするような場合などに限られる. 3人称の主語で What is he? となるような場合はこの限りではない.
あらゆる*職業が女性に開放されていると思いますか Do you think all *careers* are open to women?
私の子供はみんな違った*職業についています My children all follow different *occupations*.
佐藤氏は*職業は弁護士です Mr. Sato is a lawyer *by* ⌈*profession* [*occupation*].
彼の*職業は大工だ He is a carpenter *by trade*. / (⇒ 建築業だ) He is in the building *trade*.
彼は医者を*職業として選んだ He chose medicine as his *occupation*.
彼は絵を描くことを*職業としている He *makes a living* by painting.
本のセールスが私の*職業です The sale of [Selling] books is my *business*.
職業安定所 public employment security office Ⓒ **職業案内欄** (新聞などの) 'Help Wanted' column Ⓒ, 《米》 want ad column Ⓒ. 《☞ 新聞の英語 (囲み)》 **職業学校** vocational school Ⓒ; (事務技術などを教えるところ) business ⌈college [school] Ⓒ **職業教育** vocational ⌈education [training] Ⓤ **職業軍人** career soldier Ⓒ **職業訓練** vocational training Ⓤ **職業指導** vocational guidance Ⓤ **職業紹介所** employment agency Ⓒ **職業病** occupational disease Ⓒ.

しょくご 食後 — 副 (食事の後で) after a meal. ¶*食後に2錠ずつ服用しなさい Take two tablets *after each meal*. // *食後のデザートにアイスクリームはいかがですか Would you like some ice cream for *dessert*? 語法 dessert は食後に出されるものと決まっているので,「食後の」は訳す必要がない.

しょくじ¹ 食事 (一般的に) meal Ⓒ; (美容・健康のための規定食) diet [dáiət] Ⓒ. 《☞ ちょうしょく; ちゅうしょく; ゆうしょく; ごはん》.
¶私たちは1日に3回*食事をする We ⌈have [eat] three *meals* a day. // もう*食事はすみましたか Have you ⌈finished [《米》 eaten] your ⌈*dinner* [*lunch*; *breakfast*; *meal*] yet? 語法 一般的な meal よりも, 時刻に応じて朝食・昼食など個別の語を使うのが普通. // 軽い [十分な]*食事をした I had a ⌈light [good] *meal*. // *食事の最中に電話がかかってきた I had a phone call ⌈during the *meal* [while I *was eating*]. // 私は粗末な*食事には慣れている I am quite used to having poor *meals*. // 私は母を手伝って*食事の後片付けをした I helped my mother *clear the table*. // 今晩は外で*食事をしましょう Let's ⌈*eat* [*dine*] *out* this evening. 《☞ レストラン (囲み)》
食事時間 mealtime Ⓤ; (ホテルなどの) meal hour Ⓒ. ¶「*食事時間はいつですか」「朝食は7時から9時, 昼食は11時から2時, 夕食は6時から9時までです」"What are the *meal hours*?" "Breakfast is from seven to nine, lunch from eleven to two, and dinner from six to nine." **食事代** (下宿などの賄い) board Ⓤ 《☞ しょくひ》.

しょくじ² 植字 — 名 typesetting Ⓤ. — 動 set (up) type. **植字工** typesetter Ⓒ, compositor Ⓒ.

しょくしゅ 職種 kind of occupation Ⓒ 《☞ しょくぎょう (類義語)》.

しょくじゅ 植樹 — 動 (木を植える) plant a tree; (木を植えて栽培する) grow a tree.
¶その建物の落成に際して知事による記念の*植樹が行われた (⇒ 完成を記念するために) *A tree was planted* by the governor to commemorate the completion of the building.

しょくしょう 食傷 — 動 (…にうんざりする) be fed up with …; (十分に…した) have enough of …; (…を十分すぎるほど…する) have more than enough of … 《☞ あきる; うんざり》. ¶もうそんな話には*食傷した I'*m fed up with* such talk. / (⇒ そんな話はもうたくさんだ) I'*ve had more than enough of* such stories.

しょくじょ(せい) 織女(星) Vega 《☞ せいざ¹ (表)》.

しょくじりょうほう 食餌療法 diet Ⓒ.
¶私は(やせるために)*食餌療法をしている I am

食　事

1 食事の名称

（i）食事は一般的には meal Ⓒ というが,「朝食」は breakfast Ⓤ,「昼食」は lunch Ⓤ,「夕食」は dinner Ⓤ と呼ぶのが一般的である. ただし英米ともに dinner は「1日の中の主な食事・正餐」という意味で, 家庭により, 地域により, また場合によって昼に食べたり夕方食べたりする. アメリカの, 特に田舎の地方では dinner を通例昼食とする地域がいまでもかなりある.

また日曜日には多くの家庭で昼に dinner を食べる. これは教会のミサ, または礼拝から帰宅して家族そろって正餐を食べる習慣から来ている. もしも昼食に dinner を食べる場合は, 夕食は supper と呼ばれる.

（ii）dinner と supper の違いは, 前者はスープ (soup) に始まり (これは省略されることもあるが), パン (bread), サラダ (salad), 主な料理である肉類, そして最後にデザート (dessert) で終わる一連のコースを成す食事であるのに対して, 後者は一品料理的な食事であることである. 正式な食事であるから, dinner にはごちそうが出るのが当然だが, ごちそうであるかないかが, dinner と supper の区別の基準とはならないことに注意.

（iii）なお, 人を招待するときには, 通例 dinner に招待するが, 多人数の会合などでは supper のこともある. 特に立食式の食事は buffet supper と呼ばれる. また lunch に人を招待するときは特に luncheon と呼ぶことがあるが, これはもともと lunch という軽い食事の呼び名に重みをつけるために用いられるようになった呼び名で, 内容には直接関係はない.

（iv）イギリスでは午後の4時ごろに afternoon tea という軽い食事をして, さらに少し遅い時間に dinner (これを late dinner という) をとる習慣があるが, high tea と言って, 肉類などの出る実質的な夕食を夕方にとる場合がある.

（v）夜の観劇・映画見物などの後でとる軽い食事も supper と呼ばれる. また, ある人のために催される正式な食事の会は dinner または banquet あるいは feast と呼ばれる. 食事の名には冠詞は付けないが,「…会」の意味では冠詞が付く.

（vi）さて, 以上の英米の習慣を踏まえて, 日本語の食事の名称を英語に当てはめるときにどうしたらよいかであるが, 食事の習慣が違う以上, ぴたりと当てはまる訳語がないということを前提としなくてはならない.

しかし, だいたいにおいて朝食と breakfast は, 内容の違いを除けば一致するといってよい. また日曜日の昼のディナー (Sunday dinner) を除けば昼食を lunch, 夕食を dinner と英訳してよい場合が多い. ただし, 前述したように dinner を昼食とする人々もいるので, もしも明確に示したければ, 昼食を lunch (lunch は昼食ということは誤解がない), 夕食を evening meal と訳せばよい.

（vii）なお, くだけた表現であるが, 遅い朝食で昼食代わりになるものを brunch (breakfast＋lunch を1語にしたもの) と呼ぶことがある.

¶「あなたは何時に夕食を食べますか」「6時ごろです」"What time do you have ⌜dinner [your evening meal]?" "Around [About] six."
「食事はすみましたか」「ええ, いますんだところです」"Have you eaten yet?" "Yes, I have just eaten." 語法 eat は ⓐ として用いると日常的な表現で「食事をする」という意味になる. もう少し上品に言うならば "Have you had ⌜breakfast [lunch ; dinner] yet?" と言う.
「食事に行きましょう」「ええ, 行きましょう」"Let's go (to) eat." "OK. Let's go."
あすの夕食にご招待したいのですが, 来て下さいますか I'd like to invite you to a dinner tomorrow. Can you come? 語法 dinner に a が付いているのは「夕食会」の意味だからである.

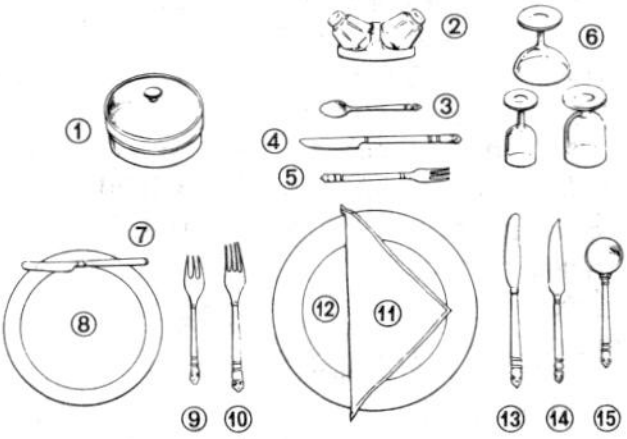

① バター入れ butter ⌜container [dish] ② 調味料入れ cruet ③ ティースプーン tea [coffee] spoon ④ fruit knife ⑤ fruit fork ⑥ グラス類 glasses ⑦ バターナイフ butter knife ⑧ パン皿 bread plate ⑨ 魚用フォーク fish fork ⑩ 肉用フォーク fork ⑪ ナプキン napkin ⑫ 皿 plate ⑬ 肉用ナイフ knife ⑭ 魚用ナイフ fish knife ⑮ スープ用スプーン soup spoon

2 食事の内容

（1）朝食

(a) 英米の朝食

英米の朝食は大まかに分けて, (i) トースト (toast) 中心のもの. (ii) 乾燥穀物 (dry cereal) 中心のもの. (iii) ホットケーキ (hot cake, pancake) の3通りがある.

（i）**トースト中心のもの**

次の内容が典型的である.
果汁 (fruit juice), ベーコン エッグ (bacon

and eggs), またはハム エッグ (ham and eggs) (★ 普通は egg は複数形で, 卵 1 個だけしか欲しくないときは bacon [ham] and 「*an* [*one*] egg と断る), トースト (toast), ミルク (milk), コーヒー (coffee) または紅茶 (tea).

なお, 卵は, 上のベーコン[ハム] エッグの場合は普通, 目玉焼き (fried eggs) か, かき卵 (scrambled eggs) であるが, ほかにゆで卵 (boiled eggs), 落とし卵 (poached eggs) がある.

また卵の調理の仕方には目玉焼きの場合には, 白味の真中に黄味があって, ちょうど太陽が雲を背景に輝いているように見える sunny-side up (略して up), 雲がかかったように白味をかぶせる over などがある. またかき卵はかきまぜた卵をフライパンでいり卵風に焼き, あまり固まらないうちに火から下ろしたものである. ゆで卵にはかたゆで (hard boiled), 半熟 (soft boiled) がある. 日本のいわゆる卵焼きは普通はしない.

トーストはバター付きか, バター抜き (dry toast) かで, ほかにゼリー (jelly) またはマーマレード (marmalade) などのジャム (jam, preserves) が付く.

ジュースはオレンジジュース (orange juice), グレープフルーツのジュース (grapefruit juice), トマトジュース (tomato juice) などいろいろある. ミルクは, 冷たいまま飲むのが普通.

(ii) 乾燥穀物中心のもの

次のような内容が典型的である.

果汁, 乾燥穀物, コーヒーまたは紅茶, ミルクだけですます人が多い. もちろん, これは各人の好みもあって, このほかにベーコン エッグを食べたりする場合ももちろんある.

なお, dry cereal は, コーンフレーク (cornflakes), 麦を使った shredded wheat などが多く, そのほかにも米を使ったものもある. それに普通はミルクと砂糖を加えてスプーンですくって食べる.

(iii) ホットケーキ中心のもの

果汁, ホットケーキ, ミルク, コーヒーまたは紅茶. ホットケーキはバター (butter) をひき, かえで糖シロップ (maple syrup) または蜂蜜 (honey) をかけて食べる.

以上のほかに, (i) や (ii) の一部と組み合わせて食べる場合ももちろんある.

(b) 日本の朝食についての英訳

英米の朝食のあらましについて (a) で述べたが, 伝統的な日本の朝食と比べた場合には, 時間的に朝の食事という以外には内容的には共通点がない. しかし, 最近は日本でも欧米式朝食がさかんになりつつあるから, もうかつてのように日本人になじみの薄いものではなくなっているが, 日本の一般の家庭でとっている欧米式朝食は, 実をいうとほかの日本文化と同じように, 一種の日欧混合型であるので, 細部についてはかなりの食い違いがある. 従って, 言葉の問題としてとらえた場合も, 例えばハム エッグをそのまま ham egg と英語に置き換えられないことに注意すべきである (正しくは ham and eggs).

また, 伝統的な日本式朝食を英語に直すことを考えると, それを単なる英語への置き換えだけで英米人に理解させるのは至難のわざということが言える. 食事の習慣というものは, その民俗文化が最もよく表されるものの一つであるから, 真に食事の習慣を理解するには, その民族の風俗習慣全般にわたるかなりの知識が必要だということになる. 従って, 必要に応じて, 説明を加えることを忘れてはならない. 例えば, みそ汁を soybean paste soup と訳したとすると, 英米人がこれを聞いて思い浮かべる実体は, 普通, およそ日本人のみそ汁とはかけ離れたものであることが多い. みそとは何か, どのような材料で, どのようにして作られ, どのような味であるかがわからない以上, これはやむを得ないことであろう.

従って, 次にあげる日本の朝食の幾つかの訳は実は単に英語に直す場合の例にすぎず, 体験するか, あるいは少なくとも必要な説明をつけるかしない限り, 結局は実体を伝えることができないということは承知していなくてはならない.

みそ汁	soybean paste soup Ⓤ.
のり	dried seaweed Ⓤ.
生卵	raw egg Ⓒ ★ これは欧米では食べないので, ある種の人には異様に響くことを知っておくべきである.
豆腐	soybean curd Ⓤ ★ curd は牛乳の固まったものを言う語. なお, 現在では tofu という語も英語に定着しつつある.
卵焼き	omelet Ⓒ.
焼いた干物	baked dried fish Ⓤ.
納豆	fermented soybean Ⓒ.
つくだ煮	small fish or seaweed boiled down with soy sauce and sugar Ⓤ.
漬物	Japanese pickles.
たくあん	pickled Japanese radish Ⓤ.

(2) 昼食

(a) 英米の昼食

昼食は英米では, dinner でない場合は軽いものを食べる人が多い. 例えばサンドイッチ (sandwich) とコーヒー, または紅茶とミルク, あるいはアメリカならハンバーガー (hamburger) やホットドッグ (hot dog) などは典型的である. また, サラダ (salad) とチキンスープ (chicken soup) などのスープと, パン (bread), それにデザート (dessert) としてアイスクリーム (ice cream) とかパイ (pie) などという組み合わせもある.

外食をする場合もセルフサービスの食堂 (cafeteria) やアメリカなら軽食堂 (lunch counter) やドラッグストア (drugstore) などで上記のようなものを食べてすます人も多い.

(b) 日本の昼食についての英訳

さて, 日本の昼食であるが, 特徴のあるものとして考えられるのは, 麺類, 丼ものなどであろう.

そば	buckwheat noodle Ⓒ.
天ぷらそば	hot buckwheat noodle with *tempura* Ⓒ.
うどん	wheat noodle Ⓒ.
カレーライス	curry and rice Ⓤ.
天どん	bowl of rice with *tempura* Ⓒ.

かつどん	bowl of rice with pork cutlet Ⓒ.

(3) 夕食

(a) 英米の夕食

英米で夕食が dinner であるときは，次のようなものがよく見られる内容である．

スープ (soup)，サラダ (salad)，肉または魚料理 (meat or fish)，パン (bread)，コーヒーまたは紅茶 (coffee or tea)，デザート (dessert).

スープ　チキンスープ (chicken soup)，豆スープ (bean soup)，ヌードル スープ (noodle soup)，オニオンスープ (onion soup)，ポタージュ (potage)，コンソメ (consommé) などの種類がある．

サラダ　野菜サラダ (vegetable salad) が最も普通で，レタス (lettuce)，セロリ (celery) などを中心としたものにドレッシング (dressing) をかける．ドレッシングにもいろいろあり，フレンチ (French)，サウザンアイランド (Thousand Island)，イタリアン (Italian) などがある．日本のように市販のものを買うのではなく，自宅で作る場合が多い．

肉料理　英米ともに牛を使ったビフテキ (steak) やローストビーフ (roast beef)，それにアメリカではフライドチキン (fried chicken) が代表的であるが，その他種類には限りがない．

肉の調理法は網で焼く (grill)，じか火で焼く (broil)，油で焼く (fry) (★ 天ぷらのように油にひたして揚げるのは deep fry という)，天火で焼く (roast) などいろいろである．

ビフテキの場合には中身は赤いままにして外側だけ焼く焼き方 (rare)，中ぐらいの焼き方 (medium)，よく焼く焼き方 (well-done) の3種類がある．レストランなどでは「肉はどのように焼きますか」"How would you like your meat?" と聞かれるから，"I'd like it ⌈medium [rare ; well-done]." のように答えればよい．《☞ レストラン (囲み)》

肉料理には肉汁 (gravy) をかけることが多い．これは日本でいうソースに当たるが，sauce という英語は食物にかけるものすべての総称であって，サラダのドレッシングも sauce の一種である．日本の製法のようなソースは普通は用いられない．

肉の料理には普通じゃがいもをつぶしたもの (mashed potato) がつき，さらににんじん (carrot) やほうれん草 (spinach) などを煮たものをつける．

魚介類の料理　魚 (fish) は肉と比較すると使う量が限られている．一般には，特にカトリック教徒の場合，金曜には魚を食べる人が多い．これはかつて教会で，金曜日には肉を食べてはならないという戒律があったからである．魚は鮭(さけ)，鱒(ます)などをフライ (fry) にして食べる．

貝を使ったクラム チャウダー (clam chowder) やえび料理 (小さいものは shrimp，いせえびは lobster) も食べる．

パン　パンはいわゆる食パン (sliced bread) か，ロールパン (roll) で，夕食にはトーストは普通食べない．食パンには白いパン (white bread)，茶色のもの (brown bread) がある．

パンにはバターをつけるが，これを一緒にして bread and butter という．

飲み物　食事中に水を飲む習慣があり，グラスに入った水 (glass of water) を食卓にそろえておく．またワイン (wine)，ビール (beer) なども飲む場合も多い．特にアメリカではコーヒーを食事中に飲む人も多く，レストランなどでは「コーヒーは食事中ですか，それとも後ですか」"Would you like your coffee with or after the meal?" とよく聞かれる．

デザート　アイスクリーム (ice cream)，ケーキ (cake)，パイ (pie)，プディング (pudding) などが普通で，果物の場合は割に少ない．

(b) 日本の夕食についての英訳

さて，日本の食事の内容について，幾つか英訳をあげてみよう．

ごはん	boiled rice Ⓤ.
さしみ	*sashimi* Ⓤ, sliced raw fish Ⓤ ★ 英米では生魚は食べないのが普通であるので，異様に感じる人が多いが，最近は *sashimi* という言葉だけで，ある程度理解してもらえるようになった．
天ぷら	*tempura* Ⓤ, fish or vegetables dipped in batter and deep-fried ★ tempura もかなり有名で，説明不要のことも多い．
すし	*sushi* Ⓤ, cake of cold cooked rice with a thin strip of raw fish on Ⓒ.
焼魚	baked fish Ⓤ.
すきやき	*sukiyaki* Ⓤ, sliced beef, vegetables and soybean curd cooked at the table with soy sauce and sugar.
なべもの	fish or chicken and vegetables cooked at the table in a pan containing soy sauce or soybean paste and water Ⓤ, pot-au-feu Ⓤ.
煮魚	fish boiled with soy sauce Ⓤ.
吸い物	soup Ⓤ, consommé Ⓤ.
ぬた	seafood salad Ⓤ.

3　食事のマナー (table manners)

英米での食事の作法のごく一般的で，しかも基本的なことを幾つかあげる．

(1) 食卓では男の主人役 (host)，女の主人役 (hostess) がテーブルの両端の席につく．
(2) 女主人役がリードをするのが普通で，立ったり座ったり，食事を始めたりするのも女主人役に従う．
(3) 食事中は楽しい話をする．政治・宗教などの話題は好まれない．
(4) 食べるときの音や，食器の音を立てないようにする.
(5) ナプキン (napkin) はひざの上に置く. 首からエプロンのように下げたりしない.
(6) イギリスではナイフ (knife) は常に右手に, フォーク (fork) は左手に持って食べるが, アメリカでは食べ物を切ったらフォークを右手に持ちかえるのが普通.
(7) 皿 (plate) を手で持ち上げないで, テーブルに置いたまま食べる.
(8) テーブルの上にある調味料, 例えば塩 (salt), 砂糖 (sugar), こしょう (pepper) などに手が届かないときは, 無理にテーブル越しに反対側まで手を伸ばしたりしないで, 他人に取ってもらう. 例えば「塩をとって下さい」"Pass the salt, please. / Can you pass the salt?" のように言う.

次に食事の作法についての英語の表現の例を幾つかあげる.

¶ ナプキンはひざに掛けなさい Put your napkin ˹across [on] your lap.

コップの水を飲むときにはナプキンで口をふいてからにしなさい You should wipe your lips with a napkin before you drink water from a glass.

食事の間は楽しいことを話すよう心掛けましょう Let's try to talk about something pleasant at the table.

すべての人がすむまで食卓についていなくてはなりませんが, もし, 例えば電話などで, 立たなくてはならないときには「失礼します」と言って立ちます You should ˹stay [remain seated] at the table till everybody finishes, but if you have to leave, for example to answer the telephone, you should say, "Excuse me," and then leave.

口の中に食べ物を入れたまま話をしたり, 音を立ててスープを飲んだりするのは, 悪い行儀の代表的なものです Speaking with food in one's mouth and sipping the soup noisily are typical bad manners.

on a diet (to lose weight). // 医者は彼に*食餌療法をさせた The doctor put him *on a diet*.

しょくじんしゅ 食人種 (人種) cannibal tribe Ⓒ; (人の場合) cannibal Ⓒ.

しょくせい 職制 (職場の人員組織) the (staff) organization of an office Ⓤ. ¶ *職制の改革 the *staff reorganization*

しょくせいかつ 食生活 ¶ 体力を増進するには*食生活を改善しなければだめだ You have to improve your ˹*diet* [*eating habits*] to increase your (physical) strength.

しょくせき 職責 *one's* duty Ⓒ《☞ ぎむ》.

しょくぜん 食前 — 副 (食事の前に) before a meal. ¶ *食前に 1 錠ずつ飲みなさい Take a tablet *before each meal*. **食前酒** aperitif [ɑ:pèrətí:f] Ⓒ.

しょくたく[1] 食卓 (dining) table Ⓒ《☞ しょくじ[1]; テーブル》. ¶ どうぞ*食卓におつき下さい Please take your seat at the *table*. // *食卓では (⇒ 食事中は) 楽しい話題を選ぶように心がけなくてはならない We must try to choose pleasant topics (of conversation) *at* (*the*) *table*. [語法]《米》では普通 the を付けて言う. **食卓塩** table salt Ⓤ.

しょくたく[2] 嘱託 (非常勤の職員) part-time employee Ⓒ; (臨時の職員) nonregular employee Ⓒ.

しょくちゅうどく 食中毒 food poisoning Ⓤ.

しょくつう 食通 gourmet [gúəmei] Ⓒ《☞ くいどうらく》.

しょくどう[1] 食堂 (食事をする部屋) dining room Ⓒ; (レストラン) restaurant Ⓒ; (学校・職場などのセルフサービス式の食堂) cafeteria Ⓒ; (軽食堂) snack bar Ⓒ. 《☞ 家・部屋 (囲み); レストラン (囲み)》.

¶ *食堂は台所の隣です《家で》The *dining room* is next to the kitchen. // お弁当はいつも*食堂で食べます《学校で》I usually eat my lunch in the *lunchroom*.

食堂車 dining car Ⓒ, restaurant car Ⓒ ★ 後者のほうが形式ばった言い方;《口語》diner Ⓒ.

しょくどう[2] 食道 gullet Ⓒ, the food passage ★ 後者は平易な言い方;〚解剖〛esophagus [i(:)sɑ́fəgəs] Ⓒ. 《☞ ないぞう[1] (挿絵)》.

しょくにくどうぶつ 食肉動物 carnivorous [kɑənívərəs] animal Ⓒ (↔ herbivorous animal).

しょくにん 職人 craftsman Ⓒ《複 -men [-mən]》, artisan Ⓒ ★ 後者のほうが形式ばった言い方. **職人気質**(かたぎ) the artisan spirit **職人芸** (職人の技能・腕前) craftmanship Ⓤ.

しょくば 職場 (働く場所) place of work Ⓒ [語法] 日本語で「職場」という場合にも, 英語では自分が所属する「職場」の種類に従って, 具体的に「会社」company Ⓒ,「事務所」office Ⓒ,「工場」factory Ⓒ,「仕事場」workshop Ⓒ などの言葉を使う場合が多い.

¶ 私の*職場は都心にある My ˹*place of work* [*office*] is in the heart of the city. // 私の*職場には女性が少ない There are few women in my ˹*office* [*workshop*; *factory*]. // きょうの昼休みに*職場集会をします We will have a *union* meeting during the lunch hour.

職場結婚 office marriage Ⓤ **職場放棄** — 名 (ストライキ) strike Ⓒ,《口語》wálkòut Ⓒ. — 動 be on strike,《口語》wálk óut ㊀.

しょくばい 触媒 catalyst Ⓒ.

しょくはつ 触発 — 動 touch off ㊇; (引き金を引くように) trigger (off) ㊇. 《☞ ひきがね》. ¶ そのけんかに*触発されて暴動が起こった (⇒ けんかが引き金で暴動を起こした) The fight ˹*touched off* [*triggered*] the riot.

しょくパン 食パン bread Ⓤ [語法] パン一般を bread といい, 日本で言う「食パン」は単に bread と呼び, ロールパンなどは a roll と呼ぶ.「食パン」を一切れに切ったものは a slice of bread という.「食パン一斤」は a loaf of bread. 《☞ パン》.

しょくひ 食費 (生計費の中の) food expenses ★ 複数形で；(下宿の) the charge for board. ¶ 私は給料の 3 分の 1 は*食費に使う I spend one third of my salary ˹for (buying) *food* [to pay my *food expenses*]. // 毎月*食費はどれだけ払っていますか How much do you pay for *board* every month?

しょくひん 食品 (1 つの) food Ⓒ ★「食物」の意味のときは Ⓤ；(種々の食料品) foodstuffs ★ 通例複数形で.《☞ しょくもつ；しょくりょう¹；たべもの》. ¶ 缶詰*食品 canned *foods* // 最近は種々のインスタント*食品が出回っている (⇒ 売られている) Various kinds of instant *foodstuffs* are sold these days. **食品衛生** food hygiene Ⓤ **食品添加物** (food) additive Ⓒ.

しょくぶつ 植物 ━ [名] plant Ⓒ ★ 最も一般的な語；(動物に対しての植物) vegetable Ⓒ；(ある場所の草木，またはその繁茂の状態) vegetation Ⓤ. ━ [形] (植物の・植物性の) vegetable ★ 限定的にのみ用いる.

¶ 鉢植えの*植物が枯れてしまった The *plants* in the pot died. // 彼女は庭の*植物に水をやった She watered the *plants* in the garden. // 彼は室内で珍しい*植物を育てている He is growing some rare *plants* indoors. // これはたいへん強い*植物だ This is a ˹hardy [vigorous] *plant*. // 谷を降りたところには*植物がよく繁茂していた Down the valley there was ˹a rich growth of bushes [rich *vegetation*]. ★ bushes は灌木類. // 少年のころよく田舎へ*植物採集に行ったものだ When I was a boy, I used to go *plant*-collecting in the countryside. // 熱帯*植物 a tropical *plant* // 高山*植物 an alpine *plant* // 水生*植物 a water *plant*

植物園 botanical garden Ⓒ **植物界** the vegetable kingdom **植物学** botany Ⓤ **植物学者** botanist Ⓒ **植物人間** vegetable Ⓒ. ¶ まったくの*植物人間になる become a mere *vegetable* **植物標本** botanical specimen Ⓒ **植物油** vegetable oil Ⓤ.

しょくぼう 嘱望 ¶ その青年は皆に*嘱望されていた (⇒ 彼は有望な青年だった) He was a *promising* young man. / (⇒ 彼は皆の期待の的だった) He was everybody's *hope*.

しょくみん 植民 colonization Ⓤ《☞ いみん》. **植民地** ━ [名] colony Ⓒ. ━ [動] (植民地化する) colonize (他).

しょくむ 職務 (仕事) job Ⓒ, work Ⓤ ★ 前者は口語的, 後者は広い意味で使われる一般的な語；(任務) duty Ⓒ；(役目) function Ⓒ ★ 少し堅苦しい言葉；(責任) responsibility Ⓤ.《☞ にんむ；ぎむ；つとめ²》.

¶ それが私の*職務です That is my ˹*job* [*work*]. / That is my *duty*. / (⇒ 私は当事責任者である) That is my *responsibility*. / I'm *responsible for* that. // それはあなたの*職務権限ではありませんよ (⇒ 職務を超えている) That's beyond your *functions*. // 私は万難を排して (⇒ どうしても) *職務を遂行しなくてはならない I must ˹perform [do] my *duties* by all means. // 彼は*職務に忠実である He is faithful to his *duties*. // 彼はしばしば*職務怠慢である He often neglects his *duties*.

職務質問 ━ [名] (警官の) questioning Ⓤ. ━ [動] question (他).

しょくめい 職名 (職業) occupation Ⓒ；(肩書き) title Ⓒ；(地位・資格) status Ⓒ.《☞ しょくぎょう (類義語)》. ¶ 彼の*職名は何ですか (⇒ 役職上の肩書きは何か) What is his *official title*? / (⇒ 職業は何か) What is his *occupation*?

しょくもつ 食物 food Ⓤ ★ 食物の種類をいうときには Ⓒ；(食料品のいろいろ) foodstuffs ★ 通例複数形で.《☞ しょくりょう¹,²；しょくひん；たべもの》. ¶ 栄養のある*食物をとらなくてはならない We must ˹eat [take] nourishing *food*. // それは消化のよい[悪い] *食物だ That is ˹digestible [indigestible] *food*.

しょくよう 食用 ━ [形] (食用の) edible；(食用に適する) fit to be eaten ★ 特にとり立てて食用かどうかを問題にするとき以外は前者を使う.《☞ たべる》.

¶ この植物は*食用ですか Is this plant *edible*? / Is this plant *fit to be eaten*? // それは*食用にはなるが，おいしくない It may be *edible* but it's not eatable. [語法] eatable は食用かどうかではなく，口に合うか合わないかをいう.

食用油 cooking oil Ⓤ **食用がえる** bullfrog Ⓒ.

しょくよく 食欲 appetite Ⓤ ★ しばしば an または所有代名詞を伴う.

¶ 私はきょうは*食欲がない (⇒ 何も食べたくない) I don't want to eat anything today. / I don't have *an appetite* today. / I have ˹no [little] *appetite* today. // あの子はいつも*食欲がない The child has a poor *appetite*. / (⇒ 少なく食べる人) The child is a poor eater. // 彼は*食欲が旺盛だ He has a ˹good [hearty] *appetite*. // 過労で*食欲がなくなった I've lost my *appetite* through overwork. / Overworking spoiled my *appetite*. // *食欲不振はどうしたらよくなるでしょう How can we improve our *appetite*? // アルコール類は*食欲を増進させる Liquor [An alcoholic drink] is a wonderful *appetizer*. ★ appetizer は食欲をそそるもの. / Liquor stimulates the *appetite*. // 間食は*食欲をそぐ Snacking between meals ˹ruins [spoils] your *appetite*.

しょくりょう¹ 食料 food Ⓤ ★ 種類をいうときは Ⓒ.《☞ しょくもつ；たべもの；しょくひん》. **食料品** foodstuffs ★ 通例複数形で. **食料品店** grocery [food] store Ⓒ ★ grocery store は生鮮食料品・缶詰類などいろいろの種類の食料品を売る店をいう；(食料品商) grocer Ⓒ.《☞ 店の呼び名 (囲み)》.

しょくりょう² 食糧 food Ⓤ；(食糧の貯え) food supplies ★ 複数形で；(将来の使用のために貯えられた食物) provisions ★ 複数形で. 前者が一般的な言い方.《☞ しょくもつ；たべもの；しょくひん》.

¶ *食糧は十分にある We have enough *food*. / (⇒ たくさんある) We have plenty of food. / We have a good supply of *food.* / We have enough *food supplies.* // *食糧がなくなった We ran out of「*food* [*provisions*]. / The *provisions* have run out. // *食糧が不足している We are short of *food.* // 我々は10日分の*食糧を持って行った We took ten days'「*food* [*provisions*] with us. // アフリカの*食糧問題は深刻である The *food* problem in Africa is serious. // かんばつのためにインドは*食糧危機に陥った A bad drought has caused a *food* crisis in India.

しょくりん 植林 ―[名] forestry [U]. ―[動] plant trees.

しょくれき 職歴 (経歴) occupational「career [background] [C]; (現在までの仕事) the jobs *one* has had; (職業上の経験) professional [occupational] experience [C]. 《☞ けいれき; -れき》.

¶「彼はどんな*職歴を持っていますか」「もう10年もS会社の販売部員で, 有能なセールスマンです」"What is his *occupational*「*career* [*background*; *experience*]?" "He has been a staff member of the sales department of S company, and is a very competent salesman." // 私の*職歴は次のとおりです *The jobs I have had* are as follows.

しょくん 諸君 (男性に対しての呼びかけ) Gentlemen.; (全員に呼びかけて, みなさん) Everyone., Everybody. ★ 教師が生徒に向かって言う場合など, 目下の者に向かって使われる; (友人たちに対して) Friends.; (少年・少女たちに対して) Boys and girls. 《☞ 呼びかけ (囲み)》.

じょくん 叙勲 ―[名] decoration [U]. ―[動] (勲章を与える) decorate ... for ... ¶ 彼は社会へのすぐれた貢献によって*叙勲された He *was decorated for* his distinguished service to society.

しょけい 処刑 ―[名] execution [U]. ―[動] execute (他). 《☞ しけい》. ¶ 彼は1789年パリで*処刑された He *was executed* in Paris in 1789. **処刑台** scaffold [C].

じょけつ 女傑 (勇気のある女) courageous woman [C]; (なかなかやり手の女性) quite a woman ★ 口語的.

しょげる (暗い気持ちになる) be depressed; (勇気をなくし, がっかりする) be dispirited, be disheartened ★ 以上いずれも入れ替え可能な場合もある. 《☞ しょんぼり; がっかり》.

¶ 彼は試験に落ちて*しょげている He *is* terribly *depressed* because he failed (in) the exam. / (⇒みじめな状態に見えた) He *looks miserable* because of the failure in the examination. // そう*しょげるなよ (⇒元気を出せ) Cheer up!

しょけん 所見 (意見) opinion [C]; (個人的な判断を伴う意見) view [C]; (批評的な意見) comment [C]; (簡潔な論評) remark [C]. 《☞ いけん (類義語); しょかん²》.

じょけん 女権 women's rights ★ 複数形で. ¶ *女権拡張論 *feminism* // *女権拡張論者 a *feminist*

じょげん 助言 ―[名] advice [U] ★ 最も一般的; (重要性のある・公の) counsel [U]. ―[動] advise (他); counsel (他). 《☞ ちゅうこく (類義語; しんげん)》.

¶ あなたは先輩の*助言に従うべきだ You'd better「follow [take] your senior friend's *advice.* // 君にひとこと*助言しておきたい Let me give you a piece of *advice.* [語法] advice は piece で数を数える. // 貴重な*助言をありがとう Thank you for your valuable *advice.* // 彼らはあなたの*助言を求めているのです They are asking your *advice.* // 彼はその点について*助言してくれた ＜S(人)＋V(*advise*)＋O(人)＋*on*＋名・代＞ He *advised* me *on* that point. // 彼は私にその試験を受けるように*助言してくれた ＜S(人)＋V(*advise*)＋O(人)＋C(*to*不定詞)＞ He *advised* me *to* take the examination. // 私は会社のコンサルタントの*助言を求めた I asked our company's consultant for his *counsel.*

しょこ 書庫 (図書館・図書室) library [C]; (図書館の) stacks ★ 複数形で.

じょこう 徐行 ―[動] (ゆっくり行く) go slowly (自), 《口語》 go slow (自); (速度を落とす) slow「down [up] (自) (↔ speed up), reduce the speed ★ 前者のほうが口語的.

¶ 列車は*徐行していた The train *was going slowly.* // この道は危ないから*徐行したほうがいいよ (⇒速度を落としたほうがよい) You'd better *slow down* because this road is dangerous. // *徐行 《掲示》 *Go Slow* / *Slow Down* // 最*徐行 《掲示》 *Dead Slow*

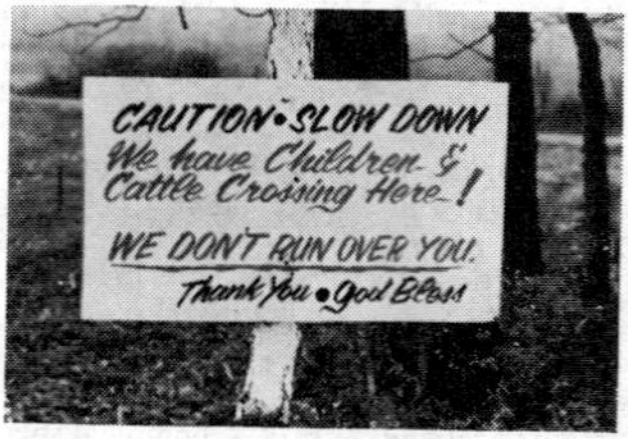

「注意・徐行」の掲示

しょこく 諸国 (いろいろな国) various countries. ¶ その会議には東南アジア*諸国からの代表が出席した Representatives from Southeast Asian *countries* attended the meeting. // 彼は*諸国を放浪して歩いた He wandered *from one country to another.*

しょこん 初婚 *one's* first marriage. ¶「彼は結婚するそうですが, *初婚ですか」「いいえ, 再婚です」"I hear he is going to get married. Is it *his first marriage?*" "No, it's his second marriage."

しょさ 所作 (座ったり立ったりしているときにとる姿勢, またはその姿勢をとるためのしぐさ) posture [U] ★ 具体的なものをいうときは [C]; (芝居などでの身の動き) action [U]. 《☞ うごき》. ¶ 日本の踊りには独特の*所作がある Japanese dancing has its own unique *postures.*

しょさい 書斎 study [C]. ¶ 彼は*書斎で手紙を書いている He is writing a letter in his *study.*

しょざい 所在 (人の居場所) *a person's*

whereabouts ★ 単数または複数扱い；(物のあり場所) where ... is. 《☞ ゆくえ；いどころ》.
¶ 彼の*所在は不明だ His *whereabouts* ⌈is [are] unknown. // その絵の*所在はだれにもわからない Nobody knows *where* the picture *is*. // 責任の*所在 (⇒ だれに責任があるのか) が明らかではない It is not clear *who is* responsible. / (⇒ どこに責任があるのか) It is not clear *where* the responsibility *lies*.

じょさいない 如才ない ── 形 (愛想がいい) sociable；(友好的な) friendly；(人をそらさない・機転のきく) tactful. 《☞ あいそ；ぬけめ》.
¶ あの人は*如才のない人だ (⇒ 人づき合いがよい) He's a ⌈*sociable* [*friendly*] man. // 彼は*如才なく立ち回る He acts *tactfully*. // 彼女は応対に*如才がない (⇒ 彼女は客を迎えるのに手際がよい) She is *tactful* with visitors. / She treats her visitors *with tact*.

じょさんぷ 助産婦 midwife Ⓒ 《複 -wives》.

しょし 初志 (第1の目的) *one's* ⌈first aim [primary goal] Ⓒ；(はじめからの意志) *one's* original ⌈intention [purpose] Ⓒ. ¶ 彼は*初志を貫徹した He achieved *his* ⌈*first aim* [*primary goal*]. / He carried out *his original* ⌈*intention* [*purpose*].

しょじ 所持 ── 動 have ... with *one*, carry ... with *one* 【語法】 前者は単に持っている状態のみを言い，後者は身につけて持ち歩いているニュアンスがある. 《☞ もつ[1]；しょゆう》.
¶ その男はピストルを*所持していた The man ⌈*had* [*carried*] a gun *with* him. // ポケットの*所持品をここへ出しなさい Take out what you *have* in your pockets and put it here. // *所持品には名前を付けておくこと Put your name on *your things*.

じょし[1] 女子 (女の子) girl Ⓒ (↔ boy)；(成人の女) woman Ⓒ 《複 women[wímin]》 (↔ man)；(婦人) lady Ⓒ (↔ gentleman) 【語法】 目の前の女性などを指して言ったり，掲示に書いたりするときなど，多少敬語的なニュアンスをこめて言うような場合に用いる. 《☞ おんな(類義語)；じょせい[1]；ふじん[1]》.
¶ 私たちのクラスには男子が30人，*女子が20人います There are 30 boys and 20 *girls* in our class. // *女子(用) 《トイレの掲示》 *Ladies*
女子学生 girl student Ⓒ；(男女共学の大学の女子学生) 《口語》 co-ed Ⓒ 【参考】 この語は性差別的な感じがするという理由で，だんだん使われなくなりつつある. **女子(高)校** girls' high school Ⓒ 《☞ 所有格 (欄外)》 **女子大学** women's ⌈university [college] Ⓒ.

じょし[2] 助詞 (日本語の) postpositional particle Ⓒ.

-じょし …女史 (既婚女性の場合) Mrs.；(未婚女性の場合) Miss；(既婚・未婚を問題にしないとき) Ms. [miz] ★ いずれも姓の前に付けて用いる. なお，Ms. は性差別廃止の立場から使われ出した語だが，まだ完全に定着はしていない.

しょしき 書式 form Ⓒ. ¶「何か定まった*書式がありますか」「はい，この書類[*書式]に書き込んで下さい」"Is there any fixed *form*?" "Yes. Please fill out this *form*." // 指示された*書式どおりに書いて下さい Please write it ⌈according to [following] the prescribed *form*. // この書類は*書式が違います This paper does not follow the correct *form*.

じょじし 叙事詩 epic (poem) Ⓒ.

じょしゅ 助手 assistant Ⓒ 《☞ てつだい》.

しょしゅう 初秋 early fall Ⓤ, 《英》 early autumn Ⓤ. 《☞ あき[1]》.

じょしゅう 女囚 female prisoner Ⓒ.

じょじゅつ 叙述 ── 名 (描写) description Ⓤ. ── 動 describe ⑩. 《☞ えがく；びょうしゃ》. ¶ 形容詞の*叙述用法 the *predicative* use of an adjective

しょしゅん 初春 early spring Ⓤ 《☞ はる[1]》.

しょじゅん 初旬 (月はじめ) the beginning of the month；(月はじめの10日間) the first ten days of the month. 【語法】 英語では日本語のように，1か月をはっきり10日ずつに区切っていう言い方はない.
¶ その会は来月*初旬に開かれる The meeting will be held sometime in *the first ten days of next month*. / (⇒ 来月早いうちに開かれる) The meeting will be held *early next month*. // それは3月*初旬にはでき上がるでしょう It will be completed by ⌈*the 10th of March* [*March 10*(*th*)].

しょじょ 処女 ── 名 virgin Ⓒ. ── 形 virgin, maiden 【参考】 virgin は「(男の)童貞」の意味にも使われる. ((例) 彼は*童貞だ He's a *virgin*.). ¶ 彼女はその夜*処女 (⇒ 処女性) を失った She lost her *virginity* that night.
処女航海 maiden voyage Ⓒ **処女作** maiden [first；premiere] work Ⓒ **処女地** virgin soil Ⓤ **処女飛行** maiden flight Ⓒ **処女膜** hymen Ⓒ.

じょじょう 叙情，抒情 ── 名 (叙情味) lyricism Ⓤ. ── 形 (叙情的) lyric(al).
叙情詩 (総称) lyric poetry Ⓤ；(個々の) lyric (poem) Ⓒ **叙情詩人** lyric poet Ⓒ.

じょじょに 徐々に (だんだんと・次第に) gradually；(少しずつ) little by little；(一歩一歩) step by step；(段階を追って少しずつ) by degrees；(ゆっくりと) slowly. 《☞ だんだん》.
¶ 彼女は*徐々に健康を回復しつつある Her health is *gradually* improving. // 状況は*徐々に好転してきている The situation is ⌈*gradually* [*slowly*] changing for the better. // 川の水量が*徐々に増えた The water of the river rose *little by little*. // 彼は*徐々に英語の力をつけていった His knowledge of English ⌈grew [increased] *step by step*.

しょしん[1] 所信 (信念) belief Ⓤ；(自信・確信) conviction Ⓤ；(意見) opinion Ⓒ, view Ⓒ；(考え) idea Ⓒ. 《☞ いけん；かんがえ》.
¶ このことについていささか*所信を述べさせていただきます (⇒ このことについて少し話すのを許していただきたい) Please allow me to speak about this matter for a few minutes. // この問題についての校長の*所信を伺いたい (⇒ 意見を知りたい) I'd like to know the principal's *opinion* ⌈about [on] this problem.

しょしん[2] 初診 (初診の患者) new patient Ⓒ. **初診料** initial ⌈fee [change] Ⓤ.

しょしん[3] 初心 ¶ *初心忘るべからず (⇒ 始め

たときの新鮮な心を忘れてはならない) We should not lose *the fresh spirit* which we had at the beginning.

しょしんしゃ 初心者 beginner Ⓒ, novice Ⓒ. 《☞ にゅうもん；しょきゅう》.

¶この仕事は*初心者には難しすぎる This work is too hard for ⌈a *beginner* [an *inexperienced person*; a *novice*]. ∥ この本は*初心者向けです This book is for *beginners*. ∥ 私は碁はまだ*初心者です I'm a *beginner* at *go*. / (⇒ いま習い始めたばかり) I'*ve just started to* learn *go*. ∥ *初心者歓迎 Welcome to *beginners* 《☞ 掲示の英語 (囲み)》

し

じょすう[1] 序数 ordinal ⌈number [numeral] Ⓒ (↔ cardinal number) 《☞ 数字 (囲み)》.

じょすう[2] 除数 divisor Ⓒ.

しょする 処する (罰に処する) punish ㊍; (死刑を宣告する) sentence ... to death; (死刑を執行する・断罪に処す) execute ㊍; (処理する) deal with ..., cope with ...; (社会で暮らす) get ⌈along [《英》 on] in the world.

¶この規則に違反した者は厳罰に*処する Any person who has ⌈acted against [violated] this rule will *be* ⌈severely [heavily] *punished*. ∥ その男は死刑に*処せられた (⇒ 死刑を執行された) The man *was executed*. ∥ 難局に*処する覚悟はいつでもできている I am always ready to *deal with* difficulties. ∥ これから世に*処する道 (⇒ どうやって暮らしてゆくかという方法) を学んでいきたいと思う I want to learn how to *get on* in the world.

じょせい[1] 女性 ━ 名 (成人した女) woman Ⓒ 《複 women [wímin]》 (↔ man); (若い女性) girl Ⓒ (↔ boy); (多少敬意をこめて言うとき) lady Ⓒ 《複 ladies》; (生物学的表現) female Ⓒ (↔ male); (生物学的に女性全体を指して) the female sex; (男性全体に対して, 女性全体を指して多少堅苦しく言うとき) womankind Ⓤ (↔ mankind); (女であること) womanhood Ⓤ (↔ manhood); 〖文法〗 the feminine gender (↔ the masculine gender).
━ 形 (女性の) female ★ 生物学的な感じの客観的な語; (女性的な・女のような・めめしい) womanish (↔ mannish); (女らしい・女性にふさわしい・優しい) womanly (↔ manly); (女性の特徴を備えた) feminine (↔ masculine). 《☞ おんな (類義語); ふじん[1]; じょし[1]》.

¶「あの*女性はだれですか」「私の近所の人です」 "Who is that ⌈*woman* [*lady*]?" "She is my neighbor." 語法 若い女性なら girl ということもある. ∥ 女王はまた一人の*女性でもあるのだ The queen is also a *woman*. ∥ 彼は美しい*女性と恋に落ちた He fell in love with a beautiful ⌈*woman* [*girl*]. ∥ 「その人は*女性ですか, 男性ですか」「*女性です」 "Is that person ⌈a male or a *female* [a man or a *woman*]?" "It's a ⌈*female* [*woman*]." ∥ あの男は*女性的なところがある (⇒ 女性的な男だ) He is ⌈a *womanish* [an *effeminate*] man. ∥ 彼女は本当に*女性らしい*女性だ She is truly a *womanly woman*. ∥ それは*女性的な表現だ That's a *feminine* expression.

女性ドライバー woman driver Ⓒ **女性ホルモン** female sex hormone Ⓤ.

じょせい[2] 助成 ━ 動 (援助する) support ㊍ ★ 研究・企業などかなり広い意味に用いられる; (財政上の責任を持つ) sponsor ㊍; (企業を援助する) subsidize ㊍. 《☞ えんじょ》.

¶この研究は文部省が*助成している This research *is* ⌈*supported* [*sponsored*] by the Ministry of Education. ∥ その会社は政府の*助成を受けることになった The company is to *be subsidized* by the government. / (⇒ 助成金を受けることになっている) The company is to be granted a government *subsidy*. 語法 以上 2 つは経営不振などで援助を受ける場合とか, 特別の目的で援助を受ける場合などに言う. ∥ 彼の仕事は政府の特別*助成によって完成した He has completed his work ⌈with [through; under] a special government ⌈*grant* [*support*].

助成金 (公的な機関の援助金) grant Ⓤ ★ しばしば a grant の形をとる; (企業に対する政府の援助金) subsidy Ⓒ.

じょせい[3] 女声 woman's [female] voice Ⓒ.
女声合唱 female chorus Ⓒ.

しょせいじゅつ 処世術 ¶彼は*処世術がうまい (⇒ 世の中[人生]を生きてゆく方法を知っている) He knows *how to get* ⌈*along* [*on*] in life. ∥ 私は*処世術が下手で困る (⇒ 成功するのが下手なのが問題だ) The trouble is that I'm not good at *succeeding* in life. 《☞ よわたり》

【参考語】━ 動 (成功を手に入れる) gain [win] success. ━ 名 (人生の成功のひけつ) a secret of success in life; (世俗的な知恵) worldly wisdom Ⓤ.

じょせいと 女生徒 girl student Ⓒ (↔ boy student); (男女共学の大学の女子学生) 《口語》 co-ed Ⓒ. 《☞ じょし[1]》.

しょせき 書籍 book Ⓒ 《☞ ほん》. ¶*書籍売り場 a *book* department ★ デパートなどの本の売り場をいう. / 《掲示》 *Books*.

じょせき 除籍 ━ 動 remove [cross out; cross off] *a person's* name from ... ★ cross ⌈out [off] は口語的で, 日本語の「除籍」のニュアンスには remove のほうが近い. ¶その学生は授業料の未納で*除籍になった *The name* of the student *was* ⌈*removed* [*crossed out*] *from* the school register because he did not pay the school fees.

じょせつ 除雪 ━ 動 remove the snow.
除雪車 snowplow (《英》 snowplough) Ⓒ.

しょせん 所詮 (結局) after all; (最後には) in the end. 《☞ けっきょく; どうせ》.

¶どんなに隠したって*所詮は (⇒ 結局は) 見つかるさ However hard you may try to hide it, you will be found out ⌈*after all* [*in the end*]. ∥ 彼は*所詮助からないだろう (⇒ 彼が回復する希望はないと思う) I'm afraid there is no hope ⌈of [for] his recovery. ∥ それは*所詮はかない夢さ (⇒ 私の夢が実現されないことはよく知っている) I know very well that my dream will never ⌈be realized [come true].

しょぞう 所蔵 ━ 動 (...のものである) belong to ...; (...の財産の 1 つである) be in the property of ...; (美術品などが...のコレクションの 1

つである) be in *a person's* collection. 《☞ しょゆう》. ¶この絵は山田氏*所蔵のものである This picture ˹*belongs to* [*is the property of*] Mr. Yamada. / This picture *is in* Mr. Yamada's *collection.*

じょそう[1] 助走 (走り幅跳びの) approach (run) Ⓒ. **助走路** runway Ⓒ.

じょそう[2] 女装 ―[動] disguise *oneself* as a woman; (女の洋服を着る) put on female dress.

じょそう[3] 除草 ―[名] weeding Ⓤ. ―[動] weed (他) (自). 《☞ くさとり》. **除草剤** weed killer Ⓒ, herbicide Ⓒ ★ 後者のほうが正式名.

しょぞく 所属 ―[動] (…に属する; …の所有[領有]である) belong to …; (配属されている; …の一部として付けられている) be attached to … 《☞ ぞくする; ふぞく》.

¶彼はそのテニスクラブに*所属している He *belongs to* the tennis club. / (⇒ 彼はそのテニスクラブの一員だ) He is *a member of* the tennis club. // その実験所はこの大学の*所属だ The laboratory *is attached to* this university. // 君の新しい*所属は決まったかい *Have* you *been assigned to* a new post?

しょたい[1] 所帯, 世帯 (雇い人まで含めた家族全体の人々) household Ⓒ; (家族) family Ⓒ [語法] 集合的に扱い, 家族の個々のメンバーについていうときには複数動詞で呼応する; (家庭) home Ⓒ.

【類義語】社会生活の単位としての家族という意味では *household* も *family* もほぼ同意で用いられることもあるが, 1つの建物 (house) に住んでいる人すべて, すなわち必ずしも血縁関係のある者とは限らず, 寄宿人や雇い人なども含めて家の住人すべてを指すのが ***household***. それに対して夫婦とその子供を中心として祖父母・孫など, 血縁者の集まりを ***family*** という. また人が定住の場所として住んでいるところは ***home*** という. 《☞ かぞく; いえ; かてい[1]》

¶この集落の*所帯数は150である The number of *households* in this part of the village is 150. // 彼は間もなく*所帯を持ちます (⇒ 結婚します) He is going to *get married* pretty soon. / (⇒ 新しい家庭を持つ) He is going to make a new *home* pretty soon. // 彼のところは大[小]*所帯だ He has a ˹large [small] *family.* // 彼女はこのごろ*所帯じみてきた She *is domesticated* these days. // 彼は*所帯持ちだ He has a *family.*

世帯道具 household goods ★ 複数形で. **世帯主** householder Ⓒ.

しょたい[2] 書体 handwriting Ⓤ.

しょだい 初代 ―[形] the first. ¶ジョージ ワシントンはアメリカの*初代大統領である George Washington was *the first* president of the United States.

しょたいめん 初対面 ¶「彼女をごぞんじですか」「いいえ, *初対面です (⇒ 会ったことがない)」"Have you met her?" "No, I*'ve never met* her." // 彼とはそのとき*初対面でした I *met* him *for the first time.* / (⇒ 初めて紹介された) I *was introduced* to him *for the first time.*

しょだな 書棚 bookshelf Ⓒ 《複 -shelves》.

しょだん 初段 the first grade 《☞ だん[1]》.

しょち 処置 ―[動] (取り扱う) deal with …; (決着をつける) settle (他); (解決する) solve (他), work out (他) ★ 後者のほうが口語的; (対策をとる) take ˹measures [steps] against …; (やっかい払いする) dispose of …; (始末をつける) get rid of … ★ 口語的; (治療する) treat (他). ―[名] (処置・手段) measure Ⓒ ★ しばしば複数形で; (段階的に続く1つの処置) step Ⓒ; (解決) settlement Ⓤ, solution Ⓤ; (処分してしまうこと) disposal Ⓤ; (治療) treatment Ⓤ. 《☞ しょり; しょぐう; そち》.

¶「この問題をどう*処置しましょうか」「君にまかせるよ. 適当に*処置してくれたまえ (⇒ 好きな方法で解決して下さい)」"What shall I *do* ˹*with* [*about*] this ˹problem [matter]?" "I'll leave it to you. Please ˹*settle* it [*work* it *out*; *take care of* it] as you like." // そのような違反者には警察は強硬な*処置をとる The police will *take* strong *measures against* such offenders. // もう*処置なしです (⇒ どうしてよいかわからない) I don't know what to *do with* it. / (⇒ まったく途方に暮れる) I'*m* quite *at a loss.* // 「この虫歯は*処置してありますか」「いいえ, 未*処置です」"*Has* this decayed tooth *been treated?*" "No, ˹it's *not* [it *hasn't*] *been treated* yet."

しょちゅう 暑中 ¶*暑中お見舞い申し上げます (⇒ この夏はいかがお過ごしですか) How are you ˹doing [getting along] this summer? **暑中見舞い(状)** letter of summer solicitations Ⓒ [参考] 英米には暑中見舞いをする習慣はない.

しょちょう[1] 署長 head Ⓒ, chief Ⓒ ★ 前者のほうがより一般的. 《☞ ちょう[3] (類義語)》. ¶警察*署長 the ˹*head* [*chief*] of a police station // 消防*署長 《米》 the *head* of the fire department / 《英》 the *head* of the fire brigade / 《米》 a fire *marshall*

しょちょう[2] 所長 head Ⓒ, chief Ⓒ ★ 前者のほうが普通; (ある団体・研究所・組織的事業体などの長) director Ⓒ. 《☞ ちょう[3] (類義語)》. ¶英語教育研究所*所長 the *director* of the English Language Education Institute

しょちょう[3] 初潮 menarche [minάəki:] Ⓤ.

じょちょう 助長 ―[動] (主としてよいことを促進する) promote (他); (強める) strengthen (他); (発展させる) develop (他); (助けて大きくする) foster (他); (助けて…させる) encourage (他). 《☞ そくしん; ぞうしん》.

¶文化交流は国際的友好関係を*助長する Cultural exchange will *promote* international friendship. // それはヨーロッパ諸国に保護貿易の傾向を*助長させることになるであろう It will ˹*strengthen* [*develop*] the protectionistic tendency among the European countries. // それは大衆の不満を*助長することになる That will *foster* discontent among the general public.

しょっかいせい 職階制 (地位の階層体系) hierarchy of position Ⓒ.

しょっかく[1] 触角 antenna [ænténə] Ⓒ《複 antennae [-téniː]》《☞ こんちゅう (挿絵)》.

しょっかく[2] 触覚 the sense of touch ★ 単に the touch ともいう.

しょっき 食器 (総称) tableware Ⓤ; the dishes ★ 後片付けや, 洗う対象になる食器類をまとめて指す. ¶ 私は*食器は自分で選ぶ I choose my own *tableware.* // *食器を洗って下さい Please wash *the dishes.* **食器棚** cupboard [kʌ́bərd] Ⓒ《☞ 台所・家事 (囲み)》.

ジョッキ (ビールの) beer mug Ⓒ《☞ グラス (挿絵)》.

ショック shock Ⓒ ★ 病理上のショックは Ⓤ. 《☞ しょうげき》.
¶ その知らせは*ショックだった The news was a *shock* to me. / The news came to me as a *shock.* / (⇒ その知らせを聞いてショックを受けた) I *was shocked* ┌to hear [at; by] the news. // 彼の死は我々にはたいへんな*ショックだった His death was a great *shock* to us. / (⇒ 彼の死は我々に大きなショックを与えた) His death gave us a great *shock.* // 彼は注射の*ショックで死んだ He died of *shock* from injection.
ショック死 death from shock Ⓤ.

しょっけん[1] 職権 (権力) power Ⓤ; (公の権能) authority Ⓤ. 《☞ けんげん》.
¶ このような場合には警察は*職権を行使できない The police cannot exercise ┌*power* [*authority*] on such occasions. // 彼は検査をする*職権を与えられている He has been given ┌the *power* [*right*] of inspection. // このような人物を議長は*職権で退場させることができる On his own *authority* the chairman can order such a person to leave. // あなたがそのような決定をすると*職権濫用になるだろう If you make such a decision, it will be an abuse of *authority.* / (⇒ あなたの権限を越えている) Such a decision ┌is beyond [exceeds] your *power.*

しょっけん[2] 食券 meal ticket Ⓒ.

しょっこう 燭光 〖光学〗 candle Ⓒ ★ 正式には「カンデラ (candela)」《略 cd》が用いられる.

しょっちゅう (常に) always; (年がら年中) all the time. 《☞ しきりに; 頻度を表す副詞 (囲み)》.

しょっぱい (塩からい味の) salty《☞ 味 (囲み); からい》.

しょてい 所定 —形 (指定された) appointed; (定まった) fixed; (指示などに規定された) prescribed. 《☞ きてい[1]》.
¶ 3月3日に*所定の場所に集合のこと You are requested to come to the *appointed* place on March 3. // その会合は予定どおり*所定の日に開かれる The meeting will be held on the ┌*fixed* [*scheduled*] date. // 申し込みは*所定の用紙を使うこと An application must be made in ┌a [the] *prescribed* form. // *所定の (⇒ 要求された) 単位を修得した者は卒業できる A person can graduate when he has received the *required* credits.

じょてい 女帝 empress Ⓒ.

しょてん 書店 《米》 bookstore Ⓒ, 《英》 bookshop Ⓒ. 《☞ ほんや; 店の呼び名 (囲み)》.
¶ この本は神田の*書店で買った I bought this book at a *bookstore* in Kanda.

しょとう[1] 初等 —形 elementary, primary. 《☞ しょきゅう; にゅうもん; しょほ》. ¶ *初等教育 *elementary* [*primary*] education // *初等数学 *elementary* mathematics 語法 学科に付けるときは elementary が普通.

しょとう[2] 初冬 early winter Ⓒ; (冬の始め) the beginning of winter. 《☞ ふゆ》.

しょどう 書道 (毛筆による) calligraphy Ⓤ 《☞ しょ》.

じょどうし 助動詞 〖文法〗 auxiliary verb Ⓒ.

しょとく 所得 (収入) income Ⓒ; (稼ぎ高) earnings ★ 複数形で. 《☞ しゅうにゅう》.
¶「彼の*所得はどのくらいだろうか (⇒ 彼はどのくらいの収入を得ているか)」「月に20万円ぐらいだろう」"How much [What] is his *income*? / How much does he ┌*make* [*earn*]?" "I guess he ┌makes [gets; earns] about 200,000 yen ┌per [a] month." // 彼は年間1千万円の*所得がある He has ┌a yearly [an annual] *income* of 10,000,000 yen. // その人は不動産業をしてかなりの*所得を得ている The man draws a considerable *income* from the real estate business. // 実質*所得 a real *income* // 勤労[不労]*所得 earned [unearned] *income* // 高額[低額]*所得者 a person in the ┌upper [lower] *income* bracket // *所得2千万円から3千万円の人 a person in the *income* bracket between 20,000,000 yen and 30,000,000 yen // 年間総*所得 gross annual *income*
所得税 income tax Ⓒ **所得税確定申告** final income tax return Ⓒ **所得水準** (一国の国民全体の標準) standard of income Ⓤ, income standard Ⓤ; (社会の中でその高低を問題とする場合) income level Ⓤ.

しょなのか 初七日 the seventh day after *a person's* death 参考 死後7日目を特別の日とする習慣は英米にはないので, 英米人に理解してもらうためにはさらに説明が必要.

しょにち 初日 the ┌first [opening] day.

しょにんきゅう 初任給 starting ┌pay [salary] Ⓒ ★ pay のほうがより口語的. 《☞ きゅうりょう[1] (類義語)》.
¶ 僕は*初任給は15万円だった (⇒ 僕は15万の給料でスタートした) I *started with a* ┌*salary* [*pay level*] *of* 150,000 yen. // 今年は大卒の*初任給は16万円だそうだ I hear that *the starting* ┌*pay* [*salary*] *for* a college graduate is 160,000 yen this year.

じょのくち 序の口 (始め) beginning Ⓒ. start Ⓒ, opening Ⓒ; (第一段階) the ┌first [initial] stage; (最初の動き) the first move.
¶ これはまだ*序の口だ (⇒ ほんの始まりに過ぎない) This is only *the beginning.*

しょばつ 処罰 —名 (処罰すること・されること) punishment Ⓤ; (与えられる罰, 特に罰金) penalty Ⓒ. —動 punish ㊀. 《☞ ばつ[1]》.
¶ 彼は重い*処罰を受けた He *received* severe *punishment.* / He *was punished* severely.

// このような行為は*処罰に値する Such conduct deserves *punishment.* // その犯罪には最大限の*処罰を与えるべきだ The heaviest *punishment* should be inflicted for that crime. // あなたは*処罰は免れないだろう You can't escape *punishment.* // 酔っ払い運転の*処罰はもっと厳しくすべきだ The *penalty* for drunken driving should be made much heavier.

しょはん 初版 first edition Ⓒ; (初刷) first impression Ⓒ.

じょばん 序盤 the opening (of the game).

しょひょう 書評 book review Ⓒ 《☞ ひひょう》.

しょぶん 処分 ━動 (処理する) do with … ★ 疑問詞 what とともに用いることが多い; (捨てる) throw away ㊉; (始末をつける) dispose of …; (いやなものを取り除く) get rid of … ★ 口語的; (売る) sell ㊉; (殺す) kill ㊉; (自由にできる) be at *one's* disposal ★ 処分・使用されるものを主語として; (処罰する) punish ㊉. 《☞ しまつ; しょり》.

¶「この古本をどう*処分したらよいだろうか」「*処分しない (⇒ 捨てない) ほうがいいよ」 "What ⌈shall [will] I *do with* these old books?" "You'd better not *throw* them *away.*" // この空箱の*処分に困っている (⇒ どのようにして始末したらよいか) I don't know how I can ⌈*dispose of* [*get rid of*] these empty boxes. // 彼はさっさと家を*処分して (⇒ 売って) しまった Soon after that he *sold* his house. // この金は私が自由に*処分できます (⇒ 私はこの金を好きなように使える) I can *spend* this money as I like. / (⇒ この金は私の思いのままになる) This amount of money is *at my disposal.* // その学生はカンニングで*処分された (⇒ 罰せられた) The student *was punished for* cheating.

じょぶん 序文 (端書き) preface [préfis] Ⓒ; (端書きよりも簡単な前置き) foreword Ⓒ. 《☞ はしがき》. ¶ ブラウン博士が私の本に*序文を書いて下さった Dr. Brown wrote a *preface* to my book.

しょほ 初歩 ━形 (初等の) elementary (↔ advanced); (初心者の) beginners'. ━名 (第一歩) the first step; (あるものの始め) the ABC('s) of … 《☞ しょきゅう; にゅうもん》.

¶ *初歩の英会話 *elementary* English conversation / (⇒ 第一歩) *the* [*a*] *first step to* English conversation / (⇒ 初歩の人の英会話) *beginners'* English conversation // 私は英語をもう一度*初歩から (⇒ ABC から[まったくの始めから]) やり直したい I want to study English from *the* ⌈*ABC('s)* [*very beginning*] again.

しょほう 処方 ━名 prescription Ⓒ. ━動 prescribe ㊉.

¶ 医者が私の病気に対して薬の*処方を書いてくれた <S(人)+V(*prescribe*)+O(薬)+*for*+名(病気)> The doctor *prescribed* medicine *for* my disease. / The doctor wrote out a *prescription* (of medicine) for my disease. // その薬剤師は医者の*処方どおりに薬を調合した The ⌈pharmacist [druggist] filled the doctor's *prescription.*

処方箋 prescription Ⓒ.

しょぼしょぼ ¶ 彼は目を*しょぼしょぼさせていた His eyes *looked bleary.* // 彼は眠そうに目を*しょぼしょぼさせてやってきた He came to me *with* ⌈*sleepy* [*bleary*] *eyes.*

【参考語】━形 (目が疲れなどでかすんだ) bleary; (眠そうな) sleepy.

じょまく 除幕 ━動 (銅像や碑などの幕をあける) unveil ㊉. ¶ *除幕式 an *unveiling* ceremony // その銅像の*除幕式が昨日行われた (⇒ その銅像は昨日幕をあけられた) The bronze statue *was unveiled* yesterday.

しょみん 庶民 (普通の人々) people Ⓤ ★ 複数扱い. 最も一般的な言葉; (どこにでもいる普通の人) man on the street Ⓒ ★ 専門家・聖職者などと区別する意味を含む; (普通の市民) ordinary citizen Ⓒ; (平民) common people Ⓤ ★ 複数扱い; (1人1人の場合) commoner Ⓒ 語法 以上2つは「皇族・貴族」に対していう言葉で, そのような区別のある外国人についてのみ用いる. 《☞ たいしゅう[1]》.

¶ 我々は*庶民の意見も聞く必要がある We must listen to the opinion of the *man on the street.* // それが*庶民の声である (⇒ 一般大衆の意見である) That is the opinion of *the general public.* / (⇒ それが民衆の声だ) That is a *popular voice.* // アメリカ人は*庶民的な国民である (⇒ 階級意識がない) Americans are *not class-conscious.* // 今度の社長は*庶民的な人だ (⇒ 民主的な人だ) The new president is a *democratic-minded* person. // 車はいまや*庶民の足 (⇒ すべての階級の人々の交通手段) となった Cars have become the means of transportation ⌈of [for] *all classes of people.* // このような高い食べ物はなかなか*庶民の食卓には上らない (⇒ このような高い食べ物を普通の市民は食べられない) *Ordinary citizens* cannot eat such high-priced food.

しょむ 庶務 general affairs ★ 複数形で.

庶務課 the section of general affairs, general affairs section.

しょめい[1] 署名 ━名 signature [sígnətʃə] Ⓒ; autograph [ɔ́:təgræf] Ⓒ 語法 signature は契約・手紙などにつける署名, autograph はもっと一般的に, 著者が自分の著書にサインしたり, 俳優がファンにサインしたりするものをいう. ━動 sign ㊉㊀; (自筆で書く) autograph ㊉. 《☞ サイン[1]》.

¶ 彼はその書類に*署名した He *signed* the ⌈paper [document]. / (⇒ 署名をつけた) He *put his signature* ⌈on [to] the document. / He *signed* his name ⌈on [to] the document. 語法 on のほうが口語的. // 手紙の終わりには*署名しなくてはならない You must write ⌈your *signature* [your name in your own hand] at the end of your letters. / You must *sign* your name to your letters. 《☞ 手紙の書き方 (囲み)》 // 小切手の左すみに*署名して下さい Please *sign* in the left-hand corner of your check. // 彼はその本に自筆で

し

*署名した He *signed* his *autograph* in the book. // 私たちはこの嘆願書の*署名を集めています We are now collecting (*the*) *signatures* for this petition.

署名運動 signature-collecting campaign Ⓒ.

しょめい² 書名 the「title [name] (of a book) 《☞ アンダーライン (欄外)》.

じょめい¹ 助命 ―動 spare *a person's* life 《☞ たすける》. ¶我々は国王に彼の*助命を嘆願した We「begged [implored ; asked] the king to *spare*「*his life* [*him his life*].

じょめい² 除名 ―動 (追放する) expel ㊀. ―名 expulsion Ⓤ. 《☞ ついほう ; じょせき》. ¶彼はその党を*除名された (⇒党から追放された) He *was expelled* from the party.

しょめん 書面 (手紙) letter Ⓒ; (文書) writing Ⓤ. ¶ご返事は*書面でお願いします (⇒手紙[文書]で返事を下さい) Please reply「by *letter* [in *writing*]. // *書面で申し込んで下さい (⇒書いた申し込み書を送って下さい) Please send in a *written application*.

しょもう 所望 ―動 (欲しいと望む) want ㊀; (…が欲しい) would like … ★少し丁寧な表現; (…を求める) ask for … ¶「何をご*所望ですか」「よろしかったらネクタイを」"What *would* you *like*?" "I'd like a tie, if you don't mind." // カタログを*ご所望の場合はお送りいたします The catalogue will be sent「on [upon] *request*.

しょもつ 書物 book Ⓒ《☞ ほん》.

しょや 初夜 (結婚の) the bridal night.

じょや 除夜 New Year's Eve. **除夜の鐘** the watch-night bell 《☞ しんねん²》.

じょやく 助役 (市の) deputy mayor Ⓒ; (駅の) assistant stationmaster Ⓒ.

しょゆう 所有 ―動 (個人的な財産として持つ) own ㊀, possess ㊀ 【語法】 possess のほうがやや形式ばっており, 法律上の文などでは好まれる; (保持する) hold ㊀. ―名 (所有物) property Ⓤ; (持っていること) possession Ⓤ. 《☞ もつ¹ ; ほゆう ; しょぞう》.

¶この絵は山田氏*所有のものです (⇒この絵は山田氏によって所有されている) This picture *is owned* by Mr. Yamada. / (⇒この絵は山田氏に属する) This picture「*belongs to* [is the *property* of] Mr. Yamada. // その土地は私の*所有になっている The land is in my *possession*. // それは私の*所有物だ That's my personal *property*. // 父はその会社の株を*所有している Father「*owns* [*holds*] stock in the company.

所有格 possesive case Ⓒ《☞ 欄外》 **所有権** ownership Ⓤ **所有者** owner Ⓒ, possessor Ⓒ **所有地** *one's* land Ⓤ.

じょゆう 女優 actress Ⓒ《☞ はいゆう》.

しょよう 所要 ―形 (必要な) necessary; (要求される) required. 《☞ ひつよう》. ¶*所要の条件は次のとおりです The「*necessary* [*required*] conditions are as follows. // そこまでの*所要時間は歩いて約20分です (⇒そこまで歩くのに約20分かかる) It *takes* about 20 minutes to walk there.

しょり 処理 ―動 (扱う) handle ㊀, deal with … 【語法】 前者は操作することに, 後者は処理することに重点がある; (なんとかうまく始末する) manage ㊀; (処分する・片をつける) dispose of … ★やや形式ばった表現. ―名 management Ⓤ; disposal Ⓤ. 《☞ あつかう ; しょぶん ; しまつ》.

¶私にはこの問題は*処理できない I cannot「*handle* [*deal with*; *manage*] this problem. // なんとかうまく*処理しましょう I'll *manage* it somehow. // 彼は手際よく事務を*処理した (⇒行った) He *conducted* business efficiently. // ごみの*処理は大都会では大きな問題だ Garbage *disposal* is a big problem in large cities.

じょりゅう 女流 ―形 (女の) woman, female, lady 【語法】 woman が最も普通. 性別を客観的に表すときは female を, 口語では lady を用いる. なお, 英語では, 特に女性であることを強調するとき以外は woman などの形容詞を付けないのが普通. 《☞ おんな ; じょせい¹》.

¶*女流作家 a *woman* writer / an *authoress* ★女性でも author を用いるのが普通. // *女流飛行家 a「*woman* [*female*; *lady*] aviator

じょりょく 助力 ―名 help Ⓤ; (しばしば公的な援助) aid Ⓤ; (補助的な立場の) assistance Ⓤ. ―動 help ㊀; aid ㊀; assist

---

所有格 (possessive case) 日本語の「…の」に相当する働きをする. ただし, 所有格といっても所有だけでなく, 種々の文法関係を表す.

(1) 所有格の作り方.

(i) 単数名詞の場合.

発音では [-s] [-z] [-iz], 書く場合には -'s を語尾に付ける. 発音の区別は複数形の場合と同じ: son → son's, nurse → nurse's, student → student's

(ii) 複数名詞の場合.

(a) 語尾が -s で終わるものは (') だけを付ける: girls → girls', wives → wives'

(b) 語尾が -s 以外のものは 's を付ける: children → children's, mice → mice's

(iii) 合成語の場合.

最後の語に 's を付ける: my brother-in-*law's* house

(iv) 名詞+and+名詞の場合.

共同所有のときは最後の語だけ, 別個のときは各語の語尾に 's を付ける.

¶トムとメアリーの本 Tom and *Mary's* book《共同所有》// トムの本とメアリーの本 *Tom's* and *Mary's* books《個別所有》

(v) 人称代名詞の所有格: I → my, we → our, you → your, he → his, she → her, it → its, they → their

(vi) 疑問代名詞および関係代名詞の所有格: who → whose

(vii) 不定代名詞の所有格: another → another's, one → one's, somebody → some body's, other → other's《単数》, others'《複数》

(viii) 代名詞の独立所有格 (「…のもの」の意味を表す): mine, yours, his, hers, ours, theirs ★it にはない.

(2) 所有格の用法.

原則として生物, 特に人間を表す名詞に限られるが, 無生物でも次のような場合に用いられる.

(i) 擬人化された名詞.

¶運命の微笑 *Fortune's* smile // 自然の法則

他. ((☞ えんじょ; たすける (類義語))).
¶私は彼の仕事の*助力をした I ⌈*helped* [*aided*; *assisted*] him ⌈with [in] his work. // 私はあなたの*助力がいる I need your ⌈*help* [*assistance*]. // この仕事は田中氏の*助力により完成した This work was completed with the ⌈*help* [*aid*] of Mr. Tanaka.

しょるい 書類 (書かれたり印刷されたりした書類一般) papers ★ 通例複数形で; (証拠とできるような正式な文書) document Ⓒ ★ 多少堅苦しい言い方. ((☞ ぶんしょ)).
¶これは重要*書類だ These are important ⌈*papers* [*documents*]. // 秘密*書類 secret ⌈*papers* [*documents*] // 警察は事務所に踏み込んで証拠*書類を押収した The police raided the office and seized (the) ⌈*papers* [*documents*] connected with the case.
書類かばん briefcase Ⓒ ((☞ かばん (挿絵))) **書類整理箱** filing cabinet Ⓒ **書類送検** —動 send the papers pertaining to a case to the public prosecutor's office **書類ばさみ** folder Ⓒ.

じょれつ 序列 —名 (地位) rank Ⓤ; (格付け) ranking Ⓤ. —動 (地位を占める) rank 自. ((☞ じゅんい; じゅんじょ; ちい)). ¶彼は職場の*序列では上の方だ He *ranks* rather high in his office. // 日本は年功*序列の社会だ The *seniority system* is prevalent in Japan.

しょろう 初老 —形 (中年の) middle-aged; (年輩の) elderly ★ old よりも丁寧な語.

じょろん 序論 introduction Ⓒ.

しょんぼり ¶彼は*しょんぼりと (⇒ がっかりした様子で) 立って[座って]いた He was ⌈standing [sitting] *with a crestfallen look*. // 彼女はひとりで*しょんぼりと (⇒ 打ち沈んで) 帰ってきた She came home alone ⌈*in low spirits* [*out of spirits*]. // 彼は*しょんぼりした (⇒ 寂しそうな) 様子だった He looked *lonely*. ((☞ しょげる; 擬声・擬態語 (囲み)))

じらい 地雷 (land) mine Ⓒ.

しらうお 白魚 whitebait Ⓤ.

しらが 白髪 (しらがまじりの髪) gray hair Ⓤ; (銀[白]髪) silver [white] hair Ⓤ 語法 white hair は若い人の場合もあり, 必ずしも老人の白髪ばかりを意味しない. ((☞ かみ³; け)).
¶彼の頭は*しらがまじりだ His *hair* is *gray*. // 彼の髪は*しらがになった His hair turned ⌈*gray* [*white*; *silver*]. / He got *gray-haired*. // 私はあの*しらがの紳士を知っている I know that ⌈*gray*- [*silver*-] *haired* gentleman.
しらが染め hair dye Ⓒ.

しらかば 白樺 white birch Ⓒ.

しらき 白木 (塗料を塗らない白地のままの木) plain wood Ⓤ.

しらける 白ける (興がさめる) be chilled; (台無しになる) be spoiled. ((☞ きょうざめ)). ¶彼の発言で一座の(楽しい)空気が*白けた (⇒ 彼の発言は一座の楽しい雰囲気をさました[台無しにした]) His words ⌈*chilled* [*spoiled*] the pleasant atmosphere of the company. / The pleasant atmosphere of the company *was* ⌈*chilled* [*spoiled*] *by* his words.

しらじらしい 白白しい ¶彼は*白々しい (⇒ 見えすいた) うそをついた He told a *transparent* lie. // 私は彼の*白々しい (⇒ うわべだけの) おせじが嫌いだ I don't like his *hollow* compliments. ((☞ うわべ; みえすいた))

じらす 焦らす (からかってじらす) tease 他; (未決定のままにしておく) keep *a person* ⌈hanging [in the air]. ((☞ じれる)). ¶小さい子供を*じらすのはよくない It is not good to *tease* little children. // 私を*じらさないでくれ Don't *keep* me ⌈*hanging* [*in the air*]. / (⇒ 私を我慢できない状態にしないでくれ) Don't make me *impatient*.

しらずしらず 知らず知らず ¶私は*しらずしらず (⇒ 気が付かずに) 眠ってしまった I fell asleep *without being aware of it*. // 我々は*しらずしらず誤りを犯すことがある (⇒ 気付かずに[無意識に]) We sometimes make mistakes ⌈*unawares* [*unconsciously*]. / (⇒ 私たちはときどき自分の誤りに気付かない) We *are* sometimes *unconscious of* our mistakes. // 彼は*しらずしらず彼女と恋に落ちていた He fell in love with her *without knowing it*. ((☞ むいしき))

しらせ 知らせ (ニュース) news Ⓤ; (情報) information Ⓤ; (言葉による知らせ) word ★ 通例単数形無冠詞で; (報告) report Ⓒ.

Nature's law // 日本の発展 *Japan's* development
(ii) 日・時間・距離・価値・重量などを表す語.
¶きょうの新聞 *today's* paper // 2週間の休暇 a two *weeks'* vacation // 10ドルの借金 ten *dollars'* debt // 5ポンドの重さ five *pounds'* weight 語法 以上の場合はいずれも修飾関係にあり, 所有の意味はない.
(iii) 慣用句.
¶途方に暮れて at one's ⌈*wit's* [*wits'*] end // お願いだから for ⌈*heaven's* [*mercy's*] sake // 心ゆくまで to one's *heart's* content
参考 新聞・雑誌などでは表現を簡潔にするために, 無生物を表す名詞の所有格が広く用いられる傾向にある. ((例) スピードの世界記録 the *world's* speed record // 劇の演出家 the *play's* director // 都市の騒音 the *city's* noise)
(3) 所有格の意味.
(i) 所有を表す.
¶父のパイプ my *father's* pipe // 彼の妹の人形 his *sister's* doll
(ii) 作者・発明者などを表す.
¶トルストイの小説 *Tolstoy's* novels // ニュートンの法則 *Newton's* law
(iii) 用途・目的・種類などを示す.
¶婦人用の靴 *ladies'* shoes // 女子の高等学校 a *girls'* high school // 運転免許 a *driver's* license
(iv) 意味上の主語の関係を示す.
¶父の成功 my *father's* success (＝父が成功すること) // 医者の到着 the *doctor's* arrival (＝医者が到着すること)
(v) 意味上の目的語の関係を示す.
¶少年の救助 the *boy's* rescue (＝少年を救助すること) // 歌手の後援会 the *singer's* supporters (＝歌手を後援する人たち)
(vi) 同格を表す.
¶人生の旅 *life's* journey (＝人生という旅) ★ この関係は決まった言い方に限られる.

《☞ ニュース；つうち》.
¶我々はよい[悪い]*知らせを受け取った We received「good [bad] *news*. [語法] news を1つ2つと数えるときは a piece [two pieces] of「good [bad] *news* のように言う. ∥ その*知らせはまだ聞いていない We have not「heard [received] the *news* yet. / (⇒その知らせはまだ我々のところに到着していない) The *news* has not reached us (as) yet. ∥ お*知らせをいただきありがとうございました Thank you for your *information*. ∥ これは役に立つ*知らせだ This is *a* useful *piece of information*. ∥ いままでのところ郷里からは何の*知らせもない So far I have received no *word* from home. ∥ 彼の死去の*知らせを聞いてびっくりした We were surprised at the *report* of his death. ∥ 虫の*知らせて彼女にきょう会えそう[もう会えないよう]な気がする I have a *hunch* I「can see her today [will never (be able to) see her again]. [語法] hunch は「予感」という口語. 形式ばっては premonition という.

しらせる 知らせる (告げる・言う・話す) tell (他)《過去・過分 told》★二重目的語をとる; (何かの手段で知らせる) let *a person* know ...; (情報を与える) inform (*a person* of ...); (通告する) notify (他), give [serve] notice「of [that] ... ★形式ばった表現. 《☞ つたえる；つげる；つうち》.
¶彼はその件について私に*知らせてくれた (⇒話してくれた) He *told* me *about* that. / (⇒情報をくれた) He *gave me information on* that matter. / <S(人)+V(*inform*)+O(人)+*of*+名(事柄)> He *informed* me *of* that matter.
それについては後でお*知らせします I'll *let you know* about it later. 《☞ 使役(囲み)》
そのニュースはだれにも*知らせないで下さい Pleaes don't *tell* the news *to* anybody.
彼女はあなたが病気だと*知らせてくれた She *told* me that you were sick in bed.
いつお着きになるかお*知らせ下さい Please *tell* me when you will arrive. / Please *let me know* when you will arrive.
我々は工場が間もなく閉鎖されると*知らされた <S(人)+V (*inform*)+O (人)+O (*that* 節) の受身> We *were informed that* the factory would be closed soon.
品物が到着したらお*知らせします <S(人)+V (*notify*)+O(人)+*of*+名(事柄)> We「shall [will] *notify you of* the arrival of the goods. ★公式な通知の場合.
もし退職しようと思うなら, 1か月前に雇い主に*知らせなくてはならない If you want to quit the job, you must *give*「one [a] month's *notice* to your employer.

しらなみ 白波 (波頭が白い波) white-crested waves; (泡立つ波) foaming [frothy] waves ★いずれも複数形で. 《☞ なみ¹》.

しらは 白羽 **白羽の矢を立てる** (特に1人だけ選び出す) single out (他). ¶後継者として彼に*白羽の矢が立った (⇒彼が後継者として選ばれた) He *was singled out* as the successor.

しらばくれる (知らないふりをする) pretend「not to know [to be ignorant]; (無実のようなふりをする) play innocent; (とぼける) play dumb. 《☞ とぼける》.
¶彼は*しらばくれて, どうしてもそれを知らないと言い張った (⇒彼は知らないふりをして, 知っていることを認めようとしなかった) He *pretended not to know it* and would not admit that he knew it. ∥ *しらばくれるな (⇒無実のふりをするな) Don't *play innocent*. / (⇒とぼけるな) Don't *play dumb*.

しらふ 素面 ―[形] sober; (酔っていない) not drunk. ―[名] (しらふであること) sobriety [U].
¶きょうは*しらふですよ I'm *sober* today. / I'm *not drunk* today.

しらべ¹ 調べ (綿密な検査) examination [U]; (公式な検査) inspection [U]; (調査・捜査) investigation [U]; (尋問) questioning [U]; (問い合わせて調べること) inquiry [U]. 《☞ とりしらべ；ちょうさ；けんさ》.
¶税関の*調べは厳しかった The customs *inspection* was rigid. ∥ 警察の*調べでは殺人犯人は女性らしい According to the police *investigation* the murderer may be a woman. ∥ その事件[人]はいま警察の*調べを受けている The「case [man] is now undergoing the police *investigation*. / The「case [man] *is* now *being investigated* by the police.

しらべ² 調べ (旋律) melody [C]; (節回し) tune [C] ★後者が日常的な語. 《☞ メロディー》.
¶それは妙なる*調べであった It was a sweet「*melody* [*tune*].

---

(4) 所有格の独立用法.
所有格の後に来る語が省略される場合の用法であるが, 英語では日本語と違い, 普通一度話題にのぼった名詞は同一文, または隣接した後続文では代名詞化しなくてはならないので, 独立所有格の働きは重要である.
(i) 語の重複を避けるためのもの.
¶この本は父のものです This book is my *father's*. [語法] father's の後に book が省略されている. 日本語では「この本は父の本です」とも言えるが, 英語では許されない点に注意. ∥「これはだれのペンですか」「山下君の[彼の]です」"Whose pen is this?" "It's「*Yamashita's* [*his*]." [語法] 答えのは文ではもう一度 pen を繰り返さないのが普通である. 《☞ 省略(欄外)》
(ii) 家・店・寺院・病院など, 場所や建物を表す場合の慣用的省略.
¶彼はおじさんの家に滞在している He is staying at his *uncle*'s (home). ∥ 私はそれをあそこの食料品店で買った I bought it at the *grocer's* (shop) over there. ∥ 私はきのう床屋へ行った I went to the *barber*('s) yesterday. [語法]《米》では barber または barbershop が普通. ∥ 彼は歯医者へ行った He went to the *dentist*('s). [語法]《米》では dentist が普通.
(iii) a(n), this, some, no などの付く名詞に of ... と続く場合.
¶これは父の絵です This is a picture of my *father's*. (＝父が所有している絵です) [語法] This is a picture of my father. なら「父を描いてある絵」という意味になる. ∥ それはその先生の過失ではない It is no fault of the *teacher's*. ∥ この私の時計は彼女からの贈り物です This watch of *mine* is a present from her. [語法] This my watch あるいは My this watch とは言えない.

しらべる 調べる (試験や綿密な検査をして調べる) examine ⑯; (税関・衛生関係の役所などが公式に検査する) inspect ⑯; (調査する・警察などが捜査する) investigate ⑯; (問い合わせたりして調べる) inquire into ...; (尋問する) question ⑯; (精細に調べる) scrutinize ⑯; consult ⑯ 語法 「時刻表を調べる」「辞書を調べる」の「調べる」は「伺いをたてる」ことであるから *consult* the time-table, *consult* a dictionary と言う. examine the time-table と言えば時刻表の正誤を調べていることになる. (☞ ちょうさ; けんさ).
¶それをもう少し詳しく*調べてみる必要がある We must *examine* it more closely.
それを顕微鏡で*調べてみよう Let's *examine* it with a microscope.
保健所は年に1回食堂の衛生状況を*調べる The public health department *inspects* the sanitary condition of restaurants once a year.
税関吏は私の荷物を*調べた The customs officer *inspected* my baggage.
警察は事故の原因を*調べている The police *are* ⌈*investigating* [*examining*] the cause of the accident. / The cause of the accident is now *under investigation* by the police.
我々はその件をもっと*調べてみる必要がある We must *inquire* further *into* the matter. / We must *make* (a) further *inquiry into* the matter.
彼はその偽札を拡大鏡で詳しく*調べた He *scrutinized* the counterfeit note with a magnifying glass.
私は警察に*調べられた (⇒ 尋問された) I *was questioned by* the police.

しらみ 虱 louse Ⓒ (複 lice).

しらみつぶしに 虱潰しに (一つ一つ) one by one. ¶彼はそのなくなった書類を家中*しらみつぶしに (⇒ くまなく) 探した He *combed* the house for the missing document.

しらむ 白む ¶東の空が*白んできた (⇒ 明るくなった) The eastern sky ⌈*turned bright* [*brightened*]. / (⇒ 夜が明けかかっていた) Day was breaking. (☞ よあけ)

しらをきる 白を切る ¶彼は*しらを切った (⇒ 知らないふりをした) He *pretended not to know* it. / (⇒ 無知を装った) He *pretended to be ignorant of* it. (☞ しらばくれる)

しらんかお 知らん顔 ¶彼らは他人が困っているのを見ても*知らん顔だ (⇒ 無関心だ) They *are indifferent to* the troubles of others. // 彼女は通りで会っても*知らん顔をする (⇒ 私に気がつかないふりをする) She *pretends not to* ⌈*recognize* [*notice*] me on the street. (☞ とぼける; しらばくれる; なにくわぬかお)

しり[1] 尻 **1** «人・動物の»: buttocks; hips; (動物の) rump Ⓒ; haunches ★ rump を除く以上3語は通例複数形で; 《卑語》 ass Ⓒ, 《口語》 bottom Ⓒ, 《俗語》 rear Ⓒ.
【類義語】腰掛けるとき, いすのシートに触れる部分を ***buttock*** といい, 全体を指すときは複数形になる. 人の腰と太ももの間で左右に張り出した肉付きのよい部分の1つを指すのが ***hip*** で,「腰」という日本語に当たることもある点に注意. 全体をいうときは複数形になる. 以上2つは最も一般的な語. *buttocks, hips* および, 太ももの上部の付近までを含み, 以上の言葉の中では一番広い範囲の部分を指す語は ***haunch***. 日本語の「けつ」などに当たる下品な言葉は ***ass*** で, 内容は *buttocks* と同じである. *ass* よりも多少上品で, 口語的な言葉は ***bottom*** である. これは内容的には *buttocks* とほぼ同じである. やはり *buttocks* と同じ内容で, 俗語として一部の人々に用いられる言葉に ***rear*** がある. なお *rear* は普通の意味は「後部」である. (☞ からだ (挿絵))
¶母親は罰に子供の*しりをぶった The mother beat her child on the ⌈*buttocks* [*bottom*] ⌈for [as] punishment. / The mother *spanked* her child. 語法 spank ⑯ は「罰としてしりをぶつ」という意味. // あの女はお*しりが大きい That woman has ⌈plump [wide; heavy] *hips*. / That woman is ⌈*plump*-[*wide*-; *heavy*-] *hipped*. // フラダンサーは*しり[腰]を振る Hula dancers swing their *hips*. // 彼は私にお*しり (⇒ 背中) を向けて座った He sat with his *back* toward me. // ズボンの*しりに穴があいている There's a hole in the *seat* of the ⌈trousers [pants].
2 «後方などの比喩的意味» ¶彼は女房の*しりにしかれている (⇒ 恐妻家だ) He's a *hen-pecked* husband. // 私は列の*しり (⇒ 後ろ) に並んだ I stood in the ⌈*back* [*rear*] of the line. // あの女は*しりが軽い (⇒ 浮気女だ) She is a ⌈*fast* [*wanton*] woman. // 彼は何をするにも*しりが重い (⇒ 動作がのろい) He is *slow* ⌈in [at] (doing) everything.

しり[2] 私利 ¶彼は*私利私欲のために仕事をするような人ではない (⇒ 利己的な人ではない) He is not a ⌈*self-seeking* person [*self-seeker*]. / (⇒ 個人的な動機から決して行動しない) He never acts from *selfish* motives. // 彼は*私利私欲 (⇒ 自分の利益) のためなら何でもやる He will do anything ⌈in his *self-interest* [for his *own profit*]. (☞ りこ)

しりあい 知り合い (特に親しいというほどではない知人) acquaintance Ⓒ (☞ かおみしり).
¶あの人は私の*知り合いです (⇒ 知り合いの1人です) He is an *acquaintance* of mine. // 彼は友人ではありません. 単なる*知り合いです He is not a friend, only an *acquaintance*. // 彼とはあいさつを交わす程度の*知り合いです He and I are ⌈nodding [casual] *acquaintances*. // 彼女は*知り合いが多い She has a large circle of *acquaintances*. //「ブラウンさんとはお*知り合いですか」「ええ, よく知っている仲です」 "Do you *know* Mr. Brown?" "Yes, I *know* him very well." / (⇒ ブラウンさんと会ったことがありますか) "*Have* you *met* Mr. Brown?" "Yes, we *know each other* very well." 語法 meet は「紹介されて知り合いになる」という意味.

しりあう 知り合う (つき合うようになる) get [come] to know ★口語的で一般的な言い方; (個人的に知り合いとなる) become [get] acquainted with ...; (...と知り合う) make *a person's* acquaintance; (紹介されて初対面

のあいさつを交わし正式な知人となる) meet ㊀. ¶「彼女とはどうやって*知り合いましたか」「パーティーで初めて*知り合ったんです」"How did you ˹*get* [*come*] *to know* her? / (⇒顔見知りになったか) How did you *get acquainted with* her? / How did you *make her acquaintance*? / (⇒どうやって正式に知り合ったか) How did you *meet* her?" "I first *met* her at a party."

しりあがり 尻上がり ¶普通の疑問文は*尻上がりで(⇒上がり調子で)言われる Ordinary questions are asked with a *rising intonation*. // わが国の輸出は*尻上がりに増えている(⇒増えていく傾向にある) Our exports ˹*show a tendency to increase* [(⇒次第に増加している) *are on the increase*].

じりき[1] 自力 ¶彼は穴に落ちたが*自力ではい上がった(⇒独力で) He fell into a hole, but he got out of it ˹*by himself* [(⇒助けを借りず) *without help*]. // 彼女はその仕事を*自力で(⇒ひとりで)成し遂げた She finished the work *by herself*. // 病人は*自力で回復した(⇒医者の手当なしで) The patient recovered *without medical treatment*. 《☞ どくりょく》

【参考語】 —副 (単独で) alone; (他人の援助なしで) without aid of others; (自分の手で) single-handed.

じりき[2] 地力 (本当の能力) real ability Ⓤ 《☞ じつりょく; ちから》. ¶彼は試験になると*地力を発揮する(⇒試験では本当の能力を見せる) He ˹displays [shows] his *real ability* in exams.

しりきれとんぼ 尻切れとんぼ ¶私の話は*しり切れとんぼになってしまった(⇒私は話を終わりまでまとめ上げることができなかった) I *could not finish* ˹*off* [*up*] my speech. // 仕事を*しり切れとんぼにしてはいけない(⇒何もやり残しのないようにしなさい) Don't *leave* anything *undone*.

【参考語】 —動 (仕上げる) finish ˹off [up] ㊁㊀; (未完のままにする) leave ... ˹undone [unfinished]; (言い残す) leave ... unsaid; (途中で突然やめる) stop ... abruptly. —形 (不完全な) incomplete.

しりごみ 尻込み —動 (小さくなって引き下がる) shrink (from ...) ㊁; (ためらう) hesitate ㊁; (ひるむ) recoil (from ...) ㊁; (たじろぐ) flinch (from ...) ㊁.

【類義語】「小さくなる」という意味がもとで,危険などに直面してしり込みするのは **shrink**. ぐずぐずして態度を決めかねるという意味で,ためらうのが **hesitate**. 恐ろしいことなどに出会って,はっと驚きひるむのが **recoil**. 気が弱かったり勇気がなくて引き下がるのが **flinch**. 《☞ ためらう》

¶彼は危険なことにも*しり込みしない He never ˹*shrinks* [*recoils*] *from* danger. // うちの猫は火を見ると*しり込みする Our cat ˹*shrinks* [*flinches*] *at* the sight of fire. // 彼は何事にも*しり込みしない(⇒彼は何でもためらわずに行う) He *hesitates at* nothing. / He never *hesitates in* doing anything.

じりじり **1** «少しずつ・ゆっくりと» ¶その男は私に*じりじりと近寄った The man drew *closer and closer* to me. // 彼は目標に向かって*じりじりと(⇒一歩一歩)進んでいる He is achieving his ˹aim [goal] *step by step*. 《☞ 擬声・擬態語(囲み)》

【参考語】 —副 (少しずつ) gradually; (距離を少しずつ) inch by inch; (程度が少しずつ) little by little.

2 «強く焼きこがす形容» ¶太陽が*じりじりと照りつけた(⇒太陽は焼けつくように暑かった) The sun was *scorching*. / (⇒太陽は我々の頭上に激しく照りつけていた) The sun *was beating down* on us.

【参考語】 —形 (焼きつけるような) scorching, burning; (輝く) glowing, dazzling, blazing; (太陽が熱い) strong; hot.

しりぞく 退く (後ろへ下がる) draw [pull] back ㊁; (引き下がる) withdraw ㊁; (定年などで退職する) retire ㊁. 《☞ さがる; こうたい[2]》. ¶私は1歩*退いた I ˹*took* [*made*] *a step backward*. // 彼は*退いて身構えた(⇒後ろへ下がって戦う用意をした) He ˹*drew* [*pulled*] *back* and held himself ready to fight. // 彼は1歩も*退かなかった(⇒自分の立場を主張した) He ˹*held* [*kept*] his ground. // 彼はその職を*退いた(⇒辞職した) He ˹*resigned* [*withdrew from*] his post. ★定年退職ではなく辞職した場合. // 彼は60歳で第1線から*退いた(⇒定年で退職した) He *retired* from active life at the age of 60.

しりぞける 退ける (きっぱり断る) refuse ㊀, turn down ㊀; (却下する) reject ㊀. 《☞ きょぜつ; ことわる(類義語); いっしゅう[2]》. ¶彼は彼女の要求を*退けた(⇒断った) He ˹*refused* [*turned down*] her request. // 彼の提案は委員会で*退けられた His proposal *was rejected* by the committee.

しりつ[1] 市立 —形 (市の) municipal 《☞ こうりつ[1]; しえい》. ¶*市立中学校 a *municipal* junior high school // *市立図書館 a *municipal* library

しりつ[2] 私立 —形 (私営の) private 《☞ こうりつ[1]》. ¶*私立学校 a *private* school 《☞ 学校・教育(囲み)》

じりつ 自立 —動 (自活する) support *oneself*; (自分の責任で…をする) do ... on *one's* own account; (独立する) be [become] independent (of ...). —名 independence Ⓤ. 《☞ ひとりだち; どくりつ》.

¶彼の息子はもう*自立しています His son *is* already *supporting himself*. // 彼には*自立してやってゆく自信がなかった He was not confident of *doing* anything *on his own account*. // その仕事のおかげで彼は両親から*自立できた(⇒その仕事が彼を両親から独立させた) The job made him *independent of* his parents.

じりつしんけい 自律神経 autonomic nerve (system) Ⓒ. **自律神経失調(症)** autonomic imbalance Ⓤ.

しりとり 尻取り Japanese word-chain game Ⓒ [参考] 英米には日本のしり取りに当たる子供の遊びがないので,説明的にしか言えない.

しりぬぐい 尻拭い ¶私は他人の*しり拭いはごめんだ(⇒私は他人の失敗のための報いを受けたくない) I don't like to ˹*pay for* [*take the consequence of*] *another's blunder*. / (⇒

私は他人の借金を払うのはごめんだ) I don't like to *pay another's debt.*

じりひん じり貧 ¶このままではだんだん*じり貧になってゆくだろう (⇒もしもあなたがそれについて何もしなければ, 事態はますます悪く[深刻に]なってゆくだろう) If you don't do anything about it, ⌈things [matters] will ⌈*get* [*become*] ⌈*worse and worse* [*more and more serious*]. // 食料は*じり貧になってきた (⇒だんだん少なくなっている) Our ⌈food *is* [provisions *are*] *running short.* / (⇒あまり残っていない) There is *not much food left.*

しりめ 尻目 ¶彼は人を*しり目にかけるところがある (⇒軽蔑する傾向がある) He tends to *treat others with contempt.* / (⇒しばしば人を見下す) He often *looks down on* others.

【参考語】 ―動 (軽蔑のまなざしで見る) look scornfully at ...; (ばかにする) hold *a person* in contempt; (見くびる) despise ㊚.

しりめつれつ 支離滅裂 ―形 (論理的に筋道の通っていない) incoherent; (矛盾している) inconsistent. ―名 incoherence Ⓤ; inconsistency Ⓤ. ¶彼の言うことは*支離滅裂だ (⇒一貫性がない) What he says is ⌈*incoherent* [*inconsistent*]. / (⇒ばかげたたわごとを言う) He *talks nonsense.*

しりもち 尻餅 ―動 (しりもちをつく) fall on *one's* ⌈rear end [bottom].

しりゅう 支流 tributary Ⓒ.

じりゅう 時流 (時勢の流れ) the current of the times (☞ じせい¹; じだい¹).

¶彼は*時流に乗って成功した (⇒時勢の流れ[世論の傾向]に迎合して名声を得た) He won popularity by *conforming to the current of* ⌈*the times* [*public opinion*]. // 彼は*時流に乗っている[逆らっている] He *is* ⌈*in* [*out of*] *the swim.* // あの人は*時流には染まらない (⇒現在の流行に影響されない) He is not affected by *the current fashion.* // *時流には逆らえない (⇒流れに逆らって泳げない) We cannot swim against *the* ⌈*current* [*trend*] *of the times.*

しりょ 思慮 ―名 (考え) thought Ⓤ; (考慮・熟慮) consideration Ⓤ; (慎重な用心深い考え・分別) prudence Ⓤ; (決定したり, 事を行ったりするに当たって働かす思慮分別) discretion Ⓤ. ―形 (思慮深い・思いやりのある) thoughtful; (慎重な) prudent; (事を行うに当たって決定に慎重な) discreet.

¶あの人は*思慮深い人だ (⇒慎重な人だ) He is a ⌈*prudent* [(⇒慎重に決める) *discreet*] person. / (⇒深く考える人だ) He is a *thoughtful* man. // それはあなたの*思慮分別にお任せしましょう I will leave it to your *discretion.* // そんなことを言うとはまったく彼も*思慮が浅い It's very ⌈*thoughtless* [(⇒軽率だ) *imprudent*] of him to say such a thing.

しりょう¹ 資料 (取材・調査・研究などの素材) material Ⓤ; (データ) data [déitə] ★もともと datum の複数形だが, 単複両様に用いられる; (調査結果) findings ★通例複数形で. (☞ ざいりょう; とうけい¹; データ).

¶彼は新しい本のための*資料を集めている He is ⌈collecting [gathering] *material* for his new book. // この*資料は正確ですか Are these *data* ⌈accurate [correct]? 【語法】 data は単数扱いをすることも多い. // 彼の報告は信頼できる調査*資料に基づいている His report is based on reliable *findings.*

しりょう² 飼料 (牛・馬・豚・羊などにやる干し草・とうもろこしなど) fodder Ⓤ; (特に牛や馬などのかいば) forage Ⓤ; (一般に広く家畜・家禽類のえさ) feed Ⓤ. (☞ えさ).

しりょく¹ 視力 (見る能力) sight Ⓤ, eyesight Ⓤ; (視覚) vision Ⓤ. (☞ め¹).

¶彼は*視力が弱い He has ⌈poor [weak] *eyesight.* // 彼はとうとう*視力を失った[回復した] He eventually ⌈lost [recovered] his *sight.* // 左の目の*視力が最近とみに衰えた *Vision* in my left eye has been hampered considerably these days. // 私の*視力は1.0だ I have ⌈20/20 [twenty-twenty] *vision.* 【参考】 視力の測定は英米ともにスネレン式で,《米》では20フィートの位置から視標番号20の確認できる視力を20/20と表す. 分母は視標の番号で, 分子は距離. 視標番号30の場合は20/30となる. 《英》では6メートルの位置からで6/6と表す. いずれも日本の1.0に相当する. ちなみに日本の場合は5メートルの距離で測定する.

視力検査 eyesight test Ⓒ **視力検査表** eye-test chart Ⓒ.

しりょく² 資力 (富) wealth Ⓤ; (実際に運用可能な金) means ★複数扱い; (財源・資金) resources ★複数扱い. (☞ しきん). ¶彼は*資力がある (⇒金持ちだ) He is a man of ⌈*wealth* [*means*; *resources*]. // 私には*資力がない (⇒お金をたくさん持っていない) I don't have much *money.*

しりょく³ 死力 **死力を尽くす** make desperate efforts. ¶彼は*死力を尽くして戦った (⇒死に物狂いで) He fought *desperately.* // 彼はその計画を成功させるために*死力を尽くした (⇒死に物狂いの努力をした) He *made desperate efforts* to succeed with the plan.

じりょく 磁力 〖物理〗 magnetic force Ⓤ; (磁気) magnetism Ⓤ.

しる¹ 知る **1** «情報として»: (直接に) know ㊚ (過去 knew; 過分 known); (間接に情報・様子などを) know of ...; (人に知らされて) learn of ... (☞ わかる).

¶私は彼のことならなんでも*知っている I *know* everything about him.

「彼女の住所を*知っていますか」「いいえ, *知りません」 "Do you *know* her address?" "No, I don't (*know* it)." 【語法】 "No, I don't *know.*" とはならない. 疑問文の know が他動詞の場合は返事の know にも目的語が必要.

「彼はアメリカ人ですか」「さあ, *知りませんね」 "Is he an American?" "I don't *know.*" 【語法】 「わからない」という場合の know は自動詞.

「どこかよいホテルを*知りませんか」「Yホテルはどうです」 "Do you *know of* any good hotel?" "How about Y Hotel?"

私の*知る限り彼は有能な男だ As far as I *know* he is an able man.

私はその事故のことをニュースで*知った I *learned of* the accident on the news. [語法] テレビやラジオのニュースの場合は，前置詞は on を用いる.
私は彼が死んだということを*知って驚いた I was surprised to *learn* (that) he was dead.
彼はこの町の人すべてに*知られている <S(人)＋V(*know*)＋O(人)の受身> He *is known to* everybody in this town. [語法] 前置詞は by でなく to であることに注意. 《☞ 受身 (囲み)》
彼がたいへんな資産家であることはよく*知られている It *is* generally *known* that he has a large fortune.
2 《知り合いである》: (個人的に知っている) know (他) 《☞ しりあい》.
¶ スミス氏ならよく*知っている I *know* Mr. Smith very well.
「彼を*知っていますか」「名前[顔]だけは*知っています」 "Do you *know* him?" "Yes, I *know* him only by ⌈name [face]."
彼のことは聞いて*知っているが，個人的には*知らない I *know of* him but I do not *know* him personally. [語法] know of him はうわさなどで間接的に知っていることで，know him は実際に交際して人物そのものをよく知っていること.
彼なら子供のころから*知っている (⇒ 彼と私とは子供のころから互いに知り合っている) He and I *have known* each other from childhood. 《☞ 完了形 (欄外)》
私はアメリカ滞在中に彼を*知るようになった I got to *know* him during my stay in the U.S.A.
3 《知識がある》: know (他) 《☞ こころえる; わかる》.
¶ 私はチェスのやり方を*知らない I don't *know* how to play chess.
彼はラテン語をいくらか*知っている (⇒ ラテン語の知識をいくらか持っている) He *has* some *knowledge* of Latin.
私はこの辺の土地はよく*知らない (⇒ 不案内の者だ) I'm a *stranger* here.
4 《理解する》: (わかる) know (他); (真価を認める) appreciate (他); (悟る) realize (他). 《☞ わかる; さとる》.
¶ 病気になって初めて健康のありがたさを*知る (⇒ 健康を失うまでそのありがたみがわからない) We cannot *appreciate* the blessing of health until we lose it.
彼の言葉から私は彼がその取り引きに反対であることを*知った From his remarks I ⌈*knew* [*realized*] that he was against the deal. [語法] realize は know の強調形として用いられる.
5 《発見する》: (見つけ出す) discover (他); (わからなかったこと，隠された事実などを見出す) find (out) (他) ★ out を付けると「真相を知る」という意味となる. 《☞ みつける; はっけん》.
¶ 私は 2, 3 日たって間違いをしたことを*知った (⇒発見した) A few days later I ⌈*discovered* [*found* (*out*)] that I had made a mistake.
彼の正体を*知りたいと思う I want to *find* him *out*. ★ 古めかしい言い方.
いずれ真相が*知れるでしょう Sooner or later the truth will *be* ⌈*discovered* [*found out*].
6 《気付く》: (知っている) know (他); (気がつく) be aware (of ...). 《☞ きづく》.
¶ 私は彼女がうそをついていることを*知っている I *know* she is lying.
彼は彼女がどんなに彼を愛していたか*知らなかった (⇒ 気がつかなかった) He *was* not *aware* how deeply she loved him.
*知らぬが仏 *Ignorance* is bliss. 《ことわざ: 無知は幸福》
何が起ころうと私の*知ったことではない (⇒ 私はかまわない) I don't *care* what will happen.

しる² 汁 (果物・野菜・肉などの) juice [dʒúːs] Ⓤ; (吸い物) soup Ⓤ. 《☞ ジュース¹》.
¶ 彼女はレモンの*汁を絞った She ⌈squeezed [pressed] the *juice* ⌈from [out of] a lemon. // 彼がひとりでうまい*汁を吸ってしまった (⇒ 彼が一番いい部分を取った) He *took the best portion of* it. / (⇒ 彼が利益の大部分を手に入れた) He *got most of* the profit. / He *took the lion's share*. [参考] イソップ物語のライオンの話から.

シルクハット silk [top] hat Ⓒ, 《米口語》 high hat Ⓒ [参考] high-hat は比喩的な意味で，「気取った」「偉ぶった」の意味に用いられる.

しるこ 汁粉 sweet red-bean soup with rice cake Ⓤ ★ 説明的な訳.

しるし 印 (線・点などの印) mark Ⓒ; (照合の印) check Ⓒ, tick Ⓒ ★ √ で表す. 前者のほうが普通; (ある意味・内容を表す記号や符号) sign Ⓒ; (ある事柄・感情などを思い起こさせる具体的なもの) token Ⓒ. 《☞ マーク; きごう (類義語); ふごう¹》.
¶ √ の*印は OK という意味です A *mark* √ means O.K. / A ⌈*check* [*tick*] means O.K. // もしよろしければ √ の*印を付けて下さい If you approve of it, please ⌈*check* it [*mark* it with a ⌈*check* [√]. // 私は難しい単語に赤えんぴつで*印を付けた I ⌈*marked* [put *marks* on] difficult words with a red pencil. // 赤は危険の*印である Red is the *sign* of danger. // 黒いリボンは喪の*印である A black ribbon is a ⌈*token* [*sign*] of mourning. // これはつまらないものですが，私の感謝の*印です This is a small *token* of my gratitude.

しるす 記す (忘れないように書き留める) write [put] down (他); (文字・名前などを紙・石・金属などにしるす) inscribe (他). 《☞ かきしるす》.

シルバーシート (ある車両のシルバーシート全体) priority [courtesy] seating Ⓤ [語法] 集合的に用い，掲示などではこれを使う. 個々の座席を指すときは seating の代わりに seat Ⓒ を用いる. 意味は「優先[親切]席」で，写真にあ

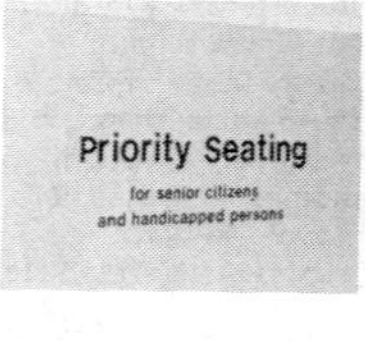

るように「お年寄りや体の不自由な人[乗客]のための優先席[のために親切に譲ってあげる席]」というのが説明的表現.

しれい¹ 指令 ―名 (命令) order Ⓒ; (指図) instructions ★ 通例複数形で. ―動 (命令する) order ㊀他; (指図する) instruct ㊀他. (☞ しじ²; めいれい; さしず).
¶ 我々はすべて本部の*指令に従って行動することになっている We are required to act according to the ⌈*order* [*instructions*] from the headquarters. // 執行部は組合員にストライキの*指令を出した (⇒ ストライキをすることを要求した) The executive committee *called on* the union members *to* ⌈go on strike [walk out].

しれい² 司令 (司令官) commander Ⓒ. **司令長官** commander in chief Ⓒ **司令部** the headquarters ★ 複数または単数扱い. ¶ 総*司令部 *the* general *headquarters*

じれい 辞令 **1** «辞令書»: written appointment (for the new post) Ⓒ. ¶ 彼は4月1日付の*辞令をもらった He received a *written appointment* for the new post dated Apr. 1. **2** «応対の言葉»: (言い回し) language Ⓤ; (言葉遣い) wording Ⓤ. ¶ そんな外交*辞令はよしてくれ Cut out such diplomatic *language*.

しれつきょうせい 歯列矯正 (術) orthodontics [ɔ̀ːrθədɑ́ntiks] Ⓤ.

じれったい 焦れったい ―形 (もどかしい) impatient (to *do*; for ...). ―動 (いらいらさせる) irritate ㊀他. (☞ もどかしい; いらいら).
¶ 彼女がなかなか決心がつかないので*じれったかった I *was feeling irritated* because she was slow to make up her mind. // *じれったいな. 早く教えてくれよ (⇒ それを聞きたくてたまらない) What is it? I'*m impatient to* hear it.

しれる 知れる ―動 (知れるようになる) become known to ...; (世間に知れる) be known to everybody ★ 最も普通の言い方; (世間一般に知れる) become public knowledge ★ やや形式ばった言い方; (見破られる) be found out; (うそなどがばれる) be out. ―形 (有名な) famous; (よく知られている) well-known; (人気のある) popular.
¶ その事実は皆に*知れてしまった The fact *became* ⌈*known to everybody* [*public knowledge*]. // 彼の名は全国に*知れわたっている (⇒ 彼は全国で有名だ) He is ⌈*famous* [*widely known*] all over the country. // それは学校に*知れるとまずいのです (⇒ 私はそれを学校の先生に知ってもらいたくない) I don't want it to *be known by* my school teachers. // 隠してもいつかは*知れるさ (⇒ たとえ秘密にしても, いつかはばれるだろう) Even if you keep it secret, it will *be out* some day.

じれる 焦れる ―形 (我慢できない) impatient. ―動 (いらいらさせる) irritate ㊀他; (思うようにならないのでやきもきする) fret ㊀自. (☞ じらす; もどかしい; じれったい).
¶ 彼はだんだん*じれてきた He is growing *impatient*. // 彼は*じれて (⇒ 我慢できなくて) 大声で叫んだ He shouted out of *impatience*. // 赤ん坊が*じれて泣きやまない The baby *frets* and doesn't stop crying.

しれん 試練 (災難・困難などによる試練) trial Ⓒ; (忍耐力を試すような試練) test Ⓒ.
¶ いまは私にとって*試練の時だ It is a time of *trial* for me. // これがあなたの受ける最初の大きな*試練となるでしょう This will be the first major ⌈*test* [*trial*] you must face. // 彼女はその*試練に耐えられるだろうか Can she endure [(⇒ 打ち勝つ) get over] the *trial*?

ジレンマ (板ばさみ) dilemma Ⓒ 語法 英語の dilemma はどちらもよくないことがらの二者択一を指す. (☞ いたばさみ). ¶ 私は*ジレンマに陥っている I'm *in a dilemma*. // 彼女はどちらを選んだらよいか*ジレンマに陥っていた (⇒ 心が乱れていた) She *was torn* between the two choices.

しろ¹ 白 **1** «色» ―名 white Ⓤ. ―形 (白色の) white; (肌が) fair. ―動 (白くする) whiten ㊀他. (☞ 色 (囲み)).
¶ 花嫁は普通*白い服を着る Brides are usually dressed in *white*. / Most brides wear *white* dresses. // 山は雪で真っ*白だ The mountain is covered with (*silvery*) *white* snow. // それは雪のように*白い It is as white as *snow*. // それは真っ*白というよりクリームがかった*白です It is *creamy white* rather than *pure white*. // 彼女は色が*白い She has a *fair* ⌈skin [complexion]. 参考 She has a *white* skin. はほめ言葉にはならない. // その老人の頭は*白かった The old man had *silver* hair. (☞ しらが) // 彼女は真っ*白な (⇒ 真珠のように白い) きれいな歯をしている She has beautiful *pearly white* teeth.
2 «潔白・無罪» ―形 (無罪の) not guilty, guiltless; (潔白の) innocent ★ 前者が罪に該当するかどうかの問題についてのみ言うのに対し, 後者は純粋で何のけがれもないというニュアンスがあり, 意味が広い. ―名 guiltlessness Ⓤ; innocence Ⓤ. (☞ けっぱく; むざい).
¶ 私は彼は*白だと思う I am sure that he is ⌈*guiltless* [*innocent*]. // 裁判所は被告が*白か黒かを決めなくてはならない The court must rule whether the accused is guilty or not.
白い目 ¶ 彼は私のしていることを*白い目で見た (⇒ 冷たい目で) He *looked* ⌈*coldly* upon [(⇒ うさんくさそうに) *askance at*] what I was doing. **白っぽい** whitish [(h)wáitiʃ] (☞ -ぽい).

しろ² 城 castle Ⓒ; (城砦) citadel Ⓒ.

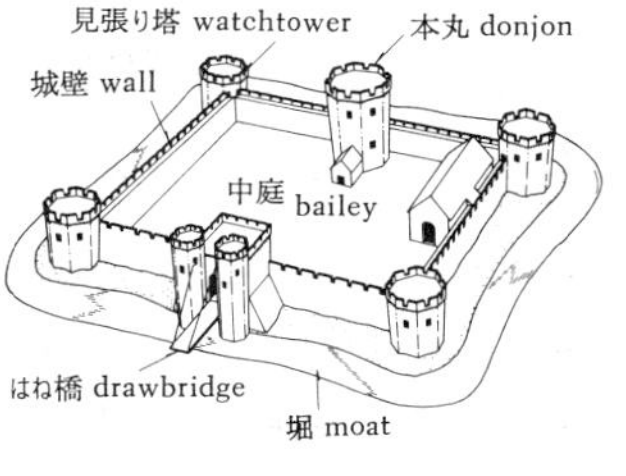

し

しろあり 白蟻 white ant Ⓒ ★ 俗称；termite Ⓒ ★ 正式な名称.

しろうと 素人 (しろうと愛好家・アマチュア) amateur Ⓒ (↔ professional)；(職業として専門に仕事をしていない人) layman Ⓒ《複 -men》；(芸術のしろうと愛好家) dilettante Ⓒ；(専門家でない人を客観的に区別する言葉) nonprofessional Ⓒ.《☞ もんがいかん》.

¶ 私は写真は*しろうとですよ (⇒ しろうとの写真家) I'm an *amateur* photographer. / I'm an *amateur* in photography. // 私はこの方面 (⇒ 分野) のことは*しろうとです I'm ｢a *layman* [*not an expert*] in this field. / (⇒ 特別の専門家ではない) I'm *not* a *specialist* in this field. // それは*しろうと考えだ That's a *layman's* idea. // 彼は美術批評家と称しているが*しろうとにすぎない He calls himself an art critic, but he is only a *dilettante*. // 彼は*しろうと離れしている (⇒ プロのようだ) He is ｢*as good as a professional* [*just like a pro*].

しろくじちゅう 四六時中 (一日中) all day (long)；(まるまる一日) a whole day；(24時間休みなく) around the clock；(常に) always.《☞ しじゅう；たえず》.

¶ 小鳥は*四六時中楽しそうにさえずっている Birds are singing merrily *all day*. // あの店は*四六時中あいている That store is open ｢*around the clock* [*24 hours*]. // 私は*四六時中忙しい (⇒ いつも忙しい) I'm *always* busy.

しろくま 白熊 polar [white] bear Ⓒ.

しろくろ 白黒 (白と黒) black and white.

¶ このカメラには*白黒フィルムが入っている This camera is loaded with ｢*black and white* [*monochrome*] film. // *白黒テレビ a *black-and-white* television // 彼はその話を聞いて目を*白黒させた (⇒ ひどく驚いたように見えた) He *looked amazed* at the news.

じろじろ ¶ 人の顔をそう*じろじろ見ないで下さい Don't *stare at* me that way. // 彼らは彼女の顔を*じろじろと眺めた They *stared* her in the face. // 彼は私を*じろじろ見た (⇒ てっぺんからつまさきまで見た) He *looked* me *up and down*. // その見知らぬ男は家の中を*じろじろとのぞき込んでいた The stranger *was staring into* the house.《☞ 擬声・擬態語 (囲み)》

しろバイ 白バイ police motorcycle (painted white) Ⓒ. ¶ *白バイの警官 a *motorcycle* policeman

しろぼし 白星 ¶ その力士は5日連続*白星をあげた (⇒ 5つの取組みに連続して勝った) The Sumo-wrestler *won* five consecutive *bouts*. // その裁判は検察側の*白星となった (⇒ 有利に判決が下った) The trial ended [The case was decided；The court ruled] *in favor of* the prosecution.《☞ かつ》

【参考語】(勝負などに勝つ) win a game, be a winner；(勝利をあげる) gain [win] a victory；(結果的に有利になる) end in favor of ...

しろみ 白身 (卵の) the white (of a egg)；(魚の) white flesh Ⓤ.

しろめ 白目 (目の白い部分) the white of the eye《☞ め[1] (挿絵)》.

しろもの 代物 (特に物の名前をあげず，漠然という場合) stuff Ⓤ；(具体的な物・事件など) thing Ⓒ；(男・やつ) fellow Ⓒ, guy Ⓒ ★ 後者は特に《米》で用いる.

¶ これはなかなかの (⇒ よい) *代物だ This is pretty good *stuff*. // それはなかなかやっかいな*代物だ (⇒ それは扱うのにたいへん難しい) It's very hard to deal with. // あのじいさんはなかなかやっかいな*代物だ (⇒ たいへん頑固だ) That old man is pretty *obstinate*. / (⇒ 機嫌を取るのが難しい) That old man is *hard to please*. // あいつはなかなかの*代物だ (⇒ たいへんな男だ) He is quite a ｢*fellow* [*guy*].

じろりと ¶ 彼は*じろりと私を見た (⇒ ちらりと見る) He *gave a look at* me. / (⇒ うさん臭そうに見つめた) He *gave a suspicious stare at* me. / He *gave me a suspicious stare*.《☞ じろじろ；みる；擬声・擬態語 (囲み)》

しろん 試論 (私見を述べた論文) essay Ⓒ《☞ ろんぶん》.

じろん 持論 (お気に入りの理論) pet theory Ⓒ；(心に抱いている意見[考え]) cherished ｢opinion [view] Ⓒ. ¶ それは彼の*持論だ It is his ｢*pet theory* [*cherished opinion*]. // 私はいつも…という*持論です I'*m always of* (*the*) *opinion that* ....

しわ 皺 ― 图 (顔・皮膚・紙・布などの) wrinkle [ríŋkl] Ⓒ；crease Ⓒ；furrow Ⓒ；crumple Ⓒ. ― 動 (しわを寄せる) wrinkle ㊀；crease ㊀；crumple ㊀；furrow ㊀；(ひだを寄せる) pucker (up) ㊀.

【類義語】英語でも日本語と同じく，皮膚上のしわと，衣服・紙のしわとは同じ言葉を使う．最も一般的なしわを表す語は **wrinkle** で，以下の語の代わりに使うことができる．畳んだり，押しつけたりしてできるしわは **crease**．深く刻まれたしわは **furrow** で，元来は車のわだちの跡や畑のあぜ道などを表す語である．もみくちゃにしたしわは **crumple** という．《☞ しわくちゃ》

¶ 彼女はアイロンでドレスの*しわを伸ばした She ironed out the *wrinkles* on her dress. // その老人の顔は*しわだらけだった The old man's face was full of *wrinkles*. / The old man's face *was wrinkled* all over. // その老人の顔は寄る年波で深く*しわが刻まれていた The old man's face *was furrowed* with age. // 彼は額に*しわを寄せた He *puckered* (*up*) his forehead. // 彼女は紙の*しわを伸ばした She smoothed out the *crumpled* paper. // 彼女は立ち上がってスカートの*しわを伸ばした She stood up and *smoothed down* her skirt.

しわがれる 嗄れる (声が) become hoarse《☞ かれる[3]》. ¶ 長時間しゃべったので声が*しわがれてしまった I *became hoarse* because I talked for a long time. / I talked myself *hoarse*.

しわくちゃ 皺くちゃ ― 形 (しわの寄った) wrinkled. ― 動 (しわにする) wrinkle ㊀；(もみくちゃにする) crumple (up) ㊀.《☞ しわ；くしゃくしゃ；もみくちゃ》.

¶ 彼のズボンは*しわくちゃだった (⇒ しわだらけだった) His trousers *were all wrinkled*. // 手紙をポケットに入れておいたので*しわくちゃになってしまった I kept the letter in my pocket, so it *was crumpled up.*

しわけ 仕分け ―動 (基準・範疇を決めて分類する) classify ㊀; (区分けして別にする) sort (out) ㊀ ★ 以上2つは入れ替え可能な場合もあるが, 後者のほうが口語的. ―名 classification Ⓤ; sorting (out) Ⓤ. (☞ ぶんるい).
¶ 手紙は機械で*仕分けされる Letters *are sorted (out)* by machines. // 製品は大きさによって*仕分けされる Products *are classified* according to the sizes.

しわざ 仕業 ¶ これはだれの*仕業だ (⇒ だれがこれをしたのか) Who *did* this? // 塀に落書きしたのはだれの*仕業だ (⇒ だれが塀に落書きしたのか) Who *scribbled* on the wall? // これは悪魔の*仕業 (⇒ やったこと) に違いない This must be *the work* of the Devil.

じわじわ (ゆっくり) slowly; (徐々に) gradually. (☞ ゆっくり; じょじょに; 擬声・擬態語 (囲み)).

しわす 師走 (年の終わり) the year end; (12月) December. (☞ くれ).

しわよせ 皺寄せ ¶ いつも*しわ寄せをくうのは我々だ (⇒ いつも一番損害をこうむるのは我々だ) It is always we that *suffer* most. // 彼らは原料の値上げを消費者に*しわ寄せした (⇒ 回した) They *passed on* the increase in costs to the customer.

じわれ 地割れ crack [fissure] (in the ground) Ⓒ (☞ きれつ).

しん[1] 芯 (りんご・梨などの芯) core Ⓒ ★ 桃などの堅い芯は stone Ⓒ という; (鉛筆の芯) lead [léd] Ⓤ; (ランプの芯) wick Ⓒ.
¶ このりんごは*芯まで[が]腐っている This apple is rotten ˹to [at] the *core.* // 鉛筆の*芯が折れている The *lead* of the pencil is broken. // このご飯は*芯がある (⇒ 十分に煮てない) This rice *is* ˹*underdone* [*not completely cooked*].

しん[2] 心 (心) heart Ⓒ; (精神) spirit Ⓤ; (感覚) sense Ⓤ; (意志) will Ⓒ.
¶ 彼は親切*心のある人だ He is kind (*at heart*). // 彼らは公徳*心が欠けている They ˹are lacking in [lack] a *sense* of public morality. // 彼女は*心は (⇒ 本当は) いい人なのだ She is good *at heart.* // 彼は*心がしっかりしている (⇒ 奥底では意志が強固だ) He has a strong *will underneath.* // この仕事で*心が疲れた (⇒ 精神的に) I was *mentally* fatigued with this work.

しん[3] 真 ―形 (うそではない本当の) true (↔ false); (本物の) real; (正真正銘の) genuine. ―名 truth Ⓤ; reality Ⓤ. (☞ ほんとう (類義語); じゅんぜん).
¶ 彼は*真の意味で芸術家であった He was an artist in the *true* sense of the word. // *真の友達ならそんなことはしないだろう A ˹*true* [*real*; *genuine*] friend would not do such a thing. (☞ 仮定の表現 (囲み)) // 映画のその場面は*真に迫っていた The scene in the film was *true* to life. // 彼女は*真に迫った演技でみんなを驚かせた She acted with such *reality* that everybody was surprised. // まさかの友は*真の友 A friend in need is a friend *indeed.* (ことわざ: 困っているときの友達は本当に友達だ)

しん-[1] 新… ―形 new (↔ old) (☞ あたらしい). ¶ *新学期がもうすぐ始まります A *new* school term will soon begin. // 彼は世界*新記録を作った He set a *new* world record. // 会社は来月*新製品を発売します The company will put a *new* product on sale next month.

しん-[2] 親… ―接頭 (…びいきの) pro- (↔ anti-) (☞ 接頭辞 (欄外)). ¶ 彼は*親日家です He is (a) *pro-*Japanese.

じん[1] 陣 **1** «陣地・戦い»: (陣営) camp Ⓒ.
¶ その軍隊は川の近くに*陣を張った The troops set up a *camp* near the river. // 彼らは背水の*陣をしいた (⇒ 壁を背にして戦うつもりだった) They were determined to *fight with their backs to the wall.*
2 «一群の集団»: (集団) group Ⓒ; (教員・職員) staff Ⓒ; (教職員全体) faculty Ⓤ ★ 集合的に用いる.
¶ 市長は報道*陣に取り囲まれた The mayor was surrounded by (a *group* of) newspaper reporters. 語法 日本語の「陣」は英語の複数形で表されていると考えてもよい. // 新製品はその会社の技術*陣のレベルの高さを示している The new product shows the high level of the engineering *staff* of the company. // スミス博士をわが大学の教授*陣の一員に迎える予定です We are going to have Dr. Smith on the ˹*faculty* [teaching *staff*] of our college.

じん[2] 仁 (儒教の) perfect virtue Ⓤ; (人間愛) humanity Ⓤ.

しんあい 親愛 ―形 (親愛な) dear; (最愛の) beloved [bilʌ́vid]. ―名 (愛) love Ⓤ; (温かく優しい愛情) affection Ⓤ. ¶ *親愛なる友人のみなさん Friends! 語法 My friends! とか My dear friends! とは言わない. // 彼に*親愛の情を抱いた[示した]人は多かった Many people ˹had [showed] a deep *affection* for him.

しんあん 新案 ―名 (考案) new idea Ⓒ; (意匠) new design Ⓒ. ―形 (新しく考案された) newly-devised. ¶ 私は*新案のボールペンに特許を得た[申請した] I ˹got [applied for] a patent on a *newly-devised* ball-point pen.

しんい 真意 (本心) *a person's* real intention Ⓒ; (言葉の真の意味) the true meaning. (☞ ほんしん). ¶ 彼の*真意がわからない I don't know his *real intention.* / (⇒ 本当は何を言いたいのかわからない) I can't make out *what* he *really means.* // 彼女の*真意をもう一度確かめなさい Make sure of her *real intention* again.

しんいり 新入り newcomer Ⓒ (☞ しんじん[1]; しんまい).

じんいん 人員 (人数) the number of persons; (集合的に職員) the staff, the personnel 語法 前者のほうが一般的. 後者は軍隊・官庁・会社などの全職員を事務的に指す言葉. (☞ にんずう; しょくいん).
¶ 事務所の*人員を増やす[減らす]べきだ We

should ˹increase [reduce] *the* ˹*personnel* [*staff*] of our office. // 事務所の*人員が過剰だ[不足している] The office is ˹*overstaffed* [*understaffed*]. // 組合は*人員整理の提案に反対だ The union is against the proposed ˹*personnel* cut [reduction of *the personnel*]. // 必要な*人員を早急に補充する必要がある It is necessary to supply the needed *number of people* immediately.

しんうち 真打ち (演芸などの目玉になる立役者) headliner Ⓒ ★米国の劇場関係の俗語. ビラなどに大きく名前を書かれることから; (主演者) star performer Ⓒ 【参考】日本の落語家の位に相当するようなものは英米にはないので, 正確な訳語はない.

しんえい 新鋭 ―形 (若くて元気な) fresh; (新しい) new; (最新の) up-to-date; (新しく作られた) newly produced; (超近代的な) ultramodern. (☞ あたらしい; さいしん[1]).
¶ 彼は*新鋭の代議士です He is a *fresh* face in the Diet. // *新鋭のジェット機がもうすぐ登場する A *new* jet plane will soon make its appearance.

じんえい 陣営 camp Ⓒ ★理想・主義などを同じくする仲間やグループ. ¶ 世界はいま東西両*陣営に分かれている The world is now divided into the Eastern and the Western *camps*. // 彼は革新*陣営に属している He belongs to the reformist *camp*.

しんえん 深遠 ―形 (深い) deep; (考え・学問などが) profound ★前者が一般的. 後者は文語的. (☞ おくふかい). ¶ その語には*深遠な意味がある The word has a *deep* meaning. // 彼の思想は*深遠だ His thought is *deep* and *profound*. 【語法】同義語を繰り返すと意味が強調される.

しんか[1] 真価 (本当の価値) real worth Ⓤ, true value Ⓤ 【語法】ほぼ同意で入れ替え可能のこともあるが, 前者は人などの知的・道徳的価値をいうのに対し, 後者は実際的な有用性・重要度などをいう. (☞ かち[1] (類義語)).
¶ 彼の作品は日本ではその*真価が認められなかった The ˹*real worth* [*true value*] of his work was not appreciated in Japan. // 彼の*真価が発揮されるのは実業界だ It is in the business world that his *real worth* will be proved.

しんか[2] 進化 ―名〖生物学〗evolution Ⓤ. ―動 evolve ㊎. (☞ しんぽ; はってん).
¶ 化石を調べれば*進化の歴史がわかる (⇒化石の研究は進化の歴史を教えてくれる) The study of fossils will tell us the history of *evolution*. // 人間は猿から*進化したと考える人もいる Some people think that man *evolved* from the apes.
進化論 the theory of evolution Ⓒ; (ダーウィン説) Darwinism Ⓤ **進化論者** evolutionist Ⓒ; (ダーウィン主義者) Darwinist Ⓒ.

じんか 人家 (一般的に) house Ⓒ; (店や事務所に対して) dwelling house. (☞ いえ).
¶ この辺りは*人家が密集している[まばらだ] The neighborhood is ˹crowded [scattered] with *houses*. / (⇒人が密集して[まばらに]住んでいる) The region is ˹densely [sparsely] populated.

しんかい 深海 the deep sea; (大洋の) the ocean depths. ¶ 彼らは*深海を探険した They explored *the* ˹*deep sea* [*ocean depths*].
深海魚 deep-sea fish Ⓒ ★単複同形. ただし種類をいうときには fishes を用いる. (☞ さかな)
深海漁業 deep-sea fishery Ⓤ.

しんがい[1] 侵害 ―動 infringe ㊍; trespass (on ...) ㊎; violate ㊍; intrude (on ...) ㊎; encroach (on ...) ㊎. ―名 infringement Ⓤ; trespass Ⓤ; violation Ⓤ; intrusion Ⓤ; encroachment Ⓤ ★それぞれ具体的な侵害行為を指すときは Ⓒ.
【類義語】法律・協定を破ったり, 他人の権利や自由を侵害することには **infringe**. 不法に他人の財産・権利に立ち入る侵害には **trespass**. 当然守るべき法律や他人の自由などを破ることには **violate**. 求められないにもかかわらず, 押し入るようにして他人の権利を侵害することには **intrude**. じわじわと浸食作用のように他人の権利を乗っ取ることには **encroach** を用いる. 以上いずれも日本語の「侵害」と同様,改まった語.
¶ それは著作権の*侵害だ It ˹is [constitutes] an *infringement* of copyright. // 彼は特許権を*侵害した He *infringed* (*on*) the patent right. 【語法】on を付けるのは《米》の用法. // 彼は私の私有財産を*侵害した He *trespassed on* my private property. // 人権の*侵害は憲法に反する The *violation* of human rights is against the Constitution. // 他人のプライバシーを*侵害してはならない Don't ˹*violate* [*intrude upon*] the privacy of other people. // 多数派は少数派の権利を*侵害した The majority *encroached* ˹*on* [*upon*] the rights of the minority.

しんがい[2] 心外 ¶ 疑われるとは*心外だ (⇒残念だ) It's *a pity* that you (should) look upon me with suspicion. / (⇒考えもしなかった) I *didn't expect* that you would be suspicious of me. (☞ いがい[1]; ざんねん)
【参考語】―形 (意外な) unexpected; (残念な) regrettable.

じんかいせんじゅつ 人海戦術 human wave tactics Ⓤ.

しんかいち 新開地 newly-opened land Ⓒ.

しんがお 新顔 (新しく入ってきた人) newcomer Ⓒ; (見知らぬ人) stranger Ⓒ. (☞ ニューフェース; しんじん[1]; しんまい).

しんがく[1] 進学 ―動 (高校[大学]に進む) go on to ˹senior high school [college]; (入学する) enter ㊍. (☞ 学校・教育 (囲み)).
¶ 本校の生徒は大学に*進学する者がほとんどです Most of our students *go on to college*. // 大学*進学希望者の数が毎年増えている The number of *college-minded* students is increasing every year. // 鈴木先生は大学*進学希望者に進学指導をしています Mr. Suzuki is giving advice to the students ˹wishing [planning] to *go on to college*.

しんがく[2] 神学 theology Ⓤ. **神学者** theologian Ⓒ **神学校** (一般に) theological school Ⓒ; (キリスト教各派の) seminary Ⓒ

★ 固有名詞に付けて用いる場合は後者が普通.

じんかく 人格 (思想・行動のもとになる道徳的な資質) character [U]; (個性・人間性) personality [U]. 《☞ せいかく[2]; ひとがら》.

¶ 彼は*人格者です He is a man of *character*. // スポーツは*人格を形成するのに役立つ Sport helps to build *character*. // 彼は*人格的に感心しない He doesn't have good *character*. // 彼はいつも子供の*人格を尊重[無視]します He always ⌜respects [disregards] children's *personality*. // 彼は二重*人格だ He is a man with a ⌜dual [double] *personality*. / (⇒ 分裂した性格を持つ) He has a split *personality*.

しんがた 新型 ―[形] (新しい) new; (最新の) the latest. ―[名] (一番新しい型) the latest ⌜model [style] [語法] 構造などから見た型が model で, 種類・タイプから見た型が style. 《☞ しんしき[1]; かた[2]》.

¶ 彼は*新型の車を買った He bought ⌜*the latest model* [a *new model*]. // その店では*新型の帽子を売っている They sell hats in *the latest styles* at the store.

シンガポール ―[名](固) (島) Singapore; (国名) the Republic of Singapore. ―[形] Singaporean. **シンガポール人** Singaporean [C].

しんがり (特に軍隊の) the rear [C]; (行列などの) tail (end) [C]. 《☞ うしろ; さいご[1]》. ¶ 彼は行列の*しんがりにいます He is at the *tail* of the procession. // 彼が*しんがりを務めた He *brought up the rear*.

しんかん[1] 新刊 (新しい本) new book [C] ★ 口語的で一般的な言い方; (新刊書) new publication [C]. 《☞ ほん; しゅっぱん[1]》. ¶ 今月の*新刊図書目録をお送り下さい Please send me a list of *new publications* of this month. **新刊紹介** book review [C] **新刊予定** 《広告》 Forthcoming.

しんかん[2] 森閑, 深閑 ―[形] (音がせず静かな) silent; (音も動きもなく静かな) quiet, still ★ still のほうが静かな感じが強い. ―[名] silence [U], quiet [U], quietness [U]. 《☞ ひっそり; しんと》. ¶ 家の中は*森閑としていた Everything [All] was ⌜*silent* [*quiet*] in the house. / There was a ⌜perfect [dead] *silence* in the house. ★ 後者のほうが改まった言い方.

しんかん[3] 信管 fuse [C]. ¶ 彼は爆弾に*信管を取り付けた He set a *fuse* in a bomb. // 彼らは慎重に爆弾から*信管をはずした They carefully removed the *fuse* from the bomb.

しんかん[4] 新館 new building [C] 《☞ べっかん》.

しんかん[5] 神官 Shinto priest [C].

しんかんせん 新幹線 the *Shinkansen*; the new ... line [語法] 前者は固有名詞的に扱ったもの. 日本の事情に詳しい人への説明的な表現とすれば後者のようにする; (超特急列車) superexpress (train) [C]; (弾丸列車) bullet train [C] ★ 後者は外国で新幹線開設当時言われた俗称. 《☞ 乗り物 (囲み)》.

¶ 東海道[東北]*新幹線 *the New* ⌜Tokaido [Tohoku] *Line* // 世界で有名な超特急の東海道*新幹線(ひかり号)は東京・大阪間を3時間10分で結びます The *Shinkansen* [The *Superexpress* Hikari], the world-famous bullet train, covers the distance between Tokyo and Osaka in three hours and ten minutes. // 「博多へは飛行機で行くのですか」「いいえ*新幹線で行きます」"Are you going to Hakata by plane?" "No, I'm planning to use *the New Tokaido Line*."

しんき[1] 新規 ―[形] (新しい) new; (これまでと別のやり方の) fresh. ―[副] newly, afresh; (もう一度はじめから) all over again.

¶ 彼は*新規に (⇒ 新しい) 事業を始めた He started a *new* business. // *新規に選出された委員に会長が会った The president met the *newly* elected committee members. // *新規まき直しでやるつもりだ (⇒ 新しくスタートをやり直す) I will *make a fresh start*. / I will *start afresh*. / (⇒ もう一度はじめからやる) I will ⌜*start* [*begin*] *all over again*.

しんき[2] 新奇 ―[名] novelty [U] ★ 具体的な事柄を指すときは [C]. ―[形] novel. ¶ 日本人は*新奇を好む The Japanese are fond of ⌜*novelties* [the *novel*].

しんぎ[1] 審議 ―[動] (賛否を慎重に討議する) deliberate (他)(自) ★ 特に国会などの; (結論を出す前に慎重に考える) consider (他); (問題をあらゆる角度から検討する) discuss (他). ―[名] deliberation [U]; consideration [C]; discussion [U]. 《☞ けんとう[2]; とうぎ》.

¶ その法案は現在国会で*審議中です The bill is *under deliberation* in the Diet now. // その件は国会*審議に付された The matter was taken into the Diet *deliberation*. // 委員会はその件を*審議した The committee ⌜*deliberated* (*on*) [*considered*; *discussed*] the problem. // その法案は参議院の*審議に回された The bill went to the House of Councilors for *discussion*. // 審議打ち切りの動議は可決された The motion to close the *discussion* was passed. // 彼らはその法案を継続*審議に持ち込む (⇒ 次期に持ち越す) のに成功した They succeeded in carrying the bill over to the next session. // その件はついに*審議未了となった (⇒ 棚上げとなった) The matter *was* ⌜*shelved* [*tabled*] at last.
審議会 council [C]. ¶ 中央教育*審議会 the Central Educational *Council*

しんぎ[2] 信義 ―[名] (約束などを守ること) faith [U]; (義務などに忠実なこと) fidelity [U]; (決めたことを誠実に守ること) loyalty [U]. ―[形] faithful; loyal.

¶ 彼は友達に対する*信義を守った[破った] He ⌜kept [broke] *faith* with his friends. / He was ⌜*faithful* [*disloyal*] to his friends. // そのような行為は国際*信義 (⇒ 行動規範) にもとる Such conduct is ⌜against [contrary to] international *codes of conduct*. // 彼は*信義を重んずる人だ He is a *man of honor*.

しんぎ[3] 真偽 ¶ その*真偽のほどは (⇒ 本当かどうかは) よくわからない It is not certain whether it is *true or not*. // うわさの*真偽を確かめてみるつもりだ I will make sure of the *truth* of the rumor.

【参考語】 ―[形] (真実の) true; (まがいものでない純

粋な) genuine ; (情報などが本物で信頼できる) authentic. —名 truth Ⓤ; genuineness Ⓤ; (信頼できること) authenticity Ⓤ.

じんぎ 仁義 (道徳上の規範) moral code Ⓒ. ¶ 彼の行いは我々の*仁義にはずれている His conduct is against our *moral code*.

しんきいってん 心機一転 ¶ いままでのことは忘れ, *心機一転して頑張りなさい (⇒再出発しなさい) Forget about the past and *make a fresh start*. ∥ 彼は*心機一転して勉強に励むことに決めた He decided to *turn over a new leaf* and study hard. ★「新しいページをめくる」, つまり「心を入れ替えて生活を一新する」という意味.

し

しんきじく 新機軸 —名 (革新・刷新) innovation Ⓤ ★「新しいもの[こと]」という意味では Ⓒ. —形 (新しい) new.
¶ この方法はまったく*新機軸だ (⇒前例のない革新だ) This method is an unheard-of *innovation*. ∥ 宣伝に*新機軸を打ち出すべきだ (⇒新しい形の広告を案出すべきだ) We should *devise a new form* of advertising.

しんきゅう[1] 進級 —名 promotion Ⓤ. —動 (進級する) be promoted to ... ⟪☞ 学校・教育 (囲み)⟫. ¶ 妹は6年生に*進級しました My sister *was promoted to* the sixth grade. ∥ 私は来年3年生[最上級生]に*進級します (⇒になる) I will be a senior next year.

しんきゅう[2] 新旧 —形 old and new ★日本語と語順が逆になる点に注意; (新任と退任の) incoming and outgoing.
¶ 日本には*新旧の文化の見事な調和がある There is (a) beautiful harmony between (the) *old and new* cultures in Japan. ∥ *新旧大臣がきょう記者会見をします The *incoming and outgoing* ministers will ｢have [hold] a press conference today.

しんきょ 新居 (新築した家屋) new house Ⓒ, new home Ⓒ 語法 home は普通は家庭を指し, 間借りでもよい. ただし⟪米⟫では house と同意に用いることがある. ⟪☞ いえ (類義語)⟫.
¶ *新居にはいつ移られましたか When did you move ｢into [to] your *new house*? ∥ 彼らは結婚後, 郊外に*新居を構えた They made a *new home* in the suburbs after getting married.

しんきょう[1] 心境 (気持ち・気分) frame [state] of mind Ⓒ; (精神状態) mental state Ⓒ; (心・精神) mind Ⓤ. ⟪☞ きもち⟫.
¶ 彼の現在の*心境はわからない I don't know his present *state of mind*. ∥ 当時の*心境 (⇒当時どのように感じていたか) を話していただけませんか Will you please tell me how you *felt* ｢then [at that time]? ∥ *心境の変化で (⇒考えを変え) その計画は取りやめました I changed *my mind* and abandoned the plan. ∥ 彼はいささか[たいへんな]*心境の変化をきたしたようだ It seems that there was a ｢slight [great] change in his *mind*.

しんきょう[2] 信教 religion Ⓤ ⟪☞ しゅうきょう⟫. ¶ *信教の自由は保証されている Freedom of *religion* is guaranteed.

しんきょう[3] 進境 progress Ⓤ ⟪☞ しんぽ⟫.

しんきろう 蜃気楼 mirage [mirɑ́ːʒ] Ⓒ. ¶ *蜃気楼は砂漠によく現れる *Mirages* often appear in the desert.

しんきろく 新記録 new record Ⓒ; (最高記録) all-time high Ⓒ. ⟪☞ きろく⟫. ¶ 彼は走り高跳びで日本[世界]*新記録を作った He made a *new* ｢Japanese [world] *record* in the high jump. ∥ 今月の売り上げは*新記録だ This month's sales have ｢reached [hit] *an all-time high*.

しんきんかん 親近感 ¶ 私はすぐ彼に*親近感をおぼえた (⇒すぐ好きになった) I soon *took to* him.

しんきんこうそく 心筋梗塞 (心臓発作) heart attack Ⓒ; (学名) myocardial [màiəkɑ́ːrdiəl] infarction Ⓤ.

しんく[1] 辛苦 (耐えがたい苦しみ) hardship Ⓤ ★具体的なことを指す場合は Ⓒ; (労苦・骨折り) pains ★複数形で. ⟪☞ くなん; しんさん; くろう⟫. ¶ 彼は幾多の*辛苦をなめてきた He has gone through many *hardships*.

しんく[2] 真紅, 深紅 —形 名 crimson ★名の場合は Ⓤ. ⟪☞ 色 (囲み)⟫.

しんぐ 寝具 (ベッドに使用されるものすべて) bedding Ⓤ; (布団) *futon* Ⓤ; (敷布団以外のシーツや毛布など) bedclothes ★複数形で. ⟪☞ ふとん⟫. ¶ うちにはお客用の*寝具が十分にない We don't have enough ｢*bedding* [*futon*] for guests.

しんくう 真空 vacuum Ⓒ. ¶ 音は*真空を伝わらない Sound ｢does not [cannot] travel in a *vacuum*. **真空管** (vacuum) tube Ⓒ.

じんぐう 神宮 Shrine Ⓒ ⟪☞ じんじゃ⟫. ¶ 明治*神宮 the Meiji *Shrine* ∥ 伊勢大*神宮 the Grand *Shrine* at Ise / the Ise *Shrine*

ジンクス (皆に信じられている考え) popular belief Ⓒ; (迷信) superstition Ⓒ 参考 「ジンクス」という日本語は jinx から来ているが, これは「悪運をもたらすもの」「貧乏神」という悪い意味にしか用いない. ⟪☞ めいしん⟫. ¶ ユニフォームを洗うと試合に勝てないという*ジンクスがある There is a *popular belief* that you cannot win a game if you wash your uniform.

シングル (野球のヒット) single (hit) Ⓒ; (ホテルの部屋) single room Ⓒ; (ベッド) single bed Ⓒ; (洋服) single-breasted coat Ⓒ.

シングルス singles [síŋglz] (↔ doubles) ★複数形だが単数扱い. ¶ *シングルスの試合をする play *singles* ∥ 男子[女子]*シングルス a ｢men's [women's] *singles*

しんけい 神経 —名 nerve Ⓒ ★「図太さ」の意味のときには Ⓤ. —形 (神経の・神経質な) nervous.
¶ 彼は*神経が太い (⇒度胸がある) He *has* ｢*plenty* [*a lot*] *of nerve*.
彼は*神経が鈍い He is *insensitive*.
アルコールは*神経系統に影響を及ぼす Alcohol acts on the *nervous* system.
彼女はばかに*神経が細かい She is too *particular* about everything. / She is ｢*finicky* [(⇒細かいことに気を使いすぎる) overly *meticulous*; *overscrupulous*]. ★後の2つはやや形

式ばった語.
その薬を飲んだらとても*神経が高ぶった The drug ⌈gave me strong *nervous* tension [made my *nerves* high-strung].
彼女は*神経がいら立っている She's *high-strung.*
*神経がすっかりまいってしまった My *nerves* are completely wrecked. / I am a *nervous* wreck.
彼女の声はどうも*神経にさわる Her voice somehow ⌈gets on my *nerves* [sets my *nerves* on edge].
あいつは本当に*神経にさわるやつだ (⇒ いらいらさせるやつだ) He's a most *irritating* fellow.
彼女はいつも*神経を張りつめている She is under constant *nervous* ⌈*strain* [*stress*].
彼女はとても*神経過敏だ She is *oversensitive.*
あなたの病気は*神経だよ (⇒ 神経に由来する) Your illness ⌈is due to [stems from] your *nerves.* / (⇒ 徴候を想像して病気だと思っている) You *are imagining* your symptoms. / Your symptoms are *imaginary.*
自律*神経 an autonomic *nerve*
彼は運動*神経がある He has good motor *nerves.*
神経症 neurosis Ⓤ ★ ノイローゼに当たる英語. 種類をいうときは Ⓒ《複 neuroses》. ¶ 彼は*神経症だ He is *neurotic.* / He is suffering from a *neurosis.* **神経症患者** neurotic Ⓒ **神経衰弱** nervous breakdown Ⓒ **神経戦** war of nerves Ⓒ, psychological warfare Ⓒ **神経痛** neuralgia [n(j)urǽldʒə] Ⓤ.

しんけいしつ 神経質 ―形 nervous《☞ しんけい》. ¶ *神経質な女の子 a *nervous* girl

しんげき 進撃 ―動 (前進する) advance (on ... ; against ...) ⓐ. ―名 advance Ⓒ.《☞ ぜんしん[1]》. ¶ 我々は敵の*進撃をくい止めた We ⌈stopped [halted] the enemy's *advance.*

しんけつ 心血 ¶ 彼はその作品に*心血を注いだ (⇒ 専念した) He *devoted* ⌈*himself* [(⇒全精力を注いだ) *all his energies*] *to* the work.《☞ せんねん[1]; ぜんりょく》

しんげつ 新月 new moon ★ a を付けて. (↔ full moon); (三日月) crescent Ⓒ.《☞ つき[1] (挿絵)》. ¶ 今夜は*新月ですか Is there *a new moon* tonight?

しんけん 真剣 ―形 (冗談でなく本気の) serious; (まじめで熱心な) earnest. ―副 seriously; earnestly. ―名 seriousness Ⓤ; earnestness Ⓤ.《☞ ほんき; まじめ》.
¶ 私は*真剣です I am *serious.* / (⇒ 冗談ではない) I'm *not joking.* / (⇒ 私は本気だ) I am *in earnest.* 語法 in earnest で成句. // 彼は*真剣な顔つきをしていた He looked *serious.* // 将来のことを*真剣に考えなさい Think of your future *seriously.* // 人の話はもっと*真剣に (⇒ 注意深く) 聞くものだ You should listen to other people more *carefully.*

しんげん 進言 ―名 (助言・勧告) advice Ⓤ; (提案) proposal Ⓒ, suggestion Ⓒ ★ 前者のほうが形式ばった語. ―動 advise ⓗ; propose ⓗ, suggest ⓗ.《☞ ていあん; じょげん; もうしいれる》.
¶ 我々の*進言は入れられた [入れられなかった] Our ⌈*advice* [*proposal*; *suggestion*] was ⌈accepted [refused]. // 社長に改善案を*進言した We *advised* the president *of* a reform plan. / We *proposed* a reform plan to the president. // 計画を一時延期するよう*進言した We ⌈*proposed* [*suggested*] that the plan be put off for some time.

じんけん 人権 (一般的に) human rights; (法に定められた市民権・公民権) civil rights ★ いずれも複数形で.《☞ けんり》.
¶ 他人の*人権を尊重しなくてはならない We must respect the *human rights* of other people. // それは*人権問題だ That's a question ⌈of [touching upon] *human rights.* // それは*人権蹂躙(じゅうりん)だ (⇒ 侵害だ) That's an infringement on our *human rights.* // *人権擁護運動が全国に広まっている The ⌈*human* [*civil*] *rights* movement is spreading all over the country. // 基本的*人権 the fundamental *human rights* ★ 複数形で.
人権宣言 the Declaration of Human Rights **人権擁護委員** Commissioner for the Protection of Fundamental Human Rights Ⓒ **人権擁護局** the Civil Liberties Bureau.

しんげんち 震源地 (地震の中心) focus [center] of ⌈a quake [an earthquake] Ⓒ ★ 最も口語的で平易な言い方. origin が使われることもある; epicenter [épəsèntə] Ⓒ ★ 専門的な語; the seismic [sáizmik] center ★ epicenter とほぼ同意.《☞ じしん[2]》.
¶ *震源地は伊豆半島沖 100 キロとわかった The ⌈*focus of the quake* [*seismic center*; *epicenter*] was (located) 100 kilometers off the coast of Izu Peninsula. // そのうわさの*震源地は学校のようだ (⇒ うわさは学校から出たようだ) The rumor seems to *have started at* (the) school.

じんけんひ 人件費 personnel ⌈expenses [expenditures] ★ 通例複数形で. 前者のほうが口語的. ¶ 近ごろは*人件費がかさむ The *personnel* ⌈*expenses* [*expenditures*] are increasing these days. // *人件費が予算の 6 割を占めている The *personnel expenditures* account for 60 percent of the budget.

しんこ 新香 Japanese pickles ★ 通例複数形で. なお, 英米の pickles は特にきゅうりの漬物.

しんご 新語 (初めて使われる語) new word Ⓒ; (新造語) (new) coinage Ⓒ 語法 後者のほうが作り上げた言葉という感じが強い. なお coinage は coin (＝新語を作る) という動詞に対する名詞.《☞ ご[1]; ことば》.
¶ これは最近の*新語です This is a *new word.* / This is a ⌈*recent* [*new*] *coinage.* // 最近は*新語が次々と現れる *New words* appear one after another these days. / Many *new words* are coined these days.

じんご 人後 **人後に落ちない** ¶ 彼は英語にかけては*人後に落ちない (⇒ だれにも劣らない) He is *second to none* in English. // 私は一生懸

し

命努力することにかけては*人後に落ちない (⇒だれにも負けず勤勉だ) I am *as* diligent *as anybody* (else).

しんこう[1] 進行 **1** «乗り物の» ―[動] (走る) run (自); (動く) move (自). 《☞ うごく》.
¶ 彼は*進行中の列車から飛び降りた He jumped off a *moving* train. // *進行中は車内で立たないで下さい Don't stand up while the bus *is* ⌈*moving* [*in motion*].
2 «物事の» ―[動] (進む) progress (自); (仕事などがはかどる) get ⌈along [《英》 on] with … ★「人」を主語にする; (進行中) be under way. ―[名] progress [U]. 《☞ はかどる》.
¶「仕事の*進行はどんな具合ですか」「うまくはかどっています」 "How *are* you *getting* ⌈*along* [《英》 *on*] *with* your work?" "I'm doing all right. / I *am making good progress* with my work." ★ 前者は口語的な言い方. // 工事の*進行が早い[遅い] The construction *is making* ⌈*rapid* [*slow*] *progress*. / They *are making* ⌈*rapid* [*slow*] *progress* with the construction. // 仕事は計画どおり*進行しています The work *is going on* according to plan. // 準備は着々と*進行しています The preparations *are making steady progress*. // 工事は現在*進行中です The construction *is* now ⌈*in progress* [*under way*]. // 彼がその会議の*進行を務めた (⇒司会[議長]をした) He *presided* ⌈*at* [*over*] the meeting. // 病気が*進行しないうちに (⇒進んだ状態になる前に) 入院しなさい Go to (the) hospital before the disease *reaches an advanced stage*.
進行形 〖文法〗 the progressive form 《☞ 欄外》 **進行時制** 〖文法〗 the progressive tense.

しんこう[2] 信仰 ―[名] (宗教的な強い信仰) faith [U]; (広い意味で, 信念・確信・信仰) belief [U]. ―[動] believe in …, have faith in … ★ ほぼ同意だが, 前者のほうがより一般的. 《☞ しんじる; しんじん[2]; しんねん[1]》.
¶ 私はキリスト教を*信仰している (⇒キリスト教徒です) I'm a *Christian*. / (⇒私の宗教はキリスト教です) My *religion* is Christianity. / (⇒私はキリスト教を信じる) I *believe in* Christianity. // 彼は*信仰を捨てた He ⌈renounced [abandoned] his *faith*. // 彼はますます仏教への*信仰を深めた He deepened his *faith* in Buddhism. // 彼は*信仰が厚い He is *pious*. / He is a man of deep *faith*.
信仰の自由 freedom of religion [U] 《☞ しんきょう[2]》.

しんこう[3] 振興 ―[名] promotion [U]. ―[動] promote (他). 《☞ そくしん; しょうれい》. ¶ 経済*振興5カ年計画 a five-year program for (the *promotion* of) economic development // 国内産業の*振興を図る必要がある It is necessary to *promote* the development of domestic industries.

しんこう[4] 新興 ―[形] (新しい) new; (開発途上の) developing. **新興階級** newly-risen class [C] **新興国** developing ⌈country [nation] [C] **新興宗教** new [newly-risen] religion [C] **新興住宅地** newly-developed residential area [C] **新興勢力** (the) growing power.

しんこう[5] 親交 (友人関係) friendship [U] ★ 個々の具体的な関係を指す場合, また形容詞が付いた場合は [C]; (親しい関係) friendly relations ★ 通例複数形で. 《☞ こうさい[1]》.
¶ これが彼らが*親交を結ぶきっかけ (⇒始まり) になった This was the beginning of their ⌈*friendship* [coming into *friendly relations*]. // 彼とは*親交があります (⇒彼は私のよい友達だ) He is *a good friend* of mine. / (⇒友人の[親しい]間柄にある) I *am on* ⌈*friendly* [*familiar*] *terms with* him.

しんごう 信号 ―[名] (手・光・音などによる合図) signal [C]; (交通信号燈) traffic ⌈light [signal] [C]. ―[動] signal (他), give [make] a signal. 《☞ あいず》.
¶ 交通*信号は守らなければいけない We must

進行形 (progressive form)

(1) 進行形の形.
<be＋現在分詞>の形を通常, 進行形という. be の部分は場合に応じて, 現在形 (am, is, are), 過去形 (was, were), 完了形 (have been, has been, had been), 未来形 (shall be, will be) などになる.

(2) 進行形の意味.
進行形はある行為が継続中, ないしは未完了であることを示す.
例えば I'*m reading* his latest novel. といえば,「読む」という行為の始めも終わりも示さず, 過程であることを表している. この表現は, 現に机に向かって読んでいる場合にも使えるし, あるいは「最近読んでいる」という場合でもよい.

(3) 進行形にできる動詞とできない動詞.
一般に動作を表す動詞, すなわち, walk, run, eat, read, write などは進行形になる.
ところが, 動詞の中にはその性質上, 進行形となり得ないものもある. 例えば know という動詞はあることを知識としてもっている「状態」を表し, これを「過程」としてとらえることはしない. I'*m knowing* …. という形はないのである. この種の動詞には believe, doubt, forget, hope, imagine, like, love, remember, suppose, think, understand, want, wish などがある.
そのほか, see (＝見える), hear (＝聞こえる), feel (＝手触りがする), smell (＝においがする), taste (＝味がする); belong, consist, contain, deserve, depend, have, matter なども通常, 進行形にはならない.
ただしこれらの動詞の中には, 特に過程に焦点をあてる場合, あるいは幾つかある語義のうちの特定の語義で用いられる場合には進行形をとり得るものもある.
例えば, I'm afraid I'*m forgetting* my French. (この進行形は「だんだん忘れて行く」の意味), I'*m thinking* of going to Kyoto. (この think は「計画する」の意味), She'*s tasting* the soup. (この taste は「味をみる」の意味).

(4) 未来を表す進行形.
現在進行形はまた, 近い未来の予定行動を表すのにも用いられる. 例えば「あす野球の試合を見に行くつもりだ」 I'*m going* to the baseball game tomorrow.「彼女は来週アメリカに行くことになっている」 She *is leaving* for America next week. など往来に関する動詞の場合にこの用法が多い. また, be going to は後に原形動詞を従えて, What *are* you *going to do* next Sunday? (＝今度の日曜日に何をするつもりですか) のように口語において未来を表すのに広く用いられる.

obey *traffic signals.* //「*信号は青でしたか」「いいえ, 赤でした」"Was the *traffic light* green?" "No, it was red." [語法] 日本語では「青信号」のように緑色のものにも「青」を用いることがある.《☞ 色 (囲み)》// 青は進め, 赤は止まれの*信号です A greenlight is a go *signal*, and a red light is a stop *signal.* // *信号が青になった[赤から青に変わった] The *traffic light* ˹turned green [changed from red to green]. // 車は赤*信号を無視して走っていった The car ran through *the red light.* // 船は遭難*信号を出した The ship sent an SOS. / The ship *signaled* its distress.

アメリカの歩行者信号. Don't Walk は「止まれ」.「進め」は Walk となる.

信号機 signal Ⓒ **信号燈** signal light Ⓒ.

じんこう¹ 人口 population Ⓤ ★ 具体的な一地域の人口を指す場合は Ⓒ.
¶ 私の町は*人口が多い[少ない] My town has a ˹large [small] *population.* //「この町の*人口はどれくらいですか」「約 3 万です」"What [How large] is the *population* of this town?" "It's about 30,000." [語法] 人口を尋ねる場合 how many population とは言わない. 30,000 は thirty thousand と読む.《☞ 数字 (囲み)》// この都市は 300 万の*人口を有する This city has *a population of* 3,000,000. [語法] 後に of を伴って具体的な数が続くときは a を付ける. / The *population* of this city is 3,000,000. ★ three million(s) と読む. // 日本はフランスよりも*人口が多い The *population* of Japan is larger than that of France. // 当市の*人口は増加[減少]している This city is ˹growing in [losing] *population.* // この地域は*人口が密[稀薄]だ This area *is* ˹densely [sparsely] *populated.* // *人口の激増は今日世界の大問題です *Population* explosion is a serious problem in the world today.
人口過剰 overpopulation Ⓤ **人口調査** census Ⓒ **人口密度** population density Ⓤ **人口問題** the population problem.

じんこう² 人工 — [名] art Ⓤ (↔ nature). — [形] (人為的) artificial (↔ natural); (人が造った) man-made. — [副] artificially.
¶ 自然の美と*人工の美が調和している The beauty of nature [Natural beauty] is in harmony with ˹the beauty of *art* [*artificial* beauty]. / (⇒ 自然と人工の美の間に調和がある) There is harmony between the beauties of nature and *art.* // *人工的に雨を降らせることは可能です It is possible to make rain fall *artificially.*
人工衛星 artificial [man-made] satellite Ⓒ. ¶ *人工衛星を打ち上げる launch an *artificial satellite* **人工栄養** (病人の) artificial nourishment Ⓤ; (乳児の) bottle-feeding Ⓤ **人工甘味料** artificial sweetening Ⓤ **人工降雨** rainmaking Ⓤ **人工呼吸** artificial respiration Ⓤ. ¶ 私は彼女に*人工呼吸を施した I ˹practiced [tried] *artificial respiration* on her. **人工芝** artificial grass Ⓤ **人工授精** (動物・植物の) artificial fertilization Ⓤ; (動物の) artificial insemination Ⓤ **人工心臓** mechanical heart Ⓒ **人工頭脳** mechanical brain Ⓒ; (電子頭脳) electronic brain Ⓒ; **人工孵化**(ふか) artificial incubation Ⓤ.

しんこきゅう 深呼吸 — [名] deep breath Ⓒ. — [動] breathe [brí:ð] deeply (自).《☞ こきゅう》. ¶ 私は*深呼吸をした I took a ˹*deep* [*long*] *breath.* / I *breathed deeply.*

しんこく¹ 深刻 — [形] (重大な) serious; (ゆゆしい) grave [語法] grave のほうが serious よりも意味が強い.《☞ じゅうだい¹; せつじつ》.
¶ 彼は*深刻な顔をしていた He looked ˹*serious* [*grave*]. // あまり*深刻に考えるな. 気楽にいけよ Don't be so *serious.* Take it easy. // 彼は物事を*深刻に考えるたちだ He always takes things *seriously.* // 国際情勢は*深刻だ The international situation is ˹*serious* [*grave*]. [語法] grave を用いると戦争など危機をはらんだ情勢を暗示する. // 東京は*深刻な水不足に悩んでいる Tokyo is suffering from a *serious* water shortage. // 不況はますます*深刻化している (⇒ 悪化している) The depression is getting *worse.*

しんこく² 申告 — [名] (報告) report Ⓤ; (申し立て) statement Ⓒ; (所得税の) return Ⓒ; (税関での) declaration Ⓤ ★ 具体的な行為は Ⓒ. — [動] report (他); state (他); file a return; declare (他).
¶ 税務所に所得金額を*申告しましたか Did you ˹*report* [make a *report* of] (the amount of) your income to the tax office? // 彼は所得税の*申告を怠った He neglected to *file* his income tax *return.* //《税関で》「何か申告するものがありますか」「いいえ, 何もありません」"Do you have anything to *declare*?" [語法] 略して "Anything to *declare*?" とも言う. "No, I have nothing to *declare.*" // 税関*申告 Customs *Declaration*《掲示》// 確定[青色]*申告 a ˹final [blue] *return*
申告者 reporter Ⓒ **申告書** (報告書) report Ⓒ; (申し立て) statement Ⓒ; (税関の) (customs) declaration form Ⓒ **申告納税** tax payment by self-assessment Ⓤ **申告用紙** return form Ⓒ.

しんこん 新婚 ¶ 彼らは*新婚ほやほやだ (⇒ 結婚したてのカップルだ) They are a ˹*newly-married* couple [couple of *newlyweds*]. // 彼は*新婚早々転勤になった (⇒ 結婚後すぐ) He was transferred soon after his marriage. // *新婚旅行はハワイへ行きました I went on a *honeymoon* to Hawaii.《☞ けっこん¹》

しんさ 審査 — [動] (吟味・検討する) examine

他; (優劣を判断する) judge 他; (選抜する) screen 他. ―名 examination U; judgment U; screening U ★いずれも具体的な行為を指す場合は C. 《☞ せんこう[1]》.
¶彼の作品は*審査に合格した[不合格となった] His work ｢passed [failed] the *examination*. ∥私たちはその作品を慎重に*審査した We *examined* the works carefully. ∥ドッグ ショーで*審査するのはだれですか Who is going to *judge* the dog show? / (⇒だれが審査員になるのか) Who is going to be ｢a [the] *judge* at the dog show? ∥委員会は奨学金申し込み者を*審査した The committee *screened* the applicants for the scholarship.
審査委員会 (コンテストなどの) judging committee C; (選考委員会) screening committee C; (コンテストなどの審査員団) jury C **審査員** judge C, juror C 語法 ほぼ同意で入れ替えて用いられるが, juror は審査員団 (jury) の一員を指す. ¶スピーチ コンテストの*審査員を務める act as (a) *judge* at a speech contest 語法 審査員という個人よりもその役割を強調する場合は a を付けないのが普通.

しんさい 震災 earthquake (disaster) C ★特に地震による災害の意味では disaster を付ける. 《☞ じしん[2]; 自然災害 (囲み)》.
¶関東大*震災 the great *earthquake* that hit the Tokyo area in 1923 / the Great *Earthquake* of 1923

じんさい 人災 ¶その事故は*人災 (⇒人間の不注意) によるところが大きかった The accident was due in large part to *human* ｢*negligence* [*error*]. ∥その土砂崩れは天災でなく*人災だ (⇒人間の不注意の結果だ) That landslide was not a natural disaster, but a *consequence of human negligence*.

じんざい 人材 (仕事などに有能な人) competent person C; (能力のある人物) man of ability C; (いろいろな面で恵まれた才能のある人) man of talent C ★man of ... という言い方は多少文語的; (有能な職員 (全体)) efficient staff C ★集合的に用いる. 一人一人は a staff member という.
¶彼は有為な*人材だ He is a ｢*competent person* [*man of ability*]. ∥わが社の技術陣は*人材がそろっている[不足している] Our firm ｢has [does not have] an *efficient staff* of engineers. ∥その会社は若い*人材を登用した (⇒雇った) The company employed young *talent*.

しんさく 新作 (新しい作品) new work C; (新しい小説) new novel C; (新しい曲) new composition C.

しんさつ 診察 ―動 (医者が患者を診察する) examine 他; (医者に見てもらう・医者が患者をみる) see 他 ★口語的.「医者」も「患者」も主語になる; (医者にかかる) consult 他 ★「患者」が主語になる. 後者のほうが形式ばった言い方. ―名 (medical) examination U. 《☞ 病気・病院 (囲み)》.
¶医者に*診察してもらったほうがいい You should ｢*see* [*consult*] a doctor. / You need a *medical examination*. ∥医者は丁寧に*診察してくれた The doctor *examined* me carefully. ∥胸が痛いので*診察してもらった I had my chest *examined* because I had pain.
診察券 consultation ticket C **診察時間** office hours ★複数形で. **診察室** (医師の仕事場) doctor's office C ★医師の家を漠然と指すこともある; (診察する部屋) consulting [consultation] room C **診察日** consultation day C **診察料** doctor's fee C.

しんさん 辛酸 hardship U ★具体的な例を指す場合は C. 《☞ くるしみ; くろう; しんく[1]》.
¶彼は人生のあらゆる*辛酸をなめた (⇒経験した) He went through every *hardship* ｢of [in] life.

しんざんもの 新参者 (新参者) newcomer C 《☞ しんいり; しんまい》.

しんし[1] 紳士 ―名 gentleman [dʒéntlmən] C 《複 -men [-mən]》 (↔ lady). ―形 (紳士的な) gentlemanly. 《☞ おとこ》.
¶彼は非の打ちどころのない*紳士だ He is ｢a [the] perfect *gentleman*. ∥私は彼の*紳士気取りが我慢できない I cannot bear his *snobbery*. ∥「*紳士用品はどちらですか」「女性用品の隣です」"Where is the *men's department*?" "It is next to the ladies' department."
紳士協定 gentleman's agreement C **紳士服[靴]** men's ｢suit C [shoes] **紳士録** Who's Who C ★書名として用いる時はイタリックにする. 《☞ イタリック体 (欄外)》.

しんし[2] 真摯 ―形 (真剣で熱心な) earnest; (まじめで本気な) serious. 《☞ ひたむき》. ¶みんな彼の*真摯な態度に感心した Everybody admired his *earnest* attitude.

じんじ 人事 ―名 (人事関係の事務) personnel ｢affairs [matters] ★複数形で; (役職の任命) personnel appointments ★通例複数形で. ―形 (職員に関する) personnel.
¶彼は*人事 (⇒人事関係の事務[問題]) を担当している He is in charge of *personnel* (｢*affairs* [*matters*]). ∥新しい*人事 (⇒役職の任命) が発表になった The new *personnel appointments* were announced. ∥*人事のやり方に不満がある (⇒好まない) I don't like the way they handle *personnel* ｢*transfers* [*changes*]. ∥*人事を尽くして天命を待つしかない (⇒最善を尽くして後は神に任せるしかない) We have to do our best and leave the rest to Providence.
人事異動 (人事を動かすこと) personnel ｢transfers [changes] ★複数形で; (職場全体の人事異動) staff reorganization U, rearrangement (of staff) U ★以上はほぼ同意で, 多少形式ばった言い方; (内閣など) reshuffling U. 《☞ いどう[2]》. ¶毎年4月には*人事異動が行われる They ｢*reorganize* [*rearrange*] the staff in April every year. **人事院** the National Personnel Authority **人事部[課]** personnel ｢division [section] C **人事部長** personnel manager C.

しんしき[1] 新式 ―形 (新しい) new (↔ old); (近代的な) modern; (最新式の) up-to-date. ―名 (新しい型) new type C; (新しい方法)

new method [C]. 《☞ さいしん¹; しんがた》. ¶ 私は最*新式のカメラを買った I bought a camera of *the newest type*.

しんしき² 神式 *Shinto* rites ★ 通例複数形で. ¶ 結婚式は*神式ですかキリスト教式ですか Do you celebrate your wedding according to *Shinto rites* or Christian rites?

しんしつ 寝室 bedroom [C] [参考] 英米の家屋と異なり, 日本の家には寝室専用の部屋がない場合があるので, 訳には注意がいる. 《☞ 挿絵; 家・部屋 (囲み)》. ¶ この部屋は私の勉強部屋ですが, 夜は*寝室になります This room is my study. I sleep here [It is used as my *bedroom*] at night.

しんじつ 真実 — [名] truth [U]. — [形] true. 《☞ ほんとう; しんり²; じじつ》. ¶ 新聞は*真実を伝える義務がある Newspapers ought to report the *truth*. // *真実を語るには勇気がいる It takes courage to ⌈tell [speak] the *truth*. // 百聞は一見にしかずとは*真実だ It is *true* that seeing is believing.

じんじふせい 人事不省 unconsciousness [U] 《☞ いしき》. ¶ 彼女は*人事不省に陥った (⇒ 意識を失った) She fell into *unconsciousness*. / She became *unconscious*.

しんじゃ 信者 ¶ 私はキリスト教[仏教]の*信者です I am a ⌈*Christian* [*Buddhist*]. / (⇒ キリスト教[仏教]を信仰している) I *believe in* ⌈Christianity [Buddhism]. 《☞ しんこう²》

じんじゃ 神社 (*Shinto*) shrine [C] [参考] 日本では一般に神社を shrine, 寺を temple と呼んでいる. 《☞ じんぐう; 日本固有の風物と英語 (囲み)》. ¶ 彼女は*神社にお参りした She visited a (*Shinto*) shrine. // この*神社には菅原道真が祭ってある This *shrine* is dedicated to Sugawara-no Michizane.

しんしゃく 斟酌 — [動] (大目に見る) allow for ..., make allowance(s) for ... ; (考慮の中に入れる) take ... into ⌈consideration [account]. — [名] consideration [U]; allowance [C]. 《☞ こうりょ; はいりょ》. ¶ 彼が年少だという点を*斟酌すべきだ You should ⌈*allow* [*make allowance(s)*] *for* his youth. / You should *take* his youth *into* ⌈*consideration* [*account*].

しんしゅ 進取 — [形] (進取の気性がある) enterprising. ¶ 彼は*進取の気性に富んだ人物だ He has a highly *enterprising* nature.

しんじゅ 真珠 pearl [C]. ¶ *真珠のネックレス a *pearl* necklace // *真珠を養殖する culture *pearls* // 養殖*真珠 a cultured *pearl*
真珠貝 pearl oyster [C] **真珠養殖** pearl culture [U] **真珠養殖場** pearl farm [C].

じんしゅ 人種 — [名] (白人・黒人などの大きな分類の) race [C]; (一国の中での人種的グループ) ethnic group [C] [語法] この語は, 例えば米国内での黒人・少数民族などのグループを指すのに, 婉曲的に用いられる. 《☞ 婉曲語法 (欄外)》. — [形] racial. 《☞ みんぞく; しゅぞく》. ¶ アメリカ人はどういう*人種ですか Which *race* do the Americans belong to? // *人種や宗教を理由に人を差別してはならない We must not discriminate against a person because of *race* or religion. [語法] この例のように抽象的な意味では [U]. // 白色[黄色]*人種 the ⌈white [yellow] *race*
人種差別 racial discrimination [U]; (アメリカの黒人に対する) segregation [U]; (南アフリカの) apartheid [əpɑ́ːəthèit] [U]. ¶ 黒人を*人種差別する *segregate* [*discriminate against*] black people // *人種差別撤廃 abolition of *racial discrimination* [語法] 特に黒人に対しては desegregation [U] (=差別廃止), integration [U] (=人種的無差別待遇) という. **人種的偏見** racial prejudice [U] **人種問題** race problem [C].

しんじゅう 心中 (2人一緒の自殺) double suicide [C] [参考] 英語には本来「心中」という考え方がないので, 説明的な表現である. 《☞ じさつ》. ¶ 一家*心中 a family *suicide* // 無理*心中 a forced *double suicide*

しんしゅく 伸縮 ¶ ゴムひもは*伸縮自在だ A

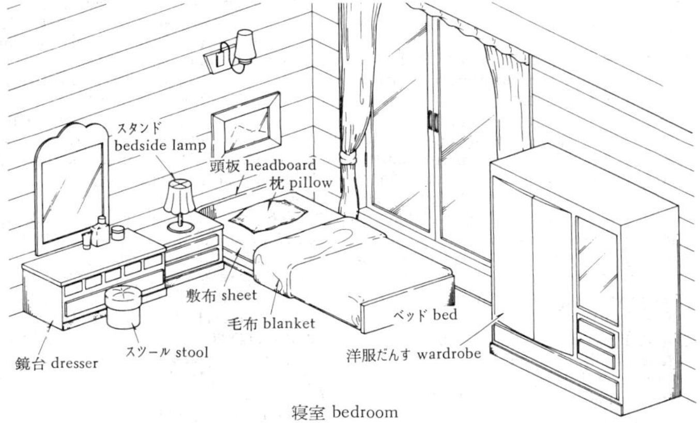

寝室 bedroom

rubber band is *elastic*. / (⇒伸縮性を持っている) A rubber band has *elasticity*. 《☞のびちぢみ》

【参考語】 ―形 (伸縮自在の・ゴムのような) elastic; (曲げても壊れない) flexible. ―名 (伸縮性) elasticity Ⓤ. ―動 (伸びる) stretch ⓐ; (広がる) expand ⓐ; (縮む) contract ⓐ.

しんしゅつ 進出 ―動 (進む) advance ⓐ, make [find] *one's* way ★後者のほうが口語的; (入り込む) enter ⓣ, go into … ★後者のほうが口語的; (広げる) expand ⓣ, extend ⓣ. 《☞のりだす》.

¶日本製品が海外に*進出している Japanese products *are finding their way into* foreign markets.

わが社は海外*進出を決めた Our firm has decided to *expand* its business overseas.

そのデパートは横浜に*進出 (⇒支店を開設) する計画だ The department store is planning to *open a new branch* in Yokohama.

その出版社は映画産業に*進出してきた The publishing company *has extended its business* to film-making.

彼は政界に*進出した He *entered* politics.

最近は映画界に*進出する歌手が多い Many singers *go into* the movies these days.

最近の女性の社会への*進出 (⇒参加) にはめざましいものがある It is quite remarkable how women *are participating* in social affairs these days.

わがチームは決勝戦に*進出を決めた Our team *has advanced* to the finals.

しんしゅつきぼつ 神出鬼没 ―形 (なかなかつかまらない) elusive; (謎のような) mysterious; (どこにでも出てくる) ubiquitous. ¶*神出鬼没の犯人 an *elusive* [a *mysterious*] criminal // 彼は*神出鬼没だ He is *ubiquitous*.

しんしゅん 新春 the New Year 《☞しんねん²》.

しんしょ¹ 信書 letter Ⓒ 《☞しょかん¹; てがみ》. ¶*信書の秘密 the privacy of (personal) *correspondence*

しんしょ² 親書 private letter Ⓒ 《☞しょかん¹; てがみ》.

しんしょう¹ 辛勝 ¶わがチームは2対1で*辛勝した Our team *won* the game *by a narrow margin* of 2 to 1. 《☞せっせん¹》

【参考語】 ―副 (かろうじて) narrowly, by a narrow margin; (接戦の末) after a close game.

しんしょう² 心証 (印象) impression Ⓒ; (裁判官の得た確信) conviction Ⓤ. ¶彼の態度は裁判官の*心証をよくした[害した] His manner gave the judge ⌈a favorable [an unfavorable] *impression*.

しんじょう¹ 心情 (感情) feelings ★複数形で. ¶*心情お察しいたします (⇒同情します) I *sympathize with* you (from the bottom of my heart).

しんじょう² 身上 (大きな長所) merit Ⓒ; (貴重で有用なもの) asset Ⓒ. 《☞とりえ》. ¶正直なのが彼の*身上だ Honesty is ⌈a *merit* [an *asset*] of his. **身上調査書** (就職の際の) résumé Ⓒ.

しんじょう³ 信条 principle Ⓒ 《☞しゅぎ》. ¶それは私の*信条に反する It is against my *principles*.

しんじょう⁴ 真情 (誠実さ) sincerity Ⓤ; (本心) *one's* real intention Ⓤ. 《☞まごころ》.

しんしょうしゃ 身障者 physically handicapped person Ⓒ, disabled person Ⓒ ★後者のほうがより改まった言い方; (集合的に) the physically handicapped ★複数形で扱う, the disabled. ¶*身障者用の設備 facilities for *the* ⌈*physically handicapped* [*disabled*]

しんしょうぼうだい 針小棒大 ―動 (誇張する) exaggerate ⓣⓐ; make a mountain out of a molehill ★「もぐらづかを山と呼ぶ」という比喩的表現. 《☞おおげさ; こちょう》. ¶君は何でも*針小棒大に言う You *exaggerate* everything. / You always *make a mountain out of a molehill*.

しんしょく¹ 浸食 ―名 erosion Ⓤ. ―動 erode ⓣ. ¶この谷は氷河の*浸食によって形成された This valley was formed by glacial *erosion*.

しんしょく² 寝食 ¶彼は*寝食を忘れて研究に打ち込んだ (⇒すべての時間を研究にあてた) He *devoted all his time to* his studies. // 彼女は*寝食を忘れて子供の看病をした (⇒看病に忙しかったので休む暇もなかった) She was so busy nursing her child that she had no time to *eat or sleep*. // 私は彼と1年間*寝食を共にした (⇒彼と暮らした) I *lived with* him for a year.

しんじる 信じる **1** «本当と思う»: believe ⓣ; (存在を信じる) believe in …

¶私の言うことを*信じて下さい *Believe* me. // そんな話は*信じられない I can't *believe* such a story. // 私は彼の潔白を*信じています I *believe* that he is innocent. / I *believe* him (to be) innocent. [語法] that 節を使うほうが口語的. なお, 日本語の「信じている」にひかれて進行形にしないように注意. // 7は縁起がいい数だと*信じられている Seven *is believed* to be a lucky number. // あなたは霊魂の不滅を*信じますか Do you *believe in* the immortality of the soul? // *信じられないことが起こった An *unbelievable* thing happened.

2 «信用する»: (直観的に信頼する) trust ⓣ; (いちずに信頼する) have faith in …

¶人間は (⇒私たちは) 互いに*信じ合わなければいけない We should *trust* each other. // あの人は*信じられない We cannot *trust* him. / He cannot *be trusted*. // 自分を*信じなさい *Have faith in* yourself.

3 «確信する»: be sure (of …; that …), be confident (of …; that …) ★後者のほうが少し堅苦しい言い方. 《☞かくしん¹》.

¶彼らは成功すると私は*信じています I *am* ⌈*sure* [*confident*] *of* their success. / I *am* ⌈*sure* [*confident*] (*that*) they will succeed. [語法] 口語では that は省略されることが多い.

4 «信仰する»: believe in … 《☞しんこう²》.

¶両親は仏教を*信じています My parents *believe in* Buddhism. / (⇒仏教徒である) My parents are Buddhists.

しんしん¹ 心身 mind and body Ⓤ. ¶ その青年は*心身ともに健全です The young man is sound in *mind and body*. // 私は*心身ともに疲れ果てた I am ʳtired [exhausted] *both mentally and physically*. // 彼は研究に*心身を打ち込んだ (⇒ 身を捧げた) He *devoted himself to* his studies.

しんしん² 深深 ¶ 夜は*深々と更けていく The night *is getting far* ʳ*advanced* [*along*]. // 外では雪が*深々と (⇒ 絶えまなく) 降っている It is snowing *incessantly* outside. 《☞ 擬声・擬態語 (囲み)》

【参考語】 ―副 (静かに) silently ; (休むことなく) steadily ; (絶えまなく) incessantly.

しんしん³ 新進 ―形 (これから伸びようとしている) up-and-coming ; (新人の) new ; (若い) young ; (有望な) promising. ¶ *新進作家 an *up-and-coming young* writer // *新進気鋭の学者 a *young* and hopeful scholar / (⇒ 若くて将来有望な学者) a *young* scholar with a promising future

しんじん¹ 新人 (芸能界の) new star Ⓒ; (俗語で野球の) rookie [rúki(:)] Ⓒ; (新参者) newcomer Ⓒ. 《☞ ニューフェース》.

しんじん² 信心 (信仰) faith Ⓤ; (敬虔(けいけん)な心) piety Ⓤ. 《☞ しんこう²》. ¶ *信心深いおばあさん a *pious* old lady

じんしん 人心 public feeling Ⓒ. ¶ 政府は*人心の安定に努めるべきだ The government should try to put (the) *public feelings* at rest.

じんしんこうげき 人身攻撃 personal attack Ⓒ. ¶ 彼らは私に対して*人身攻撃をした They made a *personal attack* ʳon [against] me.

じんしんじこ 人身事故 (傷害・死亡につながる事故) traffic accident resulting in injury or death Ⓒ 《☞ じこ¹》. ¶ *人身事故を起こさないよう (⇒ 人を傷つけないよう) 気をつけなさい Be careful not to injure other people in a traffic accident.

しんしんそうしつ 心神喪失 ―形 〖法律〗 non compos mentis [nάn-kάmpəs-méntis]. ¶ 彼は当時*心神喪失状態にあった He was *non compos mentis* at that time.

しんすい¹ 浸水 ―名 (洪水) flood Ⓒ. ―動 be flooded ; (船が) leak ⓐ. ¶ 数百戸の家屋が床上*浸水した Several hundred houses *were flooded* above the floor. // ボートは*浸水してしまい, 5 分後に沈んだ The boat began to ʳ*leak* [*be filled with water*] and sank in five minutes.

しんすい² 心酔 ―名 (賛美) admiration Ⓤ; (敬慕・熱愛) adoration Ⓤ; (献心) devotion Ⓤ. ―動 admire ⓣ; adore ⓣ; (心身を捧げる) be devoted to ... ; (魂を奪われたようになる) be fascinated with ... 《☞ けいとう²》.
¶ 彼はベートーベンに*心酔している He *admires* Beethoven. / He is an *ardent admirer* of Beethoven. // 彼らはその教義に*心酔してしまっている They *have been fascinated* ʳ*with* [*by*] the doctrine.

しんすい³ 進水 ―動 (進水する) be launched ★「船」を主語にして用いる. ¶ あすこの船は*進水する This ship will *be launched* tomorrow. **進水式** launching ceremony Ⓒ **進水台** launching platform Ⓒ.

しんずい 神髄, 真髄 (最も重要な部分) the essence Ⓤ; (外面的なことに対して, 物事の精神) the soul Ⓒ, the spirit Ⓤ ★ 後者のほうが一般的. ¶ 彼は武士道の*神髄を理解したようだ He seems to have understood *the* ʳ*spirit* [*soul*] of Japanese chivalry.

しんせい¹ 申請 ―名 (申し込むこと) application Ⓤ. ―動 (申し込む) apply (for ...) ⓐ, make an application (for ...). 《☞ もうしこむ》. ¶ *申請があれば書類をお送りします Papers will be sent (to you) on *application*. // すぐ旅券の*申請をします I'll ʳ*apply* [*make an application*] *for* a passport at once.
申請書 (written) application Ⓒ **申請人[者]** (申し込み者) applicant Ⓒ.

しんせい² 神聖 ―形 (神聖で犯してはならない) sacred [séikrid] ; (宗教的に神聖な) holy ★ 以上 2 つは入れ替え可能なことが多い ; (神に関する) divine. ¶ インドでは牛は*神聖な動物である The cow is a *sacred* animal in India. // この場所は*神聖とみなされてきた The place has been regarded as ʳ*holy* [*sacred*].

しんせい³ 真性 ―形 genuine. ¶ *真性コレラ (a case of) *genuine* cholera

しんせい⁴ 新制 ―名 new system Ⓒ. ―形 new-system. ¶ 第 2 次世界大戦後, 多くの*新制大学が生まれた After the Second World War, many *new-system* universities came into existence. / After World War II, many universities were started under the *new system*.

じんせい 人生 life Ⓤ ★ 一生の意味では Ⓒ. 《☞ いっしょう¹ ; しょうがい²》.
¶ 私は幸福な*人生を送りたい I want to *live* ʳhappily [a happy *life*]. // *人生は短く, 芸の道は長い Art is long, *life* is short. 《ことわざ》 // 彼は*人生の浮沈を何度か経験した He has had several ups and downs in ʳ*life* [*fortune*]. // 彼は*人生経験が豊かな人だ He has seen a good deal in his *life*.
人生観 *one's* view of life, *one's* outlook on life.

しんせいじ 新生児 newborn baby Ⓒ.

しんせいだい 新生代 〖地質学〗 the Cenozoic [sì:nəzóuik] era (↔ the Paleozoic era ; the Mesozoic era).

しんせかい 新世界 new world Ⓒ; (アメリカ大陸) the New World.

しんせき 親戚 relative Ⓒ, relation Ⓒ ★ 前者のほうが一般的. 《☞ しんるい ; しんぞく ; 親族関係 (囲み)》.

じんせきみとう 人跡未踏 ―形 (人が足を踏み入れたことのない) trackless ; (処女地の) virgin. 《☞ みとう》. ¶ 私たちの目の前には*人跡未踏の森林が広がっている *Virgin* [*Trackless*] forests stretch in front of our eyes. // この大陸には*人跡未踏の (⇒ 探検されていない) 地域がいくつかある There are several *unexplored* regions in this continent.

しんせつ[1] 親切 —[形] (親切な・優しい) kind; (性格として) kindly; (人に対して道徳的に振舞う) good; (友好的な) friendly; (温かくもてなす) hospitable; (優しく思いやりがあって) tender, tenderhearted; (寛大な) generous. —[副] (親切に) kindly; (優しく) tenderly, tenderheartedly; (好意的に) good-naturedly; good-heartedly; hospitably. —[名] (親切な行為) kindness [U] ★1つ1つの行為をいうときは[C]; kindliness [U]; (優しさ) tenderness [U]; (好意) goodwill [U]; friendliness [U]; hospitality [U].

【類義語】最も一般的な語は ***kind***. 本質的に親切な性格を持っていることは ***kindly*** で表す. 従って「彼はおばさんにだけ*親切だ」は He is *kind* only to his aunt. であって, *kindly* は用いられない. また「彼は*親切な心の持ち主だ」は He has a *kindly* heart. のほうが He has a *kind* heart. よりも適切な表現である. 道徳的に健全であるという意味から「親切」なのは ***good*** という.「近所の人に*親切にしなさい」を Be *good* to your neighbors. と訳せば, けんかをしたり, いじわるをしたりしないことを意味する. 友人として親切に扱うのは ***friendly***. 旅行者・お客などを快く迎え入れるような親切は ***hospitable*** である. 《☞ やさしい[1]; おもいやり》

¶ 彼女はとても*親切だ She is very *kind*. / She is *kindness* itself. ★ itself は強調用法.

彼は私にはいつも*親切です He is always *kind* to me.

アメリカ人は旅行者にとても*親切です Americans are very *friendly* to visitors. / Visitors are treated with great *hospitality* in America.

それは*親切な気持ちからしたことです I did it out of *kindness*.

ご*親切なお言葉をありがとうございました Thank you for your *kind* ⌜words [advice].

ご*親切にどうもありがとうございました Thank you very much. It was very *kind* of you (to do so). / Thank you very much for your *kindness*. 《☞ 感謝の表現 (囲み)》

彼は*親切にも駅まで車で送ってくれた He *kindly* ⌜took me [gave me a ride] to the station in his car. / He was so *kind* as to take me to the station in his car.

彼女はいろいろ*親切にしてくれた (⇒ 親切な行為をしてくれた) She did me many *kindnesses*.

ご*親切は決して忘れません I shall [I'll] never forget your *kindness*.

しんせつ[2] 新設 —[形] (新しい) new; (新たに設置された) newly-⌜organized [established; founded]. —[動] (組織・機関などを) establish (他), organize (他) ★ 前者は恒久的なものをいう; (学校・団体など, 資金を要するものを) found (他).

¶ この地域に高等学校を*新設してほしい We want to have a *new* high school (⌜*founded* [*opened*]) in this area. // これは*新設校です This is a ⌜*newly-founded* [*newly-established*] school. // 私たちの学校は2年前に*新設された Our school *started* two years ago.

しんせつ[3] 新説 (学説) new theory [C]; (見解) new view [C]; (解釈) new interpretation [C].

しんせっきじだい 新石器時代 —[名] the New Stone Age, the Neolithic [nìːəlíθik] ⌜era [age] ★ 後者は学名. —[形] neolithic.

しんせん 新鮮 —[形] fresh; (新しい) new; (生き生きした) green. 《☞ いきいき》. ¶ 散歩に行って*新鮮な空気を胸いっぱい吸い込んだ I went for a walk and breathed the *fresh* air deeply. // *新鮮な野菜はほんとにおいしい *Fresh* vegetables are (just) delicious.

しんぜん[1] 親善 (友好心) goodwill [U]; (親交) friendliness [U]; (友情) friendship [U]; (友交関係) friendly relations.

¶ 日中*親善のために中国にバレーボールのチームを派遣した We've sent volleyball teams to China to promote ⌜*friendly relations* [*goodwill*] between China and Japan. // 国際*親善は相互理解に基づくべきだ International (*good-*)*fellowship* should be based (up)on mutual understanding. // 大臣は*親善使節としてアフリカへ行く The minister will go to Africa ⌜as a *goodwill* envoy [on a *goodwill* mission].

しんぜん[2] 神前 before ⌜God [a deity; the altar]. **神前結婚** wedding according to Shinto rites [C] 《☞ 日本固有の風物と英語 (囲み)》.

じんせん 人選 —[名] (適当な人を選ぶこと) the selection of a suitable person; (人選をして任命すること) appointment [U]. —[動] select [choose] a (suitable) person (for ...); appoint (他). 《☞ せんこう[1]》.

¶ いま適当な人を*人選中です We are now *in the process of selecting a suitable person* for the post. / (⇒ 探しているところだ) We are *looking for a suitable person* for the post now.

しんそう[1] 真相 (真実) the truth; (事実) fact [C]. 《☞ しんじつ; うちまく; ないじょう》.

¶ *真相が知りたい I want to know *the* ⌜*truth* [*fact*]. // *真相が明らかになった *The truth* has just come out. // *真相究明のために委員会が作られた A committee has been formed to ⌜inquire into *the true state of things* [disclose *the truth*]. / (⇒ 真相究明委員会が作られた) A *fact-finding* committee was formed.

しんそう[2] 新装 —[名] (建物の) renovation [U]; (模様がえなどの) refurbishment [U]. —[動] renovate (他); refurbish (他). ¶ その店はあす*新装開店する The shop, *having been refurbished*, will open tomorrow.

しんぞう 心臓 **1** «体の心臓» —[名] heart [C]. —[形] (心臓に関する) cardiac. 《☞ ないぞう[1] (挿絵)》.

¶ 彼は*心臓が弱い[悪い] He has a weak *heart*. // 熱い風呂は*心臓の悪い人にはよくない A bath that is too hot is not good for people with ⌜*heart* trouble [*cardiac* disorder]. // 彼女の手紙を受け取ったとき, *心臓が高なった My *heart* leaped when I received her letter. // あまりびっくりして*心臓が一瞬止まった I was so astonished that for a moment my *heart* stood still. // 彼は*心臓肥大だ He has an enlarged *heart*. // 彼は*心臓発作で亡くなった He died of *heart* ⌈failure [attack].

2 《大胆不敵》 ── ［形］ (ずうずうしい) brazen-faced; (大胆な) bold. ── ［動］ (厚かましくも…する) have the ⌈cheek [nerve] to *do*.

¶ 彼女は*心臓が弱い (⇒ 臆病(おくびょう)だ) She is ⌈shy [timid]. // 彼はなかなかの*心臓だ I've found him *brazen-faced*. // 彼は*心臓にも金をくれと言った He ⌈made [was] so *bold* as to ask me for money. / He *had the* ⌈*cheek* [*nerve*] *to* ask me for money. // ここへ来るなんて*心臓だな (⇒ よく来れたものだ) How *dare* you come here!

心臓移植 heart transplant Ⓤ **心臓外科[手術]** cardiac [heart] surgery Ⓤ **心臓外科医** cardiac [heart] surgeon Ⓒ **心臓専門医** heart specialist Ⓒ **心臓病** heart [cardiac] disease Ⓤ 《☞ 病気・病院 (囲み)》 **心臓病患者** heart patient Ⓒ **心臓弁膜症** valvular disease of the heart Ⓤ **心臓麻痺(まひ)** heart failure Ⓤ.

じんぞう¹ 人造 ── ［形］ (人工的に作った) man-made; (本物の代用として作られた) artificial; (模造の) imitation; (合成の) synthetic.

人造湖 man-made lake Ⓒ **人造繊維** synthetic [chemical] fiber Ⓤ **人造人間** robot Ⓒ.

じんぞう² 腎臓 ── ［名］ kidney Ⓒ. ── ［形］ renal. 《☞ ないぞう¹ (挿絵)》. ¶ 彼は*腎臓が悪い He has *kidney* trouble. // あの患者は人工*腎臓が必要です The patient needs an artificial *kidney*. **腎臓結石** renal [kidney] stone Ⓒ **腎臓病** kidney trouble Ⓤ.

しんぞく 親族 relative Ⓒ, relation Ⓒ ★ 前者のほうがより一般的; (総称) kinsfolk. 《☞ しんるい; けつえん》.

¶ 彼は*親族が多い[少ない] He has ⌈many [few] *relatives*. // *親族一同を代表して感謝の意を申し上げます I would like to express my ⌈gratitude [appreciation] on behalf of all *the relatives*. // この件は*親族会議で討議しましょう Let us discuss this matter at the *family* meeting.

じんそく 迅速 ── ［形］ (動作が素早い) quick; (速い) fast ★ 一般的な語で, ほかの語の代わりに使える; (急速な) rapid; (敏捷(びんしょう)な) swift. ── ［副］ quickly; fast; rapidly; swiftly. 《☞ はやい¹ (類義語)》.

しんそつ 新卒 new graduate Ⓒ 《☞ そつぎょう》.

しんたい¹ 身体 (最も一般的に体を指して) body Ⓒ; (体格) constitution Ⓒ.

¶ 彼は*身体強健だ He is *physically* strong. / (⇒ 健康だ) He is (quite) *healthy*. // 健全なる*身体に健全なる精神(が宿らんことを) A sound mind in a sound *body*. 《ことわざ》 // 精神の発達と*身体の発達は必ずしも伴わない Mental development does not always go hand in hand with *physical* development.

身体検査 (医学的) physical ⌈examination [checkup] Ⓒ; (あちこち身体に触って捜すこと) search Ⓤ; (空港などでの) body check Ⓤ. ¶ きのう*身体検査を受けた I had a *physical* ⌈*checkup* [*examination*] yesterday. // 警官はその男の*身体検査をした The policeman *searched* the man. **身体障害** physical handicap Ⓒ **身体障害者** physically handicapped person Ⓒ, disabled person Ⓒ ★ 後者はより改まった言い方; (集合的) the physically handicapped. 《☞ しんしょうしゃ》.

しんたい² 進退 **1** 《進むか退くか》 ── ［動］ advance or retreat; (動く) move (自). ¶ 雪の中で我々は*進退きわまった We couldn't ⌈either *advance or retreat* [*move* in any direction] in the snow. / (⇒ 立ち往生した) We *got stalled* in the snow. 《☞ きわまる》

2 《態度》: (態度) *one's* attitude Ⓤ; (進路) *one's* course of action Ⓒ. ¶ そろそろ*進退を明らかにすべきだ We should ⌈decide on *our course of action* [clarify *our attitude*] pretty soon. // 彼は*進退うかがいを提出した (⇒ 辞表を提出した) He has submitted a *resignation*.

しんだい 寝台 bed Ⓒ; (船・列車の) berth Ⓒ. 《☞ ベッド》. ¶ *寝台は上[下]段がよいでしょうか Do you prefer ⌈an upper [a lower] *berth?* **寝台券** berth ticket Ⓒ **寝台車** sleeping car Ⓒ, sleeper Ⓒ **寝台料金** (個別の) sleeper [sleeping] berth fee Ⓒ; (運賃体系の中での) sleeper charges ★ 複数形で.

じんたい 人体 human body Ⓒ 《☞ しんたい¹; からだ》. ¶ 実験で*人体が危険にさらされてはならない (⇒ 実験が人体に危害を加えてはならない) The experiment should not inflict ⌈injury [*bodily* injury] on anyone.

人体解剖図 anatomical chart Ⓒ **人体実験** experiment on a human body Ⓒ.

しんたく¹ 信託 **信託銀行** trust company Ⓒ **信託統治** trusteeship Ⓤ **信託統治領域** trust territory Ⓒ. ¶ この島は国連の*信託統治領域である This island is placed under (the) U.N. *trusteeship*. **信託預金** trust deposit Ⓒ.

しんたく² 神託 (神のお告げ) oracle Ⓒ, divine message Ⓒ ★ 後者は説明的.

しんだん 診断 ── ［名］ diagnosis [dàiəgnóusis] Ⓒ 《複 diagnoses [dàiəgnóusiːz]》. ── ［動］ diagnose [dáiəgnòus, -nòuz] (他). 《☞ 病気・病院 (囲み)》. ¶ その医者は彼女の病気をがんだと*診断した The doctor *diagnosed* her illness as cancer. **診断書** medical certificate Ⓒ.

じんち¹ 人知 (人間の知恵・理解力) human ⌈intelligence [understanding] Ⓤ. ¶ それはとても*人知の及ぶところではない It is far beyond *human* ⌈*understanding* [*intelligence*].

じんち² 陣地 (守備をしている場所) position Ⓒ; (野営地) encampment Ⓒ. 《☞ じん¹》.

しんちく 新築 ── ［名］ (新しい建造物) new building Ⓒ. ── ［形］ newly built. ── ［動］ (建てる) build (他), construct (他) ★ 後者はやや形式ばった語. 《☞ けんちく; たてる¹》.

¶ 彼は家を*新築した He *has built* a (new) house. // 私の家はいま*新築中です My house

親 族 関 係

I 家族

家族名を英語に直すときに注意することは，英語では長幼の順による呼称があまり用いられないこと，夫婦や兄弟の間で互いに呼び合うときは名前を言うのが普通であることなどである．例えば「兄さん」と兄に呼びかけることはあまり普通ではなく，Tom とか George のような名前を言うのである．

1 呼称

夫婦と子供だけの家庭を考えて，まず各構成員の呼称を「私 (I)」を中心とした家系図 (family tree) で示してみよう．

(1) 私 (I) が子供である場合

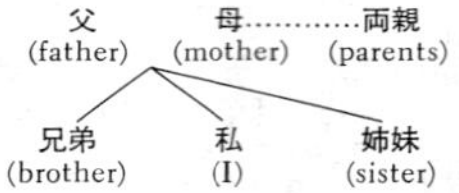

(2) 私 (I) が親である場合

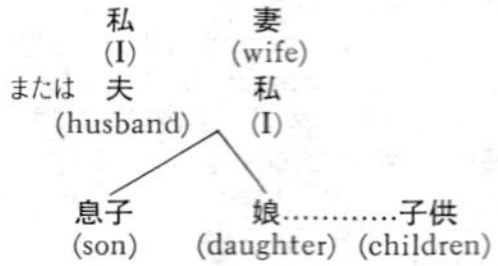

以上について次の点に注意する必要がある．

(i) 日本語では，漢字では兄弟と姉妹を区別するが，「きょうだい」と発音して姉妹をも含めていう場合が多い．((例)「女のきょうだい」)

しかし，英語では男女をはっきり区別する．従って，「きょうだい」を引っくるめて言うときは brothers and sisters という言い方をしなくてはならない．兄弟・姉妹を引っくるめて siblings という言い方もあるが，日常語ではない．

(ii) 「年上のきょうだい」はそれぞれ，older [elder] brother, older [elder] sister または子供の場合は big brother, big sister と言い，「年下のきょうだい」はそれぞれ younger brother, younger sister, またはあまり年のゆかない子供なら little brother, little sister と言うが，これは必要のあるときに使う第二義的な，いわば説明のための表現て，日本語の「兄」とか「妹」のように 1 語で表す言葉はない．普通は my brother とか my sister のような言い方をし，長幼の順は問題にしない．

(iii) 英語では妻が夫のことを「主人」というような言い方をすることは，冗談の場合を除いてはない．最も一般的なのは my husband である．ただし，改まった感じの言い方では性別を無視して「配偶者 (spouse)」という言い方がされることがある．

(iv) 親から見て息子や娘を引っくるめて my [our] children と呼ぶことができる．子供が成人しても，「親の子供」という意味では children と呼ぶことが可能である．しかし成人後は普通は son とか daughter と言うことが多い．

(v) 子供から見て，両親を parents と言う．父または母のいずれか一方は parent と単数形で言う．

(vi) 以上は，father, mother を除いては呼びかけには使わないのが普通である．父親が息子に向かって，「息子よ」という意味で my son と呼びかけることはあるが，これはかなり改まったときである．この点は日本語と共通していると言ってよい．

2 呼びかけ

(1) 夫婦間

honey, my dear, dear, darling, my darling などか，さもなくば互いに相手の名 (first name) を呼び合うのが最も普通．次の点に注意．

(i) honey や dear, my dear などは親から子供への呼びかけにも使う．ただし honey は父親から娘への呼びかけには使うが，息子には普通使わない．

(ii) 《米》では my dear のほうが dear より改まった感じだが，《英》ではその逆である．

(iii) Yes, dear. のように受け答えの呼びかけには dear を使っても，改めて呼びかけるときには名を呼ぶケースも多い．

(2) 親から子供へ

(1) で述べたように，honey, dear などを使うこともあるが，多くの場合，名 (first name) を呼ぶ．この点は日本語と似ている．

(3) 子供から親へ

小さい子供なら，父親を呼ぶには，Daddy, Dad, 母親を呼ぶには，Mummy, Mammy, Mom が最も普通．少し成長して，10 代以上になると，Daddy や Mummy は子供っぽく感じられるせいかあまり使われなくなり，Dad, Mom, あるいは Father, Mother と呼ぶことが多くなる．次の点に注意．

(i) 英語では「パパ」「ママ」に当たる papa, mamma, mama はあまり使われない．従って，日本語の「パパ」は Dad または Daddy,「ママ」は Mom, あるいは Mummy と訳したほうがよい．

(ii) Pa, Ma という言い方もされるが，あまり一般的ではない．

(iii) Dad, Mom などは，固有名詞的な扱いを受けるので，書くときは大文字で始める．Father, Mother も同様である．また my も付けない．日本語の「お父さん」「お母さん」も家族内では固有名詞的であるのと似ている．

(iv) Father, Mother はやや改まった感じであるので，年少の子供たちはあまり使わないが，成人した人たちの間ではかなり一般的である．

(4) きょうだい同士

原則として名(first name)で呼び合う. 従って日本語の「兄さん」「姉さん」という呼びかけは名が示されていないと訳すことが不可能.

II　家族以外の親族・姻戚関係

「私 (I)」を中心にして図で示してみよう.

(1)

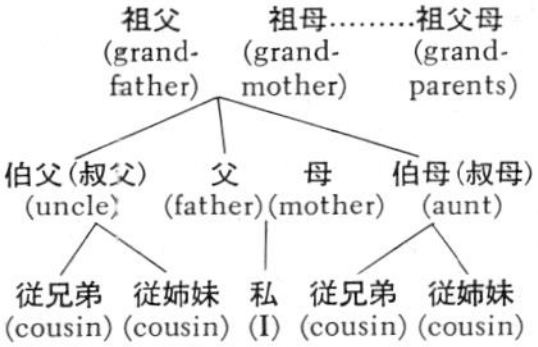

次の点に注意が必要である.

(i) 父方・母方で呼称は違わない.

(ii) 伯父・伯母(親より年上), 叔父・叔母(親より年下)の区別はない.

(iii) 伯父・伯母の配偶者はそれぞれ aunt-in-law, uncle-in-law のように -in-law を付ける.

(iv) 祖父母を引っくるめて grandparents と呼ぶ. そのいずれか 1 人は grandparent である.

(v) 英語ではいとこ(従兄弟・従姉妹)には男女の区別はしない, 必要なときは male, female を付ける.

(vi) 父母の兄弟・姉妹の子供, すなわちいわゆるいとこの正式な呼称は first cousin である. しかし, 英語では, いとこの子供 (first cousin once removed) も父母のいとこの子供 (second cousin) (日本語のまたいとこもこれに当たる)も, みな通称 cousin と言う. 以上あげたような正式な呼称は特に説明を要するときか, 相続問題を論じるような改まったときでなければしないので, cousin という語の使い方には注意を要する.

(vii) 曾祖父は great-grandfather, 曾祖母は great-grandmother, これを引っくるめて great-grandparents と言う.

(viii) それから 1 世代ずつさかのぼるごとに great- を 1 つずつ付け加えて, great-great-grandfather, great-great-great-grandmother のように言う.

(2)

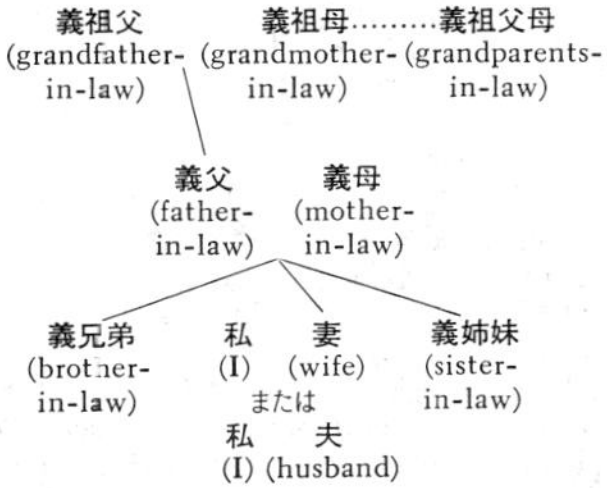

次の点に注意する必要がある.

(i) 姻戚関係にはみな -in-law が付く.

(ii) それ以外は血縁関係に準じる.

(3)

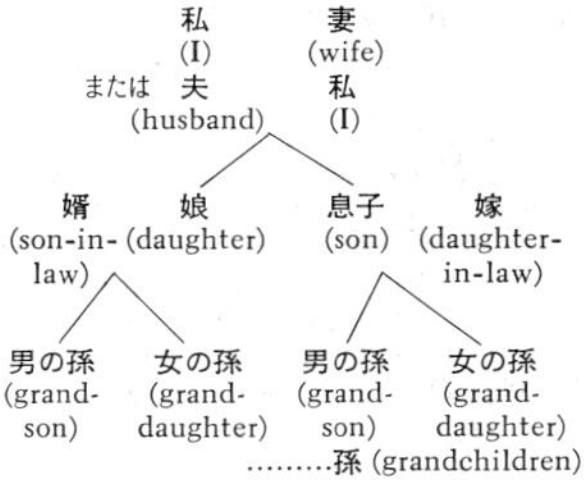

次の点に注意する必要がある.

(i) 嫁・婿には -in-law が付く.

(ii) 曾孫は great-grandson (男), great-granddaughter (女) とする.

(iii) それから先は 1 世代下がるごとに great- を付け, great-great-grandson, great-great-great-granddaughter のように言う.

(iv) 孫を引っくるめて grandchildren, 曾孫を引っくるめて great-grandchildren のように言うことができる.

(4)

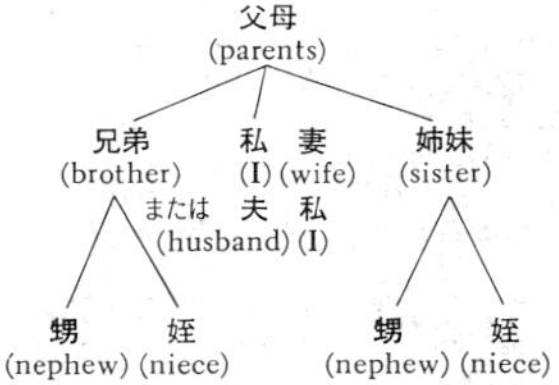

(5)

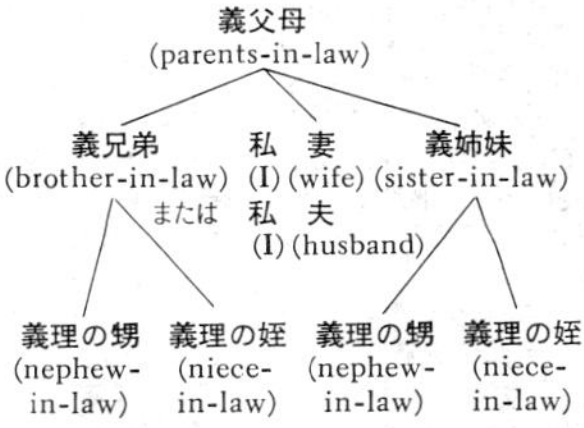

次の点に注意する必要がある.

(i) 妻方の甥・姪には -in-law が付く.

(ii) 甥・姪の息子は grandnephew, 甥・姪の娘は grandniece で, 妻方の場合にはそれに -in-law が付く.

(iii) 甥の嫁 (義理の姪) は niece-in-law, 姪の婿 (義理の甥) は nephew-in-law である.

III 親族関係に関する用例

¶家族とは，結婚，血縁，養子縁組によって結ばれ，一家を構成する人々のグループと定義される The family is defined as a group of persons united by the ties of marriage, blood or adoption, constituting a single household.
一家族の構成員は，夫と妻，父親と母親，息子と娘，兄弟，姉妹として，それぞれの社会的立場から，互いに影響しあう The members of the family interact with each other in their respective social positions of husband and wife, father and mother, son and daughter, brother and sister.
核家族は結婚した男女とその子供たちから成る The nuclear family consists of a married man and woman with their offsprings.
夫はきょうだいが多いので，私にはたくさんの姻戚があるAs my husband has many brothers and sisters, I have (got) many in-laws.
お父さん，これを見て下さい Father [Dad; Daddy], look at this, please.
サムおじさん，こちらはボブです Uncle Sam, this is Bob. [語法]「おじさん・おばさん」の場合には名前と並べてこの例のように用いることが多い.《☞ 紹介 (囲み)》
ちょっと待ちなさい. お父さんがやってあげよう Wait a minute. I will do it for you. [語法] 日本語では1人称の代わりに，相手に対する役割上の名称を用いて会話をすることが多いが，英語に直す場合には，1人称代名詞となる場合がほとんどなので注意すること.

is *under construction.* // あの*新築の (⇒ 新しい) 家の隣の白い家が彼の家です The white house next to *the new one* is his.
新築祝い (パーティー) housewarming Ⓒ; (贈り物) housewarming present Ⓒ.

じんちく 人畜 (人と家畜) men and beasts. ¶*人畜無害 No harm to *man and beast*

しんちゃ 新茶 new tea Ⓤ《☞ ちゃ》.

しんちゃく 新着 —[名] new arrival Ⓒ. —[形] newly-arrived. ¶彼女は*新着の本をはしから買う She buys all the *newly-arrived* books at once.

しんちゅう¹ 心中 (考え) *one's* mind; (感情) feelings.《☞ きょうちゅう》. ¶彼は*心中穏やかでなかった (⇒ 満足ではなかった) He *was* ˹*not content* [*discontented*]. / (⇒ 感情を害された) He felt *hurt.* // *心中をお察しいたします (⇒ 同情する) I *sympathize with* you.

しんちゅう² 真鍮 —[名] brass Ⓤ. —[形] brass.

しんちょう¹ 身長 height [háit] Ⓤ ★一般的な語; (立った時の背丈) stature Ⓤ.《☞ せい¹; 度量衡 (囲み)》.
¶彼女の*身長は162センチです She ˹*is* [*stands*] 162 centimeters *tall.* / She is 162 centimeters *in* ˹*height* [*stature*]. //「*身長はどのくらいですか」「165センチです」"What's *your height?*" "(It's) 165 centimeters." / "How *tall* are you?" "(I'm) 165 centimeters (tall)." // この1年間に*身長が5センチ伸びた I became five centimeters *taller* this year.

しんちょう² 慎重 —[形] (注意深い) careful ★最も一般的な語. 以下の語の代わりに用いられることもある; (危険などに対して用心深い) cautious; (言葉などに用心して) guarded; (分別・思慮のある) discreet; (配慮がゆき届いて) prudent. —[副] carefully; cautiously; discreetly; prudently. —[名] caution Ⓤ; discretion [diskréʃən] Ⓤ; prudence Ⓤ.
¶雨のときは*慎重に運転しなさい Drive very *carefully* when it is raining. // 化学薬品の取り扱いは十分*慎重にして下さい Exercise extreme *caution* in working with chemicals. // 彼は発言が*慎重である He is always *guarded* in what he says. // 私たちの行動には*慎重さが必要だ We are expected to act ˹*with prudence* [*prudently*]. // 彼の行動はしばしば*慎重さを欠く He is apt to *be* ˹*careless* [*imprudent*] in his action. // その問題は*慎重な考慮を要する (⇒ 我々はその問題に真剣な配慮をする必要がある) We should give the matter *serious* consideration.

しんちょう³ 新調 —[形] (新品の) new; (新しく作った) newly-made; (真新しい) brand-new. ¶スーツを*新調した (⇒ 作らせた) I ˹*had* [*got*] a suit *made.* // これが*新調のかばんだ This is my ˹*new* [*brand-new*] bag.

じんちょうげ 沈丁花 daphne [dǽfni(:)] Ⓒ《☞ 花 (囲み)》.

しんちんたいしゃ 新陳代謝〘生物〙metabolism Ⓤ.

しんつう 心痛 (不安・心配) anxiety Ⓤ; (悲しみ) distress Ⓤ.《☞ しんぱい》.

じんつう 陣痛 labor (《英》labour) Ⓤ.

じんつうりき 神通力 (魔法の力) magical power Ⓤ; (超自然的な力) supernatural power Ⓤ.

しんてい 進呈 —[動] (人に物を与える) give ㊀ [語法] I'll give this to you. などの表現は直接的で，相手を目の前にして言うときは失礼な感じがするので，This is my present to you. / This is for you. などが普通; (人に贈り物をする) present ㊀.《☞ さしあげる》.
¶*進呈：田中様 鈴木より《献呈の辞などで》Mr. Tanaka *d.d.* Suzuki. / To Mr. Tanaka *Best regards,* Suzuki. [語法] d.d., best regards は贈り物などに付ける表示. // お祝いにこの本を*進呈しましょう This book is my congratulatory present to you. // カタログ無料*進呈 Catalog *offered* free《☞ 掲示の英語 (囲み)》

しんてん¹ 進展 —[名] (発展) development Ⓤ ★具体的な事柄を指すときは Ⓒ; (進むこと) progress Ⓤ; (前進) advance Ⓤ. —[動] develop ㊂; progress ㊂; make progress; advance ㊂.《☞ はってん》.
¶捜索には*進展がありましたか Have there been any *developments* in the search? / Has there been any *progress* made in the

search? // 私たちの話し合いは思わぬ方向に*進展してしまった Our talks *have* 「*gone* [*advanced*] in an unexpected direction.

しんてん² 親展 confidential ★ 手紙の封筒などに書く.

しんでん 神殿 shrine Ⓒ; (聖なる場所) sanctuary Ⓒ.

しんでんず 心電図 〘医学〙 electrocardiogram Ⓒ, cardiogram Ⓒ《略 ECG》.

しんと ―形 (物音・動きがなく) quiet ; (物音がしない) silent; (まったく静まりかえって) still. 《☞ しずか (類義語); 擬声・擬態語 (囲み)》.
¶ 辺りは*しんとしていた It was *very quiet* all round. / All was *quiet*. / *Not a sound* was heard all round (us). // 彼らは彼女の言葉に驚いて一瞬*しんとなった For a moment, they *were struck dumb* with astonishment at her remark.

しんど¹ 震度 seismic [sáizmik] intensity Ⓤ ★「地震の強度」という一般的な言い方; (日本式の震度) intensity of the quake (on the Japanese scale) Ⓤ ★ 人体に感じる震動をもとにしたもので, 日本独特のもの. 従ってかっこ内の説明を付けたほうがよい場合が多い ; (地震の震度の計り方) seismic scale Ⓒ; (地震の規模・マグニチュード) magnitude Ⓤ, the Richter [ríktər] scale ★ C. Richter によって作られたマグニチュードの計り方. アメリカでは一般にこれが使われる. 《☞ マグニチュード ; 自然災害 (囲み)》.
¶ けさの地震は東京で*震度2でした The *intensity of the quake* this morning was 2 *on the Japanese scale* (*of seven*) in Tokyo. // 地震計は*震度5の震動を記録した The seismometer [saizmámətər] recorded a tremor of the 5th *degree* (*on the seismic scale*).

しんど² 進度 progress Ⓤ. ¶ このクラスは2時間ほど英語の*進度が遅れている This class is two hours behind in English.

しんど³ 深度 depth Ⓤ《☞ ふかさ》.

しんとう¹ 浸透 ―動 (思想・考えなどが染み込む) penetrate ㊀㊁, infiltrate ㊀㊁ 語法 ほぼ同意のこともあるが, 前者は影響などが自然に染みとおること, 後者はかなり積極的・攻撃的に染み込むことをいう; (染み渡る) permeate [pə́ːmièit] ㊁ ㊀. ―名 penetration Ⓤ, infiltration Ⓤ; permeation Ⓤ. 《☞ しみこむ》.
¶ 水はだんだんに土に*浸透していった Water gradually *permeated* (into) the soil. // 彼らはウーマンリブの*浸透をはかっている They are trying to effect an *infiltration* of the women's lib movement. // この考えを何とか*浸透させたい I want this idea to *penetrate* into people's minds.

しんとう² 神道 Shintoism Ⓤ, Shinto Ⓤ. 《☞ 日本固有の風物と英語 (囲み)》. **神道信者** Shintoist Ⓒ.

しんとう³ 親等 the degree of relationship Ⓤ《☞ -とうしん》.

しんどう¹ 震動, 振動 **1** «震動・震え動くこと» ―名 (震え・微動) vibration Ⓤ, tremor Ⓒ 語法 前者は特にぴんと張った糸などの震動のように速く小刻みでリズミカルな震動をいう ; (衝突などによる激動) shock Ⓒ; (地震などの揺れ) quake Ⓒ. ―動 vibrate ㊁; tremble ㊁, shake ㊁; quake ㊁; (がたがたと大きく) jolt ㊁. 《☞ ふるえる (類義語)》.
¶ 地震の*震動は感じなかった We didn't feel the (*earth*) *quake*. // 爆発の*震動はかなりひどかった The *shock* of the explosion was pretty 「severe [strong]. // この道の車の交通の激しさで建物が*振動する (⇒ 激しい車の交通が建物を振動させる) The heavy traffic on this street *shakes* the buildings. // このバスは*振動が激しい This bus 「*jolts* [*bumps*] terribly.
2 «振動・揺れ動くこと» ―名 (振子などの振れ) swing Ⓤ, oscillation Ⓤ. ―動 swing ㊁, oscillate ㊁ ★ 後者は改まった語.

しんどう² 神童 infant 「prodigy [genius] Ⓒ.

じんとう 陣頭 ¶ 将軍は*陣頭で指揮をとった The general commanded the army *from its head*. / (⇒ 先導した) The general *led* the army.

じんどう 人道 (道義) morality Ⓤ; (人間愛) humanity Ⓤ ★「人道的行為」では humanities. ¶ *人道的見地をとるべきだ We should take a *humanitarian* 「point of view [viewpoint]. // 彼らの行為は*人道にもとるものである Their actions are against *humanity*. **人道主義** humanitarianism Ⓤ **人道主義者** humanitarian Ⓒ.

じんとく 人徳 (生まれつきの美徳) *one's* natural virtue Ⓤ; (個人的な魅力) *one's* personal charm Ⓤ. ¶ 事がうまく行ったのは彼女の*人徳だ *Her* 「*personal charm* [*natural virtue*] helped very much in carrying out the plan.

じんどる 陣取る (位置を占める) take up *one's* 「station [position], place *oneself* ; (軍隊が陣営を設ける) encamp ㊁. 《☞ じん¹》.
¶ 彼らはいつも教室の前列に*陣取っている (⇒ 座っている) They *are* always *seated* in the front row in class. // デモ隊は建物の前に*陣取った The demonstrators 「*took up* (*their*) *position* [*placed themselves*] in front of the building.

シンナー thinner [θínər] Ⓤ. ¶ *シンナー遊び *glue*-sniffing // *シンナーを吸う sniff *glue* / inhale *paint thinner*

しんにち 親日 ―形 pro-Japanese. **親日家** pro-Japanese Ⓒ.

しんにゅう¹ 侵入 ―動 (家屋などへ) break (into ...) ㊁; (領土などへ) carry out an invasion (upon ...), make a raid (on ...), raid (into ...) ㊁; (無理やりに入る) intrude (into ...) ㊁; (私有地などへ) trespass (on ...) ㊁. ―名 invasion Ⓤ; intrusion Ⓤ; (不意の) raid Ⓒ. 《☞ おしいる ; しんりゃく》.
¶ 泥棒は窓から*侵入した The robber *broke into* the house 「by [through] the window. // 数台の戦車が突然わが陣に*侵入してきた Some tanks suddenly 「*carried out an invasion upon* [*made a raid on*; *raided into*] our positions. // *侵入者は逮捕する *Intruders* [*Trespassers*] will be arrested.

しんにゅう² 進入 ―[動] (入る) enter (他), go (into ...) (自) ★後者のほうが口語的. **進入禁止**《掲示》Don't [Do not] enter ★一方通行出口など.《☞掲示の英語 (囲み)》.

しんにゅうせい 新入生 new student Ⓒ; (大学・高校の1年生) freshman Ⓒ《複 -men》.《☞いちねんせい; 学校・教育 (囲み)》. ¶彼女は*新入生だ She is a *new student*. / She is a *freshman*. [語法] 男女に関係なく freshman を用いる.

しんにん¹ 信任 ―[名] confidence Ⓤ. ―[動] place confidence (in ...).《☞しんらい》.
¶彼は選挙民の*信任を得た He「won [earned] the *confidence* of his constituency.
信任状 credentials ★通例複数形で. 主として政府の信任状を示す. **信任投票** vote of confidence Ⓒ. ¶政府は*信任投票に勝った [敗れた] The government「won [lost] a *vote of confidence*.

しんにん² 新任 ―[形] (新しい) new; (新たに任命された) newly-appointed. ¶*新任の先生 a *new* teacher

しんねん¹ 信念 (信念・信仰) belief Ⓤ; (理屈抜きの) faith Ⓤ; (ある事の正当性に対する確信) conviction Ⓒ.
¶彼は*信念の人だ He is a man of *strong convictions*. // 君は自分の*信念を棄てたのですか Have you given up your *faith*? // まだ自分が正しいという*信念を持っているのか *Are* you still *convinced* [Do you still hold the *conviction*] that you are right?

しんねん² 新年 (一般的な年の) new year Ⓒ; (特定の年の) the New Year ★大文字で書く.《☞しょうがつ》.
¶*新年おめでとう (I wish you a) Happy New Year! [参考] 日本では年が明けてから用いるが, 英米では年の明ける前から用いられる.「あなたによい新年が来ますように」との祈願文がもとだからである. またクリスマスカードなどで "Merry Christmas and a Happy New Year." のように書くときは a を付けることもある.《☞とし¹ [参考]》// 日本では除夜の鐘をついて旧年を送り, *新年を迎える In Japan, we ring out the old year, and ring in *the new year*. // *新年早々に試験がある We'll be given an examination early *in January*.

しんのう 親王 Imperial prince Ⓒ.

しんぱい 心配 ―[名] (心にのしかかるような不安) care Ⓤ; (関心を持っているものに対する) concern Ⓤ; (将来への不安) anxiety [æŋzáiəti(:)] Ⓤ; (悩み事による) worry Ⓤ; (恐れによる) fear Ⓤ; (何となく不安な) uneasiness Ⓤ; (心配事) trouble Ⓒ. ―[動] (漠然とした憂慮の気持ちを示して) be afraid (of ...; that ...); care (自); worry (他)(自); fear (他)(自); be「concerned [anxious] (about ...); be troubled. [語法] 動詞については care は (自) で主として否定文・疑問文に用いられる. worry, fear は (他)(自). trouble は (他) が普通で, (自) は主として否定文・疑問文に用いられる. ―[形] anxious; uneasy.
【類義語】心にのしかかる不安・心配など, また責任などに対する精神的重圧は *care*. 深い関心のあるものに対する心配は *concern*. 将来起こりそうな不安・不幸などに対する心配は *anxiety*. あれこれと思い悩む意味で一般的な語は *worry*. 恐れ・恐怖という意味では *fear*. 不安で落ち着けない気持ちになる心配は *uneasiness*. 悩み事・不幸などによる心配事は *trouble*. なお, それぞれ心配事の意味では複数形で用いることが多い.《☞ふあん; なやみ》
¶あまり*心配しなさんな Don't *worry*. / Don't *be worried*.
息子の将来が*心配だ I「*worry* (*myself*) [*am worried*; *am anxious*; *am concerned*] about my son's future.
*心配そうな顔をしているが, どうしたのですか You look *worried*. What's the matter with you?
ご*心配にはおよびません Please don't *trouble* (about me).
また間違えたのではないかと*心配した I *was afraid* I had made a mistake again.
彼女は*心配のあまり病気になった She got sick from *anxiety*.
彼は落第することを*心配して試験を受けたがらない He doesn't want to take an examination *for fear of* failure.
私は*心配で眠れなかった I could not sleep with *worry*.
費用のことなら*心配はいらない Don't *worry about* [*Never mind* (*about*)] the expenses.
おじが迎えに来なかったらどうしようかと*心配だった I「*was* [*felt*] *uneasy* to think what I should do, if my uncle should fail to come to meet me.
彼は宿まで*心配してくれた (⇒ 親切にも見つけてくれた) He *was kind enough to find* me a place to stay.

しんばつ 神罰 divine punishment Ⓤ.

しんぱん¹ 審判 ―[名] (事件の) judgment (《英》judgement) Ⓤ. ―[動] (判定を下す) judge (他); (スポーツなどの) referee (他), umpire (他).《☞さばき》.
¶私は今度の日曜日に野球[サッカー]の*審判を頼まれている I've been asked to「*umpire* the baseball game [*referee* a soccer match] next Sunday. //《キリスト教の》最後の*審判の日 *Judgment* Day / the Day of *Judgment*
審判員 (野球の主審などの) umpire Ⓒ; (ボクシング・フットボールなどの) referee Ⓒ; (一般に競技などの) judge Ⓒ.

しんぱん² 侵犯 ―[名] (権利の) violation Ⓤ; (領土の) intrusion Ⓤ. ―[動] violate (他); intrude (他).《☞しんりゃく; しんにゅう¹》.

しんぱん³ 新版 new edition Ⓒ《☞はん³; しんかん¹》.

しんぴ 神秘 ―[形] mysterious. ―[名] mystery Ⓒ. **神秘主義** mysticism Ⓤ **神秘主義者** mystic Ⓒ.

しんびがん 審美眼 (美的感覚) aesthetic

sense Ⓒ, eye for the beautiful Ⓒ.

しんぴょうせい 信憑性　— 名 (信頼性) reliability Ⓤ.　— 形 reliable. (☞ しんらい).　¶この記事には*信憑性がある[ない] This is ⌈a *reliable* [*an unreliable*] article.

しんぴん 新品　— 名 new article Ⓒ.　— 形 new; (真新しい) brand-new. (☞ あたらしい).　¶これは*新品で中古品ではない This is a *new* article, not a secondhand one. // これは*新品同様です This is as good as *new*.

しんぷ[1] 神父　father Ⓒ; (カトリックの司祭) (Catholic) priest Ⓒ　語法 呼びかけには前者を使い，後者は「彼は神父になった」He became a *Catholic priest*. のような記述に用いる. father も口語ではこの用法にも使える. (☞ ぼくし).　¶スミス*神父 *Father* Smith

しんぷ[2] 新婦　bride Ⓒ (↔ bridegroom).

シンフォニー　symphony Ⓒ (☞ こうきょうきょく; 音楽 (囲み)).

しんぷく 振幅　〘物理〙amplitude (of vibration) Ⓤ.

しんふぜん 心不全　heart failure Ⓒ (☞ 病気・病院 (囲み)).

しんぶつ 神仏　¶彼らはひたすら*神仏の加護を祈った (⇒ 神の) They earnestly prayed for *divine* protection. // この神社は*神仏混淆の名残りがある In this shrine, you can see some traces of the days when *Shintoist and Buddhist* deities were enshrined side by side.

じんぶつ 人物　**1** «人»: person Ⓒ　語法 男女を問わず使う. ただし，男には man を使う場合でも，女には person を使うことがある; (男の人) man Ⓒ (複 men); (女の人) woman Ⓒ (複 women); (劇などの登場人物) character Ⓒ; (大立て物) figure Ⓒ. (☞ ひと).

¶劇の登場*人物は3人だけです There are only *three characters* in the play. // 彼は歴史上の偉大な*人物と考えられている He is considered to have been a great ⌈*man* [*character*; *figure*] in history. // 彼女は政界の指導的立場にある*人物の一人です She is one of the ⌈leading *figures* [*leaders*] in the political world. // 彼は危険*人物だ He is a dangerous *character*.

2 «人柄»: character Ⓒ, personality Ⓤ. (☞ ひとがら).　¶彼の*人物は信頼できる (⇒ 彼は信用できる) You can trust *him*. // 彼女の*人物について少し述べて下さい Please tell me something about *her character*. / (⇒ 彼女がどんな人だか教えて下さい) Please tell me *what sort of person she is*. // 彼は*人物がよくない He is not of good *character*.

人物画 portrait Ⓒ　参考 普通は全身の絵・写真ではなく，顔を中心に胸から上のものをいう.

しんぶん 新聞　newspaper Ⓒ, paper Ⓒ ★ 後者はくだけた表現; (新聞・雑誌・報道事業などの総称，またはそれに従事する人々の総称として) the press, journalism Ⓤ.

¶きょうの*新聞を読みましたか Have you read today's *paper* yet? (☞ 所有格 (欄外))

そのニュースは*新聞で読みました I read the news in a *newspaper*.

*新聞によるときのう飛行機の(墜落)事故があったそうです According to the *paper* there was a plane crash yesterday. / (⇒ 新聞は…ということを報じている) The *newspaper* ⌈says [reports] that a plane crashed yesterday.

それは*新聞に出ていました It was in the *paper*. / I read it in the *paper*.

「あなたは何*新聞をとっていますか」「朝日をとっています」"What *paper* do you ⌈take [read; subscribe to]?" "I ⌈take [read; subscribe to] *the Asahi*."　参考 新聞名は印刷ではイタリック体にし，手書きのときは下線を引く. また普通，新聞名は the を添える. (☞ 冠詞 (欄外))

その事件は*新聞だねになった (⇒ 新聞に報道された) The incident ⌈was reported [appeared] in the *paper*.

その*新聞は購読者が多い The *paper* has a large circulation.

日本では5つの大きな*新聞が発行されている Five major *newspapers* are published in Japan.

*新聞の朝[夕]刊 (⇒ 朝[夕]刊専門紙) a morning [an evening] ⌈*paper* [*edition*]

英字*新聞 an English(-language) *newspaper*

*新聞の見出し a *newspaper* headline

*新聞の切り抜き *newspaper* ⌈clippings [cuttings]

新聞売り子 newspaper boy Ⓒ, newsboy Ⓒ **新聞売り場** (駅などの) newsstand Ⓒ (☞ 店の呼び名 (囲み)) **新聞記事** newspaper ⌈article [account] Ⓒ; report of a paper Ⓒ 語法 前者は記事そのものを問題にしている場合で，「長い[短い]記事」a ⌈long [short] *article*, 「2番目の記事」the second *article* のように言う. report は事件のほうに重点があり，「新聞記事によると」according to the *newspaper report* のように用いる. (☞ きじ[1]) **新聞記者** (newspaper) reporter Ⓒ, newsman Ⓒ 語法 単に reporter もしくは newsman という場合にはラジオ・テレビ・雑誌などの報道記者も意味することがある. (☞ きしゃ[2]) **新聞記者席** the press ⌈gallery [box] **新聞広告** (全般的な内容の) newspaper advertisement Ⓒ; (求人・求職などの案内広告) classified ad Ⓒ ★ ad は advertisement の略. (☞ こうこく) **新聞社** (会社としての) newspaper company Ⓒ; (事務所・社屋) newspaper office Ⓒ **新聞取次店** newspaper agency Ⓒ **新聞配達(人)** newsboy Ⓒ; paper boy Ⓒ **新聞論調** press comments (on …) ★ 複数形で.

しんべい 親米　— 形 pro-American. ¶政府は*親米政策をとった The government took a *pro-American* policy.　**親米主義者** pro-American Ⓒ.

しんぺん 身辺　¶首相の*身辺警護は厳しい The premier is heavily guarded. (☞ みのまわり)

しんぽ 進歩　— 名 (切れ目なくある方向・ある線に沿って進むような) progress Ⓤ; (レベルを一挙にぐんと高めるような) advance Ⓒ; (不満足・不備なところを改善しての) improvement

新聞の英語

新聞の構成・内容は主として次のものから成る：(1) 新聞紙名 (title) (2) 記事 (news story). 次の2つから成る. (a) 見出し (headline) (b) 本文 (body) (3) 写真 (picture; illustration). 写真には説明 (cutline) または見出し (caption) が付く. (4) 社説 (editorial) (5) 評論 (review). この記事は署名入りのことが多い. 署名入りの記事を書く人を columnistという. (6) 広告 (advertisement). 次の2種類がある. (a) 商業広告 (commercial advertisement) (b) 案内広告 (classified ad).

1 新聞紙名 (title)

第1ページ (front page) の上にある. *The Times* (＝(ロンドンの)タイムズ紙), *The New York Times* (＝ニューヨーク タイムズ紙) のように *the* を付けるのが伝統的であるが, 現在では *Evening News*《英》, *Austin American-Stateman*《米》のように定冠詞を付けないものも多い.

しかし紙名を引用するときには, たとえ定冠詞が付いていなくても, the *Evening News* のように the を添え, 実際の紙名のみを斜字体 (手書きのときは下線1本) にするのがよい.

2 記事 (news story)

(1) 見出し (headline)

略して単に head ともいう. 見出しは記事全体の要約となっている. 見出しには次の種類がある.

(i) またがる欄の数による分類.

新聞の欄 (column) は英米とも普通横に8欄となっていて (ただし夕刊のタブロイド (tabloid) 版などでは6欄), いくつの欄にまたがっているかによって, 1段見出し (one-[single-] column head), 2段抜き見出し (two-column head) などと呼ぶ. 2欄以上にまたがっているものをまとめて multi-column head ともいう. 全段抜きは特に streamer, あるいは banner (ともに「吹き流し」の意) と呼ばれる. またがる欄の数が多いほど重要な記事とされる.

なお新聞の中で一番重要な記事は第1ページ(front page) の右上欄 (upper right-hand column) に置かれることになっている.

(ii) 階 (deck) の数による分類.

見出しは普通1行から3行でひとまとめになっており, 各行が1つのまとまったアイディアを表すように組まれる. このひとまとめを deck と呼ぶが, 大きな記事では見出しが, 横線で区切られた2つ以上の deck から成っていることもあり, この deck の数によって, single-deck head, two-deck head などと呼ばれる. 2つ以上の deck から成るものはまとめて multi-deck head ともいう.

(two-deck head の例)

ポンド変動相場制に移行

投資家
大打撃

THE £ FLOATS

The speculators
are clobbered

(iii) 印刷の仕方による分類.

見出しは,

港湾労働者	***Now dockers***
今度は怒りのピケに	***picket lines***
締め出される	***face angry***

のように斜めに各行をずらした dropline と呼ばれる形式. あるいは,

無料で行こう	**WIN A FREE**
B A の	**B A**
オーストラリア	**TRIP TO**
無料旅行プレゼント	**AUSTRALIA**

のようにピラミッド (pyramid) 形式. さらに, この逆の逆ピラミッド (inverted-pyramid) 形式などあるが, 普通は,

国連安保理事会	**UNSC Asks**
キプロス避難民の	**Safe Return**
帰国の安全を要求	**Of Cypriots**

のように左側の線をそろえた flush-left と呼ばれる形式が一番多い.

(iv) その他の見出し.

見出しの上に線を引いて[あるいはダッシュを付けて],

和平後初の衝突

エジプト, イスラエル
空中戦

First Since Cease-Fire

Egyptian, Israeli
Warplanes Clash

のように線の上にある見出しを overline といい, その下にある見出しの状況などを説明する補助的見出しとして用いられる.

また, 英字新聞は第1面に載せた政治・国際記事などはスペースの関係で切り, continued on page 4 (第4ページに続く) などとして, 第4面, 第5面などに続けることが多いが, そのようなとき, 第4面, 第5面などの続きの記事に付ける簡単な見出しを jump head と呼ぶ.

見出しの書き方には新聞独特の慣用的な規則ができ上がっていて, 以下主なものをあげると次のとおりである.

(a) 冠詞は普通用いない.

男を誘拐罪で起訴	**Man Indicted On Kidnap Charge**

(b) 動詞の現在形で過去を表す.

男性が列車に投身自殺	**Man Throws Self In Front of Train**

上例のように, 一種の歴史的現在と呼ばれる形で表される.

(c) be動詞は普通省略され, 受身・進行形はそれぞれ過去分詞・現在分詞で表される. (動詞の過去形は原則として用いず, またbe動詞も用いないので, 例えば'said'という形があれば, 普通は「言われている」「…だそうだ」の意味になる).

ホバートの爆発で死者7, 重軽傷20	**7 Killed, 20 Hurt In Hobart Blast**

食料品再び値上り中

Food Bills Rising Again

米軍基地で
ピストル20丁盗難か

20 Revolvers Said Stolen at U.S. Base

(d) 未来のことは to不定詞 で表される.

台風18号九州上陸の見込	**Typhoon No. 18 To Hit Kyushu**

(e) 人の言葉を引用するにはコロン (colon (:)) を用いる. なお引用符号を用いるときは single quotation marks (' ') を用いる.

値上げは最小限に
米価審議会言明

Minimize Price Hike: Rice Council

(f) 等位接続詞は用いず, コンマ (,), セミコロン (;) を用いる.

列車とトラック衝突 29人怪我	**Train Hits Truck; 29 Hurt**

(g) 見出しにはスペースの節約と視覚的効果のために, 特有の語彙が用いられる:
「禁止する」ban, 「調査する」eye, 「(値段などが)上がる」hike, 「(条約などを)調印する」ink, 「逮捕する」nab, 「熟慮する」mull, 「(議会・政府などが)承認する」OK《三単現 OK's; 過去・過分 OK'd》, 「詳しく調査する」probe, 「批判する」rap, 「殺す」slay, 「予定する」slate, 「誓う」vow, 「結婚する」wed, その他.

(2) 記事本文 (body)

記事本文は普通ニュースの概要をまとめた部分 (これを lead という) がはじめに置かれ, 次に詳細の報告が書かれる. 第1面の大記事にあっては, lead はしばしば活字が大きめに印刷される. この lead の後に記事の本体が続くのであるが, 新聞記事の英語の特徴をあげてみると,

(i) 口語的な表現を用いる.

(ii) 形容詞・副詞等の修飾語句が比較的少ない.

(iii) 表記が固定化, 公式化しているものが多い.

…と発表された	…, it was ⌈announced [disclosed]
…とのことである	…, it was reported by … / …, the report from the … said
…と…は述べた	…, the … said
警察は…を逮捕した	Police arrested … who …
警察は…を捜査した	Police investigated …

★ 語句・表現などが文学作品などと違って固定しているものが多いのは, 一つには内容が純粋な報道として粉飾抜きで伝わることをはかるためであり, また一つには「容疑者」suspect, 「検査」inspection, 「捜査」investigation, probe などという用語が法規上, あるいは習慣上固定しているという理由にもよる.

(iv) 固有名詞が多い. 特に, 官公署・団体・地名・人名など.

(v) 頭字語 (acronym) が多い. 《☞ 略語 (欄外)》. U.N., NATO, WHO など. 政党・省庁なども頭字語で用いられることが多い. ただし, 見出しに出てくる頭字語はたいてい一度は記事本体の中で初出の所に略さないで書き示すのが慣例になっている.

イギリス	U.K. (the United Kingdom)
韓国	ROK (the Republic of Korea)
ソ連	USSR (the Union of Soviet Socialist Republics)
欧州経済共同体	EEC (the European Economic Community)
イギリス空軍	RAF (Royal Air Force)
通産省	MITI (the Ministry of International Trade and Industry)
経済企画庁	EPA (the Economic Planning Agency)
国連総会	UNGA (the United Nations General Assembly)
国連安全保障理事会	UNSC (the United Nations Security Council)
捕虜	POW (Prisoner of War)

(vi) パラグラフが短い.

3 案内広告

求人・求職・不動産売買などの個人の広告を集めた欄を Classified ads という. この欄は1語につきいくらという費用を取られる. スペースの節約ということから, 慣習的に表現法が決まっており, その規則は冠詞を省いたり, be動詞を省略するなど, だいたいにおいて見出し (headline) の規則に準じる場合が多い.

「求人」は Help Wanted.

求人	求職
男性	
急募　免税小売店店員多少英語のできる方　年齢25歳迄　㈱サングロー 523－6048	元管理職　62歳　日・米大学卒　経験豊富　1985年1月より常勤・非常勤いずれも可　連絡はジャパンタイムズ広告課487番へ
Help Wanted	**Situation Wanted**
Male	
URGENTLY REQUIRED by Tax Free retail shop, some English ability desirable. Age up to 25. Please call 523-6048, Sungrow Co., Ltd.	RETIRING EXECUTIVE, 62, graduate U.S. and Japanese colleges, varied experiences, available for full or part-time occupation from January, 1985. Address inquiries to Classified Ad No. 487, Japan Times, Tokyo.

「求職」は Situation Wanted.

Ⓤ; (その物自体が持っているものを育成するような) development Ⓤ. ―動 progress ⓐ; advance ⓐ ⓣ; improve ⓐ ⓣ [語法]「進歩する・はかどる」という意味では progress と advance がほぼ同じように用いられることがあるが, progress は予期されるような正常な進展, もしくは段階的な進展を意味するのに対し, advance は具体的な事例をあげることのできるような進展を意味することがある; develop ⓐ ⓣ; make progress. ―形 (進歩的な・前向きの) progressive (↔ conservative); (時代に先行している) advanced. (☞ はってん; じょうたつ; こうじょう²).

¶あなたの英語は*進歩していますか *Is* your English *improving*? // 顕微鏡の発明によって医学は大きな*進歩を遂げた The invention of the microscope brought about ˹a great *advance* [rapid *progress*] in medicine. // 今度の先生はなかなか*進歩的な人です The new teacher is very *progressive*.

進歩主義 progressivism Ⓤ.

しんぼう¹ 辛抱 ―名 (つらいことなどをじっとこらえること) patience Ⓤ; (長期にわたる辛抱) endurance Ⓤ; (頑張り抜くこと) perseverance [pə̀:səví(ə)rəns] Ⓤ [語法] 最初の2つは交換して用いられるが, patience が最も口語的で普通の言葉. perseverance は積極的な「忍耐」の意味で用いられる. ―形 patient; persevering. ―動 endure ⓐ; persevere ⓐ; (口語的に) put up with ... (☞ がまん (類義語); たえる¹; ねばりづよい).

¶彼女は*辛抱強い She is ˹*patient* [*persevering*]. // 2, 3 日*辛抱して下さい Please ˹*be patient* [*have patience*] for a few days. // 彼らは*辛抱強く知らせを待った They waited for the news *patiently*. // 彼女は*辛抱して仕事をやり通した She *persevered* in carrying out the work.

しんぼう² 心棒 (車軸) axle [ǽksl] Ⓒ; (機械の) shaft Ⓒ; (こまの) stem Ⓒ. (☞ じく¹).

しんぼう³ 心房 (心臓の) atrium Ⓒ (複 atria, ～s).

しんぽう 信奉 ―動 (信じる) believe (in ...) ⓐ; (心から信頼する) have faith (in ...); (指導者などを固く支持する) adhere (to...) ⓐ. (☞ しんじる). **信奉者** adherent Ⓒ, follower Ⓒ. ¶彼の*信奉者は多い He has many ˹*adherents* [*followers*].

じんぼう 人望 popularity Ⓤ (☞ にんき¹). ¶彼は学生に*人望がある He ˹*is popular* [*enjoys popularity*] with his students. // 彼女はどうやってあんなに*人望を得たのだろう How *has* she ˹*won* [*attained*; *gained*] *such popularity*? / How *has* she *become so popular*?

しんぼうえんりょ 深謀遠慮 ―形 (先見の明のある) farsighted; (慎重で) prudent. ―名 far sight Ⓤ; prudence Ⓤ. (☞ けんぼうじゅっすう). ¶彼は*深謀遠慮の人だ He is a man of *far sight*.

しんぼく 親睦 (友好・友情) friendship Ⓤ; (仲のよいこと) friendliness Ⓤ; (特に国家間・団体間などの友好関係) amity Ⓤ.

¶*親睦をはかるために会合を計画している We are planning a meeting to ˹promote [cultivate; enhance] *mutual friendship*. // *親睦会はあすです We have a ˹*social meeting* [*get-together*; *social*] tomorrow. [語法] get-together は非公式の友人同士などの集まりのこと. (☞ かい¹ (類義語))

シンポジウム symposium [simpóuziəm] Ⓒ (複 ～s, symposia [simpóuziə]). ¶今年の秋に京都で近代美術についての*シンポジウムが開かれる A *symposium* on modern arts is to be held in Kyoto this fall.

シンボル symbol Ⓒ (☞ しょうちょう¹). ¶はとは平和の*シンボルです The dove is the *symbol* of peace.

しんまい 新米 **1** 《米》: new rice Ⓤ. **2** 《人》: (仕事に慣れていない人) new [young] hand Ⓒ, novice Ⓒ ★ 多少軽蔑的；(新しく来た人) newcomer Ⓒ；(初心者) beginner Ⓒ. 《☞ かけだし》.

じんましん nettle rash Ⓤ 《☞ 病気・病院(囲み)》. ¶ また*じんましんが出た I have *nettle rash* again. // 私はどんな薬を飲んでも*じんましんが出る Whenever I take any medicine, I get *nettle rash*.

しんみ[1] 親身 ―形 (親切な) kind；(誠意のある) sincere. ―副 kindly, sincerely. 《☞ しんせつ[1]》. ¶ おじは*親身になって (⇒ 親のような愛情で) 孤児たちの世話をしていた My uncle was looking after the orphans *with parental affection*. // あなたの*親身の (⇒ 親切な) 忠告は忘れない I'll never forget your *kind* advice.

しんみ[2] 新味 (新鮮さ) freshness Ⓤ；(独創的な新しさ) originality Ⓤ.

しんみつ 親密 ―形 (特に親しい) intimate ★ 男女間に使うときは性的関係を暗示することがある；(よく知っている) familiar；(非常に近い) close [klóus]. ―名 intimacy Ⓤ；familiarity Ⓤ；closeness Ⓤ. 《☞ したしい (類義語)；なかよし》.

¶ 私と彼は*親密な間柄だ I'm *on good terms with* him. // この 2, 3 日の間に我々はみな*親密になった (⇒ 友達になった) We all *have made friends with* each other in these past few days.

しんみょう 神妙 ―形 (卑屈なほどに) meek；(おとなしく) gentle；(黙って) quiet；(人の言うままに) docile [dάs(ə)l｜《英》dóusail] ★ やや改まった語. 《☞ おとなしい》. ¶ 彼は*神妙な様子だったが，いつもそうなのかい He was quite ┌*docile* [*gentle*；*meek*], but is he always like that? // 彼らは*神妙に (⇒ 静かに) 聞いていた They listened *quietly*.

しんみり ―副 (静かに) quietly. ―動 (悲しくなる) become ┌sad [sorrowful]. ¶ 彼女の話を聞いて一座は*しんみりした (⇒ 彼女の話は皆を悲しくさせた) Her story *made* everybody *sad*. // 私たちは*しんみりと外でこおろぎが鳴くのに聞き入った We *quietly* listened to the crickets chirping outside.

じんみん 人民 the people ★ 社会主義的な見方から「人民」というときはこの語を使う；(国民) the citizens；(民衆) the public. 《☞ たいしゅう[1]；みんしゅう》.

¶ 彼らは*人民の敵として非難された They were denounced as ┌enemies of *the people* [*the people's* enemies]. // *人民の権利は尊重されなければならない *Civil* [*People's*] rights should be respected.

人民公社 people's commune Ⓒ **人民裁判** people's ┌court [tribunal] Ⓒ **人民戦線** the ┌people's [popular] front **人民投票** popular vote Ⓒ, referendum [rèfəréndəm] Ⓒ 《複 ～s, referenda [-də]》.

しんめ 新芽 sprout Ⓒ, shoot Ⓒ. 《☞ め[2]》.

じんめい[1] 人命 (human) life Ⓤ ★ 個人の生命ではⒸ. 《☞ いのち；せいめい[1]》.

¶ その地震では*人命に損傷はなかった *No lives* were lost in the earthquake. / The earthquake caused no loss of *life*. // これは*人命にかかわるおそれがある This may endanger *life*. / This can be *fatal*. // 彼は*人命救助で表彰された He was honored for *rescue* work.

じんめい[2] 人名 name of a person Ⓒ, person's name Ⓒ. **人名辞典** biographical dictionary Ⓒ；(書名) *Who's Who* **人名簿** list of names Ⓒ；(住所録) directory Ⓒ.

しんもつ 進物 gift Ⓒ, present Ⓒ. 《☞ おくりもの》.

じんもん 尋問 ―動 (問いただす) question ㊀；(証人や被告に対する) examine ㊀；(正式に，また厳しく) interrogate ㊀. ―名 questioning Ⓤ；examination Ⓤ；interrogation Ⓤ. 《☞ とりしらべ》. ¶ 証人は反対*尋問を受けた The witness *was cross-examined*. // 異議あり，その質問は誘導*尋問です I object to the question as a leading *question*.

しんや 深夜 ―副 (深夜に) at midnight；(夜遅く) late at night. ―名 (真夜中) midnight Ⓤ. 《☞ まよなか；よふけ；よる[1]》.

¶ この喫茶店は*深夜営業をしている (⇒ 深夜まで) This coffee shop is open *till* ┌*late* [*the small hours*]. 語法 small hours は午前 1 時から 3 時ごろまでをいう. // 私は以前はラジオの*深夜放送をよく聞いたものです I used to listen in to *midnight* ┌*broadcasting* [*radio programs*]. 語法 テレビの深夜放送の場合は midnight telecasting；a midnight ┌telecast [television] program.

しんやくせいしょ 新約聖書 the New Testament 《略 N.T., NT》 《☞ せいしょ[1]》.

しんゆう 親友 good [close] friend Ⓒ；(最も親しい友) best friend Ⓒ；(親しく付き合っている友人) close friend Ⓒ ★ この語は関係が近いことを強調する言葉. 《☞ ともだち》. ¶ 彼とは中学時代からの*親友だ He's my *best friend* [We've known each other] since our junior high school days.

しんよう 信用 ―名 (信任・信頼) confidence Ⓤ；trust Ⓤ；faith Ⓤ；reliance Ⓤ；(一般的および取引上の信用) credit Ⓤ. ―動 put [have] ┌confidence [faith] (in ...)；trust ㊀；rely (on ...) ㊂.

【類義語】信用・信頼という意味で，*confidence, trust, faith, reliance* はほぼ同意として入れ替えて使用される場合もあるが，何か確信があって信用する場合は **confidence**，自己の判断で直感的に信用するのは **trust**，まったく相手を信じきってすべてを任せて信用するのは **faith**，頼れる相手と思って信頼するのは **reliance** を用いる. 《☞ しんらい》

¶ お医者さんを*信用しなさい *Trust* your doctor. // 彼女は*信用できる She is ┌*trustworthy* [*reliable*]. // あの人は*信用できない That man is ┌*not to be trusted* [*not to be relied upon*；*unreliable*；*untrustworthy*]. // 私は彼女には*信用がある I think I *am* fully *trusted* by her. / She *trusts* (*in*) me. // 彼の言葉は*信用してよいだろうか Can I ┌*trust* what he says [*believe* him；*take* him *at his word*]? // *信用で少々金を借りた I have borrowed some money *on credit*. // 努力しないとあなたの*信

用はなくなるよ You may lose your *credit* unless you work hard.

信用貸し loan on credit Ⓒ, credit loan Ⓒ **信用金庫** credit ˹bank [association; union] Ⓒ **信用状** letter of credit Ⓒ《略 L/C》 **信用取引** credit transaction Ⓒ ★ しばしば複数形で.

じんよう 陣容 (人員) members ★ 複数形で; (チーム) team Ⓒ; (構成員) staff Ⓤ; (顔ぶれ) line-up Ⓒ. 《☞ かおぶれ》. ¶ この仕事は新しい*陣容でやるつもりです The work is to be carried on by ˹the newly-appointed *members* [a new *team*].

しんようじゅ 針葉樹 needleleaf tree Ⓒ.

しんらい 信頼 — [名] trust Ⓤ ★ 一般的な言葉; (確信を持った信頼) confidence Ⓤ; (信じきっている気持ち) faith Ⓤ; (しっかりしていて頼りになる感じの信頼) reliance Ⓤ. — [動] trust (他); put [have] ˹confidence [faith] (in ...); rely on ... 《☞ しんよう (類義語)》.

¶ このニュースは*信頼性がある The news is ˹*reliable* [*dependable*]. // 自分の力を*信頼しすぎてはいけない You shouldn't ˹*place too much confidence* in your ability [*be too confident of* yourself]. // あの少年は私たちの*信頼 (⇒ 期待) に応えてくれた That boy has lived up to *our expectations*. // 彼女はうそをついて先生の*信頼を裏切った She betrayed her teacher's *trust* by telling lies.

しんらつ 辛辣 — [形] (鋭い) sharp; (痛烈でひどい) bitter; (厳しい) severe; (耳に痛く響くような) harsh; (刺すような) biting. 《☞ とげ》. ¶ 彼は*辛らつな批評で有名だ He is well-known for his ˹*sharp* [*harsh*; *severe*] criticism. // 彼の話は*辛らつな皮肉に満ちていた His speech was full of *bitter* ironies. // 彼は*辛らつな男だ He has a *biting* tongue.

しんり[1] 心理 state [frame] of mind Ⓤ; mentality Ⓤ; psychology [saikɑ́lədʒi(ː)] Ⓤ.

【類義語】 精神状態や気分は ***state*** [***frame***] ***of mind*** を用い, 精神能力を強調すれば ***mentality*** になる. 心理学的にみた場合には ***psychology*** を用いる. 《☞ せいしん[1]; こころ》

¶ 私には彼の*心理がわからない (⇒ 彼が何を考えているのかわからない) I can't understand *what he is thinking about*. / I can't understand his ˹*state of mind* [*psychology*]. // 彼は子供の*心理についての権威である He is an authority on children's ˹*psychology* [*mentality*]. // 彼の英語嫌いは*心理的なものです His fear of English is *psychological*.

心理学 psychology [saikɑ́lədʒi(ː)] Ⓤ

> **心理学のいろいろ**
> 実験心理学 experimental psychology, 児童心理学 *child psychology*, 社会心理学 social psychology, 犯罪心理学 criminal psychology, 教育心理学 educational [pedagogical] psychology, 異常心理学 abnormal psychology, 言語心理学 psycholinguistics

心理学者 psychologist Ⓒ.

しんり[2] 真理 truth Ⓤ 《☞ しんじつ》. ¶ *真理の探求 the pursuit of *truth* // 我々は常に*真理を求めている We are always ˹seeking [in search of] *truth*. // そのことわざには一面の*真理がある There's *some truth* in the saying.

しんり[3] 審理 — [名] 〔法律〕(裁判) trial Ⓤ; (取り調べ) examination Ⓤ. — [動] try (他); examine (他). 《☞ さいばん; とりしらべ》. ¶ 事件は*審理中です The case is ˹on *trial* [under *examination*].

しんりゃく 侵略 — [名] (他国の領土などへの侵入) invasion Ⓤ; (争いなどを仕掛けること) aggression Ⓤ. — [動] invade (他). — [形] (侵略的な) aggressive; invasive.

¶ これは明らかに経済的*侵略行為だ This is clearly an act of economic *invasion*. // 軍隊は隣国に*侵略した The army *invaded* the neighboring country.

侵略者 aggressor Ⓒ, invader Ⓒ.

しんりょう 診療 medical ˹treatment [care] Ⓤ. **診療時間** consultation hours ★ 複数形で. **診療所** (専門医が治療する所) clinic Ⓒ; (学校・事業所などの) dispensary Ⓒ. 《☞ 病気・病院 (囲み)》.

しんりょく 新緑 fresh ˹green [verdure [və́ːdʒə]] Ⓤ 《☞ みどり》. ¶ 5 月は*新緑の月です May is a month of *fresh* ˹*green* [*verdure*].

じんりょく[1] 尽力 — [動] (努力をする) make ˹an effort [efforts]; (最善を尽くす) do *one's* best; (助ける) help (他); (力を貸す) assist (他). — [名] (努力) effort Ⓒ; (助力) help Ⓤ; assistance Ⓤ. 《☞ どりょく; つくす》.

¶ 彼女は私のためにできるだけ*尽力すると約束した She promised to ˹*do her best* [*make every possible effort*] for me. // ご*尽力をお願いしたくてまいりました I've come to ask for *your* ˹*assistance* [*help*].

じんりょく[2] 人力 human power Ⓤ. ¶ 自然は*人力ではいかんともしがたい Natural phenomena are beyond (the control of) *human power*.

しんりん 森林 forest Ⓒ 《☞ もり[1]》. ¶ *森林地帯 *forest* land // *森林公園 a *forest* park

しんるい 親類 relative Ⓒ, relation Ⓒ ★ 前者のほうが普通. 《☞ 親族関係 (囲み)》.

¶ 彼女はあなたの*親類ですか Is she your *relative*? / Is she a ˹*relative* [*relation*] of yours? [語法] 第 2 の文のほうが少し形式ばった言い方. // 彼は母方の*親類です He *is related to* me on my mother's side. // 遠い*親類より近くの他人 A good neighbor is better than a *relative* far away.

親類縁者 *one's* friends and relatives ★ 複数形で.

じんるい 人類 mankind [mæ̀nkáind] Ⓤ [参考] [mǽnkàind] とすると「男性」という意味になる; the human race Ⓤ; man Ⓤ; Homo Sapiens [hóumou-sǽpiənz].

【類義語】 人類全体を表す少し古風で形式ばった言葉が ***mankind*** で, 通例単数扱いで無冠詞. また, 科学的な感じで, 正式には人類を表す言葉が ***the human race***. 多少文語的で, ほかに「男性」の意味に用いるのが ***man***. この語は無冠詞で，複数にしない．また m を大文字にすることもある．ラテン語で「ヒト」という学名に当たるのが *Homo Sapiens*．《☞ ひと；にんげん》
¶ 1969 年の 7 月，*人類は初めて月に到達した In July, 1969 *man* reached the moon for the first time. // 「これはひとりの人間にとっては小さな一歩であるが *人類にとっては偉大な飛躍である」，とアームストロングは月面に降り立ったとき言った "That's one small step for man but one great leap for *mankind*," said Armstrong as he stepped on the moon's surface. 語法 この場合 man と mankind を対照させてあるので，前者は無冠詞. // ここで *人類の起原について少し述べよう Here I would like to say a few words about the origin of ˹*man* [*the human race*; *Homo Sapiens*]. // それは*人類史上最も恐ろしい惨事の1つだった It was one of the most disastrous incidents in ˹*human* history [the history of *man*].
人類学 anthropology Ⓤ **人類学者** anthropologist Ⓒ.

しんれい 心霊 (精神) spirit Ⓤ; (霊魂) soul Ⓒ. **心霊学** psychics Ⓤ **心霊学者** psychicist Ⓒ.

しんろ[1] 進路 (進む方向) course Ⓒ; (比喩的な意味での道) way Ⓒ; (目的地までの定まったコース) route Ⓒ; (方向) direction Ⓤ.
¶ *進路は決めましたか Have you decided on ˹your future *course* [what *course* you'll take]? // ここは台風の*進路にあたる This place will be in the *path* of the coming typhoon. // *進路を切り開くのに数時間を必要とした It took several hours to cut *our way*. // 岡先生はこの学校の *進路指導の先生です Mr. Oka is the *guidance* specialist of our school.

しんろ[2] 針路 course Ⓒ. ¶ 船は*針路を東へ向けた The ship ˹*sailed* [*headed*] for east. / The ship ˹set [steered] her *course* ˹toward east [eastward]. // *針路を誤ったようだ I'm afraid I've taken the wrong *course* (in life).

しんろう[1] 新郎 bridegroom Ⓒ (↔ bride).
¶ *新郎新婦のために乾杯をした We toasted the bride and *bridegroom*. ★ 対になっている場合の順序と冠詞に注意.

しんろう[2] 心労 (心配) care Ⓤ《☞ しんぱい (類義語)》.

しんわ 神話 (1つの) myth Ⓒ; (総称) mythology Ⓤ. ¶ アポロという名前はギリシャ*神話からきています "Apollo" comes from Greek ˹*myths* [*mythology*].

す

す[1] 巣 (鳥・昆虫・小動物の) nest Ⓒ; (はちの) (honey)comb Ⓒ; (くもの) (cob)web Ⓒ. ¶ つばめは時々煙突の中に*巣を作る Swallows sometimes ˹build their *nests* [*nest*] in chimneys. // くもは虫を捕まえて食べるために*巣をかける Spiders spin *webs* to catch insects for food.

す[2] 酢 vinegar Ⓤ. **酢の物** vinegared dish Ⓒ《☞ 日本固有の風物と英語 (囲み)》.

ず[1] 図 (鉛筆・ペンなどでかいた) drawing Ⓒ; (絵) picture Ⓒ; (天候・統計などを書き込んだ一覧表のような図) chart Ⓒ; (グラフ) graph Ⓒ; (上から見た図) plan Ⓒ; (本の中の挿入図) figure Ⓒ; (説明のための絵や図) illustration Ⓒ; (説明のために書く構図や図表) diagram Ⓒ 語法 illustration は「説明」という意味が主であるのに対し，diagram は図表そのものをいう；(略図) sketch Ⓒ.《☞ え[1]；さしえ》.
¶ *図をかく make a *drawing* // 4ページの第3*図を参照せよ Refer to ˹*figure* 3 [the third *figure*] on page 4. // 先生はその原理を*図で説明した The teacher explained the principle by drawing a *sketch*. / The teacher illustrated the principle with a *diagram*. 語法 後に動名詞が続くときの前置詞は by で名詞のときは with. // 天気*図 a weather ˹*chart* [*map*]《☞ 天候の表現 (囲み)》
図に当たる ¶ 企画は*図に当たった (⇒うまくいった) The project *worked well*. / (⇒ 成功した) The project ˹*succeeded* [was a *success*].
図に乗る ¶ 彼は親切にしてやるとすぐ*図に乗る (⇒ 親切につけ込む) He easily *takes advantage of* your kindness. / (⇒ 1インチを与えれば1マイルまで取る男だ) Give him an inch and he'll take a mile. ★ 決まった言い方.

ず[2] 頭 ¶ 彼女は*頭が高い (⇒ 横柄だ) からだれも相手にしない Since she *is haughty*, nobody cares for her.《☞ あたま；おうへい (類義語)》

すあし 素足 bare [naked] foot Ⓒ 語法 bare は靴下など習慣上はくべきものをはかない状態. naked は足そのものが露出していることを強調する.《☞ はだし》.
¶ 彼は熱い砂浜を*素足で歩いた He walked on the hot (beach) sand with ˹*bare* [*naked*] *feet*. / He walked *barefoot(ed)* on the hot (beach) sand. // 彼女は*素足に (⇒ 靴下をはかないで) サンダルをはいていた She wore sandals *without stockings* (*on*).

ずあん 図案 design Ⓒ; (模様) pattern Ⓒ.《☞ もよう；がら》.

すい[1] 酸い ¶ 彼は人生の*酸いも甘いもかみ分けた人だ He has known ˹both the sweet and the bitter [the bittersweet] of life. / (⇒ 彼は世間に通じている人だ) He is a man of the world.《☞ すっぱい》

すい[2] 粋 (精髄) essence Ⓤ; (最良の部分) the cream.《☞ しんずい；ほんしつ》. ¶ 彼はヨーロッパ文化の*粋を日本に紹介した He introduced *the* ˹*essence* [*cream*] of the

European culture「to [into] Japan.

ずい 髄 (動物の) marrow Ⓤ; (植物の) pith Ⓤ.

すいあげる 吸い上げる suck up ⓗ; (ポンプで) pump up ⓗ; (引き出す) draw (up) ⓗ. 《☞ さくしゅ》. ¶ 根は地中から水を *吸い上げる Roots *suck up* water from the soil. // 彼女は残っている石油をポンプで*吸い上げた She *pumped up* the remaining oil. // *吸い上げポンプ a *suction* pump

すいあつ 水圧 water pressure Ⓤ《☞ あつりょく》. **水圧計** water-pressure gauge Ⓒ.

すいい¹ 推移 ―名 (変化) change Ⓒ; (移行) transition Ⓒ; (進展) development Ⓤ. ―動 change ⓐ, undergo a「change [transition]; develop ⓐ. 《☞ へんか; へんせん; うつりかわり》. ¶ 彼は時代の*推移に敏感だ He is sensitive to the *changes* of the times. // 事態の *推移 (⇒事態がいかに進むか) を見守ろう We'll watch how things will *go*.

すいい² 水位 water level Ⓒ. ¶ *水位が高い [低い] The *water level* is「high [low].

ずいい 随意 ―形 (自由に選択できる) optional; (自由に…できる) at liberty (to *do*) ★ 形式ばった言い方; (自由勝手な) free. 《☞ じゆう》. ¶ きょうの会への出席は*随意です Attendance at today's meeting is *optional*. // この部屋をご*随意にお使い下さい You are [Please feel] *free* to use this room. // 服装 *随意 Dress *optional* **随意筋** voluntary muscle Ⓒ.

すいいき 水域 (海域) waters ★ 複数形で; (区域) zone Ⓒ. 《☞ りょうかい²》. ¶ 日本の漁業専管*水域 the Japanese exclusive fishery *zone*

ずいいち 随一 ☞ だいいち; いちばん

スイートピー sweet pea Ⓒ《☞ 花 (囲み)》.

ずいいん 随員 (貴人・高官の随員一行の総称) suite [swíːt] Ⓒ; (付き添い人) attendant Ⓒ; (大使・公使の) attaché [ætəʃéi] Ⓒ. 《☞ ずいこう; とも²》. ¶ 大統領と*随員は特別機で到着した The President and his *suite* arrived by (a) special plane.

すいえい 水泳 ―名 (泳ぐこと) swimming Ⓤ. ―動 swim ⓐ, have a swim ★ 後者は「ひと泳ぎする」というニュアンスを持つ; (水泳に行く) go swimming. 《☞ スポーツ (囲み)》. ¶ 私は夏は毎日*水泳に行く I *go swimming* every day in (the) summer. / I「*swim* [*have a swim*] every day in (the) summer. // 彼女は*水泳がうまい She is good at *swimming*. / She is a good *swimmer*. // 私は*水泳は全然だめです I can't *swim* a stroke. / (⇒私は石だ) I'm (like) a「rock [stone]. ★ hammer (=かなづち) は用いない. // 私は*水泳を習わなくてはならない I have to learn how to *swim*.
水泳着 (上下続いている女性用の) swimsuit Ⓒ; (男性用の) swimming trunks ★ 複数形で. 数えるときは a pair of swimming trunks のように言う. 《☞ 数の数え方 (囲み)》; (ビキニ) bikini Ⓒ. 《☞ みずぎ》 **水泳選手** swimmer Ⓒ **水泳帽** bathing cap Ⓒ.

すいおん 水温 water temperature Ⓤ《☞ おんど¹》.

すいか 西瓜 watermelon Ⓒ.

すいがい 水害 (洪水) flood Ⓒ; (損害) flood damage Ⓤ; (惨禍) flood disaster Ⓒ. 《☞ こうずい; はんらん²; 自然災害 (囲み)》. ¶ 台風は各地に*水害をもたらした The typhoon caused *floods* in many places. / The typhoon caused widespread *flood damage*. // その地方は少なくとも年に1回は*水害に見舞われる The district「*suffers from* [*is damaged by*] *a flood* at least once a year.
水害地 flooded district Ⓒ **水害被災者** flood「sufferer [victim] Ⓒ.

すいがら 吸い殻 (紙巻きたばこの) cigarette「butt [end] Ⓒ《☞ たばこ》.

すいきゅう 水球 water polo Ⓤ.

すいぎゅう 水牛 (water) buffalo Ⓒ《複 ~, ~(e)s》.

すいきょう 酔狂, 粋狂 ―形 (気まぐれな) whimsical; (頭のおかしい)《口語》crazy. ―名 (気まぐれ) whim Ⓒ. 《☞ きまぐれ (類義語)》. ¶ 今度の計画は一時の*酔狂ではありません This plan is no *whim* of the moment. // この雨に出かけるとは*酔狂だな You are *crazy* to go out in this rain.

すいぎん 水銀 mercury Ⓤ《元素記号 Hg》.
水銀中毒 mercury poisoning Ⓤ **水銀灯** mercury lamp Ⓒ.

すいげん 水源 (川の) the「source [head] of a river, riverhead Ⓒ; (水道の) the source of water supply. 《☞ みなもと》.

すいこう¹ 遂行 ―動 (計画・命令などを実行する) carry out ⓗ, execute [éksikjùːt] ⓗ ★ 後者は形式ばった語; (仕事・義務などを行う) perform ⓗ. ―名 execution Ⓤ; performance Ⓤ. 《☞ じっこう¹; じっし¹; はたす》. ¶ 彼は立派に任務を*遂行した He「*carried out* [*executed*] his duties excellently. // 彼は職務*遂行中に事故にあった He met with an accident *in the line of* duty.

すいこう² 推敲 ―動 (改良する) improve ⓗ; (修正して書き改める) revise ⓗ. 《☞ しゅうせい¹; ねる²》. ¶ 彼は自分の作文を時間をかけて*推敲した He spent a great deal of time「*improving* [*revising*] his composition.

すいごう 水郷 (運河地帯) canal district Ⓒ. ¶ 私たちは船で*水郷巡りを楽しんだ We enjoyed「the [a] boat excursion in the *canal district*.

ずいこう 随行 ―動 (一緒に行く) accompany ⓗ, attend ⓗ ★ 後者は形式ばった語; (同行して護衛する) escort ⓗ; (付き従う) follow ⓗ. 《☞ したがう; ずいいん》. ¶ 彼は貿易使節団に*随行してフランスへ行った He *accompanied* the trade mission to France. // 社長の旅行には看護婦が*随行した A nurse *attended* the president on his journey.

すいこむ 吸い込む draw「in [up] ⓗ; (人が息を) breathe in ⓐ ⓗ, inhale ⓗ ⓐ (↔ exhale) ★ 後者のほうが形式ばった語; (液体を口や筋肉などを使って) suck「in [up] ⓗ; (液体を表面からしみ込ませるようにして) soak up ⓗ. 《☞ すう¹; きゅうしゅう¹; こきゅう》. ¶ 彼は深く息を*吸い込んだ He「*breathed in*

[*inhaled*] deeply. // 彼女は窓を開けて新鮮な空気を胸いっぱいに*吸い込んだ She opened the window and「*breathed in* [*inhaled*] the fresh air to the full. // 乾燥した土地は雨水を*吸い込んだ The dry land *soaked up* the rain.

すいさい 水彩 (水彩画) watercolor [《英》 watercolour] (painting) Ⓒ 《☞ え¹》.
¶ *水彩画をかく paint with *watercolors*
水彩絵の具 watercolors ★ 通例複数形で.
水彩画家 watercolor painter Ⓒ.

すいさつ 推察 —動 (見当をつける) guess ㊀㊁; (人の言動から察する) gather ㊀; (想像する) imagine ㊀. —名 guess Ⓒ; (想像) imagination Ⓤ. 《☞ すいそく (類義語); さっする; 推量の表現 (囲み)》.
¶ あなたの*推察は正しい[間違っている] You *guessed* 「right [wrong]. / Your *guess* is「right [wrong]. // 彼の言葉から*推察するとお母さんの具合が悪いようだ From his words I *gather(ed)* that his mother is ill. // 私には彼女の気持ちが*推察できる I can *imagine* how she feels.

すいさんぎょう 水産業 fisheries ★ 複数形で.

すいさんしけんじょう 水産試験場 marine laboratory Ⓒ.

すいさんしょくひん 水産食品 seafood Ⓤ.

すいさんだいがく 水産大学 fisheries college Ⓒ 《☞ だいがく》.

すいさんぶつ 水産物 marine product Ⓒ.

すいし 水死 —動 (水死する) be drowned, drown ㊁. 《☞ おぼれる》. ¶ 彼は海で*水死した He「*was drowned* [*drowned*] at sea.
水死者[人] drowned person Ⓒ; (集合的に) the drowned.

すいじ 炊事 —動 (火を使って煮炊きする) cook ㊀㊁; (食事の支度をする) prepare ㊀. —名 (料理) cooking Ⓤ; (台所仕事) kitchen work Ⓤ. 《☞ 料理の用語 (囲み); 台所・家事 (囲み)》.
¶ *炊事は自分でやります (⇒ 自分で料理する) I do my own *cooking*. / I *cook* for myself.
炊事係 cook Ⓒ **炊事道具** cooking [kitchen] utensil Ⓒ; (台所用品) kitchenware Ⓤ **炊事場** (台所) kitchen Ⓒ.

ずいじ 随時 (いつでも) at any time; (必要に応じて) as occasion arises; (要求しだい) on「demand [request]. 《☞ いつでも》.

すいしつ 水質 the water quality. **水質検査** water「analysis [examination] Ⓒ.

すいしゃ 水車 waterwheel Ⓒ. **水車小屋** water mill Ⓒ.

すいじゃく 衰弱 —形 (力のない) weak, feeble ★ 前者は一般的な語. 後者のほうが程度が強い; (老齢で弱った) infirm. —動 (弱る) be weakened; (弱くする) weaken ㊀. —名 (弱っていること) weakness Ⓤ, feebleness Ⓤ. 《☞ おとろえる; よわる》.
¶ 彼の*衰弱の原因は栄養不良だ His「*weakness* [*feebleness*] is due to malnutrition. // 彼は長患いで*衰弱してしまった He is *weak*「because of [after] a long illness. / (⇒ 長い病気が彼をやせ衰えさせた) A long illness *has weakened* him. // その老人は足が*衰弱している The old man is *weak* in the legs.

すいじゅん 水準 (水準の高さ) level Ⓒ; (標準) standard Ⓒ. 《☞ ていど (類義語)》.
¶ わが国の生活*水準は極めて高い Our *standard* of living is very high. // その民族の知的*水準は高かったに違いない That race must have had a high *level* of intelligence. // 彼の新作は*水準以下だ His latest work is below *par*.

ずいしょ 随所 (至るところに) everywhere; (あちこちに) here and there. 《☞ あちこち; ほうぼう》.

すいしょう¹ 水晶 crystal Ⓤ. **水晶体** (目の) (crystalline) lens Ⓒ **水晶時計** quartz「clock [watch] Ⓒ 《☞ とけい》.

すいしょう² 推奨 —動 recommend ㊀ 《☞ すすめる²; すいせん¹》.

すいじょう 水上 —名 (水面) the water surface. —形 副 (水の上の[で]) on the water.
¶ 彼らは*水上に浮かんでいるブイを発見した They found a buoy floating *on the water*. // 潜水艦は*水上に姿を現した The submarine *surfaced*.
水上競技 water [aquatic] sports ★ 複数形で. **水上スキー** —名 (競技) waterskiing Ⓤ. —動 water-ski ㊁. 《☞ スポーツ (囲み)》 **水上生活** life on the water Ⓤ **水上(飛行)機** seaplane Ⓒ 《☞ ひこうき》.

すいじょうき 水蒸気 (熱を加えたときに発生する) steam Ⓤ; (自然の状態で発生する) vapor (《英》 vapour) Ⓤ.

すいしん¹ 推進 —動 (前進させる) propel ㊀; (計画・運動などを推し進める) push「on [forward] with ... 《☞ すすめる¹》.
¶ 宇宙船はロケットで*推進する (⇒ 前進させられる) The spacecraft *is propelled* by rockets. // 彼らは私の忠告を無視してその計画を*推進した (⇒ 推し進めた) They *pushed*「*on* [*forward*] *with* their plan in spite of my advice.
推進力 propelling power Ⓤ; (促進力) driving force Ⓤ.

すいしん² 水深 the water depth; (測量した深さ) soundings ★ 通例複数形で. 深さを測ることを sound ㊀ という. 《☞ ふかさ》.
¶ 私たちはその湖の*水深を測った We「*sounded* [*measured*] *the depth of* the lake. //「この池の*水深はどのくらいですか」「3メートルです」"How *deep* is this pond?" "It is three meters「*deep* [*in depth*]." // 彼らは*水深 30 メートルの所に沈没船を見つけた They found a sunken ship at *the depth of* thirty meters.

スイス —名 固 Switzerland [swítsələnd]. —形 (スイスの) Swiss. ¶ *スイス製の時計 a *Swiss* watch **スイス人** Swiss Ⓒ ★ 単複同形; (国民) the Swiss ★ 複数扱い.

すいすい —副 (楽々と) easily; (軽快に) lightly. —動 (すいすい飛ぶ) flit ㊁. 《☞ 擬声・擬態語 (囲み)》. ¶ 彼らは池の上をスケー

トで*すいすい (⇒ 軽快に) 滑った They skated *lightly* on the pond. ∥ 小鳥が枝から枝へ*すいすいと飛んでいた I saw a bird *flitting* from branch to branch.

すいせい[1] 水星 Mercury.

すいせい[2] 彗星 comet Ⓒ. ¶ハレー*彗星 Halley's *comet*

すいせい[3] 水生 ―[形] (水生の) aquatic. **水生植物** aquatic plant Ⓒ **水生動物** aquatic animal Ⓒ.

すいせん[1] 推薦 ―[動] recommend (他). ―[名] recommendation Ⓤ. 《☞ すすめる[2]; すすめ; くちぞえ》.

¶私は彼の*推薦でこの本を買った I bought this book on his *recommendation.* ∥ 彼女は先生の*推薦で秘書の口を得た She got a position as a secretary ⌈by [on] the *recommendation* of her teacher. ∥ 先生はその辞書を私たちに*推薦した The teacher *recommended* the dictionary to us. ∥ みんなは彼を信頼できるコーチとして*推薦した They *recommended* him as a reliable coach. ∥ あなたなら喜んでクラブの会員に*推薦いたします I will be glad to *recommend* you for membership in the club.

推薦候補 recommended candidate Ⓒ **推薦者** recommender Ⓒ **推薦状** (letter of) recommendation Ⓒ.

すいせん[2] 水仙 narcissus Ⓒ《複 ～es, narcissi [nɑəsísai]》; (らっぱずいせん) daffodil Ⓒ. 《☞ 花 (囲み)》.

すいせん[3] 垂線 perpendicular (line) Ⓒ 《☞ すいちょく》. ¶*垂線を引く draw a *perpendicular*

すいせんべんじょ 水洗便所 flush toilet Ⓒ《☞ べんじょ》.

すいそ 水素 hydrogen Ⓤ《元素記号 H》. **水素爆弾** hydrogen bomb Ⓒ, H-bomb Ⓒ.

すいそう[1] 吹奏 ―[動] (演奏する) play (他); (らっぱなど) blow (他). 《☞ えんそう; ふく[1]; 音楽 (囲み)》. **吹奏楽** wind (instrument) music Ⓤ **吹奏楽団** (金管だけの) brass band Ⓒ; (軍楽隊) military band Ⓒ **吹奏楽器** wind instrument Ⓒ.

すいそう[2] 水槽 water tank Ⓒ.

すいそう[3] 水葬 burial at sea Ⓒ《☞ そうぎ[1]》. ¶彼の遺体は*水葬にふされた His body *was buried at sea.*

すいぞう 膵臓 pancreas Ⓒ《☞ ないぞう[1] (挿絵)》.

ずいそう 随想 occasional thoughts ★ 複数形で. **随想録** essays ★ 複数形で; (回顧録) memoirs [mémwɑəz] ★ 複数形で. 《☞ ずいひつ》.

すいそく 推測 ―[動] (推測する) guess (自) (他) ★ 最も口語的; conjecture (他); surmise (他). ―[名] guess Ⓒ; conjecture Ⓤ; surmise Ⓒ; (当て推量) guesswork Ⓤ.

【類義語】当てずっぽうに意見を言うのが **guess** で, 最も一般的で口語的な言葉. 多少改まった言葉で, 不十分な根拠に基づいて意見を述べたり判断を下したりするのが **conjecture**. 形式ばった語で, 単に想像をもとにして推量するのが **surmise**. 《☞ 推量の表現 (囲み); すいさつ; そうぞう[1]》

¶彼の*推測は当たった[はずれた] (⇒ 正しく[誤って] 推測した) He *guessed* ⌈right [wrong]. / (⇒ 彼はその推測において正しかった[間違っていた]) He was ⌈right [wrong] in his ⌈*conjecture* [*surmise*]. ∥ それは単なる*推測にすぎない It is a mere ⌈*guesswork* [*conjecture*; *surmise*].

すいぞくかん 水族館 aquarium [əkwέ(ə)riəm] Ⓒ《複 ～s, aquaria》.

「海洋水族館」の掲示

すいたい 衰退 ―[動] decline (自), decay (自). 《☞ すいび; おとろえる》.

すいちゅう 水中 ¶彼は服を着たまま*水中に飛び込んだ He ⌈jumped [plunged] *into the water* with his clothes on. ∥ *水中に住む動物もある Some animals live *in the water.* ∥ 彼女は*水中に長く潜っていられる She can stay *underwater* (for) long periods. ∥ その船は*水中に没した The ship sank *underwater.* / The ship disappeared *in the water.* ∥ その小さな島は高潮のとき*水中に隠れます (⇒ 高潮がその小さな島を水中に沈める) High tides *submerge* the small island.

水中眼鏡 (水泳用) swimming goggles ★ 複数形で; (潜水用) face mask. **水中翼船** hydrofoil Ⓒ.

すいちょく 垂直 ―[形] perpendicular; vertical (↔ horizontal). ―[副] (直角に) at right angles (to ...); perpendicularly; vertically; (真っすぐに) upright.

【類義語】線あるいは面に対して正確に 90 度であることを強調するが, その基準となる線[面]は必ずしも水平とは限らないのが **perpendicular**. 水平面に対して真っすぐ上に伸びている状態を指し, 正確に 90 度でない場合も含むのが **vertical**. 《☞ ちょっかく; かく[6] (挿絵)》

¶彼らはその*垂直の絶壁を登ろうとした They tried to ⌈climb up [scale] the ⌈*perpendicular* [*vertical*] cliff. ∥ 旗ざおは*垂直に立っていた The flagpole stood *upright.* ∥ 線 A は線 B と*垂直に交わる Line A and line B cross ⌈*perpendicularly* [*at right angles*]. / (⇒ 線 A と線 B は互いに垂直だ) Line A and line B are *perpendicular* to each other. / (⇒ 線 A は線 B に対して直角だ) Line A is *perpendicular to* line B. ∥ この柱は*垂直でない This pole is ⌈out of [off] ⌈(the) *perpendicular* [*plumb*].

垂直離着陸機 vertical takeoff and landing aircraft Ⓒ ★ 単複同形. VTOL [ví:toul] Ⓒ《複 ～s》と略される.

すいつく 吸い付く (くっつく) stick (to ...) (自); (ぴったりとくっつく) cling (to ...) (自). 《☞ くっつく》. ¶蛭(ひる)が私の足に*吸い付いた A leech ⌈*stuck* [*clung*] *to* my leg.

すいつける 吸い付ける (吸い寄せる) attract (他) 《☞ ひきつける》. ¶磁石は鉄を*吸い付ける A magnet *attracts* iron.

スイッチ ―[名] switch Ⓒ. ―[動] (スイッチを入れる) turn [switch] on (他); (スイッチを切る) turn [switch] off (他). ¶ライトは*スイッチでつけたり消したりする Electric lights are turned on and off by a *switch*. // 彼はラジオ[テレビ]の*スイッチを入れた[切った] He ˹*turned* [*switched*] ˹*on* [*off*] the ˹radio [TV].

すいてい[1] 推定 ―[動] (見積もる) estimate (他); (想像する) suppose (他), presume (他) ★前者のほうがより口語的. ―[名] estimation Ⓤ; supposition Ⓤ, presumption Ⓒ. 《☞ すいそく; 推量の表現 (囲み)》.
¶その市の人口は約100万と*推定されている The population of the city *is* ˹*supposed* to be [*estimated* at] about a million. [語法] suppose を用いるほうが口語的. // 彼女の死亡*推定時刻は午前6時から7時の間だ The *estimated* time of her death was between six and seven in the morning. [語法] この場合 the supposed time とすることはできない.

すいてい[2] 水底 the bottom of the ˹water [sea; river] 《☞ そこ[1]》.

すいてき 水滴 drop of water Ⓒ 《☞ しずく; したたる》.

すいでん 水田 paddy [rice] field Ⓒ ★単に paddy ともいう.

すいとう[1] 水筒 canteen Ⓒ, 《英》 water bottle Ⓒ. 《☞ キャンプ (挿絵)》.

すいとう[2] 出納 (収入と支出) revenue [income] and expenditure; (金の出入り) account Ⓒ. 《☞ しゅうし[1]》. **出納係** (一般に) cashier Ⓒ; (特に銀行の) teller Ⓒ **出納簿** cashbook Ⓒ.

すいどう 水道 (給水設備) waterworks ★単複いずれにも扱われる. 浄水場・水圧ポンプ・配水パイプ等の給水のための機械類の総称; (給水システム) water ˹supply [service] Ⓤ ★貯水し, 水をある地域に送水する仕組みをいう; (用水) water Ⓤ; (水道の水) tap [running] water Ⓤ; (水路) watercourse Ⓒ; (海峡) channel Ⓒ. 《☞ みず; すいろ》.
¶この地区は*水道がある[ない] We ˹have [have no] *water* ˹*supply* [*service*] in this ˹quarter [area]. // ガスと*水道はいま引いているところです Gas and *water* pipes are now being laid. // この*水道の水は飲めません (⇒飲むのに不適です) This *tap water* is not good to drink. // 私は彼女に*水道の水を止める[出す]ように頼んだ I asked her to *turn* ˹*off* [*on*] *the* ˹*faucet* [*tap*]. // だれかがまた*水道の水を出しっ放しにした Someone has left the ˹*faucet* [*tap*] running again. // 豊後*水道 the Bungo *Channel* 《☞ 冠詞 (欄外)》
水道管 (本管) water main Ⓒ; (引き込み管) water pipe Ⓒ **水道局** the bureau of waterworks **水道栓** (蛇口) 《米》 faucet Ⓒ, 《英》 tap Ⓒ 《☞ じゃぐち (挿絵)》; (路上の給水栓) hydrant Ⓒ **水道料金** water ˹charges [bill Ⓒ], 《英》 water rate Ⓒ. 《☞ りょうきん》.

すいとりがみ 吸い取り紙 blotting paper Ⓤ; (台付きの) blotter Ⓒ.

すいとる 吸い取る (口で吸い上げるように) suck up (他); (表面からしみ込ませて) soak up (他), absorb (他) ★後者はやや改まった語. 《☞ すう[1]; きゅうしゅう[1]》. ¶スポンジは水をよく*吸い取る A sponge ˹*sucks up* [*absorbs*] water well.

すいばく 水爆 (水素爆弾) hydrogen bomb Ⓒ, H-bomb Ⓒ. 《☞ すいそ; げんばく; かく[4]; ばくはつ》. **水爆実験** H-bomb [thermonuclear] test Ⓒ.

すいはんき 炊飯器 rice cooker Ⓒ 《☞ 台所・家事 (囲み)》.

すいび 衰微 (国力などの) decline Ⓤ 《☞ おとろえる; すいたい》.

ずいひつ 随筆 essay Ⓒ 《☞ ずいそう》. **随筆家** essayist Ⓒ **随筆集** (collected) essays ★複数形で.

すいふ 水夫 (一般に) sailor Ⓒ 《☞ せんいん》.

すいぶん 水分 (水) water Ⓤ; (水気) moisture Ⓤ; (液汁) juice Ⓤ. 《☞ しっけ》. ¶あの患者にはもっと*水分をとらせなければいけない We must give the patient more *water*. // 植物は地中から*水分を吸収する Plants suck up ˹*water* [*moisture*] from the earth. // トマトのほうがリンゴより*水分が多い Tomatoes have more *juice* than apples.

ずいぶん 随分 ―[副] (非常に) very (much), 《口語》 awfully, a lot; (普通以上に) quite; (かなり) pretty. ―[形] (多量の) a lot of ..., a good deal of ... 《☞ かなり; ひじょうに; たいへん; 強意語 (囲み)》.
¶彼は*ずいぶん腹を立てていた (⇒非常に怒っていた) He was *very* angry. / He was *very much* offended. [語法] 過去分詞の修飾には very ではなく (very) much を用いる. // 彼は*ずいぶんよくなった He has become *much* better. [語法] 比較級の修飾には very ではなく much を用いる. 《☞ 比較の表現 (囲み)》 // けさは*ずいぶん寒いね It is ˹*very* [*pretty*; *awfully*] cold this morning, isn't it? // この車には*ずいぶん (⇒たくさん) 金を使った I have spent *a* ˹*lot* [*good deal*] *of* money on this car. // 彼女はこの前会ってから*ずいぶん変わった She has changed ˹*a lot* [*very much*] since I saw her last. // *ずいぶん久しぶりですね (⇒あなたと長いこと会いませんでしたね) I have not seen you *for a long time*. / It's been *ages* since I saw you last. ★会話でよく使われる慣用表現. 《☞ 誇張 (欄外); あいさつ (囲み)》

すいへい[1] 水平 ―[形] (平らな) level; (垂直に対して) horizontal (↔ vertical) [語法] 前者のほうが意味が広く, 他の表面と高さがそろう場合にも用いるのに対し, 後者は垂直に対して水平になっていることを強調する. ―[名] (水平面) level Ⓒ; horizontal Ⓒ. 《☞ たいら》.
¶彼女は傾いている額縁を*水平にした She set the tilted frame at *level*. / She made the tilted frame *level*. // この敷居は*水平でない This sill is not ˹*level* [*horizontal*]. // 飛行機は1万メートルの高さで*水平飛行に移った The plane *leveled off* at 10,000 meters.
水平線 the horizon **水平面** horizontal plane Ⓒ; (水平な表面) level surface Ⓒ.

すいへい² 水兵 sailor Ⓒ, seaman Ⓒ《複 -men》 [語法] 前者は一般船員をも含むが, 後者は特に海軍軍人を意味することが多い.

すいぼう 水防 (洪水の抑制) flood control Ⓤ; (洪水の防止) prevention of floods Ⓤ. **水防訓練** the flood-control drill **水防対策** antiflood measures ★ 複数形で.

すいま 睡魔 (眠気) sleepiness Ⓤ; (うとうとした眠気) drowsiness Ⓤ; (童話の眠りの精) sandman Ⓒ [参考] 子供の目に砂を入れて眠くし, 目をこすらせる. 《☞ ねむい; すいみん》. ¶ *睡魔に襲われた (⇒どうしようもない眠気が私を襲った) An overwhelming ⌈*sleepiness* [*drowsiness*] came over me. ★ やや文語的な表現.

す

すいみゃく 水脈 (地下水の通る路) water vein Ⓒ. ¶ *水脈を掘り当てる strike (a *vein of*) *water*

すいみん 睡眠 sleep Ⓤ《☞ ねむる; ねむり》. ¶ 子供は毎日8時間の*睡眠が必要だ Children need ⌈eight hours' *sleep* [to *sleep* eight hours] every ⌈day [night]. // 私は昨夜は十分に*睡眠をとった I ⌈had [got; enjoyed] a good *sleep* last night. // 彼の*睡眠を妨げないようにしなさい Don't ⌈disturb [interrupt] his *sleep*. // 私は*睡眠不足気味だ I am rather short ⌈of [on] *sleep*. // 君の頭痛は*睡眠不足のせいだ Your headache is due to lack of *sleep*. // 彼は勉強のために*睡眠時間を減らした He cut down (on) his ⌈*sleeping* hours [hours of *sleep*] to study. // 私の*睡眠中にだれかが部屋の中に入ったらしい It seems (that) someone entered my room while I *was* ⌈*sleeping* [*asleep*].
睡眠中《掲示》Don't disturb ★ ホテルの部屋のドアなどにかけておく. 《☞ 掲示の英語 (囲み)》 **睡眠薬** sleeping drug Ⓒ; (錠剤) sleeping ⌈tablet [pill] Ⓒ.

すいめん 水面 the water surface.

すいもの 吸い物 clear soup Ⓤ《☞ スープ》.

すいもん 水門 (water) gate Ⓒ; (流量調節の) floodgate Ⓒ, sluice (gate) Ⓒ; (河や運河の水位調節の) lock (gate) Ⓒ.

すいようえき 水溶液 (water) solution Ⓒ.

すいようび 水曜日 Wednesday《略 Wed.》《☞ 時刻・日付・曜日 (囲み); 略語 (欄外)》. ¶ 彼は先週の*水曜日にここへ来た He came here ⌈last *Wednesday* [on *Wednesday* last]. 《☞ せんしゅう¹ [語法]》// 私は*水曜日の朝出発します I start on *Wednesday* morning.

すいよく 水浴 —[動] bathe [béið] ⓐ. —[名] (水泳) swimming Ⓤ. 《☞かいすいよく》.

すいり¹ 推理 —[名] (当てずっぽうの推理) guess Ⓒ ★ 最も口語的; (論理的な推理) reasoning Ⓤ; (ある前提から割り出した推理) inference Ⓤ ★ 形式ばった語. —[動] guess ⓐ ⓗ; reason ⓐ ⓗ; infer ⓗ. 《☞ すいそく; すいてい; 推量の表現 (囲み)》.
¶ 君の*推理は間違っている You *guessed* wrong. / Your *guess* is wrong. / Your ⌈*reasoning* [*inference*] isn't correct. // 彼はそこまでは*推理できなかった He could not carry his *reasoning* that far.
推理小説 (探偵小説) detective story Ⓒ, 《米》mystery (story) Ⓒ **推理力** reasoning power Ⓤ.

すいり² 水利 (給水システム) water supply Ⓤ; (灌漑) irrigation Ⓤ. 《☞ すいどう; かんがい²》.

すいりく 水陸 land and water《☞ すいじょう; りくじょう》. ¶ *水陸両用飛行機[戦車] an *amphibian* ⌈plane [tank]

すいりゅう 水流 current Ⓒ, stream Ⓒ. 《☞ ながれ》.

すいりょう¹ 推量 —[動] (当てずっぽうをする) guess ⓗ ⓐ ★ 最も口語的; (不確かな根拠に基づいて推測する) surmise ⓗ, conjecture ⓗ ★ いずれも形式ばった語. —[名] guess Ⓒ; (当て推量) guesswork Ⓤ. 《☞ あてる; すいさつ; すいそく (類義語)》.
¶ 私の*推量は当たった[はずれた] I *guessed* ⌈right [wrong]. / My *guess* was ⌈right [wrong]. // 彼は当て*推量でその問題に答えた He answered the question ⌈*by guess*(*work*) [*with a guess*].

すいりょう² 水量 the volume of water. ¶ 豪雨で川の*水量が増した The river rose after the heavy rain. **水量計** water gauge Ⓒ.

すいりょく 水力 waterpower Ⓤ, hydraulic power Ⓤ. ¶ *水力を利用する make use of *waterpower* **水力発電** waterpower generation Ⓤ **水力発電所** (water)power plant Ⓒ.

すいれい 水冷 water cooling Ⓤ. **水冷式エンジン** water-cooled engine Ⓒ.

すいれん 睡蓮 water lily Ⓒ《☞ 花 (囲み)》. ¶ *睡蓮の葉 a *lily* pad

すいろ 水路 (船が通る) waterway Ⓒ; (運河) canal Ⓒ; (水が流れる) watercourse Ⓒ. 《☞ こうろ》. ¶ ベニスは縦横に*水路が通じている Venice has a network of *canals*.

すいろん 推論 —[動] (当てずっぽうをする) guess ⓗ ⓐ ★ 最も口語的; (論理的な推論をする) reason ⓗ ⓐ; (ある事実から割り出して推論する) infer ⓗ ★ 形式ばった語. —[名] reasoning Ⓤ; inference Ⓤ. 《☞ すいり¹; すいそく (類義語); 推量の表現 (囲み)》.
¶ 彼の*推論はもっともらしく思われる His *reasoning* seems plausible.

スイング (バットなどの振り) swing Ⓒ; (音楽) swing (music) Ⓤ. ¶ 彼は力強い*スイングでボールを打った He took a powerful *swing* at the ball. // 彼はバットを鋭く*スイングしたが空振りに終わった He *swung* the bat sharply at the ball but missed.

すう¹ 吸う (呼吸する・気体を吸い込む) breathe ⓐ ⓗ ★ 特に「体内へ」の気持ちがあるときは in を伴う; inhale ⓗ (↔ exhale) ★ 少し改まった語; (液体を) suck ⓗ; (少しずつすする) sip ⓗ; (たばこを) smoke ⓗ ⓐ; (吸収する) absorb ⓗ. 《☞ すいこむ; すする; きゅうしゅう¹》.
¶ 私は新鮮な空気を深々と*吸った I *breathed* (*in* the) fresh air deeply. // 私たちは無意識のうちに息を*吸ったり吐いたりしている We *breathe in* and out unconsciously. // 息を

推量の表現

はっきりとわからないことを周囲の状況などから判断するのを推量というが，その推量の確かさにより，また文体により，表現方法も異なる．

日本語では推量・推定の助動詞（「…らしい」「…ようだ」など）を利用し，また，「…と思う」「…と考える」「…と推定する」「…と推察する」などの動詞を用いるのに対して，英語では多くの場合 may, will, must, can などの助動詞を使ったり，think, suppose, guess などの動詞を用いて表す．

その他，文修飾の副詞，形容詞，名詞などによって推量の意味を示すこともできる．実際の文では以上の要素が幾つか組み合わさって使われることも多い．

1　助動詞によるもの

（1）　*may* を使った表現

（i）**（恐らく）…かもしれない：**「may＋動詞の原形」で表す．

（ii）**（恐らく）…だったかもしれない：**「may＋have＋過去分詞」で表す．

（iii）**（ひょっとして）…かもしれない：**「might＋動詞の原形」で表す．

（iv）**（ひょっとして）…だったかもしれない[…だったのに]：**「might＋have＋過去分詞」で表す．

(i) は現在または将来に対する推量を示す．(ii) は過去の事に対する推量．いずれも間接話法や複文において，主節の述語動詞が過去時制になると「might＋動詞の原形」「might＋have＋過去分詞」の形となる．《☞ 時制の一致（欄外）》

(iii) (iv) は仮定法で，(iii) は現在・将来に対する推量だが，(i) の形よりも疑いの念が強い．(iv) は過去の事に対する疑いや非難・残念の気持ちを含めた推量の意味を示す．《☞ 仮定の表現（囲み）》

¶ 週末は雨かもしれない It *may rain* this weekend. // 彼女は家にいないかもしれない She *may* not *be* at home now. // 彼はもうその仕事を終えたかもしれない He *may have finished* the work. // ひょっとするとあしたは雨になるかも知れません It *might rain* tomorrow. ★ 疑いの気持ちが強く，やや控えめな態度を表す推量. // 彼はその手紙を読んでいなかったかもしれなかった He *might* not *have read* the letter. // 彼女は電話ぐらいかけてもよかったろうに She *might have given* me a call. ★ 非難の意味を込めて過去の事柄を推量している．

（2）　*will* を使った表現

（i）**（多分）…でしょう：**「will＋動詞の原形」で表す．

（ii）**（多分）…してしまっているでしょう：**「will＋have＋過去分詞」「would＋動詞の原形」「would＋have＋過去分詞」で表す．

may よりも可能性の強い推量を表す．(i) は現在から見た未来に対する単純な推量．(ii) の「will＋have＋過去分詞」は未来のある時点において，ある動作・状態が完了しているであろうという推量．「would＋動詞の原形」は現在または未来に対する控えめな推量．「would＋have＋過去分詞」は過去のことに対して現在の事実に反する仮定をもとにした推量を表す．《☞ 仮定の表現（囲み）》

¶ あしたは晴れるでしょう It *will clear up* tomorrow. // 明後日にはこの仕事を終えてしまっているでしょう I *will have finished* this work by the day after tomorrow. // だれもそれを信じないでしょう Nobody *would believe* it. // 私ならその申し出を受け入れていたでしょう I *would have accepted* the offer.

（3）　*must* を使った表現

（i）**（きっと）…に違いない：**「must＋動詞の原形」で表す．

（ii）**（きっと）…したに違いない：**「must＋have＋過去分詞」で表す．

may, will よりもさらに確信をもった推量で，「当然…であるべきだ」というのに近い意味をもつ．(i) は現在または未来についての確信的な推量．(ii) は過去についての確信的な推量．また，間接話法や従属節においては，主節の動詞が過去時制ならばこの形になる．《☞ 時制の一致（欄外）》

¶ それは本当であるに違いない It *must be* true. // 彼女はもうそこに着いているに違いない She *must be* there by now. // 自転車がないところをみると，彼はもう帰ってしまったのだろう His bicycle isn't there. He *must have* ┌*left* [*gone*].

（4）　*cannot* を使った表現

（i）**（まさか[よもや]）…まい：**「cannot＋動詞の原形」で表す．

（ii）**…であったはずがない：**「cannot＋have＋過去分詞」で表す．

cannot は前項の must に対する否定で，「…のはずがない」という否定の推量．(i) は現在または未来に対する，(ii) は過去に対する確信ある否定の推量．《☞ 可能の表現（囲み）》

¶ 彼の話はうそであるはずがない His story *cannot be* false. // そんなことが起こるはずがない Such a thing *can never happen*. // 彼がそんなことをしたはずはない He *cannot have done* such a thing.

2　動詞によるもの

推量・推定などの意味を示す動詞を用いて <S+V+O> <S+V+O+C> などの型で表すことができる．また口語では，話者の推量を示す手段として I think, I guess など <S(I)+V> 型を挿入句として文中・文尾に置いて推量の表現をすることもある．

推量の表現に通常用いられる動詞

(漠然と想像する) think ㊎; (推察する) understand ㊎; (ではないかと思う) suppose ㊎, 《口語》 guess ㊎; (想像して…と思う) imagine ㊎; (何かが起こることを期待して) expect ㊎; (何かいいことを想像する) hope ㊎; (心配して…でないかと恐れる) be afraid (of …; (that) …), fear ㊎ ★ 前者が口語的; (望ましくないことで…らしいと思う) suspect ㊎; (疑わしく思う) doubt ㊎; (きっと…と思う) believe ㊎.

より遠慮深く控えめな推量の気持ちを表すときは would [《英》 should] を加えて, I ˹*would* [*should*] ˹*say* [*suppose*; *think*] … などとする.

¶ 君の言うことは間違っているようだ *I* ˹*think* [*guess*] you are ˹wrong [mistaken]. ∥ あなたの言うことは正しいようだ *I suppose* you are right. ∥ また彼女に会えるでしょう *I hope* I will see her again. ∥ お疲れになったでしょう *I suppose* you are tired. ∥ 彼女は多分30歳を過ぎているのではないか *I* ˹*would* [*should*] *say* she is over thirty. ∥「彼は具合が悪いのかな」「どうもそうらしい」"Is he sick?" "*I'm afraid* so."

3 副詞・形容詞・その他

(ことによると) perhaps, maybe ★ 後者は口語的; (多分) probably ★ 可能性がかなり強い; (疑いもなく) doubtless, 《口語》 no doubt. 《☞ たぶん; おそらく (類義語)》.
¶ 多分彼はきょう来るでしょう *Perhaps* he will come today. ∥ ひょっとすると先生はきょうお休みかもしれません *Maybe* [*Probably*] our teacher will be absent today. ∥ 今夜は台風になるらしい A typhoon is *probable* tonight. ∥ きっと彼女は列車に間に合うでしょう *No doubt* she will catch the train.

*吸って. 息を吐いて *Inhale*! Exhale! ∥ 赤ん坊は哺乳瓶[母親の乳]を*吸っている The baby *is sucking* ˹a feeding bottle [its mother's breast]. ∥ その子はトマトジュースを一口*吸うと, いらないと押しのけた The boy ˹*took* [*had*] *a sip of* the tomato juice and pushed it away. ∥ 彼は1日にたばこを約20本*吸う He *smokes* about twenty cigarettes a day. ∥ 私はたばこを*吸いません I don't *smoke*. ∥ この吸い取り紙はインクをよく*吸う This ˹blotting paper [blotter] *absorbs* ink well.

すう² 数 number Ⓒ 《☞ かず; 数字 (囲み)》.

スウェーデン ―名 固 Sweden. ―形 Swedish. **スウェーデン語** Swedish Ⓤ **スウェーデン人** Swede Ⓒ.

すうかい 数回 several times 《☞ なんかい¹》. ¶ 私はこの本を*数回読んだ I have read this book *several times*.

すうがく 数学 mathematics Ⓤ, 《口語》 math (《英》 maths) Ⓤ. 《☞ 学校・教育 (囲み)》. ¶ *数学は私の得意[不得意]な科目です *Math* [*Mathematics*] is my ˹strong(est) [weak(est)] subject. **数学者** mathematician Ⓒ.

すうき 数奇 ―形 (不運な) unfortunate; (波乱に富んだ) varied. ¶ 彼は*数奇な一生を送った He ˹led [lived] ˹an *unfortunate* [a *varied*] life.

すうきけい 枢機卿 (カトリックの) cardinal Ⓒ.

すうこう 崇高 ―形 (気高い) noble; (高尚な) lofty; (荘厳な) sublime ★ 後の2つは文語的. ¶ 彼の*崇高な行為をだれもが称賛した Everyone ˹praised [commended] his *noble* deed. ∥ 彼らはその*崇高な理想を実現した They realized their *lofty* ideals.

すうし 数詞 〘文法〙 numeral Ⓒ 《☞ 数字 (囲み)》.

すうじ 数字 number Ⓒ; numeral Ⓒ; figure Ⓒ; digit Ⓒ.
【類義語】 1, 200, 3000, 15000 など数の勘定のシステムの中のある数または書かれた数字をいうのが ***number***. 数を表す慣習的記号の書き方に重点を置くやや改まった語が ***numeral*** で, 例えばローマ数字 (Roman numerals), アラビア数字 (Arabic numerals) などの場合はこれが用いられるが, これらは *numbers* で代用してもよい. 以上に対して, 元来0から9までの数字を意味し, 複数形では数字で書き表されたある数を意味し, さらに計算の結果という意味から計算そのものをも意味するのが ***figure***. ((例) 次の数をすべて*数字で書きなさい Write all the following numbers in *figures*.). *figure* が種々の派生的意味を持つので, 純粋に0から9までの数字という意味を明らかに示したいときに用いるのが ***digit***. ((例) 電話のダイヤルには*数字が書かれている A telephone dial carries *digits*.).「数字が物を言う」というように比喩的に用いる場合の「数字」は, 複数形の *figures* によって表す. ((例) *数字が物を言う *Figures* talk.)
¶ ナンバープレートには文字と*数字が書かれている A ˹license plate [《英》 numberplate] bears both letters and ˹*numbers* [*numerals*]. ∥ 正確な*数字はまだわかりません The exact *figures* are not yet known. ∥ 彼は*数字をあげてそれが事実であることを示した He ˹cited [gave] *figures* to show that it was a fact. ∥ 彼は*数字に強い[弱い] He is ˹good [bad] at ˹*figures* [*numbers*].

すうしき 数式 (式) (numerical) expression Ⓒ; (等式) equation Ⓒ. 《☞ しき²; ほうていしき》.

すうじつ 数日 (だいたい2, 3日) a few days; (だいたい4, 5日から7, 8日ぐらい) several days. ¶ 彼はロンドンに*数日間滞在した He stayed in London for ˹*a few* [*several*] *days*. ∥ *数日前彼女に会った I met her ˹*a few* [*several*] *days* ago. ∥ ここ*数日好天に恵まれている We have had good weather for the ˹last [past] ˹*few* [*several*] *days*.

すうじゅう 数十 scores; dozens 〔語法〕 score は20, dozen は1ダース, つまり12を表すが, 複数形で用いると日本語の「数十, 何十」に相当する意味になる.

数　字

数字の基本となる基数，順序を示すのに用いられる序数，その他分数，小数，身近にみられる数字など，幾つかの項目について英語での読み方と書き方，および用法などを示す．

1　基数・序数・分数・小数

（1）基数 (cardinal numbers)

アラビア数字 (Arabic numerals)	文字による書き方と読み方	ローマ数字 (Roman numerals)
0	zero ★数字の間では[óu]と読むことも多い．((例) 105[wʌ́n òu fáiv])	
1	one	I, i
2	two	II, ii
3	three	III, iii
4	four	IV, iv
5	five	V, v
6	six	VI, vi
7	seven	VII, vii
8	eight	VIII, viii
9	nine	IX, ix
10	ten	X, x
11	eleven	XI, xi
12	twelve	XII, xii
13	thirteen	XIII, xiii
14	fourteen	XIV, xiv
15	fifteen	XV, xv
16	sixteen	XVI, xvi
17	seventeen	XVII, xvii
18	eighteen	XVIII, xviii
19	nineteen	XIX, xix
20	twenty	XX, xx
21	twenty-one	XXI, xxi
30	thirty	XXX, xxx
32	thirty-two	XXXII, xxxii
40	forty	XL, xl
50	fifty	L, l
60	sixty	LX, lx
70	seventy	LXX, lxx
80	eighty	LXXX, lxxx
90	ninety	XC, xc
100	a [one] hundred	C, c
101	a [one] hundred (and) one	CI, ci
200	two hundred	CC, cc
500	five hundred	D, d
900	nine hundred	CM, cm
1,000	a [one] thousand	M, m
2,000	two thousand	MM, mm
10,000	ten thousand	$\overline{X}$, $\overline{x}$
100,000	a [one] hundred thousand	$\overline{C}$, $\overline{c}$
1,000,000	a [one] million	$\overline{M}$, $\overline{m}$
2,000,000	two million	$\overline{M}\overline{M}$, $\overline{m}\overline{m}$
2,000,000,000	two billion	

（ i ）普通，文中では12までの数は文字で書くことが多いが，時刻・日付・計算などについてはアラビア数字を用いることもある．

文語体の形式ばった文章では1から100までの数と，100以上でも端数のない数 (round numbers) は文字で書く．ただし，文頭ではどんな場合でも文字で書く．また同じ文(章)の中で2回以上数が現れる場合は，書き方を数字か文字のいずれかに統一しなければならない．

（ ii ）基数には代名詞・名詞・形容詞の用法がある．
¶ 4人がそこへ行った *Four* went there. // 4足す2は6 *Four* and two make(s) six. // 4大学 *four* colleges

（ iii ）4桁以上の数は読み易くするために (,) で切る．《☞ コンマ(欄外)》．下のほうから第1番目の(,)は thousand，第2番目は million，第3番目は billion である．《米》では100位の次の and はしばしば省略される．
¶ 4,578 four thousand five hundred (and) seventy-eight // 8,765,004 eight million seven hundred (and) sixty-five thousand (and) four

（ iv ）数詞または数を示す形容詞を伴っても，単位名となる hundred, thousand, million, billion には -s を付けない．
¶ 10万冊の本 *one hundred thousand* books 【語法】 one hundred, one thousand などは a hundred, a thousand などよりも正式な言い方．

（ v ）端数を示すには数字の後へ -odd を付けるか，or so を付ける．約70は 70-*odd*, 70 *or so*，または seventy-*odd*, seventy *or so* とする．

（ vi ）数字ではないが，日常的に用いられるもので日本語と違うものに dozen (12), score (20), couple (2) がある．例えば6のことを a half *dozen*, half a *dozen*，18のことを a *dozen* and a half, 70年を three *score* years and ten《人の寿命》，2, 3日を a *couple* of days などと言うようにして用いられる．

（vii）不特定の多数を示すときはその概数によって hundreds (of …) (＝何百の), thousands (of …) (＝何千という), tens of thousands (of…) (＝何万という) のように言う．

（viii）ローマ数字の規則：

基本となるものは I (1), V (5), X (10), L (50), C (100), D (500), M (1000) で，同じものを続けて書けばその倍となる (CC＝C＋C＝200)．

ある記号の左側にそれより下の位の記号を置けば引くことになり (XL＝L－X＝50－10＝40)，右側に置けば加えることになる，(LX＝L＋X＝50＋10＝60)．従って，MCMLXXXIV は M＋CM＋LXXX＋IV＝1000＋(1000－100)＋(50＋30)＋(5－1)＝1984 となる．

またローマ数字の上にダッシュを書くと，その数字が表す数を1000倍した数になる．例えば $\overline{\mathrm{V}}$ は 5,000, $\overline{\mathrm{X}}$ は 10,000 になる．

(ix) ローマ数字の用法：

ローマ数字は年号，王・女王の継承順位，書物の章・ページ，時計の文字盤の数字などを示す場合に用いられる．ローマ数字の小文字は書物でも序文のページとか説明文の小区分を示すなど，その使用場面はさらに限定される．
¶第2章 chapter II ★ chapter two または the second chapter と読む．一般に，基数を使って読んでも序数を使って読んでもよい場合は後者のほうが形式ばった読み方になる．// 第二次世界大戦 World War II ★ World War Two または the Second World War と読む．// エリザベス2世 Elizabeth II ★ Elizabeth the Second と読む．

(2) **序数** (ordinal numbers)

	文字による書き方	略記法
第1番目(の)	first	1st
第2 〃	second	2nd
第3 〃	third	3rd
第4 〃	fourth	4th
第5 〃	fifth	5th
第6 〃	sixth	6th
第7 〃	seventh	7th
第8 〃	eighth	8th
第9 〃	ninth	9th
第10 〃	tenth	10th
第11 〃	eleventh	11th
第12 〃	twelfth	12th
第13 〃	thirteenth	13th
第14 〃	fourteenth	14th
第15 〃	fifteenth	15th
第16 〃	sixteenth	16th
第17 〃	seventeenth	17th
第18 〃	eighteenth	18th
第19 〃	nineteenth	19th
第20 〃	twentieth	20th
第21 〃	twenty-first	21st
第22 〃	twenty-second	22nd
第23 〃	twenty-third	23rd
第25 〃	twenty-fifth	25th
第30 〃	thirtieth	30th
第40 〃	fortieth	40th
第50 〃	fiftieth	50th
第60 〃	sixtieth	60th
第70 〃	seventieth	70th
第80 〃	eightieth	80th
第90 〃	ninetieth	90th
第100 〃	(one) hundredth	100th
第101 〃	(one) hundred (and) first	101st
第112 〃	(one) hundred (and) twelfth	112th
第123 〃	(one) hundred (and) twenty-third	123rd
第200 〃	two hundredth	200th
第365 〃	three hundred (and) sixty-fifth	365th
第1000 〃	(one) thousandth	1,000th
第1982 〃	(one) thousand nine hundred (and) eighty-second	1,982nd
第2000 〃	two thousandth	2,000th

(i) 序数は first, second, third を除いては，基数に -th [θ] を付けて作るが，five → fifth, twelve → twelfth のような例外，および eight → eighth, nine → ninth のつづりに注意．また -ty [-ti(ː)] で終わる10位の数詞は -tieth [-tiiθ] となる．100番目などの one は特に強調するとき以外は省く．

(ii) 序数には形容詞・名詞の用法があり，普通は the を付けて用いる．
¶第4課 *the fourth* lesson // 5月4日 May 4 ★ May (the) fourth と読む．/ *the fourth* of May ★ 後者は形式ばった言い方．

(3) **分数** (fractions)

(i) 分数は，まず分子 (numerator) を基数で，次に分母 (denominator) を序数で読む．文字で書く場合は，読む通りに，分子には基数，分母には序数を用いる．ただし $^1/_2$ と $^1/_4$ については (iii) を参照．

(ii) 分子が2以上の数のときには分母を複数形にする．例えば $^2/_9$ は $^1/_9$ (a [one] ninth) が2つあるということで two ninths となる．

(iii) $^1/_2$, $^1/_4$ の読み方と書き方に注意．それぞれ「半分」(a half),「4分の1」(a quarter) のようになるのが普通．分子の1は one を用いるほうが正確で強調的．($^1/_2$ a half, one half; $^1/_4$ a quarter, one fourth; $^3/_4$ three quarters, three fourths).

(iv) $^{123}/_{456}$ のような複雑な分数は，over を用いて one hundred (and) twenty-three *over* four hundred (and) fifty-six のように，分子・分母とも基数で読むのが普通．$^{22}/_7$ のような仮分数 (improper fractions) は必ずこの方式で twenty-two *over* seven と読む．

(v) 分数を名詞として用いる場合は通例2語に離して書くが，形容詞として用いる時は必ずハイフンで結ぶ．

(vi) $3^4/_7$ のような帯分数 (mixed numbers) は通常の数と分数とを and で区切って three *and* four sevenths と読む．
¶私は仕事を5分の3終わった I've finished *three fifths* of the job. // 1日は1年の365分の1にあたる A day is *one three hundred (and) sixty-fifth* of a year. // 彼は3分の2の多数を得た He got a *two-thirds* majority.

(4) **小数** (decimal fractions)

小数点を point と読むほかは日本語と同じで，0.123 は (zero) *point* one two three, 4.05 は four *point* zero five, 19.87 は nineteen *point* eight seven と読む．0点いくつと言う場合，0に相当する zero は口語では普通省略される．
¶1メートルは39.37インチです A meter is *thirty-nine point three seven* inches.

(5) **その他**

3^2 …three squared; the square of three
3^3 …three cubed; the cube of three
3^4 …three to the fourth (power)

3^5 ...three to the fifth (power)
$\sqrt{9}$ ...the square root of nine
$\sqrt[3]{64}$ ...the cube root of sixty-four
¶5の2乗は25 ($5^2=25$) Five squared is twenty-five. / The square of five is twenty-five. // 36の平方根は6 ($\sqrt{36}=6$) The square root of thirty-six is six.

(6) **簡単な計算** (Elementary Arithmetic)

文字による表現が，そのまま数式 (mathematical expressions) の読み方になる.
¶5足す2は7 (5+2=7) Five plus two ˹is [equals] seven. / Five and two ˹are [is; make; makes] seven.
7引く5は2 (7−5=2) Seven minus five ˹is [equals] two. / Five from seven leaves two.
3掛ける4は12 (3×4=12) Three times four ˹is [are; makes; equals] twelve. [語法] 掛け算の読み方はこのように「掛ける」に当たる times を入れて頭から読むので,「3掛ける4」という言い方に関する限りは日英の表面上の相違はない. しかし，times はもともと「...倍」という意味であり，three times four という英語の意味は「4の3倍」ということである. 英米人はこれを数式に書く場合，3×4 のように読むときの語順のとおり「...倍」という部分を先に置くのである. つまり，3×4 という式は英米人には「4の3倍」を意味するのである. ところが，日本人の考え方では「4の3倍」に対する式は 4×3 とするのが普通で，3×4 という式を見ると「3の4倍」と感じてしまう. そして 3×4 を英語で four times three と言ってしまいがちなので注意が必要である. なお,「2倍」は数式の場合は two times のほうが普通だが，一般には twice という. (☞ ばい).
15割る3は5 (15÷3=5) Fifteen divided by three ˹is [gives; makes; equals] five.
4対8は6対12 (4:8=6:12) Four is to eight, as six is to twelve. ★ 英米での数式の書き方は 4:8::6:12 となることもある.

2 数字と日常生活

(1) **住所**

番地・家屋番号・部屋番号などの場合は，3桁以上の数字は棒読みにするのが普通.
¶桜町3丁目125の16 125-16 Sakura-machi San-chome ★ 数字の部分は，one ˹twenty-five [two five] sixteen と読む. [語法] 3丁目は 3-chome でもよいが three chome と読まれることになる. なお，日本の郵便の便宜を考えれば，3-125-16 Sakura-machi がよい. (☞ 手紙の書き方 (囲み)) // 東京ホテル914号室 Room 914, Tokyo Hotel ★ Room ˹nine fourteen [nine one four], Tokyo Hotel と読む. // 私の部屋は8号棟の5階です My room is on the fifth floor of building no. 8. ★ 階数の数え方は ☞ -かい[3].

(2) **電話番号，その他**

電話・テレックス・クレジットカードなどの番号のように長い数字が続くものは数字を棒読みにするのが一般的. ただし，略式の読み方として最後から2桁ずつに区切って，例えば 3219 なら thirty-two nineteen, 810 なら eight ten のように言うこともある. 0 は [óu] と読むのが普通で，特にゼロであることを強調するときには zero [zí:rou] と読む. 《英》では nought と読むこともある. (☞ 電話の英語 (囲み)).
¶緊急の時は110番を回しなさい In emergency dial 110. ★ one-one-˹o [zero] と読む. // 私の部屋の電話番号は 0557-54-3219 内線521です My office phone number is 0557-54-3219, extension 521. ★ o-five-five-seven, five-four, three-two-one-nine, extension five-two-one と読む.

(3) **年号・日付・時刻**

3桁以上の西暦年号は普通下のほうから2桁ずつ区切って読む. 従って1985年は nineteen eighty-five と読むのが最も普通. 少し改まった場合に nineteen hundred (and) eighty-five と読むこともある. 1900年は nineteen hundred, 1905年は nineteen (hundred and) five または nineteen o [óu] five と読む.
「西暦(紀元)...」を表す A.D. は,「紀元前...」を表す B.C. と対比して用いられるときや，ごく古い年代を言うときに用いるのが普通. A.D. を数字の後に置くのは主に《米》，前に置くのは《英》. (☞ きげん[4] [語法]).
¶アウグストゥス皇帝は紀元前63年に生まれ，紀元14年に死んだ Emperor Augustus was born in (the year) 63 B.C. and died in (the year) 14 A.D. // 私は昭和40年生まれです I was born in the fortieth year of Showa. [語法] 日本の年号を知らない英米人に対して言う場合は，この後に，that is, in 1965 と説明を加えたほうがよい. // いまや1990年代にさしかかっている We ˹will soon go into [are moving towards] the 1990s. ★ nineteen nineties と読む. // 5月5日に上京します I will come up to Tokyo on ˹May 5 [the fifth of May]. // 8時50分発東京行きは10分遅れで発車します The 8:50 Tokyo train will leave ten minutes late. ★ 8:50 は eight fifty と読む.

(4) **年齢・学年**

¶私は17歳で高校2年です I'm seventeen (years old) and a ˹second-year student [《米》 sophomore] ˹at a [in] high school. // 兄は大学3年です My brother is ˹in the third year [《米》 a junior] in college. // 彼女は40代の前半[半ば，後半]です She is in her ˹early [mid; late] forties. // 彼は20歳(はたち)前後だ He's twenty ˹or so [or thereabouts].

(5) **金銭**

¶家賃は10万円です The (house) rent is ¥100,000. ★ 読み方は one hundred thousand yen. // 私は5ドル20セント払った I

す

paid $5.20. ★ 読み方は five dollars and twenty cents. 口語的には five twenty でもよい. // それは5ポンド20ペンスした It cost £5.20. ★ 読み方は five pounds twenty pence. 口語的には five twenty でもよい. 《☞ 金銭 (囲み)》

(6) ページ・章

¶ 教科書の10ページを開けなさい Open your textbook(s) ˹to [《英》 at] page 10. ★ page ten と読む. // それはこの本の第3章に書いてある It is described in chapter three of this book. // これはマタイ伝第5章第13節からの引用です This is a quotation from *Matthew* 5: 13. ★ (chapter) five, (verse) thirteen と読む. // シェークスピアは『ハムレット』で「生きるべきか死ぬべきか, それが疑問だ」(第3幕第1場第56行) と書いている Shakespeare writes in *Hamlet*: "To be, or not to be: that is the question." (3. 1. 56). ★ act three, scene one, line fifty-six と読む. // 385ページの15行目から23行目までを和訳しなさい Put into Japanese lines 15-23 on page 385. ★ lines fifteen ˹to [through] twenty-three on page three (hundred and) eighty-five と読む.

(7) その他

¶ 私はギヤをセカンドへ, そしてサードへと入れた I put the car ˹in [into] second (gear) and then changed ˹to [into] third. // この車は最高 160 km 出ます This car has a ˹top [maximum] speed of one hundred sixty kilometers per hour. 《☞ そくど》 // 博多行きの電車は17番線です The Hakata train leaves from platform 17. ★ platform (number) seventeen と読む. // ボーイング747 Boeing 747 ★ Boeing seven forty-seven, または seven four seven と読む. // 私はいつも NHK 第2放送を聞いている I always listen to NHK 2. ★ NHK two と読む. // テレビの第10チャンネル Channel 10 on TV ★ channel ten と読む.

対話例

A: お友達の住所はどこかしら?
B: 西58番通り, 59号, アパート10号室です
A: 彼女の電話番号を教えて下さる?
B: うん. 市外局番 212 て, 424-3530. いつニューヨークへ行く予定なの?
A: 14日の金曜日に成田からパンナム2便で発って, その日のうちにケネディー空港に着く予定よ
B: あとわずか5日だね. 切符は手ごろな値段で手に入った?
A: 往復21万
B: 待てよ…ええと…うん. 米ドルで950だ. 安い. 僕が東京からニューヨークまで往復切符を買ったとき…そう, 2年前になるけれど…1,100ドル以上したもの. 10パーセントのディスカウントつきでもその値段だったからね
A: 本当?
B: 本当さ. しかも同じ切符がいまでも最低に見積もって千ドルはするって, つい先日友達が言っていたよ

A: What's your friend's address?
B: Fifty-nine West Fifty-eighth Street, apartment ten.
A: Can you give me her phone number?
B: Yes. It's area code two-one-two, four-two-four, three-five-three-o. When'll you be in New York?
A: I'm leaving from Narita on Pan Am flight two on Friday the fourteenth and arriving at JFK on the same day.
B: Only five days off. Did you get a good price on your ticket?
A: Two hundred ten thousand round-trip.
B: Let's see, uh—yeah. That's about nine hundred and fifty dollars US. Cheap! When I bought a round-trip ticket from Tokyo to New York—oh, uh—two years ago, it cost me more than eleven hundred dollars, even with a ten-percent discount.
A: Really?
B: Really. And a friend of mine told me only the other day that the same ticket today would be a thousand dollars at the very least.

★ この対話例およびさらに詳しい対話例は別売テープに吹き込まれています.

¶ その事故で*数十名の人がけがをした *Scores [Dozens]* of people were injured in the accident. // 過去*数十年の間にいろいろな変化が起こった Many changes have taken place during the ˹last [past] ˹*several [few] decades*. ★ decade は「10年間」の意味. // 不況のため*数十万人の人が職を失っている *Hundreds of thousands* of people have ˹become unemployed [lost their jobs] owing to the (business) depression.

ずうずうしい —形 (厚かましい) impudent; (恥知らずな) shameless; (生意気な) cheeky; (鉄面皮の) brazen(-faced). —名 impudence Ⓤ; shamelessness Ⓤ; cheek Ⓤ; (厚かましさ) nerve Ⓤ. —動 (ずうずうしくも…する) have the ˹impudence [cheek; nerve] to *do*. 《☞ あつかましい; なまいき》.
¶ あんな*ずうずうしい奴は大嫌いだ I hate such

｢an *impudent* [a *cheeky*; a *shameless*] fellow. // 彼は*ずうずうしい He has ｢lots of *nerve* [plenty of *cheek*]. // お前はなんて*ずうずうしいんだ What *nerve* (you have)! // よくもまあ*ずうずうしくそんなことが言えるね (⇒ そんなことを言うなんて君はなんてずうずうしいんだ) How *impudent* of you to say so! / (⇒ よくもそんなことが思い切って言えたものだ) How dare you say such a thing?

すうせい 趨勢 (傾向) tendency Ⓒ; (動向) trend Ⓒ. 《☞ けいこう; たいせい[1]; どうこう[1]》. ¶ それは世論[時代]の*趨勢を示している That indicates a ｢*tendency* [*trend*] of ｢public opinion [the times].

ずうたい 図体 (体) body Ⓒ; (体格) frame Ⓒ; (特に大きくて太った体) bulk Ⓒ. 《☞ からだ; たいかく》. ¶ 彼は*ずうたいの大きな男だった He had a large ｢*body* [*frame*]. // おりの中には*ずうたいの大きなかばがいた There was a hippopotamus of great *bulk* in the cage.

すうち 数値 〖数学〗 numerical value Ⓤ.

スーツ suit Ⓒ 参考 日本語の音に引っぱられて suits という複数形と混同しないこと. 《☞ 衣服 (囲み)》.

¶ 私は*スーツを新調した I ｢had [《口語》 got] a new *suit* made. 《☞ 使役 (囲み)》 // 彼女は白い*スーツがよく似合う (⇒ 白いスーツを着るとすてきにみえる) She looks very nice in a white *suit*. / A white *suit* becomes her well. // 出来合いの*スーツは私の体に合わない A ready-made *suit* doesn't fit me well.

スーツケース suitcase Ⓒ.

すうねん 数年 several years, some years, a few years 語法 いずれも日本語の「数年」に相当するが, 前2者は4, 5年から7, 8年, 最後は2, 3年という含みがある. 《☞ 時・期間の表し方 (囲み)》.

¶ 彼らが結婚してから*数年になる (⇒ 数年たった) *Several years* have passed since they (got) married. / It ｢is [has been] *several years* since they (got) married. 語法 主節中に has been を用いるのは《米》に多い. // あなたがその要領をのみこむにはあと*数年かかるだろう It will take you *several more years* to get the hang of it. // 彼は*数年のうちに支配人になるだろう He will be promoted to manager *in a few years*. // 彼はここ*数年, がんの研究に専心している He has been devoted to the study of cancer for the ｢last [past] *few years*. // ここ*数年は当市の人口に大きな変動はないと思う (⇒ 同じままだと思う) I think the population of this city will remain ｢stationary [stable] for *some years* in (the) future.

スーパーマーケット supermarket Ⓒ 《☞ マーケット; 買い物 (囲み); 店の呼び名 (囲み)》.

スーパーマン superman Ⓒ 《複 -men》.

すうはい 崇拝 ― 動 (あがめる) worship ⓗ; (称賛する) admire ⓗ; (敬慕する) adore ⓗ. ― 名 worship Ⓤ; admiration Ⓤ; adoration Ⓤ. 《☞ うやまう; そんけい》. 崇拝者 worshiper (《英》 worshipper) Ⓒ; admirer Ⓒ.

スープ soup Ⓤ; (濃い) potage [potɑ́:ʒ] Ⓤ ★ cream soup ともいう; (澄んだ) consommé [kɑ̀nsəméi] Ⓤ ★ clear soup ともいう. 語法 以上種類をいうときは Ⓒ. 《☞ 食事 (囲み); レストラン (囲み)》.

¶ 私は夕食にいつも*スープを飲む I always ｢have [eat] *soup* for ｢dinner [supper]. 語法 皿からスプーンで飲むときは eat で drink とは言わない. ただしスプーンを使わずカップなどから直接飲むときは drink soup と言える. have は eat にも drink にも代用できる最も一般的な動詞. 《☞ のむ》 // *スープを飲むときは音を立ててはいけません Don't make noise when you eat *soup*.

スープ皿 soup plate Ⓒ 《☞ さら (挿絵)》.

ズームレンズ zoom lens Ⓒ.

すうりょう 数量 (分量) quantity Ⓤ; (かさ) volume Ⓤ. 《☞ りょう[1]》. ¶ 値段は*数量によります The price depends on the *quantity*. // *数量が多い場合は (⇒ 多量に対しては) 特別割引の用意があります We are prepared to allow special discounts for a large *quantity*.

すえ 末 **1** «終わり»: end Ⓒ 《☞ おわり (類義語)》. ¶ 私は4月の*末にアメリカへ行きます I'll go to America at the *end* of April. // 3月*末までにはその勘定を精算します I will settle the bill by the *end* of March. // 彼の*末の子は小学校の1年生だ His *youngest* child is in the first grade. 《☞ がくねん》

2 «あげく» ― 前 (…の後で) after … ¶ 私は多年の苦心の*末その仕事を完成した I (have) finished the work *after* ｢years of labor [many years' efforts]. // 私たちはよく考えた*末その提案を受け入れた *After* careful consideration we accepted the offer.

3 «堕落した時代»: (頽廃した) degenerate age Ⓒ; (嘆かわしい) deplorable age Ⓒ. ¶ あの人が人殺しだなんて. 世も*末だ Just think of his being a murderer! What a *degenerate age* this is! 《☞ 感嘆の表現 (囲み)》

スエーデン Sweden 《☞ スウェーデン》.

すえおき 据え置き ― 名 (支払いなどの) deferment Ⓤ. ― 形 (償還できない) irredeemable. ¶ *据え置き期間が終われば預金はいつでも引き出せます You can draw your deposit anytime after the period of *deferment*.

すえおく 据え置く (預金などの支払いを延ばす) defer ⓗ; (負債などを不弁済のままにしておく) leave … unredeemed; (物価・賃金などを凍結する) freeze ⓗ; (物価などをくぎづけにする) peg ⓗ. 《☞ とうけつ》.

¶ その預金は3か月間*据え置かなければなりません The deposit must *be deferred* for three months. // その負債はそのまま*据え置くわけにはいかない We cannot *leave* the loan *unredeemed*. // 政府は公共料金を1年間*据え置くことに決めた The government has decided to ｢*freeze* [*peg*] public utility charges for one year.

すえおそろしい 末恐ろしい ¶ この子は*末恐ろしい (⇒ この子は将来何か恐ろしいことをやるだろう) This child will do something ter-

す

rible in (the) future. / (⇒この子の将来が案じられる) I am anxious about the future of this child.

スエズうんが スエズ運河 the Suez Canal 《☞冠詞 (欄外)》.

すえつけ 据え付け ━形 (固定された) fixed; (一定の場所に置かれて動かせない) stationary. ━名 (取り付けること) installation Ⓤ. 《☞つくりつけ; そなえつけ》. ¶この本棚は全部壁に*据え付けになっている These bookshelves *are* all *fixed* to the wall. **据え付け工事** installation work Ⓤ.

す

すえつける 据え付ける (器具などを取り付ける) install ㊣; (しっかり固定する) fix ㊣; (場所を定めて置く) place ㊣. 《☞とりつける; そなえつける》. ¶そのビルは新しいボイラーを*据え付けた They *installed* a new boiler in that building. / A new boiler *was installed* in that building.

すえっこ 末っ子 the youngest child.

すえる 据える **1** «置く»: (きちんと置く) set ㊣; (場所を定めて配置する) place ㊣; (しっかり固定する) fix ㊣. 《☞おく[1]; すえつける》. ¶彼女は安楽いすを窓ぎわに*据えた (⇒置いた) She ｢*set* [*placed*] an easy chair by the window.

2 «本腰になる»: settle down ㊀ 《☞ほんき》. ¶彼は腰を*据えて (⇒本気になって) 仕事に取りかかった He *settled down* to work. // じっくり腰を*据えて (⇒ゆっくり時間をかけて) この本を読みなさい *Take your time* reading this book.

3 «視線などを»: (視線を固定させる) fix *one's* eyes (on ... ; upon ...).

4 «任命する»: (指名する) appoint ㊣; (地位につかせる) place ㊣. 《☞しめい[2]; にんめい》. ¶彼は自分の息子を後がまに*据えた (⇒後継者として指名した) He *appointed* his son as his successor.

ずが 図画 (鉛筆・ペンなどで絵を描くこと) drawing Ⓤ; (絵具などを使って絵を描くこと) painting Ⓤ ★以上描いた絵を意味する場合は Ⓒ. 《☞かいが; え[1]》.

スカート skirt Ⓒ 《☞衣服 (囲み)》.

> スカートのいろいろ
> ギャザースカート gathered skirt, タイトスカート tight skirt, プリーツスカート pleated skirt, フレアースカート flared skirt, ミニスカート miniskirt, ロングスカート long skirt

¶彼女は*スカートをはいた[脱いだ] She ｢put on [took off] her *skirt*. // 彼女は立ち上がって*スカートの形を整えた She stood up, smoothing down her *skirt* with her hands. // ひざ上[下] 10センチの*スカートがいまはやってきている[はやりだ] *Skirts* which fall 10 cm ｢above [below] the knee are now ｢coming in [in fashion]. // *スカートは流行の変化につれて短くなったり長くなったりする (⇒流行が変わるとスカートのすそは上げられるか下げられる) When fashions change hemlines are raised or lowered. ★ hemline はドレスやスカートのすそ(丈).

スカーフ scarf Ⓒ 《複 ~s, scarves》 《☞衣服 (囲み)》.

ずかい 図解 ━名 (イラスト) illustration Ⓒ. ━動 (図解する) illustrate ㊣. 《☞ず[1]; さしえ》. ¶この本にはカラーの*図解がたくさん入っている This book has a lot of colored *illustrations*.

ずがいこつ 頭蓋骨 skull Ⓒ.

スカウト ━名 (talent) scout Ⓒ. ━動 (スカウトする) scout ㊣ [参考] 英語の scout には「スパイ(する)」という意味もあるので注意. ¶彼らは若い人材を*スカウトしようとやっきになっている They are eager to *scout* young ｢talented people [talent]. ★ talent は「才能のある人たち」という意味の集合名詞.

すがお 素顔 (化粧をしてない顔) face without makeup Ⓒ; (本当の顔・正体) true face Ⓒ ★後者は比喩的な用法で用いる. 《☞ありのまま》. ¶彼女の*素顔は魅力的だ Her *face without makeup* is attractive. // この写真より彼女の*素顔のほうがいい (⇒写真は彼女の顔を正確に写していない) This picture doesn't do justice to her face. [語法] do justice to は「正確に表す」という意味. // その実業家の*素顔 (⇒正体) はだれも知らない Nobody knows the *true face* of that businessman.

すかさず (すぐに) at once; (一瞬も遅れずに) without a moment's delay. 《☞すぐ》.

すかし 透かし (紙の) watermark Ⓒ. ¶この便せんには*すかしが入っている This letter paper has *watermarks*.

すかす[1] 透かす (...を通して見る) see ... through ... ; (...を通してこっそり見る) peep through ... ; (光にかざして見る) hold up ... to the light; (目をこらしてじっと見る) peer into ... 《☞すける》.

¶雲を*透かして月が見えた I could *see* the moon *through* the clouds. / (⇒月が雲間からのぞい(てい)た) The moon *peeped through* the clouds. // 彼はスライドを明かりに*透かして見た He *held* the slides *up to the light*. // 私は暗闇の部屋の中を*透かして見た I *peered into* the dark room.

すかす[2] 賺す (なだめる) coax ㊣ 《☞なだめる》.

ずかずか ━副 (無遠慮に) rudely; (許可もなく) without permission. ━動 (ずかずか入り込む) barge in ㊀, barge into ... 《☞擬声・擬態語 (囲み)》. ¶彼はノックもせずに*ずかずかと私の部屋へ入って来た He came into my room *rudely* without knocking.

すがすがしい 清清しい (新鮮な) fresh; (さわやかな) refreshing; (空気などが身を引き締めるような) bracing. 《☞さわやか; こころよい》. ¶雨上がりの草木は*すがすがしい The plants look *fresh* after the rain. // 彼は*すがすがしい山の空気を胸の奥まで吸い込んだ He breathed the *bracing* mountain air deep into his lungs. // 夏の暑い日の夕立ちはとても*すがすがしい A shower on a hot summer day is very *refreshing*. // 昨夜はよく眠ったので*すがすがしい気分だ I *feel refreshed* because I ｢had [got] a good sleep last night.

すがた 姿 **1** «姿形»: (体つき) figure Ⓒ; (格好) shape Ⓒ; (面影・映像) image Ⓒ; (外見) appearance Ⓒ. 《☞ かたち; かっこう¹; がいけん; みかけ》.
¶ 彼女はすらりとした*姿をしている (⇒ すらりとした体つきを持つ) She has a slender *figure.* // あいつは人間の*姿をした悪魔だ He is a devil in human ⌈*shape* [*form*]. // 彼女は自分の*姿を鏡に映して見た She looked at ⌈her own *image* [*herself*] in the mirror. // 彼の後ろ*姿 (⇒ 背後からの外見) は見すぼらしかった His *appearance* looked shabby from the back. // 私は最近彼の*姿を見かけない (⇒ 彼に会っていない) I haven't seen him lately. // 猫は私の*姿 (⇒ 私) を見ると逃げて行った The cat ran away ⌈as soon as it saw me [at (the) sight of me]. [語法] 以上 2 例の場合のように, 日本語の「姿」にこだわる必要のないことがある. 《☞ 翻訳 (欄外)》
2 «見えてきたり消えたりする姿» ★ 日本語ではこの意味の「姿」は必ず「現す」「消す」などの他動詞とともに, その目的語として用いられる. この日本語の他動詞句は英語の自動詞に相当することが多い. 従ってこの点に留意すれば英訳も容易である. ¶ その船は間もなく水平線上に*姿を現した (⇒ 現れた) The ship soon *came into view* on the horizon. // その会に*姿を見せた (⇒ 出席した) のはたった 10 人だった Only ten people ⌈*showed* [*turned*] *up* ⌈at [for] the meeting. // 彼は人込みの中に*姿を消した (⇒ 消えた) He *disappeared* into the crowd. / (⇒ 人込みの中で彼の姿を見失った) I *lost sight of* him in the crowd. // 子供はカーテンの後ろに*姿を隠した (⇒ 隠れた) The child *hid* (*himself*) behind the curtain. 《☞ あらわれる; かくれる; きえる》
3 «様子» (状態) state Ⓒ; (描かれた姿) picture Ⓒ. 《☞ じょうたい¹》. ¶ この本は農民の真の*姿を描いている This book gives a true *picture* of farmers. // 彼はその国のありのままの*姿 (⇒ 実際の状態) を話してくれた He told us the actual *state* of things in the country.

すがたみ 姿見 (等身大の固定された鏡) full-length mirror Ⓒ 《☞ かがみ¹》.

すかっと ¶ あの*すかっとした服装の (⇒ しゃれた服装をした) 女の子はだれですか Who is that *smartly* dressed girl? // 私は昼寝をして*すかっとした (⇒ 気分がさわやかになった) I *felt refreshed* after a nap. // 何か*すかっとする (⇒ さわやかにしてくれる) 飲み物が欲しい I want a *refreshing* drink. 《☞ さわやか; 擬声・擬態語 (囲み)》

すがる 縋る **1** «つかまる»: (つかまえて離さない) hold on to …; (しがみつく) cling to …; (つえなどにもたれる) lean on … ★ 後の 2 つは比喩的にも用いる. 《☞ つかむ; しがみつく》.
¶ 彼女は行かせまいとして私に*すがった She *held on to* me to prevent my going. // その女の子は母親のそでに*すがりついた The girl *clung to* her mother's sleeve. // 一人の老人がつえに*すがって道をやってきた An old man came along the road *leaning on* his stick.
2 «頼る»: (当てにする) depend ⌈on [upon] …, rely ⌈on [upon] …; (人に寄りかかる) lean on …; (人に頼る) turn to … 《☞ たよる》.
¶ 彼の援助に*すがってもむだだ (⇒ 彼の援助は当てにできない) You cannot ⌈*depend* [*rely*] *on* ⌈his help [him for help]. // 彼女は困ったときはいつでも父親に*すがる (⇒ 寄りかかる) ことができる She can ⌈*lean on* [*turn to*] her father whenever she is in a difficulty.

ずかん 図鑑 (イラストによる) illustrated book Ⓒ; (絵による) picture book Ⓒ, pictorial Ⓒ. ¶ 日本植物[動物]*図鑑《書名》*An Illustrated* [*A Pictorial*] *Book of* (*the*) *Japanese* ⌈*Flora* [*Fauna*]

スカンク skunk Ⓒ.

スカンジナビア ―[名] (固) Scandinavia [skæ̀ndənéiviə]. ―[形] Scandinavian. **スカンジナビア人** Scandinavian Ⓒ **スカンジナビア半島** the Scandinavian Peninsula.

すき¹ 好き ―[動] like (他); be fond of …; love (他); adore (他); prefer … (to …); care for … ―[形] (気に入っている) favorite (《英》 favourite); (好きで得意な) pet ★ いずれも名詞の前で限定的に用いる.
【類義語】「好き」という意味で最も普通の語が ***like***. より口語的で意味も強く「とっても好き」というのが ***be fond of***.「異性を愛する」というのが ***love*** の意味であるが, 物や事柄について使えば「大好き」となり, *like* や *be fond of* より強意となる. *love* は女性が使うことが多い. 口語で *love* とほぼ同意に用いられるのが ***adore***. ただし, このほうは *love* 以上に女性がよく使う言葉.「…のほうが好き」と比較の感じを伴うのが ***prefer***. 主として疑問文・否定文などで用いられるのが ***care for***.
¶ 私は水泳が*好きだ I ⌈*like* [*love*] ⌈swimming [to swim]. [語法] like, love の後では, 特に《英》で, 一般的なことを述べるには動名詞, 特定の場合には不定詞を用いる傾向がある. 《☞ 動名詞 (欄外); 不定詞 (欄外)》
子供たちはテレビが*好きだ Children ⌈*are fond of* [*like*] watching television.
私は冬よりも夏のほうが*好きだ I *like* summer better than winter. / I *prefer* (the) summer *to* (the) winter. 《☞ 比較の表現 (囲み)》
彼女は甘い物が*好きだ She ⌈*loves* [*likes*] sweets. / (⇒ 甘い物に弱味がある) She *has a weakness for* sweets. [語法]「よくないものに対する好み」が weakness なので, この英文には「困ったことには」というニュアンスが含まれる. / She *has a sweet tooth.* ★ have a sweet tooth (＝甘い物に目がない) は決まった言い方.
「私はお芝居を見る (⇒ 劇場へ行く) のが大*好き」と彼女が言った She said, "I ⌈*love* [*adore*] (going to) the theater."
彼は人のあら捜しが*好きだ (⇒ あらを捜して喜んでいる) He *delights in* finding fault with others.
彼はゴルフが大*好きだ (⇒ 熱中している) He *has a passion for* golf. / (⇒ ゴルフは彼の大好きなものだ) Golf is his *passion.*
彼は競馬が大*好きだ (⇒ 競馬に夢中だ) He *is* ⌈*crazy* [*mad*] *about* horse racing. ★ 口語的な言い方.

彼女はアイスクリームがあまり*好きではない She doesn't ｢*like* [*care for*] ice cream very much. [語法] care for は否定文・疑問文で用いる.
数学は私の*好きな学科です Mathematics is my ｢*favorite* [*pet*] subject.
彼女には*好きな人がいるようだ She seems to have a man she *loves*.
彼女は私の*好きなタイプではない She is not ｢the kind of woman I *like* [*my type* (of woman)].
いつでも*好きなときに会社のほうへ来て下さい (⇒あなたに都合のよいときはいつでも) Please call (on me) at my office whenever it is convenient to you.
どちらでも*好きなほうを取りなさい Take whichever you ｢*like* [*choose*]. / Take your ｢*choice* [*pick*].
*好きなだけ持って行きなさい Take as ｢many [much] as you ｢*please* [*like*]. [語法] 個数の場合は many, 分量の場合は much を用いる.
私は彼に*好きなようにやらせた I let him do as he ｢*pleases* [*likes*; *chooses*]. / (⇒彼の思うとおりにさせた) I let him *have his own way*. 《☞ すきかって》
私は最近テニスが*好きになってきた I *have* recently ｢*become fond of* [*come to like*] tennis.
彼らはすぐに新しい先生が*好きになった (⇒先生になついた) They *took to* the new teacher at once.
それは彼が自分の*好きでしたことだ (⇒彼はそれを自分の好き勝手でやった) He did it *of his own* ｢*choice* [*free will*].
*好きこそ物の上手なれ (⇒好きなことは上手にやれる) We can do well (at) what we *like*.

すき² 隙 **1** 《油断》 ━[名] (油断しているとき) unguarded moment Ⓒ; (乗じる機会) chance Ⓒ; (好機) opportunity Ⓒ. ━[副] (すきがない・警戒して) on (*one's*) guard; (すきがある・油断して) off (*one's*) guard. 《☞ ゆだん》. ¶ 私たちは相手の*すきに乗じて勝った We beat our opponents by taking advantage of (them at) an *unguarded moment*. // 盗賊はその家に忍び込もうと*すきをうかがっていた The thief was watching for ｢a *chance* [an *opportunity*] to steal into the house. // 彼にはつけ入る*すきがない He is always *on* (*his*) *guard*.
2 《欠陥》: (欠点) fault Ⓒ 《☞ けっかん¹》.
¶ 彼の理論は一分の*すきもない His theory is *faultless*.
3 《空いている所》: (空間) space Ⓤ; (余地) room Ⓤ. 《☞ よち¹; くうかん》. ¶ 議場はありのはい出る*すきもない警戒ぶりだった (⇒厳重に守られていた) The assembly hall was *closely* guarded.

すき³ 鋤 (牛馬・トラクターなどに引かせる農耕用の) plow (《英》 plough) Ⓒ; (シャベル状で園芸用の) spade Ⓒ.

すぎ 杉 Japanese [Japan] cedar Ⓒ.

-すぎ …過ぎ **1** 《時間》 ━[前] (何分過ぎで) past …, after … ★ 前者が普通. 後者は《米》; (…の後で) after … 《☞ 時刻・日付・曜日 (囲み)》.
¶ いま8時10分*過ぎです It is ten minutes ｢*past* [*after*] eight now. // もう昼*過ぎか. どうりでおなかがすいた It is already *past* noon. No wonder I am hungry. // 私は6時*過ぎに彼と会う約束がある I have an appointment with him *after* six (o'clock). // 5日*過ぎなら暇ができる I will be free *after* the fifth (of the month).
2 《年齢》 ━[前] (…を越えて) over …; (…を過ぎて) past … ¶ 彼の父は70*過ぎだ His father is ｢*over* [*past*] seventy.
3 《過度》 ¶ 食べ*過ぎないように注意しなさい Be careful not to ｢*overeat* [eat *too much*]. // 酒の飲み*過ぎは健康によくない *Excessive* drinking is not good for ｢the [your] health. // それはやり*過ぎだ You *have* ｢*carried it* [*gone*] *too far*. 《☞ -すぎる》

-ずき …好き (愛好者) lover Ⓒ; (熱狂者) enthusiast Ⓒ; (ファン) fan Ⓒ. 《☞ すき¹; ファン》. ¶ 彼女は本*好きだ She is a *lover* of books. / She is a book *lover*. // 彼は大の釣り*好きだ He is a great *lover* of fishing. // 野球[映画]*好き a ｢baseball [movie] *fan* // 芝居*好き a *theatergoer* // ゴルフ*好き a golf *enthusiast*

スキー ━[名] (滑ること) skiing Ⓤ; (スキーの板) ski Ⓒ 《複 ～s, ～》 ★ 数えるときは a pair [two pairs] of skis. ━[動] ski ⓐ ★ do ski とは言わない. 《☞ スポーツ (囲み)》.

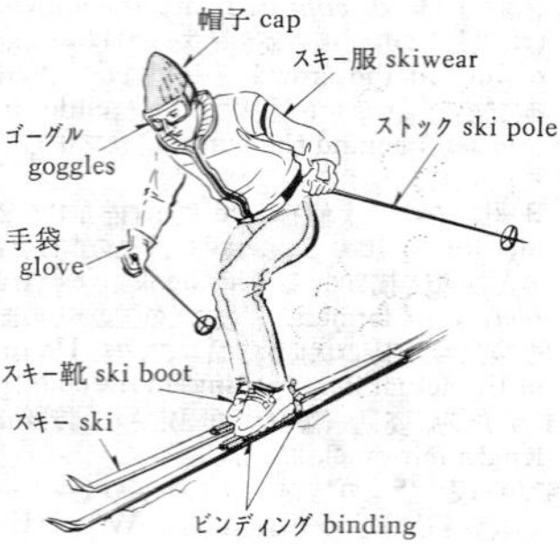

¶ *スキーは人気のある冬のスポーツだ *Skiing* is a popular winter sport. // 彼は*スキーがうまい (⇒うまいスキーヤーだ) He is a good *skier*. / He is good at *skiing*. // 私は来週北海道[志賀高原]へ*スキーに行きます I'm going *skiing* ｢in Hokkaido [at Shiga Heights] next week. [語法] 「一点」と考えられる狭い範囲の地点には at, 多少とも「広がり」があると考えられる場所には in を用いる. 日本語に引かれて to を用いないこと. また, go skiing (＝スキーに行く) は決まった言い方. // 私は*スキーをはいた[脱いだ] I ｢put on [took off] my *ski*(*s*). // 雪の斜面を*スキーで滑るのは非常におもしろい It is fun to ｢glide [slide] down a snow-covered slope *on skis*. / It is very exciting to *ski* down a snowy hill.

スキー学校 ski school Ⓒ スキー靴 ski boots ★ 複数形で. 数えるときは a pair [two pairs] of … スキー場 (スキーをする場所) ski ground Ⓒ; (いろいろな設備の整った地域全体) ski resort Ⓒ スキーズボン ski pants ★ 複数形で. 数えるときは a pair [two pairs] of … スキー大会 ski meet Ⓒ スキー服 skiwear Ⓤ スキーヤー skier Ⓒ スキー用品 skiing equipment Ⓤ スキーリフト ski lift Ⓒ, chair lift Ⓒ.

すきかって 好き勝手 ― 動 (好きなようにする) do as *one* ⌈pleases [likes]; (何でも好きなことをする) do ⌈whatever [anything] *one* likes; (思い通りにする) get [have] *one's* own way. 《☞ すき[1]; かって》. ¶ *好き勝手なまね[振舞い]は許しません I won't allow you to ⌈*get* [*have*] *your own way*.

すききらい 好き嫌い ― 名 likes and dislikes ★ 複数形で; (嗜好) taste Ⓒ; (他と比較しての好み) preference Ⓒ. 《☞ このみ[1]; えりごのみ; しこう[2]》.
¶ だれでも*好き嫌いはある Everybody has his *likes and dislikes*. / (⇒ 好みは異なる) *Tastes* differ. // 彼は食べ物の*好き嫌いが激しい He has strong *likes and dislikes* ⌈in [about] food. // 私は食べ物に*好き嫌いはありません (⇒ 気難しくない[えり好みしない]) I am not ⌈*particular* [*choos(e)y*] about ⌈food [what I eat]. // *好き嫌いを言っている場合ではない (⇒ 自分の好みについて話し合っている余裕はない) We cannot afford to talk about our personal *preferences*.

すぎさる 過ぎ去る ― 動 (時が過ぎる) pass ⌈away [by] 自; (いつしか過ぎる) slide ⌈away [by] 自. ― 形 (過ぎ去った) past. 《☞ たつ[2]; おわる》.
¶ いつの間にか3年が*過ぎ去った Three years *slid* ⌈*away* [*by*]. // 我々の危機は*過ぎ去った Our crisis ⌈*has passed* [(⇒ 終わった) *is over*]. // 彼は*過ぎ去った日の楽しい思い出を私に話してくれた He told me his happy memories of the *past* (days). 語法 days を省略すれば past は「過去」という意味の名詞になる.

すきずき 好き好き ¶ それは*好き好きです (⇒ 好みの問題です) It is a matter of *taste*. / (⇒ 各人の判断による) It depends on the ⌈person [individual]. // 人には*好き好きがある (⇒ 人は各自の好みを持つ) Every man has his own *taste*. / (⇒ 好みは異なる) *Tastes* differ. // たで食う虫も*好き好き There is no accounting for tastes. 《ことわざ: 人の好みは説明がつかない》《☞ すききらい; このみ[1]》

ずきずき ― 動 (ずきずき痛む) throb (with pain) 自 《☞ いたむ[1]; 病気・病院 (囲み); 擬声・擬態語 (囲み)》. ¶ けがをした指は*ずきずきと痛んだ My injured finger *throbbed with pain*. // 私は頭が*ずきずきする My head *is throbbing* (*with pain*). / (⇒ 頭にずきずきする痛みを持つ) I have a *throb*(*bing* ⌈*ache* [*pain*]) in my head.

すきっぱら 空きっ腹 (空っぽの胃) empty stomach Ⓒ 《☞ くうふく》. ¶ 私は*すきっ腹をかかえて (⇒ すきっ腹で) 仕事をしなくてはならなかった I had to work *on an empty stomach*.

すきとおる 透き通る ― 形 (透明な) transparent; (澄みきった) clear; (水晶のような) crystal. ― 動 (透けて見える) be seen through … 《☞ とうめい; すける》.
¶ 2階の窓ガラスは全部*透き通っている (⇒ 透明だ) The upstairs windowpanes are all *transparent*. // 川の水は水晶のように*透き通っていた The water of the river was (as) *clear* as crystal. ★ (as) clear as crystal は決まった言い方.

すぎない 過ぎない ― 副 (ただ…だけ) only, merely ★ 後者はやや文語的; (純粋に) purely; (単に) solely ★ 形式ばった語; (ただ) just; (…以外の何ものでもない) nothing but …; (…以上のものではない) no more than … ― 形 (ほんの) mere ★ 限定的にのみ用いる. 《☞ ただ[1] (類義語); -だけ; まったく》.
¶ それは単なる推測[うわさ]に*過ぎない It is ⌈a *mere* [*only* a] ⌈guess [rumor]. / (⇒ 推測[うわさ]以上のものではない) It is *no more than* a ⌈guess [rumor]. / (⇒ 推測[うわさ]以外の何ものでもない) It is *nothing but* a ⌈guess [rumor]. // 私は数ある中の1例を示したに*過ぎません I gave *only* one example out of many.

すきま 透き間, 隙き間 (開いている口) opening Ⓒ; (あってほしくないすき間) gap Ⓒ; (光・空気などを通す) chink Ⓒ. 《☞ くうかん》.
¶ 何かで壁の*すき間をふさいだほうがよい You had better ⌈stop [fill] (up) the ⌈*gap* [*opening*] in the wall with something. // 彼は塀の*すき間からその試合を見ていた He was watching the game through the *chink* in the fence.
すき間風 draft (《英》 draught) Ⓤ 《☞ かぜ[1]》.

すきやき すき焼き sukiyaki Ⓤ 《☞ 日本固有の風物と英語 (囲み)》.

スキャンダル scandal Ⓒ 《☞ ふしょうじ》.
¶ *スキャンダルをもみ消す cover up a *scandal* // その*スキャンダルは世間の明るみに出た The *scandal* was disclosed to the public. // 彼は*スキャンダルに巻き込まれた He got involved in the *scandal*.

-すぎる …過ぎる ― 接頭 (動詞の最初に付けて) over- 語法 動詞の接頭辞として「…し過ぎる」の意味. 「煮過ぎる」 *over*cook 他, 「やり過ぎる」 *over*do 他, 「食べ過ぎる」 *over*eat 自 他, 「作り過ぎる」 *over*produce 他, 「払い過ぎる」 *over*pay 他 自, 「寝過ぎる」 *over*sleep 自 他, 「働き過ぎる」 *over*work 自 他 など. なお, 以上のうち, overdo, overeat, oversleep, overwork などは 自 としても用いるが, 形式ばった言い方では *oneself* を目的語にとって内容的には 自 と同じに使われることもある. 《☞ 再帰代名詞 (欄外)》. ― 副 (形容詞・副詞を修飾して) too; (動詞を修飾して) too much. 《☞ 強調の表現 (囲み)》.
¶ 勉強し*過ぎるな Don't study *too* hard. // 食べ*過ぎないように Don't eat *too much*. / Don't *overeat* (*yourself*). // このかばんは重*過ぎて運べない (⇒ 運ぶには重過ぎる) This bag is *too* heavy to carry. // あの子はわがまま*過ぎるので, だれも友達になりたがらない That

child is *so* selfish that no one wants to make friends with him.

スキンシップ skin [close bodily] contact Ⓤ ★ skinship は和製英語.《☞ 和製英語(囲み)》. ¶ 赤ん坊との*スキンシップの重要さに気付くようになった親が増えている More parents are becoming aware of the importance of ˹*skin* [*close bodily*] *contact* with their baby.

スキンダイビング ―名 skin diving Ⓤ. ―動 skin-dive ⓐ.

す

すく¹ 空く ¶ バスは*すいていた The bus was *not crowded*. / I found the bus *empty*. ★ ほとんど人がいない状態のとき. 〔語法〕 日本語では, 例えば乗り物で空席がちらほら見える程度の状態を「すいている」ということが多いが, このような意味での「すいている」に当たる1語の英語はない. 英語では「混んでいない」(not crowded)と打ち消して言う. // けさは道路が*すいている(⇒あまり交通量がない) There's *not much traffic* on the road this morning. // 手が*すきしだい手伝います (⇒ 自由になったら) I will help you as soon as I *am free*. // 私はおなかが*すいた I ˹*am* [*feel*] *hungry*.《☞ あく²; から¹; がらあき; ひま; くうふく》

すく² 好く (好きである) like ⓗ; (愛している・大好き) love ⓗ; (度を越して好き)《口語》be fond of ... ★ 以上はいずれも状態を表す動詞.《☞ すき¹; にんき¹》.

¶ 彼女はみんなに*好かれている She *is* ˹*liked* [*loved*] by everybody. // その先生は学生に*好かれている (⇒ 人気がある) The teacher is *popular* ˹with [among] the students. // 彼女は人に*好かれるたちだ She is a very *likable* person.

すく³ 梳く (髪を) comb [kóum] ⓗ《☞ くし²; かみ²》.

すく⁴ 透く ―動 (透いて見える) be seen through ...《☞ すける; すきとおる》. ¶ 彼の家は生け垣から*透いて見える You can *see* his house *through* the hedge.

すく⁵ 鋤く plow (《英》plough) ⓗⓐ; (耕す) till ⓗ.《☞ たがやす; すき³》.

すぐ 直ぐ **1**《時間の近さ》: (ただちに) at once, directly, immediately,《口語》right away; (間もなく) soon, presently; shortly.

【類義語】時間について「いますぐに」を示す一般的な言い方が ***at once***. そのやや形式ばった語ではあるが, よく用いられるのが ***directly*** と ***immediately*** で, この2つはほぼ同意. しかし何かに続いて「間を置かないで」の意味を強調するのが *immediately* である. 主として《米》で用いられるくだけた表現が ***right away***. 比較的大まかな時間について,「そんなに遅くないうちに」という感じでは ***soon***. 同じ内容でやや形式ばっているのが ***presently***. 以上2つより時間が短いことを意味するのが ***shortly***.《☞ ただちに; 時・期間の表し方 (囲み)》

¶ *すぐ出発しよう Let's start ˹*at once* [*right away*; *immediately*]. // 彼は*すぐ来ます He is coming *in a* ˹*minute* [*moment*]. // 部屋に入ると*すぐ彼は窓を全部開け放した *As soon as* he came into the room, he opened all the windows. // 彼は*すぐ帰ってきた He came back *shortly*. // もう*すぐクリスマスだ Christmas is coming *soon*.

2《距離の近さ》 ―副 (たいへん) very; (まさに) just; (接して近くに) near [close] by. ―形 (接するほどに近い) close.《☞ ちかい¹; ちかく¹》. ¶ 私の探していた人は*すぐ隣に立っていた The person I had been looking for was standing *just* beside me. // *すぐ近くに本屋がありますか Is there a bookstore *close by*?

3《たやすく》: easily, readily ★ 後者のほうがやや形式ばった語. ¶ 彼は*すぐ怒る He is *easily* offended. // 彼の家は*すぐわかりますよ You can ˹*easily* [*readily*] find his house.

-ずく ¶ 彼は彼女からそれを力*ずくで (⇒ 腕力によって) 奪った He took it from her *by force*. // 彼らは腕*ずくできた (⇒ 暴力に訴えた) They *resorted to force*. // 私は欲得*ずくで (⇒ 金のために) それをしたのではない I have not done it *for* (*the*) *money*.

【参考語】―副 (…によって) by ...; (…のために) for ...; (…から) out of ...; (…を用いて) by means of ...; (…の利益・目的・動機のために) for the sake of ...　―動 (…の手段に頼る) resort to ...; (利用する) make use of ...; (用いる) use ⓗ, employ ⓗ.

すくい 救い (助け) help Ⓤ; (危険にさらされている人の救出) rescue Ⓤ; (困った状態の人の救助) relief Ⓤ; (神の救い) salvation Ⓤ.《☞ きゅうじょ; えんじょ; たすけ》.

¶ 彼は*救いを求めた He asked for *help*. / (⇒ 助けを呼んだ) He cried for *help*. // だれも彼女に*救いの手をのべなかった Nobody gave her a *helping* hand. // 私はだれかが*救いに来てくれると信じていた I believed that somebody would come to my *rescue*. // 彼は正直なのが*救いだ (⇒ 彼は正直というとりえを持つ) He has the *saving grace* of honesty. // 彼は*救いようのないばかだ (⇒ どうしようもないばかだ) He is ˹a *hopeless* idiot [an *incurable* fool].

スクイズ ―名 squeeze play Ⓒ. ―動 squeeze (in) ⓗ.《☞ 野球の英語 (囲み)》.

すくう¹ 救う save ⓗ; help ⓗ; rescue ⓗ; relieve ⓗ.

【類義語】危険・困った状態などから救うという意味で, 最も一般的な語は ***save***. この語は「救う」という意味でほとんどの例に使える. 助力を与える, 手を貸して救い出すという広い意味の言葉は ***help***. ただしこの語はどのような状態で助力したのかを述べないと状況がはっきりしないことがある. ((例) 私は彼を危険から*救った I *helped* him out of danger.). 救助隊などが差し迫った危険などから敏速に救助するのは ***rescue***. 困窮者や被災者を救済し, 苦痛・重荷などから解放するのが ***relieve***.《☞ たすける; きゅうさい; きゅうしゅつ》

¶ 医者はその少年の命を*救った The doctor *saved* the boy's life. // 彼はその子供がおぼれようとするところを*救った <S(人)+V(*save*; *rescue*)+O(人)+*from*+動名> He ˹*saved* [*rescued*] the child *from* drowning. // 私は彼女を苦境から*救った I *helped* her *out of* difficulty. / (⇒ めんどうなことから出してやった) I *got* her *out of trouble*.

すくう[2] 抹う　**1**《液体などをすくう》:（すくい取る）scoop (up) (他);（汲み取る）dip (up) (他);（杓子などで）ladle (他);（さじで）spoon ｢up [out] (他). ((☞ くむ[2])).
¶その子は砂をスコップで*すくった The child *scooped up* the sand. [語法] スコップは scoop という. 従って「スコップですくう」は scoop up でよい. // 彼女はおたまでスープを*すくいそれぞれの皿に分けた She *ladled* soup *into* each plate.
2《下から上へ持ち上げる》:（足などを）trip (up) (他) ((☞ つまずく)). ¶私は彼に足を*すくわれてひっくり返った I *was tripped* (*up*) by him. // 彼は足を波に*すくわれた（⇒ 波が彼の足をさらった）The waves ｢*carried* [*swept*] *him off his feet*.

スクーター (motor) scooter Ⓒ ((☞ 乗り物 (囲み))).

スクープ ―[名] scoop Ⓒ. ―[動] scoop (他).
¶彼はその贈収賄事件を*スクープした He *scooped* the bribery case. // このニュースは朝日の*スクープだ This news story is the *Asahi's exclusive*.

スクーリング schooling Ⓤ [参考] 英語の schooling は日本語と少しニュアンスが違って, 中学・高校など正規の学校に通って教育を受けることもいう. ¶私は1か月間*スクーリングを受けた I had a month's *schooling*.

スクール バス school bus Ⓒ.

すぐさま 直ぐ様 at once, immediately ★ 後者のほうが改まった語. ((☞ すぐ (類義語); そくざ)).

すくすく ¶私の植えた木は*すくすく（⇒ 早く）伸びている The tree I planted is growing ｢*quickly* [*rapidly*]. ((☞ 擬声・擬態語 (囲み)))
【参考語】―[副] (早く) quickly, rapidly, fast ; (正常に) normally.

すくない 少ない（数が）few (↔ many);（量が）little (↔ much);（数・量が）small (↔ large);（乏しい）scarce [skέəs];（不十分な）scanty ;（不足している）short ;（まれな）rare.
【類義語】数が少ないというよりはむしろ「ほとんどない」という感じの言葉が **few**. 同じく量について「ほとんどない」と否定的な感じを含むのが **little**. 数や量を表す言葉に付けて, その数, または量が少ないことを表す言葉が **small**. 普通あるべきもの, または以前にはあったものが減って少ないことを表すのが **scarce**. 当然あるべきものが不足していることを表すのが **scanty**. 物や人手などが不足しているのは **short**. 少なくて珍重される意味を表すのが **rare**. ((☞ すこし ; わずか ; 否定の表現 (囲み)))
¶この作文には間違いが*少ない This composition has *few* mistakes.
このことを知っている人は*少ない *Few* [*Not many*] people know this.
彼は口数が*少ない（⇒ 言葉数の少ない人だ）He is a man of *few* words. / (⇒ ほとんどしゃべらない) He talks *little*.
彼女が回復する見込みは*少ない There is *little* hope of her recovery.
彼は家族が*少ない（⇒ 小さな家族を持っている）He has a *small* family.
我々の食糧の貯えは*少ない（⇒ 乏しい貯えを持つ）We have a *short* supply of food.
彼が家にいることは*少ない（⇒ めったにいない）He is *seldom* at home.
彼がここへ来ることは*少ない（⇒ めったに来ない）He ｢*rarely* [*seldom*] comes here.
*少ない収入 a *small* income
彼は聴衆が*少ないのでがっかりした（⇒ 少ない聴衆が彼を落胆させた）The *small* audience disappointed him.

すくなからず 少なからず ―[副]（程度・度合いを示して）not a little, greatly ★ 後者のほうが形式ばった言い方 ;（たいへんに・非常に）a great deal, very much ★ 後者のほうが改まった言い方. ―[形] not a little ;（強意的に）no small ;（相当の）considerable. ((☞ ずいぶん ; かなり ; そうとう ; 控えめな表現 (欄外))).
¶その知らせに私たちは*少なからず驚いた We were ｢*not a little* [*greatly*] surprised at the news. // 私は彼女に*少なからず世話になっている（⇒ たいへん恩になっている）I owe *a great deal* to her. // 新空港建設に*少なからぬ金が費された *No small* amount [*A considerable* sum] of money was spent (on) building the new airport.

すくなくとも 少なくとも（量・程度・数に関して）at least (↔ at most);（数に関して）not less than ... ★ 数詞の前にそえて用いる. ((☞ さいてい)). ¶この服は*少なくとも4万円はする This dress will cost ｢*at least* [*not less than*] 40,000 yen. // 睡眠は1日に*少なくとも8時間は必要だ We should sleep *at least* eight hours a day.

すくむ 竦む（くじける）give way (自) ((☞ ひるむ ; たちすくむ)). ¶彼は屋根の上で足が*すくんだ His knees *gave way* on the roof.

-ずくめ ¶彼は黒*ずくめの服装をしていた（⇒ すっかり黒で装っていた）He was dressed (*all*) in black. // それは結構*ずくめな話だった（⇒ あらゆる点でよい知らせだった）It was good news *in* ｢*all respects* [*every respect*].
【参考語】―[副]（すっかり）all ;（至る所）all over ;（あらゆる点で）in ｢all respects [every respect]. ―[形]（すべての）all ;（いっぱいの）full of ...

すくめる 竦める（首をひょいと引っこめる）duck (自) (他) ;（肩を）shrug (他) [参考] このジェスチャーは, 困惑あるいはどうしようもないというあきらめの気持ちを表す. ((☞ ちぢめる)).

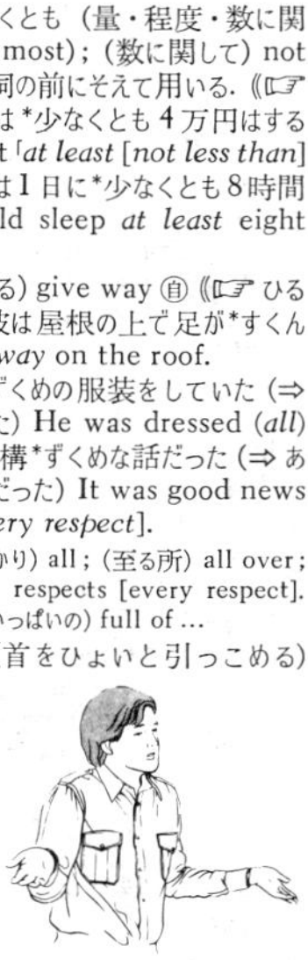
shrug

¶ボールがひゅーと飛んで来る音を聞いて彼は首を*すくめた When he heard the whiz of a ball, he *ducked* (his head). // 彼は私の質問に答えず, ただ肩を*すくめた He just *shrugged* his shoulders without answering my question.

スクラップ（不用品）scrap Ⓤ. ¶彼はその車を*スクラップの値段で売った He sold his car for *scrap*. **スクラップブック** scrapbook Ⓒ.

スクラム（ラグビーの）scrum Ⓒ. ¶*スクラム

を組む form [line up for] a *scrum*

スクランブル (軍用機の緊急発進) scramble Ⓒ.

スクリーン screen Ⓒ 《☞ 映画 (囲み)》.

スクリュー screw (propeller) Ⓒ ★ 単に propeller とも言う. 《☞ ふね (挿絵)》.

すぐれない 勝れない (気分が悪い) be [feel] sick, be not [do not feel] well, be [feel] unwell; (健康がすぐれない) be in「poor [bad] health; (顔色が) do not look well.

¶ きょうは気分が*すぐれない (⇒ 具合がよくない) I *don't feel well* today. // 彼は健康が*すぐれないようだ He seems to *be in*「*poor* [*bad*] *health*. // 君はきょうは顔色が*すぐれないね You *don't look well* today.

すぐれる 優れる, 勝れる ―動 (秀でる) excel (in ...) ⓐ ★ 形式ばった言い方; (しのぐ; ...より上である) surpass ⓗ ★ やや改まった語; (勝る) exceed ⓐ ⓗ ★ 形式ばった語. 数・量などについていうことが多い. ―形 (...より上手な) better than ...; (上等な) superior; (優秀な) excellent; (顕著な) outstanding. 《☞ まさる; ゆうしゅう》.

¶ 彼は運動ではクラスのだれよりも*すぐれている He is a *better* sportsman *than* anyone (else) in his class. //能力では彼のほうが私より*すぐれている (⇒ 私をしのぐ) He *surpasses* me in ability. / (⇒ 私より上だ) He *is superior* in ability *to* me. / He is *more capable than* I. // 敵は数において*すぐれていた (⇒ 勝っていた) The enemy *exceeded* us in number. // チームでは彼はずばぬけて*すぐれた選手だ He is by far the *best* player in the team. // 彼は日本の最も*すぐれた学者の 1 人だ He is one of the most *outstanding* scholars in Japan.

ずけい 図形 (幾何の) figure Ⓒ 《☞ ず[1]; ずひょう》.

スケート ―名 (ice) skating Ⓤ. ―動 skate ⓐ. 《☞ スポーツ (囲み)》.

¶「君は*スケートできる」「うん, 少しはね」"Can you *skate*?" "Yes, a little." //「来週日光へ*スケートに行こう」「うん, 行こう」"Let's go *skating* at Nikko next week." "OK." // フィギュア [スピード] *スケート figure [speed] *skating* // ローラー*スケート roller *skating*

スケート靴 (a pair of) skates ★ skate は普通は複数形で. 《☞ 数の数え方 (囲み)》 **スケート場** [リンク] skating rink Ⓒ ★ 単に rink ともいう.

スケール (規模) scale Ⓒ; (人物の度量) caliber (《英》 calibre) [kǽləbə] Ⓤ. 《☞ きぼ; どりょう; だいきぼ》. ¶ *スケールの大きな計画 a large-*scale* plan // 彼らは核実験反対運動を全国的な*スケールでおこした They started a movement against nuclear tests on a nationwide *scale*. // 彼は*スケールの大きい人だ He is a man of high *caliber*.

スケジュール schedule [skédʒuːl] Ⓒ 《☞ よてい; にってい; けいかく》. ¶ 彼の仕事の*スケジュールはとてもきつい (⇒ 詰まっている) His work *schedule* is very tight. // 私は夏休みの*スケジュールをたてた I made a *schedule* for the summer vacation. // 最後の秒読みは*スケジュール通り行われた The final countdown took place *on schedule*.

ずけずけ ¶ 彼は*ずけずけとものを言うが根はいい男だ (⇒ 遠慮なく思ったことを言うが) He is *outspoken*, but he is good-natured at heart. 《☞ そっちょく; ぽんぽん; 擬声・擬態語 (囲み)》

【参考語】―副 (率直に) frankly; (遠慮なく) outspokenly. ―動 (面と向かって不愉快なことを言う) say unpleasant things to *a person's* face.

すけだち 助太刀 (助力) help Ⓤ, assistance Ⓤ ★ 一般的な語は help で, assistance はやや形式ばった語. 《☞ たすけ; たすける (類義語)》.

スケッチ ―名 sketch Ⓒ. ―動 sketch ⓗ, make [take; draw] a sketch. ¶ 私は庭の花を*スケッチした I「*made* [*took*; *drew*] *a sketch of* (the) flowers in the garden. / I *sketched* (the) flowers in the garden.

スケッチブック sketchbook Ⓒ.

すげない ―形 (冷淡な) cold; (無遠慮な) blunt; (きっぱりした) flat, point-blank. ―副 coldly; bluntly; flatly, point-blank. 《☞ つれない; つめたい; きっぱり; はくじょう[1]》.

¶ 彼女に結婚の申し込みをしたが, *すげなく断られた (⇒ 彼女はきっぱりとした断りをした) She gave me a「*flat* [*point-blank*] refusal to my proposal. 【語法】 ほぼ同意だが, 絶対の断りには flat を, 率直な断りには point-blank を用いる. // 彼女に*すげなくするつもりはなかった (⇒ 冷たく扱うつもりはなかった) I didn't really mean to *treat* her *coldly*.

すけべい 助平 ―形 (みだらな気持ちの) lewd; (好色な) lecherous. ―名 (人) lecher Ⓒ; (人でなし) beast Ⓒ ★ 軽蔑の意味が強い言葉.

すける 透ける (物を通して向こうが見える) see ... through ...; (透明である) be transparent; (澄みきっている) be clear. 《☞ とうめい》.

¶ このカーテンは*透けて見える This curtain *is* almost *transparent*. // 川底にいる魚が*透けて見えた (⇒ 水が透明で魚を見せてくれた) The water *was clear* enough to show us the fish in the riverbed. // ひところ肌が*透けて見えるブラウスがはやった *See-through* blouses were once in fashion.

スコア (試合の得点・音楽の譜面) score Ⓒ 《☞ とくてん[1]; スポーツ (囲み); 音楽 (囲み)》. ¶ 5 対 2 の*スコアで私たちが勝った The *score* was five to two in our favor. **スコアボード** scoreboard Ⓒ.

すごい 凄い **1** «恐ろしい»: fearful; dreadful; horrible, horrifying; frightful; terrible; terrific; gruesome.

【類義語】恐ろしいという気持ちを起こさせる最も一般的な語は ***fearful***. 嫌悪感をもよおすような状態を表現するには ***dreadful***. 非常に強い恐怖心と不快感を伴うときには ***horrible***, ***horrifying*** が用いられる. 以上の 4 語より一段と恐れる気持ちが強く, 突然の恐怖感に駆られるのは ***frightful***. 口語的で意味が広く, 日本語の「たいへんな」「ひどい」にも当たるのが ***terrible***. 意図的に人々に驚きと恐怖心を与えるのは ***terrific***. 恐ろしくて身の毛もよだつようなことには ***gruesome***. 《☞ こわい; ぞっと》

¶ この交差点できのう*すごい自動車事故があっ

た A「terrible [dreadful] car accident happened at this crossing yesterday. // *すごいガス爆発があった There was a「terrific [dreadful; terrible] gas explosion. // その*すごい地震で多くの家が壊された Many houses were destroyed by that「very strong [terrible] earthquake. // 私はその*すごい光景を見て震えた I shuddered at the *gruesome* sight.
2 «程度がはなはだしい»: (非常な) awful ★ よい意味にも悪い意味にも用いられる; (ひどい程度の) terrible; (不快なほどの) horrible; (並はずれた) extreme; (例外的な) exceptional ★ はじめの3語のほうが, 後の2語より口語的. (☞ 強意語 (囲み); 強調の表現 (囲み)).
¶ 背中が*すごく痛い My back hurts「*awfully* [*terribly*]. // その車は*すごいスピードで私たちのそばを通っていった The car sped by us at a *terrific* speed.

ずこう 図工 (学科の図画・工作) drawing and manual arts ★ art は複数形で. (☞ ずが). ¶ *図工の先生 an *art* teacher

すごく 凄く ☞ すごい; とても

すこし 少し (量について) a little; (ほんのちょっと) 《口語》 a little bit; (数について) a few [語法] 「少ししか…でない」と否定的なときは, 「量」については little, 「数」については few を無冠詞で用いる. (☞ 否定の表現 (囲み)); (程度について) a little, somewhat, slightly [語法] 以上3つのうちで, a little が最も平易な口語. somewhat も口語的ではあるが, a little よりは堅苦しい表現. slightly は「少し」という程度がほんのわずかであることを強調する言葉. (☞ たしょう (類義語); いくらか).
¶ *少し疲れた I'm *a little* tired.
「フランス語は話せますか」「ええ,*少しだけ」"Do you speak French?" "Yes, *a little*."
「お肉をもう*少しいかがですか」「では, ほんの*少しね」"How about [Won't you have] *some* more meat?" "Yes, just *a little* (*bit*), please." (☞ 提案・勧告の表現 (囲み))
砂糖はつぼの中に*少ししか残っていなかった There was very *little* sugar left in the jar. / There was only *a little* sugar left in the jar. [語法] very little は「ほとんどない」と, 「ないこと」を強調する. 第2文の only a little も only という語が使われているために, 「ほんの少ししかない」と否定の気持ちが含まれるが, very little に比べると「あるとしても少しだ」というように肯定の気持ちが同時に含まれる. 以上に対して There was *a little* sugar left in the jar. と言うと「少しはある」というように肯定的な意味になる. なお, これらの表現は話者の気持ちによって選択されるのであって, つぼの中の同じ残量について以上3様の表現のいずれもが可能である.
この本には*少し間違いがある There are *a few*「mistakes [errors] in this book.
私は*少しがっかりした I was「*a little* [*somewhat*] disappointed.
計画に賛成の人が*少しあったが, 大多数は不賛成だった *Some* people approved of the plan, but the majority didn't.
*少し寒いね I feel *rather* cold. / It's *a little* cold, isn't it?
もう*少しでそれを忘れるところでした (⇒ ほとんど) I「*almost* [*nearly*] forgot it.
*少し待っていて下さい Wait *a moment*, please.
彼女は*少し前に出かけた She left *a short* while ago.
*少しお願いがあるのですが May I ask you a favor? (☞ 依頼の表現 (囲み))
*少しでも多いほうがいい (⇒ 多ければ多いほどいい) The more, the better.
*少しでもないよりいい *Anything* [*Something*] is better than nothing.
一度に*少しずつ食べなさい Eat *just a little* at a time.
彼は*少しずつよくなってきている He has been getting better「*little by little* [*gradually*].

すこしも 少しも (否定に用いて) not at all, not in the least, not a bit [語法] 否定の語句を伴う表現としては, 最も一般的なのは not at all,「いささかでも…ではない」と強調的なのが not in the least. 同じく強調的であるが, より口語的でくだけた言い方は not a bit; (何も…でない) nothing, not ... anything ★ 後者のほうが強調的. (☞ ぜんぜん; 強調の表現 (囲み); 否定の表現 (囲み)).
¶ 彼は*少しも驚かなかった He was*n't* surprised *at all*. / He was *not*「*at all* [*in the least*] surprised. // そんなことは*少しも知らない I do*n't* know *anything* about it. / I know *nothing* about it. // そんなことが起ころうとは*少しも考えなかった I「did*n't in the least* expect [*little* expected] such a thing would happen.

すごす 過ごす **1** «時を»: (ある持続的な期間にわたって過ごす) pass ㊀; (時間を費す) spend ㊀; (怠けて時を過ごす) idle away (*one's* time); (むだに過ごす) waste *one's* time; (愉快に過ごす) have a「good [nice] time; (おもしろく楽しく過ごす) have fun; (暮らしてゆく) get along ㊁. (☞ ついやす).
¶ 私たちはそのホテルで一夜を*過ごした We *passed*「a [the] night at the hotel. // 夏休みはどうやって*過ごしましたか How did you *spend*「the [your] summer vacation? // 時間をむだに*過ごしてはいけません Don't *waste your time*. // 彼は毎日ぶらぶらと*過ごしている He's *idling away* (*his time*) every day. // 今夜は楽しく*過ごそう Let's *have a*「*good* [*nice*] *time* tonight. / Let's *have fun* tonight. //「いかがお*過ごしですか」「まあまあです」"How *are* you *getting along*?" "We're *getting along* all right."
2 «度を»: go too far, carry ... too far [語法] 内容的にはほぼ同意だが, carry too far は目的語をとる. (☞ ど; ていど). ¶ 何事も度を*過ごすのはよくない It's no good to *carry* things *too far*.

すごすごと (しおれて) dejectedly; (重い心で) with a heavy heart. (☞ がっかり; 擬声・擬態語 (囲み)). ¶ 彼は*すごすごと家に帰った He went home「*with a heavy heart* [*dejectedly*].

スコットランド ―名固 Scotland. ―形

す

す

(スコットランドの) Scottish, Scotch ★ 前者のほうが形式ばった語.《☞ えいこく [参考]; イギリス》. **スコットランド人** (男) Scotchman [C]《複 -men》, Scotsman [C]《複 -men》; (女) Scotchwoman [C]《複 -women》, Scotswoman [C]《複 -women》; (総称) the Scottish, the Scotch ★ 前者のほうが形式ばった言い方.

スコップ (小さいスコップ) scoop [C]; (大きめのもの) shovel [C].

すこぶる 頗る (とても) very, extremely ★ 後者はやや形式ばった語.《☞ たいへん; とても (類義語); 強意語 (囲み)》.

すごみ 凄味 ¶ 彼は額に傷があって, 顔に*すごみがある (⇒ 額の傷が彼に恐ろしい様子を与えている) The scar on his forehead gives him a *grim look*.

すごむ 凄む (…するぞと脅かす) threaten (to *do*)《☞ おどす; きょうはく[1]》.

すこやか 健やか ―[形] (健康な) healthy, sound [語法] いずれも精神・肉体ともに病気や欠陥がない状態をいうが, sound のほうが「完全な」という強いニュアンスを持つ. ―[副] healthily.《☞ けんこう; けんぜん》.

すごろく 双六 *Sugoroku* [U], Japanese backgammon [U], Japanese game played with a die [C].《☞ 日本固有の風物と英語 (囲み)》.

すさまじい 凄まじい (様子が恐ろしい) fearful; (ぞっとするような) dreadful; (恐ろしい) horrible, horrifying; (一時的にすさまじい) frightful; (ひどい) terrible; (耳をつんざくような) appalling ★ やや文語的.《☞ すごい (類義語); 強意語 (囲み)》.
¶ それは*すさまじい光景だった It was a「*horrible* [*horrifying*] sight. // ジェット機の*すさまじい爆音が聞こえた The *appalling* roars of jet planes were heard. // バイクが*すさまじい勢いで走って来た A motorbike was approaching at a「*terrible* [*dreadful*; *terrific*] speed.

すさむ 荒む ―[形] (生活などが荒れた・放蕩な) dissolute, dissipated; (乱暴な) wild. ―[動] (希望を失う) lose hope (for …).《☞ あれる》. ¶ *すさんだ生活 a「*dissolute* [*dissipated*] life // 戦争中で人々の気持ちは*すさんでいた It was wartime, and people *had no hope for the future*.

ずさん ―[形] (不注意な) careless; (仕事などがいいかげんな) slipshod; (不正確で誤りのある) inaccurate, faulty. ¶ 彼の仕事ぶりは*ずさんだ (⇒ 不注意に働く人である) He is a *careless* worker. / His work is *slipshod*.

すし 寿司, 鮨 sushi [U]《☞ 日本固有の風物と英語 (囲み)》. **すし屋** sushi shop [C], sushi bar [C].

すじ 筋 **1** «体の»: (筋肉) muscle [mʌ́sl] [C]; (腱(けん)) sinew [C].《☞ きんにく》. ¶ 首の*筋を違えてしまった I *got a crick* in the neck. ★ 首・背中などの「筋違い」を crick [C] という.
2 «細長いもの»: (線) line [C]; (光などの) beam [C].《☞ せん[1]》. ¶ 雲の切れ目から一*筋の光がさした A *beam* of light came through the clouds.
3 «繊維» ―[名] (豆などの野菜の) string [C]. ―[動] (筋を取る) string (他).《☞ せんい[1]》. ¶ 彼女は豆の*筋を取った She「*stringed* [removed the *strings* from] the beans. // この野菜[肉]には*筋が多い This「vegetable [meat] is very *stringy*.
4 «物事の道理»: (道理) sense [U]; (論理) logic [U].《☞ どうり》. ¶ あなたの意見は*筋が通らない There is no「*sense* [*logic*] in what you say.
5 «話の仕組み»: story [C]; (話の構想) plot [C] ★ story のほうが平易で一般的. plot より具体的である.《☞ あらすじ》. ¶ この劇には*筋らしい*筋がない This is a drama with little「*story* [*plot*] to it.
6 «ある方面の人々»: (情報源) sources ★ 通例複数形で; (…界) circle [C]; (径路) channel [C].《☞ しゅっしょ; けいろ》.
¶ 確かな (⇒ 信頼できる) *筋から直接そのニュースを知った I got the news (straight) from reliable *sources*. // 消息*筋 informed「*sources* [*circles*] // その情報は外交*筋を通して伝えられた The information was conveyed through diplomatic *channels*.

ずし 図示 ―[動] (図や例証によって説明する) illustrate (他) ★ この語は言葉による説明にも用いる点に注意; (図をかく) draw a diagram. ―[名] illustration [U]; (グラフによる) graph [C]; (幾何学的な図表) diagram [C].《☞ ず[1]; ずかい; ずしき》.

すじあい 筋合い (理由) reason [C]; (正当な権利) right [C].《☞ りゆう; こんきょ》. ¶ 彼女にそんなひどいことを言われる*筋合いはない (⇒ 彼女は私にそんな侮辱的なことを言う権利は持っていない) She has no *right* to say such an insulting thing to me.

すじがき 筋書き **1** «前もって仕組んだ計画»: (企て) plan [C] ★ 一般的な語; (特に作為的なもの) scheme [skíːm] [C]; (予定) schedule [C].《☞ けいかく; よてい》. ¶ ことはすべて*筋書き通りに運んだ Everything went on *according to schedule*.
2 «話の運び»: story [C]; (全体的な組み立て) plot [C].《☞ すじ; あらすじ》.

すじがねいり 筋金入り (徹底的な) out-and-out; (献身的な) devoted; (本物の) genuine. ¶ *筋金入りの党員 a *devoted* party-liner // 彼の信念は*筋金入りだ He is *very firm* in his beliefs.

ずしき 図式 (幾何学的な図) diagram [C]; (地図や絵などの) chart [C]; (グラフ) graph [C].《☞ ず[1]》.

すしづめ 鮨詰め ―[形] (詰め込まれて) packed; (無理に押し込まれて) jammed,《口語》jam-packed; (超満員の) overcrowded. ―[名] (ぎゅうぎゅう押すこと) tight squeeze [C].《☞ まんいん; つめこむ》.
¶ けさの電車は*すし詰めだった This morning the train *was jam-packed* with passengers. / The passengers *were* (*packed*) *like sardines* in this morning's train.《☞ 誇張 (欄外)》

すじみち 筋道 ¶ *筋道を立てて (⇒ 一つ一つ) その事件の経過を話しなさい Tell me *step-by-step* how the affair developed. 《☞ じゅんじょ; どうり; りくつ》

すじむかい 筋向かい (通りの向こう側に) across the street 《☞ むかい; ななめ》. ¶ その教会はうちの*筋向かいにある The church is just *across the street* from my house.

すじょう 素性 ¶ 彼はどんな*素性の人ですか (⇒ 以前は何をしていたか) What did he do in the past? 《☞ うまれ; いえがら; けいれき》

ずじょう 頭上 ―[副] (頭の上に) overhead, over [above] *one's* head. 《☞ うえ[1]》. ¶ *頭上を高架電車が轟々(ごうごう)と音を立てて走っている Elevated trains are roaring *overhead*. // *頭上注意 《掲示》 Watch your *head* 《☞ 掲示の英語 (囲み)》

「危険. 頭上作業中」の掲示

ずしりと ☞ ずっしり

ずしんと (重く鈍い音を立てて) with a thump, with a thud ★ 前者のほうがやや響く音. 《☞ どしんと; 擬声・擬態語 (囲み)》. ¶ 雪が屋根から落ちて*ずしんと音がした There was a *thud* of snowfall from the roof.

すす 煤 ―[名] soot Ⓤ. ―[形] (すすけた) sooty. ―[動] (すすだらけになる) become sooty; (表面にすすが付く) be covered with soot.

¶ 台所の天井は*すすだらけだ (⇒ すすで覆われている) The ceiling of the kitchen *is covered with soot*. // 私は石油ストーブの*すすを払った I swept the *soot* out of my kerosene heater.

すす払い housecleaning Ⓤ ★ a を付けることもある. 《☞ おおそうじ》.

すず[1] 鈴 ―[名] bell Ⓒ. ―[動] (鈴を付ける) bell (他). 《☞ ベル》.

¶ *鈴の音が聞こえる We hear *bells* ringing. / We hear the ˹tinkle [jingle] of ˹a *bell* [*bells*]. [語法] tinkle と jingle は「チリンチリン」というような高い音を表し, ほぼ同意で入れ替え可能. // 猫の首にだれが*鈴を付けるのですか Who is going to ˹*bell* the cat's neck [*tie a bell* around the cat's neck]? [参考] イソップ物語からとった表現で,「計画はできたが, さてだれがその最初の難しい仕事をするか」という意味で用いられる.

鈴なり ¶ みかんが木に*鈴なりになっている (⇒ その木はみかんで覆われている [枝もたわわである]) The tree *is* ˹*covered* [*heavy*] *with* mandarin oranges.

すず[2] 錫 ―[名] 〖化学〗 tin Ⓤ 《元素記号 Sn》; (すず箔) tin foil Ⓤ; (すず製品) tin ware Ⓤ. ―[形] (すずの) tin. 《☞ ブリキ》.

すずかけ 篠懸 plane (tree) Ⓒ, 《米》 sycamore Ⓒ.

すすき 薄 (説明的に) Japanese pampas grass Ⓤ.

すすぐ 濯ぐ ―[動] (洗ったものを仕上げとして洗う) rinse (out) (他) (自). ―[名] rinse Ⓤ. 《☞ せんたく[1]; ゆすぐ》. ¶ このシーツは*すすぎが足りない (⇒ もっと丁寧なすすぎを必要とする) This sheet needs more careful *rinsing*. // この洗剤は*すすぎが簡単だ This detergent *rinses out* easily.

すすける 煤ける become sooty 《☞ すす; よごれる》.

すずしい 涼しい **1** 《気温》: cool [語法] 日本語の「涼しい」よりも, 少し幅が広く, cold ほどではないが多少寒い感じにも使える. 不快の意味は含まない; (さわやかですがすがしい) refreshing. 《☞ 天候の表現 (囲み)》.

¶ 夕立が来て, すっかり*涼しくなった With the shower, it has become quite *cool*. // そよ風が*涼しくて気持ちがよい The breeze is *cool* and refreshing.

2 《顔つきなど》: (平気な様子の) unconcerned; (ほかのことにわずらわされない) undisturbed; (無関心な) indifferent. 《☞ へいき[1]》.

¶ 彼は*涼しい顔をして, そのことは何も知らないと言った He assumed an *undisturbed* air and said he knew nothing about it. // 彼はその事件については*涼しい顔をしていた He looked ˹*unconcerned about* [*indifferent to*; *undisturbed by*] the incident.

すすむ 進む **1** 《前進する》: (人・物が) advance (自), proceed (自), go (自); (物が移動する) travel (自); (自分の力で進む) make *one's* way; (車が) run (自); (飛行機が) fly (自); (船が) sail (自); (行進する) march (自); (歩いて進み出る) step forward (自); (歩く) walk (自).

【類義語】「前に進む」という意味で最も一般的な語は **go** であるが,「進め」Go! または Go *ahead*! のような場合以外には「進む」という日本語と *go* は一致しないことが多い.「前方へ」という意味を強調する語は **advance** であり, 止まっている人が動き出すか, またはそのときまでの前進を続行するという意味を表す多少形式ばった言葉が **proceed**. ある特定の様態または速さで進むのは **travel**. **make one's way** では *make* の代わりに様々な動詞を用いて進み方の様態を表す. 《☞ ぜんしん[1]; しんこう[1]》

¶ その部隊はその日 10 キロ*進んだ The troops ˹*advanced* [*covered*] ten kilometers on that day.

10 番窓口のほうへ*進んで下さい 《手続き事務などで》 Please ˹*proceed* [*go*] *to* Window 10.

車は高速道路を滑らかに*進んだ Our car *ran* smoothly along the freeway.

船は西へ向かって*進んだ The ship *sailed* west.

雪のため一行はそれ以上は*進むことができなかった The party could not *go on* any ˹farther [further] because of the heavy snowfall.

光は非常な速さで*進む Light *travels* at an enormous speed.

彼女はゆっくりと戸口のほうへ*進んでいった She *made her way* slowly towards the door.
人ごみをかき分けて*進まなければならなかった I had to ˹*push* [*elbow*] *my way* through the crowd.
彼女は一歩前へ*進んだ She *stepped forward.* / She *took a step* forward.
「前回はどこまで*進みましたか」「15 ページの 12 行目までです」"How far did we *get* ˹last time [in our last lesson]?" "To line 12 on page 15, sir."
ここを卒業したら大学へ*進みたい I'd like to *go* to college after leaving this school.
2 «進歩する»: (段階的に進む) progréss ㊀, make prógress; (レベルが一挙に高まる) advance ㊀, make advances. 《☞ しんぽ; はってん》.
¶ 20 世紀になって工業技術が急に*進んだ Technology *has made* rapid ˹*advances* [*progress*] in the 20th century. ∥ その国では近代化が*進みつつある (⇒ 行われている) Modernization *is taking place* in the country.
3 «時計が»: gain ㊄ ㊀ (↔ lose); (進んでいる) be fast (↔ be slow). 《☞ とけい》.
¶ この時計は 1 日に 2 分*進む This watch *gains* two minutes a day. ∥ この時計は 5 分*進んでいる This clock *is* five minutes (too) *fast*. ∥ 彼はいつも時計を 5 分*進めている He always sets his watch five minutes *fast*.
4 «気持ちが»: (…したい気がする) feel like *doing*, have a mind to *do*; (進んでする) volunteer ㊄ ㊀. 《☞ -したい》.
¶ 映画に誘われたがきょうは気が*進まない I was asked to go to the movies, but I did not *feel like going*. ∥ 自分から*進んで勉強するようでないとだめだ (⇒ 命令されないで) You should always be ready to study *without being told* (*to*). ∥ 彼はいつでも*進んで私の手助けをしてくれる He *is* always *willing to* help me. ∥ 彼女は*進んで (⇒ 自分から申し出て) その仕事を引き受けた She *volunteered* ˹*for* [*to* take] the job.
5 «病気などが»: (悪くなる) get ˹worse [serious]; (病状が) develop ㊀. 《☞ あっか[1]; 病気・病院 (囲み)》. ¶ 彼の病気はそれほど*進んでいない His disease is still at an early stage.

すずむ 涼む cool *oneself*, cool off ㊀. 《☞ 再帰代名詞 (欄外); ゆうすずみ》.

すすめ 勧め (推薦) recommendation Ⓤ; (助言) advice Ⓤ. 《☞ すいせん[1]; じょげん》.
¶ 英語の先生の*勧めでこのテープを買いました I bought this tape on the *recommendation* of my English teacher. ∥ 医者の*勧めでたばこをやめました I stopped smoking on my doctor's *advice*.

すずめ 雀 *sparrow* Ⓒ 《☞ とり[1] (挿絵)》.
雀の涙 ¶ *雀の涙ほどのお金 *only a little bit of* money 《☞ すこし》

すすめる[1] 進める **1** «前に出す»: (どんどん続ける) go ˹on [along] with …, get ˹on [along] with … ★ 以上は口語的表現; (特に議事や手続きなどを) proceed with …; (計画・仕事・目的などを) carry forward ㊄, further ㊄; (時計の針などを) set [put] ˹forward [ahead] ㊄; (進行を速める) speed up ㊄. 《☞ はやめる; はかどる》.
¶ 彼は勉強を能率的に*進めた (⇒ 続けた) He ˹*went* [*got*] ˹*along* [*on*] *with* his study efficiently. ∥ 彼らは和平交渉を*進めた (⇒ 続行した) They *proceeded with* the peace negotiations. ∥ 私たちはこの計画を*進めることにした We decided to *set* this plan *in motion*. ∥ 彼は本気でその計画を*進めた He ˹*carried forward* [*furthered*] the plan seriously. ∥ 彼は時計 (の針) を 1 時間*進めた He *set* (the hands of) his watch *forward* by an hour. ∥ 国体に間に合うようにスタジアムの建設工事を*進めた They *speeded up* the construction of the stadium to be in time for the National Athletic Meet.
2 «程度を高める»: (積極的に援助してよくする) promote ㊄; (さらにいっそう内容を改善する) further ㊄ ★ この語は ㊁ としても用いる. 《☞ おしすすめる: そくしん; すいしん[1]》.
¶ 我々は世界平和を*進めるべきだ We should *promote* world peace. ∥ いまがこの国の民主化を*進める好機だ It is now high time that we *further* democracy in this country.

すすめる[2] 勧める, 薦める (忠告する) advise ㊄; (提案する) suggest ㊄; (飲食物・たばこなどを差し出す) offer ㊄; (推薦する) recommend ㊄. 《☞ しょうれい; すいせん[1]》.
¶ 医者は私に軽い運動を*勧めてくれた <S(人)＋V(*advise*)＋O(名・代)＋C(*to* 不定詞)> The doctor *advised* me *to* take light exercise. / <S(人)＋V(*suggest*)＋O(*that* 節)> The doctor *suggested that* I take light exercise. 《☞ 提案・勧告の表現 (囲み)》 ∥ 私は彼女にたばこを*勧めた (⇒ 差し出した) I *offered* her a cigarette. ∥ 私はあなたにこちらの方法を*勧める I *recommend* that you take this method. / I *recommend* you to take this method.

すずらん 鈴蘭 lily of the valley Ⓒ 《☞ 花 (囲み)》.

すずり 硯 inkstone Ⓒ. **すずり箱** inkstone case Ⓒ, Japanese writing box Ⓒ.

すすりなく すすり泣く sob ㊀ 《☞ なく[1]》.

すする 啜る ━ ㊁ (少しずつ飲む) sip ㊄ ㊀ ★ 音を立てる意味は含まれない; (すーすーと音を立ててすする) slurp ㊄ ㊀. ━ ㊂ sip Ⓒ; slurp Ⓤ. ¶ 彼女は熱いお茶を*すすった She *sipped* the hot tea. ∥ 日本ではめん類を音を立てて*すすって食べるのは少しも悪い作法ではない *Slurping* noodles is not bad manners at all in Japan. 《☞ 食事 (囲み)》

すすんで 進んで ━ ㊁ (喜んで…する) be ˹willing [ready] to *do*; (自分から申し出て…する) volunteer (for …) ㊀. 《☞ すすむ; じはつてき》.

すそ 裾 (腰から下の部分) skirt Ⓒ; (縁の部分) hem Ⓒ; (すその線) hemline Ⓒ; (長くひいたもすそ) train Ⓒ.

すその 裾野 (山のすそ) foot Ⓒ.

すそわけ 裾分け ━ ㊁ (分配する) share ㊄; (部分に分ける) divide ㊄. 《☞ わける; くばる》.

¶ 漬け物を近所の人たちにお*すそ分けした We *shared* the pickled vegetables *with* our neighbors.

スター star Ⓒ. ¶ 映画*スター a movie *star*

スタート ―名 start Ⓒ. ―動 (始める・始まる) start ⑩ ⓐ, begin ⑩ ⓐ; (車・競馬など競走の) get-away Ⓒ ★ 口語表現. 《☞ しゅっぱつ; はじめる》.

¶「位置について, 用意, ドン」, 子供たちはいっせいに*スタートした "On your marks, get set, go!" All the children *started* at the same time.

スタート合図 starting signal Ⓒ **スタート係** starter Ⓒ **スタート台** starting block Ⓒ **スタートライン** starting line Ⓒ.

スタイル (人の姿) figure Ⓒ 参考 style という語は英語では「型」「様式」などという意味が中心. 《☞ すがた; かっこう¹; かた² (類義語)》. ¶ 彼女はほっそりとしていて, その上*スタイルがいい She is slender and has a good *figure* on top of that. **スタイルブック** (dress-maker's) stylebook Ⓒ.

スタカート staccato Ⓒ 《☞ 音楽 (囲み)》.

スタジアム stadium [stéidiəm] Ⓒ.

スタジオ studio [st(j)ú:diòu] Ⓒ 《☞ 映画 (囲み)》. ¶ テレビ*スタジオ a TV *studio*

すたすた ¶ 彼は*すたすた歩いていった (⇒ 元気よく) He walked on *briskly*. 《☞ 擬声・擬態語 (囲み)》

【参考語】 ―副 (きびきびと) briskly, at a brisk pace; (速く) quickly, with quick steps.

ずたずたに (細かく) to pieces; (切れ切れに) to [into] shreds. 《☞ 擬声・擬態語 (囲み)》. ¶ 彼は彼女の手紙を*ずたずたに破った He cut her letter *to pieces*. // その布地は*ずたずたに裂けていた The cloth was torn *to shreds*. // 地震により電話網が*ずたずたに切断された The earthquake *disrupted* the telephone network.

すだつ 巣立つ (鳥が) leave the nest; (学生・生徒が卒業する) leave school, graduate from school; (社会に出る) go out into the world. 《☞ そつぎょう; どくりつ》. ¶ 今年は約500人の生徒が*巣立っていった (⇒ 卒業して社会に出た) About five hundred students *graduated from* our *school and went out into the world* this year.

スタミナ stamina Ⓤ. ¶ 私には*スタミナがある[ない] *I have* ⌜*a lot of [no] stamina*. // *スタミナをつけるために栄養を十分にとる必要がある We have to take enough nourishment to ⌜build up [develop] our *stamina*.

すだれ 簾 (竹の) bamboo blind Ⓒ.

すたれる 廃れる (不用になる) go out of use; (流行・習慣・言葉などが時代遅れになる) go out of ⌜fashion [vogue], become obsolete, die out ⓐ 語法 最も一般的な語は go out of fashion. go out of vogue には一時的に流行したものが廃れるという意味があり, 特に言葉や習慣などがすっかり使われなくなったという意味では become obsolete. さらになくなったという意味を表すのは die out; (古臭くて使われなくなる) go out of date 語法 以上の訳語のうち out of ... の付いているものは, be out of ... のように be を用いると状態を表す.

¶ 絹の靴下は*廃れてナイロンに変わった (⇒ 使用されなくなった) Silk stockings *went out of use* and have been replaced by nylon ones. // こういう帽子はもう*廃れた (⇒ 流行遅れになった) Hats of this sort *are* now *out of* ⌜*fashion* [*vogue*]. // しだいに昔のよい習慣が*廃れていく Customs of the good old days *are* gradually *dying out*. // その学説は*廃れた The theory *is out of date* now.

スタンド (見物席) stands ★ しばしば複数形で; (屋根のない観覧席) 《米》 bleachers ★ 複数形で; (机の上に置く電気スタンド) desk lamp Ⓒ; (床の上に置くスタンド) floor lamp Ⓒ; (ガソリンスタンド) gas [《英》 petrol] station Ⓒ, service station Ⓒ. **スタンドプレー** mere show Ⓤ ★ 不定冠詞を伴うことがある. 《☞ 和製英語 (囲み)》.

スタンプ ―名 (印) stamp Ⓒ ★ stamp は「切手」の意味にもなるので混乱がないように使う必要がある; (郵便の消印) postmark Ⓒ. ―動 stamp ⑩; postmark ⑩. 《☞ いん¹; けしいん》.

¶ 寺院で絵はがきに記念*スタンプを押してもらった (⇒ 寺院への訪問の記念に) I had a post-card *stamped* in commemoration of my visit to the temple. // 1985年2月15日付, シカゴ中央郵便局の*スタンプが押してある手紙 a letter *postmarked* "Chicago GPO, Feb. 15, 1985" ★ GPO は General Post Office の略.

スチーム ¶ けさは教室に*スチームが入っている Classrooms *are* (*steam*-)*heated* this morning. 《☞ だんぼう》

スチームアイロン steam iron Ⓒ.

スチール¹ (鋼鉄) steel Ⓤ 《☞ てつ》. ¶ *スチール製品 *steel* products // *スチール製の本箱 *steel-made* bookcases

スチール² 〘野球〙 ―動 (盗塁する) steal ⑩. ―名 steal Ⓒ. 《☞ とうるい; 野球の英語 (囲み)》.

スチュワーデス stewardess Ⓒ.

-ずつ (重さ・量などが少しずつ) little by little, bit by bit; (長さなどが) inch by inch; (徐々に) gradually; (ゆっくりと) slowly; (各自…ずつ) each; (1つずつ) one by one, one at a time; (半分ずつ) by halves.

¶ 英語の語彙を少し*ずつ増やしなさい Try to enlarge your English vocabulary ⌜*little by little* [*bit by bit*]. 語法 bit by bit のほうがより口語的. // 消費者物価は少し*ずつ (⇒ ゆっくりと) 値上がりしている Consumer prices are rising *slowly*. // 彼らは1人*ずつ自分の部屋を持っている They *each* have their own room. // 1つ*ずつ取りなさい Take one *each*. // 選手は2人*ずつ入場してきた The players came onto the court two *by* two. // 私は1日に英語の単語を20*ずつ覚えることにしています I usually learn twenty English words *a* day. 《☞ 冠詞 (欄外)》

ずつう 頭痛 headache Ⓒ 《☞ いたみ; 病気・病院 (囲み)》.

す

¶ 少し[ひどい; 割れるような]*頭痛がする I have a「slight [bad; splitting] *headache.* ∥ 彼女は*頭痛持ちだ She's always complaining of *headaches.* ∥ この問題が我々の最大の*頭痛の種だ This problem is our biggest *headache.* ∥ 息子の病気が*頭痛の種だ My son's illness has been a great *worry* to me.

頭痛薬 headache specific Ⓒ《☞ とっこうやく; くすり》.

すっかり —副 (すべて) all; (まったく) quite; (完全に) completely, perfectly ★ 以上 2 つはほぼ同意だが, 欠点などをまったく持たないという意味では perfectly のほうが強調表現である. 《☞ 強意語 (囲み); 強調の表現 (囲み); すべて (類義語); まったく》.

¶ 私はそのことを*すっかり忘れていた I've forgotten *all* about it. ∥ 傷口が*すっかり (⇒ 完全に) 治るにはあと 1 週間かかる The wound will take a week to heal *completely.* ∥ その犬は残り物を*すっかり平らげた The dog ate「*every bit of* [*all*] the leftovers.

すっきり —動 (気分が) feel [be] refreshed, feel fine. —形 (姿・形・デザインなどが整然としている) neat; (輪郭がはっきりしている) clear-cut. 《☞ さわやか; はっきり; 擬声・擬態語 (囲み)》. ¶ コーヒーを 1 杯飲んだら頭が*すっきりした I *felt refreshed* after a cup of coffee.

ズック (布地) duck Ⓤ; (ズック靴) canvas shoes ★ 通例複数形で. 数えるときは a pair [two pairs] of canvas shoes. 《☞ くつ》.

すっくと (真っすぐに) straight, erect 語法 曲がらず真っすぐという意味を強調するときには straight. 姿勢や位置が直立していることを強調するときには erect が用いられることが多い. 《☞ まっすぐ; 擬声・擬態語 (囲み)》. ¶ 彼は*すっくと立ち上がった Suddenly he stood up.

ずっしり —形 (ずっしりと重い) very heavy 《☞ おもい[1]; 擬声・擬態語 (囲み)》. ¶ その袋は*ずっしりと重かった The bag was *very heavy.*

すったもんだ (いざこざ) trouble Ⓒ; (争い) quarrel Ⓒ; (大騒ぎ) fuss Ⓒ. 《☞ あらそい; ごたごた; 擬声・擬態語 (囲み)》. ¶ そんなつまらないことに*すったもんだするな (⇒ 大騒ぎをするな) Don't make a great *fuss* about such little things.

すってんころりと ¶ バナナの皮を踏んで,*すってんころりと転んでしまった I stepped on a banana peel and *fell plump.* 《☞ ころぶ; 擬声・擬態語 (囲み)》

【参考語】—動 (ばったりと転ぶ) fall plump ⓐ.

すってんてん —動 (一文なしになる) become penniless; (破産する[している]) 《口語》 go [be]「stone [stony; flat] broke; (有り金全部を失う) lose all *one's* money. 《☞ もんなし; 擬声・擬態語 (囲み)》.

¶ 彼は事業の失敗で*すってんてんになった (⇒ 無一文になった) He *became penniless* because of his failure in business. / (⇒ 破産した) He *went*「*stone* [*stony; flat*] *broke* because of his failure in business. ∥ 彼は競馬で*すってんてんにすった (⇒ 金を全部失った) He *lost all his money*「at the races [in horse racing].

ずっと 1 《はるかに》: (程度) much, far, a lot, a great deal 語法 いずれも比較級を修飾するのに用いられるが, 最も一般的なのは much. この順に意味が強くなる; (距離) far away; (ずっと前に) long ago, a long time ago. 《☞ 比較の表現 (囲み); 強意語 (囲み)》.

¶ きょうはきのうより*ずっと暖かい It is *much* warmer today than yesterday. ∥ このワインのほうが外国製のより*ずっとおいしい This wine is「*far* [*a lot; a great deal*] more delicious than imported ones. ∥ *ずっと向こうに船が見えた We saw a ship「*far away* [*in the distance*]. ∥ 彼は*ずっと後からやって来ました He came *much* later. ∥ *ずっと昔この辺は海だった (⇒ 海の一部だった) *A long time ago* this neighborhood was part of the ocean. ∥ 私は彼が来る*ずっと前にこの仕事を済ませていた I had finished the work *long* before he came.

2 《続けて》: (時間的に) all the time; (道のりなど) all the way; (一定期間内ずっと) throughout …, all through … 《☞ たえず (類義語)》.

¶ 列車は仙台まで*ずっと混んでいた The train was crowded *all the way* to Sendai. ∥ 午前中*ずっと勉強した I worked *all through* the morning. ∥ 夏休み中は*ずっとアメリカにいた I stayed in America *throughout* the summer vacation. ∥ 彼はこの 10 年*ずっと東京にいる He *has been* in Tokyo for the past ten years. ∥ 私は*ずっと (⇒ できるだけ長く) パリにいたい I would like to stay in Paris *as long as possible.* 《☞ 意志・願望の表現 (囲み)》 ∥ 彼の秘密を*ずっと (⇒ 初めから) 知っていた I knew his secret *all along.*

すっとする (心の重荷になっていた心配を取り除く) take a load off *a person's* mind ★ 本人以外の人・事柄が主語となる; (満足する) be satisfied with …; (うれしい) be pleased「with [at] …; (不快感がなくなりさっぱりした気持ちになる) feel refreshed. 《☞ さっぱり; さわやか; 擬声・擬態語 (囲み)》.

¶ これで気持ちが*すっとした This *has taken a load off my mind.* / This made me *feel refreshed.*

すっぱい 酸っぱい —形 (酸味のある) acid; (未熟・発酵による) sour; (酢のような酸っぱさ) vinegary. 《☞ 味 (囲み)》.

¶ このりんごは*酸っぱい This apple is *sour.* ∥ その牛乳は*酸っぱくなっている The milk has gone *sour.*

酸っぱくなるほど (言う) ¶ そのことについて口が*酸っぱくなるほど言ったのに (⇒ 何回も話したのに), 彼は私の言うことを聞かなかった I *told* him about it *over and over again,* but he didn't listen to me.

すっぱだか 素っ裸 —形 stark naked 《☞ ぜんら; まるはだか》. ¶ 彼は*すっ裸でおもてに飛び出した (⇒ まったくの裸で) He ran out into the street「*stark naked* [(⇒ 何も身につけずに) *with nothing on*].

すっぱぬく 素っ破抜く (秘密などを明らかにする) expose ⓗ 《☞ あばく; ばくろ》.

すっぱり ☞ きっぱり

すっぽかす (約束を) break an ⌈engagement [appointment]《☞ やぶる；やくそく》. ¶私は1時にテニスをする約束を*すっぽかした I *broke an engagement* to play tennis at one o'clock.

すっぽり ¶病人は体を毛布に*すっぽり包んで寝ていた(⇒体全体を毛布で覆って) The sick man was lying *wrapped up in* a blanket. // けさ，山頂は雪に*すっぽりと覆われていた The top of the mountain was *completely* covered with snow this morning. // この瓶の栓(せん)が*すっぽりと抜けた The cork of this bottle came ⌈*clean* [*clear*] out.《☞ 擬声・擬態語(囲み)》

すっぽん soft-shelled turtle Ⓒ. ¶月と*すっぽんほどの違い(⇒チョークとチーズほどに違う) as different as chalk and cheese

すで 素手 —名 empty hand Ⓒ；(むき出しの手) bare hand Ⓒ. —副 with empty hands, empty-handed；(むき出しの手で) barehanded；(武器なしに) unarmed.《☞ てぶら》. ¶私は*素手で戦って勝った(⇒武器なしで) I fought *unarmed* and won.

すていし 捨て石 (比喩的に，犠牲) sacrifice Ⓒ《☞ ぎせい》.

ステーキ steak Ⓒ《☞ 食事(囲み)；レストラン(囲み)》.

ステージ stage Ⓒ《☞ ぶたい[1]；げきじょう[1](挿絵)》.

ステートメント statement Ⓒ《☞ せいめい[2]》. ¶*ステートメントを発表する issue a *statement*

すてき 素敵 —形 nice；(驚くほどすばらしい) wonderful, marvelous, great ★ marvelous は意味が強い. great は口語的；(特に考えなどがすばらしい) splendid, brilliant；(女が美しい) beautiful；(男が顔立ちのよい) handsome；(男女ともに姿・形がよい) good-looking ★ 口語的で, beautiful ほど完璧な美しさは意味しない；(男女とも魅力的な) attractive, charming.《☞ すばらしい(類義語)；うつくしい(類義語)；感嘆の表現(囲み)》.
¶なんて*すてきな家でしょう What a *nice* house!《☞ 感嘆の表現(囲み)》//「今度の日曜日にスキーに行かないか」「まあ，*すてき」"How about going skiing on Sunday?" "That's [That sounds] *great*. / *Great!*" // *すてきな贈り物をどうもありがとう Thank you very much for your *wonderful* present. // 彼は*すてきな女性と恋をした He fell in love with ⌈a *beautiful* [a *good-looking*; an *attractive*; a *charming*] girl. 語法 すてきな男性の場合は a ⌈handsome [good-looking; charming] young man. // それは*すてきなアイディアだ It's a ⌈*brilliant* [*wonderful*; *splendid*] idea.

すてご 捨て子 (拾った子供) foundling Ⓒ；(捨てられていた子供) deserted child Ⓒ.

すてぜりふ 捨て台詞 parting threat Ⓒ.

ステッカー sticker Ⓒ. ¶*ステッカーをはる put a *sticker* on …

ステッキ walking stick Ⓒ《☞ つえ》.

ステップ (階段の) step Ⓒ；(バス・自動車・列車などの) step Ⓒ ★ footstep Ⓒ ともいう；(ダンスの) step Ⓒ.《☞ だん[1]；かいだん[1](挿絵)》. ¶バスの*ステップには立たないで下さい Stand clear of the *step*, please.《☞ 掲示の英語(囲み)》// 軽やかな*ステップで with springy *steps*

すててこ Japanese-style underpants ★ 複数形で.《☞ 衣服(囲み)》.

すでに 既に (以前に) before；(とっくの昔に) long ago；(先に) previously；(書物・論文などで上に述べた) above；(もはや) already, yet ★ yet は疑問文に用いる；(いままでに) by now, by this time.《☞ もう；もはや；完了形(欄外)；副詞の位置(欄外)》.
¶私は*すでに(⇒以前に)そこへは行ったことがある I have been there *before*. // もう*すでに約束がある(⇒先の約束) I have a *previous* engagement. // けさ起きたときに彼は*すでに出かけていた He had *already* left when I got up this morning. // *すでに述べたとおり as stated *above*

すてね 捨て値 (売るほうから見て) sacrifice (price) Ⓒ《☞ 買い物(囲み)；やすうり》. ¶車を*捨て値で売る sell a car at a *sacrifice*

すてば 捨て場 (ごみなどの) dump Ⓒ《☞ ごみ》.

すてばち 捨て鉢 —形 (自暴自棄の) desperate；(危険などを意に介さず向こうみずの) reckless. —動 (捨てばちになる) become desperate.《☞ ぜつぼう；やけ；むこうみず》.
¶失恋すると若者は*捨てばちになるものだ(⇒失恋は若者を絶望状態に追い込む[させる]) Disappointment in love often ⌈*drives* young people *to despair* [*makes* young people *desperate*].

すてみ 捨て身 (死に物狂いで) in desperation；(命がけで) at the risk of *one's* life. ¶彼は*捨て身で敵にぶつかって行った He attacked the enemy *at the risk of his life*.

すてる 捨てる, 棄てる **1** «投げ捨てる»: throw away ㊐ ★ 最も一般的；(不用物として) cast off ㊐；(大量のごみなどを) dump ㊐ ㊒；(紙くずなどを) litter ㊐ ㊒.《☞ なげる》.
¶ごみを*捨てるな No *litter*, please. / No *dumping* here. 語法 前者は「ごみを散らかすな」というもの, 後者は車などによる「不法投棄禁止」の意.《☞ 掲示の英語(囲み)》// 彼は空き缶をくずかごの中へ*捨てた He *threw* the empty can into the wastebasket. // 運動場にごみを*捨ててはいけません Don't *litter* your playground. 語法 litter はごみを捨てる「場所」を目的語にする場合もある.
2 «見捨てる»: (あきらめて) give up ㊐；(人を後に残して去る) leave ㊐；(見捨ててはならない人や物を無責任にも見捨てる) desert ㊐.《☞ みすてる》. ¶彼は家族を*捨てて上京した He ⌈*left* [*deserted*] his family and came to Tokyo.
3 «放棄する»: (あきらめて) give up ㊐；(最後の手段として) abandon ㊐；(職などを) resign ㊐；(手放す) part with …；(犠牲にする) sacrifice ㊐.《☞ あきらめる》.
¶私はそんな考えはとうの昔に*捨てた I *gave up* such an idea long ago. // 彼は社長の地位を

す

*捨てた He *resigned* his post as president. // 彼は自分の命を*捨てて子供を助けた He *sacrificed* his life to save the child.

ステレオ (ステレオ装置) stereo [stériòu] Ⓒ ★ 立体音響方式という意味では Ⓤ. 《☞ オーディオ(挿絵)》. ¶ その交響曲を*ステレオで聞いた I listened to the symphony *on* my *stereo*. // これは*ステレオで録音されている This is recorded in *stereo*. **ステレオ放送** stereophonic broadcast Ⓒ.

ステンドグラス stained glass Ⓤ.

ステンレス stainless steel Ⓤ.

スト strike Ⓒ 《☞ ストライキ》. ¶ ゼネ*スト a general *strike* // ハン*スト a hunger *strike* // 明朝から組合は*ストに入る予定だ The union will ⌈go on *strike* [*walk out*] tomorrow morning. **スト権** right to strike Ⓒ.

ストアー store Ⓒ 《☞ 店の呼び名(囲み)》.

ストーブ heater Ⓒ [語法] stove は料理用の意味で使われることが多い. 一般的な意味での暖房用は heater. 《☞ だんぼう》. ¶ ガス[石油, 電気]*ストーブをつけた[消した] I turned ⌈on [off] the ⌈gas [oil; electric] *heater*.

すどおり 素通り **—**[動] (立ち止まらずに) pass by (自) (他); (訪れずに) pass (他) ★ 場所が目的語. ¶ 私はおじの家の前を*素通りした I *passed* (*by*) my uncle's house.

ストーリー (物語) story Ⓒ; (筋) plot Ⓒ.

ストッキング stockings ★ 普通は複数形で. ストッキング一足は a pair of stockings. 《☞ 衣服(囲み); くつした》.

ストック[1] (在庫品) stock Ⓤ 《☞ ざいこ》. ¶ この本は*ストックがある[ない] This book is ⌈*in* [*out of*] *stock*.

ストック[2] (スキーの) ski poles ★ 普通は複数形で. 《☞ スキー(挿絵)》.

ストップウォッチ stopwatch Ⓒ.

すどまり 素泊まり room without meals Ⓒ 《☞ ホテル(囲み)》. ¶ このホテルは*素泊まりで1泊いくらですか (⇒ 食事なしの部屋代) How much is the *room without meals*?

ストライキ **—**[名] strike Ⓒ, wálk-òut Ⓒ. **—**[動] go on strike, wàlk óut (自). 《☞ スト》. ¶ 彼らは賃上げの*ストライキ中だ They are *on strike* for better wages.

「ストライキ中」の掲示

ストライク strike Ⓒ 《☞ 野球の英語(囲み)》. ¶ ツー*ストライク, スリーボール The count is three balls and two *strikes*. ★ 日本と順番が違うことに注意.

ストリップ (ショー) striptease Ⓒ.

ストレート **—**[副] (ウイスキーなどを) straight, 《英》 neat. **—**[形] (勝負などが) straight. ¶ 私はたいていウイスキーを*ストレートで飲む I usually drink whiskey ⌈*straight* [*neat*]. // 私は彼に*ストレートで勝った[負けた] I ⌈won a *straight* victory over him [suffered a *straight* defeat from him].

ストレス stress Ⓤ. ¶ 彼の胃病は*ストレスが原因だ His stomach disorder results from *emotional stress*. // 適度の運動をして*ストレスを解消した I got rid of my *stress* by moderate exercise.

ストロー (飲み物を飲むための) straw Ⓒ.

ストロボ electronic flash Ⓒ, strobe Ⓒ. 《☞ カメラ(挿絵)》.

すとん **—**[副] with a ⌈thump [plump] 《☞ 擬声・擬態語(囲み)》. ¶ 私はベッドから*すとんと落ちた I fell out of bed *with a* ⌈*thump* [*plump*].

ずどん **—**[名] bang Ⓒ, boom Ⓒ. **—**[動] bang (自), boom (自). 《☞ 擬声・擬態語(囲み)》.

すな 砂 sand Ⓤ; (砂の粒) grain of sand Ⓒ. **砂遊び** **—**[動] (子供などが) play with sand **砂煙** a cloud of dust ★ a を付けて. **砂地** sandy soil Ⓤ; (広い場所・砂漠) the sands **砂時計** sandglass Ⓒ **砂場** (遊び場) sandbox Ⓒ, 《英》 sandpit Ⓒ **砂浜** sandy beach Ⓒ **砂山** sand hill Ⓒ; (海岸の) dune Ⓒ.

すなお 素直 **—**[形] (性質が穏やかな) gentle, mild; (おとなしく柔和な) meek; (従順な) obedient. **—**[名] gentleness Ⓤ, mildness Ⓤ; meekness Ⓤ; obedience Ⓤ. 《☞ おとなしい》. ¶ あの子供は(性質が)*素直だ The child has a ⌈*gentle* [*mild*] nature. // 彼女はたいへん*素直だ (⇒ 子羊のように) She is as *meek* as a lamb. 《☞ 比喩(欄外)》 // 彼は先生に対しては*素直な生徒だった He was an *obedient* pupil to his teachers.

スナック (軽い食事や飲み物などを出す店) snack bar Ⓒ ★ snack は「軽食」の意. [参考] 英米の snack bar は普通は酒類を出さない純粋の軽食堂が多いので, わが国のものとの相違についてはさらに説明が必要.

スナップ (写真) snapshot Ⓒ.

すなわち **1** «つまり»: that is (to say), namely [語法] 説明・補足の場合に用いる. 前者は一般的で文全体の言い直しにも用いるが, namely は語・句の言い換えに限る; i.e. ★ ラテン語 id est の略. [ðæ̀tíz] または [áìː] と読む. that is (to say) とほぼ同じで, 多少形式ばった文章に用いられる; viz ★ ラテン語 videlicet の略. 普通は [néimli(ː)], ときに [víz], [vidéləsèt] と読む. namely とほぼ同意だが, 形式的文書や専門書で用いられる. 《☞ つまり; 略語(欄外)》.

¶ 私は彼に10年前*すなわち1975年に会った I met him ten years ago, *that is* (*to say*), in 1975. // 戦争は2国間, *すなわちイランとイラクの間で始まった The war started between two nations—*namely*, Iran and Iraq. // 人間の文化の最も重要な側面の1つ, *すなわち言語を見てみよう Let's look at one of the most important aspects of human culture, *i.e.*, language. [語法] i.e. はただのコンマで代用することもできる. 《☞ コンマ(欄外); 同格(欄外)》

2 «まさしく»: just, precisely, exactly ★ 第1番目が最も口語的. 意味は後になるほど強い. ¶ これは*すなわち長い間の私の願望だった This is 「*just* [*exactly*; *precisely*] what I have dreamed of for a long time.

スニーカー　sneakers ★ 普通複数形で. 数えるときは a pair [two pairs] of sneakers. 《☞ くつ (挿絵)》.

すね　(むこうずね) shin Ⓒ; (漠然と足全体) leg Ⓒ. 《☞ あし¹ (挿絵)》.

¶ 彼は私の*すねを蹴った He kicked me in the *shin*.

すねに傷をもつ　¶ 彼は*すねに傷をもつ身だ (⇒ やましい心を隠して持っている) He *has a guilty conscience* concealed in him. 《☞ やましい》

すねをかじる　live off ...; (頼る) be dependent (on ...), depend on ...　¶ 彼はまだ親の*すねをかじっている He *is* still *dependent on* his father. / He still *lives off* his parents.

すね当て　leggings, gaiters ★ 共に複数形で; (スポーツ用の) leg guard Ⓒ, shin guard Ⓒ.

すねる　(不機嫌になる) become sulky; (不機嫌である) be sulky; (ふくれっつらをする) pout (*one's* lips) ⓐ ⓗ ★ 唇を突き出すのは不機嫌な表情. 《☞ くち (挿絵)》.

ずのう　頭脳 (頭の働き) head Ⓒ; (理解力・思考力) brain Ⓤ, brains　語法 「知力」という意味では通例複数形で. head よりもやや形式ばった場合に用いる. 《☞ あたま; ちのう》.

¶ 彼は*頭脳明晰だ He is *bright*. / He has a clear *head*. // この仕事を成し遂げるには優秀な*頭脳が必要だ It takes 「an excellent *brain* [excellent *brains*] to accomplish this task. 《☞ It の用法 (欄外); 不定詞 (欄外)》

頭脳流出　brain drain Ⓤ　**頭脳労働者**　brainworker Ⓒ.

スパイ　— 名 (人) spy Ⓒ ★ 最も一般的な語; (スパイ行為) espionage Ⓤ; (秘密の任務を帯びた人) secret agent Ⓒ; (諜報部員) intelligence agent Ⓒ.　— 動 spy (on ...) ⓐ. 《☞ じょうほう; ちょうほう²》.

¶ 彼は*スパイとしてその国に送り込まれた He was sent into the country as 「a *spy* [a *secret agent*; an *intelligence agent*]. // 私は*スパイ行為はしていない I am not engaged in 「*spying* [*espionage*]. // 産業*スパイ industrial *espionage* ★「行為」. / an industrial *spy* ★「人」を指す.

スパイク　**1** «スパイク靴»: spikes, spiked shoes ★ どちらも通例複数形で. 《☞ スポーツ (囲み); くつ》.

2 «スパイクすること»: (バレーボールの打ち込み・スパイク靴で他人を傷つけること) spiking Ⓤ.

スパゲッティー　spaghetti Ⓤ.

すばこ　巣箱 (鳥の) bird box Ⓒ; (蜜蜂の) (bee)hive Ⓒ.

すばしこい　(速くて) quick; (軽快さを強調して) nimble; (特に難しい動作などに) agile. 《☞ すばやい; びんしょう》.

すぱすぱ　(たばこなどを) with quick puffs 《☞ 擬声・擬態語 (囲み)》.

ずばずば　(思ったままを隠さずに) frankly; (ずけずけと遠慮なく) outspokenly ★ 後者のほうが無遠慮の意味が強い. 《☞ ずばり; ずけずけ; そっちょく; 擬声・擬態語 (囲み)》. ¶ 彼はいつも*ずばずばとものを言う He is always *outspoken*.

スパナ　《米》wrench Ⓒ, 《英》spanner Ⓒ. 《☞ だいく (挿絵)》.

ずばぬける　ずば抜ける　— 動 (並はずれている) be far above the average; (ぬきんでている) be outstanding, stand out ⓐ; (特によい) be exceptionally good.　— 副 (断然・はるかに) by far ★ 比較・最上級と共に. 《☞ 比較の表現 (囲み)》; outstandingly; (例外的に) exceptionally. 《☞ ぬきんでる; ばつぐん》.

¶ 彼はクラスでも*ずば抜けている He *is far above the average* in the class. // こと運動競技にかけては彼は*ずば抜けている He *stands out* when it comes to 「sports [athletics]. // 彼は頭のよさで*ずば抜けていた He *was outstanding* in intelligence.

すばやい　素早い　— 形 (一般的に動作が機敏で速い) quick; (軽快な) nimble.　— 副 quickly; nimbly. 《☞ びんしょう; すばしこい》.

¶ 何でも*すばやくしなくてはいけません Be *quick* in doing everything. // 彼は*すばやく答えた He made a *nimble* reply.

すばらしい　素晴らしい　wonderful; splendid; (驚くほどに) marvelous (《英》marvellous); (非常にすぐれた) excellent; 《口語》great.

【類義語】驚き感心する気持ちを表す最も一般的な語は **wonderful** で, 以下の訳語の代わりにもなり得る. ひときわ際立ってすばらしいことを表し, やや誇張的なのは **splendid**. *wonderful* よりさらに驚きや感嘆の感じが強いのが **marvelous**. *wonderful* が多少軽い気持ちで使われることが多いのに対して, *marvelous* は本当に感心した感じが強く, ちょっと信じがたいような事柄によく用いる. いろいろな面で他に勝ってすぐれていることを意味するのが **excellent**. 口語で, くだけた感じの表現の中で使われるのが **great**. 《☞ すてき; りっぱ》

¶ *すばらしいね It's *wonderful*. ★ [s wʌ́ndəfəl] のように軽く発音されることもある. // それは*すばらしい発明だ That's a 「*marvelous* [*wonderful*] invention. // そいつは*すばらしい考えだ That's a *splendid* idea. // それは*すばらしいごちそうだった That was a 「*splendid* [*wonderful*] dinner. // その映画は*すばらしかった That movie was *great*. // その窓からは*すばらしい景色が見える The window commands 「an *excellent* [a *wonderful*; a *very fine*] view. // 彼は*すばらしく泳ぎがうまい (⇒ たいへんすぐれた泳ぎ手だ) He is a *very good* swimmer.

ずばり　**1** «思い切って»: (迷いがなくきっぱりと) decisively; (恐れず大胆に) boldly. 《☞ だいたん; ずばずば》.　¶ 彼は*ずばりとこう言ってのけた He 「*decisively* [*boldly*] said so.

2 «正確に»: just, exactly ★ 前者のほうがより口語的. 《☞ まさに》. ¶ *ずばりそのとおりだ (⇒ そのものずばりだ) That's it. ★ 決まった表現. // 彼は*ずばり言い当てた He guessed *just* right.

スパルタしき　スパルタ式　¶ その学校は*スパルタ式教育 (⇒ 厳しいしつけ) で有名だ That school is known for its *rigid discipline*.

ずはん　図版 (説明のための絵や図) illustra-

す

tion Ⓒ; (ページ全体にわたる大きなもの) plate Ⓒ; (挿絵・挿入図・写真など) figure Ⓒ《略 fig.》; (図表) diagram Ⓒ. 《☞ ず[1]; さしえ》.

スピーカー (ラジオ・テレビ・ステレオなどの) loudspeaker Ⓒ ★単に speaker ともいう; (拡声装置) the PA ★the public address (system) の略. 《☞ オーディオ (挿絵)》. ¶公園では*スピーカーは使わないで下さい Please don't use *the PA* in the park.

スピード ―[名] speed Ⓤ. ―[動] (スピードを出す) speed (up) ㊀. 《☞ そくど》.
¶車は時速 80 キロの*スピードで走っていた The car was running at a *speed* of 80 kilometers per hour. 《☞ じそく》// 車は急に*スピードを上げた The car suddenly ┌*speeded* [*sped*] *up*. / The car suddenly ┌gained [picked up] *speed*. ★第 2 文のほうが文語的. // 車は*スピードを落とした The car *slowed down*. // 彼はフル*スピード[めちゃくちゃな*スピード]で飛ばした He drove at ┌full [excessive] *speed*.
スピード違反 speeding Ⓤ. ¶彼は*スピード違反で捕まった He was arrested for *speeding*.
スピードメーター speedometer [spidɑ́mətɚ] Ⓒ 《☞ 自動車 (囲み); オートバイ (挿絵)》.

スピッツ spitz Ⓒ 《☞ いぬ[1]》.

ずひょう 図表 (変動・変化などをまとめて記録したもの) chart Ⓒ; (曲線などによるもの・グラフ) graph Ⓒ; (説明のための線図) diagram Ⓒ. 《☞ グラフ; ず[1]; ひょう[1]》.

スフィンクス sphinx Ⓒ.

スプーン spoon Ⓒ 《☞ さじ; 数の数え方 (囲み)》. ¶先割れ*スプーン a *spork* ★spork は spoon と fork を合わせて作った語.

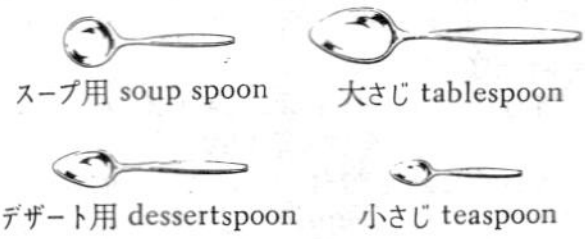

ずぶとい 図太い ―[形] (大胆不敵で向こうみずな) bold; (厚かましくて生意気な) impudent; (よい意味でずうずうしい) aggressive; (性格が強固な) tough-minded. ―[名] boldness Ⓤ; impudence Ⓤ; (自信があって押しの強い図太さ) nerve Ⓤ. 《☞ ずうずうしい》. ¶彼の*図太さには驚いた I was surprised ┌by [at] the *nerve* of him.

ずぶぬれ ずぶ濡れ ―[動] (体中ずぶぬれになる) get wet ┌through [all over]; (水がぽたぽたしたたるほどぬれる) get dripping wet; (水が染みとおるぐらいぬれる) be [get] soaked (with ...). 《☞ びしょぬれ; ぬれる》. ¶彼は池に落ちて*ずぶぬれになってしまった He fell into the pond and *got wet through*. // 彼は雨で*ずぶぬれになって帰宅した He came home *soaked with* rain.

スプリング (ばね) spring Ⓒ ★弾力を示すときは Ⓤ. ¶このベッドは*スプリングが弱い There is not much *spring* in this bed.

スプリングコート topcoat Ⓒ 《☞ コート[1]; 衣服 (囲み)》.

スプリンクラー sprinkler Ⓒ.

スプレー spray Ⓒ.

すべ 術 (方法) way Ⓒ; (手段) means Ⓒ ★単複同形. 《☞ ほうほう (類義語)》. ¶それを止めようにもなす*すべがなかった There was no *way* to stop it. // 私にはもはやなす*すべが無い (⇒ 途方に暮れている) I am *at my wits' end*.

スペア ―[形] spare 《☞ よび》. ¶*スペアの鍵 a *spare* key **スペアタイヤ** spare ┌tire [wheel] Ⓒ.

スペイン ―[名] ㊛ Spain. ―[形] (スペインの) Spanish. **スペイン語** Spanish Ⓤ **スペイン人** (個々の) Spaniard Ⓒ; (全体) the Spanish ★複数扱い.

スペース (すき間) room Ⓤ, space Ⓤ ★英語では room のほうがより口語的. 従って日本語でスペースとあっても, いつも space と英訳されるとは限らない. 《☞ よち[1]; ばしょ》. ¶ここには机を置く*スペースがない There's no ┌*room* [*space*] to put a desk in here. // この型の机は*スペースを取らない This type of desk does not take much ┌*room* [*space*].

スペース シャトル space shuttle Ⓒ 《☞ うちゅうせん (類義語)》.

スペード (トランプの) spade Ⓒ. ¶*スペードのエース the ace of *spades*

スペクトル 【物理】 spectrum Ⓒ 《複 spectra》. **スペクトル分析** spectrum analysis Ⓒ 《複 analyses》.

すべすべ ―[形] (滑らかな) smooth; (毛などがつやつやかで) sleek; (ビロードのように) velvety; (光沢のある) glossy. 《☞ 擬声・擬態語 (囲み)》. ¶彼女の肌は*すべすべしている Her skin is ┌*velvety* [*smooth and soft*].

すべて ―[形] (全体の) all; (一つ一つの) every; (全体まとめての) whole, entire. ―[代] all; (ことごとくのもの) everything [語法] all は個体の集まりを意味するときは複数扱い, また物質名詞・抽象名詞などの内容を表すときは単数扱い. everything は常に単数扱い. 《☞ 性・数・人称の一致 (欄外)》. ―[副] (すべて) all; (まったく) entirely.
【類義語】最も普通に用いられるのが ***all*** で, 後に普通名詞がくると複数形になる. また集合名詞や物質名詞にも付く. 冠詞の the は後に付く. 《☞ 冠詞 (欄外)》. 口語的で, all よりも強調する場合には ***every***. 常に単数名詞を伴う. 後にグループまたは何らかの集合体もしくは組織を表す語がきて, その全体をまとめて表す言葉は ***whole***. ***whole*** より強意的でやや改まった語が ***entire***. 《☞ みな; ぜんぶ[1]》
¶彼はそのことについて*すべてを知っています He knows *everything* about it.
私たちは*すべてその部屋にいた We *all* [*All of us*] were there in the room.
彼は*すべての財産を一夜で失ってしまった He lost ┌*all* his fortune [his *entire* fortune] overnight.
*すべて人間は平等である *All* men are created equal.
私は*すべての点で彼の仕事に満足している I am satisfied with his work in ┌*every* respect

[*all* respects].
進学するかどうかは*すべてあなたの決心しだいだ Whether you go to college or not is *entirely* up to you.
彼女は話の*すべてを知っているとは言っていない She doesn't claim to know ｢*all the* [*the whole*] story.
*すべての人が詩人になれるわけではない *Every* man cannot be a poet.
光るものの*すべてが金ではない *All* is not gold that glitters. 《ことわざ》 語法 all, every などと否定語 not を並用する時は部分否定となることに注意. 《☞ 否定の表現（囲み)》
終わりよければ*すべてよし *All's* well that ends well. 《ことわざ》

すべらす 滑らす （滑る） slip ⓐ; （口を滑らせる） let slip ⓑ; （秘密などをしゃべる） let out ⓑ. 《☞ すべる》. ¶ 彼は階段で足を*滑らせた He *slipped* on the stairs. // 私はつい口を*滑らせてしまった I made a *slip* of the tongue.

すべりこむ 滑り込む 一動（連続的な動きで） slide (into ...; to ...) ⓐ; （短い瞬間的な動きで） slip (into ...) ⓐ. 一名（野球の） slide Ⓒ. 《☞ すべる》.
¶ ランナーは本塁[2 塁]へ*滑り込みセーフだった The (base) runner safely *slid* ｢home [*into* second]. 《☞ 野球の英語（囲み)》 // 彼はいつも, 教室に*滑り込んでくる（⇒ 始まろうとするときに来る） He always comes to class just when it is about to start.

すべりだい 滑り台 （遊び用の） slide Ⓒ.

すべりだし 滑り出し （動作・活動などの始まり） start Ⓒ; （物事の始まり・初めの部分） beginning Ⓒ. 《☞ はじまり; でだし》. ¶ *滑り出しは好調だった We made a good *start*.

すべりどめ 滑り止め （車輪用の） skid Ⓒ; （安全のための手段・装置） safeguard Ⓒ. ¶ 私は*滑り止めにその大学を受けた I *played it safe* and took the entrance exam to that university in case of failure at other universities. ★ play (it) safe は「安全な方法をとる」という口語的表現.

すべる 滑る 一動（うっかり滑る） slip ⓐ; （滑走する） slide ⓐ 《過去・過分 slid》; （静かに流れるように滑る） glide ⓐ; （スキーで） ski ⓐ; （スケートで） skate ⓐ; （試験に落第する） fail (in ...) ⓐ, fail ⓑ. 一形（表面などがつるつるして滑りやすい） slippery.
¶ 私はバナナの皮で*滑った I *slipped on* a banana peel. // 母は風呂場で*滑ってけがをした My mother ｢*slipped* [*had a slip*] in the bathroom and got hurt. // 子供たちは木から*滑り下りた The boys *slid down* the tree. // ここから（スキーで）*滑れるかい Can you *ski* down here? // 道路が*滑って歩きにくい The street is *slippery* and makes walking difficult. // 注意：床が*滑りやすくなっています Caution: *Slippery* Surface 《掲示》 // 彼はまた*滑った He suffered another *failure*. / He *failed* (*in*) the exam again. // それは本心ではありません. うっかり口が*滑ったのです I didn't mean it. It was a *slip* of the tongue. 《☞ すべらす》

スペル spelling Ⓒ 《☞ つづり字（欄外）; つづり》.

スポークスマン spokesman Ⓒ.

スポーツ sport Ⓒ 語法 ほとんどの場合複数形で用いられる. また, 形容詞的に用いられるときも sports の形が普通.
¶ *スポーツは日常生活にとって大切な役割をしている *Sports* play an important part in our life. // 「君はどんな*スポーツをしますか」「野球を少しやります」 "What *sports* do you play?" "I play baseball a little." // 私は*スポーツはあまりやりません I don't play *sports* very much.
スポーツカー sports car Ⓒ　**スポーツ界** the sports world　**スポーツシャツ** sport shirt Ⓒ　**スポーツ新聞** sports newspaper Ⓒ　**スポーツニュース** sports news Ⓤ　**スポーツ放送** sportscasting Ⓤ　**スポーツマン** athlete Ⓒ　**スポーツマン精神** sportsmanship Ⓤ　**スポーツ用品** （装備・備品） sports equipment Ⓤ; （道具） sporting goods Ⓤ. ¶ *スポーツ用品店 a *sporting goods* shop 《☞ 店の呼び名（囲み)》　**スポーツ欄** （新聞の） sports section Ⓒ, sports page Ⓒ.

ずぼし 図星 ¶ 彼の言ったことは*図星だった（⇒ 正しく推量した） He *guessed it right*. / He *hit the bull's eye*.

スポット （番組の間の短い放送や宣伝） spot Ⓒ ★ spot announcement あるいは spot advertisement ともいう.

スポットライト spotlight Ⓒ. ¶ 歌手は*スポットライトを浴びてステージに立った The singer stood on the stage under the *spotlight*.

すぼむ 一動（狭くなる） become narrower. 一形（口などが） pursy. 《☞ ちぢむ; しぼむ》.

すぼめる （唇を突き出すようにして） pout ⓐ, pucker (up) ⓑ 《☞ くち（挿絵)》; （唇をぴたりと） purse (up) ⓑ; （傘を） shut ⓑ, fold ⓑ; （肩を） shrug ⓑ 《☞ すくめる（挿絵)》; （翼を） fold ⓑ.

ずぼら 一形（だらしがなくて） slovenly; （やるべきことをいいかげんにして） negligent. 一名（ずぼらな人） sloven Ⓒ. 《☞ なげやり; だらしない; ずさん》.

ズボン （男物の） trousers; （上着と対になっていないもので男女の別なく） slacks; 《米口語》 pants 語法 これらはいずれも複数形で用いる. 数えるときは a pair of ... を使う. 《☞ 数の数え方（囲み); 衣服（囲み)》.
¶ *ズボンを2本買った I bought two pairs of ｢*trousers* [*pants*]. // *ズボンをはいた[脱いだ] I ｢put on [took off] my *trousers*. // 太い*ズボン baggy *trousers* // 彼の*ズボンはいつもきちんと折り目がついている His *trousers* are always well creased. // 半*ズボン breeches
ズボン下 《米》 underpants, 《英》 pants ★ い

スポーツ

オリンピック (the Olympics, the Olympic Games) で行われる世界共通のスポーツのほかに，イギリスのクリケット (cricket)，日本のすもう (*sumo*) など特有なものもある．また，アマチュア (amateurs) が参加して楽しむもの (participant sports) もあるし，プロの選手 (professionals) の競技 (play) を見て楽しむもの (spectator sports) もある．

ここでは日本の中学・高校で普通に行われているものを中心に，その名称・用具・競技場・試合・競技者などに関連する語句をあげる．

1 スポーツ種目の名称

(1) 学校の体育の時間 (physical education) **に行われているもの**

器械体操 apparatus gymnastics Ⓤ **剣道** *kendo* Ⓤ **サッカー** soccer Ⓤ **柔道** *judo* Ⓤ **水泳** swimming Ⓤ **すもう** *sumo* Ⓤ **ソフトボール** softball Ⓤ **体操** gymnastics Ⓤ **卓球** table tennis Ⓤ, ping-pong Ⓤ **ダンス** dancing Ⓤ **テニス** tennis Ⓤ ★ 軟式テニスは日本固有で，softball tennis Ⓤ という．**バスケットボール** basketball Ⓤ **バレーボール** volleyball Ⓤ **ハンドボール** handball Ⓤ **バドミントン** badminton Ⓤ **野球** baseball Ⓤ《☞ 野球の英語 (囲み)》 **陸上競技** track and field Ⓤ ★ トラック競技 (track events) には,「短距離」sprinting Ⓤ,「中距離」middle-distance race Ⓒ,「長距離」long-distance race Ⓒ,「ハードル」hurdle race Ⓒ など．フィールド競技 (field events) には「幅跳び」the long jump,「三段跳び」the triple jump ; the hop, step, and jump,「高跳び」the high jump,「棒高跳び」the pole vault,「砲丸投げ」the shot put,「やり投げ」the javelin throw,「円盤投げ」the discus throw,「ハンマー投げ」the hammer throw などがある．

(2) 学校のクラブ活動 (club [extracurricular] activities) **として行われているもの**

オリエンテーリング orienteering Ⓤ **空手** *karate* [kərɑ́:ti(:)] Ⓤ **スキー** skiing Ⓤ **スケート** skating Ⓤ **登山** mountaineering Ⓤ **フットボール** American football Ⓤ **ボート** rowing Ⓤ **ボクシング** boxing Ⓤ **ホッケー** hockey Ⓤ **ヨット** yachting Ⓤ **弓** archery Ⓤ **ラグビー** Rugby Ⓤ **レスリング** wrestling Ⓤ.

(3) 主として趣味・レクリエーションとして行われているもの

カヌー canoeing Ⓤ **ゴルフ** golf Ⓤ **サイクリング** cycling Ⓤ **サーフィン** surfing Ⓤ **乗馬** riding Ⓤ **ジョギング** jogging Ⓤ **水上スキー** waterskiing Ⓤ **スキンダイビング** skin diving Ⓤ **スケートボード** skateboarding Ⓤ **ボーリング** bowling Ⓤ **ローラースケート** roller skating Ⓤ.《☞ レクリエーション (囲み)》

2 スポーツに関する用語

(1) 用具・服装

(競技用の各種の)**ボール** ball Ⓒ ★ ボールは正式には basketball Ⓒ, volleyball Ⓒ, tennisball Ⓒ などというが，まぎらわしくない場合は単に ball という．(テニス・卓球などの)**ラケット** racket Ⓒ《☞ ラケット (挿絵)》 (バドミントンの)**羽根** shuttlecock Ⓒ (球技用の)**ネット** net Ⓒ (器械体操の)**鉄棒** bar Ⓒ **跳び箱** box horse Ⓒ **跳馬** vaulting horse Ⓒ **つり輪** rings ★ 複数形で． (陸上競技の)**ハードル** hurdle Ⓒ **障害物** obstacle Ⓒ **砲丸** shot, weight Ⓒ **円盤** discus Ⓒ (剣道の)**竹刀** bamboo sword Ⓒ **面** mask Ⓒ.

運動着 sportswear Ⓤ **トレーニングパンツ** training trousers ★ 複数形で． **短パンツ** shorts ★ 複数形で． **ユニホーム** uniform Ⓒ **ゼッケン** (racing) number Ⓒ **スパイク** spikes ★ 複数形で．

(2) 競技場

戸外 (outdoor) と屋内 (indoor) のものがある．

運動施設一般 sporting facilities ★ 複数形で． (観客席などをもつ)**大競技場** stadium Ⓒ (サッカーなどの)**競技場** playing field Ⓒ **体育館** gymnasium Ⓒ,《口語》gym Ⓒ (テニス・バレーなどの)**コート** court Ⓒ (運動)**競技場** athletic field Ⓒ (陸上の)**トラック** track Ⓒ **走路** lane Ⓒ **プール** swimming pool Ⓒ **スタートライン** starting line Ⓒ **ゴールライン** finish line Ⓒ.

(3) 試合

(i)「試合」の訳語．

(1点・1打ずつの) game Ⓒ; (対抗の) match Ⓒ; (一定の得点で決まる) set Ⓒ; (スピードを競う) race Ⓒ; (トーナメントの) round Ⓒ; (レスリング・相撲などの) bout Ⓒ.
【類義語】 ルール (rules) に従っての攻防・かけ引きなど，試合の成り行き・経過をも含めた試合で，一点，一打の攻防から成るのが **game**. 個々の攻防・競技ではなく，一つの行事としての対抗試合・対抗競技の全体を指すのが **match**. テニス・卓球・バレーボールなどのように勝負の得点が決まっている場合の1回の試合は **set**. 多数の競技者がスピードを競うのが **race**. トーナメントでの第1回戦，第2回戦などの試合は **round**.

(ii) 試合のいろいろ．

「クラス対抗試合」intramural match Ⓒ,「学校対抗競技大会」 interscholastic sports,「競技大会」athletic competition Ⓒ,「スポーツ大会・行事」sporting events,「国際試合」international match Ⓒ,「国民体育大会」 the National Athletic

Meet,「トーナメント」tournament Ⓒ,「(総当たり)リーグ戦」round robin Ⓒ,「(トーナメントの)第1[2, 3]回戦」the ˹first [2nd; 3rd] round,「予選」trial Ⓒ,「準々決勝」quarterfinal Ⓒ,「準決勝」semifinal Ⓒ,「決勝戦」finals ★通例複数形で. [参考] 準々決勝, 準決勝, 決勝出場者はそれぞれ quarterfinalist Ⓒ, semifinalist Ⓒ, finalist Ⓒ という.

(iii) 試合の勝敗の表現

(試合[タイトル戦, 賞金獲得戦]に勝つ) win the ˹game [championship; prize]; ((相手を)負かす) beat (other teams); ((相手に)勝つ) defeat (others); (試合に負ける) lose the game; (試合を引き分ける) draw a ˹match [game]. 《☞ かつ; まける》

(4) 競技者・選手・観客

(競技に参加する人) participant Ⓒ; (運動をする人・運動が好きな人・運動選手) athlete Ⓒ; (競技者) player Ⓒ; (競技・競争に出る人) competitor Ⓒ; (組になる相手) partner Ⓒ; (試合する相手) opponent Ⓒ.

競技の種目によって, (走者) runner Ⓒ; (競泳・競走選手) racer Ⓒ; (短距離走者) sprinter Ⓒ; (泳者) swimmer Ⓒ; (体操選手) gymnast Ⓒ などがある.

(優勝者) winner Ⓒ; (準優勝者) runner-up Ⓒ; (第3位入賞者) third-prize winner Ⓒ; (上位入賞者) high-rank-prize winner Ⓒ; (第1シード選手) No. 1 seed Ⓒ, top seeded player Ⓒ; (シードチーム) seeded team Ⓒ; (サッカー狂) soccer-enthusiast Ⓒ; (野球ファン) baseball fan Ⓒ; (観客) audience Ⓒ ★集合的に; spectator Ⓒ.

(5) 得点

(球技でゴールに入れての) goal Ⓒ; (審判員などの評価に基づく) point Ⓒ; (野球などの) run Ⓒ; (得点の記録) score Ⓒ.

(6) 審判

(サッカーなどの) referee Ⓒ; (陸上・体操の) judge Ⓒ; (テニス・野球の) umpire Ⓒ.

3 スポーツに関する表現

具体的な種目名をあげて「…をする」というときは次のように表すことができる.

(i) I play ˹tennis [baseball; ping-pong].

(ii) I ˹swim [run; dance; jump].

(iii) I practice judo.

(iv) I enjoy swimming.

(i)は球技などに普通用いられる. (ii)は行為を直接に動詞で表す場合. (iii)は練習として行う場合. (iv)は楽しんでやるという感じ.

¶ 我々はいろいろなスポーツをします We play a variety of sports.

トラック競技会は来週東京国立競技場で行われます The track meet will take place at the Tokyo National Stadium next week.

毎週金曜日の午後は体育館で鉄棒をやっています We practice on the horizontal bars in the gym every Friday afternoon.

彼は柔道2段でオリンピックの選手です He holds a second dan in judo and is one of Japan's Olympic judoists. / He is a second-dan judoist and is going to compete for Japan in the Olympics.

バレーの試合をしよう Let's have a volleyball game.

私はテニスの校内試合に出た I competed for the tennis championship in our school.

第一高校はハンドボールの第1回戦で第二高校に敗れた The First High School handball team lost in the first round to The Second High School.

本校はバスケットの決勝で第1シードのチームを75対70で負かした Our basketball team beat the No. 1 seed in the final, 75 to 70.

本校の今年の夏の成績は8勝2敗3引き分けでした Our school team had eight wins, two defeats and three draws this summer.

彼女は第1セットを6–2で勝った She won the first set (at) 6–2. [語法] at は省くこともある. six to two と読む.

私は高校時代に体操の選手として国体に出たことがあります In my high school days, I was a gymnast and once competed in the National Athletic Meet for my school.

前半こちらが2点入れ, 後半は相手が2点入れて, 試合は引き分けになった In the first half we scored 2 goals, and in the second half the opposing team scored 2, so the game ended in a draw.

彼は昨年の全日本陸上選手権の200メートル決勝で, 21秒0の記録でK君に次いで第2位でした In the Japanese National Track Championship Race last year, he was runner-up to K in the 200-meter final, with a time of 21 seconds flat.

ずれも複数形で. **ズボンつり** 《米》 suspenders, 《英》 braces ★いずれも複数形で.

スポンサー ―名 (商業放送の広告主) sponsor Ⓒ. ―動 (スポンサーになる) sponsor ㊀. 《☞ ていきょう; こうえん³》.

スポンジ sponge Ⓒ. **スポンジケーキ** sponge cake Ⓤ 《☞ ケーキ》.

スマート ―形 (格好のよい) nice-looking, good-looking; (しゃれて気のきいた) smart; (流行に合った) stylish; (体つきが) slender. ¶ 彼女は青いドレスを着ると*スマートだ She *looks nice* in a blue dress.

すまい 住まい (住所) address [ədrés] Ⓒ; (家庭) home Ⓒ; (家屋) house Ⓒ. 《☞ いえ (類義語); じゅうしょ》.

¶ お*住まいはどちらですか (⇒ どこに住んでいますか) Where do you *live*? / May I ask your *address*? ★やや改まった聞き方. // すてきなお*住まいですね What a nice *house*! 《☞ 感嘆の表現 (囲み)》 // いまは アパート*住まいです

(⇒アパートに住んでいる) We *live* in an apartment. // ロンドンでは1か月ほどホテル*住まいでした While in London I *stayed* at a hotel for a month.

すます¹ 済ます **1** «終える»: finish ㊎, get through … ★ 後者がより口語的. 《☞ おわる; おえる》.
¶ 私はあすまでに仕事を*済ませたいと思っている I want to ⌈*get through* [*finish*] the work by tomorrow. // 夕食はレストランで*済ませてきました I've already *had* my supper at a restaurant. // 出る前に支払いを*済まさなければいけない I have some bills to *pay* before leaving.
2 «間に合わせる»: (やっていく) get along ㊒; (どうにかする) manage ㊒. ¶ イングランドへ行って, 英語なしで*すますことはできないでしょう When you are in England, you can't possibly *get along* without practical knowledge of English.

すます² 澄ます **1** «耳などを» ¶ 私は耳を*澄ませた (⇒注意して聞いた) I listened *carefully*.
2 «態度などが» ¶ 彼女はいつもつんと*澄ましている She is *prim and proper*. // 彼は*澄ました顔で (⇒まじめな顔で) うそをつく He tells a lie *with a serious* ⌈*look* [*face*].

すまない 済まない 一 動 (申し訳ない) be sorry (for …) 《☞ すみません; 謝罪の表現(囲み)》. ¶ 彼には本当に*すまないことをした I *am* really *sorry for* what I did to him.

すみ¹ 隅 corner Ⓒ 《☞ かたすみ; はし²》.
¶ 彼女は部屋の*隅から隅まで掃除した She gave the room a *thorough* cleaning. // 警察はその家の*隅から隅まで調べた The police searched ⌈*all over* the house [*every nook and corner* of the house]. ★ every nook and corner で「隅から隅まで」という慣用句. // 私は喫茶店では普通*隅のほうに座ります In a coffee shop I usually sit in the *corner*.
隅に置けない 一 形 (利口で抜け目がない) smart; (小才がきいて器用な) clever. 《☞ ぬけめ》. ¶ 彼はなかなか*隅に置けない He's a ⌈*smart* [*clever*] fellow.

すみ² 墨 (固形または液体になった物質としての) India [China; Chinese] ink Ⓤ; (棒状の墨) ink stick Ⓒ. **墨絵** black-and-white painting Ⓒ.

すみ³ 炭 charcoal Ⓤ.

すみか 住みか (家庭・生活の場) home Ⓒ; (野獣などの) den Ⓒ. 《☞ いえ; す¹》.

すみごこち 住み心地 ¶ この家は*住み心地がよい This house is *comfortable* to live in. // 「東京の*住み心地はいかがですか」「とてもいいです」"How do you like Tokyo?" "I like it very much." 《☞ いごこち》

すみこみ 住み込み 一 形 live-in. ¶ *住み込みのお手伝いさん a *live-in* maid

すみずみ 隅隅 (いたる所で) all over …; (ある場所をくまなく) in every nook and corner ★ 慣用的表現. 《☞ すみ¹; くまなく》. ¶ 彼の名前は世界の*隅々まで知れ渡っている His name is known ⌈*all over* [in *every corner* of] the world.

すみつく 住み着く settle (down) ㊒ 《☞ ていじゅう》.

すみっこ 隅っこ corner Ⓒ 《☞ すみ¹》.

すみなれる 住み慣れる get used to (living in) … 《☞ なれる¹》. ¶ この土地に*住み慣れました I've *gotten used to* (*living in*) this place. // 彼は*住み慣れた (⇒大切で懐しい) 自分の家を後にした He left his *dear old* house.

すみません 済みません **1** «謝罪・呼びかけ»: (人にものを尋ねたりするとき) Excuse me. ★ 上がり調子で言われることが多い; (謝るとき) Excuse me. ★ 下がり調子で言われる; Pardon me., I'm sorry.
[語法] (1) 以上はいずれもほぼ同じ内容だが,《米》では例えば人にぶつかったりしたようなときは Excuse me. または Pardon me. が普通で, I'm sorry. はそれより少し謝り方の程度が深くて, 自分にはっきりと落ち度のあるときに使う.《英》では I'm sorry. のほうが頻繁に用いられ, 軽く謝るときは Sorry. のように I'm を略すことが多い.
(2) Excuse me., Pardon me. は me に強い強勢を置くと, (i) 謝り方の程度が深くなる, (ii) 相手が先に謝ったときに「いえ, こちらこそ」の意が出る, の2つの場合がある.
(3) 謝られたときの答えは Excuse me., Pardon me. に対しては, Certainly. が丁寧な答え方. くだけた調子では OK., That's OK., That's all right. のように言うのが普通. I'm sorry. に対しても That's all right. を使う. 《☞ 謝罪の表現(囲み); しつれい; 丁寧な表現 (欄外)》.
¶ *すみません, いま何時でしょうか *Excuse me*. Do you have the time? 《☞ 時刻・日付・曜日(囲み)》 // 「*すみません」「どうぞ」"*Excuse me*." "Certainly." ★ 人の前を横切るときなど. 2人以上の場合は Excuse us. // 「*すみません」「いいんですよ」"*Pardon me*." "That's all right." // ご迷惑をかけて*すみません *I am sorry* to have troubled you. // *すみませんがもう一度言って下さい Would you *please* say that again? 《☞ 依頼の表現 (囲み)》
2 «お礼»: Thank you., Thanks. [語法] 日本語の「すみません」は謝るだけでなく, 人を呼んだり礼を述べたりするときにも使うので, 文脈によって判断を誤らないようにしなくてはならない. 《☞ ありがとう; 感謝の表現 (囲み)》. ¶ どうも*すみません, 大助かりです *Thank you* very much. It helps a lot.

すみやか 速やか 一 形 (てきぱきした) quick; (事務処理などが速い) speedy; (完了・実行までの時間が短い) prompt; (即座の) immediate. 一 副 quickly; immediately. 《☞ はやい¹ (類義語); すぐ (類義語)》. ¶ 彼女は*速やかに返答した She made a *quick* response. // 計画を*速やかに実行せよ Put the plan into practice *immediately*.

すみれ 菫 violet Ⓒ; (三色すみれ) pansy Ⓒ. 《☞ 花 (囲み)》. **すみれ色** 一 名 violet Ⓤ. 一 形 violet. 《☞ 色 (囲み)》.

すみわたる 澄み渡る (澄んでいる) be clear 《☞ すむ³; はれる¹; 天候の表現 (囲み)》.

すむ¹ 住む live (in …) ㊒ ★ 最も一般的な語; (居を構える) reside (in …) ㊒ ★ 形式

ばった語；(集団・グループなどがある地域を住みかとする) inhabit ㊥.
¶「あなたはどこにお*住まいですか」「東京の原宿に*住んでいます」"Where do you *live*?" "I *live in* Harajuku in Tokyo."
私は彼がいまどこに*住んでいるか知らない I don't know where he 「*is living* [*lives*] now. 語法 live は普通は進行形では用いないが「ある時点においてある場所に住んでいる」という意味のときは進行形にする. 《☞ 進行形 (欄外)》
彼には*住む家がなかった He had no house to *live in*. ★ in を必ず付けること. / He was homeless.
この地域には昔はきつねが*住んでいた Foxes used to *inhabit* this area.
彼はこの通りに*住んでいます He *lives* 「*on* [*in*] this street. 語法「通りに住む」の意のときの前置詞は《米》は on,《英》は in が普通. / His house is 「*on* [*in*] this street. 《☞ とおり》
イギリスの首相はダウニング街 10 番に*住んでいる The British Prime Minister 「*lives* [*resides*] *at* 10, Downing Street. 語法「...番(地)に住む」のときの前置詞は at.
その家はだれも*住んでいない (⇒ 空いている) That house is vacant.
*住めば都 There is no place like home.《ことわざ：家ほどよい所はない》

すむ² 済む (完了する) be finished, be over ★ 後者は口語的；(終わる) come to an end. 《☞ おわる (類義語)；かんりょう¹》.
¶ 仕事がやっと*済んだ The work *has* at last *been finished*. // 試験が*済んだ The exam *is over*. // 試合はもう*済んでしまったのですか Is the game *over* now? // もう*済んだかい *Are* you *finished*? 語法 この表現は口語的. Have you finished ...ing? のほうが形式ばった言い方. // その問題は*済んだ (⇒ 解決された) The problem *has been settled*. // 金では*済まない問題だ Money cannot *settle* the problem. // 気が*済んだかい (⇒ 満足したか) *Are* you *satisfied*?

すむ³ 澄む ― 動 become clear. ― 形 (濁りがなく) clear；(透き通って見える) transparent. 《☞ すきとおる》. ¶ 今晩は空が*澄んでいる The sky is *clear* tonight.

スムース ― 形 smooth [smúːð] ★ 英語の発音に注意. ― 副 smoothly. 《☞ すらすら》. ¶ ことが*スムースに運んだ Things went on *smoothly*.

ずめん 図面 (鉛筆やペンなどで書いたもの) drawing Ⓒ；(設計図) plan Ⓒ；(青写真) blueprint Ⓒ. 《☞ ず¹》.

すもう 相撲 *sumo* wrestling Ⓤ《☞ イタリック体 (欄外)；スポーツ (囲み)；日本固有の風物と英語 (囲み)》. ¶ 私は弟と*相撲を取った I played *sumo wrestling* with my brother.

スモッグ smog Ⓤ. ¶ *スモッグ警報 a *smog* warning

すもも 李 (Japanese) plum Ⓒ.

すやき 素焼き (上薬のかかっていない陶器類) unglazed pottery Ⓤ. ¶ *素焼きのつぼ an *unglazed* pot

すやすや (穏やかに) calmly；(静かに) quietly；(安らかに) peacefully. 《☞ 擬声・擬態語 (囲み)》. ¶ 赤ん坊は*すやすや眠っていた The baby was sleeping 「*calmly* [*quietly*; *peacefully*].

-すら even 《☞ -さえ》. ¶ そんなことは子供で*すら知っている *Even* a child knows such a thing.

スラー slur Ⓒ《☞ 音楽 (囲み)》.

スライド (映写用) slide Ⓒ, transparency Ⓒ；(顕微鏡用) slide Ⓒ. **スライド映写機** slide projector Ⓒ **スライド制** (物価と賃金の) sliding scale Ⓒ.

ずらす (位置・方向を) shift ㊥；(移動する) move ㊥；(滑らせて動かす) slide ㊥. 《☞ いどう¹》. ¶ 彼はいすを前に*ずらした He 「*moved* [*pulled*] his chair forward. // 会議の日取りを 1 週間後へ*ずらした (⇒ 延期された) The meeting *was* 「*put off* [*postponed*] one week. 《☞ えんき》

すらすら (滑らかに) smoothly；(容易に) easily；(進んで気持ちよく) readily. 《☞ 擬声・擬態語 (囲み)》. ¶ ことが*すらすら運んだ Things went on *smoothly*. // 彼女はその問題を*すらすらと解いた She solved the problem *easily*. // 彼は自分のしたことを*すらすらと白状した He *readily* confessed what he had done.

スラックス slacks ★ 複数形で. 数えるときは a pair [two pairs] of slacks. 《☞ ズボン；衣服 (囲み)》.

すらっと ☞ すらり

スラブ ― 形 Slavic, Slav [slάːv]. ― 名 (スラブ人) Slav Ⓒ；(スラブ民族) the Slavs ★ 複数形で.

スラム slum Ⓒ；(スラム地域) the slums.

すらり ― 形 (体つきが細くすらっとして, 均整がとれた) slender, slim. 語法 ほぼ同意だが, 後者は弱々しさを暗示する場合がある. 《☞ やせる (類義語)》. ¶ 彼女は*すらりとした美人だ She's a *slender* beauty.

ずらり ― 副 (一列に並んで・連続して) in a row, in a line. ★ 前者は横, 後者は縦に並ぶ場合. 《☞ れつ (挿絵)》. ― 動 (ずらりと並ぶ) be lined with ... ★ 場所が主語で並ぶものは with の後に置く. 《☞ ならぶ》. ¶ 通りには警官が*ずらりと並んでいた The street *was lined with* police.

スランプ slump Ⓒ. ¶ 彼は*スランプに陥った He 「hit [got into] a *slump*.

すり 掏摸 (人) pickpocket Ⓒ；(行為) pickpocketing Ⓤ. 《☞ する⁴》. ¶ *すりに注意 Beware of *pickpockets* 《☞ 掲示の英語 (囲み)》 // *すりにやられた (⇒ 私はポケットをすられた) I *had* my pocket *picked*. 《☞ 使役 (囲み)》 // 彼は*すりを働いた He committed *pickpocketing*.

すりあがる 刷り上がる come off the press 《☞ いんさつ》.

ずりおちる ずり落ちる (すっと落ちる) slip down ㊀；(ずるずると落ちる) slide down ㊀. ¶ 彼はズボンが(ひざまで)*ずり落ちてしまった He had his trousers *slip down* (to the knee).

すりかえる すり替える substitute (... for ...) secretly《☞ おきかえる；いれかえる》.

すりガラス 擦りガラス frosted [ground] glass [U]《☞ ガラス》.

すりきず 擦り傷 scratch [C]《☞ きず (類義語)》.

すりきれる 擦り切れる wear out (自) ★ be worn out という形でも用いる.《☞ すりへる》.

すりこむ 擦り込む rub in (他).

スリッパ scuffs, slippers ★ どちらも複数形で. 数えるときは a pair [two pairs] of ... とする. slippers は日本語の「スリッパ」より意味が広く, かかとの付いたものが一般的. なお, 英米ではあまり日本式のスリッパは使われない.《☞ うわばき》.

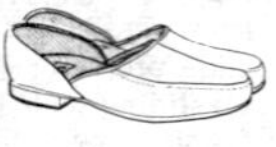
slippers

スリップ **1**《婦人の》: slip [C] ★ underslip ともいう.《☞ したぎ (挿絵)；衣服 (囲み)》.
2《車が》 ―[動] skid (自). ―[名] skid [C]. ¶ 車は凍った道路で*スリップした The car *skidded* on the icy road. ★ slip は車には用いない.

すりつぶす 擂り潰す (柔らかい物を) mash (他)；(硬いものを臼などでひいて) grind (他).《☞ 料理の用語 (囲み)》.

すりぬける 擦り抜ける (通り抜ける) pass through ...；(骨折って進む) find *one's* way through ... ¶ 彼は群衆の間を*すり抜けた He *passed through* the crowd.

すりばち 擂り鉢 (earthenware) mortar [C].

すりへる 擦り減る (使ってすり減る) wear ˹down [away] (自) (他). ¶ 靴のかかとが*すり減った The heels of my shoes *have worn down.* // 彼はその仕事で神経を*すり減らした He *wore down* his nerves by the work.

すりむく 擦り剝く (かすって) skin (他)《☞ 病気·病院 (囲み)》. ¶ 子供は転んでひざを*すりむいた The child fell and ˹*skinned* his knees [*scraped* the skin *off* his knees].

すりもの 刷り物 (印刷物) printed matter [U]；(講演会などのプリント) handout [C]；(がり版刷りのプリント) mimeographed sheet [C].《☞ プリント》.

すりよる 擦り寄る (近くに寄る) draw ˹close [near] (to ...) (自)《☞ よる³》.

スリラー thriller [C].

スリランカ ―[名] [固] Sri Lanka. ―[形] (スリランカの) Sri Lankan, Sinhalese. **スリランカ人** Sri Lankan [C], Sinhalese [C].

スリル ―[名] thrill [C]. ―[形] (スリルのある) thrilling. ¶ その冒険は*スリル満点だった The adventure was full of *thrills.* / The adventure was really *thrilling.*

する¹ 為る **1**《行う·経験する》: (一般に物事を) do (他)；(競技などを) play (他)；(ある状態などを経験する) have (他).
[語法] 「勉強(を)する」「比較(を)する」「約束(を)する」「野球(を)する」「食事(を)する」「ドライブ(を)する」など, 日本語では漢語またはカタカナ語を語幹としてそれに「する」を付けて用いることが多い. これらを英語に直すときは, 次のような注意がいる.
(1) 英語では「する」に当たる do を用いず, 1 語の動詞に訳す場合が多い：「勉強する」study, 「約束する」promise, 「比較する」compare, 「ドライブする」drive, 「デモをする」demonstrate など. このようなものについては, 本辞典では「勉強」「約束」「ドライブ」などの各項目を引くこと.
(2) 日本語と同じように「する」に当たる do または play などを用いる場合もある：「野球をする」play baseball, 「試験をする」give ˹an exam [a test], 「食事をする」have a meal など. ただし, これらの中には, 例えば「食事をする」が have a meal のほかに eat, 「洗濯をする」が do the washing のほかに wash のように, 1 語の動詞による言い方もできるものも多い. そのような場合はまったく意味が同じではなくて, 例えば 1 語の動詞のほうが口語的であるなどの違いがあるのが普通である.
(3) 「借金する」(⇒ 金を借りる) borrow money, 「6 か月休学する」(⇒ 6 か月間学校を休む) be absent from school for six months などのように, 「借金」debt, 「休学」temporary absence from school という日本語の語幹の英訳に do などを付けても正しい英語にはならない場合がある. このようなものは (⇒) の中に示されたような発想に直して英訳しなければならない.《☞ やる》.
¶ 私が買い物を*し, 妻が料理と洗濯を*する I *do* the shopping and my wife *does* the cooking and the washing.
「君はいま何を*しているの」「宿題を*しているところだよ」"What *are* you *doing* now?" "I'm *doing* my homework."
いまは何も*することがありません I have nothing to *do.* / (⇒ 暇である) I'm free.
私はできるだけのことを*したがだめでした I *did* ˹everything in my power [my best] without any success.
小学生のころはよく野球を*した When I was a schoolboy, I used to *play* baseball.
あした英語の試験を*します I'm going to *give* you an English test tomorrow.
後でもう一度電話を*して下さい Please ˹*call* me again [*give* me another call] later.
彼女はその病院で胃の手術を*した (⇒ 手術をしてもらった) She *had* her stomach *operated on* at the hospital.《☞ 使役 (囲み)》
その老人は転んで足にけがを*した The old man *hurt* his leg when he fell.
この数年病気を*したことがない I *haven't been* ill for several years.
彼女は遅い. どう*したのだろう She is late. I wonder what's the matter with her.
お医者さんごっこを*しよう Let's *play* doctors and nurses.
2《職業·勤務を》: (...として働いている) work as ...；(医者·弁護士など) practice (他).
[語法] 職種によってはその行為を直接に示すのが普通.
¶ 私は山口で英語の先生を*していた (⇒ 英語を教えた) I *taught* English at a school in Yamaguchi.
私の姉はあるデパートで店員を*している My

sister *works* for a department store *as* a salesclerk. / My sister *is* a salesclerk at a department store.
私は大学でピッチャーを*していた I used to *pitch* for my college team. / I *was* a pitcher on my college team.
彼はいま田舎で医者を*している He ʳ*practices* medicine [*works as* a doctor] in the country.
3 «変化させる»: make ㊐; (変える) change ㊐; (交換する) exchange ㊐.
¶ 彼は息子を医者に*した He *made* his son a doctor.
そんなことをすると子供をだめに*する I'm afraid it will *spoil* your child.
空港で日本円をドルに*した (⇒ 変えた) At the airport we *exchanged* Japanese yen *for* dollars.
4 «値する»: (値段が…する) cost ㊐; (…に相当する価値がある) be worth …
¶ その本は幾ら*しましたか How much was the book? / How much did the book *cost*?
日本で買えば 10 万円以上*するでしょう It would *be worth* more than 100,000 yen in Japan.
…するために in order ʳto [that] … 《☞ ため; 目的・結果の表し方 (囲み)》. ¶ 彼は金もうけを*するために一生懸命に働いた He worked hard *in order* ʳ*to* make money [*that* he could make money].
…すれば (…の時間内で) in …, within … ¶ 彼女は 2, 3 日*すれば帰ってきます She will be back *in* a few days.

する² 擦る (マッチを) strike ㊐; (こすりつける) rub ㊐; (金をなくす) lose ㊐. 《☞ こする》. ¶ 彼はマッチを*擦ってたばこに火をつけた He *struck* a match to light his cigarette. // きのうは競馬で 1 万円*すった I *lost* 10,000 yen in the horse race yesterday.

する³ 刷る print ㊐, put … into print ★ 前者のほうが普通. 《☞ いんさつ》. ¶ (その本の) 初版は 3 千部*刷った They *printed* 3,000 copies (of the book) for the first edition.

する⁴ pick ㊐ ★ ポケットなど, 物が入っていた場所が目的語となる. 《☞ すり》. ¶ 私は懐中物を*すられた <S(人)+V(*have*)+O(物)+C(過分)> I *had* my pocket *picked*.

ずるい **1** «狡猾な»: (卑劣でこそこそと事を運ぶ) sly; (悪知恵があって巧妙な) cunning; (策をろうする) tricky. 《☞ ぬけめ》. ¶ そんなことを言うとはまったく (⇒ 何と) *ずるい奴だ What a *tricky* person he is to say a thing like that!
2 «不正な»: (不公平な) unfair; (不誠実な) dishonest; (不正な) foul. ¶ それは*ずるいよ That's *not fair*.

ずるける (義務・任務を怠る) neglect *one's* ʳduty [work]; (無断で休む) play truant. 《☞ サボる》. ¶ 彼は仕事を*ずるける He *neglects his work*.

するする (滑らかに) smoothly; (容易に) easily. 《☞ すらすら; 擬声・擬態語 (囲み)》. ¶ 猿が*するする木に登った A monkey *easily* climbed (up) the tree.

ずるずる (引きずって) trailingly; (ぐずぐずと時間をかけて) draggingly. 《☞ だらだら; 擬声・擬態語 (囲み)》. ¶ 彼は支払いを*ずるずる延ばした He *draggingly* put off payment. // 会議は*ずるずると長引いた The meeting *dragged on*.

ずるずるべったり ― 動 (居続ける) stay on ㊒ 《☞ ながい²》. ¶ 彼女はちょっと訪ねるだけのはずだったのに*ずるずるべったりになってしまった She was to pay just a short visit, but she *stayed on*.

すると and; then ★ and は前後関係によりこのような意味になる場合がある. 《☞ 接続詞 (欄外); 文 (欄外)》. ¶ 彼は泉をのぞき込んだ. *すると自分の顔が水に映っているのが見えた He looked into the spring, *and* he saw his own face in the water. // 彼は戸口に立った. *すると戸がひとりでに開いた He stood at the doorstep. *Then* the door opened of itself.

するどい 鋭い (最も一般的に) sharp; (やや形式ばって) keen; acute.
【類義語】物の先がとがっていたり刃がよく切れる場合や, あるいは人に関して比喩的に頭がいいとか感覚が優れていて, 時には少々ずるいほどである場合に用いるのが ***sharp***. この語は動きや活動が活発で激しい場合にも用いる. *sharp* よりやや形式ばった語で, 刃物の刃が非常に鋭かったり, あるいは人物が頭脳明晰で, 困難な問題に取り組む能力がある場合に用いるのが ***keen***. 物の先がとがっていたり鋭角になっていたりする場合, あるいは比喩的に人物の感受性が強く微妙な区別をつけることができる場合などに用いるのが ***acute*** である. 《☞ 比喩 (欄外)》
¶ その男は目つきが*鋭い The man has a *sharp* look in his eyes. // 彼は*鋭いナイフを持ち歩いている He carries a *sharp* knife with him. // その学生は*鋭い質問をした The student asked a *sharp* question. // 彼は*鋭い痛みを感じた He felt ʳa *sharp* [an *acute*] pain. 《☞ 病気・病院 (囲み)》 // 彼女は音楽の感覚が*鋭い She has a ʳ*keen* sense of [*sharp* ear for] music.

するめ dried squid Ⓒ.

ずるやすみ ずる休み ― 名 truancy Ⓒ. ― 動 (ずる休みする) play truant. 《☞ サボる》. ¶ 彼は学校を*ずる休みした He *played truant* from school.

するりと ¶ 彼女は*するりと指輪を抜き取った She *slipped* the ring from her finger. 《☞ 擬声・擬態語 (囲み)》

ずれ (差・相違) difference Ⓒ ★ 抽象的な相違の意味では Ⓤ ともなる; (間が大きくあいて異なっていること) gap Ⓒ; (時間的に遅れているずれ) lag Ⓒ. 《☞ さ; ずれる》. ¶ 意見の*ずれ a *difference* of opinion // 世代間の*ずれ a generation *gap*

スレート (屋根瓦) slate Ⓒ.

すれすれ **1** «触れそうになること»: (近く) close (to …); (ほとんど触れそうに) almost touching. 《☞ 擬声・擬態語 (囲み)》. ¶ かもめが波の上を*すれすれに飛んでいる Sea gulls are flying ʳ*close to* [*almost touching*] the waves. / Sea gulls *are skimming* the waves. ★ skim

は「すれすれに飛ぶ」というやや文語的な動詞.
2 «かろうじて»: (ほとんど) almost ★ …しかかったが結局は実現しなかったという意味を持つ; barely; (only) just 語法 以上 2 つはどちらも「かろうじて…する」という場合にほぼ同意で用いられるが, just は「もう少しのところで…できなかった」などという場合にも用いられる. 《☞ かろうじて (類義語); やっと》.
¶ 彼は終電車に*すれすれで間に合った (⇒ もう少しで乗り遅れるところだった) He *almost* missed the last train. / He ⌈*barely* [(*only*) *just*] caught the last train. ∥ 彼らは閉店*すれすれに喫茶店へ飛び込んだ They rushed into the coffee shop *just* before closing time.

すれちがう 擦れ違う (通り過ぎる) pass by …; (偶然出会う) cross ㊍. 《☞ ゆきちがい》. ¶ 私は道で有名な女優と*すれ違った I *passed by* a famous actress on the street. ∥ 彼は無言で私と*すれ違った He ⌈*passed by* me [*crossed* my path] without a word. ∥ バス 2 台が狭い道で*すれ違った Two buses *passed* each other on the narrow road.

すれっからし (恥知らずの女) hussy Ⓒ 《☞ あばずれ; おてんば》.

すれる 擦れる (世慣れしてくる) become sophisticated; (無邪気さを失う) lose *one's* innocence. ¶ 彼女は都会で生活するうちに, すっかり*すれてしまった She *became* quite *sophisticated* by living in town.

ずれる **1** «動く»: (滑って) slip ㊀; (位置や方向が変わる) be shifted. ¶ 留め金が*ずれてはずれた The fastener *slipped off*.
2 «考え方などが食い違う»: (逆らっている) be against …; (標準や慣例からはずれる) deviate (from …) ㊀. ¶ そのような行為は世間のしきたりから*ずれている Such conduct *deviates from* the convention.

スローガン slogan Ⓒ; (特に政治などの) war cry Ⓒ. ¶ 彼らは新しい*スローガンを掲げて選挙戦を始めた They started an election campaign under a new *slogan*.

スローモーション — 名 slow motion Ⓤ. — 形 slow-motion. ¶ その場面は*スローモーション(の)ビデオで再生された The scene was reproduced by a *slow-motion* video tape.

すわりこみ 座り込み — 名 sit-in Ⓤ. — 動 sit in ㊀.

すわりこむ 座り込む sit down ㊀ 《☞ うずくまる》. ¶ 彼は玄関口に*座り込んで動こうとしなかった He *sat down* at the front door and would not move. ∥ 彼女は目まいがして地面に*座り込んだ Feeling giddy she *sat down* on the ground. 《☞ 分詞構文 (欄外)》

すわる 座る (座る動作・状態を示して) sit ㊀ 《過去・過分 *sat*》; (腰を下ろす動作を示して) sit down ㊀; (席につく) have [take] a seat; (腰を下ろす, または座っている) be seated ★ やや改まった表現. 《☞ しゃがむ》.
¶ 皆さんお*座り下さい Now everyone, please *sit down*. / Ladies and gentlemen, please *be seated*. ★ 後者は改まった表現.
きちんと (⇒ 上体を起こして) *座りなさい *Sit up* straight.
《犬に向かって》 キム, お*座り *Sit*, Kim!
どこへ*座りましょうか Where shall we *sit*?
私が部屋へ入ってみたら彼はいす [ソファー, 床] に*座っていた When I came into the room, I found him *sitting* ⌈*in* a chair [*on* the sofa; *on* the floor]. 語法 いすの上に座るのは on, 中にすっぽり入った感じの場合は in. 《☞ いす (挿絵)》
彼は彼女のそばに*座った He *sat* at her side.
父は机に向かって*座っていた My father *was sitting* at the desk.
そのロビーには*座るところがなかった (⇒ 空席がなかった) There was no vacant *seat* in this lobby.
列車が満員で東京から名古屋まで*座れなかった The train was so crowded that I had to keep standing in the car all the way from Tokyo to Nagoya.
試合が終わるまでは席に*座っていなさい Please *remain seated* until the game is finished.
このホールは 300 人は*座れます This hall can *seat* 300 people.

すんか 寸暇 (空き時間) spare moment Ⓒ 《☞ ひま》. ¶ 彼は*寸暇を惜しんで (⇒ 利用して) 勉学する He makes use of every *spare moment* to study.

ずんぐり — 形 (ずんぐりした) short and thick; (背が低く太った) dumpy; (横幅のがっしりした) stocky.

すんげき 寸劇 (短い劇) skit Ⓒ.

すんし 寸志 (感謝のしるし) small token of *one's* gratitude Ⓒ; (ささやかな贈り物) small gift Ⓒ.

ずんずん (すばやく) quickly; (はかどって速く) rapidly; (継続して) on and on. 《☞ どんどん^{1}; ぐんぐん; 擬声・擬態語 (囲み)》. ¶ 仕事が*ずんずん進んだ Work went on ⌈*quickly* [*rapidly*]. ∥ 彼は*ずんずん歩いて行った He walked *on and on*.

すんぜん 寸前 — 前 接 just [right] before … — 形 (いまにも起こりそうな) imminent. — 動 (いままさに…しようとしている) be about to *do*, be on the verge of … ★ 前者のほうがより口語的. 《☞ まぎわ; いまにも》.
¶ 彼らは爆発*寸前に爆弾のありかをつきとめた They located the bomb ⌈*just* [*right*] *before* it would have exploded. ∥ あの会社は倒産*寸前だ That company *is* ⌈*about to* go bankrupt [*on the verge of* bankruptcy].

すんだん 寸断 ¶ 台風で鉄道が*寸断された (⇒ 多くの所で停止された) Train runs *were suspended in many places* because of the typhoon.

すんでのところで ¶ 私は*すんでのところでおぼれるところだった I was ⌈*nearly* [*almost*] drowned. ∥ 彼女は*すんでのところで彼に見つかりそうになった She ⌈*barely* [*narrowly*] escaped being caught sight of by him. ∥ 彼は*すんでのところで助かった (⇒ 危うく助かった) He had a *narrow* escape. 《☞ あやうく; かろうじて》

ずんどう — 形 (胴のくびれていない) waistless; (不格好な) unshapely.

すんなり (容易に) easily; (順調に) smooth-

ly. 《☞ すらすら; すらり; 擬声・擬態語 (囲み)》.
¶ 我々のチームは*すんなり勝った Our team won the game *easily*. / Our team gained an *easy* victory. // *すんなり事が運んだ Things went *smoothly*.

すんぶん 寸分 (ちょっと) a bit ★ a を付けて. 《☞ すこし》. ¶ その双子は*寸分違わない顔つきをしていた There wasn't *a bit* of difference between the twins. / The twins looked *exactly* alike. // 彼の計算は*寸分の狂いもなかった *Every bit* of his calculation was accurate.

すんぽう 寸法 (尺度) measure Ⓤ; (計って得た数値) measurements ★ 普通は複数形で; (大きさ) size Ⓒ. 《☞ サイズ; おおきさ; 大きさの表し方 (囲み)》. ¶ 洋服屋はコートを作るために私の*寸法をとった The tailor took my *measure* for a coat. / The tailor *measured* me for a coat. // 畳の*寸法は縦 180 cm, 横 95 cm です The tatami is 180 centimeters by 95. 《☞ よこ 語法》

せ

せ

せ 背 (体の背中・いすなどの背に当たる部分や物の後ろ側) back Ⓒ; (山の尾根) ridge Ⓒ. 《☞ せなか; せい[1]; やま(挿絵)》.
¶ しゃんと*背を伸ばしなさい Straighten (up) your *back*. / Hold your *back* erect. / Sit up straight. ★ 座っている場合. // 彼は壁を*背にして (⇒ 壁にもたれて) だれかを待っている He is waiting for someone ⌜with his *back* [leaning] against the wall. // 世間に*背を向けては暮らしていけない You can't get along ⌜with your *back* turned on the world [if you turn your *back* on the world]. // *背に腹はかえられぬ Necessity knows no law. 《ことわざ: 必要なことには決まりがない》

せい[1] 背 (身長を含めて一般的な物の高さ) height Ⓤ; (人の身長) stature Ⓤ. 《☞ しんちょう[1]; たかさ》.
¶ 彼女は*背が高い[低い] She is ⌜tall [short]. / (⇒ 背の高い[低い]人) She is a ⌜tall [short] person. 語法 このように日本語に「背」とあっても英語ではそれに当たる名詞を用いず, 「背が高い[低い]」という形容詞を用いる場合が多いことに注意. 《☞ たかさ 語法》
「*背はどのくらいありますか」「160 センチあります」 "How tall are you?" "I'm 160 centimeters (tall)." / "What is your *height*?" "I'm 160 centimeters (in *height*)."
彼は私よりずっと*背が高い[低い] He is much ⌜taller [shorter] than I (am). 《☞ 省略 (欄外)》
私はメアリーより 5 センチ*背が高い I'm five centimeters taller than Mary. / I'm taller than Mary by five centimeters. ★ 前者のほうがより口語的. 《☞ 比較の表現 (囲み)》
「君と僕ではどちらが*背が高いだろうか」「僕だよ」 "Who's taller, you or I?" "I am." ★ 答えの文では I に強い強勢を置いて言う.
彼は 3 人の中で[クラスで]一番*背が高い He's the tallest (boy) ⌜of the three [in our class].
トムはこの 1 年で*背が 5 センチ伸びた Tom has grown five centimeters taller this year.
低いほうから*背の順にここへ一列に並びなさい Make a line here in order of ⌜*stature* [*height*] with the shortest one at the top.
このプールは*背が立たない (⇒ 底に足が届かない) I can't touch (the) bottom in this pool.
*背の立つ所で泳ぎなさい Bathe [Stay] within your depth. / Don't ⌜go into [swim in] water that's too deep.

せい[2] ¶ 彼は何でも人の*せいにする (⇒ 罪を人に着せる) He always *lays the blame on* others. / (⇒ 彼は責任を転嫁する) He always *shifts his responsibility onto* others. // 彼がけがをしたのは彼女の*せいです It is *because of* her that he was hurt. / She is *responsible for* his injury. // それは私の*せいではない (⇒ 私の過失ではない) It's not my *fault*. / (⇒ それについて責任はない) I am not *responsible for* it. // それは君の気の*せいです (⇒ 空想です) That's a mere fancy of yours.
《☞ せきにん; ため; 理由の表し方 (囲み)》

せい[3] 性 **1** 《性別》 ― 名 sex Ⓤ ★ この語は性別の意味が最も普通の意味である点に注意. ― 形 sexual. ¶ *性的差別 *sexual* discrimination / sexism ★ 特に女性差別を指す.
2 《性的本能・性行為》 ― 名 sex Ⓤ. ― 形 sexual. 《☞ セックス》. ¶ *性を不潔なものと考える人もいる Some people regard *sex* as something dirty. // 若い人たちに正しい*性の知識を与えるべきだ We should give proper *sex*(*ual*) information to young people.
3 《性質》: (天性) nature Ⓤ 《☞ せいしつ》. ¶ 人の*性は善である All men are good by *nature*.
4 《文法》: gender Ⓒ 《☞ 次ページ欄外》.
性教育 sex education Ⓤ **性行為** sex Ⓤ, (sexual) intercourse Ⓤ ★ 後者は改まった言い方. **性・数・人称の一致** 〖文法〗 agreement of sex, number, and person Ⓤ 《☞ 815 ページ欄外》 **性的魅力** sex appeal Ⓤ.

せい[4] 精 **1** 《精霊》: spirit Ⓒ; (妖精) sprite Ⓒ. 《☞ ようせい[4]》. ¶ 花の*精 the *spirit* of a flower // 水の*精 a water ⌜*nymph* [*sprite*]
2 《精力》: (エネルギー) energy Ⓤ; (活力) vitality Ⓤ; (精神および肉体的な力) vigor (《英》 vigour) Ⓤ. 《☞ せいりょく[2]; げんき》.
¶ もう少し*精を出して (⇒ もう少し一生懸命に)

働きなさい Work *harder*. (☞ せいだす) // これを食べると*精がつく (⇒ この食べ物はあなたを力で満たす) This food will fill you with *strength*. // *精も根も尽き果てた (⇒ 完全に疲れ果てた) I'm completely exhausted.

せい⁵ 姓 family name [C], last name [C], surname [C] [語法] いずれも同様に用いるが, 最初のは, 日本人や中国人のように名字が名前の最初にきても使える. (☞ みょうじ; なまえ). ¶ 君の*姓は何ですか What is your ⌈*family* [*last*] *name*? / May I ask your *surname*?

せい⁶ 聖 ¶ *聖ニコラス *St.* Nicholas ★ St. [sèin(t)] は saint の略. (☞ 略語 (欄外)) // *聖なる都 *Holy* City ★ 普通には Jerusalem のことを指す. (☞ しんせい²)

せい⁷ 正 ━[形] (プラスの) plus (↔ minus), positive (↔ negative). ¶ *正符号 (+) a ⌈*positive* [*plus*] sign // *正の数 a ⌈*positive* [*plus*] number

せい⁸ 生 (生命・生活) life [U] (☞ せいめい¹; うまれる).

-せい¹ …製 (…で作られた) made of … ; (生産地を示して) -made ★ Japanese, American, foreign などの語に続けて. (☞ -さん²). ¶ 木*製の本箱 a wooden bookcase / a bookcase *made of* wood // 布*製のかばん a cloth bag / a bag *made of* cloth // 外国*製のコンピューター a foreign-*made* computer / (⇒ 輸入された) an *imported* computer // 日本*製の車は安かった Japanese(-*made*) cars were cheap.

-せい² …制 (制度) system [C] (☞ せいど). ¶ 6-3*制 the 6-3 ⌈school [educational] *system* // 4年*制の大学 a four-year college (☞ ハイフン (欄外)) // 旧*制高校 an old-*system* high school

-せい³ …世 ¶ エリザベス二*世 Queen Elizabeth II ★ II は the second と読む. (☞ 数字 (囲み))

ぜい 税 tax [U] ★ 具体的な個々の税は [C]; (課税) taxation [U]. (☞ ぜいきん; かぜい). ¶ 私の月収は*税込みで30万円だ My monthly income is three hundred thousand yen ⌈gross [before *taxes*]. // 所得*税 (an) income *tax* // 地方*税 (a) local *tax* **税収** (政府の) (tax) revenue(s) [U] **税率** tax rate [U].

せいあつ 制圧 ━[動] (威力で抑え, 支配権を手にする) control ㊀, bring … under control. (☞ ちんあつ; しはい¹). ¶ 警察は暴徒を完全に*制圧した The police *brought* the mob *under* complete *control*.

せいあん 成案 (はっきりとした計画) definite plan [C]; (具体的な案) concrete ⌈program [《英》 programme] [C].

せいい 誠意 ━[名] sincerity [U]. ━[形] (誠意ある) sincere (↔ insincere) [語法] 英語の sincere は日本語の「まごころ」などとは少しずれて, うそ・偽りのないことを意味する言葉; (約束などに忠実な) faithful. (☞ まごころ; せいじつ; しょうじき). ¶ 彼は*誠意がある He is ⌈*sincere* [a man of *sincerity*]. // 約束したことは*誠意をもって守らなければいけない You should be *faithful to* your promise. // 彼女は*誠意に欠けるところがある She lacks *sincerity*. // *誠意を示せば道が開かれると思います Show your *sincerity*, and there'll be a way out.

せいいき¹ 声域 〖音楽〗 register [C] (☞ 音楽 (囲み)). ¶ 彼女は*声域が広い She has a wide ⌈vocal [voice] ⌈*register* [*range*].

せいいき² 聖域 (安全な場所の意味で比喩的に) sanctuary [C].

せいいく 成育, 生育 ━[名] growth [U]. ━[動] grow ㊀. (☞ せいちょう¹; そだつ). ¶ 暖かい所は稲の*生育が速い Rice *grows* quickly in warm climates.

せいいっぱい 精一杯 (できるだけ) as hard as possible; (全力で) with all *one's* might; (能力の限り) to the best of *one's* ability.

性 (gender, sex) 名詞と代名詞について, 人間の男女, 動物の雄・雌のみでなく, 無生物にも男性・女性・中性などの区別をして, 語の形を変えて性別を表す場合, これを文法性 (gender) という. 例えばフランス語では本は男性, ペンは女性である. このような性別は文法上の問題であるので, 自然界の性別 (sex) とは区別して扱う.

英語には文法性はなく, 自然の性別しか区別しないが, 男女の性別によって語形の異なる場合があるので注意を要する. 次にそれをあげる.

1 性別の表し方

(1) 別の語を用いるもの.

(男性)		(女性)	
夫	husband	妻	wife
おい	nephew	めい	niece
息子	son	娘	daughter
おじ	uncle	おば	aunt
雄ぎつね	fox	雌ぎつね	vixen

(2) 女性語の語尾が -ess の形になるもの.

(男性)		(女性)	
男優	actor	女優	actress
神	god	女神	goddess
主人	host	女主人	hostess
王子	prince	王女	princess
給仕	waiter	女給仕	waitress

[参考] -ess を付ける場合に, つづりの一部が変化するものがある.

(3) 女性語の語尾が -ess 以外のもの.

(男性)		(女性)	
喜劇役者	comedian	喜劇女優	comedienne
英雄	hero	女傑	heroine

(4) 合成語として, 性別語を前後に付けるもの.

(男性)		(女性)	
雄きじ	cock-pheasant	雌きじ	hen-pheasant
雄やぎ	he-goat (=ram)	雌やぎ	she-goat
雄くじゃく	peacock	雌くじゃく	peahen

2 性別を表す語についての注意

(1) 最近の傾向.

英語では性別を表す語は消滅しつつある. それは性別を表す語は性による差別につながるという意識からである. 例えば chairman (=議長) に対する chairwoman を嫌って chairperson という新語が生み出されたことなどがこれを象徴している.

また「女医」(doctress) という語は辞書に出ていても, あまり用いない. 必要があれば, a female doctor のようにいうが, 一般には doctor は両性に通じる.

¶ 私の姉は医者である My sister is a *doctor*.

《☞ ちからいっぱい；ぜんりょく》.
¶ 彼は*精一杯働いた (⇒ できるだけ一生懸命に) He worked *as hard as* ˹*he could* [*possible*]. / (⇒ 全力で) He worked *with all his might*. // *精一杯やりました (⇒ 最善を尽くした) I *did my best*. / (⇒ できることは全部やった) I *did everything* ˹*I could* [*in my power*]. // いまのところこの仕事だけで*精一杯です (⇒ この仕事が私の時間を全部取っている) This work *takes* (*up*) *all my time* at present. // 私の月給では4人家族を養っていくのが*精一杯です (⇒ 辛うじて養っていけるだけだ) My salary is *scarcely enough* to support a family of four.

せいいん 成員 member Ⓒ《☞ メンバー》.

せいう 晴雨 ¶ 競技会はあした*晴雨にかかわらず行います The athletic meet is to be held tomorrow, *rain or shine*. // このコートは*晴雨兼用です (⇒ どんな天候でも着られる) You can wear this coat *in all kinds of weather*.
晴雨計 barometer [bərɑ́mətə:] Ⓒ.

せいうち 海象 walrus Ⓒ《複 ～(es)》.

せいうん 星雲 nebula Ⓒ《複 ～s, nebulae [nébjulì:]》.

せいえい 精鋭 ━名 (最良のもの) the best; (選りすぐったもの) the pick. ━形 (選り抜きの) elite. 《☞ よりぬき》. ¶ 近衛騎兵団の*精鋭 *the* ˹*pick* [*best*] of the (Imperial) Household Cavalry // *精鋭部隊 an *elite* troop

せいえき 精液 semen Ⓤ, sperm Ⓤ ★ 後者は Ⓒ で精子の意味がある.

せいえん¹ 声援 ━動 (競技者を応援する) 《米口語》 root for ...; (競技のみでなく一般に励ましの声を送る意味も含めて) cheer ㊎; (勇気づける) encourage ㊎. ━名 (競技などの) rooting Ⓤ; cheering Ⓤ; (励ましの叫び声) shout of encouragement Ⓒ. 《☞ おうえん；げきれい》.
¶ 子供たちは私たちのチームに*声援を送った The children *rooted for* our team. // 第1位の走者に観客はみんな*声援を送った The spectators *cheered* the first runner.

せいえん² 製塩 salt ˹manufacture [making] Ⓤ. **製塩所** saltworks Ⓒ ★ 単複同形.

せいおう 西欧 (東洋に対して西洋) the West; (ヨーロッパ) Europe; (西ヨーロッパ) Western [West] Europe. 《☞ せいよう¹》.
¶ アジア諸国は19世紀になると急激に*西欧化した In the 19th century, (the) Asian countries *were westernized* very fast.
西欧諸国 the Western ˹countries [nations]
西欧文明 Western civilization Ⓤ.

せいか¹ 成果 fruit Ⓤ, result Ⓒ [語法] 前者は何か努力を要する仕事などの結果得るものという意味で，しばしば複数形で用いられる. 後者は因果関係の結果を言う言葉で，もっと広い意味でも用いられる；(成功) success Ⓒ. 《☞ けっか；できばえ；せいこう¹》.
¶ この本は彼の長年の研究の*成果です This book is the *fruit*(*s*) of his long study. // 彼の研究は立派な*成果をおさめた His research has ˹proved (to be) very *successful* [borne (good) *fruit*]. // 鈴木先生は新しい教え方ですぐれた*成果をあげている Mr. Suzuki has achieved good *results* by adopting a new teaching method.

せいか² 聖火 (オリンピックの) the Olympic (Sacred) Flame; (聖火リレーで運ぶ) the Olympic Torch 《☞ 大文字 (欄外)》; (一般的に聖なる火) sacred fire Ⓤ. **聖火台** the Olympic Flameholder **聖火リレー** sacred fire [sacred torch] relay Ⓒ.

せいか³ 正課 (正式に行われている課目) regular subject Ⓒ; (必修課目) compulsory subject Ⓒ. 《☞ かもく；学校・教育 (囲み)》.
¶ この学校では音楽は*正課になっていない Music is not a *regular subject* in this school.

せいか⁴ 生家 ¶ これは森鷗外の*生家です

---

(2) 職業によっていずれかの性で代表される場合.
米国のように女性の教師が多いところでは teacher を she で受けるのが普通である.
¶ 先生はみな最善を尽くした Every teacher did *her* best.
(3) 両性に共通のことを言う場合.
動物の雌雄に共通のことをいう場合は，普通は男性語を用いて代表させることが多い.
¶ ライオンは気高い動物である The *lion* is a noble animal. [語法] この場合は，雌ライオン (lioness) も含まれる.
(4) 擬人化. 《☞ 擬人化 (欄外)》
無生物でも擬人化して性別を与えることがある. これは主として，詩や韻文に多い.
(i) 男性として扱うもの.
太陽 sun 夏 summer 死 death 冬 winter 戦争 war
(ii) 女性として扱うもの.
月 moon 春 spring 自然 nature 希望 hope 幸運 fortune

性・数・人称の一致 (agreement of sex, number, and person) 文中で，互いに関連する語が，その関係を語形などで一致させることを「一致」または「呼応」(agreement または concord) という. このような規則は，現実的にはきちんと守られていないこともあるが，原則は覚えておく必要がある.
1 性の一致
英語の場合，無生物にも性を区別してこれを語形で表す文法上の「性」(gender) はなく，普通は自然界の性 (*sex*) に一致する区別しかないが，特有の用い方をするものもある.
(1) 動物などに，he や she を用いることがある.
¶「犬が吠えていますよ」「散歩につれて行ってもらいたいのです」"The *dog* is barking." "He wants me to take *him* for a walk." [語法] 犬・猫などのペット類は擬人化して言うことが多い. 《☞ 擬人化 (欄外)》
(2) 子供 (baby, child など) では，性別を問題にしないで it を用いることがある.
¶ その子はびっくりして母親の腕をしっかりつかんだ The frightened *child* gripped *its* mother's arm. [語法] its の代わりに his や her を用いることも多いが，この文では性別を問題にしていない.
(3) 船・国名などでは she を用いることがある.
¶ その船はあらしで帆柱を失った The ship lost *her* mast in the storm. [語法] このような言い方はやや文語的で，口語では it を用いることが多い.
(4) 人間の場合でも it を用いることがある.
¶《ドアのところで》「どなたですか」「私です」"Who is *it*?" "It's me."

This is the *house* ⌈*where* [*in which*] Ogai Mori *was born*.

せいか⁵ 青果 (野菜と果物) fruit(s) and vegetables. **青果市場** vegetable and fruit market Ⓒ **青果商** greengrocer Ⓒ ★主として《英》.《☞ やおや; 店の呼び名 (囲み)》.

せいか⁶ 聖歌 sacred song Ⓒ; (賛美歌) hymn [hím] Ⓒ. **聖歌隊** choir [kwáiə] Ⓒ.

せいか⁷ 盛夏 the height of summer《☞ なつ; さかり》.

せいか⁸ 正価 (net) price Ⓒ《☞ しょうみ¹》.

せいかい¹ 政界 the political world, political circles ★後者は複数形で. ほぼ同意で用いられるが, 前者がやや公式で, 形式ばった表現.《☞ 政治・経済 (囲み)》.

¶ 彼の父は*政界の大立物 (⇒ 指導者の 1 人) だった His father was a big figure in *politics*. / His father was one of the *political* leaders of Japan. ∥ 彼は 20 代の後半に地方*政界入りをした In his late twenties he entered local *politics*. ∥ 父は 70 歳で*政界を引退した My father retired from ⌈*political life* [*politics*] at the age of seventy.

せいかい² 正解 correct [right] answer Ⓒ ★correct のほうがやや厳密な意味の言葉.《☞ こたえ》. ¶ 君は*正解です (⇒ 正しく答えた) You *answered correctly*. / Your *answer is correct*. / You are *right*. [語法] 最後の例は相手の発言に賛意を表すような場合にも用いられる. ∥ *正解は 51 ページを見て下さい Turn to page 51 for the (*correct*) *answers*.

せいかい³ 盛会 ¶ 今夜のパーティーは*盛会でした (⇒ 大成功だった) The party this evening was ⌈*very successful* [*a great success*]. / (⇒ 出席者が多かった) There was *a large attendance* at the party this evening.

せいかいけん 制海権 command of the sea Ⓤ.

せいかがく 生化学 ━[名] biochemistry Ⓤ. ━[形] biochemical. **生化学者** biochemist Ⓒ.

せいかく¹ 正確 ━[形] (正しい) correct, right; (念入りで) accurate; (細かいところまで) precise; (寸法を測ったように) exact.
━[名] correctness Ⓤ; accuracy Ⓤ; preciseness Ⓤ; exactness Ⓤ.

【類義語】 正しく誤りがないという意味で最も一般的なのは ***correct***. *correct* とほぼ同意に用いられるが, より意味が広いのが ***right***. 計算・統計・知識などが細かいところまで念入りに正確であるのは ***accurate***. ごく微細な部分について実に細心で正確なのが ***precise***. 寸法を測ったように厳密で正確なことは ***exact***.《☞ ただしい; たしか (類義語)》

¶ *正確な時間は何時ですか Do you have the *correct* time? / Could you give me the ⌈*correct* [*exact*] time?《☞ 依頼の表現 (囲み); 時刻・日付・曜日 (囲み)》∥ あなたの時計は*正確ですか (⇒ いま正確か) Is your watch ⌈*correct* [*right*]? / (⇒ いつも) Does your watch keep ⌈*good* [*correct*] time? ∥ 彼女の歴史の知識はたいへんに*正確です She has an *accurate* knowledge of history. ∥ これが私が必要とする*正確な金額です This is the *precise* amount of money I want. ∥ 起こったことを*正確に話してごらん Tell me *exactly* what happened. ∥ 約 1 年間, いや*正確にいうと 13 か月と 1 週間, 私はイギリスにいました I stayed in Britain for about one year—thirteen months and one week, *to be exact*.《☞ ダッシュ (欄外)》

せいかく² 性格 (ある人に特有の性格) character Ⓒ; (人柄) personality Ⓤ.《☞ せいしつ (類義語); こせい》.

¶ 彼は強い[弱い]*性格の持ち主だ He has a ⌈strong [weak] *character*. / He is ⌈strong [weak] in *character*. ∥ 人間の*性格は子供のころに形成される A person's *character* is formed in childhood. ∥ 彼女は魅力的な*性格の女性だ She has an attractive *personal-*

---

2 数の一致

主語の単数・複数に応じて, 適当な動詞を用いる必要がある.

(i) フィリピンは世界で有数の天然ゴムの産出国である The *Philippines is* among the world's leading producers of natural rubber.

上例では The Philippines を国家として単数扱いにする. これを群島と考えると,「フィリピンには 7 千以上の島がある」The *Philippines include* more than 7,000 islands. のように複数扱いになる.

(ii) 30 マイルはかなりの距離である Thirty *miles is* a good distance.

上例の thirty miles はまとめて 1 つのものと考える単数概念である. これに対して「私がここへ来て 5 年たった」Five *years have* passed since I came here. では, 1 年が 5 度というような複数概念である.

(iii) 警察は社会を守るために存在する The *police exist* to protect society.

形は単数でも意味が複数であるから, 複数動詞を用いる. これに対して「その家族はよくピクニックに行く」The *family* often *goes* on a picnic. では単数概念である.

(iv) その金の半分が浪費された *Half* of the money *was* wasted.

これは, money が不可算名詞なので単数動詞を用いる. それに対して「それらの本の半分は英語で書いてあった」*Half* of the books *were* written in English. は book が可算名詞で, 複数形であるので複数動詞を用いる.

(v) コーヒーと一緒に, バター付きのパンが出た Bread *and* butter *was* served with coffee.

bread and butter は 1 つのまとまったものと考える.

(vi) 君か君の兄さんのどちらかが, 会合に出なければならない Either you *or* your brother *has* to attend the meeting.

A or B, A nor B のような結合では後の要素 B に呼応する.

(vii) その国では英語はもとより, フランス語も話されている French, *as well as* English, *is* spoken in that country.

Not only English *but* (*also*) French *is* spoken in that country. も同意.「その国では英語とフランス語の両方が話されている」*Both* English *and* French *are* spoken in that country. では複数動詞で受ける.

(viii) その近辺はすべてが平穏だった *All was* quiet in the neighborhood.

all は, このように物・事を指すときは単数扱いにするが,「朝食の席ではみんな黙っていた」*All were* silent at the breakfast table. のように人を指すときは複数

ity. // 彼は*性格的に欠陥がある He has a 「flaw [defect] in his *character*. // あの2人は*性格的に合わない They *aren't cut out for* each other. ★ be cut out for … は「生まれつき合う・適する」という意味の成句. // ディケンズは*性格描写にすぐれている Dickens is excellent at *characterization*.

せいがく 声楽 vocal music Ⓤ《☞音楽(囲み)》. ¶ 私は*声楽の勉強をしたい I want to take *singing* lessons. **声楽家** singer Ⓒ, vocalist Ⓒ ★ 後者のほうが形式ばった言い方. **声楽科** vocal music course Ⓒ.

せいかつ 生活 life Ⓤ, living Ⓤ ★ 後者は生計の意では a, *one's* を付けて; (生計) livelihood ★ 通例 a, *one's* を付けて. 《☞くらし; せいけい[1]》.

¶ *生活が苦しい I'm *badly off*.

去年よりも*生活が楽になった We are *better off* than we were last year.

彼らはふるさとで幸せな*生活を送った They 「*lived* happily [led a happy *life*] in their hometown.

給料だけで*生活できますか Can you *live* on your salary alone?

結婚*生活と独身*生活は大違いだ Married *life* is totally different from (the) single *life*.

彼女はピアノを教えて*生活しているShe「makes a *living* [earns her *livelihood*] by giving piano lessons.

私は都会の*生活より田舎の*生活のほうが好きだ I prefer rural 「*life* [*living*] to urban 「*life* [*living*].

だれしも*生活のために働かなくてはならない Everybody has to work for a *living*.

私の学校*生活もあと1年だ My school *life* will be over in another year.

家庭[日常, 私]*生活 home [daily ; private] *life*

生活協同組合 (組織) cooperative society Ⓒ; (売店) co-op (store) Ⓒ **生活水準** the [a] standard of living **生活費** the cost of living, living expenses ★ 後者は複数形で. **生活必需品** the necessities of life ★ 複数形で.

せいかん[1] 生還 ━動 (無事に帰る) return safely ㊀; (生きて) return alive ㊀. ━名 (無事に帰ること) safe return Ⓒ. 《☞もどる》. ¶ 3人の宇宙飛行士は月から無事*生還した The three astronauts *have* 「*returned safely* [made a *safe return*] from the moon. // 彼のライト前ヒットで3塁の走者が*生還した He singled to right field to score the runner from third. 《☞野球の英語(囲み)》

せいかん[2] 静観 ━動 (動きのあるものを見守る) watch ㊀; (しばらく様子を見る) wait and see ㊀. 《☞みまもる》. ¶ もう少し事態を*静観したほうがよさそうです I think we had better *watch* the development of the situation a little longer. // 彼は常に*静観的な態度をとる He always takes a *wait-and-see* attitude. 《☞ハイフン(欄外)》

せいかん[3] 精悍 ━形 (精神・性格がたくましい) tough 《☞たくましい》. ¶ 彼は*精悍な顔つきをしている He looks 「*tough* [*sharp and courageous*].

せいがん 請願 ━名 petition Ⓒ. ━動 petition ㊀. 《☞たんがん(類義語); ようせい[1]; うったえる》. ¶ 住民はもっと高校を作るように都へ*請願をした The inhabitants 「made a *petition* to [*petitioned*] the Metropolitan government for more high schools in Tokyo. **請願書** (written) petition Ⓒ.

ぜいかん 税関 (機関としての) the customs ★ 複数形で. しばしば the Customs として, 単数扱い; (特定の場所の) custom(s)house Ⓒ. ¶ 横浜*税関 the Yokohama *Custom(s)-house* / (*the*) *customs* at Yokohama // 成田の*税関を通るのに30分かかった It took me thirty minutes to 「get [go] through *customs* at Narita.

税関検査 customs inspection Ⓤ **税関申**

になる. ただし, このように「すべての人」という意味で all を使うのはやや文語的で, 口語では everyone, everybody を用いるのが普通.

(ix)《インクなどが》残っていますか *Is* there *any* left?

複数のものについていうときは,「《卵などが》残っていますか」*Are* there *any* left? となる.

(x) そのりんごはどれも熟していない *None* of those apples *are* ripe.

none は常に単数動詞で受けるべきだという論もあるが, このように複数名詞の場合は are を用いることが多い. ただし,「アイスクリームは少しも残っていない」*None* of the ice cream *is* left. では ice cream が物質名詞であるので単数動詞で受ける.

3 代名詞の性・数・人称の一致

代名詞は, 性・数・人称において, 前に出ている関連する語と一致する. 《☞代名詞(欄外)》

(i) ジョンは妹を, ケートは弟をつれて来た *John* brought *his* sister and *Kate her* brother.

人称代名詞 his, her はそれぞれ John, Kate に呼応する.

(ii) 全員があしたは自分の登録票を持参しなければならない *Everybody* [*Everyone*] must bring *his or her* registration card tomorrow.

このように両性が含まれる場合には厳密には his or her という言い方が要求される. his だけで, つまり男性代名詞で女性をも含めた全体を代表させる言い方もあるが, これは形式ばった言い方に限られ, 女性が目の前にいたり, 女性の存在を意識するような日常的な状況では his or her という言い方が好まれる. もちろん男性だけのグループなら his, 女性だけのグループなら her のみでよい.

なお, his or her というわずらわしい言い方を避けるために口語では their を用いることが多い. この言い方を用いれば上例の文は *Everybody* [*Everyone*] must bring *their* registration card tomorrow. となる. ただし, この their は単数の his or her の代わりという意識があるので, 名詞は複数形とはならないのが普通. (ただし, もともと複数の場合は別である). このように everybody, everyone を they で受ける言い方は文法的には正しくないとする意見もあるが, 広く一般に用いられている.

(iii) 計画はきわめて慎重にたてるべきである *One* should make *his* plans most carefully.

この用法の one に対しては, his の代わりに one's を用いるのが正しいとされているが, これはどちらかというとイギリス用法で, アメリカでは his を用いることが多い.

告書 customs declaration Ⓒ **税関手続き** customs formalities ★ 通例複数形で. ¶ *税関手続きは済みましたか Are you through with the *customs formalities*? / Have you gotten your baggage ⌈cleared [through *customs*]? **税関吏** customs [custom(s)-house] officer Ⓒ, customs official Ⓒ.

せいき[1] 世紀 century Ⓒ. ¶ 前*世紀 (the) last *century* ∥ 18*世紀の半ばに in the mid-eighteenth *century* ∥ 紀元前 8*世紀に in the eighth *century* B.C. ★ B.C. は before (the birth of) Christ の略 (↔ A.D.). ∥ *世紀の変わり目 the turn of the *century* ∥ いまは 20*世紀だ We are in the twentieth *century*. ∥ ピカソは 20*世紀最大の画家である Picasso was the greatest painter of the 20th *century*. ∥ 彼は今*世紀の初期に活躍をした人だ He had his time in the early part of this *century*. ∥ これは「*世紀の裁判」と呼ばれている It is called the "trial of the *century*."

世紀末 the end of the century.

せいき[2] 生気 (生命) life Ⓤ; (生命力) vitality Ⓤ; (活力) vigor (《英》 vigour) Ⓤ; (元気) spirits ★ 複数形で. 《☞ げんき; かつりょく; かっき》. ¶ 彼は*生気にあふれていた He was ⌈full of *life* [in high *spirits*]. ∥ この雨で庭の木々はすっかり*生気を取り戻した (⇒ 雨が木を再び生き返らせた) The rain has brought the trees in the garden to *life* again.

せいき[3] 正規 ━[形] (臨時でなく本式の) regular; (正式の) formal. 《☞ ほんしき; せいしき》. ¶ *正規の手続きを踏んだほうがよいでしょう It is advisable to go through the ⌈*regular* procedure(s) [*due* formalities]. ∥ 彼女は*正規の教員です (⇒ 資格を持っている) She is a ⌈*qualified* teacher [(⇒ 本雇いの) *full-time* teacher].

せいき[4] 性器 genitals, sexual organs ★ 両者ともに複数形で.

せいぎ 正義 justice Ⓤ. ¶ 彼は*正義の味方だ He is a ⌈champion [friend; lover] of *justice*. ∥ 彼らは*正義のために戦った They fought in the cause of *justice*. ∥ 彼は*正義感が強い人だ He has a strong sense of *justice*.

せいきゅう[1] 請求 ━[名] (権限を持った強い請求) demand Ⓒ; (当然の権利としての) claim Ⓒ; (穏やかで丁寧な要求) request Ⓒ. ━[動] (頼む・求める) ask ... (for ...; to *do*) ★ 最も口語的な表現で, 以下の語の代わりに使える場合も多い; demand (他); claim (他); request (他); (代金などを) charge (他). 《☞ ようきゅう; ようせい[1]》.

¶ 車の修理代に 10 万円*請求された They *asked* 100,000 yen *for* repairing my car. / They *asked* me *to* pay 100,000 yen for repairing my car. ∥ 10 日までに家賃の支払いを*請求されている I *have been asked to* pay the rent by the tenth (of the month). ∥ *請求あり次第カタログをお送りいたします Our catalogue will be sent ⌈at your *request* [on *request*]. ∥ 彼らはその損害の補償を*請求しているが, 残念ながらその*請求には応じられない They *are claiming* payment from us for the damage(s), but I am afraid we cannot meet their *demand(s)*. ∥ 彼は*請求通りに支払った He made (the) payment as *demanded*. ∥ そのホテルで 1 泊 2 万円を*請求された (⇒ ホテルが私に請求した) The hotel *charged* me 20,000 yen ⌈for one [per] night.

請求額 the amount ⌈claimed [asked]. ¶ *請求額はいくらですか (⇒ あなたはいくら支払うことを要求されているか) How much are you ⌈asked to pay [charged]? **請求権** (right to) claim Ⓒ. ¶ 遺産*請求権 a *claim* to an inheritance **請求書** bill Ⓒ; (特に商店・レストランなどの) 《米》 check Ⓒ. 《☞ かんじょう[2]》. ¶ *請求書を下さい Could I have the ⌈*bill* [*check*], please? **請求人** demandant Ⓒ; claimant Ⓒ; applicant Ⓒ.

せいきゅう[2] 性急 ━[形] (急いだ) hasty; (軽率でせっかちな) rash; (待ちきれない・辛抱できない) impatient. ━[副] hastily; impatiently. 《☞ せっかち》. ¶ 彼は*性急に結論を出しすぎる (⇒ 軽率な決定をしがちだ) He is apt to make *rash* decisions. / He usually jumps to a *hasty* conclusion.

せいきょ 逝去 ━[動] (死ぬ) die (自), pass away (自) ★「死ぬ」ということを婉曲に言う言葉で, 形式ばった表現. ━[名] death Ⓤ. 《☞ しぬ (類義語); 婉曲語法 (欄外)》.

せいぎょ 制御 ━[名] control Ⓤ. ━[動] control (他). 《☞ コントロール》. ¶ *制御装置 a *control* device / a *controller*

せいきょう[1] 盛況 ¶ その夏期講習会はたいへんな*盛況だった (⇒ 大成功だった) The summer workshop was a great *success*. / (⇒ 多くの参加者があった) There ⌈were [was] a large number of participants in the summer institute. 《☞ さかん[1]; かっきょう》

せいきょう[2] 生協 (生活協同組合という組織) cooperative society Ⓒ; (売店) co-op (store) Ⓒ.

せいぎょう 正業 ¶ 彼は*正業につこうとしない (⇒ まじめな仕事をするつもりがない) He does not have any intention to get an *honest job*.

せいきょうと 清教徒 Puritan Ⓒ.

せいきょく 政局 political situation Ⓒ 《☞ せいけん[1]; 政治・経済 (囲み)》.

¶ 彼には*政局を担当する資格はない (⇒ 政権を引き継ぐ適任者ではない) He is not the right person to take over the *government*. ∥ 彼は総選挙によって*政局の安定をはかろうとした He attempted to ⌈stabilize [save] the *political situation* by calling a general election. ∥ 現政権は*政局を打開できるか Can the present government break the *political* deadlock?

せいきん 精勤 (仕事などに対する) industry Ⓤ; (何か特定の方面での) diligence Ⓤ ★ 必ずしも仕事とは限らない; (勤務を休まないこと) good [regular] attendance Ⓤ. 《☞ きんべん》. ¶ なかなかご*精勤ですね You *work* really *hard*.

精勤賞 prize for regular attendance Ⓒ. ¶ 太郎はこの前の学期に*精勤賞をもらった Taro was given a *prize for regular attendance* (for) (the) last term.

ぜいきん 税金 tax Ⓒ; (地方税) local tax Ⓒ, 《英》 rate Ⓒ ★ 通例 the rates として; (物品税) duty Ⓒ; (制度としての) taxation Ⓤ. 《☞ ぜい; かぜい》.
¶ 給料から月々約 3 万円を*税金として引かれている Some thirty thousand yen is deducted from my monthly pay for *taxes.* // 1 年にどのくらい*税金を納めていますか How much do you pay in *taxes* a year? // イギリスは日本よりずっと*税金が高い People *are taxed* far more heavily in Britain than in Japan. // この店で買えば*税金がかかりません You can buy 「*duty*-free [*tax*-free] at this store. // 日本ではカメラやフィルムに*税金がかかりますか Are 「*duties* [*taxes*] imposed on cameras and film in Japan? // これらの品物は*税金はかかりません These articles are 「free [exempt] from *taxes.* // 国立大学はすべて*税金でまかなわれている All (the) national universities are supported by *taxes.*

せいく 成句 set phrase Ⓒ, idiomatic 「phrase [expression] Ⓒ ★ ほぼ同意だが, 後者がやや形式ばった表現. 《☞ かんよう[2]; イディオム (欄外)》.

せいくうけん 制空権 command of the air Ⓤ.

せいくらべ 背比べ ¶ 2 人で*背比べをしてごらん (⇒ 2 人のうちどちらが背が高いか見てみよう) Let's see *who is the taller* of you two. // 彼らはどんぐりの*背比べだ (⇒ いずれを選んでも大差ない) 《2 人の場合》 There is little to choose between the two. / (⇒ みんな似たり寄ったりだ) They are all alike.

せいけい[1] 生計 living, livelihood ★ 両者とも通例 a, *one's* を付けて. 《☞ くらし; せいかつ》. ¶ 彼らは狩りや魚取りをして*生計を立てていた They earned *their* 「*living* [*livelihood*] by hunting and fishing. // 彼のうちはあまり*生計が豊かでない (⇒ 裕福ではない) His family is 「not well off [making a poor *living*].

せいけい[2] 西経 the west longitude 《☞ けいど; ど》. ¶ *西経 18 度 *long.* 18° W. 参考 longitude eighteen degrees west と読む. // その島は*西経 15 度から 22 度あたり (⇒ 15 度から 22 度にかけての約 7 度分) を占めている The island covers some 7 degrees of *longitude,* 15° to 22° *west.*

せいけい[3] 整形 (整形手術) plastic surgery Ⓤ, cosmetic surgery Ⓤ ★ 後者は美容整形を指す. ¶ 目尻のしわは*整形手術でとれる Crow's-feet can be removed by 「*plastic* [*cosmetic*] *surgery.* // 彼女は*整形手術をしたに違いない She must have had 「*plastic* [*cosmetic*] *surgery.* **整形外科医** plastic surgeon Ⓒ 《☞ 病気・病院 (囲み)》.

せいけいがくぶ 政経学部 (大学の) the 「college [school; 《英》 faculty] of political 「science and economics [economy] ★ 英米では学部に当たるものを department と呼ぶ大学もある. 《☞ 学校・教育 (囲み); がくぶ (類義語)》.

せいけつ 清潔 ― 形 (清潔な) clean; (きちんとした) neat; (きれい好きな) cleanly. 《☞ きれい; こぎれい; こざっぱり》. ¶ 体を*清潔にしておくこと Keep yourself *clean.* // 彼女は*清潔な感じの女性だ She looks 「*fresh and neat* [*neat and clean*].

「この公園は皆様のものです. 清潔にしておくためにご協力下さい」という掲示

せいけん[1] 政権 (政府) government Ⓒ; (特に米国) administration Ⓒ; (政治の組織) regime [reiʒíːm] Ⓒ. 《☞ せいじ[1]; せいきょく; 政治・経済 (囲み)》.
¶ レーガン*政権 the Reagan *Administration* // 独裁*政権 a dictatorial *regime* // イタリアでは共産党が*政権をとるかもしれない In Italy the Communist Party is likely to take 「over [*the reins of*] the *government.* ★ [ ] 内は少しもったいぶった言い方. // イギリスでは現在保守党が*政権を握っている (⇒ 権力の座にある) In Britain the Conservative Party is now *in power.*

せいけん[2] 政見 political 「view [opinion] Ⓒ. **政見放送** political opinion broadcast Ⓒ.

せいげん 制限 ― 動 (制限・条件をつける) restrict 他; (限界をもうける) limit 他. ― 名 restriction Ⓤ; (限界・限度) limit Ⓒ. 《☞ せいやく[1]; かぎる》.
¶ *制限時間いっぱいです (⇒ あなたの時間はなくなった) Your time is up.
彼女は食事を*制限している (⇒ ダイエットをしている) She *is* 「*on a diet* [*dieting*].
市街地区での車の使用は大幅に*制限する必要がある The use of the vehicles in 「developed [urban] areas should *be restricted* to a considerable degree.
用意できる部屋は数に*制限があります The rooms available *are limited* (in number).
私の本代は月に 1 万円に*制限されています My book allowance *is limited* to ¥ 10,000 a month.
この学校は入学の年齢*制限はない They don't set any age *limit* for the application at this school.
市街地区域でのスピード*制限は時速 40 キロです In 「developed [urban] areas the speed *limit* is 40 kilometers per hour.
米国は日本に輸入*制限の撤廃を求めてきた

The USA has asked Japan to lift its import *restriction.*
産児*制限 birth *control*
制限漢字 the ˹limited [restricted] number of Chinese characters designated for daily use **制限速度** speed limit Ⓒ 《☞ 掲示の英語 (囲み)》.

せいご 生後 (生まれた後) after *one's* birth. ¶ *生後2か月の赤ん坊 a two-month-old baby ∥ その赤ん坊は*生後20日で死んだ The baby died twenty days *after* ˹*its* [*his*; *her*] *birth.*

せいこう¹ 成功 ―名 success Ⓤ; (繁栄) prosperity Ⓤ; (事を成し遂げること) achievement Ⓤ; (興行などの) hit Ⓒ. ―動 (成功する) succeed (in ...) ⓐ, be successful 語法 「人・物」いずれをも主語にとる. 人の場合は「…に成功する」の意味では in ... となる; 《口語》 come off ⓐ; (出世などして成功する) rise [succeed] in the world, get on in life; (経済的に繁栄する) prosper ⓐ. 《☞ しゅっせ》. ¶ 警察は人質の救出に*成功した The police *succeeded in* rescuing the hostages. ∥ 彼の手術は*成功だった His operation was ˹a *success* [*successful*]. 語法 具体的な成功の事例をいうときは success は Ⓒ. ∥ 彼は実業家として*成功した He ˹was a *success* [*succeeded*] as a businessman. ∥ 彼の*成功はおぼつかない[間違いない] He is ˹not likely [sure] to *succeed.* ∥ ご*成功をお祈りします Good luck (to you)! 語法 試験・試合などに行く人に向かって言う言葉. ∥ 彼らは東京公演で大*成功をおさめた Their Tokyo performance was a ˹great *success* [big *hit*]. ∥ 失敗は*成功のもと Failure teaches *success.* 《ことわざ: 失敗が成功を教える》

せいこう² 精巧 ―形 (手が込んでいる) elaborate; (手が込んでいてしかも美しい) exquisite ★ 多少文語的. ―名 elaborateness Ⓤ; exquisiteness Ⓤ. 《☞ せいみつ》. ¶ これが現在のところ一番*精巧なカメラだと思います I suppose this is the most *elaborate* camera available. ∥ その店でとても*精巧な時計を手に入れた I bought a clock of *exquisite workmanship* at the shop.

せいこう³ 性向 disposition Ⓒ 《☞ せいしつ (類義語); せいかく²》.

せいこう⁴ 性交 (sexual) intercourse Ⓤ 《☞ セックス》.

せいこう⁵ 製鋼 steel manufacture Ⓤ.

せいこうかい 聖公会 《米》 the Protestant Episcopal Church; 《英》 the Anglican Church.

せいこうほう 正攻法 (正統的な手段) *orthodox* ˹*method* [*approach*] Ⓒ; (伝統的なやり方) traditional ˹method [approach] Ⓒ. ¶ その件は*正攻法ではできない (⇒ 適用できない) We cannot apply an *orthodox* ˹*method* [*approach*] to the matter. / *Traditional methods* will not work in this case.

せいごひょう 正誤表 errata [erάːtə], corrigenda ★ 前者のほうが普通. いずれも複数形だが, 普通は単数扱い; list of ˹corrigenda [errata] Ⓒ.

せいこん 精根 ¶ 彼らはその仕事に*精根を傾けた (⇒ 全エネルギーを注いだ) They devoted *all their* ˹*energy* [*energies*] to the work. ∥ *精根尽き果てた (⇒ 完全に疲れ果てた) I am completely exhausted. 《☞ せい⁴; げんき; きりょく》

せいざ¹ 星座 constellation Ⓒ.

星座・星のいろいろ

	英 語 名	ラ テ ン 名
アンドロメダ	Andromeda, the Chained Lady	Andromeda
いて座	the Archer	Sagittarius
うお座	the Fishes	Pisces
うみへび座	the Water Snake	Hydra
おうし座	the Bull	Taurus
おおいぬ座	the Great Dog	Canis Major
おおぐま座	the Great Bear	Ursa Major
おとめ座	the Virgin	Virgo
おひつじ座	the Ram	Aries
シリウス	the Dog Star	Sirius
てんびん座	the Balance	Libra
白鳥座	the Swan	Cygnus
ふたご座	the Twins	Gemini
ペガスス	Pegasus, the Winged Horse	Pegasus
ヘルクレス	Hercules	Hercules
ペルセウス	Perseus, the Rescuer	Perseus
北斗七星	the Big Dipper	
北極星	the polestar	
みずがめ座	the Water Bearer	Aquarius
オリオン座	the Hunter	Orion
カシオペア	Cassiopeia, the Lady in the Chair	Cassiopeia
かに座	the Crab	Cancer
牽牛星		Altair
ケンタウルス	the Centaur	Centaurus
こぐま座	the Little Bear	Ursa Minor
こと座	the Lyre	Lyra
さそり座	the Scorpion	Scorpius
しし座	the Lion	Leo
織女星		Vega
南十字星	the Southern Cross	Crux
やぎ座	the Goat	Capricornus
わし座	the Eagle	Aquila

せいざ² 正座 ―動 sit on the floor in Japanese fashion ★ さらに詳しく説明するには in Japanese fashion の代わりに with *one's* knees bent and with *one's* toes directly beneath the body とすればよい.

せいさい¹ 制裁 (国際間の) sanction Ⓤ ★ 通例複数形で; (罰) punishment Ⓤ. 《☞ ばつ¹》. ¶ EC 諸国はその国に対して経済上の*制裁を加えた The EC nations applied economic *sanctions* against the country. ∥ 彼はすでに十分に社会的な*制裁を受けた He has already suffered ˹good [great] social ˹*punishment* [*sanction*].

せいさい² 精彩, 生彩 (生気) life Ⓤ; (活力) vitality Ⓤ. 《☞ せいき²; かっき》. ¶ 青木先生の授業にはまったく*精彩がない (⇒ 退屈な授業をする) Mr. Aoki gives a very dull lecture. // その夜の彼女の踊りはひときわ*精彩を放っていた Her dancing was (most) *remarkable* that evening.

せいさい³ 正妻 lawful wife Ⓒ.

せいざい 製材 sawing Ⓤ, 《米》lumbering Ⓤ. 《☞ ざいもく》. **製材所** sawmill Ⓒ.

せいさく¹ 製作, 制作 —動 (物を作る) make ⑩ ★ 最も一般的な語; (機械などで工場生産する) manufacture ⑩; (劇・映画などを) produce ⑩. —名 manufacture Ⓤ; production Ⓤ ★ 作品・製品の意では Ⓒ. 《☞ せいぞう; つくる》.
¶ 株式会社東都*製作所 Toto *Manufacturing* Company Limited // この映画の*製作費はどれくらいでしたか (⇒ この映画を作るのにどれだけかかったか) How much did it cost to *produce* this film?

せいさく² 政策 policy Ⓒ 《☞ 政治・経済 (囲み)》. ¶ 日本の外交*政策 Japan's [Japanese] foreign *policy*

せいさん¹ 生産 —名 (生産すること・生産量) production Ⓤ; (一定期間の生産量) output Ⓤ; (製品) product Ⓒ; (製品・作品, 特に文学や芸術的なもの) production Ⓒ. —動 produce ⑩, turn out ⑩ ★ 後者のほうが口語的; (機械・労働などによって工場などで) manufacture ⑩; (作る) make ⑩ ★ 意味の広い一般的な語. 《☞ せいぞう》.
¶ *生産が低下した[増大した] *Production* has ⌈declined [increased]. // この工場では毎月 2 千台の車を*生産する This factory ⌈*turns out* [*manufactures*; *produces*] two thousand cars a month. // 分業の目的は*生産増強である The ⌈objective [goal] of the division of labor is to increase *production*. // 農産物は*生産過剰になっている The crops [Crops] *are being overproduced*. // 1981 年の日本の綿糸の総*生産高は 45 万 5 千トンだった Japan's *output* of cotton yarn in 1981 totaled 455,000 tons. // 国民総*生産 the gross national *product* ★ GNPと略す. 《☞ 略語 (欄外)》
生産者 (一般的な意味で) producer Ⓒ; (作る人) maker Ⓒ; (工場などの) manufacturer Ⓒ **生産者価格** the producer's price **生産性** productivity Ⓤ **生産目標** production target Ⓒ **生産力** production capacity Ⓤ.

せいさん² 成算 —名 (成功の自信) confidence of success Ⓤ; (成功の望み) hope of success Ⓤ. —形 (確信がある) sure ⌈of [that] ...; (客観的にも確かな) certain ⌈of [that] ...; (自信がある) confident ⌈of [that] ... 《☞ みこみ; じしん¹》.
¶ *成算はまったくない (⇒ 最少限の成功の望みもない) I don't have the slightest *hope of success*. // 今度の計画は十分な*成算がある I'm quite ⌈*sure* [*certain*] *that* the plan will ⌈be successful [succeed].

せいさん³ 清算 —動 (負債をきれいに支払う) clear ⑩, pay off ⑩; (男女が関係を断つ) break up (with ...) ⓐ. —名 clearing Ⓤ.
¶ 借金の*清算は済みましたか *Have* you ⌈*cleared* [*paid off*] your debt(s)? // 彼女との関係はもうすっかり*清算しました I *have broken up with* her.

せいさん⁴ 精算 (差し引きの調整) adjustment Ⓤ. ¶ その切符を出口で*精算して下さい Please show the ticket at the exit and *pay the adjusted fare*. **精算所** (運賃などの) fare adjustment ⌈office [window] Ⓒ.

せいさん⁵ 凄惨 —形 (身の毛のよだつような) gruesome; (恐ろしい) dreadful. 《☞ すごい (類義語)》. ¶ *凄惨な光景 a ⌈*gruesome* [*dreadful*] scene

せいさん⁶ 青酸 hydrocyanic [prussic] acid Ⓤ. **青酸カリ** (シアン化カリウム) potassium cyanide Ⓤ.

せいさん⁷ 正餐 dinner Ⓤ 《☞ 食事(囲み)》.

せいし¹ 静止 —動 (じっと動かない) stand still ⓐ. —形 (静止している) at rest; (固定された) fixed; (1 か所にいて動かない・変動がない) stationary ★ やや改まった語. 《☞ ていし; とまる¹》.
¶ *静止している物体 the bodies *at rest* // その星は空に*静止しているように見える The star seems to remain *fixed* in the sky. // 日本は通信用衛星の*静止軌道への打ち上げに成功した Japan succeeded in launching a communications satellite to be placed in *stationary* orbit around the earth.

せいし² 生死 ¶ それは我々みんなの*生死に関する問題です It is a matter of *life* ⌈*and* [*or*] *death* to us all. // いまだに 5 人の*生死がわからない (⇒ 行方不明) とのことです It is reported that five people are still *missing*. 《☞ あんぴ》

せいし³ 制止 —動 (やめさせる) stop ⑩; (前進させない) hold back ⑩. 《☞ とめる¹》.
¶ 警察は群衆を*制止することができなかった The police could not *hold back* the crowd. // 私はどうにか 2 人のけんかを*制止した I managed to ⌈*stop* [*break up*] their fight.

せいし⁴ 正視 ¶ その惨状は*正視する (⇒ 見る) に耐えなかった The scene was so dreadful that I could not bear to *look at* it. 《☞ ちょくし》

せいし⁵ 製紙 paper ⌈making [manufacture] Ⓤ. **製紙(工)業** the paper industry **製紙工場** paper mill Ⓒ.

せいし⁶ 製糸 spinning Ⓤ. **製糸(工)業** the spinning industry **製糸工場** spinning mill Ⓒ.

せいし⁷ 精子 spermatozoon Ⓒ 《複 spermatozoa》, sperm Ⓒ 《複 ~, ~s》.

せいじ¹ 政治 —名 politics ★ 単数または複数扱い; (統治) government Ⓤ; (施政) administration Ⓤ. —形 (政治の・政治的) political. 《☞ 政治・経済 (囲み)》.
¶ 私は*政治にはまったく興味がない I'm not interested in *politics* at all. // あんな人に*政治をやってもらいたくない We don't want such a man to *administer the affairs of*

せ

政　治　・　経　済

政治・経済関係の用語の中から専門的なものでなく，日常，新聞・ラジオ・テレビなどで使われている時事的な語句や表現を集めてみる．これらの言葉は互いに関連があって，分野別に分けにくいものも多いが，便宜上，(1) 政党・団体名，(2) 国会・地方議会関係，(3) 選挙関係，(4) 政府関係，(5) 国際経済問題，(6) 国内経済問題，のように分ける．

1　政党・団体名

(1)　政党名 ★(　) 内は略語．

自由民主党 the Liberal Democratic Party (LDP), 日本社会党 the Japan Socialist Party (JSP), 公明党 the Komeito (略語なし), 日本共産党 the Japan Communist Party (JCP), 民社党 the Democratic Socialist Party (DSP), 新自由クラブ the New Liberal Club (NLC), 社会民主連合 the Social Democratic Federation (SDF).

(2)　党首・党員

党首は party chairman Ⓒ, あるいは party leader Ⓒ. 党員は正式には member of ... party Ⓒ であるが，党名に応じてその党員を表す形のあるものが多い．

自由民主党員 Liberal Democrat Ⓒ, 社会党員 Socialist Ⓒ, 共産党員 Communist Ⓒ, 民社党員 Democratic Socialist Ⓒ.

(3)　派閥関係

派閥 faction Ⓒ, 主流派 the mainstream faction, 非主流派 non-mainstream faction Ⓒ, 反主流派 anti-mainstream faction Ⓒ, 党内左[右]派 leftist [rightist] faction within the party Ⓒ, 鈴木派 the Suzuki faction, 派閥争い factional strife Ⓤ ★ 具体的な争いを指すときは Ⓒ; A 派と B 派の対決 showdown between faction A and faction B Ⓒ.

(4)　その他

総評 the General Council of Trade Unions of Japan, Sohyo, (総)同盟 the Japanese Confederation of Labor, 経団連 the Federation of Economic Organizations.

2　国会・地方議会関係

(1)　国会の名称

国会は最も一般的には the Diet であるが，それよりやや形式ばって言うときには《米》《英》の名称がそれぞれ違う．日本の訳語はだいたい《英》にならって用いられている．下に表の形で示す．

Member of Parliament (M.P.) は上下両院議員に共通して使うこともあるが，普通は下院議員の意で用いる．日本の英訳語としては参議院(上院)議長は the President (of the House of Council(l)ors), 衆議院(下院)議長は the Speaker (of the House of Representatives) を用いる．

(2)　委員会

大蔵委員会 the ways and means committee, 外交委員会 the foreign relations committee, 運営委員会 the steering committee.

(3)　国会審議

国会の審議は正式には deliberation Ⓤ というが，全体の審議をするのは本会議(plenary session Ⓒ). 通常国会は (ordinary) Diet session Ⓒ で，臨時国会は extraordinary Diet session Ⓒ である．提出 (submit) される法案は bill Ⓒ, 審議の上で表決 (vote) して通過するのは pass ㊀ という．通過した法案は法律 (law) となるのである．

(4)　与党・野党など

与党は the ruling party, 各野党は opposition party Ⓒ, 野党全体または主要な野党を指して the Opposition (★ しばしば大文字で). 野党第1党は No. 1 opposition party という．保守党は conservative party Ⓒ, 保守主義者は conservative Ⓒ, 革新政党は

	《日》	《米》	《英》	共　通
国会《全体》	the Diet	the Congress	the Parliament	the Diet
衆議院，下院	the House of Representatives	the House of Representatives	the House of Commons	the Lower House
衆議院議員	Member of Parliament Ⓒ ★ M.P. と略す. Representative Ⓒ ★ Rep. と略す.	Congressman Ⓒ, Congress-woman Ⓒ; Representative Ⓒ ★ Rep. と略す.	Member of Parliament Ⓒ ★ M.P. と略す.	lawmaker Ⓒ ★ 俗称.
参議院，上院	the House of Council(l)ors	the Senate	the House of Lords	the Upper House
参議院議員	Council(l)or Ⓒ	Senator Ⓒ	Member of the House of Lords Ⓒ	
国会議事堂	the Diet building	the Capitol	the Houses of Parliament	

reformist party Ⓒ, 革新主義者は reformist Ⓒ. ただし,「進歩主義」という言い方なら,(党) progressive party Ⓒ, (人) progressive Ⓒ とも言えるが, 現在は reformist を訳語に使うことが多い. 中道政党は centrist party Ⓒ, またやや説明的・比喩的な言い方では middle-of-the-road party Ⓒ ともいう. 中道主義者は centrist Ⓒ.

(5) 政策・政治活動

政策は policy Ⓒ. 首相の施政方針演説は policy speech Ⓒ, 議員の質問演説は interpellation Ⓒ という. 軍備拡張政策は military expansion policy Ⓒ. 金権政治は money power politics Ⓤ. 政治倫理の腐敗は corruption of political ethics Ⓤ, 政治道義の欠如は lack of political morality Ⓤ, 平和主義政策は pacifist policy Ⓒ. 決議は resolution Ⓒ で, 決議を可決するのは pass ㊀ という. 動議は motion Ⓒ. 緊急動議は urgent motion Ⓒ. motion は「動議を出す」という動詞 (㊂ ㊀) としても用いるが, introduce a motion という言い方もする.

(6) 汚職関係

贈収賄事件は bribery case Ⓒ だが, 贈賄を視点として payoff scandal Ⓒ ともいう. 懲罰委員会は disciplinary committee Ⓒ.

(7) 地方議会

地方議会は都・道・府・県議会, 市・区・町・村議会ともに assembly Ⓒ を用い, それぞれ, 都議会 the Metropolitan Assembly, 県議会 the Prefectural Assembly, 市議会 the Municipal Assembly という. 市議会議員は member of the municipal assembly Ⓒ または municipal assemblyman Ⓒ のようにいう. 他の用語は国会に準じる.

¶ 第 89 国会は来月 10 日に召集される The 89th Diet session will ˹be convened [open] on the tenth of next month. ★ open のほうが口語的. // 国会はいま開会中である The Diet is in session. // その法案は衆議院本会議に上程されて審議の後, 昨日通過した. 参議院で認められれば来年 4 月 1 日より施行される The bill was submitted to the Lower House plenary session for deliberation and was passed yesterday. After being approved by the Upper House it will become ˹law [effective] from Apr. 1 next year. // 内閣不信任案が野党により今国会に提出される予定である The nonconfidence motion against the present ˹government [administration] will be introduced in the current Diet session. // その衆議院議員に関する贈収賄事件は懲罰委員会に付された The bribery case concerning the representative was referred to the Disciplinary Committee.

3 選挙関係

議会が解散するのは dissolve ㊂ といい, 解散という名詞は dissolution Ⓤ. 議会が解散すれば当然, また議員の任期満了 (expiration of the term) によっても選挙 (election) が行われる. 国会・地方議会などの選挙は公職選挙法 (the Public Offices Election Law) によって規制される.

(1) 選挙の種類

総選挙 the general election, 地方選挙 local election Ⓒ, 統一地方選挙 nationwide local election Ⓒ, 県議会議員選挙 prefectural assembly election Ⓒ, 知事選挙 gubernatorial election Ⓒ, 同時選挙 double election Ⓒ, 党の総裁選挙 presidential election Ⓒ, 予備選挙 primary election Ⓒ.

(2) 立候補・候補者

総選挙で衆議院議員に立候補する run for the House of Representatives in the general election, 候補者 candidate Ⓒ, …党公認候補 … Party˹-backed [-supported] candidate Ⓒ, 現職候補 incumbent candidate Ⓒ, 新人候補 newcomer (candidate) Ⓒ, 無所属候補 independent candidate Ⓒ, 対立候補 rival candidate Ⓒ.

(3) 選挙運動

選挙運動 election campaign Ⓒ, 選挙運動員 election campaigner Ⓒ, 選挙事務所 election campaign headquarters ★ 複数形で; 選挙運動妨害 election campaign obstruction Ⓤ.

(4) 投票関係

投票日 election day Ⓒ, 投票所 polling place Ⓒ, 投票する vote (for …) ㊂, 投票人 voter Ⓒ, 投票[選挙]権 suffrage Ⓤ, right to vote Ⓒ ★ 後者は説明的; 選挙管理委員会 Election Control Commission Ⓒ, 棄権する abstain (from voting) ㊂, 投票率 voter turnout Ⓤ, 選挙区 constituency Ⓒ, electoral district Ⓒ, 選挙区民《全体》 electorate, constituency ★ いずれも集合的.

(5) 開票・結果

開票 (⇒ 票を数えること) ballot [vote] counting Ⓤ, 大差で勝つ win by a ˹wide [big] margin, 小差で勝つ win by a narrow margin, 地滑り的勝利 landslide victory Ⓒ, 当選する be elected, be successful (in the election), win (the election), 対立候補に勝つ beat ㊀, 落選する be not elected, be unsuccessful (in the election), lose (the election), be defeated (in the election).

(6) 違反関係

選挙違反 (全般の違反を指して) election irregularities ★ 通例複数形で; (選挙法の違反) violation of the election law Ⓤ ★ 具体的な違反の場合は Ⓒ; 買収行為 vote-buying Ⓤ, 戸別訪問 door-to-door

call to solicit support Ⓒ.
¶きょうは統一地方選挙の日だ Today is the day for the nationwide local election. // 投票率は雨にたたられて史上最低だった The voter turnout was the lowest in history, due to rain. // 保守勢力の優位の中で，これといった選挙争点もないので投票率は一般に低かった The voter turnout was generally low, owing to a lack of major campaign issues in the conservative-dominated situation. // 現職知事の青木氏は3期目の当選を果たした Incumbent ˹Gov. [Governor] Aoki was elected for a third term. // その党は20議席を失い，大きく後退した The party suffered a sharp setback, losing 20 seats. // 警察は選挙終了直後から約200人の選挙違反容疑について事情聴取を始めた Immediately after the election was over, police began questioning about 200 persons for suspected election law violations.

4 政府関係

政府の省・庁などの機関に対する呼称は《米》《英》で相違がある．まず首相は《英》では prime minister Ⓒ，あるいは premier Ⓒ であるが，《米》には首相はいない．それに当たるものは大統領 (president) であるが，閣僚の筆頭で，外交関係も担当する国務長官 (the Secretary of State) もその責任の一部を持つ．従って制度上の違いからも，日本の首相に対する英語は《英》式に prime minister を用いざるを得ない．

また「…政権」という場合，《英》式では the Nakasone Government のように government を用い，《米》式では普通 the Reagan Administration のように administration を用いる．ただし，《米》でも正式には the U.S. Government のように government を用いる．日本の政府を英訳する場合は主として《英》式に government を用いる傾向が強いが，administration を用いることもある．

さらに，内閣 (cabinet) の閣僚 (cabinet member) である大臣は，《米》では secretary Ⓒ (「長官」と訳す)，《英》では minister Ⓒ または secretary Ⓒ と呼ばれる．省は《米》では department Ⓒ，《英》では ministry Ⓒ と呼ばれる．日本の大臣・省に対する英語としては《英》式に minister, ministry を用いる習慣となっている．

行政機構は大まかに言って，日，英，米で共通点が多く，最も上位の機構は「省」，および省と同格であるが規模の小さい「庁」で，省・庁の下部組織に「局」，さらに下位に「部」「課」がある．日本のこれらの機構に対する英語はそれぞれ，「省」は ministry Ⓒ，「庁」は agency Ⓒ，「局」は bureau Ⓒ，「部」は division Ⓒ (ただし，日本の中央官庁には部はない)，「課」は section Ⓒ と訳す．なお庁 (agency) の中でも重要なものはその「長官」(director general Ⓒ) が閣僚となっている．これら重要な庁の長官は実質上は大臣であるが，省ではないので日本語の呼称では長官という．では次に表の形で，日本の省・庁の主なもの，および大臣・長官の英訳名をあげる．

日本の省・庁

法務省	the Ministry of Justice
外務省	the Ministry of Foreign Affairs
大蔵省	the Ministry of Finance
文部省	the Ministry of Education
厚生省	the Ministry of Health and Welfare
農林水産省	the Ministry of Agriculture, Forestry and Fisheries
通商産業省	the Ministry of International Trade and Industry
運輸省	the Ministry of Transport
郵政省	the Ministry of Post and Telecommunications
労働省	the Ministry of Labor
建設省	the Ministry of Construction
自治省	the Ministry of Home Affairs
総務庁	the Management and Coordination Agency
防衛庁	the Defense Agency
経済企画庁	the Economic Planning Agency
科学技術庁	the Science and Technology Agency
環境庁	the Environment Agency
国土庁	the National Land Agency

以上のほかに，宮内庁は the Imperial Household Agency，気象庁は the Meteorological Agency という．

日本の大臣

総理大臣	the Prime Minister
法務大臣	the Minister of Justice
外務大臣	the Foreign Minister ; the Minister of Foreign Affairs
大蔵大臣	the Finance Minister ; the Minister of Finance
文部大臣	the Education Minister ; the Minister of Education ★以下，同様の言い替えができる．
厚生大臣	the Minister of Health and Welfare
農林水産大臣	the Minister of Agriculture, Forestry and Fisheries
通商産業大臣	the Minister of International Trade and Industry
運輸大臣	the Minister of Transport
郵政大臣	the Minister of Post and Telecommunications
労働大臣	the Minister of Labor
建設大臣	the Minister of Construction
自治大臣	the Minister of Home Affairs
国務大臣	Minister of State
(内閣官房長官)	the Chief Cabinet Secretary
(総務庁長官)	the Director General of the Management and Coordination Agency
(防衛庁長官)	the Director General of the Defense Agency
(経済企画庁長官)	the Director General of the Economic Planning Agency
(科学技術庁長官)	the Director General

of the Science and Technology Agency
(環境庁長官) the Director General of the Environment Agency
(国土庁長官) the Director General of the National Land Agency

大臣・長官の名は定冠詞を伴うのが普通である. また, 以上あげた of を用いる英語名は改まった呼び名であり, 一般にはよく略式の言い方が用いられる. それらは, 例えば大蔵省は the Finance Ministry, 大蔵大臣は the Finance Minister のように言う言い方である. この言い方では外務省, 外務大臣は Affairs を取り, the Foreign Ministry, the Foreign Minister とし, 運輸省, 運輸大臣は the Transport Ministry, the Transport Minister とする. また庁の Director General には普通 of ... の言い方のみを用いる.

防衛庁に統括される自衛隊 (the Self-Defense Forces) は陸上自衛隊 (the Ground Self-Defense Force) (GSDF と略されることがある), 海上自衛隊 (the Maritime Self-Defense Force) (MSDF と略すことがある), 航空自衛隊 (the Air Self-Defense Force) (ASDF と略すことがある) がある.

5 国際経済問題

(1) 先進国・発展途上国などの名称

先進国 industrial(ized) nation [C], 発展途上国 developing nation [C], 経済大国 major economic power [C].

(2) 貿易関係

貿易 foreign trade [U], 保護貿易(主義) protectionism [U], 貿易収支 trade balance [U], 国際収支の黒字[赤字] trade 「surplus [deficit] [U], 輸入規制 import restriction [C], 輸入[出]品 imported [exported] goods ★ 複数形で; 輸出自主規制 export self-restriction [U], 輸入割り当て import quota [C], 輸入代理店 import 「agency [agent] [C], 市場開放 market opening [U], 輸出入禁止 embargo [C] ★ 制裁措置などとして; 武器輸出禁止 arms embargo [C], 経済制裁 economic sanctions ★ 複数形で; 関税と貿易に関する一般協定 the General Agreement on Tariffs and Trade 《略 GATT》.

(3) 金融関係

為替レート exchange rate [C], 外国為替市場 foreign exchange market [C], 円[ドル]の価値 yen's [dollar's] value [U], 公定歩合 the official discount rate, 国際通貨基金 the International Monetary Fund 《略 IMF》, 経済援助 economic aid [U].

¶ EC 諸国は日本にもっと市場を開放するように求めた The EC [Common Market] countries urged Japan to open its market wider. // 日本の輸出はここ1年余り振るわなかった Japan's exports have been sluggish for more than a year. // アメリカはその国に対して経済制裁を加えることを提案した The United States proposed to impose economic sanctions against the country. // 日本は貿易黒字を減らそうと努力している Japan is making efforts to reduce its trade surplus. // 日本の貿易黒字の増加は容易に解消しそうにない Japan's increasing trade surpluses do not seem likely to be easily reduced. // 東京外為市場で円が新安値をつけた On the Tokyo Foreign Exchange Market the Japanese yen 「sank [plummeted] to a new low.

6 国内経済問題

(1) 予算関係

会計年度 fiscal year [C], 予算 budget [C], 補正予算 supplementary budget [C], 赤字 deficit [U], 黒字 surplus [U], 赤字国債 deficit-covering bond [C].

(2) 生産・企業関係

国民総生産 the Gross National Product 《略 GNP》, 経済成長 economic growth [U], 大企業 big 「business [enterprise] [C], 中小企業 small and medium-sized 「businesses [enterprises], 国民経済 nation's economy [U], 設備投資 investment in plant and equipment [U], 民間投資 private sector investment [U], ハイテクノロジー産業 high「-tech [-technology] industry [C], 大商社 large trading house [C], 経済情勢 business climate [C].

(3) 物価・賃金など

物価 commodity price [C], 消費者物価 consumer price [C], 物価指数 price index [C] 《複 indices》, インフレ inflation [U], 賃金引き上げ wage 「increase [hike] [U] ★ hike は《米》の新聞などで使われる用語; 料金を…だけ値上げする raise the rate by ...

(4) 株式市場

株 stock [C], 《英》 share [C], 株式市場 stock market [C], 株主 stock [share] holder [C], 株価が上がった[下がった, 持ち直した] The share prices 「rose [fell; recovered]. 株価が暴落した The share prices 「fell sharply [nose-dived]. 株価が暴騰した The share prices 「shot up [soared up].

state. // 彼は20代そこそこで*政治に首を突っ込んだ He entered *politics* in his early twenties. // 彼らの*政治に対する不信はつのる一方だった Their distrust 「in [of] *politics* continued to 「get [grow] stronger. // 彼の*政治的手腕には見るべきものがある His *statesmanship* is remarkable. // 正しい*政治こそ我々が欲しているものなのだ Proper *govern-*

ment is what we (do) want. 《☞ 強調の表現 (囲み)》 // 彼はなかなかの*政治家だ (⇒ 策略にたけた人だ) He's quite a *diplomat*.

政治家 politician Ⓒ, statesman Ⓒ [参考] この2語は対照的に用いられると, 前者は党利党略をこととし, 私利をはかる政治屋という悪い意味で, 後者は立派な政治家というよい意味で使われることがある. しかし, 普通職業としての政治家を指すには中立的な意味で前者を使う. **政治学** politics Ⓤ **政治活動** political activity Ⓒ **政治献金** political donation Ⓤ ★ 具体的な例は Ⓒ. **政治資金** political fund Ⓒ ★ すぐ使える手持ちの金・財源の意味では通例複数形. **政治問題** political problem Ⓒ.

せいじ[2] 青磁 celadon porcelain Ⓤ.

せいしき 正式 ― [形] (形式の完備した) formal ; (公式の) official ; (法にかなった・法律上の) legal ; (正規の) regular. ― [副] formally ; officially ; legally ; regularly. 《☞ こうしき[1] ; せいき[3]》.

¶ 私はまだ*正式な通知は受けていません I've not yet received ｢a *formal* [an *official*] notice. // その*正式発表はいつですか When is it to be *officially* ｢released [announced]? // 彼らはまだ*正式に結婚はしていない They are not yet *legally* married.

せいしつ 性質 nature Ⓤ ; disposition Ⓒ ; temper Ⓒ ★ 複数形では用いない ; temperament Ⓒ ; character Ⓒ ; property Ⓒ ; quality Ⓒ.

【類義語】 人の生まれつきの性質・天性などは ***nature***. 人がいつも身につけている気質は ***disposition***. 怒りっぽいとか短気であるとかいうような感情的に見た場合の性質は ***temper***. 個人の行動や考え方全体の基になるような生まれつきの気質が ***temperament***. 道徳的な立場から見た性格は ***character***. 物質・生物を問わず同種のものに共通な特質は ***property***. 物質や人の特徴的な要素は ***quality*** で, この語は普通よい意味に用いられる. 《☞ せいかく[2] ; じんかく》

¶ 彼は頑固な*性質だ He has a stubborn ｢*nature* [*disposition*]. // ブラウンさんは*性質の優しい[怒りっぽい*性質の]人です Mrs. Brown has a ｢sweet [hot] *temper*. // 彼女は神経質な*性質だ She has a nervous *temperament*. // 太郎は愛すべき*性質を持っている Taro has a lovable *character*. // 勇気は優れた軍人のもつ*性質の1つです Courage is one of the *qualities* of a good soldier. // この金属の最も著しい化学的*性質は何ですか What is the most remarkable chemical *property* of this metal?

せいじつ 誠実 ― [形] (態度にうそ・偽りのない) sincere (↔ insincere) ; (心が正直な) honest (↔ dishonest) ; (忠実な) faithful. ― [名] sincerity Ⓤ ; honesty Ⓤ ; faithfulness Ⓤ. ― [副] sincerely ; honestly ; faithfully. 《☞ しょうじき ; せいい ; まごころ》.

¶ 彼は*誠実な男だ He is ｢a *sincere* [a *faithful* ; an *honest*] man. // 彼は常に主人に*誠実に仕えた He always served his master ｢*sincerely* [*faithfully*]. // 私は*誠実に答えた I answered ｢*sincerely* [*with sincerity*].

せいじほう 正字法 orthography Ⓤ 《☞ つづり字 (欄外)》.

せいじゃ[1] 正邪 ¶ 彼はもう*正邪の別をわきまえていい年だ He is old enough to ｢know [distinguish] *right from wrong*. 《☞ ぜんあく ; よしあし》

せいじゃ[2] 聖者 (キリスト教の) saint Ⓒ.

せいじゃく 静寂 ― [名] silence Ⓤ, quiet(-ness) Ⓤ, still(ness) Ⓤ [語法] silence は音がしないことを強調, still(ness) は動きがないことを強調する語. ― [形] silent, quiet, still. 《☞ しずか (類義語) ; しずけさ》.

¶ あたりは*静寂そのものだった Everything was ｢*quiet* [*still*] all around. // 1発の銃声が夜の*静寂を破った The report of a gun broke the ｢*silence* [*quiet*] of the night.

せいしゅ 清酒 sake [sáːki(ː)] Ⓤ ★ 種類をいうときは Ⓒ. 《☞ さけ[1]》.

せいしゅく 静粛 ― [形] (音も動きもない) quiet ; (話をしない) silent ; (動かない) still. ― [名] quiet(ness) Ⓤ ; (沈黙) silence Ⓤ ; (騒ぎの後の静まり) hush Ⓒ ★ 単数形のみで, 通例不定冠詞を付けて用いる. 《☞ しずか ; しずけさ ; せいじゃく》.

¶ どうか*静粛に願います (⇒ 静かにして下さい) Please be *quiet*. / *Order*! *Order*! ★ 会議などでの議長の注意. 《☞ 呼びかけ (囲み)》 // 指揮者が手を上げると会場は*静粛になった (⇒ 静けさが会場を覆った) As the conductor raised his hand *a hush* fell over the hall.

せいじゅく 成熟 ― [形] (成人した) adult ; (人や動物・植物が十分に成長した) mature ; (特に果実が) ripe. ― [動] (熟す) ripen (自). ― [名] maturity Ⓤ ; ripeness Ⓤ. 《☞ おとな ; じゅくす》.

¶ 女は18歳でもう*成熟したといえる Women may well be said to be ｢*adult* [*mature*] by the age of eighteen. // この温度はバナナの*成熟に適している This temperature is suitable for bananas to *ripen*.

せいしゅん 青春 youth Ⓤ ; (若さの絶頂のころ) the bloom of (*one's*) youth ★ やや文語的 ; (若いころ) *one's* early days. 《☞ せいねん[1]》.

¶ ここは私が*青春時代を過ごした所です This is the place where I lived ｢when I was *young* [in my *youth*]. // *青春時代の友達は一生忘れることはできない We can never forget the friends of our *youth* ｢all our life [to the end of our life]. // *青春の夢がついにかなえられた The long-cherished dream of *my* ｢*early days* [*youth*] has come true after all.

せいじゅん 清純 ― [形] (清純な) pure ; (無邪気な) innocent. 《☞ じゅんしん ; じゅんじょう》. ¶ *清純な乙女 a *pure and innocent* maid

せいしょ[1] 聖書 ― [名] the (Holy) Bible, the Scripture(s) ★ 新約聖書, 旧約聖書をあわせた呼び名. 前者が普通. ― [形] (聖書の) Biblical. 《☞ 大文字 (欄外) ; バイブル》.

¶ 新[旧]約*聖書 the ｢New [Old] Testament // 欽定訳*聖書 the Authorized Version //「地の塩」というのは*聖書の文句です "The salt of the earth" is ⌈a *Biblical* phrase [a phrase from *the Bible*].

聖書研究会 Bible class Ⓒ.

せいしょ² 清書 fair copy Ⓒ《☞ 英作文(欄外)》. ¶ 彼女は私の原稿を*清書してくれた She helped me ⌈in making [make] a *fair copy* of the draft.

せいしょう 斉唱 ━[名] chorus Ⓒ. ━[動] (斉唱する) sing in ⌈chorus [unison] ⓐ ⓗ. 《☞ がっしょう¹》.

せいじょう¹ 正常 ━[形] (正常な) normal; (通常の) ordinary. ━[名] normality Ⓤ, 《米》normalcy Ⓤ.

¶ 人体の*正常な体温は36度5分です The *normal* temperature of the human body is 36.5 degrees. 《☞ おんど; 度量衡(囲み)》// 新幹線は午後から*正常な運行に戻った The Shinkansen was put back into *normal* operation in the afternoon.

正常化 ━[動] (正常化する) normalize ⓗ. ━[名] normalization Ⓤ. ¶ 日ソ両国の国交*正常化をはかりたい We wish to ⌈establish *normal* (diplomatic) relations [*normalize* (the diplomatic) relations] between Japan and USSR.

せいじょう² 政情 political situation Ⓒ, political condition ★ 通例複数形で. 《☞ せいきょく》.

せいじょう³ 清浄 ━[形] (きれいな) clean.

清浄野菜 clean(ed) vegetable Ⓒ.

せいじょうき 星条旗 the Stars and Stripes ★ 単数扱い; the Star-Spangled Banner ★ 後者は"The ..."として米国の国歌を指す. 《☞ はた¹》.

せいしょうねん 青少年 youth Ⓒ ★ 定冠詞を付けると集合名詞として単複両扱い; (若い世代) the younger generation ★ やや形式ばった表現; (若い人々) young people ★ 平易な表現. 《☞ わかもの; せいねん¹》. **青少年犯罪** juvenile delinquency Ⓤ《☞ ひこう²》.

せいしょく 生殖 (性の有無にかかわらず繁殖) reproduction Ⓤ; (性行為を伴う) procreation Ⓤ ★ 前者のほうが一般的.

せいしょほう 正書法 orthography Ⓤ《☞ つづり字(欄外)》.

せいしん¹ 精神 ━[名] (知的・理性的な心) mind Ⓤ; (肉体に対する心) spirit Ⓤ ★ 形式に対する本義という意味でも用いられる; (魂) soul Ⓤ; (心の状態・気持ち) mentality Ⓤ. ━[形] spiritual; mental; (感情的な) emotional; (心理的な) psychological. 《☞ こころ; たましい; あたま》.

¶ *精神の糧になるような本を読みなさい Read books that will cultivate your *mind*.

*精神一到何事か成らざらん Where there's a *will*, there's a way. 《ことわざ: 意志のあるところには道がある》

彼は*精神に異常がある (⇒ 精神的に病気である) He is *mentally* ill. / He is out of his *mind*. [語法] 一時的に気が狂っている状態についても言う.

彼女はひどい*精神的 (⇒ 感情の) ショックを受けた She experienced a severe *emotional* shock.

*精神的動揺は脈拍を速める *Emotional* ⌈upsets [disturbances] quicken the pulse rate.

彼女は*精神状態が不安定だ She is *emotionally* unstable.

それは法の*精神に反する It is contrary to the *spirit* of the law.

彼らの行為は時代の*精神を反映している Their behavior reflects the *spirit* of the times.

精神安定剤 tranquil(l)izer Ⓒ **精神医学** psychiatry Ⓤ **精神異常** mental ⌈derangement Ⓤ [disorder Ⓒ] **精神衛生** mental hygiene Ⓤ **精神科医** psychiatrist Ⓒ, mental specialist Ⓒ. 《☞ 病気・病院(囲み)》 **精神鑑定** psychiatric test Ⓒ **精神主義** mentalism Ⓤ **精神障害** mental disorder Ⓒ **精神薄弱** mental weakness Ⓤ **精神病** mental disease Ⓒ **精神病院** mental hospital Ⓒ **精神病患者** mental patient Ⓒ **精神分析** psychoanalysis Ⓤ **精神分析医** psychoanalist Ⓒ **精神分裂症[病]** schizophrenia Ⓤ **精神分裂症[病]患者** schizophrenic Ⓒ **精神年齢** mental age Ⓤ.

せいしん² 清新 ━[形] (新鮮な・できたばかりの) fresh; (新しい) new. 《☞ しんせん; あたらしい》.

せいじん¹ 成人 ━[名] (最も広く, また法的に) adult Ⓒ; (子供に対して) grown-up Ⓒ ★ 後者のほうが口語的. ━[動] (成年に達する) come of age ★ 普通21歳; (成長して大人になる) grow up to be a ⌈man [woman]. 《☞ おとな; せいねん²》. ¶ *成人に限ります *Adults* only. 《☞ 掲示の英語(囲み)》

成人映画 adult movie Ⓒ **成人教育** adult education Ⓤ **成人式** coming-of-age ceremony Ⓒ **成人の日** Coming-of-Age Day 《☞ しゅくじつ(表)》 **成人病** adult('s) disease Ⓒ.

せいじん² 聖人 saint Ⓒ.

せいしんせいい 誠心誠意 ¶ 彼は*誠心誠意会社のために働いた (⇒ 最善を尽くした) He *has done his best* for his company. // 彼は*誠心誠意教育のために尽くした (⇒ 専念した) He *gave himself to* the cause of education. 《☞ せいい; せいじつ; まじめ》

せいず¹ 製図 ━[名] (engineering) drawing Ⓤ; (地図の) cartography Ⓤ. ━[動] (図を引く) draw ⓗ; (設計図などの下書きをする) draft ⓗ.

せいず² 星図 star chart Ⓒ; (天体図) celestial map Ⓒ.

せいすう¹ 正数 〖数学〗positive number Ⓒ (↔ negative number) 《☞ 数字(囲み)》.

せいすう² 整数 〖数学〗integral number Ⓒ, integer Ⓒ. 《☞ 数字(囲み)》.

せいする 制する (支配する) govern ⓗ; (思いのままにする) control ⓗ; (鎮圧する) suppress ⓗ; (先手を打って防ぐ) forestall ⓗ. 《☞ せいあつ; おさえる》.

¶ 彼は自分の気持ちを*制することができなかった He could not ⌈*control* [*govern*] himself. //

我々は敵の機先を*制すべくその港を攻撃した We attacked the harbor to *forestall* the enemy forces. // 先んずれば人を*制す A first blow is as good as two.《ことわざ：最初の一撃は二つ分と同じ》/ The first blow is half the battle.《ことわざ：最初の一撃は戦争の半分だ》

せいせい¹ 清清 ¶彼がいなくなって*せいせいした (⇒ ほんとにほっとした) It is a *great relief* to be rid of him.《☞ ほっと》

せいせい² 生成 ━動 (形成する) form ⓗ; (創造する) create ⓗ; (生み出す) generate ⓗ. ━名 formation Ⓤ; creation Ⓤ; generation Ⓤ.《☞ つくる》.

せいせい³ 精製 ━名 refinement Ⓤ. ━動 refine ⓗ. ¶砂糖や石油は*精製されてから使用される (⇒ 消費される前に精製される) Sugar and oil *are refined* before they are consumed. **精製所** refinery Ⓒ.

せいぜい 精精 ¶*せいぜいお安くします (⇒ できるだけよい値段を出します) We will offer you our *best* price possible. / (⇒ できるだけ割り引きをします) We'll give you *as big a discount as possible.* // この程度の本ならば*せいぜい千円ぐらいでしょう (⇒ 高くても) The book of this kind costs *not more than* one thousand yen a copy. // ここから東京までは*せいぜい (⇒ 最大限に見ても) 1時間でしょう It takes you one hour *at most* from here to Tokyo. // 彼は*せいぜい課長どまりでしょう (⇒ 彼にとって到達できる最高の地位は課長でしょう) I suppose the highest position he can obtain is that of a ⌈section chief [department head].《☞ たかだか》

ぜいせい 税制 tax [taxation] system Ⓒ《☞ ぜい; ぜいきん》. ¶*税制改革 *tax* ⌈reform [revision]

ぜいぜい ━名 (ぜいぜいという音) wheeze Ⓒ. ━動 wheeze ⓐ. ━形 wheezy.《☞ 擬声・擬態語 (囲み)》. ¶病人の*ぜいぜいという音で私は一晩中眠れなかった The *wheezing* sick man kept me awake all night.

せいせいどうどう 正正堂堂 ━副 (公明正大に) fair and square《☞ こうめいせいだい》. ¶彼は*正々堂々そのレースに勝った He won the race *fair and square.* // *正々堂堂と勝負をしよう Let's ⌈play *fair* [make it a *fair* fight].

せいせき 成績 (試験などの結果) result Ⓒ ★しばしば複数形で; (学校の成績記録) school [academic] record Ⓒ; (成績の段階) grade Ⓒ ★「1, 2, 3, 4, 5」や「A, B, C」などの成績; (試験の点数) point Ⓒ, mark Ⓒ.《☞ けっか; てん¹; 学校・教育 (囲み)》.

¶試験の*成績がきょう発表になった The *results* of the ⌈examination [test] were announced today.

試験の*成績はあまりよくなかった (⇒ 悪い点を取った) I'm afraid I got rather bad *marks* on the exam.

彼女は学校の*成績は抜群だった Her ⌈*school* [*academic*] *record* was excellent.

私の数学の*成績はBだった My ⌈math [mathematics] *grade* was a B.

2学期はうんと*成績が上がった My *grades* improved greatly (during) the second ⌈term [semester].

彼女は英語で100点満点中95点の*成績を取った She got ninety-five points out of a hundred in English. / She got ninety-five percent on the English test.

彼はクラスの中では*成績は上のほうです (⇒ 上に位している) He *ranks* high in his class.

私のひいきの力士は今場所9勝6敗の*成績でした My favorite sumo wrestler gained ⌈a nine-to-six *record* [a *record* of nine victories ⌈to [and] six defeats].

成績表 report card Ⓒ.

せいせん 精選 ━動 (慎重に選ぶ) select [pick out] carefully ⓗ. ━名 careful selection Ⓤ.《☞ よりぬき》.

¶これは材料を*精選して作ってあります (⇒ 注意深く選ばれた材料で) These articles are (made) of *carefully selected* materials. // ここにあるものはいずれも多くの中から*精選したものばかりです All of these *have been selected carefully* out of many articles.

せいぜん¹ 整然 ━形 (きちんと整頓された) tidy, orderly ★後者のほうが形式ばった語; (よく整理された) well-ordered; (機能的に) well-organized ★以上2語は述語的に用いるときは, ハイフン不要.《☞ 形容詞の2用法 (欄外); ハイフン (欄外)》. ━副 (きちんと) tidily, in good order, in an orderly ⌈manner [fashion] ★最初の語が最も口語的.《☞ せいとん; せいり¹》.

¶彼女の勉強部屋はいつも*整然としている Her study room is always kept ⌈*tidy* [*in good order*]. // 彼らは*整然と行進した They marched on ⌈*in good order* [*in an orderly line*]. // 彼の言うことは実に理路*整然としている (⇒ 論点が首尾一貫している) He is very *consistent* in his argument.《☞ りろせいぜん》

せいぜん² 生前 ¶彼の*生前の遺志により葬儀は行われなかった The funeral ⌈service was [services were] not carried in accordance with his last wishes. // これは彼が*生前 (⇒ 生きている間に) 愛用した机です This was his favorite desk (during his lifetime).

せいせんしょくひん 生鮮食品 (腐りやすい食品) perishable foods, perishables; (新鮮な食品) fresh foods ★以上いずれも通例複数形で.《☞ しょくひん》.

せいそ 清楚 ━形 (服装などがさっぱりした) neat; (清潔な) clean. ━名 neatness Ⓤ. ━副 neatly.《☞ さっぱり》. ¶彼女は*清楚な身なりでパーティーに姿を現した She presented herself *neatly* dressed at the party. / (⇒ 簡素ながら気持ちのよい身なりで) She came to the party in a *pleasantly simple* costume.

せいそう¹ 正装 ━名 (儀式や公式の場で着る) full dress Ⓤ; (制服) full [full-dress] uniform Ⓒ. ━動 (正式な服を着る) dress up

自. 《☞ ふくそう; 衣服 (囲み)》. ¶その海軍士官は*正装していた The ⌈naval officer was in *full* ⌈*dress* [*uniform*]. // パーティーには*正装で行ったほうがいいかしら I wonder if I should *dress up* for the party.

せいそう² 盛装 ―名 (晴れ着) gala dress Ⓤ, *one's* ⌈best [Sunday] clothes ★ 複数形で. ―動 (着飾る) dress up 自. 《☞ はれぎ; 衣服 (囲み)》. ¶ホールは*盛装の婦人たちでいっぱいだった The hall was full of ⌈well-[finely-]dressed ladies. // オペラではたいていの人が*盛装しています (⇒ 最上の服を着る) At the opera house most people *wear their best clothes.*

せいそう³ 清掃 ―動 (きれいにする) clean 他 ★ 一般的な語; (道路からごみなどを取り除く) scavenge 他. 《☞ そうじ¹》.
¶私たちは道路を*清掃した We ⌈*cleaned* [*scavenged*] the street. / (⇒ 掃いてきれいにした) We *swept* the street *clean.*
清掃車 《米》 garbage truck Ⓒ, 《英》 dustcart Ⓒ **清掃人** (ごみ集め係) 《米》 garbage collector Ⓒ, 《英》 dustman Ⓒ 《複 -men》; (建物などの) 《米》 janitor Ⓒ, 《英》 caretaker Ⓒ. 《☞ 婉曲語法 (欄外)》.

せいそう⁴ 政争 political strife Ⓤ.

せいぞう 製造 ―動 (工場などで原料から大規模に作る) manufacture 他; (商品を生産する) produce 他; (一般的に, 物を作る) make 他. ―名 manufacture Ⓤ; production Ⓤ. 《☞ つくる; せいさん¹; せいさく¹》.
¶あの工場では輸出向けの靴を*製造している In that factory they ⌈*manufacture* [*produce*] shoes for export. // この機械はドイツで*製造されたものです This machine *was* ⌈*manufactured* [*made*] in Germany.
製造費 manufacturing cost Ⓒ ★ しばしば複数形で. **製造法** manufacturing process Ⓒ **製造元[業者]** maker Ⓒ; (大規模な) manufacturer Ⓒ.

せいそうけん 成層圏 the stratosphere [strǽtəsfìə].

せいそく 生息 ―動 (生きて生活する) live 自; (ある地域に住む) inhabit 他. ―名 habitation Ⓤ. 《☞ すむ¹》. ¶この湖には多くの種類の鳥が*生息している Many kinds of birds ⌈*live in* [*inhabit*] this lake.

せいぞろい 勢揃い ¶10台の車が出発を前にして門の前に*勢ぞろいした (⇒ 整列した) The ten cars *lined up* in front of the gate, ready to start. 《☞ あつまる; せいれつ》

せいぞん 生存 ―動 (現実に存在する) exist 自; (生きている) live 自; (生き残る) survive 自 他. ―名 existence Ⓤ; survival Ⓤ; life Ⓤ. 《☞ いきる》. ¶火星には生物は*生存していない No life *exists* on Mars. // 5人の*生存はまだ確認されていない The ⌈*survival* [(⇒ 安全) *safety*] of the five persons has not yet been confirmed.
生存競争 struggle for existence Ⓒ. ¶動物の世界の*生存競争は非常に激しい There is a very fierce *struggle for existence* in the animal world. / Animals have to *struggle* hard *for existence.* **生存権** the right to live **生存者** survivor Ⓒ. ¶その事故の*生存者は10人でした (⇒ 10人が生き残った) Ten persons *survived* the accident. / (⇒ 事故に生き残った人が10人いた) There were ten *survivors* of the accident.

せいたい¹ 生態 (環境との関連で見た生物の生活状態) ecology Ⓤ; (生活様式) mode of life Ⓒ. ¶ありの*生態を観察しています We are studying the *ecology* of ants. / (⇒ 生活と習性を) We are observing *the life and the habits* of ants. **生態学** ecology Ⓤ **生態学者** ecologist Ⓒ.

せいたい² 声帯 vocal cords ★ 複数形で. **声帯模写** vocal mimicry Ⓤ.

せいたい³ 生体 living body Ⓒ. **生体解剖** vivisection Ⓤ.

せいたい⁴ 政体 form of government Ⓒ 《☞ 政治・経済 (囲み)》.

せいだい 盛大 ―形 (堂々とした) grand; (規模が大きく立派な) magnificent; (すばらしい) splendid; (成功した) successful.
¶昨夜*盛大な結婚披露宴が行われた A ⌈*grand* [*magnificent*] wedding reception was ⌈held [given] last evening. // 研究会はとても*盛大 (⇒ 大成功) でした The study meeting was a *great success.* / (⇒ 参加者が多かった) We had a lot of participants in our study meeting. // その記念式典は日比谷ホールにおいて*盛大に (⇒ 多くの出席者で) 行われた The commemorative ceremony took place at Hibiya Hall *with a large attendance.*

せいだく 清濁 **清濁併せのむ** (寛容である) be ⌈broad-minded [tolerant] 《☞ かんだい (類義語)》.

ぜいたく 贅沢 ―名 (物質的な) luxury [lʌ́kʃ(ə)ri(ː)] Ⓤ; (節度を越すほどの) extravagance Ⓤ ★ やや形式ばった語. ―形 (豪華な) luxurious [lʌgʒú(ə)riəs]; (浪費する) extravagant; (高価な) expensive; (気前のよい) lavish; (むだな) wasteful.
¶彼女は*ぜいたくな暮らしをしている She is leading a ⌈*luxurious* life [life of *luxury*]. / She lives in *luxury.*
彼は東京ですっかり*ぜいたくに慣れてしまった He has gotten used to an ⌈*expensive* mode of living [*extravagant* way of life] in Tokyo.
あそこはとても*ぜいたくな (⇒ 金のかかる) 学校です That school is very *expensive.*
彼女は着る物[食べ物]には*ぜいたくだ (⇒ 惜しみなくたくさんの金を使う) She *lavishes* a great deal of *money on* ⌈clothes [food].
そう*ぜいたくを言うな (⇒ あまりに多くを求めすぎる) You are asking too much. / (⇒ それで満足すべきだ) You should *be content* with it.
*ぜいたくを言えばきりがない (⇒ 完全に満足するということはないものだ) You can never be [One is never] completely satisfied. 《☞ 否定の表現 (囲み)》
海外旅行というような*ぜいたくはできません We can't afford the *luxury* of overseas travel.
彼女の料理はバターを*ぜいたくに (⇒ ふんだんに)

せ

使う She uses *a lot of* butter in her cooking.

せいだす 精出す ―動 (精力を注ぐ)devote all *one's* energies to ...; (一生懸命に働く) work hard ㊐. 《☞ いっしょうけんめい; どりょく; うちこむ》.

¶もっと*精出して勉強をしなさい (⇒もっと一生懸命に) You must study *harder*. // 彼はその 1 年仕事に*精出した He *devoted all his energies to* his work ｢throughout the year [all through the year; all year (a)round].

せ

せいたん 生誕 birth Ⓤ《☞ たんじょう; うまれる》. ¶シューベルト*生誕 150 周年 the one hundred fiftieth anniversary of Schubert's *birth*. 《☞ -ねんさい》 // クリスマスはキリストの*生誕を祝うものです Christmas is the celebration of the *birth* of Christ.

せいち¹ 精緻 ―形 (細かくて詳しい)minute [main(j)ú:t]; (徹底的で余すところがない) exhaustive. ―名 minuteness Ⓤ; exhaustiveness Ⓤ. 《☞ ちみつ; せいみつ (類義語)》. ¶彼の研究は他に類のないほど*精緻なものです (⇒徹底的で詳細をきわめている) No other study is more *exhaustive and detailed* than his. 《☞ 比較の表現 (囲み)》 / His study is unique in its *minuteness*.

せいち² 聖地 holy [sacred] place Ⓒ; (パレスチナ) the Holy Land.

せいち³ 整地 ―動 (地ならしする) level ㊎ 《☞ じならし》. ¶私たちは*整地して小さな小屋を建てた We *leveled* the ground and put up a small hut.

せいちゃ 製茶 tea ｢making [manufacture] Ⓤ《☞ ちゃ》.

せいちゅう 成虫 (昆虫の) imago Ⓒ《複 ~(e)s, imagines [iméidʒənì:z]》, adult Ⓒ. 《☞ ちょう¹ (挿絵)》.

せいちょう¹ 成長, 生長 ―名 growth Ⓤ. ―動 grow (up) ㊐. 《☞ そだつ; はってん》. ¶子供の*成長は目覚ましい (⇒子供の成長が早いのは驚きだ It is a surprise that children *grow up* quickly. // 彼の末の息子は立派な若者に*成長した His youngest son *grew up* ｢into [to be] a fine ｢boy [young man]. // 彼女は*成長する (⇒年をとる) につれて母親に似てきた As she *grew older*, she came to look like her mother. // その国の将来は産業の*成長いかんによる The future of the country depends on the *growth* of industry. // このばらは*生長が速い This rose *grows* quickly. / This rose is ｢a rapid *grower* [fast *growing*]. // この肥料は稲の*生長を早める This fertilizer helps (to) promote the *growth* of rice. **成長株** (株式の) growth stock Ⓒ; (比喩的に将来性のある若者) promising youth Ⓒ; (これから世に出る人) rising star Ⓒ **成長産業** growth industry Ⓒ **成長ホルモン** growth hormone Ⓤ **成長率** growth rate Ⓒ.

せいちょう² 清聴 ¶ご*清聴ありがとうございました Thank you (very much for your kind attention). ★演説やアナウンスの後の決まり文句. 《☞ 感謝の表現 (囲み)》

せいちょうざい 整腸剤 (消化不良のための薬) indigestion medicine Ⓒ; (腸の不調のための薬) medicine for intestinal disorders Ⓒ. 《☞ 病気・病院 (囲み)》.

せいつう 精通 ―動 (親しんでよく知っている) be familiar with ...; (経験して熟知している) be well acquainted with ...; (特定の分野に詳しい) be (well-)versed in ...; (経験や知識がある) be conversant with ... ★最後の 2 つは形式ばった表現. 《☞ くわしい; じゅくち; つう; しる¹》.

¶彼はその競技の規則に*精通している He *is* ｢*familiar* [*well acquainted*] *with* the rules of the game. // 私たちの先生はアメリカ文学に*精通している Our teacher ｢*is well-versed in* [*has a thorough knowledge of*] American literature.

せいてい 制定 ―動 (立法手続きを経て法律にする) enact ㊎; (制度などを確立する) establish ㊎. ―名 enactment Ⓤ; establishment Ⓤ. 《☞ さだめる》. ¶労働基準法は 1947 年に*制定された The Labor Standards Law *was enacted* in 1947. // 新しい交通法規を*制定する必要がある It is necessary to *establish* new traffic regulations.

せいてき¹ 性的 ―形 (性の) sex; (性に関する) sexual; (性的魅力のある) sexy. 《☞ せい³》. ¶彼女は*性的魅力がある She has *sex* appeal. / She is very *sexy*.

せいてき² 政敵 political opponent Ⓒ《☞ 政治・経済 (囲み)》.

せいてき³ 静的 ―形 static (↔dynamic).

せいてつ 製鉄 iron manufacture Ⓤ.

せいてん¹ 晴天 (よい天気) fair [good; fine; beautiful] weather Ⓤ; (晴れて澄み切った空) clear sky Ⓒ. 《☞ はれ¹; 天候の表現 (囲み)》. ¶1 月は*晴天続きだった (⇒晴天の長い一続きを持った) We had a long spell of ｢*fair* [*good*; *fine*] *weather* in January. // きょうは*晴天に恵まれて楽しい遠足をすることができました We had a very pleasant outing in the *beautiful weather* today.

せいてん² 青天 the blue (sky).

青天のへきれき ¶彼の死は*青天のへきれきだった (⇒青空から落ちてきた雷だった) His death was *a bolt* ｢*from* [*out of*] *the blue*. / (⇒私たちにとってたいへんな驚きだった) His death was *a great* ｢*surprise* [*shock*] to us. 《☞ おもいがけない》

青天白日 ¶彼は*青天白日の身となった (⇒罪から解放された) He *was cleared* ｢*from* [*of*] *the charge(s)*.

せいてん³ 聖典 (神聖な書物) sacred book Ⓒ; (経典) scripture Ⓒ ★キリスト教では the Scripture(s) として聖書を指す. 《☞ せいしょ¹》.

せいでんき 静電気 static electricity Ⓤ.

せいと 生徒 《米》 student Ⓒ ★普通はハイスクール以上の生徒・学生に用いるが, 改まった場合には an elementary school [a kindergarten] *student* のように小学校・幼稚園の生徒にも使うことがある; pupil Ⓒ ★《米》では特に小学生, 《英》では日本の高等学校に当たるパブリックスクール, グラマースクールまでの生徒.

語法 《米》《英》ともに大学以上の学生を student と呼ぶのは一致している. 日本では大学では「学生」, 中学校・高等学校では「生徒」, 小学校では「児童」または「生徒」と呼ぶが, 英語に直す場合,《米》にならえば, 中・高校の生徒は student, 小学生は pupil と訳すのがよい; (学校に通っている子供) (男) schoolboy Ⓒ, (女) schoolgirl Ⓒ ★ 主として小学生, 場合によっては中学生も含む; (音楽などの個人的な教授を受ける弟子) pupil Ⓒ ★ 年齢・学歴に関係なく使う. 《☞ がくせい; でし; 学校・教育(囲み)》.

¶「あなたのクラスには*生徒が何人いますか」「35 人います」"How many *students* are there in your class?" "There are thirty-five." // うちの子はまだ小学校の*生徒です My ⌈son [daughter] is still a ⌈*schoolboy* [*schoolgirl*]. // 校長先生は「自由」について全校*生徒に訓示をした The principal addressed *the whole school* on "liberty." 語法 school は集合的に用いられる. // この学校の*生徒数は 500 人です This school has an enrollment of five hundred *students*.

生徒会 student council Ⓒ.

せいど 制度 (組織だった仕組み) system Ⓒ; (社会の慣例など広い意味の) institution Ⓒ. 《☞ ほうしき; そしき》.

¶その古い家族*制度はまだ生きている The old family ⌈*system* [*institution*] is still working. // 日本は 1947 年に 6-3-3 の教育*制度を採用した Japan adopted the six-three-three *system* of school education in 1947. 《☞ 学校・教育(囲み)》// いまの*制度上それはできません This is not allowed under the ⌈present [current] *system*.

せいとう¹ 正当 ━形 (ある基準にのっとって正しい) just; (妥当な) right; (立派な) good; (公正な) fair; (合法的な) lawful, legitimate ★ 前者のほうが口語的; (法律で決められている) legal. ━動 (正当化する) justify ⑯. 《☞ ただしい; とうぜん¹; ごうほう; だとう¹》.

¶彼女が断るのには*正当な理由がある She has (a) *good* reason to decline it. / (⇒ 彼女が断るのはまったくもっともである) She *is* fully *justified* in rejecting it. // 私はそれを*正当な手段で手に入れた It is by *fair* means that I have come to possess it. / (⇒ 合法的に) I've obtained it *legally*. // 私を*正当に評価してもらいたい (⇒ 公平に扱う) I'd like you to ⌈do me *justice* [do *justice* to me]. // 彼は自分の行為を*正当化しようとした He tried to *justify* himself.

正当防衛 self-defense Ⓤ.

せいとう² 正統 ━形 (一般または公式に認められた) orthodox; (正当に継承する) legitimate. ━名 orthodoxy Ⓤ; legitimacy Ⓤ. ¶彼は*正統的な芸術観を持っている He has an *orthodox* concept of art. // 彼は印象主義の*正統派 (⇒ 正当な血を引く者) をもって任じている He claims to be the *legitimate descent* of the Impressionists.

せいとう³ 政党 political party Ⓒ 《☞ とう²; 政治・経済 (囲み)》.

せいとう⁴ 製陶 pottery (manufacture) Ⓤ 《☞ とうき¹》.

せいとう⁵ 製糖 sugar manufacture Ⓤ 《☞ さとう¹》.

せいどう¹ 正道 (正しい道) the right ⌈path [way; track]. ¶ふとしたことから彼は*正道を踏みはずした On the spur of the moment he ⌈strayed [deviated] from *the right path*.

せいどう² 青銅 bronze Ⓤ. **青銅器時代** the Bronze Age.

せいとく 生得 ━形 (性質などが生まれつきの) inborn; (生まれつき身体の中にある) innate ★ 後者のほうがより形式ばった語. 《☞ せんてんてき》.

せいどく 精読 ━名 (多読に対して) intensive reading Ⓤ (↔ extensive reading); (注意深い) careful reading Ⓤ. ━動 read ... ⌈carefully [with care]; (丹念に通読する) peruse ⑯ ★ 形式ばった語. 《☞ どくしょ》.

せいとん 整頓 ━動 (きちんとしておく) keep ... tidy ★ 状態をいう; (きちんと片付ける) tidy up ⑯ ★ 動作をいう. 以上 2 つは最も一般的で口語的; (整然とした状態にする) put [set] ... in order ★ やや形式ばった表現. ━形 (きちんとした) tidy; (清潔できれいな) neat and clean. 《☞ せいり¹; かたづける》.

¶自分の部屋はいつもきちんと*整頓しておきなさい Always *keep* your room ⌈*tidy* [*neat and clean*]. // 部屋[本]を*整頓しなさい *Tidy up* your ⌈room [books].

せいなん 西南 the southwest 《略 SW, S.W.》《☞ なんせい》.

ぜいにく 贅肉 (脂肪) fat Ⓤ 《☞ ふとる》. ¶*ぜい肉がつかないように (⇒ 太らないように) 気をつけなくてはならない I must take care not to put on ⌈*weight* [*flesh*; *fat*]. // 水泳は*ぜい肉 (⇒ 余分な脂肪) をとるのによい運動だ Swimming is a good sport to get rid of (*unwanted*) *fat*.

せいねん¹ 青年 (若い男[女]) young ⌈man [woman] Ⓒ; (若者) youth Ⓒ 語法 男性に用いることが多く, 時に軽蔑した含みがある. 多少文語的な語. 定冠詞を付けると特定地域の青年男女全体を指し, 単数または複数扱いとなる; (若い人々) young people ★ 複数扱い; (若い世代) the ⌈younger [rising] generation ★ 集合的に用いる. 《☞ わかもの》.

¶彼は魅力的な[前途有望な]*青年だ He is a ⌈charming [promising] *young man*. // 彼女は*青年写真家と結婚した She ⌈married [got married to] a *young* photographer. // 私は*青年の心を持ち続けたい I wish to maintain a *youthful* outlook.

青年期 (若い時代) youth Ⓤ; (思春期) adolescence Ⓤ ★ 男子は 14–25 歳, 女子は 12–21 歳くらいの成長期. 《☞ せいしゅん》.

せいねん² 成年 (成人としての資格・権利を得る年齢) age Ⓤ; (成人となる法定年齢) *one's* majority Ⓤ. 《☞ せいじん¹; おとな; みせいねん》. ¶彼は来月*成年に達する He comes of *age* next month. / He ⌈attains [reaches] *his majority* next month. ★ 前者のほうが一般的な言い方. // 彼の息子は*成

年に達している[未*成年だ] His son is ⌈*over-age* [*underage*].

せいねん³ 生年 (生まれた年) the year of *a person's* birth.

生年月日 the date of (*one's*) birth. ¶「あなたの*生年月日はいつですか」「1965年, 4月3日です」"What's your *date of birth?*" "(It's) April 3, 1965." ★ April 3 は April (the) third と読む. 《☞ 時刻・日付・曜日(囲み)》/ (⇒ いつ生まれたか) "When *were* you *born?*" "I was born on April 3, 1965."

せ

せいのう 性能 ━ 名 (機械の動き具合) performance Ⓤ; (能力) power Ⓤ; (能率) efficiency Ⓤ. ━ 形 (強力な) powerful; (能率のよい) efficient.

¶この車は*性能のよいエンジンを備えているThis car has a *powerful* engine. 《☞ こうせいのう》// この芝刈り機は前のより*性能がよい This lawn mower is more *efficient* than the old one. // 私たちは新型車の*性能を調べた We tested the *performance* of the new-model car. // 機械の*性能 (⇒ 能率) はだんだん落ちてきた The *efficiency* of the machine has gradually decreased. // 日本のカメラは世界で最も*性能がよい (⇒ 質がよい) Japanese cameras are ⌈the best [of the best *quality*] in the world.

せいは 制覇 **1** «征服» ━ 動 (戦争などで征服する) conquer ㊀; (君臨して支配する) dominate ㊀. ━ 名 conquest Ⓤ; domination Ⓤ. 《☞ せいふく²; しはい¹》. ¶彼らは明らかに世界*制覇をもくろんでいる They are apparently planning to ⌈*conquer* [*dominate*] the world.

2 «競技で» ━ 動 (選手権を取る) win the championship 《☞ ゆうしょう¹; スポーツ (囲み)》. ¶全国高校野球選手権大会で全国*制覇することが彼らの夢だ (⇒ 彼らは…の夢を持っている) They ⌈have a dream [dream] of *winning* the National Senior High School Baseball Tournament.

せいばい 成敗 ¶けんか両*成敗だ (⇒ 双方とも処罰されるべきだ[責任がある]) In a quarrel both parties ⌈should *be punished* [*are to blame*].

せいばつ 征伐 ━ 動 (敵などを征服する) conquer ㊀; (服従させる) subjugate ㊀ ★ 形式ばった語. 《☞ せいふく²》.

せいはつざい 整髪剤 (ヘアトニックなどの整髪用化粧品) hairdressing Ⓤ.

せいはん 製版 ━ 名 (印刷用の版を作ること) platemaking Ⓤ ★ 特にオフセット印刷の. ━ 動 make a plate. 《☞ いんさつ; かっぱん》.

製版者 platemaker Ⓒ.

せいはんたい 正反対 ━ 形 (性質・意味などがまったく反対の) opposite; (順序・方向などが逆の) reverse; (本質的に対立している) contrary. ━ 副 in direct opposition; (打って変わって) on the contrary. ━ 名 the exact ⌈opposite [reverse]. 《☞ はんたい; ぎゃく (類義語)》.

¶「高い」は「低い」の*正反対だ *High* is *opposite* ⌈to [from] *low.* / *High* and *low* are *opposites.* 《☞ イタリック体 (欄外)》// 彼はその意味を*正反対に解釈した He interpreted the meaning in ⌈an [the] *opposite* way. // 彼は私と*正反対の意見を持っている He ⌈holds [has] ⌈quite a *contrary* point of view [an *exactly opposite* opinion] to me. / (⇒ 彼の意見と私のはまったく反対だ) His views and mine are completely ⌈*opposite* [*contrary*]. // 私の期待とは*正反対の結果が出た I have obtained a result *in reverse to* my expectation.

せいひ¹ 正否 ¶事の*正否 (⇒ それが正しいか間違っているか) を見定めることが必要である It is necessary to make sure whether it is ⌈*right* [*correct*] or ⌈*wrong* [*not*].

せいひ² 成否 (成功または失敗) success or failure Ⓤ; (結果) the result. 《☞ せいこう¹; しっぱい; けっか》. ¶*成否 (⇒ 結果) にかかわらず, 最善を尽くすつもりだ I will try my best regardless of *the result.* // 事の*成否を問うつもりはない I ⌈will not [don't] care ⌈about *success or failure* [*whether you succeed or fail*].

せいび 整備 ━ 動 (車などを修理する) fix ㊀, repair ㊀ ★ 前者は主として《米》; (販売後, 機械・車などを修理点検する) service ㊀; (手入れをして維持する) maintain ㊀; (改善する) improve ㊀. ━ 名 (維持・保全) maintenance Ⓤ; improvement Ⓤ. 《☞ ととのえる; じゅんび》.

¶彼は自動車*整備の技術 (⇒ 自動車の機械知識) を学んでいる He is studying automobile *mechanics.* / (⇒ 自動車の修理方法を) He's learning how to ⌈*fix* [*repair*] cars.

私は車を定期的に*整備してもらう I *have* my car *serviced* regularly. 《☞ 使役 (囲み)》

*整備に手抜かりがあった There was an oversight in *maintenance.*

環境*整備 (⇒ 改善) は大切である *Improvement* of the environment [Environmental *improvement*] is important.

車道よりも歩道を*整備せよ (⇒ 建設せよ) *Construct* sidewalks rather than roads (for cars).

河川の堤防は*整備 (⇒ 修理と補強) が進んできた The river embankments *have been repaired and strengthened.*

彼らはグラウンドを毎日*整備する (⇒ グラウンドに気を配る) They *take care of* the playing field every day.

整備員 (飛行場の地上の) gróund crèw Ⓒ ★ 集合的に; (球場などの) ground(s) keeper Ⓒ, groundman Ⓒ; (自動車の) car [automobile; garage] mechanic Ⓒ; (機械の) repairman Ⓒ **整備工場** (自動車の) repair [service] shop Ⓒ.

せいひょう 製氷 (一般的に) ice making Ⓤ; (大規模な) ice manufacture Ⓤ. 《☞ こおり》. **製氷機** (特に角氷を作る) ice machine Ⓒ **製氷工場** ice plant Ⓒ **製氷皿** (冷蔵庫の) ice tray Ⓒ.

せいびょう 性病 venereal [vəní(ə)riəl] disease Ⓒ 《略 V.D.》.

せいひれい 正比例 〘数学〙 direct ⌐propor-tion [ratio] Ⓤ (↔ inverse ⌐proportion [ratio]) (☞ ひれい；わりあい). ¶ 電線の抵抗はその長さに*正比例する The resistance of a wire is ⌐*in direct proportion* [*directly proportional*] *to* its length.

せいひん[1] 製品 (製造した物) product Ⓒ; (品物) article Ⓒ; (商品) goods [語法] 複数形だが, 数詞や many では修飾できない; (機械などで大量に生産された物) manufactures ★ 通例複数形で. 製糸・製綿関係の製品に使われることが多い. (☞ せいさん[1]).
¶ 彼は新*製品の紹介のためにアメリカから日本に来ました He's here from the United States to introduce a new *product* to us. // 私どもでは外国*製品は扱っていません We don't deal in ⌐foreign *products* [imported *goods*]. // 石油化学[乳]*製品 petrochemical [dairy] *products* // 綿[絹]*製品 cotton [silk] *manufactures*

せいひん[2] 清貧 ¶ 彼は*清貧に甘んじて (⇒貧しいにもかかわらず) 研究に没頭した He was devoted to his study in spite of (his) *poverty*. (☞ びんぼう；まずしい)

せいふ 政府 —[名] government Ⓒ ★ 自国の政府をいうときは the Government と大文字で始める場合が多い；(米国の政権) the Administration ★ 米国政府を正式に指すときは the United States Government；(内閣) cabinet Ⓒ ★ 自国の現内閣, 特定の国の内閣を指すときはしばしば大文字で始める. —[形] governmental；(内閣の) cabinet. (☞ ないかく[1]；せいけん[1]；政治・経済 (囲み)).
¶ *政府は増税を考えている *The Government* is planning a tax increase. // 私は現*政府の外交政策に反対である I am against the foreign policy of the present *government*. // *政府の予算案が国会を通過した The *government-drafted* budget passed the Diet.
政府高官 high-ranking government official Ⓒ **政府筋** government ⌐circles [sources] ★ 複数形で. **政府当局** the government authorities ★ 複数形で.

せいぶ 西部 —[名] the west [語法] 特定の国の西部の意味では the West と大文字にすることがある；(西の地方) the western part. —[形] western [語法] 特定の国について言うときは大文字にすることがある. (☞ にし).
¶ アメリカの*西部には国立公園が 20 以上ある There are more than twenty national parks in *the West*. // オレゴンは合衆国の*西部にある Oregon is in *the* ⌐*west* [*western part*] of the U.S.A. (☞ アメリカ (表))
西部劇 (映画・劇・物語などの) western (⌐film [movie]) Ⓒ (☞ 映画 (囲み)). ¶「きのうどんな映画を見ましたか」「*西部劇を見ました」"What kind of movie did you see yesterday?" "I saw a *western*."

せいふく[1] 制服 (軍人・警官・看護婦などの) uniform Ⓒ ★ 熟語的に用いる場合は Ⓤ となることがある；(学校の) school uniform Ⓒ. (☞ 衣服 (囲み)).
¶ 警察官や消防士は*制服を着ている Policemen and firemen wear *uniforms*. // そのビルの前には*制服を着たガードマンがいた There was ⌐a watchman in *uniform* [an *uniformed* watchman] in front of the building. // その女の子たちは学校の*制服を着ていた The girls were *in* ⌐*uniform* [their school *uniforms*].

せいふく[2] 征服 —[動] (制圧して手に入れる) conquer (他) ★ 比喩的にも用いられる. —[名] conquest Ⓤ. (☞ しはい[1]).
¶ ノルマン人は 11 世紀にイングランドを*征服した The Normans *conquered* England in the eleventh century. // 人類はいまや月を*征服した Man *has* now *conquered* the moon. // モンブランの頂上は 1786 年に初めて*征服された (The ⌐peak [summit] of) Mont Blanc *was* first *conquered* in 1786.

せいふく[3] 正副 ¶ 書類は*正副 2 通提出しなければならない You must ⌐send in [submit] the ⌐documents [papers] *in duplicate*. [語法]「書類が正副 2 通で」の意味が in duplicate である. 3 通の場合は in triplicate という.
正副議長 (一般的に) the chairman and ⌐vice-chairman [deputy chairman]; (衆議院の) the Speaker and Vice-Speaker (of the House of Representatives); (参議院の) the President and Vice-President (of the House of Councillors). (☞ 政治・経済 (囲み)).

せいぶつ[1] 生物 **1** «生き物»: (動物・植物の総称) life Ⓤ; (生きている物) living thing Ⓒ. (☞ いきもの；どうぶつ；しょくぶつ). ¶ 火星には*生物はいない There is no *life* on Mars.
2 «科目名»: biology Ⓤ (☞ 学校・教育 (囲み)). ¶ *生物の授業は*生物室で行われます *Biology* classes meet in ⌐*biology* room [*bio(logy)* lab(oratory)].
生物学 biology Ⓤ **生物学者** biologist Ⓒ.

せいぶつ[2] 静物 (果物・花・陶器など, 絵画の題材としての静物) still life Ⓤ ★ 静物画を指すときは Ⓒ (複 still lifes). **静物画家** still-life painter Ⓒ.

せいふん 製粉 —[動] mill (他), grind ... into flour. (☞ こな). ¶ とうもろこしは*製粉されて粉になる Corn *is ground into* meal.
製粉所[機] (flour) mill Ⓒ.

せいぶん 成分 (混合物の) ingredient Ⓒ; (元素) element Ⓒ; (構成部分) component Ⓒ, constituent Ⓒ ★ 後者は特に不可欠の構成要素[分子]を示す. (☞ ようそ[1]).
¶「その主*成分は何ですか」「米ですよ」"What is the main *ingredient*?" "It's rice." // 水素と酸素が水の*成分です Hydrogen and oxygen are the ⌐*constituents* [*elements*] of water. // この単語は幾つかの*成分に分析できる We can analyze the word into several meaningful *components*.

せいぶんか 成文化 —[動] (法律・規則を法典化する) codify (他). —[名] codification Ⓤ. ¶ その法律は*成文化された The law *was codified*.

せいぶんほう 成文法 (文書の形で公布され

た法律) written law [C], statute [C] ★ 後者は法律用語で, 形式ばった語. 《☞ ほうりつ》.

せいへき 性癖 (習慣となっている個人的なくせ) habit [C] ★ 一般的な語; (生まれつきの傾向) propensity [C] ★ 形式ばった語. 《☞ くせ; せいしつ》. ¶ この馬は人をける*性癖がある This horse has a *habit* of kicking. // 彼女はうそをつく*性癖がある She has a *propensity* ⌈to lie [for lying].

せいべつ 性別 (男女の) sex [U]; (性によるはっきりとした区別) sexual distinction [U].
¶ *性別に関係なくその仕事に応募できる Anyone, regardless of *sex*, can apply for the post. // この表現には男女の*性別は関係ありません There is no *sexual distinction* concerning this expression. // 死体の*性別はいまだ不明である The *sex* of the corpse has not yet been determined.

せいへん 政変 (内閣の更迭) change of government [C]; (革命) revolution [C]; (クーデター) coup (d'état) [C] 《複 coups (d'état)》. 《☞ せいじ[1]; かくめい; クーデター》. ¶ あの国で*政変が起こったらしい It is reported that a ⌈*revolution* [*coup d'état*] has taken place in that country.

せいぼ[1] 聖母 (処女マリア) the Virgin Mary; (聖マリア) Saint Mary, Our Lady, the Madonna ★ すべて聖母マリアを表す語.

せいぼ[2] 歳暮 (年末の贈り物) year-end ⌈present [gift] [C] ★ gift のほうが改まった語で, やや高価な贈り物の感じ. 《☞ 日本固有の風物と英語 (囲み)》.

せいぼ[3] 生母 *a person's* (real) mother [C] 《☞ はは》.

せいほう[1] 製法 (製造する手順) process [C]; (組織的方法) method of manufacturing ... [C]; (料理の作り方) recipe [résəpìː] [C]. 《☞ せいぞう; せいひん[1]; ほうほう》.
¶ ガラスの新*製法 a new ⌈*process* to make [*method of manufacturing*] glass // この*製法を見てクッキーを作った I made cookies from this *recipe*. // 彼はいろいろなカクテルの*製法を教えてくれた (⇒ どのようにいろいろなカクテルを作るか教えてくれた) He taught me *how to make* various cocktails.

せいほう[2] 西方 — [名] the west. — [形] west, western. — [副] to the west of ..., west of ... ★ ほぼ同意だが, 後者のほうがより口語的. 《☞ にし; せいぶ》.

せいぼう[1] 制帽 (学校の) school cap [C] 《☞ せいふく[1]》.

せいぼう[2] 声望 (名声) reputation [U] ★ しばしば a を付けて; fame [U]; (人気) popularity [U]. 《☞ にんき[1]; めいせい; じんぼう》.

ぜいほう 税法 the tax ⌈laws [code] 《☞ ぜい; ぜいせい; ほうりつ》.

せいほうけい 正方形 square [C] 《☞ しかく[2] (挿絵)》. ¶ 先生は黒板に*正方形をかいた The teacher drew a *square* on the blackboard.

せいほく 西北 the northwest 《略 NW, N.W.》 《☞ ほくせい》.

せいほん 製本 — [名] (book)binding [U]. — [動] bind [他]. 《☞ そうてい[2]》. ¶ この本は皮で*製本されている This book *is bound* in leather. / This is a *leather-bound* book. // この本の*製本はしっかりしている The *binding* ⌈of [on] this book is solid. **製本業** the bookbinding industry **製本所** bookbindery [C] **製本屋** (人) bookbinder [C].

せいまい 精米 (精白した米) polished rice [U]; (精米すること) rice polishing [U]. 《☞ こめ》. **精米機** rice-polishing machine [C] **精米所** rice mill [C].

せいみつ 精密 — [形] (正確な) precise; (詳述された) detailed; (詳細な) minute [main(j)úːt]; (綿密な) close. — [名] precision [U]; minuteness [U]; closeness [U]. — [副] precisely; exactly; minutely; closely; in detail.
【類義語】 計器などが細かい点まで正確であるのが ***precise***. 説明などが余すところなく詳しいのが ***detailed***. 非常に小さなことまで注意を払うのが ***minute***. 綿密に徹底的に行うのが ***close***. 《☞ しょうさい[1]; せいかく[1] (類義語); めんみつ》
¶ 私たちは*精密な地図が欲しい We need a *detailed* map. // 私は*精密な健康診断を受けた I underwent a ⌈*minute* [*close*] ⌈health [medical] examination.
精密機械 precision machine [C] **精密検査** close [thorough; minute] examination [C] **精密工業** precision industry [C].

せいむ 政務 (公務) official business [U] 《☞ こうむ[1]》. **政務次官** vice-minister [C], (parliamentary) undersecretary [C]. 《☞ 政治・経済 (囲み)》 **政務調査会** policy affairs research council [C].

ぜいむしょ 税務署 tax office [C] 《☞ こくぜい》. ¶ 地区の*税務所 a ⌈district [local] *tax office* **税務署員** (収税吏) tax collector [C] (↔ tax payer); (事務員) tax-office clerk [C] **税務署長** taxoffice supervisor [C].

せいめい[1] 生命 (命) life [U] ★「(生命を持った)人間」という意味では [C] 《複 lives [láivz]》. 《☞ いのち; じんめい》.
¶ 植物は*生命を持っている Plants have *life*. // 私はその仕事に*生命を賭けた I staked my *life* on the business. // その事故で3人が*生命を失った Three *lives* were lost in the accident. / (⇒ 事故が3人の生命を奪った) The accident claimed three *lives*. // 彼女の*生命に別状はない (⇒ 彼女の死の心配はない) There is no fear of her death.
生命保険 life insurance [U], 《英》 life assurance [U]. 《☞ ほけん[1]》 **生命保険会社** life ⌈insurance [《英》 assurance] company [C].

せいめい[2] 声明 — [名] (政府などの) statement [C]; (発表) announcement [C]; (正式または公式の宣言) declaration [U]. — [動] announce [他]; declare [他]. 《☞ こうひょう[1]; せんげん; はっぴょう; メッセージ》.
¶ 外相はきのう国際危機について*声明を出した The foreign minister made a *statement* yesterday on the international crisis. // 彼は突然辞職の*声明を出した (⇒ 辞職を発表した) He suddenly ⌈*announced* [made a

public *announcement* of] his resignation. // 共同*声明 a joint *statement*

せいめい³ 姓名 (姓と名) full name Ⓒ; (名前) name Ⓒ. 《☞ しめい³; なまえ》. **姓名判断** divination from the letters of a name Ⓤ.

せいもん¹ 正門 (塀やさくなどで囲まれた) the front gate (↔ the back gate); (入口) the main entrance.

せいもん² 声紋 (音声の個人的特徴) voiceprint Ⓒ.

せいやく¹ 制約 ━名 (限られた範囲内に制限すること) restriction Ⓒ; (ある行為・行動を拘束すること) restraint Ⓒ, constraint Ⓤ ★ 後者のほうが意味が強い; (限界内に限定すること) limitation Ⓒ. ━動 restrict ㊀; restrain ㊀; constrain ㊀; limit ㊀. 《☞ せいげん; そくばく》.

¶ 時間の*制約がある There are time *restrictions.* / We *are restricted* by time. // これは社会的な*制約を受けない This is free from social *restraints.* // 予算に*制約があるのでそれを買うことができない We cannot afford to buy it because of budgetary *limitations.* // それは何の*制約 (⇒ 強制) もない自由な投票だった It was a free vote without *constraint.*

せいやく² 誓約 ━名 (神や聖書にかけて人に対してなされる宣誓) oath Ⓒ; (神に対してなされる誓い) vow Ⓒ; (堅い約束) pledge Ⓒ. ━動 take oath, make an oath; make a vow, vow ㊀; (…すると堅く約束する) pledge (*oneself* to *do*). 《☞ ちかい²; ちかう; やくそく》.

¶ 彼は*誓約を守った[破った] He ⌈kept [broke] his ⌈*oath* [*vow*; *pledge*].

誓約書 written ⌈oath [pledge; promise] Ⓒ.

せいやく³ 製薬 medicine [drug] manufacture Ⓤ 《☞ くすり》. **製薬会社** pharmaceutical [fɑ̀ːməsúːtikəl] company Ⓒ.

せいゆ¹ 製油 oil manufacture Ⓤ. **製油所** oil ⌈factory [refinery] Ⓒ.

せいゆ² 精油 (精製すること) oil refining Ⓤ 《☞ せいせい³》.

せいゆう 声優 (ラジオで男性の) radio actor Ⓒ; (女性の) radio actress Ⓒ; radio performer Ⓒ ★ 男女の別なく, また必ずしも俳優とは限らず広く出演者を指す; (吹き替えをする人) actor [actress] who dubs a foreign film Ⓒ. 《☞ ふきかえ》.

せいよう¹ 西洋 ━名 the West (↔ the East); (西洋諸国) the Western countries; 《文語》 the Occident (↔ the Orient) ★ いずれもヨーロッパとアメリカを含む. ━形 Western; Occidental. 《☞ せいおう》.

¶ ネクタイは*西洋文化の所産である The necktie is a product of *Western* culture.

西洋史 European history Ⓤ **西洋人** Westerner Ⓒ **西洋風** ━名 Western style Ⓒ. ━形 Western-style. **西洋文明** Western civilization Ⓤ **西洋料理** (食べ物) Western food Ⓤ; (料理法) Western ⌈cooking [cuisine] Ⓤ. 《☞ りょうり; 食事 (囲み)》.

せいよう² 静養 ━名 (努力や労働の後の休息) rest Ⓒ. ━動 (静かに休む) rest quietly ㊂, take a rest. 《☞ きゅうそく²; やすむ》.

¶ 彼は自宅*静養をした He *rested* at home. // 彼には十分な*静養が必要である He needs a good *rest.* // 彼女は病気が回復して軽井沢で*静養しています She ⌈got over [recovered from] her illness, and *is taking a rest* at Karuizawa. // 彼は*静養のため (⇒ 健康を回復するため) に田舎へ行った He went to the country to *recover his health.*

せいよく 性欲 sexual ⌈desire [appetite] Ⓤ 《☞ せい³; よくぼう》.

せいらい 生来 ━副 (生まれつき) by ⌈nature [birth]. ━形 (持って生まれた) inborn; (性質の一部として備わっている) innate ★ 前者のほうが口語的. 《☞ うまれつき; せんてんてき》.

¶ 彼は*生来怠け者です He is lazy *by nature.* // 私は彼女の*生来のしとやかさに引かれた I was attracted by her ⌈*inborn* [*innate*] modesty.

せいり¹ 整理 **1** «整える» ━動 (きちんとする) tidy (up) ㊀; (きちんとしておく) keep … tidy ★ 以上 2 つは以下のものより口語的; (ある計画や目的によって物を配列する) arrange ㊀; (物を整然と) put [set] … in order; (きちんと片づける) straighten (⌈up [out]) ㊀. 《☞ ととのえる; せいとん》.

¶ 部屋をきちんと*整理しなさい *Tidy* [*Straighten*] *up* your room. // 彼女は書棚の本を*整理した She ⌈*put* [*set*] the books on the shelves *in order.* // 彼は帳簿の*整理で忙しい He is busy *adjusting* (the) accounts.

2 «解消する» ━動 (きれいに清算する) clear (away) ㊀, pay off ㊀. 《☞ せいさん³》. ¶ 私は負債をすべて*整理したい I want to ⌈*clear* (*away*) [*pay off*] all my debts.

3 «減らす» ━動 (人員などを) cut down ㊀, cut down (on …) ㊂, reduce ㊀ ★ 前 2 者がより口語的. 《☞ さくげん》. ¶ 会社は人員を*整理した (⇒ 減らした) The company ⌈*cut down* (*on*) [*reduced*] its staff.

整理券 (列の順番を示すための) order-in-line ticket Ⓒ **整理だんす** (衣類用) chest of drawers Ⓒ; (書類用) filing cabinet Ⓒ. 《☞ たんす (挿絵)》 **整理箱** (箱) chest Ⓒ; (ファイル式の) file Ⓒ 参考 小さなものだけでなく整理ケース (filing cabinet) の意味でも使われる. **整理番号** reference number Ⓒ.

せいり² 生理 (女性の月経) (menstrual) period(s), menses ★後者は複数形で. **生理休暇** women workers' (monthly) leave Ⓒ.

せいりがく 生理学 physiology Ⓤ. **生理学者** physiologist Ⓒ.

ぜいりし 税理士 certified [licensed] tax accountant Ⓒ.

せいりつ 成立 ━動 (生まれる) come into existence; (組織・団体などが結成される) be formed; (契約や協定などを結ぶ) conclude ㊀; (生ぜしめる) bring [call] … into existence; (達成する) achieve ㊀; (目標などに到達する) reach ㊀. 《☞ なりたつ; ふせいりつ》.

¶ その内閣は 12 月に*成立した The cabinet *was formed* in December. // 予算が*成立した (⇒ 認められた) The budget *was approved.*

せ

// 太郎と芳子の婚約が*成立した (⇒ 手はずが整えられた) A marriage *has been arranged* between Taro and Yoshiko. // 交渉による和解が*成立した The problem *was settled* by negotiations. / Agreement *was reached* by negotiations. // 彼らの間で休戦協定が*成立した A ceasefire *was* ⌈*reached* [*achieved*] between them. // その2か国間に条約が*成立した (⇒ 締結された) A treaty *was* ⌈*concluded* [*signed*] between the two countries.

せいりゃく 政略 (政治上の戦術) political tactics ★ 複数扱い; political strategy Ⓤ. 《☞ せいじ[1]; さくりゃく》. **政略結婚** (当事者による打算的な) marriage of convenience Ⓒ; (当事者の意思でなく政治的な) political marriage Ⓒ.

せいりょう 声量 the volume of (*a person's*) voice 《☞ こえ》. ¶ 彼は*声量がある (⇒ 朗々とした声をしている) He has a *sonorous* voice. / He has a ⌈*powerful* [*rich*] *voice*.

せいりょういんりょうすい 清涼飲料水 soft drink Ⓒ 《☞ ジュース[1] [語法]》.

せいりょうざい 清涼剤 ¶ 彼女の歌は一服の*清涼剤だった (⇒ さわやかだった) Her song was *refreshing* to us. / It was *refreshing* to hear her sing.

せいりょく[1] 勢力 ━[名] (権力・支配力) power Ⓤ; (実際に行使される物理的な力) force Ⓤ; (影響力) influence Ⓤ. ━[形] (強力な) powerful; (力の強い) forceful; (有力な) influential. 《☞ ちから》.

¶ *勢力の均衡が保たれた The balance of *power* was ⌈kept [maintained]. // 彼は財界に相当の*勢力を持っている He ⌈is quite *influential* [has considerable *power*] in business circles. // 米国はアフリカ諸国の間に*勢力を伸ばした The U.S.A. has ⌈extended [expanded] its *influence* over the African countries. // その党は地方政界でめざましく*勢力を伸ばしている (⇒ めざましい繁栄を示している) The party has had a spectacular *rise* on the local (governmental) level. // その台風は北上するにつれて*勢力が衰えた The typhoon lost much of its *force* as it made its way north. 《☞ 自然災害 (囲み)》

勢力争い struggle for power Ⓒ, power struggle Ⓒ **勢力家** (影響力のある) man of influence Ⓒ; (強力な) powerful [influential] person Ⓒ **勢力範囲** sphere of influence Ⓒ.

せいりょく[2] 精力 ━[名] (何かをするために蓄積された力) energy [énədʒi(:)] Ⓤ ★ 活動力を示すときは energies と複数形になることが多い; (活力) vigor (《英》 vigour) Ⓤ; (旺盛な生命力) vitality Ⓤ. ━[形] energetic; vigorous; (活発な) active. 《☞ ちから》.

¶ 彼は非常に*精力的だ He is very *energetic*. / (⇒ 精力旺盛だ) He is full of ⌈*energy* [*vitality*]. // 彼は*精力的に仕事をした He worked ⌈*vigorously* [*energetically*]. // 彼はその研究に全*精力を注いだ He put all his *energies* into the research. // 彼は非常に*精力的な作家だ He is a very *active* writer. // *精力絶倫の人 a man of ⌈unbounded [untiring] *energy*

精力家 man of ⌈energy [vigor] Ⓒ, energetic man Ⓒ.

せいれい 政令 (内閣が制定する命令) cabinet order Ⓒ; (政府の命令) government ordinance Ⓒ. 《☞ ほうれい》.

せいれき 西暦 (キリスト紀元) the Christian ⌈era [Era]; (キリスト紀元後) A.D. [語法] ラテン語の anno Domini [ǽnou-dɑ́mənì(:)] の略で, 《米》では年号の後に, 《英》では前に付ける. 年号の若い場合にだけ用いるのが普通. なお紀元前は B.C. (=Before Christ). 《☞ きげん[4]; 略語 (欄外); 数字 (囲み)》.

¶ 彼は*西暦3世紀後半に生きていた He lived in the late third century *A.D.* // キリスト教は*西暦500年ごろに北方へ広まり始めた Christianity began to spread northward around 500 *A.D.*

せいれつ 整列 ━[動] (一列になって立つ) stand in a ⌈line [row] (自) [語法] line は縦に, 前の人の背中を見るように並ぶこと. row は横に, 隣の人と肩を並べるように並ぶこと. 《☞ れつ (挿絵)》; (列に並ぶ・並べる) line up (自) (他), form a line. 《☞ ならぶ; れつ》. ¶ 彼らは4列に*整列した They *were lined up* in four ⌈rows [lines].

せいれん 精錬, 製錬 ━[動] (金属の純度を高める) refine (他); (鉱石から金属を取り出す) smelt (他). ━[名] refining Ⓤ; smelting Ⓤ. 《☞ せいせい[3]》. **精錬所** refinery Ⓒ; smeltery Ⓒ.

せいれんけっぱく 清廉潔白 ¶ 彼は*清廉潔白だ (⇒ 高潔な人だ) He is *a man of integrity*.

せいろん 正論 ¶ 彼の言ったことは*正論だ (⇒ 理にかなっている) What he said is quite *reasonable*.

セーター sweater [swétə] Ⓒ 《☞ 衣服 (囲み)》.

セーフ 〖野球〗 ━[形] safe (↔ out). ━[副] safely. 《☞ 野球の英語 (囲み)》. ¶ 審判は彼を*セーフと判定した The umpire ⌈called [ruled] that he was *safe*. / The umpire called him *safe*. // 彼は2塁に滑り込んで*セーフだった He slid *safely* into second (base). // 1塁は*セーフだった He was *safe* on first (base).

セーブ save Ⓒ 《☞ 野球の英語 (囲み)》. ¶ 彼は20個目[20個]の*セーブを稼いだ He got ⌈the twentieth *save* [twenty *saves*].

セーフティバント ━[名] drag bunt Ⓒ ★「セーフティバント」は和製英語. ━[動] (ヒットにしようとしてバントする) bunt for a single (自). 《☞ バント; 野球の英語 (囲み)》. ¶ 松本が*セーフティバントをして1塁に生きた Matsumoto hit out a *drag bunt* for a single.

セーラーふく セーラー服 (子供用の上下) sailor suit Ⓒ; (女学生の) middy (blouse) and skirt Ⓒ ★ 説明的にはこの後に worn by a Japanese high school girl as a school uniform と続ければよい；(海軍軍人の) sailor's uniform Ⓒ.

セール (安売り) sale Ⓒ; (大安売り) bargain sale Ⓒ. (☞ やすうり). ¶ デパートで靴の*セールをやっていた The department store had a *sale* ⌈of [on] shoes. // 私は*セールですてきな帽子を買った I bought a nice hat *on sale*. // 在庫一掃*セール Clearance *Sale* (☞ 掲示の英語 (囲み))

「セール」のポスター

セールスマン (販売の外交員)《米》(traveling) salesman [séilzmən] Ⓒ《複 -men》; (女性) saleswoman Ⓒ《複 -women》 [参考] 英語の salesman, saleswoman は売り場の店員も指す.

せおいなげ 背負い投げ (柔道の) shoulder throw Ⓒ. ¶ *背負投げをかける *throw a person over one's shoulder*

せおう 背負う (背中に) carry ... on *one's* back; (肩でかつぐ) shoulder (他). (☞ はこぶ; かつぐ; しょいこむ). ¶ 彼は病人を*背負って3時間歩いた He walked for three hours *carrying* a sick person *on his back*. // 彼は借金の重荷を*背負っていかなければならない He has to *shoulder* a heavy burden of debts.

せおよぎ 背泳ぎ backstroke Ⓤ ★ しばしば the を付けて. (☞ はいえい; およぐ).

せかい 世界 the world ★ 世間・世の中の意味にも使う; (地球) the earth. (☞ ちきゅう; よのなか; せけん; 冠詞 (欄外)).
¶ 死後の*世界 *the world* after death
スポーツの*世界 *the* sports *world*
エベレスト山は*世界で一番高い山だ Mt. Everest is the highest mountain in *the world*.
その会議には*世界の各国から代表が集まった Representatives from ⌈all over [throughout] *the world* attended the conference.
航空機の発達によって*世界は狭くなった *The* ⌈*earth* [*world*] has become smaller with the development of aircrafts.
彼は*世界的に有名なピアニストだ He is a *world*-famous pianist.
日本は自由*世界のリーダーになれるだろうか Can Japan be ⌈the [a] leader of *the* free *world*?
*世界的な石油不足 a *worldwide* shortage of oil
ブラジルは*世界一 (⇒ 最大) のコーヒー生産国である Brazil is the *world's* biggest coffee-producing country. (☞ 所有格 (欄外))
世界一周(旅行) (a)round-the-world trip Ⓒ **世界記録** world record Ⓒ. ¶ だれがマラソンの*世界記録を持っていますか Who holds *the world's record* for the marathon? (☞ きろく) **世界史** world history Ⓤ **世界選手権大会** world championship (meet) Ⓒ **世界大戦** world war Ⓒ. ¶ 第一[二]次*世界大戦《米》*World War* ⌈I [II] ★ World War ⌈one [two] と読む. / the ⌈First [Second] *World War* **世界平和** the world peace **世界保健機構** WHO ★ the World Health Organization の略. (☞ 略語 (欄外)).

せかす 急かす (無理に…させる) push *a person* (to *do*); (せき立てて…させる) press *a person* (to *do*). (☞ せきたてる; いそがせる). ¶ そんなに*せかさないで Don't *push* me so hard.

せかせか ―[形] (落ち着かない) restless; (忙しい) busy. (☞ そわそわ; おちつく; 擬声・擬態語 (囲み)). ¶ 彼女はいつも*せかせかしている She is always *restless*.

せかっこう 背格好 (体格) build Ⓤ; (身長) stature Ⓤ; (大きさ) size Ⓤ. (☞ しんちょう¹; からだ). ¶ その2人の兄弟はまったくよく似た*背格好をしている The two brothers are of the same *build*. / (⇒ 外見は似ている) The two brothers are very like each other in *appearance*.

ぜがひでも 是が非でも by all means (☞ ぜひ¹; うむ³).

せがむ (しつこく迫って要求する) press (他) (☞ ねだる). ¶ 彼はお金を父親に*せがんだ <S(人)+V(*press*)+O(人)+*for*+O(物)> He *pressed* his father *for* money. // 子供に*せがまれて自転車を買ってやった My child *was pressing* me so hard for a bicycle that I bought him one.

せがれ 倅 (自分の息子) my son Ⓒ (☞ むすこ).

セカンド (野球の塁) second base Ⓤ ★ 冠詞は普通付けない; (2塁手) second baseman Ⓒ《複 -men》. (☞ 野球の英語 (囲み)). ¶ 彼は*セカンドです He is a *second baseman*. / He plays *second*.

せき¹ 席 (座席) seat Ⓒ ★ いす・腰掛けなど, すべての腰掛けるものに使う; (劇場や汽車などの決まった席) place Ⓒ.
¶ どうぞ*席について下さい Please *sit down*. / Please take your *seat*. / Please *be seated*. ★ 後のほうほど形式ばった言い方.
彼はバスの中でその老人に*席を譲った He gave his *seat* on the bus to the old man.
彼は2人分の*席を占領している He occupies enough *space* for two (people).
彼は怒って*席を立った (⇒ 離れた) He got angry and ⌈left [quit] his *seat*.
その劇の*席を2つ予約しましょうか Shall we reserve two *seats* for the play?
君が戻ってくるまで*席をとっておきます I'll keep your *seat* (for you) until you come back.
「*席がとれるかしら」「うん, 次の列車を待てば大丈夫」"Do you think we can get our *seats*?" "I'm sure we can if we wait for the next train."
「佐藤さんはいらっしゃいますか」「佐藤はいま*席を外しています (⇒ 机の所にはいませんが, すぐ戻るでしょう)」"Is Mr. Sato in?" "No, he's ⌈not at his desk right now [out], but he'll be back soon." (☞ 電話の英語 (囲み))
「この*席は空いていますか」「いいえ, ふさがっています」"Is this「*seat* [*place*]「vacant [free ; open]?" "No, it's「taken [occupied]."《☞ くうせき》

隣の*席の人(⇒隣に座っている人)にたばこを勧められた The man *sitting* next to me offered me a cigarette.

せき² 咳 ━名 cough [kɔ́:f] Ⓒ ; (せきをすること) coughing Ⓤ. ━動 cough ⓐ.《☞ 病気・病院(囲み)》.

¶子供の*せきがひどい The child has a bad *cough.* // その薬で*せきがおさまった The medicine relieved my *cough.* // 彼女は激しく*せきをした She *coughed*「hard [violently]. // 私は風邪を引くと*せきが何か月も止まらない When I catch (a) cold, the *cough* hangs on for months.

せき止め cough drop Ⓒ.

せき³ 籍 (戸籍) family register Ⓒ《☞ こせき ; ほんせき》. ¶彼女はまだ*籍が入っていない(⇒届け出がされていない) Her marriage is not yet reported to the *register* office.

せきうん 積雲〖気象〗cumulus [kjú:mjuləs] Ⓒ《複 cumuli [kjú:mjulài]》《☞ くも¹(挿絵)》.

せきえい 石英 quartz Ⓤ. **石英ガラス** quartz glass Ⓤ.

せきがいせん 赤外線 infrared rays ★複数形で. **赤外線カメラ** infrared camera Ⓒ **赤外線写真** (写したもの) infrared「photograph [film] Ⓒ ; (写真術) infrared photography Ⓤ.

せきさい 積載 ━動 (運ぶ) carry ⓣ ; (荷を積む) load ⓣ.《☞ つむ¹ ; はこぶ》.

積載貨物 cargo on board Ⓤ **積載量** loadings ★複数形で.

せきざい 石材 (建築用の) (building) stone Ⓤ.

せきじ 席次 (学校の成績の) class ranking Ⓤ《☞ せきじゅん ; じゅんばん》. ¶クラスで*席次が5番上がった[下がった] I「gained [lost] my *standing* in the class by five places. // 私の*席次はクラスで15番だ My *class rank* (*-ing*) in (terms of) ability is fifteenth. / I *rank* fifteenth (in ability) in our class.

せきじゅうじ 赤十字 the Red Cross (Society). **赤十字病院** Red Cross hospital Ⓒ.

せきじゅん 席順 the order of「seats [places], the seating order.《☞ じゅんばん》.

せきしょ 関所 checkpoint in feudal Japan Ⓒ.

せきじょう 席上 (…において) at … ; (…の折) on the occasion of … ★やや形式ばった言い方. ¶彼はその祝賀会の*席上で演説をした He delivered a speech「*at* [*on the occasion of*] the celebration party.

せきずい 脊髄 spinal cord Ⓒ, spinal marrow Ⓤ.

せきせつ 積雪 (降雪量) snowfall Ⓤ ; (積もった雪) snow (on the ground) Ⓤ.《☞ ゆき¹ ; つもる》. ¶*積雪1メートルです The *snow* is one meter deep. // 東北自動車道はかなりの*積雪のため全面通行禁止になった The Tohoku Expressway was closed due to (the) heavy *snowfall.*

せきぞう 石像 stone statue Ⓒ.

せきたてる 急き立てる (心理的圧力でせかせる) press *a person* (to *do*) ; (強要して) push *a person* (to *do*) ; (励ましたり刺激したりして) urge ⓣ.《☞ せかす ; いそがせる》. ¶そんなに*せきたてるなよ Don't *hurry* me *up.*

せきたん 石炭 coal Ⓤ ★燃えている石炭のかたまりは Ⓒ.

せきつい 脊椎 (背骨) spine Ⓒ, spinal [vertebral] column Ⓒ ;〖解剖〗(特に動物の) vertebrae ★複数形. 単数形は vertebra Ⓒ で「脊椎骨」をいう. **脊椎動物** vertebrate (animal) Ⓒ. ¶無*脊椎動物 an *invertebrate* (animal)

せきどう 赤道 ━名 the equator. ━形 equatorial.《☞ ちきゅう(挿絵)》.

せきとめる 塞き止める (堰(せき)を作って流れを) dam up ⓣ ; (水の流れなどを抑制する) hold back ⓣ ; (強力に制する) keep back ⓣ. ¶ダムは川の水を*せき止めるために作られた The dam was built to *keep back* the water of a river.

せきとり 関取り ranking *sumo* wrestler Ⓒ《☞ すもう ; 日本固有の風物と英語(囲み)》.

せきにん 責任 ━名 responsibility Ⓤ ★「責任をとらなければならない仕事」の意味では Ⓒ ; duty Ⓤ ; blame Ⓤ. ━形 (責任のある) responsible.

【類義語】 与えられた仕事や義務を遂行する責任が ***responsibility*** だが, この語は同時に「…の原因 ; …のせい」という意味での責任をも意味する. 道理の上から考えて当然行うべき責任が ***duty.*** 間違いや過失などの責任が ***blame.*** 《☞ ぎむ(類義語)》

¶君は自分のしたことに対して*責任をとらなければいけない You must「take [assume] (the) *responsibility* for what you have done.

彼は*責任を回避しようとした He tried to「avoid [escape] (the) *responsibility.*

彼はあまり*責任を感じない He does not feel much *responsibility.*

彼は*責任(の所在)をあいまいにしはじめた He began trying to hide his *responsibility.*

彼らは彼の刑事*責任を追及した They investigated him for criminal *responsibility.*

あなたの地位はとても*責任ある地位です Yours is a very *responsible* post.

その事故はパイロットの*責任だ It is the pilot who「is [was] *responsible for* the accident.《☞ 強調の表現(囲み)》

私たちには人命を救うという道義的*責任がある(⇒責任を持っている) We have a moral *responsibility* to save lives.

彼は社会に対する*責任を果たした He met his「social [public] *responsibilities.* / He「met [performed] his public *duties.*

その*責任は医者にある(⇒医者が責められるべきだ) The doctor「is [was] to *blame* for it.

彼はその失敗の*責任は私にあるといって責めた He *blamed* me for the failure.

*責任(⇒非難すべき落ち度)の一部は彼にある Part of the *blame* rests「with [upon] him.

それを決めるのは先生の*責任だ The decision is *up to* the teacher.
それはだれの*責任 (⇒ 落ち度) でもない That is nobody's *fault*.
それは自分の*責任でやって下さい You (can) do so at your own *risk*.
この仕事は月末までに私が*責任をもってやります (⇒ あなたに約束する) I *promise* you that I will finish the work by the end of this month.
道路混雑の場合はバスが時間どおりに来るかどうかは*責任がもてません (⇒ 保証できない) We cannot *guarantee* the punctual arrival of buses in (the) heavy traffic.
共同*責任 joint *responsibility*
責任感 sense of responsibility [U] ★ 通例 a, the などを付けて. ¶ 彼は*責任感がない He has no *sense of responsibility*. // 彼女は*責任感が強い She has a strong *sense of responsibility*. **責任者** (担当者) person in charge [C] 《☞ たんとう[1]》. ¶ この仕事の*責任者はだれですか Who is *in charge of* this job?

せきのやま 関の山 ¶ 彼は毎日1時間勉強するのが*関の山だ (⇒ 最大限1時間) He studies for a *maximum* of one hour every day. / (⇒ 長くても1時間) He studies (for) one hour *at* ⌈*longest* [*most*]. 《☞ せいぜい》

せきはい 惜敗 ¶ 彼らはゲームに*惜敗した (⇒ 接戦に負けた) They *lost a close game*. / (⇒ わずかの差で) They *lost the game by a narrow margin*. 《☞ まける; スポーツ (囲み)》

せきばらい 咳払い ―[動] (話をする前にのどのつかえをとるために) clear *one's* throat.

せきはん 赤飯 (お祝いの赤い米) (festive) red rice [U]; (説明的には) rice boiled with red beans [U]. 《☞ こめ》.

せきひ 石碑 (記念碑) (stone) monument [C]; (墓石) tombstone [C], gravestone [C]. 《☞ はか (写真)》.

せきひん 赤貧 extreme poverty [U] 《☞ びんぼう》. ¶ 彼は*赤貧洗うがごとしである (⇒ 教会のねずみのように貧しい) He is (*as*) *poor as a church mouse*. 《☞ 比喩 (欄外)》

せきぶん 積分 ―[名] (積分学) integral calculus [U]; (積分(法)) integration [U]. ―[動] integrate (他).

せきむ 責務 (義務) duty [U]; (義務感を伴った責任) obligation [C]. 《☞ せきにん (類義語); ぎむ (類義語)》.

せきめん 赤面 ―[動] (恥ずかしさで赤くなる) blush (自); (恥ずかしく思う) be ashamed. 《☞ あか[1]》. ¶ 私は恥ずかしさのあまり*赤面した I *blushed* with shame.

せきゆ 石油 oil [U], petroleum [U] ★ 後者が正式な呼び方.
¶ ガソリンは*石油から作られる (⇒ 精製される) Gasoline is refined ⌈from [of] *oil*. // 日本は*石油の99.7%を輸入に頼っている Japan depends on imports for 99.7 percent of its *oil*. // 世界的な*石油不足 a worldwide shortage of *oil* // 産油諸国はしばしば*石油の値段を上げたり下げたりした Oil-producing countries often raised and lowered the ⌈prices of *oil* [*petroleum* prices]. // *石油はこれからもしばらくは最も重要なエネルギー資源である *Oil* will remain the most important energy source for some time ⌈in the future [to come].
石油会社 oil company [C] **石油化学** petrochemistry [U] **石油化学製品** petrochemical products ★ 複数形で. **石油かん** oil can [C] **石油危機** the oil crisis ★ オイルショックという日本語に当たる. **石油工業** the ⌈petroleum [oil] industry **石油資源** petroleum resources ★ 複数形で. **石油ストーブ** kerosene [oil] heater [C] 《☞ ストーブ》 **石油製品** oil products ★ 複数形で. **石油輸出国機構** the Organization of Petroleum Exporting Countries 《略 OPEC》 《☞ 略語 (欄外)》.

せきらら 赤裸裸 ―[形] (率直な) frank; (飾り気のない) plain; (ありのままの) naked. ―[副] frankly; plainly; (公然と) openly. 《☞ そっちょく; あからさま》. ¶ 私はあなた方に*赤裸々な真実を知ってもらいたい I want you to know the *naked* truth. // 彼女は自分の過去を*赤裸々に語った She told us about her past ⌈*frankly* [*openly*].

せきらんうん 積乱雲 〚気象〛 cumulonimbus [kjù:mjulonímbəs] [C] 《複 cumulonimbi [-nímbai]》; (入道雲) thundercloud [C]. 《☞ くも[1] (挿絵)》.

せきり 赤痢 dysentery [dísntèri(:)] [U] 《☞ 病気・病院 (囲み)》.

せきりょう 席料 (部屋代) room charge [C]; (レストランなどの) cover charge [C].

せきれい 鶺鴒 wagtail [C].

せく 急く (急ぐ) hurry (自) ★ 最も一般的な語; (焦って待ちきれない) be impatient (for ...). 《☞ いそぐ; あせる[1]; せきたてる》. ¶ *せいては事を仕損じる *Haste* makes waste. 《ことわざ: 急ぐとむだができる》

セクト ―[名] (分派・宗派) sect [C]; (派閥) faction [C]. ―[形] sectarian. 《☞ ぶんぱ; は[4]》.

せけん 世間 (世の中) the world; (一般大衆・社会の人々) the public ★ 複数扱い; (特定の交際社会) society [C] ★ 以上いずれも「世間の人々」の意味でも使う; (人々) people ★ 複数扱い. 《☞ よのなか; しゃかい; うきよ》.
¶ 彼は*世間を知っている (⇒ 人生のことを多く見てきた) He has seen much of *life*.
彼女は何て*世間知らずなんだろう How ⌈*naive* [*ignorant of the world*] she is!
彼は*世間をあっと言わせた (⇒ 驚かせた) He startled ⌈*people* [*the world*]. / (⇒ センセーションを巻き起こした) He ⌈caused [created] a great sensation ⌈in *the world* [among *people*].
*世間を騒がせた (⇒ 悪名の高い) 汚職事件の裁判が行われている The trial for the *infamous* bribery case is now under way.
彼女の名前は*世間に知れわたっている (⇒ 彼女の名前は皆に知れている) Her name is known to *everybody*.

これは*世間によくある話だ (⇒ こんなことは非常にしばしば起きる) Such things happen very often.
彼は*世間の目を気にしすぎる He is too nervous about how he may appear to *the world*.
*世間は狭い It's such a small *world*.
*世間なんてそんなものさ (⇒ それが物事の普通の状態だ) That's the way it 「is [goes]. / That's the way things 「are [go].
世間体がよい[悪い] look [do not look] respectable ★「世間体が悪い」は damage ...'s reputation という言い方もできる.
世間体をつくろう keep up appearances.
世間一般 the general public, the public in general [語法] 両者とも普通単数扱いだが, 一人一人を念頭におく場合は複数扱い.
世間並 —形 (平均の) average; (普通の) ordinary. (☞ ひとなみ). ¶ それが*世間並の常識というものだ It is *ordinary* common knowledge. // だれもが*世間並の (⇒ まあまあよい) 暮らしをしたいと思っている Everybody wants to 「make a *decent* living [live *respectably*]. **世間話** —名 (雑談) chat Ⓒ; (人のうわさ話) gossip Ⓤ. —動 have a chat; (あれこれと話す) talk of this and that. (☞ ざつだん). ¶ 昨晩は長時間*世間話をした We had quite a long *chat* last night.

せこう¹ 施工 ¶ この建物は山田建設の*施工によるものです (⇒ この建物は山田建設によって建てられた) This building *was* 「*built* [*constructed*] by the Yamada Construction Company. (☞ けんせつ)

せこう² 施行 —動 (法律や規則を) enforce ㊀; (法律や規則が効力を持つようになる) become effective. —名 enforcement Ⓤ. (☞ しこう¹).

セコハン —形 (中古の) used, secondhand ★ 前者のほうが一般的. —副 (中古で) (at) second hand. (☞ ちゅうこ).

せさい 世才 ¶ 彼は*世才にたけている(人だ) He is *a man of the world*. / (⇒ 世間をよく知っている) He *knows a great deal of the world*. (☞ よなれた; せにん)

-せざるをえない **1** «どうしても…しないではいられない»: 《口語》 cannot help *doing*, 《米口語》 cannot help but *do* ★ cannot help *doing* と cannot but *do* の混合で, 以前は非慣用的な用法とされたが現在では口語用法として一般によく用いられる; cannot but *do*, cannot choose but *do* ★ 以上 2 つは多少文語的. [語法] but の後にはいずれも動詞の原形がくる. ¶ 私は彼女を気の毒に思わ*ざるをえません I *cannot help feeling* sorry for her. // 彼らが平和を望んでいないと考え*ざるをえない We *cannot help but* consider that they don't want peace.
2 «余儀なく…させられる»: (強制的にさせられる) be forced to *do*; (抗しえない事情のために仕方なく) be compelled to *do*; (やむをえず) be obliged to *do* ★ この順に意味が弱くなる. ¶ 彼は辞職*せざるをえなかった He *was forced to* resign. ★ ほぼ免職に近い意味. // 日本もそれにならわ*ざるをえない (⇒ 先例に従う) はめになった Japan *was* 「*compelled* [*forced*] *to* follow suit.
3 «義務»: (客観的に見て, …しなくてはならない) have to *do*, have got to *do* [語法] 後者のほうがより口語的であり, また現時点において「どうしても…しなくてはならない」という意味が強い; (強い意味で, 義務としてやらなくてはならない) must [語法] 過去・未来のときは (had) to, will [shall] have to が使われる. (☞ 義務の表現 (囲み); -ねばならない (類義語)).

せじ¹ 世事 (世間のこと) worldly affairs ★ 複数形で. (☞ せけん; よのなか). ¶ 彼女は*世事にうとい She knows little of *the world*. / She is ignorant of 「*the world* [*worldly affairs*].

せじ² 世辞 ☞ おせじ

せしめる (だまし取る) cheat ㊀; (一般的に得る) get ㊀. (☞ かくとく (類義語); える). ¶ 彼はその金持ちの婦人から多額の金を*せしめた <S(人)+V(*cheat*)+O(人)+*out of*+名・代> He *cheated* the rich woman *out of* a lot of money.

せしゅ 施主 (葬儀・法要の) the chief mourner Ⓒ.

せしゅう 世襲 —形 hereditary (☞ あととり; そうぞく). **世襲財産** hereditary property Ⓤ **世襲制度** hereditary system Ⓒ.

せじょう 世情 (世の中) the world; (世間のこと) worldly 「affairs [matters] ★ 複数形で. (☞ せじ¹; せけん). ¶ 彼は*世情に通じている He knows much of *the world*. / (⇒ 世間的な人情がわかっている) He understands 「*human nature* [*humanity*].

せすじ 背筋 (背の部分) back Ⓒ; (背骨) spine Ⓒ. (☞ せ; せぼね). ¶ *背筋が痛んだ I had a pain in my *back*. // その話を聞いて*背筋が寒くなった (⇒ その話が背骨を寒くさせた) The story sent chills up my *spine*. // *背筋を真っすぐにしていなさい (⇒ 姿勢を真っすぐにして座りなさい) Sit up straight.

ぜせい 是正 —動 (内容を改善したり直したりする) revise ㊀; (誤りなどを訂正する) correct ㊀. —名 (修正) revision Ⓤ; (訂正) correction Ⓤ. (☞ しゅうせい¹; ていせい). ¶ 選挙制度を*是正する必要がある There is (a) need to *revise* the election system. // 政府に不公平を*是正してもらいたい We want the Government to *correct* (the) inequities.

せせこましい —形 (見解などが狭い) narrow; (心が狭い) narrow-minded; (性質がつまらぬことにやかましい) fussy. (☞ こせこせ). ¶ そんな*せせこましい考えは捨ててしまいなさい Get rid of such *narrow* 「ideas [views]. // 彼の家は*せせこましい通りに面している His house 「fronts on [faces] a *narrow and crowded* street.

ぜぜひひしゅぎ 是是非非主義 —名 the principle of being fair and just Ⓒ. —動 (ありのままを言う) call a spade a spade. —形 (公平な) fair; (一方に偏しない) impartial. ¶ 私はだれに対しても*是々非々主義だ

(⇒公平だ) I always try to be *impartial* to everybody.

せせらぎ (小川の流れる音) murmur Ⓒ; (小さな流れ) little stream Ⓒ; (小川) brook Ⓒ; (浅い流れ) shallow stream Ⓒ. 《☞ ながれ; おがわ》. ¶ 耳をすまして小川の*せせらぎ(の音)を聞いてごらんなさい Listen carefully to the *murmur* of the ⌈brook [little stream].

せせらわらう せせら笑う (ばかにして冷笑する) sneer ⓐ 語法 必ずしも笑う動作が含まれているとは限らない.「ばかにする」という態度を示すのが中心の意味; (手まねなどでからかって笑う) laugh mockingly; (ひどく軽蔑して) laugh scornfully. 《☞ あざわらう; ちょうしょう; わらう (類義語)》. ¶ 彼女は私の意見を*せせら笑った She *laughed* ⌈*scornfully* [*mockingly*] at my opinion.

せそう 世相 (世間の様相) phase [aspect] of ⌈life [society] Ⓒ; (社会の情勢) social conditions ★ 複数形で; (社会) society Ⓤ. 《☞ じせい¹; じだい¹》. ¶ 新聞にはさまざまな*世相が映し出されている Various *aspects of society* are reflected in newspapers. // それらは現代の*世相を反映している They reflect the present *society*.

せぞく 世俗 ―形 (俗界の) worldly; (非宗教的な) secular. ―名 (世の中) the world. 《☞ せけん; よのなか》.

せたい 世帯 (雇い人などを含む家族全員) household Ⓒ ★ 集合的に; (家族) family Ⓒ ★ 集合的に. 《☞ しょたい¹ (類義語); かぞく》. **世帯数** the number of households **世帯主** head of a ⌈household [family] Ⓒ.

せだい 世代 (約30年間, およびその間に属する人々) generation Ⓒ ★ 集合的に. 《☞ ねんだい; じだい¹; だい⁴》.
¶ 我々は若い*世代を信頼している We ⌈put [are putting] (our) faith in the young(er) *generation*. // 彼はいまの*世代の英雄である He is the hero of this *generation*. // 彼と私は同*世代である He and I are of the same *generation*. // 親子の間には*世代の断絶がある There is a *generation* gap between parents and children. // 民話は*世代から*世代へと受け継がれている Folktales are handed down *from generation to generation*.

せたけ 背丈 (身長) height Ⓤ; (人間が立ったときの) stature Ⓤ. 《☞ せい¹; しんちょう¹》.

せちがらい 世知辛い (暮らしにくい) hard to live; (つらい) tough. 《☞ くらす; つらい》. ¶ *せちがらい世の中だ What *hard* times we are living through! 《☞ 感嘆の表現 (囲み)》

せつ¹ 説 **1** 《学説》: (理論) theory Ⓒ 《☞ りろん》. ¶ 多くの科学者が彼の*説に賛成している Many scientists agree with ⌈his *theory* [him].
2 《意見》: (ある物事に対する自分の考え) opinion Ⓒ ★ 多くの人の考え・世論の意ではⓊ; (個人的な物の見方) view Ⓒ. 《☞ いけん (類義語)》.
¶ 彼はきっと自分の*説を主張する He is sure to voice his own ⌈*opinion* [*views*]. / (⇒説を曲げない) I'm sure he will not change his own ⌈*opinion* [*views*]. // この点については*説が分かれている *Opinion* is divided ⌈on [about] this point.

せつ² 節 **1** 《時》: (…のとき) when …; (…において) at … 《☞ とき²; おり¹》. ¶ おいでの*節 (⇒とき) にはこの領収書を見せて下さい *When* you come, please show this receipt. // 告別式[結婚式]の*節は(わざわざ)お越し下さりありがとうございました Thank you for attending ⌈the funeral service(s) [our wedding ceremony].
2 《文章》: (一かたまりの文章) passage Ⓒ; (1区切り) paragraph Ⓒ 《☞ パラグラフ (欄外)》; (聖書の) verse Ⓒ; (詩の) stanza Ⓒ; 〖文法〗 clause Ⓒ. 《☞ 数字 (囲み)》.
¶ 私はこの一*節を読んだことを覚えている I remember reading this *passage*. // 第1*節を読みなさい Read the first *paragraph*.
3 《節操》: (生活や行動などの主義) principle Ⓒ; (信念・信仰) faith Ⓤ. 《☞ しゅぎ; しんねん¹》. ¶ 私は(最後まで)*節を曲げない人を尊敬する (⇒主義主張に忠実でいる人) I respect a person who remains true to his *principles*.

せつえい 設営 ―動 (テントなどを) set up ⓐ, pitch ⓐ; (計画に従って組み立てて) construct ⓐ. ―名 construction Ⓤ. 《☞ つくる; たてる¹》. ¶ ここでテントを*設営しよう (⇒張ろう) Let's ⌈*set up* [*pitch*] the tent here. // 彼らはその地点に避難所を*設営した They ⌈*set up* [*constructed*] a shelter at the spot.

せつえん 節煙 ¶ いま*節煙中です (⇒たばこを吸う量を少なくしようとしている) I'm trying to ⌈*smoke less* [*cut down on* my *smoking*]. // 少し*節煙したほうがいいよ (⇒あまり吸うな) Don't smoke too much. 《☞ たばこ》

ぜつえん 絶縁 ―動 (絶縁体で包む) insulate ⓐ. ―名 insulation Ⓤ. **絶縁体** insulator Ⓒ **絶縁テープ** (裸電線に巻く) friction tape Ⓤ.

せっか 赤化 ―動 (共産主義者になる) turn [become] Communist 《☞ きょうさんしゅぎ》.

せっかい¹ 切開 ―動 (傷口などを) cut open ⓐ; (手術する) operate (on …) ⓘ, make an incision ★ operate が一般的で意味が広いのに対して, 後者は改まった語で, メスなどで切り開くことだけをいう. 《☞ しゅじゅつ》. **切開手術** (外科手術) (surgical) operation Ⓒ, incision Ⓤ. 《☞ しゅじゅつ》.

せっかい² 石灰 lime Ⓤ.

せつがい 雪害 snow damage Ⓤ, damage ⌈by [from] snow Ⓤ. 《☞ 自然災害 (囲み)》. ¶ 野菜が*雪害を受けた The vegetables *have been damaged* ⌈*from* [*by*] *the snow*. ★ 具体的な降雪についていうので the を付ける.

ぜっかい 絶海 ―形 (他と離れた) isolated. ¶ *絶海の孤島 an *isolated* island in the middle of the ocean

せっかく 折角 **1** 《苦心して》 ¶ 彼は*せっかくためたお金を全部使ってしまった He spent all the money he had saved up. // 我々の*せっ

せ

かくの (⇒ すべての) 苦労が水の泡になった *All* our pains went for nothing. // 「山田さんはいらっしゃいますか」「いいえ, *せっかくいらっしゃったのに申し訳ありません」 "Is Mr. Yamada in?" "I'm (very) sorry, but he's out." [語法] このような場合, 日本語の「せっかくいらっしゃったのに」に当たる表現, 例えば for coming all the way などを英語では使わない. 訪問は原則として約束 (appointment) をするのが一般的で, ふいに訪れた場合などはせいぜい上のように謝罪する程度が普通.

2 «親切な» ¶ *せっかくのお招きですが (⇒ 親切なご招待に感謝しますが), 残念ながら伺えません Thank you very much for your *kind* invitation ; I'm sorry I cannot come. // *せっかくですがお断りいたします (⇒ 残念ながら申し出を受け入れることができない) I'm sorry I cannot accept your offer. [語法] 日本語の「せっかくですが」は I'm sorry に含まれる. 《☞ ざんねん ; 謝罪の表現 (囲み)》

3 «貴重な» : (貴重な) valuable, precious ; (まれな) rare ; (待ち望んだ) long-awaited, much-awaited. ¶ *せっかくの (⇒ 絶好の) チャンスを逃がしてしまった I ⌈missed [lost] a *rare* chance. // *せっかくの (⇒ 大いに[長らく] 待ち望んでいた) 休日も雨で台なしになった (⇒ 雨が台なしにした) The rain spoiled the ⌈*much-awaited* [*long-awaited*] holiday.

せっかち — [形] (あわてた) hasty ; (落ち着きのない) restless ; (性急な) rash ; (辛抱できない) impatient. 《☞ あわてる ; せいきゅう²》.
¶ 彼は*せっかちだ He is ⌈*hasty* [*rash*]. / (⇒ 落ち着きがない) He is *restless*. // *せっかちなことをするな (⇒ 急ぐな) Don't hurry. / (⇒ 時間をかけよ) Take your time. // そういうふうに結論を出すのは*せっかちだ Don't *jump* to conclusions that way. // それは*せっかちな決定だ That's a *rash* decision. // 年を取ると*せっかちになる Old people easily *lose* their *patience*.

せっかん 折檻 — [動] (ひどく打つ) beat up (他) ; (残酷に罰する) punish ... cruelly.

せつがん 接岸 — [動] come alongside the pier ; (接岸させる) bring [lay] ... alongside the pier. ¶ 船は桟橋に*接岸した (⇒ 横付けにされた) The ship *was* ⌈*brought* [*laid*] *alongside the pier*.

せつがんレンズ 接眼レンズ eyepiece Ⓒ.

せっき 石器 stone implement Ⓒ. 石器時代 the Stone Age.

せっきゃくぎょう 接客業 the service trade.

せっきょう 説教 (宗教上の) sermon Ⓒ, preaching Ⓤ ★ 内容を指すときはしばしば複数形で ; (お説教・小言) lecture Ⓒ ; (口やかましくがみがみいう小言) scolding Ⓒ. 《☞ こごと ; しかる》.
¶ だれがその*説教をしましたか Who ⌈delivered [preached] the *sermon*? / Who gave you the *sermon*? // 私は彼の不作法について*説教をした (⇒ しかった) I ⌈*gave a scolding to* [*lectured*] him on his bad manners.

ぜっきょう 絶叫 — [動] (大声で叫ぶ) shout (自) ; (甲高い声で) scream (自) ; (大きな声を出して言う) cry out (自). 《☞ さけぶ ; どなる ; おおごえ》. ¶ 彼女は助けを求めて*絶叫した She ⌈*screamed* [*gave a scream* ; *cried out*] for help.

せっきょくてき 積極的 — [形] (肯定的に態度のはっきり決まった) positive (↔ negative) ; (受身ではなく進んで活動し, 動き回るような) active (↔ passive) ; (進んでするような・喜んで応じるような) willing. — [副] positively ; actively ; willingly. 《☞ まえむき》.
¶ 彼は*積極的な態度をとった He took up a ⌈*positive* [*progressive*] attitude. [語法] 「肯定的な」は positive, 「進歩的な」は progressive. ほかに「建設的な」は constructive. // 彼女は*積極的に (⇒ 活動的に) 政治に参加した She ⌈*actively* participated [was an *active* participant] in politics. // 彼らは彼を*積極的に (⇒ 進んで) 援助した They helped him *willingly*. / They gave him *willing* assistance. // 彼は*積極的にその計画を支持することを表明した He expressed his *willingness* to support the project.

せっきん 接近 — [動] (近づく) approach (他), go [come] near ... ★ 後者がより口語的 ; (...の方へ移動する) move toward(s) ... — [名] (接近) approach Ⓤ ; (方法・手段の面から見た接近) access Ⓤ. 《☞ ちかづく ; ちかい¹》.
¶ その船は刻々陸地に*接近していた The ship *was* rapidly *approaching* the land. // 火星が地球に一番*接近するのはいつですか When does Mars *come nearest* (to) the earth? // 台風の*接近に伴って海上が荒れてくる As a typhoon *comes nearer*, the sea gets rough. // この 2 人は年齢が*接近している (⇒ ほとんど同じ) The two are *nearly* (of) the *same* age.

せっく 節句 seasonal festival Ⓒ. ¶ 端午の*節句は 5 月 5 日です The Boy's *Festival* is (on) May 5. // 桃の*節句 the ⌈Doll's [Girl's] *Festival*

ぜっく 絶句 (がっくりする) break down (自) ; (言うべき言葉がない) find no words (to say). ¶ 彼は二言三言言って*絶句した (⇒ がっくりとまいってしまった) He *broke down* after a few words. // 彼女は感激のあまり*絶句した She was so carried away with emotion that she could *find no words* (*to say*).

セックス — [名] (性交) sexual intercourse Ⓤ, 《口語》 sex Ⓤ [参考] 英語の sex は元来は「男女・雌雄の性別」という意味. 《☞ 借用語 (欄外)》. — [動] have sexual intercourse (with ...), 《口語》 have sex with ..., make love ⌈to [with] ... ★ 後者のほうが婉曲的 ; (婉曲に) sleep with ... 《☞ せい³ ; 婉曲語法 (欄外)》.
¶ 彼らはあけすけに*セックスの話をする They discuss *sex* frankly. // 彼はその女と*セックス (⇒ 性交) をした He *had* ⌈*sex* [*sexual intercourse*] *with* the woman. [参考] 英語の sex を動詞に使うのは「動物(特に雛(ひな))の鑑別をする」の意味で, その点の日英の相違に注意. / He *made love* ⌈*to* [*with*] the woman. // 彼

女は*セックスアピール (⇒ 性的魅力) が売り物の女優だ She is an actress selling her *sex appeal*.

せっけい[1] 設計 ― 名 (計画・設計図・平面図) plan Ⓒ; (様式などを示す) design Ⓒ; (青写真) blueprint Ⓒ. ― 動 plan ⑩; (設計図を描く) draw a plan; design ⑩.

【類義語】最も一般的に広く用いられるのは **plan** で, 立案から目的に達するまでのさまざまな内容を含んでおり, 図面・略図などにも用いる. **plan** が具現化されたのが **design** であり, 全体的な外観などの計画である. 直接工事などに必要な「青写真」という意味で, 細かい部分まで入念に作られた設計を **blueprint** という. 《☞ けいかく (類義語)》

¶ このホテルはライト氏が*設計した Mr. Wright *designed* this hotel. / This hotel *was designed* by Mr. Wright. // 「あなたは自分でこの家の*設計をしたのですか」「いや, 友人の建築家に頼みました」"Did you make the *plan* for this house by yourself?" "No, I asked an architect who is a friend of mine." // 私の父がこの庭の*設計をした My father *laid out* this garden. 語法 物の配置などを考えて図取りをすることを特に lay out ⑩ と言い, 「うまく設計された庭」は a well-*laid-out* garden という. // 生活*設計 life *planning* // 都市*設計 city *planning*

設計図 (一般的に) plan Ⓒ; (細部にわたる) blueprint Ⓒ; (機械などの仕様の出ている設計図) specification Ⓒ.

せっけい[2] 雪渓 (雪に覆われた渓谷) snowy ˹ravine [gorge] Ⓒ; (残雪のある窪地) hollow with ˹lingering [remaining] snow Ⓒ. 《☞ たに》.

ぜっけい 絶景 (すばらしい眺め) wonderful sight Ⓒ; (美しい景色) beautiful scenery Ⓤ. 《☞ けしき》. ¶ それは*絶景だった (⇒ すばらしい光景だった) It was a *wonderful sight*. / (⇒その景色の美しさは表現できないほどであった) The *beauty* of the scenery *was beyond description*. ★ 後者は文語的.

せっけっきゅう 赤血球 red (blood) cell Ⓒ, red corpuscle [kɔ́ːəpʌsl] Ⓒ.

せっけん 石鹼 soap Ⓤ 語法 「1個のせっけん」という場合は a ˹cake [bar] of soap が普通だが, さらに形状に応じて, piece, cube, tablet, stick などの語を用いる. 《☞ せんざい[2]; 数の数え方 (囲み)》.

¶ これは新しい*せっけんです This is a new bar of *soap*. // 洗濯*せっけんを2つ買った I bought two sticks of laundry *soap*. // この*せっけんは泡立ちがよい This *soap* lathers nicely. / This *soap* makes a fine lather. // このしみは*せっけんで落ちるかしら I wonder if I can ˹remove [wash out] the stain with *soap* (and water). // この*せっけんは落ちがよい This *soap* washes well. // *せっけんで手を洗いなさい *Soap* your hands. / Wash your hands with *soap*. // 粉*せっけん *soap* powder

せっけん入れ soap case Ⓒ.

せつげん[1] 節減 ― 動 (切り詰める) cut (down) ⑩, cut down on ...; (削る) trim ⑩ ★ はみ出ているものなどを切り取ってきちんとした形にするという意味を含む; (減少・低下させる) reduce ⑩ ★ やや形式ばった語; (必要に迫られて削る) curtail ⑩. ― 名 reduction Ⓤ. 《☞ せつやく; へらす》.

¶ 私たちは出費を*節減しなければならない We have to ˹*cut* (*down on*) [*trim*] (our) expenses. / We have to ˹*reduce* [*curtail*] our spending. // 我々はエネルギーの消費を*節減しなければならない We have to ˹*cut down on* [*economize in*] our consumption of energy. // 我々は予算の*節減を迫られている We are urged to ˹*reduce* [*cut*] the budget.

せつげん[2] 雪原 snowfield Ⓒ; (雪の荒野) large expanse of snow Ⓒ.

ゼッケン (一般的に) number Ⓒ; (競技番号) racing number Ⓒ. 《☞ スポーツ (囲み)》.

せっこう[1] 石膏 (鉱物) gypsum Ⓤ; (ギプス包帯) plaster cast Ⓒ. 《☞ いりょう[1] (挿絵)》.

石膏細工 plasterwork Ⓤ **石膏模型** plaster cast Ⓒ.

せっこう[2] 斥候 scout Ⓒ 《☞ ていさつ》.
¶ *斥候に出る go *scouting*

ぜっこう[1] 絶好 ― 形 (最善の) best; (完璧な) perfect. 《☞ さいこう[1]; あつらえむき》.
¶ きょうはピクニックには*絶好の日和だ It is a *perfect* day for a picnic. // ここはテントを張るのに*絶好の場所だ This is the *best* place to pitch our tent. // それ, いまが*絶好のチャンスだ Look! Now is the (*best*) chance for you.

ぜっこう[2] 絶交 ― 動 (関係を絶つ) break off [sever] relations with ... ★ sever のほうが意味が強く, また形式ばった語; (絶交している) be through with ...; (関係がない) have nothing to do with ... ― 形 (絶交した) finished ★ 口語的. 《☞ たつ[3]》.

¶ 私は彼と*絶交した I ˹*broke off* [*severed*] *all relations with* him. // 我々はその男とは*絶交している (⇒ 関係が切れている) *We're through with* ˹the [that] man. / We *have nothing to do with* the man now. ★ いずれも口語的な表現. // これでもう君とは*絶交だ We're *finished*. ★ 特に男女関係などで, 面と向かって言えば絶交の宣言となり, 第3者に向かって言えば, 「彼[彼女]とは手を切った」という意味にもなる. / (⇒ 二度とあなたとはかかわり合いを持ちたくない) I *never* want to *have anything to do with* you again.

せっこつ 接骨 (接骨術) bonesetting Ⓤ.

接骨医 bonesetter Ⓒ.

せっさたくま 切磋琢磨 ¶ 私たちは*切磋琢磨によってはじめて向上をはかることができる (⇒ 互いに競争することによってのみ自己改良ができる) We can improve ourselves only by *competing* (*with each other*).

ぜっさん 絶賛 (大いなる称賛) high praise Ⓤ 《☞ しょうさん[1]; ほめる》. ¶ 彼の演技は*絶賛 (⇒最高の称賛) を博した His performance ˹won [received] the *highest praise*.

せっし 摂氏 centigrade 《略 C., cent.》, Celsius 《略 C., Cels.》 ★ 後者は発明者の名より. 《☞ おんど[1]; おんどけい; 度量衡 (囲み)》.

¶温度計は*摂氏31度を指している The ⌈thermometer [mercury] stands at 31°C. ★ thirty-one degrees centigrade と読む. mercury は水銀柱の意.

せつじ 接辞 affix [C] ★接頭辞 (prefix) と接尾辞 (suffix) をいう. 《☞ 接頭辞 (欄外); 接尾辞 (欄外)》.

せつじつ 切実 ―[形] (重大で深刻な) serious; (厳しく妥協の余地のない) severe; (厳しく情勢の差し迫った) acute; (まじめで本心からの) earnest; (緊急の・解決を迫られている) pressing, urgent. ―[副] acutely; (鋭く) keenly; (十分に) fully; (差し迫って) urgently. 《☞ しんこく¹》.

¶食糧不足は*切実な問題である Food shortage is a ⌈*serious* [*severe*] problem. // 相変わらず住宅(不足)問題は*切実である The housing (shortage) problem is as *acute* as ever. // この大学へ入るのは長らく私の*切実な(⇒熱心な)願いでした It was long my *earnest* ⌈desire [wish] to enter this college. // 私は解決を迫られている*切実な(⇒緊急の)問題を抱えている I have a problem *pressing* for solution. // 彼女は健康のありがたさを*切実に感じた She ⌈*keenly* [*acutely*] felt the blessing of health. / (⇒健康であることがどんなにすばらしいかを痛感した) She *fully* realized how wonderful it is to be in good health.

せっしゃ 接写 close-up [klóusʌp] photography [U]; (撮った写真) close-up [C]. 《☞ しゃしん》.

せっしやくわん 切歯扼腕 ¶計画が失敗して彼は*切歯扼腕した It *chagrined* him greatly to have failed in his plan. / (⇒がっくりしたことには計画は完全に失敗した) To his *chagrin* his plan was a total failure. 《☞ くやしい》

せっしゅ 摂取 ―[動] (取り入れる) take in (他); (採用する) adopt (他). ―[名] intake [U]; adoption [U]. 《☞ とる》. ¶肥満はカロリーの*摂取量と大いに関係がある Corpulence has much to do with caloric *intake*. // 外国の文明を*摂取する *adopt* a foreign civilization

せっしゅう 接収 ―[名] (国や軍の使用のための) requisition [U]. ―[動] requisition (他). ¶その建物は軍に*接収された The building *was requisitioned* for army use. // その劇場はかつて米軍に*接収されていた The theater was once under *requisition* ⌈by [of] the U.S. forces.

せつじょ 切除 ―[動] (一般的に) cut ⌈away [off] (他); (取り除く) remove (他); (外科手術で) excise (他). ¶彼は腫瘍(しゅよう)を*切除してもらった He *had* a tumor ⌈*cut away* [*removed*; *excised*]. 《☞ 使役 (囲み)》

せっしょう¹ 折衝 ―[名] (交渉・協議) negotiations ★通例複数形で. ―[動] negotiate (with ...) (自). 《☞ こうしょう¹; かけあう (類義語); はなしあい》.

¶目下, 労資間で*折衝が行われている *Negotiations* are now ⌈under way [going on] between labor and management. // 我々は家賃について家主と*折衝中である We are ⌈in *negotiations* [*negotiating*] with the landlord about the rent.

せっしょう² 殺生 ―[名] (殺すこと) killing [U]; (生命を奪うこと) taking life [U]. ―[形] (残酷な) cruel. 《☞ ざんこく》. ¶仏教の教えは*殺生を禁じている Buddhist precepts ⌈are against [prohibit] *taking life*.

せっしょう³ 摂政 (地位・職務) regency [U]; (人) regent [C].

せつじょうしゃ 雪上車 snowmobile [C].

せっしょく¹ 接触 ―[名] contact [U] ★人との交際の意味では複数形が多い; touch [U]. ―[動] contact (他); touch (他); (連絡をとる) get in touch with ...

【類義語】「2本の電線の*接触」(the *contact* of two electric wires) のように, 部分や面積のあるものが接しあうことには **contact** を用いる. また,「連絡」「交際」などの意味にも使う. 感触をもった触り方や, 接触の範囲が狭く一時的で軽度である場合は **touch** を用いる. 《☞ ふれる¹; つながり; れんらく》

¶ガソリンに火を*接触させると爆発を起こすだろう Bringing fire into *contact* with gasoline may cause an explosion. // 君はどうして彼らと*接触する (⇒つきあいを始める) ようになったのか How did you come ⌈in [into] *contact* with them? // 私はその会社の重役の1人と個人的な*接触がある (⇒連絡がある) I am in personal *contact* with an executive of the company. // 私は彼らとは*接触がない I ⌈am out of [have no] *contact* with them. // 梅毒は*接触によって感染する病気である Syphilis is a *contagious* disease. 《☞ でんせんびょう》

接触事故 (車の) near collision [C].

せっしょく² 節食 ―[動] be on a diet

[参考] 体重調節や治療の目的のために, 食事の量を減らしたりその内容を規定することを diet という. 《☞ しょくじりょうほう; げんしょく³》.

¶彼女は*節食している She *is on a diet*. // 私は*節食しなければならない I must *go on a diet*. // 医師は彼に*節食させた The doctor put him on a *diet*.

せつじょく 雪辱 ―[動] (負けを返して五分五分にする) get even with ... ¶私たちは彼らに*雪辱しなければならない We must *get even with* them. // 今夜*雪辱戦が行われる There is going to be a *return* game tonight.

[語法] 《英》では a return match も用いる.

ぜっしょく 絶食 ―[動] fast (自), abstain from food ★後者は説明的な表現. いずれも宗教的な慣習などに従って断食することに用いる. ―[名] fast [C], fasting [U], abstinence from food [U].

¶きょうは一日中*絶食している (⇒何も食べていない) I *haven't eaten anything* since this morning. / I've *been fasting* all day. // 彼は5日間の*絶食に入った He went on a five-day *fast*.

せっすい 節水 ―[動] save water 《☞ せつやく》. ¶私たちは*節水を迫られている We are urged to *save water*. //「*節水」《掲示》*Save Water* 《☞ 掲示の英語 (囲み)》

せっする 接する **1** «接触する»: (触る) touch

㊥《☞ さわる；せっしょく[1]》. ¶ 線 A はその円に*接している Line A *touches* the circle.
2 «交際する・応待する»：(会う) see ㊥；(接する) come in contact with ...；(世話をする) attend to ..., take care of ...《☞ おうたい；せったい》.
¶ 私は外人に*接する機会が多い I have many opportunities to 「*come in contact with* [*see*] foreigners. // 私は毎日多くの学生に*接している I *am in* daily *contact with* many students. // 君は客に*接する態度がなっていない You don't know how to 「*attend to* [*take care of*] your customers. // 私はこの仕事で多くの人に*接することができた (⇒ 知り合いになった) I came to *know* many people on this job.
3 «隣接する»：(境を接する) abut (on ...) ㊐, border (on ...) ㊐；(...の隣にある) stand [lie] next to ...；(...に面する) face ㊥. ¶ 彼の土地は私の土地に*接している His land *abuts on* mine.《☞ 代名詞 (欄外)》// ソ連とトルコは国境を*接している Russia and Turkey *border on* each other.
4 «(知らせなどを)受け取る»：receive ㊥；(手に入れる) get ㊥.《☞ うけとる》. ¶ 彼の訃報に*接して私はすぐ上京した *Receiving* [*At*] the news of his death, I went to Tokyo immediately.

せっせい[1] 節制 ―動 (適量を保つ) be 「moderate [temperate] in ...；(酒・たばこなどを断つ) abstain from ... ―名 moderation Ⓤ, temperance Ⓤ；abstinence Ⓤ.《☞ ひかえる》. ¶ 彼は飲食の*節制をしている He is practicing 「*moderation* [*temperance*] in eating and drinking.

せっせい[2] 摂生 ―動 (健康に注意する) be careful about *one's* health. ¶ 我々は*摂生を怠ってはいけない We must *be careful about* our health.

ぜっせい 絶世 ―形 (無類の) matchless, peerless；(匹敵するものがない) unequaled.《☞ たぐいまれな》. ¶ 彼女は*絶世の美人だ (⇒ 彼女ほど美しい人を見たことがない) I have never seen such a beautiful woman as she. / She is a woman of 「*matchless* [*peerless*] beauty. / (⇒ 美しさにおいて匹敵するものがない) She is *unequaled* in beauty. ★ この順に形式ばった言い方となる.

せつせつ 切切 ―形 (熱烈な) fervent, ardent；(熱情を抑えきれないような) passionate.《☞ せつじつ；ねっしん》. ¶ それは彼の*切切たる (⇒ たいへん熱心な) 願いだった It was his 「*fervent* [*ardent*] wish. // その手紙の中で彼女は夫に対する*切々たる思いを述べていた In the letter she expressed her *ardent* love for her husband.

せっせと (一生懸命) hard；(忙しそうに) busily.《☞ いっしょうけんめい；ねっしん；擬声・擬態語 (囲み)》. ¶ 彼は*せっせと働いた He worked *hard*. // 彼女は*せっせと母親の手伝いをした She worked *busily* helping her mother.

せっせん[1] 接戦 close game Ⓒ；(抜きつ抜かれつのゲーム) seesaw game Ⓒ.《☞ ねっせん；しあい；スポーツ (囲み)》.
¶ 試合はなかなかの*接戦だった It was a very *close game*. / We had a very *close game*. ★ 後者は試合の当事者が主語の場合. / The match was 「very *close* [a very *close* one]. // 「勝負はどうですか」「*接戦です」"How's the game?" "(It's) *close*." // *接戦の末, 我々のチームが勝った After (playing) a *seesaw game*, our team (finally) won.

せっせん[2] 接線 tangent (line) Ⓒ《☞ えん[3] (挿絵)》.

せっそう 節操 (道義的な高潔) integrity Ⓤ；(正義・正道にかなった主義・信条) principle Ⓒ；(一貫した志操堅固な不変性) constancy Ⓤ. ¶ 彼は*節操ある人である He is a man of 「*integrity* [*principle*]. // 彼は*節操がない He is 「*inconstant* [*unprincipled*]. // 彼女は*節操がない (⇒ 道徳的にだらしのない女だ) She is a *loose* woman. / (⇒ いかがわしい女だ) She is a woman *of* 「*questionable* [*dubious*] *character*.

せっそく 拙速 ―形 (丁寧ではないがちゃんと役に立つ) rough-and-ready. ¶ 彼の仕事はいつも*拙速主義だ His work is always *rough-and-ready*. // *拙速は困る (⇒ 丁寧に作ってもらいたい) I want it to be *carefully made*.

せつぞく 接続 ―名 (交通機関などの) connection Ⓒ. ―動 connect (with ...) ㊐, make a connection with ...；(異なる種類の交通機関が) link (up) ㊐.《☞ つながる》.
¶ この線は新宿で小田急線と*接続する This line *connects with* the Odakyu line at Shinjuku. // 列車は宇野で高松行きの連絡船と*接続する The train *links* (*up*) at Uno with a ferryboat for Takamatsu. // このバスは列車との*接続がない This bus 「has no railway *connection*(*s*) [does not *connect with* (any) trains]. / (⇒ 乗り換えの接続がない) This bus does not *make* train *connection*(*s*).
接続駅 junction (station) Ⓒ **接続詞**〘文法〙conjunction Ⓒ《☞ 欄外》 **接続線**

接続詞 (conjunction) 語・句・節をつなぐ語で, 機能上, 等位接続詞と従属接続詞に分かれる. 両者ともに, 1 語の接続詞と, 接続詞の役割を果たす語群の両種類を含んでいる.
(1) 等位接続詞.
語・句・節を対等の関係で結ぶもの：and ..., but ..., for ..., or ..., nor ..., both ... and ..., either ... or ..., neither ... nor ..., not only ... but (also) ...
¶ あなたはこの本も, あの本も持って行ってよい You may take this book *and* that book, too. // 渡辺はきょう出席でしたが, 佐藤は欠席でした Watanabe was here today, *but* Sato was absent. // 彼は賞を取ったこともないし, 取ろうと望んでもいない He has *neither* won a prize, *nor* does he want one. 語法 nor の後は do, does などを用いて倒置が行われる. // 彼はきょうは来られなかった. 車が故障してしまったので He couldn't come today, *for* his car had broken down.
(2) 従属接続詞.

connecting line Ⓒ.
せっそくどうぶつ 節足動物 arthropod Ⓒ.
せったい 接待 ―動 (訪問客をもてなす) receive ⓗ; (茶菓・余興などで) entertain ⓗ. ―名 reception Ⓤ; entertainment Ⓤ. 《☞ もてなす》.
¶ 私たちは彼らに暖かく[冷淡に]*接待された We *were* 「warmly [coldly] *received* by them. / They gave us a 「warm [cold] *reception.* 語法 形容詞には「丁寧な」cordial, 「熱烈な」enthusiastic, 「寛大な」generous, 「行き届いた」satisfactory なども用いられる. // 我々は来訪者たちに茶菓の*接待をした (⇒ 茶菓を出してもてなした) We *entertained* the visitors with 「refreshments [tea and cake(s)]. // 彼女は人の*接待がうまい She is good at *receiving* 「visitors [guests ; company]. / (⇒ パーティーなどでもてなしがうまい) She is a good hostess. ★ hostess は「女主人」をいう.
接待係 receptionist Ⓒ **接待費** reception expenses ★ 複数形で.
ぜったい 絶対 **1** 《完全・確実》 ―形 absolute. ―副 absolutely. 《☞ かならず ; きっと[1]》. ¶ これは*絶対に本当[必要]だ This is *absolutely* 「true [necessary]. // 彼は*絶対的な権力を持っている He has *absolute* power.
2 《否定・禁止・強い要請》: (決して…しない) never, by no means ★ not … by any means の形となることが多い ; (必ず…する) be sure to *do*. 《☞ けっして ; かならず ; 強意語 (囲み)》.
¶ *絶対にここへ入ってはならない *Never* 「go in [enter] here. / You must *not* enter here *by any means.* / You are *strictly* prohibited from entering this place. ★ 少し堅苦しい言い方. // このことは*絶対に口外しません I'll *never* tell this to anyone. // *絶対, 来なさいよ *Be sure to* come. / Come *by all means.*
絶対音感 absolute pitch Ⓤ **絶対温度** absolute temperature Ⓤ **絶対君主制** absolute monarchy Ⓤ **絶対多数** absolute majority Ⓒ 《☞ かはんすう》 **絶対値** absolute value Ⓤ.
ぜつだい 絶大 ¶ *絶大な (⇒ あなたの惜しみなく与えて下さった) ご援助を感謝します I appreciate your *most generous* support.
ぜったいぜつめい 絶体絶命 ¶ 私は*絶体絶命だった (⇒ 絶望的な立場にあった) I was in 「a *desperate situation* [*a fix*]. ★ in a fix は口語的. / (⇒ どうしても逃れられない事態に追い込まれた) I *was* 「*pushed to the* [*up against a*] *wall.* / I *was up a tree.* // 犯人は*絶体絶命だった (⇒ 追い詰められていた) The criminal *was driven into a corner.* 《☞ ぜつぼう ; きゅうち ; おいつめる》
せつだん 切断 ―動 (切る) cut ⓗ ; (切り離す) cut off ⓗ, sever ⓗ ★ 後者は少し形式ばった語 ; (手術で手足などを) amputate ⓗ ; (電線などを) disconnect ⓗ. ―名 cutting Ⓤ ; severance Ⓤ ; amputation Ⓤ ; disconnection Ⓤ. 《☞ きる[1]》.
¶ 彼はそれを2つに*切断した He *cut* it in two. // 彼は(手術で)左足をひざから*切断した He *had* his left leg *amputated* at the knee. 《☞ 使役 (囲み)》
せっち 設置 ―動 (形成する) form ⓗ ; (恒常的なものとして) set up ⓗ, establish ⓗ ★ 前者のほうが口語的 ; (機械・設備などを) install ⓗ. ―名 formation Ⓤ ; establishment Ⓤ ; installation Ⓤ. 《☞ とりつける ; すえつける ; せつりつ》.
¶ 市議会はその問題に対処するために特別委員会を*設置した The municipal assembly *has* 「*formed* [*set up*] a special committee to deal with the problem. // ホテルにはスプリンクラーの*設置が義務づけられている All hotels are required to *install* sprinklers.
せっちゃくざい 接着剤 adhesive [ædhíːsiv] Ⓤ ★ 種類をいうときは Ⓒ.
せっちゅう 折衷 ―動 make a compromise 《☞ だきょう ; わようせっちゅう》. ¶ その場の収拾策として*折衷案が提出された A *com-*

副詞節を導く接続詞で, その節を従属的な関係で主節に結ぶもの.
(i) 場所 : where …, wherever …
¶ 彼が耕した所はとてもよく実った *Wherever* he plowed, he had a good crop.
(ii) 時 : when …, whenever …, after …, before …, as …, since …, till …, until …, while …, as soon as …, once …, the moment … 《☞ 時・期間の表し方 (囲み)》
¶ 宿題を終えるとすぐに, 私は寝てしまった *As soon as* I finished my homework I went to bed.
(iii) 様子を表すもの : as …, as if …, as though …
¶ 彼はまるで幽霊でも見たかのような顔つきだった He looked *as if* he had seen a ghost.
(iv) 程度および制限 : as …, according as …, in the same degree as …, as [so] far as …
¶ 私の知っている限りでは, 彼は正しい He is right, *as far as* I know.
(v) 条件 : if …, unless …, provided …, suppose …, supposing …, in case …
¶ 2, 3 日中に雨が降らなければ, 苗木が枯れてしまう *Unless* it rains [*If* it does not rain] within a few days, the seedlings will die.
(vi) 除外 : except that …
¶ その文は長すぎることを除けばよい The sentence is good *except that* it is too long.
(vii) 譲歩 : though …, although …, even if …, granting (that) …, while …, for all (that) … 《☞ 譲歩の表現 (囲み)》
¶ まだ全部は読んでいないが, 彼の論文はおもしろそうだ His paper seems interesting, *though* I haven't read it through. // 質の良さは認めるとしても, これは高すぎる This is too expensive *granting that* it is of good quality.
(viii) 原因 : because …, as …, since … 《☞ 理由の表し方 (囲み)》
¶ 雨がひどく降り出したので, 私はいまは出かけられない I cannot go out at the moment 「*because* [*as*] it has started raining hard.
(ix) 目的・結果 : (so) that …, in order that … 《☞ 目的・結果の表し方 (囲み)》
¶ 彼は試験に通るよう, せっせと勉強した He worked hard *so that* he might pass the examination. // 彼女はよく働いたので, お父さんにごほうびをもらった She worked *so* hard *that* she was given a present by her father.

promise proposal was offered to save the situation. // このホテルは和洋*折衷だ This is a *semi*-European-style hotel. / (⇒半ば西洋式, 半ば和式だ) This hotel is partly Western- and partly Japanese-style.

ぜっちょう 絶頂 (頂点・最高点) top Ⓒ; (最高点) peak Ⓒ ★特に尖った, 鋭く突き出た点をいう; (ある事柄の最高潮に達する点) climax Ⓒ; (最も盛んな状態) the height. 《☞ ぜんせい¹; ちょうてん》.
¶ その女優はいま人気*絶頂です That actress is at the ˹*top* [*peak*] of her popularity. // 大英帝国はビクトリア女王の時代に栄華の*絶頂を極めた The British empire reached *the height* of its glory during the reign of Queen Victoria.

せっつく (…しろとせき立てる) press *a person* to *do*; (催促する) urge ㊀; (何度も説得して…させる) coax [kóuks] *a person* ˹to *do* [into *doing*]. 《☞ ねだる》. ¶ 子供たちはいつもおもちゃを買えと*せっつく My children always *press* me *to* buy toys. // 子供に*せっつかれて動物園へ連れて行った My children *coaxed* me *into* taking them to the zoo.

せってい 設定 ― 動 set up ㊀, establish ㊀. 《☞ つくる; せっち》.

せってん 接点 point of contact Ⓒ.

せつでん 節電 power saving Ⓤ.

セット **1** «家具・茶器などの»: (同種類の物の1組) set Ⓒ; (幾つかの組み合わせでできている1組) suite [swíːt] Ⓒ. 《☞ 数の数え方 (囲み)》. ¶ 3点*セット a 3-piece ˹*suite* [*set*] // 皿の1*セット a *set* of dishes
2 «テニス・バレーボールなどの»: set Ⓒ 《☞ スポーツ (囲み)》. ¶ 彼はテニスで3*セット取って, 試合に勝った He gained three *sets* and won the tennis match.
3 «髪の» ― 動 set ㊀. ¶ 姉は髪を*セットしてもらった My sister *had* her hair *set*. 《☞ 使役 (囲み)》
4 «映画などの»: set Ⓒ 《☞ 映画 (囲み)》.

せつど 節度 moderation Ⓤ; (強い自制心) temperance Ⓤ. 《☞ せっせい¹》. ¶ 飲酒は*節度をもってしなければいけない We should ˹*be moderate* [exercise *moderation*] in drinking.

せっとう 窃盗 (行為) theft Ⓤ; (人) thief Ⓒ. 《☞ どろぼう; ぬすみ》.

せっとうじ 接頭辞 〖文法〗 prefix Ⓒ 《☞ 欄外》.

せっとく 説得 ― 動 persuade ㊀. ― 名 persuasion Ⓤ. 《☞ いいきかせる; ときふせる》.
¶ 彼は妹を*説得して医者に行かせた <S(人)+V(*persuade*)+O(人)+C(*to*不定詞)> He *persuaded* his sister *to* ˹go to the doctor [be examined by the doctor]. // 我々は彼に無茶な冒険をやめるよう*説得したが, 彼は聞き入れなかった We tried to *persuade* him away from his reckless adventure, but he wouldn't listen to us. 〔語法〕 日本語の「説得」には「説得したがだめだった」のように結果の成否を含まないのが普通であるが, 英語の persuade は説得してある結果を得ることを意味する. 従って, この文では tried to がないと英文として成り立たない. // 彼の言葉には*説得力があった His words had *persuasive* power. / He was *persuasive*.

せつな 刹那 ― 名 (瞬間) moment Ⓒ. ― 形 momentary; (移ろいやすい・つかの間の) transient. 《☞ しゅんかん》.
¶ *刹那の衝動にかられて向こうみずなことをしてはいけない We mustn't act blindly on ˹the [an] impulse of the *moment*. // *刹那的な快楽に身を滅ぼした人は多い Many people have perished ˹from [because of] ˹*momentary* [*transient*] pleasures.

せつない 切ない (悲しい) sad; (心からの) earnest; (熱烈な) ardent. ¶ 彼の心変わりに彼女は*切ない思いをした She felt *sad* when she ˹learned [found out] that he had changed his mind. // 私は*切ない胸の中を彼女に告白した I confessed my *ardent* love to her.

せつなる 切なる (本心からの) earnest; (心の底からの) wholehearted. ¶ それは私の*切なる願いです It is my *earnest* hope.

せつに 切に (切望して) eagerly; (まじめで本心から) earnestly; (本心から) sincerely; (心の底から) from the bottom of *one's* heart,

---

接頭辞 (prefix) 1文字, または数箇の文字からなり, 語の前に付いて, その語の意味を(時には機能をも)変えるものである. 接頭辞はそれ自体独立して用いられることはない.
(1) 英語でよく用いられる接頭辞には, 次のようなものがある.
happy (幸せな) → *un*happy (不幸な)
honest (正直な) → *dis*honest (不正直な)
social (社会的な) → *anti*social (反社会的な)
build (建てる) → *re*build (再建する)
war 名 (戦争) → *pre*war 形 (戦前の)
complete (完全な) → *in*complete (不完全な)
regular (規則的な) → *ir*regular (不規則な)
legal (合法的な) → *il*legal (不法な)
〔語法〕 以上3つの in-, ir-, il- は否定語を作る接頭辞であるが, *in*-, *ir*-, *il*- の2番目の音はその後にくる元の形 (complete, regular など) の最初の音によって決定される. また, これらのほかに im- もある.
sonic (音(速)の) → *super*sonic (超音速の)
(2) 意味が似通った接頭辞でも, どの語にどの接頭辞を用いるかは, おおむね慣用的に決まっている.
comfort (安楽) → *dis*comfort (不快)
comfortable (快い) → *un*comfortable (不快な)
capable (できる) → *in*capable (できない)
able (できる) → *un*able (できない)
しかし, 接頭辞によって意味の差の生じる場合もある: moral (道徳的な) → *im*moral (ふしだらな); *un*moral, *a*moral, *non*moral (以上3つは「道徳に関係ない」の意)
(3) 接頭辞の後には, ハイフンを置かないのが普通だが, 次の場合にはハイフンを用いる.
(i) 「前の」という意味の ex-, および「副・代理」の意味の vice-: *ex*-president (前大統領[学長, 会長]), *ex*-wife (先妻), *vice*-chairman (副議長)
(ii) 大文字で始まる語に付く場合: *anti*-American (反米の), *Pan*-American (全米の)
(iii) つづりが同じでも意味や発音が違う語を区別するため: *re*-creation [rìːkriéiʃən] (改造)―recreation [rèkriéiʃən] (休養, 娯楽), *re*-sign [rìːsáin] (再び署名する)―resign [rizáin] (辞任する)

wholeheartedly. 《☞ せつぼう》. ¶ 私たちは平和を*切に願っている We are *eager* for peace. // ご成功を*切に祈ります I *sincerely* wish you success.

せっぱく 切迫 — [形] (緊急で差し迫った) urgent; (非常に急く) pressing ★ 前者のほうが意味が強い; (緊張した) tense. 《☞ さしせまる; きんぱく[1]》. ¶ 事は極めて*切迫していた The matter was quite *urgent*. // 約束の期日は*切迫していた (⇒ 近づいていた) The appointed date *was drawing near*.

せ

せっぱつまる 切羽詰まる (窮地に陥る) be ˹cornered [up a tree] ★ 狩猟の獲物となるべき動物を逃げ場のない隅や木の上に追い詰めることから; (困り果てる) 《口語》 be in a fix. 《☞ ぜったいぜつめい; おいつめる》.
¶ 彼は*せっぱ詰まって (⇒ 最後の手段として) 金融業者から[質屋で]金を借りた He borrowed money from a ˹moneylender [pawnbroker] *as a last resort*. // *せっぱ詰まってどうしようもなくなった (⇒ 追い詰められた) I *was* ˹*cornered* [*up a tree*].

せっぱん 折半 — [動] (半分に分ける) halve ㊝; (分担する) share ㊝; (半々にする) go fifty-fifty ㊐ ★ 後者のほうがより口語的. 《☞ はんぶん》. ¶ 私は彼と利益を*折半した He and I *shared* the profit(s). / I *went fifty-fifty* on the profit(s) with him.

ぜっぱん 絶版 — [形] out of print. ¶ 彼の本は*絶版です His book is *out of print*.

せつび 設備 (備品・調度などすべての) equipment Ⓤ; (建物などのかなり大がかりな施設) facilities ★ 通例複数形で; (ある目的のために考案された装置) device Ⓒ; (ホテルなどの宿泊・収容設備) accommodations ★ 複数形で. 《☞ しせつ[1]》.
¶ このホテルは*設備がよい This hotel *is* very well *equipped*. // 最近の飛行機にはラウンジ, 寝台などの*設備があります Airliners nowadays *are equipped* with lounges and berths. // この空港にはすぐれた航空管制*設備があります This airport has excellent *facilities* for flight control. // その都市には観光客のための十分な宿泊*設備があります The city has enough *accommodations* for ˹sightseers [visitors]. // 防火*設備 the fire-fighting ˹*devices* [*equipment*]
設備投資 (工場などを増設するための) plant investment Ⓤ.

せつびじ 接尾辞 〔文法〕 suffix Ⓒ 《☞ 欄外》.

ぜっぴつ 絶筆 *a person's* last ˹piece of writing [(written) composition].

ぜっぴん 絶品 exquisite piece Ⓒ; (珍品) rarity Ⓒ. 《☞ いっぴん》.

せっぷく 切腹 — [動] commit *harakiri*. — [名] *harakiri* Ⓤ, *seppuku* Ⓤ ★ 説明的には a ritual suicide by disembowelment practiced by Japanese samurai in old days as an honorable form of death. 《☞ 日本固有の風物と英語 (囲み)》.

せつぶん 節分 (the day before) the beginning of spring 《☞ まめまき》.

せっぷん 接吻 — [名] kiss Ⓒ. — [動] kiss ㊝. 《☞ キス》.

ぜっぺき 絶壁 cliff Ⓒ, precipice Ⓒ ★ 前者がより一般的. 《☞ だんがい[1]》.

せつぼう 切望 — [動] (切に望む) be ˹eager [anxious] ˹for ... [to *do*] ★ anxious は eager より文語的; (待ち焦れる) long ˹for ... [to *do*]. 《☞ ねつぼう; せつに》. ¶ 彼は外国に留学することを*切望している He *is* ˹*eager* [*anxious*] *to* study abroad. // 私たちは平和を*切望しています We *are longing for* peace. 《☞ 進行形 (欄外)》

ぜつぼう 絶望 — [動] (まったく望みを失う) despair (of ...) ㊐; (希望を失う) lose [give up] hope. — [名] despair Ⓤ. — [形] (絶

接尾辞 (suffix) 1 文字, または数箇の文字からなり, 語の後に付いて, その語の意味や機能を変えるものである. 接尾辞はそれ自体独立して用いられることはない.
(1) 英語でよく用いられる接尾辞には, 次のようなものがある.
(i) 抽象名詞を作る.
kind (親切な) → kind*ness* (親切)
free (自由な) → free*dom* (自由)
express (表現する) → express*ion* (表現)
judge (判断する) → judg(e)*ment* (判断)
honest (正直な) → honest*y* (正直)
capital (資本) → capital*ism* (資本主義)
(ii) 形容詞を作る.
nation (国家) → nation*al* (国家の)
eat (食べる) → eat*able* (食べられる)
beauty (美) → beauti*ful* (美しい)
atom (原子) → atom*ic* (原子の)
irony (皮肉) → iron*ical* (皮肉な)
[語法] 次の場合の意味の相違に注意: history (歴史) → histor*ic* (歴史的に有名な・由緒ある), histor*ical* (歴史上の・歴史的な) / economy (経済・節約) → econom*ic* (経済上の・経済学の), econom*ical* (経済的な・徳用な)
mercy (慈悲) → merci*less* (無慈悲な)
passion (情熱) → passion*ate* (情熱的な)
man (男) → man*ly* (男らしい)
business (事務) → business*like* (事務的な)
fool (ばか者) → fool*ish* (ばかな)
[語法] 次の意味の違いに注意: woman (女) → woman*ly*, woman*like* (女らしい), woman*ish* ((男が)女みたいな, めめしい)
(iii) 動詞を作る.
strength (力) → strength*en* (強める)
modern (近代の) → modern*ize* (近代化する)
[語法] -ize はしばしば英国では -ise となる. ((例) real*ise* (《米》 realize), civil*ise* (《米》 civilize))
glory (栄光) → glori*fy* (栄光を与える)
(iv) 副詞を作る.
easy (容易な) → easi*ly* (容易に)
west (西) → west*ward(s)* (西へ)
(v) 人を表す.
write (書く) → writ*er* (作家)
novel (小説) → novel*ist* (小説家)
god (神) → god*dess* (女神)
employ (雇う) → employ*ee* (従業員)
(2) 接尾辞は普通, ハイフンを付けないが, 読みにくさを避けるために用いることがある: wheel-like, skill-less
(3) 接尾辞には普通, 強勢はないが, 次のものは強勢がある: refer*ée*, engin*éer*, Japan*ése*, pictur*ésque* など.

望的) hopeless; (やけくその) desperate. 《☞ しつぼう; すてばち》.

¶ どんな事があっても*絶望してはいけない Never ⌈*despair* [*give up your hope*], whatever may happen. // 彼女は大学生活に*絶望した She *despaired of* her college life. // 彼女は*絶望のあまり食事ものどを通らなかった From *despair* she could not eat anything. // 行方不明の人々は*絶望と思われています (⇒ 助かる可能性はない) There will *be no possibility of survival* for the missing ⌈people [persons]. // 試験の結果はまったく*絶望的です The results of the examination are quite *hopeless*.

ぜつみょう 絶妙 ―形 exquisite ★ 日本語と同じくやや形式ばった表現.

ぜつむ 絶無 ¶ そのような悲惨な事故は*絶無になること (⇒ 再び起こらないこと) を願います We hope such a miserable accident should *never* happen again. // そのような例は*絶無 (⇒ いままでに聞いたことがない) というわけではありません Such instances *are* not *unheard of*. 《☞ かいむ》

せつめい 説明 ―動 (よくわかるように) explain ㊀; (実例などをあげて) illustrate ㊀. ―名 explanation Ⓤ; illustration Ⓤ.

¶ 私が彼女にそれを*説明します I will *explain* it to her. // 先生はその数学の問題の解き方を*説明してくれた Our teacher *explained* how to solve the mathematical problem. // 理科の先生は(実例によって)その機械の働きを*説明した Our science teacher *illustrated* the working of the machine.

ぜつめつ 絶滅 ―動 (絶える) die out ㊁; (まったくなくなる) become extinct ★ 多少形式ばった表現; (一掃する) wipe out ㊀; (強制的に根絶する) exterminate ㊀. ―名 extinction Ⓤ; extermination Ⓤ. 《☞ たえる²; たやす; しょうめつ》.

¶ 爬虫類の多くは*絶滅した Many (of the) reptiles *died out*. // その考古学者は*絶滅した類人猿の化石を発見した The archaeologist has found the fossil of an *extinct* anthropoid. // その鳥は*絶滅の危機に瀕している That bird is on the ⌈brink [verge] of *extinction*. // 核戦争になれば人類は*絶滅するかもしれない The whole human race may *be wiped out* by nuclear war. // この殺虫剤で白ありを*絶滅させることができるでしょう This insecticide will *exterminate* ⌈the white ant [white ants].

せつもん 設問 question Ⓒ 《☞ しつもん》.

せつやく 節約 ―動 (切り詰めて経済的に使う) economize (on …) ㊁ ㊀; (労力・金などのむだを省いて蓄える) save ㊀; (出費などを切り詰める) cut (down) ㊀, cut down on … ―形 (節約家の) thrifty. ―名 (つましくすること) thrift Ⓤ; economy Ⓤ. 《☞ けんやく; けいざい》.

¶ 私たちはエネルギーの*節約を図らなくてはいけない We must ⌈*save* [*economize on*] energy. // 機械のおかげで労働力が大いに*節約になった Machines *saved* a lot of labor. // 私たちは出費を*節約するように努めています We are trying to *cut down on* our expenses. // 彼はとても*節約家です He is very *thrifty*.

せつゆ 説諭 ―動 (さとす・戒める) admonish ㊀; (叱責する) reprove ㊀. ―名 admonition Ⓤ; reproof Ⓤ. 《☞ ちゅうい; さとす》.

せつりつ 設立 ―動 set up ㊀, establish ㊀ ★ 後者は少し形式ばった語; (創設する) found ㊀ 語法 set up, establish のほうが広い意味で, found は特に学校・会社などの大きな組織の場合にいう. ―名 establishment Ⓤ; foundation Ⓤ. 《☞ そうりつ》.

¶ 私たちの会社は*設立されてから70年になります It ⌈is [has been] 70 years since our company *was* ⌈*founded* [*established*].

設立者 founder Ⓒ.

ぜつりん 絶倫 ―形 (比類のない) matchless; (限界のない) unbounded. ¶ 彼は精力*絶倫だ He is a man of *unbounded energy*.

せつれつ 拙劣 ―形 poor; (無器用な) clumsy; (未熟な) unskillful. 《☞ へた¹》.

¶ この小説は文体も筋のはこびも*拙劣だ This novel is *poor* both in style and plot.

せとぎわ 瀬戸際 (境目) the brink, the verge; (大切な時) crucial moment Ⓒ. ¶ 君はこの大事な*瀬戸際に何をしていたのかね What have you been doing *at this crucial moment*? // 彼は生死の*瀬戸際にある He is *on the verge of* death.

せともの 瀬戸物 china Ⓤ ★ 数えるときは a piece [two pieces] of china として; (瀬戸物の製品) chinaware Ⓤ ★ 集合的に; (陶器類一般) pottery Ⓤ. 《☞ とうき¹》. **瀬戸物屋** china shop Ⓒ 《☞ 店の呼び名 (囲み)》.

せなか 背中 back Ⓒ 《☞ せ; からだ (挿絵)》.

¶ *背中が痛い I have a pain in the *back*. / I have a *backache*. // 猫は*背中をぐっと丸くした The cat arched its *back*. // 2つのいすは*背中合わせに並んでいた The two chairs were placed *back to back*. // 私たちの家は大きな倉庫と*背中合わせになっている Our house *backs on* a large warehouse. // このドレスは*背中でホックでとめるようになっている This dress hooks *at the back*. // 彼女はくるりと*背中を向けると泣き出した She turned her *back* on me and began to cry.

ぜに 銭 money Ⓤ 《☞ かね¹》. ¶ 安物買いの*銭失い Penny-wise and pound-foolish. 《ことわざ: ペニーの使い方に気をつかい, ポンドにうっかりする》《☞ 金銭 (囲み)》

ぜにん 是認 ―動 approve ㊀. ―名 approval Ⓤ. 《☞ みとめる; しょうにん¹》.

ゼネスト general strike Ⓒ 《☞ ストライキ》.

せのび 背伸び ―動 (つま先で立つ) stand on (*one's*) tiptoe(s).

¶ 彼は僕が*背伸びしても僕より背が高い He is taller than I even if I *stand on my tiptoes*. // 彼女はいつも*背伸びしている (⇒ 自分の力の及ばないことをやろうとしている) She's always trying to do things which are beyond her ability. // 職を選ぶときにあまり*背伸びしないように (⇒ あまり高くねらうな) When you choose

せ

your job, don't *aim too high.*

せばまる 狭まる get [become] narrow ★ get を用いるほうが口語的；narrow ㊐. ¶その町を出ると道幅は*狭まった The street ⌈*got narrow* [*narrowed*] when we drove out of (the) town. ∥有名大学の門はますます*狭まる一方です (⇒有名大学に入るのはますます難しくなってきている) It's getting more and more *difficult* to enter famous colleges.

せばめる 狭める (狭くする) narrow ㊍《☞ちぢめる》. ¶どうしたら世代の断絶を*狭められるか How can we *narrow* the generation gap?

せばんごう 背番号 (野球の) uniform number Ⓒ; (競走の) racing number Ⓒ. 《☞スポーツ(囲み)》. ¶あのピッチャーは*背番号18です That pitcher has (on) *uniform number* 18.

ぜひ[1] 是非 (必ず) surely, certainly ★いずれも一般的な語だが, 強いて言えば後者がやや形式ばった言葉；(必ず…する) be sure to *do* ★命令文で使われることが多い；(あらゆる手段を講じて) by all means ★かなり強い口調；(どんな犠牲を払っても) at any cost, at all costs ★前者のほうがより普通；(どんなことが起こっても) come what may, whatever may happen ★前者は慣用表現でより文語的だが, 会話でも使われる. 《☞きっと[1] (類義語)；かならず (類義語)；ぜったい；強意語 (囲み)》.

¶ *ぜひおいで下さい *Be sure to* come. / Please come *by all means.* / *Do* come. 語法 この do は強調の言葉. Please より強い依頼. 人を招待するときに使えば, 親しみを強く表す表現になる. 《☞強調の表現 (囲み)》/ You *must* come. 語法 must は2人称に使うと一般的にはかなりきつい命令になるが, 人を招待する表現などでは「ぜひに」という気持ちを強く表し, かえって丁寧になることがある. 《☞義務の表現 (囲み)》

この仕事は*ぜひ仕上げなくてはならない I must finish this work ⌈*at any cost* [*by all means*].

約束は*ぜひとも守ります I'll keep my promise, *come what may.*

私はその地を*ぜひ訪れたい I *should very much like to* visit the place.

*ぜひあなたに助けていただきたい (⇒あなたの助力が非常に必要だ) I need your help *very badly.* / I am *very much* in need of your help.

*ぜひその映画を見たい I *am very eager to* see the picture.

*ぜひこれをお受け取り下さい (⇒強く要求する) I *insist on* your accepting this.

ぜひ[2] 是非 (善悪) right ⌈and [or] wrong 《☞よしあし》. ¶この問題の*是非を問わねばならぬ I have to raise the question of *right or wrong* ⌈for [with ; on] this problem.

せひょう 世評 (うわさ) rumor Ⓒ《☞うわさ；ひょうばん》. ¶ *世評では彼は次の選挙に立候補するらしい There is a *rumor* that he is going to run in the next election.

せびる (…をくれと言う) ask for … ; (…をくれと言って困らせる) annoy (*a person*) by asking for … 《☞たかる》. ¶その少年は母親に金を*せびった The boy *annoyed* his mother *by asking for* pocket money.

せびれ 背鰭 dorsal fin Ⓒ《☞さかな (挿絵)》.

せびろ 背広 suit Ⓒ; (勤務先に着て行く) business suit Ⓒ 語法 suit は男物に限らず女物のスーツをも指す言葉. 《☞スーツ；衣服 (囲み)》.

せぼね 背骨 backbone Ⓒ, spine Ⓒ, 〖解剖〗 spinal column Ⓒ. 《☞ほね》.

せまい 狭い (幅が狭い) narrow (↔ wide) ; (面積が小さい) small (↔ large) ; (限られた) limited.

【類義語】日本語の「狭い」は「幅が狭い」「面積が小さい」の2つを意味するのに対し, 英語ではこの2つが別々の言葉で言い表される点に注意が必要である.「幅が狭い」という意味では **narrow** を,「面積が小さい」の意味では **small** を使う. ((例) *狭い廊下 a *narrow* hallway ∥ *狭い部屋 a *small* room). 従って,「狭い運動場」を a *narrow* playground と訳した場合には廊下のような細長いグラウンドを意味することに注意. 比喩的には心や了見が狭いことも *narrow* を使う.「限られた」とか「範囲の定まった」という意味では **limited** を用いる. 《☞ちいさい；大きさの表し方 (囲み)》

¶この通りは*狭い This street is *narrow.* ∥ 私たちの学校の運動場は*狭い Our playground is *small.* ∥ *狭い日本, そんなに急いでどこへ行く Japan is a *small* country. Why are you in such a hurry? ∥家族が増えるに従って家がだんだん*狭くなってきた As my family grows (larger), our house ⌈is getting [gets] *smaller* and *smaller.* ∥彼は了見が*狭い He has a *narrow* mind. / He is ⌈*narrow*-minded [a *narrow*-minded man]. ∥世間は*狭い It's such a *small* world. ∥彼女のこの件に関する知識は*狭い She has only a *limited* knowledge of the incident.

せまくるしい 狭苦しい (家・部屋などが) cramped 《☞きゅうくつ》.

せまる 迫る **1** «近づく»: approach ㊍; (時などが近づく) draw near ㊐; (間近である) be (⌈near [close]) at hand. 《☞ちかづく》.

¶夏休みが間近に*迫っています The summer vacation *is* ⌈*near* [*close*] *at hand.* / The summer vacation *is drawing near.* ∥彼の家の裏手には丘が*迫っている (⇒すぐ裏にある) There is a hill *just behind* his house. ∥あの役者の演技は真に*迫っている That actor performs quite *realistically.*

2 «強いる»: (せき立てて…させる) urge *a person* (to *do*); (絶えず要求し続けて…させる) press *a person* (to *do*); (無理やりに…させる) force [compel] *a person* (to *do*) ★ compel は force より意味が弱い.

¶彼は私にそれを放棄するように*迫った He *urged* me *to* give it up. ∥私たちは執拗に約束の実行を*迫られた We *were pressed to* fulfill the promise. ∥家主は私たちに立ち退きを*迫った Our landlord tried to *force* us *to* move. ∥政府は問題の解決を*迫られている The government *is compelled to* find a solution to the problem. // その学生は必要に*迫られて夏のアルバイトを始めた *Driven by necessity*, the student took a summer job.

せみ 蟬 cicada Ⓒ,《米》locust Ⓒ.

ゼミ ☞ セミナー

セミコロン semicolon Ⓒ《☞ 欄外》.

セミナー, ゼミナール seminar Ⓒ.

セミプロ ― 名 semiprofessional Ⓒ. ― 形 semiprofessional.

せめ 責 (責任) responsibility Ⓤ; (とがめ) blame Ⓤ.《☞ せきにん》.

せめて (少なくとも) at least; (…だけ) just 参考 英語では必ずしもこれに対応する語句を使わずに, 文脈の中でそのニュアンスだけを出して表現することも多い点に注意.《☞ せめてもの》. ¶ *せめてもう10分早く家を出ればよかった I should have left home *at least* ten minutes earlier. // *せめてもう5分待ってくれませんか Couldn't you wait *just* five more minutes?《☞ 丁寧な表現(欄外)》// *せめてお名前だけでも教えていただけませんか Can [Could] you let us know your name? // *せめて伝言でも (⇒ 伝言か何か) いたしましょうか Would you like to leave a message *or anything*?

せめてもの ― 形 (ただ1つの) only, sole ★ 後者のほうが意味が強い.《☞ せめて》. ¶ それが私の*せめてもの慰めだった It was my ⌈*only* [*sole*] comfort.

せめよせる 攻め寄せる (近づく) draw near ⓐ; (包囲して迫る) close in (on …) ⓐ.《☞ せめる²; おしよせる》. ¶ 敵は四方から*攻め寄せてきた The enemy ⌈*drew near* from all directions [*closed in on* us].

せめる¹ 責める (非難する) blame *a person* (for …); accuse *a person* (of …).
【類義語】間違いや過失を責める一般的な語が *blame*. *blame* とほぼ同意の場合もあるが, より細かく, 具体的に, 軽いものから重いものまでいろいろな過失や罪をあげて責任を追求するのが *accuse* である. 法律用語としても *accuse* のほうが用いられる.《☞ ひなん¹》
¶ 人の欠点を*責めるべきではない We should not *blame* a person *for* his shortcomings. // 彼らは職務怠慢のかどで彼を*責めた They *accused* him *of* neglecting his duties. // そう難しい質問ばかりで私を*責めないで下さいよ (⇒ そんなに多く難しい質問をするのをやめてくれませんか) Will you please stop asking me so many difficult questions?

せめる² 攻める (攻撃する) attack ⓗ (↔ defend); (他国へ侵入する) invade ⓗ.《☞ おそう (類義語); こうげき》. ¶ わが軍は敵の陣地を*攻めた Our troops ⌈*made an attack on* [*attacked*] the enemy camp. // 敵はゴールを左手から*攻めてきた The opponents *attacked* (on) our left flank.

セメント ― 名 cement Ⓤ. ― 動 (セメントを塗る) cement ⓗ.《☞ コンクリート》.

ゼラチン gelatine Ⓤ.

ゼラニウム geranium Ⓒ《☞ 花 (囲み)》.

せり¹ 競り auction Ⓒ《☞ きょうばい》.

せり² 芹 Japanese parsley Ⓤ.

せりあう 競り合う (賞などを目指して) compete (⌈with [against] … for …) ⓐ, vie (with … for …) ⓐ; (速さを競う) race ⓐ.《☞ きょうそう¹》.
¶ 2人の出場者は賞を目指して*せり合った The two contestants ⌈*competed* [*vied*] *with* each other *for* the prize. // 2人の副社長は社長の地位を*せり合った <S(人)+V(*race*)+*for*+名> The two vice-presidents ⌈*raced* [*were in a race*] *for* the (office of the) presidency.

ゼリー jelly Ⓤ.

せりいち 競り市 (せり売り) auction Ⓤ ★ 個々の競売は Ⓒ; (せりの行われる販売会) auction market Ⓒ; (せり市の場所) auction hall Ⓒ.《☞ きょうばい》. ¶ *せり市で (⇒ 競売で) at *auction*

せりうり 競り売り ― 名 auction Ⓤ. ― 動 sell … at auction.《☞ きょうばい》.

せりおとす 競り落とす buy … at auction.

せりふ 台詞 (言葉) words ★ 複数形で; (芝居などの) *one's* lines ★ 複数形で. ¶ *せりふを忘れてしまった I forgot *my lines*.

セルフサービス ― 名 self-service Ⓤ. ― 形 self-service 参考 日本語の「セルフサービス」は英語とは違った使い方をするときもあるので, いつもそのまま英語に当てはまるとは限らないことに注意.
¶ 私たちは昼食を*セルフサービスの食堂でとります We have lunch at ⌈a *self-service* restaurant [a *cafeteria*]. // お茶は*セルフサービスでお願いします (⇒ 自分で行って取ってきて下さい) Please go and get ⌈your tea *yourself* [*your own* tea]. // お菓子をここへ置きますので*セルフサービスでどうぞ (⇒ 勝手に召し上がれ) I'll put

「セルフサービスのレストラン」という掲示

セミコロン (semicolon) 句読点の1つで (;) の記号. コンマ (,) より大きく, ピリオド (.) より小さな区切りを示す. 形はコロン (:) と似ているが, 用法はまったく違うので間違えないようにしなくてはならない.《☞ コロン (欄外); コンマ (欄外); ピリオド (欄外)》
セミコロンには次のような用法がある.
(1) 対照的な内容の節を接続詞を用いずに並列する場合.
¶ 強者は常に正しく, 弱者は常に悪者にされる The powerful are always right; the weak always wrong.
(2) 中にコンマを含む句を区切る場合.
¶ 私の好きな花は次のようなものだ. すなわち, 色のよさから言えばばらの花, そしてその明るさから言えばうまのあしがた These are my favorite flowers: roses, for their color; and buttercups, for their cheerfulness.

the cookies here, so please *help yourselves.*

セルフタイマー self-timer Ⓒ《☞ カメラ(挿絵)》.

セルロイド ―名 celluloid Ⓤ ★もとは商標名. ―形 celluloid.

セレナーデ serenade [sèrənéid] Ⓒ《☞ 音楽(囲み)》.

ゼロ zero [zí:rou] Ⓒ **語法** 数字のゼロは普通 (1) zero, (2) o [óu], (3) nought [nɔ́:t] ★主に《英》; (4) nothing, (5) nil [níl] のように読まれる. 例えば (i) 2.03 は two point ⌈*zero* [*o*; *nought*] three ; 0.1 は *zero* point one. (ii) 競技の得点などの 3-0 は three to ⌈*nothing* [*zero*]. (iii) 電話番号の 203-8146 は two-*o*-three, eight-one-four-six, また部屋番号などで 203 号室は room two-*o*-three と読む. 《☞ 数字(囲み); 電話の英語(囲み)》.
¶そのテストの点数は*ゼロだった I got a *zero* on the test. // 4引く4は*ゼロです Four minus four ⌈is [equals ; leaves] *zero.* // 私たちのチームは2対*ゼロで野球に勝った Our team won the baseball game by two to *nothing.* // 彼は経済観念*ゼロです He has *no* sense of economy *at all.*

セロテープ adhesive tape Ⓤ,《商標》Scotch tape Ⓤ ★「セロテープ」は日本の商標名.

セロハン cellophane Ⓤ. **セロハン紙** cellophane paper Ⓤ.

セロリ celery Ⓤ. ¶*セロリ1本 a stick of *celery*

せろん 世論 ☞ よろん

せわ 世話 **1** 《面倒》 ―動 (日常・身辺の面倒を見る) take care of … ; look after … ; (病人の看病をする) attend ⑩, attend ⌈on [upon] …
【類義語】世話をする, 面倒を見るという意味では ***take care of …***, ***look after …*** がほぼ同意で用いられることもあるが, 前者は責任を持って面倒を見るという気持ちを強調し, 後者は見守って世話をするという動作の面を強調する. 従って, *take care of* … のほうが応用範囲が広い表現ということができる. 例えば「私がその犬の世話を引き受けましょう」は I'll *take care of* the dog. / I'll *look after* the dog. の両方に訳せるが, *look after* はよく見張って逃げないようにするとか食事や散歩などの具体的な犬の世話というニュアンスがある. 病人などの世話には *look after* も用いられるが, やや改まっては ***attend, attend*** ⌈***on*** [***upon***]… 医者・看護婦などが患者の世話をするのはこの表現が普通.
¶その女の子は赤ちゃんの*世話を頼まれた The girl was asked to ⌈*take care of* [*look after*] the baby. // だれが病人の*世話をしているのですか Who *is attending* the patient?
2 《やっかい・迷惑》: (困らせるようなこと) trouble Ⓤ《☞ やっかい; めいわく》. ¶おばさんにあまり*世話をかけないようにしなさい Don't give your aunt (much) *trouble.* // あなたは*世話の焼ける人ですね You are a *troublesome* person! // 私はおじの家に*世話になっている (⇒泊まっている) I'*m staying with* my uncle.
3 《援助》 ―動 (助ける) help ⑩; (親切にする) be kind to … ―名 help Ⓤ; (親切) kindness Ⓤ. 《☞ しんせつ[1]》.
¶あの人にはたいへんお*世話になりました (⇒いろいろと助けてくれた) He *helped* me in various ways. // 彼女は私が仕事を始めたときいろいろ*世話をしてくれました <S(人)+V(*help*)+O(人)+*with*+名> She *helped* me *with* my job in various ways when I first started it. // あなたにはずいぶんお*世話になりました (⇒ご親切(な助力を)ありがとう) Thank you very much for your ⌈*kindness* [*kind help*]. // 余計なお*世話だ It's *none of your business.* / (⇒自分のことだけしていろ) Mind your own business. / (⇒他人のことに口を出すな) Don't *poke your nose* into somebody else's business.
4 《あっせん》 ―名 (推薦) recommendation Ⓤ; (紹介) introduction Ⓤ; (あっせん) offices ★複数形で. ―動 (見つけてやる) find ⑩. 《☞ あっせん》.
¶私は山田氏のお*世話 (⇒推薦) で就職しました I got the position ⌈*on* [*at*; *with*; *by*; *through*] *the recommendation of* Mr. Yamada. ★いずれの前置詞でも意味はほぼ同じ. / (⇒あっせんで) I got the job ⌈*through* [*by*] *the* ⌈*kind* [*good*] *offices of* Mr. Yamada. // 彼は息子に家庭教師を*世話してくれた (⇒見つけてくれた) He *found* my son a tutor.
世話好き (いつでも喜んで人を助ける) be always ⌈willing [ready] to help … ¶僕の下宿のおばさんはとても*世話好きです My landlady *is always willing to help* others.
世話人 (担当者) person in charge (of …) Ⓒ; (発起人) sponsor Ⓒ; (幹事) manager Ⓒ
世話焼き busybody Ⓒ.

せわしい ―形 (忙しい) busy ; (落ち着かない) restless. ―副 busily ; restlessly. 《☞ きぜわしい; いそがしい》.

せん[1] 線 **1** 《直線・曲線などの》: line Ⓒ《☞ ちょくせん; きょくせん》. ¶彼は紙に真っすぐな[曲がった]*線を1本描いた He drew a ⌈straight [curved] *line* on the paper.
2 《鉄道・電話などの》: line Ⓒ; (道路の車線) lane Ⓒ; (列車の番線) track Ⓒ, platform Ⓒ. 《☞ 数字(囲み)》.
¶道路の下り*線は車でいっぱいだった The down *lane* of the street was jammed with cars. // 「外*線お願いします」「いま, *線がふさがっています」 "Give me an outside *line,* please." "I'm sorry, but the *lines* are all busy." 《☞ がいせん[2]; 電話の英語(囲み)》 // 大阪行きの超特急は15番*線から出ます The superexpress (bound) for Osaka leaves from ⌈*track* [*platform*] (no.) 15.
3 《比喩的に》: (進路) track Ⓒ; (境界などの線) line Ⓒ.
¶彼の研究はいい*線いっているようだ He seems to be on the right *track* in his research. // 私たちは公私に一*線を画すべきだ We should draw a *line* between public and private ⌈business [affairs]. // 私たちはその協定の*線に沿って行動するつもりです We will act in ⌈*line* [*accordance*] with the contract.

せん² 千, 1000 —名形 thousand ★「第1000(番目)の」, あるいは「第1000(番目)のもの」の場合は the (one) thousandth. 語法 1000 は a thousand または one thousand だが, 連続して数を数えるようなときは one thousand のほうが普通. また 2000 (two thousand), 3000 (three thousand) などの数でも複数形にはしない. ただし,「何千もの…」という場合には thousands of … と複数形になる. (☞ まん¹ 語法; 数字 (囲み)).
¶ 1 箱に卵が*千個ずつ入っている Each box has *one thousand* eggs. // その陳情書には 2 *千人が署名をした Two *thousand* people signed the petition. // そのポップフェスティバルには何*千人ものファンが集まった *Thousands of* fans gathered at the pop festival.

せん³ 栓 (瓶・たるの) stopper Ⓒ; (コルク栓) cork Ⓒ. (☞ じゃぐち (挿絵)). ¶ ガスの*栓を締めて[開けて]下さい Please *turn* ˹*off* [*on*] the gas. // 男はワインの*栓を抜いて一飲みした The man *uncorked* a wine bottle and had a drink.

せん⁴ 腺 〚解剖〛 gland Ⓒ.

ぜん¹ 善 (よいこと) good Ⓤ; (正しいこと) right Ⓤ. (☞ ぜんあく). ¶ *善は急げ Make hay while the sun shines. (ことわざ: 日の照るうちに干し草を作れ)

ぜん² 膳 (食卓) table Ⓒ; (ごはんなどの 1 杯分) helping Ⓒ. (☞ 食事 (囲み)). ¶ もう一*膳いかがですか Would you like another *helping*? (☞ おかわり)

ぜん³ 禅 Zen Ⓤ (☞ 日本固有の風物と英語 (囲み)).

ぜん-¹ 全… —形 all; whole ★ 後者は単数名詞を伴い, ある集合体全体をいう; (全体の) entire. (☞ ぜんぶ¹; すべて (類義語)).
¶ *全学あげて彼の勝利を祝った *All* the school [The *whole* school] celebrated his victory. // 彼は火事で*全財産を失った He lost *all* his property in a fire. // その知らせは*全世界を驚かした The news surprised the *whole* world.

ぜん-² 前… —形 (以前の) former. —接頭 ex- ★ former よりも改まった言い方. (☞ まえ; 接頭辞 (欄外)). ¶ *前アメリカ大統領 the ˹*former* President [*ex*-President] of the United States

ぜんあく 善悪 (正しいことと間違ったこと) right and wrong (☞ よしあし). ¶ 子供でさえ*善悪の区別はできる Even a child can tell *right* from *wrong*.

せんい¹ 繊維 (原料としての) fiber (《英》 fibre) Ⓤ. ¶ 合成[化学]*繊維 synthetic [chemical] *fiber* // ガラス*繊維 glass *fiber*
繊維工業 textile industry Ⓤ.

せんい² 戦意 (闘志) fighting spirit Ⓤ. ¶ 兵士たちは*戦意を喪失した The soldiers have lost their *fighting spirit*.

せんい³ 船医 ship's doctor Ⓒ.

ぜんい 善意 (親切心) kindness Ⓤ; (よい意図) good intentions ★ 通例複数形で; (相手に理解を示し, 有利に計らってやるような) favor (《英》 favour) Ⓤ. (☞ こうい²).
¶ 彼女は*善意で援助を申し出た She offered help out of *kindness*. // あなたが*善意でしたことはわかっています I know that you did it out of *good intentions*. // 彼の言葉を*善意に解しておこう Let's take his words in a *favorable* sense.

ぜんいき 全域 the whole ˹region [area] (☞ いったい⁴). ¶ その地方は*全域にわたってひどい地震の被害を受けた *The whole region* suffered a heavy damage from the earthquake.

せんいん 船員 (船乗り) sailor Ⓒ; (ある船の乗組員全体) crew Ⓒ; (船員のメンバーの 1 人) member of the crew Ⓒ, crewman Ⓒ (複 -men). (☞ すいへい²; のりくみいん).

ぜんいん 全員 all the members (☞ みな).
全員一致 —形 unanimous. —副 unanimously. ¶ その法案は*全員一致で可決された The bill was passed *unanimously*.

せんえい 先鋭, 尖鋭 —形 (急進的な) radical (☞ かげき¹).

ぜんえい 前衛 —名 (競技の) forward Ⓒ. —形 (芸術などで時代の先端を行く) avant-garde [àːvɑːŋgáəd].

せんえつ 僭越 —形 (厚かましい) audacious; (生意気な) 《口語》 cheeky.
¶ 彼がそんなことを言うとは*僭越しごくだ It's very *audacious* of him to say so. // 皆さん, *僭越ながら新郎新婦への乾杯の音頭をとらせていただきます (⇒ …することをお許し下さい) Ladies and gentlemen, please *allow* me *to* propose a toast to the bride and bridegroom. 語法 かなり改まった表現. 日本語では「僭越ながら」があまり深い意味もなく使われることが多いので, 英訳する場合には無視してもよい場合が多い. (☞ 日本語と英語 (欄外))

ぜんおんぷ 全音符 whole note Ⓒ (☞ 音楽 (囲み)).

せんか¹ 戦火 (戦争) war Ⓤ (☞ せんそう¹).

せんか² 戦禍 devastation of war Ⓤ.

せんか³ 戦果 military achievements ★ 複数形で.

せんか⁴ 専科 special course Ⓒ.

せんが 線画 line drawing Ⓤ (☞ え¹).

ぜんか 前科 (犯罪歴) criminal record Ⓒ.
¶ あの男には*前科がある He has a *criminal record*. / (⇒ 前科者だ) He is an *ex-convict*.

せんかい 旋回 —動 (方向を変える) turn ㊀; (円状に) circle ㊀. —名 turn Ⓒ. (☞ かいてん¹). ¶ 私たちの船は左に*旋回した Our boat took a *turn* to the left. // その飛行機は飛行場の上を*旋回していた The airplane *was circling* over the airport.

ぜんかい¹ 全快 —動 recover completely ㊀ ㊉. —名 complete recovery Ⓤ. (☞ 病気・病院 (囲み); なおる; かいふく).
¶ お気の毒ですが*全快は望めません I am sorry to say *complete recovery* cannot be expected. // お父様ご*全快だそうで何よりです I am glad to hear that your father *has completely recovered* (˹*his health* [*from* his illness]).

ぜんかい² 前回 —形 (この前の) last (☞

このまえ》. ¶*前回はどこまでいきましたかね Where did we leave off *last* time?

ぜんかい[3] 全壊 —〔動〕 be completely destroyed《☞ こわす (類義語)》.

ぜんかいいっち 全会一致 —〔副〕 unanimously《☞ ぜんいん》.

せんがくひさい 浅学非才 *one's* lack of knowledge Ⓤ 〔参考〕 英語ではこのような東洋的謙遜の言葉をあまり使わない. 従って, 単なる謙遜のための「浅学非才」は訳出不要で,「どうか私に…をお許し下さい」(Please allow me to ...) のような丁寧な要請の形式に訳せばよい.《☞ 丁寧な表現 (欄外)》.

ぜんがく[1] 全額 the full amount; (総計) total Ⓒ, the sum total.《☞ ごうけい (類義語)》.

ぜんがく[2] 全学 —〔形〕 all-campus《☞ ぜんこう》.

せんかくしゃ 先覚者 pioneer Ⓒ《☞ くさわけ》.

せんかん 戦艦 battleship Ⓒ.

せんぎ 詮議 —〔動〕 (取り調べる) examine (他)《☞ とりしらべる; しらべる》.

ぜんき[1] 前期 —〔名〕 (2つに分けた前のほうの半分) the first half; (2学期制の)《米》 the first semester. —〔形〕 (前期の) early.《☞ ぜんはん》.

ぜんき[2] 前記 —〔形〕 (上に述べた) above-mentioned ★「上」といっても, すぐ上でなく, かなり前でもよい; (少し前の所で述べた) aforementioned ★ 形式ばった語.《☞ ぜんじゅつ》.

せんきゃく 船客 passenger (on board) Ⓒ《☞ じょうきゃく; 乗り物 (囲み)》.

せんきょ[1] 選挙 —〔名〕 election Ⓤ. —〔動〕 elect (他).《☞ えらぶ; とうひょう; とうせん[1]; 政治・経済 (囲み)》.
¶アメリカでは4年ごとに大統領の*選挙が行われる A presidential *election* takes place every four years in America. // 委員は*選挙で決まる The committee members *are elected*. // *選挙の結果はあすの正午までに判明します The *election* results will be known by noon tomorrow. // 放課後に生徒会役員の*選挙をします After school we are going to *vote on* a new slate of officers ⌈for [of] the student association. ★ slate は選挙の候補者リスト.
選挙違反 election irregularities ★ 通例複数形で. ¶彼は*選挙違反 (⇒ 公職選挙法違反) でつかまった He was arrested for *violation of the Public Offices Election Law*. **選挙運動** election campaign Ⓒ **選挙演説** campaign speech Ⓒ **選挙管理委員会** Election Control Commission Ⓒ **選挙区** constituency Ⓒ **選挙権** suffrage Ⓤ; (説明的に) the right to vote **選挙資金** electoral funds ★ 複数形で;《米》 war chest Ⓒ **選挙事務所** (election) campaign headquarters ★ 単数または複数扱い. **選挙速報** newsflash on election returns Ⓒ **選挙人** voter Ⓒ; (選挙区全体の) the electorate, the constituent ★ 集合的に. **選挙人名簿** register [registry] of voters Ⓒ, pollbook Ⓒ **選挙日** election [polling] day Ⓒ.

せんきょ[2] 占拠 —〔動〕 occupy (他). —〔名〕 occupation Ⓤ.《☞ せんりょう[1]》.

せんきょう 戦況 the war situation.

せんきょうし 宣教師 missionary Ⓒ.

せんきょく 戦局 the war situation.

せんぎり 千切り —〔名〕 shreds ★ 複数形で. —〔動〕 cut ... into shreds, shred (他).《☞ 料理の用語 (囲み)》. ¶キャベツの*千切り *shredded* cabbage

せんくしゃ 先駆者 (開拓者) pioneer Ⓒ《☞ くさわけ; さきがけ》.

せんくち 先口 (先口の約束) previous engagement Ⓒ《☞ せんやく》.

ぜんけい[1] 全景 (全体の眺め) complete view Ⓒ; (壮大な一幅の景色) panorama Ⓒ. ¶この橋から滝の*全景が見える On this bridge we can enjoy a *complete view* of the waterfall.

ぜんけい[2] 前景 (風景・絵画の) the foreground (↔ the background).

せんけつ[1] 先決 (第1にするべきこと) the first thing to do《☞ だいいち; まず》. ¶その問題の解決が*先決だ (⇒ 私たちはその問題を第一に解決しなければならない) We must *settle* the problem *first*. // 彼女を説得することが*先決だ (⇒ 最も大切なのは, どうやって彼女を説得するかだ) *What is (the) most important* is how to persuade her.

せんけつ[2] 鮮血 (fresh) blood Ⓤ.

せんげつ 先月 last month《☞ こんげつ; らいげつ; 時刻・日付・曜日 (囲み)》. **先月号** the last month's issue《☞ ぜんごう》.

せんけん 先見 foresight Ⓤ. ¶政治家には*先見性が必要です A statesman needs *foresight*. **先見の明** ¶彼は*先見の明がある He is a man of *foresight*. // 君は*先見の明がない You ⌈lack [are lacking in] *foresight*.

せんげん 宣言 —〔動〕 (事柄をはっきりとさせるために) declare (他); (特に重大な影響があるような事柄を正式に発表する) proclaim (他); (正式に発表する) announce (他). —〔名〕 declaration Ⓤ; proclamation Ⓤ.《☞ げんめい[1]》.
¶アメリカは1776年に独立を*宣言した America *declared* (its) independence in 1776. // 彼らはその島が自国の領土であると*宣言した <S (人) + V (*proclaim*) + O (名) + C (名)> They *proclaimed* the island their territory. // その上院議員は次期大統領選挙に出馬すると*宣言した The senator *announced* that he was going to run ⌈in the next presidential election [for president in the next election].

ぜんけん 全権 full [plenary] power Ⓒ ★ しばしば複数形で; (絶対権限) absolute authority Ⓤ.《☞ けんげん; けんりょく》. ¶彼らはその交渉の*全権を彼に委任した They ⌈invested [entrusted] him with *full powers* to carry ⌈out [on] the negotiations.
全権大使 ambassador plenipotentiary Ⓒ.

ぜんげん[1] 前言 *one's* (previous) ⌈words [remarks; statement Ⓒ]《☞ ことば》. ¶彼はどうしても*前言を取り消さなかった (⇒ 自分の

言ったことを撤回することを拒んだ) He refused to ⌈withdraw [take back] ⌈*his words* [*what he had said*].

ぜんげん[2] 漸減 ―［動］ decrease[diminish] gradually (自) ★ diminish のほうが形式ばった語; (減少中である) be on the decrease. 《☞ へる[1]; げんしょう[1]》. ¶ このごろは交通事故が*漸減している Traffic accidents *are* ⌈*decreasing gradually* [*on the decrease*] these days.

せんご 戦後 ―［形］ postwar (↔ prewar); (戦争の後の) after the war ［語 法］「戦後の日本」「戦後の時代」などのように, 固有名詞や時期などを表す名詞に付けるときは前者が普通. ―［名］ (戦後の時期・時代) the postwar ⌈period [days; years; era]. ―［副］ after the war.

¶ 日本は*戦後間もなく民主化された Japan was democratized soon *after the war.* // *戦後の日本は戦前の日本と幾つかの点で大きな違いがある *Postwar* Japan is greatly different from prewar Japan in several points.

戦後派 the postwar ⌈generation [school].

ぜんご 前後 **1** 《方向・位置》 ―［副］ before and after, before and behind ★ ほぼ同意. after は普通は時間・順序を表し, 位置関係は表さないが, このフレーズでは特別; (前面と後尾と) in front and in (the) rear; (前後に動く動作を表して) back and forth.

¶ *前後をよく注意して見なさい Look carefully *before and after.* // 彼は旗を*前後に振った He waved the flag *back and forth.* // 彼は*前後を警官に護衛されていた He was guarded by policemen *before and behind.* // 彼らは敵を*前後から攻めた They attacked the enemy *in front and in* (*the*) *rear.* // 彼女は忘れ物がないことを確かめるために*前後左右 (⇒ あたり) を見回した She looked ⌈*about* [(*a*)*round*] to make sure that she had not left anything. // 船はあらしで*前後左右にひどく揺れた The ship *pitched* and rolled badly in the storm. 《☞ ゆれる (挿絵)》

2 《時間》 ―［前］ (前か後に) before or after ...; (前後とも) before and after ...

¶ その展覧会はクリスマス*前後に開かれるはずです The exhibition is to be held ⌈*before or after* [*sometime around*] Christmas. // 私は昼食の*前後はテレビを見ていた I was watching television *before and after* lunch. // 2 つの台風が*前後して (⇒ 次々と) 本土を襲った Two typhoons hit the mainland *one after the other.*

3 《およそ》 ―［前］ (...ごろ) about ..., around ... ―［副］ (約) about, around; (...かそこら) ... or so. 《☞ だいたい[1]; やく[3]》. ¶ 彼は 10 時*前後に帰りました He returned home ⌈*about* [*around*] ten o'clock. // 彼女は 30 歳*前後だ She is ⌈*about* [*around*] thirty. / She is thirty *or so.*

4 《秩序・筋道》 ¶ 彼はカードの順序が*前後しているのに気がついた He found the cards *placed in the wrong order.* // 彼女の話はよく*前後する (⇒ 混乱する) She often *gets confused* while talking. // 彼の言っていることは*前後のつじつまが合わない (⇒ 筋道に欠けている) His story *is lacking in sequence.* / (⇒ 言っていることに論理がない) *There is no logic* in what he says. // 文の*前後関係から単語の意味を知ることができる We can get the meaning of a word from its *context.* 《☞ 前後関係 (欄外)》

5 《理性・情緒》 ¶ 彼は*前後の見境もなく自動車を猛スピードで (⇒ 向こう見ずなスピードで) 走らせた He drove the car at a *reckless* speed. // 彼は怒り[悲しみ]に*前後を忘れた (⇒ 我を忘れた) He ⌈*was beside* [*forgot*] *himself* with ⌈rage [grief]. // 彼は飲みすぎて*前後不覚になった (⇒ 意識を失った) He drank too much and ⌈*passed out* [lost *consciousness*]. ★ lose consciousness はやや改まった言い方.

せんこう[1] 選考 ―［動］ (慎重に吟味して選ぶ) select (他); (テストまたは特別の審査基準などにより, ほかと区別しながら選ぶ) screen (他). ―［名］ selection [U]; screening [U]. 《☞ えらぶ (類義語); しんさ》.

¶ 新入社員は多数の応募者の中から*選考された The new employees *were selected* ⌈out of [from] many applicants. // 委員会は奨学生の*選考を慎重に行った The committee carefully *screened* the students before granting the scholarships. // 残念ながらあなたは*選考から漏れました Unfortunately, you *have* not *been selected.*

選考委員 member of a screening committee [C] **選考委員会** screening committee [C] **選考基準** criterion for selection [C] 《複 criteria》.

せんこう[2] 専攻 ―［動］ (大学で...を専攻する) 《米》 major in ..., 《英》 specialize in ... ―［名］ (専門分野) special field (of study) [C]; (専攻科目) 《米》 major (subject) [C], specialty [C] ★ 前者は特に大学の; 《英》 speciality [C]. 《☞ せんもん; 学校・教育 (囲み)》.

¶ 私は大学で生物学を*専攻した I ⌈*majored* [*specialized*] *in* biology at the university. // 「彼女は大学で何を*専攻しているのですか」「心理学です」 "What *is* she *majoring in* [What is her *major*] at college?" "Psychology."

専攻科 postgraduate course [C] ［参 考］ 普通は大学院の意味になるので, 説明が必要であれば special とか one-year (=1 年修了の) とかの語句を前に付ける.

せんこう[3] 先行 ―［動］ (...より先へ進む) go ahead of ...; (...より時・順序などが前になる) precede (他); (先導する・リードする) lead (他). ―［形］ preceding ★ 定冠詞が付くと「すぐ前の」の意; previous.

¶ *先行の (⇒ 前を走っていた) 車が故障した The car which was running *ahead of* ours broke down. // 彼の考えは時代に*先行している His ideas *are ahead of* the times. // 《野球で》 我々は 3 点*先行している (⇒ 3 得点リードしている) We *lead* them by three runs. 《☞ 野球の英語 (囲み)》

先行詞 〖文法〗 antecedent [C] 《☞ 関係

せ

詞(欄外)》.

せんこう⁴ 潜行 **―動** (地下に) go underground; (身を隠す) remain [keep] in hiding. 《☞ かくれる; せんぷく》. ¶ その陰謀が発覚すると彼は地下へ*潜行した He *went underground* as soon as the plot came to light. // 彼は地下に*潜行して政治活動をしている (⇒ 地下政治活動に従事している) He is engaged in *underground* political activities.

せんこう⁵ 潜航 **―動** (水中に潜る) submerge ⓐ; (水中を航行する) navigate under water. 《☞ せんすい¹》.

せ

せんこう⁶ 線香 incense stick Ⓒ. ¶ *線香をあげる offer *incense sticks* **線香花火** sparkler Ⓒ.

せんこう⁷ 閃光 **―名** (ぱっと出る光) flash Ⓒ; (キラッときらめく光) glint of light Ⓒ. **―動** (閃光を放つ) flash ⓐ. 《☞ ひかる》.

せんこう⁸ 先攻 **―動** (go to) bat first 《☞ 野球の英語 (囲み)》.

ぜんこう 全校 (学校全体) the whole school; (全校生徒) all the students of the school. 《☞ がっこう》. ¶ *全校がサッカーチームの勝利を喜んだ *The whole school* rejoiced over the victory of its soccer team.

ぜんごう 前号 the ⌈last [preceding] ⌈issue [number] [語法] the last issue は現在の号の1つ前の号であるが, the preceding issue は, いずれの号についても, その1つ前の号という意味となる. 《☞ ごう¹》.

¶ その記事については*前号を参照して下さい Please refer to *the preceding* ⌈*issue* [*number*] for the article. // *前号より続く Continued from *the last issue*.

ぜんごかんけい 前後関係 〘文法〙 context Ⓤ 《☞ 欄外》.

せんこく¹ 宣告 **―動** (刑を言い渡す) sentence ⓣ, pass a sentence (on ...); (宣言する) pronounce ⓣ. **―名** (判決) sentence Ⓒ; (有罪の宣告) condemnation Ⓒ. 《☞ はんけつ》.

¶ 裁判官は彼に死刑の*宣告をした The judge *sentenced* him to death. / The judge *passed a* death *sentence on* him. // 彼は5年の刑を*宣告された He *was sentenced* to five years in prison. / He got five years. ★ くだけた表現. 《☞ くだけた英語と堅苦しい英語 (欄外)》 // 法廷は彼女に無罪を*宣告した The court *acquitted* her *of* the charge. / She *was found* ⌈not guilty [innocent]. // 医者は家族に病人はあと3か月の命しかないと*宣告した (⇒ 言った) The doctor *told* the family that the patient would have only three months to live. // 審判は三振を*宣告した The umpire *called* a strikeout.

せんこく² 先刻 (ちょっと前) a short ⌈time [while] ago; (すでに) already. 《☞ さきほど》. ¶ *先刻承知だ I'm well aware of that.

ぜんこく 全国 **―名** the whole country; (全国各地) all parts of the country. **―形** (全国的な) nationwide. **―副** (国中に) throughout [all over] the country; (全国すべてで) across the ⌈nation [country]. 《☞ くに (類義語); かくち》.

¶ 寒波が*全国を襲った A cold wave hit *the whole* ⌈*country* [*land*]. // 応募者は*全国から集まった Applicants ⌈gathered [came] from *all* ⌈*parts of* [*over*] *the country*. // その祭りは日本*全国によく知られている The festival is known *throughout Japan*. // 首相の演説は今夜*全国に放送される Prime minister's ⌈speech [address] will be broadcast *nationwide* tonight. // 警察は交通事故を防止するために*全国的な運動を起こした The police started a *nationwide* ⌈movement [campaign] to ⌈stop [prevent] traffic accidents.

全国区 the ⌈national [nationwide] constituency **全国区選出参議院議員** council(l)or elected from the national constituency Ⓒ **全国大会** (集会) national ⌈convention [conference] Ⓒ; (競技会) national (athletic) meet Ⓒ **全国中継** nationwide hookup Ⓒ 《☞ ちゅうけい》 **全国放送** nationwide broadcasting Ⓤ; (番組) nationwide program Ⓒ.

せんごくじだい 戦国時代 the age of civil war(s).

ぜんごさく 善後策 (改善する手段) remedial measure Ⓒ; (改善策) remedy Ⓒ. ¶ すぐに*善後策を講じたほうがよい We should ⌈take [work out] *remedial measures* immediately. / (⇒ 事態は素早い改善策を必要としている) The situation requires a speedy *remedy*.

ぜんざ 前座 (初めの演技) opening performance Ⓒ; (開幕劇) curtain raiser Ⓒ; (人) minor ⌈performer [character] Ⓒ. ¶ *前座

前後関係 (context) 文脈とか脈絡ともいう. 単語には普通幾つもの異なった意味があるが, そのうちのどの意味で用いられているかは, すべてその前後関係によって決定される. 《☞ 多義語 (欄外)》

例えば paper という単語には「紙」「新聞」「論文」「試験問題用紙」「レポートなどの提出物」「壁紙」などのいろいろな意味がある. しかし,

(i) Did you read today's *paper*? (=君はきょうの新聞は読んだか)

(ii) He read a *paper* at the meeting of the medical society. (=彼は医学会で発表した[論文を読んだ])

(iii) Did everybody get a sheet of *paper* for the test? (=皆さん全部の人がテスト用紙をもらいましたか)

(iv) You must turn in your *paper* by next Tuesday. (=君たちは来週の火曜日までにレポートを提出しなくてはなりません)

のように前後関係がつけば, paper がどの意味で用いられているかは明らかになる.

また, 前後関係は単に単語の意味だけでなく, 文の意味の決定にも必要なことが多い. 特にその表面上の意味はほぼ変わらなくても, 含まれた意味が前後関係によってかなり相違することがある. 例えば,

(i) Who said that?—*I don't know*. (=だれがそれを言ったのですか—知りません)

(ii) It's the best way, isn't it?—*I don't know*. (=それが最善の方法ではありませんか—どうですかね)

という2つの対話を比べてみよう. (i) では I don't

をつとめる play a *minor* ⌈role [part]

せんさい¹ 繊細 ―形 (微妙な・鋭い) fine; (優美で精巧な) delicate ★壊れやすいというニュアンスがある; (洗練された見事な) exquisite. ―名 delicacy Ⓤ; fineness Ⓤ. 《☞ びみょう (類義語)》.

¶彼はユーモアを解する*繊細 (⇒ 鋭敏) な感覚を持っている He has a *fine* sense of humor. // *繊細な色彩感覚 a *delicate* sensibility for colors // *繊細な模様 an *exquisite* design

せんさい² 戦災 (戦争による被害) war damage Ⓤ; (戦争による荒廃) war devastation Ⓤ. ¶この地域は*戦災をまぬがれた[被った] This quarter ⌈escaped [suffered] *war* ⌈*damage* [*devastation*]. **戦災孤児** war orphan Ⓒ.

せんさい³ 先妻 (別れた妻) *one's* ⌈former [divorced] wife Ⓒ; (亡妻) *one's* ⌈late [deceased] wife Ⓒ ★[ ]内はより改まった語.

せんざい¹ 潜在 ―形 (隠れた) latent; (可能性のある) potential; (休止状態の) dormant; (潜在意識の) subconscious; (基底にある) underlying.

¶私は彼の持つ*潜在能力を買っている I appreciate his ⌈*latent* [*dormant*] talent(s). // *潜在失業者の数は (⇒ 潜在的失業は) 急速に増えている *Latent* unemployment is rapidly increasing. // だれでも人によく思われたいという*潜在的な欲望がある Everyone has a *subconscious* desire to be well thought of by others.

潜在意識 subconsciousness Ⓤ.

せんざい² 洗剤 detergent Ⓒ ★広い意味ではせっけん (soap) も含むが, 通常はせっけん以外の合成洗剤 (synthetic detergent) を指す; (みがき粉) cleanser Ⓒ. 《☞ せんたく¹》.

¶中性*洗剤 a neutral *detergent*

ぜんさい 前菜 hors d'oeuvre [ɔədə́ːv] Ⓒ 《☞ レストラン (囲み)》.

せんざいいちぐう 千載一遇 ¶彼はその*千載一遇の機会を生かした (⇒ めったにない[絶好の]機会を利用した) He availed himself of the ⌈*rare* [*golden*] opportunity. // 私は*千載一遇の機会 (⇒ 生涯一度のチャンス) を逃した I ⌈lost [missed] *the chance of a lifetime*. // いまが*千載一遇の機会だ This is *one chance in a million*. / (⇒ いまか, でなければもう二度とない) Now or never!

せんさく 穿鑿, 詮索 ―動 (他人のことに立ち入る) poke [pry] into ...; (調査する) look [inquire] into ...; (細かく調べる) scrutinize ㊀. 《☞ しらべる; おせっかい》.

¶彼女の過去を*せんさくしてもむだだ It is no use ⌈*poking* [*prying*] *into* her past. // 彼はまだその問題を*せんさくしている He *is* still ⌈*looking* [*inquiring*] *into* the matter. // 彼女は他人のことを*せんさくするのが好きだ She is very ⌈*inquisitive* [*curious*] about other people's affairs. 【語法】 自分に無関係のことを根掘り葉掘りせんさくするのが inquisitive で, 悪い意味で用いられるのが普通. curious は好奇心旺盛で物を知りたがること. 悪い意味はない. / (⇒ せんさく好きな女だ) She is ⌈an *inquisitive* [a *nosy*] woman.

せんさばんべつ 千差万別 ―形 (いろいろな種類の) (many and) various; (広く多種多様の) a wide variety of ...; (種々の) multifarious ★少し形式ばった語だが, 日本語の「千差万別」の語感に近い.

¶子供の興味や趣味は*千差万別だ Children's interests and hobbies are (*many and*) ⌈*various* [*varied*]. / (⇒ 子供は多種多様な興味や趣味を持っている) Children have ⌈*a wide variety of* [*multifarious*] interests and hobbies. // 生活様式は国によって*千差万別だ (⇒ それぞれの国は各自の生活様式を持っている) Each country has its own way of ⌈living [life].

せんし 戦死 ―動 be killed in (the) war ★特定の戦争を意味する時のみ the を付ける; (戦場で死ぬ) die in (the) battle. ―名 death in battle Ⓤ. 《☞ しぬ (類義語); せんそう¹》. ¶彼の父は*戦死した His father *was killed in the war*. **戦死者** person killed in (the) war Ⓒ; (集合的に) the war dead.

せんじ 戦時 wartime Ⓤ 《☞ せんそう¹》.

¶彼は*戦時中情報局に勤務した He worked for the information bureau *during the war*. // 彼は*戦時中の指導者の一人だ He was one of the *wartime* leaders.

ぜんじ 漸次 ―副 (次第に) gradually; (少しずつ) by degrees. 《☞ じょじょに》.

せんしじだい 先史時代 the prehistoric age.

せんしつ 船室 cabin Ⓒ.

せんじつ 先日 the other day; (2, 3 日前) a few days ago; (少し前) some time ago 【語法】 このほかにも前後関係に応じて several days ago (＝4, 5 日ぐらい以前), some days

---

know. は単に「知らない」という意味を表しているにすぎないが, (ii) では, I don't know. と言った人は暗に相手の発言に反対しているか, あるいは反対していないまでも, 賛成はしていないことを意味しているのである. I don't know. はこのように会話では相手に正面切って反対できないときに用いられることがある.

また, 前後関係は必ずしも言葉ではなく, 話者・聴者の置かれた環境であることもある. 例えば,

Can you reach the salt?

という文は, 食卓で言われれば(そういう場合が普通だが)「塩をとって下さい」(＝Please pass (me) the salt.) という意味になるが, そうでない場合には「塩に手が届きますか」と単に相手に尋ねる意味にもなる.

さらに,

What a *nice* smell! (＝なんというよいにおいでしょう)

という言葉は, もしも, ふくよかに花の咲きにおう庭園で発せられたならば文字どおりに受けとってよいが, もしも悪臭の満ちている場所で言われたのならば, それは「ひどいにおいだ」と言う代わりの一種の皮肉 (irony) の意味を持つのである.

以上のように, 前後関係は言葉の意味を決定するのに重要な役割を果たす. 英文を読んだり作文したりするときには, 対象の語・句・文がどのような前後関係に置かれているか, または与えられた前後関係に対してどのような語・句・文を用いるべきであるかに十分注意する必要がある. 《☞ 意味 (欄外); 比喩 (欄外); 日本語と英語 (欄外)》

ago, a few weeks ago などが使える. 《☞ このあいだ》.

¶ 私は*先日彼女に偶然出会った I saw her by chance *the other day*. ‖ *先日かなり大きな地震があった We had a pretty strong earthquake ˹*a few* [*some*] *days ago*. ‖ 彼は*先日来 (⇒ここ数日) 病気で寝ている He has been sick in bed *for* (*the past*) *several days*. ‖ その本はつい*先日 (⇒ごく最近) 出版された The book was published quite *recently*.

ぜんじつ 前日 the day before (...), the preceding day. 《☞ まえ》.

¶ 彼は*前日にホテルの予約を取り消した He canceled his hotel reservations (on) *the* ˹*day before* [*preceding day*]. ‖ 出発の*前日にあなたの手紙を受け取った I received your letter (on) *the day before* my departure. [語法] on があると強調的. ‖ *前日に雨が降ったのでグラウンドはぬれていた The ground was wet, as it had rained *the day before*.

せんじつめる 煎じ詰める ━[動] boil down [自]. ━[副] (結局) after all, in the end; (要するに) in short. 《☞ ようするに》. ¶ 問題を*せんじ詰めると, 行くか行かないかということになる The question *boils down* to whether we should go or not. ‖ *せんじ詰めれば (⇒結局) その責任は彼にある *After all*, he is responsible for it.

せんしゃ 戦車 tank [C]. **戦車隊** tank corps [kɔ́ə] [C] 《複 ～ [kɔ́əz]》.

せんじゃ 選者 (選択者) selector [C]; (判定者) judge [C]. 《☞ せんこう[1]》.

ぜんしゃ 前者 the first (↔ the second), the former (↔ the latter) [語法] 口語では the first, the second のほうをよく用いる. the former, the latter は多少形式ばった言い方. the one, the other も用いられるが, この場合はどちらが前者でどちらが後者かあいまいになるおそれがある.

¶ 仕事も遊びもともに必要である. *前者は活力を, 後者は休息を与えてくれる Work and play are both necessary; ˹*the first* [*the former*] gives us energy and ˹the second [the latter], rest. 《☞ セミコロン (欄外); 省略 (欄外)》

ぜんしゃのてつ 前車の轍 ¶ *前車の轍を踏むな (⇒前任者と同じ間違いをするな) Don't make the same failure as your predecessors.

せんしゅ[1] 選手 (競技者) player [C]; (運動選手) athlete [C]; (学校などの代表選手) representative ˹player [athlete] [C]. 《☞ スポーツ (囲み)》. ¶ 彼は野球の*選手です He is a *baseball player*. 《☞ 野球の英語 (囲み)》 ‖ 彼女は高校ではバレーボールの*選手だった She ˹*played* volleyball [was *on the* volleyball *team*] in high school.

せんしゅ[2] 先取 ━[動] (先に得点する) score first [他] [自] 《☞ とくてん[1]; スポーツ (囲み)》.

¶ 我々は2回の表に3点*先取した We were *the first to score* three runs in the first half of the second inning. ‖ *先取点をあげたのはどちらですか Which team *scored first*? ‖ 彼のチームは決勝戦で2点*先取した His team *scored the first* two points in the finals.

せんしゅ[3] 船首 bow [báu] [C] ★しばしば複数形で; stem [C] ★「船首から船尾まで」(from stem to stern) というときに使われる. 《☞ ふね (挿絵); ヨット (挿絵)》.

せんしゅ[4] 船主 shipowner [C].

せんしゅう[1] 先週 ━[副] last week. ━[名] the previous week. ━[形] last [語法] last は「この前の」の意であるから, 例えば土曜日に last Wednesday といえば「今週の水曜日」の意であることに注意. その際, 今週の水曜日ではなく先週の水曜日であることをはっきりさせるには on Wednesday *last week* としなくてはならない. 《☞ らいしゅう; こんしゅう; 時刻・日付・曜日 (囲み)》.

¶ *先週は手紙がたった2通しか来なかった (⇒2通だけ受け取った) I received only two letters *last week*. ‖ 私は*先週の土曜日に博物館へ行った I went to the museum ˹*last* Saturday [on Saturday *last*]. [語法] on Saturday last は《英》で形式ばった言い方.

先週のきょう a week ago today, 《英》 this day week [語法] 後者は前後関係によっては「来週のきょう」ともなる. なお「来週のきょう」は米英ともに a week from today, また《英》では a week today が普通. ¶ *先週のきょうは大雪だった We had a heavy snow *a week ago today*.

せんしゅう[2] 千秋 ¶ 彼女は彼の帰りを一日*千秋の思いで (⇒つま先立ちして) 待っている She is awaiting his return *on tiptoe*. / (⇒もどかしげに) She is waiting *impatiently* for his return. ‖ 生徒たちは夏休みを一日*千秋の思いで待っている (⇒期待して待っている) The students *are looking forward to* the summer vacation.

せんしゅう[3] 選集 selection [C]; (詩・文の) anthology [C]; (選ばれた作品) selected works ★複数形で.

ぜんしゅう 全集 complete [collected] works ★複数形で. ¶ 一巻物の新しいシェークスピア*全集は現在編集中である A new one-volume edition of Shakespeare's ˹*complete* [*collected*] *works* is now in preparation.

せんじゅうしゃ 専従者 ¶ 組合の*専従者 a *full-time* union official 《☞ せんにん[1]》

せんじゅうみん 先住民 former inhabitant [C]; (原住民) aborigines [æbərídʒəniːz] ★複数形. 集合的に. 《☞ げんじゅうみん》.

せんしゅうらく 千秋楽 the last performance of the season.

せんじゅかんのん 千手観音 Goddess of Mercy with a Thousand Hands, the thousand-handed *Kannon*.

せんしゅけん 選手権 championship [C], title [C] ★後者は選手権者の称号という意味だが, ほぼ同意に使われる. 《☞ スポーツ (囲み)》.

¶ そのゴルフ選手は1年に3つの*選手権を獲得した The golfer ˹won [gained] three *championships* in a year. ‖ そのラグビーチームは

1985年の高校ラグビー*選手権を失った[防衛した] The rugby team 「lost [defended] the inter-high school rugby *championship* for 1985. // 彼らはヘビー級ボクシングの世界[日本]*選手権を争った They contended for the 「world [Japan] heavyweight boxing 「*championship* [*title*]. // 彼女は昨年の珠算競技会の*選手権保持者でした She was the 「*champion* [*championship holder*; *title holder*] in last year's abacus (calculation) contest.

せんしゅつ 選出 ―(動) (選挙で) elect (他). ―(名) election [U]. (☞ せんきょ[1]; えらぶ). ¶ 彼は東京都*選出の代議士だ He is a Diet member *for* [*from*] Tokyo. // 私たちは彼を議長に*選出した We *elected* him chairman. [語法] 役職が1名に限られる場合は無冠詞. (☞ 冠詞 (欄外))

せんじゅつ 戦術 tactics ★「戦術」の意味では単数扱いで,「駆け引き」の意味では複数扱い; (全体の戦略) strategy [U]. (☞ さくせん; かけひき).

¶ 彼らは奇襲[巧みな]*戦術でその戦いに勝った They won the battle by 「surprise [clever] *tactics*. // 軍隊は*戦術上その町から撤退した The army made a *strategic* withdrawal from the city. // 彼らの引き延ばし*戦術はうまくいった Their delaying *tactics* were successful.

ぜんじゅつ 前述 ―(形) (上の) above; (上に述べられた) above-mentioned; (前に述べられた) aforementioned ★ 最後は多少形式ばった表現. なお, above(-) はそのページの上という意味ではなく, かなり前の部分でもかまわない. ―(副) (上に) above. (☞ じょうじゅつ).

¶ *前述の想定は正しい The 「*above* [*above-mentioned*] assumption is correct. // *前述の理由によりご招待はお断りしなければなりません For the 「reasons *mentioned above* [*above-mentioned* reasons], I have to decline your invitation. // *前述のように, 彼はまさに適任である (⇒ その仕事にふさわしい人だ) As 「*stated* [*mentioned*] *above*, he is the man for the job.

ぜんしょ 善処 ―(動) (適当な処置をとる) take proper 「measures [steps] (☞ たいしょ).

せんじょう[1] 戦場 (戦闘の行われる場所) battlefield [C], battleground [C]; (前線) front [C]. (☞ せんそう[1]).

¶ その町は*戦場と化した The town turned into a 「*battlefield* [*scene of battle*]. // 彼は*戦場で散った (⇒ 死んだ) He died on the *battlefield*. / He was killed in 「action [battle]. // ここは第2次大戦の*戦場だった所です A battle was fought 「here [in this place] in World War II.

せんじょう[2] 洗浄 ―(動) (洗う) wash (out) (他); (すすぐ) rinse (out) (他). (☞ あらう; すすぐ).

ぜんしょう[1] 全焼 ―(動) (丸焼けになる) be burned down; (完全に焼き尽くされる) be 「completely [totally] destroyed by fire ★ 後者のほうがより形式ばった表現. (☞ まるやけ; やける[1]; しょうしつ). ¶ その大火で50戸が*全焼した Fifty houses 「(*were*) *burned down* [*were completely destroyed*] 「*by* [*in*] *the* big *fire*.

ぜんしょう[2] 全勝 ―(動) (完全な勝利をおさめる) win a complete victory; (ストレート勝ちする) make straight wins. ¶ 彼は*全勝優勝した He *won* the championship *with a complete victory*.

せんしょうこく 戦勝国 victorious 「country [nation] [C].

せんしょうしゃ 戦傷者 (総称として) the war wounded; (個人では) wounded soldier [C].

ぜんしょうせん 前哨戦 (preliminary) skirmish [C].

せんじょうてき 扇情的 (きわもの的) sensational; (みだらなことを連想させる) suggestive. ¶ その雑誌は*扇情的な記事や小説を売り物にしている The magazine features *sensational* articles and *suggestive* novels.

せんしょく 染色 dyeing [U] (☞ そめる). **染色工場** dye works ★ 複数形でしばしば単数扱い.

せんしょくたい 染色体 chromosome [króuməsòum] [C].

せんじる 煎じる (煮出す) decoct (他); (煮る) boil (他). ¶ 私はその薬草を*せんじた I made a *decoction* of the herb.

せんしん 専心 ―(動) (…に没頭する) be 「devoted to [absorbed in] …, devote *oneself* to …; (…に熱中する) be intent on …; (精神を集中する) concentrate (on …) (自). ―(副) (一心に) with all *one's* heart (and soul), wholeheartedly; (献身的に) devotedly. (☞ せんねん[1]; ぼっとう; ねっちゅう).

¶ 彼はその本の翻訳に*専心 (⇒ 没頭) している He *is* 「*devoted to* [*absorbed in*] the translation of the book. // あなたはいまの仕事に*専心すべきだ You should *concentrate on* your present work. // 彼は*専心妻の看護をした He attended on his sick wife *with all his heart*.

せんじん 先陣 van(guard) [C] (☞ せんとう[1]).

ぜんしん[1] 前進 ―(動) (先へ進む) go ahead (自); (ある目標に向かって進む) advance (自) ★「進歩する」の意味を含むことも多い; (前へ向かって移動する) move forward (自), proceed (自) ★ 後者のほうが形式ばった語. ―(名) advance [U] ★「進歩」の意味では [C]; forward movement [C]. (☞ しんぽ; すすむ).

¶ 我々は敵の*前進を食い止めた We checked the *advance* of the enemy. // 彼らは雨の中を200メートル*前進した They *advanced* two hundred meters in the rain. // 彼は3歩*前進した He *took* three steps *forward*. // 彼らはどんどん*前進した They *moved forward* at a good pace. // 我々は雪で*前進できなかった (⇒ 雪が我々が前進することを妨げた) The snow prevented us from *going* 「*forward* [*ahead*]. // *前進 (号令) *Forward*!

前進基地 advance base [C]; (前哨基地) outpost [C] **前進命令** march [advance] orders, orders for advance ★ いずれも複数形で；《口語》the go-ahead.

ぜんしん² 全身 ―名 (体全体) the whole body；(絵画・写真などで) the full length. ―副 (体中) all over ★ 前置詞としても用いる. 《☞ からだ》.

¶ 水泳はよい*全身運動だ Swimming is (a) good exercise for *the whole body*. ∥ 彼は*全身汗だくだった He was perspiring *all over*. ∥ 彼はその火事で*全身にやけどした He was burned *all over* (his *body*) in the fire. ∥ 私は雨で*全身 (⇒ 頭の先からつま先まで) ずぶぬれになった I got wet ⌈*from top to toe* [*from head to foot*] with rain. ∥ 彼はその作品に*全身全霊を打ち込んだ He gave *body and soul* to the work. 《☞ せんしん》∥ 彼は*全身の力を込めて車を押した He pushed the car *with all his might*. 《☞ ぜんりょく》∥ 私は彼女の*全身像を描いた I painted a *full-length* portrait of her.

全身不随 total paralysis [pərǽləsis] Ⓤ **全身麻酔** general anesthesia [æ̀nəsθíːʒə] Ⓤ.

ぜんしん³ 前身 (人の過去) *a person's* past Ⓤ；(過去の生活[履歴]) *a person's* past ⌈life Ⓤ [history Ⓒ]. 《☞ かつて；ぜんれき》. ¶ この会社の*前身は小さなガラス工場だった (⇒ もとは小さなガラス工場だった) This company was *originally* a small glass factory. / (⇒ …として出発した) This company *started as* a small glass factory.

せんしんこく 先進国 advanced ⌈nation [country] Ⓒ (↔ developing ⌈nation [country])；(先進工業国) industrialized nation Ⓒ. 《☞ 政治・経済 (囲み)》. ¶ 日本は*先進国の1つに数えられている Japan is numbered among the *advanced nations*.

ぜんじんみとう 前人未踏 ―形 (探検・調査されたことのない) unexplored；(だれも通ったことのない) untrodden. 《☞ みとう；じんせきみとう》. ¶ 彼はいまや*前人未踏の地に立った He was now in a place *never reached by anybody*.

せんす 扇子 Japanese (folding) fan Ⓒ.

センス sense Ⓒ 《☞ かんかく²》. ¶ 彼はユーモアの*センスがない He has no *sense* of humor. ∥ 彼女は料理の*センスがある[ない] (⇒ 料理がうまい[へただ]) She is a ⌈good [poor] cook.

せんすい¹ 潜水 ―動 (水に潜る) dive ⓐ；(水中に沈む) go underwater ⓐ, submerge ⓐ 語法 人が水中に潜ることを表す最も一般的な語は dive. 人に限らず物が水中に入るのを表す口語的な語は go underwater で, 少し形式ばった語は submerge. 《☞ もぐる》.

潜水艦 submarine Ⓒ **潜水病** caisson disease Ⓤ **潜水夫** diver Ⓒ **潜水服** diving ⌈suit [dress] Ⓒ.

せんすい² 泉水 (泉) fountain Ⓒ；(庭の[人工の]池) garden [artificial] pond Ⓒ.

せんする 宣する (宣言する) declare ⓣ；(布告する) proclaim ⓣ ★ 形式ばった語；(告げる) announce ⓣ；(判定などを) call ⓣ. 《☞ せんげん》. ¶ 議長は開会を*宣した The chairman *announced* the opening of the meeting. ∥ 審判は彼にアウトを*宣した The umpire ⌈*called* [*gave*] him out.

ぜんせ 前世 (前の生涯) *a person's* former life Ⓒ；(前の存在) previous existence Ⓤ.

せんせい¹ 先生 **1** «教師»: teacher Ⓒ; instructor Ⓒ; schoolteacher Ⓒ; (大学の) professor Ⓒ 語法 「…先生」と呼びかけるときは男には Mr. …, 女には Miss … (既婚者なら Mrs. …) のように言う. 名前を言わないときは男には sir, 女には ma'am と呼びかける. 《☞ 呼びかけ (囲み)》.

【類義語】学校の先生を指す最も一般的な語は **teacher** で, 男性, 女性両方に用いる. 《☞ 性 (欄外)》. この語は以下の訳語の代わりに使ってもよい. 自動車の運転やコンピューター操作などの特殊技能を教える先生を指す場合は **instructor**. 特に小・中・高の学校の先生ということを明確に言う語が **schoolteacher**. 大学の先生は **teacher** でもよいが, 「教授」という意味では **professor** という. 《☞ 学校・教育 (囲み)》

¶ 私の父は学校の*先生です My father is a (*school*)*teacher*. / (⇒ 私の父は学校で教えています) My father teaches at a school.

松本*先生は音楽の*先生です Mr. [Miss] Matsumoto is a ⌈music *teacher* [*teacher* of music]. 語法 「歴史の先生」「数学の先生」のようにある学科目の先生であることを言うには a ⌈history [mathematics] *teacher* とも a *teacher of* ⌈history [mathematics] とも言える.

彼のお父さんは高等学校の英語の*先生です His father teaches English at a senior high school. 語法 「日本語 [フランス語, 英語] の先生」は a teacher of ⌈Japanese [French; English], または a Japanése [a Frénch; an Énglish] tèacher という. なお日本人[フランス人, 英国人]教師の場合はアクセントが a Japanése [a Frénch; an Énglish] téacher となることに注意.

「あなたの*先生はどなたですか」「スミス*先生です」 "Who is your *teacher*?" "*Mr.* Smith."

私たちの*先生は生徒に厳しい[優しい]です Our *teacher* is ⌈strict [lenient] with his students. 《☞ げんかく¹ 語法》

*先生, 窓を開けてもいいですか *Sir* [*Ma'am*]! May I open the window? 語法 実際には名前を直接呼んで Mr. Johnson とか Miss Ford のように言うほうが多い. 《☞ 呼びかけ (囲み)》

キーン氏はブラウン大学の日本文学の*先生です Mr. Keene is a *professor* of Japanese literature at Brown University.

2 «医者»: doctor Ⓒ 《☞ いしゃ》.

¶ 竹田*先生は小児科の専門です *Dr.* Takeda is a ⌈specialist in children's diseases [pèdiatrícian]. ∥ *先生, 近ごろ食が進まないのですが, どこか悪いのでしょうか I am not eating well these days, *doctor*. Is there anything the matter with me? 《☞ 病気・病院 (囲み)》

せんせい² 宣誓 **—動** (誓いを立てる) take [swear] an oath; (厳粛に約束する) make a pledge. **—名** oath Ⓒ. 《☞ ちかう (類義語)》. ¶ 彼は就任の*宣誓をした He *took the oath* of office. // 彼は開会式で選手*宣誓をした He *made a pledge* of fair play on behalf of all the participants at the opening ceremony. **宣誓書** written oath Ⓒ.

せんせい³ 専制 (専制政治) despotism Ⓤ; (独裁政治) autocracy Ⓤ, dictatorship Ⓤ ★ 後者は独裁者の地位・権力の意にもなる; (絶対主義) absolutism Ⓤ. ¶ *専制君主 an *absolute* ˹*monarch* [*ruler*]

ぜんせい¹ 全盛 the ˹height [zenith] of ˹prosperity [power] ★ zenith は改まった語. 《☞ ぜっちょう》.

¶ 印象派は 19 世紀後半に*全盛をきわめた (⇒ 全盛に達した) The Impressionist school reached *the* ˹*height* [*zenith*] *of its* ˹*prosperity* [*popularity*] in the late 19th century. // その歌手はいまが*全盛期だ The singer *is at the* ˹*height* [*zenith*] *of her career.*

ぜんせい² 善政 (よい政治) good government Ⓤ; (賢明な行政) wise administration Ⓤ; (正しい統治) just rule Ⓤ. 《☞ せいじ¹》. ¶ その王は*善政を施した (⇒ 賢明に治めた) The king *governed* the country *wisely*. / (⇒ 巧みに統治した) The king *ruled* the people *well.*

せんせいこうげき 先制攻撃 preemptive attack Ⓒ 《☞ さきんずる》. ¶ 彼らは敵に*先制攻撃を加えた They ˹made [delivered] a *preemptive attack* ˹against [on] the enemy. / (⇒ 敵が行動を起こす前に攻撃した) They *attacked* the enemy *before* they went into action.

せんせいじゅつ 占星術 astrology Ⓤ 《☞ ほしうらない》. **占星術師** astrologer Ⓒ.

センセーション sensation Ⓤ 《☞ ひょうばん (類義語)》.

ぜんせかい 全世界 **—名** the whole [all the] world ★ 定冠詞の位置に注意. **—副** all over [throughout] the world. **—形** (世界的な) worldwide. 《☞ せかい》.

¶ *全世界がその事件の成り行きを注目している *All the world* [*The whole world*] is watching the development of the event. // 彼の名は*全世界に知られている His name is known ˹*all over* [*throughout*] *the world.* / (⇒ 彼は世界的な名声を持っている) He enjoys a *worldwide* reputation.

せんせき 船籍 (船籍港) port of registry Ⓒ. ¶ 日本の*船籍を持つ船 a ship of Japanese *registry*

せんせん¹ 戦線 (battle)front Ⓒ 《☞ ぜんせん²; せんじょう¹》. ¶ 野党は政府に対して共同*戦線を張った The opposition parties formed a ˹united [joint] *front* against the government. // 人民解放*戦線 the people's liberation *front*

せんせん² 宣戦 **—名** (宣戦布告) declaration of war Ⓤ. **—動** declare war ˹on [upon; against] ... 《☞ せんげん》. ¶ イギリスとフランスは 1939 年 9 月 3 日にドイツに対して*宣戦した Great Britain and France *declared war* ˹*on* [*against*] Germany on September 3, 1939.

せんぜん 戦前 **—形** prewar (↔ postwar); (戦争の前の) before the war. **—名** (戦前の時期・時代) prewar ˹days [times] ★ 複数形で. **—副** before the war, in (the) prewar days ★ 後者のほうがやや改まった言い方.

¶ その歌は*戦前にはやったものだ The song was popular ˹*before the war* [*in* (*the*) *prewar days*]. // *戦前の水準 the *prewar* level

戦前派 the prewar ˹generation [school].

ぜんせん¹ 善戦 **—動** (相当がんばる) put up a ˹good [brave] fight ★ 抵抗や争いについて言う; (競技・ゲームなどで) play [do] well ⓘ; (最善を尽くす) do *one's* best. ¶ わが校のチームは*善戦したがもう少しのところで負けた Our team *played well,* but lost the game by a narrow margin.

ぜんせん² 前線 (戦場の) the front (line); (気象の) front Ⓒ. 《☞ せんじょう¹》. ¶ 我々は*前線[最*前線]で戦った We fought in *the* ˹*front* (*line*) [*forefront*]. // 寒冷*前線の通過で気温が急に下がった The passage of the cold *front* caused a sudden drop in temperature. [参考] 「温暖前線」は warm front Ⓒ. 《☞ 天候の表現 (囲み)》

ぜんせん³ 全線 ★ 直訳すれば the whole line であるが, 英訳する場合には文脈に応じていろいろ言い換える必要がある. 《☞ ろせん》.

¶ 東北新幹線は 1982 年に*全線開通した The Tohoku Line of the Shinkansen was opened for service in 1982. // この道路は大雪のために*全線が通行禁止です This road is *fully* closed due to a heavy snowfall. // 常磐線は*全線不通です (⇒ すべての列車便が一時停止されている) *All the train runs* are suspended on the Joban Line.

ぜんぜん 全然 (少しも…でない) not ... at all; (決して…したこと[すること]がない) never; (まったく) altogether, completely, entirely ★ altogether のほうが口語的. 《☞ すこしも; 強意語 (囲み); 否定の表現 (囲み)》.

¶ *全然わかりません I can't understand it *at all.* // そんな名前は*全然聞いたこともない I have *never* heard (of) such a name. // それは*全然信じられない It's *quite* unbelievable. // これはあれとは*全然違います This is ˹*altogether* [*completely*; *entirely*] different from that. // あの人は*全然知らない人だ (⇒ 一度も会ったことがない) I have *never* met him. / He is a ˹*total* [*perfect*] stranger to me. // 彼がどこにいるか, *全然見当もつかない I haven't even the ˹*slightest* [*faintest*] idea (as to) where he is now.

せんせんきょうきょう 戦戦恐恐 **—副** (たいへん恐れて) in great ˹fear [dread]; (いらいらして) nervously; (おじけづいて) timidly. **—動** (たいへん心配している) be ˹terribly

[awfully; dreadfully] afraid.
¶ 彼は彼女の復讐(ふくしゅう)を恐れて, *戦々恐々と暮らしている He is living *in constant* ˹*fear* [*dread*] of her revenge. // 彼は試験の結果に*戦々恐々 (⇒ びくびく) としていた He *was very nervous* about the results of the examination. // 彼は不正行為がばれないかと*戦々恐々としている He *is terribly afraid* that his dishonest deed might come to light.

せんせんげつ 先先月 the month before last 《☞ せんげつ》. ¶ 彼女は*先々月女児を出産した She gave birth to a girl ˹*the month before last* [*two months ago*].

せんぞ 先祖 ancestor [C], forefathers ★ 後者は文語的. 通例複数形で; (集合的に) ancestry [U]. 《☞ そせん》.
¶ 私たちは*先祖が同じだ We have a common *ancestor*. / We are *of* common *descent*. // *先祖代々の墓 the *family* ˹tomb [grave] // 私の*先祖は菅原道真です (⇒ 私は菅原道真の子孫だ) I *am descended from* Sugawara Michizane. // 彼の家は*先祖代々医者だ (⇒ 代々医者を開業している) His family has practiced medicine *for generations*.

せんそう[1] 戦争 ― [名] (大規模な) war [U]; (戦闘) battle [U] [語法] 以上 2 つはいずれも普通は冠詞が付かないことに注意. ただし個々の戦争や特定の戦争を指すときは [C] となり, 冠詞が付く; (合戦) fight [C]. ― [動] (しかける) make [wage] war; (開戦する) go to war.
【類義語】国家間で行われるような大規模な戦争が **war** で, ある特定の地域などで局地的に行われる戦闘が **battle**. 小人数の合戦, または個人間の格闘などは **fight**. ただしいずれも, 一般的な戦争の意味でも用いられることがある.
《☞ たたかい》
¶ 冷たい[熱い]*戦争 a ˹cold [hot] *war*
核*戦争 a nuclear *war*
その*戦争は1861年に起こった The *war* ˹broke out [started] in 1861.
日露*戦争は1904年から1905年まで続いた The Russo-Japanese *War* lasted from 1904 to 1905.
私の父は*戦争で負傷した My father was wounded in *battle*.
彼らはその*戦争に勝った[負けた] They ˹won [lost] the ˹*war* [*battle*; *fight*].
私は*戦争に反対だ I am against *war*.
彼は*戦争に行くことを拒否した He refused to go to *war*.
両国は*戦争を始めた The two nations *went to war*. / (⇒ 両国は戦争状態に入った) The two countries entered ˹into [upon] a state of *war*.
その事件は両国の*戦争に発展した The incident developed into *war* between the two countries.
彼は*戦争を回避するためにあらゆる努力をした He made every effort to ˹prevent [avoid] *war*.
我々は永久に*戦争を放棄している We have renounced *war* forever.
当時ドイツはフランスと*戦争中だった Germany *was at war* with France at that time.
彼らは*戦争体験がない They have no *war* experience.
戦争映画 war film [C]　**戦争犯罪** war crime [U]　**戦争犯罪人** war criminal [C]
戦争未亡人 war widow [C].

せんそう[2] 船倉 (積み荷を入れる所) hold [C].

せんそう[3] 船窓 porthole [C], port [C]. 《☞ ふね (挿絵)》.

ぜんそう 前奏 (前に演奏される部分) introductory part [C].　**前奏曲** prelude [C] 《☞ 音楽 (囲み)》.

ぜんぞう 漸増 ― [動] increase ˹gradually [by degrees] (自); (増加中である) be on the increase. 《☞ ぞうか[1]; ふえる》. ¶ 大都市の犯罪は*漸増している Crime in big cities *is* ˹*increasing gradually* [*on the increase*].

せんぞく 専属 ― [動] (…だけに属している) belong exclusively to …; (…と(独占)契約している) be under (exclusive) contract with … ¶ 彼はこの会社の*専属俳優だ He *is* an actor *under* (*exclusive*) *contract with* this company. // そのコーチは私たちのテニス部の*専属だ The coach *belongs exclusively to* our tennis club.

ぜんそく 喘息 asthma [ǽzmə] [U] 《☞ 病気・病院 (囲み)》. **ぜんそく患者** asthmatic [C].

ぜんそくりょく 全速力 full speed [U]; (最高速度) top speed [U]. ¶ 1台の車が*全速力で通り過ぎた A car passed by *at* ˹*full* [*top*] *speed*. // 彼は最初から*全速力で走った (⇒ できるだけ速く走った) He ran *as fast as he could* from the start.

センター **1** «野球»: (ポジション) center field [U]; (選手) center fielder [C]. 《☞ 野球の英語 (囲み)》. ¶ 彼は*センターへフライを打ってアウトになった He flied out to *center*.
2 «中心地区»: center (《英》 centre) [C]; (本部) headquarters ★ 複数または単数扱い.
¶ ショッピング*センター a shopping *center* / (⇒ 町の商業地区) downtown

せんたい 船体 hull [C]; (船) ship [C]. 《☞ ヨット (挿絵); ふね》.

せんだい 先代 ― [名] (父) *a person's* father [C]; (亡父) *a person's* late father [C]; (家系で, 1 代前の) *a person's* predecessor (in the family line) [C]. ― [形] (亡くなった) the late. ¶ *先代 (⇒ 故人) の菊五郎 *the late* Kikugoro

ぜんたい 全体 ― [名] the whole [U]. ― [代] (すべて) all ★ 事物を指すときは単数扱いで, 人を指すときは複数扱い. ― [形] (全体の) whole; (すべての) all; entire [語法] whole は単数名詞を付けて, それが欠けるところなく全体としてまとまっていることを表すのに対し, all は数えられる名詞に付く時は複数名詞に付き, 「一つ残らずすべて」の意. また all は単数名詞に付くときは whole とほぼ同意. all は定冠詞の前に用いられる. entire は単数名詞に付き, whole より意味が強い. ― [副] (全部で) in all; (全体として) as a whole; (概して言うと) generally speaking; (一般的に) in general; (全体として見ると) on the whole ; (全体を通じて) throughout, 《口語》 all over. 《☞ ぜんぶ[1] ; いっぱんに》.

¶ クラス*全体がその討論に参加した The *whole* [*All* the] class took part in the debate. 【語法】 whole を使うと全体を 1 つのまとまったものとして考えるニュアンスがあるのに対し，all を使うとその中の個々の構成員を問題にするニュアンスがある. ∥ その 4 本の柱が屋根の重さ*全体を支えている The four pillars support the *entire* weight of the roof. ∥ 彼はその箱*全体を赤い色のペンキで塗った He painted the box red *all over*. ∥ 出席者は*全体でたった 10 人だった There were only ten attendants *in all*. ∥ 日本の気候は*全体に (⇒ 概して言えば) 温和だ *Generally speaking*, the climate of Japan is mild. ∥ 彼の話は*全体として信用できる His story can be trusted *on the whole*.

全体会議 (本会議) plenary session Ⓒ ; (総会) general meeting Ⓒ　**全体主義** totalitarianism Ⓤ　**全体主義者** totalitarian Ⓒ.

ぜんだいみもん 前代未聞 ―[形] (聞いたこともない) unheard-of ; (前例のない) unprecedented. ¶ それは*前代未聞の椿事だった It was an ｢*unheard-of* [*unprecedented*] accident. ∥ それは*前代未聞の大失敗だ (⇒ そんな失敗は聞いたことがない) We *have never heard of* such a blunder.

せんたく[1] 洗濯 ―[動] (洗濯する) wash (他) (自), do (the) washing, do a wash. ―[名] (洗うこと) wash Ⓤ ★ 通例 a を付けて ; washing Ⓤ ★ 前者は洗うという経過をいうのに対し，後者は仕事としての洗濯をいう ; (クリーニング) laundry Ⓤ 【語法】 かな書きの日本語と違うことに注意. 英語の cleaning は「きれいにすること」という意味で，掃除なども意味する語. 前後関係によっては洗濯の意味になることもあるが，日本語でいうクリーニングには当たらない. ただし，These shirts are *clean*. と言えば，「これらのシャツは洗濯してある」という意味になる. 《☞ クリーニング ; 台所・家事 (囲み)》.

¶ 彼女は 1 日置きに*洗濯する She *washes* every other day. ∥ 私は自分のものは自分で*洗濯する I *do* my own *washing*. / I *wash* my own things. ∥ 私は彼女にワイシャツを*洗濯してもらった I *had* my shirt *washed* by her. 《☞ 使役 (囲み)》 ∥ 彼女のセーターは*洗濯したら縮んでしまった Her sweater shrank *in* ｢*the wash* [*washing*]. ∥ このしみは*洗濯してとれるでしょうか Will this stain *wash* ｢*out* [*off*]? ∥ この生地は*洗濯がききます This cloth ｢*is washable* [*stands washing*]. ∥ これを*洗濯に出して下さい Please send this to the *laundry*.

洗濯機 washing machine Ⓒ　**洗濯せっけん** washing soap Ⓤ ; (合成洗剤) (synthetic) detergent Ⓒ. 《☞ せっけん》　**洗濯だらい** washtub Ⓒ　**洗濯ばさみ** clothespin Ⓒ, 《英》 clothes-peg Ⓒ　**洗濯物** (洗った物・これから洗う物) wash(ing) Ⓤ, laundry Ⓤ ★ 前者がより口語的. なお後者はアイロンかけなども含めていう. ¶ 何か*洗濯物はありますか Do you have any *laundry*? ∥ きょうは*洗濯物が山ほどある I have a ｢large *wash* [lot of *washing* to do] today. ∥ 私は*洗濯物を干した I hung the *wash*(*ing*) out to dry. ∥ 彼女は*洗濯物を取り込んだ She took in the *wash*(*ing*).　**洗濯屋** (店) laundry Ⓒ 《☞ 店の呼び名 (囲み)》; (人) laundryman Ⓒ ; (セルフサービスの店) 《米》 laundromat Ⓒ, 《英》 laundrette Ⓒ. 《☞ コインランドリー (写真)》.

せんたく[2] 選択 ―[名] (選んで取ること) choice Ⓤ ; (多くの中から慎重に選び出すこと) selection Ⓤ ; (まったく自由な選択(権)) option Ⓤ ★ choice より意味が強く改まった語. ―[動] choose (他) ; select (他). 《☞ えらぶ (類義語)》.

¶ 職業の*選択はよく考える必要がある We must be careful in our ｢*choice* [*selection*] of jobs. / We must think carefully before we *choose* (our) jobs. ∥ 私は辞書の*選択を誤った (⇒ 間違った選択をした) I made a ｢bad [wrong] *choice* of my dictionary. ∥ その*選択は自由です It's *optional*. / You have (a) free *choice*. / You have the *option* for it. / (⇒ その選択はあなたにまかされている) The *choice* is left to you. ∥ この件については我々に*選択の自由はない We have no *choice* in this matter. ∥ 我々は死か降伏かどちらかを*選択しなければならない We must (either) surrender or die. / We have the *alternative* of surrender or death. 【語法】 alternative は「二者択一」.

選択科目 elective (subject) Ⓒ (↔ required [compulsory] subject), 《英》 optional subject Ⓒ.

せんだって 先だって ―[副] (先日) the other day ; (2, 3 日前) a few days ago ; (少し前) some time ago. 《☞ せんじつ ; このあいだ》.

ぜんだて 膳立て ☞ おぜんだて

せんたん 先端 (先) tip Ⓒ ; (端) end Ⓒ. 《☞ さき[1]》. ¶ その棒の*先端はとがっている The *tip* of the stick is pointed. ∥ 彼女のデザインした服はいつも流行の*先端を行く (⇒ 先がけをする [流行を作り出す]) The dresses she designs always ｢*lead* [*set*] the fashion. ∥ いまこのドレスが流行の*先端です This dress is the *latest* fashion.

せんだん[1] 船団 fleet (of ｢vessels [ships]) Ⓒ.

せんだん[2] 栴檀 ¶ *せんだんは双葉より芳し (⇒ 天才は小さいときにもう天分を表す) Genius displays itself even in childhood.

センチ (センチメートル) centimeter Ⓒ 《略 cm》《☞ 度量衡 (囲み) ; 大きさの表し方 (囲み)》. ¶ 彼は背の高さが 170*センチある He is 170 *centimeters* tall. ∥ 私は*センチの付いた物差しが欲しい I need a ruler with a scale in *centimeters*.

ぜんち 全治 ―[動] (傷が治る) heal ｢up [completely] (自)　【語法】「全治」とあっても単に「治る」と考えてよい場合がかなりある. ―[名] complete healing Ⓤ. 《☞ なおる ; 病気・病院 (囲み)》.

¶ 傷は 1 週間で*全治するでしょう The wound

選択の表現

Aかそれとも Bかという2者択一の質問，あるいは3者以上択一の質問を「選択疑問」(alternative question) という．選択疑問は yes, no では答えられず，2者または3者以上の中のいずれであるかをずばり答えることを要求する．それに対して yes, no で答えられる疑問を「一般疑問」，または「普通疑問」(general question) という．

(1)　選択疑問の形

「それはペンですかそれとも鉛筆ですか」「鉛筆です」" Is that a pen or a pencil? " " It's a pencil. "

「あなたはコーヒーとお茶とどちらがよろしいですか」「お茶にして下さい」" Would you like coffee or tea? " " Tea, please."

(i) 以上のように選択疑問では or を接続詞に用いる．言い方は Is that a pen↗ or a pencil↘? のように，or の前でイントネーションが上がり，最後で下がる．ただし，Would you like coffee↗ or tea↗? のように or の後でも上がり調子にすると，「コーヒーですかお茶ですか，それともほかにまだ何か飲みたいものがありますか」という意味になり，3者以上択一の選択疑問に近い言い方になる．

(ii) 3者択一の疑問は Would you like coffee↗, tea↗(,) or milk↘? と A, B or C のように書くときは，はじめの2つはコンマで区切り，上がり調子にし，最後に or を付け（その前のコンマはあってもなくてもよい），下がり調子にする．《☞ コンマ（欄外）》

(iii) もしも A↗, B↗ or C↗? のように最後を上がり調子にすると「それともほかに何かお好みのものがありますか」という意味が加わり，4者以上択一の疑問に近くなる．この点については選択肢がそれ以上増した場合についても同様である．

(iv) 答え方は yes, no を使わず，A↗ or B↘? のように最後を下がり調子で聞かれた場合には，Aか B かのいずれかを答えることが期待されており，A↗ or B↗? のように最後を上がり調子で聞かれた場合には必ずしも A か B かではなく，それ以外のものが答えになることも相手は予想しているのである．

(2)　選択疑問と一般疑問との区別

(i) Do you have any brothers or sisters? は一見すると選択疑問のようであるが，「あなたにはきょうだいがありますか」と聞いているのであって，一般疑問である．brothers or sisters は1つのまとまりをなしたフレーズであって，brothers *and* sisters と and を用いることも可能である．従ってイントネーションも brothers or sisters を1語のように扱って，Do you have any brothers or sisters↗? のように上がり調子で終わる．

答えは，例えば「ええ，兄が1人と妹が1人います」であれば " Yes, I do. I have a brother and a sister." となり，「いいえ，兄弟はいません．1人っ子なんです」なら " No, I don't. I'm an only child." となる．

(ii) 同様なことは Would you like tea or coffee? にもいえて，tea or coffee を「飲み物」というまとまった単位と考えて Would you like tea or coffee↗? と最後だけ上がり調子で言えば，「何か飲み物を召し上がりますか」という意味になる．

答えは " Yes, please." とか " Yes, I'd like some." のように yes, no の答えが可能な一般疑問となる．

対話例

A：秋代さん，コーヒーか紅茶か，どちらがいいですか
B：あら，すみません．どちらでも結構です

A：決めて下さい．どっちかしら，コーヒー? 紅茶?
B：紅茶をいただきます
A：うまく選びましたね．きょうの紅茶はとてもおいしいんですよ

A：Akiyo, would you care for coffee or tea?
B：Oh, thank you. Either would be fine.

A：Please decide. What'll it be, coffee or tea?
B：Tea, please.
A：An excellent choice. Our tea is very good today.

★この対話例およびさらに詳しい対話例は別売テープに吹き込まれています．

---

will *heal* ⌈*up* [*completely*] in a week. // 彼は*全治1週間の傷を負った He suffered an injury that took a week to *heal up*.

ぜんちし 前置詞 〘文法〙 preposition Ⓒ.

ぜんちぜんのう 全知全能 ━形 almighty, omnipotent ★前者のほうが平易な語. ¶ *全知全能の神 *Almighty* God / the *Almighty*

センチメンタル ━形（感傷的な）sentimental；(悲しい) sad；(めそめそした) mawkish ★ sentimental より嫌悪感が強く，安っぽくていやになるというニュアンスがある；(お涙頂戴の)《口語》tear-jerking 【語法】英語の sentimental は日本語の「センチメンタル」同様，軽蔑の意味になることもあるが，元来は「優しい感情に左右された」という意味で，日本語と少しずれがある点に注意．また，かな書きの「センチメンタル」が必ずしも英語の sentimental とはならない場合もある点にも注意がいる．《☞ かんしょう³》. ¶ *センチメンタルな映画 a ⌈*mawkish* [*tear-*

jerking; *sentimental*] movie // ずいぶん*センチメンタルな (⇒ 悲しい) 話だね It's a very *sad* story, isn't it?

せんちゃ 煎茶 green tea (of middle grade) [U] 《☞ ちゃ》.

せんちゃく 先着 ―[名] first [early] arrival [U] ★「先着者」の意味では [C]; (先着者) the first to ⌈come [arrive]. ―[副] (到着順で) in the order of arrival; (早い者勝ちで) on a first-come-first-served basis [参考] First come, first served. はことわざで「最初に来た者が最初にありつける」の意味.

¶ *先着 50 名の方 (⇒ 最初に到着した 50 人) に粗品を贈呈します Gifts will be ⌈presented [given] to *the first* fifty ⌈*arrivals* [*persons*]. [参考]「粗品」というへり下った表現は, 英語では普通しない. // 申し込みは*先着順に受け付けます Applications will be accepted *on a first-come-first-served basis.* // *先着順に一列に並んで下さい Please stand in a line *in the order of arrival.*

せんちょう 船長 captain [C]; (小型船・漁船の) skipper [C].

ぜんちょう[1] 前兆 (兆し) omen [C] ★ よし悪しに関係ない; (しるし) sign [C]. 《☞ きざし; まえぶれ; ちょうこう[1]》. ¶ それはよい[悪い]*前兆だ It is a ⌈good [bad] *omen.* // 四つ葉のクローバーを見つけるのは幸運の*前兆だ It is an *omen* of good luck to find a four-leaf clover. // 夕焼けは天気になる*前兆だ The glow of a sunset is a *sign* of good weather.

ぜんちょう[2] 全長 total [full; overall] length [U] 《☞ ながさ》.

¶ その橋の*全長は約 400 メートルある The ⌈*total* [*full*] *length* of the bridge is about 400 meters. / (⇒ 約 400 メートルの長さを持つ) The bridge has a *length* of about 400 meters. [語法] 後に具体的な数詞がくるときは length に a が付く. 《☞ 冠詞 (欄外)》 // その船は*全長 30 メートルある The ship has an *overall length* of 30 meters. / (⇒ 船首から船尾まで 30 メートルある) The ship is 30 meters (long) *from stem to stern.* 《☞ せんしゅ[3]》

せんて 先手 ―[名] (碁などの) the ⌈first [initial] move (↔ the second move); (主導権) initiative [U]. ―[動] (出し抜く; …より先に行う) anticipate (他); (先を越す) get ⌈ahead of [the edge on] …; (主導権を取る) take [obtain] the initiative.

¶ 私は将棋で彼に*先手を譲った I let him have *the* ⌈*first* [*initial*] *move* in the game of Japanese chess. // 私たちのチームが*先手を取った Our team ⌈*took* [*obtained*] *the initiative.* // 我々は敵の攻撃に*先手を打った We *anticipated* the enemy's attack. 《☞ せんせいこうげき》 // 私は彼に見事に*先手を打たれた (⇒ 彼は見事に私の先を越した) He neatly *got* ⌈*ahead of* [*the edge on*] me.

せんてい[1] 選定 ―[動] (組織的に選ぶ) select (他); (自分の意志で選ぶ) choose (他) ★ 一般的な語. ―[名] selection [U]; choice [U]. 《☞ えらぶ (類義語)》.

せんてい[2] 剪定 ―[動] (成長を促すための) prune (他); (形を整えるための) trim (他) ★ 枯れ枝をおろすときなどにはどちらも使われる.

せんていばさみ pruning shears ★ 複数形で. 《☞ はさみ (挿絵)》.

ぜんてい 前提 ―[名]〘論理学〙premise [C]; (前提条件) prerequisite (to …; for …) [C], precondition (for …; of …) [C] ★ 前者のほうが一般的. 条件を明記するようなときは後者を使う. ―[副] (…という条件で) on condition that …; (…という想定で) on the assumption that … 《☞ じょうけん》.

¶ 彼は間違った*前提で議論をしている He is arguing from false *premises.* // 私はあなたがたが必ず協力してくれるという*前提で (⇒ 条件で) 委員長を引き受けたのです I accepted the position of chairman of the committee *on condition that* all of you cooperate with me.

せんてつ 銑鉄 pig iron [U].

せんでん 宣伝 (商業などの) advertisement [U], advertising [U] ★ 前者は具体的な広告・宣伝の場合は [C]. 後者は行為のみをいう; (知名度を高めること) publicity [U] ★「知名度」の意にもなる; (政治的な主義・主張の宣伝) propaganda [U] ★ しばしば軽蔑的. 《☞ ピーアール; こうこく》.

¶ その自動車会社は盛んに新車の*宣伝をしている The automobile company *is* ⌈*advertising* a lot [producing a lot of *advertisements*] *for* its new model. // あのスーパーはよく大きな*宣伝をする That supermarket often does big *advertising.* // *宣伝が効いて券は 1 日で売り切れました Because of good *publicity,* all the tickets were sold out in a day. // その会社は新製品の*宣伝を始めた The company ⌈started [launched] *an advertising campaign* for the new product. // 彼の提案は*宣伝臭い His proposal has a smack of *propaganda.*

宣伝カー sound ⌈truck [car] [C] **宣伝係** publicity manager [C]; (政治的な) propagandist [C]. ¶ 彼が私の*宣伝係をやってくれました He was my *publicity manager.* **宣伝業者** publicity agent [C] **宣伝ビラ** (政治的な) propaganda bill [C]; (ちらし) handbill [C]; (折り込み) leaflet [C] **宣伝部** publicity [public relations] department [C] **宣伝文句** (キャッチフレーズ) catchphrase [C]; (広告文) copy [C].

せんてんてき 先天的 ―[形] (生まれながらに備わっている) native; (生得的な) innate (↔ acquired) ★ 形式ばった語; (天賦の) inborn; (生まれながらの) born ★ 限定的に, 人に冠して使う; (固有の・本来一部としてある) inherent; (病気などが生まれつきの) congenital ★ 専門語; (遺伝的な) hereditary.

¶ 彼は*先天的に数学の才能があるらしい He seems to have a *native* capacity for mathematics. // 道徳的な感情は*先天的なものでなく習得されるものである The moral feelings are not *innate* but acquired. // 彼女は絵に対して*先天的な才能がある She has an ⌈*in-*

born [innate] talent for drawings. / (⇒ 彼女は生まれながらの画家だ) She is a *born* painter. // 動物には*先天的に防衛本能がある (⇒ 防衛本能はどの動物にも生まれつきある) A protective instinct is *inherent* in any animal. // その子は*先天的に心臓障害がある The boy has a *congenital* heart disease. [語法] congenital は普通遺伝とは関係ないものに使う.

せんと 遷都 the transfer of the capital.

セント cent [C] ★ アメリカ・カナダなどの貨幣の最少の単位. ¢ という記号を数字の前で使う. 《☞ 金銭 (囲み)》. ¶ その本の値段は 6 ドル 95*セントです The price of that book is 6 dollars and 95 *cents*. ★ 普通は six ninety-five のように読む.

せんど 鮮度 (新鮮さ) freshness [U]. ¶ この魚は*鮮度が落ちてしまった This fish has ⌈lost its *freshness* [become less *fresh*].

ぜんと 前途 (将来) future [U] ★ 具体的なものを表す場合は [C]; (見込み) prospects ★ この意味では複数形で; (見通し) outlook [C]. 《☞ しょうらい》.
¶ あなたたちの*前途は洋々たるものがある (⇒ 明るい未来を持つ) You have a bright *future* before you. // 彼らは若い 2 人の*前途を祝福した They wished the young couple a happy *future*. // *前途を悲観するのはまだ早い It's too early to become pessimistic about the *future*. // 彼は*前途有望な青年だ He is a *promising* ⌈youth [young man]. // 我々の*前途は多難である (⇒ いろいろな困難が前に横たわっている) Various difficulties are lying ⌈*ahead of us* [*in our future*; *in our way*]. // 我々の*前途は長い (⇒ 長い道のりを持つ) We have a long *way to go*.

せんとう[1] 先頭 (一番先) the head, the top; (先導) the lead; (社会運動などの) the van. 《☞ トップ》. ¶ 彼はそのパレードの*先頭に立って歩いた He walked *at the head of* the parade. // 彼は 100 メートル競走で最初から*先頭を切った He *took the lead* in the 100-meter dash from the start.

せんとう[2] 戦闘 (特定地域の大規模な) battle [C]; (小規模な) combat [C]; (戦い) fight [C] ★ 一般的な語で, 実力行使による戦いをいう; (戦闘行為) action [C]. 《☞ たたかい; せんそう[1]》. **戦闘員** combatant [C] **戦闘機** fighter [C].

せんとう[3] 尖塔 spire [C]; steeple [C] ★ 尖塔上部のとがり屋根の部分が spire で, spire が先についた塔が steeple; (小尖塔) pinnacle [C]. 《☞ とう[1]》.

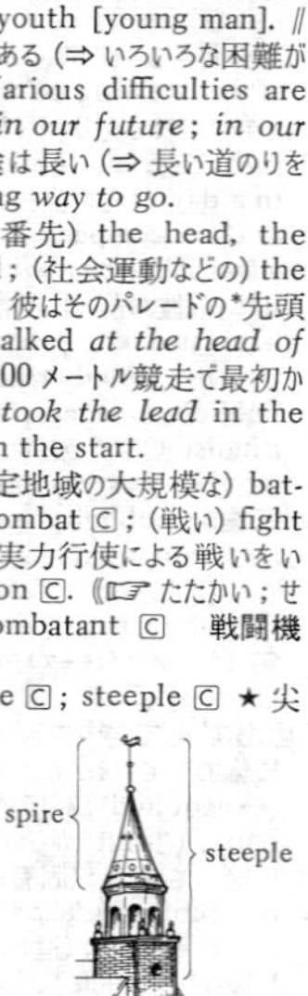

せんとう[4] 銭湯 public bath [C] ★英米にはない. 《☞ ふろ》.

せんどう[1] 扇動 —[動] (けしかけて...させる) instigate (他); (演説などをしてあおる) agitate (for ...) (自). —[名] instigation [U]; agitation [U]. 《☞ そそのかす》. ¶ 労働者たちは指導者の*扇動でストライキに入った The workers went on strike at the *instigation* of the leader. **扇動者** agitator [C]; instigator [C].

せんどう[2] 先導 —[動] (先に立って連れて行く) lead (他); (先に行く) precede (他). 《☞ あんない; ゆうどう》. ¶ 救急車はパトカーに*先導された The ambulance *was preceded* by a patrol car. **先導者** leader [C], guide [C] **先導車** leading car [C].

せんどう[3] 船頭 boatman [C]; (渡し船の) ferryman [C]. ¶ *船頭多くして船山に登る Too many cooks spoil the broth. 《ことわざ: 料理人が多すぎると肉汁ができ損なう》

ぜんとうぶ 前頭部 (額) forehead [fɔ́:rid, fɔ́ərhèd] [C] 《☞ ひたい》.

セントラルヒーティング central heating [U]; (設備) central heating system [C]. 《☞ だんぼう》.

せんない 船内 —[副] (船内で) on board, aboard, on [in] a ship ★ on のほうが普通. 《☞ ふね》. ¶ 私はハワイ行きの*船内で彼女と知り合った I made her acquaintance *on (board) a ship* bound for Hawaii. // 彼らは*船内をくまなく (⇒ 船首から船尾まで) 捜索した They searched the ship from stem to stern.

ぜんなんぜんにょ 善男善女 (信心深い人たち[男女]) pious ⌈people [men and women].

ぜんにちせい 全日制 the full-time schooling system. **全日制高校** full-time senior high school [C].

ぜんにほん 全日本 ¶ *全日本(代表)バレーボールチーム the *Japanese national* volleyball team ★ all-Japan は用いられない. // 彼女はオリンピック水泳の*全日本代表に選ばれた She was picked as an Olympic swimmer *for Japan*. **全日本選手権** the Japanese national championship.

せんにゅう 潜入 —[動] (密入国させる・密入国する) smuggle (他)(自); (わずかなすきまや, 弱い所から潜り込む) infiltrate (他)(自) ★ 少し堅苦しい言葉. 軍隊用語としてよく使われる; (ひそかに忍び込む) sneak [steal] into...
¶ 彼らはスパイをその国に*潜入 (⇒ 密入国) させた They *smuggled* a spy *into* the country. // 秘密情報部員はその組織に*潜入した The secret agent *infiltrated* the organization.

せんにゅうかん 先入観 (偏った考え) bias [báiəs] [C] ★ よい意味にも悪い意味にも使う; (あらかじめ抱いている概念) preconception [C] ★ 形式ばった感じの言葉だが, 日本語の先入観の訳としては一番近い; (偏見) prejudice [C].
¶ 彼はばかげた*先入観にとらわれている He is possessed ⌈with [by] a foolish ⌈*preconception* [*prejudice*]. // 私はその国の文化について*先入観は持っていない I have no ⌈*preconception* [*bias*] about the culture of the country. // その考えが彼の*先入観になっているようだ The idea seems to *preoccupy* his mind.

せんにん[1] 専任 —[形] (非常勤に対して常勤の) full-time (↔ part-time). ¶ 彼女は私

たちの学校の音楽の*専任教師だ She is a *full-time* teacher of music at our school.

専任講師 full-time lecturer Ⓒ; (大学の)《米》instructor Ⓒ.《☞ こうし¹》.

せんにん² 選任 —動 (選挙で選ぶ) elect (他); (任命する) appoint (他). —名 election Ⓤ; appointment Ⓤ.《☞ えらぶ; せんきょ¹》.

せんにん³ 仙人 (隠者) hermit Ⓒ; (俗離れした人) unworldly man Ⓒ.

ぜんにん¹ 善人 good man Ⓒ (↔bad man).

ぜんにん² 前任 —形 preceding (↔succeeding). ¶ *前任の校長 the *preceding* principal **前任者** predecessor Ⓒ.

せんぬき 栓抜き (コルク栓の) corkscrew Ⓒ ★ 単に screw ともいう; (ビール瓶などの) cap [bottle] opener Ⓒ.《☞ 台所・家事(囲み)》.

corkscrew　cap [bottle] opener

せんねん¹ 専念 —動 (献身する) devote *oneself* to …; (精神を集中して…する) concentrate on …; (…に没頭する) be absorbed in …; (…に心を注ぐ) devote *one's* mind to …; (…に精を出す; …を熱心にやる) attend to … ★ 以上いずれも何かを一生懸命する意味では入れ換えて用いることのできる場合も多い.《☞ ねっちゅう; せんしん; ぼっとう》.

¶ 彼はその翻訳に*専念した He *devoted himself* exclusively *to* the translation. // 騒がしくて彼は勉強に*専念 (⇒ 心を集中) できなかった He could not *concentrate on* his studies because of the noise. // 彼は医学の研究に*専念した (⇒ 心を注いだ) He *devoted his mind to* the study of medicine. // これからは家業に*専念するよ (⇒ 精を出す) I will ⌈*attend to* [*work hard at*] my family business from now on.

せんねん² 先年 (数年前) a few years ago, some years ago; (以前は) formerly.《☞ いぜん¹; むかし》.

ぜんねん 前年 (ある年の前の年) the ⌈previous [preceding] year; (昨年) last year.《☞ きょねん; まえ》.

せんのう 洗脳 —名 brainwashing Ⓤ. —動 *brainwash* (他).

ぜんのう¹ 全能 —形 almighty, omnipotent ★ 前者のほうが平易な言葉. ¶ *全能の神 *Almighty* God / the *Omnipotent* (God)

ぜんのう² 前納 —動 pay … in advance. —名 (前払い) advance payment Ⓤ ★ 金を指すときは Ⓒ. ¶ 授業料は*前納です You are requested to *pay* the tuition *in advance.* // 私は2万円*前納した I have made an *advance payment* of 20,000 yen.

せんばい 専売 —動 (販売を独占する) monopolize (他)(自). —名 (独占) monopolization Ⓤ; (専売権[品]) monopoly Ⓒ.《☞ どくせん》.

¶ 日本ではたばこは政府の*専売となっている (⇒ 専売品である) Tobacco is a Government *monopoly* in Japan. / (⇒ 政府が専売権を持つ) The Government has a *monopoly* on tobacco in Japan. / (⇒ 政府によって専売されている) Tobacco *is monopolized* by the Government in Japan.

専売特許(権) patent Ⓒ. ¶ *専売特許(権)を取る obtain a *patent* **専売特許品** patented article Ⓒ **日本専売公社** the Japan Tobacco and Salt Public Corporation.

せんぱい 先輩 (上級生) senior Ⓒ (↔junior); (年長者) elder Ⓒ, senior Ⓒ.《☞ めうえ; ねんちょう》.

¶ 彼[彼女]は私のずっと*先輩です (⇒ 年令がずっと上だ) He [She] is much *older than* me. / He [She] is ⌈my *senior* [*senior* to me] by many years. // 彼は大学で私の2年*先輩だった He was ⌈my *senior* by two years [two years my *senior*] at the university. // 彼は私の高校の大*先輩 (⇒ 古い卒業生) です He is one of the older *graduates* from my senior high school. // 彼は若いが仕事の上では私よりずっと*先輩です (⇒ 経験を積んでいる) He is younger than me but much more *experienced* in the job.

ぜんぱい¹ 全廃 —動 (廃止する) do away with …, abolish (他) ★ 前者のほうがくだけた言い方; (法律・条例などによる禁止措置などを撤廃する) lift (他). —名 (total) abolition Ⓤ.《☞ はいし (類義語)》.

¶ そんな不公平な法律は*全廃すべきだ We should ⌈*do away with* [*abolish*] such an unfair law. // 政府は輸入食料品に対する制限を*全廃した The Government *lifted* all restrictions on food imports.

ぜんぱい² 全敗 —動 (すべてのゲームに負ける) lose all games《☞ れんぱい; かんぱい¹》.

せんぱく¹ 浅薄 —形 (薄っぺらな) shallow; (うわべだけで本質のない) superficial.《☞ うすっぺら》. ¶ 彼は*浅薄な批評家だ He is a *shallow* critic. // その問題について彼は*浅薄な知識しか持っていない He has only a *superficial* understanding of the subject.

せんぱく² 船舶 ship Ⓒ, vessel Ⓒ ★ 後者はやや改まった語で, 特に大型船を意味するので「船舶」という日本語に近い; (集合的に) shipping Ⓤ.《☞ ふね》.

せんばつ 選抜 —動 (注意深く選ぶ) select (他); (自由意志で選ぶ) choose (他). —名 selection Ⓤ; choice Ⓤ.《☞ えらぶ (類義語); せんこう¹; せんしゅつ》.

¶ 彼女は多数の応募者の中から*選抜された She *was* ⌈*chosen* [*selected*] ⌈out of [from among] many applicants. // 彼は残念ながら*選抜からもれた He was unfortunately left out ⌈of [in the] *selection.* // 全国*選抜高校野球大会 the National Invitational High School Baseball Tournament《☞ 野球の英語 (囲み)》

選抜試験 selective examination Ⓒ **選抜チーム** all-star team Ⓒ.

せんぱつ¹ 先発 —動 (前に出発する) start in advance (自). **先発隊** advance party Ⓒ

せ

先発投手 starting pitcher Ⓒ, starter Ⓒ. 《☞ 野球の英語 (囲み)》.

せんぱつ² 洗髪 ―動 wash [shampoo] *one's* hair. ―名 shampoo Ⓒ, hair-washing Ⓤ. 《☞ あらう》.

せんばん 旋盤 lathe Ⓒ. **旋盤工** turner Ⓒ.

せんぱん 戦犯 war criminal Ⓒ.

ぜんはん 前半 the first half (↔ the second half); (ラグビーなど) the first period. ¶ 彼は 20 代の*前半だ He is in his *early* twenties. 《☞ 数字 (囲み)》

ぜんぱん 全般 ―名 the whole. ―形 whole ★ the を付けて, 後に単数名詞をとる; (特別なものや一部でなく, 全体の) general; (全部にわたる) overall. 《☞ いっぱんに; ぜんたい》. ¶ 組織*全般を改善[改革]する必要がある *The whole* system must be ˹improved [reformed]. // 彼らはアメリカ市場*全般について調査した They made ˹a *general* [an *overall*] survey of the American market. // 大会は*全般的に見て成功だった *On the whole*, the convention was successful. / The convention was *by and large* a success. 《☞ がいして》

せんび 船尾 ―名 stern Ⓒ. ―副 (船尾に) astern. 《☞ ふね (挿絵); ヨット (挿絵)》.

ぜんぴ 前非 (過去の行い) *one's* past conduct Ⓒ; (過去の悪行) *one's* past misdeed Ⓒ. ¶ 彼は*前非を悔いているとは思えない He doesn't seem to be repentant ˹for [of] *his past misdeed*.

せんぴょう 選評 ―動 (選んで批評する) select and comment on ...

せんびょうしつ 腺病質 ―名 (虚弱体質) delicate health Ⓤ. ―形 (病弱な) sickly; (体質が弱い) physically ˹weak [delicate]. 《☞ きょじゃく》.

せんびん 先便 (手紙) *one's* ˹previous [last] letter Ⓒ 《☞ てがみ》.

せんぷ 先夫 (別れた夫) *one's* ˹former [divorced] husband Ⓒ, *one's* ex-husband Ⓒ ★ 後者はやや形式ばっているが, 客観的な言い方; (亡夫) *one's* late husband Ⓒ.

ぜんぶ¹ 全部 ―代 (すべて) all. ―名 (全体) the whole; (総計) total Ⓒ. ―形 (すべての) all; (ことごとくの) every [語法] 以上 2 つは「全部の」という意味で似ているが, every のほうが口語的で, しかも意味が強い. また all は後に続く名詞が数えられるものの場合, その名詞は複数形となる. all はその後に定冠詞をとることもできるが ((例) 学生*全部 *all the* students), every は後に単数名詞が続き, 冠詞は付かない. ((例) 学生一人一人*全部 *every* student); (全体の) whole ★ the を付けて単数名詞とともに使う; (全部を合わせた) total. ―副 (すべてが) all; (まったく) entirely; (総計すると) in all. 《☞ すべて (類義語); みな; ぜんたい》.
¶ これで*全部ですか Is this [Are these] *all*? // 人数は*全部数えましたか Have you counted ˹*everyone* [them *all*]? // 彼はエネルギーの*全部をその実験に注ぎ込んだ He devoted his ˹*whole* [*entire*] energy to the experiment. // 費用は*全部で 30 万円だった The cost was 300,000 yen *in all*. / The *total* cost ˹came to [amounted to; was] 300,000 yen. // 彼の勇敢な行いは*全部世間から忘れられてしまった His brave deeds were ˹*all* [*entirely*; *altogether*] forgotten by the public. // 「これは*全部そろっていますか」「いいえ, 1 冊欠けています」"Is this a *complete* set?" "No, just one volume is lacking."

ぜんぶ² 前部 the front (part), the fore, the forepart. 《☞ まえ (挿絵); しょうめん》.

ぜんぷ 前夫 ☞ せんぷ

せんぷう 旋風 (つむじ風) whirlwind Ⓒ; (大評判) sensation Ⓤ. 《☞ ひょうばん》. ¶ その小説は世界中に*旋風を(世界的なセンセーションを)巻き起こした The novel ˹caused [created] a worldwide *sensation*.

せんぷうき 扇風機 electric fan Ⓒ ★ 単に fan ともいう; (天井につるした) ceiling fan Ⓒ. ¶ *扇風機をかけて下さい Please ˹start [turn on] the (*electric*) *fan*. // その*扇風機をこちらへ向けて下さい Please turn the *fan* this way. // 彼は*扇風機を一日中つけっぱなしにした He kept the *electric fan* going all day.

せんぷく 潜伏 ―動 (隠れる) hide (out) ⓐ, conceal *oneself* ★ 前者のほうが口語的で, 平易な言い方. ―名 hiding Ⓤ, concealment Ⓤ; (病気の) incubation Ⓤ. 《☞ かくれる》. ¶ 彼はどこかに*潜伏してしまった (⇒ 姿をくらました) He went into *hiding* somewhere. // 犯人はその小屋に 2 日間*潜伏していた The criminal remained *hiding* in the hut for two days.

潜伏期 incubation [latent] period Ⓒ.

ぜんぷく 全幅 ―形 (十分な・いっぱいの) full; (心からの) wholehearted; (深い) deep. ¶ 彼らは指導者に*全幅の信頼をおいている They ˹put [place] *full* confidence in their leader. / (⇒ 指導者を心から信頼している) They trust their leader *wholeheartedly*.

ぜんぶん¹ 全文 the whole ˹sentence [passage] ★ sentence は 1 個の文, passage は文章; (条約・演説などの) the ˹full [whole] text.

ぜんぶん² 前文 (法律・条約などの) preamble (to ...) Ⓒ (↔ body); (前出の文) the above (sentence).

せんべい 煎餅 Japanese [rice] cracker Ⓒ. **せんべい布団** (使い古してすり切れた) worn-out quilt Ⓒ.

ぜんべい 全米 ―形 (アメリカ合衆国全土の) national, American [語法] 「全米」「全日本」などの意味の場合, 最も一般的なのは national. 国名をはっきりさせる必要がある場合は American を用いる; (北米・中米・南米全部を含めて) Pan-American. ―副 (アメリカ合衆国全土にわたって・アメリカ合衆国全土で) all over ˹the United States [America]. ¶ その会議には*全米から代表が参加した The congress was attended by the representatives from *all over* ˹*the United States* [*America*]. // 彼は*全米選手権を獲得した He won the ˹*American* [*national*] championship.

せんべつ¹ 餞別 parting [farewell] ˹gift [present] Ⓒ 〔語法〕 gift のほうが present より改まった語で，値段も高いというニュアンスがある．欧米では餞別に金銭を贈る習慣はない．《☞ おくりもの》．

せんべつ² 選別 ―〔名〕 sorting Ⓤ. ―〔動〕 (よいものを選び出す) select ㊀；(分類してえり分ける) sort (out) ㊀. 《☞ えらぶ (類義語)》. ¶これらのりんごは大きさによって3つに*選別される These apples *are sorted* (*out*) by size into three classes.

せんべん 先鞭 ¶彼がその発掘の*先鞭をつけた (⇒その発掘を先導した) He *took the initiative* in the excavation. // 予防医学の*先鞭をつけたのは (⇒先駆者となったのは) パスツールである It was Pasteur who *pioneered in* preventive medicine. 《☞ くさわけ》

ぜんぺん¹ 前編 (第1部) Part 1；(第1巻) Volume 1 ★本の見出しなどに用いる場合；(第1の部分[巻]) the first ˹part [volume]；(後編に対して) the first half (↔the second half) ★前・中・後編に分かれている場合は the first half は使えない．

ぜんぺん² 全編 the whole ˹book [volume] 《☞ ぜんぶ¹》. ¶私はその本を*全編読み通した I read the book ˹*through* [*from cover to cover*].

せんぺんいちりつ 千篇一律 ¶あの講演者はいつも*千篇一律のことしか話さない (⇒同じ話題を繰り返し話している) The speaker *is* always *harping on* the same topic. // どの番組も*千篇一律だ (⇒変化に乏しい) The programs *are lacking in variety*. 《☞ もんきりがた；たんちょう¹》

【参考語】 ―〔形〕 (単調な) monotonous；(型にはまった・固定化した) stereotyped.

せんぼう 羨望 ―〔名〕 envy Ⓤ ★「羨望の的」の意味では Ⓒ. ―〔動〕 (うらやむ) envy ㊀, be envious of ...

¶彼の新車は友達の*羨望の的だった His new car was the *envy* of his friends. // 君の成功はみんなの*羨望の的だ (⇒みんながうらやましがっている) Everybody *envies* your success. / Everybody *is envious of* your success. // 彼らは*羨望の眼で彼女の美しい服を見た They looked *enviously* at her pretty clothes. / They looked at her pretty clothes with *envy*.

せんぽう¹ 先方 (相手) the other party ★契約文書や正式な取り決め，あるいは形式ばった説明などで使う；(彼ら) they；(彼) he；(彼女) she. 《☞ あいて》. ¶*先方の承諾なしには進められない We cannot go ahead without *the other party's* consent. // *先方から何か言ってきましたか Have you heard anything from ˹*them* [*him*；*her*]?

せんぽう² 戦法 (戦術) tactics ★単数扱い；(全体の作戦) strategy Ⓤ. 《☞ せんじゅつ；せんりゃく；さくせん》.

せんぽう³ 先鋒 ☞ きゅうせんぽう

ぜんぼう 全貌 (全体) the whole；(全体の状況) the ˹whole [entire] picture；(詳細) details ★複数形で. 《☞ ぜんたい》.

¶その問題の*全貌がわかった I could understand the problem *as a whole*. // 彼の説明では*全貌がわからなかった I couldn't get *the* ˹*whole* [*entire*] *picture* from his explanation. // 彼は計画の*全貌 (⇒詳しい内容) を話してくれた He told me the *details* of his project. // 彼はその*全貌 (⇒すべて) を知っているらしい He seems to know *all* about it.

ぜんぽう 前方 ―〔副〕 (ずっと前の方に) ahead；(前方へ向かって) forward (↔backward)；(位置が) before 〔語法〕 forward は運動について用い，before は静止している位置について用いる．ahead は運動と静止どちらにも用いられる． ―〔前〕 (…のずっと前方に) ahead of ...；(…のすぐ前に) in front of ..., before ... (↔behind ...) ★前者が口語的で一般的．《☞ まえ (挿絵)》.

¶私たちの*前方に小さな小屋が見えた We saw a small hut *ahead of* us. // 200メートルほど*前方に歩道橋があります There is a pedestrian overpass about 200 meters *ahead*. // *前方を注意して見なさい Look *ahead* carefully. // 我々の*前方に美しい谷が展開した A beautiful valley spread out ˹*before* [*in front of*] us. // 彼はゆっくりと*前方へ進んだ He moved slowly *forward*.

せんぼうきょう 潜望鏡 periscope Ⓒ.

せんぼつしゃ 戦没者 the war dead ★複数扱い. 《☞ せんし》.

ぜんまい¹ spring Ⓒ 《☞ ばね》. ¶「この時計は*ぜんまいで動くのですか」「いいえクォーツです」 "Is this ˹watch [clock] ˹worked [moved] by a *spring*?" "No, it's a quartz ˹watch [clock]." // 私は時計の*ぜんまいを巻くのを忘れた I forgot to *wind up* the clock.

ぜんまい仕掛け clockwork Ⓤ **ぜんまいばかり** spring balance Ⓒ 《☞ はかり》.

ぜんまい² 薇 〘植物〙 royal [flowering] fern Ⓒ.

せんまん 千万 ―〔名〕 ten million. ―〔形〕 ten million. 《☞ 数字 (囲み)》.

せんむ 専務 (取締役) (senior) managing director Ⓒ 《☞ じゅうやく》.

せんめい 鮮明 ―〔形〕 (形などがはっきりした) clear；(輪郭などが明瞭(めいりょう)な) distinct；(色などが鮮やかな) vivid. ―〔名〕 clearness Ⓤ；distinctness Ⓤ；vividness Ⓤ. 《☞ めいりょう；あざやか》. ¶彼の面影はいつまでも*鮮明に私の心に残っている His image still remains *vivid* in my mind. // この写真は*鮮明じゃない (⇒ぶれている) This photograph *is blurred*. **鮮明度** (テレビの) distinction Ⓤ.

ぜんめつ 全滅 ―〔動〕 (一人残らずやっつける) wipe out ㊀ ★口語的な語．目的語は人または動物；(建物・町・組織などを完全に破壊する) destroy ... completely；(後に何も残らないように破壊する・皆殺しにする) annihilate [ənáiəlèit] ㊀ ★形式ばった語で，意味も強い．目的語は人(ただし集団)・物いずれでもよい；(特に存在の望ましくないものを絶滅させる・根絶する) exterminate ㊀；(敵などを粉砕し壊滅させる) crush ㊀ ★「押しつぶす・砕く」が原意.

¶守備隊は爆撃されて*全滅した The defenders *were* bombed and *wiped out.* ∥ 山崩れでその村は*全滅した (⇒ 山崩れが村を全滅させた) A landslide ⌈*annihilated* [*completely destroyed*] the village. ∥ この殺虫剤で白ありは*全滅するだろう This insecticide will *exterminate* the termites. ∥ 我々は敵を*全滅させた We *crushed* our enemy. ∥ 彼の一家は流感で*全滅だ (⇒ 倒れた) His whole family *is down* with influenza.

せんめん 洗面 —動 (顔(や手)を洗う) wash *one's* face (and hands) 《☞ あらう》. **洗面台** 《米》 washbowl Ⓒ, 《英》 washbasin Ⓒ **洗面道具** toilet articles ★ 複数形で.

ぜんめん[1] 全面 (表面全部) the ⌈whole [entire] surface. ¶ 湖は*全面に氷が張った The lake froze *over*. / *The* ⌈*whole* [*entire*] *surface* of the lake was covered with ice. ∥ この道路は車両*全面通行禁止です This road is closed to *all* motor vehicles.

全面戦争 total [all-out] war Ⓒ.

ぜんめん[2] 前面 (前の部分) the front 《☞ まえ (挿絵) ; しょうめん》. ¶ その家の*前面は白く塗ってあった *The front* of the house was painted white.

せんめんじょ 洗面所 (住宅の) bathroom Ⓒ 参考 欧米では風呂場・便所・洗面所が一部屋になっているものが多いため, 普通は「風呂場」を表す言葉 bathroom で「洗面所」を代表することが多い. 日本でも洗面所が風呂場に隣接していれば bathroom と訳してさしつかえない. もし離れて洗面設備だけがあるときは 《米》 washbowl Ⓒ, 《英》 washbasin Ⓒ を使う. これは普通水道管・洗面台・排水管の設備まで含めたいわゆる「洗面設備」である ; (公の場所での便所兼洗面所) rest room Ⓒ, lavatory Ⓒ. 《☞ ふろ (挿絵) ; てあらい[1] ; 家・部屋 (囲み)》.

ぜんめんてき 全面的 —形 (総力あげての) all-out ; (全体にわたる) overall ; (完全な) complete ; (心からの) wholehearted ; (全体の) whole ; (まったくの) entire ; (全般的な) general ; (全体的な規模の) full-scale. —副 (全面的に) overall ; completely ; wholly ; entirely.

¶ その運動は一般の人々の*全面的な支持を得た The movement obtained ⌈*wholehearted* [*all-out*] support from the public. ∥ その問題は*全面的な解決からほど遠い The problem is far from an *overall* solution. ∥ 私は彼を*全面的に信頼している I have *complete* confidence in him. / I trust him *wholeheartedly*. ∥ 時刻表は10月に*全面的に改正される The train schedule will be ⌈*entirely* [*wholly*] revised in October. ∥ 我々はその計画を*全面的に練り直す必要がある We must reconsider the plan *overall*.

せんもん 専門 —名 specialty (《英》 speciality) Ⓒ ; (得意な道・職業) 《口語》 line Ⓒ ; (研究題目[分野]) special ⌈subject [field] of study Ⓒ ; (大学での専攻科目) 《米》 major Ⓒ. —形 (専門の) special ; (技術上の・専門の知識のいる) technical ; (職業上の) professional. —動 (専門にする) specialize (in ...) ⓐ ; (大学で専攻する) 《米》 major (in ...) ⓐ. 《☞ せんこう[2]》.

¶「彼の*専門は何ですか」「経済学です」 "What is his *specialty*?" "Economics." / "What does he *specialize in*?" "He *specializes in* economics." / "What's his *line*?" "Economics. / He's an economist."

彼の*専門は電子工学です His *specialty* is electronics. / (⇒ 電子工学の専門家だ) He's ⌈a *specialist* [an *expert*] in electronics.

私は大学で経済学を*専門に学んだ (⇒ 専攻した) I ⌈*majored* [*specialized*] *in* economics at college.

彼は火山を*専門に研究している He is making a *special study* of volcano(e)s.

それは高度に*専門的なことです It's a highly *technical* matter.

この仕事は*専門的技術が必要だ This work requires *professional* skill.

彼は*専門外 (⇒ 自分の分野外) のことをよく知っている He is familiar with what is outside his *field*.

この店は婦人服が*専門です This store ⌈makes a *specialty* of women's clothes [deals in women's clothes only].

そのレストランはイタリア料理が*専門だ The restaurant's *specialty* is Italian food. / The restaurant *specializes in* Italian cuisine.

専門家 specialist Ⓒ ; (熟練した専門家) expert Ⓒ ★ 人に対して儀礼的にもよく使う. 言われた人の感じもよい ; (本職の人) professional Ⓒ. 《☞ くろうと ; ほんしょく》 **専門学校** special [professional] school Ⓒ ; (一般的に) college Ⓒ ★ ... college, あるいは college of ... のように使う. 《☞ 学校・教育 (囲み)》 **専門教育** (高度の) professional education Ⓤ ; (技能を教える) technical education Ⓤ **専門語** technical term Ⓒ **専門店** specialty store Ⓒ 《☞ 店の呼び名 (囲み)》.

ぜんや 前夜 (前の夜) the previous night, the night before (...) ★ 後者のほうがより口語的 ; (重要な出来事の) the eve ★「祭日の前夜」などは大文字で始めることが多い. 《☞ ばん[1] (類義語) ; クリスマス》.

¶ *前夜の豪雨で川が増水していた The river was rising owing to the heavy rain ⌈*on the previous night* [that had fallen *the night before*]. ∥ 試験の*前夜はいつもより早く寝た I went to bed earlier than usual *on the night before* the examination.

前夜祭 eve Ⓒ.

せんやく 先約 previous ⌈engagement [appointment] Ⓒ 《☞ やくそく》.

¶「今晩, 食事にご招待したいのですが」「すみませんが今晩は*先約があります」 "I'd like to invite you to dinner tonight." "I'm sorry, but I have ⌈a *previous* [*another*] ⌈*engagement* [*appointment*] for this evening." ∥ 残念ですが*先約のためその会には出席できません I'm sorry (that) I can't attend the party because of a *previous* ⌈*engagement* [*appointment*].

ぜんやく 全訳 complete translation Ⓒ.

せんゆう[1] 占有 — 動 (場所・時間などを) occupy ㊀他; (所有する) possess ㊀他; (…を手に入れる・占領する) take possession of … — 名 occupation Ⓤ; occupancy Ⓤ ★ occupancy は occupation よりも意味が狭く, 家・土地などに限られる; (所有) possession Ⓤ. 《☞ せんりょう[1]》.
¶その土地の*占有は不法である The *occupancy* of the land is illegal. // その会社は市場の 30 パーセントを*占有している The company *has* a 30% market *share*.
占有権 the right of possession.

せんゆう[2] 専有 (独りで占領する) have … to *oneself*, occupy … of *one's* own. 《☞ せんりょう[1]》. ¶彼は大きな部屋を*専有している He *has* a large room *to himself*. / He *occupies* a large room *of his own*.

せんゆう[3] 戦友 fellow soldier Ⓒ.

せんよう 専用 — 形 (排他的) exclusive; (私的な) private; (個人の) personal. — 名 exclusive [private; personal] use Ⓤ.
¶私は自分*専用の部屋が欲しい I want a *private* room. // このエレベーターは来客*専用です This elevator is ⌈for the *exclusive use* of visitors [*exclusively for* visitors]. // この出入口は社員*専用です This entrance is *only for* employees' *use*. / (⇒ 従業員専用) Employees *only*. 《☞ 掲示の英語 (囲み)》 // この駐車場は先生方の*専用です This parking lot is *reserved* for the teachers. // 彼は自分*専用の飛行機を持っている He has a plane for his *personal use*. // この商標は私どもの*専用です This trademark is *exclusive* with us. // 自動車*専用道路 a freeway / 《英》 a motorway / 《有料の》 a toll road / (⇒ 高速道路) an expressway

「専用ビーチ. 宿泊客専用」という海岸のホテルの掲示

ぜんよう[1] 善用 — 動 make ⌈good use [the best] of … 《☞ りよう; かつよう》.

ぜんよう[2] 全容 the whole picture 《☞ ぜんぼう》.

ぜんら 全裸 — 形 (まったく裸の) stark naked [néikid]; (何も着物を着ていない) with no clothes on. 《☞ すっぱだか; はだか》.
¶彼女は*全裸だった She was *stark naked*. // *全裸の写真 a *nude* photograph

せんらん 戦乱 (戦争) war Ⓤ; (戦闘) battle Ⓤ; (動乱) disturbance Ⓤ. 《☞ せんそう[1] (類義語)》. ¶その村は間もなく*戦乱のちまたと化した The village soon became a ⌈field [scene] of *battle*.

せんりがん 千里眼 clairvoyance Ⓤ, second sight Ⓤ ★ 後者のほうが口語的. 《☞ よげん》. ¶彼は*千里眼だ (⇒ 千里眼を持つ) He has ⌈*clairvoyance* [*clairvoyant powers*; *second sight*].

せんりつ[1] 戦慄 — 名 (身震い) shudder Ⓒ; (震え) shiver Ⓒ **語法** shudder は恐怖・嫌悪などで身震いすること. shiver は普通は寒さで震えることを指すが, 比喩的にも用いられる. — 動 shudder ㊀自; shiver ㊀自; (恐れでおののく) tremble with fear ㊀自. — 形 (身の毛もよだつ) horrible; (恐ろしい) terrible; (毛も逆立つ) hair-raising. 《☞ おそろしい; ふるえる (類義語)》.
¶恐怖の*戦慄が私の背筋を走った [体の中を貫いた] A *shiver* of horror ⌈ran down my back [passed through me]. // その光景を見て私は*戦慄した (⇒ 光景が恐怖で私を震わせた) The sight made me *shudder* with horror. / (⇒ 私の肌をぞくぞくさせた) The sight *made my flesh creep*. / (⇒ 光景が私に寒けを与えた) The sight gave me the ⌈(*cold*) *creeps* [*shivers*]. // それは彼女にとって*戦慄の一瞬だった It was a ⌈*horrible* [*terrible*] moment for her.

せんりつ[2] 旋律 melody Ⓒ; (曲などの主旋律) theme Ⓒ. 《☞ メロディー; 音楽 (囲み)》.

ぜんりつせん 前立腺 prostate (gland) Ⓒ.

せんりひん 戦利品 (戦勝記念品) trophy Ⓒ; (敵からの分捕り品) booty Ⓤ.

せんりゃく 戦略 (作戦計画) strategy Ⓤ; (策略) stratagem Ⓤ. 《☞ さくせん》.
¶その*戦略を立てたのは彼だ It is he who ⌈worked [mapped] out the *strategy*. // その島は*戦略上重要である The island is ⌈*strategically* important [important from the *strategic* point of view].
戦略物資 strategic goods ★ 複数形で. **戦略兵器** strategic arms ★ 複数形で. **戦略兵器削減交渉** Strategic Arms Reduction Talks 《略 START》 ★ SALT の延長として行われたもの. **戦略兵器制限交渉** Strategic Arms Limitation Talks 《略 SALT》 《☞ 略語 (欄外)》.

ぜんりゃく 前略 ★ 英文手紙では Dear ⌈Mr. [Mrs.; Miss; Ms.] … が「前略」や「拝啓」にあたり, 日本の習慣のように時候のあいさつなどは抜きにして, すぐ用件に入るのが普通だから, 特に「前略」にぴったりの訳語はない. 事務的なものは Dear ⌈Sir [Sirs; Madam]. 《☞ 手紙の書き方 (囲み)》.

せんりゅう 川柳 Japanese joke poem Ⓒ, Japanese witty epigrammatic poem containing 17 syllables Ⓒ ★ 説明的訳. 《☞ はいく; 日本固有の風物と英語 (囲み)》.

せんりょう[1] 占領 — 名 (占拠) occupation Ⓤ; (占有) possession Ⓤ; (攻略) capture Ⓤ. — 動 (場所を占領する) occupy ㊀他; (手に入れる) take ㊀他 ★ 広い意味をもつ一般的な語; (奪い取る) seize ㊀他.
¶敵の軍隊はその町を*占領した Enemy troops ⌈*occupied* [*took*] the town. / Enemy troops ⌈*got* [*took*] *possession of* the town. // *占領下の町は平穏だった The *occupied* town was calm. // 彼は 2 部屋を*占領 (⇒ 独り占め) している He *has* two rooms *all to himself*.
占領軍 occupation ⌈force [army] Ⓒ **占領**

地 occupied ｢area [territory] Ⓒ.

せんりょう² 染料 (染色の原料) dye Ⓤ, dyestuff Ⓒ; (一般的に着色料) coloring matter Ⓤ.

ぜんりょう 善良 ━[形] (よい) good ★一般的な語; (人のよい) good-natured. 《☞ よい¹》. ¶彼は本当に*善良な人だ He is really a *good(-natured)* man.

せんりょく 戦力 (兵力) military strength Ⓤ; (潜在的な力) war potential Ⓤ; (戦闘力) fighting ｢power [strength] Ⓤ. 《☞ へいりょく; ちから (類義語)》.
¶*戦力は少しずつ増強されている *Military strength* [*War potential*] is being built up little by little. // 日本国憲法によれば, 我々は陸海空軍その他の*戦力は保持しないとある According to the Constitution of Japan, we will never maintain land, sea, and air forces, or any other *war potential.*

ぜんりょく 全力 ━[名] (すべての力) all *one's* ｢power [strength; might] Ⓤ. ━[動] (全力を尽くす) do *one's* ｢best [utmost] ★最も平易で一般的だが, utmost のほうがやや形式ばった表現; (できることは何でもする) do all *one* can, do everything in *one's* power; (全力を傾ける) devote [apply] all *one's* energies to … ★やや改まった言い方; (全力を集中する) concentrate all *one's* energies on …; (身も心も打ち込む) devote [put] *one's* heart and soul into … ★以上 2 つはやや形式ばった言い方. ━[副] (全力を尽くして) with all *one's* might, to the best of *one's* ability. 《☞ いっしょうけんめい; ちからいっぱい》.
¶彼は何事にも*全力を尽くす He *does his* ｢*best* [*utmost*] in anything. // あなたを助けるために喜んで*全力を尽くします (⇒ できることは何でもやります) I am ready to *do* ｢*everything in my power* [*all I can*] to help you. // 彼はその仕事に*全力を傾けた (⇒ 全精力を捧げた) He ｢*devoted* [*applied*] *all his energies to* the work. / (⇒ 全精力を集中した) He *concentrated all his energies on* the work. / (⇒ 身も心も打ち込んだ) He *put his heart and soul into* the work. // 彼は*全力で (⇒ 力いっぱい) ボートをこいだ He rowed the boat with *all his might.* // 投手は打者に対して*全力投球した (⇒ 一番速いボールを投げた) The pitcher ｢threw [delivered] his *fastest* ball to the batter.

ぜんりん 前輪 front wheel Ⓒ 《☞ くるま》. **前輪駆動** front-wheel drive Ⓤ 《略 FWD》.

ぜんりんゆうこう 善隣友好 (近隣どうしの友好) neighborly friendship Ⓤ; (近隣の人との友好関係) neighborly relations ★複数形で. ¶政府は*善隣友好政策を進める計画をしている The government is planning to further a *neighborly policy.*

せんれい¹ 先例 (従来からの慣例) precedent Ⓒ ★法律など公のことに使う; (前の例) previous instance Ⓒ ★一般的な表現.
¶それには*先例がない There is no *precedent* for it. / It is without a *precedent.* / (⇒ それは先例のないことだ) It is an *unprecedented* matter. // このような場合の*先例はいくつかある There are several ｢*precedents* [*previous instances*] for such a case.

せんれい² 洗礼 ━[名] baptism Ⓤ; christening Ⓤ [語法] baptism のほうが christening より厳密な語. christening は洗礼に関係なく単に命名する意味でも使われる. ━[動] (洗礼を施す) baptize ㊀. ¶私はキリスト教の*洗礼を受けた I received Christian *baptism.* // 牧師はその赤ん坊に*洗礼を施した The minister *baptized* the baby. **洗礼名** Christian [baptismal] name Ⓒ 《☞ なまえ [参考]》.

ぜんれい 前例 (従来からの慣例) precedent Ⓒ; (前に起こったこと) previous instance Ⓒ. 《☞ せんれい¹》.

ぜんれき 前歴 (過去の経歴[履歴, 生活]) *a person's* past ｢record Ⓒ [history Ⓒ; life Ⓤ]; (前の経歴) *a person's* previous record Ⓒ; (過去の生活) past Ⓒ ★a past としていかがわしい経歴を指すのが普通. 《☞ けいれき》.
¶警察は彼の*前歴を調べた The police ｢checked [inquired into] *his past* ｢*record* [*history*]. // 彼の*前歴はだれも知らなかった No one knew *his past.* // 彼女はいかがわしい*前歴を持っている (⇒ 過去のある女だ) She is a woman with *a past.*

せんれつ 戦列 line of battle Ⓒ, battle line Ⓒ. 《☞ せんせん¹》. ¶戦車部隊が*戦列に加わった A fleet of tanks joined *the line of battle.* // 彼女は反戦運動の*戦列に加わった (⇒ 反戦運動に参加した) She joined an anti-war activity.

ぜんれつ 前列 the front row 《☞ れつ》. ¶彼は*前列の左から 2 番目にいる He is the second from the left in *the front row.*

せんれん 洗練 ━[形] (みがかれた) polished, refined; (上品で優雅な) elegant; (教養のある) cultivated. 《☞ あかぬけた》. ¶彼の言葉遣い[態度]は最近非常に*洗練されてきた His ｢speech [manner] *has been* very *refined* recently. // 彼女の*洗練された物腰は我々の注目を引いた Her ｢*elegant* [*refined*] manners attracted our attention.

せんろ 線路 (railroad [《英》 railway]) track Ⓒ ★track はレール 1 本または平行している 1 対のレールを指す; line Ⓒ ★主に《英》. 「単線」 (a single track of railroad) の意味でも使われる; (軌道) rail Ⓒ. 《☞ えき¹ (挿絵)》.

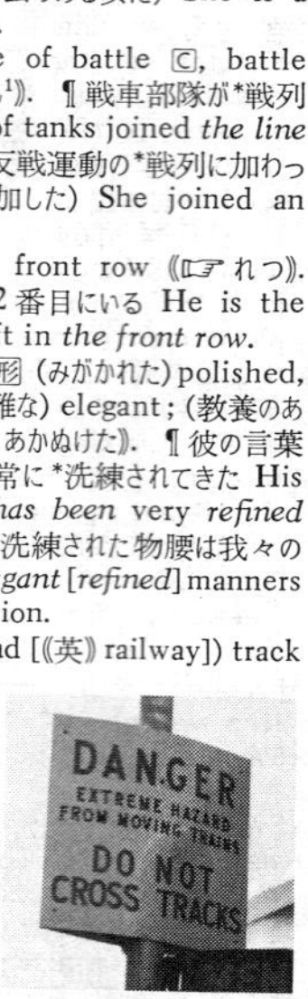

「危険．線路を横切るな」という掲示

¶子供たちは陸橋を渡って*線路を横断した The children crossed the ｢*track* [*line*] by the overpass. // 私たちは*線路伝いに歩いた We ｢walked along [followed] the ｢*track* [*line*]. // 彼の仕事は*線路を敷いたり修理したりすることだ His work is laying and repairing *railroad tracks.* **線路作業員** 《米》 tracklayer Ⓒ, 《英》 platelayer Ⓒ.

そ

ソ 〖音楽〗sol [sóul] Ⓒ, so Ⓒ. 《☞ 音楽 (囲み)》.

-ぞ ★ 日本語の「…ぞ」は口語で強く言い切る口調を表すが, 英語でその感じを表すには特定の表現はなく, 文脈によって, いろいろに意訳しなくてはならない. 例えば,「何としてでも」by all means,「本当に」I tell you,「いいかね」mind you などの語句を前後関係に応じて挿入したり, また言い方, すなわちイントネーションや強勢, あるいは語順の変更などによって表す. 《☞ 強調の表現 (囲み)》.

¶ 今度こそやる*ぞ I'll make it this time *by all means*. // あいつ, やっと来た*ぞ Here he comes at last! // 指示に従うんだ*ぞ Follow the directions, *mind you*.

そあく 粗悪 ― 形 (質の悪い) poor, bad (↔ good) 語法 前者のほうはやや控えめな言葉だが, 後者ははっきりと「悪い」ことをいう. いずれも広い意味で用いられる語なので,「質」quality などの名詞を添えて用いないと意味が不明確になりやすい; (質の劣った) inferior (↔ superior) ★ ほかとの比較において劣っていることを表す; (粗末な) coarse. 《☞ わるい》.

¶ *粗悪品は欲しくない I don't want goods *of* ⌈*poor* [*bad*] *quality*. // 材料が*粗悪だ The material is *coarse*.

-ぞい …沿い ― 前 (…に面して) on …; (…に沿って) along … 《☞ -づたい》. ¶ 私の家はこの道路*沿いです My house is *on* this street. // この線路*沿いに真っすぐ歩いて行きなさい Walk straight *along* the railroad tracks.

そう 沿う, 添う **1** 《ある物から離れない状態》 ― 動 (沿って行く[歩く]) go [walk] along … 語法 go の場合は「物」も主語となる. また,「道・川」などが主語の場合は run along … が用いられる. ― 前 (…に沿って) along …; (…と並んで; …と平行して) alongside …

¶ 私たちは川に*沿って歩いて行った We *walked along* the river. // 道は川に*沿って続いていた The road went on *alongside* the river. / The road *ran parallel to* the stream.

2 《期待などにかなう》: (要求・希望・条件などを満たす) meet 他; (希望・要求などに応じる形でかなえる) answer 他; (希望・要求などに近づく形で応じる) come up to … 語法「事・物・抽象名詞」が主語となる.「人」を主語にすると「近づく」の意味になる; (満足させる) satisfy 他 語法 以上のうち come up to … 以外は「人・物」いずれも主語となる. 《☞ おうじる》.

¶ ご期待に*沿うようがんばります I'll try my best to *meet* your expectations. // 結果はあなたの期待に*沿ったものでしたか *Have* the results ⌈*answered* [*come up to*; *met*] your expectations?

そう¹ **1** 《そのように》 ― 副 (そんな風に) so, like that; (そういうやり方で) in that way 語法 以上 3 つは会話でしばしば用いられる. 入れ替え可能なこともあるが, 文の口調によって選択が決まることも多い. so は表現全体, または述語部分を受ける代名詞的な語で, 意味が比較的軽い. 《☞ 代名詞 (欄外)》. はっきりと「そのように」と強調したいときは like that や in that way を使う; (こんな風に) in such a way ★ 何か特に前例が示されていたり, あるいはこれから示そうとしているものを指して言う. 《☞ そんな》.

¶ *そうして下さい Please do *so*.

「*そう思いますか」「いいえ, *そうは思いません」"Do you think *so*?" "No, I don't. I don't think *so*." ★「そうではないと思います」という日本語にも当たる. 《☞ 否定の表現 (囲み)》

君に*そう言ったじゃないか I told you *so*, didn't I? 《☞ 付加疑問 (欄外)》

彼女は本当に病気なのですか, もし*そうならすぐに病院に連れて行かなくてはならない Is she really sick? If *so*, we must take her to the hospital immediately.

*そう言って彼は部屋を出て行った *So* saying, he left the room.

その値段は*そう高くはない The price is not ⌈*very* [*so*] high.

試験は*そう難しくなかった The exam was not ⌈*very* [*so*] difficult. 語法 以上の 2 例では very と so は常に入れ替え可能だが, very を用いるほうが客観的なニュアンスが強い.

どの教科書を使っても*そう違いはありません It doesn't make *much* difference which textbook you use.

*そう言ってはなんだが (⇒ これを言うのをちゅうちょするが), 彼は経営についてはほとんど何も知らない I hesitate to say this, but he has little knowledge of management.

2 《肯定》: (問いに答えて「そのとおり」) yes; no ★ 答えの文が肯定文なら yes, 否定文なら no を用いる; (前の表現の内容を受けて) so. 《☞ はい¹;「はい」と「いいえ」(欄外)》.

¶「これはあなたのボールペンですか」「はい, *そうです」"Is this your ball-point pen?" "*Yes*, it is."

「あなたはその手紙を受け取らなかったのですね」「*そうです. 今週手紙は 1 通も受け取っていません」"You didn't receive the letter, did you?" "*No*, I didn't. I haven't received any letter(s) this week." 語法 日本語と英語の答え方の違いに注意. 英語では答えが否定なら no を使う. 参考「彼はよくできる」「彼の弟もです[よくできます]」"He is bright." "*So* is his brother." のような場合には日本語では「彼の弟もそうです」とはあまり言わないが,英語では so を用いることに注意. また「私はもうこれ以上食べられないわ」「私もよ」"I cannot eat any more." "*Neither* can I." のように否定表現の場合も, 日本語では「私もそうよ」のように「そう」を使わないのが普通だが, 英語では so の否定形に当たる neither を文頭に置き, また動詞と主語が倒置されることに注意. 《☞ 代名詞 (欄外); 倒置 (欄外)》

「あすは学校は休みです」「*そうですか (⇒ 本当ですか)」"We have no school tomorrow." "*Really?*" [語法] Is that so? という答え方もできる. このほうは少しぞんざいな感じ. *そうですとも *Surely.* / *Sure.* ★ 前者より口語的. / (⇒ そのとおりです) *That's right.*

そう

そう² 層 (地層・大気・社会の) stratum Ⓒ 《複 strata》; (上に覆いかぶさっている) layer Ⓒ; (社会階級) (social) class Ⓒ; (年齢・所得などの) bracket Ⓒ. 《☞ かいそう⁴》. ¶ 社会の中間*層 the middle *classes* of society // 低所得者*層 the lower income *bracket*

そう³ 僧 (一般的にどの宗教にも限らず司祭) priest Ⓒ; (修道僧) monk Ⓒ; (特にキリスト教の聖職者) clergyman Ⓒ; (総称) clergy ★ 複数扱い.

-そう …艘 ★ 英語では日本語と違って船を数える単位の語を使わない. 従って 1 艘の船は a ship, 2 艘の船は two ships とすればよい. 《☞ ふね; 数の数え方 (囲み)》.

ぞう¹ 象 elephant Ⓒ.

ぞう² 像 (絵に描いたり, 写真にとったり, あるいは彫り抜いたりした人または物の像一般) image Ⓒ; (銅像・石像など) statue Ⓒ. 《☞ しょうぞう》. ¶ A 氏を記念して私たちは*像を建てた We ˹raised [erected] a *statue* to Mr. A.

そうあたりせい 総当たり制 round robin Ⓒ 《☞ スポーツ (囲み)》.

そうあん 草案 draft (《英》 draught) Ⓒ.

そうい¹ 相違 ━名 (複数のものの間の差) difference Ⓒ; (変化・種類上の違い) variation Ⓒ; (区別・差別などによる) distinction Ⓒ ★ 以上の語は抽象的な相違の意味では Ⓤ ともなる. ━動 differ (from …) ⓐ, be different (from …); (同類のものの中で異なる) vary (from …) ⓐ. 《☞ ちがい (類義語)》.

¶ A と B との*相違(点)は何か What is the *difference between* A and B? // 両国の間には多くの*相違点がある There are many *differences between* the two countries. // A は B と*相違している A ˹*is different* [*differs*] *from* B. // 2 者の*相違をはっきりさせる必要がある It is necessary to clarify the *distinction between* the two. // 上記の通り *相違ありません (⇒ 正しいと断言する) 《履歴書・書類などで》 I *affirm* the above *to be true* in every particular. // 案に*相違して席がとれなかった (⇒ 期待とは反対に) *Contrary to* our expectations we could not get seats.

そうい² 創意 (独創性) originality Ⓤ; (発明の才) ingenuity Ⓤ; (独創的な考え) original idea Ⓒ. ¶ *創意を欠く lack *originality* // *創意工夫 an *inventive idea*

そうい³ 総意 (大方の意見) the general opinion; (大方の意志) the general will; (一致した意見) the consensus. ¶ その政策は国民の*総意によるものだ (⇒ 支持された) The policy was backed by *the general will* of the nation.

そういう (前記の, または後述のような) such; (そのような) like that ★ 口語的表現; (その種の) that ˹kind [sort] of … ★ sort のほうがくだけた語. 《☞ そんな; そう¹》.

¶ *そういう人は知らないよ I don't know *such* a person. // *そういう男は信用できない I can't trust ˹a man *like that* [*that sort of* man]. // *そういうことなのだ (⇒ そのようなことが事実だ) *Such* is the case. // *そういう訳で太郎は来られなかったのです *That's* why Taro was unable to come. 《☞ 理由の表し方 (囲み)》 // *そういう訳なら本をお貸ししましょう If ˹*that is the case* [so], I'll lend you the book. // *そういう風に振舞ってはいけない You should not [Don't] behave *in* ˹*such a* [*that*] *way.*

そういえば ¶ *そういえば木村さんはきのう欠席だった (⇒ あなたの言葉は…を思い出させる) *Your remark reminds me* that Mr. Kimura was absent yesterday. // *そういえばそうかもしれない (⇒ あなたがそう言うのは正しいかもしれない) You may be right *in saying so.*

そういん 総員 ━名 (グループなどのすべてのメンバー) all the members; (すべての職員) the whole staff ★ staff は集合名詞; (全職員) all the personnel ★ personnel は特に軍隊や, または大きな企業・団体などの職員をいう集合名詞. ━副 (総員で) in all. 《☞ そうぜい; みな》. ¶ 我々は*総員 30 名です We are thirty ˹*in all* [*all told*].

ぞういん 増員 ━名 increase ˹of [in] the staff Ⓤ. ━動 increase the staff. ¶ 私たちの課は 10 名から 12 名に*増員された *The staff* of 10 in our section *has been increased to* 12.

そううつびょう 躁鬱病 ━名 (病名) manic-depressive ˹insanity [psychosis] Ⓤ; (患者) manic-depressive Ⓒ. ━形 manic-depressive. 《☞ 病気・病院 (囲み)》.

そううん 層雲 〖気象〗 stratus Ⓒ 《複 strati》 《☞ くも¹ (挿絵)》.

ぞうえん¹ 造園 ━名 (landscape) gardening Ⓤ, garden designing Ⓤ. ━動 lay out a garden. 《☞ にわ; ていえん》.

ぞうえん² 増援 ━動 reinforce ⓗ. **増援隊** reinforcements ★ 複数形で.

ぞうお 憎悪 ━名 (一般的に) hatred Ⓤ; (強い敵意) detestation Ⓤ. ━動 hate ⓗ; detest ⓗ. 《☞ にくしみ; にくむ; 感情の表現 (囲み)》. ¶ 彼らは互いにひどく*憎悪しあっている They *hate* each other intensely.

そうおう 相応 ━形 (似つかわしい) becoming (to …); (ぴったり合う) befitting (to …), fit (for …) ★ 前者のほうが形式ばった語; (適している) suitable (for …); (ふさわしい・妥当な) adequate (to …) ★ 十分な資格のあることを意味する; (ほどよい・あまりたくさんではない) reasonable. 《☞ ふさわしい; みぶん》.

¶ 彼女は身分*相応の話し方を身につけた She has learned the way of speaking ˹*becoming* [*befitting*] (*to*) her social position. //

子供たちは年齢*相応の教育を受けている The children are getting an education ⌈*suitable* [*fit*] *for* their age.

そうおん 騒音 noise Ⓤ ★ Ⓒ となることもある. 《☞ ざつおん；さわぎ；おと》.
¶ 隣の人たちは時々すごい*騒音を立てる Our next-door neighbors sometimes make a great deal of *noise*. [語法] noise に付く形容詞としてはほかに loud, terrible, terrific,「耳障りな」harsh など. // あの*騒音には我慢できない I can't stand that *noise*.
騒音公害 noise [sound] pollution Ⓤ **騒音測定器** noise [sound-level] meter Ⓒ **騒音防止条令[法]** anti-noise laws ★ 複数形で.

ぞうか¹ 増加 ―[名] (数量が増すこと) increase Ⓤ ★ 増加量の意味では Ⓒ；(加えること) gain Ⓒ；(追加) addition Ⓤ. ―[動] increase ㊀ ㊉. 《☞ ます¹；ふえる；きゅうぞう》.
¶ クラブのメンバーは*増加してきている The club members *have increased* (*in number*). // 取り引きは昨年に比べ 20 %*増加した There has been ⌈a *gain* [an *increase*] of 20 percent in trade over last year. // 世界の人口はこの比率で*増加してゆくのだろうか I wonder if the world population will *keep increasing* at this rate.
増加率 rate of increase Ⓒ.

ぞうか² 造花 artificial flower Ⓒ.

そうかい¹ 爽快 ―[形] (元気な気分にする) refreshing; (空気がすがすがしい) crisp. ―[動] refresh ㊉. 《☞ さわやか；すがすがしい》.
¶ 澄んだ空気を吸い込んで身も心も*爽快だった I *felt refreshed* in mind and body breathing in the fresh air. // 山の空気は冷たく*爽快だった The mountain air was cold and ⌈*crisp* [*bracing*].

そうかい² 総会 (一般的に) general meeting Ⓒ; (本会議) plenary ⌈session [meeting] Ⓒ. 《☞ ほんかいぎ》. ¶ 国連*総会はあす開かれる The United Nations *General Assembly* will open tomorrow. [語法] general assembly は国連, または自治体の議会などについていう. // 株主*総会 a *general meeting* of stock holders

そうがかり 総掛かり ―[副] (力を合わせて) by [with] ⌈united [combined] efforts ; (皆で一緒に) all together ★ 後者のほうがくだけた言い方. 《☞ いっしょ》. ¶ 私たちは*総掛かりで仕事を片付けた We finished the work ⌈*by* [*with*] ⌈*united* [*combined*] *efforts*. / We worked *all together* to get the task done.

そうがく 総額 (全体の額) the total ⌈amount [sum] ; (最終的な合計) the sum total. 《☞ ごうけい；そうけい¹》.
¶ *総額はいくらになりますか How much is it *in all*? // *総額は 1 千万円にのぼった *The total amount* came to ten million yen. // *総額 3 億円のグレープフルーツの輸入が今年あるはずだ Grapefruit imports *totaling* 300,000,000 yen are expected this year. 《☞ 数字 (囲み)》

ぞうがく 増額 ―[名] increase Ⓤ ★「増えた額」の場合は Ⓒ. ―[動] increase ㊉, raise ㊉. 《☞ ねあげ；ぞうか¹》. ¶ 労組は給料の*増額を求めた The labor union demanded ⌈an *increase* [a *raise*] in wages. // 来月からお小遣いを千円*増額してもらうつもりだ I'll *have* my monthly allowance *raised* by one thousand yen from next month.

そうかつ¹ 総括 ―[名] (まとめ) summary Ⓒ. ―[動] sum up ㊉. ¶ 議長は討議の*総括を述べた The chairperson ⌈provided a *summary* of [*summed up*] the discussion. **総括質問** (議会での) general interpellation Ⓒ 《☞ 政治・経済 (囲み)》.

そうかつ² 総轄 ―[動] (監督する) supervise ㊉；(管理する) control ㊉. ―[名] general ⌈supervision [control] Ⓤ. 《☞ かんとく》.

そうかん¹ 壮観 (壮大な眺め) magnificent [grand] view Ⓒ；(すばらしい見せ場・見もの) spectacle Ⓒ ★ 一大壮観といった感じの表現.
¶ これはまさに天下の*壮観だ This is indeed one of the ⌈*wonders* [*great spectacles*] of the world.

そうかん² 創刊 ―[動] start (a periodical).
¶ この雑誌は 25 年前に*創刊された This magazine ⌈*was started* [*made its first appearance*] 25 years ago. // 1900 年*創刊 *First published* in 1900. **創刊号** the first ⌈issue [number].

そうかん³ 相関 (相互の関係) correlation Ⓒ. ¶ これら 2 つの要素の間には*相関関係がある (⇒ 相互に関係している) These two factors *are* ⌈*mutually related* [*correlated*].

そうかん⁴ 送還 ―[動] (送り返す) send back ㊉, repatriate ㊉ ★ 後者は形式ばった語. ―[名] (本国へ) repatriation Ⓤ. ¶ 捕虜は本国*送還となった Prisoners of war *were* ⌈*sent back* [*sent home* ; *repatriated*].

ぞうかん 増刊 (増刊号) extra [special] number Ⓒ.

そうがんきょう 双眼鏡 binoculars ★ 複数形で. 数えるときは a pair of …

そうかんとく 総監督 general manager Ⓒ 《☞ かんとく》.

そうき 早期 (早い段階) early stage Ⓒ 《☞ はやい²》. ¶ *早期診断 *early* diagnosis // がんも*早期に発見されれば治癒が可能だ Cancer can be cured if found ⌈*early enough* [*in its early stages*]. // その問題は*早期解決の見込みはありません The problem is unlikely to be solved *soon*.

そうぎ¹ 葬儀 (葬式) funeral Ⓒ, funeral ⌈ceremony [service] Ⓒ ★ service は宗教的儀式の意味 ; (埋葬) burial [bériəl] Ⓒ.
¶ *葬儀に参列する attend a *funeral* (*service*) // *葬儀は厳粛に執り行われた The *funeral* ⌈*service* [*ceremony*] was solemnly performed.
葬儀社[屋] undertaker's (office) Ⓒ, 《米》 funeral home Ⓒ [参考] 《米》では葬儀社 (funeral home) で葬儀が行われることがある ; (人) 《米》 funeral director Ⓒ, 《英》 undertaker Ⓒ **葬儀場** funeral hall Ⓒ.

そうぎ² 争議 (労働争議) labor dispute Ⓒ;

(ストライキ) strike Ⓒ. 《☞ ストライキ》.

ぞうき 臓器 internal organs ★ 通例複数形で. 《☞ ないぞう¹ (挿絵)》. **臓器移植** internal organ transplantation Ⓤ.

ぞうきばやし 雑木林 thicket Ⓒ.

そうきゅう¹ 早急 ―副 (急いで) in a hurry; (すぐに) without delay ★ 少し形式ばっているが, 日本語の「早急に」には近い感じ. 《☞ すぐ (類義語)》. ¶ *早急に何かしなくてはならない Something must be done *without delay*.

そうきゅう² 送球 ―動 pass [throw; toss] a ball (to ...). ―名 throw Ⓒ. 《☞ 野球の英語 (囲み)》. ¶ *送球は間に合いませんでした The *throw* was not in time. // キャッチャーは*送球を誤りました The catcher made a bad *throw*.

そうきょ 壮挙 (勇敢な試み) daring [heroic] attempt Ⓒ; (偉大な仕事) great undertaking Ⓒ.

そうぎょう¹ 創業 ―動 (創立する) found ㊀, establish ㊀ ★ 後者のほうが改まった語; (事業を始める) start an enterprise. 《☞ そうりつ》. ¶ わが社は今年*創業50周年を祝う Our company will celebrate the fiftieth anniversary of its *foundation* this year. // *創業1850年 *Established* in 1850 / since 1850 ★ 前または後に社名などを入れて用いる.

そうぎょう² 操業 ―名 operation Ⓤ. ―動 operate ㊀ ㊂. ¶ 工場は*操業中です The factory *is in operation*. // やがて工場は*操業を短縮しなくてはならないだろう Some day, the factory will have to reduce *operation*. **操業時間** operating hours ★ 複数形で. **操業短縮** reduction of ⌈operation [work hours] Ⓤ.

ぞうきょう 増強 ―動 (補強・強化する) reinforce ㊀; (強める) strengthen ㊀; (数・量を増やす) increase ㊀. 《☞ きょうか¹》. ¶ 海上輸送力を*増強しなくてはならない We must *increase* our carrying power by sea. // 国境地帯の軍隊が大幅に*増強された The army at the frontier was greatly ⌈*reinforced* [*strengthened*].

そうきょく 箏曲 (琴の音楽) koto music Ⓤ; (琴の曲) koto piece Ⓒ. 《☞ きょく¹》.

そうきょくせん 双曲線 〘数学〙 hyperbola Ⓒ 《複 ~s, -bolae [-lìː]》.

そうきん 送金 ―名 remittance Ⓤ ★「送金額」では Ⓒ. ―動 (一般の送金) send money (to ...); (実業・金融関係で支払いのために) remit ㊀, make (a) remittance (to ...). 《☞ おくる¹》. ¶ 私は書籍代として1万円*送金した I ⌈*remitted* [*made* (*a*) *remittance* of] 10,000 yen in payment for the books. **送金小切手[手形]** remittance ⌈check [draft] Ⓒ.

ぞうきん 雑巾 duster Ⓒ, dustcloth Ⓒ; (床ぞうきん) floorcloth Ⓒ; (モップ) mop Ⓒ. 《☞ 台所・家事 (囲み)》. ¶ 床に*ぞうきんをかける *mop* [*scrub*] the floor / (⇒ 床をぬれた布でふく) wipe the floor with a *damp cloth* **ぞうきんがけ** swabbing Ⓤ, scrubbing Ⓤ.

そうぐう 遭遇 ―動 (事故・敵などに思いがけなく会う) meet with ..., encounter ㊀ 〔語法〕 前者のほうが口語的. ただし, meet with ... は「人」を目的語にとると, 約束して公式に会見する意味に使われることが多い. ―名 (偶然の出会い) chance meeting Ⓒ, encounter Ⓒ ★ 後者はやや形式ばった語. 《☞ あう¹; であう》.
¶ 彼らはそこで不慮の事故に*遭遇した They *met with* an accident there. // わが隊は次の朝, 敵軍と*遭遇した The next morning our squad ⌈*met with* [*encountered*] the enemy troops. // 困難に*遭遇しても (⇒ 対面しても) ひるんではいけない Don't lose heart even if you *are confronted with* difficulties.

そうくずれ 総崩れ ―名 (敗走) rout [ráut] Ⓒ; (挫折・崩壊) collapse Ⓤ. ―動 collapse ㊂; (つぶす) crash ㊀. 《☞ かいめつ》.

そうくつ 巣窟 (野獣の) den Ⓒ ★ 比喩的に, 犯人などの巣窟の意にも使う; (犯人などの巣) haunt Ⓒ; (犯人の隠れ場所) hideout Ⓒ. ¶ 警察はその地区の暴力団の*巣窟を一掃した The police cleaned out all the ⌈*dens* [*haunts*; *hideouts*] of the gangsters in the district.

ぞうげ 象牙 ivory Ⓤ ★ 形容詞的に,「象牙製の・象牙色の」の意味でも使う. **象牙色** ivory Ⓤ, ivory white Ⓤ. 《☞ 色 (囲み)》 **象牙細工** ivory work Ⓤ **象牙の塔** ivory tower Ⓒ.

そうけい¹ 総計 ―名 (合計数・合計額) total Ⓒ; (最終的な合計) the ⌈sum [grand] total; (総額・総量) the total ⌈amount [sum]. ―動 total ㊀, sum [add] up ㊀. 《☞ ごうけい; そうがく》.
¶ *総計はいくらになりましたか What is *the sum total*? / What has the *total* come to? // 経費を*総計して下さい Please ⌈*sum* [*count*; *add*] *up* the expenses. // 募金額は*総計1千万円に達した The money raised ⌈*amounted to* [*totalled*] 10,000,000 yen. / The money collected was 10,000,000 yen ⌈*in all* [*in total*; *altogether*].

そうけい² 早計 ―形 (せっかちで軽率な) rash; (急ぐ) hasty. ―名 rashness Ⓤ; hastiness Ⓤ. ¶ その決定は*早計にすぎた It was ⌈a *rash* [*too hasty* a] decision.

そうげい 送迎 ―動 (出迎えと見送り) welcome [meet] and ⌈send [see] off ... ¶ このごろ外国からのお客の*送迎に忙しい Nowadays I'm busy ⌈*meeting* [*welcoming*] *and* ⌈*seeing* [*sending*] *off* foreign guests. // 空港の*送迎デッキ the visitors' platform at the airport

ぞうけい¹ 造詣 (知識) knowledge Ⓤ 《☞ ちしき》. ¶ スミスさんは日本の美術に*造詣が深い Mr. Smith *has a* ⌈*profound* [*deep*] *knowledge* of Japanese arts.

ぞうけい² 造形, 造型 molding (《英》 moulding) Ⓤ. **造形美術** the formative arts ★ 複数形で.

そうけだつ 寒気立つ, 総毛立つ (身震いする) shudder (at ...) ㊂; (身の毛がよだつ) *one's*

hair stands on end. 《☞ ぞっと；みのけがよだつ》. ¶ *そうけ立つような話 a ˹thrilling [hair-raising] story // その光景を見て*そうけ立ってしまった I shuddered ˹to see [at] the sight.

ぞうけつ 増結 ―動 (車両を) add ˹《米》 cars [《英》 carriages] (to a train)；(連結する) couple on ㊀. 《☞ れんけつ》. ¶ 博多で2両*増結された Two ˹cars [carriages] *were coupled on* at Hakata.

そうけん¹ 双肩 *a person's* shoulders. ¶ 日本の将来にあなた方の*双肩にかかっている The future of Japan ˹rests [falls] on your *shoulders*.

そうけん² 壮健 ―形 (健康な) healthy；(老人などが達者な) hale and hearty. 《☞ けんこう》. ¶ 祖母はいたって*壮健です My grandmother is ˹*in the best of health* [*hale and hearty*]. // ご*壮健で結構です I'm glad to find you *in good health*.

そうけん³ 送検 ―動 (検察庁へ引き渡す) turn (a suspect) over to the public prosecutor's office；(書類送検する) send (the papers pertaining to a case) to the public prosecutor's office.

そうげん 草原 (大草原) grasslands ★複数形で；(草の生えた平野) (grassy) plain Ⓒ.

ぞうげん 増減 ―名 (変動) fluctuation Ⓤ；(増加と減少) increase ˹and [or] decrease. ―動 (変動する) fluctuate ㊁；(質的変化を伴わない程度に変わる) vary ㊁；increase and decrease ㊁. 《☞ へんか；かわる¹》. ¶ 利益には多少の*増減があるかもしれない Profits may ˹*vary* [*fluctuate*] somewhat.

そうこ 倉庫 warehouse Ⓒ, storehouse Ⓒ
［語法］商品の貯蔵庫という意味では同意だが，商業上の倉庫では前者が普通.
¶ その商品は*倉庫に入れなくてはいけない We must ˹*warehouse* [*store*] the goods. ★この warehouse [wɛ́əhàuz], store は「倉庫に入れる」の意の他動詞.
倉庫会社 warehouse company Ⓒ **倉庫業** warehousing Ⓤ **倉庫業者** warehouseman 《複 -men》.

そうご 相互 ―形 (互いの) mutual；(互いにやったりとったりの相関関係にある) reciprocal. ―副 mutually；reciprocally. ―代 each other, one another ［語法］一般に2者の間では each other, 3者以上の間では one another が使われると言われるが，この区別は無視されることもしばしばある. 《☞ たがい》.
¶ 両国は*相互の助力を約束した The two countries promised to help *each other*. // 両国の貿易は*相互に行われるべきで，一方通行ではいけない There should be *two-way*, not one-way, trade between the two countries. // 会員*相互の親睦のためにこの会を開いた This meeting is being held in order to promote friendship *among* the members. // 我々は*相互援助条約を締結した We have concluded a *mutual* assistance ˹treaty [pact].
相互安全保障条約 mutual security ˹treaty [pact] Ⓒ **相互依存** interdependence Ⓤ **相互関係** (互いの関係) mutual [reciprocal] relation Ⓤ **相互銀行** mutual financing bank Ⓒ **相互作用** interaction Ⓤ.

ぞうご 造語 (言葉を造ること) coinage Ⓤ；(造られた語) coined word Ⓒ.

そうこう¹ 走行 ―動 (人・物・車などが進む) travel ㊁；(ある距離を行く) cover ㊀；(車・機械などが動く) run ㊁. 《☞ はしる》. ¶ バスの*走行中は席から離れないで下さい Please do not leave your seats while the bus *is moving*. // この車の*走行距離は1万キロちょっとだ The *mileage* on this car is a little more than 10,000 kilometers.

そうこう² 草稿 (粗削りの原稿) (rough) draft Ⓒ；(手書き・タイプなどの原稿) manuscript Ⓒ. 《☞ ぶんあん；したがき；げんこう²》. ¶ *草稿を書く make a *draft*

そうこう³ ¶ *そうこうするうちに (⇒あれこれやっているうちに) 夜が明けてしまった It had already dawned *while we were busy with one thing and another*.
【参考語】―副 (その間) meanwhile, in the meantime.

そうごう¹ 総合 ―動 (1つにまとめる) put ... together；(あらましをまとめる) summarize ㊀. ―名 (統合) synthesis [sínθəsis] Ⓒ 《複 syntheses [-sìːz]》. ―形 (全般的な・一般的な) general；(統合的な) synthetic；(包括的な) overall；(広く包括的でわかりやすい) comprehensive.
¶ 彼らの話を*総合してみると，事件のだいたいの見当がつく *Putting* [*Piecing*] their accounts *together*, I can get a rather clear picture of the incident. // この考えは*総合的にみるとなかなかよい This idea is pretty good ˹*as a* [*on the*] *whole*.
総合大学 university Ⓒ 《☞ だいがく；学校・教育 (囲み)》 **総合病院** general hospital Ⓒ 《☞ 病気・病院 (囲み)》.

そうごう² 相好 ¶ 父は*相好をくずして喜んだ (⇒喜色満面だった) My father *was all smiles* with joy.

そうこうかい 壮行会 send-off [farewell] party Ⓒ.

そうこうげき 総攻撃 all-out attack Ⓒ.

そうこうしゃ 装甲車 armored [《英》 armoured] car Ⓒ.

そうこく 相克 (内輪もめ・仲たがい) discord Ⓤ；(争い) conflict Ⓒ. 《☞ あらそい》.

そうこん 早婚 ―名 early marriage Ⓤ ★具体例は Ⓒ. ―動 marry young ㊁.

そうごん 荘厳 ―形 (厳かな) solemn [sɑ́ləm]；(壮大な・立派で厳かな) magnificent. 《☞ おごそか；げんしゅく》. ¶ *荘厳な音楽 *solemn* music

そうさ¹ 捜査 ―名 (犯罪などの) investigation Ⓤ；(大規模な犯人捜査) manhunt Ⓒ. ―動 investigate ㊀㊁, make an investigation (into ...; of ...). 《☞ ちょうさ》.
¶ 警察は事件を*捜査中である The police *are investigating* the case. // 逃亡犯人の*捜査が大規模に行われた There was a *manhunt*

そ

for the fugitive criminal.
捜査係 investigator Ⓒ　**捜査本部** the investigation headquarters ★ 複数または単数扱い. **捜査網** police dragnet Ⓒ　**捜査令状** search warrant Ⓒ.

そうさ² 操作 —[動] (機械などを) operate (他), handle (他) ★ ほぼ同意だが, 後者は一般的で意味の広い語; (操縦する) work (他); (巧みに操る) manipulate (他).　—[名] operation Ⓤ, handling Ⓤ. 《☞ そうじゅう》.

そうさい¹ 総裁 (一般に) president Ⓒ; (特に銀行やある種の公的団体などの) governor Ⓒ.　¶国鉄*総裁 the *President* of the Japanese National Railways // 日銀*総裁 the *Governor* of the Bank of Japan

そうさい² 相殺 —[動] offset [cancel] each other 《☞ ちょうけし》.　¶これら2つの要素は互いに*相殺する These two factors ˹*offset* [*cancel*] *each other*.

そうざい 総菜, 惣菜 (日常的な料理) daily [common] dish Ⓒ; (添え料理) side dish Ⓒ
[参考] 英米では日本の習慣と違って, 主食に対する「おかず」という考え方がないために, 正確にこれに当たる英訳表現はなく, 説明的な表現しかできない. side dish も「おかず」とは概念が異なり, 単に主要な料理ではないものという意味にすぎない. 《☞ 食事 (囲み); おかず》.

そうさく¹ 創作 **1** «作品, 特に文芸作品, およびそれを作ること» —[名] (小説) novel Ⓒ; (小説を書くこと) story writing Ⓤ.　—[動] (小説を書く) write a ˹story [novel]. 《☞ しょうせつ¹; さくぶん》.　¶彼女はいま*創作中です She is engaged in *story writing*.
2 «最初に作り出す» —[名] creation Ⓤ.　—[動] create (他); (新しく考案する) originate (他). 《☞ つくる》.

そうさく² 捜索 —[動] (探し求める) search (for ...) (自), make a search (for ...) [語法] 前者は (他) で search the house のように用いると家の中を捜索してある物を探すという意味になることに注意; (一般的に「探す」という意味で) look for ...; (あちこち探し回る) hunt (for ...) (自). 《☞ さがす》.
¶遭難者の*捜索に救助隊が出発した The rescue party started to *make a search for* those in distress. // *捜索中の犯人はついに捕えられた The culprit *wanted by the police* was finally caught.
捜索隊 search(ing) party Ⓒ　**捜索願** application to the police in search of a missing person Ⓒ.

ぞうさく 造作 (建具・家具類) fittings ★ 複数形で; (家具) furniture Ⓤ; (顔立ち) features ★ 複数形で.

ぞうさつ 増刷 —[名] (再刷) reprinting Ⓤ.　—[動] reprint (他).

ぞうさない 造作ない ¶*造作ないことです (⇒困難でない) It's *no trouble* at all. / There's *no difficulty* in doing it. 《☞ かんたん¹》

そうざん 早産 premature birth Ⓒ.

ぞうさん 増産 —[名] increase in production Ⓤ, production increase Ⓤ.　—[動] increase production.

そうじ¹ 掃除 —[動] (一般的に) clean (他) ★ この語は以下のいずれの意味をも含む; (掃き出す) sweep (他); (ふき掃除する) wipe (他); (ごしごしこすって) scrub (他); (ほこりを払う) dust (他); (モップでふく) mop (他).　—[名] (一般的に) cleaning Ⓤ. 《☞ 台所・家事 (囲み)》.
¶私は毎朝自分の部屋の*掃除をします I *clean* my room every morning. // 私は*掃除のよく行き届いた部屋に案内された I was led into a very ˹*tidy* [*clean*] room. // 年末には家中の大*掃除をします We usually give a thorough *cleaning* to the house toward the end of ˹the [each] year. // きょうは君たちが教室の*掃除当番です It's your turn to *clean* our classroom today.
掃除機 (vacuum) cleaner Ⓒ　**掃除道具** dusting ˹tool [implement] Ⓒ 《☞ 台所・家事 (囲み)》.

そうじ² 相似 〖数学〗 —[名] (相似であること) similitude Ⓤ; (相似形のもの) similar figure Ⓒ.　—[形] similar.

ぞうし 増資 —[名] increase of capital Ⓤ, capital increase Ⓤ.　—[動] increase the capital.

そうしき 葬式 funeral Ⓒ, funeral ˹ceremony [service] Ⓒ ★ service は宗教的な行事という意味を含む. 《☞ そうぎ¹》.

そうじしょく 総辞職 —[名] general resignation Ⓤ, resignation ˹in a body [en masse] Ⓤ ★ en masse の発音は [ɑːŋmǽs].　—[動] resign ˹in a body [en masse] (自). 《☞ じしょく; 政治・経済 (囲み)》.　¶内閣の*総辞職は間もないことだろう The cabinet will *resign en masse* pretty soon.

そうしつ 喪失 —[名] loss Ⓤ.　—[動] (失う) lose (他) 《過去・過分 lost》; (奪われてなくなる) be deprived of ... 《☞ うしなう》.　¶少年は記憶*喪失のようだ The boy seems to *have lost* his memory.

そうして **1** «時を示して»: (and) then 《☞ それから》.　¶母は3時に帰ってきました. *そうしてまたすぐ買い物に行きました My mother came home at three *and then* went shopping soon after.
2 «状態を示して»: (そのように) like that; (いまのままで) as you are. 《☞ まま》.　¶*そうして待っていて下さい Stay *as you are*.

そうしゃ 走者 (一般に) runner Ⓒ; (野球の) (base) runner Ⓒ. 《☞ スポーツ (囲み); 野球の英語 (囲み)》.　¶リレーチームの第1 [最終] *走者 the first *runner* [the *anchor* (*man*)] of the relay team // バッターは1塁に*走者を置いてホームランを打った The batter slammed a homer with a *runner* on first base.

そうじゅう 操縦 —[動] (飛行機を) fly (他); (船を) steer (他); (機械などを) work (他), operate (他) ★ 前者のほうが口語的; (人・機械などを) manage (他); (巧みに) maneuver (《英》 manoeuvre) (他).　—[名] operation Ⓤ; management Ⓤ; maneuvering (《英》 manoeuvring) Ⓤ. 《☞ うんてん; そうさ²》.
¶この飛行機は*操縦しやすい This plane is easy to *fly*. // 彼は部下をよく*操縦している He

has good *control over* his staff. / He *manages* his staff well. // 彼女は夫を*操縦して自分の好きなようにさせる <S(人)+V(*maneuver*)+O(人)+*into*+名・動名> She *maneuvers* her husband *into* doing whatever she wants.

操縦桿(かん) control lever [C] **操縦士** pilot [C] **操縦席** (ジェット機などの) cockpit [C] 《☞ ひこうき (挿絵)》.

ぞうしゅう 増収 (増加した利益) increased profit [C]; (収入の増加) increase of ⌈income [revenue] [U] ★ revenue は税金による国家の収入; (収穫の) increase of crops [U].

¶ 会社は昨年の同月に比べて約2パーセントの*増収だった The balance sheet of the company showed an *increased profit* of about two percent over the same month last year.

そうじゅく 早熟 — [形] precocious, forward. 《☞ ませる》.

そうしゅん 早春 early spring [U].

そうしょ[1] 叢書 (一連の本) series [C] ★ 単複同形; (本の名などに冠して) library [C]. ¶ コスモス*叢書 the Cosmos *Library* // それらの本は*叢書として出版される These books will be published in a *series*.

そうしょ[2] 草書 the ⌈cursive [running] style. ¶ *草書体で書く write in a ⌈*cursive* [*running*] *hand*

ぞうしょ 蔵書 ...'s library [C]; (集めた本) collection of books [C]. ¶ 青木教授は*蔵書家だ Professor Aoki ⌈has [owns] a ⌈*large library* [*great many books*]. // この図書館の*蔵書は300万冊です This library *houses* three million *books*. **蔵書目録** library ⌈catalog [catalogue] [C].

そうしょう 総称 general term [C].

総称用法〘文法〙generic use [U] 《☞ 欄外》.

そうじょう 僧正 bishop [C].

ぞうしょう 蔵相 the Minister of Finance, the Finance Minister ★ 前者のほうが正式名. 《☞ 政治・経済 (囲み); おおくらだいじん》.

そうしょく[1] 装飾 — [名] (きらびやかな飾り) ornament [U]; (必要に応じての飾り) decoration [U]; (総称として) ornamentation [U]. — [動] (飾り立てる) ornament (他); (きれいに見せるために) decorate (他). 《☞ かざる》.

¶ この時代の絵画は多分に*装飾的だ The pictures in this period are highly ⌈*ornamental* [*decorative*]. // この部屋には*装飾はいらない I don't want any *decoration* for this room. // 室内*装飾家 an interior *decorator*

装飾品 ornament [C].

そうしょく[2] 僧職 priesthood [U].

そうしょく[3] 草食 — [形] grass-eating, herbivorous ★ 後者は動物学用語.

そうしれいかん 総司令官 supreme commander [C], commander-in-chief [C].

そうしれいぶ 総司令部 the general headquarters 《略 GHQ》 ★ 複数形で.

そうしん 送信 — [名] transmission of a ⌈message [picture] [U]. — [動] transmit [dispatch] a ⌈message [picture]. ¶ ニュースは直ちに東京へ*送信された The news *was* ⌈*transmitted* [*dispatched*] to Tokyo at once. **送信機** transmitter [C].

ぞうしん 増進 — [動] (増加する) increase (他); (改善する) improve (他); (促進する) promote (他). 《☞ そくしん; じょちょう》. ¶ 規則正しい生活は健康*増進を助ける Leading a regular life helps to ⌈*improve* [*build up*] one's health.

そうしんぐ 装身具 (特に婦人用の) accessory [C]; (宝石類の) jewelry (《英》jewellery) [U]; (紳士用の) 《米》 haberdashery [U].

ぞうすい 増水 — [名] the rise of water. — [動] (川などが) rise (自), swell (自) (他). ¶ 雪どけで川は*増水を続けている With the ⌈snow melting [melted snow], the river keeps *rising*. / The melted snow *has* ⌈*swelled* [*swollen*] the river.

そうすいかん 送水管 (水道管) water pipe [C]; (本管) water [service] main [C].

そうすう 総数 total [C] 《☞ そうけい[1]》.

そうする 奏する (演奏する) play (他) 《☞ えんそう; 音楽 (囲み)》.

そうすると (それでは・じゃあ) then; (もしそう

総称用法 (generic use) この用法には, (1) 人称代名詞の we, you および不定代名詞の one が, 人称・数の区別をこえて, 不特定の一般の人々を指す場合と, (2) 名詞が同種類のもの全体を指す場合とがある.

(1) 代名詞の場合.

「車を運転するときは慎重でなければならない」という日本語の英訳としては *We* [*You*; *One*] must be careful when driving a car. のように1人称, 2人称の複数代名詞や one を用いて言い表すことができる. もちろんこのほかにも訳し方はあるが, 一般に「私たちは」とか「人は」というように, 不特定の人々一般を指していう場合にしばしば we や you が用いられる. これらの用法を総称用法というのである. ところで, 以上3つの代名詞は, いずれもまったく同じに用いられるのではなく, それぞれに多少意味合いの違いがある.

we は自分を含めた言い方で多少謙遜した感じ, you は聞き手に訴える言い方なので親しみはあるが, 多少尊大な感じに聞こえる場合もある. one は極めて改まった客観的な感じを与える.

(2) 名詞の場合.

(i) [U] の付いた不可算名詞は無冠詞でそのまま用いればよい.

¶ 鉄 (⇒ 鉄というもの) は金属である *Iron* is a metal. // 我々は紙 (⇒ 紙というもの) にものを書く We write on *paper*.

(ii) [C] の付いた可算名詞の場合は, 例えば「ふくろう (⇒ ふくろうというもの) は昼間はよく見えない」という日本語に対して *Owls* [*An owl*; *The owl*; *The owls*] cannot see well in the daytime. の4通りの英訳が可能である.

しかし, この場合もそれぞれに意味合いの違いがあって, 無冠詞の複数形と不定冠詞つきの単数形はいずれも口語体であるが, 前者のほうが普通. 定冠詞つきの単数形と複数形の場合はいずれも文語体であって形式ばった言い方であるが, 後者のほうはいろいろの種類のふくろうをひっくるめて表す場合に使われる.

従って可算名詞の場合は, 無冠詞複数形を用いた言い方が会話や普通の文章では最も適当な訳し方ということになる. 《☞ 冠詞 (欄外); 複数形 (欄外); 可算・不可算名詞 (欄外)》

ならば) if so. 《☞すると；それでは》. ¶ *そうするといったいだれのしわざだろうか Who did it, *then?* ★ いろいろ考えてもだれのしわざかはっきりしない場合など. ∥ *そうすると彼は事故に巻き込まれたかもしれない *If so,* he may have been involved in the accident.

そうぜい 総勢 —名 (全スタッフ) the whole ⌈party [company] ★ party, company はグループの意味；(全員) all members. —副 (全員で) in all. ¶ *総勢 15 名で行きます *Fifteen of us* will go there. ∥ 彼らは*総勢わずか 20 名だった They were only 20 *in all.* ∥ *総勢 500 人が出発した *The whole* ⌈*party* [*company*] of 500 ⌈started [set] out.

ぞうせい 造成 —動 (住宅地を) turn (the land) into housing lots; (住宅地を開発する) develop a residential area; (埋め立てる) reclaim 他. 《☞うめたて》.

¶ ここで宅地の*造成が始まっている They are starting to ⌈*turn the land into housing lots* [*develop a residential area*] here. ∥ 海を埋め立てて工業地帯が*造成された An industrial zone *has been reclaimed* from the sea.

ぞうぜい 増税 —名 increased taxes ★複数形で. —動 increase taxes.

そうせいき 創世記 (旧約聖書の) Genesis.

そうせいじ 双生児 (2 人まとめて) twins; (その 1 人) twin C. 《☞ふたご》.

そうせきうん 層積雲 〘気象〙 stratocumulus C《複 stratocumuli》《☞くも[1] (挿絵)》.

そうせつ 創設 —動 found 他, establish 他. 《☞そうりつ》.

ぞうせつ 増設 —動 (拡張する) extend 他; (大きくする) enlarge 他. 《☞しんせつ[2]》. ¶ 政府は数校の大学*増設を考えている The government is planning to *make* several *new* universities. ∥ 書庫を*増設する必要がある The stack room ⌈needs *extension* [should *be extended*; should *be enlarged*].

そうぜん 騒然 —形 (騒がしい) noisy; (混乱した) confused. —名 (騒がしい状態) uproar C; (騒動) commotion C; (混乱状態) confusion U. 《☞さわがしい (類義語)；こんらん》.

¶ 彼の発言で議場は*騒然となった (⇒彼の発言は議場を混乱に陥れた) His remarks ⌈threw the assembly room into an *uproar* [made a *commotion* in the assembly room]. ∥ 教室は*騒然としていた (⇒混乱状態だった) The classroom *was in confusion.*

ぞうせん 造船 —名 shipbuilding U. —動 build a ship. **造船会社** shipbuilding company C **造船技師** marine engineer C **造船業** shipbuilding industry U **造船所** shipyard C.

そうせんきょ 総選挙 general election C 《☞せんきょ[1]; 政治・経済 (囲み)》. ¶ 次の*総選挙は 2 年後だ The next *general election* will take place two years from now.

そうそう[1] 早早 **1** «急いで»: (すばやく) quickly; (ただちに) immediately; (できるだけ早く) as soon as possible. ¶ 彼らは*早々に立ち去った They left ⌈*quickly* [*immediately*].

2 «…するとすぐ»: (早く) early; (…したちょうどその時) just as …; (…するとすぐ) soon after … 《☞すぐ》. ¶ 来月*早々集会があります There is a meeting *early* next month. ∥ 来た*早々もう帰る気かい Are you leaving ⌈*right after* [*just as*] you have arrived?

そうそう[2] (そう度々) so often; (そう長く) so long. 《☞そんな》. ¶ *そうそう授業をさぼってはいられない I can't miss classes *so* ⌈*often* [*many times*].

そうそう[3] 草草 Yours truly 《☞けいぐ；手紙の書き方 (囲み)》.

そうぞう[1] 想像 —動 (想像する) imagine 他; (かなり勝手に考える) fancy 他; (当て推量で考える) guess 他 自; (仮定して考える) suppose 他 語法 以上はいずれも口語において, 日本語の「思う・考える」に当たる言葉として用いられることが多い. いずれも日本語の「想像する」に当たる場合がしばしばあるが,「心にある考えを描いて思い浮かべる」意味では imagine が最も典型的である. —名 imagination U; (空想) fancy U; supposition U; guess C. 《☞おもう (類義語); くうそう; 推量の表現 (囲み)》.

¶ 私の*想像は当たった My *guess* was right. / I *guessed* (it) right. ∥ 彼が強盗犯人だとは*想像もできなかった It was ⌈impossible even to *imagine* [hardly *imaginable*] that he was the burglar. ∥ 彼が何をしようとしているのかまったく*想像がつかない I don't *have the slightest idea* what he is after. ∥ 空中をふわふわと飛ぶことを*想像したことがありますか *Have* you ever *fancied* yourself flying in the air? ∥ 私の*想像では彼らは近々結婚するだろう I ⌈*suppose* [*guess*] that they will ⌈marry [get married] pretty soon. ∥ 彼は*想像力を働かせてこの作品を書いた He wrote this work giving full play to his *imagination.*

そうぞう[2] 創造 —名 creation U. —動 (創造する) create 他; (作る) make 他 ★広い意味を持つ一般的な語. —形 creative. 《☞つくる (類義語)》.

そうそうこうしんきょく 葬送行進曲 funeral march C.

そうぞうしい 騒騒しい (一般的に) noisy; (陽気で騒々しい) boisterous. 《☞さわがしい (類義語); やかましい》.

そうそうたる 錚錚たる —形 (傑出した) prominent; (顕著な) outstanding; (指導的立場にある・一流の) leading.

そうぞく 相続 —名 (後を継ぐこと) inheritance U; (相続の権利) heirship [ɛ́ɚʃìp] U, heirdom U. —動 inherit 他.

¶ 彼は*相続によって農場を得た He obtained his farm *by inheritance.* ∥ 少女はおばの財産を*相続した The girl *inherited* the property of her aunt.

相続税 inheritance tax U **相続人** inheritor C; (男性の) heir [ɛ́ɚ] C; (女性の) heiress [ɛ́(ə)ris] C. 《☞あととり (類義語)》.

¶ 法定*相続人 an *heir* apparent

そうそふ 曾祖父 great-grandfather Ⓒ《☞ 親族関係 (囲み)》.

そうそぼ 曾祖母 great-grandmother Ⓒ《☞ 親族関係 (囲み)》.

そうそん 曾孫 great-grandchild Ⓒ《複 -children》《☞ 親族関係 (囲み)》.

-そうだ **1** «伝聞»: (口語的に, …だそうだ) I hear (that) … [語 法] 普通は文頭に置くが, 挿入句的に文中・文尾に置かれることもあり, 最も軽い感じで用いられる; (伝えられたという事実をややはっきりさせて) I am told (that) …; (世間のうわさで) They [People] say (that) …, It is said that … ★ 後者のほうが改まった言い方. 《☞ -らしい; 推量の表現 (囲み)》.
¶ 彼は病気だ*そうだ He *is said* to be ill. / *I hear* [*They say*; *I am told*] he is ill. // これは信じがたいが本当だ*そうだ This is hard to believe, but *is said* to be true. // その日は彼女は都合が悪い*そうです (⇒ …と彼女は言っている) *She says* she'll not be free (on) that day.
2 «様態»: (…しそうである) be likely to *do*, It is likely that …; (外見から見て…らしい) look (自); (…に思われる) seem (自).
¶ 午後から雨が降り*そうだ It's ˹*likely* [*going*] *to* rain toward afternoon. ★ going とするといまにも降りそうなニュアンスが強い. / (⇒ 雨が降るのではないかと思う) *I'm afraid* it will rain in the afternoon. // 具合が悪*そうですね. どうなさったのですか You're not *looking* well today. What's the matter with you? // 彼女はとても楽し*そうだ She *looks* very happy. // 外は寒*そうだ It *seems* cold outside.

そうたい[1] 早退 ―[動] (早めに切り上げる) leave ˹work [office; school] early; (いつもより早く帰る) leave ˹work [office; school] earlier than usual. ¶ 彼は会社[学校]を*早退した He *left* ˹*office* [*school*] ˹*early* [*earlier than usual*].

そうたい[2] 相対 ―[名] (相対性) relativity Ⓤ. ―[形] (相対的) relative. **相対性理論[原理]** the ˹theory [principle] of relativity.

そうたい[3] 総体 ―[副] (全体として) on the whole, as a whole; (一般的に言って) in general, generally (speaking). 《☞ ぜんたい》. ¶ *総体的にいまの子供たちは早熟だ *Generally speaking* [*On the whole*], today's children are rather forward.

そうだい[1] 総代 (代表) representative Ⓒ; (卒業生総代)《米》valedictorian Ⓒ [参 考] 通例成績が最上位で, 卒業生を代表してお別れのあいさつを述べる者をいう. 従って日本の学校で, 単に代表として卒業証書を受け取る者とは少し違う. 在校生の送辞に対して答辞を読む者ならば valedictorian と訳してもよい.
¶ 彼は卒業生*総代に選ばれ, 卒業式で卒業証書を受け取った He was chosen as the *representative* of the graduating students and received all the diplomas on their behalf at the commencement.

そうだい[2] 壮大 ―[形] (スケールが大きく立派な) magnificent, grand; (威厳のある) majestic. ―[名] magnificence Ⓤ, grandeur Ⓤ. 《☞ ゆうだい》.

ぞうだい 増大 ―[動] (大きくなる) grow (自); (増加する) increase (自). ―[名] increase Ⓤ. 《☞ ふえる; ます[1]》. ¶ よりよい住宅への需要が*増大した The demand for better houses *increased*.

そうだち 総立ち ―[動] (いっせいに立ち上がる) stand up all at once. ¶ 観衆は*総立ちになった The audience *stood up all at once*.

そうだつ 争奪 ―[動] struggle for …; (競争する) compete (for …) (自). 《☞ きょうそう[1]》.

そうたん 操短 ―[名] reduction of operation Ⓤ. ―[動] (操業を切り詰める) reduce [curtail; cut down] operation; (従業員を一時的に解雇する) lay off (他) (自). 《☞ そうぎょう[2]》.

そうだん 相談 ―[動] (話し合う) talk (with …) (自); (専門家などに意見を聞く) consult (他) (自); (会議を開いて協議する) confer (with …) (自); (助言を求める) seek *a person's* advice. ―[名] (話し合い) talks ★ 通例複数形で; (専門家などに意見を求めること) consultation Ⓤ; (会議による協議) conference Ⓒ. 《☞ きょうぎ[1]; かいだん[2] (類義語)》.
¶ 私たちはその件を*相談した We ˹*consulted* (with each other) about [*talked over*] the matter.
勉強のことは先生に*相談しなさい *Ask* your teacher *for* his *advice* on your studies.
この件について弁護士に*相談するつもりです I will *consult* my lawyer on this matter.
ちょっと*相談にのっていただきたいことがあります I'm sorry to trouble you, but I've got something that needs your ˹*advice* [*help*].
*相談相手がだれもいない I have no one to ˹*consult with* [*go to for advice*].
あすそこへ行くのはとてもできない*相談だ (⇒ 不可能である) *It's impossible* for me to go there tomorrow.
お互いに助け合おうと*相談がまとまった We *have agreed* to help each other.
彼は両親にまったく*相談なく学校をやめた (⇒ 知らせずに) He gave up school without the *knowledge* of his parents.

そうち 装置 (仕掛け) device Ⓒ; (一式の器械装置) apparatus Ⓒ《複 ~, ~es》; (組み合わせ式の装置) system Ⓒ; (ある場所に固定して取り付けた設備) installation Ⓒ; (舞台装置) setting Ⓒ. 《☞ しくみ; せつび》. ¶ 安全*装置 a safety *device* // 最近暖房[冷房]*装置をつけた We installed the ˹heating [cooling] ˹*apparatus* [*system*] recently.

ぞうちく 増築 ―[動] (建物を拡張する) extend [enlarge] a building; (校舎などの大きな建物に付加的な建物を建てる) build an annex (to …). ―[名] extension Ⓤ ★「増築の部分」の意味では Ⓒ; enlargement Ⓤ. 《☞ たてまし》. ¶ 彼は最近家を*増築した He *has* ˹*extended* [*enlarged*] his house recently.

そうちょう[1] 早朝 early morning Ⓒ《☞ あさ[1]》.

そうちょう[2] 総長 (大学の) president Ⓒ,

chancellor Ⓒ 【参考】 前者のほうが普通. 英米では大学によっては後者を使う所もある. その場合《英》では名誉職だが,《米》では実務をつかさどり, 名誉職ではない ; (国連の事務総長) Secretary-General (of the United Nations). 《☞ 学校・教育 (囲み)》.

そうちょう[3] 荘重 — 形 (厳かな) solemn. — 名 solemnity Ⓤ. — 副 solemnly. 《☞ おごそか ; げんしゅく》.

ぞうちょう 増長 — 動 (生意気になる) grow [become] impudent ; (高慢になる)《口語》get stuck-up ; (ずうずうしくなる) become cheeky ; (思い上がる) be puffed up (with …). 《☞ なまいき ; ずうずうしい》.

¶ 彼らはこのごろ*増長している They *have grown impudent* these days. // 母親が甘やかすので子供たちは*増長しているようだ Children seem to *have become* ˹*stuck-up* [*cheeky*], as their mothers have spoiled them.

そうで 総出 ¶ 町中*総出で優勝チームを迎えた *All the town* [*The whole town*] went out to welcome the victorious team. // 警察は*総出で交通整理にあたった The police put *all* their force into traffic control. 《☞ ぜんいん》

そうてい[1] 想定 — 名 (仮定) supposition Ⓒ ; (推定) assumption Ⓒ 【語法】 以上2つは入れ替え可能なこともあるが, 前者は可能性の問題としての仮定, 後者はあることを事実と考えたり見なしたりする前提としての仮定. 後者のほうが想定という日本語に近い ; (理論上の仮定) hypothesis Ⓒ《複 hypotheses》. — 動 suppose (他) ; assume (他).

¶ 彼の説が正しいという*想定の下に私たちは実験を進めた We carried out our experiment on the ˹*assumption* [*supposition* ; *hypothesis*] that his theory was right. // まず, ここに述べられていることが正しいと*想定してみよう Let's ˹*suppose* [*assume*] that this statement is right.

そうてい[2] 装丁 — 名 (本の表装) binding Ⓒ ; (表紙の意匠) design Ⓒ. — 動 (本をとじて表紙を付ける) bind (他) ; (デザインする) design (他). 《☞ せいほん》. ¶ この本は*装丁が立派だ This book *is* beautifully *bound*.

ぞうてい 贈呈 — 動 presént (他), make a présent of … 【語法】 present は give より形式ばった語で, 価値のあるものを正式に与えることを意味する. — 名 presentation Ⓤ. 《☞ おくる[2] ; きぞう》.

¶ あなたに本を1冊*贈呈したい <S(人)+V(*present*)+O(物)+*to*+名・代(人)> I would like to *present* a book *to* you. / <S(人)+V(*present*)+O(人)+*with*+名・代(物)> I would like to *present* you *with* a book. // *贈呈《著書に署名して》With the compliments of the author. 《☞ けんぽん》

贈呈式 ceremony of the presentation (of …) Ⓒ.

そうてん[1] 争点 (問題[論争]になっている点) the point ˹at issue [in dispute] ; (法律・政治あるいは国際問題などの論争点) issue Ⓒ ; (一般に問題点) question Ⓒ. 《☞ ろんてん》.

¶ *争点がよくわからない I don't see where the ˹*issue* [*question*] is.

そうてん[2] 装塡 — 動 (弾薬やフィルムを込める) load (他). ¶ 彼は銃に弾丸を*装塡した He *loaded* his gun *with* bullets.

そうでん 送電 — 名 (電力を送ること) power [electric] transmission Ⓤ ; (供給) power supply Ⓤ. — 動 transmit [supply] ˹electricity [power] (to …). ¶ 昨夜急に*送電が止まってしまった Last night, the *power supply* was suddenly cut off.

送電線 power-transmission ˹line [wire] Ⓒ 《☞ でんせん[1]》.

そうとう 相当 **1** «かなり» — 形 considerable. — 副 (かなり) pretty ★ 口語的で, 会話でよく用いられる ; (とても) very ★ 口語的な強調の言葉 ; (どちらかというと・ちょっと) rather 【語法】 日本語でも「ちょっと困る」は「たいへん困る」と同意であるのと同じように, かなりの程度を表すこともある. 《☞ 控えめな表現 (欄外)》; (まったく・とても) quite 【語法】 very と入れ替え可能なこともあるが,《米》では very が普通. なお最後の2例のように quite は名詞を修飾することもある ; (かなりの程度に) fairly ; (相当の程度に) considerably. 《☞ かなり ; 強調の表現 (囲み) ; 強意語 (囲み)》.

¶ きょうは*相当に寒い It's ˹*rather* [*pretty*] cold today. 《☞ 天候の表現 (囲み) ; 副詞の位置 (欄外)》 // 彼女は*相当まいっている (⇒ かなり疲れている) She is *fairly* exhausted. // 私の祖父はもう*相当な年です (⇒ 非常に年よりです) My grandfather is ˹*very* [*quite*] old. // 彼は*相当の金を払ってそれを手に入れた He got it for a *considerable* sum of money. // 彼女はその点について*相当に自信がありそうだ She seems to be *quite* certain about it. // 彼女は*相当な財産を相続した She inherited *quite* a fortune. // 彼は*相当なつわものだ He's *quite* a guy.

2 «匹敵» — 動 (…に等しい) be equal to … ; (…と同価値だ) be equivalent to … ; (…と対応する) correspond to … — 形 (…の値打ちがある) worth ★ worth はすぐ後に目的語をとる.

¶ 1ドルはだいたい230円に*相当する One dollar *is* roughly *equal to* 230 yen. / One dollar *is* nearly *equivalent to* 230 yen. 《☞ 金銭 (囲み)》 // アメリカの国務長官は日本の外務大臣に*相当する The position of the U.S. Secretary of State *corresponds to* that of the Foreign Minister of Japan. // 1万円*相当の贈り物 (⇒ 1万円の価値の贈り物) a present *worth* ten thousand yen

そうどう 騒動 (つまらないことに対する大騒ぎ) fuss Ⓤ ★ しばしば a を付けて ; (騒ぎ, 特に社会的なもの) disturbance Ⓒ ; (社会的・政治的紛争) disorder Ⓒ ★ しばしば複数形で ; (暴動) riot Ⓒ ; (もめごと) trouble Ⓤ ; (混乱) confusion Ⓤ ; (争い・紛争) dispute Ⓒ. 《☞ さわぎ ; ぼうどう》.

¶ あの*騒動は何事だろう (⇒ 彼らは何について騒いでいるのか) What are those people

making *a fuss* about? // 彼らは通りで*騒動を起こした They ⌈made [created; caused] a *disturbance* in the street. // その*騒動を静めるために警官隊が出動した The police were ordered out to suppress the *riot.* // それについて何か一*騒動 (⇒重大な事が) 起こりそうだ I'm afraid *something serious* will happen because of it. / (⇒暴力ざたがぼっ発しそうだ) I fear there'll be an *outbreak of violence* over it. // 学園*騒動 a campus *dispute*

ぞうとう 贈答 **贈答品** present Ⓒ, gift Ⓒ ★ ほぼ同意だが, 後者はやや改まった感じの語で, 多少価値のある贈り物に用いられる. ((☞ おくりもの; プレゼント)).

そうなめ 総なめ ¶イギリスから来たラグビーチームは日本勢を*総なめにした(⇒日本チームを全部負かした) The English Rugby football team ⌈*defeated* [*beat*] *all* the Japanese teams. / (⇒全面的な勝利をおさめた) The English Rugby football team *won a sweeping victory* over all the Japanese teams. ((☞ スポーツ (囲み))) // その火事は一夜にしてその町を*総なめにした (⇒町全部が破壊された) *The whole* town *was destroyed* by the fire in one night.

そうなん 遭難 ―動 (船が難破する) be wrecked; (山で事故にあう) have [meet with] an accident in the mountains. ―名 (船の難破) shipwreck Ⓒ ★ 単に wreck ともいう; (船などの遭難, 災害などの緊急事態) distress Ⓤ; (一般的に, 事故) accident Ⓒ. ((☞ じこ[1]; なんぱ; ついらく)).

¶その船は暗礁に乗り上げて*遭難した The ship *was wrecked* on the reef. // 彼らは*遭難中の船[登山者]を助けた They helped the ⌈ship [climbers] in *distress.* // 彼らは山で*遭難した (⇒迷った) They *got lost* in the mountains. / (⇒事故にあって死んだ) They *met with an accident* in the mountains and died. // 救助隊が*遭難現場に急行した The rescue team rushed to the scene of the ⌈*accident* [*disaster*].

遭難救助隊 rescue party Ⓒ **遭難者** (犠牲者) victim Ⓒ **遭難信号** distress ⌈signal [call] Ⓒ, SOS [és-òu-és] Ⓒ.

ぞうに 雑煮 soup with rice cakes, chicken and vegetables Ⓤ ★ 説明的にはさらに, eaten during the New Year holidays のような語句を加える. ((☞ 日本固有の風物と英語 (囲み))).

そうにゅう 挿入 ―動 (間に差し入れる) insert ㊀ ★ やや形式ばった語; (中に入れる) put ... ⌈in [into; between] ... ―名 insertion Ⓤ. ((☞ はさむ; さしこむ)). **挿入句** 〖文法〗 parenthesis [pərénθəsis] Ⓒ ((複 parentheses [pərénθəsìːz])).

そうねん 壮年 (男盛り) the prime of life; (身も心も盛んな状態) manhood Ⓤ; (中年) middle age Ⓤ ★ 英語では 40-60 歳ぐらいをいう. ((☞ ちゅうねん)).

そうは 走破 ―動 (全部を走り通す) run the whole distance; (ある距離を行く) cover ㊀. ((☞ はしる)). ¶彼はその距離を1時間で*走破した He ⌈*covered* [*ran*] *the whole distance* in one hour.

そうば 相場 (製品の市場価格) market price Ⓒ ★ 単に market Ⓤ ともいう; (為替の) rate Ⓒ; (株式などの投機) speculation Ⓤ; (評価) estimation Ⓤ. ((☞ しか[2])).

¶ゴムの*相場が上がった[下がった] The *market* ⌈*price* of [for] rubber has ⌈risen [fallen]. // ドル*相場は毎日変動する The *exchange rate* of the dollar fluctuates daily. // 円のドルに対する現在の*相場は 230 円です The going *rate* for the yen against the dollar is 230 yen. // *相場で大もうけ[大損]した I've ⌈made [lost] a lot of money in *speculation.* // 教師は貧乏なものと*相場が決まっている (⇒たいてい給料が安い) Teachers are *generally* underpaid. // 変動*相場制 the floating *exchange rate* system

そうはく 蒼白 ¶その光景を見て彼女は顔面*蒼白になった Her face went *white* [She turned *pale*; She *lost color*] at the sight. 語法 white は恐怖の顔色, pale は血の気の失せた色(実際には色の薄くなる状態をいう形容詞). lose color もほぼ同意で「色を失う」. ((☞ まっさお))

ぞうはつ 増発 ―動 (列車・バスなどを特別に増やして運行する) operate [run] an extra ⌈train [bus]. ―名 (増発された列車・バスなど) extra [special] ⌈train [bus] Ⓒ.

¶夏の間は海岸まで臨時のバスを*増発します There will be a *special bus service* to the beach during summertime. / We ⌈*operate* [*run*] *special buses* to the beach during summertime.

そうはつき 双発機 twin-engined plane Ⓒ ((☞ ひこうき)).

そうばな 総花 ¶今度の政府は*総花的な (⇒すべての目的にかなう) 政策をとろうとしている The new administration is trying to adopt ⌈an *all-purpose* policy [(⇒すべての人を喜ばせる) policies *that please everybody*].

そうばん 早晩 (遅かれ早かれ) sooner or later; (時がたつにつれて) in ((the) course of) time. ((☞ おそかれはやかれ; やがて)).

ぞうはん 造反 ―動 (権力者に対して組織的に反抗して戦う) rebel (against ...) ㊀; (現体制を拒否して反乱を起こす) revolt (against ...) ㊀. ―名 rebellion Ⓒ; revolt Ⓒ. ―形 rebel. ((☞ はんらん[1])).

そうび 装備 ―名 (特定の仕事や活動に必要な備品のすべて) equipment Ⓤ; (特定の目的のための装具一式) outfit Ⓒ ★ equipment よりやや日常的で個人的なものを指す. ―動 (設備をつける・備える) equip ... (with ...). ((☞ せつび; びひん)).

¶その登山者たちの*装備は不備だった The *outfit* of the climbers was imperfect. // 彼らは十分な*装備で北極探険に向かった Properly [Well] *equipped*, they set off on the expedition to the North Pole. // その飛行機にはレーダーが*装備されている The airplane *is equipped with* radar. / The aircraft has radar *equipment*.

そうひょう 総評（日本労働組合総評議会）the General Council of Trade Unions of Japan, Sohyo.《☞ 政治・経済（囲み）》.

そうふ 送付 ―動（送る）send (off) ㊀;（提出する）submit ... (to ...).《☞ おくる¹》.
¶ 予算案は委員会に*送付された The budget bill *was submitted to* the committee.

そうふう 送風 ―名（換気）ventilation Ⓤ. ―動 ventilate ㊀.《☞ かんき¹》.

ぞうふく 増幅 ―名（電気の）amplification Ⓤ. ―動 amplify ㊀. **増幅器** amplifier Ⓒ.

ぞうへいきょく 造幣局 the Mint Bureau.

そうへき 双璧（最高の権威者２人）the two greatest authorities. ¶ ゲーテとシラーはドイツロマン主義の*双璧だ Goethe and Schiller are *the two greatest* Romanticists in Germany.

そうべつ 送別 ―名（別れ）farewell Ⓒ. ―形（別れの）farewell.《☞ わかれ》.
¶ 彼がクラスを代表して*送別の辞を述べた He made a *farewell* speech on behalf of his class. // スミス先生の*送別会を土曜日に開きます We are going to hold a *farewell* party for Miss Smith next Saturday. / A *farewell* party will be given this coming Saturday in honor of Miss Smith.

ぞうほ 増補 ―動（本を改訂して内容を増す）enlarge ㊀. ―名 enlargement Ⓤ.《☞ かいてい²》. ¶ 改訂*増補版 a revised and *enlarged* edition

そうほう 双方 ―名 both ｢parties [sides]. ―形（両方の）both;（互いの）mutual.《☞ りょうほう¹; たがい》.
¶ *双方の両親はその結婚に反対です The parents on *both sides* are against the marriage. // その件は労使*双方の間で交渉中である The matter is under negotiation *between* management *and* labor. // これが*双方のために一番よいやり方です This is the best way for ｢their *mutual* interests [the benefit of *both parties*].

そうほんざん 総本山（仏教などの）the head temple (of a Buddhist sect).

そうむ 総務（仕事）general affairs ★ 複数形で. ¶ *総務部長 the chief of the *general affairs* division // 自民党の*総務会長 the Chairman of the General Council of the LDP **総務庁** the Management and Coordination Agency《☞ 政治・経済（囲み）》 **総務庁長官** the Director General of the Management and Coordination Agency《☞ ちょうかん²》.

そうめい 聡明 ―形（賢い）wise;（知的な）intelligent.《☞ かしこい; りこう¹》.

そうめん 素麺 Japanese fine noodles ★ 複数形で.

そうもくろく 総目録 complete ｢catalog [catalogue] Ⓒ.

ぞうもつ 臓物（はらわた）guts;（鳥の，食用になる）giblets ★ 両者とも通例複数形で;（食用にする動物の）pluck Ⓤ.《☞ はらわた》.

ぞうよ 贈与 ―動 give ㊀, present ㊀ ★ 後者のほうが形式ばった語. ―名 presentation Ⓤ.《☞ あたえる》. ¶ 彼は自分の財産の半分を妻に*贈与した He *has given* half of his property to his wife. **贈与税** gift tax Ⓒ.

そうらん 騒乱（社会的な不安をおこす騒ぎ）disturbance Ⓒ;（暴動）riot Ⓒ.《☞ さわぎ; そうどう; ぼうどう》.
¶ *騒乱を鎮圧するために機動隊に出動命令が出た The riot police were ordered out to ｢put down the *riot* [bring the *disturbance* under control]. // 彼らは*騒乱罪で逮捕された（⇒暴動を起こしたかどで）They were arrested on ｢a [the] charge of raising a *riot*. **騒乱罪** the crime of riot.

ぞうり 草履 Japanese sandals ★ 複数形で. 数えるときは a pair [two pairs] of ...

そうりだいじん 総理大臣 the Prime Minister, the Premier ★ 入れ替え可能だが,《英》では正式には前者を使う.《☞ しゅしょう¹ 語法; 政治・経済（囲み）》.

そうりつ 創立 ―動（長期にわたる存続を目指して，ある設立物を作る）establish ㊀;（学校などを）found ㊀ ★ 以上２語は入れ替え可能のことが多い;（設立する）set up ㊀ ★ 初めの２つより口語的. ―名 establishment Ⓤ; foundation Ⓤ.《☞ せつりつ》.
¶ この学校は1920年にグリーン氏によって*創立された This school *was* ｢*founded* [*established*; *set up*] in 1920 by Mr. Green. // この大学の*創立は13世紀にさかのぼる This university dates back to the 13th century. // その会社は今年で*創立20周年になる（⇒設立[組織]されてから20年になる）It is twenty years since the company *was* first ｢*set up* [*organized*]. /（⇒今年創立20周年記念を祝った）The company celebrated the 20th anniversary of its *founding* this year.
創立者 founder Ⓒ.

そうりふ 総理府 the Prime Minister's Office《☞ 政治・経済（囲み）》.

そうりょ 僧侶（一般に聖職者）priest Ⓒ;（修道僧）monk Ⓒ.

そうりょう¹ 送料（郵便の）postage Ⓤ;（荷物の運賃）《米》transportation Ⓤ,《英》carriage Ⓤ.《☞ うんちん; ゆうびん》.
¶「この手紙の*送料はいくらですか」「60円です」"What's the *postage* for this letter?" "Sixty yen."《☞ 手紙の書き方（囲み）》// この本は*送料込みで１万円です This book costs ¥10,000 *postage* included. // ５千円以上の注文については*送料は無料（⇒無料で発送される）Orders priced at ¥5,000 and over will *be dispatched free*. // この品物の値段は３千円ですが，*送料は別途請求となります The price of this article is ¥3,000 and we charge extra for ｢*postage* [*carriage*].

そうりょう² 総量（全体の重量）the gross weight;（全体の量）the total amount.《☞ りょう¹; そうけい¹》.

そうりょう³ 総領 the ｢eldest [oldest] child《☞ ちょうなん; ちょうじょ》. **総領息子[娘]** the ｢eldest [oldest] ｢son [daughter] Ⓒ.

そうりょうじ 総領事 consul general Ⓒ

《複 consuls general》. **総領事館** consulate general Ⓒ《複 consulates general》.

そうりょく 総力 ¶政府は*総力をあげてその問題と取り組んだ(⇒最善を尽くした) The 「Administration [Government] *did its best* to solve the problem. / (⇒あらゆる努力をした) The Government *made every effort* to solve the problem. 《☞ ぜんりょく》

ぞうりん 造林 afforestation Ⓤ.

ソウル (韓国の首都) Seoul [sóul].

そうるい 走塁 (base) running Ⓤ《☞ 野球の英語 (囲み)》.

そうれい 壮麗 ―[形] (雄大な) grand ; (厳かで美しい) magnificent. 《☞ そうだい²; ゆうだい》.

そうれつ¹ 壮烈 ―[形] (英雄的な) heroic ; (勇敢な) brave. 《☞ いさましい》. ¶彼はその戦闘で*壮烈な最後をとげた(⇒彼は英雄的な死に方をした) He died a *heroic* death in the battle.

そうれつ² 葬列 funeral procession Ⓒ.

そうろ 走路 (特に競技場などの) track Ⓒ; (一般的な意味で) course Ⓒ.

そうろん 総論 (全般的な序論) general introduction Ⓒ; (概要) outline Ⓒ.

そうわ¹ 送話 transmission (of a message) Ⓤ. **送話器** transmitter Ⓒ; (電話の) mouthpiece Ⓒ. 《☞ 電話の英語 (囲み)》.

そうわ² 総和 the sum total 《☞ そうけい¹》.

そうわ³ 挿話 episode Ⓒ《☞ エピソード》.

ぞうわい 贈賄 ―[名] (わいろの授受) bribery Ⓤ; (わいろの支払い) payoff Ⓒ ★ 口語的. ―[動] (わいろを贈る) bribe (他). 《☞ わいろ》. ¶その業者は*贈賄で告発された The merchant was charged with 「*bribery* [*making payoffs*].

そえぎ 添え木 (骨折部に当てる) splint Ⓒ《☞ いりょう¹ (挿絵)》. ¶私は右腕に*添え木をあててもらった I had my right arm put in a *splint*.

そえもの 添え物 (付加物) addition Ⓒ; (景品) premium Ⓒ.

そえる 添える (添付する) attach (他); (付け加える) add (他); (料理につまを) garnish (他).
¶彼は贈り物に名刺を*添えた He *attached* his name card to the gift. // 彼は遅くなるかもしれないと言い*添えた He *added* that he would be late. // 彼女は料理にパセリをつまに*添えた She *garnished* the dish *with* parsley. // 私は願書に写真を*添えて出した I sent a photograph (「*along* [*together*]) *with* my application.

そえん 疎遠 ¶彼女と彼の間は*疎遠になってしまった(⇒友情が冷めた) The friendship between her and him *has cooled* 「*down* [*off*]. / (⇒長いこと会っていない) She hasn't seen him for a long time. // 2人は互いに*疎遠に(⇒よそよそしく)なった They became *estranged* from each other.

ソース¹ (調味料) sauce Ⓤ ★ 種類をいうときはⒸ. [参考] 食物にかけて味を添える液体調味料はすべて sauce という. サラダのドレッシングも sauce で, 醤油も soy sauce. なお, 日本でいうソースは Worcestershire [wústəʃìə] sauce. 《☞ 食事(囲み)》. ¶彼女は魚にホワイト*ソースをかけた She 「put [poured] a white *sauce* 「on [over] the fish.

ソース² (ニュースなどの出所) source Ⓒ《☞ しゅっしょ》.

ソーセージ sausage Ⓒ; (ウィンナーソーセージ) Vienna sausage Ⓒ, wiener Ⓒ; (フランクフルトソーセージ) frankfurter Ⓒ.

ソーダ (炭酸ソーダ) soda Ⓤ; (ソーダ水) soda water Ⓤ ★「1杯のソーダ水」の意味ではⒸ.
¶クリーム*ソーダ ice-cream *soda*

そかい 疎開 ―[動] (危険な所から安全な所へ移す·移る) evacuate (他)(自). ―[名] evacuation Ⓤ. 《☞ ひなん²》.

そがい¹ 疎外 ―[動] (仲間はずれにする) leave out (他); (遠ざけて疎んじる) alienate (他). ―[名] alienation Ⓤ. 《☞ とおざける》. ¶彼女は仲間から*疎外されている(⇒仲間はずれになっている) She *has been left out* of the group. / She *is alienated from* the group. // *疎外感を持つ feel 「*alienated* [a sense of *alienation*]

そがい² 阻害 ―[動] (成長などを抑える) check (他); (妨げる) prevent (他). ―[名] check Ⓒ; prevention Ⓤ. 《☞ さまたげる; じゃま (類義語)》.

そかく 組閣 ―[動] (内閣を組織する) form [organize] a (new) cabinet. ―[名] formation [organization] of a (new) cabinet Ⓤ. 《☞ ないかく¹; 政治·経済 (囲み)》.
¶*組閣(⇒新しい閣僚を選ぶ[新内閣を組織する]こと)が難航しているようだ There seem to be some difficulties in 「*selecting the new cabinet members* [the *formation of the new cabinet*].

-そく …足 (はき物などの1組) pair Ⓒ《☞ 数の数え方 (囲み)》. ¶靴1*足 a *pair* of shoes // スリッパを3*足持ってきて下さい Will you go and get us three *pairs* of slippers? 《☞ スリッパ (挿絵)》

そぐ 削ぐ (薄く切る) slice off (他); (切り落とす) cut off (他); (興味などを失う) lose (他); (感興をだめにする) spoil (他). 《☞ けずる; きる¹》.
¶彼らはその出来事ですっかり興味を*そがれた(⇒興味を失った) They *lost* all their interest in it because of that incident. / (⇒その出来事が興味をだめにした) That incident 「*spoiled* [*killed*] their interest in it.

ぞく¹ 俗 ―[形] (野卑な) vulgar ; (世俗的な心を持った) worldly-minded. ¶彼は*俗な言葉を使った He used 「*vulgar* language [*slang* expressions]. // これが*俗にいう(⇒ことわざにあるとおり)「3度目の正直」だ *As the saying goes,* "Third time lucky." // 彼は割合に*俗っぽい奴だ He's rather a *worldly-minded* fellow.

ぞく² 賊 (こそ泥) thief Ⓒ《複 thieves》; (強盗) robber Ⓒ; (夜盗) burglar Ⓒ; (反乱などの) rebel Ⓒ. 《☞ どろぼう; ごうとう》.
¶*賊は売り上げ金を持って逃げた The *thief* got away with the takings. // 昨夜その店に*賊が入った(⇒不法侵入があった) There was

a *break-in* at the store last night. / (⇒ 泥棒に入られた) The store *was broken into* last night.

ぞく³ 続 (小説・映画などの続き) sequel Ⓒ; (本などの続きものの2つ目) second series Ⓒ. 《☞ ぞくへん; つづき》. ¶『*続・女の一生』 *The Life of a Woman, second series* 《☞ イタリック体 (欄外)》

ぞく⁴ 族 (血縁に関係のある親族) family Ⓒ ★ 語系や語族の意味でも用いられる; (集団) group Ⓒ; (犯罪的・非行的集団) gang Ⓒ; (原始人・遊牧民などの部族) tribe Ⓒ. 《☞ かぞく; しゅぞく》.

¶ インドヨーロッパ語*族 the Indo-European *family* // 暴走*族 (⇒ オートバイに乗った非行グループ) a motorcycle *gang* / (⇒ 無謀運転者のグループ) a *group* of reckless drivers // 5世紀にはこの島にケルト*族が住んでいた In the fifth century *the Celts* lived on this island. 〔語法〕 the を種族名の複数形に付けて全体を表す.

ぞく⁵ 属 〖生物学〗 genus [dʒíːnəs] Ⓒ 《複 genera [dʒénərə]》.

ぞくあく 俗悪 ―形 (粗野な) coarse; (野卑な) vulgar. 《☞ げひん》. ¶ *俗悪な趣味 *coarse* [*vulgar*] tastes

そくい 即位 ―動 (王位を継承する) succeed to the throne. ―名 succession to the throne Ⓤ; (戴冠をしての) coronation Ⓒ. ¶ 女王が亡くなったら王子が*即位することになっている When the Queen dies, the prince is to *succeed to the throne*. **即位式** enthronement (ceremony) Ⓒ; (戴冠式) coronation (ceremony) Ⓒ.

そくおう 即応 ¶ 彼はその問題に対してその場に*即応した (⇒ 適した) 処置をとった He dealt with the problem in a manner *fit* for the circumstances. // 彼のやり方は時代に*即応したものだ (⇒ 時代の要求に応じている) His method *meets* the ⌜demands [needs] of the times. 《☞ おうじる》

ぞくご 俗語 (総称的に) slang Ⓤ; (個別の表現) slang [slangy] expression Ⓒ; (語) slangy word Ⓒ. ¶ この本は*俗語が多い This book ⌜is full of *slang* [has many *slang expressions* in it].

そくざ 即座 ―副 (間を置かず, ただちに) immediately, at once ★ 前者のほうが強意的; 《口語》 right away; (速やかに) promptly ★ 前者よりやや間がある; (すぐその場で) then and there. ―形 immediate; prompt; (敏速な) ready. 《☞ すぐ (類義語); ただちに; たちどころに》.

¶ 彼女は*即座に (⇒ その場で) 断った She declined *then and there*. / (⇒ 断るのに時間をかけなかった) She *lost no time* (*in*) saying no. // 私は*即座に返事を出した I answered the letter ⌜*immediately* [*at once*]. / I sent ⌜an *immediate* [a *prompt*] reply to the letter.

そくし 即死 ―動 (その場で死ぬ) be killed on the spot. ―名 death on the spot Ⓤ; (瞬間の死) instantaneous [instant] death Ⓤ ★ やや改まった言い方. 《☞ しぬ (類義語); し²》. ¶ 乗客5人が*即死した Five passengers *were killed on the spot*. // 彼は*即死だった His *death* was *instantaneous*.

そくじ 即時 ―形 (すぐさまの) immediate. ―副 immediately, at once ★ 前者のほうが強意的; 《口語》 right away; (遅滞なく) without delay ★ やや改まった言い方; (瞬間に) instantly; (すばやく) promptly. 《☞ すぐ (類義語); ただちに》.

¶ *即時停戦が行われた An *immediate* ceasefire was ⌜brought about [arranged].

即時払い spot [immediate] payment Ⓤ.

ぞくじ 俗事 (精神的なものに対する世俗的な事柄) worldly affairs ★ 複数形で; (日常的な仕事) everyday business Ⓤ; (日々決まった仕事) daily routine Ⓤ. 《☞ ざつよう》.

そくじつ 即日 the same day. ¶ 結果は*即日お知らせいたします I will let you know the result(s) on *the same day*. **即日開票** ballot counting on (an) election day Ⓤ 《☞ かいひょう; 政治・経済 (囲み)》.

ぞくしゅつ 続出 ¶ このところ自動車事故が*続出している (⇒ 次から次へと発生している) Car accidents *have been occurring one after another* recently. 《☞ ぞくぞく¹》

ぞくしょう 俗称 (学名に対して) common name Ⓒ; (一般に用いられる) popular name Ⓒ. 《☞ つうしょう²》. ¶ その花は*俗称 (⇒ 一般に) 「アイリス」として知られている The flower *is commonly known as* an iris.

そくしん 促進 ―動 (最初の段階から助けて進める) promote ㊀; (ある程度進んだ段階からさらに助長する) further ㊀; (早める) hasten [héisn] ㊀; (刺激を与えて前進させる) forward ㊀. ―名 promotion Ⓤ; furtherance Ⓤ. 《☞ ぞうしん; じょちょう》.

¶ 私は世界平和の*促進に役立つことをやりたい I'd like to do something that will help to ⌜*promote* [*further*] world peace. // 関税の引き下げは輸入を*促進する (⇒ 刺激を与える) A tariff cut will *give an impetus* to imports. / (⇒ 増加を助ける) The reduction of tariff will *help* (*to*) *increase* (the volume of) imports. // 十分な休養が病気の回復を*促進する (⇒ 早める) A good rest *hastens* recovery from illness.

ぞくじん¹ 俗人 (現世の利益や快楽を追求する人) worldling Ⓒ, worldly person Ⓒ; (僧に対して) layman Ⓒ 《複 -men》. 《☞ ぞくぶつ; ぞく¹》.

ぞくじん² 俗塵 ¶ 彼は*俗塵を避けて暮らしている (⇒ 世間から隔離して [現世の事柄から遠ざかって]) He lives ⌜secluded from *the world* [aloof from *earthly affairs*]. 《☞ せけん》

ぞくする 属する ―動 (所属する) belong to … ★ 状態の動詞で, 進行形にならない; (分類上) come [fall] under …; (組織などに加入する) be affiliated with …; (従属して) be subject to … ―形 (固有のものとして) inherent (in …). 《☞ しょぞく》.

¶ 私は英会話クラブに*属している (⇒ 所属する) I *belong to* the English Speaking Society. /

(⇒ …の一員である) I'm *a member of* the English Conversation Club. // カナダは英連邦に*属している (⇒ 一員である) Canada *is a member of* the British Commonwealth of Nations // 北アイルランドは英国に*属している (⇒ 英国の一部である) Northern Ireland is (*a*) *part of* the United Kingdom. 《☞ えいこく (挿絵)》 // この国は政治的にも経済的にもアメリカに*属している (⇒ アメリカの支配下にある) Politically and economically this nation *is subject to* the United States of America. // 彼は山田派に*属していた (⇒ 加入していた) He *was* once *affiliated with* the Yamada faction. // この花は植物学上はバラ科に*属している (⇒ バラとして分類される) This flower *is* botanically *classified* as a rose.

ぞくせい 属性 (本来備えている性質) attribute Ⓒ 《☞ せいしつ; とくちょう[1]》.

そくせいさいばい 促成栽培 — [動] (促成栽培する) force (他). — [名] forcing culture Ⓤ. ¶ *促成栽培のきゅうり *forced* cucumbers

そくせき[1] 足跡 (足あと) footprint Ⓒ; (業績) achievement Ⓒ; (貢献) contribution Ⓤ ★ 具体的なものを指すときは Ⓒ. 《☞ あしあと (類義語); こうせき[1]; ぎょうせき》.

¶ 彼はアメリカ全土にその*足跡を残している (⇒ アメリカ全土を訪ねた) He *traveled* all over America. / (⇒ ほとんどすべての場所を訪れた) He *visited* almost all the places in America. // 彼が野球史上に残した*足跡は決して消えることがない (⇒ 彼の名前は永久に記憶されるだろう) His name will be remembered forever in the history of baseball. / (⇒ 彼の成し遂げたこと[貢献]は決して忘れられないだろう) His ⌈*achievement*(*s*) in [*contribution*(*s*) to] baseball will never be forgotten.

そくせき[2] 即席 — [形] (料理など) instant; (準備なしで行うスピーチなどの) impromptu [imprάm(p)t(j)uː]; (間に合わせ的に即座の) offhand(ed). — [副] (即座に) offhand. 《☞ そくざ; インスタント; そっきょう》.

¶ *即席料理 an *instant* meal // *即席ラーメン *instant* (Chinese) noodles // そこで*即席に演説を頼まれた I was asked to make ⌈an *impromptu* speech [an *offhand*(*ed*) speech] on that occasion.

ぞくせけん 俗世間 (世間) the world ★ the を付けて; (現世) this life. 《☞ ぞくじん[2]; せけん》.

ぞくせつ 俗説 (普通に言われること) common [popular] saying Ⓒ; (普通に考えられていること) popular view Ⓒ. 《☞ つうせつ[2]》.

ぞくぞく[1] 続続 — [副] (次から次へと) one after another; (連続して) in succession; (大人数で) in great numbers. — [動] (続々と来る) flood in (自); (注ぎ入れるように来る) pour in (自); (…でいっぱいになる) be flooded with … 《☞ つぎつぎ; つづく》.

¶ 生徒が*続々と (⇒ 次から次へと) 教室に入ってきた Students came into the classroom one ⌈*after another* [*by one*]. // 朝になると空港には*続々と飛行機が到着する As the day breaks, (the) planes arrive at the airport ⌈*one after another* [*in succession*]. // 若者は*続々と海外へ出かける Young people are going abroad *in great numbers*. // 先月の初めから申し込みが*続々と殺到しています (⇒ 洪水のようにどっと来る) Applications *have been flooding in* since the beginning of last month. / We *have been flooded with* applications since the beginning of last month. // 世界中から*続々と問い合わせの手紙が来た (⇒ どっと流れてきた) Letters of inquiry *poured in* from all over the world.

ぞくぞく[2] ¶ 体が*ぞくぞくする (⇒ 震えている). 相当に熱があるようだ I have got *the shakes*. I'm afraid I have a high fever. 《☞ 病気・病院 (囲み)》 // けさは*ぞくぞくするほど寒い It's *shivering*(*ly*) cold this morning. 《☞ It の用法 (欄外); 天候の表現 (囲み)》 // 私は背筋が*ぞくぞくとした (⇒ 震えが私の背筋を走った) A *shiver* ran down my ⌈back [spine]. / It sent cold *shivers* down my back. 《☞ ふるえる; 擬声・擬態語 (囲み)》

そくたつ 速達 《米》 special delivery Ⓤ, 《英》 express (delivery) Ⓤ [参考] 《米》で express delivery と言えば「運送会社の急行便」を指す. 《☞ ゆうびん; てがみ》.

¶ 彼はその手紙を母親に*速達で出した He sent the letter to his mother by ⌈*special delivery* [*express*]. // *速達の手紙 a *special delivery* letter

速達料金 special delivery rate Ⓒ.

そくだん 速断 (早まった結論) hasty conclusion Ⓒ 《☞ はんだん; けつろん》. ¶ *速断することは危険です (⇒ 結論に飛びつくのは軽率だ) It is rash of you to *jump to conclusions*. / (⇒ 早まって決定するのは浅はかだ) It's unwise of you to *make a decision so hastily*.

ぞくっぽい 俗っぽい ☞ ぞく[1]

そくてい 測定 — [名] measurement Ⓤ. — [動] (長さ・大きさ・量などをはかる) measure (他); (算定する) work out (他). 《☞ はかる[1]》.

¶ 私たちは風力[雨量]を*測定した We *measured* ⌈the strength of the wind [the rainfall]. // ジャイロコンパスを使って海上における自分の正確な位置を*測定することができる With a gyrocompass you can *work out* your exact position at sea. // あす体重*測定があります The weight *check* will take place tomorrow.

そくど 速度 (時速・分速などの速さ) speed Ⓤ [語法] 後に of を伴って時速など具体的な数字が続くときは不定冠詞を付ける; (学術用語で) velocity Ⓤ; (音楽の) tempo Ⓒ 《複 tempi [témpiː], ～s》.

¶「この列車はどのくらいの*速度で走っていますか」「時速 200 キロです」"How *fast* ⌈are we [is this train] ⌈running [traveling]?" "Two hundred kilometers per hour." ★ 200 k.p.h. と略せる. // その車は時速 30 マイルの*速度で走っていた The car was running at a *speed* of thirty miles per hour. ★ 30 m.p.h. と略せる. // この船の最高*速度は 25

ノットです (⇒ 25 ノットの最高速度を持つ) This ship has a ｢top [maximum] *speed* of twenty-five knots. // 鉄橋を過ぎると列車は*速度を増した As it passed the bridge, the train ｢increased [gathered] *speed*. // 列車は*速度を時速 40 キロに落とした The train slowed down to (a *speed* of) forty kilometers per hour. // *速度を落とせ Slow down / Reduce your *speed* 《☞ じょこう ; 掲示の英語 (囲み)》 // 制限*速度 the *speed* limit 《☞ 掲示の英語 (囲み)》

制限速度
「時速30マイル」
の掲示

速度計 speedometer [spidɑ́mətɚ] Ⓒ, speed indicator Ⓒ. 《☞ 自動車 (囲み) ; オートバイ (挿絵)》 **速度制限** speed regulation Ⓤ.

そくとう 即答 ready [prompt] answer Ⓒ 《☞ こたえ (類義語)》. ¶ その質問に対して彼は*即答を避けた He did not give a *ready answer* to the question. / He avoided a *prompt answer* to the question.

そくばい 即売 —[動] (その場で売る) sell ... on the spot. —[名] (on-the-)spot sale Ⓒ. ¶ その店では人形の*即売会をやっています (⇒ 展示の人形を売っている) They *sell* dolls *on exhibition* at the store. // 家具の展示*即売会が開かれた An exhibition and (*on-the-*)*spot sale* of furniture was held.

そくばく 束縛 —[名] (抑止・抑制) restraint Ⓤ ; (制限) restriction Ⓤ ★ 以上は具体的なものを指すときは Ⓒ. —[動] restrain (他) ; restrict (他). 《☞ こうそく¹》.
¶ 私は何にも*束縛されないで (⇒ 義務や抑制なしで[自由に]) 研究を続けたい I'd like to continue my research ｢without any *obligations or restraints* [*freely*]. // その法律は自由を*束縛するおそれがある It is feared that the law is going to *restrict* our ｢freedom(s) [liberty ; liberties]. // あらゆる*束縛から逃れる break loose from all *restraint(s)*

ぞくはつ 続発 —[動] (続いて起こる) happen in succession (自) ; (後に続く) follow (他)(自). —[副] (次々に) one after another. —[名] (連続して発生すること) successive occurrence Ⓤ. 《☞ れんぞく》.
¶ 最近この付近で盗難事件が*続発した (⇒ 幾つかの盗難があった) There were *several* break-ins in this neighborhood recently. / (⇒ 一連の強盗事件が報告されている) *A succession of* ｢burglary cases [burglaries] ｢has [*have*] been reported recently in this neighborhood. // エラーが*続発した (⇒ 1 つのエラーに次のエラーが続いた) One error *followed* (upon) another.

ぞくぶつ 俗物 —[名] (即物的な利益や快楽などに興味のある人) worldly person Ⓒ ; (紳士気取りの人) snob Ⓒ. —[形] (俗物的な) snobbish. 《☞ ぞく¹》. **俗物根性** snobbery Ⓤ.

ぞくへん 続篇 (続き) continuation Ⓒ ; (作品などの) sequel Ⓒ. 《☞ つづき》. ¶ 私はその小説の*続篇を書いている I'm writing a ｢*continuation* of [*sequel* to] the novel.

そくほう 速報 (テレビ・ラジオなどの) (news)-flash Ⓒ 《☞ ニュース》. ¶ ニュース*速報でそのことを知りました I learned about it by ｢the [a] *newsflash*.

ぞくみょう 俗名 secular name Ⓒ ★ 宗教に帰依する前の名という意味. [参考] 日本の場合, カトリック信者などで洗礼名に対して本名という意味では使えるが, キリスト教には戒名はないから, 死んだ人の名という場合は the late Mr. Ichiro Tanaka (＝故田中一郎氏) のように言うしかない.

そくめん 側面 (物体を横から見た面) side Ⓒ ★ 正面・裏面などに対する一般的な語 ; (建物・山・軍隊などの) flank Ⓒ. 《☞ よこ ; わき》.
¶ 家の*側面に入り口があった There was a door ｢at [on] the *side* of the house. // 我々は敵の右*側面を攻撃した We attacked the right *flank* of the enemy. // アメリカはイギリスを*側面から援助した (⇒ 間接的な援助を与えた) The United States gave *indirect* aid to Britain. // 彼にはそういう*側面があった (⇒ その出来事は彼の横顔の一面を示していた) The episode showed one *aspect of* his *profile*.
側面攻撃 flank attack Ⓒ **側面図** (横からの眺め) side view Ⓒ ; (製図の) lateral plan Ⓒ.

そくりょう 測量 —[動] (土地などを測る) survéy (他). —[名] súrvey Ⓒ. 《☞ はかる¹》.
¶ ターミナルビル建設の*測量が始まった They started ｢*surveying* [*survey* work] for the construction of the terminal building.
測量機械 surveying instrument Ⓒ **測量技師** surveyor Ⓒ, survey(ing) engineer Ⓒ **測量図** survey map Ⓒ.

そくりょく 速力 speed Ⓤ 《☞ そくど》.
¶ 彼は全*速力で (⇒ 最高速度で[できるだけ速く]) 逃げた He ran away ｢at the top of his *speed* [*as fast as he could*]. 《☞ ぜんそくりょく》 // 全*速力で行けば 1 時間で着く If you travel at ｢full [top] *speed*, you can get there in an hour. // 急に列車の*速力が落ちた Suddenly the train *slowed down*.

そぐわない ¶ 何かその場に*そぐわない気持ちがした (⇒ 場違いの感じがした) I found myself *out of place* there. // この文句はこの内容に*そぐわない (⇒ 調和しない) This expression *does not go well with* the content(s). / (⇒ 適当でない) This phrase is *not appropriate* ｢*for* [*to*] the subject (matter). 《☞ ふてきとう》

そげき 狙撃 —[動] (狙い撃ちする) snipe (at ...) (自). —[名] sniping Ⓤ ; (正確に狙い撃ちをする) sharpshooting Ⓤ. **狙撃兵** sniper Ⓒ ; sharpshooter Ⓒ.

ソケット socket Ⓒ.

そこ¹ 底 (最低部) bottom Ⓒ ; (水底・川床など) bed Ⓒ ; (奥深い所) depths ★ 通例複数形で ; (靴の底) sole Ⓒ 《☞ くつ (挿絵)》.
¶ 箱の*底に水がたまっている There is some

water in the *bottom* of the box. // 箱の*底が壊れている The box is broken at the *bottom*. // その村はダムの*底に沈んでいる The village lies buried at the *bottom* of the dam. // 彼は心の*底では (⇒本当は) どう思っているかな I wonder what he *really* thinks. // あなたの援助に対して心の*底から (⇒本当に) 感謝しております I am *sincerely* grateful (to you) for your help. / From the *bottom* of my heart I'd like to express my thanks for your assistance. // そろそろ資金が*底をついた (⇒金がほとんどなくなった) My money *has* almost *dried up*. / I'm *running out of* money.

底なし ━形 bottomless. ¶ *底なしの井戸 a *bottomless* well

そこ² ━副 (そこへ) there ; (向こうに) over there [語法] 日本語では「そこ」は相手のいる場所または比較的近くの場所,「あそこ」は話し手と相手の両方から離れた場所というように区別するが, 英語ではいずれも there でよい. over を付けると離れているという距離感が加わる. ━代 (そのこと) that. ━名 (その場所) the place. 《☞ あそこ [語法]》.

¶ *そこのその箱は私のものです That box *there* is mine. // 私も*そこに行きます I'm going *there*, too. //「トイレはどこですか」「*そこです」"Where's the ˹bathroom [rest room ; toilet]?" "It's *over there*." ★ bathroom は個人宅のトイレ. // *そこが頭の痛いところだ *That's* my headache. // 私は*そこまでしか知らない I know only *that* much. //「*そこはどんな所ですか」「沼地です」"What kind of place is *it*?" "It's a marsh."

そご 齟齬 (意見の相違) disagreement Ⓒ; (意見の衝突) conflict Ⓒ. 《☞ ちがう (類義語)》.

そこいじ 底意地 ¶ 彼女は*底意地が悪い (⇒本心は悪い) I've found her *spiteful at bottom*. 《☞ いじわる》

そこう 素行 (道徳的立場から見た行動) conduct Ⓤ; (行状・振舞い) behavior (《英》 behaviour) Ⓤ. ¶ 彼はあまり*素行がよくない (⇒疑わしい人柄の人だ) He is of dubious *character*. / (⇒だらしのない生活をしている) He is leading a ˹wild [loose] *life*.

そこく 祖国 (自分の国) *one's* (mother) country Ⓒ; (故国) homeland Ⓒ; (母国) motherland Ⓒ. 《☞ ぼこく ; ここく》. ¶ 20 歳のときに彼は*祖国を捨てた He left *his country* for good when he was twenty.

祖国愛 love ˹for [of] *one's* own country Ⓤ; (愛国心) patriotism Ⓤ.

そこそこ ¶ ここから駅までは 10 分*そこそこで行けます (⇒歩いて約 10 分ほどの距離です) The station is *about* ˹ten minutes [a ten-minute walk] from here. / (⇒以下で) You can get to the station in *less than* ten minutes. // この品物は千円*そこそこの (⇒高くて千円の) ものでしょう I suppose this article costs one thousand yen *at most*. // 彼は 40 歳*そこそこだ (⇒40 歳かそこらだ) He is forty *or so*. 《☞ せいぜい ; -くらい》

そこぢから 底力 ¶ 彼はまだまだ*底力があることを見せた (⇒十分に強いことを見せた) He showed himself still *strong* enough. // 彼は*底力を発揮して (⇒自分の能力を十分に発揮して) 優勝した He *did himself justice* and won the first prize. 《☞ ちから ; じつりょく》

そこつ 粗忽 ━形 (不注意な) careless ; (軽率な) rash. ━名 carelessness Ⓤ; rashness Ⓤ. 《☞ ふちゅうい ; うかつ》.

そこで (それだから) so ; (それから) then ; (さて) now ; (さてそれで) well ★ いずれも口語体の文中で, 文のつなぎ・間投詞などとして用いられる. 《☞ くだけた英語と堅苦しい英語 (欄外) ; 接続詞 (欄外)》; (それ故) therefore ; (従って) accordingly ★ 以上 2 語は形式ばった言い方. 《☞ 理由の表し方 (囲み) ; だから》.

¶ 棚を見てその本を探したがわからない. *そこで私は店員に尋ねた I could not find the book on the shelf, *so* I asked the salesclerk to get it for me. 《☞ 買い物 (囲み)》 // *そこでこれからどうしましょう *Well*, what shall we do?

そこなう 損なう (役に立たなくする) spoil ㊀; (すっかりだめにしてしまう) ruin ㊀; (傷つける) injure ㊀; (壊す) break ㊀. 《☞ こわす》.

¶ この塔は公園の美観を*損なう This tower ˹*spoils* [*injures*] the beauty of the park. // つらい仕事で彼は健康を*損ねた (⇒つらい仕事が彼の健康を害した) Hard work ˹*ruined* [*injured*] his health. // 彼の機嫌を*損なわないようにしよう (⇒よい機嫌にしておく) Let's try to keep him in good spirits. / (⇒感情を害するな[怒らせるな]) Never ˹*hurt* his feelings [make him *angry*]!

-そこなう ━動 (乗り物などを逃がす) miss ㊀; (…しそこなう) fail to *do*. 《☞ しっぱい》.

¶ 東京行きの終電車に乗り*そこねた (⇒電車を逃した[つかまえるのに失敗した]) I ˹*missed* [*failed to* catch] the last train for Tokyo. 《☞ 乗り物 (囲み)》 // きょうは危うく昼食を食べ*そこなうところだった I almost *missed* lunch today. // 私は彼に連絡し*そこなった I *failed to* get in touch with him.

そこぬけ 底抜け ¶ 彼は*底抜けの (⇒心からの[まったくの]) お人好しだ He is a ˹*thorough* [*regular*] dupe. ★ dupe は「だまされやすい人」の意.

そこね 底値 the ˹bottom [lowest] price 《☞ ねだん ; かかく》.

そこのけ ¶ 彼の英語はアメリカ人*そこのけだ (⇒彼はアメリカ人より上手に英語を話す) He speaks English *much better than* the Americans. // 彼は大工*そこのけだ (⇒大工を赤面させるほどだ) He ˹could [would] *put* a carpenter *to shame*. / (⇒本職ではないが大工仕事が上手だ) He is a very good carpenter, though not by trade. 《☞ かおまけ ; くろうと》

そこはかとなく ¶ *そこはかとなくうら悲しい (⇒理由がわからないのに) I feel a little melancholy *without knowing why*. / (⇒漠然とした悲しい感じを持つ) I have a *vague* feeling of sadness. 《☞ なんとなく》

【参考語】━副 (何となく) somehow ; (なぜかわからないままに) without knowing why ; (かすかに)

faintly；（ぼんやりと）vaguely. ―[形] vague；faint ★「そこはかとなく」という日本語の持つニュアンスを正確に表す英語はない.

そこひ 〖医学〗（白内障）cataract Ⓤ.

そこびえ 底冷え ¶けさは*底冷えがする（⇒震えるほど寒い）It's *shivering(ly) cold* this morning.《☞ 天候の表現（囲み）》

そこら ¶*そこら中（⇒いたるところ）捜したが彼は見当たらなかった I looked for him「*all over the place* [*everywhere*], but (I) couldn't find him. ∥ その車は 90 万円か*そこら（⇒そのくらい）で買える The car costs 900,000 yen *or so.* ∥ これは*そこらによくあるような安いバイオリンではない（⇒安物のバイオリンの 1 つではない）This is not *one of those* cheap violins.《☞ そのへん；そこ²；そこそこ》

そざい 素材（資料）material Ⓤ；（小説などの題材）subject matter Ⓒ.《☞ ざいりょう；しりょう¹》.

そざつ 粗雑 ―[形]（いい加減な）slipshod；（十分に注意しない）careless. ―[名] carelessness Ⓤ.《☞ ざつ》. ¶彼の仕事は*粗雑だ His work is「*slipshod* [*careless*]. ∥ この刺しゅうは仕上げが*粗雑だ（⇒細かく仕上げてない）This embroidery is *not*「*finely* [*well*] finished. ∥ *粗雑な頭（⇒緻密(ちみつ)に考えない人）a *loose* thinker

そし 阻止 ―[動]（行為をやめさせる）stop ㊀；（物事が起こらないようにする）prevent ㊀ ★stop よりも形式ばった語；（完全に進路をふさいで止める）block ㊀；（…に…させない）keep … from *doing* ★以上の動詞は主語が「人」でも「事物」でもよい. ―[名] prevention Ⓤ；obstruction Ⓤ.《☞ はばむ；くいとめる》.
¶我々は外敵の侵入を*阻止した We「*prevented* [*kept*] the enemy *from* invading. / （⇒中止させた）We「*stopped* [*put a stop to*] the invasion of the enemy. ∥ 彼らは実力でその法案の通過を*阻止した By resort to force, they *blocked* the passage of the bill.

そじ 素地（素質）aptitude Ⓒ；（基礎教育）grounding Ⓒ.《☞ そしつ》.

そしき 組織 ―[名]（特定の目的を持った人の集団）organization Ⓒ；（1 つにまとめて構成すること）formation Ⓤ；（系統だった 1 つの体系）system Ⓒ；（生物で，同じ細胞の集合部分）tissue Ⓤ. ―[動] organize ㊀；form ㊀；systematize ㊀. ―[形] systematic.《☞ こうせい²；こうぞう》.
¶その会社の*組織は複雑だ（⇒複雑な組織を持つ）The company has a complex *organization.* ∥ 彼らは新しい政党を*組織した They「*organized* [*formed*] a new political party. ∥ 私はこの会の*組織がどうなっているのかわからない（⇒どのように組織されているか）I don't know how this society *is organized.* ∥ 彼のやることは*組織立っていない（⇒系統的な素質に欠ける）He lacks a *systematic* quality in what he does. ∥ 彼は英語を*組織的に研究した He made a *systematic* study of English.
組織労働者 organized [union(ized)] worker Ⓒ.

そしつ 素質（そのものになる可能性）the makings ★通例 the を付けて複数形で；（すぐれた属性）quality Ⓒ；（適性）aptitude Ⓒ；（才能）genius Ⓒ；（潜在的能力）capabilities ★複数形で.《☞ さいのう（類義語）》.
¶彼にはすぐれた科学者になる*素質がある He has the「*makings* [*qualities*] of an excellent scientist. ∥ 彼女は語学の*素質がある She has a *natural aptitude* for languages. / （⇒才能がある）She has a *genius* for languages.

そして … and … ★語と語，文と文をつなぐ接続詞；（それから）(and) then ★話の時間的な経過・順序として次に起こることなどを示す言い方；（そしていまや）(and) now.《☞ それから；接続詞（欄外）》.
¶その子供は成長し，*そして立派な若者となった The child grew up「*and* became [*to* be] a fine young man. ∥ 彼は風呂に入り，*そして寝た He took a bath, (and) *then* went to bed. ∥ 彼女は病気がすっかりなおった. *そして元気に働いている She has recovered completely from her illness *and* is *now* working in good health.

そしな 粗品 ¶ほんの*粗品ですがどうぞ（⇒あなたがこれを好きならばうれしい）I hope you will like it. [参考]「粗品」というようなへり下った言い方を英語ではしない.《☞ つまらない；しるし》

そしゃく 咀嚼 ―[動]（一般的な語として，かむ）chew ㊀；（かみくだく）masticate ㊀ ★形式ばった語；（比喩的に，内容をよく理解する）digest ㊀. ―[名] chew Ⓤ；mastication Ⓤ；digestion Ⓤ.《☞ かむ¹》.

そしょう 訴訟（申し立てから結審までの）suit Ⓒ；（実際の裁判をも含めての）lawsuit Ⓒ；（特に訴訟の行為・手続きなど）action Ⓒ.《☞ うったえる；こくそ》.
¶民事[刑事]*訴訟 a「civil [criminal] *suit* ∥ 彼はその出版社に対して*訴訟を起こした He「filed a *suit* against [*sued*] the publisher. / He「took [brought] an *action* against the publisher. ∥ その*訴訟に勝てる見込みはない You have no「possibility [chance] of winning the *suit.* / （⇒その訴訟に負けるのはほぼ確実だ）It's「very likely [almost certain] that you will lose the *suit.* ∥ 彼は離婚*訴訟を取り下げた He withdrew his *suit* for divorce.
訴訟手続き legal proceedings ★複数形で.
訴訟人 suitor Ⓒ；（原告）plaintiff Ⓒ.

そじょう 俎上 ¶その会議では彼のことが*俎上にのぼった（⇒彼の事件が議題となった）His affair *was on the agenda* at the meeting.《☞ ぎだい》

そしょく 粗食（粗末な食物）coarse food Ⓤ；（貧しい食事）poor meal Ⓒ.《☞ しょくじ¹》. ¶*粗食（⇒質素な食事）は健康にいい A *simple diet* is good for the health.

そしらぬ 素知らぬ ¶彼は道で会っても*そ知らぬ顔をしている（⇒無視する）He always *ignores* me when we meet on the street. / （⇒わからないふりをする）He *pretends not to recognize* me when we see each other on

the street. 《☞ しらんかお》
そしる 誹る (悪く言う) speak ill of ...; (非難する) blame ㊐; (中傷する) slander ㊐. 《☞ けなす; ひなん¹》.
そすう 素数 〖数学〗 prime number Ⓒ.
そせい 蘇生 ━動 (生き返る) revive ㊐ ㊒ ★ 動物・植物などを生き返らせる意味にも，また比喩的に復活する意味にも使う; (生命を回復する) be restored to life. ━名 revival Ⓤ. 《☞ いきかえる》. ¶ 私たちはその溺れた子を*蘇生させようと努力した We made every effort to *revive* the drowned child.
そぜい 租税 (税金) tax Ⓒ; (課税) taxation Ⓤ. 《☞ ぜい; ぜいきん》.
そせいらんぞう 粗製乱造 mass production of articles of inferior quality Ⓤ. ¶ あの会社は*粗製乱造で有名だ That company is notorious for its *mass-produced inferior goods.*
そせき 礎石 (隅石) cornerstone Ⓒ; (基礎) foundation Ⓒ. 《☞ きそ¹; どだい》.
そせん 祖先 ━名 ancestor Ⓒ ★ 通例祖父母以前の祖先に用いる. 民族・国民の先祖を指すときは通例複数形で; forefathers ★ 通例複数形で. 文語的. 家族としての結び付きが強く，その土地に定住した先祖を意味する; (集合的に) ancestry Ⓤ. ━形 ancestral. 《☞ せんぞ; ルーツ; 親族関係 (囲み)》.
¶ 私の*祖先は藤原氏です (⇒ 私は藤原氏の系統を引いている) I *am descended from* the Fujiwara ｢family [clan]. / My *ancestors* were of the Fujiwara ｢family [clan].
そそう¹ 粗相 ¶ お客様に*粗相のないように (⇒ お客に失礼のないように気をつけなさい) Take care not to be *impolite* to (the) visitors. // 《子供などが》*粗相する have a toilet accident 《☞ しつれい; ふちゅうい》
そそう² 沮喪 ¶ その知らせを聞いて彼女はすっかり意気*沮喪した (⇒ 落胆[気落ち]した) She got ｢*disheartened* [*depressed*] at the news. 《☞ がっかり; くじける》
そぞう 塑像 plastic [plaster] figure Ⓒ.
そそぐ¹ 注ぐ **1** «液体を»: (水をかける) water ㊐; (水などをとぎれないように流す) pour ... (on ...; into ...) ★ 上にかける場合は on, 中に入れるときは into. また, ㊒ の用法もある; (流れ・川などが海・湖などに流れる) flow (into ...) ㊒.
¶ 茶わんに熱湯を*注いで約 3 分間そのままにして下さい *Pour* the boiling water *into* the cup and leave it for about three minutes. // ミシシッピー川はメキシコ湾に*注いでいる The Mississippi River ｢*flows* [*pours*] *into* the Gulf of Mexico.
2 «視線・注意・努力などを»: (全精力・注意などを 1 つの目的に集中する) concentrate (on ...) ㊐ ㊒; (注意などを 1 点に向ける) focus ㊐; (専念する) devote *oneself* (to ...); (視線などを 1 か所へ) fix ㊐; (注意・視線などをある方向へ向ける) turn ㊐. 《☞ せんしん; ちゅうもく; むける¹》.
¶ 彼はその仕事に心血を*注いだ (⇒ 全力を傾けた[専念した]) He ｢*concentrated on* [*devoted himself to*] the work. // 彼は英語の習得に全力を*注いだ (⇒ 精力[努力]を集中した) He ｢*concentrated* his energies [*focused* his efforts] *on* learning English. // 観衆の目はいっせいに壇上にいる男に*注がれた All the eyes of the audience *were turned on* the man on the platform. // 彼女は私にじっと視線を*注いだ She *fixed* her eyes ｢on [upon] me.
そそぐ² 雪ぐ (恥・汚名などを) wipe out ㊐; (名誉などを挽回する) recover ㊐.
そそくさ ¶ その男は*そそくさと立ち去った (⇒ 急いで行ってしまった) The man *hurried* ｢off [away]. / (⇒ 落ち着かない様子ですぐに行ってしまった) The man *seemed restless* and soon left the place. 《☞ そわそわ; 擬声・擬態語 (囲み)》
そそっかしい (軽率な) hasty; (不注意な) careless; (分別の足りない) thoughtless. 《☞ ふちゅうい; せっかち》. ¶ 彼は*そそっかしい He's ｢*careless* [a *careless* man].
そそのかす 唆す (ばからしいこと・悪いことなどを) egg on ㊐ ★ 口語的; (誘惑する) tempt ㊐; (扇動して…させる) incite ㊐; (悪いことをけしかける) instigate ㊐ ★ 以上 2 つは形式ばった語. 《☞ せんどう¹》.
¶ 彼女は彼を*そそのかしてその金を盗ませた She *egged* him *on* to steal the money. // 彼女は*そそのかされて (⇒ 誘惑されて) あんなばかなことをやったのです She *was tempted into* doing that foolish thing. // 彼は彼らを*そそのかして暴動を起こさせた He ｢*incited* [*instigated*] them to start the riot.
そそりたつ そそり立つ (高くそびえる) rise (high) ㊒, tower ㊒. 《☞ そびえる》. ¶ その山は雲の上に*そそり立っている The mountain ｢*rises* (*high*) [*towers*] above the clouds.
そそる (関心などを呼び起こす) arouse ㊐; (好奇心などを起こさせる) excite ㊐; (食欲などを刺激する) whet ㊐. 《☞ しげき》.
¶ その話は聴衆の興味を*そそった The story *aroused* the interest of the audience. [語法] この英文は興味を呼び起こしたことを意味するが，日本語の「興味をそそる」は「非常に興味を持たせる」という場合もあるので，その意味なら，The audience *was very much interested* in the story. とする. // 玉ねぎの風味が私の食欲を*そそった The onion flavor *whetted* my appetite. // そのポスターを見て少年は好奇心を*そそられた (⇒ ポスターが少年の好奇心をかきたてた) The poster *excited* the boy's curiosity.
そぞろ ¶ 彼女は気も*そぞろの様子だった (⇒ 気が転倒しているようだった) She seemed to *be upset.* // 海を見ていると*そぞろ悲しくなる (⇒ なぜだかわからないが) I don't know why, but I feel sad when I look at the ocean. 《☞ 擬声・擬態語 (囲み)》
そぞろ歩き (ぶらぶら歩き) stroll Ⓒ; (あてもなく歩くこと) ramble Ⓒ. 《☞ さんぽ》.
そだち 育ち (教育・しつけ) breeding Ⓤ; (発育) growth Ⓤ. 《☞ せいちょう¹; しつけ¹》.
¶ 私は田舎*育ちです (⇒ 田舎で育てられた) I *was brought up* in the country. / I'm

country-*bred.* // 彼は*育ちがよい (⇨ しつけがよい) He is well *bred.* // 氏より*育ち *Breeding* is better than birth.《ことわざ：生まれより養育のほうが大切》// 彼らはいま*育ち盛りだ (⇨ 急速に成長中だ) They *are growing* very fast.

そだつ 育つ (発育する) grow (up) (自); (養育される) be brought up.《☞ せいちょう[1]》.

¶ この土壌ではばらは*育たない Roses do not *grow* in this soil. // 私は北海道で生まれ，東京で*育ちました I was born in Hokkaido, but *grew up* in Tokyo. // 彼女の子供は母乳[人工ミルク]で*育った Her baby was ⌈breast [bottle] *fed.* // 彼女の息子は立派な若者に*育った Her son *has grown into* a fine young man. // 寝る子は*育つ (⇨ 赤ん坊は寝ている間に成長する) Babies *grow* (*up*) in their sleep.

そだてる 育てる (子供などを養育する) bring up (他),《米》raise (他) ★ 後者は「人」のみでなく「家畜・植物」などにも使う. 前者は「人」にしか使わない; (特に家畜を) breed (他); (人・動植物を育てる) rear (他) ★ やや改まった語だが,《英》では《米》の raise の代わりに family などを目的語とするときに用いられる; (大事に育てる) nurse (他); (訓練などで) train (他).《☞ しいく; かう[2]; ようせい[2]》.

¶ 私は田舎で祖父に*育てられた I *was brought up* in the country by my grandfather. // 彼女は息子を大切に*育てた She ⌈*brought up* [*raised*] her son with the tenderest care. // 彼は多くの弟子を*育てた (⇨ 教えた[訓練した]) He ⌈*taught* [*trained*] many students to be his successors. // 彼はその木を大事に*育てた He *nursed* the tree.

そち 措置 (手段・処置) measure [C] ★ しばしば複数形で; (段階的処置) step [C] ★ 以上2つは入れ替え可能なことも多い.《☞ しゅだん; しょち; たいさく[1]》.

¶ それに対して政府はどういう*措置をとるのであろうか What *measures* will the government take against it? / (⇨ それをどのように取り扱うつもりか) How is the government going to *deal with* it? // 彼は*措置を誤ったことを (⇨ 間違った手段をとったことを) 認めた He admitted ⌈having taken [taking] a wrong *step.* // 過激派に対しては警察は思い切った*措置をとった (⇨ 強い行動を起こした) The police took strong *action* against the radicals.

そちら (そこ) there; (離れている向こう) over there ★ 相手の国・地方などを指すときは your country などを用いることもある; (電話で) this,《英》that.《☞ あちら [語法]; そこ[2]; 電話の英語 (囲み)》.

¶ すぐ*そちらにまいります I'll be *there* right away. // *そちらにある別のを見せて下さい Please show me another one *over there.* // 「もしもし，*そちらは山田さんのお宅ですか」「はい，そうです. 太郎ですよ」 "Hello. Is *this* the Yamada residence?" "Yes, it is. This is Taro (speaking)."

そつ ¶ 彼は*そつのない (⇨ 抜け目のない) 男だ I've found him very ⌈*clever* [*smart*].《☞ ぬけめ》

そつう 疎通 ¶ 意思の*疎通 (⇨ お互いの理解) が欠けていたためにその問題が起こった The trouble started from a lack of *mutual understanding.*《☞ りかい》

ぞっか 俗化 ── [動] (下品にする) vulgarize (他); (通俗的にする) popularize (他); (だめにする) spoil (他). ── [名] vulgarization [U]; popularization [U]; spoiling [U].《☞ ぞく[1]》.

¶ 上高地は多くの観光客で*俗化してしまった Kamikochi *has been spoiled* by too many tourists. / (⇨ 多くの観光客が上高地の雰囲気を下品にした) The presence of too many tourists *has vulgarized* the atmosphere of Kamikochi.

そっき 速記 (単語を記号に変えて速く書く方法) shorthand [U]; (人の話すことを速記で書くこと) stenography [U].

¶ 彼女は私の言ったことを*速記した She wrote (down) what I said in *shorthand.* // 私は*速記を習いたい I want to take lessons in *stenography.*

速記者 stenographer [C] **速記術** shorthand (writing) [U], stenography [U] **速記録** stenographic [shorthand] record [C].

そっきょう 即興 ── [副] [形] (即席に[の]) impromptu, off the cuff; (譜面なしで) without a score. ── [動] (即興的に曲を作る) improvise (他) (自). ── [名] improvisation [U].

¶ *即興的な演説 an *impromptu* speech // 彼は結婚式の披露宴で*即興の演説をした He spoke ⌈*impromptu* [*off the cuff*] at the wedding reception. // 彼は*即興でピアノを弾いた (⇨ 楽譜なしで) He played the piano *without a score.* / (⇨ 即席に曲を作って) He *improvised* a ⌈tune [melody] on the piano.

即興曲 impromptu [C]《☞ 音楽 (囲み)》
即興詩 impromptu poem [C].

そつぎょう 卒業 ── [動] graduate (from ...) (自) [語法]《英》では大学卒業に限られるが,《米》では大学以外のほかの教育機関の修了にも用いられる.《英》では大学以外の場合は finish (他) を用いる. ── [名] graduation [U].《☞ 学校・教育 (囲み)》.

¶ 彼は2年前に大学を*卒業した He *graduated from* ⌈college [a university] two years ago. // 彼の息子は東西大学の医学部を*卒業した His son *graduated* in medicine *from* Tozai University. // 彼女はこの春高校を*卒業した She *graduated from* high school last spring. // 私は*卒業後は先生になりたい I'd like to be a teacher after ⌈*graduation* [I *graduate*].

卒業式 graduation [C],《米》commencement [C] **卒業試験** graduation examination [C] **卒業証書** diploma [C] **卒業生** graduate [C] **卒業論文** graduation thesis [C]《複 theses [θíːsiːz]》.

そっきん[1] 即金 ── [動] (現金で払う) pay (...) in cash (他) (自); (手付け金として払う) pay down (他).《☞ 買い物 (囲み); げんきん[1]》. ¶ *即金で払います I'll *pay in cash.* // *即金で5千

そ

円払い, 後は月賦にします I'll *pay* 5,000 yen *down* and the rest in monthly installments.

そっきん² 側近 (…に近い人) those close to …; (補佐する人) aide Ⓒ; (顧問団) brain [《英》 brains] trust Ⓤ.

ソックス socks ★ 通例複数形で. 数えるときは a pair [two pairs] of socks. 《☞ くつした; 衣服 (囲み)》.

そっくり **1** «全部» ━[代] (全部) all ★副詞・形容詞としても用いる; (すべて) everything. ━[名] (全体) the whole. ━[形] whole; (元のままで) intact. 《☞ ぜんぶ¹; すべて (類義語); みな; 擬声・擬態語 (囲み)》.
¶ 持ち物を*そっくりとられた (⇒ 私の物すべてを) I had *all* my things stolen. // 私の持っているものは*そっくりあなたにあげます I'll give you *all* (that) I have. / You can have *everything* (that) I have. // 彼は貯金を*そっくり株に投資した He invested *the whole* of his savings in stocks. // なくしたお金は*そっくり返ってきた The money I lost was returned *intact*.
2 «似ている» ━[形] (同じような) like; (異なったものが類似している) similar (to …) ★前者のほうがより口語的. ━[動] (形・性質の上で似ている) resemble ㊀. ━[名] resemblance Ⓤ. 《☞ にる¹; 擬声・擬態語 (囲み)》.
¶ 彼女は姉に*そっくりだ She is ⌈just [very] *like* her sister. / She *resembles* her sister (in appearance). ★前者のほうが口語的. // 彼の性格は母親に*そっくりだ He is *very like* his mother in character. / His character is *very like* that of his mother. / His character ⌈has [bears] a strong *resemblance* to that of his mother. [語法] 以上 3 文は以上の順に形式ばった表現となる. // 君の立場は私の立場と*そっくりだ (⇒ 類似している) Your position is *similar to* mine. // この文章は私のと*そっくりだ (⇒ そのままの引き写しのようだ) This passage seems to be an *exact copy* of mine.

そっくりかえる 反っくり返る ━[副] (もったいぶって) in a ⌈pompous [dignified] manner 《☞ ふんぞりかえる; いばる (類義語)》.

そっけつ 即決 ━[動] (その場で決める) decide … on the spot. ━[名] (すばやい決定) prompt decision Ⓒ; (裁判) summary decision Ⓒ.

そっけない 素っ気ない ━[形] (ぶっきらぼうな) curt; (言動などがぞんざいな) short; (乱暴な) brusque; (あからさまな) blunt; (冷淡な) icy; (よそよそしい) cold; (愛敬がない) dry; (遠慮会釈のない) flat. ━[副] curtly; brusquely; bluntly; coldly; dryly, drily; flatly. 《☞ ぶっきらぼう; よそよそしい》.
¶ 彼女は私に*そっけない返事をした She gave me a ⌈*curt* answer [*brusque* reply]. // 彼女は彼に*そっけない態度だった (⇒ 彼を冷たくあしらった) She *gave* him *the cold shoulder*. // そう*そっけなくするなよ (⇒ もう少し親切であってもよいはずだ) You should be a little *kinder* to me. // 彼女に*そっけなく断られた (⇒ 彼女は私をきっぱりと断った) She gave me a *flat* refusal. // 彼女の家へ行ったが*そっけなくされた (⇒ 冷たい接待を受けた) I got a *cold* reception at her house.

そっこう¹ 即効 ━[名] (即座の効果) immediate effect Ⓒ. ━[動] (すぐに治す) cure … quickly. 《☞ ききめ》.
¶ この薬は歯痛に*即効がある (⇒ この薬はあなたの歯痛をすぐ治すだろう) This medicine will *cure* your toothache *quickly*. / This medicine has an *immediate effect* on toothache. / (⇒ これは歯痛の即効薬です) This is a *quick remedy* for a toothache.

そっこう² 速攻 (速やかな攻撃) swift attack Ⓒ; (バスケットボールなどの) fast break Ⓒ ★相手が防御の態勢を整える前に攻める方法. 《☞ こうげき》.

ぞっこう 続行 ━[動] (続ける) continue ㊀ ㊀. ━[名] continuation Ⓤ. 《☞ つづける》.
¶ 会議は昼食後も*続行された (⇒ 続いた) The meeting *continued* after lunch. // 試合は雨の中で*続行された (⇒ 雨にもかかわらず試合は続いた) The game (*was*) *continued* in spite of the rain.

そっこうじょ 測候所 meteorological ⌈station [observatory] Ⓒ ★俗には weather station Ⓒ. 《☞ かんそく; 天候の表現 (囲み)》.

そっこく 即刻 (直ちに) immediately, at once; (いますぐ) 《口語》 right away; (時を移さず) in no time; (猶予なく) without delay. 《☞ すぐ (類義語); ただちに》. ¶ それを*即刻やりなさい Do it ⌈*immediately* [*right away*]. // 彼は*即刻帰国を命じられた (⇒ 猶予なく) He was ordered home *without delay*.

ぞっこん ¶ 私は彼の作品に*ぞっこんほれこんだ (⇒ 深く印象づけられた) I *was deeply impressed by* his work. // 彼はその女の子に*ぞっこんほれこんでいる (⇒ 深く愛している) He is *deeply in love with* the girl. / (⇒ 彼女に首ったけ) The girl is *all in all* to him. 《☞ 擬声・擬態語 (囲み)》

そっせん 率先 ━[動] (先頭に立つ) take the ⌈lead [initiative] in …; (第 1 番目に…する) be the first to *do*; (他に範を示す) set an example. 《☞ せんとう¹; まっさき》.
¶ 彼女はいつも*率先して部屋の掃除をする (⇒ 掃除を始める第 1 番の人だ) She *is* always *the first to* start cleaning the room. / (⇒ 先頭に立つ) She always *takes the lead in* cleaning the room. ★第 1 文のほうがより口語的. // 彼は*率先してその計画を実行した (⇒ 最初に行動を起こした) He *took the initiative in* carrying out the plan.

そっち (そちらのもの) that one; (そちら) there, over there ★後者は相手が離れた所にいる感じの場合; (そっちの方) that way, in that direction ★ほぼ同意だが, 後者のほうが改まった言い方; (あなた) you. 《☞ そちら; それ; そこ²》. ¶ *そっちのを見せて下さい Please show me *that one*. 《☞ 買い物 (囲み)》 // 私が*そっちへ行きましょう I'll come *over there*. 《☞ ゆく (類義語)》

そっちのけ ━[動] (さておく) lay aside ㊀; (怠ける) neglect ㊀; (無視する) ignore ㊀;

そ

(考慮に入れない) pay no attention to ... 《☞ ほったらかす》.

¶ 彼は勉強を*そっちのけにして (⇒ おろそかにして) サッカーばかりやっている He spends all his time playing soccer, *neglecting* his studies. // 当分この仕事は*そっちのけです (⇒ やめておくしかない) For some time I have to *lay aside* this work. // 彼は乗客の安全など*そっちのけだった (⇒ 注意を払わなかった) He *paid no attention* to the safety of the passengers.

そ

そっちゅう 卒中 〖医学〗 apoplexy [ǽpəplèksi(ː)] Ⓤ; (発作) stroke Ⓒ. 《☞ 病気・病院 (囲み)》. ¶ 彼は*卒中で倒れた He had a *stroke (of apoplexy)*.

そっちょく 率直 ━形 (意見などが遠慮のない) frank ★ 最も一般的な語で, 以下の語の代わりにも使える; (単刀直入の) straightforward; (誠実でごまかしをしない) candid; (何でもずけずけ言う) outspoken; (隠し立てをしない) open. ━副 frankly; straightforwardly; candidly; outspokenly; openly. ━名 frankness Ⓤ; straightforwardness Ⓤ; openness Ⓤ. 《☞ ざっくばらん》.

¶ 彼は非常に*率直な人だ He is a very ˹*frank* [*outspoken*; *candid*] person. // この件についてあなたの*率直な意見を伺いたい I'd like to hear your ˹*frank* [*straightforward*] opinion about this matter. // 彼は私の質問に*率直に答えた He answered me *candidly*. // *率直に言うとあなたの計画には反対です To be ˹*frank* [*candid*] with you [(⇒ 本当のことを言うと) *To tell the truth*], I am not for your plan. 《☞ 不定詞 (欄外)》 // *率直に言ってごらん (⇒ ありのままを言いなさい) Try to *call a spade a spade*. ★「鋤(すき)のことは鋤と呼べ」という意味の慣用句. / (⇒ 自由に心の内を話しなさい) Speak your mind *freely*.

そっと (音を立てず静かに) quietly; (優しく静かに) softly; (軽く) lightly; (内緒で) secretly, in secret; (こっそりと隠れるようにして) stealthily. 《☞ ひそか; こっそり; 擬声・擬態語 (囲み)》. ¶ 彼女は*そっと部屋から出て行った She left the room ˹*quietly* [*stealthily*]. / (⇒ こっそり[こそこそ]出て行った) She ˹*stole* [*sneaked*] out of the room. // 彼女は*そっと私の手を取った She took my hand *softly*. // 私は*そっとピアノに触ってみた I touched the piano *lightly*. // 彼女は*そっと秘密を教えてくれた (⇒ ささやいた) She *whispered* the secret ˹*to* me [*in my ear*]. // ここから*そっとのぞいてごらん Have a *peek* through here. // しばらくは*そっとしておいて下さい (⇒ ほっておいてくれ) Please *leave* me *alone* for a while.

ぞっと ¶ 彼の話を聞いて*ぞっとした (⇒ 彼の話は私を震えさせた) His story made me *shudder*. / (⇒ 恐怖でいっぱいになった) I *was horrified at* his story. / (⇒ 彼の知らせは私にぞっとする感じを与えた) His story gave me *the creeps*. ★ creeps は恐怖というよりもいやでぞっとする意味が強い. // あの事件は考えただけでも*ぞっとする (⇒ 身震いする[恐ろしくなる]) I ˹*shudder* [*am horrified*] at the mere thought of the incident. // へびを見ると*ぞっとする (⇒ へびは寒気をもよおさせる) Snakes give me the ˹*shivers* [*creeps*]. 《☞ すごい (類義語); おそろしい; 擬声・擬態語 (囲み)》

そっとう 卒倒 ━動 (気を失う) faint ⓐ; (気を失って倒れる) collapse ⓐ. ━名 faint Ⓒ. 《☞ きぜつ; しっしん[1]》. ¶ 彼女はその知らせを聞いて*卒倒した She ˹*fainted* [*collapsed*] at the news.

そっぱ 反歯 projecting tooth Ⓒ 《複 teeth》.

そっぽ そっぽを向く ━動 (目をそらす) look away ⓐ; (顔をそむける) turn away ⓐ; (軽蔑する) turn up *one's* nose at ...

¶ 彼女は道で会っても*そっぽを向く (⇒ 目をそらす) She *looks away* when we happen to meet on the street. // みんなは私の提案に対して*そっぽを向いていた (⇒ 鼻であしらった) Everybody *turned up* ˹*their noses* [*his nose*] *at* my proposal. 【語法】 everybody は単数として扱われるのが原則だが, 口語的にはこのような場合 they で受けることが多い. 《☞ 性・数・人称の一致 (欄外)》

そで 袖 (衣服の) sleeve Ⓒ; (舞台の) the wings ★ the を付けて複数形で. 《☞ ながそで; そでなし; 衣服 (囲み)》

¶ *袖の短いシャツ a short-*sleeved* shirt // 彼は*袖をまくった He ˹turned [rolled; tucked] his *sleeves* up. // ない*袖は振れぬ Nought will be nought. 《ことわざ: 無はいつまでたっても無だ》

袖の下 (わいろ) bribe Ⓒ, money under the table Ⓤ ★ 後者は比喩的な言い方で, ちょうど日本語の「袖の下」に当たる. 《☞ わいろ》.

ソテー (料理) sauté [soutéi] Ⓒ 《☞ 料理の用語 (囲み)》.

そでぐち 袖口 (服・ワイシャツのカフス) cuff Ⓒ 《☞ 衣服 (囲み)》.

そてつ 蘇鉄 〖植物〗 cycad [sáikəd] Ⓒ.

そでなし 袖なし ━形 sleeveless. ━名 (袖なしのブラウス) sleeveless blouse Ⓒ.

そと 外 ━名 (外側) outside Ⓤ; (屋外) the outdoors. ━形 outside. ━副 outside; outdoors. 《☞ おくがい; こがい》.

¶ *外はもうすっかり暗い It's quite dark *outside*. // 雨が降っていたので私たちは*外へ出なかった Since it was raining, we didn't go *outdoors*. // ここにいれば*外からは見えない Stay here and you cannot be seen from the *outside*. // *外は気持ちがいいね It's very pleasant to be *out*, isn't it? 《☞ It の用法 (欄外); 付加疑問 (欄外)》 // 彼は窓から*外を眺めた He looked *out* the window. 【語法】 これは《米》用法で, out は 前. 《英》では look out of ... // 我々の計画が*外にもれそうだ (⇒ もれるのではないかと思う) I'm afraid our plan will leak *out*.

そとがわ 外側 ━名 (外の表面) the outside (↔ the inside) ★ 最も一般的な語; (特に外面の部分) the exterior ★ やや形式ばった語; the outer ˹part [side] ★ 外に広がる部分をいう. ━形 outside; exterior; outer. 《☞ がわ; がいめん; がいぶ》.

¶ 彼女のコートは内側がウールで*外側が毛皮だ Her coat is wool on the inside and fur on *the outside*. // 建物の*外側はコンクリートとガラスです *The exterior* of the building is made of concrete and glass.

そとづら 外面 (外見) appearance Ⓒ, exterior Ⓒ, externals ★ 普通は複数形で; (外部の特徴) outward feature Ⓒ. 《☞ がいけん》. ¶ 人は*そとづらだけではわからないものです (⇒ 他人を外見で判断すべきではない) We must not judge others by *appearances*. / Don't judge people by mere *externals*. // 彼は*そとづらだけはとてもいい (⇒ 彼は家族以外の人にはみんな愛想がいい) He is very affable to everyone except his own family.

そとば 卒塔婆 stupa Ⓒ ★「仏舎利塔」の意.

そとまわり 外回り (周囲) circumference Ⓤ; (外勤) outside work Ⓤ. 《☞ しゅうい; がいきん》.

そなえ 備え (蓄えなどの準備) provision Ⓤ; (物品などの用意) preparations ★ この意味では通例複数形で; (防備の施設) defense (《英》 defence) Ⓒ; (設備) equipment Ⓤ. 《☞ じゅんび; ようい[1]; そなえる》.

¶ 地震に対する*備えは大丈夫だ (⇒ よく用意されている) We *are* well ⌈*provided* [*prepared*] *against* earthquakes. // 私たちは老後[将来]の*備えをしておかなければならない We have to make *provision* for ⌈old age [the future]. // *備えあれば憂いなし Lay up ⌈for [against] a rainy day. 《ことわざ: 困ったときのために何か取って置け》

そなえつけ 備えつけ ── 形 built-in 《☞ つくりつけ》. ¶ *備えつけの本棚 *built-in* bookshelves

そなえつける 備え付ける (必要なものを供給する) prcvide ⑱; (家具などを部屋に) furnish ⑱; (設備などを) equip ⑱; (器具などを) install ⑱. 《☞ せつび》.

¶ そのアパートは家具が全部*備え付けてあります (⇒ 家具付きのアパートだ) That is a *furnished* apartment. // その部屋にはクーラーが*備え付けてあった The room *was provided with* an air conditioner. // 各教室にテレビが*備え付けてある (⇒ 各教室はテレビを持つ) Every classroom *has* a TV in it. / (⇒ テレビが設置されている) Every classroom *is equipped with* a TV.

そなえもの 供え物 offering Ⓒ.

そなえる[1] 備える **1** «設備をする»: (必要なものを装備する) equip ⑱; (保存して管理する) keep ⑱. 《☞ そうび; せつび》. ¶ この船はレーダーを*備えている (⇒ 装備されている) This ship *is equipped with* radar. // 入手可能の辞書は全部学校の図書館に*備えてある All the dictionaries available *are kept* in the school library.

2 «準備をする»: (特定の目的のためにあらかじめ用意する) prepare ⑱ ⓐ; (将来に対して必要な準備をする) provide for ...; (事態などに対して必要な対策をする) provide against ... 《☞ じゅんび; そなえ》.

¶ 彼は入試に*備えて勉強している He *is preparing for* the entrance examination. // 敵の襲撃に*備えた We *prepared for* the enemy attack. // お金をためて将来に*備えなさい Save money and *provide for* the future.

そなえる[2] 供える offer ⑱, make an offering. ¶ 私は無名戦士の墓に花輪を*供えた I *offered* a wreath on the tomb of the Unknown Soldier.

ソナタ sonata Ⓒ 《☞ 音楽 (囲み)》.

そなわる 備わる (家具などが備え付けられている) be furnished with ...; (生まれつき才能に恵まれている) be gifted with ... 《☞ そなえつける; せつび; さいのう》. ¶ 彼には絵の才能が*備わっていた He *was* ⌈*endowed* [*gifted*] *with* a talent for painting.

そねみ 嫉み (嫉妬) jealousy Ⓤ; (うらやみ) envy Ⓤ. 《☞ しっと》.

その 《指示形容詞》(話者から離れた位置にあるものを指して) that 《複 those》 (↔ this 《複 these》) [語法] 英語では指示詞には this 《複 these》 と that 《複 those》 しかない. this は日本語の「これ」または「この」とだいたい対応するが, that は「あれ」「あの」と「それ」「その」の両方に当たる. 区別は前後関係もしくは that book in your hand (=あなたが手に持っているその本) のように, 付加する語句で示すほかない. 《☞ あの; この; 代名詞 (欄外)》.

¶「*そのかばんはどこで買ったの」「パリで買ったんだよ」"Where did you buy *that* bag?" "In Paris." //「*その本は何の本ですか」「これは英会話の本です」"What kind of book is *that*?" "This is an English conversation book." // *その本は皆あなたのですか Are all *those* books yours? ★「その」が英語では複数に対応することもある点に注意. // *その日私は不在でした I was not at home on *that* day. [語法] このように「日・時」などを示すのにも that を用いる. このような that ⌈day [time] は場合によっては日本語の「あの日[時]」にも当たる. // *その映画はもう見ました I have seen *that* movie already.

そのうえ その上 (さらに) besides, moreover; furthermore; (...に加えて) in addition to ...; 《口語》 on top of ...; (その上悪いことに) what is worse; (その上よいことに) what is better.

【類義語】思いつき程度に補足するときに用いられ, 通例よくない事が重なる場合に用いられるのが **besides**. **besides** より形式ばっていて, 重要または強調的な事柄を追加する場合に多く用いられるのが **moreover**. **besides** や **moreover** が用いられた後に, さらに付け加えて述べる場合に用いられるのが **furthermore** である. **besides** より少し形式ばっていてまわりくどい表現になるのが **in addition to ...** 口語的で, 前述したこととは異なる状況の追加に用いられるのが **on top of ...** 《☞ おまけに; それに》

¶ 私たちは疲れて歩けなかったし, *その上雨まで降り出した We were too tired to walk; *besides*, it began to rain. // その本は内容もあまりおもしろくないし, *その上高すぎる The contents of the book don't interest me very much. *Besides*, it's too expensive. // その山はけわしく, 岩がごつごつしていて, *その上斜面には氷が一面に張り詰めていた The mountain was steep and rugged; *moreover*, its sides were coated with ice. // 岡田先生は学校で教えているが，*その上放課後は個人的に音楽を教えている Miss Okada teaches at school. *In addition to that,* she gives private music lessons after school. // *その上おまけに彼は病気になってしまった *On top of* everything else, he got ill. // 途中で暗くなり，*その上悪いことには雨が降り出した It got dark on the way, and ⌈*what was worse* [*to make matters worse*; *worse still*], it began to rain.

そのうち (すぐに) soon; (まもなく) before long; (いつの日か) someday, some day; (いつか) some time; (近いうちに) one of these days ★ 会話でよく用いる. 《☞ すぐ; やがて》.
¶ 彼は*そのうちに到着するでしょう He will *soon* arrive. // *そのうちに月が出るでしょう *Before long* the moon will come out. // *そのうちにお訪ねします I will visit you ⌈*someday* [*one of these days*; (*some time*) *in the* (*near*) *future*].

そのくせ still, and yet; for all ...; nevertheless.
【類義語】接続詞的に文や節の前に置かれて反対の意味を強く表すのが ***still***. ほぼ同意で少し文語的なのが ***and yet***.「…で[が]あるにもかかわらず」という意味で，やや感情的な含みのあるのが ***for all ...*** 副詞であるがよく接続詞的にも用いられて，「それにもかかわらずなお」と強く反対の意味を表すのが ***nevertheless***. 《☞ しかし (類義語); だが; 譲歩の表現 (囲み)》
¶ 娘は友人が欲しいと言うのですが，*そのくせ外には出たがらないのです My daughter says that she wants friends; *still* she doesn't like to go out. // 彼はよく僕の悪口を言うが，*そのくせ彼は僕が好きなんです He often says bad things about me, but he likes me ⌈*all the same* [*for all that*]. // 彼らは文句ばかり言っているが，*そのくせ働こうとしない They are always complaining ⌈*, and yet* [*; nevertheless*] they won't work.

そのくらい (同じくらいの数の) so [as] many; (同じくらいの量の) so [as] much; (その程度の) that much. 《☞ それくらい; -くらい; 量の表し方 (囲み)》.

そのご その後 (その後で) after that; (後で) afterward, afterwards ★ 事の順序に重点がある.《英》では後者のみ; (のちほど) later ★ 時間的に後であることを強調する; (以来) since ...; (その時からずっと) from that time on. 《☞ それから; あと[1]; -ご》.
¶ *その後３年して，彼らは大阪へ引っ越した They moved to Osaka three years *after that.* // キャッチボールをして，*その後泳ぎに行った We played catch and then went for a swim *afterward.* // *その後１か月してその本は出版された A month *later* the book was published. // 父は先週の (⇒ この前の) 金曜日に出かけて，*その後ずっと留守です Father left last Friday and has been away *since* then. //「*その後いかがですか」「まあまあでした」"How *have* you *been?*" "I've been all right." ★「その後」は現在完了形の意味に含まれる.

そのころ その頃 (その時) that time, then; (その当時) in those days. 《☞ とうじ[1]》.
¶ *そのころのことは何も覚えていません I remember nothing about *that time.* // 彼女は*そのころはもっとずっとほっそりしていた She was much thinner ⌈at *that time* [*then*]. // *そのころはまだテレビが発明されていなかった Television had not yet been invented *in those days.* // *そのころまでにはそれを終えているでしょう I will have finished it by *that time.*

そのた その他 ― 代 (残りのもの全部) the others. ― 名 (残りの人たち・残りのもの) the rest [語法] the rest が主語で，数えられるものを指すときは動詞は複数，数えられないものを指すときは単数で受ける. ― 副 (…など) and so ⌈forth [on] [語法] so に強勢を置いて言う. forth を使うのは形式ばった言い方で，on のほうがくだけた日常語; etc. ★ ラテン語 et cetera [et-sét(ə)rə] (and other things) の略で，元来書き言葉で用いられる記号であったが，最近は話し言葉で用いられることもある. and so ⌈on [forth] とも読む. 《☞ エトセトラ (欄外)》. ― 形 (その他の) other; (それ以上の) further. 《☞ ほか; そのほか》.
¶ 彼が行った後で，*その他の人たちは議論を再開した After he left, *the others* resumed the discussion. // *その他の学生は教室にいます *The rest* of the [*The other*] students are in the classroom. // その本にはチョーサー，シェークスピア，ポープ，バイロン，*その他の詩人の詩がのっています The book contains poems by Chaucer, Shakespeare, Pope, Byron, ⌈*etc* [*and others*]. [語法] 人を示す場合は and so forth より and others がよい.

そのつど その都度 (そのたびごとに) each time ★ 回数を１回ずつ区別していう意味あいが強い. 《☞ -たび》. ¶ コピー機械を使うときは，*そのつど私に断って (⇒ そう言って) 下さい When you use the copying machine, please ⌈tell me so [let me know it] *each time.*

そのとおり その通り You are right., That's right. ★ いずれも会話で相づちを打ち，相手の言ったことを認めるときの表現. 単に Right. とも言う. 《☞ 相づち (囲み)》. ¶「私は B より A がよいと思います」「*そのとおりです」"I think A is better than B." "*You're right.* / *That's right.*" [語法]「私もそう思う」という意味で，I think so, too. と言ってもよい.

そのとき その時 then; at that time ★ then よりも at that time のほうが特定の時間を限定する意味が強い; at that moment, at that instant ★ どちらも瞬間性を強調する; (ある特定の場面で) on that occasion. 《☞ 時・期間の表し方 (囲み)》.
¶ あなたは*そのとき何をしていましたか What were you doing ⌈*at that time* [*then*]? // *そのときまで待っていたが，彼は来なかった I waited until *then,* but he didn't come after all. // *そのときまでにはこの仕事は済ませます I'll have finished the work by *that time.* // 私は*そのときから彼女には会っていません I haven't seen her since *then.* // *そのとき，遠くで雷

鳴が聞こえた *At that instant* there was a roll of thunder in the distance. // そのパーティーにはいらっしゃいましたか. *そのとき私は K 氏と知り合いになったのです Did you come to the party? I got acquainted with Mr. K *on that occasion.* // 私が寝ようとしていたちょうど*そのとき彼が電話をかけてきた I was about to go to sleep. Just *then* he called me up.

そのば その場 (そこ) there; (場所) the place; (地点) the spot; (場合) the occasion; (場面) the situation. 《☞ ば》.
¶ *その場に居合わせた人たちはみんなびっくりした Everybody *there* was surprised. / Those who happened to be *there* were all surprised. ★ 前者のほうが口語的. // *その場でそう言えばよかった I should have said so ⌈*on the spot* [*then and there*]. // 私は事故のとき*その場にいませんでした I was not *there* when the accident took place.
その場限り ― [形] (一時的な) temporary; (内容はともかく, 間に合わせのための) makeshift; (返事・口実など, 口から出まかせで) glib. ¶ 彼女はよく*その場限りの言い訳をする She often makes *glib* excuses.

そのひ その日 (その日に) (on) that day; (強調して, まさにその日に) (on) the very day; (強調して, その同じ日に) (on) the same day.
¶「彼らは月曜日にニューヨークに着いたのですか」「いいえ, *その日にニューヨークを発ったのです」"Did they arrive in New York on Monday?" "No. They left New York (*on*) *that day.*" // *その日に限って私はお金を持ち合わせていなかったのです I did not have any money with me *on that particular day.*

そのひぐらし その日暮らし ― [動] (その日暮らしをする) live from hand to mouth. ¶ 当時私は*その日暮らしだった I used to *live from hand to mouth* in those days.

そのへん その辺 (そのあたり) around there; (その近くに) near there; (どこか) somewhere. 《☞ このへん; へん[2]》. ¶「僕の本, どこにあるか知らないか」「*その辺で見たよ. でも, どこだったか覚えていない」"Don't you know where my book is?" "I've seen the book *somewhere,* but I don't remember where." // *その辺のところはよくわかりません (⇒ そのことについては確信がない) I am not quite sure of *it.*

そのほか その外 ― [名] (残りのもの) the rest. ― [代] (その他のもの) the others. ― [副] (そのほかに) else. 《☞ そのた; ほか》. ¶ 必要なだけ取って*そのほかは私に返して下さい Take what you want and give *the rest* back to me. // *そのほか何がいりますか What *else* do you want?

そのまま ¶「この机はどこに動かしましょうか」「*そのままにしておいて下さい」"Where shall I move this desk?" "Please leave it *as it is.*" // 彼は家に帰ると*そのまま (⇒ すぐ, 寝巻きにも着替えずに) ベッドに潜り込んだ *As soon as* he got home, he went to bed *without changing into pajamas.* // 彼は宿題を*そのままにして遊びに行った He went out to play with his homework *left unfinished.* 《☞ まま; このまま》

そのみち その道 (専門・職業) the line ★ 口語的; (研究の分野) the field; (芸道) the art. ¶ 彼女は*その道の大家です She is ⌈a specialist in [an expert on] this ⌈*subject* [*line*].

そのもの その物 ― [名] the very thing. ― [代] 《強調用法》 itself. 《☞ 強調の表現 (囲み); 再帰代名詞 (欄外); じたい[3]》.
¶ これは私が捜していたまさに*そのものです This is *the very thing* I have been looking for. // 庭は雑草だらけだったが, 家*そのものはよい状態でした The yard was full of weeds, but the house *itself* was in good condition. // あなたは健康*そのものですね (⇒ 健康を絵にしたものだ) You are *the picture of* health, aren't you?

そば[1] 側 **1** 《わき》: (…の近くに) by …; (…のわきに) beside …; (…の側に) by the side of …, at the side of …; (人・物のわきに) at [by] …'s side; (すぐ近くに) close ⌈to [by] …; (…の次に) next to …
【類義語】一般的には,「…の近くに, …のわきに」を表すが, 左右の近接関係だけでなく, 前後, 上下の近接関係をも含んでいるのが ***by*** である. 横の位置を明確にするには ***beside, by the side of.*** 前は in front of, 後ろの位置は behind などを用いる. 人や物の「わきに」,「わきで」という意味で副詞句の働きをするのが ***at …'s side*** と ***by …'s side*** である. ほとんど接触するばかりに近い位置関係を示すのが ***close to*** や ***close by.*** 前後, 左右の位置よりも, 順序関係に力点を置くのが ***next to*** である. これは2つの物や人の間に介在物を置かないで, それぞれの物・人が隣接している状態を表す. 《☞ わき; よこ; かたわら》
¶ テーブルはベッドの*そばにあります The table is *by* the bed.
池の*そばに小さな公園があります There is a small park *by* the pond.
彼女は友達の*そばに座った She sat *beside* her friend.
樫(かし)の木が家の*そばにある The oak tree is *beside* the house.
その建物の*そばに車をとめた I parked my car *by the side of* the building.
彼は銀行の*そばの駐車場へ行った He went to the parking lot *at the side of* the bank.
私の*そばに来て座りませんか Why don't you come and sit *by my side*? 《☞ 提案・勧告の表現 (囲み)》
彼女の母親は彼女が病気の間中ずっと*そばについていた Her mother was *by her side* all through her sickness.
私たちの家は小学校のすぐ*そばにある Our house is *close to* the elementary school.
彼のすぐ*そばのあの男の人はだれですか Who is that man *next to* him?
彼女は私の*そばに寄ってきた She came *close* (*up*) *to* me. [語法] close は [副] で「すぐそばに」の意味.
2 《付近》 ― [前] (…の近く) near … (↔ far) [語法]「…から近い」という日本語を直訳して near from … とするのは誤り; (…あたりに)

about ..., around ... ★ 人や物の周辺にある状態. ―副 near ; (近所に) in the neighborhood ★ 特定の場所または人々を中心に考えていう表現 ; (すぐ近くに) nearby ★ 主として《米》. 距離が近いことを表す. ―形 near ; (近所の・近くの) neighboring, nearby. 《☞ ふきん¹ ; きんじょ ; あたり¹》.

¶ 私の祖父母は湖の*そばの家に住んでいます My grandparents live in a house *near* the lake. ∥ 君と山田君とどっちが駅の*そばに住んでいますか Who lives *in the neighborhood of* the station, you or Yamada? 《☞ 選択の表現 (囲み)》 ∥ 彼は学校の*そばに住みたがっている He wants to live *near* his school. ∥ その古城の*そばには森があった Woods lay *around* the old castle. ∥ 彼の息子と娘はすぐ*そばの学校に通っている His son and daughter go to school *nearby*.

そば² 蕎麦 (そば・そばの実) buckwheat Ⓤ ; (加工品) buckwheat noodle Ⓒ ; *soba* Ⓤ. 《☞ 食事 (囲み)》. **そば屋** *soba* shop Ⓒ, *soba* restaurant Ⓒ. 《☞ 店の呼び名 (囲み)》.

そばかす ―名 freckle Ⓒ. ―形 (そばかすのある) freckled. ¶ その少年は顔に*そばかすがあります The boy has a *freckled* face.

そばづえ 側杖 ¶ 他人のけんかの*そばづえを食った I *was involved in* other people's quarrels. 《☞ まきぞえ》

ソビエト ―名 (政府・人民) the Soviets ★ 複数形で. ―形 (ソビエトの) Soviet.

ソビエト連邦 the Soviet Union ★ 公式名は「ソビエト社会主義共和国連邦」the Union of Soviet Socialist Republics《略 U.S.S.R.》. 通称ソ連は Soviet Russia または単に Russia ともいう. また Soviet だけでは国名として使われないことに注意. 《☞ ソれん》.

そびえる 聳える rise ㊀, tower ㊀ ★ 後者のほうがより文語的. 《☞ そそりたつ; たかい¹ (類義語)》. ¶ 遠くの方に高いビルが*そびえている You can see tall buildings *rising* in the distance. ∥ 入口には大きな木が*そびえている There is a *towering* tree by the gate.

そびやかす 聳やかす (肩を) raise *one's* shoulders ; (肩をいからせる) draw (up) *one's* shoulders. 《☞ かた¹》. ¶ 肩を*そびやかして歩く (⇒ 威張って歩く) swagger

-そびれる (機会を失う) miss a chance to *do* ; (予想通りにうまくいかない) fail to *do*. 《☞ -そこなう》. ¶ 彼に大事なことを言い*そびれてしまった I ⌈*failed* [*missed the chance*] *to* let him know the important things.

そふ 祖父 grandfather Ⓒ 《☞ おじいさん ; 親族関係 (囲み)》.

ソファー sofa Ⓒ, couch Ⓒ ★ 後者はひじかけが片方だけの長いすをいうこともあるが, 区別は厳密ではない. 《☞ いす (類義語)》.

ソファーベッド sofa bed Ⓒ.

ソフト soft (↔ hard) 《☞ やわらかい》.

ソフトウェア (コンピューターの) software Ⓤ (↔ hardware) 《☞ コンピューター (囲み)》.

ソフトクリーム soft ice cream Ⓒ.

ソフトボール softball Ⓤ ★ ボールの意味では Ⓒ. 《☞ スポーツ (囲み)》.

そふぼ 祖父母 grandparents 《☞ そふ ; そぼ ; 親族関係 (囲み)》.

ソプラノ 〔音楽〕 soprano [səprǽnou] Ⓤ ★ 形 としても用いられる ; (歌手) soprano Ⓒ. 《☞ 音楽 (囲み)》. ¶ 彼女は*ソプラノで歌っています She sings *soprano*.

そぶり 素振り (習慣的または特徴的な態度) manner Ⓒ ; (心構え) attitude Ⓒ ; (様子・外見) air Ⓒ. 《☞ ようす ; たいど》. ¶ 彼女は楽しそうな*素振りで話しました She talked in a pleasant *manner*. ∥ 彼女は私につれない*素振りをする (⇒ 彼女は冷たい) She is cold toward me.

そぼ 祖母 grandmother Ⓒ 《☞ おばあさん ; 親族関係 (囲み)》.

そぼう 粗暴 ―形 (乱暴で手に負えず, 行動が危険な) violent ; (荒っぽくて優しさのない) rough (↔ gentle); (無軌道な) wild. ―名 violence Ⓤ ; roughness Ⓤ ; wildness Ⓤ. 《☞ らんぼう ; そや》.

そぼく 素朴 ―形 (飾り気や見えがなく質素な) simple ★ この語は人に用いると「お人好しで愚かな」という悪い意味になる ; (子供のように天真らんまんで純朴な) naïve, naive [nɑːíːv] ★ この語はしばしば「お人好しで知恵が足りない」という悪い意味になる ; (世間的に悪ずれしていない) unsophisticated (↔ sophisticated). ―名 simplicity Ⓤ ; naïveté, naiveté [nɑ̀ːiːvtéi] Ⓤ. 《☞ じゅんしん ; たんじゅん》.

¶ *素朴な生活 a *simple* life ∥ *素朴な田舎娘 a *naive* [an *unsophisticated*] country girl ∥ 彼らの家は*素朴な感じの家です Their house is *simple* in style.

そまつ 粗末 **1** «上等でないこと» ―形 (質が悪く貧弱な) poor ★ 意味の広い一般的な語 ; (飾りがなく簡素であっさりした) plain ; (見えを張らず, 質素で控え目な) humble ; (質が劣っていて粗野な) coarse ; (使い古されていてみすぼらしい) shabby ; (見た目がみじめで, みすぼらしい) miserable. 《☞ しっそ》.

¶ その男は*粗末な衣服を着ていた The man wore ⌈*poor* [*shabby*] clothes. ∥ あの役者の演技はお*粗末でした (⇒ あの役者はお粗末な演技を与えた) The actor gave a ⌈*poor* [*miserable*] performance. / The actor's performance was *miserable*. ∥ 彼らの食べ物は*粗末なものだ They eat *coarse* food. ∥ ホワイト一家は農場の*粗末な小屋に住んでいました The Whites lived in a *humble* cottage on a farm.

2 «おろそかに扱う» ―動 (物を不注意に扱う) be careless ⌈of [about] ... ; (人を不親切に扱う) treat ... ⌈unkindly [coldly]; (人をないがしろにする) neglect ㊉; (むだ使いする) waste ㊉. 《☞ ないがしろ》.

¶ 体を*粗末にしてはいけません. 体が資本ですから Don't ⌈*be careless of* [*neglect*] your health ; health is a real asset. ∥ 親を*粗末にしてはいけません You must not ⌈*treat* your parents *unkindly* [*neglect* your parents ; *be unkind to* your parents]. ∥ たった 1 枚の紙でも*粗末にしてはいけません You must not *waste* even a single piece of paper.

そまる 染まる **1** «色がつく»: (染料によって) dye ⓐ《☞ そめる》. ¶ この生地はよく*染まらない This cloth will not *dye* well. // その男は血に*染まって (⇒ 血に覆われて) 倒れていた The man was found lying *covered* in blood.
2 «感染する»: (悪い影響を受けている) be infected with ... 《☞ かぶれる》. ¶ 子供たちが社会の悪に*染まるのを防がなくてはならない We must prevent children from *being infected with* the evils of society.

そむく 背く **1** «従わない»: (命令に従わない) disobey ⓗ; (命令を無視する) disregard ⓗ; (法律などに違反する) violate ⓗ; (規則を破る) break ⓗ. 《☞ いはん (類義語); やぶる》.
¶ 彼は上司の命令に*背いた He *disobeyed* his boss. // 彼は私の指図に*背いた He *disregarded* my instructions.
2 «反する» ¶ ご期待に*背かないようがんばります (⇒ ご期待に沿うよう最善を尽くすつもりです) I'll do my best to *meet* your expectations. 《☞ うらぎる》

そむける 背ける (顔[視線]をそらす) turn *one's* ⌈face [eyes] away from ... 《☞ そらす¹》. ¶ 私はあまりにもむごたらしい光景に思わず顔[目]を*そむけた (⇒ そむけざるを得なかった) I could not help *turning my* ⌈*face* [*eyes*] *away from* the unutterably cruel sight.

そめる 染める (染料で) dye ⓗ; (比喩的に) tinge ⓗ. 《☞ そまる》. ¶ 彼女は服を赤く*染めた <S(人)+V(*dye*)+O(物)+C(色)> She *dyed* the dress red. // 彼女は髪を金髪に*染めている She has her hair *dyed* blonde. // 入り日が山々を薄くばら色に*染めた The sinking sun *tinged* the mountains with rose.

そもそも **1** «第一に»: (まず第一番目に) in the first place; (まず始めに) to begin with.
2 «いったい» ¶ *そもそもの事の始まりは何ですか Tell me how *on earth* the whole thing started. 《☞ いったい¹》

そや 粗野 **—**形 (上品さのない) coarse; (品の悪い) vulgar; (乱暴な) rough; (無作法な) rude. **—**名 coarseness Ⓤ; vulgarity Ⓤ; roughness Ⓤ; rudeness Ⓤ. 《☞ らんぼう; ぶさほう》. ¶ 彼の*粗野な言葉づかいにだれもがあきれた Everyone was shocked by the ⌈*coarse* [*vulgar*] words he used.

そよう 素養 (知識・学識) knowledge Ⓤ 《☞ がくもん; きょうよう¹》. ¶ その学者には中国古典の*素養があった That scholar had considerable *knowledge* of Chinese classics.

そよかぜ 微風 breeze Ⓒ, light gentle wind Ⓒ. 《☞ かぜ¹》. ¶ *そよ風が木の葉を揺り動かした The ⌈*breeze* [*light gentle wind*] stirred the leaves. // きょうは*そよ風が吹いている It is *breezy* today.

そよぐ 戦ぐ (さらさらと軽い音を立てる) rustle [rʌ́sl] ⓐ; (揺れる) sway ⓐ; (軽く動く) stir ⓐ. 《☞ かぜ¹; ゆれる》. ¶ 木の葉が風に*そよぐ The leaves *rustle* in the wind. // 池のほとりの葦(あし)が風に*そよいでいる The reeds by the pond *are swaying* in the wind.

そよそよ **—**副 gently, softly. 《☞ かぜ¹; そよかぜ; 擬声・擬態語 (囲み)》. ¶ 春風が*そよそよ吹いている The spring wind is blowing ⌈*gently* [*softly*].

そら¹ 空 **1** «天»: the sky 【語法】 複数形 skies が用いられる場合は広がり・連続性を強調する用法で, しばしば「空模様」「天候」の意味となる.「ある状態の空」の意味で形容詞が付くと不定冠詞が用いられる; (空中) the air. 《☞ てん²; くうちゅう; 冠詞 (欄外)》.
¶ 台風が接近して*空が暗くなった *The sky* turned dark as the typhoon approached. // 夕焼け*空は晴天のしるし A crimson *sky* in the evening is a sign of a fair day. // どんよりとした*空だと憂うつです Gray *skies* get people down. // 現在の*空の旅はとても速い *Air* travel is now very fast.
2 «天候»: weather Ⓤ 《☞ てんき¹; 天候の表現 (囲み)》. ¶ *空が怪しい The ⌈*weather* [*sky*] looks threatening. // 女心と秋の*空 Women are as ⌈wavering [changeable] as the wind. 《ことわざ: 女は風のように心が定まらない》
空色 **—**名 sky blue Ⓤ. **—**形 sky-blue. 《☞ 色 (囲み)》 **空模様** the looks of the sky ★ しばしば複数形で; (天候) weather Ⓤ. 《☞ 天候の表現 (囲み)》. ¶ この*空模様ではあすは雪になるかもしれません Judging from [From] *the looks of the sky* we may have snow tomorrow.

そら² (何かを述べる前に注意を引きつけるとき) Look!; (いいかい) See here. 《☞ ほら¹; さあ; 感嘆詞 (欄外)》. ¶ *そら, 見せてあげよう *Look*! I'll show it to you. // *そら, バスが来た *Here* comes the bus! // *そらみなさい (⇒ そう言ったでしょう) *I told you so*!

そらおそろしい 空恐ろしい ¶ 私はいまの大国の軍拡競争を見ていると*空恐ろしくなる (⇒ 強い不安を感じる) I *feel a strong anxiety* watching the current arms race of the major powers. 《☞ ふあん; おそろしい》

そらす¹ 逸らす **1** «目を»: turn *one's* eyes away from ... 《☞ そむける》. ¶ 彼女は私から目を*そらした Her eyes *avoided* mine. // 私はぎらぎら輝く太陽から目を*そらした I *turned my eyes away from* the glare of the sun.
2 «話を»: (話題を変える) change the ⌈topic [subject] (into ...) 【語法】「...から...へ」というときは from ... into ... となる. ¶ 話を*そらさないで下さい Please don't *change the subject*.
3 «注意や気を»: (物事から人の注意などをそらす) divert ⓗ.

そらす² 反らす (垂直の状態から後ろに曲げる) bend ... backward 《☞ そる²; まげる》.

そらぞらしい 空空しい **—**形 (偽りの) false; (誠意や意味のない) empty; (疑わしくて信じられない) thin; (信じられない) unbelievable. 《☞ みえすいた; しらじらしい》.
¶ 彼はだれにもわかるような*そらぞらしいことを言った He made a *false* statement which anyone could have seen through. // 彼女はいつも*そらぞらしい言い訳をします She's always making *thin* excuses.

そらで 空で ¶詩を*そらで覚える(⇒暗記する) *memorize* the poem / *learn* the poem *by heart* 《☞ あんき》

そらとぼける 空とぼける ―動 (知らないふりをする) pretend not to know … ―名 false innocence Ⓒ. 《☞ しらばくれる》.

そらなみだ 空涙 crocodile tears ★複数形で. 《☞ なみだ》.

そらに 空似 ―名 accidental resemblance Ⓒ. ―動 be like … by chance. 《☞ にる[1]》. 他人の空似 ☞ たにん

そらまめ 空豆, 蚕豆 broad bean Ⓒ.

そらみみ 空耳 (聞き違い) mishearing Ⓤ; (空想) imagination Ⓤ ★「空想したもの」の意味では Ⓒ. ¶彼女の声が聞こえたと思ったが*空耳だった I thought I heard her but I found it was only my *imagination*.

そり[1] 橇 ―名 (遊びのための, 小型の) sled Ⓒ; (馬で引くもの) sleigh Ⓒ; (大型で荷物運搬用の) sledge Ⓒ. ―動 go on a sled, sled 自. ¶*そり滑りに行きましょう Let's go *sledding*.

そり[2] 反り (曲線を描くように曲がっていること) curve Ⓒ; (本来は真っすぐな物に力が加わって曲がっていること) bend Ⓒ; (板などのゆがみ) warp Ⓒ; (橋などの反り) arch Ⓒ.
¶この刀の*反りは美しい(⇒この刀は美しい反りをもっている) This sword has a beautiful *curve*. // この板には*反りがある There is a *warp* in this board. / (⇒この板は反っている) This board *is warped*. / This board has a *warp*.
反りが合わない (完全に意見が一致しない) do not see eye to eye 《☞ うま[1] (うまが合う)》. ¶「彼は奥さんとうまくいっていますか」「いいえ, 何事においても*反りが合わなくて, 結婚は暗礁に乗り上げると思います」"Is he getting along well with his wife?" "No. They *don't see eye to eye* on anything, and I'm afraid their marriage will go on the rocks."

そりかえる 反り返る **1** «曲がる»: (反って後ろに曲がる) bend backward 自; (木材が反る・反らせる) warp 自 他, get warped. 《☞ そる[2]; まがる (類義語)》. ¶部屋の湿気で床が*反り返った(⇒部屋の湿気が床を反り返らせた) The dampness of the room *warped* the floor.
2 «威張る»: (ふんぞり返って歩く) swagger 自 《☞ いばる (類義語)》.

そりゅうし 素粒子 elementary particle Ⓒ.

そる[1] 剃る shave 他 自 《☞ かみそり; ひげ[1]》. ¶電気かみそりで顔を*そる *shave* with an electric razor // ひげを*そり落とす *shave off* …'s beard

そる[2] 反る (平らな板が乾燥や収縮で曲がる・曲がらせる) warp 自 他; (物が湾曲する) curve 自; (体や指が後方に曲がる) bend backward 自. 《☞ まがる (類義語)》. ¶日なたで板が*反った The board *has been warped* in the sun. // この鉄パイプは左に*反っています This steel pipe *curves* to the left.

それ **1** «話者と相手から離れた所にあるものを指して»: 《指示代名詞》 that 《複 those》 [語 法] 英語では日本語の「これ」「それ」「あれ」(これらをそれぞれ近称・中称・遠称と呼ぶ) の3つの区別に対して, this 《複 these》, that 《複 those》 の2種類の区別しかしない. this はほぼ日本語の「これ」に相当するが, that は「それ」と「あれ」との両方に当たる. すなわち相手の近くにあるもの (それ) と, 話し手と話し相手の両方から離れた所にあるもの (あれ) の2つが that によって表されるのである. 英語ではこれらの区別は前後関係, もしくは that in your hand (=あなたが持っているそれ) のような付加的な語句によって判断するしかない. 《☞ これ; あれ; 代名詞 (欄外)》.
¶「*それは何ですか」「地図ですよ[これは地図ですよ]」"What's *that*?" "It's a map [This is a map]." ★答えの文の It は「それ」とは訳せないことに注意. // 「よし子さん, *それは何」「これは花よ」"What's *that*, Yoshiko?" "These are flowers." [語 法] 質問した人は相手が手に持っている物が何かわからないので単数形を用いて尋ねるが, 答える人はその物が複数なら複数形で答える. // *それは名案だ *That*'s a good idea. [語 法] このように,「考え」「行動」など目に見える具体的な物でなくても, 相手に関することなら that で表してよい.
2 «1度話題にのぼったものを受けて»: that, it [語 法] 指示的な意味があれば常に that を用いる. 指示の意味がなく, 単に話題にのぼったものを形式的に受ける場合は it を用いる. このような形式的な用い方をする人称代名詞の it に対応する日本語の表現はない. 例えば,「これは何ですか」という質問に対して,「それはボールペンです」と答える場合の日本語は, 相手の持っている物を指し示して言うのであるから, 英語では常に "*That*'s a ball-point pen." となる. ところが,「あれは何ですか」に対して「地図ですよ」と日本語では主語抜きで答えるような場合は, 英語では "*It*'s a map." と it を用いる. (この it は「それ」という日本語には決して訳せない. しいて言えば「あれ」に当たることに注意). すなわち, ごく軽い意味で, 1度話題にのぼった物を受ける it には, 指示する意味はなく, 日本語では通常表現されないのである. つまり, 日本語の「それ」は常に指示詞であって, 英語の that に対応する. ただし, 翻訳調の日本語では,「それ」をある程度 it に対応させる場合がある. 《☞ 代名詞 (欄外); It の用法 (欄外)》.
¶「あなたはその話を知っていますか」「(*それは) 知っていますよ」"Do you know the story?" "Yes, ˈI do [I know *it*]." // 「君はその映画を見たかい」「うん, *それならとっくに見たよ」"Did you see the film?" "Yes, I did. I saw ˈ*that* [*it*] already." [語 法] that とすると, 英語では強調的. 日本語では, 強調のないときは「うん, とっくに見たよ」と「それ」を省いて言うであろうから, 日本語で「それは」と言う場合にはやはり強調的である. 従って that と訳すほうがよい. // *それは知らなかった I didn't know *that*. ★前文と同じ理由で it より that を用いるほうがよい.

それから (その後) after that; (後で) afterward, afterwards ★《英》では後者のみ; (それ以来) since then; (その次に) (and) then; (そ

して) ... and ... ; (...の後に) after ... 《☞ そのご; -いらい; そして》.

¶ *それから彼は人間がガラッと変わったみたいだった He seemed to be quite another man *after that*. // 7月に事故にあって, *それからずっと彼は入院している He had an accident in July and has been in the hospital ｢*ever since* [*since then*]. // 私は7時に帰宅したが, *それからすぐ後に父が帰ってきた I came home at seven and Father came home soon *afterward*. // 午後9時半に芝居が終わり, *それから夜食を食べに行った The play ended at 9:30 p.m., *and then* we went to have supper. // *それからそれへと問題が起こってきた Troubles followed *one another*.

それきり ☞ それっきり

それくらい (そんなこと) that; (数) so many; (量) so much; (それしきのこと) such an unimportant thing. 《☞ -くらい》.

¶ *それくらいのことなら私だってできます I can do *that*, too. // 彼の考えなんか*それくらいのものさ *So much for* his idea. ★ 軽蔑の意味が含まれる. // あまり食べすぎないように. *それくらいで (⇒ もう) やめておきなさい Don't overeat. Stop eating *now*. // *それくらいのことでくよくよするな Don't worry about *such a small thing*.

それこそ — 形 (まさにそのもの) very. — 副 (ちょうど) just; (実に・本当に) indeed ★ 形式ばった語. — 接 (まるで...のように) as if ..., like ... 《☞ まさに; 強調の表現 (囲み)》.

¶ *それこそ彼の欲しがっていた辞典です That is the *very* dictionary he wanted. / That is *just* the dictionary he wanted. // *それこそ私の必要だったものだ That is *just* what I needed. // 失敗すると, *それこそ (⇒ 本当に) 困りますよ If you failed, you would *indeed* be in trouble. 《☞ 仮定の表現 (囲み)》 // *それこそ (⇒ あたかも) 億万長者にでもなったような気分だった We felt *as if* we were billionaires. 《☞ 強調の表現 (囲み)》

それぞれ — 副 each; respectively. — 形 each; respective [語 法] each は通例単数名詞の前で用いられ, それを受ける述語動詞や代名詞は単数形が原則.

【類義語】ある範囲内の物すべてを個別的に指すのが **each** で, 平易な日常語. 単数として扱われる. 文の中で決められた順序でそれぞれの語の対応関係を明示するときに用いられるのが **respectively**. 《☞ めいめい[1]; べつべつ; ここ[2]》

¶ その子供たちは*それぞれりんごを2個ずつもらった The children were given two apples *each*. // 彼は太郎と次郎とよし子に*それぞれ1000円, 500円, 300円を与えた He gave Taro, Jiro and Yoshiko 1,000 yen, 500 yen and 300 yen *respectively*. // 贈り物は*それぞれ別々の包みに包まれていた *Each* gift was wrapped in a separate package. // 彼らは*それぞれ自分の部屋を持っている *Each* of them has his or her own room. [語 法] his だけで受けることもあるが, 男女が混じっている場合は正確には his or her とするのがよいとされる. // チームのメンバーは*それぞれ全力を尽くさなければならない *Each* member of the team must do ｢their [his; her; his or her] best. [語 法] each は単数として扱われるのが原則だから, his, her (女性だけのメンバーの場合), または his or her で受けるのがよいとされるが, 実際にはしばしば they という複数の代名詞が呼応する. 特に長めの文で, each とそれを受ける代名詞の距離が遠い場合にそうなりやすく, 口語では一般に認められている. 《☞ 性・数・人称の一致 (欄外)》

それだから (理由・結果を表す) so; (それが...である理由だ) that is why ... ★ いずれも会話でよく使われる表現. 《☞ だから; -ので; 理由の表し方 (囲み)》.

それだけ ¶ 言いたいことは*それだけですか *Is that all* you want to say? // *それだけでは足りない *That* is not enough. // *それだけ勉強すれば (⇒ 勉強したのだから) きっと100点がとれるよ I'm sure you will get a perfect grade because you have studied *so* hard. // *それだけはどうしても今週中に仕上げたい I want to finish *that* by all means by the end of this week. // いま出れば*それだけ早く着きます If you start now, you'll get there *the* earlier. 《☞ -だけ》

それっきり — 動 (物事が一時的に停止している) be suspended; (棚上げされる) be shelved. — 副 (それ以来) since. 《☞ -きり》.

¶「いくら持っている」「千円」「*それっきりかい」"How much money do you have?" "One thousand yen." "*Is that all* you have?" // 話題は*それっきりになりました The topic of our conversation *was dropped*. // その件は*それっきりになっています The matter *has been suspended*. / (⇒ 未解決のまま) The matter *remains unsettled*. // 彼からは5年前に手紙をもらって*それっきりだ (⇒ それ以後手紙をもらっていない) I got a letter from him five years ago, but I haven't heard from him *since*.

それで (そして) ... and ...; (それから) then. 《☞ そして; それから》. ¶ *それであなたはどうしたのですか What did you do, *then*?

それでいて (それにもかかわらず) and yet, nevertheless; (それでもなお) still; (それでいて) all the same. 《☞ そのくせ (類義語); 譲歩の表現 (囲み)》. ¶ 夜更かしは体に悪いのだが, *それでいてやめられない Staying up late is not good for my health, ｢*and yet* [*but still*] I can't break the habit.

それでは (それではいったい) then; (そうならば) if so; (その場合には) in that case.

¶「これはあなたの車ですか」「いいえ」「*それではだれのです」"Is this your car?" "No, it isn't." "Whose is it, *then*?" [語 法] then は下がり調子のイントネーションで言う. //「*それでは何をしましょうか」「トランプをしましょう」"What shall we do, *then*?" "Let's play cards." //「あしたは忙しいんです」「*それでは, きょういらっしゃいませんか」"I'll be busy tomorrow." "*If* so, why don't you come today?" 《☞ 提案・勧告の表現 (囲み)》 // *それではきょうはこれでやめましょう *Well*, ｢that's all [so much] for today.

それでも (しかし) but ...; (それでもなお) still; (それにもかかわらず) and yet ..., nevertheless; (しかしながら) however, ... ; (...にもかかわらず) for all ... 《☞ 接続詞 (欄外); 譲歩の表現 (囲み); そのくせ (類義語); しかし (類義語)》.
¶ *それでもまだ信じられない *Still* I can't believe it.

それどころか (反対に) on the contrary ★ 前に言われたことと正反対のことを言う; (少しも...でない; ...とはとんでもない) far from ... 《☞ -どころか; はんたい》.
¶「彼の家に行ったことがありますか」「*それどころかまだ会ってもいないんです」"Have you ever been to his home?" "No. I haven't *even* met him." //「彼女は怒ったかい」「*それどころか大喜びだったよ」"Did she get angry?" "*Far from* it. She was very pleased. / *On the contrary*, she was very pleased."

それとなく ━副 (間接的に) indirectly. ━動 (ほのめかして言う) hint ㊀, suggest ㊀. 《☞ とおまわし; ほのめかす》. ¶ 彼女は彼の申し出を*それとなく断った She declined his offer *indirectly*. // 彼女は*それとなく (⇒ あなたがほのめかしを感づくように) そう言ったのでしょう I guess she said so, so that you could *take the hint*.

それとも ... or ... 《☞ あるいは; 選択の表現 (囲み); 接続詞 (欄外)》. ¶「これはあなたのカメラですか, *それとも彼女のですか」「私のです」"Is this camera yours *or* hers?" "It's mine."
[語法] イントネーションは or の前で上がり, 文末で下がる. 答えには yes, no は使わない.

それなのに (しかし) but ... ; (それでいてなお) yet ... ; (それにもかかわらず) nevertheless ; (それどころか反対に) on the contrary ; (...にもかかわらず) for all ... 《☞ そのくせ (類義語); 譲歩の表現 (囲み)》.
¶ 皆彼を待っていた. *それなのに彼は現れなかった Everybody was waiting for him, *but* he didn't show up. // 私たちは彼が喜ぶと思っていた. *それなのに彼は怒りだした We thought he would be pleased. *On the contrary* he got angry.

それに (その上) besides ; (さらに) moreover ★ 以上 2 つは入れ替え可能な場合もある; (それに加えて) in addition to that, on top of that ★ 後者がより口語的. 《☞ そのうえ (類義語)》.
¶ 行きたくないんです. *それに気分が悪いですから I don't want to go; (and) *besides* I am sick. // 彼は利口な少年ですし, *それにたいへん勤勉です He is an intelligent boy. *Moreover* he is very hardworking. // 彼は失業し, *それにたくさんの借金もしていた He lost his job and *on top of that* he was deeply in debt.

それにしても (それでもなお) still; (それにもかかわらず) for all that. 《☞ それでも; しかし (類義語)》. ¶ 事実だとはわかっているが, *それにしても信じられない I know it is a fact, but *still* I can't believe it. // *それにしても彼は責任を逃れられないだろう *For all that*, I don't think he can escape responsibility.

それにつけても (依然として) still ; (しかし一方では) but on the other hand. 《☞ それにしても》. ¶ 彼は 3 年前に亡くなったが, *それにつけても彼の偉大さがしのばれます (⇒ 彼の業績は依然として, 彼の偉大さを私たちに思い出させる) He died three years ago ; his works *still* remind us of his greatness.

それはそうと (話が変わって, ところで) by the way ★ 話題を変えるときに使う ; (さて) well ; (話題を変えるならば) to change the subject. 《☞ ところで ; さて》. ¶ *それはそうと, 今週オリオン座でやっている新しい映画を見ましたか *By the way*, have you seen the new 「picture [movie] showing at the Orion-za Theater this week?

それほど (そんなに) so ; (それほど (多く)) so 「much [many] ★ much は量を示し, many は数を示す ; (その程度まで) so far ; (それほどでもない) not very. 《☞ そんなに ; あまり[2]》.
¶ *それほど彼女が好きなら結婚を申し込んだらいい If you love her *so much*, why don't you propose to her? // 1 か月に*それほどいりますか Do you need *so* 「*much* [*many*] for one month? // *それほどまでしなくていいよ You don't have to go *so far*. //「あの映画はおもしろかったですか」「*それほどでもなかったです」"Was the movie interesting?" "*Not very*."

それまで 1 《その時まで》: (その時までずっと継続して) up to that time, till [until] then ★ until のほうがやや改まった言い方. 文頭では until が普通 ; (その時までに) by 「that time [then]. 《☞ -まで (類義語)》.
¶ *それまで万事順調でした Things went smoothly *up to that time*. // パーティーは 7 時に始まりますから, *それまでにおいて下さい Our party begins at seven, so please come *by* 「*that time* [*then*]. // *それまで彼が病気だということがわからなかった *Until then*, I did not know he was ill.
2 《そんなに》: (それほどに) so [that] much 《☞ そんなに; それほど》. ¶ *それまで心配しなくてもいいです You don't have to worry 「*so* [*so much*].

それゆえ therefore ★ 少し形式ばった言い方で, 日本語の「それゆえ」に近い ; (従って) accordingly ★ therefore とほぼ同意に用いられることもある. 《☞ -から ; 理由の表し方 (囲み)》.

それる 逸れる (弾丸などが) miss ㊀; (行為などが正しい道から外れる) go astray ㊁; (話が中心の考えからそれる) wander 「off [from] ..., stray from ... ; (針路を急に変える) swerve ㊁. 《☞ そらす[1] ; はずれる》.
¶ 彼の弾は的から*それた His bullet *missed* its mark. // 私たちは道から*それてしまったようだ (⇒ 間違った道に来た) I'm afraid we've 「*come* [*gone*] *the wrong way*. // 彼の話は本題から*それた He 「*wandered* [*strayed*] *from* his subject. 《☞ だっせん》// その車は急に左に*それた The car *swerved* to the left suddenly.

ソれん ソ連 ━名固 the Soviet Union, Soviet Russia ★ 前者のほうが普通. また単に Russia ということもある ; (正式名として「ソビエト社会主義共和国連邦」) the Union of Soviet Socialist Republics《略 U.S.S.R.》. **━形** Soviet.《☞ ソビエト; ロシア》.

ソ連人 (全体) the Soviets　**ソ連政府** the Russian Government; (新聞・テレビなどの報道では) Moscow, the Kremlin.

ソロ solo Ⓒ《複 ~s, soli [sóuli:]》《☞ どくそう³; どくしょう; 音楽 (囲み)》.

そろい 揃い (関連性のあるものの組) set Ⓒ; (上着・ズボンまたはスカートを含めての衣服一そろい) suit [sú:t] Ⓒ; (家具などの一そろい) suite [swí:t] Ⓒ.《☞ セット; 衣服 (囲み)》.

¶ 衣服一*そろい a *suit* of clothes [参考] a man's suit といえば, 三つぞろい (上着 (coat), ズボン (trousers), チョッキ (vest)) を指す.《☞ 衣服 (囲み)》 ∥ 6 個で一*そろいのワイングラスが欲しいのですが I'd like six matching wine glasses *in a set*. ∥ 彼の姉妹はお*そろいのドレスを着ていました His sisters wore *the same sort of* dresses.《☞ おそろい》 ∥ お*そろいで (⇒ みんなで) お出かけですか Are ⌈*all* of you [you *all*] going out?

-ぞろい …揃い (全部が) all; (ただ 1 つの例外もなく) without a single exception; (…のどれもが) every …, every one of …《☞ ぜんぶ¹》. ¶ あの美術館の絵画はみんな傑作*ぞろいです (⇒ すべての絵画が傑作だ) *All* the paintings in that art ⌈museum [gallery] are masterpieces.

そろう 揃う **1** «集まる» **━動** (集まる) gather ⓐ; (出会う・会合する) meet ⓐ; (特別の目的のために集まる) assemble ⓐ ★ gather や meet よりも改まった語.《☞ あつまる (類義語)》. ¶ 生徒が教室に*そろった All the students *gathered* in the classroom. ∥ みんな*そろいましたか (⇒ みんなここにいますか) *Is* everybody *here*?

2 «同じになる» **━動** (等しい) be equal; (高さ・平面などが同じ) be even with …; (同形である・均一である) be uniform.《☞ おなじ》. ¶ 能力の点では彼らは皆*そろっている They *are* all *equal* in ability. ∥ あの生け垣は門の高さに*そろっている That hedge *is even with* the gate.

3 «完全になる» **━形** (そろって・完全な) complete. ¶ この図書館にはディケンズの小説が全部*そろっています This library has a *complete* set of Dickens' novels.

そろえる 揃える **1** «並べる»: (組織的に並べる) arrange ⓗ; (きちんと順序・秩序正しく整える) put [set] … in order.《☞ ならべる》.

¶ 彼女は書類をアルファベット順に*そろえた She ⌈*put* [*arranged*] the papers *in* alphabetical *order*. ∥ 脱いだあとスリッパをきちんと*そろえておきなさい *Place* the slippers neatly *side by side* after you have used them.

2 «一定にする・同時にする» **━動** (一定にする) make … even with …; (足並みをそろえる) keep step with … **━副** (声をそろえて) in chorus; (同時に) at once, at the same time.

3 «整える»: (準備する) get [make] … ready《☞ じゅんび; とりそろえる》.

¶ お茶の道具を*そろえて下さい Please *get* the tea things *ready*. ∥ もう教科書は*そろえましたか (⇒ 必要な教科書をすべて持っているか) Do you have *all the necessary* textbooks? ∥ わが校は優秀な先生を*そろえています (⇒ わが校は優秀な教師陣を持っている) Our school *has* an excellent teaching *staff*.

そろそろ **1** «まもなく» **━副** (まもなく) soon, before long; (ほぼ…) almost.《☞ やがて; まもなく》. ¶ *そろそろ出かけよう Let's *get going*. ∥ *そろそろ冬だなあ It will be winter ⌈*before long* [*soon*]. ∥ *そろそろお茶の時刻だ It is *almost* time for tea.

2 «ゆっくり» **━副** slowly; (次第に) gradually; (少しずつ) little by little ★ 口語的.《☞ ゆっくり; じょじょに》. ¶ 老人は*そろそろと歩いて行った The old man walked away *slowly*.

ぞろぞろ **━副** (水の流れのように絶え間なく) in a stream; (次から次へと) one after another ★ このような日本語の擬態語は, 英語では対応する副詞を当てるより, 内容をくんで意訳するほうがよい場合が多い.《☞ 日本語と英語 (欄外); 擬声・擬態語 (囲み)》.

¶ 人々がホールから*ぞろぞろ出てきた The people came out of the hall *in a stream*. ∥ その男の後を子供たちが*ぞろぞろとついて歩いた (⇒ 一団の子供が) A *group* of children walked after him.

そろばん 算盤 abacus [ǽbəkəs] Ⓒ《複 ~es, abaci [ǽbəsài]》.

¶ あなたは*そろばんができますか Can you use an *abacus*? ∥ *そろばんを入れてみましょう (⇒ そろばんで計算してみよう) Let's count on the *abacus*. ∥ 彼女は*そろばんの 2 級を持っています She's got a second grade certificate in *abacus* calculation. ∥ そんな商売をしても*そろばんが合わない (⇒ そんな商売は採算がとれない) Such business doesn't *pay*.

そわそわ **━形** (神経質で落ち着かない) nervous; (じっとしていることができない) restless; (うきうきと興奮して落ち着きのない) excited. **━副** nervously; restlessly; excitedly.《☞ 擬声・擬態語 (囲み)》. ¶ 彼は試験の前にはいつも*そわそわしている He is always *nervous* before an exam. ∥ 彼は彼女とデートがあるので*そわそわしているようだ He seems *excited* because he has a date with her.

そん 損 **1** «損失» **━名** (利益などを失うこと) loss Ⓒ. **━動** (お金などを失って損をする) lose ⓗ; (損失者となる) be a loser; (損失をこうむる) suffer a loss; (むだにする) waste ⓗ.《☞ そんがい》.

¶ あの仕事で 1 万円*損をした I *lost* ten thousand yen on that job. / That job *lost* me ten thousand yen. [語法] この場合の lose は「…に…の損失を与える」の意味. ∥ その会社は大*損した The company *suffered a* heavy *loss*. ∥ 正直にしていて*損はない (⇒ 正直は引き合う) Honesty *pays*. ∥ あんな壊れた古い車を買って*損 (⇒ お金をむだに) した I *wasted* my money when I bought that broken-down old car. ∥ 骨折り*損のくたびれもうけだっ

た (⇒ 私の努力はむだだった) All my efforts *were wasted.*

2 《不利》 ―名 disadvantage Ⓤ (↔ advantage) ★「不利な条件」「不利な立場」の意では Ⓒ. ―形 disadvantageous; (割の悪い・他人にありがたく思われない) thankless; (報いの少ない) ill-paid. 《☞ ふり¹》.

¶ 背が低いのは満員電車の中では*損です Being short is a *disadvantage* in a crowded train. // 私は*損な役目 (⇒ ありがたくない仕事) を引き受けた I've taken on a *thankless* job.

そんがい 損害 (傷や害をこうむったための) damage Ⓤ; (利益などの損失) loss Ⓒ; (戦闘などの人的損害) casualty Ⓒ. 《☞ ひがい》.

¶ 火災による*損害は約 6 千万円といわれる The *damage* caused by the fire is said to be about sixty million yen. // あらしで多数の家屋が*損害を受けた (⇒ あらしが多くの家に損害を与えた) The storm *damaged* many houses. // 洪水はその地域の農場に大*損害を与えた The flood ˹*did* [*caused*] great *damage* to the farms in the area. // その市は今回の地震で甚大な*損害を受けた The city *has suffered* ˹serious [heavy] *damage* from the recent earthquake. // わが社は大*損害だ (⇒ 大損した) Our company [We] *suffered a* heavy *loss.*

損害賠償 compensation for damage Ⓤ **損害保険** accident [nonlife] insurance Ⓤ.

¶ 私は 500 万円の*損害保険に入っています I carry five million yen *accident insurance.*

そんけい 尊敬 ―名 (一般的に) respect Ⓤ ★ 日本語の「尊敬」のように頭を下げる崇拝の念は含まれず, 高く評価して名誉を与える意味が中心; (深い尊敬) reverence Ⓤ ★ respect より深い感じを含む少し改まった言葉. deep respect とほぼ同意. ―動 respect ㊀, have respect for ...; (...を高く評価する) think ˹highly [much] of ...; (敬意をはらう) look up to ... (↔ look down on ...) ★ 口語的表現. 《☞ うやまう》.

¶ 彼は町のだれからも*尊敬されていた He *was* ˹*respected* [*looked up to*] by everybody in the town. // 私たちは彼を深く*尊敬している We deeply *respect* him. // 彼女は両親を*尊敬していません She *has* no *respect for* her parents.

そんげん 尊厳 (真の価値・性質の気高さ) dignity Ⓤ. ¶ 人間の*尊厳 the *dignity* of man

そんざい 存在 ―名 existence Ⓤ; (現実にあること) being Ⓤ. ―動 exist ㊂; (存在するようになる) come into ˹existence [being]. 《☞ ある¹; じつざい》.

¶ あなたは神の*存在を (⇒ 神を) 信じますか Do you believe in God? // ガソリンエンジンが発明されるまでは飛行機は*存在しなかった The airplane did not *come into being* until gasoline engines were invented. // 酸素がなければ動物は*存在できない Animals cannot *exist* without oxygen.

存在理由 reason for being Ⓒ.

ぞんざい (失礼な) impolite; (粗野な) rough; (不注意な) careless; (だらしない) slovenly; (いいかげんな) sloppy. ¶ 彼女は言葉づかいが*ぞんざいだ She has a *rough* manner of speaking. // 彼は仕事が*ぞんざいだ He always does a *sloppy* job.

そんしつ 損失 loss Ⓒ 《☞ そん; そんがい》.

そんしょう 損傷 (損害) damage Ⓤ 《☞ そんがい; はそん》.

そんしょく 遜色 ¶ 最近の国産品は外国製品に比べて*遜色がない (⇒ 決して劣っていない) Domestic goods these days *are by no means inferior to* those of foreign manufacture. 《☞ おとる》

【参考語】(...に劣らない) be not inferior to ...; (同じである) be equal to ...; (同じぐらいよい) be as good as ...

そんじる 損じる (物を傷つけて役に立たなくさせる) damage ㊀; (物の外観・価値などを傷つける) injure ㊀; (故障している) be out of order; (人の機嫌・感情を悪くする) offend ㊀; (人の感情に苦痛を与える) hurt the feelings of ... 《☞ そこなう; きずつける》.

¶ ぞんざいな言い方をして父の機嫌を*損じてしまった My rude remark ˹*offended* [*hurt the feelings of*] my father. // あて名を間違って封筒を 2 枚書き*損じた I *wasted* two envelopes by writing wrong addresses on them.

ぞんじる 存じる **1** 《知る》: know ㊀ 《☞ しる¹; 丁寧な表現 (欄外)》. ¶「スミスさんをご*存じですか」「名前だけは*存じ上げております」 "Do you *know* [Have you met] Mrs. Smith?" "I *know* her only by name."

語法 have met は他人の紹介や自己紹介で互いに初対面のあいさつを交わし, 知り合いになったことをいう.

2 《思う》: think ㊀; (信ずる) believe ㊀.

そんぞく 存続 ―動 (ある存在や状態がずっと続く) continue ㊂; (外部からの力に耐えて続く) endure ㊂ ★ 改まった語; (ある期間もちこたえる) last ㊂. 《☞ つづく》.

そんだい 尊大 ―形 (他人をばかにして自慢するような) haughty; (自己中心的で他人に敬意など払わず, 傲慢(ごうまん)な) arrogant; (もったいぶった・うぬぼれの強い) self-important. ―副 haughtily; arrogantly; importantly. 《☞ おうへい (類義語)》. ¶ 彼はよく*尊大な態度をとる He often assumes an *arrogant* attitude.

そんちょう¹ 尊重 ―動 (価値を認めて敬意を払う) respect ㊀; (高く評価する) regard ... highly, hold ... in high regard, have a ˹high [great] regard for ... 語法 以上はほぼ同意だが, hold を用いるのは少し改まった表現. なお, regard が highly などの副詞を伴わず, 単独で用いられるときは否定文・疑問文が普通; (特に高い評価を与えて尊重する) esteem ㊀ ★ 形式ばった語. ―名 respect Ⓤ; high regard Ⓤ 語法 regard だけでも「敬意」の意味に用いられることもあるが, 元来中立的な語であるので, high, great などの形容詞を伴うのが普通; esteem Ⓤ. 《☞ そんけい》.

¶ 人権を*尊重しなくてはいけない We must *respect* human rights. / (⇒ 他人の権利を尊重すべきだ) We should ˹*respect* [*pay respect* to] other people's rights. // 彼は他人の意見を*尊重しない He ⌈does not *respect* [*has* no *respect* for] other people's opinions. // 彼の意見は常に*尊重される His opinions *are* always *held in high regard*. 語法 この言い方は前の文と違って，高く評価される意味が含まれる. ⌈C.

そんちょう² 村長 village ⌈headman [chief]

そんとく 損得 loss and gain U, profit and loss U 語法 両者はほぼ同意で用いられるが，有利なもの・利益のあるものを努力して手に入れた場合の得には前者を，物質的または金銭上の場合の得には後者を用いる；(利害) interest C ★ しばしば複数形で.《☞ りえき；りがい》.

¶ この仕事は*損得抜きです (⇒ 利益のためにしているのではない) I'm not doing the work for ⌈*profit* [*money*]. // 彼は仕事をするときはいつでも*損得を計算する He always calculates the ⌈*loss and gain* ⌈*profit and loss*] of his work before he starts it.

そんな (前または後に述べたような) such；(そんな風な) like that ★ 名詞の後に置く. 口語的な表現；(そのような種類の) that ⌈kind [sort] of ... ★ sort のほうがくだけた語.《☞ そういう；あんな；こんな》.

¶ *そんな人には会ったこともない I have never ⌈met [come across] *such* a person. // 私に*そんなことができたはずはない I couldn't have done *such* a thing. // 彼女は*そんな (⇒ そのような主旨の) 返事をしていました She answered *to that effect*. ★ やや改まった言い方. // *そんなはずはない *That* can't be (true). // *そんなときには互いに助け合いましょう Let's help each other in ⌈a case *like that* [*such* a case]. ★ [ ] 内はやや改まった言い方. //「これはいったいどういうつもりですか」「ごめんなさい. *そんなつもりではなかったのです」"What's the meaning of this?" "I'm sorry. I didn't mean *it*."

そんなに (それほどたくさん) that ⌈much [many] ★ much は量を示し，many は数を示す；(…ほど…ではない) not ⌈as [so] ... as ...；(あまり…でない) not very ...；(それほど…でない) not all that ...《☞ それほど》.

¶ *そんなにたくさんお金を使ったのですか Did you spend *that much* money? // その場所はあなたが言うように*そんなに美しいとは思われません It's difficult to imagine that the place is ⌈*as* [*so*] beautiful *as* you describe here. // きょうは*そんなに寒くない It's *not very* cold today. // 初歩の英語を教えるのは*そんなに易しくはない Teaching elementary English is*n't all that* easy. // *そんなにおっしゃるなら (⇒ もし強く言い張るなら)，あなたのお申し出をお受けしましょう I will accept your offer, *if you* ⌈*insist* [*put it that way*].

ぞんぶん 存分 — 副 (十分に) fully；(満足がゆくほど) to *one's* heart's content；(思うまたくさん) as much as *one* ⌈likes [pleases].《☞ おもうぞんぶん；じゅうぶん¹》. ¶ 彼は思う*ぞんぶんに働いた He worked *as much as he* ⌈*liked* [*pleased*].

そんぼう 存亡 life or death U；(危機) crisis C《複 crises [kráisi:z]》. ¶ これは国家の*存亡にかかわる問題である (⇒ 重大危機だ) This is a serious national *crisis*.

そんみん 村民 villager C；(村の人々) people of the village ★ 集合的.

ぞんめい 存命 ¶ 父の*存命中 (⇒ まだ生きていたとき) while my father was living《☞ せいぜん²》

そんらく 村落 (村) village C；(小さな村) hamlet C.《☞ むら²》.

そんりょう 損料 (賃貸料・賃借料) rent U ★ 貸し借りともに同じ語.《☞ ちんがし；-だい¹》.

た

た¹ 田 rice ⌈paddy [field] C, paddy C. ¶ *田を耕す plow a *rice field*《☞ たがやす (類義語)》

た² 他 — 名 (残り) the rest；(別のもの) the other, the others 語法 2つのものについて一方を one, もう一方を the other といい，3つ以上のものについて残りを the others という. — 形 other ★ 複数名詞に使う；(もう1つの) another ★ 単数名詞に使う.《☞ ほか；そのた》.

たあいない ☞ たわいない

ダークホース dark horse C ★ 思いがけない有力な競争相手. 元は競馬の用語.

ダース dozen [dʌ́zn] C ★ 省略形は単数・複数とも doz., dz.《☞ 略語 (欄外)》.

¶ 青鉛筆 1*ダースと赤鉛筆 2*ダース下さい Give me a *dozen* blue pencils and two ⌈*dozen* red pencils [*dozens* of red pencils]. 語法 形容詞的に用いられるときは複数形にならない. // 卵は*ダースで売ります Eggs are sold by the *dozen*. / We sell eggs in *dozens*.

タートルネック turtleneck C. ¶ *タートルネックのセーター a *turtleneck* sweater

ターバン turban C.

ダービー 〔競馬〕 the Derby [dɚ́:bi(:)].

タービン turbine C. ¶ *タービンを回す spin a *turbine*

ターミナル terminal (station) C《☞ しゅうてん》. ¶ バス*ターミナル a bus *terminal* // *ターミナル駅は乗降客で混雑していた The *terminal* (*station*) was crowded with passengers. **ターミナルビル** terminal building C；(特に空港の) air terminal C《☞ くうこう (挿絵)》.

タール tar U.

ターン (回ること) turn C. ¶ 彼はいつも*ターンが下手だ《水泳などで》He always makes a poor *turn*.

た

たい¹ 対 (…対…をはっきり示すとき) … versus … 《略 v., vs.》 ★ 略したときも [və́ːsəs] と読む; (…と…との間の) between … and …; (…に対抗して) against …; (…に対しての) to …; (…に向かっての) toward …

¶ 法政*対明治の試合は見ものだ The Hosei *vs.* Meiji game [The game *between* Hosei *and* Meiji] will be worth watching. // 私たちのチームは 10 *対 1 で楽勝した Our team won an easy victory by a score of 10 *to* 1. 《☞ スポーツ (囲み)》 // 地*対空ミサイル a ground-*to*-air missile // 日本の*対米政策は転換期に来ている Japan's policy *toward* the United States has come to a turning point.

たい² 他意 ¶ *他意はありません (⇒ それに乗じてうまく利用しようとしているのではありません) I'm not going to take advantage of it.

【参考語】(他の意図) another intention; (悪意) ill will Ⓤ.

たい³ 鯛 sea bream Ⓒ ★ 単複同形だが, 種類をいうときは ～s. **腐っても鯛** An old eagle is better than a young crow. 《ことわざ: 老いたわしは若いからすよりよい》

たい⁴ 隊 (人の集まり) party Ⓒ; (ある目的のためのグループ) company Ⓒ; (小人数の集まり) band Ⓒ; (軍隊や警察の小単位のグループ・分隊) squad Ⓒ. 《☞ だん²》. ¶ 学生の一*隊が山を登っていった A *party* of students ˹were [was] climbing up the mountain. [語法] 一人一人に重きを置くときは, 単数形でも複数扱い.

たい⁵ 体 **体をかわす** (横のほうへさっと身をかわす) dodge (他) (自); (身をかがめてかわす) duck (自). 《☞ かわす²》. ¶ 私はボールからとっさに*体をかわした I *dodged* the ball in an instant. / I *dodged* just in time to avoid the ball.

たい⁶ 態 〖文法〗 voice Ⓤ.

-たい (欲する) want (to *do*); (…したい) would [should] like (to *do*) [語法] 丁寧な表現. should は 1 人称のみだが, 口語の場合, 特に《米》では 1 人称にも would が用いられる. 短縮形は 'd like to *do*; (希望する) hope (to *do*); (できれば…したい) wish (to *do*) ★ 実現の困難な願いに用いる; (切望する・ぜひ…したい) be ˹anxious [eager] (to *do*), long (to *do*) ★ やや文語的; 《口語》 be dying (to *do*); (…したい気持ちがする) feel like …ing. 《☞ -したい (類義語); 意志・願望の表現 (囲み)》.

¶ まず第一にその問題に触れ*たいと思います I *would* [I'*d*] *like to* comment on the problem first. // 彼女に会い*たい I'*m longing to* see her. // 私は一刻も早く結果を知り*たい I'*m* ˹*anxious* [*dying*] *to* know the result as soon as possible. // 泣き*たい気持ちだ I *feel like crying.*

タイ¹ «国名» ― [名] (固) Thailand [táilænd]. ― [形] Thai. **タイ語** Thai Ⓤ **タイ人** Thai Ⓒ.

タイ² «同点» ― [名] tie Ⓒ. ― [動] (…とタイにする; …とタイで終わる) tie (他) (自). 《☞ どうてん¹; ひきわけ; スポーツ (囲み)》.

タイ記録 ― [名] tie Ⓒ. ― [動] (タイ記録を出す) tie ˹a [the] record. 《☞ きろく》. ¶ 彼は 100 メートル平泳ぎで世界*タイ記録を出した He *tied* the world *record* for the ˹100-meter [one-hundred-meter] breaststyle.

タイ³ «ネクタイ»: tie Ⓒ 《☞ ネクタイ》.

だい¹ 題 **1** «作文・講演などの題目»: (主題) subject Ⓒ; (論題) theme Ⓒ; topic Ⓒ.

【類義語】題目を意味する最も普通の語は **subject**. 論文・文学作品などで展開し, 詳述されるようなテーマが **theme**. これに対し, 口語的な語で, 討論や随筆などで扱われる共通の話題を意味するのが **topic**. 形式ばらない場合は *subject* や *theme* の代わりにも用いられる.

¶ 作文の*題は『私の夏休み』だった The ˹*subject* [*theme*; *topic*] of the composition was "My Summer Vacation." 《☞ 引用符(号)(欄外)》

2 «本などの表題»: title Ⓒ 《☞ だいめい》.

¶ この本の*題は『ガリバー旅行記』です The *title* of this book is *Gulliver's Travels.* 《☞ イタリック体 (欄外)》 // 1859 年にチャールズ ダーウィンは『種の起源』と*題する本を刊行した In 1859 Charles Darwin published a book *entitled On the Origin of Species.*

3 «問題»: question Ⓒ, problem Ⓒ. 《☞ もんだい; 数の数え方 (囲み)》. ¶ 数学は 10 題中 4 *題しか答えられなかった I could ˹answer only four *questions* [solve only four *problems*] out of ten in mathematics.

だい² 台 (物を置くための) stand Ⓒ; (休ませるために載せる台) rest Ⓒ; (腰かけたり, 踏み台用にする) stool Ⓒ; (板に脚を付けたいろいろな用途の台) table Ⓒ; (銅像などの) pedestal Ⓒ; (熱いなべなどを置く) trivet Ⓒ.

(plant) stand

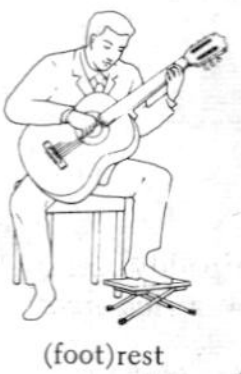
(foot)rest

pedestal

trivet

stool

¶ この*台の上に花瓶を置いてはいけません Please don't place a vase on this *stand.* // 彼らは作業*台で機械を修理している They are repairing a machine at the *worktable.*

だい³ 大 ― [形] (量・規模などが大きい) big; (大きさ・かさなどが) large; (とても大きい) great. ― [名] (大きさ) size Ⓤ [語法] 日本語ではよく「大運動会」「大演説会」のように立派な

内容ということを強調する意味で「大」を用いることがあるが，英語にはこのような修飾語を付ける習慣がないので，それを訳出する必要はないことが多い．《☞ おおきい（類義語）》．

¶ 兄は*大企業に就職した My elder brother got a position in a *big* business. // *大は小を兼ねる The *greater* ⌈embraces [includes] the lesser.《ことわざ》// 彼らは*大の仲よしです They are ⌈*great* [*good*] friends. // ピザパイは私の*大好物です Pizza is my *great* favorite. / (⇒ 私はピザパイが大好きです) I'm very fond of a pizza. // はがき*大のボール紙を 5 枚用意して下さい Prepare five pieces of cardboard ⌈of postcard *size* [as *large* as a postcard]. // *大中小がありますがどれにしますか We have three sizes, *large*, medium and small. Which would you like? // この肖像画はほぼ実物*大[等身*大]です This portrait is nearly ⌈*as large as life* [*life-sized*]. // これは東京のような*大都市では*大問題になるだろう This will be a *serious* problem in a *large* city like Tokyo.

だい[4] 代 (時代) time Ⓤ；(世代) generation Ⓒ；(治世) reign [réin] Ⓒ.《☞ せだい》.

¶ 曾祖父の*代から東京に住んでいます My family came to live in Tokyo in my great-grandfather's *time*. // 彼女の家は何*代も続いた立派な家柄です Hers is a respectable family with a long history behind it. // レーガンは第 40*代のアメリカ大統領です Mr. Reagan is the 40th President of the U.S.《☞ 数字（囲み）》// 吉宗は徳川幕府の何*代目の将軍ですか What number *Shogun* is Yoshimune in the Tokugawa Shogunate?

だい- 第… ★ 英語では特にこの語に相当する特定の語はなく，序数の中にこの意味が含まれていると考えるべきである．《☞ 数字（囲み）》．

¶ 憲法*第 9 条には何が書いてありますか What is written in Article 9 of the Constitution? // 私はベートーベンの交響曲*第 8 番を聴いたことがない I haven't listened to ⌈Beethoven's *8th* [Beethoven's Symphony *No.* 8 ; *the Eighth* Symphony by Beethoven].

-だい[1] …代 (値段) price Ⓒ；(料金) rate Ⓒ, charge Ⓒ；(乗り物の料金) fare Ⓒ；(賃貸料) rent Ⓤ.《☞ りょうきん（類義語）》.

¶ お*代はいかほどですか How much is it? / What's the ⌈*price* [*rate*]? / How much do I owe you? 〔語法〕 最後の表現は代金を払うときにのみ用いる. // タクシー*代は私が払います I'll pay the taxi *fare*. 〔語法〕 I に強い強勢を置いて発音する. // 本*代がかさんだ My book *bills* ⌈ran [mounted] up to a large sum. // 部屋*代は週 5 ポンドだった The room *rent* was five pounds a week. / They *charged* five pounds a week for the room. // ヨーロッパのホテル*代には食事*代は入っていない The hotel *rates* in Europe do not include meals.

-だい[2] …代 ★ ある 10 代の数 (20 代, 30 代, 120 代など) に属する数をまとめて表すには所有格または the の後で，その 10 代の数を表す語を複数形にする. 数字を用いるときには -'s または単に -s を付ける.《☞ 数字（囲み）》.

¶ 1890 年*代 *1890's* / *1890s* ★ 以上いずれも eighteen nineties と読む. // 彼はまだ 30*代です He's still in his *thirties*. // その髪型は 1970 年*代に流行した That hair style was in fashion in the ⌈*1970's* [*nineteen seventies*].《☞ ねんだい》

-だい[3] …台 **1**《単位》¶ 私の家にはテレビが 2 *台ある I have two ⌈T.V. *sets* [TV's].《☞ 数の数え方（囲み）》

2《区切り》：(はっきりした目印) mark Ⓒ；(水準) level Ⓒ. ¶ その値段はたちまちのうちに 100 万円*台に近づいた The price has climbed rapidly towards the one million yen *mark*. // 10 時*台にはバスは 3 本しかありません There are only three buses running *between* ten *and* eleven.

たいあたり 体当たり **—** 動 (体当たりする) dash *oneself* against …

タイアップ **—** 動 (協力する) cooperate (with …) ⓐ《☞ ていけい[1]》.

だいあん 代案 alternative (plan) Ⓒ.

たいい 大意 (概略) outline Ⓒ；(まとめ) summary Ⓒ；(要旨) gist Ⓒ；(全体の考え) general idea Ⓒ；(論文などのまとめ) synopsis Ⓒ《複 synopses [sinάpsi:z]》, résumé Ⓒ.《☞ がいりゃく；ようし[1]；ようやく[2]》.

¶ この段落の*大意を述べよ Write [Give] ⌈the *general idea* [an *outline*] of this paragraph. // この論文の*大意を 400 字以内で書きなさい Write a ⌈*summary* [*synopsis* ; *résumé*] of this paper in 400 words or less.

たいいく 体育 (科目名) physical education Ⓤ. **体育館** gymnasium [dʒimnéiziəm] Ⓒ《複 ～s, gymnasia [-ziə]》,《口語》gym Ⓒ **体育祭** (学校などの)《米》field day Ⓒ 〔参考〕《米》の学校では体育祭というものはあまり行われない；《英》sports day Ⓒ；(競技会) athletic meet Ⓒ **体育の日** Health-Sports Day《☞ しゅくじつ（表）》.

だいいち 第一 **—** 形 the first；(主要な・第一次的な) primary；(主な) main；(一流の) leading；(先頭に立つ) foremost ★ 以上 2 語は入れ替え可能な場合もあるが，「指導的立場に立つ」の意味では leading が普通；(最上の) the best. **—** 副 (何よりも) first (of all), in the first place；(話題の最初として) to begin with, firstly.《☞ いちばん；数字（囲み）》.

¶ *第一章[課] *the first* ⌈chapter [lesson] / Chapter [Lesson] I ★ 本の章や課の見出しなどで. // *第一次世界大戦 World War *I* [wʌ́n] / *The First* World War // NHK *第一放送 NHK *1* [wʌ́n] // これが*第一の理由です This is the ⌈*primary* [*main*] reason. // 彼はこの分野では*第一人者です He is the ⌈*foremost* [*leading*] expert in this field. / He stands *foremost* in this field. // まず*第一にこの研究の目的を考えてみましょう *To begin with* [*First* ; *In the first place*], we will consider the aim of this study. // 幾つかの重要な要因がある. *第一に急激な物価の上昇，第二に… There are several important factors : *firstly* the unexpected rise of commodity prices, secondly … 〔語法〕 firstly

は first とすることも多い.《☞ コロン (欄外)》 **第一印象** *one's* first impression **第一走者** the lead-off man ★ ほかに「第一泳者」,「第一打者」にも言う. **第一段階** the primary stage **第一党** the leading party **第一歩** the first step《☞ いっぽ》. ¶ *第一歩を踏み出す make [take] *the first step*

だいいっせん 第一線 (最前線) the first line ; (戦線) front Ⓒ. ¶ 彼は実業界の*第一線で活躍している He is on *the front line* in business.

たいいん[1] 退院 ━動 come [get] out of the hospital ⓐ ; (病院が退院させる) discharge ⓗ.《☞ 病気・病院 (囲み)》. ¶ 彼女はきのう*退院した She ｢*came* [*got*] *out of the hospital* yesterday. ∥ 出産後 72 時間以内に*退院させる病院もある Some hospitals *discharge* women within 72 hours after childbirth.

た

たいいん[2] 隊員 (一般的に) member (of …) Ⓒ ; (消防隊員) fireman Ⓒ《複 -men》, fire fighter Ⓒ ; (自衛隊員) Self-Defense official Ⓒ ; (救助隊員) rescue worker Ⓒ.

たいえき 退役 ━動 retire ⓐ. **退役軍人** ex-serviceman Ⓒ,《米》veteran Ⓒ.

ダイエット ━名 (食事制限) diet Ⓒ. ━動 be on a diet.《☞ しょくじりょうほう ; げんしょく[3] ; せっしょく[2]》.

たいおう 対応 ━動 (一致・対応する) correspond to … ; (相当する・内容的に同じ) be equivalent to … ; (問題・事件などに対処する) cope with … ━名 correspondence Ⓤ ; equivalence Ⓤ.《☞ そうとう ; たいしょ》.

¶ この 2 つの要素には 1 対 1 の *対応はない There is no one-to-one *correspondence* between these two factors. ∥ この日本語はその英語に*対応している This Japanese phrase ｢*is equivalent* [*corresponds*] *to* that English one. ∥ 我々はその困難に*対応できるだろうか Can we *cope with* the difficulties?

だいおうじょう 大往生 ━動 (穏やかな死に方をする) die peacefully ; (天寿を全うして) die a natural death.《☞ しぬ》.

たいおん 体温 temperature Ⓤ 語法 日本語と違い「気温」「体温」「温度」の区別は普通しない. もし必要があればそのときだけ body temperature という.《☞ ねつ ; 度量衡 (囲み)》. ¶ 子供の*体温は大人より高い A child has higher (*body*) *temperature* than an adult. / Normal *body temperature* of children is higher than that of adults.

体温計 (clinical) thermometer [θərmá-mətər] Ⓒ《☞ おんどけい ; いりょう[1] (挿絵)》.

たいか[1] 大家 (一流の専門家) leading expert Ⓒ ; (権威者) authority Ⓒ ; (名人) great master Ⓒ ; (大学者) great scholar Ⓒ.《☞ けんい》. ¶ 彼は経済学の*大家です He is a *great authority* on economics.

たいか[2] 大火 big fire Ⓒ《☞ かじ[1]》. ¶ ゆうべ近所に*大火があった There was a *big fire* [A *big fire* broke out] in our neighborhood last night.

たいか[3] 大過 **大過なく** ¶ 幸い*大過なく仕事を終わらせることができた Fortunately I could finish my work *without* (*making*) *any* ｢*serious* [*grievous*] *errors*.

たいか[4] 滞貨 (貨物・荷物などの山) accumulation of undelivered goods Ⓤ ; (貨物の滞り) freight congestion Ⓤ. ¶ 年末には*滞貨が増える Toward the end of the year, the ｢*accumulation of undelivered goods* [*freight congestion*] increases.

たいか[5] 退化 ━名〖生物学〗degeneration Ⓤ, retrogression Ⓤ. ━動 degenerate ⓐ, retrogress ⓐ.

たいか[6] 耐火 ━形 fireproof. **耐火建築** fireproof [fire-resisting] building Ⓒ.

たいが 大河 large [big] river Ⓒ《☞ かわ[1]》. **大河小説** (長い小説) long novel Ⓒ ; (特に一家・一族または社会の変遷をテーマに扱ったもの) saga [sáːgə] Ⓒ.

だいか 代価 (値段) price Ⓒ ; (費用) cost Ⓒ.《☞ ねだん (類義語) ; ひよう》. ¶ 私はいかなる*代価を払っても目的を遂げるつもりだ I will accomplish my purpose *at* ｢*any price* [*any cost* ; *all costs*].《☞ ぎせい》

たいかい 大会 (大集会・大衆を集めての集会) mass meeting Ⓒ ; (総会) general meeting Ⓒ ; (代表者などの集まる会) convention Ⓒ ; (会議) conference Ⓒ ; (政治的な大集会) rally Ⓒ ★ ボーイスカウトなどの大会にも用いる ; (競技・スポーツの) meet Ⓒ.《☞ かい[1] (類義語) ; しゅうかい》.

¶ その*大会には 1 万人以上の市民が参加した More than 10,000 citizens attended the *mass meeting*. ∥ 当会の*大会は毎年 12 月に開かれる The *general meeting* of our society is held in December every year. ∥ ボーイスカウトの*大会が開かれた The boy scout *rally* was held. ∥ 党*大会は延期された The party *convention* was put off. ∥ 彼は陸上競技*大会で新記録を出した He set a new record at the track *meet*. ∥ 職場*大会 a workshop *rally* ∥ 民主党全国*大会 the Democratic National *Convention*

たいがい 大概 **1**《たいてい》━副 (たいていの場合) mostly, in most cases, for the most part ; (一般に) generally, in general. ━形 most (of …) ; (ほとんど) nearly all, almost all.《☞ たいてい》.

¶ 仕事も*たいがい片付いた *Almost* [*Nearly*] *all* the work is done now. ∥ *たいがいの場合, 彼の解答は正確だ *In most cases*, his answers are ｢right [correct]. ∥ 彼は夜は*たいがい家にいる He is *generally* at home in the evening.

2《多分》━副 probably ; possibly, perhaps ★ 口語的.《☞ たぶん 語法 ; おそらく (類義語)》.

たいかく 体格 physique Ⓒ, (physical) constitution Ⓒ.《☞ からだ》. ¶ 彼は*体格がよい [悪い] He's a ｢well-[poorly-] *built* man. / He has a ｢good [weak] *constitution*.

たいがく 退学 ━動 (退学する) leave [quit] school ★ leave は一般的. quit はより口語的 ; (退学させる) dismiss … from school ; 追放する) expel ⓗ, throw … out of school. ━名

(生徒の立場から) withdrawal from school Ⓤ; (処分する立場から) expulsion from school Ⓤ. 《☞ ちゅうたい》.
¶ 私は家庭の事情で*退学しなければならなかった I had to ⌈*leave* [*quit*] *school* for family reasons. // その学校は一度に 10 人の生徒を*退学させた The school *expelled* ten students at the same time. // 中途*退学者 a dropout ★ 米口語.
退学届 notice of withdrawal from school Ⓒ.

だいがく 大学 (総合の) university Ⓒ; (単科の) college Ⓒ; (理工学の) institute Ⓒ.
【類義語】大学院 (graduate school) を持ち, 幾つかの学部 (college) を擁(ょう)する総合大学を ***university*** と言い, 大学院を持たず, 教養学科 (liberal arts) を主とする大学, または単科大学を ***college*** という. 《☞ 学校・教育 (囲み); がくぶ (類義語)》
¶ 東京*大学 Tokyo *University* / the *University* of Tokyo 〔語法〕大学名に地名が付く場合はこの 2 通りの言い方ができる. ただし大学によっていずれかに決まっている場合が多い.
ブラウン*大学 Brown *University* 〔語法〕人名が付く場合はこの言い方しか用いられない.
彼は*大学へ行っている He goes to ⌈*college* [*the university*]. 〔語法〕go to college が最も一般的な言い方. university を用いた場合, 《英》では the を省略することがある. / (⇒ 彼はいま大学に在学中です) He is now ⌈*in college* [*at the university*]. / (⇒ 彼は大学生です) He is a ⌈*college* [*university*] student.
「あなたはどこの*大学ですか」「M*大学です」 "What *college* do you go to?" "I go to M ⌈*College* [*University*]." / "What *university* do you attend?" "I attend M *University*."
彼女は今年*大学に入った She entered a ⌈*college* [*university*] this year.
彼は去年 N*大学を卒業しました He graduated from N *University* last year.
彼女は来年は*大学入試です Next year she will take the ⌈entry examination [entrance examination] to a *college*.
有名[名門]*大学 a prestige ⌈*university* [*college*]

> 大学のいろいろ
> 国立大学 national ⌈university [college], 公立大学 public ⌈university [college], 私立大学 private ⌈university [college], 短期大学 junior college, 女子大学 woman's [women's] college, 医科大学 medical school, 教員養成大学 teachers college, 工科大学 institute of technology

大学 1[2, 3, 4]年生 freshman [sophomore; junior; senior] Ⓒ ★ freshman の複数形は freshmen. **大学教授** (university) professor Ⓒ 《☞ きょうじゅ[1]》 **大学生** college [university] student Ⓒ; (大学院生に対して) undergraduate (student) Ⓒ **大学生活** college [university] life Ⓤ **大学総長[学長]** president of a university Ⓒ, university president Ⓒ **大学出[出身者]** college [university] graduate Ⓒ **大学病院** university [teaching] hospital Ⓒ.

だいがくいん 大学院 (post)graduate school Ⓒ 《☞ 学校・教育 (囲み)》. ¶ *大学院で研究する do graduate ⌈work [study]
大学院課程 graduate course Ⓒ **大学院生** graduate student Ⓒ.

たいかくせん 対角線 〘数学〙 diagonal [daiǽgənl] (line) Ⓒ.

たいかん 退官 ━動 retire (from ⌈office [service]) ㊀ 《☞ たいしょく[1]》.

たいがん 対岸 the ⌈other [opposite] side (of the ⌈river [lake; channel]), the opposite ⌈bank [shore]. ¶ *対岸の家々 the houses on *the* ⌈*other* [*opposite*] *side* **対岸の火事** ¶ その戦争を*対岸の火事と思ってはならない (⇒ 単なる見物人であってはならない) We should not be mere *lookers-on* of the warfare.

だいかん 大寒 the coldest season ★ このような暦の上での区切りは英語にはないので, 意味を説明的に表すしかない.

たいかんくんれん 耐寒訓練 training in the cold season Ⓤ.

たいかんしき 戴冠式 coronation (ceremony) Ⓒ.

だいかんみんこく 大韓民国 (正式名) the Republic of Korea 《略 ROK》; (俗称) South Korea. 《☞ かんこく[2]》.

たいき[1] 大気 ━名 (空気の層・大気圏) the atmosphere; (空気) the air. ━形 atmospheric. 《☞ くうき》.
¶ *大気の状態が不安定になっている The condition of *the atmosphere* [The *atmospheric* condition] is unsettled. // *大気圏内の核実験は中止せよ Stop a nuclear test in *the atmosphere*. / Stop an *atmospheric* nuclear test. // *大気圏外の飛行 the flight in *outer space*
大気汚染 air pollution Ⓤ 《☞ おせん》.

たいき[2] 待機 ━動 (待つ) wait (for ...) ㊀; (準備して待つ) stand by ㊀; (警戒している) be on the alert, be at the stand-by, be on stand-by. 《☞ まつ[1]》.
¶ 全員*待機するよう命じられた All of us were ⌈ordered to *stand by* [given the *stand-by* order]. // 非常事態に備えて警官が*待機している The police *are* ⌈*on the alert* [*at the stand-by*; *on stand-by*] for an emergency.

たいぎ 大義 (大目的・大義名分) (great) cause Ⓒ; (正義) justice Ⓤ. 《☞ せいぎ》.
¶ 彼らは自由の*大義のために戦った They fought ⌈for [in] the *cause* of freedom. // 君の行為はまったく*大義名分が立たない You don't have a *good reason* to do so. / Nothing will *excuse* your conduct.

だいぎいん 代議員 (代表者) representative Ⓒ; (代表団員) delegate Ⓒ. 《☞ だいひょう》.

だいぎし 代議士 (衆議院議員) member of the House of Representatives Ⓒ; (国会議員一般で, 男の場合) Dietman Ⓒ 《複 -men》, (女の場合) Dietwoman Ⓒ 《複 -women》. 《☞ ぎいん; 政治・経済 (囲み)》.
¶ 民主党の*代議士 a Democrat / a Demo-

cratic *Congressman* // 彼は東京第7区選出の*代議士だ He is a *Representative* from electoral district 7 of Greater Tokyo. // 私は次の衆議院選挙で*代議士に立候補するつもりだ I'm planning to run in the coming election of the House of Representatives. // 佐藤氏は*代議士になった Mr. Sato was elected to the House of Representatives. / (⇒国会に議席を得た) Mr. Sato ｢got [obtained] a seat in the Diet.

たいきばんせい 大器晩成 ¶ *大器晩成 A genius is slow in maturing. / Great talents mature late. // 彼は*大器晩成型だ He is a *late bloomer*.

だいきぼ 大規模 —形 large-scale. —副 on a large scale. 《☞ きぼ；スケール》. ¶ *大規模な道路工事が始まった The *large-scale* road construction began. / (⇒道路工事が大規模に始まった) The road construction began *on a large scale*.

たいきゃく 退却 —名 retreat Ⓤ; withdrawal Ⓤ. —動 retreat (from ...) 自; withdraw (from ...) 自 他. 《☞ てったい；こうたい²》. ¶ 日本軍はその島から*退却をよぎなくされた The Japanese were forced to *retreat from* the island.

たいきゅう 耐久 —名 (持ちこたえる力) endurance Ⓤ; (スタミナ) stamina Ⓤ. ¶ 1万メートルを走るには大いに*耐久力を必要とする You need great ｢*endurance* [*stamina*] to run the 10,000 meters. **耐久消費材** durable consumer goods ★ 常に複数形で; durable Ⓒ.

だいきゅう 代休 compensatory ｢day off [leave] Ⓒ 《☞ きゅうじつ》. ¶ 日曜日に出社したので月曜日が*代休だった I worked on Sunday, so I had Monday off.

たいきょ¹ 退去 —動 (去る) leave 他; (出てゆく) go out (of ...) 自; (立ちのく・撤去する) evacuate 他 ★ やや改まった語; (追放する) expel 他; (政府が不法入国者などを国外に退去させる) deport 他. 《☞ たちのく；たちさる》.

たいきょ² 大挙 —副 (大挙して) in ｢crowds [a crowd; great numbers] 《☞ おおぜい》.

たいきょく 対局 —名 game (of ｢*go* [*shogi*]) Ⓒ. —動 play a game of ｢*go* [*shogi*] (with ...). 《☞ たいせん¹》.

たいきょくてき 大局的 —形 broad, wide. —副 broadly. ¶ もっと*大局的に見て判断すべきだ We should judge ｢on a *broader* survey [from a *wider* view of things].

たいきん 大金 a large ｢sum [amount] of money. ¶ 私にとって5万円は*大金です Fifty thousand yen ｢means *a lot* [is *a large sum*; is *a lot*] to me.

だいきん 代金 (値段) the price; (費用) the cost; (金銭) the money; (料金) the charge. 《☞ -だい¹；りょうきん》. ¶ その*代金はいくらでしたか How much did you *pay* for it? // *代金はレジでお払い下さい Please *pay* the cashier. // それは*代金済みです It *has been paid for*.

だいく 大工 (人) carpenter Ⓒ; (職) carpentry Ⓤ. 《☞ 呼びかけ (囲み)》. ¶ 彼は日曜*大工で犬小屋を作った As a ｢Sunday *carpneter* [*do-it-yourselfer*], he made a doghouse. 《☞ レクリエーション (囲み)》 // 私は*大工仕事は下手です I'm not a good *carpenter*. **大工道具** carpenter's ｢tool [kit] Ⓒ.

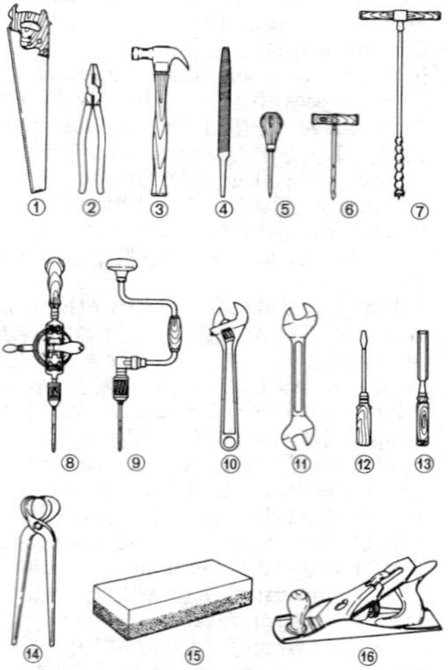

① のこぎり saw　② ペンチ plier　③ 金づち hammer　④ やすり file　⑤ 千枚通し awl　⑥ きり gimlet　⑦ 大工ぎり auger　⑧ ドリル hand drill　⑨ 繰り子ぎり brace and bit　⑩ 自在スパナ adjustable wrench　⑪ スパナ (米) wrench, (英) spanner　⑫ ねじ回し screw driver　⑬ のみ chisel　⑭ やっとこ pincers　⑮ 砥石 whetstone　⑯ かんな plane

たいぐう 待遇 —名 (取り扱い) treatment Ⓤ; (給料) pay Ⓤ; (旅館・飲食店などの客扱い) service Ⓤ. —動 (取り扱う) treat 他; (給料を払う) pay 他. 《☞ とりあつかい》. ¶ 私たちは好意的な[ひどい]*待遇を受けた We received ｢friendly [terrible] *treatment*. // わが社に来るなら*待遇をよくしましょう We will offer you ｢better *pay* [a higher *salary*] if you join our company. // あの会社は*待遇がよい[悪い] (⇒従業員はよい[悪い]給料をもらっている) The employees of that company *are* ｢*well-paid* [*poorly-paid*]. // *待遇改善 a *wage* ｢increase [raise]

たいくつ 退屈 —形 (あきあきする) tedious, boring ★ 前者は冗長で退屈なこと, 後者は内容的におもしろくなくて退屈なことをいう; (おもしろくない) dull, uninteresting; (うんざりさせる・あきあきする) tiresome ★ 長話などで気が疲れることをいう; (単調な) monotonous. —動 (退屈させる) bore 他; (退屈する) be bored with ..., be tired of ... ★「人」が主語. 《☞ あきる；つまらない；うんざり》.

¶ 彼の講義はいつも*退屈だ His lecture is always *boring.* / We *are* always *bored with* his lecture. // 私の話は*退屈ですか *Am I boring* you? // 私はこの*退屈な(⇒単調な)仕事にあきあきした I'm tired of this *monotonous* work. // 彼女は*退屈しのぎにテレビを見ていた She *killed time* by watching TV.

たいぐん[1] 大群 large「school [shoal; swarm] Ⓒ ★ 魚の群は school か shoal, 昆虫の群は swarm. 《☞ むれ》. ¶ イワシの*大群 a *large*「*school* [*shoal*] of sardines // イナゴの*大群 a *large swarm* of locusts

たいぐん[2] 大軍 big [large]「army [force] Ⓒ.

たいけい[1] 体系 —【名】 system ★「組織・制度」の意味では Ⓒ,「秩序だったやり方」の意味では Ⓤ. —【形】 (体系的な・体系の整った) systematic (↔ unsystematic). —【副】 systematically. —【動】 (体系づける) systematize (他). 《☞ そしき; けいとう[1]; ちつじょ》.

¶ 学問には*体系がなくてはならない Our studies must「have *system* [be *systematic*].

たいけい[2] 体型 (人の姿・外観) form Ⓤ; (体の格好) figure Ⓒ.

たいけい[3] 大系 outline (of ...) Ⓒ; (シリーズ) series (of ...) Ⓒ ★ 単複同形. ¶『米国史*大系』*An Outline of American History* 《☞ イタリック体 (欄外)》

たいけい[4] 隊形 (軍隊などの隊列・飛行機の編隊) formation Ⓤ.

だいけい 台形 《米》 trapezoid Ⓒ, 《英》 trapezium Ⓒ. 《☞ しかく[2] (挿絵)》.

たいけつ 対決 —【名】 confrontation Ⓤ; (決定的対決) showdown Ⓒ ★ 通例単数形で. —【動】 (...を...と対決させる) confront ... with ...; (...と対決する) confront (他); (土壇場の対決をする) have a showdown with ...

¶ アラブとイスラエルの*対決が重大になってきた The Arab-Israeli *confrontation* has become serious. // できれば*対決は避けたい I want to avoid a *showdown,* if possible.

たいけん 体験 —【名】 (personal) experience Ⓤ. —【動】 experience (他); (苦痛・困難などを) go through ..., undergo (他) 《過去 underwent; 過分 undergone》. 《☞ けいけん[1]》.

¶ 彼の*体験は我々の想像を越えたものに違いない His *personal experience* must be beyond our imagination. // *体験学習は子供にとって大切だ Learning by *experience* is important to children. // 我々は人生の喜びも悲しみも*体験することだろう We'll *experience* both joy and sorrow in life. // 私たちは多くの困難を*体験しなくてはならない We must「*go through* [*undergo*] various difficulties.

たいこ[1] 太鼓 drum Ⓒ 《☞ ドラム (挿絵); 音楽 (囲み)》. ¶ 彼らは*太鼓をたたいた They beat (on) the *drums.* // 彼は交響楽団で*太鼓とティンパニーを受け持っている (⇒ 打楽器を演奏する) He plays percussion in a symphony orchestra. 【語法】 play percussion はクラシック音楽についてのみ用いる.

たいこ[2] 太古 —【名】 ancient times ★ 複数形で. —【形】 (昔の) ancient; (原始時代の) primitive.

たいこう[1] 対抗 —【動】 (対抗する) match (他); (匹敵する) equal (他), stand [bear] comparison with ... ★ stand [bear] ... はやや改まった表現; (競争する) compete (with ...; against ...; in ...) (自) ★ 以上いずれも入れ替えて用いられる場合が多い. —【名】 (競争) competition Ⓤ; (張り合うこと) rivalry Ⓤ. 《☞ はりあう; スポーツ (囲み)》.

¶ だれも野球では彼に*対抗できない (⇒ 匹敵できない) No one can「*match* [*equal*] him in baseball. / (⇒ 野球のことになるとだれも彼を負かせない) No one can *beat* him when it comes to baseball. 《☞ かつ; かなう[1]》 // 釣りでは彼には*対抗できない I'm no *match* for him in fishing. // B 氏は A 氏の*対抗馬として今度の選挙に出馬するだろう Mr. B will run in the coming election as an *opponent* of Mr. A. // あす大学*対抗の討論会が行われます The *intercollegiate* debates will be held tomorrow.

たいこう[2] 退校 —【動】 (学校をやめる) leave [quit] school; (退学を命じる) dismiss ... from school; (追い出す) throw ... out of school. 《☞ たいがく》

たいこう[3] 大綱 (一般的な原則) general principle Ⓒ; (根本原則) basic principle Ⓒ; (概要) outline Ⓒ. 《☞ げんそく[1]; がいりゃく》.

たいこう[4] 対向 **対向車** oncoming vehicle Ⓒ **対向車線** the opposite lane.

だいこう[1] 代行 —【動】 act for ... —【形】 acting. 《☞ だいり》.

¶ ブラウン博士が今年は学長を*代行する Dr. Brown will *act for* the president this year. / (⇒ 学長代行となる) Dr. Brown will be the *acting* president this year. 【語法】 学長がありながら何らかの理由で職務遂行ができないため, ほかの人が代わって任務を行うのが act for ..., 学長が欠けるか, あるいは act for と同様, 業務が行えないので代行を置くのが acting president.

だいこう[2] 代講 —【動】 teach as a substitute; (...の代わりをする) substitute for ...

¶ T 先生の*代講を立てなくてはならない We must find a teacher who can *substitute for* Mr. T.

たいこく 大国 (軍事・経済・政治などにおいて国力の強大な国) big [major] power Ⓒ ★ 単に power だけでもよいが, big [major] を付けることが多い; (国土の大きな国) large [big] country Ⓒ; (偉大な国) great nation Ⓒ.

¶ 日本はいまや経済*大国である Japan is now an economic *power.* // 軍事*大国が小国に脅威を与えている Military *powers* are a menace to small nations. // 中国はアジアの*大国である China is a *great* Asian *nation.*

だいこくばしら 大黒柱 (家屋の中心になる柱) the central pillar; (一家の稼ぎ手) breadwinner Ⓒ; (支えとなる人・物) mainstay Ⓒ. 《☞ はしら》.

だいごみ 醍醐味 (楽しみ) enjoyment Ⓤ.

¶ それが人生[釣り]の*醍醐味だ That's the real *enjoyment* of「life [fishing].

だいこん 大根 radish Ⓒ 【参考】日本の大根と違い，はつか大根のような小さくて丸い形のものをいうので，日本の大根は Japanese radish とするほうがよい．

radish

大根卸し（器具）radish grater Ⓒ《☞ 台所・家事（囲み）》；（卸した大根）grated radish Ⓤ **大根役者** ham｢actor[actress]Ⓒ.

たいさ 大差（大きな違い）great difference Ⓒ, much difference Ⓤ ★ difference は具体的な相違点について言うときは Ⓒ．《☞ さ》．

¶その２つの間には*大差はない There is ｢not *much* [little] *difference* between the two. // A は B と*大差がない A is not *much different from* B. // 7 回までにわがチームは相手に*大差をつけていた By the 7th inning our team had *a great lead* over the opponent. // 彼は選挙で対立候補に*大差で勝った He won the election *by a wide margin* over his opponent. 《☞ たいしょう[4]》

たいざい 滞在 ―【動】stay (自) ★ 最も一般的な語；（ホテルなどに泊まる）stop (at ...) (自)．―【名】stay Ⓒ；（訪問）visit Ⓒ．《☞ とまる[2]（類義語）》．

¶「当地にどのくらいご*滞在の予定ですか」「約２週間です」"How long are you going to *stay* here?" "About two weeks." // 私はいまおじの家[ホテル]に*滞在しています（⇒ 泊まっている）I'*m staying* ｢*with* my uncle [*at* a hotel]. // 私はロンドン*滞在中，しばしば大英博物館を訪れました I often visited the British Museum ｢*during my stay* in London [*while I was in* London].

滞在期間 the length of *one's* ｢visit [stay] **滞在地** the place of stay **滞在費**（ホテル代）hotel expenses ★ 通例複数形で．《☞ ホテル（囲み）》．

だいざい 題材（作品の主題）subject matter Ⓒ；（講義・論文などのテーマ）theme Ⓒ；（対話・討論などの話題）topic Ⓒ．《☞ だい[1]（類義語）；しゅだい》．

たいさく[1] 対策 measure Ⓒ ★ しばしば複数形で；step Ⓒ；（対抗策）countermeasure Ⓒ ★ 報復的な手段をいうこともある．《☞ しゅだん；しょち；そち；ほうさく[2]》．¶政府は新たな物価*対策を迫られている The Government is urged to take new *measures* against rising prices. // 私たちは常に地震*対策を考えておかなければならない We should always *be fully prepared for* an earthquake.

たいさく[2] 大作（偉大な作品）great work Ⓒ, masterpiece Ⓒ ★ 後者は少し改まった語．

たいさん 退散 ―【動】（逃げる）run away (自)；（負けて逃げる）take (to) flight；（群衆などが解散する・退散させる）disperse (自)(他)．《☞ にげる；たいきゃく；かいさん》．¶警官が群衆を*退散させた Policemen *dispersed* the crowd.

だいさん 第三 ―【形】【名】the third, number three, No. 3 ★ 後の２つは名詞の後に付けて順序を示すとき，口語的に優劣の順序を言うときなどに用いる． ―【副】（第三番目に）thirdly, in the third place. 《☞ 数字（囲み）》．

第三国 the third power **第三者** the third party **第三世界** the Third World.

たいし[1] 大使 ambassador Ⓒ. ¶駐日米国*大使 the American *ambassador* to Japan // 彼は駐英*大使に任ぜられた He was appointed *ambassador* to Britain. **大使館** embassy Ⓒ. ¶オーストラリア*大使館 the Australian *Embassy* **大使館員**（全員）the embassy staff Ⓤ；（個人）member of the embassy staff Ⓒ.

たいし[2] 大志（特定の目標を目指したり，成功したりしたいという野望）ambition Ⓤ；（あこがれているものになりたいという気持ち）aspiration Ⓤ．《☞ のぞみ；やしん》． ¶少年よ*大志を抱け Boys, be *ambitious*.

たいじ[1] 退治 ―【動】（やっかい払いする）get rid of ...；（徹底的にやっつける）wipe out (他)；（根絶する）root out (他), exterminate (他) 【語法】root out が口語的. exterminate は特に生物を全滅させること．《☞ くじょ》． ¶この薬品はごきぶりを*退治するのに効果的だ This poison is very effective in ｢*getting rid of* [*killing*; *exterminating*] cockroaches.

たいじ[2] 胎児（妊娠３か月までの）embryo Ⓒ；（妊娠３か月以後の）fetus [fíːtəs] Ⓒ.

だいし 台紙 ―【名】（厚紙）pasteboard Ⓤ, cardboard Ⓤ；（写真・宝石などをはりつけたり載せて置いたりするもの）mount Ⓒ. ―【動】（台紙にはる）mount (他). ¶写真を*台紙にはった I *mounted* the picture (on a piece of ｢*pasteboard* [*cardboard*]).

だいじ[1] 大事 **1**《大切なこと》 ―【形】（重要な）important, of importance ★ 後者のほうが多少改まった言い方；（価値のある）valuable；（貴重な）precious. 《☞ たいせつ》．

¶いいですか，これはとても*大事なことなんですよ（⇒ さあ聞きなさい，これはとても重要だ）Now listen. This is very *important*. // 水は砂漠ではとても*大事だ Water is very *valuable* in a desert. // 健康は富よりも*大事だ Health is *better* than wealth. 《ことわざ：健康は富にまさる》 // 体を*大事にして下さい Please *take care of* yourself. 【語法】通常は病人に対して「お大事に」の意味で用いる．《☞ 病気・病院（囲み）》 // 彼は*大事をとってすぐに入院させられた He was sent to hospital immediately *to be on the safe side*.

2《重大な事件》：（大事件）serious happening Ⓒ；（大災害）disaster Ⓒ. ¶機長の沈着な態度で*大事に至らずにすんだ（⇒ 機長の勇気で飛行機は惨事を免れた）The plane escaped a *disaster* because of the pilot's courage. // それは*大事の前の小事だ（⇒ 大きな目的のためには小さな犠牲を払わなくてはならない）We must make a small sacrifice for *a great cause*.

だいじ[2] 題字（本などの題目）title Ⓒ. ¶*題字は山田氏のものです（⇒ 毛筆の題目は山田氏による）*The title in calligraphy* was written by Mr. Yamada.

だいしきょう 大司教 〖ローマカトリック〗 archbishop Ⓒ.

たいした 大した **1** «それほど…ではない»: not very, not very much; (あまり…の価値がない) not much of a ...; (小さな) small; (少額の) a small amount of ... 語法 以上いずれも「大したことはない」と否定の語, ないし意味を伴って用いる; (大丈夫) all right, OK. 《☞ たいして²》.

¶「けがはしませんでしたか」「なに, *大したことはありませんよ (⇒ 大丈夫です)」 "Weren't you hurt?" "No, I'm ⌈*all right*. [*OK*.]" / "Were you hurt?" "No, *not much*." // *大した金ではありません (⇒ 少額である) It's *a small amount of* money. // あの人は*大した学者ではありません He's *not much of* a scholar. // この小説も(読んでみると)*大したことはないね (⇒ 期待したほどおもしろくない) This novel is *not as interesting as* I expected. 《☞ 比較の表現 (囲み)》

2 «たいへんな» ☞ たいへん; すばらしい

たいしつ 体質 (体の構造) constitution Ⓒ; (病気にかかりやすい体質) predisposition Ⓒ.

¶ 彼は丈夫な[弱い]*体質だ (⇒ 彼は体質的に強い[弱い]) He is *constitutionally* ⌈strong [weak]. / (⇒ 彼は強い[弱い]体質を持っている) He has a ⌈strong [weak] *constitution*. // 癌(がん)は*体質的に遺伝するのだろうか Is the *predisposition* to cancer hereditary? // 私はどうもアレルギー*体質のようです I'm afraid I'*m predisposed to* allergies.

たいして¹ 対して **1** «向かって» ―前 to ..., toward ... 語法 「人に対して」というような場合には以上 2 つは入れ替え可能だが, 行為や態度の方向性をはっきり示すときは toward を用いる; (反対や相手に不利なことの場合) against ...; (人に対して利益・恩恵を与えたり, あるいは報復を意味する場合) for ... 《☞ たいする》.

¶ 彼女はだれに*対しても親切だ She is kind *to* everybody. // 彼は私に*対してとても好意的だ He is very friendly ⌈*to* [*toward*] me. // 私に*対してよくもそんなことが言えるな How dare you say such a thing *to* me? // 彼らは私に*対してうらみをいだいている They bear a grudge *against* me. // これは君に*対する忠告だ This is my advice ⌈*for* [*to*] you. // 皆様のご親切に*対して心から感謝します Thank you very much *for* your kindness. / I'd like to express my heartfelt thanks *for* your kindness. ★ 改まった言い方.

2 «代価・代償など» ―前 for ... ¶ 私はそれに*対して 10 万円払った I paid 100,000 yen *for* that.

たいして² 大して (あまり…でない) not very..., not much, not very much. 《☞ たいした》.

¶ この本は*大しておもしろくない (⇒ あまりおもしろくない) This book is *not very* interesting. // そんなことを聞いても*大して驚きませんよ I *won't* be *very* surprised to hear that. // それはこのこととは*大して関係ありません That *doesn't* have *much* to do with this matter.

たいしゃ 退社 ―動 (会社から帰る) leave ㊀, quit ㊀; (定年でやめる) retire (from ...) ㊁; (自発的にやめる) resign ㊁. 《☞ たいしょく¹; じしょく》. ¶ 毎日何時に*退社しますか What time do you *leave* your office every day? / (⇒ 通常の終業時間は何時ですか) When is *the usual closing hour* at your office?

だいじゃ 大蛇 big snake Ⓒ, boa Ⓒ. 《☞ へび》.

たいしゃく 貸借 ―名 (簿記の) debit and credit Ⓤ; (一般的に貸すことと借りること) borrowing and lending Ⓤ ★ borrowing を先に言うのが普通; (物・金を貸し借りすること) loan Ⓒ. ―動 loan ㊀. 《☞ かす¹; かりる》.

¶ 私は彼とは*貸借関係はない (⇒ 清算すべき勘定はない) I *have no accounts to settle with* him. **貸借契約書** charter Ⓒ **貸借対照表** balance sheet Ⓒ.

だいしゃりん 大車輪 (器械体操) giant swing Ⓒ. ¶ *大車輪で働く work *very hard*

たいしゅう¹ 大衆 ―名 (庶民) the people ★ 複数扱い; (一般民衆) the (general) public ★ 単数扱い. ただし一人一人を念頭におく場合は複数扱いとなる. ―形 (大衆的な・人気のある) popular ★「大衆向きの」という意味にも用いられる. 《☞ しょみん; みんしゅう》.

¶ 彼の考えは*大衆の支持を得た His idea ⌈gained [won] the support of *the people*. // それは*大衆の同情に訴えるものをもっている It appeals to the sympathy of *the people*. // あらゆる施設は*大衆のために開放されなければならない All the facilities must be open to *the* (*general*) *public*.

大衆運動 popular movement Ⓒ **大衆化** popularization Ⓤ **大衆小説** popular novel Ⓒ **大衆食堂** (安いレストラン) cheap restaurant Ⓒ **大衆文学** popular literature Ⓤ.

たいしゅう² 体臭 body odor Ⓒ《略 B.O.》.

たいじゅう 体重 weight Ⓤ 《☞ 重さの表し方 (囲み)》.

¶「あなたの*体重はどれくらいですか」「60 キロです」 "How much do you *weigh*?" "I *weigh* 60 kilograms." / "What [How much] is your *weight*?" "My *weight* is 60 kilograms." 《☞ 度量衡 (囲み)》

彼は*体重が重い[軽い] He's ⌈heavy [light]. / He ⌈*weighs* a lot [doesn't *weigh* much].

私は*体重を計った I *weighed* myself. ★ 自分で計った場合.

身体検査で*体重を計った I *was weighed* at the physical examination.

私はあなたの*体重の 2 倍ある I am twice your *weight*. / I *weigh* twice as much as you.

*体重が増えた I've ⌈put on [gained] *weight*.

*体重が 2 キロ増えた[減った] I've ⌈gained [lost] 2 kilograms.

*体重がありすぎると心臓に余計な負担がかかる Too much *weight* puts an extra burden on ⌈the [your] heart.

私は身長に釣り合った*体重だ My *weight* is normal for my height.

私は身長の割に*体重がない[ある] I am ⌈*underweight* [*overweight*] for my height.

た

*体重を減らすよう心がけなさい Try to ｢reduce your [lose some] *weight*.

体重計 scale Ⓒ ★ the scales として用いる.

たいしょ 対処 ━動 (立ち向かう) meet ⑩; (問題などを処理する) deal with … ; (うまく処理する) cope with … 《☞ しょり ; あつかう》.

¶ 彼はその問題に冷静に*対処した He ｢*met* [*dealt with*] the problem calmly. ∥ その問題はいかに*対処すべきだろうか (⇒どのように扱ったらよいか) How can we *deal with* the problem? / (⇒ どうやってうまく片付けるか) How can we *cope with* this problem?

だいしょ 代書 (代筆を業務とする人) scribe Ⓒ 参考 《米》では代書人という制度がないので, この語は廃語となっている; (公証人) notary Ⓒ.

たいしょう¹ 対照 ━名 contrast [kάntræst] Ⓤ. ━動 (対照する) contrast [kəntrǽst] (with …) ⓐ ⑩, form [present; make] a contrast to … ; (比較する) compare ⑩. ━形 (対照的) contrastive. ━副 (対照的に) in contrast ｢to [with] …, by contrast with … 《☞ たいひ¹ ; くらべる》.

¶ A と B とは著しい*対照をなしている A and B ｢*make* [*show*; *exhibit*] *a* ｢remarkable [striking] *contrast*. / A *contrasts* ｢remarkably [strikingly] *with* B. / A is ｢strikingly [remarkably] *contrastive with* B. ∥ その赤い屋根は周りの緑の木立と美しい*対照をなしている The red roof ｢*forms* [*makes*; *presents*] *a* beautiful *contrast to* the surrounding green trees. / The red roof *contrasts* beautifully *with* the surrounding green trees. ∥ この 2 つの方法を比較*対照すれば, その優劣がわかります You can tell which is the better, if you *compare* the two methods.

たいしょう² 対象 (目標) object Ⓒ ; (主題) subject Ⓒ 語法 以上 2 語は「力・関心などが向けられるもの」という意味では入れ替えて用いることができるが, 前者を用いるほうがよい場合が多い. 《☞ もくひょう》.

¶ 調査の*対象は何ですか (⇒ 何について調査をするのか) *What* are you going to make a survey of? / What is the *subject* of the survey? 語法 object を用いると「調査の目的」という意味になる. ∥ 彼の著作は非難の*対象となった His book became an *object* of criticism. ∥ 若者を*対象にした本が近ごろよく売れる Books *for* young people sell well these days. ∥ その実験は未婚の男性 100 人を*対象に (⇒ について) 行われた The experiment was made *on* 100 unmarried males.

たいしょう³ 対称 ━名 symmetry Ⓤ. ━形 (対称をなす) symmetrical. ¶ 三角形 ABC と DBC とは BC に関して*対称をなしている The triangles ABC and DBC are *symmetrical* with regard to BC.

たいしょう⁴ 大勝 great victory Ⓒ ; (圧倒的勝利) crushing [overwhelming] victory Ⓒ ; (完勝) full [perfect] victory Ⓒ ; (選挙の地滑り的勝利) landslide (victory) Ⓒ. 《☞ あっしょう ; かつ》.

¶ 私たちのチームは*大勝した Our team gained a *great victory*. / (⇒ 大差で相手を負かした) Our team *beat* the opponent *by a big margin*. ∥ 彼は選挙で*大勝した (⇒ 大差で当選した) He ｢*won* the election [was elected] *by a* ｢*large majority* [*landslide*]. 《☞ たいさ》

たいしょう⁵ 大将 ¶ あいつはお山の*大将だった He was *the cock of the walk*.

たいじょう 退場 ━動 (出て行く) walk out of … ; (去る) leave ⑩. ¶ 彼らはその決議に抗議して議場から*退場した They ｢*walked out of* [*left*] the conference hall in protest against the resolution. ∥ 主審はその選手に*退場を命じた The ｢chief [home plate] umpire ordered the player *off the field*. ∥ ジュリエット*退場 《芝居のト書》 *Exit* Juliet.

だいしょう¹ 代償 (代価) price Ⓒ ; (時間・労力などの犠牲) cost Ⓒ, sacrifice Ⓒ ★ 前者は損害と引き換えに手に入れるという意味が強い ; (つぐない) compensation Ⓤ. 《☞ ぎせい》.

¶ どんな*代償を払ってもその目的を達成しなくてはならない We must achieve our aim ｢*at any price* [*at any cost* ; *at all costs*]. ∥ 彼は健康を*代償にしてその仕事を成し遂げた He accomplished the work *at the* ｢*sacrifice* [*expense*] of his health.

だいしょう² 大小 ━名 (大きさ) size Ⓒ. ━形 (大きいのやら小さいのやら) large and small ; (いろいろな大きさの) of various sizes.

¶「どんな大きさのがありますか」「*大小いろいろあります」 "What sizes do you have?" "We have ｢*various* [*several*] *sizes*." ∥ 港は*大小さまざまな船でいっぱいだ The harbor is full of ships, *large and small*.

だいじょうぶ 大丈夫 ━形 (なんともない・順調な[で]) 《口語》 all right, OK., okay ; (確信のある) sure (to *do*) ; (安全な) safe (from …) ; (耐え得る) proof (against …), -proof ; (適する) good (enough) (to *do*).

¶「顔色がよくないが*大丈夫ですか」「*大丈夫です」 "You look pale. Are you *all right*?" "Yes, I'm ｢*all right* [*OK* ; *okay*]." ∥「間に合うでしょうか」「*大丈夫です (⇒ きっと間に合います)」 "Can we make it?" "Yes, I'm *sure* we can." ∥ この水は飲んでも*大丈夫でしょうか (⇒ 飲むのに適するか) Is this water *good to* drink? ∥ この建物は地震には*大丈夫です (⇒ 耐えられる) This building is ｢earthquake-*proof* [quake-*proof*]. ∥「君ひとりで本当に*大丈夫かね」「ええ, *大丈夫です」 (⇒「君ひとりで本当にそれをすることができますか」「ええ, できます」) "*Can you really do it* yourself?" "Yes, *I can*." / (⇒「君ひとりでそれができる確信があるのですか」「あります」) "Are you *sure* you can do it yourself?" "Yes, ｢*I am* (*sure*) [*I'm sure*]." ∥ お子さんはもう*大丈夫です (⇒ 危険を脱した) Your son is *out of danger* now.

たいしょうりょうほう 対症療法 symptomatic ｢therapy [treatment] Ⓤ.

たいしょく¹ 退職 ━動 (定年などで) retire (from …) ⓐ ; (自分の意志で) resign ⑩ ⓐ, 《口語》 quit ⑩ 《過去・過分 quit または quitted》. ―[名] retirement [U]; (辞職) resignation [U]. 《☞ じしょく; やめる²》. ¶彼は3月に定年で*退職した He *retired* last March because of the age limit. **退職金** (退職時の) severance pay [U]; (退職年金) pension [C].

たいしょく² 大食 ―[形] (大食いの) gluttonous. ―[名] gluttony [U]. 《☞ たべる》.
¶彼は*大食(家)だ He is a ˹*big eater* [*glutton*]. / (⇒ たくさん食べる) He *eats a lot*.

たいしん 耐震 ―[形] earthquake-proof.
¶この建物は*耐震建築だ This is an *earthquake-proof* building. 《☞ だいじょうぶ》

たいじん¹ 退陣 ―[動] (辞職する) resign [他][自]; (定年などで退職する) retire (from ...) [自]. 《☞ たいしょく¹; じしょく》. ¶野党は首相の*退陣を要求した The opposition (parties) demanded the *resignation* of the Prime Minister.

たいじん² 対人 ―[形] (人と人との間の・人に関する) personal. ¶*対人関係 *personal* relations // 《損害保険などの》*対人保険 insurance against *personal* injury and loss of life

だいじん 大臣 secretary [C], 《英》 minister [C]; (閣僚) cabinet member [C].
【類義語】英国では ***secretary*** と呼ばれる大臣と ***minister*** と呼ばれる大臣の2通りがある. 米国では大臣はすべて *secretary* と呼ばれ, これを特に日本語では「長官」と訳している. 固有名詞に準じて大文字で書きはじめるのが普通である. なお米国では法務長官 (Attorney General) のように *secretary* と呼ばれない閣僚があるが, 日本の法務大臣は the *Minister* of Justice と訳している. また庁 (Agency) は省 (Ministry) と機能的には同類のものであるが, 省ほど規模の大きくないものを言い, その長官は一般に the Director General と呼ばれる. 日本の場合, 庁の中でも, 経済企画庁 (the Economic Planning Agency), 防衛庁 (the Defense Agency) などは規模も大きく, 省なみで, その長官は国務大臣が任命されるが, 普通は大臣と呼ばず, 慣習に従って経済企画庁長官, 防衛庁長官のように呼び, 英語に直すときもそれぞれ *the Director General* of the Economic Planning Agency, *the Director General* of the Defense Agency のように訳す. その他の日本の大臣は英国式に *minister* と訳される. 《☞ 政治・経済 (囲み)》
¶彼は大蔵*大臣に任命された He was appointed as the ˹Finance *Minister* [*Minister* of Finance]. [語法] 《米》では the *Secretary* of the Treasury (＝財務長官), 《英》では the *Chancellor* of the Exchequer が用いられる.

だいず 大豆 soybean [C].

たいすう 対数 〖数学〗 logarithm [lɔ́:gərìðm] [C] 《略 log》. **対数表** table of logarithms [C].

だいすう 代数 algebra [ǽldʒəbrə] [U].
代数学者 algebraist [æ̀ldʒəbrèiist] [C] **代数方程式** algebraic [æ̀ldʒəbréiik] equation [C].

たいする 対する ―[前] (…に向けられた) to ..., for ..., toward ... [語法] to と for は連語関係によっていずれかに決まっていることが多い. toward は「…に向けての」という意味が強く表れる言葉; (…と対照して) in contrast ˹to [with] ...; (…に対抗して) against ...; (…に反対して) in opposition to ... 《☞ たいして¹》.
¶それは私の質問に*対する答えにはならない That isn't the answer *to* my question. / (⇒ あなたは私の質問に答えなかった) You didn't answer my question. // 母親の子に*対する愛ほど純粋なものはない Nothing is more genuine than a mother's love *for* her child. // アメリカの中国に*対する政策は変わりつつある (The) American policy *toward* China is changing. // 暴力事件に*対する強力な対策を立てなくてはならない Strong measures must be taken *against* violence.

たいせい¹ 大勢 (全体の形勢) a [the] general situation; (全体の傾向) a [the] general tendency; (現在優勢な傾向) a [the] current trend; (時の流れ・風潮) a [the] current ★ the ˹trends [current(s)] of the time(s) で「時代のすう勢」を表すことも多い. 《☞ けいせい¹; けいこう》.
¶*大勢は我々に有利[不利]である *The general situation* is ˹favorable [unfavorable] to us. // *大勢に変化はない There ˹is [has been] no change in *the general situation*. // 選挙の*大勢 (⇒ 全般的な結果) はあしたの朝までに判明します *The general results* of the election will be announced by tomorrow morning. // 彼は*大勢に順応することのできない人だ He doesn't like to adapt himself to *the trends of the time(s)*. / He cannot swim with *the current(s) of the time(s)*.

たいせい² 体制 (組織) system [C]; (構造) structure [C]; (確立している支配的体制) the establishment. 《☞ そしき》.
¶現在の政治*体制 (⇒ 政治の組織) は将来変わるだろう The present political *system* will be changed in future. // 日本の経済*体制 (⇒ 構造) the economic ˹*structure* [*organization*; *system*] of Japan // 彼らは*体制に反対だ They are ˹against *the establishment* [(⇒ 反体制派だ) *dissenters*].

たいせい³ 態勢 ¶いつでも仕事を始める*態勢にあります (⇒ 用意ができている) We *are ready to* start working at any time.
【参考語】―[動] (…する態勢にある; …する準備ができている) be ready (to *do*), be prepared (to *do*). ―[名] (準備) preparation [C]; (手はず) arrangements ★ 複数形で; (能力) capacity [U].

たいせい⁴ 大成 ―[動] (人生で成功する) be a success (in life); succeed in life. 《☞ せいこう¹; しゅっせ》. ¶彼は*大成するでしょう He'll *be a success* (*in life*). / He'll *succeed in life*. / (⇒ 彼は有望だ) He's *promising*. / He has *promise*.

たいせい⁵ 体勢 ¶彼は*体勢を崩した[立て直した] He ˹lost [regained] his *balance*.

たいせい⁶ 胎生 ―[形] viviparous [vaivípərəs].

たいせいよう 大西洋 ―[名][固] the Atlantic (Ocean). ―[形] Atlantic. ¶北*大西

洋条約機構 the North *Atlantic* Treaty Organization《略 NATO [néitou]》

大西洋憲章 the Atlantic Charter.

たいせき[1] 体積 volume Ⓤ；(立方[長方]体の容積) cubic content Ⓒ ★以上 2 者は入れ替えて用いることができるが，後のほうが形式ばった正確な言い方.《☞ようせき；めんせき[1]》. ¶この箱の*体積は 125 cm^3 です The ⌈*volume* of this box is [*cubic contents* of this box are] 125 cubic centimeters.《☞度量衡(囲み)》

たいせき[2] 退席 ―[動] leave *one's* seat；(部屋を出る) leave the room.《☞ちゅうざ》. ¶彼は会議の途中で*退席した He *left* ⌈*his seat* [*the room*] in the middle of the conference.

たいせき[3] 堆積 (堆積物) drift Ⓒ, pile Ⓒ. ¶川の流れで土砂が河口に*堆積した Sand and gravel drifted through the water, forming *piles* at the mouth of the river.

たいせつ 大切 ―[形] (重要な) important, of importance ★後者のほうが改まった言い方. 構文の相違にも注意；(貴重な・価値のある) valuable；(金銭では計れないほど貴重な) precious；(時期などが決定的で重大な) crucial.
―[動] (よく面倒を見る) take (good) care of …；(節約する) economize ⓐ；(価値を認め大事にする) treasure ⓗ；(大事にしてかわいがり，いつくしむ) cherish ⓗ.《☞だいじ[1]；じゅうよう[1]；きちょう[1]》.
¶これは*大切な手紙だ This is an *important* letter. // これは*大切な事柄であると考えられている This is considered to be a matter *of* great *importance*. // *大切なもの(⇒貴重品)はここに置かないで下さい Please don't leave ⌈*valuable* things [*valuables*] here. // 私たちにとって健康は一番*大切なものです Health is ⌈the most *precious* thing to us [our most *precious* resource]. // いまが我々にとって一番*大切な時だ(⇒いま我々は一番決定的な時に直面している) We are facing the *crucial* moment. // 体を*大切にして下さい Please *take care of* yourself. [語法] 主として病人に向かって言う.《☞病気・病院(囲み)》 // 時間を*大切にしよう Let's *economize* on (our) time.

たいせん[1] 対戦 ―[動] (試合をする) play against …, play ⓗ；have a game with …；(競い合う) compete with …；(ボクシング・レスリングなどで戦う) fight ⓗ.《☞たたかう；しあい；スポーツ(囲み)》.
¶わが校はあす南高校と*対戦する We will *play* (*against*) Minami High School tomorrow. // 彼はあしたヘビー級チャンピオンと*対戦する He will *fight* the heavyweight champion tomorrow. // 彼との*対戦成績は 5 分 5 分だ The *win-loss record* between him and me is fifty-fifty.

たいせん[2] 大戦 (世界大戦) world war Ⓒ《☞せんそう[1]》. ¶第二次世界*大戦 *World War* II [tú:]

たいぜん 泰然 ―[形] (落ち着いた) calm.
―[副] calmly；(心を落ち着けながら) using self-control.《☞おちつきはらう》. ¶彼はその知らせにも*泰然としていた(⇒落ち着いて聞いた) He ⌈heard [took] the news *calmly*.

たいそう[1] 体操 gymnastics ★複数扱い；《口語》gym Ⓤ；(physical [gymnastic]) exercise Ⓤ.《☞たいいく；スポーツ(囲み)》.
¶朝食前にいつも*体操をします I always ⌈take [do] some *exercise* before breakfast. // 彼女は 1 日も欠かさずに美容*体操をする She never misses a day of *calisthenics* [kæ̀ləsθéniks]. // 器械*体操 apparatus *gymnastics* // ラジオ[テレビ]*体操(⇒美容体操) the ⌈radio [TV] *calisthenics* ★単数または複数扱い.

体操選手 gymnast Ⓒ　**体操服** training uniform Ⓒ.

たいそう[2] 大層 very, very much.《☞ひじょうに；強意語(囲み)》.

だいそう 代走 ―[動]〘野球〙run for …
¶A が B の*代走をするだろう A will *run for* B.　**代走者** pinch runner Ⓒ.

だいそれた 大それた ―[形] (無鉄砲な) reckless；(浅はかな) thoughtless；(無謀な・とっぴな) wild；(恐ろしい) horrible.
¶君は私に向かってよくもそんな*大それたことが言えるものだ(⇒よくそんなことを言う勇気があるものだ) How *dare* you say such a thing to me? // よくも*大それたことをしてくれたものだ(⇒おまえはどうしてそんな無鉄砲なことをしたのだ) Why did you do such a *reckless* thing? // あの男がそんな*大それた(⇒恐ろしい)事をしたはずがない That man cannot have done such a *horrible* thing.

たいだ 怠惰 ―[形] idle；lazy (↔ eager).
―[名] idleness Ⓤ；laziness Ⓤ.
【類義語】怠けようとする意志があるかないかは問題とせず，ただすることが何もなくてぶらぶらしているのが ***idle***. 自分の意志で怠けている形容には ***lazy*** を用いる. 従って ***lazy*** のほうがより強い批判の意味が含まれる.《☞なまける(類義語)》
¶彼は生来*怠惰な人間だ He is *lazy* by nature. // 彼は*怠惰な生活を送っている He is leading an *idle* life. / (⇒怠けて時間を過ごしている) He *is idling away* his time. ★idle は[動].

だいだ 代打 ―[名] (代打者) pinch hitter Ⓒ. ―[動] pinch-hit (for …) ⓐ.《☞野球の英語(囲み)》.

だいたい[1] 大体 **1**《おおよそ》―[副] (ほとんど) almost；(約) about ★数などに付ける；(ほぼ…に近い) just about；(普通) generally；(一般的に言って) generally speaking. ―[形] (たいていの) most. ―[代] (大部分) most.《☞ほぼ[1]；ほとんど；やく[3](類義語)》.
¶「パーティーには何人の人が来ますか」「*だいたい 20 人ぐらいでしょう」"How many people are coming to the party?" "*About* 20, I guess." // あなたの答えで*だいたいよい Your answer is *just about* right. // 日本人は*だいたい勤勉だ *Generally speaking* the Japanese are hardworking. // 試験は*だいたいできた(⇒質問の大部分に答えられた) I answered *most* of the questions on the exam.

2《概略・概要》―[名] (概略) outline Ⓒ；

(あら筋) sketch Ⓒ. ―副 (原則的に) in principle; (全体として) on the whole.

¶ これがその本の*だいたいの内容です This is an *outline* of the book. // 我々の計画の*だいたいのところをお話ししましょう I'll give you a *sketch* of our plan. // 両国は*だいたいにおいて (⇒ 原則的に) 意見が一致した The two [Both] countries reached an agreement *in principle*. // 彼の話は*だいたい信用できる (⇒ 全体的に見て信用できる) His story can be trusted *on the whole*.

3 《強調》 ¶ その計画は*だいたい最初から失敗だった The plan was a failure from the *very* beginning. // *だいたい君がいけないのだ (⇒ 最も責を負うべきは君だ) It's you who are to blame *most*.

だいたい³ 代替 ―形 (代わりの) substitute. ―動 (B を A の代わりとする) substitute (B for A). 《☞ だいよう》.

だいだい¹ 代代 (何代にもわたって) for generations; (世代から世代へと) generation after generation, from generation to generation. 《☞ だい⁴》.

¶ 私の家は*代々材木商です (⇒ 私たちの家は何代にもわたって材木を商ってきた) Our family have been dealing in wood *for generations*. // これは*代々伝わっている家宝です This is ⌈a family treasure [an heirloom [έəlù:m]] handed down *from generation to generation*.

だいだい² 橙 ―名 (植物・実) Japanese ⌈sour [bitter] orange Ⓒ; (だいだい色) orange (color) Ⓤ. ―形 (だいだい色の) orange (-colored). 《☞ オレンジ; 色 (囲み)》.

だいたいこつ 大腿骨 thighbone [θáibòun] Ⓒ 《☞ ほね》.

だいだいてき 大大的 ―副 (大規模に) on a large scale; (広く・広範に) extensively. 《☞ だいきぼ》. ¶ 1970 年代には省エネ運動が*大々的に行われた An energy-saving campaign was carried out *on a large scale* in the 1970's. // 新聞はその事件を*大々的に (⇒ 人の目を引くように) 報道した The newspapers ⌈reported [published] the news *in sensational terms*.

だいたいぶ 大腿部 (太もも) thigh [θái] Ⓒ 《☞ ふともも; あし¹ (挿絵)》.

だいたすう 大多数 (たいていのもの) most; (過半数を越えるかなりの数) the majority ★場合により単数または複数扱い; (圧倒的に多い数) a large majority. 《☞ たいはん; だいぶぶん; かはんすう》. ¶ *大多数の人はそう思っています *Most* people think so. // 委員の*大多数はその案に反対だった *The majority* of the committee was against the proposal.

たいだん 対談 ―名 (ある人物に聞き手がいろいろ質問する形の) interview Ⓒ; (2 人の人の間の対話) talk between two people Ⓒ. ―動 talk (to ...; with ...) ㊀; have an interview (with ...), interview ㊉.

だいたん 大胆 ―形 (向こうみずでずうずうしいと感じられるような) bold (↔ cowardly); (大胆で人の意表をつくような) daring. ―名 boldness Ⓤ; daring Ⓤ. 《☞ ゆうかん¹; ゆうき¹ (類義語); おもいきった》. ¶ それはずいぶん*大胆な思いつきだ It's a very ⌈*bold* [*daring*] idea. // 彼は*大胆にも鮫(さめ)のいっぱいいる海に飛び込んだ He was *bold* enough to jump into a sea full of sharks.

だいち¹ 大地 (天に対して地) the earth (↔ heaven); (土地) land Ⓤ; (地表・地面) the ground. 《☞ ちじょう; つち¹》. ¶ 彼らは*大地を耕し種をまいた They cultivated the land and planted seeds. // 母なる*大地 Mother *Earth*

だいち² 台地 (小高くなったところ) elevation Ⓒ; (丘のように盛り上がって高くなっているところ) heights ★複数形で; (高原状の場所) plateau Ⓒ. 《☞ たかだい; おか》.

たいちょう¹ 体調 (physical) condition Ⓤ, shape Ⓤ. 《☞ からだ; ちょうし¹; コンディション》. ¶ *体調がいい[思わしくない] I'm in ⌈good [poor] *condition*.

たいちょう² 体長 length Ⓤ 《☞ ながさ》. ¶ 恐竜の中には*体長 65 フィートもあるものがあった Some dinosaurs were 65 feet *long*. 《☞ 度量衡 (囲み)》

たいちょう³ 隊長 (長) head Ⓒ; (司令官) commander Ⓒ; (指揮者) leader Ⓒ.

だいちょう¹ 大腸 large intestine Ⓒ 《☞ ちょう²; ないぞう¹ (挿絵)》. **大腸カタル** colitis Ⓤ **大腸菌** colitis germ Ⓒ.

だいちょう² 台帳 (会計の元帳) ledger Ⓒ 《☞ ちょうぼ》. ¶ きょうは*台帳につけるものがない We have nothing to enter in the *ledger* today.

タイツ tights ★複数形で.

たいてい 大抵 ―副 (通常) generally; (たいていの場合) mostly, in most cases, for the most part; (普通) usually; (多分) probably; possibly, 《口語》perhaps, maybe. 《☞ だいぶぶん; たぶん 語法》.

¶ *たいていの人はこの味を好む *Most* people like this ⌈flavor [taste]. // この書棚の本は*たいてい読みました I read *most* of the books on this shelf. // 彼はきのう試験を受けたが*たいてい大丈夫だと思う Yesterday he took an examination. I think he *probably* passed it. // *あしたはたいてい晴れだ It is *likely* to be ⌈fine [clear] tomorrow. // *たいてい彼は日曜日には釣りに行く On Sundays he *usually* goes (out) fishing. // 子犬の世話も*たいていではない (⇒ 簡単どころではない) It is *no easy matter* to ⌈keep [take care of] a puppy.

たいてき 大敵 (強力な敵) powerful [great] enemy Ⓒ; (恐るべき相手) formidable rival Ⓒ. 《☞ てき (類義語)》.

たいど 態度 (心構え) attitude Ⓒ; (習慣的態度) manner Ⓒ; (立場) stand Ⓒ; (外見) air Ⓒ.

【類義語】ある事に対する心構え, または心構えを表すような態度は *attitude*. 習慣的でしかもある人に特徴的な態度は *manner*. 日本語で「...のし方」という言い方はこれに当たる場合が多い. ((例) 彼の話し方 his *manner* of talking). 立場・考え方・主張などの意味での態度は

た

stand. 外見・風采(ふうさい)など外から見て判断する態度は *air* という.《☞ しせい[1]》

¶ この問題に対するあなたの*態度はどうですか What is your *attitude* toward this problem?

ソ連はわが国に対して強い[強硬な]*態度をとった The Soviet Union ˹*took* [*assumed*] a hostile *attitude* toward us.

私は彼女の*態度が気にくわない I don't like her *manner*.

「いやだ」と彼はきっぱりした*態度で答えた "No," he said in a determined *manner*.

[語 法] attitude を用いることも可能だが, その場合は言い方の調子だけでなく, 心構えそのものが明白であるという意味を含む.

あなたは*態度をはっきりしなくてはならない You should make your *attitude* clear.

あなたの*態度はよくない (⇒ あなたは不作法だ) もっと礼儀正しくしなさい You are rude. You must be more polite.

私の*態度(⇒立場)をもっとはっきりいたしましょう Let me make my *stand* clearer.

彼はそれを気取った*態度で言った He said that with an affected *air*.

たいとう[1] 対等 ―[形] equal ; even.

【類義語】量・質・大きさ・程度などが厳密な意味において等しいのは *equal*. ((例) 等しい量 *equal* quantities // 2×3=6 Twice three *equals* six.). 元来同じ平面にあるという意味で, 互いに上下のないという意味に用いるのが *even*. ((例) 同じ分け前を取る have *even* shares). 2つともほぼ同意になる場合もあるが, 連語関係の相違に注意.《☞ びょうどう(類義語); どうとう》

¶ すべての人間は法律的には*対等である All human beings are legally *equal*. // すべての人は*対等の権利を有する All men have *equal* rights. // わが校のチームは A 校のチームと*対等に戦った Our team had an *even* game with A team.《☞ ごかく》// この会社では女性は男性と*対等の条件で勤務している Women work on ˹*equal* terms [*even* ground] with men in this firm.

たいとう[2] 台頭 ―[動] (起こる・生じる) rise (自); (勢力を増す) gain power ; (形作られる) be formed. ―[名] (興隆) rise Ⓤ.

¶ 当時新しい形の民主主義が*台頭してきた In those days a new type of democracy *was* ˹*rising* [*on the rise* ; *being formed*]. // イタリアでは都市国家が*台頭しつつあった City-states *were gaining power* in Italy.

だいどうしょうい 大同小異 ―[形] (ほぼ同じ) much the same; (実質的には同じ) substantially the same ; (ほぼ同一) almost identical ; (よく似ている) quite similar.

¶ これらはみな*大同小異だ All of these are *much the same*. // この2つは*大同小異だ(⇒2つの間には大した違いはない) There is ˹*not much* [*little*] *difference* between the two.

だいとうりょう 大統領 ―[名] president Ⓒ; chief executive Ⓒ [語 法] 前者が一般的. 後者は「行政長官」という言い方で, 州知事・市長などにも用いられる. また, 特定の国の大統領を指す場合には定冠詞を付け, 大文字で書き始める. ―[形] (大統領(の地位)の) presidential.

¶ 彼はアメリカ*大統領に選ばれた He was elected *President* of the United States.《☞ 冠詞(欄外)》/ (⇒ 大統領の地位に選ばれた) He was elected to the *presidency* of the United States. // ケネディ*大統領 *President* Kennedy // 副*大統領 the Vice-*President* // *大統領閣下《呼びかけ》Mr. *President* !

大統領官邸 the Presidential residence / 《米》the White House [(h)wáit hàus] **大統領候補** Presidential candidate Ⓒ **大統領選挙** Presidential election Ⓒ **大統領当選者** the President-elect ★就任式までの当選者をいう. **大統領夫人**《米》the first lady.

たいとく 体得 ―[動] (経験によって学ぶ) learn ... through experience ; (習得して完全に自分のものにする) master (他).《☞ えとく》.

¶ その技術を*体得するには何年もかかりますよ It'll take you years to *master* the art.

だいどく 代読 ¶ 秘書が社長のメッセージを*代読した(⇒読んだ) The secretary *read* the president's message.

だいどころ 台所 kitchen Ⓒ; (アパートなどの簡易台所) kitchenette Ⓒ.《☞ 家・部屋(囲み)》. ¶ *台所仕事をする do *kitchen* work // 母は*台所で夕食の支度をしています Mother is preparing dinner in the *kitchen*.

台所道具 kitchen utensils ★ 台所道具や流しなどの設備類をまとめていうときに使われる; kitchenware Ⓤ ★ 前者とほぼ同意のこともあるが, 主として鍋・かまや料理用具を指す; (鍋・かまなど) pots and pans ★ くだけた言い方; (台所設備一式) kitchen equipment Ⓒ.

タイトスカート tight skirt Ⓒ《☞ スカート; 衣服(囲み)》.

タイトル **1**《本などの表題》: title Ⓒ; (名前) name Ⓒ.《☞ だい[1]》.

2《選手権》: (称号) title Ⓒ; (地位) championship Ⓒ.《☞ せんしゅけん》. ¶ 彼はフライ級チャンピオンの*タイトルを獲得した[失った] He ˹gained [lost] the *title* of flyweight champion.

タイトルページ title page Ⓒ《☞ ほん(挿絵)》

タイトルマッチ title match Ⓒ.

たいない[1] 体内 ―[形][副] in the body.

¶ 弾丸は*体内にとどまっていた The bullet remained *in the body*.

たいない[2] 胎内 ―[形][副] in the womb.

だいなし 台無し ―[動] (だめにする) spoil (他); (大損害を与える・破滅させる) ruin (他); (破壊する) destroy (他); (傷つける) damage (他); (めちゃめちゃにする) make a mess of ...《☞ だめ; めちゃめちゃ; ぶちこわす》.

¶ 雨で遠足が*台無しになった (⇒ 雨が遠足をだめにした) The rain ˹*spoiled* [*made a mess of*] our picnic. [語 法] 中止ではなく, 途中で雨が降り出してめちゃめちゃになったこと. // 大雪で作物が*台無しになった (⇒ 大雪が作物をめちゃめちゃに傷つけた) A heavy snowfall ˹*ruined* the crops [*damaged* the crops *badly*].

ダイナマイト dynamite Ⓤ.

ダイナミック ―[形] dynamic [dainǽmik].

台　所　・　家　事

1　台所の設備

流し　kitchen sink Ⓒ または単に sink Ⓒ. 底に敷くゴム製のマットは sink mat Ⓒ. 水をためるときなどに使用する栓は sink stopper Ⓒ. 蛇口は faucet Ⓒ, 《英》 tap Ⓒ. 排水管は drain Ⓒ. 厨芥処理器は disposer Ⓒ, または garbage ˹disposal [disposer] Ⓒ という.
¶ 食事後の洗い物は*流しでする We ˹wash the dishes [《英》 do the washing-up] ˹in [at] the *sink*. // *蛇口の栓をひねったら水が勢いよく*流しに出た When I ˹opened [turned] the *faucet*, the water rushed out into the *sink*. 【語法】「止める」のは close the faucet.「栓をひねって水を出す[止める]」は turn the water ˹on [off] ともいう.

調理台　台所の中に独立してあるものは kitchen table Ⓒ. 流し台などとセットになっていて壁面に沿ってあるのは counter Ⓒ.
¶ 私は必要な用具を*調理台の上にすぐ使えるように並べた I lined up the necessary tools on the *counter* and was ready for action.

ガス台　いわゆるガスレンジは gas range Ⓒ で, その火口は burner Ⓒ. ただし range よりも普通は stove Ⓒ と呼ぶことのほうが多い. cookstove Ⓒ ともいう. 電気を使うものは electric stove Ⓒ である. 魚などを焼くグリル (grill Ⓒ) やブロイラー (broiler Ⓒ) の組み込まれているものもある. 開放的なのが grill で, 密閉されているのが broiler. 下は普通オーブン (oven Ⓒ) になっていることが多い. オーブンが独立しているような場合, レンジのほうは特に counter-top range Ⓒ という. なお電子レンジは microwave oven Ⓒ. ガス台の上にある換気装置は ventilator Ⓒ で, 換気扇は exhaust fan Ⓒ.
¶ *レンジでやかんが煮立っていますよ The kettle is boiling on the *stove*. // 私はいつも早めに*オーブンを暖めることにしている I make it a habit to turn on the *oven* early. 【語法】「オーブンで焼く」は bake ... in the oven.

冷蔵庫　refrigerator Ⓒ. 英口語では省略して fridge Ⓒ という. 上に冷凍庫 (freezer Ⓒ) のあるのは top-freezer *refrigerator* Ⓒ. 観音開きで片側に冷凍庫のあるものは side-by-side refrigerator Ⓒ. icebox Ⓒ と呼ぶときもあるが, 食料品を氷と一緒に入れて冷やす箱を指すときもあるからまぎらわしい.「冷蔵庫に入れておく」は store [keep] ... in the refrigerator.「霜をとる」は defrost ˹the [a] refrigerator.

食器棚　皿・ナイフ・フォークなどのほかに食料品も入れておけるのが cupboard Ⓒ. 独立しているものも造りつけのものもある. 自由に動かすことのできるものは cabinet Ⓒ ということが多い. 食堂にある食器棚は sideboard Ⓒ.
¶ ナイフとフォークを*食器棚に片づけておきなさい Put the knives and forks back in the *cupboard*.

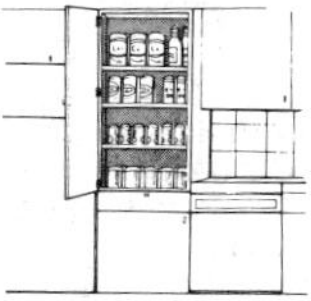

cupboard

cabinet

sideboard

2　台所用品

以下にあげるもののうち, 中には日本のものと英米のものとの間に材質・形状の違うものがあり, 正確に訳すことは説明する以外には困難な場合がある.

あわ立て器　whisk Ⓒ, (egg)beater Ⓒ

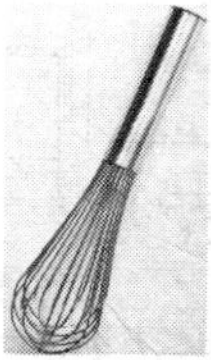

whisk

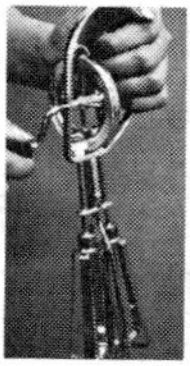

eggbeater

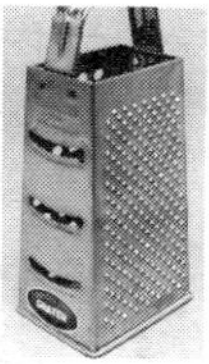

grater

おたま soup ladle Ⓒ　**おろし金** grater Ⓒ　**缶切り** can opener Ⓒ　**計量カップ** measuring cup Ⓒ ★《米》は1カップが 240 cc, 日本では 200 cc.　**(計量)スプーン** (measuring) spoon Ⓒ ★ 小さじは teaspoon Ⓒ, 大さじは tablespoon Ⓒ. 《☞ 数の数え方 (囲み)》 **こし器** strainer Ⓒ　**皿** dish Ⓒ ★ 食べ物を盛りつける前に入れておく大きな皿が dish で, 各自はそこから自分の浅い皿 (plate Ⓒ) に取って食べる. 皿に取り分けることを dish out (他) という. 肉や魚料理を出すときに使う大きな平皿は platter Ⓒ. 《☞ さら (挿絵)》 **ざる** (水切り用) colander Ⓒ ★ 金属製のボールに穴をあけたようなもの.　**しゃくし** ladle Ⓒ　**ジューサー** juicer Ⓒ　**皿洗い機** dishwasher Ⓒ　**炊飯器** rice cooker Ⓒ　**栓抜き** corkscrew Ⓒ ★ コルクの栓抜き. 瓶のは

colander

cap opener [C]. **タイマー** kitchen timer [C] **たわし** steel wool [U] ★英米のは金属製で日本製のものと違う. **茶碗** rice bowl [C] ★ごはん茶碗を指す. 紅茶のカップは teacup [C]. **トースター** toaster [C] ★オーブントースターは toaster oven [C] **なべ** pan [C] ★フライパン (frying pan [C]) のようにふたなしで底の浅いものもあれば, シチューなべ (saucepan [C]) のようにふたつきの深いものもある. なべかま類はまとめて pots and pans という. 中華なべは wok [C], 陶器またはガラス製の蒸し焼き用なべは casserole [C]. 《☞なべ (挿絵)》 **はし** chopsticks **フォーク** fork [C] ★二またの大フォークは two-pronged fork [C]. **ふきん** kitchen towel [C] ★皿洗い用にも布を使い, これは dishcloth [C], 洗った皿をふくのは dish towel [C]. 紙のものは paper towel [C]. **フライ返し** turner [C], spatula [C] **フライパン** frying pan [C] ★《米》では skillet [C] ということも多い. **ふるい** sifter [C] **へら** spatula [C] **包丁** kitchen knife [C] ★種類はいろいろある.

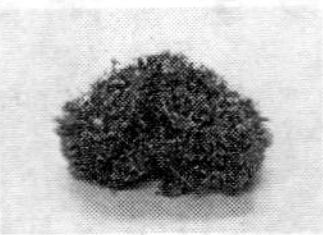
steel wool

casserole

two-pronged fork

《☞ほうちょう (挿絵)》 **ボール** mixing bowl [C] ★大中小の1セットは a graduated set of mixing bowls. **まないた** cutting board [C] ★《英》では chopping board [C]. **ミキサー** blender [C] ★《英》では liquidizer [C]. mixer は電動の攪拌(かくはん)器を指す.

blender

mixer

蒸し器 steamer [C] **めん棒** rollingpin [C] **焼き網** grid [C] **やかん** teakettle [C] **ラップ** clear-plastic wrap [C] ★アルミホイルは aluminum foil [U]. **レモンしぼり** lemon squeezer [C].

grid

grid

lemon squeezers

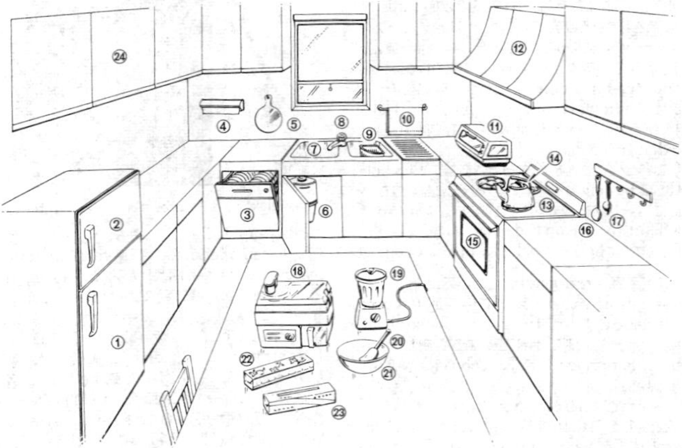

① 冷蔵庫 refrigerator ② 冷凍室 freezer ③ 皿洗い機 dishwasher ④ 紙タオル paper towel ⑤ まな板 cutting board ⑥ ディスポーザー disposer ⑦ 流し sink ⑧ 蛇口 faucet ⑨ 三角コーナー sink strainer ⑩ ふきん dish towel ⑪ オーブントースター toaster oven ⑫ 換気装置 ventilator ⑬ ガス台 gas stove, gas range ⑭ やかん teakettle ⑮ オーブン oven ⑯ しゃくし ladle ⑰ 茶こし strainer ⑱ ジューサー juicer ⑲ ミキサー blender ⑳ へら spatula ㉑ ボール bowl ㉒ ラップ clear-plastic wrap ㉓ アルミホイル aluminum foil ㉔ 戸棚 cupboard

3　洗濯とアイロンかけ

洗濯機は washing machine [C] または washer [C]. 昔のたらいは washtub [C]. 洗濯板は washboard [C]. コインを入れて動かすのは coin-operated washer [C]. 日本でいうコインランドリーは《米》では laundromat [C], 《英》では launderette [C] という.

洗剤は detergent [C] で, 粉のものは powder detergent [C], 液状のものは liquid detergent [C]. 石けんは a cake of soap で, 長く四角いものが a bar of soap. ほかに粒状のもの (grains) やフレーク (flakes) のものがある.

洗ったものを「ゆすぐ」のは rinse (他).「絞る」は wring (他). 絞り機は wringer [C] という. ローラーの間を通して「のばす」のは mangle (他). 乾燥機は (clothes) dryer [C]. 物干し用のロープは clothesline [C] で, 洗濯ばさみは clothespin [C], 《英》clothes peg [C], または単に pin [C], 《英》peg [C]. 外につるして干すことを hang out (他) という. 取り込むのは bring in (他) または take down (他). 絞らずにそのまま干すのは drip-dry (他). 洗っただけでアイロンをかけずに着られるシャツは wash-and-wear shirt [C]. アイロンをかけるのは iron (他). 洗濯してアイロンをかけることは launder (他) という.

¶ そのセーターは*洗濯機で洗ってはだめだ. 手で洗いなさい Don't put the sweater in the *washing machine*. Wash it by hand. // きょうは*洗濯物が山ほどある I've got a big *wash* today. // 彼女はきょう 2 回*洗濯をした She did two ┌*washes* [loads of *wash*] today. // プレスにはほどよい加減に熱した*アイロンを使いなさい Use a warm or moderately hot *iron* for pressing. // えりはまず裏側に*アイロンをかけ次に表側をかけなさい *Iron* the inside of collars first, and then the outside.

4　掃除

部屋などを掃除してきれいにするのは clean (他). 家具なども掃除する大掃除は housecleaning [U] ★しばしば a が付く. ほうきは broom [C] で, ほうきで掃くのは sweep ... with a broom. ぞうきん, ブラシなど, ほこりを払うものは duster [C] で, 動詞は dust (他). ちりとりは dustpan [C]. 床掃除に使うモップは mop [C] で, 床にモップをかけるのは mop the floor, または scrub the floor with a mop. 汚れなどを落とすためにブラシなどでごしごしこするのは scrub (他). バケツは bucket [C] とも pail [C] ともいう. 電気掃除機は vacuum cleaner [C] で, 単に cleaner [C] ともいう. 掃除機をかけるのは run the vacuum cleaner. 掃除機のほこりがたまる袋は dust bag [C].

¶ 床に*ワックスをかけなさい *Wax* the floor. // 私は床のほこりを*掃除機で吸い取った I sucked up the dust on the floor with a *vacuum cleaner*.

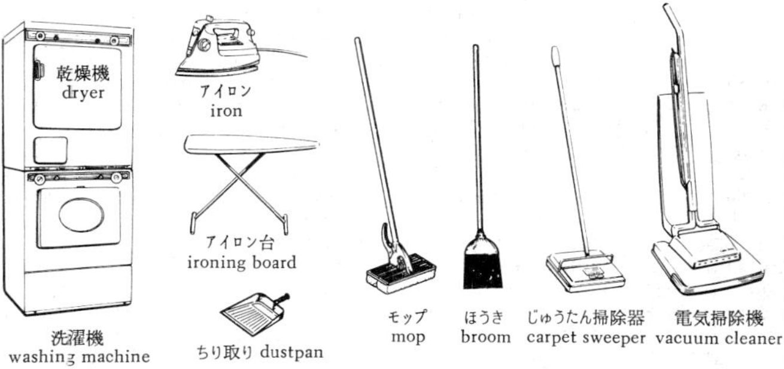

対話例

A：台所を手伝ってくれる
B：何をしたらいいの
A：お皿を洗ってこのふきんでふいてちょうだい
B：いいわよ

A: Can you help me in the kitchen?
B: What do you want me to do?
A: Please wash the dishes and dry them with this dish towel.
B: OK.

A：お風呂の水は抜いた?
B：ええ
A：ご覧なさい. まだまわりが汚れているじゃない
B：すぐにきれいにしますよ

A: Did you empty the tub?
B: Yes, I did.
A: Look! There's still a ring around the tub.
B: I'll clean it off soon.

A：部屋の中がひどいじゃない

A: Your room is a mess.

B：いまきれいに片付けようとしているところなんだ	B：I'm just going to tidy it up.
A：掃除機をかけるのを忘れないでね	A：Don't forget to run the vacuum cleaner.

だいに 第二 ―[形] (二番目の) the second; (また別の) a second; (次の) the next; (次善の) the ˹second [next] best. ―[副] secondly, in the second place. 《☞ だいいち; にばん; 数字 (囲み)》. ¶あの男は*第二のヒットラーになるおそれがある I'm afraid he'll be *a second* Hitler. // 習慣は*第 2 の天性 Habit is (*a*) *second* nature. 《ことわざ》
第二次世界大戦 World War II [tú:], the Second World War ★前者のほうが普通. 後者は少し改まった言い方.

たいにち 対日 ¶その国では*対日感情が悪い (⇒反日的感情がある) There is *anti-Japanese sentiment* in that country. **対日関係** relations with Japan **対日貿易** trade with Japan.

だいにゅう 代入 ―[名] substitution [U]. ―[動] substitute [他]. 《☞ だいよう》. ¶A に B を*代入しなさい (⇒A の代わりに B を用いなさい) *Substitute* B *for* A.

たいにん[1] 大任 (重要な任務) important duty [C]; (難しい仕事) difficult task [C]; (重い責任) heavy responsibility [C]; (派遣される場合の重い使命) important mission [C]. 《☞ せきにん; たいやく[1]; にん》.
¶彼は社長という*大任を背負っている He ˹assumes [bears] *heavy responsibilities* as president. // 彼は*大任を帯びてアメリカに行った He went to America on an *important mission*.

たいにん[2] 退任 ―[動] (辞職する) resign [自]; (定年などで退職する) retire [自]; (去る) leave [他]. 《☞ たいしょく[1]; じしょく》.

ダイニングキッチン dining room with a kitchen [C] [参考] dining-kitchen とは言わない. 《☞ 台所・家事 (囲み); 家・部屋 (囲み); 和製英語 (囲み)》.

たいねつ 耐熱 ―[形] heat-resistant. ¶このコップは*耐熱です These glasses are *heat-resistant*. **耐熱ガラス** heat-resistant glass [U].

たいのう 滞納 ―[動] (払わない) do not pay …; (払わないままにしておく) leave … unpaid. 《☞ みのう; ためる; とどこおる》.
¶彼は税金を*滞納している (⇒まだ払っていない) He *has not paid* his taxes. / (⇒期限が過ぎている) His taxes are *overdue*. // *滞納中の税金 an *unpaid* tax // *滞納中の賃貸料 a *back* rent // 彼は家賃を 3 か月も*滞納している (⇒彼は 3 か月も家賃を払っていない) He *has not paid* the rent (on his house) for the past three months. / (⇒3 か月の家賃がたまっている) He *owes* three months' *rent* on his house.

だいのう 大脳 ―[名] cerebrum [C]. ―[形] cerebral. 《☞ のう[1]》.

だいのじ 大の字 ¶彼は床に*大の字になって寝ていた He *was fully stretched* on the floor.

たいは 大破 ―[動] be ˹greatly [badly; heavily] damaged 《☞ こわれる; はそん》. ¶船は暴風雨で*大破した The ship *was* ˹*greatly* [*badly*; *heavily*] *damaged* by a rainstorm.

たいはい[1] 退廃 ―[名] (腐敗・堕落) corruption [U]; (衰退) decadence [U]; (悪化・程度の低下) deterioration [U]. ―[動] be corrupted; deteriorate [自]. 《☞ だらく; ふはい[1]》. ¶最近は道義が著しく (⇒嘆かわしいほどに) *退廃している Public morals *have* ˹*been* deplorably *corrupted* [*deteriorated* shockingly]. // 19 世紀末は*退廃の時代だった The end of the 19th century was an age of *decadence*.

たいはい[2] 大敗 (完全な敗北) (a) complete defeat, (壊滅的な敗北) (a) crushing defeat [語法] defeat は普通 [U] だが, 形容詞を伴うと a が付くことがある. 《☞ まける; はいぼく》. ¶彼らは*大敗を喫した They ˹suffered [met with] (*a*) ˹*complete* [*crushing*] *defeat*. / They *were completely defeated*.

たいばつ 体罰 (体に加える罰) corporal punishment [U] 《☞ ばつ[1]》. ¶教師は*体罰を加えてはならない Teachers must not inflict *corporal punishment* on students.

たいはん 大半 ―[名] (半分以上) the ˹greater [better] part, the majority; (大部分) most ★普通は冠詞を付けずに使う. ―[副] (たいていは・大部分は) for the most part; (だいたい・たいてい・主として) mostly. 《☞ だいぶぶん; たいてい; だいたすう》.
¶彼は月の*大半は家を留守にする He is away from home for *the greater part* of the month. // 日本人の*大半は正直で勤勉である *Most* (of the) Japanese (people) are honest and hardworking. / The Japanese are ˹*mostly* [*for the most part*] honest and hardworking.

たいひ[1] 対比 ―[名] (対照すること・対照して比べた違い) contrast [U]; (比較すること) comparison [U]. ―[動] contrast [他]; compare [他]. 《☞ ひかく[1]; たいしょう[1]》. ¶赤と黒の*対比がとても印象的だ The *contrast* ˹*of* [*between*] red and black is very impressive.

たいひ[2] 待避 ―[動] (…から避難する) take shelter (from …) 《☞ ひなん[2]》. ¶雷雨が来たので急いで*待避場所を探した We looked in a hurry for a place where we could *take shelter from* the thunderstorm. **待避線** (道路などの) 《英》 lay-by [C]; (鉄道の) railroad siding [C].

たいひ[3] 堆肥 compost [U] 《☞ ひりょう》.

タイピスト typist [C] 《☞ タイプ[1]》. ¶*タイピスト学院 a *typing* school

だいひつ 代筆 ―[動] (代筆する) write … for … ¶私は父の手紙の*代筆をした (⇒私は父の代わりに手紙を書いた) I *wrote* a letter *for* my father.

たいびょう 大病 ―[名] (大病・重病) serious [grave] illness Ⓤ. ―形 (病気が重い) serious ; (大病で) seriously ill, in 「serious [critical] condition ★ 前者が口語的. ―動 (大病になる) get [fall ; be taken] seriously ill. 《☞ びょうき ; 病気・病院 (囲み)》.

¶ 彼は*大病だ He is 「*seriously* [*gravely*] *ill.* / (⇒ 病気が重い状態だ) He is *in serious condition.* // 彼は*大病を切り抜けた He managed to pull through his *serious illness.*

だいひょう 代表 ―名 (代表者) representative [rèprizéntətiv] Ⓒ ; (会議などに出席する代表・使節) delegate Ⓒ; (代表すること) representation [rèprizentéiʃən] Ⓤ. ―動 (…を代表する) represent [rèprizént] ㊀. ―形 (代表的な・典型的な) typical.

¶ 私が A 組の*代表です I'm the *representative* of class A. / I *represent* class A. // 彼はわが校の*代表として学生会議に出席した He *represented* our school at the student conference. // 彼は*代表的な (⇒ 典型的な) 日本人です He is a *typical* Japanese. // これが彼の*代表作 (⇒ 最も重要な作品) です This is his *most important work.*

代表団 delegation Ⓒ **代表番号** (電話の) the key number.

タイプ[1] ―名 (タイプライター) typewriter Ⓒ. ―動 (タイプを打つ) type ㊀㊀, typewrite ㊀㊀ ★ 前者が一般的.

¶ 彼は*タイプがうまい He can *type* very well. //「あなたは*タイプができますか」「ええ, 1 分間に 60 語打てます」"Can you 「*type* [use a *typewriter*]?" "Yes, I can *type* 60 words 「per [a] minute." // この手紙を*タイプで打ってくれませんか Will you *type* this letter for me? / (⇒ この手紙をタイプで打ってもらいたい) I'd like to *have* this letter *typed.* 《☞ 使役 (囲み)》 // 原稿は*タイプすること Manuscripts must *be* 「*typed* [*typewritten*].

タイプ[2] (型) type Ⓒ ; (種類) kind Ⓒ. 《☞ かた[1] (類義語) ; しゅるい (類義語)》. ¶ 彼は出世できる (⇒ 人生で成功する) *タイプではない He is not the *type* that will succeed in life.

だいぶ 大分 ―形 (相当な数・量の) a lot of …, lots of … ; (たくさんの・十分すぎるほどの) plenty of … ; (多量の) a great deal of … ―副 (たいへん) very ; (かなり) fairly, rather, 《口語》 pretty ; (ずっと・はるかに) much ★ 比較級に付ける. 《☞ そうとう ; かなり ; 強意語 (囲み) ; 強調の表現 (囲み)》.

¶ それに*だいぶ金がかかりそうだ I'm afraid it will cost 「*a lot of* money [*a great deal*]. // *だいぶ苦労しました (⇒たいへん骨が折れた) I've had a *very* hard time. // 君は歩くのが*だいぶ速いね You walk *pretty* fast. //「きょうはいかがですか」「おかげさまで*だいぶいいようです」"How are you feeling today?" "I feel *much* better today, thank you." ★ 病人について言う. 《☞ 病気・病院 (囲み)》

たいふう 台風 typhoon Ⓒ 《☞ あらし 参考 ; 自然災害 (囲み)》.

¶ 南太平洋で大型*台風が発生した A big *typhoon* formed in the South Pacific. // *台風の中心 [目] は四国沖 500 キロの海上にある The 「center [eye] of the *typhoon* is located 500 kilometers off Shikoku. // *台風は中心付近の気圧が 980 ミリバール, 時速 50 キロで日本に接近している The *typhoon,* whose atmospheric pressure near the center is 980 millibars, is approaching Japan at a speed of 50 kilometers per hour.

台風警報 typhoon warning Ⓒ **台風圏** the typhoon area.

だいふく 大福 (もち) rice cake stuffed with bean jam Ⓒ ★ 説明的な訳. 《☞ 日本固有の風物と英語 (囲み)》.

だいぶつ 大仏 great image [huge statue] of Buddha Ⓒ.

だいぶぶん 大部分 ―代 (たいてい) most (of …). ―形 (たいていの) most. ―名 (かなりの部分) the greater part of … ★ most ほどではないが過半数以上の割合. ―副 (大体において) mostly, for the most part ; (主として) mainly, largely. 《☞ だいたすう ; たいはん ; たいがい ; おもに[1]》.

¶ 出席者の*大部分が若い女性だった *Most* [*The greater part*] *of* those present were young women. / Those present were *mostly* young women. // 私の記憶は*大部分正しいことがわかった It has turned out that my memory was 「*largely* [*for the most part*] correct. // 彼の失敗は*大部分不注意のせいだった His failure was 「*mainly* [*largely*] due to (his) carelessness.

タイプライター typewriter Ⓒ 《☞ タイプ[1]》.

たいぶんすう 帯分数 〘数学〙 mixed number Ⓒ 《☞ 数字 (囲み)》.

だいへいげん 大平原 (大草原) 《米》 prairie Ⓒ ; pampas [pǽmpəz] Ⓒ ★ 特に南米の草原をいう.

たいへいよう 太平洋 ―名 ㊀ the Pacific (Ocean). ―形 Pacific. ¶ 日本の*太平洋沿岸 the *Pacific* shores of Japan // 南 [北] *太平洋 *the* 「South [North] *Pacific*

たいべつ 大別 ―動 (大まかに分類する) classify … roughly (into …) ; (大まかに分割する) divide … roughly (into …). 《☞ わける ; ぶんるい》. ¶ これらは 3 つのタイプに*大別される These can *be classified roughly into* three types.

たいへん 大変 ―副 (とても) very ; (極めて) extremely ; (大いに) very much ; (相当な程度に) greatly. ―形 (重大な) serious ; (恐ろしい) terrible ; (ぞっとする) horrible ; (怖い) dreadful ; (大きな) great ; (多量の) a lot of … ★「多数の」の意味にもなる ; a great deal of …, a large amount of … 《☞ とても (類義語) ; すごい (類義語) ; 強意語 (囲み)》.

¶ 彼はそれを聞いて*たいへん喜んだ He was *very* 「glad [pleased] to hear it.

*たいへんよくできました *Very* good. / Well-done. / Excellent. ★ どれも評価の言葉.

「*たいへんありがとうございました」「どういたしまして」"Thank you *very much.*" "You're welcome. / Don't mention it." 語法 答えの文は, 前者は《米》, 後者は《英》に多い.

《☞ 感謝の表現 (囲み)》
「きょうおいでいただいて*たいへんうれしいです」「こちらこそ」"I'm ˹delighted [very pleased] to have you here today." "The pleasure is mine. / It's mý pleasure." [語法] delighted に「たいへん」の意味が含まれる.
私はそのことに*たいへん興味を持っています I'm ˹*very* [*extremely*] interested in it.
「*たいへんご迷惑をかけてすみませんでした」「いいえ, とんでもない」"I'm sorry to have troubled you *so much*." "That's all right." 《☞ 謝罪の表現 (囲み)》
*たいへんなことが起こった (⇒ 恐ろしい事故が起こった) A *terrible* accident [(⇒ ぞっとするようなことが) A *horrible* thing] (has) happened.
彼は*たいへんな勉強家だ He is a *very* hard worker.
それには*たいへんな金 (⇒ 多額の費用) がかかった It cost ˹*a great deal* [*lots*] *of* money.
*たいへんだ. 定期を忘れた (*Good*) *Heavens*! I forgot my commuter ticket. 《☞ しまった (類義語); 感嘆詞 (欄外)》

だいへん 代返 ―動 (出欠をとる際に…の代わりに返事する) answer the roll (call) for … 《☞ しゅっけつ[1]》.

だいべん[1] 代弁 ―動 speak for … ¶ 私が彼の*代弁をしましょう I'll *speak for* him.

だいべん[2] 大便 ―名 (排泄物) excrement Ⓤ; feces (《英》faeces) ★ 複数形で; stool Ⓒ, bowels ★ 複数形で; shit Ⓤ [語法] shit は日本語の「くそ」に当たり, 下品な言葉とされる. さまざまな悪態の言葉にも使われ, 普通は使ってはならない. ―動 (大便をする) defecate (自); (用便をする) relieve *oneself* ★ 婉曲的な言い方; excrete (自); shit (自) ★ 使い方の注意は 名 に準ずる.

たいほ[1] 逮捕 ―動 arrest (他), make an arrest; (捕まえる) catch (他), nab (他) ★ 後者は主に新聞の見出し (headline) で用いられる. 《☞ 新聞の英語 (囲み)》; (捕らわれている) be under arrest. ―名 arrest Ⓒ. 《☞ けんきょ[2]》.
¶ その男は盗みの容疑で*逮捕された The man *was arrested* ˹*for* (alleged) [on suspicion of] theft. // その女は万引きの現行犯で*逮捕された The woman *was* ˹*arrested* [*caught*] in the act of shoplifting. [語法] be caught … は必ずしも逮捕とはならず「…しているところを見つかった」の意にもなる. // おまえを*逮捕する You *are under arrest*. // 殺人犯は依然*逮捕されていない The murderer is still *at large*. ★ at large (＝逮捕されないで) は成句.
逮捕状 arrest warrant Ⓒ.

たいほ[2] 退歩 ―名 (元の悪い状態へ戻ること) retrogression Ⓤ; (いままでより悪くなること) deterioration Ⓤ. ―動 (元へ戻る) move [go] backward; (元の悪い状態へ戻る) retrogress (自); (いままでより悪くなる) deteriorate (自).
¶ これは文明の進歩というより*退歩だ This is *retrogression* rather than progress in civilization. // 若い世代の体力は*退歩しつつある The physical strength of the younger generation *is deteriorating*.

たいほう 大砲 (heavy) gun Ⓒ; (旧式の) cannon Ⓒ《複 ～s, ～》. ¶ *大砲を撃つ fire a *gun* // *大砲の弾 a shell

たいぼう[1] 待望 ―形 (長く待っていた) long-awaited; (長く期待していた) long-expected; (待ち望んでいた) hoped-for. ―動 (待ち望む) look forward to … ★ 後に名詞または -ing 形がくる. 《☞ 動名詞 (欄外)》; (熱心に待つ) wait eagerly for … 《☞ まちのぞむ》.
¶ *待望の夏休みが来た The *long-awaited* summer vacation has come. // 間もなく*待望のボーナスが出る (⇒ いまボーナスを待ち望んでいる) We *are looking forward to* (receiving) a bonus now.

たいぼう[2] 耐乏 ―名 (物が足りなくて苦しい状態) austerity Ⓤ. ―形 hard, austere ★ 前者のほうが口語的. 《☞ びんぼう》. ¶ 我々は*耐乏生活に慣れている We are used to ˹a *hard* life [an *austere* life; a life of *austerity*].

たいぼく 大木 (大きな木) big tree Ⓒ; (高い木) tall tree Ⓒ.

だいほん 台本 (一般に, 脚本) script Ⓒ; (特に, 映画の) scenario Ⓒ《複 ～s》. 《☞ きゃくほん; 映画 (囲み)》.

たいま 大麻 〖植物〗 hemp Ⓤ; (麻薬のマリファナ) marijuana Ⓤ, marihuana Ⓤ ★ スペリングが違うだけで発音は同じ [mæ̀rə(h)wɑ́ːnə]; (マリファナと同類の麻薬) hashish Ⓤ.

タイマー timer Ⓒ 《☞ 台所・家事 (囲み)》.
¶ *タイマーを6時にかけて[セットして]おいた I set the *timer* for six o'clock.

たいまつ 松明 torch Ⓒ.

たいまん 怠慢 ―名 (義務などを怠ること) neglect Ⓤ; (習慣的に怠ること) negligence Ⓤ; (注意の足りないこと) carelessness Ⓤ; (精神を集中していないこと) inattention Ⓤ. ―形 neglectful; negligent; careless; inattentive. 《☞ なまける; おこたる》.
¶ 彼は職務*怠慢で首になった He was ˹fired [dismissed] for ˹*neglect* of duty [being *negligent of* his duties]. // 「書類を家に忘れてきました」「それは君の*怠慢だ (⇒ 不注意だ)」"I left the papers at home." "That's very *careless* of you."

だいみょう 大名 daimyo Ⓒ ★ 単複同形; Japanese feudal lord Ⓒ. 《☞ 日本固有の風物と英語 (囲み)》.

タイミング ―形 (タイミングのよい) timely; (タイミングのよくない) untimely; (時宜を得た) well-timed (↔ ill-timed). ―名 (時間の調節・ころあいを見計らうこと) timing Ⓤ.
¶ あなたのあの提案はちょうど*タイミングがよかった[悪かった] That suggestion of yours was most ˹*timely* [*untimely*]. / That suggestion of yours was ˹*well* [*ill*] *timed*. [語法] 叙述的な用法の場合はハイフンを付けない. 《☞ 形容詞の 2 用法 (欄外)》

タイム ―名 (所要時間) time Ⓤ; (試合などの休止・タイムアウト) timeout Ⓒ. ―動 (タイムを計る) time (他); (タイムを要求する) call for a timeout. 《☞ スポーツ (囲み)》.
¶ 彼の 100 メートル競走の*タイムは 13 秒だった

His *time* in the 100-meter dash was 13 seconds. // 「僕の*タイムを計ってくれないか」「いいよ」 " Will you *time* me? " " O.K." // *タイムだ *Timeout!* ★ スポーツ競技で. / (⇒ ちょっと待ってくれ) *Wait a minute.*

タイムカード (タイムレコーダー用の記録カード) time card Ⓒ, time sheet Ⓒ. 《☞ タイムレコーダー》.

タイムカプセル time capsule Ⓒ.

タイム トンネル (SF に登場する) time tunnel Ⓒ.

タイム マシーン (SF に登場する) time machine Ⓒ.

タイムリーヒット 〘野球〙 timely hit Ⓒ 《☞ 野球の英語 (囲み)》.

タイムリミット (最終期限) time limit Ⓒ; (締め切り時間) deadline Ⓒ. 《☞ きげん[2]》.

タイムレコーダー ── [名] time clock Ⓒ. ── [動] (タイムレコーダーで出勤時を記録する) clock ⌈in [on] (自); (退社時を記録する) clock ⌈out [off] (自). 《☞ タイムカード》.

だいめい 題名 ── [名] title Ⓒ; (名前) name Ⓒ. ── [動] (題名をつける) entitle (他) ★ 目的語と目的補語を伴う. 《☞ だい[1]》. ¶「その本の*題名は何ですか」「『英会話入門』というのです」 " What's the ⌈*title* [*name*] of the book? " " It's *The First Step in English Conversation.*" 《☞ イタリック体 (欄外)》

だいめいし 代名詞 pronoun Ⓒ 《☞ 欄外》.

たいめん[1] 体面 ── [名] (名誉) honor Ⓤ (↔ dishonor). ── [動] (体面を保つ) save *one's* face (↔ lose face). 《☞ メンツ; めんぼく》. ¶ 彼は*体面を重んじる (⇒ 名誉を自覚している人間だ) He has a sense of *honor*. // それは私の*体面にかかわる問題だ It is a point of *honor* with me. ★ a point of honor (＝体面にかかわる問題) は決まり文句. / (⇒ それは私の名誉に影響を与える) It may affect my *honor*. // そんな行いは君の*体面を汚すかもしれない (⇒ 君に不名誉をもたらすかもしれない) Such behavior will bring ⌈*dishonor* [*disgrace*] on you. // 君のおかげで*体面を保つことができたよ You *saved my face.*

たいめん[2] 対面 ── [動] (会う) meet (他)(自); (面と向かって話す) talk face to face (with ...). 《☞ あう[1]》. ¶ きのう私は彼女と初めて*対面した I *met* her for the first time yesterday. // 20年間離れていた母と息子が*対面した (⇒ 母と息子は 20 年間の別離ののち会った) The mother and her son *met* after a twenty-year separation. // あなたと*対面して (⇒ 面と向かって) 話し合えるなんてまるで夢のようです It's just like a dream that I can *talk* with you *face to face*. / I feel as if I were dreaming, *talking* to you *face to face* like this.

たいもう 大望 (名声・権力などを強く望む気持ち) ambition Ⓤ ★ 良い意味にも悪い意味にも用いる; (より高いものになろうとする気持ち) aspiration Ⓤ. 《☞ やしん》. ¶ 彼は*大望を抱いていた He had *ambition*. / (⇒ 大望で胸をふくらませていた) He was full of *ambition*. // 彼女は大女優になろうという*大望を抱いている She *aspires* to becoming a great actress.

だいもく 題目 (講演などのテーマ) topic Ⓒ; (本などの表題) title Ⓒ. 《☞ だい[1] (類義語)》.

タイヤ tire (《英》 tyre) Ⓒ 《☞ 自動車 (囲み); オートバイ (挿絵); じてんしゃ (挿絵)》. ¶ *タイヤがパンクした I ⌈got [had] a flat *tire*. // *タイヤを取り替えなくてはならない I have to change *tires*. [語法] change の目的語になる tires が複数形になることに注意. // スペア*タイヤ a spare *tire* // スノー*タイヤ a snow *tire* // この*タイヤには空気が十分入っていない (⇒ タイヤは十分な空気をもっていない) This *tire* doesn't have enough air. / This *tire* is flat. // *タイヤに空気を入れた I ⌈pumped up [inflated] the *tire*. [語法] pump up のほうが口語的表現.

ダイヤ[1] (列車などの運行計画) train schedule Ⓒ; (時刻表) timetable Ⓒ; (鉄道員が使う運行図表) train diagram Ⓒ [参考] 日本語の「ダイヤ」はこの英語に由来する. ¶ 列車は *ダイヤ通りに動いている Trains are

た

代名詞 (pronoun) 代名詞とは名詞・名詞句[節]または文の代わりに用いられる語のことで，英語では人称代名詞 (I, you, he, she, it, we, they)，指示代名詞 (this, that, these, those)，疑問代名詞 (who, what, which)，不定代名詞 (one, some, any, something, nothing, etc.) などがある．それ以外にも代名詞ではないが，代名詞と同じような働きをする言葉，すなわち，here, there, so, where, when, etc.，それに定冠詞を付けて my horse の代わりに the horse のように言い替える言い方などがある．これらは一応「代名詞的表現」と呼んでおく．

また，英語は日本語よりずっと多く代名詞または代名詞的表現を用いる傾向があるので，日本語と英語の代名詞の使い方の違いに注意する必要がある．ここでは主として日本語と英語の代名詞の使い方の違いを中心に，代名詞的表現まで含めた広い範囲について述べる．

(1) 人称代名詞．

英語では同一文または同じ話題について話す連続した文では，一度話題に出た名詞は原則として人称代名詞に置き替えなくてはならない．

日本語では「この本はだれの本ですか」と名詞を繰り返しても，また「この本はだれのですか」と2回目には「の」を使ってもよいが，英語では Whose *book* is this *book?* は誤りであるので，代名詞を使うということは日本語よりもっと厳しい規則である．

次の日本語の対話と，それに対する英語の訳とを比べてみよう．

「この傘はあなたの傘ですか」
「いいえ，私の傘ではありませんよ」
「ではだれの傘でしょう」
" Is this umbrella *yours?* "
" No, it's not *mine*."
" *Whose* is it, then? "

上の対話では，日本語の場合「傘」が 4 回も繰り返されている．少しくどい気はしても決して間違いとは言えないが，英語の場合は yours, mine, whose などの所有代名詞を用いないと文法的におかしな文となる．

また，日本語では「今度の日曜日はご在宅ですか」のように主語を省略して言う場合が多いが，英語ではこのような場合に Will *you* be at home next Sunday? のように you という主語を入れなくてはならないことにも注意がいる．《☞ 省略 (欄外)》

(2) 指示代名詞．

英語では話し手に近い範囲のものを指す this, these と，話し手から遠くにあるものを指す that, those の 2 種類しかないが，日本語では話し手に近いものを指す

running「on *schedule* [(⇒時間通りに) on *time*]. // 雷雨のため列車の*ダイヤが乱れた Train「*runs* [*schedules*] were disrupted「due to [owing to] a thunderstorm. // *ダイヤの乱れは夜遅くまで続きそうです (⇒正常なダイヤは夜遅くまで回復しないでしょう) Normal *train schedules* will not be restored until late at night. // 国鉄の*ダイヤは4月から大幅に改正される The「*schedules* [*timetables*] of the National Railways are to be thoroughly revised in April.

ダイヤ[2] (宝石の) diamond [C]; (トランプの) diamond [C]. ¶人造*ダイヤ an imitation *diamond* // *ダイヤのクイーン the queen of *diamonds*

たいやく[1] 大役 (重要な仕事[任務]) important「task [duty] [C]; (重い役目) heavy role [C]; (重大な使命) great mission [C]. ¶私は*大役を仰せつかった (⇒託された) I was charged with an *important*「*task* [*duty*; *role*; *mission*]. // 彼はその会議で*大役を見事に果たした He performed his *important duty* quite successfully at the conference.

たいやく[2] 対訳 ¶この本は英和*対訳になっている (⇒この本は左側のページに英語の本文を, 右側のページに日本語の訳を載せている) This book has the English text on the left(-hand) (pages) and its Japanese translation on the right(-hand) (pages).

【参考語】(原文の付いた訳文) translation with the original [C]; (対訳本) textbook with its translation on the opposite page [C].

だいやく 代役 ―[名] substitute [C]; understudy [C] ★前者は一般的な言葉. 後者は俳優の代役; (音声吹き替えや, カメラ・ライトの調整の都合上代役を務める人) stand-in [C]. ―[動] (…の代役をする) substitute (for …) (自); understudy (他). 《☞ だいり; かわり[1]》.

ダイヤモンド diamond [C] 《☞ ダイヤ[2]; たんじょうせき (表)》; (野球の) diamond [C]; (内野) the infield.

ダイヤル ―[名] dial [C]. ―[動] (ダイヤルを回す) dial (他). 《☞ でんわ (挿絵); 電話の英語 (囲み)》. ¶電話[ラジオ]の*ダイヤル the *dial* on a「telephone [radio] // 123局の4567番へ*ダイヤルして下さい Please「*dial* [*call*] 123-4567. 《☞ 数字 (囲み)》

たいよ 貸与 ―[動] (貸す) lend (他), 《米口語》loan (他); (人に物を支給する) provide *a person* with …; (使用を許可する) grant the use of … ―[名] (貸すこと・貸し付け) lending [U], loan [U]. 《☞ かす[1] (類義語)》. ¶社員は制服を*貸与される Employees will *be provided with* uniforms.

たいよう[1] 太陽 ―[名] the sun 《☞ 冠詞 (欄外)》; (日光) sunshine [U]. ―[形] (太陽の) solar. 《☞ ひ[1]; にっこう》.

¶*太陽は東から昇り西に沈む *The sun*「rises [comes up] in the east and「sets [goes down] in the west. [語法] rise, set を使うほうが慣用的で古風な言い方. // 地球は*太陽の回りを回っている The earth goes「round [around] *the sun*. // *太陽黒点はどのようにして観察されるのだろうか How can we observe the「*sunspot* [*solar* spot]?

太陽エネルギー solar energy [U] **太陽系** the solar system **太陽光線** sunbeam [C] **太陽電池** solar cell [C] **太陽熱** solar heat [U] **太陽熱温水器** solar water heater [C] **太陽暦** the solar calendar.

たいよう[2] 大要 (重要なポイントを組織的にまとめたもの) outline [C]; (全体を手短にまとめたもの) summary [C] 《複 summaries》; (全体の概念を手短に言ったもの) general idea [C]. 《☞ たいい; がいりゃく》.

たいよう[3] 大洋 the ocean 《☞ うみ[1]》. **大洋州** Oceania.

だいよう 代用 ―[動] (Aの代わりにBを使う・BをAの代わりとする) substitute (B for A), use (B instead of A); (AとしてBを使う) use (B as A) [語法] use は (1)「マーガリンをバターの代用にする」のように, AとBを取り替えて用いる場合にも, (2)「箱を机に代用する」のように箱は箱のままほかの「…として使う」といっ

「これ」, 相手に近いものを指す「それ」, 話し手からも相手からも離れたところにあるものを指す「あれ」の3種類があり, これを近称・中称・遠称と呼ぶ. またこれらに「どれ」を加えて「こそあど」と呼んだりする.

そこで, 日本語と英語では当然指示する範囲が食い違うわけで, これを表にすると次のようになる.

日本語	英　語
これ	this
それ	that
あれ	

すなわち,「これ」と this はだいたい同じだが,「それ」と「あれ」はいずれも英語では that となる.

なお, it は人称代名詞で, 指示する働きはまったくない点に注意しなくてはならない.

¶「それは何ですか」「計算機ですよ」"What's *that*?" "It's a calculator." [語法] 英語の質問は状況によっては「あれは何ですか」にも当たる. いずれの場合にも答えの文の 'it' は「それ」とは訳せないことに注意.

3) one について.

特定のものを受ける代名詞が it であるのに対して, 同じ種類の不特定のものを受けるのが one である.

one は複数形 (ones) にもなるし, 形容詞・冠詞を伴うこともあるが, this, that などとともに用いられることも多い.

one は [C] の名詞の代わりに使うもので, [U] の名詞の代わりには that を用いる.

日本語では「の」または「もの」という言葉が one または that に当たることが多いが, ぴったり当てはまる言葉がないこともある.

¶このシャツは少し小さすぎます. もっと大きなのはありませんか This shirt is a little too small. Do you have a larger *one*? [語法] 同じシャツではないから it では受けられない. // 「あのネクタイを見せてもらえますか」「こちら(の)でございますか」"May I have a look at that tie?" "This *one*, sir?" [語法] 日本語では「の」は言わないほうが多いが, 英語では one を付けるのが普通. // ライターをなくした. また買わなくてはならない I lost my lighter. I must buy *one*. [語法] この one は日本文の「また」に相当している.

(4) some と any.

some は普通肯定文, any は否定文と疑問文で用いられるが, some を疑問文に用いることも多い.

¶瓶には牛乳がまだ少し残っている There's *some*

た, 単に機能を変えて用いる場合にも使用できる. ただし (1) の場合には instead of を, (2) の場合には as を伴う. これに対し substitute の用法は (1) の場合に限定される;(...の代用になる) serve ˹as [for] ...　── [名] (代用すること) substitution [U]. (☞ かわり[1]).

¶ 石炭に石油の*代用になるだろうか Can we ˹*substitute* coal *for* oil [*use* coal *instead of* oil]? // 「このソファーをベッドの*代用にして (⇒ ベッドとして使って) いいですか」「ええ, どうぞ」 "May I *use* this sofa *as* a bed?" "Certainly." // この箱は腰掛けの*代用になる This box *serves* ˹*as* [*for*] a seat.

代用品 substitute [C].

たいようねんすう 耐用年数 (使用に耐える年数) life (of ... years) [C]. ¶ このテレビの*耐用年数は 10 年ぐらいだ The *life of* this television (set) is about ten *years*. / (⇒ このテレビは 10 年間ぐらいは使用に耐えるだろう) This television will *last* (for) about ten years.

たいら 平ら ── [形] (平たい・平べったい) flat; (でこぼこのない) even; (なめらかな) smooth; (水平の) level. ── [動] (平らにする) make ... ˹flat [even]; (平らにならす) flatten (他); (水平にする) level (他); (道などが平らになる) level out (自). (☞ ひらたい; へいたん).

¶ その家の屋根は*平らになっている The roof of the house is *flat*. / The house has a *flat* roof. // それは*平らな表面をしている It has ˹a *flat* [an *even*; a *smooth*] surface. // その家は*平らな地面に建っている The house is built on *even* ground. [語法] even は表面に凹凸のないということで, 必ずしも水平 (level) ということに意味しない. / (⇒ 水平な) The house is built on *level* ground.

たいらげる 平らげる (すべてを食べる) eat (up) everything; (食べつくす) eat up (他). (☞ たべる; のむ). ¶ その犬は皿の肉をきれいに*平らげた The dog *ate up* all the meat on the plate. // 子供たちは食卓の物は残らず*平らげた (⇒ 全部食べてしまった) The children *ate* (*up*) *everything* on the table.

だいり 代理 ── [名] (仕事などの) agent [C]; (公式な) deputy [C]; (投票などの) proxy [C]; (会議などの) representative [C]; (代役となる人) substitute [C]; (代理を務めること) representation [U]. ── [形] (臨時の代理を務める) acting. ── [前] (...の代理として) for ..., in place of ... ★ 後者のほうが形式ばった言い方. ── [動] (代表する) represent (他); (代わりに職務を行う) act for ...; (代役を果たす) substitute for ...

【類義語】 仕事の上で, 会社などの権限を代表して, 代理を務める人は **agent**. ((例) 会社の*代理人 an *agent* for a company). 公式な権限を付与されて職務を代行する人は **deputy**. 形容詞的にも用いられる. ((例) 議長*代理 a *deputy* chairman). 投票や式典などにおける代理人は **proxy**. ((例) 天皇の*代理 the Emperor's *proxy*). 以上のどの語にも代わり得る最も一般的な言葉が **substitute**. 形容詞的にも用いられる. (☞ かわり[1]; だいこう[1])

¶ 林商店が日本におけるわが社の唯一の*代理店である Messrs. Hayashi & Co. is our sole ˹*agent* [*agency*] in Japan. [語法] agency は「代理店」のような代理機関のこと. // 旅行*代理店 a travel ˹*agent* [*agency*] [語法] agent とすれば「人」を意味するニュアンスがある. // 彼はその会に社長*代理で出席した He attended the meeting as *deputy* president. / (⇒ その会で社長の代理をした) He *represented* the president at the meeting. // 首相の留守中は外務大臣が*代理を務める The foreign minister will ˹*act* [*substitute*] *for* the prime minister in his absence. // 現在は山田先生が校長*代理です Mr. Yamada is now the *acting* principal. (☞ だいこう[1] [語法]) // 私はきょうここに田中氏の*代理で来ました I came here today ˹*for* [*in place of*] Mr. Tanaka.

代理大使[公使] chargé d'affaires [ʃɑəʒéidəféə] [C] (複 chargés d'affaires [ʃɑəʒéi(z)dəféə]) **代理投票** voting by proxy [U].

---

milk left in the bottle. [語法] some はこのように [U] の名詞に付くときは, 漠然とした「量」を表す. // 机の上に(何冊かの)本があります There are *some* books on the desk. [語法] some は [C] の名詞の複数形に付いて漠然とした「数」を表す. 日本語ではこのような場合には何も言わないことが多い. // 彼女は何かの理由でそこに行けなかった She could not be there for *some* reason. [語法] some は単数名詞に付いて「何らかの」の意味を表す. // 「あなたはアメリカ人の友人がいますか」「いいえ 1 人もいません」 "Do you have *any* American friend(s)?" "No, I do*n't* have *any*." [語法] 有無をきく文では any を用いる. // クッキーをいかがですか Would you like [How about] *some* cookies? [語法] この場合は欲しいか欲しくないかをきいているのではないから some を用いる.

(5) 代名詞的表現についての注意.

日本語では同じ名詞を繰り返すような場合でも, 英語ではなるべく代名詞的表現にするほうがよい.

例えば「あなたはいつ日本に来ましたか」When did you come to Japan? という質問をした後, 日本語ならば「いつまで日本に滞在されますか」とか「日本はいかがですか」のように「日本」を繰り返してもおかしくないが, 英語では, それぞれ "How long will you be *here*?" "How do you like *this country*?" のように代名詞的表現にするのが普通である.

また何らかの理由で人称代名詞を使わない場合は, *the* man, *the* dog のように定冠詞つきの名詞を用いるが, これも英語では頻繁に用いられる代名詞的表現である.

さらに, 「僕はきのう野球を見に行ったんだ」「僕も見に行ったよ」という対話を英語に直す場合を考えてみよう. 日本語では 2 回目には「野球を」を省略してしまうが, 英語ではこのような省略はできない. その代わり, 述語全体を do または so に代えて, "I went to the baseball game yesterday." の答えは "I *did*, too." とか "*So* did I." とする. このような do や so は頻繁に用いられる. 「私もそう思う」I think *so*, too. の so も同じだが, この場合は日本語と一致する.

否定の場合は neither または nor を使って「私もそうしなかった」*Neither* did I. のように言う. また, 「そうしたければしていいよ」You can do it if you want *to*. のように to で不定詞全体を表す言い方もある. (☞ 省略 (欄外))

だいリーグ 大リーグ major league Ⓒ (↔ minor league).
【参考語】(大リーガー) major leaguer Ⓒ.

たいりく 大陸 continent Ⓒ [参考] 普通は Asia, Europe, Africa, North America, South America, Australia 及び Antarctica の7大陸に分けられる. **大陸間弾道弾** intercontinental ballistic missile Ⓒ《略 ICBM》 **大陸性気候** continental climate Ⓒ **大陸棚** continental shelf Ⓒ.

だいりせき 大理石 marble Ⓤ.

たいりつ 対立 ―名 (反対) opposition Ⓤ; (衝突) conflict Ⓒ; (政治的対決) confrontation Ⓤ. ―形 (対立する) opposing; (敵対する) rival. ―動 (対立的な関係にある) be opposed to …; (…と衝突する) conflict with …; (…と一致しない) disagree with … 《☞ しょうとつ; ことなる; てきたい》.
¶ 2つの*対立した意見がある There are two ⌈*opposing* [*rival*] opinions. // この点については意見が*対立している (⇒ この点に関する意見の間には激しい衝突がある) There is a sharp *conflict* of opinions on this point. // 労働者と経営者は本質的に*対立するものである Labor and management ⌈*are* inevitably *opposed to* each other [(⇒ 敵対関係にある) are naturally *hostile*]. // 私の立場はあなたの立場とは*対立するものだ My position *is opposed to* yours. / My position *conflicts with* yours.

だいりにん 代理人 (取次人) agent Ⓒ; (代表者) representative Ⓒ. 《☞ だいり (類義語)》.

たいりゅう 対流 〘物理〙 convection Ⓤ.

たいりょう[1] 大量 ―名 (多量) a large quantity (↔ a small quantity) [語法] quantity は元来 Ⓤ であるが, large, small などの形容詞を伴うと a を付ける. また複数形でも用いる. ―形《口語》a lot of … ―副 (大量に) in quantities, in ⌈great [large] quantities ★ 後者のほうが強意的. 《☞ たりょう; たくさん (類義語); 量の表し方 (囲み)》.
¶ 航空機は毎日*大量の燃料を消費する Planes consume ⌈*a large* [*a huge*; *an enormous*] *quantity* of fuel every day. // サウジアラビアは*大量の石油を輸出する Saudi Arabia exports ⌈*huge quantities* [*a huge quantity*] of oil. / (⇒ 大量に輸出する) Saudi Arabia exports oil *in* ⌈*great* [*large*] *quantities*. // 彼は*大量の[に]仕事をかかえている He has *a lot of* work to do.
大量生産 mass production Ⓤ. ¶ 今日ではコンピューターも*大量生産される Today even computers *are* ⌈*massproduced* [*produced on a large scale*].

たいりょう[2] 大漁 (十分な捕獲) a ⌈good [big] catch (↔ a poor catch) ★ a を付けて; (網を使った場合) a ⌈good [fine] haul [hɔ́ːl]. ★ a を付けて. 《☞ りょう[3]》. ¶ きょうはまぐろが*大漁だった We had *a* ⌈*good* [*big*] *catch* of tuna today.

たいりょく 体力 (いま持っている体力) (physical) strength Ⓤ ★ 特に体の力をいうことをはっきりさせるときのみ physical を付ける; (生来備えている) powers ★ 複数形で. 《☞ ちから》.
¶ 彼は*体力がある (⇒ 強い) He is (*physically*) *strong*. / He has great *physical strength*. // 彼は*体力がない (⇒ 弱い) He is (*physically*) *weak*. / He is not (*physically*) *strong*. / He doesn't have much *physical strength*. // 病人はもう少し*体力がついてから手術を受ける予定だ The patient will ⌈have [undergo] an operation after he has gained a little more *strength*. // 彼はその仕事に耐えるだけの十分な*体力がある He ⌈has *strength* [is *strong*] enough ⌈to do the work [for the task]. // これが私の*体力の限界だ This is the limit of my ⌈*physical strength* [*powers*].
体力テスト physical strength test Ⓒ.

たいりん 大輪 large flower Ⓒ. ¶ *大輪の菊 a *large-flowered* chrysanthemum

タイル ―名 tile Ⓒ ★ 屋根瓦もいう. ―動 (タイル張りにする) tile ㊥. ¶ *タイル張りの床 a *tiled* floor

ダイレクトメール 《米》 direct mail Ⓤ; (広告のための手紙) advertising letter Ⓒ, 《俗語》 junk mail Ⓤ.

たいろ 退路 (逃げる道) way of retreat Ⓒ; (退却すること) retreat Ⓤ. 《☞ にげみち》.

だいろっかん 第六感 (虫の知らせ・予感) hunch Ⓒ ★ 口語的; a sixth sense ★ 常に単数形で; (直感) intuition Ⓤ. 《☞ かん[2]》.
¶ 私の*第六感では彼女は近いうちに結婚するだろう I have a *hunch* that she will get married in the near future. // 彼は*第六感がよく働く (⇒ 鋭い第六感を持っている) He has a keen *sixth sense*. // 私は*第六感でその男が怪しいと思った (⇒ 私は彼には怪しいところがあると感じた) I *sensed* that there was something fishy about him.

たいわ 対話 ―名 (2人の間の会話) dialogue (《米》 dialog) Ⓒ ★ ただし《米》でも dialogue が正式. 抽象的な意味で用いる場合は Ⓤ の場合もある. ―動 (対話をする) have a dialogue. 《☞ かいわ》. ¶ このごろは親子の*対話がないと言われる It is said that there is little ⌈*dialogue* [(⇒ 意志の疎通) *communication*] between parents and children these days.

たいわん 台湾 ―名 固 Taiwan [tàiwɑ́ːn]. ―形 Taiwanese [tàiwɑníːz].
台湾人 Taiwanese Ⓒ ★ 単複同形.

たうえ 田植え (種もみをまくこと) rice-planting Ⓤ; (稲の苗を植えかえること) transplantation of rice seedlings Ⓤ. ¶ 日本では6月ごろに*田植えをする In Japan we ⌈*plant* [*transplant*] *rice seedlings* around June.

ダウへいきん ダウ平均 〘株式〙 the Dow-Jones average.

ダウン[1] ―動 (ボクシングで, マットに沈められる) be floored; (比喩的に, すっかり参ってしまう) 《口語》 crack up ㊀. ¶ 彼は第1ラウンドで*ダウンしてしまった He *was floored* in the first round. // 働き過ぎて彼はとうとう*ダウンした Finally he *cracked up* under the strain of overworking.

ダウン² (鳥の綿毛) down Ⓤ. ¶ *ダウンジャケット[ベスト] a *down* ˹jacket [vest]

だえき 唾液 saliva [səláivə] Ⓤ《☞ つば¹》.

たえしのぶ 耐え忍ぶ, 堪え忍ぶ (困難に負けず頑張り抜く) bear up (against …; under …) ⓐ; (辛抱強く耐える) bear … patiently; suffer ⓗ; (不便・不愉快などを) put up with … 《☞ たえる¹; がまん》. ¶ 私たちは不便を*耐え忍んだ We *bore* the inconveniences *patiently*. // 私はそのような侮辱を*耐え忍ぶことはできません I cannot *put up with* such an insult.

たえず 絶えず (始終) continually; (いつも) always, all the time; (連続してずっと) continuously; (休みなく) incessantly; (変わることなく) constantly; (着実に) steadily.

【類義語】絶えず繰り返し行われるという意味は ***continually*** で表す. ほぼ同意のことは ***always***, または ***all the time*** でも表せるが, どちらかというと *always* や *all the time* のほうが口語的な表現. また *all the time* は普通文尾に置く. 片時の休みもなく連続して行われることは ***continuously***, または多少文語的な ***incessantly*** で表す. 以上 2 種類の類義語群の間の相違は, 途中で休みや欠けることがあっても, 絶えず反復されるという意味を表すのが前者の *continually*, *always*, *all the time* であり, 文字通り連続していることを表すのが後者の *continuously*, *incessantly* であるということである. ((例) 彼は*絶えず英語を勉強している He *continually* studies English. ★ 途中で休むこともある. // 彼は 10 時間も*絶えず働き続けた He worked *continuously* for ten hours.). 変わることなく常に同じ調子で続くことは ***constantly***. また動きが一定して規則正しいという意味を表すには ***steadily***. なお,「絶えず」は日本語では副詞であるが, 英語では副詞で表されるとは限らず, 英訳に当たっては以上の各語の形容詞形が用いられることも多い. 《☞ 頻度を表す副詞 (囲み)》

¶ 私は*絶えずあなたのことを思っている I *always* think of you. // その子は*絶えず泣いてばかりいる The child is ˹*always* [*continually*] crying. [語法] この進行形は「泣いてばかりいて困った子だ」という, 話し手の不満足な気持ちを表すことがある. // 外国語の勉強には*絶えず練習することが必要である (⇒ 絶えざる練習を必要とする) Studying a foreign language requires ˹*continual* [*constant*] practice. // 彼は*絶えずたばこを吸っている He smokes *all the time*. / He is *always* smoking. / He smokes *incessantly*. [語法] 2 番目の進行形の例文は「だからまったく迷惑だ」というような, 話し手の不快感を表すことがある. また最後の英文はチェーンスモーキングの意だが, 片時もたばこを離さないことを誇張した言い方になる. // 彼女は*絶えず不平ばかり言っている She is complaining *all the time*. // 置き時計は*絶えずチクタクと音を立てている The clock ticks ˹*constantly* [*all the time*]. / The clock makes a *constant* ticking sound.

たえだえ 絶え絶え ── 副 (息などが弱々しく) feebly; (あえぎながら) gaspingly. ¶ その男は息も*絶え絶えだった The man was breatning *feebly*. // 彼女は息も*絶え絶えに母の名を呼んだ She called her mother *gaspingly*. / She *gasped out* the name of her mother. ★ gasp out ⓗ は「あえぎながら言う」という意味.

たえなる 妙なる (たいへん美しい) very beautiful; (音楽が甘美な) sweet; (天上のもののような) celestial. 《☞ うつくしい》. ¶ *妙なる調べが聞こえた We heard ˹*sweet* [*celestial*] music.

たえまなく 絶え間なく (常に) all the time; (連続してずっと) continuously, incessantly ★ やや文語的. 《☞ たえず (類義語)》.

たえる¹ 耐える, 堪える **1** «我慢する»: (悲しみや苦痛などに) bear ⓗ《過去 bore; 過分 borne》; (自制心を働かせて) stand ⓗ《過去・過分 stood》; (苦痛や不愉快さを甘んじて受ける) suffer ⓗ; (かなり長期にわたって辛抱する) endure ⓗ; (人の態度や気候などのちょっとした不愉快なことに) put up with …, be patient. 《☞ がまん (類義語)》.

¶ 彼女はよく悲しみ[不幸]に*耐えた She *bore* her ˹sorrow [misfortune] well. // 船旅に*耐えられない人もいる Some people cannot *bear* traveling by sea. // 私はここの寒さ[暑さ]には*耐えられない I can't *stand* the ˹cold [heat] here. // 私は動物がいじめられているのは見るに*堪えない ＜S(人)＋V(*stand*)＋O(動名)＞ I can't *stand* seeing animals treated cruelly. 《☞ 動名詞 (欄外)》 // あいつの横柄な言葉は聞くに*堪えない I can't *put up with* his arrogant words. // 彼らは苦しい生活に*耐えねばならなかった They had to *endure* a hard life. // 私はどんな困難にも*耐えて (⇒ 打ち勝って) みせる I'm sure I can *overcome* any difficulty.

2 «持ちこたえる» ── 動 (重力などを支える) bear ⓗ; (激しい使用などに耐性がある) withstand ⓗ. ── 形 (物が使用などに適する) fit (for …); (物が火や水や衝撃などに負けない) proof (against …); (人が責務などに堪えられる) equal (to …).

¶ その板は重さに*堪えるに十分な強度がある The board is strong enough to *bear* the weight. // 私の家は地震に*堪えるように設計されている My house is so planned as to *withstand* an earthquake. // この船は遠洋航海には*堪えない This ship is not *fit for* an ocean voyage. // この時計は強い衝撃にも*堪えます This watch is *proof against* strong shock.

たえる² 絶える **1** «滅びる・尽きる»: (絶滅する) become extinct; (絶滅の状態である) be extinct; (死に絶える) die out ⓐ; (順々に死んでいなくなる) die off ⓐ. 《☞ ぜつめつ》.

¶ この種のちょうは*絶えていなくなってしまった Butterflies of this species *are* now *extinct*. // この習慣は*絶えて久しい (⇒ ずっと以前に消滅した) This custom *became extinct* a long time ago. // 彼が死んで (⇒ 彼の死とともに) この村で一番古い家系が*絶えてしまった With his death the oldest family in this village *died out*.

2 «途中で切れる・やむ»: (通信などが遮断される) be cut off 《☞ とだえる》.

¶ 台風で本土との通信が*絶えた All com-

た

munication with the mainland *was cut off* by the typhoon. // この通りは車の流れが*絶えない (⇒ 絶え間のない交通の流れがある) There is a *constant* flow of traffic on this road. // 子供のことでは苦労が*絶えない (⇒ 子供についての心配から解放されることがない) I am never free from worries about my 「child [son ; daughter].

だえん 楕円 ─ 名 ellipse Ⓒ, oval Ⓒ ★ 後者は「卵形」という意味. ─ 形 elliptic(al), oval.

たおす 倒す (人または物を投げ倒す) throw down ㊀; (人を打ち倒す・物を取り壊す) knock down ㊀; (木などを切り倒す) fell ㊀, cut down ㊀ ★ fell とほぼ同意だがより平易な言い方; (風が塀などを) blow down ㊀; (花瓶などをひっくり返す) tip over ㊀; (政府などを) overthrow ㊀. 《☞ たおれる》.

¶ 彼はその大男を投げ*倒した He *threw* the big man *down*. 《☞ 副詞の位置 (欄外)》 // 彼は一撃のもとに強敵を*倒した He *knocked down* his powerful opponent with a single blow. // 木こりは大きなもみの木を切り*倒した The woodcutter 「*felled* [*cut down*] a tall fir tree. // 台風で塀が*倒された The wall *was blown down* by the typhoon. // スタンド[花瓶]を*倒さないように注意しなさい Take care not to *tip* the 「lamp [vase] *over*. // 反乱者たちは政府を*倒した The rebels *overthrew* the government.

タオル towel [táu(ə)l] Ⓒ. ¶ *タオルで顔を拭きなさい Dry [Wipe] your face 「on [with] a *towel*. 語法 水でぬれているものを拭くには dry のほうが普通. // バス[湯上がり]*タオル a bath *towel* **タオル掛け** (1本の) towel rail Ⓒ; (何本かの towel rails から成るもの) towel rack Ⓒ. 《☞ ふろ (挿絵)》.

たおれる 倒れる **1** 《横転する》: (転んで倒れる) fall ㊁ 《過去 fell; 過分 fallen》; (ぐらついて倒れる) topple 「down [over] ㊁; (くずおれるように倒れる) collapse ㊁ ★ 家などにも用いる; (卒倒する) faint ㊁. 《☞ たおす; ころぶ》.

¶ 私は石につまづいて*倒れた I stumbled over a stone and *fell* 「forward [over].

彼はあお向けに*倒れた He *fell* on his back.

彼女は滑って地面に*倒れた She slipped and *fell* on the ground.

地震でたくさんの家が*倒れた Many houses *have fallen* in the earthquake. / (⇒ 地震が多くの家を倒壊した) The earthquake *destroyed* lots of houses.

彼女は知らせを聞くとへなへなと*倒れてしまった She *collapsed* on hearing the news.

本の山がぐらっと揺れて床に*倒れた The pile of books *toppled* (*over*) to the floor.

その家は雪の重みで*倒れた The house *collapsed* under the weight of snow.

朝礼で5人の生徒が*倒れた (⇒ 卒倒した) Five students *fainted* during the morning meeting.

2 《比喩的に》: (内閣などが瓦解する) fall ㊁; (人が病気になる) become [get] 「sick [ill]; (人が死ぬ) die ㊁; (殺される) be killed.

¶ 帝政ロシアは1917年に*倒れた Czarist [zɑ́:rist] Russia *fell* in 1917.

多くの兵士が戦いで*倒れた Many soldiers 「*died* [*were killed*] in the battle.

彼は過労で*倒れた He 「*became* [*got*] 「*sick* [*ill*] because he worked too hard. / (⇒ 彼の健康が損なわれた) His health *broke down* 「from [because of] overwork.

たか¹ 高 **1** 《量》: (金などの額) amount Ⓒ; (総計) sum Ⓒ. 《☞ がく¹; りょう¹》.

¶ 支出はかなりの*高になるだろう The expenses will amount to a considerable *sum* (of money). // 「1日の売り上げ*高はどのくらいですか」「約50万円です」 "How much are the whole day's 「*takings* [*proceeds*]?" "About 500,000 yen." 《☞ うりあげ》

2 《程度・せいぜいのところ》 ¶ 二郎の言葉をそんなに気にするな. *たかが子供じゃないか (⇒ 二郎の言葉をそんなに真剣に受けとるな. 彼はまだほんの子供なのだから) Don't take Jiro's words so seriously. He's 「a *mere* child [*only* a child]. // 彼は*たかがサラリーマンじゃないか He is *no more than* an office clerk. // 「2千円入りの財布をなくしてしまった」「くよくよするな. *たかが2千円じゃないか」 "I lost my wallet containing 2,000 yen." "Cheer up. It was *only* 2,000 yen." // あまり*高をくくらないほうがよい (⇒ あまり楽観的になりすぎるな) Don't be so *optimistic*.

たか² 鷹 hawk Ⓒ; (鷹狩に使う鷹) falcon Ⓒ. **タカ派** hawk Ⓒ (↔ dove).

たが 箍 (おけやたるの回りにはめる) hoop Ⓒ 《☞ たる¹ (挿絵)》. ¶ たるに*たがを掛けた[たるの*たがをはずした] I 「*put hoops on* [*took the hoops off*] the barrel. // *たががゆるんだ The *hoops* have gotten loose.

だが (しかし) but ..., however, ... ★ 後者のほうが少し改まった言い方; (それでもなお) yet 語法 and yet, but yet の形式で用いられることも多く, 意味は前の2つの語より強く, かつ形式ばった言葉; (それにもかかわらず) nevertheless ★ 前の3語より形式ばった語で, 意味も最も強い; (...だけれども) although ..., though ... ★ 以上の2語は従位接続詞. 語法 A, but B のように等位接続詞を用いた場合は A と B は対等に比較されるが, though A, B のように従位接続詞を用いると主節の B のほうに重点が置かれた英文になる. 《☞ しかし (類義語); でも; 接続詞 (欄外); 譲歩の表現 (囲み)》.

¶ 勝てる見込みはない. *だが, 私は放棄する気はない The chances are against me, *but* I am not going to give up. / *Although* I have little chance of winning, I will not give up. // 彼の決心は堅い. *だが, もう一度だけ話してみよう He is firmly determined, (「*and* [*but*]) *yet* I will talk to him just once more. // 彼は博識*だが, あまり賢明ではない *Though* [*Although*] he is learned, he is not very wise. / He is learned; *nevertheless*, he is not very wise. 《☞ セミコロン (欄外)》

たかい¹ 高い **1** 《高さが高い》: high (↔ low); tall (↔ short); (そびえ立つ) lofty.

【類義語】 地上からの高さを言う場合, 空中の高度と感じられるようなときには **high** を用い，建物・木・人の丈などのように，地面から連続して高さの測れるものには **tall** を使う傾向がある．ただし，「高い山」a ⌈*high* [*tall*] mountain のように入れ替えて用いることのできる場合もかなりある．非常に高いことを表し，「そびえる」感じの形容には **lofty** を用いることがあるが，やや文語的で，口語では very ⌈*high* [*tall*] のほうが普通．《☞ たかさ》

¶ 私は*高い所に登るのは怖い I'm afraid of going up to *high* places. / (⇒ 高所恐怖症だ) I suffer from *acrophobia*. // 「あの*高い塔は何ですか」「東京タワーです」"What's that ⌈*tall* [*high*] tower?" "That's the Tokyo Tower." 語法 tall のほうが普通. // あの空*高く飛んでいる飛行機をごらんなさい Look at that plane *high* up in the air. // 「あなたのクラスではだれが一番背が*高いですか」「山田君です」"Who's the *tallest* in your class?" "Yamada (is)." 《☞ 比較の表現(囲み)》 // 私はクラスで2番目に背が*高い I'm the second *tallest* in our class.

2 «値段が高い»: high (↔ low); (高価な) expensive (↔ inexpensive); (非常に高価な) dear 語法 price (＝値段)を主語にする文や，price を修飾する言い方では high しか用いられない．《☞ 買い物(囲み)》.

¶ 東京はとても物価が*高い Prices are very *high* in Tokyo. / Everything is *expensive* in Tokyo. // このカメラは*高い This camera is *expensive*. / This is an *expensive* camera. // このごろは肉が*高い Meat is ⌈*dear* [*expensive*] these days. // あの店は*高い That store is *expensive*. / Prices are *high* at that store. // 彼の車は*高い値で売れた He sold his car at a *high* price. // 彼はあの会社に*高い給料で雇われている (⇒ 高い給料をもらっている) He gets ⌈(a) *high* pay [a *high* salary] from that company. 語法 pay の場合は a のないほうが普通.

3 «地位・身分・程度・数値などが高い»: high (↔ low).

¶ 身分の*高い人 (⇒ 高官) a *high-ranking* official / (⇒ 重要人物) a very important person ★ V.I.P., VIP [víːàipíː] と略す. // この国の生活水準は*高い The standard of living in this country is *high*. // 古代ギリシャ人は*高い文明水準を持っていた The ancient Greeks had a *high* level of civilization.

たかい[2] 他界 ―動 (死ぬ) pass ⌈away [on] ㊀ ★「死ぬ」die の婉曲語法．《☞ しぬ (類義語); 婉曲語法 (欄外)》.

たがい 互い ―代 each other, one another. ―形 each other's, one another's; (相互の) mutual. ―副 to [with] each other, to [with] one another; (相互に) mutually.

【類義語】2人または3人以上の人々の間で「互い」という意味を表すのに最も口語的な表現は **each other** または **one another** である．2人の人の間には *each other*, 3人以上の間には *one another* を用いるべきだとする主張もあるが，実際にはその区別は行われていない．従って，この2つはどちらを用いてもよい．「互いに共通の」の意味を表すときには **mutual** が用いられる.

¶ 彼らは*互いの弱点を知っている They know ⌈*each other's* [*one another's*] weaknesses. 語法 each other's, one another's が修飾する Ⓒ の名詞は複数形になる. // 彼らは*互いに顔を見合わせた (⇒ お互いを見合った) They looked at ⌈*each other* [*one another*]. // 我々はこの仕事ではお*互いに助け合わなくてはならない We must help ⌈*each other* [*one another*] in this work. // 彼らは*互いに尊敬し合っている They respect ⌈*each other* [*one another*]. / (⇒ 彼らは互いに対する尊敬の念を持っている) They have *mutual* respect. // 人間は*互いに言葉で意志を通じ合う Human beings communicate with ⌈*each other* [*one another*] by means of language. // 「私は時間をむだにしてしまった」「それはお*互いさまだ (⇒ 私もむだにした)」"I wasted my time." "*So did I.*" 《☞ 倒置 (欄外)》

だかい 打開 ―動 (打ち破る) break ㊉; (打ち勝つ) overcome ㊉; (切り抜ける) get over ...; (打開策を見つける) find a way out of ... ―名 (打開策) way out Ⓒ; (解決策) solution Ⓒ. 《☞ きりぬける》.

¶ 我々は局面の (⇒ 行き詰まりの) *打開を図らなくてはならない We must try to *break* the deadlock. / (⇒ 目下の困難を乗り切ることを試みなくてはならない) We must try to ⌈*overcome* [*get over*] the present difficulties. // *打開策を見つけるのが先決だ (⇒ まず第一にこの状態からの打開策を見つける必要がある) In the first place we must *find a way out of* this.

たがいちがい 互い違い ―副 (交替で[に]) alternately [ɔ́ːltənətli(ː)]. ―動 (互い違いになる[する]) alternate [ɔ́ːltənèit] ㊀ ㊉. 《☞ こうご[1]; こうたい[1]; かわりばんこ》. ¶ 昼と夜は*互い違いにやってくる Day and night come *alternately*. / Day *alternates with* night.

たかいびき 高鼾 (大きないびき) loud snore Ⓒ 《☞ いびき》. ¶ 彼は*高いびきをかいて寝ていた He was ⌈sleeping [asleep] *snoring loudly*. / (⇒ ぐっすり寝ていた) He was ⌈*fast* [*sound*] asleep.

たがう 違う ¶ それは元のものと寸分*たがわぬ (⇒ 正確な) 複製である It is an *exact* replica of the original. // わがチームは期待に*たがわず (⇒ 期待していたとおり) 優勝した Our team won the championship *as we had expected*.

たがえる 違える (約束などを破る) break ㊉; (守らない) fail to keep ... 《☞ やぶる》.

たがく 多額 ―形 (金額が) a large ⌈amount [sum] of ... (↔ a small ⌈amount [sum] of ...); (寄付などがたくさんの) generous ★「気前のよい」というのが原意．《☞ ばくだい》.

¶ この事業には*多額の資金がいる We need *a large amount of* funds for this project. // *多額のご寄付をありがとうございました Thank you very much for your *generous* donation.

多額納税者 upper-bracket taxpayer Ⓒ ★ bracket は収入額などの分類の単位.

たかくか 多角化 ―名 diversification Ⓤ. ―動 diversify ㊉. 《☞ たかくけいえい》. ¶ そ

た

の会社は市場を拡大するために最近製品の*多角化を図った The firm *has* recently *diversified* (the range of) its products ˹so as [in order] to extend its market.

たかくけい 多角形 ―名 polygon [pάligὰn] Ⓒ. ―形 polygonal [pəlígənl].

たかくけいえい 多角経営 diversified business operations 《☞ たかくか》. ¶ このごろは大企業の間に*多角経営がはやっている *Diversified business operations* are in fashion among the ˹big businesses [leading firms] these days.

たかくてき 多角的 ―形 (多面的な) many-sided; (多様な) diversified; (いろいろの) various. ―副 (違った角度から) from different angles; (さまざまな観点から) from various points of view. ¶ 我々はこの問題を*多角的に見なければならない (⇒ この問題のいろいろな面を) We must examine the *various sides* of this problem.

たかさ 高さ **1** 《下から上までの距離》 ―名 (上下の長さ) height [háit] Ⓤ; (高度) altitude Ⓤ. ―形 (高さが…の[で]) … high, … tall. 語法 日本語で「高さ」とあってもそれが英語で必ずしも height という名詞形で表されるとは限らないという点に注意. ((例) あの山の*高さはどのくらいですか How ˹*high* [*tall*] is that mountain? / What is the *height* of that mountain?) 《☞ たかい[1] (類義語); 大きさの表し方 (囲み); 日本語と英語 (欄外)》.

¶「エベレストはどのくらいの*高さですか」「*高さは 8848 メートルです」"How ˹*high* [*tall*] is Mt. Everest?" "It's 8,848 meters ˹*high* [*tall*]."

「背の*高さはどのくらいですか」「1 メートル 60 センチです」"How *tall* are you?" "I'm one meter sixty centimeters (*tall*)." 語法 (1) さらに I'm one meter sixty. とすれば最も口語的. (2) 人の背丈には普通 tall を用い high は使わないが, 数字を付けて身長を示すときは high も用いることがある. ((例) 彼は 6 フィートの背の*高さだ He is six feet ˹*high* [*tall*].)

あの塔[建物]の*高さはどのくらいですか How *tall* is that ˹tower [building]? / What is the *height* of that ˹tower [building]? 語法 (1) 塔や建物のように地面からの高さをはっきりと意識できるものには普通 tall を用いる. (2) high と tall の両方に対して high の名詞形の height が用いられる.

あなたと私は背の*高さが同じだ You are as *tall* as I (am). / You and I are (of) the same *height*.

その木は 30 メートルぐらいの*高さになる The tree grows to *a height* of about 30 meters. 語法 具体的な高さを言っているので, この height は Ⓒ. 《☞ 可算・不可算名詞 (欄外)》

そのような*高さの所では (⇒ そのような高度では) 空気はきわめて希薄である At such *a high altitude* the air is very thin. 語法 具体的な高度を言っているので, この altitude は Ⓒ.

まず第一に僕はその山の *高さ (⇒ 高いこと) にびっくりした First of all I was surprised at the *height* of the mountain.

2 《値段の高さ》: (高いこと) expensiveness Ⓤ; (高い費用) high cost Ⓒ; (高い値段) high price Ⓒ. 《☞ たかい[1]》.

¶ 外人は東京の生活費[物価]の*高さに不平を言う Foreigners complain of the *high* ˹*cost* of living [commodity *prices*] in Tokyo.

3 《声の高さ》: (声の調子が高いこと) pitch Ⓤ; (声が大きいこと) loudness Ⓤ.

¶ 声の*高さは個人によって違う Voice *pitch* varies with the individual.

だがし 駄菓子 cheap candy Ⓤ 《☞ かし[1]》.

たかしお 高潮 tidal wave Ⓒ. ¶ *高潮警報 a *tidal wave* warning

たかだい 高台 (丘) hill Ⓒ; (多少小高くなっている台地状の所) heights ★ 複数形で. 《☞ おか; やま》. ¶ 私の家は*高台にある My house stands on a *hill*.

たかだか 高高 **1** 《せいぜい》: (一番高くても) at (the) highest; (多くても) at (the) most; (最大限で) at (the) maximum. 《☞ せいぜい; たか[1]》. ¶ 損害は*たかだか 10 万円ぐらいだろう The damage is supposed to be 100,000 yen *at* (*the*) *most*.

2 《高いことの形容》: (高々と) high; (声高々と) loudly, in a loud voice; (鼻高々と) proudly.

¶ 彼らはその建物の上に*高々と国旗を掲げた (⇒ なびかせた) They flew the national flag ˹*high* on [(⇒ 真上に) *on top of*] the building. ∥ 息子が入学試験に受かって彼女は鼻*高高だった She was very *proud* that her son had passed the entrance examination. ★ この proud は 形. 《☞ はな[2]》

だがっき 打楽器 percussion instrument Ⓒ; (集合的に) percussion Ⓤ. 《☞ 音楽 (囲み)》.

たかとび 高飛び ―動 (逃亡する) run away ⓐ; (追手の手を逃れて逃げる) flee ⓐ. 《☞ とうそう[1]》. ¶ その犯人は外国への*高飛びをはかった The criminal tried to ˹*run away* overseas [*flee* into a foreign country].

たかなる 高鳴る (胸がどきどきする) beat fast, throb ⓐ ★ 後者のほうが大げさな言い方. ¶ 私は期待で胸が*高鳴るのを感じた I felt my heart ˹*beat*(*ing*) *fast* [*throb*(*bing*)] with expectation.

たかね 高値 high price Ⓒ (↔ low price). ¶ それはここ 10 年来の新*高値である It is ˹the *highest price* [a *record price*] in ten years. ∥ その絵には 1 千万かそれ以上の *高値がつくだろう (⇒ 1 千万円かそれ以上に値踏みされるだろう) The picture will be quoted at ten million yen or more.

たかねのはな 高嶺の花 ¶ それは*高嶺の花だ (⇒ 私の手の届かない所にあるすてきなものだ) It's *a prize beyond my reach*. / One may look at a star but not pull at it. 《ことわざ: 我々は星を見ることはできるが, 引っぱって取ろうとしてもだめだ》 / The things that are above us are nothing to us. 《ことわざ: 高い所にあるものは役に立たない》.

たかのぞみ 高望み ―動 (高すぎる望みを抱く) aim too high ⓐ; (あまりにも野心が大き過ぎる) be too ambitious. ¶ T 大へ入ろうなん

て彼は*高望みもいいとこだ He *is* ⌈*aiming too high* [*too ambitious*], trying to get into T University.

たかびしゃ 高飛車 **—**(形) (高圧的な) high-handed; (威張って・横柄な) overbearing; (威張りちらす) bossy. **—**(副) (高飛車に) high-handedly; overbearingly. 《☞ こうしせい; こうあつてき》. ¶ 監督の *高飛車な態度が気にくわない I don't like the supervisor's ⌈*high-handedness* [*overbearing* manner].

たかぶる 高ぶる (ひどく気が張っている) be highly strung, be strung up; (感情が高ぶる) get excited. ¶ 試験の前で私の神経は (⇒ 私は)*高ぶっていた I *was highly strung* before the examination. / (⇒ 試験を目前に控えて私は神経の高ぶった状態にあった) I was in a *strung-up* state with the examination just before me.

たかまる 高まる (上がる・向上する) rise (自) 《過去 rose; 過分 risen》; (増大する) grow (自) 《過去 grew; 過分 grown》; (増加する) increase (自); (結集する) build up (自). 《☞ たかめる》.

¶ 日本では婦人の地位は戦後 *高まった (⇒ 婦人は地位の点で向上した) In Japan women *have risen* in position after the war. // そのニュースを聞いて彼女の興奮が*高まった (⇒ 彼女はいっそう興奮した) She ⌈became [got] *more excited* at the news. // その行為で彼の名声は*高まった (⇒ 彼はより高い名声を得た) He ⌈*got* [*won*] a higher reputation through that conduct. // 中東諸国に緊張が*高まりつつある Tensions *are* ⌈*growing* [*increasing*; *building up*] in the Middle East. // 戦争の不安が *高まっている A fear of war *is increasing*.

たかみのけんぶつ 高みの見物 ¶ 私は*高みの見物を決め込んだ (⇒ 私は単なる傍観者でいようと決心した) I decided to *remain as a mere spectator*.

たかめる 高める (上げる) raise (他); (増加させる) increase (他) ★ 形式ばった言葉; (改善する) improve (他); (発達に努める) cultivate (他). 《☞ たかまる》.

¶ 彼は怒って声を*高めた He *raised* his voice in anger. // 中東の緊張が世界戦争の不安を*高めている Tensions in the Middle East *are increasing* the fear of another world war. // 当社は常に製品の質を*高める努力を重ねています We always make an effort to ⌈*raise* [*improve*] the quality of our products. // 教養を*高めるにはたくさんの本を読まなくてはならない You must read a lot of books to ⌈*cultivate* [*improve*] your culture.

たがやす 耕す cultivate (他); till (他), 《米》 plow (他) (自).

【類義語】 この 3 語はほぼ同意で用いられることも多い. しかし,「耕して作物を栽培する」という養い育てる意味をより強く表すのが **cultivate** で, その意味から発展して教養・才能などを開発するという比喩的な意味に多く用いられる. ((例) 精神を養う *cultivate* the mind). それに対して「土をひっくり返して耕す」という動作に重点を置く語が **till**, 《米》 **plow** である.

¶ 開拓者たちは土地を *耕すのに苦労した The pioneers had a hard time *cultivating* the land. // 彼らは土地を*耕して種をまいた They ⌈*tilled* [*plowed*] the land and planted seeds.

たから 宝 (宝物) treasure Ⓤ ★ 比喩的に「貴重な物・大切な人」という意味では Ⓒ; (高価なもの) valuable thing Ⓒ.

¶ これは私の*宝です This is a very *valuable thing* to me. // 潜水夫が海底に沈んだ *宝を発見した Divers found sunken *treasure* at the bottom of the sea. // これは家の*宝として大切に保存いたします I will keep this carefully as a family *treasure*.

宝捜し treasure hunt Ⓒ　**宝島** treasure island Ⓒ　**宝船** treasure ship Ⓒ　**宝物** treasure Ⓒ.

だから (それで・それ故) so ★ 前の節とコンマで区切って使うのが普通; therefore ★ 前の節を受ける形で使われる. やや形式ばった語; (それが…という理由だ) That's why … 《☞ -から; 理由の表し方 (囲み); 接続詞 (欄外)》.

¶ 彼は怠け者だ. *だからいつも勉強が遅れているのだ He is lazy, *so* he is always behind others in his studies. // 彼は一番初めに来た. *だからよい席がとれた He came first. ⌈*Therefore* [*So*; *That's why*] he got a good seat.

たからかに 高らかに loudly, in a loud voice.
¶ 彼はその手紙を声 *高らかに読みあげた He read the letter *in a loud voice*.

たからくじ 宝くじ public lottery (ticket) Ⓒ 《☞ くじ》.

たかり (ゆすりの行為) blackmailing Ⓤ.

たかる **1** 《集まる・群がる》: (主として昆虫・虫などが) swarm (自); (人が集まる) gather (自).
¶ ありが砂糖に*たかっている Ants *are swarming* around the sugar. // 彼の周りには人が*たかり始めた A crowd *was gathering around* him. 《☞ ひとだかり》

2 《せびり取る》: (せがんで物をもらう) cadge on *a person* for …; (人に頼って金などを吸い上げる) sponge (on …) (自). 《☞ せびる》.
¶ その男はいつも私に金を*たかる The man always *cadges on* me *for* some money. // 彼は働かないで親類に *たかることばかり考えている He doesn't work, but always thinks of *sponging on* his relatives.

-たがる ★ 日本語の「…たがる」は第 3 人称に限るが, 以下の英語にはその制限はない. want (to *do*), would like (to *do*) ★ 以上 2 つは同じ内容だが, 後者が丁寧な表現; (喜んで…する) be willing (to *do*); (熱心に…したがる) be ⌈eager [anxious] (to *do*); (非常に …したがる・熱望する) long (to *do*). 《☞ 意志・願望の表現 (囲み); -たい; -したがる》.

¶ 彼はあなたに会い*たがっていますよ He *wants to* meet you. / He *would like to* meet you. ★ 話し相手に敬意を払っている感じ. // 彼女はあなたのためなら何でもし*たがっています She *is willing to* do anything for you. // 彼女はとてもフランスに行き*たがっている She *is* ⌈*eager* [*longing*] *to* go to France. // 彼女はその結果をとても知り*たがっている She *is anxious to* know the results.

たかわらい 高笑い —名 (突然の) guffaw [gəfɔ́ː] Ⓒ. —動 guffaw 自. (☞ わらう).

たかん 多感 —形 (感受性の強い) sensitive ; (感傷的な) sentimental. ¶ *多感な少女 a *sentimental* girl

たき[1] 滝 waterfall Ⓒ, falls 語法 ほぼ同意だが, 前者が一般的. 後者は複数形で用い, 地名などとともに使われることが多い ; (大滝) cataract Ⓒ ; (階段状の小滝) cascade Ⓒ. ¶ 華厳の*滝 the Kegon *Falls* ∥ 男が1人*滝に打たれていた I saw a man standing naked under the *waterfall*. **滝つぼ** the basin of a waterfall.

たき[2] 多岐 —形 (たくさんの) many ; (さまざまな) various, diverse. (☞ たほうめん). ¶ 話は*多岐にわたった (⇒ いろいろな問題について語った) We talked on ⌜*various* [*many*] topics.

だきあう 抱き合う hug [embrace] each other ★ hug のほうが口語的. (☞ だく).

だきあげる 抱き上げる take ... into *one's* arms (☞ だく). ¶ 彼女は赤ん坊を*抱き上げた She *took* the baby *into her arms*.

だきあわせ 抱き合わせ —形 tie-in. —名 (抱き合わせ商品) tie-in Ⓒ. ¶ *抱き合わせ販売 a *tie-in* (sale)

だきおこす 抱き起こす raise ... in *one's* arms (☞ おこす[1]). ¶ 母親は子供を*抱き起こした The mother *raised* her child *in her arms*. / (⇒ 起き上がるのを助けた) The mother *helped* her child (*get*) *to his feet*.

だきかかえる 抱きかかえる hold [carry] ... in *one's* arms (☞ かかえる). ¶ 少女は看護婦に*抱きかかえられて病室に運ばれた The girl *was carried* into the sickroom *in* the nurse's *arms*.

たきぎ 薪 firewood Ⓤ.

たぎご 多義語 polysemic word Ⓒ (☞ 欄外).

だきこむ 抱き込む (説得して味方に引き入れる) win [bring] ... over (to *one's* side). ¶ あの男を*抱き込んでやろう We'll ⌜*bring* [*win*] him *over to our side*.

だきしめる 抱き締める hug 他, embrace 他 ★ 前者のほうが口語的. ¶ 母親は娘をぎゅっと*抱き締めた The mother *hugged* her daughter tightly.

だきつく 抱きつく (しがみつく) cling (to ...) 自 ; (相手の広げた腕の中に身を投げる) run [throw *oneself*] into *a person's* arms. (☞ しがみつく). ¶ 女の子は母親に*抱きついた The girl *clung to* her mother. / The girl ⌜*ran* [*threw herself*] *into her mother's arms*.

たきつける 焚きつける **1** «火をつける» : (火を起こす) make a fire ; (たきぎなどすぐには火のつきにくいものに点火する) kindle 他. (☞ ひ[2]). ¶ ストーブに火を*たきつけた We *made a fire* in the stove.

2 «扇動する» : egg *a person* on (to *do*) ; (そそのかして…させる) incite (*a person* to (*do*) ...) ★ egg on より広い意味で前後関係によっては「励まして…させる」という意味にもなる ; (しきりにすすめて…させる) urge (*a person* to *do*). (☞ そそのかす ; けしかける).

¶ 私は彼を*たきつけて校長と談判させた I *egged* him *on to* talk with the head of our school. ∥ 我々は彼らを*たきつけて反乱を起こさせた We *incited* them *to* rebellion.

たきび 焚火 (屋外での火) open-air fire Ⓒ. ¶ 私たちは*たき火をしてあたった We warmed ourselves *at an open-air fire*.

だきょう 妥協 —名 compromise Ⓤ ★ 具体的な事例を指すときは Ⓒ. —動 (妥協する) make a compromise (with ...), come to terms (with ...), compromise (with ...) 自 ; (途中まで歩み寄る) 《口語》 meet *a person* halfway. (☞ あゆみよる).

¶ *妥協の余地はない There is no room for *compromise*. ∥ 私は彼と*妥協するつもりだ I am going to ⌜*make a compromise* [*come to terms*] *with* him. / I am going to *meet* him *halfway*. ∥ そんな条件では君たちと*妥協できない We cannot *compromise with* you on such conditions. ∥ *妥協案を考えよう Let's work out *a compromise*.

たぎる (煮立つ) boil 自 (☞ わきかえる). ¶ なべの中身が煮え*たぎっていた The pot *was* ⌜*boiling* [*on the boil*]. ∥ 怒りで胸の中が煮え*たぎる思いだった I *was boiling* (*over*) with rage.

多義語 (polysemic word) 1語で2つ以上の語義を持っている語をいう. 例えば game という語は (a) 遊戯, (b) 試合, (c) 冗談, (d) (狩猟の)獲物, (e) 計画, などのように幾つもの異なった意味があるので多義語である.

(i) 多義語の意味は普通前後関係で決定される. 例えば children's *games* といえば「遊戯」であり, a baseball *game* といえば「試合」であり, We shot ten head of *game*. (＝我々は獲物を10頭しとめた) といえば「獲物」であるというふうに, 文の中の他の語との結び方で意味が決まるのである. (☞ 前後関係 (欄外))

しかし中には That's a large *bill*. の bill のように「くちばし」とも「勘定書き」ともとれるようなあいまいな場合も出てくる. しかしこれも, もっと広い前後関係があれば解決できる問題である.

英文を書くときには, 多義語の意味にあいまいさが残らないよう注意すべきであろう.

(ii) 英語の単語は特別な例を除いて, たいていは多義語である. 例えば a fox (きつね) は「きつねのようにずるい人」という意味がある (「化かす人」という意味はない). (☞ 日本語と英語 (欄外))

このように「…のような[に]…」という言い方を比喩といい, 特に上の例のような比喩を「暗喩」(metaphor) と呼んでいるが, 暗喩によってたいていの語は多義になる.

例えば A clock has two *hands*. の hand は時計の「針」だが「手の働きをするもの」という比喩から出た意味である. 同じように nose には「先端」, head には「首長」, mouth には「入口」という意味があり, それらは比喩によってできたのである. (☞ 比喩 (欄外))

(iii) 語が多義になる理由はほかにもいろいろあるが, そのうちの1つは, 時代とともに用途が広くなるような語, 例えば paper のような場合である.

もともと「紙」という意味だが, 現在では, 紙で作ったもの, 例えば「新聞」「答案用紙」「書類(普通は複数形)」「論文」「壁紙」のようにいろいろな意味があり, それぞれ用いられる社会によって使い分けられている.

たく 焚く, 炊く **1** «焚きつける»: (火を起こす) make a fire; (燃やす) burn (他). ¶ 石炭をうんと*たいた We ⌈*burned* [《英》*burnt*] a lot of coal. // すぐ風呂を*たきましょう (⇒ 風呂の準備をしましょう) We'll *get* the bath *ready* right away. // 私たちは暖をとるために火を*たいた We ⌈*made* [*built*] *a fire* to get warm.
2 «炊く»: (火を使って料理する) cook (他); (水や液体を加えて煮る) boil (他). ¶ ご飯をうまく*炊くのは易しくない It isn't easy to ⌈*cook* [*boil*] rice well.

だく 抱く (両腕にかかえる) hold ... (in *one's* arms); (抱きしめる) embrace (他), hug (他) ★ hug のほうが口語的; (鳥が卵を) sit (on eggs) ㊂. 《☞ だきしめる; だきかかえる》. ¶ 女は赤ん坊を*抱いていた The woman ⌈*held* [*had*] a baby *in her arms*. // 女の子は母親に*抱かれて眠ってしまった The girl fell asleep *in her mother's arms*. // 彼らは互いに*抱き合った They ⌈*embraced* [*hugged*] each other.

たくあん 沢庵 pickled Japanese radish [U] ★ 英米に存在しないものなので説明的な訳.

たぐい 類 (種類) kind [C], sort [C] ★ ほぼ同意だが, kind が最も一般的; (型・タイプ) type [C]. 《☞ しゅるい (類義語)》.

たぐいまれな 類まれな ―[形] (まれに見る・すばらしい) rare; (比較できないほどの) incomparable. ¶ 彼は*たぐいまれな天才だ He is a *rare* genius. // 彼女は*たぐいまれな美人でした She was a woman of *rare* beauty.

たくえつ 卓越 ―[形] (すぐれた) excellent; (傑出した) prominent; (著名な) distinguished. ―[動] (卓越する) excel (in ...) (自). 《☞ すぐれる; ぬきんでる》.

だくおん 濁音 voiced sound [C].

たくさん 沢山 **1** «多数・多量» ―[形] (数・量いずれにも使って) a lot of ..., lots of ..., plenty of ...; (数) many, a ⌈large [great] number of ...; (量) much, a ⌈good [great] deal of ..., a large ⌈quantity [amount] of ...
【類義語】 数・量ともに示す言葉で口語的なのは ***a lot of ..., lots of ..., plenty of ...*** で, はじめの 2 つはほぼ同意で入れ替え可能なことが多いが, *a lot of* は「数」に, *lots of* は「量」に使われることが多い. *plenty of* は「必要以上にあり余っている」というニュアンスがある. 「数」を示す場合に一般的なのは ***many***. やや形式ばってに ***a ⌈large [great] number of ...*** で, *great* のほうが意味が強い. 「量」を示すのに一般的なのは ***much***. やや形式ばっては ***a ⌈good [great] deal of ..., a large ⌈quantity [amount] of ...*** で, 前者のほうがより口語的. また quantity は計量器で計るような量をいうときに使い, amount は金額・総額などをいうときに使う. [語法] (1) 口語では, 肯定平叙文には主語の名詞を修飾する以外は many, much の代わりに a lot of, lots of などを使うのが普通. 疑問文ではいずれも可能. 否定文では not many, not much が普通. (2)「数」を示す many, a ⌈large [great] number of は [名] [C] の複数形を伴う. 「量」を示す much, a ⌈good [great] deal of は [名] [U] を伴う. a lot of, lots of, plenty of は両方を伴うことができる. (3) a lot, lots, much, a ⌈good [great] deal などは副詞的にも用いる. 《☞ おおい[1] (類義語); たいりょう[1]》
¶ 本を*たくさん買った I have bought ⌈*a lot of* [*lots of*] books.
金は*たくさんある There is ⌈*a lot of* [*plenty of*] money.
ビールはあまり*たくさん飲みません I don't drink *much* beer.
彼は本を*たくさん持っていますか Does he have ⌈*many* [*a lot of*; *lots of*] books?
彼はなんて*たくさん本を持っているんだろう What *a lot of* books he has!
「あなたの国では雪が*たくさん降りますか」「いいえ, あまり降りません」"Do you have *much* snow in your country?" "No, not (too) much."
交番の周りに人が*たくさんいた I saw ⌈*a large number of* [*a lot of*] people around the police box.
*たくさん欲しい I want *a lot*.
もっと*たくさん欲しい I want *a lot* more.
一番*たくさん金[本]を持っていたのは山田だ It was Yamada who had *the most* ⌈money [books].
2 «十分な»: enough, sufficient ★ 後者はやや改まった語. 《☞ じゅうぶん[1] (類義語)》.
¶ 4つあれば*たくさんだ Four will be ⌈*enough* [*sufficient*].
その話はもう*たくさんだ I've had *enough* of that story. / (⇒ うんざりする) *I'm fed up with* that story. ★ 少しぞんざいな俗語的表現.
冗談はもう*たくさんだ *No more* of your jokes, please.
「コーヒーのお代わりはいかがですか」「いや結構です. *たくさんいただきました」"How about another cup of coffee?" "No (more), thank you. I've had *enough*." [語法] 食べ物などの場合には, 勧めるほうは How about some more ...? と言い, 答えには No (more), thank you. I'm full. も使われる. ただし, これは飲み物の場合には使われない. 《☞ 感謝の表現 (囲み)》

たくしあげる たくし上げる (スカートなどを) tuck up (他) 《☞ まくる》.

タクシー taxi [C] 《複 ~s, ~es》, cab [C] ★ 後者は少しくだけた言い方. 《☞ 乗り物 (囲み); 道のきき方 (囲み)》.
¶ *タクシーに乗ろう Let's take a ⌈*taxi* [*cab*]. // 私は空港へ*タクシーで行った I went to the airport *by taxi*. / I took a *taxi* to the airport. // 駅前で*タクシーを拾った I got

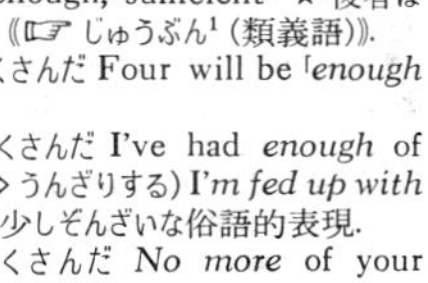
ニューヨークのタクシー

ロンドンのタクシー

た

a *taxi* in front of the station. ∥ *タクシーを呼んで下さい Please「call [get] me a *taxi*. ∥ 彼は流しの*タクシーを止めた He「hailed [flagged down] a cruising *taxi*. ★ 前者は声を出して, 後者は手を上げて呼ぶ動作.

タクシー運転手 taxi driver Ⓒ **タクシー乗り場** taxi stand Ⓒ, 《英》 taxi rank Ⓒ; 《掲示》 Taxi 《☞ 掲示の英語 (囲み)》 **タクシー料金** taxi fare Ⓒ.

ニューヨークのタクシーのドアに書かれてある料金表示:「基本料金は 1/9 マイルで 1 ドル. そのあとは 1/9 マイルごとに 10 セント加算. 待ち時間は 45 秒につき 10 セント」

たくじしょ 託児所 day [public] nursery Ⓒ, day-care center Ⓒ. 《☞ ほいく》.

たくじょう 卓上 ― [形] (卓上用の) desk. ¶ *卓上カレンダー a *desk* calendar

たくす 託す (すっかり信頼して) entrust (他); (任せる) leave (他). 《☞ まかせる; たのむ》.

たくち 宅地 housing land Ⓤ; (個々の敷地) housing「site [lot] Ⓒ.

タクト 〖音楽〗 (指揮棒) baton [bətán] Ⓒ 《☞ 音楽 (囲み)》. ¶ 彼がそのオーケストラの*タクトを取った He「*conducted* [*directed*] the orchestra.

たくほん 拓本 rubbed copy Ⓒ.

たくましい 逞しい (筋骨が) brawny, muscular; (強壮な) strong, sturdy, robust ★「強い・丈夫な」という意味では strong が最も一般的; (強じんな) tough. 《☞ つよい (類義語)》. ¶ 少年は*たくましい腕をしていた The boy had「*brawny* [*muscular*] arms. ∥ 彼は*たくましい青年に成長した He has grown into a「*robust* [*sturdy*] young man. ∥ 想像を*たくましくしてみた (⇒ 想像力を奔放に働かせた) I *gave full play* to my imagination. ∥ 彼は商魂*たくましい男だ He is *highly* business-minded.

たくみ 巧み ― [形] (上手な) good, skillful. ― [副] (上手に) (very) well, skillfully. 《☞ うまい; じょうず》. ¶ その外人は*巧みに箸を使っていた The foreigner was very *good at* using chopsticks.

たくらみ 企み (ひそかに練った陰謀) plot Ⓒ; (悪だくみ) scheme Ⓒ ★ 単に「計画」という意味が普通だが, 前後関係で悪い意味になる; (多人数で共謀したたくらみ・謀反) conspiracy Ⓒ. 《☞ いんぼう (類義語); けいりゃく》.
¶ あいつらの*たくらみぐらいわかっている I am aware of their *plot*. ∥ 彼の脱税の*たくらみは発覚した His *scheme* to evade taxes has been discovered. ∥ 彼らの政府転覆の*たくらみに巻き込まれた I was involved in their *conspiracy* against the government.

たくらむ 企む (ひそかに悪だくみをする) plot (他); (多人数で共謀する) conspire (他); (人を欺く計画を立てる) scheme (他); (何かよくないことを計画する) be up to ... 《☞ もくろむ》.
¶ 彼は妻の殺害を*たくらんだ He *plotted*「the murder of his wife [to murder his wife]. ∥ 彼らは政府打倒を*たくらんだ They *schemed* to overturn the government. ∥ 彼らは大臣の失脚を*たくらんだ They *conspired*「to ruin the minister [the ruin of the minister]. ∥ 子供たちは何かよからぬこと (⇒ いたずら) を*たくらんでいる The kids *are up to* some mischief.

だくりゅう 濁流 (速い泥まじりの流れ) rapid muddy stream Ⓒ.

たぐる 手繰る (糸などを) haul「in [up] (他), draw in (他); (記憶などを) retrace (他). ¶ 少年は凧(たこ)を*たぐり寄せた The boy *drew in* the kite.

たくわえ 蓄え, 貯え (貯金) savings ★ 通例複数形で; (貯蔵) store Ⓒ. 《☞ たくわえる; ちょきん》. ¶ *蓄えは全然ない [多少ある] I have「no *savings* at all [some *savings*]. ∥ 燃料の*蓄えが尽きた (⇒ 使い切った) We've run out of fuel. ∥ 食糧の*蓄えは十分にある (⇒ 食糧は余るほどある) We have plenty of food.

たくわえる 蓄える, 貯える (貯金する) save (他); (何かのためにのけておく) put ...「away [aside]; (貯蔵する) store (他); (ためこんでおく) store「up [away] (他). 《☞ ちょきん; ちょぞう》.
¶ 定年に備えて多少は*蓄えておかねばならない I'll have to *put* something *away* for my retirement. ∥ 冬を過ごすのに十分な食糧を*蓄えた We *have stored*「*up* [*away*] enough food to last through the winter. ∥ 倉庫には各種の商品が*蓄えてある <S (人) + V (*store*) + O (貯蔵場所) + *with* + 名 の受身> The warehouse *is stored with* a variety of goods.

たけ[1] 竹 bamboo Ⓤ ★ 形容詞的にも用いる.
竹を割ったような ― [形] straightforward
竹細工 bamboo work Ⓤ **竹ざお** bamboo pole Ⓒ **竹やぶ** bamboo「thicket [grove] Ⓒ.

たけ[2] 丈 (長さ) length Ⓤ; (高さ) height Ⓤ. 《☞ ながさ; たかさ; しんちょう[1]》. ¶ 君は*丈が伸びたね You've grown *taller*. ∥ このスカートはちょっと*丈が長すぎる [短すぎる] This skirt is a little too「*long* [*short*] for me. 《☞ 衣服 (囲み)》

-だけ **1** 《限定》 ― [副] (ただ…だけ) only, merely, just [語法] only が最も一般的で, merely は少し改まった感じの語. just は口語的な語で, only ほど限定の意味は強くない; (単に…にすぎない) simply; (ひとりで) alone. ― [形] (ただ…だけの・唯一の) only; (単なる) mere [語法] only より改まった感じの語. ただし, The *mere* sight ... のような表現では only とは入れ替えられない. 《☞ -しか; ただ[1] (類義語); -ばかり; すぎない》.
¶ 私が使ったのは千円*だけだった I spent *only* 1,000 yen.
それを知っているのはあの人*だけだ (⇒ それを知っている唯一の人だ) He is the *only* person who knows it.

私の持っている金はこれ*だけだ (⇒ これが全部だ) This is *all* the money I have.
私は本当のことを言った*だけだ I ⌈*only* [*simply*] told the truth.
彼女は私をちらと見た*だけだった She ⌈*only* [*merely*] gave me a glance.
週1回来てくれる*だけでいい You have *only* to come and see me once a week. 【語法】have only to *do* で「…するだけでよい」の意. / (⇒ あなたがしなければならないことは週1回来ることだけだ) *All* you have to do is come and see me once a week. 【語法】all … で始まる文は米口語では述語に原形不定詞が使われることが多い. 《☞ 不定詞 (欄外)》
それを見た*だけで [考えた*だけで] 胸がわくわくする The ⌈*mere* sight [*bare* thought] of it excites me.
彼女はきれいな*だけでなく心が優しい She is not *only* pretty, but (also) tenderhearted.
一度*だけでいいからあんないい家に住んでみたい I wish I could live in such a nice house *at least* once in my life.
2 «程度・範囲»: as … as 《☞ かぎり》.
¶ できる*だけ早く来て下さい Please come *as* soon *as* possible.
できる*だけたくさん本を読みなさい Read *as* many books *as* you can.
水を飲める*だけ飲んだ I drank *as* much water *as* I could.
これ*だけで十分だろう *This much* will be enough.
できる*だけのことはしましょう I'll do *all I can* for you. / (⇒ 最善を尽くしましょう) I'll *do my best* for you.
3 «評価» ¶ この本は読む*だけの価値はある This book is *worth* reading.
骨を折った*だけのことはあった (⇒ 努力は報われた) My effort *was rewarded*.

たけうま 竹馬 stilts ★ 通例複数形で. ¶ *竹馬に乗る walk on *stilts*

だげき 打撃 **1** «痛手»: blow Ⓒ; (衝撃) shock Ⓒ; (損害) damage Ⓤ. 《☞ いたで; ショック; そんがい》. ¶ 妻の死は私にとって大きな*打撃だった My wife's death was a great ⌈*blow* [*shock*] to me. // わが社は今回の石油値上げで大*打撃を受けた Our company suffered serious *damage* from the recent price rise of petroleum.
2 «野球»: batting Ⓤ 《☞ バッティング; 野球の英語 (囲み)》.

たけだけしい 猛々しい (獰猛(どうもう)な) fierce; (図々しい) shameless; (厚かましい) brazen.

だけつ 妥結 ━【動】(解決する) come to a settlement; (同意に達する) reach agreement. ━【名】(解決) settlement Ⓒ; (協定) agreement Ⓒ. ¶ 労使の交渉は*妥結した *Agreement was reached* between labor and management.

たけなわ ━【動】(…が最高潮にある) be in full swing, be at ⌈its [the] peak; (…のさなかにある) be in the midst of … 《☞ さいこうちょう》. ¶ 選挙戦は*たけなわとなった The election campaign *is at its peak*. // 宴会は*たけなわだった The banquet *was in full swing*. // 秋まさに*たけなわである We *are in the midst of* fall. / Autumn *is well* ⌈*advanced* [*on*].

たけのこ 筍, 竹の子 bamboo ⌈shoot [sprout] Ⓒ. **雨後のたけのこのように** like mushrooms ★ mushroom は【形】または【動】〔自〕としても用いられる. ¶ 都心では高層ビルが*雨後のたけのこのように増えている High rises *are mushrooming* in the heart of the city.

たこ[1] 凧 kite Ⓒ ★ 日本のものと形が異なる. 《☞ 挿絵》. ¶ 彼は*凧上げがうまい He is good at flying a *kite*.

kite

たこ[2] 蛸 octopus Ⓒ.

たこ[3] (皮膚にできる魚の目) corn Ⓒ. ¶ 耳に*たこができたよ (⇒ それを聞くのはもううんざりだ) I'm sick of hearing it. / I'*m fed up with* it. ★ やや俗語的表現.

たこう 多幸 (幸せ) happiness Ⓤ. ¶ ご*多幸を祈ります I wish you ⌈*good luck* [*every happiness* (*and prosperity*)].

だこう 蛇行 ━【動】(川・道などがくねくねと曲がる) wind [wáind] 〔自〕, meander 〔自〕 ★ 前者のほうが一般的; (ジグザグに進む) zigzag 〔自〕.

たこく 他国 (他の国々) other countries; (外国) foreign country Ⓒ.

タコメーター tachometer [tækɑ́mətə] Ⓒ 《☞ 自動車 (囲み)》.

たごん 他言 ━【動】(人に言う) tell … to others; (秘密などを洩らす) let out 〔他〕.

たさい[1] 多彩 ━【形】(いろいろな) various. ¶ 来月は*多彩な行事が行われる *Various* activities will be held next month.

たさい[2] 多才 ━【形】many-sided. ¶ 彼は*多才な人だ He is a *many-sided* man. / (⇒ いろいろなことが上手だ) He is ⌈*good* [*clever*] *at many different things*.

たさく 多作 ━【形】productive, prolific ★ 前者のほうが一般的. ¶ *多作な小説家 a ⌈*productive* [*prolific*] novelist

ださく 駄作 poor work Ⓒ.

たさつ 他殺 (殺すこと) murder Ⓤ; (他殺事件) murder Ⓒ. 《☞ さつじん》. ¶ これは明らかに*他殺だ This is obviously a *murder*. // 茂みの中から*他殺死体が発見された A *murder victim* was found in the bush.

たさん 多産 ━【形】(子をたくさん産む) prolific; (生産的な・多産の) productive ★ 後者のほうが意味が広い.

ださんてき 打算的 ━【形】calculating 《☞ よくとくずく》. ¶ 彼は*打算的な男だ (⇒ 打算的なタイプの人だ) He's the *calculating* type.

たざんのいし 他山の石 (実例による戒め) object lesson Ⓒ 《☞ いましめ》. ¶ 彼の失敗を*他山の石とせよ (⇒ 実例の戒めと考えよ) You should *consider his failure an object lesson*. / (⇒ 彼の失敗から学ぶべきだ) You must *learn from his failure*.

た

たし 足し ━名 (助け) help Ｕ; (利益) use Ｕ. ━動 (助けになる) help 他 自; (不足を補う) supplement 他.
¶ それは何の*足しにもならなかった (⇒ 大して助けにならなかった) It didn't *help* much. / (⇒ 大して役に立たなかった) It wasn't of much *use*. // これを何かの*足しにして下さい (⇒ これが多少とも役に立つことを願う) I hope this will *help* a ˹bit [little]. // アルバイトをやって収入の*足しにした (⇒ 収入を補った) I *supplemented* my income by ˹doing part-time jobs [moonlighting]. 語法 moonlighting《口語》は専業のほかに夜間などのアルバイトをすること. // キャンデーは腹の*足しにならない (⇒ 飢えを満足させない) Candies are not enough to *satisfy* my hunger.

た

だし 出し **1**《煮出し汁》: stock Ｕ.
2《口実》: pretext Ｃ; (道具) tool Ｃ.《☞ こうじつ; どうぐ》. ¶ 私は人集めの*出しに使われた (⇒ 道具として) I was used as a *tool* to draw an audience.

だしあう 出し合う (金を) club together 自; (共同出資する) pool 他. ¶ 私たちは金を*出し合って車を買った We ˹*clubbed together* [*pooled* our money] to buy a car.

だしいれ 出し入れ ━動 (物を出し入れする) get (things) in and out. ━名 (金の出し入れ) receipts and payments. ¶ この棚は物の*出し入れに不便だ The shelf is inconvenient for *getting things in and out*. // 金の*出し入れは彼の担当だ He is in charge of *receipts and payments*. / (⇒ 彼は会計係だ) He is the *treasurer*.

だしおしむ 出し惜しむ grudge 他《☞ おしむ (類義語); だししぶる; しぶしぶ》. ¶ 彼は費用を*出し惜しんだ He *grudged* the expenses. / (⇒ 不承不承だった) He *was unwilling* to pay the expenses.

たしか 確か ━形 (確信のある) sure, certain; (明確な) clear, definite, positive; (信頼できる) reliable, trustworthy; (正しい) correct; (正確な) accurate; (正気の) sane; (腕の確かな) able, competent. ━副 surely, certainly; (疑いもなく) undoubtedly; (恐らく・多分) probably, perhaps, no doubt; (確かに…と思う) I believe ★ 挿入句として用いる.
【類義語】 *sure* と *certain* の 2 語の意味・用法はだいたい同じだが, 主観的に確信していることを表すのが **sure**. 客観的な証拠や事実に基づいて確かだということを表すのが **certain**. 従って「人」が主語のときには, 口語では *sure* の用いられる頻度が高く, *It is* ˹*certain* [*sure*] … の構文では *certain* のほうが普通である. また明白ではっきりしたという意味で最も一般的で広い意味に使われる言葉は **clear**. ただし細部にわたってはっきりと規定されているということを表すのは **definite**. ((例) 確答 a *definite* answer). 非常に強い意味で, 決定的に明白な態度または事実を表す言葉が **positive**. また頼りになるという意味で確かなのが **reliable**. 単に主観的だけではなくいままでの実績から考えて信頼が置けるという意味で確かなのが **trustworthy**. 正確なことを表すのは **correct, accurate** だが, 後者は努力と注意を払って正確になることを言う. ((例) 正確な計算 *accurate* calculation)《☞ せいかく[1] (類義語)》. 精神に病的な異常がないというのが **sane**. 能力があって腕が確かなのは **able**. ある特定の仕事について言う場合, 有能で腕が確かなのが **competent**.《☞ かくじつ[1]; かくしん[1]》
★「恐らく」という意味で用いられる ***probably, perhaps*** については ☞ おそらく.
¶「*確かですか」「ええ, *確かですとも」"Are you *sure*?" "Yes, I ám. / Yes, I'm súre."
帽子をここに置いたのは*確かかい Are you *sure* you put your hat here?
あの人は*確かに来ますよ He is ˹*sure* [*certain*] to come. / *Surely* [*Certainly*] he will come. / (⇒ 彼が来ることは確実だ) It is *certain* that he will come. / (⇒ 彼が来ると確信している) I'm ˹*sure* [*certain*] that he will come.《☞ 強調の表現 (囲み)》
*確かな証拠を見せてもらおう Give me a *positive* proof.
これは*確かなことだ This is a *certain* fact.
彼から*確かな返事は得られなかった He gave us no *definite* answer.
その点はまったく*確かです (⇒ 確信があります) I am quite ˹*sure* of [*positive* on] that point.
彼女が私を愛していることは*確かだ (⇒ 愛していることを疑わない) I ˹*don't doubt* [*have no doubt*] that she loves me.
そのことについては*確かには知らない I don't know it *for* ˹*sure* [*certain*].
彼女は*確かに有能な秘書だ She is ˹*undoubtedly* [*certainly*] a competent secretary.《☞ 強調の表現 (囲み)》
そのニュースの出所は*確かだ The news comes from a *reliable* source.
あれは*確かな男か Is he *trustworthy*?
彼女の運転の腕は*確かだ (⇒ 非常に上手な運転手だ) She is a very *skil(l)ful* driver.
彼女が来たのは*確か (⇒ もし私が正しく記憶しているなら) 先週の火曜です She came to see me last Tuesday, *if I remember correctly*.
*たしか君は四国出身でしたね You're from Shikoku, *I believe*.

たしかめる 確かめる (念のために確かめる) make … ˹sure [certain] ★ 後に節が続くときは make sure (that) … の形となる; (照合などによって確かめる) check 他; (確認する) confirm 他; (見定める) see 他.《☞ かくにん》.
¶ 彼が在宅かどうか*確かめなさい *Make sure* he is at home. // 彼女は来ると思うが*確かめたほうがいい I think she'll come, but you'd better *make sure*. // 名簿を*確かめてみましょう I'll *check* the name list. // それを辞書で*確かめてみて下さい Please *check* it in the dictionary. // 彼の話は*確かめる必要がある (⇒ 確認することを要する) We must *confirm* his story. // 真偽を*確かめねばならない We should *see* if it is true or not.

たしざん 足し算 ━名 addition Ｕ (↔ subtraction). ━動 (足し算をする) add 自.《☞ たす; 数字 (囲み)》. ¶ 彼は*足し算が速い He is quick at *addition*. // あの子はまだ*足し

算もできない The child cannot even *add* yet.

だししぶる 出し渋る（いやいや与える）grudge (他)；(与えたがらない) be unwilling to give …《☞ だしおしむ；しぶる》.

たじたじ ¶ 彼は彼女のすごい剣幕に*たじたじとなった He *was staggered* by her threatening attitude.《☞ たじろぐ；しりごみ》

たじつ 他日（いつか）some [another] day；(現在と区別して，また別の日[時]に) some other ⌈day [time].《☞ いつか；そのうち》.

たしなみ 嗜み ― [名]（慎しみ）modesty [U]；(言葉や行いの上品さ) decency [U]；(優美さ) delicacy [U]；(嗜好・趣味) taste [U]. ― [形]（慎みのある）modest；(上品な) decent.
¶ あの女は*たしなみに欠けている She lacks ⌈*modesty* [*delicacy*]. // 彼は音楽に*たしなみが深い（⇒ 深い音楽の趣味を持っている）He has a well cultivated musical *taste*. // 彼は紳士としての*たしなみを身につけている（⇒ 紳士が心得ているべきことはすべて学んでいる）He *has learned all that a gentleman should know*.

たしなむ 嗜む ¶ 酒はいささか*たしなみます（⇒ 少し飲む）I drink a little. // 酒は一滴も*たしなみません（⇒ 全然飲まない）I don't drink at all.
【参考語】(好む) like (他), have a ⌈liking [taste] for … ★ 後者は控えめな言い方.

たしなめる reprove (他) ★ 形式ばった語.《☞ しかる (類義語)；とがめる》. ¶ 母親は息子の無作法を*たしなめた <S(人)＋V(*reprove*)＋O(人)＋*for*＋名> The mother *reproved* her son *for* his impoliteness.

だしぬく 出し抜く（裏をかく・だます）outwit (他)；(…より有利になる) gain [win] an advantage over …《☞ うら》. ¶ あの男を*出し抜いてやった I *outwitted* him. // 彼らはお互いに*出し抜こうと懸命になった（⇒ 他より有利になろうとした）They tried very hard to ⌈*gain* [*win*] *an advantage over* one another.

だしぬけ 出し抜け ― [副]（突然(に)）suddenly, all of a sudden ★ 後者のほうが突然の意味が強い；(思いがけなく) unexpectedly.《☞ とつぜん；きゅう[1]》. ¶「もうおいとまします」と彼は*出し抜けに言った "Now I must say good-bye," he said *suddenly*. // 彼は*出し抜けに私に結婚してくれと言った *All of a sudden* he proposed to me.

だしもの 出し物（上演目録）program (《英》*programme*) [C]《☞ プログラム》. ¶ その劇場の今月の*出し物は何ですか（⇒ 何が上演されていますか）What is *on* at the theater this month? // 来月の歌舞伎座の*出し物は何ですか What is the *program* of the Kabukiza for next month?

だしゃ 打者 batter [C]《☞ 野球の英語 (囲み)》. ¶ 強*打者 a hard *hitter* / 《米口語》a *slugger* // 右[左]*打者 a ⌈right-handed [left-handed] *batter*

だじゃれ 駄洒落（ごろ合わせ）pun [C]；(つまらないしゃれ) poor joke [C].《☞ しゃれ》.

だしゅ 舵手（一般の船の）steersman [C]《複 -men》, helmsman [C]《複 -men》；(ボートの) coxswain [káksn] [C], cox [C].

たしゅたよう 多種多様 ― [形]（いろいろな種類の）various (kinds of …)；(同種類の間でいろいろな変化のある) a variety of …；(互いに他と異なった・いろいろな) different.《☞ いろいろ》. ¶ 話題は*多種多様だった We talked about *various* topics. // その会合に集まった人たちは*多種多様だった（⇒ 多種多様の人たちが集まった）A *variety* [*Many different kinds*] *of* people gathered at the meeting.

たしゅみ 多趣味 ― [動]（趣味がたくさんある）have ⌈a lot of [many] hobbies. ¶ 彼は*多趣味だ He *has a lot of hobbies*. /（⇒ 多くのことに興味を持っている）He *is interested in many things*.

だじゅん 打順 the batting order [U]《☞ 野球の英語 (囲み)》.

たしょう 多少 **1**《幾らかの》 ― [形]（数が幾つかの）a few；some；(量が少しの) a little；some. ― [副]（ちょっと）a little,《口語》a bit；somewhat.
【類義語】数えられる名詞に付けて，少数ではあるが，その存在を肯定的に述べるときには **a few** を用いる．この言葉にはよく「2, 3 の」という日本語が当てられるが，必ずしも絶対的な数が定まっているわけではない．この言葉の大事な特徴は「少しはある」ということを肯定的に述べていることで，時には 2, 3 を超える数でも，控えめな気持ちから *a few* を用いることもある．((例) あなたの作文に*多少間違いがあるのに気がつきました I noticed *a few* mistakes in your composition.)．それに対して，数えられる名詞に付く場合は漠然と複数であることを表し，数えられない名詞に付くときには漠然とある程度の量であることを表して，冠詞と同じように軽い意味で用いられるのが **some**. 日本語ではこれにぴたりと当たる表現がない場合も多く，「多少」とか「少し」という日本語がなくても *some* を用いなくてはならない場合も多い．量について，数における *a few* に当たる役目をする言葉が **a little** である．すなわち，肯定的に「少しはある」ことを表す．「少し」「多少」が定まった量ではなく，話者の主観によるものであるのは日本語の場合と類似している．*a little* は副詞的にも用いられる．口語で *a little* とほぼ同じ意味で用いられるのが **a bit**. 少し形式ばった言葉が **somewhat** である．《☞ すこし；いくらか；ちょっと》
¶ あの会社には*多少知り合いがいる I have ⌈*a few* [*some*] acquaintances in that company. // 瓶にはウイスキーが*多少残っている There is ⌈*a little* [*some*] whisky left in the bottle. //「英語は話せますか」「ええ，*多少は」"Do you speak English?" "Yes, *a little*." // けさは*多少気分がいい I'm feeling *a little* better this morning. / 《口語》I'm feeling *a* (*little*) *bit* better this morning. // その件については*多少知っている I know *something* about the matter. // その件について*多少とも（⇒ 何か）知っていたら教えてくれ If you know *anything* about the matter, tell it to me.
2《多いか少ないか》 ¶ *多少にかかわらず寄付は歓迎いたします Your contribution, whether *large or small*, will be gladly accepted. // 数[量]の*多少はどうでもいい The ⌈*number*

た

[*quantity*] doesn't matter.

たじろぐ (恐れ・不快などでしり込みをする) shrink (from ...) (自), flinch (from ...) (自); (びっくりさせる) stagger (他). 《☞ ひるむ; しりごみ (類義語)》. ¶ 彼は危険には決して*たじろがない He never *shrinks from* danger. // 彼女は値段を聞いて*たじろいだ She *was staggered* by the price.

だしん 打診 ― [動] (意向を探る) sound out (他); (医者が) examine ... by percussion. 《☞ さぐる》. ¶ 彼の気持ちを*打診してみてくれませんか Will you *sound out* his feeling?

たしんきょう 多神教 polytheism [páliθiːìzm] [U].

たす 足す ― [前] (...を加えた) plus ... (↔ minus ...). ― [動] (加える) add (他); (合計する) add up (他); (合計...になる) add up (to ...) (自). 《☞ くわえる[1]; つぎたす; 数字 (囲み)》.

¶ 6*足す5は11です Six *plus* five is eleven. / Six *and* five make(s) eleven. // 6に5を*足しなさい *Add* five *to* six. // その数を全部*足すと幾つになりますか What do the numbers *add up to*? // 途中で用を*足してきたので遅れました. すみません I'm sorry I'm late. I *had something to do* on the way.

だす 出す **1** 《中から外へ》: let out (他); (取り出す) take out (他); (突き出す) put out (他); (手などを) hold out (他).

¶ ここから*出してくれ *Let* me *out* of here!

彼女は鳥をかごから*出した ＜S(人)+V(*let*)+*out*+O(名)+*from*+名＞ She *let out* the birds *from* the cage. / ＜S(人)+V(*let*)+O(名)+*out of*+名＞ She *let* the birds *out of* the cage.

彼はポケットから財布を*出した He *took* his wallet *out of* his pocket. / He *took out* his wallet *from* his pocket.

少年は窓から首を*出した ＜S(人)+V(*put*)+O(名)+*out* (*of*)+名＞ The boy *put* his head *out* (*of*) the window. 《☞ くび [語法]》

舌を*出してごらん *Put out* your tongue.

彼は箱の中身を全部*出した (⇒ 空にした) He *emptied* the box of its contents.

私は(握手しようと)彼に手を差し*出した I *held out* my hand to him. / I *offered* my hand to him.

2 《送る》: (人・物をほかの場所へ) send (他); (手紙を投函(とうかん)する) 《米》 mail (他), 《英》 post (他); (手紙を書く) write (to *a person*) (自). 《☞ おくる[1]》.

¶ 彼にすぐ返事を*出した I *answered* his letter right away. / I *sent* him a reply at once.

[語法] 第1の文はとにかく礼状とか受け取りの返事とかの手紙を出したという意味. 第2の文は要求された内容についての返事を出すことを意味する.

彼女にすぐ手紙を*出そう I'll *write to* her at once.

この手紙を*出してあげましょう I'll ˹*mail* [*post*] this letter for you.

母親は息子を使いに*出した The mother *sent* her son *on* an errand.

あなたのクラスから代表を1名*出して下さい (⇒ 選んで下さい) Please *elect* a representative of your class.

彼はわが校の*出した最初の卒業生の1人だ He is one of the first graduates our school *turned out*.

3 《提供する》: (資金などを前貸し・提供する) put up (他); (与える) supply (他); (申し出る) offer (他); (食事などを) serve (他); (支払う) give (他), pay (他).

¶ さる篤志家が金を*出してくれた A well-wisher *has put up* the money.

私が資金を*出しましょう I'll *supply* you *with* the funds.

この切手を手に入れるためなら100万円でも*出そう I would ˹*give* [*pay*] a million yen to get the stamp.

彼らはとても良い条件を*出した They *offered* very good conditions.

彼女は私たちにお茶とビスケットを*出してくれた ＜S(人)+V(*serve*)+O(代)+O(名)＞ She *served* us tea and cookies.

4 《世間一般に公開する》: (出版する) publish (他), issue (他) [語法] 後者が意味の広い言葉. 前者がはっきりと「出版する」という意味であるのに対し, 後者は日本語の「出す」に当たると思ってよい. 《口語》 bring out (他). 《☞ しゅっぱん[1]》.

¶ あの出版社はいい本を*出す That publishing company ˹*publishes* [*brings out*] good books.

その本を*出したのは去年です I *got* the book *published* last year. 《☞ 使役 (囲み)》

このパンフレットは政府が*出している These pamphlets *are issued* by the Government.

5 《広告などを》: (掲示などを張り出す) put up (他); (ある場所に出す) place (他).

¶ 彼らは看板[掲示]を門に*出した They *put up* a ˹signboard [notice] at the gate.

その新聞に求人広告を*出した I *placed* a want ad in the paper.

6 《提出する》: (報告書などを出す) turn in (他); (議題などを) present (他); (送付する) send in (他); (手渡す) hand in (他); (提案する) put forward (他). 《☞ ていしゅつ》.

¶ 彼は最後に答案を*出した He *handed in* his paper last.

願書はもう*出しました I *have* already *sent in* my application.

この議案は次の議会に*出そう We'll *present* the bill to the next Diet.

彼はしょっちゅういいアイディアを*出した He often *put forward* very good ideas.

7 《発する》: (音・光・においなどを) give off (他).

¶ この機械はひどい音を*出す The machine *makes* a terrible noise.

彼らは大声を*出して助けを求めた They *shouted* for help.

その文章を声を*出して読んだ I read the passage aloud.

声を*出してはいけない (⇒ 黙っていなさい) Keep silent.

あまりスピードを*出さないように Don't drive too fast.

元気を*出しなさい Cheer up!

-だす (…しはじめる) start [begin] (to *do*; …ing) ★ start のほうが口語的. 《☞はじめる》. ¶ 雨が降り*だした It (*has*) *started* ⌈*to* rain [rain*ing*]. / It *began* ⌈*to* rain [rain*ing*]. // 彼は最近また酒を飲み*だした He *started* drink*ing* again recently. // それを見て彼女は笑い[泣き]*だした She *burst out* ⌈laugh*ing* [cry*ing*] when she saw it. 《☞ 動名詞 (欄外); 不定詞 (欄外)》

たすう 多数 a ⌈large [great] number ★「多数の」は a large number of … となる; great numbers ★ in great numbers で「多数で」「大勢で」となる; (圧倒的に多い数) a large majority. 《☞ たくさん (類義語); おおぜい》.
¶ 京都は観光客が*多数訪れる A ⌈*large* [*great*] *number* of tourists visit Kyoto. / Tourists visit Kyoto in *great numbers*. // 彼は圧倒的*多数で議長に選ばれた He was elected chairman by *a large majority*. 《☞ だいたすう》
多数決 decision by majority Ⓤ. ¶ *多数決が必ず正しいとは限らない *Decision by majority* is not always right. // その議案は*多数決で通った The bill was passed by *a majority decision*. **多数派[党]** the majority.

たすかる 助かる **1** «救助される»: be ⌈saved [rescued] ★rescued は救助隊などによる場合; (助かって生き残る) survive ㊀ ★ 目的語に事故などを表す語がくる. 《☞ きゅうじょ; たすける》.
¶ その事故で*助かったのは彼だけだ (⇒ 彼だけが生き残った) He alone *survived* the accident. // 元気を出せ. 私たちはきっと*助かる Cheer up! I'm sure we'll *be* ⌈*saved* [*rescued*]. // もう*助からないものと観念した (⇒ 生きる希望をまったく捨てた) I *gave up all hope of life*.
2 «助けになる»: be helpful. ¶ 彼の忠告のおかげで*助かった (⇒ 彼の忠告はとても助けになった) His advice was ⌈*very helpful* [*a great help*] to me. // おかげさまで*助かりました (⇒ ご助力に感謝します) Thank you very much for your *help*.

たすき 襷 ¶ *たすきがけで (⇒ そでをひもでたくし上げて) with *one's* sleeves tucked up with a *cord* ★英米にはたすきをかける習慣はないので, 説明的な表現.

たすけ 助け **1** «助力»: (1 人ではできないことを手伝ってやること) help Ⓤ ★最も一般的で口語的な語; (主として公式な援助) aid Ⓤ; (補助的な助力) assistance Ⓤ ★後の 2 語は help よりも形式ばった語. 《☞ たすける (類義語); えんじょ; じょりょく; おうえん》.
¶ 君の*助けはいらない I don't need your ⌈*help* [*assistance*]. // 彼は私に*助けを求めてきた He asked me for *help*. // 彼女はとても私の*助けになってくれた She was ⌈*a great help* [*very helpful*] to me. [語法] 「助けになる人・役立つもの」という意味のときは help に不定冠詞が付く.
2 «救助»: (救援隊による危険などからの) rescue Ⓤ; help Ⓤ ★ 助けを求めるときに使う語. 《☞ きゅうじょ》. ¶ 彼女は大声で*助けを求めた She cried (out) for *help*. // *助けを呼ぶ声が聞こえた I heard a cry for *help*. // だれも私を*助けに (⇒ 救助に) 来なかった Nobody came to my *rescue*.
助け船 ¶ 私が質問に答えられないでいると, 彼が*助け船を出してくれた (⇒ ヒントを出してくれた) When I didn't know how to answer the question ⌈he gave me a hint [(⇒ 代わりに答えてくれた) he answered it for me].

たすけあい 助け合い mutual help Ⓤ; (協力) cooperation Ⓤ. ¶ *助け合いの精神 a spirit of *helpfulness* // 歳末*助け合い運動 a year-end charity drive

たすけあう 助け合う help ⌈each other [one another] ★ each other は 2 人の場合, one another は 3 人以上の場合に使われるが, その区別は厳密ではない; (力を合わせる) cooperate (with …) ㊁. 《☞ きょうりょく[1]; たがい》.
¶ 友人は*助け合わなければいけない Friends should *help one another*. // 私は彼と*助け合って (⇒ 協力して) その仕事をした I *cooperated with* him in the task.

たすけあげる 助け上げる help (*a person*) ⌈up [out]; (海から船上へ) pick up ㊀. ¶ 老人を溝から*助け上げた We *helped* the old man *out of* the ditch.

たすけおこす 助け起こす help (*a person*) to his feet 《☞ おこす[1]》. ¶ 警官はその女の人を*助け起こした The policeman *helped* the woman *to her feet*.

たすけだす 助け出す (救援隊によって危険などから) rescue ㊀; (一般的な語として危険などから助ける) save ㊀. 《☞ すくう[1] (類義語); きゅうしゅつ》. ¶ 消防士たちは燃えさかる火から少女を*助け出した The firemen ⌈*rescued* [*saved*] the girl from the raging fire.

たすける 助ける **1** «助力する»: (手伝う) help ㊀; (援助する) aid ㊀; (補助する) assist ㊀; (後援する) support ㊀, give support (to …), back up ㊀; (助長する) promote ㊀.
【類義語】「助力する」という意味で最も一般的な語は **help**. 少し形式ばった語に **aid** があり, これは主として公的な援助をいう. 補助的な立場に立って助力するのは **assist**. 「後援する」という意味では口語的なのが **back up**. それよりやや形式ばったのが **support, give support to …** 助長し, 促進して助けるという意味の語が ***promote***. 《☞ たすけ; えんじょ; てつだう》
¶ あなたに*助けてもらいたい I want you to *help* me. / (⇒ あなたの助力が欲しい) I want your *help*.
発展途上国を*助けなければならない We should *aid* developing countries.
私は所長の下で仕事を*助けた <S(人)+V (*assist*; *help*)+O(人)+*with* [*in*]+名(仕事)> I ⌈*assisted* [*helped*] my boss ⌈*with* [*in*] his work.
近所の人たちは私たちを*助けてくれなかった The neighbors gave us no *assistance*.
私は彼女を*助けて荷物を運んだ <S(人)+V (*help*)+O(人)+C(原形・*to*不定詞)> I *helped* her (*to*) carry the baggage. [語法] 目的語の後に原形不定詞を用いるのは《米》に多く, to不定詞を用いるのは《英》に多い. 《☞ 不定詞 (欄外)》
彼を*助けようとする者はいなかった (⇒ 後援しよ

うとする者はいなかった) There was nobody to 「*support* him [*back* him *up*].
この薬は消化を*助ける This medicine 「*promotes* [*helps*] (the) digestion.
2 «救助する»: (一般的な語として) help ㊀; (危険などから救う) save ㊀; (救助隊などが) rescue ㊀; (助命する) spare ㊀. (☞ すくう[1] (類義語); きゅうじょ).
¶ *助けてー *Help*!
私は子供がおぼれそうになっているのを*助けた <S(人)+V(*save*)+O(人)+*from*+動名> I *saved* the child *from* drowning. / (⇒ おぼれている子供を救った) I *saved* the drowning child.
命ばかりは*助けて下さい *Spare* my life, please.

たずさえる 携える (手に持っている) have ㊀; (身につけて持ち歩く) carry ㊀. (☞ もつ[1]; もちあるく; けいたい[1]).

たずさわる 携わる (従事する) be engaged in ...; (参加する) take part (in ...) ㊁, participate (in ...) ㊁ ★ 後者は形式ばった語. (☞ じゅうじ; さんか[1]).

ダスター duster (coat) Ⓒ, 《英》 dustcoat Ⓒ
参考 《英》で duster というとちりを払うぞうきんやはたきなどを指す. (☞ 衣服 (囲み)).

たずねびと 尋ね人 (行方不明の人) missing person Ⓒ. **尋ね人欄** (新聞の) personals ★ 複数形で.

たずねる[1] 尋ねる **1** «問う»: (わからないことを人に聞く) ask ㊀ ★ 一般的な語; (回答や情報を求めて質問する) inquire ㊀㊁; (一連の質問をする) question ㊀; (安否・健康状態などを問う) ask [inquire] after ... ★ inquire は ask よりも形式ばった語. (☞ きく[1]; しつもん).
¶ 私はその値段を*尋ねた I *asked* the price.
彼にそのことを*尋ねてみよう <S(人)+V(*ask*)+O(人)+*about*+名・代> I'll *ask* him *about* it.
通りがかりの人に駅へ行く道を*尋ねた <S(人)+V(*ask*)+O(人)+O(道)> I *asked* a passer-by the way to the station.
ちょっとお*尋ねしたいことがあるのですが (⇒ 質問してもよいですか) May I *ask* you a question? ★ 最も一般的で丁寧な表現.
彼は私にいつ来るのかと*尋ねた <S(人)+V(*ask*)+O(人)+O(*wh*節)> He *asked* me *when* I would come.
私は彼女に来るのかどうか*尋ねた <S(人)+V(*ask*)+O(人)+O(*if*節)> I *asked* her *if* she would come.
警官はその女性に用件を*尋ねた (⇒ 何を望んでいるのか聞いた) The policeman 「*asked* [*inquired* (*about*)] what she wanted.
彼女はあなたの健康のことを心配して*尋ねていました She 「*asked* [*inquired*] *after* your health.
2 «捜す»: (捜し求める) look for ...; (くまなく捜す) search (for ...) ㊁㊀ ★ 前者が普通の語.「見つけたい」という願いが強く, あちこち徹底的に捜すのが search for. (☞ さがす (類義語)).
¶ 私は彼の家を*尋ねてあちこち歩き回った I walked up and down *looking for* his house.
彼らは行方不明の少年を*尋ねて森を捜索した <S(人)+V(*search*)+O(場所)+*for*+名(人)> They *searched* the woods *for* the missing boy.

たずねる[2] 訪ねる (会いに行く) come [go] 「to [and] see (*a person*); (気軽に短時間訪れる) call on (*a person*), call at (*a place*); (訪問する) visit ㊀, pay [make] a visit (to ...); (ひょっこり立ち寄る) 《口語》 drop 「in [by] (on *a person*).
【類義語】相手の所へ「遊びに行く」という場合には **come** 「**to** [**and**] **see** が最も普通の言い方. *and* でつなぐのは *to* を用いるよりくだけた感じである. 第3者のところへ遊びに行くのには **go** 「**to** [**and**] **see** を用いる. 短期間, あるいは長期間の滞在を伴う訪問のいずれにも用いられ, しかも *come to see* よりは少し改まった感じの言葉が **visit**. ほぼ同意だが, さらに改まった言い方が **pay a visit**. 短時間の訪問は **call** (**on ...**; **at ...**) で表す. 人の場合は *on*, 家や場所の場合は *at* を用いる. この言い方は特に商用・公務などの場合によく使う. 軽い感じでひょっこり訪ねるのは **drop** 「**in** [**by**] で, 口語でよく用いられる. (☞ ほうもん)
¶ きのう田中さんが*訪ねてきた Mr. Tanaka *came to see* me yesterday. // あした小川さんを*訪ねるつもりだ I'll 「*go to see* [*call on*] Mr. Ogawa tomorrow. // いつでも*訪ねてきていいよ *Come and see* me anytime you like. // 彼を長いこと*訪ねていない I *have* not 「*paid* [*made*] him *a visit* for a long time. // オックスフォードを*訪ねたのはその時が初めてだった (⇒ それが初めての訪問だった) That was my first *visit* to Oxford. // 彼はよくひょっこり*訪ねてきてはおしゃべりをしていく He often *drops* 「*in* [*by*] (*on* us) for a chat.

だせい 惰性 (物体の慣性) inertia Ⓤ; (はずみ) momentum Ⓤ; (習慣の力) force of habit Ⓤ. (☞ だりょく; はずみ; しゅうかん[1]).

だせき 打席〔野球〕 ― 動 (打席につく) be at bat, come up to 「bat [the plate]. (☞ 野球の英語 (囲み)). ¶ 彼は3*打席3安打だった He 「*came up to bat* [*was at bat*] three times and 「made [scored] three hits.

たそがれ 黄昏 ― 名 (日没後, 空がまだ薄明るいころ) (evening) twilight Ⓤ; (空も暗くなりかけのころ) dusk Ⓤ. (☞ はくぼ). ¶ *たそがれが迫ってきた The *twilight* 「came [fell].

だそく 蛇足 ― 名 (不必要な付け足し[発言]) unnecessary 「addition [remark] Ⓒ. ― 形 (余分な) redundant. (☞ よけい). ¶ それは*蛇足だ That's *redundant*. / That is like *putting a fifth wheel on the coach*. 《馬車に5つ目の車輪をつけるようなものだ》 ★ かなり批判的な口語表現.

ただ[1] 唯 **1** «単に» ― 形 (唯一の) only; (単なる) mere; (たった1つの) single; (余計なものが入っていない) plain. ― 副 (ただ...だけ) only, merely; (単に) simply; (ほんの) just.
【類義語】最も普通の語は **only**. *only* より形式ばった語が **merely**. 単純で他の要素が入らないことを言うのが **simply**. それほど重い意味でなく,「ただ...だけ」という感じで会話でよく用いられるのは **just**. (☞ -だけ; -しか; たった; たんなる; すぎない)

¶ あれは*ただの冗談さ That was *only* a joke.
彼女は*ただ泣いてばかりいた She *only* cried.
彼は*ただ好奇心からそれをしただけだ He did it *simply* out of curiosity.
*ただあなたの顔を見たかっただけだ I *just* wanted to see you.
これは*ただの水さ (⇒ 混ぜ物のない) This is *plain* water.
彼女は*ただの雇い人だ She is ˹*only* an [a *mere*] employee. 語法 mere は名詞の前にのみ用いる.
あなたにうそをついたことは*ただの一度もない (⇒ 決してない) I have *never* told you a lie.
彼の答案には*ただの一つも誤りはなかった I couldn't find a *single* mistake in his paper. 語法 not a single ... は「1つの…もない」の意で意味が強い.
彼女は*ただきれいなだけではなくて気品がある She is *not only* pretty *but* (*also*) dignified.
あなたは*ただ彼の言うことを聞いていればいい (⇒ あなたのすることは彼の言うことを聞くだけだ) You have *only* to listen to him. / *All you have to do* is listen to him. 語法 all ... に続く述部には《米》では原形不定詞が用いられることが多い. (☞ 不定詞 (欄外))

2 «普通の» ━形 (標準的な・型どおりの) ordinary; (日常よく見かける・当たり前の) common; (いつもお決まりの) usual. (☞ ふつう¹; ありふれた).
¶ 彼は*ただものではない He is no *ordinary* person. 語法 He's not an *ordinary* person. とすると「普通ではない」ことを述べるだけで, 飛び抜けた人物という意味にはならない.
これは*ただごとではないな (⇒ 普通のことではない [異常だ]) This is something ˹*unusual* [*out of the ordinary*].
これは*ただの風邪ではありません This is not (just) a *common* cold.

ただ² 只 «無料の» ━形 free. ━副 free. (☞ むりょう). ¶ 入場料は*ただだった Admission was *free*. // それは*ただでもらった I got it (*for*) *free*. // *ただより高い物はない (⇒ 何もただでは手に入らない) You never get something *for nothing*. // そんなものは*ただでもいらない (⇒ 贈り物としても受け取らない) I wouldn't have it *even as a gift*. // それは*ただ同然で買った (⇒ 捨て値で買った) I bought it *at a giveaway price*.

だだ 駄駄 **だだをこねる** ¶ あの子はいつも*だだをこねている (⇒ 無理なことをせがんでいる) That child *is* always *asking for the impossible*. // *だだをこねるもんじゃありません (⇒ 聞き分けのないことをいうな) Don't *be unreasonable*. (☞ だだっこ; ぐずる)

ただい 多大 ━形 (非常に多くの) a ˹great [good] deal of ... ★ いずれも量について言う; (重大な) serious; (ひどい) heavy. (☞ たくさん (類義語); たいへん).

ただいま 唯今 **1** «いま»: now; (現在のところ) at present ★ 前者のほうが口語的で, 平易な言葉; (たったいま・ほんの少し前) just [right] now; (すぐに) soon, presently ★ ほぼ同意だが, 後者は少し形式ばった語. (☞ いま¹).
¶ メアリーは*ただいま戻ったところです Mary ˹has *just* come home [came home *just now*]. 語法 「いましがた」という意味の just now は通例過去時制と共に用いられる. // *ただいままいります Yes, I'm coming (*now*). 語法 呼ばれたときの返答の表現. / (⇒ すぐそこに行きます) I'll be there *right away*. // *ただいまのところすべて順調です Everything is well under way *at present*.
2 «あいさつ»: hi, hello (《英》hullo) 参考 英米の習慣では帰宅したときのあいさつがあるのではなく, 人に会ったときのあいさつと同じものが用いられる. (☞ あいさつ (囲み)). ¶ *ただいま, お母さん *Hi* [*Hello*], Mom!

たたえる¹ 称える (ほめる) praise 他; (称賛・感服する) admire 他. (☞ しょうさん¹). ¶ 人人はみな彼の英雄的行為を*称えた Everybody ˹*praised* [*admired*] (him for) his heroism.

たたえる² 湛える (いっぱいにする) fill 他; (満たされている) be filled (with ...); (あふれそうになる) brim (with ...) 自 ★ 液体を入れている「容器」が主語となる. (☞ みちる).
¶ 湖は澄んだ水をいっぱいに*たたえていた The lake *was* ˹*filled* [*brimming*] *with* clear water. // 彼女は満面に笑みを*たたえていた She *was* ˹*all smiles* [*beaming*].

たたかい 戦い, 闘い (戦争) war Ⓤ ★ 個々の戦争, または比喩的な意味では Ⓒ; (争い・衝突) conflict Ⓒ; (特定の地域の戦闘) battle Ⓒ; (実力を使っての争い) fight Ⓒ ★ 以上の語はいずれも比喩的な意味でも用いられる; (奮闘・努力) struggle Ⓒ. (☞ せんそう¹ (類義語); せんとう²; とうそう²; あらそい).
¶ *戦いは拡大するばかりだった The ˹*war* [*conflict*] ˹was spreading over ever wider areas [kept expanding]. // *戦いは夜始まった The *battle* started in the evening. // 医者はがんとの*闘いを続けている Doctors are carrying on a *war* against cancer. // 彼は公害との*闘いの先頭に立っている He leads the *fight* against pollution. // 病との*闘いは長くつらかった The *struggle* ˹with [against] the disease was long and hard.

たたかう 戦う, 闘う (人・国・犯罪・貧困などと) fight (against ... ; with ...) 自 (過去・過分 fought) ★ 他 の用法もある; (困難などと奮闘する) struggle (against ... ; with ...) 自; (抵抗する) resist 他; (試合をする) play 他. (☞ あらそう; せんそう¹ (類義語); とうそう²).
¶ 彼は敵と勇敢に*戦った He *fought* bravely ˹*against* [*with*] the enemy. 語法 with は「…と共に戦う」という意味にもなるから注意. // 英国はフランスと共にドイツと*戦った Great Britain *fought with* France *against* Germany. // 私たちは出版の自由のために*戦った We *fought for* ˹a free press [freedom of the press]. // 彼女は貧苦と*闘った She *struggled* ˹*against* [*with*] poverty. // 私はそれを盗みたいという衝動と*闘った (⇒ 衝動に抵抗した) I *resisted* an impulse to ˹take [steal] it. // 私たちは試合で正々堂々と*戦った We *played* the game fairly.

たたきあげる たたき上げる (低い地位から努

た

力して出世する) work *one's* way up (from ...). ¶ 彼は職工から*たたき上げて社長になった He *worked his way up from* a workman to become the president of a company.

たたきうり たたき売り ―[名] (安売り) bargain sale [C]; (割引販売) discount sale [C]. ―[動] (安売りする) bargain 「away [off] (他). 《☞ やすうり》. ¶ 若い男がバナナの*たたき売りをしていた A young man *was bargaining* 「*away* [*off*] bananas.

たたきおこす たたき起こす (目を覚まさせる) wake up (他), rouse (他); (戸をたたいて人を起こす) knock at the door and wake up (*a person*), 《英》 knock up (他).

¶ 朝早く*たたき起こされたので眠い I am sleepy because I *was waked up* very early in the morning. // 私は彼を朝6時に*たたき起こした I 「*knocked at the door and woke* him *up* [*knocked* him *up*] at six in the morning.

た

たたきおとす たたき落とす (はえなどをたたいて落とす) swat (「down [away]) (他); (たたいて払いのける) knock off (他). ¶ 彼ははえを*たたき落とした He *swatted* (「*off* [*away*]) a fly. // ほこりを*たたき落としなさい *Knock off* the dust.

たたききる たたき切る (なたなどを打ちおろして切る) chop (他) 《☞ きる[1]》. ¶ 私はその木を*たたき切った I *chopped* down the tree.

たたきこむ たたき込む (くぎなどを) drive in (他); (投げ込む) throw [cast] ... (into ...); (教え込む) strike [hammer] ... (into ...). ¶ 私はハンマーでくぎを*たたき込んだ I *drove in* a nail with a hammer. // 彼はその思想を私の頭に*たたき込もうとした He tried to *hammer* the idea *into* my head.

たたきころす たたき殺す beat ... to death 《☞ ころす》.

たたきこわす たたき壊す knock ... to pieces; (打ちくだく) smash (他). 《☞ こわす》.

たたきだす たたき出す (追い出す) turn [kick] out (他); (解雇する) dismiss (他), 《口語》 fire (他). 《☞ おいだす; かいこ[1]》.

たたきつける たたき付ける (物を投げる) throw (他) ★ 最も一般的な語; (力を入れて乱暴に投げる) fling (他); (突きつける) thrust (他). 《☞ なげつける》. ¶ 彼は手紙を地面に*たたきつけた He 「*threw* [*flung*] the letter 「on [onto] the ground. // 私は辞表を上司に*たたきつけた I *thrust* my resignation at my boss.

たたきつぶす たたき潰す (押しつぶす) crush (他); (粉々にする) knock [smash] ... 「into [to] pieces. 《☞ つぶす》.

たたきなおす たたき直す (癖などを矯正する) correct (他), force ... 「out of [away from] ... 《☞ なおす》. ¶ 私は彼のその癖を*たたき直してやった I *forced* him 「*out of* [*away from*] the habit.

たたきのめす (殴り倒す) knock 「down [out] (他); (力で完全に屈服させる) crush (他). 《☞ うちのめす》. ¶ 落雷で彼らは床に*たたきのめされた (⇒ 落雷が...) The lightning *knocked* them (*down*) on the floor.

たたく 叩く **1** «打つ»: (急にかなり強く打つ) strike (他) 《過去・過分 struck》; (繰り返し続けざまに打つ) beat (他) (自) 《過去 beat; 過分 beaten》 [語法] 人・動物を折檻(せっかん)のため繰り返したたくのにはこの語を使う; (ねらいをつけて1回限り打つ) hit (他) 《過去・過分 hit》 ★ strike よりもくだけた語; (こぶしや堅い物で強く打つ・殴る) knock (他); (戸などを) knock (at ...; on ...) (自); (こぶしまたは重いもので何度も強く打つ) pound (他) (自); (指先のような小さなもので軽く打つ) tap (他); (平手でぴしゃりと打つ) slap (他); (手を合わせてたたく) clap (他). 《☞ うつ[1] (類義語); なぐる》.

¶ 彼はこぶしでテーブルを*たたいた He *struck* the table with his fist.

彼はその犬を棒で*たたいた He 「*beat* [*hit*] the dog with a stick.

太鼓を*たたくのをやめなさい Stop *beating* (*on*) the drum.

彼は私の頭を*たたいた <S(人)+V(*hit*)+O(人)+*on*+名(体の部分)> He *hit* me *on* the head. / <S(人)+V(*hit*)+O(体の部分)> He *hit* my head. [語法] 「人」をたたくことに主眼が置かれる場合は前者の構文が,「体の部分」に主眼が置かれる場合は後者の構文が用いられる.

だれかが戸を*たたいた (⇒ ノックした) Someone *knocked* 「*at* [*on*] the door.

彼は怒って机をどんどんと*たたいた He *pounded* (*on*) the desk in anger.

私は彼の肩[背中]をぽんと*たたいた I *tapped* him *on* the 「shoulder [back]. ★ 上例 hit の例文の [語法] 参照. 次の例文についても同様.

彼女は彼のほおをぴしゃりと*たたいた She *slapped* him *on* the cheek.

彼女は注意を引くために手を*たたいた She *clapped* her hands to draw attention.

2 «やっつける»: (攻撃する) attack (他); (非難する) criticize (他). 《☞ こうげき; ひなん[1]》.

¶ 人々は彼の政策を*たたいた (⇒ 攻撃した) People *attacked* his policies.

彼は軽率だと*たたかれた (⇒ 非難された) He *was criticized* for carelessness.

3 «値切る»: (値段を負けさせる) beat down (他) 《☞ かいたたく; ねぎる》.

¶ 私は値段を*たたいて10パーセント値引きさせた I *beat* 「him [the price] *down* by 10%.

ただごと ¶ 私はこれは*ただごとでない (⇒ 深刻だ) と思った I thought this was quite *serious*. 《☞ じゅうだい[1]; しんこく[1]》

ただし 但し (しかし) but ..., however, ... ★後者は少し改まった言葉; (もし...ならば) provided [providing] (that) ... ★ providing のほうがくだけた言い方; (...という条件で) on condition that ... 《☞ しかし》.

¶ 私は行くつもりです. *ただし, 雨が降ったらやめます I am planning to go, *but* I'll give up if it rains. // 私は手紙を書きました. *ただし, 出してはいません I wrote a letter; *however*, I haven't mailed it. // 割引きをしますが, *ただし前払いならです (⇒ 前払いするという条件で割引きます) I'll give you a discount *on condition that* you pay in advance.

ただしい 正しい (誤りのない) correct (↔ incorrect); (正当な) right (↔ wrong) [語法]

correct とほぼ同意にも用いられるが,「真実・道徳的基準に合致した正しさ」の意味でも用いられる；(正確な) accurate；(基準にかなった) proper.《☞ せいかく[1] (類義語)》.
¶「この答えは*正しいでしょうか」「いいえ, 間違っています」"Is this answer ⌈*correct* [*right*]?" "No, it's ⌈incorrect [wrong]." // 私たちは*正しい情報を求めている We are seeking ⌈*correct* [*accurate*] information. // この道具を*正しい場所に戻しておきなさい Put this tool back in the *right* place. // 私はその*正しいやり方を知っている I know the *proper* way to do it. // 私の推測は*正しかった I guessed *right*. ★ この right は副詞.

ただしがき 但し書き (法令・契約などの条件) proviso [prəváizou] Ⓒ《複 ～(e)s》;〘法律〙(規定・条項) provision Ⓒ. ¶ 彼は契約書の*但し書きを無視した He disregarded the ⌈*provisos* [*provisions*] in the contract.

ただす[1] 正す (誤りを正しくする) correct ㊀他；(基準からはずれているのを修正する) rectify ㊀他 ★ 形式ばった語；(不正を直す) right ㊀他 ★ 形式ばった語；(改心させる・矯正する) reform ㊀他；(修正する) amend ㊀他；(姿勢をまっすぐにする) straighten *oneself* (up).《☞ なおす；ていせい；しゅうせい[1]》.
¶ 誤りは*正さなければならない We must ⌈*correct* [*rectify*] the errors. // 不正は*正されるべきだ Wrongs should *be righted*. // このごろ彼は行いを*正したようだ He seems to *have* ⌈*amended* [*reformed*] his conduct these days. // 彼は姿勢を*正して私をじっと見た He *straightened himself* (*up*), and looked at me fixedly.

ただす[2] 質す (質問する) ask ㊀他; question ㊀他 ★ 後者は「尋問する」「改まって質問する」の意がある；(取り調べる) inquire into ..., inquire ㊀他；(確かめる) make sure (of ...; (that) ...).《☞ きく[1]；たずねる[1]；しらべる》.
¶ 担当の人の意見を*ただしてみよう I'll *ask* the opinion of those in charge. // 各候補者に政見を*ただしたいものだ I'd like to *question* each candidate on his view(s). // 我々はその真偽を*ただす必要がある We should ⌈*inquire into* the truth of the matter [*make sure of* the facts].

たたずまい (外見) appearance Ⓒ；(雰囲気) atmosphere Ⓒ.《☞ ようす；ふんいき》.

たたずむ 佇む (立ち止まる) stop ㊀自；(歩みを止める) pause ㊀自 ★ 前後関係によって「手を休める・話をやめる」などの意味にもなる；(じっと立ったままでいる) stand still. ¶ 私はしばらく川岸に*たたずみ, 日没を見守った I ⌈*paused* [*stopped*; *stood still*] for a while on the bank and ⌈watched [looked at] the sunset.

ただちに 直ちに ── 副 (すぐに) at once,《口語》right away；(間を置かずすぐに) immediately ★ 特に《英》では接続詞としても用いられる；(敏速に) promptly. ── 接 (...したとたんに) the ⌈moment [instant] ... ★ 瞬間的な変化や緊急の場合は後者が多く用いられる；(...するとすぐに) as soon as ...《☞ すぐ (類義語)》.
¶ *ただちに仕事に取りかかって下さい Get to work ⌈*at once* [*immediately*; *right away*]. // ニュースを聞くと彼は*ただちに事故の現場に駆けつけた *As soon as* [*The moment*; *Immediately* (*after*)] he heard the news, he ran to the scene of the accident.

だだっこ (甘やかされた子供) spoiled [《英》spoilt] child Ⓒ；(気むずかしやの子) fretful [nervous] child Ⓒ.《☞ だだ》.

だだっぴろい だだっ広い (広すぎる) too spacious《☞ ひろい；ひろびろ》.

ただならぬ (普通でない) unusual；(重大な) serious.《☞ じゅうだい[1]；しんこく[1]》. ¶ これは*ただならぬことだ This is *quite serious*.

ただのり ただ乗り ── 動 (不正に乗車する) steal a ride. ── 名 (ただ乗りの客) stowaway Ⓒ. ¶ 彼は大阪まで*ただ乗りした He *stole a ride* (*on a train*) as far as Osaka.

たたみ 畳 *tatami* (mat) Ⓒ；(敷物) mat Ⓒ
参考 畳は英米にないから mat は意訳にすぎない. 最近は *tatami* と斜字体にして(書くときは下線を 1 本引いて) 日本語をそのまま用いても通じるようになってきている.《☞ アンダーライン (欄外)；日本固有の風物と英語 (囲み)》.
¶ 私たちはその部屋に*畳を敷いた We laid *tatami mats* in that room. // *畳表 *mat* facing // *畳のへり a border of a ⌈*tatami* [*mat*]
畳屋 *tatami* ⌈maker [weaver] Ⓒ.

たたみかける 畳み掛ける (質問などを浴びせる) fire ㊀他《☞ あびせる》. ¶ 彼女は彼に*畳みかけて質問した (⇒ 矢つぎばやに質問を浴びせた) She *fired* question after question at him.

たたみこむ 畳み込む (折り畳む) fold ... (in ...)；(折り込む) turn in ㊀他；(三脚の脚などを望遠鏡のようにして短縮する) telescope ㊀他.《☞ おりたたむ；おりこむ[1]》. ¶ 私は手紙をハンドバッグの中に*畳み込んだ I *folded* the letter *in* my purse. // へりはきちんと*畳み込みなさい *Turn in* the hem neatly. // 三脚は*畳み込めます You can *telescope* the tripod.

たたむ 畳む **1** «折る»: (折り曲げる) fold (up) ㊀他; (2 つに折る) double ㊀他.《☞ おりたたむ；おる[1]》. ¶ 私はハンカチを 4 つに*畳んだ I *folded* the handkerchief ⌈into [in] four. // 彼女は着物を*畳んだ She *folded up* her kimono. // 彼は毛布を 2 つに*畳んだ He *doubled* the blanket.
2 «閉める»: (開いてあるものを閉じる) shut (off) ㊀他；(店・施設などを閉鎖する) close [shut] down ㊀他.《☞ しめる[3]；へいさ》. ¶ 扇を*畳んで前に置きなさい *Shut off* the fan and place it in front of you. // 彼は自分の店を*畳み, 東京へ来た He ⌈*closed* [*shut*] *down* his shop and came to Tokyo.

ただよう 漂う **1** «ふわふわ浮く»: (流れに乗って漂流する) drift (about) ㊀自, be adrift；(水面や空中に浮く) float ㊀自.《☞ うかぶ；ひょうりゅう》. ¶ 船は海上に 3 日間*漂い続けた The ship ⌈*drifted about* [*was adrift*] for three days on the sea. // 赤い風船が空中に*漂っていた A red balloon *was floating* in the air.
2 «(雰囲気が)満ちる»: (...でいっぱいである) be filled with ... ¶ 部屋の中にはばらの甘い香りが*漂っていた (⇒ 甘い香りで満ちていた)

た

The room *was filled with* the sweet fragrance of roses.

たたり 祟り (のろい・ばち) curse Ⓒ. ¶彼の一家には*たたりがある There is a *curse* on his family. // これは悪魔の*たたり (⇒影響) で起こったと彼らは考えた They thought this had taken place *under the influence of evil spirits*. // 不勉強の*たたりで (⇒せいで[結果として]) 試験に落ちた I failed (in) the examination ˹*because of* [*in consequence of*] my lack of study. // 触らぬ神に*たたりなし Let sleeping dogs lie. 《ことわざ：眠っている犬はそのままにしておけ》

たたる 祟る (不吉なまじないをかける) cast a spell (on … ; over …) ; (のろわれている) be under a curse ; (苦しめる) torment (他).
¶私たちは*たたられているのではなかろうか I wonder if ˹we *are under a curse* [*there is a curse on us*]. // あの借金にはずいぶん*たたられた (⇒苦しんだ[苦しめられた]) We ˹*suffered* a lot *from* [*were tormented by*] that debt. // 無理をすると後が*たたる (⇒過労は後で影響する) The strain will *tell on* me later.

ただれ 爛れ (皮膚や組織が炎症などを起こして痛む箇所) sore Ⓒ.

ただれる 爛れる (炎症を起こして痛む) become sore 《☞ えんしょう[2] ; かのう[2] ; うむ[2]》.
¶汗で赤ん坊の柔らかな皮膚が*ただれてしまった The tender skin of the baby *has become sore* from sweat(ing).

たち[1] 質 (生まれつきの性質) nature Ⓤ ; (気性) temper Ⓒ ★複数形はない ; (気質) temperament Ⓒ ★形式ばった語 ; (人間の性格上の傾向) disposition Ⓒ. 《☞ せいしつ (類義語) ; きしょう[1] ; しょうぶん》.
¶彼女は(生まれつき)快活な*たちです She is cheerful *by nature*. / She has a cheerful *disposition*. // 彼は怒りっぽい*たちだ He has a hot ˹*temper* [*temperament*]. // 私は生まれつきこういう*たちです (⇒私はこのように生まれついている) I *was born this way*. // 私は風邪を引きやすい*たちです I'*m liable to* catch cold. // *たちの悪い (⇒悪性の[やっかいな]) 風邪を引いてしまった I've caught a ˹*bad* [*nasty*] cold. // 彼らは1つのことに熱中する*たちではない (⇒…という型の人ではない) They are not the *type* to devote themselves to one thing.

たち[2] 太刀 sword Ⓒ 《☞ かたな》.

-たち …達 ★日本語の「…たち」は，英語では複数形で表す. 《☞ 複数形 (欄外)》. ¶私*たちの計画はうまくいった *Our* plan worked well. // 子供*たちが大勢公園で遊んでいる Many *children* are playing in the park.

たちあい 立ち会い (その場にいること) presence Ⓤ ; (出席) attendance Ⓤ.
¶佐藤氏*立ち会いの下に測量しました We measured the place ˹*in the presence of* Mr. Sato [*with* Mr. Sato *in attendance*].
立会演説 speeches by rival speakers **立会演説会** joint campaign-speech meeting Ⓒ
立会人 (正式代表でなく，採決に加わらない人) observer Ⓒ ; (証人) witness Ⓒ.

たちあう 立ち会う (出席する) attend (他) ; (その場にいる) be present (at …) ; (証人・参考人として) be in witness (to …). ¶私は彼らの会見に*立ち会った I ˹*was present at* [*attended*] their meeting. // 投票所で*立ち会う人が数人必要だ We need several persons to *be in witness* at the polling station.

たちあがる 立ち上がる **1** 《起立する》: stand [get] up (自) 《☞ おきる ; おきあがる》. ¶彼女はいすから*立ち上がった She ˹*got* [*stood*] *up* from her chair. // 彼はぱっと*立ち上がった He ˹*jumped* [*sprang*] *to his feet*.
2 《行動を始める》: (始める) start (to *do* ; *doing*) (他) ; (反抗して) rise (up) (against …) (自). 《☞ たつ[1]》. ¶彼らは募金に*立ち上がった (⇒募金を開始した) They *started* to collect money. // 市民たちは武器を取って*立ち上がった The citizens *rose* (*up*) in arms.

たちいり 立ち入り ¶許可証がなければこの実験室への*立ち入りはできない (⇒入ることを許されていない) No one *is admitted* to this laboratory without a permit. // *立ち入り検査のために来た We are here to *make an* (*on-the-spot*) *inspection*.
立入禁止 No ˹admittance [entrance ; entry], Keep ˹off [out], No trespassing 《☞ 掲示の英語 (囲み)》.

「立入禁止」の掲示

たちいる 立ち入る **1** 《中へ入る》: (入る) enter (他) ; (他人の土地などへ侵入する) trespass (on …) (自). 《☞ はいる》. ¶芝生内に*立ち入るべからず (⇒芝生から離れていなさい) *Keep off* the grass. 《☞ 掲示の英語 (囲み)》
2 《深いところまでかかわる》: (干渉する) meddle in … ; (他人のことをせんさくする) pry into … 《☞ かんしょう[1] ; せんさく》.
¶私は他人の事に*立ち入りたくない I don't like to ˹*meddle in* [*pry into*] other people's affairs. // 「*立ち入ったことを聞くようですが (⇒せんさくするのも[個人的なことで]失礼ですが)，あなたはまだ独身ですか」「はい，そうです」"Excuse me if I'm too ˹*inquisitive* [*personal*], but are you single?" "Yes, I am."

たちうち 太刀打ち ¶数学では彼にとても*太刀打ちできない (⇒相手にならない[競争できない]) I'*m no match for* [I *can hardly compete with*] him in mathematics. 《☞ かなう[1]》
【参考語】 ━ (動) (競う) compete with … ; (相手にならない) be no match for … ; (十分相手になれる) be a good match for …

たちおうじょう 立往生 ━ (動) (交通などが止められる) be held up ; (にっちもさっちもゆかなくなる) be [get] stuck. ━ (名) (交渉などの膠着(こうちゃく)状態) deadlock Ⓒ. 《☞ ゆきづまり》.
¶停電のため列車は30分間*立往生した (⇒止

められた) The train *was held up* for half an hour because of the power failure. // 彼の車は泥の中で*立往生している His car *is stuck* in the mud.

たちおくれる 立ち遅れる (出発が遅れる) get a late start; (おくれを取る) lag [fall] behind ... 《☞ おくれ; おくれる》.

¶ 彼は万事に*立ち遅れる (⇒ 始めるのが遅い) He always *gets a late start*. // 社会福祉の面では日本は英国にはるかに*立ち遅れている In social welfare, Japan ˹*is* [*lags*; *falls*] far *behind* the United Kingdom. // *立ち遅れを取り戻すためには (⇒ ほかの人に追いつきたいなら) もっと勉強しなさい Study harder if you wish to *catch up with* (the) others.

たちおよぎ 立ち泳ぎ ―動 tread [tréd] water.

たちかえる 立ち返る (戻る) go [come] back (to ...) ⓐ; (元の場所・論点などへ戻る) return (to ...) ⓐ ★ 前者は一般的で平易な言い方. 《☞ もどる; かえる[1] (類義語)》.

たちぎえ 立ち消え ―動 (消える・消滅する) go [die] out ⓐ 語法 火のような具体的なものにも, 制度などの抽象的なものにも広く使える; (火などがシューと消える) fizzle out ⓐ 語法 口語で「あっけなく終わる」の意味にも用いる; (計画などが中途で中止になる) come to nothing. 《☞ ちゅうし[1]》.

¶ ろうそくは*立ち消えた The candle light *has* ˹*gone* [*died*] *out*. // あの計画はいつの間にか*立ち消えになった That plan ˹*came to nothing* [(⇒ 実行不可能になった) *proved unworkable*] before we became aware of it. // 捜査を*立ち消えにしてほしくない I don't want the investigation *to* ˹*burn* [*fizzle*] *out*. / (⇒ 中途半端で終わらせたくない) I don't want the investigation to *be left off in the middle*.

たちぎき 立ち聞き ―動 (意識的に他人の話をこっそり聞き取る) eavesdrop ⓐ 参考 「軒下の雨だれの垂れるような所に立って立ち聞きする」というのが元の意味; (偶然人の話を聞いてしまう) overhear ⓗ. 《☞ ぬすみぎき》.

¶ あなたの話を*立ち聞きするつもりはありませんでした I didn't mean to ˹*eavesdrop* on [*overhear*] your talk. // あなたは*立ち聞きをするような人ではないと思ったが I didn't think you were an *eavesdropper*.

たちきる 断ち切る (切る) cut (off) ⓗ ⓐ; (特に関係などを) sever [sévə] ⓗ. 《☞ たつ[3]; きる[1]》. ¶ 彼はその紙を2つに*断ち切った He *cut* the paper in ˹two [half]. // あんなグループとの関係は*断ち切るべきだ You should ˹*cut off* from [*sever* your connection with] ˹such a [that kind of] group.

たちぐい 立ち食い ―動 (立ったまま食べる) eat (...) standing. ―名 (立食) stand-up meal Ⓒ. ¶ 昔は*立ち食いは行儀が悪いとされていた It used to be considered to be ˹against [a violation of] good manners to *eat standing*. // すぐそこでそばを*立ち食いしてきた I *had* a bowl of noodles at a street ˹stall [stand] nearby.

たちこめる 立ち込める (煙・霧などに包まれる) be enveloped; (布で覆うように隠れる) be shrouded; (覆い隠す) veil ⓗ ★ 以上3つはほぼ同意だが, 最初が最も普通; (...の上にかかる) hang (over ...) ⓐ. 《☞ つつむ; おおう》.

¶ 港は霧が*立ち込めていた The port *was* ˹*enveloped* [*wrapped*; *veiled*; *shrouded*] in mist. / (⇒ 厚い霧がかかっていた) A thick mist *hung over* the port.

たちさる 立ち去る (離れる) leave ⓗ ⓐ 《過去・過分 left》; (行ってしまう) go away (from ...) ⓐ. 《☞ さる[1]; たちのく》.

¶ 彼らはここから*立ち去りました. 帰ることはないでしょう They *have* ˹*left* [*gone away from*; *quit*] here, perhaps for good. // 私たちは説明もなく*立ち去れと命じられた We *were* ˹*ordered away* [*told to leave*] without (being given) any explanation. // *立ち去れ *Go away*! / *Get out* (*of here*)!

たちしょうべん 立小便 ―動 (外で小便をする) urinate outdoors, 《俗語》 piss outdoors. 《☞ しょうべん》.

たちすくむ 立ちすくむ (恐怖・驚きなどで体が石のようになる) be [stand] petrified; (その場に根が生えたように動けなくなる) stand rooted to the spot. 《☞ すくむ》. ¶ 恐怖のあまり私はそこに*立ちすくんでしまった I *stood* ˹*petrified there* [*rooted to the spot*] with fear.

たちづめ 立ち詰め ―動 (立ったままでいる) keep standing. ¶ 東京からずっと*立ち詰めでした I've had to *keep standing* since Tokyo. / (⇒ 座席が得られなかった) I'*ve been unable to get a seat* all the way from Tokyo.

たちどおし 立ち通し ―動 (ずっと立っている) stand all ˹through [the way from] ... 《☞ たちづめ》.

たちどころに 立ち所に (すぐその場で) on the spot; (すぐさま) outright; (すぐに) at once, immediately ★ 後者はやや改まった語; (即時に) in a moment; (すぐにそこで) then and there. 《☞ そくざ》.

¶ 彼は*たちどころに私の願いを聞き入れてくれた He granted my request ˹*on the spot* [*outright*; *then and there*]. // その薬で歯痛が*たちどころに止まった (⇒ 薬が歯痛を止めた) The medicine stopped the toothache ˹*at once* [*immediately*]. // どんな問題でも*たちどころに解決してお目にかけます I can solve any problem *in a moment*.

たちどまる 立ち止まる (足を止める) stop ⓐ; (何かしている途中で休止する) pause ⓐ; (じっと止まっている) stand still ⓐ. 《☞ とまる[1]》. ¶ 彼は*立ち止まって周りを見回した He ˹*stopped* [*paused*] and looked around. // 彼女は*立ち止まったまま動こうとしなかった She *stood still* and wouldn't move. // *立ち止まらないで下さい (⇒ どんどん進んで下さい) Please *move* ˹*on* [*along*].

たちなおる 立ち直る (悪い状態のものが持ち直す) recover (from ...) ⓐ; (元気・景気などが回復する) improve ⓐ, pick up ⓐ. 《☞ かいふく; もちなおす》.

¶ 我々の会社はかなりの損失をこうむったが, 半年で*立ち直った Our company suffered a

た

rather heavy loss, but *recovered from* it in half a year. // 彼女は病気から完全に*立ち直った (⇒ 回復した) She *recovered* completely *from* her illness. // 相場は*立ち直った The market *has* ⌈*picked up* [*improved*].

たちならぶ 立ち並ぶ (並んで立つ) stand ⌈in a row [side by side] (自); (1 列に並べる) line (他). 《☞ ならぶ》. ¶ 桜の木が小川のそばに*立ち並んでいた Cherry trees *stood in a row* by the stream. // 高い建物が道路の両側に*立ち並んでいた Tall buildings *lined* the street on both sides.

たちのき 立ち退き (移転) removal Ⓤ; (中を空にして出ること) evacuation Ⓤ. 《☞ いてん》. ¶ *立ち退きは早いほうがよい (⇒ できるだけ早く引っ越したほうがよい) We had better *move* as soon as possible. // *立ち退き命令を受けた (⇒ 立ち去るように命じられた) We were ordered to *leave*.

たちのく 立ち退く (立ち去る) leave (他); (かかわりを断って 2 度と帰らない) quit (他); (転居する) move [get ; clear] out (of ...) (自) 語法 move out が最も普通. clear out は「急に立ち去る」の意味がある. 《☞ いてん ; あけわたす》.
¶ この部屋はあした*立ち退きます I *leave* this room tomorrow. // この家は来月 *立ち退くつもりです We are to ⌈*move* [*clear* ; *get*] *out of* this house next month.

たちのぼる 立ち上る go up (自), rise (自) ★ go up のほうが口語的. 《☞ のぼる; あがる[1]; たつ[1]》. ¶ 煙は空へまっすぐに*立ち上っている The smoke *is* ⌈*going up* [*rising*] straight into the sky.

たちば 立場 **1** «立脚地»: (立っている基盤) ground Ⓤ; (置かれている位置) position Ⓒ. ¶ 私たちは共通の*立場に立ってその問題を討議した We discussed the problem on common *ground*. // 私の*立場にも立ってみて下さい I wish you to put yourself in my ⌈*position* [*place*].
2 «地位・境遇・条件など»: (置かれている状況) situation Ⓒ; (境遇) position Ⓒ. ¶ 彼の*立場には同情する I feel sympathy for the *situation* he is placed in.
3 «物の見方»: (見地) standpoint Ⓒ; (観点) point of view Ⓒ; (物を見る角度) angle Ⓒ. 《☞ かんてん[1] ; けんかい》. ¶ 彼女は消費者の*立場から意見を述べた She stated her opinion from the consumer's ⌈*point of view* [*standpoint*]. // *立場を変えて見ることも必要だ It is necessary to look at it from a different ⌈*angle* [*point of view*].

たちはだかる 立ちはだかる (邪魔をする) stand in *one's* way ; (道などをふさぐ) bar (他); (障害となる) block (他). 《☞ たちふさがる》. ¶ 彼は私の前に*立ちはだかった He *stood in my way*. // 大きな建物が*立ちはだかってよく見えなかった A large building *blocked* our view.

たちはたらく 立ち働く (仕事に精を出す) go about *one's* work 《☞ はたらく》.

たちばなし 立ち話 **—動** (立ったまま話す) stand talking (自), stand chatting (together) (自). 《☞ しゃべる (類義語)》. ¶ あの 2 人は 2 時間も*立ち話をしている The two *have stood* ⌈*chatting together* [*talking*] for two hours now.

たちふさがる 立ちふさがる (道をふさいで邪魔をする) stand in *one's* way ; (道・通行などを妨げる) bar (他); (通路などをふさぐ) block (他). 《☞ たちはだかる; ふさぐ; さえぎる》. ¶ 我々の行く手にはその難問が*立ちふさがっていた The hard problem *stood in our way*. // 彼らは戸口に*立ちふさがった They *blocked* (the way to) the door.

たちまち (一瞬に) in a ⌈moment [minute]; (ただちに) at once ; (即座に) immediately ★ at once よりも形式ばった語. 《☞ すぐ (類義語); そくざ》. ¶ 切符は*たちまち売り切れた The tickets were sold out ⌈*at once* [*immediately*]. // 家は*たちまち全焼してしまった The house was burned down *in a minute*.

たちまわり 立ち回り (取っ組み合い) scuffle Ⓒ; (殴り合い) fight Ⓒ; (舞台での擬闘) mock fighting Ⓤ. 《☞ かくとう[1]》.

たちまわる 立ち回る (振舞う) conduct *oneself*; (策略を用いる) maneuver (《英》 manoeuvre) (自). 《☞ ふるまう ; こうどう[1]》. ¶ 彼女は慎重に*立ち回った She *conducted herself* with care.

たちみ 立ち見 **—動** (劇を立ったまま見る) stand (up) through a play. ¶ 一幕だけ*立ち見した I *stood through* just one act. // *立ち見席以外満員 *Standing room* only 《☞ まんいん ; 掲示の英語 (囲み)》

たちむかう 立ち向かう (自信を持って直面する) face (他); (強い決意を持って対決する) confront (他); (恐れずに向かっていく) stand up to ... ; (戦う) fight (against ...) (自) ★ (他) の用法もある. 《☞ ちょくめん》.
¶ 政府は難局に*立ち向かっている The government now ⌈*faces* [*confronts*] a difficult situation. // 彼に正面から*立ち向かうのは賢明ではない It's not wise to *confront* him openly. // 少年たちは勇敢に敵に*立ち向かった The boys bravely ⌈*stood up to* [*fought* (*against*)] the enemy.

だちょう 駝鳥 ostrich Ⓒ.

たちよみ 立ち読み **—動** (本屋で本を拾い読みする) browse [bráuz] in a bookstore ★ 図書館で読む場合も指す. 《☞ ひろいよみ》.
¶ 私はよく本屋で*立ち読みをする I often *browse* in bookstores. // 彼はその雑誌を本屋で*立ち読みした He ⌈*browsed* [*skimmed*] *through* the magazine in a bookstore.
語法 browse は (自) なので browse the magazine とは言えない.

たちよる 立ち寄る (たまたま訪れる・ちょっと寄る) drop ⌈in [by] (自); (途中で短期間寄る) stop ⌈by [in] (自); (旅行を途中でやめ, ちょっとの間訪問したり滞在したりする) stop (over) (自); (訪問する) visit (他). 《☞ よる[3]; たずねる[2] (類義語); よりみち》.
¶ ときにはお*立ち寄り下さい Please *drop in* ⌈*on* me [*at* my house] sometimes. / Won't you ⌈*visit* me [*stop by*] once in a while? 《☞ 訪問の表現 (囲み)》 // 途中, 静岡に*立

ち寄った I *stopped* (*over*) at Shizuoka.

たつ[1] 立つ **1** 《人が足で立つ》: (直立する) stand ㊐《過去・過分 stood》; (ある位置に立つ) take *one's* stand; (立ち上がる) stand up ㊐; (腰を上げる) rise ㊐《過去 rose; 過分 risen》. 《☞ たちあがる; おきる》.

¶ 彼はその場にじっと*立っていた He *stood* still on the spot. // 女の子が青信号を待ちながら*立っていた A girl *stood* waiting for a green light. // カーテンの後ろにだれかが*立っている Somebody *is standing* behind the curtain. [語法] stand の進行形は主語が人や動物のときに限られる. また進行形のほうが口語的なニュアンスがある. // 私は列の一番後ろに*立った I *took my stand* at the end of the line. // 私たちは 2 時間*立ったままだった We kept *standing* for two hours. // 彼は疲れて*立っていられなかった He was so tired that he could hardly *stand*. // 彼はいすから*立って私を迎えてくれた He ˹*rose* [*stood up*] from his chair to welcome me.

2 《人が行動を起こす》: (証人などになる) stand ㊐; (立候補する) run (for ...) ㊐; (蜂起する) rise ㊐. 《☞ たちあがる》. ¶ 私は彼の証人に*立った I *stood* witness for him. // 彼は市長選に*立つらしい He seems to *run for* mayor. 《☞ りっこうほ》 // 彼らは圧制に反抗して*立った They *rose* against oppression.

3 《物が直立している》: (まっすぐに立っている) stand ㊐ 《☞ たてる[2]》. ¶ 彼の家の前には松の木が*立っている A pine (tree) *stands* in front of his house. // ほうきが部屋の隅に*立っていた A broom *stood* in the corner of the room. // ニューヨークには高い建物がたくさん*立っている There *are* lots of tall buildings in New York.

4 《立ちのぼる》: (湯気が) steam ㊐; (上昇する) rise ㊐. 《☞ たちのぼる》. ¶ やかんから湯気が*立っている (⇒ やかんが蒸気を出している) The kettle *is steaming*. // 煙突から煙が*立っていた Smoke *was rising* from the chimney. // ほこりがもうもうと*立った The dust *rose* in clouds.

5 《波や風が》: (荒くなる) rise ㊐ 《☞ なみ[1]; かぜ[1]》. ¶ 波が*立ちはじめた Waves *are rising*. // 沖には白波が*立っていた (⇒ 泡で白かった) The sea was white with foam in the offing.

たつ[2] 経つ (時が過ぎ去る) pass by ㊐; (年月が過ぎる) go by ㊐; (早く経つ) fly ㊐. 《☞ すぎさる; けいか》.

¶ 時がすぐ*たってしまう Time *passes by* quickly. / Time *flies*. // 1 時間も*たてば彼は帰ってきます He will be back *in* an hour('s time). // 時が*たつにつれて問題はさらに深刻になってきた As time *has passed* [*With the passage* of time], the problem has proved more serious. // そこに行って 5 分も*たたぬうちに, 呼び戻しの電話がかかった (⇒ 呼び戻しの電話をもらう前に 5 分もそこにはいなかった) I ˹*hadn't been* [*wasn't*] there five minutes *before* I got a telephone call ordering me back. // 3 日*たってから返事が来た (⇒ 返事をもらったのは 3 日後だった) It was three days ˹*later* [*afterwards*] that I received an answer.

たつ[3] 断つ, 絶つ **1** 《絶やす》: (関係・連絡などを) cut [break] off ㊀, sever [sévɚ] ㊀ ★ 後者はやや改まった語; (人との交際・慣習などを) break with ...; (中断する) interrupt ㊀; (電流を) switch off ㊀. 《☞ たちきる[1]》.

¶ 私たちは彼らとは関係を*断っている We *have* ˹*broken* [*cut*] *off* relations with them. / We ˹*have broken* [*are done*] *with* them. // 2 時間ほど前から雷雨のため連絡が*断たれている Communications *have been* ˹*cut off* [*interrupted*] for two hours because of a thunderstorm.

2 《習慣などをやめる》: (していたことをやめる) give up ㊀; (意図的にやめる) quit ㊀; (慎む) abstain from ... [語法] 最も口語的で広い意味を持つ表現は give up. quit は自分の意志でやめることが強調される. abstain from は「酒・たばこ」など, あるいは望ましくない習慣を慎む意味. 《☞ やめる[1]》. ¶ 酒は*断っています I've ˹*given up* [*quit*] drinking.

3 《根絶する》: (撲滅する) stamp out ㊀; (根こそぎにする) eradicate ㊀ ★ 形式ばった語; (排除する) eliminate ㊀ ★ 形式ばった語. 《☞ こんぜつ》. ¶ すべての悪の根をこの際に*断つべきだ We should now ˹*stamp out* [*eliminate*; *eradicate*] the root of all evil.

4 《生命を奪う》: (殺す) kill ㊀; (命を取る) take *one's* life ★ 前者のほうが一般的な語. ¶ 彼はそこで自らの命を*絶った He ˹*killed himself* [*took his own life*] there.

たつ[4] 発つ, 立つ (去る) leave ㊀; (出発する・動き出す) start (from ...) ㊐ ★ 前者が一般的. 《☞ しゅっぱつ [語法]; でる》.

¶ その列車は 8 時に上野を*発った The train ˹*left* [*started from*] Ueno Station at eight o'clock. // 彼はロンドンを*発ってニューヨークへ向かった He *left* London for New York. // 一行はハワイへの旅に*発った The party ˹*went* [*started*; *set out*] on a journey to Hawaii.

たつ[5] 建つ, 立つ (家などが造られる) be built; (像などが造られる) be set up, be erected ★ 前者のほうが口語的. 《☞ たてる[1]; けんちく》.

¶ この家は*建ってから 10 年になる (⇒ 10 年前に建てられた) This house *was built* ten years ago. // 創業者を記念して銅像が*立った A bronze statue *was* ˹*set up* [*erected*] in memory of the founder.

たつ[6] 裁つ (布を裁断する) cut (out) ㊀. ¶ ドレスを*裁つのには技術がいる It requires skill to *cut out* a dress.

たつ[7] 辰 (十二支の) the Dragon 《☞ ね[4] [参考]》.

だついじょう 脱衣場 (化粧室) dressing room Ⓒ; (海水浴場の) bathhouse Ⓒ; (体育館などの更衣室) locker room Ⓒ.

だっかい[1] 脱会 ━動 (身を引く) withdraw (from ...) ㊐; (やめる) leave ㊀, quit ㊀ [語法] 前者は単に去るという中立的な語で, やめる理由は関係がない. 後者のほうは自分の意志で去ることを意味する. ━[名] defection Ⓤ. 《☞ だったい; やめる[2]》.

¶ 私はその会を*脱会しました I've ⌈*withdrawn from* [*left*; *quit(ted)*] the society. // 昨年は15名の*脱会者があった There were fifteen *withdrawals* last year.

だっかい² 奪回 ―[動] (再び得る) regain (他), win back (他). ¶ 彼はタイトルを*奪回した He ⌈*regained* [*won back*] the title. // 彼の党は政権を*奪回した (⇒ 再び政権についた) His party *came back* into power.

たっかん 達観 ―[動] (長い目で見る) take a long term view of ...; (淡々とした見方をする) take a philosophic view of ... 《☞ さとる》. ¶ 将来を*達観すれば希望も生まれよう If you ⌈*take a long term view of* [*see far into*] the future, you may be able to find hope.

だっかん 奪還 ―[動] (奪い返す) regain (他) 《☞ だっかい²; とりもどす》.

だっきゃく 脱却 ―[動] (抜け出す) free *oneself* of ...; (習慣などを断ち切る) shake *oneself* free of ...; (邪魔なものを取り去る) get rid of ... [語法] get rid of は一番口語的であるから, 日本語の「脱却」という改まった調子とは少しずれる. ¶ 固定観念から*脱却する必要がある We need to ⌈*free ourselves* [*shake ourselves free*] *of* fixed ideas.

たっきゅう 卓球 table tennis [U], ping-pong [U] ★ 前者のほうが正式な呼び方. 《☞ スポーツ (囲み); ラケット (挿絵)》.

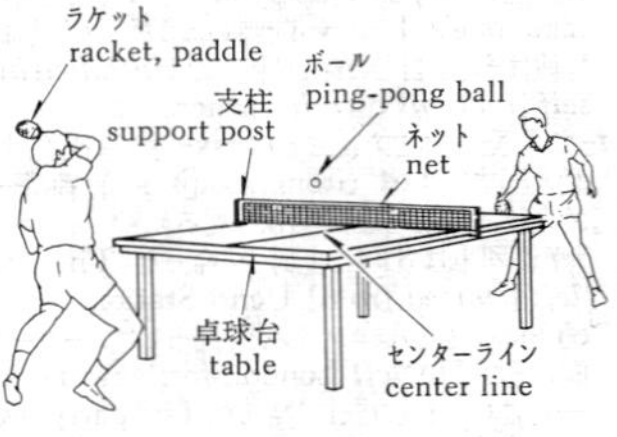

¶ 彼らは新しいラケットを使って*卓球をした They played ⌈*ping-pong* [*table tennis*] with their new ⌈paddles [bats; rackets].

卓球台 ping-pong table [C].

だっきゅう 脱臼 ―[名] 〘医学〙 dislocation [U]. ―[動] (脱臼させる) dislocate (他). 《☞ はずれる; 病気・病院 (囲み)》.

タックル ―[名] tackle [C]. ―[動] tackle (他)(自). ¶ ジョンがいまセンターハーフに*タックルしました John *has* just *tackled* center-half.

たっけん 卓見 (すぐれた意見) excellent idea [C]. ¶ これはまさに彼女の非常な*卓見といえよう This is indeed a most *excellent idea* of hers.

だっこ 抱っこ ―[動] (抱いて歩く) carry (他) 《☞ だく》. ¶ 幼児は「*だっこ」とせがんだ The child was crying, "*Carry me!*"

だっこう 脱稿 ―[動] (書き終える) finish writing 《☞ しあげる》.

だっこく 脱穀 ―[動] (脱穀する) thresh (他)(自). ―[名] threshing [U]. **脱穀機** threshing machine [C], thresher [C].

だつごく 脱獄 ―[動] (刑務所を脱け出す) break out of prison; (刑務所から逃げる) escape from prison [語法] 建物でなく, 刑務所に投獄されているという意味のときは prison は [U]. ―[名] prison breaking [U], prison break [C]. 《☞ だっそう; けいむしょ》.
¶ 囚人たちは何回も*脱獄を試みた The prisoners attempted to ⌈*break out of prison* [*escape from prison*] many times.
脱獄囚 escaped ⌈prisoner [convict] [C], jail-breaker [C].

たっし 達し (政府の告示) official [government] notice [C]; (命令) order [C]. 《☞ こくじ¹; めいれい; つうたつ》.

だつじきごう 脱字記号 caret [C] 《☞ 欄外》.

だっしにゅう 脱脂乳 skim milk [U].

だっしふんにゅう 脱脂粉乳 skim milk powder [U].

だっしめん 脱脂綿 absorbent [sanitary] cotton [U], 《英》 cotton wool [U].

たっしゃ 達者 ―[形] **1** «上手な»: (巧みな) good (at ...); (頭の回転がよく器用な) clever (at ...); (完全に熟達した) expert (in...; at ...); (堪能な) proficient (in ...) [語法] 最も一般的なのは good (at ...). proficient は expert ほど完全ではない. 《☞ じょうず; うまい》.
¶ 彼女はタイプが*達者だ She is ⌈*good* [*expert*] *at* typewriting. // 英語の*達者な秘書を求めています We want a clerk ⌈*proficient in* [*with a good command of*] English. // 彼はフランス語を*達者に (⇒ 流暢(りゅうちょう)に) 話す He speaks French *fluently*.
2 «丈夫な»: (病気でない) well ★ 述語的にだけ用いる; (心身ともに健康な) healthy, in good health; (強い・頑健な) strong. 《☞ けんこう》.
¶「お*達者ですか」「おかげさまで*達者です」"*How are you?*" "I'm quite *well*, thank you." [語法] "*Fine*, thank you." もよく用いられる. // あの老人は足が*達者だ (⇒ 丈夫な足を持つ) That old man has *strong* legs. // 両親は*達者です My parents are both ⌈*well* [*in good health*].

だっしゅ 奪取 ―[動] (力ずくで手に入れる) capture (他); (奪い取る) seize (他). 《☞ とる; うばう》. ¶ 彼らは砦(とりで)を3日で*奪取した They ⌈*captured* [*seized*] the stronghold in three days.

ダッシュ **1** «記号»: dash [C] ★ (―) の記号のこと. 《☞ 欄外》; (プライム記号) prime [C] ★ A′ は A prime と読む. **2** «突進する» ―[動] dash (自). ―[名] dash [C]. 《☞ とっし

脱字記号 (caret) (∧) の記号を用い, caret [kǽrit] と呼ぶ. 文中に脱落している語句を加える場合に,

　　　　　nice
He has a ∧ bicycle.

のように (∧) を行の下に入れて, 挿入する語句を行の上に書くのが習慣である. 《☞ 訂正 (欄外)》

ダッシュ (dash) 句読点の1つで (―) という横線の記号.
　手書きではハイフンより長めの線を引けばよいが, タイプライターでは普通ハイフンを続けて2つ打って表す. その場合前後の語との間にスペースを空けてはならない.
　ダッシュの本質はコンマと似ていて, 文中のある要素を

ん》. ¶走者はゴールに向けて*ダッシュした The runner ⌈*made a dash* [*dashed*] for the tape.

だっしゅう 脱臭 ― [動] (臭気を除く) remove the unpleasant odor 《☞ におい》. ¶彼はその不快なにおいを*脱臭しようとした He tried to *remove the unpleasant odor*.

脱臭剤 deodorant [C].

だっしゅつ 脱出 ― [動] (…から逃げ出る) get away (from …) (自); (…から抜け出す) get out of …; (逃れて自由になる) escape (from …) (自). ― [名] escape [U]. 《☞ にげる》. ¶彼らは沈みかけた船から無事に*脱出した They safely ⌈*escaped from* [*got out of*; *got away from*] the sinking ship.

だっしょく 脱色 ― [動] (色を抜く) remove the color; (漂白剤などを使って色を抜く) bleach (他). ¶染める前に布は*脱色します We ⌈*bleach* [*remove the color of*] the cloth before dying.

たつじん 達人 ― [名] (熟練者) expert [C]; (完全に技を習得した人) master [C]. ― [形] (熟練した) expert (at …; in …); adept (at …; in …). 《☞ めいじん; うまい; じょうず》. ¶彼女はタイプの*達人だ She is an *expert* typist. // 彼は水泳の*達人だ He is *adept* ⌈*in* [*at*] swimming.

だっすい 脱水 ― [動] (脱水機で) spin-dry (他); (水分を取り除く・水分がなくなる) dehydrate (他)(自). ― [名] dehydration [dìːhaidréiʃən] [U]. **脱水機** (洗濯機の) spin-dryer [C] **脱水症状** dehydration [U].

たっする 達する **1** 《到達する》: reach (他), arrive (at …; in …) (自), get to … ★ get to が最も口語的. 《☞ とうたつ; つく²》. ¶彼の声は私たちの耳まで*達した His voice *reached* our ears. // 一行は昨日山頂に*達した The party ⌈*reached* [*arrived at*; *got to*] the mountaintop yesterday.

2 《数量が》: (及ぶ) reach (他); (総計…になる) amount (to …) (自). 《☞ のぼる》. ¶彼らの損失は100万円に*達した Their loss ⌈*reached* [*amounted to*] one million yen. // 募金はまだ目標額に*達しない (⇒ 不足している) The amount donated still *falls short of* the goal.

3 《仕遂げる》: (努力の結果, 希望や目的に到達する) attain (他); (困難を乗り越えて達成する) achieve (他); (実現する) realize (他); (成し遂げる) accomplish (他). 《☞ たっせい (類義語)》. ¶彼らは目的を*達した They *have* ⌈*attained* [*achieved*; *realized*] their purpose.

だっする 脱する (抜け出す・逃れる) escape (from …) (自); (…から出る) get out (of …) (自) ★ 中から外へ出ることをいう口語的表現; (自由になる) be freed (from …). 《☞ だっしゅつ; のがれる》. ¶危機をどうやら*脱したようだ We seem to *have* ⌈*escaped from* [*gotten out of*] danger (at last). / Now we *are out of* danger.

たつせ 立つ瀬 **立つ瀬がない** ¶それでは私の*立つ瀬がない (⇒ それは私を苦境に置く) That would leave me ⌈*in a fix* [*in an awkward position*]. / (⇒ あなたは私を板ばさみの状態に置く) You are placing me *in a dilemma*.

たっせい 達成 ― [動] achieve (他); attain (他); accomplish (他); fulfill (他); (実行する) carry [work] out (他); (実現する) realize (他).

【類義語】障害などを乗り越えて業績や大願などを達成するのは **achieve**. 努力の末やっと到達する感じで達成するのが **attain**. 努力と忍耐をもって計画・任務などを達成するのは **accomplish**. *attain* と *accomplish* はやや形式ばった語. 約束したり, 期待されたりしていることを達成するのが **fulfill**. ((例) 約束したことを*達成する *fulfill* a promise). 「実行する」の意味の語が **carry** [**work**] **out**. 夢などを実現するのは **realize** という. 《☞ なしとげる; しとげる; やりとげる》

¶その目標は*達成しにくい That goal is hard to *attain*. // 私たちは計画の最初の段階もまだ*達成してはいない We *haven't accomplished* even the first stage of our plan yet.

だつぜい 脱税 ― [名] tax evasion [U]. ― [動] evade (a) tax. ¶彼は*脱税で起訴された He was indicted for ⌈*tax evasion* [*evading* (*a*) *tax*].

だっせん 脱線 ― [名] (列車の) derailment [U]; (方針・標準からの) deviation [U]; (話などの) digression [U]. ― [動] (列車が) run off the rails, be derailed ★ 後者は改まった言い方; (話などが横道にそれる) digress (from …) (自), make a digression (from …), go off the subject.

¶線路上の石のため, 列車は*脱線した The train ⌈*ran off the rails* [*was derailed*] because of a rock on the rails. // (私の話は) どこで*脱線しましたっけ Where did I ⌈*digress from* [*go off*] *the subject*?

だっそう 脱走 ― [動] (逃れる) escape (from …) (自); (兵隊が職場を放棄する) desert (from …) (自). ― [名] escape [U]; desertion [U]. 《☞ だつごく》. ¶3人の兵士が陣営を*脱走した Three soldiers *deserted*. // 彼は刑務所を*脱走しようと計画した He attempted to *escape from* prison.

他の部分と切り離すために用いられる. 《☞ コンマ (欄外)》

多くの場合コンマで代用できるが, その特別の用法は次のとおりである.

(1) 挿入語句を示すとき.

¶彼女は子供のとき, 私たちもそうだったが, とても恥ずかしがりやだった She was—as many of us were—very shy in her childhood.

(2) ためらい・口ごもりを示す.

¶ええと, どなたでしたか, お名前を忘れましたが, ありがとうございました Thank you, Mr. —, excuse me, but I have forgotten your name.

(3) 前に述べたことをまとめるとき.

¶りんご, オレンジ, バナナ, いちご, これらはみんな私の大好きな果物です Apples, oranges, bananas, strawberries—all these are fruits I like very much.

(4) 突然話が中断したことを表す.

¶あなたはすぐあの娘に会ってやらなければ. あの子は— You should see her right away. She's —

(5) 数字・人・場所などが不明なことを表す.

¶1900何年かに in 19— // 某氏 Mr. —

たった (ただ…だけ) only ; (正確に・ちょうど) just ; (特に数・量の少ないことを示して) no more than …

【類義語】「たった…だけ」「たった…しかない」など, 日本語で否定的な文意を示す場合に最も一般的なのは *only*. ほぼ同意で, 特に数量などの少ないことを示すのに用いられ, やや形式ばった表現が *no more than …* これに対して厳密さを示す表現で「ちょうど…だけ」という意味から,「たった…だけ」, また「たったいま」などとしては *just*. 《☞ わずか ; -だけ ; -しか ; ただ¹》

¶ この町には高校が*たった1校しかありません There is *only* one senior high school in this town. // *たったこれだけしか買わなかったのですか Have you bought ⌈*only* these [*no more than* these]? / (⇒ 全部ですか) Is this *all* you have bought? // *たった1人で (⇒ まったく1人で) これをやったのです I've accomplished this *all* ⌈alone [by myself]. // *たった2分のところで列車に乗れなかった I missed the train by *just* two minutes. // *たったいま来たところです I've *just* come. / I came here *just* now.

だったい 脱退 ―動 (正式に) withdraw (from …) ⓐ ; (去る) leave ⓗ. ―名 withdrawal Ⓤ. 《☞ だっかい¹ ; やめる²》. ¶ 私は協会を*脱退しました I've ⌈*withdrawn from* [*left*] the association.

タッチ touch Ⓒ. ¶ ピアニストは軽い*タッチで弾き始めた The pianist started playing with a light *touch*. // 私は*タッチの差で負けた I was defeated by a *touch*. ★ 特に水泳競技の表現. // ランナーは3塁で*タッチアウトになった The runner *was tagged* out on third. 《☞ 野球の英語 (囲み)》 // こんなことには彼は*タッチしない (⇒ 近づかない) ほうがよいと思う I think he should ⌈*keep* [*stay*] *out of* this.

たって ―副 (無理に) forcibly ; (本当に) really. ―動 (強く主張する) insist (on …) ⓐ ; (強制する) force ⓗ. 《☞ しいて》.

¶ *たってとおっしゃるなら, 私の考えを申します (⇒ もしあなたが強く言うならば) I'll give you my opinion, if you *insist*. // これは私の*たっての願いです (⇒ 本当に望むこと) This is *really* what I want. // *たってとは申しませんが (⇒ 強制しているのではないことを望みますが) I hope I'm not *forcing* you.

-たって (たとえ…しても) even ⌈if [though] … ; (どんなに…しても) no matter ⌈how [what ; where, etc.] … (may) …, however [whatever ; wherever, etc.] … (may) … 《☞ -ても ; たとえ¹ ; 譲歩の表現 (囲み)》.

¶ いますぐ行っ*たって (⇒ たとえいますぐ出発しても) 会には間に合わないよ *Even* ⌈*if* [*though*] you leave home right away, you won't be in time for the meeting. // どんなに頑張っ*たって彼には追いつけない *No matter how* hard [*However* hard] you (*may*) try, you won't be able to catch up with him. // そんなこと言っ*たって僕にはこの仕事はできないよ *Whatever* you (*may*) say, I can't do this job.

だって **1** «…でさえも» : even ; (…もまた) also, too 【語法】 too のほうが口語的. 普通 also は動詞の前 (助動詞・be動詞ならばその後) だが, too は文尾に置かれる ; (特に否定の場合は) not … either, neither. 《☞ -でも ; -も》.

¶ さる*だってときには木から落ちる *Even* a monkey may sometimes fall ⌈from [off] a tree. // 私*だってそれには反対です I'm *also* against it. / I'm against it, *too*. // 彼は行かなかったし, 私*だって行きませんでした He didn't go and I did*n't* go, *either*.

2 «それでも» : but, yet ★ 後者はやや意味が強い. 《☞ しかし》. ¶ *だって, 遅れたのは私だけではないのだ *But* I wasn't the only one who was late. // *だってまだわからないのです *But* [*And yet*] I still don't understand.

たづな 手綱 (馬の, または比喩的に) reins ★ 通例複数形で. 《☞ うま¹ (挿絵)》. ¶ 彼は馬の*手綱を取って先に立った He ⌈held [led] the horse by the *reins* and led the way. // *手綱を引き締める keep a firm *rein* (*on* …) // *手綱をゆるめる slacken off a *rein* (*on* …) ★ 比喩的に用いる.

たつのおとしご 竜の落とし子 sea horse Ⓒ.

だっぴ 脱皮 ―動 (虫などが) shed [cast (off)] skin ; (比喩的に, 伝統などから離れる) break (away) from … ; (成長して) outgrow (*one's* old self).

たっぴつ 達筆 (上手な筆跡) a good hand, good handwriting Ⓤ. 《☞ うまい》. ¶ 彼女は*達筆だ She has ⌈*a good hand* [*good handwriting*]. / She is ⌈*good* [*skillful*] *at handwriting*.

たっぷり ―副 (十分に) fully ; (必要なだけ十分に) enough ★ 修飾する語の後に置かれる ; (必要以上にたくさん) in plenty. ―形 (十分な) enough ; (まるまるの) good, full ★ a ⌈good [full] … の形で ; (腹一杯になる) hearty. 《☞ じゅうぶん¹ (類義語) ; たくさん (類義語)》.

¶ その仕事は*たっぷり2週間はかかる The task will take ⌈*fully* [*a good*] two weeks. // 一晩*たっぷりと眠った I've had *a good* night's sleep. // 食事を*たっぷりと取った I had a *hearty* meal. // 食べ物も飲み物も*たっぷりあります We have *plenty of* food and drink. / We have food and drink *in plenty*.

だつぼう 脱帽 ―動 take *one's* hat off ★ 比喩的にも用いる. 《☞ かぶと ; おそれいる》. ¶ *脱帽! *Hats off*!

たつまき 竜巻 tornado Ⓒ 《複 ~es, ~s》; (つむじ風) whirlwind Ⓒ ; (海上の竜巻) waterspout Ⓒ. 《☞ 自然災害 (囲み)》.

だつらく 脱落 ―動 (落後する) drop out ⓐ ; (欠けている) be missing. 《☞ ぬける ; らくご¹》. ¶ 彼らは熱心さが足りず, *脱落してしまった They didn't work hard enough, and *dropped out*. // ここは1字*脱落しているのではないか A letter *is missing* here, isn't it?

脱落者 dropout Ⓒ.

たて¹ 縦 ―名 (長さ) length Ⓤ. ―形 (縦の・垂直の) vertical. ―副 (縦に) lengthwise. 《☞ 大きさの表し方 (囲み)》.

¶ *縦3センチ, 横5センチの長方形を書きなさい Draw a rectangle ⌈(which is) five centimeters in length and three *in width* [five centimeters by three]. 《☞ よこ 【語法】》 //

*縦の断面を見てみましょう Let's look at the *vertical* section. // 生徒は*縦に1列に並んでいた The pupils were standing *one behind another* in a line. // これを*縦に3つに切って下さい Please cut this *lengthwise* into three. **縦糸** warp Ⓒ (↔ woof).

たて² 盾 shield Ⓒ.

-たて (…したばかりの) fresh [hot] (from …) 〔語法〕 新鮮で,「ういういしい」という感じでは fresh,「作りたて」「でき上がったばかり」というときは hot. 《☞ できたて ; ほやほや》.
¶ 生み*たての (⇒ 新鮮な) 卵がほしい I want some *fresh* eggs. // 大学を出*たての若者が2人加わった Two young men ˹*fresh from* [*just out of*] college have joined us. // 焼き*たてのパンはいかがですか Won't you have some bread *hot from* the oven? // ペンキ塗り*たて Wet [《英》 Fresh] Paint 《☞ ペンキ ; 掲示の英語 (囲み)》

たで 蓼 **たで食う虫も好き好き** There is no accounting for tastes. 《ことわざ : 人の好みにはいちいち理由がつけられぬもの》

-だて¹ …建て (建物の階層・作り) 《米》 -storied. 《英》 -storeyed. 《☞ -かい³ ; 家・部屋 (囲み)》. ¶ 5階*建ての建て物 a ˹five-*storied* [five-*storeyed*] building // 一戸*建ての家 (⇒ 独立家屋) a *detached* [an *independent*] *house*

-だて² …立て ¶ (映画の) 2本*立て double *feature* 《☞ 映画 (囲み)》 // 4[2]頭*立ての馬車 a *carriage and* ˹*four* [*pair*]

たてあな 縦穴 pit Ⓒ; 〖鉱山〗 (縦坑) shaft Ⓒ. 《☞ あな》.

たていた 立板 **立板に水** ¶ 彼女は*立板に水を流すように語った (⇒ 非常にすらすらと) She talked *very fluently*.

たてうり 建売り — [形] ready-built. **建売り住宅** ready-built house Ⓒ.

たてかえる 立て替える — [動] (代わりに支払う) pay … for … ; (貸す) lend (他). 《☞ かす¹》. ¶ 兄に入場料を*立て替えてもらった My brother *paid* the admission *for* me. // 千円ばかり*立て替えて (⇒ 貸して) 下さいませんか Could you *lend* me a thousand yen?

たてがき 縦書き — [動] (縦に書く) write … from top to bottom.

たてかける 立て掛ける lean … (against …) ★ place, rest, put, set などを用いてもよい. ¶ 看板は壁に*立て掛けておきました I've ˹*leaned* [*put* ; *set*] the signboard *against* the wall. // 傘は机に*立て掛けてあった The umbrella ˹*stood* [*was* (*left*)] *against* the desk.

たてがみ mane Ⓒ 《☞ うま¹ (挿絵)》.

たてかんばん 立看板 billboard Ⓒ.

たてぐ 建具 fittings ★ 複数形で. **建具屋** cabinet maker Ⓒ.

たてこむ 立て込む (…で忙しい) be ˹busy [pressed] with … 《☞ いそがしい》.
¶ 悪いけれど, いま用事が*立て込んでいますので I'm sorry I'm ˹*busy* [*pressed*] *with* work now. // 予定が*立て込んでいてこれ以上どうにもなりません I can't accept any more, as *my schedule is full*. // このあたりは家が*立て込んでいる This is a *built-up* area.

たてこもる 立て籠もる (城・陣地に) hold (他) 《☞ ろうじょう ; とじこもる》.

たてじま 縦縞 vertical stripes 《☞ しま²》.

たてつく 盾突く (反対する) oppose (他) ; (反抗的な態度をとる) defy (他). 《☞ はんこう² ; さからう》. ¶ 彼は上役に正面から*盾ついた He *defied* his boss openly. // 親に*盾ついてはいけません (⇒ 従うべきです) You *should obey* your parents.

たてつけ 立て付け fitting Ⓤ. ¶ この*立て付けの悪いドアを何とかして下さいませんか Won't you do something to this *ill-fitting* door?

たてつづけ 立て続け — [副] (続けざまに・連続して) in succession, 《口語》 in a row ; (一気に) at a stretch ; (ある時間引き続いて) on end. — [形] straight. 《☞ つづけざま》.
¶ 彼は30分も*立て続けにしゃべった He talked for 30 minutes ˹*on end* [*at a stretch*]. // そのチームは*立て続けに4度勝った The team ˹won four *straight* games [had four victories *in a row*].

たてつぼ 建坪 floor space Ⓤ, (building) area Ⓤ.

たてなおす¹ 立て直す (再編成する) reorganize (他) ; (特に人事面の) reshuffle (他). ¶ まず組織の機構を*立て直すことから始めます We'll ˹begin [start] with *reorganizing* the management system of the institution. // いまなら生活を*立て直す (⇒ もう1度出直す) ことができそうだ Now I can perhaps *make a fresh start*.

たてなおす² 建て直す build … again, rebuild (他) ★ 後者のほうがやや改まった言葉. 《☞ さいけん¹》.

だてに 伊達に ¶ *だてに眼鏡をかけているのではない (⇒ 外見上の理由で) I'm not wearing glasses *for appearance' sake*. // 彼は*だてにロシア語を勉強しているのではない (⇒ 目的なしで) He doesn't study Russian *for nothing*.

たてひざ 立て膝 ¶ 男の子は*立てひざで (⇒ 片ひざを立てて) 座った The boy ˹sat [squatted] *with one knee drawn up*.

たてふだ 立札 notice [bulletin] board Ⓒ.

たてまえ 建て前 (理論) theory Ⓤ, principle Ⓒ ; (意見) opinion Ⓒ. ¶ 彼の考えは*建て前は立派だ His idea is very good *in* ˹*theory* [*principle*]. // *建て前と本音はしばしば相違する One's *opinions* and one's real intentions often differ.

たてまし 建て増し — [動] build an extension (to …) ; (拡張する) extend (他). — [名] (建て増し部分) extension Ⓒ. 《☞ ぞうちく》.
¶ 彼は来月家を*建て増しする予定です He is going to *build an extension to* his house.

たてもの 建物 (一般に建造物) building Ⓒ.
¶「あの*建物は何ですか」「病院です」"What's that *building*?" "It's a hospital."

たてやくしゃ 立役者 ¶ 彼はその運動の*立役者 (⇒ 指導者) だった He was the *leader* of the movement.

たてゆれ 縦揺れ — [名] pitch Ⓤ, pitching Ⓤ. — [動] pitch (自). 《☞ ゆれる (挿絵)》.

¶ 船はひどく*縦揺れした The ship *pitched* very ⌈hard [badly].

たてよこ 縦横 (縦と横) length and ⌈breadth [width] 《☞ よこ 語法 ; じゅうおう》. ¶ 道は*縦横十文字に幾つも通っています The streets run *crosswise*.

たてる[1] 建てる (最も普通に) build ㊉《過去・過分 built》; (建設する) construct ㊉; (立派なものを) erect ㊉; (やや口語的に) put up ㊉.
【類義語】建築物・建造物を作ることで, 最も意味が広く, 一般に用いられるのが **build**. 形式ばった語が **erect** で, 口語的なのが **put up**. やや形式ばって, 大がかりで日本語の「建設する」という感じに相当するのは **construct**. 《☞ たつ[5] ; けんせつ (類義語)》
¶ 彼は家を*建てた He *built* a house. 語法 自分の手で建てたとも, また建築専門家に建ててもらったともとれる. さらに前後関係がなければこの家は自分が住むためのものかどうかはわからない. / He *built* his own house. 語法 自分自身の家を自分の手で建てたか, または建築家などに建ててもらった. / He *had* his house *built*. 語法 この <*have*+O+過分> の形を使うと明瞭に自分の家を建築家などに建ててもらったという意味になる. しかし, 日常の表現では前後関係でわかれば He *built* a new house. のような表現が多く用いられる. 《☞ 使役 (囲み)》 // この塔を*建てたのはだれですか Who *constructed* this tower? // 彼らは故社長の記念碑を*建てた They ⌈*erected* [*put up*] a monument to the late president.

たてる[2] 立てる **1** «設置する»: (まっすぐに立てる) set up ㊉, put up ㊉; (立てて置く) stand ㊉. 《☞ たつ[1]》.
¶ 部屋の中に小さなクリスマスツリーを*立てた We *set up* a small Christmas tree in the room. // この角に交通標識を*立ててもらいたい We want a road sign *set up* at this corner. // 彼女はその瓶を取ってテーブルの上に*立てた She picked up the bottle and *stood* it on the table. // 昔は祭日にはどの家も戸口に旗を*立てた (⇒ 出した) ものだ On national holidays every house used to *display* a flag at the door.
2 «発生する・出す»: (声などを大きく出す) raise ㊉; (音などを出す) make ㊉. 《☞ だす》.
¶ 彼女は大きな声を*立てた She *raised* a loud cry. // 声を*立てるな (⇒ 静かに) Be quiet! // 列車が轟音を*立てて過ぎ去った The train *roared* away. // この車はへんな音を*立てる This car *makes* a strange noise.
3 «作る・設定する»: (計画・予定などを) make ㊉. ¶ 冬休みの計画は*立てましたか *Have* you *made* any plans for the winter vacation? / *Have* you *planned* your Christmas vacation?

だとう[1] 妥当 ━ 形 (処置・扱い方などが適切な) appropriate; (正しくぴったりとしている) proper; (値段などが手ごろな) reasonable; (判断などの妥当な) sound; (確実な根拠のある) valid. 《☞ てきとう》.
¶ あなたのとった処置は*妥当なものだった The measures you took were *appropriate*. // その値段はほぼ*妥当なところでしょう The price is ⌈*reasonable* [*about right*], I think. // 彼らの判断は*妥当であった Their judgment was *sound*. // 彼の議論にはいつも*妥当性がある His argument is always *valid*.

だとう[2] 打倒 ━ 動 (政府などを転覆させる) overthrow ㊉; (打ち負かす) defeat ㊉. 《☞ たおす》. ¶ 彼らはついに政府の*打倒に成功した They finally succeeded in *overthrowing* the government. // 帝国主義*打倒 *Down with* imperialism! ★ スローガンなど.

たどうし 他動詞 transitive verb Ⓒ.

たとえ[1] (もし仮に…だとしても) even ⌈if [though] …; (形式ばった表現で) granted [granting] (that) …; (どんなに[どれを, どちらを, どこへ]…しようとも) no matter ⌈how [what; which; where] … (may) …, however [whatever; whichever; wherever] … (may) … 《☞ もし; かりに; -ても; 譲歩の表現 (囲み)》.
¶ *たとえ雨が降っても私は行くつもりだ I'll go *even* ⌈*if* [*though*] it rains. // *たとえ彼が頼んできても引き受けるつもりはない *Even if* he asked me, I wouldn't grant his request. 語法 このように過去形の仮定法動詞を用いると非常に可能性の少ないことを表す. 《☞ 仮定の表現 (囲み)》 // *たとえそうでも私はあなたの言うことは信じられない *Granted* [*Granting*] it is so, I can't believe what you say. // *たとえ何事が起こってもあなたの責任だ You'll have to be responsible for *whatever may happen*. // *たとえどんなに忙しくても彼はきっと助力してくれる He will surely help us ⌈*no matter how* busy he is [*even if* he is very busy]. // *たとえ冗談にもそんなことは言うな You shouldn't say such a thing *even* in jest.

たとえ[2] 譬え (直喩・明喩) simile [símәli:] Ⓒ; (隠喩) metaphor Ⓒ 参考 simile は「りんごのようなほお」というように, 「…のような」(like, as, etc.) という言葉を用いる間接的なたとえ. metaphor は「人生は航海だ」のように, 「…のような」という言葉を用いない直接的なたとえ; (例) example Ⓒ; (ことわざ) proverb Ⓒ; (言いならわし) saying Ⓒ. 《☞ れい[1]; ことわざ; 比喩 (欄外)》.
¶ 著者はここで巧みに*たとえを用いている Here the writer uses a ⌈*simile* [*metaphor*] skillfully. // *たとえを1つ挙げましょう Let me give you an *example*. // *たとえにいうように, 百聞は一見にしかずであった Seeing was really believing, as the ⌈*proverb* says [*saying* goes].
たとえ話 (教訓的なたとえ話) allegory Ⓒ; (寓話(ぐうわ)) fable Ⓒ; (宗教的なたとえ話) parable Ⓒ.

たとえば 例えば (代表例としては) for example ★ 略字として e.g. を用いる. [fәrigzǽmpl] あるいは [í:dʒí:] と読む. 《☞ 略語 (欄外)》; (具体例として) for instance; (実例の補足・羅列として) such as …
¶ 京都には有名な古い建造物がたくさんある. *例えば京都御所, 二条城など There are many famous old buildings in Kyoto, ⌈*for instance* [*for example*], Kyoto Imperial

Palace, Nijo Castle and so forth. // *例えばあなた方のような若い人たちがこの仕事には必要だ Young men, *such as* you, are needed for this work. // 英語には日本語から入った語がかなりある. *例えば,「たたみ」「きもの」「つなみ」など In English, there are some words borrowed from Japanese, *e.g. tatami, kimono, tsunami*, etc.

たとえる 譬える, 例える (2つの物を比べる) compare [liken] ... to ...; (比喩を用いる) use a ⌜simile [metaphor]. 《☞ たとえ²; ひゆ》.
¶ 人生はしばしば航海に*たとえられる Life *is* often ⌜*compared* [*likened*] *to* a voyage. // 何かに*たとえられないでしょうか Can't we use some ⌜*simile* [*metaphor*] here?
たとえようもない — [形] incomparable. ¶ 彼女の美しさは*たとえようもない Her beauty is quite *incomparable*.

たどく 多読 — [動] (たくさん読む) read a great deal; (広く) read ⌜widely [extensively]. — [名] extensive reading [U] (↔ intensive reading).

たどたどしい — [形] (歩き方・話し方が滑らかでない) faltering; (よろめくような) tottering; (危なげな) unsteady; (言い方などがつかえつかえの) halting. — [副] falteringly; totteringly; with unsteady steps; haltingly.
¶ 老人が*たどたどしい足取りで歩いて来た An old man came along with ⌜*tottering* [*unsteady*] steps. / An old man came *tottering along*.

たどりつく 辿り着く (何とかして…へ行く) find *one's* way to ... (at last); (どうにか到着する) manage to arrive ⌜at [in] ... 《☞ つく²》.
¶ 夜になってやっと山のふもとへ*たどりついた Late in the evening we *found our way to* the foot of the mountain *at last*.

たどる 辿る (道を) follow (他); (跡をたどる) trace (他); (追求する) search (他); (手がかりなどを) follow up (他).
¶ 私たちは細い道を10分ばかり*たどって行った We ⌜*followed* [*went along*] a narrow path for about ten minutes. // 私は川の水源まで何とか*たどって行った I managed to *trace* the river to its source. // 家路を*たどる (⇒家に帰る) 人々の群があった There was a crowd of people ⌜*going home* [*making their way home*]. // 記憶を*たどって子供のころのことを書いてみた I wrote about my childhood, *searching* my memory. // 戦争は激化の一途を*たどった (⇒だんだん激しくなった) The war *grew* more and more intense.

たな 棚 (板状の) shelf [C] 《複 shelves》.
¶ その箱はあの*棚に載せて下さい Please put the box on that *shelf*. // 彼は壁に*棚を取り付けた He fixed a *shelf* to the wall.
棚に上げる ¶ 彼は自分のことは*棚に上げて人のことを言う He cannot see the beam in his eye. 《聖書の言葉: 自分の目にある梁(はり) (=大きな欠点) は見えない》

たなあげ 棚上げ — [動] shelve (他) 《☞ ほりゅう》. ¶ 法案は*棚上げされてしまった The bill *has been shelved*.

たなおろし 店卸し, 棚卸し — [名] (商店の) stocktaking [U]. — [動] (商品の) take stock.

たなざらえ 棚ざらえ clearance (sale) [C]. ¶ *棚ざらえ大売り出し *Clearance Sale* 《☞ 掲示の英語 (囲み)》

たなざらし 店ざらし — [名] (陳列されたままの古びた商品) shopworn article [C]. — [形] shopworn.

たなばた 七夕 (7月7日) the seventh (night) of July; (織女星の祭) the Festival of Star Vega.

たなびく 棚引く (尾を引く) trail (自); (…にかかる) hang [lie] (over ...) (自). ¶ 山々にかすみが*たなびいていた A haze ⌜*hung* [*lay*] *over* the mountains.

たなぼた 棚ぼた (予期せぬ幸運) unexpected piece of good luck [C], windfall [C], godsend [C] ★ 最初のものは説明的. 《☞ ぼたもち》.
¶ *たなぼたなんていうものはありえない Nothing can be obtained *without pains*. / No pains, no gains. 《ことわざ: 苦労がなければ利益もない》

たなん 多難 — [形] (困難が多い) full of difficulties; (時代などがつらい・たいへんな) hard.
¶ 前途*多難なようだ The future seems to be *full of* ⌜*difficulties* [*troubles*]. / (⇒見通しは暗い) The outlook is *black*. // 私たちの時代はまさに*多難だ We live in a *hard* world.

たに 谷 (川沿いの盆地) valley [C] (↔ hill); (峡谷) gorge [C], ravine [C] ★ 前者が一般的; (気圧の) trough [trɔ́ːf] [C]. 《☞ きょうこく¹》.

valley

gorge

¶ *谷間には2軒の家があった There were two houses in the *valley*. // 川の水は*谷を流れ落ちていた The water ran through the ⌜*gorge* [*ravine*]. // 気圧の*谷が九州に近づいている An atmospheric *trough* is approaching Kyushu.

だに 〚動物〛 tick [C]; (比喩として, やっかい者) hanger-on [C] 《複 hangers-on》; (社会の害虫) vermins ★ 通例複数形で.

たにがわ 谷川 mountain stream [C] 《☞ ながれ; かわ¹》.

たにし 田螺 mud [pond] snail [C].

たにそこ 谷底 the bottom of a ravine.

たにま 谷間 ¶ 彼らはビルの*谷間で生活をしている (⇒高層ビルの陰で) They live in the *shadow of the skyscrapers*. 《☞ たに》

たにん 他人 (関係のない人) unrelated person [C] (↔ relative); (局外者) outsider [C]; (知らない人) stranger [C].
¶ あの2人は似ているが, 赤の*他人だ The two look alike, but they are *not related* (to each other). // 彼はそこで*他人扱いを受けて腹を立てた He was angry, for he was treated

「as an *outsider* [like a *stranger*] there. // これは*他人の空似だろうか Is this a case of 「*accidental* [*coincidental*] *resemblance*?

たにんずう 多人数 (多数の人) a 「great many [large number of] people《☞ おおぜい》. ¶私の家族は*多人数です(⇒大きい) Ours is *a* 「*large* [*big*] *family*.

たぬき 狸〘動物〙raccoon dog Ⓒ; (ずるい人) cunning person Ⓒ.

たぬき寝入り ━動 pretend to be asleep, feign sleep. ━名 feigned sleep Ⓤ.

取らぬたぬきの皮算用 Don't count your chickens before they are hatched.《ことわざ: ひながかえる前に数を数えるな》

たね 種 **1**《種子》: (特に草花・野菜などの種, およびもっと広く植物の種子一般) seed Ⓒ; (梅などの) stone Ⓒ; (りんごなどの) pip Ⓒ; (桃などの) pit Ⓒ.《☞ りんご (挿絵)》.

¶きのう花の*種を庭にまいた Yesterday I planted some flower *seeds* in the garden. // プラムの*種は大きい Plums have big *stones*. // *種なしすいかを栽培しています We raise *seedless* watermelons. // まいた*種は刈らねばならない As you *sow*, so shall you reap.《ことわざ》// まかぬ*種は生えぬ No pains, no gains.《ことわざ: 苦労がないともうけもない》/ Harvest follows seedtime.《ことわざ: 収穫は種まきのシーズンの後に来る》/ Nothing comes of nothing.《ことわざ: 無から有は生じない》

2《血統を伝えるもの》: (血統) stock Ⓒ; (動植物の種族) breed Ⓒ. ¶良い*種の牛がほしい I want a cow of a good *stock*.

3《原因・材料》: (原因) cause Ⓒ; (もと・起こり) source Ⓒ; (話の素材) subject Ⓒ, topic Ⓒ ★ 後者のほうが口語的.

¶5分後には彼らの間には話の*種が尽きていた After five minutes, they 「ran out of *topics* of conversation [had *nothing* more to talk about]. // 娘の病気は私たちの心配の*種です Our daughter's illness has been a great *worry* to us. // 新しい図書館は私たちの学校の自慢の*種です The new library is *the pride* of our school.

種牛 seed bull Ⓒ **種馬** stallion Ⓒ, studhorse Ⓒ.

たねあかし 種明かし ━動 (手品などの仕掛けを見せる) expose the trick; (秘密を明かす) give away the secret. ¶*種明かしをすれば(⇒知ってしまえば)ごく簡単なことなのです This is a simple trick, 「*if you know it* [*when it is explained*].

たねぎれ 種切れ ━動 (…を使い果たす・不足する) run 「out [short] (of …)《☞ たね》. ¶材料は*種切れです We've *run* 「*out* [*short*] *of* materials. // もう*種切れです(⇒何もすることがない) We *have nothing more* to do.

たねび 種火 pilot 「light [burner] Ⓒ.

たねほん 種本 (翻訳などの元の本) the original; (情報・記事などの) source (book) Ⓒ. ¶この記事はニューズウィークが*種本だ The *source* of this article is *Newsweek*.

たねまき 種蒔き ━名 sowing Ⓤ. ━動 (種まきをする) plant seeds, sow (seeds) ★ 前者のほうが普通; (…に種をまく) seed ㊀.《☞ たね; まく[3]》.

たねんせいしょくぶつ 多年生植物 perennial (plant) Ⓒ《☞ 花 (囲み)》.

たのしい 楽しい ━動 (楽しく過ごす) have a good time, enjoy *oneself*; (おもしろく遊び興じる) have fun 〔語法〕日本語の「楽しい」はしばしば以上3つの英語表現に相当する. それは「きょうは楽しかった」のような場合であって, 「楽しい…」のように名詞を修飾する場合は以下の欄にあげる英語が相当する. ━形 (人に満足感を与えるような) enjoyable; (気分が明るくほがらかで楽しい・ほがらかにさせるような) cheerful; (陽気で心が浮き浮きするような) merry ★ やや文語的; (幸せな感じをもたらすような) happy; (余興などがおもしろい) entertaining. ━副 cheerfully; happily; merrily.《☞ たのしむ; ゆかい; おもしろい》.

¶きょうはとても*楽しかった I 「*had* [*have had*] *a* very *good time* today. 〔語法〕すでにある程度の時間の経過があれば (例えば昼間のことを夜になって話すときなどは) had となり, 楽しかった行事・催し物などが終わった直後なら have had となる. / (⇒我々は楽しく遊び興じた) We 「*had* [*have had*] a lot of *fun* today.《☞ 時・期間の表し方 (囲み)》

昨夜のパーティーはとても*楽しかった We *enjoyed ourselves* very much at the party yesterday evening.

そのパーティーはちっとも*楽しくなかった I didn't *enjoy* the party at all.

野球をするのはなんて*楽しいことだろう What *fun* it is to play baseball!

モーツァルトの音楽はとても*楽しい Mozart's music is most *enjoyable*.

彼女はきょうはとても*楽しそうだ She looks very 「*happy* [*cheerful*] today.

子供たちは*楽しそうに庭で遊んでいる The children are playing *happily* in the garden.

これは子供向けの*楽しい番組です This is an *entertaining* program for children.

*楽しくやりましょう Let's *have* some *fun*.

*楽しく過ごして下さい *Have a* 「*good* [*nice*] *time*. / Please *enjoy yourself*.

間もなく*楽しい正月だ (⇒正月が来るのを楽しみにしている) I'*m looking forward to* the New Year Season.

たのしませる 楽しませる (歓待などをして) entertain ㊀; (喜ばせる) please ㊀; (笑わせたりおもしろがらせたりする) amuse ㊀.《☞ たのしむ》. ¶そのサーカスは私たちをたいへん*楽しませてくれた The circus 「*entertained* [*amused*] us very much. // 彼は人を*楽しませようと一生懸命だ He is eager to *please*.

たのしみ 楽しみ **1**《愉快・趣味》: (愉快な気持ち) pleasure Ⓤ; (楽しさを味わうこと) enjoyment Ⓤ; (娯楽) amusement Ⓤ; (趣味) hobby Ⓒ; (気晴らし) diversion Ⓒ.《☞ しゅみ; ごらく (類義語)》.

¶読書は私の大きな*楽しみです (⇒私に楽しみを与えてくれる) Reading gives me great *pleasure*. / (⇒私は読書を楽しむ) I *enjoy* reading very much. // 模型飛行機を作ること

が彼の唯一の*楽しみです(⇒ 趣味です) Making model planes is his only *hobby.* // 散歩のほか, 彼にはあまり*楽しみがなかった He had few *diversions* outside of taking a walk.

2 «期待»: hope Ⓤ, expectation Ⓤ ★ いずれもしばしば複数形で. 《☞ こころまち; きたい¹》.

¶ 夏休みにあなたがおいでになるのを*楽しみにしています I'*m looking forward to* your coming in the summer vacation. // 彼女は息子の将来を大いに*楽しみにしている She puts her *hopes* on her son. // *楽しみにしていたのに雨で遠足はお流れになった Contrary to my ˹*expectations* [*hopes*], the excursion was canceled because of the rain.

たのしむ 楽しむ enjoy ⓗ; (おもしろく時を過ごす) have a good time, enjoy *oneself* ★ 前者が最も一般的な口語表現; (…に愉快を感じる) take ˹pleasure [delight] in … 《☞ たのしい; まんきつ; たんのう¹》.

¶ 私たちは大いに*楽しんだ (⇒ おもしろかった) We *had a very good time.* / We all *enjoyed ourselves* very much. // 彼はその仕事を*楽しんでいる He *takes* great *pleasure in* doing that job. / That work is his *pleasure.* // 私は現代音楽は*楽しめない I don't *enjoy* modern music.

たのみ 頼み (願い事) request Ⓒ; (親切な行為) favor (《英》 favour) Ⓒ. 《☞ ようせい¹》.

¶ あなたに*頼みがあるのですが Will you do me a *favor*? / Can I ask a *favor* of you? [語法] いずれも人に物を頼む場合の決まった表現. 《☞ 依頼の表現 (囲み)》 // 私は彼の*頼みを聞いてあげた[断った] I have ˹granted [declined] his *request.*

頼みがい ¶ 彼は*頼みがいがある[ない] He is ˹*reliable* [*unreliable*].

頼みの綱 ¶ これで私の*頼みの綱も切れた (⇒ 最後の望みがなくなった) My *last hope* is gone.

たのむ 頼む (人に物事を依頼する) ask (*a person* to *do*) ⓗ ★ 最も一般的な語で, 以下の語の代わりにも使われる; (腰を低くして頼む) beg ⓗ; (要請する) request ⓗ ★ やや形式ばった語; (嘆願する) implore ⓗ; (注文する) order ⓗ. 《☞ いらい; ようせい¹; たんがん》.

¶ あなたに*頼みたいことがあります I have a favor to *ask* (of) you. / Could [Will] you *do me a favor*? 《☞ 依頼の表現 (囲み)》 // 私は彼女にすぐ来るように*頼んだ ＜S(人)＋V(*ask*)＋O(人)＋*to*不定詞＞ I *asked* her *to* come at once. // 彼女はどうか一緒に連れていって下さいと彼に*頼んだ She *implored* him to take her with him. // その女性は私にどうかお金を下さいと*頼んだ ＜S(人)＋V(*beg*)＋O(人)＋*for*＋名＞ She *begged* me *for* some money. // 彼は彼女に*頼まれて一緒に出かけた He went out with her at her *request.* // 私は大阪で講演を*頼まれた I *was asked* to give some lectures in Osaka. // 「何を*頼んだのですか」「コーヒーを 2 つ頼みました」 "What *have* you *ordered*?" "Two coffees."

たのもしい 頼もしい (信頼できる) reliable; (すっかり任せても大丈夫な) trustworthy; (期待できる・将来有望な) promising, hopeful.

¶ 彼は*頼もしい人だ He is ˹*reliable* [*trustworthy*]. / He *can be depended upon.* // あの子はいまからあんなにピアノを演奏するとは末*頼もしい The child, who plays the piano very well even now, seems (to be) quite *promising.*

たば 束 (大きな束) bundle Ⓒ; (花束など小さなもの) bunch Ⓒ, batch Ⓒ; (穀物などの) sheaf Ⓒ 《複 sheaves》. 《☞ たばねる》.

¶ 若者はばらの花*束を持って訪れた The young man came to visit with a *bunch* of roses. // 秘書は手紙の*束を私に示した The secretary showed me several ˹*batches* [*bundles*] of letters. // いらない物は*束にしておいて下さい *Bundle up* what you don't need. / *Tie up* what you don't need *in bundles.* // *束になってかかってこい Come on, *all of you* (*in a bunch*).

だは 打破 ―動 (打ち砕く) break down ⓗ; (くつがえす) overthrow ⓗ; (廃止する) do away with …, abolish ⓗ ★ 後者は少し改まった言葉. ¶ 彼らは因襲の*打破に立ち上がった They rose (up) to ˹*break down* [*do away with*; *abolish*] the old conventionalities.

たばこ 煙草 (紙巻き) cigarette Ⓒ, cigaret Ⓒ; (パイプ用の) tobacco Ⓤ; (葉巻き) cigar [sigάɚ] Ⓒ; (植物) tobacco plant Ⓒ.

¶ *たばこを 1 箱下さい Give me a ˹pack [packet] of *cigarettes,* please.

*たばこを一服したい I want to *smoke.* / I want to have a ˹*smoke* [*puff*].

「*たばこはいかがですか」「私は*たばこは吸わないのです」 "How about a *cigarette*?" "No, thank you. I don't *smoke.*"

彼は*たばこをひどく吸う He is a heavy *smoker.*

*たばこはやめました I gave up *smoking.*

*たばこを吸ってよろしいですか May I *smoke*? / Do you mind if I *smoke*?

彼はマッチをすって*たばこに火をつけた He struck a match to light (up) a *cigarette.*

*たばこの吸いがらは灰皿に入れて下さい Please put *cigarette* butts in the ashtray.

たばこ入れ (紙巻きたばこ用の) cigarette case Ⓒ; (きざみたばこの) tobacco pouch Ⓒ; (葉巻き入れ) cigar case Ⓒ　**たばこ屋** tobacco shop Ⓒ, tobacconist's (shop) Ⓒ; (人) tobacconist Ⓒ. 《☞ 店の呼び名 (囲み)》.

たはた 田畑 (農場) farm Ⓒ.

たばねる 束ねる (束にする) bundle ⓗ, tie up … in a bundle, bind … into a ˹bundle [sheaf]. 《☞ たば》. ¶ 私は枝を幾つかに*束ねた I'*ve tied up* the branches *in several bundles.* / I'*ve bound* the branches *into several bundles.* // 彼女は髪を*束ねているところだった She *was* ˹*tying up* her hair *into a knot* [*doing* (*up*) her hair].

たび¹ 旅 ―名 (一般的に, 旅行) trip Ⓒ; (長い旅) journey Ⓒ; (周遊旅行) tour Ⓒ; (かなりの旅行) travels ★ しばしば複数形で; (徒歩旅行) hike Ⓒ; (遠足) excursion Ⓒ.
―動 travel ⓐ, go on [make] a ˹journey [trip]. 《☞ りょこう (類義語); 旅行 (囲み)》.

¶ *旅に出ていました I *was away* ˹*on a jour-*

た

ney [*from home*].
船の*旅はどうでしたか How did you like the ⌈*voyage* [*journey* by ship]?
空の*旅は今度が初めてです This is my first *trip* by air.
空の*旅は快適でしたか Did you have a good *flight*?
私はバスの*旅はあまり好きではありません I don't like *traveling* by ⌈bus [coach].
彼はいままでにいろいろな所に*旅をしている He *has traveled* ⌈extensively [widely].
*旅の恥はかき捨て (⇒旅に出るときに羞恥心は家へ残しておく) When you go on a *journey*, leave your sense of shame at home.
かわいい子には*旅をさせよ Spare the rod and spoil the child. 《ことわざ: むちを惜しんで子供をだめにする》
旅先 ━名 (行く先) destination Ⓒ; (滞在地) place where *one* is staying Ⓒ. ━副 (不案内の地で) in a strange land; (旅行中に) during *one's* journey; (家を離れて) away from home **旅路** (旅の道筋) course of *one's* journey Ⓒ; (旅) journey Ⓒ **旅支度** ━名 (準備した物) preparations for a journey ★通例複数形で; (旅の服装) traveling outfit Ⓒ. ━動 get ready for a journey **旅人** traveler Ⓒ.

たび² 足袋 Japanese socks ★複数形で; *tabi* Ⓒ ★単複同形. 《☞日本固有の風物と英語 (囲み)》.

-たび ...度 **1** «...するごとに» ━接 every time ..., whenever ... ★前者のほうが口語的. 《☞まいかい; いつも》. ¶彼は来る*たびに息子の自慢をする *Every time* [*Whenever*] he comes here, he boasts of his son. // 彼と話をする*たびにけんかになってしまう (⇒けんかをしないで彼と話すことはない) I never talk with him *without* quarreling. // ここへ来る*たびに子供時代を思い出す *Whenever* I come here, I am reminded of my childhood.
2 «度数»: times 《☞-かい¹; ど》. ¶ひと*たび決心したからには計画をやり遂げるつもりだ *Once* I make up my mind, I'm going to carry out my plan. 《☞いちど》

たびかさなる 度重なる ━形 (幾度も繰り返される) repeated; (しばしばの) frequent. ¶*たび重なる失敗に自分に愛想が尽きた I failed *so many times* that I was disgusted ⌈with [at] myself. // *たび重なる事故の原因は何だろう What are the causes of the *repeated* accidents?

たびだつ 旅立つ start [go] on a ⌈trip [journey], set off ⓐ, leave (for ...) ⓐ. 《☞たび¹; たつ⁴》. ¶間もなくアメリカへ*旅立ちます I'm ⌈*leaving* [*setting off*] *for* the United States pretty soon.

たびたび 度度 (何回も) many times; (しばしば) often, frequently ★後者のほうが少し改まった言葉; (繰り返し) repeatedly. 《☞しばしば (類義語); 頻度を表す副詞 (囲み)》. ¶彼はそのことを*たびたび言っていた He said that ⌈*repeatedly* [*many times*]. / He *repeated* it *many times*.

タフ ━形 (粘り強い) tough [tʌ́f]; (強い) strong. 《☞がんじょう; つよい (類義語)》. ¶彼は*タフだから少しのことではへこたれない He won't be discouraged easily, as he is a ⌈*tough* guy [*strong* man]. 【語法】 tough guy という言い方は後者に比べて非常に口語的.

タブー ━名 taboo Ⓒ, tabu Ⓒ ★以上 2 つとも 動 形 としても用いられる. 《☞きんく》. ¶その話はここでは*タブーです The topic *is* ⌈*taboo* [*tabooed*] here.

だぶだぶ ━形 (大きすぎる) too large; (だらりとして不格好な) baggy. 《☞ぶかぶか; 擬声・擬態語 (囲み)》. ¶彼は*だぶだぶの上衣を着ていた He wore a ⌈coat *too large for him* [*baggy* coat]. // このズボンは*だぶだぶだ These trousers are ⌈*too large* [*baggy*] (for me).

だぶつく (多くて余る) be ⌈overabundant [oversupplied] ★やや形式ばった語. ¶このごろは求職者が*だぶついている (⇒求職者のほうが就職口より多い) Nowadays there are *more* job hunters *than* job openings. // 衣料品が*だぶついている We have an *oversupply* of articles of clothing.

だふや だふ屋 scalper Ⓒ.

ダブる (二重になる) be ⌈doubled [duplicated]; (重なる・重ねる) overlap ⓐ ⓣ. 《☞かさなる》. ¶2つの画像が*ダブってしまった Two pictures *were* ⌈*doubled* [*duplicated*]. / Two pictures *overlapped each other*. // 祭日が日曜に*ダブると (⇒かち合うと) 月曜が休みになる When a holiday *falls on* Sunday, we have an extra holiday on Monday.

ダブル ━形 double (↔ single). ¶彼は*ダブルの上衣を着ていた He had a *double-breasted* coat on. **ダブルスチール** double steal Ⓒ **ダブルプレー** double play Ⓒ **ダブルヘッダー** double-header Ⓒ 《☞野球の英語 (囲み)》 **ダブルベッド** double bed Ⓒ 《☞ベッド》.

たぶん 多分 (たいてい) probably; (もしかすると) possibly, 《口語》 perhaps, maybe 【語法】 probably は可能性が大きくて, 大いにありそうなことを表し, possibly は可能性はあるが, 確実性は少なく, perhaps は possibly とほぼ同意だが, 口語的. maybe はさらにもっと口語的な言葉. 《☞おそらく (類義語); -だろう; 推量の表現 (囲み)》.
¶*多分彼女は来ます She will *probably* come. / *Perhaps* [*Maybe*] she will come. // *多分そうかもしれないが, 私はどうも信じたくない *Maybe* [*Perhaps*; *Probably*] (it is) so, but I don't want to believe it. // *多分彼の主張は正しい His claim is ⌈*perhaps* [*probably*] right. // *多分あすの会は出られない (⇒...と思います) *I'm afraid* I can't attend the meeting tomorrow.

たべあきる 食べ飽きる (...を十分食べる) have enough of ... ¶肉は*食べ飽きた I *have had enough of* meat.

たべごろ 食べ頃 (果物などが熟している) be ripe; (出盛りである) be in season; (食べるのによい状態) be ⌈good [just right] for eating. ¶さくらんぼが*食べごろです Cherries *are* now *in season.* // このメロンは 2 日後が*食べごろです This melon will *be* ⌈*ripe* [*good for eating*] in two days.

たべすぎ 食べ過ぎ —〔名〕 overeating Ⓤ. —〔動〕 eat too much, overeat (自). ¶ *食べ過ぎると胃をこわします *Overeating* is bad for the stomach.

たべずぎらい 食べず嫌い (…に先入観[偏見]を持っている) have a prejudice [be prejudiced] against … ((☞ くわずぎらい)).

たべのこし 食べ残し leftover food Ⓤ, leftovers ★ 複数形で.

たべもの 食べ物 food Ⓤ ★ 種類では Ⓒ. ((☞ しょくもつ ; たべる)). ¶ この寮は*食べ物がよい This dormitory serves good *food.* // そのころ私たちは*食べ物がなくて栄養不良だった We were short of *food* and underfed in those days. // 外国では*食べ物には注意しなさい Be careful of ⌈*your food* [*what you eat*] when you are abroad. // 犬に*食べ物をやるのを忘れた I forgot to *feed* the dog.

たべる 食べる **1** «直接に物を口にする» : (食器・手の指などを使って食べ物を食べる) eat (他) (自) ((過去 ate [éit] ; 過分 eaten [íːtn])) ; (食べ物・飲み物・菓子類など, 広く一般に飲食物をとる) have (他) 〔語 法〕 前者は食べる動作に重点があり, 後者は食事をとる事実のほうに重点がある. また eat は普通固体の食物を対象とし, 液体の場合は drink を用いるが, スープのようにスプーンなどの食器を使って口に運ぶものは eat という ; (やや形式ばって) take (他) ; (…を食べて生きている・常食とする) live on … ; (家畜などがえさとして) feed on … ((☞ 食事 (囲み))).

¶ 我々は生きるために*食べている We *eat* to live.

ゆっくりよくかんで*食べなさい *Eat* slowly and chew well.

「朝食には何を*食べましたか」「果物とパンを*食べました」 "What did you ⌈*eat* [*have*] for breakfast?" "I *had* fruit and some bread."

けさから何も*食べていません I *haven't eaten* anything [*I've had* nothing to eat] since this morning.

これは*食べられない (⇒ 食べるのによくない) This is not ⌈good to *eat* [fit to *be eaten*].

これは生で*食べられますか Can I *eat* it raw?

彼はよく*食べる人だ He's a big *eater.* / He always *eats* a lot.

今夜は外で*食べましょう Let's ⌈*eat* [*dine*] out this evening, shall we?

もう腹一ぱい*食べました I'm *full.* / I've *had* enough. 〔語 法〕 前者は単におなかがいっぱいだというのに対して, 後者は「もうたくさんだ」というニュアンスがある. 従って, 人にごちそうになったときは前者を言うほうがよい.

キャンデーは自由に取って*食べて下さい Please *help yourself to* the candy.

日本人は米を*食べる The Japanese *live on* rice.

牛が牧場で草を*食べていた The cows *were feeding* in the pasture. / The cattle *were grazing* in the pasture. 〔語 法〕 graze は feed on grass (＝草を食べる) の意味.

おなかがすいた. 何か*食べさせて I'm hungry. Give me something to *eat.*

この猫には何を*食べさせているのですか What do you *feed* this cat?

2 «生活する» : live (on …) (自) ((☞ くらす)). ¶ 家族 4 人で月 10 万円では*食べていけません A family of four cannot *live on* a hundred thousand yen a month.

給料だけでは家族を*食べさせられません My salary is not enough to *support* my family.

だほ 拿捕 —〔動〕 capture (他), seize (他). —〔名〕 capture Ⓤ, seizure Ⓤ. ¶ 3 隻の漁船が外国の警備船に*だ捕された Three fishing boats *were* ⌈*captured* [*seized*] by a foreign guardship.

たほう 他方 **1** «ほかの方面» : (ほかの面) other sides. **2** «もう一方では» —〔副〕 on the other ⌈hand [side]. —〔接〕 but … ((☞ いっぽう[1])). ¶ 彼は英語を話すのはうまいが, *他方, 書くのはだめです He is good at speaking English, *but* he isn't good at writing.

たぼう 多忙 —〔形〕 busy ((☞ いそがしい)).

たほうめん 多方面 —〔名〕 (多くの分野) many [various] fields ; (広い範囲) wide range Ⓒ. —〔形〕 (さまざまの) various ; (多くの) many ; (多面的な) many-sided. ((☞ たき[2])). ¶ 彼の研究は*多方面にわたっている His research covers *many fields.* / His studies range over *many subjects.* // 彼は*多方面で活躍している He works in *various fields.*

だぼくしょう 打撲傷 bruise [brúːz] Ⓒ ((☞ きず (類義語))). ¶ 脚(あし)に*打撲傷を受けた I got a *bruise* on the leg. / My leg *was bruised.*

たま[1] 玉 (球状のもの) ball Ⓒ ; (ガラスの小さい玉) bead Ⓒ ; (硬貨) coin Ⓒ.

玉にきず fly in the ointment Ⓒ 〔参 考〕 聖書からの言葉で, 「香料の中へ入った(死んだ)はえ」の意. 特に楽しみをぶち壊すようなものについて言う. ¶ この家は気に入っているが, 駅から遠いのが*玉にきずだ (⇒ 唯一の問題だ) I like this house, but the *only problem* is that it is a long way from the train station. // 彼は頑固なのが*玉にきずだ (⇒ 頑固さが彼の唯一の欠点だ) Stubbornness is his *only* ⌈*fault* [*defect*].

たま[2] 球 (球技のボール・玉突きの玉) ball Ⓒ ; (電球) light bulb Ⓒ. ¶ 彼の*球は速い He throws a fast *ball.* // いい*球だ That was a good *throw*! // (電球の)*球が切れた The *bulb* has burned out.

たま[3] 弾 (小銃・拳銃などの) bullet Ⓒ ; (散弾銃の) shot Ⓒ ; (大砲の) shell Ⓒ. ((☞ だんがん)).

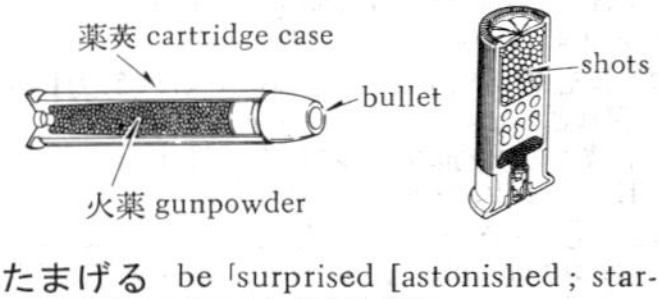

たまげる be ⌈surprised [astonished ; startled] ((☞ おどろく (類義語))).

たまご 卵 **1** «鳥類·魚類·昆虫の»: egg Ⓒ ★ 特に「鶏卵」を指す; (魚の卵で食用) roe Ⓤ. ¶ *卵はどう料理しますか How would you like your *egg(s)*? 《☞ 食事 (囲み)》 // *卵を2個割り, よくかきまぜなさい Break two *eggs* and beat them up. // このめんどりは*卵を生みはじめた The hen started *laying.* // *卵の白身[黄身] the 「white [yolk ; yellow] of an *egg* // いり*卵 a scrambled *egg* // ゆで*卵 a boiled *egg* // かたゆで[半じゅく]の*卵 a「hard-[soft-]boiled *egg* 《☞ 料理の用語 (囲み)》
2 «一人前にならない人·物» ¶ 彼はまだ医者の*卵です (⇒ 修業中の医者) He is only a doctor *in the making.*
卵焼き —名 (オムレツ) omelet Ⓒ, omelette Ⓒ; (目玉焼き) fried egg Ⓒ. —動 (目玉焼きにする) fry an egg (sunny-side up).

たましい 魂 (宗教的な霊魂) soul Ⓤ; (精神) spirit Ⓤ. 《☞ れいこん; こころ (類義語)》. ¶ この作品は*魂を込めて作りました I put my *heart and soul* into this work. // 一寸の虫にも五分の*魂 Even a worm will turn. 《ことわざ: 虫でさえも向き直ってくる》 // 三つ子の*魂百まで The child is father of the man. 《ことわざ: 子供は大人の父である》

だます 騙す (欺く) deceive ㊀; (ごまかす) cheat ㊀; (巧妙にだます) trick ㊀. 《☞ ごまかす; おとしいれる》. ¶ 私は彼女の様子に*だまされた I *was deceived* by her appearance. // その男は彼女を*だましてその金を取り上げた <S(人)+V(*cheat* ; *trick*)+O(人)+*out of*+名·代> The man「*cheated* [*tricked*] her *out of* her money.

たまたま (偶然に) by chance, accidentally ★ 後者のほうがやや形式ばった語; (予想していなかったのに) unexpectedly. 《☞ ぐうぜん》. ¶ 私は*たまたまその場に居合わせた I *happened* to be there (*by chance*). // 私はきのうバスで*たまたま旧友に会った I met an old friend of mine on the bus *unexpectedly* yesterday.

たまつき 玉突き —名 billiards Ⓤ. —動 play billiards. 《☞ ビリヤード》.
玉突き衝突 chain-reaction「car crash [(traffic) accident] Ⓒ 参考 chain reaction は物理でいう「連鎖反応」のこと.

たまに (まれに) rarely; (ときどき) once in a while. 《☞ 頻度を表す副詞 (囲み); ときどき (類義語)》. ¶ 彼女はここには*たまに来るだけです She comes here only「*rarely* [*once in a while*].

たまねぎ 玉葱 onion Ⓒ 《☞ 料理の用語 (囲み)》.

たまのこし 玉の輿 ¶ 彼女は*玉の輿に乗った (⇒ 富·地位のある人と結婚した) She *married*「*above her station* [*a man of wealth*]. ★ いずれもやや古風な表現.

たまもの 賜物 (結果) result Ⓒ; (努力や研究などの結実·結果) fruit Ⓒ. 《☞ けっか》. ¶ 彼女の成功は努力の*賜物だ Her success is the「*result* [*fruit*] of her efforts.

たまらない —形 (耐えることのできないような) unbearable, intolerable. —動 (…せざるを得ない; …しなくてはいられない) cannot「help …ing [but *do*]; (どうしても…したい) be「eager [anxious ; dying] (to *do*) ★ dying を用いるのは口語的; (苦痛などに耐えられない·我慢ができない) cannot「stand [bear ; put up with …]. 《☞ たえる[1]; がまん》.
¶ この暑さはまったく*たまらない I simply can't「*stand* [*bear* ; *put up with*] this heat. // 私たちはおかしくて*たまらず, とうとうふき出してしまった We *couldn't*「*help* bursting [*but* burst] into laughter. // 彼女に会いたくて*たまらない I'*m dying to* see her. // 彼は悲しくて*たまらないと言った (⇒ 悲しみに圧倒されている) He said he *was*「*overwhelmed* [*overcome*] *with* grief. // そんなことがあっては*たまらない (⇒ とても不可能だ) That's *impossible.* / (⇒あり得ない) That *can't be true.*

たまりかねる たまり兼ねる (精神的に我慢ができない) be impatient (of …); (辛抱できなくなる) lose patience. ¶ 彼の優柔不断に*たまりかねて彼女は家を出た *Being impatient of* his indecision, she left him. // *たまりかねて私は泣き出してしまった (⇒自分の気持ちを抑えきれなくて) *Unable to* restrain myself, I began to cry.

たまりば 溜り場 (集会場) meeting place Ⓒ; (巣·人のよく行く場所) haunt Ⓒ 参考 動物の生息地をいう意味から出た語で, 日本語の「巣窟」などのニュアンスがある.

たまる 溜まる (集まる) collect ㊉, gather ㊉; (積もる) accumulate ㊉, be accumulated. 《☞ ためる; とどこおる》.
¶ 雨水が*たまって水たまりになった Rainwater *has*「*collected* [*gathered*], forming several puddles. // 棚にほこりが*たまっている (⇒ 棚はほこりに覆われている) The shelf *is covered with* dust. // 小銭でも長い間にはかなり*たまる (⇒ 小銭がかなり多額の金額になる) Even small change will *come to* a fairly big sum. 語法 この意味での small change は Ⓤ. // 費用はいくらか*たまったかい (⇒ 費用をためたか) *Have* you *saved* (*up*) some of the expenses? // 仕事がすっかり*たまってしまっている (⇒ するべき仕事がたくさんある) I *have a lot of work*「*to do* [*on my hands*].

だまる 黙る **1** «しゃべる·泣くことなどをやめる»: (口をきかなくなる·静かになる) become [fall ; be]「silent [quiet]; (話したり泣いたりするのをやめる) stop「speaking [talking ; crying]; (黙らせる) silence ㊀; (おしゃべりをやめる·やめさせる) shut up ㊉ ㊀. 《☞ しずか; ちんもく; つぐむ》.
¶ *黙りなさい Be *quiet*! / (⇒ 話すのを止めなさい) *Stop talking*! / *Shut up*! 語法 日本語の「黙れ」に近いかなり強い口調. // 子供たちは悲しい知らせを聞いて*黙りこんでしまった The children *fell silent* at the sad news. // *黙って. あれは何の音だ *Hush*! What is that sound?
2 «口外·他言しない»: (沈黙を守る) keep [be; remain] silent (about …), keep silence (about …); (口をつぐんでいる·口を慎む) hold *one's* tongue ★ 普通は命令文で用いる; (何も口に出さない) say nothing.

¶いまお聞きになったことは*黙っていて下さい Will you *keep silent about* what you have just heard? // なぜあなたは(そのことを)私に*黙っていたのだ(⇒なぜ私に話さなかったのか) Why *haven't* you *told* it to me? // そのことは彼には*黙っていて下さい(⇒何も言わないで下さい) Please *don't say anything* about it to him.

3 «文句を言わない»: keep silent; (我慢する) put up with …; (大目に見る) pass over ㊉, overlook ㊉. (☞ がまん; みのがす).

¶こんな仕打ちをされてはもう*黙っていられない(⇒我慢できない) I cannot *put up with* such unjust treatment. // 彼は部下の小さな過失は*黙って見逃した He ⌈*passed over* [*overlooked*] his men's small offenses.

4 «無断・無許可・無届で»: (何の通知もせずに) without notice; (無許可で) without permission. (☞ むだん). ¶*黙って欠席してはいけない Don't be absent from school *without (previous) notice.* // *黙って本を持ち出すのはよくない You must not take out any books *without permission.*

だみごえ 濁声 hoarse voice Ⓒ (☞ しわがれる).

ダム dam Ⓒ. ¶多目的*ダム a multipurpose *dam* // この川の上流に*ダムが建設中だ A *dam* is being ⌈built [constructed] up this river. // この川の20マイル上流にある*ダムが決壊した The *dam* twenty miles up the river ⌈gave way [collapsed; broke].

ダムサイト (ダム用地) damsite Ⓒ.

たむし 田虫 〖医学〗 ringworm Ⓤ.

たむろする 屯する (集まる) gather (together) ㊀ 語法 この動詞を使わないで「一群の人がいる」There are a number of people …のように訳したほうがよい場合が多い. (☞ あつまる). ¶大勢の若者が公園の噴水の回りに*たむろしている(⇒噴水の回りに若い群衆がいる) *There is a* ⌈*throng* [*crowd*] *of* young *people* around the fountain in the park.

ため 為 **1** «…の利益のため» ─ 前 for … 語法 最も一般的な前置詞であるが, 広い意味(目的・交換・理由など)で用いられるため, 意味をはっきりさせたい場合は以下のように言う; (…の利益・目的・動機のための[に]) for the sake of …, for …'s sake; (…の幸福のための[に]) for the good of …; (…の福祉のための[に]) for the welfare of …; (…の得になるような[に]) for the ⌈benefit [interest(s)] of … ─ 形 (ためになる・教育的な) instructive.

¶子供の*ための遊び場 a playground *for* children

その大学は外国人留学生の*ための日本語講座を開講している The university offers Japanese language courses *for* students from abroad.

親はいつも子供の*ためを思う Parents are always concerned *for* (*the welfare of*) their children.

芸術の*ための芸術 art *for* art's *sake*

彼は私の*ためにあらゆる尽力をしてくれた He took all the trouble *for* my *sake.*

すべてが彼の*ために都合よくいった Everything turned out ⌈*for* his *good* [*to* his *advantage*].

彼らは祖国の*ために命を捧げた They gave their lives *for the sake of* their country.

彼女は貧しい人々の*ために大いに尽くした She did much *for the welfare of* the poor.

毎朝ジョギングをするのは体の*ためによい(運動だ) Jogging every morning is good (exercise) *for* the health.

寝不足は体の*ために悪い(⇒健康にとって有害だ) Lack of sleep is bad *for* the health.

この本は*ためになる This book is *instructive.*

彼には若いときの苦労が*ためになった(⇒彼は若いときの苦しい経験から多くを学んだ) He has learned *a lot* from his hard experience in his youth.

情は人の*ためならず Charity is a good investment. (慈善はよい投資) / He who gives to another bestows on himself. (ことわざ: 人に与える者は自分自身に施しているのである)

2 «目的»: (…するために; …を求めて) for …, to *do* 語法 以上2つは最も一般的な言い方だが, あいまいさを避けるためには以下のようなはっきりした目的を表す表現を用いる; (…するために) in order to *do*; (in order) that … may … ★ 少し形式ばった表現; (…することができるように) (so) that … ⌈may [can; will; shall, etc.] …; (…という目的で) for the purpose of (*doing*); (…するつもりで) with the ⌈intention [view; idea; object] of (*doing*); (…という意図で) with a view to (*doing*); (…しようとして) in an attempt (to *do*; at …); (主義・主張のために) for the cause of … 語法 具体性のある目的を表すには purpose. 意志・意向などやや抽象的な目的を表すには intention. 意図・計画には view. 着想には idea. 主に個人的な目標には object. 試み・企てには attempt. 主義・主張・社会的運動などの意味を表すには cause. (☞ 目的・結果の表し方(囲み)).

¶彼らは独立の*ために戦った They fought *for* independence.

ビザをもらう*ために米国領事館へ行かなければならない I have to go to the American consulate *to* get a visa.

彼は仕事の*ため東京へ出てきた He came up to Tokyo *on* business.

彼は一家を養う*ために大いに働いた He worked hard *to* support his family.

「あなたは何の*ために英語を習っているのですか」「外国の人と自由に話ができるようになる*ためです」"*For what purpose* are you studying English?" "I'm studying it (*in order*) *to* be able to talk freely with people from other countries."

我々は正義と民主主義の*ために戦っているのだ We are struggling *for the cause of* justice and democracy.

念の*ため(⇒確かめるため)計算書をもう一度検算した I ⌈checked [went over] the account again *to make sure of its correctness.*

試合日程を忘れない*ために彼はそれを手帳に書き留めた He wrote down the schedule of games in his notebook *so that* he *would* *not* forget it. [語法] 「…しないために」と否定の場合には，最も一般的な表現として so that … would not …を用いる．そのほか not to *do*, より明確な表現が必要なときは so as not to *do* を用いる．

3 «原因・理由» ― 接 (…の理由で) because …, since …, as … [語法] 最も直接的な理由を表し，また一般的な語は because. その次に直接的な語が since で，文の始めに置くのが普通．理由というよりもむしろ付帯的な状況を表すのが as である． ― 前 (…の原因・理由で) from …, through …, by …, with … ★ 以上 4 語はほぼ同意だが，動詞や名詞との連語関係で用法が異なる (例文参照)；(…のせいで) for …, because of …, on account of …, owing to …, due to … [語法] 以上 5 つはほぼ同意で入れ替えて用いることができる．ただし，due to は本来は述語形容詞的に用いられるものとされているが，実際にはあまりその区別も行われていない；(…の力で) by virtue of …；(…のおかげで) thanks to …；(…の理由により) for the reason that …；(…の根拠に基づいて) on the ground that …；(…の事実を考慮して) in view of the fact that … 《☞ 理由の表し方 (囲み)》.

¶ 彼は勉強しなかった*ため試験に失敗した He failed in the examination *because* he had not studied.

その事故は彼の不注意の*ために起こった The accident happened *through* his carelessness.

彼はその本を書いた*ために刑務所に入れられた He was put in ⌈jail [prison] *for* writing the book.

彼は病気の*ため辞職した He resigned his post *on account of* his illness.

悪天候の*ため飛行機は 3 時間延着した *Because of* [*Owing to*] the bad weather, the plane arrived three hours late.

資金不足の*ため我々の計画は挫折した Our plan failed *because of* the shortage of funds.

台風の*ために各地に被害が発生した (⇒ 台風が各地に被害を引き起こした) The typhoon *caused* damage in many regions.

4 «結果» ★ «原因・理由» の表現でもほぼ同じ内容が言い表せる場合がある．《☞ 3》：(…の結果として) as a result of …, in consequence of … [語法] 直接的因果関係を示すには result を，比較的間接の因果関係を示すには consequence を用いる．また 2 つの節を接続詞 and で結び，その間の因果関係を示すこともある；(そのために) as a result；in consequence, consequently ★ いずれも前の文を受けて使う副詞句；(それで) and …；(それ故) so … [語法] so は多少堅苦しい感じの言い方．普通は前にコンマを用いる．また目的を表す場合の so that とは異なり，so に続く節が結果を示す場合には，may, can, should, might などの助動詞は，意味・内容から必要な場合を除き用いない．《☞ 目的・結果の表し方 (囲み)》.

¶ 彼は不注意の*ため途方もない失策をしてしまった *As a result of* [*Because of*] his carelessness, he made a serious blunder.

貨車が脱線した*ため国鉄中央線は不通になった Freight cars were derailed *and* services were suspended on the JNR's Chuo Line.

彼は家賃をだいぶ滞納し，その*ためアパートを立ちのかされた He was way behind on his rent. *As a result*, he was evicted from his apartment.

私は彼らの言語を知らなかった．その*ため意志を伝えることができなかった I did not know their language, *so* I could not make myself understood.

だめ 駄目 **1** «むだ・無益» ― 形 (役に立たない) useless, no use [語法] 叙述的に用いる場合は入れ替え可能．後者は特に it is …, there is … の構文が普通；no good ★ 口語的．《☞ むだ；むえき》.

¶ そんなことはいくらやっても*だめだ It is ⌈*no use* [*useless*]⌈trying [to try] such a thing. / There is *no use* trying to do such a thing.

それをやっても*だめだ (⇒ 利点はない) There is *no advantage* in doing it.

2 «役に立たない・不適切・誤り・劣悪な状態» ― 形 (役に立たない) no good ★ 口語的；(人間がろくでなしの) good for nothing；(助けにならない) of no ⌈service [help] (to …). ― 動 (当座の役に立たない) will not do ★ 口語的；(甘やかしてだめにする) spoil ㊀；(損害を与える) damage ㊀；(壊す) break ㊀；(取りやめになる) be ⌈canceled [《英》 cancelled], be called off ★ 後者がより口語的；(行事などが台なしになる) be spoiled；(損害を受ける・壊れる) be ⌈damaged [broken]. 《☞ こわす；だいなし》.

¶ それでは*だめです That's *no good*.

その計算は*だめです (⇒ 正しくない) The calculation is *not correct*.

彼は*だめな男だ He is *good for nothing*.

彼のアドバイスはいつも*だめだ His advice has *never* been *of any* ⌈*help* [*service*] *to* me.

そのやり方は*だめだ (⇒ 役に立たない) That (method) ⌈*won't do* [*is no good*].

厳しくしないと子供を*だめにしてしまう You'll *spoil* your children if you are not strict with them.

ひょうで農作物が*だめになった (⇒ ひょうが農作物を台なしにした) The hailstorm *damaged* the crops.

その話は*だめになった (⇒ その交渉は失敗した) The negotiations *have failed*. [語法] negotiation はしばしば複数形で用いる．

雨で我々の遠足が*だめになった (⇒ 雨のため実施できなかった) Our picnic *was* ⌈*canceled* [*called off*] because of the rain. / (⇒ 雨が遠足をだめにした) The rain ⌈*spoiled* [*ruined*] our picnic. [語法] これは出発後に降雨のため，遠足が途中で取りやめになったような場合．

3 «無能力・不可能»：(下手だ) be not good at …, be poor at …；(…することができない) cannot do …

¶ 私は英語が*だめだ I'm *not good at* English.

どんなに頼まれても*だめです (⇒ 依頼を断らなければならない)．できないものはできません I am

sorry I *have to decline* your request. Some things are impossible.
その人と会ってはやれるが土曜日の午後は*だめだ (⇒ 会うことができない). 先約がある I can see him but *not* on Saturday afternoon. I have a previous engagement.
4 «望みがないこと・絶望» ― [形] (望みのない) hopeless. ― [動] (失敗する) fail (in ...) (自) ★ (他) の用法もある.
¶ 病人はもう*だめだ. 助かりそうもない The patient's condition is *hopeless*; he has little chance of recovery.
試験は*だめだった (⇒ 私は試験に失敗した) I *failed* (*in*) the exam.
5 «してはいけないこと・禁止事項»: (...してはならない) must not *do* ★ 強い禁止. 短縮形は mustn't [mʌ́snt]; (...するべきではない) should not *do* ★ 短縮形は shouldn't. 《☞ いけない; -ならない》.
¶ 教室の中を走っては*だめだ You *must not* run around in your classroom.
そんなことでくよくよしていては*だめだ. もっと元気を出しなさい You *shouldn't* worry about such a small thing. Keep up your spirits.
こんなことぐらいできなくては*だめだ (⇒ できるようにすべきだ) You *should be able to* do at least this much.
いまの世の中では 1 つくらい外国語ができなくては *だめだ (⇒ 必要だ) Nowadays, a good knowledge of at least one foreign language *is a necessity*.
だめを押す 《米》 double-check (他), make it doubly sure. 《☞ ねん²》.

ためいき 溜息 ― [名] sigh [sái] Ⓒ. ― [動] sigh (自), give [heave; draw] a sigh [語法] 以上はほぼ同意だが, 後者は形容詞を伴って「...のため息をつく」という言い方によく用いられる. heave a sigh は特に大きなため息をつく意味.
¶ 彼は安堵(あんど)の*ため息をついた He *sighed* with relief. // 退屈な仕事をようやく仕上げたとき, 彼はほっとして*ため息をついた When he finally finished his tedious work, he *heaved a* deep *sigh* of relief. // 遠い国にいる恋人のことを思って, 彼女は会いたさに*ため息をついた Thinking about her lover in a distant land, she *sighed* longingly. // 息子の通知表の成績が悪いのを見て, 母親はがっかりして*ため息をついた Looking at her son's poor *school record, the mother sighed* disappointedly.

ためいけ 溜池 (用水池・貯水池) reservoir [rézəvwὰə] Ⓒ; (人工の池) pond Ⓒ ★ pond は lake よりも小さい自然の池を意味することもある; (農場の(用水)池) farm pond Ⓒ; (pond より小さい池) pool Ⓒ.

だめおし 駄目押し ― [名] double check Ⓒ. ― [動] (再点検する) 《米》 double-check (他); (念を押す) make it doubly sure. 《☞ ねん²》.

ためこむ 溜め込む (蓄える) store (up) (他) ★ 最も一般的な語; (使わないでとっておく) lay by (他); (節約してお金などを) save (up) (他). 《☞ ためる; たくわえる》. ¶ 彼らは冬に備えて食料を*ため込む They *store up* food for the winter. // その老人は生前ひそかに金を*ため込んでいた The old man *saved* (*up*) a tidy sum of money in his lifetime.

ためし¹ 試し ― [名] (試み) try Ⓒ; (良否・性能を調べるための試運転・試用) trial Ⓒ; (実地の試み・実験) experiment Ⓒ; (試験) test Ⓒ. ― [動] (試しに使う・試しに...する) try (他). 《☞ ためす; こころみ》.
¶ *試しにその仕事を私にやらせて下さい Let me *have a try* at the job. / (⇒ その仕事ができるかどうか私を試して下さい) Please *try* me for the job. // 彼はそのオートバイに*試しに乗ってみたが気に入らなかった He took the motorcycle *on trial*, but didn't like it. // この新しいカメラを*試しに使ってみよう I'll *try* this new camera. // *試しにジョンソンさんに当たってみてごらんなさい. あの人ならよい知恵を授けてくれるかも知れません *Try* Mr. Johnson, he might give you good advice. // ものは*試しだ (⇒ 実際にやってみて確かめよう) *Try and see* (what will happen). // 彼女はその帽子を*試しにかぶってみた She *tried* the hat *on*.

ためし² 例 (先例) precedent Ⓒ 《☞ れい¹》.
¶ そのような*ためしはない (⇒ それには先例がない) There is no *precedent* for it. // いままでそのような若さで大統領に選ばれた*ためしはない No one has been elected President so young. // 彼はいままで何の事業をやっても成功した*ためしがない (⇒ 成功したことがない) He has never succeeded in any enterprise that he has undertaken.

ためす 試す (試みる) try (他); (試験する) test (他), put ... to the test; (真偽を試す) put ... to the proof. 《☞ ためし¹; テスト》.
¶ 新しいゴルフクラブをあした*試してみよう I'll *try* my new golf clubs tomorrow. // 私はナイフの切れ味を*試してみた I *tested* the sharpness of my knife. // 彼女はフルーツケーキの新しい作り方を*試した She *tried out* a new recipe for fruit cake. [語法] try out はこの例のように他動詞的に用いられると「実地によく試す」の意味になる. しかし, 例えば I'll *try out* for the basketball team. のように自動詞的に用いられると, 米口語として「(チームのメンバーの選抜テストなどを)腕試しに受ける」の意味になる. 《☞ うでだめし》

ためらう (決断できず行動に移れない) hesitate (自); be hesitant ★ be hesitant は主に「ためらいがち」の心的傾向を示すのに用いる; (迷って一か所で足踏みする) pause (自); (疑い・心細さなどから) falter (自); (心が揺れ動く・二者択一に迷う) waver (自). 《☞ しりごみ》.
¶ 彼はドアをノックするのを*ためらった He ⌈*hesitated* [*was hesitant*] to knock ⌈at [on] the door.
彼女は彼のプロポーズに応じるのをまだ*ためらっている She *is* still *hesitating* about ⌈accepting [whether to accept] his proposal.
私は次に何と言おうか*ためらった I *hesitated* (about) what to say next. [語法] 口語ではしばしば about を省略する.
彼は何事にも*ためらわない <S(人)+V(*hesitate*)+*at*+名・代> He *hesitates at* nothing.

た

彼は決断の途中で*ためらった ＜S(人)+V(*falter*)+*in*+動名＞ He *faltered* midway *in* making a decision.
彼は帰宅しようか居残って仕事を続けようか*ためらった ＜S(人)+V(*waver*)+*between*+動名＞ He *wavered between* going home *and* remaining to work in his office.
彼女は*ためらいながら自分のハンドバッグを開けた She opened her handbag *hesitatingly*.
私は*ためらわずに彼の依頼を引き受けた Without (the slightest) *hesitation*, I granted his request.

ためる 溜める, 貯める **1** «蓄える»: (貯蔵する) store up ㊀他; (使わずに節約して蓄える) save (up) ㊀他 ★ 以上2つは「物を蓄える」という意味では最も一般的な語; (次第に増やす) accumulate ㊀他; (財産を) amass ㊀他 ★ 以上2つは少し改まった語; (積み上げる) heap [pile] (up) ㊀他; (集める) gather ㊀他, collect ㊀他 ★ 後者は組織的に集めること. 《☞ たまる; たくわえる; ためこむ》.
¶ 原住民は雨水を*ためて飲料水にしている (⇒ 飲むために雨水を集めて蓄えている) The natives *collect* and *store* rainwater to drink. // 彼は海外旅行のため金を*ためている He *is saving* (*up*) money for a trip abroad. // 彼は*ためた金 (⇒ 貯金) を全部銀行に預けている He keeps all his *savings* in the bank. // こんなところに古新聞を*ためて (⇒ 積み上げて) おかないで下さい Don't ˹*pile* [*heap*] *up* old newspapers here. // 彼女は目に涙をいっぱい*ためていた (⇒ 彼女の目は涙でいっぱいだった) Her eyes *were filled with* tears.
2 «滞らせる»: (勘定や借金などを) run up ㊀他, accumulate ㊀他 ★ 前者のほうが口語的. 《☞ たまる; とどこおる; たいのう》.
¶ 彼は多額の借金を*ためてしまった He *has* ˹*run up* [*accumulated*] large debts. // 彼は家賃をだいぶ*ためている (⇒ 家賃に関してだいぶ遅れている) He is way *behind* on his rent. // 私は仕事をだいぶ*ためてしまった (⇒ 私はまだするべき仕事をたくさん持っている) I *still have a lot of work to do*.

ためん[1] 多面 ―[形] (多面的な) many-sided; (様々の) diversified; (多芸の) versatile. 《☞ たかくてき》. ¶ 問題の*多面的研究法 a *many-sided* approach to the problem // 彼の*多面的な活躍 his ˹*many-sided* [*versatile*] activities
多面体 〘数学〙 polyhedron Ⓒ. ¶ 正*多面体 a regular *polyhedron*

ためん[2] 他面 ―[名] (ほかの面) other sides; (ほかの様相) other aspects. ―[副] (一方・他方) on the other hand. 《☞ いっぽう[1]》.

たもつ 保つ (ある状態に) keep ㊀他; (ある位置・場所に) hold ㊀他 ★以上2語が最も一般的な語; (現状を維持する) preserve ㊀他, maintain ㊀他 ★ preserve は主に「(価値あるものを)失わずに保持する」の意味で, maintain は「現状を維持する」の意味で用いる. 《☞ いじ[2]》.
¶ 僕はサーフボードの上でバランスを*保つことができない I cannot ˹*keep* my balance [*balance* myself] on a surfboard.
社会秩序[世界の平和]を*保つ *keep* [*preserve*] ˹good social order [world peace]
首位 (⇒ リード) を*保つ *maintain* [*hold*] the lead
メンツ (⇒ 面目) を*保つ *save* (*one's*) face
名誉を*保つ *preserve one's* honor
威厳を*保つ *maintain one's* dignity
部屋の温度を摂氏20度に*保つ *keep* [*maintain*] the room at a temperature of twenty degrees C.
夏には冷蔵庫でも食品の鮮度を長く*保つことはできない (⇒ 食品は新鮮な状態ではいない) In summer food doesn't *keep* fresh for a long time even in the refrigerator.
健康[若さ]を*保つ秘訣は毎日適度の運動をすることだ The secret of *maintaining* your ˹health [youthfulness] is to take moderate physical exercise every day.

たもと 袂 (衣服の) sleeve Ⓒ ★1着分のたもとは複数形となる; (橋の) the ˹edge of [approach to] a bridge. 《☞ そで》.
たもとを分かつ ¶ 彼は仲間と*たもとを分かち, 独立して新しい商売を始めた He ˹*split* [*broke*] *with* his former partners, and started a new business on his own.

たやす 絶やす (根こそぎ絶やす) wipe [root] out ㊀他; (絶滅させる) kill off ㊀他; (生物を) exterminate ㊀他 ★ 少し形式ばった語で意味も強く, 最大級の絶滅を意味する; (特に悪習などを) make an end of ...; (品物を切らす・なくなる) run out of ... ★「人」を主語にする.
¶ 土地の開発が幾つかの貴重な生物を*絶やしてしまった (⇒ 幾つかの珍しい種の絶滅を招いた) Land development led to the *extermination* of several rare species of animals and plants. // 悪い風習は容易に*絶やすことができない We cannot easily *make an end of* bad social practices. // 彼はぶどう酒を*絶やしたことがない He *has* never *run out of* wine. // 火を*絶やさないで下さい Please *keep* the fire ˹*alive* [*burning*].

たやすい (容易な) easy; (簡単で単純な) simple. 《☞ かんたん[1]; やさしい[2]》.

たゆまぬ (いつも一様でむらがなく着実な・絶えず行う) steady 《☞ どりょく》. ¶ 彼の*たゆまぬ努力が成功につながった His *steady* effort(s) led to his success.

たよう 多様 ―[形] (いろいろな) various ★最も口語的だが, 日本語の「多様な」という少し堅苦しいニュアンスには次のような訳語が当たることも多い; (変化に富む) diverse [daivə́ːs], diversified, a diversity of ...; (多種類の) a variety of ...; (多数でしかも多種の) manifold
[語法] a ˹diversity [variety] of の後ろに来る名詞は a great ˹diversity [variety] of ˹*occupations* [*activities*] (=多様な職業[活動])のように, 複数形の場合が多いが, 一方 a wide variety of *plant life* (=多様な植物(生態))のように, 単数形の場合もある. 《☞ たしゅたよう; いろいろ》.
¶ *多様な民族 *various* [*a wide variety of*] ethnic groups // その島の野生の動植物はきわめて*多様である The wildlife on the island

is extremely *diverse.* // アメリカ文化の特徴の一つは「*多様の中の統一」である One of the main characteristics of American culture is "unity in ˹*variety* [*diversity*]."

多様化 ―名 diversification Ⓤ. ―動 (多様化する) diversify ㊀, become ˹diverse [diversified]. ¶工業製品の*多様化 the *diversification* of industrial products // 我我の福祉計画は今後ますます*多様化するであろう Our welfare program will *be* increasingly ˹*diverse* [*diversified*] in the future.

多様性 (変化のあること) variety Ⓤ; (相違のあること) diversity Ⓤ ★ diversity は variety よりも個体間の相違を強調した語; (数の多いこと) multiplicity Ⓤ. ¶文化の*多様性 cultural *diversity*

たより¹ 頼り ―名 (信頼し, 寄り掛かること) reliance Ⓤ; (依存) dependence Ⓤ; (頼る物, または人) reliance Ⓒ; (頼る手段) recourse Ⓤ; (手づる・つて・縁故) connection Ⓒ. ―形 (全面的に信用できる) trustworthy; (期待にこたえられる) reliable; (危急の場合などでも頼れる) dependable. 《☞ たよる; しんよう》.

¶このせちがらい世の中では金だけが*頼りだ Money is our sole *reliance* in this hard world.

いざというときに*頼りになる友人 a *dependable* friend / a friend *to be depended on* in time of need / a friend in need

私には本当に*頼りになる相談相手がいない I have no *trustworthy* confidant.

彼は*頼りになる He is ˹a *reliable* person [a person to *be relied on*].

あの男はいざというとき*頼りにならない (⇒ あなたが彼を必要とするときに彼はあなたの信頼を裏切るだろう) He will *fail* you when you most need him.

砂漠の生活での唯一の*頼りは自分の腕と頭だけであった We had nothing but our own muscle and brain to *rely on* to survive in the desert.

私が*頼りにする (⇒ 頼りにして助けを求める) のはあなただけだ I have no one but you to *turn to for help*.

彼らは磁石だけを*頼りに砂漠を横断した (⇒ 羅針盤を唯一の道案内人として) They traveled across the desert with a compass as their only *guide*.

我々は地図を*頼りにその村へたどり着いた (⇒ 地図を参照しながら) We found our way to the village, *consulting* our map.

私はいつも辞書を*頼りに (⇒ 参照しながら) 外国の書物を読む Whenever I read a foreign book, I'*m* constantly ˹*referring to* [*consulting*] my dictionary.

たより² 便り (手紙) letter Ⓒ; (消息・音信・伝言) word Ⓤ; (知らせ) news Ⓤ [語法] word はここでは無冠詞で単数扱い. news も常に単数として扱う. 《☞ てがみ; しらせ》.

¶久しく故郷から[彼から]*便りがない I *haven't heard from* ˹home [him] for a long time. [語法] hear from で「…から便りをもらう」の意. // *便りのないのは良い*便り No *news* is good *news*. 《ことわざ》

たよりない 頼りない ―形 (頼るものがない) helpless; (頼りにならない) unreliable; (はっきりしない) vague, indefinite. ¶*頼りない返事 (⇒ 内容の不明確な) a *vague* [an *indefinite*] ˹answer [reply]

たよる 頼る (頼りにする・頼みにする) rely [depend; count] ˹on [upon] ..., be ˹reliant [dependent] ˹on [upon] ...; (…にすがる) fall back ˹on [upon] ...; (…に訴える) have recourse to ...; (信頼する) trust ㊀; (助力を仰ぐ) look [turn] to ... for ˹help [assistance]. 《☞ たより¹; あて; いぞん¹》.

¶あなたはいかなる場合でも彼を*頼ることができる You can always *rely on* him. // 彼は一家が*頼る大黒柱だ (⇒ 彼の家族全員が暮らしのため彼を頼っている) All his family ˹*rely* [*depend*] *upon* him for their survival. // 我我はいつまでも親に*頼ることはできない We cannot *depend on* our parents forever. // その医者は結局昔の治療法に*頼らざるを得なかった After all the doctor had to *fall back on* the old cures. // いかなる場合も暴力に*頼ることは許されない You must not *have recourse to* violence under any circumstances. // 彼女は遠い親戚を*頼って渡米した She went over to the United States, *counting on* her distant relatives to ˹help [assist] her there.

たら 鱈 cod Ⓒ 《複 ～(s)》, codfish Ⓒ 《複 ～(es)》.

-たら ―接 (…の場合は) if ..., in case ... [語法] if も in case も節が後に来る. その節が「万一の場合に備えて」を意味するならば助動詞 should を用いるが, 未来の不確定な事柄を意味する場合は直接法の動詞を用いる. この用法で in case を用いるのは口語的で, アメリカ英語に多い. なお <in case of＋名詞> の構文もある; (…したときに) when ...; (…そして) and (then) ... 《☞ もし; -なかったら; 仮定の表現 (囲み)》.

¶もし万一彼が訪ねて来*たら, 待っているように伝えて下さい *If* he *should* come to see me, please tell him to wait. // 困ったことがあっ*たら, 私に言って下さい (⇒ 困った場合には助けを求めて私の所へ来なさい) *If* [*In case*] you get into trouble, come to me for help. / *In case of* trouble, come to me for help. // あなたの出発の日取りが確定し*たら知らせて下さい *When* the date of your departure is fixed, please let me know. // よく調べ*たらその報告はうそだということがわかった (⇒ 我々は入念に調査した. そしてその報告がうそだということを発見した) We made a thorough investigation *and* (*then*) found that the report was false. // 新しい車をお買いになっ*たらどうですか *Why don't you* [*Why not*] buy a new car? [語法] 相手に対する穏やかな提案・勧告を意味する口語表現として Why don't you [Why not]＋原形…? がしばしば用いられる. 《☞ 提案・勧告の表現 (囲み)》

たらい 盥 (洗濯用の) washtub Ⓒ; (おけ・風呂おけ) tub Ⓒ.

た

たらいまわし たらい回し 【動】(回す) rotate (他) ; (次から次へと別の所へ回す) send ... from one (place) to another. ¶ 多数党が政権の*たらい回しをしている The majority party *rotates* the reins of government within its own clique. // 我々の請願は役所を次々と*たらい回しされた They *sent* our petition *from one bureau to another*.

だらく 堕落 【名】(最も広い意味で, 堕落・腐敗) corruption Ⓤ ; (特に, 精神的・道徳的な堕落) fall Ⓒ ★ この意味の fall は複数形にはしない. 【動】(堕落する・させる) corrupt (自) (他), fall (自). 【形】(堕落した) corrupt, fallen. 《☞ ふはい[1] ; たいはい[1]》.
¶ 彼は市政の*堕落を暴露した He exposed (the) *corruption* in the city government. // 意志の強い人は*堕落しない (⇒ 堕落しにくい) A man of strong will is not subject to (moral) *corruption*. // 彼は悪友がいて*堕落した (⇒ 彼は悪友によって堕落させられた) He *was corrupted* by his evil friends.

-だらけ (...でいっぱい) be full of ... ★ 最も一般的で, 以下の表現の代わりにも用いることができる ; (充満する) bristle with ... ; (...で覆われている) be covered with ... ; (ごみで) be littered with ...
¶ この本は間違い*だらけだ This book *is full of* mistakes. // この制度は欠陥*だらけだ This system *bristles with* defects and drawbacks. // 彼は欠点*だらけだ He *is all* faults. // 彼女の顔はにきび*だらけだ Her face *is covered with* pimples. // その部屋は紙くず*だらけだった The room *was littered with* scraps of paper.

だらける (怠けたい気持ちになる) feel lazy ; (気がゆるむ) slack off (自) ; (行動・服装などがきちんとしていない) be sloppy, be slovenly ★ 後者のほうが意味が強い. 《☞ だれる》.
¶ 蒸し暑いと心も体も*だらける (⇒ 暑くて湿度の高い天候は我々を怠惰にする) Hot and humid weather *makes* us *lazy*. // 長時間一生懸命仕事をした後はどうしても*だらけてくる (⇒ 我々は気がゆるむ傾向がある) We tend to *slack off* after many hours of hard work.

たらこ 鱈子 cod roe Ⓤ 《☞ たまご》.

だらしない 【形】(姿・服装・態度・習慣などが) slovenly, sloppy ; (身なり・服装・整頓状況などが) untidy 【語法】 服装などにはいずれも用いるが, slovenly はかなり程度がひどいニュアンスがある. sloppy がそれに次ぎ, untidy は単にきちんとしていないこと ; (規律などについて) lax ; (道徳面で) loose [lúːs]. 【副】 untidily ; sloppily ; loosely.
¶ 彼は服装が*だらしない He is ⌈*untidily* [*sloppily*] dressed. // 彼の部屋はいつも*だらしがない (⇒ 乱雑である) His room is always *untidy*. // 彼らは*だらしのない生活をしている They are leading a *loose* life. // *だらしない人[女] a *loose* ⌈person [woman] // 彼は*だらしなく机にもたれ掛かっていた He was leaning *untidily* on the desk.

たらす 垂らす **1** 《液体をしたたらす》: (水・汗・血などのしずくを) drip (with ...) (自), drop (自) ; dribble (自) 【語法】 drip も drop も「液体」を主語にする場合は多くの場合入れ替えて用いることができる. しかし,「人」または「液体をしたたらすもの」(例えば 汗をしたたらす 額など) を主語にすると drip しか用いず <S(人・物)＋V (*drip*)＋*with*＋名(液体)> の構文をとる. しかも多くの場合進行形となる.「極めてわずかずつたらす」の場合では dribble を用いる ; (よだれを) drool (自) ; (鼻水を) have a running nose, snivel (自) ★ 前者が口語的 ; (容器などから不注意にこぼす) spill (他). 《☞ たれる》.
¶ 彼は額から血を*たらしていた (⇒ 彼の額は血をたらしていた) His forehead *was dripping with* blood. / Blood *was dripping* from his forehead. // 彼は汗を(ぽたぽたと)*たらして (⇒ 汗をたらすほど骨を折って) 働いていた He was working so hard that he *was dripping with* sweat. // 彼は汗水*たらしてやっと妻子を養うに足る収入を得た He earned barely enough *by the sweat of his brow* to support his wife and children. 【語法】「汗水たらして」に相当する英語の成句として by the sweat of *one's* brow (旧約聖書「創世記」第 3 章, 第 19 節より) がしばしば用いられる. // その子は鼻水を*たらしている The child *has a running nose*. / (⇒ 鼻水が流れている) The child's nose *is running*.
2 《(液体以外の) 物をぶら下げる》: hang (down) (他) ; (髪などをたらす) have ... flow (down ...) ★「人」を主語とする. 《☞ たれる》.
¶ 彼らは旗を 2 階の窓から外に*たらした They *hung out* a flag from an upstairs window. // 彼女は長い髪を背中に*たらしていた (⇒ たれさせておいた) She *had* her long hair *flowing down* her back. 《☞ 使役 (囲み)》

-たらず ...足らず (...より少ない) less than ... 《☞ たった ; -いない》. ¶ 100 ページ*足らずの小冊子 a small pamphlet with *less than* a hundred pages // 1 マイル*足らずの距離 a distance of *less than* a mile // 彼は 1 時間*足らずでここへ帰ってくるでしょう He'll be back here ⌈*in less than* [(⇒ 以内に) *within*] an hour.

たらたら **1** 《液体の流れる様子》 【副】(しずくになって) in drops. 【動】(しずくや小さな流れとなってたれる) drip (自) ★ 最も一般的な語.「人」または「液体をたらすもの」を主語とすることもある ; (ぽたぽたと流れ落ちる) trickle (自). 《☞ たれる ; たらす ; ぽたぽた ; 擬声・擬態語 (囲み)》.
¶ 蛇口(じゃぐち)から*たらたら水がたれている Water *is dripping* from the tap. / The tap *is dripping*. // 彼の額から血が*たらたらと流れ落ちた Blood *trickled down* his forehead. // 私は冷や汗*たらたらだった (⇒ 冷や汗をかいた) I was *in a cold sweat*.
2 《不平・お世辞などを言う様子》: (いつも) always 《☞ おせじ ; ふへい》. ¶ 彼は不平*たらたらだった (⇒ 彼はいつも不平を言っていた) He was *always* ⌈complaining [grumbling].

だらだら 【形】 (演説など長たらしい) lengthy ; (動作が鈍くてのろい) sluggish ; (怠惰でのろい) lazy ; (不精でだらけている) slovenly；(斜面のゆるやかな様子) gentle. —副 (水などが) in drops. 《☞ のろのろ；だらける》.

¶ 会議は*だらだらと長びいた The conference *dragged on.* // *だらだらした(⇒ 長い) 演説 a *lengthy* speech // *だらだらするな(⇒ 急いでやれ) Be quick! / Hurry up! // *だらだら坂 a *gentle* slope // 道は*だらだら下りになっていた The road sloped down *gently.* // 私は額から汗を*だらだら流しながら走った I ran with sweat *dripping down* my forehead.

タラップ (飛行機の) ramp Ⓒ；(船の) gangplank Ⓒ. ¶ 我々は*タラップを上がった[降りた] We went ˹up [down] the *ramp.*

たらふく 鱈腹 —副 (…を腹一杯食べる) eat *one's* fill of … 《☞ はら》.

だらりと (締まりなく) loosely；(力なく) languidly. 《☞ ぶらりと》.

-たり (動作・状態の並列を表す) … and …, now … now …, (now) … and then …；(原因・理由の並列を表す) what with … and … ★ 少し形式ばった表現で，望ましくない原因・理由を表すためにしばしばこの言い方が用いられる；(一例を挙げてほかにも類似の例があることを暗示する) such … as …

¶ 私はテレビを見*たり，弟とキャッチボールをし*たりして1日を過ごした I passed the day watching television *and* (*then*) playing catch with my younger brother. // 雨が1日中降っ*たり止んだりした(⇒ 雨が断続的に降った) It *rained* ˹*off and on* [*on and off*] all day. // 疲れ*たり腹が空い*たりして彼は仕事をする気にならなかった *What with* fatigue *and* hunger, he did not feel like starting work. // 道を行っ*たり来*たりしてやっとその小さな店を見つけた I walked up *and* down the street before I found the small shop.

ダリア dahlia Ⓒ 《☞ 花 (囲み)》.

たりきほんがん 他力本願 ¶ 彼は何事も*他力本願だ(⇒ 常に他人の助けを求める) He always *turns to others for help.*

【参考語】 —動 (他人に頼る) rely [count] ˹on [upon] others for help, turn to others for help.

だりつ 打率 〖野球〗 batting average Ⓒ 《略 bat. avg.》 《☞ 野球の英語 (囲み)》. ¶ 彼の*打率は2割3分7厘だ He has a *batting average* of .237. / He has a .237 *batting average.* 〔語法〕 この打率を示す数字は two thirty-seven と読む. .300 (3割) は three *hundred* と読む.

たりない 足りない **1** 《人に当然あるべき資質・性質などが》: lack ⓗ, be lacking in …, 《英》 want ⓗ, 《英》 be wanting in …；(欠陥と見なされるほど不足して) be deficient in … ★ やや堅苦しい表現. 〔語法〕 「A に(は) B が足りない」の構文で以上の表現はいずれも A を主語とし，それに不足している性質・資質などを表す名詞を目的語とする. 《☞ かける[2]；ふそく[1]》.

¶ 彼は常識が*足りない He ˹*lacks* [*wants*] common sense. / He *is* ˹*lacking* [*wanting*] *in* common sense. // 彼の言っていることには詳しい説明が*足りない(⇒ 彼の陳述には詳しさが足りない) His statement *lacks* detail. // 白米にはビタミンBが*足りない Polished rice *is deficient in* vitamin B.

2 《金銭・時間・数量などが》: (不足している) be short of … 〔語法〕 この場合 be short of と be ˹lacking [wanting] in は入れ替えはできない. 例えば「彼は勇気が*足りない」の場合「勇気」は人に備わるべき資質の1つであるから He *is lacking in* courage. と言うが,「彼は時間が*足りない」の場合「時間」は人に備わるべき資質ではなく,「金銭」などと同様，人の持つ物の1種と見なされるから be lacking in は用いない；(十分ではない) be not enough, be insufficient ★ 後者はやや形式ばった語. 《☞ ふそく[1]；ふじゅうぶん》.

¶ 我々は時間が*足りない We *are short of* time. // 資格のある教師が*足りない There is a *shortage of* qualified teachers. // 我々は燃料が*足りなかった(⇒ 我々は十分な燃料を持たなかった) We *didn't have enough* fuel. // 彼の収入は家族を養うには*足りない His income *is not* ˹*enough* [*sufficient*] *to* support his family. // あなたの試験の成績は合格ラインに10点*足りない(⇒ 合格の10点下だ) Your score on the examination is ten points *below* passing.

たりょう 多量 —形 (多量の) a large ˹quantity [amount] of …, large ˹quantities [amounts] of …, a ˹great [good] deal of …, 《口語》 a lot of …, lots of …；(期待・標準などを上回る量の) abundant. —副 (多量に・たくさん) in abundance, abundantly. 《☞ たくさん(類義語)；たいりょう[1]》.

¶ わが国は*多量の石油を輸入している We import *a* ˹*large quantity* [*great deal of*] oil. // 我々には*多量の食料がある We have ˹*an abundant supply of* food [*abundant* food]. // 柑橘(かんきつ)類はビタミンCを*多量に含む(⇒ ビタミンCにおいて豊富である) Citrus fruits are *rich in* vitamin C. // けが人は出血*多量で(⇒ 多過ぎる出血のため) 危篤だ The wounded man is in a critical condition because of *excessive* ˹bleeding [loss of blood].

だりょく 惰力 (惰性の力) inertia [inə́ːʃə] Ⓤ. ¶ 自転車はこぐのを止めてもしばらく*惰力で走る The bicycle can go some distance by *inertia* after you stop pedaling.

たりる 足りる —形 (必要を満たすのに十分な) enough (for …) ★ 数量についていう；sufficient for … ★ 形式ばった語で，数量だけでなく，程度についても用いられる. —動 (間に合う・目的に一応かなう) do ⓐ. 《☞ じゅうぶん[1] (類義語)；たりない；まにあう》.

¶ 本を買うのにお金がちょうど*足りた(⇒ 私はこの本を買うためにちょうど十分なだけのお金を持っていた) I had just *enough* money *to* buy the book. // これだけの食料があれば*足りる(⇒ この量の食料は我々の必要に対して十分だ) This quantity of food will be *sufficient for* our needs. // 「幾らあれば*足りるのですか(⇒ あなたは幾ら必要とするのですか)」「5千円あれば*足りるでしょう(⇒ 5千円が目的にかなう)」 "How much do you *need*?" "Five thousand yen will *do*."

た

たる¹ 樽 (大型で普通のもの) barrel Ⓒ; (酒だる) cask Ⓒ; (小だる) keg Ⓒ.

barrel

たる² 足る **—**[形] (十分である) enough, sufficient ★ 後者はやや形式ばった語; (価値がある) worth (… ing), worthy (of …). **—**[動] (…に値する) deserve (他). 《☞ たりる》. ¶その問題はここで取り上げるに*足る重要なものだ The question is important *enough* to ˹take up [consider] here. ★ この enough は [副].

だるい **—**[動] feel ˹tired [languid; weary]. 【類義語】疲れていることを表す一般的な語が ***tired***. 疲れて力や元気を失ったことを表すのが ***languid***. 力を使い果たして仕事などの続行が不可能なことを表すのが ***weary***.

¶きょうは体が*だるい I *feel tired* today. ∥ 彼は*だるそうに歩いていた He was walking ˹*languidly* [*wearily*]. / (⇒ 疲れた重い足取りで歩いていた) He was walking ˹with *languid* steps [with *tired heavy* steps].

たるき 垂木 rafter Ⓒ 《☞ やね (挿絵)》.

だるま 達磨 (an image of) Dharma; (玩具) tumbler Ⓒ.

たるみ 弛み (ロープ・ひもなどの) slack Ⓤ ★ 特に「たるんだ箇所」という意味では the を付ける; (規律・風紀などの) laxity Ⓤ. ¶兵士の規律に*たるみがある There is some *laxity* in discipline among the soldiers.

たるむ 弛む (ロープ・ひもなどが) slacken (自); (たるんでいる) hang ˹slack [loose], be ˹slack [loose]; (筋肉が) get flabby; (精神などが) slack (off) (自), go soft. 《☞ ゆるむ》. ¶ぴんと張ったロープが*たるんだ The tightly stretched rope *slackened*. ∥ ロープが*たるんでいるよ The rope *is* (*hanging*) *slack*. ∥ 彼は腹の皮が*たるんでいる (⇒ 彼はたるんだ腹を持っている) He has a *flabby* belly.

だれ 誰 **1** «(疑問文の)だれ»: who ★ 疑問代名詞の主格. [語法] 名前だけでなく, 職業・身分などを聞く疑問詞でもある. 《☞ 疑問詞 (欄外)》.

¶「あの人は*だれですか」「佐藤さんです」"*Who*'s that man?" "He's Mr. Sato."

「エミ子って*だれ」「私のいとこなの」"*Who*'s Emiko?" "She's my cousin."

お前は[君は]*だれだ *Who* are you? [語法] これは失礼な言い方で一般の会話では用いない. 相手の名前を尋ねる丁寧な言い方は May I have your name, please? これよりややぶっきらぼうな言い方としては What's your name? がある.

《ドアのノックなどの答えとして》「*だあれ」「ぼくだよ」"*Who* is it?" "It's me."

*だれだ, そこにいるのは *Who*'s there?

*だれがそんなことを言ったのか *Who* said such a thing?

ほかに*だれかこの質問に答えられる人はいないか *Who* else can answer this question?

私が*だれだかわかりますか Can you tell *who* I am?

あの女の子は(私には)見慣れた顔だが, *だれだか思い出せない That girl looks familiar to me, but I can't remember *who* she is.

次の大統領選挙に*だれが勝つと思いますか *Who* do you think will win the coming presidential election? [語法] do you think が疑問詞 who の後にあることに注意.

*だれが知るものか *Who* knows? [語法] これは Nobody knows. (=だれも知らない)という意味の修辞疑問文. 《☞ 修辞疑問 (欄外)》

新しいクラスで*だれが*だれだか覚えるのに 2, 3 週間かかった It took me a few weeks to remember *who was who* in my new class. [語法] who ˹is [was] who は口語表現.

2 «(疑問文の)だれの»: whose ★ 疑問代名詞の所有格. [語法] 名詞の前に付いて限定的に用いられる場合が多いが, 「だれのもの」の意味で, 独立して所有代名詞としても用いられる. 《☞ 疑問詞 (欄外)》.

¶これは*だれの本ですか *Whose* book is this? 《☞ 代名詞 (欄外)》

3 «(疑問文の)だれを・だれに»: whom ★ 疑問代名詞の目的格; who [語法] 目的格 whom が文頭に来る場合, 口語では普通, 主格 who を代用する. 《☞ 疑問詞 (欄外)》.

¶あなたは*だれを連れて行ったのですか *Who* [*Whom*] did you take with you?

あなたは*だれを待っているのですか *Who* [*Whom*] are you waiting for?

あなたは*だれにその書類を渡したのだ *Who* [*Whom*] did you hand the papers to?

あなたは*だれに殴られたのだ (⇒ だれがあなたを殴ったのだ) *Who* beat you?

あなたは*だれと一緒に (⇒ だれがあなたと一緒に) 行きましたか *Who* went with you?

4 «(不特定の人を指して)だれか»: 《肯定文で》 somebody, someone; 《疑問文・否定文, および if, whether に続く節で》 anybody, anyone [語法] 疑問文の形をとっても, 話し手の真意としては肯定的な気持ちが強い場合や, 何かを依頼したり勧誘したりする場合には somebody, someone を用いる. なお, somebody, anybody のほうがそれぞれ someone, anyone よりも口語的.

¶ *だれか来るぞ *Someone* is coming.

きのう*だれか訪ねて来ましたか Did *anyone* call yesterday? / Did *someone* call yesterday? [語法] 前者は「人が訪ねて来たかどうか」わからないからする普通の質問であるのに対し, 後者は肯定的な答えを予想した質問で, Is it true that someone called yesterday? の意味になる.

*だれか来て手伝ってくれる人はいませんか Can *anybody* come and help me? / Can *any of you* come and help me? [語法] 後者は複数の人に直接問いかける場合に用いる.

「このカメラはあなたのですか」「いいえ, *だれかほかの人のです」"Is this your camera?" "No, it's *somebody else's*."

この職に*だれか適当な人を推薦して頂けますか Would you (kindly) recommend *some*

suitable person for this position? [語法] このような依頼を意味する文で kindly を用いるのは手紙の場合に限られ, 普通の会話では kindly を省いた形になる.
*だれか(が)私の傘を間違って持って行ってしまった *Somebody* has taken (away) my umbrella by mistake.
あなたは*だれかにそのことを話しましたか Did you tell (it to) *anybody*? [語法] 会話文では前後関係からこの ( ) 内は省かれることが多い.
*だれかと思ったら私の父だった(⇒ それはほかでもない私の父だった) It was *no other than* my father.
*だれが何と言おうと(⇒ だれが私に反対しようとも) 私の気持ちは変わりません No matter *who* opposes me, I will not change my mind.
5 «(不特定の人を指して)だれでも・だれにも»: 《肯定文で》 anybody, anyone ; (みんなが) everybody, everyone ; (…する人はだれでも) who(so)ever ; 《否定文で》 (だれも…でない) nobody, no one ; none ★ 少し文語的.
¶ この仕事は*だれでもできる *Everybody and anybody* can do this work.
私は助手が欲しい. *だれでもかまわない I want an assistant. *Anyone* will do.
*だれ(で)も立派な教師になれるとは限らない *Not everybody* can be a good teacher. [語法] not everybody …は部分否定を表す. 《☞ 否定の表現 (囲み)》
我々の身の上がどうなるか*だれにもわからない *Nobody* can tell what will become of us. [語法] anybody cannot tell …は誤り.
*だれもその家にいなかった There was *nobody* in the house.
*だれもかれも(⇒ あらゆる人が)改革を望んでいた *Everybody* was impatient for reform.
私は秘密を*だれにも打ち明けなかった I didn't ˹tell [confide] my secret to *anybody*.
人は*だれでも欠点がある(⇒ 欠点のない人はない) *Nobody* is ˹without (his) faults [free from faults].
彼はテニスでは*だれにも負けない He is *second to none* in tennis.
外国語を習得することは*だれにとっても難しい It is difficult for *anyone* to master a foreign language.
その事は*だれ知らぬ者もない (⇒ だれでも知っている) *Anybody* [*Everybody*] knows that.
*だれひとり彼に手を貸そうとしなかった *Nobody* would offer to help him.

たれこめる 垂れ籠める (霧などが) hang [lie] low (over …) 《☞ たちこめる》. ¶ その場所には深い霧が一面に*たれこめていた Dense fog [Very thick mist] *hung low* all over the place. // 低く*たれこめた雲 *low hung* clouds

たれさがる 垂れ下がる hang down ㊊ 《☞ たれる》.

たれながし たれ流し (有害産業廃棄物の) effluence Ⓤ. ¶ 製紙工場からの有害廃棄物の*たれ流し (the) *effluence* of poisonous waste from the paper mill // その工場は水銀を含んだ廃水を川に*たれ流していた (⇒ 法律に違反して流していた) The factory *was illegally discharging* ˹waste water [effluent] containing mercury into the river.

たれる 垂れる (下端がたれ下がる) hang ㊊ 《過去・過分 hung》, dangle ㊊ [語法] 特に, たれ下がっている物の下部が揺れ動く状態を表すのに dangle を用いる ; (しずくとなってしたたり落ちる) drip ㊊, drop ㊊, fall in drops ㊊ [語法] drip と drop はほぼ同意で入れ替え可能だが,「したたり落ちる」の意味では drip のほうがよく用いられる ; (ちょろちょろ流れるように落ちる) trickle ㊊ ; (木の枝などが) droop ㊊ ; (頭・首などを) hang ㊍ ; (低くする) lower ㊍, bend down ㊍. 《☞ たらす ; したたる》.
¶ 耳の*たれた犬 a dog with *low-set* ears
入口に幕が*たれている There is a curtain (*hanging*) at the entrance.
彼女の髪の毛は肩まで*たれている Her hair ˹*hangs* about [*falls* over] her shoulders.
水が蛇口から*たれている Water *is dripping from* the ˹faucet [《英》 tap].
道路上に点々と血が*たれていた(⇒ 血の滴りのあとがあった) There were *drops* of blood on the pavement.
彼は恥じて頭を*たれた He *hung* his head in shame.
実がたくさんなって(⇒ 実の重みで)枝が*たれている The branches *are drooping* under the weight of the fruit.
山には雲が低く*たれていた Clouds *were* ˹*hanging* [*lying*] low over the mountains. 《☞ たれこめる》

だれる (動作などが不活発になる) become inactive, become [get] sluggish ; (話や内容が面白くなくなる) become dull ; (退屈する) become bored ; (精神がたるむ) go soft. 《☞ だらける》. ¶ 暑いと人は*だれてくる Hot weather makes us *languid*. // 彼の講義は*だれていておもしろくない His lectures are *dull*. // 聴衆が*だれてきている The audience ˹*is* [*are*] *becoming bored*.

タレント (テレビタレント) TV talent Ⓒ, television personality Ⓒ.

-だろう ★ 日本語の「…だろう」という表現は, 英語に訳すときは「未来」「推量」「可能性」などを表す助動詞を用いた表現,「多分」「恐らく」というような副詞を用いた表現,「…と思う」に当たる表現などに置き換えられる.
— 助 (単純な未来あるいは話し手の推量) will 《過去 would [wúd]》 [語法] 米口語では人称にかかわらずすべて will でよいが, 書き言葉では 1 人称に限り単純未来であることを強調する意味で I shall …となることがある ; (…かもしれない) may 《過去 might [máit]》. — 副 perhaps, possibly, probably, 《口語》 maybe [語法] 「恐らく…だろう」という意味では共通しているが, perhaps はあまり確実性がなく, possibly も同様だが, 少し形式ばった語. probably はかなり確実性のある感じを表す. maybe は会話でよく用いられ, perhaps とほぼ同じ. — 動 (…と思う) I think …; I suppose …; I guess …; I hope …; I am afraid …; I fear … [語法] 客観的・理性的に思考して思うのが think で, 語感として無色な感じ. 主観的に推測して思うのは

suppose. 同じ意味で, より口語的なのが guess. 希望的観測で実現性は問題とせず, そうであればよいのだがという願いの気持ちを表すのが hope. 逆に都合の悪いことで起こらないほうがよいことについての推測を表すのが be afraid. 少し形式ばっているのが fear. 《☞ おそらく (類義語); 推量の表現 (囲み)》.

¶ 彼はきょう来る*だろう (⇒ 来ると思う) I ˹*think* [*suppose*; *guess*] he'll come today. / (⇒恐らく来るだろう) He *will probably* come today.

「あしたのお天気はどう*だろうか」「多分雨*だろう」"How *will* the weather be tomorrow?" "*I'm afraid* it'll rain." 【語法】 雨が降ると困る場合である. 逆に日照り続きで雨を期待しているときなら I hope となる.

「彼は試験に受かる*だろうか」「多分受からない*だろう」"*Will* he pass the examination?" "*Maybe* not. / *Perhaps* not. / *I'm afraid* not." 【語法】 上記3つの回答の文において not は he won't pass the examination という節全体を代表する.

「あの人が彼の婚約者かい」「そう*だろう」"Is she his fiancée?" "*I think* so."

多分あなたの言うとおり*だろう *Probably* you are right. / (⇒ …と思う) *I* ˹*guess* [*think*] you are right. / You *may* be right. 【語法】 可能性があるという意味でより口語的には *Maybe* you are right. とも言う.

甘いものを食べたから虫歯ができたの*だろう *I suppose* too much candy has caused the decayed teeth.

彼女は30歳は越している*だろう *I should say* she is over thirty. 【語法】 この should は控えめな意見を表す仮定法.

1時間前に出発したのだから, もう彼はそこに着いている*だろう He left one hour ago, so he ˹*should* [*ought to*] have arrived there ˹by now [already]. 【語法】 この should および ought to は「当然…であるはずだ」というかなり確実性の高い推量を表す.

あなたはあしたのいまごろはニューヨークに着いている*だろう You*'ll* be in New York at this time tomorrow. 【語法】 この will は単なる未来.

彼の言っていることは誇張*だろう What he says *would* be an exaggeration. 【語法】 この would は断言を避けた控えめな言い方.

彼はなぜあんなに怒っているの*だろう I *wonder* why he is so angry. 【語法】 「なぜ…だろうか」「…かどうかしら」という意味を表すには wonder を用い, 疑問詞または whether, if で導かれる名詞節を目的にする.

たわいない (愚かでばかばかしい) silly, foolish ★ 以上2語は入れ替え可能だが, silly のほうがより口語的で意味も強い; (取るに足りない) trivial; (無邪気な・罪のない) innocent; (子供じみた) childish ★ 軽蔑の意がこもる. 《☞ くだらない; ばかげた; むじゃき》.

¶ 彼はいつも*たわいないことを言っている He always ˹says *silly things* [talks *nonsense*]. // 彼らは*たわいないことで口論した They had a quarrel over a *trivial* matter. // 彼は*たわいない (⇒ 罪のない) いたずらをするのが好きだ He likes playing *innocent* tricks. // 彼らは*たわいなく (⇒ 簡単に) 負けてしまった They were *easily* defeated.

たわごと 戯言 (たわけた言葉) nonsense Ⓤ; (ばかげたおしゃべり) silly talk Ⓒ.

たわし scrub(bing) brush Ⓒ; (金属製の) steel wool Ⓒ. 《☞ 台所・家事 (囲み)》.

たわむ 撓む (普通の位置から下がる) sag (down) ⓐ; (重みで下がる) be weighed down; (しなう) bend ⓐ, be bent. 《☞ たわわ; しなう》. ¶ 枝も*たわむばかりに桃がなっている (⇒ 枝が桃の重みで下がっている) The branches *sag* (*down*) *under* the weight of the peaches.

たわむれ 戯れ (おもしろ半分の遊び) fun Ⓤ; (冗談・笑い事) joke Ⓒ, jest Ⓒ ★ 後者のほうが形式ばった語. 《☞ おもしろはんぶん》.

たわむれる 戯れる (子供・動物などが遊ぶ) play ⓐ; (冗談を言う) joke ⓐ. 《☞ あそぶ; ふざける》.

たわら 俵 straw bag Ⓒ.

たわわ ¶ 枝も*たわわにりんごの実がなっている The branches *are* ˹*laden* [*weighed down*] with the apples. 《☞ たわむ》

たん¹ 痰 phlegm [flém] Ⓤ. ¶ *たんを吐く cough out [bring up] *phlegm*

たん² 反 **1** 《土地の》: *tan* Ⓒ ★ 単複同形; quarter of an acre Ⓒ 【参考】 1反 (=300坪: 993 m²) は1エーカー (=約1224坪: 4047 m²) のほぼ $^1/_4$ に相当. **2** 《反物の》: roll of cloth (about 12 yards in length) Ⓒ 【参考】 1反は長さ約11 m, 幅約34 cm.

だん¹ 段 **1** 《階段など》: (階段の1段) step Ⓒ, stair Ⓒ; (階段のひと続き) a flight of ˹steps [stairs]; (はしごの1段) a rung of a ladder. 《☞ かいだん¹ (挿絵); はしご》.

¶ 私は一度に2*段ずつ階段を駆け登った I bounced up the stairs, two *steps* at a time. // 石の*段を登る[降りる] go ˹up [down] the stone *steps*

2 《順に積み重ねたものの段》: (階層を成すものの段) deck Ⓒ; (平たく重ねたものの段) layer Ⓒ; (階段教室の床などのように順次高くなった段) tier Ⓒ; (ロケットの段) stage Ⓒ.

¶ 2*段ベッド a double-*deck* bed // 2*段入りのチョコレートの箱 a two-*layer* box of chocolates // 5*段重ねの重箱 a five-*tier* nest of lacquered boxes for cooked food // ロケットの第1*段 the first *stage* of a rocket // 多*段式ロケット a multi-*stage* rocket

3 《等級》: (武道・碁・将棋などの) grade Ⓒ. ¶ 彼は柔道5*段だ He is a judoist of the fifth *grade*.

4 《新聞の》: column [kάləm] Ⓒ 《☞ 新聞の英語 (囲み)》. ¶ そのニュースは3*段抜きの見出しで報じられた The news was reported with a three-*column* headline.

だん² 団 (集団) group Ⓒ ★ 最も一般的な言葉; (一団) 《口語》 bunch Ⓒ; (統率者のいる一団) band Ⓒ; (悪者などのグループ) gang Ⓒ; (業務を委託された一団・調査団など) commission Ⓒ; (公式で組織的な一団) body Ⓒ ★ 国会内のグループ・委員会など; (外交団などの) corps [kɔ́ə] Ⓒ 《複 ～ [kɔ́əz]》; (旅などの

一行) party Ⓒ; (巡回芸能人などの一座) company Ⓒ. 《☞ だんたい》.
¶ 調査 *団が組織された An inquiry ⌈*group* [*commission*] has been formed. / An investigation *team* has been appointed. // 技術専門家の一 *団 a *band* of technical experts // 代表 *団 a *body* of delegates / a delegation // テロ *団 a terrorist ⌈*group* [*gang*] // 軍事顧問 *団 a *corps* of military advisers // 新聞記者 *団 a press ⌈*group* [*corps*] // (裁判の) 弁護 *団 the defense *counsel* // 視察 *団 an observation ⌈*party* [*group*] // バレー *団 a ballet (*company*)

だん³ 談 (話) talk Ⓒ; (物語) account Ⓒ, story Ⓒ [語法] 事柄の詳細について体験者・目撃者が自ら述べるという意味では account を, また事実の概略をしばしば話し手の主観・作為なども混じえて述べることを表すには story を用いる.
¶ 目撃者の *談によれば according to the *account* of an eyewitness // 彼は自分の体験 *談をきかせてくれた He told me his personal experiences.

だん⁴ 壇 (床面より高くなっている所) platform Ⓒ. ¶ 彼は演説をするため *壇に登った He ⌈mounted [ascended] the *platform* to deliver his speech.

だん⁵ 暖 **暖をとる** warm *oneself* 《☞ あたたまる》. ¶ 我々はたき火で *暖をとった We *warmed ourselves* at the fire.

だんあつ 弾圧 ── [動] (権力の不当行使により, 他人を強制的に服従させる) oppress (他); (力を公に行使して思想・行動などを抑え込む) suppress (他). ── [名] oppression Ⓤ; suppression Ⓤ. 《☞ よくあつ》.
¶ *弾圧的政策 an *oppressive* measure // 自由主義者たちは当時, 官憲の *弾圧に苦しんだ Liberals suffered official *oppression* at that time. // 政府は言論の自由を *弾圧した The government *suppressed* freedom of speech.

たんい 単位 **1** 《度量衡・貨幣などについて》: unit Ⓒ ★ ただし「単位呼称」の意味では denomination Ⓒ を用いることがある. 《☞ 度量衡 (囲み)》.
¶ メートルは長さの *単位である The meter is a *unit* of length. // あなたの計算は *単位が間違っている (⇒ 誤った単位を使って計算した) You calculated using the wrong *unit*. // アメリカの貨幣 *単位はセントとドルの 2 つである American money has two *denominations*: the cent and the dollar. 《☞ 金銭 (囲み)》 // 米はキログラム *単位で売買される Rice is sold *by* the kilogram. // この表の金額は 100 万 *単位で示されている The amount of money in this table is ⌈shown [expressed] *in* millions.
2 《事物の基本的構成要素》: unit Ⓒ.
¶ 家族は社会の基本 *単位である The family is a basic *unit* of society.
3 《大学・高校の学習量》: 《米》 credit Ⓒ [参考] アメリカの大学では週 1 時間の講義に 1 学期 (one semester: 普通 15 週) 出席した場合の学習量を 1 単位とし, それで学習量を具体的に数値で表す. 《☞ 学校・教育 (囲み)》.
¶ 彼は心理学で総計 20 *単位を取った He earned a total of twenty *credits* in psychology.

たんいつ 単一 ── [形] (たった 1 つの) single; (多種の要素を含みながらまとまっている) unitary. ── [名] singleness Ⓤ; unity Ⓤ. ¶ 日本は *単一国家である Japan is a *unitary* state.

だんいん 団員 member Ⓒ 《☞ だん²》.

たんおんかい 短音階 〘音楽〙 the minor scale (↔ the major scale) 《☞ 音楽 (囲み)》.

たんか¹ 担架 stretcher Ⓒ. ¶ そのけが人は *担架で運ばれた The injured person was carried on a *stretcher*.

たんか² 啖呵 ── [名] (挑戦的な言葉) defiant words ★ 複数形で. ── [動] (虚勢を張ってどなる) bluster (自). ¶ 彼は上役に向かって *たんかを切った He *hurled defiant words* at his boss.

たんか³ 短歌 Japanese ⌈poem [verse] (of 31 syllables) Ⓒ, *tanka* Ⓒ ★ 単複同形; *tanka* poem Ⓒ. 《☞ 日本固有の風物と英語 (囲み)》.

たんか⁴ 単価 unit price Ⓒ 《☞ かかく; ねだん》. ¶ このねじは *単価が 10 円だ (⇒ 1 個につき) These screws cost ten yen *apiece*.

だんか 檀家 supporting member of a Buddhist temple Ⓒ.

タンカー tanker Ⓒ.

だんかい 段階 ── [名] (発展過程の) stage Ⓒ; (次へ進むための 1 歩) step Ⓒ. ── [形] (段階的な・徐々の) gradual; (着実に 1 歩 1 歩進む) step-by-step. ── [副] (段階的に・徐々に) gradually; (1 歩 1 歩) step by step.
¶ 最終 *段階 the final *stage* // それはまだ計画の *段階です It is still in the planning *stage*. // この病気は初期の *段階ではなかなか見つからない This disease cannot easily be ⌈recognized [detected] in its early *stage*(*s*). // 算数は *段階を踏んで (⇒ 段階的な原則に基づいて) 教えるべき科目である Arithmetic is a subject to be taught *on a step-by-step basis*.

だんがい¹ 断崖 (垂直で地層の露出しているような崖(がけ)) cliff Ⓒ ★ 最も一般的; (上が突き出ているような感じの崖) precipice Ⓒ; (海や谷に落ち込んでいるような崖) bluff Ⓒ. 《☞ がけ》.

だんがい² 弾劾 ── [動] impeach (他). ── [名] impeachment Ⓤ. **弾劾裁判所** impeachment court Ⓒ.

たんかだいがく 単科大学 college Ⓒ 《☞ だいがく (類義語)》.

たんがん 嘆願 ── [動] (頼む) beg (他); (懇願する) entreat (他); (訴える) appeal (to ...) (自); petition (他); (哀願する) implore (他). ── [名] entreaty Ⓒ; petition Ⓒ; appeal Ⓤ; imploration Ⓤ.
【類義語】一般に相手の機嫌を取って頼み事をする意味では **beg** または **entreat** だが, 後者は形式ばった語. 道義に訴えて願うのは **appeal**. 権力者に対し, しばしば政治的な目的で, 文書や多数者の署名により嘆願・請求するのは ***petition***. 執拗で切実に哀願するのは ***implore***.
¶ 彼女は王に助命を *嘆願した <S(人)+V (*beg*; *entreat*)+O(人)+*for*+名・代> She ⌈*begged* [*entreated*] the king *for* her life. /

<S(人)+V(*beg*; *entreat*)+O(人)+C(*to* 不定詞)> She ｢*begged* [*entreated*] the king *to* spare her life. // 彼はあらゆる*嘆願にまったく耳を貸さなかった He ｢was deaf [turned a deaf ear] to all *entreaties*. // この地域の住民は*嘆願書を知事に提出した The neighbors ｢presented [sent] their *petition* to the governor.

だんがん 弾丸 (銃弾) bullet [búlit] Ⓒ; (散弾) shot Ⓒ ★ この意味では単複同形; (砲弾) shell Ⓒ. ¶ *弾丸が我々の耳元をひゅーひゅーとかすめた The *bullets* whizzed past our ears. // 一発の*弾丸が彼の胸を貫いた A *bullet* ｢went [passed] through his chest. / A *bullet* shot him through the chest.

たんき[1] 短気 ━形 (気が短い) short-[quick-]tempered; (性急な) impatient. ━名 (short) temper Ⓤ. 《☞ おこりっぽい》. ¶ 私の兄はとても*短気です My older brother is quite *short-tempered*. / (⇒ すぐ怒る) My older brother *gets angry* easily. // *短気を起こしてはいけません Don't *lose your temper*. / Don't *be impatient*. / *Be patient*. // *短気は損気 *Haste* makes waste. 《ことわざ: 急ぐとむだができる》

たんき[2] 短期 ━名 (しばらくの間) a short time (↔ a long time). ━形 (短期契約の) short-term (↔ long-term). 《☞ たんきかん》. ¶ 私たちの会社では銀行に*短期の貸し付けを申し込んだ Our company asked the bank for a *short-term* loan. **短期大学** junior college Ⓒ 《☞ だいがく》.

たんき[3] 単記 (投票の) single entry Ⓤ 《☞ れんき》. **単記制** (投票の) single ｢vote [ballot] system Ⓒ **単記無記名投票** (a) secret vote with single entry.

たんきかん 短期間 a short time 《☞ たんき[2]》. ¶ *短期間で英語は習得できない You can't master English in *a short time*.

たんきゅう 探求, 探究 ━動 (追い求める) pursue [pərsúː] ⑭; (研究する) research ⑭. ━名 (追求) pursuit [pərsúːt] Ⓤ; (研究) research Ⓤ ★ しばしば複数形で, または a を付けて. 《☞ ついきゅう[2]; もとめる》. ¶ 科学者は真理の*探求に従事している Scientists are engaged in the *pursuit* of truth.

たんきょり 短距離 ━名 short distance Ⓒ (↔ long distance). ━形 short-distance. 《☞ きんきょり》. ¶ この種のトラックは*短距離の運搬に使われる Trucks of this sort are used to carry loads a *short distance*.
短距離競走 short-distance race Ⓒ; dash Ⓒ ★ 100 メートル競走 (100-meter dash) などの用語として用いられる. 《☞ スポーツ (囲み)》 **短距離選手** sprinter Ⓒ.

タンク (液体やガスなどを貯蔵する大きな容器) tank Ⓒ; (戦車) tank Ⓒ. **タンクローリー** 《米》 tank truck Ⓒ, 《英》 tanker Ⓒ.

タンクトップ tank top Ⓒ.

だんけつ 団結 ━動 unite (together) ⓐ, 《口語》 band together (against ...) ⓐ ★ ⑭ として受身の形で用いることもある. ━名 union Ⓤ. 《☞ けっそく》. ¶ 私たちは*団結して難局にあたった We ｢*all united* [*united together*] to deal with the difficulties. / We coped with the difficulties *in a body*. // *団結は力なり *Union* is strength. 《ことわざ》 // *団結して賃上げを獲得しよう Let us *unite* to get higher wages.

たんけん[1] 探検, 探険 ━動 explore ⑭. ━名 exploration Ⓤ; expedition Ⓒ 語法 exploration は未開の地への探検を表す語. expedition は探検や学術研究などの目的をもつ旅行を意味する.
¶ 宇宙飛行士は将来火星を*探検することだろう Astronauts will *explore* Mars someday. // 少年たちはほら穴の*探検に出かけた The boys went on an *expedition* into the cave. // アムンゼンが最初に南極*探検に成功した Amundsen made the first successful *exploration* of the Antarctic.
探検家 explorer Ⓒ **探検隊** expedition Ⓒ, expeditionary party Ⓒ.

たんけん[2] 短剣 dagger Ⓒ 《☞ ナイフ》.

たんげん 単元 unit Ⓒ.

だんげん 断言 ━動 (確かだということを請け合う) assure *a person* that ...; (確信をもって言う) affirm ⑭; (言明する) declare ⑭. ━名 affirmation Ⓤ.
【類義語】 人にある事実を確かだと請け合って言うには, ***I assure you that*** ... という言い方をする. 日本語で「…だと断言するよ」などと相手に向かって言うときはこの言い方が近い. 自分の述べている事に確信があり, 何人も否定できないと言う気持ちを表すのが ***affirm***. 公に, また正式に言明して断言するのが ***declare***. 《☞ げんめい[1]; いいきる; だんてい》
¶ それは必ず起こる. *断言するよ *I assure you that* it will happen. // 彼の友人たちは彼が潔白であると*断言した His friends *affirmed* that he was innocent. // *断言はできないけれど (⇒ 確信はないが) きっと彼女はまた失敗する I'*m not sure* but I think she is very likely to make another mistake. // 政府はその政策を遂行すると*断言した The government *declared* that it would carry out the policy.

たんご 単語 (個々の単語) word Ⓒ; (ある個人・著者・言語などで使われる単語の総体) vocabulary Ⓤ. 《☞ ことば》.
¶ その*単語はどういう意味ですか What is the meaning of the *word*? / What does the *word* mean? // 「listen という*単語はどうつづりますか」「l-i-s-t-e-n です」 "How do you spell (the *word*) listen?" "l-i-s-t-e-n." // 「馬」にあたる英語の*単語は何ですか What is the English *word* for "uma"? // 私は英語の*単語力をつけたい I want to increase my English *vocabulary*.
単語帳 wordbook Ⓒ.

タンゴ (ダンス・曲) tango Ⓒ 《複 ~s》.

だんこ 断固 ━形 (決意の固い) decisive; (ぐらつかない) firm; (特に拒否に使って) flat. ━副 decisively; firmly; flatly. 《☞ がんとして; あくまで》.
¶ *断固とした対策 *decisive* measures // 彼は*断固として自分の意見を変えなかった He

firmly maintained his opinion was correct. // 彼女は*断固として彼の申し出を断った She *flatly* refused his offer. // 私たちは*断固戦いぬくつもりです We will *fight* it *out*.

だんご 団子 dumpling [C] [参考] 練り粉の塊をゆでたり蒸したりしたもの. シチューに入れたり, 肉料理に添えたりすることが多い.

たんこう 炭鉱, 炭坑 coal mine [C]; colliery [C] ★ colliery は関係設備を含む. **炭鉱夫** coal miner [C].

だんこう[1] 断行 ―[動] (遂行する) carry out (他); (計画などを実行する) bring ... to effect ★ 少し形式ばった言い方. ¶ 我々の計画を*断行しよう Let's *carry out* our plan. // 多くの支障があったのにもかかわらず, 当局はその決定を*断行した In spite of many difficulties, the authorities dared to *bring* the decision *to effect*.

だんこう[2] 断交 ―[動] break off relations (with ...) 《☞ だんぜつ; こっこう》.

だんこう[3] 団交 collective bargaining [U].

たんこうぼん 単行本 book [C] 《☞ ほん》.

だんこん 弾痕 bullet mark [C].

ダンサー (職業としての) professional dancer [C] 《☞ おどりこ》.

たんさいぼう 単細胞 (単一の細胞) single cell [C]; (ばかな人) simpleton [C].

たんさく 探索 ―[動] (捜し求める) search for ...; (隠れているものを捜す) hunt up (他). ―[名] search [U]; hunt [C]. 《☞ さがす; そうさく[2]》. ¶ 2人の警官が凶器の*探索にあたった Two policemen *searched for* the weapon.

たんざく 短冊 strip of paper (for writing poems on) [C].

たんさん 炭酸 carbonic acid [U]. **炭酸ガス** carbonic acid gas [U], carbon dioxide [U] **炭酸水** soda water [U].

たんし 端子 〔電気〕 terminal [C].

だんし 男子 (少年) boy [C]; (成人の男) man [C]; male [C] ★ male は特に性別を区別するときに用いられる. 《☞ おとこ (類義語)》. ¶ 彼女は*男子学生に人気がある She is popular among the ⌈*male* [*boy*] students. **男子校** boys' school [C].

タンジェント 〔数学〕 tangent [C] 《略 tan》.

だんじき 断食 ―[名] fast [C]; fasting [U] ★ 後者は断食をする行為をいう. ―[動] (断食する) fast (自). 《☞ ぜっしょく》.

だんじて 断じて (絶対に) absolutely; (確かに) certainly; (not より強い否定として) never; (決して...ない) by no means, not ... by any means. 《☞ ぜったい》. ¶ *断じてそんな事はあり得ない (⇒ 決して起こらないだろう) It will *never* happen. // 私は*断じて間違っていません (⇒ 間違っていないことを確信している) I'm *absolutely sure* that I'm not mistaken. // 彼には*断じて負けたくありません I *don't* want to be beaten by him *by any means*.

だんしゃく 男爵 baron [C] 《☞ きぞく[2] [参考]》. **男爵夫人** baroness [C].

たんじゅう 胆汁 bile [U].

たんしゅく 短縮 ―[動] (長さ・期間などを) shorten (他); (切り詰める) cut (down) (他); (量などを減らす) reduce (他). ―[名] shortening [U]; curtailment [U]; cut [C]; reduction [U]. 《☞ しゅくしょう; ちぢめる; つめる》.
¶ 町へはこの道を行けばだいぶ時間の*短縮になります (⇒ もしもあなたが町へ行くのならこの道を行きなさい. そうすれば大いに時間が節約できるでしょう) If you are going to town, take this road. It will *save* you a lot of time. // 夏休み前には授業は*短縮になります School hours will *be shortened* before the summer vacation. // 不況で多くの工場は操業*短縮を余儀なくされている Many factories are forced to ⌈*cut down* [*reduce*] operation because of the recession.
短縮形 〔文法〕 contracted form [C] 《☞ 欄外》.

たんじゅん 単純 ―[形] (平易で簡単な) simple; (人間が素朴で単純な) simple-minded. ―[名] simplicity [U]. ―[動] (単純にする) simplify (他). 《☞ かんたん[1]》. ¶ あなたは物を*単純に考えすぎる You take things too *simple*. // 彼女は*単純な人です She is a *simple-minded* person. // これは見かけほど*単純な問題ではない This problem isn't so *simple* as it appears. // 物事はそんなに*単純には運ばない Things do not go so *simply*.

たんしょ 短所 (欠点) shortcomings ★ 通例複数形で.「不足している点」という意味で, 欠点を言うのに中立的な感じの言葉; (性格的欠点) fault [C]; (弱点) weak point [C] ★ 口語的で, 欠点を多少和らげて言う表現. 《☞ けってん (類義語); けっかん[1] (類義語)》.
¶ *短所はあるが彼女が好きです I like her though she has some *shortcomings*. / I like her with all her *faults*. // おしゃべりなのが彼女の*短所です Talkativeness is her *fault*.

だんじょ 男女 man and woman [C] 《複 men and women》 ★ 冠詞は付けない; (男の子

短縮形 (contracted form) 英語の口語では be 動詞あるいは助動詞と, not を縮めた n't とを結びつけたり, あるいは主語と be 動詞または助動詞とを結びつけて, それぞれ1語のように発音することがよくある. これを短縮形という. 短縮形はもともと話し言葉のためのものであるが, 書くときには省略した印としてアポストロフィー (apostrophe) をつける. 短縮形には次のものがある.

(1) be, 助動詞+not.

is not → isn't; are not → aren't; was not → wasn't; were not → weren't; have not → haven't; has not → hasn't; had not → hadn't; do not → don't; does not → doesn't; did not → didn't; will not → won't [wóunt]; would not → wouldn't; shall not → shan't [ʃǽnt | 《英》 ʃɑ́:nt]; should not → shouldn't; cannot → can't; could not → couldn't; might not → mightn't; must not → mustn't [mʌ́snt]; ought not → oughtn't; need not → needn't; dare not → daren't; used not to → usedn't [jú:snt] to

(i) am not の短縮形は普通は用いられず, I'm not ... のように主語の I と am を短縮する形にするのが普通である. ただし, 否定疑問文, 特に付加疑問においては am I not? が正式な言い方ではあるが, 少しと女の子) boy and girl Ⓒ《複 boys and girls》★冠詞は付けない; (男女一組・特に夫婦) couple Ⓒ; (男女両性) both sexes. 《☞ ひと》. ¶私たちの学校には*男女合わせて 300 人がいます There are 300 *boys and girls* (in all) in our school. // 20 人の*男女がその事故で負傷した Twenty ⌈*men and women* [*people*] were injured in the accident.

男女共学 coeducation Ⓤ《☞ きょうがく》. ¶この学校は*男女共学です This school is *coeducational*. **男女同権** equal rights for ⌈both sexes [men and women]; equality of both sexes Ⓤ. 《☞ どうけん》.

たんじょう 誕生 ―名 birth Ⓤ. ―動 be born. 《☞ うまれる; たんじょうび》. ¶クリスマスはキリストの*誕生を祝う日です Christmas Day is the day we celebrate the *birth* of Jesus Christ. // *誕生祝いに何が欲しい What do you want for a *birthday* present?

だんしょう 談笑 ―動 (楽しくおしゃべりする) have a pleasant ⌈chat [talk] (with ...) 《☞ しゃべる》.

たんじょうせき 誕生石 birthstone Ⓒ.

1 月	garnet ざくろ石	7 月	ruby ルビー
2 月	amethyst 紫水晶	8 月	sardonyx 赤しまめのう
3 月	aquamarine 藍玉 bloodstone 血石	9 月	sapphire サファイア
4 月	diamond ダイヤモンド	10 月	opal オパール tourmaline 電気石
5 月	emerald エメラルド	11 月	topaz トパーズ
6 月	pearl 真珠 moonstone 月長石	12 月	turquoise トルコ石 zircon ジルコン

birthstones

たんしょうとう 探照燈 searchlight Ⓒ.

たんじょうび 誕生日 birthday Ⓒ. ¶*誕生日おめでとう Happy *birthday* to you! //「あなたの*誕生日はいつですか」「1 月 9 日です」"When is your *birthday*?" "It's (on) January 9." 《☞ 時刻・日付・曜日 (囲み)》 // おじは私の*誕生日のお祝いに時計をくれた My uncle gave me a watch for a *birthday* present. // きょうは母の 43 歳の*誕生日です It's my mother's forty-third *birthday* today. / Today is my mother's forty-third *birthday*. 《☞ 数字 (囲み)》

たんしょく 単色 single [one] color Ⓒ.

たんしん[1] 単身 (単独で) alone; (独力で) by *oneself*. 《☞ ひとり; たんどく》. ¶彼は*単身で大阪に赴任した He left *alone* for his new post in Osaka. // 彼は*単身ヨットで太平洋を横断した He sailed across the Pacific in a yacht *by himself*.

たんしん[2] 短針 (時計の) hour hand Ⓒ (↔ minute hand) 《☞ とけい》.

たんす 箪笥 (引き出しを複数個重ねた形の整理だんす) chest (of drawers) Ⓒ; (洋服だんす) wardrobe Ⓒ; (鏡付きの寝室用たんす)《米》bureau [bjú(ə)rou] Ⓒ ★《英》では引き出し付きの大きい事務机を指す, 《米》dresser Ⓒ; (作り付けのたんす) built-in wardrobe Ⓒ.

wardrobe

chest

bureau, dresser

参考 たんすのことを chest of drawers と言うのは, 引き出し (drawer) を幾つか重ねて箱 (chest) 状にしてあるため. 机などの引き出しも drawer と言う. 《☞ しんしつ (挿絵)》.

¶上着を洋服*だんすにしまいなさい Put your coat in the *wardrobe*. // ワイシャツは寝室の*たんすにあります I keep my shirts in a *bureau* in the bedroom.

ダンス ―名 dance Ⓒ ★具体的な 1 つ 1 つの踊りを言うとき; (踊ること) dancing Ⓤ. ―動 (ダンスをする) dance ㊀. 《☞ おどり》. ¶私は彼女と*ダンスをした I *danced* with her. // 私はロックに合わせて*ダンスができる I can *dance* to rock'n'roll. // 社交[タップ, フォーク]*ダンス a ⌈social [tap; folk] *dance*

ダンスホール dance hall Ⓒ; disco Ⓒ **ダンスパーティー** dance Ⓒ; (正式で大がかりな舞踏会) ball Ⓒ. ¶あすの夜彼女の家で*ダンスパーティーがあります There will be a *dance* at her home tomorrow evening. 参考 dance party とは言わない. 《☞ 和製英語 (囲み)》

たんすい 淡水 fresh water Ⓤ (↔ salt water). **淡水魚** fresh-water fish Ⓒ ★種類についていう場合以外は単複同形. 《☞ さかな》.

だんすい 断水 ―動 (水を止める) cut off the water supply 語法 「水が止まった」と

堅苦しい言い方であるために, それを和らげる意味で, aren't I? または an't I? という短縮形が使われることがある. なお, ain't I? のように ain't [éint] が使われることもあるが, これは無教育な人の表現と見なされることが多いから言わないほうがよい.

(ii) shan't (=shall not) という短縮形は《米》ではほとんど使われない.

(iii) may not には mayn't という短縮形も可能であるが, あまり使われず, may not という短縮しない形が普通である.

(iv) usedn't to は《米》では didn't use(d) to が普通. この形は《英》でも usedn't to と共存する.

(2) 主語+be, 助動詞.

I am → I'm; you are → you're; he is → he's; she is → she's; John is → John's; it is → it's; we are → we're; they are → they're; I have → I've; you have → you've; he has → he's; she has → she's; it has → it's; John has → John's; we have → we've; they have → they've; I will → I'll; you will → you'll; he will → he'll; she will → she'll; it will → it'll; we will → we'll; they will → they'll; I ⌈would [should; had] → I'd. なおこれと同様にして you'd, he'd, she'd, it'd, we'd, they'd がある.

いう意味では The water supply was cut off. という受身の言い方になる. ―名 suspension of the water supply Ⓤ. 《☞ きゅうすい》.
¶ あしたは一日中*断水になります *The water supply will be cut off* for the whole day tomorrow. // 渇水のため市では1日15時間*断水することに決めた The city authorities decided on a 15 hour *suspension of (the) water supply*.

たんすいかぶつ 炭水化物 carbohydrate Ⓒ.

たんすう 単数 ―名 singular (number) Ⓤ. ―形 singular (↔plural). 《☞ 性・数・人称の一致 (欄外)》. ¶ *単数名詞 a *singular* noun //「『データ』という語の *単数形は何ですか」「datum です」 "What is the *singular* form of the word 'data'?" "It's 'datum'."

たんせい[1] 丹精 ―動 (大事に育てる[作る]) raise [make] ... with utmost care. ―形 (丹精した・手の込んだ) elaborate. ―名 (努力) efforts ★ 通例複数形で. ¶ この盆栽は父が*丹精こめて作ったものです (⇒父はこの盆栽を大事に育てた) My father *has raised* this bonsai *with utmost care*.

たんせい[2] 嘆声 (嘆息) sigh Ⓒ; (感嘆) admiration Ⓤ. 《☞ ためいき》. ¶ *嘆声を漏らす utter a *sigh of admiration*

たんせい[3] 端正 ―形 (顔立ちが整った) handsome; (言葉づかい・態度などが上品な) decent; (高貴な) noble. 《☞ ととのう》.

だんせい[1] 男性 ―名 (男) man Ⓒ 《複 men》 (↔ woman); (多少敬意をこめて言うとき) gentleman Ⓒ 《複 -men》; (生物学的な表現) male Ⓒ (↔ female); (生物学的に, 男性全体を指して) the male sex (↔ the female sex); (女性全体に対して, 男性全体を指して多少堅苦しく言うとき) mánkìnd Ⓤ (↔ womankind) ★ アクセントに注意. **語法** 一般的に「男の人」という意味では man を用い, 特に性別を言うときのみ male, the male sex という. また総称的に「男性は女性よりも…だ」などという表現では men, women という複数形がよく用いられる; 〘文法〙 the masculine gender (↔ the feminine gender). ―形 (男性の) male ★ 性別を示すだけの客観的な語; (男性的な・男らしい) manly (↔ womanly); (男性の特徴をそなえた・〘文法〙男性の) masculine (↔ feminine). 《☞ おとこ (類義語); ひと》.
¶ 女性は*男性より長生きする Women live *longer than men*. // 《書類などで》性別: *男性 SEX: *Male* // "widow" の*男性形は "widower" です The *masculine* equivalent of 'widow' is 'widower.' 《☞ 性 (欄外)》 // 彼は非常に*男性的な男だった He was a very *male* man. // ラグビーは*男性的な (⇒ 男らしい) スポーツです Rugby is a *manly* sport.

だんせい[2] 男声 male voice Ⓒ. **男声合唱** male chorus Ⓒ.

だんせい[3] 弾性 ―名 elasticity Ⓤ. ―形 (伸び縮みする) elastic; (柔軟性のある) flexible. 《☞ だんりょく (類義語)》.

たんせき 胆石 gallstone Ⓒ.

だんぜつ 断絶 ―動 (関係などを断つ) break [cut] off ㊍; (種族などが死に絶える) die out ㊎. ―名 (断絶すること) breaking off Ⓤ; (隔たり) gap Ⓒ.
¶ 世代[親子]の*断絶 the generation *gap* // 両国は国交関係を*断絶した The two nations *broke* [*cut*] *off* diplomatic relations. // 私たちは親子の*断絶 (⇒ 親子間の意志の疎通の欠如) について話し合った We talked about the *lack of communication* between parents and their children.

たんせん 単線 single track [line] Ⓒ (↔ double track). ¶ 列車はその区間*単線運転です (⇒ 単線で走る) The train runs on a *single track* in that section. // この鉄道は*単線だ This railroad *is single-tracked*.

たんぜん 端然 ―形 (きちんとした) neat; (姿勢がまっすぐな) straight. 《☞ きちんと》.

だんせん 断線 ―動 (線がぷつりと切れる) be cut, break ㊎. ¶ 地震で地下ケーブルが*断線している The underground cable *has been cut* by the earthquake.

だんぜん 断然 (はるかに) by far ★ 比較級や最上級を強めるときに用いられる. 《☞ 強意語 (囲み)》. ¶ 彼は泳ぎではクラスで*断然一番だ He is *by far* the best swimmer in his class.

たんそ 炭素 carbon Ⓤ 《元素記号 C》. ¶ 一[二]酸化*炭素 *carbon* monoxide [dioxide]

だんそう 断層 〘地質〙 fault Ⓒ.

たんそく 嘆息 ―名 sigh Ⓒ 《☞ためいき》.

だんぞく 断続 ―副 (時々とぎれながら) intermittently; (不規則に) 《口語》 on and off. ―形 (断続的な・切れたり続いたりする) intermittent (↔ continuous). 《☞ とぎれとぎれ》. ¶ 午後*断続的に雨が降るでしょう There will be *intermittent* showers this afternoon. / It will rain *on and off* this afternoon.

だんそんじょひ 男尊女卑 (女性に対する男性の優位) predominance of men over women Ⓤ.

(i) 各人称ごとに he isn't と he's not のような2種類の短縮形が可能であるが, いずれを用いるかはかなり自由な選択とされる. (ただし, I am not は I'm not のみ). しかし, しいて言うならば he isn't よりは he's not と言うほうが否定の意味が強調されると言ってよい. なお, he'sn't のように2つ以上の短縮を連続して用いることはできない.

(ii) I'll, you'll などは通例 I will, you will の短縮であって, I shall, you shall の短縮ではない. 主として《英》の単純未来 I shall の場合を除き, 話し手の意志を強調する shall は常に強い強勢を伴い, 短縮形は用いられない.

(iii) 主語と be または助動詞が短縮される場合には, be または助動詞に弱い強勢しかない場合であって, 意味上の強調が加わり, 発音上も強い強勢が置かれる場合は当然短縮形は用いられない.

(3) その他の短縮形.

there is → there's; there are → there're; let us → let's

let's は let us の短縮形であるが, 現在では「さあ…しよう」と勧誘を表す場合には let's のみが用いられ, let us ... は「我々に…させて下さい」という意味になるのが普通である.

たんだい 短大 junior college Ⓒ《☞ だいがく；学校·教育（囲み）》.

だんたい 団体（一団）party Ⓒ；（小集団）group Ⓒ；（組織体）organization Ⓒ.

【類義語】 共通の目的のために短期間一緒にいて行動する集団が ***party***. 偶然または意図的に集まった人の集まりをいう一般的な語が ***group*** で，小人数の場合が多いが，比較的大きい集団を表すこともある. 社会的·政治的·その他の組織団体を表すのが ***organization***.

¶ 15 名の*団体 a *party* of fifteen // 宗教*団体 a religious *group* // 30 人以上の*団体には運賃の割引がある Reduced fares are available for a ⌈*party* [*group*] of thirty persons or more. // 医師会は主な政治的圧力*団体の一つです The medical association is one of the major pressure *groups* in politics.

団体競技 team ⌈game [sport] Ⓒ **団体交渉** collective bargaining Ⓤ **団体保険** group insurance Ⓤ **団体旅行** group tour Ⓒ《☞ ツアー》. ¶ 彼らは 20 人のロンドン行*団体旅行を組織した They organized a *group tour* of twenty people to London. **団体割引** reduced fares for a party.

たんたん¹ 淡淡 ━形（もの静かな）quiet；（冷静な）cool；（われ関せずの）unconcerned；（淡白な）plain.《☞ へいぜん》. ¶ 彼は*淡々とした口調で話をした He talked in *quiet* tones. // 彼は何事にも*淡々としている（⇒ 無関心のようだ）He seems to be ⌈*indifferent* to [*unconcerned* with] anything. // 彼は負けても*淡々としていた He was a very good loser.

たんたん² 坦坦 ━形（平らな）level；（単調な）monotonous.《☞ たいら；たんちょう¹》.

だんだん 段段（徐々に）gradually；（少しずつ）little by little ★ 以上 2 つでは gradually のほうが形式的で堅苦しい言い方；（次々に）one after another；（ますます多く）more and more；（ますます少なく）less and less.《☞ じょじょに；ますます》.

¶ 彼女は*だんだん病気が直ってきている She is *gradually* recovering from her illness. // 木の葉は*だんだん落ちていった The leaves fell *one after another*. // *だんだん寒くなってきている It is getting *colder and colder*. 語法 ＜比較級＋and＋比較級＞で「だんだん」「ますます」など，程度が次第に増加することを表す.《☞ 比較の表現（囲み）》// 彼の話は*だんだんおもしろくなった His story became *more and more* interesting. // 老人は*だんだん食が細った The old man ate *less and less*.

だんだんばたけ 段段畑 terraced farm Ⓒ.

たんち 探知 ━名（見つけ出すこと）detection Ⓤ. ━動 detect ㊎. ¶ このレーダーで魚群が*探知できる We can *detect* a shoal of fish by this radar. **探知器** detector Ⓒ.

だんち 団地（公営またはそれに準じる住宅群）housing ⌈complex [development] Ⓒ《☞ 家·部屋（囲み）》. ¶ 私は*団地（⇒ 団地内の一組の部屋）に住んでいます I live in an apartment of a *housing* ⌈*complex* [*development*].

だんちがい 段違い ━副（はるかに·ずっと）by far《☞ 強意語（囲み）》. ¶ これはどれよりも*段違いにいい This is *by far* the best of all. **段違い平行棒** uneven (parallel) bars ★ 複数形で.

たんちょう¹ 単調 ━形（変化に乏しい）monotonous；（活気がなくてつまらない）dull. ━名 monotony Ⓤ; dullness Ⓤ.《☞ たいくつ》. ¶ 私はこの*単調な仕事に飽きてしまった I am tired of the *monotony* of this work.

たんちょう² 短調〖音楽〗minor (key) Ⓒ（↔ major (key)）《☞ 音楽（囲み）》.

だんちょう¹ 団長（長）the head；（グループを率いる人）the leader.《☞ ちょう³（類義語）》. ¶ 彼がその観光団の*団長です He is *the* ⌈*head* [*leader*] of the sightseeing party. // 山田氏を*団長とした（⇒ 山田氏に統率された）視察団が中国各地を訪問した The observation group ⌈*headed* [*led*] by Mr. Yamada made a tour around China.

だんちょう² 断腸 **断腸の思い** ━動（心が痛む）*one's* heart breaks. ━形（悲しみに暮れた）brokenhearted, heartbroken；（胸も張り裂けるような）heartbreaking.

たんつば 痰唾 spittle Ⓤ.

たんてい 探偵 detective Ⓒ. ¶ 彼らは私立*探偵を雇ってその男の経歴を調べさせた They hired a private *detective* to rake up the man's past. **探偵小説** detective story Ⓒ.

だんてい 断定 ━動（結論を下す）conclude ㊎；（決定する）decide ㊎. ━名 conclusion Ⓤ; decision Ⓤ.《☞ きめつける；だんげん》. ¶ 警察はその男が殺人犯であると*断定した The police *concluded* that the man was the murderer. // 彼らはその 2 人が同一人物であるかどうか*断定（⇒ 決定）できなかった They could not *decide* whether or not the two persons were identical.

たんてき 端的 ━形（率直な）frank；（はっきりした）plain；（直接的な）direct.《☞ そっちょく；はっきり》. ¶ 皆様の*端的なご意見をお聞かせ下さい We will appreciate your *frank* opinions. // *端的に言ってその計画は実行できないだろう *Frankly speaking*, the plan will be impracticable.

たんでん 炭田 coalfield Ⓒ.

たんとう¹ 担当 ━動（担当している）be in charge of ...；（担当する）take charge of ... ★ 前者は「状態」，後者は「動作」を表す. ━名 charge Ⓤ.《☞ たんにん；うけもち》.

¶ その医師は数人の患者を*担当している The doctor *is in charge of* several patients. // 「だれがその事件を*担当するのですか」「B 警部です」"Who will *take charge of* the case?" "Inspector B." // 彼女は音楽を*担当している（⇒ 彼女は音楽を教えている）She *teaches* music. // その仕事は私の*担当ではない I am not ⌈*in charge of* [（⇒ 私は責任がない）*responsible for*] the work.

担当者 the person in charge Ⓒ《☞ かかり》.

たんとう² 短刀（短剣）dagger Ⓒ；（ナイフ）knife Ⓒ.

だんとう¹ 暖冬（温和な冬）mild winter Ⓒ《☞ 天候の表現（囲み）》. ¶ 昨年は*暖冬異変だった（⇒ 異常に暖かい冬を持った）We had an abnormally *warm winter* last year.

だんとう² 弾頭　warhead Ⓒ. ¶ 核*弾頭 a nuclear *warhead* 「Ⓒ.

だんとうだい 断頭台 (ギロチン) guillotine

だんどうだん 弾道弾　missile [mísəl] Ⓒ 《☞ ミサイル》. ¶ 大陸間*弾道弾 an intercontinental ballistic *missile* 《略 ICBM》 // 中距離*弾道弾 an intermediate range ballistic *missile* 《略 IRBM》

たんとうちょくにゅう 単刀直入　— 副 (率直に言えば) frankly speaking; (直接に・回り道をしないで) directly. 《☞ そっちょく》.
¶ 彼は*単刀直入にそのことについて質問してきた (⇒ 私にあからさまな質問をした) He asked me a *direct* question about it.

たんどく 単独　— 副 (1 人で) alone; (独力で) by *oneself*; (自分のために) for *oneself*
語法 alone は単に 1 人であることを表すが, by *oneself* は (1)「1 人で」(2)「他人の助けを借りずに独力で」の 2 つの意味があり, 前後関係で決まる. for *oneself* は (1)「自分のために」(2)「自分自身で」の 2 つの意味を表す. いずれであるかは前後関係による. 《☞ たんしん¹; ひとり》.
¶ その山は*単独登山は危険です (⇒ ひとりで登山することは危険です) It is dangerous to climb that mountain *alone*. // その冒険家は*単独で北極まで到達した The adventurer reached the Arctic「*all by himself* [*without any help*]. // この旅行中は*単独行動 (⇒ 勝手に行動すること) は慎んで下さい Don't act *independently* during this trip.
単独犯 single-handed offense Ⓒ.

だんどり 段取り (催し物などの手はず) arrangements; (下準備) preparations 語法 以上複数形で. arrangements は適当に物事が運ぶようにいろいろな手続きをして調整することに重点がある; (計画) plan Ⓒ. 《☞ てはず》.
¶ 彼が祝賀会の*段取りをした He made all the *arrangements* for the celebration. // 私の旅行の*段取りはすっかりできている My *preparations* for the journey are complete.

だんな 旦那 (主人) master Ⓒ; (夫) husband Ⓒ; (男性に対する呼びかけ) sir.

たんなる 単なる (ほんの) mere; (単純な) simple; (ただ…にすぎない) only. 《☞ ただ¹》.
¶ それは*単なるお世辞だよ It's「a *mere* [*only* a] compliment. ★ 冠詞の位置に注意. // *単なる間違いからとんでもない事が起こった A *simple* mistake caused a lot of trouble. // それはあなたの*単なる空想に過ぎない It's *only* your imagination.

たんに 単に (ただ) only, merely ★ merely は only より形式ばった語; (単純に) simply.
¶ 彼のことは*単に聞いたことがあるだけです I have「*only* [*merely*; *simply*] heard of him. // 彼女は*単に英語だけでなくフランス語やドイツ語も話します She speaks not「*only* [*merely*] English but (also) French and German. 語法 not only A but (also) B では B が強調される.

たんにん 担任　— 動 (受け持つ[受け持っている]) take [be in] charge of …; (教科を教える) teach ⑩. 《☞ うけもち; たんとう¹》.
¶ 上野先生が私たちのクラス*担任です Miss Ueno「*takes* [*is in*] *charge of* our class. / (⇒ クラスの先生です) Miss Ueno is our *class teacher*. // 彼は高校で英語の*担任をしている (⇒ 英語を教えている) He *teaches* English at a high school.

タンニン 〖化学〗tannin [tǽnin] Ⓤ.

だんねつざい 断熱材　insulation Ⓤ.

たんねん 丹念　— 副 (注意深く) carefully; (念入りに) elaborately; (綿密に) closely. 《☞ ねんいり》. ¶ 私はその本を*丹念に読んだ I read the book very *carefully*. // 彼らはその部屋を*丹念に飾りつけた They decorated the room *elaborately*. // その刑事は*丹念にその足跡を調べた The detective examined the footprints *closely*.

だんねん 断念　— 動 (あきらめてやめる) give up ⑩; (放棄する) abandon ⑩; (思いとどまらせる) dissuade *a person* from …ing. 《☞ あきらめる; おもいとどまる》.
¶ 資金不足のため私たちはその計画を*断念した We *gave up* the plan for want of money. // 一行は荒天のため登山を*断念した The party *gave up* climbing because of bad weather. // 私たちは彼女がひとりで旅行することを*断念させた We *dissuaded* her *from* traveling alone. // 政府は議会に法案を提出することを*断念した The government *abandoned* the intention to submit the bill to the Diet.

たんのう¹ 堪能　**1** «すぐれていること» — 形 (上手な) good; (熟達して上手な) proficient ★ 少し形式ばった言葉. — 名 proficiency Ⓤ. 《☞ たっしゃ》. ¶ 彼は英語に*堪能だ He is *good* at English. // 彼女はピアノが*堪能だ She is *proficient* at the piano.
2 «満足» — 動 (楽しむ) enjoy ⑩; (満足させる) satisfy ⑩; (たらふく食べる[飲む]) have [take; drink] *one's* fill. — 名 satisfaction Ⓤ. 《☞ まんきつ》. ¶ 私たちは美しい風景を*堪能した (⇒ 楽しんだ) We *enjoyed* the beautiful scenery. // 私はその食事を*堪能した (⇒ その食事は私を満足させた) The meal *satisfied* me.

たんのう² 胆嚢 〖解剖学〗gall bladder Ⓒ.

たんぱ 短波 〖無線〗shortwave Ⓒ. **短波受信機** shortwave receiver Ⓤ (↔ short wave; medium wave).

たんぱく 淡白　— 形 (味・色があっさりした) plain; (質素な) simple; (性格が率直な) frank; (金銭や名声などに無関心な) indifferent. 《☞ あっさり; さっぱり》.
¶ 老人は一般的に*淡白な食事を好む Older people tend to eat「*plain* [*light*; *simple*] food. (↔ heavy food) // 彼は非常に*淡白な人だ He is very *frank*. // あなたのお父さんはお金にはまったく*淡白でした Your father was quite *indifferent* to money.

たんぱくしつ 蛋白質　protein Ⓒ.

タンバリン tambourine [tæ̀mbəríːn] Ⓒ.

だんぱん 談判　— 動 (交渉する) negotiate (with …) ⓐ. — 名 negotiation Ⓒ ★ しばしば複数形で. 《☞ こうしょう¹》.

たんび 耽美　— 形 (耽美的な・耽美主義の)

aesthetic [esθétik]. **耽美主義** aestheticism Ⓤ **耽美主義者** aesthete [ésθiːt] Ⓒ.

ダンピング ―[名] dumping Ⓤ. ―[動] (外国市場で商品を投げ売りする) dump (他).

ダンプカー dump truck Ⓒ, 《英》 dumper Ⓒ. 《☞ トラック; 和製英語 (囲み)》.

たんぶん[1] 短文 short ⌈piece [sentence] Ⓒ [語法] 1つの文が短い場合を short sentence, 全体が短い作品である時は short piece.

たんぶん[2] 単文 simple sentence Ⓒ 《☞ 文 (欄外)》.

たんぺん 短編 (短編小説) short story Ⓒ; (小品) sketch Ⓒ; (超短編小説) short short (story) Ⓒ [語法] short story は novel より短く, 登場人物が 2, 3 人ぐらいの短い小説. sketch は短い話・寸劇 (skit) などを表す. short short story は普通雑誌の 1 ページ程度で終わる極めて短い話; (短編映画) short film Ⓒ. 《☞ しょうせつ[1]; 映画 (囲み)》.
¶ 私たちはモームの *短編小説集を読んでいます We are reading the collected *short stories* of W. Somerset Maugham.

だんぺん 断片 ―[名] (破片) fragment Ⓒ; (部分) (broken) piece Ⓒ [語法] 前者は壊れてばらばらになった比較的小さな部分, また小説や音楽などの不完全な部分を表す. 後者は全体から切り離された一部. ―[形] fragmentary. ¶ *断片的な知識 *fragmentary* knowledge // 彼のノートには詩の *断片が書いてあった There were some *fragments* of a poem written in his notebook. // その人類学者は頭骸骨の *断片を発見した The anthropologist has found some *broken pieces* of a skull.

たんぼ 田圃 (稲田) rice ⌈paddy [field] Ⓒ ★ 単に paddy ともいう. 《☞ た[1]》.

たんぽ 担保 (約束などを守ることを保証するために差し出すもの) security Ⓤ; (借金するための抵当, 特に不動産) mortgage [mɔ́ːɚgidʒ] Ⓒ ★ 後者のほうが専門的な語. 《☞ ていとう》.
¶ この家は *担保に入っています This house *is* ⌈*mortgaged* [*in mortgage*]. // その高利貸しは *担保を取って金を貸した The usurer lent money *on mortgage*. // 銀行は *担保なしには金を貸さない The bank won't lend money without *security*. **担保物件** security Ⓤ.

だんぼう 暖房 heating Ⓤ 《☞ クーラー [語法]》. ¶ この教室には *暖房がない This classroom has no *heating*. // この部屋は *暖房が強すぎる This room *is* ⌈*heated* too much [*overheated*]. // *暖房を入れて[切って]下さい (⇒ 暖房装置をつけて[切って]下さい) Please turn the *heater* ⌈on [off]. // この家は *暖房設備が完備している (⇒ 完全な暖房装置を持つ) This house has a complete *heating* system.

だんボール 段ボール (段ボール紙) corrugated ⌈paper [cardboard] Ⓤ; (段ボール箱) cardboard box Ⓒ.

たんぽぽ 蒲公英 dandelion [dǽndəlàiən] Ⓒ 《☞ 花 (囲み)》.

だんまつま 断末魔 (断末魔の苦しみ) death throes ★ 複数形で. ¶ 彼は *断末魔の苦しみを味わった He was in his *death throes*.

たんまり ―[名] (たくさん) plenty Ⓤ ★ 必要または期待以上にたくさんあることを意味する. ―[形] (多大・多量の) a large sum of ..., a lot of ... 《☞ たくさん (類義語)》. ¶ 彼は *たんまりもうけた He ⌈made [gained; got] ⌈*plenty* [*a large sum*] of money.

たんめい 短命 ―[動] (若死にする) die young. ―[形] (短命の) short-lived. ¶ モーツァルトやシューベルトは *短命でした (⇒ 若くして死んだ) Mozart and Schubert *died young*.

だんめん 断面 (cross) section Ⓒ [語法] cross section は「横断面」を表すが, 比喩的に用いられることが多い. ¶ この出来事は現代社会の一 *断面を表している This accident reveals a *cross section* of the modern society. **断面図** cross section Ⓒ.

だんやく 弾薬 ammunition [æ̀mjuníʃən] Ⓤ.

だんらく 段落 (文章の) paragraph Ⓒ 《☞ パラグラフ (欄外)》.

だんらん 団欒 ¶ 夕食を囲んで一家 *団欒のときを過ごした (⇒ 家族全員が食卓につき, 楽しい夕べを過ごした) All the members of the family sat down to dinner and had a pleasant evening.

だんりゅう 暖流 warm current Ⓒ (↔ cold current).

だんりょく 弾力 ―[形] (伸縮自在の) elastic; (柔軟な) flexible. ―[名] elasticity Ⓤ; flexibility Ⓤ.
【類義語】ゴムのように引っ張って伸ばしても壊れずに元に戻る性質が ***elasticity***. 元に戻っても戻らなくてもよいが, 壊さないで曲げることができるのが ***flexibility***. 《☞ じゅうなん; しなやか》
¶ ゴムは *弾力性がある Rubber is *elastic*. / Rubber has *elasticity*. // 竹は *弾力性に富む Bamboo is very *flexible*.

たんれん 鍛練, 鍛錬 ―[動] (精神を鍛える) discipline (他); (心身を鍛える) train (他); (厳しく訓練して教え込む) drill (他). ―[名] discipline Ⓤ; training Ⓤ; drill Ⓤ. 《☞ きたえる; くんれん》. ¶ 若いときに心身の *鍛練をすることが大切だ It is important to *train* your mind and body while young.

だんろ 暖炉 (壁炉) fireplace Ⓒ; (炉辺) hearth Ⓒ; (ストーブ) stove Ⓒ.

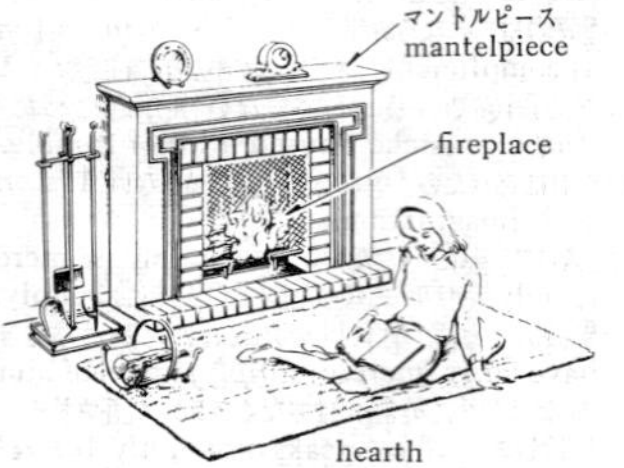

だんわ 談話 (打ちとけた話) talk Ⓤ; (会話) conversation Ⓤ. ¶ 政府は次のような首相の *談話を発表した The government published the prime minister's informal *talk* as follows. **談話室** (ホテルなどの) lounge Ⓒ.

ち

ち¹ 血 **1** «血液» **—**名 blood [blʌ́d] Ⓤ. **—**動 (血が出る) bleed ⓐ《過去・過分 bled》.《☞ けつえき；しゅっけつ²》.
¶ *血 (⇒出血) がようやく止まった The *bleeding* stopped at last. / The *blood* stopped oozing at last. // 傷口から*血が出ている The cut *is bleeding.* // 包帯に*血がにじんでいた The bandage was permeated with *blood.* // 床に*血の痕があった There were some spots of *blood* on the floor. // 死体のそばには*血のついたナイフがあった There was a *blood-stained* knife beside the body. // この戦場では多くの人の*血が流された A lot of *blood* was shed in this battlefield.
2 «血筋»: blood Ⓤ《☞ ちすじ；けつえん》.
¶ 彼は貴族の*血を引いている (⇒ 貴族の子孫だ) He *is descended from* a noble family. // 冒険精神がその国民の*血に流れている An adventurous spirit runs in the *blood* of the nation. // あの 2 人は*血がつながっているとは思えない I can't imagine that they are ⌈*of the same blood* [*blood-related*]. // *血は争えないものだ *Blood* will tell. // *血は水よりも濃い *Blood* is thicker than water.《ことわざ》
血も凍る **—**形 (ぞっとして血が凍る) blood-curdling；(恐ろしい) horrible. ¶ *血も凍るような光景だった It was a ⌈*blood-curdling* [*horrible*] sight. / (⇒ その光景は私をぞっとさせた) The sight made my *blood run cold.*
血も涙もない **—**形 (冷血の) cold-blooded；(冷たい心の) coldhearted. ¶ あいつは*血も涙もない男だ He is a ⌈*cold-blooded* [*coldhearted*] man.
血を沸かせる **—**形 (わくわくするような) exciting；(スリルのある) thrilling.
血なまぐさい, 血の海, 血の気, 血まみれ ☞ 見出し.

ち² 地 (地球・大地) the earth；(地面) the ground；(陸地) land Ⓤ (↔ the sea).《☞ とち；じめん；だいち¹》.
¶ *地の果てにも人々は住んでいる People live *even at the ends of the earth.* // 彼は足が*地に付いていない He does not keep his feet on *the ground.* // 彼らは安住の*地 (⇒ 場所) を求めてさまよった They wandered searching for a *place* where they could live peacefully.
地に堕(お)ちる (なくなってしまっている) be gone, be lost.《☞ だらく》. ¶ 道徳心は*地に堕ちてしまった Morality *is gone* these days.
地の利 ☞ 見出し.

ちあん 治安 (法と秩序) law (and order) Ⓤ；(犯罪率) crime rate Ⓒ.
¶ 警察は*治安維持に努めている The police are trying to maintain the rule of *law.* // その国ではしばしば*治安が乱される The *law* is often ⌈disturbed [broken] in the country. ★ 必ずしも犯罪とは限らない. // その国は*治安が悪い (⇒ 犯罪率が高い) The *crime rate* is high in that country./(⇒ 犯罪が多い) There is a great deal of crime in that country.

ちい 地位 place Ⓒ；(職務上の) position Ⓤ ★「職」の意では Ⓒ；(社会的な身分) status Ⓤ；(位) rank Ⓤ.
【類義語】特権のある地位や立場を表す意味の広い言葉が **place**. 明確に職務上の地位を指すのは **position** で, この語は元来は重要な地位を意味するが, 一般的に職を表す語としても用いられる. 単に職業的な地位のみでなく, 広く社会・会社・家族などの中での身分的な地位が **status**. 何らかの集団の中で, 他と比較した相対的な地位が **rank**.《☞ くらい²；みぶん》.
¶ 彼は学界で重要な*地位を占めている He has an important *place* in the academic world. // 彼は*地位のある人です He is a man of *position.* // 彼の父は会社で重要な*地位にある His father holds an important ⌈*position* [*place*] in his company. // 社会における女性の*地位はまだ低い The social *status* of women is still low. // 彼は副社長の*地位にまでのぼった He was raised to the ⌈*position* [*rank*] of vice-president of the company.

ちいき 地域 **—**名 area Ⓒ；region Ⓒ；(地帯) zone Ⓒ；(行政上の区画) district Ⓒ.
—形 regional；(一地方の) local.
【類義語】ある地方を, 漠然と幾つかに区分した場合の, 1 つの地域を表す最も一般的な語が **area**. 実際の広さには直接関係はない. かなりの広さの地域で, 文化的・社会的・地理的特徴を共有するため, ほかの地方と区別される場合に用いるのが **region**. 特色別に分けられた地帯で, 地図上で囲んで示される範囲を表す場合には **zone** を用いる. また, 行政上の区画を指すには **district** を用いるが, この語は **region** とほぼ同意に用いられることもある.「ある特定の地域の」「局部的な」という意味の 形 が **local**.《☞ ちたい；ちく；ちほう》
¶ 広い*地域にわたって風邪が流行している Influenza is raging over a wide *area.* // 彼が*地域(の)代表だ He is the delegate of the ⌈*region* [*district*]. // このマスコミの時代においては*地域差は小さくなってきている *Regional* differences are diminishing in this age of mass communication. // *地域団体が政府に抗議した *Regional* [*Local*] groups protested against the government.
地域研究 area study Ⓒ **地域社会** community Ⓒ.

ちいさい 小さい (大きさが) small (↔ large)；(形が) little (↔ big)；(極端に小さい) tiny；(ささいな) trivial；(声などが低い) low.
【類義語】大きさが普通よりも小さいことを客観

的に述べるのが **small.** 小さいことを表すと同時に，かわいいとか，嫌悪・軽蔑などの感情の要素を含むのが **little.** 両語ともほぼ同義で用いられることも多いが，その場合にも，*small* は客観的で，*little*は感じのこもった語というニュアンスは保たれていると考えてよい．例えば「小さい子」は a 「*little* child [boy; girl] とも a *small* 「child [boy; girl] とも言える．しかし，子供と大人を対比しているときなどはいずれでもよいが，目の前にいる子供に言及するときなどは「あの小さな女の子はだれですか」Who's that *little* girl? のように *little* を用いるのが普通である．ごく小さく，ちっぽけなことを表すのは **tiny.**「ささいでくだらない」という意味の語が **trivial.** 《☞ こまかい; ささい; せまい》

¶ 彼らは*小さい家に住んでいる They live in a 「*small* [*little*] house. ∥ 私は*小さいころここでよく遊んだものだ I used to play here when I was a 「*little* [*small*] boy. ∥ この上着は私には少し*小さすぎる This jacket is a 「little [bit] too *small* for me. ∥ その木は*小さなつぼみをつけていた The tree was putting forth *tiny* buds. ∥ そんな*小さなことでくよくよするな Don't worry about such *trivial* matters. ∥ 彼らは*小さな声で話した They spoke in *low* voices.

チーズ cheese Ⓤ ★ 一定の形に固めたものはⒸ. 《☞ 可算・不可算名詞 (欄外)》. **チーズケーキ** cheesecake Ⓤ 《☞ ケーキ》.

チータ cheetah Ⓒ.

チーム (一般的に) team Ⓒ; (野球の) the nine; (サッカーの) the eleven. 《☞ スポーツ (囲み)》. ¶ 彼は野球の*チームに入っている He is a member of a baseball *team.*

チームワーク teamwork Ⓤ.

ちえ 知恵 ―[名] (賢いこと) wisdom Ⓤ; (思慮・分別) sense Ⓤ; (才覚) wit Ⓒ ★ しばしば複数形で; (頭脳) brain Ⓒ ★ しばしば複数形で; (知能) intelligence Ⓤ. ―[形] wise; sensible; intelligent.

【類義語】 賢明で適切な選択・決定のできる知恵が **wisdom.** 思慮・分別・良識という意味での知恵が **sense** で，common [good] *sense* とも言う．頭の回転の早いのが **wit.** 理解力や思考力という意味での知恵が **brain(s).** 知能・物わかりのよさという意味の知恵が **intelligence.** 《☞ ちのう; あたま; かしこい》

¶ 彼にはまさかの時に備えて金を貯めておく*知恵があった He had the *wisdom* to save money for a rainy day. ∥ もっと*知恵を働かせなさい Use more 「*sense* [*brain(s)*]. ∥ 赤ん坊はどんどん*知恵がつく Babies rapidly acquire more and more *intelligence.* ∥ 君に*知恵を借りに来た (⇒ 忠告を求めに) I've come to ask for your *advice.* ∥ だれかが彼にそういう*知恵 (⇒ 考え) をさずけたに違いない Somebody must have 「put [planted] such an *idea* into his *head.*

知恵の輪 puzzle ring Ⓒ.

チェーンストア chain (store) Ⓒ.

チェコスロバキア ―[名] (固) Czechoslovakia [tʃèkəslouvá:kiə]. ―[形] Czechoslovak ★ Czechoslovakian とも，また単に Czech ともいう． **チェコスロバキア語** Czech Ⓤ **チェコスロバキア人** Czechoslovak Ⓒ ★ Czechoslovakian とも Czech ともいう．

チェス chess Ⓤ. ¶ 彼は*チェスをやる He plays *chess.* ∥ 彼は*チェス盤と駒(こま)一式を買った He bought a *chessboard* and a set of chessmen. 《☞ こま¹ [参考]》

ちぇっ Phew [fjú:] 《☞ したうち; 感嘆詞 (欄外)》.

チェック¹ ―[動] (照合する) check (他) 《☞ しょうごう¹》. ¶ 数を*チェックしなさい *Check* the number.

チェック² ―[形] (格子じまの) checked.

チェックアウト ―[動] (勘定を払ってホテルを出る) check out (自) (↔ check in). ―[名] check-out Ⓒ. 《☞ ホテル (囲み)》.

チェックイン ―[動] (宿泊や搭乗の手続きをする) check in (自); (宿帳に記名する) register (at ...) (自) ★ 空港では前者のみを用いる． ―[名] check-in Ⓒ. 《☞ ホテル (囲み)》.

¶ 搭乗1時間前までに*チェックインして下さい You are requested to *check in* an hour before boarding the plane at the latest.

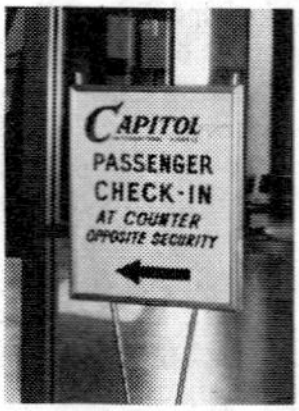

「搭乗者は保安室の反対側のカウンターでチェックインして下さい」という飛行場内での掲示

チェロ cello [tʃélou] Ⓒ 《☞ 音楽 (囲み)》. **チェロ奏者** cellist Ⓒ.

ちえん 遅延 ―[名] delay Ⓤ. ―[動] (遅延する) be delayed. 《☞ おくれ; おくれる》.

チェンバロ (楽器) harpsichord Ⓒ, cembalo Ⓒ.

ちか¹ 地下 ―[名] underground Ⓤ. ―[形] (地面の下の) underground ★「秘密の・隠れた」という比喩的な意味にも用いられる; (地中に埋まっている) subterranean (↔ surface). ―[副] underground. 《☞ ちちゅう》.

¶ 彼らは*地下にトンネルを掘った They dug a tunnel *underground.*

地下運動 underground activities ★ 通例複数形で． **地下街** underground market Ⓒ **地下茎** subterranean stem Ⓒ; (根茎) rhizome Ⓒ. 《☞ くき; くさ (挿絵)》 **地下資源** underground resources ★ 通例複数形で. 《☞ しげん》 **地下水** underground water Ⓤ **地下組織** underground organization Ⓒ **地下鉄，地下室，地下道** ☞ 見出し.

ちか² 地価 land price Ⓒ, the price of land; (評価額) the value of land. 《☞ ねだん》.

¶ 市街地の*地価はこの5年間で10倍になった *The price of land* in cities has 「gone up [increased] ten times in the past five years.

ちかい¹ 近い **1** «距離»: (そばの) near (↔ far, a long way off); (接近した) close [klóus] ★ close のほうが near よりも近接の度合いが強い. 《☞ ちかく¹; そば¹ (類義語)》.

¶ 郵便局はここからたいへん*近い The post office is quite *near* here.

彼の家はバス停に*近い His house is *close* to

the bus stop.
私は彼に駅までの一番*近い道を教えてあげた I showed him the ｢*nearest* [*shortest*] way to the station.
2 «時間・程度・関係など» ―形 (隔りがない) near ; (ほとんど同じぐらいに近接した) close. ―副 (ほとんど) nearly, almost ★ almost のほうが nearly よりも一層接近していることを表すことが多い ; (だいたい・約) about, around ; (間もなく) soon, before long ★ 前者のほうが時間的に接近している. 《☞ ちかく¹ (類義語)》.
¶ 夏休みも終わりに*近い The summer vacation is *nearly* over. // もう真夜中に*近い It's ｢*almost* [*nearly*] midnight. // *近い将来私はアメリカへ行きます I will go to the U.S. in the *near* future. // 彼は*近いうちに (⇒ 間もなく) 退院します He will leave the hospital *before long*. // これらの語は意味が非常に*近い These words are *close* in meaning. // 彼女は私の*近い親類の 1 人です She is one of my *close* relatives. // その建物は完成に*近い (⇒ ほとんど完成した) The building is *almost* completed. // 私は彼に 1 万円*近い (⇒ およそ 1 万円の) 借金がある I owe him *about* ten thousand yen.

ちかい² 誓い (神や聖書にかけて, 人に対してなされる宣誓) oath Ⓒ ; (人と人の間の堅い約束) pledge Ⓒ ; (神または自分に対する誓約) vow Ⓒ. 《☞ ちかう (類義語) ; せんせい²》.
¶ 彼は 2 度と盗みをしないという*誓いを立てた He swore an *oath* never to steal again. // 彼は禁酒[禁煙]の*誓いを立てている He is under a *vow* not to ｢drink [smoke]. // 彼はその秘密を守るという*誓いを破った He broke his *pledge* to keep the secret. // 彼女は*誓いが守れなかった She could not keep her ｢*vow* [*oath* ; *pledge*].

ちかい³ 地階 basement Ⓒ 《☞ -かい³》.

ちがい 違い difference Ⓒ ; distinction Ⓒ ; divergence Ⓒ ★ 以上いずれも Ⓤ ともなる.
【類義語】あるものがほかと形・性質・状態などにおいて同一でないことを表す一般的な語が ***difference***. 類似の点があっても, ほかと明らかに異なる所があって, はっきり区別ができるような相違が ***distinction***. もともとは同じ種類のものが, それぞれ細かい点が違っていろいろに分かれてしまったような違いが ***divergence***.
［語法］ 日本語で「違い」という名詞が使われていても, 英語で必ずしも difference, distinction などの名詞を使わなくてはならないということはない. 従って, 英文では different, distinctive などの 形 となることもあり, また distinguish ㊍ ㊐, diverge ㊐ などの 動 が使われることもあるということに注意. 《☞ ちがう (類義語) ; そうい¹ ; くべつ (類義語)》
¶ 私にはその 2 つの間に大した*違いがあるとは思えません I can't see much *difference* between the two. // 類義語間の意味の*違いをはっきりと知ることは大切だ It is important to know the *distinctions* between synonyms. // 私はラグビーとサッカーの*違いがわからない (⇒ 私はラグビーとサッカーの間の区別ができない) I can't *distinguish* between rugby and soccer. / I can't *distinguish* rugby *from* soccer. // 彼はこの 2 つの*違いがわからない He cannot ｢tell the *difference* [make a *distinction*] between these two. // 姉妹の間に深刻な意見の*違いがあった There was a serious *divergence* of opinion between the sisters. // 私には 3 つ*違いの (⇒ 私より 3 つ年上の) 兄がいる I have a brother three years older than me. ［語法］ この場合 I とするより me のほうが口語的. // 数分の*違い (⇒ 差) で電車に乗りそこなった I missed the train by a few minutes.

ちがいない 違いない ―助 must ［語法］ 過去の推量を表すときは「must have＋過分」の形をとる. 《☞ きっと¹ ; 推量の表現 (囲み)》.
¶ それは本当に*ちがいない It *must* be true. // 彼はそれを見たに*ちがいない He *must* have seen it. / (⇒ 見たと確信する) *I am sure* he saw it. // 彼はそれを見なかったに*ちがいない (⇒ 見たはずがない) He *cannot* have seen it. ［語法］「ちがいない」という意味の must の否定は cannot で表す. // 彼は来るに*ちがいない (⇒ 確かに[きっと]来る) He will ｢*certainly* [*surely*] come. / (⇒ 彼が来ると私は確信している) *I am sure* he will come. / (⇒ 彼はきっと来る) He is *sure* to come.

ちがいほうけん 治外法権 ―名 extraterritoriality Ⓤ. ―形 extraterritorial.

ちかう 誓う (神などにかけて) swear ㊍ ㊐ 《過去 swore ; 過分 sworn》; (宣誓する) swear [take] an oath ; (誓約する) pledge ㊍ ㊐ ; (何かをすることを) vow ㊍, make a vow ; (決心する) determine ㊍ ; (決定する) decide ㊍.
【類義語】神や聖書など, 神聖なものにかけて厳粛に誓うのが ***swear*** で, 堅く約束する場合などにも用いられる. ただし, ***swear*** には呪いの言葉を吐くという意味もあり, それとの混同を避けるために, ほぼ同意の ***swear*** [***take***] ***an oath*** が用いられることが多い. 保証を与えるという意味で何かを約束するのが ***pledge***. かなり広い意味で, 何かを実行することを誓うのが ***vow***.
¶ 彼は本当のことを言うと*誓った He *swore* ｢to [that he would] tell the truth. // 彼は永遠に彼女を愛すると*誓った He ｢*took an oath* [*vowed*] to love her forever. // 私は*誓ってそんなことはしていない I *swear* I never did such a thing. / *Upon my word of honor* I never did such a thing. // 彼らは将来を*誓い合った仲だ They ｢*pledged* (*themselves*) [*promised* to each other] to marry in the future. // 私は過去のことは忘れようと心に*誓った (⇒ 決心している) I *am determined* never to think of my past again.

ちがう 違う **1** «相違する» ―動 (異なる) be different (from ...), differ (from ...) ㊐ ; (さまざまである) vary (from ...) ㊐ ; (一致しない) disagree (with ...) ㊐. ―形 different ; (似ていない) unlike ; (類似していない) dissimilar (to ...).
【類義語】種類や性質・意見などの違うことを表す一般的な表現が ***be different*** および ***differ***. 前者のほうが口語的. いろいろに変化するという意味で違うのが ***vary***. 基本的には似たものの間に相違の見られる場合が ***unlike*** で, 似ていない,

ち

類似のものではないことを強調する言葉が ***dissimilar*** だが，やや形式ばった語．意見などがほかと違っていて一致しない場合などに用いるのが ***disagree***.《☞ ちがい (類義語)；ことなる》

¶ 私の答えはあなたのと*違う My answer ｢*is different* [*differs*] *from* yours.

彼は昔の彼とは*違う He *is* ｢*different from* [*not*] what he used to be. 【語法】 このような場合に，《米》では He is *different than* he used to be. のような言い方が用いられることがある．これは different from what … のような複雑な言い方を避けたいという気持ちが働くためで，標準的な言い方とするには議論の余地があるが，しばしば教育ある人たちの文にも見られる．《☞ ことなる 語法》

出席者の間で意見が大幅に*違った Opinions *varied* a lot among the people present.

このかばんの値段はサイズによって*違います The prices of these bags *vary* with the size.

私とはずいぶん*違って，妹は働き者です My sister is a hard worker, very *unlike* myself.

私の生き方は彼らとは*違っていた My way of life *disagreed with* theirs.

さすがに金持ちは*違うね (⇒ 金持ちであるということはなるほどたいしたものだ) To be rich is really something!

それでは約束が*違うよ (⇒ 約束違反だ) That ｢is *against* [*violates*] the promise.

2 «間違っている»：(正しくない) be ｢wrong [incorrect] (↔ be ｢right [correct])；(思い違いをしている) be mistaken；(正確でない) be [stand] in error.

【類義語】 一般的に正しくないことを表すのが ***be wrong***. *wrong* は意味が広く，道徳的に間違っていることも含むのに対して，計算などはっきり基準が立てられる場合には ***be incorrect*** を用いることも多い．不注意または思い違いのため正しくないのは ***be mistaken***. 基準または正解から外れて誤っているのは ***be*** [***stand***] ***in error***.《☞ まちがい；あやまり》

¶ 君の答えは*違うよ Your answer *is* ｢*wrong* [*incorrect*].

あなたの言うことは*違っている You *are* ｢*wrong* [*mistaken*；*in error*].

ちかく[1] 近く **1** «距離的に» — 形 (そばの) near；(くっつくほど近くの) close. — 前 (…の近くに) near …；(…のわきに) by … ★ 必ずしも横とは限らず，近くならよい． — 副 (…の近隣に) in the neighborhood of …, in the vicinity of … ★ 少し改まった言い方.《☞ ちかい[1]；きんじょ；そば[1] (類義語)》

¶「この*近くに郵便局がありますか」「ええ，あの角を曲がったところです」"Is there a post office *near* here?" "Yes. It's just around the corner." //「一番*近くの銀行はどこですか」「駅の向かいにあります」"Where is the *nearest* bank?" "It's just across from the station." // もう目的地のかなり*近くに来ている We are pretty *close* to our destination. // もっと火の*近くに寄りなさい Please come ｢*nearer* [*closer*] to the fire.

2 «間もなく・近いうちに»：(すぐに) soon；(近いうちに) before long ★ ある程度の間隔がある含みがある；(近い将来に) in the near future.《☞ まもなく》 ¶ 彼は*近く結婚することになっている He is going to get married *soon*. // 彼は*近く昇進するだろう He will be promoted *before long*.

3 «ほとんど・およそ» — 副 nearly；almost；about；approximately.

【類義語】 近いがそこまでは達していないことを表すのが ***nearly***. もう少しのところで及ばないとか足りない，ということを強調するのが ***almost*** で，*almost* のほうが *nearly* よりも接近の度合いが強い．達していようがいまいが，およそのことを表す口語的な言葉が ***about***. 少し改まった語が ***approximately***.

¶ もう 10 時*近くだ It is ｢*about* [*nearly*；*almost*] ten o'clock. // 千人*近くの人がその運動に参加した *Nearly* [*Almost*；*Approximately*] one thousand people took part in the movement. // 彼女に最後に会ってから 2 年*近くになる It is ｢*nearly* [*almost*] two years since I saw her last.

ちかく[2] 知覚 — 名 (認識を伴う知覚) (sensory) perception Ⓤ；(感じ・感覚) sensation Ⓤ. — 形 (知覚できる) perceptible；(知覚する能力のある) perceptive；(感覚の) sensory.《☞ かんかく[2]》 ¶ 弱い地震は*知覚できない Weak earthquakes are not *perceptible*. **知覚神経** sensory nerve Ⓒ **知覚動詞** 〚文法〛 verb of perception Ⓒ.

ちかく[3] 地殻 〚地質〛 crust Ⓒ.

ちがく 地学 (自然地理学) physical geography Ⓤ；(科目名) earth science Ⓤ.

ちかごろ 近頃 — 副 (最近) recently, lately, of late 【語法】 of late は少し堅苦しい言い方．いずれも完了時制にも過去時制にも用いられる；(このごろ) these days；(昔と比べてこのごろは) nowadays,《口語》now；(この数日間) the past few days. — 形 (最近の) recent, late 【語法】「このごろずっと」という意味では recently, lately はほぼ同意だが，《英》では recently は平叙文に，lately は疑問文・否定文に使う傾向がある．《米》ではその区別はない．《☞ さいきん[1]；このごろ》

¶「*近ごろいかがですか」「まあ，元気です」"How have you been (*lately*)?" "I've been all right." 【語法】 英語では現在完了形が使われるため，lately は言わないほうがむしろ普通．《☞ あいさつ (囲み)》 // *近ごろは交通事故が多くなっている There have been an increasing number of traffic accidents ｢*recently* [*these days*]. // *近ごろの (⇒ 今日の) 若い人は考え方が違う Young people (*of*) *today* [*Today's* young people] think differently.

ちかしつ 地下室 (建物の地階) basement Ⓒ；(食料品などを貯蔵しておく地下室) cellar Ⓒ.

ちかぢか 近近 soon, before long.《☞ ちかく[1]；まもなく》

ちかづき 近付き — 名 (面識) acquaintance Ⓤ；(友情) friendship Ⓤ. — 動 (友人になる) make friends with …；(正式の紹介によって近づきになる) meet (他)(自)；(面識を得る) make *a person's* acquaintance ★ やや改まった表現.

¶「お*近づきになれてうれしく思います」「こちらこそ」"Glad [Nice] to *meet* you." "Glad [Nice] to *meet* yóu."　[語法] 別れるときは「お近づきになれてうれしかった」という意味で Glad [Nice] to *have met* you. のように完了形不定詞を用いる.《☞ 紹介 (囲み)》

ちかづく 近付く **1**《近寄る》: (そばへ来る) get [come] near (自) ★ 口語的で, get のほうが近づく動作がよりはっきりと表現される; (接近する) approach (他); (時間的に近づく) come soon (自); (だんだんと近づく) draw (near ...; to ...) (自)　[語法] come soon は be coming soon という進行形でよく用いられ, 期待されるようなものが近づいていることを表す口語表現. draw (near) はより客観的な表現. 近づいた状態をいうときは be near at hand も用いられる.

¶ 彼は私に*近づいてきた He ⌈*got* [*came*] *near* to me. // あらしが町に*近づいていた The storm *was approaching* our town. // クリスマスが*近づいてきた Christmas *is coming soon*. // 試験が*近づいてきた The examination *is* ⌈*drawing near* [*near at hand*]. // 儀式は終わりに*近づいていた The ceremony *was drawing* to an end.

2《親しくなる》: (...と知り合いになる) become [get] acquainted (with ...), make *a person's* acquaintance; (友人になる) make friends with ...《☞ しりあう》.

¶ 彼は*近づきやすい (⇒ だれにも友好的だ) He *is friendly* to everybody. / (⇒ 友人になりやすい) He is easy to *make friends with*. / (⇒ 容易に面会できる) He is easy of *access*. // あの男には*近づくな (⇒ 離れていろ) Keep away from him.

ちかづける 近付ける **1**《近く寄せる》: (物を) bring [put] ... ⌈close [near] (to ...); (人を) allow *a person* to come near (...).　¶ いすをそんなに*近づけないでくれ Don't ⌈*bring* [*put*] the chair so ⌈*close* [*near*] *to* me. // 彼は自分の子供を書斎に*近づけなかった (⇒ 子供が書斎に近づくことを許さなかった) He did not *allow* his children *to come near* his study.

2《付き合う》: (交際する) associate (with...) (自); (親密に) keep company (with ...).《☞ こうさい[1]; つきあう》.　¶ 彼は人を*近づけない (⇒ 社交的でない) He is not a *sociable* man. / He *associates with* nobody.

ちがった 違った (異なる) different; (別の) *another*; (誤った) wrong; (変化した) changed, varied.《☞ ちがう (類義語); べつ》.　¶ *違った観点から考えてみよう Let's think from ⌈a *different* [*another*] point of view. // *違った電車に乗ってしまった I've taken the *wrong* train.

ちかてつ 地下鉄 《米》subway [C],《英》underground (railway) [C]　[参考]《英》で subway というと「地下道」を意味し,《米》の underpass にあたる; (地下鉄の俗称)《英》tube [C].《☞ 乗り物 (囲み); アメリカ英語とイギリス英語 (欄外)》.

¶ 私は池袋から東京まで*地下鉄で行った I took the *subway* from Ikebukuro to Tokyo. / I went from Ikebukuro to Tokyo by *subway*.

ニューヨークの地下鉄の入口

ロンドンの地下鉄の入口

ちかどう 地下道 《米》underpass [C],《英》subway [C].

ちかみち 近道 shortcut [C]; (一番近い行き方・道順) the shortest way.　¶ *近道をして駅へ行こう Let's take a *shortcut* to the station. // 私は野原を突っきって*近道した I took a *shortcut* across the fields. // これが(バス停への)一番の*近道です This is the *shortest way* (to the bus stop). // これが成功への*近道だ This is the *shortcut* to success.

ちかよる 近寄る (そばに来る) get [come] near (自); (接近する) approach (他).《☞ ちかづく》.　¶ *近寄るな Keep off《☞ 掲示の英語 (囲み)》

ちから 力 **1**《体力・物を動かす力》 ── [名] power [U]; force [U]; strength [U]; might [U]. ── [形] powerful; strong; mighty.

【類義語】最も一般的に用いられるのが ***power*** で, これを示したり, 実際に行使して人や物を動かす場合に用いるのが ***force***. 人の体力, 軍隊の兵力などが ***strength***. 超人的なほど強い力を指すのは ***might***.《☞ ちからいっぱい》

¶ 彼は*力の強い人だ He is *strong*. // この仕事はかなり*力がいります This work requires a lot of ⌈*power* [*strength*]. // 私はあらんかぎりの

*力でその戸を押した I pushed the door as *forcefully* as I could. // 彼は*力をふりしぼった He exerted all his *strength.* // たくさん食べて*力をつけなさい (⇒丈夫になりなさい) Eat a lot and get *strong.* // このエンジンは*力が強い (⇒大きな力がある) This engine has a great deal of *power.* // *力は正義なり *Might* is right. 《☞ ことわざ》 // そのボートは自分の*力で走る The boat sails under its own *power.*

2 «権力・威力» ―[名] (権力) power Ⓤ; (強制力) force Ⓤ; (影響力) influence Ⓤ. ―[形] powerful; influential.

【類義語】地位や人格に基づく権力は ***power***. 力を実際に行使する場合に用いるのが ***force*** で, 強制する場合にも用いる. 人を動かす影響力が ***influence***. 《☞ けんりょく》

¶ その国では政府の*力が強い The Government has great *power* in that country. / They have a ˹*strong* [*powerful*] Government in that country. // 独裁者は*力によって国を統治しようとした (⇒統治するのに力を用いた) The dictator used *force* to rule the country. // 彼は政界に*力がある (⇒影響力がある) He is *influential* in political circles.

3 «能力・実力» ―[名] (一般的な能力) ability Ⓤ; (潜在的な能力) capacity Ⓤ; (実際にやれる力) capability Ⓤ; (実力・堪能な力) proficiency Ⓤ. ―[形] (能力のある) able, capable; (実力のある) proficient. 《☞ のうりょく (類義語); じつりょく》.

¶ *力の及ぶ限りそれをやってみます I'll do it to the best of my *ability.* // 彼の英語の*力はかなりのものだ (⇒英語がとても堪能だ) He *is* ˹*very good at* [quite *proficient* in] English. // 彼にはそれをやり遂げる*力はない He has no *ability* to carry it out. / He is not *capable* of carrying it out.

4 «尽力・助力» ―[名] (手助け) help Ⓤ; (援助) aid Ⓤ ★ 後者は公的な援助をいうことが多い; (側面からの援助) assistance Ⓤ; (支援) support Ⓤ; (働き) service ★ 複数形で用いることが多い. ―[動] help (他); aid (他); assist (他); (支援する) support (他), 《口語》 back up (他). 《☞ たすけ; えんじょ》.

¶ 彼は父親の*力で就職した He found a job with the ˹*help* [*aid*] of his father. // 彼の*力になってやろう Let's *help* him. / Let's *back* him *up.*

ちからいっぱい 力一杯 ―[副] (できるだけ一生懸命) as hard as *one* can ★ 最も口語的な表現; (全力で) with all *one's* ˹strength [force; might]; (力の限り) with [by] might and main ★ やや文語的慣用句; (懸命に) for all *one* is worth. ―[動] (全力を尽くす) do *one's* best. 《☞ ぜんりょく; いっしょうけんめい》.

¶ 彼らは*力いっぱい (⇒できるだけ一生懸命) その岩を押した They pushed the rock *as hard as they could.* // 私は*力いっぱい船をこいだ I rowed the boat *with all my* ˹*strength* [*force*]. // *力いっぱいやったが (⇒全力を尽くしたが) だめだった I *have done my* ˹*best* [*utmost*], but in vain. // 彼は*力いっぱいハムレットの役を演じた He played the role of Hamlet *for all he was worth.*

ちからくらべ 力比べ contest of strength Ⓒ.

ちからこぶ 力こぶ knot of muscles Ⓒ. ¶ 彼は腕を曲げて大きな*力こぶを作った He bent his arm to make a large *knot of muscles.*

ちからしごと 力仕事 (肉体労働) manual labor Ⓤ; (重労働) heavy ˹labor [work] Ⓤ.

ちからずく 力尽く ―[副] (力で) by force; (強制的に) forcibly. ―[動] (力ずくでする) force (他). 《☞ ごういん; きょうせい[1]》. ¶ 彼は彼女からそれを*力ずくで奪った He took it from her ˹*by force* [*forcibly*]. // 私は*力ずくでその戸を開けた (⇒力を使った) I *used force* to open the door. // 彼らは*力ずくで彼を外へ連れ出した They *forced* him out.

ちからだめし 力試し ―[名] test of *one's* ˹strength [ability] Ⓒ. ―[動] test *one's* ˹strength [ability].

¶ 彼は*力試しに (⇒自分の力を試すために) そのバーベルを持ち上げた He raised the barbell to ˹*try* [*test*] *his* (*own*) *strength.* // 彼は*力試しに (⇒実力をテストするために) その試験を受けてみた He ˹sat for [took] the examination to *test his actual ability.*

ちからづける 力付ける (励ます) encourage (他); (元気づける) cheer up (他). 《☞ はげます》.

ちからづよい 力強い (力のある) powerful; (生命力のある) vigorous; (頼りになる) reliable; (安心させる) reassuring. 《☞ こころづよい》.

¶ 彼は*力強い味方となることだろう He will make quite a *reliable* friend. // 彼が居てくれることだけで*力強かった (⇒頼もしかった) His very presence was *reassuring.*

ちからまかせ 力任せ ―[副] with all *one's* ˹strength [might]. ¶ 雑草の根を*力まかせに引き抜いた I pulled out the root of the weed *with all my strength.*

ちからもち 力持ち (人) strong man Ⓒ, man of great strength Ⓒ.

ちかん 痴漢 molester Ⓒ, 《俗語》 masher Ⓒ.

ちきゅう 地球 (惑星の1つとしての地球) the earth; (人間の住む世界としての地球で, 特に丸いことを強調する) the globe.

¶ *地球は太陽の周りを回る *The earth* goes

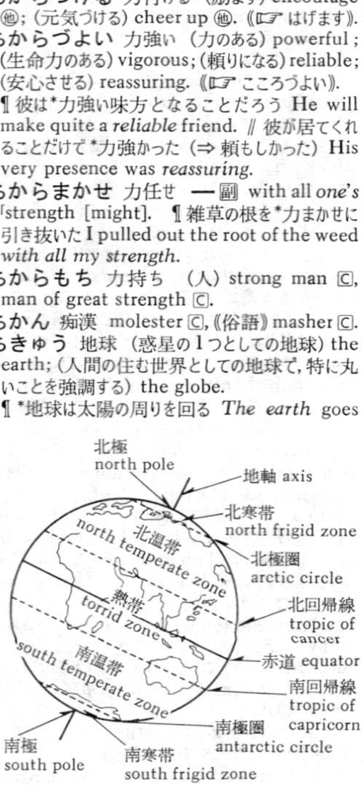

round the sun. // *地球上のすべての民族 all the peoples ⌈of [on] *the earth* [語法] the を付けずに on earth とすると「地上の」「この世の」という意味合いが強くなる.

地球儀 (terrestrial) globe Ⓒ **地球物理学** geophysics Ⓤ **地球人** earth people ★ 複数扱い.

ちぎょ 稚魚 (孵化(ふか)して間もない魚) fry Ⓒ ★ 単複同形; (一般に小さい魚) young fish Ⓒ ★ 単複同形.

ちきょう 地峡 isthmus [ísməs] Ⓒ.

ちぎる (引き破る) tear [tέɚ] ㊀《過去 tore; 過分 torn》; (引っ張ったり, はがしたりして取る) pluck ㊀; (指でつまみとる) pick off ㊀. 《☞ やぶる; さく²; ちぎれる》. ¶ 彼は紙を細かく*ちぎった He *tore* a sheet of paper into small pieces. // 彼はもちを*ちぎって食べた He ate the rice cake *plucking* it to bits.

ちぎれぐも ちぎれ雲 scattered clouds ★ 通例複数形で.

ちぎれる (何かの力でちぎれ取れる) be torn off; (ひとりでに) come off ㊁ ㊀. 《☞ ちぎる》. ¶ その地図は一番大切な箇所が*ちぎれてしまっていた The map had the most important part *torn off*. // 上着のボタンが*ちぎれた A button *came off* the jacket.

チキン (鶏肉) chicken Ⓤ 《☞ とり¹》. ¶ ロースト[フライド]*チキン roast [fried] *chicken*

チキンライス chicken and rice Ⓤ.

ちく 地区 (行政上の区画) district Ⓒ; (特色別に分けられた地帯) zone Ⓒ; (漠然と区分した地域の1つ) area Ⓒ; (小さく分けた区域) section Ⓒ; (都市の中の住居区域) quarter Ⓒ. 《☞ ちいき (類義語); ちほう; くいき》.

¶ ここは当市の文教*地区です This is the educational *district* ⌈in [of] this city. // 都市にはたいてい住宅*地区と商業*地区がある There are residential and business ⌈*zones* [*quarters*] in most cities. / Most towns are divided into uptown and downtown *areas*.

ちくいち 逐一 (いちいち) one by one; (詳しく) in detail; (全部) fully. ¶ その子はその日の出来事を両親に*逐一報告した The child reported the day's happenings ⌈*one by one* [*in detail*; *fully*] to his parents.

ちくごやく 逐語訳 ―[名] (文字通りの訳) literal translation Ⓤ; (一語一語をたどった訳) word-for-word translation Ⓤ. ―[動] trans*late* ... ⌈*literally* [*word for word*]. 《☞ ほんやく; 翻訳 (欄外)》.

ちくさん 畜産 (畜産業) stock raising Ⓤ.

畜産業者 stock raiser Ⓒ, stockbreeder Ⓒ.

ちくじ 逐次 (一つ一つ) one by one; (だんだんに) gradually. 《☞ だんだん》.

ちくしょう 畜生 (悪態の言葉) (God) damn (⌈it [you])!; (男に向かって) Son of a bitch! [語法] 以上いずれも言ってはいけない言葉とされているため, 我々外国人が使うときは注意を要する. 《☞ 感嘆詞 (欄外)》.

ちくせき 蓄積 ―[動] (積み重ねて増やす) accumulate ㊀; (蓄えて貯蔵する) store (up) ㊀. ―[名] accumulation Ⓤ ★「蓄積されたもの」の意では Ⓒ; (蓄え) store Ⓒ. ¶ 資本の*蓄積 the *accumulation* of capital // 知識を*蓄積しておくと (⇒ 蓄積された知識は) いざという時に役に立つ *Accumulated* knowledge will prove useful in time of need.

ちくちく ―[動] (ちくちくする・ちくちく痛む) prick ㊁, prickle ㊁ ★ 後者のほうがちくちくする程度が少し軽い. 《☞ 擬声・擬態語 (囲み)》.

ちくでんち 蓄電池 storage battery Ⓒ 《☞ でんち》.

ちくのうしょう 蓄膿症 〘医学〙 empyema [empaiíːmə] Ⓒ.

ちぐはぐ ―[形] (不ぞろいな) irregular; (組み合わせがきちんとそろっていない) odd, not properly paired; (首尾一貫しない) inconsistent. ¶ 彼は靴下が*ちぐはぐだった He was wearing *odd* socks. / His socks were *not properly paired*. // 彼は言うこととやることが*ちぐはぐだ (⇒ 首尾一貫しない) His words and deeds are *inconsistent*. / (⇒ 一致しない) His words *do not agree with* his deeds.

ちくばのとも 竹馬の友 (子供のころからの友達) old ⌈friend [playmate] Ⓒ 《☞ おさななじみ》.

ちくび 乳首 (一般に) nipple Ⓒ, teat Ⓒ ★ 後者は少し俗っぽい言い方で, 乳房の意味になることもある. いずれも通例複数形で; (哺乳瓶 (feeding bottle) の乳首) 《米》 nipple Ⓒ, 《英》 teat Ⓒ.

ちくりと ―[副] prickingly. ―[動] prick ㊀; (蚊・のみが) bite ㊁ ㊀. 《☞ さす²》. ¶ 彼女はピンで*ちくりと指を刺してしまった She *pricked* her finger ⌈on [with] a pin. // 蚊は*ちくりと刺す A mosquito *bites*.

ちくわ 竹輪 *chikuwa*, Japanese fish paste cooked in a bamboo-like shape 《☞ 日本固有の風物と英語 (囲み)》.

ちけい 地形 (地表の形状) configuration (of the ground) Ⓒ; (ある地域の土地の形状) the topography ★ 専門用語として用いられる; (自然の地形) natural features ★ 通例複数形で; (広い意味での地面の形) landform Ⓒ.

¶ この地図はその土地の*地形を表している This map shows the ⌈*configuration* [*topography*] of the land. // 私たちはまずその地域の*地形を調べなければならない First of all, we have to ⌈study the *natural features* [make a *topographical survey*] of the area.

ちこく 遅刻 ―[動] (遅刻する) be late (for ...) (↔ be in time (for ...)) ★ 時に to ... のこともある; (遅刻して来る) come late (to ...) ★ 前者は「行為」, 後者は「動作」のほうに重点がある. 《☞ おくれる》.

¶ きょうは学校に*遅刻した I *was late for* school today. // 彼はよく会社に*遅刻して来る He often *comes late to* the office.

遅刻者 latecomer Ⓒ **遅刻届** report of *one's* being late Ⓒ.

ちし 致死 ―[形] (死に至るような) fatal; (一命にかかわるような) deadly ★ 死に至るとは限らない; (薬などが致死量の) lethal [líːθəl]. ¶ 彼女は*致死量の睡眠薬を飲んだ She took a *lethal* dose of sleeping pills. // 彼女は過失*致死で告発された She was accused of ⌈*hom-*

ち

icide by misadventure [involuntary *manslaughter*].
ちじ 知事 (県の) (prefectural) governor Ⓒ.
ちしき 知識 (一般的に) knowledge Ⓤ; (体験や見聞を通して得た知識) acquaintance Ⓤ; (観察や他人の言葉などから収集した情報) information Ⓤ; (学んで得た学識) learning Ⓤ; (技術についての実際的知識) know-how Ⓤ.
¶ 彼には電子工学の*知識がかなりある He has a considerable *knowledge* of electronics. // 辞書は語句についての*知識を与えてくれる A dictionary gives us *information* about words and phrases. // 私のロンドンについての*知識なんてたかがしれている (⇒ わずかである) My *acquaintance* with London is only slight. / I have (only) a slight *acquaintance* with London. // 彼は*知識欲が旺盛だ He is eager for ⌈*knowledge* [*learning*]. // 彼は広範囲に及ぶ*知識をもっていた He had a wide range of *learning*.
知識階級 intellectuals, the intelligentsia ★ 後者のほうが形式ばった言い方. もとラテン語で, ロシア語を通して英語に入った. **知識人** intellectual Ⓒ《☞ インテリ》.
ちじく 地軸 the earth's axis 《☞ じく¹; ちきゅう (挿絵)》.
ちしつ 地質 geology Ⓤ; (地質の特徴) geologic [geological] features ★ 複数形で; (土質) the nature of the soil. **地質学** geology Ⓤ **地質学者** geologist Ⓒ **地質調査** geological survey Ⓒ.
ちしま 千島 (千島列島) the Kuril(e) [kjú(ə)riːl] Islands, the Kuril(e)s.
ちじょう 地上 ━名 (地面) the ground; (地球の表面) the surface of the earth; (地球上・大地) the earth. ━副 (地上で) on the ground; (地上から) above the ground. ━形 (土地の) terrestrial (↔ celestial); (地上の) surface; (この世の) earthly (↔heavenly, spiritual). 《☞ このよ》.
¶ へびは*地上をはう Snakes move *on the ground*. // *地上にはさまざまな生物が生息している There live a variety of creatures *on* (*the surface of*) *the earth*. // 空の旅より*地上の旅のほうが安全だ *Surface* travel(ing) is safer than air travel(ing). // 私はそこに*地上の楽園を見た I saw an *earthly* paradise there.
地上勤務員[整備員] (飛行機の整備や維持をする機械工や技術者) ground crew member Ⓒ; (集合的に) the ground crew **地上権** surface rights ★ 複数形で.
ちじょく 恥辱 (恥) shame Ⓤ; (個人の尊厳を犯された恥) indignity Ⓤ; (はずかしめを受けて悔しい気持ち) humiliation Ⓤ; (名誉ある地位からの転落) disgrace Ⓤ; (名誉の喪失) dishonor Ⓤ. 《☞ はじ¹; ぶじょく》. ¶ 彼はひどい*恥辱を受けた He ⌈suffered [received] a great ⌈*indignity* [*humiliation*].
ちじん 知人 acquaintance Ⓒ; (友人) friend Ⓒ. 《☞ しりあい》.
ちず 地図 map Ⓒ; chart Ⓒ; atlas Ⓒ.
【類義語】 地球の表面やその一部, その上の建造物などを表すのが **map**. 航空あるいは海用のものが **chart**. *map* や *chart* を幾つか綴(と)じ合わせて 1 冊にしたのが **atlas**.
¶ あなたは*地図の見方を知っていますか Do you know how to ⌈read [use] a *map*? / Can you read a *map*? // 彼はその町の*地図をかいた[作った] He ⌈drew [made] a *map* of the town. // 早速そこを*地図で捜してみた I looked it up on a *map* at once. // この山[村]は*地図に出ていない This ⌈mountain [village] is not ⌈shown [marked] on the *map*. // 道路*地図 (⇒ 1 枚の) a road *map* / (⇒ 地図帳式の) a road *atlas* // 世界*地図 a world *map* / (⇒ 地図帳式の) a world *atlas* // 5 千分の 1 の地図 a *map* of 1 to 5,000
ちすい 治水 (川の改良) river improvement Ⓤ; (洪水を防ぐこと) flood control Ⓤ.
ちすじ 血筋 (祖先との直接のつながり) lineage Ⓤ; (祖先の民族的な特徴) descent Ⓤ; (先祖のタイプ) stock Ⓤ. 《☞ ち¹; けっとう¹》.
¶ 彼は日本人の*血筋を引くアメリカ人です He is an American of Japanese *descent*. // 彼女は*血筋がよい She comes of good *stock*. // *血筋は争えないものだ Like father, like son. 《ことわざ: 似た父親に似た息子》
ちせい¹ 知性 ━名 (知力・理解力) intellect Ⓤ; (知力を使って発揮される頭の働き・知能) intelligence Ⓤ; (知的であること) intellectuality Ⓤ. ━形 (知的な・理知的な) intellectual; (知能の高い・頭のよく働く) intelligent (↔ stupid; silly). 《☞ ちのう; ちてき》.
¶ 彼は*知性が低い[高い] He is a man of ⌈low [high] ⌈*intellect* [*intelligence*]. // この仕事は*知性をまったく必要としない This task doesn't require any *intelligence*. // 彼の*知性がかえって災いとなった (⇒ 皮肉にも彼に災いをもたらした) His ⌈*intelligence* [*intellectuality*] ironically brought misfortune on him.
ちせい² 治世 (国王・皇帝などの統治) reign Ⓒ; (権力者による統治) rule Ⓤ. 《☞ とうち²》.
ちせつ 稚拙 ━形 (下手な) poor; (幼稚で子供っぽい) naïve; (子供っぽい) childish; (洗練されてない) crude; (未成熟な) immature. 《☞ ようち¹》.
ちそう 地層 (重なった中の 1 つの層) stratum Ⓒ《複 strata》.
ちたい 地帯 (特色別に分けられた地帯) zone Ⓒ; (幾つかに分けた地区の 1 つ) area Ⓒ; (ほかと区別される特徴を持つ地理的な地域) region Ⓒ; (農産物・動植物などによって分けられた地帯) belt Ⓒ. 《☞ ちいき (類義語); ちく》.
¶ 京浜工業*地帯 the Keihin industrial ⌈*zone* [*area*] // 車は安全*地帯に乗り上げた The car ran onto the safety *zone*. // 東京にはもっと緑*地帯を作る必要がある More green *belts* must be made in Tokyo.
ちち¹ 父 ━名 father Ⓒ 〔語法〕 家族内で用いる場合は固有名詞のように扱って, 大文字を用い, 冠詞を付けないことが多い. ━形 (父の・父親らしい) fatherly, paternal; (父方の) paternal, on *one's* father's side. 《☞ おとうさん 〔語法〕; 親族関係 (囲み)》.
¶ 私の*父は技師です My *father* is an engi-

neer. // *父はいつも宿題を手伝ってくれる *Father* always helps me with my homework. // *父のいない子 a *fatherless* child // この*父にしてこの子あり Like *father*, like son. 《ことわざ》 // 彼は陶芸の*父と呼ばれた He was called the *father* of ceramic art. // 彼はその子供たちの*父親がわりだった He was a *father* to those children. // *父親らしい愛情とはどんなものだろう What is ｢*fatherly* [*paternal*] love like? // 彼は*父方の祖父です He is my *paternal* grandfather. / He is my grandfather *on my father's side*.

ちち² 乳 ―名 milk Ⓤ; (母乳) mother's milk Ⓤ; (牛乳) cow's milk Ⓤ; (乳房) breast Ⓒ. ―動 (乳をしぼる) milk ㊀㊁; (授乳する) nurse ㊀. 《☞ ぼにゅう》.
¶ 赤ん坊が*乳を欲しがって泣いている The baby is crying for *milk*. // 彼女は赤ん坊に*乳を飲ませている She *is nursing* her baby. // 赤ん坊は母親の*乳を飲んでいる The baby is sucking *milk* from its mother. / (⇒ 乳房を吸っている) The baby is sucking at its mother's *breast*. // 母親の*乳はよく出た[出なかった] The mother had ｢plenty of [little] *milk*. // 彼は毎日牛の*乳を搾る He *milks* his cows every day. // この牛は*乳がよく出る This cow *milks* well.

ちち³ 遅遅 ¶ 彼の仕事は*遅々として進まなかった (⇒ ほとんど進展しなかった) His work made ｢*little* [*almost no*] progress.

ちちおや 父親 father Ⓒ 《☞ ちち¹》.

ちぢこまる 縮こまる (体を縮めて丸くする) curl up ㊁; (縮こまって座る) huddle up ㊁; (うずくまる) crouch ㊁; (縮み上がる) shrink ㊁. ¶ 彼はベッドに*縮こまって眠った He *curled up* in bed and went to sleep.

ちちばなれ 乳離れ ―動 (離乳する) be weaned; (独り立ちする) be independent. 《☞ りにゅう》. ¶ この子は*乳離れしてから1週間になる (⇒ 1週間前に乳離れした) This baby *was weaned* from its mother a week ago. // 彼は子供じゃないのにまだ*乳離れしていない (⇒ 独り立ちできない) Though he is not a child, he *is* not yet quite *independent*.

ちぢまる 縮まる shrink ㊁; (短くなる) shorten ㊁. 《☞ ちぢむ》.

ちぢみあがる 縮み上がる (恐怖などのためにすくむ) cower ㊁; (たじろぐ) shrink (back) ㊁; (びっくり仰天する) be astonished. ¶ 彼女は彼の怒った顔を見て*縮み上がった She ｢*cowered* [*shrank back*] before his angry looks. // 女の子は雷の音に*縮み上がった The girl *was astonished* at the thunder. / (⇒ 雷の音がおびえさせた) The clap of thunder *scared* the girl.

ちぢむ 縮む (目が詰まって小さくなる) shrink ㊁ 《過去 shrank, shrunk; 過分 shrunk, shrunken》; (収縮する) contract ㊁; (短くなる) shorten ㊁㊀; (しわがよる) wrinkle ㊁; (しわがよって縮む) shrivel ㊁; (小さくなる) diminish ㊁. 《☞ しゅうしゅく》.
¶ このシャツは洗っても*縮まない This shirt won't *shrink* in ｢the wash [washing]. // ゴムは伸びたり*縮んだりする Rubber stretches and *contracts*. // 彼は過労で寿命が10年も*縮んだ Overwork *shortened* his life by ten years. // 私は命の*縮む思いをした (⇒もう少しで死ぬところだった) I was close to death. / (⇒ 間一髪で逃れた) I had a ｢close [narrow] shave.

ちぢめる 縮める (短縮する) shorten ㊀; (切って縮める) cut ... short; (衣服の寸法を詰める) take in ㊀, take up **語法** 前者はウエストのほうを, 後者はすそのほうを詰める; (省略する) abridge ㊀; (要約する) condense ㊀; (減少させる) reduce ㊀; (小さく圧縮する) squeeze ㊀; (記録などを更新する) better ㊀.
¶ 彼はロープを50センチ*縮めた He ｢*shortened* the rope [*cut* the rope *short*] by 50 centimeters. // 喫煙は寿命を*縮める Smoking will *shorten* your life. // 私は休暇を10日から1週間に*縮めなければならなかった I had to *cut short* my vacation from 10 days to a week. // 彼はその本の内容を*縮めて雑誌の記事にした He *abridged* the book for a magazine article. // 彼はダッシュして先頭の走者との距離を*縮めた (⇒ 先頭走者のリード差を減じた) He made a dash and *reduced* the first runner's lead. // 私は体を*縮めてその小さな車に乗り込んだ ＜S(人)＋V(*squeeze*)＋*oneself*＋*into*＋名＞ I *squeezed myself into* the small car. // 彼は100メートル競走で世界記録を0.2秒*縮めた (⇒ 更新した) He *bettered* the world record by 0.2 second in the hundred-meter dash. ★ 0.2 は zero point two と読む.

ちちゅう 地中 ―副 (地中に) in the earth; (地表下に) in the ground. 《☞ ちか¹》. ¶ この土器は*地中に埋もれていたものです This earthenware pot was buried *in the* ｢*earth* [*ground*]. // 犬は*地中から骨を掘り出した The dog dug some bones out of *the ground*.

ちちゅうかい 地中海 the Mediterranean (Sea).

ちぢらす 縮らす (髪をウェーブにする) wave ㊀; (巻毛にする) curl ㊀; (小さい巻毛にする) frizz ㊀. 《☞ ちぢれる》.

ちぢれげ 縮れ毛 ―名 wavy [curly; frizzy; kinky] hair Ⓤ **語法** 波のようなのが wavy, 巻いているのが curly, 細かく巻いて縮れているのが frizz, 黒人のようにちりちりに縮れているのが kinky. 2番目と3番目は単に curl Ⓒ, frizz Ⓒ ともいう. ―形 wavy; curly; frizzy; kinky. 《☞ カール; パーマ》.

ちぢれる 縮れる (髪がウェーブする) wave ㊁; (巻き毛になる) curl ㊁; (小さい巻き毛になる) frizz ㊁. ¶ 彼女の髪は自然に*縮れている Her hair ｢*waves* [*curls*] naturally. // 彼の髪は短く*縮れている (⇒ 短く縮れた髪を持つ) He has short ｢*kinky* [*frizzy*] hair.

ちつ 膣 〘解剖〙 vagina [vədʒáinə] Ⓒ 《複 vaginae [-niː], ～s》.

チッキ ―名 check Ⓒ. ―動 (チッキで送る) check ㊀. ¶ 私はトランクを名古屋まで*チッキで送った (⇒ チッキにした) I *checked* the suitcase through to Nagoya.

ちつじょ 秩序 (治安) order Ⓤ; (秩序立った方法) system Ⓤ ★「体系」の意味では Ⓒ;

(規律) discipline Ⓤ. 《☞ ちあん; きりつ[1]》.
¶ 社会の*秩序を保つ maintain [keep] ˹public [social] *order* ∥ 法と*秩序を乱す者は厳重に処罰すべきだ We should inflict severe punishment on those who disturb law and *order*. ★ law と order はしばしばこのように対句として使用される. ∥ その国ではまだ*秩序が回復されていない *Order* has not yet been restored in the country. ∥ 彼の研究方法は非常に*秩序立っている His method of research is very *systematic*.

ちっそ 窒素 nitrogen [náitrədʒən] Ⓤ《元素記号 N》. **窒素循環** nitrogen cycle Ⓒ **窒素肥料** nitrogenous fertilizer Ⓤ.

ちっそく 窒息 ―動 (窒息させる・窒息する) suffocate ㊀㊁; smother ㊀㊁; stifle ㊀㊁; choke ㊀ 語法 はじめの3つには ㊁ 用法もあるが,「窒息する」に当たる表現は受身になることが多い. ―名 suffocation Ⓤ; choke Ⓒ.
【類義語】酸素がなくて呼吸できなくする[なる]のが ***suffocate***. 十分な酸素がなくて息をつけなくする[息がつけなくなる]のが ***smother***. 新鮮な空気がないため息苦しくする[なる]のが ***stifle***. 首を絞めるとか呼吸器官をふさぐとかして呼吸を妨げるのが ***choke***. 《☞ いき[1]; いきぐるしい》
¶ 老人はもちがのどにつかえてもう少しで*窒息するところだった The rice cake stuck in the throat of the old man and ˹nearly [almost] *choked* him. ∥ 彼は煙に巻かれて (⇒ 煙で) *窒息死した He *was* ˹*suffocated* [*choked*; *stifled*] to death by the smoke. ∥ 彼の死因は*窒息死だった (⇒ 彼は窒息で死んだ) He died ˹from [of] *suffocation*. ∥ 満員のバスの中で私は*窒息するのではないかと思った I thought I would *suffocate* in the crowded bus.

ちっとも (not) at all,《口語》(not) a bit; (not) in the least ★「少しも(…でない)」という意味を強調する言い方. 語法 以上のほかに not や nothing だけで「ちっとも」を表すことができるし, 話し言葉では, not や not any などの否定語に強い強勢を置くことによっても「ちっとも」の意味を表すことができる. 《☞ すこしも; ぜんぜん; 強意語 (囲み)》. ¶「くたびれませんか」「いいえ, *ちっとも」"Aren't you tired?" "No, *not* ˹*at all* [*a bit*]."

チップ[1] ―名 (心づけ) tip Ⓒ, gratuity Ⓒ ★ 後者は形式ばった語. 実際の額はともかくとして tip が少額であるのに対し, gratuity は金額的にも大きいというニュアンスがある. ―動 (チップをやる) tip ㊀. 《☞ ホテル (囲み)》.
¶ 私はボーイに*チップをはずんだ I gave the ˹bellboy [waiter] a ˹good [generous] *tip*. / (⇒ 気前よくチップをやった) I *tipped* the ˹bellboy [waiter] generously. ★「ホテルのボーイ」が bellboy,「レストランのボーイ」が waiter. ∥ わずかな*チップ a small *tip* ∥「彼女には*チップとしていくらあげればよいですか」「1ドルで十分です」"How much should I give her as a *tip*?" "One dollar will be enough." ∥ 彼は私に1ドルの*チップをくれた He *tipped* me a dollar. ∥ 彼は勘定を払い1割の*チップを置いた He paid the bill and left a ten percent *tip*. ∥ *チップはご辞退いたします No ˹*gratuities* [*tips*] accepted. 《掲示》

チップ[2] 〘野球〙 ―名 tip Ⓒ. ―動 tip ㊀. ¶ 彼はボールをファウル*チップした He *tipped* the ball foul.

ちっぽけ ―形 (とても小さな) very small; (小さくてかわいらしい) little ★ little には very を付けないほうがよい. 《☞ ちいさい (類義語)》.
¶ 川のそばに*ちっぽけな家があった There was a ˹*very small* [*little*] house beside the river.

ちてき 知的 ―形 (教育[教養]のある・知性を必要とする) intellectual; (知能のある) intelligent (↔ stupid; silly) 語法 英語では intelligent (＝利口) であっても, intellectual (＝知的) でない人もあり得る; (精神的) mental (↔ physical; bodily). 《☞ ちせい[1]; ちのう》.
¶ 彼は*知的な人だ He is ˹an *intellectual* person [a man of *intellect*]. ∥ 囲碁は高度に*知的なゲームだ Go is a highly *intellectual* game. ∥ 私は*知的な職業につきたい I want to follow an *intellectual* occupation. ∥ この子は*知的な顔をしている (⇒ この子は利口に見える) This ˹boy [girl] looks *intelligent*. ∥「幼児の*知的発達」というのが彼女の研究テーマです "The *mental* development of infants" is the subject of her study.

ちてん 地点 (一定の点としてとらえる) point Ⓒ; (特定の) spot Ⓒ; (事件の現場) scene Ⓒ; (一般的にある場所) place Ⓒ; (標識) mark Ⓒ.
¶ 彼は10キロ*地点で競走から脱落した He dropped out of the race at the 10 kilometer ˹*point* [*mark*]. ∥ ここがその事故のあった*地点です This is the very ˹*spot* [*scene*; *place*] where the accident occurred. ∥ 彼はその*地点を地図で探した He tried to find the *place* on the map.

ちどうせつ 地動説 (太陽中心の説) the heliocentric system (↔ the geocentric system); (コペルニクスの唱えた) the Copernican ˹system [theory] (↔ the Ptolemaic system).

ちどめ 血止め (薬) styptic Ⓒ《☞ しけつ》.

ちどり 千鳥 〘鳥〙 plover [plʌ́vər] Ⓒ.

ちどりあし 千鳥足 ―動 (よろめく) reel ㊁; (ふらふらする) stagger ㊁; (不安定な足取りで歩く) walk unsteadily. ―名 reeling [staggering; unsteady] steps ★ 通例複数形で. 《☞ ふらふら; よろよろ》. ¶ 酔っぱらいが*千鳥足で通りを歩いていった A ˹drunk [drunken man] ˹*reeled* [*staggered*] along the street.

ちなまぐさい 血生臭い bloody 《☞ さつばつ》. ¶ その*血なまぐさい殺人事件は全市に衝撃を与えた The *bloody* murder shocked the whole town.

ちなみに 因に (ついでながら) by the way ★ 話の途中で話題を変えるときの言葉; (これに関して) in this connection. 《☞ ところで》.

ちなむ 因む ¶ 彼女はおばの名に*ちなんで良子と名づけられた She was named Yoshiko ˹*after* [《米》*for*] her aunt. ∥ 先生はその戦争に*ちなんだエピソードを話してくれた The teacher told us an episode *in connection with* the war. ∥ この切手は午(うま)年に*ちなんで (⇒ 関連して[記念して]) 発行されたものだ This (postage) stamp was issued ˹*in association with* [*in*

honor of] the year of the horse.
【参考語】一動 (関係がある) be ⌈connected [associated] with ...; have relation to ...　一前 (...にならって) for ..., after ...; (...に関連して) in ⌈connection [association] with ...; (...を記念して) in honor of ...; (...に関して) in [with] relation to ...; in [with] reference to ...

ちねつ 地熱　一名 the internal heat of the earth; geotherm Ⓤ ★ 後者は専門語.　一形 geothermal. **地熱発電** geothermal (electric) power generation Ⓤ **地熱発電所** geothermal (electric) power station Ⓒ.

ちのう 知能　一名 (頭の働き) intelligence Ⓤ; (知力) intellect Ⓤ ★ 理解力・思考力など, 教育・訓練によって養われるものをいう. 従って「知能」により近い訳語は前者である; (知的能力) mental faculties ★ 複数形で. これは説明的な言い方.《☞ ずのう; ちせい¹; ちてき》.
¶ 彼の*知能は普通です His *intelligence* is average. / He has average *intelligence*. // その少年は年齢のわりに高い*知能を持っている The boy has a high level of *intelligence* for his age. / (⇒ 高い知能を示す) The boy shows high *intelligence* for his age. // いるかは鯨よりも*知能が高い A dolphin ⌈has more *intelligence* [is more *intelligent*] than a whale. // 彼女は*知能の遅れた子供たちの面倒を見ている She takes care of (*mentally*) ⌈*backward* [*retarded*] children.
知能検査 (IQ を調べる) IQ test Ⓒ; (一般に, 知能を調べる) intelligence [mental] test Ⓒ **知能指数** intelligence quotient Ⓒ《略 IQ, I.Q.》 **知能犯** (犯罪) intellectual offense Ⓒ; (犯人) intelligent criminal Ⓒ.

ちのうみ 血の海　pool of blood Ⓒ. ¶ あたり一面*血の海だった (⇒ そこには血の海があった) There was a *pool of blood* there. / (⇒ 大量の血が事件の現場を覆っていた) *A lot of blood* covered the scene of the accident.

ちのけ 血の気　一名 blood Ⓤ.　一形 (血気にはやる) hot-blooded; (激しやすい) quick-tempered; (活力にあふれた) vigorous; (威勢がいい) dashing; (向こう見ずな) rash. ¶ 彼は*血の気の多い男だ He is a ⌈*hot blooded* [*dashing*] fellow. // その知らせを聞いて彼女の顔から*血の気がなくなった The *blood* drained from her face when she heard the news. / (⇒ 青ざめた) She *turned pale* at the news.

ちのみご 乳飲み子 (赤ん坊) baby Ⓒ.

ちのり 地の利　geographical advantage Ⓒ. ¶ このスーパーは*地の利を得ている (⇒ 有利な場所にある) This supermarket *is located at an advantageous place*. / (⇒ 地の利を持つ) This supermarket has a *geographical advantage*.

ちはい 遅配　一名 (遅れること) delay (in ...) Ⓤ.　一動 (遅らせる) delay ⓗ.《☞ おくれる》. ¶ ストのため郵便が*遅配になった The mails *were delayed* owing to the strike. / (⇒ストライキが郵便配達を遅らせた) The strike caused the *delay in* mail delivery.

ちばしる 血走る　be bloodshot. ¶ 寝不足で彼の目は*血走っていた His eyes *were bloodshot* from want of sleep. / He had *bloodshot* eyes because of lack of sleep.

ちび (子供) little ⌈child [boy; girl] Ⓒ, 《口語》kid Ⓒ; (まだ体の小さい子供) small child Ⓒ ★ boy, girl にはあまり small は使わない; (大人が子供に愛情をこめて言う言い方として) little one Ⓒ; (背の低い人) short ⌈man [woman] Ⓒ. ¶ うちの*ちびたちはどこに行った Where are our *kids*? // お*ちびさんたちはもう寝ましたよ The *little ones* are ⌈in bed [asleep].

ちびちび　一副 (少しずつ) little by little; (倹約して) sparingly; (少量に) in small quantities. ¶ 彼はブランデーを*ちびちび飲んだ (⇒ すすって飲んだ) He *sipped* his brandy. / He drank his brandy ⌈*little by little* [(⇒ ひとすすりずつ) *in sips*].

ちひょう 地表　the surface of the earth, the earth's surface.《☞ じめん; ちじょう》.

ちぶ 恥部 (陰部) private parts ★ 複数形で.

ちぶさ 乳房　breast Ⓒ ★ 両方を指す場合は breasts.《☞ ちち²; むね¹ (類義語)》.

チフス (腸チフス) typhoid (fever) Ⓤ; (発疹チフス) typhus Ⓤ; (パラチフス) paratyphoid Ⓤ.《☞ 病気・病院 (囲み)》.

ちへいせん 地平線　the horizon [həráizn]. ¶ 飛行機が*地平線上に姿を現した An airplane appeared above *the horizon*. // 私は太陽が*地平線からゆっくり上がってくるのを見た I saw the sun come up slowly from beyond *the horizon*. // 太陽は*地平線下に沈んだ The sun ⌈sank [went down; set] below *the horizon*. // *地平線上の太陽は美しかった The sun on *the horizon* was beautiful. [語法] on は接して, above は離れて上にある場合.

チベット　一名 固 Tibet.　一形 Tibetan. **チベット語** Tibetan Ⓤ **チベット人** Tibetan Ⓒ.

ちほ 地歩 (足掛かり) footing Ⓒ; (地位) position Ⓒ; (位置) standing Ⓤ; (立場) ground Ⓤ.《☞ あしがかり; ちい》.

ちほう 地方　**1** «国内のある地域»　一名 (行政上または特定の) district Ⓒ; (文化的・社会的・地理的特徴を共有する広い地域) region Ⓒ; (広さに関係なく幾つかに分けた地区の1つ) area Ⓒ [語法] region, district, area の順に広さ・大きさが小さくなるというニュアンスがある; (周囲との関連においてのある土地) locality Ⓒ; (国の部分) part of the country Ⓒ ★ 説明的な訳し方.　一形 (その地方の) local; (ある特徴を共有する地区の) regional.《☞ ちいき (類義語); ちく; ちたい》.
¶ この果物はこの*地方の特産物です This fruit is the principal product in this *district*. // 関東*地方にけさ地震があった We had an earthquake in the Kanto ⌈*district* [*area*] this morning. // *地方の方言 *regional* dialects // 北の*地方は雪が多い It snows a lot [They have lots of snow] in the northern *regions*. // 魚の名前は*地方によって異なることがある The name of fish sometimes varies according to the *locality*.
2 «田舎»　一名 the country; the provinces ★ 後者は複数形で用いる. またしばしば軽蔑的なニュアンスを持つ.　一形 country; provincial.《☞ いなか》. ¶ 私の両親は*地

方に住んでいる My parents live in *the country*.

地方銀行 local bank Ⓒ **地方区**（参院選挙の）local constituency Ⓒ **地方検察庁** district public prosecutors' office Ⓒ **地方公共団体** local public body Ⓒ **地方公務員** local public service worker Ⓒ **地方裁判所** district court Ⓒ《☞ さいばんしょ》 **地方自治** local government Ⓤ ★「地方自治体」の意味では Ⓒ **地方巡業** tour (in ...) Ⓒ [語法] provincial などの語を付けると軽蔑的に聞こえるので，英語では巡業する場所を具体的に示すほうがよい．そうでない場合には tour across the nation（＝国内の巡業）のように言えばよい． **地方色** local color Ⓤ **地方税**《米》local taxes,《英》rates ★ いずれも複数形で．

ちまた 巷 ¶ その問題については*ちまたの声（⇒ 世論）も分かれている *Public opinion* is divided on the question.

【参考語】 ― 名（町の通り）street Ⓒ． ― 形（町の）of the town；（一般大衆の）public.

ちまなこ 血眼 ¶ 彼はなくした書類を*血眼になって（⇒ 必死に）探した He looked for the missing documents ⌈*desperately* [*in a frenzy*]. /（⇒ 必死の捜索をした）He made a *desperate* search for the missing documents.

ちまみれ 血まみれ ― 形（血だらけの）bloody；（血のついた）bloodstained.《☞ ち[1]》.

¶ 彼の手は*血まみれだった His hands were *bloody*. // *血まみれのハンカチ a *bloodstained* handkerchief // 犠牲者は*血まみれになって床に倒れていた（⇒ 血の海の中に横たわっていた）The victim was found lying on the floor *in a pool of blood*.

ちまめ 血豆 blood blister Ⓒ. ¶ 足に*血豆ができた I got a *blood blister* on my foot.

ちまよう 血迷う（気が狂う）go mad；（理性を失う）lose *one's* ⌈mind [senses]；（正気でなくなる）go out of *one's* mind；（自制を失う）lose *one's* self-control.《☞ ぎゃくじょう》.

¶ 彼は何を*血迷ったか（⇒ 何を考えついたか知らないが）私に殴りかかってきた I don't know *what got into his head*; he struck at me. // *血迷うな（⇒ 自制を失うな）Don't *lose your self-control*. /（⇒ あなたは分別をなくしたのか）*Have* you *lost your* ⌈*mind* [*senses*]?

ちみち 血道 **血道を上げる** ¶ 彼女は彼にすっかり*血道を上げている（⇒ 猛烈に恋している）She *is* ⌈*madly* [*head over heels*] *in love with* him. /（⇒ 彼女にとって彼はすべてだ）He *is all in all to* her. / She *is infatuated with* him.

ちみつ 緻密 ― 形（綿密な）close；（慎重な）careful；（精密な）precise；（正確な）accurate；（厳密な）exact. ― 名 precision Ⓤ；accuracy Ⓤ. ― 副 closely；carefully；precisely；accurately.《☞ めんみつ》.

¶ 彼は*緻密な観察によってすばらしい発見をした He made a great discovery from ⌈*close* [*exact*; *careful*] observation. // 登山には*緻密な準備が必要だ Mountain climbing ⌈requires [needs] *careful* preparations. // 彼は*緻密な人だ He is *precise* and *accurate* (in doing everything). // あなたの研究は*緻密さが欠けている Your study is lacking in ⌈*precision* [*accuracy*].

ちみどろ 血みどろ ― 形（死にもの狂いの）desperate《☞ ちまみれ》. ¶ 彼は一家を支えるために*血みどろの努力をした He made a *desperate* effort to support his family.

ちめい 地名 place-name Ⓒ, the name of a place Ⓒ. **地名辞典**（独立した辞典）geographical dictionary Ⓒ；（辞典形式の，または地図帳などの最後に付いている）gazetteer Ⓒ.

ちめいしょう 致命傷 fatal ⌈wound [injury] Ⓒ；（致命的打撃）deathblow Ⓒ.《☞ きず（類義語）；いのちとり》. ¶ 彼は敵に*致命傷を与えた He gave the enemy a *fatal wound*. // 彼は戦争で*致命傷を受けた He *was fatally wounded* in battle.

ちめいてき 致命的 ― 形（死を招く）fatal [語法] 結果的に死んだことを意味する；（命にかかわる）deadly.《☞ いのちとり》.

¶ 彼はその事故で*致命的なけがをした He suffered *fatal* injuries in the accident. [語法] 結果的に助かった場合は serious を使うのが普通. // 彼は*致命的な（⇒ 取り返しのつかない）失策をやった He made a ⌈*fatal* [*irreparable*] mistake. // オイルショックはその会社にとって*致命的な打撃だった The oil crisis was a ⌈*fatal* [*deadly*] blow to the company.

ちめいど 知名度 ― 形（有名な）famous, well-known《比 better-known；最 best-known》, noted ★ 第1番目の語が最も一般的．第3番目はやや改まった語．《☞ ゆうめい（類義語）》. ¶ 彼は日本で一番*知名度の高い作曲家だ He is the ⌈*most famous* [*best-known*] composer in Japan.

ちゃ 茶 **1**《飲料》: tea Ⓤ [語法] 種類をいうときは Ⓒ（(例) Several *teas* are sold here.）．お茶を注文するときにも "Two teas, please." のように複数形を用いる．また英米では tea と言えば普通「紅茶」(black tea) を指す．「日本茶」は green tea という；（茶の木）tea plant Ⓒ；（茶の葉）tea leaf Ⓒ；（茶の会）tea (party) Ⓒ；（休憩）tea break Ⓒ.《☞ こうちゃ；食事（囲み）》.

¶ お*茶をどうぞ Please have a cup of *tea*.

「お*茶をもう1杯いかがですか」「いただきます[いや，結構です]」"How about another cup of *tea*?" "Thank you [No, thank you]."

私はお*茶を3杯も[たくさん]飲んだ I ⌈had [drank] ⌈three cups [a lot] of *tea*.

お*茶をいただきたいのですが I'd like *tea*, please. / I prefer *tea*, please. / May I have *tea*, please?

彼女は私にお*茶を入れてくれた She made *tea* for me.

日本では客に必ずお*茶を勧めます In Japan we always offer *tea* to our guests.

私は紅*茶より緑*茶が好きだ I prefer green *tea* to black *tea*.

「さあ，お*茶にしようか」「そうしよう」"Now, how about having a *tea break*? / Let's have a *tea break*, shall we?" "That's a good idea."

私はブラウンさん夫妻にお*茶に招待された I was invited to *tea* by Mr. & Mrs. Brown. 参考 tea は afternoon tea ともいい, イギリス人が午後 4 時から 5 時ごろの間にとる軽食付きのお茶で, この時間にはよく人を招いたりする. 《☞ 食事 (囲み)》
2 «茶の湯»: tea ceremony Ⓤ.
¶ 彼はお*茶[*茶の湯]を習っている He ˹takes [is taking] lessons in *tea ceremony*.
お*茶をたてると心が休まる Making ceremonial *tea* relaxes me.
3 «茶色» ―名形 brown ★名 では Ⓤ. 《☞ ちゃいろ》.
茶を濁す ¶ 適当にお*茶を濁しておいた (⇒ 間に合わせの仕事をした) I *did a token job*. 《☞ てきとう》
茶会 tea party Ⓒ; (特に日本の) tea ceremony party Ⓒ **茶がら** used tea leaves ★ 複数形で. **茶器, 茶道具** tea things ★ 複数形で; (その 1 組) tea ˹set [service] Ⓒ **茶こし** tea strainer Ⓒ **茶さじ** teaspoon Ⓒ 《☞ スプーン (挿絵)》; (1 杯分という分量を特に正確にいうためには) teaspoonful Ⓒ. ¶ *茶さじ 1 杯の砂糖 a *teaspoon* of sugar 《☞ 数の数え方 (囲み)》 **茶室** tea-ceremony room Ⓒ **茶たく** saucer Ⓒ **茶筒** tea caddy Ⓒ **茶飲み友達** (気の合った友) companion Ⓒ ★ ぴったりの表現は英語にはないが, 口語的には chum Ⓒ, pal Ⓒ などが多少近い. **茶飲み話** chat over tea Ⓒ; (世間話) gossip Ⓒ **茶箱** tea chest Ⓒ **茶柱** tea ˹stalk [leaf] floating erect in *one's* cup Ⓒ ★ 英米にはないことなので説明的表現. **茶店** (roadside) teahouse Ⓒ **茶屋** (茶を売る店) tea (dealer's) store Ⓒ, 《英》 tea shop Ⓒ.

チャーハン 炒飯 fried rice Ⓤ.

チャーミング ―形 charming 語法 英語ではこの語は男性にも使える. 《☞ みりょく (類義語); かわいい》. ¶ 彼女の笑顔は *チャーミングだ She has a *charming* smile.

チャイム chime Ⓒ 《☞ ベル》. ¶ 玄関の*チャイム the door *chimes*

ちゃいろ 茶色 ―名形 brown ★名 では Ⓤ. 《☞ 色 (囲み)》. ¶ その男のコートは濃い[薄い]*茶色だった The man's coat was ˹dark [light] *brown*.

ちゃがし 茶菓子 tea cake Ⓒ 参考 米国ではクッキー (cookie), 英国では一種のホットケーキ (*light flat cake*) が普通. 《☞ かし[1]》.

ちゃかす 茶化す ―動 (まじめな問題を軽んじる) make light of …; (人をからかう) make fun of … 《☞ からかう》. ¶ 私の話を *ちゃかしては困る You must not *make light of* what I say. // 彼は何でも*ちゃかしてしまう (⇒ 冗談にしてしまう) He *turns* everything *into a joke*.

ちゃかっしょく 茶褐色 ―名形 brown ★名 では Ⓤ. 《☞ ちゃいろ; 色 (囲み)》.

ちゃきちゃき ―形 (生粋の) trueborn; (純粋の) pure, genuine ★ 前者のほうが平易な語. ¶ 彼は*ちゃきちゃきの (⇒ 生粋の) 江戸っ子だ He is a *trueborn* Tokyoite. / (⇒ 骨の髄まで江戸っ子だ) He is an *Edokko to the marrow*.

-ちゃく …着 **1** «到着» ¶ 彼は上野*着午後 3 時の列車で上京する He is coming up to Tokyo by the train (which is) *due* at Ueno at three p.m. // その船のシドニー*着はいつですか When is the ship expected to ˹*reach* [*arrive at*] Sydney?
2 «着順» ¶ 彼はその競走で 3*着に入った He ˹*came in* [*finished*] third in the race. / (⇒ 到着したのは 3 番目だった) He was the third to *arrive* in the race.
3 «衣服» ¶ 私は夏服を 3*着持っている I have three ˹summer *suits* [*suits* of summer clothes]. 《☞ 数の数え方 (囲み)》

ちゃくえき 着駅 destination Ⓒ, arrival station Ⓒ; (目的の駅) destination station Ⓒ. 《☞ えき[1]》.

ちゃくがん 着眼 ―名 (ねらい) aim Ⓤ; (観点) point Ⓒ; (見地) viewpoint Ⓒ; (見方) standpoint Ⓒ. ―動 (…をねらう) aim at …; (…に留意する) take notice of …; (…に注意を払う[向ける]) pay [turn *one's*] attention to … ¶ あなたの*着眼 (⇒ ねらい) はよい Your *aim* is right. / (⇒ ねらった点はよい) The point you *aimed at* is good. // あなたの*着眼点は大きくずれている (⇒ 的からはずれている) Your ˹*viewpoint* [*point of view*] is wide of the mark.

ちゃくし 嫡子 (庶子に対して嫡出の子) legitimate child Ⓒ; (男の) legitimate son Ⓒ; (女の) legitimate daughter Ⓒ; (一般に後継ぎ) heir Ⓒ.

ちゃくじつ 着実 ―形 (確固とした) steady; (信頼できる) trustworthy; (しっかりした) solid; (冷静な) sober. ―副 (着実に) steadily; (一歩一歩) step by step. ―名 (着実さ) steadiness Ⓤ; (信頼) trustworthiness Ⓤ. 《☞ かくじつ[1]; けんじつ; ちゃくちゃくと》.
¶ 彼女の英語は*着実に進歩している She is making *steady* progress in (the study of) English. // 私たちはその計画を*着実に進めた We put the plan into action *step by step*. // ゆっくりでも*着実なのが勝負に勝つ Slow but *steady* wins the race. 《ことわざ》

ちゃくしゅ 着手 ―動 (始める) start ㊀, begin ㊀; (…に取りかかる) set [get] to …, set about …; (事業などを起こす) launch ㊀. 《☞ はじめる; とりかかる》. ¶ 彼はすぐに仕事に*着手した He ˹*started* [*began*] to work at once. / He ˹*got* [*set*] *to* work at once. ★ get [set] to work は決まった言い方.

ちゃくじゅん 着順 the order of arrival.

ちゃくしょく 着色 ―動 (一般に, 色づけする) color (《英》 colour) ㊀; (染料で着色する) dye ㊀; (塗料などで着色する) paint ㊀. ―名 (着色をすること) coloration (《英》 colouration) Ⓤ; (着色方法・過程) coloring (《英》 colouring) Ⓤ. 《☞ いろ; ぬる》.
¶ 人工*着色の食品は避けたほうがよい We had better avoid artificially *colored* food.
着色剤 (食品の) food coloring Ⓤ.

ちゃくすい 着水 ―動 (飛行機が) land [alight] on the water; (宇宙船が) splash down ㊂, make a splashdown. ―名 landing on the water Ⓒ; (宇宙船の) splashdown

Ⓒ. 《☞ ちゃくりく》.

ちゃくせき 着席 ―[動] sit down (自), have [take] a seat ★後者は少し改まった言い方; be seated ★「状態」も表す. 命令に用いると堅苦しい言い方. 《☞ すわる》. ¶どうぞご*着席下さい Please ⌈*have* [*take*] *a seat*. / Please *be seated*. ∥ 先生は私たちの名前を*着席順に呼んだ The teacher called out our names in the order of (our) *seats*.

ちゃくそう 着想 idea Ⓒ, conception Ⓒ ★ idea のほうが一般的な語. 《☞ おもいつき; かんがえ》. ¶すばらしい*着想が頭に浮かんだ A bright *idea* occurred to me. / I hit upon a bright *idea*. ★後者のほうが口語的. ∥ この推理小説は*着想がよい (⇒ 巧みに考えられている) This detective story *is* cleverly *conceived*.

ちゃくち 着地 ―[動] land (自). ―[名] landing Ⓒ. 《☞ ちゃくりく》.

ちゃくちゃくと 着着と ―[副] (着実に) steadily; (すみやかに) rapidly; (徐々に) gradually; (一歩一歩) step by step. ―[形] steady; (進行中で) under way. 《☞ ちゃくじつ; かくじつ[1]》.
¶仕事は*着々と進行している The work is making *steady* progress. / The work is *steadily* ⌈progressing [going on]. ∥ 捜査は*着々と進行中である The investigation is *well under way*. ∥ 準備は*着々と (⇒ 一歩一歩) 進められた The preparations have been made *step by step*.

ちゃくなん 嫡男 (後継ぎ) heir [ɛ́ər] Ⓒ.

ちゃくにん 着任 ―[動] arrive at *one's* post (自) 《☞ しゅうにん》. ¶私は1か月前に*着任した I *arrived at my post* a month ago. ∥ 彼が今度*着任した新しい (⇒ 新しく任命された) 支店長です He is the newly *appointed* manager of the branch office.

ちゃくふく 着服 ―[動] (自分のものにする) pocket (他); (預かった金を使い込む・だまし取る) embezzle (他). 《☞ おうりょう; つかいこむ》.
¶彼は店の金を*着服した He *pocketed* the money belonging to the store.

ちゃくもく 着目 ―[動] (ねらう) aim at ...; (注意する) take notice of ...; (注意を払う) pay attention to ... 《☞ ちゃくがん; ちゅうもく》.

ちゃくよう 着用 ―[動] (着ている) wear (他), 《口語》 have ... on. 《☞ きる[2]》. ¶学校では制服を*着用することになっている We are supposed to *wear* school uniforms at school.

ちゃくりく 着陸 ―[動] (着陸する) land (自) (↔ take off), make a landing; (着陸させる) land (他); (特に飛行機が) touch down (自) ★航空用語.
¶私たちは飛行機が*着陸したり離陸したりしているのを見た We watched planes taking off and *landing*. ★「離陸する」(taking off) を先にもってくることに注意. ∥ その飛行機は羽田に緊急*着陸した The plane *made* an emergency *landing* at Haneda. ∥ 彼は大西洋無*着陸飛行をした最初のアメリカ人だった He was the first American to make a *nonstop flight* across the Atlantic Ocean.

チャコールグレー charcoal ⌈gray [grey] Ⓤ 《☞ 色 (囲み)》.

ちゃだんす 茶箪笥 (備え付けの食器棚) cupboard [kʌ́bərd] Ⓒ; (移動可能な食器棚 sideboard Ⓒ. 《☞ 台所・家事 (囲み)》.

ちゃちな (安物の) cheap; (質の悪い) poor; (小さい) small. 《☞ やすもの; やすっぽい》.
¶このおもちゃは*ちゃちな (⇒ 安物の) 部品でできている This toy is made up of *cheap* parts. ∥ この本の装丁は*ちゃちだ (⇒ 質が悪い) The binding of this book is of *poor* quality.

ちゃっかり ―[形] (すばしこい) sharp; (気のきいた) smart; (頭のよい) clever; (抜け目のない) shrewd; (ずるい) cunning; (打算的な) calculating; (実際的な) practical. ¶彼は何事にも*ちゃっかりしている (⇒ すばしこい) He is *sharp* at everything. ∥ 彼はその機会を利用して*ちゃっかり稼いだ He took advantage of the opportunity and made money *shrewdly*.

チャック ―[名] zipper Ⓒ, fastener [fǽsnər] Ⓒ ★後者のほうが形式ばった呼び名. [参考] 「チャック」は和製カタカナ語の商標名. ―[動] (チャックを締める) zip up (他), zip ... shut; (チャックを開ける) zip ... open, unzip (他).
¶私はかばんの*チャックを開けた[閉じた] I ⌈*unzipped* [*zipped up*] my bag. / I *zipped* my bag ⌈*open* [*shut*].

ちゃづけ 茶漬け boiled rice in hot tea Ⓤ ★日本的なものに対する説明的な訳. 《☞ 日本固有の風物と英語 (囲み)》. ¶彼はご飯をお*茶漬けにして漬け物で食べた He poured hot tea over a bowl of rice and ate it with some pickles.

ちゃっこう 着工 ―[動] start [begin; set] to work 《☞ はじめる; とりかかる》. ¶新しいビルは今年中に*着工の予定です The construction of the new building will ⌈*start* [*be started*] within this year.

ちゃばん 茶番 (ばからしいこと) farce Ⓒ. ¶その選挙は結局*茶番だった The election turned out to be a *farce*.

チャペル (礼拝堂) chapel Ⓒ.

ちゃぼ 〖鳥〗 bantam Ⓒ.

ちやほや ―[動] (甘やかす) pamper (他); (世話をやきすぎる) pay excessive attention to ...; (騒ぎ立てる) make much of ..., make a fuss over ...; (おべっかを使う) flatter (他). 《☞ あまやかす; もてはやす》.
¶彼は自分の息子を*ちやほやしすぎてだめにした He spoiled his son by *pampering* him too much. ∥ 彼を*ちやほやする (⇒ 彼のことで騒ぎ立てる) のは彼のためによくない It will not do him any good to ⌈*make much of* [*make a fuss over*] him.

ちゃめ 茶目 ―[形] (ふざけたことをよくする) playful; (いたずら好きの) mischievous; (陽気で愉快な) jovial. ―[動] (子供などがふざけていたずらをする) play ⌈tricks [pranks; jokes] on ... 《☞ ひょうきん; いたずら》.

ちゃらちゃら ―[名] (ちゃらちゃら鳴る音) jingle Ⓒ. ―[動] jingle (他) (自). 《☞ 擬声・擬態語 (囲み)》. ¶彼はポケットの中で硬貨を*ちゃらちゃら鳴らした He *jingled* some coins in his pocket.

ちゃらんぽらん —形 (頼りにならない) unreliable, not ˹dependable [reliable]; (無頓着(むとんちゃく)な) careless; (無責任な) irresponsible; (だらしない) easygoing, sloppy, happy-go-lucky. —動 (気にしない・無頓着でいる) don't care about ... 《☞ いいかげん》.
¶ 彼は*ちゃらんぽらんだ (⇒ 頼りにならない) He is *not* ˹*dependable* [*reliable*]. // 彼は仕事を*ちゃらんぽらんにやった He did *sloppy* work.

チャリティー ショー charity concert Ⓒ.

ちゃりん —名 (音) clink Ⓒ. —動 clink ㊀. 《☞ 擬声・擬態語 (囲み)》. ¶ 硬貨が歩道に落ちたとき*ちゃりんと音がした The coin *clinked* when it dropped on the sidewalk.

ちゃわん 茶碗 (お茶用の) teacup Ⓒ; (ごはん用の) rice bowl Ⓒ.

-ちゃん **1** 《名 (Christian name, first name) に付ける場合》 ★ 英米の名にはそれぞれに幾つかの慣用的な愛称形 (日本語の「...ちゃん」に相当するもの) がある. 例えば James には Jamie, Jim, Jimmy; Margaret には Maggie, May, Meg など. 日本人の名を英語の中で「...ちゃん」の意味で使うときは, 形を変えずそのまま使っても, あるいは通称・愛称を使ってもよい. 《☞ -さん[1]; 呼びかけ (囲み)》.
¶ 太郎*ちゃん, どこにいるの *Taro*! Where are you? // ゆき*ちゃん, こんにちは Hello, *Yuki* (-*chan*).
2 《家族内での場合》 ¶ (お)父*ちゃん Dad / Daddy // (お)母*ちゃん Mom / Mum / Mummy // おじい*ちゃん Grandpa / Granddad // おばあ*ちゃん Grandma / Granny / Grannie // おじ*ちゃん Uncle // おば*ちゃん Aunt / Auntie // お兄*ちゃん, お姉*ちゃん ★ 名前の愛称形を用いる. 《☞ 呼びかけ (囲み)》

チャンス chance Ⓒ; opportunity Ⓒ [語法] chance には偶然性が含まれるが, opportunity にはない. ただし否定文ではほとんど同意に用いられる. 《☞ きかい[3] (類義語); こうき[1]》.
¶ 試合に勝つ*チャンスはまだ十分にある We still stand a good *chance* of winning the game. // 私には英語を話す*チャンスがほとんどない I have little ˹*chance* [*opportunity*] ˹of speaking [to speak] English. // *チャンスがあればもう一度やってみたい If an *opportunity* ˹occurs [offers], I wish to try it again. // 私は絶好の*チャンスを逃してしまった I have ˹missed [lost] a ˹wonderful *chance* [golden *opportunity*]. // これは一生に一度の*チャンスだ This is the ˹*chance* [*opportunity*] of a lifetime. // いまが*チャンスだ Now is your *chance*.

ちゃんちゃらおかしい —形 (まったくばかげた) ridiculous; (不合理でお笑いぐさの) absurd; (愚かな) silly. 《☞ ばかげた; ばかばかしい》. ¶ *ちゃんちゃらおかしい (⇒ なんとばかげたことか) How *ridiculous*! / (⇒ ばかげている) *Nonsense*!

ちゃんと —副 (整然と) neatly, tidily, in good order ★ 最後の句は少し改まった言い方; (正しく・決められているように) properly; (正確に) correctly; (ちょうど・正しく) exactly; (完全に) perfectly, completely; (上手に) well; (無事に) safely; (確かに) surely, certainly; (間違いなく) without fail ★ やや改まった表現; (すでに) already; (時間どおりに) punctually; (まじめに) earnestly, in earnest; (間違いなく・うまく) 《口語》 all right. —形 neat, tidy; proper; perfect, complete; (明確な・はっきり決まった) definite; punctual. 《☞ きちんと; しっかり》.
¶ 彼女は*ちゃんと (⇒ きちんと) した服装をしていた She was ˹*neatly* [*properly*] dressed.
*ちゃんと (⇒ 正しく) 座りなさい Sit *properly*. / (⇒ 姿勢を伸ばして座りなさい) Sit up *straight*.
時間を*ちゃんと守りなさい Be *punctual*.
列車は3時に*ちゃんと (⇒ 正確に) 到着した The train arrived *exactly* at three.
旅の用意は*ちゃんと (⇒ 完全に) できています I am *quite* ready for the trip.
私は*ちゃんとドアに鍵をかけた (⇒ 鍵をかけたのは確かだ) I *am sure* (that) I locked the door.
*ちゃんと (⇒ はっきり) した返事を下さい I want [Give me] a *definite* answer.
彼はいまのところ*ちゃんとした (⇒ 一定の) 仕事を持っていない He has no *regular* work now.
荷物は*ちゃんと (⇒ 無事に) 着きました The goods arrived ˹*safely* [*in good condition*].
靴は*ちゃんと (⇒ よく) 磨きましたか Have you polished your shoes *well*?
彼女はアメリカで*ちゃんとやっているだろうか Is she doing *all right* in America?

チャンネル channel [tʃǽnl] Ⓒ 《☞ テレビ》.
¶ 1*チャンネルでは何をやっていますか What is on *Channel* 1? ★ channel one と読む. 数字を後に回すことに注意. 《☞ 数字 (囲み)》 // その映画は昨夜8*チャンネルで放送された The movie was televised on *Channel* 8 last night. / (⇒ 私はその映画を8チャンネルで見た) I watched the movie on *Channel* 8. // *チャンネルを切り替えてもいいですか Do you mind if I change the *channel*? // このテレビは3*チャンネルがよく映らない *Channel* 3 is poorly received on this TV. // 子供たちは*チャンネルを奪いあった (⇒ どの番組を見るかで言い争った) The children quarreled ˹about [over] which program to watch.

ちゃんばら sword ˹battle [fight] Ⓒ.

チャンピオン (優勝者) champion Ⓒ; (一番上手な選手) the best player ★ 日本語の「チャンピオン」は必ずしも英語の champion に当たらないことがあることに注意. ¶ 彼はうちの学校のテニス[水泳]の*チャンピオンだ He is the ˹tennis [swimming] *champion* of our school. / He's *the* ˹*best tennis player* [*fastest swimmer*] in our school.

ちゃんぽん —名 (混ぜたもの) mixture Ⓒ. —副 (交互に) alternately; (次々に) one after the other; (一緒に) together; (同時に) at the same time. —動 (混ぜる) mix (up) ㊉. 《☞ まぜこぜ》.
¶ 彼は日本語と英語を*ちゃんぽんに話した He ˹spoke [talked] in a *mixture* of Japanese and English. // 私はビールとウィスキーを*ちゃんぽんに (⇒ かわるがわる) 飲んだ I drank beer and whisky *alternately*. / (⇒ ウィスキーと一

ち

緒にビールを飲んだ) I drank beer with whisky.

ちゆ 治癒　―〔動〕(傷が) heal (up) (自); (病気が) cure (自); (回復する) recover (from …) (自).　―〔名〕 healing Ⓤ; cure Ⓤ; (回復) recovery Ⓤ. 《☞ なおる; なおす; かいふく》.

ちゅう[1] 注　―〔名〕 note Ⓒ ★一般的な語; (注を付けること) annotation Ⓤ.　―〔動〕(注を付ける) annotate (他). 《☞ きゃくちゅう》.

¶ この本には*注がたくさんある This book has plenty of *notes*. / This book *is* fully *annotated*. ‖ 語句の*注は各ページの下に出ている The (explanatory) *notes* on words and phrases are given at the bottom of each page. ‖ 私はその本の*注の付いたものを捜している I am looking for an *annotated* edition of the book.

ちゅう[2] 宙 (空中) the air; (虚空) space Ⓤ. 《☞ くうちゅう; ちゅうぶらりん》.　¶ 何かが*宙に浮かんでいる There is something floating in *the air*. ‖ その問題はまだ*宙に浮いたままだ (⇒未解決だ) The question ˹still remains *unsettled* [is still *pending*].

ちゅう[3] 中　―〔名〕(平均) average Ⓒ; (中位) medium Ⓒ; (中ぐらいの所) middle Ⓒ; (二流) second ˹class Ⓒ [quality Ⓤ].　―〔形〕(平均の) average; (中ぐらいの) middle, medium ★ 後者のほうが少し改まった語. 《☞ ちゅうぐらい; ちゅうかん[1]; なみ[2]》.

¶ 彼の英語の成績はいつも*中以上[以下] (⇒平均以上[以下]だ) His grade in English is always ˹above [below] *average*.

ちゅう- 駐…　―〔前〕 to …　―〔形〕(配置されている) stationed (in …). 《☞ ちゅうざい》.

¶ 彼はかつての*駐米大使である He is a ˹former [one-time] ambassador *to* the United States.

-ちゅう …中 **1** 《…の間; …以内》　―〔前〕(…の中で) in …; (…の間) during …; (…以内に) within …; (…の間中ずっと) through …; (…の間で) in the course of … ★形式ばった表現.　―〔接〕(…の間に) while … 《☞ じゅう[1]; 時・期間の表し方 (囲み)》.

¶ あなたの留守*中にこの手紙が来ました This letter arrived ˹*in* [*during*] your absence. 〔語法〕 during のほうが「間」という感じが強い. 《☞ あいだ》 / I received this letter *while* you were away.

休暇*中はあちこち旅行した I traveled from place to place *during* the vacation.

私は今週*中 (⇒以内) に帰って来ます I will come back ˹*within* this week [*by the end of* this week].

午前*中はずっと家にいました I was at home all *through* the morning.

2 《…の状態にある》　―〔前〕(人が…に従事している・事柄が…の状態にある) at …, in …, on …　〔語法〕 この場合の at, in, on はいずれも「…に従事中で」,「…の状態で」,「…中で」などを示し, 次に置かれる名詞と結びついて慣用句として用いられる; (物・事柄などがある状況下に置かれている) under …　―〔動〕(事柄が進行中である) be going on, be under way.

¶ 私が訪ねたとき彼は食事*中だった He was ˹*at* table [having a meal] when I called on him.

彼は新しい小説を執筆*中だ He is *at* work on a new novel.

彼らは授業*中です They are *in* class.

社長はヨーロッパ旅行*中です Our president is *on* a trip to Europe.

彼女は勤務*中は制服を着る She wears a uniform when she is *on* duty.

お話し*中失礼ですが (⇒話を邪魔して申し訳ありませんが) お電話です *Excuse me* ˹*I'm sorry to interrupt you*], but there's a telephone call for you.

電話は話し*中です (The) line is busy. 〔語法〕《英》では (The) number is engaged. 《☞ 電話の英語 (囲み)》

調査は目下進行*中だ The investigation is now *in* progress.

その橋は現在建設*中です The bridge is now *under* construction.

その計画は検討*中です The plan is now *under* study.

3 《対比を示して》: (…の数の中で) out of …, of …; (…について; …に対して) to …

¶ 十*中八九彼は来ないだろう Ten *to* one, he will not come. 《☞ じっちゅうはっく》

5人*中3人はその本を読んだ Three *out of* five persons read the book.

ちゅうい 注意 **1** 《留意・注目》　―〔名〕 attention Ⓤ; (注目) notice Ⓤ, note Ⓤ; (配慮) regard Ⓤ; (関心) interest Ⓤ; (世話) care Ⓤ.

¶ 我々は彼の警告に*注意を払うべきだ We should pay *attention* to his warning. / We should take ˹*notice* [*note*] of his warning.

この最も重要なことに*注意を集中しなさい Focus all your *attention* on this most important matter.

彼女は*注意を引くために大声を上げた She shouted to attract *attention*.

彼の発言は聴衆の*注意 (⇒関心) を引いた His remark aroused the *interest* of the audience.

彼女は先生の言うことにいつも*注意している She ˹*is* always *attentive* [always pays *attention*] to what the teacher says.

その幼稚園は子供たちに対する*注意がよく行き届いている (⇒十分に世話をする) The kindergarten takes good *care* of the children.

その事故は不*注意による The accident is due to ˹*carelessness* [want of *care*; lack of *attention*]. 《☞ ふちゅうい》

2 《用心・警戒》　―〔名〕(用心) care Ⓤ; (慎重さ) caution Ⓤ; (予防措置) precaution Ⓤ ★以上は具体的なものを指すときは Ⓒ; (警戒) watch Ⓤ; (油断のないこと) watchfulness Ⓤ.　―〔動〕(用心する) take care of …, be careful ˹about [of] …; (注意してよく見る) watch (他); (警戒する) watch out (for …) (自), mind (他); (気を付ける・よく見る) look out (for …) (自); (慣用的命令に用いて, …に注意する) beware of …; (…になるように配慮する) see (to it) that …　―〔形〕(注意している) careful; (用心深い) watchful.　―〔副〕 carefully; with 「care [caution]. 《☞ ちゅういぶかい；ようじん[1]》.

¶ 彼は体には十分*注意している He *takes* good *care of* 「himself [his health]. / He *is* very *careful of* 「his health [himself].

通りを横断するときは*注意しなさい *Take care* in crossing the street. / *Be careful*, when crossing the street.

道路を渡るときは左右に*注意しなさい (⇒ 右と左を見なさい) When you cross the street, look right and left. [語法] 日本語の「左右」に対して, 英語は right and left の順となる.

踏切を渡るときには列車に*注意しなさい *Watch out* for trains when you cross the railroad crossing.

そのコップを割らないように*注意しなさい *Take care* [*Be careful*] not to break this glass.

子供がストーブのそばへ寄らないように*注意しなさい (⇒ 気を付けなさい) *See* (*to it*) *that* the child does not go near the stove. [語法] to it は口語では普通省略される.

彼は旅行前に風邪を引かないように*注意した He took *precautions* so as not to catch cold before going on the trip. ★ 形式ばった表現.

彼女はその花瓶を*注意して運んだ She carried the vase 「*with* great *care* [very *carefully*].

足もとに*注意 *Watch* [*Mind*] your step. [語法] mind は《英》でよく用いられる. 《☞ あしもと (写真)》

すりに*注意 *Look out for* pickpockets. / *Beware of* pickpockets.

犬に*注意 *Beware* of the dog. 《☞ 掲示の英語 (囲み)》

「注意」の掲示

3 «忠告・警告» ━[動] (警告する) warn (他)；(忠告・助言する) advise (他)；(危険や, してはならないことについて注意を与える) caution (他)；(上の者が下の者に説諭する) admonish (他) ★ 形式ばった語；(命じる) tell (*a person* to *do*). ━[名] warning Ⓤ；(忠告) advice Ⓤ；caution Ⓤ. 《☞ ちゅうこく (類義語)；けいこく[1]》.

¶ 私は子供たちにその池で泳ぐなと*注意した I *warned* the children 「not to swim [against swimming] in the pond.

私は彼らに部屋でたばこを吸わないように*注意した I *cautioned* them not to smoke in the room. [語法] caution は軽く注意するときに用いられ, 重大なことにはあまり使われない.

彼は彼女に仕事に遅れないようにと*注意した He 「*told* [*admonished*] her not to be late for work.

注意人物 marked man Ⓒ **注意力** attentiveness Ⓤ；(集中力) concentration Ⓤ.

ちゅういぶかい 注意深い ━[形] (慎重な) careful, cautious；(用心深い) watchful；(心の行き届いた) attentive. ━[副] carefully, cautiously; watchfully; attentively. 《☞ ちゅうい；しんちょう[2]》. ¶ 彼の運転はとても*注意深い He's a very 「*careful* [*cautious*] driver. // もっと*注意深くそれを読みなさい Will you read it more *carefully*?

チューインガム (chewing) gum Ⓤ；(棒状の) stick of (chewing) gum Ⓒ. 《☞ ガム》.

¶ 教室では*チューインガムをかむな Don't chew *gum* in the classroom. // 彼はポケットから*チューインガムを 1 枚取り出して私にくれた He pulled a *stick of chewing gum* from his pocket and gave it to me.

ちゅうおう 中央 ━[名] (中心) center 《英》 centre) Ⓒ；(真ん中付近) the middle ★ ある程度の広がりがある；(核心) the heart. ━[形] central；middle. 《☞ ちゅうしん (類義語)》.

¶ 彼らは部屋の*中央に大きなテーブルを置いた They placed a large table in the *center* of the room. // 学校は町の*中央にある The school is in the *center* of the town. // その車は道の*中央に止まっていた The car was standing in *the middle* of the road. // 彼女はその布を*中央から 2 つに切った She cut the cloth in two down *the middle*. // 町の*中央が火事でやられた *The heart* of the town was destroyed by the fire.

中央アジア Central Asia **中央アメリカ** Central America **中央卸売市場** the Central Wholesale Market **中央気象台** the Central Meteorological Observatory **中央集権** centralization (of power) Ⓤ **中央政府** central government Ⓒ (↔ local government) **中央線** (国鉄の) the Chuo Line；(道路の) center line Ⓒ **中央分離帯** 《米》 median strip Ⓒ, 《英》 central reservation Ⓒ **中央郵便局** the Central Post Office **中央労働委員会** the Central Labor Relations Committee.

ちゅうかい 仲介 ━[名] (調停) mediation Ⓤ；(周旋) agency Ⓤ；(仲介人) mediator Ⓒ, go-between Ⓒ. ━[動] mediate (自) (他). 《☞ ちゅうさい；あっせん；せわ》.

¶ 弁護士が組合と会社の*仲介に立った The lawyer 「*mediated* [*acted as a mediator*] between the union and the company. // その紛争の解決に私が*仲介の労をとった (⇒ 私が仲介者として勤めた) I *acted as a go-between* to settle the dispute. // 私はこの家を彼の*仲介 (⇒ 周旋) で買った I bought this house through his *agency*.

ちゅうがえり 宙返り somersault Ⓒ；(飛行機の) loop Ⓒ. ¶ 彼は芝生の上で*宙返りをした He turned a *somersault* on the lawn. // ジェット機は見事に*宙返りをした The jet plane turned *loops* beautifully.

ちゅうかく 中核 (最も重要な部分) kernel Ⓒ；(中心部) core Ⓒ；(核となるもの・中心的存在) nucleus [n(j)ú:kliəs] Ⓒ 《複 nuclei [n(j)ú:kliài], ~es》. 《☞ かく[4]；かくしん[3]》.

ちゅうがく 中学 junior high school Ⓒ 《☞ ちゅうがっこう；学校・教育 (囲み)》. ¶ 娘

ち

は*中学2年生だ My daughter is in the eighth grade. 〔参考〕《米》では中学校（ときには高校）までは小学校から通算で学年を数えるのが習慣となっている. / My daughter is ⌈in the second year [a second-year student] of a *junior high school.*

ちゅうがくせい 中学生 junior high school student Ⓒ《☞ ちゅうがっこう；学校・教育（囲み）》. ¶正夫は*中学生だ Masao ⌈*goes to* [*attends*] (*a*) *junior high school.* ★ attend は少し改まった言い方. / Masao is a *junior high school student.* ★ このほうが go to ... を用いるより少し改まった感じの表現.

ちゅうかじんみんきょうわこく 中華人民共和国 the People's Republic of China《☞ ちゅうごく》.

ち

ちゅうかそば 中華そば Chinese noodles with soup.

ちゅうがた 中型, 中形 ―形 medium-sized. ―名 medium [middle] size Ⓤ. ¶私は*中型の車を買った I bought a *medium-sized* car. / I bought a car of ⌈*medium* [*middle*] *size.*

ちゅうがっこう 中学校 junior high school Ⓒ ★ 最も一般的；lower secondary school Ⓒ ★ 少し堅苦しい表現で, 日本の中学校の正式な言い方；(昔の) middle school Ⓒ.《☞ ちゅうがく；ちゅうがくせい；学校・教育（囲み）》. ¶弟は*中学校に通っている My brother ⌈goes to [attends] (a) *junior high school.* 〔語法〕単に中学生であるというだけならば冠詞を付けないのが一般的. ただし, 例えばある町や市の中学という具体的な感じが含まれる場合には冠詞を付ける. attend は少し改まった言い方. // 私の妹は昭和59年に*中学校に入学[を卒業]しました My sister ⌈entered [graduated from] (a) *junior high school* in 1984. // *中学校時代には大いに勉強しなければいけない You must study very hard ⌈in your *junior high school* days [while you are ⌈at [in] *junior high school*]. // 女子*中学校 a girls' *junior high school*

ちゅうかみんこく 中華民国 the Republic of China《☞ たいわん》.

ちゅうかりょうり 中華料理 (品) Chinese ⌈dishes [food Ⓤ]；(料理法) Chinese ⌈cooking [cuisine] Ⓤ.《☞ りょうり》. **中華料理店** Chinese restaurant Ⓒ.

ちゅうかん[1] 中間 ―名 the middle. ―形 (位置が真ん中の) middle；(程度が中ぐらいの) medium；(距離が) halfway, midway；(場所・程度が) intermediate；(時期が) interim ★ 少し改まった語.《☞ まんなか；なかほど》.
¶その島は日本と中国の*中間にある The island is located ⌈*halfway* [*midway*] between Japan and China. // 灰色は黒と白の*中間だ Gray is ⌈a color [*intermediate*] between black and white. // 彼はいつも*中間の立場をとる He always ⌈takes [holds] a *middle* position.
中間試験 midterm examination Ⓒ,《口語》midterms ★ 通例複数形で.《☞ しけん[1]》 **中間色** neutral tints ★ 通例複数形で. **中間報告** interim report Ⓒ.

ちゅうかん[2] 昼間 (日中) day Ⓤ ★ 一般的な語；daytime Ⓤ ★「日中」をはっきり表す語で, day では意味があいまいなときには, これが用いられる.《☞ ひる[1]》.

ちゅうき 中気 paralysis Ⓤ；palsy Ⓤ.《☞ ちゅうぶう》.

ちゅうぎ 忠義 ―名 (個人的な忠節) loyalty Ⓤ；(忠実) faithfulness Ⓤ, fidelity Ⓤ；(献身) devotion Ⓤ.《☞ ちゅうじつ》.

ちゅうきゅう 中級 ―形 intermediate (↔ advanced；elementary). ¶私はフランス語の*中級講座をとった I took the *intermediate* course in French. // この文法の本は*中級者向きだ This grammar is intended for *intermediate* students.

ちゅうきょり 中距離 ―形 middle-distance (↔ long-distance; short-distance). **中距離競走** middle-distance race Ⓒ **中距離走者** middle-distance runner Ⓒ.

ちゅうきんとう 中近東 ―名 ㊊ the Middle and Near East ★ 現在では the Middle East だけで「中近東」の意味に使われるのが普通. ―形 Middle Eastern, Mideast.

ちゅうくう 中空 ―副 (空中に) in the air；(空に) in [into] the sky. ―形 (中が空の) hollow.《☞ くうちゅう；から[1]》.

ちゅうぐらい 中位 ―形 (大きさ・高さが) medium；(程度が中ぐらいの・極端でなく程よい) moderate；(ややけなした感じで, 並の) mediocre [mìːdióukə]；(平均の) average；(普通の) ordinary；(ありふれた) commonplace.《☞ ちゅう[3]；ちゅうかん[1]；なみ[2]》.
¶彼は*中ぐらいの背の高さだ He is of ⌈*average* [*medium*] height. // 彼女は*中ぐらいの大きさのじゃがいもを選んだ She picked out *medium-sized* potatoes. // 彼の成績は*中ぐらいだ (⇒よくも悪くもない) His grades are *neither good nor bad.* / His grades are *mediocre.* // ステーキは*中ぐらいに焼いて下さい I'd like my steak *medium.*《☞ 食事（囲み）》

ちゅうけい 中継 ―名 (中継放送) relay Ⓒ；(放送網を結んでの中継)《米》hookup Ⓒ；(放送網) network Ⓒ；(伝送) transmission Ⓤ. ―動 (中継する) relay ㊍.《☞ ほうそう[1]；テレビ；ラジオ》.
¶その場面は全国にテレビ*中継された (⇒全国放送網でテレビ放送された) The scene was telecast(ed) over a nationwide *network.* // テレビの全国*中継放送で首相は所信を述べた Speaking to a nationwide TV audience [On a nationwide TV *hookup*], the prime minister made a speech on his general policy. // そのタイトルマッチは衛星*中継で放送された The title match was broadcast(ed) by satellite *transmission.* // 私は舞台*中継を楽しんだ I enjoyed a drama *relayed* from the stage.

ちゅうけん 中堅 (主力) backbone Ⓒ；(支えとなる人) pillar Ⓒ；(野球の) center (field) Ⓤ；(中堅手) center fielder Ⓒ. ¶40代はこの会社の*中堅である The forties ⌈are [form] the *backbone* of this company. // 彼は会社の*中堅幹部の 1 人だ (⇒ 経営を助けている下級管理職の 1 人だ) He is one of the *junior executives*, who help run the company.

ちゅうげん 中元 midyear gift Ⓒ 《☞ 日本固有の風物と英語 (囲み)》. ¶ *中元大売り出し (⇒ 夏の) summer sale

ちゅうこ 中古 ━形 used, secondhand ★《米》では used を使うことが多い. ━副 secondhand. 《☞ ちゅうぶる》. ¶ 私は蚤(のみ)の市で*中古のバイオリンを買った I bought a ⌈*used* [*secondhand*] violin at the flea market. / I bought a violin *secondhand* at the flea market. **中古車** used car Ⓒ **中古品** used article Ⓒ.

ちゅうこく 忠告 ━名 (助言) advice Ⓤ; counsel Ⓤ; (戒め) admonition Ⓤ; (警告) warning Ⓤ. ━動 advise ㊀; counsel ㊀; admonish ㊀; warn ㊀.

【類義語】忠告・助言の意味では, 個人的なものにしろ, 公のものにしろ, 最も普通に広く用いられるのは ***advice***. この語はどちらかというと個人的な, あるいは実際的な忠告を意味することが多く, また意味が広いので, 例えば「法律上の*助言」(legal *advice*) のように, 助言の種類を表す形容詞を伴うことが多い. それに対して, どちらかというと権威もしくは重要性のある忠告・助言, または公の立場での忠告・助言を意味することが多いのは ***counsel*** である. 目上の人が目下の人に軽く与える注意は ***admonition***. 以上 2 つは形式ばった語. 危険などに対する警告は ***warning***. 《☞ じょげん; けいこく¹; ちゅうい》

¶ 彼は先生に*忠告を求めた He asked his teacher for *advice*. / (⇒ 忠告を求めて先生のところへ行った) He went to his teacher for *counsel*. ★ 後者のほうがやや改まった言い方.

彼は私によい*忠告をしてくれた He gave me good *advice*. 語法 advice は形容詞が付いても不定冠詞が付かない. counsel は形容詞が付くと不定冠詞が付く. ((例) 貴重な*忠告 a valuable *counsel*)

彼は私の*忠告を無視した He ⌈disregarded [paid no attention to] my ⌈*advice* [*warning*].

彼は私の*忠告に耳を貸さなかった (⇒ 聞こうとしなかった[聞こえない耳を向けた] He ⌈wouldn't listen [turned a deaf ear] to my *advice*.

彼女は私の*忠告を聞かなかった (⇒ 私の忠告に逆らった) She acted against my *advice*.

彼は医者の*忠告に従ってたばこをやめた He ⌈stopped [gave up] smoking on his doctor's *advice*.

私は彼に酒をやめるように*忠告した I *advised* him to ⌈stop [give up] drinking.

ちゅうごく 中国 ━名固 China; (正式名) the People's Republic of China. ━形 Chinese. **中国語** Chinese Ⓤ, the Chinese language ★ 後者は改まった言い方. **中国人** Chinese Ⓒ ★ 単複同形; (中国人全体) the Chinese ★ 複数扱い.

ちゅうごし 中腰 ━名 (半分座り[立ち上がり]かけた姿勢) half⌈-sitting [-rising] posture Ⓒ; (半分身をかがめること) half crouch Ⓒ. ━動 (腰を曲げる) stoop ㊐; (身を低くする) crouch ㊐. 《☞ かがめる; しゃがむ (挿絵)》.

¶ 彼は*中腰であたりを見回した He looked around in a *half-rising posture*. // 彼は*中腰になって車に乗り込んだ (⇒ 車に乗るために身を低くかがめた) He ⌈*stooped low* [*crouched*] to get into the car.

ちゅうざ 中座 ━動 (...の最中に(部屋を)去る) leave (the room) in the middle of ...; (会議の終わらないうちに退出する) withdraw before the meeting is over; (無断で) take French leave.

¶ 彼は会議の途中で*中座した (⇒ 会議の最中に退出した) He *left in the middle of* the meeting. / (⇒ 会議が終わる前に引き下がった) He *withdrew before the meeting was over*. // 「ちょっと*中座いたします」「どうぞ」"*Excuse me.*" "Certainly." 語法 会話では中座するときにはこれでよい. ただし, 必要と考えるならば理由をつけるほうが丁寧である.

ちゅうさい 仲裁 ━名 (裁定) arbitration Ⓤ; (調停) mediation Ⓤ; (介入) intervention Ⓤ. ━動 arbitrate ㊐ ㊀; mediate ㊐ ㊀; intervene ㊐.

【類義語】両者の言い分を聞いて決定を下すのが ***arbitrate***. 両者が納得する妥協点を見つけ出すのが ***mediate***. 問題解決のために間に入るのが ***intervene***. 《☞ ちょうてい》

¶ 国連はその国境問題を*仲裁した The United Nations ⌈*arbitrated* [*intervened*] in the border dispute. 語法 arbitrate の場合は in がなくてもよい. // そのけんかは彼の*仲裁でおさまった The quarrel was ⌈settled [made up] due to his ⌈*arbitration* [*mediation*].

仲裁人 arbiter Ⓒ; arbitrator Ⓒ; mediator Ⓒ.

ちゅうざい 駐在 ━動 (居住する) reside ㊐ ★「住む」ということで live でもよいが, 日本語の「駐在」に近い感じの少し改まった言葉が reside; (滞在する) stay ㊐; (配置される) be stationed.

¶ うちの会社の代表が何人かフランクフルトに*駐在している (⇒ 配置されている) Several representatives of our company *are stationed* in Frankfurt. // 彼は外交官としてフランスに*駐在したことがある He once *stayed* in France as a diplomat. // 私はニューヨーク*駐在中の 2 年間, 彼の下で働いた I worked under him during my two years' *residence* in New York. // 彼はアメリカ商社の東京*駐在員だ (⇒ 東京にあるアメリカ商社の代表の 1 人だ) He is a representative of an American firm in Tokyo.

駐在所 police box Ⓒ.

ちゅうさんかいきゅう 中産階級 the middle class ★ しばしば複数形で; the bourgeoisie [bùəʒwɑːzíː] ★ 単数または複数扱い. 軽蔑的な意味で使われることがある. 《☞ ちゅうりゅう¹; かいきゅう》.

ちゅうし¹ 中止 ━動 (動作・行為などをやめる) stop ㊀ ★ 一般的な語; (計画していたことや行事などを取りやめる) call off ㊀; (予定していたものを取り消す) cancel ㊀ ★ call off と cancel は交換して用いられる場合が多い; (断念

ち

する) give up (他); (続いていたことをやめる) discontinue (他); (一時的に中断する) suspend (他); (禁止する) suppress (他). ―[名] stop Ⓤ; discontinuance Ⓤ, discontinuation Ⓤ; suspension Ⓤ. 《☞ やめる[1]; うちきる》.

¶労組はストを*中止した The union *called off* the strike.

彼は勉強を*中止して部屋から出て行った <S (人)+V (*stop*)+O (動名)> He *stopped* study*ing* and went out of the room. [語法] この場合 stop to study は誤り.

そのような動物虐待はただちに*中止すべきである We should ⌈*stop* [*put a stop to*; *put an end to*] such cruelties to animals at once.

彼らは計画を*中止した (⇒ 断念した) They *gave up* their plan.

その交流計画は資金難で*中止された The exchange program *was discontinued* because of the shortage of funds.

雨のため野球の試合は*中止された The ball game *was* ⌈*called off* [*canceled*] ⌈on account [because] of (the) rain. / The ball game *was rained out*.

その工事は冬の間*中止される The construction work *is suspended* during the winter.

その雑誌は発行を*中止 (⇒ 禁止) させられた The magazine *was suppressed*.

私は彼にその無謀な冒険を*中止させた (⇒ 説得してやめさせた) I *persuaded* him *out of* his reckless adventure.

ちゅうし[2] 注視 ―[動] (驚いたり感心したりしてじっと見つめる) gaze (at ...) (自); (動作や動きを見守る) watch ... carefully; (観察する) observe ... carefully; (慎重に見る) look closely at ...; (目を注ぐ) fix *one's* eyes ⌈on [upon] ... ―[名] gaze Ⓤ; (綿密な観察) close observation Ⓤ. 《☞ ちゅうもく》.

ちゅうじえん 中耳炎 〘医学〙 tympanitis [tìmpənáitis] Ⓤ, otitis [outáitəs] media Ⓤ. 《☞ 病気・病院 (囲み)》.

ちゅうじつ 忠実 ―[形] (誠実な・事実に正確な) faithful; (裏切らない) true ★ 以上 2 語は交換して用いられることが多い; (献身的な) devoted; (忠誠を尽くす) loyal. ―[名] faithfulness Ⓤ; truth Ⓤ; devotion Ⓤ; loyalty Ⓤ. 《☞ せいじつ》.

¶彼は警官の任務に*忠実だった He was ⌈*faithful* [*devoted*] to the duties of a policeman. // この本は史実に*忠実だ This book is ⌈*faithful* [*true*] to historical facts. // この訳は原文に*忠実でない This translation is *unfaithful* to the original. // 彼は約束を*忠実に守った (⇒ 約束に忠実だった) He was ⌈*faithful* [*true*] to his promise. // 彼は私の命令を*忠実に実行した He carried out my orders *faithfully*.

ちゅうしゃ[1] 注射 ―[名] injection Ⓒ, 《口語》 shot Ⓒ. ―[動] inject (他); (人に注射する) give ⌈a shot [an injection] to ...

¶その*注射で痛みがすぐに止まった The ⌈*injection* [*shot*] killed the pain at once. // 医者は私の右腕に*注射を打った The doctor gave me a *shot* in the right arm. // 私は病院でペニシリンの*注射をしてもらった I got a penicillin ⌈*injection* [*shot*] at the hospital. // 医者は患者に血清を*注射した The doctor *injected* the serum into the patient. / The doctor *injected* the patient with the serum. // 患者は 4 時間ごとに*注射を打っている The patient is *on injections* every four hours. // 皮下*注射 a hypodermic *injection* // コレラの予防*注射 (⇒ 接種) をしましたか *Have* you *been inoculated* against cholera?

注射液 injection Ⓒ **注射器** syringe Ⓒ, injector Ⓒ. 《☞ いりょう[1] (挿絵)》.

ちゅうしゃ[2] 駐車 ―[動] park (他)(自). ―[名] parking Ⓤ.

¶「どこに*駐車しようか」「あの建物の前にしたら」 "Where shall we *park* (our car)?" "How about in front of that building?" // ここには*駐車できませんよ You cannot *park* here. // *駐車禁止 No *Parking* 《☞ 掲示の英語 (囲み)》 // この辺に*駐車する場所がありますか Is there any *parking* space around here? // 2 時間の*駐車料金は現在 400 円です The charge for a two hours' *parking* is now 400 yen. // 彼は*駐車違反で罰金を取られた He was fined for a *parking* violation.

「駐車禁止」の掲示

駐車場 《米》 parking lot Ⓒ, 《英》 car park Ⓒ.

ちゅうしゃく 注釈 note Ⓒ, annotation Ⓤ ★ 後者のほうが改まった語. 《☞ ちゅう[1]》.

ちゅうしゅう 中秋 (旧暦の 8 月 15 日 (の夜)) (the night of) August 15 of the ⌈old [lunar] calendar. **中秋の名月** the harvest moon ★「収穫時の月」の意.

ちゅうしゅつ 抽出 ―[動] (力を加えて抜き出す) extract (他); (分離する) abstract (他); (引き出す) draw (他). ―[名] extraction Ⓤ; abstraction Ⓤ; (標本抽出) sampling Ⓤ. 《☞ とりだす; ぬきだす》. ¶彼はグループ全体の中から無作為に見本を*抽出した He *drew* samples at random from the total group.

ちゅうじゅん 中旬 (月の中ごろ) the middle of the month; (月半ばの 10 日間) the ⌈middle [second] ten days of the month [参考] 英語では日本語のように 10 日区切りで月を分けて言うことは普通でなく, 従って「月の中ごろ」のような漠然とした言い方をするのが普通.

¶その船は 9 月*中旬に出航します The ship sails in ⌈*the middle of* September [*mid-*September]. // 彼は来月の*中旬ごろ日本へ来ることになっている He is expected to come to Japan about *the middle of* next *month*.

ちゅうしょう[1] 抽象 ―[名] abstraction Ⓤ. ―[形] (抽象的な) abstract (↔ concrete). ―[動] (抽象する) abstract (他). ¶あなたの提案は少し*抽象的すぎる Your proposal is a little too *abstract*. // 子供たちにはそんな*抽象的な説明はわからない Children cannot understand such an *abstract* explanation.

抽象画 abstract ⌈painting [picture] Ⓒ　抽象画家 abstract ⌈painter [artist] Ⓒ　抽象名詞 abstract noun Ⓒ.

ちゅうしょう² 中傷　━動 (事実無根のことを言う) slander ㊎; (悪口を言う) speak ill of …; (名誉を傷つける) defame ㊎.　━名 slander Ⓤ　★ 具体的な言葉などは Ⓒ; 〖法律〗(名誉毀損) libel [láibəl] Ⓤ　★ slander は口頭によるもので libel は文書によるもの; defamation Ⓤ. (☞ わるくち; ひぼう).
¶ 彼は陰で彼女のことを*中傷した He *spoke ill of* her behind her back. // 彼はよく相手側から*中傷された He *was* often *defamed* by his opponents. // その雑誌の記事はひどい*中傷だ That magazine article is gross *libel*.

ちゅうしょうきぎょう 中小企業　small or medium-sized ⌈enterprises [businesses; firms]　語法「企業」に当たる一般的な語は enterprise, 略式の言い方は business, 会社という意味合いでは firm; (小さな企業) minor [small] enterprises. (☞ きぎょう).

ちゅうしょく 昼食 (通常の) lunch Ⓤ; (人を招待する正式な昼食会) luncheon Ⓤ. (☞ ちょうしょく 語法; 食事 (囲み)). ¶ もう*昼食は済みましたか Have you had *lunch* yet? // 私は軽い*昼食をとった I had a light *lunch*. // *昼食時間にお会いできるでしょうか Can I see you in the *lunch* ⌈period [hour]?

ちゅうしん 中心　━名 (中心点) center (《英》 centre) Ⓒ; (中央・真ん中付近) the middle; (中心部・重要な所) the heart; (軸の中心となるもの) pivot Ⓒ　★「回転軸」が原意; (焦点) focus Ⓒ; (核心) core Ⓒ　★「果物の芯(しん)」が原意.　━形 central; middle.
【類義語】全体の中の中心点が *center*. 両端から等距離にある中間部分が *middle*. 同じ中央といっても *middle* は漠然と中心点付近の部分を指し, 範囲も広いが, *center* のほうは範囲が狭く, 中心になる点をいう. 全体の中で最も重要な核心部が ***heart*** で, これは必ずしも中央にあるとは限らない. 比喩的な意味の「中心」には *center* を用いる. 活動の中心となる最も重要な部分が ***pivot***. 人々の注意や興味が集まる一点が ***focus***. 事物の中央にある堅い塊を指すのが ***core***. (☞ ちゅうおう; まんなか)
¶ 太陽は太陽系の*中心である The sun is the *center* of the solar system. // 母親は家庭生活の*中心である The mother is the ⌈*center* [*pivot*] of family life. // ロンドンは世界の商業の*中心だった London used to be a world commercial *center*. // パンダは子供たちの興味の*中心だった Pandas were the ⌈*center* [*focus*] of children's interest. // 彼はその運動の*中心人物だった (⇒ 指導者だった) He was the *leader* of the movement. // 彼の店は市の*中心にある His store is ⌈at [in] the ⌈*center* [*heart*] of the city. // *中心に線を引きなさい Draw a line in the *middle*. // 地球は太陽を*中心に (⇒ 太陽の回りを) 回っている The earth ⌈revolves [moves; turns] ⌈*round* [*around*] the sun.

ちゅうすう 中枢　━名 (中心) center (《英》 centre) Ⓒ; (コントロールの中心) control center Ⓒ; (重要な核心) nucleus [n(j)úːkliəs] Ⓒ (《複》 nuclei [-kliài], ～es).　━形 central. (☞ ちゅうしん (類義語); かくしん³).
¶ 脳は体の*中枢である The brain is the *control center* of the body.　中枢神経系 the central nervous system.

ちゅうせい¹ 中世　━名 the Middle Ages　参考 日本史では普通平安時代末 (11 世紀) から室町時代 (16 世紀) まで, ヨーロッパ史では通例西ローマ帝国の衰退 (5 世紀) から文芸復興の始まる 15 世紀までを指す; medieval ⌈times [ages]　★ 他の時代と並べて比較する表現に使うことが多い.　━形 medieval; middle.
¶ これはイングランドで最も大きい*中世の寺院です This is the largest *medieval* cathedral in England.

ちゅうせい² 中性　━名 〖文法〗 the neuter gender (☞ 性 (欄外)); 〖化学〗 neutrality Ⓤ.　━形 〖文法〗 neuter; 〖化学〗 neutral; (無性) sexless. (☞ ちゅうりつ; ちゅうわ).　中性子 〖物理学〗 neutron Ⓒ (☞ げんし¹ (挿絵))　中性洗剤 synthetic detergent Ⓒ.

ちゅうせい³ 忠誠 (特に国家に対する) allegiance Ⓤ; (個人・家族・国家などに対する) loyalty Ⓤ　★ 後者のほうが意味が広く, 一般的な語. (☞ ちゅうじつ; せいじつ). ¶ 彼は国家への*忠誠を誓った He ⌈pledged [swore] ⌈*allegiance* [*loyalty*] to his country.

ちゅうせいだい 中生代 〖地質学〗 the Mesozoic era (↔ the Paleozoic era; the Cenozoic era).

ちゅうぜつ 中絶　━名 (妊娠の) abortion Ⓤ.　━動 have an abortion, abort ㊎.

ちゅうせん 抽選　━名 (くじ引き) drawing Ⓤ; (富くじ) lottery Ⓒ; (くじ) lot Ⓒ.　━動 (抽選する・くじ引きする) draw lots. (☞ くじ).
¶ 私たちは*抽選で順番を決めた We decided turns *by* ⌈*lot* [*drawing lots*].　語法「抽選の方法を用いて」というときは a を付けずに by lot. / (⇒ 順番のためにくじを引いた) We ⌈*drew* [*cast*] *lots* for turns. // 彼女は*抽選に当たった [はずれた] (⇒ 当たり[はずれ]番号を引いた) She *drew* a ⌈winning [losing] *number*.
抽選券 lottery (ticket) Ⓒ.

ちゅうソ¹ 駐ソ　¶ *駐ソ日本大使 the Japanese ambassador *to* ⌈*the Soviet Union* [*the U.S.S.R.*; *Moscow*]

ちゅうソ² 中ソ　━形 Sino-Soviet.　¶ *中ソ関係は改善のきざしも見えない *Sino-Soviet* relations have shown no signs of improvement.

ちゅうぞう 鋳造　━動 cast ㊎ (《過去・過分 cast》), found ㊎; (貨幣を) coin ㊎, mint ㊎　★ 後者は元来は貨幣を作る場所を表す語で, 転じて動詞となったものだが, 動詞としては coin のほうが一般的.　¶ 活字[鐘, 像]を*鋳造する *cast* [*found*] ⌈type [a bell; a statue] // 金属はまず溶かしてから*鋳造される Metal *is* first melted and then *cast*. // 貨幣は造幣局で*鋳造される Money *is coined* at the mint.

ちゅうたい 中退　━動 leave school (⌈halfway [before graduating])　★ 特に理由を付け加えなければ, 単に中途で退学するという

ち

中立的表現；(自分の意志で意図的にやめる) quit school ★ 口語的表現；(学校を自らあきらめてやめる) give up school；(学校を成績が悪くてやめる) drop out [自]. 《☞ たいがく》.
¶ 彼は経済上の理由で大学を*中退した He *left* the university for economic reasons. // どうして彼女が*中退したのかはわからない (⇒ 彼女が卒業前に学校をやめた理由はわからない) I don't know why she ˹*left* [*quit*] *school before graduating.* // 彼は2年前に*中退しました He *dropped out* two years ago.
中退者 (成績不良などによる) dropout [C].

ちゅうだん 中断 ―[動] (やめる) stop [他][自] ★ 最も一般的な語；(続いていることをやめる) discontinue [他]；(進行しているものを途中でやめさせる) interrupt [他]；(一時的に停止する) suspend [他]. ―[名] stoppage [U]; discontinuation [U], discontinuance [U]; interruption [U]; suspension [U].
¶ 彼はたばこを一服吸うために仕事を*中断した He *stopped* work to have a smoke. // 彼らは資金不足のため，やむを得ず研究を*中断した They were obliged to *discontinue* the research for want of funds. // 彼らは一方的に交渉を*中断した They *broke off* negotiations one-sidedly. // 彼の演説はたびたびの質問により*中断された His speech *was interrupted* by frequent questions.

ちゅうちゅう ―[動] (ねずみがちゅうちゅう鳴く) squeak [自]. ―[名] (ねずみの鳴き声) squeak [C]. 《☞ ねずみ；動物の鳴き声 (囲み)》.

ちゅうちょ 躊躇 ―[動] (ためらう) hesitate [自]；(決めかねて迷う) waver [自]. ―[名] hesitation [U]；(良心のとがめ) scruple [skrúːpl] [U]；(不決断) indecision [U]. ―[副] hesitatingly. 《☞ ためらう；まよう；しりごみ (類義語)》. ¶ なぜ*ちゅうちょしているのですか Why *are* you ˹*hesitating* [so *hesitant*]?

ちゅうづり 宙吊り ―[動] (宙づりになる) hang [be suspended] in midair ★ hang は [自][他]. 《☞ つる[1]》.

ちゅうと 中途 ―[形] halfway, midway ★「中途半端な」という意味では midway は使えない；(未完の) unfinished. ―[副] halfway, midway. 《☞ とちゅう；ちゅうとはんぱ》.
¶ 仕事を*中途でやめてはいけない Don't leave your work *unfinished.*

ちゅうとう[1] 中東 ―[名][固] the Middle East, the Mideast. ―[形] Middle Eastern, Mideast. 《☞ ちゅうきんとう》.

ちゅうとう[2] 中等 ―[形] (位置が中ぐらいの) middle；(程度が中ぐらいの) medium；(二次的) secondary. **中等教育** secondary education [U] 《☞ 学校・教育 (囲み)》.

ちゅうどう 中道 ―[名] (中庸) the golden mean；(片寄らない道) middle course [C]. ―[形] (穏当な) moderate；(どちらにも片寄らない) middle-of-the-road；(特に政党が) centrist.
¶ 彼は*中道を歩む He is a *middle-of-the-roader.* / (⇒ 中庸を取る) He follows *the golden mean.* / (⇒ 保守派と急進派の真ん中の[穏健な]コースを取る) He takes the ˹*middle* [*moderate*] *course* between the Conservatives and the Radicals.
中道政治 middle-of-the-road politics [U]
中道政党 centrist [middle-of-the-road] party [C] 《☞ 政治・経済 (囲み)》.

ちゅうどく 中毒 ―[名] (毒物・ガスなどの) poisoning [U]；(麻薬などの) addiction [U]. ―[動] (中毒する) be poisoned (by ...)；(中毒している) be addicted [ədíktid] (to ...), be a ... addict [ǽdikt] ★「...」のところに「薬物」などの名を入れる.
¶ 彼は麻薬*中毒だ He *is a* drug *addict.* / He is suffering from ˹narcotic *poisoning* [drug *addiction*]. // ガス*中毒で一家全滅した All the members of the family *were poisoned* to death *by* gas. / (⇒ ガス中毒が一家を殺した) Gas *poisoning* killed the whole family. // 彼は*中毒症状が出た He has developed *toxic symptoms.* // あへん*中毒者 an opium *addict* // 薬品*中毒 chemical *poisoning* // 一酸化炭素*中毒 carbon monoxide *poisoning* // 食*中毒 food *poisoning*
中毒患者 addict [C].

ちゅうとはんぱ 中途半端 ―[副] (中途で) halfway；(半分やった状態で) half done；(未完成で) unfinished. 《☞ ちゅうと；やりかけ》.
¶ *中途半端にするならいっそのことやるな You had better not do it at all than do it *halfway.* // 父は物事を*中途半端にしておくことがきらいだった My father hated to leave things ˹*half done* [*unfinished*].

チューナー tuner [C] 《☞ オーディオ (挿絵)》.

ちゅうにかい 中二階 mezzanine [mézəniːn] [C].

ちゅうにくちゅうぜい 中肉中背 ―[形] (体が中ぐらいの大きさの) of medium ˹build [size]；(均整がよくとれている) physically well-balanced. ¶ 彼は*中肉中背だ He is a man *of medium* ˹*build* [*size*]. / (⇒ 体の均整がよくとれている) He is *physically well-balanced.*

ちゅうにち 中日 (なかび) the middle day；(彼岸の) equinox [C]. 《☞ ひがん[1]》.

ちゅうにゅう 注入 ―[動] (液体を) pour [put] ... into ...；(薬液などを) inject [他].

ちゅうねん 中年 ―[名] middle age [U]. ―[形] middle-aged. ¶ *中年の夫婦が隣に住んでいる A *middle-aged* couple live next door to me. // このごろ少し*中年太りだ Recently I have developed a *middle-age(d)* spread.

ちゅうは 中波 〖無線〗 medium wave [U] (↔ long wave；short wave).

チューバ tuba [C] 《☞ 音楽 (囲み)》.

ちゅうばん 中盤 the middle stage.

ちゅうび 中火 moderate ˹heat [fire；temperature] [U] ★ 不定冠詞が付くこともある. 《☞ よわび；料理の用語 (囲み)》. ¶ *中火で煮る cook over *a moderate fire* / (⇒ 天火で) bake at *a moderate temperature*

ちゅうぶ 中部 the central part, the middle part, the center, the middle, the heart. 《☞ ちゅうおう；まんなか》. ¶ 本県の*中部ではピーナツの栽培が盛んだ A lot of peanuts are grown in *the central part* of this prefecture. **中部地方** the ┌Chūbu [Central] District ★この場合の「中部」は固有名詞. **中部日本** Central Japan.

チューブ tube Ⓒ 参考 日本語のチューブは (1)「歯みがき・絵の具などの入れもの」(2)「タイヤの中身」などの意味だが, 英語の tube には元来「管」という意味がある. 《☞ つつ》.
¶ *チューブ入りの絵の具 a *tube* color / a *tube* of paint // *チューブ入りの練歯みがき a *tube* of tooth paste

ちゅうぶう 中風 ―名〖病理〗(麻痺) paralysis Ⓤ; palsy [pɔ́:lzi] Ⓤ ★後者は手足のしびれ・震えなどの軽症のもの. ―形 paralytic; palsied. ―動 (中風にかかる) become paralyzed. 《☞ まひ; しびれる; 病気・病院 (囲み)》.
¶ 彼は5年前*中風にかかった He ┌*became paralyzed* [was stricken with *paralysis*] five years ago.
中風患者 patient suffering from paralysis Ⓒ, paralytic Ⓒ.

ちゅうふく 中腹 ―副 (中腹で) halfway ┌up [down] a mountain 語法 山を登ってゆく場合は halfway up, 山を下ってゆく場合は halfway down. ―名 (山腹) side Ⓒ 語法 山には side が四面にあるので山全体の中腹は the sides of a mountain. 《☞ さんぷく》.
¶ その神社はあの山の*中腹にある The shrine is on the *side* of that mountain. // 我々は山の*中腹でほかの登山者たちに追いついた We caught up with the other climbers *halfway up the mountain.*

ちゅうぶらりん 宙ぶらりん ―副 (空中に) up in the air, in midair; (やりかけで) half done. ―形 (どっちつかずの状態の) pending. 《☞ ちゅうとはんぱ》. ¶ 私は相変わらず*宙ぶらりんの状態にいる (⇒ 身を固めていない) I'*m not settled* yet. / I'*m not established in life* yet. // 事を*宙ぶらりんのままにしてはいけない Don't leave the matter ┌*pending* [*half done*].

ちゅうぶる 中古 ―形 used, secondhand. 《☞ ちゅうこ》.

ちゅうべい[1] 中米 ―名 Central America. ―形 Central American.

ちゅうべい[2] 駐米 ¶ *駐米日本大使 the Japanese ambassador *to* ┌*the United States* [*Washington*]

ちゅうへん 中編 (短い小説) short novel Ⓒ; (中程度の長さの小説) medium-length story Ⓒ, novelette Ⓒ; (第2部) Part 2; (第2巻) Volume 2 ★本の見出しなどに用いる場合; (第2の部分[巻]) the second ┌part [volume]. 《☞ こうへん》.

ちゅうもく 注目 ―名 attention Ⓤ; (観察) observation Ⓤ; notice Ⓤ. ―動 pay attention to...; (...に注目する) direct [turn] *one's* attention to ...; (見守る) watch ㊀; (観察する) observe ㊀; take ┌notice [note] of ...; (視線を注ぐ) keep *one's* eye on ...; (じっと見つめる) gaze (at ...) ㊂.
【類義語】注意して見守ることを表す最も一般的な語は ***pay attention to ...*** と ***watch*** である. *watch* は対象物が動きのあるものに限られる. さらに間断なく着実に観察するときには ***observe*** を用い, 注意を引いたものを気をつけて見るのは ***take*** ┌***notice*** [***note***] ***of ...*** 実際に目を注いで注意するのは ***keep one's eye on ...*** 驚いたり感心したりしてじっと見つめるのは ***gaze***.
¶ その車は道行く人たちみんなの*注目を浴びた The car drew the *attention* of everyone going along the street. // その事件は世界中の人々の*注目の的だ(⇒世界中の人たちがその事件を見守っている) People all over the world *are watching* the event. / (⇒ その事件は世界中の人たちの注目を浴びた) The event has attracted the *attention* of people all over the world. ★後者のほうが前者より改まった言い方. // これは*注目に値する事件だ This is a case worthy of ┌*notice* [*attention*]. // 日本は戦後*注目すべき経済的発展を遂げた Japan has made *remarkable* economic progress after the war. // しばらく経済界の様子に*注目していよう Let's ┌*keep our eye on* [*watch*] the economic situation for a while.

ちゅうもん 注文 **1** «あつらえ» ―名 order Ⓒ. ―動 order ㊀, give ... an order for ..., place an order for ... with ... ★for の次に「品物」, with の次に「人」が入る.
¶ 私は本屋にその小説を*注文した <S(人)+V(*order*)+O(品物)+*from*+名(人・店など)> I *ordered* the novel *from* the bookstore. / I *gave* the bookstore an *order for* the novel. / I *placed an order for* the novel *with* the bookstore. ★第3文は形式ばった表現. // その品を外国に*注文した I *ordered* the article *from* abroad. // 彼からコーヒーの*注文を受けた I ┌got [received] his *order for* coffee. // 「ご*注文は何になさいますか」「コーヒーを下さい」"May I ┌have [take] your *order*, please?" "Yes. (Give me a cup of) coffee, please." // もうご*注文はなさいましたか《レストランで》Have you been taken care of? 《☞ レストラン (囲み)》 // その本は*注文してある The book is already *on order*. 語法 on order は「注文中」. 定冠詞を付けないことに注意. // この背広は*注文だ (⇒ 注文に応じて作ったものである) This suit is made-to-*order*.
2 «願い・頼み» ―名 request Ⓒ. ―動 ask ㊀; request ㊀. 《☞ ねがい; たのむ》.
¶ スチュワーデスに水を1杯*注文した (⇒ 頼んだ) I *asked* the stewardess *for* a glass of water.
注文書 order for goods Ⓒ; (注文書およびその用紙) order ┌sheet [form] Ⓒ; (特に海外からの) indent Ⓒ **注文品** order Ⓒ.

ちゅうや 昼夜 night and day, day and night ★前者のほうが普通. ¶ 彼は*昼夜の別なく休まずに働いた He worked hard ┌*night and day* [*without stopping*; (⇒ 四六時中) *around the clock*]. // 一*昼夜 for twenty-four hours // 二*昼夜 two *days and nights*

ちゅうゆ 注油 ―名 lubrication Ⓤ. ―動 oil ㊀, lubricate ㊀ 語法 いずれも「油をさす」という意味だが, 後者には機械・部品などを滑らかにするという意味が含まれる. 《☞ あぶら》.

ちゅうよう 中庸 ―名 (中道・中正の道)

the「golden [happy; constant] mean; (中間の道) the middle「path [way; course], 《米》the middle-of-the-road; (節度) moderation [U]. —[形] (穏健な) moderate; (合理的な) reasonable. 《☞ ちゅうどう》.

ちゅうりつ 中立 —[名] neutrality [U]. —[形] neutral. ¶スイスは永世*中立国だ Switzerland is a permanently *neutral* state. // その国は*中立を宣言した The country declared *neutrality*. // 非武装*中立 *neutrality* without armaments **中立主義者** neutralist [C] **中立政策[主義]** neutralism [U] **中立地帯** neutral zone [C].

チューリップ tulip [C] 《☞ 花 (囲み)》.

ちゅうりゅう[1] 中流 **1** «社会の» —[名] the middle class ★しばしば複数形で. (↔ the upper class; the lower class). —[形] middle-class.

¶彼は*中流階級 (⇒ 中流の家庭) の出だ He is from a *middle-class* family. // この地域には*中流の人たちが住んでいる *Middle-class* people live in this area. // 最近の日本人はほとんどが*中流意識を持っている Most Japanese think that they belong to *the middle class* these days.

2 «川の» —[名] midstream [U], the middle (of a river). —[副] halfway「up [down] the river. ¶この川の*中流には橋があります (⇒下流[上流]から見て) There is a bridge *halfway*「*up* [*down*] *this river*.

ちゅうりゅう[2] 駐留 —[動] stay (自); be stationed, be posted [語法] 最も一般的な語は stay, 特に軍隊などが配置されているという意味には be stationed, be posted を用いる. ¶米軍は世界各地に*駐留している The U.S. forces「*are stationed* [*stay*] in many places of the world. // 在日米国*駐留軍 the U.S. forces (*stationed*) in Japan **駐留軍** (占領地の) occupying [occupation] forces.

ちゅうろうい 中労委 (中央労働委員会) the Central Labor Relations「Commission [Committee].

ちゅうわ 中和 〔化学〕 —[名] (酸でもアルカリでもなくすること) neutralization [U]; (毒などの逆作用) counteraction [U]. —[形] (中和性の) neutral; counteractive. —[動] neutralize (他); counteract (他).

¶酸と塩基の*中和によって水ができる Water is formed by the *neutralization* of an acid with a base. // 我々は廃水を酸またはアルカリで*中和する We *neutralize* sewerage with either acids or alkalis. // この薬は毒性を*中和する This medicine *counteracts* the effects of that poison.

中和剤[薬] counteractive [C] **中和点** 〔化学〕 neutral point [C].

ちゅんちゅん —[動] (小鳥がさえずる) sing (自) ★最も一般的な語で,「鳥が歌う」というニュアンスを含む; (鳥・虫が鳴く) chirp (自); (鳥がかん高い声で連続して鳴く) twitter (自). 《☞ 動物の鳴き声 (囲み); 擬声・擬態語 (囲み)》.

ちょ 緒 **緒につく** —[動] (始まる) start (自); (形を成し始める) begin to「materialize [take shape]. —[副] (進行中で) under way. ¶その計画は実現の*緒についた The plan *is beginning to*「*materialize* [*take shape*].

-ちょ …著 ¶シェークスピア*著の芝居 (⇒シェークスピアによって書かれた) a play *written by* Shakespeare

ちょいちょい (たびたび) often, frequently ★後者は形式ばった語; (時おり) (every) now and then. 《☞ ときどき (類義語); しばしば (類義語); 頻度を表す副詞 (囲み)》.

ちょう[1] 蝶 butterfly [C].

> **蝶のいろいろ**
> アゲハチョウ swallowtail, モンシロチョウ cabbage butterfly, small white, モンキチョウ yellow, シジミチョウ hairstreak, blue, コノハチョウ leaf butterfly

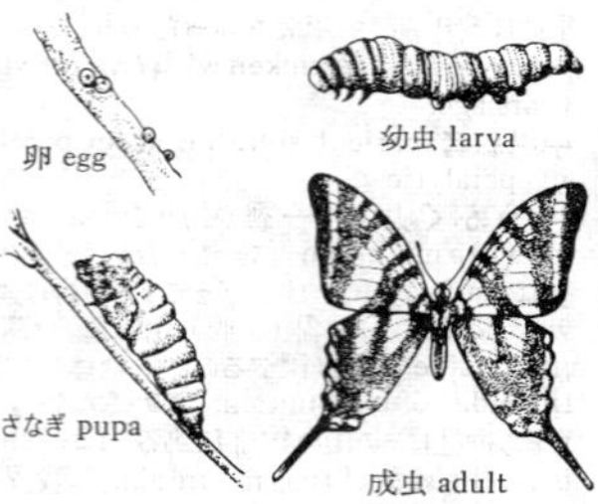

ちょう[2] 腸 —[名] (大・小腸) the intestines; (腸の全体・内臓) the bowels ★以上複数形で. また, the を付けて. —[形] (腸の) intestinal. 《☞ ないぞう[1] (挿絵)》.

¶どうも*腸の具合が悪い I have *bowel* trouble. / I have an *intestinal* upset. // 私は*腸が弱い (⇒弱い腸を持っている) I have weak *intestines*. [参考] おなかの調子が悪いことを漠然と表したいときには, I have「a little stomach trouble [a weak stomach]. というほうが一般的で, より丁寧な表現.

ちょう[3] 長 (かしら・首位にある人) head [C]; chief [C]; leader [C].

【類義語】集団などの長で, その集団に責任を持っている人を表すのは ***head*** で, 最も一般的な語. ほぼ同意だが, 権威や権力を持っているという含みがある語が ***chief***. 組織化された集団の長で, そのメンバーの支持を得ている指導的な立場に立つ人が ***leader***.

¶彼は父親の死後一家の*長になった He became the *head* of the family after his father's death. // 彼はその部族の*長だ He is the「*chief* [*leader*; *head*] of the tribe.

ちょう[4] 庁 (政府の機構の1つとして) agency [C] ★省より規模の小さい(とみなされる)役所. ただし省の下部機構ではなく独立している. 最高責任者を「長官」といい, 一般に the Director General と訳される. 《☞ 政治・経済 (囲み)》.

ちょう[5] 兆 《米》trillion [C], 《英》billion [C]. 《☞ 数字 (囲み)》.

ちょう- 超… —[接頭] super- (↔ sub-), ultra- [ʌ́ltrə]. 《☞ 接頭辞 (欄外)》.

ち

¶ *超大型タンカー a *supertanker* // *超高性能爆弾 a *superbomb* // *超高速道路 a *superhighway* // *超現代的な《思想・技術などが》*ultramodern* // *超短波の *ultrashort* // *超保守的な《特に政治の》*ultraconservative* // *超満員の overcrowded / jammed

超自然 supernaturalness [U] **超大国** superpower [C].

-ちょう¹ …調 **1** «文体»: style [C]. ¶ 翻訳*調は避けたほうがいい You'd better avoid a translation *style*.

2 «和歌の»: meter (《英》 metre) [U]. ¶ 彼は 7・5 *調でその劇を翻訳した He translated the play in the 7-5 syllable *meter*.

3 «音楽»: key [U] (《☞ 音楽 (囲み)》). ¶ 長[短]*調 a ⌈major [minor] *key* // ハ長[短]*調で in C ⌈major [minor] [語法] この場合には key を付けないのが普通.

-ちょう² …朝 **1** «王朝»: dynasty [C]. ¶ 明*朝 the Ming *Dynasty*

2 «時代»: period [C]; age [C] [語法] 期間を表す最も一般的な語は period で, ある支配者によって代表される時代には age を用いる. 《☞ じだい¹ (類義語)》. ¶ 平安*朝 the Heian *period* // エリザベス*朝 the Elizabethan *age* / (⇒の統治下) the *reign* of Queen Elizabeth

ちょうあい 寵愛 ― [名] (好意) favor [U]; (愛情) love [U]; (引き立て) patronage [U]. ― [動] favor (他); (よくかわいがる) love … tenderly; (引き立てる) patronize (他).

¶ 彼女は祖父の*寵愛を一身に集めた (⇒たいへんに愛された) She *was* dearly *loved* by her grandfather. // それ以来彼は王様の*寵愛を失った Since then he's found himself out of *favor* with the King.

ちょういん 調印 ― [動] (条約などに署名する) sign (他); (条約を結ぶ) conclude (他) ★ 以上 2 つはほぼ同意で用いられることも多いが, 後者のほうがより改まった言い方. ― [名] (署名) signing [U]. 《☞ ていけつ; サイン¹》.

¶ その条約は両国の代表によって本日*調印された The treaty *was signed* by the representatives of the two nations today.

調印式 the signing ceremony.

ちょうえき 懲役 penal servitude [U]; (禁固刑) imprisonment [U] ★ 労役を伴うときは at hard labor を付ける. 《☞ けい¹》. ¶ 彼は 5 年の*懲役に服した He *was imprisoned* for five *years*. / *He served a sentence* of five years' *penal servitude*. // 彼は 1 年の*懲役に処せられた He was sentenced to one-year *imprisonment at hard labor*.

ちょうえつ 超越 ― [動] (超越する・超然としている) stand aloof from … 《☞ ちょうぜん》.

¶ 彼は世間のことからまったく*超越している (⇒まったくとらわれないで) He lives a quiet life quite *free from* worldly affairs. / He *is quite* ⌈*aloof from* [*above*] the world.

ちょうおん 長音 (長く延びた音) prolonged sound [C]; 〘音声学〙 (長母音) long vowel [C]. 《☞ つづり字 (欄外)》. **長音符** 〘音楽・音声学〙 macron [C].

ちょうおんかい 長音階 〘音楽〙 the major scale (↔ the minor scale) 《☞ 音楽 (囲み)》.

ちょうおんそく 超音速 ― [形] supersonic. ― [名] supersonic speed [U] ★ 具体的に速度を指すときには [C]. 《☞ おんそく》. ¶ このロケットは空中を*超音速で飛ぶ This rocket travels in the air at *supersonic speeds*. **超音速機** (総称あるいは個々の) supersonic aircraft [C] ★ 単複同形; (個々の) supersonic plane [C]; (ジェット機) supersonic jet (plane) [C].

ちょうおんぱ 超音波 supersonic waves ★ 通例複数形で.

ちょうか 超過 ― [名] excess [U] ★ しばしば an excess として用いる. ― [接頭] over-. ― [形] (余分の) extra.

¶ あなたの荷物は重量制限を 5 キロ*超過している (⇒5 キロ重量超過である) Your luggage is *over*weight by five kilograms. // 人口の*超過が現在わが国の最大の問題です *Over*population is our greatest problem now. // その国はこの 10 年間輸入*超過である Over the decade the country has suffered *an excess* in imports. // *超過料金を払って下さい Please pay ⌈*extra* [*excess*] fare. // 今度の旅行は予算を大幅に*超過した The expense of this trip *went* well *beyond* the estimate. / (⇒見込みよりずっと多く使った) During this trip we spent much more than we had estimated.

超過勤務 overtime (work) [U]. ¶ 毎日 3 時間の*超過勤務をします I do three hours' *overtime* every working day. **超過勤務手当** overtime pay [U], overtime rate [C].

ちょうかい¹ 懲戒 disciplinary punishment [U] 《☞ ちょうばつ; けんせき》. ¶ 彼は*懲戒処分を受けた He was subjected to *disciplinary punishment*. **懲戒免職** disciplinary dismissal [U].

ちょうかい² 町会 (町内会) block meeting [C]. **町会議員** member of a town assembly [C].

ちょうかく 聴覚 the sense of hearing ★ 単に hearing [U] とも言う; auditory sense [U] ★ やや形式ばった言い方.

ちょうカタル 腸カタル 〘医学〙 intestinal catarrh [kətɑ́ːə] [U] 《☞ 病気・病院 (囲み)》.

ちょうかん¹ 朝刊 morning paper [C] (↔ evening paper); (夕刊に対して) morning edition [U]. 《☞ 新聞の英語 (囲み)》.

¶ そのニュースはきのうの朝日の*朝刊の第 1 面に出ていた The news appeared on the front page of *the Asahi* yesterday morning.

ちょうかん² 長官 (官庁などの) director general [C]; (アメリカの各省の大臣) Secretary [C]. 《☞ だいじん (類義語); 政治・経済 (囲み)》.

¶ アメリカ国務*長官 the U.S. *Secretary* of State // 最高裁判所*長官 the *Chief Justice* of the Supreme Court // 経済企画庁[防衛庁]*長官 the *Director General* of the ⌈Economic Planning [Defense] Agency

ちょうかんず 鳥瞰図 bird's-eye view [C].

ちょうき 長期 ― [名] (長期間) long term [C] (↔ short term); (長い日時) a long (period of) time. ― [形] long-term (↔ short-term).

¶わが社はその会社と*長期契約を結んだ We have made a *long-term* contract with the company. // パリに*長期滞在の予定です I'm planning to stay in Paris for *a long time*. // この交渉はかなり*長期にわたりそうです I'm afraid it will be quite a *long* negotiation. / It'll take quite *a long time* before the negotiations are concluded.

長期計画 long-range plan Ⓒ **長期予報** long-range forecast Ⓒ.

ちょうきょう 調教 ―動 train ㊍. ―名 training Ⓤ. 《☞ くんれん ; かいならす》.

調教師 trainer Ⓒ.

ちょうきょり 長距離 ―名 long distance Ⓒ (↔ short distance) ; (射程などの) long range Ⓒ. ―形 long-distance, long-range.

長距離競走[レース] long-distance race Ⓒ **長距離走者** long-distance runner Ⓒ **長距離弾道弾** long-range ballistic missile Ⓒ **長距離電話** long-distance call Ⓒ, 《英》trunk-call Ⓒ. 《☞ 電話の英語 (囲み)》 **長距離列車** long-distance train Ⓒ.

ちょうけし 帳消し ―動 (帳消しにする・相殺する) cancel (out) ㊍ ㊎ ; (勘定などを埋め合わせる) offset ㊍, balance ㊍. ¶わが社の昨年度の利益は石油の値上がりで*帳消しになった Last year's profit of our company *was canceled* (*out*) by the rise of the oil price.

ちょうこう¹ 兆候, 徴候 (前兆・兆し) sign Ⓒ ★最も一般的な語 ; (しるし) indication Ⓒ ; (病気の) symptom Ⓒ ; 〖医学〗(徴候群) syndrome Ⓒ. 《☞ きざし ; ぜんちょう¹》.

¶胆のうが悪いと普通どんな*徴候が出ますか What are the common *symptoms* of gall-bladder trouble? // まばたきはパーキンソン病の初期の*徴候だ Blinking is an early *sign* of parkinsonism. // 景気回復の*徴候が現れた There is an *indication* of the market picking up.

ちょうこう² 聴講 ―動 (単位をもらわないで単に講義にだけ出る) 《米》audit ㊍, sit in ㊎ ; (講義に出席する) attend ㊍. ―名 (講義への出席) attendance (at lectures) Ⓤ.

¶スミス先生の講義を*聴講したいと思いますが Could I *audit* Mr. Smith's lecture? / May I *attend* Mr. Smith's lecture *as an auditor*? // コースは(単位のために)取っているのではなく*聴講しているのです I'm not taking the course, but *am* just *sitting in*.

聴講生 (米国の大学での) auditor Ⓒ.

ちょうごう 調合 ―動 (薬局などで薬を) dispense ㊍ ; (調整する) prepare ㊍ ; (混ぜ合わせる) compound ㊍. 《☞ はいごう》.

ちょうこうそうビル 超高層ビル high rise Ⓒ, skyscraper Ⓒ [語法] skyscraper はやや古くなりつつある語. なお前者は *high-rise* apartments のようにハイフンでつないで 形 としても用いる. 《☞ こうそうけんちく》.

ちょうこく 彫刻 sculpture Ⓤ ★彫刻品の意のときは Ⓒ となる. **彫刻家** sculptor Ⓒ **彫刻刀** (のみ) chisel Ⓒ.

ちょうさ 調査 ―動 (測量・統計などで概観的に調べる) survey [sərvéi] ㊍ ; (事実関係や原因などを調べる) investigate ㊍ ★しばしば警察などによる「捜査」という日本語に当たる ; (状態・性質などを検査して調べる) examine ㊍ ; (照会して調べる) inquire ㊍. ―名 survey [sə́:vei] Ⓒ ; investigation Ⓤ ; examination Ⓤ ; inquiry Ⓤ ★以上いずれも具体的なものを指すときは Ⓒ. 《☞ しらべる ; けんさ ; そうさ¹》.

¶文部省は全国の中学生の数学の学力*調査を行った The Ministry of Education made a nation-wide *survey* of the mathematical ability of junior high school students. // 環境庁の*調査によるとわが国の河川の汚染は昨年より改善されているとのことだ According to the *survey* of the Environment Agency the rivers in our country are now less polluted than last year. // 警察はその火事の原因を*調査中です The police *are* ⌈*investigating* [making *investigations* into] the cause of the fire. // *調査の結果, それはまさに真実であるとわかった It has turned out to be really true on ⌈*inquiry* [*investigation*]. // 我々はこの問題を徹底的に*調査しなくてはならない We must *make a thorough investigation* into this problem. / We have to *get to the bottom of* this problem.

調査委員会 fact-finding committee Ⓒ **調査員** investigator Ⓒ, examiner Ⓒ **調査書** (成績の) transcript (of *a person's* school record) Ⓒ **調査団** inquiry commission Ⓒ, survey group Ⓒ **調査報告** report of an investigation Ⓒ **調査用紙** (質問に答える形式の) questionnaire Ⓒ.

ちょうし¹ 調子 **1** «具合» : (状態) condition Ⓤ, state Ⓒ ; (人体・機械などのよい調子) order Ⓤ ; (体の調子) 《口語》shape Ⓤ. 《☞ ぐあい ; じょうたい¹ ; コンディション》.

¶私はどうもこのごろ*調子が悪い I'm not ⌈quite myself [in good *condition*] these days. / (⇒ あまり気分がよくない) I'm not feeling very well these days. // きょうは*調子が悪い I'm ⌈in bad *shape* [not in good *shape*] today. // エンジンの*調子がよくない Something is wrong with the engine. / The engine is out of *order*. / (⇒ エンジンが何か故障を起こした) The engine has developed some trouble. // エンジンの*調子がとてもよい The engine is in top *condition*.

2 «やり方» : (方法) way Ⓒ, manner Ⓒ ; (こつ) knack ★単数形で ; (やり方・こつ) 《口語》hang ★単数形で. ¶こういう*調子でやってごらん Try it this *way*. // その*調子, その*調子 That's it. / That's the *way*. // 一度*調子 (⇒ こつ) を飲み込めばやさしいものだ Once you ⌈get the *hang* [catch the *knack*] of it, you'll find it quite easy.

3 «音調» : (音楽的な音の上がり下がり) tune Ⓒ ; (言葉の表現上や色彩の調子) tone Ⓒ.

¶オーケストラはいま*調子を合わせている The orchestra *is* now *tuning up*. // このピアノは*調子が合っている[外れている] This piano is ⌈in *tune* [out of *tune*]. ★ in [out of] tune は成句. // 彼女はいつも*調子はずれな歌い方をする She always sings out of *tune*. / (⇒ 音痴

だ) She is *tone-deaf*. // 彼の演説の全体の*調子は妥協的だった The general *tone* of his address was conciliatory.

調子にのる. 調子づく ¶ いったん*調子にのると[*調子づくと]彼女の話はとめどを知らない (⇒ いったんねじが巻かれると彼女(の話)を止めるのは難しい) Once she *is wound up*, it is hard to stop her.

調子のいい ¶ 彼はよく*調子のいいことを言うが, あまりあてにはならない He always talks like that, but you can't really rely on him.

調子を合わせる ¶ 彼はあなたに*調子を合わせているだけだ He *is* just *chiming in* with you. // 彼女はルームメートとよく*調子を合わせているようだ (⇒ うまくやっているようだ) She seems to *be getting along nicely with* her roommate.

ちょうし² 銚子 *sake* bottle Ⓒ.

ちょうじ¹ 弔辞 message of condolence Ⓒ; (公開の場での) funeral oration Ⓒ; (葬儀場での) funeral address Ⓒ. 《☞ くやみ》.

¶ 多数の人が参列し*弔辞を述べた Many people attended the service to express their *condolences*. // 研究会を代表してその葬式で*弔辞を頼まれた I was asked to ˹read the *message of condolence* [make a *memorial address*] at the funeral on behalf of the Society.

ちょうじ² 寵児 (人気のある人) popular person Ⓒ. ¶ 彼は一夜にして文壇の*寵児となった (⇒ 目をさますと流行の作家になっていた) He awoke to find himself a *popular writer*.

ちょうししゃ 聴視者 (テレビの) (TV) viewer Ⓒ; (ラジオの) listener Ⓒ; (全体として) the (˹TV [radio]) audience.

ちょうしゅ 聴取 ¶ 彼は警察に事情*聴取された (⇒ 事情を説明することを頼まれた) He was asked by the police to explain the circumstances. **聴取者** radio listener Ⓒ; (全体として) the radio audience. 《☞ ちょうししゃ》.

ちょうじゅ 長寿 (長い生涯) long life Ⓒ; (長命) longevity [lɑndʒévəti(ː)] Ⓤ ★ やや形式ばった語. 《☞ ながいき》. ¶ 私の祖母は 90 歳の*長寿を保った (⇒ 生きて 90 歳になった) My grandmother *lived to be ninety* (*years old*). // 私の家は*長寿の家系です I come of a *long-lived* family. / (⇒ 私の先祖は皆長生きした) All of my forefathers enjoyed a *long life*.

ちょうしゅう¹ 聴衆 (1 か所の聴衆) audience Ⓒ ★ 最も一般的; (会などに出席している人をまとめて) attendance Ⓒ; (聞き手) listener Ⓒ, hearer Ⓒ ★ 前者のほうが普通. 《☞ かんきゃく; かんしゅう²》.

¶ 今晩は*聴衆の集まりが悪かった We had a very small ˹*attendance* [*audience*] this evening. // 彼は数万人の*聴衆を前にして演説をした He gave a speech with an *audience* of tens of thousands. // *聴衆は彼の演説にすっかり感動した The *audience* ˹was [were] deeply impressed by his talk. [語法] 《英》では聴衆の 1 人 1 人に重点を置くときは単数形でも複数として扱うことが多いが, 《米》では単数扱いが普通.

ちょうしゅう² 徴収 —動 (徴収する) collect ㊙; (特に税金などを) levy ㊙. —名 collection Ⓤ; levy Ⓤ. 《☞ とりたてる》.

¶ 授業料の*徴収 (⇒ 支払い) はこの窓口で行います《掲示》 *Payment* of school fees at this window. // 通行料はどこで*徴収していますか Where ˹do you *collect* [can I *pay*] tolls? / Where is the toll-gate?

ちょうしょ¹ 長所 (人よりすぐれている点) strong [good] point Ⓒ (↔ weak point); (称賛に値する点) merit Ⓒ (↔ demerit); (有利な点) advantage Ⓒ (↔ disadvantage). 《☞ とりえ; とくちょう²; もちあじ》.

¶ 彼の*長所は何ですか What's his *strong point*? // だれでも*長所と短所がある Everybody has his *merits* and demerits [díːmèrits]. // 操作が非常に簡単だというのがこの機械の*長所です The *advantage* of this machine is that it is very easy to operate.

ちょうしょ² 調書 (記録) record Ⓒ; (文書にした証拠) written evidence Ⓒ.

ちょうじょ 長女 the [*one's*] ˹eldest [oldest] daughter; (娘が 2 人の場合) the [*one's*] ˹elder [older] daughter ★《米》では older, oldest をよく用いるが,「長女」は正確には eldest daughter という. 《☞ 親族関係 (囲み)》. ¶ *長女はいま北海道に住んでいます *My eldest daughter* now lives in Hokkaido.

ちょうしょう 嘲笑 —名 (からかっての) ridicule Ⓤ; (悪意があって軽蔑しての) derision [dirížən] Ⓤ; (冷笑) sneer Ⓒ. —動 (笑いものにする) laugh at ... ★ 最も日常的な表現; ridicule ㊙; deride ㊙; (意地悪く) sneer at ...; (身振りなどをまじえて) mock at ... 《☞ あざわらう; わらう; れいしょう¹》.

¶ 彼はみんなに*嘲笑を浴びせられた (⇒ みんなに笑われた) He *was laughed at* by everyone. 《☞ 受身 (囲み)》 / (⇒ 軽蔑の対象となった) He was the *scorn* of all his friends.

ちょうじょう 頂上 (山の) top Ⓒ ★ 平易な日常語で, 以下の語の代わりにも使える; summit Ⓒ ★ やや形式ばった語; (周囲より一段と高い所) peak Ⓒ. 《☞ いただき; やま (挿絵)》. ¶ あの丘の*頂上までどのくらいありますか How far is it from here to the *top* of that hill? // 苦労してやっと*頂上に着いた We reached the *peak* of the mountain after hard climbing. // *頂上からの眺めはすばらしい The view from the *summit* is marvelous. // 富士山の*頂上は雪をかぶっている (⇒ 雪が頂上を覆う) Snow tops Mt. Fuji. / (⇒ 雪を頂上にいただいている) Mt. Fuji is crowned with snow.

ちょうしょく 朝食 breakfast Ⓤ [語法] breakfast が単独で用いられる場合には無冠詞が普通であるが,「軽い」(light),「たくさんの」(heavy),「十分の」(good),「遅い」(late) など形容詞が付くと, その前に不定冠詞 a [an] が付き, 例えば a light breakfast となることに注意. 《☞ 食事 (囲み)》.

¶ 私は毎朝 7 時に*朝食を食べる I ˹have [eat] *breakfast* at seven every morning. // *朝食はもう済ませました I have ˹had [eaten] *breakfast* already. // *朝食にはゆで卵とオートミール,

ち

それからコーヒーを1杯飲みました I had a boiled egg, oatmeal, and a cup of coffee *for breakfast*. // けさは*朝食が早かったので (⇒ 早い朝食を食べたので), もうおなかがすきました Because I had *an* early *breakfast* this morning, I ｢am [feel] hungry already.

ちょうじり 帳尻 (口座の収支) balance (of accounts) Ⓤ. ¶何とか*帳尻を合わせておいた (⇒ 口座の収支を釣り合わせておく) I managed to make the *accounts* balance. [語法] この balance は動詞で,｢(帳尻が)合う｣の意. // どうも*帳尻が合わない I'm afraid ｢the *accounts* don't balance [I can't make both *ends* meet]. / (⇒ 数字が合致しない) These figures don't tally with each other.

ちょうしん[1] 長針 (時計の) minute hand Ⓒ (↔ hour hand) (☞ とけい (挿絵)). ¶彼は*長針を回した He turned the *minute hand*.

ちょうしん[2] 長身 ―形 (背の高い) tall (☞ せい[1]; たかい[1]).

ちょうじん 超人 ―名 superman Ⓒ (複 -men). ―形 (超人的な) superhuman. ¶彼は*超人的な働きをした He made *superhuman* efforts. / He achieved it by a *superhuman* effort.

ちょうしんき 聴診器 stethoscope Ⓒ (☞ いりょう[1] (挿絵)).

ちょうしんけい 聴神経 auditory [acoustic] nerve Ⓒ.

ちょうせい 調整 ―動 (必要に応じて適正にする) adjust ⓗ; (維持・保守のために調子を整える) regulate ⓗ; (エンジンなどを) tune up ⓗ. ―名 adjustment Ⓤ; regulation Ⓤ; tuning-up Ⓤ. (☞ ちょうせつ).

¶もしもブレーキの調子が悪ければ*調整してもらいなさい If the brakes aren't working well, you'd better *get* them *adjusted*. (☞ 使役 (囲み)) // この機械はしろうとには*調整が難しい This instrument is very hard to *regulate* for a beginner. // 先生の間での意見の*調整に (⇒ 合意するのに) 時間がかかった It was a long time before the teachers came to an agreement. / It took some time to *adjust* the differences of opinions among the teachers. // 年末*調整 the year-end *adjustment* of taxes

ちょうせつ 調節 ―動 (細かい範囲で適合させる) adjust ⓗ; (正確に作動するように合わせる) regulate ⓗ; (規制をする) control ⓗ; (音調などを合わせる) modulate ⓗ. ―名 adjustment Ⓤ; regulation Ⓤ; control Ⓤ; modulation Ⓤ. (☞ ちょうせい; あわせる).

¶エアコンは部屋の温度を*調節する The air-conditioner *keeps* your room *at the proper temperature*. / The air-conditioner *regulates* the temperature of the room. ★前者のほうがより口語的. // 司会者はマイクを自分の高さに*調節した The M.C. *adjusted* the microphone to his height. // このスピーカーは音量*調節ができません This speaker has no volume *control*.

ちょうせん[1] 挑戦 ―動 (試みる) try ⓗ ★後に 名 または to不定詞を伴う; attempt ⓗ ★やや形式ばった語; (挑戦する) challenge ⓗ, make a challenge; (権力などに反抗して挑む) defy ⓗ. ―形 (権力などに挑戦的な) defiant; (人を怒らせるような) provocative. ―名 challenge Ⓒ; (相手を見くびっての) defiance Ⓤ; (努力をしての) attempt Ⓒ.

¶彼はその難問に*挑戦した He ｢*tried* [*attempted*] to solve the difficult problem. // 彼は日本スピード記録に*挑戦しようとしている He is going to make an *attempt* on the Japan speed record. // 彼は私にもう一勝負やろうと*挑戦してきた He *challenged* me to (have) one more game. // だれも彼の*挑戦に応じる者はいなかった No one took up his *challenge*. // 新政権はソビエトに対して*挑戦的な態度をとっている The new administration ｢assumes [takes] a ｢*defiant* [*provocative*] attitude towards the USSR.

挑戦者 challenger Ⓒ.

ちょうせん[2] 朝鮮 ―名 固 Korea; (北朝鮮) North Korea ★正式には｢朝鮮民主主義人民共和国｣ the Democratic People's Republic of Korea; (南朝鮮) South Korea ★正式には｢大韓民国｣ the Republic of Korea. ―形 Korean. (☞ かんこく[2]).

朝鮮語 Korean Ⓤ, the Korean language ★後者はやや形式ばった言い方. **朝鮮半島** the Korean Peninsula.

ちょうぜん 超然 ―動 (超然としている) stand [keep; hold *oneself*] aloof. ―形 (無頓着な) indifferent, nonchalant ★｢冷淡な｣という意味も含む. (☞ ちょうえつ). ¶彼はみんなの中にあっていつも*超然としている He always ｢*stands* [*keeps*; *holds himself*] *aloof* from all the others. // 彼は金のことには*超然としている He is quite ｢*indifferent* [*nonchalant*] to money.

ちょうぞう 彫像 (carved) statue Ⓒ.

ちょうそく 長足 ¶第2次大戦後,電子工学は*長足の進歩 (⇒ 速い進歩) を遂げた Electronics *has made* ｢*rapid* [*fast*] *progress* since the Second World War. (☞ しんぽ)

ちょうだ 長打 〚野球〛 extra-base hit Ⓒ [参考] ｢2塁打｣,｢3塁打｣はそれぞれ double, triple. (☞ 野球の英語 (囲み)).

ちょうだい 頂戴 **1** «もらう»: (下さい) give me … (☞ ください; いただく[1]). ¶結構な物を*ちょうだいし, ありがとうございました Thank you very much for the nice ｢present [gift].

2 «飲食する»: (飲む・食べる) have ⓗ (☞ いただく[1]).

3 «…して下さい»: (どうか) please; (…してくれますか) Would you …? (☞ ください; 依頼の表現 (囲み)).

ちょうたつ 調達 ―動 (必需品を) procure ⓗ; (買う) buy ⓗ ★平易な日常語; (資金を集める) raise ⓗ; (金を作る) make ⓗ. ―名 (物資などの供給) supply Ⓤ; (食料などの用意) provision Ⓤ; (資金の) raising Ⓤ.

¶私はマンション購入資金の*調達で忙しい I'm busy *making* money to buy a condominium. // 現地で必要な物資は*調達できます You can *buy* necessary goods at the place of your stay.

ちょうだのれつ 長蛇の列 very long ˹line [《英》 queue] Ⓒ. ¶ 切符売り場は*長蛇の列だった There was a very *long* ˹*line* [*queue*] at the ticket window.

ちょうたんぱ 超短波 ultrashort waves ★ 通例複数形で.

ちょうちょう¹ 町長 《米》 town ˹manager [headman] Ⓒ; (自治体の長) mayor [méiə, mɛ́ə] Ⓒ ★ 日本語には普通「市長」と訳されているが, 《米》 では town の場合にも用いる.

ちょうちょう² 長調 〖音楽〗 major (key) Ⓒ (↔ minor (key)) 《☞ 音楽 (囲み)》. ¶ ハ*長調の交響曲 a symphony in C *major*

ちょうちょう³ 蝶々 butterfly Ⓒ 《☞ ちょう¹》.

ちょうちん 提燈 (paper) lantern Ⓒ 《☞ 日本固有の風物と英語 (囲み)》. **提燈持ち** (へつらう人) flatterer Ⓒ; (書評などで大げさにほめそやす人) puffer Ⓒ.

ちょうつがい 蝶番 hinge Ⓒ. ¶ *ちょうつがいが壊れた The *hinges* are out of order. // *ちょうつがいで開閉する窓 a *hinged* window // このドアは*ちょうつがいが左に付いている This door *is hinged* on the left.

ちょうてい 調停 ─ 動 (仲裁する) mediate (between ...) ⓐ; (両者の要請で) arbitrate ⓗ ⓐ; (問題などを解決する) settle ⓗ; (争いの中に割って入る) intervene (in ...; between ...) ⓐ. ─ 名 (仲裁) mediation Ⓤ; arbitration Ⓤ; intervention Ⓤ. 《☞ ちゅうさい (類義語)》.

¶ 市当局はその地域の農民と工場側との*調停に乗り出した The city government started *mediating between* the local farmers and the factories concerned. // 国連による*調停は失敗に終わった U.N. efforts to *settle* the matter proved to be unsuccessful. / *Intervention* by the U.N. turned out to be a failure. // 両者はその争いを*調停に任せることに同意した The two parties agreed to ˹refer [submit] the dispute to *arbitration*.

調停案 mediation [arbitration] proposal Ⓒ.

ちょうてん 頂点 (専門用語などで) apex Ⓒ 《複 ~es, apices [éipəsìːz]》; 〖幾何学〗 vertex Ⓒ; (山などの一番高い所) summit Ⓒ; (特にとがっている) peak Ⓒ; (最高頂) the climax; (名声などの) the zenith; (一般的にてっぺんの意で) top Ⓒ. 《☞ ちょうじょう; ピーク》.

¶ 三角形の*頂点 the *apex* of a triangle // この小説は彼の文学活動の*頂点を成すものといえる This novel, admittedly, is *the zenith* of his literary work.

ちょうでん 弔電 telegram of condolence Ⓒ 《☞ でんぽう》. ¶ 遺族に対して*弔電を打った I ˹sent a *telegram of condolence* [(⇒ 悔やみの気持ちを電報で打った) *telegraphed my condolences*] to the bereaved family.

ちょうど¹ just [語法] 口語的な語で, 「いまちょうど」「まさに」「ぴたりと」などの日本語の意味に当たるが, 会話では単なる強意語として軽い意味で多用されることもある; (特に数・程度などについて正確に...) exactly [語法] exactly を使うほうが just よりも強調的で, また多少改まった感じになる; (特に細かい数量までが正確であることを強調して) precisely. 《☞ まさに》.

¶ 学校に*ちょうど間に合った I was *just* in time for school. // 父は*ちょうど 40 歳です My father is *just* 40 years old. // *ちょうど 5 時に出発します We'll leave ˹*exactly* at five o'clock [at five o'clock *sharp*]. // いま*ちょうど 3 時 20 分です (⇒ 正確な時刻は) The *exact* time is 20 minutes past three. // ここから新宿まで*ちょうど 1 時間かかる It takes you ˹*just* [*exactly*] one hour to get to Shinjuku from here. // *ちょうど 1 か月家を留守にしていた (⇒ たっぷり 1 か月間) I was away from home for a *full* month. // それは*ちょうど私が探していた本です That's the *very* book that I've been looking for. // このセーターは私に*ちょうど (⇒ 完全に) 合います This sweater fits me *perfectly*.

ちょうど² 調度 (家具類) furniture Ⓤ; (取り付けてある) fixtures ★ 通例複数形で. 《☞ びひん; かぐ¹》.

ちょうとうは 超党派 ─ 形 supra-partisan. ─ 副 on a supra-partisan basis.

ちょうとっきゅう 超特急 superexpress (train) Ⓒ 《☞ しんかんせん》.

ちょうない 町内 (通り) street Ⓒ; (近所) neighborhood Ⓤ; (道に囲まれた 1 街区) block Ⓒ [参考] 欧米の市内の行政区画は東西・南北に交差する街路 (street; avenue) で分けられていることが多い. またその他に ... Place, ... Hill などの呼称で呼ばれる区画もある. そこで日本語の「町内」を英訳する場合は通り (street) とか, 街区 (block) とか, 地域 (area) とかを実情に合わせて用いるのがよい. 《☞ まち》.

¶ 東京では彼と同じ*町内 (⇒ 彼の近所[街区]) に住んでいた When in Tokyo, I lived ˹*in his neighborhood* [*on his block*]. // *町内あげて彼を歓迎した (⇒ その通り[街]に住む人全部が) *The whole* ˹*street* [*town*] was there to greet him.

ちょうなん 長男 the [*one's*] ˹eldest [oldest] son; (息子が 2 人の場合) the [*one's*] ˹elder [older] son ★ 《米》 では older, oldest をよく用いるが, 「長男」は正確には eldest son という. 《☞ 親族関係 (囲み)》.

¶ 私の*長男は大学に通っています My ˹*eldest* [*oldest*] *son* ˹goes to college [is a university student]. // 彼には息子が 2 人あるが, *長男のほうはとても彼に似ている He has two sons. *The elder one* ˹is just like him [resembles him very much].

ちょうにん 町人 (貴族や特権階級に対して平民) commoner Ⓒ; (武士でない市民) civilian Ⓒ; (商人) merchant Ⓒ.

ちょうネクタイ 蝶ネクタイ bow tie Ⓒ.

ちょうは 長波 〖無線〗 long wave Ⓤ (↔ short wave; medium wave).

ちょうば 帳場 (旅館の) front desk Ⓒ.

ちょうはつ¹ 挑発 ─ 動 (怒りなどを引き起こす) provoke ⓗ. ─ 名 provocation Ⓤ. ─ 形 (挑発的な) provocative. ¶ 彼は*挑発にのってそんなことをした He did that under

ち

provocation. ‖ 山田は私の行動に関して*挑発的なことを言った Yamada made *provocative* remarks about my conduct.

ちょうはつ² 長髪 long hair Ⓤ《☞ かみ³》. ¶ 本校の生徒は*長髪を禁止する *Long hair* is prohibited at this school. ‖ 彼は*長髪だった He wore his *hair long*.

ちょうばつ 懲罰 (罰) punishment Ⓤ; (規則などに従わせるための) discipline Ⓤ; (具体的な処置) disciplinary measure Ⓒ ★ しばしば複数形で.《☞ しょばつ; ちょうかい¹》. ¶ その件は*懲罰に付されることになった It was decided that the case deserved *punishment*.
懲罰委員会 disciplinary committee Ⓒ.

ちょうふく 重複 ━動 (一部が重なる) overlap ㊀ ㊉; (繰り返す) repeat ㊀ ㊉. ━名 overlap Ⓤ; repetition Ⓤ. ━形 overlapping; (重複して余分な) redundant.《☞ かさなる; くりかえし》. ¶ この部分は*重複です. 取りなさい This part is *redundant*. Cut it.

ちょうへい 徴兵 ━名《米》draft Ⓤ,《英》conscription Ⓤ. ━動《米》draft ㊉,《英》conscript ㊉.
¶ 私は20歳のときに*徴兵された I *was* ⌈*drafted* [*conscripted*] *into* the army when I was 20. / I was selected by the *draft* when I was 20. / At the age of twenty, I *was called up for military service*.
徴兵忌避 evasion of ⌈draft [conscription] Ⓤ **徴兵忌避者** draft evader Ⓒ; (良心的兵役拒否者) conscientious objector Ⓒ **徴兵制度** draft system Ⓒ.

ちょうへん 長編 ━名 (詩・小説などの長い作品) long piece Ⓒ; (特に小説) long novel Ⓒ. ━形 long.

ちょうぼ 帳簿 (取り引きの記録などを記帳するもの) book Ⓒ ★ 会計簿など, 経理の記録を集合的に指すときは通例複数形で; (元帳・台帳) ledger Ⓒ.《☞ だいちょう²》.
¶ 彼らは*帳簿をつけていなかった They didn't keep their *books*. ‖ *帳簿上はいくらか利益になっている (⇒ 帳簿はわずかの利益を示している) The *books* show a slight profit. ‖ 私は*帳簿に不正を発見した I found false entries in the *books*. ‖ 私どもでは3月末に*帳簿を締める We close our *books* at the end of March.

ちょうほう¹ 重宝 ━形 (有用な) useful; (手助けになる・役に立つ) helpful; (取り扱いに便利な) handy; (便利で都合がよい) convenient.《☞ べんり》.
¶ この小箱は*重宝だ This small box is very ⌈*useful* [*handy*]. ‖ 彼はみんなから*重宝がられている He is considered to be a ⌈*useful* [*helpful*] guy. ‖ 複写器が家に1台あるとずいぶん*重宝です A duplicator is a *convenient* thing to have in the house. ‖ 口は*重宝なもの Saying is one thing and doing another.《ことわざ: 言うことと行動とは別》/ A good tongue is a good weapon.《ことわざ: よい舌はよい武器である》

ちょうほう² 諜報 **諜報活動** espionage Ⓤ **諜報機関** (仕事をも含めての) secret service Ⓤ; (組織) intelligence ⌈organization [agency] Ⓒ **諜報部員** intelligence ⌈operative [agent] Ⓒ《☞ スパイ》.

ちょうぼう 眺望 view Ⓒ《☞ けしき》.

ちょうほうけい 長方形 ━名 oblong Ⓒ; (やや正式には) rectangle Ⓒ. ━形 oblong; rectangular.《☞ しかく² (挿絵)》.

ちょうほんにん 張本人 (悪事などの首謀者) ringleader Ⓒ; (何かを始めた人) author Ⓒ.《☞ しゅぼうしゃ》. ¶ だれがこの騒ぎの*張本人だ (⇒ だれがこの騒ぎを始めたのか) Who started the trouble? ‖ 彼がそのいたずらの*張本人だ He is the *author* of the mischief.

ちょうみりょう 調味料 (塩・こしょうなどの) seasoning Ⓒ; (香料などの) spice Ⓒ ★ 以上いずれも量をいうときは Ⓤ. ¶ 化学*調味料 monosodium glutamate [参考] 料理書などでは MSG と略して用いられる.

ちょうみん 町民 (町の人々) townspeople ★ 複数扱い; (居住者) resident of the town Ⓒ ★ 町に居住権を持っている人という意味にもなる; (町全体の人) the whole town.《☞ しみん; じゅうみん》.

ちょうむすび 蝶結び bow(knot) Ⓒ. ¶ *蝶結びにして下さい Will you tie it in a ⌈*bow* [*bowknot*]?

ちょうめん 帳面 (雑記帳) notebook Ⓒ; (帳簿) book Ⓒ.《☞ ノート; ちょうぼ》.

ちょうもん 弔問 ━動 (悔やみを述べる) offer [express] *one's* condolences to ... ━名 (弔意を述べに訪問すること) condolence call Ⓒ, call of condolence Ⓒ ★ 後者のほうが改まった言い方.《☞ くやみ》.
弔問客 caller for condolence Ⓒ.

ちょうやく 跳躍 ━名 (跳ぶこと) jump Ⓒ ★ 一般的な語; (大きく跳ぶこと) leap Ⓒ; (ぴょんと飛び上がること) spring Ⓒ; (馬などの) prance Ⓒ. ━動 jump ㊀; leap ㊀.《☞ ジャンプ; とぶ²; はねる¹ (類義語)》.
跳躍台 springboard Ⓒ.

ちょうらく 凋落 ━動 (衰える) decline ㊀; (没落する) fall ㊀. ━名 decline Ⓤ; fall Ⓤ.《☞ おとろえる; ぼつらく》.

ちょうり 調理 ━動 (ごく一般的な言葉として, ...を作る) make ㊉; (火を使って料理する) cook ㊉; (火の使用に関係なく, 食事などを準備する) prepare ㊉. ━名 cooking Ⓤ; (料理法) cookery Ⓤ.《☞ りょうり》. **調理台** kitchen table Ⓒ《☞ 台所・家事 (囲み)》.

ちょうりつ¹ 調律 ━動 (楽器の音を正しく合わせる) tune (up) ㊉. ━名 tuning Ⓤ. ¶ 私は年に1度ピアノの*調律をしてもらう I have my piano *tuned* (*up*) once a year.

ちょうりつ² 町立 ━形 (町の) town; (市町自治体の) municipal; (町に支えられている) town-supported. ¶ *町立図書館[美術館] a ⌈*town* [*municipal*] ⌈library [museum] ‖ これは*町立の小学校です This is a *town-supported* elementary school.

ちょうりゅう 潮流 (海流) (ocean) current Ⓒ ★ current は時代や思想などの「流れ」という意味でも用いられる; (潮の干満による流れ) tide Ⓒ.《☞ ながれ; じりゅう》. ¶ 彼は時代の*潮流に従った (⇒ 流れと共に泳いだ) He swam with the ˹*current* [*tide*] of the times. [語 法] 「逆らう」は swim against …

ちょうりょく[1] 聴力 (the power of) hearing Ⓤ. ¶ 年をとるにつれて*聴力はおちる As you grow older, your *hearing* ˹becomes [gets] weaker. **聴力計** audiometer Ⓒ.

ちょうりょく[2] 張力 〘物理〙 tension Ⓤ. ¶ 表面*張力 surface *tension*

ちょうるい 鳥類 birds 《☞ とり[1]》. **鳥類学** ornithology Ⓤ **鳥類学者** ornithologist Ⓒ.

ちょうれい 朝礼 (朝の集まり) morning ˹assembly [gathering] Ⓒ.

ちょうろう 長老 (組織内での) senior member Ⓒ; (先輩) elder Ⓒ; (長老派教会の) presbyter Ⓒ. 《☞ せんぱい; ろうじん》.

ちょうわ 調和 ── [動] (音・色・形などの釣り合いがよくとれる) harmonize (with …) (自); (調和させる) harmonize … with …; (調和している状態) be in harmony with …; (よく合う) 《口語》 match with …, go well with … ── [名] harmony Ⓤ; (釣り合い) balance Ⓤ. ── [形] harmonious (with …). 《☞ つりあう》. ¶ この壁紙とカーテンとは*調和していない This wallpaper does not ˹*harmonize* [*match*; *go well*] *with* the curtains. [語 法] match の場合は with を用いないことが多い. / This wallpaper *is* not ˹*in harmony* [*harmonious*] *with* the curtains. // この絵の色は*調和していて美しい (⇒ この絵には色の美しい調和がある) There is a beautiful *harmony* in the colors of this picture. // 全体の*調和 (⇒ 釣り合い) をとることが必要です It's important to have a good *balance* throughout.

チョーク chalk Ⓤ [語 法] 数える必要のあるときは a ˹piece [stick] of chalk, two ˹pieces [sticks] of chalk のようにいうが, 普通名詞としても用いられる. 《☞ 数の数え方 (囲み)》. ¶ *チョークで書きなさい Write with a ˹piece [stick] of *chalk*. / Write in *chalk*. // もう少し*チョークを持ってきて下さい Will you get me some more *chalk*, please? // 色のついた*チョーク colored *chalk(s)*

ちよがみ 千代紙 paper with colored patterns Ⓤ 《☞ 日本固有の風物と英語 (囲み)》.

ちょきん 貯金 ── [名] (蓄えた金) savings ★ 通例複数形で; (銀行への預金) deposit Ⓒ. ── [動] (蓄える) save (up) (他); (銀行に預金する) deposit (他). 《☞ よきん》. ¶ いまどのくらい*貯金がありますか How much money *have* you *saved up* so far? // 私の*貯金は少ない My *savings* are small. // 私は郵便局に*貯金している I keep my *savings* in the post office. // 自動車を買うために 100 万円*貯金をおろした (⇒ 預金口座から) I withdrew one million yen from my *savings account* to buy a car. // *貯金を全部使い果たした I spent all the money I *had saved up*. / I spent all my *savings*. // 郵便*貯金 postal *savings*

貯金通帳 bankbook Ⓒ, passbook Ⓒ ★ 前者のほうが普通. **貯金箱** savings box Ⓒ.

ちょくえい 直営 ── [形] (直接運営されている) (directly) operated; (直接の支配を受けている) under direct control. ¶ 妙高牧舎*直営のミルクバー a milk bar *operated* by Myoko Dairy // 政府*直営の交通機関 transportation *under direct* government *control* / transport *operated* by government agencies

ちょくげき 直撃 ── [動] hit (他); (激しく当たる・大打撃を与える) hard hit (他) [語 法] 日本語の「直撃」の「直」は強調を表すことが多いので, directly などとしないほうがよい. 口語では hit … *right* in the center のように right を用いることもある. ── [名] direct hit Ⓒ. ¶ マグニチュード 7 の地震が東京を*直撃したらどうでしょう What if Tokyo should *be hard hit* by an earthquake of 7 on Richter scale?

ちょくご 直後 right [immediately] after … ★ right を用いるほうが口語的. 《☞ すぐ; あと[1]》. ¶ その*直後に爆発があった A bomb went off ˹*right* [*immediately*] *after* that. // 私たちは第二次大戦*直後に (⇒ 戦争終了後すぐ) アメリカへ行った We went to America *soon after* the end of World War II [tú:].

ちょくし 直視 ¶ 現実を*直視しなければいけない (⇒ 現実をありのままに受け入れる) You should accept reality as it is. / (⇒ 現実に直面することからしり込みするべきでない) You should not shy away from *facing* (*up to*) reality.

【参考語】 ── [動] (ありのままに受け入れる) accept [take] … as it is; (まともに見る) look … in the face; look straight at …; (困難などに直面する) face (他); (おくせず立ち向かう) face up to …

ちょくしゃ 直射 ¶ 夏は*直射日光に当たらないようにしなさい (⇒ 夏の日光に皮膚をさらさないように) Don't *expose* your skin to the summer sunlight. // この花は*直射日光に当てないこと (⇒ 直射日光から保護するように) Shelter this flower from the *direct* sunlight.

ちょくしん 直進 ── [動] go straight ˹on [ahead] 《☞ まっすぐ》.

ちょくせつ 直接 ── [形] (間にほかの物が介在しない) direct (↔ indirect), immediate; (真っすぐで率直な) straight; (本人自らの) personal; (じかの) firsthand. ── [副] direct(ly), immediately; straight; (本人自ら) personally, in person; firsthand, at first hand.

【類義語】「間に何も介せず直接に」の意味では **direct** と **immediate** はほぼ同意で入れ替え可能だが, *direct* はある段階を経てつながっている場合があるのに対し, *immediate* はじかにつながっている点が異なる. ((例) *直接の原因 *direct* cause ★ 直接に結果を生じさせる原因. / *immediate* cause ★ 数ある原因のうち結果を生む最後の原因). 話などが率直で直接なのは **straight**. 本人とじかに交渉を持つのは **personal**. 資料などからじかに情報・知識などを得るのが **firsthand**.

¶ 我々はその会社と*直接交渉を開始した We ˹opened [entered into] *direct* negotiations with the company. // 私は*直接ニューヨークに行きます I'll go to New York *directly*. // 彼の*直接の死因は心不全だった The *immediate* cause of his death was heart failure. // あな

ち

たと*直接会ってお話ししたい I'd like to talk with you ˹*personally* [*in person*]. // その情報は確かな筋から*直接得たものだ The information was obtained ˹*firsthand* [*straight*] from a reliable source.

直接税 direct tax Ⓒ　**直接選挙** direct election Ⓒ (↔ indirect election)　**直接目的語** direct object Ⓒ　**直接話法** direct ˹narration [speech] Ⓤ《☞ 話法 (欄外)》.

ちょくせん 直線 —[名] straight line Ⓒ (↔ curved line). —[形] (直線的な) linear. ¶ 彼女は紙の上に*直線を1本引いた She drew a *straight line* on the paper. // この道は次の町まで一*直線に (⇒ 真っすぐに) 続いている This road runs *straight* to the next town. // *直線コース a *straight* course

ちょくぜん 直前 —[副] just [immediately] before … 《☞ すんぜん; まぎわ》. ¶ 私は入試*直前にひどい風邪を引いた I caught a bad cold ˹*just* [*immediately*] *before* the entrance examination.

ちょくそう 直送 —[動] (直接に配達する) deliver … directly; (直接に送る) send … directly. 《☞ はいたつ; おくる[1]》. ¶ これらの品は産地*直送品です (⇒ 生産者から直接送られた) These *were* ˹*delivered* [*sent*] *directly* from the producers.

ちょくぞく 直属 —[形] (直接の管理のもとにある) under the ˹immediate [direct] control of …; (監督のもとにある) under the direct supervision of … 《☞ ちょっかつ》. ¶ 私の息子は彼の*直属の部下だ My son is *under* his ˹*immediate* [*direct*] *control*.

ちょくちょう 直腸 rectum Ⓒ《複 ~s, recta》《☞ ないぞう[1] (挿絵)》.

ちょくちょく (しばしば) often, frequently ★ 前者が口語的; (時々)《口語》once in a while; (時折) occasionally. 《☞ しばしば (類義語); 頻度を表す副詞 (囲み)》.

ちょくつう 直通 —[形] (乗り物が乗り換えなしで通しの) through; (途中で止まらない) nonstop; (電話が) direct. 《☞ 乗り物 (囲み); ノンストップ》. **直通列車** (乗り換えなしの) through train Ⓒ; (途中で止まらない) nonstop train Ⓒ. ¶ 長野への*直通列車 a *through train* to Nagano

直通バスの掲示

ちょくばい 直売 —[動] (直接売る) sell … ˹directly [direct] to … —[名] direct sales. 《☞ ちょくせつ; ちょくそう》. ¶ 産地*直売の野菜 (⇒ 生産者によって直接に売られた野菜) を買った I bought some vegetables *sold* ˹*directly* [*direct*] *by* the growers. / I bought some vegetables *at direct sales*.

ちょくめん 直面 —[動] (困難・問題などに直接ぶつかる) face (他); (対決する) confront (他) [語法] 後者は改まった語. いずれも直面している状態を表すときは be ˹faced [confronted] with … のように受身形で用いる. 《☞ たちむかう》.

¶ 彼らは人生の厳しい現実に*直面した They ˹*faced* [*confronted*] the stern realities of life. // 政府は現在多くの難しい問題に*直面している The government *is* now ˹*faced* [*confronted*] *with* various difficult problems. // 彼らは危険に*直面しても平静だった They remained calm *in* (*the*) *face of* danger.

ちょくやく 直訳 —[名] (文字どおりの訳) literal translation Ⓤ; (逐語訳) word-for-word translation Ⓤ. —[動] (字義どおりに訳す) translate … literally; (1語1語訳す) translate … word for word. 《☞ ほんやく; 翻訳 (欄外)》.

ちょくゆにゅう 直輸入 —[動] (直接輸入する) import … ˹direct [directly] (from …). —[名] direct import Ⓤ. 《☞ ゆにゅう》. ¶ 我々は英国からウイスキーを*直輸入する We *import* whiskey ˹*direct* [*directly*] *from* Britain.

ちょくりつ 直立 —[形] (カーブしたりゆがんだりしていないで真っすぐの) straight; (傾いていないで垂直の) upright; (曲がっていないで真っすぐ立っている) erect. —[動] (真っすぐに立つ) stand ˹straight [upright; erect] (自). 《☞ まっすぐ; すいちょく》. ¶ 彼は*直立不動の姿勢で (⇒ 気をつけの姿勢で) 立った He stood *at attention*. **直立猿人** Pithecanthropus erectus [pìθikǽnθrəpəs iréktəs] Ⓒ.

ちょくりゅう 直流 direct current Ⓤ《略 DC, D.C., d.c.》(↔ alternating current).

ちょくれつ 直列 〘電気〙 series Ⓒ (↔ parallel). ¶ その乾電池は*直列につないである The dry cells are connected *in series*.

ちょこ 猪口 *sake* cup Ⓒ.

ちょこちょこ —[動] (せかせか歩く) trot (自); (赤ん坊がよちよち歩く) toddle (about) (自). 《☞ ちょこまか; 擬声・擬態語 (囲み)》. ¶ その子は母親の後を*ちょこちょこ追いかけて行った The child ˹*trotted* [*toddled*] after his mother.

ちょこまか —[動] (せわしく動き回る) bustle about (自)《☞ ちょこちょこ; 擬声・擬態語 (囲み)》. ¶ 彼は*ちょこまかしている (⇒ せわしく動き回る人だ) He's a *bustling* fellow.

チョコレート chocolate [tʃɑ́k(ə)lət] Ⓤ ★ チョコレート菓子のときには Ⓒ. [参考] 「板チョコ」は a bar of *chocolate*.

ちょこんと ¶ 舞台の上には子供が*ちょこんと座っていた (⇒ たったひとりで) A child was sitting on the stage *all alone*. / (⇒ 小さく静かに座っているのが見えた) We saw a child sitting *small and quiet* on the stage. 《☞ 擬声・擬態語 (囲み)》

ちょさく 著作 —[名] (書くこと) writing Ⓤ; (本) book Ⓒ; (作品) work Ⓒ; (文学作品) writings ★ 複数形で. —[動] (著作する) write (他). 《☞ ちょしょ; ほん; さくひん》.

著作権 (版権) copyright Ⓤ 《☞ はんけん》.

ちょしゃ 著者 (本を書いた人) author Ⓒ; (執筆者) writer Ⓒ [参考] かつては女性の場合は authoress を用いたが, 現在では男女の区別をせずに author を用いるのが普通. ¶彼がこの小説の*著者です He's the *author* of this novel. / (⇒彼が書いた) He *wrote* this novel. **著者不明の** anonymous [ənɑ́nəməs]. ¶*著者不明の評論 an *anonymous* essay

ちょじゅつ 著述 writing Ⓤ《☞ちょさく》. **著述家** writer Ⓒ.

ちょしょ 著書 (本) book Ⓒ; (作品) work Ⓒ; (文学作品) writings ★複数形で. [語法] 特定の個々の作品を意味するときは book を, また集合的に作品を意味するときには work や writings を用いる.《☞ほん; ちょさく》. ¶1980年に彼は初めて*著書を出版した He published his first ⌈*book* [*work*] in 1980.

ちょすいち 貯水池 reservoir [rézəvwɑ̀ɚ] Ⓒ《☞ためいけ》.

ちょすいりょう 貯水量 the (volume of) water kept in store.

ちょぞう 貯蔵 ―[動] (将来使うために物をある場所に蓄える) store (他); (食品などを腐らないように保存する) preserve (他). ―[名] storage Ⓤ; preservation Ⓤ.《☞たくわえる; ほぞん》. ¶地下室は品物の*貯蔵に使われる The cellar is used for *storing* goods.

ちょちく 貯蓄 ―[動] (金をためる) save (up) (他). ―[名] (貯金) savings ★複数形で.《☞ちょきん; よきん; ためる》.

ちょっか 直下 ―[副] (…のすぐ下に) right under …《☞した[1] (類義語); ました》. ¶その国は赤道*直下 (⇒赤道上) にある The country is *right* ⌈*at* [*on*] the equator. // その殺人事件は急転*直下解決した (⇒解決に向かって突然方向転換した) The murder case *took a sudden turn toward* solution.
直下型地震 earthquake directly above the focus Ⓒ《☞じしん[2]》.

ちょっかい ―[動] (ちょっかいを出す・干渉する) meddle (in …) (自); (口を出す) poke *one's* nose into …《☞くちだし; おせっかい》.
¶私のことに一々*ちょっかいを出すな (⇒私がすることに口を出すな) Don't *poke your nose into* everything I do. / (⇒自分自身のことをしっかりやれ) *Mind your own business.*

ちょっかく 直角 ―[名] right angle Ⓒ. ―[形] right-angled. ―[副] (直角に) at right angles (to …).《☞かく[6] (挿絵)》.
¶その2つの道路は*直角に交わっている The two roads ⌈cross [meet] *at right angles.* // この2線は互いに*直角をなしている These two lines are *at right angles.* / (⇒互いに垂直になっている) These two lines are *mutually perpendicular.* // これはそれと*直角だ This makes a *right angle* with that. // 時計の針は3時を指すとき*直角になる The hands form a *right angle* at three o'clock.
直角三角形 right-angled triangle Ⓒ《☞さんかく》 **直角定規** square Ⓒ《☞じょうぎ》.

ちょっかつ 直轄 ―[形][副] (直接監督下にある) under the ⌈direct [immediate] supervision of …; (管理下にある) under the direct control of …; (支配下にある) under the direct rule of …《☞ちょくぞく》.
¶その工事は政府の*直轄事業だ (⇒政府の直接の監督下にある) The construction work is *under the* ⌈*direct* [*immediate*] *supervision of* the government. // これは科学技術庁*直轄の研究所です (⇒科学技術庁の管理下にある) This is a laboratory *under the direct control of* the Science and Technology Agency. // 国連*直轄領 territory *under the direct rule of* the United Nations

ちょっかっこう 直滑降 ―[名] (真っすぐな下降) straight descent Ⓒ; schuss [ʃús] Ⓤ ★真っすぐなコースをスピードを出して降りること. ―[動] schuss (自)(他). ¶私はその斜面を*直滑降で降りた I *schussed* the slope. / I made a *straight descent* down the slope.

ちょっかん[1] 直観 intuition Ⓤ《☞かん[2]》. ¶私の*直観では彼は殺人を犯していない My *intuition* tells me that he is not a murderer. / (⇒直観によって知っている) I know by *intuition* that he is not a murderer.

ちょっかん[2] 直感 ―[動] (感じる) sense (他); (推量する) guess (他); (気付く) perceive (他). ―[名] intuition Ⓤ.《☞かん[2]》. ¶私は危険を*直感した (⇒感じた) I *sensed* danger. // 彼の*直感は当たった (⇒正しく推量した) He *guessed* right.

チョッキ 《米》 vest Ⓒ, 《英》 waistcoat [wéskət, wéis(t)kòut] Ⓒ.《☞衣服 (囲み)》.

ちょっきゅう 直球 fastball Ⓒ《☞野球の英語 (囲み)》.

ちょっけい[1] 直径 ―[名] diameter [daiǽmətɚ] Ⓒ. ―[副] (直径が…である) across, in diameter ★前者が口語的.《☞大きさの表し方 (囲み); えん[3] (挿絵)》. ¶「その円の*直径はいくらですか」「10センチです」"How wide *across* is [What's the *diameter* of] the circle?" "It's ten centimeters ⌈*across* [*in diameter*]."

ちょっけい[2] 直系 direct ⌈line [descent] Ⓒ《☞かけい[1]; けっとう[1]》. ¶彼は貴族の家柄の*直系だ He is descended *in a direct line from* a noble family. / He is a *direct descendant of* a noble family.

ちょっけつ 直結 ―[名] direct ⌈connection [link] Ⓒ ★link は connection よりも意味が強い. ―[動] (直結している) be directly ⌈connected [linked] with …《☞むすびつく》. ¶国家の経済は我々の毎日の生活に*直結している The nation's economy *is directly connected with* our ⌈everyday [daily] life.

ちょっこう 直行 ―[動] (真っすぐに[どこへも寄らずに]行く) go ⌈straight [direct] to …《☞まっすぐ; ちょくせつ; ノンストップ》. ¶私は急用で北海道へ*直行した (⇒真っすぐに行った) I *went* ⌈*straight* [*direct*] *to* Hokkaido on urgent business. **直行便** (飛行機の) nonstop flight Ⓒ **直行列車** through [nonstop] train Ⓒ.

ちょっと **1** «少し» ―[副] (ほんの少し) just a little ★最も平易な表現; (わずか・かすかに) slightly, 《口語》 a bit; (幾分・やや) somewhat. ―[形] a ⌈little [bit]; slight.《☞や

や；いくらか；たしょう（類義語））.
¶ 先月物価が*ちょっと下がった Prices came down 「*just a little* [*a bit*; *slightly*] last month. // それについては*ちょっと知識がある I have *a little* knowledge about it. // 4月に*ちょっと給料が上がった We had a *slight* increase in salary in April. // 彼女は心配そうに息子のほうを*ちょっと（⇒ ちらりと）見た She *glanced* anxiously 「*toward* [*at*] her son. // その表を*ちょっと見せてくれ Let me *have a look at* the list. // *ちょっと食べてごらん（⇒ 試食してごらん）*Just* try (and eat) it.
2 «少しの間»：（ほんの瞬間的に）just a 「minute [moment], for a 「moment [while]；（短い時間）for a short time ★ 前2者より長い時間で，前後関係によってはかなりの期間も含むことがある．これは次のものについても同じ；（短い間に）in a short time.（☞ しばらく（類義語））.
¶ *ちょっとお待ち下さい Wait *a* 「*minute* [*moment*], please. / *Just a moment*, please. // *ちょっと火に当たらせて下さい Let me warm myself at the fire *for a while*. // *ちょっとの間に彼女はずいぶんやせた（⇒ 体重を失った）She has lost a lot of weight *in a short time*. // 私は帰りに本屋に*ちょっと立ち寄った I *dropped in* at a bookstore on my way home. ★ drop in で「ちょっと寄る」の 意.
3 «容易に»：（簡単に）easily；（すぐに）readily.
¶ 彼が何を考えているか*ちょっと見当がつかない We can't *easily* imagine what he has in mind. // その本は*ちょっと手に入りにくい The book is not *readily* available.
4 «かなり»：（どちらかといえば）rather；（かなりの程度に）pretty；（なかなか）quite ★ 日本語の「ちょっと」と同じく，英語でも a little を用いることもある.（☞ かなり；控えめな表現（欄外））.
¶ 彼はこの辺では*ちょっとした名士だ He is 「*rather* [*pretty*; *quite*] famous around here. // 彼は給料のほかに*ちょっとした収入（⇒ かなりのもの[収入]がある）He has 「*something* [*some* income] besides his salary. // 彼は*ちょっとした野球の選手だ He is *quite* a baseball player. // 父は*ちょっとした日曜大工だ My father is *something of a* handyman. [語法] something of 「a [an] … は「かなり腕のよい」という意味の慣用句．本職ではない人に用いる.
5 «呼びかけ»：（失礼します）Excuse me；（ねえ・もしもし）《米口語》Say，《英口語》I say, Hey ★ Hey はかなりぞんざいな呼びかけ.（☞ 呼びかけ（囲み））. ¶ *ちょっと失礼 *Excuse me*. // *ちょっと，淳ちゃん *Say*, Jun!

ちょとつもうしん 猪突猛進 ―[動]（無謀に突進する）rush recklessly (自)；（結果を考えずに突進する）rush without thinking of the consequences (自).（☞ むこうみず）.

ちょびひげ ちょび髭 small [short] m(o)ustache Ⓒ ★ o が入るのは主に《英》；（歯ブラシのような形の）toothbrush m(o)ustache Ⓒ.（☞ ひげ[1]）.

ちょめい 著名 ―[形]（有名な）famous；（よく知られた）well-known [語法] famous とほぼ同意のこともあるが，悪い意味でも用いられる；（ある分野で傑出して世間によく知られている）distinguished；（傑出して，ある地域で特に知られている）prominent；（同じ分野の人たちの間でも特に抜きん出てすぐれている）eminent；（賞をもらったり立派な業績で名高い）celebrated. ―[名] prominence Ⓤ; distinction Ⓤ.（☞ ゆうめい（類義語））.

ちょろちょろ ¶ 蛇口（じゃぐち）から水が*ちょろちょろ流れている The water *is trickling* from the tap. // その小川は*ちょろちょろ流れている（⇒ かすかな音を立てながら）The stream *is flowing with a murmuring sound*.（☞ たれる；擬声・擬態語（囲み））
【参考語】 ―[動]（水が少量流れる）trickle (自)；（火が静かに燃える）burn quietly (自)；（小川などが）flow with a murmuring sound (自).

ちょろまかす （くすねる・ちょっとしたものを盗む）pilfer (他)；（着服する）pocket (他)；（公金などを使いこむ）embezzle (他).（☞ ごまかす；ぬすむ（類義語）；ちゃくふく）.

ちょんまげ 丁髷 topknot Ⓒ ★ 必要なら後に of a Japanese *samurai* などの説明を付ける.
¶ *ちょんまげを結う wear a *topknot*

ちらかす 散らかす （まき散らす）scatter (about) (他)；（ごみなどを散らかす）litter (自) (他)；（部屋などを乱雑にしておく）leave … 「untidy [in disorder; in a mess] [語法] 最も一般的なのは untidy. 少し堅苦しく混乱状態を言うときは in disorder. 口語的で「めちゃくちゃ」に当たるのが in a mess.
¶ その子はおもちゃを*散らかしたまま出て行った The boy went out leaving toys *scattered about*. // 子供たちは部屋に紙くずを*散らかした The children *littered* the room with 「scraps [pieces] of paper. // ごみを*散らかさないで下さい Don't *litter*. / No *litter*, please. / No *littering*（☞ 掲示の英語（囲み））// 台所を*散らかしておくなんて主婦の恥だ It is a disgrace for a housewife to *leave* her kitchen 「*untidy* [*in disorder*]. // *散らかしたものを拾いなさい Pick up your *litter*.

ちらかる 散らかる （物が散乱している）be [lie] scattered；（紙くずなどが）be littered；（片付いていない）be 「untidy [in disorder] ★ 後者は少し堅苦しい言い方；（めちゃくちゃになっている）《口語》be in a mess.（☞ さんらん[1]）.
¶ 部屋中にいろいろなおもちゃが*散らかっている Various kinds of toys *lie scattered* all over the room. / The room *is* 「*littered* [*scattered over*] with various kinds of toys. // 道路にごみや紙くずがいっぱい*散らかっていた The road *was littered* with trash and scraps of paper.

ちらし 散らし （ビラ）handbill Ⓒ；（折り込みの広告）leaflet Ⓒ.（☞ ビラ）. ¶ 私たちは街頭で*ちらしをまいた We distributed *handbills* on the street.

ちらす 散らす （物や人を四散させる）scatter (他) ★ 最も一般的な語で，物の場合は通常細かいものに用いる；(葉や花などを) strew (他) ★やや文語的. 《☞ ちる；おいちらす》. ¶ 風が庭一面に桜の花を*散らした The wind 「*scattered* [*strewed*] cherry blossoms all over the garden.

ちらちら ¶ 朝早くから雪が*ちらちら (⇒ 軽やかに) 降っている It has been snowing *lightly* since early morning. // 光が木の葉隠れに*ちらちら見えた (⇒ 木の葉を通して時々光を見た) We saw light *on and off* through the leaves of the trees. 《☞ 擬声・擬態語 (囲み)》

ちらつく (心に絶えずつきまとう) haunt (他). ¶ 父の怒った顔がしょっちゅう目の前に*ちらつく (⇒ 脳裏を去らない) The angry face of my father often *haunts* me.

ちらばる 散らばる (分散している状態) be [lie] scattered (about)；(紙くずなどが散らかっている) be littered (with ...)；(ばらばらになる) scatter (自). 《☞ ちらかす；ちる；ばらばら》.
¶ 私たちのクラブの会員は日本中に*散らばっている Our club members *are scattered* all over Japan. // 彼の机にもみくちゃになった原稿用紙が*散らばっていた His desk *was littered with* crumpled bits of manuscript. / Crumpled bits of manuscript *lay scattered about* on his desk.

ちらほら (ここかしこに) here and there 《☞ あちこち；擬声・擬態語 (囲み)》. ¶ 春になると野の花が*ちらほら咲き始める In (the) spring wild flowers come out *here and there*.

ちらりと ¶ 飛行機の窓から富士山の頂上が*ちらりと見えた We 「*caught* [*got*] *a glimpse of* the top of Mt. Fuji from the window of our plane. // 彼は時計を*ちらりと見た He *glanced at* his watch. / He 「*gave* [*took*] *a glance at* his watch. // 彼らが婚約したことを*ちらりと耳にした (⇒ たまたま聞いた) I 「*happened to hear* [*heard by chance*] *of* their engagement. // 私は両親の話を*ちらりと耳にした (⇒ 両親が話していることを立ち聞きした) I *overheard* what my parents were saying. 《☞ すこし；ちょっと；擬声・擬態語 (囲み)》

ちり[1] 地理 —[名] geógraphy [U]. —[形] geográphical. —[副] geographically. ¶ 私たちはいまフランスの*地理[世界*地理]を勉強しています We are now studying 「the *geography* of France [world *geography*]. // 私はこの辺の*地理に暗い[明るい] I am 「*a stranger* around here [*familiar with* this neighborhood]. // 人文*地理(学) human *geography*
地理学者 geógrapher [C].

ちり[2] 塵 (ほこり) dust [U] 《☞ ほこり[1]；ごみ》. ¶ 彼女の部屋には*ちり一つ落ちていない There is not a speck of *dust* in her room. / (⇒ 全然汚れていない) Her room is *spotless*. // 私は家具の*ちりを払った I 「*dusted* [wiped the *dust* from] the furniture. // *ちりも積もれば山となる Many a *little* makes a mickle. 《ことわざ：たくさんの小さいものが大きいものになる》

チリ —[名] (固) Chile [tʃíli(ː)]；(チリ共和国) the Republic of Chile. —[形] Chilean.
チリ人 Chilean [C].

ちりがみ 塵紙 (薄い鼻紙用の) tissue paper [U] ★ 単に tissue [U] ともいう；(トイレ用の) toilet paper [U]；(トイレ用の巻いてあるもの) toilet roll [C].

ちりちり —[形] (髪の毛が細かく縮れている) frizzy, frizzly. 《☞ ちぢれる；カール；擬声・擬態語 (囲み)》. ¶ 彼女は*ちりちりの髪の毛をしている She has *frizzy* hair.

ちりぢり 散り散り ¶ 卒業後私たちは日本中に*ちりぢりになっている (⇒ 散在している) After graduation we *are* 「*scattered* [*dispersed*] throughout Japan. // 彼の家族は父親の突然の死で*ちりぢりになった (⇒ 解体した) His family *was broken up* by his father's sudden death. // 暴徒は*ちりぢりになって (⇒ 四方八方に) 逃げた The mob ran away *in all directions*. 《☞ ちる；ちらばる；ばらばら》

ちりとり 塵取り dustpan [C] 《☞ 台所・家事 (囲み)》.

ちりばめる (はめ込む) set (他) ★ 最も一般的な語；(象眼する) inlay (他)；(宝石などを台にはめ込む) mount (他)；(間隔を置いて飾りとしてはめ込む) stud (他)；(宝石で飾る) gem (他).
¶ 私は金銀を*ちりばめた (⇒ 象眼してある) オルゴールを持っている I have a music box 「*inlaid* [*set*] *with* gold and silver. // 彼女の結婚指輪には小さなダイヤが*ちりばめてあった Her wedding ring *was studded with* small diamonds. // この町の夜景はまるで宝石を*ちりばめたようだ The night view of this city looks as if it *were studded with* jewels.

ちりめん 縮緬 crape [U], crepe [U], crêpe [U] ★ 以上いずれも [kréip] と読む. [参考] 日本の「ちりめん」と違い，生糸以外に綿・羊毛などの繊維による織物も含む.

ちりょう 治療 —[動] (治療する) treat (他)；(治す) cure (他) [語法] treat が単に手当てをするだけであるのに対して，cure は病気を回復させることを意味する. —[名] (medical) treatment [U], medical 「care [attention] [U] ★ 前者のほうが普通；(治療法) therapy [U] ★ 医学的な用語；(治し方) cure [C]. 《☞ てあて；病気・病院 (囲み)》.
¶ 彼は早急に*治療を受ける必要がある He must *be treated* immediately. / He is in need of prompt *medical* 「*care* [*treatment*]. ★ 後者はやや改まった言い方. // 私は小川博士の*治療を受けている I *am being treated* by Dr. Ogawa. / I am *under the care* of Dr. Ogawa. // 私は歯を*治療してもらった I *had* my teeth 「*treated* [*fixed*]. 《☞ 使役 (囲み)》 // 予防は*治療に勝る Prevention is better than *cure*. 《ことわざ》

ちりょく 知力 mental [intellectual] power [U] ★ しばしば複数形で；(知性) intellect [U]；(知能) intelligence [U]；(頭脳) brains ★ 通例複数形で. 《☞ ちのう；ずのう；ちせい[1]》.
¶ 年のせいで彼の*知力は衰えてきた His *brain* is failing with age. // 彼は*知力にすぐれている He is very *intelligent*. / He is quite an *intellectual* person. [語法] 前者は「聡明だ・頭がいい」という意味で，学識のあるなしは問題にしないが，後者は「学識のある」という意味を含む. // 人間の*知力には限界がある There

is a limit to human ┌*intellect* [*intelligence* ; *intellectual powers*].

ちりんちりん ―動 (ちりんちりんと鳴る) tinkle ㊀. ―名 (鳴る音) tinkle Ⓤ, tinkling sound Ⓒ. 《☞擬声・擬態語 (囲み)》. ¶ 風鈴が軒先で*ちりんちりんと鳴っている The wind bell *is tinkling* under the eaves.

ちる 散る (花・葉などが落ちる) fall ㊀; (散らばる) scatter ㊀, be scattered; (気が散る) be distracted. 《☞ちらす ; ちらばる ; ちりぢり》.
¶ 木の葉が*散り始めた Leaves began to *fall*. // 桜の花が風に吹かれて*散った The cherry blossoms *scattered* before the wind. // テレビで気が*散った (⇒テレビが私の注意をそらした) The television *distracted* my attention.

ちん 狆 Japanese spaniel Ⓒ.

ちんあげ 賃上げ 《米》 raise Ⓒ, 《英》 rise Ⓒ ★ 必ずしも「賃上げ」というようなニュアンスだけでなく, 昇給なども含む広い意味の語 ; (賃金の引き上げ) wage ┌raise [《英》 rise] Ⓒ, pay ┌raise [《英》 rise] Ⓒ ; (新聞用語などで) 《米》 wage ┌hike [increase [ínkriːs]] Ⓒ ★ increase を用いるほうが新聞とは限らず一般的で, しかも少し改まった表現. 《☞ちんぎん》.
¶ 従業員は雇い主に*賃上げを要求した The employees asked their employer for a ┌*pay* [*wage*] *raise*. / The employees demanded ┌a *wage increase* [*higher wages*] ┌from [of] their employer. // 組合は 20 パーセントの*賃上げを要求した The (┌labor [trade]) union demanded a 20 percent *pay raise*. // 彼らは*賃上げストに入った They went on strike for *higher wages*.

ちんあつ 鎮圧 ―動 (暴動などを抑える) put down ㊄, suppress ㊄ ★ 前者のほうが口語的. ―名 suppression Ⓤ. 《☞おさえる》. ¶ その暴動の*鎮圧のため軍隊が派遣された Troops were sent to ┌*put down* [*suppress*] the riot.

ちんか[1] 鎮火 ―動 (火事が消される) be put out, be extinguished, be ┌brought [got] under control 語法 1 番目が最も平易な表現で, 2 番目は少し改まった言い方. 3 番目は消防の活躍などを感じさせるような表現. 《☞かじ[1]》. ¶ その山火事はやっとのことで*鎮火した The forest fire *was* finally ┌*put out* [*extinguished* ; *brought under control*].

ちんか[2] 沈下 ―動 (一般的に, 沈む) sink ㊀; (土地が低下する) subside ㊀ ★ 形式ばった語; (土地や道路が下に傾く) dip ㊀. ―名 subsidence Ⓤ. 《☞しずむ》. ¶ 土台が地震で*沈下した The foundations *sank* because of an earthquake. // その地区は徐々に地盤が*沈下している The land in the area *is* gradually ┌*sinking* [*subsiding*]. // 地盤*沈下 ground *subsidence*

ちんがし 賃貸し ―動 (有料で貸す) rent ㊄, 《英》 hire ㊄; (特に貸すことを明らかにする場合) rent out ㊄, 《英》 hire out ㊄ 語法 《英》でも hire のほかに rent も用いる. 日本語で単に「貸す」という場合でも英語では有料か無料 (lend) かの区別をはっきりさせることに注意. また特に out を用いるのは「賃借り」も rent, 《英》 hire を用いるからである. 《英》では特に家や部屋については let (out) を使う ; (契約による賃貸し) lease ㊄. 《☞かす[1] (類義語)》.

ちんがり 賃借り ―動 (有料で借りる) rent ㊄, 《英》 hire ㊄ ; (契約などによって) lease ㊄ ★ 少し改まった言葉. 語法 《英》でも hire のほかに rent も用いる. 日本語で単に「借りる」という場合でも英語では必ず有料か無料 (borrow) かの区別をはっきりさせることに注意. 《英》でも家または部屋を賃借りする場合は hire を用いずに rent を使う. 《☞かりる (類義語)》.

ちんぎん 賃金 (労賃) wages ★ 通例複数形で. 参考 この語は元来時給・日給など, 肉体的労働に支払われる賃金を指したが, 現在では日本語の「賃金」と同じく労働用語として, 給料の意味で広く使われる; (給料) pay Ⓤ ★「給料」という意味では最も一般的な語. 《☞きゅうりょう[1] (類義語) ; げっきゅう ; サラリー》.
¶ 我々は生活に必要な*賃金を要求する権利がある We have the right to a living *wage*. // 経営者側はスト参加者の*賃金カットを組合に通告した The management notified the ┌labor [union] ┌to cut the *wages* of [of the *wage* cut for] the strikers. // 彼らは非常に安い*賃金で働いた They worked for very low ┌*wages* [*pay*]. // 最低*賃金 minimum *wage*

ちんしゃ 陳謝 ―動 (言い訳をしてわびる) apologize ㊀; (許しを乞う) beg *a person's* pardon. ―名 apology Ⓒ. 《☞あやまる[1] ; わび[1]》. ¶ 彼はお客にその間違いを*陳謝した He *apologized* to the customer for the error.

ちんじゅ 鎮守 (村の神社) village shrine Ⓒ. **鎮守の森** the grove of the village shrine.

ちんじゅつ 陳述 statement Ⓒ 《☞のべる》.

ちんじょう 陳情 ―動 (正式に要求などを出して嘆願する) petition ㊄; (実情などを説明して援助を訴える) appeal (to ...) ㊀. ―名 petition Ⓒ ; appeal Ⓒ. 《☞せいがん》.
¶ 我々は市会に対し保育所建設を*陳情した We ┌*petitioned* [made an *appeal* to] the City Council for nursery schools. / (⇒市会に保育所を頼む請願を手渡した) We handed in our *petition* asking the City Council for nursery schools. // 市長は我々の*陳情を認めた[はねつけた] The mayor ┌granted [turned down ; rejected] our *petition*.

ちんせいざい 鎮静剤 sedative [sédətiv] Ⓒ ★ 興奮を鎮める薬 ; (精神安定剤) tranquilizer (《英》 tranquillizer) Ⓒ. 《☞くすり》.

ちんたい[1] 沈滞 ―形 (活気のない) dull; (動きがなく停滞している) stagnant. ―名 dullness Ⓤ; stagnation Ⓤ. ¶ *沈滞したムードを吹き飛ばそう Let's dispel our ┌*dull* [*stagnant*] moods.

ちんたい[2] 賃貸 ☞ちんがし ; かす[1] ; かしや
賃貸契約 lease contract Ⓒ **賃貸料** rent Ⓤ.

ちんちゃく 沈着 ¶ 彼は危険に直面しても*沈着だった He remained *calm and collected* in (the) face of danger. 《☞へいせい》

ちんちょう 珍重 ¶ 日本の木版画は外国で*珍重されている Japanese woodcuts *are highly* ┌*prized* [*valued*] overseas.

ちんちん 1 «音» ―動 (鈴などが鳴る) tinkle ㊀; (湯沸かしが鳴る) sing ㊀. ―名

(鈴などの鳴る音) tinkle Ⓒ. ((☞ 擬声・擬態語 (囲み)). ¶ 湯沸かしが*ちんちん鳴っている The kettle *is singing.*

2 «犬の芸» ―動 (後足で立つ) stand on hind legs. ¶ *ちんちん, おすわり! 《犬への命令》 *Up, up,* down!

ちんつう 沈痛 ―形 (悲しみに沈んだ) sad, sorrowful, mournful 語法 最も一般的なのは sad, 少し改まった語が sorrowful, 陰気さの意味が加わるのが mournful ; (深刻そうな) grave ; (厳粛な) serious. ((☞ ひつう)).

¶ 彼は*沈痛な口調でその結果を発表した He announced the result in a ⌈*sad* [*grave* ; *serious*] tone. // 彼は*沈痛な面持ちをしていた He looked ⌈*sad* [*sorrowful* ; *mournful* ; *grave* ; *serious*].

ちんつうざい 鎮痛剤 anodyne Ⓒ; (痛みを和らげるもの) lenitive Ⓒ, 《口語》 painkiller Ⓒ. ((☞ くすり)).

ちんでん 沈殿 ―動 (かすなどが底に沈む[を沈ませる]) settle ⓐⓣ; 〖化学〗 be deposited; (沈殿する・させる) deposit ⓐⓣ. ―名 (沈殿物) deposit Ⓒ. ((☞ しずむ)). ¶ 瓶の底に何か*沈殿している Something *is* ⌈*settled* [*deposited*] at the bottom of the bottle.

ちんどんや ちんどん屋 (Japanese) musical sandwichman Ⓒ; (何人かで組になっている) (Japanese) ding-dong band for publicity Ⓒ, (Japanese) band of musical sandwichmen Ⓒ ★ 日本のちんどん屋と同じものは英米にはない. ((☞ 日本固有の風物と英語 (囲み))).

ちんにゅうしゃ 闖入者 (呼ばれもしないのに勝手に入り込む者) intruder Ⓒ; (他人の土地や家に不法に侵入する者) trespasser Ⓒ.

チンパンジー chimpanzee Ⓒ.

ちんぴら (取るに足らないやくざ者) petty ⌈gangster [hooligan] Ⓒ ((☞ やくざ)).

ちんぴん 珍品 (珍しい品物) rare article Ⓒ; (骨董(こっとう)品) curio Ⓒ. ¶ *珍品がたくさん売り物に出ている (⇒ 珍しい品) Many ⌈*rare articles* [(⇒ 骨董品) *curios*] are now offered for sale.

ちんぷ 陳腐 ―形 (ありふれた) commonplace ; (使い古した) hackneyed ; (創意に欠けた) banal ★ 形式ばった語 ; (固定化した) stereotyped. ((☞ ふるくさい ; つきなみ)). ¶ それは*陳腐な表現である It is a ⌈*commonplace* [*hackneyed*] expression.

ちんぷんかんぷん ¶ それは私には*ちんぷんかんぷんだ (⇒ まったく理解できない) I *can't understand* it at all. / (⇒ それは私にはまったくギリシャ語のようなものだ) It's *all Greek to* me. 参考 Greek の代わりに Hebrew や double Dutch も用いられるが, ギリシャ語やヘブライ語を持ち出すのは英米人の立場からのことであるので, 日本人にそぐわないと思ったら第 1 文のように言えばよい.

ちんぼつ 沈没 ―動 (水面下に沈む・沈没させる) sink ⓐⓣ ; (船が沈む) 《口語》 go down ⓐ, go under the water. ((☞ しずむ)).

¶ 船はゆっくりと*沈没していった The ship ⌈*sank* [*went down* ; *went under the water*] slowly. // 船長は船を*沈没させた The captain *sank* the ship. // 遊覧船は 50 人の乗客を乗せたまま*沈没した The ⌈pleasure [excursion] boat ⌈*sank* [*went down*] with 50 passengers on board.

沈没船 sunken ship Ⓒ.

ちんまり ―形 (小型で整った形の) compact.

ちんみ 珍味 (おいしい物) delicacy Ⓒ, dainty Ⓒ ★ 前者のほうが一般的. dainty は特に風味がよいという意味がある. ¶ 彼女は私に山海の*珍味をごちそうしてくれた She treated me to many kinds of *delicacies.*

ちんみょう 珍妙 ―形 (見たこともないような) strange ; (奇妙な) odd ; (とっぴで奇異な) fantastic. ((☞ きみょう)).

ちんもく 沈黙 silence Ⓤ; (無口) reticence Ⓤ ★ 形式ばった語. ((☞ むごん)).

¶ 彼らの間に重苦しい[気まずい] *沈黙が続いた An ⌈oppressive [awkward] *silence* continued between them. // 彼は*沈黙を破ってしゃべりだした He broke his *silence* and began to talk. // 部屋の中の者はみな突然*沈黙した All of a sudden everybody in the room fell *silent.* // その恋愛事件について彼女は*沈黙していた (⇒ 黙っていた) She ⌈remained *silent* [*held her tongue*] about the love affair. / (⇒ 控えめでしゃべりたがらなかった) She was *reticent* about the love affair. // 雄弁は銀, *沈黙は金 Speech is silver(n), *silence* is golden. 《ことわざ》

ちんれつ 陳列 ―動 (人に公開して見せる) exhibit [igzíbit] ⓣ; (見せるために並べる) display ⓣ 語法 前者が展覧会・博覧会などに使う語であるのに対して, 後者は店の陳列も含め, 前者の領域も含む広い意味の語; (展示する) 《口語》 put on show ⓣ. ―名 exhibition [èksəbíʃən] Ⓒ, display Ⓒ. ((☞ てんじ[1])).

¶ 彼らは会社の新製品をその部屋に*陳列した They ⌈*exhibited* [*displayed*] (the) new products of their company in the room. // ショーウインドーには買い気を誘うような (⇒ 客に魅力的な) さまざまの商品が*陳列してある Various articles which are attractive to shoppers *are displayed* in the (show) window.

陳列室 show [display] room Ⓒ **陳列台** display ⌈stand [counter] Ⓒ **陳列棚** (箱型の) showcase Ⓒ **陳列品** exhibit Ⓒ, article on ⌈show [display] Ⓒ **陳列窓** show window Ⓒ, shopwindow Ⓒ.

ち

つ

ツアー (団体観光旅行) group [organized] tour Ⓒ; (パック旅行) package tour Ⓒ 語法 日本語の「ツアー」は団体旅行を意味することが多いが, 英語の tour は「ぐるりと回って出発点に戻る旅行」という意味で, 人数には関係なく, 1 人でもよい. 《☞ りょこう (類義語)》.
¶ イギリスには*ツアーで行きました I visited Britain on ⌈a *group* [an *organized*; a *package*] *tour*. // 今度の正月休みにはハワイへの*ツアーに申し込もう[参加しよう]かと考えています I'm thinking of ⌈applying for [joining] ⌈a *group* [an *organized*; a *package*] *tour* of Hawaii this coming New Year vacation.

つい[1] **1** «時間的・距離的に»: (ちょうど) just; (ほんの) only. 《☞ ちょっと》.
¶ *ついいましがた宿題が終わったところです I finished my homework *just* now. // *つい 2, 3 日前に彼に会った I ⌈saw [met] him *only* a few days ago. // 彼女の家が*つい目と鼻の先 (⇒ 接近したところ) にあるとは知らなかった I didn't know that she lives *so* close to me. 語法 「つい目と鼻の先」は状況に応じて just across the street, just around the corner などと言い替えられる. // 私はあの大地震を*ついきのうのことのようにはっきり覚えている I remember that big earthquake as clearly as if it had been *only* yesterday.
2 «うっかりして» ― 副 (不注意にも) carelessly; (誤って) by mistake; (そういうつもりはなく) unintentionally. 《☞ うっかり》.
¶ *ついうっかりして (⇒ 不注意のために) 重大な間違いをやってしまった I have made a serious ⌈mistake [error] through *carelessness*. // *つい間違って反対方向に行くバスに乗ってしまった I got on the bus going in the opposite direction *by mistake*. // ごめんなさい. 忙しかったので*つい電話をかけるのを忘れてしまったのです I'm sorry. I was so busy that I forgot to call you. 語法 日本語の「つい」はこのような場合, 英語の特定の語句に訳せないので, 文全体の感じに含めて訳す.

つい[2] 対 ― 名 (2 つを 1 組にして用いる) pair Ⓒ; (類似のもの 2 つが結ばれている) couple Ⓒ. ― 形 (互いによく似た) twin; (よく釣り合った) matched. 《☞ くみ》. ¶ これらの湯飲み茶碗は*対になっている These teacups make a *pair*. // 彼らは好一*対の夫婦だ They are a *well-matched* couple.

ツイード tweed Ⓤ ★ 衣服の意味では tweeds. ¶ 彼はたいてい*ツイードを着ている He usually wears ⌈a *tweed* jacket [*tweeds*].

ついか 追加 ― 形 (ある物に加えて大きくする) additional; (補足して改善するために加える) supplementary. ― 名 addition Ⓤ; supplement Ⓒ. ― 動 add ㊐; supplement ㊐. 《☞ くわえる[1]》.
¶ *追加注文がございますか Do you wish to make an *additional* order? // その党は新たに 10 議席*追加した (⇒ 10 の追加の議席を勝ち得た) The party gained ten *additional* seats. // *追加料金はいくらですか (⇒ あといくら支払わなければいけませんか) How much *more* do I have to pay? / What's the ⌈*additional* [*extra*] charge?

ついきゅう[1] 追及 ― 動 (組織的に事件や原因を調査する) investigate ㊐; (攻撃する) attack ㊐. ― 名 (調査) investigation Ⓒ; (尋問) question Ⓒ. 《☞ ちょうさ》.
¶ 国会の委員会でそれらの問題が*追及された These questions *were investigated* at the Diet committee. / The Diet committee *investigated* these questions. // その事故の背景[政治上の責任]が厳しく*追及された A strict *investigation* ⌈into the background of the accident [to determine political responsibility] was carried out. // 彼らは地方政界の汚職を*追及した They *attacked* corruption in local governments.

ついきゅう[2] 追求 ― 動 (目的・知識・快楽などを) pursue [pəsúː] ㊐; (捜し求める) search ⌈for [after] …; (手掛かりなどをどこまでも) follow up ㊐. ― 名 pursuit Ⓤ; search Ⓒ. 《☞ さがす; もとめる》. ¶ 我々は幸福を*追求する (⇒ 幸福への追求の)権利を持っている We have the right to the *pursuit* of happiness. // 警察は彼の行方を*追求し始めた The police began a *search* for him.

ついげき 追撃 ― 名 (逃げるものを追いかけること) chase Ⓤ; pursuit Ⓤ ★ 形式ばった表現. 比喩的な意味にも用いる. ― 動 chase ㊐; pursue ㊐. 《☞ おう[1]》. ¶ 彼らは敵を*追撃した They ⌈*chased* [*pursued*] the enemy.

ついし 追試 ☞ ついしけん

ついしけん 追試験 supplementary examination Ⓒ, 《米》 makeup (⌈examination [exam]) Ⓒ ★ makeup は「再試験」の意味にもなる. 《☞ しけん[1]》.

ついしょう 追従 ― 名 (へつらい) flattery Ⓤ; (上役・先生などへの)《米口語》 apple-polishing Ⓤ 参考 アメリカの児童がピカピカにみがいたりんごを先生にあげる風習があったことが原義. ― 動 flatter ㊐, 《口語》 play [make] up to … ― 形 (追従的な) flattering. 《☞ おせじ; へつらう》.

ついしん 追伸 postscript Ⓒ 参考 P.S. という略語を書いてから, 伝えるべき用件を書く.

ついずい 追随 ― 動 (後に続く) follow ㊐ ㊀ 《☞ したがう》. ¶ テニスにかけては彼女は他の*追随を許さない (⇒ だれの次でもない) As a tennis player [In tennis] she is *second to none*. // わが国の外交政策はアメリカに*追随している Our country *is* closely *following* in

America's *footsteps* in its foreign policy.

ついせき 追跡 —[動] (捕えようとして) pursue (他), chase (他) ★ 前者はやや形式ばった語. 後者のほうが逃げる者を追う動作を表す意味が強い; (人・動物・車の残した跡や進路などを追って) track (他); (どこまでも手掛かりなどを捜して) follow up (他). —[名] pursuit [U], chase [U]. (☞ おう[1]; おいかける). **追跡者** pursuer [C], chaser [C] **追跡調査** follow-up ˹survey [check] [C].

ついぞ —[副] (いままで…でない) never; (全然…ない) not ... at all. (☞ かつて).

ついそう 追想 —[名] (思い出) recollection [C]; (懐かしい思い出) reminiscence [C]. —[動] (昔を振り返る) look back (自); (思い出す) remember (他), recollect (他) ★ ほぼ同意だが, 後者のほうがやや形式ばった語; (言葉・出来事などをそのまま) recall (他); 《米》 reminisce (自) ★ reminiscence から作られた語で, 懐かしい思い出を思い出すこと. (☞ おもいで).

¶ 彼はしばしば子供のころの*追想にふけった He often *looked back* ˹on [upon] his happy childhood. / He often indulged in *recollections.*

ついたち 一日 the first day of the month (☞ 時刻・日付・曜日 (囲み)). ¶「きょうは何日ですか」「2月*1日です」"What day of the month is (it) today?" "It's February (*the*) *first*." ★ the を省略するのは主に《米》.

ついたて 衝立 (目隠しのための) screen [C] ★ 紙製なら paper screen. また日本独特のものなら, 初めに Japanese を加える; (間仕切り) partition [C]. (☞ しきり).

ついちょう 追徴 —[動] (追加して徴集する) collect ... in addition, make an additional ˹collection [charge] of ...; (税金の差額を徴集する) collect the balance (of a tax). —[名] (追加の取り立て) additional collection [U]. ¶ 彼は10万円*追徴された He *was charged an additional* hundred thousand yen. / He *was made to pay* 100,000 yen *in addition*. **追徴金** money collected in addition [U]; (罰金) forfeit [fɔ́ɚfit] [C].

ついて 就いて **1** 《関して》 —[前] about ..., of ... ★ of のほうが少し意味が軽い; (論文や演説などで) on ... ★ about に比べて限定的かつ形式ばっている; as for ..., as to ... [語法] 以上2つはほぼ同意に用いられることが多いが, as for は既出の主題に関する新しい問題を持ち出す場合, 文の初めに用いられる. ただし, 全体の文章の初めには用いられない. 文中にも用い, 次に疑問詞を伴う場合が多いのが as to であるが, 次に名詞などを伴う場合には about に変えるほうがよい場合が多い; (…に関して) as regards ..., in [with] regard to ..., concerning ... ★ about より改まった言葉; (…に関連して) in relation to ..., in connection with ... (☞ かんする (類義語)).

¶ 彼は徳川家康に*ついて研究した He studied *about* Tokugawa Ieyasu. //「日本の選挙制度に*ついてどう思われますか」「それに*ついてはあまり詳しく知りません」"What do you think ˹*about* [*of*] the election system in Japan?" ★ How は使えない. "I'm afraid I really don't know much *about* it." // この問題に*ついてもう1つぜひ聞きたいことがあります (⇒ 聞かなければならないこと) There is one more question I must ask you *on* this subject. // その問題に*ついてあなたの意見を聞きたい I'd like to ask your opinion *concerning* the problem. // 彼は無事だったが (⇒ 無事に帰ってきたが), ほかの人に*ついてはわかりません He came back safely. *As for* the others, nothing is known yet. // 彼がいつ出発するかに*ついては秘密にする必要はまったくないと思う I don't see any need for secrecy *as to* when he will leave. // 彼らはその問題に*ついて討議した They discussed the problem. ★ discuss は (他).

2 《共に》 —[前] with ... (☞ いっしょ).

3 《後に》 —[前] after ... (☞ あと[1]).

¶ 私の後に*ついて言って下さい Please repeat *after* me.

ついで[1] —[名] (偶然の好機) chance [C]. —[副] (…をしているうちに・ついでに) in the course of ...; (…の途中で) on ˹*one's* [the] way to ...; (都合のよいときに) at *one's* convenience; (機会があったら) when you ˹happen to [have a chance to] *do*. (☞ -がてら; きかい[3] (類義語); つごう).

¶ *ついでにオイルも調べて下さい Check the oil *too*, will you? [語法] このような軽い意味での「ついでに」は前後関係によって, 適当に意訳する必要がある. // 話の*ついでに (⇒ 彼らと話すときに) そのことも言っておきます I'll tell them *when* I talk with them. // 駅へ行く*ついでに (⇒ 途中で) この手紙を出してあげますよ I'll ˹mail [《英》 post] this letter for you *on the way to* the station. / (⇒ 途中で郵便局の前を通る) I'll mail this letter for you *since* I pass (by) the post office *on my way to* the station. // おつりは*ついでのとき (⇒ 都合のよいとき) で結構です Give me the change *at your convenience*. // お*ついでのおりに, どうぞお立ち寄り下さい *When you* ˹*happen* [*have a chance*] *to come* this way again, please ˹drop in at my house [call on me].

ついで[2] 次いで —[形] (順序が…の次に) next [second] to ... —[副] (第2に) secondly. —[前] (…の後に) after ... (☞ つぐ[3]; つぎ[1]; にばん). ¶「アラスカに*次いで大きな州はどこですか」「テキサスです」"What is the largest state ˹*next to* [*after*] Alaska?" "Texas is." // 社長に*次いで部長がお祝いの言葉を述べた *After* the president the head of the department offered his congratulations.

ついている (運がよい) be lucky (↔ be unlucky) (☞ うん[1] (類義語); こううん). ¶ 私は*ついていた (⇒ 幸運だった) I *was lucky*. / (⇒ 幸運が私の側にいた) *Luck was* ˹*with me* [*on my side*]. // 彼は*ついていなかった He *was unlucky*.

ついてくる ついて来る —[動] (…の後に来る) follow (他); (一緒に来る) come (along) with ... (☞ ついてゆく). ¶ 私に*ついて来て下さい Please ˹*follow* [*come with*] me.

ついてゆく ついて行く ━動 (一緒に) go [come] with ... ★相手を尊重して丁寧に言うときはしばしば come となる；(人や物の後に) follow ㊥；(遅れないで) keep up with...；(同伴する) accompany ㊥. 《☞ ゆく (類義語)》. ¶「あなたに*ついて行ってもいいかしら」「ええ, どうぞ」"May I *come with* you?" "Certainly." // 君が先に行きたまえ. 後から*ついて行くよ You go first. We'll *follow* (you). // 私は英語の授業に*ついてゆくのにとても苦労した I had a hard time *keeping up with* the English lessons. // 時代に遅れないで*ついてゆくために新聞を読んでいる I read newspapers to *keep up with* the times. // 最近は入学式に子供に*ついて行く父母が多い Many parents *accompany* their sons and daughters to matriculation ceremonies these days.

つ

ついとう 追悼 ━形 (追悼の) memorial. ━名 (死を悲しむこと) mourning Ⓤ; (悔やみの言葉) condolence Ⓒ ★しばしば複数形で. ━動 (嘆き悲しむ) mourn ㊥, lament ㊥ ★後者は文語的. 前者は「喪に服する」意にもなる. 《☞ あいとう；いたむ²》. ¶彼が*追悼の辞を述べた He gave a *memorial* address.
追悼会[式] memorial service Ⓒ.

ついとつ 追突 ━動 strike the rear of ..., strike ... from behind. ━名 rear-end collision Ⓒ. 《☞ しょうとつ》. ¶ダンプカーが彼の車に*追突した (⇒車の後ろに衝突した) A dump truck *struck the rear of* his car. / (⇒後ろから彼の車に衝突した) A dump truck *struck* his car *from behind*. / A dump truck *collided with* his car *from behind*.

ついに 遂に, 終に ━副 (努力を重ねて) at last；(長い時間がたって) at length [語法] 以上2つは何かを成し遂げたり, 成功した場合に用い, 失敗した場合には使わない；(最後には・ついには) finally ★《米》では広い意味で前の2つと同じように使われることが多い；(結局は・結末として) in the end；(長い目で見て結局) in the long run ★以上はすべて肯定文に用いる；(結局・とうとう) after all [語法] 肯定文にも使えるが, 普通, 否定文もしくは不成功に終わったような場合に用いる. 《☞ とうとう¹；けっきょく》. ¶*ついに山の頂上に着いた We「got to [gained] the「top [summit ; peak] of the mountain *at last*. // 2か月たって, *ついにその島に着いた After two months, we *at length*「arrived at [reached] the island. // 私の夢は*ついに実現した My dream has「*finally* [*at length* ; *at last*] come true. // 彼は*ついに自分の誤りを認めた He admitted his mistakes *in the end*. // *ついに彼女はパーティーに姿を見せなかった *After all* she didn't「show up at [come to] the party.

ついにん 追認 ━動 (仮決定を正式に認める) confirm ㊥. ━名 confirmation Ⓤ. 《☞ みとめる；しょうにん¹》.

ついばむ 啄む ━動 (鳥などがえさを) pick (at ...) ㊀；(くちばしでつついて) peck (at ...) ㊀. 《☞ つつく》. ¶鳩がパンくずを*ついばんでいた The pigeons *were*「*picking* [*pecking*] *at* the bread crumbs.

ついほう 追放 ━動 (本国から) exile ㊥；(権力によって国外に) banish ㊥ [語法] 命令や流刑などで自国を去ったり, 自分の意志が入ることもあるのが exile, 刑罰などで強制的に退去させるのが banish；(好ましくない外国人を強制的に国外に) depórt ㊥；(党や国家の中で反対分子を現職から) purge ㊥；(学校・団体などから追い出したり除名したりする) expel ㊥；(好ましくない物または人を排除する) eliminate ㊥；(いやなものを取り除く・やっかい払いをする) get rid of ... ★口語表現；(締め出す) shut out ㊥. ━名 exile Ⓤ; banishment Ⓤ; expulsion Ⓤ; elimination Ⓤ. 《☞ おいだす》. ¶彼は母国から*追放された He *was*「*exiled* [*expelled*] from his homeland. // 彼はその島に*追放され, そこで死んだ He *was*「*exiled* [*banished*] to the island and died there. // 彼らは彼の*追放を要求した They called for his *expulsion*. // 彼らは貧乏*追放を叫んだ They called for the *elimination* of poverty. / They cried out, "*Down with* poverty!" // この地域から車を*追放することにした We decided to *shut out* cars from this area.

ついやす 費やす (ある目的や行動のために時間やお金を) spend ㊥ (↔ save)；(時間がかかる) take ㊥ [語法] it を主語にし, 時間・期間を表す語を目的語として；(お金がかかる) cost ㊥ [語法] it または「物」が主語になる；(むだに使う) waste ㊥. 《☞ つかう；かかる¹；ろうひ》. ¶彼らは多くの金をその旅行で*費やした They *spent* a lot of money on the trip. // 彼らはそのダムを完成するのに10年を*費やした It *took* them ten years to complete the dam. / They *spent* ten years for the completion of the dam. // そんなむだなことにこれ以上時間を*費やさないほうがいい You should not *waste* any more time on such useless things.

ついらく 墜落 ━動 (飛行機が) crash ㊀；(一般的に人・物が) fall ㊀. ━名 (墜落事故) crash Ⓒ. ¶飛行機[ヘリコプター]が山腹に*墜落した An airplane [A helicopter] *crashed* into「the hillside [the side of the mountain]. // その*墜落事故で乗組員と乗客の全員が死亡した All the crew and (the) passengers were killed in the *crash*.

ツインベッド twin beds ★シングルベッドが対になっているもので, 複数形で用いる；(ツインベッドの部屋) twin Ⓒ, room with「twins [twin beds]. 《☞ ホテル (囲み)》.

つう 通 ━名 (専門家) expert Ⓒ；(その道の権威者) authority Ⓒ. ━形 (熟練した) expert (in ... ; at ...)；(特定の問題や情報に通じた) well-informed (about ...). ¶彼は映画の話題については*通である He's an *expert* on movies. // 彼は非常に米国*通である He is *well-informed about* the United States.

-つう ...通 (書類など) copy Ⓒ [参考] 手紙の数を数えるのに英語では, one letter, two letters のように言い, 特に日本語のように「手紙...通」のような特別な言葉は用いない. 《☞ 数の数え方 (囲み)》. ¶きのう年賀状を50*通書いた I wrote fifty New Year's cards yesterday. // 履歴書 2 *通をお送り下さい Please send two *copies* of your ⌈curriculum vitae [personal history].

つうか¹ 通過 —動 (人や物の前やそばを) pass (他); (それと気付かずに) pass [go] by (自) ★ pass by …という使い方と，後に名詞を従えない使い方とがある; (中を通り抜ける) pass [go] through … ; (立ち止まらないで) pass along …; (議会が議案を) pass (他). —名 passage Ⓤ. 《☞ とおる ; とおりすぎる》.

¶ 彼らは第 3 ポイントを*通過した They *passed* the third point. // 上院はその法案を*通過させた The ⌈Upper House [Senate] *has passed* the bill. // 電車は止まるべき駅を*通過してしまった The train *passed* (*by*) the station where it should have stopped.

つうか² 通貨 currency Ⓤ; (一般に金という意味で) money Ⓤ. 《☞ かね¹ ; 金銭 (囲み)》.

通貨切り上げ[切り下げ] —名 revaluation [devaluation] Ⓤ. —動 revaluate [devaluate] (他).

つうかい 痛快 —形 (たいそう愉快な) very [awfully] pleasant ★「事物」を主語として ; (ものすごくうれしい) extremely delighted ★「人」を主語として ; extremely delightful ★「事物」を主語にして ; (胸がわくわくするような) exciting ; (スリル満点でぞくぞくさせる) thrilling. 《☞ ゆかい》.

¶ 君が彼の高慢な鼻をへし折ってくれたことは実に*痛快だった I was *really delighted* to see you take him down a peg or two. / It was ⌈*very pleasant* [*awfully pleasant*; *extremely delightful*] that you took him down a peg or two. ★ take … down a peg or two で「…をやりこめる」という慣用表現. // あの大西洋横断飛行はその年の最も*痛快なニュースだった That flight across the Atlantic was the most ⌈*thrilling* [*exciting*] news of the year.

つうがく 通学 —動 (通学する) go to school, attend school ★ 後者は少し改まった言い方. 《☞ かよう ; とうこう¹》. ¶ 私は電車で*通学しています I *go to school* by train. / I take the train *to* (*my*) *school*.

つうかん 痛感 —動 (身にしみてわかる) keenly [fully] realize (他); (真剣に考える) seriously [earnestly] think (他). 《☞ かんじる ; わかる》. ¶ 私たちは社会的責任を*痛感しています We *keenly realize* our social responsibility.

つうきこう 通気孔 (たるなどの) vent Ⓒ; 〘機械〙(空気穴) air hole Ⓒ. 《☞ かんき¹》.

つうきせい 通気性 ventilation Ⓤ. ¶ ナイロンの靴下は*通気性が悪い Nylon socks have poor *ventilation*.

つうきん 通勤 —動 (乗り物に乗って離れた 2 か所を定期的に往復する) commute (自); (出勤する) go to *one's* office ; (仕事に行く) go to work ; (住み込みでなく通いの状態である) live out (自) (↔ live in). —名 commutation Ⓤ. 《☞ かよう》.

¶ 彼は所沢の家から大手町の会社に*通勤している He ⌈*commutes* [*comes to work*] from his home in Tokorozawa to his office in Otemachi. / He *commutes* between his home in Tokorozawa and his office in Otemachi. // 彼は*通勤にバスを使っている He takes the bus *to his office*. / He *commutes* by bus.

通勤客[者] commuter Ⓒ **通勤時間** ¶ *通勤時間はどのくらいかかりますか How long does it take you to ⌈come [go] to the office? **通勤証明書** commutation certificate Ⓒ **通勤手当** commutation allowance Ⓒ **通勤定期(券)** 《米》 commuter ticket Ⓒ, 《英》 season ticket Ⓒ **通勤電車[列車]** commuter train Ⓒ **通勤ラッシュ時** the commuter rush hour.

つうこう 通行 —動 pass (自) (他). —名 passing Ⓤ, passage Ⓤ; (乗り物などの往来) traffic Ⓤ.

¶ この通りは狭くて車の*通行はできません This road is too narrow for cars to *pass*. / This road is too narrow to allow the *passage* of cars. ★ 第 2 文のほうがより改まった言い方. // この通りは車の *通行が激しい There's ⌈a lot of [heavy] *traffic* on this road. // この通りは一方*通行です This is a *one-way* street. 《☞ いっぽう¹》 // ここでは左側*通行です Keep to the left here.

通行止め 《掲示》 Road Closed; (通り抜けができなくて) No Thoroughfare 《☞ 掲示の英語 (囲み)》 **通行人** (ある場所・事件などにたまたま通りがかった人) passerby Ⓒ 《複 passersby》; (歩行者) pedestrian Ⓒ **通行料金** toll Ⓒ.

つうこく 通告 —動 (一般的に，文書または口頭で知らせる) inform (他); (形式ばって，通知する) notify (他), give notice of … ; (公に発表する) announce (他). —名 (正式な) notice Ⓤ; (通告すること) notification Ⓤ; (告知) announcement Ⓤ. 《☞ つうち》.

¶ 会社側は組合に 50 人の解雇を*通告してきた <S(人) + V(*inform* ; *notify*) + O(人) + *of* + 名> The management ⌈*informed* [*notified*] the labor (union) *of* their plan to dismiss fifty workers. // 彼らを処罰したという*通告を受け取った We ⌈received (a) *notice* [*were informed* ; *were notified*] that they had been punished.

つうさん 通算 —動 (合計する) sum [add] up (他), total (他). —名 (合計) total Ⓒ. 《☞ ごうけい ; そうけい¹》. ¶ 私は*通算 25 年以上ここで暮らしたことになる I have spent a *total* of over twenty-five years here.

つうさんしょう 通産省 the Ministry of International Trade and Industry ★ 正確には「通商産業省」. 新聞などでは MITI と略す. 《☞ 政治・経済 (囲み) ; 略語 (欄外)》.

つうさんだいじん 通産大臣 the Minister of International Trade and Industry ★ 正確には「通商産業大臣」. 《☞ 政治・経済 (囲み)》.

つうじ 通じ (便通) (bowel) movement Ⓒ ; 〘医学〙(排便) evacuation Ⓒ. 《☞ べんぴ》. ¶ 毎日 *通じがありますか Do you have a (*bowel*) *movement* every day? / Do you have regular *evacuations* every day? // 私は*通じがありません (⇒ 便秘しています) I'm suffering from *constipation*.

つうじて 通じて **1** «仲介» ── 前 (…によって) through … ★ 手段・理由・原因・動機などを表す; (電話やラジオによって) over …

¶ その情報は新聞を*通じて知りました I got the information ⌈*through* [*in*; *from*] newspapers. // 大統領はラジオ・テレビを*通じて全国民に呼びかけた The President appealed to the whole nation *over* (the) radio and (the) TV. 語法 over the radio のみでは the が必要だが, この場合は TV と対になるため, over radio and TV, over the radio and TV, over the radio and the TV, over the radio and on TV のいずれも可能.

2 «通して» ── 前 (…の間中) throughout… ¶ この地方は一年を*通じて暖かい This area is warm ⌈*throughout* the year [all (the) year round].

つうしょう[1] 通商 ── 名 (貿易) trade Ⓤ; (大規模な商業) commerce Ⓤ. ── 形 trade; commercial. 《☞ ぼうえき[1]》. ¶ 日米修好*通商条約は 1858 年に調印された The Japan-U.S. ⌈*Trade and Friendship Treaty* [*Commercial Treaty*] was signed in 1858.

つうしょう[2] 通称 (別名) alias [éiliəs] Ⓒ 《☞ べつめい; あだな》. ¶ 彼の学校での*通称は「ゴリさん」である (⇒ みんなは…と呼んでいる) *They call him* "Gori-san" at school. / He *is* ⌈*known as* [*commonly called*] "Gori-san" at school. // その泥棒の本当の名は「次郎吉」, *通称「ねずみ小僧」であった The thief's real name was "Jirokichi," *alias* "Nezumikozo."

つうじょう 通常 ── 副 (習慣としていつも) usually; (一般に) generally, in general ★ 後者のほうが形式ばった言い方; (普通) ordinarily; (概して) as a rule. ── 形 usual; general; ordinary; (当たり前の・正常な) normal. 《☞ ふつう[1]; ふだん[1]; いつも》.

通常会員 ordinary member Ⓒ **通常国会** ordinary Diet session Ⓒ.

つうじる 通じる **1** «つながる»: (道などが) lead (to …) ⓐ; (鉄道が通る) run ⓐ; (2つのものをつなぐ) connect ⓗ; (電話などが…へ通じる) get through (to …) ⓐ.

¶ この通りは公園に*通じている This street *leads to* the park. // すべての道はローマに*通ず All roads *lead to* Rome. 《ことわざ》 // その村へ*通じる (⇒ 村への) 大きな道路はない There is no main road *to* the village. // シカゴとシアトルの間には鉄道が*通じている (⇒ 鉄道で結ばれている) Chicago and Seattle *are connected* by railroad. / A railroad ⌈*runs* from Chicago to Seattle [*connects* Chicago with Seattle]. // 彼に電話をかけたが*通じませんでした I telephoned (to) him but I couldn't *get through*. / I couldn't *get* him on the phone.

2 «了解される»: (一般的に, 理解される) be ⌈understood [comprehended] ★ [ ] 内は形式ばった語; (知らせる) communicate ⓐ ⓗ; (意思をわからせる) make *oneself* understood. 《☞ わかる; つうよう》.

¶ この国ではフランス語は*通じない French *isn't* ⌈*spoken* [*understood*] in this country. // 私の言っている意味が相手に*通じなかった (⇒ 私は自分の意思を伝えることができなかった) I couldn't *make myself understood*. // 彼には私の冗談が*通じなかった He couldn't ⌈*see* [*understand*] my joke.

3 «精通する»: be well-informed about …, be an expert in … 《☞ せいつう》. ¶ 彼は外国事情によく*通じている He *is* ⌈*well-informed about* [*an expert in*] foreign affairs.

つうしん 通信 ── 名 (文通) correspondence Ⓤ; (文通だけでなく電話や電信による交信) communication Ⓤ. ── 動 correspond (with …) ⓐ; communicate (with …) ⓐ.

¶ 今日, 離れた所への*通信の方法としては電話が最も一般的です These days the telephone is the commonest means of *communication* over long distances.

通信員 (新聞社などの) correspondent Ⓒ; (記者) reporter Ⓒ **通信衛星** communication(s) satellite Ⓒ **通信教育** education by correspondence Ⓤ; (課程) correspondence course Ⓒ **通信社** news agency Ⓒ **通信販売** mail order Ⓒ; (通信販売で買うこと) shopping by mail Ⓤ **通信簿** report card Ⓒ.

つうせつ[1] 痛切 ── 副 (強く) keenly; (十分に) fully. ── 形 keen; (重大な) serious. ¶ 数学の実力がないことを*痛切に感じた I *fully* realized my weakness in mathematics. // 石油不足は我々にとって*痛切な問題である The ⌈oil shortage [shortage of oil] is a *serious* problem for all of us.

つうせつ[2] 通説 ── 名 (だれでも知っていること) common knowledge Ⓤ; (一般に認められた説) accepted theory Ⓒ. ¶ 男性より女性のほうが長生きするというのが*通説である It is the *accepted theory* that women outlive men.

つうぞく 通俗 ── 形 (通俗的な・大衆向きの) popular; (ありふれた) common; (ありふれてつまらない) commonplace; (下品な) vulgar. ¶ 彼の考え方は*通俗的だ His way of thinking is *commonplace*. **通俗小説** popular novel Ⓒ.

つうたつ 通達 ── 名 (覚え書き) memorandum Ⓒ; (通知) notice Ⓒ ★「予告・通告」の意では Ⓤ; (通知を出すこと) notification Ⓤ. ── 動 (通達を出す) issue a memorandum; (通知する) notify ⓗ. 《☞ つうち; つうこく》. ¶ そういう趣旨の*通達が県の教育委員会から出された A *memorandum* to that effect has been issued by the Prefectural Board of Education.

つうち 通知 ── 動 (形式ばって, 正式に) notify ⓗ; (一般的に, 人に手紙や口頭で) inform ⓗ; (解雇や解約などの) give notice ⌈of [that] …; (知らせる) let *a person* know …, let *a person* have knowledge of … ★ 前者は一般的な表現で, 後者はやや形式ばった言

い方. ―名 (公式の) notice Ⓒ ★「予告・通告」の意では Ⓤ; notification Ⓤ; (情報) information Ⓤ; (公式な報告) report Ⓒ; (通達) memorandum Ⓒ. (☞ しらせる; つうこく; つうたつ).

¶ 私はそんな*通知は受けていません I have not received such (a) *notice.* // 彼は正式に合格*通知を受けた He ⌈formally received (a) *notice* [*was* formally *notified*] that he had passed the exam. / <S (人)+V (*notify*)+O (人)+*of*+動名の受身> He *was* formally *notified of* having passed the exam. // 事前*通知が必要だ It is necessary to *give notice* in advance. / You need prior *notification.*

通知状[書] notice Ⓒ **通知表** report card Ⓒ.

つうちょう 通帳 (銀行の) bankbook Ⓒ.

つうどく 通読 ―動 (終わりまで読む) read through ㊀; (ざっと目を通す) look [read] over ㊀; (本の初めから終わりまで読む) read ... from cover to cover. (☞ よむ; よみとおす).

¶ *通読したところを要約しなさい Make [Give me] a short summary of the part you *have* ⌈*read* [*gone*] *through.* // この原稿を*通読していただけませんか Will you please ⌈*read through* [*look over*] this manuscript?

ツーピース (服) two-piece suit Ⓒ 【語法】「数詞+名詞」がハイフンを付けて形容詞的に用いられた場合は名詞を単数形で用いることに注意. (☞ ハイフン (欄外); 衣服 (囲み)).

¶ *ツーピースの水着 a *two-piece* bathing suit / (⇒ ビキニ) a bikini

つうふう 痛風 gout Ⓤ ★ 時に the を付けて.

つうぶん 通分 ―動 〘数学〙 reduce ... to a common denominator. ¶ $^1/_2$ と $^2/_3$ を*通分しなさい *Reduce* $^1/_2$ and $^2/_3$ *to a common denominator.* ★ $^1/_2$ は *one half,* $^2/_3$ は *two thirds* と読む. (☞ 数字 (囲み))

つうほう 通報 ―名 report Ⓒ. ―動 report ㊀. (☞ しらせる; つうち). ¶ 火事の消防署への*通報が遅れた The *report* of the fire arrived late at the fire station. // その男を見かけたらすぐ警察に*通報しなさい If you happen to see the man, *report* it to the police at once. / (⇒ すぐ警察を呼べ) If you happen to see the man, *call* the police right away. // 気象*通報 a weather *report*

つうやく 通訳 ―動 intérpret ㊀ ㊀. ―名 (通訳すること) interpretátion Ⓤ; (通訳する人) intérpreter Ⓒ.

¶ 私が*通訳してあげましょう I will [Let me] *interpret* for you. / I will *act as interpreter* for you. // このフランス人の言っていることを*通訳してくれませんか Will you please *interpret* in Japanese what this French gentleman says? // 私はドイツ語の*通訳 (⇒ ドイツ語が話せる通訳) を捜しています I am looking for an *interpreter* who can speak German. // 同時*通訳 simultaneous *interpretation* / 《人》 a simultaneous *interpreter*

つうよう 通用 ―動 (受け入れられる) be accepted; (使われている) be ⌈used [in use]; (貨幣などが) be in currency (↔ be out of currency); (有効だ) be ⌈good [valid] ★ valid のほうが改まった語; (効力がある・適用される) hold ㊀; (...で通る) pass for ... (☞ とおる; つうじる).

¶ アメリカのドルはカナダでも*通用する (⇒ 受け入れられる) U.S. dollars *are accepted* in Canada. / We *can use* U.S. dollars in Canada. // この貨幣はもう*通用しない (⇒ 使われていない) This coin *is* no longer ⌈*used* [*in use*] now. / This coin *is* ⌈no longer *in currency* [*out of currency*] now. // 英語は世界中で*通用する (⇒ 話される) English *is spoken* ⌈all over [throughout] the world. // そんな考え方はいまの若い人には*通用しない (⇒ 受け入れられない) Such a way of thinking won't *be accepted* by young people today. // そんなわがままは世間には*通用しない (⇒ そんなわがままな態度ではやっていけない) With such a selfish attitude, you will never *get along* in the world. // そんな子供だましは彼には*通用しない (⇒ 有効に働かない) A cheap trick like that won't *work on* him. // 彼の説はいまでも*通用する His theory still *holds true.* // この切符はあしたまで*通用する (⇒ 有効だ) This ticket *is* ⌈*good* [*valid*] until tomorrow. // *通用発売当日限り 《掲示》 *Valid* on the day of issue only.

通用期間 term of validity Ⓒ **通用門** side gate Ⓒ ★ 扉が 2 つの場合は複数形で.

つうれい 通例 ―副 (いつもは・通例) usually; (一般に・普通) generally; (原則として・常に) as a rule 【語法】以上 3 つはほぼ同意になることが多いが, usually は「時」, generally は「傾向」, as a rule は「規則性」を表すニュアンスがあるので, 前後関係によっては入れ替え不可能なことがある. (☞ いつも; ふつう[1]).

つうれつ 痛烈 ―形 (批判などが) severe, bitter; (特に打撃などが) hard. ―副 severely, bitterly. ¶ *痛烈なライナーが三塁に飛んだ A *hard-hit* line drive went to the third. // 新聞は政府を*痛烈に批判した The newspapers ⌈*severely* [*bitterly*] criticized the government.

つうろ 通路 (建物の中の) passage Ⓒ; (会場などの座席の間の) aisle [áil] Ⓒ; (...へ行く道) way Ⓒ. (☞ とおりみち; ろうか[1]).

¶ *通路に物を置かないで下さい Don't put things in the *passage.* // *通路をあけて下さい Please clear the ⌈*way* [*passage*]. 【語法】clear the ⌈way [passage] は障害物を除いて通路をあけることをいう. // 降りる人のため*通路をあけて下さい Please *make* ⌈*way* [*room*] *for* the people who are getting off. 【語法】make ⌈way [room] は自分が道を譲って通路をあけることをいう. // *通路には立たないで下さい Don't stand in the *aisle.* // 私は*通路側の席に座った I sat in an *aisle* seat.

つうわ 通話 ―名 (telephone [phone]) call Ⓒ. ―動 speak [talk] over the ⌈telephone [phone]. (☞ 電話の英語 (囲み)).

¶ 市内*通話 a local *call* // 市外*通話 《米》 a long-distance *call* / 《英》 a trunk *call* //

ダイヤル即時*通話 direct *dialing* // 料金受信人払い*通話 (＝コレクトコール)《米》a collect *call* /《英》a reverse-charge *call*
通話料 telephone charge Ⓒ.

つえ 杖 walking stick Ⓒ; (特に籐(とう)製のもの) cane Ⓒ. ¶ 彼は*つえをついて歩いていた He was walking with a ˹*stick* [*cane*].

つか[1] 塚 mound Ⓒ. ¶ 一里*塚 a milestone

つか[2] 柄 (刀の) hilt Ⓒ.

つかい 使い **1**《人》: (使者) messenger Ⓒ; (持参人) bearer Ⓒ.《☞ つかいはしり》.
¶ 彼のところに*使いを出して下さい Please send a *messenger* to him. // *使いの者に手紙をもたせました I sent a letter by (a) *messenger*. // *使いの者 (⇒ この手紙の持参人) にご返事を下さい Let me have your answer by the *bearer* of this note. // 薬を取りに病院までだれか*使いの人をよこして下さい Please send *someone* to the hospital for the medicine.
2《用事》: errand Ⓒ《☞ かいもの》.
¶ ちょっとお*使いに行ってきてくれませんか Will you ˹do [run; go on] a little *errand* for me? // 娘を*使いにやりました I sent my daughter on an *errand*.

つがい 番 (鳥の) brace Ⓒ; (鳥・動物のつがいの片方) mate Ⓒ.

つかいかけ 使いかけ ━形 partially used.
¶ *使いかけの便せん a *partially used* writing pad

つかいかた 使い方 ¶ この計算機の*使い方を説明します I will show you *how to use* this calculator.《☞ ようほう[1]; -かた[2]》

つかいこなす 使いこなす (自由に使う力がある) have a good command of ...; (うまく利用する) make good use of ...
¶ 彼は英語とフランス語を自由に*使いこなす He *has a* ˹*good* [*perfect*] *command of* English and French. // 彼は部下を*使いこなすのがうまい He is good at *managing* his staff. // このカメラは*使いこなすのが難しい It is difficult to *make good use of* this camera.

つかいこむ 使い込む ━動 (横領する) embezzle ㊀. ━名 embezzlement Ⓤ.《☞ おうりょう; ちゃくふく》. ¶ 出納係は銀行のお金200万円を*使い込んだ (⇒ 銀行から200万円横領した) The teller *embezzled* two million yen from the bank.

つかいすて 使い捨て ━形 throwaway, disposable ★ 前者が口語的. ━動 throw away ㊀. ¶ *使い捨ての紙ナプキン[おむつ] *throwaway* [*disposable*] paper ˹napkins [diapers]

つかいで 使いで ¶ いまの千円は*使いでがない One thousand yen doesn't *go* ˹*far* [*a long way*] these days. / (⇒ 以前よりも少なくしか買えない) One thousand yen buys less than it used to. // この石けんは*使いでがある This soap ˹*lasts long* [is *long-lasting*].
【参考語】━動 (多くの物が買える) go far ★ 疑問文・否定文で用いられることが多い; (長いこと役に立つ) go a long way; (長もちする) last long ㊁.

つかいはしり 使い走り (人) errand boy Ⓒ; (用事) errand Ⓒ.《☞ つかい》.

つかいはたす 使い果たす use up ㊀, spend all ...《☞ つかう》. ¶ 旅行第1日目で金をすっかり*使い果たした I ˹*used up* [*spent all*] my money on the first day of my trip. // 彼は精力を*使い果たした He *has used up* all his energy. / (⇒ 疲れ果てている) He *is exhausted*.

つかいふるす 使い古す ━動 wear out ㊀.
━形 (使い古した・長い間使用された) much used; (使って方々がいたんできている) worn-out; (表現などが) trite.《☞ おふる》. ¶ これは父が*使い古したオーバーです This is the overcoat that my father *used for a long time*. / This overcoat is a *hand-me-down* from my father. ★ お下がりをもらった場合.

つかいみち 使い道 use [jú:s] Ⓤ ★ 種類など具体的な意味で用いる場合は Ⓒ.《☞ 可算・不可算名詞 (欄外); ようと》.
¶ この機械にはどんな*使い道があるのですか What *is* this machine *used for*? / What *use* does this machine have? // これは*使い道の多い[広い]道具です This is a tool with ˹many [wide] *uses*. // この道具は*使い道がない (⇒ 役に立たない) This tool is ˹*useless* [*of no use*]. / This tool is *good for nothing*. // あなたは金の*使い道を知らない You don't know *how to use* your money.

つかいもの 使い物 ¶ これは*使い物にならない This is ˹*useless* [*of no use*].

つかいわける 使い分ける ━動 (正しく使う) use ... properly, make proper use of ...
━名 (正しい使い方) proper use Ⓤ.
¶ 彼女は3か国語を自由に*使い分ける (⇒ 使う力がある) She *has a* ˹*good* [*perfect*] *command of* three languages. / (⇒ 流暢(りゅうちょう)に話す) She speaks three languages fluently. // 敬語を*使い分けるのは難しい (⇒ 正しい使い方をするのは) It is difficult to *make proper use of* honorific expressions.

つかう 使う **1**《物・道具を》: use [jú:z] ㊀; make use [jú:s] of ...; employ ㊀.
【類義語】最も一般的な語は **use**. 利用するという広い意味では **make use of ...** 現在使っていないものを有効に利用するという意味では **employ** を用いる.《☞ しよう[1]》
¶「あなたは箸(はし)が*使えますか」「いいえ, でもいま*使い方を習っているところです」"Can you *use* chopsticks?" "No, but I'm learning how to *use* them." //「あなたはものを書くのに何を*使いますか」「私はボールペンを*使います」"What do you *use* for writing?" "I *use* a ball-point pen." // これは何に*使うのですか <S(人)＋V(*use*)＋O(物)＋*for*＋名(物)の受身の疑問> What *is* this *used for*? // どうぞ私の車を*使って下さい Please *use* my car. // 彼はその空き地を駐車場に*使った He *employed* the open space as a parking lot. // 私は計算機を*使って問題を解いた I *used* my calculator to solve the problem. / (⇒ 計算機の助けを借りて) I solved the problem *with the* ˹*help* [*aid*] *of* my calculator. // 彼はおのを*使って木を切り倒した He cut down the tree *with* an ax. // この切符はまだ*使えま

すか (⇒ 有効ですか) Is this ticket still ｢*good* [*valid*]?
2 «消費する»: (金・時間を) spend ㊀《過去・過分 spent》; (利用する) make use [júːs] of …; (消耗品を) use [júːz] ㊀.
¶ 彼女は大半の金を服に*使う She *spends* most of her money on clothing. // 時間はもっと有効に*使うべきです You should *make* better *use of* your time. // 時間をむだに*使ってはならない You must not *waste* your time. // 1か月にどれくらい水を*使いますか How much water do you *use* a month?
3 «人を»: (雇う) employ ㊀; (取り扱う) handle ㊀. 《☞ やとう》. ¶ その店では幾人ものアルバイトを*使っている The store *employs* a number of part-time workers. // 彼は人を*使うのがうまい[下手だ] He is ｢good [poor] at *handling* people.
4 «話す»: speak ㊀㊁《☞ はなす¹》. ¶ ここでは英語を*使って下さい Please *speak* English here. // もっと丁寧な言葉を*使いなさい *Speak* more politely. / *Use* more polite language.
5 «精神的なものを»: use ㊀. ¶ 頭を*使いなさい *Use* your ｢head [brains]. // どうぞ気を*使わないで下さい Please don't bother. / Don't let me bother you. // この仕事は神経を*使う This work is nerve-racking.

つかえる¹ 支える **1** «障害物がふさぐ»: (流れなどがせき止められる) be stopped (up), be blocked (up); (食物がのどに) be choked, be choking (on …) [語法] 「人」が主語. 前者はすでに息を引きとった場合, 後者はつかえている状態; (交通が渋滞する) be congested, 《口語》 be jammed. 《☞ つまる》.
¶ 排水管が*つかえている The drain *is* ｢*stopped* [*blocked*] *up*. // 先がまだ*つかえています (⇒ 私の前にまだ順番を待っている人がいる) There are some people still waiting their turn before me. // この先*つかえて (⇒ 混雑して) いますのでほかの道路を利用して下さい The road *is congested* ahead. Please use other roads. // 言葉が*つかえて出てこなかった My tongue [Words; Speech] failed me.
2 «物が引っ掛かる»: (大き[高, 厚]すぎて入らない) be too ｢big [tall; thick] to go into …
¶ ドアに*つかえてベッドが部屋の中に入らなかった (⇒ ドアから部屋に入るにはベッドは大きすぎた) The bed *was too big to go into* the room through the door. // 彼は背が高いので頭が天井に*つかえそうだった (⇒ もう少しで頭が天井に触れるところだった) He was so tall that his head almost *touched* the ceiling.
3 «用事などがたまる» ¶ 仕事が*つかえてゆっくり寝る時間もない I *am too busy* to have a good sleep. / I *have so many things to do* that I cannot get enough sleep.

つかえる² 仕える serve ㊀《☞ はたらく》.
¶ 私はその家 (⇒ 家族) に長年*仕えてきた I *have served* the family for many years.

つかつかと (真っすぐに) directly, straight; (すばやく) swiftly. ¶ 彼はその男に*つかつかと歩み寄った He walked *directly* up to the man. // 彼女は店の中に*つかつかと入って行った She walked *straight* into the store.

つかぬこと ¶ *つかぬことを伺いますが (⇒ 無作法に聞こえるかもしれないが, あなたのお住まいはどちらですか I'm afraid it may sound rather abrupt, but may I ask where you live?

つかのま 束の間 ━ [形] momentary, short-lived. 《☞ はかない》. ¶ 彼女は*つかの間の幸福に我を忘れた She lost herself in ｢*momentary* [*short-lived*] happiness. // 太陽が顔をのぞかせたと思ったのも*つかの間, また雨が降りだした (⇒ 太陽が現れた.だが, またすぐに雨が降りだした) The sun appeared. But *soon* it started to rain again.

つかまえる 捕まえる catch ㊀《過去・過分 caught》, capture ㊀ ★ 前者が一般的で口語的; (ぎゅっとつかむ) seize ㊀; (しっかりとつかむ) catch [get; take] hold of … [語法] 動くものには catch, get を, 動かないものには take を用いる; (逮捕する) arrest ㊀; (タクシーなどを拾う) get ㊀. 《☞ つかむ; とらえる》.
¶ 私はきれいなちょうを*つかまえた I *caught* a beautiful butterfly. // ロープをしっかり*つかまえろ *Catch hold of* the rope. // 警官は泥棒を*つかまえた (⇒ 逮捕した) The policeman *arrested* the thief. // ここでタクシーを*つかまえましょう Let's *get* a taxi here.

つかまる 捕まる **1** «捕えられる»: (一般的に) be caught; (逮捕される) be arrested. ¶ 強盗はついに*つかまった The robber *was* ｢*arrested* [*caught*] at last. // 彼はカンニングをしているところを*つかまった He *was caught* cheating in the exam. // 私はスピード違反でパトカーに*つかまった (⇒ 止められた) I *was stopped* by a ｢police [patrol] car for speeding.
2 «しっかりとつかむ»: hold on to …, take hold of … 《☞ つかむ》. ¶ つり革に*つかまりなさい *Hold on to* the strap.

つかみあい つかみ合い ━ [名] grapple Ⓒ, scuffle Ⓒ ★ 後者のほうが激しい. ━ [動] have a scuffle, grapple ㊁, scuffle ㊁. 《☞ とっくみあい》. ¶ 僕は兄と*つかみあいのけんかをした My brother and I *had a scuffle*. / I *grappled* with my brother.

つかみどころのない つかみ所のない (要領を得ない) pointless; (あいまいな) vague; (のらりくらりと逃げ腰の) evasive; (どちらの意味にもとれる) ambiguous. 《☞ あいまい》. ¶ どうも*つかみ所のない話だ The story is rather *pointless*. / (⇒ その話の要点がわからない) I *cannot see the point* of that story.

つかむ **1** «具体的な行為»: (捕えるように) catch ㊀; (手に取る) take ㊀; (手につかまえている) hold ㊀, keep hold of … [語法] 「状態」の動詞. 「動作」(＝しっかりとつかまえる)にするには catch [take] hold of … とする. ただし, 動くものには catch, 動かないものには take を用いる; (不意に力ずくで) seize ㊀; (手のひらで握るように) grasp ㊀; (握りしめるようにしっかりと) grip ㊀; (離れないようにぐっと) clutch ㊀; (奪い取るように) grab ㊀. 《☞ にぎる》.
¶ 彼は私の腕を*つかんだ He ｢*caught* [*took*] my arm. / <S(人)+V(*catch*; *take*)+O(人)+*by*+*the*+名(物)> He ｢*caught* [*took*]

つ

me *by the* arm. [語法] 前の表現は「つかんだ腕」に重点を置き，後の表現は「腕をつかまれた人」に重点を置く言い方. // 私はぎゅっとロープを*つかんだ I ⌈*caught* [*took*] *hold of* the rope. // 彼はいきなり札束を*つかむと一目散に逃げた *Seizing* [*Grasping*] the roll of bills, he ran for his life. // その子は母親の手を*つかんで離さなかった The child ⌈*grasped* [*gripped*; *clutched*] ⌈his [her] mother's hand and never let it go. // 彼は銃を*つかんで立ち上がった He *grabbed* his gun and stood up. // おぼれる者はわらをも*つかむ A drowning man will *clutch at* a straw. 《ことわざ》 ★ clutch at ... は「...をつかもうとする」の意.

2 《比喩的な用法》: (手に入れる) get (他) ★ 口語で，最も一般的な意味の広い語. 以下の動詞の代わりにも使える場合が多い; (把握する・理解する) grasp (他); (手がかりなどを発見する) find (他); (人の心などをとらえる) capture (他).
¶ 彼は大金を*つかんだ He *got* a lot of money. // 彼はチャンスを*つかんだ[*つかみそこなった] He ⌈*got* [*missed*] a good chance. // この文の意味が*つかめない I cannot ⌈*grasp* [*understand*; *make out*] the meaning of this sentence. // 警察はついに真相を*つかんだ At last the police *found out* the truth. // 何の手がかりも*つかめなかった (⇒ 見つからなかった) No clue *was found.* // 彼[彼の講演]は聴衆の心を*つかんだ He [His speech] *captured* ⌈the audience's attention [the attention of the audience]. // 私たちは結婚して幸福を*つかんだ (⇒ 結婚生活に幸福を見つけた) We *found* happiness *in* our married life.

つかる 浸かる (洪水で) be flooded; (水面下に没している) be (submerged) under water ★ submerged を使うと「水没する」という意味にもなる; (人が) be in the water.
¶ 町は水に*つかった The town *was flooded.* // 家は床[屋根]まで水に*つかった The houses *were flooded* ⌈floor-deep [roof-deep]. // 線路は水に*つかっていた The track *was* (*submerged*) *under water.* // 彼はひざまで水に*つかっていた He ⌈*was* [*stood*] knee-deep *in the water.*

つかれ 疲れ (疲れていること) tiredness Ⓤ; (過労などにより休息が必要な) fatigue Ⓤ; (体力・精神力を使い尽くしてぐったりするほどの) exhaustion Ⓤ [語法] 日本語では「疲れ」という名詞が用いられていても，英語では be ⌈tired [exhausted] などの動詞を用いる表現にするほうがよい場合があることに注意. (☞ ひろう[1]).
¶ 私は*疲れを感じた I *felt tired.* // 風呂に入ると*疲れがとれる (⇒ 元気になる) We *feel refreshed* after taking a hot bath. // このごろ私は*疲れがすぐにはとれない (⇒ 疲れから回復しない) I don't recover from *fatigue* quickly these days. // 仕事の*疲れが出てきた The *fatigue* from work has begun to tell upon me. // 我々は温泉で長旅の*疲れをいやした (⇒ 長旅の後温泉で休んだ) We ⌈*rested* [*took a rest*] at the ⌈hot spring [spa] after the long journey.

つかれる 疲れる ━ [動] (疲れている) be tired, (疲れる) get tired [語法] 以上 2 つは疲れの程度を問わず，最も一般的に用いられる.「疲れる」という状態の変化を表す時には get を用いる. 以下 be の代わりに get を用いる場合についても同様; (へとへとに) be tired out, be worn out, be exhausted [語法] 前の 2 つは口語的. 3 番目は少し改まった言い方だが，疲れの程度のひどいことをいうためには口語でも用いる; (過労や病気のため) be fatigued ★ be tired に対する形式ばった言い方; (仕事などが体(の部分)を疲れさせる) tire (他) ★ 主語は「物・事」.
━ [形] (疲れた) tired; (へとへとに) exhausted; (仕事などが疲れさせる) tiring. (☞ つかれ; くたびれる; くたくた).
¶「*疲れましたか (⇒ 疲れていますか)」「いいえ，少しも」"*Are* you *tired?*" "No, not at all." // お*疲れでしょう (⇒ 疲れたに違いない) You must *be tired.* // 長旅で[一日中歩いて]*疲れました (⇒ 疲れています) I *am tired from* ⌈the long journey [walking all day]. // 近ごろ*疲れやすい I *get tired* easily these days. // テニスを一試合しただけでへとへとに*疲れた I *was* ⌈*tired out* [*worn out*; *exhausted*] after just one game of tennis. // 彼は*疲れた様子で帰ってきた He came back with a *tired* look on his face. // この仕事はとても*疲れる (⇒ 疲れさせる) This work is very *tiring.*

つき[1] 月 ━ [名] (天体の) the moon [語法] 月が出ているかいないか，また満月 (full moon), 新月 (new moon) のように月のいろいろな形について言うときには a を付けることもある; (月の光) moonlight Ⓤ. ━ [形] (一般的に) of the moon; (主に専門用語として) lunar.

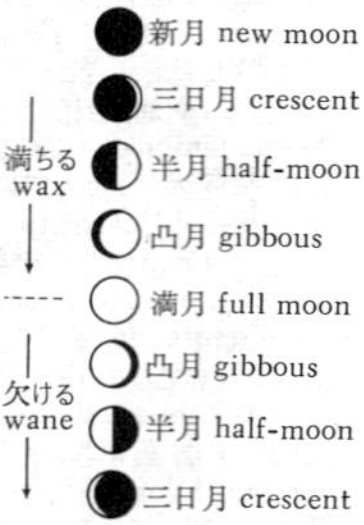

月の位相 (phases of the moon)

¶「もう*月は出ましたか」「はい，今夜は*月がとてもきれいです」"Has *the moon* come out yet?" "Yes, *the moon* is very beautiful tonight." //「今夜は*月は出ていますか」「はい，でもいまは雲に隠れています」"Is there *a moon* tonight?" "Yes, but it's behind the clouds now." // *月は空の真上で明るく輝いていた *The moon* was shining brightly in the sky above us. // *月は満ちたり欠けたりする *The moon* waxes and wanes. // *月旅行のできる日が間もなく来るだろう The day will soon come when we can travel to *the moon.* // 私たちは*月の光を浴びて (⇒ 月の光の中を) 歩いた We walked in the *moonlight.*

月とすっぽん ¶その 2 つは*月とすっぽんほどの違いがある (⇒ 昼間と夜ほどの違いがある) The two are *as different as day from night.*

月の暈(かさ) halo around the moon Ⓒ **月着**

陸船 lunar (excursion) module Ⓒ　**月ロケット** moon rocket Ⓒ.

つき² 月 (暦の上の) month Ⓒ 《☞ 時刻・日付・曜日 (囲み)》.
¶ 私たちは*月に 1 回[2 回]集まります We meet together ⌈once [twice] a *month*. // 家賃は*月に 3 万円です The rent is 30,000 yen ⌈*per* [*a*] *month*. ★ 30,000 は thirty thousand と読む. // 私は*月によって収入が違います My income varies *from month to month*. // *月の初め[半ば, 終わり] the ⌈beginning [middle ; end] of the *month*

つき³ 突き (手や刀での) thrust Ⓒ; (フェンシングの) pass Ⓒ. ¶ 彼は敵を刀で一*突きした He gave his enemy a *thrust* with his sword.

つき⁴ (運) luck Ⓤ 《☞ うん¹ (類義語)》.

-つき¹ **1** «単位»: (…ごとに) a …, per … ★ 後者のほうが明確な言葉; (…に対して) for … ¶ 1 人[1 週]に*つき 1 万円支払います We will pay 10,000 yen ⌈*a* [*per*] ⌈person [week]. ★ 10,000 は ten thousand と読む. // 申し込み 1 件に*つき 100 円の手数料をいただきます One hundred yen will be charged as a processing fee *for* each application.
2 «に関して»: (…について) about …, with respect to … ★ 後者のほうが改まった言い方. 《☞ かんする (類義語)》. ¶ 上記の件に*つきご報告いたします *With respect to* the aforementioned matter we are going to send a report to you.

-つき² 付き (…の付いた) with … ; (…に所属する) to … 《☞ つく¹》.
¶ 土地*付きの住宅 a house *with* land (*attached*) // ストロボ*付きカメラ a camera *with* ⌈an electronic flash *built in* [a *built-in* electronic flash] // 日本の旅館は朝夕 2 食*付きです (⇒ 朝食と夕食が料金に含まれている) Breakfast and supper *are included in the charge* in a Japanese-style hotel. // 彼女は社長*付きの秘書です She is a secretary *to* the president.

つぎ¹ 次 ―[形] (次の) next (↔ last); coming (↔ past); following (↔ preceding). ―[副] (次に) next. ―[前] (…の次に) next to … ; (…の後で) after …
【類義語】順序がすぐ後のという意味では一般的に **next**. 過去の物に対して「来たるべき」という意味では **coming**, あるいはそれより少し改まった表現では **following** も用いられる. 「以下に述べる」という意味では *following*.
¶「*次の駅はどこ (⇒ 何) ですか」「京都です」 "What's the *next* station?" "It's Kyoto."
「*次の電車は何時に出ますか」 "What time [When] does the *next* train leave?"
「*次の日曜日に映画に行きましょう」「ええ, そうしましょう」 "Let's go to the movies *next* Sunday." "OK."
この*次の*次の日曜はお暇ですか Will you be free (on) the Sunday *after next*? [語法] on を省略するのは主に《米》.
*次の角(かど)を右に曲がりなさい Turn right at the *next* corner. / Take the *next* turning to the right. 《☞ 道のきき方 (囲み)》
*次の世代の人々はそれについて違った考え方をするだろう The *coming* generation will have different ideas about it.
*次の質問に答えなさい Answer the *following* questions.
結果は*次のとおり The results were *as follows*: [語法] as follows は成句で, その後はコロンを用いてその内容を説明するのが普通. 《☞ コロン (欄外)》
*次の人, どうぞ *Next* (person), please!
ジョージ ワシントンの*次の大統領はだれですか (⇒ ワシントンの後だれが大統領になりましたか) Who became president *after* George Washington?
彼の*次に (⇒ 彼の後で) 私がスピーチをした I made a speech *after* him.
クラスで私は彼の*次に背が高い I am the *next* tallest *to* him in our class.
残りの仕事はこの*次 (⇒別の時) にしよう Let's do the rest of the work *some other time*.
この*次から (⇒ この次は) 注意しなさい Be careful *next time*.
次から次へ one after another. ¶ 新人歌手が*次から次へとステージに登場した New singers appeared on the stage *one after another*.

つぎ² 継ぎ ―[名] patch Ⓒ. ―[動] (継ぎを当てる) patch (up) ㊎. ¶ *継ぎだらけのシャツ a shirt full of *patches* // 母はズボン(の穴)に*継ぎを当ててくれた My mother put a *patch on* my trousers. / My mother put a *patch over* the hole of my trousers. ★ *on* the hole of my trousers とは言わない. / Mother *patched* (the hole in) my trousers.

つきあい 付き合い (友情のある交際) friendship Ⓤ; (親しい仲間の交際) fellowship Ⓤ; (仕事や共通の目的を通してできた交際) association Ⓤ. 《☞ つきあう ; こうさい¹》.
¶ 彼とは長い*つきあいです I have long enjoyed his ⌈*friendship* [*fellowship*]. / (⇒ 長いこと知っている) I *have known* him for a long time. / (⇒ 長い間友人である) I *have been friends* with him for many years. ★ 最初の例は多少改まった表現. // 彼とはもう*つきあいがありません (⇒ 交際していない) I don't *associate with* him any more. // 彼は*付き合いが広い[狭い] (⇒ 知り合いが多い[少ない]) He *has* ⌈*a lot of* [*few*] *acquaintances*. // 彼女は近所*づきあいがよい[悪い] (⇒ 近所の人とよく交わる[交わらない]) She ⌈*mixes* [*doesn't mix*] *well* with her neighbors. / (⇒ つきあいのよい[悪い]人だ) She is a ⌈*good* [*poor*] *mixer* in her neighborhood. // 彼とはけんかをして*つきあいをやめた (⇒ 絶交した) I *broke with* him after the quarrel. // 私は時々*つきあいで (⇒ 社交上の目的で) 酒を飲みます I sometimes drink *for social purposes*.

つきあう 付き合う (交際する) associate with … ; (交わりをもつ) keep company (with …); (交わって仲間になる) mix with … 《☞ つきあい ; こうさい¹》.
¶ 彼はよい[悪い]友達と*つきあっている He *associates with* ⌈good [bad] friends. / He *keeps*

「good [bad] *company*. // あんなやつとは*つきあうな (⇒あんなやつに近寄るな) *Keep away from* a fellow like him. // *つきあう友人を見ればその人がわかる A man is known by the *company* he *keeps*. 《ことわざ》 // *つきあってみれば (⇒もっと知り合いになれば) 彼はよい人だとわかりますよ You will find him a good person if you *get to know* him *better*.

つきあかり 月明かり moonlight [U] 《☞ げっこう[2]; つき[1]》. ¶ *月明かりで彼の顔がはっきり見えた His face was seen clearly *in the moonlight*. // *月明かりに照らされた公園の道 a *moonlit* park lane

つきあげ 突き上げ (圧力・強制) pressure [U] 《☞ あつりょく》. ¶ 若手会員からの激しい*突き上げ heavy *pressure* from the younger members

つきあげる 突き上げる (上に向かってぐっと出す) thrust up (他); (…に圧力をかける) put [use] pressure on … 《☞ つく[3]》. ¶ 彼らはこぶしを*突き上げた They 「*raised* [*thrust up*] their fists.

つきあたり 突き当たり the end. ¶「駅へ行く道を教えて下さい」「この道を真っすぐ行けば，その*突き当たりです」"Could you tell me the way to the station?" "Go straight on, and you will find the station *at the end* of this street." 《☞ 道のきき方 (囲み)》

つきあたる 突き当たる (困難などに直面する) face (他) 《☞ ぶつかる; ちょくめん》. ¶ 我々は難しい問題に*突き当たった We 「*have faced* [*are faced with*] a difficult problem. // 話し合いは壁に*突き当たった The talks *ran up against* a wall.

つきあわせる 突き合わせる (比較対照する) compare … 「with [to] … ; (確認のため照合して調べる) check … 「with [against] … 《☞ てらしあわせる; しょうごう[1]》.

¶ 翻訳を原文と*突き合わせてみなさい *Compare* the translation *with* the original. / *Check* the translation 「*with* [*against*] the original.

顔を突き合わせる ¶ 彼と*顔を突き合わせる (⇒会う) のはいやだ I don't want to 「*see* [*meet*] him.

ひざを突き合わせる ¶ 彼女と私は*ひざを突き合わせて座った I sat *knee to knee* with her. [語法] 場合によっては肩を並べて横に座ることを意味する場合もある.

つぎあわせる 継ぎ合わせる (つなぎ合わせる) join … together; (縫い合わせる) sew … together. 《☞ つなぐ; ぬう》. ¶ 彼女は2つに割れたお皿を*継ぎ合わせた She *joined* the two broken pieces of the plate *together*.

つきおくれ 月遅れ ¶ *月遅れの (⇒旧暦の) 正月 the New Year 「*by* [*according to*] *the lunar calendar*

つきおとす 突き落とす push … over … ¶ 彼は大きな岩を崖(がけ)から*突き落とした He *pushed* a big rock *over* the cliff.

つきかえす 突き返す (押し戻す) thrust back (他); (拒否する) reject (他), 《口語》 turn down (他); (受け取るのを断る) refuse to accept … 《☞ ことわる》. ¶ 彼は報告書を私に*突き返した He *thrust back* the report toward me. // 私は彼の贈り物を*突き返した I 「*rejected* [*refused to accept*] his gift.

つきかげ 月影 (月の光) moonlight [U] 《☞ つきあかり; げっこう[2]》.

つぎき 接木 ―[動] graft (他). ―[名] grafting [U]. ¶ それを野ばらの根に*接木した I *grafted* it 「into [on to] a briar.

つきぎめ 月極め ―[形] monthly. ―[副] by the month. ¶ *月極めの購読者 a *monthly* subscriber // 駐車場を*月極めで借りている I rent the parking lot *by the month*.

つぎこむ 注ぎ込む (液体を) pour … (「in [into] …); (精力・金などを) put … (「into [in] …); (資産を投資する) invest … (in …). 《☞ とうにゅう; とうし[1]》. ¶ 彼はその日を成功させるために全精力を*つぎ込んだ He *put* all his energy *into* making the day a success. // 彼は貯金を全部株に*つぎ込んだ He *invested* all his savings *in* stocks. / He *put* all his savings 「*into* [*in*] stocks.

つきささる 突き刺さる (針・とげなどがちくりと) stick (in …) (自); (ぐさりと) run (into …) (自); (突き抜ける) pierce (他). 《☞ さす[2]; ささる; つく[3]》. ¶ ピンが親指に*突き刺さった The pin 「*stuck in* [*pierced*] my thumb.

つきさす 突き刺す ―[動] (勢いよく刺す) stick (他) 《過去・過分 stuck》, pierce (他); (ぐさりと) run (他), thrust (他) 《過去・過分 thrust》, stab (他) [語法] run の目的語は物・動物などに限られるが，thrust と stab は物も人も目的語にすることができる. ―[形] (寒気・風・まなざしなどが突き刺すような) piercing. 《☞ つく[3]; さす[2]》.

¶ 彼女はパイにフォークを*突き刺した She *stuck* her fork into the pie. // 彼はナイフを狼ののどぶえに*突き刺した He 「*ran* [*thrust*; *stabbed*] a knife into the wolf's throat. // 彼はその男をナイフで*突き刺した He 「*thrust* [*stabbed*] the man with his knife. / (⇒短剣をその男に突き刺した) He 「*thrust* [*stabbed*] his knife into the man. // 彼女は*突き刺すような目で私を見た She looked at me with *piercing* eyes.

つきずえ 月末 ―[副] (月末に) at the end of the month 《☞ げつまつ; げじゅん》.

つきそい 付き添い (付き添うこと) attendance [U]; (付き添う人) attendant [C]; (護衛する人) escort [C]. ¶ この患者には四六時中*付き添いが必要だ This patient needs 「full-time (nursing) *attendance* [*to be attended* day and night]. **付き添い看護婦** nurse in attendance [C].

つきそう 付き添う (そばで世話をする) attend (他); (同行する) accompany (他); (護衛する) escort (他). 《☞ どうはん》. ¶ その患者には数人の看護婦が*付き添っていた Several nurses *were attending* the patient. // その受験生は母親に*付き添われていた The applicant *was accompanied by* his mother.

つきたおす 突き倒す (突き転ばす) push over (他); shove down (他). 《☞ つきとばす》. ¶ 彼は私を*突き倒した He *pushed* me *over*. /

He *shoved* me *down*. [語法] 目的語が名詞の場合は push over the man, shove down the man という語順も可能. ただし, 目的語が代名詞の場合は例文のような語順しかとれない.

つきだす 突き出す (棒・手などを) stick out ㊐《過去・過分 stuck out》 ★ 一般的な語; (勢いよく突き出す) thrust out ㊐《過去・過分 thrust out》; (犯人を警察へ) hand over ㊐. ¶ 少年は列車の窓から首を*突き出した The boy *stuck* his head *out of* the train window. // 我々はその男を警察へ*突き出した We *handed* him *over* to the police.

つぎたす 継ぎ足す (加える) add ... (to ...); (余分なものをつないで延ばす) put an extension (to ...). 《☞ たす; のばす》. ¶ このコードは*継ぎ足さないとコンセントに届かない (⇒ コンセントに届くには延長が必要だ) This cord needs an *extension* to reach the outlet. // *継ぎ足した部分が折れた The *added* part has broken.

つきたてる 突き立てる (ぐさりと) run ㊐, thrust ㊐, stab ㊐. 《☞ つきさす》.

つきづき 月月 ―[副] every [each] month. ―[形] monthly. 《☞ げつがく》. ¶ 私は*月々5千円の小遣いをもらっている I get an allowance of five thousand yen *every month*. / (⇒ 私の月々の小遣いは5千円だ) My *monthly* pocket money is five thousand yen. ★ allowance は《米》, pocket money は《英》.

つぎつぎ 次次 ―[副] (次から次へと) one after another; (連続して) in succession, successively. 《☞ つぎ[1]; つづけざま》. ¶ 事故が*次々に起こった Accidents occurred ⌈*one after another* [*in succession*].

つきっきり 付きっ切り ¶ 彼女は病床の夫に*付きっ切りで看病した She was *in constant attendance on* her sick husband. 《☞ つきそう》

つきつける 突き付ける (証拠・要求などを突き出すように出す) thrust ㊐; (ピストルなどを人に向ける) point ㊐. ¶ 私は彼にその証拠を*突きつけた I *thrust* the evidence before him. // 賊は私にピストルを*突きつけた The robber *pointed* a gun *at* me.

つきつめる 突き詰める (十分に究明する) investigate ... thoroughly, make a thorough investigation (of ...); (まじめに考え過ぎる) take ... too seriously. 《☞ おもいつめる》. ¶ そんなに*突きつめて考えるなよ Don't *take* ⌈it [the matter] *too seriously*. // それを*突きつめて行くとこうなる It *boils down* to this. ★ 煮つめるという表現の比喩的用法.

つきでる 突き出る project ㊀, jut out ㊀ ★ 後者のほうが口語的. 《☞ はりだす[2]; でっぱる》. ¶ その半島は日本海へぐっと*突き出ている The peninsula ⌈*projects* [*juts out*] far into the Sea of Japan.

つきとおる 突き通る run through ... ★ 口語的; pierce ㊐ ★ 前者より形式ばった語. 《☞ つきぬける》.

つきとばす 突き飛ばす thrust away ㊐; (突き飛ばして転ばす) knock ⌈down [over] ㊐ [語法] この言い方は受身の形で用いられるのが普通. 《☞ つきたおす》. ¶ 彼は私を*突き飛ばした He *thrust* me *away*.

つきとめる 突き止める (跡をたどって出所・由来・原因などを) trace ㊐; (場所を探し当てる) locate ㊐. 《☞ みつける》. ¶ うわさの出所は*突き止めた We *traced* the rumor to its source. // 警察は彼の隠れ家を*突き止めることはできなかった The police couldn't *locate* his hideout.

つきなみ 月並 ―[形] (ありきたりな) commonplace; (並で普通の) ordinary; (文句・比喩などが使い古された・陳腐な) hackneyed, trite. 《☞ ありふれた; へいぼん》. ¶ *月並な表現 a ⌈*hackneyed* [*trite*] expression // 彼の言うことは*月並だ (⇒ 月並なことしか言わない) He makes only *commonplace* remarks.

つ

つきぬける 突き抜ける run through ... ★ 口語的; pierce ㊐ ★ 少し形式ばった語. 《☞ つらぬく; かんつう[1]》. ¶ 弾丸が彼の心臓を*突き抜けた A bullet ⌈*ran through* [*pierced*] his heart.

つぎはぎ 継ぎはぎ (継ぎに当てた布) patch Ⓒ 《☞ つぎ[2]》. ¶ 彼の上衣は*継ぎはぎだらけだった His jacket was full of *patches*. **継ぎはぎ細工** patchwork Ⓒ.

つきはじめ 月初め ―[副] (月初めに) at the beginning of the month.

つきはなす 突き放す thrust ⌈away [off] ㊐ 《☞ つきとばす》.

つきばらい 月払い (月ごとの支払い) monthly payment Ⓤ; (月ごとの分割払い) monthly installment Ⓒ. 《☞ げっぷ[1]》. ¶ うちの家賃は*月払いになっている (⇒ 私は毎月家賃を払う) I pay the rent ⌈*every* [*each*] *month*.

つきひ 月日 (時) time Ⓤ; (歳月) years; (日々) days. 《☞ さいげつ》. ¶ *月日のたつのは早いものだ *Time* flies. 《ことわざ: 時間は飛ぶように速く過ぎ去る》 // そのときからかなりの*月日がたった Many *years* have passed since then. // 彼の作品は*月日がたつとともに忘れられてしまった His works were forgotten as the *years* ⌈went by [passed]. / His works were forgotten with the passage of *time*.

つきまとう 付きまとう (どこへでもついて行く) follow about ㊐; (荷札がぶら下がるようにつきまとって離れない) tag along (with ...) ㊀; (妄想などが始終心に浮かぶ) haunt ㊐ ★ 受身の形で用いられるのが普通.
¶ その女の子はいつも母親に*つきまとって離れない The girl always *follows* her mother *about*. / The girl always *tags along with* her mother. // 逮捕されはしないかという恐怖が彼に*つきまとった He *was haunted* by the fear of arrest.

つきみ 月見 ―[動] (月を眺め賞する) admire the moon [参考] 英米では日本のように月見の宴を開いたりする習慣はないから,「月見」という名詞もない. 名詞形にする必要があれば to admire [admiring] the moon (in a Japanese way) のような不定詞か動名詞形を用いるしかない. 《☞ 日本固有の風物と英語 (囲み)》.

つきみそう 月見草 evening primrose Ⓒ.

つぎめ 継ぎ目 joint Ⓒ, join Ⓒ ★ 前者が普

通. また, 前者は「継ぎ手」の意味にもなる; (布などの縫い目) seam Ⓒ. 《☞ つぐ^{2}》. ¶ レールの*継ぎ目 the *joints* in the rails // *継ぎ目がゆるんでいる The *joint* has loosened.

つきもの 付き物 ¶ 刺身にわさびは*付き物だ (⇒ わさびは刺身に不可欠のものだ) Japanese horseradish is *indispensable to sashimi*.

つきやぶる 突き破る break [crash] through ... ★ crash を用いたほうがいっそう激しい動作を連想させる. ¶ 落石がバスの屋根を*突き破った A falling rock ˹*broke* [*crashed*] *through* the roof of the bus.

つきやま 築山 artificial hill (in a Japanese garden) Ⓒ.

つきゆび 突き指 (状態) sprained finger Ⓒ. ¶ ボールで*突き指をした I *had my finger sprained* by a ball.

つきよ 月夜 moonlight [moonlit] night Ⓒ ★ moolit は詩的な語.

¶ 今夜は*月夜だ It is a *moonlight night*. / (⇒ 月が出ている) The moon is out tonight. / (⇒ 今夜は月が輝いている) The moon is shining tonight. / (⇒ 今夜は月が出ている) There is a moon tonight. [語 法] このような there 構文は月が出ているか, 出ていないかを言うので, moon には不定冠詞が付く. 《☞ つき^{1} [語法]》 // いい*月夜ではありませんか (⇒ 月がきれいですね). 散歩に行きませんか Isn't it a lovely *moon*? How about going for a walk?

つきる 尽きる (なくなる) run out (自), run out of ... [語 法] 前の言い方では尽きる「物」が主語になるが, 後の言い方では「人」が主語となり, 尽きる物が out of の次に来る; (使い尽くされる) be exhausted; (終わる) end (自), come to an end. 《☞ なくなる^{1}》.

¶ 食糧が*尽きた Our food *has run out*. / We *have run out of* ˹food [provisions]. // 万策*尽きた (⇒ 何もかもおしまいだ) It's all up with us. // 話は*尽きなかった (⇒ 終わることなく話し続けた) We talked and talked never *coming to an end*.

つく^{1} 付く **1** 《付着する》: (くっつく) stick (to ...) (自); (こびりつく) adhere (to ...) (自); (しみがつく) be stained (with ...). 《☞ くっつく》. ¶ 泥がズボンの折り返しに*付いた Mud *stuck to* the cuffs of my trousers. // このテープはよく*付かない This tape doesn't *stick* well. // 彼のシャツには血が*付いていた His shirt *was stained with* blood.

2 《付属する》: (持っている) have (他); (本体に付けている) carry (他) [語 法] 特に移動するものに付いているときに使う. 以上 2 語は付くものが目的語; (付属する) be attached (to ...).

¶ 各室にクーラーが*付いています Each room *has* an air conditioner. // この本には索引が*付いていない This book *has* no index. // そのかばんには名札が*付いていた The bag ˹*had* [*carried*] a label. / There was a label *attached to* the bag. / A label *was attached to* the bag.

3 《従属する》: (味方する) take the side of ..., side (with ...) (自); (裏切って敵側につく) go over (to ...) (自).

¶ あの男はいつも強いほうに*つく He always *sides with* the stronger party. // 彼は敵側に*ついた He *has gone over to* the enemy. // 心配するな. 私が*ついている (⇒ すぐ後ろにいる) Don't worry. I'm *right behind you*. / (⇒ 私はいつもあなたの味方だ) Don't worry. I'm always *on your side*.

4 《植物の実や根・利子などが》: (生み出す) bear (他); (もたらす) yield (他); (根がつく) take root. 《☞ なる^{3}; みのる》.

¶ 今年は柿の実がたくさん*ついた (⇒ 柿の木がたくさんの実を生み出した) The persimmon tree ˹*bore* [*yielded*] a lot of fruit this year. // その社債は年 6 % の利子が*つく (⇒ 利子をもたらす) The bond ˹*yields* [*bears*] six percent interest a year. // 先週植えたばらはみんな根が*ついた The roses I planted last week *have* all *taken root*.

5 《火・電気が》: (火がつく・引火する) catch fire ★「物」を主語として; (燈火が) go on (自); (マッチが) strike (自). 《☞ ひ^{2}; あかり》. ¶ この木はすぐ火が*つく This wood easily *catches fire*. // このマッチはなかなか*つかない This match won't *strike*. // お風呂場の電気が*ついていますよ. 消しておいて下さい The light *is on* in the bathroom. Please turn it off.

つく^{2} 着く **1** 《ある場所に到達する》: get (to ...) (自) ★ 口語的で一般的な表現; reach (他), arrive (at ...; in ...) (自) [語 法] 到着する場所を到着点として意識する場合には at を用い, その場所に滞在する予定などがあり, 話者の心中に広がりを感じる場合には in を用いる; (列車などが時刻表に従って) be due. 《☞ とうちゃく》.

¶ やっと目的地に*着いた At last we ˹*got to* [*have reached*] our destination. / At last we *have arrived at* our destination. // さあ*着きましたよ Here we are! // 我々は 7 時までにそこに*着かなければいけない We must *get* there by seven. [語 法]「努力の結果たどり着く」という場合は arrive は用いない. // 彼は無事に日本に*着いた He ˹*got to* [*arrived in*; *reached*] Japan safely. // 汽車はここへ 4 時に*着きます The train ˹will *arrive* [*is due*] (here) at four. // 私の手紙は*着きましたか (⇒私の手紙を受け取りましたか) *Have* you *received* my letter? / *Has* my letter *reached* you?

2 《届いて触れる》: (届く) reach (他); (触れる) touch (他). 《☞ とどく》. ¶ 頭が天井に*つきそうだった My head almost ˹*touched* [*reached*] the ceiling. // 彼はひざを曲げずにつま先に手が*つく He can *touch* his toes without bending his knees.

3 《ある場所に身を置く》: (着席する) sit down (自), take [have] a seat, be seated ★ この順に改まった言い方になる; (テーブルなどに) sit (down) (at ...) (自). 《☞ すわる; せき^{1}》.

つく^{3} 突く, 撞く **1** 《突く》: (刃物で) stab (他); (針で) prick (他); (動物が角・牙(きば)で) gore (他). 《☞ つきさす; つつく》. ¶ 針で指を*突いてしまった I *pricked* my finger with a needle.

2 《たたく》: (鐘をゆっくりと鳴らす) toll (他); (鐘を打つ) strike (他) [語 法] 後者は単に打つ動

作を言い, 前者は時鐘などにいう. ほかに一般的な語として ring (＝鳴らす) があるが, 日本語の「つく」という語感は出ない; (まりを弾ませる) bounce ㊐.
¶ あの寺では1日に3回鐘を*つく At that temple they ⌈*toll* [*strike*] the bell three times a day. // あの女の子はまりを*つくのがとても上手だ The girl is very good at *bouncing* balls.
3 «ひざ・手などを» ¶ 彼はがっくりとひざを*突いた He *fell down on his knees.* // 彼はぼんやりとほおづえを*突いていた He *rested his chin in his hands* absentmindedly.

つく⁴ 就く **1** «職・地位などに»: (就任する) take ㊐; (保持している) hold ㊐; (占有している) occupy ㊐ ★ hold より改まった語; (従事している) be engaged (in ...); (王位などに) come [accede] (to ...) ㊌ ★ accede のほうが形式ばった語; be crowned. 《☞ しゅうにん》.
¶ 彼は社長の地位に*就いた (⇒ 社長になった) He *became* (the) president of the company. / He *took* the post of president. // 彼は公職に*就いている He *holds* a public ⌈position [office]. // ブラウン氏はわが社の重要な地位に*就いている Mr. Brown ⌈*holds* [*occupies*] an important position in our company. // 彼は定職に*就いていない He *is* not *engaged in* any fixed occupation. / (⇒ 定職を持っていない) He *has* no fixed job. // エリザベス2世は1952年に王位に*就いた Elizabeth II ⌈*came* [*acceded*] *to* the throne in 1952. ★ Elizabeth II は Elizabeth the second と読む.
2 «教師に»: (人について学ぶ) study ... under *a person*; (先生から授業を受ける) take lessons from ... 《☞ もと³》. ¶ 私は田中教授に*ついて社会学を勉強した I *studied* sociology *under* Professor Tanaka. // 彼女は偉い先生に*ついてピアノを習っている She ⌈*takes* [*is taking*] piano *lessons from* an eminent teacher.

つく⁵ (決着がつく・同意に達する) come to an agreement ★「人」を主語として; (問題などの片がつく) be settled ★「物」を主語として.
¶ 話は*ついた We've *come to an agreement.* // その件の片が*つくには (⇒ その件を片づけるには) だいぶ時間がかかる It will take a long time to ⌈*get* the matter *settled* [*settle the matter*].

つく⁶ 憑く (悪霊などが) possess ㊐ ★ 通例受身で用いる; (妄想などが) obsess ㊐, haunt ㊐. 《☞ とりつく》. ¶ 彼には悪霊が*憑いているに違いない He must *be possessed* by an evil spirit. // 彼は*憑かれたようにしゃべり続けた He talked on and on like a man *possessed.*

つぐ¹ 注ぐ (水・液体をそそぐ) pour (out) ㊐; (入れ物をいっぱいにする) fill ㊐. 《☞ そそぐ¹》.
¶ 彼女は私にお茶を*ついでくれた <S(人)＋V(*pour*)＋O(代)＋(*out*＋)O(名)> She *poured* me (*out*) a cup of tea. // 彼はグラスにビールを*ついだ He *poured* beer *into* his glass. / (⇒ グラスをビールで満たした) He *filled* his glass *with* beer. // 半分*ついで下さい Half a ⌈cup [glass], please.

つぐ² 継ぐ, 接ぐ **1** «受け継ぐ・引き継ぐ»: (人の後を継ぐ) succeed ㊐ ★ 目的語は「人」; (財産・地位・称号などを) succeed to ...; (死んだ人の財産などを) inherit ㊐. 《☞ うけつぐ; ひきつぐ; けいしょう¹》.
¶ 田中氏が会長として清水氏の後を*継いだ Mr. Tanaka *succeeded* Mr. Shimizu as president. // 彼の一人息子が家業を*継いだ His only son *succeeded to* his family business. // 長男が全財産を*継いだ The eldest son ⌈*inherited* [*succeeded to*] all the property.
2 «足す»: (続ける) continue ㊌; (加える) add ㊐. 《☞ つけくわえる》. ¶ 彼は言葉を*ついで次のように言った (⇒ 次のように言葉を続けた) He *continued* as follows: 【語法】 as follows の次にはコロンを用いてその内容を説明するのが普通.
3 «つなぐ»: (接合する) join ㊐; (部分をつないで1つにする) piece [put] ... together; (接骨する) set (a broken bone). 《☞ つなぐ》.

つぐ³ 次ぐ (...の次の) next to ...; (...の後で) after ...; (2位である) rank (as) second. 《☞ ついで²; つぎ¹; にばん》.
¶ 大阪は東京に*次ぐ大都会だ Osaka is the largest city ⌈*next to* [*after*] Tokyo. // トムはジョンに*次ぐ好打者だ Tom is the *next* best batter *to* John. // この湖は大きさでは琵琶湖に*次ぐものだ This lake ⌈*ranks* [*comes*] ⌈*next* [*second*] *to* Lake Biwa in area. // 失敗に*次ぐ失敗だった (⇒ 失敗が失敗に続いた) One failure *followed* another.

つくえ 机 desk Ⓒ ★ 書き物・勉強などのための机で, 引き出しのあるもの. ¶ 勉強*机 a *desk* // 私が訪ねたとき彼は*机に向かっていた He was *at his desk* when I called (on him).

つくし 土筆 horsetail Ⓒ.

つくす 尽くす **1** «...し尽くす»: (使い果たす) exhaust ㊐, 《口語》 use up ㊐, consume ㊐ ★ 少し改まった言葉. 《☞ つきる》.
¶ 食糧は全部食べ*尽くしてしまった We have eaten ⌈*all* [*up*] our food. 【語法】 この例のように「all＋名詞」の形で意味を表せることが多い. また, 動詞によっては「動詞＋up」の形で表現できることもある. // 手段は*尽くした I have ⌈*tried* [*exhausted*] *every means.* / (⇒ できることは皆やった) I *did everything I could.* // 全力を*尽くすつもりです I will do my best. / (⇒ できることは皆やります) I will *do all I can.* // その問題はまだ論じ*尽くされていない (⇒ 十分に論じられていない) The subject *has* not *been fully discussed.*
2 «献身する»: (一身を捧げる) devote *oneself* (to ...); (国家などに奉仕する) serve ㊐.
¶ 彼女は夫によく*尽くした She *devoted herself to* her husband. / (⇒ 夫のために最善を尽くした) She *did her very best for* her husband. / (⇒ 本当に献身的な妻だった) She was really a *devoted* wife.

つくだに 佃煮 preserved food boiled down in soy (sauce) Ⓤ 《☞ 日本固有の風物と英語 (囲み)》.

つくづく —副 (まったく) quite, utterly ★ 後者は少し改まった語 ; (痛切に) keenly ; (子細に) closely ; (一心に) intently.

¶ *つくづく自分に愛想が尽きた I am *utterly* disgusted with myself. // 健康に勝るものは何もないと彼は*つくづく思った He *keenly* realized that nothing ⌈was [is] better than health. // 彼はその写真を*つくづくと眺めた He looked at the picture ⌈*closely* [*intently*].

つぐない 償い (代償) compensation Ⓤ ; (弁償) recompense Ⓤ. 《☞ ほしょう³》.

¶ 彼女は何の*償いも求めなかった She didn't ask for any ⌈*compensation* [*recompense*]. // この*償いはどうしてくれる (⇒この償いとして何をしてくれる) What will you do *in compensation for* this? / (⇒どうやって埋め合わせてくれる) How will you *make up for* this? ★ 後者が口語的.

つぐなう 償う (埋め合わせる) make up for …, compensate for … ★ 後者のほうが形式ばった言い方. 《☞ ほしょう³ ; うめあわせ》.

¶ 金で命は*償えない (⇒ 金は命を償わない) Money cannot ⌈*make up* [*compensate*] *for* life. // あなたの損失は必ず*償います I will ⌈*make up* [*compensate*] *for* your loss by all means.

つぐみ 鶫 thrush Ⓒ.

つぐむ 噤む (口を閉じる) shut *one's* mouth ; (話すのを控える) hold *one's* tongue ; (黙っている) keep silent, stand mute 語法 前者は単に黙っている状態で, それがどういう原因によるのかは意味しないが, 後者は話すまいとする意志によって黙っていること. 法律的には黙秘することをいう. 《☞ だまる ; とざす》.

¶ 彼女はかたくなに口を*つぐんだままだった (⇒一言もしゃべろうとしなかった) She would *not say a word*. / (⇒沈黙していた) She *stood mute* obstinately. / (⇒ 口を閉じていた) She *kept her mouth shut* obstinately.

つくり 作り, 造り (構造) structure Ⓤ ; (建築様式・建て方) construction Ⓤ ; (体の構造) build Ⓤ ★ 形容詞を伴って用いられるのが普通. 《☞ こうぞう》.

¶ この家は*造りが頑丈だ This house is of solid *structure*. / (⇒ 頑丈に建てられている) This house *is* solidly *built*. // きのう変わった*造りの建物を見た I saw a building of peculiar *construction* yesterday. // 彼はれんが*造りの家に住んでいる He lives in ⌈a brick house [a house *built of* brick].

つくりかえる 作り替える (改造する) make over ㊀ ★ 一般的な語で, 以下の語の代わりにもなる ; (建物・設備などを) remodel ㊀, convert ㊀ ★ いずれもやや形式ばった語. 《☞ かいぞう》.

¶ 彼女は自分の上衣を娘のオーバーに*作り替えた She *made over* her jacket *into* her daughter's overcoat. // 彼はその部屋を*作り替えて書斎にした He ⌈*remodeled* [*converted*; *made over*] the room *into* his study.

つくりごと 作り事 (勝手に作り出したこと) invention Ⓒ 《☞ つくりばなし ; かくう》.

つくりだす 作り出す (一般的に作る) make ㊀ ; (発明する) invent ㊀ ; (創造する・芸術作品などを作る) create ㊀. 《☞ つくる (類義語) ; かんがえだす ; はつめい》. ¶ 彼はまったく新しいタイプのエンジンを*作り出した He *invented* an entirely new type of engine. // コナン ドイルはすばらしい探偵を*作り出した Conan Doyle *created* a wonderful detective.

つくりつけ 作り付け —形 (あらかじめ本体の中に入れて作ってある) built-in. —動 build in ㊀. ¶ *作り付けの家具 *built-in* furniture // 書棚は全部*作り付けになっている The bookshelves *are* all *built in*.

つくりなおす 作り直す (新たに作る) make … ⌈anew [afresh] 《☞ つくりかえる》.

つくりばなし 作り話 make-believe Ⓒ, made-up story Ⓒ, fiction Ⓒ 語法 make-believe は口語的で, お芝居のような作り話. 批難する気持ちはそれほど強くない. made-up story は「でっち上げ」という感じ. fiction は「虚構」という感じで, やや形式ばった語 ; (勝手に作り出したこと・もの) invention Ⓒ. 《☞ かくう ; でっちあげ》.

¶ 彼女の言ったことは*作り話に違いない What she said must be a ⌈*make-believe* [*made-up story*; *fiction*]. / Her story must be her *invention*.

つくりわらい 作り笑い forced smile Ⓒ. ¶ 彼は*作り笑いをして平気を装った He pretended to be calm, putting on a *forced smile*.

つくる 作る, 造る **1** «製造する» : make ㊀ 《過去・過分 made》 ; (形作る) form ㊀, shape ㊀ ; (加工生産する) manufacture ㊀ ; (建造する) construct ㊀ ; (創造する) create ㊀.

【類義語】最も一般的で適用範囲の広いのは ***make***. 以下の各語の代わりにもなる. 作ったものにはっきりした輪郭や形を与えることを示すのは ***form***. 切ったり, 削ったりして作る過程に関心が向いているときは ***shape***. 機械などを使って大がかりに作るのは ***manufacture***. 設計などに従って建物・道路などを作るのは ***construct***. 自然の力などが造るのは ***create***.

¶ 僕は本箱を*作った I *made* a bookcase.
父は私にいすを*作ってくれた <S (人) + V (*make*) + O (物) + *for* + 人> Father *made* a chair *for* me. / <S (人) + V (*make*) + O (人) + O (物)> Father *made* me a chair.
石油からいろいろなものを*作ります We *make* a great many things *from* petroleum. / <S (人) + V (*make*) + O (名) + *from* + 名の受身> A large number of things *are made from* petroleum. / (⇒ 石油はいろいろなものに作られる) Petroleum *is made into* a great many things. 語法 make を用いる場合, 原料の質的変化なしに作る場合は of, 質的変化を伴う場合は from を原則として用いる. また受身で用いることが多い. 《☞ -から 6 語法》
この花は紙で*作ってあります <S (人) + V (*make*) + O (名) + *of* + 名の受身> This flower *is made of* paper.
少女は粘土で人形を*作った <S (人) + V (*form*) + O (名) + *out of* + 名> The girl

formed a doll *out of* clay.
この工場はスポーツカーを*作っている This factory ⌈*manufactures* [*produces*] sports cars.
神は天と地を*造った God *created* the heavens and the earth.
この橋は去年*造られました This bridge *was* ⌈*made* [*built*; *constructed*] last year.
[語法] constructed, built, made の順に口語的になる.
2 «文書·作品·番組などを作る»: (文·詩·曲などを書く) write ㊀, compose ㊀ ★ 前者のほうが口語的で一般的; (文書·案などを作る) make ㊀, draw up ㊀ ★ make のほうが一般的で広い意味の語; (番組などを) prepare ㊀; (映画などを) produce ㊀ ★ 以上 2 つの代わりに make も用いられる.
¶ 彼女は 13 歳のときにその詩を*作った She *wrote* the poem when she was thirteen years old. / She *composed* the poem at the age of thirteen.
この案を*作ったのはだれですか Who *made* this plan?
我々は直ちに契約書を*作った We ⌈*made* [*drew up*] a contract at once.
この番組は特に児童向けに*作られたものです This program *has been prepared* specially for children.
3 «栽培する·育てる»: (作物を) grow ㊀, raise ㊀ [語法] ほぼ同意だが,《英》では grow が普通.《米》では職業として栽培するときは raise がよく用いられる; (植物を世話をして大事に育てる) cultivate ㊀ ★ 形式ばった語. (☞ うえる[1]; さいばい).
¶ ここでは小麦は*作りません We don't ⌈*grow* [*raise*] wheat here.
彼は菊を*作ることにかけては名人だ He is an expert in ⌈*growing* [*cultivating*] chrysanthemums.
4 «形成する»: (組織する) form ㊀, organize ㊀ ★ 後者のほうが改まった語. (☞ けっせい[1]).
¶ 別に委員会を*作ることになろう Another committee will *be* ⌈*formed* [*organized*].
幸せな家庭を*作って下さいね I hope you will *make* a happy home.
5 «食物を調理する»: (火を使って料理する) cook ㊀; (火を使うか使わないかに関係なく, 食べ物を作る) make ㊀; (食事を用意する) get ... ready, prepare ㊀ [語法] 後者のほうが改まった語. 一つ一つの品目よりも食事全体を作る意味で使われることが多い. (☞ 料理の用語 (囲み)).
¶「何を*作っているの」「シチューを*作っているのよ」"What *are* you ⌈*cooking* [*making*]?" "I'*m* ⌈*cooking* [*making*] stew."
このサンドイッチはだれが*作ったの Who *made* these sandwiches? [語法] サンドイッチは火を使わないので cook は使えない.
お母さんはいま朝食を*作っている Mother *is getting* breakfast *ready*. / Mother *is* ⌈*preparing* [《米》 *fixing*] breakfast.

つくろう 繕う **1** «修理をする»: (簡単に) mend ㊀; (靴下などを) darn ㊀; (つぎを当てて) patch ㊀. (☞ なおす). ¶ 靴下は全部*繕っておきましたよ Your socks *have* all *been* ⌈*darned* [*mended*]. // 何か*繕う物がありますか Have you got anything to *be mended*?
2 «整える»: (体裁を) keep up appearances (☞ とりつくろう). ¶ 彼は体面を*繕うことだけ考えている (⇒ 繕うことに躍起だ) He is anxious to *keep up appearances*.

つけ 付け ━名 (付け払い)《米》 charge account Ⓒ,《英》 credit account Ⓒ. ━副 (付けで) on credit,《米口語》 on the cuff [参考] 昔バーテンなどがシャツのそで口 (cuff) に客が飲み食いした物の分量を記しておき, 後でその勘定書を回したことに由来する言い方.
¶ この本屋では*付けで本が買える I can buy books *on credit* at this bookstore. // いずれ*付けが回ってくるよ (⇒ 最後にはその償いをしなければならない) You'll have to *pay for it* in the end.

つけあがる 付け上がる (思い上がっている) be conceited; (うぬぼれている) be stuck-up; (厚かましくなる) grow impudent.
¶ 彼はこのところ*つけ上がっているようだ He seems to *be* ⌈*conceited* [*stuck-up*; *impudent*] these days. // 親切にすると, 彼女はすぐ*つけ上がる (⇒ 親切につけ込む) She will soon *take advantage of* your kindness. [語法] この your は相手を含めた一般の人々を表す.

つけあわせ 付け合わせ (料理のつま) garnish Ⓒ. ¶ 彼女は肉の*付け合わせに野菜を使った She used vegetables as a *garnish* for the meat.

つけかえる 付け替える (…を…と取り替える) change ... (for ...); (…を…と入れ替える) replace ... (with ...); (新しくする) renew ㊀.
¶ この網戸を (新しいのに) *付け替えなくてはならない We have to *replace* this screen (*with* a new one). / We have to *change* this screen (*for* a new one). // うちでは (⇒ 我々は) 鍵を全部*付け替えた We *have renewed* all the locks.

つげぐち 告げ口 ━動 (人のことを告げ口する) tell on ... (☞ いいつける). ¶ 彼女が私のことを先生に*告げ口したに違いない She must *have told on* me to our teacher.

つけくわえる 付け加える add ㊀ ★ 一般的な語; (書物·リストなどに補遺·補足として加える) append ㊀ ★ 形式ばった語. ¶ 彼は彼自身たいへん残念だと*付け加えた He *added* that he was very sorry himself. // これもリストに*付け加えて下さい Please ⌈*add* [*append*] this to the list.

つけこむ 付け込む (つけ入る) take advantage of ... ¶ 他人の弱味[失敗]に*つけ込むべきではない We should not *take advantage of* other people's ⌈weakness [failure].

つけたす 付け足す add ㊀ (☞ つけくわえる).

つけとどけ 付け届け (贈り物) gift Ⓒ, present Ⓒ. (☞ おくりもの (類義語)).

つけね 付け根 (根元) root Ⓒ; (関節) joint Ⓒ. (☞ ね[1]). ¶ 彼女は耳の*付け根まで赤くなった She blushed to the *roots* of her hair. ★ 英語では「髪の根元まで」という. // 右の腕の

つ

*付け根が痛い I have a pain in the right shoulder *joint*.

つけねらう 付け狙う (後をつける) follow (他); (命をねらう) seek *a person's* life. 《☞ ねらう》. ¶ 彼は右翼から命を*つけねらわれた His *life was sought* by the rightists.

つけひげ 付け髭 false ⌜mustache [beard] [C] 《☞ ひげ[1]》. ¶ *付けひげをつける wear a *false* ⌜*mustache* [*beard*]

つけまつげ 付け睫毛 false eyelashes ★ 複数形で.

つけまわす 付け回す (どこへでもついて行く) follow … ⌜about [around ; round] 《☞ おいまわす》. ¶ その男はどこへ行っても警察に*付け回されていた Wherever he went, the man *was followed about* by the police.

つけめ 付け目 (目的) object [C]; (ねらい所) aim [C]; (つけ込む弱み) weakness [C]. ¶ そこが彼らの*付け目なのだ That is their ⌜*object* [*aim*]. / (⇒ それが彼らが利用しようとしている我々の弱味だ) That is our *weakness* they are trying to take advantage of.

つけもの 漬物 pickles ★ 通例複数形で. [参考] 英米の漬物は日本の漬物と異なり, 酢または塩水と香料を入れたものに野菜(代表的なものはきゅうり)を漬けたもの. 《☞ 食事 (囲み)》.

つけやきば 付け焼き刃 (借り物の知識) borrowed wisdom [U]; (うわべの飾り) a (thin) veneer ★ a を付けて. ¶ *付け焼き刃は役に立たない *Borrowed wisdom* [(⇒ うわべだけの知識) *A veneer of wisdom*] does not work.

つける[1] 付ける **1** «付着させる» ― [動] (バターなどを塗る) spread (他) 《過去・過分 spread》; (薬品などを塗布する) apply (他); (染みなどで汚す) stain (他); (荷札などを張り付ける) put … on …, attach (他) ★ 前者が口語的. ― [前] (…を付けて) with … 《☞ くっつける》.
¶ トーストにはちみつをたっぷり*付けた I *spread* honey thickly *on* my toast. / I *spread* my toast thickly *with* honey. // 「あなたはパンには何を*付けますか」「バターとジャムです」 "What do you eat ⌜*on* [*with*] your bread?" "Butter and jam." // 彼はトランクに荷札を2枚*付けた He ⌜*attached* two tags *to* [*put* two tags *on*] his trunk.
2 «付属させる»: (しっかりと取り付ける) fix (他); (備え付ける) install (他). ¶ 彼は壁に棚を*付けた He *fixed* shelves *to* the wall. // うちでは新しい電話[太陽熱のセントラルヒーティング]を*付けた We *have installed* ⌜a new telephone [a solar central heating system].
3 «記入する»: (書く) write (他); (書き留める) write down (他), put down (他) ★ 後者のほうが口語的; (日記などを毎日書く) keep (他) ★ ある特定の日の日記を付けるのは write を用いる. ¶ 英語で日記を*付けることは英語の勉強に役立つ It is useful ⌜to [for] the study of English to *keep* ⌜a diary in English [an English diary].
4 «点灯・点火する»: (電灯・ガス・ラジオなどを) switch [turn] on (他); (たばこなどを) light (他); (放火する) set fire (to …). ¶ 彼は電気[テレビ]を*つけた He ⌜*switched* [*turned*] *on* the ⌜light [television]. // 電灯を*つけっ放しにしないで Don't leave the light (*switched*) *on*. // だれかがその家に火を*つけた Someone *set fire to* the house.
5 «尾行する»: (しっぽにくっついて行くように) tail (他); (後ろからついて行く) follow (他) ★ 最も意味範囲の広い語. 《☞ びこう[1]》. ¶ 彼はだれかに*つけられていると思った He felt he *was being* ⌜*followed* [*tailed*].

つける[2] 着ける **1** «身に装う»: (着用する) put on (他) 《過去・過分 put on》; (着用している) wear (他) 《過去 wore ; 過分 worn》 ★ 前者は「動作」を, 後者は「状態」を表す語. 《☞ きる[2]; はく[2]》. ¶ 彼は急いで服を身に*着けた He hurriedly *put on* his clothes. // 彼女はダイヤのブローチをブラウスに*着けていた She *wore* a diamond brooch on her blouse.
2 «乗り物を»: (車を運転して…まで行く) drive (a car) up to … ; (ある場所まで車を運転して行って止める) draw up at … ; (船を接岸させる) bring (a ship) alongside …
¶ 彼は車を玄関に*着けた He ⌜*drove* (his car) *up to* [*drew up at*] the door. // 船長は船を岸壁に*着けた The captain *brought* the ship *alongside* the quay [kíː].

つける[3] 浸ける, 漬ける **1** «水などに浸す»: soak (他); (柔らかくしたりよく溶かしたりするために液体の中につけたままにする) steep … (in …); (十分につける) immerse … (in …) ★ 改まった語. 《☞ ひたす》. ¶ 洗濯物は最初水に*つけておいたほうがよく洗える Clothes will wash better if you ⌜*soak* [*steep*] them first (*in* water).
2 «漬物などを»: (漬ける) pickle (他); (漬けて保存する) preserve (他). ¶ これは塩*漬けのにしんです These are *salted* herrings.

つげる 告げる (内容を話す) tell (他) ★ 最も口語的で一般的な語; (知らせる) inform (他). 《☞ しらせる ; つたえる ; はなす[1]》. ¶ 客は名前を*告げずに立ち去った The guest left without *giving* his name. // 私は間もなくこの地にいとまを*告げなければならない I have to *say* good-by to this place soon. / (⇒ この地を去らねばならない) I have to *leave* this place soon.

つごう 都合 **1** «事情・便宜» ― [名] (事情) circumstances ★ 通例複数形で; (理由) reason [C]; (便宜・便利) convenience [U]; (機会・好機) opportunity [C]. ― [形] (都合のよい) convenient (↔ inconvenient).
¶ いつがご*都合がよろしいですか When will it be *convenient* ⌜*with* [*for* ; *to*] you? / (⇒ いつ体があきますか) When will you be *available?* // あなたのご*都合はそれでよろしいですか Is it *all right* with you? // あなたのご*都合がよろしければ (⇒ お暇なら) あす伺いたいのですが May I come to see you tomorrow if you are *free?* // 一身上の*都合で (⇒ 個人的な理由で) 彼は辞職した He resigned *for* personal *reasons*. // *都合がつきしだい電話します I'll call you (up) ⌜*at the first opportunity* [(⇒ できるだけ早く) *as soon as I can*]. // 万事*都合よく (⇒ うまく) いった Everything *turned out* ⌜*well* [*for the best*].

2 «やりくり» ―[動] (何とかする) manage (他) ★ 後にto不定詞 が続く. 《☞ やりくり》. ¶彼らは何とか*都合してここにやってきた Somehow they *managed* to come here.

3 «全部で» ―[副] (合計で) in all; (全部数えると) all told. 《☞ ごうけい》. ¶*都合5万円の出費だった I spent 50,000 yen ˹*in all* [*all told*].

つじ 辻 (四つ辻) crossing Ⓒ, crossroads ★ 後者は単数扱い; (交差点) intersection Ⓒ ★ やや改まった語. 《☞ じゅうじろ》.

つじつま 辻褄 つじつまが合う (首尾一貫している) be consistent, 《口語》 hang together (自). ¶彼に何とか*つじつまの合った説明をしようとした He tried hard to *make his story consistent.* / (⇒ 彼は説明が首尾一貫するように努めた) He tried hard to *be consistent* in his explanation. // 彼女の話は*つじつまが合わない Her story ˹*is inconsistent* [*is self-contradictory*; *doesn't hang together*].

つた 蔦 ivy Ⓤ 《☞ つる[5]》. ¶*つたの生い茂った家 a house covered (all over) with *ivy* / an *ivy*-˹clad [covered] house

-づたい …伝い ―[前] (…に沿って) along … 《☞ -ぞい》. ¶谷*伝いに細い道があった A narrow path ran ˹*along* [*through*] the valley.

つたう 伝う ¶泥棒は屋根を*伝って (⇒ 屋根から屋根へと) 逃げた The thief fled *from* roof *to* roof. 《☞ そう》

つたえきく 伝え聞く (伝説によると) tradition says (that) …, according to a legend; (他人の口から耳に入る) hear … from others; (うわさを聞いて知る) learn … by hearsay. ¶*伝え聞くところによるとこの泉の水は薬効があるそうだ *Tradition says* [*According to a legend*,] the water in this spring has curative powers.

つたえる 伝える **1** «知らせる»: (内容を話す) tell (他) 《過去・過分 told》; (情報を知らせる) inform (他) ★ tell より改まった語; (情報・思想を伝達する) communicate (他); (文書により正式に知らせる) notify (他). 《☞ しらせる》.

¶私の意図はすでに彼に*伝えてある <S(人)+V(*tell*)+O(人)+O(事)> I *have* already *told* him my intentions. / <S(人)+V(*inform*)+O(人)+*of*+名> I *have* already *informed* him *of* my intentions. // 学生たちには試験日の変更を*伝えてある <S(人)+V(*notify*)+O(人)+*of*+名の受身> Students *have been notified of* the change in the date of the examination. // 言語は我々の考えや感情を*伝える Language *communicates* our thoughts and feelings. // 何か彼女に*伝えることはありませんか Would you like to *leave a message* for her? // 新聞の*伝えるところによると, 昨夜火事で3軒焼けたそうだ *According to* the newspaper, [The newspaper *says* that] three houses were burned down last night.

2 «伝授・伝承する»: (教える) teach (他); (後世に代々伝える) hand down (他); (紹介する・取り入れる) introduce (他). 《☞ つたわる》.

¶大陸から来た人たちがこの技術を我々の祖先に*伝えた The people from the continent *taught* this art to our ancestors. // この風習は江戸時代から*伝えられている This custom *has been handed down* since the Yedo period. // 仏教は紀元552年に中国からわが国へ*伝えられた Buddhism *was introduced into* our country *from* China in 552 A.D.

3 «熱・音・光などを»: (導く) conduct (他); (送る) transmit (他). ¶水は音をよく*伝える Water easily ˹*conducts* [*transmits*] sound.

つたない 拙い (下手な) poor; (未熟な) unskillful. 《☞ みじゅく; ようち[1]》.

つたわる 伝わる **1** «知らせ・うわさなどが»: (広がる) spread (自); (巡って広がる) go around (自), circulate (自) ★ 後者のほうが改まった語; (先へ先へと伝わる) travel (自); (口から口へと) pass (自). 《☞ ひろまる》. ¶そのうわさは広く*伝わっている The rumor *has* ˹*spread* [*circulated*] widely. // その話は口から口へと*伝わった The story *passed* from mouth to mouth.

2 «伝承する»: (後世に伝わる) come down (自); (代々伝えられる) be handed down. 《☞ つたえる; でんらい》.

¶この茶碗は数百年前朝鮮から日本に*伝わったものだ (⇒ 朝鮮から来た) This teacup ˹*came* to [(⇒ もたらされた) *was brought* to] Japan *from* Korea several hundred years ago. // これは祖先から*伝わった名器です This is a curio *handed down by* my ancestors. / This curio *has come down* to me *from* my ancestors.

3 «熱・音・光などが»: travel (自) 《☞ つたえる》. ¶光は音よりずっと速く*伝わる Light *travels* much faster than sound.

つち[1] 土 **1** «土壌»: (一般に) earth Ⓤ; (土壌) soil Ⓤ ★ 作物を生育する土壌の意味で普通の言葉; (泥土) mud Ⓤ; (粘土) clay Ⓤ. ¶私たちは*土をバケツに入れて運んだ We carried *earth* in buckets. // 幸い*土は肥えていた Luckily we had ˹rich [fertile] ˹*soil* [*land*]. // 種の上に薄く*土をかけなさい Cover the seeds with a thin layer of ˹*soil* [*earth*].

2 «大地»: (地面) the ground; (大地・地球) the (mother) earth ★ mother を付けると文語的. 《☞ だいち[1]》. ¶10年の放浪の後, 彼はやっと母国の*土を踏んだ After ten years of wandering, he finally ˹set foot in [stood on *the ground* of] his homeland once again. / (⇒ 母国に帰った) After ten years of wandering, he finally ˹returned to [reached] his ˹homeland [mother country].

つち[2] 槌 (金づち) hammer Ⓒ; (木づち) mallet Ⓒ; (大づち) maul Ⓒ. 《☞ だいく (挿絵); かなづち (挿絵)》.

つちかう 培う (才能・性質などを訓練によって養う) cultivate (他); (助長して伸ばす) foster (他). 《☞ やしなう》. ¶努力すれば道義心を*培うことができるはずだ We surely can *cultivate* our moral sense if we try hard.

つちけむり 土煙 cloud of dust Ⓒ.

つちふまず 土踏まず (足の) the arch of the foot 《☞ あし[1] (挿絵)》.

つつ 筒 (金属やセメントなどの) pipe Ⓒ; (ゴム

やガラスなどの) tube Ⓒ 語法 ほぼ同意に用いられることもあるが, pipe は丸く長い中空の管で, tube は pipe よりも薄くて長さも短い. 必ずしも円筒形ではなく, 一方にふたをしたものなども含む; (円筒) cylinder Ⓒ ★ 形式ばった語. 機械用語としても用いる. 《☞ くだ》.

-つつ (...する間に) while ..., as ... 語法 このほか分詞構文で,「...しながら...する」という意味を表すことができる. 《☞ -ながら; 接続詞 (欄外); 分詞構文 (欄外)》.

つっかいぼう 突っかい棒 —图 (支柱) prop Ⓒ. —動 (支柱などで支える) prop up ㊀. 《☞ ささえる》. ¶彼は塀に*突っかい棒をした He *propped up* the fence with poles.

つっかかる 突っ掛かる (くってかかる) turn on ...; (けんかを売る) pick [seek] a quarrel (with ...). 《☞ くってかかる》.
¶彼は何もしないのに私に*突っかかってきた He *turned on* me for nothing. // あの男が*突っかかってきたのだ (⇒ 仕掛けてきたのはあの男だ) It's that man that 「*picked* [*sought*] *a quarrel with* me.

つっかける 突っ掛ける (スリッパなどを無造作にはく) slip on ... ¶彼女はサンダルを*突っかけて出て行った She *slipped on* sandals and went out.

つづき 続き (継続) continuance Ⓤ; (再び続けること) continuation Ⓤ ★ 続く部分の意味では Ⓒ; (続篇) sequel [síːkwəl] Ⓒ.
¶私は先週の番組の*続きを見そこなった I missed the *continuation* of last week's program. // *続きは次号に (⇒ 続く) To *be continued*. // この記事の*続きは 36 ページにあります This article *is continued* on page 36. // この前の*続きから (⇒ この前やめた所から) 読みましょう Let's start reading *where we left off* last time. // *続きはないのですか (⇒ これで全部ですか) Is this all? / Isn't there *any more* (*to follow*)?
続き柄 family relationship Ⓤ, lineal relations ★ 後者は形式ばった言い方で, 血縁関係についての正式な語としても用いられる. 通例複数形で. 続き物 series Ⓒ ★ 単複同形. 《☞ れんぞく》.

-つづき ...続き —图 (一続き) series Ⓒ ★ 単複同形. 最も一般的; (連続) succession Ⓒ; (時間的な一続き) spell Ⓒ. —形 successive, consecutive 語法 前者は間隔があいている場合も含むが, 後者は間隔なしでの連続を表す. 《☞ れんぞく》.
¶彼は不幸*続きだ He has had 「*a series of* [*a succession of*; *consecutive*] misfortunes. / He has had 「*a spell of* bad luck [misfortunes *one after another*]. // 晴天*続きで幸いでした We were lucky to have *a spell of* fine weather.

つっきる 突っ切る (突破する) break through ...; (横切って走る·突進する) run [dash] across ... ★ ほかに go [cut] across ... も用いられる; (横断する) cross ㊀ ★ 前の言い方よりは改まった語で, 単に横切ることをいう一般的な語. 《☞ よこぎる; とっぱ》.
¶彼は人込みの中を*突っ切って行った He *broke through* the crowd. // オートバイが十字路を*突っ切って行った A motorcycle 「*dashed* [*ran*; *went*; *cut*] *across* the intersection (*without stopping*).

つつく (指·棒の先などで突く) poke ㊀, give a poke; (先のとがった物で) pick ㊀; (鳥などがくちばしで) peck (at ...) ㊂ ㊀; (ひじで) nudge ㊀. 《☞ こづく》.
¶だれかが背中を*つつくのを感じて目が覚めた I woke up feeling someone 「*give me a poke* [*poke* me] in the back. // 彼女は私をひじで*つついた She *nudged* me with her elbow. // 彼は氷を*つついて穴をあけた He *picked* a hole in the ice. // にわとりは私の手を*つついた The hen *pecked* my hand.

つづく 続く (継続する) continue ㊂,《口語》keep [go] on ㊂ ★ 後に ...ing 形が続くことが多い; (後に続く) come [go] after ...; (順序として続く·従う) follow ㊀; (持続する) last ㊂; (道などが通じる) lead (to ...) ㊂. 《☞ つづける; けいぞく》.
¶雨は一週間も*続いた The rain *continued* [It *kept on* raining] for a week. / (⇒ 間断なく) It rained *continuously* for a week.
3 日*続いて強い風だ It has blown hard 「for three *consecutive* days [*continuously* for three days].
このよい天気はどのくらい*続くだろうか How long will this fine weather *last*?
戦争の後には社会不安が*続いた Social unrest 「*followed* [*came after*] the war.
私たちはみなリーダーに*続いた (⇒ リーダーに従った [リーダーの後から行った]) We all 「*followed* [*went after*] the leader.
この森は何マイルも*続く This forest *continues* for miles.
この小道は大通りに*続いている This path 「*leads* [*takes you*] *to* the main street.
金が*続かなくて (⇒ なくて) 計画をやめた I've given up the plan 「for *lack of* money [because I *ran out of* money].
*続く (⇒ 以下次号) To *be continued*.
この記事は 62 ページに[から]*続く This article *is continued* 「on [from] page 62.

つづけざま 続け様 —副 (次から次へと) one after another ★ 最も一般的; (連続して) in a row, in succession, successively, consecutively 語法 in a row はそれ以下の代わりにも使える口語表現, 第 2, 第 3 の表現は間隔があいている連続でもよいが, 最後の語は間隔なしでの連続のみをいう. 《☞ たてつづけ》.
¶5 回も*続けざまに試合に負けた We lost five *consecutive* games. / We lost five games *in* 「*a row* [*succession*]. // 彼は私に*続けざまに質問した He *shot* questions at me. ★ shoot は質問などを浴びせるという意味. / He asked me many questions *in rapid succession*. ★ 前者のほうが簡潔な言い方.

つづける 続ける (継続する) continue ㊀ ★ 一般的な語. 一度中断した後再び始める場合にも用いられる; (...し続ける) keep [go; carry; hold; get] on ㊂ ★ 口語的. それぞれの動詞によってニュアンスの違いがある. 後に ...ing

形が続くことが多い. (☞ つづく).
¶ 彼は旅を*続けた He *continued* his journey. // 物価は上がり*続けている Prices are constantly ⌈going up [rising]. / Prices *continue* to rise. // 彼女は一日中本を読み*続けた She ⌈*kept on* [*continued*] reading for the whole day. // 彼はまだ机の前に座り*続けている He *is* still *sitting* at his desk. // どうぞお仕事をお*続け下さい Please *go* ⌈*on* [*ahead*] with your work. // 彼らはもう3時間も討論を*続けている (⇒ 絶え間なく[連続して]) They have been debating ⌈*without a break* [*continuously*] for three hours.

つっけんどん ―形 (ぶっきらぼうな) blunt; (そっけない) cold; (無愛想な) surly. ―副 bluntly. (☞ ぶっきらぼう; そっけない). ¶ 彼は*つっけんどんな返事をした He gave me a ⌈*blunt* [*cold*] answer. / He answered me in a *surly* manner.

つっこむ 突っ込む **1** «突き入れる・突き入る»: (突進する) dash [run] (into ...) 自; (水中に頭から飛び込む) dive (into ...) 自, plunge (into ...) 自; (押し込む) thrust ... (into ...). (☞ とっしん; とつにゅう).
¶ 彼らは叫び声を上げて敵陣へ*突っ込んだ They ⌈*dashed* [*ran*] shouting *into* the enemy's lines. // 車は頭から水の中に*突っ込んだ The car ⌈*dived* [*plunged*] right *into* the water. // 子供は手を穴の中に*突っ込んだ The child *thrust* his hand *into* the hole.
2 «鋭く質問する» ―動 (辛らつな質問をする) ask a pointed [sharp] question; (問題などを掘り下げる) dig (into ...) 自. ―形 (鋭く要点を突いた) incisive; (突き刺すような) penetrating.
¶ 彼は*突っ込んだ質問をした He *asked a* ⌈*pointed* [*sharp*; *penetrating*] *question*. // 彼はだいぶ*突っ込んで研究したようだが, 最重要点が抜けている He seems to *have dug into the subject*, but missed the most important point.

つつじ 躑躅 azalea [əzéiljə] Ⓒ (☞ 花 (囲み)).

つつしみ 慎み ―名 (謙遜(けんそん)・控えめ) modesty Ⓤ; (慎重さ・用心深さ) prudence Ⓤ; (思慮分別) discretion [diskréʃən] Ⓤ ★ 以上2つは改まった語; (自制) self-control Ⓤ. ―形 (慎み深い・控えめな) modest (↔ proud); (慎重で用心深い) prudent (↔ imprudent); (思慮分別のある) discreet (↔ indiscreet). (☞ けんきょ[1]; ひかえめ; しんちょう[2]).
¶ そんなことをするなんて彼は*慎みに欠けている It is *imprudent* of him to do such a thing. / He is *imprudent* to do such a thing.

つつしむ 慎む **1** «気をつける»: (自分のすることに間違いのないよう気をつける) be careful (about ...; of ...) ★ 最も一般的な言い方; (言葉や行為が慎重な) be discreet; (分別がある) be prudent ★ 以上2つは形式ばった語; (用心深い) be cautious. (☞ しんちょう[2]).
¶ 言葉を*慎むように心がけている I try to *be careful of* what I say. / I try to *be* ⌈*discreet* [*prudent*] in speech. ★ 形式ばった表現.
2 «控える»: (衝動を抑えて我慢する) refrain (from ...) 自; (特に酒・たばこなどをやめる) stop ⌈drinking [smoking] ★ 一般的. たばこについては give up smoking という言い方もよく使われる. (☞ ひかえる). ¶ 君は酒[たばこ]を*慎んだほうがよい You should ⌈*stop drinking* [*give up smoking*]. / You should *refrain from* ⌈alcohol [smoking].

つつしんで 謹んで ―副 (恭しく) respectfully. ―形 (心からの) sincere. 【参考】 英語では以上のような語をあまり用いず, 自分の誠実な気持ちを表す別の表現を, 前後関係によりいろいろな方法で表現するのが普通である. (☞ 日本語と英語 (欄外)).
¶ *謹んでお祝いを申し上げます Let me offer you my congratulations. 【語法】 かなり堅苦しい表現. 普通は Congratulations! でよい. // *謹んでお悔やみを申し上げます Let me express my *sincere* condolences.

つつぬけ 筒抜け ―動 (秘密が漏れる) leak out 自. ¶ 我々の秘密はいつも彼らに*筒抜けだ Our secrets always *leak out* to them.

つっぱしる 突っ走る (突進する) dash 自; (勢いよく走る) rush 自, run (fast) 自 【語法】 速く走るという意味では run fast が最も一般的だが, 日本語の「突っ走る」には dash, rush のほうが感じが近い. (☞ はしる (類義語); さきばしる). ¶ 数人が*突っ走って行った Several people ⌈*dashed* [*rushed*; *ran fast*] past us.

つっぱねる 突っぱねる (断固として拒絶する) reject 他; (要求などを断る) refuse 他 (↔ accept); (はねつける) «口語» turn down 他. (☞ きょぜつ; きょひ). ¶ 社長は労働組合の要求を*突っぱねた The president (of the company) ⌈*rejected* [*refused*; *turned down*] the demands of the labor union.

つつましい 慎ましい ―形 (おとなしく控えめな) modest; (自分を卑下して控えめな) humble; (遠慮がちな) reserved; (質素な) frugal. ―副 modestly; humbly; frugally. (☞ ひかえめ; つつしみ). ¶ 彼女は*つつましい人でした She was ⌈*modest* [*humble*; *reserved*]. // 彼らは*つつましく (⇒質素に) 暮らしていた They lived ⌈*frugally* [a *frugal* life].

つつみ[1] 包み (束ねたり包んだりした物) package Ⓒ; (包装してひもでしっかり結んだ小さな包み) parcel Ⓒ; (平べったい小さな包み) packet Ⓒ ★ 大きさは package, parcel, packet の順に小さくなる; (束) bundle Ⓒ. (☞ にもつ).
¶ 彼は小さな*包みを2つ持っていた He had two small *packets* with him. // 私はその*包みを解いた (⇒開いた) I opened the *package*. // 紙*包み a *package* wrapped in paper

つつみ[2] 堤 bank Ⓒ (☞ どて; ていぼう).

つづみ 鼓 Japanese hand drum Ⓒ, small shoulder drum for tapping with the fingertips Ⓒ ★ 後者は説明的表現.

つつみかくす 包み隠す (隠す) hide 他, conceal 他 ★ 後者のほうが形式ばった語; (秘密にしておく) keep ... secret. (☞ かくす).
¶ 彼はその事実を我々から*包み隠そうとした He

つ

tried to 「*hide* [*conceal*] the fact from us. / (⇒秘密にしておこうとした) He tried to *keep* the fact *secret* from us. // 私は彼に*包み隠さず話した (⇒すべてをざっくばらんに話した) I told him everything *frankly*.

つつみがみ 包み紙 (包装用紙) wrapping paper Ⓤ, wrapper Ⓒ.

つつむ 包む (紙・布などでくるむ) wrap (up) (他) ★最も一般的な語；(ベールで) veil ... (in ...) ★文語的. 普通は受動態で用いる；(輸送・保管のため包装する) pack (up) (他)；(完全に覆う) envelop (他). 《☞ くるむ；おおう》.

¶品物はふろしきに*包んで下さい Please 「*wrap* [*tie*] *up* the things in a *furoshiki*. // プレゼントは美しい紙に*包んであった The present *was wrapped up* in a beautiful wrapper. // 彼女は毛布に身を*包んだ She 「*wrapped* [*enveloped*] herself in a blanket. // 山々は霧に*包まれていた The hills *were veiled in* mist. // 家はたちまち炎に*包まれた In no time the house *was* 「*burned up* [*enveloped* in flames].

つづらおり つづら折り ¶私たちは*つづら折りの道を上がっていった We went up a 「*winding* [*zigzag*] path.

つづり 綴り (スペリング) spelling Ⓒ；(正しいつづり字法) orthography [ɔəθάgrəfi(:)] Ⓤ. ¶ナポレオンの*つづりを知っていますか Do you know *how to spell* Napoleon? // 先生は私の*つづりの間違いを正した The teacher corrected my mistake in *spelling*. ★この例で spelling は「つづり方」という意味で Ⓤ. // この語の*つづりはよく間違えられる (⇒誤ってつづられる) This word *is* often *misspelled*.

つづり字 spelling Ⓒ；orthography Ⓤ. 《☞ 欄外》 **つづり字の切れ目** division of words Ⓤ 《☞ 1040 ページ欄外》.

つづる 綴る (単語・字を) spell (他)；(文章を書く) write (他). 《☞ かく¹；つづり字 (欄外)》. ¶「laugh (という語)はどう*つづりますか」「l-a-u-g-h です」"How do you *spell* 'laugh'?" "l-a-u-g-h." 〔参考〕 スペリングをいうときは文字を1つずつ区切って発音する. 《☞ ハイフン (欄外)》 // 彼は自分の考えを日記に*つづった He *wrote* his thoughts in a diary.

つて (紹介者) introducer Ⓒ；(仲介者) intermediary Ⓒ；(コネ) connection Ⓒ；(縁故) 《口語》 pull Ⓒ. 《☞ コネ；くちきき》. ¶私はあの会社に有力な*つてがある I have a strong 「*connection* [*pull*] with that firm. // 彼は*つてを探している He is looking for an 「*introducer* [*intermediary*].

つど 都度 (…するときはいつでも) whenever；(…するたびごとに) 《口語》 each [every] time. 《☞ -たび》.

つどい 集い (会合) meeting Ⓒ；(大勢の打ち解けた集まり) gathering Ⓒ；(小人数の仲間同士の) 《口語》 get-together Ⓒ. 《☞ あつまり；かい¹ (類義語)》.

つどう 集う (集まる) meet (自)；(大勢が) gather (自)；(小人数が非公式に) 《口語》 get together (自). 《☞ あつまる (類義語)》.

つとまる 勤まる (仕事に適任の) be fit for ...；(仕事に耐えられる) be equal to ... ¶彼にはその仕事は*勤まらない (⇒適任でない[耐えられない]) He *is* not 「*fit for* [*equal to*] the job. // 私には*勤まりそうもない (⇒私はその仕事に適していない) I'm afraid I'*m* not 「*fit* [*suited*] *for* the job.

つとめ¹ 勤め (仕事) work Ⓤ ★一般的な語；(勤め口) job Ⓒ ★work より口語的な語. 《☞ しごと (類義語)》.

¶きのうは*勤めを休んだ I stayed away from *work* yesterday. // 「あなたはどんなお*勤めですか」「エンジニアです」"What kind of *job* do you 「have [do]?" "I am an engineer." 〔参考〕 英米では勤め先をたずねるよりも職種を話題にするのが普通. // 彼は*勤めに出ました (⇒会社へ行った) He went to 「the [his] *office*.

勤め口 (職) job Ⓒ, position Ⓒ ★前者が口語的. **勤め先** *one's* 「office [place of employment] **勤め人** office worker Ⓒ 〔語法〕 男女の区別は特に必要のある時以外はしない. 女性の勤め人は woman [female] office worker；(事務系労働者) white-collar worker Ⓒ.

つとめ² 務め (義務) duty Ⓤ ★「任務・職務」の意味ではしばしば複数形；(課せられた仕

つづり字 (spelling, orthography) ローマ字を習った人にとっては，英語のスペリングは発音とひどく食い違っていてめちゃくちゃであるように思えるかもしれない. しかし，よく観察してみるとそれほどめちゃくちゃではなく，ちゃんとした規則があることに気付くはずである. 英語のアルファベットが発音をもとにした文字であるからには，発音どおりつづられているのが理想であるが，そうなっていないことが多いのは歴史的な理由があるからである.

ここで詳しくその経緯を述べる余裕はないが，ごく簡単に言ってしまえば，昔は発音どおりつづられていたものが，時代とともに英語の発音の仕方が変わり，スペリングと発音が合わなくなってしまったのである. 特に，15 世紀にイギリスにキャクストン (William Caxton) によって印刷術がもたらされて以来，書物の普及によってスペリングは固定したのに，それ以後，母音を中心に英語の発音が大きく変わったのは不幸なことであった.

しかし，発音の変化もかなり規則的であったから，現在の発音とずれていても，スペリングとその発音との間にはかなり規則的な対応が見られる. 次にそれの概要を述べる.

1 母音と母音字

英語の母音を表す文字は a, e, i, o, u, y の 6 文字であるが，1 つの文字が少くとも 2 つ以上の母音を表すのに使われる. もっとも，これは主として強い強勢のある音節の場合で，弱い強勢しかない音節では母音字はだいたいにおいて [ə] というあいまいな母音として発音される傾向がある. 従って以下は強い強勢のある音節の母音字の読み方が中心である. 子音字はだいたいにおいて 1 字 1 音主義で使われているのに対して，母音字は発音との対応が複雑である. このほか y は子音字にも母音字にも使われ，母音字に使われるときは i と同じである.

母音字は大きく分けて，単独の母音字と，2 字以上の連続でひとまとまりになっているものとに分かれ，単独の母音字は短音を表す場合と，長音を表す場合に分けられる.

(1) 単独の母音字と発音の関係.

(i) 短音を表す場合.

★発音が米と英で異なるときは [米音 | 英音] のように示す.

a [æ]: *bag*, *cat* ★a は w, wh の後では [ɑ | ɔ]

事) task Ⓒ. 《☞ ぎむ；しごと》. ¶そうするのが我々の*務めだと思う I feel it our *duty* to do so. ∥ 彼は自分の*務めを立派に果たした He has fully performed his ｢*duties* [*task*]. ∥ 彼は警察官としての*務めを怠った He neglected his *duties* as a policeman.

つとめて 努めて **─動** (最善を尽くす) do *one's* best **─副** (できるだけ) as much as ｢possible [*one* can]；(最大の努力をして) to the best of *one's* ability. 《☞ なるべく》. ¶私は*努めて冷静になろうとした I ｢*did* [*tried*] *my best* to compose myself.

つとめる[1] 勤める, 務める (職についている) work ⓐ；(任期を勤める) serve ⓐ；(…として働く) act as … 《☞ きんむ；はたらく》.
¶彼女は銀行に*勤めている She *works* ｢*for* [*at*; *in*] a bank. / (⇒銀行に雇われている) She *is employed* ｢in [by] a bank. ∥「どちらに*勤めていらっしゃるのですか」「ABC 貿易会社です」"Who do you *work for*?" "I *work for* ABC Trading Company." ∥ 彼は公務員として2年間*勤めた He *served* two years as a public official. ∥ 彼女が我々のガイドを*務めた She *acted as* our guide.

つとめる[2] 努める (…しようとする) try ⓗ 【語法】一般的な語で, この意味の場合は後にto不定詞が続く. 試しにやってみるという意味で, 特に努力が大きいことは意味しないが, 前後関係でその意味になることもある. その意味をはっきり加えるには try … hard とする；(目的達成のため努力する) make ｢an effort [efforts]；(強い決意で大いに努力する) endeavor (《英》endeavour) ⓐ ★以上2つはやや改まった表現；(一生懸命に努力する) exert *oneself* ★形式ばった語. 《☞ どりょく；こころがける》.
¶私はいつも時間を守るように*努めています I always *try* to be punctual. / I always *make an effort* to be punctual. ∥ 私は涙を見せまい (⇒流すまい) と*努めた I *tried* not to shed tears. ∥ 彼は名声を得ようと*努めた He *endeavored* to achieve fame.

つな 綱 (太い) rope Ⓒ；(やや細い) cord Ⓒ；(一般に) line Ⓒ. 《☞ ひも；なわ》.
¶この*綱は細すぎる. もっと太いのを下さい This *rope* is too thin. I want a thicker one. ∥ 私はそれを*綱で縛った I tied it with a *rope*. ∥ 彼は柱の間に*綱をぴんと張った He stretched a *cord* tight between the poles. ∥ 道は*綱を張って遮断されていた The street *was roped off*.
綱引き tug of war Ⓒ. ¶子供たちは*綱引きをした The children ｢played at [had] a *tug of war*. **綱渡り** **─名** (動作) ropewalking Ⓒ；(人) tightrope walker Ⓒ. **─動** walk on a tightrope；(比喩的に, 危ないことをする) take a risk.

つながり 繋り (縁故・友人などの具体的な関係) relation Ⓤ；(抽象的な関係) relationship Ⓤ；(因果・仕事などの関係) connection Ⓤ. 《☞ かんけい (類義語)；かんれん》.
¶私は鈴木さんとは何の*つながりもない I don't have any ｢*relation* [*connection*] with Mr. Suzuki. / (⇒無関係だ) I *have nothing to do with* Mr. Suzuki. ∥ 彼はその件に*つながり (⇒関係) があるらしい He seems to *have something to do with* that affair. / (⇒かかわり合っているらしい) He seems to *be involved in* that affair. ★いずれも一般的な表現だが, 前者のほうがより口語的.

つながる 繋がる **1** «結ばれる»：(連結する) connect ⓗ ★「つなげる物」が主語,「つながれる物」が目的語；(結ばれる) be ｢connected [linked]；(直接結合する) join ⓗ；(連結する) link ⓐ ⓗ ★ⓐの場合は up を付けるのが普通；(電話が通じる) come through ⓐ.
【類義語】つながり方の程度からいえば connect はやや弱い. くさりのように強くつながり, その結果一体感のあるものには link を用いる. 直接, 表面を接触させてつなげる意味では join を用いる. 《☞ むすびつく；せつぞく》
¶新しいトンネルで本州と北海道は*つながる (⇒新しいトンネルが本州と北海道をつなぐ) The new tunnel will ｢*connect* [*link*] Honshu ｢with [and] Hokkaido. 【語法】link を使えば, つながった結果, 本州と北海道が一体になったという響きがある. ∥ その2つの町は橋で*つながっている The two towns *are connected* by a bridge. ∥ この道は立川の先で高速道路に*つ

となる: watch, what
e [e]: pen, bed
i [i]: pin, big
o [ɑ|ɔ]: clock, pocket
u [ʌ]: but, Sunday
y [i]: gym

例 外

(a) o を [ʌ] と発音させることがある: mother [mʌ́ðɚ], son [sʌ́n]
(b) a は [e] に当たることがある: many [méni:]
(c) u に [u] または [i] を表すことがある: put [pút], busy [bízi(:)]
(d) e は例外的に [i] となることがある: England [íŋglənd], English [íŋgliʃ]

(ii) 長音を表す場合.
英語で長音というのは [i:] [u:] のような音だけでなく [ei] [ai] のような二重母音も含む.
a [ei]: table, safe
e [i:]: evening, he
i [ai]: line, nine
o [ou]: old, no, radio
u [ju:]: cute, student ★ch, j, l, r, s の後では必ず, また《米》ではしばしば t, n の次の u は [u:] となる.
y [ai]: style, my, July ★語尾の [ai] 音は普通 y でつづられる.

例 外

(a) a を [ɑ:] と発音させることがある: father [fɑ́:ðɚ|-ðə]
(b) o を例外的に [u:] と読ませることがある: do [dú:], who [hú:], whose [hú:z]

(iii) 単独の母音字はどのような場合に短音を表し, どのような場合に長音を表すか.
(a) 短音を表す場合.
1) 語が母音字+子音字で終わる場合: cat, bed, stop, bus
2) 子音字を重ねてその前の母音字が短音を表すことを示す: apple, letter, little, summer
(b) 長音を表す場合.
語の終わりが母音字+子音字+e の場合, 原則と

ながっている This road *joins* the expressway beyond Tachikawa. // このシャフトはピストンに*つながっている This shaft *links up* with a piston. // 電話がやっと*つながった The call *came through* at last.

2 «関連がある»: (血縁関係がある) be related (to ... ; with ...); (結びついている) be linked (with ...). 《☞ かんけい》. ¶ 一郎は私のおじですが, 血は*つながっていない Ichiro is an uncle of mine, but *is* not *related* ｢*to* [*with*] me by blood.

つなぎめ 繋ぎ目 (2つの物または部分が接合している箇所) joint Ⓒ 《☞ つぎめ》. ¶ この水道管の*つなぎ目がゆるんでいる The *joint* in this water pipe has loosened.

つなぐ 繋ぐ **1** «ひもなどで結ぶ»: (ひもやロープで固定したものに縛り付ける) tie (他); (犬などを皮ひも・鎖でつなぐ) leash (他); (しっかりとつなぎ留める) fasten (他); (くさりで) chain (他); (馬を) hitch (他); (船を) moor (他). ¶ 私は犬を柱に*つないだ I *tied* the dog to a pole. // 犬は*つないでおかなければならない You must *leash* your dog. // 私は馬を木に*つないだ I ｢*hitched* [*fastened*] the horse to a tree. // 多くのヨットが桟橋に*つながれていた Many yachts *were moored* at the pier.

「ペットはすべてつないでおいて下さい」という掲示

2 «連結する»: (連結物を使ってつなぐ) connect (他) ★ 電話をつなぐ場合にも用いられる; (直接結合する) join (他).
¶ 彼はトレーラーを車に*つないだ He *connected* the trailer to the car. 《☞キャンピングカー (挿絵)》 // このホースを蛇口に*つないで下さい Please *connect* this hose to the faucet. // 彼はロープの2つの端を*つないだ He *joined* the two ends of a rope. // 2人は手を*つないで歩いた The two walked *hand in hand*. ★「手に手をとって」の意. // 電話を*つなぎました You *are* ｢*through* [*on* ; *connected*]. 《☞ 電話の英語 (囲み)》 // 内線51番に*つないで下さい Give me [Put me through to] Extension 51, please. // 秘書に*つないで下さい《電話で》 *Connect* me with the secretary.

つなみ 津波 tsunami Ⓒ ★ 日本語から英語に入った語; (地震・台風などによる) tidal wave Ⓒ. 《☞ 自然災害 (囲み)》.

つね 常 ¶ それが世の*常だ (⇒ ならわしだ) That is the *way* ｢of the world [the world goes ; it is].

つねづね 常常 (いつも) always ; (恒常的に) constantly. 《☞ いつも》.

つねに 常に (いつも) always ; (どんなときでも) at all times ; (習慣的に) habitually. 《☞ いつも ; たえず ; 頻度を表す副詞 (囲み)》.

つねる 抓る (親指と人差し指で) pinch (他) ; (急に強く) nip (他) ; give a ｢pinch [nip].
¶ 彼女はその子のほおを*つねった She *pinched* the child's cheek. / She *gave* the child *a pinch* on the cheek. // わが身を*つねって人の痛さを知れ (⇒ 自分の気持ちで他人の気持ちを判断しなさい) Judge others' feelings by your own.

つの 角 (牛・羊・やぎなどの) horn Ⓒ ★ 材料のときは Ⓤ; (鹿の枝角) antler Ⓒ [参考] antler は切ってもまた生えてくるが, horn は生えない; (かたつむりなどの) antenna Ⓒ 《複 antennae [æntéːniː]》.
¶ 牡牛には*角がある Bulls have *horns*. // かたつむりが*角を出した[引っ込めた] The snail ｢put out [drew in] its ｢*antennae* [*horns*]. // *角をためて牛を殺す The remedy may be worse than the disease. 《ことわざ : 治療が病気より悪いことがある》 / Burn not your house to fright the mouse away. 《ことわざ : ねずみをおどして追い払うのに自分の家を焼くな》
角隠し the bride's hood (at a wedding) **角笛** horn Ⓒ ; (狩猟用) hunting horn Ⓒ.

つのる[1] 募る «激しくなる»: (いっそう激しくなる) grow [become] (more) intense ; (気持ちなどが高じる) grow (自). 《☞ たかまる》. ¶ 嵐が近づくにつれ, 風はますます吹き*募った (⇒ ますます激しく吹いた) As the storm approached,

---

して e を発音せず (黙字の e), 母音字を長音に発音する : fine, cute, compete

例 外

次は例外である : have, some, come, love, etc.

(2) 2文字続いた母音字と発音の関係.

ai, ay	[ei] :	*daisy* ; *day*
au, aw	[ɔː] :	*August* ; *law*
ea	[iː] :	*teacher*, *tea*
ee	[iː] :	*thirteen*, *green*
ew	[juː] :	*new*, *stew* ★ 1 (1) (ii) の ★ を参照.
oa	[ou] :	*boat*, *coat*
oo	[uː] :	*school*, *too*
ou, ow	[au] :	*house*; *how* ★ ただし, ow は [ou] と読ませることがかなりある : *crow*, *low*, *mow*, etc.

例 外

(a) au を [æ] または [ɑː] と読ませることがある : *aunt* [ǽnt, ɑ́ːnt｜ɑ́ːnt]

(b) ea を [ei] と読ませることがある : *break*, *great*

(c) oo を [ʌ] と読ませることがある : *blood*, *flood*

(d) ou を [uː] または [ʌ] と読ませることがある : *group*, *soup* ; *young*, *cousin*

(3) 母音字に r が続く場合.

母音字に r が続くといっても, すべての場合ではなく, 1つの音節 (syllable) を成している場合である. なお, 後にさらに e が続くか, 続かないか, あるいは母音字の前にどのような子音字が来るかで発音の分かれる場合がある.

ar	[ɑɚ｜ɑː] :	*arm*, *park*, *star*
are	[ɛɚ｜ɛə] :	*hare*, *bare*
er, ir, ur	[ɚː｜əː] :	*certain*, *girl*, *Thursday*
ere	[iɚ｜iə] :	*here*, *mere* ★ ere は例外的に [ɛɚ] と読ませることがある : *there*
ire	[aiɚ｜aiə] :	*fire*, *inquire*
ure	[(j)uɚ] :	*sure*, *mature*
or	[ɔɚ｜ɔː] :	*short*, *morning* ★ -or- が w に続くと [ɚː] となるのが普通 : *work*, *world*
ore	[ɔɚ｜ɔː] :	*store*, *more*

the wind 「*blew* [*raged*] *harder*. // 恋心は日ごとに*募った My love *grew* as days passed.

つのる² 募る 《募集する》: (人・金などを集める) gather ㊀ ★ 一般的な語; (金・寄付・人を集める) raise ㊀; (組織的に集める) collect ㊀. (☞ ぼしゅう; あつめる).

つば¹ 唾 ―名 (唾液) saliva [səláivə] Ⓤ; (吐き出されたつば) spit Ⓤ. ―動 (つばを吐く) spit ㊁ (過去・過分 spit, spat); (つばを飛ばしてしゃべる) sputter ㊁. (☞ だえき; よだれ). ¶ 彼は猫に*つばをひっかけた He *spat* at the cat. // 道路に*つばを吐いてはいけない You shouldn't *spit* on the street. // 彼は*つばを飛ばしながら話し続けた He talked on, *sputtering*.

つば² 鍔 (刀の) (sword) guard Ⓒ; (帽子の) brim Ⓒ.

つばき¹ 椿 camellia Ⓒ, japonica Ⓒ ★ japonica は椿・木瓜(ぼけ)など日本産植物の通称. (☞ 花 (囲み)). **つばき油** camellia [*tsubaki*] oil Ⓤ.

つばき² 唾 spit Ⓤ (☞ つば¹).

つばさ 翼 wing Ⓒ (☞ はね¹; ひこうき (挿絵)). ¶ かもめは*翼を広げて飛び立った The sea gulls, spreading the *wings*, flew off. // 私たちの飛行機の左の*翼の先が雷でもぎ取られた (⇒ 雷が翼をもぎ取った) Lightning tore off the tip of the left *wing* of our airplane.

つばぜりあい 鍔迫り合い (接戦) close game Ⓒ; (激しい競争) keen competition Ⓒ ★ ただし Ⓤ でも用いられる. (☞ せっせん¹; せりあう). ¶ 2 人は立候補して*つばぜり合いを演じた The two ran for election and there was (a) *keen competition* between them.

つばめ 燕 swallow Ⓒ.

つぶ 粒 (穀粒) grain Ⓒ ★ 塩や砂などの粒も指す; (水滴) drop Ⓒ.
¶ 彼は床の上の米*粒を拾った He gathered up the *grains* of rice on the floor. // 砂*粒が目に入った I got a *grain* of sand in my eye. // 大*粒の雨が降ってきた Large [Heavy] *drops* of rain began to fall. / It started raining in large *drops*.
粒がそろう ¶ この箱のりんごは*粒がそろっている (⇒ 大きさが同じだ) The apples in this box *are all the same size*. // 今年の新入生は*粒ぞろいだ (⇒ みんな[一様に]よい) The freshmen this year *are* 「*all* [*uniformly*] *good*.

つぶさに (細かく) minutely [main(j)úːtli(ː), mi-]; (詳細に) in detail; (たっぷり) fully; (十分に詳しく) at full length. ¶ 彼は真実を*つぶさに語った He told the truth 「*minutely* [*in detail*].

つぶし ¶ 彼の技術は*つぶしがきく (⇒ 広く応用できる) His skill *is widely applicable*. // 彼は機械に強いから*つぶしがきく (⇒ いろいろな仕事に向く) He *is* 「*good* [*fit*] *for many jobs* because he knows a lot about machinary.

つぶす 潰す **1** 《押しつぶす》: (力を加えて原形をとどめないように壊す) crush ㊀; (ぺちゃんこにする) squash ㊀; (急激な衝撃でぐしゃぐしゃにする) smash ㊀; (固い物の形を瞬間的に壊す) break ㊀ ★ 一般的な広い意味の語で, 必ずしも「つぶす」に当たらないこともある; (じゃがいもなどを突きつぶす) mash ㊀. (☞ おしつぶす).
¶ 私は箱の上に乗って*つぶしてしまった I stepped on the box and 「*crushed* [*squashed*; *broke*] it. // トラックが飛び込んできて (⇒ 暴走して), 玄関を*つぶした A truck went out of control and 「*smashed* [*broke*] the front door. // 彼女はじゃがいもをゆでて*つぶした She boiled some potatoes and *mashed* them. (☞ 料理の用語 (囲み))
2 《あきを埋める》: (時間を) kill [pass] time. ¶ 彼は暇を*つぶすために散歩に出かけた He went for a walk to 「*kill* [*pass*] *time*.
3 《だめにする》 ¶ 彼女は私の顔を*つぶした (⇒ 私の面目を失わせた) She made me *lose face*. // 彼は身代を*つぶした He *lost* his fortune. / (⇒ 破産した) He 「*went bankrupt* [*got broke*]. ★ [ ] 内は口語的.

つぶやく 呟く (聞き取れないほど低い声でぶつぶつ言う) murmur ㊁; (不平や怒りを人に聞こえないようにこぼす) mutter ㊁. ¶ 彼が何か*つぶやくのを聞いた I heard him 「*murmuring* [*muttering*]. // ぶつぶつ*つぶやいていないで (⇒ 1 人で不平を言ってないで), はっきりと意見を言いなさい Don't *grumble to yourself*. Speak

---

our [auɚ] [ɔɚ] [uɚ]: *our* [áuɚ | áuə], *four* [fɔ́ɚ | fɔ́ː], *tour* [túɚ | túə]
air [ɛɚ | ɛə]: *air*, *hair*
eer [iɚ | iə]: *deer*, *beer*

(4) 母音字に l [él] が続く場合.
特に al, all の場合について注意が必要である. al は強い強勢があれば [æl] または [ɔːl] となり, 弱強勢なら [(ə)l] となる. all は [ɔːl] となるのが普通.
*al*bum [ǽlbəm], *al*ways [ɔ́ːlwiz], princip*al* [prínsəp(ə)l]; *all*, b*all*, sm*all*

2 子音と子音字
子音字は母音字と違って 1 字 1 音式で発音と対応するものが多い. 従って母音字の場合ほどスペリングと発音の関係が複雑ではない. 次にあげる子音字はすべて発音が発音記号と一致しており, また 1 とおりの読み方しかできない.
b, d, f, h, k, l, m, n, p, t, v, w, z.
ただし, スペリングにあっても発音されない場合がある. 以上のほか, j [dʒ], x [ks] も普通は 1 とおりにしか発音されない.

(1) 2 とおり以上の発音と対応する子音字.
c: [k] または [s].
(a) [k] と発音するのは a, o, u および子音の前, または語末: cat, cold, cute, class, music
(b) [s] となるのは e, i, y の前: Alice, pencil, bicycle
g: [g] または [dʒ].
(a) [g] と発音するのは a, o, u および子音の前, または語末. ただし -ng で終わる場合は [-ŋ] で [ŋg] とはならない. なお, -ng- の後に母音が続く場合は [ŋg] となるが派生語ならば [g] はつかない: gas, golf, gun, green, big, ring [ríŋ], finger [fíŋgɚ], singer [síŋɚ]
(b) [dʒ] と発音されるのは (a) 以外の場合であるが, (a) 以外の場合でも [g] となることもある: gentleman, gem, stage, ただし, give, girl, get
s: [s] または [z].
(a) [s] となるのは語頭もしくは語尾の場合. ただし, 複数形の -s のように, 接辞として語に付けられる場合は, その前の音の有声・無声などによって発音が決まる:

out your opinions.

つぶより 粒選り **—**形 (精選した) picked ; (精選されて上等の) choice(st) ; (最上の) best ★ 最も一般的だが, 日本語の「粒より」には前 2 者のほうが近い. 《☞ よりぬき》. ¶ チームは *粒よりのメンバーで構成された The team was organized using the 「*picked* [*best*] members. // 箱のりんごは *粒よりのものです The apples in the box are all the *choicest* ones.

つぶら **—**形 (丸い) round 《☞ まるい》. ¶ 彼女は*つぶらな目を私に向けた She turned her *round* eyes on me.

つぶる 瞑る (目を) close [shut] (*one's* eyes); (見て見ないふりをする) overlook ⊕ ; (...をそのまま通す) let ... pass. 《☞ とじる[1]》. ¶ 彼は目を*つぶって眠ろうとした He 「*closed* [*shut*] his eyes and tried to sleep. // 彼女は子供たちのいたずらには目を*つぶった She 「*closed* [*shut*] her eyes to the children's mischief. // こんな不正行為に目を*つぶろうというのですか Are you going to 「*overlook* such an evil act [*let* such an evil act *pass*]?

つぶれる 潰れる **1** «壊れる» : (押しつぶされる) be 「crushed [squashed]; (急激な衝撃でめちゃめちゃになる) be smashed ★ 比喩的な意味でも用いられる ; (壊れる) break ⊜ ; (建造物が破壊される) be destroyed ; (瓦解する) collapse ⊜. 《☞ つぶす ; こわれる ; ぺちゃんこ》. ¶ その箱は輸送中に*つぶれてしまった The box *was crushed* in transit. // 地震で何軒かの家が*つぶれた Several houses 「*were destroyed* by [*collapsed in*] the earthquake. // 彼の会社は*つぶれた (⇒ 破産した) His company *went* 「*broke* [*bankrupt*]. 《☞ とうさん[1]》 // 彼は酔い*つぶれた (⇒ 意識を失った) He *passed out*.

2 «時間を失う» : (時間をとる) take up *a person's* time ★「物事」を主語にして ; (失う) lose (*one's* time). ¶ その仕事で私の時間がだいぶ*つぶれた (⇒ その仕事が私の時間をとった) The work *took up* much of *my time*. // 寝坊をして, 朝の貴重な時間が*つぶれてしまった (⇒ 私は朝の貴重な時間を失った) I overslept and *lost* my valuable morning hours.

つべこべ ¶ 彼は私が何か言うと必ず*つべこべ言う (⇒ 口答えする) He always *answers back* when I tell him (to do) something. / (⇒ 反対する) He always *raises objections* when I tell him something. // *つべこべ言うな (⇒ 黙れ) *Shut up*! / *Hold your tongue*!

ツベルクリン tuberculin [t(j)ubə́:kjulin] Ⓤ ; (テスト) tuberculin test Ⓒ ; (ツベルクリン反応) tuberculin reaction Ⓒ.

つぼ 壺 (金属製または土製の) pot Ⓒ 【語 法】 丸いつぼ状の入れ物一般を指す広い意味の語. 「砂糖つぼ」などは sugar pot という ; (土製またはガラス製で広口のもの) jar Ⓒ ; (装飾用の) vase Ⓒ.

pot　　jar　　vase

-つぼ …坪 *tsubo* Ⓒ ★ 単複同形.

-っぽい ☞ -ぽい

つぼみ 蕾 bud Ⓒ ; flower bud Ⓒ ★「葉の芽」leaf bud に対して. 《☞ め[2]》. ¶ ばらの*つぼみが出ている (⇒ ばらがつぼみを出した) The roses have 「put forth [shot out] *buds*. / The roses are *in bud*. // 梅の*つぼみが大きくふくらんでいる The plum trees are *in* fat *bud*.

つま 妻 wife Ⓒ 《複 wives》, 《俗語》 *one's* better half Ⓒ. 《☞ 親族関係 (囲み)》. ¶ 私には*妻も子供もいる I have a *wife* and children. // 私には*妻はありません (⇒ 私は結婚していない) I'*m* not *married*. / (⇒ 私は独身だ) I'm single. / I am a *bachelor*. // 彼はアメリカ人を*妻に迎えた He took an American *wife*. / (⇒ アメリカ人女性と結婚している) He *is married* to an American woman. // 内縁の*妻 a common-law *wife*

つまさき 爪先 (足の指の先) the tip of a toe Ⓒ, tiptoe Ⓒ ★ 後者のほうが普通 ; (靴・靴下などの) toe Ⓒ. 《☞ あし[1] (挿絵) ; ゆび》. ¶ 彼はドアまで*つま先で歩いた He walked *on* 「*tiptoe* [*the tips of his toes*] to the door. //

---

six, *stay*, *bus*, *pass*

ただし, 語尾で -e が後に続くと [-z] となることが多い : rose, pose, nose ★ ただし cease のように [-s] の場合もある.

(b) [z] となるのは語の中間で母音にはさまれている場合 : music, rosy, present

r : 母音の前では [r] となる : *r*ose, *r*ead ★ 母音の後で同一音節内にあるときは **1** (3) を参照.

(2) 2 文字続きの子音字と発音.

ck [k], dg [dʒ], ph [f], sh [ʃ] は普通 1 とおりの発音しかない : *sick*, *bridge*, *phone*, *ship*

しかし, 次の 2 つは注意がいる.

ch : [tʃ] が原則だが, [k] または [ʃ] と読ませることがある : *church*, *school*, *machine*

th : 元来語頭では [θ] と無声に発音するのが原則であるが, 次のような語では [ð] となる : *this*, *that*, *the*, *these*, *those*, *they*, *there*, *then*

以上でもわかるように, ほとんどが指示詞もしくは人称代名詞, 冠詞である. これら以外では [θ] となるのが原則と覚えると覚えやすい : *think*, *bath*, *path*, etc.

ただし ba*th*e, brea*th*e のように -th で終わる名詞の動詞形には [ð] となるものが多い.

3 スペリングにあっても発音されない文字

スペリングにあっても発音されない文字を黙字と言うが, 注意すべきものの幾つかをあげる.

e : 語尾にある -e は原則として発音されない. 多くは前にある母音字を長音に読むための印である : cake, fine

k : n の前では発音されない : *k*now, *k*nee

w : 語頭の wr- という結びつきでは発音されない : *w*rite, *w*rong

gh : 語中もしくは語尾にあって, 直前の母音字が i, au, ou のときには発音されない : ni*gh*t, cau*gh*t, thou*gh*t

ただし lau*gh*, enou*gh*

b : 語尾で -mb の結びつきでは発音されない : clim*b*, com*b*, bom*b*

つづり字の切れ目 (division of words) 語には音節ごとに切れ目を作ることが可能で, 行の終わりなどで語を途中で切らなくてはならない場合にはハイフン (-)

彼は頭のてっぺんから*つま先までびしょぬれだった He was wet (all over) from ┌head to *foot* [top to *toe*]. ★「全身」の意味の成句. // この靴はきつすぎて*つま先があたる These shoes are too tight, and they pinch ┌my [at the] *toes*.

つまされる (感動する) be ┌moved [touched]; (同情して哀れに思う) have [take] compassion on ... ¶ 彼の話に*つまされて涙が出た (⇒ 彼の話は私を感動させて涙を流させた) His story *moved* me to tears. // 彼女の気の毒な身の上にだれもが身に*つまされた (⇒ 彼女に同情した) Every one *took compassion on* her.

つましい 倹しい ━動 (倹約する) be frugal with ..., practice economy ★ 前者はつましさ, ささやかさの程度が強い. 《☞ けんやく; せつやく; しっそ》. ¶ 彼は*つましい (⇒ 出費を倹約している) He *is frugal with* ┌money [his expenses]. // 彼女は*つましく暮らしている She is living ┌*frugally* [with *frugality*]. / She is leading a *frugal* life.

つまずき 躓き (失敗) failure Ⓒ.

つまずく 躓く (足を何かに引っかけてよろめく) trip ㊀; (歩行中につまずいて転びそうになる) stumble ㊀; (失敗する) fail (in ...) ㊀; (うまくいかない) go wrong; (挫折する) be set back. 《☞ ころぶ; しっぱい; ざせつ》.

¶ 彼は木の根に*つまずいて転んだ He ┌*tripped* [*stumbled*] ┌*on* [*over*] a root and fell. // 彼は事業に*つまずいた (⇒ 失敗した) He *failed in* his business. // 彼らの計画は*つまずいた (⇒ うまくいかなかった) Their plan ┌*went wrong* [*did not work*].

つまはじき 爪弾き ━動 (嫌って遠ざける) shun ㊉. ━名 (やっかい者) black sheep Ⓒ; (厄病神のように嫌われている人) pest Ⓒ.

¶ 彼はクラスの者から*つまはじきにされている (⇒ 嫌われている) He *is hated* by his classmates. / He *is shunned* by his classmates. // 彼は家族に*つまはじきにされていた (⇒ 家族のやっかい者だった) He was the *black sheep* of the family.

つまびく 爪弾く (指で弦楽器を弾く) pick ㊉ 《☞ ひく[2]》.

つまびらか 詳らか ¶ その真相を*つまびらかに (⇒ 明らかに) する必要がある It is necessary to *clear up* the truth.

つまみ **1** «取っ手»: (ドア・取っ手・ラジオなどの頭の丸いつまみ) knob Ⓒ 《☞ とって》. ¶ *つまみを回す turn a *knob*

2 «おつまみ»: (前菜) hors d'oeuvre [ɔɚdə́ːv] Ⓒ; (ねじったり, 結び目にしたりした塩味のビスケット) pretzel Ⓒ ★ ビールのつまみによく出される. なお, 日本の習慣と違い, 英米では食事以外で酒を飲む場合はあまり食物をとらないので, 日本語の酒のつまみにぴったりの語句はない.

-つまみ (つまんだ量) pinch Ⓒ 《☞ 数の数え方 (囲み)》. ¶ 彼は塩を 1*つまみ入れた He put a *pinch* of salt in it.

つまみぐい つまみ食い ━動 (こっそり食べる) eat secretly. ¶ *つまみ食いを母に見つかった (⇒ 母は私がこっそり盗み食いをしているのを見つけた) Mother caught me *eating secretly*.

つまみだす つまみ出す (追い出す) throw [turn] out ㊉. ¶ 彼はそのちんぴらを店から*つまみ出した (⇒ 追い出した) He ┌*threw* [*turned*] the young punk *out* of the store.

つまむ (拾い上げる) pick (up) ㊉ [語法] 正確に言えば pick (up) ┌with [between] *one's* fingers (＝指にはさんで拾い上げる) だが, pick (up) だけで済ませられる場合が多い.

¶ 彼女はその虫を*つまんで捨てた She *picked* the worm (*up*) (*between her fingers*) and threw it away. [語法] 英語としてはこの ( ) の中の表現を付けない方が簡潔. // 彼はその団子を指で*つまんで食べた He ate the dumpling *with his fingers*.

つまようじ 爪楊子 toothpick Ⓒ.

つまらない ━形 (単調でおもしろくない) dull (↔ interesting); (飽き飽きするような) boring; (興味をそそらず, おもしろくない) uninteresting; (些細で取るに足りない) trifling; (ばからしい) foolish; (価値のない) worthless; (無意味な) meaningless. [語法] 日本語の「つまらない」にはいろいろな意味が含まれているから, 前後関係によって訳語を選択しなくてはならない. 《☞ くだらない; たいくつ》.

¶ そのパーティーは*つまらなかった (⇒ 退屈なパーティーだった) It was a *dull* party. // その本は

を使って, その切れ目で切ることになっている.

どこに切れ目を置くかは英和・英英などの辞典の見出し語に示されており, それ以外の箇所で勝手に切ってはならないことになっている. 従って, その度ごとに辞典を参照するのが一番確かな方法であるが, 切れ目の作り方についての基本的なことを覚えておくと便利なので, その幾つかを述べてみよう.

(1) 語はなるべく途中で切らないように努力すること.

英語を書く場合, 左側の線はそろえなくてはならないが, 右側は凸凹になってもかまわないことになっている. 従って, 非常に長い単語などで, どうしてもやむを得ない場合以外は切らないで, 少し余白があきすぎても次の行に送るのがよい.

(2) 単音節語は切れない.

音節は母音を中心とするから, 母音が 1 つしか含まれていない語, 例えば, the, ship, desk, splash, caught などは切ることができない.

なお, つづり字の切れ目は必ずしも発音上の音節の切れ目と一致しているわけではないが, 大体において発音を基本にしていると言ってよい. 従って, 発音されない母音字は勘定に入れないから, 例えば, take, line, matched などは母音字が 2 つ含まれているけれども切ることができない.

(3) 語の初め, または終わりの 1 字のみを切り離すことはできない. 2 字を切り離すことも好ましくない.

例えば enough, many のように 2 音節語で, 辞書によっては e·nough, man·y のように切れ目を示してあっても, このような語は切ることはできない.

(4) 同じ子音字が重ねてある語はその真中で切る.

例えば committee, difference, runner のような語の切れ目は com·mit·tee, dif·fer·ence, run·ner となる. ただし, pass·port, class·mate のような複合語は各要素ごとに切る.

(5) もともとハイフンでつながれた語は, ハイフンの箇所以外では切ってはならない.

例えば half-witted, leave-taking などは, それぞれハイフン以外にも切れ目があるが, 切らないこと. 1 語に 2 つのハイフンがつくと読みにくくなるというのがその理由である.

*つまらなかった (⇒おもしろくないとわかった) I found the book 「*uninteresting* [*dull*]. // 彼らは*つまらない (⇒取るに足らない) ことでけんかをした They quarreled 「over [about] *trifles*. // 私は*つまらない (⇒ばからしい) 間違いをしたことを悔やんでいる I regret having made a 「*foolish* [*silly*] mistake. // 彼女は*つまらない (⇒一文の値うちもない) 男にだまされた She was fooled by a *worthless* fellow. // 彼は講師に*つまらない (⇒無意味な) 質問をした He put a *meaningless* question to the lecturer. // *つまらないものですが, どうぞ (⇒たいしたものではありませんが, お気に入ることを願っております) This is *nothing wonderful*, but I hope you like it. [参考] 人に物を差し出す場合, 英語では相手の気に入る物を選ぶように努力したことを含めるのが習慣である.

つまり (すなわち) that is (to say) ★ 改まった書き言葉では i.e. と書くことが多い; (手短に言うと) in short; (一言で言えば) in a word; (結局) after all. 《☞ すなわち; ようするに》.

¶ *つまり問題は金である (⇒要するに金の問題だ) *In short*, the problem is a matter of money. // *つまり (⇒一言で言えば) 彼の事業は失敗だった *In a word*, he failed in his 「business [undertaking]. // *つまりこうなのだ (⇒これから言うように表現させてほしい) Well, let me *put* it this way.

つまる 詰まる **1** «ふさがる»: (あいているべきところが物でふさがっている) be choked up, be clogged up, be stopped up; (鼻が) be stuffed up. 《☞ ふさがる》.

¶ このパイプは*詰まっている This pipe *is* 「*choked* [*clogged*] *up*. // 下水管が*詰まった The sewer *was stopped up*. // 私は鼻が*詰まっている My nose *is stuffed up*. / I have a *stuffed-up* nose. // 老人は食物がのどに*詰まって (⇒食物で息が詰まって) 死ぬことがよくある Old people 「often *choke* [*are* often *choked*] to death over their food.

2 «充満する»: (…でいっぱいである) be filled (up) with …, be full of …; (ぎっしりと詰まっている) be packed with … 《☞ ぎっしり》.

¶ 彼女はお金の*詰まった財布を見つけた She found a purse 「*filled with* [*full of*] money. // その車両は学生でぎっしり*詰まっていた The car *was packed with* students (to the full). // 今週は予定が*詰まっている I have a *tight* schedule this week.

3 «行き詰まる»: (途方に暮れる) be at a loss; (行き詰まって動きがとれない) be stuck.

¶ 私は言葉に*詰まった (⇒何と言ってよいか当惑した) I did *not know* what to say. / I *was at a loss* for words. / I *was stuck* for words.

つみ 罪 (宗教·道徳上の) sin Ⓒ; (法律上の) crime Ⓒ; (比較的軽い罪·違反) offense (《英》 offence) Ⓒ; (罪悪感) guilt Ⓤ.

【類義語】英語では宗教上の罪と法律上の罪とを区別して表す. 宗教上の戒律を破るといった, 神に対する裏切りは **sin**. これは普通, 道徳上の罪とも一致する. 人に対してうそをつくといった行為は一般に **sin** である. 一方, 法律を犯す罪は **crime**, また, 規則を破るという意味で, 法律上の罪には **offense** も使われる. 犯罪を犯したという事実, またその罪悪感には **guilt** を用いる.

¶ 彼は恐ろしい*罪を犯した 《宗教·道徳上の》 He committed a horrible *sin*. / 《法律上の》 He committed a horrible *crime*.

彼は*罪を悔いている He repents his 「*sin* [*crime*]. / He is sorry for his *wrongdoing*.

重大な*罪 a 「grave [great] 「*sin* [*crime*]

彼は*罪を自白した He confessed his 「*crime* [*guilt*].

彼女は*罪を司祭に告白した She confessed her *sins* to the priest.

神さま, どうか私の*罪をお許し下さい O Lord, please forgive me my *sins*.

あなたの*罪を許します I will forgive you (for what you have done to me). [語法] 他人が自分に対して犯した過ちなどを許すとき, 特に sin とか crime とかは用いない.

盗みは*罪だ Theft is a *crime*.

殺人, 強盗などの*罪は重罪と呼ばれる Such *offenses* as murder and burglary are called felonies.

それはだれの*罪でもないよ (⇒だれも責められるべきでない) Nobody is to blame for it.

彼は強い*罪の意識に悩まされた A strong sense of *guilt* haunted him.

彼は窃盗の*罪に問われ, ただちにその*罪を認めた He *was* 「*accused of* [*charged with*] theft and *pleaded guilty* on the spot.

彼らは失火の*罪を管理人に着せた They put the *blame* for the fire on the janitor.

彼は自分でその*罪を着た He took the *blame* (on) himself.

私のやったことは*罪にならないはずだ (⇒法にはずれていない) I'm sure what I've done is not *against the law*.

【参考語】一 形 (道徳上·宗教上, 罪深い) sinful; (犯罪上, 罪のある) guilty, criminal. 一 名 (罪人) sinner Ⓒ; criminal Ⓒ. 一 動 (罪を犯す) sin 自; offend 自.

つみあげる 積み上げる (山のように) pile up 他; lay … in heaps [語法] 前者は一つ一つきちんとした積み上げ方を暗示し, 後者は多少乱雑に山のように積み上げることを暗示する. なお, lie in heaps とすれば「積み上げてある」という状態を示す; (次々と上に乗せる) put [lay] one … 「on [upon] another. 《☞ つむ[1]》.

¶ 彼は(次々に)箱を*積み上げた He 「*laid* [*put*] *one* box *upon another*. // 本が山と*積み上げられていた Books *were piled* (*up*) high. / Books *lay in heaps*. // 庭には丸太が山と*積み上げてあった There was a *pile* of logs in the yard.

つみおろし 積み降ろし 一 動 load and unload 他 自.

¶ 荷物の*積み降ろしを手伝ってくれませんか Will you help me *load and unload* the goods? // 荷物の*積み下ろし禁止 No *loading or un-*

loading. 《☞ 掲示の英語 (囲み)》

つみかさね 積み重ね (蓄積) accumulation Ⓤ 《☞ ちくせき》. ¶ 努力の*積み重ねこそが成功への道だ (⇒ あなたを成功へと導く) It is the *accumulation* of your efforts that leads you to success. / (⇒ 不断の努力が) It is your ⌈*continual* [*constant*] efforts that lead you to success.

つみかさねる 積み重ねる (物を) pile up ⊕; (力・財産・知識などを蓄積する) accumulate ⊕. 《☞ つみあげる; つむ¹》.
¶ 納屋には農具が*積み重ねてあった There was a ⌈*stack* [*heap*] of farming implements in the barn. [語法] 束ねてあったり, まとめてある場合は stack, 盛り上げてある場合は heap を用いる. // 彼は着実に業績を*積み重ねていった He steadily *accumulated* good results.

つみき 積み木 building block Ⓒ.

つみくさ 摘み草 herb-gathering Ⓤ.

つみこむ 積み込む (荷物を) load ⊕ [語法] 「荷」も, 荷を積み込む「車両・船舶」なども目的語になり得るが, 荷が何であるかを特に示す必要がない場合には第 1 番目の例文のような言い方になる; (物を…の中に入れる) put (things) into … 《☞ つむ¹; つみに》.
¶ 彼らはトラックに荷を*積み込んでいる They *are loading* the truck. // 私たちはトラックに乾し草を*積み込んだ <S(人)+V(*load*)+O(荷)+*onto*+名・代(車両・船舶など)> We *loaded* hay *onto* the truck. / <S(人)+V(*load*)+O(車両・船舶など)+*with*+名・代(荷)> We *loaded* the truck *with* hay. // 彼らは私の身のまわり品を機内に*積み込んだ They *put* my personal effects *on board*. [語法] on board を用いるのは飛行機・船などの場合. // 子供たちへのおもちゃやプレゼントを*積み込んで, 我々の車は幼稚園へ向かった Our car set off for the kindergarten, *loaded with* toys and presents for children.

つみだす 積み出す (送り出す) send off ⊕; (輸送機関を使って出荷する) ship ⊕ ★ 船以外のものにも使う. 《☞ しゅっか¹; ふなづみ》.
¶ 私は彼らがオレンジを*積み出すのを手伝った I helped them ⌈*send off* [*ship*] oranges.

つみたて 積み立て (貯金) savings ★ 複数形で. **積み立て金** (とってある金) reserved fund Ⓒ **積み立て貯金** installment savings.

つみたてる 積み立てる (貯金する) save ⊕; (使わずにとっておく) put [lay] aside ⊕. 《☞ ためる; ちょきん》. ¶ 我々は旅行の費用を*積み立ててきた (⇒ 貯金してきた) We *have been saving* money for the trip. // 彼は息子の学費のため毎月少しずつ*積み立てている He ⌈*lays* [*puts*] *aside* a little money every month for his son's school expenses.

つみとる 摘み取る (植物を) pick ⊕; (特に不要なものを引き抜く) pluck ⊕; (はさみ取る) nip off ⊕. 《☞ つむ²》. ¶ いまは綿花の*摘み取り期だ It is the cotton *picking* season.

つみに 積み荷 (荷物) load Ⓒ; (特に鉄道・道路などによる運送貨物) 《米》 freight [fréit] Ⓒ, 《英》 goods ★ 複数形で; (船・飛行機による運送貨物) cargo Ⓒ 《複 ~es, ~s》 ★ 集合的に用いる場合は Ⓤ. 《☞ かもつ; にもつ》.
¶ そのトラックの*積み荷は穀物だった The truck ⌈had a *load* of [*was loaded with*] grain. // トラックの*積み荷を下ろすのを手伝ってくれ Help us *unload* the truck.

つみのこす 積み残す shut … out from [leave … out of] the shipment 《☞ つむ¹》.
¶ 彼らはそれを*積み残さざるをえなかった They had to ⌈*shut* it *out from* [*leave* it *out of*] *the shipment*.

つみほろぼし 罪滅ぼし ― 動 (償いをする) atone (for …) ⊜, make amends (for …).
¶ 私は自分の悪事の*罪滅ぼしをしたい I want to ⌈*atone* [*make amends*] *for* my wrongdoing.

つむ¹ 積む **1** «重ねておく»: (順に積み上げる) pile (up) ⊕ ★ きちんとした積み方を暗示する; (こんもりと積み上げる) heap (up) ⊕ ★ 多少乱雑な積み方を暗示する; (きちんと積む) stack ⊕. 《☞ つみあげる; つみかさねる》.
¶ 彼は庭の片隅に落葉を*積んだ He *heaped* the fallen leaves in a corner of the yard. // 廊下に箱がたくさん*積んであった Many boxes *were piled up* on the corridor. // その木の下に砂が*積んであった (⇒ 砂の山があった) There was a ⌈*heap* of sand [sand *heap*] under the tree. // 机の上には本がめちゃめちゃに*積んであった Books *were heaped up* in confusion on the desk. // 彼は干し草を*積み上げた He *stacked* hay. [参考] 「干し草の山」を a haystack という. 一般に, 円錐形になるような山を作ることを stack という. // どんなに金を*積んでも (⇒ 世界中の黄金を出しても) 幸福は買えない You ⌈cannot [couldn't] buy happiness *for all the gold* in the world.
2 «荷を積む»: load ⊕ 《☞ つみこむ; つみに》.
¶ 彼はトラックに米の袋を*積んだ <S(人)+V(*load*)+O(輸送機関)+*with*+名(物)> He *loaded* the truck *with* bags of rice. // 船には銃が*積んであった The boat *was loaded with* guns. // 船はこの港で荷を*積む The ship *takes* ⌈*in* [*on*] cargo at this port. 《☞ ふなづみ》 // その列車は乗客をぎっしり*積んでいた The train *was packed* with passengers. [参考] 「すし詰め」に当たる jam-packed や capacity packed, または packed to capacity を用いてもよい.

つむ² 摘む (摘み取る) pick ⊕; (集める) gather ⊕; (むしり取る・引き抜く) pluck ⊕; (指ではさんでつまみ取る) nip (off) ⊕.
¶ 私たちは花を*摘んだ We ⌈*picked* [*gathered*] flowers. // あの女たちは茶を*摘んでいる The women *are* ⌈*picking* [*plucking*] fresh tea leaves. / The women are engaged in tea *picking*. [語法] 一般に, 何かを選んでほじくり出すような動作には pick を, 力を入れてぐいと引っぱるような動作には pluck を用いる. // 彼は虫食いの芽を*摘んだ (⇒ 虫の食ったつぼみをはさみ取った) He *nipped* the worm-eaten buds. // そのようなことは芽のうちに*摘んでおくべきだ A thing like that should *be nipped* in the bud. / We should *nip* such a thing in the bud. ★ 比喩的表現.

つむ[3] 詰む (将棋・チェスで王手をかけて勝つ) checkmate (他). ¶あと2手で*詰むよ I can *checkmate* you in two moves.
【参考語】— 名 (王手) checkmate Ⓒ.

つむぐ 紡ぐ spin (他)(自)《☞ いと[1]》. ¶彼女は糸を*紡いでいた She *was spinning* thread. [語法] 特に必要がなければ thread は用いなくてもよい.

つむじ 旋毛 hair ｢whirl [whorl] Ⓒ.
つむじ曲がり contrary [perverse] person Ⓒ ★「扱いにくい人」, あるいは「自説を押し通して他人の気持ちをくまない人」の意. ¶君はまったく*つむじ曲がりだね How ｢*contrary* [*perverse*] you are! / You are all *perversity*. **つむじを曲げる** (機嫌が悪くなる) get ｢bad-tempered [cross]; (頑固に断る) refuse … obstinately. ¶あまり強引に押し通すな. 彼女は*つむじを曲げるかもしれない (⇒ 彼女をもっと頑固にする) Don't push it too hard. It will *make* her *more obstinate*.

つむじかぜ 旋風 whirlwind Ⓒ《☞ かぜ[1]》.

つめ[1] 爪 (人の) nail Ⓒ [語法] 単に nail といえば足のつめ (toenail) でなく, 手のつめ (fingernail) を指すのが普通なので, 足のつめということをはっきりさせたいときは toenail というのがよい; (鳥や獣の湾曲した鋭いつめ) claw Ⓒ ★ 特にワシやタカなど猛禽類のつめは talon Ⓒ という; (琴(こと)などをひく時の) plectrum Ⓒ; (ギターなどの)《口語》pick Ⓒ.
¶*つめを切らなければいけないな Your *fingernails* need cutting. // お母さんに*つめを切ってもらった I had my *fingernails* cut by my mother. // *つめが真っ黒じゃないか Your *nails* are dirty! // あの子の*つめはすぐ伸びる His *fingernails* grow fast. // *つめはいつも短く切りそろえておかなければいけません You must always keep your *nails* (cut) short. // 猫はよく木の幹をひっかいて*つめをとぐ Cats often sharpen their *claws* by scratching tree trunks. // あいつには誠実さなんて*つめのあかほどもない There is not an *atom* of truth in him. // 能ある鷹は*つめを隠す Still waters run deep.《ことわざ: 静かな川は水深が深い》

つめ[2] 詰め (最終段階) the final stage. ¶彼は*詰めを誤って負けた He made an error ｢at [in] *the final stage* and was defeated. // *詰めが甘かったな (⇒ 最終段階での作戦で十分慎重でなかった) You were not ｢careful [cautious] enough in *your tactics* ｢*at* [*in*] *the final stage*.

-づめ …詰め ¶オレンジ100個*詰めの箱 a box ｢*of* [*containing*] 100 oranges // 近ごろはびん*詰めの生ビールが出回っている *Bottled* draft beer is available these days. // 400字*詰めの原稿用紙を50枚欲しい I want 50 sheets of 400-character manuscript paper.

つめあわせ 詰め合わせ — 形 (種類の違う物を詰め合わせた) assorted. ¶彼は私にクッキーの*詰め合わせを一箱くれた He gave me a box of *assorted* cookies.

つめえり 詰め襟 closed [stand-up] collar Ⓒ; (服) jacket with a closed collar Ⓒ.

つめかける 詰めかける (群衆がどっと包囲する) besiege [bisíːdʒ] (他); (押し合いへし合いして詰めかける) throng (他)(自), crowd (他)(自) [語法] (自) の場合は前置詞は群衆の動きや状態に応じて, to, around, through, into などを適当に用いる.《☞ おしかける; あつまる》.
¶新聞記者がその家に*詰めかけた Reporters *besieged* the house. / The house *was besieged* by reporters. // 音楽好きの人たちが新しいコンサートホールに*詰めかけた Music lovers *thronged* (*to*) the new concert hall. // 大勢の人が社長の話を聞きに*詰めかけた (⇒ 大勢の人が集まった) A *throng gathered* to hear the president speak. // 買い物客がそのスーパーに*詰めかけた Shoppers ｢*crowded* [*thronged*] *into* the supermarket.

つめきり 爪切り (日本式の) nail clipper(s); (小型のはさみ状の) nail scissors ★ 複数形で.

つめこみ(しゅぎ) 詰め込み(主義) — 名 cramming Ⓤ. — 動 (詰め込み(主義)で勉強する・教える) cram (自)(他). ¶彼は*詰め込みで学年末試験のための勉強をしている He *is cramming* for the final examination. // 私は*詰め込み教育には反対だ I'm against ｢*cramming* [a *cramming* type of education].

つめこむ 詰め込む (押し込む) cram (他); (詰める) pack (他); (いっぱいにする) crowd (他); stuff (他).
【類義語】無理にでも押し込むのを ***cram*** というが, 口語では試験勉強などで詰め込むことにも用いる. 貯蔵や運搬のために包みや荷物として物を詰め込むのは ***pack*** であるが, これは乗り物に乗客などを詰め込むことにも用いる. 場所の大きさに比べて人や物の数が多すぎるという気持ちでは ***crowd***. 詰め物を入れるのは ***stuff***.
¶私は本をトランクに*詰め込んだ I ｢*crammed* [*packed*] books *into* my trunk. / I ｢*crammed* [*packed*] my trunk *with* books. // 私は徹夜をして*詰め込みの勉強をしなければならなかった I had to *cram* all night.《☞ いちやづけ》// どの通勤列車にも乗客がぎゅうぎゅうに*詰め込まれていた Each commuter train *was* ｢*jampacked* [*overcrowded*] (with passengers). / The passengers *were packed in* like sardines in each commuter train. ★「すし詰めになっている」のを packed (in) like sardines という.《☞ まんいん》// 私は腹いっぱい*詰め込んだ I *stuffed* myself with food.

つめたい 冷たい **1** «温度が»: (一般的に) cold (↔ warm); (快く冷たい) cool; (冷たくて不快な) chilly; (凍るような) freezing; (氷のように冷たい) icy.《☞ さむい; ひえる》.
¶あなたの手はなんて*冷たいのでしょう How *cold* your hands are! // *冷たい飲み物でもいかがですか Would you care for a ｢*cool* [*cold*] drink? // *冷たい雨が降っていた *Icy* rain was falling. // 2大国間の*冷たい戦争はまだ終結しそうにない The *cold* war between the two great powers is not likely to end.
2 «態度などが» — 形 (冷淡な) cold; (無愛想な) cool; (冷たさを強調して) chilly, frosty. — 副 coldly.《☞ れいたん; そっけない》.
¶彼の*冷たい言葉で私たちの計画はだめになりそうになった (⇒ 彼の冷たい言葉は…) His *cold*

words almost frustrated our plan. // 私たちは*冷たい扱いを受けた We were treated *coldly*. / We received *cold* treatment. / (⇒冷たく迎えられた) We「were received *coldly* [had a *chilly* reception]. // 老人は*冷たいまなざしを若者に向けた The old man looked *coldly* at the young man.

つめばら 詰め腹 ¶彼は*詰め腹を切らされた (⇒強制的に辞職させられた) He *was forced*「out (of office) [to resign (his post)].

【参考語】 —動 (無理やりに…させる) force ㊥.

つめよる 詰め寄る (近寄る) draw closer ㊀; (にじり寄る) edge up (to …) ㊀. ¶彼は抗議して私に*詰め寄って来た (⇒近づいて来た) In protest he *drew closer* to me. // 彼は謝罪を要求して私に*詰め寄って来た (⇒じりじりとにじり寄って来た) He *edged up to* me, demanding an apology.

つめる 詰める **1** «押し込む»: (詰め込む) pack ㊥, stuff ㊥; (荷造りする) pack (up) ㊀ ㊥; (穴などをふさぐ) plug (up) ㊥, stop (up) ㊥; (歯などを) fill ㊥. 《☞ つめこむ (類義語)》.

¶彼は本を箱に*詰めた He「*packed* [*stuffed*] his books「into [in] a box. / He「*packed* [*stuffed*] the box *with* his books. // 彼女はスーツケースに荷物を*詰めている She *is packing* (*up*) her suitcase. / She *is packing* her things「into [in] her suitcase. [参考] 衣類や身の回りの物を荷造りするのを単に pack up ということもある. // このホールはぎっしり*詰めると 200 人はいる (⇒ぎりぎり 200 人の座席がある) This hall can seat 200 people at the limit. / (⇒収容能力は 200 人だ) This hall has a seating *capacity* of 200. // 穴に何かを*詰めなければならない We must「*plug* [*stop*] *up* the hole. / We must「*plug* [*stop*] the hole *with* something. // 虫歯を*詰めてもらった I've had my (decayed) tooth *filled*.

2 «場所をつめる»: (席など) move over ㊀; (後の方へ) move back ㊀. ¶奥のほうへお*つめ願います *Move back*, please. // 少し*つめて (⇒席をあけて) くれませんか Will you *move over* a little, please? // もっと*つめて(字を)書きなさい Write more *closely*. / (⇒行間を) *Crowd* the lines.

3 «短縮する»: (短くする) shorten ㊥; (切り詰める) cut down ㊥, reduce … (to …) ★前者のほうが口語的; (服の寸法などを) take in ㊥. 《☞ きりつめる; たんしゅく》.

¶昼の食事時間を 10 分*つめた (⇒短縮した) We「*cut down* [*shortened*] our lunch hour by ten minutes. // 私はスカートを 3 センチほど*つめてもらった I had my skirt「*shortened* [*taken in*] about three centimeters. [語法] shorten は「丈」, take in は「幅」をつめること.

-つもり **1** «意図»: (予定である) be going to *do*, be planning to *do* ★ほぼ同意だが, 後者は計画性がより強調される; (…する意図がある) want to *do*, intend to *do* ★be going to *do* が単なる未来の代わりであるのに対し, 意図・意志を強く表す; (…のつもりで…する) mean to *do* ★当初の意図が何であったかを, 後で振り返って言うときによく用いる表現.

¶きょうは台所で母の手伝いをする*つもりです I'm *going to* help my mother in the kitchen today.

きょうは市立図書館へ行く*つもりです I'm *going to* the city library today. [語法]「往来」に関する動詞 (e.g. go, come, leave, etc.) は現在進行形で「…するつもり」という予定を表す. つまり, be going to go to …, be going to come to …, be going to leave … の代わりに be going to …, be coming to …, be leaving … が使われると考えてよい.

午後は買い物に行く*つもりです I'm *going* shopping in the afternoon.

私は来週アメリカに発つ*つもりです I'm *leaving* for America next week.

あなたは大学へ行く*つもりですか *Are* you *planning to* go to college?

ヨーロッパのどこへ行く*つもりですか Where in Europe *are* you *going* (*to*)? [語法] 最後に to を付けるのは口語的. / Where in Europe do you *intend*「*to* go [going]? ★やや改まった表現.

あの人の感情を傷つける*つもりはなかった I had no *intention* of hurting her feelings. / It was not my *intention* to hurt her feelings.

いまになって私の申し出を断るとはどういう*つもりだ What do you *mean* by declining my offer at this moment?

私はほんの 2, 3 日だけそこにいる*つもりでした I「*intended* [*meant*] *to* stay there only for a few days.

彼は冗談の*つもりで言ったのだ. 気にするな You should not mind what he said. He *meant* it「as [for] a joke.

2 «判断»: (思う・みなす) think ㊥; (信じる) believe ㊥; (空想して…のつもりになる) make believe ㊥.

¶あいつは自分が天才の*つもりだ He「*thinks* [*believes*] himself a genius.

あの子は船長の*つもりだ The boy *is making believe* that he's a captain.

つもる 積もる (雪・ごみなどが) lie ㊀; (堆積する) accumulate ㊀ ★やや形式ばった語; (山積みになる) be piled up; (総計…になる) add up to …, amount to …

¶雪がたくさん*積もっている The snow *lies* deep on the ground. / The ground *is covered with* deep snow. // 彼の借金は*積もり積もって, ついに 1 千万円を超えた His debts *have*「*added up* [*amounted*] *to* over ten million yen. // 今夜はぜひ泊まっていけよ. *積もる話があるんだ Do stay with me tonight. I have *a lot* to talk about.

つや[1] 艶 (光沢) gloss Ⓤ ★しばしば a を付けて; (輝き) luster (《英》 lustre) Ⓤ; (床・家具・靴などのよく磨いて出るつや) polish Ⓤ ★しばしば a を付けて. 《☞ こうたく》.

¶彼女の髪は*つやがある She has *glossy* hair. / Her hair has a fine *gloss*. // 彼の目は*つやを失った His eyes lost their *luster*. // このテーブルはよく*つやが出ている This table has a good *polish*. // よくこすると床に*つやが出る The floor gets a *polish* from good rubbing. / Good rubbing gives a *polish* to the floor. // すれて*つやがなくなった The *polish* has been 「worn [rubbed] off.

つや[2] 通夜 wake [C] [参考] 英米でも埋葬の前夜には通夜を行う習慣がある. 飲食物を出す習慣のある地方もある. ¶今夜, お*通夜に出席しなくてはならない I have to attend a *wake* tonight. // *通夜は今夜6時からです The *wake* will be held from 6:00 p.m. this evening.

つやけし 艶消し ¶あの人はきれいだが声の悪いのが*つや消しだ (⇒悪い声が彼女の魅力を損なっている) She's pretty but her thick voice *spoils* her charm. **つや消しガラス** frosted glass [U].

つやつや ―[形] (顔色などが輝いた) bright. ¶彼はいつも*つやつやした顔をしている He always has a *bright* complexion.

つゆ[1] 露 dew [U]; (露のしずく) dewdrop [C]. ¶毎朝, *露が降りる (The) *dew* falls every morning. // 芝生が*露にぬれていた The lawn was wet with *dew*. // 彼は草むらの*露を払いながら進んだ He made his way brushing against the *dewdrops* of the undergrowth. // そんなことは*露知らなかった (⇒少しも) I was not *in the least* aware of it.

つゆ[2] 梅雨 (梅雨の季節) the rainy season. ¶*梅雨に入った *The rainy season* has set in. // *梅雨が明けた *The rainy season* is over.

つゆ[3] (澄ましスープ) clear soup [U]; (果物の) juice [U]. 《☞しる[2]; えき[2]; スープ》.

つよい 強い ―[形] (力のある) strong (↔ weak); (強力な) powerful; (頑丈な) sturdy; (耐久力のある) hardy; (丈夫で壊れにくい) tough; (度合いが強い) intense; (得意な) good (at ...) (↔ poor (at ...)), strong (in ...) (↔ weak (at ...)).

【類義語】最も一般的で意味の広いのは **strong**. 「力にあふれている」のは **powerful** で, 社会的地位や権力などを含めた意味でも用いられる. 頑丈でしっかりしているのは **sturdy** で, 身体について用いられることが多い. 丈夫で悪条件に耐えられるのは **hardy** または **tough**. 感情や光線などの程度が強烈であることには **intense** を用いる. 《☞つよく》

¶田中も*強いが加藤はもっと*強い Tanaka is *strong* but Kato is *stronger* still.

にんにくはにおいが*強い Garlic has a *strong* smell.

あの子は意志の*強い子だ The 「boy [girl] has a *strong* 「will [willpower].

ウォッカは*強すぎて飲めない Vodka [vɑ́dkə] is too *strong* for me.

彼女はおとなしいがしんは*強い She is quiet, but she has *strength* of character.

あの人は政界で*強い力をもっている He is *powerful* in the political world.

その学校は野球が*強いので有名だ The school is famous for its *powerful* baseball team.

日ざしが*強いのでサングラスをかけなければならなかった The sunlight was so 「*intense* [*strong*] that I had to wear sunglasses.

きょうは風が*強い (⇒風が強く吹いている) The wind [It] is blowing *hard* today.

市内の街路樹は*強い木でなければだめだ We should plant *hardy* trees along the streets in a city.

彼は数学に*強い He is 「*good at* [*strong in*] mathematics. / Mathematics is his *strong* point.

つよがり 強がり ―[動] (負け惜しみを言う) cry sour grapes [参考] きつねが, 木になっているうまそうなぶどうがなかなか取れないので, 「あんなぶどうは酸っぱいのだ」と負け惜しみを言ったというイソップ物語の話から出た表現. 《☞まけおしみ》. ¶*強がりを言うのはおよしなさい Don't *cry sour grapes*. // 彼はまだ*強がりを言っている (⇒自分の負けを認めようとしない) He won't admit that he is the loser.

つよき 強気 ―[形] (困難な状態に進んで身を投じるような) bold (↔ timid); (攻撃的な) aggressive; (くじけない) not discouraged; (楽観的な) optimistic.

¶彼は非常に*強気の行動をとった He took 「very *bold* action [an *aggressive* attitude]. [語法] bold action は無冠詞で用いる. // 失敗はしたが, 彼は*強気だった (⇒くじけなかった) Although he failed, he was *not* 「*discouraged* [*dispirited*]. // 彼女は何事にも*強気だ (⇒楽観的だ) She is very *optimistic* about everything.

つよく 強く ―[副] strongly; (断固として) firmly; (激しく) hard; (ぎゅっと) tightly. 《☞つよい; つよまる》.

¶そのポストには青木氏を*強く推します I *strongly* recommend Mr. Aoki for the post. // 彼らはこの案に*強く反対している They are *firmly* opposed to this plan. // 彼は転んで, 柱で頭を*強く打った He fell and hit his head *hard* on the pillar. // 彼は妻を*強く抱き締めた He held his wife 「*tight* [*tightly*] in his arms.

つよさ 強さ (力) strength [U], power [U]. 《☞つよい; つよみ; ちから (類義語)》. ¶チャンピオンの*強さには敬服するばかりだ I simply admire the champion's splendid 「*strength* [*power*]. // 風の*強さはこの機械で測れます The 「*strength* [*power*] of the wind can be measured by this instrument.

つよび 強火 (ガスレンジなどの) high flame [C] (↔ low flame); (電気レンジなどの) high heat [C] (↔ low heat). ¶*強火にする *set* the 「gas [heater; stove; range] (*on*) *high* / (⇒火力を増す) *increase the* 「*flame* [*heat*] *to high* // *強火で野菜をいためて下さい Fry the vegetables over a *high* 「*flame* [*heat*].

つよまる 強まる become [grow] 「strong [powerful; intense] [語法] strong は一般的で, 力が強くなること. powerful は勢力や権力などが強くなること. intense は痛み・感情などの度合いが強くなること; (勢力や力が増す) increase in 「power [force; strength] [語法] power は精神的・肉体的な力. force は行使力・腕力・暴力. strength は作用力・抵抗力など. 《☞つよい; ちから (類義語)》.

¶北東の風が夜半から*強まるでしょう The

northeast wind will ˹become stronger [blow harder] toward midnight. // 部下に対する彼の力は*強まった He has become more powerful over his men. // 痛みがしだいに*強まってくる The pain is becoming more and more intense. // そのような傾向はますます*強まるだろう Such a tendency will ˹become [grow] stronger. / There is a growing tendency like that.

つよみ 強み (強い点・長所) strong point Ⓒ (↔ weak point); (有利な立場) advantage Ⓤ. 《☞ ちょうしょ[1]》. ¶ 彼の*強みは英語がよくできることです His ˹strong point [advantage] is that he is good at English.

つよめる 強める (力を強める) strengthen ㊐; (度を強める) intensify ㊐; (強調する) emphasize ㊐. 《☞ つよまる; つよい》. ¶ 政府は統制を*強めてきている The government is strengthening its control. // 「あの人とは結婚しないわよ」と彼女は語気を*強めた "I won't marry him," she said emphatically.

つら 面 face Ⓒ 《☞ かお》.

つらあて 面当て ¶ あいつの言っていることは僕に対する*つら当てだ (⇒ 彼の意地悪な言葉は私に向けられている) His spiteful remarks are meant for me. 《☞ あてつける》

つらい 辛い (仕事などが困難で易しくない) hard, tough; (苦痛を感じる・苦しい) painful; (悲痛で苦しい) bitter ★ 不愉快な経験・思い出などに使う; (我慢できないような) unbearable; (断腸の思いの) heartbreaking; (ひどい仕打ちで) hard (on ...; upon ...) ★「人」が主語. 《☞ くるしい》.
¶ それはいままでで一番*つらい仕事でした (⇒ 重労働だった) It was the ˹hardest [toughest] work I have ever done. // 彼女が泣くのを見るのは*つらかった (⇒ 我慢できなかった) I could not bear to see her crying. / It was painful to see her crying. // 受験勉強は*つらかった I had a hard time preparing for the college entrance exams. // 私の母も戦争中は*つらい目 (⇒ 経験) にあいました My mother also had a bitter experience during the war. // *つらいだろうが (⇒ あなたの気持ちはよくわかるが) 我慢しなさい I know how you feel, but you must be patient. // 姑(しゅうとめ)は彼女に*つらく当たった Her mother-in-law was hard ˹on [upon] her. // 彼らと別れるのが*つらかった (⇒ 断腸の思いだった) It ˹was heartbreaking [almost broke my heart] to part with them.

つらがまえ 面構え ¶ 彼は大胆不敵な*面構えをしている (⇒ 大胆不敵に見える) He looks bold and like a daredevil. / He has a bold and daredevil look on his face.

つらなる 連なる (山脈などが連なる) range ㊊; (土地などが広がる) stretch ㊊; (延びる・及ぶ) run ㊊. ¶ 山脈は東西に*連なっている The mountains ˹range [run] east and west. // アパラチア山脈は約 2400 キロにわたって*連なっている The Appalachians stretch for about 2,400 kilometers.

つらぬく 貫く **1** «貫通する»: (川などが貫いて流れる) run [pass; flow] through ...; (弾丸などが貫通する) go through ..., penetrate ㊐ ★ 後者は形式ばった語. 《☞ かんつう[1]》.
¶ セーヌ川はパリの中心部を*貫いて流れる The Seine ˹runs [flows] through the heart of Paris. // 矢が盾を*貫いた An arrow ˹went through [penetrated] the shield.
2 «やりとげる»: (終わりまでやり抜く) carry through ㊐, carry out ㊐. 《☞ かんてつ》.
¶ 彼は初志を*貫いた He carried ˹through [out] his original intentions.

つらねる 連ねる (...に沿って並ぶ) line ㊐; (1 列に伸びる) range (along ...) ㊊.
¶ たくさんの屋台店がその通りに軒を*連ねている A lot of stalls ˹line [range along] the street. / (⇒ 列を作っている) A lot of stalls form a line along the street. // 私は発起人として名を*連ねることにした (⇒ 発起人のリストに名前を載せることにした) I decided to enter my name on a list of the promoters.

つらのかわ 面の皮 ¶ 彼は*面の皮の厚い男だ He is a thick-skinned fellow. 〔語法〕 英語の thick-skinned は「鈍感な」(insensitive) という意味で, 批判・悪口などを感じないことをいい, 日本語の「厚かましい」と違って,「知っていながらあえて...する」という意味はない. / (⇒ 神経が太い) He has a lot of nerve.

つらよごし 面汚し (恥となるもの) disgrace Ⓒ. ¶ 彼女はわが家の*面汚しだ She is ˹a disgrace [the black sheep] to our family. / (⇒ 家名を汚した) She disgraced our family name.

つらら 氷柱 icicle [áisikl] Ⓒ 《☞ こおり》.
¶ 軒先に*つららができます Icicles are formed on the edge of the eaves.

つられる 釣られる ¶ 笛の音に*つられて人々は踊り出した (⇒ 笛の音が誘った) The sound of a flute tempted people to dance.

つり[1] 釣り fishing Ⓤ, angling Ⓤ ★ 前者が一般的. 後者はスポーツとしての釣りを強調する言い方で, 少し形式ばった語. 《☞ つる[2]; レクリエーション (囲み)》.
¶ 私たちは湖へ*釣りに行きました We went fishing on the lake. 〔語法〕 湖にボートなどを浮かべて釣りをする場合に言う. 川などでは fish in the river というのが普通. // この川は*釣りによい This river is a good fishing ˹place [spot]. // 彼は*釣りが趣味です Fishing is his hobby. // 彼は*釣りがうまい He is good at fishing. / He is a good angler. 〔語法〕 普通は a good fisher とは言わない. fisher は古語. a good fisherman は可能だが, fisherman は趣味としての釣り人と職業的漁民の両方を意味するので, 場合によっては意味があいまいとなる. // ここで*魚釣り禁止 No fishing here 《☞ 掲示の英語 (囲み)》 // 磯*釣り surf fishing / (⇒ 投げ釣り) surf casting
釣り糸 fishing line Ⓒ ★ 単に line ともいう. 釣りざお fishing ˹rod [pole] Ⓒ ★ 単に rod ともいう. **釣り道具** fishing tackle Ⓤ ★ 単に tackle ともいう; (釣りに必要な品や装備) fishing equipment Ⓤ **釣り仲間** fishing companion Ⓒ, fellow angler Ⓒ **釣り針** fish-

hook Ⓒ ★ 単に hook ともいう. 釣り舟 fishing boat Ⓒ ★ 漁船の意味にもなる. 釣り堀 fishing pond Ⓒ, fishpond Ⓒ.

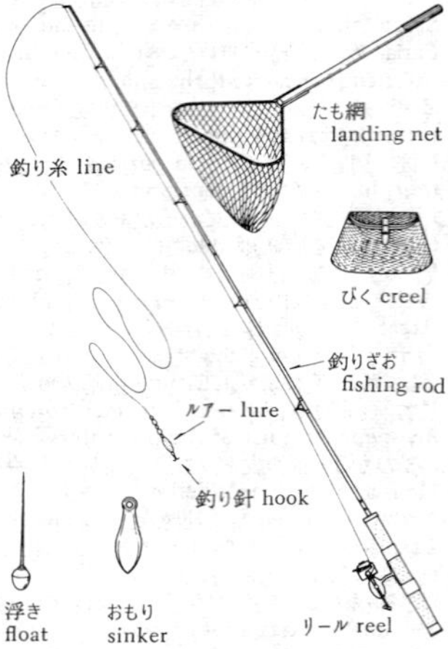

つり² 釣り (釣り銭) change Ⓤ《☞ 買い物 (囲み); 金銭 (囲み)》.

¶「はい, お*つりです」「お*つりは取っておいて下さい」"Here's the *change*." "Please keep it." ★「つりはいりません」という日本語にも当たる. //「10ドル札でお*つりがいただけますか」「ええ, どうぞ. 8ドル, 9ドル, 10ドル. ありがとうございました」"Here's a ten-dollar bill. Could I have *change*?" "Certainly. Here you are. Eight, nine, ten. Thank you very much."

[参考] 英米では一般につり銭を渡すとき, 品物の値段に足し算の形式で勘定するのが普通. 上の場合, 品物が7ドルあるいは7ドル代の値段で (例えば7ドル50セント), まず, 50セントの硬貨を渡して8ドルと言い, 次に1ドル紙幣を1枚ずつ渡しながら9ドル, 10ドルと数えながらつり銭を渡したのである.

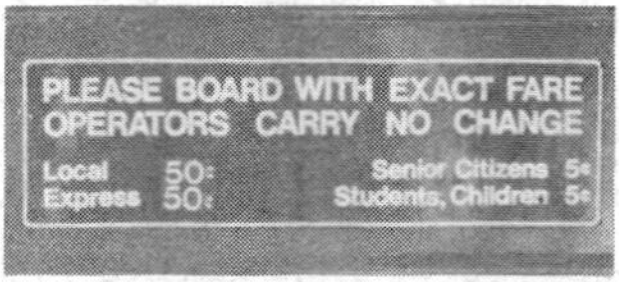

「ちょうどの料金でご乗車下さい. 運転手はつり銭を持っていません」というバスの掲示

つりあい 釣り合い —名 (均衡を保っていること) balance Ⓤ; (部分と全体との対比から生じる釣り合い) proportion Ⓤ ★ しばしば複数形で; (部分と全体が混ざり合って生じる調和) harmony Ⓤ; (よい組み合わせになっていること) match Ⓒ. 《☞ ちょうわ; バランス; きんこう¹》.

¶健康には栄養の*釣り合いのとれた食事が肝心だ A *balanced* diet is essential to your health. // 彼らは*釣り合いのとれた夫婦だ The couple are a good *match*. / They are a well-*matched* couple.

つりあう 釣り合う —動 (均衡する・均衡させる) balance (自) (他); (対比がよい) be in proportion; (調和がとれている) be in harmony; (組み合わせがよい) match (自) (他). 《☞ ちょうわ; バランス; きんこう¹》.

¶収入と支出額が*釣り合っていない Income and expenditures do not *balance*. // その建物の幅と高さは*釣り合っている The height and the width of the building *are in proportion*. / The height of the building *is in proportion* ｢*to* [*with*] its width. [語法] 英語では「幅と高さ」は height and width という語順でいう. // 我々の能力と*釣り合う目標を立てるべきだ We should set a goal that *is in harmony with* our capabilities.

つりあげる¹ 吊り上げる **1**《価格・相場を》: (人為的に値段を上げる) raise ... by manipulation. ¶大企業は不当に価格を*つり上げている The large enterprises *are raising* the prices *by manipulation*.

2《目を》: turn up *one's* eyes. ¶彼女は怒って目を*つり上げた She got angry and *turned up her eyes*.

つりあげる² 釣り上げる fish (他)《☞ つる²》.

つりがね 釣り鐘 (仏教寺院の鐘) Buddhist-temple bell Ⓒ.

つりがねそう 釣り鐘草 campanula Ⓒ, bellflower Ⓒ ★ 後者が英語の一般名.

つりかわ 吊革 strap Ⓒ. ¶電車はすし詰めで, *つり革にもつかまれなかった The train was so crowded that I couldn't even ｢hold [hang] on to a *strap*.

つりだな 吊棚 hanging shelf Ⓒ《複 shelves》.

つりばし 吊橋, 釣橋 suspension bridge Ⓒ《☞ はし¹ (挿絵)》.

つる¹ 吊る (掛ける・下げる) hang (他) (自)《過去・過分 hung》★ 上を固定して, 下のほうが自由になっているような物をつるときに用いる; (上方からつるす) suspend (他) ★ 少し改まった語; (つり包帯やつり鎖などでつるす) support ... ｢in [by] a sling; (ぶらぶらしている状態につるす) swing (他)《過去・過分 swung》. 《☞ つるす》.

¶私たちはかやを*つりました We ｢*hung* [*put up*] a mosquito net. [語法] put up は正確には支柱を立てる場合で, 日本のかやのつり方には当たらない. // 明かりが鎖で*つってある The lamp *is suspended* by a chain. // 彼は骨折して腕を*つっています His broken arm *is supported* ｢*in* [*by*] *a sling*. // 彼女は2本の木の間にハンモックを*つった She ｢*swung* [*slung*] the hammock between two trees.

つる² 釣る (道具を使って川などで魚を捕える) fish (他) (自) ★ 最も一般的な語; angle (自) ★ 多少文語的; (魚を捕える) catch (他); (釣り針で釣り上げる) hook (他). 《☞ つり¹》.

¶私たちは川でますを*釣った We *fished* for trout in a stream. // きのう川に魚を*釣りに行った I *went fishing* in a river yesterday. //

ここは*釣れますか Is there good *fishing* here? //「きのうは何匹*釣ったんだい」「たくさん*釣れたよ」"How many fish did you *catch* yesterday?" "I ⌈*caught* a lot [had a good *catch*]." [語法] make a good catch も可能.

つる³ 攣る (筋肉が急に収縮する) have (a) cramp (《☞ けいれん》). ¶私は水泳中に脚が*つった I ⌈*had* [*got*; *was seized with*] (*a*) *cramp* in the leg while swimming.

つる⁴ 鶴 crane Ⓒ. **鶴の一声** ¶彼の言葉はまさに*鶴の一声だ (⇒ 彼の言葉は掟(おきて)だ) *His word is law.*

つる⁵ 蔓 (一般に長く茎の伸びる植物) vine Ⓒ; (巻きひげ) tendril Ⓒ; (地面・壁などをはうつる) creeper Ⓒ.

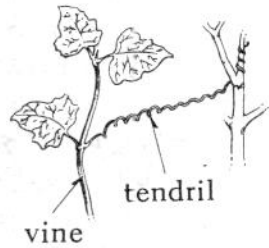

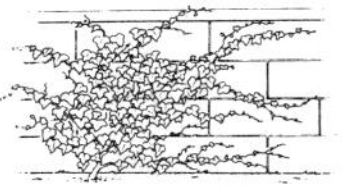
creeper

つる⁶ 弦 (弓の) bowstring Ⓒ 《☞ ゆみ (挿絵)》.

つるしあげ 吊るし上げ ―[名] (グループ内の仲間を私的に裁判すること) (《口語》) kángaroo cóurt Ⓒ ★ 跳んだりはねたりして裁判が行われることから. ―[動] (つるし上げる) try (*a person*) in a kangaroo court. ¶彼らは社長を5時間も*つるし上げた They *tried* the president *in a kangaroo court* for five long hours.

つるす 吊るす (掛ける・ぶら下げる) hang (他) (《☞ つる²; かける¹; さげる》). ¶彼女は洗濯物を物干し綱に*つるしている She *is hanging* the ⌈wash [washing] on the line.

つるつる ―[形] (水やぬれた表面のようにつるつると滑りやすい) slippery; (滑らかで光沢のある) slick; (油などでつるつるした) greasy; (頭髪のない) bald.

つるはし 鶴嘴 (両端のとがったもの) pick Ⓒ; (片方がとがり, もう一方が平らなもの) pickax (《英》 pickaxe) [píkæks] Ⓒ.

つるべ (井戸の) (well) bucket Ⓒ.

つるりと ¶彼はバナナの皮を踏んで*つるりとすべった He *slipped* on a banana ⌈peel [skin]. 《☞ すべる; 擬声・擬態語 (囲み)》

つれ 連れ (旅などで) fellow traveler Ⓒ; (行動を共にする人) companion Ⓒ; (行動を共にすること) company Ⓤ. ¶お*連れ様がお待ちです Your *companion* is waiting for you.

-づれ …連れ ―[前] (…と一緒に) with … ¶子供*づれ[家族*づれ]でピクニックに行った I went on a picnic *with* my ⌈children [family]. / (⇒ 子供[家族]をピクニックに連れて行った) I *took* my ⌈children [family] ⌈*on* [*for*] a picnic. // 公園は若い男女の2人*づれが多かった (⇒ 多くのカップルを見た) I saw a lot of young *couples* in the park.

つれこ 連れ子 child by *a person's* former marriage Ⓒ.

つれこむ 連れ込む (外から家の中へ連れて入る) take…into…; (家の中にいる人から見て, だれかが人を家の中へ連れてくる) bring … into …

つれさる 連れ去る take … away; (誘拐する) kidnap (他). ¶女の子が男に*連れ去られた (⇒ 誘拐された) A little girl *was* ⌈*taken away* [*kidnap(p)ed*] by a man.

つれだす 連れ出す take…out. ¶私をここから*連れ出して下さい Please *take* me *out of* this place. // 父は私たちをドライブに*連れ出した My father *took* us *out* for a drive.

つれだって 連れ立って ―[前] (…と一緒に) with … ―[副] (一緒に) together. 《☞ いっしょ》.

-つれて ―[前] (…と同時に; …とともに) with …; (…に比例して) in proportion to …; (音楽などに合わせて) to … ―[接] (…するとともに) as … ★ 時間が同時に経過することを意味する. 《☞ したがって¹》.
¶時がたつに*つれて, 悲しみは薄らぐ *As* time ⌈goes on [passes], grief fades away. / *With* the lapse of time, grief fades away. ★ 形式ばった表現. // 年をとるに*つれて彼の髪は白くなった His hair became grey *as* he grew older. // 我々は年をとるに*つれて物覚えが悪くなる (⇒ 年をとればとるほど記憶力が弱くなる) *The older* we grow, *the weaker* our memory becomes.

つれている 連れている (…と一緒である) be with …; (同伴している) be accompanied by … 《☞ したがえる》. ¶その男は小さな男の子を*連れていた The man *was with* a little boy. // 彼は秘書を*連れていた He *was accompanied by* his secretary.

つれてかえる 連れて帰る (自宅外の地点から見て) take … ⌈home [back]; (自宅にいる人から見て bring … ⌈home [back].

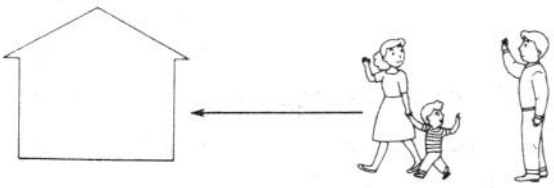

She *takes* her son home.

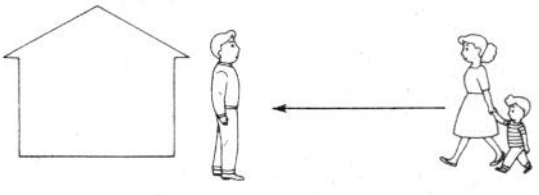

She *brings* her son home.

¶《妻に向かって》私はもう少しここにいなくてはならない. 君は子供を*連れて帰ってくれないか I must stay here a little longer. Will you *take* our children *home* now?

つれてくる 連れて来る bring (他) (↔ take). ¶彼は息子を一緒に*連れて来た He *brought* his son with him. //「今度は妹も*連れて来ていいですか」「もちろんいいですとも. ご両親もご一緒にどうぞ」"May I *bring* my sister next time?" "Of course. Why don't you *bring* your parents with you, too?" 《☞ 訪問の表現 (囲み)》

つれてゆく 連れて行く take (他) (↔ bring)

つ

《☞ どうはん；つれにゆく》.
¶きのう先生が私たちを博物館へ*連れて行ってくれた ＜S(人)＋V(*take*)＋O(人)＋*to*＋名(場所)＞ Our teacher *took* us *to* a museum yesterday. ∥ 今度の日曜日にピクニックに*連れて行ってよ Will you *take* me ⌈*on* [*for*] a picnic next Sunday? ∥ どうか私も一緒に*連れて行って下さい Please *take* me *with* you. / (⇒ 私もあなたと一緒に行かせて下さい) Please *let* me *go with* you.

つれない ―[形] (人や行動に関して冷淡で, 親切心の欠如した) cold；(薄情な) heartless. 《☞ れいたん》. ¶彼女の妹は*つれない返事をした Her sister gave a *cold* reply.

つれにくる 連れに来る come for …；(やって来て連れ戻る) come ⌈and [to] take … ⌈home [back]. ¶私はひとりでは帰り道がわからなかったので, 父が*連れに来てくれました Since I could not find my way home alone, my father ⌈*came for* me [*came and took* me *home*].

つれにゆく 連れに行く go for …；(行って連れてくる) go ⌈and [to] bring … ⌈home [back; here], fetch … home. ¶私が彼を*連れに行って来ましょう I'll *go and bring* him *back*.

つれられる 連れられる be accompanied by … ¶その子は母親に*連れられて病院に行った The boy went to the hospital *accompanied by* his mother.

つわもの (剛の者) tough guy Ⓒ. ¶あいつはなかなかの*つわものだ He's *quite a guy*. / (⇒ ガッツがある) He *has a lot of guts*.

つわり morning sickness Ⓤ.

つんけん ―[形] (優しさの欠けた) harsh 《☞ つんつん》. ¶彼女は*つんけんした返事をした She gave me a *harsh* answer.

つんざく ―[動] (音が突如として聞こえる) pierce ㊀；(音が辺りの空気を引き裂く) split ㊀. ―[形] (空気を貫くような) piercing；(耳をつんざくような) earsplitting. ¶ガス爆発のすさまじい音が空を*つんざいた The roar of the gas explosion *split* the air. ∥ 耳を*つんざくような金切り声が聞こえた A *piercing* [An *earsplitting*] shriek was heard.

つんつるてん ¶あの子の寝巻きは*つんつるてんだ (⇒ 短すぎる) That boy's pajamas are *too short*.

つんつん ―[形] (ぶっきらぼうな) blunt, curt. 《☞ ぶっきらぼう；つっけんどん；つんけん》. ¶ウェートレスは*つんつんしていた The waitress had a ⌈*blunt* [*curt*] manner.

つんと ―[形] (生意気でうぬぼれた) stuck-up；(においが強い) sharp. ¶彼女は*つんとして昔の友達にも話しかけなかった She was too *stuck-up* to talk to her old friends. ∥ アンモニアは*つんとしたにおいがする Ammonia has a *sharp* ⌈odor [smell].

ツンドラ (凍土帯) the tundra [tʌ́ndrə].

つんのめる (前に転びそうになる) almost fall forward 《☞ ころぶ；つまずく》. ¶電車が急停車したので私は*つんのめった The train stopped so suddenly that I *almost fell* forward.

て

て 手 **1** 《人間・動物の手》: (手首から先の部分) hand Ⓒ；(腕) arm Ⓒ；(握りこぶし) fist Ⓒ. 《☞ うで (挿絵)》.

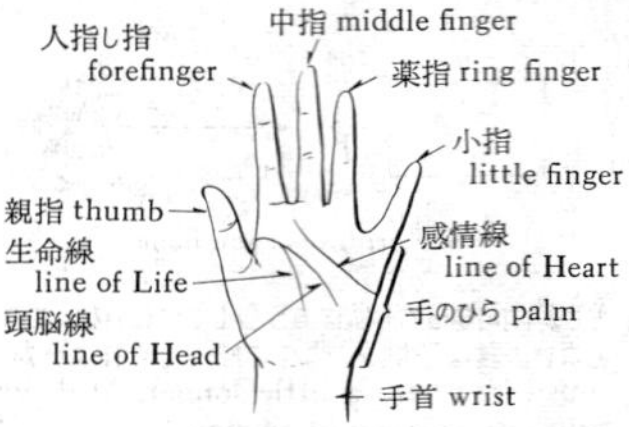

¶彼女の*手は冷たかった Her *hands* ⌈were [felt] cold.
右*手が痛い I've got a pain in ⌈the [my] right *hand*. [語 法] 「腕」の意味なら hand の代わりに arm を使う.
「*手に何を持っているの」「500円玉です」 "What do you have in your *hand(s)*?" "I have a 500-yen coin."
子供たちは先生に*手を振った The children waved their *hands* at the teacher.
ピアノに*手を触れないで下さい Please keep your *hands* off the piano.
*手を触れるな *Hands* off 《☞ 掲示の英語 (囲み)》
彼は彼女と*手をつないで歩いていた He was walking ⌈*hand in hand* [*arm in arm*] with her. [語 法] 前置詞を介して対句をなす慣用表現では冠詞が付かないことに注意. 《☞ 冠詞 (欄外)》
みんなは*手をたたいて喜んだ They all clapped their *hands* for joy.
ロープにしっかりつかまって, *手を離してはいけません Hold tight on (to) the rope. Don't let go of your *hold*.
このセーターは*手で洗いなさい Wash this sweater by *hand*. [語 法] 前置詞 by の目的語のときは冠詞を付けない.

2 《労働力・人手・手間》: (労働力) hand Ⓒ；(手伝い・援助) help Ⓤ；(手数) trouble Ⓤ；(世話) care Ⓤ ★ しばしば a を付けて.
¶*手が足りない We are short of *hands*.
彼女は部屋の掃除に*手を貸してくれた She gave me a *hand* ⌈in [at] cleaning the

room. / She _helped_ me (to) clean the room.

いまは*手がふさがっています I have my _hands_ full at the moment. ⦅☞ていっぱい⦆

ばらを育てるのは*手がかかる The ˹growing [cultivation] of roses requires great _care_.

この料理は*手がこんでいる (⇒ 入念に料理された) This is an _elaborately_ prepared dish.

この新しい道具を使うとだいぶ*手が省ける This new tool will save you a lot of _trouble_.

きょうは忙しくて*手を休めることができない I'm too busy to ˹_take_ [⦅英⦆ _have_] _a rest_ today.

3 «手段・方法»：(手段) means ★ 単数または複数扱い；(広い意味でのやり方) way [C]；(対策) measure [C]；(将棋・チェスなどの) move [C]. ⦅☞しゅだん；ほうほう⦆.

¶あらゆる*手を尽くしました I have tried every possible _means_.

それよりほかに*手はなかった I couldn't find any _way_ other than that.

その*手には乗らないよ I won't _have tricks played on me_.

こうなってはもう*手の打ちようがない (⇒ 何もされることができない) Under the circumstances, nothing can be done.

⦅チェス・将棋などで⦆ それはいい[悪い]*手だ That's a ˹good [bad] _move_.

4 «能力»：(能力) capability [U]；(統制) control [U]. ⦅☞のうりょく⦆.

¶この仕事は私の*手に負えません (⇒ 能力を超えている) This job is beyond ˹me [my _capability_].

このクラスは私の*手に余る (⇒ 私の統制を超える) This class is beyond my _control_.

5 «所有・支配» ― [動] (得る) get (他)；(買う) buy (他)；(手に入れる) come by ... ― [名] (所有権) hands ★ 複数形で. ― [形] (入手できる) available. ⦅☞にゅうしゅ⦆.

¶その本はどこで*手に入れましたか Where did you ˹_get_ [_buy_] the book?

この切手はなかなか*手に入らない It's difficult to _come by_ this stamp.

このレコードはいまは*手に入りません This record is not _available_ now.

まずいことにその手紙は彼女の*手に渡った Unfortunately the letter fell into her _hands_.

6 «関係» ― [名] connection [C]. ― [動] (関係を断つ) break with ...

¶私たちはその会社とは*手を切った We _broke with_ the company. / We severed our _connections_ with the firm. ★ 前者が口語的.

7 «種類»：(種類) kind [C]；(銘柄) brand [C].

¶この*手のものはほかにありますか Do you have any other items of this (same) _brand_?

8 «...する人» ★ 普通, 動詞の語尾に -er を付けて示す. ⦅☞接尾辞 (欄外)⦆.

¶歌い*手 a _singer_

うちの働き*手は父です My father is the _breadwinner_.

手が出ない (事柄が人の能力を超えている) be beyond ...；(人が…の経済的余裕がない) cannot afford (to buy) ... ¶この問題は難しくて私には*手が出ない This problem _is_ ˹too hard for me to solve [_beyond_ me]. / I'm afraid the problem _is beyond_ my ability. ∥ 新車にはとても*手が出ない I _cannot afford_ (_to buy_) a new car.

手が届く (手を伸ばして) get at ...；reach (他)；(物などが人の手の届く[届かない]所にある) be ˹within [out of] (_one's_) reach；(年齢が近づいている) be close to ... ¶一番上の棚まで*手が届きますか Can you ˹_get at_ [_reach_] the top shelf? ∥ この瓶は子供たちの*手が届かない所へ置いておきなさい Keep this bottle ˹_out of_ [_beyond_] the children's _reach_. ∥ 父は70に*手が届く (⇒ 近い) My father _is close to_ seventy.

手に汗を握る ― [形] (はっとするような) breathtaking ★ 瞬間的, またはごく短時間の場合；(わくわくするような) exciting. ¶それは*手に汗を握る場面だった It was a _breathtaking_ scene. ∥ 子供たちは*手に汗を握ってその試合を見ていた The children were watching the game ˹_with_ [_in_] _excitement_.

手に取るように ― [副] (はっきりと) clearly, distinctly. ⦅☞はっきり⦆. ¶隣の部屋の人声が*手に取るように聞こえる I can hear the voices ˹from [in] the next room _clearly_.

手も足もでない (どうにもならない) be quite helpless ★「人」が主語；(難しすぎる) be too difficult ★「物」が主語. ¶そのような状況ではみんな*手も足もでなかった All of us _were quite helpless_ in that situation. ∥ きょうのテストは難しくて*手も足もでなかった Today's exam _was too difficult_ for me.

手を上げる (挙手をする) raise _one's_ hand；(あきらめる) give up (他)；(降参する) give in (自). ⦅☞おてあげ (挿絵)⦆. ¶*手を上げろ Get your _hands up_! ★ ピストルなどを突きつけた場合. ∥ 質問があれば*手を上げて下さい If you have any questions, please _raise your hand_. ★ 単数形なので「片手」の意味となる. ∥ もう彼女にはお*手上げだ I'll _give_ her _up_. / (⇒ 望みがないと思う) I found her _hopeless_.

手を入れる (ポケットなどに) put _one's_ hand(s) in ...；(修正・訂正の筆を入れる) correct (他)；(改善する) improve (他). ¶ポケットに*手を入れて歩いてはいけません Don't walk with your _hands in_ your pockets. ∥ この作文はちょっと*手を入れる必要があります This composition needs some _correction_(s).

手を打つ (処置をとる) take measures；(協定が成立する) reach (an) agreement. ¶政府はその件についてすみやかに何らかの*手を打つべきだ The government should _take_ prompt _measures_ ˹in [on] the matter. ∥ できるだけの*手は打ったがだめでした (⇒ 最善を尽くした) I _did my best_, but to no avail. ∥ 買い手と売り手は2万円で*手を打った (⇒ 値段を決めた) The buyer and the seller _settled on a price of_ twenty thousand yen.

手を出す (手を伸ばす) stretch [put] out _one's_ hand(s)；(事業などを始める) branch out into ... ⦅☞てだし⦆. ¶彼は*手を出して私に握手を求めた He _put out his hand_ to me. ∥ その会社は出版に*手を出した The company _has_ *branched out into* publishing. // 彼はある事業に*手を出したが失敗した He *started* a business but failed in it. // ギャンブルには*手を出してはいけない (⇒ 離れていること) Do stay away from gambling. // そんな仕事には*手を出すな You should not *touch* a job like that.

手をつかねる ¶ 彼は*手をつかねて見ていることしかできなかった All he could do was (to) look on *with folded arms.*

手をつける (触れる) touch ㊕; (仕事などに取りかかる) set ˹a [*one's*] hand to …; (始める) set about … ¶ 食欲がなくて朝食には全然*手をつけなかった I had no appetite and I didn't *touch* my breakfast at all. // 宿題はまだ*手をつけていない I've not *set* ˹*a* [*my*] *hand to* my homework yet. // 問題に*手をつけてみたがわかりませんでした I *tried* the problem but I couldn't solve it.

手を握る (握りこぶしを作る) clench *one's* fist; (企業などが提携する) tie up (with …) ㊀. 《☞ にぎる; あくしゅ》. ¶ H 社と K 社が近く*手を握るらしい They say (that) H company and K company will *tie up* (˹*together* [*with each other*]) in the near future.

手を抜く (必要な手間・経費などをかけない) cut corners ★ 曲り角を避けて近道をする意味から. 《☞ てぬき》. ¶ 基礎工事には絶対に*手を抜いてはいけない Never *cut corners* in laying foundations.

手を引く (手を取って連れて行く) lead … by the hand; (やめる) quit ㊕; (関係などを切る) wash *one's* hands of … ¶ 彼はおばあさんの*手を引いて道を渡った He crossed the road, *leading* the old woman *by the hand.* // 私はその仕事から*手を引きたい I want to ˹*quit* [*wash my hands of*] that job. / (⇒ もうこれ以上関係したくない) I *don't want to have anything more to do with* that job.

手をやく (悩まされる) be ˹annoyed [worried]; (扱いが難しい) find … difficult to deal with. ¶ 両親はその男の子に*手をやいている(⇒ 男の子は両親にとって問題だ) The boy *has been a problem for* his parents. // 彼女には*手をやく I *find* her *difficult to deal with.*

で 出 **1** «出身・産地» ¶ 彼女は名門の*出だ She *comes from* a good family. // 彼らはみんな北海道の*出だった All of them *came from* Hokkaido. // この店の店員はみな大学*出だ (⇒ 大学の卒業生だ) The clerks in this store are all ˹university [college] *graduates.* // 外交官*出の人 (⇒ 以前の) a *former* diplomat 《☞ うまれ; しゅっしん》

2 «出る状態・度合» ── 名 (天体が空に昇ること) rise Ⓒ. ── 動 (出てくる) come out ㊀; (茶などが) draw ㊀. ¶ 月の*出 the *rise* of the moon / the *moonrise* // この茶は*出がよい This tea *draws* well. // このボールペンはインクの*出が悪い (⇒ うまく書けない) This ballpoint pen does not write well. // ガスの*出が悪い The gas does not *come out* well.

-で[1] **1** «場所» ── 前 at …; in …; on …

【類義語】狭い範囲の地点に用いるのは ***at***. 多少とも「広がり」のあると思われる場所には ***in*** を用いる. ただし狭いか広いかは絶対的な面積によるのではなく, 話し手・書き手の感じ方による. 従って同じ場所についても地図の上の一点と感じれば ***at*** を用い, そこに広がりを感じれば ***in*** を用いる. ***on*** は ***at*** や ***in*** より頻度は少ないが, 狭い地点のときに用いる. ***in*** を用いるか ***on*** を用いるかは慣用で決まることが多い. ((例) 農場*で *on* the farm). ★ 場所を示す副詞を用いることによって, 前置詞なしで日本語の「…で」を表すことができる場合もある. ((例) 上の階*で upstairs).

¶ 駅*でお会いしましょう I'll see you *at* the station.

今年の夏休みは海岸*で過ごした We spent this summer vacation *at* the seaside.

私は大阪*で生まれた I was born *in* Osaka.

彼は自分の部屋*で何をしているのですか What is he doing *in* his room?

彼女はいまパリ[外国]*で暮らしている She now lives ˹*in* Paris [*abroad*].

私は銀座*で彼女に会った I met her ˹*on* [*in*] the Ginza. 語法 街路の場合は《米》on, 《英》in が普通.

外[ここ, 庭]*で遊ぼう Let's play ˹*outside* [*here*; *in* the garden].

2 «時»: at …; in …; (…までに) by …; (…以内に) in …, within …

【類義語】狭い範囲の短い時間を示すのは ***at*** で, 比較的長い時間を示すには ***in*** を用いる. 「…までに」は ***by***, 「…のうちに」は ***in*** と ***within*** が用いられるが, 一般的な語は ***in*** で, 特に明確に述べたいとき, または強調したいときには ***within*** を用いる. ★ 時を示す副詞を用い, 前置詞なしで表すこともある. ((例) 後*で later). 《☞ 時・期間の表し方 (囲み)》

¶ 店は 6 時*で閉店する The store closes *at* six.

その仕事は 3 日*でできた The task was ˹done [completed] *in* three days.

30 分*でこの問題を解きなさい Solve this problem ˹*within* [*in*] thirty minutes.

3 «手段・方法»: (交通機関) by …, in …, on …; (手段) by …, with …, by means of …, in …, on …, over …, through …

【類義語】交通機関などの媒介を示す最も一般的な語は ***by*** で, 冠詞を付けない. ((例) バス*で *by* bus). ただし ***in*** や ***on*** を用いるときには冠詞を付ける. ((例) 電車*で *on* [*in*] a train ★《米》は普通 on). 例外には foot や horseback がある. ((例) 徒歩*で *on* foot). 手段を示す一般的な語は ***by*** と ***with*** で, 行為・動作そのものに重点を置くときには ***by***, 手段などに重点を置くときには普通 ***with*** を用いる. 「…の方法で」というときの一般的な語は ***in*** である. ***by*** を強調したいときには ***by means of***. テレビ・ラジオ・ピアノなどのときは ***on***. ただし電話・ラジオには ***over*** を用いることがある. 望遠鏡・顕微鏡を通して見るときには ***through*** を用いる.

¶「大阪へは何*で行きましたか」「飛行機*で行きました」"*How* did you go to Osaka?" "I went *by* plane."

駅までタクシー*で行きました I went to the station ˹*by* [*in* a] taxi.

電話*で結果を知らせて下さい Let me know the result(s) ˹*by* (tele)phone [*over* the (tele)phcne], please.
鉛筆*で書きなさい Write ˹*with* a pencil [*in* pencil]. [語法] with は手段を示し, in pencil の pencil は材料を表すため, 物質名詞扱いで冠詞を付けない.
彼はそのかばんを両手*で持って歩いた He carried the bag *with* both his hands.
子供たちはおもちゃ*で遊んでいた The children were playing *with* their toys.
この方法*でやって下さい Please do it this way.
彼は英語*で話した He spoke *in* English.
このセーターはぬるま湯*で洗いなさい Wash this sweater *in* lukewarm water.
このタオル*で手をふきなさい Dry your hands *with* this towel.
私はその番組をテレビ*で見ました I watched the program *on* television.
彼はテレビ*でスペイン語を勉強している He is studying Spanish *by* television.

4 «原因・理由»: (…が原因で) of…, from… [語法] 病気が原因で死ぬときは die of …, その他の原因で死ぬときは die from … を用いることが多いが, 厳密な区分ではない; with …, by … ★受身の文などで能動態の主語となるような名詞に付けて用いることが多い; (…の理由で) through …, for … ★理由を軽く述べるとき; because of … ★理由を明確に述べるとき; (…のために) owing to …, due to …, on account of … ★病気・事故など外的原因について用いるのが普通で, 因果関係をはっきりさせるニュアンスがある. いずれも少し堅苦しい表現; (…のおかげで) thanks to … 《☞ 理由の表し方 (囲み)》.
¶ 彼は胃がん*で死んだ He died *of* stomach cancer.
彼女は過労[睡眠不足]*で倒れた She broke down *from* ˹overwork [lack of sleep].
私は数学の勉強*で疲れた I am ˹tired [worn out] *from* studying mathematics.
その家は火事*で焼けた The house was destroyed *by* the fire.
彼女の顔は痛み[悲しみ]*でゆがんだ Her face twisted ˹*with* [*in*] ˹pain [grief].
彼は不注意*でけがをした He was injured *through* carelessness.
彼は戦争*で妻子を失った He lost his wife and children *in* the war.
この町は焼き物*で有名です This town is famous *for* pottery.
彼はしばしばささいなこと*で怒る He often gets angry ˹*for* [*over*] nothing.
私は雪*で出かけられない I can't go out ˹*because of* [*on account of*] the snow.
彼女は病気*で寝ている She is ˹sick [ill] in bed.
この暑さ*で食欲がなくなってしまった I have lost my appetite *in* this heat.
彼女は交通事故*で大けがをした She was badly injured *in* a traffic accident.
こういった偉大な発明*で (⇒ 発明のおかげで[とともに]) 生活はますます便利になってゆく *Thanks to* [*With*] these great inventions life is getting more and more convenient.
本の重み*で戸が開かない The door will not open *under* the weight of the books.

5 «事情・状態»: in …, with …, at … [語法] 最も一般的な語は in であるが, どの語を用いるかは慣用で決まることが多い.
¶ 彼は重々しい口調*で話した He spoke *in* a serious tone.
彼女は笑顔*であいさつをした She greeted me *with* a smile.
彼女は疲れた[悲しそうな]様子*で, 長い間そこに座っていた She sat there for a long time, *looking* ˹tired [sad].

6 «価格・費用»: (代価を払って) for … ; (…の値段で) at …
¶ 彼女はそのブラウスを5千円*で買った She bought the blouse *for* five thousand yen. / (⇒ 払った) She *paid* five thousand yen for the blouse.
あの店では高値*で売る They sell *at* high prices in that store. / That store has high prices.
わが家は私の安い給料*で暮らしている Our family lives *on* my small salary.

7 «基準»: by … ; (度・割合) at … ; (人数が1人) by … ; (2人) between … ; (3人以上) among … [語法] between と among の区別は厳密なものではない. 特に3人以上のグループについてもその中での2者間の関係を個々に表すときは between を用いる. ((例) 3者の間*で合意が成立した Agreement was reached ˹*between* [*among*] the three.).
¶ 賃金は時給*で支払われる Wages are paid *by* the hour.
外見[歩き方]*で彼だとわかった I recognized him ˹*by* his appearance [*by* the way he walked].
私は1人*で旅をした I traveled ˹*alone* [*by* myself].
そのケーキをあなた方2人[5人]*で分けなさい Divide the cake ˹*between* the two of you [*among* the five of you]. [語法] *between* you two [*among* you five] としてもよい.
私は時速60キロ*で運転した I drove my car *at* (˹the [a] ˹speed [rate] of) 60 kilometers per hour.

8 «年齢»: at (the age of) …, in … [語法] …歳というときには at を, それより長い期間を示すときには in を用いる.
¶ 彼は65歳*で死んだ He died *at* (*the age of*) sixty-five.
彼女は20代*で有名になった She became famous *in* her twenties.

9 «原料・材料»: from … ; of … ; out of … [語法] 最も一般的に用いられるのは from と of で, 成分や形が変化するものには from, 材料の質が変化しないものには of を用いることが多い. out of は of より意味の強いときに用いる. 《☞ -から 6 [語法]》.
¶ クッキーは小麦粉とバター*で作る Cookies are made ˹*from* [*of*] flour and butter.
このハンドバッグは革*でできている This hand-

bag is made *of* leather.

10 «話題・論題»: (…について) about …, over … 《☞ ついて》.

¶ 例の件*でお話ししたいことがある I have something to tell you *about* the matter in question.

私たちはその問題*で数時間もやりあった (⇒ 激しい議論を持った) We had a heated discussion ˹*over* [*about*; *on*] the matter for several hours.

-で^{2} **1** «そして・その上に»: … and …; (…のみでなく…) not only … but (also) …

¶ 彼女は美人*で頭もいい She is good-looking *and* intelligent. / She is *not only* good-looking *but* (*also*) intelligent.

2 «…なので» ― 〔接〕 because …, as … ★ はっきり理由を表すときは because が普通. ― 〔副〕 (あまり…なので…できない) too … to *do*. ¶ あまりにうまい話*で引き受けられない The offer is *too* good *to* accept.

であい 出会い encounter Ⓒ, meeting Ⓒ ★ 偶然に会うときには encounter. ¶ 偶然の*出会いで彼女と知りあった I came to know her by ˹accident [an unexpected *encounter*]. ★ [ ] 内はやや大げさな感じ.

であいがしら 出会い頭 ¶ 交差点でトラックと乗用車が*出会いがしらに衝突した (⇒ 違う方向からやってきたトラックと乗用車が衝突した) A truck and a car coming from different directions collided at the ˹crossroads [intersection].

であう 出会う meet (他) 《過去・過分 met》 〔語法〕 人に偶然出会うこともいうが, 日時を決めて会う意味に使うことも多い; (事故などに遭遇する) meet with … 〔語法〕 《米》では人と会うこともいうが, 個人的な出会いではなく, あらかじめ予定された公式な会見の意味で使うので, 「出会う」という日本語には当たらない; (ひょっこり人または事件などに出くわす) come [run] across … ★かなり口語的表現; (…に思いがけなく会う) run into …; (人または事件・危険などに思いがけなく出会う) encounter (他) ★ 少し改まった語. 《☞ あう^{1}; でくわす》.

¶ 家に帰る途中, 私はその事故に*出会った I *met with* the accident on my way home. // 私は路上で旧友にひょっこり*出会った I ˹*met* [*came across*; *encountered*] an old friend (of mine) on the street. // 私たちは成田空港でひょっこり*出会った We *ran into* each other at Narita Airport.

てあか 手垢 ― 〔名〕 (指の汚れ) finger marks ★ 通例複数形で. ― 〔形〕 (手あかで汚れた) well thumbed. ¶ その辞書はとても古く*手あかで汚れていた The dictionary was very old and ˹dirty with *finger marks* [*well thumbed*].

てあし 手足 arms and legs ★ 通例複数形で. なおこの場合の arm は hand も含めて手全体, leg も foot を含めて足全体をいう; (手の先と足の先) hands and feet 〔語法〕 この表現はごく普通に手と足を指す場合で「手足もろとも」という慣用句では hand and foot と単数形を用いる; (四肢(し)) the limbs [límz].

¶ 私は*手足が不自由です I have trouble in my *arms and legs*. // 私たちは泥棒の*手足をなわで縛った We tied the thief (up) *hand and foot*. // この赤ちゃんの*手足に異常はありません There is nothing wrong with *the limbs* of this baby. // 彼は父親の*手足となって働いた (⇒ あらゆる仕事において手助けをした) He helped his father with all his work.

であし 出足 (スタート) start Ⓒ; (人出) turnout Ⓒ. ¶ *出足は順調だ[悪い] (⇒ 我々はよい[悪い]スタートをした) We have ˹had [made; gotten] a ˹good [bad] *start*. // 雨の日は客の*出足が悪い[よい] There is a ˹poor [good] *turnout* on a rainy day. // この車は*出足がよい[よくない] This is a ˹fast-[slow-]*starting* car.

てあたりしだい 手当たり次第 (組織的・計画的でなく, めちゃくちゃに) at random; (行き当たりばったりに) haphazardly. ¶ 私は冬休み中, *手当たりしだい日本の小説を読みあさった During the winter vacation I read Japanese novels *at random*.

てあつい 手厚い (心からの) cordial; (温かい) warm; (もてなしのよい) hospitable; (注意深い) careful. 《☞ あつい^{3}》.

¶ 私は彼らの*手厚いもてなしに感激した I was deeply touched by their ˹*cordial* [*warm*; *hospitable*] reception. / I was deeply moved by their *warm* hospitality. // 彼は病院で*手厚い (⇒ 思いやりのある[細心の注意を払った]) 看護を受けた He was treated *with* ˹*tender* [*the utmost*] *care* in the hospital. // 事故の犠牲者は*手厚く葬られた (⇒ 埋葬式が厳かに行われた) The funeral service for accident victims was *solemnly* performed.

てあて 手当 **1** «治療» ― 〔名〕 (medical) treatment Ⓤ, medical ˹care [attention] Ⓤ ★ 前者は医者の直接の治療, 後者は病院での手当全体を漠然と指す. ― 〔動〕 treat (他). 《☞ ちりょう; 病気・病院 (囲み)》.

¶ 父はすぐ入院して*手当を受けました Our father *was* ˹taken to the hospital [hospitalized] and *treated* ˹right away [immediately]. // 病院で傷の*手当をしてもらった I had my injury *treated* ˹at [in] the hospital.

2 «給与»: pay Ⓤ ★ 最も一般的な語; (定期的に支給される金) allowance Ⓒ ★ 給料とは限らず小遣いなども含む; (ボーナス) bonus Ⓒ. 《☞ きゅうりょう^{1} (類義語); げっきゅう》.

¶ 彼は月に 15 万円の*手当をもらっている He gets a monthly *allowance* of 150,000 yen. // 時間外勤務には*手当がつきますか Will I get extra *pay* for overtime? // 年末*手当は思ったよりずっと少なかった The year-end *bonus* was much ˹less [smaller] than I had expected. // 家族[住宅,通勤]*手当 a ˹family [housing; transportation] *allowance*

てあみ 手編み ― 〔形〕 hand-knit(ted). ― 〔動〕 knit … by hand. 《☞ けいと》.

¶ *手編みのセーターは値段が高い *Hand-knit*(*ted*) sweaters are expensive. / Sweaters *knitted by hand* are expensive.

てあらい^{1} 手洗い (公共の場所での) restroom Ⓒ ★ 男女の別なく使える; (男[女]用) men's

[women's] room Ⓒ; (学校・駅などの) lavatory Ⓒ; (個人宅での) bathroom Ⓒ; 《掲示》(男子用) Gentlemen; (女子用) Ladies.
¶《公共の場所で》「*手洗いはどこでしょうか」「真っすぐ行って右へ曲がったところです」"Where is the *restroom*, please?" "Go straight ahead and turn right." // 《個人宅で》「*手洗いはどちらですか」「1 階の廊下の突き当たりです」"Where's the *bathroom*, please?" "It's at the end of the hall downstairs." [語 法] Where can I wash my hands? (＝どこで手が洗えるでしょうか) なども使われるが, このような表現は年輩の人が丁重に聞くとき以外には使われなくなってきている.

てあらい² 手荒い —[形] (乱暴な) rough; (暴力を使うような) violent; (不作法な) rude. —[副] roughly; violently; rudely. 《☞ らんぼう; ひどい》.

-である ★ 日本語の「である」は (1)「A は B である」, (2)「…は…したのである」, (3)「…である人(物)」のような使い方があるが, このうち (1) の「A は B である」は英語では A *is* B. のように be 動詞で表されるのが普通. (2) の場合は例えば「戦争はその年に終わったのである」(The war ended (in) that year.) のように, 日本語の「である」は英語に表現する場合は直接関係がない. なぜなら「戦争はその年に終わった」でも, 英文の訳は同じでよいからである. ただし日本語の「…のである」は陳述全体に強調が加わるから, 前後関係によっては It was in that year that the war ended. のように英文も強調構文にするほうがよい場合がある. 《☞ 強調の表現 (囲み)》. (3) の場合は,「私の親友である B 君」(B, a good friend of mine) のように, 英語では同格構文になったり, あるいは B, who is a good friend of mine のように関係詞構文になったりする. 《☞ 同格 (欄外); 関係詞 (欄外)》.
　以上のように日本語の「である」はその文の前後関係を考えて意訳しなければならない.「である」「です」のような助動詞などはそのまま英語に置き換える方法がないからである. 《☞ 日本語と英語 (欄外); 語順 (欄外)》.

であるく 出歩く (外出する) go out (自); (目的もなくさまよい歩く) wander around (自). 《☞ ぶらつく》. ¶ 父は暇になるとよく*出歩く Father often ⌈*goes out* [*wanders around*] when he can find time to spare.

-てい …邸 residence Ⓒ. ¶ 鈴木*邸 the *Suzuki* [*Mr. Suzuki's*] *residence*

ていあん 提案 —[名] (積極的な) proposal Ⓒ; (やや控えめな) suggestion Ⓒ; (会議などでの) motion Ⓒ. —[動] propose (他); suggest (他); move (他). 《☞ はつあん》.
¶ その会合で新たな*提案が出された A new *proposal* was made at the meeting. // 私は別の方法を*提案します I'd like to *suggest* ⌈a different plan [doing it in a different way]. // 彼の*提案は採択[否決]された His *motion* was ⌈adopted [rejected].

ティー (紅茶) tea Ⓤ ★ 種類または喫茶店などで 1 人分の紅茶を示すときは Ⓒ. [参 考] 英語で tea といえば紅茶のことを指すのが普通で, 特に black tea と言わなくてよい. ただし, 緑茶は green tea とことわらなければならない. 《☞ こうちゃ; 食事 (囲み)》. ¶ *ティーを 3 つ下さい Three *teas*, please. // レモン[ミルク]*ティー *tea* with ⌈(a slice of) lemon [milk] (in it)
ティーバッグ tea bag Ⓒ　**ティーポット** teapot Ⓒ.

ティーシャツ T-shirt Ⓒ, tee shirt Ⓒ. 《☞ 衣服 (囲み)》.

T シャツ専門店の掲示

ディーゼルエンジン diesel engine Ⓒ.

ていいん 定員 (収容力) (seating) capacity Ⓤ [語 法] 後に具体的な数が示されるときは a capacity of … となる; (定員数・規定の人数) the [a] fixed ⌈number [capacity]; (指定された人数) the [a] prescribed number.
¶ このバスの*定員は 60 名です (⇒ 60 人の乗客の収容力がある[60 人分の席がある]) This bus has *a capacity of* 60 ⌈passengers [seats]. / The *seating capacity* of this bus is 60. // このエレベーターは*定員以上乗せている This elevator *is overloaded*. / This elevator is filled to more than *capacity*. // 応募者が*定員をはるかに超えた The number of applicants was much greater than *the* ⌈*fixed* [*prescribed*] *number* (of ⌈openings [places]). // 応募者は*定員に満たなかった (⇒ 達しなかった) The number of applicants fell short of *the full number*.

ティーンエージャー teen ager Ⓒ; (10 代の少年[少女]) teen age(d) ⌈boy [girl] Ⓒ ★ 語尾に -teen が付く数字 (thirteen から nineteen) で, 13-19 歳の少年・少女のことをいう. 《☞ じゅうだい²; ハイティーン》. ¶ 私の娘はまだ*ティーンエージャーです My daughter is still a *teen ager*. / (⇒ 10 代である) My daughter is still *in her teens*.

ていえん 庭園 garden Ⓒ [参 考] 花を主にした庭園は flower garden, 風景を主にしたものには landscape garden を用いる. 《☞ にわ》.

ていおうせっかい 帝王切開 〘医学〙 Caesarean [sizέ(ə)riən] ⌈section [operation] Ⓒ.

ていおん¹ 低音 (調子が) low tone Ⓒ (↔ high tone); (ピッチが) low-pitched sound Ⓒ (↔ high-pitched sound); (声が) low voice Ⓒ (↔ high voice); (男声の低音域) bass [béis] Ⓤ. ¶ *低音歌手 a *bass*
低音部 bass Ⓤ.

ていおん² 低温 low temperature Ⓒ (↔ high temperature) 《☞ おんど¹》. **低温殺菌** (low temperature) pasteurization [pæ̀stʃərizéiʃən] Ⓤ.

ていか¹ 低下 —[動] (衰える) fall off (自), decline (自) ★ 後者は改まった語; (急にぐっと落ちる) drop (自); (落ちる) fall (自); (体力などが弱くなる) fail (自); (品質などが悪くなる) deteriorate (自) ★ 改まった語; (量が減ずる) diminish (自) ★ 改まった語; 《口語》 lessen (自); (位

て

提案・勧告の表現

英語の提案・勧告の表現には，you を主語にして直接相手に向かって行うものと，we を主語にして，発言者も含めて間接的に相手に訴えるものとがある．押しつけがましくない，穏やかな表現としては後者の形式が多く用いられる．

(1) *Let's ... (, shall we?)*

「…しよう」という意味で，親しい間柄で用いられる最も一般的な口語表現．

¶「テニスをしよう」「よしやろう」"*Let's* play tennis." "Yes, let's (do that)." 語法 (1) Let's ... に対する答えとしては肯定の場合は Yes, let's. が典型的であるが，あまり素直な答えなので，時によっては子供っぽく聞こえ，成人の間ではあまり多く使われない．代わりに Yes, let's do that. / OK. / All right. / That's a good idea. / Yes, I'd like that. / That sounds good. などが使われることが多い．(2) 否定の場合は，No, let's not. が型にはまった答えだが，これではいかにもそっけないので，普通は Sorry, but I don't have (the) time. / No, I don't think so. / (No,) I'd (really) rather not. / (Sorry, but) not ˹today [right now; this time]. / I'm not too sure (about that). / I really don't know [I'm not really sure] if I want to do that. などが使われる．

Let's ... に続ける付加疑問は shall we となる．《☞ 付加疑問 (欄外)》

¶「一杯やりませんか」「やりましょう」"*Let's* have a drink, *shall we?*" "OK."

単に Shall we…? でも提案・勧告の意味で用いられる．

¶「ひと泳ぎしましょうか」「結構ですね」"*Shall we* have a swim?" "That's a good idea."

(2) *How [What] about ...ing?*

いずれも「…するのはどうですか」「…しませんか」という意味で用いられる．相手に提案したり勧告したりするときは How，相手の感想や意見を求めるときは What と区別されることもあるが，どちらもほぼ同じに用いられる．ただし《米》では How のほうが多く用いられる傾向にある．これらに対する答え方は Let's ... に対する答え方に準じる．ただし，Yes, let's. / No, let's not. は用いない．

¶「ドライブに行きませんか」「そいつはすばらしい」"*How* [*What*] *about* going for a drive?" "That ˹would be [sounds] great." 参考 都合が悪くて断るようなときは「あいにくですが行けません．外出するものですから」"I'm afraid I can't. I have to go out." のように答える．なお，about の後には動名詞ではなく名詞をそのまま続けてもよい．((例)「散歩に行きませんか」「そうですね，すぐに出かけましょう」"*How* [*What*] *about* (going for) a walk?" "All right. Let's go right away.")

これに似た表現で，より丁寧な言い方に How would you like ...? がある．

¶「デパートへ買い物に行きませんか」「行きたいのですが，いま忙しいものですから」"*How would you like* to go to the department store?" "I'd like to, but I'm busy (right) now." ∥「コーヒーを一杯いかがですか」「ありがとう．いただきます」"*How would you like* a cup of coffee?" "Thank you."

(3) *Why ˹don't you [not] ...?*

「なぜ…しないのか」というのが字句どおりの意味だが，「…してはどうか」「…しませんか」という意味の反語として提案・勧告に用いられる．ごく親しい間柄で用いられる形式ばらない表現で，目上の人には使えない．

¶「シャワーを浴びたらどうだい」「そうだね．そうしよう」"*Why* ˹*don't you* [*not*] have a shower?" "All right. I will." ∥「まあ座りなさいよ」「うん」"*Why don't you* sit down?" "OK." ∥「彼の助言を求めたらどうだ」「そうだ．そいつは気がつかなかった」"*Why* ˹*don't you* [*not*] ask his advice?" "Well, I never thought of it."

(4) *Won't you ...?*

「…しませんか」と相手を誘う柔らかい表現．Will you…? は主に相手に対する依頼を表す．Won't you ...? は肯定の答えを期待しているのに対し，Will you ...? はそうではない．

¶「夕食後おしゃべりに来ませんか」「ええ，伺いましょう」"*Won't you* come and have a ˹talk [chat] with us after dinner?" "OK, I will."

(5) *We ˹will [might] ...*

話者が代表して間接的に提案する言い方．

¶その計画はあきらめたらどうだろう *We might* give up the plan. ∥「もう一度やってみませんか」「そうですね．やってみましょう」"*We'll* try (it) once ˹more [again], *won't we?*" "Yes, we will." 語法 この表現は Let's ...の意味に非常に近い．

(6) *had ˹better [best] ...*

「…したほうがよい」という意味だが，主語が you のときは強い忠告・命令となる．押しつけがましいので目上の人には用いられない．これに対して You should ... のほうが，感じの柔らかい提案となる．had better の打ち消しは had better not となる．会話では普通 ...'d better の短縮形が使われる．...'d を落として言う言い方もよく聞かれるが，標準的とは考えられていないので，外国人である我々としては ...'d を落とさないようにしたほうがよい．なお better [best] の後には動詞の原形がくることに注意．また否定は 'd ˹better [best] not となる．

¶《医者などが患者に》たばこはやめなさい You'*d better* stop smoking. ∥ 彼女にはいまは会わないほうがよいですよ You'*d better* not see her now. ★ この場合の「ほうがよ

い」は忠告と考えると，日本語でもかなり強い調子である．

同じ better を使っても次のように言えば表現も柔らかくなる．

¶ 2, 3 日休暇をとったらどうですか It might be *better* for you to take a few days off.

自分も含めて間接的に提案するときは主語を we にする．

¶ 家にいたほうがいいと思うよ I think we'*d better* stay (at) home.

(7) *may [might] as well ...*

「…してもよかろう」「…するほうがよい」と提案するときに用いる．might を使うと「むしろ…したほうがよい」という婉曲的な表現となる．

¶ 心を決めたほうがいいよ You ˹*may* [*might*] *as well* make up your mind. // 彼に本当のことを言ったほうがいいんじゃないですか You *might as well* tell him the truth.

might だけでも「…したらどうか」という提案を表す．

¶ 彼に助けてくれるように頼んだらどうですか You *might* ask him to help you.

なお忠告の気持ちが強いときは should [ought to] を用いることもできる．

¶ たばこはやめたほうがいいよ You ˹*should* [*ought to*] quit smoking.

(8) *What ˹do [would] you say to ...ing?*

「…するのはどうですか」という意味のくだけた表現．say の後には if 節が続くこともある．

¶「今夜は外で食事をするのはどうですか」「悪くないですね」"*What* ˹*do* [*would*] *you say* ˹*to* eating [*if* we eat] out this evening?" "Not a bad idea."

なお形式ばらない提案で「…してみたらどうだろう」というときは suppose も用いられる．上と同じ内容は *Suppose* we eat out this evening. とも言える．

(9) *propose, suggest, advise*

積極的に提案するときは propose ㊀，やや控えめに提案するときは suggest ㊀，相手に勧めるときは advise ㊀．

¶ 彼は一休みしようと提案した He *proposed* that we rest. / He *proposed* taking a rest. / He *proposed* that we (should) take a rest. // 彼は動物園へ行こうと提案した He *suggested* a visit to the zoo. / He *suggested* going to the zoo. / He *suggested* that we (should) go to the zoo. // 私は彼に車で行くように勧めた I *advised* him to go by car. / I *advised* that he (should) go by car. [語法] 以上の表現で that 以下の should は《米》では省略されることが多く，また《英》でも次第に省略されることが多くなっている．その場合，that 以下の主語のいかんにかかわらず，動詞は原形を用いることに注意．

対話例

A：あしたみんなで映画に行こうか	A: Why don't we all go to the movies tomorrow?
B：それはいい考えだな．どうだい，ポーラ	B: Now, that's an idea! What do you think, Paula?
C：ぜひ行きたいわ	C: Yes, I'd like that very much.
B：何を見たらいいと思う，ジョージ?	B: What do you suggest we see, George?
A：ポーラに決めてもらおうよ	A: Let's leave it up to Paula.
C：秋代さん，あなたも一緒にどう?	C: Would you like to join us, Akiyo?
D：ええ，ぜひ	D: Oh yes, very much.
A：よし．それじゃ，4 人で行くことにしよう	A: Good. Let's make it a foursome, then.
B：『戦争の犬』はどうかな	B: How about *The Dogs of War*?
C：そうねえ，どうかしらね．私は…	C: Well, I don't know. I—
B：どういうことなの?	B: What do you mean?
C：私は戦争映画にはあまり行きたくないの	C: I'd really rather not go to a war movie.

★この対話例およびさらに詳しい対話例は別売テープに吹き込まれています．

置が下になる) lower ㊁；(低くなる・する) lower ㊁ ㊀．── [名] falloff Ⓤ；decline Ⓒ；drop Ⓒ；(品質の悪化) deterioration Ⓤ．《☞ おちる；さがる；げんしょう¹》．

¶ 夏になると食欲が*低下する Our appetite *falls off* in summer. // どうも視力が*低下してきている I'm afraid my (eye)sight is beginning to *fail*. // 一般的に言って，大学生の学力は*低下している Generally speaking, the academic ˹level [ability] of university students *has* ˹*dropped* [*declined*]. // 気温が零度まで*低下した The temperature ˹*dropped* [*fell*] to (the) freezing point.

ていか² 定価 (一般的に値段) price Ⓒ ★日本語では「定価」が漠然と「値段」と同意に用いられることが多いので，それに当たる；(決まった値段) fixed price Ⓒ；(正規の値段) regular price Ⓒ；(価格表に載っている値段) list price Ⓒ．《☞ ねだん；かかく》．

¶ この本の*定価は 2 千円です(⇒ この本は 2 千円だ) This book is 2,000 yen. / The *price* of this book is 2,000 yen. // この店では全商品を*定価の 2 割引きで売っている They sell all the goods in the store at a 20 percent discount off the ⌜regular [list] price. / They ⌜make [give ; allow] a discount of 20 percent on all (the) goods in the store. ∥ デパートではなんでも*定価で売る Department stores ⌜sell everything at *fixed prices* [have *fixed prices* for everything].

定価表 price list Ⓒ.

ていがく[1] 停学 ―名 suspension from school Ⓤ. ―動 (停学させる) suspend ⊕他. ¶ 彼は1年間の[無期]*停学を命じられた He *was suspended from school* ⌜for a year [for an indefinite period].

ていがく[2] 低額 small amount Ⓒ ; (金額) small sum (of money) Ⓒ. **低額所得者層** the lower income bracket 《☞ しょとく》.

ていがくねん 低学年 the lower grades 《☞ 学校・教育(囲み); がくねん》. ¶ これは*低学年用の本です This is a book for children in *the lower grades*.

ていかんし 定冠詞 〖文法〗 the definite article 《☞ 冠詞(欄外)》.

ていき[1] 定期 ―形 (規則的な) regular; (決まった間隔を置いて行われる[発行される]) periodical. ―副 regularly ; periodically. ¶ 彼らはプールの水を*定期的に検査する They make *regular* examinations of the water in the (swimming) pool. / They examine the water of the (swimming) pool *regularly*. ∥ その会合は*定期的に(⇒決まった間隔を置いて)開かれます The meetings are held *at regular intervals*. ∥ 役員は*定期的に改選されることになっている Officers are to be reelected *periodically*.

定期刊行物 (新聞・雑誌など) periodical Ⓒ **定期券** 《米》 commuter ⌜ticket [pass] Ⓒ, 《英》 season ticket Ⓒ ★ 口語では単に a season だけでもよい. **定期検診** seasonal ⌜health examination [medical check-up] Ⓒ **定期航空路** air route Ⓒ, airline Ⓒ **定期航路** regular ⌜line [service] Ⓒ **定期試験** (学期末の) term exam Ⓒ ; (学年末の) final exam Ⓒ **定期便** (飛行機) regular flight Ⓒ; (バス) regular bus service Ⓒ **定期預金** time deposit Ⓒ.

ていき[2] 提起 ―動 (問題・質問などを) bring up ⊕他, raise ⊕他. ¶ 彼は重大な問題*提起をした He *brought up* an important ⌜question [problem].

ていぎ 定義 ―名 definition Ⓒ. ―動 define ⊕他. ¶ この用語を明確に*定義できますか Can you ⌜clearly *define* [give a clear *definition* of] this term?

ていきあつ 低気圧 low (atmospheric) pressure Ⓤ (↔ high (atmospheric) pressure) 《☞ きあつ ; 天候の表現(囲み)》.

ていきゅう 低級 ―形 (野卑で卑猥な) vulgar; (安っぽい) cheap; (悪い・俗悪な) bad; (内容が貧しくて劣った) poor. 《☞ ていぞく; げひん》. ¶ 彼の趣味は*低級だ He has ⌜*bad* [*poor*] taste. ∥ 彼は*低級な雑誌をよく読む He often reads *cheap* magazines.

ていきゅうび 定休日 regular holiday Ⓒ ; (商売の) fixed closing day Ⓒ. 《☞ やすみ》. ¶ この辺の美容院は火曜日が*定休日です(⇒火曜日に店が閉まる) Beauty parlors in this neighborhood *are closed* on Tuesdays.

ていきょう 提供 ―動 (差し出す) offer ⊕他; (与える) give ⊕他 ; (必要なものを供給する) provide ⊕他 ; (足りないものを) supply ⊕他 ; (広告主となる) sponsor ⊕他. ―名 offer Ⓒ; supply Ⓤ. 《☞ あたえる ; きょうきゅう》.

¶ 彼は私のために時間や労力を*提供してくれた He *offered* his time and energy to me. ∥ 彼はあらゆる情報を我々に*提供してくれた He ⌜*gave* us [*provided* us *with*] all kinds of information. ∥ 彼は貴重な資料を*提供してくれた He *supplied* valuable data to us. / He *supplied* us *with* valuable data. ∥ B社*提供の番組は全然おもしろくなかった The program *sponsored by* company B was not interesting at all.

ていくう 低空 (高度が) low altitude Ⓒ. **低空飛行** ―動 fly ⌜low [at a low altitude] ★ fly low は口語的.

ディクテーション (書き取りのテスト) dictation Ⓒ 《☞ かきとり》.

ていけい[1] 提携 ―名 (協力) cooperation Ⓤ ; (タイアップ) tie-up Ⓒ. ―動 (協力する) cooperate (with ...) ⊜自; (...と組んで仕事をする) tie [be tied] up with ... ★ 口語的. 《☞ きょうりょく[1]》. ¶ わが社はA社と*提携した We have entered into *cooperation* with company A. / We *are tied up with* company A. ∥ 技術*提携 a technical *tie-up*

ていけい[2] 定形 (決まった形) fixed form Ⓒ; (標準の形) regular size Ⓒ.

ていけつ 締結 ―名 conclusion Ⓒ. ―動 conclude ⊕他. 《☞ ちょういん》. ¶ 両国間で平和条約が*締結された A peace treaty *was concluded* between the two nations.

ていけつあつ 低血圧 low blood pressure Ⓤ (↔ high blood pressure) 《☞ けつあつ ; 病気・病院(囲み)》.

ていこう 抵抗 ―名 (反抗) resistance Ⓤ; (反対) opposition Ⓤ ; (病気に対する抵抗力) resistance Ⓤ ; (電気の) electric(al) resistance Ⓤ ; (空気の) air resistance Ⓤ. ―動 (屈しないで反抗する) resist ⊕他; (反対の立場をとる) stand against ... ; (積極的に反対する) oppose ⊕他; (戦う) fight (against ...) ⊜自. 《☞ はんこう[2] ; はんぱつ》.

¶ 沈黙は時に*抵抗を意味する Silence sometimes implies *resistance*. ∥ 彼は頑強に*抵抗した He *resisted* stubbornly. ∥ 彼らは我々にいっさい*抵抗しなかった They didn't *resist* us at all. / They made no *resistance* ⌜to [against] us. ∥ そこへ行くのは何となく*抵抗を感じます(⇒...したくない) I *don't feel like* going there. / I'm rather *reluctant* to go there. ∥ 彼女は病気に対して*抵抗力がない She has little *resistance* to disease.

ていこく[1] 定刻 (指定の時刻) the appointed time ; (予定どおりの時刻) the scheduled time. 《☞ ていじ[1] ; じこく[1]》.

¶ 彼は*定刻にやって来た He showed up at *the appointed time*. ∥ 音楽会は*定刻に始

まらなかった The concert did not begin at *the scheduled time*. // 列車は*定刻に到着した (⇒ ちょうど決まった時刻に) The train arrived *on* ⌈*time* [*schedule*]. // 列車は*定刻 (⇒ 予定)より 10 分遅れて発車した The train left 10 minutes behind *schedule*.

ていこく² 帝国 empire Ⓒ. **帝国主義** ―名 imperialism Ⓤ. ―形 (帝国主義的な) imperialistic **帝国主義者** imperialist Ⓒ.

ていさい 体裁 (外見) appearance Ⓒ; (見せかけ) show Ⓤ. 《☞ かっこう¹; がいけん》.
¶ この車は*体裁がいい (⇒ 見たところすてきだ) This car *looks* nice. // あの家は*体裁がよい [悪い] That house has ⌈an attractive [an ugly] *appearance*. // 彼は*体裁は気にしない He doesn't care about *appearances*. / (⇒ どんな風に見えようと気にしない) He doesn't care *how he looks*. // けさは遅れて教室に入って, *体裁が悪かった (⇒ ばつの悪い思いをした) I *felt awkward* this morning when I went into the classroom late. // 彼はしょっちゅう*体裁のよいことばかり言う (⇒ もっともらしいことを言う) He often says *plausible* things to us.

ていさつ 偵察 ―名 (軍隊の) reconnaissance [rikɑ́nəzəns] Ⓤ; (一般の偵察者) scout Ⓒ. ―動 reconnoiter [rìːkənɔ́itə*r*] ⓗ; scout ⓗ ★ 前者は術語として使われる語. 後者は口語的な語.
¶ 敵のチームに*偵察を出した We sent (out) *scouts* to the opposing team. // その飛行機はわが国の基地を*偵察して航空写真をとった The plane *reconnoitered* the bases in our country and took aerial photos. // ちょっと様子を*偵察してくるよ (⇒ 何が起こっているか見てくる) I'll *go and see* what's happening.
偵察機 reconnaissance plane Ⓒ.

ていし 停止 ―動 (ある動作・行動が止まる [を止める]) stop ⓐ ⓗ; (資格・有効期間などを一時的に止めさせる) suspend ⓗ; (続いている状態・動作がやむ[をやめる]) cease ⓐ ⓗ; (一時的に止まる) halt ⓐ ★ 第 2 番目以降は形式ばった語. ―名 stoppage Ⓤ; suspension Ⓤ; cessation Ⓤ; a halt ★ 通例 a を付けて. 《☞ とめる¹; とまる¹ (類義語); ちゅうし¹》.
¶ 機械が*停止した The machine ⌈*stopped* [came to *a halt*]. 【語法】 The ⌈machine [train] ceased. とはいえない. // 仕事は*停止することなく続けられた The work continued without ⌈*stoppage(s)* [*stopping*]. // そのレストランは 1 か月の営業*停止を食った (⇒ 命じられた) The restaurant was ordered to *suspend* its business for one month. // 戦闘は間もなく*停止されるだろう They will *cease* firing soon. / (⇒ 戦闘停止が間もなく実現されるだろう) A *cease*-fire will be realized soon. // その車は赤信号で急*停止した The car *stopped* suddenly for a red light. // 作業の*停止 *cessation* of work // 一時*停止 *Stop* / *Halt* 《☞ 掲示の英語 (囲み)》

ていじ¹ 定時 (決まった時刻) the [a] fixed time; (予定の時間) the scheduled time. 《☞ ていこく¹》.
¶ 彼は毎日*定時に出勤する He goes to work *at a fixed time* every day. / (⇒ 仕事に遅刻しない) He *is never late* ⌈to [for] work. // 列車は*定時に(⇒ 時刻表どおりに)発車した The train left *on* ⌈*schedule* [*time*]. // これは*定時の (⇒ いつもの決まった) 番組です This is a *regular* program.
定時制高校 part-time high school Ⓒ 《☞ 学校・教育 (囲み)》.

ていじ² 提示 ―動 (差し出す) present ⓗ; (ポケットなどから出す) produce ⓗ; (見せる) show ⓗ. 《☞ みせる》. ¶ 私は入口で身分証明書の*提示を求められた (⇒ 見せるように言われた) I was asked to ⌈*show* [*present*] my identification card at the gate. 【語法】 単に「見せる」という意味では show,「取り出して見せる」というニュアンスを表すのは present.

ていしせい 低姿勢 ―形 (控えめな) humble. ―名 (慎しみ深い態度) modest attitude Ⓒ. 《☞ ひかえめ》. ¶ 彼は私の前ではいつも*低姿勢です He's always *humble* in ⌈front of me [my presence].

ていしゃ 停車 ―動 (停車する・させる) stop ⓐ ⓗ, 《口語》 pull up ⓗ ⓐ; (寄せて止める・止まる) pull over ⓗ ⓐ. ―名 stop Ⓒ. 《☞ とまる¹; とめる¹; ていし》.
¶ この列車は各駅に*停車します This train *stops* at every station.
その車は校門の前に*停車した The car *pulled up* in front of the school gate.
その笛で車は道ばたに寄って*停車した At the whistle the car *pulled over* to the side of the street.
汽車は 10 分間*停車した The train made a ten-minute *stop*.
次の*停車駅はどこですか What is our next *stop*? / Where do we *stop* (at) next?
*停車時間は何分ですか How many minutes will the train *be stopped*?
この列車は名古屋までは*停車しません We don't *make a stop* ⌈before [until] Nagoya. / This train goes *nonstop* to Nagoya.
列車は急*停車した The train was brought to a sudden *stop*. / The train *stopped* suddenly. 《☞ きゅうていしゃ》
警官はそのトラックを信号の所で*停車させた The policeman *stopped* the truck at the traffic light.
一時*停車 *Stop* 《☞ 掲示の英語 (囲み)》
停車禁止 No Stopping 《☞ 掲示の英語 (囲み)》.

ていしゅ 亭主 husband Ⓒ.

ていじゅう 定住 ―動 (ある場所に落ち着いて半永久的にそこに住む) settle down ⓐ 【語法】 この語は動作を表すので, I'm settling down. は「定住しかけている[する予定]」という意味であり,「現在定住している」という状態は表さない; (現にある場所に長く住む) live ⓐ, be living 【語法】 be living のほうが口語的で, 前後関係によってはごく短期間の定住を表すことがある; (永久に住む) reside permanently ⓐ ★ 堅苦しい表現. 《☞ すむ¹; おちつく》.
¶ 私は将来はブラジルに*定住するつもりだ I'm planning to *settle down* in Brazil in the

future. // 彼はその国に*定住している (⇒ 永久の居住者だ) He is a *permanent resident* of that country.

ていしゅく 貞淑 ―形 (処女性を守る・夫婦間の道徳に反しない) chaste [tʃéist]; (性道徳に非常に忠実な) virtuous [və́:tʃuəs]. (☞ ていせつ[2]; ていそう). ¶ 彼女は*貞淑な女である She is a ⌈*chaste* [*virtuous*] woman.

ていしゅつ 提出 ―動 (計画・提案・議案などを) present ㊗; (書類などを) submit ㊗; (願書・レポートなどの比較的軽い事務的な書類を) send in ㊗; (レポートなどを) turn in ㊗; (抗議・請願などの公的な場所に出すものを) file ㊗, lodge ㊗ ★ 前者のほうがより一般的な語. また present もこの意味でも用いられる; (法廷に証拠などを) exhibit ㊗, produce ㊗. ―名 presentation Ⓤ. (☞ だす).
¶ 次の会合の計画を*提出して下さい Please ⌈*present* [*submit*] the plan for the next meeting. // 彼は報告書を委員会に*提出しなくてはならない He must *submit* a report to the committee. // 「あなたはもう願書は*提出しましたか」「はい, きのう*提出しました」"*Have* you *sent in* your application form yet?" "Yes, I have. I *sent* it *in* yesterday." // 作文を来週月曜日までに*提出しなさい *Turn in* your composition by next Monday. // 住民は市役所に抗議を*提出した The ⌈inhabitants [citizens] ⌈*filed* [*lodged*] a protest with the city government. // 弁護士は被告に有利な証拠を*提出した The lawyer ⌈*presented* [*exhibited*; *produced*] evidence in favor of the accused.

ていしょう 提唱 ―動 advocate ㊗. ―名 advocacy Ⓤ. (☞ となえる).

ていしょく[1] 定食 regular [set] meal Ⓒ; (決まったメニュー) fixed menu Ⓒ; (レストランなどでの) table d'hôte [tɑ́:bldóut] Ⓒ (複 tables d'hôte) ★ もとはフランス語; dinner Ⓤ ★ スープ・デザート付きの正餐. (☞ レストラン (囲み)). ¶「何になさいますか」「B *定食を下さい」"What would you like (to have), sir?" "Give me *dinner* B, please."

ていしょく[2] 定職 permanent job Ⓒ (↔ part-time job) (☞ しょくぎょう (類義語)). ¶ 彼はなかなか*定職が見つからない (⇒ 彼は定職を見つけるのに苦労している) He is having a hard time getting a *permanent job*.

ていしょく[3] 抵触 ―動 (違反する) be against ...; (相反する) be in conflict with ... (☞ いはん; はんする). ¶ それは法律に*抵触する (⇒ 反する) It *is against* the law.

ていしょく[4] 停職 ―名 suspension Ⓤ. ―動 (停職させる) suspend ㊗. (☞ めんしょく). ¶ 彼は*停職を命じられた He *was suspended from office*.

でいすい 泥酔 ―動 get dead drunk; (酔って意識不明になる) (口語) pass out ㊐. (☞ ぐでんぐでん; よっぱらう).

ていすう 定数 **1** «決まった数»: fixed number Ⓒ (☞ ていそくすう; ていいん). ¶ 志願者が*定数になり次第締め切ります We will stop accepting applications as soon as the number of applicants reaches ⌈our *capacity* [a certain *fixed number*].
2 «一定の値をとる数»: 〔数学〕 constant Ⓒ.

ディスカウント (割引) discount Ⓒ (☞ わりびき; ねびき).

ディスクジョッキー disc jockey Ⓒ.

ディスコ disco Ⓒ, discotheque Ⓒ.

ていする 呈する (有様などを表す) present ㊗. ¶ それは恐ろしい光景を*呈した It *presented* a frightening sight. // 株式市場は活況を*呈している (⇒ 活発だ) The stock market is very active.

ていせい 訂正 ―動 correct ㊗. ―名 correction Ⓤ ★ 具体的な訂正をいうときは Ⓒ. (☞ しゅうせい[1]; なおす; 欄外).
¶ 誤りがあれば*訂正しなさい *Correct* errors, if any. // *訂正します *Correction*. 語法 普通こう言ってから正しいことを言う. // 1972年, いや1973年と*訂正しますが… 1972, 1973 *rather* ... 語法 このように rather を訂正の後に置いて言う言い方は比較的軽い気持ちでの訂正. // 私の言うことに誤りがあったら (⇒ あなたが見つけたら) *訂正して下さい Please *correct* my mistakes if you find any in what I'm going to say. / I'd like to speak under *correction*. ★ 改まった言い方. // 全部読んでしまってから*訂正して下さい Please make *corrections* after you have read it through.

ていせつ[1] 定説 (学問的な) established theory Ⓒ; (広く認められた意見) widely-accepted notion Ⓒ; (一般的な意見) general opinion Ⓒ. (☞ つうせつ[2]).

ていせつ[2] 貞節 ―形 (忠実な) faithful; (操を守る) chaste. ―名 faithfulness Ⓤ; chastity Ⓤ. (☞ ていそう; ていしゅく). ¶ 彼女は(夫に対して)*貞節な妻であった She was ⌈*faithful* [a *faithful* wife] to her husband.

ていせん[1] 停戦 (軍隊用語で) cease-fire Ⓒ; (両者の協定による停戦) truce Ⓒ; (一定期間の休戦) armistice Ⓒ. (☞ ていし; きゅうせん).

ていせん[2] 停船 ¶ 我々の船は*停船を命じられた Our ship was ordered to *stop*.

ていそ 提訴 ―動 (裁判所へ告訴する) sue ㊗; (事件を裁判にかける) bring a case before the court; (援助などを求めて) appeal (to ...) ㊐. (☞ こくそ; うったえる). ¶ 彼はその事件を裁判所に*提訴した He *brought the case before the court*. // その国は国連に*提訴した The country *appealed to* the United Nations.

ていそう 貞操 (操が堅いこと) chastity Ⓤ ★ 特に女性についていう; (純潔を守ること) virtue Ⓤ ★ 形式ばった語. (☞ ていせつ[2]).

訂正 (correction) スペリングの間違いを訂正したり, 書き落とした語句などを付け加えたりするときには次の注意がいる.
(1) 訂正は語全体を横線で消し, 行の上に正しいものを書く.
(2) 語句を挿入するときは ∧ という記号 (これを caret と呼ぶ) を用い, 挿入する語を行の上に入れる.
(例) a ∧ high school student (senior を行の上に挿入)
(3) あまり訂正の多いものは, もう一度清書し直す.

ていそく 低速 low speed Ⓒ(↔high speed). ¶車は*低速で走った The car ran at a *low speed.*

ていぞく 低俗 ―形 (野卑な) vulgar; (下品な) coarse. 《☞ ていきゅう; げひん》. ¶このごろは*低俗なテレビ番組が多すぎる There are too many *vulgar* TV programs these days. // あいつの趣味は*低俗だ (⇒ 趣味が悪い) He has *bad taste.*

ていそくすう 定足数 quorum [kwɔ́:rəm] Ⓒ《☞ ていすう》. ¶まだ*定足数に達していない We are short of the *quorum.* // *定足数に達した We have procured the *quorum.* // この会議の*定足数は会員の3分の2です (⇒ 会員の3分の2がこの会の定足数を作る) Two-thirds of the members of this society ⌜constitutes [forms] a *quorum* for a meeting.

ていたい[1] 停滞 ―動 (遅れている) be delayed; (ある状態が続くようになる) come to stay; (なかなか立ち去らない) linger ⓐ. 《☞ とどこおる》. ¶郵便の配達が*停滞している Delivery of the mail *is delayed.* // 梅雨前線が四国沖に*停滞している A rain front [The seasonal rain front] *is lingering* off Shikoku.

ていたい[2] 手痛い ―形 (ひどい) great, severe, hard, heavy; (致命的な) fatal. ¶*手痛い打撃を受けた (⇒ 大損害をこうむった) We suffered ⌜*great* [*heavy*] damage. / (⇒ ひどい打撃を受けた) We suffered a *severe* blow. 語法 肉体的・精神的な打撃は blow という.

ていたく 邸宅 (大きな屋敷) mansion Ⓒ; (家・住まい) residence Ⓒ 語法 home より少し改まって「家」の意味で用いられ, 大きな屋敷という意味はない. 《☞ 家・部屋 (囲み)》.

ていち 低地 lowlands (↔ highlands) ★通例複数形で.

ていちゃく 定着 ―動 (永続的なものとなる) come to stay; (根を張る) take root ★元来は植物が根を張ることをいう表現から出た比喩用法; (表現・習慣などが確立する) become established.

¶民主主義は日本に*定着しただろうか *Has* democracy ⌜*come to stay* [*been established*; *taken root*] in Japan? // この表現はすでに若い人たちの間に*定着している This expression *has* already *become established* among the younger generation. // キリスト教はヨーロッパに深く*定着している Christianity *has planted its roots* deeply *in* European soil. // どのようにして生徒にこの知識を*定着させるかが問題だ The problem is how we can make the students *acquire* this knowledge.

ていちょう[1] 丁重 ―形 (礼儀正しい) polite (↔ rude); (うやうやしいほど丁寧な) courteous; (歓待するような) hospitable; (敬意をこめて丁寧な) respectful. ―副 politely; courteously; hospitably, with hospitality; respectfully. 《☞ ていねい》.

¶彼らは私にとても*丁重だった They were very *polite* to me. // 彼らは互いに*丁重なあいさつを交わした They exchanged *courteous* greetings. // 我々は*丁重に迎えられた We were received ⌜*with hospitality* [*hospitably*]. // 彼らは私たちを*丁重に扱った They treated us *respectfully.*

ていちょう[2] 低調 ―形 (不活発な) inactive (↔ active); (鋭さ・緊張感がなく活気がない) dull; (動きがのろい) slow; (なめくじのように遅い) sluggish; (どこかゆるんでいて活気がない) slack. ―名 (活動・調子などの不調) slump Ⓒ. 《☞ ふけいき》.

¶わが校の英語部(の活動)は*低調だ Our English Club is *not active.* // このごろ商売は*低調だ Business is [Sales are] ⌜*dull* [*slow*; *sluggish*; *slack*] these days. // 彼は最近*低調だ He is *in a slump* these days.

ていちんぎん 低賃金 (低い賃金) low wages ★通例複数形で; (少ない給料) low pay Ⓤ. 《☞ ちんぎん》.

ていっぱい 手一杯 ―動 (忙しくて…できない) be too busy to *do*; (…でいっぱい) be fully occupied with … 《☞ いそがしい》.

¶私は仕事で*手一杯だ I'*m fully occupied with* my work. / (⇒ 仕事が私のすべての時間を占めている) My work *is taking all my time.* // 「手伝ってくれませんか」「申し訳ないが仕事が*手一杯なので (⇒忙しくて手伝えない)」"Will you help me?" "I'm sorry, but I'*m too busy* (*to* help you)."

ていてつ 蹄鉄 ―名 horseshoe Ⓒ. ―動 (蹄鉄を打つ) shoe (a horse).

ていでん 停電 (電灯が消えること) blackout Ⓒ; (電力供給が止まること) power ⌜failure [outage] Ⓒ; (ストライキ・節電のため電気を止めること) power cut Ⓒ. ¶昨夜は*停電があった We had a *blackout* last night. // 落雷で*停電し, 電車が止まった Trains stopped [Train runs were disrupted] owing to the *power failure* caused by lightning.

ていど 程度 (度合) degree Ⓤ ★具体的な意味のときは Ⓒ; (範囲・限界) extent Ⓤ; (水準・高さ) level Ⓒ; (標準・基準) standard Ⓤ.

【類義語】幾つかの段階に区切ったときの1つ1つの段階を **degree** という. 従って2つ以上のものを比較して, その高低・大小などの差をいうときに用いられる. ((例) 彼は夜も眠れない*ほどに (⇒程度に)心配した He was worried to such a *degree* that he could not sleep.). あるものの能力・許容量などの範囲・限界を **extent** という. *extent* はもともと「広がり」を意味する言葉である. 前後関係によっては *degree* とほぼ同意となる. 人や物の知識・難易度などの高さをいうのは **level** で, もともと水平になっている面をいう言葉である. 従って程度の高低をいうときに用いられる. ((例) より高い*程度の on a higher *level*). 同種のものを比較検討するときの基準を表す語が **standard**. ((例) 生徒の学力の*程度 the intellectual *standard* of the students). 《☞ -くらい; すいじゅん》

¶それは*程度問題です It's a ⌜matter [question] of *degree.* // どの*程度まで彼は信用できますか To what ⌜*extent* [*degree*] can he be trusted? // その2人の学生の学力の*程度はほぼ同じです The two students are more or less at the same scholastic *level.* // そのテキ

て

ストは大学*程度の学生のために書いてあります(⇒書かれた) The textbook was written for the 「students at the college *level* [college-*level* students]. // 彼らの生活*程度は高い[低い] Their *standard* of living is 「high [low]. // 彼の言ったことはある*程度本当だ(⇒彼の言ったことにはある程度の真実がある) There is *some* truth in what he said. / What he said is true to some *extent*. // 彼の講義は*程度が高くて(⇒難しくて)ついていけない His lecture is *too difficult* for me *to* follow.

ていとう 抵当 —[名] (不動産の) mortgage [mɔ́ərgidʒ] Ⓒ; (保証・担保) security Ⓤ. —[動] (抵当に入れる) mortgage (他).

¶私の家は100万円の*抵当に入っている My house *is mortgaged* for a million yen. / There is a *mortgage* of a million yen on my house. // 土地を*抵当に銀行から100万円借りた I *mortgaged* my house to the bank for a million yen. / I borrowed a million yen from the bank with my home as *security*. // この土地は二重*抵当に入っている There is a second *mortgage* on this lot.

抵当権 mortgage Ⓒ.

ていとく 提督 (海軍大将) admiral Ⓒ.

ディナー dinner Ⓤ《☞ ゆうしょく; 食事(囲み); レストラン (囲み)》.

ていねい 丁寧 **1** «丁重な» —[形] (礼儀正しい) polite (↔ impolite); (うやうやしい) courteous; (親切な) kind. —[副] politely; kindly. 《☞ ていちょう[1]; れいぎ》.

¶彼は婦人には*丁寧な口をきく(⇒丁寧な言葉で話す) He talks to ladies in *polite* language. / (⇒丁寧に話をする) He speaks *politely* to ladies. // 彼は*丁寧におじぎをした(⇒丁寧な[深い]おじぎをした) He made a 「*courteous* [*deep*] bow. / (⇒低く[深く, 丁寧に]) He bowed 「*low* [*deeply*; *politely*]. // その老人はとても*丁寧に(⇒たいへん親切な方法で)道を教えてくれた The old man showed me the way *in a very kind manner*. // 「次の停留所で降りたほうがよいですよ」「どうもご*丁寧にありがとうございます」“You should get off at the next stop.” “That's very *kind* of you. Thank you very much.” // ご*丁寧なお手紙ありがとうございました Thank you very much for your *kind* letter. // 彼のばか*丁寧な言葉遣いはいやみだ His 「*overpolite* [excessively *polite*] wording is disagreeable.

2 «注意深い» —[形] (注意深い) careful (↔ careless); (調べ方などが綿密な) close [klóus]; (調べ方などが徹底的な) thorough [θə́ːrou]; (良心的な) conscientious [kànʃiénʃəs]. —[副] carefully, with care ★以上2つはほぼ同意だが, 語順(入れる場所)は異なることが多い点に注意; closely; thoroughly; conscientiously. 《☞ しんちょう[2]; ちみつ》.

¶彼はその標本を*丁寧に調べた(⇒丁寧な[綿密な]調べ方をした) He made a 「*careful* [*close*] examination of the specimen. / (⇒丁寧に[綿密に]調べた) He examined the specimen 「*carefully* [*closely*]. // その問題は*丁寧に(⇒徹底的に)分析してみる必要がある It is necessary to make a *thorough* analysis of the problem. // あの大工は*丁寧な仕事をする(⇒仕事に良心的だ) That carpenter is *conscientious* in his work.

ていねん 定年 (勤務できる最高年齢) age limit Ⓤ; (退職すべき年齢) retirement age Ⓤ. 《☞ たいしょく[1]》.

¶彼は今年*定年です(⇒彼は今年定年でやめることになっている) He is going to *retire* this year. [語法] 普通, 定年退職は retire [動](自) のみで表されることが多い. // 父は去年*定年で退職しました My father *retired* (because he reached the *age limit*) last year. // 「この会社の*定年は何歳ですか」「60歳です」“What is the 「*age limit* [*retirement age*] in this company?” “Sixty.” // *定年後は再就職しない(⇒職につかない)つもりです I don't want to get a job after I *have retired*. // 私は*定年は65歳まで延長すべきだと思う(⇒定年は65歳にすべきだと思う) I think the *retirement age* should be set at 65.

定年制 age-limit system Ⓒ.

ていはく 停泊 —[動] (船が錨(いかり)を降ろして泊まる) anchor (自); (停泊している) be [lie] at anchor. 《☞ いかり[2]》. ¶その船は神戸に*停泊した The ship *anchored* at Kobe. // 大きなイギリス船が港に*停泊している There is a big British ship *at anchor* in the harbor.

ていひょう 定評 ¶あの高校は野球が強いので*定評がある(⇒だれでもあの学校は強い野球チームを持っていることを知っている) *Everybody*

丁寧な表現 (polite expression) 英語には敬語はないとよく言われるが, 丁寧な表現とぞんざいな言い方の区別はある. ただし日本語と違い,「私」「おれ」「あなた」「おまえ」などの代名詞の区別や,「聞く」に対して「承る」,「行く」に対して「参る」「伺う」などの動詞の区別のように丁寧さの度合による類義語が存在することはないし, また,「お手紙」「ご出発」などの「お-」「ご-」のような接辞を使った丁寧な表現も存在しない.

それに, 日本のタテ関係の社会と違い, 英米では職務上の地位の違いがそのまま私的な対人関係での身分の違いに結びつくようなことがないため, 日本の社会と比べると日常生活では相手をうやまったり, 自己を卑下したりする必要が少ない. 従って, 英語における丁寧表現は相手をうやまって使う敬語 (honorific expression) というよりも, むしろ改まった言い方あるいは行儀のよい言い方 (polite expression) と考えるべきである.

また英語では語彙による区別よりも文法的区別, つまり文の組み立て方, 表現の仕方の区別によって丁寧さを表すことが多い. では, どのような丁寧な表現法があるかみてみよう.

(1) 語彙による区別.

日本語の「行く」と「参る」,「言う」と「申し上げる」のような類義語による丁寧さの区別とは違うが, 特定の言葉を使って丁寧さを表すものに次のようなものがある.

(i) please: 依頼・要請の文では please を付けるとすべて丁寧な表現になる.

¶どうぞお座り下さい *Please* 「sit down [take a seat]. ★[ ] 内のほうがより改まった言い方. / Sit down, *please*. [語法] please はこのように文頭にも文尾にも置くことができる. 文尾では上がり調子で言われることが多く, 文頭の場合より親しみがこもり, くだけた感じになる. // コーヒーを下さい Coffee, *please*. // この手紙を投函してくれませんか Will you *please* *knows that* that high school has a strong baseball team. // あの会社は一流企業として*定評がある (⇒ 一般に一流企業として認められている) That company *is* ⌈*generally* [*widely*] *recognized as* one of the ⌈leading [first-rate] firms. (☞ ゆうめい)

ていへん 底辺 (三角形の) base Ⓒ (☞ さんかく (挿絵)).

ていぼう 堤防 (堤) (river)bank Ⓒ; (特に洪水を防ぐための) levee Ⓒ. (☞ どて). ¶ 洪水で川の*堤防が切れた (⇒ 洪水が堤防を壊した) The flood (waters) broke down the ⌈*river-bank* [*levee*]. // もっと高い*堤防を作らなくてはならない We must build a higher *bank.* // *堤防を散歩した I walked along the *bank.*

ていほん[1] 定本 the standard text.

ていほん[2] 底本 the original text.

ていめい 低迷 ── [動] (さまよう) hover (自). ── [形] (不活発な) sluggish, inactive. (☞ ていちょう[2]). ¶ 株価は 4000 円と 4100 円の間を*低迷している The price of the stock *is hovering* between 4,000 yen and 4,100 yen. // 市況は*低迷している (⇒ 不活発だ) The market is ⌈*sluggish* [*inactive*].

ていよく 体よく ── [副] (礼を失わずに丁寧に) politely; (如才なく) tactfully; (婉曲に) in a roundabout way. (☞ ていさい).

¶ 私は彼の申し出を*体よく (⇒ 婉曲に[丁重に]) 断った I ⌈refused [declined] his offer ⌈*in a roundabout way* [*politely*]. // 私は*体よく追い払われた I was ⌈*politely* [*tactfully*] ⌈sent [turned] away. // 彼は*体よく会議に出席するのを断った (⇒出席しないもっともらしい理由を述べた) He gave a *plausible* excuse for not attending the meeting. [語法] 副詞の plausibly が使用されるのはごくまれである.

ていり[1] 定理 〖数学〗 theorem [θíːərəm] Ⓒ.

ていり[2] 低利 low interest Ⓤ (☞ りし). ¶ 私は*低利で金を借りた I borrowed money at ⌈*low interest* [*a low rate of interest*].

でいり 出入り **1** «出たり入ったり» ── [動] go [come] in and out (自) [語法] 外部から見て言う場合は go, 内部から言う場合は come. ── [名] going [coming] in and out Ⓤ, entrance and exit Ⓤ ★ 改まった表現.

¶ 警察はその部屋に*出入りする人すべてを見張った The police watched everyone *going in and out* of the room. // このドアからの*出入りは禁じられている No *entrance* is allowed through this door. // あの家は人の*出入り (⇒ 客) が多い They have a lot of visitors.

2 «得意先としての» ¶ *出入りの酒屋 (⇒ 定期的に注文を取りに来る食料品店) the grocer who comes *around regularly* to take orders from us [参考] 英米には日本の御用聞きの制度がないので, これは説明的英訳にならざるを得ない. また日本の酒屋は乾物・調味料なども扱っており, 英米の酒屋 (liquor store) よりは食料品店 (grocery store) に近い.

でいりぐち 出入り口 (家や部屋の) door Ⓒ ★ 最も一般的な語; (入口兼出口) entrance (and exit) Ⓒ; (門の) gateway Ⓒ; (家・部屋などの出入り口の部分) doorway Ⓒ.

ていりゅう 底流 ── [名] undercurrent Ⓒ ★ 比喩的にも用いる; underflow Ⓤ ★ 流れの動きを強調する言葉. ── [形] undercurrent; (下部に存在する) underlying.

¶ この事件は*底流に政府の政策に対する強い反対があることを示している This incident shows (that there is) an *undercurrent* of strong opposition ⌈to [toward(s)] the Government's policies. // うわべの平和の*底流には何か険悪な空気がある There is some sort of threatening atmosphere *underlying* the seeming peace. ★ この underlying は underlie (=…の下にある) [動] (他) の現在分詞形.

ていりゅうじょ 停留所 stop Ⓒ; (バスの) bus stop Ⓒ; (市街電車の) streetcar stop Ⓒ. (☞ えき[1]; 乗り物 (囲み)).

¶ 私は次の*停留所で降ります I am getting off at the next *stop.* // 次の*停留所はどこですか What is ⌈our [the] next *stop?* //「それはここから幾つ目の*停留所ですか」「3つ目です」"How many *stops* is it from here?" "It's three *stops.*" // 私はバスの運転手にその*停留所へ来たら降ろしてくれるように頼んだ I asked the (bus) driver to let me off when we got to the *bus stop.*

ていりょう 定量 fixed quantity Ⓒ.

定量分析 〖化学〗 quantitative analysis Ⓒ.

ていれ 手入れ **1** «世話»: (維持・管理する) take care of ..., care for ... ★ 前者が普通; (切ったり刈ったりして) trim (他). (☞ せわ).

¶「庭の*手入れはだれがしますか」「父がします」

て

---

mail this letter for me? [語法] please がなくても依頼の文となるが, please を入れることによってさらに丁寧な感じになる. Will you ...? の代わりに Would you ...? とすればさらに改まった言い方となる.

(ii) may: May I ...? の形の疑問文は常に相手の許可を求める丁寧な表現である.

¶「入ってもよいですか」「どうぞ」"*May I* come in?" "Certainly." //「このケーキを食べてもいいですか」「いいとも」"*May I* have this cake?" "Sure."

[語法] Can I ...? という言い方もこれと並行して用いられるが, 丁寧さは May I ...? のほうが強い.

(iii) May I ...?, Can I ...? に対する肯定の答え方: 丁寧さの度合いは OK., All right., Sure., Of course., Certainly. の順に強くなる. はじめの 3 つはくだけた調子.

(iv) kindly: please とほぼ同じ意味で用いられることがある.

¶ 私の質問に答えていただけませんか Would you *kindly* answer my question?

(v) excuse:「許す」という意味の動詞で, 次の項にあげる allow などより口語的な丁寧表現に使われる. ¶「失礼します」「どうぞ」"*Excuse* me." "Certainly." ★ 中座したり, 人の前を横切ったりするときの言葉.「ごめんなさい」と謝るときにも用いる. // こんなに夜遅く電話してすみません Please *excuse* me for calling you so late. // オーバーを着たままで失礼します Please *excuse* my overcoat.

(vi) allow:「許す」「…させる」という意味で, これから行う自分の行為に対する相手の許可を求める形式ばった言い方.

¶ 失礼ですがブラウンさんをご紹介いたします (⇒ 私にブラウンさんを紹介することをお許し願います) Please *allow* me to introduce Mr. Brown to you.

[語法] allow の代わりに let も用いられる. いずれにして

"Who ⌈*takes care of* [*cares for*] the garden?" "My father does." ∥ あなたの髪はもっと*手入れしなくちゃ Your hair needs ⌈better *care* [*trimming*]. ∥ その家は*手入れがよい (⇒ よい状態にある[よく管理されている]) The house is ⌈in good condition [well-kept].

2 《警察の》 ―[名] raid Ⓒ. ―[動] raid (他). ¶ 警察が賭博(と)場の*手入れを行った The police ⌈made a *raid* upon [*raided*] the gambling house.

3 《修繕》 ―[動] repair (他); (簡単な修理や繕いをする) mend (他), 《米口語》 fix (他). ―[名] repair Ⓤ; mending Ⓤ. 《☞ しゅうり》.

ていれい 定例 ―[形] (正規の) regular. ¶ *定例閣議は来月に予定されている A *regular* Cabinet meeting is scheduled for next month.

ディレクター director Ⓒ.

ティンパニー timpani ★ timpano の複数形だが, しばしば単数扱い; kettledrum Ⓒ. 《☞ 音楽 (囲み); ドラム (挿絵)》.

てうす 手薄 ―[形] (量が足りない) short; (量や広がりが欠けている) scanty. 《☞ たりない; ふそく[1]》. ¶ この店は*手薄だ This store is *short* of help. ∥ 改訂版の在庫が*手薄になってきている The stocks of the revised edition are ⌈running *short* [getting *scanty*].

てうち 手打 ―[形] (自家製の) homemade; (手製の) handmade.

データ data ★ 元来は複数形だが, 単数形としても扱われる. 本来の単数形は datum; (情報) information Ⓤ ★ 日本語の「データ」がいつも data という英語に置き換わるのではない点に注意. 《☞ しりょう[1]》. ¶ もっと*データが欲しい We need more ⌈*data* [*information*].

デート ―[名] date Ⓒ. ―[動] (デートする) date (with ...) (自), have a date (with ...). [参考] 日本語の「デート」は米語の date から来ているが, この語はもともと手紙や書類などの書かれた日時を意味し, それから一般に日付を意味するようになり, さらに米語では男女の社交的交際手段として日時を決めて会うことを言い, デートの相手をもいうようになった. 日本語はその一部の意味だけを借用したのである. なお, 現在ではイギリス英語でも男女の会合の意味で用いられる. 《☞ 借用語 (欄外)》. ¶ 彼はいまよし子さんと*デート中だよ He *is on a date with* Yoshiko now. / He *is* ⌈*dating* [*having a date*] *with* Yoshiko now.

テープ ―[名] (録音などの) tape Ⓤ ★ 具体的に指すときは Ⓒ; (船の出航の際の見送りの) (paper) streamer Ⓒ. ―[動] (テープに録音する) tape (他). 《☞ テープレコーダー》. ¶ その*テープをかけます. 聞いて下さい I'll play the *tape*. Listen to it. ∥ その番組は*テープにとりました I've ⌈recorded [put] the program on *tape*. / I *taped* the program. 《☞ ろくおん》 ∥ 市長が開通式の*テープを切った The mayor cut the *tape* at the opening.

テープデッキ tape deck Ⓒ 《☞ オーディオ (挿絵)》.

テーブル table Ⓒ [語法] 英語の table は食卓・台など, 引き出しのない板に足のついた形のもの. 形の上では書きもの机 (desk) とはっきり区別される. 《☞ しょくたく[1]; 食事 (囲み)》. ¶ 彼らは*テーブルを囲んだ They sat around the *table*. ∥ キッチンには 2 人用の小さな*テーブルがあった In the kitchen there was a small *table* for two.

テーブルクロス tablecloth Ⓒ. ¶ 我々は白い*テーブルクロスの掛かったテーブルで食事をした We dined at a table covered with a white *tablecloth*. **テーブルスピーチ** (会食の際の) speech at a dinner Ⓒ; (会食後の) after-dinner speech Ⓒ [参考] table speech は和製英語. 《☞ 和製英語 (囲み); スピーチ》. ¶ 私は*テーブルスピーチは大の苦手です Making a *speech at a dinner* is my weakest point. **テーブルセンター** doily [dɔ́ili(ː)] Ⓒ [参考] table center は和製英語. **テーブルマナー** table manners, manners at table ★ 複数形で. 《☞ 食事 (囲み)》. ¶ 彼は*テーブルマナーを心得ていない He has no knowledge of *manners at table*. / (⇒ 気を遣わない) He has no concern for *table manners*.

テープレコーダー tape recorder Ⓒ 《☞ オーディオ (挿絵); ろくおん》. ¶ *テープレコーダーをかけてもいいですか May I play the *tape recorder*? ∥ カセット*テープレコーダーのほうが扱いやすい A cassette *tape recorder* is easier to handle. ∥ あなたの話を*テープレコーダーに入れてよいですか May I ⌈*tape*(*-record*) your speech [*record* your

---

もこのような改まった表現は普通の紹介の場ではあまり用いられない. 《☞ 紹介 (囲み); 許可の表現 (囲み)》

(vii) sir, ma'am などの呼びかけ語: sir は男性, ma'am は女性の, 自分より目上の人や遠慮を置く間柄の人に対して用いる. 生徒が学校の先生に対して, あるいは店員・ホテルの従業員が客に対して用いるような場合が主な場合である.

¶「そのネクタイをちょっと見せて下さい」「こちらでございますか, お客様」"May I have a look at that necktie?" "This one, *sir*?"

以上のほかに, 警官に対しては officer, 議長に対しては Mr. [Madame] Chairman, 裁判長に対しては Your Honor, 大使には Your Excellency, 大統領には Mr. President, 王族には Your Highness, 王・皇帝には Your Majesty などがあるが, はじめにあげた幾つか以外は日常生活にはあまり関係がない. 《☞ 呼びかけ (囲み)》

(2) 助動詞の過去形の使用.

文法的に言えば仮定法過去であるが, 現在または未来の依頼・疑問・希望などに過去形の助動詞を用いる丁寧表現は英語で日常よく用いられる.

(i) would: 1, 2 人称の主語とともに用いる.

¶ ビールが 1 杯飲みたいのですが I'*d* like a glass of beer. [語法] I'd は I would の短縮形. 話し言葉では普通この形が用いられる. I want ..., あるいは Give me ... でも内容はほぼ同じであるが, I'd like ... のほうが丁寧. ∥ 今夜外出したいのですが I'*d* like to go out tonight. ★ would like to do ... で「...したい」. ∥「何を召し上がりますか」「コーヒーを下さい」"What *would* you like, sir?" "Coffee, please." [語法] What will you have? も可能だが, それより丁寧.

(ii) could

¶ 駅へ行く道を教えていただけますか *Could* you tell

speech *on tape*]? 《☞ ろくおん》 // *テープレコーダーにテープ[カセット]を入れて下さい Please put a ˹tape [cassette (tape)] into the *tape recorder*. // どうやってこの*テープレコーダーからテープ[カセット]を出すのですか How can I ˹take out [remove] the ˹tape [cassette (tape)] from this *tape recorder*?

テーマ (作品などの) theme Ⓒ; (一般的な主題) subject Ⓒ; (話題) topic Ⓒ. 《☞ だい[1] (類義語); しゅだい; トピック》.

¶ 卒業論文の*テーマは決まったかい Have you decided on a *theme* for your graduation thesis? // きょうの私たちの討論の*テーマは教育です The ˹*subject* [*topic*] of our discussion today is education.

テーマ音楽 theme music Ⓤ; (放送開始時などの) signature tune Ⓒ **テーマソング** theme song Ⓒ.

ておくれ 手遅れ —形 (遅すぎる) too late; (治らない) past cure. ¶ もう*手遅れですよ(⇒遅すぎる) It is *too late*. // その患者は*手遅れだった The patient was *past cure*. // *手遅れにならないうちに医者にかかりなさい Go and see a doctor before it is *too late*.

ておけ 手桶 bucket Ⓒ, pail Ⓒ. 《☞ おけ; バケツ》.

ておしぐるま 手押し車 (かご付きの買い物用などの) pushcart Ⓒ; (農作業・土木作業などに使う) (wheel) barrow Ⓒ.

pushcart

wheel barrow

ておち 手落ち (一般的に, 間違い) mistake Ⓒ 《☞ まちがい》. ¶ 彼の報告書には*手落ちがない There is no *mistake* in his report.

ており 手織り —形 handwoven.

てかがみ 手鏡 hand mirror Ⓒ.

てがかり 手掛かり (事件などの糸口) clue Ⓒ; (手掛かりとなる重要なもの) key Ⓒ. ¶ その謎を解く*手掛かりは何もなかった There was no ˹*clue* [*key*] *to* the riddle. // 犯人は何か*手掛かりを残したのか Has the culprit left ˹any *clue* [any *tracks*; *anything* for us *to go on*]?

てがき 手書き —形 handwritten (↔ typewritten). —名 (手で書くこと・手で書いた物) handwriting Ⓤ.

てがける 手掛ける (問題などを扱う) deal (with ...) 自; (特に論文や討論などで) treat 他; (処理する・うまく扱う) handle 他 ★ 以上3語は入れ替え可能な場合も多い; (経験がある) have experience ˹in [with] ...

¶ 彼は数年来この問題を*手掛けてきた He *has been* ˹*dealing with* [*treating*; *handling*] this problem for years. // 彼らは外国貿易は*手掛けていない (⇒経験がない) They *have* no *experience in* foreign trade.

でかける 出掛ける (外出する) go out 自; (去る・出る) leave (for ...) 自; (出発する) start (for ...) 自 ★ 動き出す動作に重点がある; (旅行などに出発する) depart 自 ★ 少し改まった語. 《☞ しゅっぱつ; がいしゅつ》.

¶ 彼らは散歩に*出かけた They *went out* for a walk. // あすの朝早く*出かけよう Let's ˹*go out* [*leave*; *start*] early tomorrow morning. // 今夜はどこかへお*出かけですか *Are* you *going out* ˹tonight [this evening]? // 主人は仕事で*出かけています My husband is *out* on business. // 彼はもう京都へ*出かけてしまいました He's already *left for* Kyoto. // そのうち私たちのところへお*出かけ(⇒お立ち寄り)下さい Please *drop in* (*on* us) sometime.

てかげん 手加減 —動 (斟酌(しんしゃく)する) make allowance(s) for ... —名 (裁量) discretion Ⓤ; (思いやり) consideration Ⓤ. 《☞ てごころ; しんしゃく》.

¶ 母は私をしかるとき, 子供だからといって (⇒年齢のことを考えて) *手加減しなかった When Mother scolded me, she *made* no *allowance(s) for* my age. // すべてが彼の*手加減ひとつだ Everything depends on ˹his *discretion* [how much *discretion* he uses].

でかせぎ 出稼ぎ —動 (家から離れて働く) work away from home. ¶ 彼の父親は東京へ*出かせぎに(⇒働きに)行った His father went to *work* in Tokyo.

てがた 手形 draft Ⓒ, bill (of exchange) Ⓒ

語法 前者は主として内国為替に, 後者は外国為替に用いるとされているが, 実際上は区別な

---

me the way to the station? 語法 「もしご存知なら」というニュアンスがあるので, Can you ...? より丁寧.

(iii) should

¶ 彼女は30は越していると思います I *should* say she is over thirty. 語法 「あえて言えば」という意味が加わり, 控えめな表現.

(3) 視点を相手にすえることによる丁寧表現.

¶ パーティーに行ってもいいですか May I *come* to the party? 語法 go は外へ向かって出てゆく動作であるのに対して, come は外から入ってくる動作である. 相手がパーティーの主催者である場合, パーティーを中心に考えると自分はパーティーに「来る」ことになる. この言い方は元来は丁寧表現に当たるものだが, 慣用化していて, 日本語の「お伺いする」のような特別な丁寧表現ではない. その証拠にこの文では go は用いられない. ただし, 例えば子供が親に他人のパーティーへ行く許可を求めるときなどは May I go to the party? と go が使える. // 私もあなたとご一緒に参ってもよいでしょうか May I *come* with you?

(4) 受身による丁寧な表現.

例えば本の中で著者が「これは次章でもっと詳しく説明します」と書く場合 I will explain this more fully in the next chapter. とすると, 1人称が前面に強く出すぎるので, This will be explained more fully in the next chapter. のように受身表現を用いることが多い. このほうがより客観的であり, 改まった言い方となる.

以上が英語の丁寧表現の概略であるが, 丁寧な表現は必ずしも相手を心から尊敬しているときだけでなく, 皮肉や軽蔑を表す場合にも使われることがある. 例えば親が子供に小言を言うときなどは, 娘に向って Young lady. と呼びかけたり, 息子に sir を用いたりすることがある.

く用いられている. 《☞ こぎって》. ¶ *手形で払います I'll pay it by *draft*. [語 法] 支払い手段を表す by の後では無冠詞. // 彼に 50 万円の*手形を振り出した I 「drew [wrote (out)] a *draft for* 500,000 yen *on* him. // 彼は不渡り*手形を出した He failed to pay a *draft*. // この*手形を割り引いて下さい Will you discount this *bill*? // 不渡り*手形 a dishonored *bill* // この*手形を現金に替えるつもりです I'm going to get this *draft* cashed. // この*手形はもう 20 日間有効です This *bill* has twenty days more to run.

手形受取人[振出人] payee [drawer] (of a draft) Ⓒ **手形交換** clearing Ⓤ **手形交換所** clearing house Ⓒ **手形仲買人** bill broker Ⓒ.

て

てがたい 手堅い (信頼できる・頼りになる) reliable; (信用してよい・間違いなど起こさない) trustworthy; (堅実な) sound. 《☞ けんじつ; ちゃくじつ》. ¶ 彼は*手堅い人だ He is a 「*reliable* [*trustworthy*] person. // 彼は*手堅く商売をしている He is carrying on a *sound* business.

てかてか ―形 (光る) shiny ★ 布の表面などがすれて, あるいは手あかなどで光っていることをいう. 悪い意味のほうが普通; (表面につやのある) glossy. 《☞ つやつや》. ¶ 彼の鼻の頭は*てかてか光っている His nose is *shiny*. // ズボンのおしりが*てかてか光ってきた The seat of my trousers has become *shiny*.

でかでか ¶ 新聞はその事件を*でかでかと書き立てた (⇒ 大ニュースとして) The press reported the incident 「*as big news* [(⇒ 全段抜きの大きな見出しで) *with a streamer headline*]. 《☞ 新聞の英語 (囲み)》

てがみ 手紙 ―名 letter Ⓒ; (要件のみの短い手紙) note Ⓒ [参 考] 日本の手紙は普通, 時候のあいさつや無沙汰のわびなどから始まるが, 英米では私信であっても要件や言いたいことを中心に書くのが普通. その中でも要件のみをずばり書いたのが note である; (郵便物) mail Ⓤ. ―動 (…へ手紙を書く) write (a letter) to … ★ a letter は言わないのが普通; (便りをよこす) drop … a line, drop a line to … ★ 日本語の「便りをする」に当たり, 具体的な手紙を指すときは使わない. 《☞ 手紙の書き方 (囲み)》. ¶ 私はいま*手紙を書いています I'm writing a *letter* now. // その*手紙には次のように書いてあります The *letter* says that … // 向こうに着いたら必ず*手紙を下さい Please be sure to *write to* me when you have arrived there. // きのうジョンに*手紙を書いた I *wrote* (*to*) John yesterday. [語 法] to を省くのは口語用法. // 彼は机の上に私あてに*手紙を残していった He left a *note* for me on his desk. // きょうは何か*手紙はありましたか Is there any *mail* for me today? // 暇があったら*手紙を下さい Will you 「*drop* me *a line* [*drop a line to* me] if you have time? // このことは母に*手紙で知らせました I've informed my mother of this fact by *letter*.

てがら 手柄 (名誉・名声を増すこと) credit Ⓤ ★ 最も一般的な語; (手柄となる行為) meritorious deed Ⓒ ★ 形式ばった表現; (軍隊などでの目ざましい働き) distinguished service Ⓒ. 《☞ こうせき[1]》. ¶ それは彼の*手柄だ It is to his *credit*. / The *credit* goes to him. // 彼は*手柄を独り占めした He took all the *credit* to himself.

でがらし 出涸らし ¶ このお茶は*出がらしだ (⇒ 茶の葉がだめだ) The tea leaves are no good. / (⇒ もう使用ずみだ) The tea leaves have already been used.

てがる 手軽 ―形 (軽い・簡単な) light (↔ heavy); (質素で簡単な) simple; (手ごろな) handy. 《☞ てごろ》. ¶ 私は*手軽な食事をした I had a 「*light* [*simple*] meal. // これは*手軽な案内書だ This is a *handy* guidebook.

てき 敵 enemy Ⓒ (↔ friend); (敵対者・競争相手) opponent Ⓒ; (好敵手・ライバル) rival Ⓒ, competitor Ⓒ; match Ⓒ.

【類義語】最も一般的な語が **enemy**. 必ずしも敵意を伴わず, 対立の関係にあることを示すのが **opponent**. 同一の目標に向かって競い合うのが **competitor** と **rival** で, 特に人を指し, 個人的感情の絡んでいる場合が *rival*. 対等の競争相手や, あるいは対等の資質を有する人を指すのが **match**.

¶ 彼には*敵が多い He has many *enemies*. // 蛇はかえるの*敵だ Snakes are *enemies* 「of [to] frogs. // きのうの*敵はきょうの友 (となり得る) Yesterday's *enemies* could be today's friends. // 彼を*敵に回すな Don't make an *enemy* of him. / Don't let him be your *enemy*. // 我々は*敵[*敵チーム]に拍手を送った We applauded the 「*opponents* [*rival team*]. // 彼はあなたの*敵じゃないよ He is no *match* for you. ★「あなたのほうが上だ」という意味.

敵国 hostile country Ⓒ, enemy Ⓒ.

でき 出来 ¶ 彼の今度の絵はすばらしい*出来だ His new picture is really 「*great* [*a great work of art*]. // このいすはすばらしい*出来だ This chair shows excellent 「*workmanship* [*craftsmanship*]. // 彼の演技はよい*出来だった (⇒ よかった) His performance was 「very *good* [*excellent*]. / He *did well* in his performance. 《☞ じょうでき》 // 試験の*出来はどうでしたか How did you do in the test? ★ 最も一般的で口語的な表現. / How was the exam? // 試験はさんざんの*出来だった I *did very badly* in the test. ★ 最も一般的で口語的な表現. / (⇒ 試験の出来はひどいものだった) The *result* of the exam 「was [turned out (to be)] miserable. 《☞ できばえ; せいせき; けっか》

【参考語】(職人の技量) workmanship Ⓤ, craftsmanship Ⓤ; (技) skill Ⓒ; (結果・成績) result Ⓒ.

できあい[1] 出来合い ―形 ready-made (↔ made-to-order); (洋服について) ready-to-wear. ―名 ready-made Ⓒ; (既製服) ready-to-wear Ⓒ.

できあい[2] 溺愛 ―動 (極端な愛情を示す) show too much fondness to … ★ 多少説明的表現; (愚かしいほど盲愛する) dote 「on [upon] … 《☞ かわいがる》.

手紙の書き方

手紙には，二大別すると，個人の間で交わすもの (personal letter) と，会社などの間のいわゆる商業通信文 (business letter) とがあるが，ここでは主として前者について説明する．個人間の手紙でも正式なものは形式においては商業通信文と大差はない．手紙の形式については次の事項に注意することが大切である．

1 住所と日付

(1) 差出人の住所

まず差出人住所 (return address) を便せんの右上方に書く．例えば，「〒177 東京都練馬区関町北 4-31-11」の書き方は次の通り．

31-11, Sekimachi-kita 4-chōme
Nerima-ku, Tokyo
177 Japan

参考 (1) 親しい間柄の私信ではこれは省略することが多い．(2) 外国へ出す場合は，最後に Japan または JAPAN を加える．(3)《米》では行末にコンマを付けない．

(2) 日付

日付 (date) は上記の住所の下に続けて書く．例えば，「1985 年 3 月 3 日」は次のように書く．

《米》 March 3, 1985
《英》 3(rd) March 1985

参考 (1)「月」の名称には短縮形があるが，きちんと全部書くほうが望ましい．(2)《米》では日付の数字は基数で書き，序数では書かないほうが普通．《英》では序数で書く人が多い．

(3) 受取人の住所

正式な手紙では，受取人の住所 (inside address) も書く (外国へ出す場合はもちろん国名も)．その箇所は，上記の差出人の住所・日付の次の行から始まり，便せんの左上方である．

Professor L. M. Myers
306 E. 15th Street
Tempe, Arizona 85281
U.S.A.

参考 親しい間柄の私信では，これは省略することが多い．

2 本文

(1) 初めのあいさつ

次に手紙の本文が始まるが，日本語の「拝啓」にあたる言葉はない．その代わりに，書き出し (salutation) として，改まった場合には相手の姓 (surname, family name) を，親しい間柄では相手の名前 (first name, Christian name) を次のように用いる．

Dear Mr. Jones / Dear Mrs. Jones / Dear Miss Jones ★以上は改まった場合．
Dear John / Dear Helen / My dear Jack / My dear brother ★以上は親しい間柄の場合．

参考 (1) dear の前に my を付けると，《米》ではむしろ形式ばった表現になるが，《英》では逆に親しみをこめた表現となる．(2) 商業通信文では《米》Gentlemen,《英》Dear Sirs が最も一般的．(3) 個人的な手紙の場合は名前の後にコンマ (,) を付け，商業通信文では《米》ではコロン (:) を，《英》ではコンマを付ける．

(2) 本文

本文 (text) は，形式ばった場合には当然のことながら，くだけた場合よりも構文をきちんとして，文章全体のバランスをよく考え，言わんとするところを明晰に述べなければならない．なお，日本語の場合には，例えば「日ましに春めいてまいりましたが，お変わりはありませんでしょうか」などの時候のあいさつが入るが，英語の手紙ではそのようなことはないことに注意する必要がある．英語ではいきなり用件に入ればよい．また，口語や俗語は避け，短縮形 (won't, I'll, there's など) も用いないほうがよい．

一方，親しい間柄の場合は，親しさの度合いにもよるが，あまり複文は用いずに単文を連ねてもかまわないし，口語・俗語・短縮形を用いてもよい．要は自分と相手との間柄をよく見極めて，それにふさわしい文体を用いることである．

参考 パラグラフの書き出しは各パラグラフの初めを引っ込ませて (indented) 書く方式のほかに，ビジネスレターなどで，間に空欄を 1 行置くことによってパラグラフを分け，初めをまったく引っ込ませずに書き始めるブロック体 (block style) が広く行われている．

3 結び

(1) 結びの言葉

日本語の「敬具」などにあたる結びの言葉 (complimentary close) は，改まった場合は，Sincerely yours または Yours sincerely が最も無難である．親しい間柄では，Affectionately yours, Yours affectionately などもあるが，これらは男性間では普通用いない．

参考 行末に必ずコンマが必要である．

(2) 署名

署名 (signature) は上記の結びの言葉のすぐ下にする．英語の習慣では改まった場合には姓名を必ず書くが，親しい間柄では名前のほうだけでよいということになっている．しかし，日本人の場合は姓名を書くほうが，誤解がなくてよいであろう．

参考 (1) タイプで打った手紙の場合でも手書きで署名しなければならない．(2) タイプで打った正式の手紙の場合は，署名の下にもう一度タイプで名前を打つ．その場合，出だしの位置は結びの言葉の出だしと同じ．(3) タイピストにタイプさせたビジネスレターの場合，左端に署名者の頭文字とタイピストの頭文字を並べて示す場合がある．その場合，署名者の頭文字は大文字で，タイピストの頭文字は小文字で打つ．

★以上述べた各項目については文体上の一致が必要である. つまり, 改まった場合にはすべての項目について改まった形式に, 親しい間柄ではすべての項目についてくだけた形式に統一する.

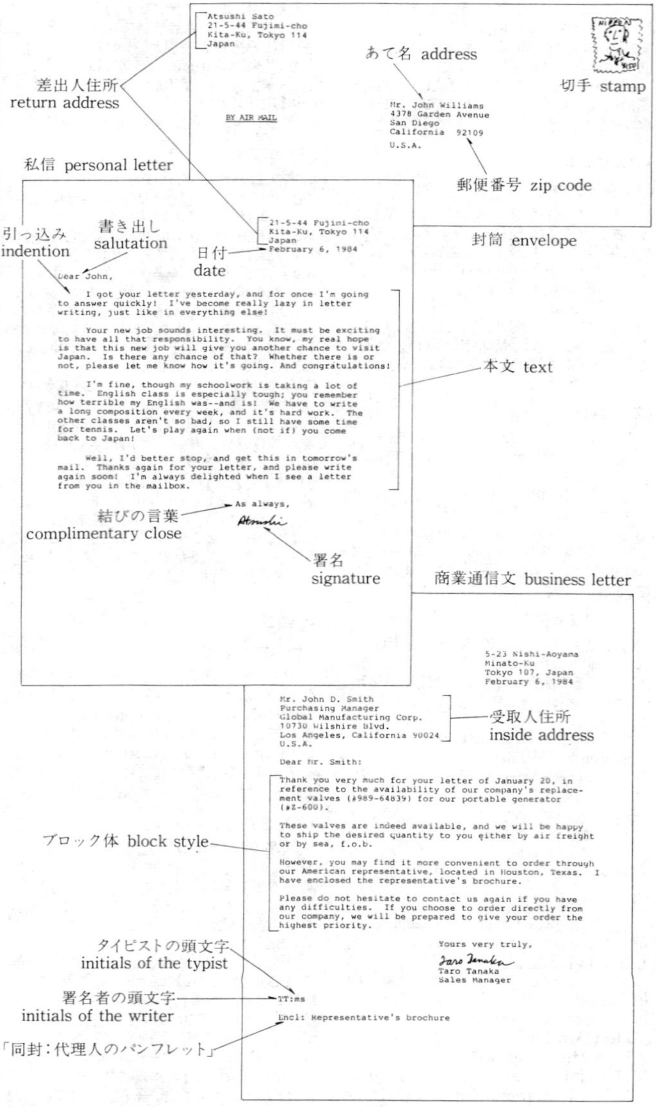

Atsushi Sato
21-5-44 Fujimi-cho
Kita-Ku, Tokyo 114
Japan

BY AIR MAIL

Mr. John Williams
4378 Garden Avenue
San Diego
California 92109
U.S.A.

21-5-44 Fujimi-cho
Kita-Ku, Tokyo 114
Japan
February 6, 1984

Dear John,

I got your letter yesterday, and for once I'm going to answer quickly! I've become really lazy in letter writing, just like in everything else!

Your new job sounds interesting. It must be exciting to have all that responsibility. You know, my real hope is that this new job will give you another chance to visit Japan. Is there any chance of that? Whether there is or not, please let me know how it's going. And congratulations!

I'm fine, though my schoolwork is taking a lot of time. English class is especially tough; you remember how terrible my English was--and is! We have to write a long composition every week, and it's hard work. The other classes aren't so bad, so I still have some time for tennis. Let's play again when (not if) you come back to Japan!

Well, I'd better stop, and get this in tomorrow's mail. Thanks again for your letter, and please write again soon! I'm always delighted when I see a letter from you in the mailbox.

As always,
Atsushi

5-23 Nishi-Aoyama
Minato-Ku
Tokyo 107, Japan
February 6, 1984

Mr. John D. Smith
Purchasing Manager
Global Manufacturing Corp.
10730 Wilshire Blvd.
Los Angeles, California 90024
U.S.A.

Dear Mr. Smith:

Thank you very much for your letter of January 20, in reference to the availability of our company's replacement valves (#989-64839) for our portable generator (#Z-600).

These valves are indeed available, and we will be happy to ship the desired quantity to you either by air freight or by sea, f.o.b.

However, you may find it more convenient to order through our American representative, located in Houston, Texas. I have enclosed the representative's brochure.

Please do not hesitate to contact us again if you have any difficulties. If you choose to order directly from our company, we will be prepared to give your order the highest priority.

Yours very truly,
Taro Tanaka
Taro Tanaka
Sales Manager

TT:ms

Encl: Representative's brochure

できあがり 出来上がり (完成) completion Ⓤ《☞ かんせい[1]》.

できあがる 出来上がる (完了する) be completed; (終わる) be finished; (用意が整う・すぐ使える) be ready. 《☞ できる[2]; かんせい[1]》. ¶そのビルはもうすぐ*出来上がります The building will *be completed* very soon. // 「昼ご飯はまだですか」「もうすぐ*出来上がります」"Isn't lunch ready yet?" "It'll *be ready* in a minute."

てきい 敵意 hostility Ⓤ ★ しばしば複数形で; (根深い敵意) enmity Ⓤ. 《☞ にくしみ》. ¶両国間の*敵意はいつ戦争に発展するかわからない The ˹*hostility* [*enmity*] between the two countries may at any moment grow into war. // 私は彼に何の*敵意も持っていない I have no ˹*hostility* [*enmity*] toward him.

てきおう 適応 —動 (適応させる) adapt ㊉; (自分を適応させる・適応する) adapt *oneself* (to ...); adjust *oneself* (to ...); accommodate *oneself* (to ...); (一致する) conform (to ...) ㊀. —名 adaptation Ⓤ; adjustment Ⓤ; accommodation Ⓤ.

【類義語】柔軟性をもって, かつ進んで新しい状況などに合わせるのが **adapt**. 巧妙に計算によって調整し, 機械の部品のようにぴったり合わせるのが **adjust**. なんとか曲がりなりにも適応させる感じを表す言葉が **accommodate**. 模範や規範に合わせるのが **conform**. 《☞ じゅんのう》

¶彼はすぐに新しい環境に*適応した He readily ˹*adapted* [*adjusted*] *himself to* the new environment. // 彼女は何とかうまく日本での忙しい生活に*適応した She managed to *accommodate herself to* the busy life in Japan. // あなたは社会(⇒ 世間のやり方)に*適応するよう努めるべきだ You should try to *conform to* the ways of the world.

適応性 adaptability Ⓤ. ¶彼女は新しい環境に驚くべき*適応性を示した She showed amazing *adaptability to* the new surroundings.

てきおん 適温 (中位の温度) moderate temperature Ⓤ; (適切な温度) proper temperature Ⓤ. 《☞ てきど》.

てきがいしん 敵愾心 hostility Ⓤ, hostile feeling Ⓒ. 《☞ てきい》.

てきかく[1] 的確 —形 (正確な) accurate ★ 努力して正確を期すという意味がある; (ぴたりとそのとおりの) exact; (細部に渡って緻密(ちみつ)で正確な) precise. —副 accurately; exactly; precisely. —名 (的確さ) accuracy Ⓤ; exactness Ⓤ; precision Ⓤ. 《☞ せいかく[1] (類義語)》.

¶彼は*的確な説明をした He gave ˹an *accurate* [a *precise*] explanation. / (⇒ 彼の説明は的確だった) His explanation was ˹*accurate* [*precise*]. / He explained with ˹*accuracy* [*precision*]. / He explained *accurately*. // 彼の*的確な言葉は聴衆を安心させた His ˹*accurate* use of words [*exact* wording] reassured the audience.

てきかく[2] 適格 —形 (選ばれる資格がある) eligible; (ある条件に合う特定の資格を備えている) qualified. 《☞ てきにん》. ¶彼は大統領の職務に*適格である(⇒ 選ばれる資格がある) He is *eligible* for the presidency. // 彼は教師として十分*適格だと信じます I am certain that he *is well-qualified* as a teacher.

てきぎ 適宜 —形 (適切な) proper; (適当な・適した) suitable. 《☞ てきせつ; てきとう》. ¶*適宜処置する take *proper* measures / (⇒ 自分の判断で処置する) manage (a matter) *at one's discretion*

てきごう 適合 —動 (一致する) agree (with ...) ㊀; (調整して合うようにさせる) adapt ... to ...; (合わせる) fit ... ˹to [for] ...; (自分を順応させる) adapt *oneself* (to ...). —名 agreement Ⓤ; (順応) adaptation Ⓤ; fit Ⓤ. 《☞ あう[2]; てきおう》. ¶彼は自分の案を新しい事態に*適合させた <S(人)+V(*adapt*)+O(事)+*to*+名> He *adapted* his plan *to* the new situation.

できごころ 出来心 (衝動的な気持ち) impulse Ⓤ; (気まぐれ) whim Ⓤ. 《☞ きまぐれ; しょうどう》. ¶彼は*出来心で盗みをしてしまった He committed the theft on *impulse*. / (⇒ 突然の衝動が彼を盗みに走らせた) A ˹sudden [moment's] *impulse* drove him to the theft.

てきごと 出来事 (思いがけない出来事) happening Ⓒ, occurrence Ⓒ ★ 前者のほうが平易な語; (比較的小さい出来事) incident Ⓒ; (重要で注目に値する出来事) event Ⓒ; (挿話的な出来事) episode Ⓒ; (事故) accident Ⓒ. 《☞ じけん (類義語)》.

¶彼の出席は予想外の*出来事だった His attendance was an unexpected ˹*occurrence* [*happening*]. // 旅行中に不思議な*出来事があった A strange *incident* ˹happened [occurred] during my trip. // これは年間の最も重大な*出来事のうちに数えられるに違いない This must be counted among the most important *events* of the year. // 彼の学校時代には楽しい*出来事がたくさんあった His school days were full of happy *episodes*. // 不運な*出来事が彼らの友情を壊した An unfortunate *accident* broke their friendship. // 目立った*出来事はいまのところ何もない Nothing noteworthy has happened so far.

てきざいてきしょ 適材適所 the right man ˹in the right place [for the right job].

テキサス Texas 《☞ アメリカ (表)》. **テキサス人** Texan Ⓒ.

てきし 敵視 —動 (敵対的である) be hostile to ... —名 (敵意) enmity Ⓤ. 《☞ てきい; てきたい》. ¶彼は私を*敵視している He *is hostile to* me. / He shows *enmity* toward me.

できし 溺死 —動 be drowned ★ 自動詞で単に drown ともいう. —名 drowning Ⓤ. 《☞ おぼれる; すいし》.

てきしゃせいぞん 適者生存 the survival of the fittest Ⓤ.

てきしゅつ 摘出 —動 (抜き取る) extract ㊉; (取り除く) remove ㊉. —名 extraction Ⓤ; removal Ⓤ. 《☞ ぬきとる》.

てきず 手傷 (武器による傷) wound Ⓒ 《☞

きず（類義語)》. ¶*手傷を負った兵士 a *wounded* soldier

テキスト (教科書) textbook Ⓒ 参考 英語の text は「原文」「本文」という意味で，普通は教科書の意味にはならないことに注意. ただし text が textbook の意味で用いられることもある.《☞ きょうかしょ；ほん》. ¶*テキストの20ページを開けて下さい Please open your *textbooks* to page 20.

てきする 適する ―動 (...にふさわしい) be suitable for ...；(...に[...するのに]適している) be 「good [fit; suited] 「for ... [to *do*]. ―形 (儀礼・道徳上適している) proper；(条件などにぴったり当てはまる) appropriate.《☞ てきせつ (類義語)；ふさわしい；てきにん》.

¶このぶどう酒は魚料理に*適している This wine *is* 「*suitable for* drinking [*good*] with a fish dish. // この水は飲用に*適している This water *is* 「*fit* [*good*] *to* drink. 語法 否定は not 「fit [good] to ... を用いる. // 彼は医者になるのが一番*適している He *is* best *suited to* become a doctor. // 彼は指導者になるのに*適している(⇒ 資格がある) He *is qualified* 「*to* become [*as*] a leader. // その時々に*適した服を着るようにしなさい Try to wear a dress 「*proper* for [*appropriate* to] the occasion.

てきせい¹ 適正 ―形 (儀礼・道徳，その他当然と思われる行為などの基準にあてはまるという意味で適当な) proper；(正当な) right；(公正な) just；(道理にかなった・値段などが高くない・ほどよい) reasonable.《☞ てきせつ》.

¶食物は*適正な量をとることが望ましい It is desirable to take a 「*proper* [*reasonable*] amount of food. // 財産の*適正な(⇒ 公正な)配分は難しい It is difficult to make a 「*just* [*fair*] distribution of property. // あの店は*適正価格で商売している That shop does business at the *right* price.

てきせい² 適性 aptitude Ⓒ《☞ そしつ》. ¶彼は音楽に対する*適性がある He has 「musical *aptitude* [an *aptitude* for music].

適性検査 aptitude test Ⓒ；(資格試験) qualifying examination Ⓒ.

てきせつ 適切 ―形 suitable, good；appropriate；proper；(当面の問題にぴったりの) relevant, pertinent；adequate；(その時，または場に合った) timely, well-timed.

【類義語】似つかわしくふさわしいという最も一般的な語は **suitable**. もっと意味が広く基本的な日常語で，*suitable* の意味にも使われるのが **good**. まさに目的・条件にかなっているのが **appropriate**. 理性的判断による当然さを表すのが **proper** で，この語は社会道徳・慣習・儀礼などから見て基準にはずれていないというニュアンスがある. 以上の語は交換可能なことも多いが，*appropriate, proper* はやや改まった感じの語. ある問題に直接関連している故に妥当であることを表すのが **relevant, pertinent** で，後者は形式ばった語. ある目的に十分に当てはまるという適切さは **adequate**. 時宜を得た適切さが ***timely, well-timed***.《☞ てきする》

¶この歌は結婚披露宴には*適切ではない This song is not 「*suitable* [*good*；*appropriate*；*proper*] for a wedding reception. // 教師は常に学生に*適切な助言を与える心がまえが必要だ Teachers should always be ready to give 「*pertinent* [*relevant*] advice to their students. // 彼の*適切な援助がなかったら私の事業は失敗しただろう But for his *timely* help, my business would have failed.

できそこない 出来損ない ―名 (失敗) failure Ⓒ. ―形 (料理法がまずい) badly-cooked；(作り方の悪い) badly-made ★ 料理にも使える. ¶このケーキは*できそこないだ This cake is a *failure*. // *できそこないの洋服 a *badly-made* dress

てきたい 敵対 ―動 (...に敵意を抱く) be hostile to ...；(...に対立する) be opposed to ... ―名 hostility Ⓤ.《☞ はんもく；てきし》. ¶家の中で親子が*敵対するのは悲しいことだ It is a pity that parents and their children should *be* 「*hostile* [*opposed*] *to* each other in the family.

できだか 出来高 (農作物などの収穫高) crop Ⓒ, yield Ⓒ ★ 前者のほうが一般的；(工場などの生産高) output Ⓒ, production Ⓒ 語法 前者は結果だけに注目した言い方. 後者は生産の過程もニュアンスに入っている.

¶今年の米の*出来高によっては(⇒ 不作なら)食糧不足も心配される If this year's 「rice *crop* [*yield* of rice] fails, there is a possibility of a food shortage.

できたて 出来立て ―形 (いまできたばかりの) just made；(できたてほやほやの)《口語》brand-new；(食べ物が) fresh.《☞ ほやほや》. ¶*できたての(⇒ ほやほやの)パンはうまい Bread 「*fresh* [*hot*] *from the oven* is good. // 彼女は*できたての服を着てパーティーへ行った She wore a *brand-new* dress to the party.

てきちゅう 的中 ―動 (的に) hit the 「mark [target]；(予言が当たる) come true；(推量が当たる) guess right.《☞ あたる》.

てきど 適度 ―形 (中位でほどよい) moderate；(社会通念的な基準から見てそれに合っている・適切な) proper；(適当な) suitable. ―副 moderately；properly.《☞ ほどよい》.

¶*適度に温かい部屋は気分がよい A *moderately* warm room is 「pleasant [comfortable]. // *適度の運動は健康に必要だ A 「*moderate* [*proper*；*suitable*] amount of exercise is necessary for good health.

てきとう 適当 **1**《適した》―形 (似つかわしく，ふさわしい) suitable, good ★ 前者は最も一般的な語. good は意味の広い日常語；suited ★ 述語用法のみ；(ぴったり合った) fit, appropriate ★ fit のほうが口語的；(社会通念から言ってふさわしい) proper 語法 appropriate と交換可能なこともあるが，proper のほうが，より道徳的価値判断の意味を含むことが多い.《☞ てきせつ (類義語)；ふさわしい》.

¶この質問は子供には*適当ではない This question is not 「*suitable* for [*good* for; *suited* to ask] children. // この表現は学校の教科書に載せるには*適当ではありません This expression is not 「*proper* [*appropriate*] to be used in school textbooks. // 欠員を埋め

るのに*適当な人が見つからない We cannot find a *suitable* person to fill the vacant position.

2 «いいかげんな» ★ 前後関係によっていろいろな訳語が用いられる. ¶ お互いに*適当にやろうよ (⇒あまり張り切りすぎたり, 深刻になったりしないで) Let's *tcke it easy.* // どうか*適当な所に (⇒好きな所に) 座って下さい Please ˹sit (down) [take a seat] *wherever you like.* // *適当に (⇒あいまいに) 答えておいた I made a *vague* answer.

てきにん 適任 ―動 (地位などに申し分ない) be perfect for ... ; (...するのに向いている) be suited to ... 《☞ てきやく; うってつけ》.

¶ 彼はその仕事に*適任だ He *is* ˹*perfect for* [*suited to*] the job. / (⇒その仕事にぴったりの男だ) He is the *right* man for the job. // 彼はその仕事に*適任ではない (⇒ 十分な能力がない) He is not *competent* enough *for* the ˹job [task].

できばえ 出来映え (仕上がり具合) workmanship Ⓤ ★ 普通は日本語の「できばえ」の持っている意味は英語では work (＝作品) というような名詞に含まれていると考えられるので, 特にそれを表す単語を使う必要がないことが多い. 《☞ でき》. ¶ 彼の作品は見事な*できばえだ (⇒彼の作品は見事だ) His work is marvelous.

てきぱき (能率的に) efficiently ; (すばやく・敏捷(びんしょう)に) quickly ; (滑らかに速く) speedily. ¶ 彼は*てきぱきと仕事をする He works *efficiently.* // もっと*てきぱきできないのか Can't you do things more *quickly*? // 彼女は家事を*てきぱきと片付ける She does the housework *speedily*.

てきはつ 摘発 ―動 (暴く) expose ㊀ ; (暴露する) lay ... bare. ―名 exposure Ⓤ. 《☞ ばくろ》. ¶ その政治家の悪事は*摘発された The wrongdoings of the politician *were* ˹*exposed* [*laid bare*].

てきひ 適否 ―形 (適不適) proper or improper 《☞ てきせい[2]; てきする》. ¶ まず最初にその手段の*適否を論じるべきだ First of all we have to discuss whether the measure is *proper or improper.*

てきびしい 手厳しい (厳しい) severe; (残酷な) harsh ; (辛らつな) sharp. 《☞ きびしい》.

てきめん 覿面 ―形 (即座の・すぐさまの) instant, immediate. ―副 instantly, immediately. ¶ この薬は*てき面によく効く (⇒ 即座に痛みなどを除く) This medicine gives you ˹*instant* [*immediate*] relief. / This medicine works ˹*instantly* [*immediately*].

できもの 出来物 (おでき) boil Ⓒ; (腫瘍(しゅよう)) tumor Ⓒ ★「がん」の婉曲語として使われることがある. (吹出物) eruption Ⓒ; (ただれ・はれもの) sore Ⓒ. 《☞ はれもの ; しゅよう[2]》. ¶ 胃の中に*でき物があるらしい. 悪性のものでなければよいが There seems to be a *tumor* in my stomach. I hope it's not malignant.

てきやく[1] 適役 suitable [right] role Ⓒ 《☞ てきにん; はまりやく》. ¶ 議長には彼が*適役だ He is ˹*the right person* [*fit*(*ted*)] *for* ˹chairperson [chairman].

てきやく[2] 適訳 (正確な訳) exact translation Ⓒ; (最も適した訳) the most appropriate translation. 《☞ ほんやく》.

てきよう[1] 適用 ―動 (...に...を当てはめる) apply ... to ... ★ 主語は「人」; (規則などが...に当てはまる) apply (to ...) ㊂ ★ 主語は「規則」など. なお前置詞は場合によって in も用いる. ―名 application Ⓒ. ―形 (適用できる) applicable. 《☞ あてはまる》.

¶ この件にはその規則は*適用できない We cannot *apply* the rule ˹*to* [*in*] this case. / The rule does not *apply* ˹*to* [*in*] this case. / The rule is ˹not *applicable* [*inapplicable*] ˹*to* [*in*] this case. // 法の*適用を逃れる道はある There are ways of dodging the *application* of the law.

てきよう[2] 摘要 (要約) summary Ⓒ; (概略) outline Ⓒ. 《☞ ようやく[2]; ようこう》.

てきりょう 適量 suitable ˹quantity [amount] Ⓒ; (適切な) proper quantity Ⓒ ★ 基準に合っているというニュアンスがある. 《☞ てきせつ (類義語); てきど》.

¶ お酒を飲むときは*適量を過ごさないように (⇒飲み過ぎないように) Don't drink *to excess.* / (⇒ほどよく飲むように努めよ) Try to drink *moderately.* // 次に*適量の水を加えます Then add a *suitable amount of* water. // 自分の*適量(⇒どのくらいが適切か) を知っているとよい You should know *how much is good for* you.

できる[1] 出来る ―助 (...することができる) can (↔ cannot, 短縮形 can't [kǽ(ː)nt]) 《過去 could (↔ could not, 短縮形 couldn't)》. ―動 be able to *do* 〔語法〕「人」が主語で後に動詞が続く. can とほぼ同意で現在時制でも用いられるが, 未来・過去などで can の用いられない場合にはその代わりに用いられる; (...する能力・資格がある) be capable of ... ★「人」も「物」も主語となる. 特定のことなどについての有能さなどを表す ; (可能性がある) be possible (↔ be impossible) 〔語法〕「事柄」が主語となり,「人」は主語にならない. よく It is possible for *a person* to *do* ... の形で用いられ, 動作主としての人は for で表される. 《☞ 可能の表現 (囲み)》.

¶「あなたはスキーが*できますか」「ええ, 少しなら」"*Can* you ski?" "Yes, a little." 〔語法〕 Can you ...? と聞かれたときの典型的な答えは Yes, I can. あるいは No, I can't. である.

彼女はフランス語を話すことが*できる She *can* speak French. 〔語法〕 より口語的な日本語では「彼女はフランス語が話せる」のように言い,「できる」という表現は含まれないが, 英訳としては同じになることに注意. また「彼は英語ができる」という日本語を英訳する場合には前後関係によって,「彼は英語が話せる」 He can speak English. あるいは「英語を知っている」 He knows English. のように単に知識があることを言う場合と,「彼は英語が上手だ」 He is good at English. のように英語が得意であることを言う場合との 2 つがあることにも注意する必要がある. 《☞ できる[3]》

私にはそんなことは*できません I *cannot* do such a thing. [語法] 能力がなくてできないのかほかの理由によるのかは不明だが, 会話ではこれが最も普通. / I'*m* not *capable of* doing such a thing. ★ 能力不足を表す. / It's *impossible for* me *to* do such a thing. [語法] I cannot do such a thing. とほぼ同意で, 形式ばった表現.
それは*できない相談だ (⇒それは不可能だ) That's「quite *impossible* [(⇒問題外だ) *out of the question*].
このエレベーターには30人乗ることが*できる This elevator「*can* carry [*is capable of* carrying] 30 people.
*できるだけやってみましょう I'll try as hard as「I *can* [*possible*]. / (⇒最善を尽くしましょう) I'll *do my best*. 《☞ なるべく; きょくりょく》
私は午前10時の列車に乗ることが*できた I *was able to* catch the 10 a.m. train. [語法] 結果として可能であった場合には could は用いないのが普通.
私は学生のころは100メートルを11秒で走ることが*できた I「*could* [*was able to*] run 100 meters in 11 seconds when I was in school. [語法] このように過去の能力をいうときは could を用いてよい.
彼の援助でその仕事を仕上げることが*できた I *was able to* finish the work with his help.
そんなもったいないことは私には*できません(⇒そんな浪費をする余裕はない) I *can't afford* such waste.

できる[2] 出来る **1** 《作られる》: be made ★ 一般的な表現; (工場などで加工して作られる) be manufactured; (建てられる) be built, be constructed ★ 後者のほうが改まった言葉. 《☞ つくる (類義語)》.
¶ この人形は紙で*できている This doll *is made of* paper. // このぶどう酒は最高のぶどうで*できている This wine *was made from* best-quality grapes. // このレースはオランダで*できたものです This lace *was*「*manufactured* [*made*] in Holland. // このテーブルはよく*できていない. がたつく This table *is* not *well-made*. It wobbles. // 村の端に橋が*できた A bridge *has been*「*built* [*constructed*] at the end of the village. // 駅の前にデパートが*できた (⇒開店した) A department store *has opened* in front of the station.
2 《完成する》: (仕上がる) be done, be finished, be completed ★ 第1番目はくだけた口語表現. 以下この順で改まった調子になり, 「完了」の意味が強くなる; (用意が) be ready. 《☞ かんせい[1]; できあがる》.
¶「もう宿題は*できましたか」「*できましたとも」"*Is* your homework *done* yet?" "Yes, of course." / "*Have* you *finished* your homework yet?" "Yes, I have." // 焼豚が*できた The roast pork *is done*. // 新しい校舎は来年3月には*できるでしょう Our new school building will *be completed* next March. // 出かける用意は*できたかい *Are* you *ready* to go out? // お弁当*できてる *Is* my lunch-box *ready*?
3 《生産される・育つ》: (植物が育つ・植物を栽培する) grow (自) (他) ★ (自) の場合は「植物」が, (他) では「人」が主語; (生産される) be produced ★ 少し改まった言葉.
¶ この土地はぶどうがよく*できる Grapes *grow* well here. // 今年はさつまいもがよく*できた (⇒収穫が多かった) We had *a* good *crop of* sweet potatoes this year. // 日本ではいろいろな果物が*できる Various kinds of fruit *are*「*produced* [*grown*] in Japan. / Japan *produces* a large variety of fruit.
4 《組織が》: be formed, be organized [語法] 前者は漠然とある組織体ができることをいう一般的な表現. 後者は改まった言い方で, 規模の大小を問わず, しっかりした組織のものであることを強調するニュアンスがある; (恒常的なものとして設立される) be set up, be established ★ 後者のほうが改まった表現.
¶ 今度学校にオーケストラが*できた An orchestra *has been organized* in our school recently. // そのために委員会が*できた A committee *was*「*formed* [*organized*] for the purpose. // 党の大阪支部が*できた The Osaka branch of the Party *has been*「*set up* [*established*].
5 《自然に形ができる》: (現れる) appear (自); (形成される) form (自). ¶ 地震のときに道に割れ目が*できた A crack *appeared* in the road at the time of the earthquake. // 鼻の頭ににきびが*できた I *have got* a pimple on the tip of my nose. // 胃の中に何か*できたらしい Something seems to *have formed* in my stomach.
6 《生まれる》: be born; (存在するようになる) come into being ★ 形式ばった言い方; (妊娠する) become pregnant.
¶ その共和国はこのようにして*できた The Republic *was born* (in) this way. / This is the way the Republic *came into being*. // 彼女は赤ちゃんが*できた (⇒妊娠した) She is *in*「*the* [*a*] *family way*. ★口語的慣用表現. / She is going to *have a baby*. [語法] 間もなく生まれるという意味にも使う. / She is going to *be a mother*. ★ 婉曲な表現. / She *is pregnant*. ★ 妊娠したことを直接に言う表現.
7 《起こる》: 《口語》 come up (自) 《☞ しょうじる》. ¶ 用事が*できたので行けない Something *has come up* and I can't go.

できる[3] 出来る **1** 《上手だ・才能がある》 — [動] (上手である) be good at ... (↔ be「poor [no good] at ...); (技術的に熟練して巧みである) be「skillful [《英》 skilful] at ...; (上手にこなす) do well in ... — [形] (すぐれた) excellent; (物覚えが速い) quick (↔ slow). 《☞ じょうず; すぐれる》.
¶ 彼は英語がたいへんよく*できる He *is* very *good at* English. // 彼女は英語は*できるが数学は*できない She「*is good at* [*does well in*] English but (*is*)「*no good* [*poor*] *at* math. [語法] does well を使う場合には後半の but の次に is が必要. // 渡辺君は(勉強が)よく*できる Watanabe is an *excellent* student. / Watanabe is very *quick* to learn. // *できる生徒と*できない生徒 *quick* students and *slow*

ones // 彼女はダンスがよく*できる She *is skillful at* dancing.

2 «人間が練れている» ━[形] (知力・思考力が十分発達し, 均整のとれた) mature and well-balanced. ¶ 山田氏はよく*できた人だ Mr. Yamada is a *mature and well-balanced* person. / (⇒ 人格者だ) Mr. Yamada is a *man of (good) character.*

てきれいき 適齢期 ━[形] (結婚する年ごろである) old enough to get married; (結婚できる) marriageable. ━[名] (結婚適齢期) marriageable age Ⓒ. ¶ あなたももう*適齢期なのだから少しは女らしくしなさい You are *old enough to get married* now, so why don't you act a little more like a lady?

てぎわ 手際 ━[名] (熟練) skill Ⓤ; (職人の技能・熟練) craftsmanship Ⓤ; (できばえ・仕上がり) workmanship Ⓤ. ━[形] (手際のよい) skillful (《英》 skilful) (↔ clumsy).
¶ 彼は*手際よく仕事を片付けた He performed the work with great *skill.* // この作品は*手際がよい[悪い] This work is done ˹*skillfully* [*clumsily*]. / This work shows ˹good [bad] *workmanship.*

てくせ 手癖 ━[形] (手癖の悪い) light-fingered. ━[名] (盗癖のある人) kleptomaniac Ⓒ. ¶ A夫人は*手癖が悪いという評判だ Mrs. A is said to be a *kleptomaniac.*

てぐち 手口 (方法) method Ⓒ ★ 改まった語; (技術) technique Ⓒ. 《☞ やりかた》. ¶ この犯罪の*手口は素人(しろうと)っぽい The *method* used in this crime is amateurish. // これは彼のいつもの*手口だ (⇒ 彼はいつもこんな風にやる) He always *does things* like this.

でぐち 出口 way out Ⓒ, exit Ⓒ ★ 前者のほうが口語的. 掲示などには《英》では前者が, 《米》では後者が普通; (水などのはけ口) outlet Ⓒ. 《☞ 掲示の英語 (囲み)》.

《米》の掲示

《英》の掲示

¶ *出口はあちらです The ˹*exit* [*way out*] is there. / (⇒ 出入り口はあそこにある) The *door* is over there. // *出口を教えて下さい Please show me the *way out.* // このベランダには雨水の*出口がない There is no *outlet* for rainwater on this veranda.

てくてく ★ このような擬態語はそのまま英語にはならないので, 文中のほかの語の意味に含めて訳す. 《☞ 擬声・擬態語 (囲み)》. ¶ 私は隣町から*てくてくと (⇒ 全行程を) 歩いてきました I *have walked all the way* here from the next town.

てくび 手首 wrist Ⓒ 《☞ て; うで (挿絵)》.

でくわす 出くわす (ばったり行き合う) come ˹across [upon] ...; (たまたま出会う) chance upon ... ★ 催し物とか出来事などについて言う場合が多い. 《☞ あう[1]; であう》. ¶ 街角で彼とばったり*出くわした I *came across* him at the street corner. // 町を歩いていたらパレードに*出くわした When I was walking in town I *chanced upon* a parade.

てこ 梃 lever Ⓒ. ¶ *てこの原理を使えばうまくいくよ Try the principles of the *lever* and it will work. // 彼は何と言おうが*てこでも動かない (⇒ 1インチも動こうとしない) Whatever we may say to him, he *won't budge an inch.*

てこいれ 梃入れ ━[動] (支柱で支える) shore [prop] up (他). ¶ その会社は政府の*てこ入れが必要だ The company needs ˹*shoring* [*propping*] *up* by the Government.

てごころ 手心 (考慮) consideration Ⓤ; (斟酌(しんしゃく)) allowance(s). 《☞ てかげん; しんしゃく》. ¶ あの人は年なんだから*手心を加えたほうがよい (⇒ あの人の年を考慮に入れるべきだ) You should take his old age into *consideration.* / You should make *allowance(s)* for his old age.

てこずる (...の扱いに困る) have trouble with ...; (苦労する) have a hard time ★ 口語的; (どうしてよいかわからない) do not know what to do with ... 《☞ もてあます》.
¶ うちの子供には*てこずってしまう I *don't know what to do with* my children. // この問題はさすがの彼をも*てこずらせた This problem *gave trouble* even *to* him. // この問題は難しくて*てこずった I *had trouble with* this difficult problem. / I *had a hard time* solving this difficult problem.

てごたえ 手答え, 手応え ━[名] (反応) response Ⓒ; (効果) effect Ⓒ. ━[形] (手ごたえのある) responsive. 《☞ はんのう》.
¶ 今年の学生たちは*手ごたえがある The students this year are *responsive.* // あいつは何を言っても*手ごたえのないやつだ (⇒ 私の言うことは皆, 頭の上を素通りする) Everything I say just *goes over his head.* // 弾丸は*手ごたえがあった (⇒ 的に当たった) I'm sure the bullet *found its mark.* // きょうの私の演説は*手ごたえがあった I feel my speech today *had an effect* on the audience.

でこぼこ 凸凹 ━[形] (おうとつのある) uneven, rough ★ 後者がより口語的; (ごつごつした) rugged [rʌ́gid]. ━[名] (不平等) inequality Ⓒ. ¶ 私たちは*でこぼこな山道をたどった We followed a ˹*rough* [*rugged*] path up the mountain. // 給与の*でこぼこ (⇒ 不公平) を調整する必要がある We are required to smooth out the *inequalities* in pay.

デコレーション (飾り) decoration Ⓒ.
デコレーションケーキ ★ 英語では場合に応じて, wedding cake, birthday cake, Valentine cake などと言うのが普通. 飾りつけのついたケーキという意味なら decorated cake という言い方はするが, decoration cake という英語はない. 《☞ 和製英語 (囲み)》.

てごろ 手頃 ━[形] (ほぼ適切な) just about right ★ 口語的; (値段が) reasonable; (適度な) moderate; (使いやすい) handy; (便利な・都合のいい) convenient. 《☞ てがる》.

¶ 値段は*手ごろだった The price was ˹*just about right* [*reasonable* ; *moderate*]. // このかばんは持ち運びに*手ごろだ This bag is *handy* to carry. // *手ごろな大きさの家が見つかった I found a house of *moderate* size.

てごわい 手強い — [形] (なかなかへこたれない) tough; (頑強な) stubborn. ¶ あいつは*手ごわいやつだ He is a *tough* customer. ★ customer は口語で「やつ」というほどの意. / (⇒ 扱いにくい) He's *hard to deal with.* // 今度の相手は*手ごわいぞ (⇒ 粘り強く戦うだろう) Our next opponent will *put up a stiff fight.*

デザート dessert Ⓤ 《☞ 食事 (囲み); レストラン (囲み)》. ¶ *デザートは何になさいますか What would you like for *dessert*?

デザイナー designer Ⓒ. ¶ 服飾[工業]*デザイナー a dress [an industrial] *designer*

デザイン design Ⓒ 《☞ がら; せっけい[1]》.

てさき 手先 **1** «手の先»: (指) finger Ⓒ; (手) hand Ⓒ. ¶ 彼は*手先が器用だ He is ˹good [deft] with his ˹*fingers* [*hands*]. // 彼は*手先が不器用だ He is clumsy with his *hands*. / (⇒ 彼の指は全部親指みたいだ) His *fingers* are all thumbs. ★ 慣用表現.

2 «手下»: (代理人・出先) agent Ⓒ; (道具に使われる者) tool Ⓒ, 《口語》 cat's paw Ⓒ. ¶ 彼は暴力団の*手先だ He is an *agent* of a gangster group. // 私はあいつの*手先に使われた (⇒ 彼は私を道具に利用した) He *made a cat's paw of* me. / He used me as a *tool*.

でさき 出先 — [名] (自宅外の所) place outside *one's* home Ⓒ; (これから行く所) (place) where *one* is going ★ 現在いる所なら where *one* is.

¶ いま*出先から電話をかけているのですが I'm calling from *outside my home*. // 出かけるときには*出先を (⇒ どこへ行くのかを) 言って行きなさい When going out, be sure to tell us *where you're going*. // 彼は官庁の*出先機関に勤めている He works at a ˹*local agency* [*branch office*] of the government.

てさぐり 手探り — [動] (あちこちやたらと手探りで捜す) grope (for ...) (自); (手探りで進む) grope *one's* way; (手で触りながら捜す) feel (for ...); (もぞもぞと手探りで捜す) fumble (for ...) (自). 《☞ さぐる; さがす》.

¶ 私たちは暗闇の中を*手探りで進んだ We *groped our way* ˹through [in] the dark. // 彼は*手探りでマッチを取り出した He *fumbled around* and took out a box of matches. // 暗闇の中で私は*手探りで道具を捜した I ˹*felt around* [reached *gropingly*] *for* the tools in the dark. // 仕事はまだ*手探りの段階です We *are* still *groping for* a way to do the job.

てさげ 手提げ bag Ⓒ 《☞ かばん; ふくろ》. ¶ 少女は*手さげに本を入れていた The girl carried a book in her *bag*. **手さげ金庫** portable safe Ⓒ, portable cashbox Ⓒ.

てさばき 手捌き the way *a person* handles ... ¶ 交通巡査の*手さばきはすばらしかった *The way* the policeman *controlled* the traffic was wonderful. // 観衆は手品師の*手さばきに見とれていた The audience were absorbed in watching the magician *handle* his tricks.

てざわり 手触り — [名] (触った感じ) feel Ⓤ, touch Ⓤ. — [動] (手触りが…だ) feel (自) ★「物」が主語. 《☞ かんじ[1]; はだざわり》.

¶ この布は*手触りがよい[粗い] This cloth is ˹soft [rough] to the *touch*. / <S(物)+V(*feel*)+C(形)> This cloth *feels* ˹soft [rough]. // この紙は絹のような*手触りだ This paper *feels* like silk. / This paper has a silky ˹*touch* [*feel*].

でし 弟子 pupil Ⓒ ★ 個人的な教え子という意味では年齢に関係なく使う; (高校・大学の学生) student Ⓒ; (特にある先生または学説についての) disciple Ⓒ ★ 多少文語的; (仕事・技術を習得するための徒弟) apprentice Ⓒ.

¶ 彼は田中教授のまな*弟子だ He is a favorite ˹*student* [*pupil*] of Professor Tanaka. // 彼は大工に*弟子入りした He *became an apprentice* to a carpenter. // あの先生は*弟子を取らない That teacher does not take private *pupils*.

てしお 手塩 ¶ 彼女は*手塩にかけた (⇒ 愛情をもって育てた) 子供に裏切られた She was forsaken by her child whom she *had brought up with affection*.

てした 手下 subordinate Ⓒ; (集合的に) men. 《☞ ぶか》.

デジタル — [形] digital. **デジタルウォッチ** digital watch Ⓒ 《☞ とけい (挿絵)》.

てじな 手品 — [名] conjuring [magic] trick Ⓒ; (魔法) magic Ⓤ. — [動] (奇術を使って…を出す) conjure (他).

¶ 彼は*手品がうまい He is good at ˹*conjuring* [*magic*] *tricks*. // さて, ではこれから*手品をご覧に入れましょう Now, I'm going to ˹perform [show you] some *magic*. // 彼は*手品でポケットからはとを出してみせた He *conjured* a pigeon out of his pocket.

手品師 magician Ⓒ; conjurer Ⓒ **語法** 前者は元来は魔法使いの意味があるが, 手品師の意味に使うことが多い.

てじゃく 手酌 — [動] (手酌で飲む) help *oneself* to *sake* 《☞ しゃく[2]》.

でしゃばる — [動] (余計なおせっかいをやく) poke *one's* nose ˹in [into] ... ; (立ち入る) intrude (自). — [形] (でしゃばりな) forward. 《☞ おせっかい (類義語); くちだし》.

¶ *でしゃばるやつは嫌われる Those who are too *forward* are disliked. // 用もないところに*でしゃばるな Don't *intrude* where you have no business. // *でしゃばらなきゃよかった I shouldn't *have poked my nose in*.

てじゅん 手順 (段取り・手はず) arrangements ★ 通例複数形で; (作るときの) process Ⓒ; (物事の進行の手順) procedure Ⓒ; (ある目的に達するまでの段階) step Ⓒ; (行事その他の計画) plan Ⓒ; (予定) program Ⓒ. 《☞ じゅんじょ; てはず; だんどり》.

¶ 会は*手順よくいった The party went off according to ˹*plan* [*arrangements*]. ★ go according to plan は慣用句で, plan は無冠詞.

// 彼は仕事の*手順が悪い His work _is_ badly ⌈_arranged_ [_planned_]. // 車を組み立てる*手順は次の通りだ The _procedure_ for constructing a car is as follows. // 会の*手順を定めよう Let's make a _program_ for the meeting. // 次の*手順に従って仕事をしなさい Follow the following _steps_ in doing the work.

てじょう 手錠 ―[名] handcuffs, 《口語》 cuffs ★ いずれも通例複数形で. ―[動] (手錠をかける) handcuff (他). ¶ 警官はすりに*手錠をかけた The policeman ⌈put _handcuffs_ on [_handcuffed_] the pickpocket. // 彼は*手錠をかけたまま脱獄した He broke out of prison with _handcuffs_ on.

-でしょう ★ 日本語の「…でしょう」はおおむね推量を表し，英語では will を用いて表すことができる場合が多い. しかしまた，「…でしょう」は内容からいえば「…と思う」という感じのこともある. そのような場合には think, guess, hope, be afraid など,「思う」に当たるいろいろな英語の表現をあてることができる. 《☞ 推量の表現 (囲み); -だろう; おもう》.

-です be [語法] be は人称によって I am, you are, he [she; it] is, we are, you (複数) are, they are のように変化する. ただし日本語で「…です」とあるのがすべて英語で be 動詞になるとは限らない点に注意. ((例) 私は卵はきらい*です I don't like eggs.). また, 日本語では「…です」とあっても, 英語では過去形を用いなくてはならない場合もあることに注意. 《☞ -である》.
¶ 彼は歯科医*です He _is_ a dentist. // 彼女は病気*です She _is_ sick. // あしたは日曜*です Tomorrow ⌈will _be_ [_is_] Sunday. // 教員室は2階*です The teachers' room _is_ on the second floor. // 彼に会ったのはロンドン*です It _was_ in London that I met him. //「あなたが花瓶を割ったの*ですね」「そう*です」 "You broke the vase, didn't you?" "Yes, I _did_."

てすう 手数 ―[名] trouble Ⓤ. ―[動] (面倒をかける) trouble (他). 《☞ めんどう; てま》.
¶ それを見つけるのに*手数はかからなかった I had no _trouble_ (in) finding it. // お*手数ですが (⇒ 煩わせてすみませんが) この手紙をタイプしてくれませんか I am sorry to _trouble_ you, but will you type this letter? / May I _trouble_ you to type this letter? 《☞ 依頼の表現 (囲み)》 // 子供たちのためにお*手数をかけて申し訳ありません (⇒ あなたが子供たちのためにとってくれた労に対して申し訳なく思っています) I am sorry for the _trouble_ you had to take for my children. // そんなにお*手数をおかけしたくありません (⇒ 迷惑を与えたくありません) I don't like to ⌈give you [put you to] so much _trouble_. // この複写器は大いに*手数を省いてくれる This duplicator saves (us) a lot of _trouble_.

てすうりょう 手数料 (口銭) commission Ⓤ; (報酬) fee Ⓒ; (料金) charge Ⓒ. 《☞ しゃれい》. ¶ 私は彼に10パーセントの*手数料を払った I paid him ten percent _commission_.

てすき 手すき ¶ それは*手すきの (⇒ 暇な) ときにやればよい You may do it ⌈at your _leisure_ [when you have _time_]. // お*手すきでしたらこの仕事を手伝って下さい (⇒ 暇だったら) If you ⌈are _free_ [(⇒ 特にやることがなければ) _have nothing particular to do_], please help me with this work. 《☞ ひま》

ですぎる 出過ぎる ¶ *出過ぎたことはするな (⇒ でしゃばるな) Don't _be too forward_. / Don't _put_ yourself _forward_. / (⇒ 自分の職分を守れ) Mind your own business. 《☞ でしゃばる》

デスク (机) desk Ⓒ; (新聞社の編集部) 《米》 the desk ★ the を付けて. 《☞ つくえ》. ¶ 東西新聞の社会部の*デスク The Local News _Desk_ in the _Tozai Newspaper_

テスト ―[名] (学校などの試験・性能などのテスト) test Ⓒ ★ 一般的な語; (試運転) trial Ⓒ; (学校の試験) 《口語》 exam Ⓒ, examination Ⓒ ★ 改まった語; (短いテスト) quiz Ⓒ. ―[動] test (他). 《☞ しけん[1] (類義語); けんさ》.
¶ 彼は物理の*テストを受けた[に通った] He ⌈took [passed] ⌈a _test_ [an _exam_] in physics. // きょうは歴史の小*テストがあった We had a ⌈_small test_ in history [history _quiz_] today. // 運転手はエンジンの*テストをした The driver _tested_ the engine. / The driver gave the engine a _trial_ run. // 客観*テスト an objective _test_ // 実力*テスト an ability _test_
テストケース test case Ⓒ **テストパイロット** test pilot Ⓒ.

てすり 手摺り (一般的に) rail Ⓒ, handrail Ⓒ; (屋内階段などの手すりで, 一連の縦の棒に横木を取り付けたもの) banisters ★ 複数形で. 《☞ かいだん[1] (挿絵)》. ¶ *手すりにつかまりなさい Hold on to the _rail_.

てずり 手刷り ―[名] hand printing Ⓤ. ―[形] handprinted, printed by hand.

てせい 手製 ―[形] (手作りの) handmade; (自家製の) homemade; (手で織った・手で編んだ) handknit. 《☞ てづくり》.
¶ このテーブルは*手製です This is a ⌈_handmade_ [_homemade_] table. [語法] handmade は機械で作ったのではないことを, homemade は市販のものを買ったのではないことを意味する. // この服はあなたの*手製ですか Did you _make_ this dress _yourself_? / (⇒ 自分で作ったものですか) Is this dress your _own make_?

てぜま 手狭 ―[形] (小さい) small; (限られた) confined. 《☞ せまい (類義語); きゅうくつ》. ¶ 5人家族にはこの家は*手狭だ (⇒ 5人家族にとってこの家は小さすぎる) This house is too _small_ for a family of five. // 彼は*手狭な (⇒ 限られた) 所へ本箱を持ち込んだ He carried a bookcase into a _confined_ space.

てそう 手相 the lines of the ⌈hand [palm]. ¶ あなたは*手相がよい[悪い] (⇒ 運のよい[悪い] 手相を持っている) You have ⌈lucky [unlucky] _lines on your_ ⌈_hand_ [_palm_]. // 私は*手相を見る (⇒ 手相で運を占う) ことができる I can ⌈tell [read] your fortune by _the lines of your_ ⌈_hand_ [_palm_]. // 私は*手相見に*手相を見てもらった I had my _palm_ ⌈read [examined] by a _palmist_.

でぞめしき 出初め式 the New Year's

parade of firemen.

でそろう 出揃う —動 (みな出席している) be all present; (花が咲きそろう) be all out, come out fully. ¶関係者は一同*出そろった (⇒全員出席している) *All* the persons concerned *are* 「*present* [*here*]. // もう桜のつぼみが*出そろってもよいころだ It is about time cherry trees *were in full bud*.

てだし 手出し —動 (関係する・加わる) have a hand in …; (関与する) concern *oneself* with …; (干渉する) meddle in …, interfere in …; (おもしろ半分に手を出す) dabble in … ¶彼はその計画に*手出しをしなかった (⇒関係しなかった) He didn't *have a hand in* the scheme. / He didn't *concern himself with* the scheme. // 私のことには*手出しをしてもらいたくない (⇒干渉しないでほしい) I don't like you to 「*meddle in* [(⇒鼻を突っ込まないでほしい) *poke your nose into*] my affairs. // 彼は株に*手出しをしたことを後悔している He regrets *having dabbled in* stocks.

でだし 出だし —名 (初め) beginning Ⓒ; (手始め) the outset; (開会・冒頭) opening Ⓤ; (最初) the first; (開始) start Ⓒ. —形 first; opening. 《☞ はじめ; さいしょ》.
¶彼は*出だしから失敗した He failed from the 「*beginning* [*outset*]. // 何事も*出だしが大切だ (⇒よい出だしをするべきだ) In doing everything, you should make a good 「*start* [*beginning*]. // その詩の*出だしの言葉は何だったっけ What are the 「*opening* [*first*] words of the poem, I wonder?

てだすけ 手助け —動 (助ける・力を貸す) help ㊀ ★一般的な語; (補助的に手伝う) assist ㊀ ★help より改まった言葉. —名 help Ⓤ; assistance Ⓤ. 《☞ たすける (類義語); てつだい》.
¶いつでも喜んであなたの*手助けをしますよ I am always willing to *help* you. [語法] このように相手に向かって言う場合には assist は使わないのが普通. // 私は彼女の宿題の*手助けをしてやった I 「*helped* [*assisted*] her *with* her homework. // 彼は親切にも私の仕事の*手助けをしてくれた (⇒手を貸してくれた) He was kind enough to *lend a* (*helping*) *hand* 「*in* [*at*] my job. // 彼は父親の大きな*手助けとなっている He is a great *help* to his father.

てだて 手立て means Ⓒ ★単複同形. 《☞ ほうほう (類義語); しゅだん》.

でたとこしょうぶ 出たとこ勝負 ¶*出たとこ勝負でいこう (⇒運に任せよう) Let's *leave it to chance*. / (⇒行き当たりばったりでいこう) Let's *take things as they come*. // 私は*出たとこ勝負でいくよ (⇒そのときになったら立ち向かう用意はできている) I am ready to 「*face* [*confront*] *it* when I come to it. / (⇒楽譜なしで演奏する) I have decided to *play it by ear*. // 彼は試験のときはいつも*出たとこ勝負だ (⇒運任せだ) He *is* always *happy-go-lucky* when he sits for an exam.

てだま 手玉 **手玉に取る** ¶彼は警察を*手玉に取った (⇒もてあそんだ) He *made sport of* the police. / (⇒からかった・笑いものにした) He *made a monkey* (*out*) *of* the police. // 彼女は夫を*手玉に取っている (⇒思いのままに操っている) She *is* 「*twisting* [*turning*] her husband (*a*)*round her* (*little*) *finger*.

でたらめ 出鱈目 —名 (ばかげたこと) nonsense Ⓤ; (たわごと) rot Ⓤ; (うそ) lie Ⓒ. —形 (手当たりしだいの) random; (無計画な) haphazard [hæ̀phǽzərd]; (無責任な) irresponsible; (頼りにならない) unreliable; (真実から離れている) far from truth. 《☞ いいかげん; ちゃらんぽらん》.
¶彼の言うことはみんな*でたらめだ (⇒たわごとだ) What he says is all 「*nonsense* [*rot*]. / (⇒うそだ) What he says is a *lie*. // この記事は*でたらめだ (⇒真実からほど遠い) This article is *far from truth*. // 彼の仕事のやり方は*でたらめだ (⇒でたらめなやり方で仕事をする) He does his work in a *haphazard* way. // *でたらめ (⇒ばかなこと) を言うな Don't talk *nonsense*. // *でたらめに選んだら1等が当たった I made a *random* choice and won (the) first prize. // あいつは*でたらめ (⇒無責任) な男だ He is an 「*unreliable* [*irresponsible*] fellow.

てぢか 手近 —形 (すぐ近くの) at hand; (手の届く所の) within reach; (近くの) near-by; (便利な) handy. —副 (手もとに) to [at] hand; (すぐそばに) close [near] by ★close のほうが接近の度合が強い. 《☞ てもと》.
¶彼はいつも*手近に小さなノートを置いている He always 「keeps [has] a small notebook 「*at hand* [*ready to hand*]. // 彼女は*手近にある代用品で間に合わせた She managed with a substitute 「*near* [*close*] *at hand*. // 彼女は調味料を*手近な (⇒便利な) 所に置いた She kept the seasoning in a *handy* place.

てちがい 手違い (間違い) mistake Ⓒ; (誤り・落度・失敗の責任) fault Ⓒ; (偶発事件) accident Ⓒ; (ちょっとした軽い間違い) slip-up Ⓒ ★口語的. 《☞ まちがい; あやまち; ミス》.
¶それは私どもの*手違いです It was our 「*fault* [*mistake*]. ★our に強い強勢を置いて言う. // *手違いがあって手配が遅れた There was a *slip-up* and the arrangement was delayed. // 何かの*手違い (⇒間違い [事故]) で, その荷物はまだ受け取っていません We have not received the goods yet 「due [owing] to 「a *mistake* [an *accident*].

てちょう 手帳 (small) notebook Ⓒ, 《英》 pocketbook Ⓒ.

てつ 鉄 iron Ⓤ 《元素記号 Fe》; (鋼鉄) steel Ⓤ. 《☞ スチール[1]》.
¶*鉄は最も有用な金属だ *Iron* is the most useful metal. // この門は*鉄でできている This gate is made *of iron*. 《☞ つくる [語法]》 // *鉄は熱いうちに打て Strike while the *iron* is hot. 《ことわざ》 // *鉄のカーテン the *Iron* Curtain ★共産主義国と自由主義国との間の.
鉄材 iron [steel] material Ⓤ **鉄板** iron [steel] plate Ⓒ; (薄い板) sheet of iron Ⓒ **鉄瓶** iron kettle Ⓒ **鉄棒** (器械体操用の) horizontal bar Ⓒ; (鉄棒による体操) horizontal-bar exercise Ⓤ.

てっかい 撤回 —動 (前言・申し出・要求な

どを引っ込める) withdraw ㊣, take back ㊣ ★ 後者のほうが口語的. — 名 withdrawal Ⓤ. 《☞ とりけす; とりさげる; ひっこめる》.
¶ 私は辞表を*撤回することにした I decided to *withdraw* my resignation. // あなたが言ったことを*撤回するなら私もするよ If you *take back* your words, I will do the same.

てつがく 哲学 philosophy Ⓤ. ¶ 彼は楽観的な人生*哲学を持っている He has an optimistic *philosophy* of life. **哲学者** philosopher Ⓒ.

てつかず 手付かず — 形 (手を触れてない) untouched; (未使用の) unused. ¶ 彼はその金を*手付かずのままにしておいた He kept the money *untouched*. // 仕事はまだ*手付かずだ (⇒ その仕事はまだ始めていない) We *have not started* the work yet.

てづかみ 手づかみ ¶ 彼はハンバーグを*手づかみで (⇒ 指で) 食べた He ate the hamburger *with his fingers*. // この小川では魚が*手づかみで (⇒ 手で) 取れる You can catch fish *with your hands* in this brook.

てっかん 鉄管 (細い) iron tube Ⓒ; (太い) iron pipe Ⓒ. 《☞ くだ》.

てつき 手つき ¶ 彼はまだナイフとフォークを扱う*手つきがぎこちない (⇒ ナイフとフォークの扱いが不器用だ) He is still *awkward* with a knife and fork. 語法 「一そろいのナイフとフォーク」で不定冠詞は 1 つ. 《☞ 冠詞 (欄外)》 // 彼は不器用な*手つきで鉛筆を削った He sharpened the pencil ⌈with clumsy *hands* [*clumsily*]. // 彼女は巧みな*手つきで (⇒ 巧みに) バイオリンをひいた She played the violin *deftly*.
【参考語】 (使い方) *one's* way of *doing*; (手際) hand Ⓒ.

てっき 鉄器 ironware Ⓤ; (金物類) hardware Ⓤ. **鉄器時代** the Iron Age.

デッキ (船の) deck Ⓒ; (列車の乗降口のスペース) vestibule Ⓒ; (テープデッキ) (tape) deck Ⓒ. 《☞ ふね (挿絵); オーディオ (挿絵)》.

てっきょ 撤去 — 動 (除去する) remove ㊣; (取り壊す) dismantle ㊣. — 名 removal Ⓤ. 《☞ とりこわし》. ¶ 彼らはその施設の*撤去を強く要求している They insist on the *removal* of the facilities. // 彼らは古い工場を*撤去して新しい工場を建てることにした They decided to *dismantle* the old factory to build a new one.

てっきょう 鉄橋 (鉄製の橋) iron bridge Ⓒ; (鉄道の橋) railroad [《英》 railway] bridge Ⓒ. 《☞ はし[1]》. ¶ 川に*鉄橋をかける build [construct] a *railroad bridge* over a river

てっきり — 副 (確かに) surely, certainly; (疑いなく) no doubt, beyond doubt. — 形 (確かな) sure, certain. 《☞ きっと》.
¶ 彼は*てっきり (⇒ 確かに) 来ると思った I thought he would ⌈*surely* [*certainly*] come./ (⇒ 彼が来ることを確信していた) I ⌈*felt* [*was*] *quite* ⌈*sure* [*certain*] that he would come. / (⇒ 彼が来ることに疑いを持っていなかった) I *had no doubt* that he would come. // 悪いのは*てっきり彼だと思った (⇒ 彼が悪いと断定をくだした) I *concluded* that he was wrong.

てっきん 鉄筋 steel ⌈rod [bar] Ⓒ. **鉄筋コンクリート** ferroconcrete Ⓤ. ¶ *鉄筋コンクリートの建物 a *ferroconcrete* building

てづくり 手作り — 形 (手で作った) handmade; (自家製の) homemade. 《☞ てせい》.
¶ 私は彼女に*手作りのペンダントをあげた I gave her a *handmade* pendant. // この服は彼女の*手作りだ (⇒ 彼女は自分でこの服を作った) She *made* this dress *by herself*. // 彼は*手作り (⇒ 自家製) の酒を出してくれた He served me *homemade* wine.

てつけ 手付け (手付け金) earnest money Ⓤ ★ 単に earnest Ⓤ ともいう; (保証金) deposit Ⓒ. 《☞ うちきん》. ¶ その車を買うのに 10 万円の*手付けを打った I've made a *deposit* of 100,000 yen on the car.

てっこう[1] 鉄鉱 iron ore Ⓤ ★ 1 個は a piece of iron ore.

てっこう[2] 鉄鋼 steel Ⓤ 《☞ スチール[1]》.
鉄鋼業(界) the steel industry.

てっこうじょ 鉄工所 ironworks ★ 単複同形; (鋳造所) foundry Ⓒ.

てっこつ 鉄骨 steel [iron] ⌈frame [skeleton] Ⓒ.

デッサン (下絵) sketch Ⓒ; (鉛筆・ペンなどで描いた概略的な絵) rough drawing Ⓒ 参考 日本語の「デッサン」はフランス語の dessin からきたもの. 《☞ スケッチ; したえ》.

てつじょうもう 鉄条網 barbed wire fence Ⓒ.

てっする 徹する ★ この語は日本文の前後関係によって, いろいろに意訳する必要がある.
¶ 彼女は夜を*徹して彼のまくらもとに付き添った (⇒ ベッドのそばで一晩中起きていた) She *stayed up all night* by his bedside. 《☞ てつや》 // 私は彼と夜を*徹して (⇒ 一晩中) 語り合った I talked with him *all* ⌈*night* (*long*) [*through the night*]. // 彼は仕事に*徹している (⇒ 心を打ち込んでいる) He *puts his heart and soul into* his work.

てっそく 鉄則 iron [ironbound] rule Ⓒ; (たいへん厳しい規則) hard and fast rule Ⓒ. 《☞ げんそく[1]》. ¶ 多数決は民主主義の*鉄則だ Decision by the majority is an *iron rule* of democracy.

てったい 撤退 — 動 (引き下がる) withdraw (from ...) ㊀; (場所から立ち退く) evacuate ㊣; (軍隊などが敵に追われて退却する) retreat (from ...) ㊀. — 名 withdrawal Ⓤ; evacuation Ⓤ; retreat Ⓤ. 《☞ たいきゃく》.
¶ 軍隊は町から*撤退した The troops ⌈*withdrew from* [*evacuated*; *retreated from*] the town. // 彼は迅速な*撤退を命じた He ordered a speedy ⌈*withdrawal* [*evacuation*].

てつだい 手伝い **1** 《行為》: (手助け) help Ⓤ; (賦役的な助力) assistance Ⓤ; (公式な援助) aid Ⓤ. 《☞ てだすけ》.
¶ あなたにぜひお*手伝いを願いたいのです I need your ⌈*help* [*assistance*]. // 彼女はよく母親の*手伝いをする She often *helps* her mother with the housework. // 何かお*手伝いすることがありますか (⇒ あなたのために何かしてあげることがあるでしょうか) Can I do anything for

て

you? / Can I be of any *help* to you? // 彼は私たちの*手伝いに来た He came to *help* us. / He came to our *aid*. [語法] 前者は意味が広くいろいろな場合に当てはまるが，後者には個人的なささいな用事の手伝いではなく，職業上とか社会的な性格を持つ事柄についての援助を意味するニュアンスがある.

2 «人»: (助けとなる人) help(er) Ⓒ ★ いろいろな手伝いをする人一般に広く使える言葉；(助手) assistant Ⓒ ★ 主になる人の命に従って手伝う人. 改まった呼称としても使われる；(人手) hand Ⓒ ★ hands という複数形か, farmhand (＝農業の手伝い) などの複合語の一部として使われる；(お手伝いさん) help Ⓒ, (house)maid Ⓒ [語法] 特に前者は通いの，後者は住み込みの女性を指す.

¶ 私は*手伝いを雇わなければならない I have to hire a *help(er)*. // うちのお*手伝いさんはよく働く Our *(house)maid* works very hard.

てつだう 手伝う help (他) ★ 最も一般的な語；(補助的に力を貸す) assist (他) ★ やや改まった語；(手を貸す) lend [give] (*a person*) a hand. 《☞ たすける (類義語)》.

¶ 私は彼の宿題を*手伝った <S(人)+V(*help*)+O(人)+*with*+名(宿題)> I *helped* him *with* his homework. [語法] これを I helped his homework. とするのは誤り. help の目的語は「人」. // 私は彼女が荷物を運ぶのを*手伝った <S(人)+V(*help*)+O(人)+⌜*to*[原形]不定詞> I *helped* her (*to*) carry the parcels. [語法] 《米》では通常, 動詞の原形を用いる. // 彼女は皿洗いを*手伝った <S(人)+V(*help*)+⌜*to*[原形]不定詞> She *helped* (*to*) do the dishes. // 何か*手伝う (⇒お役に立つ) ことがありますか (⇒あなたのために何かしてあげられることがあるでしょうか) Can I do anything for you? / Can I *be of any* ⌜*help* [*assistance*] (to you)? // 彼は私の商売を*手伝ってくれた He *aided* me ⌜in [with] my business. // このスーツケースを運ぶのを*手伝って下さい (⇒このスーツケースに手を貸して下さい) Please *give* me *a hand* with this suitcase. // 彼はあなたの事業を*手伝って (⇒事業に手を貸して) もよいと言っている He says he can *lend a hand* ⌜in [at] your business. // 彼はだれかから少し*手伝ってもらったにちがいない (⇒幾らかの援助を受けたにちがいない) He must have received some *help* from someone.

でっちあげ でっち上げ ― [名] (作り事・うそ) fabrication Ⓒ; (作り話) fiction Ⓒ; (人を陥れるために仕組んだわな) frame-up Ⓒ. ― [動] (架空のことを作り上げる) invent (他), 《口語》 make [cook] up (他). 《☞ つくりばなし》.

¶ それはまったくの*でっち上げだ It's a pure ⌜*fiction* [*fabrication*]. // その話は彼が*でっち上げたものだ (⇒その話は彼によって作られた) The story *was* ⌜*made up* [*invented*] by him.

てつづき 手続き (手順) procedure Ⓒ; (出入国の手続きのような，法律・規則上必要な手続き) formalities ★ 複数形で. なお procedure と入れ替え可能な場合もあるが, procedure のほうが用法が広い；(訴訟の) proceedings ★ 複数形で.

¶ 空港で入国*手続きをしなくてはなりません You have to go through the ⌜entry *procedure* [*formalities*] at the airport. // パスポートをとるにはどんな*手続きが必要ですか What *procedure* is necessary for getting a passport? / (⇒どんな手続きに従うのか) What *procedure* should I follow to get a passport? // 入学[入社]*手続きはすませましたか Have you gone through the entrance ⌜*formalities* [*procedures*] at the ⌜school [company]? // 彼は訴訟[輸出]*手続きに詳しい He is familiar with ⌜legal [export] *procedure(s)*. // 彼女は離婚の*手続きをとる決心をした She decided to institute divorce *proceedings*. // そのクラブに入る*手続き (⇒入会方法) を教えて下さい Please tell me *how to* join the club.

てってい 徹底 ― [形] (十分な・細かい点に至るまで完全な) thorough, thoroughgoing; (まったくの) 《口語》 out-and-out; (完全な・欠けるところのない) complete; (余す所のない・網羅的な) exhaustive; (申し分のない・完璧な) perfect ★ complete と交換可能な場合もある；(思い切った) drastic. ― [副] thoroughly; completely; exhaustively; perfectly; (最後まで) to the end. ― [動] (徹底させる) drive ... home.

¶ 彼の調査は*徹底していた His investigation was *thoroughgoing*. / He made ⌜a *thorough(going)* [an *exhaustive*] investigation. // 彼は*徹底した平和主義者だ He is a ⌜*thoroughgoing* [*complete*] pacifist. / He is an *out-and-out* pacifist. // その命令は*徹底しなかった (⇒完全には実施されなかった) The order was not ⌜*completely* [*fully*] carried out. // 彼は自分の気持ちを相手に*徹底させることができなかった (⇒自分自身を完全に理解してもらうことができなかった) He couldn't make himself understood *perfectly*. 《☞ ふてってい》 // 彼は何でも*徹底的にやらないと気が済まない He is not satisfied with anything unless he does it *thoroughly*. // 私たちは*徹底的に (⇒最後まで) 戦うつもりだ We are ready to fight it out *to the end*. // 彼は大学入試制度の*徹底的な改革を提案した He proposed (a) *drastic* reform in the college entrance examination system. // 先生はその規則を生徒に*徹底させようとした The teacher tried to *drive* the rules *home* to his pupils.

てつどう 鉄道 (鉄道線路) 《米》 railroad Ⓒ, 《英》 railway Ⓒ; (鉄道の便) 《米》 railroad [《英》 railway] service Ⓤ. 《☞ れっしゃ；せんろ；乗り物 (囲み)》.

¶ ここからその市まで*鉄道が通じている A *railroad* runs from here to the city. // 彼らは両市の間に*鉄道を敷くことを計画中である They are planning to ⌜lay [construct; build] a *railroad* between the two cities. // 大雪のため*鉄道が不通になった The *railroad* [*Railroad*] service was suspended owing to (a) heavy snowfall. // 彼は*鉄道事故で亡くなった He was killed in a *railroad* accident. // その品物は*鉄道便で送りました I sent the

goods *by rail*.
鉄道員 《米》railroad [《英》railway] worker Ⓒ, 《米》railroader Ⓒ, 《英》railwayman Ⓒ **鉄道運賃** 《米》railroad [《英》railway] fare Ⓒ **鉄道公安官** 《米》railroad policeman Ⓒ, railroad security officer Ⓒ **鉄道作業員** (線路の保線係)《米》tracklayer Ⓒ, trackman Ⓒ, 《英》platelayer Ⓒ.

てっとうてつび 徹頭徹尾 ━副 (初めから終わりまで・終始) from beginning to end, from start to finish. ¶ 彼はその計画に*徹頭徹尾反対した He was against the plan *from beginning to end*.

デッドボール 〖野球〗 hit-batter Ⓤ [語法] ピッチャーの投球がバッターに当たる現象をいう. 具体的な場合は Ⓒ. dead ball とはファウルなどでプレーが中断されて, 文字どおり死んでいる球のことで, 日本語の「デッドボール」とは意味が違う. ¶ 彼は *デッドボールを受けて 1 塁へ出た[退場した] He *was hit by a* ˹*pitch* [*pitched ball*] and ˹got to first (base) [left the game].

てっとりばやい 手っ取り早い ━形 (時間のかからない) quick ; (単純な) simple ; (易しい) easy. 《☞ てがる ; かんたん[1]》.
¶ 通訳になるならこの学校へ入るのが一番*手っ取り早い (⇒ 通訳になる一番早くて簡単な方法はこの学校へ入ることだ) The *quickest and simplest* way to become an interpreter is to enter this school. // この本は*手っ取り早く (⇒ 簡単に) 読めない This book is not *easy* to read. // *手っ取り早く言えば彼は詐欺師だ *In short* [*To put it briefly*], he is a swindler.

でっぱ 出っ歯 (一般の通称として) bucktooth Ⓒ, protruding [projecting] front tooth Ⓒ ★ 後者は説明的表現.

てっぱい 撤廃 ━動 (廃止する) abolish ㊀ ; (撤回する) remove ㊀ ; (制限などを解除する) lift ㊀ ; (取り除く) do away with … ★ 口語的. ━名 abolition Ⓤ ; removal Ⓤ. 《☞ はいし (類義語)》. ¶ 差別待遇は*撤廃すべきだ We should ˹*abolish* [*do away with*] discrimination. // 輸入制限は近いうちに*撤廃されるだろう Import restrictions will *be* ˹*lifted* [*removed*] in the near future.

でっぱる 出っ張る (突き出る) stick out ㊁ ★ 最も口語的表現 ; (鋭い角度で) project ㊁ ; (余分にまたは不格好に) protrude ㊁. 《☞ はりだす[2] ; つきでる》. ¶ この棚は少し*出っ張りすぎている This shelf *sticks out* a little too far. // 板からくぎが*出っ張っている Nails ˹*protrude* [*stick out*] from the board.

てっぱん 鉄板 iron [steel] plate Ⓒ 《☞ てつ》.

でっぷり ━形 (脂肪がついて太った) fat ; (太っているが引き締まっている) stout ; (かっぷくのよい) portly. 《☞ ふとる ; かっぷく》. ¶ 彼女のおばさんは*でっぷりした老婦人だ Her aunt is a *stout* old lady.

てっぺい 撤兵 ━動 (軍隊を引き上げる) withdraw troops ; (引き上げる) pull out troops ★ 口語的. ━名 withdrawal Ⓤ ; evacuation Ⓤ. 《☞ てったい》.

てっぺん 天辺 (一番上) the top ; (頂上) the summit ★ 前者より改まった語. 《☞ いただき ; ちょうじょう》. ¶ 私たちは丘の*てっぺんまで歩いた We walked (up) to *the* ˹*top* [*summit*] of the hill. // 木の*てっぺんにいるあの鳥を知っていますか Do you know what the bird at *the top* of the tree is?

てつぼう 鉄棒 (体操の) horizontal bar Ⓒ.

てっぽう 鉄砲 gun Ⓒ 《☞ じゅう[2] ; けんじゅう (挿絵)》. **鉄砲水** flash flood Ⓒ 《☞ 自然災害 (囲み)》.

てづまり 手詰まり ━動 (停頓(ていとん)している) be at a ˹deadlock [standstill] ; (金に窮した) be pinched for money ; (将棋で) be at a stalemate. 《☞ ゆきづまり》.

てつや 徹夜 ━動 (徹夜する) stay ˹up [awake] all night. ━形 (徹夜の) all-night. ¶ 私は昨晩*徹夜をした I *stayed up all night* last night. / (⇒ 昨夜は一睡もしなかった) I *didn't sleep at all* last night. // 彼は*徹夜で試験勉強をした He *stayed up all night* preparing for the exam. // 我々はそれについて*徹夜で討論した We had an *all-night* discussion about it. / We discussed it ˹*through* [*throughout*] *the night*. / We spent *the whole night* discussing it.

てづる 手蔓 (縁故者・コネ) connections ★ 複数形で. 《☞ コネ ; つて》.

でどころ 出所 (特に実体のないものについての) source Ⓒ ; (一番のもと) origin Ⓒ. 《☞ しゅっしょ》. ¶ そのうわさの*出どころがわからない I don't know the *source* of the rumor. / (⇒ だれがその話について責任があるか) I don't know who is responsible for the story. // この金の*出どころはどこですか (⇒ どのようにしてこの金を得たか) How did you get the money?

てどり 手取り (純益) net profit Ⓒ ; (給料の) take-home pay Ⓤ ; (実質的な収入) net [real ; actual] income Ⓤ. ¶ 初任給は*手取り約 12 万円です Starting salary is ˹about [roughly] ¥120,000 *net*.

てとりあしとり 手取り足取り ¶ 私たちのサッカーのコーチは*手取り足取りして私たちを教えてくれる (⇒ 辛抱強くじっくりと) Our soccer coach teaches us *patiently step by step*.

デトロイト Detroit 《☞ アメリカ (表)》.

テナー ☞ テノール

てなおし 手直し ━名 (一部の変更) modification Ⓤ ; (改善) improvement Ⓤ ; (全体的な改訂・訂正) revision Ⓤ ; (細かな調整) readjustment Ⓤ. ━動 modify ㊀ ; improve ㊀ ; revise ㊀ ; readjust ㊀. 《☞ しゅうせい[1]》. ¶ この計画は*手直しがいる This plan needs ˹*modification* [*improvement* ; *revision*]. / This plan must *be* ˹*modified* [*improved* ; *revised*].

でなおす 出直す (再び来る) come again ㊁ ; (再び訪問する) visit [call] … again ; (新しく再び始める) make a fresh start ; (初めからもう一度する) do … (all) over again.
¶ 午後*出直します (⇒ 再びここへ戻ってきます) I'll ˹*be back here again* [*return* ; *come again*] in the afternoon. // 最初から*出直し

たほうがよさそうだ(⇒新しい出発をする) I think I'd better ˹*make a fresh start* [(⇒初めからもう一度する) *do it over again* from the beginning].

てなずける 手なずける (親しくなる) make friends with ...; (味方に引き入れる) win over ⓗ; (動物などを) tame ⓗ, domesticate ⓗ ★後者は形式ばった表現.《☞ かいならす》. ¶あの男は近所の子供たちを*手なずけるのがうまい(⇒容易に友達になる) The man easily *makes friends with* the kids in the neighborhood.

てなみ 手並み (技量) skill Ⓤ; (能力) ability Ⓤ; (演技) performance Ⓤ.

てならい 手習い (学ぶこと) learning Ⓤ; (習字) penmanship Ⓤ. ¶六十の*手習い Never too ˹old [late] to learn.《ことわざ: 物を覚えるのに年を取りすぎ[遅すぎる]ということはない》

て

てなれた 手慣れた (...に熟達している) be quite at home in ...; (...の経験を積んでいる) be experienced in ...; (...に慣れている) be used to ... ¶この仕事なら彼は*手慣れたものだ(⇒熟達している) He's *quite at home in* work of this kind. / (⇒十分経験を積んでいる) He *is* well *experienced in* doing such jobs.

テニス tennis Ⓤ ★芝生のコートで行うテニスもハード コートで行うものも, 正式には lawn tennis Ⓤ と呼ぶ.《☞ スポーツ(囲み)》.

¶彼は*テニスがうまい[下手だ] He is a ˹good [poor] *tennis* player. / He is ˹good [poor] at (playing) *tennis*. // *テニスをしよう Let's play *tennis*. // 彼女は*テニス部員だ She is a member of the (*lawn*) *tennis* club. // 世界的に有名な*テニス選手 a world-famous *tennis* player // 軟式*テニス soft-ball *tennis* [語法] 軟式テニスは日本で発明されたものなので, 単に tennis といえば硬式テニスを意味する.

テニスコート tennis court Ⓒ.

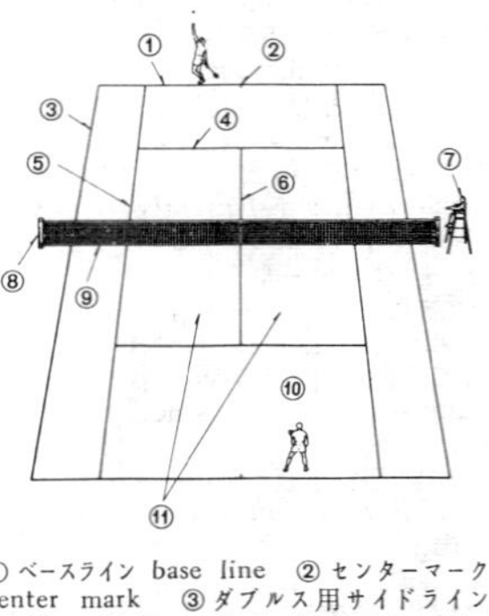

① ベースライン base line ② センターマーク center mark ③ ダブルス用サイドライン doubles sideline ④ サービスライン service line ⑤ シングルス用サイドライン singles sideline ⑥ センターライン center line ⑦ 審判 umpire ⑧ ポスト post ⑨ ネット net ⑩ バックコート back court ⑪ フォアコート fore court

てにもつ 手荷物 《米》baggage Ⓤ, 《英》luggage Ⓤ [語法] 《米》でも上品さを含める意味合いで luggage を使うこともある. またいずれも集合的に用いるので, 個々には a piece [two pieces] of ˹baggage [luggage] のようにいう.《☞ 旅行(囲み); にもつ》.

手荷物預かり所 ¶*手荷物預かり所はどこですか Where can I leave my ˹*baggage* [*luggage*]? / Where is the ˹*baggage room* [*checkroom*; 《英》*left-luggage office*]? 手荷物検査 baggage ˹check [search] Ⓤ.

てぬい 手縫い ―[形] (手縫いの) hand-sewn, hand-sewed.

てぬかり 手抜かり (誤り) mistake Ⓒ; (落ち度) fault Ⓒ; (ささいな落ち度)《口語》slip Ⓒ.《☞ ておち; てちがい; ぬかり》.

てぬき 手抜き ―[名] (省略) omission Ⓤ ★具体的な場合は Ⓒ. ―[動] (手を抜く・略式にする) cut corners. ¶その建物は基礎工事に*手抜きがあった It was found that the ˹contractors [builders] had *cut corners* in the foundation of the building.

てぬぐい 手拭 (hand) towel Ⓒ《☞ タオル》.

てぬるい 手緩い ―[形] (寛大な) lenient; (甘やかせて) indulgent.《☞ あまい》. ¶このごろの親は子供の扱いが*手ぬるい These days parents are too *lenient* with their children. / Parents today are too *indulgent* with their children.

テノール 〘音楽〙 tenor [ténə] Ⓤ ★[形]としても用いる; (歌手) tenor Ⓒ.《☞ 音楽(囲み)》.

てのひら 掌 the flat of *one's* hand; (やや改まっては) palm [pɑ́:m] Ⓒ.《☞ て(挿絵)》.

では ―[感] (えーと・それじゃあ) well; (さて・ところで) now; (よろしい・それでは) OK, All right. ―[副] (それではいったい) then ★文尾に付くことが多い. [語法] 日本語に「では...」とあるからといって, 英語の訳にもそれを自動的に入れるというように直結して考えないほうがよい. 例えば, 「ではまた会いましょう」の「では」は, これを Well と訳すよりも, 特に訳さず, 全体として I'll see you. / See you later. とすべきである. もちろん, 場合によっては Well を入れてもよいこともある. つまり, 常に日本語と英語を1対1で対応させないことが大切で, 「ではさようなら」を Well, good-bye. とすぐ訳してしまうような考え方をしないようにすべきである.《☞ 日本語と英語(欄外); 相づち(囲み)》.

¶*では, もう時間もなくなりましたので, この辺で会を終わりにしたいと思います *Well*, the time is almost up. We would like to close the meeting. // *では次の話題に移りましょう *Now*, let's ˹go to [talk about] the next topic. // *では, 行くとしよう *OK*. Let's go. [語法] OK はなくてもよいが, 入れると「よろしい, 話はわかった」「準備は整った」などのニュアンスが出る. //「これはラジオですか」「いいえ」「テープレコーダーですか」「いいえ」「*ではいったい何ですか」"Is this a radio?" "No, it isn't." "A tape recorder?" "No." "What is it, *then*?"

-では ★「...では」は主として特定の語句・内容を際立たせるために用いられるものであって, これに対するはっきりとした英語の語句をあげることは困難な場合が多い．
1 «関して» ¶ この点*では彼が正しい *In this respect,* he is right. // ホームランの数*では彼が一番です *As for* the number of home runs, he is No. 1. // 車の運転*では (⇒ 運転のこととなると), だれも彼にはかなわない *When it comes to* driving, no one can beat him.
2 «判断などのよりどころとして» ¶ 私の考え*ではその計画はやめたほうがいいと思う *My idea is that* we should give up the plan. // 私の時計*ではいま 9 時です (⇒ 私の時計によると) It's nine o'clock *by* my watch. // 天気予報*ではあしたは雨だ (⇒ 天気予報[担当者]はあした雨だと言っている) The ˹weather forecast [weatherman] says that it will rain tomorrow. / *According to* the weather ˹forecast [report], it will be rainy tomorrow. ★ 後者のほうが形式ばった言い方. // 私の聞いたところ*では彼はもう元気だそうだ *From* what I hear, he is quite well now.
3 «時間・場所を明示して» ¶ いつでもいいが日曜日*では困る Anytime will do except (on) Sunday(s). // いまから*では遅すぎる It's too late now. // 東京*では 20 日も雨が降らない *In* the Tokyo area we have had no rain for as many as twenty days. // 学校*では何を習っているのですか What are you studying *at* school?
4 «対比・強調などを示して» ★ 強調の場合は否定語を伴うことが多い.
¶ 箸(はし)*では食べにくい. スプーンを使いなさい You can't eat it *with* chopsticks. Use a spoon, instead. // これが千円*では安い This is very cheap *at* 1,000 yen. // この手紙を書いたのは私*ではなく, 家内です *It was not* I *but* my wife *who* wrote this letter. // これ*では足りない *This* isn't enough. // 「日本語で書いていいですか」「日本語*ではだめです. 英語で書きなさい」"May I write in Japanese?" "No, *not* in Japanese. Write in English, please."

デパート department store Ⓒ ★《英》では単に stores ともいう.《☞ 買い物 (囲み); 店の呼び名 (囲み)》. ¶ 母は土曜日には新宿の*デパートへ買い物に行く My mother goes shopping at (the) *department stores* in Shinjuku every Saturday.

てはい 手配 ━ 名 (順序・手立てなどを組織的にする準備) arrangements ★ 通例複数形で; (一般的に準備) preparations ★ 通例複数形で. ━ 動 (…の手配をする) arrange for …, make arrangements for … 《☞ ようい¹; じゅんび; はからう》.
¶ 彼に宿 (⇒ 宿泊) の*手配は頼んであります I've asked him to *make arrangements for* accommodations. // パーティーの*手配はすっかりできています The *preparations* for the party are complete. // 車の*手配をお願いします (⇒ 車を用意して下さい) Will you please *get* the car *ready*?

ではいり 出入り going [coming] in and out Ⓤ 《☞ でいり》.

てはじめに 手始めに (まず最初に) first of all, in the first place; (始めるに当たって) to begin with; (皮切りに) for ˹starters [openers]. 《☞ はじめ; さいしょ; まず》. ¶ *手始めにこれから取りかかろう *First of all,* I'll get to work on this.

てはず 手筈 ━ 名 (計画) plan Ⓒ; (予定) program Ⓒ; (手配・準備) arrangements ★ 通例複数形で. ━ 動 (手はずを整える) make arrangements, arrange ⑩. 《☞ てじゅん》.
¶ *手はずが狂った The *program* went wrong. / (⇒ うまくいかなかった) My *plan* didn't work. // 私はあした出発する*手はずを整えた I *have* ˹*made arrangements* [*arranged*] to start tomorrow. // 全部*手はずがついています Everything *has been arranged.*

でばな 出鼻 **出鼻をくじく** ━ 動 (計画・努力などをくじく) baffle ⑩; (先手を取る) get [have] the jump on … ★ くだけた表現. ¶ やろうとしたらとたんに (⇒ そもそも初めから) *出鼻をくじかれた I *was baffled* at the very start. // 私は彼に*出鼻をくじかれた (⇒ 彼は私の先手を取った) He ˹*got* [*had*] *the jump on* me.

てばなし 手放し ¶ 彼女はその知らせを聞いて*手放しで喜んだ (⇒ たいへん喜んだ) She *was overjoyed* at the news.

てばなす 手放す (特に持ち物などを) part with …; (一般的に, 人手に渡すこと) give up ⑩; (売り払う) sell ⑩. 《☞ うりはらう》. ¶ 彼女はしぶしぶ金の指輪を*手放した She ˹*parted with* [*gave up*] her gold ring reluctantly. // 彼はその絵を 5 万円で*手放した (⇒ 売った) He *sold* the picture for 50,000 yen.

でばぼうちょう 出刃包丁 (料理用の包丁) kitchen knife Ⓒ 参考 包丁の種類が日本と英米では異なっているので, ぴったりの訳語はない. 例えば a Japanese kitchen knife with a sharp and strong ˹edge [blade] for chopping fish のような説明によるほかない. 《☞ ほうちょう (挿絵); 台所・家事 (囲み)》.

てばやく 手早く (敏捷に) quickly 《☞ はやい¹ (類義語); すばやい》.

ではらう 出払う (みんな外出中) be all out. ¶ セールスの者はぜんぶ*出払っています The salesmen *are all out.* // 事務所の者はみんな*出払っています (⇒ 事務所にはだれも残っていない) *There's no one left* in the office.

でばん 出番 (順番) …'s turn Ⓒ 《☞ じゅんばん》. ¶ さああなたの*出番だよ It's *your turn.* // 今度はだれの*出番だ Whose turn is it?

てびき 手引き (案内となるもの) guide Ⓒ; (案内書) guide(book) Ⓒ. ¶ この本は初心者にとってよい*手引きだ This book is a good *guide* for beginners. // その犯行は内部の者の*手引きによると思われる (⇒ 従業員の中に共犯者がいたようだ) It seems that there was an accomplice among the employees.

てひどい 手酷い ━ 形 (厳しい) severe; (情容赦のない) harsh. ━ 副 severely; harshly. 《☞ ひどい; きびしい》.

デビュー debut [déibju:] Ⓒ 《☞ はつぶたい》. ¶ 彼は 1984 年に歌手として東京で*デビューした He made his *debut* as a singer in Tokyo in 1984.

てびょうし 手拍子 ─[動] beat time with the hands 《☞ ひょうし²》. ¶みんなで*手拍子をしながら歌った We sang *beating time with our hands.*

てびろく 手広く ─[副] (広範囲にわたって) extensively; (大規模に) on a large scale. ─[形] extensive. ¶彼は大阪地区で*手広く商売をしている He is doing ⌈business *on a large scale* [an *extensive* business] in the Osaka area.

てふき 手拭き (ハンカチ) handkerchief [C]; (タオル) towel [C].

てぶくろ 手袋 glove [glʌ́v] [C]; (親指だけ分かれているもの) mitten [C] ★ いずれも通例複数形で. 数えるときは a pair of gloves, two pairs of gloves のようにいう. 《☞ 数の数え方 (囲み)》.

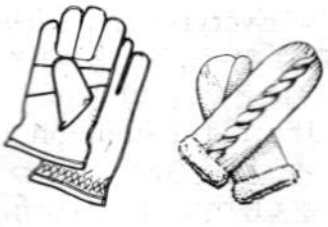
gloves mittens

¶彼女は白い*手袋をしていた She had white *gloves* on. 《☞ 衣服 (囲み)》 // *手袋をはめなさい[はずしなさい] Put on [Take off] your *gloves.* // *手袋をしたまま握手をするのは失礼だ It is impolite to shake hands with your *gloves* on.

でぶしょう 出不精, 出無精 ─[形] (家にばかりいる) stay-at-home. ─[名] (出不精の人) stay-at-home [C], homebody [C]. ¶うちの母は*出不精です (⇒ 外出するのを好まない) My mother doesn't like going out. / My mother is a ⌈*stay-at-home* [*homebody*].

てふだ 手札 (トランプの) hand [C]. ¶*手札型の写真 a *card*-size photograph

てぶら 手ぶら ¶彼は*手ぶらで帰ってきた He returned ⌈*empty-handed* [*with empty hands*]. // 西欧では人の家を訪問するのに*手ぶらで行く In Western countries they *don't take any gifts* when they visit other people's homes.

てぶり 手振り (しぐさ) gesture [C] 《☞ みぶり; てまね》.

デフレ(ーション) deflation [U] (↔ inflation).

てほどき 手解き ─[名] (手ほどきをすること) initiation [U]; (最初の教え) first lessons. ¶私は父から英語の*手ほどきを受けた (⇒ 最初の教えを受けた) I received my *first lessons* in English from my father. // チェスの*手ほどきをしてあげよう (⇒ やり方を示そう) I'll *show you how to play* chess.

てほん 手本 (模範) model [C]; (忠実に見習う価値のある典型) pattern [C]; (例) example [C]. 《☞ もはん; みならう》.
¶これを*手本にして書きなさい Write ⌈according to [in accordance with] this *model.* // 彼は自分の父を*手本にした He took his father as a *model.* / He followed the *pattern* of his father. // 彼は私たちによい*手本を示してくれた He set a good *example* for us.

てま 手間 (時間) time [U]; (手数・面倒) trouble [U]; (労力) labor [U]. 《☞ てすう; めんどう; てまどる》.
¶お*手間をとらせて申し訳ありません (⇒ 私を助けるために骨を折っていただいてありがとう) Thank you for all the *trouble* you've taken to help me. // これを作るのにはずいぶん*手間がかかる (⇒ 時間と労力を要する) It ⌈takes [requires] a lot of *time and labor* to make this. // この機械を使うと掃除の*手間がずいぶん省けます This appliance will save you a lot of *trouble* in cleaning. / You can save a lot of *labor* in cleaning if you use this appliance. // 彼は*手間のかかる (⇒ やっかいな) 男だ He is a *troublesome* fellow.
手間代[賃] (賃金) wages ★ 通例複数形で; (一般的に報酬) pay [U]. 《☞ しゃれい》.

デマ (根拠のない[偽りの]うわさ) groundless [false] ⌈rumor [《英》 rumour] [C] [参考] 日本語の「デマ」はドイツ語の Demagogie の略. これにあたる英語は demagogy [U] で, 政治的扇動を意味し, 日本語のデマとは意味が違う. 《☞ うわさ; りゅうげんひご》.
¶今年は大学入試がないという*デマがとんでいる There is a *groundless rumor* that there will be no college entrance exams this year. // それは結局*デマだった (⇒ そのうわさはまったく根拠のないものとわかった) The *rumor* turned out (to be) entirely groundless.

てまえ 手前 **1** «こちら側»: this side; (絵などの前景) foreground [U]. 《☞ まえ》.
¶「どちらがよろしいですか」「*手前の (⇒ こちら側の) を下さい」 "Which would you like?" "The one on *this side,* please." // あの白い建物の*手前で左に曲がりなさい Turn (to the) left at *this side* of that white building. // この写真の*手前に座っているのが父です The man sitting in the *foreground* in this picture is my father.
2 «体裁上» ¶家族の*手前 (⇒ 家族のことを考えて), ひとりで外遊することはやめた I gave up going abroad alone when I came to think of my family.

でまえ 出前 ─[名] (食べ物の) catering service [U]; (配達) delivery service [U] [参考] 英米のレストランなどでは普通, 日本のような出前はしない. ─[動] (仕出しをする) cater (他) (自) [参考] 英米の catering は日本の出前ほど気楽にするサービスではなく, 結婚式・パーティーなどかなりの人数がまとまる場合の仕出しをいう; (配達する) deliver (他). 《☞ てりょうり [参考]》.

「パーティ・宴会その他社交的な会合に出前します」という掲示

¶その店は*出前をする The restaurant *delivers* food. // すし屋にすしの*出前を (⇒すしを配達するように) 頼んだ I ordered *sushi* to *be delivered* from the *sushi* store. // 諸会合など*出前致します Parties *catered*.
出前持ち delivery boy Ⓒ.

でまかせ 出任せ ¶彼は口から*出まかせを言う (⇒彼の言うことは信頼できない) His statements are [What he says is] not reliable. 《☞でたらめ；いいかげん》

でまど 出窓 (張り出し窓) bay window Ⓒ.

てまどる 手間取る (時間がかかる) take time; (多くの時間を費やす) spend a lot of time; (遅くなる) be delayed. 《☞てま；てこずる》.
¶車の渋滞で*手間取った (⇒遅れた) I *was delayed* because of traffic congestion. // その仕事は思ったよりも*手間取った (⇒予想以上に時間がかかった) The work *took more time* than I had expected.

てまね 手真似 (個々のしぐさ) gesture Ⓒ; (手まねをすること) gesticulation Ⓤ. 《☞みぶり；しぐさ》. ¶しばしば*手まねだけで相手にわからせることができる You can often make yourself understood only by *gestures*.

てまねき 手招き ―動 (手で合図する) beckon ㊀ ★通常，指を使うことが多い；(身振りで示す) motion ㊀㊁. ―名 beckoning Ⓤ. ¶彼は彼女にもっと近くへ来るように*手招きした He *beckoned* her to come closer. / He *motioned* (to) her to come closer.

てまわし 手回し ―動 (…の支度・準備をする) prepare (for …) ㊁; (…の手はずを整える) arrange ㊀. ―名 preparation Ⓤ; arrangements ★通例複数形で. 《☞てはず；じゅんび；ようい[1]》.
¶彼は万事*手回しのいい男だ (⇒いつもよく用意ができている) He is always *well-prepared*. / (⇒手はずを整えるのがうまい) He is always clever at *arranging* what he is going to do.

てまわりひん 手回り品 (持ち物) *one's* things ★複数形で. 口語的表現；(所持品) belongings ★やや形式ばった語. 複数形で；(衣類・化粧道具などの身の回り品) personal effects ★やや形式ばった表現. 複数形で. 《☞みのまわり；もちもの；てにもつ》.

でまわる 出回る (手に入る) be available; (市場に現れる) be [appear] on the market; (店などで売られている) be sold. ¶9月には新米が*出回る (⇒市場に出る) In September new rice will *be on the market*.

てみじか 手短 ―形 (文などが短い) short; (簡潔な) brief. ―副 (短く) briefly, shortly 語法 副詞の shortly はほかに「間もなく」「ぶっきらぼうに」などの意味もあるので，briefly を使うほうが安全；(要するに) in ˹short [brief]. 《☞かいつまむ；かんたん[1]；かんけつ[2]》.
¶彼はその計画を*手短に説明した (⇒短い[簡潔な]説明をした) He gave a ˹*short* [*brief*] explanation of his plan. / He explained his plan *briefly*. // *手短に言えば，彼は金が欲しいのだ In ˹*short* [*brief*], he wants money.

でみせ 出店 (支店) branch Ⓒ; (屋台店) street stall Ⓒ; (露店) booth Ⓒ. 《☞してん[1]；ろてん；よみせ》.

てみやげ 手土産 present Ⓒ, gift Ⓒ ★後者はやや改まった語. 《☞みやげ；おくりもの》.
¶日本人はよく*手みやげ持参で人を訪ねる Japanese people often ˹visit [call on] others with (some) *presents*. 参考 英米では他人の家を訪問するのに手みやげを持参する習慣がない. 持って行くとしてもせいぜい花束などをその家の主婦に渡す程度.

てむかう 手向かう (反抗する) resist ㊀; (反対する) oppose ㊀. 《☞はんこう[2]；たてつく》.

でむかえる 出迎える (出向いて会う) meet ㊀ ★最も一般的な語；(客を迎える) receive ㊀; (歓迎して迎える) welcome ㊀; (丁重に迎える) greet ㊀. 《☞むかえる》.
¶バス停まで*出迎えに来て下さい Will you *meet* me at the bus stop? // ブラウン夫妻が門で*出迎えてくれた Mr. and Mrs. Brown ˹*welcomed* [*received*] me at the gate. // 首相は飛行場で大統領の*出迎えを受けた The prime minister *was greeted* by the president at the airport.

でむく 出向く go [come] to … ★話し相手の所へ行くときは come. 《☞でかける；ゆく》.
¶私は指定の集合場所に*出向いた I *went to* the appointed meeting ˹place [spot]. // いずれそのうち私のほうから*出向きます (⇒私があなたに会いに行きます) I'll *come and see* you one of these days. 語法 I に強い強勢を置いて発音することで「私が」が強調され，「私のほうから」というニュアンスが出る.

-ても (たとえ…しても) even ˹if [though] … ★though のほうが改まった言い方；(いかに…であっても) however … 《☞-しても；たとえ[1]；-でも；譲歩の表現 (囲み)》.
¶雨が降っ*ても行きます *Even if* it rains, I will go. // どんなに勉強し*ても彼女にはかなわないでしょう *However* hard you (*may*) study, you can't ˹beat [get ahead of] her. // 何度電話をかけ*ても (⇒何度も電話をかけたが) 彼は留守だった I tried to call him many times, *but* he didn't answer.

でも ―接 (しかし) but …; however, … 語法 後者は少し改まった語. 文頭に置くこともできるし，また文中に置くこともできる. 書くときはコンマで区切る. 《☞しかし (類義語)；だが》.
¶私はきょう彼とデートをする約束をした. *でも母がどうしても外出を許してくれない I promised to date him today, *but* Mother won't let me go out. // その方法は正しいかもしれない. *でも私は反対だ The method may be right. *However*, I am against it.

デモ ―名 demonstration Ⓒ, 《口語》demo Ⓒ《複 ～s》. ―動 demonstrate ㊁.
¶我々は核実験反対の*デモをした We ˹held a *demonstration* [*demonstrated*] against nuclear tests. // 私はその*デモ行進に参加した I took part in the *demonstration* parade. // *デモ隊は5時に日比谷公園で解散した The *demonstrators* broke up in Hibiya Park at five.

-でも **1** «であっても»: (たとえ…であっても) even ˹if [though] …; (どんなに…であっても)

て

however ... ; (...でさえ) even. 《☞ たとえ[1]; -ても; 譲歩の表現(囲み)》.
¶たとえ雨*でも行くつもりです We are going, *even if* it rains. // いくら利口*でも, 彼のような人は好きでない I don't like such a man as he, ｢*however* clever he may be [*even though* he may be very clever]. // 一番長いはしご*でもそこには届くまい *Even* the tallest ladder would not reach (up) there. // どうぞ何度*でも (⇒ 好きな回数だけ) お使い下さい Please use it *as* many times *as* you like.
2 «だけでも»: even, just. 《☞ すくなくとも》.
¶一度*でもよいから飛行機を操縦したい I wish to ｢fly [pilot] an airplane *just* once. // この仕事だけ*でも (⇒ 少なくともこの仕事は) きょう終えなくてはならない Today I have to finish this work *at least*.
3 «例えば» ★ 日本語の意味をくんで意訳する必要がある.
¶土曜の午後に*でも伺いましょう I will call on you, *say*, on Saturday afternoon. // 「お茶*でも飲みましょうか」「そうしましょう」 "Let's have tea, shall we?" "That's a good idea." // 「コーヒー*でもどうですか」「いいね」 "How about (having) a cup of coffee?" "Fine." // A*でもB*でもいいよ (⇒ A であろうと B であろうと) I don't care *whether* it's A *or* B.

てもち 手持ち ¶私にはいま現金の*手持ちがない (⇒ 身につけて持っていない) I don't have any cash *with me*. / (⇒ 手元に持っていない) I don't have any cash ｢*on* [*in*] *hand*.

てもちぶさた 手持ち無沙汰 ¶*手持ちぶさただったので (⇒ そのとき何もすることがなかったので), 私は昼寝した I took a nap because I *had nothing to do then*. // 彼は*手持ちぶさたのようだ (⇒ 時間を持て余しているようだ) He seems to *have time on his hands*.

てもと 手元 ―副 (手近に) at hand ; (すぐそばに) by ｢*one* [*one's* side] ; (持ち合わせて) on [in] hand. 《☞ てぢか》.
¶彼はいつもタイプライターを*手元に置いている He always ｢keeps [has] a typewriter ｢*at hand* [*by him* ; *by his side*]. // 彼は*手元の資料をまとめた He brought together and arranged the data ｢*on hand* [*in hand* ; (⇒ 手に入る) *available* to him]. // *手元が狂って弾ははずれた (⇒ 弾は的に当たらなかった) The bullet *missed* the target. [参考] 特に「手元が狂う」と訳す必要はない.

てら 寺 (Buddhist) temple Ⓒ [参考] temple はキリスト教以外の宗教の寺院を指す.

てらい 衒い (きざな態度) affectation Ⓤ ; (気取り) pretension Ⓤ, pretense Ⓤ. 《☞ きどる ; きざ》. ¶彼の態度には何の*てらいもなかった There was no ｢*affectation* [*pretension* ; *pretense*] in his manners.

てらう 衒う (見せびらかす) make a show of ... ; (見えをはる) show off ㊀ ★ 口語的表現. 《☞ みせびらかす ; もったいぶる ; きどる》.
¶彼は学問を*てらうような男ではない He is not a man ｢who *makes* [to *make*] *a show of* his learning.

てらしあわせる 照らし合わせる (比較する) compare ... with ... ; (照合する) check ㊐. 《☞ てらす ; しょうごう[1]》. ¶私は翻訳と原文を*照らし合わせてみた (⇒ 比較した) I *compared* the translation *with* the original. // 私は彼の答えと私のを*照らし合わせた I *checked* my answers ｢with [against] his.

てらす 照らす **1** «光などが»: (光を当てる) light ㊐ 《過去・過分 lighted, lit》 ★ 最も一般的. しばしば up を付けて ; (明るくする) lighten ㊐ ; (照明する) illuminate ㊐. 《☞ てる ; しょうめい[2]》.
¶私は通り道を懐中電灯で*照らした I *lighted* (*up*) my way with a flashlight. // その庭園は月で煌々(こうこう)と*照らされていた The garden *was* brightly ｢*lighted up* by the moon [*moonlit*]. // その閃光(せんこう)が一瞬彼の顔を*照らした The spark ｢*lightened* [*lit up*] his face a second. // 通りはネオンサインで*照らされていた The street *was* ｢*illuminated* [*lighted up*] by neon signs.
2 «比較参照する»: (比較する) compare ... with ... ; (照合する) check ㊐ ; (参照する) refer to ... 《☞ てらしあわせる ; しょうごう[1]》.
¶私は本の解答に*照らして間違いを直した I ｢*compared* [*checked*] my answers ｢with [against] those in the book and corrected my mistakes. // 名簿に*照らして出席者数を確認しなさい (⇒ 何人出席者がいるかをはっきりさせなさい) Make sure how many people are present, *referring to* the list.

テラス terrace Ⓒ ; (スペイン風に庭に面して, あるいは中庭に設けたテーブルなどの置いてある場所) patio Ⓒ.

デラックス ―形 deluxe [dəlúks, -lʌ́ks] ★ 名詞の後にも用いる ; (豪華な) gorgeous ; (一流の) first-class ★ 日本語の「デラックス」がいつも英語の deluxe に置き換わるのではない点に注意. 《☞ ごうか》.
¶*デラックスなホテル a ｢*deluxe* [*first-class*] hotel // 彼女は*デラックス好みだ (⇒ デラックスなものは何でも好きだ) She loves everything *deluxe*. // 彼女はずいぶん*デラックスな家に住んでいる She lives in a *gorgeous* house.

てりかえし 照り返し (反射) reflection Ⓤ ; (反射した光) reflected light Ⓤ ; (反射した熱) reflected heat Ⓤ. 《☞ はんしゃ》.

てりかえす 照り返す (反射する) reflect ㊐ ; (光を) throw back light. 《☞ はんしゃ》.

てりやき 照焼き fish broiled with soy sauce Ⓒ 《☞ 料理の用語 (囲み)》.

てりゅうだん 手榴弾 (hand) grenade Ⓒ.

てりょうり 手料理 (自分で料理したもの) dish of *one's* own cooking Ⓒ ; (自家製の) homemade [home-cooked] dish Ⓒ ; (...によって用意されたもの) dish ｢cooked [prepared] by ... Ⓒ. [参考] 英米では人を招いたりするときに, 店屋物をとるという習慣はなく, すべて手料理が原則なので, 特に手料理をほかの料理と対照して珍重するという考え方は薄い. 従って home-cooked dish なる語の持つニュアンスは日本語の「手料理」のそれとは違ったものである. なお, homemade という形容詞は, dress, cookie など, 英米でもよく店から買う習慣があるものについても使われるが，その場合は日本語の「手製」とよく似た意味になる.
¶これはみんな私の*手料理です (⇒ 私がみんな料理した) I *cooked* all these. / (⇒ みんな自家製だ) All these dishes are *homemade*. // 母親の*手料理 (⇒ 母親によって料理されたもの) に勝るものはない There is nothing like *dishes* ˹*cooked* [*prepared*] *by* your mother.

てる 照る (輝く) shine (自)；(ギラギラと強く照る) blaze (自). 《☞ てらす；かがやく》. ¶月が煌々(こうこう)と*照っている The moon *is shining* ˹bright [brightly]. // 太陽が頭上にギラギラ*照っていた The sun *was blazing* overhead.

でる 出る **1** «外へ行く»：(出て行く) go out (自) (↔ come in)；(場所から立ち去る) leave (他). 《☞ ゆく；たちさる》. ¶彼らはその家から*出て行った They *went out* of the house. // 庭へ*出ましょう Let's *go out* into the garden. // 私たちはもうすぐこの部屋を*出ます We ˹will [shall] soon *leave* this room.
2 «出発する»：leave (他) (自) (↔ arrive)；start (自) [語法] 前者は「ある場所を去る」ということに重点があり，後者は「動き出す動作」に重点がある. 従って時刻表などで「発車する」というような表現をする場合には leave (lv. と略す) が用いられる；(人・乗り物が出発する) depart (自) ★ leave よりやや形式ばった語. dpt. と略す. 《☞ しゅっぱつ；はっしゃ[1]；でかける》.
¶彼女は朝早く*出ました She ˹*left* [*started*] early in the morning. // 私はあすロンドンを*出てニューヨークへ向かいます I *leave* London for New York tomorrow. // この列車[飛行機]は10時半に*出ます (⇒ 出発する) This ˹train [plane] ˹*leaves* [*departs*] at 10:30. ★ ten thirty と読む. 飛行機では take off (自) (＝離陸する) も使われる. 《☞ 乗り物 (囲み)》
3 «姿を現す»：(隠れていたものが現れる) come out (自)；(下から現れる) come up (自)；(幽霊が出没する) haunt (他)；(舞台などに立つ) appear (自). 《☞ あらわれる》.
¶月が*出た The moon *has* ˹*come up* [*risen*]. ★ risen はやや文語的. // その本は6月に*出る The book will ˹*come out* [*be published*] in June. // この家には幽霊が*出るというううわさだ A ghost is said to *haunt* this house. // 彼は来週の水曜日にテレビに*出る He will *appear on* TV next Wednesday. // ちょっと電話に*出てくれませんか《電話が鳴ったとき》*Will you answer the phone?*
4 «液体が流れ出る»：(出血する) bleed (自)《過去・過分 bled》；(はなみずが) run (自). ¶傷口から血が*出ているよ Your cut *is bleeding*. // 風邪を引いたので鼻が*出る I've caught (a) cold, and my nose *is running*.
5 «外側へ出っ張る»：(突き出る) stick out (自). ¶くぎが1本壁から*出ている A nail *sticks out* ˹from [of] the wall. // 彼は腹が*出てきたこと (⇒ 太くなっていく胴のこと) を気にしている He is concerned about his *thickening* ˹middle [waist].
6 «激しくなる»：(風が) rise (自)《過去 rose；過分 risen》《☞ かぜ[1]》. ¶風が*出てきた A wind *is* ˹*rising* [*coming up*].
7 «参加する»：(試合・競技に出る) play (in…) (自)；(参加する) take part (in …) (自), participate (in …) (自) ★ 前者のほうが口語的；(出席する) be (present) at …, attend (他) ★ 前者のほうがより口語的；(立候補する) run (for …) (自). 《☞ しゅつじょう；しゅっせき》.
¶彼はその試合に*出た He ˹*played* [*took part*] *in* the game. // 彼女はその会に*出なかった She *was* not (*present*) *at* the meeting. / She didn't *attend* the meeting. // 彼は市長選に*出ることにした He decided to *run for* mayor.
8 «食卓に供される»：be served. ¶デザートにアイスクリームが*出た Ice cream *was served* for dessert.
9 «卒業する»：graduate (from …) (自)《☞ そつぎょう》. ¶彼はB大学を*出た He *graduated from* B university. // 彼は苦学して (⇒ 働きながら) 大学を*出た He *worked* his way *through* college.
10 «売れる»：sell (自)《過去・過分 sold》.
¶この品はよく*出ます This article *sells* ˹fast [well].
11 «生み出す»：(産出する) produce (他)；(利益などをもたらす) yield (他). ¶この鉱山からは金が*出る (⇒ この鉱山は金を産出する) This mine *produces* gold. // それではほとんど利益が*出ない It *yields* little profit.
12 «発生する»：(…から出ている) come from …；(生じる) originate (自).
¶これはフランス語から*出た語である This word ˹*came* [*comes*] *from* French. [語法] 過去形にすれば歴史上のことになり，現在形なら出所についての事実をいう言い方となる. / This is a word of French *origin*. ★ 前者が口語的. // そのうわさはテレビのニュースから*出た The rumor *originated* from the TV news.
13 «至る»：(ある場所にやってくる) come to …；(道が通じる) lead (to …) (自)；(到着する) reach (他). 《☞ つうじる》.
¶真っすぐ行けば桜通りに*出ます Go straight ˹on [ahead] and you will *come to* Sakura Street. // この道を行けば駅に*出る (⇒ この道は駅まで通じている) This road ˹*leads* [(⇒ あなたを連れて行く) will take you] *to* the station. // あと1時間で頂上に*出る (⇒ 着く) We will *reach* the summit in an hour.

てるてるぼうず てるてる坊主 Japanese paper doll hung outside hoping for fine weather [C].

てれかくし 照れ隠し ━[動] (気まずさを隠す) hide [cover; conceal] *one's* embarrassment. ★ conceal はやや文語的. ¶彼は*照れ隠しににやりと笑った (⇒ 当惑の気持ちを隠すために) He grinned to ˹*hide* [*cover*; *conceal*] *his embarrassment*. [参考] 英米の習慣として，照れ隠しに笑うことはあまりしないので，この英語は英米人には多少奇異に感じられる.

てれくさい 照れ臭い ━[形] (当惑してばつが悪い) embarrassed；(人と会うのを恥ずかしがる) shy；(子供・女性などがはにかみやの) bashful. ━[副] (照れくさそうに) shyly；bashfully. 《☞ てれる；はずかしい》.

¶みんなの前でほめられて*照れくさかった I felt *embarrassed* being praised in the presence of many people. // その男の子と女の子は*照れくさそうに互いに自己紹介をした The boy and the girl introduced themselves to each other ⌈*shyly* [*bashfully*].

でれでれ ¶夏休みを*でれでれと(⇒無為に)過ごさないように Don't spend your summer vacation *idly*. // 彼はいつも女の子と*でれでれして(⇒いちゃついて)ばかりいる He *is* always *flirting with* girls.

テレビ ―[名] (テレビ放送) television Ⓤ, 《英口語》 telly Ⓤ ★受像機の意味では Ⓒ; (テレビ受像機) television (set) Ⓒ ★特に改まったとき以外は set は付けない. いずれも口語では TV と略す. ―[動] (テレビで放送する) broadcast ... by ⌈television [TV], telecast (他), televise (他) [語法] 1番目は説明的で, やや改まった言い方. 2番目, 3番目はテレビ用語としてよく使われるが, 3番目には「実況放送する」「テレビ中継する」という意味が加わることがある. ―[副] (テレビで) on ⌈television [TV]. 《☞ ほうそう[1]》.

¶彼は*テレビをつけた[消した] He ⌈turned [switched] ⌈on [off] the ⌈*television* [*TV*].

宿題をやってしまうまでは*テレビを見てはいけません Don't watch the *TV* before you finish your homework.

今夜*テレビではどんな番組がありますか What's on *TV* tonight?

首相は*テレビで国民に演説した The prime minister spoke to the nation *on* ⌈*television* [*TV*].

私は*テレビで野球を見た I ⌈watched [saw] the baseball game *on* ⌈*television* [*TV*].

きのう*テレビでボクシングの世界選手権試合をやっていた(⇒私は…をテレビで見た) I saw the world boxing title match *on TV* last night. / (⇒…がテレビで放送された) The world boxing championship match *was* ⌈*televised* [*shown on TV*] last night.

私は*テレビのチャンネルを3に合わせた I ⌈tuned in [turned; switched] my *TV* to channel 3.

最近の*テレビはつまらない *TV* programs are not interesting these days.

君は*テレビの見すぎだよ You watch *TV* too much. / (⇒中毒している) You are addicted to *TV*.

彼女は先週*テレビに出た She ⌈appeared [was] on *television* last week.

彼は*テレビマニアだ He is a *TV* addict.

カラー[白黒]*テレビ a ⌈color [black and white] ⌈*television* [*TV*]

テレビ映画 telefilm Ⓒ; (テレビ用に作られた映画) movie made for TV Ⓒ **テレビカメラ** *television* [*TV*] camera Ⓒ **テレビゲーム** video game Ⓒ **テレビ視聴者** televiewer Ⓒ; (集合的に) television [TV] audience Ⓒ **テレビ受像機** television [TV] (set) Ⓒ **テレビ塔** television [TV] tower Ⓒ **テレビ討論会** television [TV] ⌈debate [panel discussion] Ⓒ **テレビドラマ** teleplay Ⓒ, television [TV] play Ⓒ **テレビニュース** television [TV] news Ⓤ, telenews Ⓤ **テレビ番組** television [TV] program Ⓒ **テレビ放送** telecast Ⓒ **テレビ放送局** television [TV] station Ⓒ **テレビ放送網** television [TV] network Ⓒ.

てれる 照れる (恥ずかしがる) be [feel] shy, be [feel] bashful [語法] shy のほうが一般的で, 人前に出るのを恥ずかしがるようなときに用いられる. bashful は特に若い女性や子供などがもじもじするのに用いられるが, 男性に用いることもある. 《☞ はずかしい; はにかむ; てれくさい》.

¶私のボーイフレンドは*照れ屋だ My boyfriend is a ⌈*shy* [*bashful*] person.

テロ terrorism Ⓤ. **テロリスト** terrorist Ⓒ.

てわけ 手分け ―[動] (分割する) divide (他); (負担などを分かち合う) share (他).

¶その仕事はみんなで*手分けすれば2時間でできる If we *divide* the work among us [If everybody *shares* the work], we can finish it within two hours. // 私たちは*手分けして(⇒何人か1組になった一行で), その男の子を捜した We *went out in several parties* to search for the boy.

てわたす 手渡す hand (over) (他) 《☞ わたす》. ¶この書類を彼に*手渡して下さい Please *hand* these papers (*over*) to him.

てん[1] 点 **1** 《小さな印》: dot Ⓒ ★「点を打つ」という他動詞としても用いる; (記号としての) point Ⓒ ★例えば 3.51 は three point five one と読む. 《☞ ピリオド (欄外)》.

¶i の*点を打ちなさい Put a *dot* over the 'i'. / *Dot* the 'i'. // 私はその山の位置を示すために地図の上に赤で*点を付けた I put a red *dot* on the map to mark the position of the mountain.

2 《成績》: (評価) grade Ⓒ; (点数) mark Ⓒ; (特に100点満点での) percent Ⓤ [語法] grade は「優・良・可」あるいは A, B, C などで評価する場合に用いられ, mark は満点中の何点という点数をいう場合に使われる. また, 百分率の形で percent を用いる言い方もよく行われる. 《☞ せいせき》.

¶彼は試験でよい*点[満*点]を取った He got ⌈a good *grade* [full *marks*] in the exam. // 彼は物理の試験で100点満点で95*点を取った He got 95 *percent* in the physics exam. / He *got* 95 *marks* out of 100 in the physics exam. // 私の体育の*点(⇒評価)はAだ My *grade* in physical education is A. //「英語の試験はどうだった」「全然だめさ」「何*点だったの」「40*点だった」"How did you do in the English test? / How did your English test turn out?" "Very badly. / Miserable." "How much [What; What *mark*; What *percent*] did you get?" "40 (⌈*marks* [*percent*])." // 私たちの先生は*点が甘い(⇒気前よく点を与える)[辛い(⇒厳しい)] Our teacher is ⌈lenient [strict] in evaluating his students.

3 《競技の》: (得点) point Ⓒ; (総得点) score Ⓒ; (野球・クリケットの) run Ⓒ. 《☞ スポーツ (囲み); とくてん》.

¶私たちのチームは7回裏に3*点取った Our

team ˹scored [earned] three ˹*runs* [*points*] in the second half of the seventh inning. //「いま何*点ですか」「3 対 2 で勝っています」"What is the *score*?" "It's 3 to 2 in our favor. / We are leading by 3 to 2."
4 «事柄・問題»: (問題の点) point Ⓒ; (特別の問題) respect Ⓒ; (方面) way Ⓒ.
¶「この*点について何か質問がありますか」「いいえ, ありません」"Do you have any questions ˹on [concerning] this *point*?" "No, we don't." // それが問題*点だ That is the disputed *point*. // あらゆる*点で彼は私の上だ (⇒ 私よりすぐれている) In every ˹*respect* [*way*] he is superior to me. // 学力の*点では彼は申し分のない学生だ (⇒ 学力に関する限り模範的な学生だ) *As far as* scholarship *is concerned*, he is an excellent student. // 人間は話ができるという*点で (⇒ という理由で) 動物とは違う Human beings are different from animals *in that* they can speak.

てん² 天 **1** «空»: the sky 《☞ そら¹; くうちゅう》. ¶私は*天を仰いで深いため息をついた I sighed deeply looking up at *the sky*. // *天高く馬肥ゆる秋 The autumn *sky* is clear and horses grow fat. // 彼からプロポーズされて, *天にも昇る気持ちだった (⇒ 喜びで我を忘れた) I was *beside myself with joy* at his marriage proposal.
2 «神または天意» ── 名 (神) God, Heaven 語法 これらはキリスト教で用いられる言葉. 大文字で書くのは一神教であるキリスト教の習慣. 従って日本語の「天」は gods のように複数形を使って訳してもよい; (神意) Heaven's will. ── 形 (天の) heavenly; (神の) divine. 《☞ かみ¹; てんごく》.
¶そのチームの優勝には*天の助けがあったといえよう *God's* [*Divine*] help probably contributed much toward the team's victory. // *天は自ら助くるものを助く *Heaven* helps those who help themselves. 《ことわざ》 // 運を*天に任せよう (⇒ 偶然に任せよう) Let's *leave it to chance*.

-でん …伝 (…の伝記) life of … Ⓒ; (伝記) biography Ⓒ. 《☞ でんき²》. ¶『野口英世*伝』《書名》*Life of Hideyo Noguchi* 《☞ イタリック体 (欄外)》

でんあつ 電圧 voltage Ⓤ 《☞ ボルト²》. ¶その*電圧は高い [低い] The *voltage* is ˹high [low]. // *電圧を上げる [下げる] increase [decrease] the *voltage* **電圧計** voltmeter Ⓒ.

てんい 転移 ── 動 (広がる) spread ⓐ; (病原が移る) transfer ⓐ. ¶胃がんが肺に*転移した The stomach cancer *has* ˹*spread* [*transferred*] to the lungs.

てんいん 店員 《米》(sales)clerk Ⓒ, 《英》(shop) assistant Ⓒ ★ 以上は男性・女性いずれをも指す; (男の販売係) salesman Ⓒ 《複 -men》 参考 日本語の「セールスマン」は外交販売員のみをいうが, 英語では店内の販売係もいうので, 日英の意味の違いに注意; (女の販売係) saleswoman Ⓒ 《複 -women》, salesgirl Ⓒ, saleslady Ⓒ ★ saleswoman が最も普通. 《☞ 買い物 (囲み); うりこ》.
¶彼は食料品店の (⇒ 食料品店で) *店員をしている He is a *clerk* in a grocery store.

でんえん 田園 ── 名 (田舎) the country ★ 常に the を付けて; (田舎の地方) rural district Ⓒ, the countryside ★ the を付ける. 前者のほうが少し改まった言い方. ── 形 country; rural ★ rural は田舎の楽しい, のどかな面を強調する語. 《☞ いなか》.
¶彼は退職後*田園生活を楽しんでいる He is enjoying ˹*country* [*rural*] life since his retirement. // ここはかつては静かな*田園だったが, いまでは工業都市になってしまった (⇒ このかつての静かな田舎の地方が) This once quiet *rural district* has turned into an industrial city.
田園都市 (公園・緑地などを計画的に取り入れた都市) garden city Ⓒ.

てんおうせい 天王星 Uranus [júː(ə)rənəs].

てんか¹ 天下 **1** «世の中»: (世界) the world; (全国) the whole ˹country [world]; (世間・一般大衆) the public.
¶彼は*天下にその名を知られている He is well-known ˹throughout [all over] *the world*. / He is *world-famous*. // それは*天下一品だ (⇒ 全世界にそのようなものはない) There is nothing like it *in the whole world*. // わが家は [世界は] いまのところ*天下泰平だ (⇒ すべてがうまく行っている) All is going well *with* ˹*my family* [*the world*]. // 金は*天下の回りもの (⇒ 金は出たり入ったりする) Money comes and goes. / Money comes, money goes. // 信長は戦国時代に*天下を取った (⇒ 全国を征服した) Nobunaga conquered *the whole country* during the period of the civil wars. // 彼は*天下晴れて無実となった (⇒ 公式に無実を宣言された) He was *officially* declared innocent.
2 «思うままに振舞うこと» ¶いまは彼の*天下だ (⇒ 何でも思いどおりになる) Now he *has everything his own way*. / Now he *has his own way in everything*. // 彼の家はかかあ*天下だ (⇒ 彼は妻の尻(しり)に敷かれた夫だ) He is a *henpecked husband*. // かつては日本は軍閥の*天下だった (⇒ 軍閥が支配した) The militarists once *ruled over* Japan.

てんか² 点火 ── 動 (火をつける) light ⓗ 《過去・過分 lighted, lit》, ignite [ignáit] ⓗ ★ 前者は口語的. エンジン・機関類への点火は ignite を用いる; (花火やロケットなどを) set off ⓗ. ── 名 lighting Ⓤ; ignition Ⓤ.
¶彼女はガスに*点火した She *lit* the gas.
点火装置 ignition Ⓤ. ¶このガスストーブには自動*点火装置が付いている This gas heater is equipped with automatic *ignition*.

てんか³ 転嫁 ── 動 (移す) transfer ⓗ; (転じる) shift ⓗ; (人に罪を着せる) lay [throw] the blame on … 《☞ なすりつける》. ¶他人にあなたの責任を*転嫁してはいけない Do not ˹*transfer* [*shift*] your responsibility to others. / You shouldn't ˹*lay* [*throw*] *the blame on* others.

てんか⁴ 添加 ── 動 (加える) add ⓗ. ── 名

addition Ⓤ. 添加物 additive Ⓒ.

でんか¹ 殿下 (直接に呼びかけるとき) Your (Imperial) Highness ★ 2 人称だが, 動詞は 3 人称として扱う. 大文字で書く; (間接に指すとき) His [Her] (Imperial) Highness Ⓒ ★ 男性の場合は His, 女性の場合は Her, 複数の場合は Their (Imperial) Highnesses とする. いずれも大文字で書き始める. (☞ へいか¹).

¶ 皇太子*殿下 (*His Imperial Highness*) the Crown Prince [語法] 英国以外の皇太子を指す. ( ) 内は敬意をこめて言うときに付ける. この言い方は呼びかけではなく, 3 人称として言う場合で, 呼びかけは単に Your Highness でよい. この点については以下同じ. なお, His Imperial Highness は H.I.H. と略されることもある. // 皇太子妃*殿下 (*Her Imperial Highness*) the Crown Princess // 英国皇太子*殿下 (*His Royal Highness*) the Prince of Wales // 常陸宮両*殿下 *Their Imperial Highnesses* Prince and Princess Hitachi

て

でんか² 電化 ―動 (電力を使うように設備する) electrify ㊥; (電気器具を備え付ける) install electrical appliances. ―名 electrification Ⓤ. (☞ てんき¹).

¶ その線は数年前に*電化された The line *was electrified* several years ago. // 私は台所を*電化した (⇒ 台所に電気器具をたくさん備え付けてもらった) I *had many electrical appliances installed* in my kitchen.

電化製品 electrical appliances ★ 通例複数形で.

てんかい¹ 展開 ―動 (隠れていたものなどがだんだん明らかになる) unfold ㊀; (広がる) spread [open; roll] out ㊀; (進展する) develop ㊀. ―名 development Ⓤ. (☞ くりひろげる; しんてん¹).

¶ 美しい景色が目の前に*展開した Beautiful scenery ⌈*unfolded* [*spread out*] before my eyes. // 物語は思ったとおりに*展開した The story *unfolded* as I had expected. // 事件がどう*展開するかだれにもわからない Nobody knows how the matter will *develop*.

てんかい² 転回 (方向を変えること) turn Ⓒ; (1 回転) revolution Ⓒ. (☞ かいてん¹ (類義語); まわる).

てんかん¹ 転換 (急に切り換えること) switch Ⓒ; (政策や生産方法などの転換) changeover Ⓒ. (☞ きりかえる). ¶ 外交政策の抜本的*転換が必要だ A drastic ⌈*switch* [*changeover*] in foreign policies is necessary. **転換期** turning point Ⓒ; (変わり目のとき) transition period Ⓒ. (☞ てんき²).

てんかん² 癲癇 ―名 epilepsy [épəlèpsi(:)] Ⓤ. ―形 epileptic [èpəléptik]. ¶ *てんかんの発作を起こす have an *epileptic* fit

てんき¹ 天気 weather Ⓤ [語法] 普通は無冠詞だが, 特定の日の天気をいうときには the が付く. 天気を言う文ではしばしば it を主語に立てる. 日本語に「天気」という言葉があっても, 必ずしも英語では weather が使われないことに注意. (☞ 天候の表現(囲み); It の用法(欄外)).

¶ きょうは*天気がよい *It* is ⌈fine [clear] today./ The *weather* is ⌈good [fine] today. / *It*'s a ⌈fine [lovely; beautiful] day today. [語法] fine は単に天気がよいという単純な言葉. lovely や beautiful を使うとよく晴れた天気を喜ぶニュアンスが含まれる. // きのうは*天気が悪かった The *weather* was bad yesterday. //「いい*天気ですね」「そうですね」"Isn't *it* a lovely day?" "Yes, isn't it!" / "What a beautiful day!" "It ⌈sure [certainly] is!" // なんていやな*天気でしょう What a *miserable* day! //「あすの*天気はどうでしょうか」「荒れ模様のようですね」"How will the *weather* be tomorrow?" "I'm afraid *it*'s going to be stormy." // あしたお*天気だったらピクニックに行きましょうよ How about going on a picnic if ⌈*it*'s fine [the *weather* is good] tomorrow? // 秋は*天気が変わりやすい The *weather* is changeable in ⌈fall [autumn]. // *天気は次第によくなっている The *weather* is ⌈improving [changing for the better].

天気概況 general weather conditions **天気図** weather ⌈chart [map] Ⓒ **天気相談所** the Weather Information Bureau **天気予報** weather forecast Ⓒ, weather report Ⓒ ★ 前者のほうがいくらか改まった語. ラジオ・テレビなどではよく後者を使う. (☞ 天候の表現(囲み)). ¶ *天気予報によればあしたは雨のち晴れだそうです The *weather* ⌈*report* [*forecast*] says [(⇒ 予報官の言うことには) The weatherman says] (that) tomorrow will ⌈be rainy [rain] early in the day and later ⌈fair [clear up]. ★ fair は天気予報などで使う語. / According to the *weather* ⌈*report* [*forecast*] the outlook for tomorrow is for rain in the early part of the day and later for fair skies. ★ 天気予報では sky を普通複数形で用いる.

てんき² 転機 turning point Ⓒ. ¶ 日本経済はいま*転機に立っている The economy in Japan is now at a *turning point*.

でんき¹ 電気 ―名 electricity Ⓤ; (電灯) (electric) light Ⓒ. ―形 (電気の) electric; (電気に関する) electrical.

¶ この機械は*電気で動く This machine works by *electricity*. // この自動車は*電気で走る This automobile runs on *electricity*. // この針金には*電気が通っている This wire is charged with *electricity*. // このヒーターは*電気を食いすぎる This heater uses too much *electricity*. // 私はプラグを抜いて*電気を切った I turned off the *electricity* by pulling out the plug. // 彼女は部屋の*電気 (⇒ 電灯) をつけた[消した] She turned ⌈on [off] the *light* in the room. // 彼の部屋の*電気 (⇒ 電灯) がついている[消えている] The *light* is ⌈on [off] in his room. // 2 階の*電気 (⇒ 電灯) がつけっ放しですよ (⇒ 消すのを忘れましたよ) You forgot to turn off the *light* upstairs.

電気がま electric rice cooker Ⓒ **電気かみそり** electric shaver Ⓒ **電気機関車** electric locomotive Ⓒ **電気器具** electrical appliances ★ 通例複数形で. **電気器具店** electrical appliance store Ⓒ (☞ 店の呼び名(囲み)) **電気スタンド** (卓上) desk lamp

Ⓒ; (床上) floor lamp Ⓒ　**電気掃除機** vacuum cleaner Ⓒ　**電気料金** electric charge Ⓒ.

でんき² 伝記 biography Ⓒ, life Ⓒ ★ 前者が正式な語. life は例えば書名などで *Life of* ... のように人名と共に用いる. 《☞ -でん》. ¶ チャップリンの*伝記を読んで感動した I read the ⌜*biography* [*life*] of Charles Chaplin and was very impressed.　**伝記作者** biographer Ⓒ.

でんきゅう 電球 (electric) light bulb Ⓒ, bulb Ⓒ. ¶ 台所の*電球が切れた The (*light*) *bulb* in the kitchen has burned out.

電球売り場の掲示

てんきょ¹ 転居 ―【動】(家を移る) move (to ... ; into ...) (自), remove (to ... ; into ...) (自) ★ 後者のほうが形式ばった語; (住所を変える) change *one's* address. ―【名】 move Ⓒ, remove Ⓒ; change of address Ⓒ. 《☞ いてん; ひっこし; ひっこす》.
¶ このたび下記の住所に*転居しました We *have* recently *moved to* the following address.
転居先 (新しい住所) *one's* new address　**転居届け** removal notice Ⓒ.

てんきょ² 典拠 (権威があり, よりどころとなるもの) authority Ⓒ; (出典) source Ⓒ. 《☞ よりどころ; しゅってん; こんきょ》.

てんぎょう 転業 ―【動】(職業を変える) change *one's* occupation 《☞ しょくぎょう (類義語)》.

でんきょく 電極 electrode Ⓒ.

てんきん 転勤 ―【動】(転勤する) be transferred to ... ★「転勤させられる」という受身表現にするのが普通. ―【名】 transfer Ⓒ, transference Ⓤ ★ 前者は具体的な転勤の事実を指す. 《☞ いどう²》.
¶ 彼は最近シカゴ支店に*転勤になった He *has* recently *been transferred to* the Chicago branch (office). // 父の東京本店への*転勤は 4 月初めです My father's *transfer* to the main office in Tokyo will be at the beginning of April.

てんぐ 天狗 Japanese long-nosed ⌜goblin [genie] Ⓒ ★ 日本の天狗の説明; (高慢な人・自慢する人) boaster Ⓒ. 《☞ うぬぼれ》. ¶ *天狗の面 a *long-nosed* mask // あいつはすぐ*天狗になる (⇒ うぬぼれる) He easily *gets* ⌜*conceited* [*bigheaded*].

でんぐりがえる でんぐり返る (ひっくり返る) overturn (自) 《☞ ひっくりかえる》.

てんけい 典型 ―【名】(代表的なもの) type Ⓒ; (見本・標本) specimen Ⓒ; (模範) model Ⓒ. ―【形】(典型的な) typical; (模範的な) model. ¶ 彼は*典型的なイギリス紳士だ He is a *typical* English gentleman. / (⇒ よい見本) He is a fine *specimen* of an English gentleman.

てんけん 点検 ―【動】(よい状態にあるか, 正しく動いているかどうか調べる) check (他), examine (他) ★ 前者のほうが口語的. ―【名】 check Ⓤ, examination Ⓤ. 《☞ しらべる; けんさ》.
¶ 機械工は車のエンジンを*点検した The mechanic ⌜*checked* [*examined*] the car's engine.

でんげん 電源 (電力の供給) power supply Ⓤ; (スイッチ) switch Ⓒ; (コンセント) 《米》 (electric) outlet Ⓒ, 《英》 socket Ⓒ. 《☞ コンセント》. ¶ *電源を切って下さい (⇒ スイッチを切って下さい) Please turn off the *switch*. // 電力会社は*電源を切った The power company cut off the *power supply*.

てんこ 点呼 ―【名】(出欠調べの) roll call Ⓒ ★ 単に call とも言う. ―【動】(出席を取る) call the roll. 《☞ しゅっけつ¹》. ¶ では*点呼を取ります Now I'll *call the roll*. // 彼は作業員の*点呼を取った He took ⌜a [the] *roll call* of the workers.

てんこう¹ 天候 weather Ⓤ 《☞ てんき¹》.

てんこう² 転校 ―【動】(移る[変わる]) transfer [change] (to ...) (自) ★ change のほうが口語的; (学校を変わる) change *one's* school. ―【名】 transfer Ⓤ. ¶ 彼女は 13 歳のとき, 大阪の学校へ*転校した When she was thirteen she ⌜*changed* [*transferred*] *to a school* in Osaka.　**転校生** transfer (student) Ⓒ.

てんこう³ 転向 ―【動】(考え方などが改まる) be converted (to ...); (変わって...になる) turn (自) ★ 後に無冠詞の名詞がくる. 普通はよくないことに用いる. 《☞ かいしゅう³》. ¶ 彼は戦時中に軍国主義に*転向した He *was converted to* militarism during the war. // 彼はプロに*転向した (⇒ なった) He *became* (a) professional.

でんこう 電光 (稲光) lightning Ⓤ.
電光掲示板 electric bulletin board Ⓒ　**電光石火** ¶ 彼は*電光石火の速さで塀を跳び越えた He jumped over the fence ⌜as quick as *lightning* [with *lightning* speed].　**電光ニュース** electric news tape Ⓒ.

てんごく 天国 (神の国) the kingdom of ⌜Heaven [God], heaven Ⓤ (↔ hell) 【語 法】 いずれもキリスト教の天国だが, 後者は天国のような所という意味でもよく使われる; (楽園) paradise Ⓒ. 《☞ らくえん; ごくらく》.
¶ 多くの人々は死ぬと*天国に行くと信じている Many people believe that they will go to *heaven* when they die. // ここはこの世の*天国だ This place is an earthly *paradise*. // 歩行者*天国 a car-free mall / a pedestrians' *paradise*

でんごん 伝言 ―【名】 message Ⓒ. ―【動】(...に伝言する) send [give] (*a person*) a message (that ...); (伝言を残す) leave a message. 《☞ メッセージ; ことづけ》.
¶ 彼にこの*伝言を伝えて下さい Please ⌜*send* [*give*] *this message* to him. // 「何かご*伝

天候の表現

1　天候に関する表現の基本

日本語では天候・時候に関する表現があいさつ代わりによく用いられる. 英語の世界でも天候が話題になるのは同じであるが, 日本語ほどではなく, また地域によって程度が異なる. 例えばイギリスは日本と同じように(といってもタイプは違うが), 天候の移り変わりが激しいので, アメリカ人よりイギリス人のほうが天候について多く話す習慣がある.

天候に関する表現では次のようなことに注意しなくてはならない.

(1)　基本的には It を主語にする

天候を表す文では普通, 非人称の it (Impersonal ‘it’) と呼ばれる it を主語とする. この it は時間・距離・明暗などの場合に用いられる it と同じで, 特に何かを受ける代名詞ではなく, 漠然と環境を表す語である. 《☞ It の用法 (欄外)》

¶雨が降っている *It*'s raining. ‖ 雨がやんだ *It*'s stopped raining. ‖ 間もなく晴れるでしょう *It*'ll clear up soon. ‖ きょうは天気がいい *It*'s a beautiful day today. / *It*'s beautiful today. ‖ きのうは寒かった *It* was cold yesterday.

ただし, 常に it が主語になるわけではなく, 表現によっては it 以外の語が主語になる.

¶雨が降り始めた *The rain* began to fall. (=It ˹began [started] to rain.) ‖ 雨がやんだ *The rain* has stopped. (=It's stopped raining.) ‖ きのうは暑かった *Yesterday* was a hot day. (=It was hot yesterday.) ‖ きょうは天気がいい *The weather* is good today. (=It's fair today.) ‖ 今年は雨が多かった *We*'ve had a lot of rain this year. (=It's rained a lot this year.)

以上の例からもわかるように, it を主語にする表現と言い替え可能なものが多いが, いずれでもよいもの ((例) It has stopped raining. / The rain has stopped.), it 以外の主語のほうが普通なもの ((例) We have had a lot of rain this year.), いずれにするかは話者の気持ちや前後関係で決まるもの ((例) It's a beautiful day today. ★ よい天気であることを喜んでいる感情的表現. / The weather is good. ★ 天気がよいというかなり客観的表現. It's ˹fine [clear ; nice] today. もこれに似ている), it を主語にしては言わないもの ((例)「きょうの天気はどうですか」How's the weather today?) など, いろいろな場合がある.

(2)　天候に関する基本的慣用表現

天候に関しては日本語で「晴れる」「曇る」「天気がよい [悪い]」「暑い」「寒い」「涼しい」など決まった表現があるのと同じように, 英語でも決まった慣用表現がある. それを覚えなくては, 天候に関する話ができない. これらについては **2 天候に関する日常的な表現**を参照.

(3)　日常的表現と, 天気予報や気象学的用語の区別

日本語でもそうであるように, 英語でも気象に関するやや形式ばった術語がある. 例えば同じ「晴れ」でも, 日常語なら「きょうはいい天気[日本晴れ]ですね」It's a beautiful day, isn't it? と言うが, やや形式ばると The weather is fair. と言うし,「午前中は雨が降ったりやんだりするだろう」は日常語なら It'll be raining off and on in the morning. だが, 天気予報などでは There's a possibility of intermittent (rain) showers in the morning. という表現を用いる. まず第 1 に日常的な表現から覚えるようにすることが必要である. 天気予報的用語については後述する.

2　天候に関する日常的な表現

¶「いい天気ですね」「ええ (, ほんとに)」“(It's a) beautiful day, isn't it?” “(Yes,) isn't it!” / “Isn't it a beautiful day?” “Yes, it (˹certainly [sure]) is!” 語法 いずれも下降調で言う. 答えは Yes, isn't it! でも Yes, it is! でも意味の差はない. ただし, sure を使うとよりくだけた感じ. beautiful の代わりに nice, lovely, wonderful なども用いる. このような話者の感情がこめられた言い方では, 単に晴れているということを表す It's fine today. や It's good weather. より以上の言い方を用いたほうがよい.

「けさは暖かいですね」「そうですね」“(It's a) warm morning, isn't it?” “Yes, it is.” 語法 warm の代わりに状況に応じて「寒い」cold,「風が強い」windy,「霧が濃い」foggy などを用いる.

「今夜は涼しくていいですね」「ほんとに」“It's nice and cool this evening, isn't it?” “It certainly is.” ★ nice and … は「気持ちよく…」「具合よく…」の意味.

きょうは暑いですね (It's) hot today, isn't it? / Isn't it hot today? 語法「ひどく(暑い)」には awfully, terribly を入れる. hot の代わりに状況に応じて「寒い」cold,「むし暑い」sultry,「風が強い」windy などを用いる.

いやな天気ですね Miserable (weather) isn't it? 語法《英》では nasty を好んで用いる. miserable の代わりに状況に応じて「むし暑い」muggy,「うっとうしい」gloomy などを用いる.

ひどい風ですね Isn't this wind awful?

よく降りますね It's really ˹raining [coming down ; pouring], isn't it? / (It's) raining cats and dogs, isn't it? 語法 後の文は「土砂降りである」に相当する決まった表現であるが, いまでは古く陳腐であまり用いられない.

「雪になりそうですね」「ほんとだ」“(It) looks like snow, doesn't it?” “It certainly does.”

夕立ちが来そうですね (It) looks as if we

might have a shower, doesn't it? [語法] さあっと軽く降ってすぐ上がるのは a (rain) shower, 土砂降りの雨は a downpour と言う. なお英語では日本語の「夕立ち」にぴったりする語がない. 日本語の「夕立ち」は降り方が急にざあっと降るのであるが, 英語の shower は「短時間に降る雨[雪]」という意味しかない.
「お天気はどうですか」「小雨が降っています」"How's the weather [What's the weather like]?" "It's drizzling."
ピクニックにはもってこいの天気です It's a perfect day for a picnic. / It's perfect weather for a picnic.
1年でいまごろは雨のない天気が普通です We usually have [It's usually] dry weather (at) this time of (the) year. [語法] 状況によって「雨の天気」wet [rainy] weather,「寒い天候」cold weather,「涼しい天候」cool weather などを用いる. なお, weather は「きょうの天気」などのように決まっている天気の場合は the が付くが, 一般的な天気をいうときは無冠詞.
こちらはずっと好天に恵まれている We've been ˹having [enjoying] good weather here.
天気がよかったら, あすはゴルフに行きます (⇒ ゴルフをします) If ˹it's fine [the weather is good], I'll play golf tomorrow.
「午後は晴れると思いますか」「さあ, どうでしょう (⇒ それは疑わしい)」"Do you think it'll clear up in the afternoon?" "I doubt it."
けさはひどく[うっすらと]霜が降りた We had a ˹heavy [slight] frost this morning.
先週, 大雪が降った We had a heavy snowfall last week. / It snowed heavily last week.
雪が2メートル積もった The snow lay two meters deep.
私の故郷では雪が降ることはまずない Where I come from, it seldom snows.
学校から帰るときに私は土砂降りの雨にあった I was caught in a downpour on my way home from school.
この町の年間降雨量は約1200ミリである The yearly ˹rainfall [precipitation] in this town is about 1,200 millimeters. ★ precipitation は気象用語.
その時はひどいあらしが吹き荒れていた A violent storm was raging at the time. [語法] 「暴風雨」は a rainstorm,「大吹雪」は a snowstorm,「雷雨」は a thunderstorm と言う. 《☞ 自然災害 (囲み)》
強風が吹いている A strong wind is blowing. [語法] a strong wind の代わりに状況に応じて「やさしいそよ風」a gentle breeze,「氷のように冷たい風」an icy wind,「はだを刺す北風」a biting north wind などを用いる. 《☞ かぜ[1] (表)》
「このお天気はどうですか」「私には少し暖かすぎるようです」"How do you like the weather?" "It seems a little too warm to me."
「むし暑くてべとべとしますね」「ええ, とてもむし暑いです」"Hot and sticky, isn't it?" "Yes, awfully muggy."
「ほら, 空模様があやしいですね」「いまにもざあっと来そうです」"Look. The sky is threatening." "We may have a downpour (at) any moment."
「この天気はもつでしょうか」「多分, もつでしょう. でも, わかりませんよ」"Do you think the weather will hold?" "Yes, perhaps. But you never can tell."
「きょうはだいぶ涼しくなりましたね」「ええ. 寒いくらいです」"It's ˹rather cool [much cooler] today, isn't it?" "Yes, it is. Almost cold."
「気温は何度ですか」「(摂氏) 23度です」"What's the temperature?" "It's ˹23°(C) [twenty-three]."
「あいにくの天気ですね (⇒ 天気が悪くて残念ですね)」「ええ, 一両日はもつだろうと思ったのですが, やっぱり梅雨ですからね」"It's a pity the weather is bad." "Yes, I thought the fine weather would stay for a couple of days at least. But we are in the rainy season after all."

3 天気予報の表現

天気予報 (weather forecast, weather report ★ 後者のほうが少しくだけた表現) では独特の用語や表現が用いられる. 以下にそのうちの幾つかをあげる.
¶ あすのお天気は曇り, 時々雨でしょう The outlook for tomorrow is for cloudy skies with intermittent rain. [語法] outlook は「見込み」. sky は複数形にするのが普通.「晴天」なら fair [clear ; sunny] skies,「時時曇り」なら occasionally cloudy skies という. with intermittent rain は「雨が降ったりやんだり」で, with occasional rain ともいう. なお fair は「晴れ」, clear は「快晴」を意味する.
きょうは日中は雨で, 晩になって北西の風晴れとなるでしょう Today we'll have rain during the day, and the fair skies toward night with Northwest winds.
あすの最高気温は20度, 最低気温は5度でしょう Tomorrow's high will be 20°C, and the low, 5°C. [語法] high は the highest temperature (＝the maximum temperature), low は the lowest temperature (＝the minimum temperature) の意味で用いられる. 日本語ではいちいち「摂氏20度」,「摂氏5度」などとは言わないが, 英訳する場合は明示する必要がある. 読み方は twenty [five] degrees centigrade. なお, 英米では華氏 (Fahrenheit) を用いるのが普通. 《☞ 度量衡 (囲み)》 / The expected temperatures (for) tomorrow will range between a high of 20°C and a low of 5°C.
天気予報では, 関東地方のきょうはまず晴れて暖かいとのことです The ˹weather report [weatherman] says that for the Kanto district today, the weather will be gen-

「あすの天気：晴．気温高め」という
街頭の天気予報

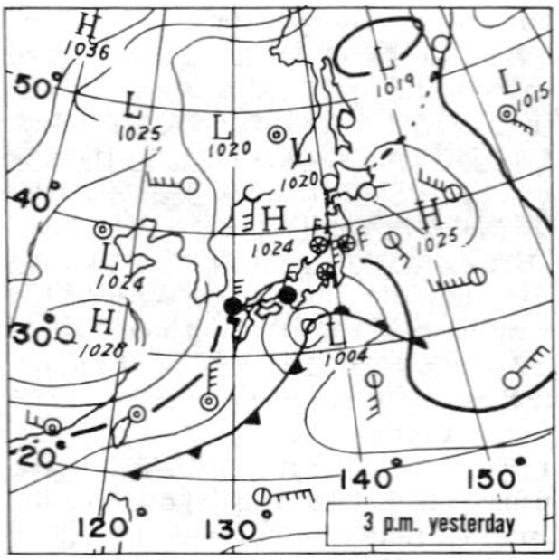

H 高気圧 high (atmospheric) pressure
L 低気圧 low (atmospheric) pressure
○ 快晴 clear ◑ 晴 fair ◎ 曇 cloudy
● 雨 rain ⊛ 雪 snow ◉ 霧 fog
◒ 雷雨 thunderstorm ∞ 煙霧 haze
F 風向及び風速 wind direction and speed
温暖前線 warm front
寒冷前線 cold front

天気図 weather chart

erally ｢fair [clear] and mild.
北九州では所により曇りますが暖かいでしょう In northern Kyushu it will be partly cloudy but warm.
気温は 20 度から 24 度くらいでしょう Temperatures will be in the low 20's C.
[語 法] in the 20's C (＝twenties centigrade と読む) と言えば, 20°C から 29°C までだが, low が入ると 25°C 以下.
今年は暖冬だという予報である The weatherman is predicting an unusually warm winter for this year.

対 話 例

A：寒くないかい, ポール
B：うん. この中はかなり寒いな
A：12 月の天気か. いやになるなあ. 外はどんな様子だろう
B：さあ. ちょっと窓の外をのぞいて見よう… 曇っているよ. 雨になりそうだ
A：雨だって? かんべんしてくれよ
B：ラジオをつけて天気予報を聞いたらどうだい
A：いや, もうその時刻は過ぎてしまったよ. 新聞を調べよう…うん, ここにあるぞ
B：何て書いてある?
A：天気予報では, きょうは曇りで, 午後には時々にわか雨, となっているよ
B：12 月の雨か. ご感想は?
A：まあ, 少なくとも農家の人はうれしいだろうがね

A：Don't you feel cold, Paul?
B：Yeah, it's pretty cold in here.
A：December weather. What a bummer. What's it like outside?
B：I don't know. I'll take a look out the window… It's overcast. Looks like it's going to rain.
A：Rain? We don't need that.
B：Why don't you turn on the radio and get the weather report?
A：No, we're too late for it. I'll check the paper… Yes, here it is.
B：What does it say?
A：The weather forecast for today calls for cloudy skies with intermittent showers in the afternoon.
B：Rain in December. How do you like that?
A：Well, at least it'll make the farmers happy.

★ この対話例およびさらに詳しい対話例は別売テープに吹き込まれています.

言でも」「いいえ, 後で電話しますから結構です」" Would you like to *leave a message* [Shall I take a *message*]?" " No, thank you, I'll call him later." // 私は彼の秘書に*伝言を頼んできた I *left a message* with his secretary.
伝言板 message board Ⓒ.

てんさい[1] 天才 (科学・芸術における創造的才能) genius Ⓤ ★ 一般的な才能.「…に対する天才」のように限定される場合は a genius for … とする. なお人を指すときは Ⓒ. 《☞ さいのう (類義語)》.
¶ エジソンは*天才だった Edison was a (man of) *genius*. // 彼は数学の*天才だ He is a *genius* in mathematics. // 山田君は計算に

かけては*天才だ (⇒ 計算に対する天才を持っている) Yamada has *a genius for* figures. // 彼女は*天才的な (⇒ 生まれつきの才能のある) ピアニストだ She is a *gifted* pianist. / (⇒ 生まれながらの) She is a *born* pianist.

てんさい² 天災 natural disaster Ⓒ《☞ 自然災害 (囲み)》. ¶ この地方は*天災にたびたび見舞われた This district has often been visited by *natural disasters.* // *天災は忘れたころにやって来る *Natural disasters* happen when we have forgotten all about them.

てんさい³ 転載 ―動 (文・記事などを変更しないで印刷する) reprint ⊕; (再生・複製する) reproduce ⊕ ★ 後者のほうが意味が広い.
¶ この物語は著者の許可を得てその雑誌から*転載した This story *was reprinted* from the magazine by permission of the author. // 禁*転載 All rights reserved / Copyright reserved

てんさい⁴ 甜菜 〖植物〗 (sugar) beet Ⓒ.
甜菜糖 beet sugar Ⓤ.

てんざい 点在 ―動 (点々とある) be dotted (with ...); (間隔を置いて散在する) be studded (with ...) ★ いずれの場合も「場所」が主語になる. 《☞ てんてんと²; さんざい¹》. ¶ 海辺には小屋が*点在していた The seashore *was* ⌜*dotted* [*studded*] *with* small huts.

てんさく 添削 ―動 (誤りを直す) correct ⊕; (目を通す) look over ⊕ ★ 言外に「添削」の意を含む. ―名 correction Ⓤ. ¶ 私は作文を彼に*添削してもらった I *had* my composition *corrected* by him. 《☞ 使役 (囲み)》

でんさんき 電算機 ―名 (electronic) computer Ⓒ ★ 普通は computer でよい. ―動 (電算機で処理[管理]する) computerize ⊕. 《☞ コンピューター (囲み)》.

てんし 天使 ―名 angel Ⓒ. ―形 (天使のような) angelic. ¶ その少年は*天使のような顔をしている The boy has an *angelic* face. // 白衣の*天使 (⇒ 看護婦) a nurse

てんじ¹ 展示 ―動 (展示してある) be on ⌜show [display]; (展示する) put ... on ⌜show [display] ★ いずれも show のほうが口語的; display ⊕, exhibit [igzíbit] ⊕ ★ 両者とも受身で用いられることが多い. 後者は少し形式ばった語. ―名 (公開の展示・展覧) display Ⓤ ★ 具体的な展示は Ⓒ; exhibition [èksəbíʃən] Ⓒ ★ 後者はやや形式ばった語. 《☞ ちんれつ; しゅっぴん》.
¶ その博物館には古代中国の美術品がたくさん*展示してある Many works of art of ancient China *are* ⌜*on show* [*on display*; *exhibited*] in the museum. / There is a *display* of many works of art of ancient China in the museum. // 写真クラブの作品があしたから講堂に*展示される The works by the members of the photo club will *be* ⌜(*put*) *on show* [*displayed*; *exhibited*] in the auditorium from tomorrow.
展示会 show Ⓒ, exhibition Ⓒ. 《☞ ショー; てんらんかい》. ¶ 花の*展示会 a flower *show*
展示品 exhibit Ⓒ.

てんじ² 点字 (表記法) braille [bréil] Ⓤ ★ 個個の文字は Ⓒ. **点字書** book in braille Ⓒ.

でんし 電子 ―名 electron Ⓒ. ―形 (電子の・電子工学の・電子音楽の) electronic. 《☞ げんし¹ (挿絵)》.
電子オルガン electronic organ Ⓒ **電子音楽** electronic [electrophonic] music Ⓤ **電子計算機** electronic computer Ⓒ 《☞ コンピューター (囲み)》 **電子顕微鏡** electron microscope Ⓒ **電子工学** electronics Ⓤ **電子レンジ** microwave oven Ⓒ.

でんじき 電磁気 electromagnetism Ⓤ.

でんじしゃく 電磁石 electromagnet Ⓒ.

でんじは 電磁波 electromagnetic wave Ⓒ.

でんしゃ 電車 (車両を連結した) (electric) train Ⓒ ★ 現代ではほとんどの鉄道が電化されたのでことさら electric と断らない場合が多い; (1両だけの市街電車) 《米》 streetcar Ⓒ, 《英》 tram (car) Ⓒ. 《☞ れっしゃ; 乗り物 (囲み)》.
¶ 私は*電車で学校へ行く I take the *train* to school. / I go to school by *train.* // 彼は3番線 (ホーム) から山手線の*電車に乗った He took a Yamanote Line *train* from track No. 3. // 横浜へ行くにはどの*電車に乗るのですか Which *train* do I take for Yokohama? (⇒ どの電車が横浜に行きますか) Which *train* goes to Yokohama? // 朝8時の*電車に乗り遅れた I missed the 8 : 00 a.m. *train.* // 私は毎日満員*電車で東京へ通勤しています I commute to Tokyo every day on a jam-packed *train.* // 通勤*電車 a commuter *train* // *電車の運転手 a *motorman* / 《英》 a *guard* // *電車の車掌 a *conductor*
電車賃 fare Ⓒ **電車通り** street with ⌜car [streetcar] tracks Ⓒ.

てんしゅ 店主 《米》 storekeeper Ⓒ, 《英》 shopkeeper Ⓒ; (店の持ち主) owner of a store Ⓒ.

てんじゅ 天寿 *one's* natural term of life.
¶ *天寿を全うする (⇒ 老いて死ぬ) die of old age / (⇒ 自然な死に方をする) die a natural death

でんじゅ 伝授 ―動 (学問・芸などを教える) teach ⊕ ★ 一般的な語; (指導する) give instruction (in ...) ★ 具体的な指導を与えることをいう. 《☞ おしえる (類義語)》.

てんしゅかく 天守閣 castle tower Ⓒ; (城の本丸) donjon Ⓒ. 《☞ しろ² (挿絵)》.

てんしゅつ 転出 ―動 (...に移る・引っ越す) move out (to ...) ⓐ 《☞ てんきょ¹》.
転出先 new address Ⓒ **転出証明** (証明書) certificate of moving out Ⓒ.

てんじょう 天井 (部屋の) ceiling [síːliŋ] Ⓒ (↔ floor); (車・屋根裏部屋などの) roof Ⓒ.
¶ この部屋は*天井が高い[低い] This room has a ⌜high [low] *ceiling.* // *天井にはえが1匹とまっている There is a fly *on* the *ceiling.* 《☞ -に 語法》 // *天井から雨漏りがしている (⇒ 屋根が漏っている) The *roof* is leaking.

でんしょう 伝承 ―動 (代々語り伝える) hand down ... from generation to generation 《☞ いいつたえ》. **伝承童謡** 《米》 Mother Goose melodies, 《英》 nursery rhyme Ⓒ.

てんじょういん 添乗員 tour conductor Ⓒ.

て

てんしょく 転職 ―動 (職を変える) change *one's* 「occupation [job ; employment ; profession] ; (別の職を見つける) take up another job. 《☞ しょくぎょう (類義語)》.

でんしょばと 伝書鳩 homing [carrier] pigeon Ⓒ 《☞ はと》.

てんじる 転じる (所属などを) transfer ⓐ ⓗ ; (方向転換させる) turn ⓗ ★ ⓐとして,「変わって…になる」という使い方もある. その場合後に来る名詞は無冠詞. 《☞ てんこう³》.
¶ 彼はアマからプロ野球に*転じた He *transferred* from an amateur baseball team to a professional team. ∥ 忠臣が*転じて謀反人となった The faithful follower *turned* traitor.

てんしん 転身 ―動 (…から…に変わる) change over (from … to …) ⓐ ; (いままでの仕事をやめて別の仕事をする) give up *one's* old job for another. 《☞ てんしょく》.

でんしん 電信 (有線・無線による電信方法) telegraph Ⓤ ; (電信による通信) telegraphic communication Ⓤ. 《☞ でんぽう》.
¶ 暴風雨のため現在*電信は不通です Because of the storm *telegraphic communication* has been 「cut [interrupted] for the present.
電信機 telegraphic apparatus Ⓒ **電信技師** telegraph operator Ⓒ, telegrapher Ⓒ **電信柱** telegraph pole Ⓒ 《☞ でんちゅう》.

てんしんらんまん 天真爛漫 ―形 (子供などが) innocent ★「罪のない」という意味 ; (生地のままの) naïve, naive [nɑːíːv] ★ この言葉は大人に使われると「無学で知恵の足りない」ということを婉曲に表す. ―名 innocence Ⓤ ; naïveté, naiveté [nɑ̀ːiːvtéi]. 《☞ むじゃき ; じゅんしん》. ¶ *天真らんまんな子供たち *innocent* children

てんすう 点数 (評点) mark Ⓒ, point Ⓒ ; (段階評点) grade Ⓒ. 《☞ てん¹》.

てんせい 天性 (本性・生まれつきの性質) nature Ⓤ ; (気質) disposition Ⓤ. 《☞ せいしつ (類義語)》. ¶ 習慣は第2の*天性である Habit is a second *nature*. 《ことわざ》

でんせつ 伝説 ―名 (古くから伝わる話) legend Ⓒ ; (言い伝え) tradition Ⓤ ★ 具体的な言い伝えを指すときは Ⓒ ; (民間伝承) folklore Ⓤ. ―形 (伝説(上)の) legendary ; (伝説に現れる) in legend. 《☞ いいつたえ》.
¶ ロビンフッドはイギリスの*伝説上の英雄です Robin Hood is a *legendary* English hero. ∥ 伝説によればその山で一人の侍が竜を退治したとのことです *Tradition* says that [According to a *legend*] a 「*samurai* [Japanese warrior] killed the dragon on the hill.

てんせん 点線 dotted line Ⓒ ; (切り取り線) perforated [pə́ːfərèitid] line Ⓒ. ¶ *点線を引く draw a *dotted line* ∥ *点線の所から切り取って下さい To be detached [Tear the paper] along the *perforated line*.

でんせん¹ 電線 ―名 (一般に) electric wire Ⓒ ; (電灯の) electric light wire Ⓒ ; (電信用の) telegraph 「wire [line] Ⓒ. ―動 (配線工事をする) wire ⓗ.
¶ 工事の人がその新築の家に*電線を引いている Engineers *are wiring* the new house. ∥ 海底*電線を引く lay a submarine *cable* ∥ 強風のため各地で*電線が切れた Because of a strong wind *electric wires* were 「broken [brought down] at many places.

でんせん² 伝染 ―名 (間接の) infection Ⓤ ; (接触による) contagion Ⓤ. ―形 (伝染性の) infectious ; contagious. ―動 (病気がうつる) be transmitted (to …). 《☞ うつる ; かんせん¹ ; 病気・病院 (囲み)》. ¶ インフルエンザは非常に*伝染しやすい Influenza is highly *infectious*. ∥ あくびは*伝染する Yawning is 「*contagious* [*infectious* ; *catching*].

でんせんびょう 伝染病 (空気伝染による) infectious disease Ⓒ ; (接触による) contagious disease Ⓒ ; (局地的な一時の流行) epidemic Ⓒ. 《☞ 病気・病院 (囲み)》.
¶ 法定*伝染病 an *infectious disease* designated by law / a legal *epidemic*
伝染病患者 infectious [contagious] case Ⓒ
伝染病病院 plague [infectious disease(s)] hospital Ⓒ ; (空港などの隔離病院) quarantine [kwɔ́ːrəntìːn] hospital Ⓒ.

てんそう 転送 ―動 (手紙などを) forward ⓗ ⓐ 《☞ かいそう³》. ¶ *転送して下さい《封筒の上書》Please *forward*. ∥ 郵便は新しい住所へ*転送して下さい Please *forward* my mail to my new address. **転送先** forwarding address Ⓒ.

でんそう 電送 ―動 (写真などを) send [transmit] … in facsimile [fæksíməli(ː)] ; (テレタイプで通信文を送る) teletype ⓗ ; (テレックスで) telex ⓗ. **電送写真** facsimile Ⓒ.

てんたい 天体 ―名 celestial [heavenly] body Ⓒ ★ celestial のほうが形式ばった語. ―形 (天に関する) celestial ; (天文・星に関する) astronomical.
¶ 私の趣味は*天体観測です (⇒ 星を眺めること) My favorite hobby is *star*-gazing. ∥ *天体観測には電波望遠鏡が使われている A radio telescope is used for *astronomical* surveys.
天体物理学 astrophysics Ⓤ **天体望遠鏡** astronomical telescope Ⓒ.

でんたく 電卓 pocket [desk] calculator Ⓒ.

でんたつ 伝達 ―動 (情報などを) communicate ⓗ ; (考えなどを伝える) convey ⓗ ; (メッセージ・考え・電気など, かなり一般的に伝える) transmit ⓗ. ¶ 我々は言語を用いて思想や感情を*伝達する We *communicate* ideas and feelings by means of language.

てんち 天地 **1** 《天と地》: heaven and earth ★ 対句として用いる場合は無冠詞. ¶ 神は*天地を創造した God created *heaven and earth*.
2 《世界・場所》: (世界) world Ⓒ ; (国) land Ⓒ. ¶ 新*天地 a new *world* ∥ 植民者の多くは自由の*天地を求めて西部に出発した Many of the colonists set out for the West in search of a *land* of freedom. ∥ ここはスキーヤーにとっては別*天地です (⇒ 天国です) This place is a skiers' *paradise*.
天地無用《掲示》This Side Up, Do Not Turn Over. 《☞ 掲示の英語 (囲み)》.

でんち 電池 battery Ⓒ, cell Ⓒ. ¶ 乾*電池

て

a dry ⌈*battery* [*cell*] // 蓄*電池 a storage *battery* // 太陽*電池 a solar *battery* // *電池が切れた The *battery* has run down. // 懐中電灯には1週間前に新しい*電池を入れました I put fresh *batteries* in the flashlight a week ago. // 単1 [2, 3] *電池 a "D" [a "C"; an "AA"] size ⌈*battery* [*cell*]

でんちゅう 電柱 (電気・電話などの電柱を総括的に) utility pole Ⓒ; (電話線用の) telephone pole Ⓒ.

てんちりょうよう 転地療養 a change of air ★ a を付けて. (☞ りょうよう). ¶ 彼は伊豆へ*転地療養に行った He went to Izu for *a change of air*.

てんてき[1] 点滴 〘医学〙 (intravenous) drip (injection) Ⓒ.

てんてき[2] 天敵 〘生物〙 natural enemy Ⓒ.

てんてこまい (たいへん忙しい) be ⌈very [extremely] busy; (忙しく走り回る) run [bustle] about busily. (☞ いそがしい; きりきりまい). ¶ 皆*てんてこまいしていた Everybody *was very busy*. / (⇒ 走り回った) Everyone *was* ⌈*running* [*bustling*] *about busily*.

でんでんこうしゃ 電電公社 Japan Telegraph and Telephone Public Corporation.

てんてんと[1] 転転と —副 (次から次へと場所を変えて) from one place to another, from place to place. ¶ 彼は各地を*転々とした (⇒ さまよった) He *wandered from place to place*. // 彼は*転々と仕事を変えた (⇒ 何度も転職した) He *changed jobs many times*.

てんてんと[2] 点点と —副 (あちこちに) here and there. —動 (点々とばらまく) dot ㊣; (斑点をつける) spot ㊣. (☞ てんざい).
¶ 平原には小さな家が*点々とある Small houses *stand here and there* in the plain. // 海には漁船の明かりが*点々と見える The lights of the fishing boats *dotted* the surface of the ocean. // 床に*点々と血が落ちていた (⇒ 床は点々と血のしみがついていた) The floor *was spotted with* blood.

てんでんばらばら —形 (ばらばらの) different; (多種の) various. —動 (ばらばらに散る) scatter in all directions ㊀. (☞ ばらばら). ¶ *てんでんばらばらの意見 *many different* opinions

テント tent Ⓒ (☞ キャンプ (挿絵)). ¶ 湖畔に*テントを張った We ⌈pitched [set up] our *tent* by the lake. // *テントをたたむのが私の役目だった It was my part to take down our *tent*. // *テント生活は楽しい *Camping* (*out*) is fun.

でんと —形 (落ち着いた) self-composed; (堂々とした) imposing. (☞ どうどう). ¶ 彼はいつも*でんと構えている (⇒ 落ち着いている) He is always *self-composed*. // その部屋には大きなグランドピアノが*でんと置いてある There is a big, *imposing* grand piano in the room.

てんとう[1] 店頭 —名 《米》 store Ⓒ, 《英》 shop Ⓒ ★ 日本語の「店頭」は多くの場合「店」と同じ意味であることに注意; (ショーウインドー) show window Ⓒ, 《英》 shopwindow Ⓒ ★ 単に window とも言う. (☞ みせ).
¶ *店頭には季節の果物が山と積まれている There are heaps of fruits of the season ⌈*at the store* [*in the shop*]. // *店頭には美しいドレスが飾ってある Beautiful dresses are displayed in the *show window*. // その本はまだ*店頭に出ていません (⇒ 売り出していない) The book is not yet on sale. / (⇒ 本屋で手に入らない) The book is not yet available at bookstores.

てんとう[2] 転倒 —動 (転んで倒れる) fall (to the ground) ㊀ 〔語法〕 fall は落下することにも言うので, はっきりと地面に倒れたということを表したいときには to the ground をつける; (つまづいて倒れる) tumble down ㊀. (☞ ころぶ; たおれる; つまずく).
¶ 走者が*転倒した The runner *fell to the ground*. / (⇒ つまづいて) The runner *tumbled down*. // 彼女は気が*転倒して口もきけなかった She was so ⌈*upset* [*shocked*] that she could not ⌈speak [utter a word].

てんとう[3] 点燈 —動 turn [switch] on (a light); light ㊣ ★ 前者のほうがより口語的. (☞ つける[1]; つく[1]; あかり). ¶ この街灯は暗くなると自動的に*点燈します These street lamps *are* automatically ⌈*turned on* [*lighted*] when it gets dark.

でんとう[1] 伝統 —名 tradition Ⓒ ★ しばしば複数形で; (遺産) heritage Ⓒ 〔語法〕 前者は単に先祖伝来の社会的慣習をいうのに対し, 後者はそれらの慣習の中の価値あるもので, 文化的・社会的遺産ともいうべきものを指す; (歴史) history Ⓒ. —形 (伝統的な) traditional.
¶ 彼らは民族の*伝統を維持しようとしている They try to ⌈keep up [maintain] the *traditions* of their race. // 豊かな語彙こそ日本語の*伝統である The rich vocabulary is the true *heritage* of the Japanese language. // この大学は100年の*伝統がある This university has a *history* of one hundred years. // これはこの土地の*伝統的なお祭りです This is a *traditional* festival of this district.

でんとう[2] 電灯, 電燈 electric light Ⓒ (☞ でんき[1]; あかり).

でんどう[1] 伝道 —動 (説教する) preach ㊣ ㊀; (宣教師の仕事をする) be engaged in missionary work. —名 (伝道の仕事) missionary work Ⓤ; (説教) preaching Ⓤ. ¶ 彼は日本各地でキリスト教を*伝道して歩いた He *preached* Christianity throughout Japan.
伝道者[師] missionary Ⓒ ★ 最も一般的な語; (説教する人) preacher Ⓒ.

でんどう[2] 伝導 —名 (熱・電気の) conduction Ⓤ. —動 conduct ㊣. (☞ つたえる).
伝導体 conductor Ⓒ.

でんどう[3] 電動 —形 (電気で動く) electrically-powered (☞ でんき[1]). ¶ この機械は*電動(式)です This machine is ⌈*electrically powered* [*powered by electricity*].

てんどうせつ 天動説 (地球中心の) the geocentric system (↔ the heliocentric system); (プトレマイオスの) the Ptolemaic [tɑ̀ləméiik] system (↔ the Copernican system).

て

てんとうむし 天道虫 《米》ladybug Ⓒ, 《英》ladybird Ⓒ.

てんとりむし 点取り虫 《米口語》 grind [gráind] Ⓒ, 《英口語》 swot Ⓒ.

てんどん 天丼 bowl of rice with shrimp *tempura* Ⓒ 《☞ 食事 (囲み)》.

てんにゅう 転入 ―[動] (…へ移り住む) move into … (from …) 《☞ ひっこす》.

てんにん 転任 ―[動] (転任する) be transferred (to …); (転任させる) transfer (他). ―[名] transference Ⓤ. 《☞ てんきん》.

てんねん 天然 ―[形] natural (↔ artificial) 《☞ しぜん》. **天然ガス** natural gas Ⓤ **天然記念物** natural monument Ⓒ **天然資源** natural resources ★ 複数形で.

てんねんとう 天然痘 smallpox Ⓤ 《☞ 病気・病院 (囲み)》.

てんのう 天皇 emperor Ⓒ [語法] 皇帝も emperor と呼ぶ. 我々が日本の天皇を指して言うときには大文字. 「天皇陛下」のように敬って言うときには His Majesty the Emperor 《略 H.M.》. また直接に呼びかけるときは Your Majesty と言う. 《☞ へいか[1]》. ¶ 明治*天皇 the *Emperor* Meiji

天皇制 the emperor system **天皇誕生日** the Emperor's Birthday 《☞ しゅくじつ (表)》 **天皇杯** the Emperor's Trophy.

でんぱ[1] 電波 electromagnetic [radio] wave Ⓒ. **電波探知機** radar Ⓒ 《☞ レーダー》 **電波望遠鏡** radio telescope Ⓒ.

でんぱ[2] 伝播 ―[動] (広まる) spread (自); (伝える・伝わる) propagate (他) (自). 《☞ ひろまる; つたわる》.

てんばい 転売 ―[動] resell [rìːsél] (他). ―[名] resale [ríːsèil] Ⓤ.

てんばつ 天罰 ¶ (彼にとって) それは*天罰だ He received proper *punishment.* / It served him right. ★ 後者は慣用的表現. // *天罰てき面 (⇒ 神は欺かれない) God is not mocked.

てんぴ[1] 天日 the sun, sunlight Ⓤ. 《☞ ひなた; にっこう》. ¶ 種を*天日で干した I dried the seeds in *the* ⌈*sun* [*sunlight*].

てんぴ[2] 天火 oven [ʌ́vən] Ⓒ 《☞ オーブン》.

てんびき 天引き ―[動] deduct … (from …). ―[名] deduction Ⓤ. 《☞ さしひく》.

てんびょう 点描 (画法) pointillism Ⓤ; (描写) sketch Ⓒ.

でんぴょう 伝票 (商店などで取り引き内容を簡単に記したもの) slip Ⓒ; (飲食店などでの請求伝票) check Ⓒ, bill Ⓒ ★ レストランなどでは《米》では check を用いるのが普通. ¶ *伝票を下さい《レストランで》May I have the *check*, please? 《☞ レストラン (囲み)》

てんびん 天秤 (はかりの器具) balance Ⓒ; (はかりの皿) scale Ⓒ ★ 器具を言う時は a pair of scales という. 《☞ はかり》.

天秤にかける ―[動] weigh … against …

¶ 彼はよい給料を取るかよい地位を取るか*天秤にかけた (⇒ 量ってみた) He *weighed* a good salary *against* a good position. **天秤座** Libra [láibrə], the Balance. 《☞ じゅうにきゅう (挿絵)》.

てんぷ[1] 添付 ―[動] (添える) append (他); (付ける) attach (他). 《☞ そえる》. ¶ *添付書類はいりません We need no ⌈*attached* [*appended*] papers.

てんぷ[2] 貼付 ―[動] (貼る) affix … to … 《☞ はる[3]》. ¶ 申込書の右の欄に写真を*貼付しなさい *Affix* a ⌈photo(graph) [picture] of yourself *to* the right column of the application form.

てんぷ[3] 天賦 (天賦の才能) gift Ⓒ 《☞ さいのう》. ¶ 彼女は絵をかくことについては*天賦の才能を持っている She has a *gift* for painting. / (⇒ 生まれながらの画家だ) She is a *born* ⌈painter [artist].

てんぷく 転覆 **1** 《船・車両などが》: (ひっくり返る) capsize (自) (他), overturn (自) (他) ★ 以上は受身形で用いることもある.

¶ 我々のボートは強風を受けて*転覆した Our boat *was* ⌈*capsized* [*overturned*] by a strong wind. / (⇒ 強風が我々のボートを転覆させた) A strong wind ⌈*capsized* [*overturned*] our boat. // 列車は脱線して前の2両が*転覆した The train ran off the rails and the first two cars (*were*) *overturned.*

2 《政府などを》: overthrow (他), overturn (他) (自) ★ 前者のほうが普通. ¶ 反乱軍は政府を*転覆した The rebels ⌈*overthrew* [*overturned*] the government.

てんぷら 天ぷら *tempura* Ⓤ, Japanese (deep-)fried food Ⓤ ★ 後者は説明的. 《☞ 日本固有の風物と英語 (囲み); 食事 (囲み)》.

てんぶん 天分 ―[名] (天賦の才) (natural) gift Ⓒ; (高度に発達した) talent Ⓒ. ―[形] (天分のある) gifted; talented. 《☞ さいのう (類義語)》. ¶ 彼は*天分のある作家だった He was a ⌈*gifted* [*talented*] author.

でんぶん 電文 (電報) telegram Ⓒ; (電報による通信文) telegraphic message Ⓒ. 《☞ でんぽう》.

でんぷん 澱粉 ―[名] starch Ⓤ. ―[形] (澱粉質の) starchy.

てんぺんちい 天変地異 natural disaster Ⓒ 《☞ さいがい; てんさい[2]》.

てんぽ 店舗 《米》store Ⓒ, 《英》shop Ⓒ [語法] 《米》で使う shop は品物の在庫とは関係のない店, 例えば修理店など. 《☞ みせ; 店の呼び名 (囲み)》.

《米》「貸し店舗」の掲示

テンポ (曲の速さ, または比喩的に) tempo Ⓒ 《複 tempi [témpiː], ～s》; (速さ・ペース) pace Ⓒ; (スピード) speed Ⓤ ★ 日本語の「テンポ」がいつも英語の tempo には置き換わらないことに注意. 《☞ ペース; 音楽 (囲み)》.

¶ 私は彼とは*テンポが合わない I can't keep *pace* with him. ★ keep pace with は決まった言い方. 「彼のテンポについて行けない」という日

本語にも当たる. // 私は*テンポの遅い曲が好きだ I prefer a tune ⌈in [with a] slow *tempo*.

てんぼう 展望 (見晴らし) view Ⓒ; (将来の見通し) prospects ★ 通例複数形で; (見込み) outlook Ⓒ. (☞ みはらし; みとうし).
¶ あの山頂からの*展望はすばらしい We can get a fine *view* from the top of that mountain. / That summit ⌈commands [affords] a fine *view*. // 将来の*展望は明るい The future *prospects* will be good. // 日本の教育の*展望を述べた彼の論文はすばらしい His essay about the *outlook* of education in Japan is splendid.
展望車 observation car Ⓒ **展望台** observation ⌈platform [tower] Ⓒ.

でんぽう 電報 —[名] (電文) telegram Ⓒ ★ 最も一般的; telegraphic message Ⓒ, 《口語》 wire Ⓒ; (通信手段としての電報) telegraph Ⓤ. —[動] (電報を打つ) telegraph (他)(自), send ... a telegram, 《口語》 wire (他)(自), send ... a wire.
¶ 彼からあした着くという*電報が届いた We received a *telegram* [He *telegraphed* us] saying that he was to arrive the next day. // 彼女にお祝いの[お悔やみの]*電報を打った We *sent* her a *telegram* of ⌈congratulations [condolence]. // 彼からすぐ来いという*電報が来た He *wired* me to come at once.
電報為替 telegraphic ⌈transfer [remittance] Ⓒ **電報局** telegraph office Ⓒ **電報用紙** telegraph blank Ⓒ **電報料** telegram fee Ⓒ.

デンマーク —[名] (固) Denmark; (公式名) the Kingdom of Denmark. —[形] (デンマークの) Danish. **デンマーク語** Danish Ⓤ **デンマーク人** Dane Ⓒ.

てんまつ 顛末 (一部始終) everything (about ...); (全体の次第) the whole story; (詳細) detail Ⓒ.

てんまど 天窓 skylight Ⓒ.

てんめい 天命 (運命) fate Ⓤ (☞ うんめい).
¶ 人事を尽くして*天命を待つ (⇒ 運命[天]に任せろ) Do your best and leave the rest to ⌈*fate* [*heaven*].

てんめつ 点滅 —[動] (光が) go on and off (自); (点滅する・点滅させる) blink (自)(他).

てんもんがく 天文学 astronomy Ⓤ. **天文学者** astronomer Ⓒ.

てんもんだい 天文台 astronomical observatory Ⓒ.

てんやもの 店屋物 ¶ *店屋物を取る (⇒ 仕出し屋に料理を注文する) order food from a restaurant [参考] 英米では日本のように気軽に出前を頼むような出前の習慣がない. 従って説明的な訳以外に, ぴたりとした訳はできない. (☞ でまえ; てりょうり [参考]; 食事 (囲み))

てんやわんや —[名] (大混乱) utter confusion Ⓤ (☞ おおさわぎ). ¶ 家中が*てんやわんやになった (⇒ 大混乱に陥った) The whole household *was thrown into* (*utter*) *confusion*.

てんよう 転用 —[動] divert ... to another purpose. —[名] diversion Ⓤ. (☞ りゅうよう). ¶ 彼はその金をほかの目的に*転用した He *diverted* the ⌈money [funds] *to another purpose*.

でんらい 伝来 —[動] (先祖から伝わる) be handed down (from ...); (導入される) be introduced (from ...). —[名] (渡来) introduction Ⓤ. (☞ つたわる). ¶ これは先祖*伝来の宝だ This is the treasure *handed down from* my ancestors. / This is ⌈an *heirloom* [a *family treasure*]. // 仏教は6世紀に日本に*伝来した Buddhism *was* first *introduced* into Japan in the sixth century.

てんらく 転落 —[動] (落ちる) fall (自). —[名] fall Ⓒ; (急激な) downfall Ⓒ; (人間の堕落) degradation Ⓤ. (☞ おちる).

てんらんかい 展覧会 exhibition Ⓒ, show Ⓒ ★ 後者のほうが口語的. ¶ あのデパートではピカソの*展覧会を開いている That department store is ⌈holding [having] a Picasso *exhibition*. **展覧会場** exhibition hall Ⓒ.

でんりそう 電離層 the ionosphere [aiɑ́nəsfìə].

でんりゅう 電流 (電気の流れ) electric(al) current Ⓤ ★ 流れている電気の意味では Ⓒ.
¶ *電流は直流と交流の2種類がある There are two kinds of *electric*(*al*) *currents*, i.e., direct current and alternating current. // 機械の*電流を切って下さい (⇒ 機械を止めて下さい) Please ⌈*turn* [*switch*] *off* the machine. // *電流 (⇒ 電気) が通じている[切れている] *The electricity* is ⌈on [off].
電流計 galvanometer [gæ̀lvənɑ́mətə] Ⓒ.

でんりょく 電力 (electric) power Ⓤ (☞ でんき[1]). ¶ 夏には*電力の供給は十分でない The ⌈supply of *electric*(*al*) *power* [*power* supply] is insufficient in (the) summer.
電力会社 (electric(al)) power company Ⓒ
電力料金 power rate Ⓒ.

でんれい 伝令 (軍隊の) orderly Ⓒ.

でんわ 電話 —[名] (電話器・通話) phone Ⓒ, telephone Ⓒ [語法] 通信手段としての電話のときは Ⓤ. phone はもともと telephone の略であるが, 現在の口語では phone のほうが普通; (特に通話を指すときは) call Ⓒ, phone call Ⓒ ★ 後者はより正式な言い方; 《英》 ring Ⓒ. —[動] (電話する) 《米》 call (up) (他), 《英》 ring (up) (他) [語法] 以上は「(人に) 電話をかける」という場合には最も口語的で一般的な表現. なお call には「呼ぶ」などの意味もあるため, 意味を明確にするためには call ... on the phone とすることもある. ring (up) では on the phone を付けることはない; phone (他), telephone (他) [語法] call などとほぼ同じ意味で

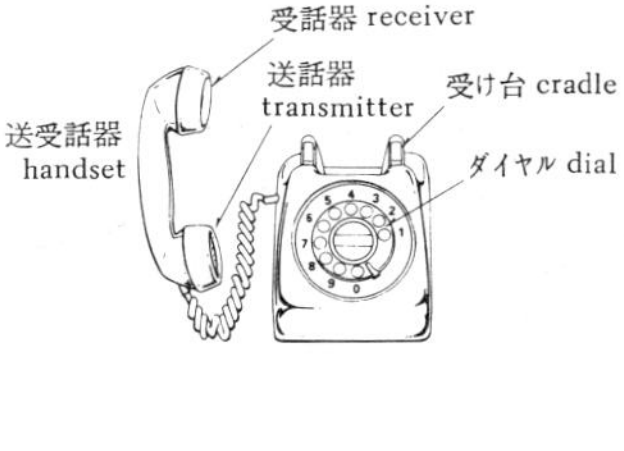

電 話 の 英 語

電話の会話で用いられる表現は，次にあげるような慣用的に用いられている幾つかの特有の表現を除けば，特に普通の会話表現と違うところはない．ただし，対面して行う対話と異なり，相手の表情や動作が見えず，しかも受話器(receiver) を通した音声はある種の音声的特徴が失われるために聞き取りにくいところがあるので，その点注意すべきである．

1　電話で使われる表現

「もしもし」“hello” [語法] 日本語が「もしもし」だからと言って，hello, hello と繰り返す必要はない．発音は [həlóu] のように，2 番目の音節にアクセントを置く．

「こちらは加藤です」“This is Kato (speaking).” / “Kato ｢speaking [calling].” [語法] 電話を受けたほうが先に言う場合は(それが普通になっているが)，受話器を取るなり，“Hello.” とか “Kato speaking.” のように言う．

「そちらはブラウンさんのお宅ですか」 “Is this the Brown residence?” / “Is this Mr. Brown's ｢home [residence]?” [語法] 前者のほうがていねいな言い方．また，電話では「こちら」も「そちら」も this である．なぜ「そちら」が this かというと，受話器を通して耳元に聞こえてくる音声が自分のすぐ近くに聞こえるからである．ただし《英》では「そちら」には that を用いる．

「よし子さんはご在宅ですか」“Is Yoshiko ｢at home [in]?” / “Is Yoshiko there?” / “May I speak ｢to [with] Yoshiko, please?” [語法] 2 番目の文はくだけた言い方．3 番目の文は意訳であるが，日本語で「ご在宅ですか」は，すなわち「…と話したい」という意味なのでこのように訳すことができる．

「どちら様でしょうか」 “Who's calling, please?” [語法] call は「電話をかける」という動詞．Who are you? は失礼であるから使ってはならない．ただし，Who's this? はくだけた会話では使われる．

「よし子はいま不在です」“She [Yoshiko] is ｢out [not here] (right now).”

「何かご伝言でもありますか」 “Would you ｢like [care] to leave a message?”

「いえ，結構です．あとでかけます」“No, thank you. I'll call later.”

「こちらからかけさせましょうか」“Shall I have her call you back?” [語法] call back は電話を受けた人が，改めてかけ直すことをいう．

「ちょっとお待ち下さい」“Can you wait a minute, please.” / “One moment, please.” [語法] 前者のほうが一般的．後者もよく使われるが，少し堅苦しい感じ．ただし交換手は後者をよく使う．/ Hold the line, please. ★「電話を切らないで下さい」という意味．

「はい，私です」“Speaking.” [語法] 電話で指名されたのが自分であることを言うとき，すなわち「はい，私です」というのは，普通は “Speaking.” という．“This is ｢she [he].” という言い方もするが，これは特に女性の場合に多いようである．

「番号違いだと思います．何番をおかけになりましたか」“I'm afraid you have the wrong number. What number are you calling?”

「内線 512 番をお願いします」“Extension 512, please.” ★ 512 は five-one-two, もしくは five-twelve のように言う．

「外線につないで下さい」“Give me an outside line, please.”

「ブラウン博士(のお部屋)をお願いします」 “Please connect me with ｢Dr. Brown [Dr. Brown's office].”

「いまお話し中です」“The line is busy.”

「田中さんを電話に呼び出して下さい」 “Please get Mr. Tanaka on the phone.”

「お電話ありがとう．さようなら」 “Thanks [Thank you] for calling. Good-by(e).”

公衆電話の掲示：受話器をとり，10 円を入れてからダイヤルを回して下さい．相手が出ないときは受話器を置けば，お金は自動的に返ってきます Pick up the receiver, deposit ｢ten yen [a ten-yen coin], and dial the number. If you don't reach your party, your money will be refunded to you automatically when you hang up.

[参考] 交換手は an operator で，交換手に呼びかけるには “Operator!” と言えばよい．交換台は a switchboard, 市内電話は a local call, 長距離[市外]電話は《米》a long-distance [an out-of-city] call,《英》a trunk call という．

「公衆電話」の掲示

2　電話番号について

電話番号は原則として数字をそのまま読む. 例えば 03-203-4141 は o [óu]-three, two-o [óu]-three, four-one-four-one のように読む. これはダイヤルを回すのに都合のよい読み方として自然に生まれた慣習である. 0 は [óu] と読むのが一般的であるが, 特にゼロであることを強調するときは zero [zí:rou] と読む. nought は《英》. また略式の読み方として, 最後から 2 けたずつ区切って, 6345 なら sixty-three forty-five, 526 なら five-twenty-six のように言うこともある.

書く場合には初めにあげた例のように局番 ((number of the) exchange) と番号の間はハイフンでつなぐ. また名刺などに電話番号を印刷するときには, phone : 203-4526 のように書くのが普通. (☞ 数字 (囲み))

対 話 例

A：もしもし	A : Hello?
B：ああ, こんにちは, ポーラ	B : Oh hi, Paula.
A：ポールなの?	A : Is that you, Paul?
B：こんなに朝早く電話して悪いんだけど…	B : Sorry to call so early, but—
A：いえ, いいのよ	A : No, that's OK.
B：まだ寝てたんじゃなかったかな	B : I didn't wake you up?
A：いいえ, 私は 6 時半から起きていたわ	A : No, no, I've been up since six-thirty.
B：雨が降りそうな空模様だけれど, それでも映画に行きたいかな	B : It looks as though it's going to rain. Do you still want to go to the movies?
A：行きたいわ. でも, 秋代さんはどうかわからないわね. 電話したほうがいいわよ	A : I do, but I don't know about Akiyo. Maybe you'd better give her a call.
B：彼女の電話番号を知っているかい?	B : Have you got her number?
A：ええ, でも, 探さないと出てこないの. 私が自分で電話したほうがよさそうだわ. もし彼女が一緒に来れないって言ったら, 折り返しそちらに電話するわ	A : Yes, but I'll have to look for it. I'd better call her myself. If she says she can't go with us, I'll call you back.
B：そうしてくれるかな. ありがとう, ポーラ. じゃ, また後で	B : Would you please? Thanks a lot, Paula. We'll see you later.
A：そうね. お電話ありがとう. さよなら, ポール	A : OK. Thanks for calling. Bye-bye, Paul.
B：さようなら	B : Good-bye.

★ この対話例およびさらに詳しい対話例は別売テープに吹き込まれています.

あるが, やや改まった言い方となる. 特に telephone はそうである; (電話で通話をする) make a phone call (to ...)　語法　特に「彼はいま電話をかけている」He's making a phone call. などのように単に動作を言うときにはこの表現を用いる; (ダイヤルを回して) dial ㊀.

¶ 今夜*電話を下さい Please ˹*call* me [《英》 *ring* me] (*up*) tonight.

すぐに警察に*電話しろ *Call* [*Dial*] the police immediately!

ここからロンドンへ*電話がかけられますか Can I ˹*telephone* [*phone*; *call*] London from here?

あとでこちらから*電話します I'll *call* you *back* later. ★ 一度電話をもらってその返事の電話をあとでかける場合.

お*電話ありがとう Thank you for *calling*.

彼女からの*電話を待っているところです I'm waiting for a *call* from her.

うちの娘の長*電話には困る My daughter's ˹lengthy [long] ˹*telephone* [*phone*] ˹conversations [calls] ˹irritate [annoy] me.

その件についてはあとで*電話でお話ししましょう Let's talk ˹it [the matter] over ˹on the *phone* [by *phone*; over the *phone*] later.

山田さん, *電話ですよ Mr. Yamada, you're wanted on the *phone*.

電話のいろいろ

共同電話 party line, 緊急電話 emergency call　参考　日本の 110 番, 119 番に相当する「緊急電話番号」(emergency numbers) は, 《米》では地方によって異なり, 電話帳の最初のページに出ている. 《英》では 999 [náin-nàin-náin]. 公衆電話 public telephone, pay phone, 国際電話 (通話) international call; (組織) international telephone service, 長距離電話 long-distance call, 《英》 trunk call, 迷惑[いやがらせ]電話 crank [annoying] call, 留守番電話 message phone, プッシュホン push-button telephone

彼は*電話中です He *is making a phone call*.

彼女はいま別の*電話に出ています She's on another ˹*phone* [*line*].

「*電話が鳴っている」「私がとりましょう」"The ˹*telephone* [*phone*] is ringing." "I'll get it."

「この*電話をお借りして (⇒ 使って) よいですか」「ええ, どうぞ」"May I use this *phone*?" "Certainly."　語法　「借りる」とあっても borrow が使えないことに注意.

*電話はベルの発明です The *telephone* was invented by A.G. Bell.

現在日本には約 6 千万台の*電話がある In

Japan today there are about sixty million *telephones* (ʳin use [installed]).
彼のところは*電話がない He does not have a *telephone.*
この*電話は不通[故障]です This *telephone* is out of order. / This *phone* is dead.
電話局 telephone company Ⓒ **電話交換局** telephone exchange Ⓒ **電話交換手** (telephone) operator Ⓒ **電話交換台** switchboard Ⓒ **電話線** telephone ʳwire [line] Ⓒ **電話帳** (tele)phone book Ⓒ, telephone directory Ⓒ ★ 前者のほうが口語的. **電話番号** (tele)phone number Ⓒ **電話番号案内** information Ⓤ, directory assistance Ⓤ **電話ボックス** telephone booth Ⓒ **電話料** telephone ʳcharges [bill Ⓒ].

と

と¹ 戸 door Ⓒ《☞ドア (挿絵); とぐち》.
¶ *戸を開けて[閉めて]下さい Please ʳopen [close; shut] the *door.* ∥ だれかが*戸をたたいている Someone is knocking ʳat [on] the *door.* [語法] at, on はいずれでもよいが, ドアのたたき方に重点があるときは on を用いることが多い. 従って「軽く」lightly,「激しく」hard などの副詞を伴うときは on のほうが普通. ∥ 彼は*戸をぴしゃりと閉めて出て行った He slammed the *door* behind him.

と² 都 —图 (行政区画としての東京都) Greater Tokyo [語法] "Greater ..." はある都市とその周辺の地区を包含した地域に対する行政区画上の名称. ((例) *Greater* London); (自治体としての東京都庁) the Tokyo Metropolitan Government. —形 (東京都の) Metropolitan ★ 大文字で始める.
都議会 the Metropolitan Assembly **都議会議員** member of the Metropolitan Assembly Ⓒ **都交通局** the Metropolitan Transport Bureau **都知事** the Governor of Tokyo (Metropolis). ¶ 東京*都知事選挙 the Tokyo *gubernatorial* election **都庁** (自治体としての) the Tokyo Metropolitan Government; (実務をする役所) the Tokyo Metropolitan Government Offices **都電** Metropolitan [Tokyo Municipal] streetcar Ⓒ **都バス** Metropolitan [Tokyo Municipal] bus Ⓒ **都民** citizen of Tokyo Ⓒ, Tokyoite [tóukiouàit] Ⓒ [語法] -ite は「…の住民」という意味で, Tokyoite は「江戸っ子」などの日本語に近い. **都営, 都心, 都立** ☞ 見出し.

ト 〘音楽〙(音名) G Ⓤ《☞音楽 (囲み)》.
¶ *ト長[短]調のソナタ a sonata in G ʳmajor [minor] **ト音記号** G clef Ⓒ, treble clef Ⓒ.

-と ★ 日本語と英語は, 当然のことながら, 文法構造が違うので, 日本語の「…と」に当たる英語を, いつも独立の語で訳し出せるとは限らない. 例えば「私はあした彼*と会うことになっている」I'm *going to* ʳ*see* [*meet*] *him* tomorrow.「彼は私の妹*と結婚した」He married *my sister*.「私はその猫をミー*と名付けた」I ʳnamed [called] the cat '*Mii.*' のように, 英語でそれぞれ see [meet], marry, name [call] のような他動詞が用いられる場合には, 日本語で「…と」の前にある名詞は英語の動詞の目的語, または補語に当たるものであるから, 前置詞その他はいっさい不要である. このような日英の文構造の違いをまず認識することが必要である.

1 «列挙を示して» —接 ... and ... [語法] and は複数の事柄を対等に列挙する場合. 3つ以上並記するとき, すなわち A, B, C(,) and D の形のときは最後の名詞の前に and を付け(付けないこともある), and の前のコンマはあってもなくてもよい; ... or ... [語法] 列挙の場合でも二者択一を示すときは or を用いる.《☞接続詞 (欄外); コンマ (欄外)》.
¶『戦争*と平和』*War and Peace* ∥ 私は英語*と国語が好きです I like (both) English *and* Japanese. [語法] 2つのもので特に両方を強調するときは both ... and ...を使う. ∥ 私は朝食にトースト*とコーヒー*と卵(1個)*と果物を食べます I ʳhave [eat] toast, coffee, an egg(,) *and* fruit for breakfast. ∥ りんご*とみかん*とどちらがいいですか Which do you like better, apples *or* oranges? [語法] イントネーションは Which do you like better↘, apples↗ or oranges↘? となる.

2 «一緒に・相手にして» —前 with ...; (対抗して) against ...《☞ともに; いっしょ》.
¶ 彼女はお父さん*と出かけました She went out *with* her father. ∥ 第二次大戦では日本はアメリカ*と戦った Japan fought *against* the U.S. in World War II.

3 «…の時» —接 (ちょうどそのとき) when ..., (just) as ..., as soon as ...; (もし…すると) if ..., when ...; (…するときはいつも) whenever ..., every time ...; (たとえ…でも) however ..., even if ..., if ... [語法] 原因と結果, 同時, 仮定, 譲歩などの関係に立つ2つの行為を結びつけるもの.《☞仮定の表現 (囲み); 譲歩の表現 (囲み); 時・期間の表し方 (囲み)》.
¶ 彼女は私を見る*と逃げ出した She ran away *when* she saw me. ∥ 一生懸命勉強しない*と試験に落ちますよ Study hard *or* you'll fail the exam. ∥ 彼女のことを思う*といつも悲しくなる I feel sad *whenever* I think of her.

4 «…ということ» —接 that ... [語法] 従属文であることを示すもので, 省略可能. 従属文の内容が疑問文のときは疑問詞を代わりに用いる.《☞話法 (欄外)》.
¶ 彼女は私にその会には出られない*と言った She told me *that* she was unable to attend the meeting. ∥ 私は彼女にいつ暇ですか*と尋ねた I asked her *when* she would be free. /

I said to her, “When will you be free?”

ど 度 **1** «計量の単位»：(角度·経緯度·音程など) degree Ⓒ《☞ 度量衡 (囲み)》.
¶ この角は 30*度です This angle is thirty *degrees*. [参考] 30° と書いてもよい. //「熱は何*度ありますか」「38*度です」“What's your temperature?” “It's thirty-eight *degrees*.” [参考] 英米では人の体温は華氏 (Fahrenheit) で示し, 98.6 度が平熱とされている. // 東京は北緯 35*度 41 分, 東経 139*度 45 分です The latitude of Tokyo is 35°41′ N., and its longitude is 139°45′ E. [参考] それぞれ thirty-five degrees forty-one minutes north, one hundred thirty-nine degrees forty-five minutes east と読む. 書き方は例文に示すとおり. // 彼は*度の強い眼鏡をかけている (⇒ 厚いレンズの) He wears ⌐thick glasses [glasses with thick lenses]. // この眼鏡は*度が合わないな (⇒ 目に合わない) I'm afraid these lenses don't fit my eyes.
2 «回数»：time Ⓒ《☞ -かい[1]；いちど；にど》.
¶「月に何*度ぐらい大阪へ行きますか」「1, 2*度 [2, 3*度]です」“How ⌐many *times* [often] do you visit Osaka a month?” “*Once* or *twice* [Two or three *times*].” // 2*度あることは 3*度ある Misfortunes never come singly.《ことわざ：不幸は 1 つではやって来ない》
3 «程度·限度»：(程度) degree Ⓒ；(限度) limit Ⓒ；(節度) moderation Ⓤ.
¶ 運動も*度を超すと体に悪い Excessive [Too much] exercise does you harm. // 彼女は冗談の*度が過ぎる I'm afraid she has carried her joke too far. // コーヒーは*度が過ぎなければ (⇒ 適度に飲めば) 有害ではない Coffee isn't harmful if it's taken in *moderation*.

ド 〘音楽〙(音名) do [dóu] Ⓒ《☞ 音楽 (囲み)》.

ど- ★ 名詞·形容詞にかぶせて使う強調としての「ど」は, 英語にはそのまま当てはまる言葉がないので, 日本語の内容をくんで意訳しなくてはならない.《☞ 強意語 (囲み)；強調の表現 (囲み)》.
¶ *どぎつい色 (⇒ けばけばしい色) *loud* colors (↔ soft colors) // 東京の*ど真ん中 (⇒ 中心部) the *heart* of Tokyo / (⇒ ちょうど真ん中で) *right* in the center of Tokyo

ドア door Ⓒ《☞ と[1]；とぐち》.

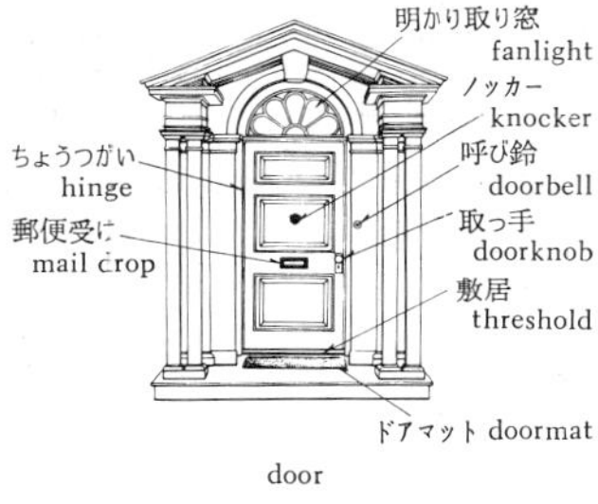

door

どあい 度合い degree Ⓒ《☞ ていど (類義語)》.

とある a certain ★ 場所などがわかっていても言いたくない場合に用いる.《☞ ある[2]》.
¶ *とある場所で at *a certain* place

とい[1] 問い question Ⓒ《☞ しつもん；もんだい》. ¶ 次の*問いに答えよ Answer the following *questions*.

とい[2] 樋 (屋根についている水平な) gutter Ⓒ；(縦の) drainpipe Ⓒ.《☞ 家·部屋 (囲み)》.

といあわせ 問い合わせ (質問) inquiry Ⓒ；(特に身元·信用などの) reference Ⓒ ★ 推薦·照会などの問い合わせ先をも示す.《☞ しょうかい[2]》. ¶ 私はそのことについて*問い合わせを受けた I received *inquiries* on the matter. // 彼女の人柄について私は前の雇い主に*問い合わせた I *have referred to* a former employer concerning her character.

-という (…とかいう) a [語法] 人の名前に付けて,「…という人」の意味となる.《☞ 冠詞 (欄外)》；(…という名前の) named, called
[語法]「…という人」なら a person ⌐named [called] … のような言い方となる. named のほうが名前を言うには, より普通の言い方.
¶ 佐藤さん*という方がお見えになっています A Mr. Sato has come to see you. // T*という小さな村 a small village *called* T // 洋一*という少年 a boy *named* Yoichi // コリンズ*という(名前の)会社 a firm *by the name of* Collins // 彼女は明子*という名だ Her *name* is Akiko. // 私は彼女を援助できない*という意味の手紙を送った I sent her a letter ⌐*to the effect* [*saying*] *that* I could not help her. ★ to the effect that … で「…という要旨の」という慣用表現.

-というのに ¶ 9 時だ*というのにまだ寝ている It's nine in the morning *and* (*yet*) he's still in bed! // 彼はイギリスに 5 年いた*というのに英語がしゃべれない *Though* he was in England for five years, he can't speak English.

というのは ― [接] (なぜなら) because …, for …《☞ なぜならば；理由の表し方 (囲み)》.

といかえす 問い返す (もう一度聞き直す) ask … again；(逆に反問する) ask back (他).《☞ はんもん[1]；ききかえす》.

といかける 問い掛ける (質問する) ask (他), put a question (to …) ★ 後者は改まった表現.《☞ たずねる[1]》.

といき 吐息 (ため息) sigh Ⓒ, long breath Ⓒ.《☞ ためいき》.

といし 砥石 whetstone Ⓒ；(グラインダー用の丸砥石) grindstone Ⓒ.《☞ だいく (挿絵)》.
¶ 包丁を*砥石で研ぐ sharpen a (kitchen) knife on a *whetstone* / grind a (kitchen) knife (on a *grindstone*)

といただす 問い質す (尋問する) question (他)；(情報を得るために尋ねる) inquire (他)(自).《☞ ただす[2]；たずねる[1]；じんもん》.

ドイツ ― [名] [固] Germany. ― [形] (ドイツの) German. ¶ *ドイツ製の車 a *German*-made car / a car of *German* make / a car made in *Germany*
ドイツ語 German Ⓤ；(形式ばって言うときは) the German language. ¶ *ドイツ語を話せますか Do you speak *German*? **ドイツ人**

German Ⓒ　西ドイツ West Germany ; (公式名称) the Federal Republic of Germany 《略 FRG》　東ドイツ East Germany ; (公式名称) the German Democratic Republic 《略 GDR》.

といつめる 問い詰める (詳しく尋問する) question … closely ; (圧力を加えて答えを迫る) press … for an answer. 《☞ きつもん》.

トイレ (個人宅の) bathroom Ⓒ [参考] これは本来浴室のことだが, 英米の個人の家のトイレは浴室と同じ部屋にあるのでこの語がある. またトイレは遠回しに room で表すことが多い. rest room Ⓒ, men's [women's] room Ⓒ など; (化粧室) toilet Ⓒ ; (学校などの) lavatory Ⓒ ; (手洗い) 《米》 washroom Ⓒ ; (水洗便所) water closet Ⓒ ★ W. C. と略し, 公衆便所や共同便所に使われる. 《☞ てあらい[1] ; 家・部屋 (囲み) ; 掲示の英語 (囲み)》.

トイレットペーパー toilet paper Ⓤ ★ 数を勘定するときは a roll [two rolls] of …

とう 問う **1** «尋ねる» : ask ⓣ, inquire ⓣ ★ 後者はやや形式ばった語. 《☞ たずねる[1]》.
2 «問題にする» : (気にする) care (about …) ⓘ ; (重要な問題である) matter ⓘ [語法] 主に否定文・疑問文で用いる ; (罪などを) accuse … (of …), charge … (with …).
¶ 金額は*問いません It doesn't *matter* how much it costs. / I don't *care about* the price. // 彼は窃盗の罪に*問われた He *was* ⌈*charged with* [*accused of*] theft.

とう[1] 塔 tower Ⓒ ; (東洋風の) pagoda Ⓒ ; (教会などの尖(せん)塔) steeple Ⓒ ; (方尖塔) obelisk Ⓒ. 《☞ せんとう[3] (挿絵)》.
¶ 高い[低い]*塔 a ⌈tall [short] *tower* / a ⌈high [low] *tower* // 「あの*塔は何ですか」「あれは大学の時計台です」 "What's that *tower*?" "It's [That's] a college clock *tower*." // 五重*塔 a five-storied *pagoda* // 象牙の*塔 the ivory *tower* // エッフェル*塔 the Eiffel [áifəl] *tower*

とう[2] 党 party Ⓒ 《☞ 政治・経済 (囲み)》.
¶ 彼らはその*党を脱退して新しい*党を結成した They left the *party* to form a new one. // 自由民主*党 the Liberal Democratic *Party* // 日本社会*党 the Japan Socialist *Party* // 民社*党 the Democratic Socialist *Party* // 公明*党 the Komeito (*Party*) // 日本共産*党 the Japan Communist *Party*
党員 party member Ⓒ, member of the party Ⓒ ★ 前者のほうが口語的. **党大会** party convention Ⓒ **党役員** party officer Ⓒ.

とう[3] 当 **当の本人** (問題になっている人) the person in question, the very person. 《☞ とうにん》. ¶ *当の本人は (⇒ 彼自身は) それで満足しているように見えた He *himself* looked quite satisfied.
当を得た ― 形 (適切な) proper ; (正しい) right ; (その目的・条件にぴったりの) appropriate ; (理にかなった) reasonable ; (要領を得て適切な・その状況にぴったりの) to the point. 《☞ てきせつ (類義語) ; てきとう》. ¶ 彼女がそれを断ったのは*当を得ていた (⇒ 正しかった) She was *right* to refuse it. // *当を得た発言 (⇒ 道理に合った発言) a *reasonable* remark

とう[4] 籐 cane Ⓤ. ¶ *籐いす a *cane* chair

とう[5] 糖 sugar Ⓤ 《☞ とうぶん[2]》. ¶ 血液中の*糖 blood *sugar*

-とう[1] …等 **1** «等級» : (乗り物の等級・社会の階層) class Ⓒ ; (品質や位階の等級) grade Ⓒ. 《☞ いっとう》. ¶ 彼女は競走で1*等賞をとった She won (the) first *prize* in the race.
2 «など» : 《口語》 and so ⌈on [forth] [参考] 書く場合は etc. と略して, [ən-sóu-fɔ̀əθ] または [et-sét(ə)rə] と読む. 《☞ とうとう[2] ; -など》.

-とう[2] …頭 (牛馬などの数の単位) head Ⓒ ★ 単複同形. 英語では一般的には日本語のように「…匹」「…頭」のような単位を使わない. 《☞ 数の数え方 (囲み)》. ¶ 牛 50 *頭 fifty cows / fifty *head* of cattle ★ 少し改まった言い方. 特に牛を cattle で呼ぶときに用いる.

どう[1] (何) what ; (どういう風に) how, in what ⌈way [manner] ★ 後者のほうは少し改まった言い方. 《☞ どういう ; いかが ; 疑問詞 (欄外)》.
¶ *どうしたらよいだろう (⇒ 私は何をすべきか) *What* shall I do? // あれから彼は*どうなりましたか *What* has become of him since then? // あなたの名前は*どう発音するのですか *How* do you pronounce your name? // このごろ*どうですか (⇒どういう風にして暮らしていますか) *How* are you getting along these days? // コーヒーを*どうですか *How* about (having) a cup of coffee? // 彼に電話をしてみては*どうですか *Why* don't you call him now? 《☞ 提案・勧告の表現 (囲み)》 // それは*どう見ても無理です It seems impossible in every way.

どう[2] 胴 (体の部分) body Ⓒ ; (人間の胴体) trunk Ⓒ ; (着物の) body Ⓒ. 《☞ からだ (挿絵)》. ¶ *胴と手足 a *trunk* and limbs

どう[3] 銅 ― 名 copper Ⓤ 《元素記号 Cu》. ― 形 copper. ¶ *銅製のやかん a *copper* kettle // この針金は*銅製です This wire is made of *copper*. **銅メダル** (ブロンズの) bronze medal Ⓒ.

どう[4] 堂 (キリスト教以外の大きな寺院) temple Ⓒ ; (小さな神殿) shrine Ⓒ ; (会堂) hall Ⓒ. **堂に入る** ☞ 見出し.

どう- 同… (同一の…) the same … ; (前述の…) the said … ; (上述の…) the above (-mentioned) … 《☞ おなじ ; ぜんじゅつ》.
¶ *同番地 *the same* ⌈house [street] number // *同日に on *the same* day // *同人物 (⇒ 前述の人物) *the* ⌈*said* [*above-named*] person

どうあげ 胴上げ ― 動 carry … shoulder-high.

とうあつせん 等圧線 isobar Ⓒ 《☞ 天候の表現 (囲み)》.

とうあん 答案 (答案用紙) (examination) paper Ⓒ. ¶ 英語の*答案 a *paper* in English // *答案を出しなさい Hand [Turn] in your *paper*. // 300 枚の*答案を調べなくてはならない I have to ⌈mark [grade] three hundred *examination papers*. // 白紙の*答案 a blank *paper*

どうい 同意 ― 動 (賛成する) agree (with … ;

to ...) ⓐ 語法 人やその意見に賛成するときは with, 提案などに賛成するときは to ; assent (to ...) ⓐ 語法 人を表す名詞は普通続かない. agree とほぼ同意だが, 少し改まった言葉 ; (是認する·認可を与える) approve ⓗ, approve (of ...) ⓐ 語法 人を表す名詞は続かない ; (同じ意見である) be of the same opinion ; (...と同意見だ) be of *a person's* opinion. ―名 (意見の一致) agreement Ⓤ, assent Ⓤ ★少し形式ばった語 ; (認可) approval Ⓤ, consent Ⓤ. 《☞ さんせい¹ ; さんどう¹ ; しょうだく》.

¶私はこの点で彼に*同意できない I cannot *agree with* ⌈him [his opinion] on this. // 彼女は私たちの提案に*同意した She ⌈*agreed* [*assented*] *to* our proposal. // 私たちはすぐに出発することに*同意した We *agreed to* start at once. // 社長は我々の計画に*同意した (⇒計画を承認した) The president *approved* (*of*) our plans. // 私の計画は主任の*同意を得た My plan ⌈won [obtained] the boss's ⌈*approval* [*consent*].

どういう (どういう訳で) why, for what reason ; (どういう訳か) somehow, for some reason or other ; (どういう風に) how, in what ⌈way [manner]. 《☞ どう¹ ; 疑問詞 (欄外)》. ¶ *どういう訳であなたは遅刻したのですか *Why* were you late? 《☞ 理由の表し方 (囲み)》 // 彼は*どういう人ですか *What* is he *like*? // それは*どういうことですか *What* do you mean by that? // 彼は*どういうつもりでそんなことをしたんだろう I wonder *why* he did such a thing. // *どういう訳か私は彼女が好きになれない (⇒好きではない) *Somehow* I don't like her.

どういご 同意語 ―名 synonym Ⓒ (↔ antonym). ―形 synonymous. 参考 まったく同じ意味の語はなく, 似ていてもどこかに意味の違いがあるのが普通なので, 本辞典をはじめ, 一般に「類義語」という呼び方をすることが多い. 《☞ 類義語 (欄外)》.

どういたしまして (お礼の言葉に対する丁寧な答え) You're (quite) welcome., Don't mention it., Not at all. ★《米》では最初の表現が最も普通. 最後のものは幾らか丁寧さが少ない ; (お礼の言葉に対するくだけた答え) That's all right. 《☞ 感謝の表現 (囲み)》.

とういつ 統一 ―動 (1つにまとめる) unify ⓗ ; (規格化する) standardize ⓗ ; (集中する) concentrate ⓗ. ―名 (単一性) unity Ⓤ ; (単一化) unification Ⓤ ; (均一) uniformity Ⓤ ; (首尾一貫) consistency Ⓤ ; (規格化) standardization Ⓤ ; (集中) concentration Ⓤ. 《☞ とうごう¹》.

¶国家を*統一する *unify* a nation / (⇒国を1つの権力の支配下に置く) bring a country under a unified rule // 価格を*統一する *standardize* (the) prices // 彼らはその問題で意見の*統一を欠いた (⇒意見が分裂していた) They *were divided* on the issue. // 彼の議論は*統一を欠く His argument ⌈lacks *consistency* [is *inconsistent*]. // 精神*統一 mental [psychic] *concentration*

どういつ 同一 ―形 (同じ) the same ; (まったく同じ) identical. 《☞ おなじ ; きんいつ》.

とういん¹ 登院 ―動 (議員が議会に出席する) attend the Diet.

とういん² 頭韻 alliteration Ⓤ.

どういん 動員 ―動 (軍隊·警官などを) mobilize ⓗ, call out ⓗ ★後者のほうが口語的 ; (観客を引きつける) draw ⓗ. ―名 mobilization Ⓤ. ¶暴動を鎮圧するために軍隊が*動員された The army *was* ⌈*mobilized* [*called out*] to suppress the riot. // その映画は何万人もの観客を*動員した The film *drew* an audience (numbering) in the tens of thousands.

とうえい 投影 (物の姿を映すこと) projection Ⓤ ; (映った姿) shadow Ⓒ. **投影機** projector Ⓒ.

とうおう 東欧 ―名 固 East Europe. ―形 East European. ¶ *東欧諸国 the *East European* countries

どうおんいぎ 同音異義 homonymy Ⓤ 《☞ 欄外》. **同音異義語** homonym Ⓒ.

とうか¹ 投下 ―動 (爆弾などを落とす) drop ⓗ ; (資本などをつぎ込む) invest ⓗ. ¶ヘリコプターが救援物資を*投下した The helicopter *dropped* relief supplies.

とうか² 灯火, 燈火 light Ⓒ ; (ランプの) lamplight Ⓒ. 《☞ あかり》. ¶ *灯火親しむ候となった (⇒読書をするのによい季節が来た) The right season for reading has come.

どうか¹ 1 《依頼·希望》: (どうぞ) please 《☞ どうぞ ; 依頼の表現 (囲み)》. ¶ *どうか窓を開けて下さいませんか Will you *please* open the window? / *Would you mind* opening the window? 語法 後者のほうがより丁寧な表現. 《☞ 丁寧な表現 (欄外)》 // *どうかお幸せに (⇒あなたに幸運を祈る) I wish you good luck.

同音異義 (homonymy) 発音が同じで意味の異なること. 例えば ear (＝耳) と ear (＝麦などの穂), あるいは pair (＝一組) と pear (＝梨) のような場合をいい, これらの語どうしを同音異義語 (homonym) と呼ぶ.

同音異義には, (i) 発音もつづりも同じで意味が異なる場合 ((例) *ear* と *ear*), (ii) 発音は同じだが, つづりは違う場合 ((例) *pair* と *pear*) とがあり, (i) を同音同綴(てつ)異義, (ii) を同音異綴異義として区別する場合もある.

同音異義には成り立ちから見て次の 3 つの場合がある.

(1) 元は別の語であったものが, 英語の歴史の中で, 発音の変化により同音異義になったもの.

meet (＝会う): meat (＝肉); mail (＝郵便): male (＝男性); ear (＝耳): ear (＝穂).

(2) 元は同じ語であったものが, 意味の隔りが大きくなり, 遂に別々の語になったもの.

pupil (＝生徒): pupil (＝(目の)ひとみ); sole (＝靴の底): sole (＝ひらめ); long (＝長い): long (＝切望する); still (＝静かな): still (＝まだ); flower (＝花): flour (＝小麦粉), etc.

(3) 外国語から英語に入ってきた借用語のために同音異義が生れた場合. 《☞ 借用語 (欄外)》

straight (＝まっすぐな): strait (＝海峡); race (＝競走): race (＝人種), etc.

《☞ 多義語 (欄外); 類義語 (欄外)》

2 «疑問» ¶ それが本当か*どうかわかりません I don't know ˹*whether* it is true (*or not*) [*if* it is true]. ★ if を用いたほうが口語的. ∥ 彼が正直だと言うのは*どうかな (⇒ 彼の正直さを疑う) I *doubt* his honesty. ∥「*どうかしましたか」「別に何でもありません」"What's ˹*wrong* [*the matter*] with you?" "Nothing."

どうか² 銅貨 copper (coin) Ⓒ.

どうか³ 同化 ―動 assimilate ⓗ. ―名 assimilation Ⓤ (↔ dissimilation).

どうが 動画 animation Ⓒ, animated cartoon Ⓒ ★ 前者は「動画化すること」の意にもなる. その場合は Ⓤ.

とうかい 倒壊 ―動 (倒れる) fall down ⓐ; (つぶれる) collapse ⓐ ★ やや形式ばった語. (☞ たおれる; くずれる). ¶ 地震で多くのビルが*倒壊した Many buildings *have* ˹*fallen down* [*collapsed*] on account of the earthquake. / (⇒ 破壊された) Many buildings *were destroyed* ˹by [in] the earthquake.

とうがい¹ 等外 (競技の落選者) álso-ràn Ⓒ. ¶ 彼は最善を尽くしたが*等外に落ちた He did his best but ˹*failed to win a prize* [turned out to be an *also-ran*].

とうがい² 当該 ―形 concerned [語法] 名詞の後に添える. 契約文書・条文など, 明確を期すものに用いられ, やや形式ばった語. ¶ 大臣が*当該機関の長である The minister is the head of the organization *concerned*.

とうかく¹ 頭角 **頭角を現す** (他より際立って見える) stand out (above ...) ⓐ; (異彩を放つ) cut an outstanding figure. ¶ 彼は最近物理学者として*頭角を現してきた He began to *stand out* as a physicist recently.

とうかく² 倒閣 ―動 (内閣を倒す) overthrow the Cabinet.

どうかく 同格 〘文法〙 apposition Ⓤ (☞ 欄外; どうとう).

どうがく 同額 (同じ金額) the same amount; (同じ値段) the same price.

どうかせん 導火線 (ダイナマイトなどの) fuse Ⓒ; (事件などの原因) cause Ⓤ.

とうかつ 統轄 ―動 (監督・命令する) control ⓗ; (仕事などの監督をする) supervise ⓗ; (...の担当である) be in charge of ... (☞ かんとく; かんかつ). ¶ 彼は労務員を*統轄している He ˹*controls* [*supervises*; *is in charge of*] the workers.

とうから ¶ 山田さん[そんな事]は*とうから (⇒ 長い間) 知っています I have known ˹Mr. Yamada [it] *for a long time*.

とうがらし 唐辛子 red pepper Ⓒ ★ 香辛料としての「とうがらし」は Ⓤ.

とうかん 投函 ―動 (手紙などを出す) 《米》 mail ⓗ, 《英》 post ⓗ; (ポストに入れる) drop (a letter) into a ˹《米》 mailbox [《英》 pillarbox]. (☞ だす; ポスト (写真)).

どうかん 同感 ―動 (同意する) agree (with ...) ⓐ; (同じ意見である) be of *a person's* opinion; (もろ手をあげて賛成する) 《口語》 be all for ...; (同じ気持ちである) feel the same way. (☞ どうい; さんせい¹).

¶ あなたの意見にまったく*同感です I quite *agree with* you. / I'*m all for* you. / I *am of your opinion*. ∥ その計画は余りにも楽観的だと彼は思っていますし, 私も*同感です He feels (that) the plan is too optimistic, and I *feel the same way*.

どうがん 童顔 ―名 (あどけなさの残る顔) baby face Ⓒ; (子供っぽい) childish face Ⓒ. ―形 baby-faced.

とうき¹ 陶器 (陶器・土器) earthenware Ⓤ; (陶器類) pottery Ⓤ [語法] Ⓤ では「陶器を造る技術」, Ⓒ では「陶器の工場」という意味でも使う; (陶磁器類の総称) ceramics ★ 複数扱い. 単数扱いで「窯業」の意味でも用いる. やや改まった語; (陶磁器, 特に皿・茶碗など) china Ⓤ, chinaware Ⓤ [語法] 以上はどれも数えるときは a piece of ..., two pieces of ... のようにするのが普通. (☞ 数の数え方 (囲み)). ¶ 彼はデパートで民芸の*陶器を数個買った He bought some pieces of folk *pottery* at a department store. ∥ 父は古い*陶器を集めるのが趣味です My father is interested in collecting antique ˹*china*(*ware*) [*pottery*].

とうき² 投機 speculation Ⓤ (☞ そうば). ¶ 近ごろは何でも*投機の対象になる Nowadays everything is becoming an object of *speculation*. ∥ 新税は土地*投機抑制のためのものだ The new taxes are designed to ˹curb [apply brakes on] land *speculation*.

とうき³ 騰貴 ―動 (物価が上がる) go up ⓐ (↔ come down), rise ⓐ (↔ fall) ★ go up のほうが口語的; (暴騰する) soar ⓐ. ―名

同格 (apposition) 文中で名詞(句)に他の語句を並列して, 補足的に説明を加える場合, この関係を同格という. 説明・限定のため付け加えられた語句を, 同格語(句) (appositive) という. 同格語(句)は名詞(句)に対する形容詞(句)的な役割を果たす.

¶ 我々の英語の先生, ジョーンズ夫人 Mrs. Jones, *our English teacher* ∥ 英国王アルフレッド Alfred, *King of England* ★ 以上はそれぞれ Mrs. Jones, *who is our English* teacher; Alfred, who is the King of England の who is を省略した形と考えればよい.

同格語(句)はこのようにコンマで区切られて, 後置されることが多いが, ときには名詞(句)の前に来ることもある.

同格語(句)をその配置によって区分すると, 次の4通りに大別できる.

(1) 同格語(句)が, 称号化されて前置される場合. コンマで区切らない.

¶ 私の友人のジェームズ *my friend* James ∥ エリザベス女王 *Queen* Elizabeth

(2) 同格語(句)が後置される場合. コンマで区切るのが普通.

¶ 合衆国の大統領 J. F. ケネディーは1963年に暗殺された J. F. Kennedy, *the President of the United States*, was assassinated in 1963.

(3) 同格語(句)が of または that で導かれる場合.

¶ ローマ市 the city *of Rome* ∥ 彼は我々にわが校のチームが勝ったというニュースを知らせにきた He brought us the news *that our team had won*.

(4) 同格語(句)が離れて置かれる場合. 代名詞が同格の場合にしばしば認められる.

¶ 彼らは皆幸福だ *They* are *all* happy. ∥ 我々はだれも酔っていなかった *We* were *none of us* drunk. (=None of us ˹was [were] drunk.)

rise (in prices) Ⓒ. 《☞ ねあがり；こうとう⁴》.

とうき⁴ 登記 ―動 register ㊐. ―名 registration Ⓤ. 《☞ とうろく》. ¶ 彼は新しく建てた家を*登記した He *registered* his newly-built house. **登記所** register office Ⓒ, registry (office) Ⓒ **登記簿** register (book) Ⓒ **登記料** registration fee Ⓒ.

とうき⁵ 投棄 ―動 (捨てる) throw away ㊐ ★ 一般的な語；(ごみなどを投げ捨てる) dump ㊐. 《☞ すてる》.

とうき⁶ 冬季, 冬期 winter (season) Ⓤ; wintertime Ⓤ. 《☞ ふゆ》. ¶ *冬季オリンピック the *Winter* Olympics

とうき⁷ 党規 party rules 《☞ きそく》.

とうぎ 討議 ―動 discuss ㊐ [語法] 必ずしも賛否両論の討論とは限らず, 問題をいろいろな角度から検討すること；(公開の席での討論) debate ㊐ [語法] これは賛否両論に分かれた討論；(特に議会などで) deliberate ㊐. ―名 discussion Ⓤ; debate Ⓤ; deliberation Ⓤ. 《☞ とうろん (類義語)；ぎろん (類義語)》.
¶ 本会議で*討議の末, 法案は通過した The bill was passed after the *deliberation* at the plenary session.

どうき¹ 動機 (誘因) motive Ⓒ; (理由) reason Ⓒ. 《☞ りゆう》.
¶ 警察は犯罪の*動機を調べている The police are inquiring into the *motive* for the crime. // 彼が失踪した*動機は依然なぞです The *reason for* his disappearance is still a mystery. / The *reason why* he disappeared is not yet known. // あなたがマッチ箱の収集を始めた*動機を教えて下さい (⇒ 何があなたにマッチ箱集めを始めさせたか) Tell me *what made* you start collecting matchboxes.

どうき² 同期 **1** «同じ時期»: the same period. ¶ 今年の1月から3月までは昨年の*同期より自動車事故が多かった There were more car accidents in the first three months of this year than in *the same period* of last year.
2 «同じ年の卒業» ―動 (学校で同級である) be in the same class; (同じ年に卒業する) graduate in the same year. 《☞ どうきゅう》.
¶ 彼と僕は高校が*同期です (⇒ 高校で同級だった) He and I *were in the same class* at a high school. // 私たちは会社では*同期だ (⇒ 同じ年に入社した) We entered the company *in the same year*.
同期生 (同級生) classmate Ⓒ.

どうき³ 動悸 heartbeat Ⓒ; (脈搏) pulse Ⓒ, palpitaion Ⓒ ★ 形式ばった語. 《☞ こどう》.
¶ いらいらすると*動悸が速くなる When you are nervous, your heart *beats* faster (than usual). / Nervousness hastens the ⌜*heartbeat* [*pulse*]. // 私は時々ちょっとの間*動悸が激しくなる I sometimes suffer from short attacks of *heart palpitations*.

どうき⁴ 銅器 copper utensil Ⓒ, copperware Ⓤ ★ 前者は主に台所用品を言う.

どうぎ¹ 動議 ―名 motion Ⓒ. ―動 (動議を提出する) move ㊐.
¶ 幾つかの*動議が提出された A few *motions* were ⌜put forward [introduced]. // *動議は採択[否決]された The *motion* was ⌜adopted [rejected]. // 私は*動議に賛成[反対]の投票をした I voted ⌜for [against] the *motion*. // 議長, 議案を直ちに票決に付する*動議を提出します Mr. Chairman, I *move* that the bill be ⌜put [submitted] to the vote immediately. // 緊急*動議 an urgent *motion*

どうぎ² 道義 ―名 morality Ⓤ. ―形 (道義上の・道義的) moral. 《☞ どうとく》.
¶ 政治家は*道義的責任を回避すべきではない A statesman should not evade *moral* responsibility.

どうぎご 同義語 synonym Ⓒ (↔antonym) 《☞ 類義語 (欄外)》.

とうきゅう¹ 等級 grade Ⓒ; (階級) class Ⓒ; (階級上の地位) rank Ⓒ. 《☞ かいきゅう》.

とうきゅう² 投球 ―動 (ボールを投げる) throw (a ball) ★ 一般的な言い方；(野球で投手が) pitch ㊐ ㊒. ―名 (野球での) pitch Ⓒ, pitching Ⓤ. 《☞ 野球の英語 (囲み)》.

とうぎゅう 闘牛 bullfight Ⓒ. **闘牛士** bullfighter Ⓒ; (主役の) matador Ⓒ **闘牛場** bullring Ⓒ.

どうきゅう 同級 ―動 (同級である) be in the same class 《☞ どうき²；どうそう》. ¶ 私たちは*同級です We *are in the same class*. / We are *classmates*. **同級生** classmate Ⓒ.

どうきょ 同居 ―動 (人と一緒に暮らす) live with (*a person*) ㊒; (ある家族の所に下宿する) lodge with (a family). ¶ 私はおじの家に*同居しています (⇒ おじの家に住んでいる) I *live at* my uncle's. // 私たちは*同居しています We *live together*.
同居人 (下宿人) lodger Ⓒ. ¶ 彼の所は (⇒ 彼は) *同居人を置いている He takes in a *lodger*. // 私の家には学生の*同居人がいます A student ⌜*lodges* [*lives*] *with* our *family*. ★ このように動詞で表すことが多い.

どうきょう 同郷 ―動 (同郷である) be [come] from the same ⌜town [state].
¶ 私たちは*同郷です (⇒ 同じ町の出身です) We ⌜*are* [*come*] *from the same town*. // たまたま*同郷の友人 (⇒ 私と同じ地方から来た友人)と出会った I happened to meet a friend of mine who *came from the same province* as me. [語法] このような as の後では, 教養のある人たちでも, いまでは me を用いるのが普通. I や myself は堅苦しい感じとなる.

どうぎょう 同業 ―動 (同業である) be in the same ⌜business [occupation; profession] 《☞ しょくぎょう (類義語)》. **同業者** fellow businessman Ⓒ. 《☞ ぎょうしゃ》.

とうきょく 当局 the authorities ★ 複数形で. ¶ 市*当局の発表によれば, ここに新しいホールが建設される予定だ According to *the* municipal *authorities*, a new hall will be constructed here. // 学校*当局 *the* school *authorities* // 関係*当局 *the authorities* concerned

どうぐ 道具 (大工仕事などの) tool Ⓒ; (各種の器械・器具) instrument Ⓒ; (ある目的のための道具) implement Ⓒ ★ しばしば複数形

と

で；(家庭用品) utensil Ⓒ.
【類義語】最も一般的な語は *tool* で，手仕事のための道具，例えばのこぎりやハンマーなどをいう．この語はしばしば比喩的に用いられ，ある目的のために利用される人を軽蔑的にいうことがある．科学的な器械・器具などは *instrument*．農機具・戦争のための道具など，ある特別な目的のための道具は *implement* で，しばしば複数形で用いる．鍋・かまなどの台所用品は *utensil*．
¶ 大工*道具とはハンマー・のこぎり・かんななどです Carpenter's *tools* are hammers, saws, planes, etc. // その男は少年たちを自分の利益を得るための*道具として使った The man used the boys as a *tool* for his own profit. // 顕微鏡は科学者が使う*道具です A microscope is an *instrument* used by scientists. // 園芸の*道具 gardening *implements* // 台所*道具 kitchen *utensils*
道具係 (芝居の) stagehand Ⓒ **道具箱** tool box Ⓒ.

どうくつ 洞窟 cave Ⓒ《☞ ほらあな》.

とうげ 峠 (山の道) (mountain) pass Ⓒ；(頂上) peak Ⓒ ★ 比喩的にも使う． ¶ 私たちは*峠を越えて車を走らせた We drove our car over the *mountain pass*. // 暑さはいまが*峠だ (⇒ いまが一年で一番暑いときだ) It is *the hottest time* in the year now.
峠を越す ¶ 仕事は*峠を越した (⇒ 私たちは仕事の一番困難な所は終えた) We have finished *the most difficult part* of the work. // 彼の病気はまだ重いが *峠はもう越した (⇒ 危険な時期は通過した) Although he is still very ⌈sick [《英》 ill], he *has passed the crisis*.

どうけ 道化 clown Ⓒ《☞ ピエロ》.

とうけい¹ 統計 statistics ★ 複数扱い．
¶ *統計によれば，日本の人口はこの 60 年間に 2 倍になった (⇒ 2 倍になったことを統計が示している) *Statistics* show that the population of Japan has doubled in the past sixty years. // *統計上，今月の売り上げは減少した There has been a *statistically* significant drop in sales this month. // 気象庁の*統計では昨年はこの 50 年間で一番暑い夏でした According to the *statistics* of the Meteorological Agency, last summer was the hottest in fifty years.
統計学 statistics Ⓤ **統計学者** statistician Ⓒ **統計表** table of statistics Ⓒ.

とうけい² 東経 the east longitude《☞ けいど；ど；せいけい²》.

とうけい³ 闘鶏 cockfight Ⓒ.

とうげい 陶芸 ceramic art Ⓤ《☞ とうき¹》.
陶芸家 ceramist Ⓒ, potter Ⓒ ★ 前者のほうが形式ばった語．

どうけい¹ 同系 ━動 (血統などが同系である) be of the same stock；(会社などが) be affiliated. ━形 (同起源の) cognate；(提携している) affiliated. 《☞ どうぞく》. ¶ この 2 つの民族はもともとは*同系です These two races *are* originally *of the same stock*. // 彼は 2 つの*同系会社を経営している He runs two *affiliated* companies. **同系色** similar color Ⓒ.

どうけい² 同形，同型 ━動 (同形である) be (of) the same ⌈shape [type] 語法 the same shape は外形が同一であること，the same type は種類が同一であること．of のないほうがよく用いられる．《☞ おなじ》. ¶ この 2 つはまったく*同形です These two things *are* exactly (*of*) *the same shape*.

どうけし 道化師 clown Ⓒ《☞ ピエロ》.

とうけつ 凍結 ━動 (物が凍る) freeze ㊀；(財産などを) freeze ㊉. ━名 freeze Ⓒ. 《☞ すえおく》. ¶ 公共料金は 1 年間*凍結されている Public utility charges *have been frozen* for one year. // 90 日間の賃金・物価の*凍結が行われた A 90-day *freeze* on wages and prices has been carried out.

とうけん 闘犬 dogfight Ⓒ 語法 この語は比喩的に「大げんか」とか「空中戦」の意味で使われることが多い．

どうけん 同権 (同じ権利) the same right Ⓒ；(平等の権利) equal right Ⓒ. 《☞ どうとう》. ¶ 男女*同権の社会 a society where men and women have *equal rights*

とうこう¹ 登校 ━動 (学校へ出かける) go to school；(学校に通う) attend school；(学校に着く) arrive at the school；(学校に来る) come to the school 語法 学校を建物・場所として考えている場合には the が付く．
¶ 彼らは週に 5 日*登校する They *go to school* five days a week. // *登校したら (⇒ 学校へ着いたら) すぐ窓を開けなさい Open the windows as soon as you ⌈*arrive at* [*come to*] *the school*. // 彼女は*登校の途中にその事故に会った She ⌈had [met with] the accident *on her way to school*. // 学校はいま夏休み中だが，あすは*登校日だ (⇒ あす全学生が学校に出ることになっている) Although school is out for the summer vacation now, all students are (supposed) to *attend school* tomorrow. // *登校拒否の生徒の数が増えている The number of pupils who refuse to *go to school* is on the increase.

とうこう² 投稿 ━動 (...に原稿を寄せる) contribute (an article) to ...；(...のために原稿を書く) write (an article) for ... ━名 contribution Ⓤ ★「原稿」の意では Ⓒ.
¶ 彼はよくその雑誌に*投稿している He often *contributes* (*an article*) *to* the magazine. / (⇒ しばしば投稿する投稿家だ) He is a frequent *contributor* to the magazine. // この記事は読者からの*投稿です This article is a *contribution* by a reader. // *投稿規約を教えて下さい Please let me know the *contribution* ⌈regulations [rules].
投稿家[者] contributor Ⓒ **投稿欄** the reader's column Ⓒ.

とうこう³ 投降 ━動 surrender (to ...) ㊀. ━名 surrender Ⓤ. 《☞ こうふく²》. ¶ ゲリラのうち何名かは警察に*投降した Some of the guerrillas *surrendered to* the police.

とうごう¹ 統合 ━動 (集めて結束させる・集まって結束する) unite ㊉ ㊀；(統一する) unify ㊉；(個々の関係を調整して結びつける) integrate ㊉；(同じ種類のもの，または既存のものをより緊密に結びつける) consolidate ⊕；(一緒にする)《口語》put together ⊕.　―名 unity Ⓤ；unification Ⓤ；integration Ⓤ；consolidation Ⓤ.《☞ とういつ；へいごう》.

¶ イングランドとスコットランドが*統合して連合王国になった England and Scotland *united* to become the United Kingdom. // 首相は幾つかの政府機関を1つに*統合するつもりだ The prime minister is going to ˹*integrate* [*consolidate*] some government agencies into one. / The prime minister is going to *put* some government agencies *together* (into one).

とうごう² 等号 equal ˹sign [mark] Ⓒ.

どうこう¹ 動向 (趨勢(すうせい)) trend Ⓒ；(事態の展開) development Ⓒ.《☞ すうせい；うごき；どうせい¹》. ¶ 政治家は常に世論の*動向に注意しなければならない Politicians must always keep an eye on the *trend* of public opinion.

どうこう² 同行 ―動 (一緒に行く) go with ...；(同伴する) accompany ⊕ ★ 改まった言い方.《☞ どうはん；つきそう》.
同行者 companion Ⓒ.

どうこう³ 瞳孔 pupil Ⓒ《☞ め¹ (挿絵)》.

どうこうかい 同好会 club Ⓒ 参考 英語ではスポーツ・娯楽などの目的で作られる同好の人の集まりを club というので，特に「同好」という訳語はいらない. しいて「しろうとの」という意味を加えるのなら amateur club Ⓒ (＝アマチュアクラブ) のようにいえばよい.《☞ クラブ》.

¶ 音楽*同好会 a music-lovers ˹*club* [*society*] 語法 society は「会」という意味で，学会・協会など広く用いられる. // テニス*同好会 a tennis *club*

とうこうき 投光器 projector Ⓒ.

とうこうせん 等高線 contour line Ⓒ.

どうこうのし 同好の士 (同じ趣味を持つ人) persons who share the same interest.

とうごく 投獄 ―名 imprisonment Ⓤ ★ 一般的な言い方；(監禁) confinement Ⓤ. ―動 imprison ⊕ ★ 一般的な言い方；jail (《英》gaol) ⊕ 語法 jail も gaol も発音は [dʒéil] で同じ. jail 名 は特に未決囚や軽犯罪者を拘置する場所を指すので，jail 名 を含む動詞句や jail 動 にもそのようなニュアンスが含まれる.《☞ けいむしょ；こうりゅう²》.

¶ この犯罪は10年間の*投獄に値する This offense deserves ten years' ˹*imprisonment* [*confinement*]. // 大統領は多くの反政府分子を*投獄した The president ˹*imprisoned* [*jailed* (《英》*gaoled*)] many anti-government elements.

どうこくじん 同国人 *one's* countryman Ⓒ《複 -men》★「同郷の人」の意味にもなる. 女性は countrywoman Ⓒ《複 -women》.

とうさ 踏査 ―名 (全体的な調査) survey Ⓒ ★ 広い意味の語. 直接足を踏み入れない調査も含む；(探検) exploration Ⓤ；(実地研究) field study Ⓤ.　―動 survey ⊕；explore ⊕；(捜査・調査する) investigate ⊕.《☞ ちょうさ》.

とうざ 当座 ―副 (差し当たり・しばらくの間は) for the time being, for the present, for the moment 語法 第1番目は他よりやや形式ばっており，最後が比較的平易な表現；(現在は) at the moment, at this moment 語法 この2つはその前の3つと異なり，時間的継続を暗示しない；(仮に・臨時に) temporarily.　―形 (現在の) present, current；(いますぐの) immediate.《☞ しばらく (類義語)》.

¶ *当座はこの金を銀行口座に入れておこう Let's put this money in the bank account ˹*for the time being* [*temporarily*]. // これだけの人数があれば*当座は間に合うだろう (⇒ 現在の必要には十分だろう) This many people will ˹do [be enough；be sufficient] for the ˹*present* [*current*] need. 語法 do は口語的. sufficient を使うのはやや堅い言い方. // *当座の費用に (⇒ 当座の必要[出費]に備えるために) 母から5万円借りてある I have borrowed 50,000 yen from my mother to provide for the *immediate* ˹need [expenses].

当座しのぎ (一時の穴うめ) stopgap Ⓒ；(程度の悪い代用物) makeshift Ⓒ；(代わり) substitute Ⓒ.《☞ まにあわせ》 **当座預金** (口座) checking [(《英》current] account Ⓒ; (口座に入っているお金) checking [(《英》current] balance Ⓤ.《☞ よきん》.

どうさ 動作 (動き) movement Ⓒ；(立居振舞い) manners ★ 複数形で；(手まね・身振り) gesture Ⓒ.《☞ みぶり；うごき》.

¶ 彼は*動作が敏捷(びんしょう)だ[緩慢だ] (⇒ 動作においてすばやい[のろい]) He is ˹quick [slow] in his *movements*. / (⇒ すばやく[のろく]動く) He *moves* ˹quickly [slowly]. // 彼女は*動作がしとやかだ (⇒ しとやかな動作をもっている) She has graceful *manners*. / (⇒ 動作においてしとやかだ) She is graceful in her *manners*.

とうさい 搭載 ―動 (積んでいる) carry ⊕；(武器・設備などをつけている) be equipped with ...《☞ そうび》. ¶ その爆撃機は核兵器を*搭載していた The bomber *carried* a nuclear warhead. // その船には最新式レーダーが*搭載されている The ship *is equipped with* the newest type of radar.

とうざい 東西 ―副 (東と西に) on [to] the east and the west；(東から西へ) from east to west.　―名 east and west Ⓤ.

¶ 京都は*東西にそれぞれ低い山脈をひかえている Kyoto has a range of low mountains ˹*on* [*to*] *the east and the west*. / There are low mountain ranges ˹*on* [*to*] *the east and the west* of Kyoto. // この道路は*東西に走っている This road runs *from east to west*. // この市は*東西に10キロある This city stretches ten kilometers *from east to west*. // このことは洋の*東西を問わない (⇒ これは世界のどの部分についても真実である) This is true of ˹*any part* [*all parts*] *of the world*.

どうざい 同罪 ―形 (同じくらい罪がある) equally guilty. ¶ 山田と佐藤は*同罪である Yamada and Sato are *equally* ˹*guilty* [(⇒ 同じくらい責めを負うべき) *to blame*]. 語法 blame を使った言い方は，罪とまではいかないまで

と

も, 広く一般に困ったことをしてしまった場合にも使える.

とうざいなんぼく 東西南北 ―名 north, south, east, (and) west ★ 方位の並べ方はこの順が普通 ; (磁石の 4 つの方位) the cardinal points (of the compass). ―副 (四方に) in all directions. ¶ この城には*東西南北に 1 つずつ門がある (⇒ 4 つ門がある. 北に 1 つ, 南に 1 つ, 東に 1 つ, 西に 1 つ) This castle has four gates : one on the *north*, one on the *south*, one on the *east* and one on the *west*.

とうさく[1] 盗作 ―名 (他人の文章・アイディアなどの無断使用・剽窃(ひょうせつ)) plagiarism Ⓤ ★ 盗作の作品を指す場合は Ⓒ ; (盗用)《口語》 crib Ⓒ ; (文学[芸術]上の盗み) literary [artistic] theft Ⓤ ★ 説明的表現. ―動 plagiarize ⓐ ⓗ ; 《口語》 crib ⓗ ⓐ.

とうさく[2] 倒錯 perversion Ⓤ.

とうさすうれつ 等差数列 〘数学〙 arithmetic progression Ⓒ.

どうさつ 洞察 ―名 (見通す力・眼識) penetration Ⓤ ; (深く, または同情的に理解すること) insight Ⓤ. ―動 (深く見きわめる) see into ...

¶ 彼のこの問題に対する*洞察はすばらしい His *insight* into this problem is remarkable. ∥ 彼はちゃんと我々の真意を*洞察していた He *saw into* our real intention.

洞察力 ―名 insight Ⓤ. ―形 (見抜く力が強い) penetrating. ¶ その社会学者が日本の社会を論じるときはいつもたいへんに*洞察力がある The sociologist ⌈shows [displays] a keen *insight* into Japanese society whenever he discusses it.

とうさん[1] 倒産 ―動 (破産する) go [become] bankrupt. ―名 (破産) bankruptcy Ⓒ. ¶ 今年に入って中小企業の*倒産が増加した There have been more *bankruptcies* of smaller enterprises this year. / More smaller businesses *have gone bankrupt* this year. ∥ 昨年の企業*倒産は約 1200 件だった The number of business *bankruptcies* of last year was roughly 1,200.

とうさん[2] 父さん father Ⓒ 《☞ おとうさん》.

どうさん 動産 movable property Ⓤ, movables ★ 通例複数形で. 前者が一般的.

どうざん 銅山 copper mine Ⓒ.

とうし[1] 投資 ―動 (投資する) invest ... (in ...), make an investment of ... (in ...). ―名 investment Ⓤ ★ 投資金額が続くときは Ⓒ として an を伴う.

¶ 私はその事業に 1 千万円*投資した I *invested* ¥10,000,000 *in* the business. / I *made an investment of* ¥10,000,000 *in* the business. ∥ 設備*投資 *investment* in ⌈equipment expansion [plant and equipment] ∥ 海外*投資 overseas *investment*

投資家 investor Ⓒ　**投資信託** investment trust Ⓤ.

とうし[2] 闘志 (闘う元気) fighting spirit Ⓤ (闘う力量・ファイト) fight Ⓤ ; (軍隊・国民全体など集団の士気) fighting morale Ⓤ.

¶ 彼らは*闘志満々だ (⇒ 闘志をたくさん持っている[闘志に満ちている]) They ⌈have plenty of [are full of] *fighting spirit*. ∥ 彼らには*闘志がない They lack ⌈*fighting spirit* [*fight*].

とうし[3] 闘士 fighter Ⓒ ★ 最も一般的な語 ; (政治運動などの活動家) activist Ⓒ ; (擁護者) champion Ⓒ, defender Ⓒ ; (改革運動家) crusader Ⓒ 〔参考〕 十字軍戦士 Crusader から来た語. ¶ 彼は自由の*闘士だ He is a ⌈*fighter* for [*champion* of ; *defender* of ; *crusader* for] liberty. ∥ 彼は労働組合の*闘士だ He is a labor union *activist*.

とうし[4] 凍死 ―動 (凍え死ぬ) freeze to death, be frozen to death 〔語法〕 前者のほうが普通だが,「寒くて死ぬ思いをする」という意味にもなる ; (寒さで死ぬ) die ⌈from [of] exposure 〔語法〕 freeze to death が凍えることに重点があるのに対し, 死因をいう. ―名 death from exposure Ⓒ. 《☞ こごえる》.

¶ 昨年はこの地域で 10 件の*凍死が記録された Ten *deaths from exposure* were recorded in this area last year. ∥ 彼は山中で立ち往生して*凍死した He was stranded in the mountains and ⌈*died of exposure* [*froze to death*].

凍死者 person frozen to death Ⓒ.

とうし[5] 透視 (X 線による) fluoroscopy Ⓤ.

透視図法 perspective Ⓤ.

とうじ[1] 当時 ―副 then ★ 最も一般的な副詞で, 意味も広い. 次の言い方を用いたほうが強調的 ; (そのとき) at that time ; (その時代) in those days 〔語法〕 以上は 形 としても用いられる. その場合 then は名詞の前に置き, その他の句は名詞の後に置く. 《☞ そのころ》.

¶ *当時, 私は子供だった I was a child ⌈*then* [*at that time* ; *in those days*]. ∥ 終戦*当時 (⇒ 戦争が終わったとき[戦争の終わりには]) 彼は中国にいた He was in China ⌈*when* the war ended [*at* the end of the war]. ∥ この会社は創立*当時は (⇒ 創立時には) 従業員がわずか 10 人だった This company had a staff of only ten *at the time of* its foundation. ∥ *当時最も人気のあった (⇒ そのとき[その時代に] 最も人気のあった) ボーカルグループはおそらくビートルズだろう The most popular vocal group ⌈*at that time* [*in those days*] was probably the Beatles. ∥ 彼らは同窓会を開き, 楽し[苦し]かった*当時をしのんだ (⇒ 記憶を新たにした) They held a reunion and refreshed their memories *of those* ⌈happy [tough] *days*.

とうじ[2] 湯治 ―名 hot spring cure Ⓒ. ―動 (温泉で療養する) take the cure at a hot spring(s) 〔語法〕 hot spring は 1 箇所でも複数形になることがある.

¶ 神経痛には*湯治が効く A *hot spring cure* ⌈works [is good] for neuralgia [n(j)urǽldʒə]. ∥ 彼は草津で*湯治をした He *took the cure at* Kusatsu. / He went to Kusatsu to *take the cure*. 〔語法〕 草津が温泉場であることがわかっていれば hot springs, spa などはいらない.

湯治客 visitor at a hot springs Ⓒ　**湯治場** hot springs ★ 複数形で ; spa Ⓒ.

とうじ[3] 答辞 speech in reply Ⓒ. ¶ 彼は卒業生を代表して*答辞 (⇒ 別れのスピーチ) を述

べた He ʻmade [read] a *farewell speech* representing the entire graduating class.

とうじ[4] 冬至 the winter solstice.

どうし[1] 同志 (仲間) companion Ⓒ, comrade Ⓒ 【語法】 後者は「(共産党)党員」,「同志党員」の意味もあるので, そのほかの場合には避ける人が多い. ((例) *同志周恩来 *Comrade* Chou En-lai); (同類のメンバー) fellow member Ⓒ. (☞ なかま (類義語); -どうし).

¶ 彼はその政治運動における私の*同志だった He was my ʻ*comrade* in [*fellow member* of] that political movement. / (⇒ 彼と私はその政治運動の中で共に戦った) He and I ʻ*worked* [*fought*] *together* in that political movement.

どうし[2] 動詞 ―[名] verb Ⓒ. ―[形] (動詞の) verbal.

-どうし …同士 fellow Ⓒ ★ 他の名詞の前に添えて形容詞的に用いる. ¶ 学生[同国人・同郷人]*同士 *fellow* ʻstudents [countrymen] // 兄弟*同士で (⇒ 兄弟の間で) けんかはよしなさい Don't (make a) quarrel *among brothers*. // 彼らは恋人*同士だ They are in love. / They love each other. ★ このように日本語の「同士」にこだわる必要のないときもある.

どうじ 同時 **1** «時が同時» ―[形] (瞬間的に同時の) simultaneous [sàiməltéiniəs, sìm-]; (時間的に並行して起こる) concurrent ★ いずれもやや改まった語. ―[副] (同時に) at the same time, at once 【語法】 ほぼ同意だが, 前者が普通. at once は「直ちに」の意味にもなる; (瞬間的に同時に) simultaneously; concurrently. ―[接] (…するとすぐ) as soon as …; (…するとたんに) the moment …

¶ 地震と火山の噴火とは*同時だった (⇒ 同時に起こった) The earthquake and the volcanic eruption occurred ʻ*at the same time* [*simultaneously*]. / (⇒ 地震は噴火と同時だった) The earthquake was *simultaneous with* the volcanic eruption. // みんなが*同時にしゃべった Everybody spoke *at once*. // 彼らはベルの音と*同時にベッドから飛び起きた (⇒ ベルの音とともに) They jumped out of bed *with* the sound of the bell.

2 «価値・重要度などが同じ» ―[副] (…であるとともにまた) at the same time; (また一方では) on the other hand. ―[接] (…である一方) while …; (しかしまた) but …

¶ 鉄道の旅は経済的で, *同時に安全でもある Travel by rail is economical, and, *at the same time*, safe. / (⇒ 経済的であることと安全であることとの両方である) Travel by rail is *both* economical *and* safe. // 電話は便利だが, *同時に人々を筆不精にする (⇒ 便利だが, 一方) The telephone is convenient, but, *on the other hand*, it makes people lazy at writing. / (⇒ 便利である一方) *While* the telephone is convenient, it makes people lazy at writing.

同時通訳 ☞ 見出し.

とうしき 等式 〘数学〙 equality Ⓒ (↔ inequality).

とうじき 陶磁器 ceramics ★ 複数形で. 陶器・磁器・土器を含む意味の広い語; chinaware Ⓤ ★ 狭い意味では磁器だが, 広い意味では ceramics と同意. (☞ とうき[1]; じき[5]).

とうしきっぷ 通し切符 through ticket Ⓒ.

とうじしゃ 当事者 (人) person concerned Ⓒ; party concerned Ⓒ 【語法】 1人の人を指す場合もあれば, 立ち場を共にする人々の1群を指す場合もある. concerned party という語順でも用いられる; (利害関係者の1人または1群) interested party Ⓒ. (☞ とうにん).

¶ 結論は*当事者間の話し合いの結果にゆだねられた The conclusion was left (up) to the outcome of the conference between the ʻ*persons* [*parties*] *concerned*.

とうしつ 等質 ☞ どうしつ[2]

と

とうじつ 当日 (約束の日) the appointed day; (…の日) the day ʻfor [of] …; (その日) that day 【語法】 日本語の意味をくんで意訳する必要がある.

¶ *当日 (⇒ その日) は朝早くからいい天気だった On *that day* the weather was beautiful from early in the morning. // 卒業式の*当日 (⇒ まさにその日) に彼は交通事故にあった On *the very day of* the graduation ceremony, he met with a traffic accident. // この切符は発売*当日限り有効《切符の表示》 This ticket is ʻvalid [good] only for *the day of* issue.

当日券 (当日に売られる切符) ticket sold on the day of performance Ⓒ.

どうしつ[1] 同室 ¶ 彼は私と*同室だ (⇒ 彼は私と部屋[事務所]を共有している) He *shares* ʻ*a room* [*an office*] *with* me. / (⇒ 彼は私のルームメートだ) He is *my roommate*.

どうしつ[2] 同質 ―[形] (質が同じで) the same in quality, of the same quality ★ この2つは特に「質の良さが同じ」の意; (材質が同じで) the same in material, of the same material. ¶ この2つの織物は色こそ違うが*同質だ These two textiles are of different colors but are ʻ*the same in* [*of the same*] *quality*.

どうじつ 同日 (同じ日) the same day; (まさに同じ日) the [that] very same day ★ very は same の強調. ¶ 彼は午前10時に日本に着き, *同日午後5時にはヨーロッパに向けて発った He arrived in Japan at 10 a.m. and left for Europe at 5 p.m. on ʻ*the* [*that*] (*very*) *same day*. 【語法】 that のほうが強調的.

どうじつうやく 同時通訳 (同時通訳の行為) simultaneous [sàiməltéiniəs] interpretation Ⓤ; (同時通訳者) simultaneous interpreter Ⓒ. (☞ つうやく). ¶ *同時通訳ができる人は数少ない There are only a small number of people who can do *simultaneous interpretation*.

どうして **1** «なぜ»: why (☞ なぜ; 理由の表し方 (囲み)).

2 «どのようにして»: how. ¶ 彼はいまごろ*どうしているだろう I wonder *how* he is getting along now. // 私は*どうしてよいか (⇒ 何をすべきか) わからなかった I didn't know *what to do*.

どうしても ¶ *どうしてもうまくいかない It

doesn't work *at all.* / It *simply* doesn't work. // 窓は*どうしても開かなかった The window *wouldn't* open. ★ would を強く発音する. // 戸は*どうしても閉まらない The door *won't* close. ★ won't は強く発音する. // 私は*どうしても彼女の名前が思い出せない I can't, *for the life of me,* remember her name. [語法] for the life of me は否定構文を強調する熟語. // 彼は*どうしてもそれを買うと言って聞かない (⇒ 買うと言い張る) He *insists on* buying it. // 私は*どうしてもそれが欲しい I ˹want [need] it *badly.* // 私は*どうしても (⇒ 好むと好まざるとにかかわらず) 家を売らなくてはならなかった I had to sell my house *whether I liked it or not.* //「どうしてそんなことをしなくてはならないのですか」「*どうしてもだ (⇒ 質問をせずに, ただ実行せよ)」"Why do we have to do such a thing?" "*Don't ask questions.* Just do it."

【参考語】—副 (全然…でない) not … at all; (単に・まったく) simply; (とても・ひどく) badly, desperately; (ぜひとも) by all means; (どんな犠牲を払っても) at all costs, at any cost, at all risks; (どうしても…できない) not … for the life of me. —動 (どうしても…すると言い張る) insist (on …) 自. —助 (…しようとしない) will not, would not ★ 強い意志を表す; (…しなければならない) have to, must.

とうしばんごう 通し番号 serial [consecutive] numbers ★複数形で. serial のほうが普通.

とうしゃばん 謄写版 —名 mimeograph [mímiəgræf] Ⓒ. —動 (謄写版で刷る) mimeograph 他. 《☞ いんさつ; プリント》.

とうしゅ1 投手 pitcher Ⓒ《☞ 野球の英語 (囲み)》. ¶ 彼はきのうの試合で*投手だった He was the *pitcher* in yesterday's game.

とうしゅ2 党首 leader [head] of a political party Ⓒ [語法] 実際の党首の正式の肩書きには, president, chairman などの語が用いられるのが普通; party ˹leader [head] Ⓒ ★略式な言い方. 《☞ 政治・経済 (囲み)》.

どうしゅ 同種 the same kind 《☞ おなじ; しゅるい (類義語)》.

とうしゅう 踏襲 —動 (…に従う) follow 他; (…の足跡をたどる) follow in *a person's* footsteps. ¶ 新しい社長は前社長のやり方を*踏襲するだろう The new president will *follow in* the former president's *footsteps.* / (⇒ 前社長によって定められたコースを続けるだろう) The new president will *continue the course set by* the former president.

どうしゅく 同宿 —動 (同じ宿に泊まる) stay ˹at [in] the same ˹place [hotel; inn]; (同じ家に下宿する) lodge ˹at [in] the same house. ¶ 私は彼と*同宿した I *stayed* ˹*at* [*in*] *the same* ˹*place* [*hotel; inn*] ˹*that* [*as*] he did. // 私は学生時代は彼と*同宿だった I *lodged in the same house* with him in my school days.

とうしょ1 投書 —名 letter Ⓒ [語法] 文脈からその手紙が投書であることが明らかである場合; (手紙による苦情) complaint by letter Ⓒ; (手紙による提案) suggestion by letter Ⓒ. —動 (投書する) write (a letter) to … ¶ たくさんの*投書が読者から寄せられた We have received a lot of ˹*letters* [*complaints by letter; suggestions by letter*] from our readers. // 彼はその新聞に*投書した He *wrote* (*a letter*) *to* (the editor of) the newspaper.
投書箱 suggestion box Ⓒ **投書欄** letters-to-the-editor column Ⓒ [参考] 新聞・雑誌などの見出しとしてはよく 'To the Editor', 'Letters' などが用いられる.

とうしょ2 当初 —名 (初め) beginning Ⓒ, start Ⓒ (↔ end). —形 (もともとの) original. 《☞ はじめ; さいしょ》. ¶ その計画は*当初から失敗だった The plan was a failure *from the* ˹*beginning* [*start*]. // *当初の計画は遂行不可能となった It became impossible to carry out the *original* plan.

とうしょう 凍傷 —名 frostbite Ⓤ. —形 (凍傷にかかった) frostbitten. ¶ 手が*凍傷にかかった My hands were *frostbitten.*

とうじょう1 登場 —動 (現れる) appear 自, make an appearance; (芸能界などにデビューする) make *one's* debut [déibju:]; (舞台に出場する) appear on the stage. —名 appearance Ⓒ. 《☞ あらわれる》.
¶ この劇の主人公は第 2 幕で*登場する The hero of this drama ˹*appears* [*makes his first appearance*] (*on the stage*) in the second act. // 蒸気機関車は 19 世紀初頭に初めて*登場した Steam locomotives ˹*appeared* for the first time [*made their first appearance*] at the beginning of the 19th century. // ハムレット*登場《芝居のト書きの文句》*Enter* Hamlet / Hamlet *enters*
登場人物 (劇・小説などの) character Ⓒ.

とうじょう2 搭乗 —動 (飛行機・船に乗る) board 他, go on board 他 自, go [get] aboard 他 自; (乗り込む) get on 他 自 ★動作に主眼が置かれる口語的な言い方. —名 boarding Ⓤ, embarkation Ⓤ ★後者は少し改まった語. 《☞ のる1 (類義語); 旅行 (囲み)》.
¶ 所持品検査 (⇒ 危険物検査) の後で飛行機に*搭乗した We ˹*boarded* [*went on board; went aboard; got aboard; got on*] the plane after the security ˹inspection [check]. // ご*搭乗のお客様は 5 番ゲートからご*搭乗下さい (⇒ 5 番ゲートを通って乗って下さい) All *passengers* will please *board* through gate No. 5. 《空港でのアナウンスの 1 例》
搭乗員 (乗組員) the crew ★集合的に用いる; (1 人 1 人の乗組員) crewman Ⓒ《複 -men》, crew member Ⓒ **搭乗券** boarding ˹card [pass] Ⓒ **搭乗者** (乗客) passenger Ⓒ.

どうじょう1 同情 —名 sympathy Ⓤ; compassion Ⓤ; pity Ⓤ ★以上いずれも具体的な事実をいうときは Ⓒ. —動 sympathize (with …) 自; pity 他. —形 (同情的な) sympathetic.
【類義語】相手や他人の気持ち・苦しみ・悲しみなどを理解して, ともに苦しみ, 悲しむような感じでの同情は *sympathy* という. 従って *sympathy* は日本語では「同情」のほかに,「同感」「共鳴」などに当たることもあることに注意. ((例) 私は彼の考えには*共鳴できない I have no *sympathy*

with his idea.). 強い同情を感じて, 積極的に助けてやろうというような気持ちが含まれる同情は **compassion**. また, 自分より弱い者・下の者に, 高い地位, 優越した立場から哀れみを持つ同情は **pity** という. 従って哀れな動物・子供・どうしようもない哀れな立場の人などに対する同情を表す. 《☞ おもいやり》
¶ 私はその貧しい人々に*同情する I feel ⌈*sympathy for* [*sympathetic to*] the poor people.
私たちは皆両親をなくしたその子に*同情した We all *sympathized with* the child who had lost his parents. / All of us felt *pity for* the child who had lost his parents.
被災者に世間の*同情が集まった (⇒ 寄せられた) Public *sympathy* went to the victims.
奥さんに逃げられたなんて, 彼には*同情するよ I *pity* him that his wife left him. [語法] pity には「彼は哀れなやつだな」という多少の嘲笑が含まれることがある.
あなたにご*同情申し上げます I *sympathize with* you. / (⇒ あなたは私の同情を受けている) You have my *sympathies*. [語法] このような場合には pity を用いてはならない.
彼女は*同情から彼と結婚した She married him out of ⌈*sympathy* [*pity*]. [語法] pity を用いると「かわいそうだから結婚してあげた」というような感じになる.
*同情なんかして(⇒ 哀れんで)欲しくない I don't want to *be pitied*.
*同情ストライキ a *sympathetic* strike / a *sympathy* strike
その話は彼女に対する人々の*同情心をかき立てた The story ⌈aroused [excited] people's *sympathy* for her.

どうじょう2 同乗　―[動] (一緒に乗る) ride with ... ; (車などに人を乗せてやる) give *a person* a ⌈lift [ride]　[語法] lift を用いると, 歩いている人を拾って乗せてゆく意味が強くなる. 《☞ のる1 (類義語) ; のせる1 (類義語)》. ¶ 彼の車に*同乗させてもらった He *gave me a* ⌈*lift* [*ride*] in his car.

どうじょう3 同上　―[代] (上と同じ) the same as (stated) above.　―[名] (記号として) ditto Ⓒ 《複 ~s ; 略 do.》 [参考] なお「同上」の記号としては (〃) も用いられ, これを ditto mark Ⓒ という.　―[形] (同上の) above-mentioned.

どうじょう4 道場 (学校) school Ⓒ ; (体育館) gym Ⓒ, gymnasium Ⓒ 《複 ~s, gymnasia》 [参考] gym は gymnasium の略語 ; (仏教などの) seminary Ⓒ [参考] 日本の武道などの修行に当たる考え方が英米にはないので, それを行う場所としての「道場」に対するぴたりとした訳語はない. ¶ 私は M*道場で柔道を学んだ I learned *judo* at M *Judo School*.

どうしょくぶつ 動植物　animals and plants ★ 複数形で.

とうじる 投じる　**1** 《投げる・投げ込む》: (投げる) throw (他) ; (飛び込む) plunge (into ...) (自). 《☞ なげる (類義語)》. ¶ 彼は海中に身を*投じた He ⌈*threw* himself [*plunged*] *into* the ocean.
2 《比喩的な意味で》: (票を投ずる) cast (他) ; (加わる) join (他). ¶ 私はその候補者に清き一票を*投じた I *cast* an honest vote for the candidate. // 彼は反逆者の群に身を*投じた (⇒ 加わった) He *joined* a group of rebels.
3 《つぎ込む》: (使う・費す) spend (他) ; (支払う) pay (他). 《☞ つぎこむ》. ¶ 彼は大金を*投じてその土地を買った He *paid* a great deal of money *for* the land.

どうじる 動じる　―[動] (心を揺すられる) be shaken ; (心を乱される) be perturbed ★ 形式ばった言い方.　―[形] (動じやすい) excitable. 《☞ どうよう2》.
¶ 彼は何事にも*動じない (⇒ いつも落ち着いて静かである) He is always *calm and quiet*. / (⇒ 何事にも心を乱されない) He *is* never ⌈*shaken* [*perturbed*] by anything. // あの人は物事に*動じやすい人だ (⇒ すぐに興奮する人だ) He is a very *excitable* person.

とうしん 答申　―[名] (報告書) report Ⓒ. ―[動] (報告する) report (自) ; (報告書を提出する) submit a report. ¶ 審議会はその問題について総理大臣に*答申した The council ⌈*reported* [*submitted a report*] on the issue to the Prime Minister. **答申案** draft of a report Ⓒ **答申書** report Ⓒ.

-とうしん …等親 ¶ 1*等親 a relation in the first *degree* // 2*等親 a relation in the second *degree*

どうしん 童心 (子供の無邪気さ) innocence of a child Ⓤ ; (子供時代の無邪気さ) innocence of *one's* childhood Ⓤ. 《☞ てんしんらんまん》. ¶ *童心に帰ることができればよいのだが I wish I could regain the *innocence of my childhood*.

どうじん 同人 (グループ) coterie [kóutəri(:)] Ⓒ, group Ⓒ ★ 後者のほうが意味の広い一般的な語 ; (グループの中の 1 人) member of a ⌈coterie [group] Ⓒ.
¶ 彼らは『プレリュード』という名前の文学*同人を結成した They formed a literary ⌈*coterie* [*group*] named 'Prelude'. // 私は雑誌『ポエトリー』の*同人です I am a *member of a literary coterie* which publishes a magazine *Poetry*.
同人雑誌 literary coterie magazine Ⓒ.

とうしんじさつ 投身自殺　―[動] (身投げする・入水(じゅすい)自殺する) drown *oneself*.

とうしんだい 等身大　―[形] life-size(d). ¶ 王様の*等身大の絵 the *life-size* picture of the king

とうすい 陶酔　―[動] (…に心を奪われる) be fascinated (with ...) ; (酔ったように夢中になる) be intoxicated (with ...) ; (…に魅了されている) be charmed (by ...). 《☞ うっとり》.
¶ 私は景色の美しさに*陶酔した I *was fascinated with* the beauty of the scenery. / (⇒ 美しい景色が私の心を奪った) The beautiful scenery *fascinated* me. // 自己*陶酔 narcissism

どうすう 同数　the same number 《☞ おなじ》. ¶ A 組と B 組は生徒数が*同数だ (⇒ 同じ数の生徒がいる) There are *the same number* of students in classes A and B.

と

どうせ ★この言葉に当たる1語での適当な訳語はないことが多く，普通は種々の構文によるニュアンスで表す.
¶ *どうせ行くなら (⇒もし行きたいのなら) 早いほうがいいよ Start early *if* you want to go. // *どうせ受からないなら (⇒もしも試験に合格する望みがないなら) 受験したくない I don't want to take the exam *if* there's no hope of passing it. // 彼は*どうせ来ない (⇒結局は現れない) に決まっているさ I'm sure he won't show up *after all.* //「君はずいぶんばかだな」「*どうせ僕はばかだよ」"What a fool you are!" "*I know* I'm a fool." / (⇒「君は何てばかなんだろう」「君が僕をばかだと思っても僕は気にはしないよ」) "How stupid you are!" "I won't be bothered *if* you think I'm stupid."

とうせい¹ 統制 ―图 (権力などを用いて抑制すること) control Ⓒ; (ある規制・基準を当てはめて取り締まること) regulation Ⓤ ★手段などの具体的なことを表す場合はⒸ. ―動 (統制する) control ⓗ; (統制を行う) exercise [impose; institute] controls (over ...); regulate ⓗ.
¶ 政府の厳重な物価の*統制が必要だ (⇒政府はもっと厳重な物価の統制をしなくてはならない) Government must *impose* strict price *controls.* // 戦時中は物価が厳しく*統制されていた Prices *were* strictly *regulated* during the war. 語法 このregulateはcontrolとほぼ同意だが, 基準となる規則・方針が細かくできていたというニュアンスがある. // もう*統制を解除してもよい時期だ It's time to ˹remove [ease; lift] the *controls.* // 戦争中は検閲によって思想・出版の*統制が行われた Thought *control* was exercised during the war through censorship. // その当時は何もかも政府に*統制されていた Everything was *under* government *control* in those days.
統制経済 controlled economy Ⓤ.

とうせい² 当世 ―形 (現在の) present, present-day ★前者のほうが一般的で広い意味の言葉; (今日の) today's; (近代の) modern; (最近の) latest. 《☞ こんにち》.
¶ それが*当世風なんですよ (⇒それがいまのあり方だ) That's *the way it is.* / (⇒それが最近の風潮だ) That's the *latest* fashion.

どうせい¹ 動静 (情勢) situation Ⓒ; (物事の現状) the present state of things; (どのように物事が運んでいるか) how things are going (on); (動き) movement Ⓒ. 《☞ じょうせい; うごき; どうこう¹》.
¶ その国での*動静 (⇒政治情勢) はわからない We have no information on *the political situation* in that country. // 革命家たちのその後の*動静 (⇒どうなったか) は知られていない It is not known *what has become of* the revolutionaries. // 警察はその暴力団の*動静を監視し続けている The police are watching the *movements* of the group of gangsters.

どうせい² 同棲 ―图 (未婚の男女の) cohabitation Ⓤ; (一般的にだれでも一緒に住むこと) living together Ⓤ. ―動 cohabit (with ...) ⓐ; live together ⓐ. 《☞ すむ¹》.
¶ 若い男女の*同棲についてどう思いますか What do you think of *cohabitation* of young men and women? // 彼は彼女と半年間*同棲した He *cohabited with* her for half a year. // 我々は同じアパートに*同棲した We *lived together* in the same apartment.

どうせい³ 同姓 (同じ姓) the same family name Ⓒ, the same surname Ⓒ. ¶ この学校には*同姓の人が多い There are a number of people who have *the same family names* in this school. // 彼女は私と*同姓同名なんです (⇒彼女は私のと同じ家族名と名前を持っている) She has *the same family name* and the same given name as mine.

どうせい⁴ 同性 ―形 (同性の) of the same sex. ¶ 女性は*同性に厳しい Women are hard on other members *of their own sex.*

どうせいあい 同性愛 homosexual [lesbian] love Ⓤ 語法 homosexualは男女両性に用いる. lesbianは女性の場合; homosexuality Ⓤ; (女性の) lesbianism Ⓤ. ¶ *同性愛の人 a ˹*homosexual* [*lesbian*]

とうせき 投石 ―動 throw a stone (at ...).

どうせき 同席 ―動 (...にいる・出席する) be (at ...); (...と一緒に出席する) attend a meeting with ...; (...と一緒に座る) sit with ..., sit next to ... ―图 (同席の人々) those present; (一緒にいること) company Ⓤ.
¶ 私も*同席しました (⇒私もそこにいました) I *was there, too.* // *同席の人の中には有名な学者もいました Among *those present* were some famous scholars. //「あなたと*同席できてとても楽しかったです (⇒私はあなたと一緒にいるのをたいへん楽しみました)」「私もですよ」"I enjoyed *your company* very much." "I enjoyed yours, too." 語法 同席して談笑した相手と別れるときによく言う言葉.

とうせん¹ 当選 **1** «選挙で選ばれる» ―動 be elected; (選挙に勝つ) win an election (↔ lose an election); (国会議員に選ばれる) be returned (to the Diet). 《☞ せんきょ¹; 政治・経済 (囲み)》.
¶ 市長選挙で田中氏が*当選した (⇒市長に選ばれた) Mr. Tanaka *was elected* mayor. // 今度の総選挙では社会党の立候補者が*当選するだろう The socialist candidate will ˹*be returned to the Diet* in [*win*] the coming general election. // 彼は*当選の見込みはない He has no chance of ˹*being elected* [*winning the election*]. // 彼は*当選確実だ (⇒見込みが高い) He has a ˹fair [good] chance of *winning the election.*
2 «懸賞に当たる» ―動 win a prize 《☞ とうせん²; にゅうせん》. ¶ 彼女の作文が1等に*当選した Her essay *won* (the) first *prize.* // 彼はスピーチコンテストで1等に*当選した He ˹*won* [*took*; *got*] (the) first *prize* in the speech contest.
当選者 (選挙での) successful candidate Ⓒ; (選ばれた人) person who was elected Ⓒ; (懸賞の) prize winner Ⓒ.

とうせん² 当籤 ―動 win a prize 《☞ あ

たる；くじ》. ¶ 彼は宝くじで 1 等に*当せんした He *won* (the) first *prize* in the public lottery. // *当せん番号は次のとおりです The ˹*lucky* [*winning*] numbers are as follows. // *当せん券 the ˹*lucky* [*winning*] ticket

とうぜん[1] 当然 ― 形 (当たり前の) natural；(道理にかなった) reasonable；(予期していた) expected；(予測された) predicted. ― 副 (もちろん) of course；(当たり前のこととして) naturally；(理にかなったこととして) reasonably. (☞ あたりまえ；もちろん》.

¶ 彼があなたに腹を立てるのは*当然だ It is (quite) *natural* for him to get angry with you.

彼がそれを要求するのは*当然だ (⇒ 理にかなっている) It is *reasonable* that he (should) demand it. / It is *reasonable* for him to demand it. / He is *reasonable in* his demand.

それは*当然の (⇒ 予期されたとおりの) 結果だ It is an *expected* result.

「私は行かなくてはなりませんか」「*当然です」"Do I have to go?" "Yes, *of course*, you do."

*当然彼はその金を払わなくてはならない *Of course* [*Naturally*] he must pay the money.

現在では言論の自由は*当然のことと受け取られている Nowadays freedom of speech is taken as *a matter of course*. 語法 a matter of course で「当然のこと」という言い方.

我々はその事実は*当然のことと思った We *took* the fact *for granted*. 語法 take ... for granted で「...を当然のことと思う」という言い方.

あなたにはその支払いを要求する*当然の権利がある (⇒ 十分な権利がある) You have a *full* right to demand the payment.

とうぜん[2] 陶然 ¶ 私は一杯の酒で*陶然とした (⇒ 気持ちが安らかになった) I felt *relaxed over* a cup of sake. / (⇒ 少し酔った) I *got tipsy* on a cup of sake.

どうぜん 同然 ¶ 彼はこじき*同然だ He is *no better than* a beggar. // 彼女は死んだも*同然です She is ˹*practically* [*virtually*] dead. // 彼は自分の誤りを認めたも*同然だ He *practically* admitted his error. // 我々はもうその仕事を完成したも*同然だ (⇒ もうほとんど完成した) We have *almost* completed the work. // それはただ*同然だ (⇒ ほとんどただと同じである) It's *almost* for nothing. // この車は新品*同然だ (⇒ 新品と同じぐらい質がよい) This car is *as good as* a brand-new one. / (⇒ あたかも新品のように見える) This car *looks like* a brand-new one. // その金を彼にやるのは捨てるのも*同然だ (⇒ 捨てたほうがましだ) You *might as well* throw away the money as give it to him. (☞ どうよう[1]；おなじ》

【参考語】(...と同じぐらい；...と変わらない) no better than ...；(ほとんど...) almost；(...のように見える) look like ...；(あたかも...のようだ) look as if ... 語法 普通は as if 以下には仮定法動詞が用いられる. (☞ 仮定の表現 (囲み)》；(ちょうど...のようだ) look just like ...；(...と同じぐらいよい) as good as ...；(実際には・事実上) practically, virtually, actually, in reality；(...と同じ) the same as ...

どうぞ (どうぞ...して下さい) please 語法 「どうぞ...して下さい」という意味の丁寧な表現は, please 以外にも単語によらずにいろいろな言い方で表現する方法がある；(相手に対する返事として) Certainly, Of course, Sure. 語法 May I ...? などによる許可を求める問いに対して用いる. 初めの 2 つは丁寧な答え方で, ほぼ同意. 3 番目は少しくだけた言い方；《通信》Over. 語法 自分の伝言が一区切り終わったところで, 相手に発信の順番をゆずる信号として言う. (☞ 依頼の表現 (囲み)；丁寧な表現 (欄外)；相づち (囲み)》.

¶ *どうぞお入り下さい *Please* come in. / Come in, *please*. 語法 please はこのように, 命令の前に付けても後に付けてもよい. 文尾に付けたときは上がり調子で言われるのが普通.

*どうぞおかけ下さい *Please* ˹sit down [take a seat]. / *Will you* sit down? 語法 第 2 文の Will you ...? は多少命令調に聞こえる. Will you please ...? と please を入れればもっと丁寧になる. しかし, いくら丁寧に言ってもそれが親切心や礼儀上からの発言であるのか, あるいは命令であるのかは聞き手が状況から判断しなくてはならない. この点については日本語の「どうぞ」も同じである. 答え方は親切心からいすを勧められたのなら "Thank you." と礼を言い, 命令であれば, "All right." "O.K." などと言えばよい.

「*どうぞお茶を召し上がって下さい」「いただきます」"*Please* have a cup of tea." "Thank you."

*どうぞおかまいなく *Please* don't bother.

「ラジオをかけましょうか」「*どうぞお願いします」"Shall I turn on the radio?" "Yes, *please* do."

*どうぞお先に *Please* go ahead. / (⇒ あなたの後から行きます) After you.

「これをちょっと見せていただけませんか」「ええ, *どうぞ」"May I have a look at this?" "*Certainly*. / *Of course*. / *Sure*."

「ちょっと失礼します」「*どうぞ」"Excuse me." "*Certainly*. / *Of course*. / *Sure*." 語法 席をはずしたり, 会話を中断したりいろいろの場合の "Excuse me." に答える場合に用いる.

今度の土曜日の晩のパーティーに*どうぞおいで下さい *Please* come to our party next Saturday evening. / *Will you* come to our party next Saturday evening? / You *are cordially invited* to our party next Saturday evening. 語法 Will you ...? はここでは please とほぼ同じ. You are cordially invited ... は印刷された招待状などの文句.

とうそう[1] 逃走 ― 動 run away 自；(攻撃や危険を逃れて逃げる) take (to) flight；flee 自《過去・過分 fled》 語法 flee はやや文語的な語で, 現在形はあまり用いられず, 過去形・過去分詞形として用いられるのが普通. また現在形には代わりに fly 自 が用いられることがある；(...から逃げる・逃れる) escape (from ...) 自. ― 名 flight U, escape C ★ 前者は形式ばった語. (☞ とうぼう；にげる》.

¶ 敵は*逃走した The enemy *ran away*. /

The enemy *took* (*to*) *flight.* // 敵は山中に*逃走した The enemy ⌈*ran away* [*fled*] into the mountains. // 囚人が*逃走を企てた The prisoners attempted to *escape* (*from* the prison). // 容疑者はまだ*逃走中である The suspect *is* still *at large.* [語法] be at large で「逃走中・まだ逮捕されていない」という意味.

とうそう[2] 闘争 ― [名] (戦い) fight Ⓒ; (困難で激しい) struggle Ⓒ; (利害対立・不和などによる) strife Ⓒ; (労働者のストライキ) strike Ⓒ. ― [動] fight (自); struggle (自). 《☞ たたかい; あらそい》.
¶ 賃上げ*闘争 a *fight* for higher wages // 階級*闘争 the class *struggle* // 権力*闘争 a *struggle* over power // その騒ぎは武力*闘争に発展した The disturbance escalated into an armed *struggle.*
闘争委員会 strike committee Ⓒ **闘争資金** strike funds ★ 複数形で. **闘争方針** strike policy Ⓒ **闘争本能** fighting [combative] instinct Ⓒ.

どうそう 同窓 ¶ 私と彼は*同窓です (⇒ 彼と私は同じ学校に通いました) He and I *went to the same school.* / (⇒ 彼と私は同じ学校を卒業しました) He and I *graduated from the same school.* 《☞ どうきゅう》
同窓会 (組織) alumni association Ⓒ; (会合) reunion Ⓒ [語法] class, college, alumni などの語を付けて a class reunion のように, その内容を明示する. **同窓生** (男) 《米》 alumnus [əlʌ́mnəs] Ⓒ 《複 alumni [-nai]》, (女) 《米》 alumna [-nə] Ⓒ 《複 alumnae[-niː]》.

どうぞう 銅像 bronze statue Ⓒ. ¶ その将軍の*銅像が立てられた The *bronze statue* of the general was ⌈erected [built].

とうぞく 盗賊 (一般的に, 泥棒) thief Ⓒ; (暴力を用いて盗む者) robber Ⓒ; (夜盗) burglar Ⓒ. 《☞ どろぼう》.

どうぞく 同族 ― [形] (同じ一族の) of the same family; (同系の・同一起源の) cognate. 《☞ どうけい[1]》. ¶ 彼らはもとは*同族だ They were originally *of the same family.*
同族会社 family partnership Ⓒ **同族目的語** 〚文法〛 cognate object Ⓒ.

とうそつ 統率 ― [動] (権限をもって命令し, 率いる) command (他), have command ⌈of [over] ...; (指導的な立場で率いる) lead (他), have the leadership of ... ― [名] (指導力) leadership Ⓤ; (部下などの把握) grip Ⓤ. 《☞ ひきいる》. ¶ 彼はなかなか*統率力がある He has shown strong *leadership.* / He is a very good *leader.*

とうた 淘汰 ― [動] (選び出す) select (他); (引き抜く) weed out (他); (排除する) eliminate (他). ¶ 不必要なものは自然に*淘汰される (⇒ 弱者は自然淘汰によって引き抜かれる) The weak(er) *are* ⌈*weeded out* [*eliminated*] *by natural selection.*

とうだい 燈台 lighthouse [láithàus] Ⓒ. ¶ *燈台下(もと)暗し You must go into the country(side) to hear the news ⌈from [of] London. 《ことわざ: ロンドンのニュースは田舎で知る》 **燈台守** lighthouse keeper Ⓒ.

どうたい[1] 胴体 (体) body Ⓒ; (人間などの胴の部分) trunk Ⓒ; (頭・手・足などが欠けている胴体) torso Ⓒ [語法] 石膏像などや, あるいは解剖などで手足・首のないものにのみいう; (飛行機の) fuselage Ⓒ 《☞ ひこうき (挿絵)》.
胴体着陸 ― [名] (飛行機の) crash landing Ⓤ. ― [動] crash-land (自) (他).

どうたい[2] 導体 (電気の) conductor Ⓒ.

とうたつ 到達 ― [動] (ある点まで来る) come to ...; (ある点まで達する) reach (他), arrive at ... [語法] reach のほうが積極的に到達するニュアンスがある; (ある目的を達成する) attain (他), achieve (他) [語法] 後者のほうが困難を乗り越えて到達する意味が強い. また, attain は (自) としても用いられる. ((例) 彼の絵は完成の域に*到達した His painting *attained* (*to*) perfection.). 《☞ たっする; たっせい》.
¶ 我々は同じ結論に*到達した We ⌈*came to* [*reached*; *arrived at*] the same conclusion. // 両国は合意に*到達した The two countries *reached* (an) agreement. / (An) agreement *was reached* between the two countries.

とうち[1] 当地 (この場所) here; (この町[市, 国]) the ⌈town [city; country], this ⌈town [city; country] [語法] 日本語では土地の名前を何度でも繰り返して差しつかえないが, 英語ではしばしば2度目からは代名詞, here, there などの副詞, あるいは定冠詞を伴う表現に置き換えられる. 特に「この…」ということを強調する必要のある場合を除き, this ではなく定冠詞を付けるほうが普通. 《☞ 日本語と英語 (欄外)》.
¶「*当地にはいついらっしゃいましたか」「先週末です」 "When did you come *here*?" "Last weekend." // 私は*当地には10年住んでいます

倒置 (inversion) 英語では主語と述語動詞は普通 <S+V> の語順をとるが, 文法上の必要から <V+S> の語順をとることがある. また強調のためなどで副詞, 目的語, 補語などが文頭に出されたりすることもある. このように通常の語順が転倒することを倒置という. 《☞ 語順 (欄外)》
倒置は次のような場合に起こる.
(1) 疑問文.
<V+S> または <助動詞+S+V> となるのが普通であるが, 主語が疑問代名詞の場合は倒置は起こらない.
¶ 彼はアメリカ人ですか *Is he* an American? // 私と一緒に行きますか *Will you come* with me? // それをどこで手に入れましたか Where *did you get* it? // 何が起こったのですか What has happened? ★ 主語が疑問代名詞の場合.
(2) 感嘆文.
目的語, 補語, 副詞などが what または how に伴われて文頭に来る.
¶ 日没は何と美しいことか *How beautiful* the sunset is! // あんな男を信じるなんて, 何てばかだったのだろう *What a fool* I was to believe such a man!
(3) 祈願文.
¶ 女王万歳 Long *live the Queen.* ★ このような表現は慣用的なもののみに用いられる. // ご多幸を祈ります *May you be* happy! ★ 普通はこのように may を文頭に置く.
(4) 強調のため副詞, 目的語, 補語など, 本来動詞に続くべき述語の一部を文頭に出す場合.
¶ 雨はどしゃ降りに降ってきた *Down came the rain*

I have lived 'here [(⇒この国には) *in this country*] for the past ten years.

とうち² 統治 ―名 (支配) rule Ⓤ; (政治的な統治) government Ⓤ. ―動 (支配する) rule ㊐; (治める) govern ㊐. 《☞ しはい¹ (類義語); おさめる²》. ¶ 英国女王は「君臨するが*統治はしない」The Queen of England "reigns but does not *rule*." 参考 英国の君主制についてしばしば言われる言葉. **統治者** (支配者) ruler Ⓒ; (最高権力者・主権者) sovereign [sάv(ə)rən] Ⓒ.

とうち³ 倒置 〖文法〗inversion Ⓤ《☞欄外》.

とうちゃく 到着 ―動 arrive (at ...; in ...) ㊀ 語法 駅や空港など, あまり広がりを感じない地点に到着するとき, あるいは都市や地域でも地図上の1点と主観的に感じられるときには at を用いるが, 話者がある程度の広がりを感じる場所に到着するときには in を用いる; (到達する・行きつく) get to ..., reach ㊐ ★ 前者のほうがより口語的. ―名 arrival Ⓤ (↔ departure). 《☞ つく²》.

¶ この列車は午前10時に大阪に*到着します This train [We] will *arrive* '*at* [*in*] Osaka at 10:00 a.m. 語法 列車の車掌や乗客などが話すときには we を用いることが多い. // その一行はあす東京[日本]に*到着の予定です The party is scheduled to *arrive in* 'Tokyo [Japan] tomorrow. // 私たちがホテルに*到着したのはもう暗くなってからでした It was sometime after dark that we '*got to* [*reached*] the hotel.

到着時刻 arrival time Ⓒ. ¶ もう*到着時刻を過ぎているのにまだ列車が来ない It's already past the scheduled *arrival time* but the train has not 'come [pulled in] yet. **到着ホーム** arrival platform Ⓒ.

どうちゅう 道中 (旅行) trip Ⓒ, journey Ⓒ; (巡回・観光旅行) tour Ⓒ. 《☞ りょこう (類義語); 旅行 (囲み)》.

¶ *道中ご無事で Have a nice *trip*! ★ 旅に出る人に気軽に言う最も一般的な表現. / I wish you a pleasant *journey*. ★ 第1の文より少し改まった調子. / Bon *voyage* [bɔ̀ːn-vwaiάːʒ]! 参考 元来船旅に出る人に使ったもの. 現在はどの旅行についても使う.

とうちょう¹ 盗聴 ―動 (電話を) tap [put a tap on] (a telephone), wiretap ㊐; (隠しマイクで)《口語》bug ㊐. ―名 tapping Ⓤ; (隠しマイクの)《口語》*bugging* Ⓤ. ¶ 警察は容疑者の電話を*盗聴した The police *put a tap on* the suspect's telephone.

盗聴器 (電話の) wiretap Ⓒ; (隠しマイク) concealed microphone Ⓒ, 《口語》bug Ⓒ.

とうちょう² 登頂 ―動 reach [climb to] the 'summit [top] (of the mountain). ¶ モンブランの初*登頂は1786年になされた The first *ascent* of Mont Blanc was 'made [accomplished] in 1786.

とうちょう³ 登庁 ―動 go to 'work [the office].

どうちょう 同調 ―動 (共感する) sympathize (with ...) ㊀; (先例に従う・先の人のまねをする) follow suit ㊀.

¶ 私はあなた方の方針には*同調できない I cannot *sympathize with* your policy. // その少年が学校をさぼると, 彼の仲間も*同調した (⇒まねした) The boy 'was truant [played hook(e)y] and his playmates *followed suit*. // 彼は過激派に*同調した (⇒同調者になった) He became a *sympathizer* of the radicals.

とうちょく 当直 ―動 (当直中である) be on duty (↔ be off duty) 語法 勤務中という広い意味で, 必ずしも夜や時間外の勤務は意味しない; (夜, 泊まり込みの当直である) stay over on night duty; (見張り番である) stand [be on] watch. 《☞ しゅくちょく》. ¶ 今夜は*当直だ I must *stay over on night duty* today. **当直医** night doctor Ⓒ, doctor on night duty Ⓒ **当直員** official on duty Ⓒ.

とうてい 到底 ―副 (恐らく不可能) (cannot) possibly; (どうしても) (not) by any means; (どうしても) by no means ★ by any means に否定を合わせた形. 前者のほうが意味が強い; (まったく) (not) at all. 語法 by no means を除き, 否定の表現とともに用いる. 《☞ とても》.

¶ それは*到底私の力では及ばない I *cannot possibly* do it. / (⇒私の力のまったく及ばないことだ) It's '*far* [*quite*] beyond my 'power [means].

どうてい 童貞 virginity Ⓤ 語法 英語では日本語のように処女・童貞と男女を分けた言葉を使わず, 上記いずれも男女ともに使う. ただし, 使われる頻度は女性についてのほうが多い. ¶ 彼は*童貞を守っている[失った] He 'keeps [lost] his *virginity*.

どうてき 動的 ―形 dynamic (↔ static).

どうでもよい ¶ 彼が何をしようと私には*どうでもよい Whatever he does '*makes no difference* [*doesn't make any difference*] to me. //

---

in torrents. // 彼女は二度と夫に会うことはなかった *Never did she see* her husband again. ★ 第2文のように文頭に出た副詞に影響されて助動詞 (do, did など) が主語の前に置かれることが多い. // 一行の苦難は実に大きかった *So great were the sufferings* of the party. ★ be動詞を用いる文ではこのように be 動詞が主語の前に置かれる.

(5) 特定の構文で.

(i) There [Here] 'is [are] .... の構文では文法上の主語が動詞の後に置かれる.

¶ テーブルの上に花瓶がある There *is a vase* on the table. // こちらが私が先日話した本です Here *is the book* I mentioned the other day.

(ii) 「...もまた...でない」という nor, neither などを用いる文で.

¶ 私はフランス語が読めないし, 話すこともできない I can't read French, nor *can I speak* it. // 「私は車の運転ができない」「私もそうです」"I can't drive." "*Neither can I*."

(iii) 「...もまたそうだ」という so を用いる文で.

¶「私はおなかがすいた」「私もそうだ」"I am hungry." "*So am I*."

(6) その他, 直接話法の伝達部が被伝達部の後に置かれる場合とか, 仮定法で if が省略された場合や譲歩を表す節で倒置が行われる場合がある. しかし特に後の2つの場合は, やや古い言い方であり, 英作文の場合にはむしろ避けるほうがよい.

彼が行こうが行くまいが*どうでもよい We *don't care* whether he goes or stays. // 彼は俗事など*どうでもいいといった態度だった (⇒無関心な態度をした) He took an *indifferent* attitude toward worldly affairs.

【参考語】 ―動 (気にかけない) do not care ; (関心がない) be not interested in ..., be indifferent to ... ★ 以上3つは「人」が主語 ; (どちらでも変わりがない) do not make any difference to ..., make no difference to ... ; (問題にならない) do not matter. ★ 以上3つは「物」が主語.

どうてん[1] 同点 ―名 (同一スコア) tie Ⓒ ; (同点引き分け) draw Ⓒ. ―動 (...と同点になる) tie ㊐, tie with ... ―形 (同点になる) tying. 《☞ タイ[2] ; ひきわけ ; スポーツ (囲み)》.

¶ 試合は5対5の*同点に終わった The game ended in a ⌈*tie* [*draw*], 5 to 5. // 彼の得点で試合は*同点になった《野球で》 His run *tied* the game. // 彼は9回の裏に*同点ホーマーを打った He hit a *tying* homer at the bottom of the ninth inning.

どうてん[2] 動転 ―動 (動転させる) upset ㊐ ; (動転する) be upset. 《☞ てんとう[2]》. ¶ その知らせで気が*動転した The news *upset* me. / I *was upset* ⌈at [by ; over] the news.

とうとい 尊い ―形 (貴重な・高価で大切な) precious ; (値段が高い) valuable ; (人が高貴な) noble ; (神聖な) holy, sacred. ¶ *尊い教え *sacred* teachings 【語法】 神の教えを意味する. // 自由ほど*尊いものはない Nothing is more *precious* than freedom.

とうとう[1] 到頭 (ついに) at last, at length ★ 否定文では用いない. 前者のほうがより一般的 ; (結局) after all ★ 否定・肯定文のいずれにも用いられる ; (最後に) finally ★ 他の表現よりも「終わり」であることを強調する. 《☞ ついに ; やっと》.

¶ 彼らは*とうとうエベレスト登頂に成功した *At last* they succeeded in reaching the top of Mt. Everest. // 彼は*とうとう駅に現れなかった He didn't show up at the station *after all*. // 彼女は*とうとう僕のプロポーズを受け入れた She *finally* accepted my proposal. // その歌声はだんだんかすかになって, *とうとうもう聞こえなくなった The singing voice grew fainter and fainter, *till* it was heard no more.

とうとう[2] 等等 etc., etc. 【参考】 ラテン語の略語で, et cetera and et cetera と読む ; and so ⌈on [forth] 【参考】 元来は口語ではこちらのほうが普通であったが, 現在ではいずれでもよい. 《☞ -など ; エトセトラ (欄外)》. ¶ 私たちはバター, チーズ, 卵, *等々を買わねばならない We must buy butter, cheese, eggs, *and so on*.

どうとう 同等 ―形 (等しい) equal ; (相当する・全体として...に見合う) equivalent. ―副 equally. 《☞ たいとう[1] ; びょうどう》.

¶ ...と*同等の条件で on *equal* terms with... // この会社では男女は*同等に扱われている In this firm men and women are treated *equally*. // 大学院への入学志願者は大学卒業者, または*同等の学力を有する者でなければならない The applicants for admission to the graduate school must be university graduates or *the equivalent*.

どうどう 堂堂 ―形 (威厳がある) dignified ; (威圧感を与えるような) imposing ; (大きく立派な) grand, stately ★ 前者のほうが口語的 ; (壮大な・雄大な) magnificent. ―副 in a dignified manner ; grandly ; magnificently. 《☞ りっぱ》.

¶ *堂々とした大邸宅 a ⌈*magnificent* [*grand*] mansion // *堂々とした老紳士 a *dignified-looking* old gentleman / an old gentleman *of imposing appearance* 【語法】 後者のほうが少し文語的.

とうとうと 滔々と **1** «流水が» : (堂々と) majestically. ¶ その大きな川は*滔々と流れていた The great river was flowing *majestically*.

2 «弁舌が» : (流暢(りゅうちょう)に) fluently ; (説得力があって) eloquently. ¶ 彼はその問題を*滔々と論じた He spoke *eloquently* on the problem.

どうどうめぐり 堂堂巡り ―動 (考えなどが) go (a)round in circles. ―名 (議論などの) circularity Ⓤ. ¶ 議論が*堂々巡りしてはっきりした結論が出なかった The argument *went* (*a*)*round and* (*a*)*round in circles* ; we did not arrive at any definite conclusion.

どうとく 道徳 ―名 (品行・風紀) morals ★ 通例複数形で, 単数扱い ; (社会的道義・道徳律) morality Ⓤ. ―形 moral (↔ immoral). ―副 morally. 《☞ りんり》.

¶ 彼は*道徳堅固な人物だ He is a man of strict *morals*. // 公衆*道徳 public ⌈*morals* [*morality*] // わが国の商業*道徳の水準はきわめて高い Commercial *morality* is very high in our country. **道徳観念** moral sense Ⓒ **道徳教育** moral education Ⓤ.

とうとつ 唐突 ―形 (不意の・突然の) abrupt, sudden 【語法】 前者は特に人の行為などについていうが, 後者はもっと意味が広く, 病気や自然の出来事などについても用いる ; (思いがけない) unexpected. 《☞ ふい[1] ; とつぜん》. ¶ *唐突な変更 an *abrupt* change // その決定はあまりにも*唐突だった The decision was too *sudden*.

とうとぶ 尊ぶ (尊敬する) respect ㊐ ; (尊重する) value ㊐. 《☞ そんけい ; おもんじる》.

とうどり 頭取 (bank) president Ⓒ ; head Ⓒ ★ 広く「長」を表す一般的な言葉.

とうなん[1] 盗難 ―名 (盗みの行為・盗難事件) theft Ⓒ ; (強奪) robbery Ⓒ ; (押入り強盗) burglary Ⓒ. ―動 (盗難にあう) be burglarized ; be robbed ★ 前者は「家」が, 後者は「人・家・場所」が盗難にあう. 《☞ ぬすみ ; どろぼう ; ごうとう》.

¶ 彼の家は*盗難にあった His house *has been burglarized*. // きのう学校で*盗難があった There was a *theft* at our school yesterday. // *盗難事件の数は最近減っている *Theft* [*Burglary* ; *Robbery*] cases have recently decreased in number. // これらは*盗難品だろうか Are these *stolen* ⌈articles [goods]? // *盗難予防の金庫 a *burglarproof* safe

とうなん[2] 東南 ―名 the southeast 《略

SE, S.E.》 [語法] 英語では南・北を先に置くのが普通. ―形副 southeast. 《☞なんとう》. ¶船は下田の*東南 25 マイルのところにある The ship is located 25 miles *southeast* of Shimoda.

とうなんアジア 東南アジア ―名固 Southeast Asia. ―形 Southeast Asian.

東南アジア諸国連合 the Association of Southeast Asian Nations 《略 ASEAN [ǽsiən]》.

とうに 疾うに (以前に) long ago; (すでに) already. 《☞とっくに》. ¶それは*とうに知っていた I knew it *long ago.* // 正午は*とうに過ぎていた It was *well* past noon.

どうにいる 堂に入る ¶彼の議長ぶりは*堂に入ったものだ (⇒ 彼は議長の職務に熟達している) He *is quite at home* ｢*in* [*with*] the chairmanship. // 彼の英語は*堂に入ったものだ (⇒ 彼は英語を完璧に使いこなす) He *has a perfect command of* English.

どうにか ―副 (なんとかして) somehow (or other), someway, in some way (or other) ★ 以上いずれも口語的でほぼ同意; (ともかくも) anyhow; (かろうじて) barely ★ 肯定的に, かろうじてできたことを意味する. ―動 (工夫してどうにか…する) manage to *do.* 《☞やっと; なんとか; かろうじて》.

¶*どうにか家に帰れた I was able to get home *somehow.* // *どうにか最終列車に間に合った I ｢had *barely* [*barely* had] time to catch the last train. // 彼女は*どうにか生計を立てていくだろう She will *manage to* earn her (own) living.

どうにも (全然…でない) not … at all; (本当に・まったく) really. 《☞どうしても》. ¶あの騒音は*どうにも我慢がならない I *really cannot* stand that noise! // *どうにもならない (⇒ どうにも避けられない) We *can't help* it! / *Nothing can be done* about it.

とうにゅう 投入 ―動 put [throw] … into …; (資金を投資する) invest (money) in …. 《☞つぎこむ》. ¶彼は石油株に巨額の金を*投入した He *invested* a huge amount of money *in* oil stocks. // 彼は全精力をその事業に*投入した He ｢*put* [*threw*] all his energies *into* the enterprise.

どうにゅう 導入 ―動 introduce 他. ―名 introduction U. 《☞とりいれる》. ¶新型機械が工場に*導入された A new type of machine *was introduced* (in)to the factory. // その市の秩序を回復するため警官が*導入された The police *were called in* to restore public order in the city.

とうにょうびょう 糖尿病 diabetes [dàiəbíːti(ː)z] U 《☞病気・病院 (囲み)》.

糖尿病患者 diabetic [dàiəbétik] C.

とうにん 当人 the same person C; (問題の) the said person C; (ある問題の当人) the person in question C, the person concerned C ★ 後者は少し改まった言い方で, 文書などで用いる. 《☞ほんにん; とうじしゃ》. ¶私がその*当人です I am *the person in question.*

とうねん 当年 (今年) this [the current] year ★ [ ] 内は改まった言い方. 《☞ことし》.

どうねん 同年 (暦の上の同じ年) the same year; (同じ年齢) the same age.

¶彼は 1982 年 3 月に大学を卒業し, *同年 4 月に中学教員になった He graduated from college in March 1982 and became a teacher at a junior high school in April of *the same year.* // あの人と私は*同年です He and I are *the same age.* / He is *as old as* I am.

どうねんぱい 同年配 the same age. ¶あの 2 人はだいたい*同年配です The two are about *the same age.*

とうは[1] 党派 (政党) party C; (党中の派閥) faction C. 《☞はばつ; は[4]》. ¶*党派を組む form a ｢*party* [*faction*] // *党派に分かれる split [be divided] into *factions* // 超*党派外交 supra-*party* diplomacy

とうは[2] 踏破 ―動 (踏み歩く) walk 他, travel on foot 自 ★ travel … on foot のような 他 の用法もある; (横断する) cross 他. ¶彼は全行程 2 千キロを*踏破した He *walked* the entire course of 2,000 kilometers.

どうはい 同輩 (同僚) colleague C 《☞どうりょう》.

とうはつ 頭髪 hair U, the hair of the head ★ 普通, 前後関係でわかれば特に of the head を付けなくてもよい. 《☞かみ[3]》.

とうはん 登攀 ―動 climb (up) 他. ―名 climbing U. 《☞よじのぼる》.

とうばん[1] 当番 (順番) turn C; (義務) duty U. ¶日本の学校では放課後に生徒による教室の掃除*当番というのがある In Japanese schools students take *turns* (at) cleaning the (school) buildings after classes are over. // あしたの掃除*当番は君だよ It is your *turn* to clean the room tomorrow.

とうばん[2] 登板 ―動 〔野球〕 take the ｢mound [plate], go to the mound.

どうはん 同伴 ―動 (…と一緒に行く) go with …; (…について行く) accompany 他 ★ 後者はやや形式ばった表現; (人を護衛・保護する意味で付き添う) escort 他. 《☞つれてゆく; つれている; つきそう》.

¶彼は家族*同伴でアメリカへ行った He went to America *taking* his family *with him.* // 社長は旅行に夫人を*同伴した The president *was accompanied* on the tour *by* his wife. // *同伴者なしの未成年者は入場できない They don't let *unescorted* minors in.

とうひ[1] 当否 ―形 (是非) right or wrong; (適不適) proper or improper. 《☞てきひ》. ¶彼の見解の*当否を判断するのは難しい It is difficult to judge whether his view is *right or wrong.*

とうひ[2] 逃避 ―動 (逃げる・逃れる) escape 他 《☞のがれる》.

とうひすうれつ 等比数列 〔数学〕 geometric progression U.

とうひょう 投票 ―動 (賛否の意思表示をする) vote 自; poll 自; ballot 自; (投票の動作をする) cast a ｢vote [ballot; poll]; (…に投票する) give a vote to …, vote for … ―名 vote C; poll C; ballot C; suffrage C.

【類義語】一般的に挙手・起立・投票など，いろいろな手段によって決定することを表す語が ***vote***. 従ってこの語は選挙，一般の投票など，広く用いられる. 特に選挙の投票，あるいは意見の調査などの投票が ***poll***. 投票用紙を使って無記名の秘密投票をするのが ***ballot*** で，「投票用紙」の意味にもなる. 投票する動作に重点を置く言い方が ***cast a ｢vote [ballot ; poll]*** で，投票による意見の表明を意味するのが ***suffrage***. なお，この語は「参政権・投票権」の意味でよく用いられる. その場合はⓊ.《☞ せんきょ[1]；とくひょう；政治・経済 (囲み)》

¶ 我々はその法案に賛成[反対]*投票をした We ｢*voted* [*cast a vote*] ｢for [against] the bill. // その問題は*投票にかけることになった The question was to be *put to a vote*. // *投票の結果，賛成12，反対8だった The *vote* stood at twelve ayes and eight nays. // 青木氏が第2回の*投票で議長に選ばれた Mr. Aoki was elected chairman on the second *ballot*. // 総選挙で小林氏が最高*投票数で当選した Mr. Kobayashi was elected at the top of the *poll* in the general election.

> 投票のいろいろ
>
> 無効投票 spoild [invalid] vote, 記名投票 open vote, 無記名投票 secret vote, 決戦投票 decisive [final] ballot, 信任投票 vote of confidence, 不信任投票 vote of nonconfidence

投票権 voting rights ★ 複数形で. **投票者** voter Ⓒ **投票所** polling place Ⓒ **投票数** the number of votes Ⓒ **投票立合人** voting witness Ⓒ **投票箱** ballot box Ⓒ **投票日** voting day Ⓒ **投票用紙** ballot Ⓒ **投票率** voter turnout Ⓤ.

とうびょう[1] 闘病 struggling with illness Ⓤ《☞ たたかい》. ¶ 彼は2年間の*闘病生活ののち元の仕事に復帰している He has returned to the former job after two years of *struggling with illness*.

とうびょう[2] 投錨 ―[動] cast [drop] anchor《☞ いかり[2]》.

どうひょう 道標 (道路標識) guidepost Ⓒ; (里程標) milestone Ⓒ.

どうびょう 同病 **同病相憐(あわ)れむ** Fellow sufferers pity ｢each other [one another]. / Misery makes strange bedfellows.《ことわざ：不幸は奇妙な仲間を作る》

とうひん 盗品 stolen ｢goods [article Ⓒ].

とうふ 豆腐 tofu Ⓤ, soy bean curd Ⓤ.《☞ 日本固有の風物と英語 (囲み)；食事 (囲み)》. **豆腐屋** (人・店) tofu ｢maker [seller] Ⓒ.

とうぶ[1] 頭部 head Ⓒ《☞ あたま》.

とうぶ[2] 東部 ―[名] the east [語法] 特定の国の東部の地方という意味では the East と大文字にすることがある；(東の地方) the eastern part Ⓒ. ―[形] eastern [語法] 特定の国について言うときは大文字にすることがある.《☞ ひがし[1]》. ¶ 日本はアジアの*東部 (⇒ 東アジア) に位置している Japan is in *East* Asia.

どうふう 同封 ―[動] (同封する) enclose (他). ―[名] (同封物) enclosure Ⓒ.

¶ この手紙に私の写真を*同封します I *enclose* my photograph in this letter.《☞ 手紙の書き方 (囲み)》// お手紙および*同封のもの受け取りました I have received your letter with its *enclosure*. // 彼の手紙には切手が*同封されていた His letter *enclosed* a postage stamp.

どうぶつ 動物 ―[名] animal Ⓒ [語法] 植物に対して，すべての動物に用いられる. ただし，場合によっては四つ足の哺乳類だけを指すこともある；(生き物) (living) creature Ⓒ. ―[形] (動物的な・動物性の) animal.

¶ 人間は社会的な[理性を持った]*動物である Man is a ｢social *animal* [rational *creature*]. 自然界はすべて*動物・植物・鉱物の3つに分けられる All nature is divided into three kingdoms : *animal*, ｢plant [vegetable], and mineral. [参考] kingdom は博物学で「…界」の意味で，「動物界」を the animal kingdom という.

*動物を愛護しよう Be kind to *animals*.

*動物にえさをやらないで下さい Do not feed the *animals*.《☞ 掲示の英語 (囲み)》

何か愛玩*動物を飼っていますか Do you ｢have [keep] any ｢pet *animals* [pets]? [語法] keep は《英》に多い.

鯨は四つ足の*動物ではないが，人間と同じように哺乳動物である Whales are not ｢four-footed [four-legged] *animals*, but they are mammals like human beings. [参考]「四つ足動物」は quadruped Ⓒ ともいう.

その地域には*動物はいない There is no *animal life* in the district. / No *animal life* is found in the area. [語法] animal life は総体的な言い方.

彼はいわば*動物的本能によって危険を逃れた He escaped (from) the danger by what might be called an *animal* instinct.

動物愛護協会 the Society for the Prevention of Cruelty to Animals ★ SPCA と略すことがある. **動物学** zoology [zouɑ́lədʒi(:)] Ⓤ **動物学者** zoologist Ⓒ **動物病院** veterinary hospital Ⓒ.

どうぶつえん 動物園 zoo Ⓒ, zoological garden Ⓒ [語法] 口語では短縮形の zoo を用いるほうが普通. ¶ 彼は子供たちを*動物園へ連れて行った He took the children to the *zoo*.

とうぶん[1] 当分 ―[副] (当分の間) for the time (being) ★ やや改まった言い方；(しばらくの間) for some time；(ちょっとの間) for a while.《☞ しばらく (類義語)》. ¶ *当分私の代理を務めてもらいます You will be my substitute *for the time being*. // この上天気は*当分続くだろう This fine weather will last *for some time*.

とうぶん[2] 糖分 (the amount of) sugar Ⓤ. ¶ あなたは*糖分を取りすぎる You ｢take [use] too much *sugar*.

とうぶん[3] 等分 ―[動] (等しく分ける) divide ... ｢equally [in equal parts]《☞ にとうぶん；やまわけ》. ¶ 彼女はケーキを2[3]*等分した She *divided* the cake *into* ｢two [three] (*equal*) *parts*.

とうへき 盗癖 thieving [thievish] habit

動物の鳴き声

動物の鳴き方を表すのに，犬ならば “bow-wow”，猫は “mew”，または “meow”，豚は “wee-wee-wee”，ろばは “heehaw”，牛は “moo”，おんどりは “cock-a-doodle-doo”，ナイチンゲールは “jug-jug-jug-pee-yew”，つぐみは “Did he do it? He did, he did, he did”，がちょうやあひるは “quack, quack” など，擬音，またそれから連想して作られた擬声語を用いて表されることがある.《☞擬声・擬態語 (囲み)》

しかしこれとは別に，その動物の鳴き方の様態・鳴き声をも合わせて，その動物に固有の鳴き方を示す「動詞」があり，これを使って，ある動物が鳴くことを表現することができる．その中には上にあげた mew, moo, quack などの擬声語をそのまま動詞として用いるものもある.

以下「動物」「鳥」「その他」に分けて，その鳴き声の様態を示す動詞をかかげる.

1 動物 (animals)

以下の表は (犬 dog (わんわんと) bark) とあれば，「犬がわんわんと鳴く」は A dog barks. のように言うことを示す.

犬 dog	(わんわんと)	bark
	(うなって)	growl
	(くんくんと)	whine
	(きゃんきゃんと)	yell
	(　〃　)	yelp
	(獲物を追って)	bay
	(遠吠えで)	howl
	(かみつきそうにして)	snarl
牛 bull, cow, ox	(もーと)	moo
	(　〃　)	bellow
	(　〃　)	low★文語的.
馬 horse	(ひひんと)	neigh
	(　〃　)	whinny
	(鼻を鳴らして)	snort
きつね fox	(こんこんと)	bark and yelp
さる monkey	(きゃっきゃっと)	chatter
	(　〃　)	gibber
とら tiger	(がおーと)	growl
	(うおーと)	roar
猫 cat, kitten	(にゃあおと)	mew, meow
	(ごろごろと)	purr
ねずみ mouse	(ちゅうちゅうと)	squeak
羊 sheep	(めーと)	baa
	(　〃　)	bleat
豚 pig	(ぶうぶうと)	grunt
	(きーきーと)	squeak
ライオン lion	(うおーと)	roar
やぎ goat	(めーと)	baa
	(　〃　)	bleat

2 鳥 (birds)

動物の中でも特に小鳥の鳴き声は人々の関心を引くもので，それを示す表現も豊富である．鳥の鳴き声は大きく分けて call と song の2つがある．call は通常短く鋭い音色で，「警戒・ひなへの呼びかけ」であり，song は特有のメロディーを持った「さえずり」である.

また小鳥の鳴き声を示すものとしては次のようなものがある．(ちちと短く鋭い) clicking；(ちゅうちゅう・ちいーちいー) chirping；(きりきりきりきりとかん高い) jingling；(かたかたと) rattling；(さざめくような) rippling；(ひゅーひゅー) whistling；(つ，つ，つ・ちゅうちゅうと) twittering；(ひょろひょろと長く) warbling；(ちりちりと細く) trilling；(きーきーと) squeaking；(ほーほーと太くて低い) hooting；(うーうーと) purring；(くうーくうーと) cooing．これらの後に sound を付ければ「…のような鳴き声」ということを示す.

小鳥 (一般) bird	(歌うように)	sing
	(ちゅうちゅうと)	chirp
	(さえずって)	twitter
あひる duck	(があがあ，またはくわっくわっと)	quack
おんどり rooster	(こけこっこーと)	crow
がちょう goose	(くわっくわっと)	quack
	(　〃　)	gabble
かもめ seagull	(ぎゃーと)	scream
からす crow	(かあーと)	caw
	(　〃　)	crow
はと dove, pigeon	(くうーと)	coo
ひばり lark	(さえずって)	sing
	(声を震わせて)	quaver
	(　〃　)	warble
ひよこ chick	(ぴよぴよ)	peep
	(　〃　)	cheep
めんどり hen	(こけーこっこと)	cackle
	(こっこっこっこっと)	cluck
ふくろう owl	(ほーほー，またはふーふーと)	hoot
	(ぎゃーと)	screech
	(　〃　)	scream

3 その他 (other animals)

かえる	frog	(があがあと)	croak
きりぎりす	grasshopper	(ちーちーと)	chirp
こおろぎ	cricket	(ちーちーと)	chirp
はち	bee	(ぶーんと)	buzz
		(　〃　)	hum
へび	snake	(しゅーと)	hiss

用　例

¶ スポットが門の所で盛んに鳴いている Spot *is barking* fiercely at the gate. ∥ 羊が鳴くのを聞いたことがありますか Have you ever heard a sheep *bleat*? ∥ 庭の木で鳥が楽しそうに鳴いている Birds *are singing* merrily among the trees in the garden. ∥ はとはくーくーと鳴く Doves *sing*, ‘Cooo-coo, coo coo, coo.’ ∥ すずめがいっせいに鳴くとうるさい Sparrows often *sing* together in a noisy chorus.

Ⓒ, kleptomania [klèptəméiniə] Ⓤ ★後者は形式ばった語.

とうべん 答弁 ―名 (答え) answer Ⓒ, reply Ⓒ ★後者はやや改まった語；(弁明) explanation Ⓤ. ―動 answer ⓗ, make ˹an answer [a reply], reply (to ...) ⓙ. ¶彼の質問に大臣は*答弁に苦しんだ(⇒答弁するのがかなり難しかった) The Minister found it rather difficult to *answer* his question.

とうほう[1] 東方 ―名 the east. ―形 east, eastern. ―副 (東方に) to the east of ..., east of ... ★ほぼ同意だが，後者のほうがより口語的. 《☞ひがし[1]；とうぶ[2]》. ¶その町の*東方10キロのところに小さな湖がある There is a small lake ten kilometers (*to the*) *east of* the town.

とうほう[2] 当方 ―形 (私の) my；(私どもの) our. ―名 our [my] part Ⓒ. ¶それは*当方の落ち度ではございません That is not *our* fault. / That is not a fault *on our part*. ★ともに our に強勢がある.

とうぼう 逃亡 ―動 (逃れる) escape (from ...) ⓙ；(逃げ去る) run away ⓙ, flee ⓙ [語法] やや文語的な語. 普通は過去形・過去分詞 fled で用いる；《口語》get away (from ...) ⓙ；(逃げている) be ˹at large [on the run]. ―名 escape Ⓤ, flight Ⓤ,《口語》getaway Ⓒ. 《☞とうそう[1]；にげる》.
¶彼は*逃亡中の殺人犯に似ている He looks like the murderer *on the run*.
逃亡者 fugitive Ⓒ,《口語》runaway Ⓒ.

どうほう 同胞 (同国民) fellow ˹country-man [citizen] Ⓒ.

とうほく 東北 ―名 (方角) the northeast 《略 NE, N.E.》 [語法] 英語では南・北を先に置くのが普通. ―形 (東北の) northeastern. 《☞ほくとう》. **東北地方** the Tohoku district.

とうほん 謄本 (certified) copy Ⓒ 《☞こせき》.

とうほんせいそう 東奔西走 ―動 (仕事などで) run around ⓙ；(忙しくする) busy *oneself* (with ...). 《☞ほんそう》.

どうまわり 胴回り (木などの) girth Ⓒ；(人の) waist Ⓒ. 《☞ウエスト；からだ (挿絵)》.

どうみゃく 動脈 artery Ⓒ (↔ vein). ¶卒中は脳の*動脈硬化で起こる Strokes are due to hardening of the *arteries* in the brain. // 大*動脈 the [a] main *artery*

とうみん[1] 冬眠 ―名 winter sleep Ⓤ ★一般的な表現；hibernation Ⓤ ★学術用語. ―動 (冬眠する) hibernate ⓙ. **冬眠動物** hibernant Ⓒ, hibernating animal Ⓒ.

とうみん[2] 島民 inhabitant ˹of [on] an island Ⓒ, islander Ⓒ ★前者は住民かどうかに重点を置いた言い方.

とうめい 透明 ―形 (透き通った) transparent (↔ opaque)；(水などが澄んだ) clear. ―名 (透明さ・透明度) transparency Ⓤ. 《☞すきとおる；すむ[3]》. ¶この湖は*透明度では日本一だ This lake ranks first in Japan in *transparency*.

どうめい 同盟 ―名 alliance [əláiəns] Ⓤ. ★具体的な同盟関係についてはⒸ. ―動 (同盟を結ぶ) ally [əlái] *oneself* with ... ¶日本はイギリスと*同盟を結んだ Japan *allied* ˹*itself* [*herself*] *with* Britain. / Japan entered into (an) *alliance* with Britain. // 第二次大戦でドイツは日本と*同盟した Germany *was allied with* Japan in World War II [tú:]. // 軍事*同盟 a military *alliance*
同盟国 ally Ⓒ, allied power Ⓒ.

どうめいし 動名詞 〖文法〗 gerund Ⓒ 《☞欄外》.

とうめん 当面 ―形 (現在の) present；(差し迫った) urgent, pressing；(即時の) immediate. 《☞とうざ；さしあたり》.
¶あなたの提案は*当面の問題とは関係ない Your proposal has nothing to do with ˹the *present* problem [the (matter *at*) *issue*; the matter *at hand*]. // *当面の必要を満たすにはそれで十分だ That's enough to meet the ˹*immediate* [*pressing*] need.

どうも 1 «非常に» ―副 (たいへん) very

動名詞 (gerund) 動詞の原形＋-ing の形. その名前が示すように，名詞的性格と動詞的性格を両方持ち，日本語の「…すること」に当たる言い方である.
(1) 名詞的性格.
(i) 文中で，名詞と同じく，主語，動詞・形容詞・前置詞の目的語，および補語になる.
¶ここでは禁煙 (⇒たばこを吸うことはここでは禁じられている) *Smoking* is prohibited here. // 子供は外で遊ぶのが好きだ Children like *playing* outdoors. // 私が嫌いなのはからかわれることだ What I hate is *being* made fun of. // この本は読む価値がある This book is worth *reading*. ★形容詞の目的語の場合. // 読書にあきた I was tired of *reading*.
(ii) 冠詞，形容詞などとともに用いられる.
¶宇宙船はみごとな着陸をした The spacecraft made a beautiful *landing*.
(iii) 名詞と同様に合成語の第1要素となる. ただしこの場合，アクセントの型は，第1要素が強く第2要素が弱い複合名詞の型となる.
¶喫煙室 a *smóking* ròom ★もしこの場合 a smóking róom というアクセントで言えば「煙の出ている部屋」という意味になる. // 引っ越し用のトラック a *móving* vàn // 飲用水 *drínking* wàter
(2) 動詞的性格.
(i) 目的語をとったり，副詞により修飾されたりする.
¶父は夏，芝生を刈るのが嫌いです My father dislikes *mowing* the grass in summer. // 彼は一生懸命働くのが好きです He likes *working* hard.
(ii) 完了形を用いることにより，主節の動詞より前の時を示すことができる.
¶そんな間違いをして申し訳ありません I am sorry for *having made* such a mistake.
(iii) not を用いて否定形を作る.
¶その時に彼に会おうとしなかったことを後悔している I regret *not having* tried to see him then.
(iv) 受身形を作れる.
¶私は兄がほかの人に利用されるのは我慢できない I can't stand my brother('s) *being* taken advantage of by others.
(3) 動名詞の意味上の主語が，主節の主語と異なる時には，所有格または目的格を用いて動名詞の意味上の主語を立てなければならない.
¶母は私が賞を得たのを誇らしく思っている Mother is proud of *my getting* the prize.

★ 副詞·形容詞を修飾 ; very much ★ 動詞を修飾.《☞ 強意語 (囲み)》. ¶ *どうもありがとうございます Thank you *very much.* // お手数をかけて*どうも申し訳ありません I am *very* sorry to trouble you.

2 «話者の不確実·疑念などの気持ちを表して» ― [副] (どういうわけか) somehow ; (見たところ) apparently ; (どちらかというと) rather. 《☞ なんとなく》.

¶ クラシックは*どうも好きじゃない *Somehow* I don't like classical music. // 彼は*どうもうそをついているようだった (⇒ 多分…であると思う) I *suspect* that he lied to me. / He was *apparently* telling a lie. // あの男には*どうも閉口だ That fellow is ⌈*rather* [*something of*] a nuisance. // あの人のいうことは*どうも納得がいかない What he says is *not quite* convincing. ★ not quite で部分否定.

【参考語】(…ではないかと思う) I'm afraid (that…); (疑う) I doubt (if … ; whether … ; that …) [語法] 普通は if, whether. 否定の節が続くときは that が多い ; (怪しいとにらむ) I suspect (that …).

どうもう 獰猛 ― [形] (性質·行動などが荒々しい) fierce ; (凶暴な) ferocious ; (野蛮で残忍な) savage. ― [名] fierceness [U] ; ferocity [U] ; savageness [U]. 《☞ きょうぼう[2]》.

とうもろこし 《米·カナダ·オーストラリア》 corn [U]. 《英》 maize [U], Indian corn [U] ★ 《英》で corn といえば小麦を指す.

どうもん 同門 (同じ仲間の生徒) fellow ⌈pupil [student] [C] 《☞ どうそう》.

とうやく 投薬 ― [動] (薬を処方する) prescribe (他). ― [名] prescription [U]. 《☞ くすり ; しょほう》.

どうやら **1** «どうにかこうにか» ― [副] (なんとか) somehow (or other) ; (かろうじて) with difficulty, barely [語 法] 前者のほうが一般的. barely は「かろうじて…する」という意味. ― [動] (なんとか工夫して…する) manage (to *do*) (他) ★ (自) の用法もある. 《☞ なんとか》.

¶ *どうやら難関は切り抜けた *Somehow or other* I got over the difficulty. / I *managed to* get over the difficulty. // *どうやらこうやら金は足りた I *barely* had enough money.

2 «どうも…らしい» ¶ *どうやら彼はそのことを忘れているらしい He has *apparently* forgotten it. // *どうやら彼は勝ちそうだ He is *likely* to win. // *どうやら雨らしい (⇒ 雨が降る気配がする) It *looks like* rain. 《☞ どうも》

【参考語】― [副] (見たところ…らしい) apparently. ― [形] (起こり得る) likely. ― [動] (…らしい) seem (自), look like …

とうゆ 灯油 《米》 kerosene [U], 《英》 paraffin (oil) [U].

とうよう[1] 東洋 ― [名] (アメリカから見て) the Orient (↔ the Occident) ; (イギリスから見て) the East (↔ the West) [語 法] いずれも大文字で. 《米》で the East といえば米国の東部を指す. 《英》でも the Orient は用いられるが, やや気取った感じになる. ― [形] (東洋の) Oriental ; Eastern.

東洋学 Oriental studies ★ 複数形で. **東洋史** Oriental history [U] **東洋諸国** the ⌈Oriental [Eastern] countries **東洋人** Oriental [C] **東洋文明** Oriental civilization [U].

とうよう[2] 登用 ― [動] (任命する) appoint (他). ― [名] appointment [U]. 《☞ きよう[2]》. ¶ 首相は T 氏を文部大臣に*登用した (⇒ 任命した) The Prime Minister *appointed* Mr. T (to be) the Minister of Education.

とうよう[3] 盗用 ― [動] (他人の説·文章·アイディアなどを盗む) plagiarize [pléidʒ(i)əràiz] (他). ― [名] (盗作·剽窃(ひょうせつ)) plagiarism [U]. 《☞ とうさく[1]》. ¶ 彼は私の文章を*盗用した He *plagiarized* my essay.

どうよう[1] 同様 ― [形] (似ている) similar (to …) ; (同一の) same ★ the を付けて ; (等しい) equal. 《☞ おなじ ; おなじく ; どうぜん》.

¶ *同様にしてこの問題も解ける The problem can be solved in a *similar* way. // お宅と*同様わが家も狭いですよ (⇒ 私の家もあなたの家と同じくらい狭い) My house is *as* small *as* yours. // その古い机は塗り替えたら新品*同様になった When the old desk was painted, it looked ⌈*like* [*as* good *as*] new. // おじは私を娘*同様にかわいがってくれた (⇒ 私が娘であるかのように) My uncle was as affectionate to me *as if* I were his daughter. // それは私に死ねというのも*同様だ It's *just like* telling me to die. / It's *as much as* to say that I must die. // 物価は去年*同様上がる一方だろう Prices will continue to rise *just as* they did last year.

どうよう[2] 動揺 ― [動] (平静を失う) be shaken ; (不安になる) be disturbed. ― [名] shakiness [U] ; disturbance [C] ; (精神的·社会的な不安) unrest [U]. 《☞ うごく》.

¶ 村人たちはその知らせで*動揺した The villagers *were* ⌈*shaken* [*disturbed*] by the news. // 彼の信念は*動揺しなかった (⇒ 確固としていた) He was *firm* in his belief. // 彼の死は政治的な*動揺をもたらした His death created political *unrest* in the world.

どうよう[3] 童謡 (ごく一般的には) children's song [C] ; (特に英米に昔から伝わっている子供向けの詩歌) 《米》 Mother Goose melody [C], 《英》 nursery rhyme [C].

とうらい 到来 ― [動] (来る) come (to …) (自) ; (到着する) arrive (at … ; in …) (自). ― [名] coming [U] ; arrival [U]. ¶ いよいよ時節*到来だ The time *has come* at last. // 好機*到来だ (⇒ 好機が現れた) A good chance *has* ⌈*offered* [*presented*] *itself*.

とうらく 当落 (選挙の結果) the results of an election 《☞ せんきょ[1]》. ¶ *当落はあす正午までにはわかる *The results of the election* will be clear by noon tomorrow.

どうらく 道楽 **1** «遊興» ― [名] (放蕩) dissipation [U]. ― [形] dissipated ; (身持ちの悪い) fast. ¶ 彼は若いときは*道楽をしたものだ (⇒ 放蕩生活をした) He ⌈*led a dissipated life* [*lived a fast life*] when (he was) young.

2 «趣味» : (余暇を使ってする楽しみ) hobby [C] ; (暇つぶし·気晴らし) pastime [C]. 《☞ しゅみ ; あそび》. ¶ 切手集めが私の唯一の*道楽で

す Collecting stamps is my only 「hobby [pastime]. // *道楽に (⇒おもしろ半分に) 働いてるんじゃないよ I'm not working *for fun.*
道楽息子 prodigal son Ⓒ **道楽者** libertine Ⓒ.

どうらん 動乱 (戦争) war Ⓤ; (闘争) strife Ⓤ. 《☞ せんそう[1]》. ¶ 朝鮮の*動乱 the Korean *War* // その後彼は*動乱のベトナムで行方不明となった After that he was never heard of in *strife-torn* Vietnam.

どうり 道理 (思慮・分別の結果としての物の道理) reason Ⓤ; (真理・真実) truth Ⓤ.
¶ あの男はとんと*道理がわからない (⇒ 道理に耳を傾けようとしない) He will not listen to *reason.* // 彼はものの*道理をわきまえている (⇒何が何であるかわかっている) He knows *what's what.* // 彼の言うことはまことに*道理にかなっている What he says is quite *reasonable.* // あなたがそう言うのもまったく*道理だ (⇒ 正しい) You are quite *right* to say so. / (⇒ 立派な理由がある) You *have good reason* to say so. // 彼がびっくりするのも*道理だ (⇒ 当然だ) It is *natural* that he 「should be [is] surprised. / No wonder he 「should be [is] surprised. // *道理であの男は金遣いが荒い (⇒ そのことがなぜ彼が金遣いが荒いかを説明する) *That explains* why he is so free with his money. / (⇒ なぜ金遣いが荒いのかわかった) Now *I understand* why he is so free with his money.

とうりつ 倒立 (腕を伸ばした) handstand Ⓒ; (頭をつけた) headstand Ⓒ. 《☞ さかだち》.

とうりゃく 党略 (党の戦略) party tactics ★ 複数扱い; (党の政策) party policy Ⓒ. 《☞ せいりゃく》. ¶ 彼は*党略の犠牲になって総裁選立候補を断念した (⇒ 党の政略が彼の立候補を妨げた) *Party tactics* prevented him from running for the presidency.

とうりゅう 逗留 ━ 名 (滞在) stay Ⓒ; (一時的な滞在) sojourn Ⓒ [語法] 後者は文語で, stay のほうが日常的な語. ━ 動 stay (at …) (自); sojourn (at …) (自). 《☞ たいざい; とまる[2] (類義語)》.

とうりゅうもん 登竜門 (成功への道) the gate(way) to success. ¶ 芥川賞は作家への*登竜門だ The Akutagawa Prize is *the gateway to success* as a novelist.

どうりょう 同僚 (職場の) colleague Ⓒ ★ 最も一般的な語; (仕事で結びついている) associate Ⓒ; (一緒に働いている) co-worker Ⓒ ★ 職場とは限らず, 共同作業をする相手; (仕事仲間) fellow worker Ⓒ ★ 仲間意識を強調する語. 《☞ なかま (類義語)》.

どうりょく 動力 power Ⓤ. ¶ *動力芝刈り機 a *power*-driven lawn mower

とうるい 盗塁 ━ 動 *steal* (a base). ━ 名 (盗塁の動作) steal Ⓒ; (盗塁の事実) stolen base Ⓒ. 《☞ 野球の英語 (囲み)》. ¶ 彼は2塁に*盗塁した He *stole* second.

どうるい 同類 (同じ部類[種類]) the same 「class [kind]; (似た人・似たもの) the like Ⓒ 《複 ~s》. 《☞ どうけい[1]; なかま》.
¶ あんな男の*同類とは思われたくない I don't want to be looked upon as *the likes* of him. // やつらは皆*同類だ (⇒お互いに結びついている) They *are* all *allied* 「*to* [*with*] one another. // *同類相集まる Birds *of a feather* flock together. 《ことわざ: 同じ羽根の鳥は寄り集まるものだ》

とうれい 答礼 ━ 動 (あいさつを返す) return a salute. ━ 名 return salute Ⓒ. 《☞ へんれい》.

どうれつ 同列 (同じ水準[等級]) the same 「level [rank] 《☞ どうとう》. ¶ 彼の業績は私のと*同列に置くことはできない You cannot place his achievement *on the same level* 「with [as] mine.

どうろ 道路 (車道) road Ⓒ; (歩道のついている街路) street Ⓒ; (都市と都市を結ぶ公道) highway Ⓒ. 《☞ みち[1] (類義語); とおり》.

アメリカの道路標識

¶ *道路を渡るときは気をつけなさい Take care when you cross a *road.* [語法] 町なかであれば street でもよい. // *道路は凍っていた There was ice on the *road.* // *道路でキャッチボールをしてはいけませんよ Don't play catch 「in the *road* [on the *street*]. [語法] road を用いれば車の通る場所を意味し, street なら, 歩道上, あるいは車道上のいずれにもとれる. // 有料*道路 a toll *road*
道路工事 (修理) road repair(ing) Ⓤ; (建設) road 「construction [building] Ⓤ 《☞ こうじ[1]》 **道路交通法** the Road Traffic Act **道路工夫** roadman Ⓒ **道路地図** road map Ⓒ **道路標識** road sign Ⓒ.

とうろう 燈籠 (庭の) garden lantern Ⓒ; (神殿の) dedicatory lantern Ⓒ. 《☞ 日本固有の風物と英語 (囲み)》. ¶ 石*灯籠 a stone *lantern*

とうろく 登録 ━ 名 (公式の帳簿に記録すること) registration Ⓤ; (名簿などへの記入) entry Ⓒ. ━ 動 register (他)(自) [語法] 登録するものが自分の名前などのように状況からはっきりしていれば,「名前を」は不要なので (自) となる. 前置詞は「場所」は at, 登録の「目的」には for, 登録を受け付ける「人」には with を用いる. 《☞ とどける[1]》.
¶ *登録しなければ投票はできません (⇒ 投票できる前に登録しなければならない[登録が必要だ]) You must *register* [*Registration* is required] before you can vote. // 私は英会話のクラスに*登録した I *registered for* an English conversation class. // 外国人は警察に*登録しなければならない Foreigners have to *register with* the police. // 私はその名簿に*登録してもらった I had my name *entered* on the list. // 新年度の科目*登録は4月8日から始まる The *registration* for the new

academic year will start on Apr. 8. // 住民*登録 resident *registration*
登録意匠 registered design Ⓒ **登録商標** registered trademark Ⓒ **登録済**《標記》 Registered **(事前)登録制** (advance) registration system Ⓒ **登録番号** registration number Ⓒ **登録料** registration fee Ⓒ.

とうろん 討論 ―名 discussion Ⓤ; debate Ⓤ; (議論) argument Ⓤ. ―動 discuss ㊀; debate ㊀㊁; argue ㊀㊁ 語法 discuss は ㊀ なので discuss about ... のように前置詞を用いるのは誤り. debate, argue も ㊀ であるが,「...について」という多少漠然としたテーマをいう場合には ㊁ として debate ˹on [upon] ..., argue about ... のように前置詞と共に用いる.
【類義語】お互いに納得のいくような結論を出すために, 形式ばらずに話し合うのは ***discussion***. 形式を整え, 議長などを立て, 賛否両論に分かれて論戦を交えるのは ***debate***. 筋道を立てて自説を展開し, 相手を納得させようとするのは ***argument***. 従って, 日本語としては「議論」のほうがこれに近い.《☞ ぎろん (類義語)》
¶ 委員会はその問題について*討論した The committee *discussed* the problem. // 私たちは次のプランについて活発に*討論した We had a lively *discussion* ˹about [as to] our next plan. // *討論を重ねたのち, 彼らは結論に達した After much *discussion* they came to a conclusion. // 我々は数時間にわたってその件について*討論した We *argued* the case for several hours.
討論会 debate Ⓒ; (公開討論会) open forum Ⓒ《複 ～s, fora》. ¶ テレビ*討論会 a TV *debate*

どうわ 童話 (おとぎ話) fairy tale Ⓒ; (おとぎ話だけでなく, 子供向きの話すべて) children's story Ⓒ, nursery ˹tale [story] Ⓒ, juvenile story Ⓒ 語法 以上 3 つの中では第 1 が最も普通. 第 2 は伝承的な童話というニュアンス. 第 3 は少し改まった言い方.《☞ おとぎばなし》.
童話劇 juvenile play Ⓒ **童話作家** writer of ˹children's [juvenile] stories Ⓒ.

とうわく 当惑 ―動 (当惑する) be confused; be puzzled; be perplexed; be bewildered; be annoyed; be embarrassed.
【類義語】単にとまどうのは ***be confused*** または ***be puzzled*** で, 前者は頭の中の整理がつかない感じを言い, 後者は「おや」という気持ちで, 意外な感じを受けていることを意味する. とまどってどうしてよいかわからないのは ***be perplexed***, ***be bewildered*** で, 前者は難題などで困る気持ちを表し, 後者は驚きあきれる気持ちが含まれる. さらに意味が強く, 迷惑をこうむって当惑するのが ***be annoyed***. いわゆる「ばつが悪い」「きまり悪い」という感じで当惑するのが ***be embarrassed***.《☞ こまる; とまどう; まごつく》
¶ 彼ががらりと態度を変えたのには*当惑した I *was* ˹*confused* [*puzzled*] by his sudden change of attitude. // 彼女は*当惑した様子だった She looked ˹*perplexed* [*embarrassed*]. // あの子は私が*当惑するような質問ばかりする (⇒ 人を当惑させるような質問ばかりする) He [She] always asks me *embarrassing* questions. ★ 内容が難しいのではなく, どう答えてよいかわからない, あるいは答えるといろいろな差し障りがあって答えられないような質問をいう.

とえい 都営 ―形 Metropolitan《☞ と²》. ¶ *都営団地 a *Tokyo Metropolitan* housing ˹complex [project] **都営バス[住宅]** Metropolitan ˹bus [dwelling] Ⓒ.

とお 十 ―名形 ten《☞ じゅう¹》.

とおあさ 遠浅 ―形 (岸からある距離の間浅い) shallow for some distance from the shore. ¶ 海は*遠浅になっているから海水浴に適している The sea is *shallow for a good distance from the shore*, and so it is good for swimming.

とおい 遠い **1**《距離》 ―形 far;《口語》a long way (off); distant; remote; faraway; far-off.
【類義語】距離が遠いことを表す最も基本的な語は ***far*** であるが, 名詞の前に置いて用いる限定用法には ***distant***, ***remote*** が普通で, ***far***, ***faraway***, ***far-off*** を用いるとやや文語的. また述語用法でも ***far*** は疑問文・否定文に用いるのが普通. 口語の肯定平叙文では代わりに ***a long way (off)*** を用いる. ただし「真実とはほど遠い」*far from* the truth のように比喩的に用いられるときには上述の制限はない. ***remote*** は「辺鄙(へんぴ)・不便」の意味を暗示する. 述語用法では ***distant*** は「10 マイル離れて」ten miles *distant* のように, 特定の距離を表すのが普通.《☞ とおく》
¶ 駅はここから*遠い It's *a long way* to the station from here. 語法 この場合には off は付けない. / The station is *a long way off* from here. //「その博物館まではとても*遠いですか」「いいえ, あまり*遠くありませんよ. ここから歩いて 5, 6 分です」"Is it very *far* to the museum?" "No, it isn't. It's only a five- or six-minute walk from here." //「君の家は駅から近いの」「いや, かなり*遠いんだよ」"Is your home near the station?" "No. It's ˹*a long way off* [*quite a distance*]." // *遠い南の国からつばめがまたやってきた These swallows have come again from ˹*distant* [*remote*] countries in the south.
2《関係・程度》 ―形 (遠縁の) distant; remote ★ 後者は遠く離れたことを強調する; (かけ離れた) far (from ...).《☞ とおく》.
¶ 彼は私の*遠い親戚だ He is a ˹*distant* [*remote*] relative of mine. // 彼の英語は完璧というにはほど*遠い His English is *far from* perfect. // 当たらずといえども*遠からずだ (⇒ 真実からあまり遠くない) It is not very *far from* the truth.
3《時間》 ―副 (ずっと以前に) long ago. ―形 (ずっと昔の) distant; remote ★ 後者は長い時間離れていることを強調する.
¶ 彼に会ったのは*遠い昔のことだ It was *long ago* that I saw him last.

とおえん 遠縁 ―形 distantly [remotely] related. ―名 (遠縁の者) distant [remote] relative Ⓒ.《☞ とおい; しんせき》. ¶ 彼は私の*遠縁にあたる He is a ˹*remote* [*distant*] *relative* of mine. / He is *distantly* ˹*related*

と

to [connected with] me.

とおく 遠く ━副 (長い距離の所まで) far ; (遠くの方に) in the distance. 《☞ とおい》.
¶ 我々はそんなに*遠くへは行かなかった We didn't go very *far*. // 彼は*遠くから私に会いにやって来た (⇒ 遠い道のりをやって来た) He came *a long way* to see me. // *遠くに富士山が見えた I saw Mt. Fuji *in the distance*. // *遠くで銃声が聞こえた I heard gunfire *in the distance*. // ゴルフでは彼に*遠く及ばない (⇒ はるかに劣る) I am *far* inferior to him *at* golf. / (⇒ とても比べものにならない) I am *no match* for him *at* golf.

とおざかる 遠ざかる (離れて行く) go away 自 ★ 一般的な表現で, 船・車などについても使える ; (特に船が) sail away 自 ; (特に車が) drive away 自 ; (音が) die away 自 ; (外部にいる) stay out (of ...) 自. 《☞ とおのく》.
¶ 車はみるみるうちに*遠ざかっていった The car *drove* rapidly *away*. // 太鼓の音は次第に*遠ざかっていった The sound of drums *died* gradually *away*. // 彼はしばらく文壇から*遠ざかっていた He *stayed out of* the literary world for some time.

とおざける 遠ざける (人を近寄らせない) keep *a person* away ; (避ける) avoid 他 ; (そばに寄らない) keep away (from ...) 自. 《☞ よせつけない》. ¶ あの男は*遠ざけたほうがよい You should *keep* him ˹*away* [*at a distance*].

とおし 通し ━形 (連続的な) serial ; (切れ目のない) consecutive. ━名 (そっくりそのまま) entirety U.
¶ 番号は*通しになっている (⇒ これらは通し番号だ) These are *serial* numbers. / (⇒ 番号は連続して続いている) The numbers follow *serially*. // ハムレットを*通しで上演することにしています (⇒ 省略しないでそのままの形で上演する) We'll stage Hamlet *in its entirety*.
通し切符 through ticket C **通し番号** serial [consecutive] numbers 語法 serial は 1 から始まって組織的・意図的な連続が感じられ, consecutive は単に連続している番号ということで, 全部が通しの場合にも, 部分的な連続にも使える.

とおす 通す **1** 《案内する》: (人を部屋などに) show in 他, show ... into ... ; (中に導く) usher in 他, usher ... into ... ★ 形式ばった語.
¶ 来客を中へお*通ししなさい *Show* [*Usher*] the visitor *in*. // 彼女は彼を部屋の中に*通した She *showed* him *into* the room. // 私は居間に*通された I *was* ˹*shown* [*ushered*] *into* the living room.
2 《貫く》: (針に糸を) thread 他 ; (突き抜ける) pierce 他. ¶ 彼女は針に糸を*通した She *threaded* the needle. // 矢はその板を*通した *The arrow pierced* the board.
3 《ある物を通じて》 ━前 through ... ¶ 薄いカーテンを*通して家の中が見えた I saw the inside of the house *through* a thin curtain. // 私はそれを顕微鏡を*通して見てみた I looked at it *through* a microscope.
4 《通過させる》: (中に入れる) let in 他 ; (入ることを許す) admit 他. ¶ ガラスは光を*通す Glass ˹*lets in* [*admits*] light. // この布は水を*通さない (⇒ 防水加工がしてある) This cloth is *waterproof*. // この箱は水を*通さない (⇒ 水を漏らさない) This box is *watertight*.
5 《通行させる》: (通らせる) pass (through) 他 自 ; (道をあける) make way (for ...) 自.
¶ すべての車は止まって消防自動車を*通した (⇒ 消防自動車に道をあけるために止まった) All the traffic stopped to *make way for* the fire engines.
6 《議案などを》: (可決する) pass 他 ; (通過させる) push through 他. 《☞ つうか[1]》.
¶ 彼らはその議案をぜひ*通したいと思っている They want to *pass* the bill by all means. // 今会期中にその法案を*通すのは難しい It is difficult to *push* the bill *through* during the current session.
7 《意志などを貫く》: (固執する) stick (to ...) 自 《過去・過分 stuck》; (強く主張する) persist (in ...) 自. 《☞ おしとおす》. ¶ 彼は自分の意見を*通そうとした He ˹*stuck to* [*persisted in*] his opinion. // 彼女はいつもわがままを*通す (⇒ 思い通りにする) She always *has her* (*own*) *way*.
8 《...し続ける》: (ずっと...する) keep ...ing ; (継続する) continue 自. ¶ 1 週間, 雨が降り*通した It *kept raining on* [The rain *continued*] for a week. // 彼は一生独身で*通した (⇒ 独身のままだった) He *remained* single all his life. // ここは暖かいのでコートなしで*通せる (⇒ なしですませる) It is warm here, and you can ˹*do* [*go*] *without* an overcoat.
9 《仲立ちを経る》 ━前 (...によって) through ... 《☞ つうじて ; かいする[1]》. ¶ その知らせは先日, 彼を*通して聞いた I heard the news *through* him the other day. // 私は彼の父親を*通して就職できた (⇒ 父親の好意で) I could get a job *through the good offices* of his father.
10 《目で見る》: (調べる) look over 他 ; (ざっと見る) glance ˹over [through] ... 《☞ め[1]》.
¶ この書類に目を*通して下さいませんか Will you please *look over* these papers? // 彼はその報告書にざっと目を*通した He *glanced* ˹*over* [*through*] the report.

トースター toaster C 《☞ 台所・家事 (囲み)》.

トースト ━名 toast U ★ a slice [two slices] of toast のように数える. ━動 toast 他. 《☞ 数の数え方 (囲み) ; 食事 (囲み)》.

とおせんぼう 通せん坊 ━動 (邪魔をする) bar [block ; stop] *a person's* way ; (行く先に立ちふさがる) stand [get] in *a person's* way.
¶ いじめっ子が学校の帰りに*通せん坊をした When I was coming home from school, a bully ˹stood [got] *in my way*.

とおで 遠出 (旅行) trip C ; (野外の遠出・ピクニック) outing C. 《☞ えんそく ; りょこう》.
¶ 私たちはこれから車で*遠出するところです We are going for a ˹*trip* in a car [long *drive*].

ドーナツ doughnut C ★ donut と書くこともある. **ドーナツ盤** EP record C ★ EP は extended play の略.

トーナメント tournament [túənəmənt] Ⓒ《☞ しあい; きょうぎ[2]; スポーツ (囲み)》. ¶ 私は*トーナメントで2位でした I took second place in a *tournament*.

とおのく 遠のく **1** «遠ざかる»: (去って行く) get away ⓐ ★ 船なら sail, 車なら drive も使える; (音が) die away ⓐ. 《☞ とおざかる》.
¶ 雷鳴が*遠のいて聞こえなくなった The thunder *died away in the distance*.
2 «間遠になる»: become ⌈less frequent [rarer] 《☞ そえん》. ¶ 彼の足はこのところ*遠のいている His visits *have become less frequent* recently.

とおのり 遠乗り (乗り物一般の) long [long-distance] ride Ⓒ; (車の) long [long-distance] drive Ⓒ. 《☞ とおで》. ¶ きのうは*遠乗りをした We ⌈*had a long ride* [*went for a long drive*; *drove a long way*] yesterday.

とおぼえ 遠吠え — [名] (犬・狼などの遠ぼえの声) howl [hául] Ⓒ. — [動] howl ⓐ. 《☞ ほえる; 動物の鳴き声 (囲み)》.

とおまき 遠巻き — [動] (距離を置いて囲む) surround ... at a distance.

とおまわし 遠回し — [名] (回りくどい言い方) circumlocution Ⓒ. — [動] (探りを入れる) beat ⌈around [about] the bush. — [形] (言葉などが婉曲な) roundabout; (間接の) indirect ★ 前者のほうがより口語的. — [副] indirectly, in a roundabout way.
¶ 彼女はときどき*遠回しにものを言う She sometimes speaks *in a roundabout way*. // *遠回しに探ったが (⇒ 間接的に打診したが), 彼は何も言わなかった I ⌈*beat about the bush* [*sounded him out indirectly*], but he didn't say anything. // その場を去るべきだと私は*遠回しに言ったが (⇒ それとなく言ったが[示唆したが]), 彼にはわからなかった I ⌈*hinted* [*suggested*] that we should leave, but he didn't take my hint.

とおまわり 遠回り (回り道) roundabout (way) Ⓒ; (迂回(うかい)路) detour Ⓒ. 《☞ まわりみち; うかい》.
¶ 道路が工事中で*遠回りをしなければならなかった The road was under construction, so we had to ⌈*make a long detour* [*go a long way about*]. //「私を送って下さるのはありがたいけれど, ずいぶん*遠回りをさせる (⇒ 道からだいぶはずれる) ことになりはしませんか」「いいえ, そんなことはありません」"It's kind of you to send me home, but won't it *take* you *much out of your way*?" "No, it won't."

ドーム dome Ⓒ.

とおめ 遠目 ¶ その家は*遠目には (⇒ 遠くからは) 立派に見えた *From a distance*, the house looked ⌈magnificent [fine]. // 私はかなり*遠目がきく (⇒ 遠くまで見える) I *can see pretty far*.

ドーラン (俳優がメーキャップに用いる油性顔料) greasepaint Ⓤ [参考] ドイツの Dohran 社製のものが多く用いられたのでドーランという.

とおり 通り **1** «人・車の通る道»: (街路) street Ⓒ [語法] 両側に家並みのある車道と歩道を合わせていう. 《米》では特に大都市で東西に走るものを指す. 通りの名称に付けるときは St. と略す; avenue Ⓒ [語法] 《米》では特に大都市で南北に走るものを指す. 通りの名称に付けるときは Ave., Av. と略す; (道路) road Ⓒ ★ 特に車道を指す; (大通り) boulevard Ⓒ [語法] 街路樹があり, 中央に植物の植えてある分離帯などがあるものを指す, 通りの名称に付けるときは Blvd. と略す. 《☞ みち[1] (類義語); どうろ; 道のきき方 (囲み)》.

ニューヨークの通りの標示

¶ この*通りは交通量が多い This *street* is busy. // 郵便局はこの*通りにある The post office is ⌈*on* [《英》*in*] this *street*. // *通りで遊んではいけません Don't play ⌈*on* [*in*] the *road*.
2 «人・車の往来»: traffic Ⓤ 《☞ ひとどおり》. ¶ この道路はいつも*通りが激しい *Traffic* is always heavy on this road.

-とおり[1], -どおり ...通り — [接] (...のように) as ..., like ... — [前] (...に従えば) according to ...; (...にならって) after ...
¶ 私が言った*とおりにしなさい Do just ⌈*as* [*like*] I have told you. [語法] like をこのように接続詞として使うのは口語的.
彼が言った*とおりになった (⇒ 彼の言ったようになった) It has turned out just *as* he said.
いつもの*とおり (⇒ いつものように), 彼は遅れて来た He came late *as* usual.
すべては計画[スケジュール]*どおりにいった Everything went *as* ⌈planned [scheduled].
計画*どおりにいけば (⇒ 計画によれば), 建物は来月完成するはずだ *According to* the plan, the building is to be completed next month.
私の提案は次の*とおりである (⇒ 以下のようである) My proposal is *as follows*:
この手本*どおりにかいてごらんなさい Try to draw *after* this model drawing.
時間*どおりに会を始めます We will start the meeting ⌈*on time* [*as* scheduled].
まったくその*とおりです (⇒ あなたはまったく正しい) You are ⌈*quite* [*perfectly*] *right*.
その*とおり (⇒ あなたは正しい) You are *right*. / (⇒ あなたは私の言おうとしたことを言った) You said *it*.

-とおり[2] (やり方) way Ⓒ 《☞ ほうほう (類義語)》.

とおりあめ 通り雨 (にわか雨) shower Ⓒ ★ 最も一般的な語; passing rain Ⓒ ★ 詩的な表現. 《☞ あめ[1]; ゆうだち》.

とおりいっぺん 通り一遍 — [形] (形式だけの) formal; (表面だけの) superficial; (おきまりの) conventional; (おざなりの) perfunctory ★ 形式ばった語.
¶ 彼女は*通り一遍の礼状をよこしただけだ She only sent us a ⌈*conventional* [*perfunctory*]

と

thank-you note. // 私たちは*通り一遍のあいさつを交わすだけです (⇒ 会釈する程度の知り合いだ) We are only *nodding acquaintances.* // *通り一遍の解釈では十分でない. もっと深く読みなさい A *superficial* interpretation is not enough. Try to read deeper.

とおりがかり 通り掛かり ― [副] (途中で) on ⌈*one's* [the] way (to …). ― [動] (そばを通る) pass by (自). ― [形] (通過する) passing. ¶ 私は*通りがかりに (⇒ 帰る途中で) 彼の事務所に立ち寄った I dropped into his office *on the way* home. // *通りがかりに彼らの言葉をちらりと聞いた I caught their words when I happened to *pass by.* // その犬は*通りがかりの (⇒ 通過する) 車にひかれた The dog was run over by a *passing* car. // 彼女は*通りがかりの人に助けを求めた She ⌈asked [turned to] a *passer-by* for help.

とおりかかる 通り掛かる (通過する) pass by (自). ¶ 彼は*通りかかった船に助けられた He was saved by a *passing* ship.

とおりこす 通り越す ― [前] (…を通り過ぎて) past … ; (…を越えて) over … 《☞ おいこす ; つうか[1]》. ¶ 私は間違えて彼の家を*通り越してしまった I ⌈walked [went] *past* his house by mistake. // ボールは頭上を*通り越して窓ガラスに当たった The ball whizzed *over* my head and hit a window. // 私は悲しさを*通り越してあきれてしまった (⇒ 悲しむ以上にあきれた) I was *more* amazed *than* grieved.

とおりすがり 通りすがり ― [動] (そばを通り過ぎる) pass by (自). ― [形] (通りがかりの) passing. 《☞ とおりがかり》.

とおりすぎる 通り過ぎる ― [副] (過ぎて) past [語法] 運動を示す動詞と共に用いて「通り過ぎる」という意味を表す. 《☞ とおりこす》. ¶ 彼はあいさつもしないで急いで*通り過ぎて行った He hurried *past* without any greeting. // 私は彼らが車で*通り過ぎるのを見た I saw them drive *past.*

とおりぬける 通り抜ける go [pass] through … [語法] 以上のほかにいろいろな運動を表す動詞に through を付けて用いる. 《☞ ぬける ; つうか[1]》. ¶ 彼らは幾つかの町を*通り抜けた They *passed through* several towns. // 私は公園を*通り抜けて散歩した I took a walk *through* the park.

とおりま 通り魔 phantom killer [C].

とおりみち 通り道 (通路) passage ; (小道・車の通らない道) path [C] ; (ある所へ至る道) way [C]. 《☞ みち[1] (類義語) ; つうろ》.
¶ *通り道に物を置いてはいけない Don't put things in the *passage.* // 私たちはシャベルで雪をかき*通り道を作った We shoveled a *path* through the snow. // *通り道をあけて下さい Will you please *make way for* us? / Please clear the *way.*

とおる 通る **1** «場所を通過する» : (通り過ぎる) pass (自) (他) ; (歩いて行く) walk (自) ; (通過する) go through …
¶ 私は毎日この道を*通ります I *walk* along this street every day.
彼はさっきこの道を*通った He *walked* down this street a little while ago.
私の家のそばを毎日たくさんのトラックが*通る Many trucks ⌈*go* [*pass*] *by* our house every day.
「もう品川は*通りましたか」「いや, まだです」 " Have we *passed* Shinagawa yet? " " No, not yet."
このバスは市役所を*通りますか (⇒ 市役所に行きますか) Does this bus *go* to the city hall? / Does this bus *stop* at the city hall?
列車は幾つかのトンネルを*通る The train *goes through* several tunnels.
私は森の近道を*通って来た I *took a* short *cut* through the woods.
彼はハワイを*通って (⇒ 経由で) サンフランシスコへ行った He went to San Francisco ⌈*by way of* [*via*] Hawaii. 《☞ けいゆ[1]》
この道は車は*通れない (⇒ 通行止めだ) This road *is closed* to all vehicles.
2 «行ったり来たりする» : (車が運行する) run (自) 《☞ うんこう》. ¶ バスは 15 分毎に*通る The buses *run* every 15 minutes.
3 «物の中を通る» : (水などを導く) carry (他). ¶ このパイプには水が*通っている (⇒ このパイプは水を導く) This pipe *carries* water.
この線には電気が*通っている This wire *is charged* with electricity.
4 «制度を通過する» : pass (他) 《☞ つうか[1] ; ごうかく ; とおす》. ¶ 彼女は試験に*通った She ⌈*passed* [*succeeded* in] the examination.
5 «通用する» : (認められる) pass (as …) (自) ; (名前などが) go (自). 《☞ つうよう》.
¶ これは本物のダイヤとして*通るだろう This will *pass as* a genuine diamond.
彼は「とらさん」の名前で*通っている He *goes* by the name of ' Tora-san '.
彼は非常に名の*通った (⇒ よく知られている) 作家だ He is a very *well-known* writer.
彼は変わり者で*通っている (⇒ 変人ということをみんなが認めている) Everybody agrees that he is eccentric.
6 «意味をなす» : make sense 《☞ つうじる》.
¶ この文は意味が*通らない This sentence does not *make sense.*
あなたの言っていることは筋が*通らない (⇒ 矛盾している) What you say *is inconsistent.*
7 «許される» ¶ そんな言い訳は*通らない (⇒ 言い訳にならない) That *is no* excuse.
ここではわがままは*通らない (⇒ 思い通りにすることはできない) You cannot ⌈*get* [*have*] *your own way* here.
8 «届く» : (音が) carry (自) 《☞ つたわる》.
¶ 彼女の声はよく*通る Her voice *carries* very well. / (⇒ 澄んだ声をしている) She has a *clear* voice.
この肉の真ん中は火が*通っていない (⇒ 生焼けだ) This meat *is* ⌈*underdone* [still *raw*] in the middle.

トおんきごう ト音記号 〖音楽〗 treble clef [C], G clef [C]. 《☞ 音楽 (囲み)》.

-とか ¶ お金*とかパスポートなど, 必要なものは持ちましたか Do you have money, your passport and other necessary things with you? 《☞ -など》

とが 咎 (罪科) charge Ⓒ 《☞ かど³》.

とかい 都会 ― 名 (行政権を持つ自治体の都市) city Ⓒ; (田舎に対する都市) town Ⓒ. ― 形 (都市の) urban. 語法 日本語の「市」は city,「町」は town に相当するが, 一方, 特に口語では大きな都会に対しても田舎と対照して town を使うことがある. ((例) 工業*都市 an industrial *town*). また, 形容詞的に「都会の」では city と区別なく town を使うことが多い. ((例) *都市生活 a *town* life). 《☞ とし²; まち》.

¶ 東京は大*都会だ Tokyo is a ˹large [big; huge] *city*. // 若者は*都会の生活にあこがれる Young people yearn for ˹*city* [*urban*] life. / Young people long to live in a *city*. // 彼は*都会育ちだ (⇒都市で育った) He was raised in a *city*.

都会化 ― 動 urbanize ⓗ; (都会風にする) citify ⓗ. ¶ この小さな町もだいぶ*都会化してきた This small town *has been* rather ˹*urbanized* [*citified*].

どがいし 度外視 ― 動 (考慮に入れない) take no account of ...; (考慮外に置く) leave ... out of consideration; (無視する) disregard ⓗ. 《☞ むし²》. ¶ 我々は世論を*度外視するわけにはいかない (⇒ 考慮に入れなければならない) We have to *take account of* public opinion. // この値段は採算[利益]を*度外視してつけたものだ This price was set with the profit *left out of consideration*.

とがき ト書き stage direction Ⓒ ★ 複数形で用いることが多い.

とかく 兎角 ― 形 (...しがちな) apt (to ...), liable (to ...) ★ 後者はよくないことや不利なことに用いられる. ― 動 (...する傾向がある) tend to *do*. 《☞ -がち》. ¶ このごろ*とかく物事を忘れがちだ These days I am ˹*apt* [*liable*] *to* forget things. // *とかく浮き世はままならぬ (⇒ 人生は悩みの種で満ちている) Life is full of vexations.

とかげ 蜥蜴 lizard [lízərd] Ⓒ.

とかす¹ 溶かす melt ⓗ; dissolve ⓗ; liquefy [líkwəfài] ⓗ; fuse ⓗ; thaw ⓗ.

【類義語】固体を液化するのは ***melt*** で, 熱による場合が多い. 固体を他の液体の中に入れて溶かすのが ***dissolve***. 一般的に液化することは ***liquefy***. 特に金属などを溶かすことを ***fuse***, 凍ったものを溶かすのを ***thaw*** という. 《☞ とける¹; ようかい》

¶ 火にかけたフライパンでバターを*溶かしなさい *Melt* butter in a frying pan over the fire. // 私は砂糖を水に*溶かした I *dissolved* some sugar in water. // この種の冷凍食品は料理の前に*溶かさなくてもよい You needn't *thaw* this kind of frozen food before cooking.

とかす² 梳かす (髪をくしで) comb [kóum] ⓗ 《☞ かみ³》. ¶ 彼女はいま髪を*とかしている She *is* now ˹*combing* [*doing*] her hair.

どかどか ¶ 数人の男が*どかどかと部屋に入ってきた (⇒ 殺到した) Several men ˹*rushed* [*crowded*] into the room. 《☞ 擬声・擬態語 (囲み)》

とがめる 咎める (過ちや罪を非難する) blame ⓗ; (しかる) reproach ⓗ. 《☞ ひなん¹》.

¶ 彼は私の失敗を*とがめた He *blamed* me for the failure. // 彼は息子の不注意を*とがめた He *reproached* his son *for* ˹being careless [carelessness]. // 私はそのことで気が*とがめている (⇒ やましく思っている) I *feel guilty* about the matter.

とがらす 尖らす (物の先を) sharpen ⓗ; (口先を) pout ⓐ; (神経を) get [become] nervous. ¶ 彼女は口を*とがらして文句を言った She *pouted* and protested. 《☞ くち (挿絵)》 // そんなに神経を*とがらせてはいけない. 気楽にやりなさい Don't *get* so *nervous*. Take it easy.

とがる 尖る ― 動 (物の先が) become ˹sharp [pointed]; (だんだんと先へ) come [taper off] to a point. ― 形 sharp; pointed 語法 ほぼ同意だが, sharp は意味が広いので, 明確にとがっていることを表すには pointed を使う. ¶ この鉛筆は*とがりすぎだ This pencil is too *sharp*.

どかん¹ 土管 (土製の管) earthen pipe Ⓒ; (排水管) drainpipe Ⓒ.

どかん² ― 名 (どかんという音) bang Ⓒ. ― 動 (どかんという音を立てる) bang ⓐ. 《☞ 擬声・擬態語 (囲み)》. ¶ 遠くで花火の*どかんという音がした (⇒ どかんというのを聞いた) I heard some fireworks *bang* in the distance. // ダイナマイトが*どかんと爆発した *Bang!* went the dynamite. / The dynamite exploded with a great *bang*.

とき¹ 時 (時間) time Ⓤ 《☞ じかん¹》.

¶ *時がたった *Time* passed (by). 語法 by を付けると「過ぎ去っていく」という意味が強く出る. 《☞ たつ²》

きのうは実に楽しい*時を過ごした I had a very good *time* yesterday.

私は*時がたつのも忘れていた (⇒ 気がつかなかった) I was unconscious of ˹the passing of *time* [*time* passing].

物事は*時がたつにつれて変わる Things will change as *time* ˹passes [goes on].

*時がたてばどちらが正しいかわかるでしょう *Time* will show which is right.

そう言ったことを後悔する*時が来るでしょう The *time* will come when you repent having said so.

その*時あなたは何をしていたのですか What were you doing at ˹the [that] *time*?

私はその*時以来, 彼女に会っていない I haven't seen her since *then*.

*時は金なり *Time* is money. 《ことわざ》

とき² 時 ― 接 (する時) when ...; (...している間) while ...; (...の時はいつでも) whenever ... 《☞ 時・期間の表し方 (囲み); そのとき》.

¶ お暇な*時に電話して下さい Call me up *when* you are free. // 彼の到着する*時がわかれば (⇒ いつ来るかがわかれば) 駅まで迎えに行くつもりです I would go to the station to meet him, if I knew *when* he is due to arrive. // 彼女は読書に熱中している*時には何も聞こえないようだ She seems not to hear anything

時・期間の表し方

時・期間の表し方は，時制（現在形・過去形），相（完了形・進行形）など，「動詞・助動詞」によるものが基本となり，これと平行して「副詞的な語・句・節」を用いて，より明確な時・期間を表す．説明の都合上，述語動詞を中心にした時・期間の表し方と，副詞を中心にしたものを分けてあるが，実際はこの両方を組み合わせながら細かな時・期間を示す．**1** では基本的な時制，**2, 3** では，時・期間を示す副詞および副詞句[節]を作る場合を例示する．

と

1　述語動詞による現在・過去・未来

(1)　現在の表し方

現在の事実・動作・状態，さらに現在の習慣的なことは，述語動詞の現在形・現在進行形で表す．
¶ 私は英語が好きだ I *like* English. // 私は東京に住んでいる I *live* in Tokyo. // 彼女はいまピアノを弾いている She's *playing* the piano. // いまの私はかつての私とは違う I *am* not what I used to be. 語法 「いま」は特に now のような副詞を用いなくても，動詞の現在形に含めて表される．

(2)　過去の表し方

過去の事実・動作・状態，また過去の習慣的なことは述語動詞の過去形・過去進行形で表す．
¶ 彼は学校で英語を教わった He *learned* English at school. // 私は一日中家にいました I *stayed* home all day. // 彼は先生に聞かれたら何と言おうかと考えていた He *was thinking* what to say when the teacher asked him a question. // あらしは過ぎた The storm *is over*. // 「いいかい」「はい，わかりました」"Okay?" "Yes. I *understand*." 語法 最後の2例のように，日本語では過去の表現でも英語では現在形で表すことがあることに注意．

(3)　過去から現在まで

現在までの経験・継続・完了など，過去と現在が密接に関連している内容を表す場合は現在完了形・現在完了進行形を用いる．一般に，現在完了は現在までつながっていることを表すから，過去の時を表す副詞・副詞句[節]とともに使うことはできない．《☞ 完了形 (欄外)》
¶ 私はいままでそこへ行ったことがない I've never *been* there. // 彼女はついこの間アメリカから帰ってきた She *has* recently *returned from* America. // もう2時間も運転しています I'*ve been driving* for two hours. // 万年筆をなくした I'*ve lost* my pen. 語法 なくした万年筆がまだ見つかっていないことを意味する．

(4)　過去の一定の時まで

過去のある時までの経験・継続・完了などを示す場合は，過去完了形・過去完了進行形を用いる．《☞ 完了形 (欄外)》
¶ 彼女が尋ねてきたときには，もう仕事は終わっていた I (*had*) *finished* the work when she came to see me. // 私はここへ来る前，5年間大阪に住んでいた I (*had*) *lived* in Osaka for five years before I came here. 語法 以上の2例とも had がなくても意味が変わらないので，had を省略することが多い．

(5)　未来の表し方

意志のあるなしにかかわらず，未来の事柄を表すには次の3つが一般的である．
(i) will＋動詞の原形
(ii) be＋going＋to＋動詞の原形
(iii)（予定・義務の意味をもって）be＋to＋動詞の原形
¶ 彼が来たら私は出かけます I'*ll leave* when he comes. // 彼女はよくなりますよ She'*ll be* all right. // もう一度やってみるつもりです I *am going to try* it again. // 彼女はもうすぐ出発する She *is to leave* soon.

(6)　未来の一定の時まで

未来のある時までに起こると思われる事柄を示すときは未来完了時制（will＋have＋動詞の過去分詞）で表す．《☞ 完了形 (欄外)》
¶ 8月末までにはこの本を読み終わっているだろう I *will have read* through this book by the end of August.

2　時を表す副詞・副詞句・副詞節

(1)　時を表す副詞

（いま）now；（その時）then ★ 過去・未来いずれにも用いる；（きょう）today；（きのう）yesterday；（あす）tomorrow；（今夜）tonight；（まもなく）soon, presently ★ やや形式ばった語；（間をおかないで）immediately；（即座に）instantly；（いましがた）just ★ 完了形とともに；（最近・少し前に）lately, recently ★ 完了形・過去形いずれにも用いられる；（以前）formerly；（かつて）once；（前に）before ★ 現在完了・過去形・過去完了・未来形いずれにも用いられる；（いつ）when, what time 語法 時を尋ねるのは when（(例) いつおいで下さいますか *When* will you come?），または what time（(例) 何時に家を出ますか *What time* do you leave home?）. when と what time は同意のこともあるが，what time が正確な時刻を尋ねるのに対して，when は多少漠然とした時を尋ねるのに用いられる．
¶ *いま彼女は読書している She's reading a book (*now*). 語法 日本語で「いま」とあっても，英語では現在進行形が用いられている場合には，now を特に必要としないことが多い． // *その時は(いまより)ずっと幸せだった I was much happier *then*. // もう1回やったら*もうやめます One more trial, and *then* I'll leave it. // 彼女は*きょう来るだろう She'll come *today*. // 彼は*まもなく出かける He'll leave *soon*. // *いましがた着いた We've *just* arrived.

(2)　時を表す副詞句

(i) 前置詞＋名詞[代名詞, 動名詞]:
(…(の時)に) at … ★瞬間的と考えられる時; on … ★やや幅をもつと考えられる時; in … ★かなり間があると考えられる時; (…の前に) before … ; (…の後に) after … ; (…までには) by … ; (…までずっと) till …, until …
(ii) 名詞＋副詞:
(…前に) … ago ★過去形とともに.

¶ 金曜日*には外出したくない I don't like going out *on* Fridays. [語法] at, on, in は every, this, last, next などが用いられるときは省略される. ((例) 毎週金曜日には家にいます I stay at home *every Friday*.). その他, 時刻・日付については ☞ 時刻・日付・曜日 (囲み). // 食事の*後で私の部屋へ来て下さい Please come to my room *after* dinner. // 寝る*前に歯をみがきなさい Brush your teeth *before* going to bed. // 彼女は1時間*前に部屋を出た She left the room 「one [an] hour *ago*.

(3)　時を表す副詞節

時を表す副詞節を導く接続詞のうち, 基本的なものの幾つかを次にあげる. 《☞ 接続詞 (欄外)》
(…するとき; …したら) when …; (…するときは) if … ; (…のとき) as … ; (…する前に) before … ; (…した後で) after … ; (…するとすぐに) as soon as …, no sooner … than ★後者はやや形式ばった表現; (いったん…すれば) once … ; (…するかしないかのうちに) scarcely [hardly] … 「when [before] …

¶ 駅に着いた*とき電話を下さい Call me up *when* you get to the station. // 困った*ときは私のところへ来て下さい Please come to me 「*when* [*if*] you are in trouble. // 彼が出た*後で私が着いた I arrived *after* he (had) left. // 家に着くと*すぐに雨が降り出した *As soon as* I got home it started to rain. / *Hardly* [*Scarcely*] had I gotten home 「*when* [*before*] it started to rain. ★やや形式ばった表現. [語法] when [before] の前の節では過去完了形, when [before] の後の節では過去形を用いる. I had 「hardly [scarcely] gotten home, 「when [before] … が普通の語順であるが, hardly [scarcely] を文頭に置くと語順の倒置が起こる. これは no sooner … than … でも同じ.

3　期間を表す副詞・副詞句・副詞節

(1)　期間を表す副詞・副詞句

(長い間) long; (…の間) for …; (その間ずっと) during … ; (…のうちに) in …, within … ★「以内」を強調するとき; (…以来いままで) since … ; (…から…まで) from … 「to [till] … ; (…から…までずっと) from … through …

[語法] 期間を尋ねるときは how long. ((例) どのくらい(の日時)そこにいますか *How long* will you be there?)

¶ 私はロンドンに2か月*間いました I stayed in London *for* two months. // 私は夏*中ずっとニューヨークにいた I stayed in New York *during* the summer. // 2, 3か月の*うちにでき上がります It'll be ready *in* a few months. // 月曜日*から金曜日まで出勤します I work 「(*from*) Monday *through* Friday [*from* Monday *to* Friday].

(2)　期間を表す副詞節

期間を表す副詞節を導く接続詞のうち, 主なものの幾つかを次にあげる.
(…の間) while … ; (…以来) since … ; (…まで) until [till] …

[語法] 「いつまで」「いつから」と尋ねるときは, until when, since when. ((例) いつまでそこにいますか *Until when* are you going to stay there?)

¶ 私のいない*間にだれかが来た Someone came *while* I was away. // この前会って*以来, 久しぶりですね It's been a long time *since* I saw you last. // 私が帰ってくる*までここで待っていて下さい Please wait here *until* I get back.

用例

¶「いつご出発ですか」「あしたの午前中です」"*When* are you leaving?" "Tomorrow morning."
「あなたの誕生日はいつですか」「7月4日です」"*When's* your birthday?" "July 4."
「どのくらい英語を習っていますか」「約5年間です」"*How long* have you been studying English?" "About five years."
「あなたは毎朝何時に起きますか」「6時半です」"*What time* do you get up every morning?" "At six-thirty."
「夏休みには何をしたの」「アメリカへ行ってきました」"What did you do *during* the summer vacation? / How did you spend your summer vacation?" "I went to the United States."

「*while* [*when*] (she is) absorbed in reading. // 私の話がわからない*時は (⇒わからないならば) いつでも手を上げて質問しなさい *If* you don't understand what I say, please raise your hand anytime and ask me to explain. / (⇒わからない時はいつでも) *Whenever* you find it difficult to understand what I am saying, raise your hand anytime and ask me to explain. // いざという*時は (⇒困った場合は), 彼に助けを求めなさい *In case of* trouble, ask for his help.

とき³ 鴇, 朱鷺 〘鳥〙 (Japanese crested) ibis [áibis] Ⓒ《複 ～, ～es》.

どき 土器 (集合的に) earthenware Ⓤ; (土

と

器の容器) earthen vessel Ⓒ.《☞ とうき¹》.

ときあかす¹ 説き明かす (説明する) explain ㊀《☞ せつめい》.

ときあかす² 解き明かす (解明する) make … clear《☞ かいめい¹》.

ときおり 時折 occasionally ; (時々) sometimes ★ 最も日常的で一般的な語 ; (おりにふれて) (every) now and then ★ 強調するときは every を付ける ; (時たま)《口語》once in a while ; (断続的に) on and off.《☞ ときどき (類義語) ; 頻度を表す副詞 (囲み)》.

ときたま 時たま occasionally ; (時々) sometimes ; (おりにふれて) now and then,《口語》once in a while.《☞ ときどき (類義語) ; 頻度を表す副詞 (囲み)》.

どぎつい (色どりなどがけばけばしい) loud ★ 最も一般的 ; (ごてごてとした) garish ; (派手で俗っぽい) gaudy ; (言葉がきつい) harsh ; (誇張した) exaggerated.《☞ けばけばしい》.

¶ このネクタイは*どぎつすぎる This necktie is too ˹*loud* [*garish* ; *gaudy*]. // あの作家は*どぎつい表現が好きだ (⇒ 誇張が好きだ) That writer likes to use *exaggerations*.

どきっと ¶ 暗やみの中をだれか来るのに気付いて*どきっとした I *was* ˹*startled* [*frightened* ; *scared* ; *shocked*] to find someone approaching in the dark.《☞ はっと ; おどろく (類義語) ; 擬声・擬態語 (囲み)》

ときどき 時時 ―副 (ある間隔を置いて) sometimes ; (おりおり) (every) now and then ; (たびたび) from time to time ; (時たま) occasionally,《口語》once in a while ; (断続的に) on and off. ―形 occasional ; (季節の) seasonal.

【類義語】最も日常的で一般的な語は **sometimes**. 不規則な間隔を置いて繰り返し起こるのが **now and then**, 強調したいときには every を付ける. 多少定まった間隔を置いて起こるのが **from time to time** で, やや文語的. 忘れかけたころ, たまに起こることを表すのが **occasionally** で, それと同意のくだけた口語的表現が **once in a while**.《☞ 頻度を表す副詞 (囲み) ; 副詞の位置 (欄外)》

¶ 彼は*時々訪ねてくる He drops in ˹*sometimes* [*once in a while* ; *from time to time*]. [語法] sometimes の文中での位置は文頭, 動詞の前 (be 動詞の場合はその後) も可能. 最も典型的な位置は動詞の前であるが, 一般に度数・頻度を表す副詞は文中の位置が自由である. ただし, once in a while, from time to time のような少し長めの句の場合は, 口調の関係から文末が普通.《☞ 副詞の位置 (欄外)》 // 彼は*時々学校に遅れる He is *sometimes* late for school. // 彼は電話を*時々かけてくるだけだ He ˹calls me (up) [《英》gives me a ring] only *occasionally*. // あすは*時々雨が降るでしょう We'll have *occasional* rain showers tomorrow.《☞ 天候の表現 (囲み)》 // 昨年は(私たちは)*時々顔を合わせたが, 今年は一向に会わないね Last year we saw each other *now and then*, but this year we haven't, have we?

どきどき ―動 (心臓が鼓動する) beat ㊁ ; (激しく鼓動する) pound ㊁ ; (動悸を打つ) throb ㊁.《☞ 擬声・擬態語 (囲み)》. ¶ 私はうれしさで胸が*どきどきした (⇒ 心臓が鼓動するのを感じた) I felt my heart *beating* with joy. // 私の心臓は興奮で*どきどきした My heart ˹*pounded* [*throbbed*] with excitement.

ときとして 時として (ある場合には) in some cases ; (時おり) on occasion [語法] やや改まった表現で, sometimes よりは日本語の「ときとして」の語感に近い ; (時々) sometimes.《☞ ときどき (類義語)》.

ときに 時に (ところで) by the way ★ 話題を急に変えるときに用いる ; (ついでながら) incidentally ; (話を変えるわけではないが) not to change the subject but …《☞ ところで》. ¶「*時にきょうの午後は暇ですか」「ええ」"*By the way* [*Incidentally*], are you free this afternoon?" "Yes, I am."

ときには 時には sometimes, at times, occasionally,《口語》once in a while [語法] sometimes は最も一般的な語だが, at times, occasionally よりやや回数が多い感じ. at times, occasionally は少し改まった言葉.《☞ ときどき (類義語) ; 頻度を表す副詞 (囲み)》.

¶ *時には早く起きることもあります *Sometimes*, [*At times*] I get up early. // *時には映画に行きます I go to the movies ˹*once in a while* [*occasionally*].

ときはなす 解き放す (束縛から解放する) free ㊀, set … free, release ㊀ [語法] 3番目は日本語の「釈放」「解放」に近い.《☞ かいほう¹ ; しゃくほう》.

ときふせる 説き伏せる (論駁(ろんばく)する) refute ㊀ ; (理性や感情に直接訴えて説得する) persuade ㊀ ; (説いて納得させる) convince ㊀ ; (説いて思いとどまらせる) dissuade ㊀ ; (説いてやめさせる) talk *a person* out of … ★ 口語的な表現. 「説いて…させる」は talk *a person* into …《☞ せっとく》.

¶ 彼はついに相手を*説き伏せた He *has* finally *refuted* his adversary in argument. // 彼らは*説き伏せられて, 会合に出席するそうだ I hear they *have been persuaded* to attend the meeting. // 彼女を*説き伏せて彼との結婚を思いとどまらせることは難しい It's difficult to ˹*dissuade* her *from* [*talk* her *out of*] marrying him.

どぎまぎ ―動 (頭が混乱する) be confused ★ 考えがまとまらなかったり, どうしてよいかわからないときに使う ; (狼狽(ろうばい)する) be upset ★ 口語的表現. 気分を害する意味にも使う ; (ばつが悪い・きまりが悪い) be embarrassed ; (驚いてまごつく) be bewildered ★ やや文語的で, 少しあきれたような感じを表す.《☞ とうわく (類義語) ; まごつく ; 擬声・擬態語 (囲み)》.

¶ *どぎまぎして何も言えなかった I ˹*got* [*was*] ˹*confused* [*upset*] and couldn't speak out. // 知らない人に紹介されると*どぎまぎしてしまう I *feel embarrassed* when I'm introduced to a stranger.

ときめく¹ (心臓が速く鼓動する) beat fast ㊁, throb ㊁, palpitate ㊁ [語法] いずれも心臓 (heart) を主語とする. この順に形式ばった語となる.《☞ どきどき》.

ときめく² 時めく **今を時めく** ━[形]（勢力がある）powerful, influential. ¶ 彼は*今を時めく人物だ（⇒ 影響力のある人物だ）He is a very *influential* person.

どぎもをぬく 度肝を抜く （びっくり仰天させる）astonish (他)；（肝をつぶすほどびっくりさせる）astound (他),《口語》flabbergast (他)；（口もきけないほどびっくりさせる）strike (*a person*) dumb ★ 以上いずれも受身で用いられることが多い.《☞ おどろく（類義語）》.
¶ 彼の様子には*度肝を抜かれた I *was* ˹*astounded* [*flabbergasted*; *struck dumb*] by his appearance. ∥ それは*度肝を抜く離れわざだった It was really an ˹*astounding* [*astonishing*] feat.

ドキュメンタリー documentary [C].
ドキュメンタリー映画 documentary (film) [C] ★ 前後関係ではっきりしていれば, film は不要.《☞ 映画（囲み）》.

どきょう 度胸 ━[名]（信念を持って困難・危険などに立ち向かう勇気）courage [U]；（強い神経・度胸）nerve [U] ★ この語は厚かましさという意味での度胸にも使う；（大胆さ）boldness [U] ★ courage に比べて, 向こうみずな勇気という意味が強い；（勇気・決断力）《口語》guts ★ 複数形で. ━[形]（勇気のある）brave, courageous ★ 前者は広い意味での勇気. 後者はより理性的な勇気；（大胆な）bold, daring ★ 後者のほうがより向こう見ずな感じが強い.《☞ ゆうき¹（類義語）》.
¶ 君には彼らと戦う*度胸があるか Do you have the *courage* to fight them? ∥ 男は*度胸だ（⇒ 男は勇気で判断される）Man is judged by his *courage*. ∥ 社長に口答えするとは彼も*度胸があるね Isn't he ˹*bold* [*daring*] to talk back to the president? ∥ とてもそんなことをする*度胸はない I don't *have* ˹*the nerve* [*nerve enough*] to do so. ∥ 彼は*度胸のある[ない]男だ He has ˹a lot of [no] *guts*.

どきりと ☞ どきっと

とぎれとぎれ ━[形]（とぎれがちの）broken, interrupted ★ 前者のほうが平易で, より日常的；（断続する）intermittent. ━[副] brokenly, interruptedly; intermittently.《☞ きれぎれ；だんぞく》. ¶ 老人は*とぎれとぎれに話した The old man spoke in a *broken* manner. ∥ ラジオ放送は*とぎれとぎれにしか受信できなかった We could receive the radio broadcast only *intermittently*.

とぎれる 途切れる break (off) (自)；（邪魔が入ってさえぎられる）be interrupted；（障害・妨害などによって乱れる）be disrupted.《☞ とだえる；ちゅうだん》. ¶ 私たちの会話はふと*とぎれた *There was a* momentary *pause* in our conversation. ∥ 交信は*とぎれてしまった Communications *were disrupted*.

とく¹ 解く **1**《ほどく》:（ひもなどを）untie (他)；（ひも・小包みなどを）undo (他)；（解いて中身を出す）unpack (他).《☞ ほどく》. ¶ 荷物のひもを*解いて下さい *Untie* [*Undo*] the strings of the package. ∥ ロープの結び目を*解いた I've ˹*untied* [*undone*] the knot in the rope. ∥ 荷物はあした*解きます I'll *unpack* my things tomorrow.
2《任務などを解除する》: dismiss … from …, discharge … from …, relieve … of … [語法] はじめの 2 つは「解雇」の意味だが, 第 3 番目はそれらに比べて意味が広く, 必ずしも解雇とは限らない.《☞ かいじょ》.
¶ 彼は昨年, 市の助役の任を*解かれた He *was* ˹*dismissed* [*discharged*] *from* his position as deputy mayor last year. ∥ 私は間もなく任を*解かれることになっています I will *be relieved of* my duties pretty soon.
3《答えを出す》:（問題を解く）solve (他), work out (他) ★ 後者は口語的表現；（答える）answer (他)；（疑い・誤解などをぬぐい去る）dispel (他)；（取り除く）remove (他).
¶ この問題がまだ*解けない I haven't been able to ˹*solve* [*work out*] this problem yet. ∥ 彼の疑いはどうやったら*解けるだろう How can I ˹*dispel* [*remove*] his doubts? ∥ なぞはすぐ*解けた I ˹*solved* [*read*] the riddle at once.

とく² 得 ━[名]（利益）profit [U], benefit [U] ★ 前者は特に金銭的な利益；（有利）advantage [U] ★ 以上具体的に利益や利点を指す場合は [C]. ━[形]（利益のある）profitable；（有利な）advantageous；（経済的な）economical. ━[動]（利益を得る）gain (他)(自), profit (自) [語法] 後者は金銭的な利益を意味することが多い；（恩恵を受ける）benefit (自)；（金を使わないですむ・得する）save (他)；（倹約する）economize (他) [語法] save と economize はほぼ同意だが, 後者は積極的に倹約する感じが強い. 以上いずれも「人」を主語とする.《☞ りえき；ゆうり¹；もうける¹》.
¶ 円の上昇で幾つかの大会社が*得をした Some big companies ˹*profited* [*gained*] by the ˹raise [rise] of the yen. ∥ 昨年買った土地を売って, 彼はだいぶ*得をした He *made a great profit* on the sale of the land he bought last year. ∥ この件に関しては彼は*得な地位にある As to this matter, he *is* ˹*at an advantage* [*in an advantageous position*]. ∥ けんかしてもだれの*得にもならない Nobody *benefits* from a quarrel. ∥ いまこれを買えば 1 割のお*得です You can ˹*save* [*economize*] 10%, if you buy this now.

とく³ 説く （人を説いて…させる）persuade *a person* to *do*, talk *a person* into … [語法] 後者は口語的表現.「説いて…をやめさせる」は talk *a person* out of …；（宗教上の説教をする）preach (他).《☞ せっとく；ときふせる；せっきょう》. ¶ 彼は私たちに同調するよう*説いた He tried to *persuade* us *to* side with him.

とく⁴ 徳 virtue [U] ★「徳行」では [C]. ¶ あの人は実に*徳の高い人だ He is really a ˹*virtuous* man [man of (high) *virtue*].

とぐ 研ぐ **1**《刃物などを》:（鋭くする）sharpen (他)；（砥石で研ぐ）whet (他), grind [gráind] (他)《過去・過分 ground》. ¶ ナイフを砥石で*研いで下さい Please ˹*whet* [*grind*; *sharpen*] the knife on a whetstone.
2《米を》: wash (他)《☞ こめ》.

どく¹ 毒 **1**《毒薬・毒物》 ━[名] poison [U]

と

★一般的な語で次の語の代わりにもなる；(特に毒蛇などの) venom [vénəm] Ⓤ. ―形 (毒のある) poisonous；(動物の分泌する液について) venomous. 《☞ もうどく》.
¶その男は*毒を飲んだ That man ┌took *poison* [*poisoned* himself]. // 王は*毒を盛られた The king *was poisoned.* / Someone put *poison* in the king's food. // この実には*毒がある This berry is *poisonous.*
2 «害悪» ―名 (害) harm Ⓤ. ―形 (有害な) harmful (to …), injurious (to …), bad (for …) ★広い意味の口語的な言葉.
¶喫煙は身体に*毒だ Smoking is ┌*harmful to* [*injurious to*; *bad for*] health. / Smoking ┌*does* you *harm* [will *injure* your health]. // 彼の著作は*毒にも薬にもならない His writings do neither good nor *harm.* // *毒をもって毒を制す Meet evil with evil. 《ことわざ：悪には悪を会わせよ》/ Set a chief to catch a thief. 《ことわざ：泥棒の親玉に泥棒を捕まえさせよ》
毒ガス poison gas Ⓤ **毒殺** ―動 poison ㊥, kill … with poison **毒蛇** poisonous [venomous] snake Ⓒ **毒虫** poisonous [venomous] insect Ⓒ **毒薬** poison Ⓤ.

どく² 退く (邪魔にならないように) get out (of the way) ㊍；(場所をあける) make room (for …)；(わきへ寄る) step aside ㊍；(後ろへ寄る) step back ㊍. ¶ちょっと*どいて下さい Please *get out of* ┌*the* [*my*] *way.* / (⇒ わきへ) Please *step aside.* / (⇒ 立ちふさがらないで下さい) Please *don't stand in my way.* / Please *make room for* me.

とくい¹ 得意 **1** «自慢» ―名 (得意な気持ち・様子) pride Ⓤ, triumph Ⓤ ★前者が一般的. ―形 (得意な) proud, triumphant. 《☞ じまん；とくとくと》.
¶彼女は自分の作品に*得意になっている She ┌*takes pride in* [*is proud of*] her own work. // 彼の*得意顔をごらんなさい Look at his ┌*proud* [*triumphant*] face. 《☞ したりがお》 // 彼は*得意満面だった (⇒ 得意な気持ちでいっぱいだった) He was inflated with *pride.* // 彼は*得意になって話し続けた He kept talking ┌*triumphantly* [*in triumph*; *proudly*].
2 «上手» ―名 (上手な物・事) *one's* speciality Ⓒ；(長所) *one's* strong point Ⓒ. ―動 (上手である) be good at …, be strong in …, be a good … 《☞ じょうず；うまい》.
¶彼は数学が*得意です He *is* ┌*good at* [*strong in*] math. / Mathematics is *his* ┌*strong point* [*speciality*]. // 彼はテニスが*得意だ He *is a good* tennis player. // 彼は*得意の (⇒お気に入りの) 歌を歌ってくれた He sang his *favorite* song for us. // それは彼女の*得意の話題だ That's her *pet* topic.
3 «顧客»: customer Ⓒ；(常連) patron Ⓒ. ¶あの方はうちのお*得意さんです He's one of our best *customers.*

とくい² 特異 ―形 (普通でない) unusual；(特有の) peculiar；(ユニークな) unique. 《☞ とくしゅ；どくとく》. ¶あなたは*特異体質 (⇒ アレルギー体質) ではないでしょうね I hope you are not *allergic to* anything.

どくえん 独演 solo (performance) Ⓒ 《☞ どくそう³》. **独演会** one-man show Ⓒ.

どくがく 独学 ―名 self-education Ⓤ. ―形 (独学した) self-┌educated [taught]. ―動 (…を独りで習う) learn … by *oneself*, teach *oneself* … ¶彼は*独学の人だ He is a *self-*┌*educated* [*taught*] man. // 私の英語は*独学です (⇒ 私は英語を独学で学んだ) I *learned* English ┌*by myself* [*without a teacher*; *on my own*]. / I *taught myself* English.

とくぎ 特技 *one's* ┌speciality [forte] Ⓒ；(才能) talent Ⓒ. 《☞ とくい¹》. ¶手品は彼女の*特技の1つです Magic is one of *her* ┌*specialities* [*fortes*]. // 彼女は*特技を多く持っている (⇒ 多くの面で才能がある) She *is talented* in many ways.

どくごかん 読後感 *one's* impression of ┌a book [an article] Ⓤ ★[ ]内は記事や論説など.

どくさい 独裁 ―名 (独裁政治) autocracy Ⓤ, dictatorship Ⓤ, despotism Ⓤ 【語法】後の2語は軽蔑的な語感を伴う. 以上の3語はいずれも具体的な国家を指す場合は Ⓒ. ―動 (完全な権力を握る) hold absolute authority (over …)；(独裁下に置く) have (a country) under *one's* despotic rule. ―形 autocratic, dictatorial, despotic. 《☞ せんせい³》.
¶*独裁とはすべての権力がある個人へ集中し，その個人がそれを行使することである (⇒ 独裁においては，すべての権力がある個人に集中し，行使される) In an ┌*autocracy* [*dictatorship*; *despotism*], absolute power is concentrated on and exercised by a certain individual.
独裁者 dictator Ⓒ, autocrat Ⓒ, despot Ⓒ **独裁政治** dictatorship Ⓤ, autocracy Ⓤ, despotism Ⓤ.

とくさく 得策 ―名 (最上の策) the best ┌policy [way]. ―形 (賢明な) wise (↔ unwise)；(当を得た) advisable (↔ inadvisable)；(好都合の) expedient (↔ inexpedient). 《☞ けんめい¹》. ¶いま出発するのが*得策だ It's ┌*wise* [*advisable*] for you to start at once.

とくさん 特産 (特産物) special product Ⓒ, speciality Ⓒ；(主要な産物) principal product Ⓒ. 《☞ めいさん；めいぶつ》.

とくし 特使 special envoy Ⓒ 《☞ しせつ²》. ¶原田氏が首相の*特使として米国に派遣された Mr. Harada was sent to the U.S. as the premier's *special envoy.*

どくじ 独自 ―形 (自分自身の) *one's* own；(独特の) unique；(独創的な) original；(個人的な) personal. 《☞ どくとく；どくそう¹》.
¶彼は*独自の見解を表した He expressed *his* ┌*own* [*personal*] views. // それは彼*独自の発想で，ほかからとったもの (⇒ 借りたもの) ではない It's his *original* idea, and not something he has borrowed.
独自性 ¶彼らの*独自性は尊重されるべきだ Their ┌*originality* [*individuality*] should be respected.

とくしか 篤志家 (自発的に無料奉仕を申し出る人) volunteer Ⓒ；(慈善心のある人)

charitable person Ⓒ.

とくしつ¹ 得失 profits [gains] and losses; (長所と短所・功罪) merits and demerits; (利点と弱点) advantages and disadvantages 参考 demerits と disadvantages はそれぞれ merits と advantages と対照させているから, de- と dis- のところにアクセントを置く. 以上いずれも複数形で.

とくしつ² 特質 (特徴) characteristic Ⓒ; (目立つ点) feature Ⓒ. 《☞ とくしょく; とくちょう¹ (類義語)》.

とくしゃ 特赦 ―名 amnesty Ⓒ. ―動 grant an amnesty (to ...). 《☞ おんしゃ》. ¶ 政府は政治犯の*特赦を行った The government ˹granted [extended] *an amnesty to* political offenders. // 彼は*特赦により釈放された He was released from prison *under an amnesty*.

どくしゃ 読者 reader Ⓒ; (世間一般の読者層) the reading public; (定期購読者) subscriber Ⓒ. 《☞ よむ》.
¶ この雑誌は世界中に広く*読者を持っている This magazine ˹*is widely read* [*has a large circulation*] all over the world. ★ circulation は「発行部数」の意. // *読者欄への投書を歓迎しております Contributions to *the reader's* column are most welcome.

とくしゅ 特殊 ―形 (特別な・普通でない) special (↔ common; ordinary); (独特な) particular (↔ general); (他に類のない・普通とは違った) unique ★ 口語的には風変わりなというニュアンスがある. 《☞ どくとく; とくべつ》.
¶ 彼は音楽に*特殊な才能がある He has a *special* talent for music. // こちらの*特殊な事情も理解して下さい Please take our *particular* situation into consideration. // 彼はいつも*特殊な見解を持っている He always has *unique* ideas.

とくしゅう 特集 ―名 (特集号) special ˹issue [number] Ⓒ; (特別記事) feature (article) Ⓒ. ―動 (特集記事を載せる) feature ㊎. ¶ *特集号は年1回出版される A *special* ˹*issue* [*number*] is ˹put out [published; issued] once a year. // この号は不況問題を*特集している This number *features* articles on depression.

どくしゅう 独習 ―名 self-education Ⓤ. ―動 study [learn] ... by *oneself*, teach *oneself* ... 《☞ どくがく》. **独習書** teach-yourself book Ⓒ.

どくしょ 読書 ―名 reading Ⓤ. ―動 read (a book) ㊀ ㊎. 《☞ よむ; ほん; レクリエーション (囲み)》. **読書家** great reader Ⓒ **読書室** reading room Ⓒ.

とくしょう 特賞 the grand prize Ⓒ, the highest prize Ⓒ; (グランプリ) the grand prix [grɑ́:mprí:] Ⓒ 《複 grands prix [~]》. 《☞ グランプリ; いっとう》. ¶ 彼は*特賞を取った He ˹won [was awarded] *the grand* ˹*prize* [*prix*].

とくじょう 特上 ―形 (選び抜かれた) choicest; (一番上等の) finest; (飛びきり上等の) excellent, superb ★ 後者のほうが意味が強い. 《口語》 super. 《☞ ごくじょう》. ¶ これは*特上の材質でできている This is made of ˹*superb* [*excellent*] material.

どくしょう 独唱 ―名 (vocal) solo [sóulou] Ⓒ 《複 ~s, soli [sóuli:]》. ―動 sing a solo, sing (a song) alone. 《☞ どくそう³; 音楽 (囲み)》. ¶ 次は山本さんの*独唱です The next ˹number [on the program] is a *solo* by Miss Yamamoto. **独唱会** (vocal) recital Ⓒ **独唱者** solist Ⓒ.

とくしょく 特色 characteristic Ⓒ; (人の目を引く目立った点) feature Ⓒ; (特に他と区別するもの) distinction Ⓒ; (独特な性質) peculiarity Ⓒ. 《☞ とくちょう¹ (類義語)》.
¶ これは西欧文明の*特色の1つである This is one of the ˹*characteristics* [*features*] of Western civilization. // この地域の (地理的な) *特色は山が多いことである As a (geographical) *feature* of this region, we can mention that it is mountainous. // 彼の書き物の*特色は文体の簡潔さである The *distinction* of his writing ˹is [lies] in the simplicity of style.

とくしん 得心 ―動 (満足がいく) be satisfied (with ...); (納得がいく) be convinced (of ...; that ...); (了解する) understand ㊎. 《☞ なっとく》.

どくしん 独身 ―形 single; (未婚の) unmarried. ―名 (男の独身者) bachelor Ⓒ; (女の) unmarried woman Ⓒ, spinster Ⓒ ★ 前者のほうが普通. 後者は法律用語でもあり, また一般には次の old maid の意味で, 多少軽蔑的な響きを持つので使うときには注意; (年輩の) old maid Ⓒ ★ 軽蔑的な語感を含む.
¶「彼は結婚していますか」「いえ, まだ*独身です」"Is he married?" "No. He's *single* / No. He *isn't married* (yet)." // 彼は一生*独身だった He remained ˹*single* [*unmarried*; *a bachelor*] for life. // *独身生活も良し悪しだ (⇒利点と弱点がある) A *single* life has its advantages and disadvantages.

どくしんじゅつ¹ 読唇術 lip reading Ⓤ.

どくしんじゅつ² 読心術 thought [mind] reading Ⓤ.

とくせい¹ 特製 ―形 (特別に作った) specially made, of special make; (豪華な) deluxe [dəlúks, -lʌ́ks]. ¶ これは*特製版です This is a *deluxe* edition. // 杉田*特製《表示》*Specially* ˹*made* [*prepared*] by Sugita

とくせい² 特性 characteristic Ⓒ; (目立つ点) feature Ⓒ. 《☞ とくちょう¹ (類義語)》.

とくせつ 特設 ¶ この国際会議のために, 通訳用のブースを*特設します Booths for interpreters will *be* ˹*set up*; [*installed*; *furnished*] (e)*specially for* this international conference.

どくぜつ 毒舌 ¶ 彼は時々*毒舌をふるう He sometimes ˹*speaks bitterly* [pours out a stream of *abuse*]. / He sometimes *uses abusive language*. 《☞ とげ; しんらつ; あっこう》 **毒舌家** ¶ 彼女は*毒舌家だ She *has a* ˹*bitter* [*barbed*; *sharp*] *tongue*.

とくせん 特選 ―名 special prize Ⓒ; (最高の賞) highest honor Ⓒ. ―形 (商品など

が高級な) deluxe. 《☞ とくしょう；とくじょう》. ¶ 彼女の作品は*特選となった Her work ⌈won [was awarded] the *highest honor*. // *特選品の売り場はどこですか Where is the ⌈*choice goods* [*deluxe* article] department?

どくせん 独占 ―動 monopolize ⊕ ★ 形式ばった語で，日本語の「独占」に近い；(独り占めにする) have ... to *oneself* ★ 口語的表現；(一手販売する) make a monopoly of ... ―名 monopoly Ⓒ. 《☞ せんゆう[1,2]》.
¶ 彼らは市場を*独占するつもりだ They intend to *monopolize* the market. // 彼女は居間を*独占している She *has* the living room *to herself*.
独占禁止法 the ⌈Antitrust [Antimonopoly] Law **独占事業** monopoly Ⓒ, monopolistic enterprise Ⓒ **独占資本** monopolistic capital Ⓤ.

どくぜんてき 独善的 ―形 (独善的な) self-righteous；(ひとりよがりの) (self-)complacent, self-satisfied；(独断的な) dogmatic. 《☞ どくだん》. ¶ 彼女は*独善的に振舞うことが多い She often behaves ⌈*self-righteously* [*complacently*；*in a self-centered way*].

どくそ 毒素 toxin Ⓒ；(毒のある物質) poisonous matter Ⓤ ★ 説明的表現.

どくそう[1] 独創 ―形 (独創的な) original；(創造力に富む) creative ★ 新たに生み出す力を強調する. ―名 (独創性) originality Ⓤ, creativity Ⓤ. ¶ これは実に*独創的なアイディアだ This is quite an *original* idea. // 彼女は*独創性に富む She is ⌈rich in [full of] ⌈*originality* [*creativity*；*creative powers*].

どくそう[2] 独走 ―動 (他をはるかに引き離す) leave others far behind；(楽勝する)《口語》have a walkover；(ほかと関係なく独りで行動する) have *one's* (own) way. ¶ 最後の1周では田中は*独走だった Tanaka *ran* the last lap *alone, leaving the other runners far behind*. // ほかの人のことを考えずに*独走しては困る You shouldn't *have your own way* without paying attention to others.

どくそう[3] 独奏 ―名 solo Ⓒ《複 ～s, soli [sóuli:]》. ―動 play [perform] a solo. 《☞ どくしょう；音楽 (囲み)》. ¶ 彼はトランペットを*独奏した He played a trumpet *solo*.
独奏会 recital Ⓒ **独奏楽器** solo instrument Ⓒ **独奏者** soloist Ⓒ.

どくそう[4] 毒草 poisonous plant Ⓒ.

とくそく 督促 (請求) demand Ⓒ 《☞ さいそく[1]》. ¶ 金貸しが返済を厳しく*督促してきた The moneylender *urged* me to repay my debt. / The moneylender *pressed* me for repayment of my debt. **督促状** demand [reminder] for payment Ⓒ；dun Ⓒ.

ドクター *(博士) doctor* Ⓒ；(医者) doctor Ⓒ. 《☞ はかせ；いしゃ》. **ドクターコース** the doctor's course **ドクターストップ**〘ボクシング〙technical knockout by the order of the attending physician Ⓒ. ¶ *ドクターストップで試合は終了した The match was terminated *on the recommendation of the attending physician*.

とくだい 特大 ―形 extra-large, king-size(d) ★ 口語的表現. ―名 outsize Ⓒ. ¶ このシャツの*特大はありますか (⇒ 特大サイズのこのシャツはありますか) Do you have ⌈an *extra-large* size [an *outsize*] of this shirt?

とくたいせい 特待生 scholarship student Ⓒ. ¶ 彼は*特待生になった He ⌈*gained* [*won*] *a scholarship*.

とくだね 特種 (新聞の) scoop Ⓒ 《☞ スクープ》.

どくだん 独断 ―名 (自分勝手な独り決め) arbitrary decision Ⓒ；(独断的な考え) dogmatic way of thinking Ⓒ. ―動 (独断で決める) decide ⌈for *oneself* [arbitrarily；on *one's* own judgment] ⓐ. 《☞ どくぜんてき》.
¶ 彼は*独断で事を決めて失敗することが多い He often *decides* ⌈*for himself* [*arbitrarily*；*on his own judgment*] and fails. // 彼の*独断的な考えには賛成できない I can't agree with *his* ⌈*dogmatic way of thinking* [*dogmatism*].

どくだんじょう 独壇場 ¶ マラソンは彼の*独壇場だ (⇒ 彼はマラソン選手として競走相手を持たない) He is ⌈*unrivaled* [*unequaled*] as a marathon runner. // その試合は彼の*独壇場だった (⇒ その試合で彼はほかのすべての選手をしのいだ) He ⌈*outshone* [*surpassed*] all the other players at the game.

とぐち 戸口 door Ⓒ；doorway Ⓒ **語法** door は「とびら」で，その「とびら」が開いてできる空間 (space) が doorway. ただし door も doorway と同意で用いられることがある；(入り口) entrance Ⓒ. 《☞ げんかん[1]；ドア (挿絵)》. ¶ *戸口に立たないで下さい Don't stand ⌈at the *door* [in the *doorway*]. ★ 前置詞が異なることに注意. 《☞ いりぐち》 // 彼は表の*戸口から入って来た He came in ⌈by [through] the front *door*. // 私は彼女を*戸口まで送った I saw her to the *door*.

とくちょう[1] 特徴 ―名 characteristic Ⓒ；(目立つ点) feature Ⓒ；(独特な点) peculiarity Ⓒ；(性格上の特色) trait Ⓒ. ―形 (特徴のある) characteristic (of ...)；(ある人または物に特有の) peculiar (to ...)；(他と区別するような) distinctive；(代表的な) typical；(際立った) striking；(注目すべき) remarkable.
【類義語】ほかから区別される特色が **characteristic** で，最も一般的な語. 特に目立って人の注意を引くような特徴は **feature**. また多少改まった言い方になるが，特にほかとの相違を強調する時は，characteristic *feature* Ⓒ または distinctive *feature* Ⓒ などの表現を用いる. ある特定の人または物に独特な点で，しばしば奇異な感じの特徴が **peculiarity**. やや改まった語として，性格上の特色をいうのが **trait**.
¶ ゴシック建築の*特徴は何ですか What are the *characteristics* of Gothic architecture? // 風車はオランダの*特徴だ Windmills are a *feature* of the Netherlands. // あの乱暴な態度は彼の*特徴だ (⇒ 彼の特徴を示すものだ) That rude behavior is *characteristic* of him. // あの話し方は関西地方の人の*特徴だ

(⇒関西人に独特だ) That way of speaking is *peculiar* to people in the Kansai districts. // ユーモアは彼のもつ大きな*特徴の一つだ Humor is one of his outstanding *traits*. // この花は非常に*特徴のあるにおいがする This flower has a very *characteristic* smell.

とくちょう² 特長 (得手) strong [good] point Ⓒ, forte Ⓒ ★前者のほうが口語的; (取り柄) merit Ⓒ. 《☞ ちょうしょ¹; もちあじ》. ¶あなたは自分の*特長を生かすべきだ You should make the ˹most [best] of your ˹*strong point* [*forte*].

どくづく 毒づく curse ㊀, abuse ㊀. 《☞ ののしる; どくぜつ; あくたい》.

とくてい 特定 ―形 (特殊の・ある条件に合った) specific; (はっきり指定された) specified; (特に具体的に決まっている) particular; (権限が与えられた) authorized. 《☞ とくべつ》. ¶その金は*特定の目的のためにとっておかれた The money was set aside for a *specific* purpose. // *特定の人しかこの部屋は利用できない (⇒指定された人だけがこの部屋を利用できる) Only ˹*specified* [*authorized*] persons can make use of this room. // 彼女はいつも*特定の店で買い物をする She always does her shopping at some *particular* stores.

とくてん¹ 得点 (競技の) score Ⓒ 参考 バスケットボール・バレーボール・ラグビーなど, 大多数の競技の得点は point Ⓒ, 野球は run Ⓒ, サッカー・ホッケーでは goal Ⓒともいう; (試験の) mark Ⓒ. 《☞ てん¹; スポーツ (囲み)》.
¶いま*得点は何点ですか What is the *score* now? // *得点は3対1で私たちが勝っている We are leading by the *score* 3 to 1. // 私たちのチームは10対0の*得点で勝った Our team won ˹by [with] a *score* of 10 to 0. // 彼女の*得点は98点だった (⇒彼女は98点獲得した) She ˹*scored* [earned; obtained] 98 *points*. // 我々は7回の裏にさらに2点*得点を重ねた We made another two *runs* in the second half of the seventh inning. // そのピッチャーは相手チームを無*得点に抑えた The pitcher held the other team ˹*scoreless* [*runless*]. / The pitcher *shut out* the other team. 《☞ むとくてん》 // その試験の彼の*得点は100点満点中65点だった He ˹got [gained] 65 *marks* out of 100 for the examination.

とくてん² 特典 (特権) privilege Ⓒ; (利点) advantage Ⓒ. 《☞ とっけん》. ¶会員にはどんな特典がありますか What ˹*privileges* [*advantages*] do members have?

とくと 篤と (よく) well; (注意深く・入念に) carefully; (十分に) thoroughly. 《☞ よく¹; じゅうぶん¹; じっくり》.

とくとう 特等 (特別の等級) special ˹class [grade] Ⓒ; (最高の賞) the highest prize. 《☞ とくしょう》. ¶福引きの*特等はテレビだ *The highest prize* in the lottery is a television set. // 私はその芝居の*特等席(の券)を2枚持っている I have two *special* seats for the play.

どくとく 独特 ―形 (固有の) peculiar; (特徴のある) characteristic; (独自の) own; (類のない) unique. 《☞ とくゆう; こゆう》.
¶それはこの地方*独特の習慣だ It is a custom *peculiar* to this district. // 彼は*独特のやり方でその問題を解決した He solved the problem in his *own* way. // この果物は*独特の香りがある This fruit has a *characteristic* smell. // だれもが彼女の*独特の才能を買っている (⇒認めている) Everybody appreciates her ˹*special* [*unique*] ability.

どくどく ¶傷口から血が*どくどくと流れた (⇒どんどん流れ出た) Blood ˹*gushed* out [flowed out *steadily*] from the wound. / (⇒絶え間のない流れとなって出た) Blood ran *in a steady stream* from the wound. / (⇒傷口がさえぎるものもなく出血した) The wound bled *freely*. 《☞ 擬声・擬態語 (囲み)》

とくとくと 得得と ―副 (誇らしげに) proudly, triumphantly, in triumph. ―形 proud, triumphant. 《☞ とくい¹》. ¶彼は*得々と (⇒誇らしげに) 2時間もしゃべった He spoke ˹*proudly* [*triumphantly*] for two hours. // 彼らは*得々として (⇒勝ち誇って) 引き上げた They returned *in triumph*.

とくに 特に (特別に) specially; especially; particularly.
【類義語】ある特別の目的・用途などのために「特に」という意味で使われるのが **specially**. ほかのものと比べて, それらよりとりわけ程度が高いという意味を表すのが **especially**. 以上の2語は英米人の間でも混同されることがあるようだが, 例えば「この本は*特に初歩の人のために書かれた」This book was written *specially* for beginners. では目的が主なので *specially* であり,「この本の第2章は*特におもしろい」The second chapter of this book is *especially* interesting. では第2章がほかの章と比べておもしろさの程度が高いということで *especially* が用いられているのである. しかし, 実際にはいずれでもよい場合もある. 幾つかある中から特定のものを選び出して「特に」というように特定化する言葉が ***particularly***. 《☞ とくべつ》
¶この本は*特に学生のために書かれたものです This book was written *specially* for students. // 私は京都が好きだ. *特に秋がいい I like Kyoto, *especially* in fall. // これは*特に重要な点です This is ˹a *specially* [an *especially*] important point. // 私はこの件の重要性を*特に強調したい I would like to ˹emphasize [stress] *especially* the importance of this case. / I want to put ˹*great* [*special*] emphasis on the importance of this case. // 彼は*特に数学がよくできた He was *particularly* good at mathematics. // 何か*特に付け加えたいことはありませんか Don't you have anything you'd like to add ˹*in particular* [*particularly*]? // 彼はきょうは*特に (⇒異常に) 口数が多かった Today he was ˹*unusually* talkative [*more* talkative than he usually is]. // *特にお話しすることはありません I have nothing *particular* to tell you.

とくばい 特売 sale Ⓒ 《☞ やすうり; おおうりだし》. ¶あの店はよく子供服の*特売をやる They often have a *sale* on children's clothes. // 私はそれを*特売で買った I bought it at ⌈a *sale* [the *sales*]. **特売週間** bargain week Ⓒ **特売品** bargain Ⓒ.

とくはいん 特派員 (新聞·雑誌の) (special) correspondent Ⓒ.

とくひつ 特筆 ¶ 彼の行いは*特筆に値する (⇒ 特別に言及する価値がある) His conduct ⌈is worthy of [deserves] *special mention*. // それは今年の*特筆すべき出来事だった (⇒ 忘れられない重要な) It was a *memorable* event of this year.

とくひょう 得票 ━名 (得票数) the number of votes ⌈obtained [polled]; (得票結果) *one's* poll ; (集合的に) the vote ★ vote が個々の票を指すときは Ⓒ. ━動 (得票する) poll ㊤. 《☞ とうひょう ; せんきょ[1]》.

¶ 彼の*得票は3千票だった (⇒ 彼は3千票獲得した) He ⌈*polled* [*got*; *obtained*; *gained*] 3,000 *votes*. // 彼は 95 対 90 の*得票数で勝った He won ⌈by [on] a *vote* of 95 to 90. // 彼の*得票数は法定*得票数に達しなかった His *poll* did not reach the legally required (minimum number of) *votes*.

とくべつ 特別 ━副 (ある特別の目的のために) specially ; (ほかのものと比べて特に) especially ; (ある特定のものについて) particularly. 《☞ とくに (類義語) ; べつ》.

¶ これはあなたのために*特別にとっておきました I have kept this *specially* for you. // 私は果物が好きだが, *特別好きなのはりんごだ I like fruit, *especially* apples. // ここのコーヒーの味は*特別によい The coffee here is *particularly* good. // あの人は*特別だ (⇒ 例外だ) He is an *exception*. // 彼女だけ*特別扱いはできない (⇒ 例外にすることはできない) We can't make her an *exception*.

特別急行列車 limited [special] express (train) Ⓒ **特別国会** extraordinary session of the Diet Ⓒ 《☞ 政治·経済 (囲み)》.

とくほう 特報 (news) flash Ⓒ 《☞ そくほう ; ニュース》.

どくぼう 独房 (solitary) cell Ⓒ 《☞ かんきん ; けいむしょ》.

とくほん 読本 reader Ⓒ ; (初歩の) primer Ⓒ. 《☞ ほん ; きょうかしょ》.

どくみ 毒味 ━動 (味を見る) have a taste.

とくめい[1] 匿名 ━名 (名前を出さないこと) anonymity Ⓤ. ━形 (筆者不明の) anonymous ; (名前を伏せた) nameless. ━副 anonymously. ¶ 彼は*匿名を希望している He requests *anonymity*. / (⇒ 名前を伏せておくことを願っている) He wishes to remain *nameless*. // 彼はときどき*匿名で (⇒ 名前を出さずに) 書評を書く He sometimes reviews books *anonymously*.

とくめい[2] 特命 (特別の命令) special command Ⓒ ; (特別の任務) special mission Ⓒ. ¶ 彼は*特命を受けて (⇒ 特別の任務で) ニューヨークへ行った He went to New York on a *special mission*. **特命全権大使** ambassador extraordinary and plenipotentiary Ⓒ 《☞ とくし》.

とくやく 特約 (特別の契約[協定]) special ⌈contract [agreement] Ⓒ 《☞ けいやく》. ¶ 私たちはその会社と*特約を結んだ We ⌈made [entered into] a *special* ⌈*contract* [*agreement*] with the company. **特約店** (代理店) (special) agency Ⓒ ; (権限を与えられた業者) authorized dealer Ⓒ. 《☞ だいり》.

どくやく 毒薬 poison Ⓤ 《☞ どく[1]》.

とくゆう 特有 ━形 (独特の) peculiar ; (特徴のある) characteristic ; (固有の) proper. 《☞ どくとく ; こゆう》.

¶ この蒸し暑さは日本*特有のものだ This steamy heat is ⌈*peculiar* [*proper*] to Japan. // その祭りはこの地方*特有のものである (⇒ ほかの地方には類似したものがない) Their festival *does not have its like* elsewhere. // それは子供*特有の癖だ The habit is *characteristic of* children. // 彼はイギリス人*特有のユーモアのセンスを持っている He has a good sense of humor *proper* to Englishmen.

とくよう 徳用 ━形 (経済的な) economical ; (値段より価値がある) worth more than the ⌈cost [price]. ¶ このかみそりはお*徳用です This razor is *worth more than the* ⌈*cost* [*price*]. **徳用型** economy size Ⓤ.

とくり 徳利 *sake* bottle Ⓒ.

どくりつ 独立 ━名 (自立) independence Ⓤ ; (自活) self-support Ⓤ. ━形 independent ; self-supporting. ━副 (独立して) independently ; (自分で) for *oneself* ; (独力で) on *one's* own. 《☞ じりつ》.

¶ アメリカ合衆国は 1776 年にイギリスから*独立した The United States *became independent* of England in 1776. / (⇒ 独立を獲得した) The United States ⌈won [gained] *independence* from England in 1776. // 彼女は東京で*独立して生計を立てる (⇒ 自活する) 決心をした She decided to ⌈*support herself* [*earn her own living*] in Tokyo. // 彼は*独立して店を開いた He opened a store ⌈*on his own* (*account*) [*independently*].

独立記念日 Independence Day [参考] 特に米国の場合には 7 月 4 日に当たるので, the Fourth of July とも呼ばれる. **独立国** independent ⌈country [state] Ⓒ ; (主権国家) sovereign ⌈state [nation] Ⓒ **独立採算制** the independent profit system **独立心** the spirit of independence **独立宣言** (米国の) the Declaration of Independence **独立戦争** war of independence Ⓒ [語法] 自国, またはある特定の国のものについては, the War of Independence のように, 固有名詞扱いにする. 米国の場合にはほかに the Revolutionary War ともいう.

どくりょく 独力 ━副 (独力で) by [for] *oneself* [語法] by *oneself* は「自分 1 人で」, for *oneself* は「自分の力で」というニュアンスがある ; (自分自身の努力で) through *one's* own efforts ; (助けを借りずに) without help (from others), single-handedly. 《☞ じりき[1]》.

¶ 彼は*独力でその問題を解いた He solved the problem ⌈*by* [*for*] *himself*. / (⇒ 彼は助けを借りずにその問題を解いた) He solved the problem *without help* (*from others*). // 彼

は*独力でその機械を発明した(⇒自分だけの手で) He invented the machine ⌜*single-handedly* [*through his own efforts*].

とくれい[1] 特例 (特別の場合[例]) special ⌜case [example] [C]; (例外) exception [C]. 《☞ れいがい[1]; とくべつ》.

とくれい[2] 督励 ―[動] (熱心に促す) urge (他); (拍車をかける) spur (他). 《☞ げきれい》. ¶ 彼はスタッフを*督励して仕事を急がせた He ⌜*urged* [*spurred*] his staff to push on with the work.

とぐろ とぐろを巻く ―[動] (蛇が) coil (自), coil *oneself* up.

どくろ 髑髏 skull [C] 《☞ がいこつ》.

とげ 刺, 棘 **1** «植物などの» ―[名] (バラなどの) thorn [C]; (植物の茎などの) prickle [C]; (木・骨などの細片) splinter [C]; (サボテン・ヤマアラシなどの) spine [C]. ―[形] (とげのある) thorny; spiny; prickly.

¶ 指に*とげが刺さった I got a *splinter* into my finger. / A *splinter* ⌜ran into [stuck in] my finger. // *とげは簡単に抜けた I ⌜pulled [drew] out the ⌜*thorn* [*splinter*] easily. // バラの茎には*とげがある (⇒バラはとげのある茎を持つ) Roses have ⌜*prickly* [*thorny*] stems.

2 «比喩的に, とげのある» ―[形] (ちくりとするような) stinging; (苦味の強い) bitter; (酸味の強い) acid; (刺すように鋭い) sharp. ―[名] (辛らつさ) sting [C]. 《☞ しんらつ; どくぜつ》.

¶ 彼は時々*とげのある言葉をもらす (⇒辛らつな言葉を使う) He sometimes uses ⌜*stinging* [*bitter*; *acid*] words. // 彼の話し方には*とげがある (⇒彼は辛らつな舌を持つ) He has a *sharp* tongue. // 彼女の冗談には*とげがあった Her joke had a *sting* to it.

とけあう[1] 溶け合う (吸収されるように次第に1つになる) merge (into ...) (自); (溶け込む) melt (into ...) (自); (溶けて1つになる) melt together (自) [語法] melt は熱が加わって徐徐に溶けていく状態を示す; (混ざる) mix (with ...) (自). 《☞ まざる; とける[1]》.

¶ 2つの色は*溶け合って灰色になった The two colors *merged into* gray. // 油と水は*溶け合わない (⇒混ざらない) Oil and water do not *mix*. / Oil does not *mix with* water.

とけあう[2] 解け合う (親しくなる) make friends with ... 《☞ うちとける》. ¶ 彼はすぐにほかの生徒と*解け合った (⇒親しくなった) He *has* soon *made friends with* the other pupils.

とけい 時計 (掛け[置き]時計) clock [C]; (腕[懐中]時計) watch [C]; (総称) timepiece [C] ★ 少し形式ばった語で, 日常的には使わない.

【類義語】英語では時計を腕[懐中]時計と掛け[置き]時計の2つに分類しており, 日本語のように「時計」という総称を普通は使わないことに注意. 身につけて持ち歩く時計が **watch** で, 一定の場所に置いて使う時計が **clock**. 詳しく種類を言うときは wall [table] *clock* (=掛け[置き]時計), *wristwatch* (=腕時計) のように言う.

¶ あなたの*時計は何時ですか What ⌜time is it [is the time] by your *watch*? / What time do you have? 《☞ 時刻・日付・曜日 (囲み)》

私の*時計は合っています[合っていません] My *watch* is ⌜correct [wrong]. [語法] correct の代わりに right でもよい.

この*時計はどのくらい進んで[遅れて]いますか How ⌜fast [slow] is this *clock*?

あなたの*時計は5分進んでいる[遅れている] Your *watch* is five minutes ⌜fast [slow].

この*時計は少し進む[遅れる] This *clock* ⌜goes [moves] a little too ⌜fast [slow].

この*時計は1日に2分進む[遅れる] This *clock* ⌜gains [loses] two minutes a day.

この*時計は正確です This *watch* keeps ⌜good [correct; perfect] time. / (⇒遅れも進みもしない) This *watch* neither gains nor loses.

*時計は5時半を指していた The *clock* showed half-past-five.

私の*時計は止まってしまった My *watch* has ⌜stopped [run down].

この*時計は電気で動くが, その*時計は巻かなければならない This *clock* runs by electricity, but that *clock* has to be wound. ★ wound [wáund] は wind [wáind] (他) (=巻く) の過去分詞.

*時計が3時を打った The *clock* struck three.

壁の*時計がカチカチと鳴っていた The *clock* on the wall was ticking.

彼はデジタル*時計をしている He wears a digital *watch*.

analog watch　digital watch

私は*時計を時報に合わせた I set my *watch* by the time signal.

私は*時計を5分進めた[遅らせた] I've ⌜put [set] the *clock* five minutes ⌜ahead [back]. / I ⌜advanced [turned back] the *clock* five minutes.

私は*時計を修理[掃除]してもらった I had my *watch* ⌜mended [cleaned].

> 時計のいろいろ
> 砂時計 hourglass, sandglass, デジタル時計 digital watch, クォーツ時計 quartz ⌜watch [clock], 電気時計 electric clock, 目覚まし時計 alarm clock, (大型)柱時計 grandfather('s) clock, はと時計 cuckoo clock, 日時計 sundial, 振り子時計 pendulum clock, ストップウォッチ stopwatch

時計台 clock tower [C] **時計屋** (店) watchmaker's, 《米》 jeweler's [参考] 宝石商は時計も扱っている; (人) watchmaker [C], 《米》 jeweler [C]. 《☞ 店の呼び名 (囲み)》.

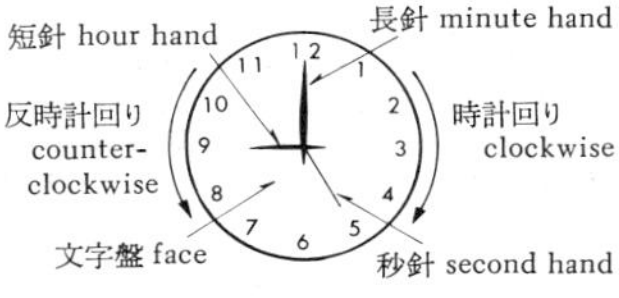

【参考語】―[名] (時計の文字盤) the face of a clock; (時計の針) the hand of a ⌜watch [clock] ★ 短針は hour hand [C], 長針は minute hand [C],

秒針は second hand Ⓒ という. ―副形 (時計回りに[の]・右回りに[の]) clockwise; (反時計回りに[の]・左回りに[の]) counterclockwise, 《英》 anti-clockwise.

どげざ 土下座 ―動 (恐れ入ってひれ伏す) prostrate *oneself*.

とけつ 吐血 ―名 〚医学〛 hemoptysis Ⓤ. ―動 vomit [spit] blood.

とげとげしい 刺刺しい ―形 (不親切な) unfriendly; (敵意のある) hostile; (悪意のある) malicious; (言葉などが鋭い) sharp; (言葉などがきつい) harsh. 《☞ とげ; しんらつ》.

¶ 彼女の態度は*とげとげしかった (⇒ 彼女は不親切な態度をとった) She took ⌈an *unfriendly* [(⇒敵意のある) a *hostile*] attitude. ∥ 彼の*とげとげしい言葉は彼女を傷つけた His ⌈*sharp* [*harsh*; *stinging*] words hurt her.

とける[1] 溶ける (固体が熱で液状になる) melt ⓐ ★ 一般的な語で, 意味が広い; (凍った状態から液状になる) thaw ⓐ; (物質が液体に混ざり合う) dissolve ⓐ; (金属が高熱で溶解する) fuse ⓐ. 《☞ とかす[1] (類義語); とけあう[1]》.

¶ 氷は日に当たって*溶けた The ice ⌈*melted* [*thawed*] in the sun. ∥ この雪は4月末までには*溶けてなくなるだろう This snow will *melt away* by the end of April. ∥ 砂糖は水に*溶ける Sugar *dissolves* in water. ∥ その2つの金属は*溶けて1つになった The two metals *fused* into one.

【参考語】 ―形 (溶解しやすい) soluble; (金属が) fusible; (溶解しにくい) insoluble; infusible.

とける[2] 解ける (ほどける) come [get] loose; (結んだものが) come ⌈untied [undone]; (問題が) be solved, work out [語法] work out は ⓣ が普通であるが,「問題」などを主語として,「解ける」の意味で ⓐ として用いることもある; (疑いなどが) be ⌈dispelled [cleared].

¶ 結び目はすぐに*解けてしまった The knot soon *came loose*. ∥ 歩いているうちに靴ひもが*解けた A shoestring *came untied* while I was walking. ∥ 数学の問題はみんな*解けた (⇒ 私は全部の数学の問題を解いた) I ⌈*solved* [*worked out*] all the mathematics problems. ∥ このパズル[方程式]は*解けない This ⌈puzzle [equation] doesn't *work out*. ∥ 彼に対する嫌疑は完全に*解けた (⇒ 晴れた) He *has been* completely *cleared of* suspicion.

とげる 遂げる (成し遂げる) accomplish ⓣ, attain ⓣ ★ 後者には「長いことかかってやっと達成する」というニュアンスがある; (努力してある目的を達する) achieve ⓣ; (実現する) realize ⓣ. 《☞ はたす; なしとげる; たっせい (類義語)》.

¶ 彼は自分の望みを*遂げて画家になった He *has attained* his wish to become an artist. ∥ 私は目的を*遂げるまで絶対にあきらめない I'll *never give up* until I ⌈*accomplish* [*achieve*] my purpose. ∥ 彼は思いを*遂げる (⇒ 願望を実現する) ことができなかった He couldn't *realize* his wish. ∥ 電子工学は20世紀にめざましい発達を*遂げた Electronics *has achieved* a remarkable level of development in the 20th century.

どける 退ける (動かして取り除く) remove ⓣ; (邪魔なものをどかす) put [get] ... out of the way.

どけん 土建 (土木と建築) civil engineering and construction Ⓤ. **土建会社** construction company Ⓒ **土建業者** contractor Ⓒ.

とこ 床 bed Ⓒ ★ 寝ている状態を表す時は Ⓤ. 《☞ ねどこ; ふとん》.

¶ 彼はもう*床についています He is in *bed* now. / He has gone to *bed*. ∥ *床を敷きなさい Make a *bed*. [参考] 英米のベッドには常に敷布団 (mattress) が敷いてあって, 毛布なども置いたままだから, 床を実際に敷くことはない. 普通はシーツ (sheet) の端を敷布団の下にきちんとはさみこみ, 毛布と敷布団用のシーツとの間にもう一枚上掛け用のシーツを入れて, その端も敷布団の下にはさみこんで寝るときの準備をするのが make a bed の内容である. これは寝る前でなく, 朝ベッドから起きたときか, 午前中の掃除のときにしておくのがよいとされる. 以上のことから,「床をたたむ」「床をあげる」という日本語の表現は英語の日常的な表現として相当するものがないことになる. ∥ 彼は病気で*床についたきり2週間になる He has been ill in *bed* for two weeks. ∥ 彼は*床の中で目を覚ましている He is lying awake in *bed*. ∥ 彼は*床離れが悪い He is reluctant to get out of *bed*.

どこ 何処 ―副 where. ―名 (どの場所) what place Ⓒ. 《☞ 疑問詞 (欄外)》.

¶ ここは*どこですか (⇒ 私はどこにいるのか) *Where* am I? / (⇒ 私たちはどこにいるのか) *Where* are we now? [語法] Where is here? や Where is this? とは言わない.

郵便局は*どこですか *Where* is the post office? / (⇒ 郵便局はどこに見つけられますか) *Where* can I find the post office?

この列車の行き先は*どこですか *Where* does this train go? / *Where* is this train bound (for)?

彼とは*どこで会いましたか *Where* did you meet him?

*どこへ行くのですか *Where* are you going? [語法] going to と to を付けるときもあるが, ないほうが普通. なお英語の習慣では特に必要な場合以外は, 単にあいさつとしてどちらへ行くのか聞くことはプライバシーにも触れ, 失礼になる. 親しい間なら「どちらの方へいらっしゃるのですか」Which way are you ⌈going [heading (for)]? と行く方角だけを聞けばよい.

「あなたは*どこのご出身ですか」「大阪です」 "*Where* ⌈are you [do you come] from?" "I'm [I come] from Osaka." [語法] 出身地を聞くときは現在形を用いる. Where are you from? のほうがより一般的な聞き方.

「アメリカの*どこ(の地方)のご出身ですか」「ニューヨーク市です」 "*What part of* the United States are you from?" "(I'm from) New York City."

あなたは*どこから来たのですか *Where* ⌈have [did] you come from? [語法] 普通は出身地ではなく, 相手の出発点を聞く質問だが, 前後関係では出身地を聞く質問になることもある.

休みには*どこへ行きますか *Where* are you going for your vacation?

「私の辞書は*どこにありますか」「机の上にありますよ」"*Where* is my dictionary?" "It's on your desk."
私が電話したときあなたは*どこにいたのですか *Where* were you when I called you?
きょうの午後は*どこにいますか *Where* will you be this afternoon?
あなたは傘を*どこに置きましたか *Where* did you put your umbrella?
私は彼女が*どこに住んでいるのか知りません I don't know ˹*where* she lives [her address].
《授業で》「きょうは*どこからですか」「20 ページの5 行目からです」"*Where* [*What page*] are we supposed to begin today?" "At the fifth line on page 20."
*どこが痛むのですか *Where* do you feel pain?
彼は*どこが悪いんですか (⇒ どうしたのか) *What* is the matter with him?
彼女の*どこがいいのですか (⇒ 彼女にどんなよい点を見るのか) *What* good do you find in her?
彼は*どこの学校に通っているのですか *What* school does he ˹go to [attend]?
私は*どこへ行ったらよいかわからない I do not know *where* to go.
道がたいへん混んでいるので*どこへ行くにも時間がかかる As the traffic is so heavy, it takes a long time to get *anywhere*.
彼らは*どこへ行っても歓迎された *Wherever* they went, they were warmly welcomed. 語法 wherever は「…する所はどこでも」の意.
*どこへ行こうとあなたならきっと成功する *Wherever* [*No matter where*] you (may) go, you are sure to succeed. 語法 no matter …を用いるほうが強調的.
*どこへでも好きな所へ行きなさい You ˹can [may] go *anywhere* you like. 語法 can のほうが調子が柔らかい. 《☞ 許可の表現 (囲み)》
その犬は彼の行く所は*どこへでもついて行く The dog follows him ˹*wherever* [*everywhere*] he goes.
私は夏休み中*どこにも行かなかった I didn't go *anywhere* during my summer vacation.
彼は*どこにもいない (⇒ どこにも彼を見つけることができない) I cannot find him *anywhere*.
それは*どこにでもある (⇒ いたる所で見つけることができる) You can find one *everywhere*. 語法 one は「それと同じ種類のもの」という意の不定代名詞.
それは世界中*どこでも手に入ります It is available ˹*in any place* [*everywhere*] throughout the world.
このホテルでは*どこの部屋にもテレビがある *Every* room in this hotel has a television set.
彼は*どこから見ても立派な貴族だ He is *every inch* a nobleman. 語法 every inch は「どこから見ても」という意の熟語.
*どこから見ても彼の推理は申し分ない *To all appearance(s)*, his reasoning is faultless.
*どこからともなく船が 1 そう現れた A ship appeared *from nowhere*.

どこ吹く風 ¶ 彼は私の忠告に*どこ吹く風といったふうだった (⇒ 私の忠告を少しも気にかけなかった[耳を傾けなかった]) He ˹*didn't care* a bit about [*turned a deaf ear to*] my advice. 語法 turn a deaf ear to … は慣用表現.
どこか, どこそこ, どことなく, どこまで, どこまでも ☞ 見出し.

とこう 渡航 voyage Ⓒ; passage Ⓒ 語法 voyage は船・飛行機どちらの場合にも用いられるが, passage は特に船によるものを指す. 《☞ わたる[1]; こうかい[2]; 旅行 (囲み)》. **渡航者** passenger Ⓒ **渡航手続き** the formalities for going abroad.

どごう 怒号 roar Ⓒ. ¶ 群衆の*怒号で彼の声はかき消された (⇒ 群衆の怒号が彼の声を聞こえなくした) The *roar* of the crowd drowned (out) his voice.

どこか 何処か (ある所) somewhere, 《米口語》 someplace; (疑問文で) anywhere, 《米口語》 anyplace 語法 以上のほかに, 日本語で「どこか」と言う場合でも,「何か」に当たる something, anything を用いたり, あるいは日本語の意味をくんで意訳したりする必要のある点に注意. 《☞ どこ; どことなく》.
¶ その本は*どこかこの辺にあった The book was *somewhere* around here.
彼女は*どこかこの近くに住んでいる She lives *somewhere* near here.
彼には*どこかで会ったことがある I've seen him *somewhere*. / (⇒ 会ったことを覚えている) I remember seeing him *somewhere*.
その子は*どこかへ[に]行ってしまった The boy has gone *somewhere*.
彼女はフランスの*どこかへ行った She has gone to *some place* in France.
「きのうは*どこかへ行きましたか」「別にどこへも」"Did you go *anywhere* yesterday?" "No, I didn't (go anywhere)." 語法 この答え方が最も口語的. "Nowhere in particular." などのように nowhere を用いると文語的になる.
*どこか特に行きたい所はありますか Is there *any* particular *place* you would like to visit?
*どこか悪いんですか Is *anything* ˹the matter [wrong] with you?
彼は*どこかわからない所へ行ってしまった (⇒ だれも彼がどこに行ったかを知らない) No one knows *where* he has gone.
彼の意見はあなたのと*どこか (⇒ 少し) 違う His opinion is *a little* (*bit*) different from yours.
この 2 人は*どこか似ている There is *some* resemblance between the two.

どこそこ such and such (a place). ¶ 彼女はそれを*どこそこの店で安く買ったと言った She said (that) she had bought it at a bargain price at *such and such* a store.

とことこ ¶ 彼は*とことこ(⇒ 軽い足取りで)歩き続けた He kept walking *with light steps*. 《☞ あるく; 擬声・擬態語 (囲み)》

どことなく 何処となく somehow 《☞ なんとなく; どこか》. ¶ *どことなく彼は虫が好かない (⇒ どういうわけか私は彼が好きでない) *Somehow* I don't like him. // 彼は*どことなく変わっている (⇒ 彼には何か風変わりなところがある) There is *something* eccentric about him.

と

‖ 彼は*どことなくチャーチルに似ている He bears *some* resemblance to Churchill.

とことん ―動 (とことんまで行く) go the whole hog《☞ どこまでも; てってい》.

とこなつ 常夏 everlasting summer Ⓤ. ¶ ハワイは*常夏の島である Hawaii is an island of *everlasting summer*.

とこのま 床の間 alcove (in a Japanese house) Ⓒ, *tokonoma* Ⓒ [参考] 日本の風俗について知らない外人に対しては, *tokonoma*, an alcove in a Japanese house for the display of a flower arrangement or a hanging scroll of calligraphy or painting のように説明しなくてはならない.《☞ 日本固有の風物と英語 (囲み)》.

どこまで 何処まで (どのくらいまで) how far, to what extent.《☞ どこ》.

¶「*どこまで (⇒ どのくらい遠くまで) 行かれるのですか」「京都までです」"*How far* are you going?" "I'm going to Kyoto." ‖「この前の授業では*どこまで進みましたか」「第 2 章の終わりまでです」"*How far* did we go last time?" "We ⌈stopped at [got to] the end of Chapter Two." ‖ 彼女は*どこまで信用できるかわからない I don't know ⌈*how far* [*to what extent*] ⌈she can be trusted [I can trust her].

どこまでも 何処までも (最後まで) to the ⌈end [last]; (際限なく) endlessly; (. .限り) as far as ...《☞ どこまで; あくまで》.

¶ 彼らは*どこまでも (⇒ 最後まで) 戦うつもりでいる They are prepared to fight *to the* ⌈*last* [*end*]. ‖ その砂漠は*どこまでも (⇒ 果てしなく) 広がっていた The desert stretched *endlessly* before us. / (⇒ 目の届く限り延びていた) The desert extended *as far as the eye could* ⌈*reach* [*see*]. ‖ 彼女はそのことは聞いていなかったと*どこまでも頑張っている She *insists* that she was not told about it.

とこや 床屋 (店) barbershop Ⓒ,《英》barber's (shop) Ⓒ; (人) barber Ⓒ.《☞ 店の呼び名 (囲み); 所有格 (欄外)》.

床屋の看板

¶ 彼は昼休みに*床屋へ行った He went to the *barbershop* in the noon recess. ‖ 私は 2 日前に *床屋へ行った (⇒ 髪を刈ってもらった) I *had a haircut* two days ago. / <S (人)+V(*have*)+O(髪)+C(過分)> I *had my hair cut* two days ago. [語法] have a haircut のほうが普通.《☞ 使役 (囲み)》

ところ 所 **1**《場所・位置・余地》―名 (場所) place Ⓒ; (何かを建てたり, 行ったりする場所) site Ⓒ; (ある特定の狭い地点) spot Ⓒ; (事件などの現場) scene Ⓒ; (余地) room Ⓤ; (空間) space Ⓤ [語法] room と space はほぼ同じ意味にも使うが, room のほうは何かを入れたり, 置いたりするのに足るだけの余地という場合に用いるのに対し, space は実際の空間やすき間を指していう言葉; (位置) location Ⓒ. ―副 (いたる所) all over, everywhere [語法] 前者は全地域にわたってということを強調し, 後者はその地域内のどの地点でもということを強調する. ―接 (...のところでは) where ...; (...のところはどこでも) wherever ...《☞ ばしょ》.

¶ 札幌は冬非常に寒い*所だ Sapporo is ⌈a very cold *place* [very cold] in winter. [語法] 日本語に「所」とあるからといって英語でも place を入れる必要があるとは限らない.

ここが有名な戦闘のあった*所だ This is the ⌈*site* [*scene*] of the famous battle.

家にはピアノを置く*所 (⇒ 余地) がない There is no *room* to put the piano in my house.

ここは私たちがよく野球をやった*所です This is (the *place*) *where* we used to play baseball.

彼の家は便利な*所にある His house stands in a convenient *place*.

学校は家から歩いて 10 分の*所にある The school is ten minutes' *walk* from my house. / It is a ten-minute *walk* from my house to the school.

どこでも好きな*所に座りなさい Sit *wherever* you like.

天気予報では *所により雪が降ると言っている The weather forecast says that it will snow in some *parts* of the country.

大雨は国中いたる*所に被害をもたらした The heavy rain caused great damage *all over* the country.

私は鉢植えを日の当たる*所へ移した I moved the potted plant to a sunny ⌈*spot* [*place*].

彼は車を止める*所を探した He looked for a parking *space*.

彼女は私のいない *所で (⇒ 私の後ろで) 私の悪口を言った She spoke ill of me *behind* my back.

先生は母親のいる*所で (⇒ 面前で) その少年をしかった The teacher scolded the boy *in the presence* of his mother.

その子は壁に*所かまわず (⇒ 一面に) 落書きをした The child scribbled *all over* the wall.

*所変われば品変わる So many countries, so many customs.《ことわざ: 国の数だけ慣習もある》

2《家・住所》: (家屋) house Ⓒ; (家庭) home Ⓒ [語法]《米》では home を house と同意で用いることもある; (家) place Ⓒ [語法] 普通は my place (=私の家), his place (=彼の家) のように代名詞の所有格を付けて, 会話ではしばしば home の代わりに使われる; (住所) address Ⓒ.《☞ いえ; 家・部屋 (囲み)》.

¶ 彼の*所は駅に近い His *house* is near the station.

お*所とお名前をここに記入して下さい Please fill in your name and *address* here.

[語法] 日本語は「住所・氏名」の順番だが, 英語は「name and address」が通常の順序.

きのうは彼の*所でパーティーがあった There was a party at *his place* yesterday.

私は 3 日ばかり田舎のおじの*所へ行っていた (⇒ おじを訪れていた) I visited my uncle in the country for three days.

彼女はおばの*所にいる(⇒ おばの家に滞在している) She is ⌈staying [(⇒ 住んでいる) living] ⌈with her aunt [at her aunt's *house*].

3 《時・場面》 ── 名 (場合) case Ⓒ; (式とか催しなどの何かの折) occasion Ⓒ; (時) time Ⓤ; (時機) moment Ⓤ. ── 副 (ちょうどよいところに) at the right moment, in the nick of time; (もう少しで…となる) nearly, almost 語法 いずれも結果としてはそうならなかったことをいう. ── 動 (…するつもり) be going to *do* 語法 go, come, leave などの動詞が続く場合は be ⌈going [coming; leaving] などの進行形となるのが普通; (まさに…しようとするところだ) be (just) about to *do*; (…へ行ってきたところだ) have been to …

¶ 私は買い物に行く*ところです *I'm going* shopping. 語法 前後関係で「行く途中」とも「これから行くつもり」ともなる.

私は空港へ彼を見送りに行ってきた*ところです *I've been to* the airport to see him off.

彼女はちょっと前に帰宅した*ところだ She came home a few minutes ago.

彼はまさに逃げようとしている*ところだった He *was just about to* run away.

その少年はもう少しで車にひかれる*ところだった The boy was ⌈*nearly* [*almost*] run over by a car.

彼はちょうどよい*ところに現れた He appeared *at the right moment*.

ちょうど出かけようとした*ところへ電話が鳴った *Just as* I was going out, the telephone rang.

私は彼女がその部屋に入る*ところを見た I saw her entering the room.

4 《点・部分・個所》: (点) point Ⓒ; (部分) part Ⓒ 語法 日本語で「ところ」がついていても, 例えば「よいところ」が merit と訳せるように,「ところ」という日本語にひかれて, それに固執せずに, 意味をくんで全体として英語に置き換えるほうがよい場合が多い. 《☞ てん[1]; ぶぶん》.

¶ そこが彼の弱い*ところだ That is his weak *point*. 《☞ じゃくてん》

彼にもよい*ところがある He has *merits* of his own.

彼女にはいい*ところが少しもない I find no *good* in her.

ここの*ところ(⇒ 文章) はよく引用される This *passage* is often quoted.

この本には学ぶ*ところがたくさんある There is much to learn from this book.

そこの*ところがよく飲み込めない (⇒ その点が理解できない) I cannot ⌈understand [make out] that *point*.

人はしゃべれるという*ところが (⇒ という点において)動物と違う Men differ from animals *in that* they can speak.

5 《様子・特徴》 ── 名 (特質) streak Ⓒ; (…の気味; …らしい点) smack Ⓒ. ── 代 (何か・いくらか) something.

¶ 彼には残忍な*ところがある He has a *streak* of cruelty.

彼にはどこか風変わりな*ところがある There is *something* eccentric ⌈in [about] him.

6 《程度・範囲》 ¶ 見た*ところ彼は元気そうだ He seems well. / (⇒ …の限りでは) *As far as* I can see, he is in good health.

いままでの*ところ彼からは何も便りがない *So far* [*Up to the present*] I haven't heard anything from him.

ところが (しかるに一方…は) while …; (しかし) but …, however, …; (それでもなお) and yet …; (それどころか・正反対に) on the contrary. 《☞ しかし (類義語)》.

¶ 彼女は金持ちだ. *ところが (⇒ 一方) 彼は文無しだ She is rich, *while* he is poor. // 彼はそのうわさを否定した. *ところがそれは本当だった He denied the rumor, *but* it turned out to be true. / He denied the rumor. *However*, it turned out to be true. // 私はさらによい条件を彼に示した. *ところがそれでも彼は満足しなかった I offered him better terms, *and yet* he was not satisfied.

-どころか **1** 《反対に》 ── 形 (…からほど遠い) far from … ── 副 (決して…ではない) anything but; (まったく…ではない) not … at all; (反対に) on the contrary.

¶ 彼は病気*どころかとても元気だ *Far from* (being) ill, he is in high spirits. 語法 being は省略されることが多い. // 彼女は幸福*どころか, まったく不幸です (⇒ 決して幸福ではない) She is *anything but* happy. // 天気*どころか雨降りだった The weather wasn't fair; *on the contrary* it rained.

2 《言うまでもなく; …だけでなく…も》 ── 副 (…は言うまでもなく) not to mention …, to say nothing of …, not to speak of …; (まして…はもっとだめだ) much less … ── 接 (…のみならず…も) not only …, but (also) …

¶ 彼女はフランス語*どころかスペイン語も話せる She can speak Spanish, *not to* ⌈*mention* [*speak of*] French. // 私はロシア語はしゃべる*どころか読むこともできない (⇒ 読めないし, まして話すことはできない) I cannot read Russian, *much less* speak it. // 彼女*どころか (⇒ 彼女だけでなく) 彼女の両親も招待された *Not only* she, *but* (*also*) her parents were invited.

ところで (さて) well, now 語法 前者は「そうですねー」「えー」に近い感じで, 後者は何か新しいことを言い始める気持ちが入る; (ついでに言うと) by the way 語法 話題が関連はあるが違っていることを言い出す場合; (それでは) then. 《☞ ときに》.

¶ *ところでコーヒーでも飲みませんか *Well* [*Now*], how about having a cup of coffee? // *ところであなたにはアメリカ人の友人がいますか *By the way*, do you have any American friends? // *ところで (⇒ それでは)あなたはどうするつもりですか *Then*, what will you do? / What will you do *then*? 語法 文末につけると少し軽い感じで, このほうが普通.

-ところで (たとえ…としても) (even) ⌈if [though] … ★ even の付くほうが典型的; (どんなに…しても) however … 語法 「どんなに速く走っても」は *However* fast you (*may*) run となり, however の後には 副 または 形 が続く. may は口語ではしばしば省かれる. ほかに,

と

文の構造によって,「どんな…を…しても」whatever,「どこへ…しても」wherever,「いつ…しても」whenever,「だれが…しても」whoever などが用いられる. また以上の形と平行して, however の代わりには no matter how, wherever の代わりには no matter where というように, no matter を用いる言い方もある. このほうが少し強調されるが, 意味はほとんど同じ. (☞ 譲歩の表現 (囲み); -しても).

¶ 彼に計画をやめろと説得した*ところで, やめないでしょう He won't change his mind *even* ⌐*if* [*though*] you try to persuade him to give up his plan. // だれがやってきた*ところで, 同じです (⇒ 違いはない) *Whoever* [*No matter who*] *comes*, it doesn't make any difference to me. // いまさら怒った*ところで仕方がない It is no use getting angry now.

ところどころ 所所 (あちらこちらに) here and there ; (幾つかの所に) in [at] (several) places ★ several は省いてもよい ; (散在して) sporadically ★ 少し改まった語.

¶ この市の*ところどころに公園がある There are parks *here and there* in this city. // 顔ににきびが*ところどころ出てきた (⇒ 幾つかのにきびが) *Several* pimples came out on my face. // あなたの英語の答案は*ところどころ間違いがあるが, 大体よくできています Your English paper has *some* mistakes, but on the whole it's good. // きのうは*ところどころで雪の降ったところがあった There were ⌐*scattered* [*sporadic*] snowfalls yesterday.

とさか 鶏冠 comb [kóum] Ⓒ.

どさくさ (混雑) confusion Ⓤ ; (騒ぎ) bustle Ⓤ ; (紛争) trouble Ⓤ.

¶ 彼は*どさくさに紛れて行方をくらました (⇒ 混乱中にいなくなった) He disappeared *in the confusion*. // その泥棒は火事の*どさくさに紛れて盗みをはたらいた (⇒ 火事の混乱を利用して) The thief took advantage of the *bustle and confusion* of the fire to commit a theft. // 彼は戦争直後の*どさくさで大もうけした Soon after the War, he *fished in troubled waters* and made a great fortune. 【語法】 fish in troubled waters (＝濁り水で魚を釣る) は「どさくさに紛れてうまいことをする」の意味.

とざす 閉ざす **1** «口を閉ざす» : (閉じる) shut ㊀ ; (黙っている) keep *one's* mouth shut. (☞ つぐむ ; だまる). ¶ 彼は怒って口を堅く*閉ざした He *kept his mouth shut* in anger.

2 «通れなくする» ― 形 (雪で閉ざされた) snowed ⌐in [up] ; (雪で動けなくなった) snowbound ; (氷で閉ざされた) icebound. (☞ とじこめる). ¶ この村は毎年 12 月から 3 月まで雪で*閉ざされてしまう This village is *snowed up* from December to March every year. // 氷に*閉ざされた港 an *icebound* harbor

3 «戸や門を閉める» : close ㊀, shut ㊀. (☞ しめる³ ; とじる¹).

とさつ 屠殺 ― 動 slaughter ㊀, butcher ㊀. ― 名 slaughter Ⓤ, butchery Ⓤ.

屠殺場 slaughterhouse Ⓒ.

とざま 外様 (部外者・よそ者) outsider Ⓒ.

どさまわり どさ回り ― 名 (地方巡業) road show Ⓒ ; (どさ回りをする人) barnstormer Ⓒ. ― 動 (田舎を回り歩く) go here and there in the countryside ; (セールスマン・劇団など, 旅をして歩く) be on the road, 《米口語》 barnstorm ㊁.

どさりと ― 副 with a thud 【語法】 thud は重そうな鈍い音. heavy を伴って with a heavy thud としてもよい. ― 動 (どさりと倒す・倒れる) flop ㊀ ㊁. (☞ 擬声・擬態語 (囲み) ; どしんと). ¶ 彼は重い荷物を*どさりと下に置いた He set down the heavy parcel *with a thud*. / He *flopped down* the heavy parcel.

とざん 登山 ― 名 (mountain) climbing Ⓤ ; mountaineering Ⓤ ★ 少し改まった言い方. ― 動 (山に登る) climb [go up] a mountain ★ go up のほうがより平易な言葉 ; (スポーツとして) go mountain climbing. (☞ キャンプ (挿絵) ; やま (挿絵)).

¶ 冬山の*登山は危険だ *Mountain climbing* in winter is dangerous. // いまやまさに*登山シーズンだ It is just the peak of the ⌐*mountain climbing* season [*mountaineering* season]. // 昨年私は富士*登山をした I *climbed* Mt. Fuji last year.

登山家 (一般的に山に登る人も含めて) mountain climber Ⓒ ; (本格的な登山家) mountaineer Ⓒ ; (特に高山に登るというニュアンスをこめて) alpinist Ⓒ **登山クラブ** mountaineering club Ⓒ **登山者** (mountain) climber Ⓒ 【語法】 登山家の意味でも用いられる. 両者を含めるので多少あいまいな言葉.

とし¹ 年 **1** «時の単位» : year Ⓒ (☞ 時・期間の表し方 (囲み) ; としつき ; ねん¹).

¶ 雪で*年が明けた The *year* ⌐began [opened] with snow. / (⇒ 新しい年の始めの日に雪が降った) It snowed on the first day of *the* ⌐*new year* [*New Year*].

*年が明けたらすぐニューヨークへ行きます (⇒ 年の始めに) I'll go to New York early *in the* ⌐*New Year* [*new year*].

*年がたつにつれて, その事件は人々の記憶から薄れていった People's memory of the incident became weaker and weaker *as years* ⌐*went by* [*passed*].

東京の人口は*年ごとに増えている The population of Tokyo goes on increasing ⌐*every year* [*year after year* ; *year by year* ; *from year to year*].

「どうぞよいお*年を(お迎え下さい)」「あなたもどうぞ」 "(I wish you a) Happy New *Year*." "The same to you." 【参考】 このあいさつは年が明けて,「新年おめでとう」という意味でも用いられる. 英語では丸カッコの部分, すなわち,「あなたにとって…を願う」が略されることが多いが, 内容的には来る年(あるいは新しい年)がよい年でありますようにという祈願がこめられるので, 年内でも, また年が明けても使える. その点, 日本語の「新年おめでとう」は「年が明けたことがめでたい」ということなので当然年内には使えない. そこで「よいお年を」という別の表現が必要なわけで, この日英の表現内容の相違に注意.

私が上京した*年に大地震があった There was a big earthquake *in the year* (when) I

moved to Tokyo.
2 «年齢»: age Ⓤ 《☞ ねんれい; -さい》.
¶「あなたは*年はいくつですか」「18 です」"How old are you?" "(I'm) eighteen (years old)."
彼女は*年の割にはふけて見える She looks old for her *age*.
母は*年には見えない My mother doesn't look her *age*.
彼女は*年相応に見える She looks her *age*.
彼と私は同じ*年だ He and I are the same *age*. / He is as *old* as I am. / He is the same *age* as I am.
彼が*年若くして死んだのは残念なことだ It is a great pity that he died ˹*so young* [*at an early age*].
私ももう*年です (⇒前ほど若くない) I'm not so young as I ˹was [used to be].
私も*年には勝てなくなってきた (⇒年がこたえはじめている) My *age* is beginning to tell on me.
君たちの*年のころは私も希望に燃えていた When I was your *age*, I was full of hope.
*年の順に並びなさい Stand in line in order of *age*.
彼は病気になってから急に*年を取った He *has aged* rapidly since his illness. / His illness *put years on* him. 《☞ ふける²》
*年を取るにしたがって, 新しい環境に慣れるのは難しくなる As a person ˹*becomes* [*gets*; *grows*] *older*, it is difficult to adjust to new surroundings.
年男[女] man [woman] born under the Oriental zodiac sign for that particular year (, who is qualified to ˹scatter [throw] lucky beans at the *Setsubun* ceremony) Ⓒ. **年子** the children born of the same parents within two years **年の功** the wisdom of age 《☞ こう¹》. ¶「ご昇任おめでとう」「ありがとう. でも*年の功ですよ (⇒年功序列制度のためです)」"Congratulations on your promotion." "Thank you. But it was just because of *seniority system*." **年の瀬** the end of a year, year-end Ⓒ [語法] 前者のほうが改まった言い方. また後者は形としても用いられる. 《☞ くれ》 **年の始め** the beginning of a year; (元旦) New Year's Day. 《☞ しんねん²》.

とし² 都市 —名 (個別の) city Ⓒ; (田舎に対して, 都市を総称して) towns and cities. —形 (都会的な) urban; (行政上での市の) municipal [語法] 形式ばらない表現では city を用いることもある. 《☞ とかい》.
¶広島に人口 90 万で日本第 11 位の大*都市である Hiroshima is the eleventh largest *city* in Japan, with a population of nine hundred thousand. // *都市化は自然を破壊する *Urbanization* destroys nature. // 学園*都市 a ˹university [college] *city* // 工業*都市 an industrial *city*
都市ガス city gas Ⓤ **都市計画** city planning Ⓤ, city plan Ⓒ, 《英》town planning Ⓤ **都市生活** city [urban] life Ⓤ **都市対抗(野球)** National Intercity Non-Professional Baseball ˹Championship Series [Tournament].

どじ —形 (どじな・ばかな) stupid 《☞ ばか》. ¶おまえは*どじなやつだなあ What a *stupid* person you are! **どじを踏む** (へまをやる) make a mess of it; (大失敗をする) make a blunder. 《☞ しっぱい》. ¶*どじを踏むなよ Don't *make a mess of it*!

としうえ 年上 —形 older (↔ younger); (年上の・先輩の) senior (↔ junior) [語法] この語は年齢のほかに地位・職などが上であることを表すこともある. —名 senior Ⓒ.
¶彼女は私より 3 歳*年上です She is three years *older than* me. [語法] 最も口語的表現. than me の代わりに than I am ともいうが, 最近では前者のほうが多く使われる. / She is *older than* me by three years. / She is three years *senior to* me. / She is my *senior* by three years. / She is three years my *senior*. [語法] 第 2 文以下はやや改まった表現. // 2 人のうちどちらが*年上ですか Who [Which] is *the older* of the two? [語法]「2 人の中で…の方」という場合には比較級に the を付ける. //「山田さんとあなたとではどちらが*年上ですか」「山田さんです」"Who [Which] is *older*, you or Yamada?" "Yamada is (*older*)." // 3 人[みんな]の中ではゆき子さんが一番*年上です Yukiko is the *oldest* of ˹the three [all].

としがい 年甲斐 ¶私の父は*年がいもなく (⇒彼の年齢で) ロックに夢中だ My father is crazy about rock'n'roll, *at his age*. [語法] at *one's* age の前にコンマを付けるとよい. / (⇒年を忘れて) *Forgetting his age*, my father is crazy about rock'n'roll. // なんです, *年がいもない (⇒年らしくしなさい) *Act* [*Be*] *your age*.

とじこみ 綴じ込み file Ⓒ.

とじこむ 綴じ込む (書類などの整理のため) file ㊀; (とじ込んで保存する) keep ... on file; (とじ込んである) be on file ㊁. 《☞ とじる²》.
¶書類は*とじ込んでありますか *Are* the papers already *on file*?

とじこめる 閉じ込める (閉めきったところに) shut up ㊀; (中に入れたままにしておく) shut in ㊀; (鍵をかけて) lock up ㊀; (監禁する) confine ㊀; (雪で) snow up ㊀ [語法] 受身形で be snowed up として,「雪に閉じ込められる」という意味で用いる. be snowbound ともいう. 《☞ かんきん; とざす》.
¶私たちはそのビルのエレベーターにほぼ 1 時間*閉じ込められた We *were shut up* in the elevator of the building for about an hour. // 両親はそのいたずらっ子を押し入れに*閉じ込めた The parents *locked up* their naughty son in the closet.

とじこもる 閉じ籠もる (鍵をかけて) shut [lock] *oneself* up; (家の中にいる) keep *oneself* indoors, remain indoors ㊁. 《☞ こもる》. ¶彼女は一日中自分の部屋に*閉じこもっていた She ˹*shut* [*locked*] *herself up* in her room all day. // 週末に独りぼっちで家に*閉じこもっているなんてつまらない It is boring to ˹*keep ourselves* [*remain*] *indoors* alone on weekends.

と

としごろ 年頃 **1** «一人前になりかかる年齢» ―形 (結婚適齢期の) marriageable; (青年期の) adolescent. ―名 marriageable age U; adolescence U. (☞ てきれいき). ¶ 彼には*年ごろの (⇒ 結婚適齢期の) 娘がいる He has a *marriageable* daughter.
2 «およその年»: age U (☞ とし[1]; ねんれい). ¶ この子は遊びたい*年ごろだ (⇒ 遊びが好きな年齢にいる) This child is at a playful *age*. // 彼は彼女と同じ*年ごろだ He is about the same *age* as she (is). / He is about her *age*. / He and she are about the same *age*.

としした 年下 ―形 younger (↔ older); (年下の・後輩の) junior (↔ senior) 語法 年齢のほかに地位・職などが下であることを表すこともある. ―名 junior C.
¶ 彼女は私より5歳*年下です She is five years *younger than* me. 語法 最も口語的表現. than me の代わりに than I am ともいうが, 最近では前者のほうが多く使われる. / She is ｢*younger than* me [*junior to* me] by five years. / She is five years *junior to* me. / She is *five years my junior*. 語法 第2文以下はやや改まった表現.

としつき 年月 years ★ 複数形で; (時間) time U. (☞ ねんげつ; さいげつ). ¶ *年月がたった (⇒ 歳月が過ぎていった) *Years* have gone by. / (⇒ 時が過ぎた) *Time* has passed.

-として (…として; …のように) as…; (…のために; …だとして) for…; (…のしるしに) as a token of… (☞ -としては).
¶ 彼は学者*として著名である He is well-known *as* a scholar. // 私はカメラをなくしたもの*としてあきらめた I gave up my camera *for* lost. // バス代*として 300 円彼に渡した I gave him three hundred yen *for* his bus fare. // 私たちは感謝のしるし*として彼にアルバムを贈った We presented an album to him *as a token of* our gratitude. // それは学生*として恥ずべき行為だ (⇒ 学生に値しない) Such conduct is *not worthy of* a student. // だれ1人*としてその会に現れなかった *Not a single person* showed up at the meeting.

-としては (…として) as…; (…の割には) for…; (…に関しては) as for…; (…に関する限り) as far as… be concerned; (…の側から見て) for *one's* part, on *one's* part.
¶ 彼は日本人*としてはけたはずれの人物だ *As* a Japanese, he is quite an extraordinary person. // 彼女は中学生*としてはませている She is too forward *for* a junior high school girl. // 私*としてはこの結論には賛成しかねる *As for* me, I disagree on this conclusion. / (⇒ 私に関するかぎり) *As far as* I *am concerned*, I disagree on this conclusion. // 我々*としてはこの際はっきりした返事が欲しい Now we need a definite answer *on our part*.

-としても ☞ -しても

どしどし (自由に) freely; (ちゅうちょすることなく) without hesitation 語法 少し堅苦しい言い方で, 口語では Don't hesitate ｢in *doing* [to *do*] のような否定の命令文の形をとることが多い; (精力的に) energetically. (☞ どんどん[1]; 擬声・擬態語 (囲み)).
¶ *どしどし質問して下さい (⇒ 質問するのをちゅうちょしないで下さい) *Don't hesitate* ｢*in* asking [*to* ask] questions. / (⇒ 自由に質問しなさい) Please *feel free to* ask questions.

としなみ 年波 ¶ 寄る*年波には勝てない I cannot resist my *old age*. / (⇒ 結局しだいに取ってゆく年を受け入れなければならない) After all I must accept my ｢*increasing* [*advancing*] *age*.

としま 年増 (中年の女性) middle-aged woman C.

とじまり 戸締まり ―動 (錠をかける) lock (up) 他 ★ 最も一般的な語; (戸などをしっかり閉める) secure 他 ★ 少し形式ばった語. ¶ 家中の*戸締まりをちゃんとしてから外出するように Be sure to *lock up* the house when you go out. // 寝る前に*戸締まりをしなさい *Lock* [*secure*] all the doors before you go to bed.

どしゃ 土砂 earth and sand U. **土砂崩れ** (地滑り) landslide C; (洪水などによる流失) washout C.

どしゃぶり 土砂降り ―名 (大雨) heavy rain U ★ 大量の雨を意味する一般的な表現; (ざあざあ降り) downpour C; (突然ひどく降りだす雨) cloudburst C. ―動 (大量に降る) rain heavily 自; (ざあざあ降る) pour down 自; (滝のように) rain in torrents 自; (めちゃくちゃに) rain cats and dogs ★ やや古い慣用表現. 語法 以上は天候の it を主語として用いる. (☞ 天候の表現 (囲み); ざあざあ).
¶ いま*どしゃ降りだ It *is raining* ｢*heavily* [*in torrents*; *cats and dogs*]. / It *is pouring down*.

としょ 図書 book C ★ 図書一般を指すときは複数形で. (☞ ほん). ¶ 参考*図書 reference *books* // 推薦*図書 recommended [suggested] *books* **図書閲覧室** reading room C **図書室** library C **図書費** (予算) book budget C; (定期的に使える) book allowance C **図書目録** catalog [(英) catalogue] of books C ★ 図書館の目録は library catalog C **図書館** ☞ 見出し.

とじょう 途上 ☞ とちゅう. ¶ 発展*途上国 (⇒ 発展中の国) a *developing* country

どじょう[1] 泥鰌 loach C.

どじょう[2] 土壌 soil U (☞ とち; つち[1]). ¶ 肥えた[やせた]*土壌 rich [poor] *soil*

どしょうぼね 土性骨 ¶ *土性骨のある人 (⇒ 気骨のある人) a man with *backbone* / (⇒ 強い意志の力を持った人) a man with a *strong will* / (⇒ 勇気のある人) a man with *guts* ★ guts は口語表現. (☞ きこつ)

としょかん 図書館 library C 参考 「図書室」も library という. (☞ としょ). ¶ 学校*図書館 a school *library* // 国会*図書館 the National Diet *Library* / (米) the *Library* of Congress (☞ 冠詞 (欄外)) **図書館員** librarian C **図書館長** the chief librarian, the director of a library.

としより 年寄り ―名 old ｢person [man; woman] C; (総称) old people, the old ★ 前者のほうが一般的; older people ★ 若い世

代に対して漠然という場合. ―形 old. 《☞ろうじん; ねんぱい》. ¶そのお*年寄りは独り暮らしだ The *old* ⌈*man* [*woman*] is living by ⌈himself [herself].

年寄りの冷や水 ¶これは*年寄りの冷や水かもしれませんが, しないではおれないのです (⇒これは私のような老人のすることではないが) This is *not a thing for an old man like me to do*, but I can't help doing it.

とじる[1] 閉じる close (↔ open) 他, shut 他 《過去·過分 shut》 語法 ほぼ同意に使われることもあるが, close のほうが一般的.

¶目を*閉じなさい *Close* [*Shut*] your eyes. // 私は目を*閉じてあお向けになっていた I lay on my back with my eyes ⌈*closed* [*shut*]. // 本を*閉じてこれをごらんなさい *Close* your books and have a look at this. // 彼らは堅く口を*閉ざしている＜S(人)＋V(*keep*)＋O(名·代)＋過分(*shut*)＞ They *keep* their mouths tightly *shut*.

とじる[2] 綴じる (書類などを) bind 他 《過去·過分 bound》; (紙などを整理しておく) keep ... on file. 《☞とじこむ》. ¶新聞を*とじておいて下さい (⇒ファイルにして下さい) Please *keep* newspapers *on file*.

としん 都心 the heart of the city, the ⌈center [《英》 centre] of the city 語法 都市の心臓部に当たる中心には heart を, 幾何学的な中心地には center を用いる; (特に東京を指す場合) the ⌈center [heart] of Tokyo, downtown Tokyo ★特に商業地区を指す.

¶官庁はほとんど*都心にある Most Government offices are (located) in *the* ⌈*heart* [*center*] *of* ⌈*Tokyo* [the Metropolis]. // 私は*都心 (⇒東京の商業地区) に住んでいる I live in *downtown Tokyo*. / I live *downtown*. / (⇒都心部に家がある) My house is located in *the central area of Tokyo*.

どしんと ―副 (どしんと音を立てて) with a ⌈thud [thump; bump] 語法 以上の3つはこの順番で音が大きくなる; (物が落ちる様子) plump, heavily. ―動 (突き当たる) bump 自. 《☞擬声·擬態語 (囲み); どさりと》. ¶彼は*どしんと尻もちをついた He fell on his bottom *with a thud*.

トス ―名 toss C. ―動 (トスをする) toss 他.

どす (短刀) dagger C. **どすのきいた** ¶*どすのきいた声で in a *deep* ⌈*menacing* [*threatening*] voice

どすう 度数 (回数) (the number of) times; (頻度) frequency U. 《☞かいすう; ひんど》.

どすぐろい どす黒い (黒い) dark; (空などが陰気で暗い) murky. 《☞くろ》.

¶*どす黒い血痕がじゅうたんの上についていた We saw a *dark* bloodstain on the carpet. // *どす黒い雨雲がたれこめている (⇒低くかかっている) The *murky* rainclouds are hanging low. // その男は*どす黒い顔色をしていた The man had a *dark* complexion.

どせい 土星 Saturn. **土星の輪** Saturn's rings ★通例複数形で.

とぜつ 途絶 ―動 (止める·止まる) stop 他 自, cease 他 自 ★前者が一般的な語; (中断される) be interrupted; (麻痺する) be paralyzed; (切断される) be cut off, be broken off; (乗り物などが立ち往生する) be held up. ―名 stoppage U, cessation U; (中絶) interruption U. 《☞とだえる》.

とそ 屠蘇 spiced *sake* for the celebration of the New Year U 参考 説明的表現. 前後関係などで, 状況がわかっているときは New Year's *sake* でもよい. 《☞日本固有の風物と英語(囲み)》.

とそう 塗装 ―名 (塗ること) painting U; (塗ったもの) paintwork U; (塗ってあるペンキ) paint U. ―動 (ペンキを塗る) paint 他. 《☞ぬる; ペンキ》. ¶*塗装がはげた The *paint* came off. // *塗装を傷つけないようにしなさい Be careful not to scratch the *paintwork*.

塗装工 painter C **塗装材料** coating materials ★複数形で.

どそう 土葬 ―名 burial [bériəl] U, interment U ★前者がより一般的な語. ―動 bury 他. 《☞ほうむる; かそう[1]》.

どぞう 土蔵 storehouse C 参考 説明的には old-fashioned Japanese storehouse C. 《☞くら[1]》.

どそく 土足 ―副 (靴をはいたままで) with *one's* shoes on; (靴を脱がずに) without removing *one's* shoes. ¶校舎に*土足で入ってはいけない Don't enter the school building ⌈*with your shoes on* [*without removing your shoes*]. // *土足厳禁 Shoes off. / No shoes allowed here. / Please remove your shoes before entering.

どだい 土台 (建物などの) foundation C; (学問·技能などの) groundwork U; (根底となるもの) base C. 《☞きそ[1] (類義語); もと[1]》.

¶この建物は*土台がしっかりしている (⇒しっかりした土台の上に建っている) This building stands on a firm *foundation*. // 商売の*土台を築いたのは彼の祖父です It is his grandfather who ⌈laid [built up] the *foundation(s) of* his family business. // 私の人生観は主として体験を*土台にしている My philosophy *is* largely ⌈*founded* [*based*] *on* personal experiences.

とだえる 途絶える (止まる) stop 自; (中断される) be interrupted; (音信が) do not hear from... 語法「音信をもらう人」を主語にする; (人通りが) be deserted 語法「通り」を主語にする. 《☞とぎれる; たえる[2]; とまる[1]》.

¶この半年ほど, 彼からの音信が*とだえている (⇒彼から便りがない) I *haven't heard from* him for almost half a year. // 通りは人通りが*とだえていた The streets *were deserted*.

とだな 戸棚 (衣類用) 《米》 closet C; (食器用) cupboard [kʌ́bərd] C. 《☞おしいれ》.

どたばた ―副 (騒がしく) noisily; (荒々しく) violently. ―動 (大きい音を立てる) make a lot of noise; (どたばたと歩く) pound 自. 《☞擬声·擬態語 (囲み)》.

¶2階で*どたばたして (⇒大きな音を立てすぎて) 母にしかられた We were scolded by Mother because we *made too much noise* upstairs.

と

// 子供たちが*どたばた廊下を走っている The children are running *noisily* in the hallway.

とたん 途端 ―― 接 (ちょうど…の時に) just as … ; (…するとすぐに) as soon as …, no sooner … than … ; (…すると同時に) the ｢moment [minute] … ―― 副 (ちょうどその時) just then. 《☞ いなや》.

¶ 部屋に入った*とたん, 彼はくしゃみをした *Just as* he entered the room, he had a fit of sneezing. // 答案を出した*とたん, 計算の間違いに気がついた *The moment* [*As soon as*] I handed in my paper, I found that I had made an error in calculation. / *No sooner* had I handed in my paper *than* I found that I had made an error in calculation. ★ 少し形式ばった言い方. // 立ち上がった*とたん(に)目まいがした I felt giddy *the moment* I stood up. // 彼はその少女を見た*とたんにだれであるかわかった He recognized the girl *instantly* when he saw her. / The *instant* he saw the girl, he recognized her. // 父が家を出ようとしたその*とたんに電話が鳴り出した My father *was about to* leave the house, *when* the telephone began to ring. / My father was leaving the house. *Just then* the telephone began to ring.

トタン galvanized iron Ⓤ. **トタン板** galvanized iron sheet Ⓤ; (波形の鉄板) corrugated iron Ⓤ.

どたんば 土壇場 (最後の瞬間) the last moment, the eleventh hour [語法] 「土壇場で」では at を付ける; (危機) the critical moment, crisis Ⓒ; (対決の場) 《米》 showdown Ⓒ; (窮地) corner Ⓒ. 《☞ ぎりぎり》.

¶ *土壇場になるまで決心がつかなかった I could not make up my mind till *the last moment*. // 国会は*土壇場になってその法案を可決した The Diet passed the bill ｢*at the eleventh hour* [*at the last moment*]. // *土壇場になって(⇒ 対決の時がきたとき), 私たちは勇気を奮い起こした When it came to a *showdown*, we mustered up all our courage.

とち 土地 **1** 《地面・地所》: (宅地・耕地など一般的に) land Ⓤ; (小さい1区画の敷地など) lot Ⓒ; (大きな地所) estate Ⓒ; (不動産) real estate Ⓤ. 《☞ じめん; じしょ[1]》.

¶ 彼は東京の郊外に200平方メートルの*土地を持っている He owns two hundred square meters of *land* in the suburbs of Tokyo. // *土地つきの家はとても買えない We cannot afford to buy a house with a *lot*. // 彼は*土地に投資してかなりもうけた He made a good profit by investing in *real estate*.

2 《地味・土》: (作物などを植える土) soil Ⓤ, land Ⓤ; (一般的に土を指して) earth Ⓤ. 《☞ つち[1]》. ¶ *土地を耕す cultivate ｢*land* [the *soil*] // この*土地は肥えている This ｢*soil* [*land*] is ｢rich [fertile]. // この*土地はやせている This ｢*soil* [*land*] is poor. / (⇒ 不毛である) This ｢*soil* [*land*] is barren.

3 《所・地方》: (場所) place Ⓒ; (国) land Ⓒ; (地域) district Ⓒ, region Ⓒ, area Ⓒ [語法] district は行政的, あるいは特性によって分けた地域. region は文化的・社会的・地理的特徴を共有する地域. area は幾つかに区切った場合の1地域で, 広いものから狭いものに用いられる. ―― 形 (その土地で生まれ育った) native; (地元の) local. 《☞ ちほう; ちいき(類義語)》.

¶ 私たちは知らない*土地に迷いこんだ We strayed into a strange ｢*place* [*land*]. // 彼は*土地の顔役だ He is the boss of the *district*. // 辺鄙(へんぴ)な*土地の人たちはまだその古い慣習を守っている People in remote *regions* still keep (up) the old customs. // *土地の案内人が探険についていった *Native* guides accompanied the expedition. // この*土地の名産は何ですか What is the *local* product here?

土地家屋 real estate Ⓤ ★ その取引をも示す. 《☞ ふどうさん》 **土地価格** the value of land 《☞ ちか[2]》 **土地所有権** land-ownership Ⓤ **土地所有者** landowner Ⓒ **土地ブローカー** real estate agent Ⓒ.

どちゃく 土着 ―― 形 (その土地で生まれた) native (↔ foreign, alien); (民族などについて, その土地固有の) indigenous (↔ naturalized) [語法] 形式ばった語. 個人よりむしろ民族や種族などについて用いられる; (原住民の) aboriginal. ―― 名 (土着の人) native Ⓒ; (原住民) aborigines [æbərídʒəniːz] ★ 複数形.

¶ 彼らは*土着の風俗習慣を守った They kept their *native* manners and customs.

土着民 native Ⓒ; (総称的に) aborigines. 《☞ げんじゅうみん》.

とちゅう 途中 ―― 副 (道の途中で) on ｢the [*one's*] way to … (from …); en route to … ★ もとフランス語から入った形式ばった表現; (仕事などの中途で) halfway; (道のり, または過程の一部) part of the way; (最中に) in the ｢midst [middle] of …; (過程で) in the course of… 《☞ ちゅうと; さいちゅう》.

¶ 私は学校から家へ帰る*途中よく本屋に立ち寄る I often drop into a bookstore *on my way* home *from* school. // 病院へ行く*途中花を買った I bought flowers *on the way to* the hospital. // 彼は仕事の*途中で倒れた (⇒ 仕事を半分残して病気になった) He fell ill *leaving* the work *half done*. / (⇒ 仕事をやり残したままで) He fell ill *leaving* the work *unfinished*. // *途中までご一緒いたしましょう I'll go *part of the way* with you. // 話の*途中で口をはさんではいけない (⇒ 話をしているときに) Don't interrupt others *while* they are talking. // お話の*途中で失礼ですが, もう時間です I'm sorry to *interrupt* you [Excuse me for *interrupting* you], but your time is up.

途中下車 ―― 名 stopover Ⓒ. ―― 動 stop over (at …) ⓐ, make a stopover (at …). ¶ この切符で*途中下車ができますか Can I *make a stopover* with this ticket?

どちら **1** 《どれ》: which; (どちらの…でも) whichever ★ 以上2語は疑問代名詞・疑問形容詞のいずれにも用いる; (どちらか一方) either [íːðər]; (どちらも両方) both [語法] 以上2語はいずれも 形, 代 または 接 として用いられる. 前者は単数, 後者は複数としての扱いを受ける．否定文では not … either, neither は全部否定，not … both は部分否定となる．《☞どれ；否定の表現(囲み)；疑問詞(欄外)》．
¶「お茶とコーヒーと*どちらにしますか」「コーヒーを下さい」"*Which* would you like, tea or coffee?" "Coffee, please." 語法 tea↗ or coffee↘ のようなイントネーションになる．
「アメリカ合衆国とカナダでは*どちらが大きいですか」「カナダのほうが少し大きいです」"*Which* is bigger, the United States or Canada?" "Canada is a little bigger."
*どちらの電車が先に出ますか *Which* train leaves first?
「この2台のカメラは*どちらがよく写りますか」「*どちらとも言えません．*どちらもとてもよく写ります」"*Which* of these two cameras makes better pictures?" "I can't say *which. Both* make quite good pictures."
*どちらでも好きなほうを取って下さい Please take *whichever* you like.
*どちらでもよい *Either* will do. 語法 do は「間に合う」「役に立つ」の意．
この単語には2つの発音があるが，*どちらを言ってもよい This word has two pronunciations. You can say it *either* way.
彼ら2人のうちの*どちらかがスパイだ *One* of the two is a spy.
2つの答えの*どちらも(⇒両方とも)正解です *Both* (of the two) answers are correct.
*どちらもいりません I *don't* want *either*. 語法 not … either は「どちらも…でない」という全部否定の言い方．neither と同じだが，I want *neither*. は少し文語的．
その2人は*どちらもフランス語はわからない *Neither* of the two can understand French.
*どちらも欲しいというわけではない I do*n't* necessarily want *both*. 語法 not … both は部分否定となる．つまりどちらか一方でよいという意味．
あなたか私か*どちらかがそれをしなくてはならない *Either* you *or* I must do it. 語法 either A or B は「A か B かどちらか」という言い方．名詞・代名詞のほかに，動詞や副詞・形容詞なども A, B の位置に来ることができる．また either A or B の A, B が主語になる場合は，後に続く動詞の人称・数は B に呼応する．((例) あなたか彼か*どちらかが行かなくてはならない *Either* you *or* he *has to* go.)《☞性・数・人称の一致(欄外)》
答えは正しいか間違っているかの*どちらかで，中間はあり得ない The answer must be *either* correct *or* incorrect. It must not be halfway. 語法 incorrect は in- に強い強勢を置いて発音する．また，either … or … の代わりに or のみですますこともある．((例) The answer must be correct *or* incorrect.)．しかし，either … or … を使うほうが，2者択一の意味が強くなる．
彼女は読み書き*どちらもできない She can *neither* read *nor* write. 語法 neither A nor B は「A でも B でもない」という言い方．neither A nor B が主語になる場合は，後に続く動詞の人称・数は B に呼応する．((例) あなたも奥さんも*どちらも行かなくてよい *Neither* you *nor* your wife *has* to go.)
2 «どこ»：(どの場所) where；(どの方向) which way.《☞どこ；疑問詞(欄外)》．
¶ *どちらにお住まいですか *Where* do you live?
*どちらへお出かけですか *Where* [*Which way*] are you going? 参考 英語の習慣として，あまり人に行く先・用向きなど細かい個人的なことはきかないのが普通で，せいぜいどの方向に行くかを尋ねる程度である．
*どちらからいらっしゃいましたか *Where* are you from? / *Where* do you come from? / *Where* ˹did [have] you come from? 語法 第1，2文は出身地(第1文が最も普通)，第3文は出発点を尋ねる言い方．
3 «だれ»：who《☞だれ；どなた；疑問詞(欄外)》．
¶「*どちら様でしょうか(⇒お名前は何ですか) *What*'s your name, please? 語法 少しぞんざいな聞き方．なお，Who are you? は「おまえはだれだ」という失礼な聞き方なので普通は使ってはならない．/ (⇒名前を聞いていいですか) May I have your name, please? 語法 相手の名前を聞く丁寧な表現．/ (⇒何という名前を取次いだらよいか) *What* name shall I say? ★取次ぎのときなど．/ (⇒だれが話しているか) May I ask *who* is calling? / *Who*'s calling, please? ★電話で．前者のほうが丁寧な聞き方．《☞電話の英語(囲み)》/ *Who* is it? ★だれかがドアなどをノックしたような場合．

どちらかといえば (むしろ) rather (than…)；(どちらかといえば…したい) 'd rather ★ had rather, would rather の短縮形．
¶ これは辞書というより，*どちらかといえば文法書です This is a grammar book *rather than* a dictionary. // *どちらかというと今夜は家にいたい I'*d rather* stay (at) home tonight. 語法 否定文は 'd rather *not* … の形をとる．

どちらにしても (2つの場合の) either way；(どんな場合でも) in any case.《☞どっちみち》．
¶ *どちらにしても私はあしたは学校へ行きます *In any case* I'll go to school tomorrow. // *どちらにしても同じことです It makes no difference *either way*.

とちる (言い違いをする) make a slip in …；(へまをする)《口語》muff ⓐ.《☞まちがえる》．

とっか 特価 special price Ⓒ；(割引きした値段) reduced price Ⓒ；(安売り値段) bargain price Ⓒ.《☞わりびき》．¶ 私はこのセーターを*特価で買った I bought this sweater *at a* ˹*special* [*reduced*；*bargain*] *price*. // 母はデパートで*特価品をあさるのが好きだ My mother likes to hunt for *good bargains* at department stores. **特価販売** bargain sale Ⓒ.

どっかいりょく 読解力 (一般的には) reading comprehension Ⓤ；(説明的には) ability to read and understand Ⓤ.

どっかと ━副 (気持ちよく) comfortably.
¶ 私はいすに*どっかと(⇒ゆったりと)腰を下ろした I sat down *comfortably* on a chair.

とっかんこうじ 突貫工事 rush work Ⓤ.

とっき 突起 ━名 (突き出たもの) projection Ⓒ；(ふくれて盛り上がったもの) protuberance

と

Ⓒ. ―動 (隆起する) rise 自; (突き出る) project 自. 《☞ つきでる》.

とっきゅう¹ 特急 limited express Ⓒ 《☞ きゅうこう¹; 乗り物 (囲み)》.

とっきゅう² 特級 (最高のもの) the best; (最上級) the highest quality; (第1級) 《口語》 A one, A 1 [éi wʌ́n] 語法 以上はいずれも形容詞的にも使われる. ¶ *特級品 *the highest quality* ⌈item [article; goods; brand] 特級酒 the highest quality sake; (等級として) special class sake Ⓤ.

とっきょ 特許 ―名 (専売の) patent [pǽt(ə)nt] Ⓒ; (免許) license (《英》 licence) Ⓒ. ―動 (特許をとる) patent 他. 《☞ パテント》. ¶ 私はその新薬で*特許を取った I took out a *patent* on the new medicine. / I *patented* the new medicine. // *特許出願中 《標記として》 *Patent* pending. / *Patent* applied for. 特許権 patent (right) Ⓒ 特許権所有者 patentee Ⓒ 特許庁 the Patent Office, the Patent Agency ★ agency は「庁」の訳語. 特許品 patent Ⓒ, patented article Ⓒ.

ドッキング ―名 docking Ⓤ. ―動 dock 自 他. ¶ 2つの宇宙船が大気圏外で*ドッキングを行った The *docking* of two spaceships took place in outer space. / Two spaceships *were docked* in outer space.

とつぐ 嫁ぐ marry 他, be [get] married (to *a person*) 語法 be を使うと「状態」, get を使うと「動作」を表す. 単に結婚の事実をいうときは marry 自 だけでよい; (…家へ嫁ぐ) marry into (a family). 《☞ けっこん¹; よめ¹》.

ドック dock Ⓤ ★ 1つ1つのドックを指すときは Ⓒ. ¶ その汽船は*ドック入りした The steamer *has just been* ⌈*docked* [*put into dock*]. // 君は人間*ドックに入ったほうがいいよ (⇒ 徹底的な健康診断のために入院したほうがいい) You had better be hospitalized *for a thorough physical checkup*.

とっくに (ずっと前に) long ago, a long time ago 語法 「ずっと昔」という意味と, 「何時間も前に」程度の比較的短時間の意味との両方に使える; (すでに) already; (かなり越して) well over ..., well past ... 《☞ とうに》. ¶ 私は*とっくの昔にその本を読んだ I read the book *long ago*. // その事件は*とっくに解決がついている The matter was settled *a long time ago*. // 弁当なら*とっくに食べてしまった I have *already* eaten my box lunch. // 彼女は*とっくに60歳を過ぎている (⇒ かなり越している) She is *well* ⌈*over* [*past*] sixty.

とっくみあい 取っ組み合い ―名 (つかみ合い) grapple Ⓒ; (激しくもつれ合っての取っ組み合い) scuffle Ⓒ; (手のつかみ合い) hand-to-hand fight Ⓒ. ―動 grapple 自; scuffle 自. 《☞ つかみあい; かくとう¹; けんか》. ¶ その2人の男の子は*取っ組み合いのけんかをした The two boys *grappled with each other*.

とっくり 徳利 (酒の) sake bottle Ⓒ; (セーターの) turtleneck (sweater) Ⓒ.

とっくん 特訓 (特別の訓練) special training Ⓤ; (集中的な訓練) intensive training Ⓤ; (集中訓練のコース) intensive ⌈course [lesson] Ⓒ; (短期間で急いでする応急的な訓練) crash training Ⓤ; (短期特訓コース) crash (training) course Ⓒ. 《☞ くんれん》. ¶ 彼は目下打撃の*特訓中です He is now ⌈going through [undergoing] *special training* in batting. / (⇒ 特別に訓練されている) He *is now being specially trained in* batting. // 生徒たちは数学の*特訓を受ける Students ⌈*receive* [*take*] *intensive lessons in* mathematics. // アメリカに行く前に英会話の*特訓を受けなければならない I must *take a crash course in* English conversation before going to the United States.

とつげき 突撃 ―名 charge Ⓒ. ―動 charge 他. ¶ 彼らは敵陣に向かって*突撃した They ⌈*made a charge upon* the enemy [*charged* the enemy].

とっけん 特権 (特別の恩典・利益) privilege [prív(ə)lidʒ] Ⓒ 《☞ しょっけん¹; とくてん²》. ¶ 私たちはその会議に出席する*特権を与えられた [拒否された] We were ⌈given [denied] the *privilege* of attending the conference. // 会員の*特権 *privileges* to members 特権階級 the privileged classes.

どっこいしょ (高い所へ登る人を押し上げたりするときの掛け声) oops-a-daisy [úps ə dèizi(:)] 参考 英語にもいろいろな掛け声はあるが, 「どっこいしょ」とそっくり入れ替わるものはない. oops-a-daisy は押し上げたりするときの掛け声で, いすに座ったりするときには使われない. 一般に日本語のほうが英語より掛け声が多い. ¶ 彼は*どっこいしょと荷物を持ち上げた (⇒ 全力で) He lifted the package *with all his might*. / (⇒ 力強い持ち上げ) He gave the package *a mighty heave*.

どっこいどっこい (ほとんど同じ) be about the same (as ...); (五分五分の) 《口語》 fifty-fifty. 《☞ ごぶ; ごかく》. ¶ 私は技の点で彼と*どっこいどっこいだ My skill *is about the same as* his. // うまくいくかいかないか*どっこいどっこいだ The chances are *fifty-fifty*.

とっこうやく 特効薬 specific (medicine) Ⓒ ★ specific (medicine) は特定の病気 (リューマチとかマラリヤとか) に効く薬という意味.

とっさ 咄嗟 ―副 (突然) suddenly, all of a sudden ★ 後者のほうが意味が強い; (すぐに) at once, immediately; (一瞬のうちに) in the twinkling of an eye; (本能的に) instinctively. ―形 (予期しない) unexpected. ¶ それは*とっさの出来事だった (⇒ 急に起こった) It happened *all of a sudden*. / (⇒ 一瞬のうちに起こった) It happened *in the twinkling of an eye*. // 私は*とっさに右に身をかわした (⇒ ほとんど本能的に右によけた) I dodged to the right almost *instinctively*. // 私はその質問に*とっさに答えられなかった (⇒ すぐには) I could not answer the question ⌈*immediately* [*at once*]. // *とっさの質問 (⇒ 予期しない質問) で答えられなかった I was asked an *unexpected* question and I could not answer it.

どっさり a lot of ... 語法 口語的で, しばしば many の代わりに用いられる; (あり余るほど豊富な) plenty of ...; (あふれるほどの) a flood of ... 《☞ たくさん (類義語); 擬声・擬態語 (囲み)》. ¶ 彼女は*どっさりファンレターをもらった She got ⌈*a lot of* [*a flood of*] fan letters.

ドッジボール dodge ball [U].

とつじょ 突如 ── [副] (急に) suddenly; (予期しないときに) unexpectedly. ── [形] sudden; unexpected. 《☞ とつぜん》.

どっしり ── [形] (人の態度などが威厳のある) dignified; (建造物・置物などが) massive. ── [副] in a dignified manner. 《☞ 擬声・擬態語 (囲み)》. ¶ その男は*どっしりいすに腰を下ろしていた The man was sitting in a chair *in a dignified manner*.

とっしん 突進 ── [動] (走っていく) rush (自), dash (自), make a rush, make a dash [語法] dash のほうには突進の仕方が幾分急だというニュアンスがあるので, 競走などで突進する場合には dash が用いられる; (めちゃくちゃに走る) run wildly ⌈to [toward] ... 《☞ はしる (類義語); つっこむ》. ¶ 私はゴールめがけて*突進した I ⌈*dashed* [*made a dash*] *toward* the goal.

とつぜん 突然 ── [副] suddenly, all of a sudden ★ 後者のほうが意味が強い; (あることに引き続いてすぐに) all at once; (予期しないときに) unexpectedly; (何の予告もせず出し抜けに) abruptly; (予告なしに) without notice ★ 辞職など; (青天のへきれきのように) out of the blue, like a bolt ⌈from [out of] the blue ★ この表現は好ましくないことが起こる場合に用いる. ── [形] sudden; unexpected; abrupt. 《☞ きゅう[1]; とうとつ; だしぬけ》.

¶ 車が*突然止まった The car stopped *suddenly*. / The car made a ⌈*quick* [*sudden*] stop. // *突然家が揺れ出した *Suddenly* [*All of a sudden*] the house began to shake. // 天候が*突然変わった There was a *sudden* change in the weather. // すると*突然ものすごい雷雨がやってきた Then *all at once* there came a heavy thunderstorm. // *突然質問されて (⇒ 予期していない質問をされたので) 答えられなかった Since it was an *unexpected* question, I was unable to answer it. / (⇒ 出し抜けに質問をされて) I was asked an *abrupt* question, and I did not know how to answer it. // 彼は*突然 (⇒ 予告なしに) 会社をやめてしまった He resigned from the company *without notice*. // 彼の死は*突然のことだった The news of his death came ⌈*out of the blue* [*like a bolt out of the blue*]. // 彼女は*突然やって来た (⇒ 予期しないときに) She came to see us ⌈*unexpectedly* [(⇒約束なしに) *without making an appointment*].

突然変異 〘生物〙 mutation [U] ★ 具体的な事実をいうときは [C].

とったん 突端 (端) tip [C]; (とがった先端) point [C]. ¶ その町は半島の*突端にある The town is at the *tip* of the peninsula.

どっち which 《☞ どちら》.

どっちつかず ── [形] (多様な意味に取れて) ambiguous; (立場・態度を明確にしなくて) noncommittal; (優柔不断で) indecisive; (言を左右にして) evasive; (中立的で) neutral. 《☞ あいまい》.

¶ 彼は*どっちつかずの返事をした He gave an ⌈*ambiguous* [*indecisive*; *evasive*] answer. // これは*どっちつかずのケースです This is a *borderline* case. // 私は*どっちつかずの立場を取ることにした I decided to take a *neutral* stand.

どっちみち (いずれにせよ) anyway, anyhow, in any way; (結局は) after all, finally ★ 後者はやや改まった語; (遅かれ早かれ) sooner or later; (好むと好まざるとにかかわらず) whether ... like(s) it or not.

¶ 私は*どっちみちそこに行かなくてはならないだろう I'll have to go there *anyway*. / I'll have to be there *whether I like it or not*. // あの人の講義は*どっちみち大したことはない (⇒ 結局のところあまりおもしろくないだろう) His lecture won't be very interesting *after all*. // *どっちみち (⇒ 遅かれ早かれ) 本当のことがわかるさ The truth will come out *sooner or later*. 《☞ おそかれはやかれ》

とっちめる 取っちめる (ひどい目にあわせる) 《口語》 give it to *a person*; (しかる) scold (他). 《☞ こらしめる; やっつける》. ¶ あいつはあとで*とっちめてやるぞ I'll *give it to* him later.

とっつき 取っ付き ¶ 英語は*取っ付きやすい (⇒ 英語は最初は習いやすい) English is easy to learn *at* ⌈*the beginning* [*first*]. // あの人は*取っ付きやすい[にくい]人だ He is ⌈an *affable* [*not* an *affable*] person. / I find him ⌈*approachable* [*unapproachable*].

とって 取っ手 (形・用途に関係なく, 最も広い意味でのもの) handle [C]; (握りこぶし状で, ドア・引き出しなどの) knob [C]; (特に引っ張るための) pull [C]; (保持・確保のための) grip [C]; (水差しなどの) ear [C]. 《☞ え[2] (挿絵)》.

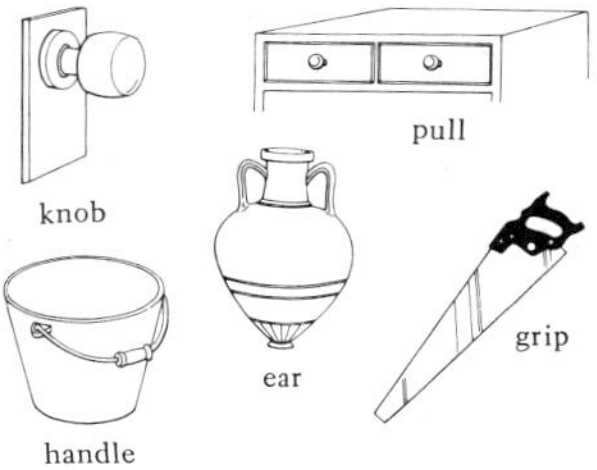

¶ なべの*取っ手がとれた The *handle* of the pan came off. // 私はドアの*取っ手を回した I turned the *doorknob*. // (水洗便所の)水を流すには右に*取っ手を回して下さい To flush, please turn the *handle* to the right. // 引き出しの*取っ手 the *pull* of a drawer

-とって (...には) to ...; (...のためには) for ...; (...に関しては) with ... 《☞ -には; -としては》. ¶ それは私に*とっては大して重要なことではありません It is not very important *to* me. // 彼の死はわが国に*とって大きな損害である His death is a great loss *to* our country. // その問題は彼女に*とって難しすぎた The problem was too difficult *for* her (to solve).

とっておき 取って置き 一形 (一番よい) best ; (価値の高い) valuable ; (大切にされている) treasured ; (予備の) reserved for special occasions.

¶ 私は*取って置きの洋服 (⇒ 一番よい服) を着て出かけた I went out in my *best* clothes. // これは*取って置きの(⇒ 特別の場合のためにとっておいた) ウイスキーです This is the whisky *reserved for special occasions.* // 彼は*取って置きの手を使った He *played a trump* (*card*). [参考] もともと play a trump (card) はトランプの用語. trump (card) は「切り札」.

とっておく 取って置く (保持する) keep ㊐ 《過去・過分 kept》; (後のために使わないでおく) set ... aside ; (商品などを売らないでおく) put ... aside ; (留保しておく) keep ... in reserve ★ やや形式ばった表現. 《☞ のこす》.

¶ (それはあげますから) *取って置きなさい Please *keep* it. // 先に行ってあなたの隣に席を*取って置いて下さい Will you please go first and *get* me a seat next to yours? // この暑さではこの魚はあしたまで*取って置けませんよ This fish won't *keep* till tomorrow in this heat. [語法] この keep は ㊐ で「腐らないでもつ・大丈夫である」の意. // 帰りのバス代を*取って置かなくてはならない I must *set aside* some money for the bus fare home. // 後で来ますから, この本を*取って置いて下さい Please *put* this book *aside* for me. I'll come for it later. / Please *keep* this book for me until I come back.

とってかえす 取って返す (途中から戻る) turn back halfway ㊐ ; (折り返す) 《口語》 double back ㊐. 《☞ ひきかえす》.

とってかわる 取って代わる (...の代わりをする) take *a person's* place, take the place of *a person* ; (A を B と入れ換える) replace (A with B). 《☞ かわる[2] ; こうたい[1]》.

とってつけたような 取って付けたような 一形 (人工的な・不自然な) artificial, unnatural ; (無理に作った) forced. 《☞ ふしぜん》. ¶ 彼女は*取って付けたような笑い方をした She smiled an *artificial* smile. / (⇒ 無理に笑った) She *forced* a smile.

どっと 一副 (一気に・勢いよく) in a rush. 一動 (急に...する) burst out ...ing, burst into ... 《☞ いっせい[1] ; 擬声・擬態語 (囲み)》. ¶ 皆が一斉に*どっと笑った Everybody *burst* ⌈*out* laughing [*into* laughter]. / All the people gave *a roar of* laughter. // 多くの人人が*どっと出てきた Many people came out *in a rush.*

とつとつ 訥訥と (ゆっくりと) slowly ; (口ごもりながら) falteringly. 《☞ とつべん; 擬声・擬態語 (囲み)》. ¶ 彼は*とつとつとして語った He talked *slowly.* / (⇒ 途中で何を言おうかと考えるためにポーズを置きながら語った) He talked on, *often pausing to think what to say next.*

とっとと (すぐに) right away ; (いますぐ) right now ★ 両者とも口語的. 《☞ 擬声・擬態語 (囲み)》. ¶ *とっとと出て行け Get out of here ! [語法] 普通は特に「早く」の意味の語を使わなくても, この語調で「とっとと」が表される

とつにゅう 突入 一動 (勢いよく突っ込む) rush at ..., dash into ... ; (突撃する) charge ㊐ ㊐ ; (ある状態に飛び込む) plunge ㊐ ㊐. ¶ 兵隊は敵陣に*突入した The soldiers ⌈*rushed at* [*dashed into*] the enemy. // 労組は明朝ストに*突入する The labor union will ⌈*go on strike* [*walk out*] tomorrow morning. // 世界は戦争に*突入した The world *was plunged into* war.

とっぱ 突破 一動 (切り抜けて進む) break through ... ; (困難・障害などを) get over ... ; (打ち勝つ) overcome ㊐ ; (ある点より増大する・上昇する) rise above ..., go up above ... ★ 後者のほうが口語的. 《☞ こえる[1]》.

¶ 彼らは敵陣を*突破した They *broke through* the ⌈enemy's line [enemy lines]. // 私はあなたが見事入試の難関を*突破することを確信しています I'm sure that you will successfully ⌈*overcome* [*break through*] the barrier of the entrance examination. // 志願者の数が今年は3万人を*突破した The number of applicants *exceeded* 30,000 this year. 《☞ こえる[1]》 // この付近の土地の1平方メートル当たりの単価がついに100万円台を*突破した The price of land in this area *has risen above* one million yen per square meter.

突破口 breach Ⓒ.

とっぱつてき 突発的 一形 (予期しない) unexpected ; (予想できない) unpredictable ; (突然の) sudden. 一副 unexpectedly ; suddenly, all of a sudden ★ 後者のほうが意味が強い. 《☞ とつぜん》. ¶ それは*突発的な (⇒ 予期できない) 事故だった It was an *unpredictable* accident.

とっぱん 凸版 (凸版印刷) letterpress Ⓤ 《☞ かっぱん》.

とっぴ 突飛 一形 (普通ではない) extraordinary ; (風変わりな) eccentric ; (現実離れしている) fantastic ; (無謀な) wild, reckless. 《☞ きばつ ; きみょう》. ¶ 何という*突飛な考えだろう What a *fantastic* idea ! // こんな*突飛な計画は考慮に値しない Such a ⌈*wild* [*reckless*] plan is not worth considering.

とっぴょうしもない 突拍子もない (突飛な・異常な) extraordinary ; (現実離れして夢のような) fantastic ; (無謀な) wild, reckless ; (ばかばかしい・気違いじみた) crazy. ¶ あいつは*突拍子もないやつだ He's *crazy.*

トップ 一名 top Ⓒ ; (1番) the first. 一形 (トップの) at the top (of ...) ; (1番の) the first ; (一流の) first-rate [参考] 日本語の「トップ」がすべて英語の top と訳せるわけではないことに注意. 《☞ せんとう[1] ; いちばん》.

¶ 彼女はいつもクラスの*トップだった She was always *at the top of* her class. // 決勝点ではだれが*トップでしたか (⇒ だれが第1番目に決勝点に着いたか) Who reached the goal *first?* // それは*トップクラスの (⇒ 一流の) 会社です It's a *first-rate* company.

トップ会談 summit conference Ⓒ **トップ記事** front-page article Ⓒ **トップニュース** top news Ⓤ **トップバッター** leadoff Ⓒ.

とっぷう 突風 gust (of wind) Ⓒ《☞ かぜ[1]》.

とっぷり ¶ 日が*とっぷりと暮れた (⇒ たいへん暗くなった) It got *quite dark*. / (⇒ 夜が来た) Night ˹*fell* [*closed in*]. 語法「とっぷり」は「完全に」completely,「たいへん暗くなる」become [get] quite dark などでその意味を表すことができるが, 前後関係で特に英語に表さないほうがよいこともある.《☞ 擬声・擬態語 (囲み)》

とつべん 訥弁 ―動 (ゆっくり話す) talk [speak] slowly ⓐ, speak slowly and hesitantly ⓐ. ―形 (訥弁の) slow of speech ; (演説が不得意で) not very good at speech-making. ―名 (話すのが遅い人) slow speaker Ⓒ; (おずおずと話す人) hesitant speaker Ⓒ.《☞ とつとつと ; くちべた》.
¶ 彼は*訥弁だ (⇒ ゆっくり, ためらいながらしゃべる) He ˹*talks* [*speaks*] *slowly and hesitantly*. / He's a *slow and hesitant speaker*.

とつめんきょう 凸面鏡 convex mirror Ⓒ (↔ concave mirror).

とつレンズ 凸レンズ convex lens Ⓒ (↔ concave lens).

どて 土手 bank Ⓒ; (堤防) embankment Ⓒ 語法 以上 2 語はほぼ同意に用いることもあるが, bank は川・湖などの土手のほかに土の盛り上がったところなども意味する一般的な語であるのに対して, embankment は護岸のための土手のみを言う ; (土手道) causeway Ⓒ.《☞ ていぼう》.
¶ *土手を散歩しよう Let's ˹walk [take a walk] along the ˹*bank* [*embankment*].

とてい 徒弟 apprentice Ⓒ《☞ でし》.
徒弟制度 apprenticeship Ⓤ.

とても 1 «非常に»: very ; so ; really ; extremely ; awfully ; terribly.
【類義語】最も一般的な語は **very**. ほぼ同意だが *very* ほど一般的ではなく, 女性がよく用いる語が *so*.「本当に」「実に」という意味の語が **really**.「極度に」という意味を強調するやや大げさな語が **extremely**. そのくだけた言い方が **awfully** で, 日本語の「すごく」に似ている.「恐ろしい・怖い」という意味から転じた語が **terribly** で, 日本語の「恐ろしく」に似ており, 寒さ・暑さ・忙しさなど, どちらかというと悪い意味に用いられる.《☞ ひじょうに ; 強意語 (囲み)》
¶ 彼は*とてもいい人だ He is a *very* good man. // きょうは*とても寒い It is ˹*awfully* [*so* ; *very* ; *terribly*] cold today. // あなたのスピーチは*とてもよかった Your speech was *really* good. // この問題は*とても難しい This problem is ˹*extremely* [*very*] difficult.
2 «到底»: (恐らく…でない) (cannot) possibly ; (どうやっても…でない・決して…でない) (not) by any means, by no means 語法 前者のほうが強調が強い. また, この意味での「とても」は否定の表現を伴うものである.《☞ とうてい ; 可能の表現 (囲み)》.
¶ 私にはそんなことは*とてもできない (⇒ 恐らくできないでしょう) I *cannot possibly* do such a thing. / (⇒ 決してできない) I can't do such a thing *by any means*. // *とても私たちが勝てる見込みはない There is ˹*no* [*hardly any*] hope of our winning.

とでん 都電 (車両) Metropolitan streetcar Ⓒ.

ととう 徒党 (グループ) group Ⓒ; (特に犯罪に関係したグループ) gang Ⓒ ★ 男性のグループをいう. ―動 (徒党を組む) form a group ★ 中立的な意味で, よいグループでも悪いグループでもよい ; (特に悪事を働くための) gang together ⓐ. ¶ その男たちは*徒党を組んでいろいろ悪いことをした The men ˹*formed a gang* [*ganged together*] and did various evil things.

どとう 怒濤 (高い [山のような, 荒々しい] 波) high [mountainous ; violent] waves ; (荒れ狂う波) angry waves ★ いずれも複数形で. angry waves はやや気取った表現 ; (荒れた海) rough waters ★ 通例複数形で.《☞ なみ[1]》.
¶ 船は*怒濤渦巻く海へと乗り出した The ship made her way into *rough waters*. // 敵は*怒濤のように押し寄せた (⇒ 波のように押し寄せた) The enemy *surged upon* us.

とどく 届く 1 «到着する・着く»: (受け取る) receive ⓗ ; (手にする) get ⓗ ★ 以上 2 語は受け取る「人」を主語にして ; (到着する) get to ..., reach ⓗ, arrive (at ...) ⓐ 語法 以上 3 語は「物」を主語にして. 第 1 番目が最も口語的 ; (配達される) be delivered (to ...).
¶「私の手紙は*届きましたか (⇒ あなたは受け取ったか)」「いいえ, まだです」"*Have* you ˹*received* [*gotten*] my letter?" "No, not yet." // 彼女からの手紙がきのう*届きました I *got* her letter yesterday. / Her letter *reached* me yesterday. ★ 前者が口語的. // その小包みはまだ*届かない The parcel *has* not *arrived* yet. / The parcel *has not been delivered* (*to* me).
2 «至る・達する»: (手などが届く) reach ⓗ ⓐ 語法「手が届く」の意味のときは「人」を主語にする ; (ある地点まで至らないで落ちる) fall short of ...《☞ たっする》.
¶「あの枝に手が*届くかい」「いや, そんなに高いところには*届かないよ」"Can you *reach* that branch?" "No, I can't *reach* so high." // この本をあの棚に載せてくれませんか. 手が*届かないのです Will you please put this book on that shelf? I can't *reach* it. // それは私の手の*届くところ[*届かないところ]にある It's ˹*within* [*out of*] *my reach*. // 私は忙しくて子供の勉強まで目が*届かない I'm too busy to ˹*look after* my children in [help my children with] their school work. // 矢は的に*届かなかった (⇒ 矢は的の手前で落ちた) The arrow *fell short of* the mark.

とどけ 届け (報告) report Ⓒ; (予告・通告) notice Ⓤ ★ 実際の通知状の場合は Ⓒ; (登録・記録) registration Ⓤ.
¶ 学校に欠席*届けを出した (⇒ 学校に欠席する理由を書いたものを送った) I sent in a *written excuse* for my absence from school. / I sent in an absence *report* to the school. // 彼は 1 か月以内に職をやめたいと雇い主に*届けを出した He gave his employer one month's *notice* (of his intention to quit). // 彼女は学校を無*届けで休んだ She was absent from

と

school without ┌notice [any excuse]. (☞ むとどけ) // 死亡[結婚]*届け a ┌death [marriage] certificate // 赤ん坊の出生*届けを出した I registered our newborn baby.

とどける[1] 届ける (報告する) report ⊕; (通告・予告をする) notify ⊕, give ... notice 【語法】 以上2つはほぼ同意だが, 構文上の都合でいずれかが選択されることが多い; (役所などに登録する) register ⊕.

¶ その件について警察に*届けましたか Did you *report* this incident *to* the police? // 彼は雇い主に仕事をやめたいと*届けた (⇒ 通告した) He *gave* his employer *notice* (of his intention to quit). // 私たちは生まれた赤ん坊を区役所に*届けました (⇒ 登録しました) We *registered* our newborn baby at the ward office.

と

とどける[2] 届ける (送る) send ⊕; (持って行く) take ⊕, bring ⊕ 【語法】 後者は元来は「持ってくる」という意味の語であるが, 相手を中心に考えることから「持って行く」に当たる; (配達する) deliver ⊕. (☞ おくる[1]; はいたつ).

¶ その本は郵便でお*届けします I'll *send* the book by mail. // 「この手紙を田中さんに*届けてくれませんか」「承知しました」 "Will you *take* this ┌letter [note] to Mr. Tanaka?" "Certainly." // できるだけ早くお*届けしましょう I'll *bring* it to you as soon as possible. // この小包には*届け先 (⇒ 受け取り人の住所) が書いてない There's no *receiver's address* in this parcel.

とどこおりなく 滞りなく ―副 (すらすらと) smoothly; (不測の事もなく) without a hitch. (☞ ぶじ). ¶ すべてが*滞りなく運んだ Everything went ┌*smoothly* [*without a hitch*].

とどこおる 滞る ―動 (…が遅れている) be behind (in ...) ★「人」を主語とする; be overdue ★「料金・借金」などを主語とする. ―形 (遅れた・滞った) back; (未完の) unfinished; (未返済の) unpaid; (期限の過ぎた) overdue. (☞ たまる; おくれる; ていたい[1]).

¶ 彼は家賃が*滞っている He *is behind in* his rent. / (⇒ 家賃の支払い期限が切れている) His rent *is overdue*. // 私は*滞った家賃を支払った I paid my *back* rent.

ととのう 整う, 調う ―動 (用意・準備ができた) be ready, be prepared; ((準備が)完了している[した]) be completed; (取り決められる) be arranged; (正装している) be dressed up. ―形 (服装などがきちんとした) neat; (ちゃんとした) decent; (さっぱりとしてこぎれいな) tidy.

¶ すべて準備が*整った Everything *is ready*. / (⇒ すべて準備は完了した) All preparations *have been completed*. // 田中さんと鈴木さんの縁談が*調った A marriage *has been arranged* between Mr. Tanaka and Miss Suzuki. // 彼はいつも服装が*整っている (⇒ いつもきちんとした身なりをしている) He *is* always ┌*neatly* [*decently*] *dressed*. // あの子は顔立ちが*整っている (⇒ いい器量だ) She is *good-looking*.

ととのえる 整える, 調える (用意する) get ... ready, prepare ⊕ ★ 前者のほうが口語的; (きちんと片付ける) get [make] ... tidy, make ... neat. (☞ ようい[1]; じゅんび).

とどのつまり (結局は・ついには) after all; (とうとう) finally; (一番最後の段階で・結末は) in the end. (☞ けっきょく; ついに).

とどまる 留まる **1** «残留する»: (同じ場所・地位などにそのままいる) stay ⓐ, remain ⓐ; (後に残る) stay behind ⓐ.

【類義語】ある場所にとどまることを表す一般的な語は **stay**. 特に, ほかは移動するのに, あるものだけが現状のままであることを表すのは ***remain***. 後にとどまるという点では *remain* と同じ意味なのが ***stay behind*** である. (☞ のこる)

¶ 彼が戻ってくるまで, 私はここに*とどまります I'll *stay* here until he comes back.

2 «限定する» ¶ そういうことを考えているのは彼一人に*とどまらない (⇒ 彼が唯一の人ではない) He's *not the only* ┌person [one] who thinks that way. // その火事ではわずか1軒が全焼したに*とどまった (⇒ その火事はたった1軒を全焼しただけだった) The fire ┌destroyed [burned down] *only* one house. // 彼の野心は*とどまるところを知らなかった (⇒ 限度がなかった) He had *unlimited* ambition. / There was no *end* to his ambition.

とどめ 止め (とどめの一撃) finishing stroke Ⓒ, coup de grâce [kú:dəgrá:s] Ⓒ ★ 後者はフランス語からの借用語で, エレガントな言葉.

¶ その兵士はその男に*とどめを刺した The warrior gave the man a ┌*finishing stroke* [*coup de grâce*].

とどめる 止める, 留める (後に残す) leave ⊕; (範囲を限る) limit ⊕; (持っている) have ⊕; (失わずに保持している) retain ⊕.

¶ 彼は重要な問題点を指摘するに*とどめた (⇒ 重要な問題を指摘しただけだった) He *only* pointed out the important issues. / He *limited* himself to pointing out the important issues. // 彼女はいまだに子供のころの面影を*とどめている She still ┌*has* [*retains*] the image of her childhood.

とどろき 轟き (野獣の吠え声のように深く長びく大きな音) roar Ⓒ; (深くブーンと響くような音) boom Ⓒ; (耳をつんざくような大きな音) peal Ⓒ; (ごろごろいう音) rumble Ⓤ.

とどろく 轟く (砲声などが) roar ⓐ; (耳をつんざくほどの音を立てる) peal ⓐ; (雷鳴がゴロゴロと) rumble ⓐ. ¶ 彼は一流のピアニストとして名前が*轟いている He *is well known* as a first-rate pianist.

となえる 唱える **1** «誦する»: (暗誦する) recite ⊕; (繰り返して言う) repeat ⊕; (念仏などを) chant ⊕. ¶ 僧侶は念仏を*唱えた The monk *chanted* prayers.

2 «主張する»: (意見を主張する) advocate ⊕; (意見を人の前に提唱する) advance ⊕; (反対などを) raise ⊕. ¶ 彼は新しい理論を*唱えた He *advocated* a new theory. // だれも反対を*唱える者はいなかった Nobody *raised* any objection(s).

トナカイ reindeer Ⓒ (複 ～, ～s).

どなた ―代 who 【参考】 英語には日本語のように「だれ」「どなた」「どちらさま」のような単語の区別による敬語表現はなく, 文の表現法で丁寧さを表す. (☞ だれ; どちら; 代名詞 (欄外)；疑問詞(欄外))).
¶ *どなた(様)ですか May I ⌈have [ask] your name, please? 語法 Who are you? はぞんざいで,「おまえはだれだ」のような言い方.《☞丁寧な表現(欄外)》/《電話》*Who's* calling, please? /《電話》*Who*(*m*) am I talking to? 語法 前者のほうが少し丁寧な感じ.《☞電話の英語(囲み)》

どなべ 土鍋 earthen pot Ⓒ《☞なべ》.

となり 隣 —名(隣の家の人) next-door ⌈neighbor [《英》neighbour] Ⓒ；(隣の家の人たち) the neighbors next door 語法 前後関係でわかれば next door は省略する. ただし, neighbor は「近所の人」という意味で, 必ずしも隣の人とは限らない；(家) the house next-door Ⓒ, the neighbor's house Ⓒ 語法 ほぼ同意にも使うが, 後者は隣だけでなく近所も含む；(席) the next seat；(隣りに座っている人) the person sitting next to ... —形(隣の) next；(特に家が) next-door, neighboring ★ 後者は近所も含む；adjoining ★ 少し形式ばった語.《☞きんじょ》.
¶ 私たちは*隣どうしです We are (*next-door*) *neighbors*. // 山田氏は私たちの*隣に住んでいる Mr. Yamada lives *next door to* us. / Mr. Yamada is my *next-door neighbor*. // うちの右*隣にお医者さんです The *next door* to my right is a doctor's office. // 女の子たちはみな彼の*隣に座りたがった All the girls wanted to sit *next* to him. // うちの店にはありません. *隣の店に行ってごらんなさい I'm sorry we don't have what you want. Please try the *next* store. // その 2 人はいつも*隣り合って座っている The two always sit *side by side*.
隣近所 (場所・環境または近所の人全体を指して) the neighborhood Ⓤ；(人) neighbor Ⓒ.

どなる 怒鳴る shout ㊀, shout (out) ㊉.《☞さけぶ；おおごえ》. ¶ そう*どならないで下さい Don't *shout at* me.

とにかく (いずれにしても) anyway, anyhow；(事情はどうあれ) in any case；(どんなことがあっても・いずれにしろ) at any rate ★ 以上は交換可能な場合もある.《☞なにしろ；とりあえず》.
¶ *とにかくできるだけのことはしましょう *Anyway*(,) I will do what I can. // *とにかく事態は好転している *Anyhow*(,) [*In any case*] the situation is getting better. // *とにかく英語は勉強しなくてはならないでしょう You must study English *at any rate*. // *とにかくそれをやってみましょう *Now* let's try it, shall we?《☞提案・勧告の表現(囲み)；付加疑問(欄外)》// *とにかく(⇒まず最初に) 社長に会って下さい *First of all* I'd like you to meet our president.

どの **1** «疑問詞»：(どちらの) which 語法 一定の限定された中のどれかを尋ねるとき；(だれ) who.《☞どちら；どんな；だれ；代名詞(欄外)；疑問詞(欄外)》. ¶「*どの本が欲しいのですか」「これです」"*Which* book do you want?" "I want this one." //「窓ガラスを割ったのは*どの子だ」「僕です」"*Which* boy [*Who*] broke the window?" "I did."
2 «どれでも»：(すべての) every, each, all 語法 every, each は後に単数形が続く. each は特に限定された数のものに使う. all は後に複数名詞が続く. every とほぼ同意だが, every を用いるほうがより口語的.
¶ *どの列車も(⇒すべての列車が) 満員だった *Every* train was [*All* the trains were] full. // このクラスの生徒は*どの生徒も自分のテープレコーダーを持っている *Each* student in this class has his or her own tape recorder.

-どの …殿 Mr. 語法「…氏」に当たる. 英語では日本語のように「さん」「氏」「殿」のような区別は一般にはせず, Mr. が最も普通；Esq. 語法 かなり改まった敬称で esquire の略. 公文書など, 堅苦しいものにしか使わない. John Brown, Esq. のように氏名の後に付ける.

どのう 土嚢 sandbag Ⓒ.

どのくらい —副(量・金額など) how much；(距離) how far；(長さ・期間) how long；(高さ) how tall, how high 語法 地上から連続して計れる高さ, 例えば背丈・建物の高さなどでは前者, 空中の高度, 例えばジャンプした高さ・飛行機の高度などは後者. ただし, 山の高さは後者が普通だが, 前者も使われる；(幅) how wide；(大きさ) how ⌈large [big]；(年齢) how old.
語法 (1) 以上のように,「どのくらい」という言い方は, how に程度の大きいことを表す形容詞, すなわち量であれば little ではなく much を, 長さであれば short ではなく long を加えて用いる. 以上あげたほかに, 種々の形容詞を使って how interesting (＝どのくらいおもしろいか), how strong (＝どのくらい強いか[丈夫か])など, いろいろの表現が可能である. (2) これに対して, short や little のように程度の低いことを表す形容詞を用いて, *How short* is that bridge? (＝その橋はどのくらい短いか)のような質問をする場合には, 橋が短いことがすでにわかっていて,「短いとしてもどのくらいの短さか」ということを聞く質問になる. 従って, how little, how small, how low, how narrow などについてもその点を注意する必要がある. —形(量・金額など) how much；(数) how many 語法 これらの後に名詞を付けて用いる. —代(量・金額など) how much；(数) how many；(量・額・重さなど) what.《☞なん-；疑問詞(欄外)》.
¶「あなたの体重は*どのくらいですか」「60 キロです」"*How much* do you weigh?" "I weigh 60 kilograms." / *What* is your weight?" "It's 60 kilograms." 語法 *How heavy* are you? も使われるが, *What* is your weight? のほうが普通.《☞重さの表し方(囲み)》
「駅まで*どのくらい(の距離が)ありますか」「歩いて 2, 3 分です[約 300 メートルです]」"*How far* is the station?" "It's only ⌈a few minutes' walk [about 300 meters] from here."《☞道のきき方(囲み)》
「東京から大阪まで*どのくらい(の時間が)かかりますか」「新幹線で 3 時間 10 分です」"*How long* does it take you to go from Tokyo to Osaka?" "It takes you three hours and ten minutes by the ⌈New Tokaido Line [Shinkansen]."
「それは*どのくらいの費用がかかりましたか」「約 20 万円です」"*How much* did it cost you?"

"About 200,000 yen." あなたの背丈は*どのくらいですか *How tall* are you? / *What* is your ⌈height [stature]?
「あの山の高さは*どのくらいでしょうか」「3千メートル以上あります」 "*How* ⌈*high* [*tall*] is that mountain?" "It's over 3,000 meters ⌈high [tall]."
「あの建物の高さは*どのくらいでしょう」「100メートルぐらいでしょう」 "*How tall* is that building?" "I guess it's about 100 meters tall."
語法 この場合は high を使わないのが普通.
「あなたはいま*どのくらいお金を持っていますか」「えーと, 千円しかありません」 "*How much* money ⌈do you have [have you got] with you?" "Let me see. I have [I've got] only one thousand yen."
あの図書館には*どのくらい本がありますか *How many* books are there in that library?
「きのう釣りに行きましたよ」「で, *どのくらい釣れましたか」 "I went fishing yesterday." "*How many* (fish) did you catch?"
東京では1か月の生活費は*どのくらいですか *How much* does it cost you to live in Tokyo for a month? / *What* is the per-month cost of living in Tokyo?
「その地震は*どのくらいの規模(⇒強さ)でしたか」「震度6でした」 "*How strong* was the earthquake?" "The intensity was six on the Japanese scale."
「君は*どのくらい一生懸命試験勉強しましたか」「毎日6時間ずつ1週間しました」 "*How hard* did you study for the exam?" "I studied six hours a day for a whole week."
「いったいそのラジオは*どのくらい小さいのですか」「ちょうどマッチ箱ぐらいです」 "*How small* is the radio?" "It's as small as a matchbox."
そのほうが*どのくらいましかわかりません(⇒ずっとよい) It's ⌈*much* [*far*] better. 語法 far のほうが意味が強い.

とのさま 殿様 lord Ⓒ; (呼びかけ) my lord [mi lɔ́ːd, mai lɔ́ːd].

どのみち どの道 (いずれにしろ・とにかく) anyway, anyhow; (2つのうちどちらになっても) in either case; (結局) after all. 《☞ どっちみち; おそかれはやかれ; どちらにしても》.

-とは ★ この日本語の表現は, その表す内容によって英語ではいろいろの違った表現で表される.
¶ 人生*とは何か What *is* life? ∥ 真の友*とはいざというときに助けてくれる人のことである A true friend *is* one who helps you in times of need. ∥ 彼がそんなことをする*とは驚いた It is surprising *that* he *should* do such a thing! 語法 意外・驚きなどを表す場合は, that 節中に should を用いる. ∥ 彼女がフランス語を話せる*とは知らなかった I didn't know *that* she could speak French. ∥ こんな少しのガソリンでは1時間*とはもつまい Such a small amount of gasoline won't last *as* ⌈*long* [*much*] *as* (*even*) an hour.

とはいえ とは言え (しかし) but ...; (しかしながら) however, ... 語法 but より少し形式ばった語. 文頭または文中に用いる; (…だけれども) though ..., although ... 語法 後者は文頭で用いられる. 《☞ しかし(類義語); 譲歩の表現(囲み)》.
¶ 彼は年をとっている*とはいえ元気だ He is old *but* strong. / *Although* he is old, he is strong. ∥ *とはいえ, 放っておくわけにはいかない We can't, *however*, leave it as it is.

とばく 賭博 gambling Ⓤ 《☞ かけ[1]; ばくち》.

とばす 飛ばす **1** «物を空中に»: fly ㊎; (ボールやロケットを打ち上げる) send ㊎; (鉄砲の弾などを発射する) shoot ㊎; (矢や石などを勢いよく放つ) let fly ㊎. ¶ 史上最初に飛行機を*飛ばしたのはだれですか Who in history ⌈first *flew* [was the first to *fly*] an airplane? ∥ 彼は遠くの木まで矢を*飛ばした He *shot* an arrow into a distant tree.
2 «車を飛ばす»: drive fast ㊐ 《☞ うんてん》. ¶ 彼は時速100キロで車を*飛ばしていた(⇒運転していた) He *was driving* as *fast* as a hundred kilometers an hour.
3 «ページ・行・章などを»: (行・ページなどをとばす) skip ㊎, skip (over ...) ㊐; (抜かす) omit ㊎. ¶ このページは*とばしましょう Let's ⌈*skip* (*over*) [*omit*] this page. ∥ 先生は重要でない章は幾つか*とばした The teacher *omitted* some unimportant chapters.
4 «冗談・デマなどを»: (冗談を言う) make ㊎, crack ㊎; (うわさなどを広げる) spread ㊎; (人から人へ広める) circulate ㊎. ¶ 彼は冗談を*飛ばした He ⌈*made*[*cracked*] a joke. ∥ 何者かがわざとデマを*飛ばした Somebody intentionally ⌈*spread* [*circulated*] the false rumor.

とばっちり ¶「君も彼らの仲間だろう」「とんでもない, それはとんだ*とばっちりだよ(⇒君はまったく思い違いをしている)」 "You're a member of that group, aren't you?" "No. You're *completely mistaken*."
とばっちりを食う (掛かり合いになる) be mixed up (in ...) ★ この意味では受身が普通; (巻き添えを食う) get involved (in ...). 《☞ まきぞえ》. ¶ 私はけんかの*とばっちりを食った I ⌈*was mixed up* [*got involved*] *in* the quarrel.

とび 鳶 kite Ⓒ. ¶ *とびが鷹を生む A black hen lays a white egg. 《ことわざ: 黒いにわとりが白い卵を生む》 / A sick cow may have a good calf. 《ことわざ: 悪い牛もよい子牛を生むことがある》 **とび職** (建築の足場を作る人) scaffold constructor Ⓒ.

とびあがる 飛び上がる **1** «跳ね上がる»: (一般に同じ場所で, または1つの場所から別の場所へ跳ぶ) jump (up) ㊐; (大きく跳ぶ) leap (up) ㊐; (驚いて) spring to *one's* feet. 《☞ とぶ[2]; はねる[1] (類義語)》.
¶ 彼女はうれしくて*飛び上がった She ⌈*jumped* [*leaped*] ⌈*for* [*with*] joy. ∥ 彼はその大きな音で*飛び上がった He *sprang to his feet* at the big noise. ∥ 彼は*飛び上がらんばかりに驚いた He *was astounded*. 語法 英語ではびっくりして本当に飛び上がる[起きる]以外には spring は使わない.
2 «空中に»: (一般に) fly up ㊐; (真っすぐ高く舞い上がる) soar up ㊐. 《☞ とぶ[1]; とびたつ; まいあがる》.

とびあるく 飛び歩く (仕事などで忙しく走り

回る) be on the run; (あたふたと忙しそうに走り回る) bustle ˹around [about] (自) [語法] 特定の目的もないような場合をいうことが多い. 《☞ かけまわる; とびまわる; ほんそう》. ¶ 彼女はいつもボランティア活動で*飛び歩いている She *is* always *on the run* for volunteer activities. // 彼女は1日中忙しく*飛び歩いていた She *was bustling* ˹*around* [*about*] all day.

とびいし (飛び石) stepping stones ★ 複数形で. **飛び石連休** sporadic [on-and-off] holidays ★ 複数形で.

とびいた 飛び板 (水泳の飛び込みや体操の) springboard Ⓒ; (特に水泳の飛び込みの) diving board Ⓒ. **飛び板飛び込み** spring-board diving Ⓤ.

とびいり 飛び入り ― [形] (予定外の) unscheduled; (不意の) unexpected. ― [名] (人) volunteer Ⓒ. ¶ *飛び入りで歌いたい方はいませんか Are there any *volunteers* to sing? // このコンテストは*飛び入り自由です (⇒だれでも参加できる) This contest *is open* to all. // *飛び入り自由 *Open* to the public 《☞ 掲示の英語 (囲み)》

とびうお 飛び魚 flying fish Ⓒ ★ 単複同形.

とびうつる 飛び移る jump [leap] from ... to ... 《☞ とぶ²》. ¶ 彼は岸からボートに*飛び移った He ˹*jumped* [*leaped*] *from* the shore *into* the boat.

とびおきる 飛び起きる jump (up) out of bed (自) 《☞ はねおきる》. ¶ 彼は午前8時にベッドから*飛び起きた He *jumped* (*up*) *out of bed* at 8 a.m.

とびおりる 飛び降りる jump [leap] down (from ...) (自) ★ leap のほうが大きく跳ぶ動作を表す. ¶ 彼は走っている電車から地面に*飛び降りた He *jumped from* the running train onto the ground. // 彼は10メートルの高さから*飛び降りた He ˹*jumped* [*leaped*] *from* the height of ten meters.

とびかかる 飛び掛かる jump [leap; spring] ˹at [upon] ...; (急に襲う) pounce ˹on [upon] ..., make a pounce upon ...; (鳥などが) fly at ...; (激しく) rush at ...; hurl *oneself* ˹upon [at] ... 《☞ とびつく》.
¶ 犬は勇敢に熊に*飛びかかっていった The dog bravely ˹*jumped* [*leaped*; *sprang*] *at* the bear. // 猫はねずみに*飛びかかった The cat ˹*pounced* [*made a pounce*] *on* the rat. // わしは小鳥に*飛びかかった The eagle *flew at* the (little) bird. // 警官たちはそのピストルを持った男にいっせいに*飛びかかった All at once the police ˹*rushed* [*hurled themselves*] *at* the man with the pistol.

とびきり 飛び切り ― [副] (ずば抜けて) by far, much [語法] 意味は前者のほうが少し強い. いずれも形容詞の最上級に付ける. 冠詞の位置に注意. ((例) by far *the* best, much *the* best); (まさに・本当に) very [語法] by far や much がほかとの比較に重点があるのに対し, very は最上であることの真実性を強調するニュアンスがある. 冠詞が前に来ることに注意. ((例) *the* very best); (極めて) extremely; (例外と言っていいほどに) exceptionally ★ extremely より意味が強い. 《☞ ひじょうに; 比較の表現 (囲み); 強意語 (囲み)》.
¶ これはこの店のワインの中でも*飛び切り上等です This is ˹*by far* [*much*] the best of all the wines in this store. / This is the *very* best wine in this store. // あの映画は*飛び切りよかった That ˹picture [film] was ˹*exceptionally* [*extremely*] good.

とびこえる 飛び越える (物の上を) jump [leap] over ... [語法] leap のほうが大きく跳ぶ動作をいう; (障害物に触れずに) clear (他). 《☞ とぶ²; ジャンプ》. ¶ その子はかろうじて溝を*飛び越えることができた The child could barely ˹*jump* [*leap*] *over* the ditch. // 彼はハードルをすべて*飛び越えた He *cleared* every hurdle.

とびこす 飛び越す jump over ... 《☞ とびこえる》.

とびこみ 飛び込み (水中への飛び込み, またその競技) dive Ⓒ, diving Ⓤ. ¶ 彼は*飛び込みが得意だ He is ˹good at *diving* [a good *diver*]. **飛び込み自殺** ― [動] kill *oneself* by jumping in front of a train **飛び込み台** diving board Ⓒ ★spring-board Ⓒ ともいう. 《☞ とびいた》.

「飛び込み禁止」の掲示

とびこむ 飛び込む (身を躍らせて) jump into ... ★ 一般的な語で, 以下の語の代わりに使える場合も多い; (大きく跳ね上がって) leap into ...; (急にぱっと) plunge into ...; (頭から水中へ) dive into ...; (走り込む) run [rush] into ... ★ rush のほうが勢いがよい; (飛び込んでめちゃめちゃにする) smash into...; (鳥などが) fly into ... 《☞ とぶ²》.
¶ 彼は水中に*飛び込んだ He ˹*jumped* [*dived*; *leaped*; *plunged*] *into* the water. [語法] この文は前後関係がはっきりしていないが, leap や plunge を使うと, 例えばプールなどでの飛び込みの意味にはならない. // 彼はその子供を救おうと火の中に*飛び込んだ He ˹*ran* [*plunged*; *rushed*] *into* the fire to save the child. // 彼の家にトラックが*飛び込んだ A truck ˹smashed into [*smashed up*] his house. // きのうカナリヤが1羽*飛び込んできた A canary *flew into* my house yesterday.

とびさる 飛び去る fly away (自) 《☞ とびたつ》. ¶ 鶴は西の空へ*飛び去った The crane *flew away* into the western sky.

とびだす 飛び出す (一般的に) jump out (自); (走って) run out (of ...) (自); (急いで騒々しく) rush out (of ...) (自).
¶ 草むらから野うさぎが*飛び出した A hare *jumped out of* the bush(es). // 彼は(家から) 通りへ*飛び出した He ˹*ran* [*rushed*] *out* (*of* the house) into the street. // 子供が横丁から*飛び出して車にはねられた A child *ran out*

と

「of [from] a lane and was hit by a car.

とびたつ 飛び立つ (飛んで行く) fly away ⓐ; (飛行機が) take off ⓐ. 《☞ とぶ[1]》. ¶ 若いこまどりは巣から*飛び立っていった The young robins *flew away* from the nest. // その飛行機は定刻どおりに*飛び立った The plane *took off* on time.

とびちる 飛び散る (こっぱみじんに) fly 「to bits [into pieces]; (液体がしぶきとなる) spray ⓐ, splash ⓐ. 《☞ しぶき》. ¶ その衝撃でガラスが*飛び散った The glass *flew* 「*to bits* [*into pieces*] on impact. // 噴水の水が庭一面に*飛び散っていた The water from the fountain *was spraying* all over the garden.

とびつく 飛び付く jump at ... ★ 一般的な表現. 以下の語の代わりに使われることもある; (飛び上がって) spring at ...; (勢いよく) pounce on ...; (申し出・機会などに)leap at ... 《☞ とびかかる》. ¶ かえるは枝に*飛びついた The frog *jumped at* the twig. // 彼は私の申し出に*飛びついた He 「*leaped* [*jumped*] *at* my offer.

トピック (話題) topic Ⓒ; (主題) subject Ⓒ [語法] 英語の topic は個人的, 非公式な話題というニュアンスがあり, ややくだけた感じがある. subject のほうはそれより少し形式ばっていて, 広く討論・議論などの主題をいう. 《☞ テーマ》. ¶ 彼はインフレを討論の*トピックにしようと提案した He suggested inflation as the 「*topic* [*subject*] of discussion.

とびでる 飛び出る (飛び出す) jump out ⓐ; (走って出る) run out ⓐ. 《☞ とびだす》. ¶ その宝石は目玉が*飛び出るような値段だった (⇒ 途方もなく高い値段だった) The jewel was *exorbitantly* high-priced.

とびどうぐ 飛び道具 missile Ⓒ ★ 矢・弾丸・石など.

とびとび 飛び飛び —副 (とびとびに・あちこちに) here and there; (一定の方法やシステムなしに) at random. 《☞ ところどころ》. ¶ 田舎家が木の間に*とびとびに見えた Country houses were seen *here and there* among the trees. // 先生は生徒を*とびとびにあてた The teacher called on the pupils *at random*. // 彼はその本を*とびとびに読んだ (⇒ とばし読みした [ざっと目を通した]) He *skimmed* through the book.

とびぬけて 飛び抜けて (最上級を強めて) by far, much; (群を抜いて) outstandingly. 《☞ とびきり; 強意語 (囲み)》. ¶ それは*飛び抜けて一番よい It's 「*by far* [*much*] the best. // 彼女は*飛び抜けて数学ができる She is *outstandingly* good at mathematics.

とびのく 飛び退く jump 「back [aside] ⓐ 《☞ よける; さける[1]》. ¶ 彼は目の前を車が全速力で走ってきたので, 思わず*飛びのいた He *unconsciously jumped back* when a car came by at full speed in front of him.

とびのる 飛び乗る jump 「on [into] ... ¶ その男は馬 [タクシー] に*飛び乗った The man *jumped* 「*on(to)* a horse [*into* a taxi].

とびばこ 跳び箱 box horse Ⓒ 《☞ スポーツ (囲み)》.

とびはねる 跳びはねる (一般に) jump up and down ⓐ; (子供などが跳んだり走り回ったりする) romp ⓐ; (液体がはねる) splash ⓐ. 《☞ とぶ[2]; はねる[1] (類義語)》. ¶ 子供たちは芝生の上で*跳びはねている The children *are romping* on the grass. // 料理の油が私の洋服に*とびはねた Cooking oil *splashed* against my clothes.

とびひ 飛び火 —動 (火事などが移る) leap to ... ¶ 火事は川の向こう側へ*飛び火した The fire *leaped* 「to the other side of the river [*across* the river].

とびまわる 飛び回る (空中を) fly 「about [around] ⓐ; (頑張って走り回る) hustle 「around [about] ⓐ; (あたふたと駆け回る) bustle 「around [about] ⓐ; (仕事などで忙しく走り回る) be on the run. 《☞ かけまわる》. ¶ 蝶が野原を*飛び回っている Butterflies *are flying* 「*around* [*about*] in the field. // 彼は金策に*飛び回っている He *is* 「*hustling* [*bustling*] *around* to raise money. // 彼女はいつもあちこち*飛び回っている She *is* always *on the run*.

どひょう 土俵 (*sumo* wrestling) ring Ⓒ.

とびら 扉 (戸・ドア) door Ⓒ; (本の題目などの印刷されたページ) title page Ⓒ. 《☞ と[1]; ドア (挿絵); ほん (挿絵)》. ¶ 彼は*扉を開けた [閉めた] He 「opened [closed; shut] the *door*. // 門の*扉 the *door(s)* of the gate ★ 2 枚戸なら複数形で.

どびん 土瓶 earthen teapot Ⓒ.

とぶ[1] 飛ぶ **1** «空中を»: (鳥・飛行機などが) fly ⓐ 《過去 flew; 過分 flown》 ★「飛行機で行く」の意にもなる. 《☞ ひこう[1]》. ¶ 鳥は羽を動かして*飛ぶ Birds *fly* by moving their wings. // 私たちはロンドン上空を*飛んだ We *flew* over London. // あした福岡へ*飛びます I'll *fly* to Fukuoka tomorrow.

2 «飛ぶように走る»: fly ⓐ 《☞ かけつける》. ¶ 彼は彼女の救助に*飛んで行った He *flew* to her rescue.

3 «欠けている» —形 missing 《☞ ぬける》. ¶ この本は 4 ページ*飛んでいる (⇒ 欠けている) Four pages are *missing* 「in [from] this book.

飛ぶように売れる ¶ そのおもちゃは*飛ぶように売れた (⇒ ホットケーキのように売れた) The toys *sold like hot cakes*.

とぶ[2] 跳ぶ (跳び上がる) jump ⓐ, leap ⓐ 《過去・過分 leaped, leapt》 ★ jump が一般的. leap は飛び方が大きい; (人が片足で, またはカエルなどが両足をそろえてぴょんと跳ぶ) hop ⓐ; (身軽にひょいと跳ぶ) skip ⓐ. 《☞ とびあがる; はねる[1] (類義語); ジャンプ》. ¶ その子は片足で*跳んだ The boy *hopped* on one foot.

どぶ (一般的に, 溝) ditch Ⓒ; (道路沿いの, 主として雨水などの) gutter Ⓒ. 《☞ みぞ》. ¶ 家の前の*どぶをさらわなければならない We have to clear (out) the 「*ditch* [*gutter*] in front of our house.

とぶくろ 戸袋 Japanese box-like closet for stowing (away) shutters Ⓒ [参考] 英米の家には普通雨戸がないので説明的な訳.

どぶねずみ (波止場を荒らす) wharf rat Ⓒ; (水生ねずみ) water rat Ⓒ. 《☞ ねずみ》.

どぶん　―副 with a ˹splash [plop]《☞ ざぶん; 擬声-擬態語(囲み)》. ¶ 彼は水の中へ*どぶんと飛び込んだ He dived into the water *with a ˹splash [plop]*.

とべい 渡米　―動 visit ˹America [the (United) States], go (over) to ˹America [the (United) States]　語法 go (over) to のほうが口語的. なお the States という言い方はくだけた言い方で正式の場合には用いられない; (渡米の途につく) leave [start] for America.
¶ 近日中に商用で*渡米する予定です I'm going to ˹*visit America* [*go to the* (*United*) *States*] on business in a few days. // 首相はいま*渡米中だ The Prime Minister is now *on a visit to the United States*.

どべい 土塀　mud [《米》dirt] wall Ⓒ《☞ へい[1]》.

とほ 徒歩　―副 (徒歩で) on foot　語法 「徒歩で行く」という言い方では walk を使うほうが口語的.《☞ あるく》.
¶ そこまで*徒歩で約 10 分かかります It takes (you) about 10 minutes to ˹*walk* there [go there *on foot*]. // 私たちは*徒歩旅行に行った We ˹went on a *walking* tour [traveled *on foot*]. // 私は全行程を*徒歩で行った I *walked* the ˹entire [whole] distance.

とほう 途方　**途方に暮れる** (どうしてよいかわからない) do not know what to do, be at a loss ★ 前者がより一般的; (万策尽きる) be at *one's* ˹wits' [wit's] end. ¶ 私は*途方に暮れた (⇒ どうしてよいかわからなかった) I *didn't know what to do*. / I *was at a loss*. // どうやってその費用を払ったらよいか, 彼は*途方に暮れた He *was at his wits' end* to meet the expenses.
途方もない　―形 (とっぴな) extraordinary (↔ ordinary); (ばかげた) absurd; (軽蔑するほどばかげた) ridiculous; (無謀な・でたらめな) wild; (要求・値段などの法外な) exorbitant [igzɔ́ɚbətənt] ★ 少し改まった言葉; (信じられないくらいの)《口語》incredible.　―副 (途方もなく) extraordinarily; absurdly; ridiculously; exorbitantly; incredibly.《☞ とっぴ; ばかばかしい; べらぼう》.
¶ 彼はよく*途方もないことを言う He often says ˹*extraordinary* [*ridiculous*; *absurd*] things. // 何て*途方もない考えだ What ˹a *wild* [an *absurd*; a *ridiculous*] idea! // 松茸(まつたけ)は*途方もない値段だ *Matsutake* is sold at an *exorbitant* price.

どぼく 土木　engineering Ⓤ; (工事) engineering [public] works ★ 複数形で.
土木工学 civil engineering Ⓤ.

とぼける (知らないふりをする) pretend ˹not to know [ignorance]; (ばかなふりをする) play dumb.《☞ しらばくれる》. ¶ *とぼけてもだめだよ There's no use *pretending ignorance*. / Don't *play dumb*.

とぼしい 乏しい　―形 (貧しくて不足している) poor (in ...); (必要な量より少ない・不足している) short (of ...); (ほとんどない) little, few　語法 前者は「量」の場合, 後者は「数」の場合. なお, 以上は口語的で, また日常的な平易な語; (普段は豊富なものが一時的に不足する) scarce; (ほんのわずかしかないほど不足している) scanty; (大事なものが欠けている) deficient (in ...).　―動 (欠けている) lack ⊛他, be lacking in ...《☞ たりない; ふそく[1]; かける[2]》.
¶ 日本は天然資源に*乏しい Japan ˹is *poor in* [has *few*] natural resources. // 日がたつにつれて金が*乏しくなった We ˹ran [got] *short of* money as the days passed. // 去年の冬は食糧が*乏しかった Food was ˹*scarce* [*scanty*] last winter. // ケーキ類はビタミンが*乏しい Cake ˹*lacks* [*is deficient in*] vitamins.

とぼとぼ ¶ 雪の中をだれか*とぼとぼと歩いて行く There is someone ˹*plodding on* [*plodding his way*; *trudging along*] in the snow.《☞ 擬声・擬態語 (囲み); よろよろ》

どま 土間　earth [《米》dirt] floor Ⓒ.

トマト tomato [təméitou, -mɑ́:-] Ⓒ《複 ～es》.　**トマトジュース** tomato juice Ⓤ.

とまどう (どうしてよいかわからない) do not know what to do; (途方にくれる) be at a loss; (困惑する) be puzzled　語法 be at a loss とほぼ同意にも使う; (頭が混乱してろうばいする) be confused.《☞ とうわく(類義語); とほう; うろたえる》.
¶ どうしてよいか*とまどってしまった We *didn't know what to do*. / We *were* ˹*at a loss* [*puzzled*] what to do. // 彼はその質問に*とまどった He *was confused* by the question.

とまり 泊まり ¶「旅行は日帰りですか, お*泊まりですか」「ひと晩*泊まりです」"Are you coming back on the same day or *staying overnight*?" "I'll *stay overnight*."《☞ とまる[2]》

-どまり …止まり ¶ この電車は小金井*止まりです (⇒ 小金井が終点です) Koganei is the *terminal* ˹for [of] this train. / (⇒ 小金井行きです) This train is (bound) *for* Koganei.《☞ -ゆき》

とまりぎ 止まり木 (鳥の) perch Ⓒ; (カウンターで足をのせる) footrail Ⓒ.

とまる[1] 止まる　**1** «停止する»: (動いている物が) stop ⊜自, come to a stop; (車が) pull up ⊜自; (駐車している) be parked; (時計が) run down ⊜自.
【類義語】一般に動作が止まることを表すのが **stop** で, 特に自動車や馬車には **pull up** を用いることもある.「自然に止まる」という感じの言い方が ***come to a stop*** で, これをもとにして「がたっと揺れて止まる」*jerk to a stop*,「急に止まる」*come to a sudden stop* などの表現ができる.「駐車する」は park で,「駐車している」は ***be parked***. 時計その他の機械が動力が切れて止まるのは ***run down***.《☞ とめる[1]; ていし》
¶ この列車は各駅に*止まる This train *stops* at every station. // この電車は新宿まで*止まりません This train does not *stop* before Shinjuku. // 1 台の黒い大型車が旅館の玄関に*止まった A black limousine *pulled up* at the ˹door [entrance] of the hotel. // そのタクシーは道の真ん中で突然*止まった The taxi *came to a sudden stop* in the middle of the road. // 私たちはガソリンスタンドに*止まって, 道を聞いた We *stopped* at a gas station to ask the way. // 黒いフォードのセダンが消火

栓の横に*止まっていた A black Ford sedan *was parked* alongside the fireplug. 語法 was parking とは言わない. 《☞ ちゅうしゃ²》 // 汽車は*止まっている The train is「*standing* [*at a stop*]. 語法 止まっている状態には be stopping は使わない. // 時計が*止まった The clock *has*「*stopped* [*run down*]. 語法 stop を使う場合は, 止まった原因は不明であるが, run down を使えばぜんまいが伸び切ったり, 電池がなくなったりして止まったことを意味する.

2 «やむ»: (続いていたことが) stop ⓐ; (痛みなどが消える) go (away) ⓐ.

¶ 窓のがたがたいう音が*止まった The window rattling *has*「*stopped* [*gone*]. // 痛みは*止まりましたか *Is* the pain *gone*? // 歯の痛みが*止まらない My toothache won't *go away*. / My tooth won't *stop* aching. // 涙が*止まらなかった (⇒ 止まることなく流れた) Tears flowed down *without stopping*. // 息が*止まりそうだった (⇒ 息が切れそうだった) I was almost *out of* breath.

3 «通じなくなる»: (水・電気が) fail ⓐ 《☞ だんすい; ていでん》. ¶ 水道[電気]が*止まった The「water supply [electricity] *failed*.

4 «鳥が»: (止まり木などに) perch (on …) ⓐ; (降りて止まる) alight (on …) ⓐ; (降りて落ち着く) settle (on …) ⓐ; (じっと静止している) sit (on …) ⓐ. ¶ その鳥は彼女の肩に*止まった The bird *perched on* her shoulder. // すずめが 3 羽その枝に*止まった Three sparrows「*alighted* [*settled*] *on* the branch. // 黒い鳥が 1 羽その岩に*止まっていた There was a black bird *sitting on* the rock.

とまる² 泊まる (一時的に滞在する) stay (at …) ⓐ; (旅行の途中などで) stop (at …) ⓐ; (旅館に投宿する) 《英》 put up (at …) ⓐ. 【類義語】 一時的にある場所に滞在することを表すのが **stay**. 継続を表すときは *be staying at* … と進行形になる. 旅行の途中などでホテルなどに泊まることを言うときは **stop** を用いてもよい. *stop* は単純に停止を意味するときには進行形にはならないが,「泊まる」という意味では, 継続を表す場合, 進行形で用いることができる. 主として《英》で「ホテルなどに投宿する」という意味で *stop* と同じような語として用いられるのが *put up*. 《☞ -はく; ホテル (囲み); 旅行 (囲み)》 ¶ 私はアスターホテルに*泊まるつもりです I'm going to「*stay* [*stop*; *put up*] *at* the Astor Hotel. // 彼女はおばさんのところに*泊まっている She *is staying* with her aunt. // 一番安く*泊まれるのは YMCA か YWCA です The cheapest place to *stay* is the YMCA or YWCA. // 彼はよそで*泊まったことはない He never *stays out*. 《☞ がいはく》 // 私は*泊まるあてもなかった (⇒ その夜を過ごす場所が思い浮かばなかった) *I had* no place in mind to *stay the night*.

とみ 富 (財産) wealth Ⓤ, riches ★ 後者は複数扱い. やや文語的な語; (莫大な財産) fortune Ⓒ. 《☞ ざいさん》. ¶ 彼は一代で*富を築いた He「made a *fortune* [became *wealthy*] in (the course of) his lifetime.

とみに (突然に) suddenly; (速く) fast, rapidly ★ 前者がより口語的. ¶ 彼の病気は*とみに悪化した His illness「*suddenly* took a turn for the worse [grew worse *rapidly*].

とむ 富む **1** «金持ちである» ── 形 (必要以上に金や財産がある) rich; (裕福な生活をしていて社会的にも勢力のある) wealthy. 《☞ かねもち (類義語); ゆうふく》. ¶ *富む者が幸福だとは限らない *The rich* are not always happy. 語法「the＋形容詞」で, その形容詞の性質を持つ人々全体を表す. 《☞ 冠詞 (欄外)》

2 «豊富である» ── 動 be rich (in …) ★ 最も一般的; (場所が…に富む) abound (in …; with …) ⓐ. ── 形 (豊かな) rich; (土地が肥えた) fertile. 《☞ ほうふ¹; ゆたか》.

¶ この土地は鉱物資源に*富む This land *is rich in* minerals. 語法 日常語で平易な言い方. // 彼女はいろいろな仕事の経験に*富んだ (⇒ 経験のある) 人だ She *is experienced in* various fields.

とむらい 弔い (葬式) funeral Ⓒ 《☞ そうぎ¹》. **弔い合戦** (復讐戦) avenging battle Ⓒ.

とむらう 弔う (葬式に出席する) attend a funeral; (葬式をする) hold a funeral; (冥福(めいふく)を祈る) pray (for …) ⓐ. 《☞ そうぎ¹》. ¶ おじを*弔うために (⇒ おじの葬式に出席するために) 多くの人が集まった Many people gathered to *attend* my uncle's *funeral*. // 年 1 回, 原爆の犠牲者を*弔う (⇒ 犠牲者のためにミサが行われる *A mass is held* once a year for the atom bomb victims.

とめがね 留め金 (ベルト・ネックレス・ハンドバッグなどの) clasp Ⓒ; (戸棚などの) catch Ⓒ. 《☞ かけがね (挿絵)》.

とめどなく 止めどなく (際限なく) endlessly, without end. ¶ 彼は*止めどなくしゃべる He talks「*endlessly* [*without end*]. // 涙が*止めどなくあふれた (⇒ 止めることができなかった) I could not *keep back* my tears.

とめばり 留め針 pin Ⓒ; (安全ピン) safety pin Ⓒ. 《☞ ピン; はり¹》.

とめる¹ 止める, 停める, 留める **1** «動いているものを»: stop ⓣ ★ 一般的な語で, 以下の語の代わりにも用いられる; (運転手が車を) pull up ⓣ; (命令によって) bring … to a halt ★ やや改まった言い方; (停止の合図をする・手などを上げて車を止める) flag (down) ⓣ; (駐車させる) park ⓣ; (金品を奪うために強制的に) hold up ⓣ; (特にエンジンなどを) kill ⓣ, cut ⓣ. 《☞ とまる¹; ていしゃ》.

¶ 彼は門の所で車を*止めた He「*stopped* [*pulled up*] his car at the gate. // 警官はそのトラックを*止めた (⇒ 停止させた) The policeman「*stopped* the truck [*brought* the truck *to a halt*]. // 彼は手を上げてタクシーを*止めた (⇒ 停止の合図をした) He *flagged* (*down*) a taxi. // ここに車を*止めてはいけません (⇒ 駐車してはいけない) Don't *park* your car here. 語法 park は「止めておく」という意味であるのに対して, stop は「止める」という瞬間的な動作なので, この場合には stop は用いない. // 彼らはその車を*止め, 金を奪って逃げた They *held up* the car and ran away with the money. // 彼はエンジンを*止めた He「*stopped* [*killed*;

cut] the engine.
2 «制止する»：(中止させる) stop ⓗ；(息を) hold ⓗ.《☞ せいし³；ひきとめる》.
¶ だれも彼らのけんかを*止めることができなかった Nobody could *stop* their quarrel. // 医者は痛みを*止める錠剤をくれた The doctor gave me some pills to *stop* the pain. // 私ははっとして息を*止めた I *held* my breath in surprise. // 君が行きたいなら私は*止めない If you want to go, I'll not *stop* you. // 彼は客が帰ろうとするのを*止めた (⇒ もっといるように説得した) He *persuaded* the guest to stay longer.
3 «禁止する»：(禁じる) forbid ⓗ；(公に禁じる) prohibit ⓗ.《☞ きんし¹；きんじる》.
¶ この薬の使用は*止められている The use of this drug *is prohibited.*
4 «取り付ける»：(ピンで) pin ⓗ；(テープで) tape ⓗ；(固定する) fasten ⓗ. ¶ 彼女はカレンダーを壁にピン[テープ]で*とめた She ˹*pinned* [*taped*] the calendar on(to) the wall. // 私はその2枚の板をくぎで*止めた I *fastened* the two boards together with nails.

とめる² 泊める (宿を有料で貸す) lodge ⓗ；(有料・無料の区別なく，宿泊させる) put up ⓗ；(ホテルが客を) accommodate ⓗ.《☞ とまる²；しゅくはく；やど》. ¶ うちでは大学生しか*泊めません We *lodge* only college students. // 私たちは彼をその晩*泊めた We *put* him *up* for the night. // このホテルは300人*泊めることができる This hotel can *accommodate* 300 guests.

とも¹ 友 friend Ⓒ《☞ ともだち；なかま》.
¶ *友を得るには，よい友となることだ The best way to get a good *friend* is to be one. // 我我は竹馬の*友だ (⇒ 子供のころからの友人だ) We have been *friends* from childhood. // 困っている時の*友が真の*友 *A friend* in need is a *friend* indeed.《ことわざ》 [参考] まさかの時に頼りにならない友は a fair-weather friend.

とも² 供 (付き添い人) attendant Ⓒ；(従者) follower Ⓒ；(随行員の一行) suite [swíːt] Ⓒ.《☞ ずいこう；つれ；つきそい》. ¶ 王子は一団の*供を連れていた The prince was accompanied by a group of ˹*followers* [*attendants*]. // どこにでもお*供します (⇒ あなたの行く所にはどこへでも喜んでついて行きます) I'll be glad to ˹*follow* [*accompany*] you wherever you go.

とも³ 艫 (船尾) stern Ⓒ (↔ bow)《☞ ふね (挿絵)》.

-とも¹ …共 **1** «両方とも»：both, (both) … and …,《否定》neither … nor …；(一緒に) (along) with …《☞ ともに》. ¶ 両親*とも健在です My parents are *both* well. // 私は彼*とも彼の弟*とも付き合いはない (⇒ 彼も弟も両方とも知らない) I know *neither* him *nor* his brother.《☞ 否定の表現 (囲み)》
2 «…を含めて»：including …, inclusive of … [語法] 後者のほうが形式ばった言い方で，有効期間や日付など，正確を期す場合に用いられる.《☞ ふくむ¹；こみ》. ¶ 発行日*共，3日間通用 Good for three days, ˹*inclusive of* [*including*] the date of issue. // 送料*共5千円です It comes to 5,000 yen, *including* the postage.

-とも² **1** «たとえ…でも»：(どんなに…しても) however …, no matter how … [語法] no matter を使うほうが意味が強い. このほかにも，「事柄」に関しては whatever, no matter what,「場所」に関することなら wherever, no matter where,「時」に関することなら whenever, no matter when などを使う；(たとえ…だとしても) though …, even ˹if [though] …《☞ たとえ¹；-しても；譲歩の表現 (囲み)》.
¶ あなたがどんなに頼もう*とも，これをあげるわけにはいかない *No matter how* many times you ask me [*Even though* you ask me very earnestly], I am not going to give this to you. // 何事が起ころう*とも，この案を放棄するつもりはない *Whatever* happens [*No matter what* happens], I won't give up this plan.
2 «強意»：(よろしいです) certainly；(もちろん) of course；(実に・ほんとうに) indeed；(確かに) to be sure, surely, sure. [参考] 日本語の「…だとも」に当たるような1語の英語はないので，以上のような語を内容に応じて用いる.《☞ 強意語 (囲み)》.
¶「この本を借りてもよいですか」「結構です*とも」"May I borrow this book?" "Yes, *of course.* / *Certainly.* / *Sure.*" [語法] Sure. はややくだけた言い方. // あなたのおっしゃるとおりです*とも *Certainly* [*To be sure*; *Surely*; *Indeed*], you are right. //「手伝ってくれるかい」「いい*とも」"Will you help me?" "*Sure.* / *With pleasure.* / *Certainly.*"
3 «見積もり» ¶ 手紙は遅く*とも3日後には着く *At the latest*, the letter will reach you in three days. // 少なく*とも1万円はお払いします I'll pay you 10,000 yen *at least.*

-ども ¶ 行け*ども行け*ども森から出られなかった We went *on and on*, but ˹couldn't get out of [there was no end to] the forest. // 押せ*ども突け*ども扉は開かなかった *For all* our pushing and shoving, the door wouldn't open.
【参考語】 —副 (どんどん続けて) on and on. —前 (…にもかかわらず) for all …

ともあれ at any rate；in any case.《☞ とにかく》.

-ともあろうものが ¶ 市長*ともあろうものが，そんなことはするまい *Considering his social standing*, the mayor wouldn't do such a thing. // A氏*ともあろうものが，答弁できないとは It's impossible to imagine that Mr. A, *of all people*, couldn't give the answer.

ともかく at any rate；in any case.《☞ とにかく》.

ともかせぎ 共稼ぎ —動 work in double harness, work together for a living.《☞ ともばたらき》.

ともぐい 共食い —動 (動物などが互いに食べる) prey [feed] on each other. ¶ ざりがには*共食いする Crawfish ˹*prey* [*feed*] *on each other.* // *共食いになる (⇒ 食うか食われるかの) 競争はやめよう Let's avoid *dog-eat-dog* competition.

と

と

ともしび 灯火 (明かり) light Ⓒ; (たいまつ) torch Ⓒ. 《☞ あかり》. ¶ 学問の*ともしびを彼らは燃やし続けた They kept the *torch* of scholarship burning.

ともす 点す, 燈す (火・明かりをつける) light (他); (スイッチをひねって) turn on (他). 《☞ てんとう[3]; つける[1]》.

ともすると ― [動] (…しがちである) be ˹apt [liable] to … [語法] liable はよくないことや不利なことに用いる. ― [副] (時々) sometimes; (多くの場合) in many cases.
¶ 私たちは*ともすると怠けたがる We *are* ˹*apt* [*liable*] *to* idle away our time. // 冒険には*ともすると危険が伴う *Sometimes* [*In many cases*] an adventure is attended by risks.

ともだおれ 共倒れ ― [動] (一緒に倒れる) go down [fall] together; (ともにだめになる) be ruined together. ― [名] joint collapse Ⓤ.
¶ 彼らは*共倒れになると思う I think they will ˹*go down* [*fall*] *together*. // こんなことをしていたら*共倒れになる (⇒ これは私たちの共倒れにつながるかもしれない) This might lead to *our joint* ˹*collapse* [*destruction*].

ともだち 友達 friend Ⓒ 《☞ とも[1]; なかま (類義語); しりあい》.
¶ 彼は私の*友達だ He is a *friend* of mine. / He is my *friend*. [語法] 前者は不特定の友人を指す場合とか, その友人が初めて話題にのぼった時などに用いられる表現. 後者を用いると, 話し手も聞き手も了解している特定の友人を指すか, あるいは,「唯一の友人」,「私の味方」といったような意味合いになる.
彼にはたくさん*友達がいる He has ˹a lot of [many] *friends*. / He is rich in *friends*. ★ 後者はやや文語的.
彼女はほとんど*友達がいない She has few *friends*.
彼と僕とは長年の*友達だ He and I have been *friends* for a long time. / He is an old *friend* of mine.
私たちは親しい*友達同士です We are good *friends*.
彼と*友達になりたい I'd like to *make friends with* him. [語法] make friends with … は「親しくなる」という意味の成句. 相手がたとえ 1 人でも複数形を用いる.
あの人とはもう*友達づきあいをやめた I'*ve broken* (*off my friendship*) *with* him.
彼女は多くの人と*友達づきあいをしている She ˹*is friends* [*is on friendly terms*] *with* many people.
彼らは学校*友達だ They are *schoolmates*.
彼は*友達がいのないやつだ (⇒ まさかのときに頼りにならない友だ) He is a *fair-weather friend*.

ともづな 纜 (船尾索) stern line Ⓒ; (係船索) mooring line Ⓒ. **ともづなを解く** (錨(いかり)を上げる) raise [weigh] anchor.

ともども 共共 together [along] (with …) 《☞ -とも[1]; ともに》.

ともなう 伴う **1** 《一緒に行く》: (連れて行く) take (他); (連れてくる) bring (他); (…を同伴する) be accompanied by… 《☞ つれている; つれてゆく; どうはん》. ¶ 彼は家族を*伴って旅行に出た He went on a trip ˹*accompanied* ˹*by* [*with*] his family. / He set out on a trip *taking* his family *with him*.
2 《同時に起こる》: (もたらす) bring about (他); (同時に起こる) go ˹together [hand in hand]; (ついてまわる) involve (他).
¶ 文明の進歩はより豊かな社会を*伴う The progress of civilization *brings about* a more affluent society. // 権利には責任が*伴うべきだ Rights and responsibility should *go* ˹*together* [*hand in hand*]. // その実験は危険を*伴う The experiment *involves* danger.

ともに 共に **1** 《協力して》: (一緒に) together; (互いに) each other; (同様に) alike. 《☞ いっしょ》. ¶ 私は彼と*共に働いた He and I worked *together*. // *共に助け合おう Let's help *each other*. // 彼女は彼と苦楽を*共にした (⇒ 共有した) She *shared* both troubles and joys with him.
2 《両方とも》: (both) … and …, 《否定》 neither … nor …; (一緒に) (along) with … 《☞ いっしょ; -とも[1]; どうじ》. ¶ 私はうれしさと*ともにもの悲しさを感じた I felt *both* happy *and* sad (*at the same time*). // 彼に教科書と*ともに参考書も送った I've sent him a reference book *along with* the textbook.
3 《…につれて》 ― [接] as … ― [前] with … 《☞ -つれて; したがって[1]》. ¶ 年を取ると*ともに忘れっぽくなってきた *As* I grow older [*With* the passing years], I've become forgetful.

ともばたらき 共働き ― [動] work ˹together for a living [in double harness]. ¶ その夫婦は*共働きだ (⇒ その男も妻も仕事を持っている) *Both* the man and his wife *have* (*full-time*) *jobs*. / The couple *work* ˹*in double harness* [*together for a living*].

どもり 吃り (興奮などしてどもること) stammer Ⓒ; (習慣的にどもること) stuttering Ⓒ; (どもる人) stammerer Ⓒ, stutterer Ⓒ.

ともる 点る, 燈る (明かりが) be on ★ 状態をいう. 《☞ つける[1]》. ¶ 部屋の中にはだれもいなかったが, 明かりは*ともっていた The light *was on*, though there was no one in the room.

どもる 吃る (言葉に詰まって) stammer (自) (他); (習慣的に) stutter (自) (他); (口ごもる) falter (自) (他). 《☞ くちごもる》.

とやかく ¶ どうか*とやかく言わないで (⇒ 私のことに干渉しないで), 私のやりたいことをやらせて下さい Please don't *meddle in my affairs*, but let me do what I want. // 彼は私が何をするにも*とやかく言う (⇒ 批判的である) He *is critical about* whatever I do. // 母は私の旅行計画について*とやかく (⇒ あれこれ) 言っていた My mother *said this and that* about my travel plan. 《☞ くちだし; あれこれ》

どやす (どなりつける) roar [thunder] (at …) (自); (しかる) scold (他). 《☞ しかる》. ¶ 彼は怒って弟を*どやしつけた He got angry and ˹*roared* [*thundered*] *at* his brother.

どやどやと ― [副] (騒がしく) noisily. ― [動] (群がって押し寄せる) crowd (自); (人の波が流れ出る) pour (自). 《☞ 擬声・擬態語 (囲み)》.
¶ 数グループの人たちが劇場へ*どやどやと入って

きた Several groups of people entered the theater *noisily*. // お客が*どやどやとホールに入ってきた The guests *crowded* into the hall. // 彼らは部屋から*どやどやと出て来た They *poured* out of the room.

どよう 土用 dog days ★複数形で; the *doyo* season; (真夏の) midsummer Ⓤ.
土用波 high waves in the dog days [参考] これは説明的な訳で, 英語では普通使わない.

どようび 土曜日 Saturday Ⓒ《略 Sat.》《☞ 時刻・日付・曜日 (囲み); 略語 (欄外)》.

どよめき (いままで静かだったところに生じる動揺) stir Ⓒ; (混乱に近い大騒ぎ) commotion Ⓤ. ¶ その知らせを聞いて, 群衆の中に急に*どよめきが起こった There was a sudden *stir* in the crowd on hearing the news. / The news aroused a sudden *stir* in the crowd.

どよめく **1** «音が鳴り響く»: (長く尾を引いて) resound (自)《☞ どっと》. ¶ 劇場は観衆の笑い [拍手] で*どよめいた The theater *resounded* with ˹the laughter of the audience [a storm of applause].
2 «ざわざわ騒ぐ»: stir (自), make a stir.
¶ バルコニーに王が現れると, 庭の人々は*どよめいた When the king appeared on the balcony, the people in the garden *made a* great *stir*.

とら[1] 虎 **1** «動物»: tiger Ⓒ; (雌) tigress Ⓒ.《☞ めす [語法]; 動物の鳴き声 (囲み)》.
2 «酔っ払い»: drunkard Ⓒ,《口語》drunk Ⓒ.《☞ よっぱらい》.
虎の威を借る ¶ 彼は*虎の威を借るきつねだ He is just an ass *in a lion's skin*.
とら刈り ― [形] unevenly [badly] cropped. ¶ *とら刈りの頭 (⇒ 髪) *unevenly* [*badly*] *cropped* hair

とら[2] 寅 (十二支の) the Tiger《☞ ね[4] [参考]》.

どら 銅鑼 gong Ⓒ.

とらい 渡来 ― [動] (一般的に, やって来る) come to…; (海を越えて来る) come across the sea; (到達する) reach (他); (人が訪れる) visit (他); (導入される) be introduced (from abroad). ― [名] visit Ⓒ; (導入・紹介) introduction Ⓤ.《☞ つたわる》.
¶ ポルトガル人たちは長い航海の末, 日本に*渡来した Portuguese ˹*came to* [*reached*] Japan after a long voyage. // 黒船の*渡来は日本人を脅かした The ˹*coming* [*visit*] of the "black" ships shocked Japanese (people). // キリスト教は 16 世紀に日本に*渡来した Christianity *was introduced* into Japan in the 16th century.

ドライ ― [形] (事務的な) businesslike; (現実的な) realistic; (実利的な) pragmatic; (非情な)《口語》hard-boiled [語法] この意味でのドライには dry を用いないので注意すること. dry は「そっけない」という意味では用いられる.《☞ わりきる; 和製英語 (囲み)》. ¶ 彼は*ドライな人だ He is *hard-boiled*. // このようなことは*ドライに扱うのがよい It is best to treat these matters *in a businesslike way*.

ドライアイス dry ice Ⓤ.

ドライクリーニング ― [名] dry cleaning Ⓤ. ― [動] dry-clean (他).《☞ クリーニング》.
¶ スーツを*ドライクリーニングしてもらった I had my suit *dry-cleaned*.

ドライバー[1] (運転する人) driver Ⓒ; (自動車を運転して旅行する人) motorist Ⓒ.《☞ うんてんしゅ》. ¶ この国の*ドライバーはマナーが悪い *Driving manners* in this country are bad. // *ドライバーたちはたいていここで昼食をとる Most *motorists* have lunch here.

ドライバー[2] (ねじまわし) screwdriver Ⓒ《☞ だいく (挿絵)》.

ドライブ ― [名] drive Ⓒ; (車で旅行すること) motoring Ⓤ; (車に乗ること・乗せること) ride Ⓒ. ― [動] (車を運転する) drive (他) (自); (遠くへ車で行く・ドライブする) go for a ˹drive [ride].《☞ 自動車 (囲み)》.
¶ きのう箱根まで*ドライブした Yesterday we ˹*went for a drive* [*drove*] to Hakone. // 午後ちょっと*ドライブするつもりです I'm going to take a short *drive* this afternoon. // 楽しい*ドライブでした It was a pleasant ˹*drive* [*ride*].

ドライブイン (道路沿いのレストラン) roadside restaurant Ⓒ [参考] drive-in Ⓒ は車から降りずに食事などができる施設.《☞ 和製英語 (囲み)》.

ドライヤー drier Ⓒ, dryer Ⓒ [語法]「乾燥させる道具・ヘアドライヤー」などでは, 後者のほうが好まれる.

とらえる 捕える, 捉える **1** «捕まえる»: (追いかけて) catch (他); (力ずくで) capture (他) ★後者のほうが改まった語; (つかむ) catch [get; lay; take] hold of …; (逮捕する) arrest (他).《☞ つかまえる》.
¶ 少年は大きな魚を素手で*捕えた The boy ˹*caught* [*captured*] a big fish with his bare hands. // ついに縄の端を*捕えることができた Finally I could ˹*take* [*get*; *catch*; *lay*] *hold of* the end of the rope. // 警察は泥棒を*捕えた The police *arrested* the thief.
2 «理解・知識・視野などに入れる»: (意味をつかむ) grasp (他); (見つける) catch sight of …; (人の心に強く印象づける) impress (他); (魅了する) charm (他).
¶ 彼は私の言葉の意味をすぐ*とらえた He *grasped* what I meant immediately. // 私は遠くに彼の姿を*とらえた I *caught sight of* him in the distance. // 彼の演説は私たちの心を*とらえた (⇒ 私たちに感銘を与えた [私たちを魅了した]) He ˹*impressed* [*charmed*] us with his speech. // 私はその機会を*とらえた [*とらえそこなった] I ˹*took* [*missed*] the opportunity.

トラクター tractor Ⓒ.

どらごえ どら声 gruff [hoarse] voice Ⓒ.

トラスト (企業合同) trust Ⓒ.

トラック[1] 《米》truck Ⓒ,《英》lorry Ⓒ.
【類義語】一般的に貨物自動車は《米》では **truck**,《英》では **lorry** である. car は乗用車だけに用い, トラックには用いない. また日本で「バン」と言われている車のうち, 乗用車に近いタイプのものは《米》では (station) wagon,《英》では estate car と呼ばれる. 屋根の高い配達用トラックは delivery van という.「無蓋小型トラック」は pickup (truck),「軽量トラック」は light

truck,「油槽トラック」は tank truck,《英》tanker,「牽引車付き大型トラック」は tractor and trailer,「ダンプカー」は dump truck といい,「重量トラック」は総称して heavy truck という.《☞ 自動車 (囲み)》
¶ 彼らは*トラックでそれを運び去った They carried it away ˹in a *truck* [by *truck*]. ‖ 彼らは建築材料を運ぶため5トン*トラックを使う They use a 5-ton *truck* to carry building materials. ‖ 我々はこの冬*トラック 2 台分の石炭を買った We bought two *truckloads* of coal this winter. ‖ 彼は*トラックの運転手だ He ˹drives a *truck* [is a *truck* driver].

トラック² (競走路) track Ⓒ. **トラック競技** track event Ⓒ《☞ スポーツ (囲み)》.

どらねこ どら猫 (野良ねこ) stray cat Ⓒ.

とらのこ 虎の子 (大切な物) precious [valued] thing Ⓒ; (貴重品) treasure Ⓒ; (動物) tiger cub Ⓒ. ¶ 彼は*虎の子の貯金を使ってしまった He has used up his *precious* savings. ‖ 彼女はその切手を*虎の子のように大事にしている She *treasures* the stamp.

とらのまき 虎の巻 (学生用の) key Ⓒ,《口語》crib Ⓒ,《米口語》pony Ⓒ. 語法 key は問題の解答がでている本. crib や pony はテキストの逐語訳がでている本; (権威のある本) bible Ⓒ. ¶ 彼はその英語の教科書の*虎の巻を持っている He has a ˹*key* [*crib*] to the English reader. ‖ これは私の釣りの*虎の巻だ This is my *bible* of fishing.

トラブル trouble Ⓤ《☞ いざこざ》. ¶ 彼の息子と学校の友達との間に*トラブルがあったそうだ His son got into *trouble* with some friends of his at school, I hear.

トラホーム trachoma [trəkóumə] Ⓤ《☞ 病気・病院 (囲み)》.

ドラマ drama Ⓒ, play Ⓒ 語法 前者のほうが意味が広く, 演劇に関すること(演劇を作ることも含めて)すべての総称としても用いる. ほぼ同意になることも多い.《☞ えんげき; げき》.
¶ 彼はその小説を*ドラマ化した He made the novel into a ˹*drama* [*play*]. / He *dramatized* the novel. ‖ 彼の一生はすばらしい*ドラマだった His life was a great *drama*. ‖ ラジオ*ドラマ a radio *play* ‖ テレビ*ドラマ a *teleplay*

ドラマチック ―形 (劇的な) dramatic; (思い切った) drastic.《☞ げきてき》. ¶ 我々は*ドラマチックな勝利をおさめた We won a *dramatic* victory. ‖ *ドラマチックな改革が必要である We need some *drastic* reforms.
★ 日本語の「ドラマチック」は英語の dramatic 以外の語を用いて訳すほうがよい場合がある.

ドラム drum Ⓒ《☞ 音楽 (囲み)》.

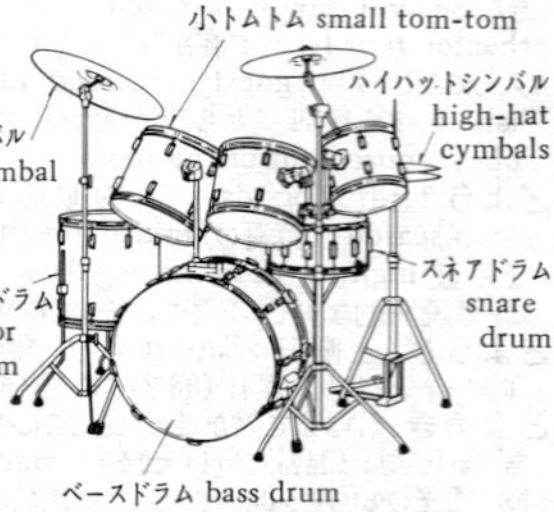

ドラムかん ドラム缶 (oil) drum Ⓒ.

どらむすこ どら息子 (金を浪費する) prodigal son Ⓒ; (身持ちの悪い) profligate son Ⓒ; (甘やかされた子) spoiled child Ⓒ.

とらわれ 囚われ captivity Ⓤ《☞ ほりょ》.

とらわれる 捕われる, 囚われる **1** «捕まる»: be ˹caught [captured]; (逮捕される) be arrested; (捕虜になる) be ˹made [taken] prisoner.《☞ つかまる; たいほ¹》. ¶ 彼は敵に*捕われた (⇒ 捕まった) He *was captured* by the enemy. / (⇒ 捕虜になった) He *was* ˹*made* [*taken*] *prisoner* by the enemy.
2 «とりこになる»: (執着する) stick [adhere] to …; (とりこになる) be a slave to …; (先入観にとらわれる) be prepossessed with …; (左右される) be ˹swayed [influenced] by …
¶ 彼は旧習に*とらわれている (⇒ 古い習慣にしがみついている) He *sticks to* old customs. / (⇒ 古い習慣の奴隷だ) He *is a slave* ˹*to* [*of*] old customs. ‖ 多分, 私はあの子は悪い子だという先入観に*とらわれていたのだろう Perhaps I *was prepossessed with* the idea that he was a bad boy. ‖ あなたはあまりにも目先の利益に*とらわれている (⇒ 目先の利益の期待に振り回されている) You *are* too much *swayed by* the prospect of an immediate profit. ‖ 外見に*とらわれるな (⇒ 影響されるな) Don't *be influenced by* appearances. ‖ 彼は決して感情に*とらわれない (⇒ 左右されない) He *is never swayed by* ˹sentiment [his feelings]. ‖ 私は偏見[因習]に*とらわれない (⇒ 偏見[因習]から自由だ) I *am free* ˹*from* [*of*] ˹prejudice [convention].

トランキライザー (鎮静剤) tranquilizer (《英》tranquillizer) Ⓒ.

トランク **1** «かばん»: trunk Ⓒ; suitcase Ⓒ 語法 trunk は箱型の旅行用大型かばんで, 手では持ち歩けない. 日本語では suitcase のこともトランクという場合があることに注意.《☞ かばん (挿絵)》.

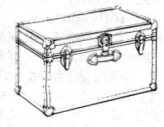

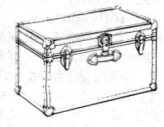

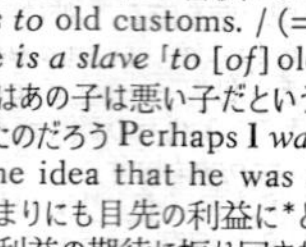
trunk

2 «自動車の荷物入れ»: 《米》trunk Ⓒ,《英》boot Ⓒ.《☞ 自動車 (囲み)》.

トランシーバー transceiver Ⓒ.

トランジスター transistor Ⓒ. **トランジス**

ターラジオ transistor (radio) Ⓒ.

トランプ (トランプの札) (playing) card Ⓒ ★「トランプ遊び」の意味では複数形で使う; (一組) deck [《英》pack] of cards Ⓒ. [参考] trump は「切り札」のこと. (☞ きりふだ; レクリエーション (囲み)).
¶ *トランプをやろう Let's play ⌈*cards* [some *card* games]. // 私に*トランプを切らせて下さい Let me shuffle the *cards*. // 彼女が*トランプを配った She dealt *cards* to the players.

トランペット trumpet Ⓒ (☞ 音楽 (囲み)). ¶ *トランペットを吹く play the *trumpet* [語法] 儀式などでけたたましく吹き鳴らすときは sound (他), blow (他) も用いる.

トランペット奏者 trumpeter Ⓒ.

トランポリン trampoline Ⓒ.

とり[1] 鳥 **1** «動物»: (一般的に) bird Ⓒ; (鶏) fowl Ⓒ; (家禽) poultry Ⓤ [語法] 「鶏・あひる・七面鳥」など, 食用に飼われる鳥の総称が poultry で, 複数扱い. fowl もこれらの鳥を指すが, 特に「鶏」を指すことが多い. (☞ ことり; 動物の鳴き声 (囲み)).

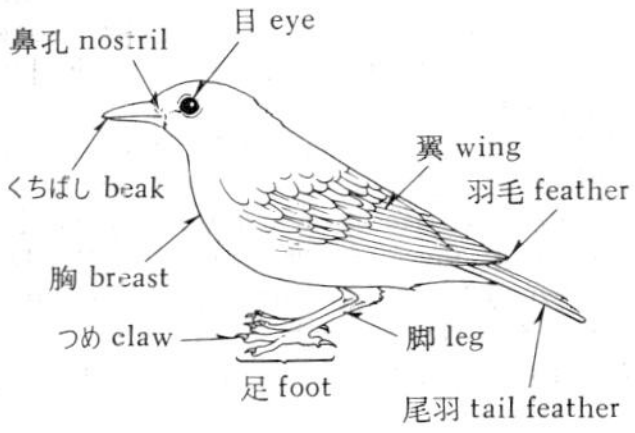

¶ *鳥の中には飛べないものもいる Not all *birds* can fly. // *鳥が3羽木に止まっている There are three *birds* perching in the tree. // 彼女は卵を売るために*とり (⇒ 鶏) を飼っている She keeps *fowls* to sell the eggs.
2 «とり肉»: (鶏肉, 特に若どりの肉) chicken Ⓤ; (鶏以外も含めて) poultry Ⓤ. (☞ にく; チキン). ¶ *とり肉はいまが安い *Poultry* is cheap now. // 私は夕食に*とり (⇒ 鶏肉) を食べた I ⌈had [ate] some *chicken* for supper.
鳥かご (bird) cage Ⓒ **鳥小屋** (鶏小屋) henhouse Ⓒ; (狭いもの) hencoop Ⓒ.

とり[2] 酉 (十二支の) the Cock (☞ ね[4] [参考]).

とりあい 取り合い —[名] scramble Ⓒ. —[動] (…を奪い合う) scramble for … ¶ 子供たちはそのボールの*取り合いをした The children *scrambled for* the ball.

とりあう 取り合う **1** «互いに取る» ¶ 彼らは手を*取り合って (⇒ お互い握手して) 成功を祝った They *shook each other's hands* and celebrated the success. // 私はあなた方みんなと手を*取り合って (⇒ 手に手を取って) やっていきたい I would like to go *hand in hand* with all of you. / (⇒ 協力して) I would like to *cooperate* with all of you.
2 «奪い合う»: scramble for …; (競って) struggle for … ¶ 2人の子供は席を*取り合った The two boys ⌈*scrambled* [*struggled*] *for* a seat.
3 «相手になる» ¶ 彼は私の忠告を*取り合わなかった (⇒ 無視した) He ⌈*ignored* [*disregarded*] my advice. [語法] disregard のほうが形式ばった語. / (⇒ 忠告に耳を貸さなかった) He ⌈*turned a deaf ear* [*wouldn't listen*] *to* my advice. // 彼の言うことは*取り合わない (⇒ 留意しない[かまわない]) つもりだ I'll ⌈*pay no attention to* [*take no notice of*] what he says. // 彼は私の心配を笑って*取り合わなかった (⇒ 笑いとばした) He *laughed away* my worries. (☞ とりあげる)

とりあえず 取り敢えず —[副] (ただちに) 《口語》 right away, at once, immediately ★ 前の2つよりやや改まった語だが, 意味が強い; without delay ★ 形式ばった語; (急いで) in a hurry; (さしあたり・しばらくの間) for the time being; (いまのところ) for the ⌈present [moment]; (第一に) first of all; (とにかく) anyway. —[接] (…するとすぐ) directly …; as soon as … (☞ すぐ (類義語); さしあたり). ¶ 東京駅に着いたら*とりあえず (⇒ すぐに) 電話します I'll ⌈call [telephone] you ⌈*directly* [*as soon as*] I arrive at Tokyo Station. // *とりあえず (⇒ ただちに) 警察に連絡しなさい Contact the police ⌈*right away* [*immediately*]. // その知らせに私は*とりあえず家へ急いだ (⇒ 急いで家へ行った) I *hastened* home at the news. // *とりあえず (⇒ さしあたり) 独力でやってゆきます I will manage without help *for the time being*. // *とりあえず (⇒ まず第一に) 資金を調達しなければならない We have to raise the funds *first of all*.

とりあげる 取り上げる **1** «手に取る»: take [pick] up (他), take a thing in *one's* hand. (☞ とる). ¶ 彼はペンを*取り上げて書類に署名した He *took up* his pen and signed the document. // 彼女は受話器を*取り上げてダイヤルを回した She *picked up* the receiver and dialed.
2 «採用する»: (採用する) adopt (他); (承認する) approve (他); (聞き入れる) listen to …; (受け入れる) accept (他); (考慮する) consider (他); (記事にする) feature (他). (☞ とりあう).
¶ 委員会は彼の計画を*取り上げた (⇒ 採用[承認]した) The committee ⌈*adopted* [*approved*] his plan. // 彼らは私の提案を*取り上げなかった (⇒ 提案に耳を貸さなかった) They didn't *listen to* my proposal. / (⇒ 提案を拒絶した) They ⌈*turned down* [*rejected*] my proposal. // 彼女は私の忠告を*取り上げなかった (⇒ 忠告に注意を払わなかった) She *took no* ⌈*notice of* [*heed to*] my advice. / (⇒ 忠告に従わなかった) She *didn't follow* my advice. // 私たちはその問題を次の会で*取り上げる (⇒ 考慮する) ことにした We decided to ⌈*consider* [*take up*] the problem at the next meeting. // その火事は新聞に大きく*取り上げられた (⇒ 記事にされた) The fire *was featured* in newspapers. // それは特に*取り上げて言うほどのことではない It is nothing to *speak of*.
3 «奪い取る»: (取り去る) take … away; (没

と

収する) confiscate ㊐; (奪い去る) deprive ... of ... ; (つかみ取る) seize ㊐; (無効にする) cancel ㊐, revoke ㊐ ★ 前者のほうがより口語的; (資格を奪う) disqualify ㊐. 《☞ うばう; ぼっしゅう》.

¶ 先生はその子からナイフを*取り上げた The teacher *took* the knife *away* from the boy. / (⇒ナイフを没収した) The teacher *confiscated* the boy's knife. // その事故のために彼は運転免許証を*取り上げられた (⇒免許証を無効にされた) His driver's license *was* ⌈*canceled* [*revoked*] due to the accident. // だれも彼女の権利を*取り上げる (⇒奪い去る) ことはできない <S(人)+V(*deprive*)+O(人)+*of*+名> Nobody can *deprive* her *of* her rights. // 彼はコーチの資格を*取り上げられた (⇒コーチとしての資格を剝奪された) He *was disqualified* as a coach.

4 «出産させる»: deliver ㊐. ¶ その医者はきのう五つ子を*取り上げた The doctor *delivered* the quintuplets yesterday.

とりあつかい 取り扱い (人の扱い) treatment Ⓤ; (客の扱い) service Ⓤ; (品物の扱い) handling Ⓤ; (事務のとり方) management Ⓤ; (業務の仕方) transaction Ⓤ. 《☞ あつかう; しょり》.

¶ 彼女はとても親切な*取り扱いを受けた She received very kind *treatment*. // 私は子供のような*取り扱いを受けた (⇒子供のように取り扱われた) I *was treated* like a child. // このホテルは客の*取り扱いがよい (⇒サービスがよい) This hotel offers good *service*. // この機械の*取り扱い (⇒操作の仕方) は彼が知っている He knows how to *handle* this machine. // 彼女は子供の*取り扱いに慣れている She is used to ⌈*dealing with* [*handling*] children. // 彼は事務の*取り扱いに詳しい (⇒事務の管理[処理]に熟達している) He is expert in ⌈*management* [the *transaction* of business]. // *取り扱い注意 *Handle* with care. 《☞ 掲示の英語 (囲み)》

取り扱い店 dealer Ⓒ.

とりあつかう 取り扱う (人や動物を) treat ㊐; (手で品物を) handle ㊐; (商品を商う) deal in...; (問題などを処理する) deal with...; (業務を行う) carry on ㊐; (受け付ける) accept ㊐. 《☞ あつかう; しょり》.

¶ 彼は来客を丁重に*取り扱った (⇒遇した) He *treated* his guests courteously. // この花瓶は注意して*取り扱って下さい Please *handle* this vase with care. // この店では輸入品を*取り扱っている (⇒商っている) This shop ⌈*deals in* [*handles*] imported articles. // この本は公害の問題を*取り扱っている This book *deals with* the problems of pollution. // 私はこの問題をどう*取り扱ったら (⇒どう処理して) よいかわからない I don't know how to *deal with* this problem. // ここでは事務は*取り扱っていません (⇒営業はしていない) We don't *carry on* business here. // 電報はどこで*取り扱っていますか (⇒どこで受け付けますか) Do you know where telegrams *are accepted*?

とりあわせ 取り合わせ (組み合わせること) combination Ⓤ; (配列) arrangement Ⓤ. 《☞ くみあわせ; はいごう》.

¶ 日本風と西洋風の生活様式の*取り合わせがおもしろかった The *combination* of Japanese and Western styles of living was interesting to me. // この部屋の家具の*取り合わせ (⇒配列) は感心しない I don't like the *arrangement* of the furniture in this room. // 紺は赤と*取り合わせがよい (⇒赤とよく調和する) Navy blue ⌈*matches* [*goes*] *well* with red.

とりい 鳥居 *torii* Ⓒ ★ 単複同形; gateway at the entrance to a Shinto shrine Ⓒ ★ 説明的訳. 《☞ 日本固有の風物と英語 (囲み)》.

とりいそぎ 取り急ぎ ¶ *取り急ぎ荷物が無事に到着したことをお伝えします (⇒これは荷物が無事に到着したことをお知らせするものです) This is to ⌈tell [inform] you that the goods have arrived ⌈safely [in good condition].

語法 日本語で「取り急ぎ」とあっても，大して意味のないときは無視してかまわない.

【参考語】 —動 (急ぐ) hurry ㊊, make haste, hasten ㊊ ★ 最初が最も普通. 後の 2 つは文語的.

とりいる 取り入る (好意を得る) win [gain] *a person's* favor; (巧みに取り入る) worm *oneself* into...; (へつらう) 《口語》 make [play] up to *a person*. 《☞ へつらう; こびる》.

¶ 彼は上役に*取り入ろうとした (⇒上役の好意を得ようとした) He tried to *win* his boss's *favor*. / He tried to *worm himself into* his superior's favor. // 彼は有力な政治家に*取り入るのに失敗した He failed in *making up to* an influential politician.

とりいれ 取り入れ harvest Ⓒ; (取り入れること) harvesting Ⓤ. 《☞ かりいれ[1]; しゅうかく[1]》. ¶ 小麦の*取り入れは終わった Wheat *harvesting* is over. // 農家は農作物の*取り入れに忙しい The farmers are busy *gathering in* the crops.

とりいれぐち 取り入れ口 intake Ⓒ.

とりいれる 取り入れる **1** «中に入れる»: take in ㊐ 《☞ とりこむ》. ¶ 彼女は雨が降り出す前に洗濯物を*取り入れた (⇒中に入れた) She *took in* the washing before it began to rain.

2 «収穫する»: (寄せ集める) gather in ㊐; (刈り取る) harvest ㊐. 《☞ しゅうかく[1]》.

¶ 天気のうちに小麦を*取り入れよう Let's ⌈*gather in* [*harvest*] the wheat while the weather is good.

3 «受け入れる»: (借用する) borrow ㊐; (導入する) introduce ㊐; (認める) accept ㊐; (採用する) adopt ㊐; (計画などに組み入れる) incorporate ㊐; (自国のものにする) naturalize ㊐. 《☞ どうにゅう; さいよう》.

¶ 日本は中国から多くの思想を*取り入れた (⇒借用した) Japan *borrowed* many ideas from China. // 彼女はいち早くその流行をわが国へ*取り入れた (⇒導入した) She was quick to *introduce* the fashion into our country. // 彼の新理論が一般に*取り入れられる (⇒認められる[採用される]) までには時間がかかるだろう It will take time before his new theory *is* ⌈*accepted* [*adopted*]. // 彼は私の提案を彼の

計画に*取り入れた He *incorporated* my suggestions ˹into [in] his plan. // この新語もすぐに日本語に*取り入れられるだろう (⇒ 日本語化するだろう) This new word will soon *be* ˹*naturalized* in Japanese [Japanized].

とりうちぼう 鳥打ち帽 sports [tweed] cap Ⓒ [語法] 単に cap でもよい. へりのない帽子は鳥打ち帽・学生帽・運動帽などすべて cap である. 日本では鳥打ち帽をハンチングとも呼んでいるが, hunting cap はもっと深さがあり, ビロード製で狩猟用の帽子である. 《☞ ぼうし[1]》.

とりえ 取り柄 (長所) merit Ⓒ (↔ demerit); (よい点) good [strong] point Ⓒ (↔ weak point) [語法] good [strong] point のほうが口語的. 《☞ ちょうしょ[1]; もちあじ; しんじょう[2]》.
¶ だれにでも*取り柄はある (⇒ 自分の長所を持っている) Everyone has his (or her) own *merits*. // 彼は正直だけが*取り柄だ (⇒ 彼の唯一の長所は正直だ) His only ˹*good* [*strong*] *point* is his honesty. // 彼は何一つ*取り柄がない (⇒ これといった長所を持っていない) He has no particular *merit*(*s*).

トリオ trio [tríːou] Ⓒ.

とりおこなう 執り行う (行う) perform (他); (催す) hold (他). 《☞ おこなう; もよおす》.

とりおさえる 取り押さえる (捕える) catch (他); (逮捕する) arrest (他). 《☞ つかまえる; とらえる; たいほ[1]》.

とりかえ 取り替え (交換) exchange Ⓤ; (置き換え) replacement Ⓤ. 《☞ とりかえる; こうかん[1]》. ¶ 彼らは万年筆の*取り替えっこをした (⇒ 交換した) They *exchanged* fountain pens. // この古タイヤは*取り替えが必要だ This worn-out tire needs *replacement*.

とりかえし 取り返し ¶ 私は*取り返しのつかない (⇒ 致命的な) 失敗をしてしまった I have made a *fatal* error. // 彼の死は*取り返しのつかない (⇒ 元に戻せない) 損失である His death is an *irrecoverable* loss. // 済んだことは*取り返しがつかない (⇒ 一度したことは元へ戻せない) What is done cannot *be undone*. // 泣いたって*取り返しはつかない (⇒ 泣くことが事態をよくはしない) Crying does not *mend matters*.
【参考語】 ―形 (償える) reparable; (償えない) irreparable; (回復できない) irretrievable; (取り返せない) irrecoverable; (取り戻せない) irredeemable; (重大な) fatal; (絶望的な) hopeless.

とりかえす 取り返す (取り戻す) get [take] back (他); (失ったものを) recover (他); (奪われたものを) regain (他) ★ やや改まった語; (埋め合わせる) make up for ...; (追いつく) catch up ˹with [on] ... 《☞ とりもどす》.
¶ 私はその本を彼から*取り返した (⇒ 取り戻した) I ˹*got* [*took*] the book *back* from him. // 彼らは失った領土を*取り返すことができるだろうか Will they be able to *recover* the territory they lost? // 彼は財産を*取り返すために訴訟を起こした He sued to *regain* his property. // 彼は一生懸命に働いて, 競馬で失った金を*取り返そうとした (⇒ 損失を償おうとした) He tried to ˹*recover* [*compensate*] his losses ˹on the turf [in horse racing] by hard work. // むだにした時間を*取り返す (⇒ 埋め合わせる) ために彼は全力を尽くした He has done his best to *make up for* lost time. // 私は仕事の遅れを*取り返す (⇒ 仕事に追いつく) ために残業した I worked overtime to *catch up* ˹*on* [*with*] my work.

とりかえる 取り替える (替える) change (他); (交換する) exchange (他); (置き換える) replace (他); (新しくする) renew (他). 《☞ こうかん[1]》.
¶ 私は彼と席を*取り替えた <S (人) + V (*change*; *exchange*) + O (場所) + *with* + 名 (人)> I ˹*changed* [*exchanged*] seats *with* him. [語法] 目的語は複数になることに注意. // 女の子は汚れたタオルをきれいなのと*取り替えた <S (人) + V (*change*) + O (物) + *for* + 名 (物)> The girl *changed* the dirty towel *for* a clean one. // 彼女は本をレコードと*取り替えた She *exchanged* the book *for* a record. // 彼は古いいすを新しいのと*取り替えた <S (人) + V (*replace*) + O (物) + *by* [*with*] + 名 (物)> He *replaced* his old chair ˹*by* [*with*] a new one. // 敷き物を新しいのと*取り替えなければならない (⇒ 新しくする) We have to *renew* the carpet.

とりかかる 取り掛かる (始める) begin (他), start (他); (着手する) set about (他); (仕事を始める) get [set] to work; (真剣に取り組む) get down to ... 《☞ はじめる; ちゃくしゅ》.
¶ 彼らはすぐにその仕事に*取りかかった They ˹*began* [*started*] the work immediately. // 彼は夕食後, 宿題に*取りかかった (⇒ 着手した) He *set about* his homework after supper. // これが済んだらすぐにそれに*取りかかります I will ˹*get* [*set*] *to work* on that as soon as I finish this. // さあ仕事に*取りかかろう Now let's *get down to* work.

とりかこむ 取り囲む (囲む) surround (他); (回りに集まる) gather [crowd] around ... 《☞ かこむ》. ¶ 群衆が彼の車を*取り囲んだ A crowd ˹*surrounded* [*gathered around*] his car.

とりかわす 取り交わす exchange (他) 《☞ かわす[1]; こうかん[1]》.
¶ 私たちは新しい友人達とあいさつ [贈り物, 意見] を*取り交わした We *exchanged* ˹greetings [gifts; opinions] with our new friends. // 私たちはお互いに契約書を*取り交わした We *exchanged* written contracts. // 彼らの間に*取り交わされた手紙は本になって出版された (⇒ 彼らの間にやりとりのあった手紙は本の形で発行された) The letters which *passed between them* were published in book form.

とりきめ 取り決め (協定) agreement Ⓒ; (手はず) arrangement Ⓒ; (決定) decision Ⓤ. 《☞ きょうてい[1]; けってい》.
¶ 彼らの間には暗黙の*取り決めがあった There was a tacit *agreement* between them. // 休戦の*取り決めがやっと決まった The *arrangements* for a truce have been made at last. // 私はこの*取り決め (⇒ 決定) には合点がいかない I can't go along with this *decision*.

とりきめる 取り決める (日取りなどを決める) fix (他), settle (他) ★ 前者のほうが一般的; (決定する) decide (他); (手はずを整える) arrange

㊐; (合意する) agree (on … ; to *do* ; that …) ㊎. (☞ きめる ; けってい ; やくそく).

¶ 彼らは次の会合の日時を*取り決めた (⇒ 定めた) They ˹*fixed* [*settled*] the date for the next meeting. // 詳細はまだ*取り決めていない (⇒ 決定していない [まとまっていない]) The details *have not been* ˹*decided* [*agreed on*] yet. // その事は昨日*取り決めた We *arranged* the matter yesterday.

とりくみ 取組 (スポーツの試合) match Ⓒ; (すもう・レスリングなどの勝負) bout Ⓒ. (☞ くみあわせ ; しあい). ¶ 好*取組 a good *match* / a feature *bout*

とりくむ 取り組む **1** «運動・競技で»: (組みつく) wrestle [grapple] with …, come to grips with … ; (取り組ませる) match … (with … ; against …) ; (対抗させられる) be matched (with … ; against …), be pitted against …

¶ 両力士は*取り組む (⇒ 組みつく) 前に四股(しこ)を踏んだ The two wrestlers stamped in the ring before *coming to grips*. // A チームと B チームを*取り組ませたら (⇒ 対抗させたら) おもしろい It will be interesting to *match* A team ˹*with* [*against*] B team.

2 «問題・研究などと»: (全力を上げて対処する) wrestle [grapple] with … ; (解決しようと努力する) tackle ㊐; (立ち向かう) face ㊐; (従事する) be engaged ˹in [on] …

¶ 彼はいま難問に*取り組んでいる (⇒ 難しい問題と格闘している) He *is* ˹*wrestling* [*grappling*] *with* a difficult problem. // 私はその問題 [仕事] にどう*取り組んでよいかわからない (⇒ ぶつかり方がわからない) I don't know how to *tackle* the ˹problem [work]. // 私はその難局に*取り組む覚悟はできている I am prepared to *face* the difficulties. // 彼女はギリシャ語に*取り組んでいる (⇒ ギリシャ語を勉強している) She *is studying* Greek. // 彼は大作に*取り組んでいる (⇒ 大作の執筆に従事している) He *is engaged on* some voluminous work.

とりけし 取り消し (注文・予約などの) cancellation Ⓤ ★ 最も一般的な語; (撤回) withdrawal Ⓤ 語法 日本語で「取り消し」とあっても, 英語では「取り消す」という意味の動詞を用いて表すことがしばしばあることに注意.

¶ その予約 [注文] の*取り消しはできますか Can I *cancel* the reservation? // 私たちは彼の発言の*取り消しを要求する We demand that he ˹*take back* [*withdraw*] his words.

とりけす 取り消す (約束・決定したことなどを) cancel ㊐ 語法 一般に注文・予約・会合・催しなどにはこれを使う ; (発言などを撤回する) take back ㊐, withdraw ㊐ 語法 後者のほうが形式ばった語 ; (許可・承認したことなどを) revoke ㊐ ★ 形式ばった語; (手を引く) (口語) back out of … (☞ キャンセル ; てっかい).

¶ 私はその本の注文を*取り消した I *canceled* my order for the book. // 私はホテルの予約を*取り消すのを忘れてしまった I forgot to *cancel* the hotel reservation. // 彼はしぶしぶ自分の発言を*取り消した He reluctantly ˹*took back* [*withdrew*] his remarks. // 彼は免許証を*取り消された He *had* his license *revoked*. (☞ 使役 (囲み)) // その会社はどたん場で契約を*取り消した The company *backed out of* the contract at the last moment.

とりこ 虜 prisoner Ⓒ, captive Ⓒ ★ 前者のほうが一般的. (☞ ほりょ). ¶ 彼は彼女の美しさの*とりこになった He became a *captive* to her beauty. / (⇒ 美しさに魅せられた) He *was* ˹*captivated* [*charmed*] by her beauty.

とりこしぐろう 取り越し苦労 ━ 名 (将来に対する不必要な心配) needless ˹worry [worries] about the future. ━ 動 (将来を心配する) worry [fret] about the future ; (心配しすぎる) be overanxious.

¶ 彼女は*取り越し苦労ばかりしている (⇒ 将来のことで気をもんでいる) She's always ˹*worrying* [*fretting*] *about the future*. // *取り越し苦労 (⇒ 必要以上に心配しすぎ) かもしれないが, 最悪の場合に備えておくべきだと思う I may *be overanxious*, but we should be prepared for the worst. // つまらないことで*取り越し苦労するな Don't *worry too much about* trifles. / (⇒ つまらないことを心配して苦労を先取りするな) Don't *meet trouble halfway* by worrying about trifles. // *取り越し苦労はやめなさい Don't cross the bridges until you come to them. (ことわざ : 橋についてから渡りなさい) / (⇒ 先のことは成り行きに任せなさい) Let the future take care of itself. // *取り越し苦労は身の毒 *Care* killed the cat. (ことわざ : 心配は猫も殺した)

とりこみ 取り込み ¶ いま*取り込み中 (⇒ 多忙) だから, のちほど電話します I'll call you later on, since I *am very busy* now. // あの店では何か*取り込み (⇒ 普通でないこと) があったようだ *Something unusual* seems to have happened at that store.

とりこむ 取り込む **1** «ごたごたする»: (忙しい) be busy ; (場所が混乱している) be in confusion ; (もめ事がある) have trouble.

¶ いまちょっと*取り込んでいるので, 後にして下さい (⇒ いまたいへん忙しい) I'*m* very *busy* now. Come later, will you? / (⇒ 家庭内の困ったことがある) We have now some ˹family [domestic] *trouble*. Please come some other time, will you?

2 «中に入れる»: take in ㊐ (☞ とりいれる).

¶ 庭の洗濯物を*取り込んで下さい *Take in* the washing in the backyard, will you?

とりこわし 取り壊し demolition Ⓤ, pulling down Ⓤ 語法 後者が口語的. 日本語で「取り壊し」とあっても, 英語では動詞で表すことも多い. (☞ とりこわす). ¶ 古い校舎の*取り壊しが始まった They started to ˹*pull down* [*demolish*] the old school building.

とりこわす 取り壊す pull down ㊐, tear down ㊐, demolish ㊐ ★ demolish はやや改まった語. (☞ かいたい ; てっきょ ; こわす (類義語)). ¶ 東京では高層建築を建てるために古い建物が*取り壊されている In Tokyo they *are pulling down* old buildings to make room for the high rises.

とりさげる 取り下げる (問題として取り上げ

ることをやめる) drop (他); (訴訟などを) call off (他); (撤回する) withdraw (他). 《☞ とりけす; てっかい; ひっこめる》. ¶ 私たちはその議題を*取り下げた We *dropped* the subject. // 訴訟を*取り下げる *call off* a suit / *withdraw* a case // 私は立候補を*取り下げます I will *withdraw* from the coming election.

とりざた 取り沙汰 rumor Ⓒ 《☞ うわさ》.

とりさる 取り去る take away (他) 《☞ とりのける; とる》.

とりしきる 取り仕切る (責任者である) be in charge of...; (管理する) manage (他). ¶ 彼はその店を*取り仕切っている He *is in charge of* the store. / (⇒ その店の支配人である) He is the *manager* of the store.

とりしまり 取り締まり (権力を伴う) control Ⓤ; (規則に基づく) regulation Ⓤ; (警察などによる特に厳しい(一斉)取り締まり) 《口語》 crackdown Ⓒ. 《☞ きせい[5]》.

¶ 警察による交通違反の*取り締まりが厳しい (⇒ 警察は交通違反者はいないかと鋭く目を光らせている) The police ⌈keep a sharp *watch-out for* [*are cracking down on*] traffic offenders. / (⇒ 交通規則の遵守を厳しく監督している) The police maintain strict ⌈*control* [*regulation*] *over* the observance of traffic rules. [語法] やや改まった言い方. // 駐車違反の(一斉)*取り締まり a *crackdown* on illegal parking // 市当局はデモ隊による騒ぎが起こらないように警官の*取り締まりを要請した (⇒ 警察に予防措置を取るように要請した) The city authorities asked the police to *take precautions against* possible trouble by the demonstrators.

取締役 director Ⓒ 《☞ じゅうやく》.

とりしまる 取り締まる (規制する) control (他); (規律を行使する) exert discipline (over ...; among ...); (調べる) check (他); (労働・仕事を監督して) oversee (他). 《☞ かんとく; きせい[5]》.

¶ この学校ではもっと生徒を厳しく*取り締まるべきだ This school needs to *exert* more *discipline* over the students. // ここから3キロ先でスピード違反を*取り締まっている (⇒ スピードを調べるわながある) There's a speed *trap* three kilometers ahead. / They'*re checking* speeds three kilometers ahead. // 酔っ払い運転は厳しく*取り締まります Intoxicated driver *will be* strictly *checked*.

とりしらべ 取り調べ (尋問などによる) examination Ⓤ; (警察による) investigation Ⓤ; (単なる問い合わせから公的な調査までをも含めた) inquiry Ⓤ; (尋問) questioning Ⓤ [語法] 日本語で「取り調べ」とあっても, 英語では動詞で表現することも多いことに注意. 《☞ しらべ[1]; ちょうさ; じんもん》.

¶ その男は警察で*取り調べを受けた The man *was* ⌈*examined* [*questioned*] by the police. // その件は目下*取り調べ中である The case is under *investigation*. // その事件の*取り調べが進むにつれて彼が関係していたことがはっきりしてきた Further ⌈*investigation* [*inquiry*] into the matter has disclosed his involvement. // その容疑者は厳重な*取り調べを受けた The suspect was subjected to close *examination*. 取り調べ室 interrogation room Ⓒ.

とりしらべる 取り調べる (尋問などをして) examine (他); (警察が捜査する) investigate (他); (単に問い合わせから公的な調査まで広い意味で) inquire into...; (くだけた広い意味の表現では) look [search] into...; (不審をはらすために尋問する) question (他), interrogate (他) ★ 前者のほうが口語的. 《☞ しらべる; じんもん》. ¶ 警察はその男を*取り調べた The police ⌈*questioned* [*interrogated*] the man.

とりすがる 取り縋る cling to... 《☞ すがる》.

とりすます 取り澄ます ☞ きどる; すます[2]

とりそろえる 取り揃える (用意してある) have ... available; (店にある) have ... in stock. 《☞ そろえる》.

¶ この図書室には各種辞書が*取りそろえてある (⇒ 備えてある) This reading room *provides* many kinds of dictionaries for the use of readers. // 自動車用品はいろいろと*取りそろえてあります We *have available* a large selection of car accessaries.

とりだす 取り出す (中から外へ) take out (他); (特に提示などのために) produce (他) ★ 少し形式ばった語; (多数の中から選んで) pick out (他); (抽出して) extract (他). 《☞ だす》.

¶ 彼はポケットから手帳を*取り出した He ⌈*took out* [*produced*] a notebook from his pocket. / He *took* a notebook *out of* his pocket. // この鉱石から金を*取り出すことは簡単です It's an easy job to *extract* gold from this ore.

とりたて[1] 取り立て (集金) collection Ⓤ; (税金・借金の強制取り立て) exaction Ⓤ; (金銭の徴集) levying Ⓤ [語法] 日本語で「取り立て」とあっても英語では動詞を使うことが多いことに注意. 《☞ とりたてる》.

¶ 彼は毎週金曜日に部屋代の*取り立てにやってくる He comes to *collect* the rent every Friday. // 彼は借金の*取り立てがたいへん厳しい He always *presses* for payment of debts. / He is relentless in *exacting* payment from debtors.

とりたて[2] 取り立て — [形] (新鮮な) fresh; (新しく摘(つ)んだ) freshly picked. 《☞ -たて》. ¶ *取りたての魚 *fresh*-caught fish / fish *fresh* from the ⌈water [sea] // *取りたてのいちご *fresh* strawberries / strawberries *fresh* from the farm

とりたてて 取り立てて (特別に) specially 《☞ とくに(類義語)》. ¶ 彼の新しい作品は*取り立てて言うほどのものでもない (⇒ 特別の言及に値しない) His new book is not ⌈*specially* good [worthy of *special* mention].

とりたてる 取り立てる **1** 《金・物品などを》: (強制的に) exact (他); (公的に税金・金銭を) levy (他); (集める) collect (他). 《☞ とりたて[1]; ちょうしゅう[2]》. ¶ 政府は金持ちからはもっと高い税金を*取り立てるべきだ The Government should *levy* higher taxes on rich people. // 借金を*取り立てるのは楽しいことではない It's

と

not a pleasant business to ⌈*collect* [*exact*] payment from debtors.

2 «人をある地位などに»: (任命する) appoint ㊚; (昇進させる) promote ㊚. (☞ ばってき).

とりちがえる 取り違える (違うものとして考える) take ... for ...; (間違える) mistake ... for ...; (誤解する) misunderstand ㊚. (☞ まちがえる; おもいちがい; こんどう).

¶ 傘を*取り違えないように(⇒ 間違った傘を持って行かないように) Please don't carry the *wrong* umbrella with you. // 私は問題の意味を*取り違えた I *misunderstood* the meaning of the question.

とりちらかす 取り散らかす (乱雑にしておく) keep ... untidy (☞ ちらかす).

とりつ 都立 — 形 Metropolitan (☞ と[2]).

都立高校 Tokyo Metropolitan high school Ⓒ (☞ 学校・教育(囲み)).

とりつぎ 取り次ぎ — 名 (商売の取り次ぎをすること・仲立ち) agency Ⓤ; (取り次ぎ店・代理店) agency Ⓒ; (商売の取り次ぎ人) agent Ⓒ. — 動 (戸口で応対に出る) answer (a knock) ㊚ ㊀. (☞ とりつぐ).

¶ ノックしたのに, だれも*取り次ぎに出てこなかった I knocked at the door, but nobody *answered*.

取り次ぎ店 agency Ⓒ; (代理人・取り次ぎ人) agent Ⓒ ★「代理店の経営者」ということから結局「取り次ぎ店」の意味になる; (販売・配布などをする) distributor Ⓒ.

とりつく 取り付く (考え・思い・悪霊などが) possess ㊚, obsess ㊚ 語法 いずれも普通受身形で. (☞ つく[6]). ¶ 彼は妄想に*とりつかれている He *is obsessed* ⌈with [by] a delusion.

トリック trick Ⓒ, 《口語》gimmick Ⓒ. ¶ *トリック写真 a *trick* picture

とりつぐ 取り次ぐ (仲介する) act as an agent; (電話・来客などを) answer ㊚ ㊀.

¶ その会社の製品のご注文はわが社が*取り次ぐことになっています We *act as the agent* for the products of that company. / We are the *agent* for that company. // その件は校長先生に*取り次いでおきましょう (⇒ 話します) I'll *tell* the principal about that matter. // その事務所の受付けで*取り次いでもらった (⇒ 私の名前を受付けに告げた) I *gave in* my ⌈name [card] at the reception of the office. // その電話はだれが*取り次ぎましたか Who *answered* the call?

とりつくろう 取り繕う (つぎはぎをするように応急処置をして) patch up ㊚; (誤り・欠点などを上手に) gloss over...; (体裁を) keep up appearance. ¶ 彼は何とかその場を*取り繕おうとした He tried to *patch* things *up* for the moment. // 彼は自分の失敗を*取り繕ったりはしない He never *glosses over* his own faults. // 彼は体面をうまく*取り繕った He succeeded in *keeping up appearances*.

とりつけ[1] 取り付け — 動 (すえつける) install ㊚. — 名 installation Ⓤ. (☞ とりつける).

とりつけ[2] 取り付け (銀行の騒ぎ) run Ⓒ. ¶ その銀行で*取り付け騒ぎがあった The bank had a *run*. / There was a *run* at the bank.

とりつけの 取り付けの ¶ これが私の*取り付けの肉屋さんです (⇒ 私が通常買っている肉屋です) This is the butcher('s) shop where I usually shop.

とりつける 取り付ける **1** «備え付ける»: (機械などを) install ㊚; (道具・家具などを) furnish ㊚, equip ㊚; (固定してくっつける) fit ㊚. (☞ そなえつける; すえつける).

¶ 私は部屋にクーラーを*取り付けた (⇒ 取り付けてもらった) I *had* an air conditioner *installed* in my room. (☞ 使役(囲み)) // この教室には OHP が*取りつけられている This classroom *is* ⌈*furnished* [*equipped*] *with* an overhead projector. // 窓にブラインドを*取り付けてもらいたい I'd like to have a shade *fitted on* this window.

2 «同意などを得る»: obtain ㊚ (☞ える).

¶ 何とかその件について彼女の同意を*取り付けた I succeeded in *obtaining* her agreement on the matter.

とりで 砦 fort Ⓒ, stronghold Ⓒ; (要塞) fortress Ⓒ.

とりとめのない 取り留めのない (考えや話がばらばらで) rambling; (横道にそれる) wandering; (ばかばかしい) silly, absurd ★ 前者のほうが口語的; (むだでくだらない) idle.

¶ 彼はいつも*とりとめのない話をする He always ⌈*rambles* [*wanders*] when he talks. / He always talks in a ⌈*rambling* [*wandering*] *way*. / His talk is always ⌈*rambling* [*wandering*]. // あの女性たちはいつも*とりとめのないうわさ話に時を費している Those women are wasting their time in ⌈*idle* gossip [*silly* talk] every day.

とりとめる 取り留める ¶ 彼は一命は*取り留めた (⇒ 危険の外にある) He is *out of danger* now. / He *narrowly escaped death*. / He *had a narrow escape from death*.

とりどり 色とりどり ¶ うちの庭には*色とりどりのバラが咲いている Roses *of various colors* are blooming in my garden. (☞ いろいろ)

とりなおす 取り直す (気を) pull *oneself* together. ¶ 気を*取り直し, 彼女は新たな気持ちで再出発をした She *pulled herself together* and made a fresh start.

とりなし 執り成し — 名 (仲たがいなどの仲介・調停) mediation Ⓤ (☞ ちゅうかい). ¶ 渡辺先生に*とりなしを頼んだ I asked Mr. Watanabe to be a *mediator*.

とりなす 執り成す (両者間の仲介をして) mediate ⌈in [between]... (☞ ちゅうかい).

¶ 私たちがけんかをすると太郎がいつも*とりなしてくれる Taro always *mediates between* us when we quarrel.

とりにがす 取り逃がす (逮捕しそこなう) fail to arrest ...; (逸する) miss ㊚. (☞ のがす; いっする). ¶ 警察は犯人を*取り逃がした (⇒ 逮捕に失敗した) The police *failed to arrest* the suspect. // またとない機会を*取り逃がした I've ⌈*missed* [*let slip*] a rare opportunity.

とりのける 取り除ける (除去する) take away ㊚; (とっておく) put aside ㊚. (☞ とりのぞく).

とりのこす 取り残す leave ... behind; (そのままにして) leave ... alone. 《☞ のこす; おきざり》. ¶ その島は時勢からはるかに*取り残されていた (⇒時代の後に残されていた) The island *was left* far *behind* the times. // 彼女だけ田舎に*取り残された She *was left alone* in the country.

とりのぞく 取り除く (除去する) take away ㊀, remove ㊀ ★ 前者がより口語的; (きれいにするために) clear away ㊀, clear ㊀ 【語法】 前者は「取り除くもの」を目的語にするのに対し, 後者は clear ... of ... という形ではきれいにすべき「場所」を動詞の目的語とし, clear ... from ... という形では「取り除くもの」を目的語にする 2 つの言い方がある; (霧などを散らす・不安や心配などをぬぐい去る) dispel ㊀ ★ やや形式ばった語. 《☞ のぞく[1]; じょきょ》.
¶ 線路から土砂を*取り除くのに 10 日かかる It will take ten days to ⌈*take away* [*remove*; *clear* (*away*)] rock and sand *from* the track. / It will take ten days to *clear* the track *of* rock and sand. // 住民の不安を*取り除くことが一番大切です The most important thing is to ⌈*remove* [*dispel*] the anxiety of the inhabitants.

とりはからい 取り計らい (手配などをして) arrangement Ⓤ; (自由裁量) discretion Ⓤ. 《☞ はからい; はいりょ》.

とりはからう 取り計らう (手配などをして) arrange ㊀; (自由に裁量する) use *one's* discretion; (...するように配慮をする) see (to it) that .... 《☞ はからう》.
¶ 彼女と会えるように*取り計らってもらいたい Would you *arrange* an appointment with her? // この件は適当に*取り計らって下さい (⇒あなたの自由裁量に任せます) I'll leave this to your *discretion*. // 万事うまく*取り計らっておきます (⇒ きっと...するように配慮しておく) I'll *see* (*to it*) *that* everything will be all right.

とりはずし 取り外し ¶ この黒板は*取り外しができますか Is this blackboard ⌈*movable* [*detachable*]? // 電話の*取り外しを頼んだ I asked to *disconnect* the telephone. // この仕切りは*取り外しができません [できます] (⇒ 固定されている [動かせる]) This partition is ⌈*fixed* [*removable*].
【参考語】 ―名 (除去すること) removal Ⓤ; (設備などの) dismantlement Ⓤ. ―形 (動かせる) movable; (取りはずし可能な) removable, detachable.

とりはずす 取り外す (除去する) take away ㊀, remove ㊀ ★ 前者が口語的; (設備などを) dismantle ㊀; (分解などをして) take apart ㊀. 《☞ はずす; とる》.
¶ 網戸を*取り外した I've *taken away* the window screens. // 夏の間はそのヒーターは*取り外しておきます (⇒しまっておく) We *put away* that heater during summer. // 彼はバッテリーを*取り外した He *took* the battery *apart*.

とりはだ 鳥肌 gooseflesh Ⓤ, goose pimples ★ 複数形で. ¶ それを見たら*鳥肌が立った I got ⌈*gooseflesh* [*goose pimples*] all over at the sight. / The sight of it gave me ⌈*gooseflesh* [*goose pimples*].

とりはらう 取り払う clear away ㊀ 《☞ とりのぞく; てっぱい》.

とりひき 取り引き ―名 (商売) business Ⓤ ★ 商売・仕事一般を指す意味の広い語; (取り引き売買) dealing Ⓒ ★ 通例複数形で; (business) transaction Ⓒ ★ 後者は形式ばった語; (売買契約) bargain Ⓒ. ―動 (商取り引きをする) do business with ..., deal with ...; (駆け引きをする) make a deal with .... 《☞ ばいばい; しょうばい》.
¶ あの会社とは数回, 羊毛製品の*取り引きをしたことがある We have had several *dealings with* that firm regarding woolen products.
当社はその会社とは 20 年以上の*取り引きがあります We *have been* ⌈*dealing* [*doing business*] *with* the firm for more than twenty years.
*取り引きは順調に行われた The *transaction* went on smoothly.
我々はその会社と*取り引きを結んだ We ⌈drove [struck] a *bargain* with the company.
あの会社とは*取り引きをやめた We broke off *business* ⌈*relations* [*connections*] with that company.
*取り引き額は 200 万円に達した The ⌈*transaction* [*deal*] amounted to two million yen.
当社は遺憾ながらその地方にこれといった*取り引き先がない Unfortunately we have no *good connections* in that area.
社会党は自民党と*取り引きしようとしている The Socialists are trying to *make a deal with* the Liberal Democrats.
大口*取り引き a big *deal*
現金*取り引き cash *transactions*
取り引き関係 business ⌈connections [relations] ★ 通例複数形で. **取り引き銀行** *one's* bank Ⓒ **取り引き所** exchange Ⓒ.

ドリブル ―名 (球技) dribbling Ⓤ. ―動 dribble ㊀.

とりぶん 取り分 (利益などの分け前) *one's* ⌈share [lot] Ⓒ; (自分の割り当て分) portion Ⓒ. 《☞ ぶん[1]; わけまえ》.

とりまき 取り巻き (政治家などの) henchman Ⓒ 《複 -men》; (利益を求めての) hanger-on Ⓒ 《複 hangers-on》 【語法】 以上いずれも軽蔑的に用いる; (信奉者) follower Ⓒ.

とりまぎれる 取り紛れる ¶ 仕事に*取り紛れて (⇒ たいへん忙しかったので) あなたに電話をするのを忘れていた I was so *busy with* my work that I forgot to call you.

とりまく 取り巻く surround ㊀ 《☞ とりかこむ》.

とりまぜる 取り混ぜる mix together ㊀.
¶ 私の部屋の本棚には大小*取りまぜて (⇒ さまざまな大きさの) 20 冊の英語の辞書がある On a shelf in my room, there are about twenty English dictionaries *of various sizes*. // ピンク, 赤, 白を*取りまぜてカーネーションの花束を作って下さい Could I have a bunch of carnations with pink, red and white *mixed together*? // キャンディをいろいろ*取りまぜて 500 グラム買った I bought 500 grams of *assorted* candy.

と

とりまとめる 取りまとめる collect (他) (☞ まとめる).

とりみだす 取り乱す (平静を失う) be upset, go to pieces ★ 後者のほうがより口語的で意味も強い; (喜怒などで自制心を失う) lose self-control. (☞ うろたえる). ¶ その知らせで彼女はすっかり*取り乱した She *was* really *upset* ⌈by [at] the news. ∥ 彼はまったく*取り乱した様子はなかった (⇒ 平静だった) He was quite ⌈calm and quiet [undisturbed].

とりめ 鳥目 — [名] night blindness [U]. — [形] night blind.

とりもつ 取り持つ (客を) entertain (他); (争い事などで両者の仲介をする) mediate (自). ¶ 彼は客を*取り持つのがうまい He *entertains* his guests well. ∥ テニスの*取り持つ縁で2人は結婚した (⇒ テニスが道を開いた) Tennis *paved the way* to their marriage.

とりもどす 取り戻す get back (他); recover (他); regain (他) ★ 後の語ほど形式ばった語. (☞ とりかえす; かいふく).
¶ 彼に貸した本を*取り戻しに行った I went to him to ⌈*get back* [*recover*] the book I had lent him. ∥ しばらくしてやっと彼は心の平静を*取り戻した It was some time before he *recovered* his ⌈peace of mind [composure]. ∥ 数週間で彼女は急速に健康を*取り戻した She ⌈*regained* [*recovered*] her health rapidly in a few weeks. ∥ 次の日になってやっと彼女は意識を*取り戻した It was not till the next day that she *came to herself*.

とりもなおさず 取りも直さず ¶ 夫の死は*とりも直さずその家庭の崩壊である (⇒ …を意味する) The death of a husband *means* the disintegration of the family. ∥ あなたの恥は*とりもなおさず私の恥です (⇒ 私の恥にほかならない) Your disgrace is *nothing but* my disgrace.

とりやめる 取り止める (予定していたものを) cancel (他); (約束・命令などを) call off (他). (☞ ちゅうし[1]; とりけす). ¶ あすの野球の試合は*取り止める We are going to ⌈*cancel* [*call off*] tomorrow's baseball game. ∥ ストライキは*取り止めになった The strike *has been called off*.

とりょう 塗料 paint [U] (☞ ペンキ).

どりょう 度量 — [形] (度量の大きい) broad [large]-minded, magnanimous ★ 後者は形式ばった語; (寛大な) generous; (度量の狭い) narrow [small]-minded. (☞ きまえ; こころ).

どりょうこう 度量衡 weights and measures.

どりょく 努力 — [名] effort [U] ★ 具体的に, ある状況での努力は [C]; endeavor (《英》endeavour) [C]; (熱心に働く[勉強する]こと) hard work [U]; (力を発揮すること) exertion [U]; (苦労・骨折り) pains ★ 複数形で. — [動] make an ⌈effort [endeavor]; work hard; endeavor (自); exert *oneself* ★ 最後の2つは改まった語.
【類義語】ある目的を達成するための努力を示し, 最も普通に用いられるのは **effort**. やや形式ばった語で, 持続的で懸命の努力であることを示すのは **endeavor**. 口語的に, まじめで一生懸命に仕事や勉強をする努力は **hard work**. 持てる力を出して頑張ることを意味するのは **exertion**. 肉体的・精神的な苦労・骨折りを意味するのは **pains**. (☞ くろう; つとめる[2])
¶ 彼は試験に合格するために1年間たいへんな*努力をした (⇒ 一生懸命に勉強した) He *studied very hard* for one year to pass the examination. ∥ 彼の新しい仕事は大した*努力を必要としない His new job does not need much *effort*. ∥ 彼はそれを得るためにはいかなる*努力も惜しまなかった He spared no ⌈*pains* [*effort*] to obtain it. / (⇒ 彼はあらゆる努力をした) He ⌈*made* every *effort* [*did his best*] to obtain it. ∥ 彼女の成功は不断の*努力のたまものです Her success is the ⌈fruit [result] of her constant *efforts*. ∥ 彼は*努力の人だ He is a *hard worker*. ∥ できるだけの*努力はします (⇒ 最善を尽くします) I will *do my best*. / (⇒ できるだけ一生懸命やってみます) I'll try as *hard* as ⌈I can [possible]. / (⇒ できるだけのことをやってみます) I'll do what I can.

とりよせる 取り寄せる (手に入れる) get (他) ★ 意味の広い平易な日常語; (注文する) order ... (from ...), send for ... ★ 後者のほうがより口語的.
¶ 私は本を直接イギリスから*取り寄せています I ⌈*get* [*order*] books directly from England. ∥ 新潟から新米を*取り寄せよう I'll *send for* some new rice from Niigata. ∥「この本を*取り寄せてもらえますか」「絶版なのでお*取り寄せできません」"Can I *place an order for* this book here?" "I'm sorry we can't *get* it for you. It's out of print."

ドリル 1 «きり» — [名] drill [C]. — [動] drill (他). (☞ だいく(挿絵)).

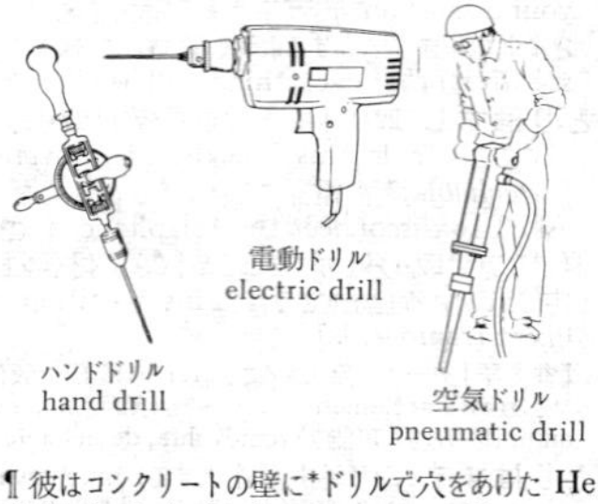

¶ 彼はコンクリートの壁に*ドリルで穴をあけた He *drilled* a hole *in* the concrete wall.
2 «練習»: drill [C]. ¶ 漢字の*ドリル *drills* in Chinese characters

とりわけ 取り分け (中でも特に) especially; (ある目的のために特に) specially; (同類の中で, ある特定のものについて特に) particularly; (とりわけ・何よりまして) above all. (☞ とくに (類義語)). ¶ 私はこの景色が好きだ. *とりわけ朝がよい I like this view, *especially* in the morning. ∥ 彼は*とりわけ健康に注意している *Above all* he takes good care of himself.

とりわける 取り分ける (食事で) serve (他); (分配する) deal (out) (他); (食事で肉などを切っ

度　量　衡

英米ではメートル法 (Metric System) と並んで, 伝統的な計量単位が広く用いられている.

メートル法では, 長さ (length) を示すメートル (《米》meter, 《英》metre), 容積 (capacity) を示すリットル (《米》liter, 《英》litre), 重さ (weight) を示すグラム (gram) の3つが基本となり, すべて10進法に従って, 次にあげる「接頭辞」を付けて用いる.

キロ-	(1000倍)	kilo-
ヘクト-	(100倍)	hecto-
デカ-	(10倍)	deca-
ミリ-	($^1/_{1000}$倍)	milli-
センチ-	($^1/_{100}$倍)	centi-
デシ-	($^1/_{10}$倍)	deci-

これに対して, 伝統的な計量法は日常生活に基づいたものを単位とし, 名称もさまざまで, 10進法はとっていない.

以下, 広く用いられている度量衡について, その単位・名称を表にして掲げる. (　) 内はその略号. メートル法以外のものはメートル法に換算したもの. 略号の後にピリオドを付けることもある.

1　長さ (length)

メートル	1 meter (m)≒3.3 feet ≒1.1 yards
センチメートル	1 centimeter (cm)≒ 0.39 inches
ミリメートル	1 millimeter (mm)≒ 0.04 inches
キロメートル	1 kilometer (km)≒ 0.6 miles

*

インチ	1 inch (in)≒2.54 cm
フィート	1 foot (f, ft)=12 in≒0.3 m
ヤード	1 yard (y, yd)=3 ft≒0.9 m
マイル	1 mile (m, mi)=1760 yds≒ 1.6 km

*

海里	1 nautical mile≒1.85 km

2　面積 (area)

平方メートル	1 square meter (m^2, sq m) ≒11 ft^2≒1.2 yd^2
平方センチ	1 square centimeter (cm^2, sq cm)≒0.15 in^2
アール	1 are (a)=$^1/_{100}$ ha= 100 m^2
ヘクタール	1 hectare (ha)=100 a≒ 2.5 acres
平方キロ	1 square kilometer (km^2, sq km)=100 ha

*

平方インチ	1 square inch (in^2, sq in) ≒6.5 cm^2
平方フィート	1 square foot (ft^2, sq ft)= 144 in^2≒0.1 m^2
平方ヤード	1 square yard (yd^2, sq yd) =9 ft^2≒0.84 m^2
エーカー	1 acre (a)=4840 yd^2≒ 4050 m^2≒0.4 ha
平方マイル	1 square mile (sq mi)= 640 acres≒260 ha

3　容積, 体積 (capacity, volume)

リットル	1 liter (l, lit)≒1 quart
ミリリットル	1 milliliter (ml)=$^1/_{1000}$ l
デシリットル	1 deciliter (dl)=$^1/_{10}$ l
キロリットル	1 kiloliter (kl)=1000 l

*

立方センチ	1 cubic centimeter (cc, cm^3)
立方メートル	1 cubic meter (m^3)

*

立方インチ	1 cubic inch (in^3, cu in) ≒16.4 cm^3
立方フィート	1 cubic foot (ft^3, cu ft)≒ 0.03 m^3
立方ヤード	1 cubic yard (yd^3, cu yd) ≒0.76 m^3

*

《米国の液量 (liquid measure)》

パイント	1 pint (pt)	≒0.47 l
クォート	1 quart (qt)	=2 pts≒0.95 l
ガロン	1 gallon (gal)	=4 qts≒3.8 l

*

《米国の乾量 (dry measure)》

パイント	1 pint (pt)	=$^1/_2$ qt≒0.55 l
クォート	1 quart (qt)	=2 pts≒1.1 l
ペック	1 peck (pk)	=8 qts≒8.8 l
ブッシェル	1 bushel (bu)	=4 pks≒35 l

*

《英国の液量, 及び乾量》

パイント	1 pint (pt)	≒0.57 l
クォート	1 quart (qt)	=2 pts≒1.13 l
ガロン	1 gallon (gal)	=4 qts≒4.5 l
ペック	1 peck (pk)	=2 gals≒9 l
ブッシェル	1 bushel (bu)	=4 pks≒36 l

と

4 重さ (weight)

グラム	1 gram (g)≒0.0035 oz
ミリグラム	1 milligram (mg)=$^1/_{1000}$ g
キログラム	1 kilogram (kg)≒2.2 lbs
トン	1 ton (t)=1000 kg
	*
オンス	1 ounce (oz)
ポンド	1 pound (lb)=16 ozs≒ 0.45 kg
トン	1 ton (t)=《米》2000 lbs, 《英》2240 lbs

5 角度 (Angular Measure)

秒 1 second (″)　分 1 minute (′)= 60 seconds　度 1 degree (°)=60 minutes

6 時間 (time)

秒	1 second (s, sec)	
分	1 minute (mi, min)	=60 sec
時	1 hour (h, hr)	=60 min
日	1 day (d)	=24 hrs
週	1 week (w, wk)	=7 ds
月	1 month (m, mo)	=4 wks
年	1 year (y, yr)	=12 ms
世紀	1 century (c, cent)	=100 yrs

7 温度 (temperature)

摂氏 (Centigrade, C と略す) と華氏 (Fahrenheit, F と略す) があり, 単位はいずれも「度 (degree)」. 相互の換算は $F={}^9/_5C+32$, $C={}^5/_9(F-32)$ で行う.

100°C=	212°F	30°C=	86°F
40°C=	104°F	20°C=	68°F
39°C=	102.2°F	10°C=	50°F
38°C=	100.4°F	0°C=	32°F
37°C=	98.6°F	−10°C=	14°F
36°C=	96.8°F	−17.8°C=	0°F
35°C=	95°F	−20°C=	−4°F

英米では気温・体温ともに Fahrenheit を用いるのが普通で, 体温が 100° (one hundred degrees) 近くなると熱があるとされる.

用 例

¶「君の身長はどのくらいですか」「1 メートル 75 [5 フィート 8 インチ] です」 "How tall are you?" "I'm ˹one *meter* 75 tall [5 *feet* 8 tall]." [語法] 答えの tall は省略可能. また 2 度目の数字には単位名が省かれる. 書く場合は 1 *m* 75 *cm*, 1.75 *m*; 5 *ft* 8 *in*, 5′8″ などとすることもできる.

私はバスト 82 センチ[32 インチ], ウエスト 60 センチ[24 インチ], ヒップ 85 センチ[33 インチ]です I am ˹82-60-85[32-24-33]. [語法] 数字をそのまま読む. このような場合はインチをそのまま使い, フィートに換算はしない. / I have a 32-24-33 figure.

「体重はどのくらいありますか」「60 キロ [132 ポンド]です」 "How much do you weigh?" "I weigh ˹60 *kilos* [132 *pounds*]."

[参考] キログラムは kilo と略して用いられることが多い. ポンドの省略形は lb で, 金額のポンドは £ として区別する. 英国では特に体重は 14 pounds に相当する "stone" という単位が広く用いられている.

「あなたの学校までどのくらいありますか」「約 4 キロ[2 マイル半]です」 "How far is it from here to your school?" "It's about ˹four *kilometers* [two and a half *miles*]."

この部屋は縦 8 メートル[26 フィート], 横 6 メートル[20 フィート]です This room is ˹8 *meters* by 6 [26 *feet* by 20]. [語法] 縦横を示すのに long, wide を加えることもある. 書く場合には 8 *m*×6 *m*, 26 *ft*×20 *ft* などとすることもできる. 《☞ よこ [語法]》

「あなたの部屋はどのくらいの広さですか」「約 15 平方メートルです」 "How large is your room?" "It's about fifteen ˹*square meters* [*sq m*]."

「このコップにはどのくらい入りますか」「約 $^1/_3$ リットル入ります」 "How much can this glass hold?" "It can hold about a third of a *liter*."

「ガソリンはリッターいくらですか」「リッター 150 円です」「満タンに入れて下さい」 "How much is gas a *liter*?" "One hundred fifty yen *a liter*, sir." "Fill her up, please."

35 ミリの 24 枚どりのフイルムを下さい Please give me a 35 *mm*. film with 24 exposures.

日本の国土は約 37 万平方キロです Japan has an area of 370,000 ˹*square kilometers* [*sq km*].

この角度は約 30 度です This angle is about 30°. ★ thirty degrees と読む.

「彼女の熱はどのくらいですか」「39 度あります」 "What is her temperature?" "It's ˹39° [102°]." [参考] 102° は華氏の温度.

て分ける) carve (up) (他). ¶ 豆をこの皿に*取り分けて下さい Please *serve* the peas on these plates. // 食事のときは普通, 主人役の人がお客に肉を*取り分けます The host usually ˹*carves* [*serves*; *deals out*] the meat for all the guests at table. 《☞ 食事 (囲み)》

とる 取る, 採る, 執る, 捕る, 撮る **1** «(手に) 取る»: (手に) take (他) 《過去 took; 過分 taken》; (人に取ってやる・自分で取る) get (他) 《過去 got; 過分 got, 《米》ではまた gotten》; (つかむ) take hold of ..., seize (他) ★ 前者のほうが口語的; (行って取って来る) go and get ..., fetch (他) [語法] go and get ... のほうがより口語的. go to get ... (=取りに行く) とするとやや改まった言い方となり, go get ... と and を省略するとさらにくだけた表現となる; (取って人に回す) pass (他) [語法] 食卓で他人の前にあるものを取ってもらうときに使う語.

¶ 彼は棚から本を*取った He *took* a book from the shelf. // 彼は私の腕を*取った (⇒ ぎゅっとつかんだ) He ˹*took hold of* [*seized*] my arm. / He *took* me by the arm. [参考] 私を捕えるために腕をつかんだのか，それとも親しい感じで腕を取ったのかは状況次第. // 私にいすを*取って下さい <S(人)+V(*get*)+O(人)+O(物)> Will you please *get* me a chair? // 私が*取って上げましょう I'll *get* it for you. // 《電話が鳴ったとき》私が*取ります I'll *get* it. // 行ってカメラを*取って来ます I'll *go and get* my camera. // 塩を*取って (⇒ 回して) 下さいませんか Could you *pass* me the salt, please?

2 《除く》: (身につけているものを取る・脱ぐ) take off ㊕; (取り去る) take away ㊕, remove ㊕ ★ 前者のほうが口語的. ¶ 帽子をお*取り下さい Please *take off* your hat. // まず箱にかぶせてあるビニールカバーを*取って下さい First ˹*take away* [*remove*] the vinyl cover from the box.

3 《受け取る》: (もらう) get ㊕, take ㊕, receive ㊕ ★ この順に改まった語となる; (努力して獲得する) obtain ㊕; (賞を) win ㊕. ¶ 彼はよい給料を*取っている He *gets* good pay. // 彼女は1等賞を*取った She ˹*won* [*took*] (the) first prize. // 彼は満点を*とった He ˹*obtained* [*got*] full marks.

4 《買う》: get ㊕, buy ㊕ [語法] get は広い意味で，前後関係で「買う」の意味にもなる; (注文して) order ㊕; (定期刊行物などを) take ㊕. ¶ 肉はいつも近くの店から*取ります I usually *get* meat from a nearby shop. // どの新聞をお*取りですか What newspaper do you ˹*take* [*subscribe to*]?

5 《摂取する》: (食べる) eat ㊕, have ㊕. ¶ 栄養のある物を*取らなくてはいけません You should ˹*eat* [*have*] nourishing food. // 普通，1日に3度，食事を*取る We usually *have* three meals a day.

6 《選択する・採用する》: (選ぶ) choose ㊕; (意見・方法などを採る) take ㊕; (雇う) take ㊕, employ ㊕ ★ 前者のほうが口語的; (…よりもむしろ…を選ぶ) prefer ㊕.
¶ 新卒は3人*採るそうだ I hear they are going to ˹*take* [*employ*] three new graduates. // どの方法を*採るべきか，まだ決定されていない Which method to ˹*take* [*choose*] has not been decided yet. // 私はこちらを*採る I ˹*prefer* [(will) *choose*] this.

7 《捕獲する》: (つかまえる) catch ㊕, get ㊕. ¶ 何匹*とれましたか How many *have* you *caught*? // 川へ魚を*とりに行こう Let's go fishing in the river.

8 《奪う》: (無理やり奪う) rob ㊕; (こっそり盗む) steal ㊕. 《☞ ぬすむ; うばう》.
¶ 宝石を全部*とられた All my jewels *were stolen*. / I had all my jewels *stolen*. // 彼女は通りすがりの若い男にハンドバッグを*とられた <S(人)+V(*rob*)+O(人)+*of*+名> A young man who passed by *robbed* her *of* her purse. / She *was robbed of* her purse by a young man who passed by. [語法] rob はこのように「人」を目的語とし，盗まれる「物」は目的語にならない.

9 《解する》: (解釈する) take ㊕; (少し考えてみてわかる) make out ㊕; (理解する) understand ㊕. 《☞ とれる》. ¶ この文の意味は*とれますか Can you ˹*make out* [*understand*] what this sentence means? // 彼の言葉を悪く*とるな Don't *take* his words ˹badly [ill].

10 《要する》: (場所を占める) take up ㊕; (時間がかかる) take ㊕; (時間を費す) spend ㊕. 《☞ しめる[1]》. ¶ この本棚は場所を*とる This bookshelf *takes up* too much space. // 彼女はお化粧するのにずいぶん時間を*とる She *spends* a lot of time in making up (her face). / It *takes* a lot of time for her to make up (her face).

11 《記録する》: (写真を撮る) take ㊕; (書き留めて記録する) write [put; take] down ㊕, record ㊕ ★ 前者のほうが口語的; (テープにとる) tape ㊕, tape-record ㊕; (ビデオにとる) videotape ㊕. 《☞ しゃしん; ろくおん; ろくが》. ¶ 彼女は先生の言うことを何から何までノートに*とる She ˹*writes* [*takes; puts*] *down* everything the teacher says in her notebook.

12 《要求する》: (料金を) charge ㊕; (当然のように要求する) demand ㊕. ¶ あのホテルは1泊2万円*とる That hotel *charges* twenty thousand yen per night. // その弁護士に法外な料金を*とられた The lawyer *demanded* an unreasonable fee. // 違法駐車で罰金を*とられた I *was fined* for ˹unlawful [illegal] parking.

ドル dollar Ⓒ [参考] $, $ という記号を数字の前で使う. 《☞ 金銭 (囲み)》. ¶ この服は30*ドルする This dress costs thirty *dollars*. // そのお金は10*ドル紙幣で支払ってくれませんか Will you pay me the money in ten-*dollar* ˹bills [notes]?

ドル危機 the dollar crisis **ドル相場** the exchange rates for the dollar, dollar exchange rates **ドル地域** the dollar area **ドル箱** (お金をもうけてくれる人・物) money maker Ⓒ, gold mine Ⓒ.

トルコ ━ 名 固 Turkey. ━ 形 Turkish.
トルコ語 Turkish Ⓤ **トルコ人** Turk Ⓒ; (全体) the Turkish ★ 複数扱い.

どれ (どれが・どれを・どの) which; (どちらでも; …するものはどれでも) whichever; (どれでも) any (one) ★「多くの中からどれをとっても」という意味. 《☞ どちら》.
¶ 一番安いのは*どれですか *Which* is the cheapest (one)? / *Which* one is the cheapest? // 「*どれがいいですか」「*どれでもいいです」"*Which* would you like?" "I would like *any one* of them." // *どれでも好きなのをお取りなさい Take *whichever* you like. // *どれもこれも (⇒ すべてが) すばらしい *Every one* of them is wonderful. // *どれか (⇒ 1つを) 選ばなければならないなら，これを取る If I am to choose *one* of them, I'll take this one.

どれい 奴隷 slave Ⓒ. ¶ 我々は習慣の*奴隷だ We are the *slaves* of habit. **奴隷解放** the emancipation of slaves **奴隷制度** slavery Ⓤ [語法] 奴隷制のほかに奴隷の身

分・状態も表す.
トレードマーク trademark Ⓒ.
トレーナー sweat shirt Ⓒ.
トレーニング training Ⓤ《☞ くんれん; れんしゅう; スポーツ(囲み)》. ¶ 彼らは来シーズンに備えてすでに*トレーニングを始めた They have already ⌈gone into [started] *training* for the coming season.
トレーニングパンツ sweat pants, gym slacks ★ 以上複数形で; (上着と一緒にして) sweat suit Ⓒ 参考 英語の training pants は, 幼児がおしめをはずし始めて普通の下着に移るまでの間に用いる特製パンツのこと. 《☞ 和製英語(囲み)》.
トレーラー trailer Ⓒ《☞ 自動車(囲み)》.
ドレス dress Ⓒ《☞ 衣服(囲み)》.
ドレッシング dressing Ⓤ《☞ 食事(囲み); ソース[1] 参考》.
ドレミファ〔音楽〕 — 名 sol-fa [sòulfɑ́:] Ⓤ 参考 音階名は do, re, mi, fa, sol, la, and ⌈ti [si]. — 動 (ドレミファで歌う) sing sol-fa. 《☞ 音楽(囲み)》.
とれる 取れる **1** «得られる»: (捕える) catch ㊀; (捕えられる) be caught; (生産される) be produced. 《☞ つかまえる》. ¶ 先日珍しい魚がこの辺りで*とれた (⇒ 捕えられた) The other day a strange fish *was caught* near here. // この辺はみかんがたくさん*とれる (⇒ 生産される[栽培される]) Oranges *are* ⌈*produced* [*grown*] around here in large quantities.
2 «離れる» — 動 (はずれる) come off ㊁; (取れている) be off, be away ★ 状態をいう; (去る) leave ㊀㊁; (取り除かれる) be removed; (痛みなどがなくなる) go ㊁. — 形 (なくなっている・見つからない) missing. 《☞ はずれる; はがれる》.
¶ ふたがどうしても*とれなかった The lid would not *come off*. // 背広のボタンが*とれた A button on my suit *has come off*. / A button *has come off* my suit. // 背広のボタンが*とれていますよ A button *is* ⌈*off* [*missing from*] your suit. // 悪い癖はなかなか*とれない (⇒ 捨て去ることは難しい) A bad habit is not easy to *shake off*. / It is not easy to *get rid of* a bad habit. // 痛みが*とれた The pain *has left* me. / (⇒ なくなっている) My pain *has* now *gone*.
3 «解釈できる»: (理解する) get ㊀, catch ㊀, understand ㊀ ★ get, catch は口語的な表現; (解釈する) interpret ㊀, take ㊀ ★ 後者のほうが口語的. 《☞ かいしゃく; りかい; とる》.
¶ その意味が*とれない (⇒ わからない) I can't ⌈*catch* [*understand*] the meaning. // 私にはそれが冗談とは*とれなかった I couldn't *take* it for a joke. // このあいまいな表現はいろいろな意味に*とれる This vague expression may *be interpreted* in several ways.
4 «写真が»: come out ㊁, turn out ㊁.
¶ この写真はよく*とれている The pictures ⌈*came* [*turned*] *out* well. // 彼女はいつもよく*とれる She always ⌈*photographs* [*takes*] well. / (⇒ 写真向きである) She is *photogenic*.
トレンチ コート trench coat Ⓒ.
どろ 泥 — 名 (土) mud Ⓤ, dirt Ⓤ 語法 最も一般的な語は mud. 汚なさを暗示するときには dirt. — 形 (泥の・泥だらけの) muddy; (汚れた) dirty (↔ clean) 語法 必ずしも泥で汚れたのではない場合にも使う.
¶ 部屋中*泥だらけだ (⇒ 部屋は泥で覆われている) The room is covered with *mud*. / (⇒ 部屋のいたるところに泥がある) There is ⌈*mud* [*dirt*] all over the room. // 車が私の服に*泥[*泥水]をはねかけて行った A passing car splashed ⌈*mud* [*muddy* water] on my dress. // *泥道だから足元に注意しなさい As the road is *muddy*, watch your step.
泥を塗る (恥をかかせる) disgrace ㊀, bring disgrace on ...; (評判を汚す) stain ...'s ⌈reputation [good name]. ¶ 親の顔に*泥を塗るようなことをしてはいけない (⇒ 親の恥となるようなことをしてはいけない) You shouldn't do things to ⌈*disgrace* [*bring disgrace on*] your parents. // 彼はわが校の顔に*泥を塗った (⇒ わが校のよい評判に傷をつけた) He *stained* ⌈*the reputation* [*the good name*] *of* our school.
泥を吐く ¶ 容疑者はとうとう*泥を吐いた The suspect ⌈*confessed* his crime [*came clean*] at last.
泥除け (自転車・自動車の) mudguard Ⓒ, fender Ⓒ, 《英》 wing Ⓒ; (車輪の後ろに垂らす) mud flap Ⓒ. 《☞ 自動車(囲み); じてんしゃ(挿絵); オートバイ(挿絵)》
泥くさい, 泥仕合, 泥沼, 泥まみれ, 泥んこ ☞ 見出し.
とろう 徒労 ¶ 我々の努力はすべて*徒労に帰した (⇒ 実を結ばなかった) All our efforts *proved fruitless*. / (⇒ 結果として失敗に終わった) All our efforts *resulted in failure*. / (⇒ 何にもならなかった) All our efforts *came to nothing*. 《☞ むだ》
トロール (底びき網) trawl Ⓒ, trawlnet Ⓒ.
トロール漁業 trawling Ⓤ, trawl fishery Ⓤ
トロール船 trawlboat Ⓒ, trawler Ⓒ.
どろくさい 泥臭い — 形 (洗練されていない) unrefined; (粗野な) crude. ¶ あの*泥くささが彼の売りものだ That *crude* manner is his trademark.
とろける **1** «固形物が»: melt ㊁《☞ とける[1]》. ¶ チョコレートは口に入れると*とろける Chocolate *melts* in the mouth.
2 «心が»: (魂を奪われる) be fascinated; (魅惑される) be charmed. 《☞ うっとり; うちょうてん》. ¶ 彼女の優しい言葉に彼は身も心も*とろけた He *was* completely *fascinated* by her tender words.
どろじあい 泥仕合 mudslinging Ⓤ. ¶ 革新政党同士で*泥仕合を演じている (⇒ お互いを非難して泥をぶつけあっている) The reformist political parties *are* ⌈*throwing* [*slinging*; *flinging*] *mud at* each other.
トロッコ truck Ⓒ.
どろどろ — 形 (泥で) muddy, sloppy; (スープなどが濃厚な) thick; (果肉を煮溶かしたような) pulpy. 《☞ ぬかる[1]; 擬声・擬態語(囲み)》.
¶ 雨が降るとこの道は*どろどろになる When it rains, this road becomes ⌈*muddy* [*sloppy*]. // スプーンで汁が*どろどろになるまでかき混ぜなさい Stir with a spoon until the gravy is *thick*. // その果物を*どろどろになるまでとろ火で煮なさい Simmer the fruit until it is *pulpy*.

どろなわ 泥縄 ¶いまさら試験勉強したって*泥縄だね (⇒土壇場の詰め込みは役に立たない) Last-minute cramming won't do. / (⇒いまから詰め込み勉強してもむだだ. 遅すぎる) It is no use cramming for the examination. It's *too late*. 《☞どろぼう》

どろぬま 泥沼 bog Ⓒ. ¶彼は悪循環の*泥沼に落ち込んでしまった He got *bogged down in* a vicious circle.

とろび とろ火 very ⌈low [slow] heat Ⓤ, slow [low] fire Ⓒ. 《☞よわび; 料理の用語 (囲み)》. ¶*とろ火で煮る simmer slowly / (⇒とろ火にかけて) simmer over ⌈*low* [*slow*] *heat*

トロフィー trophy Ⓒ 《☞カップ》.

どろぼう 泥棒 **1** «人»: (人に知られないように盗む者) thief Ⓒ 《複 thieves》; (強盗) robber Ⓒ; (特に夜の押し込み強盗) burglar Ⓒ; (特に昼間の押し込み強盗) housebreaker Ⓒ. 《☞ごうとう; ぬすむ (類義語)》.
¶彼女は*泥棒に金を盗まれた She had her money stolen (by a *thief*). / A *thief* stole her money. // *泥棒! 《追いかける叫び声》 Stop *thief*! / 《物をとられて助けを求めるとき》 Help! I've *been robbed*! // 彼の家は昨夜*泥棒に入られた His house *was robbed* last night. / There was a *break-in* at his house last night. // *泥棒を捕えて縄をなうな It's too late to shut the stable-door when the steed is stolen. 《ことわざ: 馬を盗まれてから馬小屋に鍵を掛けても手遅れだ》 《☞どろなわ》
2 «行為»: (盗み) theft Ⓒ, stealing Ⓤ; (強盗) robbery Ⓒ; (押し込み強盗) burglary Ⓒ. 《☞ぬすみ》. ¶近ごろは*泥棒はあまりない Recently not many cases of *theft* have been reported.

どろまみれ 泥まみれ ― 名 mud Ⓤ. ― 形 muddy. 《☞どろ; どろんこ》. ¶彼は全身*泥まみれだった He *was covered with mud* all over. // その男の子は*泥まみれの靴をはいていた The boy was wearing *muddy* shoes.

トロリーバス trolleybus Ⓒ ★《英》では単に trolley ともいう. 《☞バス¹》.

とろりと ― 形 (濃くクリーム状の) thick and creamy. ¶弱火で中身の材料が*とろりとなるまで煮なさい Simmer the mixture until *thick and creamy*.

どろん ― 動 (持ち逃げする) make off with ...; (逃げ出す) get away ⓐ; (姿を消す) disappear ⓐ. 《☞もちにげ; 擬声・擬態語 (囲み)》. ¶男はその金をふところにして*どろんした (⇒金を持って逃げた) The man *made off with* the money.

どろんこ 泥んこ ― 名 (泥) mud Ⓤ. ― 形 muddy. 《☞どろ; どろまみれ》. ¶私たちは*泥んこになって遊んだ We played covered with *mud*. // その子供は水たまりに落ちて, 体中*泥んこになった The child slipped into the puddle and got *muddy* all over.

とろんと ― 形 (眠そうな) sleepy, drowsy. 《☞擬声・擬態語 (囲み)》. ¶彼女は眼が*とろんとしている Her eyes are *dull and heavy*. / (⇒眠そうに見える) She looks *sleepy*.

トロンボーン trombone Ⓒ 《☞音楽 (囲み)》.

どわすれ 度忘れ ― 動 (一時的に忘れる) forget ... for the moment; (記憶から消える) slip *one's* ⌈mind [memory], escape *one's* memory ★「事物」が主語となる. 《☞わすれる》. ¶私はその英語の言葉を*度忘れした (⇒その瞬間忘れた) I *have forgotten* the English word *for the moment*. / The English word *has slipped my* ⌈*mind* [*memory*].

トン ton [tʌ́n] Ⓒ; (船の容積トン数) tonnage Ⓤ. 《☞度量衡 (囲み)》. ¶鉄10*トン ten *tons* of iron // 5*トン積みのトラック a five-*ton* truck

どんかく 鈍角 obtuse angle Ⓒ (↔ acute angle) 《☞かく⁶ (挿絵); さんかく》.

とんカツ 豚カツ pork cutlet Ⓒ 《☞料理の用語 (囲み)》.

どんかん 鈍感 ― 形 (鈍感な) insensitive; (ものわかりの遅い) dull; (特に非難やあてこすりなどに無頓着な) thick-skinned. ― 名 insensitivity Ⓤ, dullness Ⓤ. 《☞にぶい》.
¶彼は*鈍感で, 人の気持ちがわからない He is *insensitive* to other people's feelings. // 彼は*鈍感だから人が何と言おうと平気だ He is too *thick-skinned* to care whatever they may say.

どんき 鈍器 blunt and heavy weapon Ⓒ.

どんぐり acorn Ⓒ. **どんぐりの背比べ** ¶彼らは*どんぐりの背比べだ (⇒だいたい同じレベルで, 特に飛び抜けた人はいない) They are more or less on the same level and nobody is outstanding.

どんこう 鈍行 (各駅停車の普通列車) local train Ⓒ (↔ express (train)); (速度の遅い普通列車) slow train Ⓒ (↔ fast train). 《☞かくえきていしゃ》.

とんざ 頓挫 ― 動 (行き詰まる) come [be brought] to a deadlock 《☞ゆきづまり》.

とんし 頓死 ― 名 (突然の死) sudden death Ⓒ. ― 動 (突然死ぬ) die suddenly ⓐ. 《☞きゅうし²》.

どんじゅう 鈍重 ― 形 (頭の鈍い) thick-headed, thick-witted. 《☞にぶい; のろい¹》.

とんそう 遁走 ― 動 (負けたり, 危険を避けたりして逃げる) take flight 《☞にげる》.

どんぞこ どん底 (一番深い所) the depths ★通例複数形で; (最悪の状態) the worst. ¶一家は悲嘆の*どん底にある The family are *in the depths of* distress. **どん底生活** poverty-stricken life Ⓒ.

とんだ ― 形 (ひどい・たいへんな) terrible, awful 語法 以上2語は口語的だが, 後者はさらに程度のひどいことをいう; (予想もしない) unexpected; (ありそうもない) unlikely; (重大な) serious. ― 副 (まったく) quite. 《☞とんでもない》.
¶*とんだ目にあった (⇒ひどい経験をした) I had a *terrible* experience. // 結果が*とんだ見込み違いに終わって愕然(がくぜん)とした (⇒予想外の結果にたいへん驚いた) I was very surprised at

the *unexpected* results. // *とんだ所で昔の友人に出会った (⇒ とてもあり得ないような場所で) I came across an old friend of mine *in a most unlikely place*. // 君は*とんだことをしてくれたね (⇒ ひどいへまをやった) You have made ⌈an *awful* [a *terrible*] mess of it. // もしそれが本当なら, *とんだ見当違いだ (⇒ あなたはまったく間違っている) If it is true, you are *quite* mistaken. // *とんだこと (⇒ 重大なこと) になったものだ Things have gotten very *serious*.

とんちゃく 頓着 ¶ 彼は世評などに*とん着しない (⇒ 人が彼について言うことに無関心である) He ⌈doesn't *care* [is *indifferent to*] what people say about him. // 若者はほとんど家柄には*とん着しない (⇒ 気にかけない) Most young people *pay little regard to* their family background. // 私は食べ物[着る物]には*とん着しない (⇒ やかましくない) I *am not particular about* ⌈food [my clothes]. (☞ むとんちゃく)

どんちゃんさわぎ どんちゃん騒ぎ ― 名 (陽気に騒ぐこと) merrymaking Ⓤ; (酒を飲んで騒ぐこと) carousing Ⓤ ★ 前者もこの意味でも使われる; (無礼講のパーティー) wild party Ⓒ. ― 動 (どんちゃん騒ぎをする) make merry ⓐ, carouse ⓐ 語法 後者のほうが酒を飲んでの大騒ぎの意味が強い; hold a wild party.

どんちょう 緞帳 drop curtain Ⓒ.

とんちんかん ― 形 (要点をはずれて) off ⌈the point [base]; (ばかげた) absurd. (☞ 擬声・擬態語 (囲み)). ¶ ぼんやりしていて*とんちんかんなことを言った (⇒ 要点にはずれたことを言った) I was so careless that I said something *off* ⌈*the point* [*base*]. // 彼はわざと*とんちんかんな返事をした He intentionally made an ⌈*off-base* [*absurd*] answer.

どんつう 鈍痛 dull pain Ⓒ (☞ いたみ (類義語)).

とんでもない **1** «途方もない»: (たいへんな・ひどい) terrible, awful 語法 いずれも日常的な語で, 後者のほうが意味が強いことが多い; (不法でけしからぬ) outrageous; (予想もしないような) unexpected. (☞ とんだ).
¶ *とんでもない (⇒ たいへんな) ことが起こった A *terrible* [An *awful*] thing happened. / (⇒ 予期しないことが) An *unexpected* thing happened. // *とんでもないへまをしでかしてお恥ずかしい (⇒ ひどいへまをやったことが) I am ashamed of making an *awful* mess of it. // 世の中には*とんでもない人間がいるものだ (⇒ なんというけしからぬ人たちだろう) What *outrageous* people they are!
2 «強い否定» ¶ 私が彼女と結婚するって. *とんでもないよ (⇒ もちろん違うさ) I marry her? *Of course not*! / (⇒ それは馬鹿げている[ありえない]) I marry her? That's ⌈*ridiculous* [*impossible*]! // 「いろいろありがとうございました」「*とんでもございません (⇒ どういたしまして)」 "Thank you very much for your kindness." "*You're quite welcome*. / *Don't mention it*. / *Not at all*." (☞ 感謝の表現 (囲み))

どんてん 曇天 ― 形 (曇天の) cloudy. ― 名 (曇っている天気) cloudy weather Ⓤ. (☞ くもり; どんより).

どんでんがえし どんでん返し (完全な逆転) complete reversal Ⓒ; (人をあっといわせる結末) surprise ending Ⓒ. ¶ この話の最後には*どんでん返しがある In the end of the story there is a *complete reversal*. / The story has a *surprise ending*.

とんと ― 副 (まったく) quite, entirely; ((否定形で)全然…でない) not ... at all, not ... in the least. (☞ ぜんぜん; 擬声・擬態語 (囲み)).
¶ 彼は服装には*とんとおかまいなしだ (⇒ まったく無関心だ) He is *quite* indifferent to his clothes. // 彼女から*とんと (⇒ 全然) 便りがない I have heard *nothing* from her *at all*. // 私にはその男がだれなのか*とんとわからない (⇒ いかなる見当ももっていない) I *have not the* ⌈*least* [*faintest*] *idea* who the man is.

とんとん¹ ¶ 戸を*とんとんたたく音がした There was a ⌈*knock* [*tap*] *on* the door. / I heard someone *knock* ⌈*at* [*on*] the door. (☞ たたく; 擬声・擬態語 (囲み))
【参考語】 ― 動 (一般的にたたく) knock (at ...; on ...) ⓐ; (軽くたたく) tap (at ...; on ...) ⓐ 語法 いずれも ⑩ ともなる. また 名 としても用いる.

とんとん² ― 形 (五分五分で) even, square, quits. ― 動 (収支を合わせる) make (both) ends meet; (五分五分になる) break even ⓐ. (☞ 擬声・擬態語 (囲み)).
¶ 昨年わが家の家計は*とんとんでした (⇒ かろうじて収支を合わせることができた) We could barely *make* (*both*) *ends meet* in our family budget last year. / (⇒ 収支が五分五分になった) We *broke* (out) just about *even* in our family budget last year. // これで*とんとんだ (⇒ 返済・仕返しなどがあいこになった) This makes us ⌈*even* [*quits*]. / We have become ⌈*even* [*quits*; *square*] now.

どんどん¹ (速く) fast, quickly, rapidly (↔ slowly) ★ fast が最も一般的; (着々と) steadily; (絶え間なく) continuously, on and on ★ 動作の連続・継続を表す口語的表現; (次々に) one after another, in rapid succession ★ 少し改まった表現; (勢いよく) vigorously; (遠慮なく) without ⌈hesitation [reserve]; (自由に) freely. (☞ 擬声・擬態語 (囲み); きゅうそく¹).
¶ 私は彼に追いつくために*どんどん歩いた I walked ⌈*fast* [*quickly*; *on and on*] to catch up with him. / (⇒ 歩みを早めた) I *quickened* my pace to catch up with him.
この国の人口は*どんどん増加している The population of this country is increasing ⌈*rapidly* [*steadily*].
その計画は*どんどん進んでいる The plan is making ⌈*steady* [*rapid*] progress.
月日が*どんどんたつ (⇒ まさに飛ぶように過ぎる) Time *really flies*.
彼の傷口から血が*どんどん (⇒ 絶えまなく) 流れていた Blood was running *continuously* from his wound.
わがチームは*どんどん勝ち進んだ Our team had *a succession of* victories.

私たちは*どんどん問題を処理していかねばならない（⇒ 次から次へと）We must deal with problems *one after another*.

彼は*どんどん仕事をやる（⇒ 精力的に）He works ｢*vigorously* [*with energy*].

*どんどん意見を出して下さい（⇒ 自由に）Will you give your opinions *freely*?

事態は*どんどん悪化した（⇒ ますます悪くなった）The situation *grew worse and worse*. [語 法] 比較級を and で結ぶと「ますます…になる」という意味になる.《☞ 強調の表現（囲み）》

この品物は*どんどん売れている（⇒ 飛ぶように売れる）Those articles are ｢selling [going] ｢*very fast* [*like hot cakes*].

どんどん² ¶ 真夜中にだれかが戸を*どんどんたたいているのが聞こえた I heard someone ｢*banging at* [*knocking loudly at*] the door of my house in the middle of the night. // 遠くで太鼓が*どんどん鳴っている The drums *are rolling* far away. / There is a *roll* of drums in the distance.《☞ 擬声・擬態語（囲み）》

【参考語】— 動（大きな音を立てて打つ）bang (at …; on …) ⓐ;（太鼓などがどんどんと鳴る）roll ⓐ.

とんとんびょうし とんとん拍子　— 形（速い）quick, speedy, rapid.　— 副（速く）quickly, speedily, rapidly;（すらすらと）smoothly;（支障なく）without a hitch.

¶ かつて大学出は*とんとん拍子に出世したものだ（⇒ 早く昇進を与えられたものだった）College graduates used to be given *speedy* promotion. // 交渉は*とんとん拍子にまとまった（⇒ 円滑に素早く）We came to terms *smoothly and rapidly*. /（⇒ 支障なく）Our negotiations went off *without a hitch*.

どんな **1**《どのような》:（何の）what;（どんな種類の）what ｢kind [sort] of … ★ sort のほうがくだけた感じの語;（どのような方法で）how.《☞ 疑問詞（欄外）; なんの; どういう》.

¶ あなたは*どんな色が一番好きですか *What* color do you like best? // 彼は*どんなことを言いましたか *What* did he say? // あなたは*どんな本を読みますか *What* ｢*kind* [*sort*] *of* books do you read? [語 法] これは一般的なことについての質問. 次例を参照. // あなたは最近*どんな本を読みましたか *What* books have you read recently? [語 法] これは, 科学の本とか小説とかではなく,「…著の…という本」というような具体的な答えを要求している質問. // 彼は*どんな人ですか *What* ｢*kind* [*sort*] *of* man is he? [語 法] what ｢kind [sort] of の次にくる名詞は単数のときでも冠詞は付かない. /（⇒ どんな感じの人ですか）*What* is he like? // *どんな答え方をしたらよいでしょうか *How* shall I answer the question? //「卵は*どんなふうになさいますか」「目玉焼きにして下さい」"*How* would you like your eggs?" "I'd like them fried. / Fried, please." ★ レストランなどで卵をゆでるか, 目玉焼きにするか, スクランブルにするかなどを聞く質問とその答え.《☞ 食事（囲み）》

2《いかなる》:《肯定》（いかなる…も）any ★ 任意の 1 つ [1 人] を指す;（すべての）every ★「人」の場合は everyone, everybody という不定代名詞を用いることが多い;（すべての）all;（どんな…でも）whatever …;《否定》（いかなる…も…でない）no … ★「人」の場合は, no one, nobody を多く用いる《☞ だれ》.

¶ それは*どんな人でもできる *Anybody* [*Anyone*] can do it. // *どんな人だって死ぬのはいやに決まっている *Everybody* is certainly unwilling to die. / *Nobody* is willing to die. // 彼の病気には*どんな薬も効かないだろう（⇒ 効く薬は 1 つもない）*No* medicine will cure his disease. // *どんなことをしても私は約束を守ります I will keep my promise ｢*at all costs* [*by all means*]. // *どんなことが起こっても私はあしたここを発ちます *Whatever* happens [*No matter what* happens], I will leave ｢this place [here] tomorrow. // 金があれば*どんなことでもできるというわけではない（⇒ 金ですべての物が買えるわけではない）Money cannot buy *everything*. ★ 部分否定になる.《☞ 否定の表現（囲み）》

どんなに ¶ *どんなに速く走っても彼には追いつけないでしょう *However* [*No matter how*] fast you (may) run, you won't be able to catch up with him. // *どんなにかお喜びのことでしょう（⇒ どんなに喜んでいるか十分想像できる）I can well imagine *how* happy you are.《☞ 譲歩の表現（囲み）》

【参考語】（どんなに…しても）however, no matter how ★ 後者のほうが強調の度合いが強い;（いかに）how.

トンネル **1**《地下・海底などを貫いて作った穴》: tunnel [tʌ́nl] Ⓒ. ¶ 丹那*トンネル the Tanna *Tunnel* ★ the を付ける. // 海底*トンネル an undersea *tunnel* // 列車が*トンネルに入った The train went into a *tunnel*.

2《野球で》　— 動（ゴロを通過させる）let a grounder pass ｢through [between] *one's* legs《☞ 野球の英語（囲み）》. ¶ 彼はしょっちゅう*トンネルをする He often *lets grounders pass* ｢*through* [*between*] *his legs*.

トンネル会社 dummy company Ⓒ　**トンネル工事** tunnel construction Ⓤ, tunneling work Ⓤ.

とんび 鳶　kite Ⓒ《☞ とび》.

どんぴしゃり — 副（正確に）(just) right;（寸分たがわず）to a T.　— 形（正しい）(just) right.《☞ 擬声・擬態語（囲み）》. ¶ あなたの想像は*どんぴしゃりでした You guessed (*just*) *right*. // お答えは*どんぴしゃりです Your answer is *just right*. // この役は君に*どんぴしゃりだ This role fits you *to a T*.

ドンファン（道楽者・女たらし）Don Juan [dɑ̀n-(h)wɑ́n, dɑ̀n-dʒúːən] Ⓒ.

どんぶり 丼　bowl Ⓒ. ¶ うなぎ*どんぶりを 2 つ注文した I've ordered two *bowls* of rice and broiled eel.《☞ 食事（囲み）》

どんぶり勘定（大ざっぱな計算）rough estimate Ⓒ;（行き当たりばったりの勘定）hit-or-miss accounting practices. ¶ うちの会社はいまだに*どんぶり勘定だ *Hit-or-miss accounting practices* are still carried on in our company.

とんぼ dragonfly Ⓒ.

とんぼがえり とんぼ返り ―名 (宙返り) somersault [sʌ́mərsɔ̀:lt] Ⓒ. ―動 (とんぼ返りをする) turn [make] a somersault ; (大急ぎの旅行をする) make a quick trip. ¶ *とんぼ返りで神戸へ行ってきた I *made a quick trip* to Kobe.

とんま (頭の弱いやつ) blockhead Ⓒ 《☞ ばか (類義語)》. ¶ この*とんま You *blockhead*!

とんや 問屋 (店) wholesale store Ⓒ ; (人) wholesaler Ⓒ, wholesale dealer Ⓒ ; (職業) wholesaling business Ⓤ. 《☞ おろし》. ¶ うちは電気器具の*問屋です (⇒卸して売っている) We sell electric goods *wholesale*.
問屋街 wholesale district Ⓒ.

どんよく 貪欲 ―形 (欲の深い) avaricious ; greedy (for ...) ; covetous (of ... ; to *do*). ―名 avarice [ǽvəris] Ⓤ ; greed Ⓤ ; greediness Ⓤ ; covetousness Ⓤ.
【類義語】 持っているものを放さず, 常に求め続けるほど欲が深いのは **avaricious**. 金銭・富・利益などや, その他, 知識・食物に対しても欲があるのが **greedy**. 従ってこの語は必ずしも悪い意味ばかりとは限らないが, 名 の **greed** は常に悪い意味になる. **greedy** の意味をそのまま受け継ぐ 名 は **greediness**. 他人の物に対して欲深いのが **covetous**. 《☞ よく² (類義語) ; よくばり ; いじきたない》
¶ 彼は金銭に*貪欲だ He is 「*avaricious* [*greedy for* money]. ∥ 彼女は知識に*貪欲だ She 「is *greedy* [has *greediness*] *for* knowledge.

どんより ―形 (重苦しい) leaden, heavy ; (灰色の) gray ; (陰気な) gloomy ; (曇った) overcast ; (目が生気のない) glassy, lackluster. 《☞ 擬声・擬態語 (囲み)》. ¶ 頭上の空は *どんよりしていた There was a 「*leaden* [*heavy* ; *gray* ; *gloomy* ; *overcast*] sky over us. ∥ 彼の*どんよりした目は何の反応も示さなかった His 「*glassy* [*lackluster*] eyes didn't show any reaction.

な

な

な¹ 名 **1** 《名前》 ―名 (人・動物などの) name Ⓒ ; (姓) family name Ⓒ, surname Ⓒ ★ 後者のほうが正式な言い方 ; (姓に対しての個人名) given [Christian ; first] name Ⓒ. ―動 (名前をつける) name 他. 《☞ なまえ》. ¶ 彼女の*名を知っていますか Do you know her *name*? ∥ 子供には秀夫という*名をつけた We *named* the baby Hideo. ∥ この犬に何という*名をつけるのですか What are you going to 「*call* [*name*] this dog? ∥ 私は*名ばかりの会員です I'm a member in *name* only. / I'm 「only a *nominal* [only *nominally* a] member. ∥ *名は体を現す *Names* and natures do often agree. 《ことわざ : 名前と性質はしばしば一致する》
2 《名声》 : fame Ⓤ, reputation Ⓤ 語法 前者はよいことで知られる名声. 後者は必ずしもよいこととは限らない. ((例) 悪名 bad *reputation*). 《☞ めいせい ; ゆうめい》. ¶ 彼女はここではかなり*名が知れている She is pretty 「*famous* [*well-known*] here. ∥ 彼は自分の*名を汚すことを好まなかった He didn't want to 「lose [blot] his *reputation*.

な² 菜 greens, greenstuff Ⓤ 語法 いずれも青物・野菜類全体を指すのにも用いられる. greens は複数形で.

-な ★ 禁止の命令を表す「…な」と直接置き換えられる英語はないが, 「…するな」は英語の Don't ... で, また「決して…するな」という強調の加わった表現は Never ... で表すことができる. 《☞ 命令の表現 (囲み)》. ¶ しゃべる*な *Don't* talk! / (⇒静かにしろ) Be quiet! ∥ 騒ぐ*な *Don't* be noisy. 語法 be 動詞を用いる禁止命令にも don't を用いる. ∥ 決してうそを言う*な *Never* tell a lie.

なあ (願望) I wish... 語法 実現不可能な願いを表す場合は後に仮定法動詞が続く. 現在の願いは過去形 (ただし, be 動詞はすべて were) で, 過ぎ去ったことで, 「あの時…だったらなあ」のように, いまさらどうにもならないことは過去完了形 (had＋過去分詞) で表す. この形は日本語の「なあ」だけに相当するのではなく, 「…ならよいのに」, あるいは「…だったらよかったのに」にも当たる. このような表現については日本語と英語は表現法がまったく違うので, 意味を考えていろいろに意訳しなくてはならない. 《☞ 意志・願望の表現 (囲み) ; 仮定の表現 (囲み)》 ; (未来への願い) I 「hope [wish] ... 語法 「…であればよい」という未来への強い希望を表す言葉. wish の後には仮定法動詞がくる ; (同意を求めて) ..., 「don't you [didn't you ; aren't you, etc.]? 語法 「君も知ってるよなあ」You know that, *don't you*? のような付加疑問の場合. 《☞ 付加疑問 (欄外)》 ; (くだけた呼びかけとして) 《米》 Say !, 《英》 I say ! 語法 日本語の「なあ」と呼びかけるのと同じ調子で, あまり丁寧ではない. 《☞ 呼びかけ (囲み)》 ; (感嘆を表して) how, what 語法 以上 2 語は感嘆文を作る言葉. 《☞ 感嘆の表現 (囲み)》.
¶ いま 100 万円持っていれば*なあ *I wish* I *had* one million yen. ∥ 学生のときもっと英語を勉強していたら*なあ *I wish* I *had studied* English harder when I was a student. ∥ 行けたらいいのに*なあ (*How*) *I wish* I *could* go. ∥ あすは晴れるといいけど*なあ I 「*hope* it will [*wish* it *would*] clear up tomorrow. ∥ 君も賛成するよ*なあ You agree with me, *don't you*? ∥ *なあ, ちょっと来てくれ *Say* [*I say*], come over here. ∥ いい気持ちだ*なあ *How* pleasant it is! ∥ きれいだ*なあ *What* a beautiful sight (it is)! / *How* beautiful (it is)!

ない ―形 no. ―副 not, not any.

［語法］英語では「…がない」「…でない」「…しない」などの否定表現にするには動詞を否定する場合と，名詞に否定語を付ける場合とがある．no は主として名詞に付けて使い，動詞には付かない．例えば「私は金がない」というときは I *don't* have *any* money. / I have *no* money. の2通りが言える．使い分けはその文の構造によって，あるいは強調の度合によって決まる．この場合は not … any を使う前者のほうが意味が強い．一般に not … any を連関させて用いると否定の意味が強調される傾向がある．また「中にはだれもいない」は *Nobody* is in (there). であるが，このように主語を否定する表現は日本語にはないので，注意を要する．　━前（…がない）out of …　━動（なくなる）be gone；（必要なものを欠く）lack 他；（失う）lose 他．　━形（行方不明の）missing．《☞ 否定の表現（囲み）》．
¶ きょうは宿題が*ない There is [We have] *no* homework today. / There is*n't* [We *don't* have] *any* homework today.　［語法］後のほうが否定の意味が強い．
彼には子供が*ない He has *no* children. / He is child*less*.
きょうは何もすることが*ない I have *nothing* to do today.
私はそうは思わ*ない I *don't* think so.
このあたりには銀行は*ない There is *no* bank around here.　［語法］There are *no banks* … のように複数形になることもあるが，There is*n't* a bank around here. のような表現はあまり用いられない．
彼女は学生では*ない She is*n't* a student. / She is *no* student.　［参考］このように be 動詞の文で no を用いて打ち消すと，「…なんかではない」というように，非常に強い否定になる．
それを知っている者はい*ない *Nobody* knows it.　［語法］この言い方が普通で，There is nobody who … のような表現はあまりしない．anybody を主語に立てることはできない．
砂糖が*ない（⇒ 切らしてしまった）We *ran out of* sugar.　［語法］There is *no* sugar in the pot. のように，There is … を使うと場所を言う必要がある．また We have *no* sugar. は漠然としていて，状況によっていろいろな意味になる．それに比べて，run out of を使うと「使い切ってなくなる」という意味になる．
彼女には音楽の才能が*ない She *lacks* musical ability.　［語法］She has *no* musical ability. でもよいが，これは単に音楽の才能がないことを言っているだけである．lack を用いると当然必要であるはずのものが欠けているというニュアンスが出る．
あ，僕の財布が*ない Oh [Hey]! My wallet *is* ⌈*gone* [*missing*]! /（⇒ なくした）Oh [Hey]! I *lost* my wallet!
君の作文はまったく誤りが*ない Your composition is quite *free* ⌈of [from] mistakes.

-ない …内　━前（以内）within …；（…の中で）in …《☞ なか[1]》．¶ 芝生*内に入らないで下さい Keep off the grass.《☞ 掲示の英語（囲み）》 // 敷地*内で遊びなさい Play *within* the fence. // 車*内は混んでいた The ⌈train [bus] was very crowded. // 教室*内では静かにしなさい Be quiet *in* the classroom. // 時間*内でこの問題を解きなさい Solve this problem *within* the given time.

ないい 内意（内々の意向）*one's* intention. ¶ この件についてのご*内意を伺いたい I would like to know *your intention* ⌈in [on] this.

ないえん 内縁　━形 common-law. ¶ *内縁の夫[妻] a *common-law* ⌈husband [wife]

ないか 内科（内科学）internal medicine Ⓤ；（病院の）the internal medicine department.《☞ 病気・病院（囲み）》．　**内科医** physician Ⓒ《☞ いしゃ》．

ないがい 内外 **1**《内と外》━形（内部と外部の）internal and external；（国の内外の）domestic and foreign.　━副（国内国外で）at home and ⌈abroad [overseas].　━前（内側と外側で）inside and outside (of) …
¶ 今年は*内外多事の年であった This has been an eventful year (both) *at home and abroad*. // まず*内外の情勢の分析が必要だ We need to analyze the ⌈*internal and external* conditions of [*domestic and foreign*] affairs first of all. // 議長は議院の*内外から非難を受けた The chairman was criticized by those *inside and outside* (*of*) the Houses.
2《およそ》: about《☞ およそ；-いない》．
¶ 1 週間*内外で用意いたします We'll get it ready in ⌈*about* a week [a week *or so*].

ないかく[1] 内閣 cabinet Ⓒ　［語法］自国の現内閣，もしくは特定の国の内閣を指すときは，しばしば大文字で始められる．《☞ かくりょう；かくぎ；政治・経済（囲み）》．
¶ 中村*内閣 the Nakamura *Cabinet* // 連立*内閣 a coalition *cabinet* // *内閣を改造する reshuffle a *cabinet*　［参考］「内閣改造」は a cabinet reshuffle という．// *内閣が総辞職した The *Cabinet* resigned *en* ⌈*masse* [*bloc*]. // 次の*内閣はだれが組織するだろうか Who will ⌈form [organize] the next *cabinet*?
内閣官房長官 the Chief Cabinet Secretary　**内閣総理大臣** the Prime Minister, the Premier.《☞ しゅしょう[1]［語法］》．

ないかく[2] 内角〔数学〕interior angle Ⓒ；（野球の）the inside Ⓒ.《☞ がいかく；かく[6]（挿絵）；野球の英語（囲み）》．

ないがしろ　━動（軽んじる）slight 他, make light of …；（無視する）ignore 他.《☞ かろんじる》．¶ 彼は親が言ったことを*ないがしろにしていた He ⌈*slighted* [*made light of*] what his parents said to him. /（⇒ 忠告を無視した）He *ignored* his parents' advice.

ないき 内規（地方公共団体などの規則）by-law Ⓒ；（団体内での規定）private ⌈rule [regulation] Ⓒ.《☞ きそく》．¶ 会社内には幾つかの*内規がある We have some *rules governing the internal affairs of* the company.

ないきん 内勤（事務職）office [desk] work Ⓤ（↔ outside duty）《☞ がいきん》．

ないこうてき 内向的　━形 introverted.

な

— [名] (内向的な人) introvert [C]. 《☞ うちき》. ¶ 彼女は*内向的だ She is ˹*introverted* [an *introvert*].

ないし (…から…まで) from … to … ; (あるいは) … or … 《☞ または》. ¶ 値段は 1000 円*ないし 1200 円です The price ranges ˹*from* 1,000 (yen) *to* 1,200 yen [*between* 1,000 (yen) and 1,200 yen]. // それは 1 週間*ないし 2 週間で届きます It will reach you in one *or* two weeks.

ないじ[1] 内示 — [動] notify … informally. — [名] informal announcement [C].

¶ 来年度の予算は今月我々に*内示される This month we will *be informally notified* of the budget for the next fiscal year. / This month we will get an *informal announcement* of next year's budget.

ないじ[2] 内耳 the internal ear (↔ the external ear). **内耳炎** inflammation of the internal ear [U].

ないしゅっけつ 内出血 — [名] internal bleeding [U], internal hemorrhage [hémərɪdʒ] [U]. — [動] bleed internally [自]. 《☞ しゅっけつ[2]》.

ないしょ 内緒 — [名] (秘密) secrecy [U]; (内緒事) secret [C]. — [形] (秘密の) secret; (内々の・信頼している者同士の間だけの) confidential ★ secret とほぼ同意にもなる. — [副] secretly, in secret; confidentially. 《☞ ひみつ; ないない》.

¶ この件は*内緒にして下さい Please *keep* this matter ˹*secret* [*to yourself*]. // *内緒の話だが (⇒ 2 人だけの間のことだが), 彼は近く辞職するそうだ *This is just between* ˹*you and me* [*ourselves*], but he is going to resign soon. // ここへ来たのは*内緒です I came here ˹*secretly* [*in secret*].

内緒話 private talk [C].

ないじょ 内助 *one's* [a] wife's ˹help [assistance] [U]. ¶ 成功したのは妻の*内助の功のおかげです I *owe* my success *to my* ˹*wife* [*wife's help*; *wife's assistance*].

ないじょう 内情 (内面) inside [U]; (内幕) the inside story; (事の真相) the real state (of affairs). 《☞ うちまく; じつじょう》.

¶ 私はあの会社の*内情に通じている I ˹know *the inside story* of [have *inside information* on] that company. // あそこの*内情はこのごろどうもわからない I'm not familiar with *the real state of affairs* there.

ないしょく 内職 (副業) side job [C]; (パートタイムの仕事) part-time job [C]; (家庭内での仕事) homework [U]. 《☞ アルバイト》.

ないしん 内心 **1** «心の内»: *one's* ˹(innermost) heart [*mind*]; (真の意図) *one's* real intention. 《☞ しんちゅう[1]》. ¶ *内心では私は怖かった I was afraid ˹*in my heart* [*at heart*]. // *内心 (⇒ ひそかに) 心配しておりました I was *secretly* worried about you.

2 «幾何»: the inner center [C].

ないしんしょ 内申書 (学業成績証明書) (academic) transcript [C].

ないせい[1] 内政 (国内の政治) home [domestic] administration [U]; (国内の事) internal [home; domestic] affairs ★ 複数形で.

ないせい[2] 内省 — [名] introspection [U]. — [動] (反省する) reflect [自]. — [形] (内省的な) introspective. 《☞ はんせい[1]》.

ないせん[1] 内線 (電話の) extension [C] 《略 ext.》 《☞ 電話の英語 (囲み)》. ¶ 《電話で》 *内線 201 をお願いします (Give me) *extension* 201, please. // *内線番号を教えて下さい Please tell me your *extension* (number).

ないせん[2] 内戦 civil war [C] 《☞ ないらん》.

ないぞう[1] 内臓 internal organs; (生命維持に重要な諸器官) vital organs ★ いずれも通例複数形で.

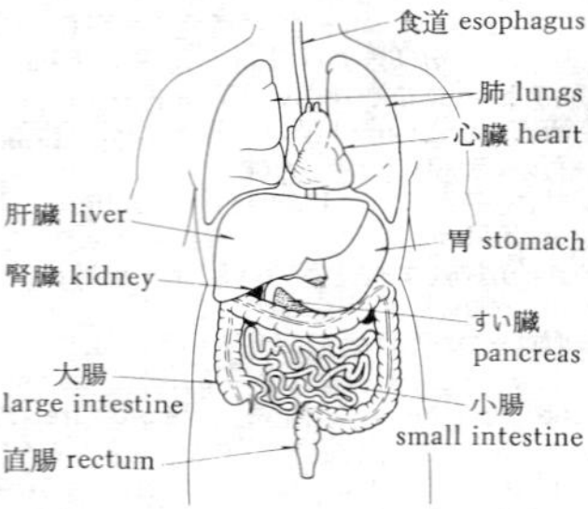

¶ 私は*内臓には悪い所はありません I have no complaint in my *vital organs*. // *内臓疾患 an *internal* ˹disease [complaint]

ないぞう[2] 内蔵 — [形] built-in. — [動] (組み込む) build in [他]. ¶ この小さな機械はコンピューターを*内蔵しています This small machine has a ˹*built-in* computer [computer *built in*].

ナイター night game [C] [参考] 「ナイター」は和製英語. 《☞ 野球の英語 (囲み); 和製英語 (囲み)》.

ないだく 内諾 informal consent [U]. ¶ 彼女から*内諾を得ましたか Have you got her *informal consent*?

ないち 内地 (奥地) the interior; (国内) inland [C]; (本土) mainland [C]. 《☞ おくち; ほんごく》. **内地米** home-grown rice [U].

ないつう 内通 — [名] (ひそかな連絡) secret communication (with …) [U]; (裏切り) betrayal [bɪtréɪəl] [U]. — [動] communicate secretly (with …) [自]; betray … (to the enemy). ¶ 我々の中にだれか敵と*内通している者がいる Among us there is someone who *has* ˹*been communicating secretly with* [*betrayed* us *to*] *the enemy*.

ないてい[1] 内定 — [名] (非公式の決定) unofficial [informal] decision [C]; (仮の決定) tentative decision [C]. — [動] decide ˹unofficially [informally; tentatively] [他].

¶ 彼は就職が*内定した (⇒ その会社は彼を採用することを内定した) The company *has unofficially decided* to employ him. // 彼の

後任は K 氏に*内定した It *has been informally arranged* that Mr. K will succeed him.

ないてい² 内偵　—[名] (秘密の捜査) secret investigation Ⓒ; (内々での調査) private inquiry Ⓒ.　—[動] (秘密で捜査する) investigate [inquire] ... secretly.　¶ 警察がこの事件の*内偵を始めた The police started to *investigate* this case *secretly* [*in secret*].

ナイトクラブ nightclub Ⓒ.

ないない 内内　—[副] (ひそかに・秘密で) secretly, in secret; (内密に) privately, in private; (相手を信頼して打ち明けて) confidentially; (非公式に) informally, unofficially.　—[形] secret; confidential; private (↔ public); informal, unofficial. 《☞ ないしょ; ひみつ; うちわ¹》.
¶ *内々でお話し申し上げたい I would like to talk with you ˹*privately* [*in private*]. // これは*内々の知らせですので, 公にできません This is only an ˹*unofficial* [*informal*] notice which can't be made public.

ナイフ knife Ⓒ《複 knives》《☞ ほうちょう(挿絵); 食事(囲み)》.

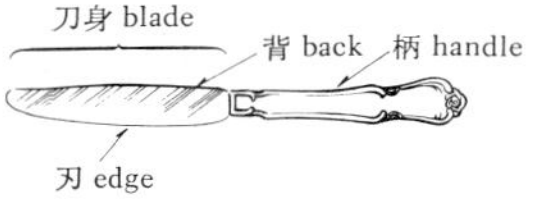

¶ この*ナイフは切れない This *knife* won't cut. // *ナイフで鉛筆が削れますか Can you sharpen a pencil with a *knife*? // *ナイフとフォークをちゃんと使えますか Can you use a *knife* and fork properly?　[語法] 対になっている場合は冠詞は全体に 1 つ付ければよい. 《☞ 冠詞(欄外)》

ないぶ 内部　—[名] (物や物事の内側) the inside (↔ the outside); (物の内側) the interior (↔ the exterior) ★ やや形式ばった表現.　—[形] inside, interior; (外からは見えない) internal. 《☞ なか¹(類義語); うちがわ》.
¶ 家の*内部も外側と同じように美しかった The ˹*inside* [*interior*] of the house was as beautiful as the ˹outside [exterior]. // これは*内部の紛争です This is an *internal* struggle. // 盗難は*内部の犯行と考えられた The theft was regarded as an *inside* job.

ないふくやく 内服薬　internal medicine Ⓤ《☞ くすり》.

ないふん 内紛 (内部のいざこざ) internal ˹trouble [discord] Ⓒ; (内輪もめ) infighting Ⓤ. 《☞ うちわ¹》.

ないぶんぴ 内分泌 〘生理学〙 internal secretion [sikríːʃən] Ⓤ.

ないみつ 内密 (秘密) secret Ⓒ; (秘密であること) secrecy Ⓤ. 《☞ ないしょ; ないない》.

ないめん 内面　the inside, the interior. 《☞ ないぶ》.

ないものねだり 無い物ねだり　—[動] cry [ask] for the moon ★ 慣用的表現; (手に入らないものを求める) ask for something unobtainable. 《☞ ねだる》.　¶ 子供はよく*無い物ねだりをして親を困らせる Children often annoy their parents by ˹*crying for the moon* [*asking for the unobtainable*].

ないや 内野　the infield 《☞ 野球の英語(囲み)》.　¶ *内野安打 an *infield* hit // *内野ゴロ[フライ] an *infield* ˹grounder [fly]　**内野手** infielder Ⓒ; (塁手) baseman 《複 -men》　**内野席** infield stand Ⓒ.

ないよう 内容 (趣意・要旨) content Ⓤ　[語法] 「内容物」の意味では複数形で用いる; (実質) substance Ⓤ; (詳細) details ★ 複数形で. 《☞ なかみ; じっしつ》.
¶ 彼の演説の題目はよかったが, *内容が気にくわなかった The title of his speech was good, but I didn't like its *contents*. // *内容のほうが形式より重要です *Substance* is more important than form. // 事件の*内容は次第に明らかにされた The *details* of the affair were brought to light one by one.
内容証明郵便 certified mail Ⓤ　**内容見本** (見本ページ) specimen page Ⓒ.

ないらん 内乱 (内戦) civil war Ⓒ　[語法] 最初を大文字で書き定冠詞を付けると, 例えばアメリカの南北戦争のように, 各国の特定の内乱を指す; (暴動) rebellion Ⓒ. 《☞ ぼうどう》.

ないりく 内陸　—[名] inland Ⓒ.　—[形] inland.　¶ *内陸地方 *inland* areas

ナイルがわ ナイル川　the Nile.

ナイロン nylon Ⓤ.　**ナイロン靴下** nylon stockings ★ 通例複数形で.　**ナイロン製品** nylon goods, nylons ★ 複数形で.

なう (縄をなう) make [twist] (a rope).

なうての 名うての (悪名高い) notorious 《☞ ゆうめい(類義語)》.

なえ 苗 (種子から育てた) seedling Ⓒ; (一般的に植物の苗) young ˹plant [tree] Ⓒ; (特に樹木の) sapling Ⓒ.　¶ *苗を植える plant a *seedling*　**苗木** (1 m 以下のもの) seedling Ⓒ　**苗床** seedbed Ⓒ.

なえる 萎える　wither ⓐ 《☞ しおれる》.

なお 尚, 猶 (もっと突っ込んで) further; (さらにもっと) even [still] ... ★ 比較級に付ける; (ましてなおいっそう...) still [much] more ... ★ 肯定文の場合; still [much] less ... ★ 否定文の場合; (...だからなお...である) all the more ˹for [because] ...　[語法] more の位置には種々の比較級が入り, for の後は名詞, because の後は節が来る. 《☞ さらに》.
¶ それは*なおよく検討しなければならない We must study it *further*. // これは*なお悪い This is ˹*even* [*still*] worse.　[語法] 2 つのものがいずれも bad であるが, 一方が他方よりさらに悪いという状況のときにこの言い方となる. 次の例では still の位置が異なっているが, 用法は同じ. // 君が知らないのなら私は*なお知らない If you don't know, *still less* do I. // *なお幸いなことに[困ったことに]部屋は急に真っ暗になった What was ˹*better* [*worse*] *still*, it suddenly became quite dark in the room. // 彼女は白い服で*なお一層きれいに見える She looks *all the better for* the white dress.

なおさら 尚更 (...だからなおさら) all the

more「for [because] …　語法 more の位置には種々の比較級が入り, for の後には名詞, because の後には節が来る；(ましてなおさら…) still [much] more …　★肯定文で；still [much] less …　★否定文で.《☞ いっそう¹》.
¶英語は難しいが, フランス語は*なおさらです English is hard to learn, and French is *still more* so. // それだから私は*なおさらその国が好きなのです I like the country *all the better*「*for* [*because of*] that. // だめだと言われると*なおさら欲しくなる We want something *all the more* when we are not allowed to have it. // 私は英語はしゃべれないし, 書くのは*なおさらだめです I cannot speak English, *much less* write it.

なおざり　— 動 (注意をしない) neglect ㊀；(軽んじる) make light of …　¶仕事を*なおざりにしてはいけない Don't *neglect* your work.

なおし　直し (修繕) repair Ⓤ ★「修理作業」という意味では通例複数形；(簡単な修理) mending Ⓤ；(訂正) correction Ⓒ.《☞ しゅうり；ていせい；しゅうせい¹》.

なおす　直す, 治す　**1**《修理・修繕》：(簡単な修理をする) mend ㊀；(少し複雑なもの・機械類などを修理する) repair ㊀,《米》fix ㊀　語法 mend, repair も使うが, fix のほうが口語的.《☞ しゅうぜん；しゅうり》.
¶彼は娘の壊れた人形をのりと紙で*直した He「*mended* [*fixed*] his daughter's broken doll with paste and paper. // 私はきのう車を*直してもらった I *had* my car「*repaired* [*fixed*] yesterday.《☞ 使役 (囲み)》// あなたはパンクしたタイヤを自分で*直せますか Can you *fix* a flat tire (by) yourself?
2《訂正する》：correct ㊀《☞ ていせい》.
¶先生は私たちの作文を毎週*直してくれます Our teacher *corrects* our compositions every week. //「私の英語の手紙の誤りを*直していただけませんか」「いいですとも」"Could you *correct* the mistakes in my English letter?" "All right."
3《病気・けがを治す》：(病気を) cure ㊀；(けがを) heal ㊀；(悪い習慣を) remedy ㊀.
¶近い将来にがんは完全に*治せるようになるだろう We will be able to *cure* cancer completely in the near future. // けがを*治すには温泉がよい (⇒ 温泉はけがを早く治す) Hot spring water will *heal* your wound quickly. // 彼の悪い習慣を*直すよい方法 (⇒ 矯正法) はありますか Is there any good *remedy* for his bad habit? ★ この remedy は 名.

なおる　治る, 直る　**1**《治癒する》：(よくなる) get well ㊁　語法 最も口語的で一般的. ただし, 一時的に気分が悪いのが治る意味にもなり, 多少漠然としている. この点は次の get better も同じ；(少しよくなる) get better ㊁；(病気を克服する) get over ㊀；(元の健康状態に戻る) recover (from …) ㊁　語法 get over と入れ替え可能だが, やや改まった感じ；(主として外傷が) heal ㊁；(病気が) be cured；(病状が改善される) improve ㊁.《☞ 病気・病院 (囲み)》.
¶彼は病気が*治った He「*got* [*has gotten*] *well.* / He *has*「*recovered from* [*gotten over*] his illness. // 私の胃かいようは完全に*治った My stomach ulcer *has*「*been* completely *cured* [completely *healed*]. // ちょっとした傷は清潔にしておけばすぐ*治る Small wounds *heal* rapidly when they are kept clean. // たくさん汗をかくと風邪は*治る A good sweat will *cure* a cold. // 私は風邪を引くと何週間も*治らない When I catch cold, it *hangs on* for weeks. // 医者は私の病気は*治らないと言った The doctor told me that my case is「*incurable* [*hopeless*].
2《癖・故障などが直る》：(いやなものを取り除く) rid *oneself* (of …), get rid of …；(修理される) be「mended [repaired],《米》be fixed.
¶彼は悪い癖が*直った He *has*「*rid himself of* [*gotten rid of*] his bad habit. // 彼は機嫌が*直った (⇒ 再びよい機嫌になった) He is *in* (*a*) *good humor again.* // この靴はもう*直らないね These shoes「cannot *be repaired* [are beyond *repair*]. ★ [ ] 内のほうが改まった言い方.

なか¹　中　**1**《位置としての中・内側》— 前 (…の中に；…の中で) in …　語法 ある広がりを持ったものの中に入っているという状態, またはその動きを表す；(…の中へ) into …　語法 入り込む動作の方向性を強く示す；(…の内部で；…の範囲内で) within …；(…の内側に；…の内側で) inside … (↔ outside …).　— 副 (中のほうへ) in (↔ out)　語法 動詞と結んで, 例えば come in (＝中へ入る) のように句動詞の一部として用いられることが多い；(内側に[で, は]) inside (↔ outside).　— 名 (内側) inside Ⓤ (↔ outside)；(壁などで囲まれているものの内側の表面) interior Ⓤ (↔ exterior).　— 形 (内側の) inside；(内部の) interior；(中の奥のほうの) inner；(中に閉ざされている) internal.
【類義語】《形 の場合について》最も一般的な語は **inside** で, 何かの内部に入っているものを広く意味する. ((例) *中の席 an *inside* seat // *内部情報 *inside* knowledge). 外部との状態・程度などの対比というニュアンスを持って使われるのが **interior**. 例えば *interior* decoration は外観と対比した上での室内装飾であり, *interior* life は人間の外的活動に対して, 人の精神生活を意味する. ずっと奥深いほうに入った場所を意味するのが **inner**. 従って比喩的に用いられることが多い. 例えば内的な自己は *inner* self である. 周囲を囲まれて視界が完全にさえぎられ, 中がまったく見えない場合の内部を意味するのは **internal** で, 例えば人間の内臓は *internal* organs of the body であり, 国内貿易は *internal* trade である.《☞ ないぶ；うちがわ》
¶「その箱の*中には何が入っていますか」「本が3冊入っています」"What is *in* that box?" "(There are) three books (in it)." / (⇒ その箱の中にあなたは何を持っているのか) "What do you have *in* that box?" "Three books."
ノートをかばんの*中にしまいなさい Put the notebook「*in* [*into*] your bag.

彼はかばんの*中から1冊の本を取り出した He took a book *out of* his bag.
この部屋の*中にはだれもいません Nobody is *in* the room.
アリスはうさぎの穴の*中に落ちた Alice fell *into* a rabbit's hole.
彼女はすべての秘密を自分の心の*中にしまっておいた She kept all the secrets *to* herself.
この部屋は*中から鍵がかかっている This room is locked from the *inside*.
彼女と教会の*中で会うことにした I made an arrangement to see her *inside* the church.
その邸宅の*中を見せていただけますか May I have a look at the *interior* of the mansion?
税関吏は包みの*中をあらためた (⇒内容を調べた) The customs officer ｢checked [inspected] the *contents* of the package. 語法 contents は通例複数形で用いられる.
2 «…の間» ━ 前 (何人か[幾つか]の中で) of …; in … 語法 形容詞の最上級とともに用いられる場合で, 例えば「3人の中で」のように数が明らかな場合, あるいは「すべての中で」という場合に of,「クラスの中で」とか「学校の中で」のように漠然とした数の中でという意味では in. 《☞ うち¹; 比較の表現 (囲み)》.
¶ 秋山君は我々5人[クラス]の*中で一番背が高い Akiyama is the tallest (boy) ｢*of* us five [*in* our class].
彼は兄弟の*中で一番頭がいい He is the brightest *of* all the brothers.
「3人の*中ではだれが一番年上ですか」「私です」"Who's the oldest *of* the three?" "I am."
学生の*中には優秀な者もいる Some *of* the students are brilliant.
この*中から好きなハンカチを選びなさい You can choose any handkerchief you like *out of* these.
3 «最中»: (…の中を) in …, in the middle of … 語法 前者は意味が広いので, 多少漠然としているが, 後者は「…の最中に」の意味が明らかである. 《☞ さいちゅう》.
¶ 彼は雨の*中を出かけて行った He went out *in* the rain.
彼は暗やみの*中で道に迷った He lost his way *in* the dark.
船は嵐の*中を進んだ The ship made its way *in the middle of* the storm.

なか² 仲 (関係) relation(ship) Ⓤ; (交際の間柄) terms 語法 普通は複数形で be on … terms (with …) (=(…とは)…の間柄だ) という言い方で用いる. 《☞ かんけい; あいだがら》.
¶ あなたと渡辺さんとはどういう*仲 (⇒親戚関係) ですか What kind of *relation*(*ship*) do you have with Mr. Watanabe? // よし子さんとまさ子さんは*仲がいい[悪い] (⇒よい友人同士だ[互いに友好的ではない]) Yoshiko and Masako are ｢*good friends* [*unfriendly to each other*]. / Yoshiko and Masako ｢*are on friendly terms* [*are* not *on friendly terms*] *with* each other. // 私は彼と話を交わす*仲です I *am on* speaking *terms with* him. // 私は彼と*仲よくなりたい (⇒友人になりたい) と思う I'd like to *make friends with* him. 語法 make friends with … で「友人になる」という慣用表現. 相手が1人でも friends と複数形となる. // さあけんかはやめて, *仲直りしなさい Now stop quarreling and *be friends* again.

ながあめ 長雨 long (spell of) rain Ⓒ 《☞ あめ¹》. ¶ 10月は*長雨が続いた We had a *long* (*spell of*) *rain* in October.

ながい¹ 長い **1** «長さ・距離»: long (↔ short) ★ 最も一般的な語; (やや長めの) longish; (横に長い・長方形の・楕円の) oblong. 《☞ ながく; ながさ》.
¶ あの橋はとても*長い That bridge is very *long*. / That bridge has a great ｢*length* [*span*]. // このほうがそれよりはるかに*長い This is much *longer* than that. 《☞ 比較の表現 (囲み)》 // 彼女は髪の毛が*長い She has *long* hair. / (⇒髪の毛を長く伸ばしている) She wears her hair *long*. // それは髪の毛のちょっと*長い女の子じゃなかったですか Wasn't it a girl who had the *longish* hair? // それは*長い道のりだ It's a *long* way to go.
2 «時間» ━ 形 long (↔ short) ★ 最も一般的な語; (長たらしい) lengthy. ━ 副 (長く・長い間) long. 《☞ ながく》.
¶ 彼は私たちのところに*長い間滞在した He stayed with us for a *long* time. // 彼はもう*長いことはない (⇒長くもたない) He will not last *long*. // *長い間懸案となっているその問題はいまでも解決されないままだ That *long*-pending question remains unsolved even now. // 彼はひどく*長い説教をした He gave us a *lengthy* sermon. // *長い目で見ればそれでいいんだ It'll be all right in the *long* run.

ながい² 長居 ━ 名 long ｢visit [stay] Ⓒ. ━ 動 stay for a long time ㊀; (長く居すぎる) stay too long ㊀. ¶ すっかり*長居をしてしまいました I'm afraid I *have stayed* here *too long*. / (⇒あなたの時間を長く取った) I'm afraid I have taken up too much of your time. / (⇒もう少し早く去るべきだった) I'm afraid I should have left earlier.

ながいき 長生き ━ 名 long life Ⓤ, longevity Ⓤ ★ 後者は「長寿」に当たるやや改まった語. ━ 動 live long ㊀, live to a great age ㊀; (…より長く生きる) outlive ㊉. 《☞ ちょうじゅ》.
¶ 私の祖父は90まで*長生きをした My grandfather *lived to be* ninety (years of age). // 彼の兄弟はみんな*長生きだ His brothers are all *long-lived*. / (⇒みな長寿を享受している) All his brothers are enjoying *longevity*. // 一般に女は男より*長生きだ Women generally *outlive* men.

ながいす 長椅子 (ソファー) sofa Ⓒ; (寝いす) couch Ⓒ; (窓ぎわに置く長いす) divan Ⓒ; (屋外のベンチ) bench Ⓒ. 《☞ いす (類義語)》.

なかがい 仲買 (仲買すること) brokerage Ⓤ. **仲買人** broker Ⓒ; (古物商などの仲買人) dealer (in secondhand goods) Ⓒ; (株式仲買人) stockbroker Ⓒ.

ながく 長く ―副 long; (長い間) for a long time; (とても長い間) for ages. 《☞ ながい[1]; ながくする; ながくなる》.
¶ 私は*長く待たされた I was kept waiting *for a long time.* ∥ 彼女は*長く病気だった She was *long* ⌈sick [ill] in bed. ∥ *長くかかりませんよ. すぐ帰ってきます I won't be *long.* I'll be back soon. ∥ 彼はその状況を説明するのにかなり*長くかかった It took him a pretty *long time* to explain the situation. ∥ 彼の名声は*長く続いた His fame lasted *for ages.*

ながくする 長くする (前よりもっと長くする) make ... longer; (長さを長くする) lengthen ㊀; (長さ・幅・時間などを元の点を越えて延ばす・延長する) extend ㊀. 《☞ のばす; ながくなる》. ¶ 私は母にスカートを*長くするように頼んだ I asked my mother to ⌈*make* my skirt *longer* [*lengthen* my skirt].

ながぐつ 長靴 rubber boots [語法] 普通は複数形で用い, 1足 [2足] と数えるときは a pair [two pairs] of rubber boots という. 《☞ くつ; 数の数え方 (囲み)》.

ながくなる 長くなる (長さが伸びる) get [become; grow] long(er) ㊁ 《☞ のびる; ながくする; ながびく》.
¶ 髪が*長くなった. 散髪しなくては My hair *has grown long.* I must have a haircut. ∥ イギリスでの滞在が少し*長くなりそうだ My stay in England will *be* a little *longer.* ∥ 日ごとに日が*長くなってきた The days *are getting longer and longer* every day. ∥ それは話せば*長くなる It's a *long* story.

なかごろ 中頃 ―副 (…の中ごろ) about [around] the middle of ... ―名 (真ん中あたりの部分) the middle part. 《☞ ちゅうじゅん》. ¶ 彼は来月の*中ごろ外遊する He will go abroad ⌈*about* [*around*] *the middle of* next month.

ながさ 長さ length Ⓤ [語法] 日本語で「長さ」とあっても, 英語では必ずしも length という名詞形が使われるとは限らず, long という形容詞を使う場合がしばしばあることに注意. 《☞ 大きさの表し方 (囲み); 度量衡 (囲み)》.
¶「その川の*長さはどのくらいですか」「200 キロぐらいです」"*How long* is the river?" "It's about 200 kilometers *long.*" ★ 長さを聞き, それに答える最も典型的な表現. / "What is the *length* of the river?" "About 200 kilometers." ★ 少し形式ばった質問. ∥ 2 メートルの*長さのひもが必要だ I want a two-meter-*long* string. / I need a string two meters in *length.* ★ 後者は改まった言い方. ∥ その棒を 1 メートルの*長さに切って下さい Please cut the stick to a *length* of one meter. [語法] 特定の長さを示すときは不定冠詞を付ける. ∥ このロープはあれと同じ*長さです This rope is ⌈as *long* [of the same *length*] as that one. ∥ これは 2 センチだけ*長さが足りません (⇒ 短すぎる) This is two centimeters too short. / This is too short by two centimeters.

ながし[1] 流し (台所などの) (kitchen) sink Ⓒ 《☞ 台所・家事 (囲み)》.

ながし[2] 流し (流して歩く音楽家) strolling musician Ⓒ; (タクシーの) cruising cab Ⓒ.

ながしめ 流し目 (横に見ること) sidelong ⌈glance [look] Ⓒ; (色目) amorous [coquettish] glance Ⓒ. 《☞ いろめ》. ¶ 同僚の一人が私を*流し目に見た One of my colleagues *gave* me *a sidelong glance.* ∥ 彼女は私によく*流し目を送ってきた She often *cast coquettish glances* at me. / She often *looked at me amorously.*

ながす 流す (どっと一度に流す) pour ㊀; (たまった水などをゆっくりと完全に) drain ㊀; (勢いよく流す) flush ㊀; (血や涙を) shed ㊀; (物を流失させる) wash away ㊀; (水面に浮かべて流す) float ㊀. 《☞ ながれる; おしながす》.
¶ 彼女は汚い水を*流した She *poured away* the dirty water. ∥ 水道の水 (⇒ 蛇口) を*流しっぱなしにしてはいけません Don't leave the tap *running.* ∥ トイレの水は*流して下さい Please *flush* the toilet. / 《掲示》 Please *flush.* ∥ 涙[血]を*流す *shed* ⌈tears [blood] ∥ その洪水で道路の一部が*流された The flood *washed away* part of the road. / Part of the road *was washed away* by the flood.

-なかせ …泣かせ (嘆きの種) grief Ⓒ; (不愉快・迷惑な邪魔者) nuisance Ⓒ. ¶ 彼は親*泣かせだ He causes *grief* to his parents. ∥ これはまったく人*泣かせの催しだ (⇒ 我々にとっては問題の[やっかいな]催しだ) This event is really a ⌈*problem* [*nuisance*] to us.

なかせる 泣かせる ―動 make ... cry; (感動させる) move ... to tears. ―形 (感動的な) moving, touching. 《☞ なく[1]》. ¶ 彼女の小説はいつも読者を*泣かせる Her novels always *move* (the) readers *to tears.* ∥ 世の中には*泣かせる話が実に多いものです The world is full of ⌈*touching* [*moving*] stories.

ながそで 長袖 long sleeves ★ 複数形で. 《☞ 衣服 (囲み)》. ¶ *長袖の衣服 a dress with *long sleeves* / a *long-sleeved* dress

なかたがい 仲違い (口争い) quarrel Ⓒ; (意見の不一致・論争) disagreement Ⓒ; (不一致・内輪もめ) discord Ⓒ ★ やや改まった言葉. 《☞ けんか; あらそい; ふわ》.

なかだち 仲立ち (仲介) mediation Ⓤ; (調停人) mediator Ⓒ. 《☞ ちゅうかい; ちゅうさい (類義語)》.

ながたらしい 長たらしい ―形 (非常に長い) very long; (特に非難の意味をこめて) lengthy. 《☞ ながい[1]; ながながと》. ¶ *長ったらしい話 a *lengthy* speech

なかだるみ 中弛み ―名 (不調) slump Ⓒ. ―形 (不活発な) dull. 《☞ ふちょう[1]》.
¶ 彼のような強打者でもいま*中だるみらしい Even such a powerful hitter as he seems to *be in a slump.*

なかつぎ 中継ぎ, 中次ぎ (次々に交替して続けること) relay Ⓒ; (仲介) (inter)mediation Ⓤ.

-なかったら (もしも…がなければ) if there were no ..., if it were not for ... [語法] 後者は慣用的な表現で少し改まった感じ. いずれも仮定法過去を使った表現で, 現在の事実と反対の仮定を表し，帰結の節には過去形の助動詞 (would, should, might など) が用いられる；(もしもあのとき…がなかったら) if there had been no…, if it had not been for… [語法] いずれも仮定法過去完了の形で，過去の事実と反対の仮定，もしくは可能性が全然ない仮定を表す．帰結の節には ＜過去の助動詞＋have＋過去分詞＞ の形を用いるのが普通．《☞ 仮定の表現 (囲み)》；(…なしでは) but [except] for…；(…ということでなかったら) except that…；(…なしでは) without…《☞ -なければ；もし；-なら》．

¶ もし空気が*なかったら人は生きてゆけない *If* ˹*there were no* [*it were not for*] air, ˹man could not live [human beeings would not be able to live]. ∥ もしあなたの助けが*なかったら私は事業に失敗していたでしょう *If it had not been for* [*But for*; *Without*] your help, I ˹would [should] have failed in business. ∥ もしもあのとき金が*なかったら，とても困っただろう *If I had had* no money at that time, I would have been at a loss. ∥ 母親の必死の看病が*なかったら，彼女はとっくに死んでいた She would have died long ago *except that* her mother desperately nursed her.

ながつづき 長続き ── [動] (長く続く) last [hold] long (自) [語法] 単に続くだけでなく，持ちこたえるという意味がある；(長く継続する) continue long (自)．《☞ つづく；もつ[1]》．

¶ 私はこの仕事が*長続きしてほしい I want this job to *continue long*. ∥ この雨も*長続きはしまい This rain will not *last long*.

なかなおり 仲直り ── [動] (再び友達となる) be [make] friends again；(けんかの仲直りをする) patch up [make up] a quarrel；(仲直りさせる) act as a peacemaker；(和解させる) reconcile (他) ★ 形式ばった語．《☞ わかい[2]》．

¶ けんかはやめて*仲直りしなさい Stop quarreling! *Be friends again*! ∥ 君は何よりも兄弟と*仲直りをしなさい You've got to *make up with* your brothers before anything else. ∥ 新婚夫婦はすぐ*仲直りができる A newly married couple can easily *patch up their quarrels*. ∥ 家庭裁判所は夫婦に*仲直りさせ，争いを解決するのが仕事です It is the work of a domestic relations court to *reconcile* and settle a dispute between ˹a husband and a wife [husband and wife].

なかなか 中中 **1** «たいへん»：(非常に) very；(とても・てごわい) quite [語法] 後に名詞を伴うことがある．その場合，冠詞は quite の後にくる；(かなり) pretty, fairly. 《☞ かなり；強意語 (囲み)》．

¶ あなたの英語は*なかなか (⇒ たいへん) うまい Your English is *very* good. ∥ 彼女は*なかなかの女だ She is *quite a* girl. ∥ 彼の仕事は*なかなかよくできている His work is *fairly* good.

2 «やすやすと»：easily, readily [語法] 日本語では「なかなか…ではない」と普通は否定文で用いる．否定を強調する by no means, never, will not なども使って，前後関係を考えて意訳しなくてはならない．

¶ 彼女は*なかなかうんと言わなかった She did not *readily* say yes. / A long time passed before she said yes. ∥ *なかなか外国へ行くチャンスがありません (⇒ 機会を持ったことがない) I have *never* had an opportunity to travel abroad. ∥ この窓は*なかなか開かない This window *will not* open.

ながながと 長長と (たいへん長く) very long；(いやになるほど長く) lengthily. 《☞ ながい[1]；ながたらしい》．¶ 彼女は私に*長々と手紙を書いてよこした (⇒ とても長い手紙を送ってきた) She sent me a ˹*very long* [*lengthy*] letter. ∥ 彼はそのことについて*長々と述べた He ˹talked about [dwelt on] that matter *for a long time*.

なかにわ 中庭 (建物や塀で囲まれた) courtyard [C], court [C]；(特にスペイン風の家の) patio [C]. 《☞ にわ》．

「歓迎．教育学部中庭」という掲示

ながねん 長年，永年 ── [副] (何年間も) for years；(長い間) for a long time. ── [形] (古くからの) old. 《☞ ねんらい》．

¶ 彼は*長年にわたってよく頑張った He has been very diligent in his work *for years*. ∥ 彼女とは*長年つき合っています (⇒ 長い間の知り合いだ) I have known her *for a long time*. / (⇒ 旧友だ) She is an *old* friend of mine. ∥ バラ作りについては私は*長年の (⇒ 長い) 経験があります I have (a) *long* experience (in) cultivating roses.

なかば 半ば **1** «真ん中» ── [名] the middle. ── [副] [形] (中途で[の]) halfway. 《☞ なかほど；とちゅう；ちゅうかん[1]》．

¶ いまは 9 月の*半ばです We are now in *the middle* of September. / It is *mid*-September. ∥ 彼は 50 代の*半ばで会社をやめた He retired from the company in his *mid*-fifties. ∥ 来週の*半ばごろは暇です I will be free ˹about [around] *the middle* of next week. ∥ 彼女は試合*半ばで倒れてしまった She collapsed in *the middle* of the game.

2 «半分» ── [副] half 《☞ はんぶん》．

¶ 彼は授業中は*半ば眠っていた He was *half* asleep in class. ∥ その仕事はちょうど*半ば終わった We are *half* through the work now. / This work is *half*-finished.

ながばなし 長話 ── [名] long talk [C]；(長くてあきあきする話) tedious [long and tiresome] talk [C]；(長いおしゃべり) long chat [C]. ── [動] (長くおしゃべりする) have a long ˹talk [chat]. 《☞ はなし》．

ながびく 長引く (会議などが必要以上に) be long drawn out；(延長する) be prolonged；(予想以上に時間がかかる) take longer than expected. 《☞ のびる；ながくなる》. ¶議論は夕方まで*長引いた The discussion *was* ⌈*long drawn out* [*prolonged*] into evening. ∥ 風邪は案外*長引いた It *took* me *longer than expected* to get over my cold.

なかほど 中程 ― 〔名〕 (真ん中) the middle. ― 〔形〕〔副〕 (2点間の中間の[で]) halfway. 《☞ なかば；ちゅうかん[1]；まんなか》.
¶ここは青森と仙台のちょうど*中ほどです We are now just *halfway* between Aomori and Sendai. ∥ 2番ホームの*中ほどで待っています (⇒ あなたは2番ホームの真ん中で私に会うことができる) You can meet me in *the middle* of platform no. two. ∥ *中ほどへお詰め下さい Please *move* ⌈*down* [*along*]!

なかま 仲間 (友達) friend Ⓒ; (男同士の仲間) fellow Ⓒ; (同志) comrade Ⓒ; (同僚) colleague Ⓒ; (集合的な仲間) company Ⓒ.
【類義語】友人という意味での仲間は **friend**. 男同士の仲間・同僚を指すのが **fellow** だが, この語は単独ではなく, 例えば「*仲間の会員」(a *fellow* member),「*仲間の学生」(*fellow* students),「音楽好きの*仲間」(a *fellow* music-lover) のように, ほかの語と一緒に使うことが多い. 政党・友愛団体のように共通の活動・目的を持った同志という意味での仲間は **comrade**. この語は社会主義国での仲間について多く用いられる. 会社や職場の同僚は **colleague**. 特に同席したり, 道づれである人たちは **company** という. 《☞ ともだち；どうりょう》
¶彼は君の*仲間ですか Is he your ⌈*friend* [*colleague*]? ∥ ここへ来て*仲間に入りませんか (⇒ 我々に加わる) Will you come and *join* us? ∥ 秋山さんは私の仕事*仲間です Mr. Akiyama is my ⌈*colleague* [*co-worker*]. ∥ 付き合っている*仲間を見れば, その人のことはわかる You can tell a person by the *company* he keeps. ∥ 彼女はいつもクラスで*仲間はずれになっている She *is* always *left out of* class activities. ∥ そのグループは*仲間割れした (⇒ けんかした) The group *quarreled* among themselves.

なかみ 中身, 中味 (内容) content Ⓒ; (実質) substance Ⓤ. 《☞ なか[1]；ないよう》.
¶この箱の*中身はだれも知らない Nobody knows the *contents* of this box. ∥ 彼の講演には実質的な*中身が何もない There is nothing *substantial* in his talk. / There is no *substance* at all ⌈in [to] his lectures. ∥ 封筒の*中身は何ですか (⇒ 何が入っているのか) What is ⌈*in* [*inside* (*of*)] the envelope?

ながめ[1] 眺め (特定の場所からの景色) view Ⓒ; (ある限られた眺めで特に美しい場合は) scene Ⓒ. 《☞ けしき》. ¶何てすばらしい*眺めでしょう What a fine *view*! ∥ この窓からの*眺めはすばらしい We have a wonderful *view* from this window. / This window commands a splendid *view*. ★ やや文語的表現.

ながめ[2] 長め ― 〔形〕 longish 《☞ ながい[1]》.
¶彼女の*長めの髪の毛はよく似合っている Her *longish* hair is very becoming to her. ∥ 少し*長めに (⇒ 長く) 服地を切って下さい Cut the material *a little longer*.

ながめる 眺める (静止しているものを見る) look at ...; (窓などから外を眺める) look out (自); (上から下を眺める) look down (自); (下から上を眺める) look up (at ...) (自); (動きのあるものを注意してみる) watch (他); (驚いたり, 感心したりしてじっと見つめる) gaze (at ...) (自); (景色などを見る) view (他). 《☞ みる (類義語)》.
¶彼女は窓の所に立って外を*眺めていた She was (standing) at the window ⌈and [,] *looking out*. ∥ 彼はしばらく海岸でかもめを*眺めていた He *watched* the sea gulls on the beach for a while. ∥ 我々は感激してその景色を*眺めた We *viewed* the scenery with excitement.

ながもち 長持ち ― 〔動〕 (長く持ちこたえる) last long (自); (長く続く) continue long (自). ― 〔形〕 (機械類・衣服などが長持ちする) durable. 《☞ ながつづき；もつ[1]》.
¶このいい天気は*長持ちしないだろう This good weather will not *last long*. ∥ この冷蔵庫は*長持ちするでしょう This refrigerator will ⌈be *durable* [*last long*]. ∥ 彼は*長持ちしまい (⇒ 長くは生きないと思う) I am afraid he will not *live long*.

ながや 長屋 terraced houses ★ 複数形で.

なかやすみ 中休み (休憩) rest Ⓒ; (短い休憩) break Ⓒ; (会議・仕事・授業などの) recess Ⓒ ★ やや改まった語. 《☞ きゅうけい[1]》.
¶ちょっと*中休みをしましょうか Let's *have a break*, shall we?

なかゆび 中指 the ⌈middle [long] finger Ⓒ 《☞ ゆび；て (挿絵)》.

なかよく 仲良く ― 〔副〕 (平和に) peacefully; (楽しく) happily. ― 〔動〕 (友人になる) make [become] friends with ...; (うまくやっている) get ⌈on [along] well with ...; (よい間柄にある) be on good terms with ...; (密接な関係を保つ) keep [maintain] ⌈close [good] relations with ...; (よき隣人でいる) be good neighbors. 《☞ なか[2]》.
¶私は彼らと*仲よくなりたいと思う I want to *make friends with* them. ∥ 彼女は級友と*仲よくやってゆけない (⇒ うまくやってゆけない) She cannot *get along well with* her classmates. ∥ 友達とは*仲よくしなさい Try to *be* ⌈*nice* [*good*] *to* your friends. ∥ わが国は隣国と*仲よくしなくてはならない Our country should *keep close relations with* neighboring countries. ∥ おじいさんとおばあさんはその後*仲よく暮らしました The old man and his wife lived *happily* ever after.

なかよし 仲良し ― 〔名〕 (友人) friend Ⓒ, 《口語》 pal Ⓒ; (親しい[親密な]友人) good [close] friend Ⓒ, bosom friend Ⓒ 〔語法〕 最後は慣用的表現. なお friend は日本語の友人より幅が広く, 敵意を抱いていない人から親しい愛情を抱く人にまで用いる. 従って「彼は私の仲よしだ」というときでも He is a *friend* of mine. でよい. He is my *friend*. でもよいが, これは「仲よし」というより,「私の特定の友人」になる. なお, intimate friend は性関係を意味することがあるので注意. ― 〔動〕 (仲よしになる) make friends with ...; (仲よしである) be friends

to each other; (仲よしの関係である) be on friendly terms with ... 《☞ なか²; ともだち》.
¶ 彼は私の*仲よしです He is a *good friend* of mine. // 彼と僕はすごい*仲よしだ He and I are ˹*very good* [*best*; *great*; *close*] *friends*. / He is my *closest friend*. // 私たちは子供のときからたいへん*仲よしです We have been *bosom friends* from childhood. // 私はとうとうその少年と*仲よしになった Eventually I ˹*made* [*became*] *friends with* the boy. // 彼はクラスのだれとでも*仲よしだった He *was on* ˹*good* [*friendly*] *terms with* everybody in his class.

-ながら **1** «とはいえ» ― 接 (...だけれども) though ..., although ... ★ 後者は文頭に用いる; (しかし・だが) ...(,) but ... ― 前 (...にもかかわらず) in spite of ... 《☞ 譲歩の表現(囲み)》.
¶ 悪いこととは知り*ながら, 私は彼女にうそをついた I told a lie to her *though* I knew ˹it's [it was] wrong (to do so). 語法 although ならば *Although* I knew it was wrong to tell a lie, I told one to her. となる. // 彼は約束しておき*ながら現れなかった He promised to come, *but* he didn't (show up). // 残念*ながらそのパーティーには出られません I am sorry, *but* I cannot come to the party. // いつものこと*ながら, 彼はけさも遅れた He was late this morning *as* usual.
2 «...する間に»: (...しているとき) as ...; (...である間に) while ... 語法 while のほうが動作の同時性をいう度合いが強い; (...しながら) with ... 語法 以上のほかに分詞構文を使って,「...しながら...する」という意味を表すことができる. 《☞ 分詞構文 (欄外)》.
¶ 彼女はその知らせを聞き*ながら震えていた She was trembling *as* she heard the news. // 人は教え*ながら教わるものだ People learn ˹*while* [*as*] they teach. // 彼女は笑い*ながらそう言った She said it *with* a smile on her face. // 我々はビールを飲み*ながらそのことを話した We talked about the matter *over* a glass of beer. // 彼女は手を振り*ながら「さよなら」と言った *Waving* her hand, she said good-bye.

ながらく 長らく long; for a long time. 《☞ ながく; ながい¹》.

ながらぞく ながら族 ¶ 彼は*ながら族だ (⇒ *彼はラジオを聞きながら[テレビを見ながら]勉強[仕事]をする人々の一人だ*) He is one of those who ˹study [work], while ˹listening to the radio [watching TV].

ながれ 流れ (水・自動車などの流れ) flow Ⓒ ★ 単数形で用いる; (空気・電気・川・時勢の流れ) current Ⓒ; (小川) stream Ⓒ 語法 特に小さな川とは限らず, river も含めて, 水の流れ一般を指すこともある; (山間の小さな流れ) brook Ⓒ.
¶ 水の*流れ a ˹*flow* [*stream*] of water // 通りの人の*流れ a *stream* of people on the street // この道路は車の*流れが絶えない There is a constant ˹*flow* [*stream*] of traffic on this road. // 私は*流れにのって[逆らって]泳いだ I swam ˹with [against] the *stream*. // *流れを上る[下る] go ˹up [down] the *stream* // この川には*流れの強いところがある There is a strong *current* in this river. // 時の*流れ (⇒ 経過) the ˹*passage* [*lapse*] of time
流れ作業 assembly line Ⓒ. ¶ 車は*流れ作業によって製造される Automobiles [Cars] are produced on an *assembly line*.

ながれだま 流れ弾 stray bullet Ⓒ.

ながれぼし 流れ星 shooting star Ⓒ; (隕石(いんせき)・流星) meteor [míːtiə] Ⓒ.

ながれもの 流れ者 (よそ者) stranger Ⓒ; (放浪者) vagabond Ⓒ, tramp Ⓒ.

ながれる 流れる (水・液体が) flow ⓐ; (川・涙などが) run ⓐ ★ run は flow と同意に用いられることもある; (どっと流れる) stream ⓐ; (時が) pass ⓐ; (橋などが流失する) be ˹washed [carried] away; (試合などが取消しになる) be called off. 《☞ ながす》.
¶ テムズ河はロンドンを*流れる (⇒ ロンドンを貫通して流れる) The Thames ˹*flows* [*runs*] *through* London. // 彼女の目から涙が*流れた Tears ˹*flowed* [*streamed*] from her eyes. / (⇒ 涙が彼女のほおをつたわった) Tears ˹*ran* [*streamed*; *rolled*] down her cheeks. // 血が彼の傷口から*流れた Blood *ran* from his wound. // 洪水で橋が*流れた (⇒ 流失した) The bridge *was* ˹*washed* [*carried*] *away* by the flood. // 雨で試合は*流れた (⇒ 試合は中止された) The game *was called off* because of the rain. / (⇒ 試合は雨で中止された) The game *was rained out*.

ながわずらい 長患い long [lingering] illness Ⓒ 《☞ びょうき》.

なかんずく (何よりもまず) above all, among other things; (特に) especially. 《☞ とくに (類義語); とりわけ》.

なき- 亡き... ― 形 (死んだ) dead, deceased 語法 後者は dead の婉曲語で, 比較的最近に死んだ人に使う場合が多い; (故...; 死んだ...) the late 語法 人名・職名・関係を表す語などに付ける. 定冠詞を伴う. 《☞ こ-》.
¶ *亡き野口氏 *the late* Mr. Noguchi // *亡き母 my ˹*dead* [*deceased*] mother // *亡き父にささぐ To the memory of my father. 《本の献辞など》

なぎ 凪 calm Ⓒ 《☞ なぐ》. ¶ 朝[夕]*凪 a morning [an evening] *calm*

なきあかす 泣き明かす cry all night long 《☞ あかす》.

なきおとす 泣き落とす (説得して援助・協力などを得る) obtain *a person's* ˹help [cooperation] by persuasion; (お願いして味方に入ってもらう) win over *a person* by entreaties.

なきがお 泣き顔 (涙ぐんだ顔) tearful face Ⓒ; (泣いている顔) crying [weeping] face Ⓒ.
¶ *泣き顔をする wear a ˹*tearful* [*sad*] *face* // *泣き顔を隠す (⇒ 涙を隠す) hide *one's* tears

なきがら 亡骸 (dead) body Ⓒ, corpse Ⓒ ★ 前者が口語的. 《☞ いたい²》.

なきくずれる 泣き崩れる (自制心を失って

な

泣く) break down and cry ㊀; (わっと泣き出す) burst into tears. ⦅☞ なく¹; なきふす⦆.

なきごえ¹ 泣き声 (人の泣く声) cry Ⓒ; (すすり泣き) sob Ⓒ; (泣きながらしゃべる時の声) tearful voice Ⓒ. ⦅☞ なく¹⦆. ¶ 赤ん坊の*泣き声 a baby's *cry(ing)* // 彼女はその件のすべてを*泣き声で私たちに話した She told us all the facts of the case *in a* ⌈*tearful* [*shaky*] *voice.* ★ shaky voice は「震え声」.

なきごえ² 鳴き声 (小鳥のさえずり) song Ⓒ, note Ⓒ; (犬の) bark Ⓒ; (猫の) meow Ⓒ; (虫の) chirp Ⓒ; (かえるの) croak Ⓒ. ⦅☞ 動物の鳴き声 (囲み)⦆. ¶ 小鳥の楽しそうな*鳴き声 the merry ⌈*songs* [*notes*] of little birds

なきごと 泣き言 (不平不満) complaint Ⓒ; (口でぶつぶつ言うような不平) grumble Ⓒ. ⦅☞ もんく; ぼやく⦆.

なぎさ 渚 (波打ち際) beach Ⓒ; (川・海・湖の水辺) waterside Ⓒ. ⦅☞ はまべ⦆. ¶ 彼らは*渚の砂の上を歩いた They walked on the sands of the *beach.*

なきじゃくる 泣きじゃくる (すすり泣く) sob ㊀; (子供などが泣きながらしゃべる) blubber ㊀. ⦅☞ なく¹; なきごえ¹⦆. ¶ 彼女は*泣きじゃくりながら自分の不幸な身の上話をした She ⌈*sobbed* [*blubbered*] *out* the story of her misfortune. 語法 sob [blubber] out は「泣きじゃくりながら言う」.

なきじょうご 泣き上戸 —形 (涙もろい) maudlin. —名 (涙もろい酔っぱらい) sentimental drunk(ard) Ⓒ. ¶ 彼は*泣き上戸だ (⇒ 酔って涙もろくなる) He gets *maudlin* in his cups. / (⇒ すぐに涙をもよおす) He *is easily moved to tears.*

なぎたおす 薙ぎ倒す mow down ㊉. ¶ 彼は群がる敵を*なぎ倒した He *mowed down* a throng of the enemy.

なきつく 泣きつく (嘆願する) implore ㊉; (折り入って頼む) entreat ㊉ ★ 以上 2 つは改まった語; (助け・同情を求める) appeal (to ...) ㊀; (頼む) beg ㊉. ⦅☞ たんがん (類義語)⦆. ¶ 彼女は助けてくれと彼に*泣きついた She ⌈*implored* [*entreated*] him ⌈to help her [for help]. // その子は母親に自転車を買ってくれと*泣きついた The boy ⌈*appealed to* [*begged*] his mother for a bicycle.

なきっつら 泣きっ面 **泣きっ面に蜂** Misfortunes never come ⌈single [singly]. ⦅ことわざ: 不幸は一つだけではやってこない⦆. ¶ それは彼にとって*泣きっ面に蜂だった (⇒ 傷口に塩をすり込むようなものだった) It was (a matter of) *rubbing salt into his wounds.*

なきどころ 泣き所 (傷つけられやすい点) weak [vulnerable] point Ⓒ ⦅☞ じゃくてん; よわみ⦆. **弁慶の泣き所** *one's* Achilles(') [əkíːliːz] heel 参考 ギリシャの英雄アキレスの唯一の弱点がかかとにあったことから.

なぎなた 長刀, 薙刀 Japanese halberd [hǽlbərd] Ⓒ; (説明的には) *naginata,* a Japanese sword with a long wooden handle Ⓒ. ⦅☞ 日本固有の風物と英語 (囲み)⦆.

なきぬれる 泣き濡れる (顔中が涙でぬれる) have *one's* face covered with tears; (涙をいっぱい流して泣く) cry with tears running down *one's* cheeks. ⦅☞ なく¹⦆.

なきねいり 泣き寝入り ¶ 私はその決定に*泣き寝入りしなくてはならなかった (⇒ その決定を我慢しなくてはならなかった) I had to *put up with* the decision. / (⇒ やむを得ず受け入れた) I *was compelled to accept* the decision. // 暴力団に被害を受けたら*泣き寝入りしないで (⇒ 自分たちだけのことにしないで) すぐ警察に届けなさい In case you suffer violence at the hands of gangsters, don't *keep the matter to yourselves,* but call the police immediately. // 赤ん坊は*泣き寝入りした (⇒ 泣きながら寝入った) The baby *cried itself to sleep.*

なきのなみだ 泣きの涙 —副 (泣きながら) with tears in *one's* eyes; (いやいや) with (much) reluctance, very unwillingly. ⦅☞ なくなく⦆.

なきはらす 泣き腫らす ¶ 彼女は*泣きはらした目をしていた (⇒ 目が泣いてはれていた) Her eyes *were swollen from crying.* ⦅☞ なく¹⦆

なきふす 泣き伏す (泣きくずれる) break down ㊀; (泣きながら身を投げ出す) throw *oneself* down ⌈crying [in tears]. ⦅☞ なく¹⦆. ¶ その悲報を聞いて彼女はわっと*泣き伏した She *broke down* ⌈when she heard [at] the sad news.

なきべそ 泣きべそ ¶ そのことで彼女は*泣きべそをかくことになった (⇒ それは彼女には高くついた) It *cost* her *dearly.* ⦅☞ べそ⦆

なきまね 泣き真似 —名 (偽(にせ)の涙) false tears ★ 通例複数形で; (そら涙) crocodile tears 参考 わにはえさを食べながら涙を流すということから. —動 (泣くふりをする) pretend to be crying; (そら涙を流す) shed crocodile tears. ⦅☞ なみだ⦆.

なきむし 泣き虫 (幼児の) crybaby Ⓒ; (少し年上の子供などの弱虫) milksop Ⓒ; (男らしくない意気地なし) sissy Ⓒ. ⦅☞ よわむし⦆.

なきわらい 泣き笑い —名 tearful smile Ⓒ. —動 (泣いて笑う) cry and smile ㊀. ¶ 彼女は*泣き笑いをしていた She was (*half*) *crying and* (*half*) *smiling.*

なく¹ 泣く cry ㊀, weep ㊀ ⦅過去・過分 wept⦆ 語法 前者が一般的で, 後者は文語的. cry は本来は声を出して泣くことに, weep は涙を流すことに重点があるが, 現在では cry は涙を流せば声は出ても出なくてもよく, 両者の違いは文体の違いだけと考えてよい; (すすり泣く) sob ㊀; (涙を流す) shed tears ⦅過去・過分 shed⦆. ⦅☞ なみだ; べそ; なきごえ¹⦆.
¶ 赤ん坊が*泣いているよ The baby *is crying.*
彼女はその知らせを聞いて*泣いた She ⌈*cried* [*wept*] ⌈on hearing [at] the news.
彼はうれし泣きに*泣いた He ⌈*cried* [*wept*] for joy.
私は*泣きたくなった I felt like *crying.*
彼女は*泣き出しそうだった She *was close to tears.*
彼女はわっと*泣き出した She *burst into tears.*
私は*泣くまいと歯をくいしばった I clenched my teeth to hold back the ⌈*sobs* [*tears*].

彼の名を聞けば*泣く子も黙る Even a crying child stops *crying* at the mention of his name.
*泣く子と地頭には勝てない (⇒ 市庁相手に戦うことはできない) You can't fight city hall.

なく² 鳴く (鳥がさえずる) sing ⓐ《過去 sang; 過分 sung》; (鳥・動物が特徴のある声で鳴く) call ⓐ; (虫がちゅっちゅっと) chirp ⓐ; (かえるが) croak ⓐ; (羊・やぎが) bleat ⓐ [参考] 英語では鳴くもの, 鳴き声によって, それぞれ異なった語を用いる. 《☞ 動物の鳴き声 (囲み)》.
¶ 羊はめーと*鳴く A sheep *bleats.* // 鳥が森の中で*鳴いている The birds [Birds] *are singing* in the forest. // どこかでかっこうが*鳴いていた Somewhere a cuckoo *was calling.* // かえる[こおろぎ]が*鳴いているのが聞こえる I hear ⌈a frog *croaking* [a cricket *chirping*].

なぐ 凪ぐ (海が静かになる) become ⌈quiet [calm] [語法] quiet のほうが口語的だが, 海についてはよく calm も使う; (風がやむ) drop (off) ⓐ, die away ⓐ. 《☞ しずまる》.
¶ 風が*なぎ, 波が静まった The wind ⌈*dropped* (*off*) [*died away*] and the waves subsided./ The wind and (the) waves *subsided.*

なぐさみ 慰み (楽しみごと・娯楽) amusement Ⓒ; (暇つぶしの気晴らし) pastime Ⓒ; (趣味) hobby Ⓒ [語法] hobby は気に入って始終暇があればする楽しみごと. pastime と hobby は同じ意味に使われることもある. 《☞ ごらく; たのしみ; しゅみ》.

なぐさめ 慰め (勇気づけたり, 手を貸してやったりして楽にしてやること) comfort Ⓤ ★ 具体的な人や物を指すときは Ⓒ; (言葉などで悲しみや苦痛の気持ちを和らげること) consolation Ⓤ [語法] 少し形式ばった語で comfort のように具体的な方法がとられることは意味しない; (精神的な慰め) solace Ⓤ ★ comfort とほぼ同意だが, やや文語的. 《☞ きやすめ》.
¶ 彼にとっては酒が唯一の*慰めだった Wine [Alcohol] was his only *comfort.* // あなたがそばにいて下さるのは大きな*慰めです It is a great ⌈*comfort* [*consolation*] to me that you are always with me. / Your presence is a great ⌈*comfort* [*consolation*] to me. // 私は彼に*慰めの言葉をかけた I spoke words of *comfort* to him.

なぐさめる 慰める (希望などを与えて力づける) comfort ⓣ; (悲しみや失望感を和らげる) console ⓣ [語法] 後者のほうが形式ばった語で, 具体的な方法よりも精神的な慰めという感じが強い; (自らを…で慰める) find solace in …; (元気づける) cheer up ⓣ.
¶ 私は彼女の悲しみを*慰めた I ⌈*comforted* [*consoled*] her in her sorrow. // 彼女は音楽で自らを*慰めた She *found solace in* music.// 彼は一生懸命に母親を*慰めようとした (⇒ 母親を元気づけようとした) He tried very hard to *cheer up* his mother.

なくす¹ 無くす (失う) lose ⓣ《過去・過分 lost》(↔ gain); (取り除く) get rid of…; (社会習慣・制度などを廃止する) abolish ⓣ ★ 改まった語. 《☞ うしなう; なくなる¹》. ¶ 私はその金を*なくしてしまった I *have lost* the money. // 彼は仕事を*なくした He *has lost* his job. // 悪い習慣は*なくすべきです We should ⌈*get rid of* [*abolish*] bad customs.

なくす² 亡くす (失う) lose ⓣ; (死が家族や近親を奪う) bereave ⓣ. 《☞ うしなう》.
¶ 彼女はその事故で一人息子を*亡くした She *lost* her only son in the accident. / (⇒ 事故が一人息子を奪った) The accident *bereaved* her *of* her only son. // 私は父をがんで*亡くした I *lost* my father *to* cancer.

-なくて …無くて ━ 接 (…ではなくて…) not … but … ━ 前 (…なしでは) without …
¶ それは彼のでは*なくて私のです It's *not* his. It's mine. [語法] このような短い発話では文を 2 つに切るほうが, not … but … を用いるよりも普通である. // この家は売り家では*なくて貸し家です This house is *not* for sale *but* for rent. // 我々は水が*なくては生きてゆけない We cannot live *without* water. 《☞ -なければ》//
*なくて七癖 Everyone has his foibles. [語法] foible は「ちょっとした癖」とか「愛嬌のある弱点」といった意味.

なくなく 泣く泣く (いやいやながら) reluctantly, with reluctance; (意志に反してしぶしぶ) unwillingly [語法] reluctantly は気が進まない程度だが, unwillingly はもう少し意味が強い. 《☞ しぶしぶ》.
¶ 私は*泣く泣く彼の提案に同意した I gave my consent to his proposal ⌈*reluctantly* [*with reluctance*]. / (⇒ 無理に同意させられた) I *was forced to* consent to his proposal.

なくなる¹ 無くなる **1** «紛失する»: (失う) lose ⓣ《過去・過分 lost》 [語法] 日本語で「なくなる」とあっても, 英語では「人」を主語にして「私は…をなくした」のような表現をすることがある; (見当たらない) be missing; (消えてなくなる) be gone ★「状態」を言う. 以上 2 つは「物」が主語. 《☞ なくす¹; ふんしつ》.
¶ 私の時計が*なくなった (⇒ 見当たらない) My watch *is missing.* // 帰って来てみるとスーツケースが*なくなっていた When I came back, my suitcase *was gone.*
2 «使ってなくなる»: (使い尽くす) run out of … [語法] 「人」を主語にする; (不足する) run short of … [語法] 「人」を主語にするが, 「物」を主語にすれば run short のみで of は不要; (すっかり使ってしまう) be used up; (空になる) be exhausted ★ 少し改まった語.
¶ 燃料と食料の蓄えが*なくなった We *ran out of* fuel and food. / (⇒ 使い果たされた) Our stores of fuel and food *have been* ⌈*used up* [*exhausted*]. // 金が*なくなった (⇒ 全部使った) I *spent* all my money. / (⇒ 使い尽くした) I *ran out of* money. // 在庫は*なくなりかけている The stock *is running short.* // 望みはすべて*なくなった All hope *is gone.*

なくなる² 亡くなる (死ぬ) die ⓐ, pass away ⓐ [参考] pass away は die の婉曲的表現. 《☞ しぬ (類義語); 婉曲語法 (欄外)》.

なぐりあい 殴り合い ━ 名 (けんか) fight Ⓒ [語法] 実力を使ってのけんかを言う. 「口げんか」は quarrel Ⓒ; (殴打のやりとり) exchange of blows Ⓒ. ━ 動 (殴り合いの

けんかをする) fight ⓐ, have a fight; (互いに打ち合う) exchange blows ★ 前者のほうが一般的.《☞ けんか; なぐる》.
¶ 彼らは*殴り合いをした They *had a fight.* / They *exchanged blows.* ∥ 彼はジョンと*殴り合いを始めた He and John began to *fight.*/ He began to *fight with* John.

なぐりがき なぐり書き ―動 (急いでそんざいに書く) scribble ⓣⓐ; (みみずののたくったような字を書く) scrawl ⓣⓐ. ―名 scribble Ⓤ; scrawl Ⓤ.《☞ はしりがき》. ¶ 彼は自分の名前を*なぐり書きした He ｢*scribbled* [*scrawled*] his name.

なぐりこみ 殴り込み ―名 (集団での不意の攻撃) raid Ⓒ. ―動 raid ｢on [upon] ...《☞ おそう (類義語)》. ¶ 暴力団員が対立している暴力団の所に*殴り込みをかけた A group of gangsters ｢*made a raid* [*raided*] ｢*on* [*upon*] their rival's place.

なぐる 殴る (繰り返し) beat ⓣ《過去 beat; 過分 beaten,《米》ではまた beat》; (ねらいをつけて) hit ⓣ《過去・過分 hit》, strike ⓣ《過去・過分 struck》 ★ hit のほうが口語的, いずれも回数には関係がない; (倒れるほど) knock ⓣ; (握りこぶしで) punch ⓣ; (平手で) slap ⓣ.《☞ うつ[1] (類義語)》.
¶ 彼は暴力団員にひどく*殴られた He *was beaten up* by a gangster. 語法 beat up は口語で「ひどく殴る」こと. ∥ このいたずらめ. *殴ってやる You naughty boy. I'll *beat* you. ∥ 彼は私の頭を*殴った <S(人)+V(*hit*; *strike*)+O(人)+*on*+名(殴る体の部分)> He ｢*hit* [*struck*] me *on* the head. ∥ 彼女は彼のほおを平手で*殴った She *slapped* him *on* the cheeks. ∥ 私は彼を*殴り倒した I *knocked* him *down.* ∥ 彼女は私をひどく*殴った She *hit* me hard.

なげうつ 擲つ, 抛つ (職・地位などを断念する) quit ⓣ; (あきらめて捨てる) resign ⓣ.《☞ すてる》. ¶ 彼は仕事を*なげうって旅に出た He ｢*quit* [*resigned*] his job and set off on a trip. ∥ 彼は私財を*なげうってその病院を建てた (⇒ 私財を提供した) He *offered* his property to build the hospital.

なげうり 投げ売り ―名 (見切り売り) sacrifice Ⓒ; (大安売り) bargain sale Ⓒ; (蔵払い) clearance (sale) Ⓒ. ―動 sell ... at a sacrifice.《☞ やすうり; とくばい》.
¶ 彼らは在庫品を*投げ売りした They *sold* their (goods in) stock *at a sacrifice.*

なげかわしい 嘆かわしい ―形 (遺憾な) regrettable; (情けない) deplorable.《☞ なさけない》. ¶ 責任ある地位にある人がそんなことをしたとは*嘆かわしい It is ｢*regrettable* [*deplorable*] that a man in a responsible position should have done such a thing.

なげき 嘆き (一般的な悲しみ) sorrow Ⓤ; (短期間の強い悲しみ) grief Ⓤ ★ 悲しみの原因を指すときはいずれも Ⓒ.《☞ かなしみ》.
¶ 彼女の*嘆きは慰めようがなかった Her *sorrow* was inconsolable. ∥ 彼は*嘆き悲しんでいた He was in deep *grief.*

なげく 嘆く (悲しむ) be [feel] sad (about ...; at ...; over ...); (悲嘆に暮れる) grieve (about ...; over ...) ⓐ; (深く悲しむ) deplore ⓣ.
【類義語】最も一般的で平易な表現は **be [feel] sad** で, 悲しみによる嘆きと, 残念な思いの両方に用いることができる. 少し改まった語が **grieve**. なくなったものや破壊されたものなどを深く悲しむ改まった語が **deplore**.《☞ かなしむ; 感情の表現 (囲み)》
¶ 彼女は夫の死を*嘆いた She ｢*was* very *sad* [*grieved*] *over* her husband's death. ∥ 彼は政界の腐敗を*嘆いた He *deplored* the ｢corruption [corrupt condition] of the political world.

なげすてる 投げ捨てる throw [cast; fling] away ⓣ 語法 cast は throw の形式ばった語で, fling は乱暴に投げること; (ひょいと投げる) toss ⓣ.《☞ なげる (類義語); すてる》.
¶ 彼はたばこの吸いさしを*投げ捨てた He *threw away* a cigarette butt. ∥ 彼女は紙くずをかごにぽんと*投げ捨てた She *tossed* (the) waste paper into a basket.

なげだす 投げ出す (ある場所から外へ放り出す) throw out ⓣ; (下に放り出す) throw down ⓣ; (職業などを放棄する) give up ⓣ; (職・地位などを断念する) quit ⓣ.《☞ ほうりだす》.
¶ 彼は壊れたいすを窓から*投げ出した He *threw* the broken chair *out* (*of*) the window. ∥ 彼は仕事を*投げ出した He ｢*gave up* [*quit*] his job. ∥ 私は畳の上に足を*投げ出した (⇒ 足を伸ばした) I *stretched out* my legs on the *tatami.*

なげつける 投げつける (一般的に) throw ... (at ...); (力を入れて投げる) fling ... (at ...); (遠くまで投げる) hurl ... (at ...).《☞ なげる (類義語)》. ¶ 彼は犬に石を*投げつけた He ｢*flung* [*hurled*] a stone *at* the dog.

なけなし (持っているわずかの...) what little ... *one* has 語法 可算名詞の場合は little が few になる. ¶ 彼は*なけなしの金をはたいて (⇒ 持っているわずかな金全部を使って) そのステレオを買った He spent *what little money he had* on the stereo.

なげなわ 投げ縄 lasso Ⓒ《複 ~(e)s》 参考 牛や馬を捕えるためのもの.

なげやり 投げやり ―形 (いいかげんな・怠慢な) negligent; (不注意な) careless. ―動 (仕事・義務などを怠る) neglect ⓣ. ―名 (だらしないこと) negligence Ⓤ; (怠慢) neglect Ⓤ; carelessness Ⓤ.《☞ いいかげん》.
¶ 彼は仕事が*投げやりだ He is *negligent* in his work. / (⇒ 仕事に不注意だ) He is *careless* about his work. ∥ 彼は職務を*投げやりにするような人ではありません He isn't a man who *neglects* his ｢duty [duties].

なげる 投げる (一般に) throw ⓣ《過去 threw; 過分 thrown》; (力を入れて) fling ⓣ《過去・過分 flung》; hurl ⓣ; (ボールなどを) pitch ⓣ; (ぽいと投げる) toss ⓣ.
【類義語】最も一般的で, 広い意味で投げることを表すのが **throw**. 力を入れて乱暴に投げるのが **fling**. かなり強く遠くへ物を投げるのが **hurl**. ボールなどを目標にねらいを定めて投げるのは **pitch**. 上方または横に軽く投げることを意味す

るのが **toss**. 《☞ なげつける；なげすてる》

¶ 子供たちは犬に石を*投げた The boys [Boys] ˹*threw* [*flung*] stones *at* the dog. 語法 何かを目がけて投げるときの前置詞は at. // 投手は打者に速球を*投げた The pitcher *pitched* a fast ball to the batter. // 走っている車から物を*投げてはいけない Don't *throw* things out of a moving car. // コインを*投げて勝ちを(⇒ どちらがゲームに勝ったか)決めよう Let's ˹*toss* [*flip*] a coin to guess who won the game.

-なければ …無ければ (…なしに) without …; (もし…しなければ) unless …, if …not …; (あり得ないことだがもし仮に…がないと仮定したら) if it were not for …; (…以外では) except … 《☞ -なかったら；-なら》.

¶ 祖父は眼鏡が*なければ新聞が読めない My grandfather can't read a paper ˹*without* [*unless* he wears] glasses. // 我々は空気が*なければ生きてゆけない We cannot live *without* air. / We would not be able to live *if it were not for* air. 語法 前者は単なる事実としての表現. 後者は仮定の表現. 《☞ 仮定の表現 (囲み)》 // その仕事は君で*なければ(⇒ 君を除いては) できない Nobody is able to do the work ˹*except* [*but*] you.

なこうど 仲人 (結婚の世話をする人) matchmaker Ⓒ; go-between Ⓒ 語法 後者は結婚の仲人以外にも広く双方の仲立ちをする人を言う. 《☞ ばいしゃく》.

¶ 彼らが結婚したとき, 私の父が*仲人を務めました My father acted as ˹*matchmaker* [*go-between*] when they were married. 語法 act as の次の名詞は通例無冠詞. // おばは*仲人(⇒ 結婚の世話)をするのが好きです My aunt is fond of *arranging marriages*.

なごむ 和む (慰められる) be comforted; (心が和らぐ・心を和らげる) soften ㊎ ㊉. 《☞ やわらぐ》. ¶ 美しい物を見ると心が*和む (⇒ 美しい物が私たちの心を慰める) Beautiful things *comfort* our mind. // 彼女の一言でその場の緊張した雰囲気が*和んだ (⇒ 彼女の言葉が雰囲気を和らげた) Her words *softened* the tense atmosphere of the place.

なごやか 和やか ━ 形 (静かな) quiet; (平和な) peaceful; (幸せな) happy; (友好的な) friendly. 《☞ おだやか》. ¶ しばらく*和やかな日々が続いた *Peaceful* [*Quiet*] days continued for a while. // 会はとても*和やかな雰囲気でした The meeting was held in a *friendly* atmosphere. // 彼の家庭はとても*和やかだ (⇒ 幸せな家庭を持つ) He has a *happy* family. / His family is a *happy* one.

なごり 名残 (過去の形跡) trace Ⓒ; (過去の遺物) remnant Ⓒ, remains ★ 複数形で.

¶ その町は過去の*名残をまったくとどめていない The town retains no *trace(s)* of the past. // 崩れた石垣だけが古城の*名残をとどめていた (⇒ 古城の跡として残ったものだ) Fallen [Crumbled] stone walls were the only ˹*remnants* [*remains*] of the ancient castle.

名残惜しい ¶ お*名残惜しいが別れのときがきた (⇒ 別れるのはいやだがもうお別れしなくてはならない) I really *hate to part* from you, but I have to say good-by(e) now. // 彼女は*名残惜しそうに手を振っていた (⇒ しぶしぶ別れるように見えた) She waved her hand again and again and seemed quite *reluctant to part* from us.

なさけ 情け (同情) sympathy Ⓤ; (慈悲) mercy Ⓤ; (慈善) charity Ⓤ; (優しさ・親切) kindness Ⓤ. 《☞ おもいやり；なさけぶかい》.

¶ 判事はその被告に*情けをかけた The judge showed ˹*sympathy* [*mercy*] to the accused. // 私は人の*情けで生きるのはいやだ I don't like to live on *charity*. // 彼の*情けが身にしみた (⇒ 彼の親切が私の心を打った) His *kindness* touched my heart.

情け容赦のない ¶ 彼は*情け容赦のない (⇒ 厳しい) 先生だ He is a *stern* teacher.

なさけしらず 情け知らず ━ 形 (冷淡な) coldhearted; (冷酷な・薄情な) heartless; (同情心のない) unsympathetic; (慈悲心のない) merciless. 《☞ れいたん；はくじょう[1]》.

なさけない 情けない ━ 形 (恥ずべき) shameful; (哀れな) pitiful, pitiable 語法 pitiable には軽蔑の感情が含まれる; (嘆かわしい) deplorable ★ やや改まった語; (不名誉な) disgraceful. ━ 動 (恥である) be a shame; (恥ずかしい) be ashamed of … 語法 後者は話者を主語とする. 《☞ なげかわしい》.

¶ 何て*情けないことを言うんだ It's a *shame* that you said such a thing. / What a *shameful* thing you said! // 犯罪が増えているとは*情けない It's *deplorable* that the crime rate is increasing. // *情けない死に方はしたくない I don't want to die a *disgraceful* death. // 僕は自分でやったことが*情けない I *am ashamed of* what I did.

なさけぶかい 情け深い (心の優しい) kindhearted, warmhearted, tenderhearted. 《☞ なさけ》. ¶ 彼は*情け深い老人に助けられた He was saved by a ˹*kindhearted* [*warmhearted*] old man.

なざし 名指し ━ 動 (人の名を呼ぶ) call [mention] *a person* by name. ━ 副 by name. ¶ 彼は私を*名指しで非難した He criticized me ˹*mentioning my* [*by*] *name*.

なし 梨 Japanese pear [péə] Ⓒ 参考 英語でいう pear は日本の梨と少し違い, しもぶくれの形をしている. 「西洋なし」とも呼ばれる.

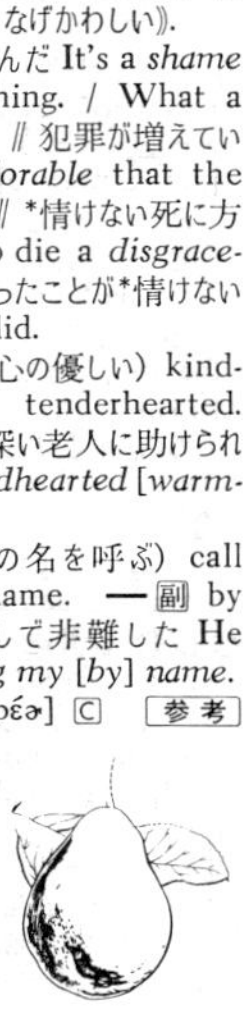

pear

-なし …無し ━ 接尾 -less 語法 名詞に付ける形容詞語尾. 《☞ -なしで；接尾辞 (欄外)》.

¶ 彼は一文*なしだ (⇒ 彼は全然金を持ってない) He has no money at all. / He is *penniless*. / He's ˹stone-broke [flat broke]. 語法 無一文の状態を表す口語表現. // 彼は家が焼けて家族は*宿なしになった His house was burned down and his family became *homeless*. // これは種*なしすいかです This is a *seedless* watermelon.

なしくずし 済し崩し (少しずつ) little by

little, bit by bit. ¶ 私はその借金を*なしくずしに (⇒ 少しずつ) 払った I 「paid back [repaid] the debt *bit by bit*.

-なしで …無しで ━ [前] without … ━ [動] (…なしで済ます) do without …; dispense with … [語法] 後者のほうが形式ばった言い方で, いずれも主語は「人」. 《☞ -なし》.
¶ 彼は地図*なしで旅行に出かけた He went on a journey *without* 「a map [maps]. // 彼は砂糖*なしでコーヒーを飲む He drinks coffee *without* sugar. // アメリカでは車*なしではやっていけない You can't *do without* a car in America.

なしとげる 成し遂げる (計画や目的を) accomplish (他); (業績・到達目標などを達成する) achieve (他); (計画などを実行する) carry 「out [through] (他) [語法] through を使うと最後までやり通したという意味が強くなる; (する・行う) do (他) [語法] 意味が広くて, 必ずしも「成し遂げる」という日本語に当たらないこともある. 《☞ とげる; たっせい (類義語)》.
¶ 彼は偉大な仕事を*成し遂げた He *has* 「*accomplished* [*done*] a great work. [語法] do のほうが口語的. // それは一朝一夕に (⇒ 1日では) *成し遂げられるものではない You can't *achieve* it in a single day. // 彼は約束したことを*成し遂げた He *carried out* what he had promised.

なじみ 馴染み ━ [形] (よく知っている) familiar; (気に入りの) favorite (《英》 favourite). ━ [名] (旧友[旧知の人]) old 「friend [acquaintance] [C]. 《☞ かおなじみ; おさななじみ; しりあい》.
¶ その公園は私にとって*なじみの深い場所です The park is quite *familiar* to me. / (⇒ よく知っている) I *know* the park very well. / (⇒ よく行ったことがある) I have often been to the park. // あれは私の*なじみの (⇒ 気に入りの) 店です That is my *favorite* store. // 彼とはクラブで*なじみになった (⇒ クラブで彼と知り合いになった) I *got acquainted with* him at the club. / (⇒ 親しくなった) I *made friends with* him at the club.

なじむ 馴染む (自然に慣れる) get used to … ★ 口語的; (順応する) adapt *oneself* to …; (合うように少し変更を加える) adjust *oneself* to … ★ 以上 2 つはやや改まった言い方; (親しくなる) make friends with … ★ 口語的. 《☞ なれる[1]; てきおう》.
¶ 私はまだ新しい方法に*なじめない I *haven't gotten used to* the new method yet. // 子供は新しい環境にすぐ*なじむ Children 「soon *get used* [*adapt themselves* quickly] *to* new surroundings. // アメリカの生活に*なじむのにまる 1 年かかった It took me a whole year to *adjust myself to* the American way of life. [語法] get used to も使えるが, adjust を使うと積極的な努力のニュアンスが出る. // あの人は*なじみにくい人だ (⇒ 親しくなるのが難しい) He is not easy to *make friends with*. / (⇒ つきあいにくい人だ) He is a difficult person to *get along with*. // この上着は着ているうちに*なじんできます (⇒ よく合うようになる) This coat will *fit better* after you wear it (awhile).

ナショナリズム (民族[国家]主義) nationalism [U].

なじる 詰る (非難する) blame (他); (批判する) criticize (他). 《☞ ひなん[1]; とがめる》.

なす[1] 成す (作る) make (他); (形造る) form (他). 《☞ つくる》. ¶ 彼は一代で財を*成した (⇒ 財産を作った) He *made* a fortune in his lifetime. // それは大きな円を*成している It *forms* a large circle. // 彼らは群れを*成してやって来た They came *in crowds*. // あなたの言うことは意味を*成さない What you say doesn't *make* sense.

なす[2] 為す (行う) do (他) 《☞ する[1]》. ¶ 彼は*なすこともなくぶらぶらしていた He idled away his time, having nothing to *do*. // あまりの恐ろしい光景に私は*なすすべを知らなかった (⇒ どうしたらよいかわからなかった) I 「didn't know what to *do* [felt helpless] at the horrible sight.

なす[3] 茄子 Japanese eggplant [C] [参考] アメリカ産の eggplant は日本のものより形が大きい.

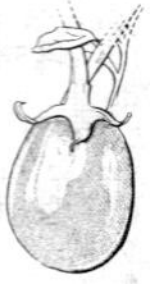
eggplant

なすりつける 擦り付ける **1** «罪などを»: (人のせいにする) blame (他); (罪・責任などを負わせる) lay [put] the blame on …; (責任などを転嫁する) shift (他). 《☞ きせる; てんか[3]》.
¶ 彼らはその失敗の責任を私に*なすりつけた They *blamed* the failure *on* me. / They 「*laid* [*put*] *the blame* for the failure *on* me. // 彼はその責任[罪]を私に*なすりつけようとした He tried to *shift* the 「responsibility [blame] 「*to* [*onto*] me.
2 «塗る»: (塗りつける) daub (他) 《☞ ぬる》. ¶ その子は壁に泥を*なすりつけた The boy *daubed* mud on the wall.

なする 擦る (こする) rub (他); (一面に塗りつける) spread (他); (責任などを人になする) put [lay] the blame on … 《☞ ぬる》. ¶ 彼らは責任を*なすり合った (⇒ 互いに非難し合った) They *blamed* 「*each other* [*one another*]. / They 「*laid* [*put*] *the blame on* 「each other [one another].

なぜ 何故 (どういう理由で) why ★ 最も一般的. 以下の表現の代わりに使える場合も多い; (どうしてそうなるのか) 《口語》 how come (…) [語法] やや驚きの気持ちが加わる. 答えの文には普通 because は用いない; (…はどうしてか・どういう訳で…なのか) why [how] is it that … [語法] how come とほぼ同意だが, やや改まった表現; (何のために・何の目的で) for what purpose ★ やや改まった表現; 《口語》 what for, what … for. 《☞ 理由の表し方 (囲み)》.
¶「*なぜ早起きするの」「ジョギングのためだよ」 "*Why* do you get up early?" "Because I want to go jogging." / "*What* do you get up early *for*?" "To go jogging." [語法] why を使う疑問文の答えには普通 because で答えるが, 不定詞やほかの語句を用いることもある. //「彼は僕にひどく腹を立てている

んだ」「*なぜ」「わからないんだ」"He's very angry with me." "*How come?*" "I don't know." ∥「*なぜ彼女は来なかったのですか」「わかりません」"*How* [*Why*] *is it that* she didn't come?" "I don't know." ∥ *なぜ(⇒どういう目的で)アメリカへ行くのですか *For what purpose* are you going to America? / *What* are you going to America *for*? 【語法】後者のほうが口語的で, 日常会話では普通後者のような言い方が多い. ∥「*なぜあなたは笑ったのですか」「彼女の言い方がおかしかったからです」"*What* made you laugh? / *Why* did you laugh?" "Because her way of saying it was funny." 【語法】前者は直訳すれば「何があなたを笑わせたのか」という言い方である. このように what を用いて,「何があなたを…させたのか」という表現は why で聞くよりも客観的で, 少なくとも表面上は単にあることをするに至った因果関係を聞いているというニュアンスがあるため, Why …? ほど詰問調ではない. そこで, やわらかく理由を尋ねる表現としてよく用いられる. 例えば「*なぜここへ来たのか」は *What* brought you here?「*なぜ怒ったのか」*What* made you angry? など. 《☞ 発想(欄外)》 ∥ 彼は*なぜあんなことをしたのだろう I wonder *why* he did such a thing. ∥「*なぜ来なかったの」「*なぜだかわからないけれど, なんとなく行きたくなかったのです」"*Why* didn't you come?" "I don't know *why*, but I didn't want to."

なぜならば 何故ならば ―【接】because … 【語法】理由を述べる最も典型的な接続詞. 文頭にも主節の後にも置くことができるが, 主節の後のほうが普通; since… 【語法】because よりやや形式ばっていて, 意味はほぼ同じ. 文頭に置くのが普通; (…というのは) for … 【語法】やや文語的で, 理由というよりは状況説明をするというほうが近い感じの語で, 会話やくだけた文では用いない. 文頭には置かれず, 前の節とはコンマで区切るのが普通. 《☞ 理由の表し方(囲み); 接続詞(欄外)》.
¶ 鯨は哺乳動物である. *なぜならば鯨は胎生である The whale is a mammal *because* it ⌜bears its young alive [is viviparous]. ∥ 夜の間に雨が降ったらしい. *なぜならば道路がぬれている It seems ⌜it [to have] rained during the night, ⌜*because* [*since*; *for*] the road is wet.

なぞ 謎 (不可解なこと) mystery Ⓒ; (不可解なもの[人]) enigma Ⓒ; (判じ物) puzzle Ⓒ; (なぞなぞ) riddle Ⓒ. 《☞ ふかかい》.
¶ それは依然として*謎だ It remains a *mystery*. ∥ 刑事はその*謎を解く手がかりを捜した The detective sought (for) a clue to (solve) the *mystery*. ∥ それはアメリカ先史時代の*謎の1つだ It is one of the *enigmas* of American prehistory. ∥ 彼は*謎めいた事を言った He said something ⌜*mysterious* [*enigmatic*]. ∥ 君に*謎を出すよ I'll ⌜ask [give] you a *riddle*. ∥「あなたにこの*謎が解けますか」「やってみましょう」"Can you ⌜figure out [solve] this ⌜*riddle* [*puzzle*]?" "I'll try." ∥ 彼女がなぜそんな事を言ったのか*謎です(⇒だれも知らない) *Nobody knows* why she said so.

なぞなぞ 謎謎 riddle Ⓒ. ¶ 彼は「穴だらけでありながら水を保つものはなんだ」という*なぞなぞを私に出した He asked me the *riddle*, "What is full of holes and yet holds water?" ∥ その*なぞなぞの答えは「スポンジ」だった The answer to the *riddle* was "A sponge."

なぞらえる 準える (例える) compare [liken] … to … 【語法】compare のほうが普通. liken は形式ばった語; (まねて作る) model [make] … after … 《☞ たとえる》. ¶ 人生はよく航海に*なぞらえらえる Life is often ⌜*compared* [*likened*] *to* a voyage. ∥ これは古い原型に*なぞらえて作ったものです We *made* this *after* an old model.

なぞる (透写する) trace ㊀ 《☞ うつす²》.
¶ 手本を*なぞって書道の練習をした We practiced calligraphy *tracing* in a copybook.

なた 鉈 hatchet Ⓒ.

なだ 灘 open sea Ⓤ. ¶ 遠州*灘 *the Sea* of Enshu

なだかい 名高い (よい意味で有名な) famous; (よく知られた) well-known, noted 【語法】well-known, noted はよい悪いという点については中立的. 《☞ ゆうめい (類義語); ていひょう》.

なたねあぶら 菜種油 rape(seed) oil Ⓤ.

なだめる 宥める (泣いている子などを) soothe [súːð] ㊀; (静める) quiet ㊀, calm ㊀ ★ 前者のほうが口語的; (特に要求や条件などを受け入れて満足させる) appease ㊀; (うまくなだめすかす) coax [kóuks] ㊀. 《☞ あやす》.
¶ 彼女は泣く子を*なだめた She ⌜*soothed* [*quieted*; *calmed*] the crying child. ∥ 彼は彼女の怒りを*なだめようとした He tried to *appease* her anger. ∥ 私は*なだめすかしてその子に薬を飲ませた I *coaxed* the boy into taking his medicine.

なだらか ―【形】(傾斜がゆるやかな) gentle.
¶ 町全体は*なだらかな丘の斜面にあります The whole town is on the *gentle* slope of a hill.

なだれ 雪崩 avalanche [ǽvəlæ̀ntʃ] Ⓒ.
¶ 表層*雪崩が急に私たちを襲った A surface *avalanche* ⌜came [fell] down on us.
なだれを打って ¶ 群衆が*なだれを打って入ってきた(⇒押し寄せてきた) The crowd *surged* into the place.

なだれこむ 雪崩込む (押し寄せる) surge into …; (殺到する) rush into … 【語法】前者は群衆などがどっと波のように押し寄せること. 後者は大急ぎで中に入ることで, 前者のほうが意味が強く, 後者のほうが口語的. 《☞ さっとう》. ¶ 暴徒はその建物に*なだれ込んだ The mob ⌜*surged* [*rushed*] *into* the building.

ナチス (全体) the Nazis [nɑ́ːtsi(ː)z]; (党員) Nazi Ⓒ.

なつ 夏 summer Ⓤ 《☞ かき⁵》.
¶ この花は*夏に咲く This flower comes out in (the) *summer*. 【語法】summer は通例無冠詞だが in の後では the が付くことが多い. ∥ 今年の*夏は北海道へ行きます I am going to Hokkaido this *summer*. 【語法】this, last, next などが付くときは前置詞を伴わない. ∥ 私は

軽井沢で*夏を過ごした I spent the *summer* at Karuizawa. [語法] 特定の夏なので定冠詞が付く. // 彼は*夏中アルバイトに精を出した (⇒ 一生懸命働いた) He worked hard through the *summer*.

夏服, 夏物 summer「clothes [wear Ⓤ]; (スーツ) summer suit Ⓒ. 《☞ 衣服 (囲み)》 **夏休み** summer vacation Ⓒ, 《英》 summer holidays. 《☞ やすみ; きゅうか[1]》 **夏山** (夏の山) summer mountain Ⓒ; (夏の登山) summer mountaineering Ⓤ. 《☞ やま; とざん》 **夏ばて, 夏やせ** ☞ 見出し.

なついん 捺印 ― [動] put the seal on ... ― [名] seal Ⓒ [参考] 日本の印鑑に当たるものが欧米にはないので, これは意訳にすぎない. seal とは書類などに貼りつけるものであるが, これも日本の印鑑とは異なり特別の証書類のみに使われる. 欧米で日本の印鑑の代わりをするのはサイン (署名) (signature) である. 《☞ はん[1]》.

なつかしい 懐かしい ― [動] (懐かしく思う) yearn「for [after] ... ; (切に...したいと思う) long for ... ― [形] (いとしい) dear ; (古きよき...) good old ...

¶ 私は故郷が*懐かしい I *yearn*「*for* [*after*] my「home [hometown]. / (⇒ 故郷に帰りたいと思う) I *long for* (my) home. / (⇒ なんと懐かしく思うことか) How I「*yearn after* [*long for*] (my) home! // 私は 20 年ぶりに*懐かしい故郷へ帰った I went back to my *dear old* hometown for the first time in twenty years. // この写真を見るといつもあの*懐かしい昔を思い出す (⇒ この写真がいつもあの古きよき日を思い出させる) This picture always reminds me of the *good old* days. // それは*懐かしい歌だ It's a *good old*「song [melody]. // *懐かしい (⇒ 昔なじみの) 人々に会うのを楽しみにしている I'm looking forward to seeing the *old familiar* faces.

なつかしむ 懐かしむ (なつかしく思う) yearn「for [after] ... ; (思いあこがれる) long for ... 《☞ なつかしい》.

なつがれ 夏枯れ (夏枯れ時) the slack summer season 《☞ ふけいき》. ¶ *夏枯れで商売上がったりだ (⇒ 夏枯れ時にはほとんど仕事がない) We have little business in *the slack summer season*.

なつく 懐く ― [動] (...を好くようになる) take to ... ; (動物がおとなしくなれる) tame (自). ― [形] (動物が人になれた) tame. 《☞ なれる[2]》.

¶ その子はすぐ新しい家庭教師に*なついた The child *took to* his new tutor soon. // クラスの生徒はみんな先生に*なついている (⇒ 好きである) All the pupils in the class *like* their teacher very much. // この犬はさっぱり*なつかない This dog isn't *tame* at all.

なづけおや 名付親 godparent Ⓒ; (代父) godfather Ⓒ; (代母) godmother Ⓒ [参考] 以上は英米では生まれた子の洗礼式に立ち会い, 名前を付け, その子の家庭教育に責任を持つ人のことをいう.

なづける 名付ける (命名する) name (他); (称する) call (他) [語法] ほぼ同意だが, call のほうは「...を...と呼ぶ」という意味で, 必ずしも正式に名前を与えるということを意味しない場合もある. 《☞ よぶ; なまえ》.

¶ 両親はその子を太郎と*名付けた <S(人)+V(*name*; *call*)+O(人)+C(固有名詞)> The parents「*named* [*called*] the baby Taro. // その島は発見した人にちなんで*名付けられた The island *was named* after the man who discovered it.

ナッツ (木の実) nut Ⓒ ★ 堅い実をいう (↔ berry). hazelnut (＝はしばみの実), walnut (＝くるみ), peanut (＝ピーナッツ) など.

ナット nut Ⓒ. ¶ *ナットでボルトを留める (⇒ ナットをボルトにはめてねじって留める) screw a *nut* onto a bolt

なっとう 納豆 fermented soybeans ★ 説明的訳. 《☞ 食事 (囲み); 日本固有の風物と英語 (囲み)》.

なっとく 納得 ― [動] (理解・了解する) understand (他); (承諾・同意する) consent (to ...) (自); (満足する) be satisfied (with ...). ― [名] (同意) consent Ⓤ; (了解) understanding Ⓤ. 《☞ しょうふく》.

¶ そんなばかげたことは*納得 (⇒ 理解[同意]) できない I can't「*understand* [*consent to*] such an absurdity. // その事は彼も*納得したと思った (⇒ それに対して彼が同意を与えたと思った) I thought that he *had given his consent to* it. // 少額の補償では彼らは*納得しないだろう (⇒ 満足しない) They won't *be satisfied with* a small amount of compensation. // こうした計画は皆の*納得ずくで (⇒ 相互の同意[理解]があって) 行うべきだ These plans should be carried out「with [by] mutual「*consent* [*understanding*].

なつば 夏場 summer Ⓤ; (夏のシーズン) summertime Ⓤ. 《☞ なつ; かき[5]》.

なつばて 夏ばて (夏の無気力) summer lethargy Ⓤ 《☞ なつやせ》. ¶ 今年は*夏ばてしなかった I was free from *summer lethargy* this year. // 彼はすっかり*夏ばてしている (⇒ 夏の暑さでぐったりだ) He *is* completely *exhausted from the summer heat*.

なつみかん 夏蜜柑 Chinese citron Ⓒ.

なつめ 棗 jujube Ⓒ. **なつめ椰子** date palm Ⓒ; (実) date Ⓒ.

なつやせ 夏痩せ ― [名] loss of weight in summer Ⓤ. ― [動] lose weight in summer. 《☞ なつばて; やせる》. ¶ *夏やせにはうなぎがよい Eels are good for *summer loss of weight*. // 今年は*夏やせしなかった I didn't *lose weight* this *summer*.

なでがた 撫で肩 sloping shoulders.

なでしこ 撫子 pink Ⓒ.

なでつける 撫で付ける (髪を) smooth (down) (他); (くしですいて) comb down (他).

¶ 彼女は髪を*なでつけた She「*smoothed* [*combed*] *down* her hair.

なでる 撫でる (さする) stroke (他); (動物などをかわいがって愛撫する) pet (他). 《☞ さする》.

¶ 彼女は赤ん坊の頭を*なでた She *stroked* the baby's head. // 少女は子猫を*なでてやった The girl *petted* her kitten.

-など ...等 (同種のものがなお続く場合) and

so ⌈on [forth] 語法 最も一般的な言い方. forth はやや形式ばった表現 ; etc. [et-sét(ə)rə] 語法 ラテン語の et cetera (=and so on) の略字で, ピリオドを打ち, 前の語とはコンマで区切る. やや改まった言い方だが, 話し言葉でも用いられる. 《☞ エトセトラ(欄外)》; (および同種のもの) and the like ; (その他のもの) and other things ; (その他いろいろ) and what not 語法 細かいものなどをたくさん並べる必要のあるときに使う.
¶ 聴衆の中には学生, 教師, 会社員*などがいた Among the audience, there were students, teachers, office workers *and so* ⌈*on* [*forth*]. // 彼は野球やテニス*などがうまい He is good at baseball, tennis *and the like*. // ロンドン, パリ*などヨーロッパの都市へ行ってみたい I want to go to London, Paris *and other cities* in Europe. // 彼女はスーパーで牛乳やパン*などを買った She bought milk, bread ⌈, *etc.* [*and what not*] at a supermarket.

ナトリウム 〘化学〙 sodium [sóudiəm] Ⓤ 《元素記号 Na》. ¶ 塩化*ナトリウム *sodium* chloride [klɔ́:raid]

ななくさ 七草 (春の七草) the seven spring herbs; (秋の七草) the seven autumn flowers.

ななころびやおき 七転び八起き (浮き沈み) the ups and downs of life. ¶ 人生は*七転び八起きだ (⇒ 人生は多難だが, 早く乗り切ることを願って弱音を吐くな) Life is full of troubles, but one should never say die in the hope of getting over them very quickly.

ななし 名無し ━形 nameless. **名無しの権兵衛** Mr. What's-his-name Ⓒ.

ななつ 七つ ━名 seven. ━形 (7つの) seven; (7つめの) the seventh. 《☞ 数字(囲み)》. **七つ道具** (大工などの道具の完全なーそろい) complete set of tools Ⓒ 《☞ どうぐ》.

ななひかり 七光 ¶ 彼は親の*七光で (⇒ 影響力で) 早く出世した He has won quick promotion *through the influence of his parents*.

ななふしぎ 七不思議 (世界の) seven wonders of the world.

ななめ 斜め ━形 (対角に斜めの) diagonal ★ やや改まった語だが, 明確に斜めを表す語 ; oblique 語法 前者より口語的だが,「斜めに曲がった」という意味から「婉曲な」のような比喩的意味でも使われる ; slant ★ oblique とほぼ同意だが,「斜めに曲げる」という動詞から派生した形容詞. ━名 (傾斜) slant Ⓒ. ━副 diagonally ; obliquely ; slantingly, slantways. 《☞ かたむく ; はす²》.
¶ 私は*斜めの縞のネクタイが好きだ I like ties with ⌈*diagonal* [*oblique*] stripes. // 道路を*斜めに横断してはだめだ Don't cross the road *diagonally*. // *斜めの線を引く draw ⌈a *diagonal* [an *oblique* ; a *slanting*] line 語法 以上は斜めの長い線の場合に使うことが多いが, 語と語の間の区切り, または … or … の意味で, この辞書の言いかえ可能な用例の間に用いているような短い斜線 (/) は slant Ⓒ という. // 父はご機嫌*斜めだ (⇒ 不機嫌だ) My father *is* now *in* ⌈*bad humor* [*a bad mood*].

なに 何 what ★ 疑問詞で, 必ず文頭に置く ; (…するものは何でも) whatever ; (何でもみな) everything ; (何も…でない) not … any …, not … anything, nothing 語法 否定文で「一つも…でない」という意味で使う. not … any のほうが口語的で否定の意味も強い.
¶「*何があったんですか」「事故です」"*What* happened?" "It was an accident." //「ここで*何をしているんですか」「ただ書類を見ているところです」"*What* are you doing here?" "I am just looking at these papers." // *何. もう一度言ってみなさい *What*? Say that again. // 私は*何をしていいのかわからない I don't know *what* ⌈I should do [to do]. // 彼は*何をやってもだめだ (⇒ 失敗する) *Whatever* he ⌈tries [does], he fails. // *何もかも (⇒ すべて) うまくいった *Everything* went well. // 私は貴重品は*何も身につけていません I do*n't* have ⌈*any* valuables [*anything* valuable] with me. // 私はそのことについては*何も知りません I do*n't* know *anything* about it. / I know *nothing* about it. / I have *no* idea (about it). 《☞ なにも》

なにか 何か 《肯定平叙文で》 some, something; 《疑問文, if・whether に続く節で》 any, anything 語法 some, any は後に名詞が続くのが普通だが, 名詞を省略して代名詞としても用いる. 日本語の「何か」に当たる場合は some は単数名詞が続き, any は単数名詞の場合も複数名詞の場合もある. 疑問文の any-(thing) は「あるかないか」と有無を聞く意味となり, if・whether 節では「もしあるとすれば」の意味を表す. something, anything はいずれも単数扱い. また something, anything など, -thing の付く言葉は, 形容詞が後に付く. 否定文の some, any については ☞ なに.
¶ 向こうに*何か白い物が見えた I saw *something* white over there. // *何か食べる物を下さい Please give me *something* to eat. //「この箱の中には*何か大切な物が入っていますか」「いいえ, 大切な物はありません」"Is there *anything* important in this box?" "No, there is nothing important." // *何か書く物を貸して下さい. 何でもかまいません May I borrow *something* to write with? Anything will do. 語法 この something は疑問文で用いられているが, 有無を聞くのではなく, something to write with で「書く道具」というまとまった言葉として用いられている. また, anything が肯定文で用いられた場合は「何でも」という意味. // *何かの理由で彼は学校を欠席した For *some* reason he was absent from school. // *何か質問がありますか Do you have *any* questions? / *Any* questions? // *何かご用でしょうか *What* can I do for you? 語法 受付のような所へ来た人に向かって言う. What do you want? は失礼だから使ってはならない. / Can [May] I help you? 語法 これも前者と同じ状況でも使えるし, 店などで客に対しても使える. ただし, その場合は日本語の「いらっしゃいませ」に当たる. なお, can より may が丁寧とされるが, あまり大きな違いはない.

なにがし 某 ―名 (人) Mr. So-and-so; (…とかいう人) a (certain) Mr. … ―形 (いくらかの) some. (☞ ある²; -という; いくらか). ¶鈴木*なにがしという人が訪ねてきました A (*certain*) *Mr.* Suzuki came to see you.

なにかしら 何かしら ―形 (何かの) some. ―代 (あるもの) something. (☞ なにか).

なにかと 何かと ¶彼は*何かと (⇒ あれやこれやで) 忙しい He is busy *with one thing or another.* // 私が上京したとき彼女は*何かと世話を焼いてくれた (⇒ 大いに助けてくれた) She helped me *a lot* when I went to Tokyo. // 駅のそばに住むのは*何かと (⇒ いろいろな点で) 便利だ It is convenient *in many ways* to live near the station. (☞ なにやかや)

なにがなんでも 何が何でも (ぜひ) by all means; (どんな犠牲を払っても) at ⌈all costs [any cost]. (☞ ぜひ¹; かならず; きっと¹).

なにかにつけ 何かにつけ ―名 (あれやこれや) one ⌈thing [way] or another. ―副 (いろいろな点で) in ⌈many [various] ways. (☞ なにかと).

な

なにくそ 何糞 ¶*なにくそ. 絶対にあきらめないぞ *Damn* [*Darn*] *it*! I'll never give it up. ★ darn は damn の遠回しの語. (☞ ちくしょう) // 私は*なにくそと (⇒ ありったけの力で) その綱を引っ張った I pulled the rope *with all my might.*

なにくれとなく 何くれとなく (いろいろな方法で) in various ways; (あれこれと) in one way or another. (☞ いろいろ; なにやかや).

なにくわぬかお 何食わぬ顔 ¶彼は*何食わぬ顔をしていた (⇒ 何も知らないふりをしていた) He *pretended ignorance.* / He *feigned that he knew nothing.* // 彼女は*何食わぬ顔で (⇒ 外見上は無関心を装って) 部屋に入って来た She entered the room *with* ⌈*an unconcerned look* [*apparent unconcern*].

なにげない 何気ない ―形 (その場で思いついたような) casual; (特に注意も関心も払わない) indifferent. ¶彼女は*何気ない質問をした She asked a *casual* question. // 彼は*何気ないふうでそれを見ていた He was looking at it in an *indifferent* manner.

なにげなく 何気なく ―副 (特に注意もせずに・ふと) casually; (無意識に) unconsciously. ¶彼女は*何気なくページをめくった She *casually* turned the page. // 彼は*何気なく (⇒ たまたま) その本を取った He *happened to* pick up the book. // 私は*何気なく (⇒ 無意識に) 頭へ手をやった I *unconsciously* put my hand up to my head.

なにごと 何事 (何) what; (何か) anything ★ 疑問文・条件節で; (何も…ない) nothing. (☞ なに; なにか).
¶これは*何事だ *What*'s this? //「*何事ですか (⇒ 何が起こったか)」「何でもありませんよ」"*What* happened?" "Nothing (happened)." // *何事かあったら警察を呼んで下さい If *anything* happens, please call the police. // 人の部屋をのぞくとは*何事だ (⇒ よくもまあのぞけるものだ) How *dare* you peep into someone else's room? // 仕事は*何事もなく (⇒ 障害なく[円滑に]) 進んだ The work proceeded ⌈*without a hitch* [*smoothly*]. // 彼は*何事によらず (⇒ あらゆることに) 最善を尽くす He does his best *in everything.* // *何事があろうとも彼は頑張るだろう *Whatever may happen*, he will persevere. (☞ 譲歩の表現 (囲み))

なにしろ 何しろ **1** «いずれにしろ»: (とにかく) at any rate; (どのようなことになるにしろ) in any case; (ともかく当面は) anyway; (とにかくどんな方法でもよいから) anyhow [語 法] 以上の語はいずれも口語において何かを促進したり, 提案・勧誘したりする際の前置きのつなぎの言葉としてよく用いられる. ほぼ同意で, 入れ換え可能な場合が多い. (☞ とにかく).
¶*なにしろ始めなくては *At any rate* we have to begin now. // *なにしろ(あなたは)もっと勉強しなくては *In any case* you have to study harder. // *なにしろやってみなければわからない *Anyway* [*Anyhow*], you never know what you can do till you try.
2 «なぜなら»: because …, for … [語 法] 口語では前者が普通. (☞ 接続詞 (欄外); 理由の表し方 (囲み)). ¶「なぜ来なかったんですか」「*なにしろ忙しかったので」"Why didn't you come?" "*Because* I was very busy."

なにとぞ 何卒 (どうか) please; (…でありますように) May … [語 法] May を文頭に置く. (☞ 意志・願望の表現 (囲み)). ¶*なにとぞご迷惑をかけたことをお許し下さい *Please* accept my apologies for the inconvenience caused. ★ かなり形式ばった言い方. // *なにとぞ彼がうまく行きますように *May* he be successful.

なになに 何何 (何か) something.
¶「Because of *なになに」は「*なになにのために」と訳せます 'Because of…' can be translated as 'Nani-nani no tame ni.' [参 考] …の部分は 'something' と読む.

なにはさておき 何はさておき before everything (☞ さておき).

なにぶん 何分 **1** «懇願・依頼» ¶*何分よろしくお願いいたします (⇒ 助けていただければありがたいのですが) I would *be grateful for* your help. / (⇒ どんな助けでも大いに感謝いたします) Any help will *be greatly appreciated.* [参 考] この日本語は英語にぴったりのものがない. 日本語の「なんとなくよろしく」という漠然とした言い方は英語では用いられず, 前後関係から何か具体的な願いとして意訳しなくてはならない. (☞ どうぞ; よろしく)
2 «理由»: (…なので) because …, as … [語 法] because のほうが明確な理由.
¶*何分慣れないものでたくさん失敗するかもしれません As I am ⌈not used to [still green at] it, I'm afraid I'll make a lot of mistakes.

なにも 何も **1** «否定»: nothing (☞ なに; 否定の表現 (囲み)). ¶私は彼について*何も知らない I know *nothing* about him. // これ以上*何も言うことはありません I have *nothing* further to say. // それとこれは*何も関係がない That has *nothing* to do with this. // 私は

*何もしないのに, 彼は私のことを怒っている He is angry with me for *nothing*.
2 «理由» **—**副 (なぜ) why. **—**名 (理由) reason Ⓤ. ⦅☞ なぜ⦆.
¶ *何も謝らなくてもよい (⇒ なぜ謝るのか) *Why* should you make apologies? // *何もそんなにがっかりすることはない (⇒ がっかりする理由はない) You have no *reason* whatever to be so discouraged. // *何もわざわざそこまで行くことはない (⇒ 必要はない) *There is no need* to take the trouble to go there.

なにもの 何物 (他の何物) anything else 語法 打ち消し・疑問・比較の表現で. ⦅☞ なに⦆.
¶ 生命は*何物にも代えがたい (⇒ 生命はほかの何よりも貴重である) Life is more precious than *anything else*.

なにやかや 何やかや ¶ *なにやかやと (⇒ あれやこれやで) 忙しい I am busy *with one thing or another*. / (⇒ あれやこれやが私を忙しくする) *This and that* keeps me busy. // 入院費や*なにやかやで金がたいへんかかった It cost me a lot of money, including hospital charges *and what not*. ⦅☞ なにかと ; あれこれ⦆

なにやら 何やら ¶ *何やら (⇒ なぜだか知らないが) 気味が悪い *I don't know why* but I feel uneasy. // *何やら (⇒ 何かが) よいにおいがする *Something* smells good. // 母が*何やら (⇒ 何だか) 送ってよこした Mother has sent me *something*. ⦅☞ なんとなく ; なにか⦆

なにより 何より ¶ 元気で*何よりだ (⇒ …と聞いてうれしい) *I am glad to hear* that you are well. // *何よりの贈り物をありがとう (⇒ あなたのくれた贈り物は私が望める最高のものでした) The present you gave me was *the best I could have hoped for*. // 寒い夜には熱いスープが*何よりだ (⇒ 熱いスープほどよいものはない) *There is nothing nicer than* hot soup on a cold night. // この写真は*何よりの思い出になる (⇒ この写真は最高の思い出をよみがえらせてくれる) This photo will bring back *the nicest* memories. // *何よりも (⇒ まず一番初めに) 話を聞かせてくれ *Before anything else*, let me first hear your story.

-なのだ ★ 日本語の「…なのだ」は, 強く主張したり説得したりする気持ちを表すが, 英語ではこのようなニュアンスは, 口語ではイントネーションと強勢で表すことができる. ((例) それは本当*なのだ It *is* true.). この場合, is を強くまた高い調子で言う. 一般に be 動詞を含む陳述は be 動詞を強調することによって全体の陳述が強まる. また用例にあるような表現を用いても表現でき, いずれを用いるかは前後関係, 発話の状況などで決定される. ⦅☞ 強調の表現 (囲み)⦆.
¶ それは本当*なのだ (⇒ …と確信してよい) *You may be sure* that it's true. // うまくいくかどうかはあなたの努力次第*なのだ (⇒ まったくあなたの努力にかかっている) Success depends *entirely* upon your effort.

-なので **—**接 because ..., since ... 語法 because が最も一般的. since はやや改まった感じの語で, 文頭に置かれることが多いが, 主節の後に置かれることもある. なお, as は明確な理由を述べる文では用いないほうがよい. ⦅☞ -ので ; 理由の表し方 (囲み)⦆.
¶ 母が病気*なので早く帰らなくてはならない *Because* [*Since*] my mother is ill, I have to leave early today. // あしたは祝日*なので学校は休みです There will be no school tomorrow *because* it is a national holiday.

なのはな 菜の花 rape blossoms 参考 rape Ⓤ は「セイヨウアブラナ」.

なのり 名乗り **名乗り出る** ¶ 彼の死後多くのにせ相続人が*名乗り出た (⇒ 相続権を主張した) After his death many impostors *appeared to claim the title*.
名乗りを上げる ¶ 彼は知事選に*名乗りを上げた (⇒ 候補者になることを発表した) He *announced* his candidacy for the post of Governor. ⦅☞ りっこうほ⦆

なのる 名乗る (自分の名前を言う[発表する]) give [announce] *one's* name ; (称する) call ㊍. ⦅☞ なまえ⦆. ¶ 彼は名を*名乗ることをちゅうちょした He hesitated to ˹*give* [*announce*] *his name*. // 彼は田中と*名乗っていた (⇒ 自分自身を田中と称していた) He *called* himself Tanaka.

なびかせる 靡かせる (風になびく) stream ㊌; (くどき落とす) win over ㊍. ¶ 髪を*なびかせて女は走った The woman ran with her hair *streaming in the wind*. // 彼女を*なびかせてみせる (⇒ くどき落としてみせる) I'll *win* her *over*. // 彼らをこちらに*なびかせよう (⇒ こちら側につかせよう) Let's *bring* them *over* to our side.

なびく 靡く **1** «物が» : (風に旗などがはたはたと) flutter ㊌; (比較的大きく波のようになびく) wave ㊌; (長いものが流れるように) stream ㊌; (樹木などが風や嵐に倒れ伏す) bend ㊌ ; (おじぎをするように) bow ㊌.
¶ 旗が風に*なびいていた The flags *were* ˹*fluttering* [*waving*] in the breeze. // 柳が風に*なびいている The willows *are* ˹*bending* [*bowing*] before the wind. // 彼女が走ると長いリボンが*なびいた Her long ribbons *streamed* as she ran.
2 «人などが» : (相手の意志に従う) bend to ... ; (服従する) bow to ... ⦅☞ したがう ; くっする⦆. ¶ 彼は金力に*なびくような男ではない He is above *bowing to* money. // 彼は誇り高いから君に*なびくような男ではない He is too proud to *bend* ˹to your will [before you].

ナプキン napkin Ⓒ. ¶ *ナプキンをひざにかけなさい Put [Lay] your *napkin* across your lap. ⦅☞ 食事 (囲み)⦆

なふだ 名札 (かばん・荷物などにぶら下げて付ける荷札・名札) name tag Ⓒ; (パーティーのときなど, 互いに名前がわかるように胸に付ける名札) name ˹plate [card ; badge] Ⓒ 参考 name plate が一番普通. ただし, name plate は表札なども意味する. また name card は visiting card と同じ意味で名刺のこともいう. ⦅☞ ふだ ; にふだ ; めいし[1]⦆.

ナフタリン naphthalene [nǽfθəlìːn] Ⓤ.

なぶりごろし 嬲り殺し **—**動 (苦しめながら殺す) torture *a person* to death 参考

な

原意は「拷問して殺す」; (少しずつ殺す) kill *a person* by inches. 《☞ ころす》. ¶ 彼らはその囚人を*なぶり殺しにした They *tortured* the prisoner *to death*. ∥ 彼は*なぶり殺しにされた He *was killed by inches*.

なぶりもの 嬲り物 (からかいの対象) object of ridicule Ⓒ; (物笑いの種) laughingstock Ⓒ. 《☞ ものわらい》. ¶ 私は*なぶりものにされるのはごめんだ I don't want to be (made) the ˹*object of ridicule* [*laughingstock*].

なべ 鍋 (浅めの片手用柄つきのもの) pan Ⓒ; (深めの煮込み用) saucepan Ⓒ; (深めの両手なべ) pot Ⓒ 【参考】 pot は別にどびん状のもの tea pot, coffee pot にも用いる; (両手つき大型シチュー鍋) stewpot Ⓒ; (中華なべ) wok Ⓒ. 《☞ 台所・家事 (囲み)》.

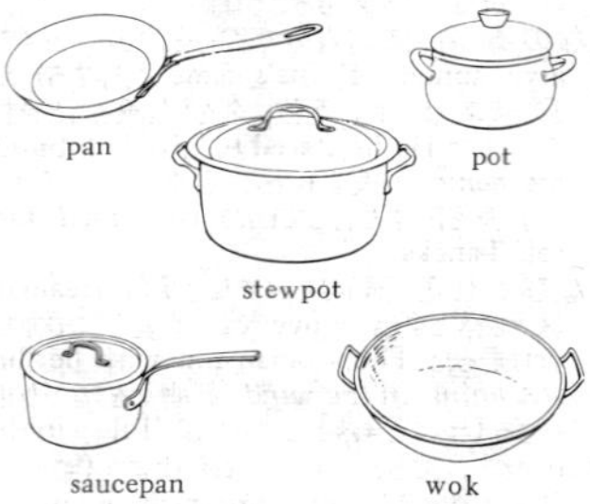

なべつかみ pot-holder Ⓒ　**なべぶた** pot-lid Ⓒ.

なま 生 ―【形】 (魚・肉などに火を加えていない) raw, uncooked ★ ほぼ同意だが, raw のほうが意味が広い; (特に野菜が生の) fresh; (生煮えの) half-˹cooked [done], underdone (↔ well-done) ★ underdone は肉類に使うことが多い. 《☞ なまにえ; なまやけ》.

¶ 日本人は魚を*生で食べるのが好きだ The Japanese like to eat fish *raw*. ∥ 豚肉を*生で食べるのは危険だ It is dangerous to eat ˹*raw* [*uncooked*] pork. ∥ たくさん*生野菜を食べなさい Eat a lot of *fresh* vegetables. ∥ このじゃがいもはまだ*生だ (⇒ 生煮えだ) These potatoes are still ˹*half-cooked* [*underdone*].

生クリーム fresh cream Ⓤ　**生魚** raw fish Ⓤ　**生卵** raw egg Ⓒ　**生ビール** draught beer Ⓤ　**生フィルム** unexposed film Ⓤ　**生放送** live broadcast Ⓒ　**生水** unboiled water Ⓤ.

なまあくび 生欠伸 slight yawn Ⓒ 《☞ あくび》.

なまあたたかい 生暖かい (生ぬるい) lukewarm, tepid 【語法】 ほぼ同意だが, 前者のほうが口語的. また tepid は熱いものが冷めたというニュアンスを含む. 《☞ なまぬるい》.

¶ *生暖かい風が吹いてきた A *warm and humid* wind came up.

なまいき 生意気 ―【形】 (特に子供などが) cheeky, saucy ★ 前者が口語的; (恥知らずでずうずうしい) impudent; (目上の人に対して無礼な) impertinent ★ 後の 2 語は最初の 2 語より改まった語. ―【名】 cheekiness Ⓤ, sauciness Ⓤ; impudence; impertinence. 《☞ ずうずうしい; さしでがましい》.

¶ 私はその*生意気な子供にお説教してやった I taught the ˹*cheeky* [*saucy*] child a lesson. ∥ 我々のしていることに口を出すなんて, あいつは*生意気だ It is *impudent* of him to cut in on what we are doing. ∥ 彼の*生意気な態度がしゃくに触わる I am offended by his *impertinent* manner. ∥ 彼は*生意気にも先生に口答えをした (⇒ 敢えてした) He ˹*dared* [*had the impudence*] to talk back to his teacher.

なまえ 名前 (人・動物・物の) name Ⓒ 【参考】 欧米では人の名前が John Fitzgerald Kennedy のように 3 つあることが多く, 最初の名前は first name, または Christian name (＝洗礼名), given name (＝与えられた名) で, 真ん中の名前は middle name, 最後の名前は last name, または family name (＝家族の名), surname (＝名字(みょうじ)) という. その中で first name, middle name, last [family] name が最も代表的な言い方. Christian name, surname は改まった言い方. 日本人の場合は名が姓の後にくるので first name と言えないし, またキリスト教徒でない人が多いから given name を使うのがよく, 姓は family name を使うのがよい. ¶ 私の*名前は斉藤ひろしです My *name* is Hiroshi Saito. 【語法】 このように欧米流に姓名をひっくり返しにして言う必要はないという意見もあるが, 日本人が英語を話すときはこの順序で名を告げるのが長い間の習慣となっている.

「お*名前は」「渡辺一郎です」 "May I ˹have [ask] your *name*, please?" "Watanabe. Ichiro Watanabe." 【語法】 名前の聞き方で最もよく使われる丁寧な表現. 答えはこのように姓をまず言い, それからフルに姓名を言う習慣が英米にある. なお, 答えは, 前に I am か, あるいは My name is を加えて言ってもよい. / "What's your *name*?" "Ichiro Watanabe." 【語法】 この聞き方はかなりぞんざいで, 目上の者が目下の者に, あるいは気のおけない間柄と思われるような場合に使う. ただし, What's your name, please? と please をそえればいくらか丁寧になる. なお, Who are you? は詰問調で「おまえは何者か」という調子なので, 不審な者に尋ねたりする以外は使ってはならない.

彼は息子に平和という*名前をつけた He *named* his son Hirakazu, which means "peace."

彼の*名前が思い出せない I can't remember his *name*.

*名前は知ってますが, まだ会ったことはありません I know his *name* but have not met him. / (⇒ 名前によってのみ彼を知っている) I only know him by *name*. 【語法】 2 番目の文は決まった言い方で, これだけで「会ったことがない」という意味が含まれる.

なまかじり 生噛り ―【形】 (表面的な) superficial. ―【名】 (生かじりの知識) smattering 【語法】 普通は a を付けて. ¶ 彼の知識はすべて*生かじりだ His knowledge is all *superficial*. ∥ ラテン語はほんの*生かじりです I have only *a smattering* of Latin. // *生かじりの学問ほど怖いものはない A *little* learning is a dangerous thing. 語法 この英文は「生兵法は大けがのもと」に相当することわざ.

なまがわき 生乾き ―形 (まだ湿っている) still damp; (木などが) green; (生干しの) half-dried. ¶洗濯物はまだ*生乾きだ The washing is *still damp*. // *生乾きの材木は建築に不適当だ *Green* wood is unsuitable for building.

なまきず 生傷 (切り傷や打撲傷) cuts and bruises [brú:ziz] ★両方複数形で.《☞きず》.

なまぐさい 生臭い (魚臭い) fishy; (血生臭い) bloody; (不吉な) ill-boding ★形式ばった語. ¶*生臭いにおいで気分が悪くなる The ⌈*smell of fish* [*fishy* smell] makes me sick. // *生臭い風がひゅうと吹いた (⇒不吉な暖かい風がさっと通った) A *warm ill-boding* wind swept past.

なまくら ―形 (刃・刀などが) blunt, dull; (人間が怠け者の) lazy.

なまけもの 怠け者 lazy person Ⓒ, lazybones 語法 前者が普通. 後者は愛称的な多少親しみのこもる言い方. 複数形だが普通単数扱い.《☞なまける》. ¶彼らは*怠け者だ They are *lazy*. 語法 このように日本語で「怠け者」とあっても, 英語では形容詞を使うことも多いことに注意.

なまける 怠ける ―動 be lazy; (ぶらぶらして時を過ごす) idle away ㊞; (ぶらぶらしている) idle about ㊂; (仕事を怠る) neglect ㊞. ―形 lazy; idle.

【類義語】働くことを嫌い, 働く熱意がないという意味の語が ***lazy*** 形 で, 仕事がなくぶらぶらしているという意味の語が ***idle*** 形 である. 前者は悪い意味だが, 後者は必ずしも悪い意味とはならない. むだに時を過ごすのは ***idle away***. ぶらぶら遊んでいるのは ***idle about***. 当然なすべき仕事や義務などをおろそかにするのは ***neglect***.《☞たいだ (類義語); サボる》

¶*怠けてはいけない. もっと働きなさい[勉強しなさい] Don't *be lazy*. Work [Study] harder.// 勉強[職務]を*怠けてはいけない You must not *neglect* your ⌈studies [duties]. // 忙しくて*怠けている暇がない I am too busy to *be idle*. // 夏休みは結局何もしないで*怠けて過ごしてしまった After all I just *idled* the summer vacation *away* doing nothing.

なまこ 海鼠 sea cucumber Ⓒ.

なまじ, なまじっか ¶*なまじっかな勉強では (⇒熱のない勉強法では) 大学に入れませんよ Studying *in a half-hearted way* won't get you into university. // *なまじっか行かなければよかった (⇒行かなければよかったのに) I wish I had never gone.

【参考語】―形 (少しの) a little; (中途半端な) half-way; (不熱心な) half-hearted; (不完全な) incomplete, imperfect; (不十分な) insufficient; (断片的な) fragmentary.

なまず 鯰 catfish Ⓒ.

なまつば 生唾 ―名 saliva Ⓤ. ―動 (生つばを飲む) swallow ㊂.《☞つば¹》.

¶私はケーキをにらんで*生つばを飲んだ I *swallowed* staring at the cake.

なまづめ 生爪 nail Ⓤ《☞つめ¹》. ¶*生づめをはがす have *one's nail* torn off

なまなましい 生生しい (記憶・描写などが目に見えるような) vivid; (描写が絵を見るような) graphic; (記憶が新しい) fresh. ¶新聞に地震の*生々しい記事が載っていた The newspaper carried a ⌈*vivid* [*graphic*] description of the earthquake. // その事件の記憶はまだ*生々しい The memory of the incident is still ⌈*vivid* [*fresh*] in my mind.

なまにえ 生煮え ―形 (半分しか煮えていない) half-⌈cooked [done]《☞なま》. ¶このじゃがいもはまだ*生煮えだ These potatoes are still *half-cooked*.

なまぬるい 生温い (温度が) lukewarm, tepid 語法 前者が一般的. 後者には熱いものが冷めたというニュアンスがある; (まだ十分温まっていない) not hot enough; (気力の乏しい) wishy-washy.《☞ぬるい; にえきらない》.

¶羊毛製品は*生ぬるいお湯で洗濯して下さい Woolen things must be washed in *lukewarm* water. // 彼の*生ぬるい性格にはいつもいらいらさせられる (⇒彼はしっかりしたところがないのでいつも私をいらだたせる) He is so *wishy-washy* that he always irritates me.

なまはんか 生半可 ―形 (いい加減の) half-hearted; (上っ面だけの) superficial; (不完全な) half-baked. ―副 (中途半端に) by halves.《☞ちゅうとはんぱ》.

¶*生半可な努力では成功しませんよ (⇒いい加減な努力はあなたに成功をもたらさない) A *half-hearted* effort will not bring you success.// *生半可な知識は益よりも害をもたらす A ⌈*superficial* [*half-baked*] knowledge does more harm than good. // *生半可な仕事はするな (⇒物事は中途半端にするな) Don't do things *by halves*.

なまびょうほう 生兵法 (少しばかりの知識) a little learning. ¶*生兵法は大けがのもと *A little learning* is a dangerous thing.《ことわざ》

なまへんじ 生返事 (あいまいな答え) vague answer Ⓒ; (確約を避ける答え) noncommittal answer Ⓒ; (気のない返事) half-hearted reply Ⓒ.

なまみ 生身 (生きているもの) living thing Ⓒ; (いずれは死すべきもの) mortal Ⓒ ★文語的. ¶お互い*生身の人間だから (⇒我々生きものは) 病気は避けられない We, *living things*, are liable to diseases.

なまめかしい (性的魅力のある) sexy; (体つきが色っぽい) voluptuous; (うわさなどが) amorous.《☞なやましい》.

なまもの 生物 (生の食品) uncooked food Ⓤ; (特に, 生魚) raw fish Ⓤ.《☞なま》.

なまやけ 生焼け ―形 (パン・菓子などが) half-baked; (肉など) half-roasted, underdone.《☞なま》. ¶私は*生焼けの肉は嫌いだ I don't like *underdone* meat.

なまやさい 生野菜 fresh [raw] vegetable Ⓒ 語法 raw を使うと cooked (＝料理した) との対照が強調される.《☞なま; やさい》.

な

なまやさしい 生易しい (易しい) easy; (簡単な) simple; (ささいな・取るに足らない) trifling. 《☞ なみたいてい》. ¶それは*生易しい仕事ではない It is no ⌈*easy* [*simple*] ⌈job [work]. 語法 be 動詞の文では no を付けると not より否定が強くなり, 「…どころではない」の意となる.

なまり[1] 訛 (方言) dialect Ⓒ; (方言や外国語の口調) accent Ⓒ 語法 話し方のなまりについていう. 地名などとの組み合わせて a … accent というように使える. 《☞ なまる[1]》.
¶彼には関西*なまりがある He ⌈has [talks with; speaks with] a Kansai *accent*. // 彼はドイツ語*なまりの英語を話す He speaks English with a German *accent*. // あなたの英語にはまったく*なまりがない (⇒ 完璧な英語だ) Your English is perfect. / (⇒ 外国なまりがない) You have no foreign *accent* in your English.

なまり[2] 鉛 lead [léd] Ⓤ《元素記号 Pb》.

なまる[1] 訛る (方言の口調で話す) talk [speak] with a … accent 《☞ なまり[1]》.
¶彼は興奮すると言葉が*なまる (⇒ もっと田舎なまりが出る) He *talks more with a provincial accent* when he gets excited. // 日本語の「ワイシャツ」は英語の 'white shirt' の*なまったものだ The Japanese "waishatsu" *comes from* the English "white shirt."

なまる[2] 鈍る (刃物・感覚などが) become blunt; (質が低下する) deteriorate ㊀ ★ 形式ばった語. 《☞ にぶる》.

なみ[1] 波 wave Ⓒ ★ 一般的な語. 波に関するほとんどの語の代わりに用いることができる; (大きい波) billow Ⓒ; (さざ波) ripple Ⓒ; (うねる波) swell Ⓒ; (砕ける波) breaker Ⓒ; (岸に寄せる波) surf Ⓒ; (浜に打ち上げる波) wash Ⓒ.
¶子供が*波にさらわれた A child has been washed away by the *waves*. // きょうは*波が高いので水泳は禁止だ Because ⌈the *waves* are high [(⇒ 海が荒れている) the sea is rough], swimming is prohibited today. // 夕方になると*波が静まった (⇒ 海が静かになった) Toward evening, the sea became ⌈quieter [calmer]. / With the coming of the evening, the *waves* subsided. // 台風の接近によって海は*波が高いでしょう The approach of the typhoon will bring strong *swells and heavy seas*. 参考 heavy seas は「荒れた海の大波」を意味する. // 小船は木の葉のように*波にもてあそばれた The boat was tossed like a leaf by the *billows*. // 私は激しい*波の音で一晩中眠れなかった The roar of the *waves* kept me awake all night.
波に乗る ¶人気の*波に乗って彼は一躍スターになった He suddenly rose to stardom *on a wave of* popularity.
波打ち際 beach Ⓒ **波頭** the crest of a wave.

なみ[2] 並 ━形 (普通の・ありふれた) ordinary; (平均的な) average; (中ぐらいのサイズの) medium. 《☞ ちゅう[3]; ふつう[1]; ひょうじゅん》. ¶私の成績はまあ*並でした My grades were about *average*. // *並のサイズの T シャツが欲しいのですが I'd like a *medium* size T-shirt.

-なみ …並 ¶彼女は家族*並に (⇒ 家族の一員として) 私を遇してくれた She treated me *like* a member of her family. // せめて世間*並の暮らしがしたい (⇒ 少なくとも普通の生活ができるとよいのだが) I wish I could at least live an *ordinary* life.

なみうつ 波打つ (波立つ) wave ㊀; (大きく) roll ㊀ ★ 以上の 2 語は比喩的にも使える. 《☞ なびく》. ¶*波打つ草原が地平線まで続いていた *Rolling* meadows stretched to the horizon.

なみかぜ 波風 **1** «風と波»: wind and wave Ⓒ. ¶今夜は*波風がひどい There are strong *winds and* high ⌈*waves* [*seas*] tonight.
2 «争い事»: (口げんか) quarrel Ⓒ; (ごたごた) trouble Ⓤ. 《☞ もめごと》. ¶*波風の立たぬ日は 1 日もなかった Not a day passed without some ⌈*quarrel* [*trouble*]. // 彼の家は*波風の絶え間がない His household is continuously *in trouble*.

なみき 並木 row of trees Ⓒ. ¶日光の杉*並木は有名だ The *rows of Japan cedars* in Nikko are well-known. **並木道** (並木のある通り) tree-lined street Ⓒ; (並木のある大通り) avenue Ⓒ 参考 通りの名に付ける場合はこれを用いる.

なみだ 涙 tear Ⓒ ★ 複数形で用いられることが多い. 《☞ なく[1]; なみだぐむ》.
¶ひとしずくの*涙が彼のほおを伝って落ちた A *tear* ⌈fell [rolled; ran] down his cheek.
彼女の目にはうれし*涙が浮かんでいた There were *tears* of joy in her eyes. / *Tears* of joy came to her eyes.
私たちは*涙が出るほど笑いこけた We all laughed till *tears* came (into our eyes).
煙が目に入って*涙が出た (⇒ 煙は私の目に涙を出させた) The smoke made my eyes *water*.
その知らせを聞いて皆が*涙を流した Everybody *shed tears* at the news. 語法 人を主語にする時の「(涙を)流す」は shed が普通.
その写真は皆の*涙を誘った The photo moved everyone to *tears*.
泣くのをやめて*涙をふきなさい Stop crying. Wipe away [Dry] your *tears*!
彼らは*涙を浮かべてその歌に聞き入っていた They were listening to the song with *tears* in their eyes.
彼らは*涙をのんでその要求に屈した Choking back *tears*, they gave way to the demand.
私はその場で*涙を抑えることができなかった I was unable to ⌈keep [hold] back my *tears* there.
彼女は*涙にくれていた I found her all *in tears*. / She *was drowned in tears*.
彼女の目は*涙でうるんでいた Her eyes were moist with *tears*.
老人は*涙もろい (⇒ 簡単に感動して涙を流す) Old people *are easily moved to tears*.

なみたいてい 並大抵 ¶英語に熟達するのは*並たいてい (⇒ 容易なこと) ではない It is *no*

easy ⌈task [matter] to master English. // 予算内でやっていくのは*並たいていではない (⇒困難だ) It *is hard* to get along within the budget. // 彼女の苦労は*並たいていではなかった (⇒ 多くの辛酸をなめた) She *went through many hardships.* // 彼の才能は*並たいていではない (⇒ 普通ではない才能の持ち主だ) He is a man of *uncommon* ability.

なみだぐむ 涙ぐむ ― 動 (心を動かされて涙を催す) be moved to tears. ― 形 (涙ぐんだ) tearful. 《☞ なみだ ; べそ》.
¶ 彼女はその話を聞いて *涙ぐんだ (⇒ その話は彼女に涙を催させた) The story *moved her to tears.* // 彼女は*涙ぐんでいた (⇒ 目が涙でぬれていた) Her eyes *were wet with tears.* // 彼女は*涙ぐんだ目で私を見た She looked at me with *tearful* eyes. // その子は*涙ぐんで (⇒ 目に涙をためて) 謝った The boy made his apologies *with tears in his eyes.*

なみだつ 波立つ (水面に三角波などが立って荒れる) be choppy ; (海や大河が荒れる) run high. 《☞ なみ[1] ; あれる》.

なみなみと ― 副 (縁(ふち)まで) to the brim ; (あふれんばかりに) overflowingly. ― 形 (縁までいっぱいの) brimful. ¶ 彼はコップに*なみなみと酒をついだ (⇒ 縁一杯に満たした) He filled the glass ⌈*brimful* [*to the brim*] with sake.

なみのり 波乗り surfriding Ⓤ, surfing Ⓤ ★ 後者が口語的.

なみはずれた 並外れた ― 形 (よい意味にも悪い意味にも) extraordinary ; (普通はよい意味で) uncommon ; (普通ではない) unusual. ― 副 (並外れて) extraordinarily ; uncommonly ; unusually ; (例外的に) exceptionally. 《☞ ひぼん ; いじょう[2]》.
¶ 彼は*並外れた大男だ He is an ⌈*unusually* [*extraordinarily*] big man. // 彼は*並外れた頭脳を持っている He is *exceptionally* clever. / He is an *uncommonly* clever person.

なめくじ slug Ⓒ.

なめしがわ 鞣皮, 鞣革 leather Ⓤ.

なめす 鞣す (皮を) tan (animal skin) ㊍.

なめらか 滑らか ― 形 smooth [smúːð]. ― 副 smoothly. 《☞ すべすべ》. ¶ 海は穏やかで鏡 (⇒ ガラス) のように*滑らかだった The sea was (calm and) *smooth* as glass.

なめる 嘗める, 舐める **1** «舌で»: (ぺろりと) lick ㊍ ★ 比喩的にも使う ; (液状のものをぺちゃぺちゃとなめて飲む) lap ㊍ ; (味をみるために) taste ㊍ ; (あめなどを食べる) eat ㊍.
¶ 犬はその皿をきれいに*なめた <S(人・物)+V (*lick*)+O(物)+C(形)> The dog *licked* the plate clean. // 私は切手を*なめて絵葉書にはった I *licked* the stamp and stuck it on the (picture) postcard. // 小猫が皿のミルクを*なめている The kitten *is lapping* milk ⌈out of [from] a plate. // 炎は一瞬のうちにその建物を*なめ尽くした The flames *licked up* the building in a moment.
2 «経験する»: (経験する) experience ㊍ ; (ある状況をくぐり抜ける) go through … ; (苦しみなどを受けて耐える) endure ㊍ ★ やや形式ばった語. 《☞ けいけん[1]》. ¶ 彼女はあらゆる苦難を*なめてきた She *has gone through* all sorts of hardships. / She *has endured* every hardship.
3 «甘く見る»: (人をからかってばかにする) make a fool of *a person*, make a monkey (out) of *a person* 語法 後者は結果的にばかにすることをいう ; (軽く見る) make light of … 《☞ みくびる ; かろんじる》.

なや 納屋 (小屋) shed Ⓒ ; (特に農家の) barn Ⓒ. 《☞ のうじょう (挿絵)》.

なやましい 悩ましい (性的魅力のある) 《口語》 sexy 語法 特に女性について使うことが多いが, 男性にも使える. また「悩ましい衣服」sexy clothes のように,「物」に使うこともある ; (恋愛に関する・なまめかしい) amorous ; (女性が官能的な) voluptuous.
¶ *悩ましい声 a ⌈*sexy* [*voluptuous*] voice // *悩ましい笑い a *seductive* smile 語法 積極的に誘惑するニュアンスがある. // *悩ましい手紙 an *amorous* letter ★ ラブレターなど. // 彼女は*悩ましい歩き方をする She walks in a ⌈*voluptuous* [*sexy*] way. / Her walk is ⌈*voluptuous* [*sexy*].

なやます 悩ます (不安などで) worry ㊍ ; (心配をかけて) trouble ㊍ ; (うるさく神経などを) annoy ㊍ ; (迷惑などをかけて) bother ㊍ ; (当惑させて) puzzle ㊍ ; (うるさくつきまとって悩ます) persecute ㊍. 《☞ くるしめる ; なやむ》.
¶ そんなつまらないことで頭を*悩ますのはおよしなさい (⇒ 心配するな) Don't *worry* (*yourself*) *about* such an unimportant thing. 語法 worry は ㊎ としてもよく用いられる. // 彼のことではずいぶん頭を*悩ましている I *have been* very *worried about* him. / (⇒ 彼は常に私の悩みの種です) He is a constant source of *anxiety* for me. // この近所は騒音に*悩まされている We *are* ⌈*annoyed* [*bothered*] by the noises in this neighborhood. // 彼は3番の問題で頭を*悩ました He ⌈*puzzled* [*was puzzled*] *over* the third question. ★ 最初の puzzle は ㊎. // 彼はしょっちゅう借金取りに*悩まされている He *is* continuously *persecuted by* his creditors. // 昨夜は蚊に*悩まされた We *were* ⌈*annoyed* [*bothered*; *persecuted*] by mosquitoes last night. / We had a terrible time with mosquitoes last night. // 朝から歯痛に*悩まされている (⇒ 苦しんでいる) I *have been suffering from* (a) toothache since morning. 語法 a を省くのは《英》.

なやみ 悩み (心配) trouble Ⓤ ; (気苦労) worry Ⓤ ; (精神的な苦しみ) distress Ⓤ ; (耐え忍んでいる難儀) sufferings ★ 複数形で. 《☞ しんぱい (類義語)》.
¶ あなたの*悩みは何ですか What is your ⌈*trouble* [*worry*]? / (⇒ 何があなたを心配させているのか) What *is* ⌈*troubling* [*worrying*] you? // 彼は何か*悩みがあるようだ (⇒ 何かについて悩んでいるらしい) He seems *worried* about something. / (⇒ 心配そうな様子をしている) He looks *troubled* about something. // 彼の学校の成績は両親にとって*悩みの種です (⇒ 大きな頭痛の種だ) His poor school record is ⌈a

big *headache* [a great *distress*] to his parents. 語法 distress は具体的な事例を指す時は Ⓒ. / (⇒ 成績のことで両親はたいへん心配している) His parents *are* very *worried* about his poor record at school. // *悩みというのは家が狭いということです *The trouble is* (*that*) my house is too small for the family. 語法 that を省くのは口語. // この世は*悩みごとが多い This world [Life] is full of ˹*worries* [*troubles*]. 語法 worry も trouble も具体的な事例を指す時は Ⓒ.

なやむ 悩む (不安・心配があって) worry (about ...) ⓐ, be worried (about ...); (不安・病気などで) be troubled (about ...; with ...) 語法「不安で悩む」場合, この言い方は前の worry などよりやや形式ばった言い方で, 前置詞は about をとる.「病気などで悩む」場合は前置詞は with; (特に長期間にわたって病気で苦しむ) suffer from ... 《☞ しんぱい (類義語); なやます; くるしむ》.

¶ 彼女は息子の教育[非行]のことで非常に*悩んでいる She *is* ˹*worried* [*troubled*] *about* her son's ˹education [bad behavior]. // いやな頭痛に*悩んでいます I *am troubled with* a nasty headache. // 彼女はもう何年も心臓の病気で*悩んできた She *has suffered from* heart disease for years.

なよなよ ―形 (体つきがほっそりとして) slender; (弱々しくて) delicate; (男が女のような) womanish ★ 悪い意味.

なら 楢 Japanese oak Ⓒ.

-なら (もしも) if ... 語法 仮定を表す最も一般的な語; (...の場合は) in case (that) ...; (仮に...だと仮定しよう) suppose ... 語法 形の上では命令文となる. 口語的用法; supposing (that) ... 語法 suppose とほぼ同意だが, suppose よりは少し改まった感じ; (...という条件で) provided that ..., on condition that ... 語法 いずれもかなり文語的で形式ばった言い方. 《☞ 仮定の表現 (囲み)》.

¶ もしあした雨*なら出かけません (⇒ 家にいます) *If* it rains tomorrow, I'll stay at home. // 私*ならば (⇒ もしも私があなたなら) そんな事はしない I would not do a thing like that, *if* I were you. ★ 仮定法過去を用いた表現. // もし電車に間に合わなかった*ならばどうしよう *Suppose* [*Supposing* (*that*)] we miss the train, what shall we do? // 約束を確かに守るという*ならば (⇒ 守るという条件で) 今度は許してやろう I will forgive you this time ˹*provided* [*on condition*] *that* you keep your promise. // その事*ならば (⇒ そのことについては) あなたの議論はもう聞きたくありません *As for* that, I don't want to hear any more arguments from you.

ならい 習い (個人の習慣) habit Ⓒ; (世間一般の慣習) custom Ⓒ; (世間の常習) the way (of the world). 《☞ しゅうかん¹》.

¶ これが世の*習いです (⇒ 世間のやり方) This is *the way of the world*. // *習い性となる *Custom* [*Habit*] is second nature. 《ことわざ: 習慣はもう一つの性質である》

ならう 習う (学習して覚える・知識などを身につける) learn ⓗ; (学校で科目として勉強する) study ⓗ 語法 learn は結果として身につけることを意味するのに対し, study は結果は問題にしない; (レッスンを受ける) take lessons (in ...); (繰り返し練習する) practice ⓗ. 《☞ まなぶ; べんきょう (類義語); おそわる》.

¶ 私たちは学校で英語を*習います We ˹*learn* [*study*] English at school. 語法 英訳としてはどちらでもよいが, learn を使うと学校で勉強して身につける意味が出るが, study は学校の科目として勉強するというだけの意味. // 学校時代英語はだれに*習いましたか (⇒ だれが教えましたか) Who *taught* you English at school?/ (⇒ 英語の先生はだれでしたか) Who was your English teacher at school? // 私の妹は佐藤先生からピアノを*習っている (⇒ ピアノのレッスンを受けている) My sister *takes* ˹piano *lessons* [*lessons* on the piano] from Miss Sato. // 学校を卒業したら自動車の運転を*習います I'm going to ˹*learn* to drive a car [(⇒ 運転のレッスンを取る) *take* driving *lessons*; *take lessons* in driving] when I leave school. // *習うより慣れよ *Practice* makes perfect. 《ことわざ: 練習は完全さを生み出す》

ならく 奈落 (地獄) hell Ⓤ 《☞ じごく》.

奈落の底 the abyss.

ならす¹ 鳴らす (ベルを) ring ⓗ 《過去 rang; 過分 rung》; (音を出す) sound ⓗ; (特に乗り物などの警笛を) blow ⓗ 《過去 blew; 過分 blown》; (笛をぴーっと) whistle ⓗ; (金属を) clang ⓗ; (ちゃりんと) jingle ⓗ; (金属製のものをじゃんじゃん鳴らす) jangle ⓗ; (ウーウーと鳴る) wail ⓐ.

【類義語】広い意味で音を出すことは **sound**. 特にベルを鳴らすときは **ring**. 空気を送りこんで音を出すのは **blow**. その中でも笛のように特に高い音を鳴らしたりするときは **whistle**. 金属などをたたいて大きく鳴り響かせるのは **clang**. 同じ金属でも鈴・コインなど軽やかに幾度も鳴らすのは **jingle**. 金属をじゃらじゃらと不快に鳴らすのは **jangle**. サイレンなどが甲高い音を立てるのは **wail**. 語法 以上の動詞は目的語を付ける必要のないときは省いて ⓐ となることがある.

¶ 彼はベルを*鳴らしてメイドを呼んだ He *rang* (the bell) for the maid. // 子供が車の前に飛び出してきたので彼はとっさに警笛を*鳴らした He promptly ˹*sounded* [*blew*] his horn when a child ran in front of his car. // ポケットの鍵束をじゃらじゃら*鳴らしながら守衛がやって来た The doorkeeper came up to me *jangling* a bunch of keys in his pocket. // 救急車がサイレンを*鳴らして走っていった An ambulance raced along with its siren *wailing*.

ならす² 慣らす (環境などに) accustom ⓗ 語法 主として受動態, あるいは再帰代名詞を伴って用いる; (訓練する) train ⓗ; (繰り返し訓練して) practice ⓗ. 《☞ なれる¹》.

¶ わが校の生徒は小テストには*慣らされています Our students *are accustomed to* quizzes.// あなたの耳はもっと英語に*慣らす必要がある (⇒ 英語で聴いて理解できるための訓練が必要だ) You need more listening-comprehension

⌈training [practice] in English.

ならす³ 均す (地面などを平らにする) level ㊀; make ... level; (ローラーなどで圧して) roll ㊀. (☞ へいきん; たいら). ¶ この地面は*ならす必要がある This ground needs to *be* ⌈*leveled* [*rolled*]. // *ならせば (⇒ 平均) 1 日に 3 時間は英語の勉強をします *On* ⌈*an* [*the*] *average* I study English for three hours a day.

ならす⁴ 馴らす (動物などを) tame ㊀, domesticate ㊀ ★ 後者は形式ばった語. (☞ かいならす; なれる²; かう²).

ならずもの ならず者 (暴力団員) gangster Ⓒ; (暴れん坊) rascal Ⓒ; (悪党) rogue Ⓒ; (犯罪を犯しての) outlaw Ⓒ. (☞ やくざ).

-ならない **1** «必要を示して»: (…しなくてはならない) must, have to [語法] must は話者が主観的に強く義務を主張する言葉. 従って平叙文で 2, 3 人称に使うと非常にきつい命令調になることがある. それに対し have to は元来客観的で, 話者以外の人の主張または周囲の状況により, どうしてもしなくてはならないことを表したが, この区別は《米》では現在は守られておらず, 単に have to のほうが must より口語的で柔らかい表現とされている. また have to は, 疑問・否定には do を用い, Do you have to …? / I don't have to … のような使い方をするのが普通; 《口語》 have got to [語法] have to とほぼ同意の口語表現. ただし「現時点で…しなくてはならない」ことを表し, 恒常的なことは含まれない; (特に何かの必要があることを示して) need to … [語法] 否定および疑問では普通は助動詞としての need を用いる; (客観的な記述として…する必要がある) it is necessary to … (☞ It の用法 (欄外)); (…ということになっている) be supposed to …

[語法] 「…ならなかった」と単なる過去を示すときは had to …, needed to …, it was necessary to … などとする. must は被伝達部以外では had to で代用される. また「…しなくてはならないでしょう」という未来は must, will have to …, will need to …, it will be necessary などで表される.

(☞ -ねばならない; 義務の表現 (囲み)).

¶ (私は)すぐに出発しなければ*ならない I ⌈*must* [*have to*; *have got to*] leave right away.

あなたはきょう中にそれを仕上げなくては*ならない You ⌈*must* [*have to*] finish it today. [語法] この文は非常に強い命令に聞こえる. / (⇒ 仕上げなくてはならないことになっています) You *are supposed to* finish it today. [語法] 場合によっては穏やかにも皮肉にも聞こえる言い方.

もうおいとましなくては*ならないのです I'm afraid I *must* ⌈say good-by(e) [be leaving; be going] now. [語法] このように 1 人称に must が使われると, そうしなくてはならないのは自分の意志ではなく, 義務であるというニュアンスが出て, かえって丁寧に聞こえる.

もうお帰りにならなくては*ならないのですか *Must* you ⌈go [leave] so soon? [語法] このように 2 人称に使っても疑問文だと事情を尋ねているだけであり, もっといて欲しい気持ちが表されて, 失礼な聞き方にはならない. なお, You *must* stay a little longer. (＝もう少し長くいらして下さい) のような表現だと, 2 人称平叙文でも, お客を引きとめる主人の気持ちの表れとして, 丁寧な表現となる.

私は新宿で乗り換えなくては*ならない I ⌈*have to* [*have got to*; *must*] ⌈change [transfer] at Shinjuku. [語法] ほぼ同意だが, have to だと, いつも決まって乗り換えなくてはならないという意味にもとれる. have got to は, いつもかどうかは別として, 現在の時点では乗り換えなくてはならないという意味を持つ.

8 時までにこれを終わらせなければ*ならない I ⌈*must* [*have to*] have it finished by eight.

きのうは学校へ行かなければ*ならなかった I *had to* go to school yesterday.

「この本を読まなくては*なりませんか」「ぜひとも読まなくては*なりません」 "*Must* I read this book?" "Yes, you *must*." / "Do I *have to* read this book?" "Yes, you ⌈*do* [*have to*]." / *Is it necessary* for me *to* read this book?" "Yes, it is." [語法] Do I have to …? の答えで最も一般的なのは Yes, you do. で, Yes, you have to. は少し強調的.

2 «義務・当然の意を込めて»: (…すべき) should, ought to … [語法] ほぼ同意だが, should のほうが意味が弱い; be to (*do*) [語法] 形式ばった言い方で, 公的声明・通達などで用いられ, 命令的; be bound to … ★ 形式ばった表現. (☞ 義務の表現 (囲み)).

¶ 隣人を愛さなければ*ならない You ⌈*should* [*ought to*] love your neighbors.

本校の生徒は登校時には制服を着用しなければ*ならない The students of this school *ought to* wear their uniforms when they attend school.

彼はどうしたんだろう. 9 時までにはここに来なければ*ならないのだが I wonder what's the matter with him. He ⌈*should* [*ought to*] have arrived by nine o'clock. [語法] 「当然着いているはずが着いていない」という意味.

あなたのは間違っている. その答えはこうでなければ*ならない I'm afraid you are wrong. The answer *must be* like this.

3 «禁止の意で»: (…してはならない) must not … ★ 非常に強い禁止; (…すべきではない) be not to… ★ 形式ばった表現; should not …; (道義的に…してはならない) ought not to … [語法] 以上 2 つはいずれも穏やかな禁止の表現で, 忠告的なニュアンスを伴う. (☞ 義務の表現 (囲み)).

¶ 授業中は席を離れては*ならない You *must not* leave your desk during the lesson. / Pupils *are not allowed to* leave their seats during the lesson.

そんなことをしては*ならない You ⌈*should not* [*ought not* to] do a thing like that. / (⇒ …しないことになっている) You *are not supposed to* do a thing like that. [語法] 前の文が忠告的なニュアンスを伴うのに対し, この文は客観的な言い方. 従って使い方しだいで, 穏やかにも皮肉にも聞こえることがある.

このレストランではたばこを吸っては*ならない (⇒ たばこは吸えない) You *cannot* smoke in this

な

restaurant. / (⇒喫煙は禁止されている) Smoking *is prohibited* in this restaurant.

-ならば ☞ -なら

ならびに 並びに (…と…) … and … ; (両方とも) both … and … ; (…と同様…も) … as well as … 《☞ および ; 接続詞 (欄外)》.

¶ 日本*ならびに中国 Japan *and* China / (⇒日本と中国両方) *both* Japan *and* China 語法 後者のほうが強意的な表現.

ならぶ 並ぶ **1** «整列する»: (一列になる) stand in line ⓐ; (列を作る) form a ⌈line [《英》 queue]; (ずらりと並ぶ) line up ⓐ; (一列になっている状態) be in a row ; (縦に一列に) stand one behind another; (横に一列に) stand side by side. 《☞ れつ ; たちならぶ》.

¶「バスに乗るにはどこに*並んだらいいですか」「ここに*並びなさい」"Where can I find a ⌈*line* [*queue*] for the bus?" "*Line up* here." // 本棚には洋書がずらりと*並んでいる (⇒洋書が詰められている) The bookcase *is stuffed with* many foreign books. / (⇒洋書でいっぱいだ) The bookshelves *are full of* foreign books. // 2学期は彼女と*並びたい (⇒彼女の隣の席が欲しい) I want a seat *next to* her in the second term. // 私のホテルの向かい側には銀行と教会が*並んでいる A bank and a church *stand side by side* just across the street from my hotel. // パレードを見ようと群衆が通りに*並んだ Crowds *lined* the streets to see the parade. 語法 この line は「…に沿って並ぶ」という意味で ⓗ.

2 «匹敵する»: (…と同列に位する) rank with … ; (…に等しい) be equal to …, equal ⓗ. 《☞ ひってき》. ¶ 数学では彼に*並ぶ者はいない No one can ⌈*rank with* [*equal*] him in mathematics. / (⇒同等の者をもたない) He has no *equal* in mathematics.

ならべる 並べる (配置する) arrange ⓗ; (横に並べる) put … side by side; (一列に並べる) line up ⓗ; (物を一列に) place … in a row; (商品などを陳列して) display ⓗ; (料理などをいっぱいに) spread ⓗ; (公開展示する) exhibit ⓗ ★ やや形式ばった語. 《☞ れつ》.

¶「どこにこのいすを置きましょうか」「ここへ一列に*並べて下さい」"Where shall I put these chairs?" "Please *put* them *side by side* in a row here." // 成績順にこの答案用紙を*並べて下さい Will you please *arrange* these exam papers in order of their marks? // 彼女はテーブルの上にカップを*並べて次から次へとコーヒーをついだ She *lined up* the cups on the table and filled them with coffee one after another. // 身長順に生徒を*並べた The pupils *were lined up* according to height. // ショーウインドーには新刊書が*並べてある New books *are displayed* in the show window. // 彼女は食卓に料理を*並べた She *spread* dishes on the table. / She *spread* the table with dishes.

ならわし 習わし (風習) custom Ⓒ; (慣例) practice Ⓒ; (伝統) tradition Ⓒ. 《☞ かんしゅう[1] ; しゅうかん[1]》.

なり[1] (外見) appearance Ⓤ ★ 服装だけでなく全体の様子を指す; (服装) dress Ⓤ. 《☞ ふくそう ; みなり》.

¶ もう少しちゃんとした*なりをしなさい (⇒服装にもっと気を付けよ) Be more careful about your ⌈*dress* [*clothes* ; *clothing*]. / (⇒もっときちんと見えるようにしなさい) Try to *look* more respectable. // 彼女はきちんとした*なりでやってきた (⇒きちんとした服を着て) She came decently *dressed*.

なり[2] 鳴り **鳴りをひそめる** ¶ この火山はいまのところ*鳴りをひそめている (⇒活動していない) This volcano ⌈is inactive [(⇒静かである) remains *quiet*] at present.

-なり **1** «どちらか»: (either) … or … 《☞ 選択の表現 (囲み)》. ¶ 自動車*なり電車*なり好きなほうにお乗りなさい You may go by *either* car *or* train. / You may travel *either* by car *or* by train.

2 «…するとすぐに»: as soon as … ¶ 彼は学校から帰る*なり野球に出かけていく *As soon as* he comes back from school, he goes out again to play baseball. // 警官の姿を見る*なり (⇒姿を見て) その男は逃げ出した The man ran away *at the sight* of a policeman.

なりあがり 成り上がり (成り上がり者) upstart Ⓒ 《☞ なりきん》.

なりあがる 成り上がる (急に金持ち[権力者]になる) suddenly come into ⌈wealth [power]; (急に…から…へ出世する) quickly rise from … to …

なりかわる 成り代わる ― 動 (代理をする) take the place of … ― 前 (…に成り代わって) on behalf of … 《☞ かわる[2]》.

なりきん 成金 (急に金持ちになった人) parvenu Ⓒ; (成り上がり者) upstart Ⓒ ★ 以上いずれも軽蔑的に用いる. ¶ 土地*成金 (⇒土地で大もうけをした者) a land profiteer

なりすます 成りすます (外見を変える) disguise *oneself* (as …); (ふりをする) pretend (to be …) ⓗ. ¶ 彼は医者に*なりすまして人々を治療していた He treated people, ⌈*disguising himself as* [*pretending to be*] a doctor.

なりたち 成り立ち (起源) origin Ⓤ; (歴史) history Ⓤ. 《☞ きげん[3] ; れきし[1]》. ¶ 彼はヨーロッパ社会の*成り立ちについて講義をした He ⌈lectured [gave a lecture] on the ⌈*origin* [*history*] of European societies.

なりたつ 成り立つ (構成されている) be made up of …, consist of … ★ 前者がやや口語的; (やや複雑な仕組みで構成されている) be composed of … ; (計画などが実現する) materialize ⓐ, be realized ; (説などが有効である) hold good. 《☞ せいりつ ; なる[1]》.

¶ この大学は5つの学部から*成り立っている This university ⌈*is made up of* [*consists of*] five colleges. // 彼がいないとこの計画は*成り立たない This plan will not ⌈*materialize* [*be realized*] without his help. / (⇒計画は進まない) This plan won't *work* without him. 語法 後者が口語的. // この点についてはあなたの説は*成り立たない Your theory ⌈does not *hold good* [(⇒事実どおりではない) *is not true*] in this point. // これでは私

の商売は*成り立たない (⇒ これは私の商売を引き合わさせない) This will not *make* my business *pay*.

なりて なり手 ¶ 議長の*なりてがない (⇒ だれもなりたい人がいない) No one wants to be the chairman. / (⇒ 立候補したい人がいない) There's no one who wishes to *run for* chairman.

-なりに ¶ 彼は自分*なりに頑張った (⇒ 自分のやり方で) He made efforts *in his own way*. / (⇒ できるだけやってみた) He tried *as hard as he could*. // 二郎も子供*なりに家のことを考えている (⇒ 子供ながら心配している) *Although he is a child*, Jiro is worrying about the family.

なりひびく 鳴り響く (楽器・物音が, または比喩的に) resound [rizáund] ㊀ ★ 形式ばった語; (声や鐘が) ring ㊀; (反響して) echo ㊀. 《☞ ひびく; なる²; こだま》.
¶ 突然警報のベルが*鳴り響いた Suddenly the warning bell *rang*. / Suddenly the alarm *went off*. 語法 go off でセットしたものが作動すること. // オルガンの音が聖堂に*鳴り響いた The organ *resounded* through(out) the cathedral. / (⇒ 聖堂がオルガンの音楽で反響した) The cathedral ʳ*resounded* [*echoed*] with the organ music. // 日本の水泳選手の名は世界中に*鳴り響いた The name of the Japanese swimmer *resounded* throughout the world. / (⇒ 世界中で有名になった) The Japanese swimmer *became famous* all over the world.

なりふり (外見) appearance Ⓤ; (着るもの) clothes ★ 複数形で; clothing Ⓤ ★ 集合的に; (衣服) dress Ⓒ. ¶ 彼女はあまり*なりふりをかまわない人だ She doesn't care much about her ʳ*clothes* [*clothing*; *appearance*].

なりものいり 鳴り物入り (大々的に) on a large scale; (大騒ぎで) with a lot of fanfare; (人目を引くやり方で) in a sensational way. 《☞ だいだいてき》. ¶ その会社は*鳴り物入りで新車の宣伝をしている The company is advertising its new-model cars *with a lot of fanfare*.

なりゆき 成り行き (物事の経過) course Ⓤ; (展開) development Ⓤ; (進行の具合) progress Ⓤ; (物事の推移・変化) turn Ⓤ; (結果) result Ⓒ. 《☞ けいか; すいい¹》.
¶ それは自然の*成り行きにまかせるのが一番だ (⇒ 放っておくのが最善だ) It is best to ʳ*let* [*leave*] it *alone*. / The best thing to do is to *let* it *take its own course*. // それは*成り行き (⇒ 物事の結果がどうなるか) 次第です That depends *how things will turn out*.// 当分は事の*成り行きを見ていましょう Let's watch *developments* for the time being

なりわたる 鳴り渡る resound ㊀《☞ なりひびく; なる²》.

なる¹ 成る **1** 《人がある身分・状態になる》: (…になる) become ㊀, get ㊀ 語法 くだけた会話では get, 一般的には become が使われることが多い. 好ましくない状態になる場合は fall ㊀, go ㊀, turn ㊀ なども用いる; (将来…になる) be ㊀ 語法 will, want to, intend to などの後で用いる; (なろうと努めればなれる) make ㊁. 参考 1 の意味は 3, 4, 7 の意味と重なる場合が多いので注意.
¶ 彼は将来金持ちに*なるでしょう He will ʳ*be* [*become*] rich some day. / (⇒ 財産を作る) He will make a large fortune in the future. // 彼は病気に*なった He ʳ*became* [*got*] ʳsick [ill]. / He *fell* ʳsick [ill]. / He *was taken* ill. 語法 最初の表現が最も一般的. 2 番目, 3 番目は少し改まった感じ. 《☞ 病気・病院 (囲み)》 // 裏切り者に*なる *turn* traitor / *become* [*be*] a traitor // 彼は大きく*なって立派な学者に*なった He *grew up to be* a great scholar. // 学校を卒業するとすぐに彼は銀行員に*なった On leaving school he *became* a bank clerk. 語法 名詞が補語の場合は get は使えない. // 彼女は子供好きだからいい先生に*なるでしょう She likes children, so she will *make* an excellent teacher. // その子供たちはすぐ友達に*なった The children *made friends* quickly. // 彼は今度営業部長に*なった (⇒ 任命された) He *was appointed* sales manager recently.

2 《…になってくる》: (次第に…になる) come to *do*; (…をし始める) start [begin] to *do* ★ start のほうが口語的; (覚えて…になる) learn to *do*.
¶ つき合っているうちに (⇒ お互いをよく知るにつれて) 彼女が好きに*なった I ʳ*have come to* love her [(⇒ 彼女に恋をした) *have fallen* in love with her] as we have gotten to know each other better. // この仕事がいやに*なった I *have gotten* tired of this work. // イギリスへ行けば半年で英語がしゃべれるように*なる If you ʳgo to [(⇒ イギリスに滞在していれば) stay in] Britain, you will ʳ*learn* [*be able*] *to* speak English in six months.

3 《…に変わる》: (変わって…になる) turn into …, change into … ★ 前者のほうがやや口語的. 内容的には 1 と重なる場合がしばしばある; (次第に発展して) grow into …, develop into … ★ 前者のほうが口語的.
¶ 彼はそれを見て青く*なった He ʳ*turned* [*went*] pale at the sight. // 交差点を半分渡ったところで信号が青から黄色に*なった The traffic light *changed* from green to yellow while I was just halfway across the crossing. // その小さな村は大都市に*なった The small village ʳ*grew* [*developed*] *into* a big city. // 一夜にしてその家は灰に*なった (⇒ 燃えて灰になった) The house *was burned* to ashes overnight. / (⇒ その家はある晩火事になり全焼した) One night the house caught fire and *was burned down*. // 《両替で》これこまかく*なりますか (⇒ これを硬貨に変えられますか) Could you *change* this into coins?

4 《結果としてある状態になる》: (事態が…の結果になる) turn out (to be …) ★ 口語的表現; (結末が…になる) result [end] in …; (事態が人にとって…となる) become of (*a person*); (結果として…であることがわかる) prove (to be …).

な

¶「結果はどう*なりましたか」「よかったです」"How did it *turn out*?" "It *turned out* (*to be*) fine." / "What was the *result*?" "It was ｢good [OK]." ∥ 彼の努力はまったくのむだと*なった All his efforts ｢*turned out* [*proved*] *to be* useless. / His efforts *ended in* a total failure. / His efforts *came to* nothing. ∥ その生徒たちはどう*なったのだろう What *has become of* the pupils? ∥ この話の筋がどう*なるのか（⇒ この話がどこへ行きつくのか）だれも知らない No one knows *where this story is going*.

5《数量などが…になる》:（金額などが…に達する）come to ..., amount to ... ★ 前者がより口語的;（合計で…になる）total (up to ...) ㊀ ★ ㊉ の用法もある;（計算すると…になる）make ㊉.《☞ ごうけい; けい²; のぼる》.

¶ 7と4で11に*なる（⇒7と4は11です）Seven and four ｢*is* [（⇒ 作る）*makes*] eleven. / 7 and 4 ｢*are* [*make*] eleven.《☞ 性・数・人称の一致（欄外）; 数字（囲み）》∥「それでいくらに*なりますか」「千円に*なります」"How much is it?" "One thousand yen, sir." ∥ 損害は2億円に*なった The damage *amounted to* two hundred million yen. ∥ 本日の申し込み者は合計100人に*なった The applicants *totaled* (*up to*) 100 for today.

6《時刻・季節・明暗などがある状態になる, 行事などが始まる》:（やってくる）come ㊀;（次第に…になる）grow ㊀, get ㊀ ★ 後者がより口語的;（始まる）start ㊀;（特に季節などしばらく続くものが始まる）set in ㊀.

¶ 1週間もすると秋に*なる Autumn will ｢*come* [*be here*] in a week. ∥ このごろは日が短く*なってきた The day *is* ｢*getting* [*becoming*] ｢shorter [short] these days. ∥ 来週から夏休みに*なる（⇒ 夏休みが始まる）The summer vacation *starts* next week. ∥ 梅雨に*なった The rainy season *has set in*.

7《年齢が…に達する》:（…歳になる）be ㊀ ★ 最も一般的;（…歳に達する）reach ㊉;（…歳に達してちょうどその年齢を越える）turn ㊉.

¶ 息子は今度の誕生日で3歳に*なります My son will *be* three (years old) next birthday. ∥ 日本では6歳に*なったら学校へ行く You start school when you *are* six years old in Japan. /（⇒ 6つの年齢で）At the age of six you start going to school in Japan. ∥ 私は40歳に*なった I *have* ｢*turned* [*reached*] forty.

8《時が経過して…になる》:（経過する）pass ㊀ ［語法］ 口語では be を用いることが多い. また, 時の経過は英語では動詞の時制を使って示すことが多い.《☞ 時・期間の表し方（囲み）; 完了形（欄外）》.

¶ 父が亡くなってからもう5年に*なる Five years *have passed* since my father died. / It ｢*has been* [*is*] five years since my father died. ［語法］ It is を用いるのは主に《英》. / My father *has been* dead for five years. ∥「あなたは英語を教えて何年に*なりますか（⇒ どのくらい長く英語を教えているか）」「ちょうど10年に*なります」"How long *have* you *been teaching* English?" "Just for ten years." ∥「この学校はできてからどのくらいに*なりますか（⇒ この学校はどのくらい古いか）」「200年ぐらいに*なります」"How old *is* this school?" "It's almost 200 years old."

9《人が一時的に役目を務める・物が役目をする》:（…としての役をする）act as ...;（…として役に立つ）serve ｢as [for] ...

¶ 彼女はジュリエット役に*なる She will ｢*act as* [*play* (*the role of*)] Juliet. ∥ このソファーは寝台に*なる This sofa *serves* ｢*as* [*for*] a bed. /（⇒ このソファーは寝台として使えます）You can use this sofa as a bed. /（⇒ ソファーに変わる）This sofa *converts into* a bed.

10《構成される》:（…で成り立っている）consist of ..., be made up of ... ★ 後者がやや口語的.《☞ なりたつ; こうせい²》.

¶ 50人から*なる一団（⇒ 50人の一団）a party *of* fifty people ∥ イギリス議会は下院と上院から*なっている The British Parliament *consists of* the House of Commons and the House of Lords.

なる² 鳴る（一般に音が）sound ㊀ ［語法］「音がする」という意味では以下のほとんどの語の代わりに用いることができる;（ベル・鐘が）ring ㊀《過去 rang; 過分 rung》;（時計が時を打って）strike ㊉《過去・過分 struck》 ［語法］ 後に seven, ten などのちょうどの時刻を表す数が来る;（メロディーを奏でて鳴る）chime ㊀;（サイレン・警笛などが鳴る）blow ㊀, wail ㊀ ［語法］ 後者は長く物悲しい調子で鳴ること;（教会の鐘などがゆっくりと鳴る）toll ㊀.《☞ ならす¹》.

¶ ベルが*鳴った The bell ｢*sounded* [*rang*]. ∥ 隣の部屋で電話が*鳴っています The telephone's *ringing* in the next room. ∥ 玄関でベルが*鳴っている. だれだろう Someone *is ringing* at the front door. I wonder who it is. ∥ 学校では12時にチャイムが*鳴る The school bell *chimes* at noon. ∥ 遠くのほうでサイレンが*鳴っている I can hear the siren ｢*blowing* [*wailing*] in the distance. ∥ 急に目覚ましが*鳴りだした Suddenly the alarm clock *went off*. ［語法］ go off はセットしたものが作動すること. ∥ 学校のベルが*鳴っている. 急ごう There *goes* the school bell! Let's hurry!

なる³ 生る（植物の実が）grow ㊀《過去 grew; 過分 grown》 ★「実」を主語にする;（植物が実をつける）bear ㊉《過去 bore; 過分 borne》;（実がなる）fruit ㊀;（実を生じる）bring forth ㊉;（実がついている）be in fruit ★ 以上4つはすべて「植物」が主語.《☞ みのる; できる³》.

¶ りんごは木に*なる Apples *grow* on trees. ∥ バナナは房で*なる Bananas *grow* in a bunch. ∥ この木は今年は実が*ならない This tree does not ｢*bear* [*bring forth*] fruit this year. ∥ これは実の*なる木です This is a ｢fruit tree [fruit-*bearing* tree]. ∥ いまごろは庭に何が*なっていますか What kinds of fruit *are* there *on the trees* in your garden now?

なるたけ ☞ なるべく

なるべく ¶ *なるべく早く出かけましょう（⇒ 可能なかぎり）Let's start *as* early *as* ｢*possible*

[(⇒ 私たちにできるだけ) *we can*]. // この仕事は*なるべく今年中に終わらせます (⇒ 最善を尽くす) I'll *do* my *best* to finish this work by the end of this year. 《☞ きょくりょく》 // *なるべく大きいのを (⇒ 見つけ得る最も大きいのを) 持っていきなさい Please take the biggest one *you can find*. // 私は*なるべくタクシーには乗らない (⇒ もしそれで済ませられれば) I don't take taxis, *if* I *can help it*. // *なるべくなら彼女と顔を合わせたくない *I'd rather* not see her.

なるほど (わかった・そうですか) I see. ; (確かに) indeed, to be sure. 《☞ 相づち (囲み)》. ¶「こういう訳で私はそれをしたのです」「*なるほど (⇒ 了解した)」"That is the reason why I did it." "*I see*." // *なるほどあの男は頭はいいが, どうもとっつきにくい He is clever, *to be sure*, but he is rather difficult to talk to. // 彼の言うことを聞くと*なるほどと思う (⇒ 彼の言うことは説得力がある) What he says is *convincing*.

なれ 慣れ ―名 (絶えずやっていること) practice Ⓤ; (経験) experience Ⓤ; (習慣) habit Ⓤ. ―副 (慣れで) by practice ; (経験から) from experience. 《☞ なれる[1] ; しゅうかん[1]》.

なれあい 馴れ合い (前もってひそかに計画したこと・八百長) 《口語》 put-up job Ⓒ; (ひそかに共同して悪事を働くこと) connivance [kənáivəns] Ⓤ ★ 形式ばった語. 《☞ ぐる》. ¶それは警察との*馴れ合いで行われた It was done ⌈in *connivance* with [with the *connivance* of] the police. / They *connived with* the police to do it.

なれそめ 馴れ初め ¶二人の*なれ初めはクリスマスの休みのときでした (⇒ 彼らの愛は始まった) Their *love started* during the Christmas vacation. / (⇒ 愛するようになった) They *became fond of* each other in the Christmas vacation. 《☞ きっかけ》

なれっこ 慣れっこ (慣れている) be accustomed to … 《☞ なれる[1] ; ならす[2]》.

なれなれしい 馴れ馴れしい ―形 over ⌈familiar [friendly]. ―副 (なれなれしく) in an over ⌈familiar [friendly] manner. 《☞ あつかましい》. ¶彼は*なれなれしい態度で私に話しかけた He talked to me *in an over familiar manner*.

なれのはて 成れの果て ¶あれは貴族の*成れの果てさ (⇒ 没落した貴族だ) He's a *ruined aristocrat*.

なれる[1] 慣れる ―動 get [be] used to …, become [be] accustomed to … 語法 get を用いるほうがより口語的.「慣れている」というように状態を表すときは be 動詞を用いる. 以上いずれも to の後には名詞または …ing 形がくる; (経験を積んでくる) become experienced in … ―形 (慣れた・いつものあの) accustomed ; (人が経験を積んだ) experienced. 《☞ なじむ ; ならす[2] ; みなれる》.

¶私は車の運転には*慣れていない I'*m* not *used to* driving. / (⇒ 運転の十分な経験がない) I don't *have* much *experience in* driving. / (⇒ 経験のある運転手ではない) I'm not an *experienced* driver. //「私は英語をしゃべるのに*慣れていません」「すぐに*慣れますよ」"I'*m* not *used to* speaking English." "You'll *get used to* it very soon." // 初心者を教えるのに*慣れた (⇒ 経験のある) 先生が欲しい We want an *experienced* teacher for the beginners. 《☞ てなれた》 // 私はそういう考え方には*慣れていません I'*m* not *familiar with* the idea. // 外国へ行って新しい環境に*慣れる (⇒ 適応する) には少なくとも半年はかかる It will take at least six months to *adjust yourself to* the new way of life abroad.

なれる[2] 馴れる (動物が家畜として) become domesticated ; (動物が人に危害を加えなくなって) become [grow] tame. 《☞ かいならす》. ¶おおかみはなかなか人に*馴れない Wolves don't *become tame*. / (⇒ 馴らすのが難しい) Wolves are difficult to *tame*. // この小鳥は人に*馴れている (⇒ 怖がらない) This bird *is not afraid* of people. // この犬はどうしても私に*馴れない (⇒ 友達にならない) This dog will not *be* my *friend*.

なわ 縄 rope Ⓒ; (細目の) cord Ⓒ. 《☞ ひも; つな》. ¶この大きな箱に*縄をかけて下さい Put a *rope* around this large box, please. // 入口には*縄が張ってあった (⇒ 縄で仕切ってあった) The entrance *was roped off*. **縄跳び** (縄を回す) rope skipping Ⓤ; (縄を張る) rope jumping Ⓤ **縄ばしご** rope ladder Ⓒ.

なわしろ 苗代 rice nursery Ⓒ.

なわばり 縄張り (勢力範囲) range of influence Ⓒ, domain Ⓒ ★ 後者はやや形式ばった表現 ; (特に商売などの) territory Ⓤ; (官庁などの管轄) range of authority Ⓒ, jurisdiction Ⓤ ★ 後者のほうが形式ばった表現. 《☞ りょうぶん ; かんかつ》.

¶彼は政界に大きな*縄張りを持っている He has a wide *range of influence* in political circles. // 野獣はそれぞれ自分の*縄張りを持っている Wild animals have their own *territory*. // ここはおれたちの*縄張りだ This is our *territory*. ★ やくざ, 顔役などが言う. // その件については各省庁の間で激しい*縄張り争いが起こった That matter has brought about a hot *jurisdictional* dispute among the ministries concerned.

なん 難 (困難) difficulty Ⓒ; (危険) danger Ⓤ; (不足) shortage Ⓤ ★「…難」として用いる. 《☞ こんなん ; ふそく[1]》.

¶就職*難 job *shortage* / the *difficulty* of finding employment // 食糧*難 food *shortage* // 住宅*難 housing *shortage*

難を言えば ¶その部屋はとてもいいが, *難を言えば窓がやや小さい (⇒ 窓がやや小さいことを除いてはとてもいい) I find this room very satisfactory *except that* the window is rather small.

難を逃れる ¶危ういところで*難を逃れた I narrowly *escaped danger*. / I *had* a narrow *escape*. // その一家は第二次大戦が始まると*難を逃れてアメリカに渡った (⇒ 安全のために) The family ⌈*went* to America *for safety* [(⇒ 避難した) *took refuge to* America] when World War II broke out.

なん- 何… **1** «なに»: what [語法] 名詞の前に付けて疑問を示す.《☞ 疑問詞(欄外)》. ¶「きょうは*何日ですか」「6月10日です」"*What* ˹day of the month [date] is it today? / *What*'s today's date?" "It's June 10 th." 《☞ 時刻・日付・曜日 (囲み)》 // きょうは*何曜日ですか *What* day (of the week) is it today? // 「今年のクリスマスは*何曜日になりますか」「金曜日になります」"On *what* day of the week does Christmas fall this year?" "It falls on a Friday." // あなたは昭和*何年生まれですか In *what* year of Showa were you born? // 《電話で》「*何番におかけになりましたか」「220-1542です」"*What* number did you call?" "220-1542." [参考] 220-1542 は two-two-o [óu], one-five-four-two と読む.《☞ 数字 (囲み); 電話の英語 (囲み)》 // 「レーガン大統領は*何代目の大統領ですか」「第40代大統領です」"*What* number president of the U.S. is Mr. Reagan?" "He's the ˹40th [fortieth] president." // 「あなたは*何年生ですか」「高校2年生です」"*What* grade are you in?" "I'm a junior in high school." 《☞ 学校・教育 (囲み)》

2 «幾つ»: how many … [語法] 名詞の前に付けて数量を尋ねる.《☞ どのくらい》.
¶「*何日かかりますか」「3日ほどかかります」"*How many* days will it take you to finish it?" "(It will take me) about three days." // 新幹線で東京から博多まで*何時間かかりますか *How* ˹long [*many* hours] does it take from Tokyo to Hakata by the ˹Shinkansen [Bullet train]? // 「1年は*何週ありますか」「52週あります」"*How many* weeks ˹are there in a year [make up a year]?" "Fifty-two (weeks)." // *何年アメリカにいたのですか *How many* years [*How* long] have you been in America? // 一番下のお子さんは*何歳ですか *How* old is your youngest child? / *What* age is your youngest child?

3 «数詞と一緒に用いて多数または不定の数を示す» ¶彼は30*何年も英語を教えている He has been teaching English for ˹*more than* [*over*] thirty years. [語法] ほかに多少改まった for thirty-odd years という言い方もある. // 公園には*何万という人が集まった Tens of thousands of people ˹gathered [collected] in the park. // もう*何時間も歩き続けている I have been walking for hours. [語法] 複形数で「何時間も」が表される. // 彼が来たのは8月*何日かだった It was *some* day in August ˹when [that] he came here.

4 «感嘆詞・強調などに用いて» ¶ *何ですって *What*! 《☞ 感嘆詞 (欄外)》 // *何だ. 君か *Oh. It's* you. 《☞ なんだ》 // *何だって (⇒ なぜ) こんなことをしたんだ *Why* did you do such a thing? / (⇒ 何のために) *What* did you do such a thing *for*? / (⇒ 原因は何か) *What* made you do such a thing? 《☞ 理由の表し方 (囲み)》

なんい[1] 南緯 the south latitude 《☞ いど[2]; ほくい; ど》. ¶いま私たちの船は*南緯50度の所にいます The *latitude* of our ship is 50 degrees *south*. / Our ship is sailing at about 50 degrees *south latitude*. // オーストラリアの首都キャンベラは*南緯35度にある Canberra, the federal capital of Australia, lies in *latitude* 35 degrees *south*.

なんい[2] 難易 (困難さ) difficulty Ⓒ. ¶この2つの問題の*難易は決めがたい (⇒ どちらの問題がより難しいか) You can't tell which problem is more *difficult* than the other.

なんおう 南欧 —[名]㊀ Southern Europe. —[形] Southern European.

なんか[1] 軟化 —[動] (軟化する・させる) soften [sɔ́(:)fn] ㊀ ㊉. ¶彼の態度は突然*軟化した His attitude suddenly *softened*. / He suddenly *softened* his attitude.

なんか[2] 南下 —[動] (南下する) go ˹south [down].

なんかい[1] 何回 (回数を尋ねるとき) how many times, how often; (幾たびも) over and over again, many times; (頻繁に) frequently. 《☞ なん-; -かい[1]; いくど》.
¶「ここへ来たのは今度で*何回目ですか」「3回目[初めて]です」"*How many times* have you been here before?" "This is my ˹third [first] visit." 《☞ 数の数え方 (囲み)》 // ベニスには*何回も行きました. *何回行ってもいいところです I've made *frequent* visits to Venice. I find the city wonderful *every time* I visit it. 《☞ 頻度を表す副詞 (囲み)》 // 私はその手紙を*何回も*何回も書き直した I rewrote the letter ˹*over and over again* [*many times*].

なんかい[2] 難解 —[形] difficult [hard] (to understand) ★ hard のほうが口語的; (文体などが難しくて読みにくい) crabbed. 《☞ むずかしい》. ¶この論文はとても*難解だ (⇒ 理解するのが難しい) This article is very *difficult to understand*. // 彼は*難解な文章を書く He writes in a *crabbed* style.

なんかん 難関 (困難) difficulty Ⓒ; (障害) obstacle Ⓒ, barrier Ⓒ; (交渉などの行き詰まり) deadlock Ⓒ. 《☞ しょうがい[1]》.
¶交渉は*難関にぶつかった The negotiations have come to a *deadlock*. // 彼はついにその*難関を乗り越えた At last he ˹overcame the *difficulty* [got over the *barrier*]. // 人生には幾多の*難関が待ち受けている You will have a lot of *hurdles* to get over in the course of your life ahead.

なんぎ 難儀 (困難) difficulty Ⓤ ★ 具体的な事を指すときは Ⓒ; (苦難) hardship Ⓤ ★ 複数形で用いることもある. 《☞ こんなん; くるしみ; くろう》.

なんきゅう 軟球 rubber baseball Ⓒ.

なんぎょう 難行 (宗教上の禁欲生活) asceticism Ⓤ. ¶ *難行苦行してやっとそこに到達できた (⇒ 非常な困難を伴って) It was reached with *great difficulty*.

なんきょく[1] 南極 —[名] the South Pole (↔ the North Pole); (南極地方) the Antarctic (↔ the Arctic) ★ 南極大陸と南極海. —[形] (南極の) antarctic [æntáəktik] (↔

arctic) ★ しばしば A— として.
南極海 the Antarctic Ocean **南極観測隊** the scientist team at the South Pole **南極圏** the Antarctic Circle《☞ ちきゅう (挿絵)》 **南極大陸** the Antarctic Continent, Antarctica **南極探検** Antarctic ⌈exploration [expedition] Ⓒ.

なんきょく² 難局 (困難な事態) difficult situation Ⓒ; (困難なこと) difficulty Ⓒ; (危機) crisis Ⓒ《複 crises [kráisiːz]》.《☞ なんかん; こんなん》. ¶何とかその*難局を打開した (⇒ 危機を乗り越えた) We managed to ⌈get [tide] over the ⌈*crisis* [*difficulty*]. // どのような*難局にも対処する覚悟がある I'm fully prepared to ⌈face any *difficulty* [deal with any *difficult situation*].

なんきん¹ 軟禁 —動 (家に閉じ込める) confine ... in ...'s own house; (非公式に監禁する) confine ... informally. —名 (非公式の監禁) informal confinement Ⓤ; (自宅拘束) house arrest Ⓤ.《☞ かんきん》.
¶キング氏は自宅に*軟禁されていた (⇒ 閉じ込められていた) Mr. King *was confined in his own house*. / (⇒ 自宅拘束の下にあった) Mr. King was *under house arrest*.

なんきん² 南京 (中国の都市) Nanking.
南京錠 padlock Ⓒ《☞ かぎ¹ (挿絵)》 **南京袋** jute sack Ⓒ **南京豆** peanut Ⓒ **南京虫**《米》bedbug Ⓒ,《英》housebug Ⓒ.

なんくせ 難癖 ¶彼はいつも人のやることに*難癖をつける (⇒ 文句を言う) He is always *critical* of others. / (⇒ 彼はいつも人のあら捜しをする) He *is* always *finding fault with* others.《☞ もんく》

なんこう¹ 難航 —動 (遅く進む) make slow progress; (行き詰まりになる) come [be brought] to a ⌈stalemate [deadlock].
¶2国間の紛争の調停は*難航している The mediation of the dispute between the two countries ⌈*is making slow progress* [*has been brought to a stalemate*].

なんこう² 軟膏 ointment Ⓤ; (特に傷の手当ての) salve [sǽ(ː)v] Ⓤ.《☞ ぬりぐすり》.

なんこうがい 軟口蓋 the soft palate.

なんこうふらく 難攻不落 —形 (堅固な) impregnable; (非常に強い) very strong.
¶*難攻不落の要塞 an *impregnable* fortress

なんこつ 軟骨 cartilage Ⓤ.

なんざん 難産 (難しい出産) difficult delivery Ⓒ《☞ おさん》. ¶初産は*難産でした My first *delivery* was a *difficult* one.

なんじ 何時 what time (of the day) ..., when ... 語法 後者は時刻以外に「いつ」の意でも使うので, 明確な時刻を尋ねるときは前者が普通.《☞ 時刻・日付・曜日 (囲み)》.
¶いま*何時ですか」「6時20分です」"*What time* is it?" "It's twenty minutes past six." 語法 特に「いま」を強調するとき以外は, 現在時制がその意味をになうので now を付ける必要はない. / "*What*'s the time?" "It's 6 : 20 p.m." 参考 six twenty p.m. [píː ém] と発音する. / "*What time* do you have?" "I have 6 : 20 p.m." ★ 時計を持っていると思われる人に向かっての質問. 次例も同様. / "Do you have the time?" "Yes. It's 6 : 20 p.m. by my watch." // 朝*何時に起きますか *What time* [*When*] do you get up in the morning? //「あすは*何時ごろおいで下さいますか」「*何時何分というわけにはいきませんが, お昼ごろに伺いたいと思います」"*When* shall I expect you here tomorrow?" "I'm afraid I can't give you the *time to the minute*, but I hope I can see you around noon."

なんしき 軟式 **軟式テニス** softball tennis Ⓤ《☞ テニス》 **軟式野球** rubberball baseball Ⓤ.

なんじゃく 軟弱 —形 (硬くない) not hard; (しっかりしていない) not firm; (柔らかい) soft; (弱い) weak.《☞ よわい; やわらかい; よわごし》. ¶この辺は地盤が*軟弱です The ground is *not* ⌈*hard* [*firm*] here. / The ground here is *soft*.

なんしょ 難所 (危険な場所) dangerous place Ⓒ; (危険の多い山越えの道) perilous pass Ⓒ.《☞ なんかん》.

なんしょく 難色 ¶校長先生は我々の案に*難色を示した (⇒ 認めたがらなかった) Our principal *was not willing to approve* our plan. / (⇒ あまり気に入らなかった) Our principal was *not* very ⌈*happy about* [*pleased with*] our plan.《☞ しぶる》

なんすい 軟水 soft water Ⓤ (↔ hard water).

なんせい 南西 —名 the sòuthwést《略 SW, S.W.》. —形副 (南西の[へ, に]) southwest; (南西の[へ, に, からの]) southwestern, southwesterly; (南西のほうへ[の]) southwestward. ¶*南西の風 a ⌈*southwest* [*southwesterly*] wind

なんせん 難船 shipwreck Ⓤ《☞ なんぱ》.

ナンセンス —名 nonsense Ⓤ ★ しばしば a を付けて; (くだらないこと) rubbish Ⓤ. —形 nonsensical. ¶彼女はいつも*ナンセンスなことをいう She is always talking ⌈*nonsense* [*rubbish*]. //「*ナンセンス」"*Nonsense!*" / "*What nonsense!*" / "*Rubbish!*"

なんだ ¶*なんだ, 和夫じゃないか *Why!* It's you, Kazuo! // *なんだ, もう終わりか (⇒ それで全部か) *What?* Is that all?

なんだい 難題 (無理な要求) unreasonable demand Ⓒ《☞ なんもん; むり》.

なんたいどうぶつ 軟体動物 mollusk [mɑ́ləsk] (《英》mollusc) Ⓒ.

なんだか 何だか **1**《疑問・否定を示して》: (何か) what《☞ なに》. ¶それ*何だかわかるかい Can you tell me *what it is*? // あの楽器は*何だか知っているかい Do you know the name of that instrument?
2《なんとなく》: somehow《☞ なんとなく》.

なんたん 南端 (南の端の部分) the southernmost part (of ...); (南の一番先端) the southern ⌈end [extremity] ★ [ ] 内はやや形式ばった表現. ¶ケープタウンはアフリカ大陸の最*南端にある港です Cape Town is a port which is on *the southern extremity* of

な

the African Continent.

なんちゃくりく 軟着陸 soft-landing Ⓒ. ¶そのロケットは月に*軟着陸した The rocket made a *soft-landing* on the moon.

なんちょう 難聴 ¶*難聴の人 a person who ⌈has *difficulty in* [is *weak in*; is *hard of*] *hearing* ∥ (ラジオ・テレビの) *難聴地域 an area where *reception is poor*

なんで 何で (なぜ) why《☞ なぜ》.

なんでも 何でも **1** «何事でも»: (3つ以上のものの中の1つ) any [語法] 後に of ... の形で限定句や関係詞を付けたり, 形容詞的に用いることが多い; (どんなものでも) anything; (何でもみんな) everything; (全部) all.
¶*何でも欲しいものを買ってあげよう I'll buy you *anything* you like. ∥ わからないことは*何でも聞きなさい (⇒どんな質問でもいい) *Any* question will ⌈do [be O.K]. ∥ 彼は一通り*何でもこなす (⇒なんでも屋だ) He is a Jack-of-all-trades. [語法] 軽蔑的に用いることが多い. / He is an ⌈*all*-rounder [*all*-round man].
2 «断定を避けて» ¶彼は*なんでも病気だそうだ *I'm told* [*I hear*] he is not well. ∥ 彼が来たのは*なんでも (⇒私の記憶に間違いなければ) 8時ごろでした He came here around eight o'clock *if I remember correctly*.
3 «否定の形で» ¶このくらいの山を登るのは*何でもない It's *nothing* for me to climb such a mountain. ∥ 彼にとってはそんな金は*何でもない That money is *nothing* to him. ∥「どうも本当にありがとうございました」「いや*何でもありません」"Thank you very much indeed." "It was really *nothing*. / (⇒どういたしまして) *Not at all*."

なんてん[1] 難点 (欠点) weak point Ⓒ; (性格上の) fault Ⓒ. 《☞ けってん》.

なんてん[2] 南天 〖植物〗 nandin Ⓒ.

なんと 何と **1** «疑問»: what ...; (どのように) how ... 《☞ なに; どう[1]》.
¶いま*何とおっしゃいました *What* did you say? [語法] 上がり調子で言うのが普通. 下がり調子にすると詰問調に聞こえるので注意. 丁寧さは中ぐらいの感じだが, 目上に使っても特に失礼というほどではない. 後に sir [ma'am] などを付ければもっと丁寧な感じになる. 次の I beg your pardon? のほうがより丁寧である. / *I beg your pardon*? / 《口語》 *Beg pardon*? / 《口語》 *Pardon*? / 《英口語》 *Sorry*? [語法] この順序で丁寧さが減少していく. 最後の Pardon? と《英》 Sorry? は同じ程度で, 日本語では「何ですって」ぐらいの感じ. いずれも語尾を上げて, 一種の決まり文句として用いる. ∥ 日本語の「本」を英語では*何といいますか *What* is the English for "hon"? / *How* do you say "hon" in English? / (⇒英語の対応するものは何か) *What* is the English equivalent for the Japanese "hon"? ∥ これは*何というものですか *What* do you call this? ∥ *なんとお礼を言っていいかわかりません I don't know *how* ⌈I can [to] express my thanks.
2 «感嘆»: how, what [語法] how は 形 副 に付け, what は 名 に付けて,「何と…だろう」という感嘆文を作る. 詳しくは ☞ 感嘆の表現 (囲み). ¶*なんと暑いんでしょう *How* hot (it is)! / *Terribly* hot! ∥ *何とかわいい子犬だろう *What* a cute puppy (it is)! ∥ *なんとまただめだったとは *What a shame* that you failed again!

なんど[1] 何度 **1** «回数を尋ねるとき»: how many times ..., how often ... 《☞ なんかい[1]; いくど; ど》.
2 «幾度も»: over and over again, many times. 《☞ なんかい[1]》.
3 «度数を尋ねるとき»: how many degrees ... 《☞ ど; 度量衡 (囲み)》. ¶この角は*何度ですか *How many degrees* ⌈is [are in] this angle? ∥ けさ熱は*何度でしたか (⇒あなたの体温はどれくらいだったか) *What* was your temperature this morning? ∥「東京は北緯*何度ですか」「北緯35度42分です」"*What* is the latitude of Tokyo?" "It is 35°42′N."

なんど[2] 納戸 closet Ⓒ 《☞ おしいれ (挿絵)》.

なんという 何という what, how [語法] what は 名 に, how は 形 副 に付けて感嘆文を作る. 《☞ 感嘆の表現 (囲み); なんと》.

なんといっても 何といっても (結局) after all 《☞ けっきょく》.

なんとう 南東 ━名 the sòuthéast 《略 SE, S.E.》. ━形 副 (南東の[へ, に]) southeast; (南東の[へ, に, からの]) southeastern, southeasterly; (南東のほうへ[の]) southeastward. 《☞ とうなん[2]》. ¶*南東の風 a ⌈*southeast* [*southeasterly*] wind

なんとか 何とか ━副 (どうにか) somehow; (何らかの方法で) in some way (or other). ━動 (何とか…する) manage to *do*. 《☞ どうにか; ぜひ[1]》.
¶私は*何とか時間に間に合った I *managed to* get there in time. ∥「どうですか景気は」「まあ, *何とかやっています」"How is your business?" "I'm managing *somehow*." ∥ *何とかして外国へ行きたい (⇒とても行きたい) I'm *very* eager to go abroad. ∥ その件は*何とかなりませんか (⇒何かよい処理案はないでしょうか) Do you have any idea on how to deal with the problem? ∥ あの人の名前何ていったっけ. ロバート*何とかだったと思うけど Do you remember his name? Robert *something*, I think.

なんとなく 何となく somehow; (漠然と) vaguely; (定かではないが) indefinitely; (何らかの理由で) for some reason or other. 《☞ どことなく; なにやら; どうも》.
¶きょうは*何となく気分がすぐれない *Somehow* I am not feeling well today. / (⇒理由はわからないが) I *don't know why*, but I don't feel well today. ∥ あの男は*何となく気味が悪い There is *something* sinister about him. ∥ *何となく (⇒直観的に) 彼女はうそをついていると思った *Instinctively* I knew she was lying.

なんとも 何とも **1** «否定文中で, 少しも・ちっともの意» ¶彼女は*何とも答えなかった She didn't give an answer. ∥ 彼は*何とも言わないで部屋から出ていった He went out of the

room without (saying) a word. //「痛かったですか」「いや*何ともありません」"Did I hurt you?" "No, *not at all*."《☞ なんでも》
2《本当に》: (たいへん) very, very much, really, truly, indeed,《口語》awfully.《☞ 強意語 (囲み)》. ¶ *何とも申し訳ございません I'm *awfully* sorry. // *何ともお恥ずかしい次第です I'm *very much* ashamed of myself.

なんなく 難なく (困難なしに) without ˹difficulty [trouble]; (容易に) (quite) easily, with ease.《☞ かんたん[1]; らくらく》. ¶ 第1問は*難なくできました I answered the first question *quite easily*. / I *had no difficulty* in solving the first question.

なんなら 何なら ¶ *なんなら (⇒それでは) 私がやりましょうか Shall I do it for you, *then*? [語法] 日本語の「なんなら」は全体のニュアンスで出し, 必ずしも部分的な訳として表さなくてもよい場合も多い. // *なんなら彼に行ってもらいます (⇒必要ならば) I'll ask him to go there, *if necessary*. // *なんなら今晩出発したい (⇒可能ならば) I'd like to start this evening, *if possible*.
【参考語】(望むならば) if you ˹wish [like; please]; (可能ならば) if possible, if … can; (もし都合がよければ) if (it is) convenient (for …); (あなたがかまわなければ) if you don't mind; (必要ならば) if necessary.

なんなりと 何なりと ¶ お好きなものを*何なりと持っていって下さい (⇒好きなものは何でも) Please take ˹*anything* [*whatever*] you like. // *何なりと好きな本を買ってあげましょう I will buy you ˹*whatever* [*any*] book you like.《☞ なんでも》

なんの 何の **1**《疑問》: what; (どんな種類の) what ˹kind [sort] of … ★ sort のほうがより口語的.《☞ なに; どんな; 疑問詞 (欄外)》. ¶「*何のレコードが欲しいのですか」「クラシックのレコードです」"*What kind of* records would you like?" "I'd like some records of classical music." [語法] What record …? とすると答えは, 例えば「ショパンのピアノ曲」のように特定のものが期待される. 日本語では「何の」と「どんな」の区別があいまいな場合が多いが, 英語では種類別か, 特定のものかの区別が what … と what kind of … によってはっきり区別される. // そんなことをして*何の役に立つのだ *What*'s the ˹use [good] of doing such a thing? // それは*何のことですか *What* are you talking about? / (あなたが意味していることはわからない) I cannot understand *what* you mean. // いま*何の勉強をしていますか *What* [*What subject*; *Which subject*] are you studying now? [語法] 不特定のものから「何を」と問うときに what, what subject. 限られた学科の中から「何を」と問うときは which subject とするのが原則であるが, 学問の分野ないしは学校の教科はほぼ決まっているという感じがあるため, 実際にはいずれを用いてもよい. // *何のご用ですか *What* can I do for you? [語法] 最も普通の質問. 例えば受付などでよく用いられる表現. / (⇒何を欲するか) *What* do you want? [語法] かなりぞんざいな聞き方で,「何の用だ」という感じ. 普通は使わないほうがよい.
2《否定文の中で》¶ この本は*何の役にも立たない I've found this book *utterly* useless. / (⇒何の役にも立たないことがわかった) This book proved to be of *little* use. // *何の支障もなく終わりました It was finished *without* any trouble *at all*. // 彼からは*何の便りもない I have*n't* heard from him *at all*. / I have*n't* received *a single* letter from him. // だれもそのことについては*何の心配もしなかった *Nobody* worried about it *in the least*. // その時は*何の痛みもなかった It did*n't* hurt me *a bit* at that time.

なんぱ 難破 —[名] shipwreck [C]. —[動] be (ship)wrecked [語法]「船」が主語のときは ship を省くのが普通だが,「人」が主語のときは付ける.《☞ そうなん》. ¶ その船は[我々は]大島の沖合で*難破した The ship *was wrecked* [We *were shipwrecked*] off Oshima Island. **難破船** wreck [C], wrecked ship [C]; (危険に瀕している船) ship in distress [C].

ナンバー (番号) number [C]; (自動車の) registration number [C]; (雑誌などの) number [C].《☞ ばんごう》.
¶ 彼は東京*ナンバーの車を運転していた He was driving a car with a Tokyo *license plate*. // この雑誌のバック*ナンバーが欲しい I'd like the back ˹*numbers* [*issues*] of this magazine.
ナンバープレート《米》license plate [C],《英》numberplate [C].《☞ 自動車 (囲み)》.
ナンバーワン ¶ 彼は日本のテニス界の*ナンバーワンです He is the ˹*top* [*number one*] tennis player in Japan.《☞ いちばん; トップ》.

なんびょう 難病 (治りにくい病気) incurable disease [C]; (命にかかわる) serious disease [C]; (悪性の病気) malignant disease [C].《☞ 病気・病院 (囲み)》.

なんぴょうよう 南氷洋 the Antarctic Ocean《☞ なんきょく[1]》.

なんぶ 南部 —[名] the south [語法] 特定の国の南部地方のという意味では the South と大文字にすることがある; (南の地方) the southern part. —[形] southern [sʌ́ðən] [語法] 特定の国について言うときは大文字にすることがある.《☞ みなみ》.
¶ 台風10号は九州*南部に上陸するでしょう Typhoon No. 10 is expected to hit *the southern part* of Kyushu. // スミスさんは*南部出身だ Mr. Smith comes from *the South*. / Mr. Smith is a *Southerner* (in origin). // テキサスは*南部諸州でも一番大きい Texas is the largest of the *Southern* States.

なんぶつ 難物 (気難しい人) person hard to please [C]; (やっかいな人・事柄) hard [tough] nut to crack [参考] 元は「割るのが難しい木の実」という意味. ¶ 彼女のお父さんは*難物だ I have found her father *hard to please*. / Her father is a ˹*hard* [*tough*] *nut to crack*.

なんべい 南米 —[名][固] South America.

—[形] South American. ¶ *南米大陸 the *South American* Continent // *南米諸国 the *South American* countries

なんべん 何遍 (疑問で) how many times, how often. 《☞ なんど[1]; なんかい[1]》.

なんぽう 南方 —[名] the south. —[形] south, southern. —[副] (南方に) to the south of ..., south of ... ★ ほぼ同意だが, 後者のほうがより口語的. 《☞ みなみ; なんぶ》.

なんぼく 南北 north and south [語法] 固定した語順に注意. この逆は言わない.

¶ *南北アメリカ *North and South* America // チリは*南北に長い Chile is a country stretching long from *north* to *south*.

南北戦争 (アメリカの) the Civil War [参考] War between the States, War of Secession とも呼ばれる. **南北問題** North-South problem [C].

なんみん 難民 (避難をした人々) refugees [rèfjudʒíːz] ★ 複数形で; (国際紛争などで居住地を奪われた人々) displaced persons ★ 複数形で. **難民収容所** refugee camp [C].

なんもん 難問 (難しい問題) difficult problem [C]; (人をまごつかせるような質問) puzzling question [C]; (やっかいな事柄) hard [tough] nut to crack [参考] 元は「割るのが難しい木の実」の意. 《☞ なんだい》.

¶ 生徒たちはその*難問と取り組んでいる The pupils are ⌈tackling [wrestling with] the *difficult question*. // 彼女はその*難問を解いた She solved the *difficult problem*. // *難問にぶつかったがあきらめなかった I hit a *difficult point*, but didn't give up.

なんよう 南洋 the south ⌈seas [ocean]. **南洋漁業** south-sea fisheries.

なんら 何等 (何も…でない) nothing; (少しも…でない) not ... any, not ... in any way, not ... at all [語法] この順に意味が強くなる. 《☞ なにも; なんの》. ¶ 私はその男とは*何ら関係ありません I do*n't* have *anything* to do with the man. / I have *nothing* to do with the man *at all*.

に

に

に[1] 荷 (積み荷) load [C] ★ 最も一般的; (貨物) freight [fréit] [U] [語法] 《米》では陸上および空輸の, 《英》では水上運送の貨物を指すことが多い; (特に船・飛行機の) cargo [U]; (重荷) burden [C] ★ 普通は比喩的に. 《☞ にもつ; かもつ (類義語); つみに》.

¶ その仕事は私には*荷が重すぎた (⇒ 難しすぎた) The work *was too* ⌈*much* [*hard*; *heavy*] for me. // 彼が出発したとき私は肩の*荷を降ろしたような気持ちになった When he left, I felt a ⌈*weight* [*load*] off my mind.

に[2] 二, 2 —[名] two. —[形] (2つの) two; (第2番目の) the second. 《☞ 数字 (囲み); だいに; にばん》. ¶ 1と1を足すと*2になる One and one ⌈make(s) [are; is] *two*.

ニ 〘音楽〙 (音名) D [U] 《☞ 音楽 (囲み)》. ¶ *ニ長[短]調 *D* ⌈major [minor]

-に ★ 日本語の「て, に, を, は」に当たるものは, 英語では, 例えば「彼*は私*にカメラ*をくれた」He gave me a camera. という文を考えればわかるように, まず第1に語順, そして第2に he, me などの語形の変化で表される. また「彼*は両親*と京都*に行った」He went *to* Kyoto *with* his parents. のように前置詞を使う場合もある. 従って, 日本語の「て, に, を, は」がいずれの方法で英語に表されるかを意味の上から判断しなくてはならない. 従って, 以下にあげる場合も, 日本語の「に」を常に to や for などと置き換えられると思ってはならない. 《☞ 語順 (欄外)》.

1 «日時» —[前] (時刻) at ...; (日・一定の朝・午後・夕方) on ...; (朝・午後・夕方・月・年など) in ... 《☞ 時刻・日付・曜日 (囲み); 時・期間の表し方 (囲み)》.

¶ 5時*にお会いしたい I'd like to see you *at* five.

月曜*に出かけます I am leaving ⌈*on* [next] Monday.

10日の午後*にそれを配達して下さいますか Will you deliver it *on* the afternoon of the tenth?

この学校は1900年*に創立された This school was founded *in* 1900.

夕方*には暇になります I'll be free *in* the evening. 《☞ -には》

2 «場所・方向»: (地点・狭い場所) at ...; (広い場所) in ... [語法] at と in の区別は, 必ずしも絶対的な面積の大小にはよらず, 話者の気持ちが左右する. すなわち, 話者の住んでいる所, あるいは話者が広がりを感じる所については in を, 地図上の1点と感じるような所には at を用いる; (…の上に) on ... [語法] on は接触していることを表す前置詞で, on the wall「壁に」, on the ceiling「天井に」のように, 水平面上でなくても接触していれば使える; (番地に) at ...; (道に(面した所に)) on ...; (…の方向へ) to ...; (…の方角に) in ...; (…に向かって; …を目的地として) for ...; (…の方に) 《米》 toward ..., 《英》 towards ...; (中へと) into ... ★ 特に「入りこむ」動作を表す. [語法] 「…の方に」という意味では to, in, for, toward が用いられるが, to は一般に目的の場所, for は特に交通機関などの行先, in は direction (=方向) という語と共に, toward は「…に向かって」と方向を示す. 《☞ -へ; ほう[1]》.

¶ いつ成田*にお着きですか When will you arrive *at* Narita?

だれか戸口*にいる There is someone *at* the door.

東京*には10年住んでいます I've lived *in* Tokyo for ten years. 《☞ -には》

彼女は温室*にいた She was *in* the greenhouse.
かばんを棚*にのせましょうか Shall I put the bag *on* the shelf?
壁*にカレンダーがかかっている There is a calendar *on* the wall.
私はワシントン通り 2040 番地*に住んでいる I live *at* 2040 Washington Street. [語法] 番地をいうときは at で言うのが普通.
彼はワシントン通り*に住んだことがある He once lived *on* Washington Street. [語法] 《米》では street につく [前] は on, 《英》では in.
東京*に行きたくなかった I didn't want to go *to* Tokyo.
彼は京都*に向かって出発した He left *for* Kyoto.
丘は町の東*にある You'll find the hill ⌈*to* [*in*] the east of the town. [語法] to は「東の方角に」, in は「東部に」のように使い分けるといわれるが, 実際には同意になることも多い.
彼はドア*に向かって 2, 3 歩進んだ He advanced two or three steps *toward* the door.
家*に入りましょう Let's go *into* the house.
グライダーは空*に浮いた The glider went up *in* the air.
川*に泳ぎに行こう Let's go swimming *in* the river.

3 «動作の及ぶ所»: to ..., for ... [語法] いずれを用いるかは動詞による. 目的語を 2 つ取る動詞では間接目的語の位置にくるものが「...に」の意味になる.
¶ きのう父*に手紙を出した I sent ⌈a letter *to* my father [my father a letter] yesterday.
運転手*に話しかけてはいけない Don't speak *to* the driver.
息子*に自転車を買ってやった I bought a bicycle *for* my son. / I bought my son a bicycle.

4 «起点»: in ... ¶ 世界最古の文明の 1 つがここ*に始まった One of the oldest civilizations in the world originated *in* this place.
荒川は源を秩父山中*に発する The River Arakawa has its source *in* the Chichibu mountains.

5 «目的»: to ..., for ... [語法] to は不定詞を作り, for は [名] あるいは動名詞と結ぶ. 《☞ 目的・結果の表し方 (囲み)》.
¶ 彼はこのことを気休め*に言ったに違いない He must have told me this just *to* ⌈comfort me [ease my mind].
この薬は頭痛*にきく This medicine is good *for* headaches.
きのうは魚釣り*に行った I went fishing yesterday. [語法] go ...ing は「...しに行く」の意.

6 «動作主»: by ... ¶ 鶏が数羽きつね*に殺された Some hens were killed *by* a fox. 《☞ 受身 (囲み)》

7 «原因»: (...で) with ...; (...が原因で) because of ... 《☞ -で[1]》.
¶ あまりのうれしさ*に, 少女は飛び上がった The girl jumped *with* joy.
あまりの驚き*に, ものも言えなかった *Because of* the great shock I couldn't utter a word.

8 «...として»: as..., for ... 《☞ -として》.
¶ おじさんがこれをお年玉*にくれた My uncle gave me this ⌈*as* [*for*] a New Year's gift.

9 «状態の変化» ★ 日本語の「...に」が時間・場所・方向などを表す場合には, 英語ではそれらを前置詞を使って表すが「A が B になる」のような場合の「に」は, B が動詞の補語であれば語順だけで示され, 特に別の語を使わない. 《☞ 語順 (欄外)》.
¶ 父は夕方, 急に病気*になった My father ⌈fell [got] ill suddenly in the evening.
野原はすっかり緑*になった The fields have all turned green.
氷が水*になった The ice has turned *into* water.

10 «割合» ¶ 彼女は 2 日*に一度ここに来る She comes here once *every* two days.
チャンスは千*に一つです The chance is one *in* a thousand.
50 センチ*に 30 センチの紙がいる We need a sheet of paper fifty centimeters *by* thirty (centimeters).
私は一度*に 2 つのことはできない I can't do two things ⌈*at* a time [*at* the same time].

にあう 似合う ―[動] suit [他], become [他] ★ 後者はやや形式ばった語. ―[形] (似合う) becoming; (似合いの・釣り合った) well-matched. 《☞ ぴったり》.
¶ このコートはあなたによく*似合う This coat ⌈*suits* [*becomes*] you very ⌈nicely [well]. / This coat *is* very *becoming on* you. // このネクタイはあなたの上着には*似合わない This tie and your coat *don't match well.* / This tie doesn't *go well with* your coat. // 彼らは*似合いの夫婦だ They make a *fine* pair.

にあげ 荷揚げ ―[動] unload [自] [他] ★ 一般的な語; (特に船の) discharge [自] [他]. ―[名] unloading [U]; discharge [U]. ¶ 船はここで*荷揚げします The ship will *discharge* here. / They will ⌈*discharge* [*unload*] the ship here. **荷揚げ人** longshoreman [C] 《複 -men》.

ニアミス near miss [C]. ¶ 2 機の飛行機が数百メートルの*ニアミスをした Two airplanes *approached each other to a distance of* several hundred meters, *but narrowly escaped colliding.*

にい 二位 the second place; (2 位の人) runner-up [C]. 《☞ にばん; にとう; じてん[1]》.
¶ *2 位は鈴木さんだった Miss Suzuki was the *runner-up.* / Miss Suzuki ⌈ranked *second* [held *the second place*]. // そのランナーは*2 位に終わった The runner ⌈came in [finished] *second.*

にいさん 兄さん (兄) *one's* elder brother [C] (↔ *one's* younger brother) [語法] 《米》では older [big] brother とも言う. 特に子供の間では big brother がよく使われる. 《☞ あに; 親族関係 (囲み)》.
¶ 君の*兄さんが来ているよ *Your* ⌈*older* [*big*; *elder*] *brother* is here. [語法] 英語では特に必要がないときには兄か弟かの区別はせず, 「君の兄さん」も単に your brother とすることが多い. // *兄さん, 電話だよ *Bill,* you are wanted

に

on the phone! 語法 英語では弟が兄に呼びかけるときは名を呼ぶのが普通. この文で Bill を用いたのは適当な名を入れたまでのことである.

にいんせいど 二院制度 bicameral [two-chamber] system Ⓒ 参考「一院制度」は unicameral system.

にえきらない 煮え切らない (優柔不断な) indecisive; (態度がどっちつかずの) noncommittal. (☞ ゆうじゅうふだん). ¶あれは*煮え切らない男だ He is ⌜*indecisive* [an *indecisive* man]. // 彼は*煮え切らない態度をとった He was *noncommittal*.

にえゆ 煮え湯 boiling (hot) water Ⓤ (☞ ゆ). **煮え湯を飲まされる** ¶彼女は自分の息子に*煮え湯を飲まされた (⇒裏切られた) She *was betrayed* by her own son.

にえる 煮える boil ⓐ, be boiled; (火が通る) cook ⓐ, be cooked. (☞ にる²; にたつ; 料理の用語 (囲み)).
¶なべのお湯が*煮え立つまで待ちなさい Wait till the water in the pan ⌜*boils* [*comes to the boil*]. // この豆はすぐ*煮える These beans *cook* quickly. // 肉はよく*煮えていて柔らかい The meat *is* ⌜*cooked well* [*well-done*] and tender. // ふたを取りなさい. スープが*煮えこぼれるといけない Take off the lid. The soup may *boil over*. // 怒りで腹が*煮えくり返った I *was boiling* with rage.

におい 匂い, 臭い —名 (一般的に) smell Ⓒ; (強いにおい) odor [óudə] (《英》odour) Ⓒ; (かすかなにおい) scent [sént] Ⓤ; (芳香) fragrance Ⓤ; (強い芳香) perfume Ⓤ; (飲食物の) aroma [əróumə] Ⓤ 語法 scent, aroma などは種類を表すときには Ⓒ として用いることがある. —動 smell ⓐ ★「…のにおいを感じる」の意味では ⓣ; (いやな・臭いにおいがする) stink ⓐ (過去 stank, stunk; 過分 stunk).
【類義語】最も一般的な語は *smell* で, 以下の語と入れ換えることも可能. 化学的特性のように強く発散するにおいは *odor*. どちらもよいにおいにも悪臭にも用いる. かすかなにおいは *scent*. 花などのよいにおいは *fragrance*. その強いものが *perfume* で, 特に食欲をそそるようなにおいは *aroma*. (☞ かおり; くさみ)
¶この生ぐさい*においは好きでない I don't like this fishy ⌜*smell* [*odor*]. // 何か焦げる*においがする I can *smell* something burning. // 犬はかすかな*においでもたどることができる Dogs can follow even a faint ⌜*smell* [*scent*]. // ゆりは*においが強い Lilies ⌜are very *fragrant* [have a strong *fragrance*]. // このコーヒーの*においがたまらない (⇒さからうことができない) I can't resist this *aroma* of coffee. // ごみ入れはひどい*においだ The garbage can ⌜*stinks* [*is foul-smelling*; *smells terrible*].

におう 匂う, 臭う smell (of ...) ⓐ 語法 この語は一般的な語で,「におう物」が主語となる. ⓣ の場合は「…のにおいを感じる」の意; (よいにおいである) be fragrant; (悪臭を放つ) stink ⓐ (過去 stank, stunk; 過分 stunk). (☞ くさい (類義語)).
¶ガスが*におう(⇒ガスのにおいを感じる) I *smell* gas. / (⇒ガスのにおいがある) There is a *smell* of gas. // このコートはどうも防虫剤が*におう This coat *smells of* mothballs. // ごみ捨て場が*におう The garbage dump *stinks*.

におう 仁王 the two Deva [déivə] kings.

におわす 匂わす **1** «においを発する»: give ⌜off [out] an odor (of ...); (…のにおいがする) smell (of ...) ⓐ. ¶彼は安物のオーデコロンを*におわせていた He ⌜*smelled* [*gave off the odor*] *of* cheap Eau de Cologne.
2 «それとなく知らせる»: hint ⓣ, hint at ..., give [drop] a hint; (…ではないかとそれとなく示唆する) suggest ⓣ. (☞ あんじ (類義語)).
¶彼は少し遅れることを*におわせていた He *hinted* that he would be a bit late in coming. // 彼女の態度は拒絶を*におわせているようだった Her attitude *suggested* refusal. // 彼は辞意を*におわせた He ⌜*hinted at* [*dropped a hint of*] his intention to resign.

にかい¹ 2階 —名 the second floor, 《英》the first floor 語法 《英》では1階を the ground floor と言う. —副 (2階で・2階に) upstairs (↔ downstairs) ★2階建ての家の場合. (☞ -かい³; 家・部屋 (囲み)). ¶彼女は*2階へ上がっていった She went *upstairs*.
二階家 two-storied [two-story] house Ⓒ.

にかい² 二回, 2回 two times, twice. (☞ にど; -かい¹). ¶彼女はきょうここへ*2回来た She came here ⌜*twice* [*two times*] today. // この雑誌は年*2回の発行です This journal is published ⌜*twice a year* [*semiannually*; *half-yearly*; *biannually*]. **二回目(の)** —形 (the) second. ¶東京へ来たのは*2回目です This is my *second* visit to Tokyo.

にがい 苦い **1** «味»: bitter (☞ 味 (囲み)).
¶この薬は*苦い This medicine tastes *bitter*. // 良薬は口に*苦し A good medicine ⌜tastes *bitter* [is *bitter* to the taste]. (ことわざ)
2 «いやな»: (つらくてひどい) hard; (苦しい) trying; (無情でひどい) bitter 語法 以上3語は入れ換え可能な場合もある; (不機嫌な) sour. (☞ にがにがしい). ¶私はいろいろと*苦い経験をしてきた I have had many ⌜*hard* [*trying*; *bitter*] experiences. // 私の頼みを聞くと父は*苦い顔をした My father made a *sour* face, when he heard my request.

にがす 逃がす (自由にする) set ... free; (手を貸して行かせる・止めないで行かせる) let ... go; (捕らえそこねる・見すごす) miss ⓣ; (機会を) let ... slip away. (☞ とりにがす; にげる).
¶かぶと虫を*逃がしてやった I *set* the beetle *free*. / I *let* the beetle *go*. // 彼を駅までつけて行ったのだが, そこで*逃がしてしまった I followed him to the station, but *lost track of* him there. // このよい機会を*逃がすな Don't *let* this good chance ⌜*slip away* [go]. // 彼を*逃がすな Don't *let* him *get away*.

にがつ 二月 February (略 Feb.) ★語頭は必ず大文字. (☞ いちがつ 語法; 時刻・日付・曜日 (囲み); 略語 (欄外)).

にがて 苦手 —名 (不得意なこと) weak point Ⓒ (↔ strong point); (扱いにくい相手) tough customer Ⓒ. —動 (苦手である) be

「weak in [poor at; bad at]… (↔ be good at …) ★「人」が主語.《☞ へた[1]; ふえて》.
¶ 英語は*苦手だ I'm「not good at [weak in] English. / English is my weak「point [subject]. // 木村氏はどうも*苦手だ Mr. Kimura is too tough a customer for me. // 私たちはどうもあのチームは*苦手だ (⇒ どうも勝てない) Somehow we can't beat that team.

にがにがしい 苦苦しい ―形 (不愉快な) unpleasant, disgusting ★ 後者のほうが意味が強い. ―動 (不愉快に思う) be disgusted (with …).《☞ ふゆかい; いや[1]》. ¶ 私はそのことを実に*苦々しく感じた I felt it was most「unpleasant [disgusting]. / I was throughly disgusted with it. // 彼は*苦々しげに私たちを見た He looked at us with disgust.

にがみ 苦み bitter taste Ⓒ; (苦さ) bitterness Ⓤ.《☞ にがい》.

にがむし 苦虫 **苦虫をかみつぶす** ¶ 彼は*苦虫をかみつぶしたような顔をした (⇒ 不機嫌な顔をした) He made a sour face. / (⇒ しかめっ面をした) He frowned (at us).

にかよう 似通う resemble (closely) ⓗ《☞ にる[1]; るいじ》.

にかわ 膠 ―名 glue Ⓤ. ―動 (にかわでつける) glue ⓗ.

にがわらい 苦笑い ―名 bitter smile Ⓒ. ―動 smile bitterly.《☞ くしょう; わらう》. ¶ 彼は*苦笑いを浮かべた He smiled bitterly.

にきび pimple Ⓒ, 〘医学〙 acne [ǽkni(:)] Ⓒ. ¶ 顔に*にきびができてしまった Pimples have「come [broken] out on my face. // 少年は*にきびだらけの顔をしていた The boy had a pimpled face. // *にきびをつぶすな Don't squeeze a pimple.

にぎやか 賑やか ―形 (人が多く, せわしげに動いている) busy, bustling ★ 前者が平易な日常語; (込み合ってにぎやかな) crowded; (繁盛している) prosperous, thriving ★ 前者が一般的; (陽気な) merry; (元気のいい・楽しい) cheerful; (騒々しい) noisy.《☞ にぎわう》.
¶ 私たちは*にぎやかな通りを通って行った We went along a「busy [bustling] street. // 道の両側の店は買い物客で*にぎやかだった The shops on both sides of the street were crowded with shoppers. // この町は昔はとても*にぎやかだった This town used to be「prosperous [thriving] in former days. // 家は子供たちの*にぎやかな笑い声で満ちた The house was filled with the「merry [cheerful] voices of laughing children. // 昨夜は隣の家が*にぎやかすぎてよく眠れなかった Our next-door neighbors were so noisy last night that I could not sleep well.

にぎり 握り (手で握る丸型などの形の取っ手) grip Ⓒ; (柄状になっているもの) handle Ⓒ.《☞ とって (挿絵); え[2] (挿絵); ひとにぎり》.
握りこぶし (clenched) fist Ⓒ **握り寿司** (hand-rolled) sushi Ⓤ **握り飯** rice ball Ⓒ.

にぎりしめる 握り締める grasp ⓗ, clasp ⓗ, grip ⓗ 語法 後の語ほど力のこもった感じ; (手にしっかりと持つ) hold … tight(ly) (in one's hand); (特にこぶしを) clench ⓗ.
¶ 私は母の手を*握り締めた I「gripped [grasped] my mother's hand. // 子供は布切れを*握り締めていた The child held a piece of cloth tight(ly) in his hand. // 彼は怒ってこぶしを*握り締めた He clenched his fist in anger.

にぎりつぶす 握りつぶす crush … in one's hand(s); (棚上げする) shelve ⓗ.《☞ もみくちゃ; もみけす》. ¶ 法案は*握りつぶされた The bill was shelved.

にぎる 握る **1** «つかむ»: (しっかりと) grasp ⓗ, clasp ⓗ, grip ⓗ 語法 以上3語はほぼ同意だが, 後の語ほど力を入れてぎゅっと握る感じ; (押さえる・つかまえる) seize [síːz] ⓗ; (手に持つ) hold ⓗ, take hold of …《☞ つかむ; にぎりしめる》.
¶ 彼は私の手をしっかり*握った He「clasped [grasped; gripped] my hand firmly. // 子供は私のそでを*握って行かせなかった The child「held [seized; took hold of] my sleeve and wouldn't let me go.
2 «支配下に置く»: (支配する・統治する) dominate ⓗ ⓐ, rule ⓗ ⓐ ★ 後者のほうが口語的; (統御する) control ⓗ; (つかみ取る・力ずくで奪う) seize ⓗ.《☞ しはい[1] (類義語)》. ¶ 彼らは権力を*握りたがっている They are trying to「seize [come into] power. // 彼はここではすべてのことを*握っている He controls everything here.
3 «握り飯などを»: make ⓗ.

にぎわい 賑わい (人出) crowd Ⓒ; (人が集まり, 動きが激しいこと) bustling Ⓤ; (雑踏) bustle Ⓤ; (繁栄) prosperity Ⓤ.《☞ にぎやか》. ¶ こんな*にぎわいはここでは見たことがなかった I have never seen such「a crowd [bustling] here before.

にぎわう 賑わう (雑踏する) be「crowded [bustling] 語法 人出の多いことを言うのは be crowded が最も一般的. bustling は人の動きも含む; (生き生きしている) be「alive [lively]; (繁栄する) be prosperous.《☞ にぎやか》.
¶ 祭りの日には寺の境内は人々で*にぎわう On a festival day, the temple grounds are crowded with people. // 動物園は子供たちで*にぎわっていた The zoo was「crowded [bustling; alive] with children. // 店はこのところ*にぎわっている The shop is prosperous these days.

にく 肉 **1** «体の肉»: (人・動物・果物の) flesh Ⓤ; (筋肉) muscle [mʌ́sl] Ⓒ. ¶ 腹の*肉 (⇒腰の回りの重さ) が落ちた[ついた] I have「lost [put on] weight around my waist.
2 «食肉»: meat Ⓤ; (魚の) fish Ⓤ; (鳥肉一般) fowl Ⓤ, poultry Ⓤ; (牛肉) beef Ⓤ; (豚肉) pork Ⓤ; (羊肉) mutton Ⓤ; (鶏肉) chicken Ⓤ.《☞ ぎゅうにく》.
¶ 私は*肉が好きです I like meat. // この*肉は柔らかい[堅い] This meat is「tender [tough].
肉牛 beef cattle ★ 複数扱い. **肉切り包丁** butcher's knife Ⓒ; (食卓で肉を切りわける) carving knife Ⓒ, carver Ⓒ **肉食動物** carnivore Ⓒ **肉離れ** torn muscle Ⓒ **肉挽き機** meat grinder Ⓒ **肉屋(人)** butcher Ⓒ; (店) butcher shop Ⓒ, butcher's Ⓒ 語法

に

後者は shop を省略した言い方.《米》では前者のほうが普通.《☞ 店の呼び名(囲み)》 **肉料理** meat dish Ⓒ《☞ 食事 (囲み); レストラン (囲み)》.

「お徳用の肉」という看板を掲げた肉屋

にくい 憎い (いやな・憎らしい) hateful《☞ にくらしい; にくむ》. ¶あの男が*憎い He is *hateful* to me. / I *hate* him.

-にくい (難しい; …しにくい) hard, difficult (↔ easy) ★ 前者のほうが口語的.《☞ むずかしい; やりにくい; いいにくい》.
¶あの子は扱い*にくい That child is *hard* to ⌈manage [deal with]. // 彼の字はなかなか読み*にくい It is rather *hard* to read his handwriting. / I find his handwriting rather *hard* to read. // 言い*にくいんだが金はいま払えない I *hate* to tell you, but I can't pay you now. // このドアは閉め*にくい (⇒ 簡単に閉まらない) This door *doesn't* close *easily*.

にくがん 肉眼 the naked eye; (望遠鏡などを使わない) the unaided eye. ¶その星は*肉眼では見えない You can't see that star with *the* ⌈*naked* [*unaided*] *eye*. / That star is invisible to *the naked eye*. [語法] 前者のほうが口語的.

にくしみ 憎しみ hatred Ⓤ, hate Ⓤ; (敵意) enmity Ⓤ.《☞ ぞうお; てきい; にくむ》.
¶彼らは私たちに対して*憎しみを抱いている They ⌈have [bear] *hatred* toward us. // 小説の主なテーマは愛と*憎しみである Novels mainly deal with love and *hate*.

にくしゅ 肉腫 (一般にできもの・腫瘍) tumor (《英》 tumour) Ⓒ;〖医学〗sarcoma Ⓒ《複 ～s, sarcomata》.《☞ しゅよう²》.

にくしん 肉親 (血縁関係) blood relation Ⓤ; (血縁関係の人) blood ⌈relation [relative] Ⓒ; (人の家族・親類) *one's* people ★口語的な言い方で, 複数扱い.《☞ かぞく; しんるい; 親族関係 (囲み)》.
¶彼は*肉親からも見放されてしまった He has been given up by his own ⌈*family* [*people*]. // 彼女の*肉親には数人のすぐれた学者がいる There are several outstanding scholars among her *blood* ⌈*relations* [*relatives*].

にくせい 肉声 (human) voice Ⓒ, (natural) voice Ⓒ [語法] 特に機械を通した声や人工の声と対比するときだけ human voice, natural voice という言い方をし, そのほかは単に voice と訳せばよいことが多い.《☞ こえ》. ¶彼女の*肉声は聞いたことがない I haven't heard her *voice*. // 彼女の*肉声はよいが, マイクにうまくのらない She has a good *voice*, but it doesn't sound good through a microphone.

にくたい 肉体 (身体) body Ⓒ; (精神と対比して) the flesh.《☞ からだ》. ¶いつも精神が*肉体を支配できようか Can the mind always govern *the* ⌈*body* [*flesh*]? **肉体美** physical beauty Ⓤ, the beauty of the body ★ 前者は少し改まった言い方. **肉体労働** physical labor Ⓤ.

にくたらしい 憎たらしい hateful; (意地悪な) spiteful; (しゃくにさわる) provoking; (生意気な) cheeky, saucy.《☞ にくらしい》.

にくにくしい 憎憎しい (意地悪く執念深い) spiteful; (悪意のある) malicious.《☞ にくらしい》. ¶彼は*憎々しげに笑った He smiled ⌈*spitefully* [*maliciously*].

にくはく 肉薄, 肉迫 ━動 (追いつめる・押し寄せる) press … hard. ¶わが軍は敵の陣地に*肉薄した Our army *pressed* the enemy camp *hard*.

にくひつ 肉筆 *one's* own handwriting Ⓤ《☞ じきひつ》.

にくまれぐち 憎まれ口 ━動 (憎まれ口をきく) make ⌈malicious [spiteful] remarks. ¶彼は口を開くと, すぐ*憎まれ口になる Whenever he opens his mouth, he *makes* ⌈*malicious* [*spiteful*] *remarks* about others.

にくまれっこ 憎まれっ子 (よくない子) bad ⌈boy [child] Ⓒ; (いたずらっ子) naughty ⌈boy [child] Ⓒ; (一つのグループや家族の中での持て余し者) black sheep Ⓒ. ¶*憎まれっ子世にはばかる *Ill weeds* grow apace.《ことわざ: 悪い雑草は伸びるのが早い》

にくまれやく 憎まれ役 ━動 (憎まれ役を務める) play the ⌈villain [bad guy]. ¶どうしていつも*憎まれ役をしなくてはならないのだろう I wonder why I always have to *play the* ⌈*villain* [*bad guy*].

にくむ 憎む hate (他) (↔ love), have a hatred (for …) ★ 前者が一般的; (ひどく憎む) detest (他).《☞ きらう》. ¶あの兄弟は*憎み合っている The brothers *hate* each other.

にくよく 肉欲 sexual desire Ⓤ《☞ よくぼう》.

にくらしい 憎らしい hateful ★最も一般的; (意地悪な) spiteful; (人を怒らせるような) provoking; (生意気な) cheeky, saucy.《☞ にくい》. ¶彼の顔を見るだけで*憎らしくなる The mere sight of him is *hateful* to me. // 何て*憎らしいことを言うやつだ How *spitefully* he talks! // なんて*憎らしい (⇒ 腹の立つ) 店員だ What a *provoking* clerk he is!

にぐるま 荷車 cart Ⓒ《☞ ておしぐるま》.

ニクロム Nichrome [náikroum] Ⓤ ★ 商標名. **ニクロム線** Nichrome wire Ⓤ.

にぐん 二軍 farm team Ⓒ.

にげあし 逃げ足 (逃走) flight Ⓤ. ¶彼らは*逃げ足が速い They ⌈*get away* [*escape; take to flight*] *very quickly*. / They *are quick at flight*.

にげこうじょう 逃げ口上 (口実) excuse Ⓒ; (言い抜け) evasion Ⓒ; (口実, 特にでっち上げたうその言い訳) pretext Ⓒ. 《☞ いいのがれ；いいわけ；こうじつ》.

にげごし 逃げ腰 ¶ 私の顔を見ると彼は*逃げ腰になった(⇒ 逃げる用意をした) He *got ready to* ⌈*run away* [*turn tail*] when he saw me. 《☞ よわごし》

【参考語】(逃げる構えで) ready to ⌈run away [flee; turn tail]; (弱音を吐く) show the white feather.

にげば 逃げ場 (一般に, 逃げ口) escape Ⓒ; (出口) way out Ⓒ; (非常口) emergency exit Ⓒ; (火災のときの) fire escape Ⓒ. ¶ 数人が*逃げ場を失い (⇒ 断たれ) 死亡した Several persons ⌈had their *escape* cut off [were unable to find the *way out*] and were killed.

にげみち 逃げ道 (避難口) way of escape Ⓒ; (出口) way out Ⓒ. 《☞ にげば; ぬけみち》. ¶ *逃げ道は完全に断たれた We have no *way of escape*. // 税金の*逃げ道はいくらでもある There are a number of *ways to evade* taxes.

にげる 逃げる run away ⓐ ★ 最も一般的; (特に悪事などを働いて) get away (from ...; with ...) ⓐ 語法 口語的表現. from ... で「...から逃げ出す」, with ... で「...を持ち逃げする」となる; (脱れる) escape (from ...) ⓐ; (危険・追跡などから) flee ⓐ ⓣ 《過去・過分 fled》; (動物がおりなどから) break [get] loose ⓐ. 《☞ のがれる；ひなん²；にがす》.

¶ *逃げるな！(⇒ 止まれ) Stop! // 早く*逃げろ *Run away* quick. // 彼は私の有り金全部をさらって*逃げた He *got away with* all my money. // 刑務所から囚人が 1 人*逃げた One of the prisoners *has escaped from* the prison. // 犯人はすでに国外に*逃げた The culprit *has* already ⌈*fled* the country [*ran away* overseas]. 語法 flee the country で「国外逃亡する」の意. この場合の flee は ⓣ. // ライオンが*逃げたそうだ I hear a lion *has* ⌈*broken* [*got*] *loose*. // 彼は一目散に*逃げた He *fled* at full speed.

にごう 二号 mistress Ⓒ《☞ めかけ》.

にごす 濁す **1** «言葉をあいまいにする»: speak ambiguously ⓐ; (要点をあいまいにする) evade the point; (返事をあいまいにする) give a ⌈vague [noncommittal; evasive] answer 語法 noncommittal は態度が明らかでなく, 当たり障りのないこと, evasive は言い逃れて回避する態度をいう. 《☞ あいまい》. ¶ 彼は言葉を*濁した He *spoke ambiguously*. / He *evaded the point* [*gave a vague answer*].

2 «水などを濁らせる»: make ... muddy, muddy ⓣ; (液体を部分的に濁らせる) make ... cloudy. 《☞ にごり；にごる》.

¶ 立つ鳥跡を*濁さず 参考 このことわざにぴったりの英語はなく, 直訳なら When a swimming bird flies away, it does not make water muddy. 意訳なら I don't want to leave a bad memory behind me. のようにすればよい. なお, 英語のことわざで It is an ill bird that soils its nest. は「自分の身近な者に害を加えるのは愚かである」の意で, 「立つ鳥跡を濁さず」とは意味が違う.

ニコチン nicotine [níkətìːn] Ⓤ. **ニコチン中毒** nicotinism Ⓤ.

にこにこ ―動 (笑みを浮かべる) smile ⓐ; (満面の笑みをたたえる) beam ⓐ. ―副 with a smile, smiling. 《☞ にっこり 語法; わらう》. ¶ 彼は*にこにこしていた He *was* ⌈*smiling* [*all smiles*]. 語法 all smiles は強調した表現. // 彼女は*にこにこして私を見た She looked at me ⌈*smiling* [*with a smile*].

にこむ 煮込む (十分に煮る) cook [boil] ... (well); (ゆっくりと煮る) stew ⓣ. 《☞ にる²; 料理の用語 (囲み)》.

にこやか ☞ にこにこ

にごり 濁り (液体の) muddiness Ⓤ; (瓶の底などに浮いているもの) cloud Ⓒ; (全体的に濁っていること) opaqueness Ⓤ, unclearness Ⓤ.

にごる 濁る **1** «水などが»: become [get] ⌈muddy [cloudy] 語法 cloudy は底の沈澱物をかきまぜたりして濁ること. 《☞ にごす》.

¶ 大雨の後, 井戸水が*濁った After the heavy rain, the well *got muddy*. // この水は*濁っている This water *is cloudy*. // *濁っていない水の所で(⇒ 水が澄んできれいな所で) 泳ぎたい I want to swim ⌈where the water is *clear* [in *clear* water].

2 «音が»: (濁音になる) be voiced.

にさん 二三 ―形 (2 つか 3 つの) two or three; (少ない数の) a few 語法 必ずしも 2, 3 という数にこだわらず, 数が少ないことを表す; (漠然と幾つかの) some; (2 つの) a couple of ... 語法 元来は「2 つの」の意味だが, 必ずしも「2」にこだわらず「2, 3 の」の意味にも使われる. 《☞ たしょう (類義語); いくつか (類義語)》. ¶ *2, 3 日待って下さいませんか Couldn't you wait (for) ⌈*a few* [*two or three*; *a couple of*] days? // 子供が*2, 3 人公園にいるのを見た I saw *some* children in the park.

にし 西 ―名 the west. ―形 (西の・西方の) west, western 語法 境界がはっきりしていて「西部(地方)の」という意味の場合は west を, 漠然と「西方の」という意味のときは western を使う; (西寄りの) westerly. ―副 (西へ) west, westward(s) ★ 後者は方向を示す意味が強い. 《☞ せいぶ》.

¶ 太陽は*西へ傾いた The sun is low in *the west*. // 船は*西へ向かって進んだ The ship sailed ⌈*west* [*westward*(*s*)]. // その町はロンドンの*西 50 マイルのところにある The town ⌈is [lies] fifty miles (to the) *west* of London. // この建物の*西側には窓がない The *west* side of this building has no windows.

西海岸 (アメリカの) the west coast (of the United States) **西風** west [westerly] wind Ⓒ《☞ かぜ¹》 **西側陣営** the Western bloc **西半球** the Western Hemisphere **西日** the ⌈afternoon [westering; declining] sun.

にじ¹ 虹 rainbow Ⓒ. ¶ 夕立の後, 空に*虹が出た After the shower, a *rainbow* ⌈appeared [formed] in the sky. // *虹色の *rainbow-colored*

にじ² 二次 ―形 (2 番目の) the second; (2 次的な) secondary. **二次会** second party Ⓒ **二次方程式** quadratic equation Ⓒ.

に

にしき 錦 (織物) Japanese brocade Ⓤ; (美しい着物) fine dress Ⓤ.
¶ 山々はもみじの*にしきをつけて美しかった The mountains were beautiful in *glorious red and yellow leaves.* // 彼は故郷に*にしきを飾った (⇒ 名誉の中で) He returned home *in* ⌈*glory* [*honor*].
にしきの御旗 (大義名分) just cause Ⓒ.
¶ 彼らは王の命令を*にしきの御旗と考えた They considered the king's order as *their just cause.*
にしき絵 colored woodblock print Ⓒ **にしき鯉** colored carp Ⓒ《複 ～(s)》 **にしき蛇** (Indian) python [páiθɑn] Ⓒ《☞ へび》.

-にしては (…の割には) for …; (…を考えると) considering …, seeing … 語法 以上2つは that 節を伴う.《☞ -しては; -としては》.

にしドイツ 西ドイツ —名固 West Germany; (ドイツ連邦共和国) the Federal Republic of Germany《略 FRG》 ★ 正式名. —形 West German.《☞ ドイツ》.

にじます 虹鱒 rainbow trout Ⓒ《複 ～》.

にじむ 滲む (インクなど書くものが) run ⓐ; (インクがにじんで散る) spread ⓐ; (紙が) blot ⓐ; (字などが) blur ⓐ, be blurred.
¶ インクが*にじんで字が読めなくなった The ink ⌈*ran* [*spread*] and the letters became indistinct. // *にじまない紙が欲しい I want the kind of paper which does not *blot.* // 涙にぬれて字が*にじんだ The letters (*were*) *blurred* with teardrops. // 血の*にじんだ包帯は洗いました I have washed the *blood-stained* bandage. // この手紙には彼の苦悩が*にじみ出ている (⇒ みてとれる) His agony *can be detected* in this letter.

にしめ 煮しめ —名 meat and vegetables cooked together with soy and water until they become almost dry ★ 説明的訳. —動 boil … hard with soy. ¶ *煮しめたような (⇒ 汚い) 手拭い a very dirty towel

にしゃたくいつ 二者択一 —動 (2者の中から1つを選ぶ) choose one of the alternatives, choose between … and …《☞ せんたく²》. ¶ 我々は*二者択一をせまられた We were forced to *choose one of the alternatives.* // 死か降伏かの*二者択一しかなかった We had to *choose between* death *and* submission.

にじゅう¹ 二重 —形 (二重の) double, dual, twofold 語法 最も一般的で意味が広いのは double. 2つの部分から成り立つことをいうのが dual, 二重に重なっていることを表すのが twofold である. 従って例えば「2倍の」というような場合には double を dual や twofold では置き換えられない; (2回) twice.
¶ この事件は私たちに*二重の利益をもたらした This incident brought us a ⌈*double* [*twofold*; *dual*] advantage. // このテストは*二重の目的を持っている This test has a ⌈*double* [*dual*; *twofold*] purpose. // どうもこの勘定は*二重に払ってしまったらしい I'm afraid I've paid for this bill *twice* (*over*).
二重結婚 bigamy Ⓤ **二重国籍** double nationality Ⓤ **二重唱** duet Ⓒ《複 ～s》《☞ 音楽 (囲み)》 **二重衝突** three-car collision Ⓒ **二重人格** dual [split] personality Ⓤ **二重人格者** double-faced person Ⓒ; (スチーブンソン作の小説の中のジキル博士のような人) a Dr. Jekyll, a Jekyll and Hyde **二重スパイ** double agent Ⓒ **二重生活** double ⌈life [existence] Ⓒ **二重奏** duet Ⓒ《複 ～s》《☞ 音楽 (囲み)》 **二重母音** diphthong Ⓒ《☞ つづり字 (欄外)》.

にじゅう² 二十, 20 —名形 twenty 語法 「第20 (番目の)」, あるいは「第20 (番目) のもの」の場合は the twentieth.《☞ 数字 (囲み)》.

にしょく 二色 two colors. **二色刷り** two-color printing Ⓤ.

にじりよる 躙り寄る edge [sidle] up (to …) ⓐ; (ひざで詰め寄る) crawl on *one's* knees up (to …).《☞ つめよる》.

にしん 鰊, 鯡 herring Ⓒ《複 ～(s)》.

にしんほう 二進法 binary ⌈scale [system] Ⓒ.

ニス —名 varnish Ⓤ. —動 (ニスを塗る) varnish ⓗ. ¶ 床に*ニスを塗った I ⌈*varnished* [put *varnish* on] the floor.

にせ 偽, 贋 —形 (模造の) imitation; (うその) false, sham; (偽造の) counterfeit [káuntəfit], bogus; fake. —名 imitation Ⓒ; sham Ⓒ; counterfeit Ⓒ.
【類義語】 装飾品などで本物に似せて作った物は *imitation.* 似せる似せないということよりも本物でないことを強調するのが *false.* 本物とそっくりで, 本物と思いこませるようなという意味で, 「模擬の」という日本語に当たることもあるのが *sham.* 以上いずれも悪意によって人をだます目的があるかないかには関係がない. それに対して, 悪意から人をだます目的で偽造したものについていう言葉が *counterfeit* で, その口語的な言葉が *bogus.* 人・物を問わず, だます目的でいんちきなものを表すくだけた言葉が *fake* である.《☞ ぎぞう; もぞう; いかさま》.
¶ 私は*偽のダイヤをつかまされた I was palmed off with ⌈an *imitation* [a *sham*] diamond. // 彼は*偽の署名をした He gave a *false* signature. / (⇒ 署名を偽造した) He *forged* a signature. // 彼らはその*偽の情報を信じた They believed the *false* information. // 私は一見してそれが*偽物だということがわかった I saw at a glance that it was a *fake.* // 彼は*偽刑事だ He is a ⌈*bogus* [*fake*] detective. // 彼はピカソの絵を買ったが, それは*偽物だった He bought a Picasso, but it was a *forgery.*
偽金 counterfeit [bogus; fake] money Ⓤ; (硬貨) counterfeit [false] coin Ⓒ; (偽札) false [forged] ⌈bank note [bill] Ⓒ **偽金造り** (人) counterfeiter Ⓒ.

にせい 二世 **1** «日系米人の»: nisei Ⓒ《複 ～, ～s》 ★ Nisei と大文字で始めることもある; second-generation Japanese-American Ⓒ.
2 «二代目»: Junior 語法 父と同名の子の場合に氏名の後に付ける. Jr. と略されることもある. ¶ ジョン ロックフェラー*二世 John Rockefeller *Junior* // ヘンリー*二世 Henry *II*

［参考］Henry the Second と読む. この表現は王・女王・皇帝などに限られる.

にせる 似せる ━［動］(手本にする) model ㊀; (まねる) imitate ㊀; (正確にまねる) copy ㊀; (贋造する) forge ㊀, counterfeit ㊀. 《☞ にる[1]; まねる; にせ》.
¶ この塔はエッフェル塔に*似せて(⇒ ならって)作ってある This tower *is modeled* ⌈*after* [*on*] the Eiffel Tower. // これは私のサイン[筆跡]ではない. だれかが*似せて書いた(⇒ 偽造した)ものだ This is not my ⌈signature [writing]. Someone ⌈*forged* [*counterfeited*] it. // この絵は彼の絵に*似せてかいたものだ (⇒ まがいものだ) This is an *imitation* of his picture.

にそう 尼僧 (一般には) nun ©; (ローマカトリックの尼) sister ©.

にそくさんもん 二束三文 ━［形］(とても安い) very cheap; (ばか安の) 《口語》 dirt-cheap. ━［副］(とても安く) very cheaply; (ばか安で) 《口語》 dirt-cheap, for a song; (ただ同然で) for next to nothing. 《☞ やすい》.
¶ 私はその古自転車を*二束三文で買った I bought the old bicycle ⌈*very cheaply* [*dirt-cheap*; *for a song*]. // 彼らは半端物の布地を*二束三文で(⇒ ただ同然で) 売った They sold the remnants *for next to nothing*.

にたき 煮炊き cooking Ⓤ 《☞ すいじ; りょうり; にる[2]; たく》.

にたつ 煮立つ boil (up) ㊀, come to ⌈a [the] boil ［語法］《米》では a が多い. 《☞ にえる; ふっとう; わきかえる》. ¶ なべ[湯]が*煮立っている The ⌈pot [water] *is* ⌈*boiling* [*on the boil*].

にたてる 煮立てる boil (up) ㊀; bring ... to ⌈a [the] boil. 《☞ にる[2]; 料理の用語 (囲み)》.
¶ 彼女はスープを*煮立てた She *boiled* (*up*) the soup.

にたにた ━［動］(にたにた笑う) smirk ㊀, give a smirk. 《☞ にやにや; わらう; 擬声・擬態語 (囲み)》. ¶ 彼は私の言い訳を聞いて*にたにたと笑った He *smirked* at my excuse.

にたりよったり 似たり寄ったり ¶ どちらも*似たり寄ったりだ(⇒ ほとんど同じだ) They are ⌈*almost* [*nearly*; *practically*] *the same*. / (⇒ 両者の間には選ぶところ[違い]がほとんどない) There *is little* ⌈*to choose from* [*difference*] between the two. 《☞ ごじっぽひゃっぽ》

-にち ...日 day © 《☞ 時刻・日付・曜日 (囲み); 時・期間の表し方 (囲み)》. ¶ 1*日は24時間ある There are twenty-four hours in a *day*. // 「きょうは何*日ですか」「10月25*日です」 "What's today's *date*?" "It's October 25." ［語法］曜日を聞くときは What day is (it) today?

にちえい 日英 ━［名］Japan and Britain. ━［形］(日本と英国の間の) Anglo-Japanese.

にちじ 日時 the time (and date); (日付) the date. 《☞ ひどり; にってい; きじつ》. ¶ 会の*日時はまだ未定です *The time and date* of the meeting are not yet fixed.

にちじょう 日常 ━［形］(毎日の) everyday; (日々の) daily; (日常決まってやらなくてはならない・決まりきった) routine; (いつもの) usual; (普通の) ordinary. ━［副］every day; daily; usually; (いつも) always. 《☞ ふだん[1]》.
¶ 水は我々の*日常生活に欠かせない Water is a necessity to our ⌈*daily* [*everyday*] life. // 私は*日常会話に必要な単語を幾つか覚えた I learned several words necessary for ⌈*daily* [*everyday*] conversation. // そんなけんかは*日常茶飯事です (⇒ 毎日起こることだ) Such a quarrel is an *everyday* ⌈occurrence [affair]. // 彼女には*日常やらなければならないことがたくさんある She has lots of ⌈*daily* chores [*routine* work] to do. // 彼の体は*日常の (⇒ 普通の) 勤務にはさしつかえない He is physically fit for *ordinary* work.

にちどく 日独 ━［名］Japan and Germany. ━［形］(日独の) Japanese-German.

にちふつ 日仏 ━［名］Japan and France. ━［形］(日仏の) Franco-Japanese.

にちべい 日米 ━［名］Japan and America. ━［形］(日米の) Japanese-American, U.S.-Japan. ¶ 彼は*日米間の友好関係の促進に努力している He is making efforts to further the friendly relations between *the United States and Japan*. **日米安全保障条約** the U.S.-Japan Security Treaty.

にちぼつ 日没 sunset Ⓤ, sundown Ⓤ. 《☞ ひぐれ》. ¶ *日没でグラウンドは急に暗くなった The field suddenly became dark at *sundown*. // *日没後雨が降りだした The rain began to fall after ⌈*sunset* [*sundown*].

にちや 日夜 ━［副］(昼間と夜) day and night, night and day; (昼夜兼行で) around [《英》 round] the clock; (常に) always; (絶えず) constantly. 《☞ ちゅうや》. ¶ その建設の仕事は*日夜続けられた The construction work was carried on ⌈*around* [*round*] *the clock*.

にちゃにちゃ ━［形］(ねばねばした) sticky 《☞ ねばつく; べたべた》.

にちよう(び) 日曜(日) Sunday 《略 Sun.》 《☞ 時刻・日付・曜日 (囲み); 略語 (欄外)》.
¶ きょうは*日曜日だ It is *Sunday* today. / Today is *Sunday*. // 彼らは*日曜に教会へ行く They go to church on *Sundays*. ［語法］毎週行くという習慣をいうときは複数形が普通だが, *On Sunday* I usually go to church. のように単数形で使われることもある. // 彼女はこの前の*日曜日に誕生パーティーを開いた She had her birthday party ⌈last *Sunday* [《英》 on *Sunday* last]. // 私は来週の[今度の]*日曜日に箱根へ行きます I am going to Hakone ⌈next *Sunday* [on *Sunday*; 《英》 on *Sunday* next]. ［語法］on Sunday のように単数形の場合は「今度の[来週の, この前の]日曜日」のように, 一番近くの特定の日曜日を指すのが普通. // 彼女は (ある) *日曜の朝私を訪ねて来た She came to see me on a *Sunday* morning.
日曜画家 Sunday [weekend] painter © **日曜学校** Sunday school © **日曜大工** (仕事) do-it-yourself Ⓤ; (人) do-it-yourselfer ©, Sunday [weekend] carpenter ©.

にちようひん 日用品 daily ⌈necessities [necessaries] ［語法］necessities のほうが

日　　記

日記は手紙などと違って，ほかの人が読むことを予想して書かれるものではないので，その書き方に特別決まった形式というものがあるわけではない．それでも英語と日本語の日記を比べてみると，次のような特徴が見られる．

(i)　日本語の日記では過去の出来事でも「友達とプールに行く」というように現在形で表すことが多いが，英語では過去のことがらは過去形で表す．((例) I *went* to the swimming pool with my friends.)

(ii)　日本語の日記では日付の次に曜日を書き，「5月10日木曜日」のようにするが，英語の習慣では曜日を先に書き，Thursday, May 10 のようにする．《☞ 時刻・日付・曜日 (囲み)》また，日本語の日記では日付とともに天候を記すことが多いが，英語の日記にはこのような習慣はない．

日本語の日記にならって天候を記す場合には，日付の後に次のように書けばよい．「晴れ」sunny, clear；「曇り」cloudy；「雨」rainy；「雪」snowy；「晴れ，のち曇り」clear later cloudy.《☞ 天候の表現 (囲み)》

(iii)　英語の日記では主語の I は略されることも多い．これは日記では「私」"I" が主語になることが多く，I ばかり現れる文章は煩わしい感じがし，また I を省略してもほかの主語と間違えるおそれは少ないという理由による．((例) 5時帰宅 Came home at five.)

主語として I を用いる場合は，I で始まる文が多いと文章としてつたない印象になるので，I 以外の語で文を始め，文頭に変化をつける工夫が望ましい．例えば，「健司君から手紙をもらってうれしかった」という場合，I was glad to receive a letter from Kenji. という代わりに It was very nice to receive a letter from Kenji. のようにも表現できる．日本語の文章は文末が単調になりがちだが，英語では逆に文頭が単調になる傾向があり，これは日記に限らず一般の文章にも共通することである．

しかし，日記は本来自分のために書くものであるから，英語の日記であっても，このような習慣にとらわれず，自由に書けばよい．例えば原著オランダ語の『アンネの日記』(英訳 *The Diary of a Young Girl*) は架空の友人 Kitty にあてた手紙の形をとっている．

次は英文日記の例である．

8月10日　土曜日　晴れ
6時起床．きょうも暑い日だった．でも午後，弟とテニスをしておもしろかった．夜はテレビで野球を見る．

Saturday, August 10　Clear.
I got up at six. It was hot today, too. But it was a lot of fun to play tennis with my brother in the afternoon. I watched a baseball game on TV in the evening.

---

necessaries よりも必要の程度が高い．

にちろ 日露　―名 Japan and Russia. ―形 (日本とロシアの間の) Russo-Japanese.《☞ にっソ》. **日露戦争** the Russo-Japanese War.

-について about ... ; as to ...《☞ ついて》.

にっか 日課 *one's* daily ʳwork Ⓤ [task Ⓒ]. ¶ 彼は夏休み中の*日課を決めた He worked out the schedule of his *daily* ʳ*work* [*tasks*] during the summer vacation. // 毎朝散歩するのが彼の*日課だ (⇒習慣だ) He *makes it a* ʳ*rule* [*practice* ; *point*] to take a walk every morning. / He *makes a* ʳ*practice* [*point*] *of* taking a walk every morning.

につかわしい 似つかわしい becoming, suitable.《☞ にあう；ふさわしい》.

にっかん[1] 日刊 daily ʳissue [publication] Ⓤ. ¶ この新聞は*日刊です This paper *is* ʳ*published daily* [a *daily*]. **日刊紙** daily (newspaper) Ⓒ.

にっかん[2] 日韓　―名 Japan and (the Republic of) Korea.　―形 (日韓の) Korean-Japanese.

にっかんてき 肉感的 (性的魅力のある)《口語》sexy；(官能的な) sensual；(なまめかしい) voluptuous.《☞ せいてき[1]》.

-につき a ..., per ... ; for ...《☞ -つき[1]》.

にっき 日記 diary Ⓒ. ¶ 彼女は*日記をつけている She keeps a *diary*. // 私はそのことを*日記に書くのを忘れてしまった I forgot to write it down in my *diary*. **日記帳** diary Ⓒ.

にっきゅう 日給 daily wages ★ 通例複数形で.《☞ きゅうりょう[1] (類義語)》. ¶ 彼の*日給は8千円だ His *daily wages* are 8,000 yen. / (⇒1日に8千円もらう) He ʳ*gets* [*is paid*] 8,000 yen *a day*. // 大工は*日給です (⇒1日幾らで働く) Carpenters work *by the day*.

にっきょうそ 日教組 (日本教職員組合) the Japan Teachers' Union.

ニックネーム nickname Ⓒ《☞ あだな；つうしょう[2]》.

にづくり 荷造り　―名 packing Ⓤ.　―動 pack (up) ㊀. ¶ *荷造りはもう済みましたか *Have* you *packed* your things yet? // この*荷造りは頑丈(がんじょう)だ [お粗末だ] This *is* ʳsecurely [poorly] *packed*. // 私は彼がケースの*荷造りを解くのを手伝った I helped him *unpack* his case.

にっけい 日系 ¶ 彼は*日系米人である He is a *Japanese*-American. / He is an American of *Japanese descent*.《☞ にせい》

にっけいれん 日経連 (日本経営者団体連盟) the Japan Federation of Employers' Associations.

ニッケル nickel Ⓤ《元素記号 Ni》.

にっこう 日光 sunlight Ⓤ, sunshine Ⓤ
[語法] 後者は太陽の光だけでなく，熱も含んで

いる感じ; sun Ⓤ [語法] 特に in the sun で日光の意味に用いる.《☞ ひ[1]》.

¶ あまり直射*日光に当たってはいけません Don't sit too long *in the* direct *sun.* // 鉢植えの植物は毎日*日光に当てなさい Place potted plants in *the sun*(*light*) every day. // *日光浴をしよう Let's ⌈bask [bathe] in *the sun*(*shine*). // 一筋の*日光が部屋に差し込んできた A ⌈ray [shaft] of *sunlight* came into the room.

にっこり ¶ 彼女は*にっこり笑った She *smiled.* [語法] 「にっこり笑う」が smile に当たる. 日本語では「笑う」に擬態語を付けて笑い方を区別するが, 英語では laugh と smile などのように別々の語でこれらを表す. もし, 笑うときの態度の形容が必要なら文脈に応じて happily (＝うれしそうに) とか sweetly (＝愛らしく) とかを付ける. / She broke into a *smile.* // 彼女は私たちに*にっこりとほほえんだ She *smiled* ⌈on [upon] us. // 先生は*にっこり笑ってうなずいた The teacher nodded *with a smile.* 《☞ にこにこ; わらう (類義語); 擬声・擬態語 (囲み)》

にっさん[1] 日参 ── 動 visit ... ⌈daily [every day]. ── 名 daily visit Ⓒ. ¶ 彼女はその神社に*日参した (⇒ 毎日訪ねた) She *paid a daily visit* to the shrine. // 彼は職業安定所に*日参して (⇒ しばしば訪れて) 職を探した He *frequently visited* the employment security office and looked for a job.

にっさん[2] 日産 daily output Ⓤ [語法] output は Ⓤ だが, 前に形容詞が付いたり後に具体的な数が続くときは不定冠詞が付く.《☞ 可算・不可算名詞 (欄外); せいさん[1]》.

¶ この工場の車の*日産台数は1千台だ The *daily output* of cars in this factory is 1,000. / (⇒ この工場は1日に1千台の車を生産する) This factory *produces* 1,000 cars ⌈*a day* [*daily*]. / (⇒ この工場は1日に1千台の生産高を持つ) This factory has an *output* of 1,000 cars ⌈*a day* [*daily*].

にっし 日誌 journal Ⓒ.

にっしゃびょう 日射病 sunstroke Ⓤ《☞ 病気・病院 (囲み)》. ¶ *日射病にかかる have [suffer from] *sunstroke* / *be sunstruck*

にっしょう 日照 daylight Ⓤ《☞ ひ[1]》. ¶ 冬になると*日照時間 (⇒ 日) が短くなる In winter the *days* get shorter. // *日照時間はたった6時間しかない We ⌈have [enjoy] only six hours of *daylight.*

日照権 *the right to* ⌈sunshine [sunlight]. ¶ 新しいビルは我々の*日照権 (⇒ 日光) を奪った The new building deprived us of ⌈*sunlight* [*sunshine*].

にっしょうき 日章旗 the flag of the Rising Sun《☞ ひのまる; こっき; はた[1]》.

にっしょく 日食 solar eclipse Ⓒ, eclipse of the sun Ⓒ. ¶ 皆既[部分]*日食 a ⌈total [partial] *eclipse of the sun*

にっしんげっぽ 日進月歩 ── 名 (急速な進歩) rapid progress Ⓤ; (着実な発展) steady advance Ⓒ. ── 形 ever-advancing.《☞ しんぽ; はってん; はったつ》.

¶ この*日進月歩の世の中ですべてを熟知するのは不可能だ It is impossible to have a thorough knowledge of everything in this age of *rapid progress.* // 工業技術の発達は*日進月歩だ (⇒ 着々と発達している) Industrial technology is making a *steady advance.*

にっしんせんそう 日清戦争 the Sino-Japanese War.

にっすう 日数 (the number of) days; (時) time Ⓤ.《☞ きかん[1]》. ¶ どのくらいの*日数ここに滞在しますか How ⌈many *days* [*long*] will you stay here? // この仕事は*日数がかかりそうだ I'm afraid this job will take (me) ⌈a long *time* [quite a few *days*].

にっソ 日ソ ── 名 Japan and the Soviet Union. ── 形 Japanese-Soviet, Soviet-Japanese [語法] Russo-Japanese (＝日露) も使われるが, 公式な言い方は以上のようにする.《☞ にちろ》. **日ソ漁業条約** the Japanese-Soviet Fisheries Treaty.

にっちもさっちも ¶ 彼は借金で*にっちもさっちもいかない (⇒ 首まで借金につかっている) He *is up to his neck* in debt. / (⇒ 借金でお手上げだ) He *is head over heels* in debt. // 彼らは*にっちもさっちもいかない状態に (⇒ すみっこに) 追い込まれた They *were driven into a corner.* // 交渉は*にっちもさっちもいかなかった (⇒ 行き詰まった) The negotiations ⌈*came to a deadlock* [*were brought to a standstill*].《☞ ゆきづまり; きゅうち》

【参考語】── 動 (座礁する) be stranded; (困った立場にある) be in a ⌈fix [tight place]; be driven ⌈into a corner [to the wall]; be put into a helpless position; (行き詰まる) come to a deadlock, be brought to a standstill.

にっちゅう[1] 日中 ── 副 during the ⌈day [daytime] Ⓤ《☞ ひる[1]》. ¶ *日中はとても暖かだった It was pretty warm *during the day.*

にっちゅう[2] 日中 ── 名 Japan and China. ── 形 Sino-Japanese, Japanese-Chinese.

日中平和友好条約 the Sino-Japanese Treaty of Peace and Friendship.

にってい 日程 (day's) ⌈schedule [program] Ⓒ [語法] program はその日にすることになっている計画で, schedule は特に時間ごとに区切られた予定を指す; (旅行日程) itinerary [aitínərèri(:), it-] Ⓒ.《☞ よてい; スケジュール》.

¶ 彼の*日程はいつも詰まっている His ⌈*schedule* [*program*] is always ⌈tight [crowded]. // あすの*日程は未定です (⇒ まだたっていない) The ⌈*schedule* [*program*] for tomorrow has not been worked out yet. // 彼はいま旅行の*日程作りに忙しい He is now busy in making out the *itinerary.*

ニット knitwear Ⓤ ★ 毛糸で編んだ衣類の総称. ¶ *ニットの服 a *knitted* dress

にっとう 日当 (1日の手当) daily allowance Ⓒ; (日給) daily wages ★ 通例複数形で.《☞ にっきゅう》. ¶ 彼は旅費のほかに*日当を要求した He asked for the *daily allowance* besides traveling expenses.

にっぽん 日本 Japan《☞ にほん》.

につまる 煮詰まる boil down ㊀, be boiled down. ¶ スープが*煮詰まらないように火を細くしなさい Turn down the fire so that the

に

soup will not *boil down.* // 議論は A にするか B にするかというところまで*煮詰まった The discussion *boiled down* to a choice between A and B. // 交渉は*煮詰まってきている (⇒ 終わりに近づいている) The negotiations *are drawing to* ⌈*an end* [*a close*].

につめる 煮詰める boil down (他). ¶ 私はその汁を*煮詰めて濃いシロップにした I *boiled down* the juice ⌈to [into] a thick syrup.

にと 二兎 ¶ *二兎を追う者は一兎をも得ず He who runs after two hares will catch neither.《ことわざ》/ If you run after two hares, you will catch neither.《ことわざ》/ Between two stools you fall to the ground.《ことわざ：2つの腰掛けの間では落ちてしまう》

にど 二度 ―[副] (2回) twice, two times [語法] 入れ換え可能. ただし, 数学的計算などの場合は後者が普通；(再び) again. ―[形] (二度目の) (the) second.《☞ にかい[2]；ど》.
¶ 私はこの本を*2 度読んだ I've read this book ⌈*twice* [*two times*]. // 彼女は 1 週間に*2 度スーパーマーケットへ行く She goes to the supermarket *twice* a week. // *2 度あることは 3 度ある Misfortune always comes in threes.《ことわざ：不幸は常に三度続く》// そんなことは*二度としません I'll never do that *again.* // 彼女は彼の*二度目の奥さんだ She is his *second* wife. // 彼がここへ来たのはこれで*二度目だ This is his *second* visit here. // 彼に注意したのはこれで*二度目だ This is *the second time* (that) I've warned him.

にとう 二等 ―[名] (2 番目) the second；(客室などの等級の) the second class. ―[形] second; (2 級の) second⌈-class [-rate].《☞ にばん；にい》. ¶ 彼は競走で*2 等だった He was *second* in the race. // 彼女はそのコンテストに参加して*2 等賞を獲得した She took part in the contest and ⌈won [gained] the *second* prize.

にとうぶん 二等分 ―[動] (2 等分する) divide [cut] ... into two [語法] 厳密な 2 等分なら後に equal parts を付ける；bisect [báisèkt] (他) ★ 専門用語. ―[名] bisection Ⓤ.《☞ はんぶん；とうぶん[3]；やまわけ》.
¶ 彼女はそのケーキを*2 等分した She *divided* the cake *into two equal* ⌈*parts* [*pieces*]. // 彼らは利益を*2 等分した (⇒ 等しく分けた) They *divided* the profits *equally* between them. // 私はりんごを*2 等分にした (⇒ 半分に切った) I *cut* the apple *in* ⌈*half* [*two*]. / I *cut* the apple *into halves.* // 与えられた円[角]を*2 等分せよ *Bisect* the given ⌈circle [angle].

にとうへんさんかくけい 二等辺三角形 isosceles [aisɑ́səlìːz] triangle Ⓒ《☞ さんかく》.

-にとって to ... ; for ...《☞ -とって》.

になう 担う (かつぐ) carry ... on *one's* shoulders；(引き受ける) take (他)；(支える) bear (他).《☞ かつぐ》. ¶ 彼はその会社の運命を双肩に*になっている He *bears* the destiny of the company on his shoulders.

ににんさんきゃく 二人三脚 three-legged race Ⓒ. ¶ 彼らは*二人三脚の競走をした They ran a *three-legged race.*

ににんしょう 二人称〘文法〙the second person《☞ 性・数・人称の一致 (欄外)》.

にぬし 荷主 (持ち主) owner of goods Ⓒ；(送り主) sender Ⓒ, shipper Ⓒ [語法] 前者が一般的. shipper は《英》では船で荷物を積み出す人. 輸出者と同じ意味に用いられる.《米》では陸・海・空など輸送機関に関係なく, 荷物の積み出し人を指す.

にねんせい 二年生 **1** «学校の»: (小学校の) second grader Ⓒ [語法] この表現は《米》のもの. 日本の場合は second-year ⌈student [pupil] Ⓒ でもよい；(4 年制の大学・高校の)《米》sophomore Ⓒ [参考] 3 年制の高校の 2 年生は junior, 2 年制の短大 (junior college) の 2 年生は senior.《☞ 学校・教育 (囲み)》.
2 «植物» ―[形] biennial [bàiéniəl]. ―[名] (二年生植物) biennial (plant) Ⓒ.《☞ いちねんせい；花 (囲み)》.

にのあし 二の足 **二の足を踏む** (ためらう) hesitate (自)；(慎重に考える) have second thoughts；(熟慮する) think twice (自).《☞ ためらう；しりごみ》.

にのうで 二の腕 upper arm Ⓒ《☞ うで (挿絵)》.

にのく 二の句 **二の句がつげない** ¶ 私はあきれて*二の句がつげなかった (⇒ 口がきけなかった) I *was struck dumb* with amazement. // 彼はその話を聞いたとき*二の句がつげなかった (⇒ 何と言ってよいかわからなかった) He ⌈*didn't know what to say* [(⇒あぜんとした) *was dum(b)founded*] when he heard the story.

にのつぎ 二の次 ¶ この場合もうけは*二の次だ (⇒ 二番目に重要だ) Profits are *of secondary importance* in this instance. // 健康に比べれば富は*二の次だ (⇒ 富は健康ほど重要ではない) Wealth is *not so important as* health. // その問題は*二の次だ (⇒ 延ばすことができる) The matter *can wait.* / We *can let* the matter *wait.*《☞ あとまわし》

にのまい 二の舞 ¶ 私は彼女の*二の舞を演じ (⇒ 彼女の失敗を繰り返し) たくない I don't want to *repeat her failure.* // 前任者の*二の舞を演じないように (⇒ 同じ誤りをしないように) 気を付けなさい Be careful not to *make the same mistake* that your predecessor did.

-には (...の割には) for ... ; (...にとっては) for ... ; (...に対して) to ... ; (場所を表して) in ..., on ..., at ... ; (...においては) at ..., in ... [語法] 日本語の「-には」は英語では主として以上のような前置詞で表されるが, また,「この単語*にはたくさんの意味がある」This word has many meanings. のように文全体を意訳する必要のある場合や,「私はその会合*には出席しない」I won't attend the meeting. のように動詞の目的語として表され, 特に「...には」に当たる語を必要としない場合もあることに注意.《☞ -に；-とって；-としては》.
¶ 彼は年の割*には若い He looks young *for* his age. // この本はあなた*には難しい This book is difficult *for* you (to read). // 彼は他人*にはいつも親切だ He is always kind *to*

others. // 通り*にはだれもいなかった There was nobody「on [《英》 in] the street. // 私はフランス語*には弱い I am weak *in* French. // 天気のよい日*には散歩に出かけます I go for a walk *on* a nice day.

にばい 二倍 ―副 twice [two times] as … as … ―形 double. ―動 (2倍にする・2倍になる) double 他 自. ―名 double Ⓒ. 《☞ ばい》.
¶ これはそれの*2倍長い[重い] This is「*twice* [*two times*] *as*「long [heavy] *as* that. // 彼は私の*2倍の本を持っている He has「*twice* [*two times*] *as* many books *as* I do. // この箱の大きさはそれの*2倍だ This box is *twice* the size of that. // 3の*2倍は6だ *Twice* [*Two times*] three「is [makes; equals] six. // 私は通常の謝礼の*2倍払った I paid *double* the usual fee. // 本の値段は以前の*2倍になっている Books cost *double* what they did before. // 当市の人口は5年で*2倍になった The population of this city *doubled* in five years.

にばん 二番 ―名 the second; number two ★冠詞を付けずに. ―副形 second. 《☞ にい; にとう; ばん[2]》.
¶ 彼は100メートル競走で*2番だった He was *second* in the 100-meter dash. // 彼女は*2番に到着した She was *the second* to arrive. / She arrived *second*. // 彼はクラスで*2番だ He is *the second* best in his class. // 左から*2番目の人はだれですか Who is *the second* person from the left? // 石狩川は日本で*2番目に長い川だ The Ishikari is *the second* longest river in Japan. // 彼の*2番目の兄[末から*2番目の弟]は医者です His *second*「oldest [youngest] brother is a doctor. 参考 この英語は英米人の耳には不自然に響く. このような場合 One of his brothers is a doctor. というのが普通で, 兄・弟・姉妹など長幼の順序を示すことはまれ.

にひゃくとうか 二百十日 the 210th day (from the first day of spring according to the lunar calendar).

ニヒリスト nihilist [nái(h)əlist] Ⓒ.

ニヒリズム nihilism [nái(h)əlìzm] Ⓤ.

ニヒル ―形 nihilistic [nài(h)əlístik].

にぶい 鈍い (切れ味・光・音・感覚・頭の働きなどが) dull; (光などがぼんやりした) dim; (理解などが遅い) slow; (ぼんくらな) thickheaded. 《☞ どんかん; のろい[1]》.
¶ 何かがどすんという*鈍い音を立てて倒れた Something fell to the ground with a *dull* thud. // 私は背中に*鈍い痛みを感じた I felt a *dull* pain in the back. // 彼は*鈍い(⇒理解が遅い) He is *slow* in understanding. / (⇒鈍い頭を持つ) He has a *thick* head. / He is *thickheaded*.

にぶおんぷ 二分音符 〖音楽〗《米》 half note Ⓒ, minim Ⓒ. 《☞ 音楽 (囲み)》.

にぶがっしょう 二部合唱 chorus in two parts Ⓒ 《☞ がっしょう[1]; 音楽 (囲み)》. ¶ 私たちはその歌を*二部合唱で歌った We sang the song *in two parts*. // この合唱曲は*二部合唱として作曲されたものだ This choral music was written for *two-part harmony*.

にぶじゅぎょう 二部授業 double session Ⓒ. ¶ 私たちの学校では*二部授業です We have *double sessions* at school.

にふだ 荷札 (ひもなどで結び付ける) tag Ⓒ; (はり付ける) label [léibəl] Ⓒ. 《☞ ふだ》. ¶ 手荷物に*荷札を付ける attach [put] *tags* on *one's* baggage

にぶる 鈍る (刃物が) become「dull [blunt]; (決心などがぐらつく) waver 自, be shaken; (衰える) decline 自. 《☞ ぐらつく; ていか[1]》.
¶ このかみそりは切れ味が*鈍った This razor *has become*「*dull* [*blunt*]. // 鼻かぜで嗅覚が*鈍ってしまった(⇒鼻かぜが嗅覚を鈍らせた) A [This] head cold *has*「*dulled* [*blunted*] my sense of smell. // あの力士は最近腕が*鈍った(⇒前ほど強くない) That wrestler is *not*「*as* [*so*] *strong as* he used to be. // その話を聞いて彼の決心は*鈍った His resolution「*wavered* [*was shaken*] when he heard the story. // 彼の勘も*鈍ってしまった(⇒もはやよい勘を持たない) He no longer has (a) good intuition.

にぶん 二分 ―動 divide … into two (parts) ★自として使うこともある. ―名 (二分割) division into two parts Ⓤ; (半分) half Ⓒ. 《☞ にとうぶん; はんぶん》. ¶ 先生は生徒をAグループとBグループに*二分した The teacher *divided* the students *into two groups*, A and B. **二分の一** half Ⓒ, one-half Ⓤ. ¶ 乗客の*二分の一は日本人だった *Half* the passengers were Japanese.

にべもない ―形 (そっけない) curt; (きっぱりした) flat; (冷たい) cold. ―副 curtly; flat(ly); coldly. 《☞ そっけない; つめたい》.
¶ 私は彼女の*にべもない(⇒そっけのない)返事にがっかりした I was disheartened by her *curt* answer. // 彼は私の依頼を*にべもなく断った He refused my request *flatly*.

にぼし 煮干し small dried fish Ⓒ ★単複同形.

にほん 日本 ―名固 Japan. ―形 (日本の) Japanese, Japan's 語法 Japanese は主に「日本的な・日本独特の」という意味での「日本の」であるが, Japan's は文の形に直せば Japan が主語になるような場合に用いられる.
¶ *日本は地震が多い(⇒地震が頻繁に起こりやすい) Earthquakes are frequent in *Japan*. // この時計は*日本製です This watch was「made in *Japan* [of *Japanese* make]. // *日本の降伏 *Japan's* [the *Japanese*] surrender // *日本の国連における役割 *Japan's* role in the United Nations // 彼は*日本文学に精通している He is well-read in *Japanese* literature. // 天ぷらは典型的な*日本の料理です Tempura is a typical *Japanese* dish.
日本アルプス the Japanese Alps **日本画** Japanese painting Ⓒ **日本海** the Sea of Japan **日本学** Japanology Ⓤ **日本学者** Japanologist Ⓒ **日本髪** the traditional Japanese hairstyle. ¶ お正月には*日本髪を結いたい I'd like to have my *hair* done (in the) *Japanese style* on New Year's Day. **日本銀行** the Bank of Japan **日本語** Jap-

に

日本固有の風物と英語

日本の風物と英米の風物が一致する場合，あるいは日本的，東洋的なものでも，すでに英米の人々によく知られ，それを表す言葉が英語に存在する場合は，その英語がそのまま使えるので問題はない．例えば「箸(はし)」は chopsticks で誤解の余地はない．問題は日本固有のもので，英米によく知られていないものの場合である．そのときは，相違があることを承知の上で，英米の類似の事物の名で代用するか，または説明的に表現するしかない．

1　英語になった日本語

日本の風物を表す語の中には，そのまま英語に取り入れられているものが少なくない．ただし完全に英語化しているものは別として，中には大きな辞典だけに認められているものもあり，辞書に載っていてもそのまま通用しないものもある．また，語は同じでも，その表す内容にかなりの差がある場合が多いので注意を要する．

よく知られているものに **Fujiyama**（富士山），**geisha**（芸者）などがあるが，古いものでは歴史的なものが多い―**samurai**（侍），**Bushido**（武士道），**daimio, daimyo**（大名），**shogun**（将軍），**tycoon**（大君），**mikado**（帝），**harakiri, seppuku**（切腹）．

なお **nisei**（2 世），**sansei**（3 世）などはそのまま通用する．

伝統芸術では **Noh, No**（能），**Kabuki**（歌舞伎）があるが，狂言はないので，Noh ⌈farce [comedy] などと訳される．

信仰では **Shinto**（神道）があり，仏教では **Zen**（禅）がよく知られている．**satori**（悟り）も英語化されている．

武道では **judo**（柔道），**jujutsu**（柔術），**karate**（空手）があるが，**kendo**（剣道）はそれほど一般化していないので，Japanese fencing とでもしたほうがよい．なお相撲は **sumo** または **sumo wrestling** として人気がある．

詩では **haiku**（俳句）が完全に英語化しているが，**tanka**（短歌）は大きな辞典で認められている程度である．

園芸では **bonsai**（盆栽）が知られており，**ikebana**（生花）は一部に限られ，flower arrangement と言ったほうがわかりやすい．

手工芸では **origami**（折り紙）が英語化している．

ゲームでは **go**（碁）が盛んだが，**shogi**（将棋）は大きな辞典でないと載っていないので，Japanese chess と言うほうがよい．

飲食物では **tempura**（てんぷら），**sukiyaki**（すきやき），**sushi**（すし）が有名だが，**sashimi**（刺身），**sake**（酒），**soy**（醤油(しょうゆ)）も一般化している．**miso**（みそ）も英語化しており，健康食として **tofu**（豆腐）も人気がある．

そのほか **kimono**（着物），**obi**（帯），**tatami**（畳），**koto**（琴），**samisen**（三味線），**torii**（鳥居）などがある．なお **hibachi**（火鉢）も英語化しているが，これは日本の火鉢とは異なり，炭火を使う料理用のかまどの一種である．このように日本語の意味からずれている例の代表に **kamikaze**（神風）がある．英語で kamikaze といえば第 2 次大戦で活躍した特攻隊のパイロットまたはその飛行機を指す．

間投詞としては **sayonara**（さよなら）が **banzai**（万歳）と共にかなり一般化している．

2　「日本の…」として表す

類似したもの，または機能的に同じものであれば，それの日本版であるというように訳すことができる．

和紙 Japanese paper, **足袋** Japanese socks, **ぞうり** Japanese sandals, **下駄** Japanese wooden clogs, **座布団** Japanese cushion, **料亭** Japanese restaurant, **旅館** Japanese inn, **邦楽** traditional Japanese music, **琵琶** Japanese lute, **羽根つき** Japanese badminton, **すごろく** Japanese backgammon, **かるた** Japanese cards, **せんべい** Japanese rice cracker.

3　特徴をつかんで端的に表す

材質・形状・用途などの特徴をつかみ，それを英語で表現する．

から傘 bamboo-and-paper umbrella, **うちわ** round fan, **紙芝居** picture-card show, **ふろしき** cloth wrapper, **びょうぶ** folding screen, **とうろう** garden lantern, **盆景** tray landscape, **枯れ山水** dry landscape garden, **石庭** (sand-and-)rock garden, **割り箸** half-split chopsticks, **ゆかた** informal loose cotton ⌈garment [robe] for (the) summer, **剣山** needle-point holder (of flowers), **巻物** horizontal scroll, **実印** registered personal seal, **神棚** household ⌈altar [shrine], **茶道** the tea ceremony.

4　説明的に訳す

同じものも，類似したものもなく，特徴をずばり表現できないものは説明的に訳すよりほかない．

鯉のぼり carp-shaped streamers traditionally flown on Boys' Day, **門松** a (New Year's) decoration with pine boughs and bamboo stalks, **しめなわ** sacred straw rope with short paper streamers, **獅子舞** ritual dance with a lion('s) mask, **こたつ** foot warmer with frame and ⌈coverlet [quilt], **ちんどん屋** ding-dong comic band for publicity, **だいふく** rice cake stuffed with bean jam, **冷や麦** Japanese noodles served in ice and water.

5 固有名詞の含まれるもの

固有名詞の部分は，そのままローマ字を使って表す.《☞ イタリック体 (欄外)》

文楽 *Bunraku* puppet show, **清水焼** *Kiyomizuyaki* chinaware, **阿波踊り** *Awa* folk dance, **有田焼** *Arita* ˹ware [porcelain], **会津塗り** *Aizu* lacquer ware.

anese Ⓤ, the Japanese language.《☞ 日本語と英語 (欄外)》 **日本酒** sake Ⓤ **日本人** Japanese Ⓒ ★ 単複同形; the Japanese ★ 日本人全体. 複数扱い. **日本刀** Japanese sword Ⓒ **日本脳炎** Japanese encephalitis [insèfəláitis] Ⓤ **日本晴れ** glorious weather Ⓤ **日本風** Japanese style Ⓤ **日本放送協会** Japan Broadcasting Corporation Ⓤ ★ NHK も用いられる. **日本間** Japanese-style room Ⓒ.

にほんだて 二本立て (映画の) double feature Ⓒ.

にまいがい 二枚貝 bivalve [báivæ̀lv] Ⓒ.

にまいじた 二枚舌 ¶ 彼は*二枚舌を使う (⇒ うそをつく) He *tells lies*.

にまいめ 二枚目 (美男) beau [bóu] Ⓒ《複 beaux [bóuz]》; (芝居の恋人役) the role of a beau.

-にも (…もまた) also, too 【語法】 後者がより口語的. いずれも否定構文では either; (…もまた同じように) … as well; (…でさえも) even …; (…にしても) no matter ˹what [who; when; how] …《☞ -も》.

¶ 私は彼女に会ったが彼女の母*にも会った I met her and ˹*also* her mother [and her mother, *too*]. // その問題は先生*にもできない The question is too difficult *even* for the teacher. / The teacher can*not* solve the problem, *either*. // 何をやる*にも本気でやりなさい *Whatever* you may do, you should ˹do [try] your best. / Do your best in everything. // 彼がそこで何をしたかだれ*にもわからない (⇒ だれも知らない) Nobody knows what he did there. // 働きたい*にも口がない (⇒ 働きたいがしかし) I want to work *but* there's no job for me. // 幸い*にも試験に合格した Luckily, I passed the exam. // 彼女は親切*にも私にそれを見せてくれた *It was very kind of* her to let me have a look at it.

にもかかわらず ☞ かかわらず

にもつ 荷物 (車などに積んだ重い) load Ⓒ; (旅行の手荷物)《米》baggage Ⓤ,《英》luggage Ⓤ《☞ アメリカ英語とイギリス英語 (欄外)》; (所持品) *one's* things, *one's* belongings ★ 複数形で; (包みにした) package Ⓒ.《☞ てにもつ; つみに》.

¶ *荷物検査《所持品の》*baggage* check // 「私の*荷物をホテルまで運んで下さい」「*荷物はどれですか. *荷物は全部で何個ですか」「5 個です」"Will you take my ˹*baggage* [*luggage*] to the hotel?" "Which is your *baggage*, sir? How many pieces (of *baggage* do you have) in all?" "Five." // *荷物をどこに預けたらいいでしょうか Where can I check my *baggage*? // *荷物を列車内に忘れないように Don't leave *your things* behind on the train. // *荷物を少なくして旅行をしなさい (⇒ 身軽に) You should travel *light*. // このトラックはずいぶん*荷物を積んでいる This truck has a heavy *load*. // 20 kg までの手*荷物は無料です Twenty kilograms of personal *baggage* is allowed free of charge. // *荷物をまとめて玄関まで運ばせなさい Get *your* ˹*things* [*belongings*] together and have them carried to the front door.

荷物取扱所《米》baggage ˹office [room] Ⓒ, checkroom Ⓒ,《英》left luggage office Ⓒ.

にもの 煮物 ── 名 (日本式の) vegetables [fish] cooked in stock with soy and other seasoning stuff. ── 動 (煮物をする) boil

日本語と英語 (differences between Japanese and English) 日本語と英語はあまりに違いすぎて比較することは無意味だと考えている人も多い. もちろん相違点が多いことは明白であるが, よく考えてみると, かなり共通している点もある. まず第 1 に両方とも人間の言葉であり, また意思伝達の手段であること, 第 2 に発音や文法などで共通点がある程度見出されることなどである.

例えば [p] [b] [t] [d] [s] [z] などの音はまったく同じではないにしても日英間でそう大きな違いがないし,「鳥に歌う」Birds sing. という文について言えば, 単語は違うにしても <S+V> という文構造は同じである. さらに単語について言えば, 形は違うが,「木」=tree,「雨」=rain,「春」=spring などは意味はほぼ等しい.

このように違いが少ない部分は学習がしやすい. このような部分については, 極端な言い方をすれば, 単語さえ覚えれば日本語からの類推だけでも英語がしゃべれる.「鳥が歌う」が Birds sing. なら,「鳥は飛ぶ」は Birds fly. であるし,「飛行機が飛ぶ」は, 飛行機が (air)plane であることさえわかれば, Airplanes fly. と言える.

従って, 日本語を話す我々にとっては, このように日英の共通点のある部分に力を入れて学習する必要はない. 問題は日英の相違点にあるのである. 単に相違点といっただけではあまりに漠然としすぎるから少し例をあげよう.

例えば, 発音の面ではまず母音が大きく異なる. 日本語の母音は「ア, イ, ウ, エ, オ」の 5 個であるのに対して, 英語の母音は [iː, i, e, æ, ɑ, ɔ, u, uː, ʌ, ə] のように数が多い. これらを混同すると意味が違ってしまうから, 英語の母音は正確に学習しなくてはならない. このことは hat [hǽt] と hut [hʌ́t] との違いを考えてみればわかるであろう.

単語の意味範囲も日英間で食い違うものが多い. 例えば, 日本語の「借りる」は「本を借りる」「車を借りる」「トイレを借りる」のように用いるが, 英語の borrow は無料で借りるものだけを言い, しかもその場に置いたまま使うものには用いない. 有料のレンタカーを借りるのは borrow ではなく rent を用い, トイレのように動かすことのできないものを借りるのは use を用いなくてはならない. 従って, レンタカーの会社で May I borrow a car? と言うのはナンセンスだし, May I borrow the toilet? という英語はまったく奇妙な意味になってしまうのである. (正しくは May I *use* the toilet?)

このような日英間に食い違いのある語は相当の数にのぼる. また性・数・格や時制による語形変化とか, 疑問文・否定文の作り方, あるいは能動態・受動態相互の転換や関係節の用い方などの文法上の違いも大きいことは言うまでもあるまい. 従って, 英語の学習に当たっては, これらの日英の相違点に力を入れて学ぶ必要がある.

㊞, cook ㊉ ㊞, braise ㊞. 《☞ 食事(囲み)》.

にゃあ ―名 (猫の鳴き声) meow Ⓒ, mew Ⓒ. ―動 (猫がにゃあと鳴く) mew ㊉, meow ㊉. 《☞ 動物の鳴き声(囲み)》. ¶ 猫は*にゃあと鳴く Cats ˹*mew* [*meow*].

にやく 荷役 loading and unloading Ⓤ.

にやける ―形 (男がおしゃれで) foppish. ―名 (にやけ男) fop Ⓒ.

にやにや ¶ 彼は*にやにやして私のほうを見ていた(⇒ 歯を出して笑った) He *was grinning at* me. / (⇒ 皮肉な笑みで) He was looking ˹at [toward] me *with a sarcastic smile.* 《☞ わらう(類義語); にたにた》

にやりと ¶ 彼女は心の中で*にやりとした(⇒ 自分に笑った) She *smiled* to herself. 《☞ わらう(類義語)》

ニュアンス (言葉などの微妙な相違や綾) nuance [n(j)úːəns] Ⓒ, shade of meaning Ⓒ; (単語の言外の意味・含蓄) connotation Ⓤ ★ 例えば「13」は不吉など; (人の言葉の含み) implication Ⓒ, overtone Ⓒ ★ しばしば複数形で. 《☞ ふくみ》.

¶ 正確な*ニュアンスを翻訳で表すことは不可能に近い It is almost impossible to convey precise ˹*shades of meaning* [*nuances*] in a translation. [語法] nuance はフランス語からの借用語なので, どちらかというと shade of meaning のほうが多く使われる. ∥ 彼の言っていることは私のと同じだが, *ニュアンスが違う He seems to be saying the same thing but with ˹*overtones* [*implications*] different from mine.

にゅういん 入院 ―動 (入院する) be hospitalized, go to (the) hospital; (入院させる) hospitalize ㊞, take [send] ... to (the) hospital; (入院している) be in (the) hospital [語法] 以上すべてについて the を省くのは《英》. 《☞ 病気・病院(囲み)》.

¶ 奥さんが*入院なさっているそうですね I hear your wife *is in* (*the*) *hospital.* ∥ 彼はすぐ*入院させなければいけない We must ˹*send* [*take*] him *to* (*the*) *hospital* immediately. / He must *be hospitalized* at once. ∥ *入院中に若い看護婦が好きになった While (I *was*) *in* (*the*) *hospital*, I fell in love with a young nurse.

にゅうえき 乳液 (化粧用の) milky lotion Ⓤ; (植物の) milky liquid Ⓤ.

にゅうか 入荷 ¶ けさはトマトの*入荷はありません(⇒ トマトの新しい供給はない) We don't have a fresh *supply* of tomatoes this morning. ∥ その本はいつ*入荷しますか(⇒ 入手可能ですか) When will that book be available?

にゅうかい 入会 ―名 (受け入れ側が許可をするような) admission Ⓤ; (単に参加する) joining Ⓤ; (会などに入ること) entrance Ⓤ. ―動 become a member of ...; (入会を許される) be admitted to ...; (加わる) enter ㊞, join ㊞. 《☞ かにゅう; かいいん》.

¶ テニスクラブに*入会した(⇒ メンバーになった) I *have become a member of* the tennis club. / I *have joined* the tennis club. ∥ *入会の申し込みはどこですか Where can I apply for ˹*membership* [*admission*]?

入会金 entrance fee Ⓒ.

にゅうかく 入閣 ―動 join the cabinet, become a cabinet member. 《☞ ないかく[1]; 政治・経済(囲み)》.

にゅうがく 入学 ―動 enter [be admitted to] school. ―名 entrance into a school Ⓤ; (大学の) matriculation Ⓤ. 《☞ はいる; 学校・教育(囲み)》.

¶ 彼はこの学校に昨年の春*入学した He *entered* this school last spring. ∥ この大学の*入学許可を得るにはどんな資格がいりますか What qualification(s) do I need to *be admitted to* this university?

入学願書 (申し込み) application for admission Ⓒ; (その用紙) application form Ⓒ. ¶ *入学願書は郵送のこと The *application* (*form*) should be sent in by ˹mail [post]. **入学金** entrance fee Ⓒ; (特に大学の) matriculation fee Ⓒ **入学志願者** (正式に申し込みをした者) applicant Ⓒ; (受験者) candidate Ⓒ **入学式** entrance ceremony Ⓒ; (大学の) matriculation ceremony Ⓒ **入学試験** entrance exam(ination) Ⓒ 《☞ しけん[1]》. ¶ 大学の*入学試験 college *entrance exams* ∥ 東大の*入学試験 the *entrance examination for* Tokyo University

にゅうがん 乳癌 breast cancer Ⓤ, cancer of the breast Ⓤ. 《☞ がん[1]》.

にゅうぎゅう 乳牛 milch cow Ⓒ.

にゅうきょ 入居 ―名 moving in Ⓤ. ―動 (移ってくる) move in ㊉; (アパートなどに) move into ...; (住み始める) start living in ... 《☞ ひっこし; いてん》. ¶「いつ*入居しますか」「来週の月曜日です」"When are you going to *move in*?" "Next Monday." ∥ 新しいアパートに*入居した We *moved into* a new apartment. **入居者** (居住者・借家人) tenant Ⓒ.

にゅうきん 入金 (金銭を受け取ること) receipt of money Ⓤ; (支払い) payment Ⓒ; (受け取った金) money [payment] received. ¶ 先月その会社からの*入金は2万円でした(⇒ 私は受け取った) I *received* ¥20,000 from the company last month. ∥ その金は3月1日に*入金しなければならない The *payment* is due on March 1. **入金伝票** deposit slip Ⓒ.

にゅうこう 入港 ―動 (到着する) arrive ˹at a port [in a harbor]; (寄港する) call ㊉. 《☞ きこう[4]》. ¶ クイーンエリザベス II 世号はあす横浜へ*入港の予定です The Queen Elizabeth II is *due* at Yokohama tomorrow. / The QE II is expected to ˹*arrive* [*call*] at Yokohama tomorrow.

にゅうこく 入国 ―名 entry [entrance] (into a country) Ⓒ; (移民・移住) immigration Ⓤ. ―動 enter ㊞; (入国を許可される) be admitted ˹to [into] ...

¶ 不法*入国 illegal *entry* ∥ アメリカへ*入国する場合は多くの手続きが必要です There are many formalities to be gone through before

に

you ⌈are admitted into [enter] America. // 彼はイギリスへの*入国は認められなかった He *was* not *admitted into* Britain.
入国管理局 the immigration bureau 入国許可書 (ビザ) visa Ⓒ《☞ ビザ》.

にゅうさつ 入札 ―名 bid Ⓒ, tender Ⓒ. ―動 bid [tender] for ..., make a bid for ... ¶ 校舎建築の*入札が行われた *Bids* were invited for the construction of the school building.

にゅうさん 乳酸 〘化学〙 lactic acid Ⓤ.
乳酸飲料 lactic acid beverage Ⓒ 乳酸菌 lactic acid bacilli, lactobacilli ★ 以上2つは複数形.

にゅうし[1] 入試 entrance exam(ination) Ⓒ《☞ にゅうがく; しけん[1]》.

にゅうし[2] 乳歯 milk [baby] tooth Ⓒ《複 milk [baby] teeth》《☞ は[1]》.

にゅうじ 乳児 suckling Ⓒ; (一般的に赤ん坊) baby Ⓒ. 乳児食 baby food Ⓤ.

ニュージーランド ―名固 New Zealand. ―形 New Zealand. ニュージーランド人 New Zealander Ⓒ.

にゅうしゃ 入社 (会社に入ること) joining [entering] a company Ⓤ.
¶「あなたの*入社はいつでしたか (⇒ どのくらい長く働いていますか)」「昭和58年4月にここへ*入社しました」"How long *have* you *been* ⌈*working for* [*with*] *us*?" "Since April in 58th year of Showa." / "When did you *join* ⌈*us* [*this company*]?" "In April in the 58th year of Showa."
入社試験 (採用試験) employment exam(ination); (面接試験) interview Ⓒ.

にゅうしゅ 入手 ―動 (必要なものを) procure 他; (努力して) obtain 他; (広い意味で手に入れる) get 他; (受け取る) receive 他; (物が人の手に入る) come to hand. ―名 (取得) acquisition Ⓤ ★ 形式ばった語; (受け取ること) receipt Ⓤ.《☞ える; しゅとく》.
¶ この本は日本では*入手できません This book is not *available* in Japan. // 警察は彼の銃の*入手経路を調べている(⇒ いかにして彼がその銃を所持することになったか[銃が彼の所有となったか]) The police are investigating how ⌈he *came to possess* the gun [the gun *came into his possession*]. // この絵は最近*入手したものです This picture is my latest *acquisition*.

にゅうしょう 入賞 ―動 (賞を勝ち取る) win a prize《☞ にゅうせん》. ¶ 彼は100メートル競走で3位に*入賞した He finished third in the 100-meter dash. 入賞者 prize-winner Ⓒ; (オリンピックなどの) medalist Ⓒ.

にゅうじょう 入場 ―名 (特定の場所に入ること) entrance Ⓤ; (見物としての) admission Ⓤ, admittance Ⓤ ★ 後者はやや形式ばった語. ―動 enter 他; (見物として) be admitted ⌈to [into] ...
¶ 遅れて行ったので*入場できなかった As I was late, I ⌈was unable to gain *admittance* [(⇒ 入場を拒絶された) was denied *admittance*]. // バッキンガム宮殿に一般の*入場ができる(⇒門戸を開く) ようになるのも遠くはない It will not be long before Buckingham Palace *opens* its doors to the public. // わが校のチームが*入場した Our school team *entered* the ⌈(playing) field [stadium]. // 本券では特別室への*入場はできません(⇒ 認めない) This permit does not *admit* one to the special rooms. // *入場無料 *Admission* Free《☞ 掲示の英語(囲み)》// *入場お断り No ⌈*entrance* [*admittance*] // 券のない方は*入場できません *Admission* to ticket holders only.
入場券 (admission) ticket Ⓒ; (駅の) platform ticket Ⓒ 入場式 opening ceremony Ⓒ 入場者 (会場への) visitor Ⓒ; (観客) spectator Ⓒ; (聴衆の全体) audience Ⓒ; (出席者の総称) attendance Ⓒ. ¶ この美術館には1日平均500人の*入場者があります(⇒ この美術館は普通の日には500人の訪問者をもつ) This museum has about 500 *visitors* on an average day. // 今夜の*入場者は約800人でした There was an *attendance* of about 800 this evening. 入場料 (個々の) admission [entrance] fee Ⓒ; (入場料収入) gate money Ⓤ. ¶ *入場料はいくらですか What is the *admission* (*charge*)? // *入場料500円 *Admission* ¥500

にゅうしょく 入植 ―名 settlement Ⓤ. ―動 settle 自他; (移民する) immigrate 自他.《☞ いじゅう》. 入植地 settlement Ⓒ.

ニュース news Ⓤ 語法 個々のニュースを指すときは a bit of news, two pieces of news などという; (ラジオ・テレビのニュース放送) newscast Ⓒ.《☞ ほうどう; しらせ》.
¶「きょうは何か*ニュースはありますか (⇒ きょうは何が新しいですか)」「特に何もありません」"What's *new* today?" "Nothing in particular." 語法 What's new? または What's the news? は親しい間で「お変わりありませんか」の意味で, あいさつのようにも使う. //「7時のテレビの*ニュースを見ましたか」「ええ, いやな*ニュースばかりでした」"Did you watch the 7 o'clock ⌈*news* [*newscast*] on television this evening?" "Yes, I did. There was nothing but bad *news* this evening." // ロンドンからの最新の*ニュースによると… (⇒ 最新のロンドンニュースは言う…) The latest London *news* says ... / According to the latest *news* from London, ...《☞ 新聞の英語(囲み)》// この新聞は海外*ニュースはあまり載せない This paper doesn't carry much ⌈overseas [foreign] *news*. // 国内*ニュース domestic *news* // 7時の*ニュースです Here is the 7 o'clock *news*.
ニュース映画 newsreel Ⓒ, news film Ⓒ.《☞ 映画 (囲み)》 ニュース解説 news commentary Ⓤ ニュース解説者 news commentator Ⓒ ニュースキャスター anchorman Ⓒ《複 -men》 ニュース速報 newsflash Ⓒ ニュース番組 news Ⓤ, newscast Ⓒ, news program Ⓒ ニュース放送 newscast Ⓒ.

にゅうせいひん 乳製品 dairy products ★ 複数形で.

にゅうせき 入籍 (登録すること) registration

に

Ⓤ《☞ せき[3]》. ¶ 彼女はまだ*入籍をしていない (⇒ その家の一員として正式に[法律上]認められていない) She *is* not yet ⌈*officially* [*legally*] *recognized* as a member of the family. / (⇒ 彼女はまだ自分の結婚を届け出ていない) She *hasn't registered her marriage.*

にゅうせん 入選 —[動] win ⌈the [a] prize《☞ にゅうしょう ; とうせん[1]》.
¶ これでは*入選は難しい (⇒これは展覧会に受け入れられない) I'm afraid this will not *be accepted* for the exhibition. / (⇒ 賞を受ける作品にはならない) This will not be a *prize winning work* in the show. // 彼は油絵で1等に*入選した He *has won* (*the*) *first prize* with his oil painting.
入選者 winner Ⓒ, successful competitor Ⓒ.

にゅうたい 入隊 —[動] (入隊する) join [enlist in] the army ; (徴兵されて) be ⌈conscripted [drafted] into the army [語法] 海軍・空軍には the army に代えてそれぞれ the navy, the air force を用いる.

にゅうちょう 入超 (貿易上の欠損) deficit in trade Ⓒ, trade deficit Ⓒ ; (輸入超過) excess of imports (over exports) Ⓤ ★ しばしば an を付けて.《☞ ゆにゅう ; ちょうか ; 政治・経済 (囲み)》.

にゅうてい 入廷 —[動] enter the courtroom ; (出廷する) appear ⌈in the courtroom [in court].

にゅうでん 入電 ((受け取られた)電報) telegram (received) Ⓒ《☞ でんぽう》.

にゅうとう 入党 (政党に入ること) joining [becoming a member of] a political party Ⓤ《☞ とう[2]; 政治・経済 (囲み)》. ¶ 1980 年彼は自民党に*入党した He *joined* the Liberal Democratic Party in 1980. / In 1980 he *became a member of* the Liberal Democratic Party.

にゅうどうぐも 入道雲 thunderhead Ⓒ; (気象の用語で積乱雲) cumulonimbus [kjù:mjulonímbəs] Ⓒ《複 -nimbi [-nímbai], ~》.《☞ くも[1] (挿絵)》.

にゅうねん 入念 —[形] careful ; (手の込んだ) elaborate.《☞ ねんいり ; ねん[2]》.

にゅうばい 入梅 (雨期の始まり) the beginning of the rainy season《☞ つゆ[2]》.

にゅうぶ 入部 —[動] enter a club.

ニューフェース (一般に新しくある場所に来たり, ある社会に入った人) néwcòmer Ⓒ; (会社・学校などの新入生[社員]) freshman Ⓒ《複 -men [mən]》★ 男女両性に使う ; (芸能界などの) new star Ⓒ [参考] new face という英語は以上の意味では普通使われない.

にゅうもん 入門 **1** «弟子入り» ¶ 私はあの人の所へ*入門したい (⇒ 彼の学派に入りたい) I'd like to *join* his ⌈*school* [*circle* ; *group*]. / (⇒ 彼の指導の下に学びたい) I'd like to *study under* his *guidance*. / (⇒ 彼の生徒になりたい) I'd like to *be* his *pupil*.
2 «勉強などの初めの段階» : first step Ⓒ; (入門コース) beginner's [introductory] course Ⓒ.《☞ しょほ ; しょきゅう》.
¶「英語の勉強はどうですか」「まだ*入門です」"How is your English study coming along?" "(⇒ 始めたばかりです) Well, I*'ve just started* it." / "Are you making progress in your English study?" "(⇒ まだ入門のコースをやっています) I'm still doing the *introductory course*."
入門書 primer [prímə] Ⓒ, guide Ⓒ, introduction Ⓒ. ¶ チェスの*入門書 (⇒ 初心者のための本) はどんなのがいいですか Could you recommend some ⌈*beginning* [*elementary*] *books* on chess for me?

にゅうようじ 乳幼児 babies and infants.

ニューヨーク (州) New York ★ N.Y. と略す; (市) New York City.《☞ アメリカ (表)》.
ニューヨーク市民 New Yorker Ⓒ.

にゅうよく 入浴 —[名] (入浴すること) bath Ⓒ, bathing [béiðiŋ] Ⓤ. —[動] take a bath, bathe [béið] (自).《☞ ふろ》.

にゅうりょく 入力 (電気の) power input Ⓤ; (コンピューターの) input Ⓤ.《☞ コンピューター (囲み)》.

にゅうわ 柔和 —[形] (上品で優しい) gentle; (おとなしい) meek. —[名] gentleness Ⓤ; meekness Ⓤ.《☞ やさしい[1] ; おだやか》.

にゅっと (突然) suddenly ; (やぶから棒に) abruptly.《☞ 擬声・擬態語 (囲み)》.

にょう 尿 urine [jú(ə)rin] Ⓤ. ¶ *尿の検査を受ける get one's *urine* ⌈examined [tested]

にょうぼう 女房 wife Ⓒ《☞ つま》. **女房役** (片腕となる人) *one's* right-hand man Ⓒ; (忠実な補助者) *one's* faithful assistant Ⓒ.

にょきにょき ¶ 都心には高層ビルが*にょきにょきと建ちはじめた (⇒ 次々と建てられている) High-rise buildings are ⌈being built [going up] *one after another* in the heart of the city. / Tall buildings *have mushroomed* all over the central part of town.《☞ 擬声・擬態語 (囲み)》

にょじつ 如実 —[副] (生き生きと) vividly ; (忠実に) faithfully ; (正確に) exactly, accurately ; (あるがままに) as it is, as they are; (見たままに) as *one* sees ⌈it [them].
¶ 彼の作品は東京の市民生活を*如実に写し出している (⇒ 生き生きとした記述を与えている) His work gives a *vivid account* of city life in Tokyo. / (⇒ そのままの姿を描写している) His work describes Tokyo city life *as it is*. / His novel is a *faithful* description of urban life in Tokyo.

にょろにょろ —[動] (にょろにょろはう) wriggle (自), crawl (自) [語法] 体をくねらせよじらすのが wriggle, へびやいも虫のように地面をゆっくり体を引きずって動くのが crawl.《☞ はう (類義語) ; 擬声・擬態語 (囲み)》.
¶ へびは草むらを*にょろにょろはった A snake *crawled* through the grass.

にら 韮 leek Ⓒ [参考] 日本の種類とは少し違う西洋ねぎで, スープ・ソースなどに入れられる.

leek

にらみ 睨み ¶ 彼はこの業界に*にらみがきく (⇒大きな影響力がある) He ⌈has a great *influence* [*is quite influential*] *in* this trade. // 近ごろ父親は子供に対して*にらみがきかない (⇒ 権威を失った) Nowadays, fathers have lost their *authority over* their children.

【参考語】(…に権威がある) have authority over … ; (…に影響力がある) be influential in …, have a great influence ⌈on [over] … ; (…を抑えている) keep … under control ; (…を管理している) have control ⌈of [over] …

にらみあい 睨み合い ¶ 国境付近で両国の軍隊が*にらみ合いとなった (⇒ 戦闘配置についた) The troops of both countries were deployed along the border ready for combat.

にらむ 睨む **1** «にらみつける» : (怒って) glare (fiercely) at … ; (じっとにらむ・にらんで…させる) stare (fixedly) at … ¶ 奥さんに*にらまれて彼は黙ってしまった His wife *stared* him *into* silence. / あそこで我々をすごい眼で*にらんでいるのはだれだい Who is that person over there *glaring fiercely at* us?

2 «悪意を持って眼をつける» : keep an eye on …, watch (他). ¶ 我々は木村先生に*にらまれているようだ Mr. Kimura seems to *be keeping an eye on* us.

3 «見当をつける・疑う» : (…ではないかと思う) suspect (他) ; (目星をつける) spot (他). ¶ 私は彼が犯人と*にらんでいる I *suspect* him to be the offender.

にらめっこ 睨めっこ staring game [C]. ¶ *にらめっこをする play a *staring game*

にらんせいそうせいじ 二卵性双生児 (双子の1人) fraternal twin [C] (☞ ふたご).

にりゅう 二流 — [形] second-class, second-rate. ¶ *二流のホテル a *second-class* hotel

にる[1] 似る — [動] (外見上の類似を強調して) resemble (他) [語法] 受身・進行形にはならない ; (似ている) be like … [語法] like は [形] で目的語をとる. resemble より口語的 ; (類似している) be similar to … [語法] 少し改まった言い方で, そっくりではなくても類似点のあることを強調する. — [形] alike [語法] 叙述用法にのみ用いる. (☞ 形容詞の2用法 (欄外) ; るいじ).

¶ 彼女は母親に*似ている She *resembles* her mother. / She *is like* her mother. [語法] 第1の文は姿形の似ていることが強調されるが, 第2の文は漠然とすべてにおいて(行動・習慣・考えなど)似ていることをいう. / She and her mother are *alike*. // 彼は父に*似て働き者だ He is hardworking *like* his father. // 彼は親に*似ず臆病だ He is timid(,) *unlike* his parents. // この2つの物は一見 *似ていますがまったく異なっています These two things look apparently *alike*, but they are radically different. // 彼の考えは私の考えに *似ている His idea *is similar to* mine. // これら2つはまったく*似ても似つかない (⇒ 共通点がない) These two things do not have ⌈any *common* features [anything *in common*]. // これらの言い伝えには非常に *似た所 (⇒ 類似点) がある There are close *similarities* between these legends. // *似たもの夫婦 *Like* husband, *like* wife.

にる[2] 煮る (沸騰させる) boil (他) ; (とろ火でぐつぐつ煮る) simmer (他) (自) ; (火を使い熱を加えて料理する) cook (他). (☞ 料理の用語 (囲み) ; にえる ; にたてる ; につめる). ¶ 母は台所でじゃがいもを*煮ています Mother *is* ⌈*boiling* [*cooking*] potatoes in the kitchen. // シチューを1時間ほど弱火で*煮なさい Let the stew *simmer* for about an hour.

にるい 二塁 second base [U], second [U]. (☞ セカンド ; 野球の英語 (囲み)). **二塁手** second baseman [C], second (base) [C] **二塁打** two-base hit [C], double [C].

にれ 楡 elm [C].

にわ 庭 (家などの回りの庭) yard [C] ; (花や樹木を植えた庭園) garden [C] [語法] garden は庭作りや草花, 時には野菜などを植えた庭を意味する. 整備してない庭は garden とは言わない ; (建物や塀で囲まれた中庭) court [C], courtyard [C]. (☞ なかにわ ; うらにわ ; ていえん).

¶ 彼の家には広い*庭がある His house has a large *garden*. // 彼は毎日*庭の手入れをする He trims the *garden* every day. // 彼は*庭の雑草を取った He weeded the *garden*. // 彼は*庭に木を植えた He planted the *garden* with trees. / He planted trees in the *garden*. (☞ うえる[1])

庭石 garden rock [C] **庭いじり** gardening [U] **庭木** garden tree [C] **庭師** gardener [C].

にわかあめ にわか雨 (sudden) shower [C] (☞ ゆうだち [参考] ; あめ[1] ; 天候の表現 (囲み)).

にわかに (突然) suddenly ; (だしぬけに) abruptly ; (思いがけず) unexpectedly. (☞ とつぜん ; きゅう[1]).

にわとり 鶏 (若い鶏) chicken [C] ★ 一般に鶏を指すこともある ; (成長した鶏) fowl [C] ; (雄の) rooster [C], cock [C] ; (雌の) hen [C].

【類義語】鶏一般と, 鶏の中で特に若い鶏を表すのが **chicken** で, 鶏肉 [U] も意味する. 鶏・あひる・七面鳥などの家禽を表すのが **fowl** で, 特に成長した鶏を意味することが多い. 一般的に鶏の雄を表すのが **cock**. ただし《米》では **rooster** が普通. 雌が **hen**. (☞ めす [語法] ; とり[1])

¶ 家の*鶏はまだ卵を生みません Our *chickens* aren't laying eggs yet. // 私は*鶏の鳴き声で目を覚ました I was awakened by the ⌈crow [crowing] of a *rooster*. (☞ 動物の鳴き声 (囲み))

鶏小屋 henhouse [C] (☞ のうじょう (挿絵)).

にん 任 (職) office [U] ; (地位) post [C] ; (責任) responsibility [U] ; (任務) duty [C]. (☞ にんむ ; たいにん[1]).

¶ だれがその*任に当たるのですか (⇒ だれが責任者となるのか) Who is going to be *responsible* for it? / (⇒ だれがその職につくのか) Who's going to take (up) the ⌈*post* [*office*]? // 彼は立派にその*任 (⇒ 任務) を果たした He carried out his *duties* perfectly. // あなたはその*任にうってつけだ You are the right person for the *post*.

-にん …人 ¶ うちの家族は5*人です There are five *people* in our family. // あなたのクラスには何*人の学生がいますか How many *stu-*

dents are there in your class? // 私たちの学校には英語の先生が7*人います We have [There are] seven English *teachers* in our school. 語法 上例でもわかるように, 英語では日本語のように「…人」のような個数を表す言葉は必要としない. 例えば「先生が7人」なら seven teachers と, 名詞にいきなり数詞を付ければよいのである. ただし,「出席は5人だった」のように「…人」が名詞なしにそれだけで用いられるときは five men and women のようにするか, people あるいは persons を用いる. この点の日英の違いに注意. 《☞ 数字(囲み); 数の数え方(囲み)》

にんい 任意 ―形 (随意の) optional ; (自発的な) voluntary ; (規則などによらず勝手に決めた) arbitrary. ―名 option Ⓤ. 《☞ ずいい ; むさくい》.

¶この旅行の参加は*任意です This is an *optional* tour. // 私は車の*任意保険に入りたい I want to buy some ⌈*optional* [*extra*] automobile insurance. // 寄付は*任意であるべきで強制になってはいけない The contribution should be made *voluntarily*, not compulsively. // 警察は彼に*任意出頭を求めた The police asked for his *voluntary* appearance. // 委員は会長によってまったく*任意に選ばれた The committee members were chosen *arbitrarily* by the president. 語法 「勝手気ままに」というニュアンスがあり, 非難の意を含む.

にんか 認可 ―動 (許可する) permit ㊄ ; (賛成する) approve ㊄ ; (権限をもって認定する) authorize ㊄. ―名 permission Ⓤ ; approval Ⓤ. 《☞ きょか ; しょうにん[1]》.

¶この道路は警察の*認可を受けた車以外は通行できません No ⌈vehicle is [vehicles are] allowed on this road without police *permission*. // 政府はその計画を*認可した The government *approved* the plan. // 新しい病院の建設が厚生省によって*認可された The construction of the new hospital *was authorized* by the Ministry of Health and Welfare.

にんき[1] 人気 ―形 popular (with … ; among …). ―名 popularity Ⓤ.

¶その歌手は若い女性たちに*人気がある That singer is *popular* ⌈*among* [*with*] young women. // その映画スターは*人気絶頂だ That film star is at the climax of his *popularity*. // その俳優は最近*人気が出てきた That actor is winning *popularity* these days. // その女優はスキャンダルで*人気を落とした That actress has lost her *popularity* through the scandal. // いまの首相は国民に*人気がない The present prime minister is *unpopular* among the citizens. 《☞ ふにんき》 // その本で彼は*人気作家になった(⇒その本が彼を人気作家にした) That book made him a *popular* writer.

人気投票 popularity ⌈vote [poll] Ⓒ **人気番組** popular program Ⓒ **人気者** (お気に入り) favorite Ⓒ ; (人気のある人) popular person Ⓒ. ¶小犬は家中の*人気者だ The puppy is everybody's *favorite* in our family.

にんき[2] 任期 term of ⌈office [service] Ⓒ.

¶アメリカの上院議員の*任期は4年です A senator's *term of office* in the U.S. is four years. // 市長は*任期前に職を辞した The mayor resigned before his *term* (*of office*) expired. // その知事は*任期中大した仕事はしなかった That governor didn't work much during his *term of office*. // 彼は*任期いっぱい市長を勤めた He *served out his term* as mayor.

にんぎょ 人魚 mermaid Ⓒ.

にんぎょう 人形 doll Ⓒ ; (縫いぐるみの人形) rag doll Ⓒ ; (操り人形) puppet Ⓒ. **人形劇** puppet show Ⓒ.

にんげん 人間 ―名 human being Ⓒ, human Ⓒ ; man ★無冠詞で ; (人類) mankind Ⓤ. ―形 (人間の) human.

【類義語】 日本語の「人間」一人一人に当たる言葉が ***human being*** で, 少し改まった感じの言葉. それに対して ***human*** は多少口語的である. 男女を区別せず「人・人というもの」という意味で無冠詞・単数形で用いられるのが ***man***. *human being* より多少文学的感じの言葉. ((例) *人間は死ぬものだ *Man* is mortal.). 人類全体を表す言葉が ***mankind***. なお, 性差別廃止運動の立場から, *man, mankind* の代わりに humankind という語を用いる傾向もある. 《☞ ひと》

¶*人間は猿とは違う *Human beings* are different from apes. // *人間は話すことができる唯一の動物です *Man* is the only animal that can talk. // *人間は1本の葦にすぎない. 自然の中で一番弱い. しかし人間は考える葦である《Pascal の言葉》"*Man* is but a reed, the weakest in nature, but he is a thinking reed." // 癌(がん)は*人間に共通の敵の一つだ Cancer is one of the common enemies of all *mankind*. // 彼は*人間ができている(⇒人格者だ) He is a *man of character*. // その男はまったく*人間らしい気持ちを持っていないようだ The man seems to have no *human* feelings. // これはとても*人間わざではできない This is far beyond *human* capability.

人間愛 human love Ⓤ ; (人情) humanity Ⓤ **人間関係** (社会・職場などでの) human relations ★単数扱い. **人間嫌い** misanthropy Ⓤ ; (人) misanthrope Ⓒ **人間国宝** living national treasure Ⓒ **人間性** (人間の本性) human nature Ⓤ ; (人間的な性質) humanity Ⓤ 語法 後者はよい意味で使われることが多い. ¶言語の研究はとりも直さず*人間性の研究である The study of language is the study of *human nature*. **人間ドック** complete physical ⌈examination [check] Ⓒ **人間味** ―形 (人間味のある) humane ; (心の温かい) warmhearted.

にんしき 認識 ―動 (…と気付いている) be aware of … ; (知っている) know ㊄ ; (理解する) understand ㊄ ; (…と認める) recognize ㊄. ―名 (知識) knowledge Ⓤ ; (理解) understanding Ⓤ ; recognition Ⓤ. ¶私はその事実

の重要性をよく*認識している I 「know [understand] very well how important that fact is. / I am fully aware of the importance of the fact. ★ 前者のほうが口語的. // 私たちはそれが暫定的取り決めであると*認識している We understand that it is a provisional agreement. // 彼の答えはその事に対する*認識不足を如実に示した His answer clearly showed a lack of 「understanding [knowledge] about that matter. // 我々は幼児教育の重要性について*認識を新たにした We saw the importance of children's education in a fresh light.

認識論〘哲学〙epistemology Ⓤ.

にんじゃ 忍者 man who engaged chiefly in espionage activities by the art of *ninjutsu* Ⓒ《☞ 日本固有の風物と英語(囲み)》.

にんじゅつ 忍術 *ninjutsu*, a Japanese traditional art of stealing into an enemy's camp using various tricks ★ 説明的訳. 《☞ 日本固有の風物と英語(囲み)》.

にんしょう 人称〘文法〙person Ⓒ《☞ 性・数・人称の一致(欄外)》. ¶ 第三*人称 the third *person* **人称代名詞** personal pronoun Ⓒ《☞ 代名詞(欄外)》.

にんじょう 人情 ★ 日本語の「人情」という考え方が, 英語でぴたりと当てはまる言葉としてないことに注意. この点は「義理」という言葉などと同じ. そこで, 前後関係によって, いろいろに訳出しなくてはならない.《☞ 日本語と英語(欄外)》. ¶ 彼は*人情家だ(⇒ 親切だ) He is *kind*. / (⇒ 心が温かい) He is *warmhearted*. // 彼は*人情がない He is 「*unkind* [*heartless*; *coldhearted*]. // 親が自分の子供をかわいがるのは*人情だ(⇒ 当然のことだ) It's *natural* that parents love their own children. // 彼は*人情(⇒ 人間性)の機微がわかっている He knows the subtleties of *human nature*. // このごろは*人情が紙のように薄くなった(⇒ このごろは昔のように人々がお互いに親切でなくなった) These days people are not as 「nice [kind] to each other as they used to be.

にんしん 妊娠 ━動 (妊娠する) be [get] pregnant,《口語》get [be] in 「the [a] family way ★ 慣用句. be を用いると「状態」をいう; (妊娠している)《口語》be with child, be expecting. ━名 pregnancy Ⓤ.
¶ 彼女はまた*妊娠した She 「*is* [*got*] *pregnant* again. // 彼の妻は*妊娠 6 か月 (⇒ 24 週)です His wife is twenty-four weeks *pregnant*. / His wife is in the twenty-fourth week of *pregnancy*. 語法 英語では月ではなく週で言うのが普通.

妊娠中絶 abortion Ⓒ.

にんじん 人参 carrot Ⓒ.

にんずう 人数 the number of persons《☞ かず; 数の数え方(囲み)》. ¶ あなたのグループの*人数は何人ですか How many *people* are there in your group? // そのことは限られた*人数の人しか知りません Only a limited *number of people* know it. // 私の家族は少[大]*人数です Ours is a 「*small* [*big*; *large*] family.

にんずる 任ずる appoint ⓣ《☞ にんめい》.

にんそう 人相 (全体的な容貌) looks ★ 複数形で; (顔かたち・目鼻立ち) features ★ 複数形で; (外見) appearance Ⓒ.《☞ かおだち》.
¶ 私たちは人を*人相で判断しがちだ We tend to judge a person by his 「*looks* [*appearance*]. // *人相の悪い男が近づいてきた An evil-*looking* man was coming toward me.

にんたい 忍耐 ━名 (我慢・辛抱) patience Ⓤ ★ 最も一般的; (困難・苦痛などに耐えること) perseverance Ⓤ ★ 形式ばった語; (特に長期にわたって耐えること) endurance Ⓤ ★ 形式ばった語. ━動 (我慢する) be patient (with …) ★ 最も一般的; (苦痛・不快などに耐える) stand ⓣ, bear ⓣ; (怒りなどを抑える) put up with … ★ 以上は口語的; (長期にわたって) endure ⓣ ★ 改まった語.《☞ がまん(類義語); こんき[1]; しんぼう[1]》.
¶ 彼は*忍耐強い人です He is a *patient* man. // *忍耐力がなければ何事も成し遂げられない You can't achieve anything without 「*patience* [*perseverance*].

にんち 認知 ━動 (法律的に…であることを認める) recognize ⓣ. ━名 recognition Ⓤ.《☞ みとめる》. ¶ 男はようやくその子供を*認知した The man finally *recognized* the child as his own.

にんてい 認定 ━動 (正式に公の機関が認める) authorize ⓣ; (許可を与える) approve ⓣ; (法律的に確かに…であると認める) recognize ⓣ. ━名 authorization Ⓤ; approval Ⓤ; recognition Ⓤ.《☞ にんか; こうにん[1]》.
¶ それは職業病に*認定された It *was recognized* as an occupational disease.

にんにく 大蒜 garlic Ⓤ. ¶ *にんにくの 1 かけら a clove of *garlic*

にんぴにん 人非人 brute (of a man) Ⓒ.

にんぷ[1] 妊婦 pregnant woman Ⓒ. **妊婦服** maternity dress Ⓒ.

にんぷ[2] 人夫 laborer Ⓒ.

にんまり ━動 (満足そうに笑う) smile 「happily [satisfactorily]《☞ わらう; にやりと; ほくそえむ》.

にんむ 任務 (義務) duty Ⓒ ★ しばしば複数形で; (課せられた職務) task Ⓒ; (派遣されるものの任務・使命) mission Ⓒ.《☞ しょくむ; ぎむ; つとめ[2]》. ¶ 彼は*任務に忠実だ He is faithful to his *duties*. // 私は決められた日時までに*任務を果たせなかった I couldn't carry out my *task* within the appointed time. // 彼らは特別な*任務で外国に行った They went abroad on a special *mission*.

にんめい 任命 ━動 appoint ⓣ. ━名 appointment Ⓤ.《☞ しめい[2]; きよう[2]》. ¶ 首相は杉野判事を最高裁判事に*任命した The prime minister *appointed* Judge Sugino to the Supreme Court.

にんめん 任免 appointment and 「dismissal [removal] Ⓤ. ¶ この会社ではだれが*任免権を持っているのですか Who has the 「right [power] to 「*appoint and dismiss* [*hire and fire*] the employees in this company?

にんよう 任用 ━動 (任用する) appoint ⓣ. ━名 appointment Ⓤ.《☞ にんめい》.

に

ぬ

ぬいいと 縫い糸 (sewing) thread Ⓤ 《☞ いと[1]; ぬう》. ¶木綿の*縫い糸1巻き a spool of ⌈cotton *thread* [sewing cotton]

ぬいぐるみ 縫いぐるみ (動物のおもちゃ) stuffed ⌈animal [toy] Ⓒ; (人が着ることのできる動物の形をした衣装) animal costume Ⓒ. ¶何てかわいいくまの*縫いぐるみでしょう What a cute ⌈*stuffed* [*teddy*] *bear*! // 犬の*縫いぐるみを着る put on a *dog costume*

animal costume

ぬいしろ 縫い代 margin to sew up Ⓒ. ¶2センチの*縫い代を残しておきなさい Leave a *margin* of 2 centimeters *to sew up*.

ぬいとり 縫い取り —名 embroidery Ⓤ. —動 (縫い取りをする) embroider ㊀他. 《☞ ししゅう[1]》.

ぬいばり 縫い針 (sewing) needle Ⓒ 《☞ はり[1]》.

ぬいめ 縫い目 (縫い目の線) seam Ⓒ; (1つ1つの針目) stitch Ⓒ; (傷の) suture [súːtʃər] Ⓒ. 《☞ さいほう (挿絵)》. ¶手袋の*縫い目がほころびた The *seam* of the glove has ripped open. // このストッキングは*縫い目がない These stockings are *seamless*. // あなたの*縫い目は粗すぎる Your *stitches* are too big.

ぬいもの 縫い物 —名 sewing Ⓤ; (針仕事・特に刺しゅう) needlework Ⓤ. —動 sew ㊀他 ㊀自, do needlework. 《☞ さいほう》. ¶彼女は*縫い物で忙しい She is busy *sewing*. // 彼女は*縫い物が上手だ She is good at *needlework*.

ぬう 縫う **1** «縫い物をする»: sew [sóu] ㊀他, stitch ㊀他 [語法] 後者は1針1針縫うという動作が強調される. 《☞ さいほう (挿絵)》. ¶「その服は手で*縫ったのですか」「いいえ, ミシンで*縫いました」 "Did you *sew* that dress by hand?" "No, I did it on a sewing machine. / No, I *sewed* it by machine." // このほころびを*縫って下さい Please ⌈*sew* [*stitch*] *up* this rip. // 医者は傷を5針も*縫わなくてはならなかった The doctor had to ⌈*put* five *stitches in* the wound [*sew up* the wound with five stitches].
2 «人波をかき分ける»: thread [weave] *one's* way (through ...). ¶私たちは人ごみを*縫って歩いた We ⌈*wove* [*threaded*] *our way through* the crowd.

ぬうっと —副 (出し抜けに・思いがけなく) unexpectedly. —動 (暗闇(くらやみ)などからぼんやりと現れる) loom (through ...) ㊀自. ¶船が霧の中から*ぬうっと現れた A ship *loomed* (*up*) *through* the fog.

ヌード —名 nude Ⓒ. —形 (ヌードの) nude; (裸の) naked [語法] nude は元来芸術用語で, モデル・ダンサーなどに用いる. また naked ほど露骨でない婉曲表現としても用いられる. 《☞ らたい; はだか》.

ぬか 糠 rice bran Ⓤ 《☞ いね (挿絵)》. **ぬかに釘** ¶*ぬかに釘だった It was *like plowing the sand*(*s*). 《ことわざ: 砂地を耕すようにむだ骨だった》/ (⇒ 彼には効果がなかった) It *had no effect* on him. / (⇒ 私の言うことは皆彼の頭の上を素通りした) Everything I said just went over his head. 《☞ のれん》

ぬかす 抜かす (意識的に省略する) omit ㊀他; (加えるのを忘れる) leave out ㊀他, miss ㊀他 ★ いずれも omit より口語的; (食事や本の部分などを) skip ㊀他. 《☞ しょうりゃく; とばす》. ¶私たちはその劇の第3幕を*抜かして上演した We performed the play with the third act *omitted*. / We performed the play, *omitting* the third act. // 私たちは第3章を*抜かした We *omitted* the third chapter. // 1行*抜かしてタイプしてしまった I ⌈*left out* [*missed*] one line in typing. // 忙しくて昼食を*抜かした I *skipped* lunch because I was very busy. / (⇒ 忙しくて昼食を取らなかった) I was too busy to have lunch.

ぬかみそ 糠味噌 salted rice-bran paste for pickling Ⓤ 《☞ ぬか》.

ぬかり 抜かり ★ この日本語に当たる英語は careless mistake (=不注意の誤り) ということだが, 日本語では普通否定表現に使われるため, 前後関係でいろいろに意訳するほうがよい. ¶*ぬかりがないようにもう一度確かめよう (⇒ 念のために) Let's check it again to make sure.// 万事*ぬかりなくやるように See (to it) that everything goes well. // *ぬかりはないつもりだ (⇒ 万事うまくいっている) I'm sure everything is OK.

ぬかる[1] (地面がどろどろの) be muddy; (雪解けで) be slushy. 《☞ ぬかるみ》. ¶道は*ぬかっていた The street *was muddy*. // 私たちはその雪解けで*ぬかった道を行った We went along the ⌈*slushy* road [road, which was *muddy* with melting snow].

ぬかる[2] 抜かる (ちょっとしたしくじりをする) make a slip; (大失敗をする) blunder ㊀自. 《☞ ゆだん; しっぱい; しくじる》. ¶*抜かるな (⇒ 用心しろ) *Look sharp!*

ぬかるみ (泥んこ) mud Ⓤ; (ぬかるみの場所) muddy place Ⓒ. 《☞ ぬかる[1]》. ¶車は*ぬかるみにはまってしまった The car got stuck in the *mud*.

-ぬき …抜き **1** «抜かすこと» ―前 (…なしで) without … 《☞ -なしで；ぬかす》.
¶ 寝坊して, 朝飯*抜きで来た I overslept and came here *without* having had breakfast.
2 «負かすこと» ―動 (負かす) beat ㊀.
¶ 相撲で 5 人*抜きの勝負をしよう Let's play *beat*-five-in-a-row sumo.

ぬきあし 抜き足 ―副 (抜き足で) with stealthy steps；(こっそり) stealthily；(つま先で) on tiptoe. ―名 (忍び足) stealthy footsteps. ¶ 私は*抜き足でその小屋に近づいた I approached the hut ｢*stealthily* [*with stealthy steps*].

ぬきうち 抜き打ち ―形 (不意の) surprise；(通告なしの) unannounced. ―副 (警告なしで) without ｢warning [notice].
¶ 炊事場の*抜き打ち検査があった There was a *surprise* inspection of (the) kitchens. // 先生は*抜き打ちに試験をした The teacher gave us ｢a test *without warning* [an *unannounced* test].

ぬきがき 抜き書き (本などからの抜粋) extract Ⓒ ★ 一般的な語；(特定の目的のために慎重に選んだ) excerpt [éksəːpt] Ⓒ. 《☞ ばっすい；メモ》.

ぬきさしならない 抜き差しならない ¶ 私はいま*抜き差しならない状態にある (⇒ 困った立場[窮地]にいる) I'*m in a* ｢*fix* [*dilemma*]. 《☞ のっぴきならない》

ぬぎすてる 脱ぎ捨てる (脱ぐ) take off ㊀ ★ 最も一般的な語；(ぱっと脱ぎ捨てる) throw [cast] off ㊀；(靴などを) kick off ㊀. 《☞ ぬぐ》. ¶ 彼女は靴を*脱ぎ捨てた She *kicked off* her shoes. // 私は服を*脱ぎ捨ててベッドに転がり込んだ I ｢*threw* [*cast*] my clothes *off* and tumbled into bed.

ぬきずり 抜き刷り offprint Ⓒ.

ぬきだす 抜き出す (引っぱり出す) draw [pull] out ㊀, extract ㊀ ★ 後者は少し改まった語；(選ぶ･選び出す) pick out ㊀；(よいものを選び出す) select ㊀ 語法 select がよいものを選ぶ意味であるのに対して, pick out は必ずしもよいものを選び出すという意味はない. 《☞ ちゅうしゅつ；えらぶ (類義語)》.
¶ 彼らは最もよい作品 2 つを*抜き出した They ｢*picked out* [*selected*] the best two works.

ぬきて 抜き手 overarm stroke(s) 語法 泳ぎの名としては複数形. 手を 1 回動かす動作なら単数形. ¶ 彼らは*抜き手を切って泳いだ They swam with *overarm strokes*.

ぬきとる 抜き取る (中から引っぱり出す) pull [draw] out ㊀；(力を込めて) extract ㊀ ★ 少し改まった語；(取り出す) take out ㊀；(盗み取る) steal ㊀ ㊁；(こそ泥する) pilfer ㊀ ㊁. 《☞ ぬすむ (類義語)》.
¶ 医師は傷口から弾丸を*抜き取った The doctor ｢*extracted* [*drew out*；*pulled out*] a bullet from the wound. // 彼らは荷物室の荷物から*抜き取って (⇒ 盗み取って) いるらしい They seem to *be* ｢*stealing* [*pilfering*] (things) in the baggage room. // サンプルを*抜き取って検査しよう Let's *take out* some samples and test them.

ぬきんでる 抜きん出る ―動 (技術･業績などが…に勝る) excel ㊀；((…の面で)すぐれている) excel (in …) ㊁；(数･量･程度などが他よりすぐれている) surpass ㊀. ―形 outstanding, distinguished 語法 両者はほぼ同意に用いられるが, 口語的に最も普通なのは outstanding. distinguished は尊敬の念が込められた感じ. 《☞ ぐん[3]；ばつぐん；ずばぬける》.
¶ 彼は数学では*ぬきんでている He ｢*excels* [*is outstanding*] in math. // 彼はチームの中でも*ぬきんでている He *surpasses* the other members of the team. // 彼女はピアニストとして*ぬきんでている She is a *distinguished* pianist.

ぬく 抜く **1** «引っぱり出す»：(引き抜く) pull [draw] out ㊀, extract ㊀ ★ 後者は少し改まった語；(瓶のコルク栓(せん)を) uncork ㊀；(王冠を取る) uncap ㊀.
¶ 親知らずを*抜いてもらった I *had* my wisdom tooth ｢*pulled out* [*taken out*；*extracted*]. 《☞ 使役 (囲み)》 // 瓶の栓を*抜いて下さい Please ｢*uncork* [*uncap*] the bottle. // このくぎはなかなか*抜けない I cannot *pull out* this nail. / (⇒ 出てこない) This nail won't *come out*.
2 «追い抜く»：(負かす) beat ㊀；(走って追い越す) outrun ㊀, outstrip ㊀. 《☞ おいこす》.
¶ ゴール直前で彼は 2 人*抜いた He ｢*outran* [*outstripped*] two runners just before the goal. // 今度のテストでは, 彼女は 10 人*抜いてクラスのトップだ She is at the top of the class in the test this time, *having beaten* ten other students.

-ぬく …抜く ★「ずっと…し通す」という意味では through を,「…し通した結果…になる」という場合は out を動詞に添えることが多い.
¶ 彼らは多くの苦難を生き*抜いた They ｢*lived* [*went*] *through* many hardships. // 私はいま困り*抜いている (⇒ たいへんな困難の中にいる) I'*m* now *in great* ｢*distress* [*trouble*].

ぬぐ 脱ぐ (衣服･帽子･靴などを) take off ㊀ 《過去 took off；過分 taken off》；(ぱっと脱ぎ捨てる) throw [cast] off ㊀ 《過去 threw [cast] off；過分 thrown [cast] off》；(衣服を脱ぐ) get undressed. 《☞ ぬぎすてる；衣服 (囲み)》.
¶ 上着[靴下, 帽子]を*脱いだ I *took off* my ｢jacket [socks；hat]. / I *took* my ｢jacket [socks；hat] *off*. 語法 take off のような「動詞＋副詞」の形をしたいわゆる 2 語動詞は, 目的語を間にはさむことも, また後に置くことも可能. ただし, 目的語が人称代名詞の場合は「それを脱ぎなさい」Take *it* off. のように間にはさむ言い方が普通. // さっさと服を*脱ぎなさい *Get undressed* quickly. / *Take off* your clothes quickly. // 子供が上着を*脱ぐのを手伝ってやった I helped the child ｢*off with* [*out of*] his coat.

ぬぐう 拭う (一般的に) wipe ㊀；(雑巾でふくようにふき取る) mop ㊀. 《☞ ふく[3]》.
¶ 彼は額の汗をハンカチで*ぬぐった He ｢*wiped* [*mopped*] the sweat off his forehead with a handkerchief. // 涙を*ぬぐって彼女は話し始めた *Drying* [*Wiping away*] her tears, she

ぬ

started talking. [語法] この場合の dry は布などを使って, ふいて水分を取ることをいう. 《☞ 分詞構文 (欄外)》

ぬくぬく ―[副] (心地よさそうに) snugly, comfortably [語法] 前者には「安心して居心地よく」のニュアンスがある. ¶ 猫は*ぬくぬくと日なたで眠っている The cat is sleeping ｢*snugly* [*comfortably*] in the sun.

ぬくもり warmth [U] 《☞ あたたかみ》. ¶ 炉にはまだ*ぬくもりが残っていた There was still a (slight) *warmth* remaining in the fireplace. / (⇒ 炉がまだ暖かいと感じた) I felt the fireplace (was) still (slightly) *warm*.

ぬけあな 抜け穴 (秘密の) secret passage [C]; (地下の) underground passage [C]; (比喩的に) loophole [C]. 《☞ ぬけみち》. ¶ 彼らは*抜け穴から逃げた They escaped through ｢a *secret* [an *underground*] *passage*. // どんな規則にも*抜け穴があるものだ Every rule has a *loophole*.

ぬけがけ 抜け駆け ―[動] (ひそかに出し抜く) steal a march ｢on [upon] ... 《☞ だしぬく》. ¶ その会社は他社を*抜け駆けして新型を発表した The company *stole a march on* others and published a new model.

ぬけがら 抜けがら (皮[殻]) cast-off ｢skin [shell] [C]; (蛇の) slough [slʌ́f] [C].

ぬけかわる 抜け変わる (羽や毛などが) molt (《英》 moult) [自] ★ 鳥・犬・猫・蛇・昆虫など; (外皮・こうらなどを自然に落とす) shed [他]. ¶ カナリヤは羽が*抜け変わっているところだ Canaries *are* now *molting*. // 蛇は皮が*抜け変わる The snake *sheds* its skin.

ぬけげ 抜け毛 fallen hair [C]; (くしでけずったり, 抜き取ったりした毛) combings [kóumiŋz] ★ 複数形で. ¶ *抜け毛がひどい (⇒ 毛がひどく抜ける) My *hair is* ｢*coming* [*falling*] *out* badly.

ぬけだす 抜け出す (出て行く) go [get] ｢away (from ...) [out of ...]; (そっと出て行く) slip [sneak; steal] ｢away (from ...) [out of ...]. ¶ 彼女は私が気がつかないうちに部屋から*抜け出していた She *had* ｢*slipped* [*sneaked*; *stolen*] ｢*away from* [*out of*] the room before I noticed.

ぬけぬけと (恥知らずにも) shamelessly; (生意気に・ずうずうしくも) impudently. 《☞ おくめん; あつかましい; ずうずうしい》. ¶ 彼は*ぬけぬけとうそを言った He told a lie ｢*shamelessly* [*impudently*]. / (⇒ 厚かましくも[生意気にも]うそをついた) He *had the* ｢*impudence* [*cheek*] *to* tell a lie.

ぬけみち 抜け道 (間道・わき道) byroad [C], byway [C]; (秘密の通路) secret ｢path [passage] [C]; (比喩的に) loophole [C]; (口実) excuse [C]. 《☞ ぬけあな; にげみち》. ¶ ここからは森を通る*抜け道がある There is a ｢*byroad* [*byway*; *secret path*; *secret passage*] from here through the woods. // 彼はその法律[契約書]の*抜け道を見つけた He found a *loophole* in the ｢law [contract]. // 私にはうまい*抜け道 (⇒ 口実) がある I have a good *excuse*.

ぬけめ 抜け目 **抜け目のない, 抜け目なく** ―[形] shrewd, sharp, wide-awake, clever, smart [語法] 以上 5 つはほぼ同意だが, sharp は「頭の切れる」「鋭敏な」という意味で, 必ずしも悪い意味は含まれない. また, shrewd は, 利己的なことにすばしこい意味で, しばしば悪い意味になる. wide-awake は「油断のない」の意. clever, smart は「小才のきく」という悪い意味と,「頭のいい」というよい意味の両方に用いられる; (注意深い) cautious, careful. ―[副] shrewdly, sharply, smartly, cleverly; cautiously, carefully. 《☞ ちゃっかり》. ¶ 彼は*抜け目のない男だ He is a ｢*shrewd* [*sharp*] man. // 彼は金もうけに*抜け目がない He is ｢*wide-awake* [*alert*] to making money. // 彼女は何事も*抜け目ない (⇒ 注意深い) She is *careful* in everything.

ぬける 抜ける **1** «あったものがなくなる»: (落ちる) fall (out) [自]; (はずれる・とれる) come ｢off [out] [自]; (なくなってしまっている) be gone. ¶ かごの底が*抜けた The bottom of the basket *fell out*. // 乳歯が 1 本*抜けた A ｢milk [baby] tooth *came out*. // ドアの取っ手が*抜けてしまった The door handle *came* ｢*off* [*out*]. // 香水の香りがすっかり*抜けている The fragrance of the perfume *is* all *gone*. // このねじは*抜けそうだ (⇒ ゆるんでいる) This screw *is loose*.

2 «あるべきものがない» ―[形] (ない) missing. ―[動] (もれている) be left out. ¶ この本は 4 ページ*抜けている Four pages *are missing* ｢in [from] this book. // 私の名前が名簿から*抜けていた My name *was left off* (the list).

3 «通り過ぎる»: (通過する) go through ...; (...から出て来る) come out of ... 《☞ とおりぬける; でる; つうか[1]》. ¶ 列車は長いトンネルを*抜けた The train ｢*went through* [*came out of*] the long tunnel. // この通路は*抜けられない (⇒ 行き止まりだ) This road *is closed* ｢*off* [*down*] at the end.

4 «脱退する»: 《口語》 quit [他]; (団体などから離れる) leave [他]; (身を引く) withdraw [自] ★ やや改まった語. 《☞ やめる[1]; だっかい[1]》.

ぬげる 脱げる (はずれて取れる) come off [自]; (するりと脱げる) slip off [自]. 《☞ ぬぐ》. ¶ 大きすぎると靴は*脱げてしまう Shoes will ｢*come* [*slip*] *off* if they are too big. // ブーツがなかなか*脱げない (⇒ 脱ぐことができない) I can't ｢*take off* [*get out of*] my boots easily.

ぬし 主 (主人) master [C]; (持ち主) owner [C]; (池・沼などの守り神) guardian spirit [C].

ぬすみ 盗み (窃盗) theft [U]; (盗むこと・泥棒行為) stealing [U]; (こそどろ) pilferage [U]. 《☞ ぬすむ (類義語); どろぼう》. ¶ その男は*盗みをした The man committed *theft*.

ぬすみぎき 盗み聞き ―[動] (聞くともなく聞いてしまう) overhear [他]; (人の会話を意識的に聞く) eavesdrop (on ...) [自]; (通信・電話を傍受する) wiretap [他]. ―[名] eavesdropping [U]; wiretapping [U]. 《☞ たちぎき; とうちょう[1]》. ¶ 彼らの話を*盗み聞きするつもりはなかったのだ I didn't mean to ｢*eavesdrop on* [*overhear*] their talk.

ぬすみみる 盗み見る (ちらっと盗み見する) steal a glance (at ...) ; (こっそり見る) look furtively (at ...) ㊀ 語法 前者のように瞬間的な意味はない. 《☞ みる》. ¶ 彼女の方を*盗み見たら, 彼女も私の方を見ていた When I *stole a glance at* her, I found her looking at me.

ぬすむ 盗む steal ㊉《過去 stole; 過分 stolen》; (強奪する) rob ㊉《過去・過分 robbed》; (こそどろする) pilfer ㊉, filch ㊉.

【類義語】最も一般的な語は ***steal***. 暴力あるいはおどして奪うのは ***rob***. ***steal*** は「物を盗む」意であるから目的語には物が来るが, *rob* は「人から奪う」意であるから, 常に rob *a person* of ... という形となり, 奪う物が目的語にはならないことに注意. 小額の金品を盗む, いわゆるこそどろをするのが ***pilfer*** で, ***filch*** もほぼ同じ意味であるが,「たいして価値のないものを人目を逃れてくすねる」というニュアンスがある.

¶ 泥棒が彼のカメラを*盗んだ A thief *stole* his camera. / A thief *stole* a camera *from* him. // 彼女はハンドバッグを*盗まれた <S (人) + V (*have*) + O (物) + C (過分)> She *had* her ⌈handbag [purse] *stolen*. 語法 She was stolen her handbag. という言い方ができないことに注意. / <S (人) + V (*rob*) + O (人) + *of* + 名 (物) の受身> She *was robbed of* her ⌈handbag [purse]. / (⇒ 彼女のハンドバッグが盗まれた) Her ⌈handbag [purse] *was stolen*.// 2人の覆面をした男が銀行を襲い1千万円を*盗んで逃げた <S (人) + V (*rob*) + O (人・場所)> Two masked men *robbed* the bank and ran away with ten million yen. / <S (人) + V (*rob*) + O (人・場所) + *of* + 名 (物)> Two masked men *robbed* the bank *of* ten million yen. // その子は店でキャンデーを*盗んだ The child ⌈*pilfered* [*filched*] candy ⌈in [from] the store. // 私は人の目を*盗んで (⇒ ひそかに) ここに来ました I have come here *in secret*.

ぬっと (出し抜けに) unexpectedly; (不意に) suddenly; (唐突に) abruptly. 《☞ ぬうっと》.

ぬの 布 cloth Ⓤ《☞ きれ ; きじ²》.

ぬのめ 布目 texture Ⓤ《☞ おり³》.
¶ 細かい[粗い]*布目 fine [loose] *texture*

ぬま 沼 marsh Ⓒ, swamp Ⓒ 語法 いずれも水がたまって足がぬかるような湿地帯. なお, 日本の「...沼」のように固有名詞に使われているものの中には lake と訳したほうがよいものが多い.

ぬらす 濡らす (一般的には) wet ㊉《過去・過分 wet, wetted》; (湿らす) moisten [mɔ́isn] ㊉, dampen ㊉ 語法 後者のほうがぬらし方が大きい ; (かなりの時間水にひたす・びっしょりぬらす) soak ㊉ ; (ちょっとひたしてぬらす) dip ㊉. 《☞ ぬれる ; しめる² (類義語) ; ひたす》.
¶ コップの水をひっくり返して, テーブルクロスを*ぬらしてしまった I turned over a glass of water and ⌈*wet* [*wetted*] the tablecloth. // 彼女はアイロンをかける前にその布を*ぬらした She *dampened* the cloth before ironing it. // 私は両手をちょっと洗面器の中に入れて*ぬらした I *dipped* my hands in the basin.

ぬらぬら (つるりと滑るような) slippery ; (どろどろしたものでぬるぬるの) slimy ; (油がついてねばっこい) greasy. 《☞ ぬるぬる》.

ぬり 塗り (上に塗ってあるもの) coating Ⓤ; (漆の) lacquering Ⓤ; (ニスの) varnishing Ⓤ; (ペンキの) painting Ⓤ 語法 日本語で「塗り」という言葉が使われていても, 英語では「塗る」という意味の動詞で表現されることがしばしばある. 《☞ ぬる ; とそう》. ¶ このお椀は*塗りがよい (⇒ よく[見事に]漆[ニス]が塗ってある) This wooden cup *is* ⌈well [finely] ⌈*lacquered* [*varnished*].

ぬりかえる 塗り替える (塗り直す) repaint ㊉ ; (新しく塗る) paint ... afresh. 《☞ ぬる》.
¶ きのうガレージを*塗り替えた I *repainted* the garage yesterday. // 屋根は*塗り替えなくてはならない The roof needs to *be* ⌈*painted afresh* [*repainted*]. / The roof needs *repainting*.

ぬりぐすり 塗り薬 (軟膏(なんこう)) ointment Ⓒ; (筋肉痛などの塗布薬) liniment Ⓤ. ¶ 看護婦は丁寧に傷に*塗り薬をつけた The nurse carefully applied an *ointment* to the wound. // 私は痛む腕に*塗り薬をつけた I rubbed *liniment* on my sore arm.

ぬりつける 塗り付ける (塗料を) paint ㊉; (すり込むようにして) rub ㊉ ; (塗って伸ばす) spread ㊉. 《☞ ぬる》.

ぬりもの 塗物 lacquer (ware) Ⓤ《☞ うるし ; しっき¹》.

ぬる 塗る (塗料を) paint ㊉ ★ 最も一般的. 「塗られる物」が目的語 ; (伸ばすようにして) spread ㊉《過去・過分 spread》★「塗るもの」が目的語; (しっくいなどを) plaster ㊉; (絵の具などを塗りたくる) daub [dɔ́:b] ㊉ ; (薬やペンキなどを) apply ... (to ...) ; (すり込む) rub ㊉.
¶ 彼はその壁を茶色に*塗った <S (人) + V (*paint*) + O (物) + C (色の形容詞)> He *painted* that wall brown. // 彼女はパンにバターを*塗った <S (人) + V (*spread*) + O (塗るもの) + *on* + 名 (物)> She *spread* butter *on* the bread. // この壁はしっくいが*塗ってある (⇒ この壁はしっくいで塗られている) <S (人) + V (*plaster*) + O (物) の受身> This wall *is plastered*. // 私は単にキャンバスに絵の具を*塗っているだけだ I'*m* just *daubing* paint *on* the canvas. // しもやけを防ぐにはこのクリームを手に*塗っておくとよい To prevent frostbite *apply* this cream *to* your hands. // 彼女は肌にオリーブ油を*塗った (⇒ すり込んだ) She *rubbed* olive oil on her skin.

ぬるい 温い (なまぬるい) lukewarm, tepid 語法 より一般的で, 口語的なのは前者. また lukewarm が中立的な意味でなまぬるい温度をいうのに対し, tepid は熱いものが冷めすぎたというニュアンスがある. 《☞ なまぬるい》.
¶ 紅茶を入れるには*ぬるいお湯は使わないで下さい Don't use ⌈*tepid* water [*lukewarm* water ; water *which is not hot enough*] in making black tea.

ぬるぬる ━形 (すべすべしてつかまえにくい) slippery ; (泥などで, ねばねばした) slimy [sláimi(:)] ; (油などで, べたべたした) greasy [grí:si(:)]. 《☞ 擬声・擬態語 (囲み)》. ¶ うな

ぬ

ぎは*ぬるぬるしている Eels are *slippery*.

ぬるまゆ ぬるま湯 lukewarm [tepid] water [U] 《☞ ぬるい》. ¶このシャツは*ぬるま湯で洗って下さい Wash this shirt in 「*lukewarm* [*tepid*] *water*.

ぬるむ 温む (冷たさが減じる) become 「less cold [warmer]. ¶小川の水も*ぬるんできた The water in the stream *has become* 「*less cold* [*warmer*].

ぬれえん 濡れ縁 open veranda(h) [C].

ぬれぎぬ 濡れ衣 (無実の[不当な]罪) false [unjust] charge [C]; (根拠のない疑い) groundless [unfounded] suspicion [U].
¶この*ぬれぎぬをなんとか晴らさなければならない I have to clear myself of this 「*groundless* [*unfounded*] *suspicion*. // 私は詐欺の*ぬれぎぬを着せられた (⇒詐欺を働いたと不当に[誤って]非難された) I *was* 「*unjustly* [*falsely*; *wrongly*] *accused of* swindling. / I *was falsely charged* with swindling.

ぬれて 濡れ手 **ぬれ手で[に]粟** ¶彼らは*ぬれ手で粟のもうけをした (⇒苦労せずに利益を得た) They *made easy* 「*money* [*gains*]. / (⇒努力しないでもうけた) They *made big profits without* 「*effort* [*pains*].

ぬれる 濡れる ―[動] get [be] wet; (湿る) be 「damp [moistened] [語法] damp のほうがぬれ方が大きい. ―[形] (ぬれた) wet. 《☞ ぬらす; しめる2 (類義語)》.
¶私は雨ですっかり*ぬれた I *got* 「*wet* [*drenched*] *to the skin* in the rain. // 彼女は*ぬれた布でテーブルをふいた She wiped the table with a 「*wet* [*damp*] cloth. // 注意: 床が*ぬれています Caution: *Wet* Floor 《掲示》

ね

ね

ね1 根 **1** «植物の地下にある部分»: root [C] 《☞ き2 (挿絵); くさ (挿絵)》. ¶この木の*根は深い (⇒深く根を張っている) This tree has 「spread deep *roots* [*rooted deep*]. // この植物はすぐに*根がつく <S (植物)+V (*root*)+副> This plant *roots* easily. / This plant 「*takes* [*strikes*] *root* easily.
2 «植物の根のようなつけ根»: root [C] 《☞ つけね; ねもと》.
¶この歯の(つけ)*根が痛い I have a pain in the *root* of this tooth. // 我々は悪の*根を絶やさねばならない (⇒悪を根こそぎ引き抜かなくてはならない) We must *root* 「*up* [*out*] the evil(s). / We must eradicate the *root* of evil. // 民主主義は本当に日本に*根をおろしたのだろうか *Has* democracy really *rooted* in Japan? // 彼らのその国に対する反感は*根が深い Their ill feeling against the country *is* 「deeply *rooted* [*deep-rooted*]. 《☞ ねぶかい》
3 «根源»: (性格的な本質) nature [U]; (心の底) heart [U]; (根拠) ground [U]. ¶彼は*根は正直な人です (⇒性格的に誠実である) He is 「an honest man [honest] *by nature*. // 彼女は*根は優しい人だ (⇒心は優しい) She is kind *at heart*. // それは*根も葉もないうわさです It's a *groundless* rumor.
根に持つ ¶あの男はまだあのことを*根に持っている (⇒私に対し恨みに思っている) He still *bears a grudge against* me over that matter.

ね2 音 (聞こえてくる音) sound [U] ★ a を伴うことが多い; (楽器の) note [C]; (ゆるやかな鐘の音) toll [U]; (虫の鳴く声) chirp [C] [語法] 「…の音」という日本語を英語に訳す場合には必ずしも以上の訳語を用いない場合もある. 《☞ ねいろ; おと》.
¶遠くから鐘の*音が聞こえてきた (⇒私は遠くで鐘が鳴っているのを聞いた) I heard a distant bell 「*tolling* [*ringing*]. / The 「*ringing* [*tolling*; *sound*] of a distant bell came to my ear(s). // 私はすだく虫の*音に聞き入った I listened to the 「*chirps* [*chirping*] of insects. / I listened to the *chirping* insects. [参考] 英米では日本と違って虫の音が風流であるという ような考え方がない. 従ってこの文の表現する内容は日本人が受け取るのとは違った印象を英米人に与える. 特に「虫」の訳語 insect がハエとかアリ, さらにクモ・ウジムシ・ダニ・ムカデなど, 人間にとって好ましくないものを連想させる語であることに注意する必要がある. 《☞ むし1 (類義語)》
音を上げる ¶仕事の忙しさに*音を上げた (⇒私は激務に耐えられそうにないと思った) I thought I *could not stand* the strain of work (any longer).

ね3 値 (値段) price [C]; (費用) cost [C]; (価値) value [U]. 《☞ ねだん (類義語)》.
値が張る ¶こちらのほうがそちらよりもやや*値が張ります (⇒値段が高い) This is a little more *expensive* than that.

ね4 子 (十二支の) the Rat [参考] 西欧にも十二支に似た黄道帯十二宮 (zodiac) があるが, 「ね, うし, とら…」などはない. 《☞ じゅうにきゅう (挿絵)》. ¶私は*ね年生まれです I was born in the Year of *the Rat*.

十二支
子(ね) the Rat, 丑(うし) the Ox, 寅(とら) the Tiger, 卯(う) the Hare, 辰(たつ) the Dragon, 巳(み) the Serpent, 午(うま) the Horse, 未(ひつじ) the Sheep, 申(さる) the Monkey, 酉(とり) the Cock, 戌(いぬ) the Dog, 亥(い) the Wild Boar

-ね ★口語において, 相手に念を押す言い方. 一

般に,「…ですね」という念を押す言い方は英語の付加疑問文に相当することが多い. しかし, そのほかにも前後関係や文体から, 日本語の「ね」に相当する表現はいろいろある. 《☞ 付加疑問(欄外); ねえ》.

¶「これはあなたのペンです*ね」「ええ, そうです」“This is your pen, *isn't it*?” “Yes, it is.” 語法 付加疑問の部分を上がり調子で言えば普通の疑問文と同じような感じになり, 下がり調子で言えば念を押す言い方になる. //「よくわからないんだ*ね」「ええ, わかりません」“You don't understand it, *do you*?” “No, I don't.” 《☞「はい」と「いいえ」(欄外)》//「わかったか*ね」「ええ, わかりました」“Did you get it?” “Yes, I did.” //「本当です*ね」「そうです」“Are you sure?” “Yes, I'm (very) sure.”

ねあがり 値上がり increase [rise] in price Ⓒ, price ˹increase [rise] Ⓒ, price hike Ⓒ 語法 hike は元来新聞用語で, この語を使うと新聞的な響きがある. 《☞ ねだん; あがる[1]; こうとう[4]; 新聞の英語 (囲み)》.

¶ 野菜が*値上がりした The prices of vegetables *have* ˹*gone up* [*risen*]. // 電気料金も*値上がりするだろう Power [Electric power] rates will also *rise*. // 牛肉がまた 1 割がた*値上がりした Beef is *up* again by about 10 percent. // 最近の物価の*値上がりはひどい The recent ˹*increase* [*rise*] in commodity prices is terrible. / The recent *price hike* ˹is [has been] frightening. // 公共料金の*値上がりはほかの物価に大きく響く An *increase* [A *rise*] *in* public utility charges greatly affects other prices. // 生活費の急速な*値上がり the rapid ˹*increase* [*rise*] *in* the cost of living // 地主は*値上がりを見越して土地を手放そうとしない Landowners refuse to sell their land because they expect *land prices to go up*.

ねあげ 値上げ —名 (一般的に) raise Ⓒ, 《英》rise Ⓒ, increase Ⓒ ★ 最後は少し改まった語; (物価の) price ˹rise [hike] Ⓒ ★ hike は新聞報道用語; (給料の) pay [wage] ˹raise [hike] Ⓒ ★ 単に raise とも言う. —動 (値上げする) raise ㊀他, increase ㊀他 ★ 後者は少し改まった語. 《☞ あげる[1]; ちんあげ》.

¶ 家賃が*値上げされた The (house) rent *was raised*. / They *raised* the (house) rent. // 給料の*値上げをしてもらいたい I want a *raise*. / (⇒ 我々にもっと高い給料を要求する) We ˹ask for [demand] ˹*higher wages* [*more pay*]. ★ 組合の要求などの改まった表現. // 国鉄の運賃の 2 割*値上げが認められた A 20 percent ˹*raise* [*hike*; *increase*] in the Japanese National Railways fares has been approved. // 今年は灯油の*値上げはなくてすむだろう There will be no *price* ˹*rise* [*hike*] for ˹heating oil [kerosene] this year.

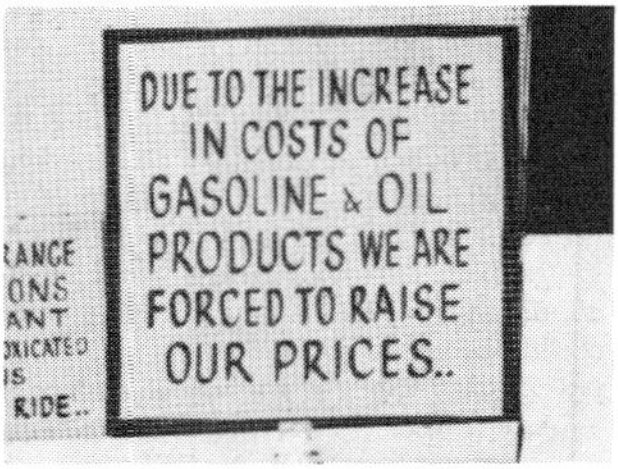

「ガソリンおよび石油製品の値上がりにより,
やむをえず値上げします」という店の掲示

ねあせ 寝汗 —名 nocturnal sweat Ⓤ. —動 sweat at night ㊀自.

ねいき 寝息 (寝ている人の息遣い) the breathing (sounds) of a sleeping person.

¶ 彼は安らかな*寝息を立てていた (⇒ 彼は安らかに眠っていた) He *was sleeping* peacefully. / (⇒ ぐっすりと眠っていた) He was *fast asleep*. // 隣のベッドの*寝息が聞こえる I hear *the breathing of the person sleeping* in the next bed.

ねいりばな 寝入りばな ¶ *寝入りばなに外の大きな音で起こされた A loud sound outside woke me up *just as I was falling asleep*.

ねいる 寝入る (眠った状態になる) fall asleep ㊀自; (眠り始める) get to sleep ㊀自. 《☞ ねつく; ねむる》. ¶ 彼はすぐに*寝入ってしまった He soon *fell asleep*.

ねいろ 音色 (楽器などの音) tone Ⓒ; (一般に音) sound Ⓒ. 《☞ ね[2]; おと》. ¶ 私はバイオリンのきれいな*音色が好きだ I like clear *tones* of a violin. // このピアノは美しい*音色だ This piano *sounds* beautiful. / (⇒ このピアノは美しい音を立てる) This piano ˹makes [has] a beautiful *sound*.

ねうち 値打ち (値段) price Ⓒ; (価値) value Ⓤ; (精神的な価値) worth Ⓤ. 《☞ ねだん; かち[1] (類義語)》.

¶「この絵の*値打ち (⇒ 値段) はどのくらいですか」「少なくとも 1 千万円はします」“*How much* is this ˹picture [painting] (worth)?” “It ˹will cost [is *worth*] at least ten million yen.” ★ この worth は 形. // この土地はたいへんな*値打ちがある This land has great *value*. // 1 億円の*値打ちのある家 a house with a *value* of 100 million yen // この宝石はたいへんな*値打ちの[大した*値打ちのない]ものだ This jewel is of ˹great [little] *value*. // その町は訪れてみるだけの*値打ちがある The town is *worth* visiting. / It is *worth*(*while*) ˹visiting [to visit] the town. 語法 The town is worthwhile visiting. とは言えない. // これはそれよりも*値打ちがある This is *worth* more than that. / (⇒ 金銭的な価値または値段が高い) This is more ˹*valuable* [*expensive*] than that.

ねえ **1** 《相手の注意を喚起する言葉》 ¶「*ねえ, ジョン」「何だい」“John.” “Yes?” 語法 このような場合の「ねえ」は英語では単に相手の名をしり上がりのイントネーションで呼ぶだけである. // *ねえ, いいかい Look! / Now listen. 語法 相手に自分のほうへ注意を向けさせるときの言葉. //「*ねえあなた, ちょっと手伝って下さらない」「いいとも」“Will you help me, *darling*?” “Sure.” 語法「ねえあなた」全体が darling で表される. //「*ねえ, 踊ろうか」「いいわ」 "Shall we dance, 「*honey* [(*my*) *dear*]?" "All right, 「*honey* [(*my*) *dear*]."
[語法] 妻または娘に向かって問いかけるときの言い方. ∥ *ねえ, だんな *Sir.* ∥ *ねえ, 奥さん[お嬢さん] *Ma'am.* 《☞ 呼びかけ (囲み)》
【参考語】(呼びかけ) hey, say, I say; (丁寧に呼びかける言葉) Excuse me.; (注意を喚起する言葉) Look., Look here., Listen., Now listen.; (わが親愛なる人) darling, dear, my dear, honey.

2 《感嘆などの感情を表す言葉》 ★ 日本語のように文末などにつけて感嘆などを表すような単一の表現は英語にはないので, 感嘆文にするとか, 種々の表現を使って, 文全体の感じや, 言い方 (イントネーションなど) によってそのニュアンスを表す. 《☞ -ね; 感嘆の表現 (囲み)》.
¶ きれいだ*ねえ *How* beautiful! ∥ 長い橋だ*ねえ *What* a long bridge! ∥ うまく行った*ねえ《米口語》Attaboy! / Attagirl! [語法] 相手を称賛して言う表現. 前者は男性, 後者は女性に向かって用いられる.

ねえさん 姉さん **1** 《姉》: older [elder] sister Ⓒ (↔ younger sister), big sister Ⓒ (↔ little sister) [語法] 後者のほうがくだけた言い方で, 妹や弟が姉を指して言う場合によく使われる. 《米》では elder sister より older sister が多く使われる. なお弟や妹が呼びかけるときは, 姉の名 (Helen, Masako など) を直接に言う. 《☞ あね; 親族関係 (囲み)》.
2 《女性へのくだけた感じの呼びかけとして》: (レストランなどの女性従業員に対して, 注文のための呼びかけ) waitress [語法] 呼びかけとして使うときは無冠詞で単数形. ただし, この語はぶっきらぼうな感じなのであまり使われない; (一般に若い女性に対する呼びかけとして) miss [語法] 後に名前を付けずに用いる. この呼びかけは上品とはいえない. 女性に礼儀正しく呼びかけるには ma'am を用いる. 《☞ 呼びかけ (囲み)》.

ネーブル navel orange Ⓒ.

ネーム name Ⓒ 《☞ な[1]; なまえ》.

ネームバリュー publicity value Ⓒ 《☞ 和製英語 (囲み)》. ¶ 彼女は評論家として*ネームバリューがある She is (*quite*) 「*wellknown* [*famous*] as a critic.

ネームプレート nameplate Ⓒ 《☞ なふだ》.

ねおき 寝起き ¶ 彼は*寝起きが悪い (⇒ 彼は目が覚めてしばらくは機嫌が悪い) He 「is [stays] in a 「bad temper [fretful mood] for some time *after he wakes up.*

ネオン (ネオンサイン) neon Ⓒ, neon sign Ⓒ [語法] 元素と混同のおそれがなければ単に neon ということが多い; (ネオン灯) neon 「lamp [light] Ⓒ; 〚化学〛(ネオン) neon Ⓤ 《元素記号 Ne》. ¶ 通りには*ネオン(サイン)が輝いていた (⇒ いっぱいだった) The street was full of *neon signs.* ∥ *ネオンで明るい街並み a *neon*-lit street

ネガ (写真の) negative Ⓒ (↔ positive).

ねがい 願い (実現が困難な望み) wish Ⓒ; (請願) petition Ⓒ, appeal Ⓒ; (祈り) prayer Ⓒ; (依頼) request Ⓒ; (出願) application Ⓒ. 《☞ ねがう; のぞみ; たのみ》.
¶ お*願いがあるのですが May I *ask a favor* of you? / I have a *favor to ask* you. [語法] 人に頼みごとをするときの表現. 一般にあまり切実な頼みごとではない場合に使われる. 《☞ 依頼の表現 (囲み)》 ∥ 私たちの*願いは聞き届けられた Our *prayer* 「is [has been] 「answered [heard]. / (⇒ 望みが実現した) Our *wishes* have come true. ∥ 私たちの*願いは世界の平和です We are making an *appeal* for 「peace in the world [world peace]. ∥ どうぞお*願いだから外へ出して下さい Allow me to go out 「*for mercy's sake* [, *I entreat you*].
願い事 wish Ⓒ; (祈り) prayer Ⓒ **願い下げ** ¶ そんな申し出はこちらから*願い下げにしたい (⇒ 体よく断りたい) I'd like to *give a polite refusal to* such an offer.

ねがいでる 願い出る (申し出る) apply (to *a person* for...) (自); (...を申し込む) make an application for...; (書類などを整えて願い出る) file an application for..., file for... ★ 後者は前者を短縮した言い方; (裁判を願い出る) file (a) suit 「against [for] ...; (目上の者へ嘆願する) make (a) sue for...; (辞表などを出す) hand in (他), turn in (他), submit (他) ★ 第3番目は少し改まった語. 《☞ もうしでる》.
¶ 彼は課長に1週間の休暇を*願い出た He 「*applied to* [*asked*] the head of the section *for* a week's 「leave [vacation]. ∥ その施設を使用するには政府の特別許可を*願い出なくてはならない You must 「*make an application* [*apply*] *for* special permission from the government to use those facilities. ∥ 彼は辞職を*願い出た (⇒ 彼は辞表を提出した) He 「*handed in* [*turned in*; *submitted*] his resignation.

ねがう 願う (望む) wish (他); (強く望む) desire (他); (祈願する) pray (他); (依頼する) request (他). 《☞ ねがい; のぞむ[1]; たのむ》.
¶ あなたのご成功を心から*願っております I heartily *wish* you success. ∥ あなたはすべての人々の幸福を*願わないのですか Don't you *desire* universal happiness? ∥《電話口で》真理子さんをお*願いします May I talk to Mariko, please? 《☞ 電話の英語 (囲み)》 ∥ それは*願ってもないことです (⇒ それ以上私にふさわしいことはない) Nothing suits me better than that. / (⇒ それはまさに私の欲していたことです) That is exactly what I wanted. ∥ もっと大きな声でお*願いします *Please* speak a little louder. [語法] 日本語のこのような「願います」は多くの場合, please あるいはその他の丁寧な表現に意訳される. 《☞ どうぞ》 ∥ *願わくばその日は雨が降りませんように I 「*pray* it won't [hope it doesn't] rain (on) that day.

ねがえり 寝返り ── 動 (ぐるりと向きを変える) turn (over) (自), roll (自); change *one's* sleeping positions; (転げ回る) toss about (in *one's* bed) (自). ¶ 寝苦しいので何度も*寝返りを打った I 「*turned over* [*rolled*; *tossed about*] in (my) bed many times because I could not get to sleep.

ねがえる 寝返る (敵方につく) go over to the 「enemy [opposition]; (敵と一緒になる) join the 「enemy [opposition]; (裏切る) betray (他); (反逆者となる) turn traitor (to ...); (味方を捨てる) defect (他). ¶ 彼らは敵(陣)に *寝

返った They *went over to the* (*camp of the*) *enemy.* // 彼は*寝返った (⇒ 味方を捨てて敵陣に加わった) He became a *defector.*

ねがお 寝顔 *a person's* sleeping face Ⓒ.

ねかしつける 寝かし付ける (歌を歌って) lull [sing] … to sleep《☞ ねかす》.

ねかす 寝かす **1** «眠らせる»: (寝床に入らせる) send [put] … to bed; (歌を歌って眠らせる) lull [sing] … to sleep; (揺りかごなどを揺すって眠らせる) rock … to sleep; (寝かせておく) let … sleep.《☞ ねる¹; ねむる》.

¶ うちでは 9 時に子供を*寝かせます (⇒ 寝床に入れます) We *send* our children *to bed* at nine (o'clock). // この子は熱がある. *寝かせなくては The child has a fever. We must *put* him *to bed.* // 私はいつも赤ん坊に歌を歌って*寝かせます I usually *sing* my baby *to sleep.* // おばあさんは揺りかごを揺すって赤ん坊を*寝かせた The grandma *rocked* the baby *to sleep.* // 彼を 10 時まで*寝かせておきなさい *Let* him *sleep* until ten o'clock. // 彼女はまだ*寝かせておきなさい (⇒ 彼女を起こさないで下さい) *Don't wake* her *up* yet. // この子は今夜はぐっすり*寝かせなさい (⇒ 十分な睡眠をとらせなさい) *Let* the child *have a good sleep* tonight.

2 «使わずに手元に置いておく»: let … lie idle; (寝かせたままにしておく) keep … (lie) idle; (しまっておく) lock up ㊎. ¶ 金を銀行に*寝かしておくことはない You should not *let* your money *lie idle* in the bank. // 彼は銀行に金を*寝かせてある (⇒ 遊んでいる金を持っている) He has *idle* money in the bank. // 品物が棚に*寝かせてある (⇒ 寝ている) The goods *are lying idle* on the shelves.

3 «酒などを一定の温度・環境で貯蔵する»: age ㊎; (発酵させる) ferment ㊎. ¶ 欧州やアメリカではチーズを*寝かせる They *age* cheese in Europe and America. // ワインは*寝かせるほどよい The longer wine *is aged*, the better it tastes.

ねかせる 寝かせる ☞ **ねかす**

ねぎ 葱 Welsh onion Ⓒ 〔参考〕 ねぎは元来アジア産の葉菜で, 欧米では一般には栽培されていない.

ねぎらう (評価する・ありがたく思う) appreciate ㊎《☞ いろう¹》. ¶ 社長は秘書の労を*ねぎらった (⇒ 努力を深く感謝した) The president deeply *appreciated* the secretary's efforts.

ねぎる 値切る (たたいて値を下げさせる)《口語》 beat down the price; (交渉して値引きさせる) bargain for …; (人と交渉して値切る) bargain with …《☞ まける; たたく》. ¶ 私は*値切って千円にさせた I *beat down the price* to 1,000 yen. // 私はその果物を (⇒ 果物売りと交渉して) *値切った I *bargained with* the fruit vendor. // 私は漁師に魚を*値切らせた I *bargained for* the fish *with* the fisherman.

ネクタイ tie Ⓒ, necktie Ⓒ ★ 前者は後者を略した形であり, より口語的; (蝶ネクタイ) bow [bóu] tie Ⓒ.

¶ 黒い*ネクタイをしなさい Wear [Put on] a black *tie.* // *ネクタイをゆるめた I loosened my *tie.* // *ネクタイを取った I took my *tie* off. / I took off my *tie.* // きょうはすてきな*ネクタイをしていますね You're wearing a nice *tie* today. // *ネクタイが曲がっているわよ. 直してあげる Your *tie* is ｢crooked [hanging to one side]. Let me straighten it. // 細い[太い]*ネクタイ a ｢narrow [wide] *tie*

ネクタイ止め tie clasp Ⓒ **ネクタイピン** tiepin Ⓒ, tie tack Ⓒ.

ねくび 寝首 **寝首をかく** ¶ その武士は*寝首をかかれた (⇒ その侍は寝ている間に殺された) The *samurai was killed while* (*he was*) *asleep.* // 人の*寝首をかくようなことをしてはいけない (⇒ だまし打ち[卑怯(ひきょう)なこと]をしてはいけない) Don't ｢*play foul with* [*play mean tricks on*] anybody.

ねぐら 塒 (一般に小鳥の巣) nest Ⓒ; (家禽類・特に鶏の小屋) roost Ⓒ; (人の家) home Ⓒ ★ home は 副 としても用いられる.《☞ す¹》. ¶ 鳥は夕方に*ねぐらに帰る Birds fly back to their *nests* in the evening.

ネグリジェ nightgown Ⓒ, nightdress Ⓒ 〔参考〕 ネグリジェは仏語からの借用語で, これに当たる言葉は negligee であるが, これは必ずしも寝巻きとは限らない.《☞ ねまき (挿絵)》.

ねぐるしい 寝苦しい (よく眠れない) cannot sleep well《☞ ねがえり》. ¶ 昨夜は暑くて*寝苦しかった (⇒ 暑くてよく眠れなかった) It was so hot last night that I *could not sleep well.*

ねこ 猫 cat Ⓒ; (子猫) kitten Ⓒ; (ねこちゃん)《小児語》 pussy(cat) Ⓒ; (雄猫) male cat Ⓒ, tomcat Ⓒ, he-cat Ⓒ; (雌猫) female cat Ⓒ, tabby (cat) Ⓒ, she-cat Ⓒ.《☞ めす 〔語法〕; おす³ (表)》.

¶ *猫はねずみをとる *Cats* catch ｢mice [rats]. // *猫がねずみを追いかけている A *cat* is chasing a mouse. // 私は*猫を 2 匹飼っています I keep two *cats.* // *猫がのどをごろごろ鳴らしている The *cat* is purring. 〔語法〕 猫がのどを鳴らす擬声語を purr という. // *猫がつめをといでいる The *cat* is sharpening his claws. // *猫が私の手につめを立てた The *cat* fastened his claws on my hand. // *猫がにゃあにゃあと鳴いている The *cat* is mewing.《☞ 動物の鳴き声 (囲み)》

借りてきた猫 ¶ きょうはあなたは*借りてきた猫のように (⇒ 子羊のように) おとなしい You are as ｢meek [gentle; quiet] as a lamb today.

猫に小判 ¶ To cast pearls before swine.《ことわざ: 豚に真珠》

猫の手 ¶ *猫の手も借りたいぐらいだ (⇒ とても人手が足りない) We are very short of hands.

猫の額 ¶ それは*猫の額ほどの土地です (⇒ それはとても小さな土地です) It's a very small strip of land.《☞ 誇張 (欄外)》

猫の目 ¶ あなたの意見は*猫の目のように変わる You change your views (so) frivolously. / You are *as fickle as a* ｢*weathervane* [*weathercock*; *cat's eye*].

猫もしゃくしも ¶ いまでは*猫もしゃくしも (⇒ すべての人が) 外国へ行きたがる *Everybody* wants to go abroad nowadays.

猫をかぶる ¶ 彼女は*猫をかぶっているんですよ

(⇒ 彼女は無邪気な[慎み深い]ふりをしているにすぎない) She *is* only *pretending to be* ⌈*innocent* [*modest*].

ねこいらず 猫要らず rat poison Ⓒ.

ねこかわいがり 猫可愛がり ―動 dote on ... ¶私の母は孫を*ねこかわいがりします My mother *dotes on* her grandchildren.

ねごこち 寝心地 ¶このベッドは*寝心地がよい[悪い] This bed is ⌈*comfortable* [*uncomfortable*] to sleep in.

ねこじた 猫舌 ¶私は*猫舌です(⇒熱いものが食べられない) I cannot eat hot ⌈things [food].

ねこぜ 猫背 ―名 round shoulders ★複数形で. 参考 英語の shoulder は日本語の「肩」より範囲が広く, 肩甲骨あたりまでを含む. 《☞ からだ(挿絵)》; (猫背の人) hunchback Ⓒ, humpback Ⓒ. ―形 round-shouldered, hunchbacked, humpbacked.

ねこそぎ 根こそぎ ―動 (根から引き抜く) pull ⌈up [out] ... by the roots, root out ㊀, root up ㊀, uproot ㊀; (根絶する) eradicate ㊀, exterminate ㊀ ★最後の2語は形式ばった語. ―副 (完全に) completely, totally, entirely. ―形 (すべての) all; (全体の・まるごとの) the whole.

¶庭の雑草を*根こそぎ抜いた I *pulled* ⌈*up* [*out*] the weeds in the garden *by the roots*. / I *rooted* ⌈*up* [*out*] the weeds in the garden. // すべての悪は*根こそぎ絶やさなければならない All evil(s) must *be* ⌈*rooted out* [*rooted up*; *eradicated*]. // 泥棒に金を*根こそぎ持っていかれた(⇒泥棒が私のすべての金を持って行ってしまった) A thief ⌈stole [took (away)] *all* the money I had.

ねごと 寝言 ―名 talking in *one's* sleep Ⓤ, somniloquy Ⓤ. ―動 (寝言を言う) talk ⌈while asleep [in *one's* sleep].

¶私の妹は毎晩*寝言を言います(⇒寝ている間にしゃべります) My sister *talks* ⌈*in her sleep* [*while asleep*] every night. 参考 寝言を習慣的に言う人は somniloquist [sɑmníləkwist] Ⓒ, 寝言を言う習慣は somniloquence [sɑmníləkwəns] Ⓤ という.

ねこなでごえ 猫撫で声 ¶そんな*猫なで声で(⇒なだめすかすような声で)頼んでもだめですよ I won't be persuaded even if you ask me in such a *coaxing voice*.

ねこばば 猫糞 ―動 (ポケットに入れる・着服する) pocket ㊀ 《☞ ちゃくふく》. ¶彼は道で拾った金を*ねこばばした He *pocketed* the money he found on the street.

ねこみ 寝込み **寝込みを襲う** ¶彼らは敵の*寝込みを襲った They ⌈*surprised* [*made a surprise attack* on] the enemy *while* ⌈*they were* [*he was*] *asleep*. // 警察は暴力団の隠れ家を突き止め, その*寝込みを襲った The police spotted the hideout of the gangsters and *raided* the place *while they were asleep*.

ねこむ 寝込む **1** «眠りに落ちる»: (眠り込む) fall asleep; (眠り始める) go [drop] off to sleep; (眠りにつく) get to sleep. 《☞ ねる[1]》. ¶彼女はぐっすり*寝込んでしまった She *fell* fast *asleep*. // 彼は酔って*寝込んでしまった(⇒酔って自分自身を寝かせた) He *drank himself to sleep*.

2 «病の床につく»: (床にじっと寝ている) stay in bed; (床に閉じ込められる) be confined to (*one's*) bed ★少し改まった表現. ¶それから私は風邪を引いて1週間*寝込んでしまった After that I got a cold and had to *stay in bed* for a week.

ねこやなぎ 猫柳 pussy willow Ⓒ.

ねころぶ 寝転ぶ lie down ㊂, throw *oneself* down (on ...) 語法 後者は身を投げ出すようにして寝転ぶことをいう. 《☞ ねる[1]; ねそべる》. ¶私は芝生の上に*寝転んだ I ⌈*lay down* [*threw myself down*] *on* the grass. // 彼は大の字に床の上に*寝転んだ He *stretched* himself *out* on the floor.

ねさがり 値下がり ―名 fall [decline; drop] in price(s) Ⓒ. ―動 (値が下がる) go [come] down ㊂, drop ㊂, fall ㊂; (急に値が下がる) plunge ㊂. 《☞ ねだん; さがる》.

¶最近物価が少し*値下がりした Lately commodity prices *have* ⌈*gone* [*come*] *down* slightly. // このところずっとドルが*値下がりしている The U.S. dollar *has been* continuously *dropping*. // きのうの東京外為市場でドルはいままでの最低に*値下がりした The U.S. dollar *plunged* to a new low on the Tokyo foreign exchange market yesterday.

ねさげ 値下げ ―名 price ⌈cut [reduction] Ⓒ, cut [reduction] in price Ⓒ ★reduction のほうが改まった語. ―動 (値下げする) cut the price of... ★最も平易な表現; lower the price of ..., reduce the price of ... 語法 この順に改まった表現となる. なお, reduce ... in price という言い方もある. 《☞ ねびき; ねだん》. ¶旧型のものは*値下げになった The old models *were reduced in price*. // 5パーセント*値下げしても利益は減らないだろう A *price* ⌈*cut* [*reduction*] of 5 percent will not decrease our profits. // 自動車業界は再び*値下げ競争の嵐に巻き込まれた The automobile industry got into a whirlwind of a second ⌈*price-cutting war* [*dumping contest*; *underpricing contest*]. // アメリカ製のタイプライターが大幅に*値下げになった The prices of American-made typewriters *have been* drastically ⌈*reduced* [*slashed*].

ねざけ 寝酒 nightcap Ⓒ.

ねざす 根差す **1** «植物が根をおろす»: take root 《☞ ね[1]》. ¶その木は地中に深く*根ざした The tree *took root* deep in the soil. // 自由はアメリカ国民の心に深く*根ざしている Freedom *is* deeply *rooted* in the minds of the American people.

2 «原因している»: (...から起こる) originate (in ...) ㊂ 《☞ もとづく》. ¶その考えはキリスト教に*根ざしている That idea ⌈*originated* [*has its source*] *in* Christianity.

ねざめ 寝覚め ¶その出来事については*寝覚めが悪い(⇒良心的にやましい感じがする) I *have a guilty conscience about* the incident. // 今度のことでは*寝覚めが悪い(⇒私のやったことに対して後悔している) I ⌈*feel remorse* [*am* *remorseful*] *for* what I did.

ねじ screw Ⓒ. ¶ *ねじをドライバーで板にねじ込んだ I ⌈drove [put] the *screw* into the board with a screwdriver.

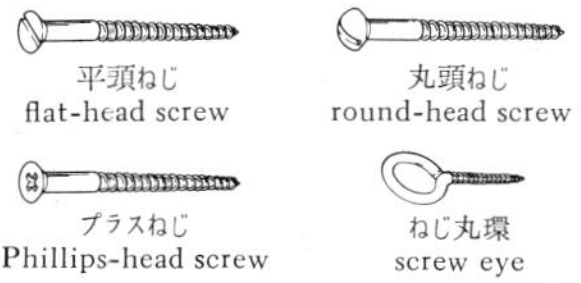

ねじ回し screwdriver Ⓒ《☞ だいく(挿絵)》.

ねじあげる 振じ上げる screw (他); (ひねる) twist (他). 《☞ ねじる; ねじふせる》. ¶ 一人の男がもう一人の男の腕を*ねじ上げた (⇒ ねじって肩に強く押しつけた) The one man ⌈*screwed* [*twisted*] the other's arm (*around*) and *pressed it hard* ⌈*to* [*against*] *his shoulder*.

ねじきる 振じ切る (ねじって力を入れて引っぱり切る) wrench off (他); (ぐるぐる回して切る) twist off (他). ¶ 手で針金を*ねじ切った I *twisted off* the wire.

ねじくぎ ねじ釘 screw Ⓒ; (ナットと共に使う) bolt Ⓒ. 《☞ ねじ; くぎ》. ¶ 板を*ねじ釘で留めた I fastened the board with a ⌈*screw* [*bolt*].

ねじける 拗ける ―[動] (ねじ曲げられる) be twisted; (心や判断などがゆがめられる) be warped; (ひねくれる) become ⌈crooked [perverse; perverted] [語法] crooked [krúkid] が最も平易な語. perverse, perverted は形式ばった語. perverted を用いると「異常なまでに」というニュアンスになる. ―[形] crooked, perverse, twisted, perverted. 《☞ ひねくれる; ゆがむ》.
¶ 彼は心が*ねじけている (⇒ 彼はねじけた心を持っている) He has a mental *twist*. / He *is* mentally *twisted*. // 彼女は不幸で心が*ねじけてしまった (⇒ 不幸が彼女の心をねじ曲げた) Misfortune ⌈*warped* [*twisted*; *perverted*] her ⌈mind [character].

ねじこむ 振じ込む (ねじなどを取り付ける) drive ... into ...; (ねじで締める) screw ... ⌈to [into] ...; (突っ込む) thrust ... into ...
¶ ねじをドライバーで板に*ねじ込んだ I *drove* the screw *into* the board with a screwdriver. // ボルトを壁に*ねじ込んだ I *screwed* the bolt *to* the wall. // 男は私のポケットになにがしかの紙幣を*ねじ込もうとした The man tried to *thrust* some bills *into* my pocket.

ねしずまる 寝静まる (ぐっすり眠っている) be fast asleep 《☞ ねる[1]》. ¶ その夜 11 時には家人はみな*寝静まっていた Everyone in the family *was fast asleep* ⌈at [by] eleven o'clock that night. // 町はみな*寝静まっていた Everybody in town *was asleep*.

ねしな 寝しな ―[副] (寝る直前に) (just) before ⌈*one* goes [going] to bed; (就寝するころに) at bedtime. 《☞ ねいりばな》. ¶ *寝しなに物を食べてはいけません Don't eat ⌈(*just*) *before you go to bed* [*at bedtime*].

ねじふせる 振じ伏せる (腕をねじって倒す) twist [screw] *a person's* arm and throw *him* (down) on the floor; (押し倒す) hold *a person* down. 《☞ ねじる; ねじあげる》.

ねじまげる 振じ曲げる twist (他); (ねじって曲げる) bend ... by twisting; (力づくで曲げる) force ... to bend. 《☞ ねじる; まげる》. ¶ 彼は鉄パイプを*ねじ曲げた He ⌈*twisted* [*bent*] the iron pipe. / He *forced* the iron pipe *to bend*.

ねしょうべん 寝小便 ―[名] bed-wetting Ⓤ. ―[動] wet ⌈*one's* [the] bed. ¶ あの子は毎晩*寝小便をする The child *wets his bed* every night. // *寝小便をする子供 a *bed-wetting* child // *寝小便をしなくなる become dry

ねじりはちまき 振じり鉢巻 ¶ 彼は毎晩*ねじり鉢巻で勉強している (⇒ 彼は毎晩一生懸命勉強する) He studies *very hard* every night. [語法] 最も平易な表現. / (⇒ 勉強に専念している) He *devotes himself to* his studies every night. [語法] 少し改まった表現. 欧米ではねじり鉢巻の習慣がないので, 意訳するほかはない. 《☞ はちまき》
【参考語】(鉢巻を締めて) with a twisted towel tied around *one's* head; (一生懸命) very hard; (専念する) devote *oneself* to ..., be devoted to ...

ねじる 振じる (糸やひもをよじるように ... をよじる) twist (他), give a twist (to ...); (ねじを回すようにぐるぐる回して) screw (他); (急に力を入れて) wrench (他); (手ぬぐいの水をしぼり出すようにぎゅっと) wring (他) 《過去・過分 wrung》. 《☞ ねじあげる; ねじきる; ねじまげる》.
¶ 彼は私の腕を*ねじった He ⌈*twisted* [*gave a twist on*] my arm. // 警官はその男の手からナイフを*ねじり取った The policeman *wrenched* the knife ⌈*out of* [*from*] the man's hand. // そのふたは*ねじって開けて[閉めて]下さい Please *screw* the cap ⌈*off* [*on*]. / Please *screw* ⌈*off* [*on*] the cap. // 赤ん坊は人形の首を*ねじり取った The baby *wrung* ⌈*off* the doll's head [the doll's head *off*].

ねじれる 振じれる (よじれた状態になる) be twisted 《☞ ねじける》. ¶ このロープは*ねじれている The rope *is twisted*.

ねじろ 根城 (犯罪を犯したものや悪人などの隠れ家) hideout Ⓒ; (本部) headquarters [語法] 複数形で用い, 複数または単数扱い; (しばしば行く所) haunt Ⓒ; (巣窟(そう)) den Ⓒ. ¶ 私はこの喫茶店を*根城にしている I make this coffee shop my *haunt*.

ねすごす 寝過ごす oversleep (自) 《☞ ねぼう》. ¶ あすの朝は*寝過ごさないように Don't *oversleep* tomorrow morning. // けさは 1 時間も*寝過ごしてしまった I *overslept* by one hour this morning. / I *woke up* one hour *late* this morning.

ねずのばん 寝ずの番 ―[名] (警戒のための見張り) night watch Ⓤ; (見張りの人) night watchman Ⓒ. ―[動] (見張りをする) keep (night) watch. 《☞ ふしんばん》.

ねずみ 鼠 (野ねずみ・どぶねずみ) rat Ⓒ; (はつかねずみ) mouse Ⓒ 《複 mice [máis]》 [語法]

家の中に出没するねずみは rat のことも mouse のこともある. これらを house rat, house mouse とも呼ぶ. mouse のほうが rat よりも小さい.
¶ *ねずみが床をかじっている A ˹*rat* [*mouse*] is gnawing [nɔ́:iŋ] (on) the floor. // *ねずみが壁に穴をあけた *Rats* [*Mice*] gnawed a hole in the wall. // *ねずみが天井裏でちゅうちゅう鳴いている *Rats* [*Mice*] are squeaking in the ceiling. 《☞ 動物の鳴き声 (囲み)》 // ねこが*ねずみを取った A cat caught a *mouse*.
ねずみ算 geometrical progression Ⓤ **ねずみ取り** mousetrap Ⓒ, rattrap Ⓒ. ¶ *ねずみ取りをかけた We set a ˹*mousetrap* [*rattrap*].

ねずみいろ 鼠色 ―名 (dark) gray. ―形 (ねずみ色の) (dark-)gray; mouse-[rat-]colored. 《☞ 色 (囲み)》. ¶ *ねずみ色のオーバー a *dark-gray* overcoat

ねぞう 寝相 ¶ 彼は*寝相が悪い (⇒ 彼は寝ている間にベッドの上を動き[ころげ]回る) He ˹*moves* [*rolls*] *around* on his bed *while asleep*. / He *tosses* ˹*around* [*about*] *in his sleep*.

ねそびれる 寝そびれる ¶ 昨夜は*寝そびれてしまった (⇒ 私は昨夜は眠れなかった) I *could not sleep* last night. / (⇒ 昨夜は眠りにつけなかった) I *could not get to sleep* last night.

ねそべる 寝そべる (横になる) lie down ㊀; (手足を広げて横になる) sprawl ㊉ ㊀, stretch (*oneself*) ㊉ ㊀. 《☞ ねころぶ; よこたわる》.
¶ 私は芝生に*寝そべった I ˹*lay down* [*stretched myself*] (*out*) on the grass. // 彼はソファーに*寝そべっていた He *was sprawled* (*out*) on the sofa. // 彼女は畳の上に*寝そべって本を読んでいた She *was lying* on the *tatami* (,) reading a book.

ねた (新聞記事などの材料) news Ⓤ, (news) item Ⓒ; (情報) information Ⓤ; (証拠) evidence Ⓤ. 《☞ じょうほう》. ¶ 私はいま*ねたを集めている I'm now collecting *information*. // それは新聞にいい*ねただ That's a good *item* for a news story. // *ねたは十分上がっているんだから, 白状したらどうだ You might as well confess what you did, since we have enough *evidence* against you.

ねたましい 妬ましい ―形 (うらやましく思う) envious; (悪意を持って) jealous. ―動 (ねたむ) envy ㊉. 《☞ ねたむ; しっと》. ¶ 彼は友人の成功を*ねたましく思っている He is ˹*envious* [*jealous*] *of* his friend's success. / He *envies* his friend's success.

ねたみ 妬み envy Ⓤ; jealousy Ⓤ.
【類義語】人の幸運·成功·財産などをうらやましく思う気持ちからのねたみは **envy**. 特に悪意や怒りをこめてのねたみは **jealousy**. 《☞ しっと》
¶ 彼の成功には少しも*ねたみを感じない I feel no *envy at* his success. / I don't *envy* his success at all. // その女はいつも私の妻に*ねたみを抱いていた The woman *was* always *jealous of* my wife. // 彼女は*ねたみから犯罪を犯した She committed a crime out of *jealousy*.

ねたむ 妬む be envious (of ...), envy ㊉; (悪意を持って) be jealous (of ...). 《☞ ねたましい; しっと》. ¶ 彼の友人たちはみな彼を*ねたんだ All his friends ˹*were envious of* [*envied*] him. // その女はメアリーの幸運を*ねたんでいた The woman *was jealous of* Mary's good fortune.

ねだやし 根絶やし ―動 (根絶する) root ˹out [up] ㊉ ★ 口語的; eradicate ㊉ ★ 少し形式ばった語. 《☞ こんぜつ; ねこそぎ》.

ねだる (...してくれと頼む) ask [press] *a person* ˹to *do* [for ...]; (なだめすかして) coax ... into ...; (しきりに...をくれと頼む) ask for ... urgently; (何度も...をくれと頼む) ask for ... repeatedly; (しきりに説得する) persuade ㊉
[語法] persuade ... to *do* で「説得して...させる」つまり「ねだって...してもらう」となる. 《☞ せがむ; たのむ》.
¶ その子は母親に人形を買ってくれと*ねだった The child *asked* her mother *to* buy a doll. // 彼の息子はもっと小遣い (⇒ 金) をくれと*ねだった His son ˹*asked* [*pressed*] him *for* more money. // その少年は父親に*ねだって映画に連れて行ってもらった The boy *persuaded* his father *to* take him to the movies. // 「もう一つ*ねだってもいいかしら (⇒ もう一つ頼み事をしてもいいですか)」「ええ, どうぞ」"May [Can] I make another *request*?" "Certainly."

ねだん 値段 price Ⓒ; (原価) cost Ⓤ; (サービスなどの料金) rate Ⓒ, charge Ⓒ; (乗り物などの料金) fare Ⓒ; (実際に払う費用) expenses ★ 通例複数形で.
【類義語】商品の値段は **price** で, 「値段」という日本語に当たる最も普通の語. 「原価」は **cost** と言う. *cost* と **expense** はほぼ同じ意味に用いられることもあるが, *expense* は合計額を強調する意味が強い. いわゆる「料金」に当たる **rate, charge, fare** については ☞ りょうきん (類義語). 《☞ かかく; 買い物 (囲み)》
¶「この本の*値段はいかほどですか (⇒ この本は幾らですか)」「5 ドルです」"*How much* is this book?" "(It's) five dollars."
その*値段は高い (⇒ それは高過ぎる) It's too *expensive*. / The *price* is too high.
その*値段は安い (⇒ それは安い) It's ˹*cheap* [*inexpensive*]. [語法] 品質が落ちることなく安いのが inexpensive. また通常の値段に比べて格段に安いのを cheap と言う. さらに cheap には大量に供給されていて安い, または品質がよくなくて安いという意味が加わることがある. / The *price* is reasonable. ★「手ごろな値段」の意. / It's a reasonable *price*. 《☞ やすい (類義語)》
*値段を教えて下さい *How much* is it? / Please tell me *how much* it ˹is [costs].
このライターは手ごろな*値段だ This lighter *is* ˹moderately [reasonably] *priced*.
*値段が上がった[下がった] The *price* has gone ˹up [down]. / The *price* has ˹risen [fallen]. / (⇒ 値上げ[値下げ]した) They ˹raised [reduced] the *price*. / The *price* was ˹raised [reduced].
物の*値段がどんどん上がる *Prices* [*Commodity prices*] are ˹going up rapidly [soaring; skyrocketing]. 《☞ ぶっか》
古本にはよく法外な*値段のついていることがある (Some) secondhand books *are* often very

much *overpriced.*
その絵は5億円という目の玉の飛び出るような*値段で売れたそうだ I hear that the picture was sold at the staggering *price* of five hundred million yen.
贈り物は*値段より気持ちが大事だ It's not the *cost* of a gift but the thought behind it that counts.
スーパーマーケットは物の*値段が安い Supermarkets sell things at low *prices.* / You can buy things cheap at a supermarket.
あそこのホテルのシングルルームの*値段はどれくらいですか What's the ⌈*rate* [*charge*] for a single room in that hotel? / *How much* do they *charge* for a single room ⌈at [in] that hotel?
私は安い*値段でつまらないものを買うより, 高い*値段でもよいものを買うほうがいい I prefer to pay a high *price* for an excellent article rather than a low *price* for an inferior one.
値段表 price list Ⓒ.

ねちがえる 寝違える (寝ている間に筋違いをおこす) have a crick ⌈in *one's* sleep [while asleep].

ねちねち ¶ 彼は*ねちねちした人だ (⇒ しつこい人だ) He is a *persistent* person. / (⇒ 陰気な人だ) He is a *gloomy* person.

ねつ 熱 **1** «熱»: heat Ⓤ 《☞ ねっする》.
¶ 将来大規模な発電に太陽*熱が利用されるだろう In the future solar *heat* will be used to generate electric power on a large scale.
水に*熱を加えるとどうなるか (⇒ 熱せられると) What happens to water when it *is heated*?
2 «体温» ―名 temperature Ⓤ ★ 病気などの熱をいうときには a を伴うことがある; (正常より高い体温) fever Ⓤ. ―形 (熱のある) feverish. 《☞ 病気・病院 (囲み)》.
¶ *熱が少し上がった[下がった] My *temperature* has ⌈risen [fallen] slightly.
あくる日になっても*熱は下がらなかった My *fever* did not ⌈go down [abate] the following day.
少し*熱っぽい I think I have a ⌈little [slight] *fever.* / I ⌈feel [am] a little *feverish.*
*熱が正常に戻った My *temperature* returned to normal.
ぐっすり眠ったら*熱が引いた The *fever* ⌈left me [disappeared] while I was having a good sleep. / After a good sleep, I found the *fever* gone.
*熱を計ったら39度あった When I took my *temperature,* it was 39 degrees (centigrade). 参考 英米では体温をはじめ温度は普通華氏 (Fahrenheit) で計る. 39°C は約102°F. 《☞ 度量衡 (囲み)》
息子はよく扁桃(へんとう)腺炎で40度の*熱を出す My son often runs a *temperature* of 40 degrees ⌈centigrade [Celsius] from tonsillitis [tànsəláitis].
3 «熱中»: (勢い) energy Ⓤ; (熱烈さ) heat Ⓤ; (熱情・熱心) passion Ⓤ, fervor Ⓤ, ardor Ⓤ; (熱狂) enthusiasm Ⓤ; (一時的な熱狂) craze Ⓒ. 《☞ ねつい; じょうねつ》.
¶ 彼は*熱のないしゃべり方をした He spoke without ⌈*energy* [*enthusiasm*]. / He spoke *halfheartedly.*
*熱の入った議論が続いた A *heated* discussion continued.
討議の参加者はみな*熱を帯びてきた All the participants in the discussion ⌈*warmed up* [*got excited*].
もっと*熱を入れて (⇒ もっと熱心に) 仕事をやれ Work more *earnestly.*
彼は仕事にちっとも*熱が入らないようだ He seems to have no *enthusiasm* for his work.
彼女はその俳優に*熱を上げている (⇒ 熱中している) She is *crazy* about the actor.
彼の音楽への*熱は冷めた His ⌈*passion* [*enthusiasm*] for music has ⌈left him [cooled down; been dampened].
2人の仲も*熱が冷めた They *cooled off.*
彼女のその一言で彼の*熱も冷めた (⇒ 彼女のその一言が彼の情熱を冷ました) That statement of hers chilled his *passionate love* for her.
4 «流行»: (大流行) mania [méiniə] Ⓒ; (一時的な流行) fad Ⓒ, craze Ⓒ; (熱望・熱狂) rage Ⓒ. 《☞ りゅうこう; ねっきょう》.
¶ 野球*熱は依然として盛んだ The baseball *mania* is still prevalent.
健康食*熱は下火になった The health food *fad* has declined.
熱さまし antifebrile Ⓒ **熱病** fever Ⓒ.

ねつあい 熱愛 ―動 (情熱的に愛する) love ... passionately, have passionate love for ...; (情熱的に愛している) be passionately in love with ...; (首ったけである) 《口語》 be everything to ..., be head over heels (in love with ...). 《☞ ねつれつ》.
¶ 彼女はその青年を*熱愛している She *is passionately in love with* the young man. / (⇒ その青年は彼女にとってすべてである) The young man *is everything to* her.

ねつい 熱意 ―名 (熱心さ) eagerness Ⓤ; (あることに対する非常に強い興味) enthusiasm Ⓤ; (熱烈な興味) zeal Ⓤ ★ 形式ばった語. ―形 (熱意のある) eager; enthusiastic; zealous ★ 最後の語は形式ばった語. 《☞ ねっしん; ねつ; じょうねつ》.
¶ 彼はフランス語の学習に*熱意を示している (⇒ 熱心である) He is *eager* to learn French. // 彼女は古典バレエに大いに*熱意がある She is *enthusiastic* about classical ballet. // その子供はゲームに*熱意を示さない The child ⌈is not at all *interested in* [*shows no zeal for*] games. // 市民たちは減税運動にたいへんな*熱意を示した The citizens *were zealous* about the tax reduction campaign.

ねつえん 熱演 ―動 (上手に演じる) perform ... skillfully; (熱心に演じる) perform ... enthusiastically. ―名 (上手な演技・演奏) skillful performance Ⓒ; (熱と活気にあふれた演技・演奏) performance full of fire. 《☞ ねつ; えんそう; えんぎ[1]》.
¶ 彼のは*熱演だった (⇒ 彼は熱演した) He *performed* very *skillfully.* / His was a *skillful performance.* / (⇒ 彼の演技は熱にあふれてい

た) His *performance* was *full of fire*.

ネッカチーフ neckerchief Ⓒ, scarf Ⓒ.

ねつき 寝付き ¶この子は*寝付きがよい (⇒この子はベッドに入るとすぐ眠る) This child *falls asleep as soon as* ｢*he* [*she*] *gets into bed*. // 私は*寝付きが悪い (⇒容易には眠りにつけない) I *can't* ｢*fall asleep* [*go off to sleep*] *easily*.

ねっき 熱気 (温度が高い状態) heat Ⓤ; (熱いこと) hotness Ⓤ; (感情の強烈な興奮) heat Ⓤ; (一般的な意味での興奮) excitement Ⓤ; (熱狂) fever Ⓤ; (非常な熱意) zeal Ⓤ ★形式ばった語; (非常に強い興味を持って熱心であること) enthusiasm Ⓤ. (☞ねつ; ねつい).
¶会場は人の (⇒聴衆の) *熱気で暑くむんむんしていた The place was sultry and stifling with the *heat* ｢of [from] the audience. // 討論はますます*熱気を帯びてきた The discussion was getting more and more *heated*. // 彼の仕事には*熱気が感じられる (⇒彼は仕事を熱をこめてする) He does his work *with* ｢*great zeal* [*enthusiasm*].

ね

ねっきょう 熱狂 —形 (熱狂的な・熱烈な) enthusiastic; (常識を超えた熱心さの・狂信的な) fanatic(al); (極端に興奮した) extremely excited. —動 (…に非常に熱心である) be enthusiastic ｢over [about] …; (…に熱狂する) 《米口語》 enthuse ⓐ [語法] ⓗとして「熱狂させる」の意味にも用いる. enthusiasm からの逆形成 (back formation) でできた語; (手に負えないほど狂気じみる) be wild ｢with [about] …, go wild with … ★前者は「状態」, 後者は「動作」を表す; (夢中である) 《口語》 be [go] crazy about … ★ be は「状態」, go は「動作」を表す; (たいへん興奮する) be extremely excited ｢by [at; over] … [語法] by を用いると直接に行為を受けたことを意味するが, at, over は「…を聞いて, 見て」のように原因・理由を述べる言い方となる; (常軌を逸して熱心である) be fanatic(al) about … —名 enthusiasm Ⓤ; extreme excitement Ⓤ; 《口語》 craziness Ⓤ. (☞ねっき; ねっしん).
¶彼女は*熱狂的なウーマンリブだ She is a *fanatical* women's ｢libber [liberationist]. // 彼はクラシック音楽を*熱狂的に愛している He *is* ｢*enthusiastic* [*crazy*] *about* classical music. // その若い歌手に*熱狂する女の子が多い Many young girls *are wild about* the young singer. // 国民は彼の演説に*熱狂した The whole nation *was excited by* his speech. // 彼はジャイアンツの*熱狂的なファンだ He is an *enthusiastic* fan of the Giants.

ねつく 寝付く (眠り始める) get to sleep; (眠りに落ちる) fall asleep. (☞ねむる; ねつき).
¶昨夜はなかなか*寝つけなかった I could not *get to sleep* easily last night.

ネック (瓶の口のように細くて, 交通の渋滞するところ) bottleneck Ⓒ; (障害) obstruction Ⓒ. (☞しょうがい[1]).

ねづく 根付く (植物の根がつく) take [strike] root (in …) (☞ね[1]).

ネックレス (首飾り) necklace Ⓒ. ¶彼女は*ネックレスをしている She is wearing a *necklace*. / She has a *necklace* on.

ねっけつかん 熱血漢 ¶彼は*熱血漢だ (⇒血気にはやる人だ) He is a *hot-blooded man*. [語法] 必ずしもよい意味とは限らず, 怒りっぽい人をも意味する. / (⇒彼は情熱的な性格である) He has a *passionate* nature.

ねつじょう 熱情 —名 (激しい感情) passion Ⓤ ★ a を伴うことがある. (☞じょうねつ; ねつ; ねっしん). ¶彼は*熱情家だ (⇒熱情的な性格を持っている) He has a *passionate* nature. // 彼の演説は愛国の*熱情にあふれていた His speech was full of patriotic *ardor*.

ねっしん 熱心 —形 (何かをしたくてしようがないような気持ちをもっている) eager (for …; about …; to *do*); (一生懸命勉強したりまたは働いたりする) hardworking; (現在していることに対してまじめで真剣な) earnest ★以上3つは平易で日常的な語; (何かを追求するのに熱情的な) enthusiastic (over …; about …); (献身的な) devoted; (宗教に信仰のあつい・敬虔(けいけん)な) devout ★形式ばった語. —副 (一生懸命) hard, eagerly; (真剣に) earnestly; (献身的に) devotedly; (注意を集中して) attentively. —名 eagerness Ⓤ; earnestness Ⓤ; enthusiasm Ⓤ; (異常なほどの熱心さ) ardor (《英》 ardour) Ⓤ. (☞ねつい; ねつれつ; しんけん).
¶彼は*熱心な学生です (⇒学ぶことに一生懸命な学生だ) He is an *eager* student. / (⇒彼は一生懸命勉強する学生だ) He is a *hard-working* student. // あの子はあまり*熱心に勉強しない That child does not study very *hard*. // 彼は*熱心な (⇒敬虔な) クリスチャンです He is a *devout* Christian. // もっと*熱心に勉強しなさい Study *harder*. // 彼女は外国へ留学したいと*熱心に考えている She is *eager to* go abroad for study. // 彼女はクラシックバレエに*熱心です She is *enthusiastic* ｢*over* [*about*] classical ballet. // 聴衆は彼の演説に*熱心に聞き入った The audience listened to his speech *attentively*.

ねっする 熱する (熱を加える) heat ⓗ; (熱くなる) become hot, heat ⓐ ★前者のほうが一般的. (☞ねつ; あつい[1]).
¶その鉄棒を真っ赤になるまで*熱しなさい *Heat* the iron bar until it becomes red-hot. // その液体をガスバーナーで 90° まで*熱して下さい *Heat* the liquid over a gas burner to 90 degrees ｢centigrade [Celsius]. // 日本人は*熱しやすく冷めやすい (⇒興奮しやすく静まりやすい) The Japanese are easy to ｢*be* [*get*] *excited*, and easy to cool ｢down [off].

ねっせん 熱戦 (接戦) close ｢game [race; contest] Ⓒ; (追いつ追われつのゲーム) seesaw game Ⓒ; (激しい競争) hot contest Ⓒ; (わくわくするようなゲーム) exciting game Ⓒ. (☞せっせん[1]). ¶両チームの間には*熱戦が展開されるだろう (⇒我々は両チームの間にわくわくするようなゲームを期待している) We are expecting an *exciting game* between the two teams.

ねつぞう 捏造 —動 (うそや偽りのものを作り出す) forge ⓗ; (ないものを勝手に作り出す) invent ⓗ. —名 forgery Ⓤ; invention Ⓤ. (☞ぎぞう; でっちあげ).

ねったい 熱帯 ―名 the torrid zone, the tropics ★複数形で. 語法 the torrid zone は温帯・寒帯と比較して言うときの正式な呼称. the Torrid Zone, the Tropics と大文字で始める場合もある. ―形 (熱帯の・熱帯性) tropic. (☞ ちきゅう (挿絵)).
¶ *熱帯は北回帰線と南回帰線の間の地域である *The torrid zone* is the area between the tropic of Cancer and the tropic of Capricorn.
熱帯魚 tropical fish Ⓒ ★単複同形. ただし, 種類を言うときは tropical fishes となる. **熱帯植物** tropical plant Ⓒ **熱帯地方** the tropics **熱帯低気圧** (tropical) cyclone Ⓒ.

ねっちゅう 熱中 ―動 (ある目的を熱情をもって追求する) be enthusiastic 「over [about] ... 語法 「動作」を言うときは be の代わりに become, get を用いる; (専念する) devote *oneself* to ...; (異常なほど熱を上げる) have a mania for ...; (注意を奪われて夢中になる) be absorbed in ...; (興味・時間などを奪われて熱中する) be engrossed in ... ★多少堅苦しい言い方; (熱狂する) 《口語》 be crazy about ... ―名 enthusiasm Ⓤ; absorption Ⓤ; craze Ⓒ. (☞ ねっしん; むちゅう).
¶ 彼女はダンスに*熱中している She *is enthusiastic* 「*over* [*about*] dancing. / She *has a mania for* dancing. // 父はいつも仕事に*熱中しています My father always *devotes himself to* (his) work. // 私は読書に*熱中していたので玄関のベルが鳴ったのがわからなかった I *was* so *absorbed in* reading that I did not notice that the doorbell had rung.

ネット ―名 net Ⓒ. ―動 (ボールをネットに引っかける) net ⑩. ¶ *ネットを張ってテニスをしよう Let's put up a *net* and play tennis. // ボールを*ネットに当ててしまった I *netted* the ball. / (⇒ボールがネットに当たった) The ball hit the *net*.

ねっとう 熱湯 boiling (hot) water Ⓤ 語法 hot water は単に温度が高いというだけで, 必ずしも熱湯の意にはならない. (☞ ゆ).
¶ ポットに茶さじ2杯の茶を入れ*熱湯を注いで下さい Put two teaspoonfuls of tea into the pot and pour in *boiling* (*hot*) *water*. // この湯は*熱湯ですよ This water is *boiling* (*hot*).

ねっとり ―形 (粘性のある・べとべとする) sticky; (じっとりした・冷たくべとつく) clammy.
¶ 彼の手は汗で*ねっとりしていた His hand was 「*sticky* [*clammy*] with perspiration.

ねっぷう 熱風 hot wind Ⓒ; (焼け焦がすような熱い風) scorching wind Ⓒ. (☞ かぜ[1]).

ねつべん 熱弁 ¶ 彼は会議で*熱弁を振るった (⇒印象深い演説をした) He *made an impressive speech* at the conference.
【参考語】 ―名 (印象深い演説) impressive speech Ⓒ ★一般的表現; (熱烈な演説) fiery [impassioned] speech Ⓒ. ―動 (長い演説をする) make [deliver] a long speech.

ねつぼう 熱望 ―動 (...したいと強く願う) long 「for ... [to *do*] 語法 やや文語的なニュアンスで「熱望する」という日本語の語感に近い; (...したくてたまらない) be eager to *do*; (事の成否に不安はあるがぜひ...であって欲しいと思う) be anxious 「to *do* [for ...; that ...]; (死ぬほど...したい) 《口語》 be dying 「for ... [to *do*]. ―名 longing Ⓤ; (熱烈な願い) ardent wish Ⓒ; eagerness Ⓤ. (☞ ねがう; せつぼう; 意志・願望の表現 (囲み)).
¶ 私はあなたにお会いすることを*熱望しています I *long* [I'm *longing*] *to* see you. 語法 進行形のほうが感情がこもっている. // 我々は平和を*熱望している We *long for* peace.

ねづよい 根強い ―形 (感情・偏見などが深く根ざした) deep-rooted, deeply rooted. (☞ ね[1]; ねぶかい). ¶ その国には*根強い人種偏見がある There is (a) 「*deep-rooted* [*deeply rooted*] racial prejudice in the country.

ねつりょう 熱量 the 「quantity [amount] of heat; (単位) calorie Ⓒ 参考 calory ともつづるが, 前者が一般的. (☞ カロリー).

ねつれつ 熱烈 ―形 (燃えるような熱心さを持った) ardent; (持続的な熱情を内に秘めた) fervent; (情熱的な) passionate; (熱狂的な) enthusiastic. ―副 ardently; fervently; passionately; enthusiastically. (☞ ねっしん; ねっきょう; じょうねつ).
¶ 彼は*熱烈な音楽愛好家だ He is a *great* fan of music. / He is an *ardent* lover of music. / He is *passionately* fond of music. // 彼は*熱烈な祈りを捧げた He offered a *fervent* prayer. // 彼らは*熱烈に愛し合っていた They were *passionately* in love with each other. // 彼はその詩人の*熱烈な崇拝者だ He is an *enthusiastic* admirer of the poet.

ねどこ 寝床 bed Ⓒ (☞ とこ 参考; ベッド).
¶ 私は寝巻きも着ないで*寝床に入った I got into *bed* without (my) pajamas (on). 語法 get into bed は寝床に入る動作を指す. // 彼は*寝床から起きた[飛び起きた] He 「got [jumped] out of *bed*. // *寝床でたばこを吸ってはいけません Don't smoke *in bed*.

ねとまり 寝泊まり ―動 (滞在する) stay (at ...; with ...) ⓐ 語法 at は「場所」, with は「人」が目的語. (☞ とまる[2]; しゅくはく).

ねばつく 粘つく ―形 (ねばねばする) sticky; (にかわのように粘りが強い) gluey, glutinous ★後者のほうが改まった語. (☞ ねばる; べとべと; くっつく). ¶ 私の手は汗で*粘ついている My hands are *sticky* with perspiration.

-ねばならない must, have to, have got to.
【類義語】 どうしてもしなくてはならないという強い義務を表すのは **must**. それよりも口語的で柔らかい表現が ***have to*** である. 元来 *have to* は話者の意志ではなく客観的な状況から何かをせざるを得ないことを表したが, 《米》では現在は *must* よりも口語的な表現という区別しかされていない. なお, 2人称に向かって, 平叙文で *must* を用いると, 話者の主観が強く感じられるので普通は避けたほうがよい. かなりくだけた口語的な感じで「...せねばならない」という表現が ***have got to*** である. *have to* よりもさらにくだけた感じの言葉である点を除けばほぼ同意であるが, 次のような相違が起こることがある点に注意. ((例) 私は東京で乗り換え*ねばならない I *have to* trans-

ね

fer at Tokyo (Station). ★ いつも決まって乗り換えるという意味になる. / I *have* [I've] *got to* transfer at Tokyo (Station). ★ いつもかどうかは別として, いまは乗り換えなくてはならないという意味.)

[語法] (1) **疑問文**: must は助動詞で, 疑問文では主語の前に must を置く. ((例) 私は行か*ねばなりませんか *Must* I go?). それに対して, have to は do を用いて疑問文にする. ((例) あなたはそれをいまし*なければなりませんか Do you *have to* do it now?). また have got to は疑問文においては have を主語の前に置く. ((例) あなたはそれをきょう仕上げ*ねばなりませんか *Have* you *got to* finish it today?)

(2) **否定文**: must の否定形は must not (短縮形は mustn't [mʌ́snt]), have to の否定形は don't have to, have got to の否定形は haven't got to である. must not は「…してはならない」という禁止の意味になり, don't have to, haven't got to はいずれも「…しなくてもよい」という意味になる. 否定の場合のこの意味の相違に注意.

(3) **過去形と未来形**: must には過去形がないので, 過去時制においては had to を代わりに用いるのが普通である. ((例) 私はそこに行か*ねばならなかった I *had to* go there.). さらに, 未来の意味を表す場合にも, must は will, shall と併用されないので have to が代わりに用いられる. ((例) あしたは学校を休ま*ねばならないだろう I *will have to* ⌜be absent [absent myself] from school tomorrow.) (☞ 義務の表現 (囲み)).

¶ 私は(どうしても)すぐに行か*ねばならない I *must* go at once. / I *have to* go right away. [語法] 後者は特に《米》では, must を用いるよりも口語的な言い方とされる.

「もうお帰りになるんですか」「はい, もう行か*ねばなりません」"*Must* you go so early?" "Yes, I *must* ⌜be going now [say good-by(e) now]." [語法] 2人称に対する疑問文に must を用いると, 相手の主観的な判断を聞いているので, 平叙文の場合とは違い, かえって丁寧な感じになる.

「あなたはどうしてもきょうそこへ行か*ねばなりませんか」「ええ, どうしても行かなくてはならないのです」"*Do* you *have to* go there today?" "Yes, I *have to.*" [語法] Do you have to …? の答えは Yes, I do. / Yes, I have to. のいずれでもよいが, 後者のほうが強調的.

「次の停留所で乗り換え*ねばなりませんか」「いいえ, 乗り換えなくてもいいんですよ」"*Do I have to* transfer at the next stop?" "No, you don't." [語法] Do I have to …? の答えで, 「…しなくてもよい」の場合は No, you don't. / No, you don't have to. のいずれでもよく, 意味はほとんど変わらない.

ちょっと待って下さい. 電話をかけ*ねばならないので Wait a minute, please. I'*ve got to* make a phone call.

ねばねば ―[形] (ねばねばした) sticky; (にかわのように粘る) gluey. (☞ ねばつく; べたべた).

ねばり 粘り **1** «粘性» ―[名] (ねばねばくっつくこと) stickiness [U]; (粘着性) adhesiveness [U] ★ 改まった語. ―[形] sticky; adhesive. (☞ ねばる; ねばつく). ¶ このりは*粘りがなくなった This ⌜starch [adhesive] has lost its *adhesiveness.*

2 «根気»: (不屈な粘り強さ) tenacity [U]; (困難と取り組み弱音を吐かず頑張る根気強さ) perseverance [U]; (根性) 《口語》 guts ★ 複数形で. (☞ ねばりづよい). ¶ 彼には*粘りがない He is lacking in ⌜*tenacity* [*perseverance*]. / (⇒ 根性がない) He has no *guts.* ★ 口語的表現.

ねばりづよい 粘り強い ―[形] (粘り強い・しつこいほど追求する) persistent [語法] よい意味にも, 「しつこい」という悪い意味にも使う; (着実で堅実な) steady; (頑固(がんこ)でなかなか折れない) stubborn; (行為・意見などについて執拗に固執する) tenacious ★ 形式ばった語; (困難に取り組んでもくじけない) persevering. (☞ こんき[1]; にんたい).

¶ 彼の*粘り強い努力はいつか実を結ぶだろう His ⌜*persistent* [*steady*] efforts will bear fruit some day. // 英語の勉強は*粘り強く (⇒こつこつと着実に) やらなくてはなりません You must study English *slowly* ⌜*but* [*and*] *steadily.* // 我々は住民の*粘り強い抵抗にあった We met with ⌜*stubborn* [*tenacious*] resistance from the residents.

ねばる 粘る **1** «くっつく»: (一般的には) be sticky; (粘着性がある) be adhesive ★ 改まった語; (…にくっつく) adhere (to …) [自]. (☞ ねばり; くっつく). ¶ このりはよく*粘る This paste *is* very *sticky.*

2 «根気よく続ける»: (仕事などにしがみついてあくまで頑張る) stick (to …) [自] 《過去・過分 stuck》; (…し続ける) keep on *doing.* (☞ ねばりづよい; こんき[1]). ¶ 私は真夜中まで*粘って仕事をした I ⌜*stuck to* [*stayed at*] my work till midnight. // 彼女は外出の許可をくれと*粘った (⇒ 頼み続けた) She *kept on* asking for permission to go out.

ねびえ 寝冷え ―[動] (寝ている間に風邪を引く) catch (a) cold while ⌜asleep [sleeping] (☞ かぜ[2]).

ねびき 値引き ―[動] (割り引く) discount [他], give a discount (on …); (価格を切り下げる[低くする, 減じる]) cut [lower; reduce] a price [語法] 表現としては cut を用いるほうが平易であるが, 店で一般に用いられる言葉は discount である. lower, reduce を使うと少し改まった表現. ―[名] discount [C], reduction [C]. (☞ わりびき; ねさげ; ねぎる).

¶ あのデパートでは夏物の*値引きをしている That department store *is discounting* all summer wear. // あの店では日曜日には*値引きする On Sundays they *cut prices* at that

「大幅値引き. 2割から5割」という掲示

store. // 「*値引きしてもらえますか」「はい, 現金なら1割*値引きいたします」"Could you *give* me *a discount*?" "Yes, sir. We *give a* ten percent *discount on* all cash purchases." // このテレビに新しい型ができたので*値引きになっている These TV's *are* being sold *at reduced prices* to make way for (the) newer models.

ねぶかい 根深い —[形] (心の中に深く根ざした) deep-rooted; (しっかりと定着している) firmly established. (☞ ね[1]; ねづよい).
¶ その習慣は日本の社会に*根深いものである The custom *has been firmly established* in Japanese society.

ねぶくろ 寝袋 sleeping bag Ⓒ (☞ キャンプ(挿絵)).

ねぶそく 寝不足 (睡眠が不足していること) lack [want] of sleep Ⓤ. ¶ きょうは*寝不足で (⇒ 昨夜よく眠れなかったので) 頭がぼんやりしている I feel drowsy today because I *did not* ˹*sleep well* [*get much sleep*] last night. // 彼は*寝不足で病気になった He became sick because of *lack of sleep*.

ねぶみ 値踏み —[動] (…に値段をつける) set [put] a price ˹on [for] …; (宝石・不動産などの鑑定をする) appraise (他) ★ 形式ばった語; (値段を見積もる) value (他). —[名] appraisal Ⓤ; valuation Ⓤ. (☞ みつもる; かんてい[1]).
¶ この絵はどのくらいと*値踏みしますか (⇒ どのくらいの値をつけますか) What *price* would you *set* ˹*on* [*for*] this picture?

ねぼう 寝坊 —[動] (寝過ごす) oversleep (自); (遅く起きる) get up late (自). (☞ ねすごす; あさね). ¶ けさは*寝坊して学校に遅刻した I *overslept* and was late ˹for [to] school this morning. // 彼は*寝坊だ (⇒ 遅く起きる人だ) He is a *late riser*.

ねぼける 寝惚ける (半分眠っている) be half asleep; (完全には目が覚めていない) be not fully awake.
¶ 私は*寝ぼけていたので, 何が起こったのかわからなかった I did not understand what had happened because I *was* ˹*half asleep* [*not fully awake*]. // *寝ぼけるな (⇒ 油断するな, しっかり気をつけろ) Look sharp! // 何を*寝ぼけているのだ (⇒ 何とばからしいことを言うのだ) What nonsense! / (⇒ ばかなことを言うな) Stop that nonsense!

ねほりはほり 根掘り葉掘り ¶ 彼は私たちの計画について*根掘り葉掘り尋ねた (⇒ 計画の詳細についてとても知りたがった) He *was* very ˹*eager* [*curious*] *to know the details* of our plan. / (⇒ 彼は詮索(せんさく)的で計画について多くの質問をした) He *was inquisitive* (*and asked many questions*) *about* our plan. // 彼女は他人のことを*根掘り葉掘り聞きたがる (⇒ 詮索するのが好きだ) She likes to *pry into* other people's affairs. (☞ せんさく)

ねまき 寝巻き, 寝間着 (総称的に) nightclothes ★ 複数形で; (パジャマ) pajamas ((英)) pyjamas) ★ 複数形で. [語法] 数を数えるときは a pair of … を用いる. また形容詞的に用いるときは単数形となる. ((例) パジャマのズボン *pajama* trousers); (丈が長くゆるい婦人・子供用の寝巻き) nightgown Ⓒ, nightdress Ⓒ ★ 前者のほうが一般的. (☞ パジャマ; 衣服(囲み)).
¶ 私は*寝巻きに着替えた I put on ˹*pajamas* [*a nightgown*]. // 彼は寝るときに*寝巻きを着ない He doesn't wear *nightclothes* in bed.

pajamas nightgown

ねまわし 根回し —[動] (木の根の回りを掘る) dig around the roots of a tree; (下地を作る) lay the ˹groundwork [foundations] (for …); (議会・会議などの議決を前に裏工作をする) lobby (自). (☞ こうさく[1]).
¶ 彼は新しい法案の*根回しをしている He *is lobbying for* the new bill.

ねみみ 寝耳 **寝耳に水** ¶ それはまったく*寝耳に水だった (⇒ 私はそれについては一度も聞いたことがなかった) I *had never heard of* it. / (⇒ 青天の霹靂(へきれき)だった) It was *a bolt* ˹*from* [*out of*] *the blue*.

ねむい 眠い —[形] sleepy; (眠気を起こさせるような) drowsy. (☞ ねむる; ねむけ). ¶ きょうは英語の時間にとても*眠かった I was very *sleepy* during the English class today. // 彼女は*眠そうな顔をしている She looks ˹*sleepy* [*drowsy*].

ねむけ 眠気 —[名] (眠いこと) sleepiness Ⓤ; (眠くてぼんやりすること) drowsiness Ⓤ. (☞ ねむい; ねむる).
¶ この風邪薬を飲むと*眠気を催します (⇒ この風邪薬はあなたを眠くする) This cold pill will make you *sleepy*. // *眠気を催すような音楽だ It's *sleepy* music. // 彼の講義は*眠気を催す His lecture is ˹*sleepy* [*dull*]. // 私は*眠気覚ましに (⇒ 眠気を払いのけるために) コーヒを飲んだ I had a cup of coffee to shake off (my) *drowsiness*.

ねむり 眠り (睡眠) sleep Ⓤ; (深い眠り・熟睡) 《文語》 slumber Ⓤ. (☞ すいみん).
¶ 私は*眠りが浅い [深い] I sleep ˹*poorly* [*deeply*; *soundly*]. / (⇒ 浅く[深く]眠る人だ) I am a ˹light [heavy] *sleeper*. // 彼は深い*眠りに落ちた He fell into a deep *sleep*. / (⇒ ぐっすり眠ってしまった) He *fell* fast *asleep*. // 王は永遠の*眠りについた (⇒ 亡くなった) The king *went to sleep*. [語法] この場合の go to sleep は「死ぬ」という意味の婉曲的な表現.
眠り薬 sleeping pill Ⓒ.

ねむる 眠る —[動] sleep (自) 《過去・過分 slept》 (↔ wake). —[形] (眠って) asleep (↔ awake) ★ 述語的にのみ用いる. (☞ 形容詞の2用法(欄外)). —[名] sleep Ⓤ. (☞ ねる[1]; すいみん).
¶ 私は8時間*眠る I *sleep* (for) eight hours. // 赤ん坊は揺りかごの中ですやすや*眠っている The baby *is sleeping* peacefully in the cradle. // 赤ん坊はやっと*眠った The baby

ね

fell *asleep* at last. // 彼はぐっすり*眠っている He is fast *asleep.* / (⇒ 熟睡している) He *is sleeping* like a ˹log [top]. // 昨夜はよく*眠れた[*眠れなかった] I *slept* ˹well [badly] last night. // 彼は疲れていたがなかなか*眠れなかった (⇒ 眠りは遠くにあるようだった) He was tired, but *sleep* seemed far away. // 騒音で昨夜は*眠れなかった (⇒ 騒音が私を眠らせなかった) The noise kept me *awake* last night.

ねもと 根元 root Ⓒ《☞ ね¹; つけね》. ¶その木は*根元から (⇒ 根元の近くで) 折れた The tree broke near the *roots.* // 私はその木を*根元から切り倒した I cut down the tree *at the roots.* // 私は雑草を*根元から引き抜いた I pulled out the weeds *by the roots.* / I *rooted* ˹*out* [*up*] the weeds.

ねものがたり 寝物語 (夫婦の) talk in bed Ⓒ; (子供のためのおとぎ話) bedtime story Ⓒ.

ねらい 狙い **1** «目標»: aim Ⓤ; (的) mark Ⓒ, target Ⓒ. 《☞ まと; しょうじゅん》.
¶ハンターはくまに*ねらいを定めた The hunter *took aim at* the bear. / (⇒ くまをねらった) The hunter *aimed at* the bear.
2 «目的»: aim Ⓒ 《☞ もくてき (類義語)》. ¶彼の*ねらいはもっとよい地位を手に入れることだ His *aim* is to get a better position. / (⇒ 彼はもっとよい地位を手に入れることをねらっている) He *is aiming at* getting a better position. // 彼は*ねらいが外れたらしい He seems to have missed his *aim.* // この質問の*ねらい (⇒ 要点) がわからない I don't see the *point* of this question.

ねらいうち 狙い撃ち **—** 動 (敵などを隠れた所からねらい撃ちする) snipe at ... 《☞ そげき》.

ねらう 狙う **1** «弓や銃で»: aim at ..., take aim at ... 《☞ まと》. ¶私は的を*ねらった I ˹*aimed* [*took aim*] *at* the ˹mark [target]. // よく*ねらって撃ちなさい (⇒ 撃つ前によくねらいなさい) *Take* ˹good [careful] *aim* before you shoot.
2 «目当てとする»: (目指す) aim ˹at [for] ... [語 法] 「…を手に入れようとして」という意味では for を用いる; (追い求める) be after ...; (手に入れようとうかがう) watch for ...; (目をつける) have an eye on ... 《☞ めざす》.
¶私は一等賞を*ねらっている (⇒ 一等賞を目指している) I *am aiming at* (getting) the first prize. / I *am aiming for* the first prize. // 私は命を*ねらわれている (⇒ だれかが私の命をねらっている) Somebody *is* ˹*after* [*seeking*] my life. / (⇒ 殺そうとしている) Somebody *is trying to kill* me. // 彼は逃亡の機会を*ねらっている He *is watching for* a chance to escape. // 彼は社長のいすを*ねらっている (⇒ 社長の地位に目をつけている) He *has an eye on* the presidency. // 泥棒が私の留守を*ねらって (⇒ 私が留守のとき) 家に入った The thief broke into my house *when I was away.* // 猫が小鳥を*ねらっていた (⇒ いまにも飛びかかろうとしていた) The cat *was going to* ˹*jump* [*pounce*] (*up*)*on* the bird *at any moment.*

ねりあるく 練り歩く (整然と列をなして進む) parade ⊕; (行進する) march (in (a) procession) ㊀. 《☞ ジグザグ; こうしん¹》. ¶デモ隊は通りを*練り歩いた The demonstrators ˹*paraded* [*marched in* (*a*) *procession* through] the street.

ねりなおす 練り直す (再考する) reconsider ⊕ 《☞ ねる²; さいこう²; さいけんとう》. ¶計画を*練り直すべきだ (⇒ 再考すべきだ) We should *reconsider* the plan.

ねる¹ 寝る **1** «床につく»: (一般的に) go to bed 《☞ とこ; 冠詞 (欄外)》.
¶「あなたは普通何時に*寝ますか」「11 時です」"What time [When] do you usually *go to bed?*" "At eleven (o'clock)." // 彼は*寝るのが早い[遅い] (⇒ 早く[遅く]寝る) He *goes to bed* ˹early [late]. / He *keeps* ˹*early* [*late*] *hours.* // そろそろ*寝る時間ですよ It's time (for you) to *go to bed* now. / It's time (that) you *went to bed.* [語 法] 口語では that を付けないことが多い. 従属節の動詞は仮定法過去形を用いる. 《☞ 仮定の表現 (囲み)》
2 «眠る»: (目を閉じて眠る) sleep ㊀ 《過去・過分 slept》; (寝入る[寝つく]) get [go] to sleep [語 法] go to sleep には「死ぬ」という意味もある. 《☞ ねむる》.
¶昨夜はよく*寝られましたか Did you *sleep* well last night? / Did you *have a good* ˹*sleep* last night [night's *sleep*]? ★ この sleep は名詞. // 彼はまだ*寝ている He's still ˹*in bed* [*sleeping*]. // 彼女は病気の子を*寝ずに (⇒ 睡眠なしで) 看病した She looked after her sick child without *sleeping.* / (⇒ 病気の子の世話をするため一晩中起きていた) She ˹*sat* [*stayed*] *up* all night to look after her sick child. // 彼は*寝る間も惜しんで (⇒ 睡眠を切り詰めて) 勉強した He studied (for) a long time by cutting down on his *sleep.* // *寝ても覚めても彼女はそのことを考えていた She was thinking about it both awake and *asleep.* / (⇒ それはいつも彼女の気にかかっていた) It was always on her mind. // それは*寝た子を起こすようなものだ (⇒ 寝ているライオン[犬]を起こすようなものだ) It's just like *waking a sleeping* ˹*lion* [*dog*].
3 «病気で»: be ˹sick [ill] in bed [語 法] 《米》では主に sick を, 《英》では ill を用いる; (病気で寝込む) be laid up with ... [語 法] with の後には病名がくる. be sick in bed with ... ともいう. 《☞ びょうしょう; ねこむ》.
¶彼女は病気で*寝ています She *is* ˹*sick* [*ill*] *in bed.* // 彼は風邪で*寝ています He *is laid up with* a cold. // 医者は*寝ているようにと (⇒ 床の中にいるようにと) 私に言いました The doctor told me to *stay in bed.*
4 «横になる»: lie (down) ㊀ 《過去 lay; 過分 lain》 《☞ ねそべる; ねころぶ》. ¶私は草の上に*寝るのが好きだ I like to *lie* on the grass. // 彼は床にごろりと*寝た He *lay down* on the floor. // 彼は仰向けに*寝た He *lay down* on his back.

ねる² 練る **1** «粉を»: knead [ní:d] ⊕ 《☞ こねる》. ¶彼女はパン生地をよく*練った She *kneaded* the dough thoroughly.
2 «案・文章・胆力などを»: (慎重に考え出す)

work out ... carefully ; (文章などを修正して改善する) revise ⓗ; (細部まで入念に仕上げる) elaborate (on ...) ⓐ ★ ⓗ の用法もある ; (文章などにみがきをかけて完璧を期す) polish ⓗ.
¶ 私たちは計画を*練った (⇒ 慎重に計画を立てた) We *carefully worked out* ⌈a [our] plan. / (⇒ 入念に計画を立てた) We *elaborated* ⌈a [our] plan. // 文をよく*練るべきだ You should *revise* your expressions carefully.

ネル flannel Ⓤ ; (綿ネル) flannelette Ⓤ.

ねれた 練れた ━ 形 (円熟した) mature, mellow ; (洗練された) refined. ¶ 彼は*練れた人だ (⇒ 円熟した人格の持ち主だ) He is a man of *mellow* character. // 彼は*練れた文章を書く He has a *refined* writing style.

ねわざ 寝技 groundwork techniques ★ 通例複数形で ; lying-down trick Ⓒ.

ねん[1] 年 **1** «1 年» ━ 名 year Ⓒ. ━ 形 (1 年 1 度の) annual, yearly [語法] 後者のほうが平易な語だが, 公式用語には前者のほうがよく使われる. (☞ とし[1] ; ねんかん[1]).
¶ 私たちは 3 *年前に新しい家に引っ越しました We moved to our new house three *years* ago. // 新しい校舎は 2*年後に完成します The new school building will be completed in two *years*. // 私たちは*年に 1 回[2 回]東京に集まります We meet in Tokyo ⌈once [twice] *a year*. [語法] 3 回以上は three times a year のように言う. // オリンピックは 4*年毎に開かれます The Olympic Games take place every four *years*. // これは*年に一度のお祭りです This is ⌈an *annual* [a *yearly*] festival. // 「あなた方は結婚してから何*年 (⇒ どのくらい) になりますか」「3 *年になります」"How ⌈long [many *years*] have you been married?" "Three *years*." (☞ 時・期間の表し方 (囲み)) // 父が亡くなってから 3*年になります It is three *years* [Three *years* have passed] since my father died. (☞ 性・数・人称の一致 (欄外)) / (⇒ 父は 3 年前に死んだ) My father died three *years* ago.

「年一度のセール」という掲示

2 «西暦や年号の» : year Ⓒ [語法] 「1980 年」という場合, 特にその年を強調するときは in the year (of) 1980 のように言うが, 普通は in 1980 のように言う. 1980 は nineteen eighty と読む. (☞ 時刻・日付・曜日 (囲み)).
¶ 「あなたは何*年生まれですか (⇒ いつ生まれましたか)」「1970[昭和 45]*年生まれです」"When were you born?" "I was born *in* ⌈*1970* [the 45th *year* of Showa ; Showa 45]. // 鉄道が初めて敷かれたのは明治何*年ですか In what *year* of Meiji was the first railroad built?

3 «学年» : year Ⓒ ; (主に小・中学校の) 《米》 grade Ⓒ. (小学校の) 《英》 form Ⓒ [語法] 「...年目の学年」という意味では《米》《英》ともに小学校から大学まで year が用いられる. (☞ 学校・教育 (囲み) ; いちねんせい ; にねんせい).
¶ あなたは何*年生ですか What ⌈*grade* [*year*] are you in? // 私は高校 1[2]*年生です I am in the ⌈first [second] *year* of high school. / I am in the ⌈tenth [eleventh] *grade*. / I am a (high school) ⌈*freshman* [*junior*]. [語法] 文脈から高校ということが明らかなときは high school を略してもよい. // 彼らはみんな小学 1 *年生でした They were all in the first ⌈《米》 *grade* [《英》 *form*]. / 《米》 They were all first *graders*. [語法] 同じように, 2, 3 年生などは second *grader*, third *grader* とも言う. // 兄は大学 2*年生です My brother is a ⌈college *sophomore* [*sophomore* in college].

ねん[2] 念 (観念) sense Ⓒ ; (感じ) feeling Ⓒ.
¶ あなたには感謝の*念が欠けている You have no *sense* of gratitude. / You lack a *sense* of gratitude. // 私は突然不安の*念にかられた (⇒ 不安な感じでいっぱいになった) I was suddenly filled with ⌈an uneasy *feeling* [a *feeling* of uneasiness]. // 彼に対して尊敬の*念を抱いている人は多い Many people have *respect* for him. / Many people *respect* him.
念を入れる ¶ 私たちは*念を入れて (⇒ 注意深く) 部屋を掃除した We cleaned the room *carefully*. (☞ ねんいり) // 念には*念を入れたほうがよい (⇒ 二重に確かめるべきだ) You should *make* it ⌈*doubly* [*double*] *sure*. / (⇒ 注意してもしすぎることはない) You cannot be too careful. (☞ ねんいり ; ねんのため)
念を押す ¶ その点については彼に*念を押しました (⇒ 思い出させた) I *reminded* him *of* that point.
念のため ☞ 見出し.

ねんいり 念入り ━ 形 (注意深い) careful ; (手の込んだ) elaborate. ━ 副 (注意深く) carefully ; (精巧に) elaborately. (☞ ねん[2] ; たんねん). ¶ 私たちはその件を*念入りに調査した We *carefully* investigated the matter. / (⇒ 念入りな調査をした) We made a *careful* investigation ⌈into [of] the matter. // この家具は*念入りに作ってある This furniture is ⌈*elaborately* [*exquisitely*] made.

ねんえき 粘液 mucus Ⓤ.

ねんが 年賀 (あいさつの言葉) New Year's greetings ★ 複数形で用いるのが普通 ; (訪問) New Year's ⌈visit [call] Ⓒ. (☞ ねんし).
¶ *年賀のあいさつを交わす exchange ⌈*New Year's greetings* [*greetings of the New Year*] // *年賀に行く pay a *New Year's* ⌈*visit* [*call*]
年賀状 New Year's card Ⓒ. ¶ *年賀状を出す send a *New Year's card* **年賀はがき** (郵便局で売り出されるはがきの名称として) post-card bearing New Year's greetings Ⓒ ; (送られてきたはがき) New Year's card Ⓒ.

ねんがく 年額 annual ⌈amount [sum] Ⓒ (☞ ねんかん[1]). ¶ 「あなたの税金は*年額いくらですか」「約 20 万円です」"How much tax do you *pay every year*? / What is the *annual amount* of your tax?" "About two hundred thousand yen."

ねんがっぴ 年月日 (日付) date Ⓒ《☞ ひづけ; 時刻・日付・曜日 (囲み)》. ¶ 書類に*年月日を書き込んで下さい Fill in the *date* on the ⌈paper [form], please.

ねんがらねんじゅう 年がら年中 (いつも) always; (年間を通して) throughout the year, all the year round. 《☞ ねんじゅう》.

ねんかん[1] 年間 ―[副] (毎年) every year; (1 年につき) a [per] year; (…年間) for … years [語法] 行為の継続期間を表す. なお「過去[向こう]…年間」の場合は for the ⌈past [next] … years の形になる; (過去…年間に) during the past … years; (向こう…年間に) within … years. ―[形] (1 年の) annual. 《☞ 時・期間の表し方 (囲み)》.

¶ 売り上げ高は*年間 (⇒ 1 年につき) 1 千万円に達する (The) sales amount to ten million yen ⌈*a* [*per*] *year*. // 来年度の*年間計画を立てるべきです We should make a *one-year* plan (for the coming year). // あなたの*年間所得はいくらですか What is your *annual* income? // 私はこの 3 *年間お花を習っています I have been taking lessons in flower arrangement *for the past* three *years*.

ねんかん[2] 年刊 ―[形] (年刊の) annual, yearly. ―[副] (1 年毎に) annually, yearly. ―[名] annual publication Ⓒ. ¶ この雑誌は*年刊です (⇒ 毎年発行されます) This magazine is published ⌈*yearly* [*annually*]. / This is ⌈a *yearly* [an *annual*] *publication*.

ねんかん[3] 年鑑 yearbook Ⓒ. ¶ 科学[経済]*年鑑 a scientific [an economic] *yearbook*

ねんがん 念願 ―[名] *one's* wish Ⓤ; (夢) dream Ⓒ. ―[動] (願う) wish (他); (欲する) want (他). 《☞ しゅくがん; ゆめ; ねんらい》.

¶ 私の*念願がついにかなった (⇒ 夢がついに本当になった) My ⌈*dream* has [*dreams* have] come true at last. ★ 口語的表現. / My ⌈*wish* has [*wishes* have] been fulfilled at last.

ねんき 年季 ¶ 彼は*年季の入った (⇒ 熟練した) 大工だ He is ⌈a *skilled* [an *experienced*] carpenter. // 何事も*年季を入れなければうまくできない (⇒ どんなことでも上手になるには長年の経験がなければならない) You must have *many years' experience* to be good at anything.

ねんきん 年金 pension Ⓒ; (一定の金額を納めておいて後でもらう年金) annuity Ⓒ.

¶ 両親は*年金で暮らしています My parents live on a *pension*. // *年金をもらえるのはいつからですか What is the ⌈lowest [minimum] age for ⌈receiving [getting] a *pension*? // 厚生*年金 a welfare *annuity* // 国民*年金 a national *annuity* // 終身*年金 a lifetime *annuity* // 老齢*年金 the ⌈retirement [old-age] *pension* ★ retirement のほうが普通.

年金受領者, 年金生活者 pensioner Ⓒ, annuitant Ⓒ.

ねんぐ 年貢 (土地に課せられる税) land tax Ⓒ. **年貢の納め時** ¶ おまえもそろそろ*年貢の納め時だ (⇒ もうおまえもおしまいだ) It's all over with you.

ねんげつ 年月 (時間・時) time Ⓤ; (年) years ★ 複数形で. 《☞ さいげつ; つきひ》.

¶ その後長い*年月が過ぎた Many *years* have passed since then. // 橋を完成するのに長い*年月がかかった It took ⌈a long *time* [many *years*] to build the bridge. // *年月を経た (⇒ 古い) 大木 a big *old* tree

ねんげん 年限 (期限のある期間) term Ⓒ; (長短にかかわりなくある期間) period Ⓒ. 《☞ きかん[1]; きげん[2]》. ¶ 私は 2 年の*年限で土地を借りた I rented the land for a ⌈*term* [*period*] of two years.

ねんこう 年功 (長い間の勤続) long service Ⓤ; (長年の経験) long experience Ⓤ.

年功序列 (制度) seniority system Ⓒ. ¶ 昇進は*年功序列による Promotion ⌈is made on the basis of [goes by] *seniority*.

ねんごう 年号 name of an era [í(ə)rə] Ⓒ.

ねんごろ 懇ろ ―[形] (親切な) kind; (丁寧な) polite; (歓迎などが暖かい) warm; (丁重で親切な) courteous; (心からの) hearty, cordial [語法] hearty のほうが意味が強く親しみのある語; (もてなしのよい) hospitable. ―[副] kindly; politely; warmly; courteously; cordially; hospitably. 《☞ しんせつ[1]; ていちょう[1]; あたたかい》.

¶ 私たちは*ねんごろなもてなしを受けた We received a ⌈*warm* [*hearty*] welcome. / (⇒ 私たちは暖かく迎えられた) We were *warmly* ⌈received [welcomed].

ねんざ 捻挫 ―[名] sprain Ⓒ. ―[動] sprain (他). 《☞ くじく》. ¶ 彼はつまずいて足首を*捻挫した He tripped and *sprained* his ankle.

-ねんさい …年祭 anniversary Ⓒ 《☞ -しゅうねん》.

¶ 私たちは本校創立 50*年祭をとり行った We celebrated the 50th *anniversary* of the founding of our school. [語法] 「…年」は序数詞で表す. 《☞ 数字 (囲み)》

100 年祭 centennial [senténiəl] (anniversary) Ⓒ, centenary [senténəri(:)] Ⓒ [語法] 普通は後者のほうが簡単なのでよく使われる. ¶ アインシュタイン生誕*100 年祭 the ⌈*centennial* (*anniversary*) [*centenary*] of the birth of Einstein **200 年祭** bicentennial Ⓒ, bicentenary Ⓒ. ¶ アメリカ建国*200 年祭 the ⌈*bicentennial* [*bicentenary*] of the American Revolution **300 年祭** tercentennial [tə̀:senténiəl] Ⓒ, tercentenary [tə̀:senténəri(:)] Ⓒ **400 年祭** quadricentennial Ⓒ **500 年祭** quincentenary Ⓒ **600 年祭** sexcentenary Ⓒ.

ねんさん 年産 annual [yearly] ⌈output [production] Ⓒ ★ annual のほうが改まった語. ¶ この工場は*年産 30 万台の車を生産します This factory has an *annual output* of 300,000 ⌈automobiles [cars]. ★ three hundred thousand と読む. 《☞ 数字 (囲み)》 / (⇒ この工場は 1 年に 30 万台の車を生産する) This factory *produces* 300,000 ⌈automobiles [cars] *a year*.

ねんし 年始 ¶ 私は踊りの先生のところにお*年始に行きました I went to ⌈make [pay] a *New Year's call* on my dancing teacher. // *年始の客 a *New Year's* visitor 《☞ ねんが》

ねんじ 年次 ―[形] (年 1 回の・例年の) annual, yearly [語法] 後者が口語的だが, 公的な表現では前者が普通用いられる. ¶新年度の*年次計画を立てる make a *one-year* plan for the coming year **年次休暇** annual ˹leave [vacation] [C] **年次総会** annual convention [C] **年次報告** annual report [C].

ねんしゅう 年収 annual [yearly] income [C] 《☞ しょとく》. ¶「あなたの*年収はいくらですか」「500 万円です」"What is your *annual income*?" "Five million yen." / (⇒ あなたは 1 年にいくら収入を得ますか) "How much do you *earn a year*?" "I *earn* five million yen *a year*."

ねんじゅう 年中 (いつも) always; (1 年中) throughout the year, all the year round. 《☞ いつも; しじゅう》. ¶母は*年中忙しい Mother is *always* busy. // *年中無休 Open *throughout the year* / *Always* Open 《☞ 掲示の英語(囲み)》

ねんじゅうぎょうじ 年中行事 annual event [C]. ¶この本には日本の*年中行事の一覧がある You'll find a list of the *annual events* in Japan in this book. // 交通ストはいまや*年中行事だ (⇒ 毎年の生活の慣例の一部になってしまった) Transportation strikes have now become *part of the annual routine of our life*.

ねんしゅつ 捻出 ―[動] (金を) raise [他]; (案を) work out [他], contrive [他] ★ 前者のほうが口語的. 《☞ くめん; やりくり》. ¶私たちは新しい事業の資金を*捻出しなくてはならない We must *raise* funds for the new project.

ねんしょ 念書 (書面による約束) written promise [C]; (法律上の文書) instrument [C]. ¶私たちは彼から*念書を取るべきだ We should obtain a *written promise* from him.

ねんしょう[1] 年少 ―[形] young (↔ old), juvenile [語法] 前者が一般的. 後者は形式ばった語であり, また「子供向きの」という意味でも使う. 《☞ としした》. **年少者** person of tender ˹age [years] [C]; (未成年者) underage person [C]. ¶グループの最*年少者はだれですか Who is *the youngest* in the group?

ねんしょう[2] 燃焼 ―[名] combustion [U]. ―[動] burn [自]. 《☞ もえる[1]》. ¶酸素がなければ*燃焼は起こらない Nothing *burns* without oxygen. // 完全*燃焼 perfect *combustion* // 不完全*燃焼 imperfect *combustion*

ねんだい 年代 **1** «世代»: generation [C] 《☞ せだい; じだい[1]》. ¶私たちの*年代 (⇒ 世代の人々) は戦争のことは何も知りません Our *generation* knows nothing about the war. // あなたと私では*年代が違う (⇒ 私たちは違った世代に属している) We belong to different *generations*.

2 «…年代» ★ 10 年ごとのちょうどの数を複数形にして表す. 数字には -'s を付ける. 《☞ -だい[2]》. ¶この歌は 1970*年代前半[後半]に人気があった This song was popular in the ˹early [late] *1970's*. ★ nineteen seventies と読む. 《☞ 数字(囲み)》

年代順 ¶次の出来事を*年代順に並べなさい Arrange the following events *in chronological order*.

ねんちゃく 粘着 ―[名] adhesion [U]. ―[動] adhere (to ...) [自]. ―[形] adhesive. **粘着テープ** adhesive tape [U] ★ 具体的なものを指す場合は [C]. **粘着力** adhesive ˹power [strength] [U].

ねんちょう 年長 ―[形] older (↔ younger), senior (↔ junior) [語法] 前者のほうが口語的. 兄弟・姉妹の関係を表すときには elder を用いるが, 《米》では older が代わりによく用いられる. 《☞ としうえ; うえ[1]》. ¶彼は私より*年長だ He is *older than* me. / He is *senior to* me. [語法] older は than で, senior は to で比較の対象を示す. **年長者** senior [C], elder [C] [語法] 普通は複数形にし, 年長者・先輩をまとめて表すことが多い. ¶グループの最*年長者はだれですか Who is *the oldest* in the group?

ねんど[1] 年度 (一般的に) year [C]; (会計年度) 《米》 fiscal year [C], 《英》 financial year [C]; (学校の) school [academic] year [C] [語法] academic を使うほうが改まった言い方. ¶本[来]*年度の計画はもう立てましたか Have you made a program for ˹this [next] *year*? // 来*年度[1985*年度]の予算案が国会を通過した The budget bill for the next *fiscal year* [The *fiscal 1985* budget bill] passed the Diet. // 日本では学校の*年度は 4 月に始まって 3 月に終わります Our ˹*school* [*academic*] *year* begins in April and ends in March. // 1985*年度アカデミー賞 the *1985* Academy Award(s)

ねんど[2] 粘土 clay [U]. ¶この人形は*粘土でできています This doll is made of *clay*. **粘土細工** claywork [U] ★ 数える場合には a piece of を用いる. 《☞ 数の数え方(囲み)》.

ねんとう[1] 念頭 ¶まずこのことを*念頭に置きなさい First of all, ˹*keep* [*have*] this *in mind*. [語法] in mind は「心の中に」という意味. // 彼の*念頭にはいつも世界平和があった World peace *was* always *on his mind*. [語法] on *one's* mind は「気にかけている」という意味. // 家族のことなどまったく彼の*念頭になかった (⇒ 彼は家族のことを気にかけなかった) He never *cared about* his family. // 年老いた両親のことがいつも私の*念頭を離れなかった (⇒ 私は決して年老いた両親のことを忘れなかった) I never forgot my old parents.

ねんとう[2] 年頭 (年の初め) the beginning of the year; (新年) the New Year. 《☞ しんねん[2]》. **年頭教書** (米国大統領の) the State of the Union Message.

ねんない 年内 ―[副] before the end of the year, within the year. ¶私はこの仕事を*年内に仕上げなくてはならない I must finish this work *before the end of the year*.

ねんね ―[動] (床につく) go to bed; (眠る) sleep [自]. 《☞ ねる[1]; ねむる》. ¶さあ, *ねんねの時間ですよ It's time for *bed* now, my dear.

// ねんねんころりよ, *ねんねしな Rockaby [Hushaby], baby. ★ 赤ん坊を寝かしつけるときの言葉.

ねんねこ short ⌈and [,] loose Japanese coat worn by a woman who carries a baby on her back Ⓒ ★ 日本固有のものなので説明的な訳. 《☞ コンマ (欄外)》.

ねんねん 年年 ― 副 (毎年) every year ; (年ごとに) year ⌈by [after] year, from year to year. 《☞ まいねん》. ¶ 世界の人口は*年々増加している The population of the world is increasing ⌈*every year* [*year by year*].

ねんのため 念のため ¶ *念のためもう一度調べよう Let's check it *just to make it sure.* // *念のため (⇒ 万一に備えて) 磁石を持っていた I carried a compass with me *just in case.*

ねんぱい 年配 **1** «かなりの年齢» ― 形 (年配の) elderly 語法 old とはっきりいうのを避けるためによく使われる. ¶ *年配の婦人が私を訪ねてきました An *elderly* woman came to see me.
2 «年齢»: age Ⓤ 《☞ ねんれい》. ¶「彼はどのくらいの*年配ですか」「あなたと同*年配です」"How *old* is he?" "He's about your *age*."

ねんぴょう 年表 chronological table Ⓒ. ¶ 世界史*年表 a *chronological table* of world history

ねんぷ[1] 年譜 biographical sketch Ⓒ.

ねんぷ[2] 年賦 yearly [annual] installment Ⓒ 《☞ げっぷ[1]》.

ねんぶつ 念仏 Buddhist invocation Ⓒ. ¶ *念仏を唱える chant the *Buddhist invocation* **馬の耳に念仏** ¶ To a blind horse a nod is as good as a wink. 《ことわざ: 目の見えない馬にはうなずいても目くばせしても同じ》

ねんぽう 年俸 annual [yearly] ⌈salary [pay] Ⓤ 《☞ ねんしゅう》.

ねんまく 粘膜 the mucous membrane.

ねんまつ 年末 ― 名 the end of the year. ― 形 year-end. 《☞ くれ ; さいまつ》.
年末一時金 year-end bonus Ⓒ **年末大売出し** year-end sale Ⓒ **年末調整** (税金の) year-end income tax adjustment Ⓤ.

ねんらい 年来 ― 形 (長年望んでいた) long-cherished ; (長年懸案の) long-pending. ― 副 (長い間) for a long time; (何年もの間) for many years. 《☞ ながねん》.
¶ 私の*年来の夢[希望]がやっとかなえられた My *long-cherished* ⌈dream has come true [wish has been fulfilled] at last. // *年来の懸案がやっと解決した The *long-pending* problem has been solved at last. // 彼と私は 20*年来の友人です He and I have been friends *for* twenty *years.* // けさの東京は 20*年来の大雪です (⇒ けさ東京は過去 20 年間で最大の降雪に見舞われた) This morning Tokyo had its heaviest snowfall *in* twenty *years.*

ねんり 年利 annual interest Ⓒ 《☞ りし》. ¶ *年利 5 分で彼に 100 万円貸した I lent him one million yen ⌈at an *annual* (*interest*) *rate* of 5 per cent [at 5 per cent (*interest*) *rate a year*].

ねんりき 念力 the power of (the) mind. ¶ 彼は*念力で物を動かすことができると称している He says he can move solid objects by *the power of* (*his*) *mind.*

ねんりょう 燃料 fuel Ⓤ 語法 石炭・石油など種類を言うときは Ⓒ. 《☞ 可算・不可算名詞 (欄外)》.
¶ *燃料を節約する save *fuel* // *燃料が切れた We have run out of *fuel.* // 船は*燃料を積み込んでいるところだ The ship *is being* ⌈*fueled* [《英》*fuelled*]. 語法 この fuel は「燃料を補給する・積み込む」という他動詞. // 液体[固体]*燃料 liquid [solid] *fuel*
燃料タンク fuel tank Ⓒ **燃料費** fuel expenses ★ 通例複数形で. **燃料補給** refueling Ⓤ. ¶ 私たちは*燃料補給にハワイに立ち寄った We stopped over at Hawaii for *refueling.*

ねんりん 年輪 (木の) annual rings ★ 複数形で.

ねんれい 年齢 age Ⓤ 《☞ とし[1]; ねんだい》. ¶ この本はあらゆる*年齢の子供に適しています This book is good for children of all *ages.* 語法 age は個々の年齢を言うときは Ⓒ. // わがチームの選手の平均*年齢は 24 歳です The average *age* of the players on our team is twenty-four. // 60 歳の*年齢制限を設けるべきだ (⇒ 年齢制限を 60 歳に決めるべきだ) We should set the *age* limit at sixty. // このコンテストには*年齢・性別を問わず, だれもが参加できます This contest is open to everybody ⌈regardless [irrespective] of *age* or sex. // 私たちは彼らを*年齢別に分類した We classified them *by age.* // この 6 歳の少年の精神*年齢はもう 12 歳以上だ (⇒ 12 歳以上の精神年齢を持つ) This six-year-old boy already has a mental *age* of more than twelve.

の

の 野 field Ⓒ. ¶ *野の花 a wildflower // 後は*野となれ山となれ After ⌈us [me] the deluge. 《ことわざ: 我々[私]が死んだ後に大洪水よ起これ》 **野うさぎ** hare Ⓒ.

-の **1** «所有・所属を示す»: ...'s, of ... 語法 生物については -'s で所有格を作る. 無生物についても時間・距離などを表す語は -'s で所有格にするが, その他の無生物については -'s を付けるのはあまり普通ではない. of を用いると一般に改まった感じの表現となる. なお日本語で「...の」が使われていても英語では必ずしも ...'s や of を使うとは限らない. 《☞ 所有格 (欄外)》. ¶ 私*の父*の書斎 *my father's* study 《☞ アポストロフィー (欄外)》 // 「これはだれ*の自転車ですか」「彼*のです」“*Whose* bicycle is this?” “It's *his*.”《☞ 代名詞(欄外)》// 警官は私*の手を捕まえた The policeman took ˹me by the hand [*my* hand]. 語法 前者は「捕える」という意味が出るが, take *one's* hand は単に「手を取った」というだけで前後関係がなければ「捕える」のかどうかはっきりしない. // 彼は大学*の学生です He is a college student. // 佐藤さんは東大*の教授です Mr. Sato is a professor *at* Tokyo University. // 原さんは中学*の先生です(⇒ 中学校で教えている) Miss Hara teaches *at* a junior high school. // 私は M 商事*の田中です I'm (Mr.) Tanaka ˹*of* [*from*] the M Trading Company.

2 «対人関係を示す» ★ 主として「私の」my,「あなたの」your,「彼の」his などの人称代名詞の所有格, ...'s による名詞の所有格などで表される.《☞ 所有格 (欄外)》.

¶ あなた*の先生 *your* teacher // スミスさんは彼*の秘書です Miss Smith is *his* secretary. // 彼は私*の友人です He is ˹a friend *of mine* [*my* friend]. 語法 前者は改まった言い方. 後者は略式の言い方. // ジェーンは先生*のお気に入りの生徒です Jane is the teacher's pet.

3 «内容を示す» ― 前 (...についての) in ..., on ..., about ...; (...のための; ...相当の) for ...; (...の) of ... 語法 以上のほかに,「名詞＋名詞」の形を用いる場合がかなりある.

¶ 理科*の教科書 a science textbook / a textbook *of* science // 英語*のテスト an English test / a test *in* English //「それは何*の本ですか」「アメリカ史*の本です」“What kind *of* book is that?” “It's a book ˹*on* [*about*] American history.” // イギリス*の(⇒ について) 話をしましょう I'll tell you *about* England. // お茶*の時間ですよ It's time *for* tea. / It's teatime. // 1万円*の小切手 a ˹check [《英》cheque] *for* ten thousand yen // さあ勉強*の(⇒ 勉強を始める) 時間です Now it's time *to* study.

4 «作者・起源を示す» ...'s; (...による) by ..., written [composed; painted] by ...; (...の) of ...

¶ モーツァルト*のソナタ a Mozart sonata / a sonata *by* Mozart // この美術館にはミレー*の絵が2点ある This museum has two Millets. // 鷗外*の作品 the works *of* Ogai ★ 全作品を示す. / a work *by* Ogai ★1点を示す. // 彼女*の演奏はすばらしかった *Her* performance was marvel(l)ous. // 彼*の手紙を受け取りましたか Have you received a letter *from* him? / Have you heard *from* him?

5 «目的語関係を示す» ¶ その問題*の解決には時間がかかる (⇒ 問題を解決すること) It will take a great deal of time to solve the problem. // 校舎*の建設が始まった They started to construct the school building. / The construction *of* the school house has started.

6 «材料・手段を示す» ― 前 (...でできた) of ..., from ...; (...で書かれた) in ... ¶ 紙*の箱 a paper box / a box made *of* paper // りんご*の酒 an alcoholic drink made ˹*from* [*of*] apple juice《☞ -から》// 私は彼女から英語*の手紙をもらった I('ve) received a letter *in* English from her. / She wrote me *in* English.

7 «場所・時間を示す»: (...の中の) in ...; (...において) at ...; (...の上にある) on ... 語法 以上のほか, 複合名詞の形や, あるいは形容詞を使って表すことも多い.

¶ この辞書*の用例 example ˹sentences [illustrations] *in* this dictionary // 東京*の夏 the summer *in* Tokyo // あの角*の喫茶店 the coffee shop *at* that (street) corner // 棚*の本 the books *on* the (book)shelf // 春*の花 spring flowers / flowers *in* the springtime // 来年*の5月に英国へ出かけます I'm going to visit Britain *next* May.

8 «...の点で; ...に関して» ― 前 (...の点で) in ... ¶ あらゆるサイズ*のジーンズがございます We have jeans *in* all sizes. // しゃれたデザイン*の帽子 a hat chic *in* design

9 «もの» ― 代 one 語法 同種類の別のものを受けて言う言葉. ― 接尾 ...'s 語法 名詞の繰り返しを避けるために, 名詞の所有格だけで「...のもの」という意味を表す. なお, mine, yours などの所有代名詞で「私の(もの)」「あなたの(もの)」などの意を表すことができる.

¶「これはいかがでしょう」「もっと大きい*のを見せて下さい」“How about this, sir?” “Will you show me a larger *one*?” //「この自転車はだれ*のだろう」「青木君*の[僕*の]だ」“*Whose* bicycle is this?” “It's ˹Aoki's [*mine*].”

10 «疑問を示す» ★ 英語の疑問文は日本語の疑問文の作り方と異なっているので,「...の」に当たる特定の言葉はない. ¶ どうした*の What's the matter with you? // あなたは何時ごろここへ来た*の What time did you arrive here?

ノイローゼ ― 名 neurosis [n(j)uróusis] U, nervous breakdown C 語法 前者は元来医学用語だが,「神経質」といった軽い意味にも用いられる. 後者は病気を指す. ― 形 (ノイローゼの) neurotic [n(j)urátik].《☞ 病気・病院 (囲み)》. ¶ 彼は*ノイローゼだ He is *neurotic*. / He is suffering from *neurosis*.

のう¹ 脳 ― 名 (生理学的な) brain C; (知力・脳みそ) brains ★ 複数形で; (大脳) cerebrum C《複 ～s, cerebra》; (小脳) cerebellum C《複 ～s, cerebella》. ― 形 (脳の) cerebral.《☞ ずのう》.

¶ 彼は*脳に異常がある He has *brain* trouble. / He has something wrong ˹in the [with his] *brain*.《☞ 病気・病院 (囲み)》

脳溢血(いっけつ) cerebral hemorrhage U,《口語》stroke C **脳下垂体** pituitary gland C **脳外科** brain surgery U **脳外科医** brain surgeon C **脳血栓** cerebral thrombosis U **脳腫瘍**(しゅよう) brain tumor U **脳神経** cranial nerves ★ 通例複数形で. **脳震とう** brain concussion U **脳髄膜炎** cerebromeningitis U **脳性麻痺**(まひ) cerebral palsy U **脳卒中** cerebral apoplexy U **脳軟化症** encephalomalacia U; (俗には) softening of the brain U **脳波** brain waves ★ 通例複数形で.

の

のう[2] 能 (才能) talent [U]; (能力) ability [U]. 《☞ のうりょく(類義語)》. ¶彼は教えるよりほかに*能のない人です(⇒ 彼にできるすべては教えることである) *All he can do* is just (to) teach. // *能ある鷹はつめを隠す Still waters run deep. 《ことわざ: 流れの静かな川は深い》

のう[3] 能 (日本古来の芸能) No(h) [nóu] [C] ★単複同形; No(h) play [C]. 《☞日本固有の風物と英語 (囲み)》.

のうえん 農園 farm [C] 《☞ のうじょう》.

のうか 農家 (農場を経営している家) farmhouse [C]; (農民) farmer [C]. 《☞ のうみん》. ¶うちは*農家です We ˹run [operate] a *farm*.

のうがき 能書 (薬などの効能を述べること) statement of virtues [C]; (宣伝) advertisement [C]; (自慢) boasting [U].

のうがく 農学 agriculture [U]. **農学部** the ˹college [school; 《英》faculty] of agriculture ★英米では学部に当たるものを department と呼ぶ大学もある. 《☞ がくぶ (類義語)》.

のうかん 納棺 ━[動] (棺に入れる) place [put] ... in a coffin.

のうかんき 農閑期 the farmer's slack season (↔ the farmer's busiest season).

のうき 納期 (金銭の) the ˹due [fixed; final] date for payment, payment period [C]; (物品の) the agreed date ˹of [for] delivery, the time limit for delivery.

のうきぐ 農機具 farm(ing) implements ★複数形で; (もっと大がかりなものは) farm machinery [U].

のうきょう 農協 (農業協同組合) agricultural cooperative association [C].

のうぎょう 農業 ━[名] agriculture [U]; (牧畜・養鶏などをも含めての) farming [U] ★前者は形式ばった語. ━[形] (農業の) agricultural. 《☞ のうがく》.

¶フランスはいまでもヨーロッパ第一の*農業国です France ˹remains [is still] one of the largest *agricultural* countries in Europe. // このあたりは*農業が盛んです This is a heavily *agricultural* district.

農業学校 agricultural school [C] **農業機械** farm machinery [U]; (個々の) farm machine [C] **農業協同組合** agricultural cooperative association [C] **農業組合** agricultural association [C] **農業大学** agricultural college [C].

のうきん 納金 (支払うこと) payment [U]; (納めた金) money paid [U]; (納入すべき金) money due [U]. 《☞ おさめる[1]》.

のうぐ 農具 farm implements ★複数形で.

のうげい 農芸 agriculture [U].

のうこう[1] 濃厚 ━[形] (スープなどが) thick; (密度などが) dense; (味などが濃すぎる) heavy; (豊かな) rich. 《☞ こい[1]》. ¶彼が再選される気配が*濃厚になった (⇒ 見込みが出てきた) The prospects for his reelection have become very *hopeful*. / There is *stronger possibility* that he will be reelected.

のうこう[2] 農耕 agriculture [U]; (家畜なども含めての) farming [U]; (土地を耕すこと) tillage [U]. 《☞ のうぎょう; こうさく[2]》.

のうこつ 納骨 ━[動] (納骨所[墓]へお骨を納める) place the ashes of the dead in the ˹charnel house [grave].

のうこん 濃紺 dark blue [U], navy blue [U]. 《☞ 色 (囲み)》.

のうさくぶつ 農作物 (作物) crop [C]; (一地方・一季節の農作物全体) the crops; (特に野菜など) farm produce [U].

のうさんぶつ 農産物 farm ˹products [produce [U]], agricultural ˹products [produce [U]] [語法] agricultural を使うほうが改まった言い方. products は複数形で.

¶イギリスはスペインの*農産物輸出の約半分を買い入れた Britain bought fifty percent of the *agricultural* exports of Spain. // 日本の主な*農産物は何ですか What are the chief *agricultural products* of Japan?

のうじしけんじょう 農事試験場 agricultural experiment station [C], experimental farm [C].

のうしゅく 濃縮 ━[名] concentration [U], enrichment [U] ★前者が専門的な用語. ━[動] concentrate (他), enrich (他). ¶*濃縮ウラン *enriched* [*concentrated*] uranium

のうじょう 農場 farm [C]; (茶・綿・砂糖など大規模な) plantation [C]; (家畜・単一の作物などを生産する大規模農場) 《米》 ranch [C].

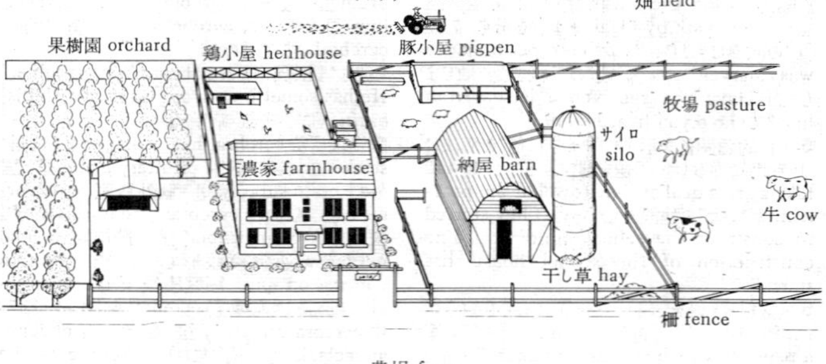

農場 farm

¶ 彼はカリフォルニアで*農場を経営している He runs a ˹farm [ranch] in California.

のうせい 農政 agricultural administration Ⓤ.

のうぜい 納税 ― 名 payment of taxes Ⓤ, tax payment Ⓤ ★ 前者のほうが少し改まった言い方. ― 動 (税を納める) pay taxes. 《☞ ぜいきん；おさめる[1]》. ¶ 人はみな*納税の義務がある Everybody should *pay* his *taxes*.

納税者 taxpayer Ⓒ.

のうそん 農村 farm [farming] village Ⓒ; (農村地帯) farm [farming] district Ⓒ.

のうたん 濃淡 ― 名 (明かりと影) light and shade; (濃淡の度合い) shade Ⓒ. ― 動 (絵などに濃淡をつける) shade ㊀.

のうち 農地 farmland Ⓤ, agricultural land Ⓤ ★ 後者はやや改まった表現. 《☞ こうち》.

農地改革 agrarian reform Ⓒ.

のうてん 脳天 crown of the head Ⓒ; (頭) head Ⓒ. 《☞ あたま》.

のうど 濃度 concentration Ⓤ. ¶ この湖の塩分の*濃度はどのくらいですか What's the *concentration* of salt in the water of this lake? / (⇒ どれだけ塩分を含むか) How much salt does the water of this lake contain? // *濃度の高い塩水 *concentrated* salt water

のうどう 能動 ― 形 (能動的な) active.

能動態 〘文法〙 the active voice.

のうにゅう 納入 ― 動 (金銭を) pay ㊀; (物品を) deliver ㊀. ― 名 payment Ⓤ; delivery Ⓤ. 《☞ おさめる[1]；のうひん》.

ノウハウ (実際的な知識・技術) know-how Ⓤ. ¶ 彼らはコンピューター作りの*ノウハウを知っている They have the *know-how* to make computers. // 我々はその*ノウハウをアメリカから学んだ We ˹got [acquired] the *know-how* from America.

のうはんき 農繁期 the farmer's busiest season (↔ the farmer's slack season). ¶ いまは*農繁期です It's *the busiest season* for (the) *farmers*.

のうひん 納品 ― 名 (納品すること) delivery (of goods) Ⓤ; (納品された物品) delivered goods ★ 複数形で. ただし数詞や many などで修飾しない. ― 動 (納品する) deliver ㊀; (供給する) supply ㊀. 《☞ はいたつ》.

納品書 delivery note Ⓒ.

のうふ[1] 農夫 farmer Ⓒ 《☞ のうみん》.

のうふ[2] 納付 ― 名 (支払うこと) payment Ⓤ. ― 動 (納付する) pay ㊀. 《☞ おさめる[1]》.

のうべん 能弁 ― 形 (能弁な) eloquent. ― 名 eloquence Ⓤ. 《☞ よどみなく》.

のうみそ 脳味噌 brains ★ 複数形で. 転じて「頭脳」の意味にも用いられる；(頭脳) head Ⓤ. 《☞ のう[1]；ずのう》.

のうみん 農民 (一般には) farmer Ⓒ; (一地方などの全体の) farming population Ⓤ; (農場労働者) farm ˹laborer [worker] Ⓒ, farmhand Ⓒ; (昔の農民や発展途上国の貧しい農民) peasant Ⓒ. 《☞ のうか》.

のうむ 濃霧 a ˹dense [heavy; thick] fog ★ a を付けて用いる. 《☞ きり[1]》. ¶ *濃霧のために交通が止まった A *heavy fog* held up traffic.

のうやく 農薬 agricultural chemicals ★ 通例複数形で; (殺虫剤) insecticide Ⓒ. ¶ トマトには*農薬をまかないこと Don't dust tomatoes with *insecticides*.

のうり 脳裏 ¶ 彼女の顔が*脳裏から離れない (⇒ 彼女の顔を忘れることができない) I can never forget her face. / (⇒ 彼女の顔が私の心に刻まれている) Her face *is etched* ˹*in* [*on*] *my mind*. 《☞ ねんとう[1]；こころ；きおく》

のうりつ 能率 efficiency Ⓤ 《☞ こうりつ[2]》. ¶ きょうは暑くて*能率が上がらない (⇒ 多くの仕事ができない) It's so hot that I can't do much work today. // もう少し*能率よく仕事ができませんか Can't you do your work a little more *efficiently*? // この方法をとればうんと*能率が上がる(⇒この方法は高い能率を生み出す) This method will make for much *efficiency*. / You could do it much more *efficiently* with this method.

【参考語】 ― 形 (能率のよい) efficient; (効果的な) effective; (能率の悪い) inefficient.

のうりょう 納涼 ¶ *納涼屋外コンサート a summer evening concert in the open air 《☞ ゆうすずみ》

のうりょく 能力 ability Ⓤ; faculty Ⓒ; (潜在的な能力) capacity Ⓤ; (仕事などの能力) capability Ⓤ; talent Ⓤ **語法** いずれの語もしばしば複数形で用いる.

【類義語】 人があることを立派になしうる能力が **ability** で, 最も一般的で意味が広い. 身に備わった才能で, それを行使するのに特別な努力のいらない知的な能力は **faculty**. 人および物についての潜在的な可能性を含めた能力, つまりやろうと思えばどのくらいできるかという意味での能力を表す言葉が **capacity**. ある特定の事を行うのに適する能力が **capability** で, 普通はかなり実際的な能力, 例えばタイプ・運転などについていうことが多い. 音楽・演劇などの特殊な分野で特にすぐれた能力は **talent**. 《☞ ちから；さいのう (類義語)；ゆうのう (類義語)》

¶ 私にはそれだけの支払い*能力はありません (⇒ 支払えない) I'm afraid I *cannot* pay that much. 《☞ 可能の表現 (囲み)》 // これが私の*能力の限界です (⇒ 私にできる最大のことです) This is the ˹most [best] I *can* do. // 教師は生徒の*能力を伸ばしてやらなくてはならない Teachers should help their students (to) develop their ˹*abilities* [*faculties*]. // 君はもっといい成績をとる*能力があるはずだ You are *capable* of getting better marks. // 生徒は*能力別に3つのクラスに分けられた The students were divided into three *ability* groups. // このホールの収容*能力は約千人です This hall has a seating *capacity* of about 1,000. / This hall *seats* about 1,000. / The seating *capacity* of this hall is 1,000. // この工場は月産8万台のテレビ生産*能力がある This factory has a productive *capacity* of 80,000 television sets a month.

のうりん 農林 agriculture and forestry Ⓤ.

農林水産省[大臣] the ˹Ministry [Minister] of Agriculture, Forestry and Fisheries

《☞ 政治·経済 (囲み)》.

ノート **1** «帳面»: notebook [C]. ¶あなたの*ノートをちょっと見せて下さい Please let me ⌜see [have a look at] your *notebook*. // この文を*ノートに書きなさい Write the sentence in your *notebook*.

2 «筆記» ― [名] note [C]. ― [動] (ノートをとる) take [make] ⌜a note of [notes on] ... ; (一般に書く·書き留める) write down (他). ¶いまから私の言うことを*ノートしておきなさい Please *write down* what I'm going to say. // 学生たちは講義の*ノートをとった The students *took notes on* the lecture.

ノーベルしょう ノーベル賞 Nobel prize [C]. ¶1978年の*ノーベル文学賞はアメリカのユダヤ系作家に与えられた The *Nobel prize* in literature for 1978 was awarded to a Jewish writer in America. // S 博士は1980年度の*ノーベル賞受賞者です Dr. S is a *Nobel prize* winner for 1980. **ノーベル賞メダル** the Nobel medal.

のがす 逃す (機会などをうっかり逃す) miss (他), let ... slip [語法] 前者のほうが普通で,意味も広い. 《☞ にがす; いっする》. ¶彼はせっかくのチャンスを*逃した He *missed* a very good opportunity. / He *let* a good chance *slip*.

のがれる 逃れる (危険などから免れる) escape (他); (逃げる) run away (自) [語法] 「免れる」意味ではなく, 動作として逃げる事をいう; (ある場所·または所属を離れて逃げ出す) 《口語》 get away (from ...) (自); (いやなものから免れる) 《口語》 get off (自) (他); (ある状態から脱する) 《口語》 get out of ... ; (危険を避けたり, 負けたりして急いで) flee (from ...) (自) ★ (他) としても使う; (やっかい払いをする·免れる) get rid of ... ; (避ける) avoid (他); (責任などを) shirk (他), evade (他) ★ 後者のほうが形式ばった語. 《☞ にげる; まぬがれる; さける[1]》.

¶彼は国外に*逃れた He *ran away* from home and went abroad. / He *fled* the country. // 何とか危険を*逃れた We managed to ⌜*get out of* [*escape*] danger. // だれも運命からは*逃れられない No one can *avoid* his destiny. // どうしたら借金取りから*逃れることができるだろう How can I *get rid of* debt collectors? // 彼は何とか責任を*逃れようとした He made every effort to ⌜*evade* [*shirk*] his responsibilities.

のき 軒 eaves ★ 複数形で. 《☞ 家·部屋 (囲み)》. ¶通りには土産物屋が*軒を並べている Souvenir shops *stand side by side* on both sides of the street.

軒先 ¶*軒先に (⇒家のすぐ前に) 植木鉢が並べてある There are rows of flower pots *just in front of the house*. **軒並み** ¶その通りの商店は*軒並み泥棒にやられた (⇒どの商店も) *All* the stores on the street were broken into by (the) burglars.

のく 退く (わきに寄る) step aside (自); (邪魔にならない所へ行く) get out of the way; (立ち去る) leave (他), go away (自) ★ 後者のほうが口語的. 《☞ どく[2]》.

のけもの 除け者 ― [名] (社会から締め出された人) outcast [C], 《口語》 odd man out [C] 《複 odd men out》. ― [動] (のけものにする·無視して仲間から外す) leave out (他) [語法] かなり意味が広く, 必ずしも意図的でなくても, 抜かしたり, 取り残したりすることにも言う. ¶その少年はいつもクラスで*のけ者になっている (⇒クラスの活動から仲間はずれにされている) The boy *is* always *left out* of class activities.

のける 除ける (わきの方へ動かす) move aside (他); (取り除く·どこかへ持って行ってしまう) put away (他), take away (他); (進路の邪魔になるものを) get ... out of the way; (数に入れないで除外する) count out (他); (仲間からはずす) leave out (他). 《☞ のぞく[1]; じょがい》.

のこぎり 鋸 ― [名] saw [C]. ― [動] (のこぎりで切る) saw (他). 《☞ だいく (挿絵)》. ¶*のこぎりの歯 a tooth of a *saw* / a sawtooth 《複 sawteeth》 // 大工さんが板を*のこぎりで切っている The carpenter *is* ⌜*sawing* the board [cutting the board with a *saw*].

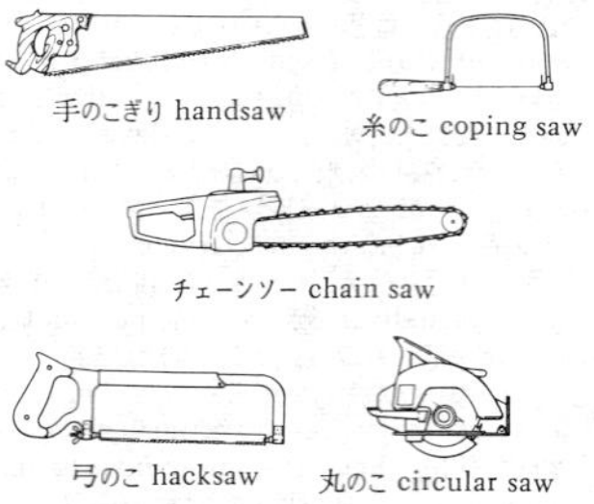

のこす 残す leave (他) 《過去·過分 left》 ★最も一般的で意味が広い; (後に残す) leave ... behind; (食物·材料などの一部を) leave ... over; (とっておく) set...aside; (予備に) keep aside (他), reserve (他) ★ 前者のほうが口語的; (節約して) save (他); (足止めする) keep (in) (他). 《☞ のこる; とっておく》.

¶父が*残したのは借金だけだ My father *left* nothing but debts.

二郎は宿題を*残して (⇒やり終わらないで) 泳ぎに行った Jiro *left* his homework undone and went swimming.

家族を日本に*残して彼はアメリカへ行った He went to America, *leaving* his family *behind* in Japan.

彼は千円だけ*残して全部使った He spent all the money with only 1,000 yen *left over*.

彼は帰りの旅費として2万円を*残しておいた He *set* 20,000 yen *aside* for his return fare.

彼女のためにお菓子を少し*残しておこう Let's *save* some candy for her.

この金は将来のために*残しておきなさい You should ⌜*keep aside* [*reserve*] this money for the future.

試験まであと1か月を*残すのみとなった There is only one month ⌜(*left*) [《口語》 *to go*] before the exam.

彼は放課後教室に*残された He *was* ⌜*kept* (*in*)

[made to *stay* (*in*)] after school.
ごちそうが多くて食べ*残した There were so many dishes that I could*n't eat all of them*. / Since there were so many things to eat, I had to *leave* some of them *unfinished*.

のこのこ ━副 (平気で) unconcernedly ; (厚かましく) shamelessly. 《☞ ずうずうしい》.
¶ 彼女は呼ばれてもいないのにそのパーティーに*のこのこやってきた (⇒ 厚かましくもやってきた) She had the impudence to come to the party without ⌈being [having been] invited.

のこらず 残らず ━形 (全部) all ★ 後に集合名詞・抽象名詞，または複数形が続くが，全体をひとまとめにして言う言葉. 代 にもなる ; (全体) the whole. ━副 (例外なしに) without exception. 《☞ すっかり ; ぜんぶ¹》.
¶ 彼はその金を*残らず使った (⇒ 全部) He spent *all* the money. / (⇒ 最後の 1 セントまで) He spent the money (down) *to the last cent*. // 私はそのことについて*残らず彼に話した I told him *all* about it. // 彼らは料理を*残らず平らげた They ate *the whole* meal.

のこり 残り (最も広い意味で) the remainder ; (後に残ったもの) what is left behind ; (列挙したり，言及したりしたもの以外のもの) the rest ; (食事などの) leftovers, leavings, remains ★ いずれも複数形で ; (半端な残りもの) remnant Ⓒ ; (剰余) surplus Ⓤ ; (金額などの残り) balance Ⓤ. 《☞ あまり¹》.
¶ 10 から 3 を引くと*残りは 7 です Subtract three from ten and *the remainder* is seven. / Three from ten *leaves* (you) seven. / Ten minus three ⌈*is* [*equals* ; *leaves*] seven. // 500円は私に下さい. *残りはあなたにあげる Give me five hundred yen out of it, and you can keep *the rest*. // 今年も*残り少なくなった (⇒ 今年は終わりに近づいている) The year is drawing to a close. / This year is nearly over (now). // クラスで男子は 3 人だけ，*残りは女子です Only three students in our class are boys, and ⌈*the rest* [*the others* ; *the remainder*] are girls. // *残りは犬にやりなさい《食事の》 Give the *leftovers* to the dog.
残り物 ¶ *残り物には福がある There is luck in *the last helping*.

のこる 残る (余って) be left ⌈over [behind] ; (元のままで) remain 自 ; (人などがある場所に) stay (at … ; in …) 自 ; (ぐずぐずしてなかなか去らない) linger (*on*) 自 ★ やや改まった語 ; (生き残る) survive 他. 《☞ のこす ; あまる》.
¶ 5 から 2 を取ると 3 *残る Two from five *leaves* three. / 5 minus 2 ⌈*equals* [*leaves* ; *is*] 3. // ここにしばらく*残っていて下さい Please ⌈*remain* [*stay*] here a little while. // 痛みがまだ*残っている The pain still *lingers on*. // まだ少々仕事が*残っている (⇒ もう少しやるべき仕事がある) I've got a little more work to do. // 千円持って買い物に出かけ，300 円*残った I went shopping with 1,000 yen and ⌈came back with 300 yen in my pocket [I had 300 yen *left*]. // 皿の上には何も*残っていなかった There was nothing *left* on the plate. // その火事でこの建物だけが*残った Only this building *survived* the fire. // いくら*残っていますか How much *is left over*?

のさばる ━動 (横柄に振舞う) act haughty 自. ━形 (態度が傲慢(ごうまん)な) overbearing ★ 形式ばった軽蔑語. 《☞ いばる ; でしゃばる》.
¶ 彼はクラブで*のさばっている He *is acting haughty* in the club.

のざらし 野晒し ━形 (日光や雨に当てられて) exposed to the sun and rain ; (風雨にさらされて古びた) weather-beaten. 《☞ さらす》.

のし 熨斗 emblematic thin strip of dried abalone wrapped in red and white paper Ⓒ 《☞ 日本固有の風物と英語 (囲み)》.
のし紙[袋] wrapping ⌈paper [envelope] with an emblematic *noshi* decoration printed on it. ★ paper は Ⓤ, envelope は Ⓒ.

のしあがる 伸し上がる ━動 (努力して[押しのけて]進む) work [push] *one's* way (up) 《☞ たたきあげる》. ¶ 彼は最下位から会社のトップに*のし上がった He started at the bottom and ⌈*worked* [*pushed*] *his way* (*up*) to the top (of the) management.

のしかかる 伸し掛かる (体をかがめて) bend over … ; (寄りかかって) lean on … ; (比喩的に) weigh on … ¶ 心配事が彼女の心に重く*のしかかっていた Her worries *weighed* heavily *on* her.

のじゅく 野宿 ━動 (外で夜を過ごす) spend the night outdoors ; (屋外で寝る) sleep in the open (air). 《☞ キャンプ》.

のす 伸す (伸ばす) stretch 他 ; (殴り倒す) knock down 他. 《☞ のばす ; うちのめす》.

ノスタルジア nostalgia Ⓤ ; (郷愁) homesickness Ⓤ. 《☞ きょうしゅう¹》.

のせる¹ 乗せる give (*a person*) a ⌈ride [lift] ; load 他 自 ; pick up 他.
【類義語】一般的な表現として，親切から自動車[またはその他の車両]に乗せることを意味するのが **give** (*a person*) **a** ⌈**ride** [**lift**]. 元来は荷物を積むことをいい，バスなどが客を乗せる動作をいうのが **load**. 途中で乗せたり，相手の家まで迎えに行って乗せるのが **pick up**. 《☞ のる¹》
¶ *乗せてあげようか Shall I *give* you *a* ⌈*ride* [*lift*]? // 「駅まで*乗せて行ってくれませんか」「いいですとも」 "Will you *give* me *a* ⌈*ride* [*lift*] as far as the station?" "Certainly." // バスが乗客を*乗せたり降ろしたりしているときは注意して通らなくてはならない While a bus *is loading* and unloading, you must be very careful passing it. // 3 時に来て*乗せてあげましょう I'll *pick* you *up* at three. // 私はサンタモニカまでヒッチハイクで*乗せてもらった I *hitchhiked* to Santa Monica. 参考 ヒッチハイクは親指を差し出して車を止めるので，thumb a ride ということもある. 《☞ ヒッチハイク (挿絵)》

のせる² 載せる **1** «上に置く» : (ある場所・位置に) put … (on …) ; (たくさん載せる) load 他. 《☞ おく¹ ; つむ¹》. ¶ 彼はその包みを棚の上に*載せた He *put* the package *on* the shelf. // テーブルには果物がどっさり*載せてあった The table *was loaded* with fruit.
2 «掲載する» : (発表する) publish 他 ; (広告する) advertise 他. 《☞ のる² ; けいさい》. ¶ 私

は自分の意見をその雑誌に*載せた I *published* my opinion in the magazine. // 彼らは新製品の広告を新聞に*載せることに決めた They decided to *advertise* the new product in newspapers.

のぞく¹ 除く ―動 (取り除く) remove ㊉; (いやな物を) get rid of...; (除外する) exclude ㊉; (線などを引いて消してしまう) cross ｢out [off] ㊉. ―前 (...を除いては) except ...; (...があるのを除いては) except for ... (☞とりのぞく; じょがい; はいじょ).

¶ 私たちは邪魔になっている障害物を*除いた We ｢*removed* [*got rid of*] the obstacles in our way. // 彼の名前はそのリストから*除かれた His name *was* ｢*crossed off* [*omitted from*] the list. // 子供を*除いて全部で5人です We are five in all, *excluding* children. // 母を*除いて (⇒母以外は) 皆ここにいます We're all here ｢*except* [*but*] Mother. (☞-いがい) // 君の作文は文法上の誤りを2, 3*除けばよく書けている Your composition is very good *except for* a few grammatical mistakes.

のぞく² 覗く (のぞき見する) peep ㊀; (見る) look ㊀; (ちょっと立ち寄る) look [drop] in ㊀. (☞みる; かいまみる).

¶ 壁の穴から*のぞいて見た I *peeped* through a hole in the wall. // 窓から中を*のぞき込んだ I ｢*peeped* [*looked*] *in* ｢at [through] the window. // 途中で2, 3本屋を*のぞいた (⇒立ち寄った) On the way I ｢*looked in* at [*dropped by*; *dropped in* at] some bookstores.

のぞましい 望ましい (願わしい) desirable; (好ましい) preferable. (☞このましい; のぞむ¹).

¶ 教師になるのなら心理学について勉強しておくことが*望ましい If you want to be a teacher, it is *desirable* to know something about psychology. // ストライキは一日も早く中止されることが*望ましい It *is hoped* that the strike will be called off as soon as possible. // 全員その会に出席することが*望ましい All members *are required* to attend the meeting. [語法] 命令や要請のできる立場の人から言われた場合の表現. もっと客観的立場からなら It is *desirable* that ... という表現となる. // 彼は私たちにとっては*望ましからざる人物です He is an *undesirable* person ｢for [to] us. // セールスマン募集: 英語の知識のある者が*望ましい Help Wanted: Sales Clerks. Some knowledge of English *preferable*. (☞新聞の英語 (囲み))

のぞみ 望み **1** «願望» ―名 (すぐにはかなえられそうにもない願い) wish Ⓒ; (強い望み) desire Ⓒ [語法] 会話ではあまり用いない. 「性欲」の意味もあるので使い方に注意; (実現したいと思っている夢) dream Ⓒ; (希望) hope Ⓤ. ―動 (望む) wish ㊉; (希望する) hope ㊉; (欲しがる) want ㊉. (☞ねがい; きぼう).

¶ 私の*望みはアメリカへ行くことです My ｢*wish* [*dream*] is to go to America. // 私の*望みはかなえられた (⇒望みは真実となった) My ｢*wish* [*dream*] ｢came true [was realized]. ★ came true を用いたほうが口語的. // 彼は将来は立派な学者になる*望みを抱いていた He cherished the *hope* of ｢being [becoming] a great scholar someday. // どんなときにも*望みを失ってはいけない Don't ｢give up *hope* [*despair*] under any circumstances. // 万事*望み通りになった (⇒あらゆることは私の期待通りになった) Everything happened according to my *expectations*. / Everything turned out as I *had hoped*. // もしお*望みならば私たちと一緒にいらっしゃい You can come with us if you ｢*want to* [*like*]. // 特別にお*望みのもの (⇒好みのもの) がありましたらお知らせ下さい Please let us know your (particular) *preferences*, if any. // 彼女は*望みが高すぎる (⇒彼女はあまりにも野心的です) She is too *ambitious*. / (⇒いつもあまりにも多くを要求する) She *is* always *asking* too much.

2 «見込み»: (公算) chance Ⓒ; (特によいことの見込み) prospect Ⓤ ★しばしば複数形で; (期待) hope Ⓤ; (可能性) likelihood Ⓤ. (☞みこみ; かのうせい; こうさん¹).

¶ 私たちが勝てる*望みは十分にある We have a good *chance* of winning. // 彼が試験に受かる*望みはない There's little *hope* that he will pass the examination. / (⇒試験に受かりそうもない) He's *unlikely* to pass the exam. // 彼女の病気は回復の*望みがない The *prospects* for her recovery are poor. // 私たちはあなたに*望みをかけている (⇒あなたに多くを期待している) We *expect* much of you. / (⇒私たちの成功はあなたにかかっている) Our ｢chances for success *rest* [success *rests*] ｢*with* [*on*] you. // その件はもう*望みはない The ｢matter [situation] is ｢beyond [past] *hope*. / The ｢matter [situation] is *hopeless*.

のぞむ¹ 望む **1** «希望する»: (欲する) want ㊉ [語法] 最も一般的な語. ただし相手に対する要求としてはぞんざいになる点に注意; (遠い将来のこと・実現困難なことを願う) wish ㊉; (希望する) hope ㊉ [語法] wish と hope は後に名詞がくるときは ㊀ で wish [hope] for ... となる; (楽しみに待つ) look forward to ... [語法] 名詞・動名詞をとる; (強く望む) desire ㊉ ★改まった語. 会話ではあまり用いない. (☞ねがう; きぼう; 意志・願望の表現 (囲み)).

¶ 両親は彼が大学へ入ることを*望んでいる <S (人) + V (*want*) + O (人・物) + *to* 不定詞> His parents *want* him *to* go to ｢college [university]. [語法] *hope* him *to go* とは言えない. // 私はあなた方が幸福な生活を送ることを*望みます <S(人)+V(*wish*)+O(人)+O(事柄)> I *wish* you a happy life. / I *hope that* you (will) lead a happy life. // これ以上のことは*望めない We cannot ｢*wish* [*hope*] *for* anything better than this. // 私たちは世界平和を*望んでいる We ｢*desire* [*wish for*; *hope for*] world peace.

2 «好む»: (...したい) like ㊉; (どちらかといえば...したい) prefer ... to ...; (...したいと決める) choose ㊉ ★やや改まった語. (☞のぞましい; えらぶ (類義語)). ¶ 私は東京より田舎の暮らしのほうを*望む I *prefer* living in the country *to* living in Tokyo.

3 «見渡す»: (建物・場所が景色を) command ㊀ (☞ みはらし; ながめる). ¶その丘から湾の全景が*望める The hill *commands* a full view of the bay. // はるかに北アルプスを*望みながら(⇒北アルプスの遠景を楽しみながら)一休みした We took a rest, *enjoying a distant view* of the northern (Japan) Alps.

のぞむ² 臨む **1** «場所などが面する»: (建物が) face ㊀; (見下ろす) overlook ㊀. ¶彼の家は琵琶湖を*臨む場所にある His house *overlooks* Lake Biwa.

2 «人がある場面に»: (出席する) attend ㊀; (立ち向かう) meet ㊀. (☞ しゅっせき).

¶首相は開会式に*臨んであいさつをした The prime minister *attended* the opening ceremony and made a speech. // 彼は困難に*臨んでも冷静だった(⇒困難に冷静に立ち向かった) He *met* (the) difficulties calmly.

のたうちまわる のた打ち回る (ひどく苦しんで) writhe [ráið] ㊀. ¶彼は苦しんで*のたうち回った He *writhed* in pain.

のたれじに のたれ死に ¶彼は*のたれ死にした(⇒犬のように死んだ) He *died like a dog*.

【参考語】 —動 (道ばたで死ぬ) die by the roadside; (溝の中で死ぬ) die in ⌈the gutter [a ditch]; (こじきとなって死ぬ) die a beggar; (犬のように死ぬ) die like a dog; (悲惨な中に死ぬ) die ⌈in misery [miserably].

のち 後 —前 (時間・順序が) after … —副 (後で) later; (その後) afterward, afterwards ★《英》では後者のみ. —名 (将来) future Ⓤ. (☞ あと¹; -ご; そのご). ¶彼は夕食の*のちに外出した He went out *after* dinner. // 晴*のち雨 Fair, *followed by* ⌈rain [showers].

ノック —名 knock Ⓒ; (音) rap Ⓒ. —動 (ノックする) knock (at …; on …) ㊀; (こつこつたたく) rap ㊀ ㊀. ¶私はドアを*ノックした I ⌈*knocked* [*rapped*] ⌈*at* [*on*] the door. // 戸口で*ノックの音が聞こえた I heard someone ⌈*rap* [*rapping*] *on* the door. / There was a *knock* ⌈*at* [*on*] the door.

ノックアウト —名 knockout Ⓒ ★ KO, K.O. と略す. —動 (ノックアウトする) knock out ㊀. (☞ うちのめす).

のっしのっし ¶象が*のっしのっしと(⇒重い歩みで)歩いていた We saw an elephant walking *with heavy strides*. (☞ 擬声・擬態語(囲み))

【参考語】 —副 (重たげに) heavily; (ゆっくりと) slowly; (どすんどすんと音を立てて) with a thud. —動 (重たげな足取りで歩く) walk with ⌈heavy strides [a heavy stride]; (重たげに歩く) pound ㊀, thump ㊀, plod ㊀.

のっそり ¶彼は*のっそりと立ち上がった He stood up *slowly*. / He lifted himself *heavily* to his feet.

ノット 〔航海〕 knot Ⓒ (☞ 度量衡(囲み)). ¶30*ノットの船 a ship of 30 *knots*

のっとり 乗っ取り (会社などの) takeover Ⓒ; (飛行機などの) hijack Ⓒ, skyjacking Ⓤ ★後者に俗語的な表現. (☞ ハイジャック).

のっとる¹ 乗っ取る (会社などを) take over ㊀; (飛行機などを) hijack ㊀, high-jack ㊀. (☞ ハイジャック). ¶彼らはその小さな会社を*乗っ取った They *took over* the small firm. // その飛行機は武装ゲリラの一隊によって*乗っ取られた The airplane *was hijacked* by a band of armed guerrillas.

のっとる² 則る —動 (前例などに従う) follow ㊀; (規則などに一致する) conform ㊀. —名 (適合) conformity Ⓤ ★形式ばった語. (☞ したがう).

¶この点では彼らは厳密に法律に*則っている On this point they are *in* strict *conformity with* the law. // その件は先例に*則って処理された The case was dealt with ⌈*following* [*according to*] (the) precedents.

のっぴきならない —形 (不可避の) unavoidable; (緊急の) urgent. —名 (苦しい立場) predicament Ⓒ ★やや形式ばった語. (☞ やむをえない; きんきゅう; ぬきさしならない).

¶*のっぴきならない事情で彼は仕事をやめた Owing to *unavoidable* circumstances, he resigned his job. // 彼は*のっぴきならない用事で大阪へ行った He went to Osaka on *urgent* business. // 我々はいま*のっぴきならない立場にある We *are* now *in a predicament*.

のっぺらぼう ¶*のっぺらぼうな顔(⇒卵のような顔) a face *like an egg* // *のっぺらぼうな声(⇒一本調子の) a *monotonous* voice

のっぺり ¶彼は*のっぺりした(⇒平板で表情のない)顔をしている He has a *smooth blank* face.

のっぽ —名 (背の高い人) very tall man Ⓒ. —形 very tall. (☞ たかい¹).

-ので —接 (…だから) because …; as … —前 (…が原因で) owing to …; (…の理由で) because of …; on account of …

【類義語】 直接的な理由を表す接続詞が **because**. 理由よりも付帯的な状況を表すのは **as**. 明白に理由を表す場合は *because* を用い *as* は普通はあまり使われない. *because* は前置詞として **because of** の形でも用いられる. *because of* よりも形式ばっているのは **on account of**. 原因を表す前置詞は **owing to**. (☞ -から; 理由の表し方(囲み))

¶雨が降り出した*ので, 出かけなかった We didn't go out ⌈*because* [*as*] it had started raining. 【語法】 because を使うほうがはっきり理由を述べることになる. // 彼女はきれいな*ので人目を引く People are attracted to her *because of* her beauty. // 歌手が病気になった*ので, コンサートは延期された The concert was postponed ⌈*owing to* [*on account of*] the singer's illness. // 霧がたいへん深かった*ので方角がわからなくなってしまった The fog was *so* dense *that* we ⌈lost our way [didn't know which way to go].

のてん 野天 the open air (☞ ろてん¹).

のど 喉 **1** «咽喉(いんこう)»: throat Ⓒ.

¶*のどが痛い(⇒痛いのどをもっている) I have a sore *throat*. / My *throat* is sore. // 魚の骨が*のどに引っかかった A fish bone stuck in my *throat*. // *のどがかわいた. 水を1杯下さい I'm *thirsty*. Please give me a glass of water. // 心配で食事が*のどを通りません(⇒食欲がない) I'm so worried that I have a very poor appetite. ∥ 猫が足もとで*のどを鳴らしている The cat *is purring* at my foot. ∥ その本は*のどから手が出るほど欲しい(⇒手に入れたくてむずむずする) I'm *itching to* have the book. ∥ その言葉は*のどまで(⇒舌の先まで)出かかっていた The word *was* just ｢*on* [*at*] *the tip of my tongue.* ∥ *のどもと過ぎれば熱さを忘れる Danger past, God forgotten. 《ことわざ：危険が過ぎれば神は忘れられる》/ Once on shore, we pray no more. 《ことわざ：岸に着いてしまえばもう祈りはしない》

2 «声»: voice Ⓒ 《☞ こえ》. ¶ 君はいい*のどをしている(⇒よい声をもっている) You have a sweet *voice.* / (⇒歌が上手だ) You're a very good singer. ∥ 今度*のど自慢大会に出場します I am going to sing in an amateur singing contest.

のどびこ uvula [júːvjulə] Ⓒ 《複 ~s, uvulae [-lìː]》 **のど笛** windpipe Ⓒ; (声門) glottis Ⓒ 《複 ~es, glottides [glɑ́tədìːz]》 **のど仏** Adam's apple Ⓒ.

のどか ― 形 (天気などが穏やかな) calm; (静かで平和な) peaceful. 《☞ うららか》. ¶ 私たちは*のどかな船旅をした We had a *calm* voyage. ∥ きょうも1日*のどかな日だった We have enjoyed another *peaceful* day today.

-のに **1** «…だけれども» ― 接 though …, although … 語法 though は文頭・文中いずれにも用いるが, although は普通文頭だけに用いる. なお, although は though よりもやや文語的; (…なのに一方では) while … ― 前 (…にもかかわらず) in spite of … ― 副 (それでいてなお) and yet; (いまでも) still. 《☞ -が; -というのに; 譲歩の表現 (囲み)》.

¶ 雨が降っていた*のに彼らは出かけた *Though* [*Although*] it was raining they went out. ∥ たいへんな金持ちもいる*のに貧乏な人もいる Some are very rich, *while* others are poor. ∥ こんなに寒い*のに子供たちは元気いっぱいだ The children are in high spirits *in spite of* this cold weather. ∥ 100万円出すといった*のに彼はそれでも満足しなかった I offered him one million yen, *and yet* he was not satisfied. ∥ あなたは彼を断った*のに彼はまだ来たがっています You refused to allow him to come, but *still* he wants to see you.

2 «…のために» for …; to *do* ★ 不定詞を作る場合. 《☞ ため; 不定詞 (欄外)》. ¶ 本を読む*のにスタンドがいる You need a desk lamp ｢*for* reading [*to* read books]. ∥ 電話をかける*のに小銭が欲しい I want some small change *to* make a phone call.

3 «願望» ★「…であればよいのに」という実現できない願望は I wish に続けて仮定法過去(動詞過去形を使う), および仮定法過去完了(動詞過去完了形すなわち had + 過去分詞)を使う. 《☞ 仮定の表現 (囲み)》. ¶ あなたがここにいればいい*のに *I wish* you *were* here. ∥ もっと英語を一生懸命勉強しておけばよかった*のに *I wish* I *had studied* English harder.

のねずみ 野鼠 field mouse Ⓒ 《複 mice》.

ののしる 罵る (悪態をつく) curse ⊕ ⊜; (侮辱的なことを言って) call *a person* names; (しかったり, 文句を言って) abuse ⊕. 《☞ あくたい; ばとう》. ¶ 私は人前で彼に*ののしられた I *was called names* by him in public. ∥ その男は私たちを口汚く*ののしった The man *abused* us in foul language.

-のは ★ 日本語の「…のは」は強調, 特定の語を取り立てて言う場合, 用言を体言化して主語にする場合など, いろいろな場合があるので, 前後関係に応じて意訳しなくてはならない.

¶ 悪い*のはあなただ(⇒あなたに責任がある) You are to blame. / It's you that are to blame. ∥ 遅れた*のは雨のためです It is due to the rain that I was late. / The rainy weather caused my delay. ∥ 彼が死んだ*のは私が学生のときでした It was in my school days that he died. ∥ トラックを運転する*のはたいへん難しい It is very difficult to drive a truck. ∥ 彼がそう言う*のは無理もない He has a good reason to say so. / It is quite understandable that he should say so.

のばす 伸ばす, 延ばす **1** «長くする»: make … longer ★ 平易で日常的な表現; (長さを) lengthen ⊕; (伸縮するものを) stretch (out) ⊕ ⊜; (曲がっているものを真っすぐに) straighten ⊕; (何かをつかもうとして手・腕などを) reach out ⊕ ⊜. 《☞ のびる; ながくする》.

¶ 彼女はドレスの丈を*伸ばした(⇒長くした) She *made* her dress *longer.* / She *lengthened* her dress. ∥ 彼は辞書を取ろうとして手を*伸ばした He ｢*reached* [*stretched*] *out* for the dictionary. ∥ 私は曲がった針金を真っすぐに*伸ばした I *straightened* the bent wire. ∥ 彼は髪を*伸ばしている(⇒長髪だ) He is *longhaired.* / He *wears* his hair *long.*

2 «期間などを延長する»: (いまある状態をそのまま延長する) extend ⊕; (予定の時間以上に引き延ばす) prolong ⊕; (行事などを延期する) put off ⊕, postpone ⊕ ★ 前者がより口語的; (遅らせる) delay ⊕; (やや意図的に) defer ⊕. 《☞ ひきのばす; えんちょう[1]; おくらせる》.

¶ 私はあと1週間滞在を*延ばしたい I'd like to ｢*extend* [*prolong*] my stay for another week. ∥ きょうできることをあすに*延ばすな Never *put off* till tomorrow what you can do today. 《ことわざ》 ∥ 出発をこれ以上*延ばす(⇒遅らせる[延期する])ことはできない I cannot ｢*delay* [*defer*] the departure any longer.

3 «才能などを»: (発達させる) develop ⊕; (進歩させる) improve ⊕; (さらによくする) better ⊕.

¶ 英語の力を*伸ばすように努力しなさい Make an effort to *improve* your English. ∥ 自分の特殊な才能を*伸ばすようにしなさい Try to *develop* your special talent. ∥ 彼は自己の記録を*伸ばすことに成功した He succeeded in *bettering* his own record. / He succeeded in *making a better* record than his previous one.

4 «しわを»: smooth out ⊕; (アイロンをかけて) iron out ⊕. ¶ 彼女はスカートのしわを*伸ばした She *smoothed out* the wrinkles in the skirt. / (⇒アイロンをかけて) She *ironed out* the creases in the skirt.

のばなし 野放し ―[動] (自由にさせておく) leave … ˹loose [free]; (取り締まらないでおく) leave … ˹uncontrolled [unchecked].
¶ 犬を*野放しにしてはいけません Don't *leave* your dog ˹*loose* [*free*]. / Don't *let* your dog *run loose*. // このあたりでは不法駐車は*野放しです Illegal parking *is left uncontrolled* in this area.

のはら 野原 (立ち木がほとんどない) field [C]; (平原) plain [C].

のばら 野ばら wild rose [C].

のび[1] 伸び, 延び **1** «生長・発展すること»: (大きさなどが) growth [U]; (進歩・発達) development [U]. (☞ せいちょう[1]; はってん; のびる).
¶ 日本経済の*伸び The *growth* of Japanese economy // 彼は 15 歳で*伸びが止まった He stopped *growing* at the age of fifteen.
2 «体を伸ばすこと» ¶ 彼はベッドの上で*伸びをした He *streched* ˹*out* [*himself*] on the bed.

のび[2] 野火 field [bush] fire [C].

のびちぢみ 伸び縮み ―[動] (伸びたり縮んだりする) expand and contract (自). ―[名] expansion and contraction [U]; (伸縮性) elasticity [U]. ―[形] (伸縮性のある) elastic. (☞ しんしゅく). ¶ 金属は*伸び縮みする Metals *expand and contract*. // *伸び縮みする靴下 *elastic* stockings

のびなやむ 伸び悩む ―[動] (増加[成長]が遅い) increase [grow] slowly (自). ¶ 輸出が*伸び悩んでいる The amount of exports *is* ˹*increasing* [*growing*] *slowly*. / (⇒ 予期したほど増加しない) Our exports *don't increase as much as expected*.

のびのび[1] 伸び伸び ―[形] (自由な) free; (独立した) independent; (気楽な) easy.
―[動] (気分がくつろぐ) be ˹relieved [relaxed]. (☞ のんびり; くつろぐ; きらく). ¶ 子供は*伸び伸びと育って欲しい (⇒ 独立的で自由に[すべての気苦労から解放されて]) I want my children to grow up ˹*free and independent* [*free from all care*(*s*)].

のびのび[2] 延び延び ―[動] (繰り返し延期される) be repeatedly ˹put off [postponed]; (長期間遅れる) be delayed for a long time. (☞ のびる; えんき; じゅんえん). ¶ 会議が*延び延びになっていた The meeting *was repeatedly postponed*. // 返事が*延び延びになって申し訳ありません (⇒ もっと早く書かなかった) I'm so sorry that I didn't write (to) you earlier.

のびる 延びる, 伸びる **1** «長くなる»: (日・時間が) lengthen (自); (引っ張って) stretch (自); (及ぶ) extend (自); (成長する) grow (自); (増加する) increase (自). (☞ のばす; ながくなる).
¶ 春になると日が*延びる The days *lengthen* in spring. // ゴムは*伸びる Rubber *stretches*. // この線は東京から博多まで*延びている This line *extends* from Tokyo to Hakata. // ひげが早く*伸びる My beard *grows* quickly. // 売り上げは少しずつ*伸びている Sales *are increasing* little by little. // この道は海岸まで延びている (⇒ 沿岸まで通じている) This road *leads to* the beach.
2 «期間などが延長される»: (延期される) be put off, be postponed; (遅れる) be delayed. (☞ えんき; えんちょう[1]; じゅんえん). ¶ その野球の試合は来週まで*延びた The baseball game *was* ˹*put off* [*postponed*] till next week. // 彼の出発は 3 日*延びた (⇒ 遅れた) His departure *was delayed* for three days.
3 «才能・能力などが»: (上達する) improve (自); (進歩する) progress (自), make progress. (☞ こうじょう[2]). ¶ 彼の英語の力はぐんと*伸びた His English *has improved* a great deal. // 彼女の勉強は一向に*伸びない She *has made* no *progress* in her studies.
4 «液体・流体が広がる»: spread (自). ¶ バターは暖かいトーストの上ではよく*伸びる Butter *spreads* well on the hot toast.
5 «ぐったりする»: (へとへとに疲れる) be exhausted; (酔いつぶれる) pass out (自); (精神的・肉体的にまいる) be overcome. ¶ 彼はマラソンをやって*伸びてしまった He ran in a marathon and *was exhausted*. // 彼は飲みすぎて*伸びてしまった He *passed out* from too much drinking.

のべ 延べ (総計) the total number (☞ ごうけい; そうけい[1]). ¶ *延べ建て坪数 (⇒ 総計の床面積) the *total* floor space // この仕事には*延べ 50 人が必要です This work requires 50 man-days. // 入場者は*延べ (⇒ 入場者の総数は) 5 万に達した *The total number* of visitors reached 50,000.

のべつ ―[副] (いつも) always; (絶えず) forever; (しょっちゅう) all the time. (☞ たえず (類義語); いつも; ひっきりなし). ¶ 彼女は*のべつまくなしにしゃべっている (⇒ しゃべるのをやめない) She *never stops* talking. / (⇒ しゃべり続ける) She keeps talking *all the time*. / She talks *on and on*.

のべぼう 延べ棒 metal bar [C]. ¶ 金の*延べ棒 a gold *bar*

のべる 述べる (意見などを言葉ではっきり言い表す) state (他); (気持ちを表現して) express (他); (特に言及する) mention (他); (意見を) observe (on …; upon …) (自) ★ やや改まった語. (☞ いう (類義語)). ¶ 彼は自分の意見を*述べた He ˹*stated* [*expressed*] his own opinion. // 上に*述べたように, 私は彼とは無関係です As ˹*mentioned* [*stated*] above, I have nothing to do with him.

のほうず 野放図 ―[形] (制御しにくい) unruly; (無軌道な) wild. (☞ むきどう). ¶ 彼にはどこか*野放図なところがある There is something *unruly* about him.

のぼせる (目まいがする) be [feel] dizzy; (夢中になる) lose *one's* head (over …); (熱中する) be crazy about … (☞ めまい; むちゅう). ¶ 熱い風呂で*のぼせてしまった (⇒ 熱い風呂が私をふらふらにした) The hot bath made me *dizzy*. // 彼は彼女に*のぼせている He *has lost his head over* her. / He *is crazy about* her.

のぼり[1] 上り, 登り ―[名] (坂道) ascent [C] (↔ descent); (登山) climb [C]; (列車の) up train [C] (↔ down train). ―[形] (交通機関が上りの) up (↔ down); (上り坂の) up hill;

の

(上向きの) upward.
¶ 道は学校の門まで急な[ゆるやかな] *上りとなっている The road makes a ˹steep [gentle] *ascent* to the school gate. // 今度の*上りは何時ですか When is the next *up train*? // これから先*上り道 Road *Up* 《掲示》
上り坂 uphill [upward] ˹slope [path] Ⓒ.

のぼり² 幟 (旗) flag Ⓒ; (吹き流し) streamer Ⓒ. 《☞ はた¹》.

のぼる 上る, 登る, 昇る **1** 《人や動物が高い所へ移動する》: (手足を使い努力して) climb ⓐ ⓗ; (上へ行く) go up ⓐ; (駆け上がる) run up ... 《☞ あがる¹》.
¶ 彼はするするとその木[はしご]に*登った He *climbed* the ˹tree [ladder] with ease. // 彼は階段を駆け足で*上った He *ran up* the stairs. // その山に*登るのは難しい It is difficult to *climb* up that mountain. // 我々は頂上目ざして*登った We *went up* toward the peak. // その丘に*登ると海が見える(⇒ 丘の頂上から) We can see the sea from the top of the hill. // この道を*上ると湖に出る (⇒ この道は湖まで上りになっている) This road *ascends* to the lake. / This uphill path will take you to the lake.
2 《物が上昇する》: (太陽などが昇る) come up ⓐ, rise ⓐ; (上に向かって上がる) go up ⓐ, ascend ⓐ ★ 後者のほうが改まった語.
¶ 太陽は東から*昇り西に沈む ＜S(天体)＋V (*come up*; *rise*)＋*in*＋名(方角)＞ The sun ˹*comes up* [*rises*] *in* the east and ˹goes down [sets] in the west. // 遠くに煙が*昇るのを見た I saw the smoke ˹*ascend* [*go up*] in the distance.
3 《川上の方へ進む》: go up ⓐ. ¶ この川を*上れる所まで行って見よう Let's *go up* this river as far as we can.
4 《数などが達する》: (及ぶ) reach ⓗ; (総計…になる) amount to ... 《☞ たっする; なる¹》.
¶ 会社の損失は数百万円に*上った (⇒ 総計数百万円になった) The company losses ˹*reached* [*amounted to*] several million yen. // その事故による死者は 15 人に*上った (⇒ 総計 15 人がその事故で亡くなった) A *total* of 15 people were killed in the accident.

のませる 飲ませる (与える) give ⓗ; (動物に水を) water ⓗ; (薬を与える) administer ⓗ ★ 形式ばった語. ¶ 彼には酒を*飲ませるな Don't *give* him a drink. // 水を 1 杯*飲ませて下さい (⇒ いただけますか) May I *have* a glass of water? // 看護婦は病人に薬を*飲ませた The nurse ˹*gave* [*administered*] some medicine to the patient.

のまれる 飲まれる, 呑まれる (飲み込まれる) be swallowed up; (圧倒される) be overawed (by ...). 《☞ のむ》. ¶ そのボートは波に*のまれた The boat *was swallowed up* in the waves.

のみ¹ 蚤 flea Ⓒ. ¶ *蚤の市 a *flea* market // *蚤の夫婦 (⇒ 大きな妻をもった小男) a little man with a big wife // ここを*蚤にくわれた I was bitten here by a *flea*.

のみ² 鑿 chisel Ⓒ 《☞ だいく (挿絵)》.

-のみ (ただ…だけ) only; (それだけ) alone
[語 法] aloneは名詞·代名詞の後にのみ置かれる. 《☞ -だけ; -ばかり》.
¶ 後はただ結果を待つ*のみです (⇒ 待つ以外何もない) There's *nothing to do but* await the result. // 人はパン*のみに生くるにあらず (⇒ パンだけで) Man cannot live on bread *alone*. 《新約聖書の言葉》 // 会員*のみ Members *only* 《☞ 掲示の英語 (囲み)》

のみくい 飲み食い (食べることと飲むこと) eating and drinking Ⓤ; (食べ物と飲み物) food and drink Ⓤ. 《☞ たべる; のむ》.

のみぐすり 飲み薬 medicine Ⓤ [参 考] 特に内服薬を説明したいときには medicine for internal use と言う. 《☞ くすり》. ¶ *飲み薬一瓶 a bottle of *medicine* // *飲み薬一回分 one dose of *medicine*

のみこみ 飲み込み ¶ 太郎は*飲み込みが早い (⇒ 早く覚える) Taro is a ˹*fast* [*quick*] *learner*. / Taro is *quick to learn*.

のみこむ 飲み込む, 呑み込む **1** 《飲み下す》: (食物·液体·薬などを) swallow (up) ⓗ ★ 比喩的にも使われる; (一息に) gulp (down) ⓗ. 《☞ のむ; のまれる》. ¶ 彼はそれを丸ごと*飲み込んだ He *swallowed* it whole.
2 《頭で理解する》: (わかる) understand ⓗ; (覚える) learn ⓗ; (把握(はあく)する) grasp ⓗ; (すぐ悟る) take in ⓗ. 《☞ りかい; なっとく》.
¶ 彼の言うことがどうもよく*飲み込めない (⇒ 彼の意味することが理解できない[つかめない]) I can't fully ˹*understand* [*grasp*] what he means. // 彼はすぐにそのやり方を*飲み込んだ (⇒ 覚えた) He soon *learned* how to do it.

のみしろ 飲み代 drink(ing) money Ⓤ.

のみち 野道 field path Ⓒ; (説明的には) path across a field Ⓒ. 《☞ みち¹ (類義語)》.

のみならず (ただ…だけでなく…もまた) not only ... but (also) ...; (…はもちろん…も同様) ... as well as ... [語 法] not only A but (also) B では B が強調され, A as well as B では A が普通強調される. 《☞ -も》.
¶ 彼は英語*のみならず中国語も話せる He can speak *not only* English *but* Chinese. / He can speak Chinese *as well as* English. // 彼は日本*のみならずアメリカでも有名である He is well-known *not only* in Japan *but also* in America. / (⇒ 日本でもアメリカでも) He is famous *both* in Japan *and* in America. // 彼は教師である*のみならず (⇒ 教師である上に) 我々のよき友人でもある *Besides* being a teacher, he is a good friend to us.

のみみず 飲み水 (飲料水) drinking water Ⓤ 《☞ みず; いんりょう》. ¶ 彼らは*飲み水にも不自由している They are short of *drinking water*. // これは*飲み水になりますか Is this water ˹*good to drink* [*fit for drinking*]?

のみもの 飲み物 (一般的に) drink Ⓤ ★ 種類をいうときは Ⓒ; (茶·コーヒー·牛乳·酒·ビールなど) beverage Ⓒ ★ drink よりやや改まった語. 《☞ 食事 (囲み)》.
¶ 私の好きな*飲み物はレモネードだ My favorite *drink* is lemonade. // うちではアルコール類の*飲み物は扱っていません We don't deal in

alcoholic *beverages.* // 食べ物や*飲み物を図書館内に持ち込まないで下さい Please do not bring food or *beverages* into the library.《掲示》// 何か冷たい*飲み物を下さい Give me *something* cold *to drink,* please. //《給仕などが》お*飲み物は何にしますか (⇒何を飲みますか) What would you like to *drink?*《☞ レストラン (囲み)》

のみや 飲み屋 (バー) bar Ⓒ; (やや正式には)《米》saloon Ⓒ,《英》public house Ⓒ,《英口語》pub Ⓒ.《☞ バー[1]》.

のむ 飲む, 呑む **1**《物を口から》: (液体を) drink (他)(自)《過去 drank; 過分 drunk》 [語法] (自)には「酒を飲む」という意味がある; have (他) [語法] 会話では drink の代わりに用いられることが多い; (薬を) take (他)《過去 took; 過分 taken》; (スープを皿から) eat (他)《過去 ate; 過分 eaten》 [語法] eat は普通は日本語の「食べる」に当たるが, ナイフ・フォーク・スプーンなどの食器を使って飲食物をとることをいうので, スープをスプーンで飲むときには eat を用いる; (たばこを吸う) smoke (他).《☞ のみこむ; のみもの; すう[1]》.
¶ 彼はコーヒーを2杯*飲んだ He *drank* two cups of coffee. //「もう1杯お茶を*飲みますか」「いいえ, もう結構です」"Would you like to *have* another cup of tea?" "No, thank you." // 彼は酒を*飲まない He doesn't *drink.* // 彼は何種類も薬を*飲まなければならなかった He had to *take* several medicines. [語法] この場合 drink は使えない.《☞ くすり》// 私はまずスープを*飲んだ First I ⌈*ate* [*had*] soup. [語法] スプーンを用いず直接 cup などから飲むときは drink soup ともいえる.《☞ スープ》// 彼はたばこを1日に2箱*のむ (⇒吸う) He *smokes* two packs a day.
2《要求などを》: (受け入れる) accept (他); (同意する) agree (to ...) (自).《☞ うけいれる》.
¶ その条件は*呑めない (⇒受け入れることはできない) We cannot *accept* the terms. // 彼らは我々の提案を*呑んだ (⇒提案に同意した) They *agreed to* our proposal.

のめる (前に倒れる) fall forward (自); (うつぶせに倒れる) fall on *one's* face (自); (物につまずいて) stumble (自).《☞ つんのめる; ころぶ》.

のやま 野山 (丘や野原) hills and fields; (丘や谷) hills and dales.

のらいぬ 野良犬 homeless dog Ⓒ, cur Ⓒ; (道に迷った) stray dog Ⓒ; (持ち主のない犬) ownerless dog Ⓒ.

のらくら —[動] (怠けて過ごす) idle away (他). —[形] (ぶらぶらした) idle; (怠惰な) lazy.《☞ ぶらぶら》.

のらねこ 野良猫 stray cat Ⓒ; (持ち主のない猫) ownerless cat Ⓒ; (路地などを歩いている猫) alley cat Ⓒ.

のらりくらり **1**《のらくら》 —[動] (怠けて過ごす) idle away (他)《☞ ぶらぶら》.
2《はっきりしない》 —[形] (意見・態度を明らかにしない) noncommittal; (言動・態度などがつかみどころのない) slippery. ¶ 彼は*のらりくらりと返事をした He ⌈gave [made] a *noncommittal* answer.

のり[1] 糊 —[名] (小麦粉と水で作った) paste Ⓤ; (衣服用の) starch Ⓤ; (にかわ・接着剤の) glue Ⓤ. —[動] (のりではる) paste (他); (のりをつけて堅くする) starch (他); (にかわ・接着剤でつける) glue (他). ¶ 私は写真をアルバムに*のりではった I *pasted* the photographs in my album. // この破片は*のりでは付かない We cannot stick these broken pieces with *paste.* // *のりのきいたシャツ a well-*starched* shirt

のり[2] 海苔 (海草) seaweed Ⓤ; (乾かして食用に加工したもの) dried seaweed Ⓤ.《☞ 食事 (囲み)》. ¶ 焼き*海苔 toasted *seaweed* // 味つけ*海苔 seasoned *seaweed*

-のり …乗り ¶ 2人*乗りの自動車[飛行機] a two-*seater* // 5人*乗り自動車 a five-*passenger* car // 2人*乗りの自転車 a tandem (bicycle) // 8人*乗りのローボート an eight // この飛行機は380人*乗りです (⇒380人乗せることができる) This plane *can carry* 380 passengers. / This aircraft *has a maximum capacity of* 380 passengers.

のりあげる 乗り上げる —[動] (船が岸に) run ashore (自); (浅瀬に) go [run] aground (自).《☞ ざしょう》. ¶ ヨットが浜に*乗り上げた The yacht *ran* ⌈*ashore* [*aground*]. // 首脳会議は暗礁に*乗り上げた (⇒行き詰まった) The summit conference *has come to a deadlock.*

のりあわせる 乗り合わせる (たまたま同じ…に乗る) happen to ride in the same ... ¶ 新幹線では彼と同じ車両に*乗り合わせた I *happened to ride in the same carriage* with him on the Shinkansen. / It *happened that I traveled in the same car* with him on the Shinkansen.

のりいれる 乗り入れる —[動] (車を乗り入れる) drive ... into ...; (馬を) ride ... into ...; (鉄道の線などを…へ延ばす) extend ... into ...《☞ のりつける; のびる》. ¶ 彼は運動場に車を*乗り入れた He *drove* the car *into* the playground. // 1988年までにこの線は銀座に*乗り入れる This line will *be extended* ⌈*into* the Ginza [*to* (the) Ginza] by 1988. // 自転車*乗り入れ禁止 No Cycling Allowed.

のりうつる 乗り移る **1**《ほかの乗り物に》: (違う乗り物に乗り移る) change (to ...) (自); (乗り換える) transfer (to ...) (自).《☞ のりかえる》.
2《悪霊などがとりつく》: possess (他) [語法] 受身で用いられることが多い.《☞ つく[6]》. ¶ 彼女は悪霊が*乗り移ったみたいだ She seems to *be possessed* by evil spirits.

のりおくれる 乗り遅れる miss (他), fail to catch ...《☞ おくれる》. ¶ 10時の列車に*乗り遅れた I ⌈*missed* [*failed to catch*] the 10 ⌈a.m. [p.m.] train. // 急がないとバスに*乗り遅れます Hurry up(,) or you will *miss* the bus.

★ or の前にコンマを付けないことが多い.

のりおり 乗り降り ━動 (乗ったり降りたりする) get on and off 自 《☞ のる[1]; おりる》. ¶ 大きなスーツケースを持ってのバスの*乗り降りはたいへんです It's a hard job to *get on and off* the bus with a large suitcase. // この駅では乗客の*乗り降りが多い Lots of people *get on and off* at this station.

のりかえ 乗り換え ━動 change (to ...) 自 ★ 他 の用法もある; transfer (to ...) 自 [語法] change は列車・車などを乗り移る意味で, transfer とほぼ同意に使われるが, 意味の広い一般的な語なので, 交通機関の用語では主として後者が使われる. ━名 change Ⓒ; transfer Ⓒ [語法] 日本語では「乗り換え」という名詞が使われていても, 英語では動詞として表現されることが多い点に注意. 《☞ 乗り物 (囲み)》. ¶ 奈良方面*乗り換え *Change* [*Transfer*] here for Nara. // 「どこかで*乗り換えの必要はありませんか」「ええ, ありません」 "Do I have to *transfer* anywhere?" "No, you don't." 《☞ 「はい」と「いいえ」(欄外)》 // この列車は*乗り換えなしで (⇒ 真っすぐ) 東京まで行きます This train *goes through* (straight) to Tokyo. / (⇒ 直通列車です) This is a *through* train to Tokyo.

乗り換え駅 junction Ⓒ.

のりかえる 乗り換える (乗り物を換える) change (to ...) 自 [語法] 他 の用法もあり, その場合は change trains のような使い方となる; transfer (to ...) 自 [語法] 交通機関の用語としては, 一般には transfer が使われる. 状況によって交通機関を変えることがわかっているときは to ... なしで change または transfer だけでもよい. 《☞ 乗り物 (囲み)》.
¶ 新宿駅で電車を*乗り換えなければなりません You have to ⌈*change* (*trains*) [*transfer*] at Shinjuku Station. // どこで*乗り換えるのですか Where do I have to ⌈*transfer* [*change*]? // バスが故障して私たちはほかのバスに*乗り換えた The bus broke down and we *changed to* another one.

のりかかる 乗りかかる ¶ もう*乗りかかった船だ (⇒ 我々はかなり行ったので引き返せない) We have gone too far to go back.

のりき 乗り気 ━名 (熱中) enthusiasm Ⓤ; (興味・関心) interest Ⓤ; (熱心さ) eagerness Ⓤ. 《☞ きのり》.
¶ 彼女は私の提案に対してすっかり*乗り気になった (⇒ 熱意を示した) She showed great *enthusiasm* for my proposal. / (⇒ 私の計画に熱心になった) She became *enthusiastic* about my plan. // 彼はすっかり*乗り気で私の話を聞いていた He was listening to me with a great deal of ⌈*interest* [*eagerness*]. // 私はその計画には*乗り気ではない (⇒ 興味がない) I'm not *interested* in the plan. / (⇒ その計画は私にとって魅力的でない) The plan doesn't seem *attractive* to me.

のりきる 乗り切る (難局・危機などを) tide over ..., 《口語》 come through ...; (困難などを克服する) overcome 他. 《☞ のりこえる; こくふく; きりぬける》.

のりくみいん 乗組員 (乗組員全体) crew Ⓒ [語法] 1人1人を指すときは複数扱いになる; (個別には) member of the crew Ⓒ. 《☞ じょうむいん》. ¶ 4人の*乗組員 a *crew* of four // *乗組員は全員救助された All the *crew* ⌈was [were] rescued.

のりくむ 乗り組む (船・飛行機に乗る) get [go; be] on board [語法] be を用いれば状態を表す; (勤務する) serve on board ... 《☞ のりこむ》. ¶ そのパイロットはニューヨークからこの飛行機に*乗り組んできた The pilot *joined the crew* at New York. // 彼は潜水艦に*乗り組んでいる (⇒ 乗務している) He *serves on board* a submarine.

のりこえる 乗り越える (越える) get over ...; (登って越える) climb over ...; (困難などを克服する) overcome 他. 《☞ こえる[1]; こくふく》. ¶ 彼は門を*乗り越えた He *climbed over* the gate. // 彼女はその難関を*乗り越えることができなかった She failed to *overcome* the difficulties. / (⇒ 障害を越えることができなかった) She could not *get over* the barrier.

のりごこち 乗り心地 ¶ この車は*乗り心地がよい (⇒ 快適だ) This car is *comfortable* (to ride in). / This car *rides* well. / This car gives a smooth *ride*.

のりこし 乗り越し ¶ *乗り越し切符 a fare adjustment card // *乗り越し (⇒ 超過) 料金 an ⌈*excess* [*extra*] fare

のりこす 乗り越す (電車などで) ride past ...; (...まで連れて行かれる) be taken on to ... ¶ 私は一駅*乗り越した I *rode past* one station. // 私はうっかりして大阪で下車するのを忘れ, 神戸まで*乗り越した I forgot to get off at Osaka and *was taken on to* Kobe.

のりこむ 乗り込む **1** «乗り物に»: (バス・列車などに) get on 他 自 (↔ get off); (乗用車・タクシーに) get in 他 自 (↔ get off; get out (of ...)); (特に中にという意味を強めて) get into; (船・飛行機・列車に) go [get] ⌈on board [aboard] 他 自. 《☞ のる[1]》.
¶ バスが来たので彼らは*乗り込んだ The bus arrived and they *got on*. // 私たちは彼の車に*乗り込んだ We *got* ⌈*in* [*into*] his car. // 私たちはタクシーを拾って*乗り込んだ We caught a taxi and *got in*. // 観光客は船[飛行機]に*乗り込んだ The tourists ⌈*went* [*got*] *on board* the ⌈ship [plane].
2 «場所に行く»: (姿を現す) show up 自; (到着する) arrive (at ...; in ...) 自; (堂々と歩いて進む) march (into ...) 自. 《☞ くりこむ》. ¶ 日本人が大挙してロンドンに*乗り込んできた A large number of Japanese ⌈*showed up* [*arrived*] in London.

のりすてる 乗り捨てる (放って置く) leave 他; (棄てる) abandon 他. ¶ 駅の近くには自転車がたくさん*乗り捨ててある There are a number of bicycles *left* near the station. // 盗まれた車はここに*乗り捨ててあった The stolen car *was abandoned* here.

のりだす 乗り出す **1** «海へ»: (出帆する) sail 自 《☞ しゅっぱん[2]; しゅっこう[1]》.
2 «進出・着手»: (取りかかる) set about ...;

(事業など) embark (on …) (自) ★ やや改まった語；(一般的に物事を始める) start (他), begin (他). 《☞ はじめる；しんしゅつ》.
¶ 警察は犯人捜査に*乗り出した The police ˹*began* to search [*set about* searching] for the criminal. // 私は新しい事業に*乗り出すつもりです I'm planning to *start* a new business. / I'm going to *embark on* a new enterprise. // 彼は 40 歳で政界に*乗り出した (⇒ 政界に入った) He ˹*went into* [*entered*] politics at forty.
3 «身を»：(体を曲げる) lean forward (自), lean out of … 《☞ もたれる》. ¶ 窓から体を*乗り出さないで下さい Don't *lean out of* a window. // 彼は前方へ身を*乗り出した He *leaned forward*.

のりつける 乗りつける **1** «乗って, ある場所に到着する»：(乗り物に乗る) take (他)；(…まで車を運転する) drive (up to …) (自). ¶ ホテルから空港までタクシーで*乗りつけた I *took* a taxi from the hotel to the airport. // 彼女は玄関まで車で*乗りつけた (⇒ すぐドアの所まで車を運転した) She *drove* right *up to* the door.
2 «乗り慣れる»：be used to ˹riding [driving]. ¶ 私はバスには*乗りつけていない (⇒ めったに乗らない) I *rarely* take a bus.

のりて 乗り手 (馬などの) rider Ⓒ；(乗客) passenger Ⓒ. 《☞ きしゅ²；じょうきゃく》.

のりにげ 乗り逃げ ━動 (乗って行く) ride away (自)；(車を) drive away (他)(自)；(盗む) steal (他). ¶ 私は車を*乗り逃げされた I *had* my car *stolen*. / (⇒だれかが私の車に乗って行ってしまった) Someone *drove away* (in) my car. // 彼は*乗り逃げした (⇒ 料金を払わずに逃げた) He *ran away without paying the fare*.

のりば 乗り場 (バスの停留所) bus stop Ⓒ；(列車のプラットホーム) platform Ⓒ；(タクシーの) taxi station Ⓒ, (taxi) stand Ⓒ, cabstand Ⓒ, 《英》 taxi rank Ⓒ；(ボート・船などの浮き桟橋) landing stage Ⓒ. 《☞ ていりゅうじょ；ホーム¹》.

「タクシー乗り場」の掲示

のりまわす 乗り回す (車を運転する) drive (他)；(自転車で) ride ˹about [around] on a bicycle. ¶ 彼女は新車を*乗り回している (⇒ 運転している) She *drives* a new car. // 公園の中で自転車を*乗り回してはいけません No *Cycling* in the Park. 《☞ 掲示の英語 (囲み)》

のりもの 乗り物 (陸上の) vehicle [víː(h)ikl] Ⓒ；(海上の) vessel Ⓒ；(空中の) aircraft Ⓒ；(輸送機関) (public) conveyance Ⓒ ★ 改まった語；(交通の手段) means of transportation ★ 単数または複数扱い. ¶ 子供たちは*乗り物が好きだ Children are fond of *vehicles*. // この町ではバスが唯一の公共の*乗り物です The bus is the only public ˹*means of transportation* [*conveyance*] in this city.

のる¹ 乗る **1** «乗り物に»：(行く方法として) take (他) 《過去 took；過分 taken》, ride (他)(自) 《過去 rode；過分 ridden》 [語法] (自) の場合, ride on … のように用いる. 《英》 では on の代わりに ride in … を用いる；(乗って行く) go [come；arrive, etc.] by … [語法] 後に続く乗り物は無冠詞. ただし, by の代わりに in, on などを用いれば冠詞が付く；(乗用車・タクシーなどに乗り込む) get in (…) (自) (↔ get off；get out (of …)) [語法] 特に「乗り込む」意味を強調すれば get into … を用いる；(バス・電車・列車・飛行機に) get on (…) (自) (↔ get off)；(船・飛行機・列車・バスなどに) get ˹on board [aboard] (…) (自), board (他) [語法] 前者のほうが普通で, また動作を明瞭に示す. get の代わりに be を用いれば「乗っている」という状態を表す；(タクシーなどをつかまえる) get (他), catch (他).
【類義語】 どういう交通機関を使うかが話題となっているときに, 列車・電車・バス・タクシー・飛行機などに乗って行くのは一般的には **take** を使う. 交通の手段を強調すれば ***go by*** train, ***come by*** taxi, ***arrive by*** plane のように言う. ただし, *go by* … のような言い方よりは *take* … のほうが口語では普通. また, 乗り込む動作は乗り物によって ***get on*** (a ˹bus [train; plane]), ***get*** ˹***in*** [***into***] (a ˹car [taxi]), ***get*** ˹***on board*** [***aboard***] (a ˹ship [plane；train; bus]) または ***board*** (a ˹ship [plane；train；bus]) のように, 違った言い方をすることに注意. なお *get on*, *get in*, *get* ˹*on board* [*aboard*] は後に乗り物名なしでも用いる. いかなる交通機関 (飛行機も含めて) にでも「乗る」という動作を表す言葉として使われるのが ***ride***. タクシーなどをつかまえるという意味の語が ***get*** または ***catch***. 《☞ のりこむ；じょうしゃ；乗り物 (囲み)》
¶ 私は列車[自転車]に*乗って学校へ行ったものだ I used to ˹*take* the train [*ride* my bicycle] to school. / (⇒ 列車[自転車]で通学したものだ) I used to *go* to school *by* ˹train [bicycle].
渋谷へ行くにはどのバスに*乗るのですか Which bus ˹do [should] I *take* for Shibuya? / Could you tell me which bus to *take* for Shibuya?
私はバスに*乗るのに長いこと待った I waited a long time to *get on* the bus.
私は病院の前でタクシーに*乗った I ˹*got* [*took*] a taxi in front of the hospital.
あなたは自転車[馬]に*乗れますか Can you *ride* a ˹bicycle [horse]?
あなたは大型ジェット機に*乗ったことがありますか *Have* you ever ˹*been on* [*ridden*] a jumbo jet?
彼は運転手つきのロールスロイスに*乗って仕事に行く He ˹*rides* [goes] to work in a chauffeured Rolls-Royce.
この前の日曜日に私たちはうちの車に*乗ってピクニックに行った Last Sunday we went ˹on [for] a picnic *in* our family car.
毎朝 7 時になると太郎は自転車に*乗って学校へ行く Every morning at seven (o'clock) Taro ˹*gets* [*jumps*] *on* his bicycle and *rides* to school.

乗　り　物

1　乗り物の種類

アメリカでは自動車が交通の中心で，車に関する表現が豊富である．《☞ 自動車 (囲み)》．一般に，日本語で「乗る」という1語ですませられる場合でも，英語では利用の仕方によって表現が異なることに注意．

船や列車の固有名は「クイーンエリザベス号」the *Queen Elizabeth*,「超特急ひかり号」the superexpress *Hikari* のように定冠詞を付けてイタリック体で表す．

(1)　陸上の乗り物

車 car Ⓒ ［語 法］ 日本語と違って乗用車のみを指す．**バス** bus Ⓒ ［語 法］《米》では市内バス・長距離バスのいずれも指すが，《英》では市内バスのみを指し，長距離バスは coach Ⓒ という．**トラック**《米》truck Ⓒ,《英》lorry Ⓒ **タクシー** taxi Ⓒ, cab Ⓒ **電車** train Ⓒ **路面電車**《米》streetcar Ⓒ,《英》tram Ⓒ **地下鉄**《米》subway Ⓒ,《英》underground Ⓒ **モノレール** monorail Ⓒ **オートバイ** motorcycle Ⓒ **自転車** bicycle Ⓒ ［語 法］ 略して bike ともいう．日本の「バイク」はエンジン付きだが，英語では普通，自転車のこと．ただし，軽オートバイを bike と呼ぶこともある．**スクーター** scooter Ⓒ **リムジン** limousine Ⓒ ［語 法］ 運転手付きの高級車，または空港送迎用小型バス．

(2)　水上の乗り物

船 boat Ⓒ ［語 法］ 日本語でいう「ボート」のほか，大きさに関係なくすべての船を指す．オールで漕ぐボートは rowboat Ⓒ という；(大型の船舶) ship Ⓒ **フェリーボート** ferryboat Ⓒ **遊覧船** pleasure boat Ⓒ **モーターボート** motorboat Ⓒ **水中翼船** hydrofoil Ⓒ **ヨット** yacht Ⓒ ［語 法］ 日本語で普通「ヨット」と呼ぶ2人乗りの帆船は dinghy Ⓒ という．英語のヨットは遊覧または競走用のかなり大型の快走船で，帆ではなくエンジンで走るものも言い，帆走するものは区別するために特に sailing yacht Ⓒ ともいう．また外洋航海に耐えるものは cruising yacht Ⓒ または cruiser Ⓒ という．

(3)　空の乗り物

飛行機 airplane Ⓒ, plane Ⓒ ［語 法］ 通例後者を用いる．また《英》では aeroplane ともいう．**ジェット機** jet Ⓒ **大型旅客機** airliner Ⓒ；(ジャンボジェット) jumbo jet Ⓒ ［語 法］ 日本語で「ジャンボジェット」というと，特にボーイング747を指すことが多いようだが，英語の jumbo jet はエアバスでもトライスターでも，とにかく超大型旅客機なら何にでも用いられる．**水上飛行機** hydroplane Ⓒ **ヘリコプター** helicopter Ⓒ **航空機** aircraft Ⓤ ★ 具体的なものを指すときは Ⓒ．

2　利用の仕方についての表現

(1)　…で行く[来る]

バス・電車など公共の乗り物を利用する場合，動詞はおおむね **take** を用い，*take* the ⌈bus [train; subway, etc.] のように言うことが多い．

交通の手段を表して「…で行く[来る]」などを表す場合，**go [come, etc.] by** … を用いても表現できる．この場合，交通機関は無冠詞で用いることに注意．しかし，*go [come] by* … は少し改まった表現なので，口語では *take* … のほうが普通．また，「車を運転して行く」**drive** ㊀，「飛行機で行く」**fly** ㊀ のように，動詞1語ですます表現は英語的．

¶ バスで行きましょう Let's *take* the bus. / Let's *go by* bus. // 私は車で仕事に行きます I go to work *by* car. / I *drive* to work. ［語 法］ 特に「自分の車で」という場合には I go to work *in my car*. のようにいう．

(2)　乗り降り

実際に乗り降りする場合，バスや電車には **get** ⌈**on** [**off**] (…), 車やタクシーには **get in** (…) または **get** ⌈**into** [**out of**] …, 船・飛行機・列車などには **get** ⌈**on board** [**aboard**] … または **board** ㊉ が用いられる．特に飛行機から「降りる」場合は **deplane** ㊀ も用いる．「乗って行く」という意味では **ride** ㊉㊀ を用いる．

¶ 私はバスに乗った[から降りた] I *got* ⌈*on* [*off*] the bus. // 彼は船に乗った[から降りた] He ⌈*went aboard* [*got off*] the ship. ［語 法］ 以上の2文で got on, went aboard の代わりに boarded も用いられる．// 私はバスに乗っていく途中だった I *was riding on* ⌈a [the] bus. ［語 法］《英》では on の代わりに in を用いる．

3　行先を尋ねる表現

¶「新宿にはどうしたら行けますか」「地下鉄に乗らなければなりません」"How can I get to Shinjuku?" "You have to take the subway."

「このバスは新宿に行きますか」「はい．途中新宿で止まります」"Does this bus go to Shinjuku?" "Yes, it stops there on the way."

「この電車はどこ行きですか」「大阪です」"Where is this train (⌈bound [headed]) for?" "It's ⌈for [going to] Osaka." ［参 考］ Where does this train go? とも言える．/ "What train is this?" "This is the Osaka train."

「東京に行くにはどの電車に乗ればよいのですか」「3番線の電車に乗って下さい」"Which train should I take to go to Tokyo?" "Take the train from track no. 3." ［語 法］《英》では track の代わりに platform を用いる．

「幾つ目の駅で降りればいいのですか (⇒ 降りる

まで幾つ駅がありますか)」「4つ目です(⇒途中3つ駅があります)」"How many stops are there before I get off?" "Three (more) stops." 語法 英語には「幾つ目」という表現がないのでこのような言い方になる. / "How many stops is it from here?" "It's four stops."

「途中乗り換えをしなくてはなりませんか」「はい, 渋谷で地下鉄に乗り換えて下さい」"Do I have to ⌈change [transfer] ⌈before I [to] get there?" "Yes, ⌈change [transfer] to the subway at Shibuya."

対話例

A：よし, 行こう	A：Well, let's go.
B：映画はどこでやっているの?	B：Where's the movie showing?
A：高田馬場と早稲田の間にある小さな映画館だよ. 高田馬場まで電車で行って, そこから歩けばいいんだ	A：It's at a little theater between Takadanobaba and Waseda. We can take the train to Takadanobaba and then walk.
C：いつ雨が降り出すかわからないよ, ジョージ. 駅からどのくらい離れているんだい	C：It'll start raining any minute, George. How far from the station is it?
A：歩いて10分. もっとかもしれないな	A：It's a ten-minute walk. Maybe more.
C：駅3つ乗るだけだから, ここから国鉄で新宿まで行って, それからバスに乗るのもいいんじゃないか	C：We can take the JNR from here to Shinjuku—that's only three stops—and take the bus, can't we?
B：バスで行くと遠いでしょう. きょうは道路はとても混んでいるわよ	B：That's a long bus ride, isn't it? The roads are really crowded today.
D：高田馬場駅から早稲田へ行くバスがあります	D：There's a bus that goes from Takadanobaba Station to Waseda.
A：そうだった. あるよ	A：Oh yes, of course there is.
C：待てよ. 皆で4人だろう. 高田馬場でタクシーに乗ればいいじゃないか	C：Look. There're four of us. Why don't we just get a taxi at Takadanobaba?
B：そうね. そうしましょう	B：Of course. Let's do that.

★この対話例およびさらに詳しい対話例は別売テープに吹き込まれています.

彼は妻の後からタクシーに*乗った He *got into* the taxi after his wife.
「あなたは(この列車に)どこから*乗ったのですか」「横浜からです」"Where did you *get on* (this train)?" "At Yokohama."
車のドアを開いて「どうぞお*乗り下さい」と彼は言った He opened the door of the car, saying, "Please *get in*."
彼は香港行きの飛行機に*乗るために, 早めに家を出た He left home early to *board* a plane for Hong Kong.
私はエレベーターに*乗って21階まで行った I *took* the elevator to ⌈21 [the 21st floor].
「みなさん, お*乗り下さい」と駅員は叫んだ "All *aboard*," shouted the station employee.
その飛行機には116人の乗客と8人の乗務員が*乗っていた *On board* the plane were 116 passengers and a crew of eight. 語法 on board は「…に乗って」という意味の複合前置詞. / The plane *carried* 116 passengers and a crew of eight. 《☞ 発想(欄外)》
日本人が*乗っていましたか Were there any Japanese *aboard*?
2 «物の上に乗る»：(一般には) get on …; (飛び乗る) jump on …; (歩いて行って足をかけて乗る) step on …; (馬など上に乗るものには) mount ⑩.
¶もっとよく見えるように彼は箱の上に*乗った He ⌈*jumped* [*stepped*] *on* a box to get a better view.
彼はその馬に*乗って, 我々に手を振った He *mounted* the horse, and waved to us.
彼女はブランコに*乗っていた(⇒ブランコに座っていた) She *was sitting on* a swing.
3 «応じる»：(助言する) give advice; (関心を示す) show interest (in …).
¶彼はその件で相談に*乗ってくれた(⇒親切に助言してくれた) He was kind enough to *give* me *advice* on the matter.
彼女はその話に大いに*乗ってきた(⇒強い関心を示した) She *showed* a keen *interest in* the story. 《☞ のりき》
4 «はずみがつく» ¶彼の仕事はちょうど油が*乗っているところだ(⇒調子よく進行している) His work *is* now *in full swing*.
彼は成功して図に*乗っている(⇒得意になっている) He *is puffed up* with success.
彼女は調子に*乗って(⇒遠慮なく)しゃべりまくった She talked on and on *without restraint*.

のる² 載る (新聞などに出る) appear ⓐ; (載っている) be in …; (掲載される) be carried; (地図などに示される) be shown. 《☞ のせる²》.
¶その広告はきょうの新聞に*載った The advertisement *appeared* in today's newspaper. // その記事はきのうの新聞に*載っていた The article *was in* yesterday's paper. // この雑誌にはよい記事が毎月*載っている(⇒この雑誌はよい記事を毎月掲載する) This magazine *carries* good articles every month. // そんな

小さな町は地図に*載っていない Such a small town *is not shown* on the map. // 彼の名前はその名簿に*載っている His name *is on* the list. / (⇒ その名簿は彼の名前をその一部に含む) The list *includes* his name. // その辞書には新語がたくさん*載っている (⇒ 収録している) The dictionary *contains* a lot of new words.

ノルウェー —[名][固] Norway. —[形] Norwegian [nɔəwíːdʒən]. **ノルウェー語** Norwegian [U] **ノルウェー人** Norwegian [C].

のるかそるか 伸るか反るか ¶ *のるかそるかやってみよう (⇒ 一か八かやってみよう) I'll *take a chance.* / (⇒ 私の運を試してみる) I will *try my luck*! / (⇒ うまく行ってもだめでも) *Sink or swim* [*Hit or miss*], I will try. 《☞ いちかばちか》

ノルマ *one's* assigned ⌈work [task] (for the day) [U]; (生産・販売などの割り当て量) quota [C] [参考] 「ノルマ」はロシア語の norma から. ¶ その*ノルマを達成するには 1 日 10 時間働かなければならない We have to work ten hours a day to ⌈finish [complete] the *assigned work.* // そのセールスマンは自分の*ノルマを果たす (⇒ 割り当て分を売る) ことができなかった The salesman failed to sell his *quota.*

のれん 暖簾 (店頭にかける) shop curtain [C] [参考] 日本ののれんと同じようなものは英米にはない; (評判) reputation [U].

¶ …に*のれんを分ける allow … to be independent and set up a store which bears the same store name as the store owner ★ 説明的訳. / (⇒ 同じ商売を始めるのに手を貸す) help … start in the same business // この事件で店の*のれんに傷がついた This incident damaged our *reputation.*

のれんに腕押し ¶ それは*のれんに腕押しだ (⇒ 時間[労力]の浪費だ) It is *a waste of* ⌈*time* [*labor*]. / (⇒ それはまったくむだだ) It's *quite useless.* 《☞ ぬか》

のろい[1] 鈍い (遅い) slow; (鈍い) dull. 《☞ おそい; にぶい》. ¶ 私は本を読むのが*のろい (⇒ 読むのが遅い読者だ) I am a *slow* reader. // 彼は反応が*のろい He is *slow* to react.

のろい[2] 呪い curse [C]; (呪いをかけること) cursing [U]. 《☞ たたり》. ¶ 彼女は彼に*呪いをかけた She ⌈put [laid] a *curse* on him.

のろう 呪う curse [他] 《☞ たたる》. ¶ 彼は上司を*呪った He *cursed* his boss. // 人を*呪わば穴二つ *Curses* (, like chickens,) come home to roost. 《ことわざ: 呪いは鶏が帰って巣につくように自分の身に帰ってくる》

のろける 惚気る (吹聴する) play up [他]; (…のことをいとしげに話す) speak fondly of … ¶ 彼は奥さんのことを*のろけた He ⌈*played up* [*spoke fondly of*] his wife. // 彼は*のろけた (⇒ 自分の恋愛の話をした) He *talked about his own love affairs.*

のろし 烽火 beacon(-fire) [C]; (説明的には) signal fire [C].

のろのろ —[副] (ゆっくり) slowly ★ 一般的な語; (物ぐさで動きが遅く) sluggishly; (かたつむりのようにゆっくりと) at a snail's pace. 《☞ おそい; ぐずぐず》. ¶ 交通渋滞で車は*のろのろ進んだ Because of the traffic ⌈jam [congestion] vehicles were moving ⌈*at a snail's pace* [*very slowly*]. // 彼女はいつも*のろのろと仕事をする She always does her work *sluggishly.*

のろま (うすのろの人) blockhead [C]; (頭の回転の遅い[鈍い]人) slow [dull] fellow [C].

のんき 暢気, 呑気 —[形] (気楽な) easy; (気にかけない) easy-going; (運まかせでくったくのない) happy-go-lucky; (苦労のない) free from care, carefree; (動きなどがゆっくりした) leisurely; (楽天的な) optimistic. 《☞ きらく; のんびり; らくてん(てき)》.

¶ 彼は田舎で*のんきに暮らしている He is enjoying ⌈an *easy* [a *free and easy*] life in the country. // 彼は*のんきなやつだ He is a *happy-go-lucky* fellow. / (⇒ 何の苦労もない) He is *free from care.* // あなたは少し*のんきすぎる (⇒ 楽観的[気楽]すぎる) You are a little too ⌈*optimistic* [*easy-going*]. // まあ*のんきにやりなさい Take it *easy*!

ノンストップ —[副][形] (ノンストップで[の]) nonstop 《☞ ちょくつう》. ¶ 私たちはロンドンまで*ノンストップで行きました《飛行機で》 We flew *nonstop* to London. / We made a *nonstop* flight to London.

のんだくれ 飲んだくれ (大酒飲み) drunkard [C], 《口語》 drunk [C]. 《☞ よっぱらい》.

のんびり —[形] (静かな) quiet, calm ★ 後者は多少文語的; (自由な) free; (楽天的で気楽な) happy-go-lucky; (ゆうゆうとした) leisurely. 《☞ のんき; ゆうゆう; くつろぐ》.

¶ 田舎で*のんびりと暮らしたい (⇒ 静かな生活を送りたい) I'd like to lead a *quiet* life in the country. // 試験が終わって*のんびりした With the examination over, I feel quite *free* now. // 彼はあいかわらず*のんびりしている He is as *happy-go-lucky* as ever. // 彼女は犬を連れて公園を*のんびりと散歩していた I saw her taking a *leisurely* walk in the park with a dog.

ノンフィクション nonfiction [U].

ノンプロ —[形] nonprofessional; (素人の) amateur. —[名] (ノンプロの選手) nonprofessional player [C].

のんべえ (大酒飲み) drunkard [C], 《口語》 drunk [C]; (説明的に) heavy drinker [C]. 《☞ よっぱらい》.

のんべんだらり —[形] (何もしない) idle. —[副] (無為に) idly; (何もしないで) doing nothing. —[動] (時間などを怠けて費す) idle away [他]. 《☞ ぶらぶら》. ¶ 彼は*のんべんだらりと一生を送った He led an *idle* life. // 私は*のんべんだらりと過ごしたことを悔いている I regret *having idled* my time *away.*

ノンポリ —[名] (ノンポリの学生) student who is not ⌈political-minded [interested in political activities] [C].

は

は[1] **歯** ━名 (人間・動物・のこぎり・歯車・くしなどの) tooth C《複 teeth》; (歯車の) cog C; (下駄(げた)の) support C. ━形 (歯の) dental.

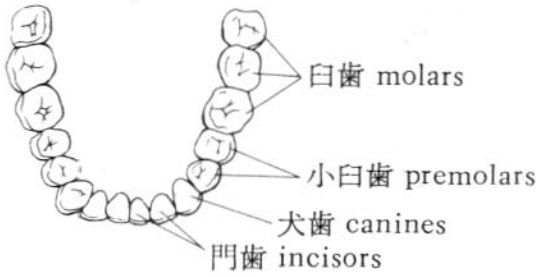

¶ *歯が痛い I have a *toothache*. / My *tooth* aches. 《☞ 病気・病院 (囲み)》
私は*歯がよい[悪い] I have ⌈good [bad] *teeth*.
毎食後*歯を磨きなさい Brush [Clean] your *teeth* after each meal.
前*歯[奥*歯]が 1 本抜けた My ⌈front [back] *tooth* came out. / I lost a ⌈front [back] *tooth*.
ピーナツを食べていたら*歯が欠けた My *tooth* broke while I was eating peanuts.
痛む*歯を抜いてもらった I had my aching *tooth* ⌈pulled [out; extracted]. 語法 have a tooth pulled は《米》, have a tooth out は《英》. また extract を使うのはやや改まった言い方.
その男は前の*歯が 2 本なかった (⇒ 彼の前歯の 2 本が抜けていた) Two of his front *teeth* were missing.
赤ん坊に*歯が生えてきた The baby is beginning to cut ⌈his [her] *teeth*. / The baby *is teething*.
うちの子はすっかり*歯が生えかわった Our child has got in all ⌈his [her] permanent *teeth*.
半年ごとに*歯をみてもらうといい You should have your *teeth* examined every six months. / (⇒ 歯医者に行く) You should *see your dentist* every six months.
*歯の治療は金がかかる *Dental* treatment ⌈costs a lot of money [is expensive].
ライオンは*歯をむき出した The lion showed its *teeth*.
寒くて*歯の根が合わなかった (⇒ 歯ががたがたした) My *teeth* chattered with cold.
彼は*歯をくいしばって侮辱に耐えた He clenched his *teeth* to bear the insult.
歯が立たない ¶ この問題は私には*歯が立たない (⇒ 難しすぎる) This problem is *too difficult* for me. / (⇒ 私の力が及ばない) This problem is *beyond my power*.
歯に衣(きぬ)を着せない ¶ 彼は*歯に衣を着せずにものを言う (⇒ 彼は率直にずけずけ言う人だ) He is a *frank, outspoken* person. / He *calls a spade a spade*. 語法 「鋤(すき)を鋤と言う」というのは, 「ありのままに率直にものを言う」という意味の慣用表現.
歯の浮くような ¶ 彼の*歯の浮くようなお世辞にはまいる (⇒ 彼のお世辞は私の歯を浮かせる) His flattering words *set my teeth on edge*.

は[2] **葉** ━名 leaf C《複 leaves》★ 一般的な語で, 以下の語の代わりにも使える; (一本の木の葉の全体を総称して) foliage [fóuliidʒ] U ★ 少し改まった語; (草の葉) blade C; (松葉などの) needle C. ━形 (葉の茂った) leafy. 《☞ くさ (挿絵)》.

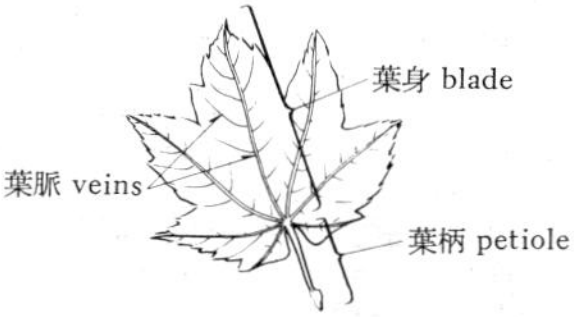

¶ 木の*葉は秋になるとなぜ色を変えるのですか Why do *leaves* ⌈change color [turn (yellow)] in (the) fall? // 庭の木に*葉が出始めた Trees in my garden are ⌈putting forth *leaves* [coming into *leaf*]. // この木は*葉がすっかり落ちている This tree is bare of *leaves*. / The *leaves* have all gone off this tree.

は[3] **刃** edge C; (刀・包丁など長いものの刃・刀身) blade C. 《☞ はもの; ナイフ (挿絵)》.
¶ このかみそりの*刃はなまくらだ[よく切れる] This razor *blade* is ⌈quite blunt [very sharp]. / This razor has a ⌈dull [sharp] *edge*. // 包丁の*刃を研いでくれませんか Will you ⌈*sharpen* [(⇒ 包丁に刃をつけて) put an *edge* on] the kitchen knife? // 包丁の*刃がこぼれた (⇒ 欠けた) The *edge* of the kitchen knife was nicked.

は[4] **派** (一般的にグループ) group C; (学派・流派) school C; (党派) party C; (派閥) faction C ★ グループ内の分派; (宗派) sect C ★ 宗派ばかりでなく派閥の意味でも用いられる. 《☞ りゅうは; とうは[1]; はばつ》.
¶ 古典*派[ロマン*派] the ⌈classical [romantic] *school* // 自民党の鈴木*派 the Suzuki *faction* in the Liberal Democratic Party 《☞ 政治・経済 (囲み)》 // 党はその問題をめぐって 5 *派に分裂した The party ⌈has split into [has been divided into] five *factions* on the issue. // 彼は反対*派だ[賛成*派だ] (⇒ 反対のグループ[支持グループ]に属している) He belongs to the ⌈opposition *group* [supporting *group*]. // 戦後[戦前]*派 (⇒ 世代) the ⌈postwar [prewar] generation // 保守*派 the conservatives // 急進*派 the radicals // 革新*派 the reformists // 中道*派 the middle-of-the-roaders / the centrists

★ 後者のほうが改まった言い方.
ハ 〘音楽〙(音名) C Ⓤ ((☞ 音楽 (囲み))).
¶ *ハ長[短]調 *C* ˹major [minor]
ば 場 **1** «場所»: (一般的には) place Ⓒ [語法] 広い意味の語で, 何かを行う場所・住む所・家・座席なども言う; (特定の) spot Ⓒ; (事件などの現場) scene Ⓒ; (活動などの分野) field Ⓒ; (余地) room Ⓤ, space Ⓤ [語法] ほぼ同意のこともあるが, 前者が何かを入れるための余地を言うのに対し, 後者は具体的な空間・空き間を言う. ((☞ ばしょ; よち¹; げんば)).
¶ 私には行き*場がない (⇒ 私は行く場所を持っていない) I have no *place* to go to. // 私はたまたまその*場に居合わせた (⇒ そこにいた) I happened to be ˹*there* [(⇒ その現場に) *on the scene*]. // この部屋には荷物の置き*場もない (⇒ 余地がない) There is no ˹*room* [*space*] for baggage in this room. / (⇒ 場所を見つけることができない) I cannot find any *place* for baggage in this room. // 警察はすぐにその*場に駆けつけた The police soon rushed to the ˹*scene* [*spot*]. // 私は新しい活動の*場を与えられた I was assigned to the new *field* of activities. // 強盗はその*場で逮捕された The ˹burglars [robbers] were arrested ˹*on the spot* [*then and there*]. ((☞ そのば)) // 私は目のやり*場に困った (⇒ どこを見たらよいかわからなかった) I didn't know *where to look*. // この*場限りの話にしよう (⇒ 2 人だけの内緒にしよう) Let's *keep* this *between* ˹*ourselves* [*you and me*].
2 «場合»: (現在話題となっている状況, またはそれに類似した状況) case Ⓒ; (ある行事・行為などを行うための特定の機会) occasion Ⓒ.
¶ その*場の成り行きに任せなさい (⇒ その場合に自然の経過をとらせなさい) Let the *case* take its natural course. // 彼はその*場にふさわしいことをしゃべった He said things suitable for the *occasion*. // そのニュースは公の*場で発表された The news was announced on a public *occasion*.
3 «劇の»: scene Ⓒ ((略 sc.)). ¶ ハムレット, 第 3 幕第 2*場 *Hamlet*, Act III, *Scene* ii [語法] *Hamlet* III. ii と省略するが, その場合も *Hamlet*, act three, scene two と読む. // 『ロミオとジュリエット』のバルコニーの*場 the balcony *scene* in *Romeo and Juliet*
4 «物理学の»: field Ⓒ. ¶ 磁*場 the magnetic *field*
はあ ― 感 (相手の言葉を受けて肯定する言葉) yes, indeed [語法] yes のほうが一般的. 相手の言うことを「いかにも」と強く認めるときには yes, indeed と, 重ねて用いることもある; (そうですねえ・ええまあ) well; (わかりました) I see. ((☞ 相づち (囲み))).
¶「*はあ…」とだけつぶやいて, 私は腰を下ろした "*Yes*," I murmured and sat down. //「よい天気ですね」「*はあ, そうですね」"Isn't it a beautiful day?" "*Yes*, ˹*indeed* [isn't it]!" //「準備はできましたか」「*はあ, だいたい」"Are you ready?" "*Well*, just about."
ばあ (子供などを驚かすときの声) bo(h); (いないいないばあ) ((米)) peekaboo, ((英)) bo-peep.
¶ 彼は赤ちゃんに「*ばあ」と言った "*Peekaboo!*" he said to the baby.
バー¹ (酒場) bar Ⓒ [参考] bar は元来は横に長い木などのことで, つまりカウンターのことを言う; (ホテルなどの) barroom Ⓒ, ((米)) saloon Ⓒ; (大衆的な酒場) ((英)) public house Ⓒ ★ 口語では pub Ⓒ と略す.
バー² (棒高跳びなどの横木) bar Ⓒ.
ばあい 場合 ― 名 (時) time Ⓒ; (ふさわしい時) occasion Ⓒ; (事例) case Ⓒ; (状況) circumstances ★ 複数形で. ― 接 (もしも…ならば) if ..., in case ... [語法] if が最も一般的であるが, 口語的でしかも「万一…なら」の含みを持つ言い方が in case; (…のときは) when ...
¶ いまは議論をして[泣いて]いる*場合 (⇒ 時) ではない This is no ˹*time* [*occasion*] for ˹argument [tears]. // この規則が当てはまらない*場合 (⇒ 事例) も多少ある There are a few *cases* ˹where [in which] this rule does not apply. // それは時と*場合による That depends. / It all depends. [語法] いずれも口語で次に on circumstances が省略された決まり文句. // 当日雨が降った*場合は計画は延期される The plan will be postponed ˹*if* [*in case*] it rains on the day. // 欠席者が多い*場合には, 会合が中止される*場合もあります The meeting may be canceled ˹*if* [*when*] there are many absentees. // 緊急の*場合にはこのドアは手で開けられます This door can be opened by hand *in case of* emergency.
はあく 把握 ― 動 (つかむ・つかまえる) grasp ㊀; (理解する) understand ㊀. ((☞ りかい; つかむ; しょうあく)). ¶ 彼女には事態が*把握できなかった She failed to *grasp* the situation. // 私には彼女の真意が*把握できない I cannot *grasp* her real intention. / I cannot *understand* what she means.
バーゲン (特売) sale Ⓒ; (特売品) bargain Ⓒ. ((☞ とくばい; うりだし; セール)). **バーゲンセール** sale Ⓒ, bargain sale Ⓒ ★ 前者のほうが普通. ((☞ 掲示の英語 (囲み))). ¶ 春[夏]の*バーゲンセール a ˹spring [summer] *sale*
パーセント (百分率) percent Ⓒ, per cent Ⓒ ★ 単複同形. [参考] 発音はいずれも [pəsént]. 記号では %, p.c., pc と略す; (割合) percentage Ⓒ. ((☞ わり; りつ)).
¶ 10 *パーセント ten *percent* // 割引率は 15 *パーセントです The discount rate is 15 ˹*percent* [*per cent*]. / (⇒ 我々は 15 パーセントの割引きをします) We make a 15 *percent* discount. // このワインのアルコール含有量は何*パーセントですか What ˹*percentage* [*per cent*] of alcohol does this wine contain?
ばあたり 場当たり ― 形 (その場の思いつきの) haphazard; (無責任な) irresponsible. ((☞ いきあたりばったり)).
パーティー (会合・一団の人) party Ⓒ ((☞ えんかい¹; かい¹ (類義語))).
¶ ダンス*パーティー a *dance* [語法] dance party は和製英語. // 今度の土曜日の晩に私の家で*パーティーを開きます We're going to ˹have [hold; give] a *party* at our home

next Saturday evening. // 昨夜の*パーティーはおもしろかった We had a very good time at the *party* last night. // 私は正雄君の誕生*パーティーに招かれた I was invited to Masao's birthday *party*.

バーテン 《米》bartender Ⓒ, 《英》barman Ⓒ.

ハート ― [名] heart Ⓒ. ― [形] (ハート型の) heart-shaped. ¶ *ハートのクイーン the queen of *hearts* // 彼はついに彼女の*ハートを射止めた He won her *heart* at last.

パート[1] ― [名] (パートタイムの勤務) part time Ⓤ (↔ full time); (パートの仕事) part-time job Ⓒ; (パートの仕事をする人) part-timer Ⓒ, part-time worker Ⓒ ★ 前者のほうが口語的. ― [形] part-time. ― [副] (パートで) part-time, on a part-time basis ★ 後者は改まった言い方. 《☞ アルバイト》.
¶ 彼女は*パートを探している She is looking for a *part-time job*. // 彼は*パートを2人時給500円で雇った He employed two ⌈*part-timers* [*part-time workers*] for 500 yen an hour. // 私はいまデパートで*パートをしている (⇒ パートで働いている) I'm now working ⌈*part-time* [*on a part-time basis*] in a department store.

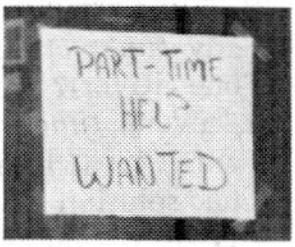

「パート募集」の掲示

パート[2] (音楽の) part Ⓒ. ¶ ソプラノ[アルト]の*パート the ⌈soprano [alto] *part*

ハードウェア hardware Ⓤ (↔ software) 《☞ コンピューター (囲み)》. ¶ コンピューターは*ハードウェアと呼ばれ, コンピューターに入れるプログラムはソフトウェアと呼ばれる A computer is called *hardware*, while a program fed into it is called software.

ハードトップ hardtop Ⓒ.

パートナー partner Ⓒ 《☞ あいて; なかま》. ¶ ダンス[テニス]の*パートナー dancing [tennis] *partner*

ハードル hurdle Ⓒ 《☞ スポーツ (囲み)》. ¶ 彼はすべての*ハードルをやすやすと飛び越えた He easily cleared every *hurdle*. **ハードル選手** hurdler Ⓒ **ハードルレース** hurdle race Ⓒ.

はあはあ ― [副] (息を切らせて) out of breath, breathlessly. ― [動] (運動をしたり, 興奮して呼吸が荒くなる) pant (自); (息苦しくなってあえぐ) gasp (自). 《☞ 擬声・擬態語 (囲み); あえぐ; いきぎれ》.
¶ 彼は走った後で*はあはあ言っていた He was *out of breath* after running. // みんなは*はあはあ言いながら走っていた They *were panting* heavily as they ran. // 彼女は高熱が出て*はあはあ言いだした She began to *gasp and pant* because of her high fever. / (⇒ 高熱のために呼吸が非常に速くなった) Her *breathing became very rapid* because of her high fever.

ハープ harp Ⓒ 《☞ 音楽 (囲み)》. ¶ *ハープ演奏家 a harpist

ハープシコード harpsichord Ⓒ 《☞ 音楽 (囲み)》. ¶ *ハープシコード演奏家 a harpsichordist

バーベキュー ― [名] barbecue Ⓒ. ― [動] barbecue (他). 《☞ 料理の用語 (囲み)》.

バーベル barbell Ⓒ. ¶ 彼はその重い*バーベルを一気に持ち上げた He lifted the heavy *barbell* in one smooth movement.

パーマ ― [名] permanent wave Ⓒ, 《米口語》 permanent Ⓒ, 《英口語》 perm Ⓒ. ― [動] perm (他). ¶ 髪を*パーマしてもらった I had my hair *permed*.

ハーモニー harmony Ⓤ (↔ disharmony).

ハーモニカ mouth organ Ⓒ, harmonica Ⓒ ★ 後者のほうが形式ばった語. ¶ 彼は*ハーモニカで曲を吹いた He played a tune on the ⌈*mouth organ* [*harmonica*].

はあり 羽蟻 winged ant Ⓒ.

はい[1] (相手の質問に対する答え) yes [語法] 自分の答えの内容が肯定の場合に用いる. もし答えの内容が否定なら日本語で「はい」となっても英語では no を用いる. 《☞ 「はい」と「いいえ」(欄外); 日本語と英語 (欄外)》; (名前を呼ばれて) yes [語法] 親しい感じを与えたり, 丁寧な感じを出そうと思ったら Yes, Jim. / Yes, sir. / Yes, ma'am. などの呼びかけを付けるのが英語の習慣; (特に出欠の点検で) here, present, yes [語法] 以上いずれも用いられるが, here が最も一般的; (相手が許可を求めたのに対して, 丁寧に, 「はい, どうぞ」という感じで) certainly, of course [語法] ほぼ同意だが, 後者のほうが快諾の気持ちがより強い. Yes, of course. と yes を添えてもよい; (主人・目上の人の命令に対して「かしこまりました」の意で) very well [語法] やや古風な感じ. 以上のほかに, くだけた返事としては O.K., all right. も可能. yes の代わりに yeah [jǽː, jέə] も使われるが, 日本語の「はい」

「はい」と「いいえ」 (' yes ' and ' no ') 「はい」は yes, 「いいえ」は no に相当する. しかし, 日本語の「はい」は相手の言うことに対して「そのとおりです」と認め, また「いいえ」は相手の言うことに対して「違います」と否定するために用いられるが, 英語では自分の言うことが肯定の内容である場合には yes を用い, 自分の言うことが否定の内容であれば no を用いるという点が異なる.

従って, 日本語の「はい」「いいえ」と英語の yes, no が, 次のように食い違う場合に注意しなくてはならない.
¶「彼を知らないのですか」「はい, 知りません」" Don't you know him? " " *No*, I don't."

この例の最初の文は否定疑問文であるが, 日本語では相手が言っていることを, そのとおりだと認める言い方で「はい」と言うのに対して, 英語では自分の答えの内容が否定を表すので no を用いるのである. またもしも, 同じ問いに対して, 「いいえ, 知っています」というのであれば, 英語では " *Yes*, I do." と答える.
¶「私の言うことがわからないのですね」「はい, わかりません」 " You don't understand me, do you? " " *No*, I don't."

この例の最初の文には, ..., do you? という付加疑問が付いているが, 付加疑問を含む文も本質的には否定疑問文と同じであるから, yes と no は日本語と食い違うのである.

このように「はい」「いいえ」と yes, no との食い違いは, 否定疑問文および付加疑問の文の場合が主であり, 会話の場においてしばしばこれを取り違えることにより混乱を招くものであるから注意が必要である.

は

よりは「うん」とか「いいよ」に当たる.《☞ うん²》.
¶「あなたは学生ですか」「*はい, そうです」“Are you a student?” “*Yes*, I am.”
「おなかがすいていませんか」「*はい, すいていません」“Aren't you hungry?” “*No*, I'm not.”
「私の言ったことがよくわからなかったんでしょう」「*はい, わかりませんでした」“You didn't understand what I said, did you?” “*No*, I didn't.” [語法] このような付加疑問の場合は特に日本語の「はい」「いいえ」と英語の yes, no との食い違いが大きいので注意を要する.《☞ 付加疑問 (欄外)》
「山田君」「*はい」“Yamada.” “*Yes*, ˹*sir* [*ma'am*].” [語法] この答え方は先生または目上の人に対するもの. 男性には sir を, 女性には ma'am を使う. / “Yamada.” “*Here* (, ˹*sir* [*ma'am*]).”《出席の点呼で》 [語法] 点呼のときは sir やma'am は付けないことも多い. / “Yamada.” “*Present*.”
「ちょっと見せて下さい」「*はい, どうぞ」“May I have a look at it?” “*Certainly*. / *Of course*.”
「食器を洗って, 部屋を掃除しておいて下さい」「*はい, かしこまりました」“Wash the dishes and clean the room.” “*Very well, ma'am*.”

はい² 灰 (物質としての灰) ash Ⓤ; (燃えがら・燃えかす) ashes ★ 複数形で.
¶木を燃やして*灰を作った I made *ash* by burning wood. // たばこの*灰を床の上に落とさないように注意して下さい Be careful not to drop the cigarette *ash* on the floor. // 核実験は世界に死の*灰を降らす Nuclear tests shower radioactive *fallout* all over the world. [語法] 「死の灰」を文字通り lethal [death] ash ということもできる.

はい³ 肺 lung Ⓒ [語法] 2つの部分があるので普通は複数形で用いる. 一方を意味するときのみ単数形になる.《☞ ないぞう¹ (挿絵)》. ¶彼は*肺が悪い His *lungs* are affected.

はい⁴ 胚 〘植物〙 embryo [émbriòu] Ⓒ《複 ～s》《☞ いね (挿絵)》.

-はい …杯, …盃 (紅茶・コーヒー用の茶わん) cup Ⓒ; (ガラスのコップ) glass Ⓒ; (ご飯用のわん) bowl Ⓒ; (1 回分を盛りつけること) helping Ⓒ.《☞ いっぱい; 量の表し方 (囲み); 数の数え方 (囲み)》. ¶コーヒー 1*杯 a *cup* of coffee // 水 2*杯 two *glasses* of water // ご飯 2*杯 two *bowls* of rice

ばい 倍 **1**《2 倍》 ── [形] (2 倍の) double. ── [副] (2 倍に) twice, two times. ── [動] (2 倍にする・なる) double (他) (自).《☞ にばい》.
¶私は元の額の*倍(以上)の金を払った I paid (more than) ˹*double* [*twice*] the original price. [語法] double は定冠詞や所有格の前に置かれ, また次の例文のように what で始まる節の前にも置かれる. // 生徒数は以前の*倍に達している The number of students is *double* what it used to be. // 5 の*倍は 10 です *Twice* [*Two times*] five is ten. // 日本の自動車の台数はこの数年で*倍になるだろう The number of cars in Japan will *double* in several years. // 試験に受かるためには*倍の努力をしなければならない I must *double* my efforts in order to pass the examination.
2《…倍》: … times, … -fold [語法] (1) 基数を付けて. 例えば「5 倍」は five *times*, five*fold* のように言う. -fold は接尾辞. (2)「…の…倍」は ＜… times as ＋形[副]＋as …＞の構文を用いる.
¶彼は私の 2[3]*倍の金を稼いでいる He earns *twice* [three *times*] *as* much (money) *as* I do. [語法] 量の比較には much を用いる. // 彼女は私の 5*倍も洋服を持っている She has five *times as* many dresses *as* I do. [語法] 数の比較には many を用いる. // その国はわが国の 10*倍の広さだ (⇒ 大きさだ) The country is ten *times as* large *as* Japan. / The country is ten *times* the size of Japan. [語法] このほか「長さ」…times as long as…,「高さ」…times as high as…,「強さ」…times as strong as… などの言い方がある. // 利根川はこの川の何*倍の長さですか How many *times as* long *as* this river is the Tone (River)? // 彼は私の何*倍も忙しい He is ˹several *times* [many *times*] *as* busy *as* I am. // ついに 10*倍の濃度の溶液が得られた The solution of ten*fold* concentration was finally obtained. // 800*倍の (⇒ 倍率が 800 の) 顕微鏡 an 800-*power* microscope ★ power はレンズの倍率の意味.

ぱい 牌 (麻雀の) mah-jongg piece Ⓒ, tile Ⓒ.

パイ pie Ⓒ [語法] パイの丸ごと 1 つは a pie だが, 切ったものは a piece of pie である; (果物入りパイ)《英》 tart Ⓒ.《☞ 数の数え方 (囲み)》.

はいあがる 這い上がる crawl up (自), creep up (自) [語法] はいつくばった意味を強めたいときには crawl, のろのろ進む意味を強めたいときには creep.《☞ はう (類義語); よじのぼる》.
¶とかげが穴から*はい上がってきた A lizard ˹*crawled* [*crept*] *up* out of the hole.

バイアス bias Ⓒ. ¶この布地を*バイアスに裁ちなさい Cut this cloth *on the bias*. // *バイアステープでスカートの縁取りをしなさい Hem your skirt with a *bias* tape.

はいあん 廃案 ── [名] (却下された法案) rejected bill Ⓒ. ── [動] (却下する) reject (他); (途中で中止する) drop (他). ¶その法案は*廃案になった The bill *has been* ˹*rejected* [*dropped*]. / (⇒ 無効になった) The bill *has become null and void*.

はいいろ 灰色 **1**《色》 ── [名] [形] gray,《英》 grey ★ [名] では Ⓤ.《☞ 色 (囲み)》.
¶明るい[暗い]*灰色 light [dark] *gray* // 彼は*灰色の目をしている He has *gray* eyes. // *灰色の空 a ˹*cloudy* [*gray*] sky
2《比喩的な用法》: (灰色の) gray,《英》 grey; (陰気な) gloomy; (おもしろくない) joyless; (わびしい) cheerless. ¶私の人生は (⇒ 私にとって人生は) *灰色だ Life is *gray and joyless* to me. // 大学受験で*灰色の日々 (⇒ 退屈で単調な日々) を過ごした I spent *dull and monotonous* days preparing for the college entrance examination.

はいいん 敗因 the cause of a defeat. ¶私たちは*敗因を明らかにする必要がある We have to clear up *the cause of our defeat.* // 練習不足が*敗因だ Lack of practice is *the cause of the defeat.* / (⇒ 敗北は練習不足からきている) *The defeat resulted from* lack of practice.

ばいう 梅雨 the rainy season [語法] the を付けて単数で用いる. (☞ つゆ²). **梅雨前線** seasonal rain front Ⓒ.

はいえい 背泳 (泳ぎ方) backstroke Ⓤ, back crawl Ⓤ; (競技名としての) the backstroke. ¶ *背泳で泳いだ I swam ⌈*backstroke* [*on my back*]. ★ この backstroke は [副]. // 彼は*背泳で優勝した He won *the backstroke.*
背泳選手 backstroke swimmer Ⓒ.

はいえき 廃液 waste Ⓤ, waste water Ⓤ [語法] 前者のほうが普通だが,「廃棄物」の意味もある. ¶ 化学工場からの*廃液でこの川の魚は全滅した (⇒ 廃液があらゆる種類の魚を殺した) The *waste* from the chemical works has killed all kinds of fish in this river.

ハイエナ hyena [haiíːnə] Ⓒ.

はいえん 肺炎 pneumonia [n(j)u(ː)móunjə] Ⓤ (☞ 病気・病院 (囲み)). ¶ 彼は流感がもとで*肺炎になった (⇒ 彼の流感は肺炎に発展した) His flu developed into *pneumonia.* // 急性*肺炎 acute *pneumonia*

ばいえん 煤煙 (煙) smoke Ⓤ; (すす) soot Ⓤ. (☞ すす).

バイオリン violin [vàiəlín] Ⓒ, 《口語》 fiddle Ⓒ [語法] 後者は親しみまたはおどけた感じを含む. (☞ 音楽 (囲み)).

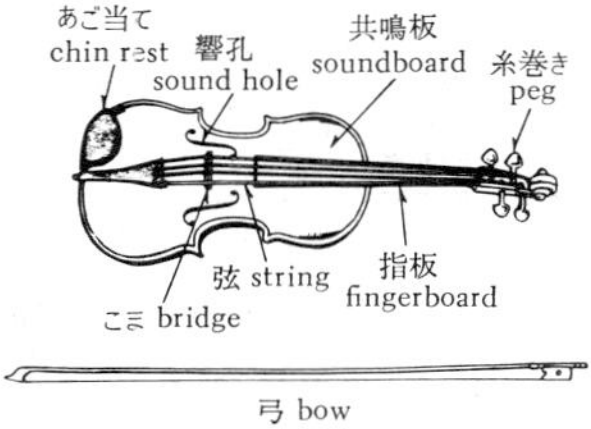

¶ 彼女は*バイオリンを弾いている She is playing the *violin.* // *バイオリンの調弦をする tune *one's violin* **バイオリン奏者** violinist [vàiəlínist] Ⓒ, 《口語》 fiddler Ⓒ.

はいか 配下 (従っていく者) follower Ⓒ; (従属するもの) subordinate Ⓒ; (総称として配下たち) a following ★ a を付ける; (部下の者たち) men ★ 複数形で. (☞ ぶか). ¶ 彼には大勢の*配下がいる He has ⌈*a* large *following* [a lot of *men* under him]. // 私は当時その将軍の*配下にいた I was *under* ⌈the general [the general's *command*] in those days.

はいが 胚芽 〔植物〕 germ Ⓒ (☞ いね (挿絵)). **胚芽米** rice with germs Ⓤ.

ばいか 倍加 ―[動] (2倍にする・なる) double (他) (自), be doubled; (一層強める・強まる) redouble (他) (自). (☞ ばい; ばいぞう).

ハイカー hiker Ⓒ (☞ ハイキング).

はいかい 徘徊 ―[動] (目的なく歩き回る) wander (自), roam (自) [語法] 後者には自由に, 楽しそうに動き回るというニュアンスがある; (辺りをうろうろする) 《口語》 hang ⌈around [about]. (☞ うろつく; ぶらつく). ¶ その当時は爬虫(はちゅう)類が地球上を*徘徊していたものだ Reptiles used to ⌈*wander* over [*roam* about] the earth in those days.

ばいかい 媒介 ―[動] (病原菌などを運ぶ) carry (他), convey (他) ★ 後者のほうが形式ばった語; (広げる) spread (他) 《過去・過分 spread》. ―[前] (…の媒介で) through the medium of … (☞ ばいたい). ¶ その病原菌は蚊の*媒介によって広まる The germs *are* ⌈*carried* [*conveyed; spread*] by mosquitoes. / (⇒ 蚊がその病原菌を運ぶものである) Mosquitoes are the *carriers* of the germs.

はいガス 排ガス exhaust [igzɔ́ːst] Ⓤ; exhaust fumes ★ 複数形で. ¶ 都会の大気は車の*排ガスで汚染されている The air of cities has been ⌈poisoned [contaminated; polluted] by ⌈automobile *exhaust* [*exhaust fumes* from cars].

はいかつりょう 肺活量 vital capacity Ⓤ.

はいかん¹ 拝観 ―[動] (見る) see (他), look at …; (神社・寺院などを訪れる) visit (他). ¶ この寺の仏像を*拝観したいのですが I'd like to ⌈*see* [*look at*] Buddha statues in this temple. // 私たちはきのう宝物殿を*拝観した (⇒ 訪れた) We *visited* the treasure house yesterday.
拝観者 visitor Ⓒ. ¶ この寺は*拝観者が多い Many *visitors* come to this temple. **拝観料** admission fee Ⓒ.

はいかん² 廃刊 ―[動] (雑誌などを中止する) discontinue (他); (発行を止める) stop the publication of … ―[名] discontinuance (of publication) Ⓤ. (☞ きゅうかん¹).
¶ この雑誌は来年の3月号をもって*廃刊となります (⇒ 来年の3月に廃刊される) This magazine will ⌈*be discontinued* [*cease to be published*] next March.

はいかん³ 配管 ―[名] piping [páipiŋ] Ⓤ, plumbing [plʌ́miŋ] Ⓤ [語法] 後者は特に建物内のガス・水道などの配管組織を指す. ―[動] lay a pipe. **配管工** plumber [plʌ́mə] Ⓒ **配管工事** plumbing Ⓤ.

はいがん 肺癌 lung cancer Ⓤ (☞ がん¹; 病気・病院 (囲み)).

はいき 廃棄 ―[動] (不用品を) scrap (他) (☞ はき¹; はいし (類義語)). ¶ 彼は古い書類を全部*廃棄処分にした (⇒ 廃棄した) He *scrapped* all of the old ⌈papers [documents]. **廃棄物** waste Ⓤ ★ しばしば複数形で. ¶ 産業*廃棄物 industrial *wastes*

はいきガス 排気ガス exhaust [igzɔ́ːst] Ⓤ (☞ はいガス).

ばいきゃく 売却 ―[動] (売る) sell (他) 《過去・過分 sold》; (売って処分する) dispose of … by sale ★ 前者は平易な日常語. ―[名] sale Ⓤ; disposal (by sale) Ⓤ. (☞ うる¹; うりはらう). ¶ 彼は伊豆の土地を*売却した He *sold* his land in Izu. / He *disposed of* his land in Izu *by sale.*

はいきゅう 配給 ―[名] (統制による) rationing [rǽʃ(ə)niŋ] Ⓤ; (一般に, 供給) supply

は

Ⓤ. ―動 ration ⓗ; supply ⓗ.
¶ 戦争中は衣料品も*配給だった(⇒配給された) Clothing *was* also *rationed* during the war. // 彼らは地震の被災者に食糧の*配給をした(⇒食糧を供給した) They *supplied* food for the people who had suffered from the earthquake.

はいきょ 廃墟, 廃虚 (建物などの壊れた後の残骸) ruins; (残ったもの) remains [語法] 両方とも複数形で. 後者は特に遺跡などには限らず, 後に残ったものという少し広い意味の言葉.
¶ ローマの*廃墟を見学した I visited the *ruins* of Rome. // ヨーロッパには*廃墟となった城がたくさんある There are many ˹*ruined* castles [castles *in ruins*] in Europe. // その町はいまだに*廃墟のままになっている The town ˹still lies [is still] *in ruins*.

はいぎょう 廃業 ―動 (商売などをやめる) give up *one's* business; (閉店する) shut up [close down] *one's* ˹store [shop]; (医師・弁護士などが) give up *one's* practice; (リングから引退する) retire from the ring [語法] 主語になるのは力士・ボクサーなど; (舞台から引退する) retire from the stage [語法] 主語になるのは俳優・歌手など.
¶ 彼女はレストランを*廃業した(⇒レストランをやめた) She ˹*shut up* [*closed down*] her restaurant. // 彼は医者を*廃業して小説家になった He *gave up* his medical *practice* to become a novelist.

はいきりょう 排気量 (エンジンの) displacement Ⓤ. ¶ *排気量 2000 cc の車 a car of 2,000 cc *displacement*

ばいきん 黴菌 germ Ⓒ《☞病気・病院(囲み); きん²; さいきん²》. ¶ 傷口から*ばい菌が入った *Germs* have entered through the wound. / (⇒傷口が感染した) The wound *has become infected*. // 身体の抵抗力が弱まると*ばい菌に侵されやすくなる When the resistance of the body is reduced, we become susceptible to *germs*.

ハイキング ―名 (1 回の) hike Ⓒ; (総称としての) hiking Ⓤ. ―動 (ハイキングに行く) go hiking, go on a hike; (ハイキングをする) hike ⓐ. 《☞レクリエーション(囲み); えんそく》.
¶ 私たちは休暇中に*ハイキングに行った We *went* ˹*hiking* [*on a hike*] during the vacation. // 伊豆へ*ハイキングに行こう Let's go *hiking on* Izu. [語法] 前置詞の用法に注意. to とはしない.
ハイキングコース hiking path Ⓒ.

バイキング **1** «バイキング料理»: smorgasbord [smɔ́ːgəsbɔ̀ːd] Ⓤ [語法] 種類を言うときは Ⓒ. なお, この意味では Viking は使えないことに注意. ¶ *バイキングの中華料理を食べに行かないか How about trying a Chinese *smorgasbord*?
2 «8–10 世紀ごろの北欧の海賊»: Viking Ⓒ.

はいく 俳句 *haiku* Ⓒ ★単複同形; 'haiku' poem Ⓒ [語法] イタリック体で, または引用符で. 《☞イタリック体(欄外); 引用符(号)(欄外)》; (Japanese) seventeen-syllabled poem Ⓒ ★説明的訳. 《☞日本固有の風物と英語(囲み)》. ¶ *俳句を作る compose *haiku poems*

バイク motorbike Ⓒ, motor bicycle Ⓒ ★前者のほうが口語的. [参考] 英語の bike は普通は bicycle の略で, 自転車の意味. ただし, 《米》では motorcycle の意味でも使われることがある; (オートバイ) motorcycle Ⓒ. 《☞じてんしゃ; オートバイ(挿絵); 乗り物(囲み)》.
¶ 彼女は*バイクに乗って買い物に行く She goes shopping ˹*by motorbike* [*on a motorbike*].

はいぐうしゃ 配偶者 (夫) *one's* husband; (妻) *one's* wife; (夫または妻のいずれか) spouse [spáus] Ⓒ [語法] 改まった形式的な語で, 書類などで使う. **配偶者控除** tax exemption for *one's* wife Ⓒ.

はいけい¹ 背景 ―名 (一般に) background Ⓒ (↔ foreground); (舞台の) scenery Ⓤ, setting Ⓒ, scene Ⓒ [語法] 全体として用いるときには scenery, 装置の意味には setting, 場面の意味には scene を用いる. ―前 (...を背景として; ...と対照して) against ... 《☞はいご¹; バック》.
¶ 社会的*背景 social *background* // この事件の*背景には両家の憎しみが絡んでいる(⇒存在している) In the *background* of this incident, there lies hatred between the two families. // 国会議事堂を*背景に写真を撮ってもらった I had my picture taken with the Diet Building for the *background*. // 青い空を*背景にしてその白い建物がくっきり見える The white building can be seen clearly *against* the blue sky. // 彼は労働組合を*背景に(⇒組合に支持されて)立候補した He ran for the election, ˹*backed up* [*supported*] by the labor union.

はいけい² 拝啓 Dear... [語法] 受信する人に呼びかける形式で, 名前を添えた後にコンマまたはセミコロンを付けることに注意. 《☞手紙の書き方(囲み)》.
¶ *拝啓《スミスという男性あての場合》*Dear* Mr. Smith [語法] Mr. の代わりに肩書きを付けてもよい. ((例) *Dear* Professor Brown, *Dear* Dr. Jones) / 《トムという親しい友人の場合》*Dear* Tom [語法] Mr. を付けずに個人の名で. / 《スミスという既婚女性あての場合》*Dear* Mrs. Smith / 《スミスという未婚女性あての場合》*Dear* Miss Smith / 《スミスという相手の女性が Mrs. とか Miss と呼ばれるのを嫌うとき》*Dear* Ms. Smith [語法] Ms. は [mìz] と発音する. 米国で使うことが多い. この敬称は男女同権論から出たもので, 相手が自らこの敬称を自分に付けてその使用を促す場合にはそれに従うのがよい. / 《メアリーという名の女性で親しい友人あての場合》*Dear* Mary / 《主に公式な手紙または商業通信文などで, 形式ばった手紙の場合》*Dear* Sir ★男性の場合. / *Dear* Madam ★女性の場合. / 《会社や団体などにあてた場合》《米》Gentlemen / *Dear* Sirs / 《多くの受信人あてなどで, 特定の人が受信人として決まっていない場合の決まり文句》(⇒関係する人へ) To whom it may concern

はいげき 排撃 ―名 rejection Ⓤ. ―動 reject ⓗ. 《☞はいせき》.

はいけっかく 肺結核 (pulmonary) tuberculosis [t(j)ubə̀ːkjulóusis] Ⓤ《略 TB, T.B.》, consumption Ⓤ ★ やや古風で, 婉曲的な言い方.《☞ けっかく; 病気・病院(囲み)》. ¶ 彼は*肺結核になった He contracted *tuberculosis.*
はいけつしょう 敗血症 blood poisoning Ⓤ.
はいけん 拝見 ― 動 (見る) see ㊐, look at ..., have a look at ... 〔語法〕 英語では日本語のように「見る」と「拝見する」のような, 動詞そのものによる丁寧さの区別はなく, May I...? のような言い方を使うなど, 全体の言い回しによって丁寧さを表す点に注意.《☞ みる; 丁寧な表現 (欄外)》.
¶「パスポートを*拝見したいのですが」「ええ, どうぞ」"May I *see* your passport, please?" "Certainly. Here it is." // 切符を*拝見します Ticket, please.
はいご¹ 背後 ― 名 the back. ― 前 (...の後ろに・後方に) behind ... (↔ in front of ...); (すぐ後ろに・後方に) 《米口語》 in back of ... 〔語法〕 in the back of ... とすると「...の後部に」で, 離れた後方は意味しない.《☞ うしろ; バック; うら》.
¶ 私は*背後から襲われた I was attacked ⌈*from the back* [*from behind*]. // 彼がこの事件の*背後にいるに違いない I am sure he is *behind* this incident. // その政治家の*背後には有権者の支持がある There is the support of the electorate ⌈*behind* [*backing*] the statesman. / (⇒ その政治家は彼の背後に有権者の支持をもっている) The statesman has the support of the electorate ⌈*behind him* [*backing him up*].
背後関係 background Ⓒ. ¶ 刑事はその殺人事件の*背後関係を洗った (⇒ 調べた) The detective inquired into the *background* of the murder case.
はいご² 廃語 obsolete word Ⓒ.
はいこう¹ 廃校 ― 動 close a school. ¶ その学校は生徒が集まらないので (⇒ 生徒不足で) *廃校となった The school *has been closed* because of a lack of students.
はいこう² 廃坑 (見捨てられた) abandoned mine Ⓒ; (使われなくなった) disused mine Ⓒ.
はいごう 配合 ― 名 (組み合わせ) combination Ⓤ; (構成) scheme [skíːm] Ⓒ; (調和) harmony Ⓤ; (特に薬品などの調合) compounding Ⓤ. ― 動 (組み合わせる) combine ㊐; (調和させる) harmonize ㊐; (釣り合わせる) match ㊐; (混ぜる) mix ㊐; (調合する) compound ㊐.《☞ とりあわせ; ちょうわ》.
¶ 私はこのドレスの色の*配合が好きだ I like the color *combination* of this dress. // この絵は色彩の*配合がすばらしい (⇒ この絵はすばらしい色の配合を持っている) This picture has a wonderful ⌈color *scheme* [(⇒ 色の調和) color *harmony*]. // 薬剤師は数種類の薬剤を*配合してカプセルに入れた The pharmacist *compounded* several drugs and put them into capsules.
はいざら 灰皿 ashtray Ⓒ. ¶ *灰皿を貸して下さい May I have an *ashtray,* please?
はいし 廃止 ― 動 (習慣・制度・法律などを) abolish ㊐; disuse [disjúːz] ㊐; discontinue ㊐; abandon ㊐; do away with ...; (終わらせる) put an end to ...; (法律・条約などを) repeal ㊐, abrogate ㊐. ― 名 abolition Ⓤ; disuse [disjúːs] Ⓤ; discontinuance Ⓤ, discontinuation Ⓤ; repeal Ⓤ; abrogation Ⓤ.
【類義語】制度・習慣・法律などの廃止に最も一般的に用いられる語は **abolish**. 使われなくなるのは **disuse**. 中断するのは **discontinue** で, 以上はほぼ同意だが, *disuse, discontinue* は *abolish* より多少形式ばっている. 有害であったり, 見込みがなかったりして「捨て去る」のは **abandon**. 口語的表現で「...なしで済ませる」の意味には **do away with ...**「終わらせる」という感じのときは **put an end to ...** 法律や条約などを「正式, あるいは公式に撤廃する」というときに用いられる形式ばった法律用語は **repeal, abrogate** で, 以上 2 語はほぼ同意.《☞ てっぱい》
¶ 制服[死刑]は*廃止すべきだ School uniforms [The death penalty] should *be abolished.* / We should *do away with* ⌈school uniforms [the death penalty]. // 国鉄は昼間の急行を*廃止しようとしている The National Railways is going to ⌈*discontinue* [*put an end to*] midday expresses. // その国際慣行は*廃止になった The international practice ⌈*has been abolished* [(⇒ 使用されなくなった) *has fallen into disuse*; (⇒ 終止符が打たれた) *has been put an end to*]. // この法規は3年以内に*廃止するものとする These regulations will *be repealed* in three years or less. // この条約の*廃止には法的措置が必要である A legislative measure is needed ⌈to *abrogate* this treaty [for the *abrogation* of this treaty].
はいしゃ¹ 歯医者 dentist Ⓒ《☞ しか³; は¹; いしゃ; 病気・病院 (囲み)》. ¶ *歯医者にみてもらいなさい (⇒ みてもらったほうがよい) You'd better ⌈see [consult] a *dentist.* 〔語法〕 see のほうが口語的. // 毎週*歯医者に通っています I go to the ⌈*dentist* [*dentist's*] every week.《☞ 所有格 (欄外)》
はいしゃ² 敗者 loser Ⓒ (↔ winner), defeated person Ⓒ ★ 前者のほうが口語的; (敗けた人たち全体) the defeated.《☞ はいぼく; まける》. ¶ *敗者は常に惨めだ *The defeated* [*Losers*] are always miserable.
敗者復活戦 revival series Ⓒ ★ 単複同形.
はいしゃ³ 配車 ― 名 (車の運用) operation of cars Ⓤ; (車の割り当て) allocation of cars Ⓤ. ― 動 operate (cars) ㊐; allocate (cars) ㊐.《☞ てはい》.
はいしゃ⁴ 廃車 disused car Ⓒ.
はいしゃく 拝借 ― 動 (借りる) borrow ㊐; (借用する) use ㊐ 〔語法〕 英語では「借りる」「拝借する」という日本語のように動詞の違いで丁寧さを表すのではなく, May I ...? などの言い回しによって丁寧さを表す点に注意.《☞ 丁寧な表現 (欄外); かりる (類義語)》.
¶「このペンを*拝借してもよろしいですか」「ええ, どうぞ」"*May I borrow* this pen?" "Cer-

tainly.” // お知恵を*拝借したいのですが (⇒ あなたが忠告をして下さることを望みます) I hope you'll give me some advice.

ばいしゃく 媒酌 ―图 matchmaking Ⓤ. ―動 (2人の間を取り持つ) act as (a) go-between; (結婚の組み合わせをする) make a match [arrange a marriage] (between A and B). 《☞ なこうど》.

¶ だれが*媒酌をするのですか Who will *act as (a) go-between?* // 私たちは鈴木教授の*媒酌で結婚した (⇒ 鈴木教授の世話で) We married ⌈*through* [*by*] *the good offices of* Professor Suzuki.

媒酌人 (特に結婚の) matchmaker Ⓒ ★ 式ばかりでなく, 結婚の縁を取り持つ人という意味.

ハイジャック ―图 (総称として) hijacking Ⓤ; (1回の事件) hijack Ⓒ; (航空機の) skyjacking Ⓤ ★ hijacking でもよい. ―動 hijack ㊀, skyjack ㊀. ★ 前者が一般的. 《☞ のっとる1》.

¶ 近ごろは*ハイジャックが頻繁に起こる *Hijacking* occurs frequently these days. // K航空の旅客機がけさ*ハイジャックにあった The airliner of K Air Lines *was hijacked* this morning.

ハイジャック犯人 hijacker Ⓒ.

ばいしゅう 買収 **1** 《金品などを送る》 ―動 (人にわいろを送る) bribe ㊀, offer bribes to... ★ 後者は説明的な言い方; (特に口止めのために金を払う) 《口語》 pay off ㊀ 語法 以上の言い方はすべて「人」が目的語. ―图 (わいろを送ること・受け取ること) bribery Ⓤ, 《口語》 payoff Ⓤ. 《☞ わいろ》.

¶ 彼は反対派を*買収して票を集めた He gathered votes by ⌈*bribing* [*offering bribes to*] the opposing faction. // 彼は証人を*買収しようとした He tried to ⌈*bribe* [*pay off*] the witness. // 彼は*買収容疑で逮捕された He was arrested on suspicion of *bribery*.

2 《買い取る》 ―動 buy ㊀, purchase ㊀ 語法 後者のほうが改まった語で, ある程度値段の高いものを買うニュアンスがある. 《☞ かう1》.

¶ 政府は高速道路建設のためその土地を*買収した The government ⌈*bought* [*purchased*] the land for the construction of superhighways.

はいしゅつ1 排出 ―動 (中にあるものを外に出す) discharge ㊀; (空気・ガスなどを出す) exhaust [igzɔ́:st] ㊀; (排泄(はいせつ)する) excrete [ikskrí:t] ㊀. 《☞ だす; はいせつ》.

¶ その汚水は下水に*排出される The filthy water *is discharged* into the sewers. // 老廃物は体内から*排出する必要がある It is necessary to ⌈*excrete* [*discharge*] waste matter from our bodies.

排出口 outlet Ⓒ.

はいしゅつ2 輩出 ―動 (たくさん出る) appear in ⌈large [great] numbers; (たくさん生み出す) produce a ⌈large [great] number of ... ¶ この国からは立派な科学者が*輩出している Great scientists *have appeared in large numbers* in this country. / This country *has produced a large number of* distinguished scientists.

ばいしゅん 売春 ―图 prostitution Ⓤ. ―動 (売春行為をする) prostitute *oneself*.

売春婦 prostitute Ⓒ ★ 最も一般的. 改まった場でも使える; (街の女) 《口語》 street girl Ⓒ, street walker Ⓒ; (淫売) 《米俗語》 hooker Ⓒ. 売春防止法 The Anti-Prostitution Law 売春宿 brothel Ⓒ.

はいじょ 排除 ―動 (移動して取り除く) remove ㊀; (仲間に入れず除外する) exclude ㊀; (いまあるものを取り除く) eliminate ㊀; (きれいさっぱりと取り除く) clear away ㊀ ★ 口語的な表現; (進路から邪魔物を取り除く) clear ... out of the way. ―图 removal Ⓤ; exclusion Ⓤ; elimination Ⓤ. 《☞ のぞく1; とりのぞく》.

¶ 機動隊が過激派学生を大学構内から*排除した The riot police ⌈*removed* [*cleared away*] the radical students from the university campus. // 我々はあらゆる障害を*排除しなければならない We must *clear* all the obstacles *out of the way*.

ばいしょう 賠償 ―图 (一般に, 償い) compensation Ⓤ; (戦争などによる損害の国家間の賠償) reparations ★ 複数形で. ―動 compensate (*a person*) for ...; make reparations for ... 《☞ つぐない; ほしょう3》.

¶ 彼は交通事故の*賠償として100万円を要求した He ⌈claimed [demanded] one million yen ⌈*in* [*by way of*] *compensation for* the traffic accident. // 戦争の*賠償問題はまだ片付いていない *Reparations for* the war have not been settled yet. // 彼らは損害*賠償の提訴をした They have sued *for damages*. 語法 damages で損害賠償金の意味にも使われる.

賠償金 compensation Ⓒ; (特に損害の) damages; (戦争の) reparations ★ 後の2つは複数形で. ¶ *賠償金を支払う pay ⌈*compensation* [*damages*]

はいしょく1 敗色 ¶ わが校のチームは*敗色が濃いようだ (⇒ 負けそうだ) Our team ⌈*is likely to lose the game* [seems to be showing sure *signs of defeat*]. 《☞ はいせん1》

はいしょく2 配色 (色の配合) color (《英》 colour) scheme Ⓒ 《☞ はいごう》.

はいしん 背信 (裏切り) betrayal [bitréiəl] Ⓤ ★「背信行為」の意では Ⓒ; (信頼に背くこと) breach of faith Ⓒ.

はいじん 俳人 *haiku* poet Ⓒ 《☞ はいく》.

ばいしんいん 陪審員 (集合的に) jury Ⓒ; (1人の) juror Ⓒ; (男性の) juryman 《複 -men》; (女性の) jurywoman Ⓒ 《複 -women》 参考 後の2つは男女の区別が必要な場合の言い方. 陪審員制度 (the jury system) は日本の裁判では取り入れられていない.

はいすい1 排水 ―图 (一般に, 水はけ) drainage [dréinidʒ] Ⓤ; (下水設備・下水処理) sewerage [sú:əridʒ] Ⓤ; (下水) sewage [sú:idʒ] Ⓤ; (ポンプによる) pumping out Ⓤ. ―動 (一般に) drain ㊂ ㊀; (ポンプで) pump out ㊀. 《☞ げすい》.

¶ この土地は*排水がよい[悪い] This land

「drains well [does not *drain* well ; *drains* badly].
排水管 drainpipe Ⓒ, drain Ⓒ 排水口 (汚水の排出口) drain Ⓒ; (余水吐) overflow Ⓒ 排水工事 drainage work Ⓤ 排水設備 drainage Ⓤ 排水トン数 displacement tonnage Ⓤ 排水ポンプ drain pump Ⓒ 排水量 displacement Ⓒ. ¶ *排水量1万トンの旅客船 an ocean liner with a *displacement* of 10,000 tons 排水路[溝] drain Ⓒ, drainage ditch Ⓒ.

はいすい² 配水 ―名 (水の供給) water supply Ⓤ. ―動 supply water (to ...). 《☞ きゅうすい》. 配水管 (送水管) water pipe Ⓒ.

はいすいのじん 背水の陣 ¶ 私は*背水の陣で入試に備えた (⇒もし失敗したら二度と試験は受けないと誓いながら) I prepared for the entrance exams vowing that in case of failure I'd never take them again.
【参考語】―副 (背水の陣で・背中を壁際につけて) with *one's* back to the wall. ―動 (背水の陣を敷く・背後のボート[橋]を燃やす) burn *one's* 「boats [bridges] (behind *one*).

ばいすう 倍数 〔数学〕 multiple Ⓒ 《☞ ばい》. ¶ 4は2の*倍数である Four is a *multiple* of two.

はいする¹ 排する (克服する) overcome ⓗ; (無視する) disregard ⓗ; (排除する) clear away ⓗ. 《☞ とりのぞく; はいじょ》. ¶ 決定に当たっては私情を*排すべきだ We must *disregard* personal considerations when we make a decision.

はいする² 廃する (やめる) give up ⓗ; (中止する) discontinue ⓗ; (廃止する) abolish ⓗ. 《☞ はいし (類義語); やめる¹》.

はいせき 排斥 ―動 (集団で) boycott ⓗ; (...から遠ざかる) keep away from ...; (避ける) shun ⓗ; (追放する) drive out ⓗ, expel ⓗ ★ 後者のほうが形式ばった語. ―名 boycott Ⓒ. 《☞ ボイコット; ついほう》.
¶ 彼はみんなから*排斥されている Everyone *keeps away from* him. / He *is shunned* by everyone. // 校長*排斥運動が起こっている There's a movement to 「*expel* [*drive out*] the principal.

はいせつ 排泄 ―名 excretion [ikskríːʃən] Ⓤ. ―動 excrete ⓘ ⓗ. 《☞ はいしゅつ¹》. 排泄物 (大小便・汗など) excreta ★ 複数形; (大便) excrement Ⓤ.

はいせん¹ 敗戦 defeat Ⓤ 《☞ はいぼく; まけ; まける》. ¶ 我々は初めて*敗戦の憂き目をみた (⇒ 初めて負けた) We 「*were defeated* [suffered *defeat*] for the first time. // *敗戦の色は濃厚だった (⇒ 我々は負けそうだった) We were likely to *lose the battle*.
敗戦国 defeated nation Ⓒ 敗戦投手 losing pitcher Ⓒ.

はいせん² 配線 ―名 wiring Ⓤ. ―動 wire ⓗ. ¶ テレビの*配線は実に複雑だ Television *wiring* is very complicated. // この家はもう電気[電話]の*配線は済んでいます This house *has* already *been wired* for 「electricity [a telephone]. 配線工事 wiring work Ⓤ 配線図 wiring diagram Ⓒ.

はいぜん 配膳 ―動 (食卓の用意をする) set [lay ; spread] the table (for dinner).

はいそ 敗訴 ―動 (裁判に負ける) lose a 「suit [case]; (事件が敗訴になる) go against... ¶ 原告[被告]の*敗訴となった The 「plaintiff [defendant] *lost the* 「*suit* [*case*]. / (⇒ 判決は原告[被告]に不利であった) The verdict *went against* the 「plaintiff [defendant].

はいそう¹ 配送 ―動 (送る) deliver ⓗ. ―名 delivery Ⓤ. 《☞ はいたつ》. 配送車 delivery 「truck [van] Ⓒ 《☞ 自動車(囲み)》.

はいそう² 敗走 ―動 (逃げる) flee ⓘ 《過去・過分 fled》, take to flight ; (退却する) retreat ⓘ. ―名 flight Ⓤ. 《☞ にげる》.

ばいぞう 倍増 ―動 (倍になる・倍にする) double ⓘ ⓗ 《☞ ばい》. ¶ 2年間で売り上げは*倍増した Sales *doubled* in two years.

はいぞく 配属 ―動 (割り当てる) assign ⓗ; (所属させる) attach ⓗ. ¶ 彼は人事課に*配属となった He *was* 「*assigned* [*attached*] to the personnel section.

はいた 歯痛 toothache Ⓒ 《☞ は¹》.

はいたい 敗退 ―動 (競技で) lose a game, be 「defeated [beaten] ★ 前者のほうが口語的; (軍隊などが) retreat ⓘ. 《☞ まける; たいきゃく》. ¶ 我々のチームは第1試合で*敗退した Our team *was* 「*defeated* [*beaten*] in the first game.

ばいたい 媒体 medium Ⓒ 《複 ~s, media》 《☞ ばいかい》. ¶ 音は空気を*媒体として伝わる (⇒ 空気という媒体を通して) Sound travels through the *medium* of air.

はいだす 這い出す crawl [creep] out ⓘ 《☞ はう (類義語)》. ¶ 私は小さな穴からやっと*這い出した I managed to 「*crawl* [*creep*] *out* through a small opening.

はいたつ 配達 ―動 deliver ⓗ. ―名 delivery Ⓤ. 《☞ くばる》.
¶ 品物はいつ*配達してくれますか When can you *deliver* the goods to us? // それは*配達してもらえますか Can I have it *delivered*? // 郵便は1日に2回*配達される The 「mail [《英》 post] *is delivered* twice a day. // 市内は*配達無料です The goods *are delivered* free within the city limits. // 新聞*配達(人) a newsboy / 《米》 a paper boy // 牛乳*配達(人) a milkman
配達区域 delivery zone Ⓒ; (新聞・牛乳などの) 《米》 route Ⓒ 配達先 the destination ; (受取人) the receiver 配達証明書 delivery note Ⓒ 配達人 deliveryman Ⓒ 配達料 delivery charge Ⓒ.

はいたてき 排他的 ―形 (高級で排他的な) exclusive; (非友好的な) unfriendly [not friendly] to ... ¶ あの村の人たちは*排他的だ (⇒よそ者に対して友好的でない) The villagers are *not friendly to* strangers.

はいち 配置 ―動 (配列する) arrange ⓗ; (場所を割り当てる) place ⓗ; (持ち場につかせる) post ⓗ, station ⓗ ★ 後者は特に軍隊などの場合に使う. ―名 post Ⓒ, station Ⓒ.

は

¶ 机の*配置はどうしましょう How shall we ⌈*arrange* [*place*] the desks? // ただちに*配置につけ Take up your *stations* at once. // 警官が沿道に*配置された The police *have been* ⌈*stationed* [*posted*] along the route.
配置転換 (人員などの) reshuffle Ⓒ; (移動) transfer Ⓒ.

はいちょう 拝聴 —動 (聞く) listen (to ...) 自; (聞きに行く) hear 他 [語法] 英語では，この動詞だけでは丁寧な表現とはならない．丁寧さは文全体の言い回しで表す点に注意．《☞ きく[1]; 丁寧な表現 (欄外)》. ¶ ご意見を*拝聴させて下さい We would like to *hear* your opinion.

ハイティーン —形 in *one's* late teens. ¶ あの俳優は*ハイティーンの少女たちに人気がある The actor is popular among girls *in their late teens.*

はいてん 配点 —名 allocation [allotment] of marks Ⓤ. —動 allocate 他, allot 他. ¶ 問題の*配点を変えなくてはならない We have to change the ⌈*allocation* [*allotment*] *of marks.* // 最初の問題への*配点は何点ですか How many points *are* ⌈*allotted* [*allocated*] to the first question? / How many points does the first question *carry*?

はいでん[1] 配電 —動 supply (electricity). —名 electric supply Ⓤ. **配電盤** switchboard Ⓒ.

はいでん[2] 拝殿 (神殿) shrine Ⓒ; (礼拝所) place [house] of worship Ⓒ.

ばいてん 売店 (駅・街頭などの) stand Ⓒ, 《特に英》stall Ⓒ; (駅・駅前・広場などの) kiosk Ⓒ; (店) store Ⓒ. 《☞ みせ; えき[1] (挿絵)》. ¶ 新聞の*売店 a *newsstand* // 道端の*売店ですいかを買った I bought a watermelon from a roadside *stall.*

バイト part-time job Ⓒ 《☞ アルバイト》.

はいとう 配当 —名 (特に株の) dividend Ⓒ; (分け前) share Ⓒ. —動 (配当金を払う) pay a dividend; (分配を受ける) share 自. 《☞ わけまえ; はいぶん》. ¶ その株の*配当は3パーセントだ A *dividend* of three percent is paid on the stocks. // 全員が利益の*配当にあずかった All of us *shared* in the profits.

はいとく 背徳 —形 immoral. **背徳行為** immoral conduct Ⓒ.

ばいどく 梅毒 venereal disease Ⓤ.

パイナップル pineapple Ⓒ. ¶ *パイナップルの缶詰 a canned *pineapple*

はいにち 排日 —形 anti-Japanese.

はいにょう 排尿 urination Ⓤ.

はいにん 背任 breach of trust Ⓤ 《☞ うらぎる; そむく》. ¶ 彼は*背任罪に問われた He was charged with *breach of trust.*

はいはい 這い這い —動 creep [crawl] on all fours 《☞ はう (類義語); よつんばい》. ¶ 赤ん坊は私の方へ*はいはいしてきた The baby ⌈*crept* [*crawled*] towards me *on all fours.*

ばいばい 売買 —名 (買ったり売ったりすること) buying and selling Ⓤ ★ 日本語と語順が逆であることに注意; (取り引き) trade Ⓤ, traffic Ⓤ, transaction Ⓒ [語法] trade は商売・職業などを意味する一般的な語. traffic は貿易・交換などの意味を含む. transaction は取り引き(業務)を意味する形式ばった語. —動 buy and sell 他; traffic 自 他; (取り引きする) deal in ... 《☞ とりひき; しょうばい》.
¶ あの人は不動産の*売買をやっている (⇒ 扱っている) He *deals in* real estate. // 彼は土地の*売買で大もうけした He has made a lot of money out of land *transactions.*
売買契約 contract Ⓒ 《☞ けいやく》.

バイバイ bye-bye, by-by [語法] 元来は赤ん坊や小児に対して使う言葉だが，大人でもくだけた感じを出すために使うこともある．しかし，やたらに使わないほうがよい; (ではまた) I'll see you. ★ くだけた別れのあいさつ. 《☞ さようなら》.

バイパス bypass Ⓒ 《☞ わきみち》.

はいび 配備 —動 (警官・兵隊などを) station 他, post 他. 《☞ はいち》. ¶ ビルの周りに警官が*配備された Policemen *were* ⌈*stationed* [*posted*] around the building.

ハイヒール high heels, high-heeled shoes ★ 複数形で.

はいびょう 肺病 consumption Ⓤ 《☞ はいけっかく》. **肺病患者** consumptive Ⓒ.

はいひん 廃品 useless articles ★ 複数形で; (廃棄物) waste Ⓤ; (くず) rubbish Ⓤ; (がらくた) junk Ⓤ [参考] 本当の廃品ではなくて，できの悪い品物を junk ということがある. 《☞ くず (類義語); がらくた》. **廃品回収** collection of ⌈useless [disused] articles Ⓤ **廃品回収業者** ragman Ⓒ, 《米》junkman Ⓒ.

はいふ 配布 —動 hand out 他, give out 他 [語法] いずれも口語的表現. 前者は「元来は手渡して配る」の意. 従って実際に手で配るときは前者が普通; (配る) distribute 他 ★ 改まった言葉. 《☞ くばる》.
¶ 先生は問題用紙を学生に*配布した <S+V (*hand* [*give*] *out*)+O (名)+*to*+名> The teacher ⌈*handed* [*gave*] *out* the examination papers *to* the students.

パイプ pipe Ⓒ ★ たばこ用・水道の管などに用いる; (パイプ役・調停者) mediator Ⓒ.
¶ 彼は*パイプに火をつけた He lit his *pipe.* // 彼は*パイプに煙草を詰めた He ⌈filled [stuffed] his *pipe* (with tobacco). // 彼は暖炉の前で*パイプをくゆらしていた He was smoking a *pipe* before the fireplace. // *パイプが詰まった The *pipe* was stopped up. // 私が会社側と組合側の*パイプ役になりましょう I'll be the *mediator* between management and labor. // ビニール*パイプ a vinyl *pipe*
パイプオルガン (pipe) organ Ⓒ **パイプライン** pipeline Ⓒ.

ハイファイ (機器) hi-fi [háifái] Ⓒ [語法] 再生の高忠実度の意味では Ⓤ. high fidelity の省略形. 《☞ オーディオ (挿絵)》.

はいふく 拝復 Dear ... [語法] 「拝啓」と同じ形式でよい. 《☞ はいけい[2]》. それに続いて「...日付けのお手紙をありがとう」(Thank you for your letter dated ...) という書き出しが内容的にこれに相当する. そのほかに「...日付けのお手紙の返事として」(In *reply* to your letter

は

of ...) としてもよい. 《☞ 手紙の書き方 (囲み)》.

はいぶつ 廃物 waste Ⓤ, waste ⌈materials [articles] ★ 通例複数形で. 《☞ はいひん》.
廃物利用 recycling of waste Ⓤ.

バイブル (聖書) the Bible ★ the を付けて; (権威ある書) bible Ⓒ. 《☞ せいしょ[1]》. ¶ その本は政治家たちの*バイブルとなった The book has become a *bible* ⌈for politicians [of politics].

ハイフン hyphen Ⓒ 《☞ 欄外》. ¶ 分数は書くときに*ハイフンでつなぐ Fractions are ⌈written with *hyphens* [*hyphenated*]. 参考 2/3, 3/4 はそれぞれ two-thirds, three-quarters のように書く.
【参考語】 ―動 (ハイフンでつなぐ) hyphenate ⑯.

はいぶん 配分 ―名 allotment Ⓤ, allocation Ⓤ; (分配) distribution Ⓤ; (分け前) share Ⓒ. ―動 (割り当てる) allot ⑯, allocate ⑯; (配る) distribute ⑯; (分ける) divide ⑯. 《☞ ぶんぱい; わりあて》. ¶ 私も利益の*配分にあずかった I also had a *share* in the profits.

はいべん 排便 ―名 movement Ⓒ. ―動 (排便する) evacuate [move] the bowels. 《☞ つうじ; べん[1]》.

ハイボール 《米》 highball Ⓒ, 《英》 whisky and soda Ⓒ.

はいぼく 敗北 defeat Ⓤ ★ 個々の敗北では Ⓒ. 《☞ はいせん[1]; まける》. ¶ 我々は初めて*敗北を喫した We suffered a *defeat* for the first time. / (⇒ 初めて負けた) We *were* ⌈*defeated* [*beaten*] for the first time. // 試合は我々の*敗北に終わった The game ended in our *defeat*. / We *lost* the game. **敗北主義** defeatism Ⓤ **敗北主義者** defeatist Ⓒ.

はいほん 配本 ―名 distribution of books Ⓤ. ―動 (本を配る) distribute books. 《☞ くばる》. ¶ 第1回*配本はスタインベックの『怒りのぶどう』です The first volume to *be distributed* is *The Grapes of Wrath* by Steinbeck.

はいまわる 這い回る crawl ⌈around [about] ⓐ 《☞ はう (類義語)》.

ばいめい 売名 ―名 (自己宣伝) self-advertisement Ⓤ. ―動 advertise *oneself*; (世間の注目を求める) seek publicity. 《☞ うる[1]; うりこむ》. ¶ 彼は*売名のためなら何でもする He will do anything ⌈to *advertise himself* [for *publicity*; to *seek publicity*].
売名行為 publicity stunt Ⓒ.

ハイヤー taxi Ⓒ, cab Ⓒ ★ 英米では日本と同じようなハイヤーの制度はない. 《☞ タクシー》.

バイヤー buyer Ⓒ; (外国からの) buying agent [buyer] from abroad Ⓒ.

はいやく 配役 (役を割り当てること) casting Ⓤ; (割り当てられた俳優たち) the cast ★ 総称的に1つの劇の全キャストを表す. 《☞ キャスト; 映画 (囲み)》. ¶ その芝居は*配役がいい The play *is* well *cast*. ★ この cast は「配役する」という意味の 動 ⑯ の過去分詞.

ばいやく[1] 売約 sales contract Ⓒ. **売約済み** Sold. 《☞ 掲示の英語 (囲み)》. ¶ この机は*売約済みです (⇒ 売られてしまった) The desk *has been sold*.

ばいやく[2] 売薬 patent medicine Ⓒ.

はいゆう 俳優 (男優) actor Ⓒ; (女優) actress Ⓒ; (スター) star (⌈actor [actress]) Ⓒ. 《☞ 映画 (囲み)》. ¶ 彼女は*俳優志望だ (⇒ 彼女は女優になることを望んでいる) She wishes to ⌈be [become] an *actress*. / She wants to *go on* (*the*) *stage*. // 舞台*俳優 a stage ⌈*actor* [*actress*] // 映画*俳優 a movie ⌈*actor* [*actress*]

ばいよう 培養 ―動 (細菌などを培養する) culture ⑯. ―名 culture Ⓤ.

ハイライト (最高潮の部分) highlight Ⓒ; (呼びもの番組) feature (program) Ⓒ. 《☞ あっかん[1]; よびもの》. ¶ 今週のテレビ番組の*ハイライトをご紹介します We will show you part of this week's TV *highlights*.

はいらん 排卵 ―名 ovulation Ⓤ. ―動 (排卵する) ovulate ⓐ.

はいりこむ 入り込む (中に入る) go [come; walk] in ⓐ, enter ⑯; (こっそりと) steal [slip] in ⓐ. 《☞ はいる; しのびこむ》. ¶ 彼はノックもしないで*入り込んできた He ⌈*came* [*walked*] *in* without knocking.

ばいりつ 倍率 〖光学〗 magnification Ⓒ, power Ⓤ; (試験などの競争) competition Ⓤ. 《☞ ばい》. ¶ この望遠鏡は*倍率20だ This

---

ハイフン (hyphen) 句読点の1つで (-) の記号. 次のような用法がある.
(1) 行の終わりで1語を2行にわたって書くとき. ただし, 切れ目はつづり字の切れ目でなくてはならない. 《☞ つづり字の切れ目 (欄外)》
(2) 2つ以上の語を結合して複合語を作るとき.
¶ 忘れな草 a forget-me-not // 義理の兄弟 a brother-in-law // 見物人 a looker-on 語法 特に複合名詞の場合にはハイフンはだんだん使われなくなる傾向にある. 例えばかつて street-car (=路面電車) のようにハイフンでつながれたものが, 現在では英米ともに streetcar のようにハイフンなしで結ばれてつづられる.
(3) 21から99までの数に使われる.
¶ 21 twenty-one // 99 ninety-nine 語法 序数の場合もこれに準ずる.
(4) self の付いた複合語はほとんどハイフンが付く.
¶ うぬぼれ self-conceit // 自制心 self-control
(5) 紛らわしさを避けるために用いられる.
(i) 同じスペリングで意味の違う語を区別するため.
¶ 再び集める re-collect ★ recollect (=思い起こす) と区別するため. // 覆い直す re-cover ★ recover (=回復する) と区別するため.
(ii) その他.
¶ 鈴の形に似た bell-like ★ l が続くため.
(6) 2語以上の語をつなげて名詞の前に置き, 修飾語とするとき.
¶ 郵便局の局員 a *post-office* clerk // 50分の授業 a *fifty-minute* period ★ minute が単数形となることに注意. 次の用例も同様. // 5歳の少年 a *five-year-old* boy // 18世紀の文学 *eighteenth-century* literature ★ この場合はハイフンを使わないこともある. // それはここから歩いて5, 6分です It's a *five-* or *six-minute* walk from here.
(7) スペリングを示すとき.
¶ l-i-s-t-e-n
(8) 音節を示すとき.
¶ hy-phen-ing

telescope has a ⌈*magnification* [*power*] of 20. // あの大学は*倍率が高い (⇒ 競争が激しい) The entrance examination for that university is highly *competitive*.

はいりょ 配慮 ―(動) (よく考える) consider (他); (...を考慮に入れる) take ... into consideration; (...をよく考えてみる) give ... careful consideration. ―(名) (よく考えること・思いやり) consideration Ⓤ; (心遣い) regard Ⓤ; (ほねおり) trouble Ⓤ. 《☞ こうりょ; しんしゃく》.
¶ 私共のお願いによろしくご*配慮下さい Please *give* our request *careful consideration*. / We ask for your kind *consideration* of our request. // 彼女は他人への*配慮がない She has no ⌈*consideration* [*regard*] for others. // ご*配慮ありがとうございます Thank you for [I appreciate] your *trouble*.

はいる 入る **1** 《外から中へ》: (中にいる人から見た場合) come in (自); (外の人から見た場合) go in (自); enter (他) ★ 前の 2 つより形式ばった語; (つかつかと歩いて入る) walk in (自); (こっそり入る) steal [slip] in (自); (押し入る) break in (自).
¶ どうぞお*入り下さい 《中の人が外の人に》 Please *come in*. / 《部屋の外で連れに》 Please *go in*.
少女が部屋に*入ってきた A girl *came into* the room.
少女は部屋に*入って行った The girl *went into* the room.
彼は裏口から*入ってきた He *walked in* through the back door.
*入る前にノックして下さい Please knock before *entering*.
彼は窓からこっそり*入った He ⌈*stole* [*slipped*] *in* through the window.
この店に昨夜泥棒が*入った <S(人)＋V(*break*)＋*into*＋名の受身> The store *was broken into* last night.
風が*入るように少し窓を開けておいた (⇒ 風を入れるように) I left the window slightly open to *let in* (some) air.
私は毎晩風呂に*入る I *take* a bath every evening.
彼の声が耳に*入った (⇒ 聞こえた) I *heard* his voice.
恐ろしい光景が目に*入った (⇒ 見えた) I *saw* a terrible sight.
列車が駅に*入ってきた The train ⌈*came* [*pulled*] *into* the station.
2 《会などに入る・加わる》: get ⌈in [into] ... ★ 口語的表現; enter (他); (参加・入学を許される) be admitted to ...; (加わる) join (他); (新しいことなどを始める) enter upon ... 《☞ にゅうがく; にゅうかい; かにゅう》.
¶ この大学は*入るのが難しい The university is rather hard to ⌈*get into* [*enter*].
息子は K 大学に*入りました My son ⌈*was admitted to* [*entered*] K University.
彼は軍隊に*入った He ⌈*joined* [*entered*] the army. [語法] enter は徴兵・志願の別にはふれないが, join には志願して入るニュアンスがある. 徴兵される場合は be drafted into the army を使う.
彼は病院[刑務所]に*入っている He is *in* the ⌈hospital [prison].
彼の野心は政界に*入ることだ His ambition is to *enter* (*upon*) a political career.
3 《含有している》: (中に含む) have (他) ★ 最も一般的; (含む) contain (他) ★ やや形式ばった語; (全体の一部として含む) include (他). 《☞ ふくむ[1]; こみ》.
¶ この飲み物にはアルコールは*入っていない This drink *contains* no alcohol.
交通費も勘定に*入っている The transportation expenses *are included* in the account.
4 《収容する》: (入れものなどが) hold (他); (座席のある会場などが) seat (他). 《☞ しゅうよう[1]》.
¶ この瓶には 2 リットル*入る This bottle *holds* two liters.
この部屋は 100 人くらい*入るだろう The room will *seat* about ⌈one [a] hundred.
5 《ある状態になる》 ¶ 梅雨に*入った The rainy season *has set in*.
かきは最盛期に*入った Oysters *are* now *in season*.
彼は 3 着以内に*入ると思う I hope he will *get into* (one of) the first three places.
6 《手に入る・収入がある》: get (他), obtain (他) ★ 後者は改まった語; (収入がある) have (an income of ...).
¶ 予期しないお金が*入った I've *had* some unexpected *income*.
何か新しい情報が*入ったらすぐ知らせて下さい Let me know as soon as you *have* ⌈*got* [*obtained*; *received*] any new information.

はいれつ 配列 ―(名) arrangement Ⓤ. ―(動) (配列する) arrange (他). 《☞ はいち; ならべる》. ¶ 単語をアルファベット順に*配列した We *arranged* the words ⌈alphabetically [in alphabetical order].

パイロット pilot Ⓒ.

パイロットランプ pilot light Ⓒ.

バインダー bookbinder Ⓒ.

はう 這う creep (自) 《過去・過分 crept》; crawl (around) (自).
【類義語】腹ばいのような格好で進むのが **creep**. 足のある虫などがはうのにも言う. 同じ腹ばいのような格好だが, 動物の場合はへび・いもむしなどの足のない長いものがはうのに使うのが **crawl**. 人間に使う場合はいずれもほぼ同意であるが, *crawl* のほうが腹ばいというニュアンスが強い. 《☞ はいはい; よつんばい》
¶ 赤ん坊は芝生を*はい回った The baby *crawled* ⌈*around* [*about*] on the grass. // つたが壁を*はっていた Ivy *crept over* the wall. // 虫が背中を*はっているよ A worm *is crawling* on your back.

ハウツーもの ハウツー物 (手軽な案内書) how-to [instruction] book Ⓒ; (手引きの本) manual Ⓒ.

バウンド ―(名) bounce Ⓒ, (re)bound Ⓒ. ―(動) bounce (自), (re)bound (自). 《☞ はずむ》. ¶ 球をワン*バウンドで取った I caught the ball on the first ⌈*bounce* [(*re*)*bound*]. // 球は*バウンドして 3 塁手の頭上を越えた The ball 「(*re*)*bounded* [*bounced*] over the third baseman.

パウンドケーキ pound cake Ⓤ.

はえ 蠅 fly Ⓒ《複 flies》. ¶ 腐ったリンゴに*はえが真っ黒にたかっていた There was a cloud of *flies* on the rotten apple. **はえたたき** fly swatter Ⓒ **はえ取り紙** flypaper Ⓒ.

はえぎわ 生え際 hairline Ⓒ. ¶ *生え際が年々後退していく My *hairline* is receding year by year.

はえなわ 延縄 longline Ⓒ. **はえなわ漁業** longline fishing Ⓤ, long-lining Ⓤ **はえなわ漁船** longliner Ⓒ.

はえぬき 生え抜き ―[形] (根っからの・徹底した) dyed-in-the-wool [参考] 「織る前に染めた」が元の意味で, 一貫して徹底していることを言う; (徹底的な) thoroughgoing; (生粋の) trueborn. ¶ 彼は*生え抜きの軍人だ He is a *dyed-in-the-wool* military man.

はえる[1] **生える** (成育する) grow (自) ★ 植物が生えることをいう一般的な言葉; (伸びて出る) sprout (自); (草木が芽を出す) spring up (自); (はびこる) overgrow (他) [語法] 「場所」を主語にして受身形で; (歯が) cut (他). 《☞ のびる; そだつ》.

¶ 私はひげがすぐ*生える My beard *grows* quickly. // 雑草が*生え始めた Weeds *are springing up.* // 赤ん坊に歯が*生えた The baby *has cut* its teeth. 《☞ は[1]》 // 庭は雑草がいっぱい*生えている (⇒はびこっている) The garden *is overgrown* with weeds.

はえる[2] **映える** (輝く) shine (自); (赤々と燃える) glow (自); (美しく見える) look beautiful. ¶ 富士山が夕日に*映えて美しかった Mt. Fuji *looked beautiful* in the setting sun. // 西の空が夕日に*映えた The western sky *glowed* with the splendor of the setting sun.

はおる 羽織る put on (他) 《☞ きる[2]》.

はか 墓 (普通の墓) grave Ⓒ; (大がかりな墓) tomb [tú:m] Ⓒ ★ 中に遺体安置室のあるようなもの; (墓地) cemetery Ⓒ. 《☞ ぼち》. ¶ 両親の*墓に詣(もう)でた I visited the *grave* of my parents. // 彼の*墓には花が絶えない I always find flowers on his *grave*.

gravestone

墓石 gravestone Ⓒ, tombstone Ⓒ **墓場** graveyard Ⓒ **墓参り** ―[動] visit the grave. ¶ 兄と私は両親の*墓参りをした My brother and I *visited* our parents' *grave*.

ばか 馬鹿 ―[形] (愚かな) stupid; foolish; silly; idiotic; brainless; (特に男について) blockheaded; (ばかげた・ばかばかしい) ridiculous; absurd. ―[名] (ばかな人) stupid [foolish; silly; idiotic; brainless] person Ⓒ; fool Ⓒ; idiot Ⓒ; (特に男について) blockhead Ⓒ, 《米》 ass Ⓒ.

【類義語】 日本語の「ばか」は普通は知能が低いという意味ではなく,「愚かな」という意味で, 判断の誤りなどについていうのであるが, 上にあげた英語の訳語もすべてそういう意味のものばかりである. 元来は知力のないことを意味したが, 現在では主として口語において「愚かな」という意味を表すのが **stupid**. この語には「知力のない」というニュアンスがあるので, 意味が強い. もともと判断力の足りない愚かさをいう言葉が **foolish** で, *stupid* よりは改まった言葉であり, 人をののしる度合いもいくらか弱い. 元来は「罪のない」「神に祝福された」という意味で, 日本語の「おめでたい」と同じような意味でばかなことを表す形容詞が **silly**. 口語的な言葉で, *stupid* と同じように使われるが, 判断の誤りのほうに重点がある. 元来は「無知の人」という意味で, それから「知力の非常に劣った人」という意味になり, 現在では強くののしる言葉となったのが **idiot** ([形] は ***idiotic***). この語はののしる言葉としては *stupid* よりもさらに強い感じを持つ.「脳が空っぽの」という意味の言葉が **brainless**. この語は *stupid*, *silly*, *idiot* などに比べると, 多少客観的な感じで, 語感はそれほど強くない. 主として男が男に向かって使い, 特に頭の働きが鈍いというニュアンスでかなり強い響きの言葉が **blockhead** ([形] は ***blockheaded***). 元来イソップの寓話でばかな動物とされるろば (ass) から出た言葉で,《米》でかなりきついののしりの言葉として使われるのが **ass**. この言葉は別の意味でタブー語として使われることもあって, たとえ相手をののしる場合でも避けたほうがよいと言われる. 嘲笑に値するようなばかばかしいことを意味するのが **ridiculous**. 不合理で途方もない意味を表すのが **absurd**. 《☞ ばかに; ばか-》

¶ お前は何て*ばかなんだ How 「*stupid* [*silly*] you are! / What a *fool* you are! [語法] 前者のほうが意味が強い.

そんなことをするなんてお前は*ばかだ It's *stupid* of you to do such a thing.

*ばか. どうしてそんなことをしたんだ You *blockhead*! Why did you do such a thing?

彼は手のつけられない (⇒完全な) *ばかだ He is a perfect *idiot*. / He's very 「*stupid* [*brainless*]. / What an *ass* he is!

*ばかにつける薬はない No medicine can cure a *fool*.

そんなことを信じるなんて*ばかだよ You are *silly* to believe such a thing.

彼女の*ばかな行為が事態を悪くした Her *stupidity* made the 「matter [situation] worse.

何て*ばかげた考えだろう What a *ridiculous* idea!

何て*ばかな How 「*ridiculous* [*absurd*]!

それは彼の*ばかの一つ覚えだ That's [He is repeating] the only song he knows. 《☞ ひとつおぼえ》

*ばかとはさみは使いよう *Fools* and scissors require careful handling. / Scissors and *fools* need good handling.

彼らはいつもその少年を*ばかにしていた They *were* always *making a fool of* the boy. [語法] make a fool of ... で「...をばかにする」という言い方.

光熱費だって*ばかにならない (⇒ 無視できない) Lighting and heating expenses are in no way *negligible.*
ばかになる ¶ このドアの取手が*ばかになってしまった (⇒ 働かない) This doorknob *doesn't work.*

ばか- 馬鹿… ━ 副 (あまり…すぎる) too… ; (極端に) extremely ; (度が過ぎて) excessively. ¶ 彼は*ばか正直だ (⇒ 素朴すぎる) He is *too* simple. // 彼女は*ばか丁寧な答えをした She made an *excessively* polite answer. // 昨夜は夜遅くまで*ばか騒ぎをした We *were on a spree* far into the night last night. **ばか力** enormous strength Ⓤ 《☞ ちから》.

はかい 破壊 ━ 動 (壊す) break ㊀ ; (破壊する) destroy ㊀ ; (台なしにする) ruin ㊀ ; (乗り物などをめちゃくちゃに壊す) wreck ㊀. ━ 形 (破壊的な) destructive. ━ 名 destruction Ⓤ. 《☞ こわす (類義語)》.
¶ 空襲で全市が*破壊された The whole city *was destroyed* ⌈by [in] the air raid. // 町は*破壊しつくされていた The town was left in complete *destruction.* // この爆弾はすさまじい*破壊力を持っている The bomb has enormous *destructive* power.

は

はがいじめ 羽交い締め ━ 動 pinion ㊀.
¶ 警官は男を*羽交い締めにした The policeman *pinioned* the man.

はがき 葉書 (絵はがきなど, 自分で切手をはって出すもの) postcard Ⓒ ; (切手に当たるものがすでに印刷してある官製はがき) postal card Ⓒ ★ 以上 2 つは同じ意味で用いられることもある. 参考 絵はがきを除くと, 英米両国とも日本ほどはがきを使わない. 私信は簡単な内容でも封書にすることが多い. ¶ 私は母に*はがきを出した I sent a *postcard* to my mother. // 私は彼女から*はがきを受け取った I received a *postcard* from her. // 往復*はがき a prepaid *postcard*

はかく 破格 ━ 形 (特別の) special ; (例外の) exceptional ; (先例のない) unprecedented ★ 改まった言葉 ; (変則の) abnormal. ━ 副 specially ; exceptionally. 《☞ とくべつ ; れいがい[1]》.
¶ 彼は*破格の昇進をした He has won an *exceptional* promotion. // 彼だけが*破格の待遇を受けた He alone enjoyed *exceptionally* good treatment. // 彼はその時計を*破格の値段で売ってくれた (⇒ 特別に割引いた値段で) He sold me the watch ⌈*at a specially reduced price* [(⇒ 大割引きで) *at a great bargain*].

ばかげた 馬鹿げた (嘲笑すべき) ridiculous ; (愚かな) foolish, silly ; (道理に合わない) absurd. 《☞ ばか (類義語) ; ばかばかしい》.
¶ 彼は何て*ばかげた間違いをしたんだろう What a ⌈*foolish* [*silly*] mistake he made!

はがす 剝がす tear ⌈away [off] ㊀, tear … from … 《☞ はぐ ; はがれる》. ¶ ポスターを全部*はがした I *tore* ⌈*away* [*off*] all the posters. // 彼は死体を隠すために床板を*はがした He *tore* the boards *from* the floor to hide the dead body.

ばかす 化かす (魔法にかける) bewitch ㊀ ; (だます) play a trick (on …). ¶ きつねは人を*化かすと言われている (⇒ 人をだますと言われている) It is said that foxes *play tricks on* people. // 彼はきつねに*化かされた He *was bewitched* by a fox.

ばかず 場数 **場数を踏む** ¶ 彼は*場数を踏んでいる (⇒ 経験が豊富だ) He is *rich in experience.* / (⇒ 実際の経験を持っている) He *has* (*practical*) *experience.* 《☞ ばなれ》

はかせ 博士 doctor Ⓒ 語法 氏名に付けるときは Dr. と略す. 《☞ はくし[2]》.

はかどる 捗る (うまく進む) get ⌈along [on] (with …) ㊁ ; (進行・進歩する) make progress, progress ㊁ ; (スピードを上げる) speed up ㊀. 《☞ すすむ ; はかばかしい ; しんこう[1]》.
¶ 仕事がなかなか*はかどらない I'm not *getting on* very fast *with* my work. // 仕事の*はかどり具合はいかがですか How *are* you *getting along with* the work? / How *is* the work *progressing?* // 彼女はちっとも勉強が*はかどらない She *is making* no *progress* in her studies.

はかない 儚い (つかの間の) fleeting, transient, transitory ; (短命の) short-lived ; (空虚な) vain, empty. 《☞ むなしい ; つかのま》.
¶ *はかない恋 *short-lived* love // 人生は*はかない Life is *transient.* / (⇒ 人生は空虚な夢に過ぎない) Life is but an *empty* dream. // 私は一時, 成功の*はかない望みを持っていた I had a *vain* hope of success once. // 彼女の夢は*はかなく消えた (⇒ 朝日の中の霧のように) Her dream was gone *like mist in the morning sun.*

はかなむ 儚む (絶望する) despair (of …) ㊁ ; (まったく希望を失う) lose all hope ; (うんざりする) become sick (of …). 《☞ しつぼう ; ぜつぼう》. ¶ 彼は世を*はかなんで自殺した (⇒ 絶望して) He *despaired of* life and killed himself. / He killed himself *in despair.*

ばかに 馬鹿に ━ 副 (とても) 《口語》 awfully ; (ひどく) terribly ; (たいへん) very ; (ばかげて) ridiculously. ━ 形 (ばかげた) ridiculous. 《☞ ひどく ; いやに ; ばか- ; 強意語 (囲み)》.
¶ けさは*ばかに寒い It's ⌈*awfully* [*terribly*] cold this morning. // 値段が*ばかに高い (⇒ ばかげた値段だ) It's a *ridiculous* price. // 電車が*ばかに混んでいた The train was ⌈*very* [*terribly*] crowded.

はがね 鋼 steel Ⓤ 《☞ スチール[1]》.

はかばかしい ━ 形 (速い) quick ; rapid ; (多量の) much. ━ 副 (十分に速く) quickly enough ; (調子よく) well. 《☞ はかどる ; じゅんちょう》. ¶ 患者の回復は*はかばかしくない The patient is not ⌈recovering *quickly enough* [doing *well*]. // 彼の研究は*はかばかしく進んでいない He is not making *much* progress in his research.

ばかばかしい 馬鹿馬鹿しい ━ 形 (愚かでばかな) foolish ; silly ; stupid 語法 stupid が一番意味が強い. stupid, silly ともに口語的. foolish はそれらよりは改まった語 ; (ものすごくばかげた) idiotic ; (嘲笑すべき) ridiculous ; (道理に合わずばかげた) absurd ; (無意味な) nonsensical. ― 副 (あまりにも) too. ― 名 (ばかばかしいこと) nonsense Ⓤ. (☞ ばか (類義語) ; くだらない).

¶ *ばかばかしい *Nonsense*! / What *nonsense*! / How ˹*silly* [*absurd*]! // あなたも*ばかばかしいことをやったもんだ (⇒ そんなことをしたなんて, なんてばかだ) How ˹*silly* [*foolish*] of you to have done such a thing! // 試験は*ばかばかしいくらい易しかった The exam was *too* simple. (☞ ばかに) // 彼の計画というのはまったく*ばかばかしい His plan is quite *absurd*.

はかま 袴 Japanese pleated skirtlike garment Ⓒ ★ 説明的訳.

はがゆい 歯痒い ― 動 (じれったく思う) be impatient with ... ; (いらいらさせる) irritate ⊛ 語法 はがゆくさせる「もの」または「人」が主語になる. (☞ もどかしい ; じれったい).

¶ この人たちはのみ込みが遅くて*歯がゆい (⇒ 私は…でいらいらする) I *am* rather *impatient with* these slow learners. / (⇒ こののみ込みの遅い人たちは私をいらいらさせる) These slow learners *irritate* me.

はからい 計らい (分別ある慎重さ) discretion [diskréʃən] Ⓤ ; (斡旋(あっせん)・尽力) good offices ★ 通例複数形で ; (配慮) consideration Ⓤ. (☞ はいりょ ; あっせん).

¶ すべてはあなたの*計らいに任せよう I'll leave everything to your (own) *discretion*. // 田中さんの*計らいで万事うまく行った Everything went (on) well through the *good offices* of Mr. Tanaka.

はからう 計らう (手はずを決める) arrange ⊛ ; (…を準備する) arrange for ..., make ˹an arrangement [arrangements] for ... ; (…であるように気をつける) see to ... (☞ とりはからう ; てはい).

¶ ホテルへ車が迎えに行くよう*計らいました We've *arranged for* a car to meet you at the hotel. / We *arranged* that a car (should) meet you at the hotel. // あなたに迷惑がかからないよう*計らいます You won't have any trouble ; I'll *see to* that. / I'll *see to it* that you'll have no trouble.

ばからしい 馬鹿らしい (愚かでばかな) foolish ; silly ; stupid ★ stupid が最も意味が強い. (☞ ばか (類義語) ; ばかばかしい).

はからずも 図らずも (偶然に) by chance, by accident ; (思いがけなく) unexpectedly. (☞ ぐうぜん ; おもいがけない).

¶ *図らずも私たちは同じような意見を述べた We *happened to* express similar opinions. // 私は*図らずも彼女のお父さんにきのう会いました I *came across* her father yesterday. ★ come across は「ばったり行き会う」の意.

はかり 秤 ― 名 (目盛のあるもの・はかり) scale(s) 語法 しばしば複数形となるが単数扱い ; (天びんばかり) balance Ⓒ ; (体重計) the (weighing) scales Ⓒ. ― 動 (はかりにかける) weigh ⊛. (☞ はかる[1] ; てんびん).

¶ *はかりに乗ってごらん Stand on *the* (*weighing*) *scales*. // それを*はかりにかけてみましょう (⇒ 重さを計りましょう) Let's *weigh* it. (☞ 重さの表し方 (囲み)) // 彼は新しい地位につくのがいいかどうか, *はかりにかけて考えた He *weighed* the advantages against the disadvantages of accepting the new post.

-ばかり **1** «…のみ» ― 形 (唯一の) only, sole ★ 後者はやや文語的 ; (単なる) mere ★ やや文語的. ― 副 (ただ…だけ) only, merely ; (単純に) simply ; (1 人だけ) alone. (☞ -だけ).

¶ そう思ったのは私*ばかりではない I am not the *only* one who thought so.

あいつの顔を見た*ばかりにきょうは一日中気分が悪かった (⇒ 単に彼を見ることが私の気分を悪くした) The *mere* sight of him has made me sick all day.

金もうけ*ばかりが我々の目的ではない Money-making is not our ˹*only* [*sole*] end.

何でもするがこれ*ばかりはごめんだ (⇒ これ以外のことなら何でもする) I'll do *anything but* this.

正直な人*ばかりではない (⇒ すべての人が正直だというわけではない) *Not all* people are honest. 語法 not all ... は「すべての…が…だというわけではない」という部分否定になる. (☞ 否定の表現 (囲み))

私*ばかりに用を言いつけないで下さい Please don't give orders to me *alone*.

彼女は泣く*ばかりだった She *only* cried.

彼は追及を逃れたい*ばかりにうそをついた He lied *simply* because he wanted to evade inquiry.

それ*ばかりじゃない (⇒ それがすべてではない) *That's not all*. / (⇒ それ以上のことがある) *There's more to it*.

彼女は英語*ばかりかロシア語もしゃべる She speaks *not only* English *but* (*also*) Russian. / She speaks Russian *as well as* English. 語法 not only A but (also) B で「A ばかりではなく B も」の意. A as well as B は「B のみでなく A も」の意. 前者は B に, 後者は A に重点を置いた言い方. (☞ のみならず)

2 «もっぱら» ― 副 (常に) always ★ 平易で日常的な語 ; (絶えず) constantly ★ 少し改まった語. ― 形 (すべての) all ; (ことごとくの) every ★ 単数名詞を伴う.

¶ あの男は四六時中酒*ばかり飲んでいる (⇒ いつも酒を飲んでいる) He is *always* drinking. / (⇒ 酒を飲むこと以外何もしない) He does *nothing but* drink all day.

あの子は親に心配*ばかりかけている (⇒ 常に親の心配の種だ) He is a *constant* source of anxiety to his parents.

私の友達は金持ち*ばかりだ *All* my friends are rich people.

3 «およそ» ― 副 (およそ) about, around ★ ほぼ同意で, いずれも平易な日常語 ; (特に数字につけて, …ぐらい) some ; (…かそこら) ... or so ; (おおざっぱに言って) approximately ★ 以上のものより形式ばった語. (☞ -くらい ; -ほど).

¶ 1 週間*ばかり留守にします I'll be away for ˹*about* a week [a week *or so*].

500 人*ばかりの人が出席していた There were ˹*approximately* [*around*] 500 people

present.
4 «たったいま» — 副 (たったいま) just, just now ; (新しく・最近) newly. — 形 (…から来た[出た]ばかり) fresh [new] (from…).
¶ ここへはきのう着いた*ばかりだ I arrived here *only* yesterday.
彼はいま出た*ばかりだ He left *just now*. ★ just now は普通, 過去形とともに用いる.
彼は大学を出た*ばかりだ He is *fresh from* the university.
生まれた*ばかりの赤ん坊 a *newborn* baby
建てた*ばかりの家 a *newly built* house
5 «ほとんど ; …するばかりの» ¶ 悲しみで胸がはり裂けん*ばかりだった My heart was *almost* bursting with grief.
彼女はいまにも泣き出さん*ばかりだった She was ˹*on the verge of* [*ready* to burst into] tears.
2 人はいまにもつかみかからん*ばかりだった They were just *on the point of* grappling with each other.

はかりうり 計り売り — 動 (重量で) sell … by weight ; (容量・寸法で) sell … by measure. 《☞ うる[1]》. ¶ このコーヒーは*計り売りしますか Do you *sell* this coffee *by weight*?

はかりごと 謀 (人をだましたりごまかしたりする計略) trick Ⓒ ★ 口語的で一般的な語 ; (よく練った策略) design Ⓒ ★ 少し形式ばった語 ; (陰謀) scheme Ⓒ, plot Ⓒ. 《☞ けいりゃく ; たくらみ ; けんぼうじゅっすう》.

は

はかりしれない 計り知れない — 形 (計算のできないほどたくさんの) incalculable. — 副 incalculably, beyond measure. ¶ 彼には*計り知れないほどの恩を受けている I am indebted to him *beyond measure*.

はかる[1] 計る, 測る, 量る (長さ・大きさ・量などを) measure ㊀ ; (重さを) weigh ㊀ ; (所要時間を) time ㊀ ; (水深を) sound ㊀ ; (一般に計測する) gauge [géidʒ] ㊀ ★ 改まった語. gage ともつづる ; (評価する) estimate ㊀ ★ 少し改まった語 ; (測定を行う) take ㊀ 語法 目的語として measure (＝長さ), weight (＝重さ), temperature (＝温度) などをとる.
¶ 距離を*測った I *measured* the distance. // 息子の身長を*測った I *measured* my son's height. // 体重を*計ってみた I *weighed* myself. / I *took* my *weight*. // 洋服屋は私の新しいコートの寸法を*計った The tailor *took* my ˹*measure* [*measurements*] for a new coat. // これは風の強さを*計る機械です This is an ˹instrument to *gauge* the strength of the wind [(⇒ 風力計) anemometer]. // 赤ん坊の熱を*計った I *took* the baby's *temperature*. // 彼の100メートルレースの時間を*計った I *timed* him in the 100-meter ˹race [dash].

はかる[2] 計る, 謀る, 図る, 諮る (謀反などを企む) plot ㊀ ; (試みる) attempt ㊀ ; (計画する) plan ㊀ 語法 plan は何かを計画することで, 意味が広く, 悪事・善事などの区別はない ; (だます) take in ㊀, deceive ㊀ ★ take in のほうが口語的. 《☞ けいかく ; たくらむ》.
¶ 彼らは国王の殺害を*図った They ˹*plotted* [*planned*] ˹the murder of [to murder] the king. // 彼女は自殺を*図った She *attempted* suicide. // 彼に*謀られた I *was taken in* by him. // 私たちはこの件を委員会に*諮りました We *have referred* this *to* the committee.

はがれる 剝がれる come off (…) ㊁ 《☞ はげる[1]; とれる》. ¶ 大雨でペンキがだいぶ*はがれた A lot of paint *has come off* the wall owing to the heavy rain. // このラベルはなかなか*はがれない This label won't *come off*.

はき[1] 破棄 — 動 (法律・制度などを) abolish ㊀ ; (法律・協定などを無効にする) repeal ㊀, annul ㊀ ★ 以上 2 語はほぼ同意で, いずれも形式ばった語 ; (…なしで済ます) 《口語》 do away with … ; (判決・決定などをくつがえす) reverse ㊀ ; (条約などの破棄を通告する) denounce ㊀. — 名 repeal Ⓤ, annulment Ⓤ, abolition Ⓤ ; (取り消し) cancellation Ⓤ. 《☞ はいし (類義語) ; とりけす》.
¶ こんな法律は*破棄すべきだ Such a law ought to *be* ˹*abolished* [*done away with*]. // 一審の判決は*破棄された The decision in the first trial *has been reversed*.

はき[2] 覇気 — 名 (野心) ambition Ⓤ, aspiration Ⓤ ; (元気) spirit Ⓤ, 《口語》 pep Ⓤ ; (根性) 《口語》 guts ★ 複数形で. — 形 ambitious, (high-)spirited. ¶ 彼は*覇気に富んでいる He is full of ˹*ambition* [*aspiration* ; *pep*]. // 彼は*覇気がない He lacks *spirit*.

はぎ 萩 bush clover Ⓒ.

はきけ 吐き気 nausea [nɔ́ːziə] Ⓤ 《☞ はく[1]; 病気・病院 (囲み)》. ¶ *吐き気がする I'm *sick* ˹*at* [*to*] *the stomach*. / I have *nausea*. // *吐き気を催させる光景だった It was a ˹*nauseating* [*sickening* ; (⇒ 不愉快な) *disgusting*] sight.

はぎしり 歯軋り — 動 (歯ぎしりする) grind [grate ; grit] *one's* teeth.

パキスタン — 名 固 Pakistan [pæ̀kistǽn]. — 形 Pakistani [pæ̀kistǽni(ː)]. **パキスタン人** Pakistani Ⓒ.

はきだす 吐き出す (口の中の物を) spit (out) ㊀ 《過去・過分 spit または spat》 ; (嘔吐する) vomit ㊀, disgorge ㊀ ; (心の中のものを) spit out ㊀ ; (煙・においなどを) send forth ㊀ ; (噴き出す) emit ㊀. 《☞ はく[1]》.
¶ 彼はガムを床に*吐き出した He *spat* chewing gum on the floor. // 煙突は 1 つ残らず黒い煙を*吐き出していた All the chimneys *were sending forth* black smoke. // 「出て行け」と彼は*吐き出すように言った "Get out of here!" he *spat* the words *out*. 《☞ 引用符(号) (欄外)》

はきだめ 掃き溜め rubbish heap Ⓒ, 《米》 garbage heap Ⓒ.

はきちがえる 履き違える (履き物を) wear another's shoes by mistake ; (誤解する) take [mistake] … for … ; (誤った考えを持つ) have a ˹wrong [mistaken] idea (of …). 《☞ まちがえる ; こんどう》.
¶ だれかが私の靴を*はき違えて行った Someone has gone out ˹*in* [*with*] *my shoes by mistake*. // 彼は放縦を自由と*はき違えている He ˹*takes* [*mistakes*] license *for* liberty. // 彼女は民主主義の意味を*はき違えている She *has a*

「wrong [mistaken] idea of democracy.

はぎとる 剥ぎ取る tear [strip] off ㊀; (衣服を脱がせる・権威などを奪う) divest *a person* of ... 《☞ はぐ; はくだつ》. ¶その官吏は彼の地位も権威も*はぎ取られた The official *was divested of* his position and authority.

はきはき —形 (活発な) spirited, lively [láivli(:)]; (歯切れのいい) crisp. —副 spiritedly; crisply; (目から鼻へ抜けるように) smartly; (即座に) promptly. 《☞ はぎれ; 擬声・擬態語 (囲み)》. ¶少年は私の質問に*はきはきと答えた The boy answered my questions 「crisply [smartly].

はきもの 履物 (靴) shoes ★複数形で; 《商用語》 footwear Ⓤ. 《☞ くつ》. **履物売り場** footwear department Ⓒ.

はきゅう 波及 —動 (...に及ぶ) spread (to ...) ㊂, extend (to ...) ㊂; (影響する) influence ㊀, affect ㊀. 《☞ えいきょう》. ¶スキャンダルは閣僚にまで*波及した The scandal *spread to* the cabinet.

はきょく 破局 (破滅) end Ⓒ, ruin Ⓤ; (悲劇の大詰め) catastrophe [kətǽstrəfi(:)] Ⓒ ★改まった語. 《☞ はめつ; はたん》. ¶2人の結婚生活は2年で*破局を迎えた Their married life came to a sad *end* in two years. / (⇒ 惨めに終わった) Their married life *ended miserably* in two years. ∥ そんなことをしたら*破局だ That'll be the 「*end* [*ruin*] of us!

はぎれ 歯切れ ¶彼の口調は*歯切れがいい (⇒ 彼は歯切れのいい話しぶりを持っている) He has a *crisp* way of speaking. / He speaks *crisply*. ∥ 大臣の答弁は*歯切れが悪かった (⇒ 言い逃れの答弁をした) The minister gave an *evasive* reply. 《☞ はきはき; きびきび》

【参考語】—形 (口調が歯切れのいい) crisp; (答弁などが歯切れの悪い・言い逃れのような) evasive; (言葉などがはっきりしない) inarticulate.

はく[1] 吐く **1** «吐き出す»: (嘔吐する) vomit ㊂, 《口語》 throw up ㊂, bring up ㊂; (つばを吐く) spit ㊂. 《☞ はきけ; はきだす》.
¶*吐きたくなった I feel like 「*throwing up* [*vomiting*]. ∥ 海が荒れたのでみな*吐いた Everyone 「*threw up* [*vomited*] because the sea was rough. ∥ 道路につばを*吐いてはいけません Don't *spit* on the street.
2 «煙・言葉を出す・意見などを述べる»: (勢いよく外に出す) send out ㊀, emit ㊀ ★前者がより口語的; (気体を外に出す) belch ㊀ ★「げっぷをする」という意味にも使われる; (銃などが火を) spit ㊀ 《過去・過分 spit または spat》; (人が息を吐く) breathe out ㊂; (比喩的に言葉や意見を吐く) give ㊀ ★広い意味の言葉; (吐き出すように言う) spit ㊀ ★口語的; (白状する) confess ㊀, 《口語》 own up ㊂.
¶ビルの窓がもうもうと黒煙を*吐いていた The building *was* 「*sending out* [*emitting*; *belching*] an enormous amount of black smoke from its windows. ∥ 彼はいつも激烈な意見を*吐く He always *gives* 「a drastic opinion [extreme opinions]. ∥ 彼は私に無礼な言葉を*吐いた He *spat* an insult at me. ∥ 彼はとうとう泥を*吐いた (⇒ みんなしゃべった) At last he 「*told us* [*confessed*] everything. / At last he 「*spat* [*spit*] it out. / 《口語》 He *owned up* in the end.

はく[2] 履く (動作を表して) put on ㊀ 《過去・過分 put on》; (状態を表して, 身につけている・はいている) have ... on, be in ... 〔語法〕 以上は口語的表現. on は「表面にまとう」の意味. in は「その中に身体が入る」の意. on は have 以外の動詞にも用い, また with ... on などの表現でも用いる; (体にまとう・身につける) wear ㊀ ★一般的な表現. 《☞ 衣服 (囲み)》.
¶彼は黒い靴を*はいた He *put on* black shoes. / He *put* black shoes *on*. ∥ 彼女は白い靴を*はいていた She *had* white shoes *on*. / She 「*wore* [*was wearing*] white shoes. ∥ 彼はジーンズを*はいていた He 「*wore* [*was wearing*] jeans. ∥ 彼女はブーツを*はいて出かけた She went out *in* boots. ∥ 彼は靴を*はいたまま寝ていた He was asleep *with* his shoes *on*. ∥ その靴[ズボン]を*はいてみていいですか May I *try* those 「shoes [trousers] *on*? ∥ 子供はすぐ靴を*はきつぶしてしまう Children 「*wear out* their shoes [*wear* their shoes *out*] very quickly.

はく[3] 掃く sweep (「out [away; up]) ㊀ 《過去・過分 swept》 《☞ そうじ[1]》.
¶姉は自分の部屋を毎朝*掃く My sister *sweeps* her room every morning. ∥ 落葉を*掃き捨てた I *swept* the fallen leaves *away*. ∥ 家中*掃いてきれいにした<S(人)+V(*sweep*)+O(名)+C(形)> I *swept* the house clean. ∥ 吸いがらを*掃き集めた I *swept up* the cigarette 「butts [ends].

はく[4] 箔 (厚手の) foil Ⓤ; (薄手の) leaf Ⓤ; (めっき) gilt Ⓤ. ¶金*箔 gold *leaf* / (⇒ 金色の箔) *gilt* ∥ アルミ*箔 aluminium *foil*
箔がつく ¶彼は事業家としての*箔がついた (⇒ 名声を得た) He *has gained* 「a *reputation* [*prestige*] as an entrepreneur.

はく[5] 拍 〖音楽〗 beat Ⓒ 《☞ ひょうし[2]》.

-はく ...泊 ¶松江で1*泊した I stayed *overnight* at Matsue. ∥ 熱海に1*泊旅行に行った I 「*made* [*took*] *an overnight trip* to Atami. ∥ 兄は信州へ3*泊4日の旅に出た My brother went on *a four-day trip* to Shinshu. ∥ 京都に2*泊してから東京に帰ります Before coming back to Tokyo I'll *make a two-night stay* in Kyoto. ∥ そのホテルは1*泊9千円だった The hotel charged me [The hotel bill was] 9,000 yen *for the night*. ∥「宿泊費はいくらですか」「シングルは1*泊1万円でございます」《ホテルで》 "What's the rate?" "A single room is 10,000 yen *per night*, sir." 《☞ いっぱく; 旅行 (囲み); ホテル (囲み)》

【参考語】—形 (1泊の) overnight. —副 (1泊) overnight; (ホテルなどで) per night.

はぐ 剝ぐ (無理やりにはぎ取る) tear off ㊀ 《過去 tore; 過分 torn》 ★意味の広い一般的な語; (特に皮や衣服をはぐ) strip ㊀ 〔語法〕 「皮」を目的語として strip the skin (of ...) という言い方のほかに, strip the skin 「from [off] ..., strip ... of the skin という構文が可能;

(動物の皮をはぐ) skin ㊎; (木の皮をはぐ) bark ㊎. 《☞ はがす; はがれる; はぎとる》.

¶ 我々は壁のはり紙を*はぐのに骨を折った We worked hard to *tear off* the bills posted on the walls. // ハンターは射止めた鹿の皮を*はいだ The hunter *skinned* the dear he killed.

ばぐ 馬具 ―名 harness Ⓤ. ―動 (馬具をつける) harness ㊎. ¶ その御者は馬に*馬具をつけた The coachman *harnessed* his horses.

はくあい 博愛 (人を愛する心) love ˹for [of] people Ⓤ ★ 平易な言い方; (人間らしい優しい心) humanity Ⓤ; (人間愛) philanthropy [filǽnθrəpi(:)] Ⓤ ★ 以上の中で最も形式ばった語; (慈善) charity Ⓤ. ¶ 彼の活動は*博愛の精神に基づいていた His activities were based on *love ˹for [of] people*. **博愛主義** philanthropy Ⓤ.

はくい 白衣 ―名 white ˹dress [robe] Ⓒ. ―形 in white. ¶ *白衣を着た看護婦 a nurse *in white*

ばくおん 爆音 (爆発の音) explosion Ⓒ; (機械などのガタガタ, バタバタ, ブルブルという音) whir (《英》 whirr) Ⓒ; (ゴーッというエンジン音) roar Ⓒ. 《☞ ばくはつ》.

¶ 大きな*爆音 (⇒ 爆発の音) が聞こえた I heard a loud *explosion*. // 飛行機が*爆音を立てて私たちの上を飛んだ A plane flew over us with a *whir*. // ジェット機の*爆音は我慢ができない I can't stand the *roars* of jet planes. // エンジンの*爆音 the *roar* of an engine

ばくが 麦芽 malt [mɔ́:lt] Ⓤ, wheat germ Ⓒ. **麦芽糖** malt sugar Ⓤ, maltose Ⓤ.

はくがい 迫害 ―名 (宗教的·政治的迫害) persecution Ⓤ; (権力による圧迫) oppression Ⓤ. ―動 (迫害する) persecute ㊎; oppress ㊎. 《☞ あっぱく》.

¶ プロテスタントの信者はかつてカトリック教会から*迫害を受けた Protestants once ˹*were persecuted* [suffered *persecution*] by the Catholic Church. // 独裁者と彼の秘密警察が人民を*迫害した The despot and his secret police *oppressed* the people.

はくがく 博学 ―形 (学問のある) learned [lə́:nid]; (博学の) erudite [ér(j)udàit] ★ 形式ばった語. ―名 (広範な学識) great [extensive] learning Ⓤ; (たいへん深い知識) profound knowledge Ⓤ.

¶ 彼は*博学だ (⇒ 学問がある) He is ˹*learned* [*erudite*]. / (⇒ 彼は広範な学識のある人だ) He is a man of ˹*great* [*extensive*] *learning*. / (⇒ 彼は百科事典的な知識をもっている) He has *encyclopedic knowledge*. / (⇒ 彼は歩く辞書だ=生き字引だ) He is a *walking* ˹*dictionary* [*encyclopedia*].

はくがんし 白眼視 ―動 (冷たい目で見る) look coldly upon ...; (眉をひそめる) frown ˹upon [at] ...; (軽蔑の目で見る) regard ... as contemptible. ¶ 人々はそうした種類の女性を*白眼視した People *looked coldly upon* women of that kind. / (⇒ 眉をひそめた) People *frowned* ˹*upon* [*at*] such women.

はぐき 歯茎 the gums ★ 通例複数形で.

はぐくむ 育む (子供を養育する) bring up ㊎; (植物を) grow ㊎; (精神などを発達させる) develop ㊎; (才能·習慣などを養う) cultivate ㊎; (かわいがって大事に育てる) cherish ㊎. 《☞ そだてる》. ¶ 光と水が植物を*育む Light and water ˹*develop* [*grow*] plants. // 読書と思考が知性を*育む Reading and thinking *cultivate* the intellect.

ばくげき 爆撃 ―名 bombing [bɑ́miŋ] Ⓤ. ―動 bomb ㊎. **爆撃機** bomber Ⓒ.

はくさい 白菜 Chinese cabbage Ⓒ ★ 料理用としては Ⓤ.

はくし[1] 白紙 (白い紙) white paper Ⓤ; (何も書いてない紙) blank sheet of paper Ⓒ.

¶ 私は数学の試験を*白紙で出した (⇒ 数学の試験問題を1つも解答できなかった) I could not answer any of the questions on the math exam. / (⇒ 答案に何も書かなかった) I didn't write anything at all on the answer sheet ˹for [of] the math exam. // それについてはまだ*白紙の状態です (⇒ 何も確定していない) Nothing is definite about it.

白紙に戻す[返す] ¶ すべて*白紙に戻してやりなおそう (⇒ 全部もう一度) Let's ˹*begin all over again* [(⇒ 新しく始める) *make a fresh start*; *start afresh*].

白紙委任状 carte blanche [kɑ́ət-blɑ́:nʃ] Ⓤ.

はくし[2] 博士 doctor Ⓒ [語法] 姓名に付けるときは Dr. と略す. Good morning, *Doctor*. のように呼びかけにも使う; (博士の学位) Ph. D. [参考] Doctor of Philosophy の略で [pí: èitʃ dí:] と読む. 《☞ 学校·教育 (囲み); 呼びかけ (囲み)》.

¶ 鈴木*博士 *Dr.* Suzuki // 彼の*博士の学位は政治学です (⇒ 政治学で博士を取った) He took ˹(the degree of) *Ph. D.* [a *Ph. D.*] in political science.

博士課程 doctor's program Ⓒ **博士号** (博士の学位) doctor's degree Ⓒ **博士論文** dissertation Ⓒ.

はくしき 博識 wide [extensive] knowledge Ⓤ, erudition Ⓤ ★ 後者は形式ばった語. 《☞ はくがく》. ¶ 彼は*博識だ He is a man of ˹*wide* [*extensive*] *knowledge*.

はくしゃ 拍車 (騎手が靴のかかとにつけるもの) spur Ⓒ. **拍車をかける** ―動 (促す) prompt ㊎; (悪化させる) aggravate ㊎. ¶ 工業化が農業の衰退に*拍車をかけた Industrialization ˹*prompted* the decline [*aggravated* the condition] of agriculture.

はくしゃく 伯爵 count Ⓒ; (英国の) earl Ⓒ. **伯爵夫人** countess Ⓒ.

はくじゃく 薄弱 ―形 (弱い) weak ★ 意味の広い一般的な語; (意志·性格などがもろい) frail; (優柔不断な) infirm; (根拠のはっきりしない) poorly grounded. 《☞ よわい》. ¶ 彼は意志*薄弱だ He has a *weak* will. / He is *weak*-willed. // あなたの主張は根拠が*薄弱だ Your argument is *poorly grounded*.

はくしゅ 拍手 ―名 handclap Ⓒ; (拍手喝采) applause Ⓤ. ―動 clap hands; applaud ㊎ ㊀. 《☞ かっさい》. ¶ 聴衆は*拍手をして彼の演奏をたたえた The audience 「applauded [clapped in praise of] his performance. // 聴衆は万雷の*拍手で彼女を迎えた The audience greeted her with thunderous *applause*.

【参考語】(たいへんな拍手) loud applause Ⓤ; (大喝采(かっさい)) (standing) ovation Ⓒ ★ 少し形式ばった表現. standing を付けると聴衆が立ち上がって拍手を送ることで, 第一級の称賛を示す; (わっと起こる喝采) burst of applause Ⓒ; (嵐のような喝采) storm of applause Ⓒ; (熱烈な喝采) enthusiastic applause Ⓛ.

はくしょ 白書 (政府機関の報告書) white 「paper [book] Ⓒ 【語法】 white book のほうが内容の豊かな重要な報告書. ¶ 政府は本年度の経済*白書を出した The government has issued the economic *white paper* for the year.

はくじょう¹ 薄情 ―形 (冷淡な) cold; (心の冷たい) coldhearted; (優しい気持ちを欠いた) heartless; (不親切な) unkind; (残酷な) cruel. 《☞ つめたい; れいたん》.
¶ あなたはどうしてそんなに彼女に*薄情なの Why are you so *cold* to her? // 彼は*薄情な男だ He is a 「*coldhearted* [*heartless*] man. // 彼女は*薄情にも親友を裏切った She *had the cruelty to* betray a close friend.

はくじょう² 白状 ―名 confession Ⓤ ★ 個々の例をいう場合は Ⓒ. ―動 confess ㊥. 《☞ うちあける; はく¹; じはく》.
¶ 彼はすっかり盗みを*白状した He made a full *confession* of the robbery. / He fully *confessed* the robbery. // いっさいを*白状します I'll 「*confess* everything [(⇒ 全部をお話しします) *tell* you all about it].

ばくしょう 爆笑 ―動 (どっと笑いだす) burst 「into laughter [out laughing]; (大声で笑う) roar with laughter ㊀. ―名 burst [roar] of laughter Ⓒ. 《☞ わらう (類義語)》.
¶ 聴衆はどっと*爆笑した The audience 「*burst into laughter* [*burst out laughing*; *roared with laughter*]. / There was a 「*burst* [*roar*] *of laughter* among the audience.

はくしょく 白色 ―名 white Ⓤ. ―形 (白い) white; (白色をした) white-colored. 《☞ しろ¹》.

はくしょくじんしゅ 白色人種 white race Ⓒ; the Caucasian [kɔːkéiʒən] race 【語法】 少し改まった言い方だが, white という語を避けたいときに使われる. 《☞ はくじん》.

はくしょん ―感 (くしゃみの音) 《米》 ahchoo [ɑːtʃúː], 《英》 atishoo [ətíʃuː]. 《☞ くしゃみ; 擬声・擬態語 (囲み)》. ¶ 彼女はハンカチを口に当てて (⇒ ハンカチの中へ) *はくしょんとくしゃみをした She went "*ahchoo*!" into her handkerchief.

はくしん 迫真 ―形 (⇒ 真に迫った) true to life; (生き生きした) vivid; (現実味のある) realistic. ¶ 彼のこの絵は*迫真の作だ This picture of his is *true to life*. // 彼の演技は*迫真の演技だった His acting was quite *realistic*.

はくじん 白人 (一般的に) white (「man [woman]) Ⓒ; Caucasian [kɔːkéiʒən] Ⓒ 【語法】 少し改まった語だが, white という語を避けたいときに使われる.

ばくしん 驀進 ―動 (速く進む) rush ㊀, dash ㊀ ★ 後者のほうが動きが激しい. ¶ ナポレオンの軍隊はアルプスを越えて*ばく進した Napoleon's army 「*rushed* [*dashed*] forward across the Alps.

ばくしん(ち) 爆心(地) the center of the explosion.

はくする 博する (名声・人気などを勝ち取る) win ㊥ 《過去・過分 won》; (獲得する) gain ㊥. ¶ 彼女は女優として世界的な名声を*博した She 「*won* [*gained*] a worldwide reputation as an actress.

はくせい 剥製 ―名 (剥製になった動物[鳥]) stuffed 「animal [bird] Ⓒ. ―動 (剥製にする) stuff ㊥.

ばくぜん 漠然 ―形 (はっきりしない) vague [véig]; (わかりにくい) obscure 【語法】 意味や説明が正確さ, 精密さに欠けて不明瞭であることを表すのが vague, ぼやけてよく見えなかったり理解力が欠けているためにわからないことを表すのが obscure; (無目的な) aimless. ―副 vaguely; obscurely; (目的なしに) aimlessly, with no purpose. 《☞ ばんやり; おぼろげ》.
¶ 彼の言ったことは*漠然とわかっただけだ I had only a *vague* idea of what he said. // この本は*漠然と読んだのではおもしろくないでしょう This book won't be interesting if you read it *aimlessly*.

ばくだい 莫大 ―形 great ★ 大きいことに対して感嘆する気持ちが含まれる言葉; (巨大な) huge, enormous, tremendous, vast 【語法】 vast は多少文語的. 初めの 3 語はほぼ同意だが, この順に強調が加わる. 《☞ おおきい (類義語)》.
¶ 彼は父親から*莫大な遺産を相続した He inherited 「a *huge* [an *enormous*; a *vast*] fortune from his father. // *莫大な額の金がそのプロジェクトに注ぎ込まれた A *huge* [A *great*; An *enormous*] amount of money was put into the project.

はくだつ 剥奪 ―動 (人から物を奪う) deprive *a person* of ... ―名 deprivation Ⓤ. 《☞ とりあげる; はぎとる》. ¶ 彼は市民権を*剥奪された He *was deprived of* his citizenship.

ばくだん 爆弾 bomb [bɑ́(ː)m] Ⓒ. ¶ 建物に*爆弾を仕掛けたという電話があった Someone told us 「on [over] the telephone that he had placed a *bomb* in the building. // *爆弾を落とす drop a *bomb* // 原子*爆弾 an atomic *bomb* // 時限*爆弾 a time *bomb*
爆弾声明 《口語》 bombshell Ⓒ.

はくち 白痴 (人) idiot Ⓒ; (状態) idiocy Ⓤ 【語法】 この語は現在では心理学上の知能程度をいうのではなく, 愚かさ加減を表す語として用いられることが多い. 《☞ ばか (類義語)》.

ばくち 博打, 博奕 ―名 gambling Ⓤ. ―動 (ばくちを打つ) gamble ㊀ ㊥; (ばくちで失う) gamble away ㊥. 《☞ かけ¹》. ¶ おじは*ばくちで身代をすってしまった My uncle *has gambled away* his entire fortune.
ばくち打ち gambler Ⓒ.

ばくちく 爆竹 firecracker Ⓒ.

は

はくちゅう[1] 白昼 ―副 (日中) in [during] the daytime; (真っ昼間) in broad daylight. 《☞ ひる[1]; まっぴるま》. ¶ 彼の家は*白昼泥棒に入られた His house was broken into *in broad daylight*.

はくちゅう[2] 伯仲 ―形 (等しい) equal; (均衡している) equally balanced. ¶ あの2人の実力は*伯仲している Those two persons are ⌈*equal* [*equally balanced*] in ability.

はくちょう 白鳥 swan Ⓒ.

ぱくつく (がぶりと食いつくように食べる) bite ⌈at [into] ..., take a bite at ... ; (むしゃむしゃ食う) munch ⓗ. ¶ 少年はケーキを*ぱくついていた The boy *was* ⌈*biting at* [*biting into*; *munching*] the piece of cake.

バクテリア bacteria [bæktí(ə)riə] ★ 通例複数形で. 単数形は bacterium ; (一般に, 細菌) germ Ⓒ. 《☞ さいきん[2]》.

はくないしょう 白内障 〔医学〕 cataract Ⓤ 《☞ 病気・病院 (囲み)》.

はくねつ 白熱 ―名 white heat Ⓤ. ―形 (白熱した・熱の入った) heated ; (競技が接戦の) close. 《☞ ねつ》. ¶ 何時間も*白熱した議論が続いた The *heated* discussion lasted for hours. // 試合が*白熱してきた The game is getting *close*. **白熱電球** incandescent lamp Ⓒ.

ばくは 爆破 ―動 (一般に) blow up ⓗ 《過去 blew ; 過分 blown》; (特に岩石などを) blast ⓗ. ―名 blowing up Ⓤ; blast Ⓤ. 《☞ ばくはつ》. ¶ 古い橋はダイナマイトで*爆破された The old bridge *was* ⌈*blown up* [*blasted*] with dynamite.

ぱくぱく ―動 (口を動かす) move *one's* lips ; (息を切らしてあえぐ) gasp ⓙ; (食いつくようにして食べる) bite at ..., take a bite at ... ; (むしゃむしゃと食べる) munch ⓗ. 《☞ ぱくつく ; 擬声・擬態語 (囲み)》.

はくはつ 白髪 ―名 white hair Ⓤ. ―形 (髪が) white ; (人が) white [silver]-haired. 《☞ しらが》. ¶ *白髪の老人 a *silver-haired* old man

ばくはつ 爆発 ―動 (爆発物が) explode ⓙ; (ボイラーなどが内圧で) burst ⓙ 《過去・過分 burst》 ★ 以上の2語は比喩的にも用いられる ; (火山が) erupt ⓙ. ―名 explosion Ⓒ; (火山の) eruption Ⓤ. 《☞ ばくは ; はれつ (類義語) ; ふんか》.
¶ 昨夜近所でガス*爆発があった There was a gas *explosion* in our neighborhood last night. // 圧力がかかりすぎてボイラーが*爆発した The boiler *burst* under excessive pressure. // 町全体が火山の*爆発で埋まった The whole town was buried by the *eruption* of the volcano. // 彼の言葉を聞いて彼女は怒りを*爆発させた She *burst* into a rage at his words. / Her anger *exploded* at his words. // その国は*爆発的な人口増加に悩んでいる That country is suffering from a population *explosion*. // その本は*爆発的に売れた The book ⌈*sold* [*went*] *like hot cakes*. [語法] sell [go] like hot cakes は「飛ぶように売れる」という慣用句.
爆発物 explosive Ⓒ **爆発力** explosive force Ⓤ.

はくひょう[1] 白票 blank vote Ⓒ 《☞ とうひょう》. ¶ 私は*白票を投じた I cast a *blank vote*.

はくひょう[2] 薄氷 thin ice Ⓤ. ¶ さながら*薄氷を踏む思いだった I felt as if I were skating on *thin ice*. 《☞ ふむ》

ばくふ 幕府 the shogunate [ʃóugənət].

ばくふう 爆風 blast (from an explosion) Ⓤ.

はくぶつかん 博物館 museum [mjuːzíːəm] Ⓒ. ¶ 私たちのクラスは国立*博物館を見学に行った Our class visited the national *museum*. // このラジオはずいぶん古く, *博物館行きというところだ This radio is so old that it could be a *museum piece*. // 科学*博物館 a science *museum* // 交通*博物館 a transportation *museum*

はくぼ 薄暮 the dusk (↔ the dawn), the (evening) twilight [語法] dusk は夕方のすっかり暗くなる少し前をいう. twilight は朝または夕方の薄明かりを言うが, 後者の意味のほうが普通. ただし, 明示したい場合は evening を添えればよい. 《☞ たそがれ》.

はくぼく 白墨 chalk Ⓤ 《☞ チョーク》.

はくまい 白米 polished rice Ⓤ.

はくめい 薄命 ―名 (短命) short life Ⓒ; (薄運) sad fate Ⓒ. ―形 (薄運な) ill-fated. ¶ 佳人*薄命 Those the God loves do not live long. 《ことわざ : 神に愛された者は長生きをしない》 / The fairest flowers sooner fade. 《ことわざ: 最も美しい花はすぐにしぼむ》

ばくやく 爆薬 (爆発物) explosive Ⓒ; (火薬) gunpowder Ⓤ. ¶ 車に*爆薬が仕掛けられていた An *explosive* was planted in the car.

はくらい 舶来 ―形 (輸入した) imported; (外国製の) foreign-made. **舶来品** (総称的に) imported [foreign-made] goods ★ 複数形で ; (品物1つ) imported [foreign-made] article Ⓒ.

はぐらかす (質問などをうまく避ける) evade ⓗ; (言い抜ける) dodge ⓗ. 《☞ ごまかす》. ¶ 要点を*はぐらかすな Don't ⌈*evade* [*dodge*] the point! // あの大臣は質問を*はぐらかす特別な才能があるらしい The minister seems to have a special talent for *dodging* questions.

はくらんかい 博覧会 exposition Ⓒ 《略 expo》, fair Ⓒ. ¶ 万国*博覧会が来年当市で開催される The world's *fair* is to be held in this city next year.

はくりたばい 薄利多売 small profits and quick returns ★ 複数形で. 《略 S.P.Q.R.》.

ぱくりと ―動 (犬などが食いつく) snap at ... 《☞ 擬声・擬態語 (囲み)》. ¶ その犬は見知らぬ人に*ぱくりとかみついた The dog *snapped at* a stranger.

はくりょく 迫力 ―名 (力強さ) power Ⓤ; (激しさ) intensity Ⓤ; (人の胸に訴える力) appeal Ⓤ. ―形 (力強い) powerful ; (印象的な) impressive; (胸に訴える) appealing. ¶ レーシングカーの音は*迫力がある A racing car makes a *powerful* roar. // 大画面で見る映画

は本当に*迫力がある Wide-screen movies are ｢really *impressive* [quite *exciting*]. // 大統領の演説には*迫力があった (⇒ 訴えるものがあった) The President's address was very *appealing*.

はぐるま 歯車 gear Ⓒ. **歯車の歯** cog Ⓒ; (大きな組織の中にいる無力な個人) cog in the machine Ⓒ.

はぐれる (見失う) lose sight of ...; (迷子になる) be [get] lost; (仲間にはぐれる) stray from ... 《☞ まよう》. ¶ 私は混んだ駅で彼に*はぐれた I *lost sight of* him at the crowded station. // 少女たちは*はぐれないように手をつないで歩いた The little girls walked hand in hand so they wouldn't *get lost*.

ばくろ 暴露 ── 動 (暴(あば)く) expose ㊀; disclose ㊀; reveal ㊀; bring ... to light; (ばれる) be ｢exposed [disclosed]; (公になる) come to light. ── 名 exposure Ⓤ; disclosure Ⓤ; revelation Ⓤ.

【類義語】悪事を摘発したり，悪人の正体を暴くのが **expose**. 隠されているもの，発表されていなかったものを明らかにするのが **disclose**. 覆いを取り除くように，隠れているもの・秘密などを暴くことが **reveal**. 以上 2 つはほぼ同意. 秘密などを白日の下にさらすことを意味するのが **bring ... to light**, 白日の下に出るのが **come to light**.

¶ その新聞記者は世間を驚かせるような汚職事件を*暴露した The (newspaper) reporter *exposed* a sensational bribery case. // 我我の中のだれかが秘密を*暴露したに違いない Someone among us must *have* ｢*disclosed* [*revealed*] our secret. // 男はとうとう正体を*暴露した The man *revealed* his true character at last. // 彼女の逮捕がきっかけで政府高官のスキャンダルが*暴露した A scandal involving high officials of the government *came to light* after her arrest. / (⇒ 逮捕がスキャンダルを暴露した) Her arrest *brought to light* a government scandal involving the high officials.

暴露記事 (スキャンダルなどの) exposé [èkspozéi] Ⓒ.

はけ[1] 刷毛 brush Ⓒ 《☞ ブラシ》.

はけ[2] 捌け (排水) drainage Ⓤ; (売れ行き) sale Ⓒ; (需要) demand Ⓤ. 《☞ はけぐち; みずはけ》.

はげ 禿げ ── 名 (はげていること) baldness Ⓤ; (はげた部分) bald ｢spot [patch] Ⓒ. ── 形 (はげの・はげた) bald; (はげ頭の) bald-headed. ── 動 (はげる) become [get; go] bald.

¶ 彼は*はげている He is *bald*. / He is *bald-headed*. / He has a *bald* head. // 私の祖父はつるつるに*はげている My grandfather is as *bald* as an egg. // 若*はげ premature *baldness* **はげ頭** (はげた頭) baldhead Ⓒ; (はげ頭の人) bald-headed man Ⓒ.

はけぐち 捌け口 (商品の) market Ⓒ; (感情の) vent Ⓒ; (水・精力などの) outlet Ⓒ.

¶ その国では高価な宝石の*はけ口 (⇒ 市場) はありません There is no *market* for costly jewelry in that country. // 彼女は*はけ口のない怒りで心が一杯になった She was filled with anger she could not *give vent to*. 語法 give vent to で「はけ口を与える」という意味の成句. // ここがプールの水の*はけ口です This is the *outlet* for the (swimming) pool. // 運動はエネルギーのよい*はけ口である Sports are a good *outlet* for our energies.

はげしい 激しい ── 形 (勢いの強い) intense; (乱暴なほど猛烈で激烈な) violent; (厳しく激しい) severe; (痛みが鋭く刺すような) acute; (熱情的な) passionate; (雨などが) heavy, hard. ── 副 (激しく) intensively; violently; severely; acutely; passionately; heavily, hard. 《☞ もうれつ》.

¶ 彼女は気性が*激しい She has a *violent* temper. // *激しい台風が東海地方を襲った A ｢*heavy* [*violent*] typhoon hit the Tokai district. // 彼は腕に*激しい痛みを感じた He felt an *acute* pain in the arm. // 企業間の競争はいっそう*激しくなるだろう Business competition will become more *intense*. // 彼はドアを*激しくノックした He knocked *hard* on the door. // 雨が*激しく降り始めた It began to rain ｢*heavily* [*hard*]. // 彼は彼女と*激しい恋に陥った He fell ｢*violently* [*passionately*] in love with her. // この道の交通は実に*激しい The traffic is very *heavy* on this road.

バケツ bucket Ⓒ, pail Ⓒ. ¶ お母さんが*バケツ一杯水を運ぶように頼んでいますよ Mother asks you to carry a ｢*bucket* [*pail*] of water. / Mother asks you to carry a ｢*bucketful* [*pailful*] of water. 《☞ 量の表し方 (囲み)》

ばけのかわ 化けの皮 **化けの皮をはぐ** ── 動 unmask ㊀; (暴露する) expose ㊀. ¶ あの偽善者の*化けの皮をはいでやる I will *unmask* that hypocrite. / I will *rip away* his hypocritical *mask*.

はげます 励ます (声援を送ったりして元気づける) cheer up ㊀; (勇気づけて...をさせる) encourage *a person* (to *do*). ¶ ピンチに立ったとき，級友が私たちを*励ましてくれた Our classmates *cheered* us *up* when we were ｢in [《英》 at] a pinch. // 先生は生徒にもっと勉強するようにと*励ました The teacher *encouraged* the students *to* study harder. // 先生は私たちの勉強を*励ました Our teacher *encouraged* us *in* our studies. 語法 <*encourage*＋O (人)＋*to*不定詞> はこれからすることを励まし，<*encourage*＋O (人)＋*in* ...> はいましていることを励ます.

はげみ 励み (奨励) encouragement Ⓤ; (刺激) stimulus Ⓒ 《複 stimuli [stímjulài]》.

¶ 彼女の言葉が大いに*励みになった Her words were a great *encouragement* to me. 語法 「励みになること」の意味では encouragement は Ⓒ. / (⇒ 私を大いに励ましてくれた) Her words *encouraged* me very much.

はげむ 励む (懸命に働く) work hard; (努力する) strive (for ... ; to *do*) ㊁ 《過去 strove; 過分 striven》; (専念する) devote *oneself* to ... 《☞ どりょく》. ¶ 弟は学業に*励んでいる My brother ｢*works* [*studies*] *hard*. // その科学者は研究に*励んだ The scientist *devoted himself to* his research.

は

ばけもの 化け物 (怪物) monster Ⓒ; (幽霊) ghost [góust] Ⓒ; (お化け)《口語》spook Ⓒ. 《☞ おばけ; ゆうれい》. ¶その家は*化け物が出るといううわさだ They say (that) the house *is haunted.* / The house is said to *be haunted.*
化け物屋敷 haunted house Ⓒ.
【参考語】━動 (化け物が出る) haunt [hɔ́:nt] ㊍
語法 場所を表す語を主語とし, 受身の形で用いられるのが普通.

はげやま 禿げ山 bare mountain Ⓒ.

はける 捌ける (売れる) sell ㊎; (需要がある) be in demand; (排水する) drain ㊎; (水が流れる) flow out ㊎. 《☞ はけぐち》. ¶この夏はアイスクリームがよく*はけた Ice cream *sold* well during the summer. // 近ごろは中古車がよく*はける (⇒ 需要がある) Used cars *are in* great *demand* nowadays.

はげる[1] 剝げる (塗料がとれる) come off ㊎; (むけるようにはがれる) peel off ㊎; (色あせる) fade ㊎. 《☞ はがれる; あせる[2]》. ¶家のペンキが*はげ始めた The paint on the house is beginning to ⌈*come* [*peel*] *off.*

はげる[2] 禿げる become bald 《☞ はげ》.

ばける 化ける (…に変わる) change (*oneself*) into …; (…の形をとる) take the ⌈form [shape] of …; (変装する) disguise *oneself* as … ¶スパイは原地民に*化けた (⇒ 変装した) The spy *disguised himself as* a native.

はけん[1] 派遣 ━動 dispatch ㊍ ★ despatch ともつづるが発音は同じ; send ㊍《過去・過分 sent》★ send のほうが口語的. ━名 dispatch Ⓤ, despatch Ⓤ. ¶事故現場へただちに救援隊を*派遣する必要がある We must ⌈*dispatch* [*send*] a rescue party to the site of the accident at once.

はけん[2] 覇権 (政治的指導権) hegemony [hidʒéməni(:)] Ⓤ; (選手権) championship Ⓒ. **覇権主義** hegemonism Ⓤ.

ばけん 馬券 betting [pool] ticket Ⓒ. **馬券売り場** betting ticket office Ⓒ.

はこ 箱 box Ⓒ; case Ⓒ 語法 box は箱を表す一般的な語で, 普通ふたの付いたもの. case は特定の物を入れる箱. ¶おもちゃを*箱に入れなさい Put your toys in the *box.* // 彼女はチョコレートを1*箱食べてしまった She has eaten a *box* of chocolates. // おばは宝石がいっぱい詰まった*箱をもっている My aunt has a ⌈*case* [*box*] filled with jewels.

はごいた 羽子板 battledore Ⓒ.

はこいりむすめ 箱入り娘 (⇒ 大切に育てられた娘) girl brought up with tender care (in a good family) Ⓒ.

はごたえ 歯応え ━形 (肉などが固い) tough; (せんべいなどぱりぱりした) crisp; (本など得るところがある) rewarding. ¶この肉は相当*歯ごたえがある This meat is quite *tough.* // 私はぱりっと*歯ごたえのあるクラッカーを食べるのが好きです I enjoy eating *crisp* crackers. // 読んでみてその小説が*歯ごたえのあることがわかった I read the novel and found it *rewarding.*

はこにわ 箱庭 miniature garden Ⓒ.

はこび 運び (手はず) arrangements ★ 通例複数形で; (はかどり) progress Ⓤ; (段階) stage Ⓒ. 《☞ てはず》.
¶仕事の*運びはいかがですか (⇒ 仕事はどのように進展してますか) How *is* the work *progressing?* / How *are* you *progressing* with your work? // 建設工事は間もなく完成の*運びとなります (⇒ 最終段階に達します) The construction will soon reach ⌈the [its] final *stage.*

はこぶ 運ぶ **1** «運搬する»: (持って行く) carry ㊍ 語法 最も一般的な語. 手または車のいずれを使う場合にも用いる; (輸送機関を使ってかなり大きなもの, 多量の物を運ぶ) transport ㊍. 《☞ ゆそう; うんそう; うんぱん》.
¶「このスーツケースを部屋まで*運んでくれませんか」「承知しました」"Will you please *carry* this suitcase to the room?" "Certainly." // この荷物は重すぎて私一人では*運べない This baggage is too heavy for me to *carry* ⌈alone [by myself]. // ジェット機の燃料は貨車で空港まで*運ばれる Jet fuel *is* ⌈*carried* [*transported*] to the airport by freight train. // 彼は部屋にいろいろの楽器を*運び込んだ He *carried* various musical instruments into his room. // 泥棒は事務所から金庫を*運び出した The burglar *carried* the safe out of the office.
2 «事が進行する»: go ㊎ ★ 平易な日常語; (進展する) progress ㊎, make progress ㊎; (手配をととのえる) arrange ㊍ ㊎, make arrangements for …
¶「事の運びはいかがですか」「万事うまく*運んでいます」"How's everything [How are things] going?" "Everything's OK. / Everything *is going* all right." // どのように事を*運んだらよいのか思案中です I'm thinking ⌈of [about] how to ⌈*arrange* [*make arrangements for*] the things.

バザー bazaar [bəzɑ́ːə] Ⓒ. ¶教会は孤児のためにバザーを開いた The church held a *bazaar* for the orphans.

はざかいき 端境期 the ⌈off [pre-harvest] season Ⓒ 語法 off season は作物だけでなく, 一般的に閑散期を指す.

はざくら 葉桜 cherry tree in leaf Ⓒ.

ばさばさ ━形 (髪が) dry and loose 《☞ 擬声・擬態語 (囲み)》. ¶彼女は髪が*ばさばさだ Her hair is *dry and loose.*

はさまる 挟まる (挟まれる) be caught in …; (痛いほどぎゅっと) be ⌈pinched [nipped] in…; (間に押し込まれる) be sandwiched; (間に入る) get between … ; (間にある) lie between … 《☞ はさむ》.
¶ドアに指を*挟まれた My fingers *were* ⌈*caught* [*pinched*; *nipped*] *in* the door. // 砂浜で遊んでいたらかにに*挟まれた I *was* ⌈*pinched* [*nipped*] by a crab while (I was) playing on the beach. // 泥棒は2人の警官に*挟まれて連行された The thief was taken to the police station *sandwiched* between two policemen. // 何かが歯に*挟まったみたいだ Something seems to *get between* my teeth. // その小国は2つの大国に*挟まれている The small country *lies between* the two big countries.

はさみ 鋏 ―[名] (普通の) scissors [sízəz]; (大ばさみ) shears ★以上は複数形で. はさみ1丁は a pair of ˹scissors [shears] のように言う. 《☞ 数の数え方 (囲み)》; (穴あけばさみ) punch Ⓒ; (カニの) claw Ⓒ. ―[動] (はさみを入れる・はさみで切る) cut ... with scissors; (木や髪を刈り込む) trim (他); (切符などに穴をあける) punch (他).

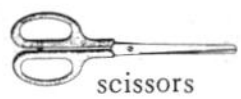

scissors

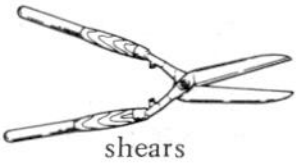

shears

¶ *はさみは紙や布を切るために使われる *Scissors* are used for cutting paper and cloth. // 彼女は封筒の端を*はさみでちょきんと切った She snipped off the edge of the envelope with her *scissors*. // 父は庭の木に*はさみを入れています Father *is trimming* the trees in the garden.

はさみうち 挟み撃ち attack on both sides Ⓒ. ¶ 我々は敵の*挟み撃ちにあった We *were attacked on both sides* by the enemy.

はさむ 挟む (間に差し入れる) put ... in ...; (挿入する) insert (他) ★ insert のほうが形式ばった語; (つかむ・持つ) hold (他); (指などで物を痛いほどぎゅっと) pinch (他), nip (他) [語法] 以上2語はほぼ同意だが, pinch のほうがつねる感じが強い; (指などを…の間にはさむ) catch ... in ...; (口出しする) put in (a word) (他); (人の話をさえぎる) interrupt (他) ★ put in より形式ばった語. 《☞ はさまる; さしはさむ》.

¶ 私は本にしおりを*挟んでおいた I ˹*put* [*inserted*] a bookmark *in* the book. // 彼は雑誌をわきの下に*挟んで (⇒わきの下に抱えて) 歩いていた He was walking *holding* a magazine under his arm. // ドアに指を*挟まれないよう気をつけなさい Be careful [Take care] not to ˹*catch* [*pinch*; *nip*] your fingers *in* the door. //「どうして」と彼は口を*挟んだ "Why?" he *put in*. // 彼はよく人の話に口を*挟む He often *interrupts* others while they are talking. // 彼のうわさを小耳に*挟んだ (⇒たまたま彼のうわさを聞いた) I *happened to hear* a rumor about him. // 警官隊と学生は道を*挟んで (⇒道路越しに) にらみ合った The police and the students watched each other from opposite sides of the street.

はさん (破産) ―[名] bankruptcy Ⓤ. ―[動] go [become] bankrupt. ¶ おじは事業に失敗して*破産した My uncle failed in his business and *went bankrupt*. // 彼は*破産宣告を受けた He has been declared *bankrupt*.

はし[1] 橋 ―[名] bridge Ⓒ. ―[動] (橋をかける) bridge (他). 《☞ 挿絵》. ¶ その川には*橋がかかってなかった (⇒川に渡した橋がなかった) There was no *bridge* across the river. // 村人たちは川に*橋をかけた The village people ˹built a *bridge* across [*bridged*] the stream. // その*橋は車で渡るのに10分かかる It takes ten minutes to cross that *bridge* by car.

はし[2] 端 (末端) end Ⓒ; (隅) corner Ⓒ; (縁) edge Ⓒ. 《☞ さき[1]; へり; すみ[1]》.

¶ 彼は一番前の列の*端に座った He sat at the *end* of the front row. // 机の*端 (⇒隅) にはインクのしみがついていた There was an ink spot on the *corner* of the desk. // テーブルの*端 (⇒縁) に物を置いてはいけない Don't put anything on the *edge* of the table.

端から端まで from end to end.

はし[3] 箸 chopsticks ★通例複数形で. 箸1ぜんは a pair of chopsticks と言う. 《☞ 数の数え方 (囲み); 台所・家事 (囲み)》.

¶ お*箸は使えますか Can you ˹use [eat with] *chopsticks*?

箸にも棒にもかからない ¶ 彼は*箸にも棒にもかからないようなやつだ (⇒ろくでなしだ) He is a *good-for-nothing*. / (⇒まったく見込みがない) He is just *hopeless*.

箸置き chopstick rest Ⓒ **箸立** chopstick stand Ⓒ **箸箱** chopstick case Ⓒ.

はじ[1] 恥 shame Ⓤ ★一般的な語で以下の語の代わりに使うこともできる; (屈辱(感)) humiliation Ⓤ ★やや形式ばった語; (不名誉) disgrace Ⓤ. 《☞ はずかしい; はじる》.

¶ 私は人前で*恥をかかされた I was put to *shame* in public. / I *was humiliated* in public. // 彼は*恥知らずだ He has no *shame*. / He is *shameless*. // 彼女のスキャンダルは一族の*恥になった (⇒一族に恥をもたらした) Her scandal brought ˹*shame* [*disgrace*] ˹on [to] her family. // そんなことをすれば*恥の上塗りだ (⇒それはあなたの恥を増加させるだろう) It will add to your *shame*. // そんな*恥をかかされては我慢できない I can't stand such *humiliation*. // *恥を知れ *Shame* on you! / For *shame*! [語法] 後者のほうが大げさな言い方. // 彼は

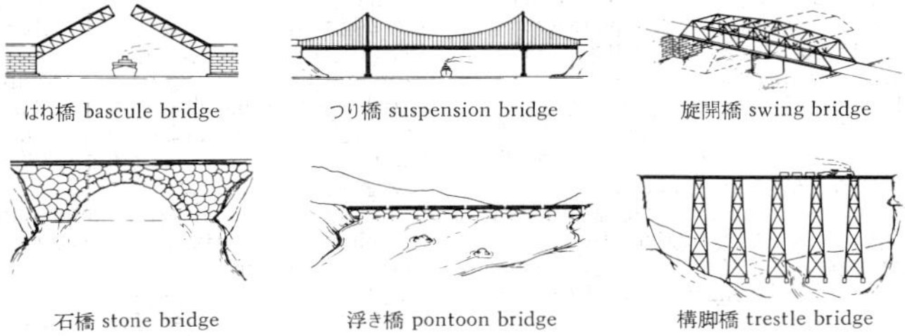

橋 bridges

は

すっかり*恥入っていた He *was* quite *ashamed of* himself.

はじ² 端 ☞ はし²

はしか 麻疹 measles [mí:zlz] ★ 単数または複数扱い. 《☞ 病気・病院 (囲み)》.
¶ 弟が*はしかにかかった My brother has caught (the) *measles.*

はしがき 端書き (序文) preface [préfis] [C]; (短い序文) foreword [C] [語法] preface は目的・準備の状態を述べたもの. foreword は特に著者以外の人のものをいうことがある. 《☞ じょぶん》.

はじく 弾く (指ではじく) fillip (他); (水などをはじく) repel (他). ¶ 少年はビー玉を*はじいた The boy *filliped* a marble. ∥ この塗装は水を*はじく This coating *repels* water.

はしけ 艀 lighter [C].

はしげた 橋桁 bridge girder [C].

はじける 弾ける (勢いよくはぜる) burst open (自); (ぱちんとはぜる) crack open (自); (さやなどが割れて開く) split open (自). ¶ 火の中で栗の実が*はじけた The chestnuts ⌈*burst* [*cracked*] *open* in the fire.

はしご 梯子 (一般の) ladder [C]; (脚立(きゃたつ)式の) stepladder [C]. 《☞ きゃたつ》.

ladder　stepladder

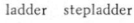

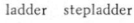

¶ 彼は*はしごを塀に立て掛けた He ⌈put [set] the *ladder* (up) against the wall. ∥ 彼は*はしごを登った He ⌈climbed [went up] the *ladder.* ∥ 彼は*はしごに登って (⇒はしごの上に立って) 天井のペンキを塗った He stood on the *stepladder* and painted the ceiling. / 彼は足を踏みはずして*はしごから落ちた He lost his footing and fell ⌈from [off] the *ladder.* ∥ *はしごを押さえていて下さい Please steady the *ladder.* ∥ なわ*ばしご a rope *ladder* ∥ 避難*ばしご a fire escape
はしご酒 bar hopping [U]　はしご段 staircase [C], stairs ★ 複数形で.

はしごしゃ 梯子車 (消防用の) hook and ladder (truck) [C], ladder truck [C].

はじしらず 恥知らず ━[形] shameless 《☞ はじ¹; はれんち》.

はしたない (低級な) low; (卑しい) mean; (下品な) vulgar; (慎みのない) immodest. ¶ そんな*はしたない口をきくんじゃありません Don't use such *vulgar* language.

ばじとうふう 馬耳東風 ¶ 彼は先生の忠告を*馬耳東風と聞き流した He *turned a deaf ear to* his teacher's advice. 《☞ ききながす》

はじまり 始まり (開始) beginning [C], start [C]; (開会) opening [U]; (起源) origin [C]; (原因) cause [C]. 《☞ はじめ; ほったん》.
¶ 彼はその会合の*始まりにあたって話をした He spoke at the ⌈*opening* [*start*] of the meeting. ∥ 伝説の*始まりはたいがい本当の話です The *origin* of a legend is usually a true story. ∥ そのけんかの*始まりは何ですか What is the *cause* of the quarrel?

はじまる 始まる (開始する) start (自), begin (自), commence (自); (会などが) open (自); (…から起こる) originate in …; (ある年代から始まる) date from …; (ある年代にさかのぼる) date back to …; go back to …; (長く続く季節などが) set in (自); (戦争・火事などが突発する) break out (自).
【類義語】 開始を示す語の中では ***start, begin*** が最も一般的な語で, 動作・行為・経過や存在などが始まる, または始めることをいう. ***commence*** は形式ばった場合に用いられる. 会などの開始, 店などの開店をいうのは ***open.*** 起源を示すのは ***originate in …*** また物事の歴史的な開始の年月をいうのが ***date from …*** 過去にさかのぼることができるという意味では ***date back to …*** これとほぼ同意の口語的表現が ***go back to …*** 季節・期間などの長期にわたるものが始まるのは ***set in.*** 戦争など好ましくないことが突然に始まるのは ***break out*** という.
¶「学校は何時から*始まるのですか」「8 時からです」"When [What time] does your school ⌈*start* [*begin*]?" "It ⌈*starts* [*begins*] at eight." [語法] 前置詞は at であって, from ではない.
アメリカやヨーロッパでは新しい学年は 9 月から*始まります In America and Europe the new school year ⌈*starts* [*begins*] in September. [語法] 前置詞は in であって, from ではない.
会議は議長の演説で*始まった The meeting ⌈*opened* [*commenced*] with the chairman's speech.
この風習は 11 世紀に*始まる This custom ⌈*dates from* [*dates back to*; *goes back to*] the 11th century.
日本では雨期は 6 月に*始まる In Japan the rainy season *sets in* in June.
第一次大戦は 1914 年に*始まった World War I *broke out* in 1914. [参考] World War I は [wə́:ld-wɔ̀ə-wʌ́n] と読む.
授業はもう*始まって (⇒行われて) いますか *Is* school *going on* now?
いまさら泣き言を言っても*始まらない It's no use crying over spilt milk. 《ことわざ: こぼれた牛乳を嘆いても仕方がない》 ★ 過ぎ去ったことは元に戻らないことをいう.

はじめ 初め, 始め ━[名] (開始) beginning [C], start [C], commencement [U] [語法] 最初の 2 語はほぼ同意だが, 最後のは形式ばった語; (開会) opening [U]; (起源) origin [C]. ━[形] (一番最初の) (the) first; (冒頭の) initial; (元の) original. ━[副] (初めは) at first; (元は) originally; (まず初めに) to ⌈begin [start] with [語法] 文頭に置くのが普通. 《☞ さいしょ; はじまり; はじめて》.
¶ *初めが大切だ *Beginnings are* important. / It is important to make a good ⌈*beginning* [*start*]. / Well *begun* is half done. 《ことわざ: 初めがうまく行けば半分仕上がったも同然》
彼は今年の*初めにここへ来た He came here *at the beginning* of this year.
私は会の*初めに全員に紹介された I was intro-

duced to the entire membership *at the* ⌈*opening* [*beginning*] of the meeting.
私は*初めから彼が怪しいと思っていた I have suspected him *from the beginning*.
彼は*初めから終わりまで黙っていた He kept silent ⌈*from beginning to end* [throughout].
[語 法] from beginning to end は対句のため無冠詞.
*初めから (⇒ 全部もう一度) やり直そう Let's do it *all over again*.
*初めの計画は変更された The ⌈*original* [*first*] plan was changed.
その言葉の*初めの文字は何ですか What is the ⌈*initial* [*first*] letter of the word?
私は*初めに彼女が好きではなかった *At first* I did not like her.
校長を*はじめ (⇒ 含めて) 5 人の先生がその会に出席した Five teachers, *including* the principal, attended the meeting.

はじめて 初めて (最初に) first; (第 1 回目に) for the first time.
¶ あなたが*初めてベティに会ったのはいつでしたか When did you *first* meet Betty? // *初めて私は上京しました This is the *first* time that I've ⌈come to [been in] Tokyo. // 私はきのう生まれて*初めてスケートに行った I went skating *for the first time* in my life yesterday. // 当地は*初めてです This is my *first* visit to this place. // 人は健康を失って*初めてそのありがたさを知る (⇒ 健康を失うまではありがたさがわからない) We don't realize the value of health *till* we lose it. / *It is not until* we lose our health *that* we realize its value. ★ 2 番目の文は 1 番目の文を強調した言い方.

はじめまして 初めまして Hów do you [-dju:-] dó? 《☞ 紹介 (囲み)》.

はじめる 始める (開始する) start ⓗ, begin ⓗ ⓙ, commence ⓗ ★ commence は形式ばった語; (会・店などを) open ⓗ; (仕事などを) set about ⓗ ★ 口語的な言い方. 《☞ はじまる (類義語); かいし; -だす》.
¶ すぐに宿題を*始めなさい *Start* [*Begin*; *Set about*] your homework at once. // 雨が降り*始めた It *started* ⌈raining [to rain]. / It *began* ⌈raining [to rain]. // 何から*始めましょうか What shall I *begin* with? // 10 ページから*始めよう Let's *begin* with page ten. // 彼は本通りでレストランを*始めた He *opened* a *restaurant on Main Street*.

はしゃ 覇者 (競技の優勝者) the champion.

ばしゃ 馬車 (一般の 4 輪馬車) (horse) carriage Ⓒ; (簡単な 2 輪の荷馬車) cart Ⓒ; (ほろ付き馬車) covered wagon Ⓒ. **馬車馬** (4 輪馬車用の) carriage horse Ⓒ; (荷馬車用の) cart horse Ⓒ.

はしゃぐ (ふざけ騒ぐ) frolic ⓙ《過去・過分 frolicked》; (子供などが飛び回る) romp around [about] ⓙ; (浮かれる) make merry ⓙ. ¶ 子供たちは雪の中で*はしゃぎ回っていた The children *were* ⌈*frolicking* [*romping around*] in the snow.

パジャマ pajamas (《英》 pyjamas) [pədʒɑ́:məz] ★ 複数形で. 《☞ ねまき (挿絵); 衣服 (囲み)》. ¶ *パジャマを 1 着買った I bought a pair of *pajamas*. // *パジャマはどこにあるの Where are my *pajamas*?

ばじゅつ 馬術 (馬を乗りこなす技術) horsemanship Ⓤ; (競技種目名としての) equestrian [ikwéstriən] event Ⓒ. 《☞ じょうば》.
¶ 彼女は*馬術が上手[下手]だ (⇒ 上手[下手]な騎手だ) She is a ⌈*good* [*poor*] *horsewoman*. // 彼は*馬術の (⇒ 馬に乗る) 練習をしている He is practicing *horseback riding*.

はしゅつじょ 派出所 (警官の) police box Ⓒ 《☞ こうばん》.

はしゅつふ 派出婦 visiting house-keeper Ⓒ, cleaning lady Ⓒ.

ばしょ 場所 **1** «所»: place Ⓒ ★ 最も一般的で意味の広い語; (ある特定の場所) spot Ⓒ; (正確な地点) point Ⓒ. 《☞ ば; ところ》.
¶ 私たちは多くの興味ある*場所を訪れた We visited many interesting *places*. // オアシスとは砂漠の中で水のある*場所です An oasis is a ⌈*spot* [*place*] in ⌈a [the] desert where water can be found. // その*場所に着いたらひと休みすることにしよう When we reach that ⌈*point* [*place*], we will stop to rest.
2 «位置»: (物の存在している場所) location Ⓒ 《☞ いち²》. ¶ そのホテルのある*場所を知っていますか Do you know the *location* of the hotel?
3 «空間»: (何かを入れる余地) room Ⓤ; (空いている場所) space Ⓤ. 《☞ スペース》.
¶ 折りたたみ式ベッドはあまり*場所をとらない A folding bed ⌈takes [requires] little ⌈*room* [*space*]. // 駐車する*場所を見つけるのに骨が折れた We had a hard time finding a parking ⌈*space* [*place*].
4 «座席»: seat Ⓒ 《☞ ざせき》. ¶ 座る*場所は全然なかった There were no *seats* left.

はしょうふう 破傷風 tetanus Ⓤ, lockjaw Ⓤ ★ 前者は専門語で, 後者は一般的な言葉. 《☞ 病気・病院 (囲み)》.

ばしょがら 場所柄 (状況) the situation. ¶ 彼は*場所柄もわきまえず大声で叫んだ He cried out regardless of ⌈*the situation* [*where he was*].

はしょる (切り詰める) cut ... short; (短くする) make ... short; (抜かす・飛ばす) skip ⓗ. 《☞ とばす; しょうりゃく》. ¶ それは長い話だが, *はしょって話しましょう It's a long story, but I will ⌈*cut* [*make*] it *short*. // 彼は面白くない所は*はしょってその本を読んだ He *skipped* the uninteresting passages as he read the book.

はしら 柱 (建築物の柱) pillar Ⓒ; (物を支える支柱) post Ⓒ; (テントの支柱・電柱など) pole Ⓒ; (組織を支える中心人物) pillar Ⓒ; (家族を扶養する人) support Ⓒ. ¶ *柱が屋根を支えている *Pillars* support the roof. // 彼女はつえとも*柱とも頼む (⇒ 唯一の扶養者であった) 息子を失った She lost the son who had been her sole means of *support*.
柱時計 wall clock Ⓒ 《☞ とけい》.

はしらす 走らす (走らせる) run ⓗ; (車を) drive ⓗ ⓙ 《過去 drove; 過分 driven》; (馬

を駆け足で) gallop ㊀；(船を) sail ㊀.
¶ 彼は駅まで車を*走らせた He *drove* (his car) to the station.

はしりがき 走り書き ―動 (急いで書く) write ˹hurriedly [hastily] ㊀；(急いでぞんざいに書く) scribble ㊀, scrawl ㊀ ★ scrawl のほうは悪いニュアンスをもつ. ―名 hurried note Ⓒ；scribble Ⓒ, scrawl Ⓒ. (☞ なぐりがき).
¶ 彼は友達に短い手紙を*走り書きした He *hurriedly wrote* a note to his friend. // 彼の*走り書きはほとんど読めない I can hardly read his ˹*scribble* [*scribbling*；*scrawl*].

はしりたかとび 走り高跳び the (running) high jump (☞ スポーツ (囲み)). **走り高跳び選手** high jumper Ⓒ.

はしりづかい 走り使い ―動 (使い走りをする) run [go on] errands (for ...) (☞ つかい).

はしりぬける 走り抜ける run through ...

はしりはばとび 走り幅跳び the (running) ˹long [(米) broad] jump ★ long jump が正式名. (☞ スポーツ (囲み)). **走り幅跳び選手** long [(米) broad] jumper Ⓒ.

はしりよみ 走り読み ―動 (急いで読む) read ˹hurriedly [hastily] ㊀ 語法 hurriedly のほうが口語的；(ざっと読む) skim ˹over [through] ...；(目を通す) run *one's* eyes ˹through [over] ... ¶ 朝は新聞を*走り読みする I ˹*skim over* [*run my eyes through*] the newspapers in the morning.

はしる 走る run ㊂ (過去 ran；過分 run；現分 running)；dash ㊂；rush ㊂；jog ㊂；sail ㊂.
【類義語】最も一般的なのは **run**. この語はほかの語の代わりに使うこともできる. また比喩的にある地点から別の地点に向かって継続的に続くこと, 例えば川の流れ, 道の連続などにも使う. 比較的短距離を勢いよく走るのが **dash**. 勢いよく殺到するのが **rush**. 特に健康のためにゆっくり走るのは **jog**. 船が走るのは **sail** と言う.
¶ 彼はできるだけ速く*走った He *ran* as fast as he could.
駅まで*走って2, 3分です It is a few minutes' *run* to the station. ★ この run は 名.
この車は時速100キロで*走る This car *runs* one hundred kilometers per hour.
急行列車はその駅を*走り過ぎた The express (train) *ran* past the station.
彼は警官を見ると*走り去った When he saw a policeman, he *ran away*.
バス停まで*走ろう. 時間がない Let's *dash* to the bus stop. We've no time.
彼らは門の方へどっと*走って行った They ˹*rushed* [*made a rush*] toward the gate.
私は毎朝公園をひと回り*走ることにしている I make a point of *jogging* ˹around [round] the park every morning. (☞ ジョギング)
ヨットが1そう滑るように湾内を*走っていた A yacht *was sailing* smoothly in the bay.
その通りは東西に*走っている The street *runs* from east to west.
悪感が背筋を*走った A cold shiver *ran* down the spine.

はじる 恥じる be [feel] ashamed of ... (↔ be proud of ...) (☞ はじ¹；はずかしい).
¶ あなたはあなた自身[自分の行為]を*恥じるべきだ You ought to *be ashamed of* ˹yourself [your conduct]. // 彼はカンニングをしたことを*恥じていた He *was ashamed of* having cheated on the exam. // 彼女は*恥じて顔を赤らめた She blushed *with shame*.

はしわたし 橋渡し ―名 (仲介) mediation Ⓤ；(仲介者) mediator Ⓒ；(取り持ち役) go-between Ⓒ. ―動 mediate ㊂；act as a go-between. (☞ ちゅうかい；ちゅうさい).

はす¹ 蓮 lotus Ⓒ. ¶ *はすの花[葉] a *lotus* ˹flower [leaf] // *はす池 a *lotus* pond

はす² 斜 ―形 (傾斜した) slanting；(斜めの) oblique；(対角線状の) diagonal. ―副 (斜めに) askew; obliquely; diagonally. (☞ ななめ). ¶ 絵が*はすになっている The picture hangs *askew*.

はず 筈 **1** «予定»: (...ということになっている) be supposed to *do*; (...する予定である) be to *do* ★ 前者のほうが口語的. 後者は公文書などで使われる形式ばった表現；(期限・時間などが決まっている) be due. (☞ よてい). ¶ 井上君は3時までにここに来る*はずだ Inoue *is supposed to come* here by three. // 飛行機は1時30分に[30分後に]到着する*はずです The plane *is due* ˹at 1:30 [in thirty minutes].
2 «当然»: ought to *do*; should *do* 語法 ought to が客観的な言い方であるのに対し, should のほうは話者の主観的な気持ちを表すという違いがある. (☞ 義務の表現 (囲み)).
¶ あなたは習ったのだから英語は知っている*はずだ You *ought to know* English, as you have studied it. // 彼らはいまごろはもう家に着いている*はずだ They ˹*ought to* [*should*] *have* ˹*arrived* [*gotten*] home by this time.
はずがない cannot *do* (☞ 可能の表現 (囲み)).
¶ このニュースが本当である*はずがない This news *cannot be* true. / *It is impossible that* this news (could) be true. // 彼女はまだ駅に着いている*はずがない She *cannot have arrived* at the station yet. 語法 現在までの動作の完了および過去のことについての否定的推量は cannot have *done* の形で表す. // そんな*はずはない That's *impossible*! / That *can't be* so! ★ いずれの英文も決まった言い方.

バス¹ bus Ⓒ 語法 (英) では市内バスのみをいう；(長距離・観光用の) (英) coach Ⓒ. (☞ 乗り物 (囲み)).

バスのいろいろ
観光バス sightseeing bus, 長距離バス long-distance ˹bus [coach], 通学[スクール]バス school bus, マイクロバス microbus, ミニバス minibus, ワンマンバス one-man bus, bus without a conductor, 空港送迎バス (airport) limousine

¶ 父は*バスで仕事に行く Father goes to work by *bus*. // *バスに乗ろう Let's take a *bus*. // 彼はおばあさんが*バスに乗るのを助けた He helped an old woman get on the *bus*. // 私は学校の前で*バスを降りた I got off the *bus* in front of the school. // 私は*バスの中で加藤先生に

は

会った I saw「Mr. [Mrs.; Miss] Kato on the *bus.* // この*バスは上野へ行きますか Does this *bus* go to Ueno? [参考] 運転手などにきくときは Do you go to Ueno? ともいう. // その町は*バスの便がよい (⇒よいバスの便がある) There is good *bus service* in that town.

バスターミナル bus terminal Ⓒ **バス代** bus fare Ⓒ **バス停留所** bus stop Ⓒ《☞ ていりゅうじょ; えき¹》. ¶ *バスの停留所は通りの向こう側です The *bus stop* is「just across [on the other side of] the street.

「バス停留所」の掲示

バス² (風呂) bath Ⓒ《☞ ふろ (挿絵)》. ¶ *バストイレ付きの部屋を予約しておいた I have「reserved [《英》 booked] a room with a *bath* (and toilet). **バスタオル** bath towel Ⓒ **バスルーム** bathroom Ⓒ **バスローブ** bathrobe Ⓒ.

バス³ 〔音楽〕 bass [béis] Ⓤ ★ [形] としても用いる; (歌手) bass Ⓒ. 《☞ 音楽 (囲み)》.

パス **1** «定期券»: 《米》 commutation ticket Ⓒ, 《英》 season (ticket) Ⓒ; (無料入場券・乗車券) pass Ⓒ. **2** «合格する» ― [動] pass (他) 《☞ ごうかく》. ¶ 彼は音楽の試験に*パスした He *passed* the music test. **3** «トランプなどで» ― [動] pass (自).

はすう 端数 〔数学〕 fraction Ⓒ. ¶ *端数を切り捨てるとちょうど 50 になる If you omit *fractions*, you get exactly fifty.

ばすえ 場末 (町はずれ) the outskirts (of a town) ★ 複数形で.

はすかい ― [形] (斜めの) slanting 《☞ ななめ; はす²》.

はずかしい 恥ずかしい ― [動] (恥じる) be [feel] ashamed. ― [形] (きまりが悪くて恥ずかしい) abashed, bashful [語法] 前者は特定の場合について言い, 後者は通常の性格を表すのに使うことが多い; (引っ込み思案で恥ずかしがる) shy. ― [副] (恥ずかしそうに) shyly. 《☞ はじ¹; はじる; てれくさい》.

¶ 私はこんな誤りを犯して*恥ずかしい I *am ashamed*「*of* having made [*that* I made] such a mistake. // *恥ずかしいことですが, 私はそれを少しも知らないのです I *am ashamed to* say this, but I don't know anything about it. // 花嫁は*恥ずかしそうだった The bride looked「*bashful* [*shy*]. // その子は友達の前で歌うのを*恥ずかしがった The boy was *shy* about singing in the presence of his friends. // 彼女は*恥ずかしそうに私に話しかけてきた She spoke to me *shyly*. // まあ, *恥ずかしいわ (⇒どう言っていいかわからない) I don't know what to say. / (⇒当惑した) I *am embarrassed.* [語法] この意味の「恥ずかしい」は日本語独特の表現で, ぴったりの訳がない.

はずかしめ 辱め ― [名] (恥辱) shame Ⓤ; (侮辱) insult Ⓤ; (不面目) disgrace Ⓤ. ― [動] (辱めを受ける) be disgraced; be insulted. 《☞ ぶじょく; ちじょく》.

はずかしめる 辱める (面目を失わせる) disgrace (他); (侮辱する) insult (他); (人に恥辱を与える) put ... to shame; (女性を凌辱(りょうじょく)する) rape (他). 《☞ はじ¹; ちじょく》.

¶ 彼は盗みをして家名を*辱めた He *disgraced* his family (name) by stealing. // 私は*辱められて (⇒面目を失って) 生きていたいとは思わない I don't want to live *in disgrace*. / (⇒辱めを受けるよりむしろ死んだほうがましだ) I would rather die than *be disgraced*.

バスケット (かご・ざる) basket Ⓒ《☞ かご¹》.

バスケットボール basketball Ⓤ ★ ボールの意味なら Ⓒ. 《☞ スポーツ (囲み)》. ¶ 彼らは毎日*バスケットボールをする They play *basketball* every day.

はずす 外す **1** «取りはずす»: (取り去る) take off (他), remove (他) [語法] 前者のほうが口語的. 後者はまた比喩的にも使える; (服などのボタンを) unbutton (他), undo (他); (鎖から) unchain (他). 《☞ とりはずす; はずれる》.

¶ 彼は時計[眼鏡]を*はずして枕元に置いた He「*took off* [*removed*] his「watch [glasses] and put「it [them] at his bedside. // 彼はシャツのボタンを*はずした He *unbuttoned* his shirt. // このボタンが*はずれない. 手を貸して下さい I can't *undo* this button. Will you

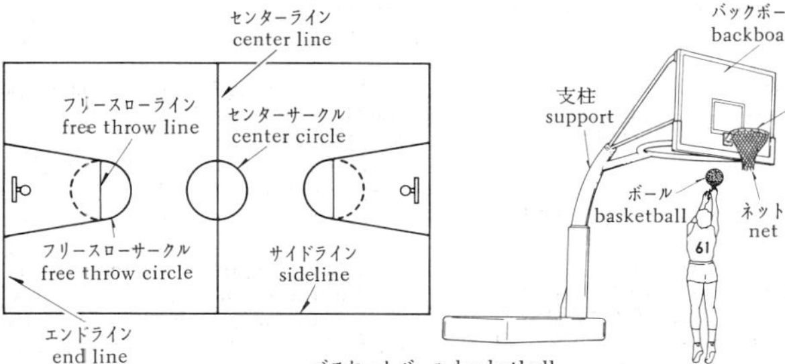

バスケットボール basketball

help me? // 彼女は犬を鎖から*はずした She *unchained* the dog. // 彼はその会のメンバーから*はずされた He *was removed* from membership in the society.

2 «避ける»: (中座する) leave *one's* seat; (こっそり抜け出す) slip away from ...

¶ 彼は会議中に席を*はずした He *left his seat* during the ⌈conference [meeting]. / He *slipped out of* the meeting. // ちょっとの間座を*はずしてよいでしょうか Will you excuse me for a moment?

パステル pastel [pæstél] Ⓤ. **パステル画** pastel (drawing) Ⓒ **パステルカラー** pastel color Ⓤ.

バスト (胸回り) bust Ⓒ《☞ きょうい³; むね¹》. ¶「彼女の*バストはどのくらいありますか」「82センチです」"What is her *bust measurement?*" "Eighty-two centimeters." // 彼女は*バストが 84, ウエストが 60, ヒップが 90 です Her vital statistics are 84-60-90. ★ eighty-four, sixty, ninety と読む.《☞ 度量衡 (囲み)》

【参考語】(バスト・ウエスト・ヒップの寸法)《口語》vital statistics ★ 複数形で.

パスポート passport Ⓒ《☞ りょけん; 旅行 (囲み)》.

はずみ 弾み — 名 (惰力) momentum Ⓤ. — 副 (はずみで・偶然) by chance.

¶ 岩石は丘を転がり落ちるにしたがって*はずみがつく A rock gains *momentum* as it rolls down a hill. // 何かの*はずみで私たちが試合に勝つかもしれない We may win the game *by (some) chance.* // 私は車をよけた*はずみに (⇒避けようとして) 足首をくじいた I twisted my ankle ⌈*in* [*while*] trying to dodge a car.

はずむ 弾む **1** «はね返る»: (ボールなどが) bounce ⓐ, bound ⓐ ★ bound は比喩的にも使える.《☞ はねる¹; バウンド》. ¶ このテニスボールはとてもよく*弾む This tennis ball *bounces* very well. // 彼女の胸は期待に*はずんだ Her heart *bounded* with expectation(s).

2 «活気づく»: become ⌈lively [animated]. ¶ 夜がふけるにつれて話が*はずんだ The talk ⌈*became* [*got*] *lively* as the night went on. // 私たちは学校生活について話が*はずんだ (⇒活発な会話をした) We *had a lively conversation* about our school life. // 彼女は心を*はずませて (⇒心に喜びを抱いて) 息子が飛行機から出てくるのを見守っていた She watched her son come out of the plane *with joy in her heart.*

3 «息が荒くなる»: (息切れする) be out of breath; (あえぐ) pant ⓐ. ¶ 彼は息を*はずませていた He *was* ⌈*panting* [*out of breath*].

パズル puzzle Ⓒ. ¶ クロスワード*パズル a crossword *puzzle* // ジグソー*パズル a jigsaw *puzzle*

はずれ 外れ **1** «端»: (終わり) end Ⓒ; (へり・縁) edge Ⓒ; (郊外) outskirts ★ 通例複数形で. ¶ この通りの*はずれに 1 本の高い樫(かし)の木が立っている A tall oak tree stands *at the end of* this street. // 彼は森の*はずれに独りで住んでいた He lived alone ⌈*on* [*at*] *the edge of* the forest. // その道は町の*はずれの 1 軒の小屋に通じていた The road led to a hut *on the outskirts of* (the) town.

2 «当たらないこと»: (空くじ) blank Ⓒ; (期待外れ) disappointment Ⓒ. ¶ 私が引いたのは, *はずれだった I drew a *blank.* // その音楽会は期待*はずれだった The concert was a *disappointment* to me.

はずれる 外れる **1** «外へ抜け出る»: (物がはずれてとれる) be [come] off; (ドアが) be unhinged; (障子が) slip off ⓐ; (ボタンが) be undone; (骨が) be dislocated; (関節がはずれている) be out of joint; (ロケットなどが軌道から) stray off (course).《☞ とれる》.

¶ ドアの取っ手が*はずれそうだ The doorknob is about to *come off.* // 自転車のチェーンが*はずれた The chain on my bicycle *came* ⌈*off* [*loose*]. // ドアが*はずれていて開かなかった The door didn't open because it ⌈*was unhinged* [*was off its hinges*]. // シャツのボタンが*はずれてますよ Your shirt buttons *are undone.* // 彼の肩の関節が*はずれた[*はずれている] His shoulder ⌈*was dislocated* [*is out of joint*]. // 気象衛星は地球を回る軌道を*はずれた The weather satellite *strayed* ⌈*out of* [*away from*] the earth's orbit. // この障子は*はずれてばかりいる This (paper) sliding door *is always slipping out.*

2 «当たらない»: (弾・矢が) miss ⓣ; (もくろみが失敗する) fail ⓐ; (予報などが) prove wrong.

¶ 矢は的を*はずれた The arrow *missed* its ⌈mark [target]. // 目算が見事に*はずれた My scheme *has* completely *failed.* // けさの天気予報は*はずれた This morning's weather forecast ⌈*proved wrong* [*was not right*]. // 彼女が会に現れなかったので私は当てが*はずれた (⇒がっかりした) As she failed to show up at the meeting, I *was disappointed.*

3 «逸脱する»: deviate (from ...) ⓐ《☞ いつだつ》.

はぜ 鯊 goby Ⓒ《複 gobies》.

はせい 派生 — 動 (派生する) come from ..., derive from ... ★ 前者が口語的; (派生させる) derive ⓣ. — 名 derivation Ⓤ.

¶「デモクラシー」という語はギリシャ語から*派生している The word "democracy" ⌈*comes* [*is derived*; *derives*] *from* Greek.

派生語 derivative Ⓒ.

パセリ parsley Ⓤ.

はぜる 爆る (裂けて開く) burst open ⓐ; (ぱんとはじける) pop ⓐ.《☞ はじける》. ¶ 豆が*はぜている音がした We heard beans ⌈*popping* [*bursting open*].

パソコン (パーソナル コンピューター) personal computer Ⓒ《☞ コンピューター (囲み)》.

はそん 破損 — 動 (損傷を受ける) be damaged; (ばらばらに壊れる) be broken. — 名 damage Ⓤ, breakage Ⓤ.《☞ こわれる》. ¶ 自動車は事故で*破損した The car *was damaged* in the accident. // 家屋の*破損は軽少だった The *damage* to the houses was slight.

【参考語】— 形 (破損しやすい) fragile, easy to break.

はた¹ 旗 flag Ⓒ ★ 最も一般的 ; banner Ⓒ ★ やや文語的 ; (軍旗) standard Ⓒ.
¶ 彼らは *旗を掲げた[下ろした] They ⌈put up [took down] their *flag*. // 英国の *旗はユニオンジャックと呼ばれることがある The *flag* of Great Britain is sometimes called the Union Jack. 《☞ こっき》

旗竿 flagpole Ⓒ, flagstaff Ⓒ.

はた² 機 ― [名] (織り機) loom Ⓒ. ― [動] (機を織る) weave (他)(自). **機織り工場** textile mill Ⓒ **機織り人** weaver Ⓒ.

はた³ 傍 (外部の人) outsider Ⓒ ; (他人) others ★ 複数形で. 《☞ はためいわく ; はため》. ¶ それは *はたで見るほど (⇒ ほかの人たちが予想するほど) 楽ではない It is not ⌈so [as] easy as ⌈*outsiders* [*others*] may expect.

はだ 肌, 膚 **1** «皮膚» : skin Ⓤ 《☞ ひふ》. ¶ 彼女は *肌が白い She has (a) fair *skin*. // 女性は *肌が荒れるのを好まない Women don't like to have rough *skin*.
2 «気質» : (性向) turn of mind Ⓒ ; (性質) disposition Ⓒ ★ 後者は形式ばった語.
¶ 父は学者 *肌の人だった My father had ⌈a scholarly [an academic] *turn of mind*. // 私は彼らとは *肌が合わない (⇒ 彼らとうまく折り合っていけない) I cannot *get* ⌈*along* [*on well*] *with* them.

バター ― [名] butter Ⓤ. ― [動] (バターを塗る) butter (他). 《☞ 食事 (囲み)》. ¶ 彼はパンに *バターを塗った He spread ⌈*butter* on the bread [the bread with *butter*]. // 僕は *バターをつけたトーストが好きだ I like *buttered* toast. **バター入れ** butter dish Ⓒ **バターナイフ** butter ⌈knife [spreader] Ⓒ.

はたあげ 旗揚げ ― [動] (挙兵する) raise an army; (武器を取って立ち上がる) rise in arms; (新しい事業を始める) start a new business.

ばたあし ばた足 (水泳の) flutter kick Ⓒ.

パターン (行動などの決まった型) pattern Ⓒ 《☞ かた⁵》. ¶ 彼の話はいつも *パターンが決まっている His talk always follows the same *pattern*. / (⇒ 型にはまった) He makes a *stereotyped* speech.

はたいろ 旗色 (勝負などの勝ち目) odds ; (見込み) chances ★ 両者とも複数形で. 《☞ けいせい¹ ; じょうせい》. ¶ 私たちのほうが *旗色がよかった[悪かった] (⇒ 勝ち目は私たちに有利[不利]だった) The ⌈*chances* [*odds*] were ⌈in our favor [against us].

はだか 裸 ― [形] (人が衣服を着ていない) naked [néikid] ★ 一般的な語 ; (特に女性が芸術的目的のために裸の) nude ; (物についてあるべき覆いがなく, むき出しの) bare. ― [動] (衣服を脱ぐ) take off *one's* clothes, undress (自) ★ 後者がやや改まった語. ― [名] nakedness Ⓤ ; nudity Ⓤ. 《☞ まるはだか》.
¶ 彼は上半身 (⇒ 腰まで) *裸だった He was *naked* to the waist. // 彼らは *裸になって (⇒ 衣服を脱いで) 川に飛び込んだ They ⌈*took off their clothes* [*undressed*] and jumped into the river. // 冬になってイチョウの木が *裸になった Winter is here, and the ginkgoes have become *bare*.
裸一貫 ¶ 彼は *裸一貫で (⇒ 資金なしで) 事業を起こした He started a business ⌈*with no capital* [(⇒ ゼロから) *from nothing*].

はたき 叩き ― [名] duster Ⓒ. ― [動] (はたきをかける) dust (他). 《☞ 台所・家事 (囲み)》.

はだぎ 肌着 (総称) underwear Ⓤ, underclothes ★ 複数形で ; (肌着の 1 点) undergarment Ⓒ ; (アンダーシャツ) undershirt Ⓒ. 《☞ したぎ ; 衣服 (囲み)》.

はたく 叩く (平手で) slap (他) 《過去・過分 slapped》 ; (物についたほこりを) dust (他) ; (財布を) empty (他). 《☞ たたく》. ¶ 彼はその本のほこりを *はたいた He *dusted* the book. // 彼女は財布 (の底) を *はたいてそのオーバーを買った She ⌈*spent all the money she had* [*emptied* her purse (to the last penny)] to buy the overcoat.

バタくさい バタ臭い (欧米風の) Western ; (西洋かぶれした) westernized.

はたけ 畑 **1** «耕作地» : field Ⓒ 《☞ こうち ; のうじょう》. ¶ 私は *畑で父の手助けをしなくてはならなかった I had to help my father in the *fields*. // 彼らは朝から晩まで *畑を耕した They plowed their *fields* from morning till night.
2 «専門» : (専攻) specialty Ⓒ, 《英》 speciality Ⓒ ; (専攻分野) (special) field Ⓒ.
¶ 私は久しく教育 *畑で暮らしてきた (⇒ 私は長い教職の経歴をもっている) I have had a long teaching career.
畑違い ― [形] outside *one's* field.

はだける (露出する) bare (他). ¶ 彼女は胸を *はだけたままで寝ていた She was sleeping with her breast(s) *bared*.

はださむい 肌寒い chilly 《☞ さむい (類義語)》. ¶ 朝夕は *肌寒くなった The mornings and evenings are becoming *chilly*.

はだざわり 肌触り ― [名] (感触) touch Ⓤ, feel Ⓤ [語法] 以上 2 語は通例 the を付けて. ― [動] (…の肌触りがする) feel (自) [語法] 形容詞を補語として. 《☞ てざわり ; かんしょく¹》. ¶ この毛布は *肌触りがよい[悪い] This blanket is ⌈agreeable [rough] to the ⌈*touch* [*feel*]. / This blanket *feels* ⌈soft [rough].

はだし 裸足 ― [名] bare foot Ⓒ. ― [副] (はだしで) barefoot(ed). 《☞ すあし》. ¶ *はだしで歩いてはいけません Don't walk *with bare feet*. // 子供たちは *はだしで砂浜を走り回った The children ran about on the beach *barefooted*.

はたして 果たして (本当に) really ; (思った[予期した]通りに) just as *a person* ⌈thought [expected], 《口語》 sure enough.
¶ *果たして本当だろうか Is it *really* true? / *Can* it *be* true? // *果たしてそれが事実なら (⇒ もし本当にそうならば), すぐに会議を開かねばならない If that is *really* the case, we must

hold a conference at once. // *果たしてそのチームは初優勝を飾った The team won its first championship *as we had expected*.

はたじるし 旗印 (旗につけた紋所) flag mark [C]; (理念・目標) slogan [C]; (大義名分) cause [C]. ¶ 彼らは自由の*旗印のもとに武器を取った They rose up in arms ʳ*under the slogan* [*in the cause*] *of* freedom.

はたす 果たす (任務などを実行する・遂行する) carry out (他), perform (他), discharge (他) [語法] carry out が一番口語的で,この順に形式ばった言い方になる; (使命などを完遂する) accomplish (他); (目的などを実現する) realize (他), attain (他), achieve (他) [語法] realize が一番口語的. achieve はかなり困難でしかも意義ある目的を達するニュアンスがある; (約束や義務を守る) keep (他); (まっとうする) fulfill (他). 《☞ とげる》.
¶ 彼は全力をあげて任務を*果たした He ʳ*carried out* [*performed*; *accomplished*; *discharged*] his ʳduty [mission] to the best of his ability. [語法] duty は広い意味での任務だが, mission は特定の与えられた任務・使命のこと. // 私はきっと約束は*果たします I'll ʳ*keep* [*fulfill*] my promise by all means.

はたせるかな 果たせるかな (予期した通りに) just as *a person* expected 《☞ はたして》. ¶ *果たせるかなそのテレビドラマは大ヒットした The TV drama turned out to be a great hit *just as we had expected*.

はたち 二十歳 — [形] twenty (years old). — [名] twenty (years of age). ¶ 彼女は*二十歳です She is *twenty* (*years old*). // 妹はまだ*二十歳前 (⇒ まだ10代) です My sister is still *in her teens*. // 彼女は*二十歳代です She is *in her twenties*.

ばたつかせる flutter (他) 《☞ ばたばた》.

はたと (急に) suddenly; (まったく) completely. 《☞ 擬声・擬態語 (囲み)》. ¶ *はたといい考えに思い当たった *Suddenly* I hit upon a good idea. // 彼は*はたと返答に窮した He was *completely* ʳat a loss [stuck] for an answer.

はたはた — [副] (はたはたと) flutteringly 《☞ はためく; 擬声・擬態語 (囲み)》. ¶ 旗が風に*はたはたと揺れていた Flags *were fluttering* in the wind.

ばたばた — [名] (羽など平たい物の当たる音) flap [U]; (固体のぶつかる音) rattle [U], rattling sound [U]; (駆ける足音など) clatter [U], clattering sound [U]. — [副] (うるさい音を立てて) noisily; (次々に) one after another. — [動] flap (自); rattle (自); clatter (自). 《☞ 擬声・擬態語 (囲み)》.
¶ カーテンが風で*ばたばたしていた The curtains *were flapping* in the wind. // 嵐の間中, 庭の戸が*ばたばたいうのが聞こえた I heard the garden gate *rattling* throughout the storm. // 子供たちは階段を*ばたばたと駆け降りた The children ʳran down the stairs *noisily* [*clattered* down the stairs]. // 不景気で多くの会社が*ばたばた倒れた (⇒ 倒産した) Owing to the recession, many companies went bankrupt *one after another*.

ぱたぱた — [名] (音) patter [U], pattering sound [U]. — [動] (ぱたぱたする) patter (自). 《☞ 擬声・擬態語 (囲み)》.

バタフライ butterfly stroke [U] ★ しばしば the を付けて.

はだみ 肌身 **肌身離さず持つ** ¶ このお守りを*肌身離さず持っていなさい (⇒ 身につけて持つ) Always ʳ*keep* [*carry*] this talisman *on* you.

はため 傍目 ¶ それは*はた目にも(⇒ 見るも)痛ましいありさまだった It was a most pitiful sight *to see*. // 彼らの喜びは*はた目 (⇒ 他人)にも明らかであった Their joy was plain *even to others*. 《☞ よそめにも》

はためいわく 傍迷惑 (他人に迷惑なこと) nuisance to others [C] 《☞ めいわく》. ¶ *はた迷惑にならないよう気をつけなさい Be careful not to *make* ʳ*yourself a nuisance to others* [*a nuisance of yourself*]. // 彼女は*はた迷惑もかえりみず(⇒ほかの人たちの都合など無視して)勝手なことばかりする She always has her own way *ignoring others' convenience*.

はためく (はたはたと) flutter (自); (翻る) wave (自). 《☞ ひるがえる》. ¶ 旗が風に*はためいていた The flag ʳ*fluttered* [*waved*] in the wind.

はたらかせる 働かせる (人を) work (他), make *a person* work; (頭を) use (他). ¶ 彼は従業員を朝から晩まで*働かせた He ʳ*worked* his employees [*made* his employees *work*] from morning till night. // 頭を*働かせなさい *Use* your ʳhead [brains].

はたらき 働き (仕事) work [U] [語法] 努力を要する仕事を表す一般的な語. 以下の訳語の代わりにも使える広い意味の言葉; (社会や国家に対する) service [C]; (機械などの機能) function [C]; (作用) operation [U]. 《☞ しごと; きのう²; さよう》.
¶ 彼は目覚ましい*働きをした He did some marvelous *work*. // 脳は非常に重要な*働きをする(⇒ 重大な機能を果たす) The brain performs a very important *function*. // この薬は消化器官の*働き(⇒ 作用)を促進する This medicine promotes the *operation* of the digestive organs.
働き口 《口語》 job [C], position [C], situation [C] ★ 以上2つは少し改まった言葉. 《☞ しょく¹ (類義語)》. ¶ 彼は*働き口が見つかった He has found a ʳ*job* [*position*]. **働き盛り** prime [U]. ¶ 彼はいまが*働き盛りだ He is in his *prime* now. **働き手** worker [C] **働き蜂[蟻]** worker ʳbee [ant] [C] **働き者** hard worker [C]. ¶ 彼女は*働き者だ She is a *hard worker*. / (⇒ 一生懸命働く) She *works very hard*.

はたらきかける 働き掛ける (説得する) work ʳon [upon] ...; (心などに訴える) appeal to ... 《☞ うったえる》. ¶ 私たちは彼に国会議員に立候補するよう*働きかけた We ʳ*worked on* [(⇒ 頼んだ) *asked*] him to run for the Diet.

はたらく 働く (仕事をする・勤める) work (自); labor (《英》 labour) (自); (仕える) serve (他) (自); (機能を果たす) function (自); (悪事を) commit (他).

【類義語】何か努力を要する仕事をするという意味の一般的な語が ***work*** で，上にあげたほかの語の代わりにも用いることのできる広い意味の言葉．ある勤務に従事するという意味でも使われる．肉体労働をすることを表すのが ***labor***．この語は比喩的に，苦しい思いをして努力をするという意味でもよく使われる．他人に奉仕し，特に使用人として働くのが ***serve***．機械や特定の機能を持った物がその機能を果たす意味を表すのが ***function***．悪事を働くのが ***commit***．《☞ はたらき；はたらかせる；しごと；つとめる[1]》

¶ 彼は一生懸命*働く He *works* very hard. / (⇒ 勤勉な働き者だ) He is a hard *worker*. // 父は工場で*働いています My father *works* ⌈in [for] a factory. 〔語法〕 for を用いると「勤めている」というニュアンスが強くなる. // 日本人は*働き過ぎる Japanese people *work* too much. / The Japanese *overwork* themselves. 《☞ 再帰代名詞 (欄外)》 // 私たちは皆世界平和のために*働くべきだ (⇒ 努力すべきだ) All of us should *labor for* world peace. // そのお手伝いさんはわが家のために 20 年も*働いてくれた The maid ⌈*served* [*worked for*] our family for twenty years. // ブレーキがうまく*働かなかった The brakes didn't ⌈*function* [*work*] well. // 彼はたいへんな*悪事を働いた (⇒ 犯した) He *committed* a serious crime.

はたん 破綻 —〔名〕(計画などの失敗) failure Ⓒ；(友好関係などの決裂) rupture Ⓒ；(財政上の破産) bankruptcy Ⓤ. —〔動〕fail (自)；rupture (自)；become bankrupt. 《☞ はめつ；はきょく》. ¶ その運動は完全に*破綻した The campaign *failed* completely. / The campaign was a complete *failure*. // 彼らの友好関係は*破綻を来した Their friendship ended in (a) *rupture*.

はだん 破談 —〔動〕(契約などを取り消す) cancel (他) 《☞ かいしょう[1]》. ¶ その縁談は*破談になった The marriage arrangements *were canceled*.

ばたん —〔名〕(音) bang Ⓒ; thud Ⓒ 〔語法〕 共に物がぶつかる音であるが thud のほうがやや重い感じ. —〔副〕(ばたんと) with a ⌈bang [thud]. —〔動〕(ばたんと閉める・閉まる) slam (他)(自), bang (他)(自)；(ばたんと音を立てる) thud (自). 《☞ 擬声・擬態語 (囲み)》.

¶ 彼が床に倒れたとき*ばたんという音がした We heard the *thud* as he fell to the floor. // 彼はドアを*ばたんと閉めた He ⌈*slammed* [*banged*] the door. / He shut the door *with a bang*. // ドアが風で*ばたんと閉まった The door ⌈*banged* shut [*slammed* (to)] in the wind.

ぱたんと with a snap 《☞ ばたん; 擬声・擬態語 (囲み)》. ¶ 彼は箱のふたを*ぱたんと閉めた He closed the lid of the box *with a snap*.

はち[1] 蜂 (みつばち) bee Ⓒ, honeybee Ⓒ; (すずめばち) wasp Ⓒ；(大型のすずめばち) hornet Ⓒ. ¶ 巣箱の回りで*はちがぶんぶんいっていた The *bees* were ⌈humming [buzzing] round the hive. // *はちが人を刺すのは自らを守るときだけだ *Bees* sting people only when they protect themselves.

【参考語】(女王ばち) queen (bee) Ⓒ；(働きばち) worker (bee) Ⓒ；(雄ばち) drone Ⓒ；(はちの巣・蜜をたくわえる場所) hive Ⓒ；(巣室・六角形の 1 つ) cell Ⓒ；(巣・六角形の cell の集まったもの) honeycomb Ⓒ；(蜜をとるための巣箱) standard hive Ⓒ；(はちを飼うこと) beekeeping Ⓤ；(養蜂業・大規模のもの) apiculture Ⓤ，(その人) beekeeper Ⓒ, apiarist Ⓒ, (飼う場所) bee yard Ⓒ, apiary Ⓒ.

はち[2] 八, 8 —〔名〕〔形〕eight 〔語法〕「第 8 (番目)の」, あるいは「第 8 (番目)のもの」の場合は the eighth. 《☞ 数字 (囲み)》. ¶ 彼は額に*八の字を寄せて (⇒ 眉をひそめて) 考え込んでいた He was lost in thought with *knitted brows*.

はち[3] 鉢 (どんぶり鉢・サラダなどのボール) bowl Ⓒ；(植木鉢) (flower) pot Ⓒ；(水盤) basin Ⓒ. ¶ 彼女はばらを*鉢に植えた She planted a rose in a (*flower*)*pot*. / She *potted* a rose.

ばち[1] 罰 —〔名〕(天罰) judgment Ⓒ; (懲罰) punishment Ⓒ. —〔動〕(罰が当たる) be punished, 《口語》 get it. 《☞ ばつ[1]》.

¶ それは君の意地悪の*罰だ It is a *judgment* on you for your wickedness. // 親の言うことを聞かないといまに*罰が当たるぞ You will ⌈*be punished* [*get it*] in the end if you don't obey your parents. // いい気味だ. *罰が当たったんだ *It serves you right*. ★ この文全体が決まった言い方.

ばち[2] 撥 (三味線・マンドリンなどの) plectrum Ⓒ《複 plectra》; (太鼓などの) (drum)stick Ⓒ.

はちうえ 鉢植え potted plant Ⓒ.

ばちがい 場違い —〔形〕(その場の状況に合わない) out of place；(礼儀にかなわず不適切な) improper. 《☞ ば》. ¶ 彼はよく*場違いな発言をする (⇒ 彼の発言はしばしば場違いである) His remarks are often *out of place*.

はちがつ 八月 August 《略 Aug.》 ★ 語頭は必ず大文字. 《☞ いちがつ 〔語法〕；時刻・日付・曜日 (囲み)；略語 (欄外)》.

バチカン (バチカン宮殿) the Vatican；(バチカン市国) Vatican City.

はちきれる はち切れる (いっぱいになる) burst (自) ★ 比喩的にも用いる；(破れて口が開く) burst open (自). ¶ 袋はクッキーで*はち切れそうだった The bag *was bursting* with cookies. // その少女は健康で*はち切れそうだった The girl ⌈*was bursting with* [(⇒ 満ちあふれていた) *was full of*] health.

はちくのいきおい 破竹の勢い —〔動〕(破竹の勢いで進む) sweep all before *one*. ¶ そのチームは*破竹の勢いで勝ち進んだ The team *swept all before it*.

ぱちくり —〔動〕(まばたきする) blink (他)(自) 《☞ 擬声・擬態語 (囲み)》. ¶ 彼女は驚いて目を*ぱちくりさせた She *blinked* (her eyes) in surprise.

はちじゅう 八十, 80 —〔名〕〔形〕eighty 〔語法〕「第 80 (番目)の」, あるいは「第 80 (番目)のもの」の場合は the eightieth [éitiiθ]. 《☞ 数字 (囲み)》.

はちのす 蜂の巣 (はちが作った) honeycomb Ⓒ；(人が作った養蜂のための巣箱) (bee)hive Ⓒ. 《☞ はち[1]》. ¶ 一発の銃声で場内は*はちの巣をつついたような騒ぎになった (⇒ 銃声が聴衆を大混乱に陥れた) A shot *threw* the audience *into utter confusion.*

ぱちぱち — 名 (木や堅いものが割れる音) crackle Ⓤ; (手をたたく音) clap Ⓒ. — 動 (ぱちぱちと音を立てる) crackle ⓐ; (手をたたく) clap ⓗⓐ, applaud ⓗⓐ; (目をぱちぱちさせる) blink ⓐⓗ. 《☞ 擬声·擬態語 (囲み)》. ¶まき[火]が暖炉で*ぱちぱちと燃えていた The ˹firewood [fire] *was crackling* in the fireplace. ∥ 聴衆は歌手に対して*ぱちぱちと拍手を送った The audience ˹*clapped* [*applauded*] the singer.

はちぶおんぷ 八分音符 〖音楽〗《米》eighth note Ⓒ, quaver Ⓒ. 《☞ 音楽 (囲み)》.

はちまき 鉢巻き headband Ⓒ《☞ ねじりはちまき》. ¶彼らは手ぬぐいで*鉢巻きをしていた They *tied towels around their heads.*

はちみつ 蜂蜜 honey Ⓤ. ¶みつばちは花からみつを集めて*はちみつを作る Bees collect nectar from flowers and make *honey.*

はちミリ 八ミリ (映写機) eight mm projector Ⓒ; (フィルム) eight mm film Ⓤ ★ mm は millimeter と読む.

ばちゃばちゃ — 名 (水の音) splash Ⓒ ★「ぱちゃぱちゃ」にも代用できる. — 動 (ばちゃばちゃ[ぱちゃぱちゃ]と水をはねる) splash ⓗⓐ. 《☞ 擬声·擬態語 (囲み)》. ¶プールで子供たちが(水を) *ばちゃばちゃやっている Children *are splashing* (water) in the swimming pool.

ばちゃんと with a splash 《☞ 擬声·擬態語 (囲み)》. ¶彼は*ばちゃんと川の中に落ちた He fell into the river *with a splash.*

はちゅうるい 爬虫類 reptile [réptl] Ⓒ.

はちょう 波長 wavelength Ⓒ.

ぱちん — 名 snap Ⓒ; (スイッチなどの軽い音) click Ⓒ. — 動 (ぱちんと音を立てる) snap ⓗⓐ; click ⓗⓐ. 《☞ 擬声·擬態語 (囲み)》. ¶彼は本を*ぱちんと閉じた He *snapped* the book shut. ∥ 突然枝が*ぱちんと折れた The branch suddenly broke off *with a snap.*

パチンコ (ゲームの) *pachinko* Ⓒ《☞ イタリック体 (欄外)》, pinball (game) Ⓒ; (機械) vertical pinball machine Ⓒ ★ 後の2つは説明的な訳し方; (石などを飛ばす)《米》slingshot Ⓒ, 《英》catapult Ⓒ. ¶*パチンコをしよう Let's play *pachinko.* ∥ *パチンコの玉 a *pachinko* ball **パチンコ屋** *pachinko* parlor Ⓒ.

はつ 初 — 形 (最初の) first 《☞ はじめて》. ¶お*初にお目にかかります (⇒はじめまして) How do you do? ∥ これは私の*初の海外旅行です This is my *first* trip abroad.

-はつ …発 ¶10時20分*発の急行に乗るつもりです I am going to take the 10 : 20 express. 参考 the 10 : 20 express は [ðə tén twénti ikspréss] と発音する. / (⇒ 10時20分に発車する急行) I will take the express *leaving at* 10 : 20. ∥ このニュースはロンドン*発 (⇒ロンドンから) です This news is *from* London. / (⇒ ニュースの源はロンドンです) The news *source* is London. 《☞ はっしゃ[1]》

【参考語】(…時発車の) leaving at … ; (…時出帆の) sailing at … ; (…時離陸の) taking off at … 語法 列車·船·飛行機の3つとも leaving at … でもよい; (新聞·雑誌などの記事に発信の日付·場所などを入れる) dateline ⓗ 語法「ロンドン発の通信」は a message *datelined* London となる; (ニュースなどの源) news source Ⓒ.

ばつ[1] 罰 (一般的に) punishment Ⓤ; (法に照らして与えられる刑罰) penalty Ⓒ. 《☞ ばっする; しょばつ; けい[1]》.

¶それはその罪に対する当然の*罰である It's ˹due [just] *punishment* for the crime. ∥ 罪と*罰に対する考え方 the idea of crime and *punishment* ∥ そのような行為は*罰に値する Such conduct deserves *punishment.* / (⇒ このような行為は罰せられるべきだ) Such conduct should *be punished.* ∥ 彼は私にその命令を*罰として与えたのです He gave me the order as *punishment.* ∥ 法律を破ったら*罰を受けなければならない If you break the law ˹you must pay the *penalty* [(⇒ 罰を免れることはできない) you cannot escape the *penalty*]. ∥ このような犯罪に対してはもっと重い*罰が科せられるべきです Severer ˹*punishment* [*penalties*] should be ˹imposed [inflicted] for such crimes. ∥ この国では酔っ払い運転の*罰は重い[軽い] The ˹*penalty* [*punishment*] for drunken driving is ˹heavy [light] in this country.

ばつ[2] **ばつが悪い** — 動 (気持ちが乱れて当惑する) be embarrassed (at …); (ぎこちなくてまごつく) feel awkward; (そわそわして落ち着かない) be ill at ease; (居心地がよくない) feel uncomfortable. 《☞ きまずい》.

¶私はどうしてよいかわからなくて*ばつが悪かった I *was embarrassed* because I didn't know what to do. ∥ きれいなご婦人のたくさんいるところに出て*ばつが悪かった I *felt awkward* in the presence of many beautiful ladies.

ばつ[3] — 名 (ばっ点) cross Ⓒ. — 動 (ばつをつける) mark … with a cross.

¶先生はその答えに*ばつをつけた The teacher *marked* the answer *with a cross.* / (⇒誤答として印をつけた) The teacher *marked* the answer *as incorrect.* ∥ 私の答案にはたくさん*ばつがついていた Many of my answers *were marked as incorrect.*

ばつ[4] 閥 (排他的なグループ) clique [klíːk] Ⓒ; (党派などの派閥) faction Ⓒ. 《☞ は[4]; はばつ》. ¶*閥を作る form ˹*cliques* [*factions*]

はつあん 発案 — 名 (考え) idea Ⓒ; (案) plan Ⓒ; (提議·提案) suggestion Ⓒ. — 動 (発案する) make a suggestion; (提案する) suggest ⓗ, propose ⓗ. 《☞ ていあん》.

¶「それはだれの*発案ですか」「私の発案です」 "Whose ˹*idea* [*plan*] is it?" "It's mine." ∥ その旅行は私の*発案で行われた The trip was made at my *suggestion.* ∥ その計画は田中氏の*発案です (⇒ 田中氏がその計画を作った) Mr. Tanaka *made the plan.*

はついく 発育 — 名 (成長) growth Ⓤ; (発展) development Ⓤ. — 動 (発育する) grow ⓐ ★ 一般的な語; develop ⓐ ★ 少し形式ばった語で,「発展」という意味も含む. 《☞ せいちょう[1]; はってん》.

¶この子は*発育がよい (⇒ 本当によく育つ)

は

This child *is really growing.* / (⇒よく発育している) This child *is well grown.* 語法 前の文は発育の過程を述べた文. 後の文は現在の状態を述べた文. // 私の子供は皆*発育ざかりです (⇒まだ小さくてぐんぐん成長しつつある) All my children are *still young and growing.* // それは子供の*発育を助ける[妨げる] It will ｢promote [retard] the ｢*growth* [*development*] of a child.

はつえんとう 発煙筒 (信号用の) smoke marker Ⓒ; (戦闘用の) smoke bomb Ⓒ.

はつおん 発音 ━動 (発音する) pronounce ㊀. ━名 pronunciation Ⓤ ★個々の具体的な発音の事例をいうときには Ⓒ.
¶「'l-i-s-t-e-n' はどう*発音しますか」「[lísn]と*発音します」"How do you *pronounce* 'l-i-s-t-e-n'?" "We *pronounce* it (as) [lísn]." (☞ハイフン (欄外); 引用符(号) (欄外)) // 私はその語を間違って*発音してしまった I *pronounced* the word wrongly. / I *mispronounced* the word. // この語には2つの(違った)*発音があります This word has two (different) *pronunciations.* // 彼の英語の*発音はたいへんよい[悪い] His ｢English *pronunciation* [*pronunciation* of English] is very ｢good [bad]. // この語の*発音は難しい (⇒この語は発音するのが難しい) This word is difficult to *pronounce.*
発音器官 speech [vocal] organ Ⓒ **発音記号** phonetic ｢symbol [sign; alphabet] Ⓒ
発音辞典 pronouncing dictionary Ⓒ.

はつか 二十日 (日数) twenty days; (第20日) (the) twentieth. (☞数字 (囲み); 時刻・日付・曜日 (囲み)).

はっか[1] 発火 ━動 (燃え始める) start burning; (火がつく) catch fire, ignite ㊀ ★後者は形式ばった語. ━名 (点火) ignition Ⓤ; (燃焼) combustion Ⓤ ★形式ばった語. またしばしば内燃機関の用語として用いられる.
¶硫黄は比較的低い温度で*発火する Sulphur *starts burning* at a relatively low temperature. // 自然*発火 spontaneous *combustion*
発火点 the ignition point.

はっか[2] 薄荷 peppermint Ⓤ.

はつが 発芽 ━動 (種が) germinate ㊀㊁; (植物が) sprout ㊀㊁. ━名 germination Ⓤ; sprouting Ⓤ. (☞め[2]). ¶春の雨で種が*発芽した (⇒春の雨が種を発芽させた) The spring rain *germinated* the seeds.

はっかく[1] 発覚 ━動 (見破られる) be found out ★最も一般的な表現; (摘発される) be uncovered; (暴露される) be disclosed ★公表されるというニュアンスを含む. ━名 disclosure Ⓤ. (☞ろけん; ばれる).
¶彼らの悪だくみはすぐに*発覚した Their evil plot was soon ｢*found out* [*uncovered*]. // その贈収賄事件はすぐに*発覚した The bribery case was ｢*uncovered* [*disclosed*] quickly.

はっかく[2] 八角 ━名 (八角形) octagon Ⓒ. ━形 (八角形の) octagonal.

はつかだいこん 二十日大根 radish [rǽdiʃ] Ⓒ (☞だいこん).

はつかねずみ 二十日鼠 mouse Ⓒ (複 mice) (☞ねずみ).

はっかん[1] 発刊 ━動 publish ㊁, issue ㊁ 語法 前者は「公にする」, 後者は「発行する」ということに重点がある. ━名 publication Ⓤ, issue Ⓤ. (☞しゅっぱん[1]). ¶その本は来月*発刊になります The book will *be* ｢*published* [*issued*] next month. // 私たちは彼の新しい小説の*発刊を祝った We celebrated the *publication* of his new novel.

はっかん[2] 発汗 ━名 perspiration Ⓤ; sweating Ⓤ ★perspiration のほうが上品な言葉とされる. ━動 (汗をかく) perspire ㊀; sweat ㊀. (☞あせ).

はつがん 発癌 ━形 (発癌性の) cancer-｢causing [producing; inducing], carcinogenic [kὰːəsənodʒénik] ★後者は専門的な語. **発癌(性)物質** carcinogenic ｢agent [substance] Ⓒ, cancer-｢causing [producing; inducing] agent Ⓒ.

はっき 発揮 ━動 (見せる) show ㊁ ★一般的で平易な語; (能力などを表す) display ㊁; (公衆の面前で示す) exhibit [igzíbit] ㊁ ★後の2つはやや形式ばった語. ━名 display Ⓤ; exertion Ⓤ.
¶その選手は試合で本領を*発揮した The player *showed* his real ability during the game. // 彼は絵画に非常な才能を*発揮した He ｢*showed* [*displayed*; *exhibited*] great talent for painting. // あなたは十分に力を*発揮すれば (⇒最善を尽くせば) 勝つだろう You will win if you *do your best.*

はつぎ 発議 ━動 (提案する) propose ㊁, suggest ㊁ ★propose のほうが正式な言葉. ━名 (提案) proposal Ⓤ, suggestion Ⓤ. (☞はつあん; ていあん).

はっきゅう 薄給 small [low] salary Ⓒ, small [low] pay Ⓤ, low wages ★複数形で. (☞きゅうりょう[1] (類義語)). ¶家族は何とか私の*薄給で暮らしている My family manages to live on my *small* ｢*salary* [*pay*]. // 我々は*薄給だ (⇒不十分に報酬を受けている) We *are poorly paid.*

はっきょう 発狂 ━動 (発狂する) go mad 語法 一般的な言い方だが,「怒る」の意味にもなるので多少あいまい; (精神障害を起こす) become insane ★多少改まった言い方; (発狂させる) drive *a person* mad 語法「怒らせる」の意味にもなるので, 明確にするには make *a person* insane を使う. (☞くるう).
¶彼は極度の恐怖から*発狂した He ｢*went mad* [*became insane*] ｢because of [out of] extreme fear. / (⇒恐怖が彼を狂気に追いやった) Extreme fear ｢*drove* him *mad* [*made* him *insane*].

はっきり ━形 (明瞭な) clear; (違いが明らかな) distinct; (簡単で明白な) plain; (記憶・印象が生々しい) vivid; (目で見てもすぐわかる) obvious; (不明・不確実なところのない) definite; (正確な) exact. ━副 clearly; distinctly; plainly; vividly; obviously; definitely; exactly. ━動 clear ㊁; make ... clear; (特に意味などを) clarify ㊁.
【類義語】最も一般的で形式ばらない語が

clear で, 真実をぼかすようなあいまいなところがなく, すべてを見通し, 理解できるほど明らかであることを意味する. ほかのものからは明確に区別できて目立つことを表すのが ***distinct***. 単純でわかりやすく明白なことを表すのが ***plain***. 記憶や印象が生々しく鮮やかであることを言うのが ***vivid***. 見てすぐわかるような, だれの目にも明らかであることを表すのが ***obvious***. 予定・態度などがすでに定まっており, 変更の余地のないことを表すのが ***definite***. 微細な点まで正確に明らかなことを表すのが ***exact***.

¶ 彼が勝つことは*はっきりしているように思えた His victory seemed (to be) *clear*. / It seemed *clear* that he would win.

彼女はみんなにわかるように*はっきりと話した She spoke *clearly* so that everyone could understand her.

両者の間には*はっきりした違いがある There is a *distinct* difference between the two.

私の声が*はっきり聞こえますか Can you hear me *distinctly*?

その問題は実に*はっきりしている The problem is quite *plain*.

子供のころのことは*はっきり覚えています I remember my childhood *vividly*. / I have a *vivid* memories of my childhood.

彼女が正しいことは*はっきりしている It is *obvious* that she is right. / *Obviously* she is right.

彼は*はっきりした (⇒ 確定的な) 返事はしなかった He didn't make a *definite* reply. / He didn't reply *definitely*.

その会の*はっきりした (⇒ 正確な) 会員数を知っていますか Do you know the *exact* number of the members of the club?

*はっきりは知りませんが, 彼女は先生になったとのことです I don't know *exactly*, but I hear (that) she became a teacher.

彼はものを*はっきり言う (⇒ 率直に言う) He speaks *straight*. / (⇒ ずけずけ言う) He is *outspoken*.

春先は天気が*はっきりしない (⇒ 定まらない) The weather doesn't *become settled* in early spring.

あなたの提案をもっと*はっきりさせて下さい Will you please *clarify* your proposal?

はっきん[1] 発禁 ― [動] (販売を禁止する) ban the sale (of ...) 《☞ きんし[1]; きんじる》. ¶ この種の本は*発禁にすべきだ The *sale* of the books of this kind should *be banned*.

発禁本 banned book [C].

はっきん[2] 白金 platinum [U] 《元素記号 Pt》.

ばっきん 罰金 ― [名] (科料) fine [C]; (反則金) penalty [C] [語法] fine のほうが正式な語で, 法律で定まった科料を意味する. ― [動] (罰金を科す) fine (他). ¶ *罰金を払う pay a *fine* // スピード違反で 1 万円の*罰金になった I *was fined* 10,000 yen for speeding.

パッキング ― [名] (荷作り・荷作りに使う詰め物) packing [U]. ― [動] (荷作りをする) pack (up) (他). 《☞ にづくり》.

バック ― [動] (車を後退させる) back (他), back up (自); (一般に, 後戻りする) go backward (自). ― [名] (背景) the background; (後援者) supporter [C]; (水泳の) backstroke [U]; (テニスの逆手打ち) backhand [U]. 《☞ うしろ; はいご[1]; はいけい[1]》.

¶ 車を門の所まで*バックさせなさい *Back up* [*Back* your car] to the gate. // 湖を*バックに写真をとろう Let's take pictures with the lake for *the background*. // あの政治家は財界を*バックにしている (⇒ 財界に多くの支持者がある) That politician has many *supporters* in business circles.

バッグ bag [C] 《☞ かばん》.

パック (一包みにしたもの) pack [C], packet [C]. 《☞ つつみ[1]》.

バックアップ ― [動] (支援する) support (他), back up (他) ★ 後者のほうが口語的. ― [名] support [U], backup [C]. 《☞ おうえん》.

はっくつ 発掘 ― [動] (一般的に, 掘る) dig up (他); (考古学で遺跡などを) excavate (他); (比喩的に, 人材などを) discover (他). ― [名] digging [U]; excavation [U]. 《☞ ほりだす》. ¶ 考古学者たちは最近その古墳を*発掘した The archeologists *excavated* the ancient tomb recently.

バックナンバー (雑誌などの古い号) back number [C], back issue [C].

バックネット backstop [C] [参考] backnet は和製英語. 《☞ 和製英語 (囲み)》.

バックミラー rearview mirror [C] [参考] backmirror は和製英語. 《☞ 自動車 (囲み); 和製英語 (囲み)》.

ぱっくり ― [動] (傷口・地面などがぱっくり開いている) gape (自), be wide open ★ 後者のほうが口語的. 《☞ 擬声・擬態語 (囲み)》. ¶ 彼の足にはナイフの傷口が*ぱっくりと開いていた The knife wound in his leg *gaped* open. // 少年は*ぱっくりと口を開けて立っていた The boy stood with his mouth *wide open*.

バックル buckle [C] 《☞ ベルト (挿絵)》.

ばつぐん 抜群 ― [形] (飛び抜けてよい) outstanding; (競争相手のない) unrivaled (《英》 unrivalled). 《☞ ずばぬける》. ¶ 彼らのチームは試合で*抜群の強さを発揮した Their team displayed *outstanding* strength in the ⌈game [《英》 match]. // 彼女は数学が*抜群だ She is ⌈*outstanding* [*unrivaled*] in mathematics.

はっけっきゅう 白血球 white (blood) cell [C], white corpuscle [kɔ́ːəpʌsl] [C].

はっけつびょう 白血病 〖医学〗 leukemia (《英》 leukaemia) [luːkíːmiə] [U] 《☞ 病気・病院 (囲み)》.

はっけん 発見 ― [動] discover (他); (見つける) find (他). ― [名] discovery [U] ★ 具体的な発見物の意では [C]. 《☞ みつける》. ¶「だれが引力の法則を*発見しましたか」「ニュートンです」 "Who *discovered* the law of gravitation?" "Newton did." // それはたいへんな*発見だ It's a great *discovery*.

はつげん 発言 ― [動] (話す) speak (他) (自); (言葉を言う) say [utter] a word ★ utter は改まった語; (少し話す) say a few words. ― [名] (話) speech [U]; (意見) remark [C].

¶あなたは*発言を許されていない You are not allowed to *speak.* // 彼はいつも示唆に富む*発言をする He always makes suggestive *remarks.* // 彼女は会合では一言も*発言しなかった She didn't ʳ*say anything* [*say a word*; *utter a word*] at the meeting. // (この事について) ちょっと*発言してもいいでしょうか May I *say a few words* (ʳon [about] this matter)?
発言権 voice, say 語法 後者は「言い分」という口語的な語. いずれも a または *one's* を付けて; the right to speak ★ 説明的な表現. ¶その会議ではわが国は*発言権がある[ない] Our country has ʳ*a voice* [*no voice*] at the conference. // 彼にも*発言権を与えてやりなさい Let him have *his say*.

はつこい 初恋 *one's* first love《☞ こい²》.

はっこう¹ 発行 ― 動 (本・新聞・雑誌などを) publish ⊕; (何らかの印刷物を) issue ⊕ ★ 入れ換え可能なことも多いが, 前者のほうが一般的. ― 名 publication Ⓤ; issue Ⓤ.《☞ しゅっぱん¹; はっかん¹》.
¶この雑誌は毎週[毎月, 年1回, 年4回]*発行されている This magazine *is* ʳ*published* [*issued*] ʳweekly [monthly; annually; quarterly].
発行所 publishing house Ⓒ **発行人** publisher Ⓒ **発行部数** circulation Ⓒ. ¶最大の*発行部数 the largest *circulation* // その新聞は*発行部数200万です The newspaper has a *circulation* of two million.

はっこう² 発効 ― 動 (実施される) go [come] into effect; (有効となる) become effective.《☞ しこう¹》. ¶条約は来年の1月に*発効する The treaty will ʳ*go into effect* [*come into effect*; *become effective*] next January.

はっこう³ 発光 ― 動 (光を発する) give out light; (光を放射する) radiate light ★ 後者のほうが形式ばった言い方. ― 名 radiation (of light) Ⓤ.《☞ ひかり》. **発光体** luminous body Ⓒ **発光塗料** luminous paint Ⓤ.

はっこう⁴ 発酵 ― 動 ferment ⊜⊕. ― 名 fermentation Ⓤ.

はっこつ 白骨 bleached bone Ⓒ.

ばっさい 伐採 ― 動 (木を切り倒す) cut down ⊕, fell ⊕ ★ 前者がより平易な語; (森林を切り払う)《米》deforest ⊕,《英》disafforest ⊕. ― 名《米》deforestation Ⓤ,《英》disafforestation Ⓤ.《☞ らんばつ》. ¶過度の森林*伐採は洪水の原因となる Too much *deforestation* causes floods.

ばっさり(と) (徹底的に) drastically; (完全に) completely.《☞ 擬声・擬態語 (囲み)》. ¶新しい市長は予算を*ばっさり削った The new mayor ʳreduced [cut (down)] the budget *drastically*.

はっさん 発散 ― 動 (熱・光・香り・音などを) send [give] out ⊕, emit ⊕ ★ 前者のほうが口語的; (精力などを) release ⊕. ― 名 emission Ⓤ.《☞ はなつ》.
¶ばらの花はうっとりするような芳香を*発散させていた The roses *were emitting* an intoxicating fragrance. // 子供たちは運動場を走り回ってエネルギーを*発散させている The children ʳ*are releasing* their energy [*are letting off steam*] by running around in the playground. ★ let off steam は口語で「余った精力をはき出す」という意味の決まり文句.

ばっし¹ 抜歯 ― 動 pull out [extract] a tooth《☞ ぬく; は¹》.

ばっし² 抜糸 ― 動〘医学〙(糸を抜く) take out the stitches.

バッジ (記章) badge Ⓒ; (胸につけた名札) name plate Ⓒ. ¶学校の*バッジをつける wear a school *badge*

はっしゃ¹ 発車 ― 動 (発車する) leave ⊕⊜; depart (from ...) ⊜; start (from ...) ⊜; pull out (of ...) ⊜. ― 名 departure Ⓤ.
【類義語】すべての交通機関について出発を表すのが **leave**. この語は口語的でもあり, 最も広く用いられる. ほぼ同意だが形式ばった語が **depart**. 列車などが実際に動き出す動作をいうのが **start**. 特に列車については **pull out** を使うと口語的.《☞ 乗り物 (囲み); しゅっぱつ》
¶私たちの列車は10時に*発車します Our train *leaves* at ten o'clock. // 午前9時20分の大阪行き急行は7番線から*発車します The 9:20 a.m. express for Osaka *leaves* from track 7. //「次の電車はいつ*発車しますか」「10時です」"When [What time] does the next train *leave*?" "At 10 o'clock." // その列車はダイヤ通りに京都駅を*発車した The train ʳ*left* [*departed from*] Kyoto Station right on schedule. // *発車予定時刻は5時25分です The scheduled *departure* is 5:25. // 列車はベルが鳴り終わると*発車した Our train *started* as soon as the bell stopped. // ほら, *発車のベルだ. 急ごう There goes the *starting* bell. Let's hurry.

はっしゃ² 発射 ― 動 (銃・弾丸などを) fire ⊕, discharge ⊕ ★ 後者のほうが形式ばった語; (ロケット・ミサイルなどを) launch ⊕. ― 名 firing Ⓤ, discharge Ⓤ; launching Ⓤ.《☞ うつ²; うちあげる》. ¶銃を*発射する *fire* a gun // そのロケットはあす*発射される予定だ The rocket is to *be launched* tomorrow.
発射台 (ロケット・ミサイルなどの) launching ʳpad [site] Ⓒ.

はっしょう 発祥 (源) origin Ⓒ. **発祥地** (揺籃の地) cradle Ⓒ. ¶インドは仏教の*発祥地だ India was the *cradle* of Buddhism.

はつじょう 発情 sexual excitement Ⓤ. **発情期** (動物の) the mating season Ⓒ.

はっしん¹ 発信 ― 動 (電波・電報などを送る) send ⊕ (↔ receive); (電報などを急送する) dispatch ⊕ ★ send より形式ばった語. ― 名 dispatch Ⓤ. ¶我々は本土に向けてエスオーエスを*発信した We *sent* an SOS to the mainland. **発信局** sending office Ⓒ **発信地** place of dispatch Ⓒ **発信人** sender Ⓒ.

はっしん² 発疹 〘医学〙rash Ⓒ. **発疹チフス** typhus Ⓤ.

ばっすい 抜粋 ― 動 (本などから一部を抜き出す) extráct ⊕, excérpt ⊕; (大切な部分だけを抜き出す) abstráct ⊕. ― 名 éxtract Ⓒ, éxcerpt Ⓒ; (摘要) ábstract Ⓒ; (選集)

は

selection Ⓒ. 《☞ ぬきだす》. ¶この1節は聖書からの*抜粋です This passage is an「*extract* [*excerpt*] from the Bible.

はっする 発する **1**《光・熱・香りなどを》: send [give] out (他), emit (他) ★前者のほうが平易な日常語. 《☞ はっさん; はなつ》.
2《音・声を》: give (他), utter (他) ★前者のほうが平易な日常語. 《☞ あげる[1]; だす》.
3《源をもつ》: (川などが生じる) rise (from ...; in ...; among ...) (自); (事故などが起こる) occur (自). ¶この川はアルプス[湖]に源を*発する This river *rises*「*in* the Alps [*from* the lake].

ばっする 罰する punish (他), give punishment. 《☞ ばつ[1]; しょばつ》. ¶その官吏は収賄のかどで厳しく*罰せられた The government official *was punished* severely for「taking bribes [bribery].

はっせい[1] 発生 ―動 (事件が起こる) occur (自); (事件・疫病などが突発する) break out (自). ―名 occurrence Ⓤ; outbreak Ⓒ. ¶けさ恐ろしい事件が*発生した A terrible accident *occurred* this morning. // その国にコレラが*発生した Cholera *has broken out* in the country.

はっせい[2] 発声 ―動 (声・言葉を発する) utter (他). ―名 utterance Ⓤ. **発声器官** vocal organ Ⓒ.

はっそう[1] 発送 ―動 send (off) (他), dispatch (他) ★前者のほうが口語的; (郵便物を) mail (他), 《英》 post (他); (貨物などを送る) ship (他). 《☞ おくる[1]; ゆうそう[1]》.
¶私は航空便でその本を*発送します I will *send* the book (*off*) by airmail. // 私どもの会社は既に貨物を東京に向けて*発送致しました Our company *has* already *shipped* the cargo for Tokyo.

はっそう[2] 発想 (考え方) way of thinking Ⓒ; (表現法) way of expression Ⓒ; (考え・思いつき) idea Ⓒ. 《☞ 欄外》.
¶それは極めてアメリカ的*発想だ That's a typical American *way of thinking*. // 日本語と英語は同じことを言うのに違った*発想(⇒表現法)を用いる Japanese and English use different *ways of expression* to say the same thing. // 彼の*発想はいつも奇抜だ He always has an eccentric *idea*.

はっそく 発足 ―動 start (自) 《☞ ほっそく》.

ばっそく 罰則 penal regulations ★通例複数形で; (競技の) penalty Ⓒ. 《☞ ばつ[1]》.

ばった grasshopper Ⓒ 《☞ こんちゅう(挿絵)》.

バッター batter Ⓒ 《☞ だしゃ; 野球の英語(囲み)》. ¶左[右]*バッター a「left-[right-] handed *batter* **バッターボックス** batter's box Ⓒ.

はったつ 発達 ―動 (発達する・させる) develop (自) (他); (成長する・させる) grow (自) (他)
[語法] 一般的な語で意味が広く必ずしも日本語の「発達」という言葉と一致しないこともある.
―名 development Ⓤ; (成長) growth Ⓤ. 《☞ はってん; しんぽ》.
¶近年の科学技術の*発達は目覚ましい Technological *development* in recent years is quite remarkable. / Technology *has developed* quite remarkably in recent years. // 日本は高度に重工業を*発達させた Japan *has* highly *developed* its heavy industries. // 心身の*発達 the *growth* of mind and body // その選手は運動神経が*発達している (⇒すばやい反射神経を持っている) The player has fast reactions.

はったり ―名 bluff Ⓤ. ―動 (虚勢を張る) bluff (自); (偉ぶる) put up a front. 《☞ こけおどし; きょせい[1]》. ¶あれはただの*はったりさ It's all *bluff*. // 彼は*はったりをかけてるんだよ I think he's only *bluffing*.

ばったり ¶彼からの手紙が*ばったり(⇒突然)来なくなった The letters from him stopped coming *suddenly*. // 駅で*ばったり(⇒偶然)旧友に出会った I「*ran into* [*happened to* meet] an old friend of mine at the station. // 男は*ばったりと倒れた The man *fell flat* on his face. 《☞ 擬声・擬態語(囲み)》

ぱったり (突然) suddenly 《☞ ばったり; 擬声・擬態語(囲み)》.

はっちゃく 発着 arrival and departure Ⓤ ★順序の相異に注意.

はっちゅう 発注 ―動 order (他), place ... an order (for ...). 《☞ ちゅうもん》. ¶私は英国の出版社にその本を*発注した I *ordered* the book *from* the British publisher.

ぱっちり ¶その赤ちゃんは*ぱっちりした(⇒輝

発想 (ways of expression) 発想とは一般にはあることを「思いつく」ことをいうが, ここでは特に考えをいかに言葉に表すかという手順を指して言うことにする.

日本語と英語では発想が似ているものもあり, また非常に違っているものもある. 違っているものは英語学習上からみると重要なポイントになる. 例えば相手の笑った理由がわからない場合, 日本語では「何がおかしいの」「どうして笑うの」「何を笑っているの」などという. 英語では, (1) What's funny? (2) What are you laughing at? (3) What made you laugh? (4) Why are you laughing? のような表現をする. (1) (2) (4) は日本語と発想が似ているが, (3) は直訳すると「何があなたを笑わせたのか」となり, このような発想は日本語にはない. 実はこの (3) のように無生物を主語にする表現が英語には多くあり, 日本語との大きな相違点の1つになっている.

以下いくつかの例によって, 発想の違いについて述べてみよう.

(1) 無生物を主語にする表現.

上例 (3) に類する発想のもの.
¶君はなぜ泣いたのか (⇒何があなたを泣かせたのか) What made you cry? // 彼の言葉を聞いてびっくりした (⇒彼が言ったことが私をびっくりさせた) What he said surprised me. // その質問を聞いて彼は怒った (⇒その質問が彼を怒らせた) The question made him angry. // このバスに乗ると駅に行きます (⇒このバスはあなたを駅に連れて行くでしょう) This bus will take you to the station. // その飛行機には200人の乗客が乗っていた (⇒その飛行機は200人の乗客を運んでいた) The plane was carrying 200 passengers. // 雨のために彼らはピクニックに行けなかった (⇒雨が彼らがピクニックに行くことを妨げた) Rain prevented them from going on a picnic.

これらの多くは, 例えば The question made him angry. = He got angry when he heard the question. のようにほかの表現, 特に日本語と同じような発

いて澄んだ) 目をしている The baby has *bright, clear* eyes. (☞ 擬声・擬態語 (囲み))

バッティング batting Ⓤ (☞ 野球の英語 (囲み)). ¶ *バッティングアベレージ a *batting* average // 彼は*バッティングがいい (⇒ よいバッターだ) He is a good *batter.*

ばってき 抜擢 ― [動] (よく考えて選ぶ) select (他) ★ 一般的な語; (多くの中から 1 つだけえり抜く) single out (他); (自分の意志で選び出す) choose (他) ★ select ほど慎重ではないニュアンスがある; (昇進させる) promote (他). ― [名] selection Ⓤ; choice Ⓤ. (☞ えらぶ (類義語); きよう²).

¶ 多くの人々の中から彼が課長に*抜擢された He *was* ⌈*selected* to be [*chosen* as] the head of the section out of many people. // 素人の女性が映画のヒロインに*抜擢された An amateur girl *was singled out* to be the heroine of the movie. // 彼は今度副社長に*抜擢された He *was promoted* to vice-president recently.

バッテリー (電池) battery Ⓒ; (投手と捕手) battery Ⓒ (☞ 野球の英語 (囲み)). ¶ *バッテリーが上がっている The *battery* is dead. // 僕はいつも彼と*バッテリーを組む I always pair with him as a *battery.*

はってん 発展 ― [動] (発展する・させる) develop (自) (他); (成長する・させる) grow (自) (他); (進歩する) make progress; (目標に向かって前進する・させる) advance (自) (他) [語法] progress は単に前進と後退の 2 つのうちで, 前進を意味する語であるが, advance は, 例えば学習のように目標の設定されている場合に用いる語; (栄える) prosper (自); (広がる・広げる) expand (自) (他). ― [名] (発達) development Ⓤ; (成長) growth Ⓤ; (進歩) progress Ⓤ; advance Ⓒ; (繁栄) prosperity Ⓤ; (拡大) expansion Ⓤ. (☞ はったつ; しんてん¹).

¶ 彼の後継者が事業を*発展させた His successor *has* ⌈*developed* [*expanded*] the business. // 横浜は世界最大の港町の 1 つに*発展した Yokohama *has* ⌈*grown* [*developed*] into one of the largest port cities in the world. // 物理学の研究は最近著しい*発展を遂げた Research in physics *has made* remarkable *progress* recently. // 科学の*発展は人間を幸福にするだろうか Will the ⌈*progress* [*advances*] of science make man happy? // 江戸は城下町として*発展した Edo *prospered* as a castle town.

発展途上国 developing country Ⓒ.

はつでん 発電 ― [動] generate electricity. ― [名] the generation of electricity.

¶ この巨大なタービンの*発電量は 880 メガワットだ (⇒ 880 メガワットの電気を発電する) This huge turbine *generates* 880 megawatts of *electricity.*

発電機 generator Ⓒ **発電所** power ⌈plant [station] Ⓒ. ¶ 水力[火力]*発電所 a ⌈hydro-electric [thermal] *power plant* // 原子力*発電所 a nuclear *power plant*

はっと ― [動] (はっと驚く) be ⌈startled [surprised] at ...; (びくっとする) start (at ...) (自); (驚かす) startle (他). (☞ おどろく (類義語); びくっと; 擬声・擬態語 (囲み)).

¶ 奇妙な足音で, 私は*はっとして目を覚ました The strange footsteps *startled* me out of my sleep. // 彼は*はっとして振り返った He turned *with a start.* // 彼女は私を見て*はっとしいすから飛び上がった She *started* up from her chair *at* my sight. // 恐ろしい事故に*はっと息をのんだ I *caught my breath* when I saw the horrible accident.

バット bat Ⓒ (☞ 野球の英語 (囲み)). ¶ *バットを振る swing a *bat*

ぱっと ― [副] (突然) suddenly; (たちまち) all at once; (急速に) quickly; (すばやく) swiftly. ― [動] (光がぱっと輝く) flash (自); (明るくなる・明るくする) light up suddenly (自) (他); (炎が燃える) blaze [flare; flame] up (自) [語法] blaze は強い炎, flare は一時的に突然ぱっと立つ炎, flame はゆらゆら燃える炎; (突然燃え上がる) burst into flames; (ドアなどぱっと開く) burst open (自) (他). (☞ 擬声・擬態語 (囲み)).

¶ そのうわさは*ぱっと広がった The rumor spread *quickly.* // よい考えが*ぱっと心にひらめ

想の文に置き換えることが可能である. しかしながら, 無生物を主語とする文にはそれなりのニュアンスがあって, ほかの類義表現とまったく同じ意味ではない. 例えば The question made him angry. という文は主語の question に重点があり, その質問が彼の怒った原因であることを強調する言い方である. また, Why are you laughing? や What are you laughing at? が言い方によっては「なぜ笑うのか」「何を笑っているのか」という詰問調であるのに対して, What made you laugh? は「何が原因で笑ったのか」と相手の責任を追求しない, いわば客観的なきき方である. このようなニュアンスのために,「なぜ」を what を主語にした構文を用いて表すと, やや形式ばってはいるが, 丁寧なきき方になる場合が多い. このように, 無生物を主語にする表現は, 特有のニュアンスを持つ英語らしい表現であるから, これに慣れることが大切である.

(2) 打消しを含む文の発想.

英語では否定語を主語にすることがしばしばある.

¶ だれも部屋にいない *Nobody* is in the room. // 何も起こらなかった *Nothing* happened. // それを 1 日でできる人はだれもいない *No* man can do it in a day.

また日本語では「あした雨は降らないと思う」というのに対して, 英語では (⇒ あした雨が降るとは思わない) I do*n't* think it will rain tomorrow. のように否定語を主節に置く習慣がある.

¶「メアリーに会ったことがありますか」「ないと思う」"Have you met Mary?" "No, I do*n't* think I have."

さらに, 日本語では打消しの言葉を用いるのに, 英語では打消しにしない場合もある.

¶ 忘れないうちに (⇒ 忘れる前に) それを書いておきなさい Write it down *before* you forget it.

この種の否定表現が日本語にはかなりあり, それらが英語では肯定表現になるということに注意が必要である. 以上のほかにも「知らないうちに」before we are

いた A bright idea *flashed* into my mind. // 突然その部屋に*ぱっと明かりがついた The room *was lighted up suddenly.* // 枯草から火が*ぱっと燃え上がった The fire ⌐*blazed* [*burned*] *up* from the dry grass. // 彼女がガスに火をつけると, 突然*ぱっと燃え上がった When she lit the gas, it suddenly *flared up.* // 家全体が*ぱっと燃え上がった The whole house *burst into flames.* // 窓が*ぱっと開いた The window *burst open.*

ぱっとしない ¶ 彼はあまり*ぱっとしない学生だった (⇒目立たない学生) He was rather an *undistinguished* student.

はつどう 発動 —動 (権力を) exercise ㊀; (法を) invoke ㊀. ¶ その動議に対して米国は拒否権を*発動した The United States *exercised* its veto against the motion. **発動機** (モーター) motor Ⓒ; (エンジン) engine Ⓒ.

はつに 初荷 the first cargo of the New Year ★ 説明的な訳.

はつねつ 発熱 —動 (発熱する) become feverish. —名 attack of fever Ⓒ. 《☞ ねつ》. ¶ 急に*発熱した I had a sudden *attack of fever.* / I suddenly *became feverish.*

はっぱ 発破 —動 (ダイナマイトで爆破する) blast ㊀, blow ... up with dynamite; (奮い立たせる) 《口語》 fire [pep] up ㊀. ¶ 彼らは道を作るために岩に*発破をかけた They ⌐*blasted* the rock [*blew* the rock *up*] *with dynamite* to make the road. // 試験の前に先生は私たちに*はっぱをかけた Our teacher ⌐*fired* [*pepped*] us *up* before the exam.

はつばい 発売 —動 (売る) sell ㊀ 《過去・過分 sold》; (売られている) be on ⌐sale [the market]; (売りに出す) put ... on sale. —名 sale Ⓒ. 《☞ うる[1]; うりだす》.

¶ その商品はもう*発売されていません The article *is* not *sold* anymore. // この週刊誌は水曜日に*発売になる This weekly magazine *is put on sale* every Wednesday. // 新型車が*発売になっている New-style cars *are* now *on* ⌐*sale* [*the market*]. // そのポルノは*発売禁止になった That porn *was banned.*

発売元 sales agency Ⓒ.

はつはる 初春 (新年) the New Year; (早春) early spring Ⓤ. 《☞ はる[1]》.

はっぴ 法被 happi coat Ⓒ.

ハッピーエンド happy ending Ⓒ.

はつひので 初日の出 the sunrise on New Year's Day.

はつびょう 発病 —動 get [become] sick, 《英》 get [become; fall] ill ★ 以上は口語的で一般的な表現; be taken ill ★ 少し改まった言い方. —名 (突然の罹病(りびょう)) attack Ⓒ. 《☞ 病気・病院 (囲み)》. ¶ 彼は*発病後わずか1日で亡くなった He died only one day after he ⌐*got sick* [*became ill*].

はっぴょう 発表 —動 (公にする) announce ㊀, make ... public; (印刷して) publish ㊀; (学会などで口頭発表する) read a paper. —名 announcement Ⓤ. 《☞ こうひょう[1]》. ¶ 試験の結果が*発表された The results of the examination *have been* ⌐*announced* [*made public*]. // 彼がその雑誌に*発表した論文は注目に値する The paper he *published* in the periodical is worthy of notice.

はっぷ 発布 —動 (ごく一般的には) issue ㊀; (法令などを) promulgate ㊀ ★ 形式ばった語. ¶ 革命政府は新憲法を*発布した The revolutionary government ⌐*promulgated* [*issued*] a new constitution.

はつぶたい 初舞台 *one's* first appearance on (the) stage; (デビュー) debut [déibju:, deibjú:] Ⓒ. 《☞ デビュー》. ¶ 彼は喜劇役者として*初舞台を踏んだ He made *his* ⌐*first appearance on* (*the*) *stage* [*debut*] as a comedian.

はっぷん 発奮, 発憤 —動 (鼓舞される) be inspired; (刺激を受ける) be stimulated; (感情をかき立てられる) be roused. 《☞ ふんき》. ¶ 私たちは先生の言葉に*発奮して一生懸命勉強した We studied hard, *inspired* by our teacher. // 彼は友人の成功に大いに*発奮した He *was* greatly ⌐*stimulated* [*roused*] by his friend's success.

はっぽう[1] 八方 —副 (すべての方面・方向で) in all directions; (いずれの方面・方向にも) in every direction; (すべての側で) on all sides, on every side. 《☞ しほう[1]》.

¶ *八方手を尽くしたが, 彼の生命を救えなかった We ⌐*did everything possible* [tried *all possible means*], but we couldn't save his life. // *八方ふさがりだ (⇒すべてが私に不利になった) *Everything went* ⌐*wrong for* [*against*] me.

---

aware of it, 「暗くならないうちに」 before it gets dark など, 多くの例をあげることができる.

(3) 「は」「が」を含む日本語の表現とそれに対する英語の表現との発想の相違.

日本語の「は」「が」という助詞は必ずしも英語における主語を示すわけではない.

¶ きのう*は雨だった It rained yesterday. // 外*は寒い It's cold outside. // 金*が欲しい I want money. // 象は鼻*が長い An elephant has a long trunk.

これらの例にも見られるように, 日本語では「…は…が…である」という言い方が1つの基本的な文型となっているが, 英語にはそれに直接対応するものがない.

(4) 「人」を主語にする表現.

日本語では「人」を表す主語が用いられていない場合でも, 英語では「人」を主語にした表現を用いなくてはならない場合がある.

¶ 今年は雨が多かった *We* have had a lot of rain this year. // きのうはとてもおもしろかった *I* had a very good time yesterday. // カナダでは英語を話す *They* speak English in Canada.

以上のような日英の発想の違いについて, 本辞書では用例の欄の全体を通じて, 日本文と英文の間に (⇒) という記号を使って示してある. 英語で表現する場合, 翻訳を通さず, 初めから英語で考えて表現するよう努力することが大切であるが, すでに日本語という母国語を身につけているので, 英語で考えようとしても, 発想法は日本語に引っぱられてしまうのが普通である. そこで本辞書の (⇒) に示されているように, 日本語をいったん日本語のまま英語の発想に置き換えてから英語に直す練習を積み, 最後には英語の発想法になれて, そのような過程を経ないでも自然に英語の発想が浮かんでくるようになることが望ましい.

八方美人 everybody's friend Ⓒ. ¶ *八方美人的なやり方 *please-everyone* policies

はっぽう² 発砲 ━動 (一般に鉄砲・ピストル・大砲などを) fire ㊍ ㊒; (砲撃を始める) open fire. (☞ うつ²). ¶ その男は警官をねらって*発砲した The man *fired* (his *gun*) at the policeman. // 敵は我々に*発砲を始めた The enemy *opened fire* on us.

はっぽうスチロール 発泡スチロール Styrofoam Ⓙ ★ 商標名.

ばっぽんてき 抜本的 ━形 (根本的) radical; (思い切った) drastic. (☞ こんぽん).

はつみみ 初耳 ¶ それは*初耳だ (⇒ それは知らなかった) I *didn't know* that. / (⇒ そんな事はいままで聞いたこともない) I (*have*) *never heard* of that. / This is *the first time* for me *to hear* about that. // 彼が死んだなんて*初耳だ (⇒ 私には新しい情報だ) His death is *news* to me.

はつめい 発明 ━動 invent ㊍. ━名 invention Ⓤ ★ 発明品を指す場合は Ⓒ. ¶ 蒸気機関の*発明はいつでしたか When *was* the steam engine *invented*? // タイプライターを*発明したのはだれですか Who *invented* the typewriter? / Who *was* the typewriter *invented* by? 語法 口語では By whom *was* the typewriter *invented*? よりこのほうが普通. // エジソンは多くの大*発明をした Edison made many great *inventions*. // 必要は*発明の母 Necessity is the mother of *invention*. (ことわざ)

発明家 inventor Ⓒ.

はつもうで 初詣 ━動 pay the first visit of the year to the shrine.

はつもの 初物 (農作物) the first fruits of the season. ¶ 私たちは*初物の桃をおいしくいただいた We enjoyed *the first peaches of the season*.

はつゆき 初雪 the first ⌈snow [snowfall] of the ⌈year [season].

はつゆめ 初夢 the first dream of the New Year 参考 欧米では初夢にまつわる言い習わしなどがないので, このように英語に訳したとしても, 日本では初夢をどのように考えているのかを説明しなくては意味を理解してもらえない.

はつらつ 潑剌 ━形 (元気な) lively, full of life; (生き生きとした) vivid; (精力的で力強い) vigorous. (☞ げんき; かっぱつ). ¶ 少年は希望で*はつらつとしていた The boy was *lively* [*full of life*] with hope. // 子供たちの*はつらつとした声が聞こえた I could hear the *lively* voices of children. // その若者はいつでも*はつらつとしている The young man is always ⌈*full of vigor* [*vigorous*].

はつれい 発令 ━動 (公式に発表する) announce (officially) ㊍. ━名 (official) announcement Ⓤ. (☞ はっぷ). ¶ 会社は4月1日付で人事異動を*発令した Our company *announced* personnel changes on April 1.

はつろ 発露 expression Ⓤ, manifestation Ⓤ ★ 後者は形式ばった語. (☞ あらわれ).

はつわ 発話 utterance Ⓤ.

はて¹ 果て (終わり) end Ⓒ; (限界) limit Ⓒ. (☞ おわり; はてしない). ¶ 私は北海道の北の*果てまで旅行した I traveled Hokkaido to its northern *end*. // I traveled to *northernmost* Hokkaido. // 宇宙は*果てがないように思える The universe seems (to be) ⌈*endless* [*boundless*]. // 彼の欲望には*果てがない There is no *limit* to his desire. / His desire knows no *limits*.

はて² ━感 (驚きを表して) oh, boy; dear me; oh dear ★ dear を含む表現は女性がよく使う; (考えるとき) well, let me see 語法 well は相手の言葉を受けて考えるとき, let me see は答えがとっさに出ない場合などに用いる; (...かしら) I wonder ★ 思いいぶかるときの言葉. ¶ *はて, 君の考えが正しいのかもしれない *Well*, perhaps you are right. // *はて, それを思い出せない *Let me see*. I can't remember it. // *はて, これはいったいなんだろう I *wonder* what on earth this is.

はで 派手 ━形 (けばけばしく人目を引く) showy; (華やかな) bright; (けばけばしい) gaudy; (デザインなどが下品でけばけばしい) loud. (☞ けばけばしい; 色 (囲み)). ¶ *派手なドレス a *showy* dress // このドレス[柄]は私には少し*派手すぎる This ⌈dress [pattern] is a little too *loud* for me. // 彼女は金づかいが*派手だ (⇒ 金を惜しまず使う) She spends money *lavishly*. / She is *lavish* of money.

パテ ━名 putty Ⓤ. ━動 (ガラスをパテでとめる) putty ㊍.

はてしない 果てしない endless; (広さが) boundless; (いつまでも続く) everlasting; (無制限の) limitless; (無限の) infinite. (☞ はて¹; むげん). ¶ サハラは*果てしなく広がる砂漠です The Sahara is ⌈an *endless* [a *boundless*] desert.

はてる 果てる ¶ 彼らの議論はいつ*果てるともしれなかった (⇒ 終わりを持っていない) Their argument seemed ⌈to have no *end* [*endless*]. // その詩人は異国の地で*果てた (⇒ 死んだ) The poet *died* in a foreign land. // 彼は疲れ*果てた様子だった He seemed *tired out*. // 私は困り*果てた I *was at my wit's end*. ★ be at *one's* wit's end は「途方に暮れる」の意.

ばてる (疲れ果てる) be tired out, be worn out ★ 後者のほうがくだけた言い方. (☞ つかれる; へたばる; くたくた).

はてんこう 破天荒 ━形 (記録破りの) record-breaking; (先例のない) unprecedented; (前代未聞の) unheard-of.

パテント patent [pǽt(ə)nt] Ⓒ ★ patent right とも言う. (☞ とっきょ). ¶ その科学者は発明の*パテントを千以上も取っている The scientist has taken out more than 1,000 *patents* ⌈for [on] his inventions.

はと 鳩 (普通の) pigeon Ⓒ; (特に小型の) dove [dʌ́v] Ⓒ 参考 平和の象徴とされる「はと」は dove. (☞ 動物の鳴き声 (囲み)). ¶ 彼は伝書*ばとを数羽飼っている He keeps some ⌈*carrier* [*homing*] *pigeons*. // *はとはくうくうと鳴く A ⌈*dove* [*pigeon*] coos.

はと小屋 dovecot(e) Ⓒ, pigeon house Ⓒ

はと時計 cuckoo clock [C]　ハト派 dove [C] (↔ hawk). ¶彼は党内の*ハト派政治家の1人と見なされている He is regarded as one of the *doves* in the party. はと胸 pigeon [chicken] breast [C].

はどう 波動 wave motion [C];〘物理学〙undulation [U].

ばとう 罵倒 ―[動] (…の悪口を言う) call … names ★口語的; abuse (他) ★少し形式ばった語; (公然と非難する) denounce (他) ★形式ばった語; (タブーとされているような言葉を使って毒づく) swear at … ―[名] abuse [U]; denunciation [U]. 《☞ ののしる》.
¶彼は公衆の面前で私を*罵倒した He *called* me *names* in public. // 自分の好きでない人をだれかれとなく*罵倒するのは彼の悪い癖だ It's a bad habit of his to *abuse* everybody he doesn't like.

パトカー police (patrol) car [C], 《米》squad car [C], 《口語》prowl car [C]. 《☞ パトロール》.

はとば 波止場 (船の発着の設備のある埠頭をいう一般的な言葉) wharf [C]; (特に桟橋状の埠頭) pier [C]. 《☞ さんばし》. ¶*波止場には船が停泊していた Some boats were tied up at the *wharf*.

バドミントン badminton [U] 《☞ スポーツ(囲み)》.

はとめ 鳩目 eyelet [C].

はどめ 歯止め ―[名] (ブレーキ) brake [C]. ―[動] (歯止めをかける) apply the brakes to …, put the brakes on … ¶政府は物価の上昇に*歯止めをかけるべきだ The government should ˹*apply the brakes to* [*put the brakes on*] the rising prices.

パトロール ―[動] patrol (自)(他). ―[名] patrol [U]. 《☞ じゅんかい》. ¶警官が*パトロールしながら通りをやってきた A policeman came up the street *patrolling*. // *パトロール中の警官が泥棒を捕まえた The policeman on *patrol* caught a thief. パトロールカー police (patrol) car [C], 《米》squad car [C].

パトロン ―[名] (男性の) patron [péitrən] [C], (女性の) patroness [C]; (援助者) supporter [C]. ―[動] (パトロンとして…を後援する) patronize (他); (援助する) support (他).

ハトロンし ハトロン紙 brown paper [U].

バトン baton [bətάn] [C]. ¶走者は*バトンを落とした The runner dropped the *baton*. // 彼からその仕事を*バトンタッチする(⇒引き継ぐ)のはだれだろう Who *is taking over* the job *from* him? バトンガール baton twirler [C], (drum) majorette [mèidʒərét] [C].

はな[1] 花, 華 **1** «草木の» ―[名] flower [C]; (果樹などの) blossom [C]. ―[形] floral.
【類義語】必ずしも植物学的な分類にはよらないが, 常識的に草花と考えられているものには *flower* を, 桜・梅など木と考えられているものの花には *blossom* を用いる. しかし, この区別は厳密ではなく, *flower* はすべてに代用できる.
¶私は野に咲く*花が好きだ I like wild *flowers*. // この*花は夕方咲く This *flower* ˹comes out [opens] in the evening. // この木は秋に*花が咲く This tree ˹*blooms* [*blossoms*] in the fall. [語法] bloom, blossom は「(果樹が)花を開く」という[動](自). bloom は特に観賞用の花に使うことが多い. // 杏(あんず)の*花が咲いていた The apricot trees *were* ˹*in blossom* [*blossoming*]. // *花を摘んであげよう I'll pick you some *flowers*. // (桜の)*花はいまが見ごろだ(⇒盛りだ) The cherry *blossoms* are ˹at their best [in full bloom] now. // その*花はすぐに散ってしまう The *blossoms* will soon be gone.
2 «生け花»: flower arrangement [U]. ¶お*花を習っています I'm taking lessons in *flower arrangement*.
3 «比喩的に» ¶彼女もあのころが*花だった(⇒あのころが彼女の最盛期だった) Those were *her best days*. // それは言わぬが*花だ(⇒言わずにおいたほうがよい) *Better* leave it unsaid. // 話に*花が咲いて, 2時間はすぐに過ぎ去った Two hours passed very quickly while we ˹*talked* [*chatted*] *about this and that*.
花籠 flower basket [C]　花曇り hazy sky in spring time [C]　花言葉 flower language [U]　花園 flower garden [C]　花束 bouquet [boukéi] [C]　花ばさみ flower scissors ★複数形で. 花畑 flower field [C]　花吹雪 shower of cherry blossoms [C]; (風に落ちる花) flowers falling in the wind　花模様 floral ˹pattern [design] [C]　花屋(店) flower [floral] shop [C]; (人) florist [C]. 《☞ 店の呼び名(囲み)》花輪 (首にかけたりする) lei [C]; (墓に供えたりする) wreath [ríːθ] [C]; (日本式の開店披露などの) flower decoration [C].

はな[2] 鼻 ―[名] nose [C]; (犬・きつね・猫などの鼻と口の部分) muzzle [C]; (象の) trunk [C]; (豚などの) snout [C]. ―[形] (鼻にかかった・鼻の) nasal [néizəl]. 《☞ いぬ[1](挿絵)》.

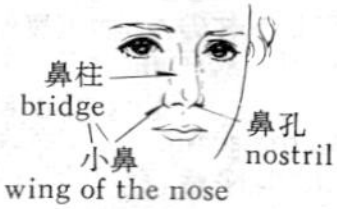

¶彼は大きな[ちんまりした]*鼻をしている(⇒持っている) He has a ˹large [small] *nose*. // 彼女は*鼻が高い She has a ˹long [prominent] *nose*. // 彼は*鼻が低い He has a ˹flat [small] *nose*. // 犬は*鼻がきく(⇒よい鼻を持っている) Dogs have good *noses*. // *鼻がつまった My *nose* is ˹stopped [plugged] up. // *鼻をかんだ I blew my *nose*. // 馬はぶるんと*鼻を鳴らした The horse *snorted*. 《☞ 動物の鳴き声(囲み)》// 犬は*鼻をくんくんさせて靴のにおいをかいだ The dog *sniffed* at the shoe. // 悪臭が*鼻(⇒鼻の穴)をついた A bad smell assailed my *nostrils*. // *鼻をほじるのは止めなさい Don't pick your *nose*. // わし[かぎ]*鼻 a hooked *nose* / a Roman *nose* // しし*鼻 a snub *nose*
鼻が高い ¶息子が出来がよいので父親も*鼻が高かろう(⇒誇りに思っているに違いない) The father must *be proud of* his brilliant son. // 彼は試合に勝って*鼻高々で帰って来た(⇒勝ち誇って) He came back *triumphantly* because he won the game.
鼻であしらう ¶彼は私の申し出を*鼻であしらった He *turned up his nose* at my offer.

花

(1) 花の各部の名称

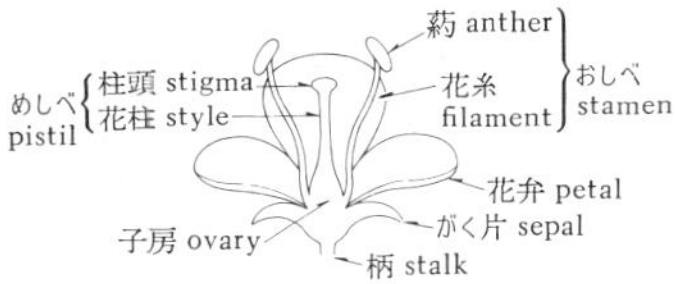

(2) 草花のいろいろ

野生の草花は wild flower で，園芸用の花は garden flower. 温室の花は hothouse flower. 鉢に植えた花は potted flower で，切り花は cut flower という.

1 年草は annual, 2 年草(越年草)は biennial, 多年草(宿根草)は perennial といい，この中には球根植物 (bulb) も含まれる.

1 年草：cornflower (ヤグルマギク), morning glory (アサガオ), sunflower (ヒマワリ), snapdragon (キンギョソウ), zinnia (ヒャクニチソウ) など.

2 年草：Canterbury bell (フウリンソウ), marigold (キンセンカ), hollyhock (タチアオイ), poppy (ケシ) など.

多年草：canna (カンナ), carnation (カーネーション), dahlia (ダリヤ), foxglove (ジギタリス), chrysanthemum (キク), violet (スミレ) など.

球根草：crocus (クロッカス), tulip (チューリップ), lily (ユリ), cyclamen (シクラメン), begonia (ベゴニア) など.

(3) 花の贈り物

英米では人を訪問するときやお礼・お見舞いなどにはよく花が使われるが，贈り物の花は目的を告げて店の人に選んでもらうことが多い. "Say it with flowers" (＝思う心を花に託して言いなさい)は英米の花屋の宣伝文句. 店に頼めばそのチェーンストアを通じて遠方の人にも届けてくれる.

日本でも病気見舞いには花はよい贈り物だが，英米では花が一番喜ばれる. 贈る花としては anemone (アネモネ), carnation (カーネーション), dahlia (ダリヤ), hyacinth (ヒヤシンス), narcissus (スイセン), orchid (ラン), rose (バラ), tulip (チューリップ) などが適当であるが，次の花は嫌われる. camellia (ツバキ：首が落ちる), hydrangea (アジサイ：色があせる), lily (ユリ：匂いが強い), poppy (ケシ：花弁が散りやすい).

なお，花を束ねたものは a bunch of flowers で，小さいものは a posy of primroses のようにいう. 贈り物などのために一定の形式で束ねたものは bouquet [boukéi] Ⓒ で，葬儀などの花輪は wreath Ⓒ. なお，死亡広告などに "No flowers" とあれば供花は辞退するということ.

「切りたての花. 花束，1 ドルから」という
街頭の花屋の掲示

(4) 誕生月の花 (birth flowers)

1 月：carnation (カーネーション), snowdrop (スノードロップ) **2 月**：violet (スミレ), primrose (サクラソウ) **3 月**：jonquil (キズイセン), violet (スミレ) **4 月**：daisy (ヒナギク), sweet pea (スイートピー) **5 月**：hawthorn (サンザシ), lily of the valley (スズラン) **6 月**：rose (バラ), honeysuckle (スイカズラ) **7 月**：larkspur (ヒエンソウ), water lily (スイレン) **8 月**：gladiolus (グラジオラス), poppy (ケシ) **9 月**：morning glory (アサガオ), aster (シオン) **10 月**：calendula (キンセンカ), cosmos (コスモス) **11 月**：chrysanthemum (キク) **12 月**：narcissus (スイセン), holly (セイヨウヒイラギ), poinsettia (ポインセチア).

(5) 花言葉 (language of flowers)

草木の花に一定の意味を持たせた花言葉は，昔から数多く知られているが，意味別に主なものを次にあげる.

愛情 (love)：myrtle (ギンバイカ), rose (バラ) **不誠実** (insincerity)：cherry blossom (サクラ), foxglove (ジギタリス) **悲しみ** (sorrow)：marigold (キンセンカ), yew (イチイ) **希望** (hope)：hawthorn (サンザシ), snowdrop (スノードロップ) **謙そん** (humility): broom (エニシダ), field lilac (野生のライラック) 孤独 (solitude): heath (ヒース), lichen (コケ) 先見 (foresight): holly (セイヨウヒイラギ), strawberry blossom (イチゴの花) 運命 (fate): flax (アマ), hemp (アサ) 友情 (friendship): acacia (アカシア), ivy (ツタ).

(6) 国花 (national flowers)

日本の国花は cherry blossom (サクラ), アメリカには国花はないが州花 (state flower) がある. 未公認では goldenrod (アキノキリンソウ)があるが, 別名 mayflower の名のある hawthorn (サンザシ)が国花に準じて扱われることがある. 英国はイングランドが rose (バラ), スコットランドは thistle (アザミ), ウェールズが leek (リーキ). その他, 主な国の国花は次のとおり.

エジプト—lotus (ハス), オランダ—tulip (チューリップ), イタリア—daisy (ヒナギク), フランス—fleur-de-lis (アイリス), ドイツ—cornflower (ヤグルマギク), カナダ—sugar maple (サトウカエデ), スイス—edelweiss (エーデルワイス), オーストラリア—silver wattle (フサアカシア), 韓国—althaea (ムクゲ), メキシコ—dahlia (ダリヤ), 中国—Japanese apricot (ウメ). ★「梅」は中国が原産だが, 英語では Japanese apricot という.

(7) 花に関する表現

¶いま花の種をまけば夏には咲きますよ If you plant *flower* seeds now, you will have *flowers* in the summer. // このユリは白い花が咲く This lily has a white *bloom*. // チューリップはいつ咲きますか When do the tulips come into *flower*? // バラが満開だ The roses are now *in* ˹*full bloom* [*flower*]. // サクラの花が開きはじめた The cherry trees are beginning to *blossom*. // サクラの花は4月に咲く The cherry trees ˹*flower* [*are in flower*] in April. [語法] 「咲く」という意味では果樹にも flower を使う. // その花は水をやらなかったので枯れてしまった The *flower* withered because it had no water.

鼻にかける ¶彼女は美貌(ぼう)を*鼻にかけている She *is proud of* her good looks. / She *prides herself on* her good looks.

鼻につく ¶彼の成功談も*鼻についた (⇒うんざりした) I *am sick and tired of* his success story. / (⇒彼の成功談は私をうんざりさせる) His success story makes me *sick*.

鼻をあかす ¶どうにかしてあいつの*鼻をあかしてやりたい (⇒出し抜きたい) I want to *outwit* him by all means.

木で鼻をくくる ¶彼は*木で鼻をくくったような返事をした (⇒そっけない返事をした) He made a ˹*blunt* [*curt*] reply.

鼻声 nasal voice Ⓒ; (鼻にかかる音) twang Ⓒ **鼻の穴** nostril Ⓒ **鼻水** snivel Ⓤ. ¶*鼻水がたれている Your *nose is running*.

はないき 鼻息 (自信) self-confidence Ⓤ; (意気込み) zeal Ⓤ. ¶彼のあの*鼻息にはだれも恐れをなす Anyone will be frightened by that great *self-confidence* of his. // 事業で成功したので, あの男はこのところ*鼻息が荒い(⇒傲慢(ごう)だ) Having succeeded in business, he is ˹*arrogant* [*proud*; *haughty*] nowadays.

はなうた 鼻歌 humming Ⓤ《☞ くちずさむ》. ¶彼女はいつも*鼻歌を歌っている She *is* always *humming a* ˹*tune* [*song*]. // *鼻歌まじりで仕事をするな (⇒本腰を入れて仕事をしなさい) Tackle your work in real earnest.

はなお 鼻緒 (clog) thong Ⓒ [参考] thong は普通革ひものこと. 従って, 日本独特のものである下駄(げた)の鼻緒のことを外国人に理解させるには下駄の説明をする必要がある. 《☞ 日本固有の風物と英語 (囲み)》.

はなかぜ 鼻風邪 head cold Ⓒ, cold in the ˹head [nose] Ⓒ. 《☞ かぜ²》.

はながた 花形 (スター) star Ⓒ. ¶彼女は*花形選手です She is a *star* player.

はながみ 鼻紙 tissue (paper) Ⓤ《☞ ちりがみ》.

はなくそ 鼻くそ —名 nose ˹dirt [wax] Ⓤ.
—動 (鼻くそをほじくる) pick *one's* nose.

はなげ 鼻毛 the hairs in the nostrils.

はなざかり 花盛り —形 (満開で) in full bloom; (最盛期で) at *one's* best. 《☞ まんかい》. ¶いまはバラが*花盛りだ The roses are ˹*in full bloom* [*at their best*] now.

はなし 話 1 《談話》: talk Ⓒ ★最も一般的で形式ばらない語; (会話) conversation Ⓤ; (おしゃべり・雑談) chat Ⓒ; (スピーチ) speech Ⓒ, address Ⓒ ★後者のほうが形式ばった語; (講義) lecture Ⓒ. 《☞ はなす¹》.
¶私たちは長い間*話をした We had a long *talk*. / We *talked* for a long time.
それはよい*話の種だ It's a good topic for *conversation*.
ちょっと彼に*話がある I have something to *talk* about with him.
今晩の彼女の*話はおもしろかった Her ˹*speech* [*lecture*; *talk*] this evening was interesting.
彼は*話が上手だ He is a *good talker*.
彼の*話 (⇒彼の言ったこと) は本当かもしれない *What he said* may be true.
鈴木さんの*話によると, あの人は人妻だそうだ *According to* Mr. Suzuki, she is married.
お*話し中 (⇒話をさえぎって) 申し訳ありませんが, もう帰ってもいいでしょうか Excuse me for *interrupting* you, but may I leave now?
少女たちは流行についてがやがやと*話をしていた The girls *were chatting* about fashion.
2 《話の内容》: (話題) topic Ⓒ, subject Ⓒ ★前者のほうが口語的; (うわさ) rumor (《英》 rumour) Ⓒ; (約束) promise Ⓒ; (交渉) negotiations ★通例複数形で; (合意) agreement Ⓒ; (了解) understanding Ⓒ.
¶彼女は*話をそらそうとした She tried to change the ˹*topic* [*subject*].
彼は首になったという*話だ *They say* [*I hear*] that he has been fired. / There is a *rumor* that he has been fired.
まだ*話はついていない(⇒まだ交渉中である) We

are still carrying on *negotiations*.
この件については，もう校長と*話がついた (⇒ 合意に達した) We've 「*reached an agreement* [*arrived at an understanding*] with the principal about this matter.
この*話はだれのところへ持って行けばいいだろう (⇒ だれと相談すべきだろう) Who should I *consult* about this matter?
彼らの提案は*話にならない (⇒ 問題にならない) Their proposal *is out of the question*. / (⇒ 話題にする価値がない) Their proposal is *not worth talking about*.
これは*話がうますぎませんか (⇒ 本当にしてはよすぎる) Isn't this too good to be true?
*話は違うけど，よし子さんは結婚するそうだよ Changing the *subject*, I hear Yoshiko is going to get married.

3 «物語»: story Ⓒ ★ 一般的な語で「実際の話」「架空の話」いずれにも用いる; tale Ⓒ ★ やや古めかしい語で，主として架空の話に用いる. 《☞ ものがたり》.
¶ おばあさんはよく私たちに*話をしてくれた My grandmother often told us 「*stories* [*tales*].

話の[が]わかる ¶ あの教授は*話がわかる (⇒ 思いやりがある) That professor is very *thoughtful* of us. / (⇒ 寛大で甘い) That professor is *lenient*.
話し相手 someone to talk 「to [with] **話し言葉** speech Ⓤ, spoken language Ⓤ. 《☞ 話し言葉と書き言葉 (欄外)》 **話し手** speaker Ⓒ.

はなしあい 話し合い (会議) talks ★ 複数形で; conference Ⓒ ★ 前者が口語的; (相談) consultation Ⓤ; (交渉) negotiations ★ 通例複数形で. 《☞ きょうぎ[1]; かいだん[2]》.
¶ この件について両国首脳間で*話し合いが行われた Summit *talks* were [A summit *conference* was] held between the two nations about this matter. // 父と*話し合いの上で，学校をやめた I left school 「after *consulting* [upon *consultation* with] my father.

はなしあう 話し合う talk (with ...) ⓐ; discuss ⓣ; (相談する) consult (with ...) ⓐ. 《☞ そうだん; きょうぎ[1]》. ¶ この問題についてはまだ十分*話し合っていない We *haven't* 「*talked about* [*discussed*] this problem thoroughly enough.

はなしか 噺家，咄家 (comic) story teller Ⓒ 《☞ らくご[2]》.

はなしがい 放し飼い —動 (放牧する) pasture ⓣ, graze ⓣ. —名 pasturing Ⓤ, grazing Ⓤ. 《☞ ほうぼく》. ¶ 夏の間，牛は*放し飼いにします We 「*pasture* [*graze*] cattle in summer. / Cattle *are put to grass* in summer.

はなしかける 話し掛ける talk (to ...) ⓐ, speak (to ...) ⓐ ★ 前者のほうが口語的; (講演などで話をする) address ⓣ. 《☞ はなす[1]》.
¶ 見知らぬ人が私に*話しかけてきた A stranger 「*talked* [*spoke*] *to* me. // 話し手は熱心に聴衆に*話しかけた The speaker 「*addressed* [*talked to*] the audience enthusiastically.

はなしこむ 話し込む (長い間話す) talk [chat] for a long time; (話に夢中になる) be lost in 「talking [conversation]. ¶ 私たちは夜遅くまで*話し込んだ We *talked* far into the night. // すっかり*話し込んで，夕方になったのもわからなかった We *were lost in* 「*talking* [*conversation*] and didn't realize it had become evening.

はなしずき 話し好き —形 (よくしゃべる) talkative 《☞ おしゃべり》. ¶ 青木さんの奥さんは*話し好きだ Mrs. Aoki is *talkative*.

はなしちゅう 話し中 ¶ 《交換手などが》お*話し中です I'm sorry, sir, the line is 「*busy* [《英》 *engaged*]. 《☞ 電話の英語 (囲み)》

はなしぶり 話し振り (しゃべり方) the way *one* talks, *one's* way of talking. 《☞ くちぶり》.

は

話し言葉と書き言葉 (spoken and written language)

(1) 話し言葉，書き言葉とは何か.

話し言葉は口語とも呼ばれ，元来口頭で行われる言語表現すべてを指し，書き言葉は文語とも呼ばれ，文字を用いる言語表現すべてを指していう. しかし前者は特にくだけた言い方を，後者は形式ばった言い方や文学的表現を指して言うことがしばしばある.

言語の歴史から見れば，話し言葉が基本であり，書き言葉は，ちょうど音楽の楽符のように，話し言葉を記録するために生まれたものである. このことは話し言葉は人類の歴史とともに太古からあったのに，文字の歴史ははるかに浅く，しかも文字が今日のように普及を見たのは近代社会になってからであり，いまでも世界には文字の読めない人がかなりいるということを考えればうなずけることである.

しかし，今日のように文字が普及すると，書き言葉の重要性はますます大きくなり，簡単に話し言葉と書き言葉のどちらが重要かを決定することはできない.

(2) 話し言葉と書き言葉の相違.

話し言葉と書き言葉は共通点が多く，語彙・文法の面ではほとんど一致している. これは話し言葉を基本にして書き言葉が存在することを考えれば当然のことである. しかし，長い間にそれぞれに特有の特徴ができ上がっていて，次のような相違点が見られる.

(i) 話し言葉のほうが構文が単純で短い文が多い.

原稿を準備した演説などは別として，日常の会話においては短い文が好まれる. これに対して，書き言葉では従属節を含む長い文が多い. ただし，書き言葉が話し言葉に接近する傾向が見られるので，現在では書き言葉でもあまりに長く複雑な文は姿を消しつつある. 《☞ 文体 (欄外)》

(ii) 話し言葉はイントネーションの違いなどで意味の区別や強調を表せるが，書き言葉では別の方法が用いられる.

例えば，「きのう京都に行ったのは私です」という英語は，話し言葉であれば I went to Kyoto yesterday. の 'I' を特に高く強い調子で言えばその意味が表せるが，書き言葉では *It* was I *who* went to Kyoto yesterday. のように It ... who [that] .... の構文を用いなくてはならない. この構文は話し言葉で用いても差しつかえないが，やや改まった言い方になる.

(iii) 話し言葉ではくだけた言い方が多い.

例えば話し言葉では OK., good, nice, right, thing, stuff などくだけて，しかも意味が広く，その場の状況やコンテクストによって意味が定まってくるような語句が多く用いられ，また Take it easy. とか Why don't you ...? のような話し言葉特有の慣用的表現が使われるのに対し，書き言葉では形式ばって，しかも意味が明確な語句が多く用いられる傾向がある. また，can't, won't, don't などの短縮形は話し言葉の特徴である. 《☞ 短縮形 (欄外); 文体 (欄外)》

はなす[1] 話す (人としゃべる) talk (to ... ; with ...) ⓐ ; (...の話をする) talk (about ...) ⓐ ; (言葉をしゃべる) speak ⓐ《過去 spoke ; 過分 spoken》; (ある言語をしゃべる) speak ㊄ ; (告げる) tell ㊄《過去・過分 told》★ 通例「だれだれに」という間接目的語を伴う.《☞ はなし ; しゃべる》.

¶ 彼女と*話しても退屈だ She's a boring person to *talk* ˹*to* [*with*].

あの人たちは何を*話しているのですか What *are* they *talking about*?

もっとゆっくり*話して下さい Please *speak* more slowly.

私は人前で*話すのは好きではない I don't like *speaking* in public.

彼は自分の経験を*話してくれた He ˹*talked* [*spoke*] *about* his experience to me.

仕事中は*話しかけないでくれ Don't ˹*talk* [*speak*] *to* me while I'm working.《☞ はなしかける》

そのニュースを彼女に*話しましたか Did you *tell* her the news?

あなたは日本語が*話せますか Do [Can] you *speak* Japanese? 語法 日本語で「話せますか」と言う場合でも, 質問としては Do you ...? のほうが丁寧な聞き方.

英語で*話そう Let's *speak* English.

あなたがこの間*話していたのはこの本ですか Is this the book you *told* me *about* the other day?

先生に*話して (⇒ 医師に相談して) みましたか Did you *consult* your doctor?

はなす[2] 離す, 放す **1** «分ける・分離する» : part ㊄, separate ㊄ ★ 前者のほうが口語的 ; (引き離しておく) keep ... ˹apart [away] from ... ; (隔離する) isolate ㊄.

¶ あの 2 人はしばらく*離しておいたほうがいい It's preferable to ˹*separate* [*part*] those two for a while. // 病気の猿はほかから*離すべきだ We should *keep* sick monkeys ˹*apart* [*away*] *from* the others. / Sick monkeys should *be isolated from* the others. // この件はほかと*離して討議しよう Let's discuss this problem *separately from* the others. // 彼は片時も辞書を手元から*離さない (⇒ いつも身近に持っている) He always *has* a dictionary ˹*near* [*around*] him. // 子供たちから眼を*離すな *Keep* your eyes *on* the children.

2 «放す» : (手を放す・逃がす) let ... go ; (自由にする) set ... free, turn [let] ... loose 語法 いずれもある状態から放す意味で用いる.

¶ 手を*放しなさい *Let* it *go*. // 警察犬が*放された The police dogs *were* ˹*turned* [*let*] *loose*. // 小さな魚は川に*放した (⇒ 戻した) We *put* the small fish *back* into the river. // どうか*放して下さい *Do* [*Please*] *let* me *go*. // 犬は*放しておいてはいけない You shouldn't ˹*let* a dog *loose* [*keep* a dog *at large*].

はなすじ 鼻筋 ¶ 彼は*鼻筋の通ったいい男だ (⇒ 高い, 形のよい鼻をもっている) He has a *prominent, shapely nose*.

はなぢ 鼻血 nosebleed Ⓤ ★ しばしば a を付けて. ¶ あの子は*鼻血が出ている The kid *is bleeding at the nose*. / His *nose is bleeding*. // 私は朝よく*鼻血が出る I often ˹have [get] *a nosebleed* in the morning.

はなつ 放つ (におい・音・光などを) give out ㊄, emit ㊄ ★ 前者のほうが口語的. ¶ ゆりは強い香りを部屋中に*放っていた The lilies *were* ˹*giving out* [*emitting*] a strong fragrance in the room. // だれかが家に火を*放ったらしい Somebody must *have set* ˹*fire to* the house [the house *on fire*].

はなっぱしら 鼻っ柱 ¶ 彼は*鼻っ柱が強い He's *hard-nosed*. / (⇒ 攻撃的だ) He's *aggressive*.《☞ まけんき》

はなつまみ 鼻摘み (嫌われ者・やっかい者) nuisance Ⓒ, pest Ⓒ. ¶ あの男は近所の*鼻つまみだ He's a real ˹*nuisance* [*pest*] in this neighborhood.

バナナ banana [bənǽnə] Ⓒ. ¶ *バナナ 1[2] 房 a bunch [two bunches] of *bananas*

はなはだ 甚だ very, greatly, extremely ★ 最初の語が最も一般的. 後の語ほど改まった言い方になる.《☞ とても (類義語) ; ひじょうに ; 強意語 (囲み)》.

はなはだしい 甚だしい ━形 (重大な) serious ; (ひどい) gross.《☞ ひどい》. ¶ *はなはだしい侮辱 a *gross* insult // 彼の誤解も*はなはだしい I'm afraid he *seriously* misunderstood.

はなばなしい 華華しい, 花花しい (輝かしい) brilliant ; (活発な) active.《☞ はなやか》. ¶ 彼女は記者として*華々しい活躍をしている She is now leading ˹a *brilliant* [an *active*] career as a reporter.

はなび 花火 fireworks ★ 複数形で. ¶ 今夜は海岸で*花火が上がる There is a display of *fireworks* on the beach this evening. // *花火を上げよう Let's set off *fireworks*.

はなびら 花びら petal Ⓒ《☞ 花 (囲み)》.

はなふだ 花札 Japanese playing cards ★ 複数形で.

パナマうんが パナマ運河 the Panama Canal.

はなみ 花見 (季節の花を見ること) flower viewing Ⓤ ; (特に桜の花の) cherry blossom viewing Ⓤ. ¶ 私たちはきょう*花見に行く We are going to *see cherry blossoms* today.

はなみち 花道 (劇場の) (elevated) passageway leading to the stage Ⓒ.

はなむけ 餞 farewell [parting] ˹gift [present] Ⓒ《☞ せんべつ[1]》. ¶ *はなむけの言葉 *well-wishing* words

はなむこ 花婿 bridegroom Ⓒ, groom Ⓒ.

はなもちならない 鼻持ちならない ━形 (いやで我慢ならない) intolerable ; (いやな) detestable ; (吐き気のするほどいやな) disgusting ★ 以上ニュアンスの違いはあっても入れ換え可能.《☞ ふゆかい》.

はなやか 華やか, 花やか ━形 (派手な) bright ; (華麗な) flowery ; (目立つ) showy ; (華々しい) brilliant ; (立派な) splendid ; (豪華な) gorgeous. ¶ 彼女は*華やかに装っていた She was ˹*brightly* [*gorgeously*] dressed. // 彼女はいつも私たちの間で*華やかな存在でした

She has always been a *brilliant* figure among us.

はなやぐ 華やぐ, 花やぐ ¶ 会場は若い女性たちで*華やいだ雰囲気になった (⇒ 楽しく明るい) The hall had a *merry and cheerful* atmosphere with the presence of young girls.

はなよめ 花嫁 bride Ⓒ. **花嫁衣裳** wedding dress Ⓒ **花嫁修業** domestic training Ⓤ, training ｢for homemaking [as a homemaker] Ⓤ.

はならび 歯並び set [row] of teeth Ⓒ《☞ は[1]》. ¶ 彼女は*歯並びがよい She has ｢even *teeth* [a regular *set of teeth*].

はなれ 離れ (離れた部屋) detached room Ⓒ; (離れ家) detached building Ⓒ.

ばなれ 場慣れ ―動 (経験がある) be experienced in ...; (慣れている) be used to ...; (...に精通している)《口語》be at home (in ...) ★「気楽な気持ちでいられる」という意味から発展した用法. 以上3つは入れ替え可能なことも多い.《☞ なれる[1]; ばかず》. ¶ あの若い女優はよく*場慣れしている That young actress *is* ｢well *experienced* [quite *used to the stage*; quite *at home on the stage*].

はなれじま 離れ島 solitary [isolated] island Ⓒ《☞ りとう[1]; ことう》.

はなればなれ 離れ離れ ―動 (...から引き離す) separate ... (from ...); (離散する・させる) break up ㊀㊉. ―形 separated. ―副 separately.《☞ わかれわかれ》.
¶ 戦争で一家は*離ればなれになってしまった The war ｢*separated* [*broke up*] the family. // 兄弟はみんな大きくなって*離ればなれに住んでいる The brothers have grown up and live ｢*apart* [*away*] *from one another*.

はなれる 離れる, 放れる **1** «分かれる»: (離れる) separate (from ...) ㊀; (引き離される) be separated (from ...); (...を去る) leave ㊉, go away (from ...) ★ どちらも口語的だが, 後者は「行ってしまう」というニュアンスが強い.
¶ 私は家族と*離れて東京で暮らしている I live in Tokyo ｢*apart* [*away*] *from* my family.
君と*離れて暮らすのは辛い I find it hard to live *separated from* you.
*離れないでついて来なさい *Keep close* to me. / *Follow close* behind me.
ここを*離れたくない I don't want to *leave* this place. / I want to stay here.
列を*離れないで下さい Please ｢don't *fall out of* [*stay in*] (the) line.
子供たちは親の手を*離れた (⇒ 独立した) The children *have become independent of* their parents.
駅はここからだいぶ*離れている (⇒ かなりの道のりだ) The station is *a long way* (*off*) from here.
少し*離れて見るとあの家もなかなかの邸宅に見える That house looks like a grand residence *from a distance*.
あの2人は年がかなり*離れている There is *a big difference in age* between the two of them.
2 «放れる»: free *oneself* (of ...; from ...).
¶ 犬が鎖を*放れてしまった The dog *has freed itself* ｢*of* [*from*] its chain.

はなれわざ 離れ業 feat Ⓒ, stunt Ⓒ [語法] 前者は一般的な言葉. 後者はショーのため, しばしば危険を伴うような離れわざに使われる. ¶ 彼は史上初めて宙返り飛行の*離れわざを演じた He ｢performed [did] the ｢*feat* [*stunt*] of looping for the first time in history.

はにかみ (人前に出たがらず内気なこと) shyness Ⓤ; (人前で赤面したりして恥ずかしがること) bashfulness Ⓤ.《☞ うちき; はずかしい》.
はにかみ屋 bashful person Ⓒ.

はにかむ (人前に積極的に出たがらず, 引っこみ思案である) be shy ★ しばしば性格的なものを言う; (人前で赤面したりして恥ずかしがる) be bashful.《☞ うちき; てれる》. ¶ 彼女は男の子の前で*はにかむ She *is shy* ｢*with* [*of*] boys. // 彼とは初対面なのでその少女は*はにかんでいた The little girl *was bashful* because she met him for the first time.

ばにく 馬肉 horseflesh Ⓤ, horse meat Ⓤ.

バニラ vanilla [vənílə] Ⓤ ★ 植物を指す場合は Ⓒ. ¶「アイスクリームはどんな種類がありますか」「*バニラ, ストロベリー, チョコレートです」"What kind of ice cream do you have?" "We have *vanilla*, strawberry, and chocolate."

はにわ 埴輪 Japanese clay ｢image [figure] Ⓒ.

はね[1] 羽, 羽根 **1** «翼»: wing Ⓒ《☞ つばさ; とり[1] (挿絵); こんちゅう (挿絵)》. ¶ 鶴は*羽を広げて飛び立った The crane spread its *wings* and flew up.
2 «羽毛»: feather Ⓒ; (特に大きくてきれいなもの) plume Ⓒ; (全体) plumage Ⓤ. ¶ きじはきれいな*羽をしている A pheasant has bright ｢*feathers* [*plumage*]. // ひな鳥は間もなく*羽がはえそろう Chicks will soon *be in full feather*.
3 «羽根»: (バドミントンなどの) shuttlecock Ⓒ. ¶ お正月には子供たちは*羽根をついて遊びます In the New Year season, children *play battledore and shuttlecock*. // 赤い*羽根募金運動 Red *Feather campaign*
羽を伸ばす ¶ 両親が海外に行っているので, 彼は*羽を伸ばしている (⇒ 楽しんでいる) He *is* ｢*having a good time* [*enjoying himself*], while his parents are abroad.

はね[2] 跳ね (泥の跳ね上がり) splash of mud Ⓒ, mud spatter Ⓒ.《☞ はねかす》. ¶ 塀には泥の*跳ねが方々にあった There were many ｢*splashes of mud* [*mud spatters*] on the wall.

ばね spring Ⓒ ★ 弾力という意味では Ⓤ; (反発力) bounce Ⓤ. ¶ *ばね仕掛けで by means of a *spring*

はねあがる 跳ね上がる jump [leap; spring] up ㊀ [語法] leap は大きく跳ぶこと, spring は急に飛び上がること.《☞ とびあがる》. ¶ 円の値がきのう*跳ね上がった The value of the yen ｢*sprang* [*jumped*; *leapt*] *up* yesterday.

はねおきる 跳ね起きる (びっくりして) spring [start; leap] to *one's* feet ㊀; (ベッドから) jump [spring] out of bed ㊀.《☞ とびおき

る》. ¶ 目覚ましが6時に鳴ると, 子供たちは*跳ね起きた When the alarm rang at six, the children ｢*sprang* [*jumped*] *out of their beds*.

はねかえす 跳ね返す (撃退する・はねつける) drive back ㊞ ★ 最も口語的 ; repulse ㊞, repel ㊞.

はねかえり 跳ね返り (影響) influence Ⓤ ; (変化を与えるような影響) impact Ⓤ. 《☞ えいきょう》. ¶ 運賃値上げの物価への*跳ね返りがあるだろう The rise in train fares will ｢*affect* [*influence*] the prices (of commodities).

はねかえる 跳ね返る (ボールなどが) bounce ㊀ ; (ボール・音などが) rebound (from ...) ㊀ ; (影響が元へ戻る) rebound (on ... ; upon ...) ㊀. 《☞ バウンド ; はねる[1]》. ¶ レフトは塀に*跳ね返ったボールを捕りそこなった The left fielder missed the ball that *rebounded from* the wall. // あまり多くを要求すると, 後であなたに*跳ね返りますよ If you ask too much now, it will *rebound* ｢*on* [*upon*] you later.

はねかす 跳ねかす splash ㊞ 《☞ はね[2]》. ¶ シャワーを使うときは水を*跳ねかさないように気をつけなさい Be careful not to *splash* water (around), when you take a shower. // 車が泥を*跳ねかしていった A passing car *splashed* mud on me.

はねつき 羽根付き Japanese badminton Ⓤ 《☞ はね[1] ; 日本固有の風物と英語 (囲み)》.

はねつける (提案などを取り上げない) turn down ㊞, reject ㊞ ★ 前者がより口語的. 《☞ きょぜつ ; いっしゅう[2] ; ことわる (類義語)》. ¶ 彼は私たちの提案を*はねつけた He ｢*turned down* [*rejected*] our proposal.

はねとばす 跳ね飛ばす (自動車などが) hit ㊞ ; (泥・水などを) splash ㊞. 《☞ はねる[2]》.

はねのける 跳ね除ける push [thrust] ... aside. ¶ 少年は掛け布団を*跳ねのけて, 飛び起きた The boy jumped up, ｢*pushing* [*thrusting*] the quilt *aside*.

はねばし 跳ね橋 drawbridge Ⓒ 《☞ はし[1] (挿絵)》.

はねぶとん 羽布団 feather quilt Ⓒ 《☞ ふとん》.

はねる[1] 跳ねる **1** «飛び上がる» : jump ㊀ ; leap ㊀ 《過去・過分 leaped または leapt》 ; spring (up) ㊀ 《過去 sprang, sprung ; 過分 sprung》 ; hop ㊀ ; skip ㊀ ; bounce ㊀ ; bound ㊀ ; (馬が背を曲げて) buck ㊀ ; (魚が水面に) break the water ; (水・泥が) splash ㊀.
【類義語】 最も一般的な語で, ある表面から飛んで離れることを意味するのは ***jump***. かなりの距離を跳ぶのは ***leap***. 突然に跳ぶ動作をするのは ***spring***. 片足で, または両足をそろえて飛ぶのは ***hop***. 小刻みにぴょんぴょん跳ぶのは ***skip***. ボールなどが表面に当たって1回跳ね返るのが ***bounce***. 連続してポンポンと跳ねながら移動するのが ***bound***. 《☞ とぶ[2] ; はねかえる ; はずむ》
¶ 子供たちがトランポリンの上で*跳ねている Children *are* ｢*jumping* [*bounding*] on the trampolin(e). // ここで*跳ね回ってはいけない Don't ｢*jump* [*hop* ; *skip*] around here. // ボールは*跳ねて隣の庭に入ってしまった The ball ｢*bounded* [*bounced*] *away* into the neighbor's garden. // 馬が突然*跳ねた The horse suddenly *bucked*. // 鯉が2, 3回*跳ねた A carp *broke the water* two or three times. // 泥が私のズボンに*跳ねた The mud *splashed* against my trousers.
2 «その日の興行が» : (終わる) be over, end ㊀, come to an end, close ㊀, finish ㊀ ㊞ ★ 最も口語的な表現は be over.
¶ 芝居はもうすぐ*はねる The play will ｢*be over* [*come to an end* ; *be finished*] pretty soon. / (⇒ まもなく幕が下りる) The curtain will fall pretty soon.

はねる[2] 撥ねる **1** «自動車が» : hit ㊞ 《過去・過分 hit》, knock down ㊞ ★ 前者のほうが意味が広い. 《☞ ひく[3]》. ¶ 彼は自動車に*はねられた He *was* ｢*hit* [*knocked down*] by a car.
2 «除去する» : (候補などに取り上げない) reject ㊞ ; (除外する) exclude ㊞ ; (名前などを消す・削除する) strike out ㊞ ★ 口語的表現 ; (除去する) eliminate ㊞ ★ 少し形式ばった語. また望ましくないものを取り除く意味がある. ¶ 候補者の約半分は第1次審査で*はねられた About half of the candidates *were* ｢*rejected* [*struck out* ; *eliminated*] in the first examination.

パネル (羽目板) panel Ⓒ. **パネルディスカッション** panel discussion Ⓒ.

パノラマ ― 名 panorama [pænərǽmə] Ⓒ. ― 形 panoramic. ¶ それは*パノラマのような景色だった It was a *panoramic* view.

はは 母 ― 名 mother Ⓒ 語法 家族内で用いる場合は固有名詞のように扱って, 大文字を用い, 冠詞を付けないことが多い. ― 形 (母の・母親らしい) motherly, maternal ; (母方の) maternal, on *one's* mother's side. 《☞ おかあさん 語法 ; 親族関係 (囲み)》.
¶ *母は40歳です My *mother* is forty years old. // 彼女は2人の子の*母として忙しく暮らしている She is living a busy life as the *mother* of two children. // 彼女は間もなく*母となる (⇒ 彼女は赤ちゃんを生む予定だ) She is going to have a baby. / (⇒ 彼女は妊娠中だ) She is *expecting*. // 未婚の*母 an unmarried *mother* // 必要は発明の*母 Necessity is the *mother* of invention. 《ことわざ》 // 私は孤児たちに対する彼女の*母親のような愛情に打たれた I was ｢impressed [struck] with her *motherly* love towards the orphans. // ジョンは私の*母方のいとこです John is ｢a cousin of mine [one of my cousins] *on my mother's side*. / John is my *maternal* cousin.
母の日 Mother's Day.

はば 幅 width Ⓤ, breadth Ⓤ. 《☞ よこ 語法 ; ひろい ; せまい ; 大きさの表し方 (囲み)》.
¶ 「この道路の*幅はいくらありますか」「*幅8メートルです」 "How *wide* is this street?" "It is 8 meters ｢*wide* [*across*]." / "What is the *width* of this street?" "It has a ｢*width* [*breadth*] of 8 meters." // この板は長さ90センチ, *幅15センチだ This board is 90 centimeters ｢long [in length] and 15 centimeters

「wide [broad ; in width ; in breadth]. // 彼は肩*幅が広い He has *broad* shoulders. // 道路の*幅がだんだん狭くなってきた The road became *narrower*.

幅をきかせる, 幅がきく ¶ 彼はこのあたりではかなり*幅がきく He *is* quite「*influential* [*powerful*] around here.

ばば 馬場 riding grounds ★複数形で.

パパ dad Ⓒ, daddy Ⓒ, father Ⓒ, papa Ⓒ ［語法］子供が父親を親しく呼ぶ場合は dad が最も普通. daddy はかなり小さい子の呼び方. papa は dad ほど用いられない. 大きくなると father も使うようになる. 家族間や呼びかけに使うときは固有名詞扱いで大文字で始める. 《☞ おとうさん ［語法］; 親族関係 (囲み)》.
¶ *パパ, 9時までには帰ります *Dad* [*Daddy*], I'll be back by nine. // 坊やの*パパはどこへ行ったの Where's your *daddy* gone?

ははあ (そうね) well ; (わかった) I see ; (やっと) now ; (ああ, そうか) oh. 《☞ 相づち (囲み)》.
¶ *ははあ, それからどうした *Well* [*I see*]. Then what (did you do)? // *ははあ, それでわかった *Now* I understand. / *Oh*, I see.

パパイヤ papaya [pəpáiə] Ⓒ.

はばかる ¶ 彼は人前も*はばからず (⇒ 気にしないで) 大声でしゃべった He spoke in a loud voice *without concern for* the people around him. // それからは彼はだれ*はばかることなく (⇒ 自分の意のままに) 振舞った After that he always「*had* [*got*] *his own way*. // 2人は婚約を破棄したことを公言して*はばからなかった (⇒ ちゅうちょしなかった) They did not *hesitate* to declare that they had broken off their engagement. // 過って改むるに*はばかることなかれ It's never too late to mend. 《ことわざ: 行いを改めるのに遅すぎることはない》

はばたき 羽ばたき (ゆっくりした) flap Ⓒ ; (せわしい) flutter Ⓒ ; flapping [fluttering] of the wings Ⓤ. ¶ 彼らは水鳥の*羽ばたきにびっくりした They were frightened by the「*flapping* [*fluttering*] of waterfowls.

はばたく 羽ばたく (翼を動かす) flap [beat] the wings; (せわしく) flutter ⓐ ⓗ ; (ゆっくりと) flap ⓐ ⓗ. ¶ 鷲(わし)は枝の上で*羽ばたいていた The eagle *was*「*flapping* [*beating*] its wings on a branch. // 一羽のかもめが*羽ばたいて飛び去った A (sea) gull「*fluttered* [*flapped*] *away*.

はばつ 派閥 faction Ⓒ 《☞ は⁴; ばつ⁴; 政治・経済 (囲み)》. ¶ 党内の*派閥は解消したはずだ The *factions* in the party are supposed to have dissolved. // それは*派閥間の争いにすぎない It is just one case of *interfactional* strife.

はばとび 幅跳び, 幅飛び the「long [《米》broad] jump 《☞ はしりはばとび》.

ばばぬき ばば抜き (トランプの) old maid Ⓤ.
¶ *ばば抜きをしよう Let's play *old maid*.

はばむ 阻む (未然に阻止する) keep ... from ..., prevent ... (from ...) ［語法］前者のほうが口語的. from の次には 名, または ...ing 形がくる. 以上2つは最も一般的な表現 ; (行動を制限したり遅らせる) hinder ... (from ...) ; (阻止する) check ⓗ ; (進行を妨げる) arrest ⓗ ; (計画などをくじく) thwart ⓗ ; (障害物などで邪魔する) obstruct ⓗ. 《☞ そし ; さまたげる ; ふせぐ》.
¶ 彼の再選を*阻みたい I want to *prevent* him *from* being re-elected. // 大雨に*阻まれて私たちは川を渡れなかった (⇒ 大雨が私たちが川を渡るのを阻んだ) A heavy rain「*kept* [*prevented* ; *hindered*] us *from* crossing the river. // 伝統は時に進歩を*阻む Tradition sometimes「*checks* [*arrests*] progress. // ひっくり返ったトラックが道を*阻んでいた An overturned truck「*obstructed* our way [*was in* our way].

はびこる (草木が) grow thick ⓐ ; (雑草などが一面にはえる) be overgrown ★「場所」を主語にして; (草木とは限らず虫なども含めて一面にはびこる) overrun ⓗ ; (のさばる) thrive ⓐ ; (流行する・一帯に普及する) prevail ⓐ ; (病気・害悪・植物などが) be rampant.
¶ 庭には雑草が*はびこっていた The garden *was*「*overgrown* [*overrun*] *with* weeds. // この地区では2, 3年前まで伝染病が*はびこっていた Infectious diseases *were*「*prevalent* [*rampant*] in this district until a few years ago. // 悪はたやすく*はびこる Evil「*thrives* [*prevails*] readily.

はふ 破風 〘建築〙 ― 名 gable Ⓒ. ― 形 (破風作りの) gabled.

はぶ 〘動物〙 *habu* Ⓒ 《複 ～s》, poisonous snake in Okinawa Prefecture Ⓒ.

はぶく 省く (切り詰める) cut down ⓐ, curtail ⓗ ★前者が口語的; (減らす) reduce ⓗ ; (手間・余分な経費などを省く) save ⓗ, economize ⓐ ⓗ ★前者が口語的 ; (除く・省略する) omit ⓗ, leave out ⓗ. 《☞ しょうりゃく (類義語) ; ぬかす ; せつやく》.
¶ 経費を*省く必要がある We need to「*cut down on* [*curtail*] (our) expenses. // 手間を*省くために書類はゼロックスにしました I xeroxed the papers to *save* trouble. // この文は*省いたほうがよい It「is [would be] better to「*leave out* [*omit*] this sentence.

ハプニング (ショーなどでの) happening Ⓒ ; (偶発的な事故) accident Ⓒ.

はブラシ 歯ブラシ toothbrush Ⓒ.

はぶり 羽振り **羽振りがよい** ¶ 彼はこのごろ*羽振りがよい (⇒ 金回りがよい) He *is prosperous* these days. / (⇒ 勢力を得つつある) He's *gaining power* these days.

はへい 派兵 ― 動 (軍隊を送る) send [dispatch] troops. ¶ 海外*派兵は憲法で禁止されている The constitution forbids *sending troops* overseas.

はへん 破片 broken piece Ⓒ, fragment Ⓒ. 《☞ だんぺん》.

はま 浜 ☞ はまべ

はまき 葉巻 cigar [sigάːr] Ⓒ.

はまぐり 蛤 clam Ⓒ.

はまべ 浜辺 (岸辺) beach Ⓒ, (sea)shore Ⓒ ［語法］前者は特に水辺の水泳などのできる部分を指すことが多く, 後者は広く岸を指す. なお beach は湖・川にも用いられる ; (砂浜) sands

★ 複数形で. 《☞ かいがん (類義語)》. ¶ *浜辺で子供たちが遊んでいた There were some children playing on the ⌈*beach* [*seashore*].

はまりやく 嵌り役 ¶ その仕事は田中さんが *はまり役だ (⇒ うってつけの人だ) Mr. Tanaka is just *the right person for* the job. 《☞ てきやく[1]; てきにん》

はまる 嵌まる **1** «ぴったり合う»: fit (into …; in …) ⓐ 《過去・過分 fitted, 《米》ではまた fit》 《☞ はめる》. ¶ 雨戸はうまく *はまった The sliding shutter *has fitted in.* // ふたはうまく *はまりますか Does the lid *fit* (*on*)? // 彼女は型に *はまった (⇒ 因習的な) 生活から脱け出そうとした She tried to break out of the *conventional* life.

2 «落ち込む»: (穴・わななどに) fall into …; (はまり込む) get ⌈stuck [caught] in …

¶ 暗やみで穴に *はまってしまった I *fell into* a hole in the dark. // 車が泥に *はまって動きが取れなくなった The car *got* ⌈*stuck* [*caught*] *in* the mud.

はみがき 歯磨き (練り状の) toothpaste Ⓤ.

はみだす はみ出す (押し出される) be ⌈pushed [pressed] out; (場所がなくて入れない) be crowded out. ¶ パーティーは大盛況で部屋から人が *はみ出してしまった There were so many people at the party that some (of them) *were* ⌈*crowded* [*pushed*] *out of* the room. // 彼のズボンからシャツが *はみ出している His shirt *is hanging out of* his trousers.

ハム[1] ham Ⓤ 《☞ 食事 (囲み)》. ¶ *ハムエッグ *ham* and eggs // *ハムサラダ *ham* and salad // *ハムサンド *ham* sandwiches

ハム[2] (アマチュア無線家) (radio) ham Ⓒ.

はむかう 刃向かう, 歯向かう fight back ⓐ; (動物などが歯をむき出して) bite (at …) ⓐ; (上からの圧力に対して) revolt (against …) ⓐ; (抵抗する・反抗する) resist ⓣ, stand [fight] (against …) ⓐ ★ 後者のほうが口語的. 《☞ はんこう[2]; たてつく》.

¶ その犬は突然 *歯向かってきた The dog suddenly started *biting at* me. // 彼に *刃向かう者はいなかった There was no one to ⌈*stand* [*fight*] *against* him. // 農民たちは領主に *刃向かった The peasants *revolted against* the landlord.

はめ 羽目 (困った状態) difficult situation Ⓒ; (苦境・みじめな状況) plight Ⓒ. ¶ 困った *はめになった (⇒ 難しい状況に置かれている) I'm in a *difficult situation.* // 私は仕事に失敗して苦しい *はめに陥った The failure of my business ⌈led [put] me into a serious *plight.*

羽目をはずす (どんちゃん騒ぎをする) have a wild time. ¶ 仕事が終わったあと, *羽目をはずして騒いだ After the job was finished, we *had a wild time.* // 騒ぐのはよいが *羽目をはずして (⇒ やりすぎて) はいけない It's all right to have a good time but don't overdo it.

はめいた 羽目板 (腰板) wainscot Ⓒ; (装飾用の) panel Ⓒ.

はめこむ 嵌め込む (合わせて入れる) fit ⓣ; (挿入する) insert ⓣ; (宝石などを) set ⓣ. ¶ 指輪には大きなダイヤが *はめ込まれていた A large diamond *was set in* the ring.

はめつ 破滅 ― 動 (台なしになる) be ruined; (破壊される) be destroyed; (計画や予定したこと, 身代などがだめになる) be wrecked. ― 名 ruin Ⓒ; destruction Ⓤ. 《☞ はたん; かいめつ》. ¶ そんなことをしたら身の *破滅だ I'll *be ruined* if I do that. / (⇒ そんなことは私を破滅させる) That'll *ruin* me.

はめる 嵌める **1** «身につける»: put on ⓣ, have … on ★ 前者は「動作」を, 後者は「状態」を示す; (身につけている) wear ⓣ; (手袋を) pull on ⓣ ★ put on でもよい; (ボタンを) button (up) ⓣ.

¶ その男は黒い手袋を *はめていた He *had* black gloves *on.* / He ⌈*wore* [*was wearing*] black gloves. // 彼女はうれしそうに結婚指輪を *はめた She *put on* her wedding ring with joy. // その子はシャツのボタンをちゃんと *はめられない The boy can't *button* (*up*) his shirt properly.

2 «はめ込む»: fit ⓣ, put ⓣ. 《☞ はまる》.

¶ この窓枠にガラスを *はめて下さい Please ⌈*fit* [*put*] a pane ⌈in [into] this frame.

3 «だます»: deceive ⓣ, take in ⓣ ★ 後者のほうが口語的; (わなにかける) entrap ⓣ.

¶ 君は *はめられたんだ You'*ve been taken in.*

ばめん 場面 (芝居などの) scene [síːn] Ⓒ; (背景) setting Ⓤ; (目に映った光景) sight [sáit] Ⓒ. 《☞ シーン》. ¶ その劇の *場面は居酒屋の中だ The *setting* of the play is a pub. // それは感動的な *場面だった It was a touching *sight.*

はもの 刃物 (刃のついた道具) edged tool Ⓒ; (集合的に) cutlery Ⓤ. ¶ *刃物の取り扱いは注意を要する Be careful when you handle *edged tools.* // あの店は *刃物を扱っている That is a *cutlery* shop. / That shop handles *cutlery.*

はもん[1] 波紋 (丸い波の輪) wave ring Ⓒ; (さざ波) ripple Ⓒ; (騒ぎ) sensation Ⓤ. ¶ 石の落ちたところに *波紋が広がった *Wave rings* spread where the stone had fallen. // 彼の発言は政界に大きな *波紋を引き起こした His statement ⌈caused [created] a great *sensation* in political circles.

はもん[2] 破門 ― 名 (宗教の) excommunication Ⓒ. ― 動 (破門する) excommunicate ⓣ; (追放する) expel ⓣ. ¶ 彼は先生に *破門された (⇒ 先生はこれ以上彼に教えることを拒んだ) His teacher *refused to teach* him anymore. / (⇒ 彼はその一門から追放された) He *was expelled* from the school.

ハモンドオルガン Hammond organ Ⓒ 《☞ オルガン》.

はやあし 早足, 速足 (速い歩調) quick pace Ⓒ, quick step Ⓒ; (馬の) trot Ⓒ. ¶ *速足で with *quick steps*

はやい[1] 速い ― 形 fast (↔ slow); quick; rapid; speedy; swift. ― 副 (速く) fast; quickly; rapidly; speedily; swiftly.

【類義語】最も一般的な言葉は **fast**. この語はほかのいずれの語の代わりにも使える. 動作が敏捷(びんしょう)なことをいうのは **quick**. 少し形式ばった

語で，動きの速さをいうのが **rapid**. 実際のスピードよりも多く比喩的に仕事の処理や回復などの速さをいうのが **speedy**. 少し文語的なニュアンスがある語が **swift**. 《☞ はやい²》
¶ 彼は走るのが*速い He runs very ˹*fast* [*quickly*]. / He is a ˹*fast* [*quick*] runner.
この電車は世界一*速い This is the *fastest* train in the world.
返事は*速いほうがよい A *quick* reply is preferred.
彼女は計算が*速い She is *quick* at figures.
彼はのみこみが*速い He is *quick* to understand.
そのあたりは流れが*速かった The current was ˹*rapid* [*swift*] around there.
彼女は仕事が*速い She does her work ˹*speedily* [very *fast*; very *quickly*; *with speed*].
彼の回復の*速いのには驚いた His *speedy* recovery surprised us.

はやい² 早い　━形 (時間が早い・初めのころの・初期の) early (↔ late).　━副 (早く) early; (時間の経過が早く) soon.　[参考] 日本語では「早い」「速い」と違う字を使うが，音が同じである．そこで fast, quick などとの混同に注意を要する．《☞ はやい¹》.
¶ まだ朝は*早い It's still *early* (in the) morning.
私はいつも朝*早く起きます I always get up *early* in the morning.
今夜は*早く帰ってきて下さい Come back *early* tonight, will you?
りんごの花は春*早く咲く Apples [Apple trees] blossom *early* in the spring.
結果を判断するにはまだ*早い It is too *early* to judge the results.
今年は桜が*早いね The cherry blossoms ˹are [have come] *early* this year.
もっと*早いうちに医者と相談すべきだった You should have consulted a doctor *earlier*.
「いつ伺いましょうか」「*早ければ*早いほどよい」"When shall I come?" "The *sooner*(,) the better."
一刻も*早く君に会いたい I want to see you as *soon* as possible.
*早く春になるといいな I hope spring will ˹be here [come] *soon*.
*早い者勝ち *First* come, first served. 《ことわざ：最初に来たものが最初にもてなしを受ける》

はやうまれ 早生まれ ¶ 彼は*早生まれだ He *was born sometime during the first three months of the year*.

はやおき 早起き　━動 get up early, rise early ★ 前者のほうが口語的.　━名 (早起きをすること) early rising Ⓤ; (早起きの人) early riser Ⓒ.
¶ 彼はいつも*早起きだ He is an *early riser*. / He always *gets up early* in the morning. // 彼は早寝*早起きだ He *keeps early hours*. // *早起きは三文の得 The *early bird* ˹catches [gets] the worm. 《ことわざ：早起きの鳥は虫をつかまえる》

はやがてん 早合点　━動 (一足とびに結論を出す) jump to a conclusion; (せっかちに決定を下す) make a hasty decision. 《☞ ひとりがてん》. ¶ 私はとかく*早合点する傾向がある I am apt to *jump to conclusions*. / I am apt to *make hasty decisions*.

はやがね 早鐘 ¶ 私の心臓は*早鐘のように打った (⇒ 激しく脈打った) My heart *was beating furiously*.

はやく¹ 速く ☞ はやい¹

はやく² 早く ☞ はやい²

はやく³ 端役 small [minor] part Ⓒ.

はやくち 早口 ¶ 彼は*早口だ (⇒ 早く話す) He ˹*talks* [*speaks*] *fast*. ★ talk のほうが口語的.　**早口言葉** tongue-twister Ⓒ.

はやざき 早咲き　━形 (普通の花が) early, early-flowering; (特に木の場合) early-blooming. ¶ *早咲きのバラ *early* roses

はやし¹ 林 wood Ⓒ　[語法] 複数形で用いることが多い．なお，人里離れた大きな森は forest という; grove Ⓒ ★ wood よりも小さい. ¶ 私たちは*林へ散歩に行った We went for a walk in the *woods*. // この松*林は美しい This pine *grove* is beautiful.

はやし² 囃子 musical accompaniment in Japanese classical or folk music Ⓒ 《☞ 日本固有の風物と英語 (囲み)》.

はやじに 早死に　━動 (若死にする) die young.　━名 early [premature] death Ⓒ.
¶ 彼は*早死にした He *died young*. / He died ˹an *early* [a *premature*] *death*.

ハヤシライス rice with hashed meat Ⓤ.

はやす 生やす (草などを生えさせておく) let ... grow; (ひげを) grow ⑩《過去 grew; 過分 grown》, wear ⑩《過去 wore; 過分 worn》 ★ 前者は「行為」を，後者は「状態」を表す.
¶ あんなに雑草を*生やしておいてはいけないな Don't *let* the weeds *grow* like that. // このごろ彼は口ひげを*生やしはじめた He *is growing* a moustache these days.

はやて 疾風 (一陣の強風) gale Ⓒ; (強い風) strong wind Ⓒ. 《☞ かぜ¹》.

はやで 早出 ¶ あしたは*早出だ (⇒ 勤務先に早く行かなくてはならない) I have to be at the office *early* tomorrow.

はやてまわし 早手回し ¶ *早手回しにしておこう (⇒ 早く用意しておこう) Let's ˹*get ready early* [*make early preparations*].

はやとちり 早とちり ☞ はやがてん

はやね 早寝　━動 go to bed early. ¶ *早寝早起きを習慣にしなさい Make it a habit to *keep* ˹*early* [*regular*] *hours*. // *早寝早起きは健康のもと *Early to bed* and early to rise makes a man healthy, wealthy, and wise. 《ことわざ》 / *Keeping* ˹*regular* [*early*] *hours* is good for the health.

はやのみこみ 早呑み込み　━動 (早合点する) make a hasty conclusion 《☞ はやがてん》.

はやばやと 早早と (早く) early; (そんなに早く) so early; (直ちに) promptly; (時間通りに) punctually. ¶ *早々と参りましてどうも (⇒ こんなに早く来てごめんなさい) Please excuse me for coming *so early*. // *早々とおいで下

さってありがとう Thank you for coming *so punctually.*

はやばん 早番 (早く来る番) *one's* turn to come early; (3 交替の) the morning shift. ¶あすはあなたが*早番だ Tomorrow is *your turn to come early.*

はやびけ 早引け —動 (早く帰宅する) go home early; (授業を早退する) leave school early. 《☞ そうたい¹》.

はやまる 早まる, 速まる **1** «早くなる»: (時刻が) be made earlier; (予定などが繰り上げられる) be advanced, be brought forward ★ 後者のほうが口語的. ¶会合の時間が*早まった The time of the meeting *has been brought forward.*

2 «速くなる»: (速度が) speed up ⓐ, gather speed ★ 後者は「次第に」の意味が加わる. 《☞ はやめる》. ¶列車の速度が*速まった The train *speeded up.* / The train *gathered speed.*

3 «早合点で物事をする»: (せっかちにする) be hasty; (向こうみずにやる) be rash. ¶*早まってはいけない Don't *be* ⌈*hasty* [*rash*].

はやみち 早道 shortcut Ⓒ 《☞ ちかみち》.

はやみみ 早耳 sharp ear Ⓒ. ¶彼女は*早耳だ She has a *sharp ear.*

はやめ 早目 —副 (前もって) in advance; (できるだけ早く) as early as possible; (予定の時刻より早く) ahead of schedule; (いつもより早く) earlier (than usual). 《☞ -め》.

¶*早め早めに (⇒ 前もって) 仕事をしなさい Try to get things done *in advance.* // きょうは*早めに帰ろうと思う I want to leave *earlier* (*than usual*) today. // 会議は少し*早めに始まった The meeting (was) opened a little *ahead of schedule.*

はやめる 早める, 速める (速くする) hasten ⓣ; (特に動作を) quicken ⓣ; (スピードを上げる) speed up ⓐ ⓣ; (予定などを繰り上げる) advance ⓣ, bring forward ⓣ ★ 後者のほうが口語的. 《☞ はやまる》.

¶酒の飲み過ぎが彼の死を*早めた Overdrinking *hastened* his death. // 暗くなってきたので彼女は足を*速めた As it was getting dark, she *quickened* her pace. // 車は速度を*速めた The car ⌈*speeded up* [*increased* its *speed*]. // 結婚式の日取りを*早めた The wedding date *has been* ⌈*brought forward* [*advanced*]. 《☞ くりあげる》

はやらせる 流行らせる make ... popular, popularize ⓣ ★ ほぼ同意だが, 前者のほうがやや平易な表現; (...を流行させる) bring ... into fashion. 《☞ はやる¹; りゅうこう》.

¶ビートルズはロックを世界中に*はやらせた The Beatles ⌈*made* rock music *popular* [*popularized* rock music] all over the world. // そのデザイナーはロングスカートを*はやらせた The designer *brought* long skirts *into fashion.*

はやり 流行 (一般的に) fashion Ⓤ; (比較的短いもの) fad Ⓒ; (一般に広く行き渡った流行) vogue Ⓒ; (病気の突発的流行) epidemic Ⓒ. 《☞ はやる¹; りゅうこう》. ¶長髪が当時の*はやりだった Long hair [Wearing hair long] was *fashionable* in those days.

はやりすたり 流行り廃り ¶衣服には*はやりすたりがある (⇒ 衣服は時によってはやったりはやらなかったりする) Clothes go *in and out of fashion* with the times.

はやる¹ 流行る **1** «流行する・人気がある»: be in ⌈fashion [vogue], be fashionable; (人気がある) be popular. 《☞ はやらせる; はやり; りゅうこう》.

¶ミニスカートがいま*はやっている Miniskirts *are* now *in* ⌈*fashion* [*vogue*]. / It *is fashionable* to wear miniskirts nowadays. // ロングスカートはもう*はやらなくなった Long skirts *are* now *out of* ⌈*fashion* [*vogue*]. / Long skirts *have gone out of* ⌈*fashion* [*vogue*]. // 口ひげが*はやってきた Moustaches *have come into* ⌈*fashion* [*vogue*]. // 電子音楽がこのごろ*はやっている Electronic music *is popular* nowadays.

2 «繁盛する»: (繁栄する) prosper ⓐ; (商売がうまくいっている) do a good business.

¶あの店は近ごろ*はやっている That shop *is prospering* these days. / That shop *is* [They *are*] *doing a good business.* / (⇒ たくさんの客を引きつけた) That shop *has attracted a large number of customers.*

3 «病気が»: (一時的に流行する) be raging; (広がっている) be prevalent ★ 少し堅苦しい言い方. ¶東京で流感が*はやっている Flu [The flu] *is raging* in Tokyo. / Influenza *is prevalent* in Tokyo.

はやる² 逸る (興奮する) be [get; feel] excited; (我慢できない) be impatient. ¶あしたのことを考えると心が*はやる I *feel excited* when I think of tomorrow. // 早く行きたくて (⇒ 出発したくて) 心が*はやる I'*m impatient* to ⌈start [get started].

はやわざ 早業 quick work Ⓒ; (離れわざ) feat Ⓒ. ¶もうやってしまったの. 何て*早わざなんでしょう Have you finished it already? How *quick* (you are)! // 彼はその問題を 1 分で解いてしまいました. たいした*早わざでした He solved the problem in a minute. It was quite a *feat.*

はら 腹 **1** «腹部»: stomach Ⓒ, belly Ⓒ, abdomen Ⓒ.

【類義語】最も一般的な語は **stomach**. 腹部を指す学術的な語は **abdomen**. やや下品な語とされている語は **belly**. この語はなるべく避けたほうがよい. 《☞ おなか; からだ (挿絵)》

¶*腹がぺこぺこだ I'm ⌈awfully [terribly] *hungry.*

もう*腹がいっぱいだ I'm [My *stomach* is] full. / (⇒ 十分食べた) I've had enough.

ごちそうを*腹いっぱい食べた I had a hearty meal.

まず*腹ごしらえをしてから出かけよう (⇒ 出かける前に何か食べよう) Let's *eat something* before we set out.

*腹をこわした (⇒ 下痢をしている) I *have loose bowels.* / I have diarrhea. 参考 diarrhea は diarrhoea ともつづり, 「下痢」という病名. 《☞ 病気・病院 (囲み)》

*腹が痛い I have a *stomachache.*
肉は*腹にもたれる Meat sits heavy in the *stomach.*
*腹の皮がよじれるほど笑った (⇒ 横っ腹が裂けるほど) I *burst my sides* ˹laughing [with laughter].
*腹をかかえて笑った I ˹*held* [*shook*] *my sides* with ˹laughing [laughter].
*腹がへってはいくさができぬ You [One] can't do anything on an empty *stomach.*
*腹八分に医者いらず *Moderate eating* keeps the doctor away. / Many dishes make many diseases. 《ことわざ : 多くの料理は多くの病気を作る》
2 «比喩的»: (心・頭・冷静に考える心) mind Ⓒ; (心) heart Ⓤ.
¶ 彼女は*腹の中で彼を軽蔑していた She despised him ˹*at* [*in her*] *heart.*
彼は*腹の中で笑った He *laughed* ˹*in* [*up*] *his sleeve.* 語法 laugh ˹in [up] *one's* sleeve で「ほくそえむ」という成句.
彼は*腹の中は優しい男だ He is kind *at heart.*
彼女は*腹の中で何を考えているかわからない (⇒ 彼女の心が読めない) I can't read her *mind.*
彼は*腹に一物ある (⇒ 何かたくらんでいる) He *is up to something.*
痛くもない*腹を探られた (⇒ 理由なく疑われた) I *was suspected* without ˹cause [reason].
彼は*腹のすわった男だ (⇒ 豪胆な男だ) He *has plenty of guts.*
*腹を割って (⇒ 率直に) 話そうじゃないか Let's talk about the matter ˹*frankly* [*openly*].
彼の*腹は読めた (⇒ 何を考えているかわかる) I can see *what he is* ˹*thinking about* [*up to*].
私の*腹は決まっている (⇒ 決心した) *I've made up my mind.* / (⇒ 自分の心がわかっている) I know my own *mind.*
彼の厚かましさは*腹にすえかねた (⇒ 我慢できなかった) I couldn't *put up with* his impudence.
この問題は*腹をすえてかからねばならない (⇒ 勇気を出して事に当たらなければならない) We must *pluck up our courage* to face it.
腹を立てる, 腹が立つ get angry (at ... ; with ...) 語法 at は「行為」, with は「人」を目的語とする. この表現は最も一般的で, 以下の語句の代わりにも使える ; 《口語》 get mad (at ... ; with ...) ; (不機嫌な態度をする) show signs of temper ★ やや改まった言い方 ; (感情を害する) take offense (at ...) ; (かっとなって怒る) lose *one's* temper. 《☞ おこる¹》.
¶ 彼はめったに*腹を立てない He rarely *gets angry.* // 彼は私の言葉に*腹を立てた He *took offense at* my words. // 彼の無神経には*腹が立つ I *am angry at* his insensitivity. / His insensitivity makes me *angry.*

ばら¹ 薔薇 rose Ⓒ 《☞ 花 (囲み)》. ¶ 私の趣味は*ばら造りです My hobby is *rose*-growing. // 彼女の唇は*ばらのように赤い Her lips are *rose*-red. **ばら色** ―名 rose-color Ⓤ, rose-tint Ⓤ. ―形 rose-colored, rosy. 《☞ 色 (囲み)》. ¶ 人生はいつも*ばら色じゃないよ Life is not a bed of *roses.*

ばら² ―副 形 (ばらで[の]) loose. ¶ このお菓子は*ばらで売ってもらえますか May I have the sweets *loose?* // 彼は*ばらで小銭をポケットに入れて歩く He carries *loose* coins in his pocket.

はらい 払い (支払い) payment Ⓤ; (請求書) bill Ⓒ. 《☞ はらう ; しはらい》.
¶ 今月は肉屋の*払いが多い (⇒ たくさん払わなければならない) I have to *pay* a lot to the butcher this month. / (⇒ 請求が大きい) The *bill* from the butcher is big this month. // あの客は*払いが悪い[よい] He is a ˹bad [punctual] *payer.* // 今月は収入が少なかったので*払いができない My income was small this month and I am unable to pay my *bills.* // やっと家の*払いを済ませた I have finished *paying* for the house at last.

はらいこみ 払い込み payment Ⓤ.

はらいこむ 払い込む (支払う) pay 他; (銀行などに) deposit 他. 《☞ はらう》. ¶ 会費はもう*払い込んだ I've already *paid* the fee. // 金は君の口座に*払い込んだ I ˹*paid* [*deposited*] the money into your account.

はらいさげ 払い下げ disposal Ⓒ. ¶ この車は政府の*払い下げ品です This car *was* ˹*disposed of* [*sold*] by the government.

はらいさげる 払い下げる (売る) sell 他; (処分する) dispose of ... ; (安く売り渡す) sell off 他. 《☞ うる¹》. ¶ その米軍基地跡は民間 (⇒ 私企業) に*払い下げられた The site of the US base *was sold off* to private interests.

はらいせ 腹癒せ ¶ 彼は*腹いせに石をけとばした (⇒ 怒りのはけ口にした) He ˹*vented his rage* [*gave vent to his rage*] by kicking a stone. // *腹いせにやつの秘密をばらしてやった (⇒ 秘密をばらして仕返ししてやった) I *paid* him *back* by blowing his secret wide open. 《☞ くやしまぎれ》

はらいのける 払い除ける (ほこりなどを…から) brush ... off ... ; (ぱっと捨てるように払いのける) throw off 他, fling off 他. ¶ 彼は棚の上のほこりを*払いのけた He *brushed* the dust *off* the shelf. // 彼は私の手を*払いのけた He ˹*threw* [*flung*] *off* my hand.

はらいもどし 払い戻し (払い戻すこと) refundment Ⓤ; (払い戻す額・金) refund Ⓒ; (割引しての払い戻し(金)) rebate Ⓒ.
¶ 急行券の*払い戻しをしてもらった I got a *refund* on the express ticket. / I had the express ticket *refunded.* // 銀行は預金の*払い戻しを停止した The bank suspended *refundment* of deposits.

はらいもどす 払い戻す pay back 他, refund 他 語法 前者は広い意味の一般的な語で, 借りを払うのにも使う. 後者は狭い意味の「払い戻し」に当たる. ¶ 家の手付金を*払い戻してくれた They *refunded* me the deposit on the house. // 銀行から預金を全部*払い戻してきた (⇒ 引き出した) I *withdrew* all my savings from the bank.

はらう 払う **1** «支払う»: pay 他 自 《過去・過分 paid》 語法 副詞を付けてさまざまな

ニュアンスを表す. 借金などを返済するという意味の口語的表現は pay back ㊍. ほぼ同意でやや形式ばった語が repay ㊍. 借金などを全部返して清算するのが pay off ㊐㊍ で, また clear ㊍ ともいう. しぶしぶ何度も払わなければならないのは pay out ㊐㊍. 余儀なく速やかに全部払うのは pay up ㊐㊍.

¶すみませんがいますぐには*払えません I'm afraid I can't *pay* (you) now. // 私はこの絵に50万円*払った I *paid* five hundred thousand yen *for* this painting. // 私は彼に5千円*払った I *paid* him five thousand yen. // いますぐ借金を*払ってもらおう I want you to *pay* ⌈*back* [*up*] what you owe me right now.

2 «示す»: (注意を) pay ㊍; (敬意を) show ㊍. ¶彼の言うことにもっと注意を*払いなさい *Pay* more attention to what he says. // だれも彼女に注意を*払わなかった Nobody *paid* any attention to her. // あなた方は目上の人に敬意を*払わなければいけない You should *show* respect to your superiors.

3 «除く»: (枝を切り取る) lop off ㊍; (売り払う) sell ㊍; (処分する) dispose of ... ; (ほこりを) dust ㊍; (取り除く) clear ㊍. ¶枝を少し*払って下さい *Lop off* some branches. // 古雑誌をくず屋に*払ってしまった I ⌈*disposed of* [*sold*] the old magazines to a junk dealer.

バラエティー (多様性) variety Ⓤ; (いろいろな種類) various kinds (of ...), a ⌈great [wide] variety (of ...). ¶この店の品物は*バラエティーがある They sell [This store sells] ⌈*various kinds of* [*a great variety of*] articles. // ここの景色は*バラエティーに富む We can enjoy a rich *variety* of scenery here.

パラグラフ paragraph Ⓒ《☞ 欄外》.

はらぐろい 腹黒い evil-minded《☞ じゃあく; よこしま》.

はらげい 腹芸 ¶日本の社会では*腹芸(⇒暗黙の相互理解)がものをいう *Implicit mutual understanding* plays a big part in Japanese society.

はらごなし 腹ごなし ¶*腹ごなしに(⇒消化を助けるために)散歩した I took a walk to *help my digestion*.

パラシュート parachute [pǽrəʃùːt] Ⓒ.

はらす 晴らす (追い払う) dispel ㊍, drive away ㊍ ★後者のほうが口語的; (一掃する) clear ⌈up [away] ㊍; (復讐する) revenge *oneself* (on ...), have [take] (*one's*) revenge (on ...); (気分転換する) divert *oneself*.

¶私は彼女の疑いを*晴らす(⇒一掃する)ことができなかった I couldn't ⌈*dispel* [*clear up*] her doubts. // 彼は無実の罪を*晴らそうとした (⇒自分自身を間違った容疑から解き放そうとした) He tried to *clear* himself of the false charge(s). / (⇒自分自身無実であることを証明しようとした) He tried to *prove* himself *innocent*. // やつに恨みを*晴らした (⇒精算した) I ⌈*paid off* [*settled*] a score with him. / (⇒彼に復讐した) I *revenged myself on* him. // 彼女は音楽を聞いて気を*晴らした (⇒気分転換した) She *diverted herself* by listening to music. // 私はうさを*晴らす (⇒憂うつを追い払う) ために一杯やった I had a drink to ⌈*dispel* [*drive away*] my gloom.

ばらす (分解する) take ... to pieces; (暴露する) disclose ㊍, lay bare ㊍; (殺す) kill ㊍, get rid of ... ★後者は「やっかい払いをする」の意.《☞ ぶんかい; ばくろ; ころす》.

¶彼が自転車を*ばらし (⇒分解し) 私が組み立てた He *took* the bicycle *to pieces*, and I put them back together. // 彼女はその陰謀[秘密]を*ばらした (⇒暴露した) She ⌈*disclosed* [*laid bare*] the ⌈conspiracy [secret].

パラソル sunshade Ⓒ, parasol Ⓒ ★前者がより一般的.《☞ ひがさ》.

はらだたしい 腹立たしい ━形 (腹の立つ) provoking; (しゃくにさわる) exasperating; (いらいらさせる) irritating; (悩ませる) annoying;

パラグラフ (paragraph)

1 パラグラフとは何か

パラグラフとは日本語の文章で言えば段落に当たるが, 日本語の段落よりもっとはっきりとした特徴と機能を与えられており, その点で日本人にはなじみの薄いものであるので注意が必要である.

パラグラフは, 形の上から言えば, 最初の行が引っ込ませてあるか (これを indention という), あるいは次のパラグラフとの間に1行空白が置いてあることで見分けられる.《☞ 字さがり (欄外)》

最初の行の引っ込ませ方は, 印刷のときは大文字の M の字のスペース, タイプライターのときは5ストロークぐらい, 手書きのときは3センチぐらいが普通である. ビジネスレターなどでは引っ込ませないで, パラグラフ間に空白をあける方式が一般的である.《☞手紙の書き方 (囲み)》

パラグラフは内容面から言えば, 一連の関連した文の連続であり, 文章の主題の1つの局面が論じられている段落で, 文章全体を構成する重要な要素である. パラグラフ内ではすべての文が1つの考えを中心にして互いに連続していなくてはならない. 1つのパラグラフから, 次のパラグラフへ移るということは, 話題の局面が変わるということになるが, その変わり方は, ちょうど劇映画の場面がパッと別の場所へ変わるようにかなり急激に変わることもあるが, 多くの場合は徐々に変わるようにするのがよい. いずれにしても, 前のパラグラフとの関連性が何らかの方法で保たれないと読者は混乱する.

よいパラグラフとは, 1つのポイントを中心にしてそれについて十分に述べ, しかもパラグラフ全体がほかのパラグラフと密接に連絡を保ちながら文章全体の記述を作り上げてゆくものである.

2 パラグラフの構造

(1) 内容の展開法.

パラグラフは一般化 (generalization) と, 細かい記述 (detail) から成る. 例えば,

There are no peoples, however primitive, without religion and magic. (＝どんなに原始的でも宗教と魔術を持たない民族はない)

というような一般化した文が冒頭に来て, 次に, それについて, 証明のための事実を述べたり, 分析したり, 比較したりする文が続くなどは典型的なパラグラフの構成であるが, 必ずしもいつもこのようになるとは限らない. ごく大ざっぱに言って次のような場合がある.

(i) 一般化が最初にあって, 後に詳細が続く場合.

議論・主張・説得などの文に見られるパラグラフで, 上にあげた例がこれである.

(ii) 詳細が先に来て, 一般化が最後に来る場合.

これは読者の共感と興味を次第に高めてゆき, 最後に結論を述べる方式で, このようなパラグラフをクライマックス・パラグラフ (climax paragraph) と呼ぶことがある.

(iii) 特に一般化に当たるような表現のない場合.

(いやな) offensive ; (怒った) angry.
¶それは*腹立たしい出来事だった It was ｢an *exasperating* [a *provoking*] event. // 彼の無関心な態度は*腹立たしかった(⇒ 無関心な態度に腹が立った) I *was* ｢*irritated* [*annoyed* ; *exasperated*] ｢at [by] his indifferent attitude. // 彼は*腹立たしげに顔をそむけた He turned his face away ｢*angrily* [*in anger*].

はらだち 腹立ち (怒り) anger Ⓤ ; (かんしゃく) temper Ⓤ. ¶お*腹立ちごもっともです No wonder you *got angry*. / You have (a) good reason to ｢*get* [*be*] *angry*. // 彼は*腹立ちまぎれにいすをけとばした He kicked the chair in a fit of ｢*anger* [*temper*].

はらちがい 腹違い ¶*腹違いのきょうだい a ｢brother [sister] *by a different mother* / a *half* ｢brother [sister] ★ 後者は両親のどちらかが別のきょうだい.

パラチフス 〘医学〙 paratyphoid [pæ̀rətáifɔid] (fever) Ⓤ 《☞ 病気・病院 (囲み)》.

ばらつく (異なる) vary ⓐ, differ ⓐ. 《☞ ことなる ; まちまち》. ¶この点については意見が*ばらついている (⇒ 異なる) Opinions *vary* on this point.

ぱらつく (雨などが) sprinkle ⓐ 《☞ ぱらぱら》. ¶雨が*ぱらついてきた It started to *sprinkle*. 《☞ It の用法 (欄外)》

バラック bárracks ★ 複数形でしばしば単数扱い. 本来は兵舎のことだが, 作業員など大勢の人が住む臨時の建物も指す ; (小さな粗末な家) shack Ⓒ ★ 日本語の「バラック」に近い ; (掘っ建て小屋) shanty Ⓒ ; (一時的な仮住まい) temporary ｢house [building] Ⓒ.

はらばい 腹這い ━ 動 (腹ばいになる) lie on *one's* stomach ⓐ 《過去 lay ; 過分 lain》 ; (はう) crawl ⓐ. 《☞ はう ; うつぶせ》. ¶私は芝生の上に*腹ばいになった I *lay on my stomach* on the grass. // 彼は*腹ばいになってその穴を通り抜けた He *crawled* through the hole.

はらはら **1** 《落ちる様子》 ¶枯れ葉が*はらはらと地面に散っていた The dead leaves *were* ｢*falling* [*fluttering*] (*down*) to the ground. // 彼女は*はらはらと涙をこぼした (⇒ 涙が彼女のほおを伝って流れた) The tears ｢*trickled* [*rolled*] *down* her cheeks. 《☞ 擬声・擬態語 (囲み)》
2 《不安な気持ち》 ━ 動 (はらはらする・不安である) feel [be] nervous, feel [be] uneasy ; (緊張状態におく) keep ... in suspense. ━ 形 (人をはらはらさせるような) exciting, thrilling. 《☞ 擬声・擬態語 (囲み)》.
¶最後まで*はらはらし通しだった I *felt* ｢*nervous* [*uneasy*] until the end. // その犬はかみつくのではないかと彼女は*はらはらした (⇒ 恐れた) She *was afraid* that the dog would bite (her). // その映画は最後まで私たちを*はらはらさせた (⇒ 緊張状態においた) The movie *kept* us *in suspense* until the last (scene). // *はらはらするような試合だった It was ｢an *exciting* [a *thrilling*] game.

ばらばら **1** 《分離》 ¶彼はその自転車を*ばらばらにして (⇒ 分解して) 車のトランクに入れた He *took* the bicycle *apart* and put it ｢in [into] the trunk. // いかだは岩に突き当たって*ばらばらになった The raft *broke up* on a rock. // 橋の下で*ばらばらになった死体が発見された A *dismembered* body was found under the bridge. // 風で書類が*ばらばらになってしまった (⇒ 風が書類を散乱させた) The wind *scattered* the papers. // 彼らは散り散り*ばらばらになって逃げた (⇒ あらゆる方向に散った) They *scattered* in all directions. / (⇒ 乱れて逃げた) They fled *in disorder*. // 戦争で彼の一家は*ばらばらになってしまった His family ｢*broke up* [*was scattered*] owing to the war. // みんな一緒に行くんですか, それとも*ばらばら (⇒ 別々) ですか Shall we go together or *separately*? 《☞ 擬声・擬態語 (囲み)》
2 《投げたり・降ったりする様子》 ¶彼は豆 [種] を*ばらばらまいた He *scattered* ｢beans [seeds]

は

これは説明文・物語文などで, 説明や事実を順序に従って述べてゆき, ある局面の終わりに達したところでパラグラフを終わる場合である.

細かい記述の部分の書き方はいろいろある. ある主張のための証明 (support) となるような事実をあげたり, ほかの事実と比較したり, 分析したり, 理由や原因を述べたりする場合もある. 物語文などでは起こった事実とともに著者の推察や判断も述べられる.

(2) 話題文と指示文.

パラグラフの中心になる考えを一般化して述べる文を話題文 (topic sentence) と呼ぶ. 例えば 2 (1) にあげた例文は話題文である.

また, 話題文の 1 種であるが, 例えば, パラグラフの最初に
Let us look at another aspect of the problem.
(＝この問題の別の面を見てみよう)
とか,
The reason is very simple. (＝その理由はきわめて単純である)
などと述べ, それに続いてパラグラフが展開するような場合, このような文を, 読者の注意をこれから述べる内容へ向けさせる文という意味で指示文 (pointer sentence) と呼ぶことがある.

話題文はパラグラフの最初に置かれることが多いが, パラグラフの最後に来ることもあり (例えばクライマックス・パラグラフなど), またパラグラフの真ん中に置かれることもある.

指示文は必ずパラグラフの最初に置かれる. これらの文はそのパラグラフの内容を簡潔に表現するとともに前後のパラグラフとの連結器の働きもするように作られなければならない.

3 文章全体とパラグラフとの関係

各パラグラフは互いに関連し, 一貫して文章全体を構成していなくてはならない. このようなパラグラフ間のつながり方について, 例えば説明されないものがいきなり出てきたり, 先行のパラグラフのどの記述と関連しているのかはっきりしなかったりすることのないよう結合性 (cohesion) に注意すること, そして, 全体の脈絡が不明であったり, 初めと終わりで違う主張を述べたり, わき道へそれたりすることのないよう一貫性 (coherence) に注意することが, 昔から英米の作文の教科書などによく載せられている.

また, 文章の最初のパラグラフ (opening paragraph) と最後のパラグラフ (concluding paragraph) は重要であると言われる. 最初のパラグラフは全体のテーマをしっかりと読者につかませ, しかもこれから展開する話に興味を起こさせるものでなくてはならないし, 最後のパラグラフは全体のまとめをするとともに, 読者に完結したという満足感と記憶に残るような印象を与えなくてはならないからである.

far and wide. // あられが*ぱらぱらと窓に当たった The hail *pattered* against the window. // 数人の男が*ぱらぱらと家から飛び出してきた (⇒急にすごい勢いで出てきた) Several men *suddenly dashed* out of the house. ⟪☞ばらまく; 擬声・擬態語 (囲み)⟫

ぱらぱら ¶雨が*ぱらぱらと降り始めた It began to *sprinkle*. ⟪☞ It の用法 (欄外)⟫ // 雨が窓ガラスに*ぱらぱらと当たった The rain *pattered* on the windowpanes. // けさ雨が*ぱらぱらと降った We had a *light shower* this morning. // 彼はその本を*ぱらぱらとめくってみた He ⌈*riffled* [*thumbed*] through the book. // 出席者はほんの*ぱらぱらだった (⇒まばらな出席者しかいなかった) There were only a *scattering* of attendants. ⟪☞まばら; 擬声・擬態語 (囲み)⟫

【参考語】一名 (雨の降る音) pitter-patter Ⓒ.

パラフィン paraffin Ⓤ.

パラフレーズ paraphrase Ⓒ ⟪☞欄外⟫.

パラボラアンテナ parabola Ⓒ, parabolic antenna Ⓒ.

はらまき 腹巻き stomach [health] band Ⓒ, stomach supporter Ⓒ.

ばらまく ばら蒔く (散布する) scatter ㊣; (表面を覆うようにまく) strew ㊣; (金を使う) spend ㊣; (配る) pass out ㊣; (あちこちに広める) spread ㊣.

¶彼はぬかるみにおがくずを*ばらまいた <S(人)+V(*scatter*; *strew*)+O(物)+*over* [*on*]+名(場所)> He ⌈*scattered* [*strewed*] sawdust ⌈*over* [*on*] the muddy area. / <S(人)+V(*scatter*; *strew*)+O(場所)+*with*+名(物)> He ⌈*scattered* [*strewed*] the muddy area *with* sawdust. // その候補者は票を買収するために金を*ばらまいた The candidate *scattered* a great deal of money to buy the votes. // 彼女はそのうわさを*ばらまいた (⇒広めた) She *spread* the rumor.

はらむ 孕む **1** «中に含む» 一動 (…でいっぱいである) be ⌈filled [swollen] with …; (ふくらんで大きくなる) swell ㊀. 一形 (…を中に含む) pregnant; (事態が険悪な) critical, grave. ⟪☞ふくらむ⟫. ¶鯉のぼりは風を*はらんで大きくふくらんだ The carp streamers *swelled* in the wind. // 両国間の関係はますます危機を*はらんできた (⇒険悪になってきた) Relations between the two countries *have become* more and more ⌈*critical* [*grave*].

2 «子を宿す»: (妊娠する) become pregnant ⟪☞にんしん⟫.

ぱらりと lightly ⟪☞ぱらぱら; 擬声・擬態語 (囲み)⟫. ¶彼女は魚に*ぱらりと塩を振った She *sprinkled* ⌈salt *lightly* over the fish [the fish *lightly* with salt]. // 彼はページを*ぱらりとめくった He *turned over* the page.

パラリンピック the Paralympics ★ Paraplegics' Olympics (=下半身障害者のオリンピック)の略称. ⟪☞オリンピック⟫.

はらわた 腸 (大腸と小腸) the intestines, the bowels ★後者のほうがくだけた語; (内臓) the entrails; (動物の) the guts ★以上いずれも複数形で. また定冠詞を伴う.

¶彼女は魚の*はらわたを抜いた She took *the guts* out of the fish. / She *gutted* the fish. // 彼の裏切りには*はらわたが煮えくり返る思いだった (⇒彼の裏切りは私の血をたぎらせた) His betrayal *made my blood boil*.

はらん 波瀾 (ごたごた) trouble Ⓤ; (騒動) disturbance Ⓒ; (浮き沈み) ups and downs ★複数形で; (盛衰) vicissitudes ★通例複数形で. 形式ばった言葉. ⟪☞さわぎ; もめごと⟫.

¶彼はいつも家庭内に*波瀾を起こしている He is always making *trouble* in his family. // 平地に*波瀾を起こすようなことはするな (⇒いらぬもめ事を起こすな) Don't ⌈create [cause] unnecessary *trouble*. // その醜聞が明るみに出たとき一*波瀾あった A *disturbance* was created when the scandal came to light. // 彼の一生は*波瀾万丈だった (⇒浮き沈みがたくさんあった) His life was full of ⌈*ups and downs* [*vicissitudes*]. / (⇒彼は多彩な生涯を持った) He had a very *eventful* life.

バランス balance [bǽləns] Ⓤ ⟪☞つりあい; きんこう¹; ちょうわ⟫.

¶この絵は明るい色と暗い色の*バランスがよくとれている There is a good *balance* between light and dark colors in this painting. // 彼は*バランスを失ってはしごから落ちた He lost his *balance* and fell from the ladder. // *バランスのよくとれた食事をすることが大切だ It is important to maintain a *well-balanced* diet.

はり¹ 針 (縫い針) needle Ⓒ; (留め針) pin Ⓒ; (釣り針) hook Ⓒ; (レコード用の針) needle Ⓒ; (時計の針) hand Ⓒ; (昆虫のはち・ぶよなどの針)

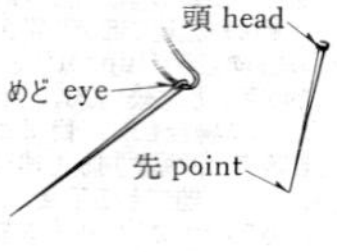

パラフレーズ (paraphrase) パラフレーズとはある表現の意味を変えないで別の表現に言い替えることをいう. また原文とそれを言い替えた表現とは相互にパラフレーズであるという.

しかし, 意味を変えないといっても完全に同じ意味の表現はあり得ないから, 意味がだいたい同じであればよい. だいたい同じということは程度問題となるので, パラフレーズする場合には, 原文にどのくらい意味が近いかが問題となる. 例えば,

Please show me the way to the station. (=駅へ行く道を教えて下さい)

という文と, show を tell と言い替えただけの文, あるいは

Please direct me to the station.

とはほぼ同じ意味であることはだれが見ても異論はないであろう. ところが,

How can I get to the station? (=駅にはどう行ったらよいでしょうか)

となると, 少し食い違いがあるように感じられ, さらに

Where is the station? (=駅はどこですか)

となるといっそう食い違いが大きくなる. というのは, これを尋ねている人は駅のあり場所を知らないというだけで, 果たして駅に行く目的でこの質問を発したのかどうかはわからないからである. また

I want to go to the station. (=私は駅に行きたい)

という文も, この人が駅へ行く道を知らないからこう言っているのか, それとも単に駅へ行きたいということを表現したのかは, この文からだけでは明らかでない. また,

sting Ⓒ; (外科手術の縫い合わせ) stitch Ⓒ.
¶ *針と糸 a *needle* and thread ★ 糸のついた縫い針のことで, 1つのものとして扱う. ∥ 彼女は*針(のめど)に糸を通した She passed a thread through the eye of a *needle.* / She threaded a *needle.* ∥ 彼はその昆虫をボール紙に*針で留めた He fastened the insect on the cardboard with a *pin.* ∥ 時計には*針が2つある A「clock [watch] has two *hands.* ∥ 彼は3*針を縫うけがをした His wound required three *stitches.*
針刺し pincushion Ⓒ **針仕事** needlework Ⓤ; (縫い物) sewing Ⓤ. 《☞ さいほう; ぬいもの》. ¶ *針仕事をする do *needlework* **針箱** workbox Ⓒ.

はり² 張り (活気) spirit Ⓤ; (生き生きとした状態) life Ⓤ; (勇気) pluck Ⓤ; (誇り) pride Ⓤ; (目的意識) *one's* sense of purpose. 《☞ はりあい; はげみ; げんき》.
¶ 彼は声に*張りがある[ない] (⇒ 力強い[弱い]声をしている) He has a「*strong* [*weak*] voice. / (⇒ 活気に満ちている[欠ける]) His voice is「*full of* [*lacking in*] *life.* ∥ 1人息子を亡くして彼は心の*張り (⇒ 目的意識) を失った He lost *his sense of purpose* when he lost his only son.

はり³ 梁 (家屋の) beam Ⓒ.

-ばり …張り ¶ それはゴッホ*張りの絵だった It was a painting *in the*「*style* [*manner*] *of* van Gogh. ∥ 床はタイル*張りだった The floor *was*「*surfaced* [*covered*] *with* tiles.

パリ —名 固 Paris [pǽris]. —形 (パリの) Parisian [pərízən]. **パリ市民** Parisian Ⓒ ★ 女性を特に指すときは Parisienne [pərìːzién] Ⓒ.

はりあい 張り合い ¶ 彼女が来ないので*張り合いが抜けた (⇒ 彼女の欠席は我々をがっかりさせた) Her absence *disappointed* us. ∥ 彼は成果の上がらない研究に*張り合い (⇒ 興味[熱意]) をなくした He lost「*interest* [*enthusiasm*] in the fruitless research. ∥ 私はこんな*張り合いのない (⇒ 退屈な) 生活がいやになった I became sick of such a *dull* life. ∥ 私はもっと*張り合いのある (⇒ やりがいのある) 仕事をしたい I'd like to do more *rewarding* work.

はりあう 張り合う —動 (競う) compete [vie; contend] with ..., rival 他.
¶ 私は彼とその賞を*張り合った (⇒ 彼と競ってその賞を得ようとした) I「*competed* [*vied*] *with* him for the prize. ∥ その2つの店は安売りで*張り合った (⇒ お互いに競争した) The two stores「*rivaled* [*competed with*] each other in bargain sales. ∥ 彼らは彼女をめぐって*張り合っている (⇒ ライバルだ) They are *rivals* for her hand.

はりあげる 張り上げる (声などを) raise 他.
¶ 先生は一段と声を*張り上げた (⇒ 声を高くした) The teacher *raised* his voice to a higher pitch. ∥ 彼は声を*張り上げて (⇒ ありったけの声で) 助けを求めた He called out for help *at the top of his*「*voice* [*lungs*].

バリウム 〖化学〗 barium [bέ(ə)riəm] Ⓤ 《元素記号 Ba》.

はりかえる 張り替える (障子・ふすまなどの紙を) repaper 他; (傘・いす・畳などを) re-cover 他 《☞ ハイフン (欄外)》; (新しくする) renew 他. 《☞ はる²》. ¶ この障子は*張り替える必要がある We have to *repaper* these shoji (screens). / These shoji (screens) need *repapering.* ∥ 私は居間の長いすを濃い緑色のビロードで*張り替えてもらった I *had* the couch in the living room *re-covered* in deep green velvet. 《☞ 使役 (囲み)》

はりがね 針金 —名 wire Ⓤ 語法 針金1本は a piece of wire または a wire.
—形 (針金のような・体が細くて強靱な) wiry ★ 堅いことの形容. ¶ *針金は電気を通す *Wire* conducts electricity. ∥ 私は竹ざおを*針金で縛った I *wired* the bamboo poles together. / I bound the bamboo poles with *wire*(*s*).

はりがみ 張り紙 (主として手書きの) notice Ⓒ; (主として印刷したもの) bill Ⓒ; (ポスター) poster Ⓒ. 《☞ けいじ¹》. ¶ 窓の*張り紙には「貸し家」とある The *notice* on the window says "For Rent." ∥ *張り紙お断り Stick [Post] No *Bills* 《☞ 掲示の英語 (囲み)》

バリカン (hair) clippers ★ 複数形で. 数えるときは a pair of clippers.

ばりき 馬力 **1** «単位»: horsepower Ⓒ ★単複同形. hp と略す. ¶ この車はあなたのより*馬力がある This car has greater *horsepower* than yours. ∥ このエンジンは100*馬力だ This engine has a capacity of 100 *hp.* / This is a 100 *hp* engine.
2 «精力»: energy Ⓤ; (力) power Ⓤ.
¶ 彼は年の割に*馬力がある (⇒ 精力的だ) He *is*「*energetic* [(⇒ 精力に満ちている) *full of energy*] for his age. ∥ *馬力をかけてやればまだ締め切りに間に合う (⇒ 一生懸命やれば) If you *try hard*, you will still be able to「meet

---

I'm lost. (＝私は道に迷いました)
はもっと漠然としていて, この文には「駅へ行きたい」とか「駅へ行く道を教えてくれ」とかいうことは, 文の表面上の意味にはまったく含まれていない.
以上のような言い替えが, すべてパラフレーズとして成り立つかどうかは, 話者・聴者の置かれた環境も含めた前後関係によって決まってくる. 従ってひとつの語句や文だけを取り上げる場合と, 前後関係を含めて考える場合とでは当然パラフレーズできる範囲が異なってくる. 《☞ 前後関係 (欄外)》
前述したように, パラフレーズはまったく同じ意味のものは存在しないし, 程度問題であるから, 前後関係の明らかな場合にはかなり大胆なパラフレーズも可能となる.
またパラフレーズについてもう1つ注意しなくてはならないのは文体である. 例えば,
Where are you going? (＝君はどこに行くの)
を
What is your destination? (＝君の目的地はどこか)
とパラフレーズすると, 少し堅苦しく難しい言い方になってしまい, 場合によっては元の文と置き換えることができなくなる. 語句や文を大体同じ意味だからと言って, パラフレーズしたものがいつも元の文と置き換え可能だと考えることはできない. 《☞ 文体 (欄外)》
普通は学習上から見て, 主として難しい言い方をやさしい言い方に代えるときにパラフレーズが用いられる. パラフレーズの練習は学習上有効なものであるから, 大いに活用すべきである. 《☞ 類義語 (欄外)》

は

[make] the deadline. // 彼は最後になって*馬力を出した(⇒ スピードを上げた) He *put on a spurt* at the last moment.

はりきる 張り切る —[動] (元気である) be in high spirits, 《米口語》be full of pep; (活気がある) be full of vitality; (燃える) be fired up. —[形] (活発な) vigorous; (たいへんな意気込みの) enthusiastic; (熱心な) eager. 《☞ いきごむ; いきおいこむ》.
¶ 子供たちはみんな*張り切っている The children *are* all ⌈*in high spirits* [*full of vitality*]. // 新しい企画に彼は*張り切っている (⇒ 熱心である) He *is enthusiastic* about the new project. // 彼らは決勝戦を控えて*張り切っていた They *were* all *fired up* for the finals. // 彼は新しい職場で*張り切って(⇒ 喜々として)働いているHe is working *happily* at his new post.

バリケード barricade [bǽrəkèid] Ⓒ. ¶ 入り口は*バリケードでふさがれていた The entrance was blocked ⌈with [by] a *barricade*.

ハリケーン hurricane Ⓒ [参考] カリブ海・メキシコ湾方面の暴風雨. シナ海方面のものは typhoon, インド洋方面の大暴風雨は cyclone という. 《☞ 自然災害 (囲み)》.

はりこのとら 張り子の虎 paper tiger Ⓒ.

はりこみ 張り込み stakeout Ⓒ. ¶ *張り込み中の警官 a policeman on a *stakeout*

はりこむ 張り込む (人を見張る) keep watch (for …) (自), be on the ⌈watch [lookout] (for …); (建物を) keep watch (over …) (自); (張り込みを置く) put [place] a stakeout (on …), stake out (他); (配置する) station (他). 《☞ みはる》.
¶ その家の外にだれかが*張り込んでいる(⇒ 見張りをしている) Someone *is keeping watch* outside the house. // 警察はその近所を*張り込んだ The police *staked out* the neighborhood. / (⇒ 数人の警官を配置した) The police *stationed* several policemen in the neighborhood.

はりさける 張り裂ける ¶ それを聞いて彼の胸は*張り裂けんばかりだった (⇒ もう少しで破れるところだった) His heart nearly *broke* when he heard it.

はりたおす 張り倒す knock down (他) ★ 平手ではなく, ボクシング風に殴り倒す. 《☞ なぐる; うちのめす》.

はりだしまど 張り出し窓 bay window Ⓒ 《☞ まど》.

はりだす[1] 張り出す, 貼り出す (掲示などを出す) put up (他) ★ 最も普通の言い方; (はる) post (他); (はり紙で広告する) placard (他). 《☞ けいじ[1]; はりがみ》.
¶ 彼らは「禁煙」の掲示を*はり出した They ⌈*put up* [*posted*] a no-smoking sign. // 彼は壁に求人広告を*はり出した <S(人)+V(*placard*)+O(場所)+*with*+名(広告)> He *placarded* the wall *with* a help-wanted ad.

はりだす[2] 張り出す (前方に) project (自); (頭上に) overhang (自) (他). 《☞ つきでる》. ¶ 木の枝が道路の上に*張り出していた The branches of the trees *overhung* the street.

はりつく 張り付く, 貼り付く stick (to …) (自) 《☞ くっつく; はりつける》.

はりつけ 磔 —[名] crucifixion Ⓤ. —[動] crucify (他). 《☞ じゅうじか》. ¶ 多くのキリスト教徒がここで*はりつけになった Many Christians *were crucified* here.

はりつける 張り付ける, 貼り付ける (くっつける) stick (他); (のりで) paste (他); (切手などを) affix (他); (びらなどを) placard (他). 《☞ はる[3]; くっつける》.

ばりっと ☞ ぱりっと

ぱりっと (スマートで) smartly; (身なりが立派で) well. 《☞ 擬声・擬態語 (囲み)》. ¶ 彼はいつも*ぱりっとした服装をしている He is always ⌈*smartly* [*well*] dressed.

はりつめる 張り詰める **1** «気が» —[動] (緊張する) be tense, be under ⌈great tension [a lot of strain] [語法] 人・物の両方とも主語になる. 後者は改まった言い方; (それ以上持ちこたえられないほど) be strained [語法] mind, nerve などを主語とする. —[形] tense, strained. 《☞ きんちょう》.
¶ 試験を前に彼はひどく気が*張り詰めていた(⇒ 非常に緊張していた) He *was under* ⌈*great tension* [*a lot of strain*] before the examination. // その知らせで彼女の*張り詰めた気持ちはゆるんだ (⇒ その知らせが彼女の緊張を解いた) The news relieved her *tension*. / The news relaxed her *strained* ⌈*mind* [*nerves*]. // その部屋には*張り詰めた空気が流れていた(⇒ 雰囲気があった) There was an atmosphere of *tension* in the room. / The room was filled with a *tense* atmosphere.
2 «氷が»: be frozen across ★「場所」を主語にする. 《☞ こおる》. ¶ 池には氷が*張り詰めていた (⇒ 池は一面に凍っていた) The pond *was frozen across*.

バリトン 〖音楽〗 baritone [bǽrətòun] Ⓤ ★ [形] としても用いる; (歌手) baritone Ⓒ. 《☞ 音楽 (囲み)》. ¶ 彼は*バリトンで歌った He sang in *baritone*. // 彼は*バリトンの声をしている He has a *baritone* voice.

はりねずみ 針鼠 hedgehog Ⓒ [参考] 《米》では「やまあらし」(porcupine) のことも hedgehog と言う.

ばりばり ¶ 彼は*ばりばり働いた (⇒ 猛烈に) He worked *very hard*. // その男の子はせんべいを*ばりばり食べた The boy *crunched* a rice cracker. 《☞ 擬声・擬態語 (囲み)》

ぱりぱり —[形] (軽くてかりかりした) crisp 《☞ 擬声・擬態語 (囲み)》. ¶ このポテトチップは*ぱりぱりしている These potato chips are *crisp*.

はりめぐらす 張り巡らす (網などを張る) set up (他); (囲む) surround (他). 《☞ はる[2]》. ¶ 警察は全市に捜査網を*張り巡らした The police *set up* a dragnet all round the city. // 空地には有刺鉄線が*張り巡らされていた (⇒ 有刺鉄線で囲まれていた) The vacant lot *was surrounded* ⌈by [with] barbed wire.

はる[1] 春 **1** «季節»: spring Ⓤ; (春季) springtime Ⓤ.
¶ もうすぐ*春です *Spring* will soon be here. *春が来た *Spring* ⌈has come [is here].

[語法] has come は「いま来たばかりだ」というニュアンスが強く, is here は「いまは春だ, 春になった」という感じが強い. 前後関係にもよるが, 普通は is here のほうが多く用いられる.
*春が終わった *Spring* ⌈is over [has gone].
彼女は今年の*春高校を卒業した She graduated from high school this *spring*.
*春になると植物は再び成長を始める The plants start to grow again in (*the*) *spring*.
[語法] 季節を表す語には定冠詞を付けないのが普通だが, in や during などの前置詞と共に用いられて期間を表すときは付くことがある.
私は 1978 年の*春にロンドンへ行った I went to London in *the spring* of 1978. [語法] この場合は特定の年の春なので定冠詞が必要.
彼は*春先に帰って来ます He returns ⌈in early *spring* [at the beginning of *spring*].
私は季節の中で*春が一番好きだ I like ⌈*spring* [*springtime*] best of all.
めっきり*春めいてきた It has become quite *springlike*.
2 «最盛期»: (繁栄) prosperity Ⓤ; (最良のとき) prime Ⓤ. 《☞ さいせいき; ぜんせい¹》.
春一番 the first gale in the spring **春がすみ** spring haze Ⓤ **春風** a spring ⌈wind [breeze] ★ a を付けて. **春雨** spring ⌈rain [drizzle] Ⓤ **春物** spring ⌈clothes [wear Ⓤ].

はる² 張る **1** «伸ばし広げる»: (テントなどを) set up ⓣ, put up ⓣ ★ 以上 2 つは一般的な語; (杭などを打って張る) pitch ⓣ; (網などを) put up ⓣ; (広げる) spread ⓘ ⓣ.
¶ 私たちは木の下にテントを*張った We ⌈*set up* [*pitched*] a tent under the tree. // 私は彼がテニスのネットを*張るのを手伝った I helped him *put up* a tennis net. // 彼らはその建物の周りに有刺鉄線を*張った They *put* barbed wire around the building. // その木は四方に枝を*張っている (⇒ 枝を広げている) That tree ⌈*spreads* [*thrusts*] its branches far and wide. / (⇒ 枝が広がっている) The branches of that tree *spread* far and wide. // この木は根がよく*張っている (⇒ 根づいている) This tree *is* well *rooted*.
2 «ぴんと引き渡す»: (ひも・ロープなどを渡す) string ⓣ; (特にロープを) rope ⓣ; (広げる) stretch ⓘ ⓣ; (切れそうなほどまでぴんと張る) strain ⓘ ⓣ. 《☞ ぴんと》.
¶ 彼女は 2 本の木の間に物干しのひもを 1 本*張った She ⌈*strung* [*stretched*] a clothesline between the two trees. // 彼らは入口に綱を*張って入れないようにした (⇒ 綱で仕切った) They *roped off* the entrance. // そのロープはぴんと*張りすぎていまにも切れそうだった The rope was about to break under the *strain*.
3 «一面に覆う・満たす»: (凍る) freeze ⓘ ⓣ; (氷ができる) form ⓘ ★「氷」が主語; (覆う) cover ⓣ; (タイルを) tile ⓣ; (水を入れる) fill ⓣ. 《☞ こおる》.
¶ 湖には氷が*張ってスケートができる The lake *has* (*been*) *frozen over* and you can skate on it. // けさは池に氷が*張った The ice *formed* on the pond this morning. // 浴室の床には普通タイルを*張る We usually *tile* bathroom floors. // 子供たちはたらいに水を*張り (⇒ たらいを水で満たし) 船を浮かべた The children *filled* the tub with water and floated toy ships.
4 «突き出す»: (広げて突き出す) spread out ⓣ; (突き出す) push out ⓣ; (胸を) throw [stick] out ⓣ.
¶ ひじを*張らないで (⇒ 突き出さないで) 下さい Don't ⌈*spread* [*push*; *stick*] *out* your elbows. // 彼は威張って胸を*張った He *threw* his chest *out* and put on airs. // 彼は胸を*張って (⇒ 肩を引いて) 深呼吸をした He *drew back his shoulders* and took a deep breath.
5 «いっぱいになる»: be full 《☞ いっぱい》.
¶ 私は腹が*張って (⇒ 満腹で) ほとんど歩けなかった I could hardly walk on a *full* stomach. 《☞ まんぷく》

はる³ 張る, 貼る (くっつける) put ... on ... 《過去・過分 put》, stick ... on ... 《過去・過分 stuck》 [語法] put のほうがより広い意味の一般的な言い方. stick にはぴったりくっつけるというニュアンスがある. 以上は paste や affix の代わりに使える; (のりで) paste ⓣ; (切手などを) affix ⓣ ★ 少し形式ばった語; (ポスターなどを) put up ⓣ; (びらなどを) post ⓣ; (ばんそうこう・膏薬(こうやく)などを) apply ⓣ. 《☞ くっつける》.
¶ 私はその手紙に切手を*はるのを忘れてしまった I forgot to ⌈*put* [*stick*] a stamp *on* the letter. 《☞ きって》 // 彼はその切り抜きをスクラップブックに*はった He *pasted* the clipping in his scrapbook. // 彼らは壁にポスターを*はった They *put up* a poster on the wall. // 彼は傷口にばんそうこうを*はった He *applied* a sticking plaster to the wound.

-ばる ¶ 彼は角*ばった顔をしている He has a *squarish* face. // この際形式*ばるのはやめましょう Now let's forget about ⌈*formality* [*ceremony*].

はるか 遥か **1** «距離»: (ずっと遠くに) far ⌈away [out]; (かなり距離を置いて) in the distance. ¶ 彼の家はあの丘の*はるか向こうにある His home is *far* (*away*) beyond that hill. // 海上*はるかに船が見えてきた A ship came in sight *far out* at sea. // *はるか向こうに (⇒ 遠方に) 飛行機が飛んでいるのが見えた I saw an airplane flying *in the distance*.
2 «時間»: (ずっと昔にさかのぼって) far back; (かなり前に) a long time ago. ¶ 私がロンドンへ行ったのは*はるか昔のことだ It was *a long time ago* that I went to London. // その話は*はるか昔にさかのぼります The story goes *far back* into the past.
3 «程度»: much; by far [語法] 前者は比較級を強め, 後者は比較級・最上級の意味を強める. 《☞ ずっと; 強意語 (囲み)》.
¶ 彼女のデザインのほうが私のより*はるかによい Her design is *much* better than mine. // 2 人のうちでは彼のほうが*はるかに頭がよい He is *by far* the cleverer of the two.

バルカン **バルカン諸国** the Balkans, the Balkan [bɔ́ːlkən] States **バルカン半島** the Balkan Peninsula.

は

バルコニー balcony [bǽlkəni(:)] Ⓒ.
はるばる 遥遥 — [副] (はるかに; …のコースを全部) all the way (☞ えんろ). ¶ 彼は*はるばる成田から通っている He commutes *all the way* from Narita. // 遠い所を*はるばるお見送りいただきありがとうございます Thank you for coming *all the way* to see me off.
バルブ (弁) valve Ⓒ.
パルプ pulp Ⓤ ★ wood pulp とも言う. **パルプ材** pulpwood Ⓤ.
はれ[1] 晴れ **1** 《天候》 — [形] fair (↔ rainy, wet), fine [語法] ほぼ同意に使うが, はっきりと晴天をいうときは前者. 後者は「よい天気」程度の弱い意味; (雲一つなくよく晴れた) clear and bright. — [名] (晴れの天気) fair [fine] weather Ⓤ; (晴れた空) fair skies [語法] このように複数形にするか, あるいは *a* fair sky のように不定冠詞を用いる用法もある. (☞ てんき[1]; はれる[1]; 天候の表現 (囲み)).
¶ あすは*晴れだろう The weather will be ˹*fair* [*fine*] tomorrow. / It will be *fine* tomorrow. / (⇒ 晴れ上がるだろう) It will *clear up* tomorrow. // 《天気予報》 あすは全国的に*晴れるでしょう (⇒ あすの予想は晴天) The outlook for tomorrow is for *fair skies* throughout the country.
2 《表立って華やか》 ¶ 彼女は 12 歳のとき*晴れの初舞台を踏んだ She made a *glorious* debut [déibju:] when she was twelve.
はれ[2] 腫れ swelling Ⓒ (☞ はれもの; はれる[2]). ¶ 氷で冷やしたら*はれが引いた (⇒ 氷のうがはれを減じた) The ice pack reduced the *swelling*. / The ice pack ˹took [brought] the *swelling* down. // 私の指の*はれは引いてしまった The *swelling* on my finger has gone ˹away [down].
ばれいしょ 馬鈴薯 potato Ⓒ (複 ~es) (☞ じゃがいも).
バレエ (舞踊) ballet [bǽlei] Ⓒ ★ バレエ一般を指す場合は Ⓤ. **バレエ団** ballet ˹company [troupe] Ⓒ **バレエダンサー** (男女の別なく) ballet dancer Ⓒ; (女性の) ballerina Ⓒ.
バレー volleyball Ⓤ (☞ バレーボール).
パレード — [名] parade [pəréid] ★ 具体的な例は Ⓒ, 行為は Ⓤ. — [動] parade (自) (他).
¶ 労働者たちはメーデーに*パレードをした Workers held a *parade* on May Day. / Workers *marched* ˹*on* [*in*] *parade* on May Day. // 優勝チームは市の本通りを*パレードした The champion team *paraded* (through) the main streets of the city.
バレーボール volleyball Ⓤ ★ 競技用ボールは Ⓒ. (☞ スポーツ (囲み)). ¶ 彼らは海辺で*バレーボールをやった They played *volleyball* on the beach.
はれがましい 晴れがましい (おめでたい) happy; (すばらしい) grand. ¶ このような*晴れがましい席でごあいさつできますことは非常に光栄です It's a great honor for me to be able to speak on such a ˹*happy* [*grand*] occasion.
はれぎ 晴れ着 (一番よい服) *one's* best (clothes); (華やかな着物) colorful kimono Ⓒ [語法] 後者は客観的な描写として使い, 「私の晴れ着」などというときには使わない.
¶ 彼女はその会に*晴れ着を着て出席した She attended the party in *her best* (*clothes*). // 成人の日には*晴れ着を着た娘さんで街が明るくなる Streets become bright with girls wearing *colorful kimonos* on Coming-of-Age Days.
はれすがた 晴れ姿 ¶ 彼は娘の*晴れ姿を写真に撮った (⇒ 盛装した娘を撮影した) He took a photograph of his daughter (*dressed up*) *in her best* (*clothes*).
パレスチナ — [名] (固) Palestine. — [形] Palestinian. **パレスチナ解放機構** the Palestine Liberation Organization (略 PLO) **パレスチナ人** Palestinian Ⓒ.
はれつ 破裂 — [動] (水道管などが) burst (自) (過去・過分 burst); (爆弾などが) explode (自), blow up (自) ★ 後者は口語的表現; (血管・交渉などが) rupture (自). — [名] burst Ⓒ; explosion Ⓒ; rupture Ⓒ.
【類義語】 中からの圧力で破れて裂けるのが **burst**. 火薬などが爆発したり, 突然壊れて砕け飛び散るのが **explode**. 血管が破れたり, 交友関係・談判などが決裂するのが **rupture**. 以上いずれも比喩的な意味では交換して用いることのできる場合が多い. (☞ ばくはつ)
¶ 水道管が凍って*破裂した The water pipe *burst* from freezing. // 水道本管の*破裂で通りが水びたしになった A ˹*rupture* [*burst*] in the water main flooded the street. // その建物の前で爆弾が*破裂した A bomb ˹*exploded* [*blew up*] in front of the building. // そんなに風船をふくらますと (⇒ 風船に空気を入れると) *破裂するぞ If you blow so much air into the balloon, it will ˹*burst* [*explode*; *rupture*]. // 彼はかんしゃく玉を*破裂させた (⇒ 怒りで爆発した) He *exploded* with anger.
破裂音 〖音声学〗 plosive Ⓒ.
パレット (画用) palette Ⓒ. **パレットナイフ** palette knife Ⓒ.
はればれ 晴れ晴れ — [形] (明るい) bright; (快活な) cheerful. — [副] (気分も軽く) in high spirits. (☞ はれやか).
¶ 彼女の顔は*晴れ晴れとしていた (⇒ 明るかった) She had a ˹*bright* [*cheerful*] face. // 熟睡すると気分が*晴れ晴れする (⇒ 熟睡が気分をさわやかにする) A sound sleep *refreshes* you. // きょうは気分が*晴れ晴れとしない (⇒ 気落ちしている) I ˹*feel depressed* [*am in low spirits*] today. // 彼は*晴れ晴れした気分で (⇒ 上機嫌で) 部屋から出て行った He went out of the room *in* ˹*high spirits* [*a good humor*].
はれま 晴れ間 (雨の小やみ) lull in the rain Ⓒ; (雲の間の青空) patch of blue sky Ⓒ; (晴れの期間) interval of beautiful weather Ⓒ. (☞ はれる[1]).
はれもの 腫れ物 (はれ上がったものまたは部分) swelling Ⓒ; (皮膚にできる化膿性のできもの) boil Ⓒ; (腫瘍) tumor (《英》 tumour) Ⓒ. (☞ できもの; はれ[2]; はれる[2]). ¶ 私は背中に*はれ物ができた A *swelling* has developed on my back. / I have got a *boil* on my back.
はれやか 晴れやか — [形] (明るい) bright;

(陽気で快活な) cheerful ; (にこやかで晴れ晴れした) radiant. 《☞ はればれ; はなやか》. ¶ 彼女は*晴れやかな笑顔で客を迎えた She welcomed the guest with a *radiant* smile on her face.

バレリーナ ballerina [C].

はれる[1] 晴れる **1** «天気・霧などが» ― [動] (空が晴れる) clear up (自) ; (雨がやむ) stop raining ; (霧が) clear away (自), lift (自), disperse (自) [語法] clear away は最も普通の言い方. lift は霧が上がってゆく感じで, disperse は散ってゆく感じを表す. 最後の 2 つはやや形式ばった言い方. ― [形] (明るい) clear ; (雲のない) cloudless. 《☞ はれ[1]; 天候の表現(囲み)》.
¶ あしたは *晴れると思う I hope ⌈it [the weather] will *clear up* tomorrow. ★ 希望的推量. 《☞ 推量の表現 (囲み)》 // 空が*晴れてきた The sky *is clearing.* // 霧は昼までには*晴れるだろう The fog will ⌈*clear away* [*lift* ; *disperse*] by noon. // *晴れた夜は星がよく見える We can see stars well on a *clear* night. // *晴れ渡った空に飛行機雲が見えた I saw a contrail in the *cloudless* sky.
2 «気分が» : (陽気になる) be cheered up ; (気分が一新する) be refreshed. 《☞ はればれ》.
¶ 運動すれば気が *晴れるよ Exercise will *cheer* you *up.*
3 «疑惑が» : (ぬぐい去る) dispel (他) ; (事を明白にする) clear (他) ; (消える) vanish (自), disappear (自). ¶ 私たちの彼に対する疑いはすっかり*晴れた Our doubts about him ⌈*were* entirely *dispelled* [*vanished* entirely]. // あなたの容疑が *晴れて私はうれしい I am glad that you *have been cleared* of the charge.

はれる[2] 腫れる swell (up) (自) ; (はれた状態になる) become swollen. 《☞ はれ[2]》. ¶ 蚊に刺されたところが*はれ上がった The mosquito bite *has swollen up.* // 殴り合いのけんかで鼻が*はれた My nose *became swollen* from punches received during a (fist) fight.

ばれる (明るみに出る) come [be] out (自) ; out (自) ; come [be brought] to light ★ 前の 2 つより形式ばった言い方 ; (もれる) leak out (自) ; (正体などを見破られる) be found out ; (見つかる) be ⌈discovered [detected ; disclosed]. 《☞ ろけん ; みつかる ; はっかく[1]》.
¶ その秘密はすぐに*ばれてしまった (⇒ 明るみに出た) The secret soon ⌈*came out* [(⇒ もれた) *leaked out*]. // 彼がスパイであることが*ばれてしまった It *came to light* that he was a spy. // 先生に*ばれないといいんだが (⇒ 先生が知ることのないように望む) I hope the teacher doesn't *find out.* // 悪事は必ず*ばれる Murder will *out.* 《ことわざ : 悪事は必ず露見する》

バレル barrel [bǽrəl] [C] 《略 bbl., bl. ; 複数形は bbls., bls.》.

バレンタインデー St. Valentine's Day.

はれんち 破廉恥 ― [形] (恥知らずの) shameless ; (恥ずべき) shameful [語法] shameless は主に「人」について用い, shameful は「行為」について用いる ; (邪悪で不名誉な) infamous [ínfəməs]. ― [名] shamelessness [U] ; shamefulness [U] ; infamy [U].
¶ 彼は*破廉恥なうそつきだ He is a *shameless* liar. // 彼の*破廉恥な行為は物議をかもした His ⌈*shameful* conduct [*infamous* behavior] aroused criticism.
破廉恥罪 infamous ⌈offense [crime] [C].

はろう 波浪 (波) wave [C] 《☞ なみ[1]》. **波浪注意報** high sea warning [C].

バロメーター barometer [bərámətə] [C].
¶ 体重は健康の*バロメーターです Your weight is a *barometer* of your physical condition.

パワーシャベル power shovel [C].

ハワイ ― [名] (固) Hawaii [həwáːi(ː)]. ― [形] (ハワイの) Hawaiian [həwáːjən]. 《☞ アメリカ (表)》. **ハワイ諸島** the Hawaiian Islands **ハワイ人** Hawaiian [C].

はん[1] 判 ― [名] (印鑑) seal [C] ; (ゴム印) stamp [C] [参考] seal は金属製で指輪などに彫られていることが多い. 欧米の判の使い方は日本とは違うことに注意. ― [動] (判を押す) seal (他), put *one's* ⌈seal [stamp] to ... 《☞ なついん ; いんかん》.
¶ 日本では署名の代わりに*判が用いられる A *seal* is used in Japan instead of a signature. // *判がないときは拇印(ぼいん)でよいことがよくある In the absence of a *seal* a thumbprint is often accepted. // 私はその契約書に署名して*判を押した I signed and ⌈*sealed* [*put my seal to*] the contract. // その書類には彼の*判が押してあった The document bore his ⌈*seal* [*stamp*].

はん[2] 半 (半分) half; (大半・ほとんど) almost. 《☞ はんぶん ; はんはん》.
¶ 9 時*半です It is *half* past nine. / It is nine *thirty.* 《☞ 時刻・日付・曜日 (囲み)》 // 私は*半時間待った I waited (for) ⌈*half* an hour [a *half* hour]. [語法] a half hour の語順は特に《米》に多いが,《米》《英》ともに half an hour が普通. // 彼は 2 時間*半しゃべった He talked for ⌈two hours and a *half* [two and a *half* hours]. [語法] 前者のほうがよく用いられる. // 家から駅まで 1 キロ*半ある The station is one and a *half* kilometers from my house. // 私は卵を*半ダースゆでた I boiled *half* a dozen eggs.

はん[3] 版 (印刷) printing [C] ; (元版と違うもの) edition [C] ; (元版と同じもの) impression [C] ; (版木) block [C] ; (印刷に使う金属版) plate [C].
【類義語】改訂・増補または判型・定価などを変更して新しく印刷するのが *edition* で, 元の版のまま変更なしに印刷するのが *impression*. *printing* はこの両方を含む.
¶ その本の最初の*版は 6 *版を重ねた The first *edition* of the book ⌈went through [ran into] six ⌈*printings* [*impressions*]. // 私はその本のペーパーバック*版を持っている I have a paperback *edition* of the book. [語法] この場合 impression は使えない. // その本の新しい[改訂]*版はもうすぐ出ます A ⌈new [revised] *edition* of the book will soon come out. / The book will soon come out in a ⌈new [revised] *edition.*

はん[4] 班 (ある目的をもって行動する) squad [C] ; (組) group [C]. 《☞ くみ ; だん[2]》. ¶ 彼女

は

は救護*班の一員です She is a member of a rescue *squad*. // 子供たちは小さな*班に分かれて登校する The children go to school in small *groups*.

はん[5] 範 (例) example Ⓒ; (模範) model Ⓒ. (☞ てほん). ¶ 彼は率先して*範を垂れた (⇒私たちに例を示した最初の人だった) He was the first to ⌈set [give] an *example* to us.

はん[6] 藩 (feudal) clan Ⓒ. ¶ 会津*藩 the Aizu *Clan*

はん-[1] 反… — [接頭] anti- [æntai, -ti] (↔ pro-) (☞ はんたい). ¶ *反主流派 an *anti*-mainstream faction // *反体制運動 an *anti*-Establishment movement

はん-[2] 汎… — [接頭] pan- ★固有名詞またはその形容詞に付くときは大文字で始まる. ¶ *汎アメリカ主議 *Pan*-Americanism // *汎太平洋会議 the *Pan*-Pacific Conference

ばん[1] 晩 evening Ⓒ; night Ⓒ.

【類義語】日没から寝るころまでの, 人が起きて活動している間を指すのが **evening**. 日が没してから再び日が昇るまでの暗い時間すべて, もしくは就寝の時刻に近い遅い時刻から明け方までの間を指すのが **night**. (☞ よる[1]; 時刻・日付・曜日 (囲み))

¶ *晩に in the *evening* // *晩になった *Evening* came. / *Evening* set in. / *Night* fell. // 私たちはその*晩はそこに泊まった We stayed there for the *night*. // 今*晩お食事にいらっしゃいませんか Will you come and dine with us this *evening*? [語法] this [tomorrow; yesterday] evening (=今晩[明晩, 昨晩]) のような場合は前置詞は不要. // 今*晩[あしたの*晩]映画に行かないか How about going to the movies ⌈*tonight* [tomorrow *night*]? [語法] 食事をするころはまだ evening, つまりまだ皆が起きて活動している時刻であるから night を用いないのが普通である. しかし「映画に行く」「ダンスに行く」などは食事を済ませてから行くのであれば, かなり夜も更けてきたころと考えられるから night を用いるのが普通. night は夜の暗さを連想させる. // 私はいつも*晩に散歩をします I usually take a walk *in the evening*. // 土曜の*晩におじに会った I met my uncle *on* Saturday *evening*. [語法] 定まった日付の晩には on を用いる. // 彼女は一*晩中ほとんど一睡もしなかった She hardly slept a wink *all night*.

ばん[2] 番 **1** «順番»: …'s turn Ⓒ; (前後の順) order Ⓤ. (☞ じゅん[1]; じゅんばん).

¶「今度はだれの*番ですか」「私の*番です」"Whose *turn* is this?" "(It's) my *turn* now." // あなたの*番が来たら教えてあげます When your *turn* comes, I'll let you know. // 今度はあなたが発言する*番だ Now it's your *turn* to speak. // *番が狂ってしまった The *order* ⌈went [is] wrong.

2 «順序» ¶「彼はクラスで何*番ですか」「1*番です」"How does he *stand* in his class?" "He *is* ⌈first in his class [*at the top of* his class]." (☞ いちばん; 数字 (囲み)) // 彼は3*番目に来た He was the *third* to come. // 右から2*番目が彼の娘さんだ The *second* girl from the right is his daughter. (☞ にばん) // あなたは前から何*番目の席ですか (⇒あなたの前に幾つの席があるか) How many seats are there before you? [参考] 「何番目」という決まった言い方は英語にはない.

3 «見張り» — [動] (見張る) watch (over) (他), keep watch over …, keep an eye on …; (警戒・監視する) guard (他). — [名] (監視) watch Ⓤ; (警戒) guard Ⓤ. (☞ みはり; かんし[1]; みはる).

¶ この犬は羊の*番ができる This dog can ⌈*keep watch over* [*watch over*] sheep. // 店に入っている間私は彼に手荷物の*番を頼んだ I asked him to ⌈*watch* (*over*) [*keep an eye on*] my baggage while I went into the store.

4 «番号»: number Ⓒ (略 No., no., n.).

¶「あなたの席は何*番ですか」「6*番です」"What's your seat *number*?" "It's *No.* 6." // 私は3*番の問題が解けなかった I couldn't solve ⌈the *third* problem [problem *No.* 3]. //「お宅の電話*番号は何番ですか」「201の3578*番です」"What is your telephone *number*?" "(It's) two-⌈zero [oh]-one, three-five-seven-eight." (☞ 数字 (囲み))

ばん[3] 判 (大きさ) size Ⓤ; (本の判型) format Ⓒ. ¶ この雑誌はB5*判だ This magazine is B5 *size*. / This is a B5-*sized* magazine. // 彼女は大*判のスケッチブックを持っている She has a large-*sized* sketchbook.

パン (食パン) bread Ⓤ; (ロールパン) roll Ⓒ; (干しぶどうなどの入った菓子パン) bun Ⓒ; (トースト) toast Ⓤ. [語法] パンの数え方: 食パン1[2]斤は a loaf [two loaves] of bread. 薄く切ったものは a slice [two slices] of bread または a piece [two pieces] of bread. roll や bun は a roll [two rolls], a bun [two buns]. (☞ 数の数え方 (囲み); 食事 (囲み); レストラン (囲み)).

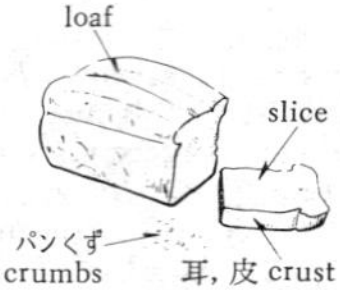

¶ 彼女は*パンをオーブンで焼いて作った She baked some *bread* in the oven [ʌ́vən]. //「*パンを1斤下さい」「お切りしますか」「お願いします」"I want a loaf of *bread*." "Do you want it sliced?" "Yes, please." // あと2枚*パンを焼いて下さい Please toast two more slices of *bread*. // 私は自分の*パンにバターを塗った I spread butter on my *bread*. / I spread my *bread* with butter. / I buttered my *bread*. // このバターを塗った*パンは厚すぎる This *bread* and butter is too thick. [語法] bread and butter は [brédnbʌ́tə] と発音し, 1つのまとまった表現. (☞

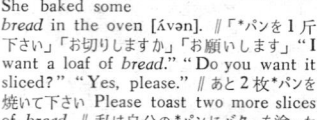

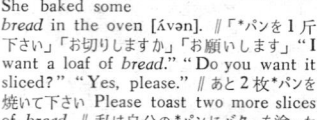

パン屋の看板

性・数・人称の一致 (欄外)》 // 人は*パンだけで生きるものではない Man shall not live by *bread* alone. ★ 聖書の言葉.

パン粉 (bread) crumbs [krʌ́mz] ★ 通例複数形で.「パンくず」のこともいう. パン種 yeast Ⓤ パン屋 (店) bakery Ⓒ; (人) baker Ⓒ. 《☞ 店の呼び名 (囲み)》.

はんい¹ 範囲 (何かが及ぶ最大限の範囲) range Ⓒ ★ 最も一般的な語; (知識・活動などの) scope [skóup] Ⓤ, sphere [sfíə] Ⓒ 語法 前者が一般的. sphere は「領域」,「及ぶ範囲」というニュアンスが強い; (限られた範囲) limits ★ 複数形で; (境界線) boundary Ⓒ.

¶ あなたの興味の*範囲を知りたい I'd like to know the *range* of your interests. // 私たちの知識の*範囲は限られている The ˹*scope* [*sphere*] of our knowledge is limited. // 彼の勢力*範囲はどのくらいか How wide is the ˹*sphere* [*range*] of his influence? // それは人間の知識の*範囲を越える It's beyond the ˹*boundary* [*limits*] of human knowledge. // この法律は適用*範囲が広い (⇒ 広い適用を持つ) This law has wide *applications*. // 試験の*範囲は 15 ページから 50 ページまでです (⇒ カバーする) The examination *covers* page fifteen to fifty.

はんい² 犯意 criminal intent Ⓤ.

はんいご 反意語 opposite Ⓒ, antonym Ⓒ ★ 後者のほうが改まった語. 《☞ 欄外》.

はんえい¹ 反映 ━ 動 (反映する) reflect ⓗ; (反映される) be reflected (in ...); (...に影響を与える) influence ⓗ. ━ 名 reflection Ⓤ. ¶ 新聞は人々の意見を*反映しなければならない The newspapers should *reflect* public opinion. // 流行歌は世の中の動きを*反映している Popular songs ˹are *the mirror* of society [*reflect* the trends in society].

はんえい² 繁栄 ━ 動 (物事が引き続き, ますますうまくいく) prosper ⓐ; (好条件のもとで成長・発達する) thrive ⓐ; (成長・発達して全盛期を迎える) flourish ⓐ ★ 第 3 番目はやや文語的. ━ 名 prosperity Ⓤ. 《☞ さかえる》.

はんえいきゅうてき 半永久的 ━ 形 (ほとんど永久的な) almost permanent.

はんえん 半円 ━ 名 semicircle Ⓒ. ━ 形 (半円の) semicircular.

はんおん 半音 〖音楽〗 semitone Ⓒ. 半音階 chromatic scale Ⓒ.

はんが 版画 print Ⓒ ★ 最も一般的な語; (木版画) wood block (print) Ⓒ, woodcut Ⓒ, woodprint Ⓒ; (銅版画) etching Ⓒ; (リトグラフ) lithograph Ⓒ.

ハンガー hanger [hǽŋə] Ⓒ.

はんかい¹ 半開 ━ 形 half-open.

はんかい² 半壊 ━ 動 be partially destroyed 《☞ はかい》.

ばんかい 挽回 ━ 動 (損失を償う) recover ⓗ; (元の形に戻す) restore ⓗ. ━ 名 recovery Ⓤ; restoration Ⓤ.

¶ 私たちの損失は間もなく*挽回できるだろう We'll be able to *recover* our losses soon. // 彼らが名誉を*挽回するには時がいる It will take time for them to ˹*restore* [*recover*] their ˹honor [reputation]. // 9 回に 3 点*挽回した(⇒やっと点を入れた) We *finally scored* 3 points in the ninth inning.

ばんがい 番外 ━ 名 (余分のもの) extra Ⓒ. ━ 形 extra; (追加の) additional.

はんかがい 繁華街 (盛り場・娯楽街) amusement quarter Ⓒ, busy quarter Ⓒ; (商業地区) shopping quarter Ⓒ; (都心部の商業地区) downtown Ⓒ.

はんがく 半額 ━ 名 (定価の半分) half (the) price; (乗り物の運賃など) half (the) fare; (入場料など) half-rate Ⓒ. ━ 副 at half (the) price. 《☞ はんね》. ¶ これは*半額

は

反意語 (antonym) 意味が反対の語をいう. 例えば happy (=幸せな) と unhappy (=不幸な), あるいは high (=高い) と low (=低い) のような組み合わせはそれぞれが互いに反意語であり, このような現象を反意 (antonymy) と呼ぶ.

反意語を語の形の上から見ると, happy: *un*happy のように, ある語に否定の接頭辞を付けて反意語を作る場合と, high: low のようにそうでない場合とがある. 《☞ 接頭辞 (欄外)》

ひとくちに「意味が反対」といっても, 実は次のようにいろいろの場合がある.

(1) 互いに正反対で, 中間的な状態のあり得ないもの.

male (=男性): female (=女性)
single (=未婚の): married (=既婚の)
correct (=正しい): incorrect (=誤った), etc.

(2) 互いに対照的であるもの.

good (=よい): bad (=悪い)
white (=白): black (=黒)
wide (=幅が広い): narrow (=幅が狭い)
old (=年とった): young (=若い)
rich (=金持ちの): poor (=貧乏な), etc.

これらの反意語は, (1) と違って, 二者択一ということはなく,

A is better than B. (=A は B よりよい)
B is worse than A. (=B は A より悪い)

のように比較構文をとり得るし,

very good (=たいへんよい)—*fairly* good (=かなりよい)—good (=よい)—*rather* bad (=かなり悪い)—*very* bad (=たいへん悪い)

のように程度をはかることができる. 言い替えれば中間的な状態の可能な反意語である.

(3) 意味が逆になるが, 必ずしも反対とまでは言い切れないもの(逆意語).

go (=行く): come (=来る)
sell (=売る): buy (=買う)
lend (=貸す): borrow (=借りる)
accept (=受け入れる): refuse (=断る), etc.

(4) 反対というよりも, むしろ対になっている語.

father (=父): mother (=母)
son (=息子): daughter (=娘)
parent (=親): child (=子供)
king (=王): queen (=女王)
husband (=夫): wife (=妻)
question (=質問): answer (=答)

反意語はまた必ずしも 2 つから成っているとは限らない. 例えば, poor に対しては rich のほかに, wealthy, prosperous などがある. また good のように「よい」「上手な」「親切な」などといろいろ多くの意味がある場合, それぞれの意味に対して, bad, poor, unkind など別々の反意語があることになる. 本辞書では反意語は (↔) の記号で示してある. 《☞ 多義語 (欄外); 類義語 (欄外)》

で買った I bought this *at* ⌈*half* (*the*) *price* [(⇒5割引で) *a fifty per cent discount*]. // 小学生は*半額です School children are allowed *half-rates*.

ハンカチ handkerchief [hǽŋkətʃif] Ⓒ《複 ~s》. ¶彼女は*ハンカチで鼻をかんだ She blew her nose in her *handkerchief*.

ハンガリー ―図 固 Hungary. ―形 (ハンガリーの) Hungarian. **ハンガリー語** Hungarian Ⓤ **ハンガリー人** Hungarian Ⓒ.

バンガロー bungalow Ⓒ.

はんかん 反感 (嫌悪感) antipathy Ⓤ; (悪感情) ill feeling Ⓤ ★口語的表現. 意味が広いので多少漠然とする; (敵意) hostility Ⓤ. ¶私のスピーチは彼らの*反感を買った My speech ⌈provoked [roused] their ⌈*antipathy* [*hostility*]. / (⇒感情を害した) My speech *offended* them.

はんかんはんみん 半官半民 ―形 semigovernmental. ¶それは*半官半民の会社です It's a *semigovernmental* corporation.

はんがんびいき 判官びいき sympathy for ⌈the weak [a tragic hero] Ⓤ.

はんき[1] 半期 ―図 (1期の半分) half term Ⓒ; (1年の半分) half year Ⓒ. ―形 half-yearly, semiannual ★後者はやや改まった表現. 《☞ かみはんき》.
¶下*半期は上*半期よりずっとよかった We did much better in the ⌈second [latter] *half of the year* than in the first *half*. // これが*半期決算書です This is the statement of the ⌈*half-yearly* [*semiannual*] closing accounts.

はんき[2] 半旗 flag at half-mast Ⓒ. ¶旗は死者への弔意を表して*半旗だった The flag flew *at half-mast* as a mark of respect for the dead.

はんき[3] 反旗 **反旗を翻す** (反乱を起こす) rise (against ...) 自, revolt (against ...) 自 ★前者のほうが口語的; (武装する) take up [be up in] arms (against ...). 《☞ はんらん[1]》.
¶農民は地主に*反旗を翻した The farmers ⌈*rose* (*in revolt*) [*revolted*] *against* the landlords. // 彼らは銃を取り独裁者に*反旗を翻した (⇒武装して立ち上がった) They ⌈*took up* [*were up in*] *arms against* the dictator.

はんぎ 版木 (木版画を刷るための) (printing) block Ⓒ ★一般的な語; (すでにデザインや絵などが彫ってあるもの) woodcut Ⓒ.

はんぎゃく 反逆 ―図 (反逆(罪)) treason Ⓤ; (反乱) revolt Ⓒ; (規模が大きく長期にわたる反乱) rebellion Ⓒ. ―動 rise (against ...) 自, rise in revolt 自, revolt (against ...) 自, rebel (against ...) 自 ★初めの表現が一番口語的; (陰謀を企てる) conspire (against ...) 自. 《☞ はんき[3]; はんらん[1]》.
¶それは*反逆行為だ It's an act of *treason*.
反逆者 traitor Ⓒ.

はんきゅう 半球 hemisphere [héməsfìə] Ⓒ. ¶北[南]*半球 the ⌈Northern [Southern] *Hemisphere*

はんきょう[1] 反響 (反応) response Ⓒ; (大評判) sensation Ⓒ; (大規模な影響) repercussion Ⓒ ★形式ばった語.
¶私の投書には多くの*反響があった There were many *responses* to my letter to the editor. / My letter to the editor has received many *responses*. // 彼の発言は広く*反響を呼び起こした His words have ⌈created a *sensation* [had wide *repercussions*].

はんきょう[2] 反共 ―形 anti-Communist.

ばんきん 板金 sheet metal Ⓤ. **板金工** sheet metal worker Ⓒ.

パンク ―図 (一般的に) flat ⌈tire [《英》tyre] Ⓒ ★《米》では単に flat Ⓒ と言うことが多い; (走行中などのタイヤのバースト) bursting Ⓤ, blowout Ⓒ. ―動 (パンクする) have [get] a flat (tire) ★「人」を主語とする; (パンクさせる) blow a tire ★「自動車」などを主語とする. 《☞ 自動車 (囲み)》.
¶途中で私たちの車が*パンクした We *had a flat tire* on the way. // 彼らの車は前のタイヤが*パンクした Their car *blew a* front *tire*. // 私は女性ドライバーが*パンクを直すのを手伝った I helped a woman motorist fix a *flat* (*tire*).

ばんぐみ 番組 program Ⓒ; (ショーなど) show Ⓒ. 《☞ プログラム; ほうそう[1]》.
¶この*番組は毎週水曜日午後6時から放送される This *program* is broadcast from 6 p.m. every Wednesday. // 私はいつもその*番組を聞いて[見て]いる I always ⌈listen in [tune in; watch] the *program*. ★listen in, tune in はラジオ, watch はテレビ. / (⇒聞き[見]逃したことがない) I have never missed the *program*. // 30分[1時間]*番組 a thirty-minute [an hour-long] *program* // ラジオ[テレビ]*番組 a ⌈radio [TV; television] *program*

ばんくるわせ 番狂わせ ―図 (混乱) upset Ⓒ; (意外な結果) surprise Ⓒ; (予想しない結果) unexpected result Ⓒ. ―動 (番狂わせになる) come as an upset 自; (番狂わせにする) upset 他.

はんけい 半径 radius [réidiəs] Ⓒ《複 radii [réidiài], ~es》《☞ えん[3] (挿絵)》. ¶*半径5センチの円 a circle with a *radius* of 5 centimeters // ...から*半径5マイル以内 within a *radius* of five miles of ... // 行動*半径 the *radius* of action

はんげき 反撃 ―動 (一般に) (make a) counterattack 自; (争いごと・戦争などで) fight [strike] back 自 ★口語的表現. ―図 counterattack Ⓒ, counteroffensive Ⓒ. 《☞ ぎゃくしゅう》.
¶そのチームは1回戦に敗れたが, 2回戦では*反撃に出た The team was defeated in the first round, but launched a *counterattack* in the second. // *反撃の用意はできている We are ready to ⌈*fight* [*strike*] *back* now.

はんけつ 判決 ―図 (特に裁判の) ruling Ⓤ, (court) decision Ⓒ ★前者がより一般的; (一般的な判断も含めて) judgment [《英》judgement] (of the (law) court) Ⓤ; (判決書) sentence Ⓒ. ―動 (判決を下す) rule 自 他 ★「裁判所」(court) を主語として; (決定する) decide 自 [語法] 一般的に「決める」ことを言う意味の広い語なので, 裁判の判決であることを言うには前後関係がはっきりしている必要がある；(判断を下す) pass judgment (on ...) [語法] 裁判以外の判断についても使える.
¶ *判決はあす言い渡される The 「*ruling* [*decision*; *judgment*] (*of the court*) will be 「delivered [given] tomorrow. / The court will *rule* tomorrow. // 犯人は有罪の*判決を受けた The culprit *has been found guilty*. ★ find ... 「guilty [not guilty] は「...を有罪[無罪]とする」の意味. // 被告は懲役 15 年[終身刑]の*判決を受けた The accused *was sentenced* to 「fifteen years' [life] imprisonment.

はんげつ 半月 —[名] half-moon Ⓒ; (三日月) crescent Ⓒ. —[形] (半月形の) semicircular; (三日月形の) crescent. 《☞ つき[1] (挿絵)》.

はんけん 版権 —[名] copyright Ⓤ. —[動] (版権を得る) copyright ㊀. ¶ だれが*版権を持っているのですか Who 「has [owns] the *copyright*? // この本は 1980 年に*版権がとってある This book *was copyrighted* in 1980.
版権所有者 copyright holder Ⓒ **版権侵害** infringement of copyright Ⓒ; (海賊行為) (literary) piracy Ⓤ.

はんげん 半減 —[動] (半減させる) cut [reduce] ... 「by [to] half; (2 等分する) halve [hǽ(ː)v] ㊀. ¶ ドルの価値が*半減した The value of the dollar *has been* 「*cut* [*reduced*] 「*to* [*by*] *half*. // クラスの人員は*半減した (⇒半分しか残っていない) Only *half* of the class remains.

ばんけん 番犬 watchdog Ⓒ.

はんこ 判子 (印鑑) seal Ⓒ; (ゴム印) stamp Ⓒ. 《☞ はん[1]》.

はんご 反語 —[名] (皮肉) irony [ái(ə)rəni(ː)] Ⓤ; (修辞疑問) rhetorical question Ⓒ 《☞ 修辞疑問 (欄外)》. —[形] (反語的) ironical. —[副] (反語的に) ironically.

はんこう[1] 犯行 crime Ⓒ, offense (《英》 offence) Ⓒ.
【類義語】法律に違反する罪は crime. offense はもっと意味が広く, crime も含めて, 法律・道徳・慣習などの違反をすべて意味する. なお, 以上のほかに, 文脈の上で, 犯行の内容が「盗み」,「殺人」などであれば, それぞれの場合に従って, the theft, the murder などと定冠詞を付けて言うことも多い. 《☞ つみ (類義語)》
¶ 彼は*犯行を自供した He confessed his *crime*. // 私は推理小説を読んで, だれの*犯行か推理するのが好きだ I like to read detective stories, and try to guess who *has committed the crime*. // 被告は*犯行を認めた[認めなかった] The 「accused [defendant] pleaded 「*guilty* [*not guilty*]. [語法] 法廷で犯行を認める[認めない]場合.

はんこう[2] 反抗 —[名] (抵抗) resistance Ⓤ; (反対) opposition Ⓤ; (命令などの拒否) rebellion Ⓤ; (挑戦・命令などの無視) defiance Ⓤ. —[動] resist ㊀; oppose ㊀; rebel (against ...) ㊂; defy ㊀. —[形] (反抗的な) defiant, rebellious. 《☞ ていこう; はんたい; はむかう》.
¶ 彼らの*反抗はしぶとかった Their 「*resistance* [*opposition*] was fierce. // 少年たちはただ年長者に*反抗してみたいのだ Boys simply like to 「*resist* [*oppose*; *rebel against*] their seniors.
反抗期 ¶ 彼らは*反抗期だ They are at a *rebellious age*. **反抗心** rebellious spirit Ⓒ.

はんごう 飯盒 mess kit Ⓒ 《☞ キャンプ (挿絵)》.

ばんごう 番号 —[名] number Ⓒ. —[動] (番号をつける) number ㊀. 《☞ 数字 (囲み)》.
¶ 各戸に*番号がつけられます Each house will be 「given a *number* [*numbered*]. // *番号が違います《電話の》You have the wrong *number*. 《☞ 電話の英語 (囲み)》 // *番号《号令》*Number* off!

ばんこく 万国 —[形] (国際的) international; (全世界の) universal. **万国旗** (飾りの) bunting Ⓤ **万国博覧会** world [international] exposition Ⓒ, world('s) fair Ⓒ.

バンコク Bangkok [bǽŋkɑk].

はんこつせいしん 反骨精神 (気骨) backbone Ⓤ; (断固とした態度・心構え) uncompromising [unyielding] attitude of mind Ⓒ; (挑戦的精神) spirit of defiance Ⓒ.

はんごろし 半殺し —[動] (半殺しにする) nearly kill ㊀; (殴って) beat ... nearly to death. 《☞ はんしはんしょう》.

ばんこん 晩婚 —[動] (晩婚である) marry late (in life) ㊂.

はんざい 犯罪 —[名] (法律によって罰せられる行為) crime Ⓤ ★ 最も一般的な語で以下の語の代わりにも用いることができる. 具体的な行為の場合は Ⓒ. 具体的な場合は Ⓒ となる点については felony, delinquency についても同じ; (違反行為) offense (《英》 offence) Ⓒ; (殺人・放火などの重罪) felony Ⓤ; (特に少年などの非行行為) delinquency Ⓤ. —[形] (犯罪の) criminal. 《☞ つみ (類義語)》.
¶ *犯罪行為 a *criminal* act // 彼は*犯罪を犯した He committed a *crime*. // 少年*犯罪が増えている Juvenile *delinquency* is increasing. / The *crime* rate among 「minors [immature people; youngsters] is going up. // ハイジャックは重大な*犯罪である Hijacking is a major *crime*. // 飲酒運転は*犯罪となる Drunken driving constitutes 「a *crime* [an *offense*]. // 軽*犯罪 a minor *offense*
犯罪学 criminology Ⓤ **犯罪者** criminal Ⓒ; offender Ⓒ; (未決の) culprit Ⓒ; (既決の) convict Ⓒ. 《☞ はんにん》.

ばんざい 万歳 —[名] *banzai* Ⓒ [参考] 英語国では両手を上げて唱える日本の「万歳」に当たる習慣はない; (歓声を上げること) cheer Ⓒ. —[感] (やったぞ) hurrah, hurray. 《☞ 日本固有の風物と英語 (囲み); 感嘆詞 (欄外)》. ¶ 女王*万歳 *Long live* the Queen! 《☞ 倒置 (欄外)》 // *万歳三唱する give three rounds of *cheers*

ばんさく 万策 ¶ *万策尽きてしまった (⇒どうしてよいかわからなかった) I did not know what to do. / (⇒困り果てた) I was at my wits' end. 《☞ とほう》

はんざつ 煩雑 —[形] (込み入っていて複雑な) complicated; (入り組んでわかりにくい)

intricate ; (面倒な) troublesome. ― 名 complexity Ⓤ ; intricacy Ⓤ. 《☞ わずらわしい ; ふくざつ ; めんどう》.

ハンサム ― 形 good-looking, handsome ★ 前者がより口語的.

ばんさん 晩餐 dinner Ⓤ 《☞ ゆうしょく ; 食事 (囲み)》. **晩さん会** dinner (party) Ⓒ.

はんじ 判事 judge Ⓒ ; justice Ⓒ 語法 後者は《米》では連邦および多くの州の最高裁判所の判事, 《英》では最高法院の判事を指す. 《☞ さいばんかん》.

ばんじ 万事 everything, all (things) ★ 前者がより口語的. 《☞ すべて》. ¶ *万事うまく行った *Everything* went ⌈well [all right]. // *万事休す It's *all* over (with us). / (⇒ 我々はもうだめだ) We're *done for*.

はんしはんしょう 半死半生 ― 形 half-dead, half-killed. 《☞ はんごろし》. ¶ *半死半生の目にあった I *was* ⌈*nearly* [*half*] *killed*.

はんじもの 判じ物 (わけのわからないもの) puzzle Ⓒ; (なぞ) riddle Ⓒ. 《☞ なぞ》. ¶ 彼の字はひどくて, まるで*判じ物だ (⇒ よく読めない) His handwriting is very bad and *almost unintelligible*.

はんしゃ 反射 ― 名 (光・熱などの) reflection Ⓤ; (反射作用) reflex Ⓤ. ― 動 reflect ㊍. 《☞ うつす[2]》.

¶ 鏡は光を*反射する A mirror *reflects* light. // 白い布地は熱を*反射する White fabric *reflects* heat. // 私は*反射的に立ち上がった I stood up as if by (a) *reflex* action.

反射運動 reflex (movement) Ⓒ **反射鏡** reflecting [reflex] mirror Ⓒ **反射作用** reflex (⌈act [action]) Ⓒ **反射神経** reflex Ⓒ **反射望遠鏡** reflector Ⓒ, reflecting telescope Ⓒ.

ばんしゃく 晩酌 ¶ 彼は*晩酌を欠かさない (⇒ 夕食のときいつも酒を飲む) He always *has a drink at supper*.

はんしゅう 半周 ― 名 (半円) semicircle Ⓒ. ― 動 (半回りする) go half round (...). ¶ 毎朝彼は走って湖を*半周する Every morning, he *runs half round* the lake.

ばんしゅう 晩秋 late ⌈fall [autumn] Ⓤ.

はんじゅく 半熟 ― 形 (卵が) half-⌈done [boiled]; (果物が) half-ripe. ― 動 (半熟にする) boil ... soft. 《☞ たまご ; 食事 (囲み); 料理の用語 (囲み)》.

はんしゅつ 搬出 ― 動 carry [take] ... out 《☞ はこぶ》.

ばんしゅん 晩春 late spring Ⓤ.

ばんしょ 板書 ― 動 (黒板に書く) write ... on the blackboard 《☞ こくばん》.

はんしょう[1] 半焼 ― 動 be partially destroyed by fire.

はんしょう[2] 反証 ― 名 disproof Ⓤ ★ 具体的な反証の意味では Ⓒ. ― 動 disprove ㊍. ¶ 我々は検察側の証拠に対する*反証をあげなくてはならない We must *disprove* the evidence submitted by the prosecution.

はんしょう[3] 半鐘 fire bell Ⓒ.

はんじょう 繁盛 ― 動 (商売がうまくゆく) do (a) good business ★ 口語的 ; (成功してうまくゆく) prosper ㊀ ; (繁栄する) thrive ㊀ ; (盛んになる) flourish ㊀ ★ 最初の語が最も一般的. 後になるほど文語的. ― 形 prosperous; thriving, flourishing. ― 名 prosperity Ⓤ. ¶ 彼の商売は*繁盛している He's *doing* (*a*) *good business*. / His business *is* ⌈*prosperous* [*prospering*].

ばんしょう 万障 ¶ *万障お繰り合わせの上, おいで下さい (⇒ あなたのご出席を心からお願いします) Your attendance is cordially invited.

バンジョー banjo Ⓒ 《複 ~(e)s》.

はんしょく 繁殖 ― 動 (動物が子を生む) breed ㊀ ㊍ 《過去・過分 bred》; (動植物が増殖する) propagate ㊀ ★ 形式ばった語 ; (増加する) increase ㊀. ― 名 breeding Ⓤ; propagation Ⓤ. 《☞ はんも》.

¶ よどんだ水は蚊を*繁殖させる Stagnant water *breeds* mosquitoes. // 暑い所ではバクテリアは*繁殖しやすい Bacteria ⌈*increase* [*propagate*] rapidly in a hot climate. // はとは*繁殖力が強い (⇒ 多産な) 鳥だ Pigeons are *fertile* birds.

繁殖期 breeding season Ⓒ.

はんしん 半身 (身体の上下の半分) half the body ; (左右の) one side of the body ★ いずれも単数形のみ. 《☞ じょうはんしん ; かはんしん》. ¶ 上*半身は何ともありません *The upper half of my body* is all right. // 彼の左*半身は麻痺(まひ)してしまった *The left side of his body* has been paralyzed. / He has been paralyzed on *the left side* (*of his body*).

はんしんはんぎ 半信半疑 ― 副 (半分疑って) half in doubt; (疑わしげに) dubiously. 《☞ うたがう》. ¶ ニュースを伝えたのだが, 彼らは*半信半疑だった Though I told them the news, they were *half in doubt*. / They received my news *dubiously*.

はんすう[1] 半数 half (the number) Ⓒ 《☞ はんぶん ; かはんすう》. ¶ 生徒の*半数はもう来ています *Half* (*of*) the pupils are already here. 語法 half (of) の後に単数形の名詞がくれば単数扱い, 複数形の名詞がくれば複数扱い. なお集合名詞の場合は複数扱いが普通. 《☞ 性・数・人称の一致 (欄外)》

はんすう[2] 反芻 ― 名 rumination Ⓤ. ― 動 ruminate ㊀, chew the cud.

反芻動物 ruminant Ⓒ.

ハンスト hunger strike Ⓒ 《☞ ストライキ》. ¶ 彼らは 3 日間*ハンストをした They went on a *hunger strike* for three days.

はんズボン 半ズボン (ひざより上の) shorts ★ 複数形で. 《☞ 衣服 (囲み)》.

はんする 反する ― 形 (反対の) contrary (to ...). ― 前 (逆らって) against ... 《☞ はんたい ; あいはんする》. ¶ 彼の行為は規則に*反する His act is *against* the rules. // 予想に*反して直子は 1 等になった *Contrary to* my expectation, the first prize went to Naoko.

はんせい[1] 反省 ― 動 (よく考える) reflect (on ...) ㊀ ; (熟考する) think over ... ; (特に自分の考え・行動をあれこれ考えてみる) examine *oneself* ; (残念に思う) regret ㊍. ― 名 reflection Ⓤ ; (内省) introspection Ⓤ.

¶ 私たちの行為を*反省してみよう Let's「think over [reflect on; examine] what we have done. // 私はそこへ行くべきではなかったと*反省している (⇒ 行ったことを後悔している) I *regret* having gone there. // その件については深く*反省しております (⇒ すまなく思っている) *I am very sorry* for it.

はんせい² 半生 half *one's* life Ⓤ. ¶ 彼女は*半生を不幸な子供たちの教育に捧げた She devoted *half her life* to the education of unfortunate children.

はんせん¹ 反戦 ━[形] (反戦の) anti-war; (反戦主義の) pacifist. ¶ *反戦デモ an *anti-war* demonstration **反戦運動** anti-war movement Ⓒ **反戦主義** pacifism Ⓤ **反戦主義者** pacifist Ⓒ.

はんせん² 帆船 《米》 sailboat Ⓒ, 《英》 sailing boat Ⓒ; (大型の) sailing ship Ⓒ. 《☞ ふね; ヨット》.

はんぜん 判然 ━[形] (明白な) clear; (他とはっきり区別できる) distinct; (確実な) certain. ━[副] (はっきりと) clearly, distinctly. 《☞ はっきり (類義語)》. ¶ 彼の態度は*判然としない His attitude is not *clear*. // 両者の違いは*判然としている The difference between the two is quite *distinct*.

ばんぜん 万全 ━[形] (確かな) sure; (安全な) safe. ¶ *万全の策を講じる必要がある We need to take the「*surest* [*safest*] measures. // *万全を期して (⇒ 念には念を入れて) もう一度書類に目を通した *To make it doubly sure*, I looked over the papers again.

はんそう 帆走 ━[名] sailing Ⓤ. ━[動] sail (自).

ばんそう 伴奏 ━[名] accompaniment Ⓒ. ━[動] accompany (他). ¶ 私はピアノで彼の*伴奏をした I *accompanied* him「on [at] the piano. // 彼女はお姉さんのピアノ*伴奏で歌った She sang to the piano *accompaniment* of her sister. **伴奏者** accompanist Ⓒ.

ばんそうこう 絆創膏 (傷などをふさぐ) sticking plaster Ⓒ 《☞ はる³》. ¶ 救急*ばんそうこう a Band-Aid ★ Band-Aid は商標が一般化したもの. 《☞ いりょう¹ (挿絵)》

はんそく 反則 ━[名] (競技の場合も含めて一般に規則違反) violation of rules Ⓤ ★ 個々のケースは Ⓒ; (特に競技の) foul [fául] Ⓒ. ━[動] violate the rules; play foul (自), foul (自). ¶ それは*反則だ (⇒ 規則に反する) It is *against the rules*. // 私たちは*反則はしなかった We didn't「*play foul* [*violate the rules*].

はんそで 半袖 (半袖のシャツ) short-sleeved shirt Ⓒ 《☞ 衣服 (囲み)》.

はんだ ━[名] solder [sɑ́də] Ⓤ. ━[動] (はんだづけする) solder (他). ¶ 電線は止め金に*はんだづけしてある The wire *is soldered* on to the catch. **はんだごて** soldering iron Ⓒ.

パンダ panda Ⓒ; (大パンダ) giant panda Ⓒ ★ 日本でいうパンダは普通「大パンダ」を指す; (小パンダ) lesser panda Ⓒ.

ハンター hunter Ⓒ.

はんたい 反対 **1** 《逆》 ━[形] (正反対の) opposite (to ...); (強く対立した) contrary (to ...). ━[名] (反対のほう) the other way; (反対側の) the other side ★ 以上 2 つは以下のものより口語的; opposite Ⓒ; the contrary. 《☞ ぎゃく (類義語); あべこべ; せいはんたい》.

¶「高い」は「低い」の*反対だ "High" is *opposite to* "low." / "High" and "low" are *opposites*. / The「*opposite* [*contrary*] of "high" is "low." 《☞ 反意語 (欄外)》 // あなたの言っていることは事実と*反対だ What you say is *contrary to* the facts. // 私は間違えて*反対のほうへ行ってしまった I went「*the other way* [in the *opposite* direction] by mistake. // 彼の家は彼女の家のちょうど*反対側にある His house is just *opposite* (*to*) hers. // 月の*反対側 (⇒ もう一方の側) は見ることができない We cannot see *the other side* of the moon. // 彼女はわざと絵を上下*反対に掛けた She hung the picture *upside down* on purpose.

2 《逆らう》 ━[動] (意見・考えなどに) oppose (他); (異議を唱える) object (to ...) (自). ━[名] opposition Ⓤ; objection Ⓒ. ━[前] (...に逆らって) against ... 《☞ ふさんせい》.

¶ 私たちは戦争に*反対だ We are *against* war. // 彼は私たちの提案に*反対した He「*opposed* [*objected to*] our proposal. / He「made [raised] an *objection* to our proposal. // 彼らはその規則の変更に強く*反対している They *are* firmly *opposed to* changing the rules. **反対者** objector Ⓒ **反対尋問** ━[名] cross-examination Ⓒ. ━[動] cross-examine (他).

パンタグラフ pantograph Ⓒ 《☞ えき¹ (挿絵)》.

バンタムきゅう バンタム級 bantamweight class Ⓒ. **バンタム級の選手** bantamweight Ⓒ.

はんだん 判断 ━[動] (判断する) judge (自) (他); (決定する) decide (他); (解釈する) interpret (他); (結論を下す) conclude (他). ━[名] judgment (《英》 judgement) Ⓤ; decision Ⓤ; interpretation Ⓤ; conclusion Ⓤ ★ 以上は判断した事柄については Ⓒ となることが多い. 《☞ けつだん; かいしゃく》.

¶ 人を外見で*判断してはいけない Don't *judge* a man by his appearance. // 彼のしていることから*判断すると, どうも要領の悪い男のようだ *Judging* from what he is doing, he seems to be a tactless fellow. // 私は彼女が笑ったので承知したものと*判断した (⇒ 解釈した) I *interpreted* her smile as consent. // 私たちは彼の計画が一番よいと*判断した (⇒ 結論を下した) We *concluded* that his plan was best. // それは彼の*判断に任せた We left it to his *judgment*. // 私は*判断を誤った I made an error of *judgment*. // 彼女の言葉が本当かどうか*判断がつかない I *can't tell* (*for sure*) whether what she has told me is true or not.

ばんたん 万端 everything, all ★ 前者のほうがより口語的. 《☞ ばんじ》. ¶ 用意*万端整っています *Everything* is ready.

ばんち 番地 (住所) address Ⓒ; (各戸の) house number Ⓒ. 《☞ じゅうしょ; あてな; 手

紙の書き方(囲み); 数字(囲み)》. ¶あなたの*番地を教えて下さい Please give me your *address*. // この手紙は*番地が違っている (⇒間違ってあて名が書かれている) This letter *is* wrongly *addressed*.

パンチ ―[名] punch [C]. ―[動] (げんこつを食らわせる) punch (他). ―[形] (比喩的に, パンチのきいた) punchy ★口語的. ¶彼は相手のあごに*パンチを食らわせた He *punched* his opponent on the jaw. **パンチカード** punch card [C].

ばんちゃ 番茶 coarse (green) tea [U].

はんちゅう 範疇 category [C].

はんちょう 班長 section [group] leader [C].

パンツ (非常に短い V 形の) briefs, shorts [語法] いずれも複数形で. 運動選手がはくのは athletic shorts. ランニング用は running shorts; (ボクシング・水泳などの) trunks; (婦人・子供用のパンティー) pants [語法] 《米》では男物の場合 pants と言えばズボンを指す. 《☞ 衣服(囲み); したぎ(挿絵)》.

はんつき 半月 ―[名] half a month, 《米》 a half month. ―[形][副] semimonthly. ¶この雑誌は*半月ごとに発行される This magazine is (published) *semimonthly*.

ばんづけ 番付 (一覧表) list [C]; (特に相撲の) ranking list [C]. ¶彼はいつも長者*番付の10位以内にいる He is always 「among the top ten on the *list* of millionaires [one of the ten persons heading the *list* of millionaires].

はんてい 判定 ―[名] (権限のある者が下す裁定) ruling [C]; (決定) decision [U] ★具体的な判定は [C]. ―[動] rule (他); decide (他). 《☞ けってい; はんだん》. ¶審判の*判定には従わなければならない We have to accept the 「*decision* [*ruling*] of the umpire. // そのボクサーは*判定で勝った[負けた] The boxer 「won [lost] a *decision*.

パンティー (女物) panties ★複数形で. 《☞ したぎ(挿絵)》. **パンティーストッキング** panty hose [U] ★複数扱い. 数えるときは a pair [two pairs] of panty hose のように数える.

ハンディ(キャップ) ―[名] handicap [C]. ―[動] (不利な条件を負わせる) handicap (他). ¶病身なことが, 彼女の*ハンディキャップになっている She *is handicapped* by poor health. / Poor health is a *handicap* to her. / 《ゴルフで》父の*ハンディは15です My father is a 15-*handicap* player.

はんてん[1] 斑点 (丸形の) spot [C]; (小さな点) speck [C]. ¶うちの猫は黒い*斑点のある白猫です Our cat is white with black 「*spots* [*specks*].

はんてん[2] 反転 ―[動] (ひっくり返る・ひっくり返す) turn over (自)(他); (位置・方向を逆にする) reverse (他). ―[名] reverse [C]. 《☞ ぎゃく; ひっくりかえる》.

はんてん[3] 半纏 (短い上衣) short coat [C]; (職人のはっぴ) workman's happi coat [C].

バント ―[名] bunt [C]. ―[動] (バントする) bunt (自). 《☞ 野球の英語(囲み)》. ¶彼は一塁走者を*バントで送った He advanced the first-base runner 「with [on] a *bunt*. // 犠牲[ドラッグ]*バント a 「sacrifice [drag] *bunt*

バンド[1] (ベルト) belt [C]; (革製・ビニール製の時計バンド) strap [C]; (金属製の時計バンド) bracelet [C]. 《☞ ベルト(挿絵)》.

strap　bracelet

バンド[2] (ポピュラー音楽・ジャズの) band [C]. ¶彼らは新しく*バンドを結成した They 「formed [organized] a new *band*.

はんとう 半島 peninsula [pənínsələ] [C].

はんどう 反動 ―[名] (物理的な反作用) reaction [C] ★「政治的な反動」の意味では [U]. ―[形] (政治的な意味の) reactionary. ¶電車が急に動き出すと, 私たちの何人かは*反動で後ろへ転んだ When the train started suddenly, some of us fell backwards in *reaction*. // 彼は*反動的思想の持ち主だ He has *reactionary* views.

ばんとう 番頭 (head) clerk [C].

はんどうたい 半導体 semiconductor [C].

はんとうめい 半透明 ―[形] translucent. ―[名] translucence [U]. 《☞ とうめい》.

はんどく 判読 ―[動] (理解する) make out (他) ★口語的な表現; (暗号などを) decipher [disáifə] (他). 《☞ かいどく[1]》. ¶彼の書いた物を*判読するのにだいぶ時間がかかった It took a pretty long time for me to 「*make out* [*decipher*] his (hand)writing.

はんとし 半年 ―[名] half a year ★《米》では a half year と言うことがある. ―[形] (半年ごとの) semiannual. ―[副] semiannually. ¶*半年間, 海外へ行って来ます I'll be abroad for 「*half a year* [*a half year*]. // その契約書は*半年ごとに更新される The contract is renewed *semiannually*. [語法] 契約などでは半年は half a year とは言わず six months と言う.

ハンドバッグ handbag [hǽn(d)bæ̀g] [C], 《米》 purse [C].

ハンドボール handball [U] ★競技用のボールは [C]. 《☞ スポーツ(囲み)》.

パントマイム pantomime [C].

ハンドル (自動車・飛行機・船などの丸い) steering wheel [C] [語法] 英語の handle は柄や取っ手などをいう. 前後関係で誤解のおそれがなければ wheel だけでよい; (自転車・オートバイなどの棒状の) handlebar [C] ★両手で握る部分は handle と言う; (ドアの丸い) doorknob [C]. 《☞ 自動車(囲み); じてんしゃ(挿絵); オートバイ(挿絵); え[2](挿絵)》. ¶父が私たちの車の*ハンドルを握っていた Father was 「at the *wheel* of [driving] our car. // 彼は*ハンドルを右へ切った He 「turned [swung] the *wheel* right. // 私はそっとドアの*ハンドルを回した I turned the *doorknob* quietly. // 右*ハンドルの車 a right-hand-*drive* car / a car with a right-hand *drive*

はんドン 半ドン half holiday [C].

ばんなん 万難 **万難を排して** (どんな犠牲を

は

払っても) at all costs, at any cost ; (どういう方法を使っても必ず) by all means. ¶ *万難を排して援助いたします I'll help you *at* ⌈*all costs* [*any cost*].

はんにち¹ 半日 half a day, a half day.

はんにち² 反日 ― 形 anti-Japanese. ¶ *反日感情 an *anti-Japanese* sentiment

はんにゅう 搬入 ― 動 (運び込む) carry ... into ..., bring [take] in 他 **語法** 中にいる人から見て外から運び込むなら bring, 外の人から見て中へ運び込むなら take. carry はいずれにも用いられる. (☞ はこぶ).

はんにん 犯人 (犯罪を犯した人) criminal Ⓒ; (少し広い意味で違反者も含んで) offender Ⓒ; (容疑者) suspect Ⓒ; (有罪判決を受けた人) convict Ⓒ; (未決の囚人) culprit [kʌ́lprit] Ⓒ. **語法** 日本語で「犯人」という場合には「容疑者」を指すことも多く, その場合には suspect を用いる. 殺人の犯人は murderer, 強盗の犯人なら robber で, 英語ではそれぞれのケースに応じて以上の語を使い分けることが多い.
¶ *犯人は現行犯で捕えられた The ⌈*offender* [*criminal*] was ⌈caught [arrested] in the (very) act. // 強盗の*犯人はまだ逮捕されていない The ⌈*robber* [*burglar*] is still at large. // 彼は放火の*犯人として捕まった He was arrested as an arson *suspect*. // この川の汚染の*犯人はあの工場だ (⇒ 川を汚染したのはあの工場だ) It is that factory that polluted this river. / (⇒ あの工場に責任がある) That factory *is responsible for* the pollution of this river. ★ 前者のほうが口語的.

はんにんまえ 半人前 ¶ 私はまだ*半人前の仕事しかできません (⇒ 未熟だ) I'm ⌈*inexperienced* [*not skillful enough*] in this job. (☞ いちにんまえ)

はんね 半値 half (the) price (☞ はんがく).
¶ この靴は*半値で買った I bought this pair of shoes at *half* (*the*) *price*. // *半値にいたしましょう (⇒ 半分値段を引きます) I'll take off *half the price*. / (⇒ 50% 割り引きにします) I'll give you *a 50% discount*.

ばんねん 晩年 the ⌈latter part [late period] of *one's* life, *one's* ⌈later [latter] years.
¶ *晩年の父は気難し屋だった My father *in his later* ⌈*years* [*days*] was a man of moods. // 彼は*晩年に成功した He succeeded *late in life*.

はんのう 反応 ― 名 (刺激や作用に対する) reaction Ⓒ; (生理的・心理的) response Ⓤ; (効果) effect Ⓤ. ― 動 react 自; respond 自. (☞ てごたえ; おうじる).
¶ 植物は光に*反応する Plants *react* to light. // 聴衆は彼のアピールに熱狂的な*反応を示した The audience ⌈*responded* [*reacted*] enthusiastically to his appeal. // 私の忠告に彼らは何の*反応も示さなかった (⇒ 私の忠告は彼らには効果がなかった) My advice had *no effect* on them. / They showed no ⌈*reaction* [*response*] to my advice. // 核[連鎖]*反応 a ⌈nuclear [chain] *reaction*

ばんのう 万能 ― 形 (神が全能の) omnipotent, almighty ; (すべての面にすぐれた) all-round, 《米》 all-around. ¶ *万能の神 *Almighty* God / God *Almighty* // これは*万能薬ではない This is not a ⌈*cure-all* [*panacea* [pæ̀nəsíːə]]. **万能選手** all-round [all-around] player Ⓒ.

はんば 飯場 construction camp Ⓒ.

はんぱ 半端 **1** «半端な物» ― 名 (半端もの・がらくた) odds and ends, oddments ★ 複数形で ; (端数) fraction Ⓒ. ― 形 (半端の・余分の) odd ; (断片的) fragmentary.
¶ 先月は幾つか*半端仕事にありついた I got several *odd* jobs last month. // *半端な数は切り捨てて下さい Please ⌈round off [omit] *fractions*. **語法** round off で「切り捨てる」を意味する. // 総額を 8 で割ると 5 円の*半端が出る (⇒ 5 円が残る) There will be five yen *left* after the total sum has been divided by eight.
2 «中途半端» ― 形 (不完全な) incomplete ; (やりかけの) half-done ; (不徹底な) halfway ; (気持ちなどがいいかげんな) half-hearted. (☞ ちゅうとはんぱ). ¶ 第 2 巻がないので, このセットは*半端になってしまった With the second volume missing, this set has become *incomplete*.

バンパー bumper Ⓒ (☞ 自動車 (囲み)).

ハンバーガー hamburger Ⓒ (☞ ハンバーグ(ステーキ)).

ハンバーグ(ステーキ) hamburger steak Ⓒ, hamburger Ⓒ **語法** 前者は少し古めかしく, 現在ではパンにはさんだものもそうでないものも hamburger と呼ぶのが普通. (☞ 食事 (囲み)).

はんばい 販売 ― 動 (売る) sell 他 (過去・過分 sold). ― 名 sale Ⓤ **語法** 名詞の前に付けて「販売の」という意味のときは複数形で用いられる. (☞ うる¹).
¶ それは書店で*販売されている It is *on sale* at bookstores. // その品の*販売は中止しました We have discontinued *selling* the article. // *販売計画は変更になった Our *sales* plans have been revised. // わが社の*販売網は強化された Our ⌈*sales* [*retail*] networks have been strengthened. **語法** retail は「小売り」の意. // 当社は関東全域に渡って多数の*販売先をもっている We have a large number of *sales* outlets throughout the Kanto area. // 各メーカーは華々しい*販売合戦をスタートさせた Each manufacturer has launched an active *sales* campaign.
販売員[係] sales representative Ⓒ; (セールスマン) salesman Ⓒ, (女性の場合) saleswoman Ⓒ, salesgirl Ⓒ, saleslady Ⓒ **語法** 正式には saleswoman. 口語的で少しくだけた感じのときに salesgirl, saleslady を用いる. **販売課** the sales office **販売政策** sales policy Ⓤ **販売促進** sales promotion Ⓤ **販売店** (店) 《米》 store Ⓒ, 《英》 shop Ⓒ.

はんばく 反駁 ― 動 (反論する) argue against ... ; (論駁する) refute 他. ― 名 refutation Ⓤ. (☞ ろんばく ; はんろん).

ばんぱく 万博 world exposition Ⓒ, world('s) fair Ⓒ ★ exposition はこの意味で

は expo と略される. 《☞ はくらんかい》.

はんぱつ 反発 — 動 (はねつける) repel 他; (反対する) oppose 他; (抵抗する) resist 他. — 名 repulsion U; opposition U; (反感) antipathy U; resistance U. 《☞ はんこう²; はんかん; ていこう》.
¶ 磁石の同じ極は互いに*反発しあう The same poles of magnets *repel* each other. // 私はこの世相に*反発を感じる (⇒ 反対である) I *am opposed to* these social trends.

はんはん 半半 — 形 副 half-and-half, fifty-fifty ★ fifty-fifty は「50 対 50 に」という口語的表現. 《☞ ごぶ; せっぱん》.
¶ 水と牛乳を*半々に混ぜなさい Mix water and milk *half-and-half*. // *半々で行こう Let's go *fifty-fifty*. // 私たちは利益を*半々にした (⇒ 等しく半分に分け合った) We *shared* the profit *equally*.

はんびょうにん 半病人 (病弱な人) sickly person C.

はんびらき 半開き — 形 half-⌈open [closed]. ¶ ドアは*半開きだった The door was (left) *half-open*.

はんぴれい 反比例 〖数学〗 inverse ⌈proportion [ratio] U (↔ direct ⌈proportion [ratio]) 《☞ ひれい》. ¶ 2 要素は互いに*反比例する The two elements *are in inverse proportion* to each other.

はんぷ 頒布 — 動 (配る) distribute 他. — 名 distribution U. 《☞ くばる; はいふ》.

はんぷく 反復 — 動 (同じことを繰り返す) repeat 他; (特に, しつこく何度も言う) reiterate 他 ★ 形式ばった語. — 名 repetition U; reiteration U. 《☞ くりかえす》. ¶ 何回も*反復してせりふを覚えた I have memorized my lines by ⌈*repeating* them again and again [*repeated* practice]. **反復記号** 〖音楽〗 repeat C **反復練習** repeated practice U.

パンプス pumps ★ 通例複数形で. 1 足を言うときは a pair of pumps. 《☞ くつ (挿絵)》.

ばんぶつ 万物 (すべての物) all things; (宇宙にあるすべての物) all nature U; (神が作ったもの) creation U. ¶ 人間は*万物の霊長といわれる Man is called the lord of *creation*. // 神は*万物の創造主である God is the creator of *all nature*.

パンフレット (小冊子) pamphlet C; (営業用の) brochure [broʃúə] C 語法 英語の pamphlet は薄い仮りとじのものをいい, 例えば宣伝用のカタログなど少し上等な作りのものは brochure という. なお用紙が一枚のものは leaflet C と呼ぶ.

はんぶん 半分 — 名 half C 《複 halves》. — 動 (2 つに分ける) divide ... into halves. — 副 (半分だけ) half. 《☞ はん²; にとうぶん》. ¶ 12 の*半分は 6 です *Half* of 12 is 6. // そのりんごを*半分下さい Please give me *half* of the apple. // 箱の中のオレンジの*半分は腐っている *Half* of the oranges in the box are rotten. 語法 動詞の数は half of の後に続く名詞の数と一致する. 《☞ 性・数・人称の一致 (欄外)》 // あなたの蔵書の*半分もあったらよいのだが I wish I had *half* as many books as you have. // パンを*半分にしなさい *Divide* [*Cut*] the loaf of bread ⌈*into halves* [*in half*]. // 宿題は*半分終わった My homework is *half* done. // 彼はそれを冗談*半分に言ったのです He said that ⌈*just for fun* [*half in jest*]. / (⇒ 本当にそのつもりで言ったのではない) He *didn't really mean that*.

はんべい 反米 — 形 anti-American, Anti-U.S. ¶ 彼らは*反米感情を持ったことがない They have never felt any ⌈*anti-American* [*Anti-U.S.*] sentiment.

はんべつ 判別 — 動 (区別する) distinguish 自 他; (違いを述べる) tell ... from ... 語法 後者のほうが口語的. ただし日本語の「判別」のニュアンスには前者のほうが合う. — 名 distinction U. 《☞ くべつ (類義語); みわける》.

はんぼいん 半母音 〖音声学〗 semivowel C 《☞ ぼいん²》.

ハンマー hammer [hǽmɚ] C 《☞ かなづち (挿絵); だいく (挿絵); やま (挿絵)》. **ハンマー投げ** the hammer throw 《☞ スポーツ (囲み)》 **ハンマー投げ選手** hammer thrower C.

はんめい 判明 — 動 (はっきりする) become ⌈clear [plain]; (知れる) be known; (結局…だとわかる) turn out 自, prove 自 ★ 前者のほうが口語的; (人や物が特定の…と認められる) be identified. 《☞ しれる》.
¶ 火事の原因はすぐに*判明した The cause of the fire soon *became* ⌈*clear* [*plain*]. // 選挙の結果はあすの朝*判明します The results of the election will *be known* tomorrow morning. // そのうわさは誤りだと*判明した <S (事柄)+V (*turn out*; *prove*)+C (形)> The rumor ⌈*turned out* [*proved*] false. // 被害者の身元はいまだに*判明して (⇒ 確認されて) いない The victim *has* not yet *been identified*.

はんめん¹ 半面 (一方の面) one side; (残りの面) the other side 語法 2 つある面のうちいずれか一方を one side, 残りを the other side と言う. 《☞ いちめん》. ¶ あなたは問題の*半面しか見ていない You are looking at only *one side* of the question. // あなたは彼の (⇒ 彼の性格の)*半面を知らない You don't know *the other side* of his character.

はんめん² 反面 (しかし) but ...; (他方では) on the other hand ★ but とともに使うこともある. 《☞ いっぽう¹; いちめん; しかし》. ¶ 彼は才能があるが, その*反面, 欠点もないではない He is able, *but on the other hand* he is not without faults.

はんも 繁茂 — 動 (厚く茂る) grow thick 自. — 形 (密生した) thick (↔ thin); (うっそうとした) dense ★ 前者が口語的で広く用いられる. 《☞ しげる; おいしげる》. ¶ この島には熱帯植物が*繁茂している Tropical plants *grow thick* on this island. / (⇒ この島は熱帯植物で厚く覆われている) This island *is thickly covered with* tropical plants.

はんもく 反目 — 動 (不和である) be at odds with ... — 名 (敵意) hostility U, antagonism Ⓤ ★ 後者は形式ばった語. 《☞ てきたい；たいりつ》. ¶ 彼らは金銭問題で互いに*反目している They *are at odds with* each other over money matters.

ハンモック hammock [hǽmək] Ⓒ.

はんもと 版元 publisher Ⓒ.

はんもん[1] 反問 ―動 (逆に質問する) ask a question in return. ¶「それはどういう意味ですか」と私は*反問した "What do you mean by that?" I *asked in return*.

はんもん[2] 煩悶 ―動 (ひどく悩む) be in ˹agony [anguish] (over ...). ―名 (苦悩) agony Ⓤ; (特に心の苦しみ) anguish Ⓤ. 《☞ くのう》. ¶ 彼女はその問題で*煩悶した She *was in agony over* the problem.

ばんゆう 蛮勇 (無謀な勇気) reckless courage Ⓤ; (無謀) recklessness Ⓤ. ¶ *蛮勇をふるって (⇒ 容赦なく) mercilessly

ばんゆういんりょく 万有引力 〘物理〙 universal gravitation Ⓤ. ¶ *万有引力の法則 the law of *gravitation*

はんら 半裸 ―形 half-naked 《☞ はだか》.

はんらん[1] 反乱 ―名 (大規模で組織的な) rebellion Ⓤ [語法] 過去の事件について言うときには失敗したものに用いる. 成功した場合は revolution Ⓤ という；(比較的小規模な) revolt Ⓤ [語法] 以上はそれぞれ具体的な行為を指す場合は Ⓒ；(大規模な反乱につながる初期の) uprising Ⓒ. ―動 rebel [ribél] against ... 《過去・過分 rebelled》; revolt against ...; rise against ... 《☞ はんぎゃく；はんき[3]；ぼうどう》.

¶ *反乱が起こった A ˹*rebellion* [*revolt*] broke out. // 彼らは国王に対して*反乱を起こした They ˹*rebelled* [*revolted*] *against* the king. / They *rose in* ˹*rebellion* [*revolt*] *against* the king. // 国王は*反乱を鎮めた The king ˹put down [suppressed] the *rebellion*.

反乱軍 rebel [rébəl] army Ⓒ.

はんらん[2] 氾濫 ―動 (水があふれ出る・岸を越えて水をあふれさせる) overflow ⓐⓣ [語法] ⓣ のときは「川岸」など, 水が越えてあふれ出るものが目的語；(洪水になる・洪水にする) flood ⓐⓣ. ―名 overflow Ⓒ; flood Ⓒ. 《☞ こうずい》.

¶ 川が*氾濫した The river *overflowed* (its banks). / (⇒ 川は堤防を越えて流れ出た) The river *flowed over* its banks. // 大雨のため川が*氾濫した (⇒ 大雨が川を氾濫させた) The heavy rain caused the river to *flood*. // 近ごろは日常の言葉に外来語が*氾濫している There is a *flood* of foreign words in our everyday language these days.

ばんりのちょうじょう 万里の長城 the Great Wall of China.

はんりょ 伴侶 companion Ⓒ. ¶ 彼は終生の*伴侶を得た He has got a *companion* for life.

はんれい[1] 判例 〘法律〙 (judicial) precedent [présədənt] Ⓒ ★ 文脈が明らかなときは judicial を付けなくてもよい. ¶ *判例を調べる[引用する] check [cite] a *precedent*

はんれい[2] 凡例 (辞書などの) explanatory notes ★ 複数形で; (地図や図表の) legend Ⓒ.

はんろ 販路 (市場) market Ⓒ; (はけ口) outlet Ⓒ. 《☞ しじょう[1]》. ¶ 我々はわが社の製品の*販路を開拓しなければならない (⇒ 新しい市場を見つけ[開か]なければならない) We must ˹find [open] a new *market* for our products.

はんろん 反論 ―動 (反対の意見を述べる) argue against ...; (反対を唱える) object to ... ★ 意見は述べなくてもよい; (批判する) criticize ⓣ. ―名 argument Ⓤ; objection Ⓤ; criticism Ⓤ. 《☞ はんたい；いいかえす；くちごたえ》. ¶ 私は彼の意見に*反論した I ˹*argued against* [*objected to*] his opinion. // 私の考えに対する彼の*反論は的はずれだ His *argument against* my idea is not to the point.

ひ

ひ

ひ[1] 日 **1** «太陽»: the sun ★「日なた」の意にもなる; (日光) sunlight Ⓤ, sunshine Ⓤ ★ 後者は「日なた」の意にもなる. 《☞ たいよう[1]; にっこう; ひなた》.

¶ *日は東から昇り西に沈む *The sun* rises in the east and ˹sets [goes down; sinks] in the west. ★ 前置詞に注意. // 空には*日がさんさんと照り輝いていた *The sun* was shining bright(ly) in the sky. // 彼はそれを*日に当てて[*日の当たらない所で]乾かした He dried it in *the* ˹*sun* [*shade*]. // 部屋には*日がいっぱい差していた There was a lot of *sun* in the room. ★ この sun は「日差し」の意味で, Ⓤ. / (⇒ 日光が部屋に流れ込んでいた) *The sun* was streaming into the room. 《☞ 発想 (欄外)》 // この部屋は冬は*日が当たらない *The sun* does not come into this room in winter. / This room gets no *sunshine* in winter. // 彼は*日の当たる[当たらない]所にいる (⇒ 彼の地位は日の当たる[当たらない]場所だ) His post is a place ˹in [out of] *the sun*. 《☞ 比喩 (欄外)》

2 «暦日»: (特定の日) day Ⓒ; (時日) time Ⓤ. 《☞ とき[1]》.

¶ 私は雨の*日はバスで学校へ行く I ˹go to school by bus [take a bus to school] on rainy *days*. // 私はアメリカにいたころの楽しい*日々を思い出した I thought of the happy *days* I had when I was in America. // *日がたつにつれて彼の怒りはやわらいだ As ˹*time* [(the) *days*] ˹went by [passed] his anger cooled (down). // *日一日と暖かくなっている It is getting warmer *day by day*. // *日を改

めてお伺いします(⇒いつか別の時に戻って来ます) I will be back some other *time*.
3 «1日・日中»: (夜に対して, 明るい時間) day Ⓒ《☞ ひる¹ (類義語)》. ¶夏[冬]は*日が長い[短い] The *days* are ⌈long in summer [short in winter]. // *日がだんだん短くなってきた The *days* are getting shorter. // 間もなく*日が暮れる (⇒もうすぐ暗くなる) It will soon get dark.
4 «日付・期日»: date Ⓒ《☞ きじつ; 時刻・日付・曜日 (囲み)》. ¶私たちは運動会の*日を決めた We fixed the *date* for the athletic meet. // 私の生まれた*日は3月23日です My *birthday* is March 23. / The *date* of my birth is March 23. ★ March (the) twenty-third と読む.
日に焼ける ¶彼の顔は*日に焼けて真っ黒になっていた His face was red from too much *sun*. ★ 日本語では「真っ黒に日に焼ける」と言うが, 英語では日に焼けた色は red (赤), または brown (茶色). // *日に焼けて顔がひりひりする My face is sore from *sunburn*. 《☞ ひやけ》

ひ² 火 **1** «火» ―名 fire Ⓤ; (マッチ・ライターなどの) light Ⓒ. ―動 (火をつける) fire ㊀; light ㊀《過去・過分 lighted, lit》.
¶紙は*火がつきやすい Paper catches *fire* easily. // 私はマッチをすって紙に*火をつけた(⇒紙を燃やした) I struck a match and *burned* the paper. // 恐れいりますが*火を貸していただけますか Excuse me, but will you give me a *light*, please? [語法] この場合 fire は使えない. // 彼はたばこ[ろうそく]に*火をつけた He ⌈*lighted* [*lit*] a ⌈cigarette [candle]. // *火のついたたばこを捨ててはいけません Don't throw away *lighted* cigarettes. [語法] light の過去分詞が形容詞的に用いられるとき, ほかに修飾語がないときは lit でなく lighted が用いられる. // *火のないところに煙は立たない (⇒煙があるところには火がある) Where there is smoke, there is *fire*. / There is no smoke without *fire*. 《ことわざ》
2 «かまどやたき火の»: fire Ⓒ.
¶*火をおこして下さい Please make a *fire*. // *火が消えそうです. もっと*火をおこしなさい The *fire* is going out. Stoke [Stir; Fan] the *fire*. [語法] 燃料を加えて火を盛んにするのは stoke, かき立てて火をおこすのは stir, あおいで火をおこすのは fan を用いる. // *火を消しなさい Put out the *fire*. // *火にあたりましょう (⇒火にあたって体を暖めましょう) Let's warm ourselves ⌈at [by] the *fire*. // 私は手を*火にかざして暖めた I warmed my hands ⌈by [over; in front of] the *fire*. [語法] 火のそばでという意味では by, 火の上に手をかざしてという意味では over, 火の前でという意味では in front of を用いる. // 私はやかんを*火にかけた I put a kettle ⌈on [over] the *fire*. // 飛んで*火に入る夏の虫とはおまえのことだ (⇒おまえはわなに足を踏み入れた) You walked into a trap.
3 «火事»: fire Ⓒ《☞ かじ¹》.
¶「*火はどこから出たのですか」「台所から出ました」"Where did the *fire* start?" "It started in the kitchen." // *火は隣家に燃え移った The *fire* spread to the house next door. // 彼はその家に*火をつけた He *set* the house *on fire*. / He *set fire to* the house. [語法] この場合 fire は「火」の意味の不可算名詞. 《☞ ほうか¹》 // 消防士たちはその*火を消そうとした The firemen tried to ⌈put out [extinguish] the *fire*. [語法] put out のほうが口語的. // *火の回りが速かった (⇒火は速く広がった) The *fire* spread rapidly. // その家はあっという間に*火 (⇒炎) に包まれた The house was enveloped *in flames* in an instant. // *火の用心 Beware of *fire* / (⇒火事を防止せよ) Prevent *fires* 《☞ 掲示の英語 (囲み)》
火がついたように ¶その赤ん坊は*火がついたように (⇒狂ったように) 泣いていた The baby was crying *frantically*.
火に油を注ぐ ¶それは*火に油を注ぐようなものだ It is just like *throwing fuel on the fire*. 《☞ 比喩 (欄外)》
火の車 ¶私のところは*火の車だ (⇒私は金に困っている) I *am hard up* (for money). ★ for money は通常省略される. 口語的な表現. 《☞ くだけた英語と堅苦しい英語 (欄外)》
火を通す ¶豚肉は食卓に出す前に十分*火を通す (⇒料理する) 必要がある Pork should *be* thoroughly *cooked* before being served. 《☞ 省略 (欄外)》
火を見るよりも明らか ¶それは*火を見るよりも明らかだ (⇒まったく明白だ) It is *quite obvious*. / (⇒日の光と同じように明らかだ) It is *as clear as day*. ★ 成句.
顔から火が出る ¶私は*顔から火が出るほど恥ずかしかった (⇒恥ずかしさで顔が赤くなった) I *was flushed* with embarrassment.
目から火が出る ¶彼にひどく殴られて私は*目から火が出た (⇒星を見た) I *saw stars* as he hit me so hard. ★ see stars は成句.

ひ³ 比 **1** «比率»: ratio Ⓒ《☞ ひりつ; わりあい》. ¶AとBの*比 (⇒AのBに対する比) は3対5です The *ratio of* A *to* B is 3 : 5. ★ three to five と読む. / A and B are in the *ratio* 3 : 5. ★ of three to five と読む. またそのように書いてもよい. 《☞ 数字 (囲み)》
2 «比較»: (競争相手) match Ⓒ; (匹敵するもの) equal Ⓒ. ¶彼はテニスがうまいけれどもジョンの*比ではない (⇒ジョンにかなう相手ではない) He is a good tennis player, but he is no *match* for John. 《☞ てき》 // 光の速さは音の*比ではない (⇒光は音よりずっと速く進む) Light travels *much faster* than sound.

ひ⁴ 非 (誤り) mistake Ⓒ; (過失) fault Ⓒ. ¶彼は*非を認めた He admitted his ⌈*mistake* [*fault*]. // 彼女の演奏は*非の打ちどころがなかった (⇒完全だった) Her performance was *perfect*. 《☞ かんぺき》

ひ⁵ 妃 princess Ⓒ ★ 皇族の1員である女性にも, また皇族の男性の妻(=妃)にも用いる語.

ひ⁶ 碑 monument Ⓒ.

ひ- 非… ―[接頭] un-, non- ★ 中立的・消極的な否定には non- を用いる. 《☞ 接頭辞 (欄外)》. ¶*非科学的な *un*scientific // *非暴力主義 *non*violence

び 美 beauty Ⓤ, the beautiful [語法] 前者は日常的な表現で, 具体的なものの美しさを言い，後者はより抽象的な美を意味する．
¶ 真善*美 truth, goodness and *beauty* // 自然*美 natural *beauty*

ひあい 悲哀 (悲しみ) sorrow Ⓤ 語法 具体的な事柄を指す場合はしばしば複数形で用いる．《☞ かなしみ》． ¶ 彼は人生の*悲哀を小説に描いた He described the *sorrows* of life in his novel.

ひあがる 干上がる (乾く) dry up ⓐ 《☞ かんそう¹》． ¶ 池は*干上がってしまった The pond *has dried up*.

ひあそび 火遊び ━動 play with ⌈fire [matches] 語法 play with fire は比喩的にも用いる． ¶ 火事は子供の*火遊びから起こった (⇒ 火事は子供のもて遊んだマッチから起こった) The fire started from the *matches* the children *played with*.

ひあたり 日当たり ¶ この部屋は*日当たりがよい[悪い] This room ⌈is [is not] *sunny*. / (⇒ たくさんの日光を取り入れる[入れない]) This room ⌈gets [does not get] a lot of ⌈*sun* [*sunshine*]. 《☞ ひ¹；にっこう》

ピアニスト pianist Ⓒ.

ピアノ piano Ⓒ；(正式には) pianoforte Ⓒ. 《☞ 音楽 (囲み)》.

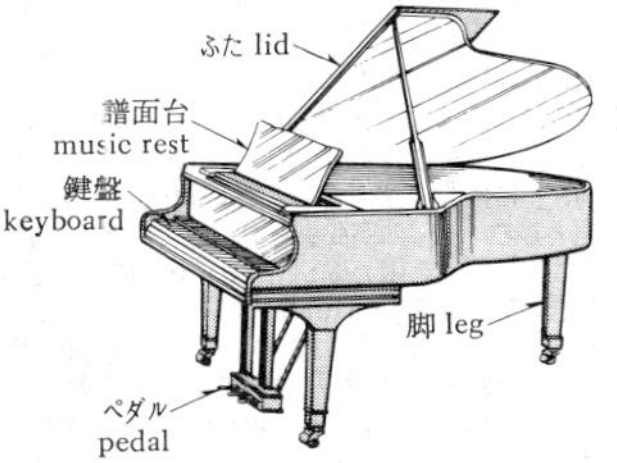

¶ あなたは*ピアノが弾けますか Can you play *the piano*? 語法「…を演奏する」という場合，楽器の名には the を付ける．《☞ 冠詞 (欄外)；音楽 (囲み)》 // 妹は毎日*ピアノの練習をしています My sister practices *the piano* every day. // 私は*ピアノのレッスンを受けた I took ⌈lessons in *piano* [*piano* lessons]. // 彼女は*ピアノが上手だ (⇒ よいピアニストだ) She is a *good pianist*. 語法 英語の pianist は専門のピアニスト以外の人に対しても「ピアノを弾く人」という意味で用いられる． / She plays *the piano* very well. // 彼はその曲を*ピアノで弾いた He played the tune *on the piano*. // *ピアノに合わせて歌いましょう Let's sing *to the piano*. // グランド[アップライト]*ピアノ a grand [an upright] *piano*

ひあぶり 火炙り ¶ 彼は*火あぶりの刑に処せられた (⇒ 火刑用の柱で焼かれた) He *was burned at the stake*. / (⇒ 生きたまま焼かれて死んだ) He *was burned alive*.

ピーアール ━名 public relations 語法 単数扱い. P.R. または PR と略す．《☞ 略語 (欄外)》 なお，PR は企業・官庁などの広報活動などをいう；(宣伝) publicity Ⓤ；(広告) advertisement Ⓤ. ━動 publicize ⓗ；advertise ⓗ. 《☞ せんでん》.
¶ うちの会社は*ピーアールがお粗末だ Our company has poor *public relations*. // 新製品は*ピーアールが不足している (⇒ 十分な宣伝が与えられていない) The new product is not given enough *publicity*. / The new product *is* not well *publicized*.

ビーカー beaker Ⓒ 《☞ じっけん¹ (挿絵)》.

ひいき 贔屓 ━動 (人を偏愛する) favor (《英》 favour) ⓗ, show favor to …；(不当にえこひいきする) be partial to …；(商店の常連客となる) be a regular customer of … ━名 favor Ⓤ；(愛顧) patronage Ⓤ. ━接頭 (…びいきの) pro-. 《☞ えこひいき》.
¶ あなたは彼を*ひいきしすぎる You *favor* him too much. / You *show* too much *favor to* him. / You *are partial to* him. // 彼はこの店を*ひいきにしている He *is a regular customer of* this store. // ジョンは日本*びいきだ John is *pro*-Japanese. // 彼女はどう*ひいき目に見ても (⇒ いくらよくてもせいぜい) 二流の歌手だ She is *at best* a second-class singer.

ピーク peak Ⓒ 語法 日本語でかな書きの「ピーク」が使われていても，英語では必ずしも peak を使うとは限らない点に注意．
¶ ラッシュアワーはいまが*ピークだ The rush hour is at its *peak* now. // 水の需要は 8 月に*ピークに達する The demand for water reaches its *peak* in August. // 私は忙しいのは 3 月が*ピークです (⇒ 私は 3 月が一番忙しい) I'm *busiest* in March. / March is *the busiest* month for me.

ビーズ (ビーズ玉) bead Ⓒ ★ 幾つもつながったものは複数形で beads という．

ヒーター heater Ⓒ 《☞ だんぼう》. ¶ *ヒーターをつける[切る] turn ⌈on [off] the *heater*

ビーだま ビー玉 glass marble Ⓒ. ¶ *ビー玉をする play *marbles*

ビーチパラソル 《米》 beach umbrella Ⓒ.

ピーティーエー Parent-Teacher Association Ⓒ 《略 P.T.A., PTA》. ¶ *ピーティーエーの集まり a *Parent-Teacher* meeting

ひいては ¶ 両国の友好は*ひいては世界の平和につながる (⇒ 寄与する) だろう Friendship between the two countries will contribute to the peace of the world.

ひいでる 秀でる excel (in…) ⓐ 《過去・過分 excelled》 《☞ すぐれる》. ¶ 彼女は音楽に*秀でている She *excels in* music. / (⇒ 音楽に並はずれた才能を持っている) She *has an unusual talent for* music.

ピーナツ peanut Ⓒ, groundnut Ⓒ ★ 前者のほうが一般的．また，groundnut は地下に生える豆状のものの総称． **ピーナツバター** peanut butter Ⓤ.

ぴいぴい **1** «鳥の鳴き声» ━動 (ひよこ・ひな鳥などが) peep ⓐ；(鳥がさえずる) whistle ⓐ；(特にかん高い調子で鳴く) pipe ⓐ. 《☞ 動物の鳴き声 (囲み)》. ¶ ひな鳥が巣の中で*ぴいぴい鳴いている A brood of birds *are peeping* in the nest. // 森で*ぴいぴいさえずっているのは何の鳥ですか What are those birds ⌈*whistling* [*piping*] in the woods?

2 «暮らしが» ¶ 当時私たちは*ぴいぴいしていた (⇒ 金に困っていた) We were *hard up* (*for money*) in those days.

ビーフステーキ (beef)steak Ⓒ 《☞ 食事 (囲み); レストラン (囲み)》.

ピーマン green pepper Ⓒ, pim(i)ento Ⓒ 《複 ~s》 ★ 前者のほうが一般的.

ひいらぎ 柊 (西洋ひいらぎ) holly Ⓒ [参考] 英米ではクリスマスの装飾用に用いる.

ビール beer Ⓤ ★ 種類を言うときには Ⓒ; ale Ⓤ [参考] ale は《英》では醸造期間が短く, 色も薄いもの. 《米》では色が濃く, 苦みが強くてアルコール度の高いもの.
¶ *ビール 1 本 a bottle of *beer* 《☞ 数の数え方 (囲み); 量の表し方 (囲み)》 // *ビール 1 杯 a glass of *beer* / (⇒ジョッキ 1 杯の) a mug of *beer* // 気の抜けた*ビール stale [flat] *beer* // 生*ビール draught [draft] *beer* // 瓶[缶]入りの*ビール bottled [canned] *beer* // 黒*ビール dark *beer* ★ stout Ⓤ ともいう.
ビール瓶 beer bottle Ⓒ.

ビールス virus [vái(ə)rəs] Ⓒ. ¶ インフルエンザの*ビールスには大別して 3 つある There are three main types of influenza *viruses*.

ヒーロー hero Ⓒ 《☞ えいゆう》.

ひうちいし 火打ち石 flint Ⓒ.

ひうん 非運 (運が悪いこと) bad luck Ⓤ (↔ good luck); (不運な出来事) misfortune Ⓤ; (避けることができない運命) fate Ⓤ ★ 死を暗示する言葉. 《☞ ふうん; さいなん》.

ひえこむ 冷え込む become [get] cold 《☞ ひえる》. ¶ けさは*冷え込んだ It *was very cold* this morning.

ひえしょう 冷え性 ¶ 彼女は*冷え性だ (⇒ 寒さに感じやすい) She is *sensitive to* (the) *cold*.

ひえびえ 冷え冷え —[形] (うすら寒い) chilly; (冷たい) cold. 《☞ さむい; さむざむ》.

ひえる 冷える get [grow; become] ⌈cold [chilly; cool] [語法] 最も一般的な語は cold, 冷え冷えとして冷たいのは chilly, 快く涼しい感じで冷たいのは cool; (ぞくぞくする) chill ㊀; (冷える) cool (down) ㊀ ★ down は特に比喩的なときに使われる. 《☞ つめたい; さむい》.
¶ *冷えてきた It's *getting* ⌈*cold* [*chilly*]. 《☞ It の用法 (欄外)》 // きょうは*冷えますね It's ⌈terribly *cold* [*chilly*] today, isn't it? 《☞ 天候の表現 (囲み)》 // 雨にぬれて体がすっかり*冷えた (⇒ 雨が骨まで私を冷やした) The rain *has chilled* me to the bone. / I *was chilled* to the bone in the rain. // *冷えたトマトジュースはおいしい The *chilled* tomato juice tastes good. // 冷蔵庫のすいかはもう*冷えていますか *Has* the watermelon already *cooled* (*down*) in the refrigerator? // 2 人の仲 (⇒ 友情) が*冷えた *The friendship* between the two *has cooled down*. // 手足が*冷えきっている (⇒私の手足はかじかんで感覚がない) My hands and feet *are* ⌈*benumbed* [*numb*] *with cold*./ (⇒ 氷のように冷たい) My hands and feet are *as cold as ice*.

ピエロ pierrot [píːəròu] Ⓒ; clown Ⓒ [語法] パントマイムに出てくるような, 顔を白く塗り, だぶだぶの白い服を着た道化役者は pierrot で, 普通の道化は clown.

びえん 鼻炎 nasal catarrh [kətάːə] Ⓤ.

ビオラ viola [vióulə] Ⓒ 《☞ 音楽 (囲み)》.

びおん[1] 微温 —[形] (なまぬるい) lukewarm, tepid ★ 前者が一般的. 《☞ なまぬるい》.

びおん[2] 鼻音 〘音声学〙 —[名] nasal [néizəl] (sound) Ⓒ. —[動] (鼻音化する) nasalize ㊉.

ひか 皮下 —[形] under the skin, 〘医学〙 hypodermic [hàipədə́ːmik]. **皮下脂肪** subcutaneous [sʌ̀bkjutéiniəs] fat Ⓤ **皮下注射** hypodermic injection Ⓒ 《☞ ちゅうしゃ[1]》.

びか 美化 —[動] (清潔にしておく) keep ... clean; (清掃する) clean ㊉ [語法] 日本語で「美化」というとしばしば清掃することを言うので, その場合にはこの訳語が当たる; (美しくする) beautify ㊉, make ... beautiful [語法] 前者のほうが形式ばっていて, 日本語の「美化」という改まった感じに近い. ただしこの語は飾りを付けたり, 手を加えたりして美しくすることをいう; (理想化する) idealize ㊉. 《☞ うつくしい (類義語); きれい》.
¶ 校内*美化週間 campus *cleaning* week // いま市内*美化運動が行われている A *make-our-city-beautiful* campaign is being carried on. 《☞ ハイフン (欄外)》 // 彼は女性を*美化しすぎている (⇒ 理想化しすぎている) He *idealizes* women too much.

ひがい 被害 —[名] injury Ⓤ, damage Ⓤ [語法] 前者は特に人が負傷したときに使う. 「物」に損傷を受けたときには damage, 法律用語として「損害賠償」を意味するときは複数形の damages を用いる; (損失) loss Ⓒ; (災害などによる死傷者) casualty Ⓒ. —[動] (被害を与える) damage ㊉. 《☞ 自然災害 (囲み)》.
¶ 私はその事件で多大の*被害をこうむった I ⌈suffered [received] a great *loss* from the incident. / (⇒ その事件は大きな損害を引き起こした) The incident caused serious *damage* to me. // 日照り続きで作物は大きな*被害を受けた A spell of dry weather did great *damage* to the crops. / The crops *were* ⌈badly *damaged* [hard *hit*] *by* a spell of dry weather. // *被害状況を (⇒ 被害がどの程度かを) 知らせて下さい Let me know how much the ⌈*loss* [*damage*] was. // 人の*被害はなかった There were no *casualties*.
被害者 (犠牲者) victim Ⓒ; (被災者) sufferer Ⓒ; (負傷者) the injured ★ 総称的に. ¶ *被害者意識 the feeling of *being victimized* **被害地** (影響を受けた地域) affected ⌈area [district] Ⓒ; (損害を受けた地域) damaged ⌈district [area] Ⓒ **被害妄想** persecution ⌈mania [complex] Ⓒ. ¶ *被害妄想患者 a *persecution maniac*

ぴかいち ぴか一 —[名] No. 1, number one; (花形) star Ⓒ; (エース) ace Ⓒ ★ 以上は [形] としても用いる. —[形] (最高の) top. 《☞ トップ; はながた》. ¶ 彼はチームでは*ぴか一の選手だ He is the ⌈*number one* [*ace*] player in his team. // 彼女は数学では*ぴか一です She is *top in* math.

ひかえ 控え (写し) copy Ⓒ; (副本) duplicate (copy) Ⓒ ★ 原本 (original) と同じ効力を持つもの. 《☞ うつし》. ¶ 私は論文の*控えを2部とった I made two *copies* of my paper. // これは税金の申告書の*控えです This is a *duplicate* (*copy*) of the tax return. **控え室** (待合室) waiting room Ⓒ.

ひかえめ 控え目 — 形 (度を越さない) moderate (↔ extreme); (言動が遠慮がちな) reserved; (謙虚な) modest; (無口な) reticent; (見積もりなど内輪な) conservative. 《☞ てきど; おんけん; けんきょ[1]》.
¶ 万事*控えめにやりなさい Be *moderate* in all things. // 彼は*控えめな人だ He is ⌈*modest* [*reticent*]. // 彼女は*控えめに話した (⇒ 遠慮して[謙遜して]) She spoke ⌈*with reserve* [*modestly*]. // *控えめに見積もっても500万円はかかるだろう It will cost five million yen at a ⌈*conservative* [*moderate*] estimate.

ひがえり 日帰り (旅行の) a day's ⌈trip [journey], a [one] day trip. 《☞ 旅行 (囲み)》. ¶ 箱根に*日帰りで行った We made *a day('s) trip* to Hakone. // 私は大阪に*日帰りで行きたいのですが (⇒ 大阪に行って1日のうちに戻ってきたい) I would like to *get to* Osaka *and back in a day*. / (⇒ 同じ日に戻って来たい) I would like to *go to* Osaka *and return on the same day*.

ひかえる 控える **1** «慎む»: (量を減らす) cut down (on …) 自 ★ 他 の用法もある. 後に … ing 形を伴う; (度を越さないようにする) be moderate in …; (遠慮する) reserve 他. 《☞ ひかえめ; せっせい[1]》. ¶ 酒もたばこも*控えたほうがいい (⇒ 減らしたほうがいい) You should *cut down* (*on*) drinking and smoking. // 私は両者の言い分を聞くまで判断を*控えた I *reserved* judgment till I heard both sides.
2 «…が近くにある» ¶ 年の瀬を*控えて (⇒ 年の終わりが近づいて) あわただしい *With* the end of the year *coming up*, we are all very busy. // 期末試験を*控えて (⇒ 目前にして) 私は必死で勉強している I'm now studying desperately *with* the final examinations *just before* me. // 彼の後には優秀な学生が*控えている There are brilliant students *behind* him. // 彼は入試を一週間後に*控えている He *is waiting to* take the entrance examinations in a week.
3 «書き留める»: write [put] down 他; (メモをとる) make ⌈a note [notes] of … 《☞ かく[1]; かきとめる; メモ》.

ひかく[1] 比較 — 名 comparison Ⓤ. — 動 (比べる) compare (the two) 他, compare … ⌈with [to] … — 副 (比較的) comparatively; (相対的に) relatively (↔ absolutely). 《☞ 比較の表現 (囲み); くらべる》.
¶ これはそれとは*比較にならない There is no *comparison between* this and that. / This cannot ⌈*bear* [*stand*] *comparison with* that. // その2つの絵を*比較してみよう Let's *compare* the two pictures. // 原文とあなたの訳文を*比較してごらんなさい *Compare* your translation *with* the original. // 今年の冬は*比較的暖かい It is ⌈*comparatively* [*relatively*] warm this winter.
比較級 〚文法〛 the comparative degree 《☞ 比較の表現 (囲み)》 **比較言語学** comparative philology Ⓤ **比較文学** comparative literature Ⓤ.

ひかく[2] 皮革 (なめし革) leather [léðɚ] Ⓤ; (獣の生皮) hide [háid] Ⓒ. 《☞ かわ[2]》. ¶ *皮革製品 *leather* articles

びがく 美学 — 名 (a)esthetics [esθétiks] Ⓤ. — 形 (美学の) (a)esthetic(al).

ひかげ 日陰, 日蔭 shade Ⓤ 《☞ かげ[2]》.
¶ その木がちょうどいい*日陰になっている (⇒ 日陰を作っている) The tree makes a very good *shade*. ★ 形容詞が前にくると不定冠詞が付く. 《☞ 冠詞 (欄外)》 // 私たちは*日陰で一休みした We took a rest *in the shade*.
日陰者 (暗い過去を持つ人) person with a shady past Ⓒ.

ひがさ 日傘 sunshade Ⓒ, parasol Ⓒ ★ 前者が一般的. 《☞ かさ[1]》. ¶ 日差しが強いので私は*日傘をさした I put up my *sunshade* because the sun was glaring.

ひがし[1] 東 — 名 the east. — 形 (東の・東方の) east, eastern 〔語法〕 境界がはっきりしていて「東部(地方)の」という場合は east を, 漠然と「東方の」というときは eastern を使う; (東寄りの) easterly. — 副 (東へ) east, eastward(s) ★ 後者は方向を示す意味が強い. 《☞ とうぶ[2]》.
¶ 鳥取県は島根県の*東にある Tottori Prefecture is to *the east* of Shimane Prefecture. // 私の部屋は*東向きだ My room faces *east*. // *東の空 the *eastern* sky
東海岸 (アメリカの) the east coast (of the United States) **東風** east [easterly] wind Ⓒ 《☞ かぜ[1]》 **東側陣営** the Eastern bloc **東半球** the Eastern Hemisphere.

ひがし[2] 干菓子, 乾菓子 dry confectionery Ⓤ.

ひがしドイツ 東ドイツ — 名 固 East Germany; (ドイツ民主共和国) the German

控えめな表現 (understatement, meiosis [maióusis]) 誇張法の反対. 物事を控えめに述べることによって, かえって相手の注意を引き, 強い印象を与えようとする表現.

very (much) や terribly の代わりに rather を用いたり, very good と言うべき場合に, わざと not so bad といった表現を用いることである. なお, この not so bad とか no mean …, no small … などのように否定の形をとる控えめな表現を修辞法では litotes [láitətìːz] として区別することもある.

控えめな表現についての例を2, 3示してみる.

¶「君はこの本が好きですか」「好きですとも」"Do you like this book?" "*Rather!*" ★この表現は《英》. // 彼女の演奏はかなりひどい失敗だった Her performance was *rather* a failure. // それはちょっとおもしろい芝居だ It's a play of *some* interest. // 彼はなかなかの学者だ He is *no mean* scholar.

控えめな表現は十分に効果的に用いられないと文章が平板になったり, 時として誤解されるおそれもあるので慎重を要する. 例えば, *Hamlet* is a play of some interest. などと言うと, 無知な人間として軽蔑さえ招きかねない. 《☞比喩 (欄外)》

ひ

比 較 の 表 現

1　比較変化

比較の表現のうちで最も基本的なものは「A は B より…だ」という場合と,「A は…のうちで一番…だ」という場合の 2 つである. 英語でこれらを表すには前者に形容詞･副詞の比較級 (comparative degree), 後者に最上級 (superlative degree) という形を用いる.

比較級･最上級に対してもとになる形を原級 (positive degree) と呼び, この語形変化を比較変化 (comparison) と呼ぶ. 比較変化には規則的なものと不規則なものとがあるが, 不規則なものはごくわずかで, ほとんどの形容詞･副詞は規則的に変化する. 比較変化は次のとおりである.

(1)　規則変化

(i) 1 音節語および 2 音節語の一部の語は -er, -est を付けて比較級･最上級を作る:

原　級	比較級	最上級
fast (速い)	faster	fastest
big (大きい)	bigger	biggest
young (若い)	younger	youngest
early (早い)	earlier	earliest
able (有能な)	abler	ablest

語 法　(1) big のように短母音＋子音字で終わる語は子音字を重ねる. (2) young [jʌ́ŋ] のように [ŋ] で終わる語の比較級･最上級の発音には [jʌ́ŋgɚ], [jʌ́ŋgist] のように [g] が入る. (3) early のように子音字＋y で終わる語は y を i に変えて -er, -est を付ける. (4) able のように発音されない -e で終わる語は -e をとって -er, -est を付ける.

(ii) -ful, -less, -ous, -ing, -ish などで終わる 2 音節語, 3 音節以上の語, -ly で終わる副詞, および 1 音節語のうちで特殊なものは語形変化はせず, more, most をそれらの前に付けて比較級･最上級を作る:

原　級	比較級	最上級
useful (有用な)	more useful	most useful
precious (貴重な)	more precious	most precious
charming (魅力的な)	more charming	most charming

(iii) 程度が劣っていることを表す比較では, すべて比較級は less, 最上級は least を付けて作る:

原　級	比較級	最上級
clever (賢い)	less clever	least clever
important (重要な)	less important	least important

(2)　不規則変化

次のような形容詞･副詞は不規則な比較変化をする.

原　級	比較級	最上級
{good (よい) {well (よく)	better	best
{bad (悪い) {ill (悪く)	worse	worst
{many (数が多い) {much (量が多い)	more	most
little (少ない)	less	least

なお 2 通りの比較変化をする語がある.

原　級	比較級	最上級
far	{farther {further	{farthest {furthest

語 法　farther, farthest は主として距離に, further, furthest は主として程度について言うときに用いられるが, 後者は距離についても用いられることがある.

2　比較表現

(1)　「A は B より…だ」

比較級の後に than を用いる.

¶あなたは私よりも背が高い You are *taller than* I. 《☞ 省略 (欄外)》 // 太郎は二郎より走るのが速い Taro runs *faster than* Jiro. // この本はあの本よりおもしろい This book is *more interesting than* that. // 幾らかでもあれば全然ないよりはましだ Something is *better than* nothing. 《ことわざ》

(2)　「A は…のうちで一番…だ」

最上級の後に, 明確な数のわかっているときは of ..., 漠然とある数のグループをいうときは in ... を用いる. なお形容詞の最上級には定冠詞を付け, 副詞の最上級には定冠詞を付けても付けなくてもよい. 《☞ 冠詞 (欄外)》

¶山田君は 3 人のうちで一番背が高い Yamada is *the tallest of* the three. 語 法 the tallest ⌈man [boy] のように名詞を付けてもよいが, むしろ付けないほうが普通. // 吉田さんはクラスで一番英語がうまい Yoshida is *the best* speaker of English *in* our class. // 彼はクラスで一番走るのが速い He is *the fastest* runner *in* our class. / He runs (*the*) *fastest in* our class. ★ 前者がより普通な言い方. // 東京は世界で一番大きな都市だ Tokyo is *the largest* city *in* the world.

(3)　「A は B と同じくらい…だ」(同等比較)

(i) 同等比較には as ... as を用いる. 形容詞･副詞は原級を用いる.

¶彼女の肌は雪のように (⇒ 雪と同じくらい) 白い Her skin is *as white as* snow. // あなたは彼と同じくらい速く走れますか Can you run *as fast as* he does?

(ii) なお, as ⌈many [much] as ... は「…ほども(多くの)」, as long as ... は「…だけ長く」の意味となる.

¶好きなだけ食べなさい Eat *as many as* you like. // 好きなだけしゃべりなさい Talk *as much as* you like. // 好きなだけここにいていいですよ You can stay here *as long as* you ⌈like [want].

(iii) また as … as ˹one can [possible] は「できるだけ…する」の意味となる.
¶ 私はできるだけ注意して運転した I drove *as carefully as* ˹I *could* [*possible*].

(4) 「…ほど…ではない」

not ˹as [so] … as … の形を用いる. not as … as … のほうが not so … as … より普通. なお, ほぼ同じ内容は比較級を用いても表すことができる.
¶ 青木さんは田中さんほど年とっていない Aoki is *not* ˹*as* [*so*] old *as* Tanaka. / Tanaka is *older than* Aoki. / Aoki is *younger than* Tanaka. // 銀は金ほど貴重ではない Silver is *not* ˹*as* [*so*] precious *as* gold. / Gold is *more precious than* silver. / Silver is *less precious than* gold.

(5) 「ほかのいかなる…よりも…である」

比較級の後に than any other＋単数名詞の形で表す. この内容は最上級とほぼ同じである. また, as … as any＋単数名詞の形でもほぼ同じ内容が表せる.
¶ 東京は世界のいかなる都市よりも大きい Tokyo is *larger than any other city* in the world. // 彼女はクラスのだれよりも一生懸命勉強した She studied *harder than any other student* in her class. / She was *the hardest worker* in her class. / She studied *as hard as any student* in her class.

Democratic Republic《略 GDR》★ 正式名. ―形 East German.《☞ドイツ》.

ひかぜい 非課税 ―形 tax [duty] free, tax-exempt ★ 後者はやや形式ばった言い方.《☞めんぜい》.

ひがた 干潟 tidal [tide] land Ⓤ; (引き潮のときの海辺) beach at ebb tide Ⓒ.

ぴかっと ―副 with a flash. ―動 (ぴかっと光る) give out a flash, flash ㊀; (火花のように光る) sparkle ㊀.《☞ひかる; 擬声・擬態語 (囲み)》. ¶ 稲妻が*ぴかっと光った Lightning ˹*flashed* [*gave out a flash*]. // 暗やみで何かが*ぴかっときらめいた Something *sparkled* in the darkness.

ぴかぴか ―動 (ぴかぴか光る) glitter ㊀; (ぱっと光る) flash ㊀; (目・宝石が輝く, 火花が出る) sparkle ㊀; (星・光などがきらめく) twinkle ㊀.《☞ひかる; かがやく (類義語); 擬声・擬態語 (囲み)》.
¶ 何か*ぴかぴか光るものが氷の上に落ちた Something *glittering* fell on the ice. // 警報用のランプが遠くで*ぴかぴか光った Warning lamps *flashed* in the distance. // 彼女は台所用品を*ぴかぴかに磨き上げた She *put a good shine on* all her kitchen utensils.

ひがみ 僻み (劣等感) inferiority complex Ⓤ; (偏見) prejudice Ⓒ, bias [báiəs] Ⓒ.《☞コンプレックス; へんけん》. ¶ それは彼の*ひがみだ (⇒劣等感が彼にそう考えさせたのだ) His *inferiority complex* made him think so. / (⇒そう考えるならば偏見がある) He *is* ˹*prejudiced* [*biased*] if he thinks so.

ひがむ 僻む (劣等感を持つ) have inferiority complex (to …); (嫉妬(しっと)している) be jealous of …; (偏見を持っている) be prejudiced against …《☞コンプレックス; しっと》.
¶ この子は*ひがんでいる (⇒劣等感を持っている) The child *has inferiority complex*. / (⇒兄弟[友人]に嫉妬している) The child *is jealous of* his ˹brothers [friends].

ひからす 光らす (靴・銀器などを磨いて) shine ㊉《過去・過分 shined》; (目を離さないでいる) keep an eye on …《☞かんし[1]》. ¶ あのいたずらっ子には目を*光らせていなくてはならない We must *keep an eye on* that naughty boy.

ひからびる 干からびる (すっかり乾く) dry up ㊀; (乾かされる) be dried up; (縮んでしなびる[しなびさせる]) shrivel (up) ㊀ ㊉.《☞かんそう[1]; しなびる》. ¶ かんばつで畑が*干からびた The fields *dried up* with a spell of dry weather. // 日なたに出しておいたら野菜が*干からびてしまった The vegetables *were shriveled up* in the sun.

ひかり 光 **1** «明かり»: light Ⓤ; (光線) ray Ⓒ, beam Ⓒ; (薄光) gleam Ⓒ; (閃光) sparkle Ⓤ.
【類義語】最も一般的な語は **light**. 太陽の光は the *light* of the sun, sun*light*, 月の光は moon*light*, 星の光は star*light* のように言う. 細い光線を指す語は **ray** で, 多少幅の広い光線は **beam** と言う. 途中で弱く薄暗くなる光には **gleam** を, 閃光には **sparkle** をそれぞれ用いる.
¶ *光が次第に薄らいだ The *light* faded away little by little. // 開いたドアから日の*光が差し込んだ A ˹*ray* [*beam*] of sunlight streamed through the open door. // 遠くにかすかな*光が見えた I saw a *gleam* in the distance. // その冠はさん然と*光を放っている The crown *is* brilliantly *shining*.
2 «希望»: ray [beam; gleam] of hope Ⓒ《☞きぼう; のぞみ》. ¶ 希望の*光もついに消え去った The ˹*ray* [*beam*; *gleam*] *of hope* finally went out.

ぴかりと ―動 (ぴかっと光る) flash ㊀《☞ぴかっと; 擬声・擬態語 (囲み)》.

ひかる 光る **1** «光を発する» ―動 (明るく輝く) shine ㊀《過去・過分 shone》★ 最も一般的な語; (星などがまたたく) twinkle ㊀; (微光を発する) gleam ㊀; (閃光(せんこう)を発する) flash ㊀; (断続的にきらきら) glitter ㊀; (ぬれたように) glisten ㊀; (火花のように) sparkle ㊀; (ぎらぎら) glare ㊀. ―形 (輝く) bright; (表面が光る) shiny; (光を放つ) radiant.《☞ひかり (類義語); かがやく (類義語)》.
¶ 彼の額には玉のような汗が*光っていた Beads of sweat *shone* on his forehead. / His forehead *was glistening with* sweat. // 冬空に星が*光っている There are some stars ˹*shining* [*twinkling*; *glittering*] in the winter sky. // 何かが暗やみで*光っている Something *is gleaming* in the darkness. // 稲妻が*光った Lightning *flashed*. // *光るものが必ずしも金ではない All is not gold that *glitters*.《ことわざ》《☞否定の表現 (囲み)》// 彼女の目は

ひ

喜びで一瞬*光った Her eyes *sparkled* a second with joy. // *光った水面に木の葉が浮いている Leaves are floating on the *shiny* water surface.

2 «目立つ»: (光るように目立つ) shine ⓐ; (際立つ) stand out ⓐ, be prominent; (…よりも優れる) outshine ⓗ. 《☞ めだつ; きわだつ》. ¶ 出品物の中では彼の作品が*光っている His work *is shining* among the exhibits. // 成績では彼女がだんぜん*光っている (⇒ ほかの人たちより勝っている) She *outshines* others at school.

ひかん 悲観 ― 形 (悲観的) pessimistic; (前途・状況などが暗たんとした) gloomy. ― 動 (悲観する) be pessimistic ⌈of [about] …; (がっかりする) be disappointed at …; (絶望する) despair (of …) ⓐ. 《☞ しつぼう》. ¶ その老人は前途を*悲観した The old man took a ⌈*gloomy* [*pessimistic*] view of the future. // 彼は入試に落ちて*悲観している (⇒ 落胆している) He *is disappointed* because he failed in the entrance examination. / (⇒ 絶望状態にある) He *is* now *in despair* because he has failed in the entrance examination. // その問題は非常に困難で, 科学者たちはその解決法の発見について*悲観的だった The problem was so difficult that scientists *despaired of* finding a solution. **悲観論** pessimism Ⓤ **悲観論者** pessimist Ⓒ.

ひがん[1] 彼岸 the equinoctial week 《☞ しゅんぶん; しゅうぶん[1]》. ¶ 暑さ寒さも*彼岸まで (⇒ 彼岸と一緒に[の後で]穏やかな気候がやって来る) A mild climate ⌈comes with [follows] *the equinox*. // *彼岸の中日 the ⌈spring [autumnal] *equinox*

ひがん[2] 悲願 …'s cherished desire Ⓒ; (長いこと抱いていた希望) …'s long-cherished hope Ⓤ. 《☞ ねがい》.

びかん 美観 (美しさ) beauties ★ 通例複数形で; (外見) appearance Ⓒ; (美しい光景) fine [beautiful] ⌈sight [spectacle] Ⓒ. ¶ 醜い高層建築は東京の*美観を損なう Ugly skyscrapers spoil the ⌈*beauty* [*appearance*] of metropolitan Tokyo. // 自然の*美観 the *beauties* of nature

びがんじゅつ 美顔術 facial (treatment) Ⓒ ★ 治療という意味で用いる; beauty culture Ⓤ ★ 総称的. 《☞ せいけい[3]》.

ひき[1] 引き **1** «つて»: (引き立て) favor (《英》favour) Ⓤ; (影響力) influence Ⓤ; (有利な縁故) pull Ⓒ ★ 口語表現. 《☞ コネ》. ¶ 彼は上役の*引きで昇進した (⇒ 上役に気に入られて) He was promoted ⌈because he *found favor with* his boss [through the *pull of his boss*]. // 彼の*引きで私はこの会社に入れた *Through* his ⌈*influence* [*good offices*] I got a position in this firm.

2 «割引き»: discount Ⓒ, reduction Ⓒ. 《☞ わりびき》. ¶ 私はその品を1割*引きで買った I bought the article *at* a ⌈10 percent *discount* [*reduction of* 10 percent].

ひき[2] 悲喜 **悲喜こもごも** ¶ 世の中は*悲喜こもごもだ (⇒ 喜びと悲しみでいっぱいだ) Life *is full of joys and sorrows*. / (⇒ 苦しくも楽しくもある) Life *is bittersweet*.

-ひき …匹 ★ 英語では「…匹」「…頭」「…羽」などの個数詞を使わず, 数をずばり言うだけでよい. 《☞ 数の数え方 (囲み)》. ¶ 猫5*匹 five cats // かえる2*匹 two frogs

ひきあい 引き合い ― 名 (他人の言葉を正確に引用すること) quotation Ⓒ; (言及) reference Ⓒ; 〖商業〗(問い合わせ) (business) inquiry Ⓒ. ― 動 (引用する) quote ⓗ; (言及する) mention ⓗ, refer to … 《☞ いんよう[1]; しょうかい[2]; とりひき》. ¶ 彼は聖書の句を*引き合いに出した He *quoted* a phrase from the Bible. // 彼はよく*引き合いに出される He *is* often ⌈*mentioned* [*referred to*].

ひきあう 引き合う (もうけがある) pay (well) ⓐ, be profitable ★ 後者は少し改まった表現. 《☞ もうけ; さいさん[1]》. ¶ この仕事は*引き合わない This work ⌈doesn't *pay* [*isn't profitable*].

ひきあげ 引き上げ, 引き揚げ **1** «上げること»: (賃金・物価などの) rise Ⓒ, raise Ⓒ, increase Ⓒ 語法 最初の2語がより口語的. rise は「上がること」, raise は「上げること」が原意だが,《米》では物価などには rise を, 賃金には raise を使う. ただし,《英》では賃金にも rise が使われる; 《口語》hike Ⓒ ★ 新聞などで使われる語; (船の) salvage Ⓤ. 《☞ あげる[1]; ねあげ》. ¶ 彼らは賃金の*引き上げを要求した They demanded a wage ⌈*increase* [《米》*raise*; 《英》*rise*; *hike*]. 《☞ ちんあげ》

2 «本国送還»: repatriation Ⓤ 《☞ そうかん[4]》.

ひきあげる 引き上げる, 引き揚げる **1** «上げる»: (引っ張り上げる) pull up ⓗ; (船を) salvage ⓗ. 《☞ あげる[1]; ひっぱる》. ¶ 彼はぐいと電車の窓を*引き上げた He *pulled up* the train window with a jerk. // その難破船を*引き揚げるのはたいへん難しい It is most difficult to *salvage* the wrecked ship.

2 «撤退する»: (退く) withdraw (from …) ⓐ; (ある場所を空にして立ち退く) evacuate (from …) ⓐ ★ ⓗ の用法もある. 前者のほうが意味の広い平易な語; (離れる) leave ⓗ ★ ある場所を離れることを表す一般的な語; (…から本国へ帰る) be repatriated from … ★ 形式ばった表現. ただし戦争などで外国にいる人が引き揚げる場合の用語としてはよく使われる. 《☞ てったい; きこく》.
¶ 軍隊は徐々に前線から*引き揚げた The troops gradually ⌈*withdrew from* [*evacuated* (*from*)] the front line. // 8月の終わりに避暑客はこの地から*引き揚げていく Summer visitors *leave* this place at the end of August. // 彼女は終戦直後外地から*引き揚げた She *was repatriated from* a foreign country soon after the war ended.

ひきあわせ 引き合わせ **1** «紹介» ― 動 (紹介する) introduce ⓗ. ― 名 introduction Ⓤ. 《☞ しょうかい[1]》.

2 «比べること» ― 動 (照合する) check ⓗ. ― 名 checking Ⓤ. 《☞ しょうごう[1]; てらしあわせる》. ¶ 在庫品と仕入れ台帳との*引き合

わせを行った The goods in our storehouse *were checked against* the stock ledger.

ひきいる 率いる (連れて行く) take … (to …); (軍隊などを指揮して) command (他); (引き連れる) lead (他); (先頭に立って) head (他) [語法] いずれも率いられる人が目的語. 《☞ いんそつ; とうそつ》. ¶ 彼は50人の学生を*率いて米国へ観光に行った He *took* fifty students *to* sightseeing in the U.S.

ひきいれる 引き入れる (説得をして) win over (他); (引っ張って) draw … ⌈in [into] … ; (引きずり込む) drag … into … ¶ 彼は我々の側に*引き入れられた He *was won over* to our side. // 私たちはとうとう映画クラブに*引き入れられてしまった We *were* ⌈*dragged* [*drawn*] *into* the movie club after all.

ひきうける 引き受ける (仕事などを) take (他) ★ 意味の広い一般的な語; (引き継ぐ) take over (他); (仕事・役目を) undertake (他); (保証する) guarantee (他). ¶ あなたはその仕事を*引き受けるつもりですか Are you going to *take* the job? // 支払いは*引き受けます I *guarantee* payment. // 「だれがこれをしてくれますか」「私が*引き受けます (⇒ 面倒を見ます)」 "Who will do this?" "I'll *take care of* it."

ひきうつす 引き写す ― [動] (そのまま写す) copy (他). ― [名] (引き写した物) copy Ⓒ. 《☞ うつす[2]; まねる》. ¶ 彼の書いたものは私のを*引き写したところがある Some of his writings are just a *copy* of my work.

ひきおこす 引き起こす **1** «事柄を»: (原因となって) cause (他); (結果としてもたらす) bring about (他) ★ 口語的; (誘引して) provoke (他) ★ 改まった語; (向ける・導く) lead (…) to … 《☞ おこす[1]; もたらす》.
¶ 彼はよく問題を*引き起こす (⇒ ごたごたを起こす人だ) He is a *troublemaker.* / He often *causes* difficulties to others. // 彼の著作は大きな社会問題を*引き起こした His writing *has* ⌈*brought about* [*provoked*] a public controversy. // これがベトナム戦争を*引き起こす原因の1つとなった This is one of the causes that *led to* the Vietnam War.
2 «倒れている人を» ¶ 私はけが人を*引き起こして立ち上がらせた I *helped* the injured man ⌈*to his feet* [*get up*].

ひきおろす 引き下ろす (引っ張って下ろす) pull [draw] down (他); (旗を) haul down (他). 《☞ おろす》.

ひきかえ 引き換え ¶ お金と*引き換えに (⇒ お金が支払われると)領収証を渡します A receipt will be issued *on payment.* // これを代金*引き換えで送って下さいますか Can you send this to me C. O. D.? [参考] C.O.D. は cash [collect] on delivery の略. 《☞ こうかん[1]》
引き換え券 (品物などの預り券) claim ⌈ticket [tag] Ⓒ; (合い札) check Ⓒ.

「似ているかばんはたくさんあります. 引き換え券と照合して下さい」という空港の掲示

ひきかえす 引き返す (元へ帰ってくる[行く]) come [go] back (自) 《☞ かえる[1] (類義語)》; (戻る) return (自) ★ 前者がより口語的; (向きを変えて戻る) turn back (自). 《☞ もどる (挿絵); ぎゃくもどり》.
¶ ホノルル行きの飛行機は途中から*引き返さなければならなかった The plane bound for Honolulu had to *turn back.* // もう暗くなったから元の所へ*引き返しましょう Let's *go back* to where we started, as it is getting dark.

ひきかえる 引き換える (…を…と引き換える・交換する) exchange … for … 《☞ こうかん[1]; とりかえる》.

ひきがえる 蟇蛙 toad Ⓒ 《☞ かえる[6]》.

ひきがね 引き金 ― [名] trigger Ⓒ. ― [動] (…の引き金となる) trigger off (他) ★ 引き金になるものを主語とする. 《☞ けんじゅう (挿絵)》. ¶ その事件が革命の*引き金になった The incident *triggered off* the revolution.

ひきげき 悲喜劇 tragicomedy Ⓒ.

ひきこみせん 引き込み線 (鉄道の) siding Ⓒ; (電線の) service ⌈wire [line] Ⓒ.

ひきこむ 引き込む draw … into … 《☞ ひきいれる》.

ひきこもる 引き籠る (自宅にいる) stay home (自); (閉じこもる) shut *oneself* in; (家の中にいる) keep indoors (自); (病気で) be laid up. ¶ 2, 3 日*引きこもって, 家で本を読んでいました I ⌈*stayed home* [*shut myself in*; *kept indoors*] and read books for a few days. // 先週は風邪のためにずっと家に*引きこもっていた I *was laid up* with a cold last week.

ひきころす 轢き殺す ¶ その車は猫を*ひき殺した (⇒ ひいて殺した) The car *ran over* a cat *and killed* it. 《☞ ひく[3]》

ひきさがる 引き下がる (退く) withdraw (from …) (自); (去る・立ち去る) leave (他). 《☞ しりぞく》. ¶ 私の言葉で彼は黙って*引き下がった (⇒ 私の言葉によって沈黙させられた) He *was silenced* by my words. / (⇒ 黙って出て行った) When he heard me he *left* without saying anything.

ひきさく 引き裂く (分裂させる) tear apart (他); (ばらばらに) tear … ⌈to [into] pieces; (びりびりに) rip up (他); (人間関係を) separate (他). 《☞ やぶる; さく[2]》.
¶ 彼女は彼の手紙を*引き裂いて捨てた She *tore* his letter *to pieces* and threw it away. // その国は第二次大戦によって2つに*引き裂かれた The country *was torn apart* by the Second World War. // その事件は2人の仲を*引き裂いた The incident *separated* the two.

ひきさげる 引き下げる ― [動] (物価・基準などを) lower (他); (物価・費用などを) cut (down) (他), reduce (他) ★ 前者が口語的; (一般的に, 下げる) bring down (他). ― [名] (賃金・費用などの) cut Ⓤ, reduction Ⓤ ★ 前者がより口語的; lowering Ⓤ. 《☞ ねさげ》.
¶ 彼は部屋代を*引き下げるように頼んだ He asked to ⌈*lower* [*cut down*; *reduce*] the room rent. // 本屋は洋書の値段を*引き下げる

ひ

ことに同意した Booksellers have agreed to *bring down* the prices of the imported books.

ひきざん 引き算 ―名 subtraction Ⓤ (↔ addition). ―動 (引き算をする) subtract ⓐ. 《☞ ひく[1]; 数字 (囲み)》.

ひきしお 引き潮 (潮が引くこと) ebb Ⓤ (↔ flood, flow); (引いて行く潮) ebb tide Ⓤ (↔ flood tide); (干潮) low tide Ⓤ (↔ high tide). 《☞ しお[2]》. ¶ *引き潮のときは歩いてその島へ行けます When *the tide is on the ebb* [*At low tide*], you can walk to the island.

ひきしまる 引き締まる ¶ *引き締まった顔 (⇒ きっぱりした) *firm* features // 体が*引き締まってきた (⇒ だんだんほっそりしてきている) I am becoming *slimmer*. // その部屋に入ると身が*引き締まった (⇒ 緊張した) I *became tense* on entering the room.

ひきしめる 引き締める (気持ちを緊張させる) brace *oneself* up; (きつくする) tighten ⓗ. ¶ 気持ちを*引き締めて仕事にかかろう Let's *brace ourselves up* and start working harder. // 今月は家計を*引き締めなくてはならない We have to *tighten* our household economy this month.

ひぎしゃ 被疑者 suspect Ⓒ, suspected person Ⓒ ★ 前者のほうが普通. 《☞ ようぎ》.

ひ

ひきずりこむ 引き摺り込む pull [drag] ... into ... 《☞ ひきいれる》.

ひきずりだす 引き摺り出す pull [drag] ... out of ... 《☞ だす》.

ひきずりまわす 引き摺り回す pull [drag] ... around.

ひきずる 引き摺る (足などを) drag ⓗⓐ; (後ろへ) trail ⓗ. 《☞ ひく[1]》. ¶ 彼は足を*引きずるようにしてみんなの後からついて行った He *dragged along* behind the others. // 彼女は長い着物のすそを*引きずっている Her long kimono *is trailing along* behind her.

ひきだし[1] 引き出し, 抽斗 (机などの) drawer [drɔ́ːɚ] Ⓒ. ¶ 彼は一番上の*引き出しを閉めた He shut the top *drawer*. // *引き出しを開けたままにしておいてはいけません Don't leave the *drawer* open.

ひきだし[2] 引き出し (預金の払い戻し) withdrawal Ⓤ 《☞ ひきだす; はらいもどし》.

ひきだす 引き出す (引っ張って外へ出す) draw [pull; bring] out ⓗ; (預金などを) withdraw, draw out ⓗ. ¶ 彼は銀行から10万円を*引き出した He *drew out* 100,000 yen from his bank account. // このデータからは結論は*引き出せない You cannot *draw* any conclusion from this set of data.

ひきたつ 引き立つ (すてきに見える) look ⌈nice [pretty; lovely; handsome] ⓐ ★ 最も一般的. 主語によって形容詞を変える; (対照などで際立って見える・目につきやすい) be set off; (気持ちが) cheer up ⓐ. 《☞ すてき》.

¶ このコートを着るとあなたはとても*引き立って見える You *look* very ⌈*nice* [*pretty*; *lovely*] in this coat. // 赤いカーテンでカーペットが*引き立つ The carpet *is set off* by the red curtains.

ひきたて 引き立て ¶ 私は彼の*引き立てでその職についた (⇒ 推薦によって) I got the job through his *recommendation*. // 毎度お*引き立て (⇒ ご愛顧) ありがとうございます Thank you for your *patronage*. 《☞ すいせん[1]; えんじょ》 **引き立て役** foil Ⓒ.

ひきたてる 引き立てる **1** «愛顧する»: (特に目をかけて) favor (《英》 favour) ⓗ; (保護者的に) patronize ⓗ; (援助する) support ⓗ; (支援する) back up ⓗ ★ 口語的; (世話をする) look after ... 《☞ えんじょ》.

¶ 私は彼に*引き立ててもらった (⇒ 彼は私を支援してくれた) He *backed* me *up*. / (⇒ 彼は私を昇進させるために影響力を行使した) He *used* his *influence to promote* me.

2 «鼓舞する»: (気持ちを) cheer up ⓗ; (...をするようにと元気づける) encourage *a person* (to *do*).

3 «見栄えをよくする»: set off ⓗ 《☞ ひきたつ》. ¶ 赤いネクタイが君の服を*引き立てている That red necktie *sets off* your suit.

ひきちぎる 引きちぎる tear off ⓗ 《過去 tore; 過分 torn》 《☞ ひきさく; ちぎる》.

ひきつぎ 引き継ぎ (人から仕事などを引き継ぐこと) taking over Ⓤ; (仕事などを人に渡すこと) handing over Ⓤ. 《☞ けいしょう[1]》.

ひきつぐ 引き継ぐ (仕事などを) take over ⓗ, inherit ⓗ ★ 後者はやや改まった表現; (手渡す) hand over ⓗ. 《☞ けいしょう[1]; うけつぐ》. ¶ だれが私の仕事を*引き継ぐのですか Who is to *take over* my job? // 彼はその仕事を兄から*引き継いだ He *inherited* the job from his elder brother.

ひきつけ 引き付け fit Ⓒ 《☞ ほっさ》.

ひきつける 引き付ける **1** «引く» ―動 (引き寄せる) attract ⓗ; (人にとって魅力がある) appeal (to ...) ⓐ; (人を魅了する) magnetize ⓗ. ―形 attractive; appealing; magnetic. 《☞ みりょく》.

¶ 磁石は鉄を*引きつける A magnet *attracts* iron. // 私は彼の誠実さに*引きつけられた I *was attracted* by his honesty. // 彼はどこか人を*引きつけるものを持っている He has a *magnetic* personality. / There's something *attractive* about him. // ロック(音楽)は若者たちを*引きつける Rock music ⌈has a great *appeal* to [*appeals to*] most young people.

2 «痙攣(けいれん)を起こす»: have a fit 《☞ けいれん》.

ひきつづき 引き続き ¶ 私は8年間*引き続き (⇒ ずっと) この仕事をしている I *have been doing* this work for eight (consecutive) years. // もう1年*引き続き (⇒ 続けて) それをやって下さい I hope you will *continue* the work for another year. // *引き続き (⇒ 次に) 校長先生のお話があります *Next* [*Now*] our principal is going to make an address to you.

ひきつづく 引き続く ¶ この後*引き続いて (⇒ すぐに) 英語の試験を行います I'm going to give you an English test *immediately after* this. 《☞ つづく》

ひきつる 引き攣る (筋肉が) get a cramp

《☞ けいれん》. ¶ 走っているときに左足が*引きつった I *got a cramp* in the left leg while (I was) running. // 彼の顔は緊張で*引きつっていた (⇒ ぴくぴくけいれんしていた) His face *twitched* with tension. / (⇒ ゆがんでいた) His face *was* ˹*drawn* [*distorted*] with strain.

ひきつれる 引き連れる (…と一緒に…へ行く) go to … with … ; (連れて行く) take … to … 《☞ つれてゆく; いんそつ》. ¶ 彼は生徒を*引き連れて美術館へ行った He *visited* the museum *with* his students. / He *took* his students *to* the museum.

ひきて 引き手 (取っ手) handle Ⓒ ★ 広い意味の語 ; (握りが丸い) knob [nɑ́(:)b] Ⓒ. 《☞ とって (挿絵)》.

ひきでもの 引き出物 present Ⓒ 《☞ おくりもの (類義語) ; みやげ》.

ひきど 引き戸 sliding door Ⓒ.

ひきとめる 引き止める, 引き留める (とどめておく) keep ㊐ ; (行かせない) prevent … from ˹going [leaving]. 《☞ いりゅう》. ¶ 長くはお*引き止めしません I won't *keep* you long. // *引き止めないで下さい (⇒ どうぞ私を行かせて下さい) Please let me go. // どうしても彼を*引き止めることはできなかった Nothing could ˹*keep* [*prevent*] him *from leaving*.

ひきとる 引き取る (客が一度買った商品などを店が引き取る) take back ㊐ ; (買い戻す) buy back ㊐. ¶ これを*引き取ってもらえますか《商品などを》 Will you ˹*take* [*buy*] this *back*? // 彼の末の弟は彼のおじが*引き取った (⇒ おじが世話を引き受けた) His uncle *took* ˹*care* [*charge*] *of* his youngest brother.

息を引き取る die ⓐ, breathe *one's* last ★ 前者が一般的な語. 《☞ しぬ (類義語) ; 婉曲語法 (欄外)》.

ビキニ bikini [bikíːni(:)] Ⓒ. ¶ *ビキニを着た女 a woman in a *bikini*

ひきにく 挽肉 minced meat Ⓤ 《☞ にく》. ¶ 豚[牛]の*挽肉 *ground* ˹*pork* [*beef*]

ひきにげ 轢き逃げ ―形 hit-and-run 《☞ ひく³》. ¶ 彼は*ひき逃げされた (⇒ 彼はひき逃げ事件の被害者になった) He fell (a) victim to a *hit-and-run* accident . // *ひき逃げの運転手 a *hit-and-run* driver

ひきぬく 引き抜く **1** «歯・くぎなどを»: pull [take] out ㊐, draw ㊐, extract ㊐ ★ 最後はやや形式ばった語 ; (立木・花などを根こそぎ) root up ㊐, uproot ㊐. 《☞ ぬく》.

2 «選び取る»: (金で人を) hire … away from … ; (移す) transfer ㊐. ¶ 彼は大阪のチームに*引き抜かれた (⇒ 移った) He *was transferred* to a team in Osaka. // 我々はその会社から数人の技術者を*引き抜いた We *have hired* some engineers *away from* that company.

ひきのばす 引き伸ばす, 引き延ばす ―動 (時間・空間的に) prolong ㊐ ; (決められた期間などを延長する) extend ㊐ ; (写真などを) enlarge ㊐, blow up ㊐ ★ 後者が口語的 ; (延期する) put off ㊐ ; (遅らせる) delay ㊐. ―名 prolongation Ⓤ ; extension Ⓤ ; enlargement Ⓤ. 《☞ のばす ; えんちょう¹》.

¶ 私はあの店でこの写真を*引き伸ばしてもらった I *had* this picture ˹*enlarged* [*blown up*] at that shop. 《☞ 使役 (囲み)》 // 彼はその支払いを一日一日と*引き延ばそうとしている He is trying to ˹*put off* [*delay*] (the) payment from day to day. // 野党は会期を*引き延ばそうと図った The opposition party tried to *extend* the session.

ひきはなす 引き離す (競走相手よりずっと先に行く) outdistance ㊐, outrun ㊐ ; (分離する) separate ㊐, pull … apart ★ 後者のほうが口語的. 《☞ はなす²》. ¶ 先頭の走者は他を30メートルも*引き離した The runner who took the lead ˹*outran* [*outdistanced*] the others by 30 meters. // 子供を母親から*引き離すことはできない We can't ˹*separate* the child from its mother [*pull* the child and the mother *apart*].

ひきはらう 引き払う (場所を去る) leave ㊐ ; (部屋などを空ける) vacate ㊐ ★ 改まった語 ; (家・部屋・キャンプなどを) move out (of …) ⓐ. 《☞ たちのく》.

¶ イギリスはもう*引き払うのですか (⇒ 永久に) Are you going to *leave* Britain *for good*? // 月末までにこのアパートを*引き払います We are going to ˹*move out of* [*vacate*] this apartment by the end of this month.

ひきもどす 引き戻す (引っ張って戻す) pull back ㊐ ; (連れて帰る) bring back ㊐.

ひきょう¹ 卑怯 ―形 (勇気がない) cowardly ; (不正な) foul ; (不当な) unfair. ―名 (臆病(おくびょう)) cowardice Ⓤ. 《☞ ひれつ ; ずるい ; ふせい¹》.

¶ *卑怯なことをするな Don't ˹be a *coward* [act in a *cowardly* way]. ★ 最初のほうが口語的. / (⇒ 不正な手段を用いるな) Don't use ˹*foul* [*dishonest*] means. // それは*卑怯だぞ (⇒ 公正ではない) That's *not fair*.

卑怯者 (勇気がなくて) coward Ⓒ; (説明的に) cowardly person Ⓒ.

ひきょう² 秘境 (探検されていない区域) unexplored region Ⓒ ; (人里離れて人目にふれない) secluded region Ⓒ.

ひきよせる 引き寄せる (近くに引く) draw [pull ; bring] … ˹near [closer] (to …) 《☞ ひく¹ ; ちかづける》. ¶ 彼はいすをストーブのほうに*引き寄せた He ˹*pulled* [*brought*] his chair *closer to* the heater.

ひきわけ 引き分け ―名 (引き分けの試合) drawn ˹game [match] Ⓒ, 《口語》 draw Ⓒ ; (同点) tie Ⓒ. ―動 tie ㊐, tie (with …) ⓐ. 《☞ スポーツ (囲み) ; どうてん¹》. ¶ その試合は2対2の*引き分けになった The game ended in a ˹*tie* [*draw*] with a score of 2 to 2. / The game ended in a 2-2 *tie*. ★ two to two tie と読む. // 早稲田は慶応と*引き分けた Waseda *tied* (*with*) Keio in the game.

ひきわたす 引き渡す (警察などへ) hand [turn] over (to …) ㊐ ; (権利・荷物などを他人へ) deliver ㊐. 《☞ わたす》. ¶ その男は警察へ*引き渡された The man *was handed over to* the police. // 彼の遺体は家族に*引き渡された His (dead) body *was delivered* to his family.

ひ

ひきん 卑近　— 形 (身近な) familiar ; (通俗的な) common ; (だれでも知っている) popular. 《☞ そく[1]》. ¶ *卑近な (⇒ 身近な) 例をあげよう I'm going to give ˹a *familiar* [an *everyday*] example.

ひきんぞく 非金属　— 名 nonmetal Ⓒ. — 形 nonmetallic. **非金属元素** nonmetallic element Ⓒ.

ひく[1] 引く, 退く **1** «引っ張る» : (手前の方へ引っ張る) pull ⓗ, pull at … ; (引いて動かす) draw ⓗ　語法 pull は瞬間的に引っ張ることに, draw はある時間・距離にわたって引き動かすことに重点がある ; (引きずる) drag ⓗ ; (重い物を力を込めて) haul ⓗ ; (動けない車や船など自力で動かない物を) tow ⓗ; (ぐいと引く・船などを引き船で引く) tug ⓗ, tug at … 《☞ ひっぱる ; ひきよせる》.
¶ 私たちは綱をぐいぐい*引いた We *pulled* (*at*) the rope with all our strength. / We *tugged* (*at*) the rope. // カーテンを*引いて下さい Please *draw* the curtain. // その馬車は2頭の馬が*引いた The carriage *was drawn* by two horses. // 私たちはその重い箱を戸口まで*引いて行った We *dragged* the heavy box to the door. // 機関車は長い貨車の列を*引いていた The locomotive *was hauling* a long freight train.
2 «(手を引いて)導く»: lead [take] … (by the hand). ¶ 私はその子の手を*引いて家まで連れて行ってやった I ˹*led* [*took*] the child *by the hand* to its house. 《☞ It の用法 (欄外)》
3 «注意を» : catch ⓗ, attract ⓗ. 《☞ ちゅうい》. ¶ 私は手を上げて彼の注意を*引こうとした I raised my hand to ˹*catch* [*attract*] his attention. // 彼女はきれいで人目を*引く (⇒ 非常に魅力がある) She is very *attractive*.
4 «辞書を» : (ある語を引く) look up … (in a dictionary) ; (辞書を引く) consult ⓗ. 《☞ じしょ[2]》. ¶ その単語を辞書で*引きなさい *Look up* the word *in the dictionary*.
5 «水道・電話・電気などを» : (敷設する) lay ⓗ ; (取り付ける) install ⓗ. ¶ 水道を*引きました We *have had* water pipes *laid*. // 電話は間もなく*引けます We'll *have* a telephone *installed* pretty soon. 《☞ 使役 (囲み)》
6 «線を» : draw ⓗ 《☞ せん[1]》. ¶ ここに線を*引いてはいけません Don't *draw* ˹a [the] line here.
7 «数字・値段を»: (減ずる) subtract ⓗ, take … (from …) ★ 後者のほうがより口語的 ; (値段を) cut down ⓗ, reduce ⓗ ★ 前者がより口語的. 《☞ ひきざん ; ねびき》. ¶ 8から3を*引けば5が残る If you ˹*subtract* [*take*] three from eight, you have five. 《☞ 数字 (囲み)》
8 «風邪を» : catch ((a) cold) 《☞ かぜ[2]》.
9 «譲る・後へ引く» : (譲る) yield ⓐ ; (後へ引く) retreat ⓐ. 《☞ ゆずる ; くっする》. ¶ 彼らは一歩も*引かぬ覚悟だった They were determined not to ˹*yield* [*retreat*] an inch.
10 «下がる»: go down ⓐ, subside ⓐ ★ 前者がより口語的 ; (潮が) ebb ⓐ. 《☞ さがる》. ¶ 熱が*引いた The fever *has* ˹*subsided* [*gone down*]. // あすは潮は明け方に*引く The tide will *ebb* at dawn tomorrow.

ひく[2] 弾く (楽器を) play ⓗ 《☞ 音楽 (囲み) ; えんそう》. ¶ 彼女はピアノを上手に*弾く She *plays* the piano (very) well. / She is good at *playing* the piano. / She is a good ˹pianist [piano player].

ひく[3] 轢く run over ⓗ, run down ⓗ ★ 後者は「ひき倒す」ことをいう. ¶ 彼の車は犬を*ひいた His car *ran over* a dog. // 彼はバスに*ひかれて病院へかつぎ込まれた He *was run down* by a bus and was taken to (the) hospital. 語法 《米》では hospital に the を付け, 《英》では付けないのが普通.

ひく[4] 碾く grind ⓗ 《過去・過分 ground》. ¶ とうもろこしを*ひいて粉にしましょう Let's *grind* the corn into flour.

ひく[5] 挽く saw ⓗ 《過去 sawed; 過分 sawed, sawn》. ¶ ここで丸太を*挽いて板にします Logs *are sawn* into boards here.

びく 魚籠 fish basket Ⓒ, creel Ⓒ. 《☞ つり[1] (挿絵)》.

ひくい 低い **1** «高さが低い»: low (↔ high); (身長が) short (↔ tall) ; (鼻が) flat. 《☞ たかい[1] (類義語)》.
¶ そのお寺は*低い丘の上にあります The temple is (situated) on a *low* hill. // ここでは川の水位は夏には*低くなります The river is *low* here in summer. // 父は比較的背が*低い My father is rather *short*. // *低い声で話して下さい Please speak in a *low* voice. / (⇒ 声を低くして下さい) Please *lower* your voice. // 彼女は鼻の*低いのを気にしている (⇒ 気に入らない) She doesn't like her *flat* nose.
2 «地位・程度・率などが»　— 形 low ★ 一般的な語 ; (身分などが低い) humble.　— 動 (低くする) lower ⓗ ; (降ろす・下げる) bring down ⓗ. 《☞ さげる》.
¶ 彼は自分の*低い地位に満足していない He is not satisfied with the ˹*low* [*humble*] position he holds. // 彼らの収入は概して*低い Their income is generally ˹*low* [*modest*]. // 物価を*低くする手段はないものだろうか Isn't there any way to ˹*lower* [*bring down*] prices? // うちの課長はだれにでも腰が*低い (⇒ 礼儀正しい) My boss is ˹*polite* [*courteous*] to everyone.

ひくつ 卑屈　— 形 (卑しい) mean ; (奴隷のような) servile [sə́ːvəl] ; (必要以上にへり下っている) obsequious ★ 形式ばった語. ¶ *卑屈な態度 *obsequious* behavior

びくっと ¶ 私はその人声で*びくっとした (⇒ たいへん驚いた) I *was quite surprised* to hear the voice. // 彼は*びくっとして (⇒ 驚いて) 立ち上がった He stood up *with a start*. // そこで彼女の姿を見て*びくっとした I *was frightened* to see her there. 《☞ おどろく (類義語) ; 擬声・擬態語 (囲み)》

ひくて 引く手 ¶ 彼女は*引く手あまただ (⇒ 求婚者が多い) She has many *suitors*. / (⇒ 引っ張りだこだ) She *is* much *sought after*. 《☞ ひっぱりだこ》

びくとも ¶ その大きな岩は私が押したくらいで

は*びくともしなかった (⇒ 1インチも動かなかった) The big rock would*n't* ⌈*move* [*yield*] *an inch.* // 彼女はその知らせを聞いても*びくとも (⇒ 動揺) しなかった She was *unperturbed* ⌈at [by] the news. 《☞ 擬声・擬態語 (囲み)》

ピクニック picnic Ⓒ 《☞ レクリエーション (囲み)》. ¶ 先週の土曜日に友人と*ピクニックに行った We went ⌈on [for] a *picnic* with our friends last Saturday. // 公園へ*ピクニックに行きましょう Let's have a *picnic* in the park. / Shall we go *picnicking* in the park?

ひくひく ¶ 犬が鼻を*ひくひくさせていた (⇒ においをかいでいた) I saw a dog *sniffing.* 《☞ 擬声・擬態語 (囲み)》

びくびく ¶ *びくびくするな (⇒ 臆病になるな) Don't be *timid.* / (⇒ のんきに構えなさい) Take it easy! // 間違いはしないかと*びくびくしていると (⇒ 恐れていると) 英語はうまくならない You can't be a good speaker of English if you *are afraid of* making mistakes. // 何を*びくびく (⇒ 心配) しているの What *are* you so *nervous about?* 《☞ 擬声・擬態語 (囲み)》

ぴくぴく ¶ 犬は耳を*ぴくぴく動かす The dog *twitches* its ears. 《☞ 擬声・擬態語 (囲み)》

ひぐま 羆 brown bear Ⓒ.

ピクルス pickles ★ 通例複数形で.

ひぐれ 日暮れ ― [名] (1日の終わり) the end of the day. ― [副] (夕方ごろに) toward [towards] the evening. 《☞ ゆうがた; にちぼつ; ばん[1]》. ¶ *日暮れ前に before *dark* // *日暮れになる It ⌈gets [becomes] *dark.* 《☞ It の用法 (欄外)》

ひけ 引け **引けを取る** ¶ 数学ではクラス中でだれにも*引けを取らない (⇒ クラスで1番です) As for math, I'm ⌈*the best* [*second to none*] in my class. 《☞ 比較の表現 (囲み)》

ひげ[1] 髭 (口ひげ) 《米》 mustache [mʌ́stæʃ] Ⓒ, 《英》 moustache [məstάːʃ] Ⓒ; (あごひげ) beard [bíəd] Ⓒ; (ほおひげ) whiskers ★ 通例複数形で; (短いほおひげ・もみあげ) sideburns ★ 複数形で; (動物の) whisker Ⓒ. 《☞ け》.

mustache beard whiskers

¶ 濃い*ひげ a ⌈heavy [full] *mustache* // 薄い*ひげ a sparse *beard* // *ひげが早く伸びる My *beard* grows quickly. // その男の人は長い*ひげを生やしている The man has a long *beard.* // 父は毎朝*ひげをそる My father *shaves* (*himself*) every morning. // 彼は無精*ひげを生やし, 具合が悪そうだった He *was unshaven* and looked unwell. // 付け*ひげ a false *mustache*

ひげ面 unshaven face Ⓒ.

ひげ[2] 卑下 ― [動] (卑下する) depreciate [humble] *oneself.* ― [副] (卑下して・謙虚に) humbly, with humility. 《☞ けんそん》.

ピケ ― [名] picket (line) Ⓒ. ― [動] (ピケを張る) picket (自) (他). ¶ 労働組合員たちは会社の門前に*ピケを張った The labor union members ⌈*picketed* [placed the *picket* in front of] the gate of the company.

ひげき 悲劇 ― [名] tragedy Ⓒ. ― [形] (悲劇的な) tragic, tragical. ¶ 人生の*悲劇 a *tragedy* of life

ひけつ[1] 秘訣 (成功などの) secret Ⓒ; (要点) key Ⓒ; (こつ) knack [nǽk] Ⓒ. 《☞ こつ; ひみつ》. ¶ 健康の*秘訣は早起きです The *secret* of health is rising early in the morning. / Early rising is a *key* to good health. // 彼は金もうけの*秘訣を知っているらしい He seems to have a *knack* for making money.

ひけつ[2] 否決 ― [名] rejection Ⓤ. ― [動] reject (他); (投票で) vote down (他). ¶ 彼の提案はその会議で*否決された His suggestion *was voted down* at the meeting.

ひけどき 引け時 closing time Ⓒ, hour of closing Ⓒ. 《☞ しゅうぎょう[1]》.

ひけめ 引け目 ¶ 私は彼らに対していつも*引け目を感じている (⇒ 劣る感じがする) I always *feel inferior to* them. 《☞ れっとうかん》

ひけらかす (自慢して) show off (他); (見せつける) display (他). 《☞ じまん; みせびらかす》.

ひける 引ける (終わる) be over; (学校・集会が) let out (自). 《☞ おわる》. ¶ 学校は3時半に*引けます School ⌈*is over* [*lets out*] at three thirty.

ひげんじつてき 非現実的 unrealistic; (実行不可能な) impracticable.

ひご[1] 庇護 ― [動] (守る・保護する) protect (他) 《☞ ほご[1]; まもる》.

ひご[2] 卑語 (下品な言葉) vulgarism Ⓒ; (スラング) slang Ⓤ ★ 総称的; (個々の語) slangy word Ⓒ. 《☞ ぞくご》.

ひごい 緋鯉 red [gold] carp Ⓒ ★ 単複同形.

ひこう[1] 飛行 ― [名] (1回の飛行) flight Ⓒ; (飛ぶこと) flying Ⓤ; (やや形式ばって, 航空) aviation Ⓤ. ― [動] (飛ぶ) fly (自) ★ 空中を飛ぶことを表す一般的な語であるが, 特に「飛行機で行く」という意味でもよく用いる. 《☞ とぶ[1]》.

¶ 東京地区では夜間*飛行は禁止されている Night *flights* are not allowed in Tokyo area. // 彼は世界一周無着陸*飛行を試みた He tried a nonstop *flight* around the world. // 彼は約1万時間の*飛行経験がある He has logged nearly 10,000 hours *in the air.* // そのロケットは目下月へ向かって*飛行中です The rocket is now *on its way* to the moon. // 試験*飛行 a test *flight* // 単独*飛行 a solo *flight*

飛行家[士] flier Ⓒ; (やや形式ばって) aviator Ⓒ; (特に空軍などの飛行士) airman Ⓒ 《複 -men》; (操縦士) pilot Ⓒ **飛行時間** flight time Ⓤ **飛行場** airport Ⓒ; (小飛行場) 《米》 airfield Ⓒ, 《英》 aerodrome Ⓒ **飛行服** (制服) flight uniform Ⓒ.

ひこう[2] 非行 delinquency Ⓤ ★ 形式ばった語だが, 日本語の「非行」に当たる語としてしばしば用いられる; (犯罪などの) misdeed Ⓒ; (道徳面の) misconduct Ⓤ. (☞ けいはんざい ; ふりょう[1]). ¶ 少年*非行 juvenile *delinquency* ∥ *非行少年 a juvenile *delinquent*

ひごう 非業 **非業の死** ¶ 彼は*非業の死をとげた (⇒ 不自然な死に方で死んだ) He *died an unnatural death.* / (⇒ 暴力によって死んだ) He ⌜*died* [*met*] *a violent death.*

びこう[1] 尾行 — [動] shadow (他), tail (他) ★ 前者のほうが普通. — [名] (尾行する人) shadow Ⓒ, tail Ⓒ. (☞ つける[1]). ¶ 彼は刑事に*尾行されている He *is being* ⌜*shadowed* [*tailed*] by a detective.

びこう[2] 備考 (注意書き) note Ⓒ; (簡単な評言) remark Ⓒ. **備考欄** notes ★ 複数形で; (特に説明的に) remarks [explanatory] column Ⓒ.

ひこうかい 非公開 — [形] (秘密の) secret; (部外者などを閉め出した) closed-door. (☞ ひみつ). ¶ *非公開の会議 (⇒ 秘密会議) a *closed-door* meeting ∥ その会議は*非公開で行われる (⇒ 閉ざされた扉の後ろで) The meeting will be held *behind closed doors.*

ひこうき 飛行機 plane Ⓒ, (米) airplane Ⓒ, (英) aeroplane Ⓒ [語法] 現在では plane が最も普通. 一昔前は air-, aero- が付くのが普通だった; (飛行船・ヘリコプターなども含む総称) aircraft Ⓒ ★ 単複同形. やや改まった語. (☞ 乗り物 (囲み)).

> 飛行機のいろいろ
>
> 貨物機 cargo plane, 軍用機 military plane, 軽飛行機 lightplane, light airplane, ジェット機 jet plane, 水上(飛行)機 float-plane, seaplane, 戦闘機 fighter, 双発機 twin-engined plane, 超音速旅客機 supersonic airliner, 爆撃機 bomber [bɑ́mə], 複葉機 biplane, プロペラ機 propeller(-driven) plane, 旅客機 (一般に) passenger plane ★ 特に定期旅客機は airliner, ジェットなら jetliner

¶ *飛行機に乗った (⇒ 飛行機で飛んだ) ことがありますか *Have* you ever ⌜*flown* [ridden in a *plane*]? / (⇒ 飛行機旅行をしたことがあるか) Have you ever traveled *by air*?

彼は東京から福岡まで*飛行機で行った He *flew* from Tokyo to Fukuoka. / He went from Tokyo to Fukuoka by *plane.* / (⇒ 飛行機に乗った) He took a *plane* from Tokyo to Fukuoka.

私は*飛行機の中で彼の隣に座った I sat next to him ⌜*in* [*on*] *the* (*air*)*plane.*

私たちの*飛行機は時速千キロで飛んでいた Our *plane* was flying at a speed of 1,000 kilometers an hour.

2 機の軽*飛行機がターミナルビルの前に止まっていた Two *lightplanes* were sitting in front of the terminal building.

あなたの*飛行機は何時に出発しますか What time does your *plane* leave?

いまあなたの乗る*飛行機(便)をアナウンスしている They're announcing your *flight.*

乗客はいま*飛行機に乗るところです The passengers are now boarding the *plane.*

*飛行機の切符 an *airline* ticket

飛行機雲 vapor trail Ⓒ, contrail Ⓒ ★ 後者は専門用語. **飛行機事故** (特に墜落事故) plane crash Ⓒ.

ひこうしき 非公式 — [形] (職権に基づかない・公式でない) unofficial ★ ニュースについて用いると「非公認の」の意味になる; (私的な) private. — [副] unofficially; privately. ¶ 外務大臣は*非公式にアメリカを訪れた The foreign minister paid an *unofficial* visit to the U.S.

ひこうせん 飛行船 airship Ⓒ.

ひこうてい 飛行艇 flying boat Ⓒ.

ひごうほう 非合法 — [形] (条文などに反した) illegal; (法の精神に反する) unlawful. — [名] illegality Ⓤ. (☞ ふほう[1]). ¶ *非合法の集会 an *illegal* ⌜assembly [meeting]

ひこく 被告 (一般に) defendant Ⓒ (↔ plaintiff); (特に刑事事件の被告人) the accused (↔ accuser) ★ 単数または複数扱い. **被告席** the dock.

ひごとに 日毎に day by day (☞ ひましに).

ひごろ 日頃 — [副] (常日ごろ) always; (かねてから・長いこと) long, for a long time. — [形] (日々の) everyday; (かねてから胸に秘めていた) long-cherished. ¶ *日ごろの望みがかなった (⇒ 夢が実現した) My *long-cherished* dream has come true.

ひざ 膝 (左右それぞれの) knee Ⓒ; (座って子

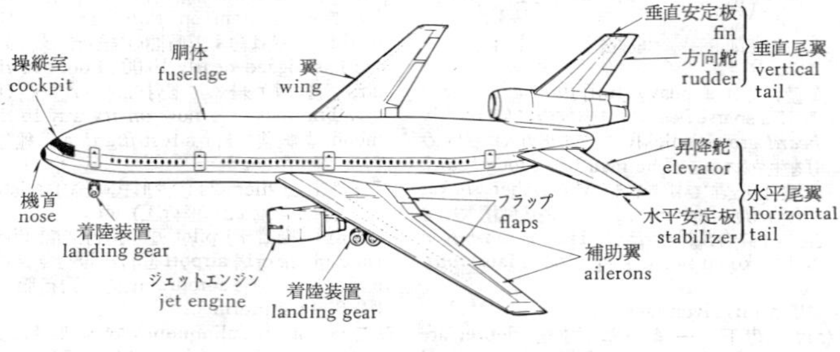

飛行機 airplane

供を抱くときの) lap Ⓒ ★ lap は左右全体で一つ.《☞ あし[1] (挿絵)》.

¶ その子は両*ひざをすりむいた The child ˹grazed [skinned] his *knees*. // 彼のズボンは両*ひざに穴があいている His trousers have holes in the *knees*. // 母親は赤ん坊を*ひざの上にのせていた The mother was holding her baby on her *lap*. // どうぞ*ひざをくずして下さい (⇒ お楽にくつろいで下さい) Please make yourself ˹at home [comfortable].《☞ よこずわり 参考》 // 彼は*ひざまで水につかっていた He was *knee*-deep in water.

ひざを交えて ¶ 彼は生徒と*ひざをまじえて話し合った (⇒ 心を打ち明けた話をした) He *had a heart-to-heart talk with* his pupils.

ひざ掛け《米》lap robe Ⓒ,《英》rug Ⓒ **ひざ頭[小僧]** knee Ⓒ.

ビザ visa [víːzə] Ⓒ《☞ 旅行 (囲み)》. ¶ アメリカ合衆国への入国には*ビザが必要です When you enter the United States, you need a *visa*. // 私はソ連への*ビザを申請中です[もらった] I ˹have applied [got ; obtained] a *visa* for the Soviet Union.

ピザ pizza [píːtsə] Ⓒ. **ピザパイ** pizza pie Ⓒ.

ひさい 被災 ☞りさい. **被災者** sufferer Ⓒ; (犠牲者) victim Ⓒ ★ 死んだ人という意味になることが多い.

びさい 微細 ── 形 (極めて細かい) minute [main(j)úːt]; (極めて詳しい) detailed. ── 名 (詳細) detail Ⓤ ★ 個々の細かい部分の意味では Ⓒ.《☞ こまかい ; しょうさい[1]》. ¶ その検査は*微細な点まで立ち入って行われた The inspection was carried out in *detail*.

びざい 微罪 minor ˹offense [《英》offence] Ⓒ《☞ つみ (類義語)》.

ひさし 庇 (家の軒) eaves ★ 複数形で ; (帽子の) peak Ⓒ, visor Ⓒ.《☞ のき ; 家・部屋 (囲み) ; ぼうし[1] (挿絵)》.

ひざし 日差し, 陽射し (太陽の光) sunlight Ⓤ; (降り注ぐ陽光) sun Ⓤ.《☞ にっこう; たいよう[1]》. ¶ 夏の海岸は*日差しが強すぎる There is too much *sun* on the summer beach.

ひさしい 久しい ¶ この仕事を始めてから*久しい (⇒ この仕事を始めて以来長い時間がたっている) It is *a long time since* we started this job. // 彼とは*久しく (⇒ 長い間) 会わなかった I have not seen him *for a long time*.

ひさしぶり 久し振り ── 副 (長い時間[留守, 沈黙]の後で) *after a long* ˹time [absence ; silence] ★ after a long time は意味の広い言い方. その他文脈に応じて適切なものを用いる.

¶ 彼は*久しぶりに日本に帰ってきた He came ˹home [back] to Japan *after a long absence*. // 彼女から*久しぶりに電話があった She ˹called [phoned to] me *after a long silence*. // 「*久しぶりですね. お元気ですか」「ええ, おかげさまで何とか. あなたは」"(⇒ この前会って以来長い時間が経った) It's *a long time since* I saw you last. [(⇒ 長い間会わなかった) I haven't seen you *for ages*.] How have you been?" "I've been all right, thank you, and you?"《☞ あいさつ (囲み) ; 誇張 (欄外)》

ひざづめだんぱん 膝詰談判 (直接交渉) direct negotiations ★ 通例複数形で.

ひざまずく 跪く (尊敬や祈りのために) kneel (down) ⓐ; (単に体の形を示して) go down on the knees. ¶ 彼女は祭壇の前に*ひざまずいてしばらく祈りをささげた She *knelt* (*down*) before the altar and prayed for a while.

ひさん 悲惨 ── 形 (ひどく哀れな) wretched [rétʃid]; (悲しい) sad; (みじめな) miserable; (恐ろしいほどひどい) terrible ; (悲劇的な) tragic.《☞ さんたん》. ¶ 彼らは*悲惨な生活を送った They led a ˹*wretched* [*miserable*] life. // *悲惨な事故が起こった A ˹*sad* [*terrible*] accident occurred. // 彼は*悲惨な最期を遂げた He died a *tragic* death.

ひじ 肘, 肱 elbow Ⓒ《☞ うで (挿絵)》. ¶ 彼は机の上に*ひじをついて座っていた He sat ˹with his *elbows* [resting his *elbows*] on the desk.

ひじ鉄砲 ── 名 (そっけない拒絶) rebuff Ⓒ. ── 動 (ひじ鉄砲を食う) meet with a rebuff (from ...) ; (ひじ鉄砲を食わす) give a rebuff (to ...).

ひじかけいす ひじ掛け椅子 armchair Ⓒ《☞ いす》.

ひしがた 菱形 lozenge [lázndʒ] Ⓒ, rhombus [rámbəs] Ⓒ ★ 後者のほうが専門語.《☞ しかく[2] (挿絵)》.

ビジネス business Ⓤ《☞ しごと (類義語) ; しょうばい》. ¶ きょうは*ビジネスで大阪へ来ました I'm here in Osaka on *business*.

ビジネスマン businessman Ⓒ《複 -men [mèn]》 語法 英語の businessman は会社の経営者や管理者などで, 日本語の「実業家」に当たる. したがって, 「私はビジネスマンです」のように自分のことを言うときは I'm in business. のように言うのが普通 ; (会社員) office worker Ⓒ.《☞ かいしゃいん ; 和製英語 (囲み)》.

びしびし severely《☞ きびしい》.

ひしひしと ¶ 今夜は寒さが*ひしひしと身にこたえる (⇒ 今夜はたいへんに寒い) It's *terribly* cold this evening.《☞ 擬声・擬態語 (囲み)》

ひしめく 犇めく (群がる・雑踏する) crowd ⓐ, throng ⓐ ★ 後者のほうが形式ばった語.《☞ ごったがえす》. ¶ 大勢の人が門のところで*ひしめき合っていた There was a crowd of people [A lot of people *crowded* (together)] ˹at [in front of] the gate.

ひしゃ 飛車 castle Ⓒ, rook Ⓒ ★ チェスで飛車に相当するもの.

ひしゃく 柄杓 ── 名 (丸底の大型スプーン) ladle Ⓒ; (平底でカップ状) dipper Ⓒ. ── 動 (ひしゃくでくむ) ladle ⓗ.《☞ しゃくし (挿絵); 台所・家事 (囲み)》.

びじゃく 微弱 ── 形 (軽い・ちょっとした) slight ; (弱い) weak ; (かすかな) faint.《☞ よわい ; かすか》.

ひしゃげる (押しつぶされて形が壊れる) be crushed out of shape《☞ つぶれる》.

ひしゃたい 被写体 (写されるもの) object Ⓒ.

びしゃびしゃ ── 形 (一般に, 水がたまってぐしゃぐしゃした) sloppy; (特に雪解けで) slushy.《☞ びしょぬれ; 擬声・擬態語 (囲み)》. ¶ 雨でグラウンドは*びしゃびしゃだ (⇒ 雨がびしゃびしゃにした) The rain made the ground *sloppy*.

ぴしゃりと　―[副] (きっちりと) tightly；(ぴしゃりと音を立てて) with a slam ★以上は戸などを手荒く閉めるときに使う；(きっぱりと) flatly.　―[動] (ぴしゃりと閉める) slam (他)；(ほおを打つ) slap (他)；(懲らしめのために子供の尻を) spank (他)；(はえなどをたたく) swat (他) ★以上は可算名詞としても用いられる.《☞擬声・擬態語(囲み)》.
¶彼は戸を*ぴしゃりと閉めた He shut the door *with a slam*. / He *slammed* the door. // 彼は息子のほおを*ぴしゃりとぶった He ｢*slapped* his son [gave his son a *slap*] on the cheek. // 彼女は子供の尻を*ぴしゃりと打った She *spanked* her child. // 私ははえ[蚊]を*ぴしゃりとたたいた I *swatted* the ｢fly [mosquito]. // 彼女は彼の要求を*ぴしゃりとはねつけた She *flatly* rejected his demand. / She gave him a *flat* refusal.

ひじゅう　比重　〔物理学〕specific gravity Ⓤ；(相対的重要性) weight Ⓤ.《☞じゅうよう[1]；じゅうてん[1]》.　¶銅の*比重は8.93である The *specific gravity* of copper is 8.93. // 入学試験では英語の*比重が大きい (⇒英語には大きな重要性が与えられる) English is given a great deal of *weight* on the entrance examination.

びしゅう　美醜　beauty or ugliness Ⓤ；(容姿) personal appearance Ⓒ.《☞ようぼう[2]》.

ひじゅつ　秘術　(秘伝) secret Ⓒ；(秘法) secret art Ⓒ.《☞ひけつ[1]》.

びじゅつ　美術　(広い意味の) art Ⓤ；(特に絵画・彫刻など視覚・造形の) the fine arts ★複数形で.《☞げいじゅつ》.
¶彼は*美術を専攻している He specializes in ｢*art* [*the fine arts*].
美術家 artist Ⓒ　**美術界** the art world《☞-かい[2]》　**美術学校** art school Ⓒ　**美術館** (art) gallery Ⓒ, art museum Ⓒ.　¶メトロポリタン*美術館 *the* Metropolitan *Museum of Art*《☞冠詞(欄外)》　**美術商** art dealer Ⓒ　**美術展(覧会)** art exhibition Ⓒ　**美術評論家** art critic Ⓒ　**美術品** work of art Ⓒ.

ひじゅん　批准　―[動] ratify (他).　―[名] ratification Ⓤ.　¶国会は今会期中にその条約を*批准する予定だ The Diet is expected to *ratify* the treaty during this session.

ひしょ[1]　秘書　(private) secretary Ⓒ.
¶彼女は社長の*秘書です She is ｢a [the] *secretary* to the president.　[語法] 無冠詞の場合は単に身分をいうのに対し, a を伴う場合は何人かいる秘書のうちの1人であることを意味し, the の場合は特定の1人の秘書であることを意味する.　**秘書課** secretarial section Ⓒ.

ひしょ[2]　避暑　―[動] (避暑に行く) go to ... *for the* summer；(夏を過ごす) pass [spend] the summer.　―[名] summering Ⓤ.《☞なつ》. ¶私は長野へ*避暑に行くつもりです I *am going to* Nagano *for the summer*.　**避暑客** summer visitor Ⓒ　**避暑地** summer resort Ⓒ.

びじょ　美女　beauty Ⓒ, beautiful woman Ⓒ《複 women》.《☞びじん(類義語)》.

ひじょう[1]　非常　(非常の場合) emergency Ⓒ ★最も一般的；(いつ起こるかわからない不測の事態) contingency Ⓒ ★形式ばった語.
¶*非常の場合にはこのボタンを押して下さい Please push this button in case of *emergency*. [語法] この場合は a は付けない. // この電話は*非常の場合にのみ使うこと This telephone should be used only in an *emergency*. // 私たちはどんな*非常の場合にも備えはできています We are ｢prepared [ready] for all ｢*emergencies* [*contingencies*].

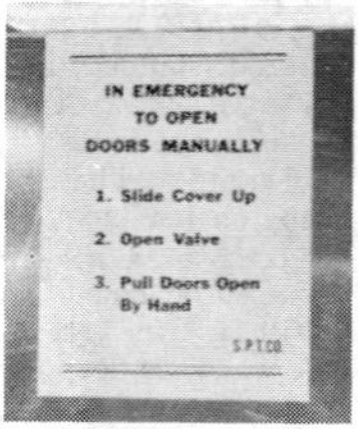
IN EMERGENCY
TO OPEN
DOORS MANUALLY
1. Slide Cover Up
2. Open Valve
3. Pull Doors Open
By Hand
S.P.T.CO
｢非常の場合, ドアを手動で開けるには,
1. カバーを引き上げる
2. バルブを開く
3. 手でドアを引いて開ける｣
という列車内の掲示

ひじょう[2]　非情　―[形] (無情な・冷酷な) coldhearted；(冷酷な) heartless.《☞れいこく》.
¶彼は*非情な男だ He is ｢*coldhearted* [a *heartless* man].

びしょう[1]　微笑　―[名] smile Ⓒ.　―[動] (ほほえむ) smile (自).《☞わらう(類義語)》.
¶彼女は皮肉な*微笑をもらした She *smiled* an ironical *smile*.　[語法] smile a ... smile は｢…な微笑をする｣という決まった表現. // 彼は口元に*微笑を浮かべながらその本を私にくれた He gave me the book with a *smile* on his lips.

びしょう[2]　微小　―[形] (極めて小さい) minute [main(j)úːt]；(顕微鏡で見るような) microscopic.

ひじょうかいだん　非常階段　(非常時用の) emergency stairs ★複数形で；(特に火災時に使う) fire escape Ⓒ.

ひじょうきん　非常勤　―[形] part-time (↔ full-time).　―[名] part-time service Ⓤ.《☞パート[1]》.　¶英語の*非常勤講師 a *part-time* ｢teacher of [instructor in] English

ひじょうぐち　非常口　(非常時用のドア[出口]) emergency ｢door [exit] Ⓒ.

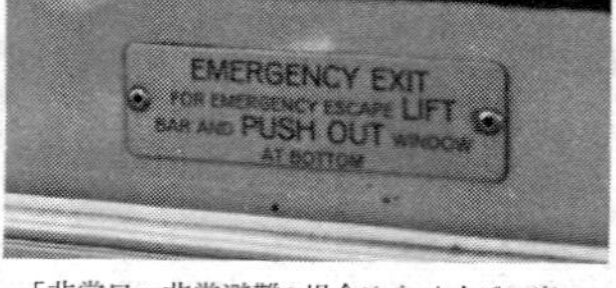
EMERGENCY EXIT
FOR EMERGENCY ESCAPE LIFT
BAR AND PUSH OUT WINDOW
AT BOTTOM
｢非常口：非常避難の場合はバーを上げ, 窓の底部を押し出して下さい｣という掲示

ひじょうしき　非常識　―[形] (常識に欠けた) lacking in common sense；(愚かな) absurd；(理性を欠いた・法外な) unreasonable.《☞むふんべつ》.
¶彼は*非常識だ He ｢*is lacking in* [*lacks*; *has no*] *common sense*. // そんなことをするなんて君も*非常識だ (⇒愚かだ) It is *absurd* of you

to do such a thing. // それは*非常識な (⇒法外な) 要求だ It is an *unreasonable* request.

ひじょうじたい 非常事態 (state of) emergency Ⓒ ★単数形で. 《☞きんきゅう》. ¶ *非常事態が起こった An *emergency* occurred. // 政府は*非常事態を宣言した The government declared a *state of emergency*.

ひじょうしゅだん 非常手段 (緊急の[思い切った]手段) emergency [drastic] measures ★通例複数形で. 《☞しゅだん》. ¶ 彼らは*非常手段にうったえた (⇒を取った) They took ˹*emergency* [*drastic*] *measures*.

ひじょうせん 非常線 ―名 (警戒の) cordon Ⓒ. ―動 (非常線を張って遮断する) cordon off ⑯. ¶ 警察は強盗が逃げ込んだ区域に*非常線を張った The police ˹put a *cordon* around [*cordoned off*] the area ˹where [in which] the robbers had sought refuge.

ひじょうな 非常な ★「非常な」の意味を表す英語の形容詞は, 結び付く名詞によっていろいろ異なることに注意. 中には great や extreme のようにかなり適用範囲の広いものもあるが, すべてに適用できるわけではなく, 結局は通常の結び付き方を一つ一つ覚えてゆかなくてはならない. 《☞とても (類義語); コロケーション (欄外)》.
¶ 海辺は*非常な人出だった (⇒大量の人出があった) There was a *large* crowd on the beach. // 彼女の結婚は私たちにとって*非常な (⇒大きな) 驚きだった Her marriage was a *great* surprise to us. // ピクニックは*非常な好天 (⇒すばらしい天気) に恵まれた Our picnic was ˹favored [blessed] by *magnificent* weather. // それは*非常な (⇒極度の) 危険を伴う It entails ˹*extreme* [(⇒重大な) *serious*] danger. // 彼の才能は*非常なものだ (⇒彼はすばらしい才能の持ち主だ) He is a man of ˹*remarkable* [*extraordinary*] ability.

ひじょうに 非常に very [語法] 最も一般的で, また口語的な語. 形容詞・副詞などを修飾するが, 動詞を直接修飾することはできない. 例えば「私はそれが非常に気に入っている[好きだ]」I like it *very much*. のような場合は very much を用いる; (たいへん) so [語法] very と内容的にはほぼ同意で入れ替え可能なことも多いが, もともと「そんなに・そのように・このように」という意味から「非常に」となったもので, 多少ニュアンスが違う. very のほうが一般的で, so は女性が好んで使う傾向がある; (極めて) extremely ★very や so よりはやや改まった語で意味も強い; (たいへん) greatly ★この語は過去分詞から転じた形容詞の修飾に用いられることが多い; (とても) most ★「一番に」の意味から「非常に」となった語. 《☞じつに (類義語); 強意語 (囲み); 強調の表現 (囲み)》.
¶ 彼はいま*非常に幸せだ He is ˹*very* [*so*; *most*] happy now. // 私は*非常にくたびれた I was ˹*very* [*so*; *extremely*] tired. / (⇒死ぬほど) I was tired *to death*. // 彼女はその記事を*非常に読みたがっている She wants to read that article ˹*very much* [*so much*; 《口語》 *very badly*]. / She *is* ˹*dying* [*aching*] *to* read that article. [語法] be ˹dying [aching] to *do* は「どうしても…したい」という意味の口語的な強調表現. // 私はその知らせを聞いて*非常に驚いた[うれしかった] I was ˹*very* [*very much*; *greatly*] ˹surprised [pleased] at the news. [語法] be surprised, be pleased などでは過去分詞が形容詞化していると感じられるので very を用いることもできる. // 去年の冬は*非常に (⇒例年になく) 寒かった It was *unusually* cold last winter.

ひじょうブレーキ 非常ブレーキ emergency brake Ⓒ.

ひじょうベル 非常ベル (火災用の) fire alarm Ⓒ; (防犯用の) burglar alarm Ⓒ.

びしょく 美食 (うまい食事) delicious food Ⓤ; (栄養豊富な食事) rich diet Ⓒ. 《☞ごちそう》. **美食家** (食通) gourmet [gúəmei] Ⓒ; (食道楽の人) epicure Ⓒ.

びしょぬれ びしょ濡れ ―動 (肌までずぶぬれになる) be [get] ˹wet [soaked; drenched] to the skin ★慣用的表現; (しずくがたれるほどぬれる) be [get] ˹soaking [dripping] wet [語法] be を用いた場合は状態と動作の両方を表すのに対し, get を用いた言い方は「ぬれる」という動作のみを表す. 《☞ぬれる》.
¶ 彼の服は*びしょぬれだった His clothes *were dripping wet*. // 彼女は雨に降られて*びしょぬれになった As she was caught in the rain, she ˹*was drenched to the skin* [*got soaking wet*].

びしょびしょ ¶ 野球場は雨で*びしょびしょだ The baseball ground *is thoroughly soaked* with rain. 《☞びしょぬれ; びしゃびしゃ; 擬声・擬態語(囲み)》

ぴしり ¶ 彼はむちを*ぴしりと鳴らした He *cracked* his whip. 《☞擬声・擬態語 (囲み)》

びじれいく 美辞麗句 ―名 (うわべだけを飾った美しい言葉) flowery words ★複数形で. 日本語の「美辞麗句」同様, 軽蔑的なニュアンスをもつ. ―形 (美辞麗句がいっぱいの) flowery. ¶ 彼の演説は*美辞麗句を並べすぎる His speeches are too *flowery*.

びしん 微震 slight earthquake Ⓒ, tremor Ⓒ. 《☞じしん[2]》.

びじん 美人 beauty Ⓒ; good-looking [pretty] ˹woman [girl; lady] Ⓒ.
【類義語】やや改まった表現で反語的に用いられることがよくあるのが **beauty**. なお **beautiful** は完璧な美しさを意味するので, 使い方によっては皮肉に聞こえる場合もある. **good-looking** はその点, 口語的で意味も軽く, 会話ではしばしば用いられる. また容姿よりも, かわいい感じを強調するのが ***pretty***. 容姿に関係なく, すべての女性は ***pretty*** であり得る. 《☞きれい; うつくしい (類義語)》
¶ 彼女, *美人じゃないか She's ˹*good-looking* [*pretty*], isn't she? 《☞付加疑問 (欄外)》 // 彼女はすごい*美人だ She is a ˹great [(⇒あっと驚くほどの) stunning] *beauty*.
美人コンテスト beauty contest Ⓒ.

ビス screw Ⓒ [参考] 日本語の「ビス」はフランス語の vis から. 《☞ねじ》.

ひすい 翡翠 (宝石) jade Ⓤ.

ビスケット 《米》 cookie Ⓒ, 《英》 biscuit

[bískit] Ⓒ 参考 日本語の「ビスケット」は英国の用法. アメリカで biscuit と言えば柔らかい甘味のない小型のパンを指す.

ヒスタミン histamine Ⓤ. ¶ 抗*ヒスタミン剤 antihistamine

ヒステリー ―名 (病気) hysteria Ⓤ; (発作) hysterics Ⓤ. ―形 (ヒステリーの・ヒステリックな) hysterical.
¶ 彼女は*ヒステリーを起こした She ⌈went [fell] into *hysterics*. ∥ 彼女は*ヒステリーを起こしている She is in a state of *hysteria*. ∥ 彼女の子供のしかり方はいつも*ヒステリー気味だ (⇒ ヒステリックなやり方で子供をしかる) She always scolds her children in a *hysterical* manner.

ヒステリック ―形 hysterical.

ピストル (拳銃) pistol Ⓒ, handgun Ⓒ, gun Ⓒ ★ gun は銃の総称として用いられるが, くだけた表現では拳銃を指すことが多い; (回転連発式) revolver Ⓒ; (自動拳銃) automatic (pistol) Ⓒ. 《☞ けんじゅう (挿絵)》.
¶ 彼は*ピストルの名手だ He is ⌈good at shooting [an excellent shot] with a *pistol*. ∥ 犯人は警官に向かって*ピストルを撃った The criminal fired a ⌈*gun* [*pistol*] at the policeman. ∥ その男は私に*ピストルを突き付けた The man pulled his ⌈*gun* [*pistol*] on me.
ピストル強盗 armed robber Ⓒ.

ひ

ピストン piston Ⓒ. ¶ 救急車は事故現場と病院の間を*ピストン運転した (⇒ 行ったり来たりした) The ambulance *shuttled* between the scene of the accident and the hospital.

ひずみ 歪み 〚物理学〛 strain Ⓤ; (反り) warp Ⓒ; (ゆがみ) distortion Ⓤ. ¶ この板には*ひずみがある There is a *warp* in this board. ∥ 高度成長で経済に*ひずみが生じた Rapid [The high rate of] growth has caused *distortion* in the economy.

びせいぶつ 微生物 microbe Ⓒ, microorganism Ⓒ ★ 前者は特に病原菌を指すことが多い. **微生物学** microbiology Ⓤ **微生物学者** microbiologist Ⓒ.

びせきぶん 微積分 (infinitesimal) calculus Ⓤ; (微分と積分) differential and integral calculus Ⓤ. 《☞ びぶん[1]; せきぶん》.

ひせんきょけん 被選挙権 ―名 (選ばれる資格) eligibility for election Ⓤ. ―形 (被選挙権がある) eligible. 《☞ せんきょ[1]》.

ひせんきょにん 被選挙人 eligible (person) Ⓒ 《☞ せんきょ[1]》.

ひせんとういん 非戦闘員 (従軍しながら戦闘に加わらない人) noncombatant Ⓒ; (民間人) civilian Ⓒ.

ひそ 砒素 〚化学〛 arsenic Ⓤ 《元素記号 As》.

ひそう[1] 悲壮 ―形 (勇ましい) heroic; (哀れを誘う) pathetic. ¶ 彼は最後まで戦う*悲壮な決心をした He made a *heroic* resolution to fight to the last.

ひそう[2] 皮相 ―形 (うわべだけの) superficial; (浅薄な) shallow. 《☞ うわべ》.

ひぞう[1] 秘蔵 ―形 (気に入りの) favorite; (大切にしている) treasured. ―動 (秘蔵する) treasure ⓗ. **秘蔵の品** treasure Ⓒ.

ひぞう[2] 脾臓 spleen Ⓒ.

ひそか 密か, 窃か ―副 (秘密に) secretly, in secret ★ 後者はやや改まった感じ; (個人的に・ないしょで) privately, in private ★ 後者はやや改まった感じ; (こっそり) stealthily. ―形 secret; private; stealthy. 《☞ こっそり》.
¶ 彼は*ひそかにわいろを受け取った He took bribes *secretly*. ∥ 彼女は*ひそかに (⇒ ないしょで) その手紙を私に見せてくれた She showed me the letter ⌈*privately* [*in private*]. ∥ その宝は*ひそかに持ち出された The treasure was carried away *stealthily*.

ひぞく 卑俗 ―形 (下卑た) vulgar; (低俗な) low; (粗野な) coarse. ―名 vulgarity Ⓤ; coarseness Ⓤ. 《☞ ていぞく; げひん》.

ひそひそ ―副 (小声で) in a low voice; (ささやき声で) in ⌈a whisper [whispers]. ―動 (ひそひそ話す) whisper ⓐ ⓗ 語法 talk [speak] に上の副詞を添えても同じ意味が表せる. 《☞ ささやく; 擬声・擬態語 (囲み)》.
¶ 女の子たちは*ひそひそうわさ話をした The girls gossiped *in a whisper*. ∥ 彼らは*ひそひそ声で (⇒ ひそひそ) 話をしていた They were talking *in a low voice*.

ひそむ 潜む (潜在する・待ち伏せる) lurk ⓐ; (裏に隠れている) lie (behind ...) ⓐ 《過去 lay; 過分 lain》; (悪事をしたりして身を隠す) hide ⓐ 《過去 hid; 過分 hidden》.
¶ その取り引きには何か不正が*潜んでいるように思われる I suspect (that) something dishonest ⌈*lurks within* [*lies behind*] the dealings. ∥ 犯人は森の中のどこかに*潜んでいるに違いない The criminal must *be hiding* somewhere in the woods.

ひそめる 潜める **1** «身を»: hide *oneself* 《過去 hid; 過分 hidden》, conceal *oneself* ★ 後者のほうが形式ばった語で, 意図的で意味が強い. 《☞ かくれる》. ¶ 彼はベッドの下[カーテンの陰]に身を*潜めた He ⌈*hid* [*concealed*] *himself* ⌈under the bed [behind the curtain].
2 «声を»: (低くする) lower ⓗ; (落とす) drop ⓗ. 《☞ ひそひそ》. ¶ 彼女は声を*潜めて私の耳元にささやいた She ⌈*lowered* [*dropped*] her voice to whisper (in my ear).

ひだ 襞 ―名 (スカートなどの) pleat Ⓒ; (細かく縫い縮めた) gathers ★ 複数形で. ―動 (ひだをつける) pleat ⓗ; gather ⓗ. ¶ このスカートの*ひだはすぐ取れる The *pleats* in this skirt will soon come out. ∥ 彼女はブラウスの腰のところに*ひだをつけた She *gathered* her blouse at the waist.

ひたい 額 forehead [fɔ́:rid, fɔ́əhèd] Ⓒ; brow [bráu] Ⓒ 語法 目の上から髪の生え際までの前額部全体が forehead. それと同義の場合もあるが, 眉毛のある両眼上の隆起部が brow. 《☞ かお (挿絵)》.
¶ 彼は広い[狭い]*額をしている He has a ⌈broad [narrow] *forehead*. / He has a ⌈high [low] *brow*. ∥ 彼は*額に八の字を寄せた He knit(ted) his *brows*. ∥ 彼は*額に汗して働いている He is making his living by the sweat of his *brow*.

ひだい 肥大 (肥満) corpulence Ⓤ; (病的な肥満) obesity Ⓤ; 〚医学〛 (器官や組織の異

常発達) hypértrophy Ⓤ.

びたいちもん びた一文 ¶ 彼は*びた一文もまけないと言った He said he wouldn't take off a ⌈cent [penny]. 《☞ いちもん[1]》

ひたす 浸す (ちょっと浸す) dip ㊍; (どっぷりとつける) soak ㊍. 《☞ つける[3]》. ¶ 彼はペンをインクに*浸した He *dipped* his pen in the ink. // 彼女は豆を一晩水に*浸した She *soaked* the beans in water overnight.

ひたすら (熱心に) earnestly; (一生懸命) very hard. 《☞ いっしょうけんめい》. ¶ 私たちは*ひたすら彼の無事を祈った We *earnestly* prayed for his safety. // 私は*ひたすらその問題の解決に努力した (⇒ 専心した) I *devoted myself* to the solution of the problem.

ひだち 肥立ち (元通り回復すること) recovery Ⓤ 《☞ かいふく》. ¶ 彼女は産後の*肥立ちがよい[悪い] She *is doing* ⌈*well* [*badly*] after childbirth.

ひたひた ¶ さざ波が*ひたひたと岸に寄せていた Little waves *were lapping against* the shore. // 敵は*ひたひたと (⇒ 徐々に[着々と]) 押し寄せてきた The enemy ⌈*gradually* [*steadily*] advanced ⌈on [against] us. 《☞ 擬声・擬態語 (囲み)》

ビタミン vitamin [váitəmin] Ⓒ. ¶ *ビタミン B *vitamin* B ビタミン錠 vitamin pill Ⓒ.

ひたむき ―形 (真剣な) earnest; (不屈の) untiring. ―副 earnestly; untiringly. 《☞ まじめ》. ¶ 私は彼の*ひたむきな態度に心を打たれた I was impressed ⌈by [with] his *earnest* attitude. // 彼の*ひたむきな努力はついに実を結んだ His *untiring* efforts bore fruit at last.

ひだり 左 ―名 left Ⓤ (↔ right) ★ 通例 the を付けて. ―形 副 left.
¶ 次の角で*左へ曲がりなさい Turn (to the) *left* at the next corner. 《☞ 道のきき方 (囲み)》 // *左に見えるのが東京駅です On your *left* you see Tokyo Station. // 彼はいつも髪を*左で分けている He always parts his hair on the *left*. // 英語は*左から右に書く We write English from *left* to right. // 彼は*左から3番目の人です He is the third man from the *left*. // *左向け*左 《号令》 *Left* ⌈turn [face]!

ひだりがわ 左側 the left (⌈hand [side]) 《☞ がわ》. ¶ 彼女は私の*左側に座った She sat *on my left* (*side*). // *左側通行 Keep to *the left*. / Keep *left*. 《☞ 掲示の英語 (囲み)》

ひだりきき 左利き ―名 (左利きの人) left-handed person Ⓒ; (左利きの選手) southpaw Ⓒ. ―形 left-handed.

ひだりて 左手 (手) left hand Ⓒ; (方角) the left (hand).

ぴたりと ¶ 矢は的の真ん中に*ぴたりと命中した The arrow hit the target *right* in the center. 《☞ ぴったり; 擬声・擬態語 (囲み)》

ひたる 浸る **1** «つかる»: (浸水する) be flooded; (水中に没する) be under water. 《☞ つかる; ひたす》.
2 «ふける» ―動 (没頭する) be immersed in ...; (熱中する) be given to ... 《☞ ふける[1]; むちゅう》. ¶ 私たちはその楽しい雰囲気に*浸った We *were immersed in* the merry atmosphere.

ひだるま 火だるま (炎のかたまり) mass of flames Ⓒ. ¶ 自動車は*火だるまになって湖へ落ちた The car fell into the lake in a *mass of flames*. // 彼はあっという間に*火だるまになった (⇒ 炎に包まれた) He *was covered with flames* in a moment.

ひたん 悲嘆 ¶ 彼女は子供を亡くして*悲嘆にくれた (⇒ 子供の死を嘆き悲しんだ) She *grieved over* her child's death. 《☞ なげく (類義語)》

びだん 美談 ―名 (立派な話[挿話]) beautiful ⌈story [episode] Ⓒ ★ beautiful の代わりに「称賛すべき」praiseworthy,「感激させるような」moving を用いてもよい. ¶ それは*美談だ It's a *beautiful story*. // その*美談の主に会いたいものだ I'd like to see the hero of the *praiseworthy episode*.

びだんし 美男子 handsome [good-looking] man Ⓒ 《☞ ハンサム》.

ぴちぴち ―形 (若くて元気がいい) young and lively; (はつらつとした・生き生きした) fresh. 《☞ げんき; 擬声・擬態語 (囲み)》. ¶ 彼女は*ぴちぴちした (⇒ 若くて元気な) 女の子だ She is a *young and lively* girl. // 彼女はいつ見ても*ぴちぴち (⇒ はつらつと) している She always looks *fresh*.

びちゃびちゃ ―形 (ぬかるみの) slushy; (びしょぬれの) sloppy; (ぬれた) wet. 《☞ びしゃびしゃ; ぬれる; 擬声・擬態語 (囲み)》.

ひつう 悲痛 ―形 (悲しい) sad, sorrowful ★ 後者はやや形式ばった語; (痛ましい) touching; (哀れを誘う) pathetic. 《☞ かなしい》.
¶ 彼は*悲痛な面持ちをしていた He looked ⌈*sad* [*sorrowful*]. // 彼女はその*悲痛な話を聞いて涙ぐんだ She was moved to tears by the *touching* [*pathetic*] story.

ひっかかり 引っ掛かり ―動 (関係がある) be connected with ...; (特に, 縁故関係がある) be related to ... ―名 connection Ⓤ; relationship Ⓤ. 《☞ かんけい》.

ひっかかる 引っ掛かる **1** «物に»: catch (in ...; on ...) ㊀ 《過去・過分 caught》 ★ 物にからまるような感じのときは in, くぎなどでは on.
¶ ズボンがくぎに*引っ掛かった My trousers *caught on* a nail. // たこが木[電線]に*引っ掛かってしまった The kite *has caught* ⌈*in* a tree [*on* an electric line]. // 魚の骨がのどに*引っ掛かった (⇒ 突き刺さった) A fish bone *stuck in* my throat.
2 «たくらみなどに»: (はまる) fall for ...; (だまされる) be ⌈deceived [《口語》 taken in]. 《☞ だます; わな》. ¶ 私たちは彼の策略に*引っ掛かった We *fell for* his tricks. // 彼は彼女の甘い言葉にまんまと*引っ掛かった He *was* easily ⌈*deceived* [*taken in*] by her honeyed words.

ひっかきまわす 引っ掻き回す rummage ㊀ 《☞ かきまわす》. ¶ 私は引き出しの中を*引っかき回してボールペンを捜した I *rummaged* in the drawer for my ball-point (pen).

ひっかく 引っ掻く scratch ㊍ ㊀. ¶ その猫は*引っかきますよ The cat will *scratch* (you).

ひっかける 引っ掛ける **1** «くぎなどに»: (人を

主語として) catch ... (on ... ; in ...) 《過去・過分 caught》; (ズボンなど引っ掛かる物を主語として) catch (on ...; in ...) (自). 《☞ ひっかかる; かける[1]》. ¶ 彼女はスカートをくぎに*引っ掛けた She *caught* her skirt *on* a nail. / Her skirt *caught on* a nail.

2 «さっと着る»: throw on (他) 《☞ きる[2]》.
¶ 彼は上着を*引っ掛けると家から飛び出した He *threw on* his jacket and ran out of the house.

3 «水などをはねかける»: splash (他) 《☞ かける[1]》.

ひっき 筆記 ―(動) (ノートをとる) take notes of ...; (書き留める) write down (他). 《☞ ノート; メモ; かきとめる》. ¶ 彼女は先生が言ったことを全部*筆記した She 「*took notes of* [*wrote down*] everything the teacher said. **筆記試験** written examination [C] **筆記用具** (一式) writing implements ★ 複数形で; (何か書く物) something to write with.

ひつぎ 柩 coffin [C], 《米》 casket [C]. 《☞ かんおけ (挿絵)》.

ひっきりなし 引っ切り無し ―(副) (断続的に続いて) continually; (ずっと連続して) continuously; (絶え間なく) incessantly ★ やや文語的; (間を置かずに) without a break; (次次と) one after another. ―(形) continual; continuous; incessant. 《☞ たえず (類義語); しじゅう; ねんじゅう》.
¶ 電話のベルが一日中*ひっきりなしに鳴った The phone rang 「*continually* [*without a break*] throughout the day. // 強い風が一日中*ひっきりなしに吹いた A strong wind blew *continuously* all day long. // ラッシュアワーには電車は*ひっきりなしに発着する Trains arrive and depart *one after another* during (the) rush hour. // この通りには*ひっきりなしに自動車が通る (⇒ 交通量が多い) There is *heavy* traffic on this road. / There is a *constant* stream of vehicles on this road.

びっくり ―(動) (予期しないことに驚く) be surprised; (信じ難いことに大いに驚く) be astonished; (仰天する) be astounded ★ 以上の順に意味が強くなる; (驚き仰天する) be amazed; (衝撃を受ける) be shocked ★ 以上の言い方は人が主語になる; (驚かせる) surprise (他); astonish (他); astound (他); amaze (他); shock (他) ★ 以上5つは「物」が主語になる. ―(名) surprise [U] ★ 具体的な驚くべきことを指すときは [C]; astonishment [U]; amazement [U]; shock [C]. 《☞ おどろく (類義語)》.
¶ その知らせを聞いて私は*びっくりした I *was surprised* 「at [to hear] the news. / (⇒ その知らせは私を驚かせた) The news *surprised* me. / (⇒ その知らせは私にとって驚きだった) The news was a *surprise* to me. // 彼がその賞を獲得したので私たちは*びっくりした We *were astonished* that he had won the prize. // 彼女はそれを見て*びっくり仰天した She *was astounded* 「at [to see] it. // 私はその飛行機が速いのに*びっくりした I *was amazed* at the speed of the plane. // *びっくりしたことには私のかばんはなくなっていた To my *surprise* my briefcase was gone. // あなたを*びっくりさせるものがあるよ I have a *surprise* for you. // 彼女は*びっくりして私の顔を見た She looked at me *in surprise*. // *びっくりするような出来事が次々に起こった *Surprising* [*Shocking*] events took place one after another.

ひっくりかえす ひっくり返す (横倒しにする) overturn (他); (転覆させる) upset (他) 《過去・過分 upset》; (上下を逆さまにする) turn ... upside down. 《☞ たおす; うらがえす》. ¶ 子供はミルクのコップを*ひっくり返してしまった The child 「*overturned* [*upset*] a glass of milk.

ひっくりかえる ひっくり返る (横倒しになる) overturn (自); (転覆する) upset (自) 《過去・過分 upset》. 《☞ てんぷく》. ¶ その地震で机の上の花瓶が*ひっくり返った The vase on the desk 「*overturned* [*upset*] in the earthquake.

ひっくるめる 引っくるめる (合計などを含める) include (他) 《☞ まとめる; あわせる》. ¶ 全部*ひっくるめて (⇒ 全体で) いくらになりますか How much is it 「*in all* [*altogether*]? // 郵送料とその他の費用を*ひっくるめて総額3千円になる The total comes to 3,000 yen, 「*including* postage and other charges [postage and other charges *included*].

ひづけ 日付 ―(名) date [C]. ―(動) (日付を入れる) date (他). 《☞ 時刻・日付・曜日 (囲み); 手紙の書き方 (囲み)》.
¶ 領収書に*日付を入れるのを忘れないように Don't forget to 「put the *date* on [*date*] the receipt. // 私はその送り状を4月1日の*日付で出した I sent the invoice 「under the *date* of [*dated*] April 1. // その手紙は*日付がなかった The letter 「*was undated* [had no *date* on it].
日付変更線 the (international) date line.

ひっけい 必携 ―(形) (欠くことのできない) indispensable. ―(名) (参考書) handbook [C]; (手引き) manual [C]. 《☞ ふかけつ》.

ひつけやく 火付け役 (ごたごたを起こす人) troublemaker [C]; (演説などであおる扇動者) instigator [C]; (社会的・政治的な扇動者) agitator [C].

ピッケル ice ax (《英》 ice axe) [C] [参考] 日本語のピッケルはドイツ語の Pickel から. 《☞ やま (挿絵)》.

ひっこし 引っ越し move [C], removal [C]. 《☞ いてん; てんきょ[1]》.
¶ *引っ越しは面倒なものだ *Removals* are troublesome. // *引っ越しはいつですか (⇒ いつ引っ越しますか) When *are* you *moving* 「*out* [*in*]? [語法] 家を引き払うのが move out, 移ってくるのが move in. // 私は彼の新居への*引っ越しを (⇒ 新居へ引っ越しするのを) 手伝った I helped him *move* 「to [into] his new house. // 彼女の*引っ越し先 (⇒ 新しい住所) なら私が知っている I know her new address.

ひっこす 引っ越す move (自) 《☞ うつる》.
¶ 今度次の所に*引っ越しました We *have moved* to the following address. // 「いつ*引っ越すのですか」「来月早々です」 "When *are* you *moving* (*out*)?" "At the very beginning of next month."

ひっこみ 引っ込み **引っ込みがつかない** ¶ 彼は*引っ込みがつかなくなった (⇒ 行き過ぎて退くことができなかった) He *has* ⌜*gone* [*carried things*] *too far to* ⌜*back out* [*retreat*].
引っ込み思案 ¶ あの子はどうも*引っ込み思案だ (⇒ 内気で人前に出たがらない) The child is rather *shy* ⌜of [with] people. 《☞ うちき》

ひっこむ 引っ込む (引退する) retire 〔自〕 ★ 静かな場所へ引っ込むという意味合いがある；(退出する) withdraw 〔自〕. 《☞ しりぞく》.
¶ まだ田舎へ*引っ込むほどの年でもあるまい (⇒ 田舎へ引っ込むには若すぎる) You are too young to *retire* into the country. // お前は*引っ込んでいろ (⇒ 自分のことにだけかまっていろ) Mind your own business. / (⇒ お前の知ったことじゃない) That's [It's] none of your business.

ひっこめる 引っ込める (引っ込ませる) draw in 〔他〕《過去 drew；過分 drawn》, retract 〔他〕 ★ 前者のほうがより口語的；(撤回する) withdraw 〔他〕；(取り消す) take back 〔他〕. 《☞ とりけす；てっかい》.
¶ 飛行機はすぐに車輪を*引っ込めた The plane soon ⌜*drew in* [*retracted*] its wheels. // 彼は辞表[自分の提案]を*引っ込めた (⇒ 撤回した) He *withdrew* his ⌜resignation [proposal]. // 彼はしぶしぶ自分の言ったことを*引っ込めた (⇒ 取り消した) He reluctantly *took back* ⌜his words [what he had said].

ピッコロ piccolo [píkəlòu] Ⓒ 《☞ 音楽 (囲み)》.

ひっし[1] 必死 ― 〘形〙 (必死の) desperate；(気も狂わんばかりの) frantic. ― 〘副〙 desperately, in desperation. ¶ 彼女は*必死になってドアをたたいた She knocked ⌜on [at] the door *desperately*. // 彼は目的達成のために*必死の努力をした He made ⌜*desperate* [*frantic*] efforts to achieve his aim.

ひっし[2] 必至 ― 〘形〙 (避けられない) inevitable, unavoidable；(確実な) sure. 《☞ かくじつ[1]；ひつぜん；ふかひ》. ¶ 国会の解散は*必至だ The dissolution of the Diet is ⌜*inevitable* [*unavoidable*]. // その会社の倒産は*必至だ (⇒ 倒産は確実だ) The firm is *sure* to go bankrupt.

ひつじ[1] 羊 sheep Ⓒ ★ 単複同形. 羊一般を表す語；(雄) ram Ⓒ；(雌) ewe [júː] Ⓒ；(子羊) lamb [lǽ(ː)m] Ⓒ. 《☞ おす[3] (表)；動物の鳴き声 (囲み)》.
¶ この犬は*羊の群を見張ることができる This dog can watch over a flock of *sheep*. // 彼は*羊の皮を着た狼だ He is a wolf in *sheep*'s clothing. //「*羊は何と鳴きますか」「めえめえと鳴きます」"How do *sheep* bleat?" "They say 'baa, baa'."
羊飼い shepherd Ⓒ **羊の肉** mutton Ⓤ；(子羊の肉) lamb Ⓤ.

ひつじ[2] 未 (十二支の) the Sheep 《☞ ね[4] 〘参考〙》.

ひっしゃ 筆者 (文を書いた人) writer Ⓒ；(著作者) author Ⓒ ★ 後者のほうがやや改まった語；(自分を指して) the (present) writer ★ 論文などで用いられ, 動詞は 3 人称単数形で呼応する. ただし現在では I とすることが多い. 《☞ さくしゃ；ちょしゃ》.

ひっしゅう 必修 ― 〘形〙 (科目などが必修の) required, compulsory. ― 〘名〙 requirement Ⓒ. ¶ この科目は 2 年生の*必修だ This subject is ⌜*required* of [*compulsory* for] all second-year students. **必修科目** required [compulsory] subject Ⓒ (↔ elective subject).

ひつじゅひん 必需品 (絶対欠かせないもの) necessity Ⓒ；(必要なもの) necessaries ★ 通例複数形で；《口語》 a must ★ a を付けて；(ある目的上必要なもの) requisite Ⓒ. 《☞ ひつよう》.
¶ 食べ物, 衣服, 住居は生活*必需品である Food, clothing and shelter are ⌜*necessities* [*necessaries*] of life. 〘語法〙 necessities のほうが necessaries よりも必要の度が強いが, 生活必需品の意味ではどちらも用いられる. // テレビは現代の家庭の*必需品だ A television set is a ⌜*necessity* [*must*] in the modern home. // 田舎に住んでいると車は*必需品だ (⇒ 車なしではやって行けない) If you live in the country, you *can't do without* a car.

ひっしょう 必勝 ¶ 私たちは*必勝を誓った (⇒ 何としても勝つことを決意した) We resolved to *win at any cost*. 《☞ かつ》

びっしょり ― 〘形〙 (ぬれた) wet；(しぼれる[したたる]ほどぬれた) wringing [dripping] wet. 《☞ びしょぬれ；ぬれる；擬声・擬態語 (囲み)》.
¶ このシャツは汗で*びっしょりだ This shirt is ⌜*wringing* [*dripping*] *wet* with ⌜perspiration [sweat]. 《☞ あせ》

びっしり ― 〘形〙 (詰まった) tight 《☞ ぎっしり；擬声・擬態語 (囲み)》. ¶ 予定が*びっしりだ I have a very *tight* schedule.

ひっす 必須 ― 〘形〙 (欠くことのできない) indispensable；(本質的に絶対必要な) essential；(ある条件を満たすために必要な) requisite. 《☞ ひつよう》. ¶ 食物と水は生命にとって*必須のものだ Food and water are ⌜*indispensable* [*essential*] to life. **必須科目** required [compulsory] subject Ⓒ 《☞ ひっしゅう》.

ひっせき 筆跡 (手で書くこと, または書かれたもの) handwriting Ⓤ, writing Ⓤ；(書体) hand ★ 単独では用いられず, 形容する語が前に付く. 単数のみで複数はない.
¶ 彼の*筆跡は読みにくい His ⌜*handwriting* [*writing*] is hard to read. // 彼女の*筆跡はすばらしい (⇒ すばらしい字体を書く) She writes ⌜an excellent [a splendid] *hand*. // 専門家がその*筆跡を鑑定した An expert ⌜examined [analyzed] the *handwriting*.

ひつぜつ 筆舌 **筆舌に尽くし難い** ¶ その景色は*筆舌に尽くし難かった (⇒ 言い表せないほど美しかった) The scene was *indescribably* beautiful. // その労働者たちの悲惨なありさまは*筆舌に尽くし難かった The laborers' miserable conditions were *beyond description*. 〘語法〙 beyond description は「言葉では表現できない」という意味の成句で, やや文語的.

ひつぜん 必然 ― 〘形〙 (当然の) necessary；(不可避の) inevitable；(自然の) natural.

ひ

— 副 (必然的に) necessarily; inevitably; naturally. 《☞ とうぜん[1]; かならず (類義語)》. ¶ 人口が増えれば*必然の結果として食糧は不足する If the population grows larger, food becomes shorter as 「a *necessary* result [an *inevitable* consequence]. // ことの成り行きは*必然的にそうなった That was the *natural* course of events.

ひっそり — 形 (静かな) quiet ★ 動きも音もないこと; (動きのない) still. — 動 (人の気配がなくなる) be deserted. 《☞ しずか (類義語); 擬声・擬態語 (囲み)》. ¶ 図書館の中は*ひっそりしていた All was 「*quiet* [*still*] in the library. // この通りは夜は*ひっそりとする (⇒ 人けがなくなる) This street *is deserted* at night. // 彼女は田舎で*ひっそりと暮らしている She lives a *quiet* life in the country.

ひったくり (ひったくること) snatch Ⓒ; (ひったくる人) (bag-)snatcher Ⓒ. ¶ *ひったくりに注意しなさい Look out [Watch] for (*bag-*) *snatchers*.

ひったくる snatch (他). ¶ オートバイに乗った若い男が私の手[肩]からハンドバッグを*ひったくった A young man on a motorcycle *snatched* my purse 「*out of* my hand [*off* my shoulder].

ぴったり — 副 (正確に) exactly; (ぴったりくっついて) close(ly); (きっちり) tight(ly); (完全に) perfectly; (正しく) right, correctly ★ 前者がより口語的. — 動 (ぴったり合う) fit (他). 《☞ ちょうど[1]; 擬声・擬態語 (囲み)》. ¶ 私は8時*ぴったりに家を出た I left home *exactly* at eight. // この戸は*ぴったり (⇒ 完全に[正しく]) 閉まらない This door doesn't shut 「*completely* [*properly*]. // 窓を*ぴったり閉めなさい Close the window *tightly*. // この服はあなたに*ぴったり合う This dress fits you 「*perfectly* [*to a T*]. ★ to a T は慣用句. // 彼らは*ぴったり寄り添ってベンチに腰をおろした They sat *close* together on the bench. // この計算は*ぴったり合っている (⇒ 完全に正しい) These figures are *perfectly* correct. // 彼は私の年を*ぴったり当てた He guessed my age *correctly*.

ひつだん 筆談 — 動 tell by means of writing (自) (他).

ピッチ (速さ) speed Ⓤ; (ペース) pace Ⓒ; (音の高さ) pitch Ⓒ ★ 日本語の「ピッチ」が必ずしも英語の pitch に相当しない点に注意. 《☞ ちょうし[1]; そくど》. ¶ 仕事は急*ピッチで進行した The work progressed at a fast *pace*. // 私たちは仕事の*ピッチを上げた (⇒ 仕事を急いだ) We *speeded up* the work.

ヒッチハイク — 名 hitchhiking Ⓤ. — 動 hitchhike (自), thumb a ride ★ 親指で合図して便乗を頼むことから. ¶ 彼は*ヒッチハイクでアメリカ大陸を横断した He traveled across the United States by *hitchhiking*.

hitchhiking

ピッチャー (投手) pitcher Ⓒ 《☞ 野球の英語 (囲み)》.

ひっちゃく 必着 ¶ 申込書は3月10日までに*必着のこと The application must *reach* us by March 10 *without fail*.

ピッチング pitching Ⓤ 《☞ 野球の英語 (囲み)》.

ひってき 匹敵 — 動 (…に等しい) equal (他); (互角である) match (他); (…と同列にある) rank with …; (…と肩を並べる) compare with … — 形 (同等の) equal; (…に相当する) equivalent. 《☞ そうとう》.

¶ このホテルはヨーロッパの一流ホテルに*匹敵する (⇒ 同列に位する) This hotel 「*is equal to* [*ranks with*] the best hotels in Europe. // 当時の100円はいまの1万円に*匹敵する (⇒ 同価値だ) A hundred yen of those days *is* 「*equal* [*equivalent*] *to* ten thousand yen now. // コーチとして彼に*匹敵する人を見つけるのは難しい (⇒ 彼ほどよいコーチを) It will be hard to find a coach *as* 「*good* [*excellent*] *as* he. // 英会話で彼女に*匹敵する者はいない (⇒ 彼女は一番うまい) She is *the best* English *speaker*. 【語法】 日本語のニュアンスよりは少し単純になるが, 内容は一応表現されていると言ってよい. / (⇒ だれも彼女より上手にしゃべれない) No one can speak English better than she. 【語法】 このように否定構文にしたほうが意味が強くなり, 日本語のニュアンスに近くなる. 《☞ 比較の表現 (囲み)》 // テニスで彼に*匹敵する者はいない No one can *match* him in tennis. / He *is unrivaled* in tennis. ★ やや形式ばった表現. // 品質でこれに*匹敵するものはない (⇒ どれも比べものにならない) Nothing can *compare with* this in quality.

ヒット **1** 《野球》 — 名 (安打) (base) hit Ⓒ; (単打) single Ⓒ. — 動 (ヒットを打つ) make a hit; single (自). 《☞ 野球の英語 (囲み)》. ¶ 彼はワールドシリーズで*ヒットを10本打った He had ten *hits* in the World Series. // *ヒット3本で2点をあげた We scored two runs on three *hits*.

2 《大当たり》: hit Ⓒ; (成功) success Ⓒ. 《☞ あたる; せいこう[1]》. ¶ その映画[歌]は大*ヒットした The 「movie [song] was a 「big [great] *hit*.

ひっとう 筆頭 — 名 (リストの第1番目) (the) first on the list. — 動 (筆頭にある) head (他) ★ 筆頭になるものが主語. 《☞ せんとう[1]》. ¶ 彼の名前は*筆頭に上がっていた His name was *(the) first on the list*. / His name *headed the list*. // 彼は革新派の*筆頭だ He is *at the head of* the reformers.

ひつどく 必読 ¶ これは万人の*必読書だ (⇒ すべての人が読むべき本だ) This is a book which everyone 「*should* [*must*] *read*.

ひっぱく 逼迫 — 形 (財政などが窮屈な) tight. ¶ いまは金融が*ひっ迫している Money is *tight* now. // 財政が*ひっ迫している The financial conditions are *tight*.

ひっぱたく 引っぱたく (平手で打つ) slap (他) 《☞ うつ[1] (類義語)》. ¶ やつの横っ面を*引っ

ぱたいてやった I *slapped* him on the cheek.

ひっぱりだこ 引っ張り凧 ¶この科の卒業生は*引っ張りだこです(⇒強く求められている) The graduates from this course *are very much sought after.* // 小型車はアメリカで*引っ張りだこです(⇒非常に需要がある) Small cars *are* ˹*in great demand* [*very much in demand*] in the United States. 《☞ にんき[1]》

ひっぱる 引っ張る **1** «引く»: (手前に引く) pull ⊛ 語法 at を付けて pull at ... として用いることもある. 以下の動詞についても同様; (強く引く) tug ⊛; (急に引く) jerk ⊛ ★ 以上の動詞を名詞形として give a ˹pull [tug; jerk] ˹at [on] ... とも表現できる. 《☞ ひく[1]》.
¶私はそのひもを*引っ張った I *pulled* (*at*) the cord. / I *gave a pull* ˹*at* [*on*] the cord. // 彼女は私のそでを*引っ張った She *pulled* me by the sleeve. / She *pulled* (*at*) my sleeve.
2 «連行する»: (連れて来る) bring ⊛ 《過去・過分 brought》; (連れて行く) take ⊛ 《過去 took; 過分 taken》. 《☞ つれてくる》. ¶彼をここへ*引っ張って来なさい(⇒連れて来い) *Bring* him here. // 彼はどうして警察へ*引っ張られたんですか(⇒警察へ連れて行かれたのか) Why *was* he *taken* to the police station?

ヒップ (腰かけるときいすに触れる部分) buttocks ★ 通例複数形で; (ウエストラインのすぐ下の左右に張り出した部分) hips ★ 通例複数形で. 《☞ しり[1]; こし; からだ (挿絵)》.

ひっぽう 筆法 **1** «運筆法»: (筆遣い) stroke Ⓒ; (書法) penmanship Ⓤ.
2 «方法»: (やり方) way Ⓒ; (秩序立った方法) method Ⓒ; (独特のやり方) manner Ⓒ. 《☞ ほうほう (類義語)》.

ひづめ 蹄 hoof Ⓒ 《複 hoofs, hooves [húvz]》 《☞ あし (挿絵); うま[1] (挿絵)》.

ひつよう 必要 ―形 (必要な) necessary; (本質的になくてはならない) essential; (欠くべからざる) indispensable ★ 少し改まった語.
―動 (必要とする) need ⊛, 《英》 want ⊛.
―名 necessity Ⓤ, need Ⓤ ★ 後者のほうが口語的だが, 前者のほうが意味が強い. 語法 その他 should, must, have to, have got to, need などの助動詞を使って「…すべきだ」「…しなければならない」という意味で必要を表すことがしばしばある. 《☞ 義務の表現 (囲み)》.
¶私にいま*必要なのは十分な休養だ I *need* a good rest now.
彼女には何か忠告が*必要だ She *needs* some advice. / Some advice is *necessary* for her.
この車は修理が*必要だ This car *needs* to be repaired. / This car ˹*needs* [*wants*] repairing. 語法 この意味で want を使うのは《英》に多い.
あなたはもっと勉強する*必要がある(⇒しなければならない) You ˹*have to* [*must*] work harder.
この手紙に返事を出す*必要はない You don't ˹*need* to [*have to*] reply to this letter. / You *need* not reply to this letter. 語法 この need は助動詞.
これ以上先へ行く*必要はない There's no *need* to go any further.
あなたは謝る*必要はなかったのだ You didn't ˹*have to* [*need* to] apologize. 語法 この表現は, 謝る必要がなく, 実際に謝らなかった場合に用いる. / You ˹*needn't* [*need not*] have apologized. 語法 need not の後に have ＋過去分詞の完了形を伴った場合は「あなたは謝ったが, その必要はなかったのだ」の意味となる. 《☞ 義務の表現 (囲み)》
*必要とあらばすぐ伺います I'll come to see you right now if (it is) *necessary*.
この本は私たちにとっては絶対に*必要な(⇒欠かすことのできない)ものです This book is *indispensable* ˹for [to] us. / This book is *a must* for us. 語法 a must は「どうしても必要なもの」という意味.
*必要最少限のもの a minimum *essential*
必要悪 necessary evil Ⓒ **必要品** necessaries ★ 通例複数形で; necessity Ⓒ ★ 後者のほうが必要度が高い. 《☞ ひつじゅひん》.

ひてい 否定 ―名 negation Ⓤ; (否定的陳述) negative Ⓒ; (拒絶・明確な否定) denial Ⓒ. ―動 (否定する) deny ⊛. ―形 (否定の・否定的な) negative; (否定できない) undeniable.
¶その事実は*否定できない The fact is *undeniable*. / It is an *undeniable* fact. // 彼の答えは*否定的だった He answered in the *negative*. / His answer was in the *negative*. //彼女はそこで彼に会ったということについては*否定している She *denied* ˹that she had met [having met] him there.
否定文 negative sentence Ⓒ.

びていこつ 尾骶骨 coccyx [kάksiks] Ⓒ 《複 coccyges [kάksədʒìːz]》.

ビデオ video Ⓤ 《☞ ろくが》. **ビデオカセット** videocassette Ⓒ **ビデオディスク** videodisc Ⓒ **ビデオテープ** video tape Ⓒ, videotape Ⓒ **ビデオレコーダー** video tape recorder Ⓒ; (カセット式の) videocassette recorder Ⓒ.

びてき 美的 ―形 aesthetic, esthetic. 《☞ び》. ¶*美的価値 *aesthetic* values // 彼は*美的感覚がない(⇒美しいものに対する目がない) He has no eye for *the beautiful*.

ひてつきんぞく 非鉄金属 nonferrous metal Ⓤ.

ひでり 日照り (雨の降らない天気) dry weather Ⓤ; (異常な) drought [dráut] Ⓤ. 《☞ かんばつ; 自然災害 (囲み)》.

ひでん 秘伝 secret Ⓒ; (特殊技術) special skill Ⓒ; (伝統的な職業上の特殊技術) traditional craft Ⓒ.

びてん 美点 (特長) strong point Ⓒ; (称賛に値する) merit Ⓒ ★ 後者のほうが少し形式ばった語. 《☞ ちょうしょ[1]》.

ひでんか 妃殿下 (一般的に) princess Ⓒ; (王族の女性について 3 人称として言うときの尊称) Her Royal Highness Ⓒ 《複 Their Royal Highnesses》 ★ 呼びかけるときは Your Highness と言う. 《☞ でんか[1]》.

ひと 人 **1** «個別の人»: (大人の男性) man Ⓒ 《複 men》; (大人の女性) woman Ⓒ 《複 women [wímin]》; (男女ともに) person Ⓒ; (少し改まったり丁寧な感じを込めて, 大人の男性・紳士) gentleman Ⓒ 《複 gentlemen

否 定 の 表 現

肯定に対して，これを打ち消して「…でない」というのが否定である．文章表現で，日本語では文尾に否定の助動詞を置くのに対して，英語では not などの否定語で示し，これらをなるべく前に置くのが特徴である．《☞ 語順（欄外）》.

否定に関して注意すべき事項は次の通り．

(1) 文の主語・述語の関係を否定する文否定に対して，特定の語句だけを否定する語否定．《☞ 文（欄外）》.

(2) 物事を全面的に否定する全部否定 (total negation) に対して，その中の一部を否定・打消しする部分否定 (partial negation).

なお，主要な否定語は not, no, never, none [nʌ́n], nothing, nobody, nowhere, neither [níːðə], nor [nɔ́ə].「ほとんど[めったに]…ない」という意味で，否定語に準ずるものに few, little, hardly, scarcely, seldom, rarely などがある．

1　否定文の作り方

(1)　*not* を用いて

be 動詞の場合はその後に not を置く．それ以外の動詞のときは do [does ; did] not をその前にそえる．助動詞がある場合には第 1 番目の助動詞の後に not を置く．

¶ 彼女は若くない She 「is*n't* [is *not*] young.

彼女は若くないか Is*n't* she [Is she *not*] young?　語法　口語では be 動詞，do，多くの助動詞は not と結合した短縮形が用いられる．《☞ 短縮形（欄外）》

彼女はあまり食べない She 「does*n't* [does *not*] eat much.

彼女は朝食を食べないのですか Does*n't* she [Does she *not*] eat breakfast?

彼女は自分の名前を書けない She 「can'*t* [can*not* ; can *not*] write her own name.

彼女は自分の名前を書けないのですか Can'*t* she [Can she *not*] write her own name?

私にはきょうだいは 1 人もいない I do*n't* have *any* brothers and sisters.　語法　I have *no* … のように no を用いるよりも，not … any …を用いるほうが否定の意味が強く，またより口語的である．

歩くな Do*n't* [Do *not*] walk!

そんなばかをするな Do*n't* [Do *not*] be so foolish!　語法　否定の命令文は常に <Don't [Do not]＋動詞 の原形> で表す．be 動詞の場合も同じ．《☞ 命令の表現（囲み）》

(2)　*not* 以外の否定語を用いるとき

文の構造は肯定文と同じままで，述語動詞以外の語を否定することによって否定の意味を表す場合．

¶ だれも来なかった *Nobody* [*No one*] came.　語法　nobody のほうが口語的.

私は辞書を持っていない I have *no* dictionary. / I do*n't* have *a* dictionary. / I do*n't* have *any* dictionary.　語法　後のものほど意味が強い．また所有を表す have は《英》では do を使わず I have*n't* 「*a* [*any*] dictionary. とする．

机の上には何もなかった There was *nothing* on the table.

いままでここへ来たことがない I have *never* been here.

その自転車はどこにも見当たらなかった The bicycle was *nowhere* to be found.

私は暇も金もない I have *neither* time *nor* money.

(3)　準否定語を用いるとき

否定語に準ずる不定代名詞・副詞を用いても同じく否定を表す．

¶ 欠席した人はほとんどいなかった *Very few* were absent.　語法　few は複数として扱う．

ほとんど勉強する時間がない I have very *little* time to study.

彼女が話すのはほとんど聞こえなかった We could 「*hardly* [*scarcely*] hear her speak.

彼はめったに学校を休まない He *rarely* stays away from school.

私は 12 時前に寝ることはめったにない I *seldom* go to bed before 「twelve [midnight].

2　語否定の作り方

否定する語の前に no, not を置く以外に否定を表す接頭辞《☞ 接頭辞（欄外）》，接尾辞《☞ 接尾辞（欄外）》を付けることによって作ることができる．《☞ 反意語（欄外）》.

¶ 冗談ではない It's *no* joke.

そこへ行かないことに決めた I decided *not* to go there.　語法　I did*n't* decide to go there. は文否定で，「そこへ行くことを決めなかった」となる．

そんなことはいまごろありえないことです That is *im*probable at this time of (the) year.

私は試験勉強をしていない I'm *un*prepared to take the test.

規則に従わない者は罰金です Anyone who *dis*obeys the rules will have to pay a fine.

3　全部否定と部分否定

(1)　物事を全面的に否定するとき

(i) だれも[どれも]…ではない

¶ そこにはだれもいなかった There was *nobody* there. / There was*n't anybody* there.

(ii) どちらも…ではない

¶ 私はどちらも好きではない I like *neither of* them. / I do*n't* like *either of* them.　語法　後者のほうが否定の意味が強く，またより口語的.

(iii) 決して…ではない

¶ 彼女は決して牛肉を食べない She *never*

eats beef.

（2） **部分的に否定するとき**

（i） **すべて[どれも]…とは限らない**

¶だれもが欠席をしたのではなかった *Not all* the people were absent. / *Not everybody* was absent. [参考] 「だれも欠席しなかった」 *Nobody* was absent. 《全部否定》

光るものが必ずしも金ではない *All* is *not* gold that glitters. 《ことわざ》

（ii） **両方とも…というわけではない**

¶私はこの本を両方とも読んだわけではない I have*n't* read *both* of these books. [参考] 「私はこの本を両方とも読んでいない」 I have read *neither* of these books. / I have*n't* read *either* of these books. 《全部否定》

（iii） **いつも[必ずしも]…というわけではない**

¶利口な人が必ずしも成功するとは限らない Clever people will *not always* succeed.

4 その他

否定の表し方には, 英語特有の表現で, 上に示した否定語・準否定語を用いない方法がある.

¶あなたの言うことなんかだれも信用しない (⇒だれがあなたを信用するか) Who believes you? (=*No* one believes you.)

あなたに会おうとは思わなかった (⇒ あなたは私が一番会うことを期待していなかった人でした) You were *the last* person I expected to see. (=I *never* expected to see you.)

疲れて歩けない (⇒ 歩くには疲れすぎている) I'm *too* tired *to* walk. (=I am so tired that I can't walk.)

忘れないうちに書いておきなさい Write it down *before* you forget it.

彼が来ないうちに出かけたほうがよい You'd better leave *before* he comes. [語法] 日本語では否定の表現であるが, 英語では「…する前に」before …で肯定文を用いる.

彼はうそをつくような人ではない (⇒ 彼はうそをつくことを超越している) He is *above* telling lies. (=He does *not* tell lies.)

用 例

¶「彼女は来るでしょうか」「いいえ, 来ないと思います」 "Do you think she will come?" "No, I do*n't* think she will. / No, I think *not*." [語法] I think, I hope などの後では not が否定の節の代用をする.

「私は数学が好きではない」「私も好きではない」 "I do*n't* like math." "*Neither* do I. / I do*n't*, *either*." [語法] 肯定文での too, also, so に相当する意味が, 否定文では neither, nor, not either で表される.

[dʒéntlmən]》; (少し改まったり丁寧な感じを込めて, 大人の女性・淑女) lady Ⓒ 《複 ladies》. [語法] 日本語で例えば「あの人はだれですか」というような場合, 英語に直すと Who is that *man*? となるか Who is that *woman*? となるかのいずれかであるのが普通で, 日本語では普通は問題にしない性別に注意しなくてはならない.

このような場合に, 男女ともに用いる言葉だからといって Who is that *person*? のように person を用いるのは自然ではない. 英語の自然な発想としては, 人をまず man か woman かに分けて考えるのが第 1 で, 男女の区別がわからないとき, あるいは区別をしないほうがよいときなどに別の語が用いられるのである.

person は man, woman よりは少し形式ばった語で, 例えば契約書の表現などで, 男女の区別をしないほうが都合がよいときとか,「彼女はいい人です」She is a good *person*. のように woman を使うと意味があいまいになったり, 失礼に聞こえたりするときなどに使われる. 上例のように, 形容詞を伴うときは woman の代わりに用いられることが多い.

gentleman と lady は社交の場における相手または第 3 人称に対する儀礼的な呼び方として, あるいは営業上の客に対する敬意を表す言葉として使われる. かつての紳士, 貴婦人という意味は失われているが, 普通は man, woman であるものが gentleman, lady と呼ばれるときは, やはりニュアンスとして社交的なエチケット (例えば ladies first であるとか) を守ることが付随するものであると感じられる.

日本語でも「あの人はだれですか」の「あの人」の代わりに「あの方」「あの男の人」「あの女の人」のような区別がある. ニュアンスからいってぴったりではないが,「あの方」は英語の gentleman, lady という表現に多少近いと言える.

なお, 日本語で「…の人」という場合に, 英語では必ずしも man, woman などを使わないことが多い. この相違にも注意する必要がある.

¶「あの*人はあなたのお父さんですか」「いいえ, おじです」 "Is that ⌈*man* [*gentleman*] your father?" "No, he's my uncle."

「あの*人はどなた」「母です」 "Who's that ⌈*woman* [*lady*]?" "She's my mother."

陳列品を破損した*人は罰金を科せられる Any *person* damaging the exhibits shall be fined.

彼女はとても親切な*人です She is very kind. / 《口語》 She is so sweet. [語法] 以上いずれも person を使わないほうが普通.

彼は関西の*人です (⇒ 出身です) He ⌈is [comes] from Kansai.

今度私たちの所に新しい*人が来た We have a *newcomer* in our office.

きょうは午後から*人に会うことになっている (⇒ 会う約束がある) I have an appointment this afternoon.

今夜 8 時に*人 (⇒ 客) が来ます I'm expecting a *visitor* at eight this evening.

私に代わってこの仕事をやってくれる*人が欲しい I want *someone* to do this job for me.

2 《不特定の人・人々》: (一般的な人を示して) people ★ 複数扱い; (男の人々) men ★ 複数形で; (女の人々) women ★ 複数形で; (男女の人々) men and women; (他人) others, other people; (…する人々) those ★ 通常,

関係代名詞節を伴う；(anyoneの意味で) one, we, you ★ 最初の語は形式ばった語.
[語法] people は一般的な人々の場合は無冠詞. 特定の人々の場合は the people, these [those] people の言い方となる. men は「男の人たち」だけを言い, 男女ともに意味するときは men and women としなくてはならない. なお men を男女含めた「人々」の意味で使うのは文学的表現に限られる.
¶ 戦争では多くの*人が死んだ Many *people* were killed in the war.
校庭は若い*人でいっぱいだ The school campus is crowded with young ˹*people* [*men and women*].
*人のうわさでは彼は外国に住んでいるそうです *People* say [*I hear*] (that) he is overseas.
*人には親切にしなさい Always be kind to *others*.
きのう欠席した*人はそのことを知らされなかった *Those* who were absent yesterday were not told about it.
その村には年とった*人たちしかいなかった We found only old *men and women* in the village.
*人に笑われていい気持ちはしない Nobody likes to be laughed at. [語法] laugh at の主体である「人」は受動態になっているので表現されていない.
*人の言うことは気にするな Never mind what *people* say.
*人は皆平等である All *men* are created equal. [語法] この men は men and women の意.
*人はどんな場合でも最善を尽くすべきである *One* must do one's best in everything. / *We* [*You*] must do ˹our [your] best in everything. [語法] 「人」の意味で one を用いるのはやや形式ばった表現で, 単数形のみ. また後続の代名詞は one, one's, oneself で受ける. 口語的には we, you, they などの代名詞が普通. 《☞ 総称用法 (欄外)》
3 《人間》: (抽象的に) man ★ 無冠詞·単数形で人類全体を示すのに用いる；(ほかの動物や神などに対比して) human being Ⓒ；(人類) mankind Ⓤ. 《☞ にんげん (類義語)》.
¶ *人はだれでも死ぬ *Man* is mortal. / All *men* must die.
*人の祖先は猿だと思いますか Do you think *man* is descended from monkeys?
昔の*人は洞穴に住んでいた Early *man* lived in a cave.
4 《性質·性格·人柄》: (性質) nature Ⓤ；(人格) personality Ⓤ.
¶ *人のよい老人 a *good-natured* old man
彼女は*人が悪い She is *ill-natured*.
彼女はとてもいい*人です She is a very nice *person*. / She has a good *personality*.
彼はどんな*人ですか *What* is he like? / What sort of *man* is he?
彼はすっかり*人が変わった He is quite another *man* now. / (⇒ 昔の彼とは違う) He is not *what* he used to be.
5 《人手·人材》: (働き手) worker Ⓒ, hand Ⓒ ★ 後者は「人の手」から「働き手」の意味に比喩的に使われる慣用的な語；(人力) manpower Ⓤ. 《☞ ひとで[1]》.
¶ このところ*人が足りない We have been short of ˹*workers* [*hands*] recently. / There has been a shortage of *manpower* recently.
あなたはこの会社の*人ですか (⇒ この会社に勤めているのか) Do you work for this company?

ひとあし 一足 (一歩) a [one] step 《☞ いっぽ》. ¶ *一足違いで彼女に会えなかった (⇒ 一秒の差で) I missed her *by a* ˹*second* [(⇒ 間一髪の差で) *hair's breadth*]. ‖ *一足先に出かけます I'm going to start *a bit* earlier.

ひとあたり 人当たり ¶ *人当たりのよい人 an *affable* person / (⇒ 人と上手に付き合う人) a *good mixer* 《☞ あたり[2]》

ひどい **1** 《強度の》 — 形 (激しい) violent；(痛みなどが) severe；(重大な) serious；(特に誤りなどの) big, gross；(度を越えた) unreasonable；(程度を示して非常な) terrible, awful. — 副 violently；seriously. 《☞ はげしい；強意語 (囲み)》.
¶ *ひどい痛み a ˹*violent* [*severe*] pain
*ひどいあらし a ˹*violent* [(⇒ 荒れ狂う) *raging*] storm
*ひどい天気 (⇒ いやな) *nasty* [*dirty*] weather
彼はここで*ひどい間違いをしている He has made a ˹*big* [*serious*；*gross*] mistake here.
その町は地震で*ひどい損害があった The town was *seriously* damaged by the earthquake.
彼は*ひどいけがをした He was ˹*seriously* [*badly*] injured.
その通りは交通の渋滞が*ひどい The street is *heavily* congested with traffic. / There is *terrible* traffic congestion in the street.
このホテルの食事は*ひどい The food at this hotel is *terrible*.
彼の要求は*ひどい (⇒ 道理に合わない) His demand is quite *unreasonable*.
2 《残酷な》 — 形 (他人を苦しめて喜ぶ) cruel；(困難でつらい) hard；(苛酷な) bitter. — 副 cruelly；bitterly. 《☞ ざんこく》.
¶ 彼は*ひどいやつだ He is a *cruel* man.
戦争中には*ひどい目にあった We had a ˹*hard* [*rough*] time during the war. / We went through some *bitter* experiences during the war. ★ 後者は少し改まった表現.
彼は刑務所で*ひどい仕打ちを受けた He was treated *cruelly* in prison.
*ひどい目にあわせてやる (⇒ いずれ見せしめをしてやる) I'll *teach* you *a lesson*.

ひといき 一息 **1** 《一呼吸》: (息) breath Ⓒ；(一息に飲むこと) draught [drǽ(:)ft] Ⓒ, draft Ⓒ. 《☞ いき[1]》. ¶ 私はそこで大きく*一息ついた I took *a* deep *breath* there. ‖ 彼はそれを*一息に飲み干した He drank it at *a* ˹*draught* [*draft*]. / He emptied it *at a gulp*. ★ at a gulp で「一息に」の意. 《☞ いっきに》 ‖ 彼の姿を見てほっと*一息ついた I *breathed a sigh* of relief on seeing him.
2 《休止》: (中止) pause Ⓒ；(休み) rest Ⓒ.
¶ ここで*一息入れよう (⇒ ちょっと休憩をしよう) Let's ˹have [take] a little *rest*, shall we?

3 «少しの努力»: effort Ⓒ. ¶もう*一息でこの仕事も終わる A little more *effort* and the work will be over.

ひといきれ 人いきれ ¶会場は*人いきれでむんむんしていた (⇒混んで息が詰まりそうだった) The hall was crowded and *stuffy*.

ひといちばい 人一倍 ¶彼は若いころは*人一倍勉強した (⇒他人以上に) He studied *harder than others* when he was young. // 彼女は*人一倍内気だ (⇒異常なほど) She is *unusually* shy.

ひどう 非道 **—** 形 (不当な) unjust; (ひどい) cruel. 《☞ ごくあく; ざんこく》.

びとう 尾燈 taillight Ⓒ, tail lamp Ⓒ, rear light Ⓒ. 《☞ 自動車 (囲み)》.

びどう 微動 ¶子供たちが押しても横綱は*微動だにしなかった (⇒岩のように動かなかった) The kids pushed the Grand Champion, but he *stood as firm as a rock*.

ひとうち 一打ち (強打) blow Ⓒ 《☞ いちげき; うつ[1]》. ¶彼は*一打ちで相手を倒した He knocked down his opponent with ⌈*one* [*a single*] *blow*.

ひとえに 偏に (まったく) wholly 《☞ まったく》. ¶この成功は*ひとえに先生方のおかげです This success is *wholly* due to our teachers.

ひとおもいに 一思いに ¶彼は*一思いに退職した (⇒思い切って退職することに決めた) He *chose* to quit the job. 《☞ おもいきって》

ひとがき 人垣 ¶その通りにはずっと*人垣ができていた (⇒人が道に沿っていた) The street *was lined with people*. // 彼の周りには*人垣ができた (⇒大勢の人に囲まれた) He was surrounded by *a crowd of people*.

ひとかげ 人影 ¶その村にはまったく*人影はなかった (⇒生き物の気配がなかった) The village showed no *signs of life*. // 博物館には*人影もまばらだった (⇒ほんの少しの訪問者がいた) There were only a few *visitors* in the museum. // カーテンに*人影 (⇒シルエット) が映った I saw a *silhouette* on the curtain.

ひとかど 一角 **ひとかどの人物** somebody Ⓒ. ¶彼は仲間うちでは*ひとかどの人物とされているようだ He seems to be (a) *somebody* in his own circle.

ひとがら 人柄 personality Ⓤ 《☞ せいかく[2]》. ¶「彼はどんな*人柄ですか」「彼の*人柄はいい」"What kind of *person* is he?" "He *has a good personality*." // このエピソードには彼の*人柄が表れている This episode reveals his *personality*.

ひとぎき 人聞き ¶*人聞きが悪いからそんなことを言わないで下さい (⇒私のことをそんなふうに言わないで下さい. 人に聞かれたくないのです) Please don't talk about me like that. I don't want it to be heard by other people. 《☞ がいぶん》

ひときわ 一際 ¶彼の業績は*一際目立っている (⇒傑出している) His achievement is *outstanding*. // 富士山は*一際 (⇒他の山よりも) 高くそびえている Mt. Fuji rises higher than any other mountain around it. 《☞ きわだつ; とくに (類義語)》

ひどく (非常に) very ★形容詞と共に用いる; very much, terribly, awfully ★後の 2 語はより口語的; (厳しく) severely; (きつく) hard ★以上のほかに, 程度を示すときはその被修飾語によって badly, dreadfully, pretty, intensely, exceedingly, extremely などを用いる. 《☞ 強調の表現 (囲み); 強意語 (囲み)》.
¶きょうは*ひどく疲れた I'm *very* tired today. / I'm tired *out* today. / I feel *completely* exhausted today. // 彼は*ひどく興奮していた I found him *very* excited. 語法 この場合 very much はいまでは使われず, much だけの場合も非常にまれ. // 先生に*ひどくしかられました I was *severely* scolded by my teacher. // 背中を*ひどくたたかれた (⇒強い打撃を受けた) I've received a *hard* blow on the back. // *ひどく痛みますか Are you in *great* pain? // けさは*ひどく寒い It's ⌈*terribly* [*awfully*] cold this morning. // この傷が*ひどく痛い This wound hurts me *terribly*. // 夕方になって雨がいっそう*ひどくなった It was raining much *harder* toward evening.

びとく 美徳 virtue Ⓤ ★行為は Ⓒ. 《☞ とく[4]》.

ひとくいじんしゅ 人食い人種 cannibal Ⓒ ★1人を指す; (部族全体) cannibal tribe Ⓒ.

ひとくせ 一癖 (独特の癖) peculiarity Ⓒ 《☞ くせ》. ¶彼は*一癖ありそうな男だ (⇒彼は一筋縄でいく男ではなさそうだ) He *doesn't* seem to be *an easy customer*. / (⇒悪意のあるような[陰険な]顔つきをしている) The man has a ⌈*sinister* [*sly*] look.

ひとくち 一口 **1** «食べ物»: (口いっぱいの量) mouthful Ⓒ; (一口分の食べ物) morsel Ⓒ; (やや口語的に) bite Ⓒ; (茶・強いアルコールなどの一口分のすすり込む量) sip Ⓒ. 《☞ いっぱい; 数の数え方 (囲み)》. ¶けさから*一口も食べていない I haven't had ⌈*a bite* [*a morsel* of food] since this morning. // 私はそれを*一口で食べた I ate it at *a bite*. // それを*一口だけいただきましょう I'll take *a sip* of it.
2 «一言»: a (single) word ★a を付けて. 《☞ ひとこと》. ¶*一口に言えばそれは失敗でした It was a failure *in a word*. // *一口に辞書といってもいろいろです (⇒あらゆる種類の辞書がある) There are all sorts of dictionaries.
3 «一単位»: (割り当て・分け前・仕事などの) share Ⓒ; (単位) unit Ⓒ.
一口話 comic story Ⓒ.

ひとけ 人気 ¶*人気のない道 a *deserted* street / an *empty* road // その部屋は*人気がなかった (⇒だれも住んでいないように見えた) The room appeared to be ⌈*empty* [*unoccupied*; *deserted*]. 《☞ -け[1]》

ひどけい 日時計 sundial Ⓒ.

ひとごえ 人声 (人間の声) voice Ⓒ; (ほかの声と区別して) the human voice. 《☞ こえ》. ¶隣の部屋で*人声がする (⇒だれかが話しているのが聞こえる) I hear someone *speaking* in the next room.

ひとごこち 人心地 ¶風呂に入ってやっと*人心地がついた (⇒熱い風呂が私をさっぱりとさせ

ひ

た) The hot bath *has refreshed* me.

ひとこと 一言 ¶私はロシア語は*一言もしゃべれません I can't speak *a* ⌈*word* [*syllable*] of Russian. ∥ 彼女はその間中*一言もしゃべらなかった (⇒黙っていた) She remained *silent* all the while. ∥ 彼はいつも*一言多い He always says *one word* too many.

ひとごと 人事, 他人事 ¶それは*ひと事ではない (⇒我々にも起こりうる) It *could happen to us.* 《☞ 仮定の表現 (囲み)》∥ そのことに対して彼女は*ひと事のような顔をしている (⇒ 彼女は無関心でいる) She remains quite *indifferent* to it. 《☞ よそごと》

ひとごみ 人込み (群衆) crowd Ⓒ 《☞ ぐんしゅう; こんざつ》. ¶彼は*人込みをかき分けて進んで行った He pushed his way through the *crowd*.

ひところ 一頃 ― 副 (かつて) once; (一時期) at one time. 《☞ かつて; いちじ[1]》. ¶その歌は*ひところずいぶんはやった The song was *once* very popular. ∥ *ひところ (⇒ 人生のある時期に) 彼はだいぶ羽振りがよかった He was very well off *at some time in his life*.

ひとごろし 人殺し (計画的な殺人) murder Ⓤ ★ 殺人事件の意味では Ⓒ; (不法だが計画的ではない) manslaughter Ⓤ; (最も広い意味で) homicide Ⓤ ★ 少し形式ばった語. 前の両者を含む中立的なニュアンスの語としてよく使われる; (殺人者) murderer Ⓒ. 《☞ さつじん》.

ひ

ひとさしゆび 人差し指 forefinger Ⓒ, index finger Ⓒ. 《☞ ゆび; て (挿絵)》.

ひとざと 人里 ¶*人里離れた家 a *lonely* house / a house remote from any *village or town*

ひとさわがせ 人騒がせ (間違った警報) false alarm Ⓒ; (人騒がせなことを言いふらす人) scaremonger Ⓒ. 《☞ さわぎ》. ¶それはとんだ*人騒がせだった (⇒誤った警報だった) It turned out to be a *false alarm*. ∥ 彼は*人騒がせなやつだ He is a *scaremonger*.

ひとしい 等しい ― 形 (数・量・重さ・大きさ・価値などが) equal (to ...); (同一物かまたはまったく相違のない同種の) same ★ the を付けて; (同一の) identical (with ...; to ...). ― 動 equal ⊕. 《☞ おなじ; びょうどう (類義語)》.
¶その2つは大きさが*等しい The two are *equal* in size. / The two are ⌈*the same* in size [of *the same* size]. ∥ 彼の英語の点数は零点に*等しい (⇒ ほとんど[実際上は]零点だ) His marks for English are ⌈*almost* [*practically*] zero. ∥ これを3つに*等しく分けなさい Divide it into three *equal* parts.

ひとしお (それだけますます) all the more 《☞ いっそう[1]》.

ひとしきり 一頻り (しばらくの間) for ⌈a [*some*] *time*; (一時期に) at one time. 《☞ しばらく》.

ひとじち 人質 hostage Ⓒ. ¶彼はその少女を*人質に取った He *took* the girl (as a) *hostage*. ∥ 大使館員が*人質に取られた The embassy people *were* ⌈*taken* [*held*] *hostage*. ★ take ... hostage は慣用句.

ひとしれず 人知れず secretly 《☞ ひそか》.

ひとずき 人好き ¶*人好きのする顔 a *lovable* face / (⇒ 魅力ある容貌) *attractive* looks

ひとすじなわ 一筋縄 ¶彼は*一筋縄ではいかない (⇒ 扱うのがたいへん難しい) He *is very hard to deal with*. 《☞ ひとくせ》

ひとそろい 一揃い (道具など) set Ⓒ; (衣服) suit [sú:t] Ⓒ. 《☞ いっしき; そろい; 数の数え方 (囲み)》. ¶背広*一揃い a man's *suit* 《☞ 衣服 (囲み)》

ひとだかり 人だかり ¶公園の隅で*人だかりがしていた (⇒ たくさんの人がいた) There was *a crowd of people* in the corner of the park.

ひとだすけ 人助け ― 名 (親切な行為) kindness Ⓒ. ― 動 (困っている人を助ける) help *a person* in trouble; (力を貸す) give *a person* a helping hand. 《☞ たすける》.

ひとだま 人魂 (鬼火) jack-o'-lantern Ⓒ.

ひとちがい 人違い ― 動 (...をほかの人と間違える) take *a person* for ⌈somebody [someone] else 《☞ まちがえる》. ¶*人違いで失礼しました I'm sorry. I *took* you *for* ⌈*somebody* [*someone*] *else*.

ひとつ 一つ **1** «1 個» ― 名 one. ― 形 (1つの) one; (1つ目の) the first; (特に1つということを強調して) single. ― 副 (1つにつき) each, apiece. 《☞ 数字 (囲み)》.
¶*1つで十分です *One* is enough.
私にも*1つ下さい Give me *one*, please.
このりんごは*1つ50円です These apples are 50 yen ⌈*each* [*apiece*].
テーブルの上にりんごが*1つある There is *an* apple on the table. 語法 特に「1つ」の意味を強調する場合以外は one を用いない.
*1つ2つの誤りはしようがない A mistake or two [*One* or two mistakes] cannot be helped.
彼の英作文には*1つの間違いもなかった There was not *a single* mistake in his English composition. 語法 単に「間違いがなかった」と特に否定を強調しなければ There were *no* mistakes in his English composition. でよい.
先生は誤りを*一つ*一つ指摘した (⇒ 1つずつ) The teacher pointed out the errors *one by one*.
花瓶にはばらが2輪生けてあった. *1つは白ばらでもう*1つは赤いばらだった There were two roses in the vase. *One* was ⌈white [a white rose] and *the other* ⌈red [a red rose]. 《☞ 省略 (欄外)》
*一つには (⇒ 一部分は) 健康のため, *一つには美容のために彼女は毎日体操をしている She takes exercise every day *partly for* her health and *partly for* her figure.
語学は勉強の仕方*一つだ (⇒ 方法がすべてだ) In learning a foreign language the method is *everything*.
2 «同じ» ― 形 (同一の) the same. ¶彼は始終*一つことばかり言う He always repeats *the same* thing (over and over again).
3 «ちょっと・試しに» ¶*一つやってみよう I'll *have a try at* it. / I'll *just try* it.
ずいぶん暑いね. *一つ泳ごうじゃないか It's very

hot. Let's have a swim, shall we?

ひとつおき 一つ置き **—** 形 (一つ置きの) every ˹other [second], alternate [ɔ́ːltənət] ★ 前者は単数形, 後者は複数形の名詞を伴う. **—** 副 (一つ置きに) alternately. ¶ この列車は大阪から*一つ置きに停車する This train stops at *every other* station starting from Osaka.

ひとつおぼえ 一つ覚え ¶ ばかの*一つ覚え He that knows little often repeats it. 《ことわざ: 少ししか知らない人はそれを繰り返す》

ひとづかい 人使い ¶ 彼は*人使いが荒い (⇒ 彼は部下をきつく働かせる) He ˹*works* [*drives*] his men *hard*. // あの会社は*人使いがうまい (⇒ よい労働関係を持っている) That company *has good labor relations*.

ひとつかみ 一摑み (一つかみの量) handful Ⓒ; (つかむこと) grasp Ⓒ. 《☞ 数の数え方 (囲み)》. ¶ その子はピーナッツを*一つかみ取った The boy took a *handful* of peanuts.

ひとづきあい 人付き合い ¶ 彼は*人付き合いがよい He is a ˹*sociable* person [good *mixer*]. 《☞ つきあい ; こうさい[1]》

ひとっこひとり 人っ子一人 **—** 代 (だれも…ない) nobody. **—** 形 (人が通らない) deserted, empty. 《☞ 否定の表現 (囲み)》. ¶ 通りには*人っ子ひとりいなかった The street was ˹*deserted* [*empty*]. / (⇒ 一人も見えなかった) Not *a soul* was to be seen on the street.

ひとづて 人伝て hearsay Ⓤ 《☞ うわさ》. ¶ それは*人づてに聞いたにすぎない I know it only ˹from [by] *hearsay*. / (⇒ 間接的に) I've learned about it *at second hand*.

ひとつぶ 一粒 (穀物・砂・塩などの) grain Ⓒ; (雨・液体の) drop Ⓒ. 《☞ つぶ》.

ひとづま 人妻 (既婚女性) married woman Ⓒ.

ひとつまみ 一つまみ (塩などの) pinch Ⓒ 《☞ つまむ; 数の数え方 (囲み)》. ¶ 塩*一つまみ a *pinch* of salt

ひとで[1] 人手 **1** «働き手»: (手助け) hand Ⓒ; (助力・援助) help Ⓤ. 《☞ て》. ¶ 私どもはいま*人手不足です We are ˹short of *hands* [short-*handed*] now. // *人手を借りずに (⇒ 独力で) できますか Can you do it ˹*by yourself* [*alone*]?

2 «他人の手・所有»: (ほかの人の所有) other hands ★ 複数形で. 《☞ わたる[1]》. ¶ その絵はついに*人手に渡った The picture fell into *other hands* after all. / (⇒ 私はその絵を手放した) I *parted with* the picture after all.

ひとで[2] 人出 (群衆) crowd Ⓒ; (会合・行楽などへの) turnout Ⓒ. 《☞ こんざつ ; ひとごみ》. ¶ 公園はたいへんな*人出だった The park *was crowded* with people. / A large *crowd* gathered into the park. // 祝賀会はたいへんな*人出だった There was a ˹large [good] *turnout* at the celebration.

ひとで[3] 海星 starfish Ⓒ.

ひとでなし 人でなし (けだもののようなやつ) brute Ⓒ; (恩知らず) ungrateful fellow Ⓒ; (冷血漢) cold-blooded beast Ⓒ.

ひととおり 一通り **—** 形 (全般的な) general; (すべての) all. **—** 副 (急いで) hurriedly ★ 以上のほか,「ひととおり…する」という日本語の表現をまとめて意訳する必要のあることが多い. 《☞ 翻訳 (欄外)》.

¶ ここにある本は*一通り読みました (⇒ 全部) I've read *all* the books here. // その本は*一通り (⇒ とにかく) 読んだ *Somehow* I read through the book. // その件については*一通り知っている (⇒ 一般的な知識を持っている) I have some *general* knowledge about it. // 彼は朝食後新聞に*一通り目を通す (⇒ 新聞に目を走らせる) After breakfast he usually *runs his eyes over* the newspaper.

ひとどおり 人通り (人と車の往来を含めて) traffic Ⓤ 《☞ こうつう》. ¶ 午前中はここは*人通りが多い There's a lot of *traffic* here in the morning. / (⇒ にぎやかな[混雑する]場所) This is a very ˹*busy* [*crowded*] place in the morning. // この通りは夜はまったく*人通りがない (⇒ ひっそりとする) This street *is deserted* at night.

ひととき 一時 ¶ 今夜は皆様と楽しい*ひとときを過ごしたいと思います I hope all of you will ˹*enjoy* [*have a good time*] this evening. // 夕食後楽しい*ひとときを過ごした We had a happy *time* after the evening meal.

ひととなり 人となり (生まれつきのもの) *a person's* nature Ⓤ; (性格) *a person's* character Ⓒ. 《☞ ひとがら ; せいかく[2]》.

ひとなか 人中 ¶ 彼は*人中へ出るのを嫌う (⇒ 社交的でない) He's not *sociable*. / He hates to appear *in public*. 《☞ ひとまえ》

ひとなつっこい 人懐っこい (友好的な) friendly; (人好きのする・愛想のよい) affable, amiable. ¶ 彼は*人なつっこい He is always *friendly* to others. / He is *affable*.

ひとなみ[1] 人並 **—** 形 (平均の) average; (普通の) ordinary; (ありふれた) common; (まずまずの) decent. 《☞ ふつう[1]》.

¶ *人並の能力の持ち主 a man of *average* ability // *人並の収入 *decent* income / (⇒ ほどよい) *reasonable* income // 学校での私の成績はだいたい*人並です My grades at school are about (on the) *average*. // 彼は*人並の生活をしている He enjoys an *ordinary* standard of living. // 夏には*人並に海へ行きたい (⇒ ほかの人のように) I hope I can go to the seaside for my summer holidays *like* ˹*others* [*other people*]. // 彼は*人並以上の努力をしている (⇒ ほかの人より一生懸命に) He is working harder than *others*.

ひとなみ[2] 人波 (群衆) crowd Ⓒ 《☞ ひとごみ》.

ひとにぎり 一握り **—** 名 (手で一握り分) handful Ⓒ. **—** 形 (少数の) a ˹small number [handful] of … 《☞ しょうすう[1]》. ¶ その国は*一握りの裕福な商人によって支配されていた The country was dominated by *a handful of* rich merchants.

ひとねむり 一眠り (うたた寝) nap Ⓒ; (短い眠り) short sleep Ⓒ. 《☞ ねむる》. ¶ ここで*一眠りしなさい Have [Take] a *nap* here.

ひ

ひとはしり 一走り ¶彼は毎朝公園を*一走りする He ⌈has a *short run* [*jogs*] in the park every morning. // *一走り行って買ってきましょう I'll *run and* buy it for you. // ここから大阪までは車で*一走りです It's just a *short ride* (by car) from here to Osaka.

ひとはた 一旗 **一旗揚げる** ¶*一旗揚げようとして彼はアメリカへ渡った (⇒成功者になろうとして[金をもうけに]) He went to America *to* ⌈*become a success* [*make money*].

ひとはだ 一肌 **一肌脱ぐ** ¶彼のために*一肌脱いでやろう (⇒手を貸してやろう) I'll *lend* ⌈him *a hand* [*a helping hand* to him]. 《☞ たすける》

ひとばん 一晩 ━名 night Ⓒ. ━形 (一泊の) overnight. ━副 (一晩中) all night. 《☞ ばん¹ (類義語)》. ¶彼の家に*一晩泊まった I stayed *overnight* at his house. // *一晩泊まりで京都へ行った I made an *overnight* trip to Kyoto. // *一晩中起きて待っていた I stayed up *all night* waiting.

ひとびと 人人 people ★集合的に. 《☞ ひと》.

ひとまえ 人前 ━名 (公衆の面前) the public; (他人がいること) company Ⓤ. ━副 (人前で) in public. 《☞ ひとなか》. ¶私は*人前でしゃべるのは下手だ I'm not good at speaking *in public*. // 彼女は*人前で恥をかいた She was put to shame *in* ⌈*public* [*company*]. // 彼女は*人前に出ることを嫌う (⇒非社交的だ) She's not *sociable*.

ひとまかせ 人任せ ¶彼は家業は*人任せにして政治に首を突っ込んでいる He devotes himself to politics, *leaving* his family business *to others*. 《☞ まかせる》

ひとまず 一先ず ━副 (まず第一に) first of all; (しばらくの間) for a while, for ⌈a [some] time; (差し当たっての間) for the time being ★少し堅苦しい言い方; (現在のところ) for the present. 《☞ さしあたり》.

¶*ひとまずこの本を読んでごらん (⇒まず第一に) *First of all* read this book. // *ひとまずニューヨークへ行って, それからボストンへ行くつもりです I'll *first* fly to New York and then visit Boston later. // *ひとまず (⇒しばらく) この部屋にいなさい Stay in this room *for some time*.

ひとまとめ 一纏 ━名 (ひとまとめにした束) bundle Ⓒ; (荷物などの包み) pack Ⓒ. ━動 (束ねる) bundle ㊀; (一つにまとめる) put together ㊀. 《☞ まとめる; いっかつ》.

¶不要の本は*ひとまとめにしておいて下さい Please ⌈*put* [*bundle*] *together* all the books you don't need. // 荷物を*ひとまとめにして送った I sent my things in a *bundle*.

ひとまね 人真似 (おかしさをねらった) mimicry Ⓤ; (模倣) imitation Ⓤ; (人まねをする人) mimic Ⓒ. 《☞ まね; ものまね》. ¶山田君は*人まねがうまい Yamada is a good *mimic*. // 成功するには何事につけても*人まねばかりではだめだ (⇒独創的な考えを持たねばならない) You must have *original ideas* in whatever you do if you want to succeed.

ひとまわり 一回り **1** «1周» ━名 (一巡) a round. ━前 (周りをぐるりと回って) around ... 《☞ いっしゅう¹; まわる》. ¶私は親戚を*一回りしなければならない I have to make *a round* of visits to my relatives. // 月は約27日で地球を*一回りする The moon *goes around* the earth in about 27 days.

2 «一段階»: (大きさなど) size Ⓒ. ¶これよりもう*一回り大きいのが欲しい I'd like to have one *a size* larger than this. / (⇒大きいのがありますか) Could I have a *larger* one? // 彼の奥さんは彼より*一回り (⇒12歳) 若い His wife is *twelve years* younger than he.

ひとみ 瞳 pupil Ⓒ; (目) eye Ⓒ. 《☞ め¹ (挿絵)》.

ひとみしり 人見知り ━形 (人見知りする) bashful; (人見知りしない) friendly, outgoing. ¶この赤ん坊は*人見知りする This baby is *bashful*. // 彼女は*人見知りしない She is ⌈a *friendly* [an *outgoing*] person.

ひとむかし 一昔 (長い年月) ages ★通例複数形で; (10年間) decade Ⓒ. 《☞ むかし》. ¶この前会ったのは*一昔前ですね (⇒最後に会ってから長い年月がたっている) It's been *ages* since we met last. // 十年*一昔 (⇒十年は一時代を画する) Ten years ⌈make [makes] *an epoch*. 《☞ 性・数・人称の一致 (欄外)》

ひとめ¹ 一目 (目撃) sight Ⓤ ★時に a sight として; (ちらりと見ること) a glance. 《☞ みる; ちらりと》. ¶彼はあなたに*一目会いたがっている He ⌈is anxious [wants] to *see* you. // 私は*一目で彼女を好きになった (⇒最初の一見で) I have fallen in love with her at ⌈*first sight* [*a glance*].

ひとめ² 人目 (人々の注目) public ⌈attention [notice] Ⓤ 《☞ ちゅうもく (類義語)》.

¶その建物は*人目を引いた The building attracted *public* ⌈*attention* [*notice*]. // ここは*人目につきやすい (⇒たやすく人に見られる) Here we can *be* easily *seen by others*. // この掲示板は*人目につく所へ (⇒みんなが気が付く所へ) 置きなさい Put this bulletin board where *everyone* will *notice* it. // *人目につく広告 an *eye-catching* advertisement // 彼女は*人目につかないように (⇒そっと) 出て行った She went out ⌈*secretly* [*in secret*; *stealthily*].

ひとやく 一役 (役目) role Ⓒ 《☞ やく²》. ¶彼がその計画に*一役買っている He has played a *role* in the scheme. // 彼は*一役買って出てくれた (⇒援助の申し出をした) He *offered to help* me.

ひとやすみ 一休み (休み) a rest; (短い休憩) a break. 《☞ きゅうけい¹; やすみ》. ¶ここで*一休みしよう Let's ⌈have [take] *a rest* here, shall we?

ひとやま 一山 (ひとかたまり) lot Ⓒ. ¶*1山200円 Two hundred yen ⌈*each* [*per*] *lot*

ひとり 一人, 独り ━名代 one ★名では Ⓤ. ━形 (1人の) one; (たった1人の) one and only; (ただ1人で) alone ★述語的に, または名詞・代名詞の後に付けて用いる; (独身の) single. ━副 (1人につき) each; (単独で) by *oneself*; (独力で) for *oneself*.

¶彼は新しい料理人を*1人雇った He employed *a* new cook. 語法 特に強調するとき以外は不定冠詞で「1人」の意味を表せる.
彼はメンバーの*1人だ He is *one* of the members.
彼らは*1人2人と部屋から出て行った They left the room in *ones* and twos.
彼女はたった*1人の息子を失った She lost her *one and only* son.
彼女*1人が真相を知っている She *alone* knows the truth.
彼はまだ*1人だ(⇒独身だ) He is still *single*.
子供たちはりんごを*1人2個ずつもらった The children were given two apples *each*.
*1人も(⇒だれも)その案に賛成しなかった *None* of them [*Nobody*] supported the plan.
彼女はここに*独りで(⇒彼女だけで)住んでいた She lived here *by herself*.
彼は*独りで(⇒独力で)商売をしている He is in business *for himself*.
独り占い self-divination Ⓤ《☞うらない》 **一人旅** (1人で旅行すること) traveling alone Ⓤ; (1人だけの旅) solitary journey Ⓒ **一人っ子** only child Ⓒ, only ˹son [daughter] Ⓒ **一人部屋** single room Ⓒ《☞ホテル(囲み); へや》 **独り者** single [unmarried] person Ⓒ《☞どくしん》.

ひどり 日取り (期日) the date; (特定の日) the day.《☞ひ¹; きじつ; にってい》. ¶「パーティーの*日取りは決まりましたか」「まだです」"Has *the date* for the party been fixed?" "No, not yet." / "Have you decided on *the day* for the party yet?" "No, not yet."

ひとりあるき 独り歩き ―動 (1人で外出する) go out alone; (独力で歩く) walk by *oneself*; (独り立ちする) stand on *one's* (own) feet.《☞ひとりだち; どくりつ》.
¶夜は*独り歩きをやめなさい Don't *go out alone* at night. // 赤ん坊はまだ*独り歩きできない The baby cannot *walk by* ˹*itself* [*himself*; *herself*] yet. 語法 赤ん坊の性別がわかっているときは himself または herself を使う.《☞It の用法(欄外)》 // 彼は*独り歩き(⇒独り立ち)してもよい年ごろだ He is old enough to *stand on his* (*own*) *feet*.

ひとりがてん 独り合点 ¶彼は彼女が会いに来てくれるものと*独り合点していたが(⇒思い込んでいたが), 彼女は現れなかった He *convinced himself* that she would come to see him, but she didn't turn up. // それはあなたの*独り合点だ(⇒性急な判断を下した) You've *made a hasty judgment*.《☞はやがてん》

ひとりぐらし 独り暮らし, 一人暮らし ―名 (独身生活) single [unmarried] life Ⓒ. ―動 (1人で暮らす) live alone.《☞くらし; どくしん》. ¶彼は*独り暮らしを楽しんでいる He is enjoying a *single life*. // *独り暮らしは楽ではない It is not easy to *live alone*.

ひとりごと 独り言 ―動 (独り言を言う) talk to *oneself* ★心の中で自分に言い聞かせるのは普通は say to *oneself* だが, 前後関係によってはこれも「独り言を言う」を意味することがある; (ぶつぶつ言う) mutter ㊀. ¶彼は*独り言を言いながら歩いていた He was walking ˹*talking* [*muttering*] *to himself*.

ひとりじめ 独り占め ―動 (独占する) have ... all to *oneself*, monopolize ㊍.《☞どくせん》.

ひとりだち 独り立ち ―動 (独力で行動できるようになる) find *one's* ˹feet [legs]; (自立する) be independent, stand on *one's* own ˹feet [legs].《☞ひとりあるき; どくりつ》.
¶彼は現在*独り立ちしている He *is* now *independent*. // 彼は*独り立ちするのに5年かかった It took him five years to ˹*stand on his own feet* [*find his feet*].

ひとりでに 独りでに (自然に) of [by] itself; (自動的に) automatically. ¶戸は*ひとりでに閉まった The door shut ˹*of itself* [*automatically*].

ひとりひとり 一人一人 ¶私は彼らの*一人一人に(⇒一人残らず)声をかけた I talked to *every one* of them. // 彼らは*一人一人(⇒一人ずつ)調べられた They were examined ˹*one by one* [*one after another*].

ひとりぼっち 独りぼっち ―形 (ほかと離れて1人の) alone ★限定用法はない.《☞形容詞の2用法(欄外)》; (孤独で寂しい) lonely.《☞こどく; ひとり》. ¶彼女は*独りぼっちだった She was *alone*. / I found her *all alone*. ★all を付けると寂しさの意味が含まれる. // 私は*独りぼっちで寂しかった I felt *lonely*.

ひとりよがり 独り善がり ―形 (自己満足の) self-complacent, self-satisfied. ―名 self-complacency Ⓤ, self-satisfaction Ⓤ.《☞どくぜんてき》.

ひとわたり 一渡り ―副 (初めから終わりまで) from beginning to end; (ずっと通して) throughout.《☞ひととおり》.

ひな 雛 **1**《鳥の》: (鶏の) chick Ⓒ; (小鳥) young bird Ⓒ.《☞ひよこ; おす³(表)》.
2《人形》: doll Ⓒ《☞日本固有の風物と英語(囲み)》. ¶3月にはお*ひなさまを飾る We display *dolls* in the room in March.
ひな壇 (ひな祭りの) tiered stand for dolls Ⓒ; (国会の) the State ministers' gallery Ⓒ **ひな人形** doll Ⓒ **ひな祭り** the ˹Doll's [Girl's] Festival.

ひなが 日長 (長い1日) long day Ⓒ; (長い昼間) long daylight Ⓤ.《☞ひる¹》. ¶彼らは春の*日長を楽しんでいる They are enjoying the *long* ˹*daylight* in spring [spring *day*].

ひながた 雛型 **1**《模型》: model Ⓒ; (小型の模型) miniature Ⓒ.
2《書式》: form Ⓒ《☞しょしき》.

ひなぎく 雛菊 daisy Ⓒ《☞花(囲み)》.

ひなた 日向 ―名 (日の当たっている所) the sun(shine); (説明的に) sunny place Ⓒ. ―副 (日なたで) in the sun.《☞ひ¹》.
¶彼女は*日なたに横になっている She is lying in *the sunshine*. // *日なたで遊びなさい Play *in the sun*. **日なたぼっこ** ―名 (日光浴) sunbath Ⓒ. ―動 (日なたぼっこをする) sunbathe [sʌ́nbèið] ㊀, bathe [bask; sit] in the sun.

ひ

ひなびた 鄙びた (田舎じみている) countrified; (素朴で) rustic. 《☞ いなか》.

ひなん[1] 非難, 批難 ―動 (罪·過失などをとがめる) blame ⑭; (批判する) criticize ⑭; (個人的感情を交えてなじる) reproach ⑭. ―名 blame Ⓤ; criticism Ⓤ; reproach Ⓤ. 《☞ ひはん; せめる[1] (類義語)》.

¶皆は彼の職務怠慢を*非難した They *blamed* him for neglecting his duties. // 彼はうそをついたことで*非難された He *was criticized* for having told lies. // 彼女の行為は*非難されても仕方がない (⇒ 非難に値する) Her conduct deserves *criticism*. // 彼女は*非難の目で私を見た She shot a ˹*reproachful* look [look of *reproach*] at me.

ひなん[2] 避難 ―名 (風雨などを避けること) shelter Ⓤ; (危険から逃避すること) refuge Ⓤ ★ 以上 2 語は同意にも用いる. ―動 shelter ⓐ, take ˹shelter [refuge] from ... ˹at [in; under] ...; (難などから逃れる) escape ⑭ ⓐ. 《☞ のがれる; さける[1]; にげる》.

¶私たちは吹雪を避けてその小屋に*避難した We *took* ˹*shelter* [*refuge*] *from* the snowstorm *in* the lodge. // 警察はその地区の住民を*避難させた The police *evacuated* the inhabitants of the area.

避難訓練 (火災の) fire drill Ⓒ **避難所** refuge Ⓒ, shelter Ⓒ **避難民** refugee Ⓒ; (ある場所から立ち退いた人) evacuee [ivækjuí:] Ⓒ.

びなん 美男 handsome man Ⓒ 《☞ ハンサム》.

ビニール ―名 vinyl [váinl] Ⓤ 語法 主として化学用語として用いられ, 一般には plastics の一種として扱われる. ―形 (ビニール製の) plastic; (特にビニール樹脂であることを示すときは) vinyl 参考 日本語で一般的に用いる「ビニール」に相当する英語は plastic. ¶ *ビニールのレインコート a *plastic* raincoat **ビニールハウス** plastic greenhouse Ⓒ **ビニール袋** plastic bag Ⓒ.

ひにく 皮肉 ―名 (事実と反対のことを言ったりする) irony [ái(ə)rəni(:)] Ⓤ; (辛辣(しんらつ)で悪意をもった) sarcasm Ⓤ; (ひねくれている) cynicism Ⓤ. ―形 ironical; sarcastic; cynical. 《☞ いやみ》.

¶彼女の言葉には多少*皮肉があった There was ˹some [a touch of] *irony* in her words. // 彼らは運命の*皮肉を嘆いた They lamented (over) the *irony* of ˹fate [circumstances]. // 彼の辛辣な*皮肉は彼女の気持ちを傷つけた His *sarcasm* hurt her feelings. // 彼は時々*皮肉なことを言う He sometimes makes *cynical* remarks.

ひにひに 日に日に day by day 《☞ ひましに》.

ひにょうき 泌尿器 urinary organ Ⓒ. **泌尿器科** urology Ⓤ 《☞ 病気·病院 (囲み)》.

ひにん[1] 否認 ―名 denial Ⓤ. ―動 deny ⑭. 《☞ ひてい》.

ひにん[2] 避妊 (妊娠を妨げること) contraception Ⓤ; (産児制限) birth control Ⓤ. **避妊薬** contraceptive Ⓒ; (経口避妊薬) 《口語》 the pill.

ひねくれる ―動 (不機嫌にする) sour ⑭; (性格などをゆがめる) warp ⑭ ★ 以上は事物を主語にして. ―形 (頑固でいこじな) 《口語》 contrary. 《☞ ねじける》. ¶失敗して彼は*ひねくれてしまった (⇒ 失敗が彼を気難しくした) Failure *has soured* him. / (⇒ 心をゆがめた) Failure *has warped* his mind. // 彼は*ひねくれたやつだ He is a *contrary* fellow.

びねつ 微熱 a slight fever ★ a を付けて. 《☞ ねつ》. ¶私は*微熱がある I have *a slight fever*. / (⇒ 少し熱っぽい) I'm *a bit feverish*.

ひねる 捻る **1** 《指先で》: (回す) turn ⑭; (スイッチなどを) switch ⑭. 《☞ ねじる》.

¶ガスの栓を*ひねった I *turned* on the gas. 語法 ひねって出すときは on, 切るときは off. 電気などのスイッチをひねる場合も switch ˹on [off] the light とする.

2 《体などを》: twist ⑭ 《☞ くじく; ねんざ》. ¶スキーで転んで足を*ひねった I fell and *twisted* my ankle while skiing. // それは赤子の腕を*ひねるようなものだ (⇒ 簡単だ) It is as easy as to *twist* a baby's arm. // 彼はその問題で頭を*ひねっていた (⇒ 考え込んでいた) He *was puzzling* over the question. / (⇒ 熱心に考えていた) He *was thinking very hard* about the problem.

ひのいり 日の入り sunset Ⓤ (↔ sunrise) 《☞ ひので 語法; にちぼつ》.

ひのき 檜 Japanese cypress [sáipris] Ⓒ. **ひのき舞台** ¶ *ひのき舞台を踏む (⇒ 第一級の舞台で公演する) perform on a *first-class stage* / (⇒ 世間に出る) appear before the public

ひのけ 火の気 fire Ⓤ 《☞ ひ[2]》. ¶昨夜*火の気のない (⇒ 火の形跡がない) 場所で火災が発生した A fire broke out last night at a place where there was no *sign of fire*. // 彼女の部屋には*火の気がなかった (⇒ 暖房されていなかった) Her room *was unheated*.

ひのこ 火の粉 sparks ★ 通例複数形で. 《☞ ひばな》. ¶たき火から*火の粉が飛んだ *Sparks* ˹flew [fell] from the fire. // 降りかかる*火の粉は払わなければならない (⇒ ほかの人から仕掛けられたけんかを避けられようか) How can we avoid quarrels provoked by others!

ひのて 火の手 (火または火事) fire Ⓤ; (炎) flame Ⓒ. 《☞ ひ[2]》. ¶ *火の手が (⇒ 火事が) 町の中心に広がった The *fire* spread to the center of the city. // 突然*火の手が上がった Suddenly the fire ˹*burst into flames* [*flamed up*]. // 政府攻撃の*火の手が上がった (⇒ 人々は政府反対の盛んな運動を開始した) People *started an active campaign against* the Government.

ひので 日の出 sunrise Ⓤ (↔ sunset) 語法 「日の出に」at sunrise では無冠詞. a beautiful sunrise などでは a を付ける.

ひのべ 日延べ ―動 put off ⑭, postpone ⑭ ★ 前者のほうが口語的. 《☞ えんき》. ¶運動会は次週に*日延べされた The athletic meet *was* ˹*put off* [*postponed*] till the next week.

ひのまる 日の丸 the rising-sun flag, the Rising Sun; (日本の国旗) the national flag of Japan, the Japanese national flag. 《☞ こっき; はた¹》. ¶ 日本の船舶は*日の丸を掲げている Japanese ships fly *the rising-sun flag.* // 彼らは親方*日の丸だ (⇒政府が金を払ってくれるから自由に使う) They are free with their money, because the government will foot the bill. 《☞ おやかた》

ひのみやぐら 火の見やぐら fire lookout Ⓒ; (見張り用の) watchtower Ⓒ.

ひのめ 日の目 **日の目を見る** see the light (of day) ★ 英語も発想が同じだが, 通例否定文で用いる); (出版される) be published; (実現される) be realized. 《☞ じつげん》.
¶ その計画はついに*日の目を見ることはなかった The plan never *saw the light of day.* / (⇒その計画は実現されなかった) The plan was never to *be realized.* // 彼の作品は死後*日の目を見ることになった (⇒出版された) His works *were published* after he died. // その法案は結局*日の目を見なかった (⇒棚上げされた) The bill *was* finally *shelved.*

ひのもと 火の元 ¶ *火の元には十分注意しなさい (⇒火災を予防するために特別な警戒をしなさい) Take special care ⌈against *fire* [to prevent *fire*]. 《☞ ひ²》

ひばいひん 非売品 article not for sale Ⓒ; (掲示として出す場合) Not for Sale.

ひばく 被爆 — 動 (爆撃を受ける) be bombed; (原爆の) be A-bombed. ¶ 彼女は10歳のとき長崎で*被爆した She *was A-bombed* in Nagasaki at the age of ten.
被爆者 (原爆の) atomic bomb victim Ⓒ **被爆地** bombed area Ⓒ; (原爆の落とされた都市) A-bombed city Ⓒ.

ひばし 火箸 (a pair of) tongs ★ 複数形で.

ひばしら 火柱 (炎の) pillar [column] of flames Ⓒ 《☞ ひ²; ほのお》. ¶ 突然*火柱が立つのが見えた We saw a *pillar of flames* suddenly ⌈shooting up [rising].

ひばち 火鉢 Japanese (charcoal) brazier [bréiʒə] Ⓒ 《☞ 日本固有の風物と英語 (囲み)》.

ひばな 火花 sparks ★ 通例複数形で. ¶ プラグを抜くとき*火花が出た (⇒火花を見た) When I pulled the plug, I saw *sparks.* // 彼らは*火花を散らして戦った (⇒死に物狂いで) They fought *desperately.*

ひばり 雲雀 lark Ⓒ, skylark Ⓒ. 《☞ 動物の鳴き声 (囲み)》.

ひはん 批判 — 名 (批判的な批評) criticism Ⓤ. — 形 (批判的な) critical. — 動 criticize ⑩. 《☞ ひひょう (類義語); ひなん¹》.
¶ 彼はその計画に痛烈な*批判を加えた He expressed sharp *criticism* to that plan. // 彼の*批判を快く受け入れなさい You should take his *criticism* kindly. // 新聞もその計画には*批判的である Even the papers are *critical* of the project. // 学生たちは先生を*批判した The students *criticized* their teacher. // 自己*批判 (a) self-*criticism*
批判票 censure vote Ⓒ.

ひばん 非番 — 形 (勤務のない) off duty (↔ on duty), off. ¶ 私はきょうは*非番です I am *off* (*duty*) today.

ひひ 狒狒 〘動物〙 baboon Ⓒ.

ひび **1** «割れ目» — 名 (細長い割れ目) crack Ⓒ; (きず) flaw Ⓒ; (裂け目) split Ⓒ ★ いずれも比喩的な意味でも用いられる. — 動 (ひびが入る) crack ⓐ. 《☞ われめ》.
¶ この茶わんには*ひびがある There is a *crack* in this teacup. // 壁は*ひびだらけだ The wall is full of *cracks.* // この水晶の球には*ひびがある (⇒きずがある) There is a *flaw* in this crystal ball. // 爆発の衝撃で窓ガラスに*ひびが入った The windowpanes *cracked* due to the shock of the explosion. // チームの団結に*ひび割れが生じた (⇒現れた) *Cracks* appeared in the unity of our team. // この事件で2人の愛情に*ひびが入った (⇒この事件がひび割れの原因になった) This incident caused a *split* in their loving relationship.
2 «皮膚の» — 名 chaps ★ 通例複数形で. — 動 (ひびが切れる) be chapped. 《☞ あかぎれ》. ¶ 手に*ひびが切れた My hands ⌈*were* [*got*] *chapped.*

ひびき 響き (音) sound Ⓤ ★ 最も一般的; (鐘・雷・大砲・笑い声・拍手などの大きな音) peal Ⓒ. 《☞ ね²; ねいろ》. ¶ その鐘は*響きがよい (⇒よい音を持つ) The bell has a ⌈sweet [good] *sound.*

ひびく 響く **1** «音を立てる»: (鳴る) sound ⓐ; (場所が鳴り響く) ring ⓐ, resound ⓐ ★ 前者が口語的; (反響する) echo ⓐ. 《☞ おと; なる²》.
¶ ベルの音がホールに*響いた The bell *sounded* in the hall. // 父の怒った声[笑い声]が家中に*響いた Father's ⌈angry voice [laughter] *echoed* through the house. // 割れるような拍手が会場に*響き渡った (⇒会場が鳴り響いた) The hall ⌈*rang* [*resounded*] with the thunderous applause. // 彼の名は町内に*響き渡っている (⇒みんなに知られている) He *is known to everybody* in the town. 《☞ ゆうめい》
2 «影響を与える»: affect ⑩ 《☞ えいきょう; あくえいきょう》. ¶ 不摂生な生活はすぐ体に*響く Unwholesome living easily *affects* our health. // 物価の上昇は我々の日常生活に大きく*響く A rise in prices seriously *affects* our everyday life.

びびたる 微微たる — 形 (わずかの) small, little; (ほんの少しの) slight; (取るに足らない) trifling; (重要でない) insignificant. 《☞ わずか; ちいさい; つまらない; ささい》.
¶ これは*微々たる問題だ (⇒これはわずかな重要性の事である) This is a matter of ⌈*small* [*little*; *trifling*] importance. // 私たちのもうけは*微々たるものだ Our profit is *slight.* // 彼らの損失は*微々たるものです Their losses are *insignificant.*

ひひょう 批評 — 名 (批判的な意見) criticism Ⓤ; (書評) review Ⓒ; (論評) comment Ⓒ; (簡単な意見) remark Ⓒ. — 動 criticize (《英》 criticise) ⑩; review ⑩; comment (on ...) ⓐ, make a comment (on ...); remark (on ...) ⓐ.
【類義語】 最も一般的に用いられる語は *criti-*

cism で, しばしば欠点をあげて批判するときに用いる. 書物や劇などの批評は review. 観察してそれについて意見を述べるのは comment. 思ったことなどを簡単に言うときには remark を用いる. 《☞ ひょうろん ; しょひょう》
¶ 私は新刊書の*批評は全部読む I read every ˹*criticism* [*review*] of new books. // この新しい案を自由に*批評して下さい Please *criticize* this new plan freely. // 彼女は*批評されるのをいやがる She doesn't like *being criticized.* // 私は彼の演奏について新聞に *批評を書いた I ˹wrote a *review about* [*reviewed*] his performance for a newspaper. // この特別番組について*批評をお願いします (⇒ コメントしていただけますか) Will you *make* some *comments on* this special program?
批評家 (一般に) critic Ⓒ; (書物や劇などの) reviewer Ⓒ.

ひひん — 名 (馬の嗚き声) neigh [néi] Ⓒ. — 動 neigh ⓐ. 《☞ 動物の嗚き声 (囲み) ; 擬声・擬態語 (囲み)》. ¶ 馬は*ひひんといなないた The horse ˹gave a loud *neigh* [*neighed* loudly].

びひん 備品 (移動できるもの) furniture Ⓤ; (備え付けのもの) furnishings ★ 複数形で. furniture よりも広義に用いられる; (室内などに取り付けたもの) fixtures, fittings ★ 複数形で; (特定の目的のための設備) equipment Ⓤ. 《☞ かぐ[1] ; せつび》.
¶ この机は学校の*備品です This desk is a piece of school *furniture.* // 私は*備品目録を作った I made a list of the ˹*fixtures* [*furnishings*]. // この台所は*備品がそろっている (⇒ 完全な設備を持っている) This kitchen has complete *equipment.* / (⇒ よく[完全に]設備されている) The kitchen *is* ˹very well [completely] *equipped.*

ひふ 皮膚 skin Ⓤ 《☞ はだ ; かわ[2]》.
¶ 私は*皮膚が弱い[強い] (⇒ 弱い[強い]皮膚を持つ) I have a ˹delicate [strong] *skin.* 《☞ 可算・不可算名詞 (欄外)》 // 人は*皮膚の色の違いで差別されるべきではない People should not be discriminated against due to their *skin* color.
皮膚移植 skin grafting Ⓤ **皮膚科** (病院の) dermatology department Ⓒ **皮膚科医** dermatologist Ⓒ, 《口語》 skin doctor Ⓒ **皮膚病** skin disease Ⓤ 《☞ 病気・病院 (囲み)》.

ひぶ 日歩 daily interest per 100 yen Ⓤ 《☞ りし》. ¶ 金利は*日歩計算だ (⇒ 利子は日決めで計算される) Interest is calculated ˹*per diem* [*by the day*].

びふう[1] 微風 breeze Ⓒ 《☞ かぜ[1] (表)》.

びふう[2] 美風 (よい習慣) good custom Ⓒ 《☞ しゅうかん[1]》.

ひぶくれ 火脹れ blister Ⓒ. ¶ ストーブでやけどをして指に*火ぶくれができた I burned myself on the heater and got *blisters* on a finger.

ひぶそう 非武装 demilitarization Ⓤ. ¶ ここは*非武装地帯です This is a *demilitarized* zone. 語法 略語 DMZ を用いてもよい.
非武装中立 unarmed neutrality Ⓤ.

ひぶた 火蓋 **火ぶたを切る** — 動 (砲撃を開始する) open fire; (開始する) kick off ⓗ; (始める) start ⓗ. 《☞ はじまる (類義語)》.
¶ 彼らは戦いの*火ぶたを切った (⇒ 砲撃を開始した) They *opened fire.* // 彼は華々しく選挙戦の *火ぶたを切った (⇒ 選挙運動を開始した) He *kicked off* the election campaign in style. // 彼らはその問題について激しい討論の*火ぶたを切った They *started* a heated discussion on the subject.

ビフテキ steak [stéik] Ⓒ, beefsteak Ⓒ ★ 前者が普通. 《☞ レストラン (囲み)》.

ひぶん 碑文 (墓碑銘) epitaph Ⓒ; (記念碑などに刻まれた) inscription Ⓒ 語法 墓などに刻まれる追悼の詩文が epitaph で, 一般的に刻みこまれたものを指すのは inscription.

びぶん[1] 微分 — 名 (微分学) differential calculus Ⓤ; (微分(法)) differentiation Ⓤ. — 動 differentiate ⓗ. **微分方程式** differential equation Ⓒ.

びぶん[2] 美文 (華麗な表現) flowery language Ⓤ; (華麗なスタイル) flowery style Ⓒ. 《☞ ぶんしょう ; 文体 (欄外)》.

ひふんこうがい 悲憤慷慨 — 名 (不正などに対する憤り) indignation Ⓤ. — 動 (憤る) be indignant (at … ; about … ; with …) ★ at, about の後には「事柄」, with の後には「人」; (嘆き悲しむ) deplore ⓗ. 《☞ ぎふん》.
¶ 彼はその贈賄事件に*悲憤慷慨している He *is indignant at* the bribery case.

ひへい 疲弊 (疲れ) exhaustion [igzɔ́:stʃən] Ⓤ 《☞ つかれる ; ひろう[1]》.

ひほう[1] 悲報 (悲しい知らせ) sad news Ⓤ.
¶ 私はその日, 友人の死という*悲報に接した (⇒ 受けた) I received the *sad news* of my friend's death that day.

ひほう[2] 秘宝 treasure Ⓤ 《☞ たから》.

ひぼう 誹謗 — 動 (ののしる) abuse [əbjú:z] ⓗ; (中傷する) slander ⓗ. — 名 abuse [əbjú:s] Ⓤ; slander Ⓤ. 《☞ ちゅうしょう[2]》.
¶ 陰で人を*誹謗するのはやめよう Let's not ˹*abuse* [*slander*] others behind their backs.

びぼう 美貌 — 名 (美しい顔立ち) good looks ★ 通例複数形で; (美しさ) beauty Ⓤ. — 形 (顔かたちのよい) good-looking ★ 口語的で男女ともに使う; (女性が) beautiful ; (主として男性が) handsome. 《☞ うつくしい (類義語) ; びじん (類義語)》.
¶ 彼は娘の*美貌をたいへん自慢している He is very proud of his daughter's *good looks.* // 彼は彼女の*美貌に心を奪われた He was fascinated with her *beauty.* // あの人は*美貌の持ち主だ He is a *handsome* gentleman. / She is a *beautiful* lady.

ひぼし 日干し — 形 (日光で乾かした) (sun-)dried. ¶ この*日干しの魚はおいしくない This *(sun-)dried* fish does not taste good.

ひぼん 非凡 — 形 (並外れた) extraordinary (↔ ordinary); (普通でない) unusual; (珍しい) uncommon; (注目すべき) remarkable. 《☞ なみはずれた》.
¶ 彼女には *非凡な才能がある She has ˹*extraordinary* [*unusual*; *uncommon*; *remarkable*] ability. // 彼は語学に*非凡な才

能を発揮した He showed ⌈*remarkable* [*unusual*; *extraordinary*] talent for language study. // 彼は*非凡な人物だ (⇒ 普通の人ではない) He is *no ordinary* man.

ひま 暇 **1** «時間»: time Ⓤ (☞ じかん[1]).
¶ 私は忙しくて旅行をする*暇がない I am so busy that I have no *time* ⌈for going on trips [to go on a trip]. / (⇒ 忙しくて旅行できない) I am *too busy to* travel. // 私は*暇つぶしにテレビを見た (⇒ テレビを見て暇をつぶした) I ⌈*killed* [*passed*] *time* watching television. [語法] kill time のほうが口語的. // 彼は*暇を持て余している (⇒ つぶす時間がありすぎる) He has too much *time* to kill. // 期末試験が済めば, 学生は*暇になる When the final exams are finished, students will *have time on their hands*. // *暇を見つけてぜひお立ち寄り下さい I hope you can manage to find *time* to drop in. // これ以上, この問題にかける*暇はない (⇒ 余裕がない) I cannot afford to spend any more *time* on this problem. // そんなことを考える*暇に (⇒ 考える代わりに) 働きなさい *Instead of* thinking about such things, work hard.
2 «余暇» ── 名 (暇な時間) leisure [líːʒə, léʒə] Ⓤ; (余分な時間) (spare) time Ⓤ, time to spare Ⓤ; (自由になる時間) free time Ⓤ. ── 形 (暇な・仕事がない) free.
¶ *暇なときにこの本を読めばよい You can read this book *when you have* ⌈*time* [*a chance*]. // あすは1日中*暇ですから, 遊びにいらっしゃい I'll be *free* all day tomorrow, so please come and see me. (☞ 訪問の表現 (囲み)) // *暇な人 (⇒ 忙しくない人 [手のあいている人]) は手伝ってくれませんか Those who *are not* ⌈*busy* [*occupied*], please lend me a hand. // 私は*暇を持て余している (⇒ 暇を[自分自身を]どうしてよいかわからない) I don't know what to do with ⌈*my leisure* [*myself*]. // 彼女は*暇さえあれば推理小説を読んでいる (⇒ 彼女の余った時間はすべて推理小説を読むのに費やされる) All her *spare time* is spent on reading detective stories.
3 «休み» ── 名 (願い出て与えられる休暇) leave Ⓒ. ── 副 (仕事などを休んで) off. (☞やすみ; きゅうか[1]). ¶ 彼女は1日*暇を取って私に会いに来た She *took a day off* to see me. // 1か月の*暇をいただきたい I would like to ⌈have a month's *leave* [take a month *off*].
4 «解雇» ── 動 (首にする) fire ⑩, dismiss ⑩ ★ 前者のほうが口語的. (☞ かいこ[1]).
¶ 仕事を怠けたのでそのお手伝いには*暇を出した I ⌈*fired* [*dismissed*] the maid because she neglected her work.
5 «商売の閑散» ── 形 (活気のない) dull; (不景気な) slack, slow. (☞ ふけいき).
¶ 2月と8月は商売が*暇だ Business is ⌈*dull* [*slack*; *slow*] in February and August.
暇人 idle person Ⓒ.

ひまご 曾孫 great-grandchild Ⓒ (複 great-grandchildren); (男の) great-grandson Ⓒ; (女の) great-granddaughter Ⓒ. (☞ 親族関係 (囲み)).

ひましに 日増しに ── 副 (1日ごとに) day by day; (毎日) every day ★ 普通, 比較級の文に用いることが多い. ¶ *日増しに暖かくなってきた It is getting warmer *day by day*. // 事態は*日増しに悪化している The situation is getting worse and worse *every day*.

ひまつ 飛沫 (霧状の) spray Ⓤ; (はね散った) splash Ⓒ. (☞ しぶき).

ヒマラヤ (山脈) the Himalayas [hìməléiəz] ★ the Himalaya と単数形で用いられることもある; the Himalaya Mountains ★ the を付けて. m は大文字で. (☞ 冠詞 (欄外)).

ヒマラヤすぎ ヒマラヤ杉 Himalayan cedar Ⓒ.

ひまわり 向日葵 sunflower Ⓒ (☞ 花 (囲み)).

ひまん 肥満 ── 形 (太った) fat ★ 最も一般的な語; (太って特に腹が出ている) corpulent; (医学的に見て太りすぎの) obese ★ 後の2語は形式ばった語. ── 名 fatness Ⓤ; corpulence Ⓤ; obesity Ⓤ. ── 動 (太る) get fat; (体重がふえる) put on weight. (☞ ふとる (類義語)).
¶ *肥満に (⇒ 太らないように) 気をつけなさい Take care not to *get fat*. // 食べすぎが彼の*肥満の原因だ (⇒ 食べすぎが彼を肥満にした) Overeating made him *corpulent*.
肥満児 overweight [obese] child Ⓒ.

びみ 美味 ── 形 (おいしい) delicious. ── 名 deliciousness Ⓤ. (☞ おいしい; 味 (囲み)).

ひみつ 秘密 ── 名 (秘密となっている事) secret Ⓒ; (秘密となっている状態, または秘密を守ること) secrecy Ⓤ; (他人には秘密にしておくこと) privacy Ⓤ. ── 形 (秘密の) secret ★ 最も一般的な語で以下の語の代わりにも使える; (信頼し合っている人たちだけの間で秘密にしている) confidential; (私的なことで内緒の) private. ── 副 secretly, in secret; confidentially; privately. (☞ ないしょ; ごくひ).
¶ その製法は*秘密だ The process is a *secret*.
それは公然の*秘密だ It is an open *secret*.
このことは2人だけの*秘密だ (⇒ 私とあなたの間のことである) This is *between* ⌈*you and me* [*ourselves*]. [語法] you and me の語順に注意.
それは*秘密にしておこう Let's keep it a *secret*.
あなたは*秘密を守れますか Can you keep a *secret*?
その*秘密は決してばれないだろう (⇒ 明るみに出ないだろう) The *secret* will never come to light.
*秘密はすでに漏れてしまった The *secret* ⌈is already out [has already leaked out].
彼女は婚約を親友にも*秘密にしておいた She *kept* her engagement *secret* even *from* her close friends.
その計画は*秘密のうちに実行された The plan was carried out ⌈*in secret* [*secretly*].
彼女は私に*秘密を打ち明けた She ⌈revealed [disclosed] her *secret* to me. / (⇒ 信頼して打ち明けた) She confided her *secret* to me.
信書の*秘密を侵してはならない We should not violate the *privacy* of correspondence.
だれも私の*秘密をかぎつけた者はいない (⇒ だれ

も見出していない) No one has found out my *secret* yet.
私は彼の*秘密を握っている I hold his *secret* in my hands.
これは*秘密事項だ This is strictly *confidential*.
彼の成功の*秘密は (⇒鍵は) 勤勉さにある The ｢*secret* of [*key to*] his success lies in his diligence.
秘密会議 (外部の人を入れない) closed-door meeting Ⓒ, secret [private] meeting Ⓒ **秘密外交** secret diplomacy Ⓤ **秘密結社** secret ｢society [organization] Ⓒ **秘密調査** confidential inquiry Ⓒ **秘密文書[書類]** confidential document Ⓒ **秘密漏洩**(ろうえい) leakage of a secret Ⓤ.

びみょう 微妙 ― 形 delicate, subtle [sʌ́tl], nice, fine.
【類義語】以上4語はほぼ同意だが, 最も一般的な語は ***delicate*** で, 対象物の扱いにくさ, もろさを暗示する表現. やや形式ばった語で, 微妙の程度がさらに強い表現は ***subtle***. 微細さを強調する表現は ***nice***. 努力してやっと見えるほどの細かさを強調する表現は ***fine***.
¶私はいま*微妙な立場にある I am now in a *delicate* position. // この2つの文には*微妙な意味の相違がみられる There are ｢*delicate* [*nice*; *fine*] shades of meaning between these two sentences. // 彼らの間に*微妙な意見の相違が生じた A ｢*subtle* [*delicate*; *nice*; *fine*] difference of opinion has arisen between them.

ひめ 姫 princess Ⓒ. ¶一*姫二太郎 First a *girl*, then a boy.

ひめい 悲鳴 ― 名 scream Ⓒ, shriek Ⓒ
[語法] 痛み・苦しみの金切り声は scream. さらに激しく突然に叫ぶのは shriek; (苦痛の叫び) cry of pain Ⓒ. ― 動 scream ⓐ; shriek ⓐ; cry out ⓐ. 《☞さけぶ (類義語)》.
¶その寂しい通りから*悲鳴が聞こえた A ｢*scream* [*shriek*] came from the lonely street. / (⇒私はだれかが叫ぶのを聞いた) I heard someone ｢*scream* [*shriek*] on the lonely street. // 彼女は*悲鳴をあげて助けを求めた (⇒助けを求めて叫んだ) She ｢*cried out* [*screamed*; *shrieked*] *for* help. // その子はあまりの痛さに[怖さに]*悲鳴をあげた The child *screamed with* ｢pain [fright; fear]. / The child *gave a cry of* ｢pain [fright; fear]. // 私は忙しくて*悲鳴をあげた (⇒仕事が多くてまいった) I *was overwhelmed* by a lot of work.

びめい 美名 ¶彼は社会奉仕という*美名に隠れて (⇒口実のもとに) 金もうけをしている He is making money *under the* ｢*cloak* [*veil*] *of* the public benefit. // その戦争は正義のためという*美名のもとに行われた The war was waged *in the name of* justice.

ひめる 秘める (人に話さないでおく) keep ... to *oneself*; (隠す) hide ⓗ. 《☞ひみつ》.
¶私はその秘密を一生胸に*秘めておくつもりだ I'll *keep* the secret *to myself* all my life. // 木や花には力強い生命力が*秘められている (⇒隠されている) A great life strength *lies hidden* in trees and flowers.

ひめん 罷免 ― 動 (解雇する) dismiss ⓗ; (免職する) discharge ⓗ ★特に能力がないとか怠慢などによるものが discharge で, dismiss より厳しい; (首にする) fire ⓗ ★口語的で, 日本語の「罷免」というニュアンスとは少しずれる. ― 名 dismissal Ⓤ; discharge Ⓤ. 《☞かいにん (類義語); とく[1]》.
¶彼は大臣の職を*罷免された He *was* ｢*dismissed* [*discharged*] from the Cabinet.

ひも 紐 **1** 《物などを縛る》: (細い) string Ⓤ; (太いひも) cord Ⓒ; (革ひも) strap Ⓒ; (靴のひも) shoestring Ⓒ, 《英》 shoelace Ⓒ. 《☞なわ; つな; くつ (挿絵)》.
¶彼は包みを*ひもで堅く結んだ He tied up the package securely with a piece of *string*. // 彼らは泥棒の手足を*ひもで縛り上げた They bound the thief's hands and feet with a *cord*. // 私はスーツケースに革*ひもをかけた I put a *strap* around the suitcase. // 走っているうちに靴の*ひもがほどけた My ｢*shoestring* [《英》 *shoelace*] ｢came [got] loose while I was running. // 最近靴の*ひもが結べない子供が多い (⇒多くの子供が靴を結べない) Many of today's children cannot *tie their shoes up*. // 彼らの財布の*ひもは堅い (⇒ひもを堅くした) They have tightened their purse-*strings*.
2 《比喩的意味》: (売春のぽんびき) pimp Ⓒ; (付帯条件) strings ★複数形で. 《☞ひもつき》.

ひもじい ― 形 hungry 《☞くうふく》.

ひもつき 紐付き ― 名 (付帯条件) strings ★複数形で; (制約・条件) condition Ⓒ. ― 形 (条件付きの) conditional. 《☞じょうけん》. ¶*ひも付きの金は (⇒条件のついた金は) いらない I can't accept money with ｢*strings* [*conditions*] *attached*. // これは*ひも付きの援助[契約]だ This is a *conditional* ｢offer [contract].

ひもと 火元 ¶*火元は実験室だった (⇒火事は実験室で始まった) The *fire* ｢*started* [*originated*] in the laboratory. // そのうわさの*火元は彼女らしい (⇒彼女がうわさを立てたらしい) She seems to *have started* the rumor.

ひもとく 繙く (読む) read ⓗ 《☞よむ》.

ひもの 干物 ― 名 dried fish Ⓒ. ― 動 (干物にする) dry ⓗ. 《☞ひぼし》.

ひやあせ 冷や汗 a cold sweat ★a を付けて. 《☞あせ》. ¶私はそのとき*冷や汗をかいた I *broke into a cold sweat* then. // 彼女は恥ずかしさで*冷や汗をかいた She *perspired* with embarrassment.

ビヤガーデン beer garden Ⓒ.

ひやかし 冷やかし (ショーウインドーをのぞいて歩くこと) window-shopping Ⓤ; (人) window-shopper Ⓒ.

ひやかす 冷やかす (おもしろがってからかう) make fun of ...; (人を傷つけるようなことを言ってかまう) tease ⓗ; (実際には買い物をせずただショーウインドーをのぞいて歩く) window-shop ⓐ. 《☞からかう》. ¶ガールフレンドと歩いていたら, 友達に*冷やかされた I *was* ｢*made fun of* [*teased*] by my friends when I was walking with my girlfriend.

ひやく 飛躍 **1** «急速な進歩» — 形 (急速な) fast, rapid. — 副 (飛び越えるようにして) by leaps and bounds. 《☞ きゅうげき》.
¶ 科学は*飛躍的に進歩した Science has made ⌈*fast* [*rapid*] progress. / Science has advanced *by leaps and bounds*.
2 «論理の» — 名 jump of logic Ⓒ, logical ⌈jump [leap] Ⓒ. ¶ 彼の議論には論理の*飛躍がある There is a ⌈*jump of logic* [*logical jump*] in his argument.

ひゃく 百, 100 — 名 形 hundred 語法 「第 100 (番目)の」あるいは「第 100 (番目)のもの」の場合は the (one) hundredth. また 100 は a [one] hundred だが, 特に数を強調するときは one を用いる. 《☞ 数字 (囲み)》.
¶ その箱にはりんごが *100 個入っている There are ⌈*a* [*one*] *hundred* apples in the box. // そのデモには *200 人が参加した Two *hundred* people joined the demonstration. 語法 2 以上の数詞を伴っても hundreds としない. // 彼の書斎には何*百冊という本がある He has *hundreds of* books in his study.
百も承知 ¶ そんなことは*百も承知だ (⇒ 十分に心得ている) I *know* it *full well*. / I *am well aware of* it.

ひゃくてん 百点 (100 パーセント) a [one] hundred percent ★ 成績をパーセントで言うことが多い ; (得点) one [a] hundred points ; (満点) full marks ★ 複数形で. 《☞ てん[1] ; まんてん[1]》. ¶ 彼は数学で*100 点 (⇒ 満点) を取った He got ⌈*a hundred percent* [*full marks*] ⌈for [in] math.

ひゃくにちぜき 百日咳 whooping cough Ⓤ 《☞ 病気・病院 (囲み)》.

ひゃくにちそう 百日草 zinnia Ⓒ 《☞ 花 (囲み)》.

ひゃくにんいっしゅ 百人一首 (かるた) Japanese traditional playing cards based on one hundred well-known ancient poems of thirty-one syllables each 《☞ 日本固有の風物と英語 (囲み)》. ¶ 彼らは元日に*百人一首をした They played *the cards of one hundred famous poems* on New Year's Day.

ひゃくねんさい 百年祭 centenary Ⓒ 《☞ -ねんさい》.

ひゃくパーセント 百パーセント one [a] hundred percent, 100%. 《☞ パーセント》.
¶ 私は*100 パーセント勝つ自信がある I am *one hundred percent* confident of winning.

ひゃくぶん 百聞 **百聞は一見にしかず** Seeing is believing. 《ことわざ : 見ることは信ずること》

ひゃくぶんりつ 百分率 percentage Ⓒ 《☞ パーセント》.

ひゃくまん 百万, 100 万 — 名 形 million 語法 数の 100 万は a [one] million だが, 特に数を強調するときは one を用いる. 《☞ 数字 (囲み)》.
¶ 損害は*100 [*200] 万円と見られている The ⌈damage [loss] is estimated at about ⌈*a* [*two*] *million* yen. 語法 2 以上の数詞を伴っても millions とならないことに注意. // 聖書は何*百万人もの人々によって読まれてきた The Bible has been read by *millions* of people. // *百万人の科学《題名》Science for *the Millions* // あなたの一言で*百万の味方を得たようだ (⇒ あなたの言葉で大いに勇気づけられた) I feel greatly encouraged by what you have said.
百万長者 millionaire Ⓒ.

びゃくや 白夜 night with a midnight sun Ⓒ.

ひやけ 日焼け — 名 (ひりひり痛い) sunburn Ⓤ; (ほどよく焼けた) (sun)tan Ⓒ. — 動 sunburn ⓐ ⓑ; (sun)tan ⓐ ⓑ. 《☞ ひ[1]; やける[1]》.
¶ 私は*日焼けした I ⌈*was* [*got*] ⌈*suntanned* [*tanned*]. // 見事に*日焼けしましたね You've got a nice *tan*. // 彼は真っ黒に*日焼けしている He *is* ⌈deeply [well] *tanned*. // 彼女は全身小麦色に*日焼けしていた Her whole body *was tanned* to a golden brown. // 私はすぐ*日焼けする I ⌈*tan* [*get a tan*] easily.
日焼け止め (anti-)sunburn ⌈cream [oil] Ⓤ, cosmetic sunscreen Ⓒ.

ヒヤシンス hyacinth [háiəsìnθ] Ⓒ 《☞ 花 (囲み)》.

ひやす 冷やす (快適な程度に) cool ⓐ ★ 比喩的にも用いられる; (冷たくする) make ... cold ★ 客観的な表現 ; (氷で) ice ⓐ ; (冷蔵庫で) refrigerate ⓐ ★ この意味でも cool を用いることが多い. 《☞ ひえる ; つめたい》.
¶ ビールを冷蔵庫で*冷やそう Let's *cool* the beer in the refrigerator. // 彼女は泳ぎすぎて体を*冷やしてしまった She *got a chill* from too much swimming. // 彼はシャンパンを氷で*冷やした He *iced* the champagne. / He *cooled* the champagne on ice. // 頭を*冷やして (⇒ 冷静に) 考えれば事情がわかるはずだ If you think *calmly*, you will understand the circumstances.

ひゃっかじてん 百科事典 — 名 encyclop(a)edia [insàikləpí:diə] Ⓒ. — 形 encyclop(a)edic.

ひゃっかてん 百貨店 department store Ⓒ, 《英》stores ★ 複数形で. 語法上は単数または複数扱いにする. 《☞ デパート》.

ひやとい 日雇い — 動 (日雇いで働く) work by the day. — 名 (日雇いの人) day laborer Ⓒ. 《☞ にっきゅう》.

ひやひや 冷や冷や — 動 (恐れる・懸念する) be afraid (of ...; that ...), fear ⓐ; (不安で心穏やかでない) be nervous. 《☞ ふあん》.
¶ 私はその秘密がばれるのではないかと*ひやひやした I ⌈*was afraid* [*feared*] that the secret might come to light. // 子供が川に落ちはしないかと*ひやひやした I *was nervous* because the child could have fallen into the river.

ビヤホール beer hall Ⓒ, 《英》alehouse Ⓒ.

ひやむぎ 冷や麦 Japanese noodles served in ice and water 《☞ 日本固有の風物と英語 (囲み)》.

ひやめし 冷や飯 **冷や飯を食わされる** (冷たく扱われる) be treated coolly. ¶ 彼は会社ではずっと*冷や飯を食わされている He's *treated coolly* at his office. / (⇒ あまり重要視されていない) He's *never been made much of* at his office.

ひ

ひややか 冷ややか ― 形 (冷淡な) cold (↔ warm), coldhearted (↔ warmhearted); (冷静で薄情な) cool; (感じがこもっていないで冷たい) chilly. 《☞ れいたん; つめたい》.
¶ 彼女は*冷ややかな女だ She is a ⌈*cold* [*coldhearted*] woman. // 彼は私に*冷ややかな態度をとった He took a *cool* attitude toward me. // 彼は召使いに*冷ややかに答えた He gave a *chilly* reply to the servant. / He replied *coldly* to the servant.

ひやりと ― 動 (恐ろしくて) be frightened, 《口語》 be scared. ¶ 地震には*ひやりとした I *was frightened* by the earthquake.

ヒヤリング (語学などの練習で耳で聞くだけで理解すること) listening comprehension Ⓤ ★ hearing は聴覚能力を言う言葉. ¶ きょう*ヒヤリングのテストがあった We had a *listening comprehension* test today.

ひゆ 比喩 ― 名 (言葉の綾) figure of speech Ⓒ ★ 直喩・隠喩などを総合的にいう言葉; (直喩) simile Ⓒ; (隠喩) metaphor Ⓒ. ― 形 (比喩的な) figurative; (特に隠喩的な) metaphorical. 《☞ 欄外; たとえ²》.
¶ 彼女が夢を食べて生きているとはいい*比喩だね It is a good *metaphor* to say that she feeds on dreams. // 彼は*比喩的な意味でそう言ったまでさ He said so only in a ⌈*figurative* [*metaphorical*] sense.

ひ

ぴゅー ― 動 (風や弾丸がぴゅーと鳴る) whistle 自; (矢やボールが) whiz 自; (むちが) swish 自. 《☞ びゅん; 擬声・擬態語 (囲み)》.
¶ 風が木立ちの間で*ぴゅーと鳴った The wind *whistled* through the trees. // 矢が私の頭上を*ぴゅーと飛んで行った An arrow ⌈*whizzed* [flew *whizzing*] over my head.

ヒューズ fuse Ⓒ. ¶ *ヒューズが飛んでしまった The *fuse* has ⌈burned out [blown].

ひゅうひゅう ― 動 (ひゅうひゅう音を立てる) whistle 自. ― 名 whistle Ⓒ. 《☞ ぴゅー; 擬声・擬態語 (囲み)》.

びゅうびゅう ― 動 (風がひどく吹く) rage 自 《☞ 擬声・擬態語 (囲み)》. ¶ 一晩中風が*びゅうびゅう吹いていた The wind *was* ⌈*blowing hard* [*raging*] all night.

ぴゅうぴゅう ― 動 (ぴゅうぴゅう音を立てる) whistle 自 《☞ ぴゅー; 擬声・擬態語 (囲み)》.

ヒューマニズム (人道主義) humanitarianism Ⓤ 参考 humanism Ⓤ は「人文主義・人間中心主義」の意. 《☞ じんどう》.

ヒュッテ (mountain) hut [hʌ́t] Ⓒ 参考 日本語の「ヒュッテ」はドイツ語の Hütte から.

ビュッフェ buffet [bʌféi] Ⓒ. ¶ 私たちは列車の*ビュッフェで昼食をとった We had ⌈lunch at the *buffet* [a *buffet* lunch] on the train.

びゅん ― 動 (弾丸などがびゅんと飛ぶ) 《米口語》 zing 自, zip 自 ★ 後者のほうがスピードがさらに速い感じ. ― 副 (びゅんと) with a ⌈zing [zip]. 《☞ 擬声・擬態語 (囲み)》. ¶ 赤い車が私を*びゅんと追い抜いて行った A red car *zinged* off past me. // 弾丸が*びゅんと私をかすめた A bullet *zipped* past me.

ひょいと (不意に) unexpectedly; (急に・突然) suddenly; (軽く) lightly; (容易に) easily. 《☞ ひょっこり; 擬声・擬態語 (囲み)》.
¶ 彼は*ひょいと顔を見せた (⇒ ちょっと立ち寄った) He *dropped in* at our house. // 車が道路の角から*ひょいと現れた A car ⌈*suddenly* [*unexpectedly*] appeared (from) around the corner of the street. // 彼は*ひょいと (⇒ 軽々と) 飛びのいた He *lightly* jumped aside. // 彼は*ひょいと (⇒ 簡単に) その荷物を持ち上げた He lifted the baggage ⌈*easily* [*with ease*].

ひょいひょい **1** «折々»: often 《☞ しばしば》. **2** «軽々と»: (身軽に) lightly; (身軽に速く) nimbly. 《☞ 擬声・擬態語 (囲み)》.

ひよう 費用 ― 名 (出費) expenses ★ 通例複数形で; expenditure Ⓤ ★ 家計・団体などの支出などに使う形式ばった語.「支出額」という意味では Ⓒ; (実際に支払われる代価) cost Ⓒ. ― 動 (費用が…だけかかる) cost 他. 《☞ ししゅつ; しゅっぴ; けいひ》.
¶ 旅行の*費用は会社持ちです (⇒ 会社が払う) The firm pays our traveling *expenses.* //「*費用はいくらかかりましたか」「3万円です」"How much did it *cost?*" "It *cost* me 30,000 yen." // 都会の生活は*費用がかかる[かさむ] City life ⌈*is expensive* [demands many *expenditures*].

ひょう¹ 表 ― 名 (項目を並べた目録) list Ⓒ;

比喩 (figures of speech) あることを説明するのに, たとえを用いたり, あるいはほかのことを用いたりすることをいう. 例えば音楽の説明をするのに色彩の語を用いたり, 仕事の話をゲームにたとえたりするようなことはすべて比喩である. 従って寓話 (動物を擬人化したものを fable, そうでないものを parable という) は全体が比喩であるということができる.

しかし, 比喩は1つの文や1つの語句の中でも日常よく用いられる. これらの比喩に関する表現法を古代ギリシャの文人たちは非常に細かく分類し, 数百におよぶ種類があげられ, そのうちでよく用いられる幾つかは今日でもギリシャ語の名称のままで呼ばれている. すなわち, 次のようなものである.

(1) 明喩 (simile [síməlìː]).
「…のような[に]」(like …; as …) という言葉を付けて, はっきり類似のものをたとえる方法.
¶ あなたは太陽のような人だ You are *like* the sunshine. // 人生は歩いている影のようなものだ Life is *like* a walking shadow.

(2) 暗喩 (metaphor [métəfɔ̀ə]).
「…のような[に]」という言葉を用いずに, 比べようとしている言葉をそのまま用いる方法.
¶ 君は私の太陽だ You're *my sunshine.* // 人生は歩く影だ Life is (but) *a walking shadow.*

暗喩は上手に使うとしばしば, 最も簡潔でしかも非常に印象的な比喩となる. 例えば Shakespeare はこの暗喩の名人として有名だが, 文学作品だけでなく日常の会話でも気をつけてみると, ずいぶんいろいろな暗喩が用いられているのである.

(3) 誇張 (overstatement, exaggeration, hyperbole [haipə́ːbəlìː]).
小さなことでも大げさに言って印象づけること. 例えば「たいへん残念です」を I'm very sorry. などと言わないで, It's *a thousand pities.* のように言ったり,「しばらく会わなかったね」を I haven't seen you for a long time. としないで, I haven't seen you *for ages.* としたりすること. 《☞ 誇張 (欄外)》

(4) 緩徐法 (meiosis [maióusis]).

(縦横の仕切りなどを施して見やすくした一覧表) table Ⓒ; (予定表) schedule [skédʒu:l] Ⓒ; (時刻表) 《主に米》 schedule Ⓒ, 《主に英》 timetable Ⓒ. —[動] (表に載せる) list (他). 《☞ ずひょう; グラフ》.
¶その品物はこの*表には載っていない That article is not (put) *on* this *list*. / That article *is* not *listed* here. // 私はその結果を*表にした I made the results into a *table*. / (⇒その結果は表にしてある) The results are shown in a *table*. // 彼はいつもバスの時刻*表を持ち歩いている He always carries a ⌈bus *schedule* [bus *timetable*] with him.

ひょう² 票 vote Ⓒ 《☞ とうひょう (類義語); とくひょう》. ¶候補者たちは*票を集めるのに必死だ The candidates are eager to ⌈gather [get] *votes*.

ひょう³ 評 (本・劇などの) review Ⓒ; (文芸・美術などの批評) criticism Ⓒ ★綿密な分析に基づく批判的な評. 《☞ ひひょう (類義語)》.

ひょう⁴ 豹 leopard [lépərd] Ⓒ; (黒ひょう) panther Ⓒ; (アメリカひょう) jaguar Ⓒ.

ひょう⁵ 雹 hail Ⓤ ★「ひょう」と「あられ」は英語では普通区別しない. 《☞ あられ; 天候の表現 (囲み)》.

びよう 美容 (手入れ) cosmetic treatment Ⓤ; (美容術) beauty culture Ⓤ.
美容院 beauty shop Ⓒ, beauty ⌈parlor [salon] Ⓒ. 《☞ 店の呼び名 (囲み)》 **美容師** (整髪を主とする) hairdresser Ⓒ; (一般に) beautician Ⓒ **美容食** food for beauty Ⓤ **美容体操** calisthenics [kæləsθéniks] ★単数または複数扱い.

「美容院」の掲示

びょう¹ 秒 second Ⓒ ★s, sec と略し, 複数形は secs. とも略す. 数字の後に ″ を付けて表す. 《☞ 度量衡 (囲み)》. ¶1分は60*秒です There are sixty *seconds* in a minute. / A minute has sixty *seconds*. // 彼は100メートル競走を9*秒9のオリンピック新記録で優勝した He won the 100-meter dash, setting a new Olympic record of 9.9 *seconds*. ★nine point nine seconds と読む. 《☞ 数字 (囲み)》

びょう² 鋲 —[名] tack Ⓒ. —[動] tack (他). 《☞ がびょう; ピン》. ¶私はポスターを壁に*びょうでとめた I *tacked* the poster on the wall.

ひょういもじ 表意文字 ideograph Ⓒ.

びょういん 病院 hospital Ⓒ 《☞ にゅういん; たいいん¹; 病気・病院 (囲み)》.
¶弟は*病院に入っています My brother is in (*the*) *hospital*. [語法] 《米》では the を入れるのが普通. // これから*病院に行くところです I'm going to (*the*) *hospital*. // *病院に友達を見舞いに行った I went to see a friend of mine *in* (*the*) *hospital*. / I went to *the hospital* to see a friend of mine. // 彼はすぐ*病院に入れなければいけない We must ⌈send [(⇒連れて行く) take] him to (*the*) *hospital* at once. / He must *be hospitalized* immediately.

ひょうか 評価 —[動] (価値を判断する) evaluate (他); (真価を認める) appreciate (他); (見積もる) estimate (他); (金銭上の評価をする) value (他); (段階をつける) rate (他); (学校などの成績をつける) grade (他) ★evaluate ともいう; (税額を) assess (他). —[名] evaluation Ⓤ; estimation Ⓤ; rating Ⓤ; assessment Ⓤ.
¶この作品を*評価するのは難しい It is difficult to *evaluate* this work. // 先生は生徒を点数で*評価する The teachers *evaluate* the pupils by marks. // 彼はそのグループの人々に高く*評価されている He *is* highly ⌈*estimated* [*regarded*] within the group. // その絵は100万円の*評価を受けた The picture *was* ⌈*valued* at [*rated* as worth] one million yen. // あなたは彼の力を過大[過少]*評価している You ⌈*overestimate* [*underestimate*] his strength. // 課税に先立って財産の*評価が行われる Property *is assessed* before taxation.

ひょうが 氷河 glacier [gléiʃər] Ⓒ 《☞ やま (挿絵)》. **氷河時代** the glacial period.

ひょうかい 氷解 —[動] (きれいになくなる) be cleared; (雲や霧が散るようになくなる) be dissipated. 《☞ きえる; はれる¹》. ¶彼に対する私

---

(3) の誇張とは反対に, 控えめに言う表現. 例えば, 「ちょっと寒いね」と言いながら実は「たいへん寒い」ということを意味するような場合で, It's *rather* cold today. のように rather を用いたり, 「悪くはないね」It's *not bad*. と言って実はたいへんよいことを表すような場合である. 《☞ 控えめな表現 (欄外)》
(5) 提喩 (synecdoche [sinékdəki(:)]).
人・物の一部で全体を, あるいは全体で一部を表す比喩の方法. 例えば, 「彼は養うべき口数が多い」He has many *mouths* to feed. のように mouth で人を, または「手が足りない」We are short of *hands*. のように hand で人を表したり, あるいは「哀れな人」というときに a poor *creature* と言って生物 (creature) で人を表したりするのは提喩である.
ほかの例を2, 3加えると a sail＝a ship, a roof＝a house, bread＝food など.
(6) 換喩[代喩] (metonymy [mitánəmi(:)]).
直接的に対象物の名称を用いるのでなく, それと関連するほかの違うものを使って対象の物を表す表現法. 例えば, 「彼は酒が好きだ」という場合に He is fond of *the bottle*. (＝瓶が好きだ) のように bottle で wine を表したり, I'm reading *a Shakespeare*. といってシェークスピアの作品を意味したりするのは換喩である.
以上のほかにも擬人法 (personification), 擬音 (onomatopoeia) 《☞ 擬声・擬態語 (囲み)》, 皮肉・諷刺 (irony, sarcasm, satire) などもよく用いられる比喩である.
比喩を上手に用いることは, 英作文の技術としてはかなり高度ではあるけれども重要なものである. その用い方について1つ注意すべきことは, 日本語と英語では比喩の仕方が違うことであって, 一例をあげるならば, 「泥のように眠る」は英語では sleep like a ⌈log [top], つまり「丸太」または「こま」のように眠るというのであって, 決して sleep like mud とは言わない. このような点には十分注意しなくてはならない. 《☞ 日本語と英語 (欄外)》

の疑いはすっかり*氷解した My doubts toward him *were* all ⌈*cleared* [*dissipated*].

ひょうき 表記 **1** «表に書く» ―動 write [mention] ... on the cover (☞ きさい).
¶ *表記の住所 the address *mentioned on the cover* **2** «書き表すこと»: notation Ⓤ ★ 記号による表記および表記法. ¶ 音声(の)*表記 phonetic *notation*

ひょうぎ 評議 discussion Ⓤ (☞ きょうぎ[1]). **評議員** trustee Ⓒ **評議員会** (学校などの) board of trustees Ⓒ **評議会** (政府の任命・依頼で開く委員会) council Ⓒ.

びょうき 病気 ―形 (病気の) 《米》 sick, 《英》 ill (↔ well, healthy) ★ 名詞の前に置く場合は英米ともに sick ; (健康がすぐれない) unwell ★ 述語的にのみ用いる; (長く患って(いる)) ailing. ―名 sickness Ⓤ, illness Ⓤ ; disease Ⓤ ★ 以上は個々の病気を言うときは Ⓒ ; (不健康) ill health Ⓤ ; (持病) chronic disease Ⓒ.
【類義語】「彼は病気だ」のような言い方の場合には《米》では He is *sick*. 《英》では He is *ill*. というのが普通である. 《英》では He is *sick*. と言うと「彼は吐き気がする」という意味になる. 《米》でも *sick* には「吐き気がする」という意味があるので, 状況によっては混同を避けるために He is *ill*. と言うことがあるが, 一般に He is *ill*. は堅苦しい言い方とされている. 長く患っている場合には *ailing*, 消極的に「健康でない」という意味では *unwell* が用いられるが, いずれも《米》*sick*, 《英》*ill* で代用することができる. 「病気」という状態を表す 名 は《米》*sickness*, 《英》*illness* が最も普通の語である. 《米》でも *illness* は少し堅苦しい言葉として用いられる. はっきり病名のわかっている個々の病気は *disease*.
¶ 彼は*病気ですか 《米》 Is he *sick*? / 《英》 Is he *ill*?
彼女は*病気で寝ています She is ⌈*sick* [《英》 *ill*] in bed.
私はめったに*病気しない I ⌈rarely [seldom] ⌈*get sick* [《英》 *fall ill*]. / I *am* rarely *taken ill*. 語法 2番目の文では《米》でも ill.
彼は*病気のようだ He seems to be ⌈*sick* [*ill*]. / He looks *unwell*.
「あなたはどんな*病気ですか」「私は心臓の*病気です」 "How are you ⌈*sick* [*ill*]?" "I have heart ⌈*disease* [*trouble*]."
彼の母親はしばらく*病気だった His mother *was ailing* for some time.
「きょうはご*病気はいかがですか (⇒ きょうはどんな気分ですか)」「かなりいいです」 "How do you feel today?" "I feel much better today."
「お子さんのご*病気はいかがですか」「快方に向かっています」 "How is your (*sick*) ⌈child [son; daughter]? / (⇒ お子さんの病状はどうですか) How's your (*sick*) ⌈child's [son's; daughter's] *condition*?" "He [She] is getting better."
語法 How is your child's *sickness*? のようには言わない.
渡辺さんは重い*病気です Mr. Watanabe is seriously ⌈*sick* [*ill*].
彼はちょっとした*病気だ He is slightly ⌈*sick* [*ill*]. / He has a minor ⌈*sickness* [*illness*].
たいした*病気ではありません The *sickness* is not serious.
彼は*病気で入院している He is *in* (*the*) *hospital* now. 語法 この表現は, けがで入院している場合にも用いられる. 《米》では hospital に the を付けることが普通.
彼は*病気で死にました He died of ⌈*sickness* [*illness*].
私は*病気のために学校[会社]を休んだ I ⌈was [stayed] away from ⌈school [the office] because I was *sick*. / I was absent from ⌈school [the office] ⌈on account of [owing to; because of] *sickness*. ★ 後者はやや改まった表現.
彼女の*病気は間もなくよくなるでしょう She will get well soon. / She'll get over her ⌈*sickness* [*illness*] soon.
がんは伝染する*病気ではない Cancer is not ⌈an infectious [a contagious] *disease*.
彼は働きすぎて*病気になった He worked ⌈so hard that he got [himself] *sick*.
私は子供のころはよく*病気をしました[*病気がちでした] I was frequently ⌈*sick* [*ill*] when I was a child. / I was a *sickly* child.

ひょうきん 剽軽 ―形 (人を笑わせる・こっけいな) funny, comical. (☞ こっけい ; おかしい). ¶ 彼の*ひょうきんな態度がみんなを楽しませた His *comical* attitude amused everybody. // 彼は*ひょうきんなことを言って私たちを笑わせた He kept us laughing with his *funny* remarks. **ひょうきん者** joker Ⓒ.

びょうきん 病菌 (一般的に) (disease) germ Ⓒ; 《医学》 (pathogenic) bacteria ★ 複数形. (☞ さいきん[2]).

びょうく 病苦 (病気の苦しみ) pain of sickness Ⓤ; (病気) sickness Ⓤ, illness Ⓤ ★《米》では後者はやや改まった語. (☞ びょうき).

ひょうけつ[1] 票決 ―名 (投票) vote Ⓒ ; (無記名投票) ballot Ⓒ. ―動 (票決する) take a vote (on ...) ★ 必ずしも紙を使った投票とは限らず, 挙手・起立などの手段も含めて言う; (投票用紙を使って投票する) take a ballot (on ...). (☞ とうひょう ; さいけつ[1] ; ぎけつ).
¶ その問題は*票決に付された The question was put to a *vote*. / They *took a* ⌈*vote* [*ballot*] *on* the question.

ひょうけつ[2] 氷結 ―動 (氷が張る) freeze ⓐ. ―形 (凍った) frozen. ―名 freezing Ⓤ. (☞ こおる).

ひょうげん[1] 表現 ―名 (一般に) expression Ⓤ; (芸術作品などの内容の) representation Ⓤ; (描写) description Ⓤ. ―動 (言い表す) express ⓗ ; (作品などが表す) represent ⓗ; (言葉で描写する) describe ⓗ. (☞ あらわす[1] ; いいあらわす ; びょうしゃ).
¶ 自分の考えをはっきりと*表現しなさい *Express* your ideas clearly. / *Express yourself* clearly. 語法 express *oneself* で「自分の考えを述べる」という意. // 感謝の気持ちをどう*表現していいかわかりません I don't know how to *express* my ⌈thanks [gratitude]. // この絵は戦場の一場面を*表現したものだ This picture *represents* a battle scene.

病　気・病　院

1　病　名

腎臓病 kidney disease Ⓤ, 肺病 lung disease Ⓤ, 胃腸病 stomach disease Ⓤ, 心臓病 heart disease Ⓤ　[語 法] 以上のように臓器名を用いる場合は無冠詞でよい. 皮膚病 skin disease Ⓤ, 神経病 neurosis Ⓤ, neurotic disorder Ⓒ, 眼病 eye disease Ⓤ　[語 法] 以上の disease の代わりに, より口語的な表現で,「心臓病」heart trouble,「皮膚病」skin problem Ⓒ のように trouble Ⓤ, problem Ⓒ を用いることもできる. カタル catarrh Ⓤ, アレルギー allergy [ǽlərdʒi(ː)] Ⓒ, 花粉症 (＝枯れ草熱) hay fever Ⓤ, ぜんそく asthma [ǽzmə] Ⓤ, コレラ cholera Ⓤ, ジフテリア diphtheria Ⓤ, 赤痢 dysentery [dísntèri(ː)] Ⓤ, パラチフス paratyphoid [pæ̀rətáifɔid] Ⓤ, 肺炎 pneumonia [n(j)u(ː)móunjə] Ⓤ, 結核 tuberculosis [t(j)ubə̀ːkjulóusis] Ⓤ《略 TB》, 虫垂炎 appendicitis [əpèndəsáitis] Ⓤ, チフス typhoid (fever) Ⓤ, がん cancer Ⓤ　[語 法]「胃がん」は stomach cancer または cancer of the stomach. stomach の部分を適当に変えて用いることができる. 白血病 leukemia [luːkíːmiə] Ⓤ, 日射病 sunstroke Ⓤ, 栄養失調 malnutrition Ⓤ, 下痢 diarrhea,《英》diarrhoea [dàiəríː(ː)ə] Ⓤ, インフルエンザ influenza Ⓤ,《口語》flu Ⓤ, はしか measles [語 法] 単数・複数のいずれにとってもよい. しょうこう熱 scarlet fever Ⓤ, 天然痘 smallpox Ⓤ, 百日ぜき whooping cough Ⓤ.

2　医療機関の名称

病院 hospital Ⓒ ★複数の医師・看護婦がいて, 入院設備があるもの. 医院 doctor's office Ⓒ ★通常医師 1 名と看護婦 1 名. 診療所 clinic Ⓒ ★通常複数の医師・看護婦がいるが, 入院設備なし. 薬局 (大病院の薬局) pharmacy Ⓒ ★「薬屋」の意にも用いられる; (薬屋)《米》drugstore Ⓒ,《英》chemist's shop Ⓒ ★前者は薬以外のものも売る; (小さい病院・工場などの) dispensary Ⓒ 医務室, 保健室 (救急室・応急手当室) emergency room Ⓒ, first-aid station Ⓒ; (学校の保健室) (school) nurse's ⌈office [station] Ⓒ ★養護教諭のいる部屋の意; dispensary Ⓒ ★以上を包括する語; (学校・工場などの付属診療所) infirmary Ⓒ ★以上のものより大規模なもの.

3　医療関係の人たちの名称

医師 doctor Ⓒ ★最も一般的. 通常は歯科医 (dentist) を除く; physician Ⓒ ★doctor と同意だが,「内科医」の意で使われることもある; medical doctor Ⓒ, doctor of medicine Ⓒ ★特に「博士」の意の doctor と区別したいときに使う語. それ以外の場合ではまれ. 看護婦 nurse Ⓒ; (婦長) head [chief] nurse Ⓒ　養護教諭 school nurse Ⓒ　医療技師 medical technician Ⓒ ★レントゲン技師のような, 高度の専門教育を受けた技術者; paramedic Ⓒ ★medical technician ほど専門的でない仕事をする人.「救急隊員」など. 薬剤師 pharmacist Ⓒ,《英》chemist Ⓒ ★pharmacologist は「薬学者」. 開業医 general practitioner Ⓒ ★略語は G.P. [dʒíːpíː]. 専門医 specialist Ⓒ ★general practitioner に対する語. かかりつけの医者 family doctor Ⓒ　[参 考] 英米では各家庭がそれぞれかかりつけの医者を決めていることが多い. 家庭専門に開業する分野は family practice Ⓤ と呼ばれる.

4　医学の専門分野と専門医

内　科	internal medicine Ⓤ　内科医 internist Ⓒ, physician Ⓒ
外　科	surgery Ⓤ　外科医 surgeon Ⓒ
小 児 科	pediatrics Ⓤ　小児科医 pediatrician Ⓒ,《口語》baby [child] doctor Ⓒ
眼　科	ophthalmology Ⓤ　眼科医 ophthalmologist Ⓒ,《口語》eye ⌈doctor [specialist] Ⓒ
耳 鼻 科	otolaryngology Ⓤ, otorhinolaryngology Ⓤ ★前者のほうが普通.　耳鼻科医 otolaryngologist Ⓒ, otorhinolaryngologist Ⓒ,《口語》ear, nose, and throat [ENT] ⌈doctor [specialist ; man] Ⓒ
皮 膚 科	dermatology Ⓤ　皮膚科医 dermatologist Ⓒ,《口語》skin ⌈doctor [specialist] Ⓒ
神 経 科	neurology Ⓤ　神経科医 neurologist Ⓒ
精 神 科	psychiatry Ⓤ　精神科医 psychiatrist Ⓒ; (臨床心理学者) clinical psychologist Ⓒ ★厳密には医者でない; (精神療法師) psychotherapist Ⓒ ★医師であってもなくても使える語.
産　科	obstetrics Ⓤ　産科医 obstetrician Ⓒ; (助産婦) midwife Ⓒ ★医師ではない.
婦 人 科	gynecology Ⓤ,《英》gynaecology Ⓤ　婦人科医 gynecologist Ⓒ,《英》gynaecologist Ⓒ
整形外科	(一般的に) orthopedics Ⓤ,《英》orthopaedics; orthopedic surgery Ⓤ ★後者は「手術」に関する分野のニュアンスがある. 整形外科医 orthopedist Ⓒ,《英》orthopaedist Ⓒ; orthopedic surgeon Ⓒ
放射線科	radiology Ⓤ　放射線科医 radi-

ologist Ⓒ

麻酔科	anesthesiology Ⓤ　麻酔科医 anesthesiologist Ⓒ
泌尿器科	urology Ⓤ　泌尿器科医 urologist Ⓒ
肛門科	proctology Ⓤ 肛門科医 proctologist Ⓒ
歯科	dentistry Ⓤ;(歯列矯正) orthodontics Ⓤ　歯科医 dentist Ⓒ; (歯列矯正医) orthodontist Ⓒ

5 病気の表現

(1) 発病・治療の表現

病気になる[かかる] 特定の病気でなく,「病気になる」という意味では get ˹sick [ill], become ˹sick [ill], fall ill, be taken ill が一般的で, この順に改まった言い方となる. get sick は最も多く使われる表現だが,「むかついた」の意にもとれるので, 文脈なしではあいまいになる. はっきり病名をいうときは suffer from ..., catch ... 例えば風邪 (cold) などでは2番目の言い方が最も普通.「病気を引き起こす」は cause ... 《☞ かかる²》.

病気が治る 治療のあるなしにかかわらず「よくなる」という一般的表現は get well, recover (from an illness) で, 前者のほうが口語的. 治療をして治すのは cure ˹a disease [an illness].「病気」が主語のときは The disease ˹is [has been] cured.「人」が主語のときは He ˹is [has been] cured of the disease. となる.「健康を回復する」という意味では restore (to good) health で, 少し改まった言い方. 以上が一般的な表現だが, 病気によって特定の動詞を用いる場合もあり, また以上あげたほかに種々のニュアンスを持つ動詞が使われることもある. 《☞ なおる》.

¶心臓病にかかった I ˹*had* [*suffered from*; *developed*; *was afflicted with*; *came down with*] heart disease. [語法] suffer from ... には「...をわずらう」と「...をわずらったことが原因で苦しむ」という2つの意味がある. ‖ 彼女は神経症にかかっている She *is affected with* (a) neurosis. [語法] be affected は be afflicted ほど深刻ではない. ‖ 彼はひどい胃がんにかかっている He *is seriously* ˹*sick* [*ill*] *with* cancer of the stomach. ‖ 彼は風邪で寝ている He *is* ˹*sick* [*ill*] *in bed with* a cold. ‖ 彼は心臓発作で死んだ He *died* ˹*of* [*from*] a heart attack. [語法] 病名以外の場合は「出血多量で死ぬ」*die from* loss of blood のように from を用いることがある. ただし, of と from の使い分けは厳密なものではない. ‖ 彼女はその病院で医療を受けている She *is* ˹*taking* [*under*] *treatment* in the hospital.

医者にかかりたい I want to ˹see [go to] ˹a [the] doctor. [語法] see the doctor は特定の医師を前提としているが, see a doctor はそうでない. ただし, go to の後の冠詞の意味上の区別はあいまいであり, 意味にかかわらず go to the の形のほうがよく使われる.

ひ

¶医者に心臓を検査してもらいたい I want to ˹see [go to] ˹a [the] doctor about my heart. / I want to have my heart ˹checked [examined] by ˹a [the] doctor.

(2) 全身の症状を訴える表現

(高)熱があります I have a (high) fever. / I'm running [I have] ˹a high [an elevated] temperature.

微熱があります I have a slight ˹fever [temperature]. ★ temperature は口語で多く用いられる.

熱っぽい感じがします I think I have a fever. / I feel feverish. ★ 後者はやや古めかしい感じ.

よく眠れません I can't sleep well. / (⇒ 寝つかれない) I can't get to sleep (at night). / (⇒ 不眠症にかかっている) I'm suffering [I suffer] from insomnia. ★ [ ] 内のほうが慢性的なニュアンスを持つ. / (⇒ 不眠症患者である) I'm an insomnia.

寒気がします I feel cold. / It feels cold to me.

震えが来ています I feel ˹a chill [chilly]. ★ 病気でなく本当に寒いときにも使うので, あいまい. / I have the chills. ★ 病気によるもの. / I'm shivering. [語法] chill は震えるようなぞくぞくする感じ, shiver は実際に震えること. ‖ 寒気がして震えていました I *was shivering* with cold.

すぐ疲れます I ˹get tired [tire] easily. / My stamina is low.

疲労感がとれません I ˹am [feel] ˹tired (out) [weary] all the time.

だるいです I feel I'm in a daze.

気分がすぐれず, ぼうっとします I feel listless. ★ listless は, 精神面と肉体面の両方において鋭敏でないこと. / My head isn't clear. / I can't think (straight). / I feel fuzzy in the head.

脱力感があります I feel weak. / I feel lackadaisical [lækədéizikəl]. ★ 後者は精神面も含む.

くらくらする I feel ˹dizzy [giddy]. ★ dizzy は主に肉体的な感覚. giddy は頭が正常に働かないこと.

(3) 頭痛に関する表現

頭痛がします I have a headache. ★ 一般的な表現.

頭が重いです My head feels heavy.

頭がずきずきします I have a throbbing headache. / My head throbs.

頭痛が止まりません I have ˹a constant headache [constant headaches]. [語法] 複数形にすると, 短い頭痛が後から後から襲ってくるニュアンスがある.

(4) 目の症状に関する表現

目がごろごろします I feel that I have something in my eye(s). / I feel as ˹though [if] there ˹was [were] something in my eye(s). ★ 前者は異物がありそうな場合, 後者は異物以外の原因の不快感.

目がひりひりします My eyes are smarting. // スモッグで目がひりひりした The smog made my eyes smart.
目が疲れます My eyes get tired.
近視が進んでしまったようです I think my ⌈nearsightedness [myopia] has gotten worse. / I think I've become more nearsighted.
ちょっと遠視があります I'm ⌈slightly [a little] farsighted.
乱視ではないかと思います I wonder if I have astigmatism [əstígmətìzm].
このごろ眼鏡の度が合いません My glasses ⌈aren't right for me [don't fit (me)] anymore.
目が赤いのです My eyes are bloodshot.
目やにが出ます I have a discharge (of mucus) from my eyes.
目がかゆいです My eyes feel itchy.
まぶしいです My eyes are ⌈easily dazzled by the light [sensitive (to (the) light)].

(5) 鼻の症状に関する表現

鼻水が出ます I have a runny nose.
鼻水が止まりません My nose is always running.
鼻が詰まります My nose ⌈gets [is] stopped up. ★ is なら現に詰まっている. / I have a stuffy nose. ★ 詰まりがちな, または詰まっている鼻.
鼻がむずがゆいです My nose itches. / My nose feels itchy.
しょっちゅうくしゃみをします I sneeze all the time.

(6) 耳の症状に関する表現

耳が遠いです I can't hear well. / I'm a little deaf.
耳からうみが出ます My ⌈ear is [ears are] running. / I have a discharge from my ear(s).
リンリンという耳鳴りがします My ear rings.
耳が痛みます I have an earache.

(7) 歯の症状に関する表現

虫歯があります I have a rotten tooth.
歯が痛みます I have a toothache.
冷たい水が歯にしみます I feel pain in my tooth when I have cold water in my mouth. / My tooth [One of my teeth] is painfully sensitive to cold.
かみ合わせると, 上の歯ぐきが痛みます I feel pain in ⌈the [my] upper gum when I grit my teeth.
歯がぐらつきます My tooth [One of my teeth] is (coming) loose.
入れ歯が合わず, 痛みます My jaw is sore because my ⌈dentures [false teeth] don't fit ⌈properly [right].
入れ歯ががたつくから, ゆるいようです My dentures rattle ; I think they're too loose.

(8) のどの症状に関する表現

のどがひりひりします My throat ⌈feels [is] sore. / I have a bad sore throat.
話をすると痛みます It hurts when I talk.
ものを飲み込むと痛みます It hurts when I swallow.
声がかすれてきました My voice is getting husky.
たんが詰まります My throat is full of phlegm.
せきが少し[かなり]出ます I cough a ⌈little [lot].
(たばこを吸うので,) せきが止まりません (As a cigarette smoker,) I have a ⌈chronic [persistent] cough. ★ chronic は「慢性的な」の意.

(9) 胃腸の症状に関する表現

食欲がありません I have a ⌈poor [small; bad] appetite. ★ 反対は I have a ⌈good [big ; hearty ; healthy] appetite.
吐き気がします I'm [I feel] nauseated. / I have nausea. / I feel like ⌈throwing up [vomiting]. / I'm sick ⌈at [to] the stomach.
吐きました I ⌈threw up [vomited].
下痢をしています I have diarrhea [dàiəríːə]. / I have loose bowels.
やや軟便気味です I have slight diarrhea. / My ⌈bowels [bowel movements] are a little loose.
便秘です I'm constipated. // 一週間便秘です I've been constipated for a week.
胸やけがします I have heartburn.
腹をこわしています I have a problem with my ⌈digestion [digestive system].
胃が重いです My stomach feels heavy.
胃がきりきりと差し込みます I feel a ⌈sharp [biting] pain in my stomach.
腹がしくしく痛みます I feel a slight but persistent sharp pain in ⌈the [my] ábdomen.
腹が張ります My ⌈ábdomen [gut] feels ⌈swollen [bloated ; distended].
胃が(ひどく)けいれんします I have severe stomach cramps. / I have cramps ⌈in my [of the] stomach.

(10) 心臓の症状に関する表現

高[低]血圧です I have ⌈high [low] blood pressure. / My blood pressure is ⌈high [low].
心臓が苦しいです I ⌈have [feel] pain (in the chest) around my heart.
時々ひどく[少し]動悸がします I sometimes have ⌈severe [slight] palpitations.
息切れがします I can't catch my breath. / I'm very short-winded. / My breathing has become ⌈labored [painful].

(11) 骨・筋肉の症状に関する表現

(指の)関節が痛みます I have pain in the joints (of my fingers).
関節炎にかかっているようです I'm afraid I'm developing arthritis [ɑɚθráitis].
右ひじが痛みます I've got a sore right elbow.
筋肉痛があります My muscles ache. / My muscles ⌈are [feel] sore. / I have muscular

aches (and pains).
突き指をしました ベッドの鉄の脚にぶつかって足の指を突き指しました I stubbed my toe on an iron bedpost.
骨折をしました 転んで左腕を骨折しました I fell down and broke my left arm.
足首をくじきました I sprained my ankle.
脚がつりました 水泳中に右の脚がつりました I got a cramp in my right leg when I was swimming.
脱臼しました フットボールをしていて左肩を脱臼しました I dislocated my left shoulder playing football.
肉離れを起こしました I ｢tore [pulled] a muscle.
肩こりがします I have stiff shoulders. / My shoulders are stiff.
腰痛がします I have lumbago [lʌmbéigou]. / I have a crick in my back. ★ 後者はけいれん性のもの.
手が時々しびれます My hands are ｢numb [palsied [pɔ́ːlzi(ː)d]] at times. / I have ｢writer's [scrivener's] palsy [pɔ́ːlzi(ː)]. ★ 第 2 文は「書痙(しょけい)」.

(12) **皮膚の症状に関する表現**

(包丁で)切り傷を負いました I got a cut [I accidentally cut myself] (with a kitchen knife). / I was accidentally cut (｢with [by] a kitchen knife).
刺し傷を負いました アイスピックで刺してしまいました I accidentally stabbed myself with an ice pick. / I was accidentally stabbed ｢with [by] an ice pick.
打撲傷を負いました 野球のボールで頭を打撲されました I was hit in the head ｢with [by] a baseball.
傷が一晩痛みました My wounds ｢smarted [throbbed] all night long. 語法 smart はひりひりする痛み, throb はずきずきする痛み.
すりむきました ざらざらの木の扉で腕をすりむいた I ｢scratched [bruised] my arm ｢on [against] a rough wooden door. ★ 軽度のもの. ∥ 子供が転んでひざの皮をすりむいた My little boy fell down and skinned his knee.
皮膚がひりひりします きのうのひどい日焼けで, 皮膚がひりひりする My skin smarts from the bad sunburn I got yesterday.
皮膚がかゆい 足がかゆい My feet itch.
かぶれました 花粉でほおがかぶれました I got a rash on my cheek from (the) pollen. / My cheek was poisoned ｢with [by] (the) pollen.
皮膚が赤くなりました I have an ｢inflamation [inflamed area] on (the skin on) the back of my hand. / (The skin on) the back of my hand is inflamed.
皮膚に痛いところがあります I have a sore ｢patch (of skin) [place; spot] on my back.
水虫があります I ｢have [am suffering from] athlete's foot.
はれました 蚊に腕を刺されてはれた I have a swollen mosquito bite on my arm. / I was bitten by a mosquito and got a bad ｢swelling [swollen spot] on my arm.
こぶができました 頭を打って(大きな)こぶができた I was hit on the head and got a (large) bump. / I have a (large) bump from being hit on the head.
血が出てきました I began to bleed.
たくさん出血しました I lost a lot of blood. / My wound has ｢bled [been bleeding] a lot.

(13) **痛みの一般的表現**

痛い It hurts. ★ どちらかといえば, 鋭い痛み. / It aches. ★ 重苦しい持続的な痛み. / It's sore. ★ 充血・けが・疲労などによる痛み. 例えば筋肉・皮膚などの痛み. / It smarts. ★ ひりひりする痛み. 例えば皮膚・目の痛みなど. / It ｢prickles [tingles]. ★ とげで刺されるようなちくちくする痛み. / It twinges. ★ 瞬間的な, 刺すような痛み. 例えば歯痛.
…が痛む 胃が痛む I ｢feel pain [have a pain] in ｢my [the] stomach. ∥ 背中が痛む I ｢have [feel] an ache in my back. ∥ のどが痛い My throat is sore.

6 医者・看護婦との会話

「初めてですか」「はい, そうです[いいえ, 半年くらい前に来ました]」"Is this your first ｢visit [time] here?" "Yes, it is. [No. I was here about half a year ago]."
どうされました What is your complaint? / What's [What seems to be] the ｢trouble [problem; matter]? 語法 seem を使うと, 「どこが悪いような気がしますか」の意となり, 断定的ニュアンスが薄れた柔らかい表現となる.
「前にも起こりましたか」「いいえ. 初めてです[はい. 1 年くらい前に]」"Has this happened before? / Have you ｢had [experienced; felt] this (particular) pain before?" "No. This is the first time. [Yes. It happened about a year ago.]"
「しばしば起きるのですか」「はい[いいえ]. 2 か月に 1 回くらいです」"Does this happen very often?" "Yes [No]. It happens about once every two months."
「いつごろからですか」「きのうからです」"When did it first happen? / When did your symptoms (first) appear?" "Yesterday."
「熱がありますか」「はい[わかりません; いいえ]」"Do you have a fever?" "Yes, I do. [I'm not sure. / I don't know.; No, I don't.]"
「胸を聴診器で調べましょう」「上半身脱ぎましょうか」「いえ, ワイシャツのボタンをはずして, シャツを引き上げればいいです」"Let me listen to your chest." "Should I strip to the waist?" "No, just unbutton your shirt and pull up your undershirt."
深呼吸して Take a deep breath.
注射をします[血圧を計ります]から腕まくりをして Roll up your sleeve; I'm going to ｢give you an injection [measure your blood pressure]. ★ an injection の代わりに a shot

も用いられ，そのほうが口語的．
どんな具合でしょうか（⇒ 診断は何でしょうか） What is ⌈your [the] diagnosis [dàiəgnóusis]?
検査の結果を見ないとわかりません I can't tell you until I get the test results.
処方せんをお書きします I'll write you a prescription.
どこの薬局に持って行ってもいいですか Can I get it filled at any pharmacy?
入浴してもかまいませんか Can I [Is it all right for me to] take a bath?
入浴は何日くらい控えるべきでしょうか How long should I avoid taking a bath?
何でも食べてかまいませんか May I eat anything I ⌈like [want to]? / (⇒ 何か食べるのを控えたほうがいい物がありますか) Is there anything I should ⌈avoid eating [not eat]?
飲むと具合が悪くなる薬がありますか Is there any medicine ⌈you can't take [(⇒ アレルギーを起こす) that you're allergic to]? / Are you allergic [Do you have allergies] to any ⌈medications [drugs]?

7 見舞い

(1) 病院の窓口での会話

¶「面会時間は何時から何時までですか」「平日は3時から7時まで，土・日・祭日は正午から7時までです」"What are the visiting hours?" "They are three through seven on weekdays, and twelve noon through seven on Saturdays, Sundays and national holidays."
ナース ステーションはどこですか Where's the nurses' station?
「503号室の森弘君の友人です．面会していいですか」「はい，どうぞ[いいえ，だめです]」"I'm a friend of Hiroshi Mori in room 503. May I visit him now?" "Yes. Go ahead. [I'm afraid not.]"
面会時間は3時になってからです The visiting hours ⌈won't begin [aren't] until three.
まだ検査から戻って来ていません He hasn't ⌈come back [returned] from his checkup yet.
親族以外は面会謝絶です He isn't ⌈allowed [permitted] any visitors except (for) ⌈immediate family members [members of the immediate family].
甘い物を持って来ましたが，(食べさせても)よろしいでしょうか I've brought him some sweets. I want to ⌈check with you [find out] if it's OK.
「面会させていただいてありがとうございました」「済みましたか」「はい」「ご苦労さまです」"Thank you for letting me visit (him)." "Are you ⌈finished [through] (with your visit)?" "Yes." "Thank you for coming."

(2) 病室での会話

¶「おかげんは」「いいですよ」"How are you feeling?" "Fine."
「きょうはずっといいようですね．こんなに早く回復されているので，ほっとしましたよ．何か持って来てあげられるものはありますか」「別にありません」"You look a lot better today. I'm relieved ⌈to see you [that you're] recovering so fast. Is there anything I can bring?" "I don't think so."
「さあさあ，遠慮は無用ですよ．何か考えて下さい」「わかりました．実は，同じカセットに聞き飽きているんです．新しいミュージック カセットを持って来てくれますか」「いいですとも」"Oh, come on. Don't ⌈be modest [be shy; worry about it]. Think of something." "OK. I'm tired of listening to the same ⌈cassette [old] tape over and over. Would you get me a new cassette music tape?" "Sure, sure."
「少しはいいですか」「はい．もう痛みはほとんどなくなりました」"Are you feeling any better?" "Oh, sure. The pain is almost completely gone now."
「それはよかった．歩けるんですか」「ええ．現に毎日リハビリをしているんですが，ここ3日間，訓練室へひとりで歩いて行ってるんですよ」"That's good. Can you walk?" "Yes. As a matter of fact, I'm doing rehabilitation exercises every day, and I have been walking ⌈unaided [by myself] to the exercise room for the past three days."
「前は車イスが必要だったんでしょう」「そうです」"Did you have to use a wheelchair before?" "Yes."

8 その他の用語

慢性[急性]の痛み[病気] chronic [acute] ⌈pain [illness; complaint] Ⓒ **民間療法** folk medicine Ⓤ **予防医学** preventive medicine Ⓤ 【参考】 An ounce of prevention is worth a pound of cure. 《ことわざ：予防1オンスは治療1ポンドに当たる》 《☞ 度量衡 (囲み)》 **ビタミン療法** vitamin therapy Ⓤ **食餌療法** dietary therapy Ⓤ 【参考】 食餌療法の専門家は nutritionist Ⓒ, dietitian Ⓒ **ホメオパシー医学** homeopathic [hòumiəpǽθik] medicine Ⓤ ★ 病原因子と同類の性質を持つ物質を少量与えることによって治療する方法で，19世紀以来ヨーロッパで広く行われている民間的療法． **やぶ医者** quack Ⓒ, horse doctor Ⓒ ★ 前者は口語で，後者より一般的．

対話例

A：《患者に向かって》どうなさいましたか，ヒルさん

A： What seems to be the problem, Miss Hill?

B：《医師に向かって》体に全然力が入らないで，くらくらするんです	B：I feel very weak and dizzy.
A：むかついたり吐いたりしますか	A：Any nausea or vomiting?
B：いいえ	B：No.
A：なるほど．それで，症状が現れたのはいつですか	A：I see. And when did your symptoms appear?
B：午後になってからです．友達と映画に行く途中，電車の中で少しくらくらしました．映画の最中は大丈夫だと思っていたんですが，映画のすぐ後で，お手洗いに入ったときに，気が遠くなってしまったんです	B：Just this afternoon. I was on my way to see a movie with some friends and started feeling a little dizzy on the train. I thought I was OK during the movie, but right afterwards I fainted in the ladies' room.
A：どのくらいの時間，意識がなかったのかわかりますか	A：Do you know how long you were unconscious?
B：1 分も続かなかったようです	B：Less than a minute.
A：食欲のほうはいかがですか？	A：How's your appetite?
B：全然ないんです	B：Not very good at all.
A：熱がありますね	A：Well, you do have a fever.
B：本当ですか	B：Really?
A：ええ．あなたの体温は，摂氏で 39 度です	A：Yes, your body temperature is thirty-nine degrees centigrade.
B：華氏ですと…	B：In Fahrenheit, that's—
A：102 度より少し上ですね…聴診器で胸をみてみましょう．息を大きく吸って，止めて…そうです．では，吐いて…はい，結構	A：Slightly over a hundred and two … Let me listen to your chest. Take a deep breath and hold it in … That's right. Now exhale … OK.
B：先生，どんな具合なんでしょうか	B：What's your diagnosis, Doctor?
A：ビールスによる感染症のようですね．多分たいしたことはないでしょうが，向こう 3, 4 日は床について休んで，水分をたくさん取るべきですね．処方せんを書きましょう	A：You seem to have a viral infection. It's probably not very serious, but you should rest in bed for the next three or four days and drink plenty of liquids. I'll write you a prescription.
B：どこの薬局に持って行けばいいのですか？	B：Where can I get it filled?
A：どこの薬局でも結構です．待合室でお待ち下さい．看護婦が処方せんをお渡しします．お大事に	A：At any pharmacy. Just have seat in the waiting room; my nurse will give you the prescription. Take care.
B：ありがとうございました，先生	B：Thank you, Doctor.
A：どういたしまして，ヒルさん	A：You're very welcome, Miss Hill.

★この対話例およびさらに詳しい対話例は別売テープに吹き込まれています．

// 彼女の美しさは*表現できないほどだ (⇒表現を超えている) Her beauty is beyond *description*. / (⇒言葉では表せない) Words cannot *describe* her beauty. // その小説は現代の若者を生き生きと*表現している The novel gives a vivid 「*representation* [*description*] of young people today. // *表現の自由は基本的人権の 1 つだ Freedom of *expression* is a fundamental human right.

ひょうげん[2] 氷原 ice field Ⓒ.

びょうげん 病原 (病気の原因) cause (of a disease) Ⓒ; (直接の原因) origin (of a disease) Ⓒ. **病原菌** (disease) germ Ⓒ《☞びょうきん》 **病原体** 〖医学〗pathogen [pǽθədʒən] Ⓒ.

ひょうご 標語 (団体などが目的を宣伝するために使う言葉) slogan Ⓒ; (行動の指針などを簡潔に表現したもの) motto Ⓒ; (効果をねらって何度も繰り返される言葉) catchword Ⓒ. 《☞スローガン；モットー；あいことば》. ¶「安全第一」が安全週間の*標語に選ばれた "Safety First" was chosen as the *motto* for accident prevention week.

びょうご 病後 ¶ *病後には十分休むことが必要だ (⇒病気が治った後は) You should 「take [have] a good rest *after you have recovered from* 「(*an*) *illness* [*a disease*]. 《☞やみあがり》

ひょうこう 標高 height above sea level Ⓤ《☞かいばつ》. ¶ その山は*標高 2 千メートルある The mountain is 2,000 meters *above sea level*.

ひょうさつ 表札，標札 (一般に名前を書いた札) nameplate Ⓒ; (入口に付ける名札) doorplate Ⓒ 【語法】 後者のほうが日本語の表札に近いが，番地だけ書いたものも doorplate と呼ぶ．¶ 彼は門に*表札を出した He put (up) his *nameplate* on the gatepost.

ひょうざん 氷山 iceberg Ⓒ. **氷山の一角** ¶ 今回の事件は*氷山の一角にすぎない The present case is only *the tip of* 「*the* [*an*] *iceberg*.

ひょうし[1] 表紙 ― 图 (本の) cover Ⓒ 【参考】 日本語の「カバー」は英語では jacket

という. ―動 (装丁する) bind ㊍. (☞ ほん(挿絵)). ¶裏*表紙 a back *cover* // 堅い*表紙の[皮*表紙の]本は(普通の)紙*表紙のより高い *Hardcover* [*Leatherbound*] books are more expensive than ʻ*paperbacks* [those *bound* in paper].

ひょうし² 拍子 **1** «調子»: (漠然と速さも含めて) time Ⓤ; (リズム) rhythm [ríðm] Ⓤ ★後者のほうが正確な用語. (☞ 音楽 (囲み)).
¶その歌は3*拍子だ The song is in triple ʻ*time* [*rhythm*]. // この曲は4分の3*拍子だ (⇒4分の3の拍子記号を持つ) This tune has a $^3/_4$ *time* signature. ★ $^3/_4$ time は three-quarter time と読む. // 彼らは手で*拍子をとった They ʻbeat [kept] *time* with their hands.
2 «機会·はずみ»: (見込み) chance Ⓒ; (ある瞬間) moment Ⓒ. (☞ はずみ). ¶何かの*拍子に彼は成功するかもしれない (⇒彼には成功の見込みがある) He has ʻa [some] *chance* of success. // 彼は立ち上がった*拍子に机で頭を打った The *moment* he stood up he hit his head against the desk.

ひょうじ 表示 ―動 (示す·見せる) show ㊍ ★外に表して見せることをいう; (言葉·指標·証拠などで示す) indicate ㊍ ★少し形式ばった語; (言葉などで表現する) express ㊍. ―名 indication Ⓤ; expression Ⓤ.
¶速度計は時速200キロを*表示していた The speedometer ʻ*showed* [*indicated*] 200 km. // 私たちは何らかの意思*表示をする必要がある It is necessary for us to *express* our will.

びょうし 病死 ―動 (病気で死ぬ) die of disease. ―名 (病気のための) death ʻof [due to] disease Ⓤ. (☞ びょうき; しぬ).

ひょうしき 標識 sign Ⓒ ★意味の広い語; (位置を示すための目印) marker Ⓒ. (☞ 掲示の英語 (囲み)). ¶彼らは*標識に従って山道を歩いて行った They followed the mountain path according to the *markers*. // 前方に「工事中」の*標識が立ってるよ There's a *sign* ahead which ʻsays [reads] "Under Construction."

ひょうしぎ 拍子木 Japanese wooden clappers ★複数形で.

びょうしつ 病室 (病人のいる部屋) sickroom Ⓒ; (病棟·病室) ward Ⓒ. (☞ 病気·病院 (囲み)).

びょうしゃ 描写 ―動 (言葉で言い表す) describe ㊍; (特徴をとらえて生き生きと表現する) portray ㊍; (その人の主観を交えて芸術的に描く) depict ㊍ ★形式ばった語. ―名 description Ⓤ; portrayal Ⓤ; depiction Ⓤ. (☞ えがく; あらわす¹; ひょうげん¹).
¶彼は随筆の中でその場面を生き生きと*描写した He vividly ʻ*described* [*depicted*] the scene in his essay. / In his essay he gave a vivid ʻ*description* [*depiction*] of the scene. // 映画の中ではその人物は実際以上に勇敢な人として*描写されていた In the movie the man *was portrayed* as more courageous than he really was.

びょうじゃく 病弱 ―形 (体が弱い) weak; (病気がちの) sickly. (☞ びょうき; よわい; きょじゃく). ¶彼は*病弱の身だ He has a ʻ*weak* [*sickly*] constitution.

ひょうじゅん 標準 ―名 (一般の基準となるもの) standard Ⓒ; (従うべき道徳的, または仕事上の基準) norm Ⓒ; (並のレベル) average Ⓤ. ―形 standard (↔substandard); average. (☞ きじゅん; すいじゅん; へいきん).
¶これがタイプライター用紙の*標準サイズです This is *standard*-size typewriter paper. // 彼の論文は*標準以下[以上]の出来だ His paper is ʻbelow [above] *average*. // 彼は今月, 売り上げが*標準に達しなかった He did not ʻcome [measure] up to the *norm* in sales this month.
標準英語 Standard English Ⓤ (☞ 欄外)
標準化 ―名 standardization Ⓤ. ―動 standardize ㊍ **標準語** standard language Ⓤ. ¶アメリカの*標準語 *Standard* [General] American English (☞ アメリカ英語とイギリス英語 (欄外)) **標準時** standard time Ⓒ; (グリニッジ標準時) Greenwich time Ⓤ ★Greenwich civil time とも Greenwich mean time とも言い, 後者は GMT と略す. ¶日本*標準時 Japan *standard time* (略 JST)
標準偏差値 standard deviation Ⓤ.

ひょうしょう¹ 表彰 ―動 (表彰する) commend ㊍; (賞を与える) award ㊍; (功をたたえ

標準英語 (Standard English) イギリスやアメリカにおいて教育ある人々が使う英語をいう. イギリスとアメリカでは発音, 語彙, 語法などに相違が見られるが, その差はそう大きなものではなく, 互いに意思の伝達に支障をきたすようなものではない. (☞ アメリカ英語とイギリス英語 (欄外))

イギリスにおける標準英語は14世紀以後ロンドン地区の方言を中心に発達したものであるが, いまや地域的なものとしてより, イギリス全土にわたって教育ある人々の共通語として使われている. 特にその発音を容認発音 (Received Pronunciation; R.P. と略す) と呼ぶことがある. また標準イギリス英語を国王[女王]の英語 (King's [Queen's] English) という呼び方をすることもあるが, 実際には BBC のアナウンサーなどが使っている英語を手本として考えるのがよいであろう.

アメリカにおける標準英語は, 中西部地方の方言をもとにしたものであるが, イギリスと同様に, いまや地域方言としてではなく, 広くアメリカ全土にわたって教育ある人々によって使われている英語を指す. ただしアメリカにおいては, その発音, 語彙などにおいて, ニューイングランド地方, 南部, 西部などで多少の違いがあり, 細かい点を言えば画一的な一つの標準英語を設定することができないのが特徴である.

標準英語には, 改まった堅苦しい言い方もあれば, くだけた言い方もある. 従ってくだけた言い方だから標準英語ではないなどと考えてはならない. 本辞典で用いている英語はすべて標準英語に属するもので, 《米》を優先し, 《英》を併せて示すという形をとっている. しかし, 前述したように《米》と《英》の差はそう大きなものではなく, また最近徐々に接近の度を強めているので, ますます差は縮まる傾向にあるから, あまり神経質にならないほうがよい.

イギリス英語にしろアメリカ英語にしろ, 外国人としての我々が学習する目標としては標準英語を選ぶべきであるが, 標準英語のみが good English で, あとはみなそれがくずれた形であると考えてはならない. 言語は時とともに変化するものであり, その過程において各地域方言, 階級方言が異なった発展をしたにすぎないからである.

栄誉を与える) honor ⓗ ★ 学校の優等・善事の表彰など広い意味がある. ―名 commendation Ⓤ; (名をあげて功をたたえること) honorable mention Ⓤ.

¶ 彼は人命救助で警察から*表彰された He ⌈was commended by the police [got commendation from the police] for saving a life. // 彼女は1等になり*表彰された (⇒1等賞を授与された) She *was awarded* (the) first prize. // 彼は勇敢な行為によって*表彰された He *was* ⌈*honored* [*given honorable mention*] for bravery.

表彰式 commendation ceremony Ⓒ; (表彰状を渡す式) awards ceremony Ⓒ **表彰状** (感謝の念や敬意を表した賞状) testimonial Ⓒ; (敬意の証明となるもの) certificate [sətífəkət] of commendation Ⓒ **表彰台** commendation platform Ⓒ.

ひょうしょう² 表象 (象徴) symbol Ⓒ; (視覚化された象徴) emblem Ⓒ; 〖心理学〗 representation Ⓒ. (☞ しょうちょう¹). ¶ 十字架は救いの*表象だ The cross is the *symbol* of salvation.

ひょうじょう 表情 ―名 (感情を外に表すこと) expression Ⓤ; (顔の表情) facial expression Ⓤ, look Ⓒ ★「外観」「容貌」の意では looks と複数形; (顔) face Ⓒ. ―形 (表情に富む) expressive. (☞ かお; かおつき).

¶ 彼女の声は*表情が豊かだ Her voice is ⌈full of *expression* [quite *expressive*]. // あの俳優は顔の*表情に乏しい That actor lacks *facial expression.* // 彼女は善良そうな*表情をしていた She *looked* good-natured. // 私は彼の顔の変な*表情に気づいた I noticed a strange ⌈*look* [*expression*] on his face. // 彼はそのニュースに*表情を堅くした[*表情を変えた] He ⌈hardened his *face* [changed (his) *expression*] at the news.

びょうしょう 病床 sickbed Ⓒ (☞ びょうき; 病気・病院 (囲み)). ¶ 彼はこの2か月*病床にある (⇒病気でベッドに寝ている) He's been ⌈*sick* [*ill*] *in bed* (for) the last two months. / He's been lying in his *sickbed* (for) these two months.

びょうじょう 病状 (体の状態) condition Ⓤ ★ 口語的な表現では日本語に「病状」とあってもこの語を使わないこともあることに注意. (☞ びょうき; 病気・病院 (囲み)).

¶「お父さんの*病状はいかがですか」「だんだんよくなっています」"How is your ⌈father [father's *condition*]?" "He is getting better and better." // 病人の*病状はきょうはたいへん悪い The patient is much worse today.

びょうしん¹ 秒針 (時計の) second hand Ⓒ (☞ とけい (挿絵)).

びょうしん² 病身 (体) sickly [weak] constitution Ⓒ; (状態) ill [poor] health Ⓤ. (☞ びょうき; びょうじゃく).

ひょうする 表する (表現する) express ⓗ (☞ ひょうげん¹; あらわす¹).

ひょうせつ¹ 剽窃 ―名 plagiarism [pléidʒ(i)ərìzm] Ⓤ, piracy Ⓤ ★ いずれも剽窃の行為・箇所を意味するときは Ⓒ. ―動 (他人の文章・説などを盗む) plagiarize ⓗ; (著作権を侵害する) pirate ⓗ. (☞ とうさく¹).

ひょうせつ² 氷雪 ―名 ice and snow Ⓤ. ―形 (氷雪に閉ざされた) icebound.

ひょうぜん 飄然 ―副 (ふいに・思いがけなく) unexpectedly; (当てもないまま) aimlessly ★ 日本語の「飄然」にぴったりする英語はない.

ひょうそ 瘭疽 〖医学〗 whitlow Ⓤ.

ひょうそう¹ 表層 ―形 (表面の) surface [sə́ːfis]. ―名 (表面) surface Ⓒ; (一番外側の層) the outer(most) layer ★ the を付けて. ¶ 一行は*表層なだれに襲われた The party was attacked by a *surface* avalanche.

ひょうそう² 表装 ―動 (絵などに裏打ちする) mount ⓗ. ―名 mounting Ⓤ.

ひょうだい 表題, 標題 title Ⓒ ★ 最も一般的な語. 書物・演劇・音楽・映画などに広く使われる; (特に挿絵・写真の) caption Ⓒ. (☞ だい¹; だいめい).

ひょうたん 瓢箪 (植物) bottle gourd Ⓒ; (ひょうたんの実) gourd Ⓒ ★ 器などに加工したものもいう.

ひょうちゃく 漂着 ―動 (岸に流れ着く) drift ashore ⓐ. **漂着物** drift Ⓒ; (集合的に) driftage Ⓤ.

ひょうちゅう 氷柱 ice pillar Ⓒ.

びょうちゅうがい 病虫害 damage by blight and insects Ⓤ.

ひょうてい 評定 ―名 (ある尺度に照らして評価を定める) rating Ⓤ; (数学的に正確な評点を出す) evaluation Ⓤ. ―動 rate ⓗ; evaluate ⓗ. (☞ ひょうか). ¶ 勤務*評定は教師の間では不人気だった The efficiency *rating* was unpopular among (the) teachers.

ひょうてき 標的 (弓矢や射撃の的) target Ⓒ, mark Ⓒ ★ 前者はより広い意味で目標としてねらうものをも指す. (☞ まと).

ひょうてん¹ 氷点 the freezing point ★ the を付けて. (☞ 度量衡 (囲み)). **氷点下** below the freezing point; (摂氏の場合) below 0 [zíːrou].

ひょうてん² 評点 (点数) mark Ⓒ; (段階別の成績) grade Ⓒ ★ A, B, C や 1, 2, 3, 4, 5 など. (☞ てん¹; ゆう¹ 参考).

ひょうでん 評伝 critical biography Ⓒ (☞ でんき²).

びょうとう 病棟 ward [wɔ́ːd] Ⓒ ★ 多くの患者を入れる大部屋を指すこともある. (☞ 病気・病院 (囲み)).

びょうどう 平等 ―形 (同等の) equal; (偏りのない) impartial; (均一の) even. ―副 equally; impartially; evenly. ―名 equality Ⓤ; impartiality Ⓤ; evenness Ⓤ.

【類義語】同一物ではないが広く, 質・量・価値・能力・地位などがほかと等しいことを指すのが **equal**. この語はまた偏りなくどれをも同じように扱ったり, どれにも同様に力を及ぼすことをも意味するが, この意味では **impartial** のほうが一般的. ただし少し形式ばった語. 特に数や量・大きさの等しいのが **even**. (☞ こうへい (類義語))

¶ 人は皆*平等に造られている All men are created *equal.* // その先生はどの子にも*平等の愛情を示した The teacher showed love to each child ⌈*equally* [*impartially*]. // 労働者たちは*平等の分け前を要求している The workers are demanding an ⌈*equal* [*even*] share.

びょうどく 病毒 (ビールス) virus [vái(ə)rəs] Ⓒ; (病菌) disease germ Ⓒ. (☞ びょうげん).

びょうにん 病人 (病気の人) sick person Ⓒ; (患者) patient Ⓒ; (病弱者) invalid Ⓒ ★ 形式ばった語; (集合的に) the sick. (☞ 病気・病院 (囲み)).

¶ *病人は危地を脱した The *patient* is out of danger. // まるで*病人みたいな顔をしているね (⇒ まるで病気のように見える) You look (as if you ⌈were [are]) ⌈*sick* [*ill*]. // 家に*病人がいると主婦の仕事は倍もたいへんだ A housewife's task is doubly arduous when there is a *sick person* in the family.

病人食 invalid diet Ⓒ.

ひょうのう 氷嚢 ice bag Ⓒ.

ひょうはく 漂白 ― 動 (薬品を使ったりさらしたりして白くする) bleach ⑭. ― 名 bleaching Ⓤ. (☞ さらす).

漂白剤 bleach Ⓤ.

ひょうばん 評判 ― 名 (名声) fame Ⓤ; (世間の人の評価) reputation Ⓤ; (人気) popularity Ⓤ; (風評) report Ⓤ; (うわさ) rumor (《英》rumour) Ⓤ; (大評判) sensation Ⓒ. ― 形 (よい意味で有名な) famous; (人気のある) popular.

【類義語】ある行為や功績のためよい意味で有名であることを指すのが ***fame***. 一般にそれを知る人に受けとめられている評価が ***reputation***. 一般受けして人気のあるのが ***popularity***. 一般に言われていることで必ずしも真実とは限らないが何らかの根拠らしいものがあるのが ***report*** で, このうち尾ひれをつけて飛びかい広がるうわさが ***rumor***. 特に大評判となって大騒ぎの引き起こされた場合に用いるのが ***sensation***. (☞ ゆうめい (類義語); うわさ; めいせい)

¶ 彼はその映画で*評判になった (⇒ その映画が彼に高名をもたらした) The movie brought him *fame*. // 彼の新しい歌は国中の*評判になった His new song became *popular* all over the country. // 彼の発明は大*評判になった His invention created a *sensation*. // 彼の会社は*評判がよい[悪い] His company has a ⌈good [bad] *reputation*. // 彼は辞職するという*評判だ (⇒ 辞職するそうだ) *They* [*People*] *say* that he is going to quit ⌈the [his] job. / According to *rumor* [*Rumor* has it that] he is going to resign. // あれが*評判の (⇒ みんなが話題にしている) 娘だ That's the girl *people are talking about*.

ひょうひ 表皮 outer skin Ⓒ; 〖解剖学〗(動物・植物の表皮) cuticle Ⓒ, epidermis Ⓒ; (樹皮) bark Ⓒ. (☞ かわ²).

ひょうひょう 飄飄 ¶ 彼は*飄々として (⇒ 世俗を超越して) 生きている He lives *aloof from the world*.

びょうぶ 屏風 (folding) screen Ⓒ.

ひょうへき 氷壁 ice wall Ⓒ.

ひょうへん 豹変 ― 動 change suddenly ⓐ. ― 名 sudden change Ⓒ. ¶ 君子*豹変す A wise man changes his mind, a fool never. (ことわざ: 賢い人は考えを変えるが, 愚か者は決して変えない) (☞ 省略 (欄外))

ひょうぼう 標榜 ― 動 (主義・主張を自認し, 掲げる) profess ⑭. ¶ 彼はキリスト教を*標榜している He *professes* Christianity.

ひょうほん 標本 specimen Ⓒ. ¶ 昆虫の*標本 *specimens* of insects

ひょうめい 表明 ― 動 express ⑭. ― 名 expression Ⓤ. (☞ げんめい¹; ひょうげん¹).

びょうめい 病名 name of a disease Ⓒ.

ひょうめん 表面 ― 名 surface [sə́:fis] Ⓒ ★ 最も一般的な語; (外側) the outside (↔ the inside) ★ the を付けて; (外観・見かけ) appearance Ⓒ (↔ reality). ― 形 (外面の) external; (外側の) outside; (皮相的な) superficial. (☞ おもて; がいめん).

¶ 彼はその物質の*表面を見ていた He was looking at the *surface* of the substance. // ついに真実が*表面に出てきた The truth ⌈*came out* [came to the *surface*] at last. // 物事を*表面 (⇒ 外見) だけで判断すべきでない We should not judge things ⌈by [from] ⌈*the outside* [their *appearances*]. // 彼は*表面的なものの見方をする He has [His is] a *superficial* way of thinking.

表面張力 surface tension Ⓤ.

ひょうよみ 票読み ― 動 (予想する) estimate the number of possible votes.

びょうよみ 秒読み countdown Ⓒ. ¶ ロケット発射前の*秒読みが始まった The *countdown* has started for launching the rocket.

ひょうり 表裏 (両面) both sides ★ 複数形で. (☞ うらおもて).

びょうりがく 病理学 pathology Ⓤ. **病理学者** pathologist Ⓒ.

ひょうりゅう 漂流 ― 動 (漂流する) drift (to …; toward …) ⓐ (☞ ただよう). ¶ ボートは海のほうへ*漂流して行った The boat *drifted* out *to* sea. // 難破した船の残骸が広い範囲にわたって*漂流していた The wreckage of the ship *was drifting* over a wide area.

漂流物 drift Ⓒ.

びょうれき 病歴 (患者の) (medical) history of a patient Ⓒ; (臨床の) clinical history Ⓒ; (症例・疾患の) case history Ⓒ. (☞ 病気・病院 (囲み)). ¶ 医者は患者の*病歴を調べた上で治療を行う Doctors check *a patient's medical history* before ⌈giving [prescribing] treatment.

ひょうろん 評論 (批評) criticism Ⓤ; (個々の評論) critical essay Ⓒ; (書物・劇などの批評) review Ⓒ. (☞ ひひょう (類義語)).

¶ 私はその本についての*評論をすべて読んだ I read every (*critical*) *review* of the book.

評論家 critic Ⓒ; (新刊などの) reviewer Ⓒ, review writer Ⓒ.

ひよく 肥沃 ― 形 (土地が肥えた) fertile [fə́:tl]; (豊かな) rich; (作物を多く産する) productive. ¶ ナイル河のデルタは極めて*肥沃だ The delta of the Nile is quite ⌈*fertile* [*rich*; *productive*].

びよく 尾翼 (飛行機の尾翼全体) the empennage [à:mpənáːʒ] ★ 水平・垂直尾翼の

両方を含む；（尾部）tail Ⓒ ★尾翼のみでなく後部機体も含む.《☞ひこうき（挿絵）》.

¶垂直*尾翼 a vertical *tail* ★固定の部分を fin Ⓒ, 方向舵は rudder Ⓒ という. // 水平*尾翼 a horizontal *tail* ★固定の部分は stabilizer Ⓒ, 昇降舵は elevator Ⓒ という.

ひよけ 日除け（日・雨よけの覆い）awning Ⓒ ★店先などにかかっているもの；（窓のブラインド）blind Ⓒ；（すだれ状のブラインド）Venetian [vəníːʃən] blinds ★通例複数形で.

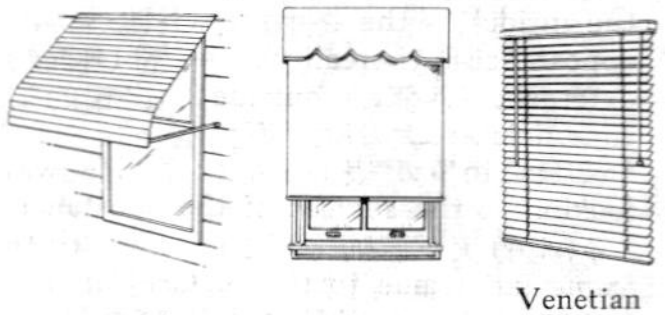

awning　blind　Venetian blinds

ひよこ 1 «鶏のひな»: chick Ⓒ, chicken Ⓒ ★後者は成鳥の鶏を指すこともある.《☞ひな；おす³（表）》. **2** «青二才»: greenhorn Ⓒ.

ぴょこぴょこ ―[動]（上下に動く・動かす）bob (自)(他)《☞擬声・擬態語（囲み）》. ¶おもちゃの犬はぜんまいを巻くとしっぽを*ぴょこぴょこ動かしながら歩いた The toy dog walked *bobbing* its tail up and down when it was wound up.

ぴょこんと（軽く）lightly；（素早く）nimbly.《☞擬声・擬態語（囲み）》.

ひょっこり（思いがけず）unexpectedly；（偶然）by chance, accidentally.《☞ひょいと；ぐうぜん；おもいがけない；擬声・擬態語（囲み）》. ¶*ひょっこり友人が訪ねて来た A friend of mine called on me *unexpectedly*. // 駅で*ひょっこり斎藤君に出会った I *came across* Saito at the station. / I *happened to* see Saito at the station.

ひょっと ¶試験に通るはずはないのだが，でも*ひょっとしてということもある（⇒チャンスがあるかもしれない）I don't think I'll pass the exam, but there may be *a chance*. // *ひょっとしたら（⇒もしかすると），彼女はもう帰ってしまったかもしれない She may *possibly* be gone now.《☞もしかしたら；擬声・擬態語（囲み）》

ひょっとこ（顔のゆがんだ男の面）Japanese distorted male mask Ⓒ《☞日本固有の風物と英語（囲み）》.

ぴよぴよ ―[動]（ひよこが鳴く）peep (自), cheep (自) ★前者のほうがやや弱い鳴き声.《☞動物の鳴き声（囲み）；擬声・擬態語（囲み）》. ¶ひよこが*ぴよぴよ鳴いていた Chicks *were* ⌈*peeping* [*cheeping*].

ひより 日和 ¶運動会には絶好の*日和でした It was an *ideal day* for an athletic meet.《☞てんき¹；天候の表現（囲み）》

ひよりみしゅぎ 日和見主義 opportunism Ⓤ. 日和見主義者 opportunist Ⓒ.

ひょろながい ひょろ長い（ぶかっこうなほどやせて細長く伸びた）lanky；（細長くてか弱い）spindly. ¶若者は*ひょろ長い足をしていた The youth had *lanky* legs. / The youth *was spindle-legged*.

ひょろひょろ ―[形]（ひょろ長い）lanky；（背が高くてやせた）tall and thin.《☞ほそい；やせる；擬声・擬態語（囲み）》.

ひよわ ひ弱 ―[形] weak；（か弱い）delicate；（病気がちの）sickly.《☞よわい；きゃしゃ》.

ぴょんと ¶蛙が*ぴょんと池の中へ飛び込んだ A frog ⌈*hopped* [*jumped*；*leaped*] into the pond.《☞とぶ²；擬声・擬態語（囲み）》

【参考語】―[動]（片足で，または足をそろえて跳ぶ）hop (自)；（飛び上がる）jump (up) (自)；（飛び越える・飛び込む）leap (自) ★意味によって over ..., into ... などが付く.

ひょんな ―[形]（不思議な）strange；（予想外の）unexpected. ¶*ひょんなことからあの男と知り合いになった I got acquainted with him ⌈*in a strange way* [*by chance*].

ぴょんぴょん ―[動]（片足で，または足をそろえて跳ぶ）hop (自)《☞とぶ²；擬声・擬態語（囲み）》. ¶うさぎが*ぴょんぴょんと逃げて行った A rabbit *hopped* ⌈*away* [*off*].

ひら 平 ―[形]（普通の）ordinary；（王族・貴族・特別な職などでない）common. ¶彼は*平（の）社員だから，できることは限られている What he can do is very limited, because he is only a *common* clerk. // 私は*平の会員です I'm just a *rank-and-file* member. [語法] rank and file で「地位・身分が一般の」の意.

ビラ（ちらし）handbill Ⓒ,《米》handout Ⓒ；（ポスター）poster Ⓒ.《☞ちらし》.

¶この*ビラはどこでもらったのですか Where did you get this ⌈*handbill* [*handout*]? // おかしな服装をした男が*ビラをまいていた A man in a strange costume was ⌈distributing [giving out] ⌈*handouts* [*handbills*]. // *ビラはここにはりましょう Let's put up this *poster* here.

ひらあやまり 平謝り ―[動]（謙虚に許しを乞う）humbly beg *a person's* pardon, make a humble apology (to ...).《☞あやまる¹》.

ひらいしん 避雷針 lightning ⌈rod [conductor] Ⓒ ★rod は棒状の物.

ひらおよぎ 平泳ぎ breaststroke Ⓤ ★しばしば the を付けて.《☞およぐ》. ¶*平泳ぎができますか Can you *swim on your* ⌈*chest* [*breast*]? // 彼女は*平泳ぎの選手です She is a *breaststroker*.

ひらがな 平仮名（草書体の音節文字）the Japanese cursive syllabary, *hiragana* Ⓤ ★個々の字は Ⓒ で単複同形. 英語にとっては外来語なので印刷ではイタリック体で.《☞イタリック体（欄外）》. 説明を要するときは *hiragana*, the Japanese cursive syllabary のように言うのがよい.

ひらき 開き **1** «差»: difference Ⓤ《☞さ；へだたり》. ¶つけ値と売り値の*開きはまだかなり大きい The *difference* between the bid and the asking price is still great. / The bid and the asking price still *differ* greatly.

2 «魚の»: opened and dried fish Ⓒ.

開き戸 (hinged) door Ⓒ.

ひらきなおる 開き直る（挑戦的な態度に出る）take a defiant attitude (toward ...)《☞いなおる》.

ひらく 開く **1** «開け放す»: (開ける) open ㊍ ★ 最も一般的な語で, 以下の語の代わりにも用いられる; (包んだ物・縛った物などを) undo ㊍; (包み・荷などを) unpack ㊍; (手紙などの封を) unseal ㊍; (畳んだ物を広げる) unfold ㊍ ★ 以上2語はやや形式ばった語; (あく・開く) open ㊀. ⦅☞ あける[1]⦆.
¶ お母さんが来るまで包みを*開いてはいけない Don't ˹*open* [*undo*] the package till Mother comes. // 手紙を受け取ると彼はすぐそれを*開いた As soon as he received the letter, he ˹*opened* [*unsealed*] it. // 戸が*開いた The door *opened*. // 店は10時に*開きます The shop *opens* at ten.
2 «始める»: (店などを) open ㊍; (着手する) start ㊍, begin ㊍ ★ 前者はある行為の第一歩を踏み出すことの意で, 後者は一般的な語; (創立する) set up ㊍, found ㊍, establish ㊍ [語 法] set up は最も一般的な語. found は基礎を置いたことを, establish はさらにそれを軌道に乗せるまでを意味する. ⦅☞ はじめる; そうりつ⦆.
¶ 画廊を*開きました I've ˹*opened* [*set up*; *started*] a gallery. // この美術館は1930年に*開かれた This art museum *was* ˹*founded* [*opened*; *set up*] in 1930.
3 «開催する»: (パーティー・会などを) hold ㊍ ⦅過去・過分 held⦆, give ㊍ ★ 前者のほうが形式ばった語. パーティーには両者を用いるが, 公式の会には hold のみ. ⦅☞ かいさい⦆.
¶ アメリカからの友人を迎えてパーティーを*開きます We are going to ˹*give* [*hold*] a party to welcome our friends from the U.S. // 討論会を*開いてはどうでしょう How about *holding* a discussion meeting?
4 «開拓する»: (土地・道を) clear ㊍ ⦅☞ かいたく; かいこん; きりひらく⦆. ¶ 移民たちは森を*開き, 農地とした Immigrants *cleared* the forest and ˹made [turned] it into a farm.

ひらける 開ける **1** «運がよくなる»: luck turns in ...'s favor, fortune smiles on ...
¶ 昨年以来, 運が*開けてきた Since last year, ˹luck *has turned in my favor* [*fortune has been smiling on* me]. // 彼らに運が*開けてきている (⇒ 上昇中だ) They [Their *fortunes*] are now *in the ascendant*.
2 «広々とする»: (景色が) open ㊀, spread out ㊀ ★ 後者はあらゆる方向に広がっていく感じ. ⦅☞ てんかい[1]⦆. ¶ すばらしい景色が目の前に*開けた A splendid view ˹*opened* [*spread out*] in front of me.
3 «文明化が進む»: (文明化される) become civilized; (近代化される) become modernized; (発展する・開発する) develop ㊀ ㊍.
¶ インドは昔は世界で最も*開けた国の1つだった India was one of the most *civilized* countries in the ancient world. // この地域は第二次大戦後宅地として*開けた所です This district ˹*developed into* [*was developed as*] a residential area after World War II.

ひらたい 平たい — 形 (平らな) flat ★ 最も一般的な語; (水平な) level; (でこぼこのない) even. — 動 (平らにする) level ㊍, even ㊍ ★ 後者はやや形式ばった語. ⦅☞ たいら⦆.
¶ *平たい地面のほとんどはすでに開墾されていた Most of the *level* land had already been cultivated. // もう少し表面を*平たくしたい I want to ˹*level* [*even*] the surface a little more.

ひらてうち 平手打ち — 動 slap ㊍ ⦅☞ うつ[1] (類義語)⦆. ¶ 彼女は私に*平手打ちを食わせた She *slapped* ˹me on the face [my face].

ひらひら — 動 (ひらひらはためく・飛ぶ) flutter ㊀ ⦅☞ 擬声・擬態語 (囲み)⦆. ¶ 桜の花びらが*ひらひらと歩道に舞った The petals of cherry blossoms *were fluttering* about on the sidewalk.

ひらべったい 平べったい flat ⦅☞ ひらたい⦆.

ピラミッド pyramid [pírəmìd] Ⓒ.

ひらめ 平目 flatfish Ⓒ ⦅複 ~, ~es⦆, flounder Ⓒ ⦅複 ~, ~s⦆; (舌びらめ) sole Ⓒ ⦅複 ~, ~s⦆. ⦅☞ さかな [語法]⦆.

ひらめき 閃き (ぱっとした光) flash Ⓒ; (才能などの) spark Ⓒ. ¶ 子供のときにも彼には天才の*ひらめきがあった Even in his childhood, he showed ˹*flashes* [*sparks*] of genius.

ひらめく 閃く (ぱっと) flash ㊀; (ぴかぴかと) sparkle ㊀, glitter ㊀ ★ 後者のほうが輝き方が強い. ⦅☞ ひかる⦆. ¶ 稲妻が西の空で*ひらめいた Lightning *flashed* in the western sky. // すばらしいアイディアが私の頭に*ひらめいた A splendid idea ˹*flashed* across my mind [*occurred* to me]. // 遠くで*ひらめく光を見た I saw some light *glitter* in the distance.

ひらや 平屋 one-˹story [storied] house Ⓒ ⦅☞ 家・部屋 (囲み)⦆.

ひらりと ¶ 彼女は*ひらりと馬に乗った (⇒ 飛び乗った) She *sprang* on the horse. // 彼は*ひらり*ひらりと身をかわした He *dodged about*. // 馬は障害を*ひらりと (⇒ きれいに) 飛び越した The horse jumped *clean* over the ˹fence [gate]. ⦅☞ 擬声・擬態語 (囲み)⦆
【参考語】(身軽に) lightly; (素早く) quickly; (敏しょうに) nimbly.

びり — 名 (連続したものの一番最後) the last; (一番下) the bottom. — 副 last. ⦅☞ さいご[1]⦆. ¶ 息子は*びりでゴールに入った My son was *the last* to reach the goal. / My son ˹reached the goal [finished; came in] *last*. // 彼はいつもクラスで*びりだった He was always (*at*) *the bottom* of the class.

ピリオド period Ⓒ, full stop Ⓒ ★ ⦅米⦆ では前者が普通. ⦅☞ 欄外⦆. ¶ 文の終わりには*ピリオドを必ず打ちなさい Be sure to put a ˹*period* [*full stop*] at the end of a sentence.

ピリオド (period, full stop) 句読点の1つで, 終止符ともいい, (.) の記号で表す. 次の場合に用いる.
(1) 文の終わりに. ⦅☞ 文 (欄外)⦆
平叙文の終わりには必ずピリオドを付ける.
¶ きょうは学校は休みです There is no school today. // ビル君, おはよう Good morning, Bill.
また感嘆文や疑問文の形式を備えている文でも, 感嘆や疑問の気持ちがそれほど強くない場合, あるいは著者がその気持ちを抑えた表現にしようとする場合にはピリオドを付けることがある.
¶ 思いやりのない人だ How thoughtless of him.
(2) 略語の後に. ⦅☞ 略語 (欄外)⦆

ひりつ 比率 (割合) ratio [réiʃou] Ⓒ《☞ わりあい; パーセント》. ¶私たちは総額を2:2:3の*比率で3分割した We divided the total amount into three at ⌈the *ratio* of two, two and three [a two-two-three *ratio*]. // このクラスでは3対2の*比率で女子が男子より多い The girls outnumber the boys by a *ratio* of three to two in this class.

ぴりっと —形 (辛い) hot; (舌が焼けるような) burning. 《☞ からい; 味(囲み); 擬声・擬態語(囲み)》. ¶カレーライスは舌に*ぴりっときた The curry and rice ⌈*tasted hot* [*had a burning taste*; *bit my tongue*].

ひりひり —動 (傷がひりひり痛む) smart ㊀; (刺すような感じがする) be pungent; (辛い) taste hot; (焼けるような感じがする) have a burning taste. 《☞ 擬声・擬態語(囲み)》.
¶すり傷が*ひりひりする The scratch *smarts*. // この料理は舌が*ひりひりする This dish ⌈*tastes hot* [*has a burning taste*; *is pungent*].

びりびり **1**《震える》—動 (震動する) rattle ㊀; (電気などでしびれる) feel a shock. 《☞ 擬声・擬態語(囲み)》. ¶ジェット機が上を通ると窓ガラスが*びりびりした When a jet flew over the house, the windowpanes *rattled*. // この電線には触ってはいけない. *びりびりきます Don't touch this electric wire. You may *feel a shock*.
2《破る》—動 (裂く) rip (up) ㊀ ㊉; (裂いてばらばらにする) tear [tέə] ... into pieces. 《☞ やぶる; 擬声・擬態語(囲み)》. ¶彼女はノートを*びりびりと破いた She *ripped up* the notebook. / She *tore* the notebook *into pieces*.

ぴりぴり —動 (神経質になって) be nervous; (極度に緊張して) be high-strung ★以上両方とも「人」が主語; (神経が) be on edge. 《☞ 擬声・擬態語(囲み)》. ¶試験が近いので, 学生は*ぴりぴりしている With the examinations approaching, ⌈the students *are getting nervous* [the students' nerves *are on edge*].

ビリヤード billiards Ⓤ. ¶*ビリヤードをしよう Let's play *billiards*.

びりゅうし 微粒子 minute [main(j)úːt] particle Ⓒ, corpuscle [kɔ́ːəpʌsl] Ⓒ ★前者のほうが一般的.

ひりょう 肥料 (一般的に) fertilizer Ⓤ; (人間・動物の排泄物などの自然の肥料) manure Ⓤ; (堆肥または混合肥料) compost Ⓤ.
¶私たちは土を肥沃にするために*肥料をやった We ⌈spread *fertilizer* on [worked *fertilizer* into] the soil to increase its fertility. // 人工*肥料 artificial [(⇒合成の) synthetic] *fertilizer*

びりょう 微量 very small ⌈amount [quantity] Ⓒ ★quantity には計量した分量というニュアンスがある. 《☞ りょう¹》.

びりょく 微力 ¶*微力ながら (⇒できる限り) お手伝いいたしましょう I'll do *what I can* to help you. / I'll help you *as much as I can*.

ひる¹ 昼 **1**《正午》: noon Ⓤ, noontime Ⓤ; midday Ⓤ.
【類義語】「正午」という意味の最も普通の語は **noon**. 特に「正午の」「正午ごろの」という意味の 形 として用いられるのは **noontime**. ((例) *昼の休み *noontime* recess). ただし *noon* にも同様に 形 の用法がある. 少し意味が広く,「正午(の)」という意味のほかに,「真昼(の)」という意味にも用いられるのが **midday**.
¶いま*昼だ (⇒正午だ) It's (twelve o'clock) *noon*. 語法 noon はこのように夜の12時に対して, 正午であることを示すために添えて用いられる. // 彼はお*昼ごろここへ来るでしょう He will come here about *noon*. // 《ラジオ・テレビなどで》ではお*昼のニュースです Now [Here's] the *midday* report.
2《昼間》: day Ⓤ, daytime Ⓤ, daylight Ⓤ.
【類義語】最も一般的な語は **day**. ただし, *day* には「24時間としての1日」という意味もある. 従って,「昼間に」という意味をより明確に示すために during the *daytime* のように, **daytime** を用いることも多い. *day* が「昼間」を意味するときは「昼も夜も」night and *day* のように night と対にして用いたり,「昼(間)の学校」a *day* school のように, 決まった言い回しとか, 前後関係から意味が明らかな場合, またはあまり厳密に昼夜を問題にしないで漠然と昼間を指す場合などである. **daylight** は *daytime* とほぼ同じに用いられる. 《☞ よる¹》
¶彼女は*昼働いて夜学校に行く She works ⌈by *day* [during the *daytime*] and goes to school ⌈by [at] night. // *昼間は考えごとに向かない *Daytime* is not good for thinking. // 私は*昼過ぎは (⇒午後には) たいてい暇です I am usually free *in the afternoon*. // 私たちは*昼前に (⇒午前中に) 4時間授業がある We have four classes *in the morning*.
昼下がりに (真昼の少し後・2時ごろ) in the early afternoon; (午後の中ごろ・3時ごろ) in midafternoon **昼休み** ¶私たちは毎日*昼休みに会合をします We ⌈meet [have a meeting] during the ⌈*noon* [*noontime*; *midday*] *recess* every day.

ひる² 蛭 leech Ⓒ.

(i) 10月 Oct. (=October); ...氏 Mr. (=Mister)
(ii) 国連 U.N. (=the United Nations); 英国 U.K. (=the United Kingdom)
(3) その他.
(i) 小数点として: 3.5% ★three point five percent と読む.
(ii) 金額を表す場合, ドルとセント, ポンドとペンスを表す数字の間に付ける.
¶5ドル25セント $5.25 ★five dollars twenty-five cents と読む.
(iii) 時刻を表す場合, 時と分を表す数字の間に. 《☞ 時刻・日付・曜日(囲み)》
¶2.45 p.m. ★two forty-five p.m. と読む. ただし, これは英国式で, 米国では代わりにコロン(:)を用いて 2:45 p.m. のように書くのが普通である.
★引用符号がある場合には, ピリオドは普通, 引用符号の中に入れる. 《☞ 引用符(号)(欄外); 疑問符(号)(欄外)》
¶「きょうは英語のテストがある」と彼は言った He said, "We'll have an English test today."

ひ

ビル (ビルディング) building Ⓒ《☞ こうそうけんちく》. ¶ この数年間に, 新宿には高い*ビルがたくさんできた Many tall *buildings* have been built in Shinjuku in the past several years.

ひるいない 比類ない ―形 (比べるもののないほど立派な) unparalleled; (並ぶもののない) unrivaled; (挑戦するもののない) unchallenged. ¶ 彼女はテニスプレーヤーとしては世界に*比類がない As a tennis player, she stands ⌈*unrivaled* [*unchallenged*] in the world.

ひるがえす 翻す **1** «変える»: (前のものと違ったものにする) change ⑩; (方向などを変える) turn ⑩; (前に言ったことを引っ込める) take back [eat; go back on] *one's* words.
¶ 彼は決心を*翻した He *has changed* his mind. // あの人はよく前言を*翻す He often ⌈*takes back* [*eats*; *goes back on*] *his* (*own*) *words*. // 彼女は身を*翻して木の陰に隠れた She *turned* quickly and hid behind a tree.
2 «風になびかせる»: fly ⑩《過去 flew; 過分 flown》《☞ なびかせる》. ¶ 数隻の船は国旗を*翻していた Several of the ships *flew* their national flags.

ひるがえる 翻る fly ⓐ, flutter ⓐ, wave ⓐ, flap ⓐ ★ 以上の語は旗などが風に翻る意味では, 交換して用いられる. ¶ 塔の上にはアメリカ合衆国の旗が風に*翻っていた The U.S. flag *was* ⌈*flying* [*fluttering*; *flapping*] on the tower.

ビルディング building Ⓒ《☞ ビル》.

ひるね 昼寝 (afternoon) nap Ⓒ《☞ うたたね》. ¶ 昼食後*昼寝をした I ⌈took [had] a *nap* after lunch.

ひるま 昼間 day Ⓤ, daytime Ⓤ. 《☞ ひる[1] (類義語)》.

ビルマ ―名 固 Burma [bə́:mə]. ―形 Burmese [bə:mí:z]. **ビルマ語** Burmese Ⓤ **ビルマ人** Burmese Ⓒ ★ 単複同形.

ひるむ flinch (from ...) ⓐ, shrink (from ...) ⓐ《過去 shrank, shrunk; 過分 shrunk, shrunken》 ★ shrink には本能的に身を避けるというニュアンスがある; (たじろぐ・縮み上がる) wince (at ...) ⓐ. 《☞ しりごみ (類義語)》.
¶ 彼らは困難に*ひるむことはなかった They did not ⌈*flinch from* [*shrink from*; *wince at*] the difficulties.

ひれ 鰭 fin Ⓒ; (背びれ) dorsal fin Ⓒ; (尾びれ) caudal [kɔ́:dl] fin Ⓒ. 《☞ さかな (挿絵)》.

ヒレ (ヒレ肉) fillet [filéi] Ⓒ ★ 牛・豚の腰の肉.

ひれい 比例 ―動 (比例する) be in proportion (to ...), be ⌈proportionate [proportional] (to ...). ―名 proportion Ⓤ.
¶ 日照時間に*比例して, 気候は暖かくなる It gets warmer *in proportion to* the length of daylight hours. // 年をとるに*比例して (⇒ つれて), 記憶力が悪くなる One's memory declines *as* one grows old. // 私たちの収入は物価の上昇に*比例して上がらない Our income doesn't increase ⌈*in proportion* [*proportionate*] *to* the price rise. // これは正[反]*比例のケースです This is a case of ⌈direct [inverse] *proportion*.
比例代表制 proportional representation system Ⓤ.

ひれき 披瀝 ―動 (意見などを) express ⑩; (発表する) make ... known. 《☞ のべる》.

ひれつ 卑劣 ―形 (利己的な) base; (心が狭く意地悪な) mean; (不正な) dirty; (不快な) nasty; (ひどく不快な) foul; (卑しむべき) contemptible; (卑怯(ひきょう)な) cowardly.
¶ 彼は*卑劣な奴だ He is a ⌈*mean* [*dirty*; *contemptible*; *cowardly*] fellow. // 彼らは*卑劣な手段を私たちに対して用いた They played a ⌈*dirty* [*nasty*; *mean*] trick on us.

ひれふす 平伏す ―動 throw *oneself* at *a person's* feet 《☞ へいしんていとう》.

ひれん 悲恋 tragic love Ⓤ 《☞ こい[2]》.

ひろい 広い **1** «面積・幅・空間などが»: ―形 (面積が) large (↔ small), big (↔ little) 〔語法〕 以上 2 語は最も一般的で口語的な語. 大きさ・量などにも使う. 前者が客観的なのに対して, 後者は感覚的な意味の込もった言葉; (広々とした) spacious [spéiʃəs]; (家などが) roomy; (幅が) wide, broad 〔語法〕 前者は一方から他方までの幅を正確に意味する言葉だが, 後者は広々とした広がりを強調する言葉.
〔語法〕 日本語の「広い」は「幅」「面積」のいずれをも意味するが, 英語の wide は「幅」のみを意味する. もっとも, the *wide* ocean (＝広い海), the *wide* world (＝広い世界) のような表現はあるが, これも本質的には向こう側との距離の隔たりに重点がある. 従って「広い運動場」は a *large* playground と large を用いて訳さなくてはならない. ―副 (広く) widely, broadly ★ 一般に広がっていることを意味する; (世間一般に・通例) generally; (広範囲にわたって) extensively; (あまねく) universally. ―動 (幅を広げる) widen [wáidn] ⑩. 《☞ おおきい (類義語); ひろさ; 大きさの表し方 (囲み)》.
¶ 学校の運動場はたいへん*広い The playground of our school is very ⌈*large* [*big*; *spacious*]. // *広い道が家の前を東西に走っている A ⌈*wide* [*broad*] road runs from east to west in front of our house. // 彼の家には寝室が 5 つもあり, とても*広い His house is quite *roomy*, with five bedrooms. // これは*広く知られている事実です This is a fact ⌈*generally* known [known *extensively*; accepted *universally*]. // 経験を*広くすることは必要だ It's necessary to *widen* your experience. // 彼女は英文学を*広く読んでいる She has read [réd] *widely* in English literature.
2 «心が»: generous, broad-minded 〔語法〕 前者は「寛大な」こと, 後者は「度量の大きい」ことを強調する. 《☞ かんだい》. ¶ 彼は心の*広い人です He ⌈is *generous* [has a *broad* mind].

ひろいぬし 拾い主 finder Ⓒ.

ひろいもの 拾い物 (掘り出し物) find Ⓒ; (意外な利得) windfall Ⓒ, godsend Ⓒ.
¶ 子供は*拾い物 (⇒ 道で見つけた物) を交番に届けた The child took *what he had found on the road* to the police box. // 土器のかけらはたいへんな*拾い物であることがわかった The piece of earthenware later turned out to be quite a *find*.

ひろいよみ 拾い読み ―動 (飛ばし読みする) skim ⑩, skim (through ...) ⓐ, browse ⓐ;

ひ

(細かいところを飛ばす) skip over the details. ¶この章を*拾い読みすれば，だいたい筆者の言いたいことはわかります You can get what the writer wants to say if you *skim* (*through*) this chapter. ∥この本は*拾い読みしただけです I read this book *skipping over the details*.

ヒロイン heroine [hérouin] Ⓒ.

ひろう 拾う (拾い上げる) pick up ㊎; (見つける) find ㊎ ((過去・過分 found)); (採集する) gather ㊎. ¶少女は数枚の貝殻を*拾った The girl ⌈*picked up* [*gathered*] several sea-shells. ∥この財布は門の前で*拾いました I *found* this wallet in front of the gate.

ひろう[1] 疲労 ─ 名 tiredness Ⓤ, weariness Ⓤ ★後者のほうがやや形式ばった語; (疲れきった状態) fatigue [fətíːg] Ⓤ ★形式ばった語; (極度の疲れ) exhaustion [igzɔ́ːstʃən] Ⓤ. ─ 形 tired; weary; fatigued; exhausted. ((☞ つかれ; つかれる)).

¶*疲労はとれましたか Have you ⌈recovered from [gotten over] your *fatigue*? ∥彼女は*疲労の色を見せなかった She showed no signs of *fatigue*. ∥*疲労のため会は欠席してしまった I couldn't attend the meeting ⌈because of [due to] *exhaustion*.

ひろう[2] 披露 ─ 動 (発表する) announce ㊎; (紹介する) introduce ㊎; (公表する) make ... public. ─ 名 announcement Ⓤ; introduction Ⓤ ★いずれも具体例は Ⓒ.

¶新しい進展をご*披露したい I would like to ⌈*announce* [*introduce*] to you a new development. ∥大臣はそれまで秘密にされていた事実を*披露した The minister ⌈*made public* [*made an announcement of*] the fact which had been kept secret.

披露宴 (結婚の) wedding reception Ⓒ.

ビロード ─ 名 velvet [vélvit] Ⓤ. ─ 形 (ビロードのような) velvet, velvety.

ひろがり 広がり (広さ) extent Ⓤ; (時間・空間の) stretch Ⓤ; (広々とした広がり) expanse Ⓒ; (幅・範囲の) spread Ⓤ.

¶土地の広大な*広がり the vast *extent* of land ∥私は横たわって，青空の*広がりを見上げた I lay down, and looked up at the blue *expanse* of the sky. ∥火の*広がりは予想よりはるかに速かった (⇒火ははるかに速く広がった) The fire *spread* much faster than we had thought. ★この spread は動詞.

ひろがる 広がる (空間的にも時間的にもあらゆる方向に開く) spread ㊐ ((過去・過分 spread)); (両端に伸びる) stretch ㊐; (範囲・程度が伸びる) extend ㊐; (大きな空間になる) expand ㊐; (幅が広がる) widen ㊐, broaden ㊐. ((☞ ひろまる; かくだい)).

¶そのニュースはまたたく間に*広がった The news *spread* quickly. ∥とうもろこし畑が丘のふもとまで*広がっている Cornfields ⌈*stretch* [*extend*] as far as the foot of the hill.

ひろげる 広げる (空間的にも時間的にもあらゆる方向に開く) spread (out) ㊎ ((過去・過分 spread)); (空間的に拡張する) expand ㊎; (大きくする) enlarge ㊎; (幅を広くする) widen ㊎, broaden ㊎; (範囲・程度を伸ばす) extend ㊎; (開く) open ㊎; (折った物を開く) unfold ㊎; (巻いてある物を開く) unroll ㊎.

¶地図をテーブルの上に*広げなさい *Spread* (*out*) [*Unfold*] the map on the table. ∥鳥が羽を*広げた The bird ⌈*extended* [*spread out*] its wings. ∥彼らは毎年その商売を*広げている They *are* ⌈*enlarging* [*expanding*] their business every year. ∥この道路は間もなく*広げられる This road will soon *be* ⌈*widened* [*made wider*].

ひろさ 広さ **1** ((面積)): (地域の) area Ⓤ; (範囲・程度の) extent Ⓤ; (測定して得た大きさ) size Ⓒ. ((☞ めんせき[1]; 大きさの表し方(囲み); 度量衡(囲み))).

¶家は90平方メートルの*広さです The house is 90 square meters in *area*. / The *area* of the house is 90 square meters. ∥土地の*広さは思っていたほどではなかった The ⌈*size* [*area*] of the land was smaller than I had thought. ∥彼の知識の*広さにはいつも感心する I am always impressed with the *extent* of his knowledge.

2 ((幅)): width [wídθ] Ⓤ; breadth [brédθ] Ⓤ. ((☞ はば; ひろい)). ¶道の*広さは10メートルです The road is 10 meters ⌈*wide* [*in width*].

ひろば 広場 (市内の) square Ⓒ; (都市の大広場) plaza Ⓒ; (空地) open space Ⓒ, vacant lot Ⓒ ★後者は1区画の土地. ¶駅の前にはかなり大きな*広場がある There is a fairly large ⌈*square* [*plaza*] in front of the station. ∥あの*広場を公園にしてはどうだろう How about turning that ⌈*open space* [*vacant lot*] into a park?

ひろびろ 広広 ─ 形 (広々とした) spacious; (面積の大きい) vast ★かなりの大きさをいう; (幅が) wide, broad; (大きな) large. ((☞ ひろい)). ¶彼らは*広々としたとうもろこし畑で働いていた They were working in a ⌈*large* [*vast*] cornfield. ∥川はここでは*広々としている The river is ⌈*broad* [*wide*] here. ∥牛は*広々とした牧場で草をはんでいた Cattle were grazing in an *open* and *broad* meadow.

ひろま 広間 (ホテルなどの大広間) hall Ⓒ.

ひろまる 広まる spread ㊐ ((過去・過分 spread)); (流布する) be circulated; (うわさなどが) get ⌈about [abroad; around] ㊐ ★口語的表現; (受け入れられる) gain ground; (流行になる) come into fashion. ((☞ ひろがる)).

¶うわさはたちまち*広まった The rumor ⌈*spread* [*was circulated*; *got about*; *got around*] at once. ∥私の説はだんだん*広まってきている My theory *is gaining ground*. ∥この奇妙なヘアスタイルは2, 3年で急に*広まった (⇒流行になった) This strange hairstyle *has come into fashion* in the last two or three years.

ひろめる 広める (四方に広げる) spread ㊎ ((過去・過分 spread)); (普及させる) popularize ㊎, make ... popular. ((☞ ひろげる)). ¶だれがうわさを*広めたのか Who *has been spreading* that rumor? ∥仮名書きが人々の間に読み書きを*広めた *Kana* writing *popularized* reading and writing among the people.

ひわ 秘話 secret story [C]; (人に知られていない挿話) unknown episode [C].

びわ[1] 枇杷 (木・実) loquat [C], Japanese medlar [C].

びわ[2] 琵琶 Japanese lute [C].

ひわい 卑猥 ―[形] (わいせつな) obscene [ɑbsíːn]; (下品な) indecent ★ 後者のほうが婉曲な語. 《☞ わいせつ》. ¶ あの人は*卑猥な口をきく He uses ⌈*obscene* [*indecent*] language.

ひわり 日割り (1日あたりの値段) daily rate [C] 《☞ にっきゅう》. ¶ 労働者たちは*日割りで賃金をもらった Laborers were paid ⌈*by the day* [*on a daily rate*].

ひん 品 ―[名] (優雅さ) elegance [U]; (上品さ) grace [U]; (洗練されていること) refinement [U]. ―[形] (品のある・優雅な) elegant; graceful; (洗練された) refined. 《☞ じょうひん; げひん》. ¶ 部屋には*品のよい婦人がいた There was ⌈an *elegant* [a *graceful*] lady in the room. // そんな*品のない言葉を使ってはいけない Don't use such ⌈*vulgar* [*coarse*] language.

びん[1] 瓶 bottle [C] ★ 最も一般的な語で以下の語の代わりにも使える; (広口の) jar [C]; (大型で細口の) flagon [C].

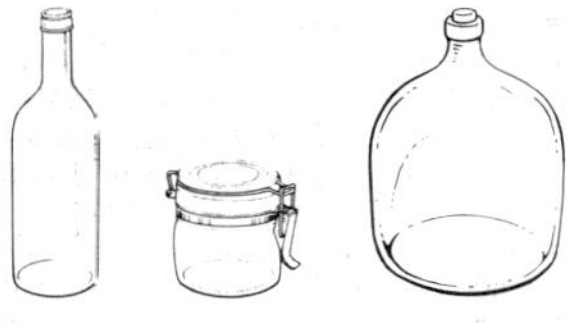

bottle jar flagon

¶ 空き*瓶はここに置いていいですか Can I leave empty *bottles* here? // *瓶の栓はどこでしょう Where is the *bottle* stopper?

びん[2] 便 (飛行機の) flight [C]; (郵便の) 《米》 mail [U], 《英》 post [U]. 《☞ 乗り物 (囲み); 旅行 (囲み); ゆうびん》. ¶ その*便は成田空港を次の日曜日の正午に出る The *flight* ⌈leaves [departs from] Narita Airport at noon next Sunday. // 私は第261*便で着いたばかりです I just got in on *flight* 261. // 私は翌朝一番の*便でその手紙を出した I sent off the letter by the first *mail* the next morning.

ピン ―[名] pin [C]; (ヘアピン) hairpin [C], 《米》 bobby pin [C] ★ 前者はU字形, 後者はぴったり閉じたもの; (安全ピン) safety pin [C]. ―[動] (ピンでとめる) pin ㊉. 《☞ ヘアピン (挿絵)》. ¶ 彼は絵を*ピンで壁にとめた He *pinned* up the picture on the wall.

ピンからキリ ¶ ステレオといっても*ピンからキリまである (⇒ 最高級から下級品まであらゆる種類) There are *all sorts of* stereos *ranging from the highest quality to the lowest*.

ひんい 品位 (上品さ) grace [U]; (優雅さ) elegance [U]. 《☞ ひん》.

びんかん 敏感 ―[形] sensitive 《☞ えいびん》. ¶ 私はにおいに*敏感です I'm *sensitive* to smell. // 音楽家には*敏感な耳がいる A musician has to have a *sensitive* ear. // 彼は寒さに*敏感すぎる He is *oversensitive* to cold.

ひんきゅう 貧窮 poverty [U] 《☞ びんぼう》.

ピンク ―[名] (淡紅色) pink [U]. ―[形] pink; (ピンクがかった) pinkish. 《☞ 色 (囲み)》. ¶ *ピンク色のセーター a *pink* sweater // 少し*ピンクがかった黄色 somewhat *pinkish* yellow // *ピンク映画 (⇒ ポルノ) a *pornographic* [(⇒ きわどい) an *off-color*] movie

ひんけつ 貧血 ―[名] an(a)emia [əníːmiə] [U]. ―[形] an(a)emic [əníːmik]. ¶ 彼女はけさ*貧血を起こした She ⌈had an attack of [broke down from] *anemia* this morning.

ひんこうほうせい 品行方正 ―[形] well-behaved. ¶ 彼は*品行方正だ He is *well-behaved.*

ひんこん 貧困 ―[名] poverty [U]. ―[形] (貧しい) poor ★ 最も一般的な語; (非常に貧しい) needy. 《☞ びんぼう (類義語)》. ¶ 一家は*貧困にあえいでいた The family ⌈suffered dire *poverty* [*was poverty-stricken*]. // 思想の*貧困 *poverty* of thought

ひんし[1] 瀕死 ―[形] (危篤で) in critical condition; (死にかけている) dying; (生命にかかわる) fatal [語法] この語は結果として死ぬことを暗示する. 《☞ はんしはんしょう》. ¶ 病人は*瀕死の状態だった (⇒ 危篤状態だった) The patient was ⌈*in critical condition* [*dying*]. // 彼は銃撃され, *瀕死の重傷を負った He was shot and *fatally* wounded. [語法] 日本語のニュアンスと違い, 結局助からなかったことを暗示する.

ひんし[2] 品詞 part of speech [C] 《複 parts of speech》.

ひんしつ 品質 quality [U] 《☞ しつ[1]》. ¶ このチョコレートは*品質がよい This chocolate is good in *quality*. / This is good-*quality* chocolate. // *品質保証 *Quality* Guaranteed

品質管理 quality control [U].

ひんじゃく 貧弱 ―[形] (内容などが乏しい) poor ★ 最も一般的な語; (質・量など一定の水準に達せず不十分な) meager (《英》 meagre). ¶ この本の内容は*貧弱だ This book is ⌈*poor* [*meager*] in content. / (⇒ 内容があまりない) This book *doesn't have much* content.

ひんしゅ 品種 (種類) kind [C], sort [C] ★ 後者のほうが口語的; (分類上の変種) variety [C]; (動植物の) breed [C]. 《☞ しゅるい (類義語)》. ¶ 温室の中にはあらゆる*品種のらんの鉢が置いてあった There were pots of all ⌈*kinds* [*sorts*] *of* orchids in the greenhouse. // 彼女はチューリップの新しい*品種を開発した She developed new *varieties* of tulips. // 技師たちはこの牛の*品種改良に努めている Technical experts are trying to improve this *breed* of cattle. [語法] breed は特定の1品種を指す. 新しい品種を作ることによる品種改良という意味なら「交配して新しい品種を作る」develop a new cross-breed of cattle のような表現を用いなくてはならない.

ひんしゅく 顰蹙 **ひんしゅくを買う** be frowned at. ¶ 彼の行為は*ひんしゅくを買った His conduct *was frowned at*. / People *frowned at* his behavior.

ひんしゅつ 頻出 — 動 (しばしば起こる・現れる) occur [appear] frequently (自). — 名 frequent appearance Ⓒ.

びんしょう 敏捷 — 形 quick, prompt, apt ★ どれも人の動作・頭の働きなどの速いことを表すが, quick が最も一般的で口語的. prompt は訓練による敏捷さを強調する ; (行動がすばやい) agile [ǽdʒəl], nimble ★ 後者は多少形式ばった語. — 副 quickly, promptly ; agilely, nimbly. — 名 quickness Ⓤ, promptness Ⓤ ; agility Ⓤ, nimbleness Ⓤ.
¶ ゆり子の*敏捷な目はすぐ異常な雰囲気に気付いた Soon Yuriko's *quick* eyes caught the strange atmosphere. / Yuriko with her *quick* eyes soon noticed the strange atmosphere. // 彼女があんなに*敏捷に行動するとは思ってもみなかった I hadn't even imagined she could act so ˹*nimbly* [*agilely* ; *promptly* ; *quickly*].

びんじょう 便乗 **1** «利用する» : (…につけ込む) take advantage of … 《☞ りよう》.
¶ 彼らは運賃の値上げに*便乗して値上げした They raised the price *taking advantage of* the rise ˹of [in] fares.
2 «乗り物に相乗りする» : (人の車に乗せてもらう) get a lift in *a person's* car 《☞ あいのり》.

ひんする 頻する (まさに…しようとする・まさに…せんばかりである) be at the point of …, be on the ˹verge [brink] of …, be about to *do*.
¶ 会社は破産の危機に*頻している The company *is* ˹*at the point of* [*on the verge of*] bankruptcy.

ピンセット tweezers ★ 複数形で. 数えるときは a pair [two pairs] of … として. 《☞ いりょう[1] (挿絵)》.

びんせん 便箋 letter paper Ⓤ, notepaper Ⓤ, writing paper Ⓤ ★ 以上の 3 語は同じように用い, 数えるには a sheet [two sheets] of … として. 《☞ 数の数え方 (囲み)》 ; (1 つづりの) writing [letter] pad Ⓒ ; (会社名などを刷り込んだ) letterhead Ⓤ. 《☞ 手紙の書き方 (囲み)》.
¶ *便せんを買いたいのですが I'd like to buy ˹*a letter pad* [*a writing pad* ; *letter paper* ; *notepaper* ; *writing paper*].

ひんそう 貧相 — 形 (貧弱な) poor ; (情けない) miserable ; (外見がみすぼらしい) mean ; (破れたり, すり切れたりしている) shabby.
¶ 彼は*貧相な体格だ (⇒ 貧相な体格を持っている) He has a ˹*poor* [*miserable*] physique. // 子供たちは*貧相な身なりをしていた The children were *shabbily dressed*. / The children's clothes were *shabby*.

びんそく 敏速 — 形 (速い・素早い) quick, prompt ★ 前者のほうが一般的 ; (きびきびした) brisk. — 副 quickly, promptly; briskly.
¶ 彼らは*敏速に行動した They acted ˹*quickly* [*promptly*]. / They were ˹*quick* [*prompt*; *brisk*] in (taking) action.

びんた — 動 (平手でほおを打つ) slap (*a person*) on the cheek.

ピンチ (苦境・危機) pinch Ⓒ, 《米口語》 a fix ★ a を付けて ; (危機) crisis Ⓒ 《複 crises [kráisiːz]》 語法 日本語で「ピンチ」が使われていても, やや改まった文では crisis を用いるほうがよい. 《☞ きき ; きゅうち》.
¶ そのとき私は*ピンチだった Then I was in ˹*a pinch* [*fix*]. // この*ピンチをどうやったら乗り越えられるだろうか How can we get over this *crisis*?
ピンチヒッター pinch hitter Ⓒ 《☞ 野球の英語 (囲み)》 **ピンチランナー** pinch runner Ⓒ 《☞ だいそう》.

びんづめ 瓶詰め — 名 (瓶に詰めること) bottling Ⓤ; (瓶詰めの食物) bottled food Ⓤ. — 形 (瓶詰めの) bottled. — 動 (瓶詰めにする) bottle (他).

ヒント hint Ⓒ. ¶ *ヒントを与えて下さい Please ˹give [drop] me a *hint*. // 彼の話からは*ヒントは得られなかった I couldn't ˹get [take] any *hint* from what he said.

ひんど 頻度 frequency Ⓤ. ¶ これらの語は使用*頻度の順に並んでいます These words are listed in the order of *frequency* in use. // これは*頻度の高い表現ではない This is not an expression of high *frequency*.

ぴんと **1** «真っすぐに強く張って» — 形 tight. — 動 (強く張る) tighten (up) (自)(他) ★ 最も一般的な語 ; (無理に引っ張る) strain (自)(他) ; (引き伸ばす) stretch (自)(他) ; (真っすぐに立てる) cock (up) (自)(他). 《☞ はる[2]》.
¶ 軽わざ師が*ぴんと張った綱の上に立っている There is an acrobat standing on the *tightrope*. // 糸を*ぴんと張らなくてはならない We need to ˹*tighten* [*strain*; *stretch*] the thread. // ひもは*ぴんと張られていまにも切れそうだ The string *has been so* ˹*stretched* [*strained*] that it may break any minute. // 犬が*ぴんと耳を立てた The dog *cocked up* his ears.
2 «気付く・心に訴える» ¶ 彼の話で私はすぐ*ぴんときた (⇒ 彼の話からすぐそれと気付いた) I ˹*got* [*took*] *a hint* from his words. // 彼女の説明はどうも*ぴんとこない (⇒ 納得がいかない) Her explanation *is not convincing*. // このごろのロックは*ぴんとこない (⇒ 私の気持ちに訴えるものがない) The current rock music doesn't *appeal to* me.

ピント focus Ⓒ 《☞ しょうてん[1]》. ¶ この写真は*ピントがはずれている [合っている] This picture is ˹out of [in] *focus*. // このカメラはどうやって*ピントを合わせるのですか How do you ˹*focus* [adjust the *focus* of] this camera? // あなたの言うことはいつも*ピントはずれだ Your remarks always miss the *point*.

ひんぱつ 頻発 — 動 occur frequently (自). — 名 frequent occurrence Ⓤ. ¶ この町では交通事故が*頻発している Traffic accidents *have occurred frequently* in this town.

ひんぱん 頻繁 — 形 (回数・度数の多い) frequent; (間隔が短い) short; (往来が) busy. — 副 (しばしば) often, frequently 語法 前者のほうがより口語的だが, 後者には頻度が非常に多いというニュアンスがある ; (回数が多く) many times. 《☞ 頻度を表す副詞 (囲み)》.
¶ 電車は*頻繁に来ます Trains are running

頻度を表す副詞

How often ...? に対する副詞または副詞句[節]には often, sometimes, whenever ..., as many times as ... など漠然とした頻度を示すものや, daily, once a week など具体的なものがある. 頻度の高低は主観的な要素が強く, その多くは相対的なものである. 頻度の高いものから低いもの, 口語的なものから文語的なものなど多数あるが, 一般的なものを挙げておく. 日英の対応は一応の目安である. なお部分的には様態を表す副詞と重なっている. 以下は頻度の高いものから順番に示したものである.

いつも, 始終	always
普通は, 通常, たいてい	usually
(非常に)しばしば, たびたび, よく	(very) often, more often than not, as often as not ★ 第2, 第3番目はやや文語的.
頻繁に	frequently ★ often とほぼ同意だが, やや改まった語で, 短い間隔での繰り返しに重点がある.
繰り返し	over and over (again), repeatedly ★ 前者のほうが口語的.
時たま, 時折, 時々	sometimes, once in a while, occasionally, at times, every now and then, from time to time ★ 最初の2つが最も一般的.

以上は頻度がさらに減ると「たまに」,「まれに」等々となって rarely, seldom, never と否定を表す副詞へとつながる. 《☞ 否定の表現(囲み)》

一般的な頻度の表現は always, usually, often, sometimes でだいたい済ませることができる. これらは意味上は文修飾副詞で, 普通は特別な強勢は置かれない. 文中での位置は動詞の前, 助動詞と本動詞の間, be 動詞の後が普通である. 《☞ 副詞の位置 (欄外)》

用　例

¶ 彼は*いつも[*よく, *時々]学校に遅れます He is ˹*always* [*often*; *sometimes*] late for school.
私は*たいてい6時に起きます I *usually* get up at six.
彼女は*頻繁にその場所を訪れる She *frequently* visits the place.
私は*時たま彼を校内で見かけます I *occasionally* see him on campus.
彼女は*よくここへやって来ます She is a *regular* visitor. [語法] 日本語では副詞で示されていても, 英語では場合によって形容詞・動詞などで頻度を示すことがある. 《☞ 発想 (欄外)》
8月, 9月には台風が*頻繁にやって来る Typhoons are *frequent* in August and September.
彼は*ひっきりなしにたばこを吸う He chain-smokes. / He's a chain-smoker.

at ˹short [frequent] intervals. // 駅を出ると交通の*頻繁な通りがあります Coming out of the station, you will find a *busy* street in front of you. // このところ父から*頻繁に電話がある My father has called me up ˹*very often* [*many times*] recently.

ひんぴょうかい 品評会 show Ⓒ ★ 口語的表現; (競争で賞を出したりするもの) *competitive exhibition* Ⓒ, fair Ⓒ ★ 後者は特に農産物や家畜のときに用いられる.

ひんぴん 頻頻 ― 副 (頻々と) very often, frequently, at ˹short [frequent] intervals [語法] ほぼ同意だが, この順に改まった表現になる. また第3の表現は定期的な運転・刊行などについて用いることが多い. 《☞ ひんぱん》.

ぴんぴん ― 動 (ぴんぴんしている・元気でいる) be lively; (元気いっぱいである) be full of life; (老人が達者でいる) be hale and hearty.
¶ 子供たちは風邪も治って*ぴんぴんしている The children have gotten over their colds and *are full of life* again. // 父は85歳になるが*ぴんぴんしています My eighty-five-year-old father *is hale and hearty.* // 伊勢えびは*ぴんぴんしている (⇒ まだ生きている) The lobster *is still alive.*

ひんぷ 貧富 (貧乏人と金持ち) the ˹rich [wealthy] and the poor 《☞ 冠詞 (欄外)》.
¶ インドではまだ*貧富の差が大きい In India, there is still a wide ˹gap [gulf] between *the rich and the poor.* // *貧富の別なく, 我我はいつかは死ななくてはならない We are destined to die some day whether we *are rich or poor.*

びんぼう 貧乏 ― 形 (貧乏な) poor (↔ rich); needy; poverty-stricken. ― 名 poverty Ⓤ.
【類義語】最も一般的で, いずれの語の代わりにも用いることができるのが **poor**. 生活必需品にも事欠くような状態が **needy**. さらにひどい貧乏の状態を表す形式ばった語が **poverty-stricken**.
¶ 家族は稼ぎ手の死後,*貧乏になった After the death of the breadwinner, the family ˹became *poor* [was reduced to *poverty*]. ★ [ ] 内は形式ばった表現. // 世界にはまだ*貧乏な人々がたくさんいる There are still many *needy* people in the world. // *貧乏ひまなし

Ever busy, ever *bare*. 《ことわざ：忙しく働き通しても，いつも裸同然だ》// 彼が*貧乏くじを引いた (⇒皆の中で一番運が悪い) He happened to *be the most unlucky of* all.
貧乏人 poor ⌈man [woman] Ⓒ; (総称) poor people, the poor (and needy) 《☞ 婉曲語法 (欄外)》 **貧乏ゆすり** —動 jiggle *one's* legs.

ピンぼけ —動 (写真のピントがはずれている) be out of focus; (急所がはずれている) be ⌈not to [off] the point. 《☞ ピント》.

ピンポン ping-pong Ⓤ ★ 元は卓球用具の商標名；(正式名) table tennis Ⓤ. 《☞ たっきゅう (挿絵); ラケット (挿絵); スポーツ (囲み)》.
ピンポン台 ping-pong table Ⓒ **ピンポン球** ping-pong ball Ⓒ.

ひんもく 品目 (目録) list of ⌈items [articles] Ⓒ; (その中の 1 つ) item Ⓒ. ¶ *品目(の表)はここにあります Here is a *list of* ⌈*articles* [*items*].

びんらん[1] 紊乱 (堕落) corruption Ⓤ; (腐敗) decay Ⓤ; (たるみ) slackness Ⓤ; (違反) breach Ⓒ. 《☞ こんらん；みだれ》. ¶ このような綱紀の*びん乱は見逃すべきではない We should not overlook such ⌈*slackness* in [*a breach* of] (official) discipline. // 風紀の*びん乱が顕著になっている The ⌈*corruption* [*decay*] of public morals has become evident.

びんらん[2] 便覧 manual Ⓒ, handbook Ⓒ. 《☞ べんらん》.

びんわん 敏腕 —形 able, capable, competent 語法 いずれも「有能な」の意味で交換して用いられるが, capable は少し意味が弱く, competent は専門分野の能力をいうニュアンスが強い. —名 (great) ability Ⓤ. 《☞ ゆうのう (類義語)》. ¶ あの刑事は*敏腕だ That detective is (quite) *competent*. // だれか*敏腕な人が 1 人ほしい We want a ⌈*competent* [*capable*] person.

ふ

ふ[1] 府 Metropolitan Prefecture Ⓒ. ¶ 大阪*府 Osaka *Metropolitan Prefecture*
府知事 the Governor of ⌈Osaka [Kyoto]
府庁 Metropolitan Prefectural Office Ⓒ.

ふ[2] 負 —形 (マイナス) minus (↔ plus), negative (↔ positive). ¶ *負符号《−》a ⌈*negative* [*minus*] sign // *負の数 a ⌈*negative* [*minus*] number

ふ[3] 譜 (楽譜) (musical) score Ⓒ, music Ⓤ 語法 前者は特にオーケストラ・合唱などの譜面で, 後者は音符を含めて, 楽譜一般を指す日常語. 《☞ 音楽 (囲み); がくふ》.

ふ[4] 歩 (将棋・チェスの) pawn Ⓒ.

ふ[5] 腑 **腑に落ちない** ¶ 彼の言うことにはどうも*腑に落ちない (⇒理解できない) ところがある There is something ⌈I *cannot understand* [that *doesn't go down well*; I *cannot digest*] in what he says.

ぶ[1] 部 (会社などの) division Ⓒ; (スポーツなどの) club Ⓒ. 《☞ ぶいん; ぶちょう》. ¶ 営業*部 the sales *division* // バスケット*部 a basketball *club*

ぶ[2] 分 (パーセント) percent Ⓒ, per cent Ⓒ ★ 以上は単複同形. 《☞ パーセント》.
¶ 銀行は 7*分の利子で金を貸してくれた The bank lent me the money at 7 *percent* interest. // 日本チームに*分がある[ない] The Japanese team is *at* ⌈*an advantage* [*a disadvantage*]. / (⇒勝ちそうだ[負けそうだ]) The Japanese team is *likely to* ⌈*win* [*lose*].

ファ 〘音楽〙 fa [fɑ́ː] Ⓒ 《☞ 音楽 (囲み)》.

ファースト (野球の塁) first base Ⓤ ★ 冠詞は普通付けない; (一塁手) first baseman Ⓒ 《複 -men》. 《☞ いちるい; 野球の英語 (囲み)》.

ぶあい 歩合 (割合) rate Ⓒ; (百分率) percentage Ⓤ; (手数料) commission Ⓒ. 《☞ わりあい；てすうりょう》.

ぶあいそう 無愛想 —形 (取っ付きにくい) unaffable; (ぶっきらぼうな) blunt; (冷淡な) cold. —副 bluntly; coldly. 《☞ ぶっきらぼう; そっけない》. ¶ 彼女は私に*無愛想な返事をした She answered me ⌈*bluntly* [*coldly*]. / She gave me a *blunt* answer. // あの店員は*無愛想だ That salesclerk is *not helpful*.

ファイト (闘志) fight Ⓤ; (説明的に) fighting spirit Ⓤ ★ しばしば a を付けて. 《☞ とうし[2]》. ¶ 彼は*ファイトを燃やしていた He was full of *fight*. / (⇒戦う構えが十分できていた) He *was quite ready to fight*.

ファイル —名 file Ⓒ. —動 (ファイルする) file (away) ⊕.

ファウル (競技) foul Ⓒ 《☞ スポーツ (囲み); 野球の英語 (囲み)》. ¶ *ファウルボール[フライ] a *foul* ⌈ball [fly]

ファゴット bassoon [bəsúːn] Ⓒ 参考 日本語のファゴットはイタリア語の fagotto に由来する. 《☞ 音楽 (囲み)》.

ファシズム fascism [fǽʃizm] Ⓤ.

ファスナー (チャック) zipper Ⓒ, zip fastener Ⓒ 語法 fastener だけでも上の意味に用いるが, 普通は留め金一般を指す語. 《☞ 和製英語 (囲み)》.

ぶあつい 分厚い —形 (厚い) thick 《☞ あつい[3]》.

ファッション fashion Ⓒ; (流行) vogue [vóug] Ⓒ ★ 前者は「流行の型」も指す.
¶ ロンドンの*ファッション the London *fashions*
ファッション ショー fashion show Ⓒ **ファッション モデル** fashion model Ⓒ.

ふあん 不安 —形 (…ではないかと懸念して) (be) afraid (of … ; that …) ★ 述語的にしか用いない.「心配して思う」ことを表す口語的な

表現. 《☞ おもう》; (心を悩ませる・心配して) (be) worried (about ...) ★ 口語的表現. 心配している度合いは afraid よりずっと強い; (不安で心が落ち着かない) uneasy; (不幸などを考えて不安な) (be) anxious (about ...) ★ やや形式ばった語; (そわそわした・落ち着かない・夜も眠れない) restless. ―名 (心配) worry Ⓤ; uneasiness Ⓤ; anxiety [æŋzáiəti(:)] Ⓤ; (よくないことが起こるおそれ) fear Ⓤ; (社会的な, または精神的な) unrest Ⓤ. 《☞ しんぱい (類義語)》.

¶ 私は仲間はずれにされはしないかと*不安でした I *was afraid of* being left out. // 何か不運なことが起こるのではないかと*不安です I'*m afraid that* [I *fear*] something unlucky might happen ★ fear は 動 他. // 試験の結果が*不安です I'*m worried* ⌈*about* the results of the exam [how the exam will turn out]. // 私は自分の将来について*不安がある I feel ⌈*anxious* [*uneasy*] *about* my future. // 彼らはそこで*不安な一夜を過ごした They passed an *uneasy* night there. / (⇒ 眠れない夜を) They spent a *restless* night there. // そのようなことをすると社会*不安が生じる That would bring about social *unrest*. 《☞ 仮定の表現 (囲み)》

ファン (口語的に) fan Ⓒ; (やや形式ばって) enthusiast Ⓒ; (何かが好きな人) lover Ⓒ 語法 日本語の「ファン」がいつも英語の fan と訳せるわけではない点に注意. ¶ 野球*ファン baseball *fans* // 彼はジャイアンツの*ファンです He is a Giants *fan*. // 彼はたいへんなクラシックの*ファンだ He's a great *lover* of classical music.

ふあんてい 不安定 ―形 (社会状勢・地位などが) unstable; (天候が) unsettled; (危なっかしい) precarious; (変わりやすい) changeable. 《☞ あんてい》. ¶ *不安定な政府 an *unstable* [a *precarious*] government // *不安定な天候 *unsettled* [*changeable*] weather 《☞ ぐずつく》

ふあんない 不案内 ¶ 私はここは*不案内です (⇒ 私はここに初めて来た者です) I'm quite a *stranger* here. / (⇒ 初めてです) I'm quite *new* here.

ファンレター (郵便物全体) fan mail Ⓤ; (個々の) fan letter Ⓒ.

ふい[1] 不意 ―形 (突然の) sudden; (予想外の) *unexpected*. ―副 (不意に・突然) suddenly, all of a sudden ★ 後者のほうが少し強意的; (思いもかけず) unexpectedly; (偶然に) by chance; (予告なしに) without ⌈warning [notice]. 《☞ とつぜん; きゅう[1]》.

¶ 彼の質問はまったく*不意で答えることができなかった His question was too *sudden* for me to answer. // 彼女が*不意に訪ねてきた She paid me a *surprise* visit. / She called at my house *unexpectedly*. // 彼は*不意に辞職を願い出た He handed in his (notice of) resignation *without* (*prior*) ⌈*warning* [*notice*].

不意打ち surprise attack Ⓒ 《☞ きしゅう》. ¶ 我々は敵に*不意打ちをくわせた We *took* the enemy *by surprise*.

ふい[2] ¶ 私の努力は*ふいになった (⇒ 無に帰した) My efforts *came to nothing*. // 1万円*ふいにした (⇒ むだに使った) I *wasted* ten thousand yen. 《☞ むだ》

ブイ (浮標) buoy [bú:i(:)] Ⓒ.

フィート foot Ⓒ 《複 feet》《☞ 度量衡 (囲み; 大きさの表し方 (囲み)》. ¶ 1*フィート one [a] *foot* // 2*フィート two *feet*

フィールド field Ⓒ 《☞ スポーツ (囲み)》.

フィールド競技 field event Ⓒ.

ふいちょう 吹聴 ―動 (触れて回る) broadcast 自 他; (宣伝する) publicize 他. ¶ 彼は昇進のことを*吹聴して回っている He's ⌈*broadcasting* [*publicizing*] his promotion.

ふいっち 不一致 (意見などの) disagreement Ⓤ; (不和であること) discord Ⓤ; (性格などの) incompatibility Ⓤ. 《☞ いっち》. ¶ 性格の*不一致 *incompatibility* of temperament

フィラデルフィア Philadelphia 《☞ アメリカ (表)》.

ふいり 不入り ¶ きょうは*不入りだ (⇒観客が少ない) There is only *a small* ⌈*attendance* [*audience*] today. 《☞ いり》

フィリピン ―名 固 The Republic of the Philippines; (フィリピン群島) the Philippine Islands, the Philippines. ―形 Philippine, Filipino ★ 前者がより普通.

フィリピン人 Filipino [fìləpí:nou] Ⓒ 参考 女性形に Filipina を用いることもある.

フィルター (写真の) filter Ⓒ; (たばこの) filter tip Ⓒ. ¶ *フィルター付きのたばこ *filter*(-*tipped*) cigarettes

フィルム film Ⓒ 《☞ カメラ (挿絵); 映画 (囲み)》. ¶ 24枚撮りの*フィルム1本 a ⌈roll [spool] of *film* with 24 exposures 語法 spool はパトローネなどの容器に入っていないフィルムに用いる. 《☞ 数の数え方 (囲み)》 // 高感度*フィルム a fast *film*

ぶいん 部員 (職場などの) member (of the staff) Ⓒ, staff member Ⓒ; (学校のクラブなどの) member (of a club) Ⓒ. 《☞ ぶ[1]》.

フィンランド ―名 固 Finland. ―形 Finnish. **フィンランド語** Finnish Ⓤ **フィンランド人** Finn Ⓒ.

ふう[1] 風 **1** «人の様子・身なり»: (外観) look Ⓒ, appearance Ⓒ ★ 前者のほうがより口語的. ¶ 彼は困った*風だった He *looked* puzzled. / He *appeared* to be troubled. // 学生*風の男に会った (⇒ 学生のように見える) I came across a man who *looked like* a student.

2 «型式・様式»: (ある個人・集団・時代などに特徴的なスタイル) style Ⓒ; (外見上の) fashion Ⓒ; (種類・型) type Ⓒ 語法 ほかとは違う1つの型をなすような種類で, ほかとの区別に重点がある. 《☞ -しき; -りゅう》.

¶ 彼の家はヨーロッパ*風です His house is (in the) European *style*. // 彼女は昔*風の女だ She is a woman of the classic(al) *type*. // 私は日本*風の風呂のほうが好きです I prefer a Japanese-*style* bath.

3 «具合・やり方»: way Ⓒ, manner Ⓒ ★ 後者のほうが形式ばった言い方.

¶ こんな*ふうにしてもう一度やってごらんなさい

Try it again ⌈this *way* [*like* this]. // それはこういう*ふうにやりなさい Do it in this *manner*. // それはどんな*ふうにして (⇒ どんな具合に) 起こったのですか *How* did it happen? // そこへ行くにはどういう*ふうに行けばいいですか (⇒ いかにして行くことができるか) *How* can I get there? // そんな*ふうにとらないで下さい Don't take me that *way*.

ふう[2] 封 ―[名] seal Ⓒ. ―[動] (封をする) seal (他). ¶ 手紙の*封をする *seal* a letter // 手紙の*封を切る open ⌈an envelope [a letter] // *封をした手紙 a *sealed* letter

ふうあつ 風圧 wind pressure Ⓤ. **風圧計** pressure anemometer Ⓒ.

ふういん 封印 ―[名] (stamped) seal Ⓒ. ―[動] (封印をする) seal (他). ―[形] (封印した) sealed, under seal.

ふうう 風雨 (風と雨) wind and rain ; (嵐) storm Ⓒ. 《☞ 天候の表現 (囲み)》. ¶ 昨夜は*風雨が強かった (⇒ 私たちは強い風と雨をもった) We had ⌈a strong *wind* [strong *winds*] *and* (heavy) *rain* last night. / *The wind blew and it rained* hard last night.

ふううん 風雲 ¶ 両国の関係は*風雲急を告げている (⇒ 関係は非常に危険である) (The) relations between the two countries are very ⌈*dangerous* [*critical*] at the moment.

ふうか 風化 ―[名] weathering Ⓤ. ―[動] (風化する・させる) weather (自) (他) ; (実体を失う) lose substance.

ふうがい 風害 storm damage Ⓤ.

ふうかく 風格 ¶ 彼はどことなく*風格がある (⇒ 高貴さをもっている) He has something *noble* about him. / (⇒ 様子に威厳がある) He looks *dignified*.

ふうがわり 風変わり ―[形] (見たことも聞いたこともなくて奇妙な) strange ★ 最も意味の広い一般的な語 ; (一風変わった) peculiar ★ けなす意味合いを込めて用いることが多い ; (普通とは違った・常識からはみ出した) odd ; (奇抜な) fantastic ★ よい意味にも使う ; (人や行為が基準からはずれて変な) eccentric. 《☞ へん[1] (類義語) ; きみょう ; かわった》.

¶ *風変わりな男 a *strange* [an *eccentric*] man // *風変わりな帽子 a *fantastic* hat // 彼はどこか*風変わりなところがある He has something ⌈*strange* [*peculiar* ; *eccentric*] about him. / There is something *odd* about him.

ふうき 風紀 (公衆の道徳) public morals ★ 複数形で. ¶ ああいう連中は*風紀を乱す People like that will corrupt *public morals*. // この辺りは*風紀がよくない (⇒ いかがわしい場所だ) This is a *disreputable* area.

ふうきり 封切り ―[名] (封切り映画) release Ⓒ. ―[動] (封切りする) release (他). 《☞ 映画 (囲み)》. ¶ これは最近*封切りされた映画です This is a ⌈newly *released* [recently *released*] film. / This is one of the newest *releases*.

ふうけい 風景 (限られた個々の場所の) scene [síːn] Ⓒ ; (ある地域や国全体の) scenery [síːnəri(ː)] Ⓤ ; (陸地の) landscape Ⓒ ; (眺め) view Ⓒ. 《☞ けしき ; ながめ[1]》.

¶ 私はフランスの田舎の*風景が好きだ I like the rural *scenery* in France. // ここから見る*風景はすばらしいですよ You can get a fine *view* from here. // この町は*風景が美しいので有名だ This town is famous for its ⌈*scenic* beauty [beautiful *scenery*].

風景画 landscape Ⓒ **風景画家** landscape painter Ⓒ, landscapist Ⓒ.

ふうこうめいび 風光明媚 ¶ そこはたいへん*風光明媚な所です The place is very *picturesque* [pìktʃərésk]. / It is a place of *scenic* ⌈*interest* [*beauty*]. 《☞ ふうけい》

ふうさ 封鎖 ―[動] (出入りを止める) block (他) ; (軍隊による) blockade (他). ―[名] blockade Ⓒ. ¶ 港は*封鎖された The harbor *was blockaded*. // 彼らは港の*封鎖を解いた They lifted their *blockade* of the port.

ふうさい 風采 (外見) appearance Ⓒ 《☞ がいけん ; みなり》. ¶ 彼は*風采が立派だ He has a gentlemanly *appearance*.

ふうさつ 封殺 ―[名] force-out Ⓒ. ―[動] force ... out. 《☞ 野球の英語 (囲み)》.

ふうし 風刺 ―[名] satire Ⓤ ★ 作品を指すときは Ⓒ. ―[形] satirical. ¶ 彼の小説は時の政府を*風刺したものだった His novel was a *satire* on the government of the day.

風刺画 caricature Ⓒ **風刺画家** caricaturist Ⓒ **風刺作家** satirist Ⓒ **風刺小説** satirical novel Ⓒ.

ふうしゃ 風車 windmill Ⓒ.

ふうしゅう 風習 (社会的慣習) custom Ⓒ ; (風俗習慣) manners and customs ★ 複数形で. 《☞ しゅうかん[1]》.

ふうしょ 封書 (sealed) letter Ⓒ.

ふうじる 封じる ―[動] (黙らせる) keep ... silent ; (阻止する) stop (他). ¶ どうやったら彼の口を*封じられるだろうか How can we *keep* him *silent*? 《☞ くちどめ》

ふうしん 風疹 German measles Ⓤ 《☞ 病気・病院 (囲み)》.

ふうせつ 風雪 (風と雪) wind and snow Ⓤ ; (年) year Ⓒ. ¶ この寺は千年以上もの*風雪に耐えてきた (⇒ 生き残った) This temple has survived for more than a thousand years.

ふうせん 風船 balloon Ⓒ. ¶ ゴム*風船 a rubber *balloon*

ふうぜんのともしび 風前の灯 ¶ 彼の運命は*風前の灯だった (⇒ 彼の生命は差し迫った危険の中にあった) His life was in *imminent* danger. / (⇒ 1 本の (髪の) 毛 [糸] でもっていた) His ⌈fate [life] *hung by* ⌈*a hair* [*a single thread*].

ふうそく 風速 wind velocity Ⓤ, the ⌈velocity [speed] of the wind ★ 後者のほうが改まった言い方. 《☞ かぜ[1] (表) ; 自然災害 (囲み)》. ¶ *風速 10 メートルの風 (⇒ 1 秒につき 10 m で吹く風) (a) wind blowing 10 meters per second // 瞬間最大*風速 the maximum instantaneous *wind* ⌈*velocity* [*speed*]

風速計 anemometer [ænəmɑ́mətə] Ⓒ.

ふうぞく 風俗 manners and customs ★ 複数形で.

ふうたい 風袋 tare Ⓤ ★ 貨物の容器や包装

などの重さをいう用語；(包装) packing Ⓤ ★一般的な語. ¶ *風袋抜きで 10 kg です (⇒正味の重さ) The net weight is 10 kg.

ふうちちく 風致地区 scenic zone Ⓒ.

ふうちょう 風潮 (傾向) tendency Ⓒ；(世間一般の行動様式) the stream；(世論などの動き) tide Ⓒ；(風土) climate Ⓒ. (☞ すうせい；ちょうりゅう；けいこう).
¶ 彼はいつも世間の*風潮に従う[逆らう] He always goes ⌐with [against] *the stream*. // 世の中の*風潮が変わってきているようだ I can see a change in *the tide*. // いまの世の中は寛容主義の*風潮がある Our society *tends* to be permissive.

ブーツ boots ★複数形で. (☞ くつ (挿絵)).

ふうてい 風体 (外見) appearance Ⓒ；(様子) look Ⓒ. (☞ ようす). ¶ 怪しい*風体の男 a suspicious-*looking* man

ふうど 風土 (気候) climate Ⓒ ★転じて「風潮・傾向」の意味にも用いられる；(環境) environment Ⓒ. ¶ 日本の精神的*風土 the ⌐spiritual [mental] *climate* of Japan

ふうとう 封筒 envelope Ⓒ (☞ 手紙の書き方 (囲み)). ¶ 彼女は*封筒に封をした She ⌐sealed (up) [closed (up)] the *envelope*. // 返信用*封筒 a return *envelope* // 和*封筒 an end-opening *envelope* // 洋*封筒 a side-opening *envelope*

ふうにゅう 封入 ━動 enclose ㊀.

ふうび 風靡 **一世を風靡する** ☞ いっせい[3]

ふうひょう 風評 rumor Ⓒ (☞ うわさ).

ふうふ 夫婦 man [husband] and wife Ⓒ；married couple Ⓒ 【語法】 前者は男女の関係を言うのに用い，後者は単に結婚した夫婦を客観的にいう言葉. (☞ 親族関係 (囲み)).
¶ いまや彼らは*夫婦となった They have now become *man and wife*. 【語法】 man [husband] and wife は無冠詞で用いる. // あの２人は*夫婦ですか Are they a *married couple*? / Are they ⌐*man* [*husband*] *and wife*? // 新婚の*夫婦はハネムーンに旅立った The ⌐newly married *couple* [*newlyweds*] started ⌐on their honeymoon [on a honeymoon]. // 鈴木さんご*夫婦が訪ねてみえました *Mr. and Mrs. Suzuki* ⌐have come [are here] to see you. // その*夫婦は昨夜夫婦げんかをした The *couple* had a ⌐quarrel [row] last night. ★row [ráu] は口語. // 彼らは*夫婦仲よく暮らした They lived ⌐a *happy married life* [*happily as man and wife*]. // 今度はご*夫婦でいらっしゃい (⇒次回には奥さんを連れておいでなさいよ) Why don't you bring your wife next time?

ふうふう ¶ 少年は*ふうふうやってスープを冷ました The boy *blew on* the soup to cool it. // 彼はコース半ばで*ふうふう (⇒息切れ) していた He was ⌐*out of breath* [*breathless*] in the mid-course. // 彼はその仕事で*ふうふう言っている (⇒仕事の重圧で音をあげている) He's *crying out for help* under the pressure of that work. (☞ 擬声・擬態語 (囲み)；はあはあ；いきぎれ)

ぶうぶう ━動 (ぶうぶう言う・不平を言う) grumble (about ...) ㊀, complain (about ...) ㊀；(警笛などを鳴らす) hoot ㊀；(豚が) grunt ㊀. (☞ ふへい；擬声・擬態語 (囲み)). ¶ 彼は学校の事で何か*ぶうぶう言っていた He *was complaining about* his school.

ふうぶつ 風物 (生活と自然) life and nature Ⓤ；(風俗・文物など) things ... ★複数形で用い，地名・国名などの形容詞形を伴う.
¶ イギリスの*風物について述べましょう I'd like to say something about *life and nature* in Britain. // ホワイト氏は日本が好きで，特に日本の*風物 (⇒日本的なもの) に興味を持っている Mr. White likes Japan, and is interested especially in *things Japanese*.

ふうみ 風味 ━名 (ある物に特有の) flavor (《英》 flavour) Ⓤ；(一般的に物の味・風味) taste ★a～, the～ として；(料理などの) savor [séivər] (《英》 savour) Ⓤ. ━形 (風味のよい) savory；(味のよい) tasty, delicious. (☞ あじ[1] (類義語)；味 (囲み)). ¶ このオレンジは*風味がない This orange has no *flavor*. / This orange lacks *flavor*.

ブーム ━名 boom [bú:m] Ⓒ. ━動 boom ㊀；(事業などが繁栄する) flourish ㊀. (☞ りゅうこう). ¶ いまは建築*ブームです A ⌐house-building [housing construction] *boom* is on. / House-building [Housing construction] *is booming* now. / The construction business *is flourishing*.

ふうらいぼう 風来坊 wanderer Ⓒ.

ふうりゅう 風流 ━名 (優雅) elegance Ⓤ；(よい趣味) taste Ⓤ. ━形 (優雅な) elegant；(上品な) tasteful 【参考】 日本語の「風流」に当たる概念を正確に表す言葉が英語にはない. 従って説明をする以外には適確に訳出することは不可能である. (☞ ふぜい；日本語と英語 (欄外)).
¶ *風流な人 a man of *taste* ★特に文芸などを解する. // 彼はまったく*風流を解さない (⇒散文的な) 男だ I find him quite *prosaic*.

ふうりょく 風力 force of the wind Ⓒ (☞ ふうそく；かぜ[1] (表)). **風力計** anemometer Ⓒ.

ふうりん 風鈴 Japanese ⌐wind [hanging] bell Ⓒ.

プール[1] «水泳の»: swim(ming) pool Ⓒ ★前後関係でわかれば pool のみでよい；《英》 swimming bath Ⓒ. ¶ 室内[屋内]*プール an indoor (*swimming*) *pool*

プール[2] «資金などの» ━名 pool Ⓒ. ━動 (プールする) pool ㊀.

ふうん 不運 ━名 misfortune Ⓤ, bad luck Ⓤ. ━形 unlucky, unfortunate ★前者がより偶発的な意味をもつ. ━副 (不運にも) unluckily, unfortunately. (☞ うん[1]；ふこう[1]). ¶ 彼女は*不運な人だ She is an *unlucky* woman. // 私はこのところ*不運続きです I've had a succession of *bad luck* these days.

ぶーん ━名 (蚊・蜂などのぶーんという音) buzz Ⓒ, hum Ⓒ. ━動 (ぶーんという音を立てる) buzz ㊀, hum ㊀. (☞ 擬声・擬態語 (囲み)；ぶんぶん).

ふえ 笛 (一般に) flute Ⓒ；(呼び子) whistle Ⓒ.

ふ

フェアプレー fair play Ⓤ. ¶ *フェアプレーでやりましょう Let's *play fair*!

ふえいせい 不衛生 —［形］unsanitary;（健康に悪い）unhealthy. —［名］（不衛生な状態）unsanitary conditions ★複数形で;（衛生についての配慮のないこと）lack of ┌hygienic care [(good) hygiene] Ⓤ.（☞ えいせい^2; ふけつ）.

フェーンげんしょう フェーン現象 Foehn [Föhn] [fə́:n] phenomenon Ⓒ.

フェザーきゅう フェザー級 featherweight class Ⓒ. **フェザー級の選手** featherweight Ⓒ.

ふえて 不得手 —［形］（下手な）poor, bad ★前者が最も普通. 後者は意味が強い;（弱い・実力がない）weak ★述語的に用いるのが普通.（☞ ふとくい; にがて）. ¶ 私は英語が*不得手です I'm ┌*poor* [*weak*] in English. /（⇒ 英語は私の弱い課目です）English is my *weak(est)* subject.

フェミニスト ¶ 彼は*フェミニストだ（⇒いつも女性に気に入られようとする）He *is* always *trying to win the favor of women.* /（⇒いつも女性の肩を持つ）He always *takes sides with women.* ［参考］英語の feminist Ⓒ は「女権拡張論者」の意味であることに注意.（☞ 和製英語（囲み））

フェリー ferryboat Ⓒ, ferry Ⓒ.（☞ 乗り物（囲み））.

ふえる 増える, 殖える（数量などが）increase (自);（力・重量が）gain (自)(他);（数が倍増して）double (自);（何倍にも増える）multiply [mʌ́ltəplài] (自).（☞ ます^1; ぞうか^1）.

¶ ロシア語を学ぶ学生は着実に*増えている The number of students ┌who study [studying] Russian *is* steadily *increasing.* / There is a steady *increase* in the number of students ┌who study [studying] Russian. // 私は体重が（2 キロ）*増えた I *have* ┌*gained* [*put on*] (2 kilograms). // この町の人口はここ 10 年で 2 倍に*増えた The population of this town *has doubled* in the past decade. // 年を取ると心配が*増える Our sorrows *multiply* as we get older. // 日本の輸出は次第に*増えている The exports [Exports] from Japan are *on the increase.*

フェルト felt Ⓤ.

ふえん 敷延, 敷衍 —［動］（もっと詳しく述べる）explain ... more fully, amplify ┌on [upon] ...;（念入りに述べる）elaborate ┌on [upon] ... ［語法］I が主語のときは普通最初の表現を使う.（☞ しょうさい^1）.

フェンシング fencing Ⓤ. ¶ *フェンシングの試合 a *fencing* match // *フェンシングの選手 a fencer

ぶえんりょ 無遠慮 —［形］（無作法な）rude [rú:d];（失礼な）impolite;（率直に何でもずけずけ言う）outspoken.（☞ ぶしつけ）.

¶ 彼は*無遠慮に笑った He laughed *rudely.* / He gave a *rude* laugh. // *無遠慮なお願いとは存じますが...（⇒あまりに多くのことを頼む）I'm afraid I am asking too much of you, but ...

フォアボール —［名］base on balls Ⓒ《複 bases on balls》, walk Ⓒ. —［動］（四球を与える）walk (他);（四球で歩く）walk (自);（四球で1塁に出る）get to first on balls.（☞ 野球の英語（囲み））. ¶ その回, 江川は掛布に*フォアボールを出した Egawa *gave* Kakefu *a base on balls* in the inning. / Egawa *walked* Kakefu in the inning.

フォーク fork Ⓒ（☞ 食事（囲み））. ¶ *フォークとナイフは何組いるでしょうか How many sets of knives and *forks* do we need?

フォークソング folk [fóuk] song Ⓒ（☞ 音楽（囲み））. ¶ *フォークソング歌手 a *folk* singer

フォークダンス folk dance Ⓒ.

フォーム（運動の）form Ⓤ.

ぶおとこ 醜男 ugly man Ⓒ.

ふおん 不穏 —［形］（危険な）dangerous;（深刻な）serious.（☞ ふううん）. ¶ 形勢は*不穏になってきた The situation has become rather ┌*serious* [*dangerous*].

ふおんとう 不穏当 —［形］（節度のない）immoderate;（適切さを欠く）improper. ¶ 彼は*不穏当な言葉を使った He used *improper* language.

ふか^1 不可（成績の）F Ⓒ《複 F's, Fs》★ failure の略;（投票などの）nay Ⓒ.（☞ か^1; ゆう^1 ［参考］）. ¶ 私は物理が*不可だった I got an *F* in physics. // *不可とするもの多数《議会などで》The *nays* have it!

ふか^2 孵化 —［名］hatching Ⓤ, incubation Ⓤ ★前者のほうが日常的な語. —［動］（孵化する・させる）hatch (自)(他), incubate (自)(他).（☞ かえる^5）.

ふか^3 付加 —［名］addition Ⓤ. —［動］add ... to ...（☞ つけくわえる）.

ふか^4 鱶 shark Ⓒ.

ぶか 部下 men ★通例複数形で.（☞ はいか）. ¶ 彼は数名の*部下を連れて行った He took some of his *men* with him. // 私の*部下になって（⇒私の下で）働いてくれないか Won't you work *under* me?

ふかい^1 深い deep;（比喩的な意味で）profound ［語法］前者が一般的で, 比喩的にも用いられる. 後者は形式ばった語で, また意味も強い.（☞ ふかく^1; 大きさの表し方（囲み））.

¶ *深い井戸を掘った We dug a *deep* well.
この池はここが一番*深い The pond is *deepest* here.（☞ 比較の表現（囲み））
この湖は日本では一番*深い This lake is the *deepest* (one) in Japan.
*深い所へ行かないように Don't ┌go [get] in too *deep(ly).*
この地方は 3 月でもまだ雪が*深い The snow is still *deep* here in March.
*深い考え (a) *deep* thought / a *profound* idea
*深い悲しみ (a) *deep* sorrow
私はこの問題には*深い関心を持っている I ┌have a *deep* interest [am *deeply* interested] in this problem.
彼女は*深い眠りから覚めた She awoke from her *deep* sleep.

ふかい^2 不快 —［形］（不愉快な）unpleasant, offensive, disgusting ★後の語ほど意味が強い. —［動］（不快にさせる）displease (他), offend (他), disgust (他).（☞ ふゆかい）.

ふ

¶ *不快なにおい an 「unpleasant [offensive] smell // 彼は*不快な顔をした He looked 「displeased [offended].

不快指数 discomfort index Ⓒ 《略 D.I.》 ★《米》では現在正式には temperature-humidity index 《略 T.H.I.》(=温湿指数) と呼ばれている.

ぶがいしゃ 部外者 (かかわりのない者) person not concerned Ⓒ; (局外の者) outsider Ⓒ. 《☞ よそもの》. ¶ *部外者の立入り禁止 Private. 《☞ 掲示の英語 (囲み)》

ふがいない 腑甲斐ない ━ 形 (人を失望させる) disappointing 《☞ いくじ; おくびょう》.

ふかいり 深入り ━ 動 (深入りする) go too far into … 《☞ ふかみ》. ¶ 彼はそれに*深入りしすぎた He *has gone too far into* the matter.

ふかかい 不可解 ━ 形 (理解や説明のできない) mysterious; (謎めいた) enigmatic. ━ 名 (不可解な人[事]) enigma Ⓒ. 《☞ ふしぎ; なぞ》. ¶ 彼は*不可解な人物だ He is 「a *mysterious* personality [an *enigma*]. // 彼の自殺は*不可解だ His suicide is a *mystery*.

ふかぎもん 付加疑問 〘文法〙 tag question Ⓒ 《☞ 欄外》.

ふかく[1] 深く ━ 副 deep, deeply ★後者は主として比喩的な意味に用いる; (比喩的に形式ばって) profoundly. 《☞ ふかい[1]》.
¶ *深く掘る dig *deep* // 雪が*深く積もっていた The snow lay *deep*. // 私たちは彼女の言葉に*深く感動した We were *deeply* moved by her words. // ご援助に対し*深く感謝いたします (⇒ 心から) I'd like to express my *sincere* thanks for your assistance. / I'm *very* grateful for your help. // *深くおわびを申し上げます I'm *very* sorry. / Please accept my *sincere* apologies. ★後者は形式ばった表現.

ふかく[2] 不覚 ¶ 私は先週テニスで彼に*不覚を取った (⇒ 負かされた) I *was beaten* by him at tennis last week.

ふかくじつ 不確実 ━ 名 uncertainty Ⓤ. ━ 形 (不確実な) uncertain; (信頼できない) unreliable; (よりどころのない) unauthentic. 《☞ かくじつ; たしか (類義語)》.

ふかくてい 不確定 ━ 形 (定まっていない) indefinite; (確かでない) uncertain. ¶ *不確定な要素が多すぎる There are too many 「*indefinite* [*uncertain*] factors.

ふかけつ 不可欠 ━ 形 (なくてはならない) indispensable (to …; for …); (空気や食物が生存に必要なのと同じ程度に必要な) vital (to …; for …); (それがないと本質が損われるような) essential (to … ; for …). 《☞ かかす》.
¶ 新鮮な空気は健康に*不可欠だ Fresh air is 「*indispensable* [*essential*] 「*to* health [*for* good health]. // よい仕事をするにはよい道具が*不可欠だ Good tools are 「*indispensable* [*vital*] *for* doing good work.

ふかこうりょく 不可抗力 ━ 名 (避け難いこと) inevitability Ⓤ. ━ 形 inevitable; (制御できない) uncontrollable. ¶ その事故は*不可抗力によるものとされた The accident was considered to be *inevitable*.

ふかさ 深さ ━ 名 depth Ⓤ, profundity Ⓤ ★前者のほうが普通. ━ 形 (深さが…で) deep. 《☞ ふかい[1]; おくゆき; 大きさの表し方 (囲み)》.
¶ プールの*深さは, ここで 1.5 メートルです The pool is 1.5 meters 「*deep* [*in depth*] here. // 彼らは川の*深さを測っている They are now 「sounding [measuring] the *depth* of the river. // この沼の*深さはだれも知らない Nobody knows how *deep* this marsh is. // 彼の知識の*深さを尊敬している I admire the 「*profundity* [*deepness*; *depth*] of his knowledge.

ふかざけ 深酒 ━ 名 heavy [excessive] drinking Ⓤ. ━ 動 drink 「heavily [too much; excessively].

ふかしぎ 不可思議 ━ 形 (妙な) strange; (神秘的な) mysterious. 《☞ ふしぎ》.

ふかしんじょうやく 不可侵条約 nonaggression 「pact [treaty] Ⓒ. ¶ これら 2 国は*不可侵条約を結んだ These two nations have concluded a *nonaggression* 「*pact* [*treaty*] with each other.

ふかす[1] 吹かす (たばこを) puff (at …) ⓐ ★ ⓣ の用法もある; (エンジンを) rev up ⓐ ⓣ. 《☞ ぷかぷか》.

ふかす[2] 蒸かす steam ⓣ 《☞ むす; 料理の用語 (囲み)》.

ぶかっこう 不格好 ━ 形 (格好の悪い) shapeless, unshapely, misshapen ★第1番目が最も一般的. misshapen は前の 2 語より文語的; (ぎこちない) clumsy; (ぶざまでみっともない) awkward. 《☞ みっともない; ぶさいく; ぶざま》.
¶ 男は茶色い*不格好な帽子をかぶっていた The man had 「a *shapeless* [an *unshapely*; a *misshapen*] brown hat on. // 彼は打ち方は*不格好だが, とにかくヒットを打つ He has 「an *awkward* [a *clumsy*] way of swinging, but he makes a hit anyway.

ふかっぱつ 不活発 ━ 形 inactive (↔

付加疑問 (tag question) 1つの陳述の後に付け加える簡単な疑問文で, 2 種類ある.

(1) 肯定文には否定の疑問を, 否定文には肯定の疑問を付け加えるもの.

疑問の部分のイントネーションが上昇調のときには, 相手の同意を求める疑問的意味が強く, 下降調のときには自分の考えに自信を持って, 再び確認のために付け加えるという意味が強いとされている.

¶ 今晩はいらっしゃいますね You will be coming this evening, *won't you*? / You are coming this evening, *aren't you*? // 彼はたばこは吸いませんね He doesn't smoke, *does he*? // 先生はあなたの話にほとんど耳を傾けませんでしたね Your teacher hardly listened to your story, *did he*?

(2) 肯定文に肯定の疑問を付け加えるもの.

相手の言葉を繰り返して, 問い返すことが多い. ただし, 否定文に否定の付加疑問を付け加える言い方は普通は使われない.

¶ あなたは真実を話していらっしゃるのですね You are telling me the truth, *are you*? // 彼がボブだったのですね It [That] was Bob, *was it*?

両方のタイプとも最初の文に現れた主語を付加疑問で繰り返す(代名詞形で)のが原則で, 動詞, 助動詞についても同様.

ふ

active); (沈滞した) dull, stagnant ★ 後者のほうが形式ばった語; (不景気な) slack (↔ active). 《☞ かっぱつ》.

ふかづめ 深爪 ¶ *深爪をする pare a nail to the quick

ふかのう 不可能 ―形 impossible (↔ possible) ★ 最も一般的な語; (到達できない) unattainable (↔ attainable); (実行不可能な) impracticable (↔ practicable). ―名 impossibility Ⓤ; impracticability Ⓤ. 《☞ かのう[1]; ふのう; 可能の表現 (囲み)》.
¶ 決心を翻すなんて*不可能だ It is *impossible* for me to change my mind. // *不可能な望み an *unattainable* ambition // その計画は実行*不可能だろう (⇒ うまくいかないだろう) The plan *wouldn't work.* / It is an *impracticable* plan.

ふかひ 不可避 ―形 (必然の) inevitable; (避けられない) unavoidable, inescapable.
¶ 戦争は*不可避と思われた War seemed ⌈*inevitable* [*unavoidable*]. / It seemed *impossible to avoid* war.

ふかふか ―形 (柔らかくてふわふわで気持ちのいい) soft and ⌈fluffy [comfortable]; (羽毛のような) feathery. 《☞ ふわふわ; 擬声・擬態語 (囲み)》.

ぶかぶか ―形 (ぴったりしない) loose [lúːs]; (だぶだぶの) baggy ★ 後者のほうがよりすきまの多いニュアンスがある. 《☞ だぶだぶ; 擬声・擬態語 (囲み)》. ¶ 少年は*ぶかぶかの上着を着ていた The boy had a *loose* coat on. // このズボンは*ぶかぶかだ These trousers are *baggy*.

ぷかぷか **1** «たばこを吹かす様子» ―動 puff away (at …) ⓐ 《☞ 擬声・擬態語 (囲み)》.
¶ 彼は*ぷかぷかとたばこを吹かしていた He *was puffing away at* a cigarette.
2 «浮く様子» ―副 buoyantly [bɔ́iəntli(ː)].
¶ たるが幾つか*ぷかぷか浮いて流れてきた Some barrels came *buoyantly* down.

ふかぶかと 深深と deeply 《☞ ふかく[1]; ふかい[1]》. ¶ 少女は*深々と頭を下げた The girl bowed ⌈*deeply* [*very low*].

ふかぶん 不可分 ―形 (離せない) inseparable 《☞ きりはなす》. ¶ 両者は*不可分の関係にある Those two ⌈are *inseparable* [*can't be separated*].

ふかまる 深まる deepen ⓐ, become ⌈deep [deeper]; (関係が親密になる) become ⌈close [closer]. 《☞ ふかめる; しんみつ》.
¶ 学識が*深まると, 人は謙虚になるものだ As one's knowledge ⌈*deepens* [*becomes deeper*], one becomes more modest. // 両国の友好関係はこのところ*深まっている (The) relations between the two countries *have become closer* these days.

ふかみ 深み (深い所) the depths, deep place Ⓒ ★ 前者は通例複数形で; (深さ) depth Ⓤ; (深いこと・深さ) deepness Ⓤ ★ depth のほうは深さを数量的に言うときに使う. 《☞ ふかさ》.
¶ 少年は川の*深みにはまって, おぼれ死んだ The boy was drowned in the *depths* of the river. // *深みに入らないように Don't ⌈get [go] in too *deep*(*ly*). // 彼には*深みがない He ⌈has no [lacks] *depth*. // 彼の話には*深みがなかった (⇒ うわべだけに思われた) His talk seemed only *superficial*. // その問題に関しては, *深みに入り込まない (⇒ かかわりあわない) ほうがよい We'd better not *get* ⌈*involved* [*mixed up*] *in* the matter.

ふかめる 深める (深くする) deepen ⓗ; (育成する) cultivate ⓗ; (助長する) promote ⓗ; (強力にする) strengthen ⓗ, intensify ⓗ; (豊かにする) enrich ⓗ. 《☞ ふかまる》.
¶ お互いの理解を*深めることが必要だ We need to *promote* our mutual understanding. // 旅行は経験を*深めるのに有効だった The tour was effective in *enriching* my experience.

ぶかん 武官 (陸軍[海軍]の) military [naval] officer Ⓒ; (大使館付きの) military [naval] attaché [æ̀təʃéi] (at an embassy) Ⓒ.

ふかんしょう[1] 不感症 ―名 〔医学〕 (性的な) frigidity Ⓤ. ―形 frigid. ¶ 我々はこういった社会不正に*不感症になっている (⇒ 免疫ができている) We are *immune* to this sort of social injustice.

ふかんしょう[2] 不干渉 nonintervention Ⓤ, noninterference Ⓤ. 《☞ かんしょう[1]》.

ふかんぜん 不完全 (完璧でない) imperfect (↔ perfect); (完全にできていない) incomplete (↔ complete); (欠点のある) faulty. 《☞ かんぜん[1]》. ¶ *不完全な論文を提出してはいけない Don't hand in an *incomplete* paper. // 試作品は*不完全なものだった The trial product was ⌈an *imperfect* one [*imperfect*].

ふき[1] 付記 (supplementary) note Ⓒ; (手紙の追伸・本の後記) postscript [póu(s)skrìpt] Ⓒ 《略 P.S., p.s.》; (付け加えの言葉) additional remark Ⓒ.

ふき[2] 蕗 butterbur Ⓒ. **蕗のとう** butterbur flower stalk Ⓒ.

ぶき 武器 (戦争用の武器の総称) arms ★複数形で; (攻撃ないし防御のための道具) weapon Ⓒ. 《☞ へいき[2]》. ¶ *武器をとって戦おう Let's take up *arms* and fight! // *武器を捨てよ Surrender your *weapons*! // 我々は彼らから*武器を取り上げた We took the *weapons* away from them. / We *disarmed* them. // お色気が彼女の最大の*武器だった Sexuality was her best *weapon*.

ふきあげる 吹き上げる blow up ⓗ; (噴水などが) send [spout; throw] up (water) into the air. ¶ 強風はそこらの紙くずを*吹き上げた A strong wind *blew up* scraps of paper. // 噴水は時々高く水を*吹き上げた The fountain ⌈*sent* [*spouted*; *threw*] *water* high *up into the air* once in a while.

ふきおろす 吹き降ろす blow down … ¶ 寒風が山から*吹き降ろしてきた A ⌈cold [chilly] wind *blew down* the mountain.

ふきかえ 吹き替え ―動 (録音の吹き替えせりふを入れる) dub ⓗ 《☞ 映画 (囲み)》. ¶ だれが日本語版の*吹き替えをやっているのですか Who *is dubbing* the dialogue in Japanese?

ふきかえす 吹き返す (息を) come (back) to life 《☞ いき[1]》. ¶ 彼はとうとう息を*吹き返さ

なかった He didn't *come* (*back*) *to life* after all. / (⇒ 何物も彼の息を吹き返させることができなかった) Nothing could *bring* him *back to life* after all.

ふきかける 吹き掛ける　(息を) breathe upon …; (霧を) spray (upon …) (自). ¶ 妹は窓ガラスに息を*吹き掛けては何かかいていた My younger sister *breathed upon* the windowpane and drew something on it. // まず, 霧をよく*吹き掛けてからアイロンをかけなさい *Spray* it well first, then iron it.

ふきけす 吹き消す　blow out (他). ¶ すきま風が机の上のローソクを*吹き消した A draft *blew out* the candle on the desk.

ふきげん 不機嫌　— (形) in ˹bad [ill] humor, in a (bad) temper; (気に入らなくて) displeased; (怒ってむっつりした) sullen, moody. 《☞ きげん[1]》. ¶ その日, 校長は*不機嫌だった The principal was ˹*in a bad mood* [*in bad humor*, *in a* (*bad*) *temper*] that day. // 知らせを聞いて彼は*不機嫌になった The news made him ˹*sullen* [*moody*].

ふきこぼれる 吹きこぼれる　boil over (自). ¶ 鍋のふたを取っておかないと*吹きこぼれます Keep the lid off, or it will *boil over*.

ふきこむ 吹き込む　**1** «風などが»: blow in (自), blow into … 《☞ ふりこむ[2]》.
¶ 窓を開けると部屋に冷たい風が*吹き込んできた When I opened the window, a cold wind *blew into* the room.
2 «感情・思想などを»: inspire (他).
¶ だれがそんな考えを*吹き込んだのですか Who *has put* such an idea *into* your head? / Who *has inspired* you *with* such an idea?
3 «録音する» — (動) (…を録音してもらう) have … recorded, record (他) [語 法] 後者は前者と同じ意味にも, また自分で録音する意味にも使う. — (名) (吹き込み) recording (U); (吹き込みの会合) recording session (C). 《☞ ろくおん》.
¶ 午後, 来週放送する話を*吹き込みます This afternoon I'll ˹*have* my talk *recorded* [*record* my talk], which is to be ˹on the air [aired] next week. / I'll have the *recording session* for next week's program this afternoon.

ふきさらし 吹きさらし　— (形) (荒れて寒々とした) bleak; (風に吹かれるままになっている) exposed to the wind.

ふきすさぶ 吹きすさぶ　blow ˹hard [violently] (自).

ふきそ 不起訴　— (動) (事件を不起訴にする) drop (他); (人を) do not ˹indict [indáit] [prosecute] (他) [語 法] indict は警察(英米では陪審)が告発して起訴する場合, prosecute は検察側が起訴する場合に使う; (無罪放免する) acquit (他). 《☞ きそ[2]》. ¶ その件は*不起訴となった The case *was dropped*. // 彼女は*不起訴となった She *was not* ˹*indicted* [*prosecuted*]. / She *was acquitted*.

ふきそうじ 拭き掃除　— (動) (こすってきれいにする) scrub (他) 《☞ そうじ[1]; ふく[3]》. ¶ 床の*拭き掃除は時間がかかる It takes time to *scrub* the floor *clean*.

ふきそく 不規則　— (形) (一定しない) irregular (↔ regular) 《☞ きそく》.
¶ *不規則な生活をするのは健康によくない Living an *irregular* life [Keeping *irregular* hours] is not good for ˹the [*one's*] health.
不規則動詞 irregular verb (C)　**不規則変化** (動詞の) irregular conjugation (C).

ふきたおす 吹き倒す　blow ˹down [over] (他); (家などを倒壊させる) level (他). ¶ 家の前の杉の木が風で*吹き倒された (⇒ 風が…した) The wind *blew* ˹*down* [*over*] the cedar tree in front of our house.

ふきだす 吹き出す　**1** «風が»: begin to blow (自), rise (自). 《☞ ふく[1]》. ¶ 風は夜半ごろ*吹き出した The wind ˹*began to blow* [*rose*] around midnight.
2 «笑い出す»: burst ˹into laughter [out laughing] 《☞ わらう》. ¶ 観客はどっと*吹き出してしまった The audience *burst* ˹*out laughing* [*into laughter*].
3 «水・血・石油などが»: (ほとばしり出る) gush ˹out [forth; from …] (自); (噴出する) spout (自), spurt (自); (ガスが) blow up (自). 《☞ ふきこぼれる》. ¶ 原油が油田から*吹き出した Crude oil *gushed* ˹*out of* [*from*] the well. // 傷口から血が*吹き出した Blood ˹*spouted* [*spurted*] from the wound. // ガスは管の割れ目から突然*吹き出した Gas *blew up* suddenly from the crack in the pipe.

ふきだまり 吹きだまり　(吹きよせられたもの) drift (C); (雪の吹きよせ) snowdrift (C).

ふきちらす 吹き散らす　(風などが) blow (他), scatter (他). ¶ 一陣の風が机の上の書類を*吹き散らした A gust of wind *has* ˹*blown* [*scattered*] the papers on the desk.

ふきつ 不吉　— (形) (不吉な) ominous; (不幸な・不運な) unlucky, unfortunate. ¶ *不吉な予感がした I had an *ominous* presentiment. // 13 は*不吉な数と言われている Thirteen is said to be an *unlucky* number.

ふきつける 吹き付ける　**1** «風・雨などが»: blow ˹against [on] … ¶ 風は小屋に激しく*吹きつけた The wind *blew* hard *against* the cottage.
2 «塗料などを»: spray (他) 《☞ ふきかける》.
¶ ペンキ屋が壁に白い塗料を*吹き付けている The painter *is spraying* ˹the wall white [white paint on the wall].

ふきでもの 吹き出物　rash (C), eruption (C) ★ 後者のほうが改まった語で, 医学用語でもある.

ふきとばす 吹き飛ばす　blow ˹off [away] (他); (持ち去る) carry ˹off [away] (他).
¶ 風で傘を*吹き飛ばされた I *had* my umbrella *blown* ˹*off* [*away*]. 《☞ 使役 (囲み)》 / (⇒ 風が傘を運び去った) The wind *carried* ˹*away* [*off*] my umbrella. // 彼の確約の言葉で私の心配は*吹き飛んだ (⇒ 彼の確約の言葉が私の心配を追い散らした) His words of assurance *dispelled* my anxiety. 《☞ けしとぶ》

ふきながし 吹き流し　streamer (C).

ふきぶり 吹き降り　(風と雨) wind and rain; (嵐) rainstorm (C); (たたきつけるような雨) driving rain Ⓒ. 《☞ ふうう；あらし》.

ふきまくる 吹きまくる (ひどく吹く) blow very hard ㊀；(吹き荒れる) rage ㊀. ¶あらしは一晩中*吹きまくった The storm *raged* all through the night.

ぶきみ 不気味，無気味 ─形 (神秘的で気味悪い) weird [wíəd]；(薄気味悪くて恐ろしくなるような) uncanny；(ぞっとするような) eerie, eery [í(ə)ri(ː)] ★以上は入れ替え可能で，この順に意味が強くなる；(この世のものとも思われない) unearthly. 《☞ きみ[2]》.

¶*不気味な音が洞穴の中から聞こえてきた We heard some ˹*weird* [*uncanny*] sounds coming out of the cave. // やみの中に光るおおかみの目は*不気味だった (⇒我々をぞっとさせた) The wolf's glaring eyes in the darkness *made our blood run cold*.

ふきゅう[1] 普及 ─動 (大衆化する) popularize ㊉；(一般的になる) become popular；(広がる・広める) spread ㊀㊉. ─名 (大衆化) popularization Ⓤ；spread Ⓤ.

¶政府は教育の*普及に努めた The government tried to ˹*spread* education [promote (the *spread*) of education]. // 男女同権の思想はかなり*普及している The idea of equal rights for men and women *has* ˹*been popularized* [*spread*] fairly widely. // 電子レンジはかなり*普及した Microwave ovens ˹*are pretty popular* now [*have come into wide use*].

普及版 popular edition Ⓒ.

ふきゅう[2] 不朽 ─形 (永久に続く) everlasting；(不滅の) immortal ★やや文語的；(永遠に続いて変化しない) eternal. ─名 immortality Ⓤ；eternity Ⓤ. 《☞ ふめつ》.

¶彼はこの作品で*不朽の名声を得た He won ˹*everlasting* popularity [*immortal* fame] with this work. ★[ ]内はやや文語的. / This work made him *immortal*. // これは*不朽の真理だ This is an *eternal* truth.

ぶきよう 不器用，無器用 ─動 (不器用である) be all thumbs. ─形 (ぎごちない) clumsy, awkward. ¶私は(手先が)*不器用だ I'*m all thumbs*. // 彼は*不器用な手つきで縫っていた He was sewing ˹*with a clumsy hand* [*in an awkward way*].

ふきょう[1] 不況 (広範な) depression Ⓒ；(特に一時的な景気後退) recession Ⓒ；(景気・事業などの不振・中だるみ) slump Ⓒ ★ややくだけた言い方. 《☞ ふけいき》. ¶*不況が深刻の度を増してきた The ˹*depression* [*slump*] is becoming more and more serious. // 政府は大がかりな*不況対策を進めている The government is carrying out full-scale counter-*recession* measures.

ふきょう[2] 布教 ─名 (布教の仕事) missionary work Ⓤ. ─動 (宗教を広める) spread (˹religion [faith])；(布教活動に従事する) be engaged in missionary work. ¶宣教師たちは熱心にキリスト教の*布教をした The missionaries zealously *spread* Christianity. // 彼らの*布教活動はやがて実を結んだ Their *missionary work* yielded fruit in due time.

ふきょう[3] 不興 **不興を買う** ¶どうも社長の*不興を買ったらしい I must *have* ˹*offended* [*displeased*] my boss.

ふぎょうせき 不行跡 (特に公務員などの収賄など) misconduct Ⓤ；(特に性的な不品行) misbehavior (《英》 misbehaviour) Ⓤ.

ふきょうわおん 不協和音 discord Ⓒ, dissonance Ⓒ ★後者のほうがより専門的な用語.

ぶきょく 舞曲 dance (music) Ⓤ.

ふぎり 不義理 ─形 (恩知らずの) ungrateful [参考] 日本語の「義理」にぴったりした英語はない. 《☞ ぎり》. ¶あの恩人にずっと*不義理をしてきた I've been *ungrateful to* that benefactor of mine. // 友人たちに*不義理をしている (⇒すべきことをしていない) I *have failed in my* ˹*duty* [*duties*] to my friends.

ぶきりょう 不器量 ─形 plain(-looking), 《米》 homely；(醜い) ugly [語法] この語に代わって，遠回しの plain, homely などを用いることが多い. 《☞ きりょう》.

ふきん[1] 付近 ─名 neighborhood (《英》 neighbourhood) Ⓤ, vicinity Ⓤ ★後者は改まった語. ─形 neighboring, nearby；(すぐ近くの・隣接した) adjacent ★やや改まった語. 《☞ あたり[1]；きんじょ；ちかく[1]》.

¶私の家の*付近には古いお寺が多い There are a lot of old temples in my ˹*neighborhood* [*vicinity*]. // 彼の家はこの*付近のはずです His house should be ˹in this *neighborhood* [*somewhere near here*].

ふきん[2] 布巾 kitchen towel Ⓒ；(食器用の) dish towel Ⓒ, dishrag Ⓒ；(食卓などをふくための) duster Ⓒ. 《☞ 台所・家事 (囲み)》.

ふきんこう 不均衡 ─名 imbalance Ⓤ, unbalance Ⓤ [語法] 前者が普通. 後者も同じ意味で使われることもあるが，動としてが普通で，名の場合は特に「精神的不均衡」をいうことが多い；lack of balance Ⓒ ★説明的；(特に部分間の) disproportion Ⓤ. ─形 unbalanced; disproportionate, disproportional.

¶需要と供給の*不均衡 the *imbalance* of supply and demand

ふきんしん 不謹慎 ─形 (無作法な) indecent；(特に女性が慎みのない) immodest. ─名 indecency Ⓤ；immodesty Ⓤ.

¶公開の席でわいせつな言葉を使うなんて彼も*不謹慎だ It is *indecent* of him to use obscene words in public.

ふく[1] 吹く **1** «風が»: blow ㊀ 《過去 blew; 過分 blown》 《☞ 天候の表現 (囲み)；かぜ[1]》. ¶風は北から*吹いている The wind *is blowing from* the north.

2 «管楽器を»: (管楽器を演奏する) play ㊉；(ホルンやトランペットなどを) blow ㊉, sound ㊉ [語法] 英語では日本語のように楽器によって「弾く」「吹く」「打つ」などの区別がなく，演奏するのはすべて play で表すのが普通. ただし，特に「吹く」という動作に注目する場合は blow,「音を出す」意味を強調する場合は sound を用いる. 《☞ 音楽 (囲み)》.

¶彼女はフルートを上手に*吹く She *plays* the flute beautifully. // ラッパが3度*吹かれた

The trumpet *was* ｢*blown* [*sounded*] three times.

ふく² 服 ―名 clothes [klóu(ð)z] ★複数形；clothing Ⓤ ★後者は集合的に衣類を指す；(婦人の) dress Ⓒ. ―動 dress ⓐ ⓣ. 《☞ 衣服(囲み)》.
¶彼は一番よい*服を着て出かけた He went out in his best *clothes.* // *服を着なさい Put on your *clothes* / Put your *clothes* on. 語法 put on *one's* clothes は単に服を着るという意味だが, 朝起きて身仕度をしたり, 外出するのに着替えたりして服を着るのは get dressed という. // *服を着せて[脱がせて]あげなさい Help him ｢on [off] with his *clothes.* // この国では冬でも暖かい*服を着なくてもよい You don't have to wear warm ｢*clothes* [*clothing*] even in winter in this country. // 男性の*服は近ごろとみに色彩豊かになった Men's *clothing* have become fairly colorful nowadays. // この*服は少しきつい This *dress* is too tight for me. // 母親は子供に*服を着せた The mother *dressed* her children. // 彼は*服の着こなしがよい He *dresses* smartly.

ふく³ 拭く (きれいにする) clean ⓣ；(軽くこすって) wipe ⓣ；(ごしごしこすって) scrub ⓣ；(モップなどで) mop ⓣ；(乾かす) dry ⓣ.
¶棚を雑巾で*ふきなさい *Clean* [*Wipe*] the shelves with a duster. // 生徒たちはモップで床を*ふきます The students *mop* the floor. // 手を洗ったらタオルでよく*ふきなさい *Dry* your hands well ｢with [on] a towel after you wash them. 語法 wipe には「水分をふき取る」という意味はない.

ふく⁴ 副 ―接頭 (主になる人の次の位の) vice-；(下位の) sub-；(一緒に働く) co-. ―形 (代理役の) deputy；(補佐の・補助の) assistant；(準じる) associate；(補充の) supplementary；(追加の) additional；(特別の・余分の) extra ★以上の語はほぼ同じ意味で使われ, 次に続く語によって選択が決まる場合もある. ―名 (写し) duplicate Ⓒ.
¶正*副2通の書類が提出された The documents have been presented *in duplicate.* ★ in duplicate は慣用表現.
副会長 vice-president Ⓒ **副議長** vice-chairman Ⓒ《複 -men》；(議会の) deputy speaker Ⓒ **副社長** vice-president Ⓒ **副収入** income from a ｢side [part-time] job Ⓒ, additional income Ⓒ **副賞** supplementary [extra] prize Ⓒ **副操縦士** copilot Ⓒ **副総理** deputy prime minister Ⓒ, vice-premier Ⓒ **副題** subtitle Ⓒ **副大統領** vice-president Ⓒ **副知事** deputy governor Ⓒ；(米国の州の) lieutenant governor Ⓒ **副読本** supplementary reader Ⓒ.

ふく⁵ 葺く (屋根をふく) roof ⓣ, cover ⓣ ★後者は「覆う」という意味の一般的な語；(草・かや・わらで) thatch ⓣ；(かわらで) tile ⓣ；(屋根板で) shingle ⓣ. 《☞ やね》. ¶わらで*ふいた農家 a *straw-thatched* farmhouse // 家の屋根はかわらで*ふいてあった The house *was roofed* with tiles. / The roof of the house *was* ｢*covered* with tiles [*tiled over*].

ふく⁶ 福 (幸運) (good) luck Ⓤ, good fortune Ⓤ ★前者は口語的で, 後者に比べるとあまり重大ではない事柄に用いる；(幸福) happiness Ⓤ. 《☞ こううん；こうふく¹》. ¶あなたは私たちの*福の神だ (⇒あなたは幸運を私たちに持ってきた) You've brought us *good luck.* // *福は内, 鬼は外 In with *good fortune*! Out with the ｢devil [demon]!

ふぐ 河豚 puffer Ⓒ, globefish Ⓒ《複 ～(es)》.

ふくあん 腹案 (考え) idea Ⓒ；(計画) plan (in *one's* mind) Ⓒ. 《☞ かんがえ；けいかく》.
¶*腹案がおありなら, まず聞かせて下さい If you have ｢an *idea* [a *plan*], let us hear it first.

ふくいん¹ 福音 **1** «喜ばしい知らせ»: good news Ⓤ. ¶それは困窮した人たちにとっては*福音です It's *good news* for the poor people. **2** «キリスト教の»: the gospel ★しばしば G— として用いる. ¶宣教師たちは村人に*福音を説いた The missionaries preached *the gospel* to the villagers. // 新約聖書の最初の4篇を*福音書と呼ぶ The first four books of the New Testament are called *the Gospels.*

ふくいん² 復員 ―名 (動員解除) demobilization Ⓤ；(本国送還) repatriation Ⓤ. ―動 be demobilized；be repatriated.
復員軍人 repatriated soldier Ⓒ.

ふぐう 不遇 ―形 (不運な) unfortunate. ―名 (つらい運命) hard lot Ⓒ ★口語表現；(宿命的なもの) ill fate Ⓤ；(不運) misfortune Ⓒ ★しばしば複数形で；(逆境) adversity Ⓤ ★形式ばった語. 《☞ ぎゃっきょう》.
¶晩年, 彼は貧乏だったが, その*不遇をかこつことはなかった He was poor in his later years, but he never complained of his ｢*hard lot* [*ill fate*]. // 彼は*不遇なときにも決して絶望しなかった He never became desperate even in *adversity.*

ふくえき 服役 ―名 (懲役の) (penal) servitude Ⓤ. ―動 serve ｢*one's* sentence [a prison term].

ふくえん 復縁 ―動 (再び夫婦となる) be reunited (as husband and wife).

ふくがく 復学 ―動 (学校に戻る) come back to school；(再入学を許される) be admitted to school again, be readmitted to school.

ふくがん 複眼 (昆虫の) compound eye Ⓒ.

ふくぎょう 副業 (時間給の仕事) part-time job Ⓒ；(専門以外のもう1つの仕事) second job Ⓒ. 《☞ アルバイト》.

ふくげん 復元, 復原 ―動 (元の状態に戻す) restore ... (to its original state)；(建築物などを再建する) reconstruct ⓣ.
¶専門家たちは古代人の住居を*復元するのに成功した Specialists have succeeded in ｢*restoring* [*reconstructing*] the dwellings of ancient people. 《☞ 動名詞 (欄外)》

ふくごう 複合 ―名 (複合物) composite Ⓒ, compound Ⓒ 語法 前者には各種の要素を物理的に混ぜ合わせた, 後者には各種の要素を化学的に反応させて1つの物にした, というニュアンスがある. ―形 composite；compound. ―動 compound ⓣ. 《☞ ごうせい¹》.

複合語〘文法〙compound (word) Ⓒ.

ふくざつ 複雑 ―形 (ごちゃごちゃに入り乱れて理解できないような) complicated; (乱れてはいないが，構造が込み入っていて理解に時間がかかるような) complex; (細かく絡み合ってどうしてよいかわからないほどの) intricate; (情勢や観念などが込み入って混乱した) involved; (感情などが混乱した) mixed. ―名 complication Ⓤ; complexity Ⓤ; intricacy Ⓤ. ―動 complicate ㊐; (複雑である[になる]) be [get] complicated. 《☞ こみいる》.

¶ 小説の筋が*複雑でわからない The plot of the novel is too 「*complicated* [*intricate*; *complex*] to understand. // この文は構造が*複雑だ The structure of this sentence is *complex*. // 彼女の出現が状況を*複雑にした Her appearance *has complicated* the situation. // 彼の沈黙がかえって問題の*複雑さを暗示している His silence suggests the 「*complexity* [*intricacy*] of the problem.

ふくさよう 副作用 side effect Ⓒ; (有害な) harmful effect Ⓒ. ¶この薬はいくらか*副作用があります This medicine has some *side effects*.

ふくさんぶつ 副産物 by-product Ⓒ; (派生物) outgrowth Ⓒ. ¶この発見は，ある研究の*副産物です (⇒副産物としてなされた) This discovery was made as 「a *by-product* [an *outgrowth*] of some other research project.

ふくし[1] 福祉 (満足すべき生活状態) welfare Ⓤ, well-being Ⓤ ★ 前者のほうが一般的. 《☞ こうふく[1] (類義語)》. ¶何よりもまず政府は国民の*福祉を増進すべきである Above all (things), the Government should promote the 「*welfare* [*well-being*] of the people. // 社会[公共]*福祉 social [public] *welfare*

福祉国家 welfare state Ⓒ　**福祉事業** welfare work Ⓤ　**福祉事務所** welfare office Ⓒ.

ふくし[2] 副詞〘文法〙adverb Ⓒ. **副詞の位置**〘文法〙word order of adverbs Ⓤ 《☞ 欄外》.

ふくじ 服地 (布) cloth Ⓤ; (洋服の材料) dress material Ⓤ, dress fabric(s); (スーツ用の) suiting Ⓤ. 《☞ きじ[2]》.

ふくしきこきゅう 腹式呼吸 abdominal breathing Ⓤ.

ふくしきぼき 複式簿記 book-keeping by double entry Ⓤ; (方式・方法) double entry system (book-keeping) Ⓒ.

ふくじてき 副次的 ―形 (二次的) secondary; (補助的) subsidiary.

ふくしゃ[1] 複写 ―名 (複写物) copy Ⓒ, duplicate Ⓒ 語法 前者は正確に写したもので，手書きにも機械を使ったものにも用いる一般的な語. 後者は「まったく同じもの」という意味を強調する; (絵画など大きさ・材料は違うが原物どおりの複写物) fascimile [fæksíməli(:)] Ⓒ; (複写すること) copying Ⓤ; (原画・原書などから複製を作ること) reproduction Ⓤ ★ 具体物を指すときは Ⓒ; (まったく同じものを作ること) duplication Ⓤ. ―動 (写す) copy ㊐, make a copy ★ いずれも最も普通の表現; (まったく同じものを作る) duplicate ㊐; (複製する) reproduce ㊐; (ゼロックスで) Xerox [zí(ə)rɑks] ㊐. 《☞ コピー》.

¶ *複写のほうを手元において，原文をお送りします I'm sending you the original, keeping a 「*copy* [*duplicate*] (「by me [myself]). // これは*複写本です This is a *facsimile* edition. // この書式を*複写して下さい Please make a 「*copy* [*duplicate*] of this form.

複写器 duplication Ⓒ, copying 「machine [press] Ⓒ, copier Ⓒ ★ 第1のものが最も普通. **複写紙** copying paper Ⓤ.

ふくしゃ[2] 輻射〘物理学〙―名 radiation Ⓤ. ―動 radiate ㊏ ㊐. **輻射熱[線]** radiant 「heat Ⓤ [rays].

ふくしゅ 副手 (sub)assistant Ⓒ; (下級の) junior assistant Ⓒ.

ふくしゅう[1] 復習 ―動 (復習する) review (*one's* lesson(s)), go over (*one's* lesson(s)). ―名 review (of *one's* lesson(s)) Ⓤ.

¶ 夕食が済んでから*復習をしよう I'll 「*review* [*go over*] *my lessons* after dinner. // まず初

副詞の位置 (word order of adverbs) 日本語では「早くそれをしなさい」と言うことも，「それを早くしなさい」と言うこともできるが，英語では Do it quickly. のようにしか言えない. 日本語は副詞を含め，語順がかなり自由であるが，英語では副詞の位置がある程度限定されている.

(1) 形容詞・副詞を修飾する場合.

その前に置く. ただし，enough は修飾する語の後に置く.

¶まさにあなたの言うとおり You are *exactly* right. // 彼女は車をとても注意して運転した She drove the car *very* carefully. // この部屋は十分な広さがある This room is large *enough*.

*形容詞・副詞を修飾する副詞*としては次のものが代表的: very (=とても), quite (=まったく), rather (=どちらかというと), too (=あまりにも…), awfully (=たいへん), fairly (=かなり), really (=ほんとに), terribly (=ひどく). 《☞ 強意語 (囲み)》

(2) 名詞を修飾する場合.

その前に置く. ただし，冠詞がある場合は冠詞の前.

¶彼女はほんの子供です She is *only* a child. // 子供でもそんな質問には答えられる *Even* a child can answer such a question.

(3) 動詞を修飾する場合.

文の最後に置かれることが多いが，動詞の前に置かれることもある.

¶雨がざあざあ降っている It's raining 「*hard* [*heavily*]. // 警官はその車を入念に調べた The policeman examined the car *carefully*. / The policeman *carefully* examined the car.

副詞を動詞の前に置くのは，どのような場合にも可能とは限らないので，特に理由のない限り，副詞は一般に文の最後に置くのが無難である.

(4) 回数・度数を表す副詞.

動詞の前に置く. ただし，be動詞の場合は be動詞の次，助動詞がある場合は助動詞の次. 回数・度数を表す副詞とは how often (=何回・何度) に対して答えとなるような副詞で，次のようなものが代表的: often (=しばしば), sometimes (=ときどき), always (=常に), usually (=普通), ever (=かつて・一度も) ★ ever は疑問・否定に使う; never (=一度も…でない), seldom (=めったに…しない), hardly (=ほとんど…しない), scarcely (=ほとんど…しない) ★ 以上4語は否定文で. 《☞ 頻度を表す副詞 (囲み)》

¶私はよく自分の誕生日を忘れる I *often* forget my birthday. // 彼はいつも忙しくしている He is *always*

めにこの間やったところを*復習しよう To begin with, let's 「review [go over] the last lesson. / (⇒ この前の授業の復習から始めよう) Let's begin by 「reviewing [going over] the last lesson. // きのうの(学課の)*復習はもう済みましたか Have you finished *reviewing* yesterday's lessons yet?

復習問題 review exercise Ⓒ.

ふくしゅう² 復讐 ── 名 revenge Ⓤ, vengeance Ⓤ ★ 以上は行為については Ⓒ. 後者はより激しい執念深い復讐を指す; (報復) retaliation Ⓤ. ── 動 revenge [avenge] *oneself* (on ...); avenge (a wrong) (on ...) ㊉; retaliate (on ...) ㊐ 〔語法〕 avenge は不正や悪事に対して正当化できる復讐. revenge はそれに加えて, 個人的な憎しみなどの感情からのものが加わる. revenge は自分で被害を受けた者が主語となることが多く, avenge はほかの人が多い. (☞ しかえし; ほうふく¹; かたき).

¶ 私はただ彼らに*復讐しただけだ I *have* just 「*gained revenge* [*taken my revenge*] *on* them. // ハムレットは殺された父の*復讐を試みた Hamlet 「tried to *avenge* [*sought vengeance on*] his father's murder.

ふくじゅう 服従 ── 名 (命令に従うこと) obedience Ⓤ; (降服) submission Ⓤ. ── 動 (命令に従う) obey ㊐ ㊉; (...に従順である) be 「obedient [in submission] to ... ; (屈する) yield [submit] to ... (☞ したがう).

¶ *服従はすべての場合美徳だろうか Is *obedience* a virtue in all cases? // 昔は子供は両親に絶対*服従しなくてはならなかった In old times, children had to *obey* their parents absolutely. // 彼は手下を脅して*服従させた He has scared his men into *submission*. // 我々は彼の命令に*服従した We 「*submitted* [*yielded*] *to* his demands.

ふくじゅそう 福寿草 Adonis Ⓒ.

ふくしょう 復唱 ── 動 repeat (an order) ㊉.

ふくしょく¹ 副食 (主な料理に添えるもの) side dish Ⓒ 〔参考〕 日本語の主食・副食という考えが英語には当てはまらないので, 英米人に理解してもらうには日本の食事の習慣の説明が必要である. (☞ おかず; 食事 (囲み)).

ふくしょく² 服飾 (衣服と装身具) dress and ornaments. **服飾雑誌** fashion magazine Ⓒ **服飾品** accessories ★ 複数形で.

ふくしょく³ 復職 ── 動 come back to *one's* former position; resume *one's* office ★ 後者のほうが改まった表現; (再雇用される) be reemployed. ── 名 restoration to *one's* former position Ⓤ.

ふくしん 腹心 ── 形 (信頼できる) trusted; (頼みになる・片腕となる) right-hand; (忠実な) faithful. ¶ 彼には*腹心の部下が2, 3人いる He has a few 「*trusted* [*faithful*] subordinates. / He has two or three *right-hand* men.

ふくすい 覆水 **覆水盆に返らず** It is no use crying over *spilt milk*. (ことわざ: こぼれたミルクを嘆いても仕方がない) / *What is done* cannot be undone.

ふくすう 複数 ── 名 plural (number) Ⓤ. ── 形 plural (↔ singular). **複数形**〔文法〕 plural form Ⓒ (☞ 欄外).

ふくする 服する (喪に) observe [go into; be in] (mourning); (兵役・刑期などに) serve ㊐ ㊉. (☞ も¹; けい¹).

ふくせい 複製 ── 名 reproduction Ⓤ ★ 複製品を指すときは Ⓒ; (美術品) replica [réplikə] Ⓒ; (撮影したフィルムなど) duplicate Ⓒ; (複写したもの) facsimile [fæksíməli(:)] Ⓒ. ── 動 reproduce ㊉; (本などを) reprint ㊉.

【類義語】 色・材料・大きさなどが違うこともあるが, ほぼ実物そっくりのものが ***reproduction***. 細部まで正確に同じ美術品が ***replica*** で, これは特に原作者の手になるものを指すときが多い. 同じ材料・同じ方式で原物通りに作られたものが ***duplicate***. 大きさ・材料などは違うが原物通りに複写したものが ***facsimile***.

¶ 私はこの絵[彫刻]の*複製を持っている I have a *reproduction* of this 「painting [statue]. // ロダンは像を鋳造するたびに幾つかの*複製を作っ

---

busy. // 私はまだ外国に行ったことはありません I have *never* been abroad.

(5) 文全体を修飾する場合.

文頭に置くことが多いが, 動詞の前に置かれることもある.

¶ 幸福にも彼は死ななかった *Happily*, he did not die. 〔参考〕 He did not die *happily*. というと「彼は幸福な死に方をしなかった」の意となる. // 率直に言って, 私は失望している *Frankly*, I feel disappointed.

(6) 副詞(句)を並べる順序.

(i) 「場所＋時」の順に並べるのが一般的.

¶ きのうここで交通事故があった There was a traffic accident *here yesterday*. // 私は先週, 電車の中でかばんをなくした I lost my bag *on the train last week*.

(ii) 小さな単位から大きな単位に並べる.

¶ 私はけさ6時に起きた I got up *at six this morning*. // あす10時に駅の入口でお会いしましょう I will meet you *at the gate in the station at ten o'clock tomorrow*.

大きな単位を文頭に置くことはできるが, その逆はできない.

¶ 毎日彼は6時に起きる *Every day* he gets up *at six*. // アメリカではカフェテリアで昼食をとる人が多い *In the United States* many people have their lunch *in a cafeteria*.

複数形 (plural form) 複数を表す名詞・代名詞および動詞の語形をいう. 単数形 (singular form) に対する. 日本語では「子供たち」「3人の人々」のような言い方を除けば普通は内容が複数になっても語形は変わらないし, 上にあげた場合も「多くの子供」「3人の人」という言い方をしてもよい. しかし, 英語では必ず単数か複数かを語形の上で区別しなければならない. 次に英語の複数形についての規則を述べる.

(1) 名詞の複数形.

名詞のうちで, 普通は数えられる名詞に属する普通名詞および集合名詞が複数形を持つ.

(i) 大多数の名詞はつづりの上では単数形に -s または -es を付けて複数形を作る. これを規則的な複数形という.

(a) 単数形が無声音の [p, t, k, f, θ] で終わる語は -s [s] を付ける.

rope → ropes [róups] / gate → gates [géits] / stick → sticks [stíks] / roof → roofs [rú:fs] / death → deaths [déθs].

(b) 単数形が有声音の [b, d, g, v, ð, m, n, ŋ, l]

た Rodin made some *replicas* each time he cast a statue. // これらの挿絵は原本から*複製したものです These illustrations *were* ｢*reproduced* [*reprinted*] from the original book. // 不許*複製 All rights reserved.

ふくせん¹ 伏線 (脇筋) underplot Ⓒ; (ヒント) hint Ⓒ.

ふくせん² 複線 ━ 名 double-track [two-track] line Ⓒ. ━ 動 double-track ㊀. ¶この線は今年中に*複線になります This line will *be double-tracked* within this year.

ふくそう 服装 ━ 名 (服) clothes ★複数形で; (特に婦人の) dress Ⓒ; (外見) appearance Ⓒ. ━ 動 (人が着ている) be dressed (in ...). 《☞ みなり; 衣服 (囲み)》.
¶彼は*服装にはあまり構わない He doesn't care much about ｢his *clothes* [*what* he *wears*]. // 彼はみすぼらしい*服装をしていた He *was* ｢shabbily [poorly] *dressed*. // 彼は立派な*服装をしていた He *was* well *dressed*. // パーティーには普通の*服装でお出で下さい The party is going to *be informal*. 語法 招待状などでこう書くと, タキシードなど着ないで平服でよいことを意味する.

ふくぞうのない 腹蔵のない (率直な) frank; (あけっぴろげで隠し立てしない) open; (正直な) honest; (そのものずばりで遠慮のない) straightforward. 《☞ そっちょく》. ¶*腹蔵のないところを (⇒率直に) 申し上げます I'll be ｢*frank* [*open*] with you. // あなたの*腹蔵のない意見を聞かせて下さい I'd like to hear your ｢*frank* [*honest*] opinion. / (⇒自由に話して下さい) I'd like you to speak (your mind) *freely*.

ふくちょう 復調 ¶彼は*復調しつつある (⇒調子を取り戻しつつある) He *is recovering his* (*usual*) *form*. 《☞ かいふく》

ふくつ 不屈 ━ 形 (屈服しない) unyielding; (負けん気の) indomitable ★やや文語的; (頑強な) stubborn; (強くたくましい) sturdy. ¶*不屈の精神 an ｢*unyielding* [*indomitable*] spirit // *不屈の意志 a *sturdy* will

ふくつう 腹痛 stomachache Ⓒ ★最も一般的な語. 胃痛も含まれる; abdominal pains ★｢腹部の痛み｣という感じの説明的表現. 複数形で; (けいれん性の) abdominal cramps ★複数形で. 《☞ いたみ (類義語); 病気・病院 (囲み)》. ¶*腹痛のため会に出席できなかった I was unable to attend the meeting because I had ｢a *stomachache* [*abdominal pains*].

ふくどく 服毒 ━ 動 take poison 《☞ どく¹》. ¶彼は*服毒自殺をした He ｢killed himself [committed suicide] by ｢*taking* [*swallowing*] *poison*.

ふくびき 福引き lottery Ⓒ 《☞ くじ》.
¶私たちはパーティーの資金集めに*福引きをやった We ｢had [held] a *lottery* to raise money for the party. // 私は*福引きでラジオが当たった I ｢won [got] a radio in a *lottery*.

ふくぶ 腹部 abdomen Ⓒ, belly Ⓒ ★前者のほうが上品で, 一般的に用いられる語. 《☞ はら》.

ぶくぶく ¶彼は最近*ぶくぶく太ってきた He's *getting fatter and fatter* these days. // 水が地面から*ぶくぶく湧いている Water *is* ｢*bubbling up* [*rising in bubbles*] from the ground. 《☞ 擬声・擬態語 (囲み)》

ふくぶくしい 福福しい ━ 形 (幸福そうな) happy-looking; (丸々と太った) plump. ¶彼は*福々しい顔をしている (⇒太っていて幸福そうな顔を持つ) He has a *plump and happy-looking* face.

ふくふくせん 複複線 four-track [quadruple-track] line Ⓒ 《☞ ふくせん²》.

ふくぶん 複文 〚文法〛 complex sentence Ⓒ 《☞ 文 (欄外)》.

ふくへい 伏兵 ambush Ⓤ ★待ち伏せする｢人｣を指すときは Ⓒ. 《☞ まちぶせ》.

ふくまく 腹膜 peritoneum [pèrətóuniəm] Ⓒ 《☞ ~s, peritonea》. **腹膜炎** peritonitis [pèrətənáitis] Ⓤ 《☞ 病気・病院 (囲み)》.

ふくみ 含み (それとなく示す意味) implication Ⓒ ★しばしば複数形で. 最も一般的; (隠された意味) hidden meaning Ⓤ; (含蓄) connotation Ⓤ, overtones ★複数形で. いずれも改まった語. なお, 前者は単語の言外の意味, 後者は文全体のニュアンスを指すことが多い. 《☞ いみ (類義語); ニュアンス; がんちく》.

および母音で終わる語は -s [z] を付ける.
bed → beds [bédz] / wave → waves [wéivz] / chain → chains [tʃéinz] / ring → rings [ríŋz] / star → stars [stάəz | 《英》 stά:z] / tree → trees [trí:z] / boy → boys [bɔ́iz].

(c) 単数形が [s, z, ʃ, ʒ, tʃ, dʒ] の音で終わる語は -es [iz, əz] を付ける. つづり字で語尾に発音しない e があればそれをとって -es を付ける (e は発音されるようになる).
fox → foxes [fάksiz, -səz | 《英》 fɔ́ksiz, -səz] / rose → roses [róuziz, -zəz] / dish → dishes [díʃiz, -ʃəz] / bench → benches [béntʃiz, -tʃəz] / bridge → bridges [brídʒiz, -dʒəz].

(d) つづり字の変化.

1) ｢子音字+y｣で終わる語は y を ie に変えて -s [z] を付ける.
baby → bab*ies* / lady → lad*ies* / fly → fl*ies*. ★ただし -y で終わる固有名詞の複数形にはそのまま -s [z] を付ける: 2つのドイツ the two Germanys / ヘンリー家[夫妻] the Henrys.

2) ｢子音字+o｣で終わる語には -es を付ける語と -s を付ける語と, どちらでもよい語とがある.

-es を付ける語.
hero → hero*es* / potato → potato*es*.

-s を付ける語.
photo → photo*s* / piano → piano*s*.

-es でも -s でもよい語.
mosquito → mosquito(*e*)*s* / motto → motto(*e*)*s* / volcano → volcano(*e*)*s*.

(ii) 上に述べた以外の方法で作られる複数形を不規則な複数形という. これらは種類は限られるが使用頻度の高いものが多いので注意を要する. 本辞典ではこれらのうち困難度が高いと思われるものは訳語欄の訳語に続けて《複...》としてあげてある.

(a) 単数形の語尾の [f, θ, s] の音をそれぞれ [v, ð, z] に変えて, [z] または [iz, əz] を付ける語がある.

1) [f] → [v].
knife [náif] → kni*ves* [náivz] / leaf [lí:f] → lea*ves* [lí:vz] / wolf [wúlf] → wol*ves* [wúlvz].

2) [θ] → [ð].
mouth [máuθ] → mou*ths* [máuðz] / path [pǽ(:)θ | 《英》 pά:θ] → pa*ths* [pǽ(:)ðz | 《英》 pά:ðz].

3) [s] → [z].

¶その批評家は*含みの多い意見を述べた The critic made a remark full of subtle ⌈*implications* [*overtones*]. // 私は彼の発言の*含みをすぐに悟った I immediately caught the ⌈*hidden* [*implied*] *meaning* of his remark. // その語は性的な*含みがあるので言ってはいけないとされている(⇒禁句となっている) The word is a taboo because of its sexual *connotation*. // 彼女は*含みのある言い方をした (⇒暗示的な言葉を使った) She used *suggestive* words.

含み笑い suppressed ⌈laugh [smile] Ⓒ; (くすくす笑い) chuckle Ⓒ. 《☞ わらう (類義語)》.

ふくむ¹ 含む **1** «中に持つ»: (成分として含む) contain ㊀; (全体の一部として含む) include ㊀; (分かれているもの全部を含む) comprise ㊀; (見出される) be found.

¶このワインはアルコールを14パーセント*含んでいる This wine *contains* 14 percent alcohol. // この値段は税金を*含んでいる This price *includes* the tax. 《☞ こみ》 // カフェインはコーヒーやお茶に*含まれている (⇒…の中に見出される) Caffeine *is found* in coffee and tea.

2 «心に抱く»: (心に留める) keep [bear] ... in (*one's*) mind. ¶その点をよく*含んでおいて下さい (⇒心に留めて下さい) Please *keep* that *in* (*your*) *mind*.

ふくむ² 服務 (public) service Ⓤ 《☞ きんむ; つとめる¹》.

ふくめる 含める include ㊀ 《☞ いれる》.

¶値段は郵送料も*含めて2千円になる The price is 2,000 yen, ⌈*including* [*inclusive of*] postage. // 部屋には子供を*含めて15人いた There were 15 people in the room, the children *included*. // 彼女は土曜から月曜を*含めて3日間スキーに行った She went skiing for three days, from Saturday to Monday *inclusive*.

ふくめん 覆面 ―名 mask Ⓒ. ―動 mask ㊀. 《☞ かめん; とくめい¹》. ¶彼は顔を隠すために*覆面をした He put on a *mask* to hide his face. // その強盗は靴下で*覆面をしていた The burglar wore a stocking *mask*. // 彼がその*覆面作家だ (⇒匿名の作家だ) ということはだれも知らない Nobody knows that he is the *anonymous* writer.

ふくよう 服用 ―動 (薬などを飲む) take ㊀; (飲ませる) dose ㊀. 《☞ のむ; くすり》.

ふくよか ―形 (丸々と太った) plump, chubby ★ 後者は特に子供に用いられる; (普通より大きい・肉付きのよい) ample; (女性が健康でピチピチした) buxom [bʌ́ksəm] ★ 特に女性の胸の豊かさを強調することがある.

¶彼女は*ふくよかな (⇒豊かな) 胸をしている She has an *ample* bosom. // ルノワールはよく*ふくよかな女性の裸体を描いた Renoir [rénwɑə] painted many nudes of *buxom* women.

ふくらしこ ふくらし粉 baking powder Ⓤ.

ふくらはぎ 脹ら脛 calf [kǽ(:)f] Ⓒ 《複 calves [kǽ(:)vz]》 《☞ あし¹ (挿絵)》.

ふくらます 膨らます, 脹らます (吹いて) blow up ㊀; (空気・ガスなどで) inflate ㊀; (ほおなどを) puff out ㊀; (広げて大きくする) expand ㊀; (パンなどを) raise ㊀. 《☞ ふくらむ》.

¶彼はその子のために風船を*ふくらませてやった He *blew up* the balloon for the child. // 私はガスで風船を*ふくらませた I *inflated* the balloon with gas. // 彼はほおを*ふくらませてトランペットを吹いた He *puffed out* his cheeks and played the trumpet. // ケーキは普通ふくらし粉で*ふくらませる (⇒ふくらし粉でふくらまされる) Cakes *are* usually *raised* with baking powder. // 彼らは希望に胸を*ふくらませていた (⇒希望に満ちあふれていた) They *were* ⌈*full of* [*filled with*] hope.

ふくらみ 膨らみ, 脹らみ (膨張して盛り上がったもの) swell Ⓒ; (出っ張り) bulge Ⓒ; (ふわっとふくらんだもの) puff Ⓒ. ¶彼は彼女の胸の*ふくらみにちらっと目をやった He cast a glance at the ⌈*bulge* [*swell*] of her breasts. // たるの側面は外に向かって少し*ふくらみがある (⇒外に曲がっている) The sides of a barrel *curve out* slightly.

ふくらむ 膨らむ, 脹らむ (大きくなる) swell (out) ㊂; (大きく伸び広がる) expand ㊂; (張り出す) bulge ㊂; (パンなどが) rise ㊂; (増える)

---

house [háus] → hous*es* [háuziz, -zəz] (この1語だけ).

(b) 単数形に -en を付ける語.

ox → ox*en* / child → child*ren*. ★ children という複数形は元来複数形であったものにさらに -en が付いたもので二重複数(形)と呼ばれる.

(c) 単数形の母音を変える語.

m*a*n [mǽ(:)n] → m*e*n [mén] / g*oo*se [gú:s] → g*ee*se [gí:s] / t*oo*th [tú:θ] → t*ee*th [tí:θ] / f*oo*t [fút] — f*ee*t [fí:t] / m*ou*se [máus] → m*i*ce [máis] / l*ou*se [láus] → l*i*ce [láis] / wom*a*n [wúmən] → wom*e*n [wímin] ★ gentleman などの複合語を除き, 英語でこの変化をするものは以上の7語がすべてである.

(d) 単数形と複数形とが同形のもの.

deer, sheep, Chinese, Japanese, Swiss.

(e) 英語以外の言語から入って, その複数形がそのまま用いられているもの. 主にラテン語, ギリシャ語からのものが多い.

基礎 basis → bases / 核 nucleus → nuclei / 規準 criterion → criteria.

外来語の中には, -s (-es) 複数形に同化されて, 外来語の複数形と -s (-es) 複数形の両方を持つもの (focus, radius, gymnasium, etc.), そのいずれをとるかによって意味の相違のあるもの (antenna, genius, etc.) がある.

(iii) 文字・略字・記号・数字などの複数形は書く場合の混乱を避けるために -'s の形をとることが多い.

¶t の横棒と i の点を忘れるな (=念には念を入れよ) Cross your *t's* and dot your *i's*. / 1890年代 in the ⌈1890*'s* [1890*s*] ★ eighteen nineties と読む. なお, 記号や数字の場合は上のようにアポストロフィーを省略することも多い.

(2) 代名詞のうちでは人称代名詞と指示代名詞 (this → these, that → those) および不定代名詞 one, other が複数形を持つ. 人称代名詞については ☞ 代名詞 (欄外).

(3) 動詞の複数形は複数形の名詞や代名詞の主語に呼応するもので, 現在形は原形と同じ. また過去形には単数形と複数形の区別がない. ただし be 動詞だけは例外である.

《☞ 性・数・人称の一致 (欄外)》

ふ

increase ㊀. (☞ ふくれる；ふくらます；はれる²). ¶ 風船は空気を入れたら*ふくらんだ The balloon ⌈*swelled* [*expanded*] when I pumped air into it. // ばらのつぼみが*ふくらみ始めた The rosebuds have begun to *swell.* // 彼のポケットはビー玉で*ふくらんだ His pocket *bulged* with marbles. // 彼女の胸は喜びに*ふくらんだ Her heart *swelled* with joy.

ふくり 複利 compound interest Ⓤ (☞ きんり). ¶ *複利で計算する calculate at *compound interest*

ふくれっつら 膨れっ面，脹れっ面 sulky [sullen] ⌈look [face] Ⓒ [語法] 子供っぽくすねて口をとがらせるのが sulky, 怒ったり不機嫌でむっつり黙り込むのが sullen. (☞ すねる；むっつり；ふくれる). ¶ その子は私に向かって*ふくれっつらをした The child gave me a ⌈*sulky* [*sullen*] *look.* // *ふくれっつらをするのは (⇒ 口をとがらせるのは) やめなさい Stop *pouting.*

ふくれる 膨れる，脹れる **1** «物がふくれる»: (一般的に) expand ㊀; (普通の寸法以上に) swell ㊀; (パンなどが) rise ㊀; (増える) increase ㊀. (☞ ふくらむ；ぼうちょう¹).
¶ 水につけておいたら豆が*ふくれた The beans *expanded* after soaking in water. // 会員数は2倍に*ふくれた (⇒ 2倍になった) The membership *has doubled.* / The membership *has* ⌈*swelled* [*increased*] to twice as many as before.
2 «機嫌が悪くなる»: get [become] sullen, get [become] sulky [語法] 前者は怒ったり不機嫌でむっつり黙り込む. 後者は子供っぽくすねて口をとがらせる; get [become] cross ★ 一時的に怒りっぽくなる. (☞ ふくれっつら).
¶ 彼女は彼の言葉を聞いて*ふくれた She ⌈*got* [*became*] ⌈*sulky* [*sullen*] at his remark.

ふくろ 袋 (紙などの) bag Ⓒ; (麻などの) sack Ⓒ; (小袋) pouch [páutʃ] Ⓒ; (みかんなどの) segment Ⓒ.
【類義語】布・紙・皮などの柔らかい材料でできた袋が **bag** で, 最も一般的な語. 目の粗い布や麻布などでできた大きな袋で, 粉や穀物・石炭・野菜などの貯蔵・輸送に用いられるのが **sack**. 小物を入れたり, ポケットに入れておいたりする小さな袋が **pouch**. なおカンガルーなどの腹の袋も **pouch** と言う. 分割されているみかんなどの袋は **segment** と言う.
¶ それを*袋に入れて下さい Will you put ⌈it [them] in a *bag*? // 彼は*袋から何か取り出した He took something out of the *bag.* // 私は小麦粉を1*袋買った I bought a *sack* of flour. (☞ 数の数え方 (囲み)) // 彼はたばこを*袋に入れている He keeps his tobacco in a *pouch.*
袋のねずみ ¶ 彼は*袋のねずみも同然だった (⇒ わなにかかったねずみのようだった) He was just like a *mouse in a trap.* / (⇒ 彼はねずみのようにわなにかかった) He *was trapped like a rat.* (☞ ぜったいぜつめい)

ふくろう 梟 owl [ául] Ⓒ (☞ 動物の鳴き声 (囲み)). ¶ *ふくろうが鳴いている An *owl* is hooting.

ふくろこうじ 袋小路 (行き止まりの道) blind alley Ⓒ, dead-end (street) Ⓒ. (☞ ゆきどまり；ゆきづまり).

ふくろだたき 袋叩き ―動 (袋だたきにする) beat up ㊉ (☞ なぐる；たたく).

ふくわじゅつ 腹話術 ventriloquism [ventríləkwìzm] Ⓤ. **腹話術者** ventriloquist Ⓒ.

ふけ dandruff Ⓤ. ¶ 彼の肩は*ふけだらけだ His shoulders are covered with *dandruff.*

ぶけ 武家 (階級) the ⌈samurai [military] ⌈caste [class].

ふけい 婦警 policewoman Ⓒ (複 -women) (☞ けいかん¹).

ぶげい 武芸 martial [military] arts ★ 複数形で.

ふけいき 不景気 **1** «経済・産業の» ―名 (世間一般の) hard [bad] times ★ しばしば複数形で; (広範な不況) depression Ⓒ; (特に景気の一時的後退) recession Ⓒ; (商売の不振) slump Ⓒ. ―形 (活気のない) dull; (閑散とした) slack. (☞ ふきょう¹；ふしん³).
¶ *不景気のときは職を失う人が多い In *hard times,* many people lose their jobs. // 繊維工業はいま*不景気だ *Times are bad* now for the textile industry. / The textile industry is facing a *depression.* [語法] 後者のほうが改まった言い方. // 彼の店は*不景気のようだ His business is doing ⌈*poorly* [*badly*]. / His business seems to be in *slump.* // わが国は深刻な*不景気に苦しんでいる We are suffering from a serious *depression.* // どこも*不景気だ Business is ⌈*slack* [*poor*; *off*; *dull*] everywhere.
2 «元気がない» ¶ 彼は*不景気な (⇒ 陰気な) 顔をしている He looks ⌈*cheerless* [*blue*]. [語法] blue は特に気持ちが沈んでいることを表す口語的表現. (☞ いんき；けいき¹)

ふけいざい 不経済 ―形 (経済的でない) uneconomical; (むだな) wasteful; (金がかかる) expensive. ―名 (むだ・浪費) waste Ⓤ ★ しばしば a が付く; (浪費) loss Ⓤ. (☞ むだ；ろうひ). ¶ バスの代わりにタクシーで行くのは*不経済だ It is *uneconomical* to go by taxi instead of taking the bus.

ふけつ 不潔 ―形 (清潔でない) unclean; (よごれて汚い) dirty; (ひどく汚らしい) filthy; (非衛生的な) unsanitary. ―名 uncleanliness [ʌ̀nklénlinis] Ⓤ; dirtiness Ⓤ; filthiness Ⓤ. (☞ きたない；ふえいせい).
¶ この包み紙は*不潔だ This wrapper is ⌈*unclean* [*dirty*]. // 髪の毛を*不潔にしておいてはいけません Don't leave your hair *filthy.* // スラム街は*不潔な状態にあった The slums were in an *unsanitary* condition.

ふける¹ 耽る **1** «おぼれる»: (身をゆだねる) give *oneself* up to ..., abandon *oneself* to ... ★ 後者のほうが改まった言い方; (思う存分…する) indulge in ...; (麻薬などに) be ⌈addicted [given; taken] to ... (☞ おぼれる).
¶ 彼は快楽に*ふけった (⇒ 身をゆだねた) He ⌈*gave himself up* [*abandoned himself*] *to* pleasure. // 彼は若いころ飲酒に*ふけった He *indulged in* drinking when young. // 彼は麻薬に*ふけっている He *is addicted to* drugs.

2 «熱中する»: (熱中する) be absorbed in …; (一心に…する) be intent ⌈on [upon] …; (専念する) devote *oneself* to …, be devoted to …; (気を取られている) be ⌈lost [deep] in … 《☞ ねっちゅう; ぼっとう》. ¶ 彼は夜遅くまで読書に*ふけった (⇒ 熱中した) He *was* ⌈*absorbed in* [*intent on*] reading until late at night. // 彼女はいま物思いに*ふけっている She *is* now ⌈*lost* [*deep*] *in* thought.

ふける² 老ける (年を取る) age ⓐ; (老いる) grow [become] old ⓐ; (年を重ねる) advance [get on] in years ★ 少し改まった表現.
¶ 彼は年の割に*老けて (⇒ 年寄りに) 見える He *looks old* for his ⌈age [years]. / (⇒ 年よりも年寄りに見える) He *looks older* than his age. // 彼女は病後急に*老けこんだ (⇒ 年を取った) She *aged* quickly after her sickness. 《☞ とし¹》 // ショックで彼は急に*老けた (⇒ ショックが彼を老けこませた) The shock *aged* him suddenly. ★ この場合の age は他動詞.

ふける³ 更ける (時刻が遅くなる) get [become; grow] late ⓐ; (時が進む) advance ⓐ; (徐々に経過する) go [wear] on ⓐ.
¶ 夜も*更けてきた It's *getting late.* 【語法】 at night は付けなくてもわかるので省略する. // 夜が*更ける (⇒ 深まる) につれ私は心細くなってきた I became uneasy as the night ⌈*went on* [*advanced*]. // 私たちは夜が*更けるまで (⇒ 夜遅くまで) 語り合った We talked on till ⌈*late at night* [the night *was far advanced*]. ★ advanced は形容詞. // 父はいつも夜が*更けるまで (⇒ 夜遅くまで) 働いていました My father used to work *far into the night*.

ふけんこう 不健康 ― 形 (健康でない) unhealthy; (体によくない) unwholesome; (病気の) ill, 《米》 sick. ― 名 poor [ill] health Ⓤ; unhealthiness Ⓤ. 《☞ びょうき; ふけんぜん》.
¶ 彼は*不健康な顔色をしている (⇒ 病気のようだ) He looks *ill*. / He has an *unhealthy* complexion. // 私は*不健康な食品は避けている I keep away from *unwholesome* foods.

ふけんしき 不見識 ― 形 (思慮がない) thoughtless ★ 思いやりのないこともいう; (分別のない) indiscreet ★ やや形式ばった語; (良識を欠く) lacking in common sense. ― 名 thoughtlessness Ⓤ; indiscretion [ìndiskréʃən] Ⓤ; lack of common sense Ⓤ.
¶ 彼女に向かってそんなことを言うなんて彼も*不見識だ It's *thoughtless* of him [How *thoughtless* he is] to say such a thing to her. // 彼の発言は*不見識だった His words showed that he was *lacking in common sense*. / (⇒ 発言が彼の無分別を示していた) His remark betrayed his *indiscretion*. ★ 形式ばった表現.

ふげんじっこう 不言実行 ¶ 必要なのは*不言実行だ (⇒ 言葉より行動だ) What we need is *action rather than words*. // *不言実行が大切だ Actions speak louder than words. 《ことわざ: 行為は言葉よりも声高に語る》

ふけんぜん 不健全 ― 形 (道徳的に有害な) unwholesome; (健康によくない) unhealthy; (心身が健全でない) unsound. ― 名 unwholesomeness Ⓤ; unhealthiness Ⓤ; unsoundness Ⓤ; morbidity Ⓤ. 《☞ ふけんこう; けんぜん》.
¶ その本は*不健全な読み物と見なされた That book was labeled as *unwholesome* reading. // 彼は*不健全な娯楽に夢中になっている He is absorbed in ⌈*unhealthy* [*unwholesome*] amusements. // 彼の精神は*不健全だ He is *unsound* of mind. / He has an *unsound* mind.

ふこう¹ 不幸 **1** «恵まれないこと» ― 形 (不幸な・満たされない) unhappy (↔ happy); (運の悪い) unlucky (↔ lucky), unfortunate (↔ fortunate) ★ 後者のほうが改まった語. ― 名 (不幸せ) unhappiness Ⓤ; (不運) misfortune Ⓤ ★ 個々の出来事は Ⓒ. 《☞ 可算・不可算名詞 (欄外)》; (ついていないこと) ill [bad] luck Ⓤ; (大きな不幸) misery Ⓤ. ― 副 (不幸にも) unfortunately.
¶ 彼女は*不幸な一生を送った She ⌈lived [led] an *unhappy* life. // 彼は商売の面で*不幸が続いた He had a ⌈run [spell] of ⌈*ill* [*bad*] *luck* in his business. // そのころ彼の一家は*不幸のどん底にあった At that time his family was in the depth of *misery*. // そのヒロインは王子に出会うまでにいろいろな*不幸にあった The heroine ⌈met with [had] many *misfortunes* before she came across the prince. // 彼女は*不幸にも夫を亡くした She ⌈had the *misfortune* [was *unfortunate*] to lose her husband. // *不幸にも彼は交通事故でけがをした *Unfortunately* he was injured in a traffic accident. // その事故で死亡者が出なかったのは*不幸中の幸いだ (⇒ 慰めになる) It is *consoling* (to know) that nobody was killed in the accident.
2 «近親者の死亡» ― 名 (死亡) death Ⓤ ★ 具体的な死亡の事実を言うときは Ⓒ; (失うこと) loss Ⓒ; (死別) bereavement Ⓤ.
¶ 彼は家庭に*不幸があって学校を休んだ He was absent from school ⌈on account of [owing to] a *death* in his family. // ご*不幸に対しお悔やみ申し上げます I ⌈sympathize with you [offer my sympathy] in your (sad) *bereavement*. / Please accept my sincere condolences on this *sad* occasion. 《☞ くやみ》

ふこう² 不孝 ¶ 私は*不孝な娘だった (⇒ 親に優しくしなかった) I was *not* ⌈*good* [*kind*] *to my parents*. / (⇒ 従順ではなかった) I was *not an obedient* daughter to my parents. 《☞ こうこう²》

ふごう¹ 符号 (印) mark Ⓒ; (記号) sign Ⓒ; (表象) symbol Ⓒ; (電信符号) code Ⓒ ★ 暗号の意味でも用いられる. 《☞ きごう (類義語)》.
¶ この*符号は何だか (⇒ 何を表しているか) 私にはわからない I cannot make out what this ⌈*mark* [*sign*] stands for. // コンマは短い句切りを示すための*符号です The comma is a *mark* used to show a short pause. // かっこの前にマイナスの*符号があるときは, 中の各項の*符号を変えなければならない If the parenthesis is preceded by a minus *sign*, we

must change the *sign* of every term in the parenthesis. // Φ は空集合を表すために用いられる*符号である Φ is a *symbol* used to represent the empty set. // 彼はモールス*符号の打ち方を知っている He knows how to send messages in Morse *code*.

ふごう[2] 符合 ― (動) (同一である) be identical to ...; (ぴったり合致する) coincide (with ...) (自); (矛盾することなく一致する) agree (with ...) (自). ― (名) coincidence [U]; agreement [U]. 《☞ いっち (類義語); あう[2]》.

¶ 金庫に残された指紋は彼のと*符合する (⇒同じである) The fingerprints left on the safe *are identical to* his. // あなたの説明は事実と*符合しない (⇒一致しない) Your explanation does not *coincide with* facts.

ふごう[3] 富豪 (金持ち) rich [wealthy] man [C] [参考] wealthy のほうが豊かな資産・地位などがあるというニュアンスを持つ; (財産家) man of wealth [C]; (百万長者) millionaire [C]; (億万長者) billionaire [C]. 《☞ かねもち》.

ふごうかく 不合格 ― (動) (試験に落ちる) fail (in ...; to *do*) (自) ★ in を用いない (他) の用法もある; be unsuccessful in ... ★ 前者よりやや改まった表現; (失格する) be disqualified. 《☞ らくだい; しっぱい》.

¶ 彼は試験に*不合格だった (⇒落ちた) He *failed* (*in*) the exam. / (⇒不成功だった) He *was unsuccessful in* the examination. ★ 前者が口語的. // 彼は面接で*不合格になった (⇒面接試験に通らなかった) He *failed to* pass the oral test. // 彼は年齢の点で*不合格になった He *was disqualified* on account of his age. // 私はどうしてその品物が*不合格になった (⇒はねられた) のかわからない I cannot understand why the goods *were rejected*.

ふこうへい 不公平 ― (形) (公正でない) unfair (↔ fair); (えこひいきをする) partial; (不当な) unjust. ― (副) unfairly; partially; unjustly. ― (名) unfairness [U]; partiality [U]; injustice [U]. 《☞ ふびょうどう》.

¶ あの審判は*不公平だ That umpire is *unfair*. / (⇒一方のチームをえこひいきしている) That umpire is *partial* to one of the teams. // 彼らはその*不公平な判定に抗議した They protested against the 「*unfair* [*unjust*] judgment. // 彼にも言いたいことを言わせないのは*不公平だ It is *unfair* of you not to let him have his say.

ふごうり 不合理 ― (形) (理屈に合わない) unreasonable; (論理に合わない) illogical. ― (名) unreasonableness [U]; illogicality [U]. 《☞ むじゅん; りふじん》. ¶ 私はその*不合理な要求をはねつけた I turned down the *unreasonable* request. // 彼の説には*不合理な点が幾つかある There are some *illogical* points in his theory. // 彼の考えは*不合理だ His idea is *unreasonable*.

ふこく 布告 ― (動) (公に広く知らせる) proclaim (他); (戦争などを宣言する) declare (他); (法令・命令などを公に知らせる) decree (他); (発表する) announce (他) ★ 特に将来予想されるものについて用いることが多い. ― (名) proclamation [U] ★ 具体的なものを指すときには [C]; (宣言) declaration [U].

¶ 政府は新しい祝日の*布告を出した The Government issued a *proclamation* concerning a new holiday. // 国王は恩赦を*布告した The king *decreed* an amnesty. // 彼らは隣国に対して宣戦を*布告した They *declared* war 「against [on] the neighboring country.

ふこころえ 不心得 ― (形) (失礼な) rude; (相手を侮辱するような) insulting; (ふしだらな) immoral; (軽率な) imprudent. ― (名) rudeness [U]; (不品行) immorality [U]. 《☞ ふけんしき; けしからん》.

¶ みんな彼の*不心得な発言に腹を立てた Everybody got angry at his 「*rude* [*insulting*] remark. // 彼は*不心得にも無免許で車を乗り回した (⇒無免許で運転するなんてひどいことだ) *It's a shame* that he drove a car without a license.

ぶこつ 無骨 ― (形) (粗野な) rough; (田舎者の) rustic ★ 軽蔑的に使う; (洗練されてない) unrefined. ¶ *無骨者 a *rustic* (fellow) // *無骨な振舞い an *unrefined* behavior / *rough* manners

ふさ 房 (糸・毛・羽根などの) tuft [C]; (飾りの) tassel [C] ★ どちらも根元が縛ってあったりして1つにまとまっているもの; (へりの) fringe [C]; (花・果実の) bunch [C], cluster [C] [語法] bunch は元が1つにまとまっていること, cluster は同種のものが密集してグループをなしていることを強調. ぶどうやライラックの花などにはどちらも用いる.

tuft tassel

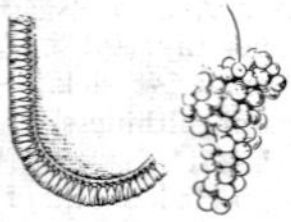

fringe bunch

¶ その鳥は頭に羽毛の*房がある The bird has a *tuft* of feathers on its head. // カーテンは下に*房がついていた The curtain had a *fringe* along the bottom. // ぶどうは*房になって実る Grapes grow in 「*bunches* [*clusters*]. // 彼女はバナナを2*房買った She bought two *bunches* of bananas. 《☞ 数の数え方 (囲み)》

ブザー buzzer [bʌ́zə] [C]. ¶ *ブザーだ There goes the *buzzer*. // *ブザーを鳴らしたのはだれだ Who 「sounded [rang; pushed; pressed] the *buzzer*? // お呼びのときは*ブザーを鳴らして下さい Please press the *buzzer* when you want me.

ふさい[1] 負債 ― (名) debt [dét] [U]. ― (動) (借りがある) be in debt, owe (他). 《☞ しゃっきん; かり[2]》. ¶ 私は莫大な*負債を負っている I *am* 「heavily [deeply] *in debt*. / I have a large *debt*. // *負債は全部返した I've paid off my *debt*. // あの会社に1千万円の*負債がある We *owe* ten million yen to that company. **負債者** debtor [C].

ふさい[2] 夫妻 husband [man] and wife 《☞ ふうふ》. ¶ 私たちはスミス*夫妻を夕食に招待し

た We invited 「*Mr. and Mrs.* Smith [*Mr. Smith and his wife*] to dinner. [語法] 「山田太郎夫妻」というような場合は Mr. and Mrs. Taro Yamada のように表す.

ふざい 不在 ―動 (不在で・外出して) be not at home, be out, be not in; (出かけて) be away (from ...; in ...). ―名 absence ★ 状態を指すときは Ⓤ で, 具体的な場合・期間を指すときは Ⓒ. ((☞ 可算・不可算名詞 (欄外); るす; でかける; あける¹)).
¶母は*不在です(⇒家に居ません) My mother *is* 「*not at home* [*out*; *away from home*] now. [語法] be not at home は最も一般的だが, be out のほうがもっとくだけた言い方. be away を使うと少し遠くへ行った感じ. // 彼は京都に出張で*不在です He *is away in* Kyoto on a business trip. // 私の*不在中に何かあったら彼に電話して下さい If anything happens 「in [during] my *absence*, please 「call [phone] him. // これは視聴者*不在の番組だ(⇒この番組では視聴者は完全に無視されている) The viewers *are utterly ignored* by this program.
不在地主 absentee (landlord) Ⓒ **不在証明** (アリバイ) alibi [ǽləbài] Ⓒ **不在投票** absentee ballot Ⓒ.

ぶさいく 不細工 ―形 (ぶざまな) awkward; (不器用な) clumsy; (器量が悪い) not good-looking, plain, homely ★ 第 1 が最も普通. ―名 awkwardness Ⓤ; clumsiness Ⓤ. ((☞ ぶかっこう; ぶざま)). ¶この容器は*不細工な形をしている This container has an *awkward* shape. // 彼が棚をつけたのはいいが*不細工だ(⇒棚をつけるのに不細工な仕事をした) He did a *clumsy* job of fixing the shelf.

ふさがる 塞がる **1** «いっぱいになる» ―動 (通路などが) be blocked (up); (管などが詰まる) be choked up; (特に通りを悪くするような物質がたまって) clog ⓐ, be clogged (up); (障害物で) be obstructed; (詰まる・いっぱいになる) be 「stopped [filled]. ―形 full. ((☞ つまる; ふさぐ; いっぱい)).
¶排水管が*ふさがって(⇒詰まって)いるようだ The drain appears to *be blocked up*. // このパイプは泥で*ふさがっている(⇒詰まっている) This pipe *is choked* (*up*) with dirt. // この通りはラッシュのときいつも*ふさがる(⇒いっぱいになる) This street always *clogs* (*up*) during the rush hours. // その道は倒れた木で*ふさがっている(⇒邪魔されている) The road *is obstructed* by a fallen tree.
2 «空いてない» ―動 (席などが) be 「occupied [taken; engaged] ★ taken のほうがより口語的; (予約などで) be reserved. ―形 (いっぱい) full; (忙しい) busy.
¶この席は*ふさがっています(⇒だれかがすでにいる) This seat *is* 「*occupied* [(⇒予約されている) *reserved*]. // 「この席は*ふさがっていますか」「いいえ, 空いています」 "*Is* this seat *taken*?" "No, it isn't. It's free." // 残念ですがその部屋はいま*ふさがっています(⇒使用中です) Unfortunately the room *is engaged* now. // その電話は年中*ふさがっている(⇒お話し中だ) The line *is* always *busy*. // 私はいま手が*ふさがっています(⇒忙しい) I *am busy* right now. // 3時は先約で*ふさがっている(⇒3時に人と会う約束がある) I have a previous appointment at three. // 来週は予定で*ふさがっている(⇒ぎっしりのスケジュールを持っている) I have a *full* schedule next week.
3 «閉じる»: (傷口など開いているものが) close ⓐ, be closed. ((☞ とじる¹)). ¶傷口は完全に*ふさがった The wound *has* completely *closed*. // 私は彼の話を聞いてあいた口が*ふさがらなかった(⇒あぜんとした) I *was dumbfounded* when I heard his story.

ふさぎこむ 塞ぎ込む (浮かぬ気持ちで過ごす) mope ⓐ ⓗ; (落胆する) be depressed; (憂鬱な気持ちでいる) have the blues, be in low spirits. ((☞ ゆううつ)). ¶彼女は 1 日中家の中で*ふさぎ込んでいた She *moped* indoors all day. // 彼はどういう訳か*ふさぎ込んでいた He *was* somehow *in low spirits*.

ふさく 不作 ―名 bad [poor] 「crop [harvest] Ⓒ, failure of crops Ⓤ. ―形 (作柄が悪い) bad, poor; (収量が少ない) small, lean ★ 前者のほうが口語的.
¶昨年は米が*不作だった We had a 「*bad* [*poor*] *crop* of rice last year. / (⇒米の収穫が少なかった) The rice crop *was* 「*small* [*poor*] last year. // 旱魃(かんばつ)のため今年は*不作だろう Owing to the drought, the crops will 「*fail* [*be poor*] this year. // 今年は出版業にとって*不作の年だった This has been a *lean* year for the publishing trade.

ふさぐ 塞ぐ **1** «穴などを»: (埋める) stop (up) ⓗ; (詰める) plug (up) ⓗ; (覆う) cover ⓗ; (満たす) fill (up) ⓗ. ((☞ うめる¹; つめる)).
¶彼は壁のすき間をしっくいで*ふさいだ(⇒埋めた) He *stopped* (*up*) the crack in the wall with plaster. // 彼は板でねずみの穴を*ふさいだ(⇒覆った) He *covered* the rathole with a board. / (⇒板を打ちつけた) He *boarded up* the rathole. // 私は騒音に耳を*ふさぎたいようだった(⇒騒音を避けるために) I wanted to *stop* (*up*) my ears to keep the noise out.
2 «通路・場所などを»: (障害物で) block (up) ⓗ; (妨げる) bar ⓗ; (通れなくする) obstruct ⓗ; (占有する) occupy ⓗ, take up ⓗ. ((☞ じゃま (類義語); さえぎる)).
¶ダンプカーが道を*ふさいだ A dump truck *blocked* (*up*) the road. // 庭に通じる道はさくで*ふさがれていた(⇒さくが妨げていた) The fence *barred* the way into the garden. // 土砂崩れが国道を*ふさいだ The landslide *obstructed* the highway. // ダブルベッドは大きくて場所を*ふさぐ(⇒広い場所をとる) A double bed *takes up* a lot of room.
3 «閉じる»: close ⓗ, shut ⓗ. ((☞ とじる¹)).
¶目を*ふさいで(⇒閉じて)じっとしていなさい *Close* [*Shut*] your eyes and keep still.
4 «憂鬱»: (落胆する) be depressed; (憂鬱な気持ちでいる) be in low spirits. ((☞ ふさぎこむ)).

ふざける ―動 (パーティーなどで浮かれて騒ぐ) frolic ⓐ, (じゃれて飛び回る) frisk ⓐ; (特に子供が跳ね回る) romp (on …; about …) ⓐ, gambol ⓐ; (おもしろく遊んでいる) have fun with …; (冗談を言う) joke ⓐ, make [crack] a joke; (からかう・かつぐ)《口語》kid ⓐ ⓑ; (悪ふざけする) play a trick (on …; upon …); (ふざけていたずらする) play a practical joke (on …; upon …), play pranks (on …; upon …). ━名 (いたずら) trick Ⓒ, practical joke Ⓒ; (冗談) joke Ⓒ. 《☞ じょうだん¹; いたずら》.

¶ 子供たちは芝生の上で*ふざける (⇒ 跳ね回る) のが好きだ Children love to 「*romp about* [*frolic*; *frisk*] on the lawn. // 子供は庭で犬と*ふざけている (⇒ おもしろく遊んでいる) The child *is having fun* with the dog in the yard. // 彼はいつも*ふざけている (⇒ 冗談を言う) He's always *joking*. // 彼女は私が*ふざけて言ったこと (⇒ 冗談) を真に受けた She took my *joke* seriously. // 私は*ふざけてそれをしたのです I meant it as a *practical joke*. // 私は*ふざけてそう言ったのではない (⇒ 本気で言ったのです) I really *meant* it. / I *meant* what I said. // *ふざけるな (⇒ばかを言うな) Stop 「your [this; that] nonsense!

ぶさた 無沙汰 ☞ ごぶさた

ふさふさ ━形 (豊かな) rich, abundant ★ 後者は形式ばった語; (たくさんの) lots of … 《☞ 擬声・擬態語 (囲み)》. ¶ その老人は髪の毛がまだ*ふさふさしている (⇒ 豊富な髪の毛を持っている) The old man still has 「*rich* [*abundant*] hair. // 私は髪の毛が*ふさふさしている若い人がうらやましい I envy young men with *lots of* hair.

ぶさほう 無作法 ━名 (行儀が悪いこと) bad manners ★ 複数形で; (慣習にはずれていること) bad form Ⓤ; (無礼) rudeness Ⓤ; (エチケット違反) breach of etiquette Ⓒ. ━形 (行儀が悪い) ill-mannered, unmannerly; (無礼な) rude; (礼儀知らずの) impolite ★ rude のほうが意味が強い. 《☞ しつれい (類義語); ぶれい; れいぎ》.

¶ 口に物を入れたまましゃべるのは*無作法だ It is 「*bad manners* [*impolite*] to talk with your mouth full. // スプーンをカップに入れたままにしておくのは*無作法だ It is *bad form* to leave your spoon in your cup. // 人が話しているときに話しかけるのは*無作法だ It is *rude* to interrupt while someone is talking. // 彼は*無作法だ (⇒ 作法を知らない) He has *no manners*. / (⇒ 行儀が悪い) He is *rude*. // あんな*無作法な男はもう招待しない I'll never invite such an *ill-mannered* man again.

ぶざま 無様, 不様 ━形 (無器用な) awkward; (ぎごちない) clumsy; (見苦しい) unsightly; (壊滅的な) crushing. 《☞ ぶかっこう; みっともない; みぐるしい》. ¶ 彼は何をやっても*ぶざまだ (⇒ 無器用だ) He is 「*awkward* [*clumsy*] in everything he does. // 彼らは*ぶざまな負け方をした (⇒ 惨敗した) They suffered a *crushing* defeat. 《☞ ざんぱい》

ふさわしい 相応しい ━形 (適している) suitable (for …) ★ 最も一般的な語; (社会的慣習・基準に照らして適切な) proper (for …); (ぴったりの) appropriate (to …); (合っている) fit (for …; to *do*) ★ 口語的; (似つかわしい) becoming (to …); (値する) worthy (of …); (最も適当な) right ★ 口語的. 広い意味の言葉なので, 場合によっては意味があいまいになるおそれがある. ━動 (適している) be suited (for …; to be …); (…に値する) deserve ⓑ; (…の価値がある) be worthy of … ★ 普通はよい意味に使う. 《☞ てきする》.

¶ 彼女は先生になるのに*ふさわしい (⇒ 適している) She *is suited* 「*for* teaching [*to be* a teacher]. // 彼らはその仕事に*ふさわしい人を探している They are looking for a man 「*suited* [*suitable*] *for* the job. // 彼女はその場に*ふさわしい服を着ていた She wore a dress 「*suitable for* [*appropriate to*; *proper for*] the occasion. / She wore a *proper* dress for the occasion. [語法] proper を使うと, 暗に「礼儀・作法にかなった」という道徳的価値判断のニュアンスが加わる. // 私はそれをするのに*ふさわしい (⇒ 最も適当な) 方法を知っている I know the *right* way to do it. // この本は子供たちに*ふさわしくない This book is not 「*fit* [*suitable*] *for* children. [語法] fit のほうが口語的で意味も弱い. // 彼の行為は紳士に*ふさわしくない His conduct is 「*unbecoming to* [*unworthy of*] a gentleman. // この部屋は書斎には*ふさわしくない (⇒ 役に立たない) This room won't *do* for the study.

ふさんせい 不賛成 ━動 (賛成しない) be against … (↔ be for …) ★ 最も口語的で日常的な表現; do not agree (to …; with …) ⓐ; (認めない) do not approve (of …) ⓐ, disapprove (of …) ⓐ ★ 後者のほうが少し形式ばっており, よりはっきりした不賛成. ━名 (不承知) disapproval Ⓤ; (意見の相違) disagreement Ⓤ; (反対) objection Ⓤ. 《☞ はんたい; さんせい¹; ふしょうち》.

¶ 私はその計画に*不賛成だ (⇒ 反対だ) I *am against* the proposal. / (⇒ 同意しない) I *don't agree to* the proposal. // あなたの意見には*不賛成だ (⇒ 同意できない) I cannot *agree with* you. / I *am not with* you in that. / (⇒ あなたの提案は採用できない) I *can't take* your suggestion. // 両親は彼女の結婚に*不賛成だった (⇒ 認めなかった) Her parents *did not approve of* her marriage. // 彼はその提案に*不賛成を唱えた He stated his *objection* to the proposal. // 父は顔をしかめて*不賛成を示した Father showed his *disapproval* by frowning.

ふし¹ 節 **1** «結節»: (幹・板の) knot Ⓒ; gnarl [náəl] Ⓒ; (竹の) joint Ⓒ, node Ⓒ.

【類義語】枝の付け根の固く盛り上がった所が **knot**. 木が古くなって節だらけになったり, ねじれたり, ごつごつしている状態を gnarled と言うが, これから逆成されたのが **gnarl** で, *knot* と同じ意味にも用いられる. 木を切って材木にしたときに残るそのあとの節も *knot*, *gnarl* と言う. 竹の節は **joint** または **node** という.

¶ この板は*節だらけだ This board is full of *knots*. // *節のない板を使いなさい Use a *clean* board.

2 «関節»: joint Ⓒ ★ 一般的な語で, 次の語の代わりにも用いられる; (特に指の) knuckle Ⓒ. ¶ 私は*節々が痛む I feel pain in every *joint*. // 彼は指の*節を鳴らした He cracked his finger *joints*.

3 «個所»: point Ⓒ. ¶ 彼の報告には疑わしい*節がある There are some doubtful *points* in his report.

ふし² 節 (旋律) melody Ⓒ ★ 最も一般的な語で, 以下の語の代わりにも用いられる; (特に曲の中で有名で覚えやすい部分の節) tune Ⓒ; (合唱曲の主旋律) air Ⓒ. 《☞ きょく¹; メロディー》. ¶ 彼はその*節を口笛で吹いた He whistled the ˹*melody* [*tune*]. // 彼はその詩に*節をつけた He set the poem to music.

ふし³ 父子 father and ˹son [daughter] 《☞ おやこ》.

ふじ¹ 不時 ━ 形 (予期しない) unexpected; (不測の) unforeseen; (思いも寄らない) unsuspected. 《☞ おもいがけない; ふそく¹》.
¶ 彼女は*不時の (⇒ 予期しない) 来客を暖かく迎えた She warmly received the *unexpected* visitor. // *不時の (⇒ 不測の) 出費が私たちの頭痛の種だ *Unforeseen* expenses are our headache.

ふじ² 藤 wisteria [wistí(ə)riə] Ⓒ ★ wistaria [wistɛ́(ə)riə] ともいう. **藤色** light purple Ⓤ, lilac Ⓤ; (絵の具) mauve [móuv] Ⓤ. 《☞ 色 (囲み)》 **藤棚** wisteria trellis Ⓒ **藤の花[つる]** wisteria ˹flower [vine] Ⓒ.

ふじ³ 不治 ━ 形 (治らない) incurable; (命とりの) fatal. ¶ *不治の病気 a *fatal* [an *incurable*] disease

ぶし 武士 *samurai* Ⓒ ★ 単複同形; (武人) warrior Ⓒ. 《☞ 日本固有の風物と英語 (囲み)》. **武士道** *Bushido* Ⓤ ★ *bushido* とも書く; (Japanese) chivalry Ⓤ.

ぶじ 無事 ━ 形 (安全な) safe; (平穏な) peaceful; (何事もなく静かな) quiet; (大丈夫で) all right 語法 口語的で, 述語的にのみ用いる. 広い意味の言葉なので, 何にでも使える代わりに意味があいまいでもある. ━ 副 safely; (平穏に) peacefully; quietly. ━ 名 safety Ⓤ; peace Ⓤ; (健康) good health Ⓤ.
¶ 彼女は*無事に帰宅した She ˹got [came] home ˹*safely* [*in safety*].
私は彼女を家まで*無事に送った I saw her ˹*safe* [*safely*] home.
炎上する家から男の子は消防士によって*無事救出された The boy was rescued *safely* from the burning house by a fireman.
両親は田舎で*無事に (⇒ 平穏に[健康で]) 暮らしている My parents are ˹living *peacefully* [enjoying *good health*] in the country.
彼らは*無事にやっている They are getting along ˹*all right* [*very well*].
彼女は*無事でしょうか Is she *all right*?
その問題は*無事に (⇒ 平和的に) 解決した The problem was settled *peacefully*.
今年も*無事に終わった (⇒ 今年も平穏な年だった) This has been another *peaceful* year. / (⇒ 平穏な年がまた終わろうとしている) Another *peaceful* year is going to pass by.
彼は*無事ですか (⇒ 元気ですか) Is he ˹*doing well* [*all right*]?

ふしあな 節穴 knothole Ⓒ 《☞ ふし¹》.
¶ *節穴からのぞいたりしてはだめだ Don't peep through the *knothole*. // あなたの目は*節穴か (⇒ どこに目をつけているんだ) Where are your eyes? // 彼の目は*節穴同然だ (⇒ 見る目がない) He has no seeing eyes. // 私の目は*節穴じゃないぞ (⇒ あなたのたくらみはわかっている) I can *see through* your game.

ふしあわせ 不幸せ ━ 形 (不幸な) unhappy; (不運な) unfortunate. ━ 名 unhappiness Ⓤ; misfortune Ⓤ. 《☞ ふこう¹; ふうん》.

ふしぎ 不思議 ━ 形 (いままでに見たこともないような・奇妙な) strange; (神秘的な) mysterious; (奇跡的な) miraculous; (説明できない) unaccountable; (驚くべき) wonderful, marvelous ★ marvelous のほうが wonderful よりも意味が強く, 形式ばった語. ━ 名 (不思議な物・人・出来事) wonder Ⓒ; (不可解なこと) mystery Ⓒ; (驚くべきこと) marvel Ⓒ; (奇跡) miracle Ⓒ. 《☞ きみょう; ふかかい》.
¶ 彼が来なかったのは*不思議だ (⇒ なぜ来なかったのかしら) I *wonder* why he didn't come. 語法 <wonder＋疑問詞の節> で「なぜ[どうして, どこに, いつ, etc.] …かしら」といういぶかる気持ちを表す.
あなたがそのことについて何も知らないのは*不思議だ (⇒ 奇妙だ) It is *strange* that you don't know anything about it.
その事故でだれもけがをしなかったのは*不思議 (⇒ 奇跡) だった It was a *miracle* that no one was hurt in the accident.
その書類がなくなってしまったのは*不思議だ (⇒ 不可解だ) How the documents have disappeared is a *mystery*. / I *wonder* how the papers could have disappeared.
彼女が彼のことを怒るのも*不思議ではない (⇒ 当然だ) It is ˹*natural* [no *wonder*] that she should get angry with him.
彼がその申し出を断ったのも*不思議ではない No *wonder* (that) he turned down the offer.
私は空に*不思議な (⇒ 説明できない) 光を見た I saw a *mysterious* light in the sky.
この薬草は*不思議によく効く This herb has a ˹*marvelous* [*wonderful*] effect on me.
花瓶がテーブルから落ちたが, *不思議なことに割れなかった The vase fell off the table, but, ˹*strangely* enough [*miraculously*], it was not broken.
世界の七*不思議を知っていますか Do you know the Seven *Wonders* of the World?

ふしくれだつ 節くれ立つ ¶ その農夫の手は*節くれ立っていた The farmer's hands *were rough and bony*.

ふしぜん 不自然 ━ 形 (自然でない) unnatural; (人為的な) artificial; (無理な) forced; (気取った) affected. ━ 名 unnaturalness Ⓤ; artificiality Ⓤ.
¶ そのモデルの姿勢は*不自然だ The posture of the model is *unnatural*. // 私は彼の*不自然な (⇒ 気取った[きざな]) 態度が気にくわなかっ

た I didn't like his 「*affected* [*artificial*] manner. // 彼女は私に向かって*不自然な笑い方をした (⇒ 作り笑いをした) She gave me 「a *forced* [an *artificial*] smile.

ふしだら —形 (性的にだらしない) loose; (不道徳な) immoral. (☞ だらしない). ¶ 彼女は若いころ*ふしだらな生活を送った She led a *loose* life in her youth. / She was a *loose* woman when she was young.

ふじちゃく 不時着 —名 (緊急の[やむを得ない]着陸) emergency [forced] landing Ⓤ; (機体損傷覚悟の着陸) crash landing Ⓤ ★ 以上は具体的な事例をいうときは Ⓒ. —動 crash-land ⑩ ⑪, make a crash landing; (水上へ不時着させる) ditch (a plane) ⑩.
¶ 飛行機はエンジンに故障を起こして*不時着した The plane developed engine trouble and made 「an *emergency* [a *forced*] *landing*.

ふしちょう 不死鳥 phoenix [fíːniks] Ⓒ ★ phenix とも書く.

ふじつ 不実 —形 (誠意のない) insincere; (忠実でない) unfaithful; (信義のない) faithless. —名 insincerity Ⓤ; faithlessness Ⓤ. (☞ ふせいじつ).

ぶしつけ 不躾 —形 (無作法な) ill-mannered; (無礼な) rude; (礼儀知らずの) impolite. —名 (無作法) bad [rough] manners ★ 複数形で; (厚顔) impudence Ⓤ. (☞ ぶさほう; ぶえんりょ; しつれい (類義語)).
¶ *ぶしつけな質問ですが, あなたには恋人がいますか May I ask you if you have a sweetheart?

ふしまつ 不始末 —名 (不注意) carelessness Ⓤ; (不行跡) misconduct Ⓤ; (大失敗) blunder Ⓒ. —形 careless.
¶ その火事はたばこの火の*不始末から起こった The fire broke out through *careless* handling of cigarette butts. // それは彼の身の*不始末が原因だ It was caused by his own 「*misconduct* [*misdeed*]. // 彼はまたばかばかしい*不始末 (⇒ へま) をしでかした He committed an absurd *blunder* again.

ふじみ 不死身 —形 (決して死なない) immortal. ¶ 古代ギリシャの神々は*不死身 (⇒ 不死) だった The gods of ancient Greece were *immortal*. // 彼は*不死身だ (⇒ 命を9つ持っている) He *has nine lives*. 語法 「猫はなかなか死なない」A cat has nine lives. ということわざから. / (⇒ 魔法で守られているような命を持っている) He *leads a charmed life*.

ふしめ 伏し目 downcast eyes; (目つき) downcast look Ⓒ. (☞ ふせる¹; うつむく).
¶ 彼は*伏し目がちに黙っていた He remained silent with *downcast eyes*. / He *dropped* his *eyes* and kept silent.

ふじゆう 不自由 **1** «不便» —名 inconvenience Ⓤ ★ 具体的なことを指すときは Ⓒ. —形 inconvenient. (☞ ふべん).
¶ 断水でたいへん*不自由した (⇒ 断水が私たちを不便にさせた) The water cutoff caused us a lot of *inconveniences*. // 私はそんなものはなくても*不自由しない (⇒ そのようなものは必要でない) I *have no need* for a thing like that.
2 «窮乏» —名 (不足) shortage Ⓤ; (貧乏) poverty Ⓤ. —形 (貧しい) poor; (困窮している) needy; (不足している) short (of ...). (☞ びんぼう; ふそく¹; きゅうする).
¶ 私は*不自由な (⇒ 貧しい) 暮らしには慣れている I am used to living in 「*poverty* [*want*]. // 彼女はなに*不自由ない身分だ She lives in 「*comfort* [*ease*]. / She *is well off*. // 彼は当時生活費にさえ*不自由していた He was 「*short of* living expenses [*hard up*] then. // 私は小遣いには*不自由しない (⇒ たっぷりある) I have plenty of pocket money.
3 «身体に障害のある» —形 (身体に障害のある) disabled, physically handicapped. (☞ しょうがい¹; しんしょうしゃ). ¶ 目[体]の*不自由な人には親切にしなければいけない We must be kind to 「*blind* [*disabled*; *physically handicapped*] people.

ふじゅうぶん 不十分, 不充分 —形 (十分でない) not enough ★ 最も日常的で平易な表現; (不足している) insufficient ★ やや形式ばった語; (足りない) short (of ...); (不適切な) inadequate; (本質的なものが欠けている) deficient ★ 以上2語はやや形式ばった語; (不満足な) unsatisfactory; (不完全な) imperfect; (完全とは程遠い) far from perfect. —名 insufficiency Ⓤ; (不足) want Ⓤ, lack Ⓤ; shortage Ⓤ; inadequacy Ⓤ; deficiency Ⓤ; imperfection Ⓤ. (☞ ふそく¹; たりない; じゅうぶん¹ (類義語)).
¶ 彼の給料は一家を養うのに*不十分だ His salary is 「*not enough* [*insufficient*] to support his family. // 私の英語力はまだ*不十分です My English is *not* good *enough* yet. / (⇒ 不完全だ) My knowledge of English is still 「*imperfect* [(⇒ 完全とは程遠い) *far from perfect*]. ★ 前者のほうがより口語的. // 彼は証拠*不十分で釈放された He was let off for 「*want* [*insufficiency*] of evidence. // ニュースの報道は*不十分だった The news coverage was *unsatisfactory*. / (⇒ 私たちはそのニュースの報道に満足していなかった) We *were not satisfied with* the news coverage. // この論文は*不十分なところが多々ある (⇒ 望むべき点がたくさん残されている) This thesis *leaves much to be desired*. ★ 改まった表現.

ふしゅび 不首尾 —名 (失敗) failure Ⓤ. —形 (不成功の) unsuccessful. —動 (失敗する) fail ⑪, end in failure. (☞ しっぱい).

ふじゅん¹ 不純 —形 (純粋でない) impure (↔ pure); (利己的な) selfish; (不正な) dishonest. ¶ 彼は*不純な動機から彼女を助けたに違いない He must have helped her from some 「*impure* [*selfish*] motives. // この水には何か*不純な物が含まれている There is 「something *impure* [some *impurity*] in this water. **不純物** impurity Ⓒ ★ しばしば複数形で.

ふじゅん² 不順 —形 (定まらない) unsettled; (変わりやすい) changeable; (よくない) unfavorable; (時期はずれの) unseasonable; (不規則な) irregular. —名 (時期はずれ) unseasonableness Ⓤ; (不規則) irregularity

Ⓤ. 《☞ 天候の表現 (囲み)》.
¶ このところ天候が*不順だ (⇒ 定まらない) We are having *unsettled* weather these days. / (⇒ 変わりやすい) The weather is *changeable* these days. // 天候*不順のため (⇒ 天気が悪いので) 遠足は延期になった The excursion was postponed owing to the *unfavorable* weather. // この冬は天候*不順だった (⇒ 季節はずれの天気を持った) We had *unseasonable* weather this winter. // 生理*不順 menstrual *irregularity*

ふじょ 扶助 — 名 (助力) help Ⓤ; (援助) aid Ⓤ; assistance Ⓤ ★ aid より改まった語; (扶養) support Ⓤ. — 動 help ⓗ; aid ⓗ; support ⓗ. 《☞ えんじょ; じょりょく; たすけ》.
¶ 彼らは医療*扶助を必要としている They are in need of medical *aid*. // この会の目的は会員の相互*扶助をはかることにある The aim of this association is to provide mutual ⌈*aid* [*assistance*; *help*] among the members.

ぶしょ 部署 (責任を持たされた持ち場) post Ⓒ; (指定された任務上の持ち場) station Ⓒ.
¶ 彼は自分の*部署へ急いだ He rushed to his *post*. // 自分の*部署を離れてはいけない You must ⌈stay [remain] at your *post*. / Don't desert your *post*. // 機動隊員はそれぞれの*部署についた[ついている] The riot policemen ⌈took up [are at] their *stations*.

ふしょう[1] 負傷 — 名 (事故などによる) injury Ⓒ; (武器や凶器などによる) wound [wúːnd] Ⓒ; (痛みを伴う) hurt Ⓤ ★ ややくだけた語. — 動 (負傷する) be ⌈injured [wounded; hurt], suffer [receive] an injury ★ 前者のほうが一般的; (…を傷つける) injure ⓗ, hurt ⓗ; (武器・凶器で) wound ⓗ. 《☞ けが (類義語); きず》.
¶ 彼はその事故で*負傷した He ⌈*was injured* [*got hurt*] in the accident. // その外交官はピストルで撃たれて*負傷した The diplomat *was* shot and *wounded*. // 彼は戦争で*負傷した He *was wounded* in the war. // 彼は腕に*負傷した He ⌈*suffered* [*received*] *an injury* to his arm. / He *was injured* in the arm. / He *had* his arm *injured*.
負傷者 injured [wounded] person Ⓒ; (総称的に) the ⌈injured [wounded].

ふしょう[2] 不詳 — 形 (よくわからない) unknown; (身元不明の) unidentified; (作者不明の) anonymous. 《☞ ふめい》. ¶ その作曲者名に*不詳だ The composer's name is *unknown*. // 何人かの遺体がいまだに身元*不詳のままである Some bodies ⌈still remain *unidentified* [*have not been identified* yet]. // 作者*不詳の詩 an *anonymous* poem

ふしょう[3] 不肖 ¶ *不肖ながら私がその件は引き受けましょう (⇒その件は私が引き受けます. よい仕事ができるかどうかわからないが, 全力を尽くします) I'll take care of the matter. I don't know if I can do a good job, but I'll do my best. 語法 日本語の「不肖」(父親に似ない) という表現は直訳すれば be unworthy of *one's* father だが, 英語ではそのような表現を日本語と同じ意味で用いることはない.

ふじょう[1] 浮上 — 動 rise [come up] to the surface, surface ⓐ; (回復する) regain ⓗ, recover ⓗ. ¶ 潜水艦はゆっくりと*浮上した The submarine *surfaced* gradually. / The submarine gradually ⌈*rose* [*came up*] *to the surface*. // 彼の人気はまた*浮上した (⇒ 人気を回復した) He *regained* popularity.

ふじょう[2] 不浄 — 形 (汚(けが)れた) unclean; (汚ない) dirty. 《☞ ふけつ; きたない》. ¶ そんな*不浄な金は受け取るわけにはいかない I cannot accept such *dirty* money.

ぶしょう 不精, 無精 — 形 (怠け者の) lazy 《☞ なまけもの; でぶしょう》. ¶ 彼は*不精で何もやらない He is too *lazy* to do anything. // 彼は息子の*不精をしかった He scolded his son for ⌈being *lazy* [his *laziness*]. // 筆*不精 a ⌈*poor* [*lazy*] correspondent **不精ひげ** stubble Ⓤ, stubbly beard Ⓒ 《☞ ひげ[1]》 **不精者** lazy fellow Ⓒ; (だらしない人) sloven Ⓒ.

ふしょうか 不消化 — 名 indigestion Ⓤ; (消化不良) dyspepsia Ⓤ. — 形 indigestible. 《☞ しょうか[1]》. ¶ 食べすぎると*不消化を起こす If you eat too much you will suffer from *indigestion*. / Too much food will give you *indigestion*. // 私は*不消化な食べ物は避けている I avoid *indigestible* food.

ふしょうじ 不祥事 (醜聞) scandal Ⓒ; (恥ずべきこと) disgraceful affair Ⓒ; (嘆かわしい出来事) deplorable event Ⓒ. 《☞ スキャンダル》. ¶ それは会社始まって以来の*不祥事だ It is the ⌈worst *scandal* [most *disgraceful affair*] in the history of our company.

ふしょうじき 不正直 — 形 dishonest (↔ honest). — 名 dishonesty Ⓤ. 《☞ ふせいじつ》. ¶ あんな*不正直な男は信用できない I cannot trust such a *dishonest* man.

ふしょうち 不承知 — 名 (不賛成) disapproval Ⓤ; (反対) objection Ⓤ; (拒絶) refusal Ⓤ; (否定) denial Ⓤ. — 動 (反対である) be against … ★ 反対である状態を表す最も一般的な言い方; (反対する) object (to …) ⓐ; (認めない) disapprove (of …) ⓐ ★ ⓗ としての用い方もある; (賛成しない) disagree (with …) ⓐ. 《☞ ふさんせい》.
¶ 両親は彼の退学には*不承知だった (⇒ 反対だった) His parents ⌈*were against* [*objected to*; *disapproved of*] his leaving school.

ふしょうにん 不承認 — 名 (案などの) disapproval Ⓤ; (政権などの) nonrecognition Ⓤ. — 動 disapprove ⓗⓐ. — 形 (国家などが) unrecognized. ¶ その企画は重役会で*不承認となった The project *was disapproved* by the board of directors. // その新興国はまだ多くの国から*不承認のままだ The new state still remains *unrecognized* by many countries.

ふしょうぶしょう 不承不承 — 副 (気が進まず) unwillingly; (いやいや) reluctantly ★ unwillingly のほうが不満の気持ちが強い; (気乗りしないで) halfheartedly; (自分の意志に反して) against *one's* will. — 形 unwilling; reluctant; halfhearted. 《☞ しぶしぶ》.
¶ 彼は*不承不承その提案に同意した He gave

his ｢*unwilling* [*reluctant*] consent to the proposal. ∥ 彼は*不承不承, 命令に従った He ｢*unwillingly* [*reluctantly*] obeyed the order.

ふしょうふずい 夫唱婦随 ¶ 彼のところは*夫唱婦随だ (⇒ 彼の妻はいつも彼の範に従う) His wife always follows his lead. / (⇒ 彼の言うことに従う) His wife always obeys what he commands. ∥ うちは*夫唱婦随です (⇒ 夫が決定権を持っている) My husband has the say in our family. / It's my husband who has the say in our family.

ふじょうり 不条理 absurdity Ⓤ.

ふしょく 腐食 ── 名 (化学作用による) corrosion Ⓤ; (酸類などによる) erosion Ⓤ; (鉄のさび) rust Ⓤ. ── 動 corrode ⓐ ⓗ; erode ⓗ ⓐ; (さびる) rust ⓐ; (侵食する) eat (into ...) ⓐ, eat ⓗ. (☞ ふはい¹; くさる).
¶ 銅の緑青は*腐食によるものである The verdigris on copper results from *corrosion.* ∥ 酸は金属を*腐食する Acid causes metal to *corrode.* / Acid ｢*corrodes* [*eats into*] metal.
腐食作用 corrosion Ⓤ **腐食止め** anticorrosive Ⓒ **腐食防止剤** corrosion inhibitor Ⓒ.

ぶじょく 侮辱 ── 名 insult [ínsʌlt] Ⓤ ★最も一般的. 具体的な例を指す場合は Ⓒ; (軽蔑) contempt Ⓤ. ── 動 insult [insʌ́lt] ⓗ. (☞ けいべつ).
¶ 彼の発言は我々に対する*侮辱だ His words are an *insult* to us. ∥ 私はこんな*侮辱に耐えられない I cannot put up with such an *insult.* ∥ 彼は私のことをばか呼ばわりして*侮辱した He *insulted* me by ｢calling me [saying that I was] an idiot. ∥ 彼は法廷*侮辱罪に問われた He was charged with *contempt* of court.

ふじょし 婦女子 women and children ★複数形.

ふしん¹ 不審 ── 名 (疑い) doubt Ⓒ ★複数形で用いることが多い; (嫌疑) suspicion Ⓤ ★ doubt は事実に対する疑惑で, suspicion は悪事に対する疑惑. ── 形 doubtful; suspicious; (奇妙な) strange. ── 動 (疑う) doubt ⓗ; (不審に思う) be ｢in doubt [uncertain]; (尋問する) question ⓗ. (☞ ぎわく; ぎもん).
¶ *不審があるなら自分で確かめなさい If you have any *doubts* [When (you are) in *doubt*], make certain for yourself. ∥ 彼の報告には幾つか*不審な点がある I have some *doubts* about his report. / There are some *doubtful* points in his report. ∥ ご*不審な点は (⇒ わからないことは) 何でもお聞き下さい Please ask me anything you *don't understand.* ∥ 警官はその男を*不審に思った The policeman was *suspicious* of the man. ∥ みんなは彼が来なかったことを*不審に思った Everybody thought it *strange* that he had not come. ∥ 彼はその見知らぬ人を*不審そうに見た He gazed at the stranger with *suspicion.* ∥ 警察はその火事を*不審火と見て (⇒ 放火によるものと疑って) 原因を調査中だ Police are investigating the cause of the fire on *suspicion* that it was caused by arson. ∥ 私は警官に*不審尋問を受けた I *was questioned* by a policeman.

ふしん² 不信 ── 名 (不実) faithlessness Ⓤ; (不誠実) insincerity Ⓤ; (不信頼) distrust Ⓤ ★しばしば a が付く; (不信用) discredit Ⓤ. ── 形 faithless; unfaithful; insincere; distrustful; discreditable; (疑わしげな) dubious. (☞ うたがわしい).
¶ 私は政治に対して*不信の念を持っている I have ｢*a distrust* of [*no trust* in] politics. ∥ 彼の顔には*不信の色が見えた There was a ｢*distrustful* [*dubious*] look on his face.

ふしん³ 不振 ── 形 (活気がない) dull; (不活発な) inactive; (不景気な) slack; (沈滞した) stagnant; (成績・結果などが) bad ★広い意味の一般的な語; (貧弱な) poor. ── 名 dullness Ⓤ; inactivity Ⓤ; (不景気) depression Ⓤ; (不調) slump Ⓒ. (☞ ふけいき).
¶ 2月は商売が*不振だった Business was *dull* in February. ∥ 今年の輸出は*不振だった (⇒ 悪かった) The export trade has been *bad* this year. ∥ 失業者の増加は国内産業の*不振による The rise in unemployment is due to the *depression* in domestic industries. ∥ そのチームの今年の成績は*不振だった The team *has made a poor showing* this year. ∥ 病気のときは食欲*不振になる When we are sick, we have a *poor* appetite.

ふしん⁴ 普請 ── 名 (建てること) building Ⓤ; (建造) construction Ⓤ ★修理作業の意味では通例複数形. ── 動 build ⓗ; construct ⓗ. ¶ この家の*普請には3か月かかった The ｢*building* [*construction*] of this house took three months. / It took three months to *build* this house.

ふじん¹ 婦人 ── 名 (成人した女性) woman Ⓒ 《複 women》 ★最も一般的; (敬称的に) lady Ⓒ; (総称) womankind Ⓤ. ── 形 woman; (女性の) female (↔ male) ★客観的に性別をいうとき.
【類義語】 man に対して大人の女性を指す一般的な語が **woman**. **lady** は目の前の女性を指したり, 年輩のご婦人 (elderly lady) などのようなときに用いるが, 最近は *woman* のほうが多く使われる. 女性全体を指すには **womankind** を用いる. (☞ じょせい¹; おんな (類義語))
¶ ホールには*婦人が大勢いた There were a lot of *women* in the hall. ∥ あそこの年輩のご*婦人はどなたですか Who is that elderly *lady* over there? ∥ *婦人用のトイレには "Ladies" と書いてある Toilets for *women* are marked "Ladies." ∥ これは*婦人用の時計です This is a ｢*ladies'* watch [watch for *ladies*].
婦人科 gynecology [gàinəkɑ́lədʒi(:)] Ⓤ (☞ 病気・病院 (囲み)) **婦人科医** gynecologist Ⓒ **婦人記者** female [lady] reporter Ⓒ **婦人警官** policewoman Ⓒ **婦人雑誌** ladies' magazine Ⓒ **婦人参政権** women's suffrage Ⓤ **婦人病** women's diseases ★通例複数形で. **婦人問題** women's problem Ⓒ.

ふじん² 夫人 (妻) wife Ⓒ; (敬称) Mrs. ★ピリオドを付けないこともある; Madam(e) ★英米

ふ

では Madam, 他国の既婚婦人を指す場合は Madame ; Lady ★ Lord および Sir の肩書きを持つ人の妻. 《☞ きょう[4]》.
¶ 田辺氏は*夫人同伴だった Mr. Tanabe was accompanied by his *wife*. // 私はたまたまテイラー*夫人と劇場で出会った I happened to meet *Mrs.* Taylor at the theater. [語法] 元来ジョン スミス夫人という場合は *Mrs.* John Smith のように夫の名前に Mrs. を付け, 夫人の名前に付けて Mrs. Mary Smith のように言うのは職業上の理由か, 夫が死亡している場合とされていた. ただし最近では必ずしもそうとは言えない. // キューリー*夫人 *Madame* Curie

ふしんじん 不信心 ― [形] (宗教に無関心な) indifferent to religion; (宗教を信じない) unbelieving ; (神に対する敬虔(けいけん)な気持ちに欠ける) impious ; (無宗教の) irreligious. ― [名] unbelief Ⓤ ★ 積極的に信じることを拒否するのは disbelief Ⓤ ; (不信心の人) unbeliever Ⓒ ; (不敬) impiety [ìmpáiəti(ː)] Ⓤ ★ 言動は Ⓒ で, しばしば複数形で用いられる.
¶ 両親は仏教に熱心ですが, 私は*不信心でめったに仏壇を拝むこともありません Although my parents are devout Buddhists, I'm ｢*indifferent to religion* [an *unbeliever*] and rarely pray in front of our family altar.

ふしんせつ 不親切 ― [形] unkind. ― [名] unkindness Ⓤ. ¶ 彼はその外国人に*不親切だった He was *unkind* to the foreigner. // あの店は*不親切だ (⇒ サービスが悪い) That store *gives poor service.* / They *give poor service* in that store.

ふしんにん 不信任 nonconfidence Ⓤ.
¶ 衆議院で内閣*不信任の決議がなされ, 内閣は総辞職した The House of Representatives passed a *nonconfidence* resolution, and the Cabinet resigned en masse. // 彼らは議長*不信任の動議を出した They ｢moved [presented a motion for] a vote of *no confidence* in the chairman.

ふしんばん 不寝番 (寝ずの番) vigil Ⓤ; (夜警) night watch Ⓤ ; (人) night watchman Ⓒ. ¶ *不寝番をする keep ｢*vigil* [*watch during the night*]

ふす 伏す (うつ向く) droop (自) ; (横になる) lie down (自). 《☞ ふせる[1] ; うつむく》.

ふずい[1] 付随 ― [動] (伴って起こる) accompany (他) ; (結果として伴う) attend (他). ― [形] (随伴する) attendant ; (同時に生じる) concomitant. ¶ その件に*付随して困った問題がもう1つ生じた Another problem *has accompanied* the case. // その実験には多少の危険が*付随する The experiment *is attended* with some danger.

ふずい[2] 不随 ― [動] (不随となる) be paralyzed. ― [名] (麻痺) paralysis Ⓤ. 《☞ まひ》. ¶ 彼女の父は半身*不随になった Her father *was* partially *paralyzed.* // その事故で彼は全身*不随になった (⇒ 事故が彼を全身不随にさせた) The accident left him with ｢general [total] *paralysis.*

ぶすい 不粋 ― [形] (散文的な・無味乾燥な) prosaic; (気のきかない) tactless; (鈍感な) insensitive. 《☞ やぼ》. ¶ そんな話を持ち出すなんてあなたも*不粋だね (⇒ そんな話題を持ち出すのは鈍感だ[気がきかない]) It is ｢*insensitive* [*tactless*] of you to bring up such a subject.

ふずいいきん 不随意筋 involuntary muscle Ⓒ.

ふすう 負数 〚数学〛 negative number Ⓒ (↔ positive number) 《☞ 数字 (囲み)》.

ぶすう 部数 the number of copies ; (新聞などの発行部数) circulation Ⓒ.

ぶすっと ¶ 彼女は*ぶすっとしていた She ｢looked [was] *sullen.* / (⇒ 不機嫌な顔をしていた) She wore a *sullen* look. 《☞ ふきげん ; むっつり ; 擬声・擬態語 (囲み)》

ぶすぶす ¶ 火は*ぶすぶすいって消えてしまった The fire *sputtered* out. // *ぶすぶすいっていた燃えさしが突然ぱっと燃え上がった The *smoldering* embers suddenly burst into flame(s). 《☞ ぱちぱち ; くすぶる ; 擬声・擬態語 (囲み)》

ふすま 襖 *fusuma* Ⓒ ★ 単複同形 ; Japanese sliding door Ⓒ [参考] 「ふすま」そのものが英米にはないから, 状況によっては a *fusuma*, a Japanese sliding door のように説明的に訳すほうがよい場合がある. 《☞ 日本固有の風物と英語 (囲み)》.

ぶすりと ¶ 暴漢は彼の脇腹に*ぶすりとナイフを突き刺した The thug ｢*thrust* [*plunged*] a knife *home* into his side. // 彼は短刀を畳に*ぶすりと突き立てた He *stuck* a dagger into the *tatami* mat. 《☞ ぐさりと ; つきさす ; 擬声・擬態語 (囲み)》

ぷすりと ¶ 私は針で紙に*ぷすりと穴をあけた I *pricked* a hole in the paper with a needle. // くぎが私の自転車のタイヤに*ぷすりと刺さった A nail *pierced* my bicycle tire. 《☞ 擬声・擬態語 (囲み)》

ふする 付する (任せる) refer (他) ; (仕事などをあてがう) assign (他) ; (提出する) submit (他). ¶ 調査の仕事は委員会に*付すことになった The research *has been* ｢*referred* [*assigned*] to the committee. // この提案は来週閣議に*付される This proposal is to *be submitted* to the Cabinet meeting next week.

ふせ 布施 (供物・献金) offering Ⓒ.

ふせい[1] 不正 ― [形] (不当な) unjust ; (不公正な) unfair ; (よくない) wrong ; (悪意のある) wicked ; (ごまかしの) dishonest ; (違法の) unlawful, illegal. ― [名] (正当でないこと) injustice Ⓤ ; (道義上の悪) wrong Ⓤ ; dishonesty Ⓤ ; illegality Ⓤ ★ 以上いずれも具体的な行為を指すときは Ⓒ ; (汚職) corruption Ⓤ ; (汚職事件) payoff scandal Ⓒ ; (地位・特権を利用した汚職) 《米》 graft Ⓤ. ― [動] (カンニングをする) cheat (自).
¶ 私は何も*不正はしていません (⇒ 悪いことはしていない) I have done nothing *wrong.* / (⇒ 私は公明正大です) Everything I did was *fair and square.* // 戦争といえども*不正は許されるべきではない *Injustice* should not be allowed even in war. // 彼らのしていることは*不正だ (⇒ 法にはずれた行為だ) What they are doing is an ｢*unlawful* [*illegal*] act. // 彼は*不正なことをして利益をあげた He made profits by

ʳdishonest [unlawful] means. // 彼は試験で*不正をした (⇒ カンニングした) He *cheated* on the exam. // 調査の結果その*不正が発覚した (⇒ 調査がその汚職を明るみに出した) The investigation has brought the ʳ*corruption* [*graft*] to light. // *不正をしないで堂々と勝負をしなさい Play *fair*.

不正行為 dishonesty [C], dishonest act [C]; (競技の反則) foul play [U]; (カンニング) cheat [C]; (汚職) corruption [U]; (特に贈収賄) bribery [U] ★ 具体的な事件を指すには a bribery case とするか, a payoff scandal のように言う. **不正手段** dishonest means ★ 単複両扱い. **不正乗車** illegal (train) ride [C] 《☞ ただのり》. ¶ *不正乗車する *steal a ride on a train*

ふせい[2] 父性 paternity [U].

ふぜい 風情 ― [名] (様子) appearance [C]. ― [形] (風流な) tasteful (↔ tasteless); (優雅な) elegant. 《☞ おもむき; あじわい》. ¶ 彼の家は*風情がある (⇒ 趣味よく建てられている) His house is *tastefully* built. // この通りはパリの*風情がある (⇒ パリを思い出させる) This street *reminds* me *of* Paris.

ふせいかく 不正確 ― [形] (間違っている) incorrect; (事実と合致しない) inaccurate; (忠実でない) unfaithful; (厳密に合致しない) inexact. ― [名] inaccuracy [U]; incorrectness [U]; inexactitude [U].

¶ この時計は*不正確だ This clock is ʳ*not correct* [*incorrect*]. / (⇒ 正しい時間を守らない) This clock *does not keep good time*. // 私はその問題に*不正確な (⇒ 間違った) 答えをしてしまった I gave an *incorrect* answer to the question. // この翻訳は*不正確だ This translation is ʳ*inaccurate* [*unfaithful*].

ふせいこう 不成功 ― [名] (失敗) failure [U] (↔ success) ★ 失敗した人・企てなどは [C]. ― [形] unsuccessful; (実を結ばない) fruitless (↔ fruitful); (失敗に終わる) abortive. ― [動] (失敗する) fail (自) ★ 一般的な語; (無に帰す) come to nothing. 《☞ しっぱい》.

¶ 実験は*不成功だった The experiment was ʳ*unsuccessful* [a *failure*]. / The experiment ʳ*failed* [ended in *failure*]. // 彼女は歌手としては*不成功だった (⇒ 失敗者だった) She was a *failure* as a singer.

ふせいじつ 不誠実 ― [形] (誠意のない) insincere; (忠実でない) unfaithful; (不実な) faithless; (正直でない) dishonest. ― [名] insincerity [U]; unfaithfulness [U]; dishonesty [U]. 《☞ ふまじめ; ふしょうじき》.

¶ 私は彼の*不誠実さに腹が立った I got angry at his *insincerity*. // *不誠実な友達とは付き合わないほうがよい (⇒ 避けるべきだ) You should avoid ʳ*faithless* [*dishonest*] friends.

ふせいしゅつ 不世出 ― [形] (最も偉大な) greatest; (並ぶ者のない) unparalleled. 《☞ いだい; ひるいない》.

ふせいせき 不成績 ― [名] poor ʳrecord [result] [C]. ― [形] poor, unsuccessful. 《☞ せいせき》.

ふせいりつ 不成立 ― [名] (失敗) failure [U]; (目的を達しないこと) miscarriage [U]. ― [動] (失敗する) fail (自); (不成功に終わる) miscarry (自). 《☞ ふせいこう; しっぱい》.

¶ 議案は*不成立だった (⇒ 通らなかった) The bill ʳdid not [*failed* to] pass. // 法案の*不成立は政府にとって大打撃だった The *miscarriage* of the bill was a great blow to the government. // 交渉は*不成立に終わった The negotiations *have failed*. // 会は出席者少数で*不成立だった (⇒ 延期になった) The meeting *was adjourned* owing to the poor attendance.

ふせき 布石 (戦略的な手) strategic move [C]. ¶ *布石を打つ make a *strategic move* / make *strategic arrangements*

ふせぐ 防ぐ (積極的に防御する) defend (他); (かばって守る・保護する) protect (他); (予防する) prevent (他); (用心して…しないようにする) guard (against ...) (自) ★ (他) の用法もある; (阻止する・止める) check (他); (寄せつけない) keep ʳoff [out] (他) ★ 口語的. 《☞ まもる; はばむ; ぼうし[2]》.

¶ 彼らはあらゆる攻撃から町を*防いだ <S(人)+V(*defend*)+O(所)+*against*+名(攻撃)> They *defended* the city *against* all attacks. // 彼の気転が事故を*防いだ His quick thinking *prevented* an accident. // このオイルは日焼けを*防いでくれる This oil ʳ*guards* your skin *against* [(⇒ 保護するものである) is a *protection* from] the sun. // この毛皮のコートなら寒さが*防げる (⇒ この毛皮のコートはあなたを寒さから守る) This fur coat will ʳ*protect* you *from* [(⇒ 寒さを寄せつけない) *keep out*] the cold. // 彼は虫歯を*防ぐ (⇒ 予防する) ために毎食後歯を磨く He brushes his teeth after each meal to ʳ*prevent* [*guard against*] tooth decay. // 現状では物価の上昇を*防ぐ (⇒ 物価を低く抑えておく) ことは難しい Under the present circumstances, it is difficult to *keep* prices *down*.

ふせつ 敷設 ― [動] (管などを敷く) lay (他); (建設する) construct (他); (作り上げる) build (他) [語法] construct も build もほぼ同意に用いられるが, build のほうが口語的. また construct には計画に基づいて建設するという含みがある. ― [名] construction [U]; building [U].

¶ 彼らはガス管を*敷設するために道路を掘り起こした They tore up the road to *lay* a gas pipe. // 両市の間に間もなく鉄道が*敷設される A railroad will *be* ʳ*constructed* [*built*] between the two cities.

ふせっせい 不摂生 ― [名] (健康の無視) neglect of health [U]. ― [動] neglect *one's* health. ¶ *不摂生をしてはいけない (⇒ 健康を無視してはいけない) You should not *neglect your health*. / (⇒ 健康な生活を送るよう努めなさい) Try to lead a *wholesome* life.

ふせる[1] 伏せる **1** «下にする»: (身を) lie down (自) 《過去 lay; 過分 lain》; (物を逆にする) put ... upside down; (表を下にして) put ... face ʳdown [downward(s)]; (視線などを) cast down (他) 《過去・過分 cast》.

¶ 彼らは床の上に身を*伏せた They *lay down* (*face downward*) on the floor. // 本を机の

上に*伏せて置きなさい *Put* your books *face downwards* on the desk. // 彼女は目を*伏せた (⇒ 下を向いた) She *looked downward.* / (⇒ 視線を下げた) She *cast down* her eyes.
2 «隠す» ¶ その件は当分の間*伏せておいて下さい (⇒ 秘密にする) Please ⌈*make it a secret* [(⇒ あなただけにしておく) *keep it to yourself*; (⇒ あなたと私だけの間のことにしておく) *keep it between you and me*] for the time being. / (⇒ だれにも言うな) Please don't tell anybody about it for the time being. 《☞ かくす》

ふせる² 臥せる (横になる) lie down ⓐ《過去 lay; 過分 lain》; (床につく) go to bed. ¶ 1週間ばかり*臥せっていました (⇒ 病気で寝ていた) I *have been* ⌈*sick* [*ill*] *in bed* for about a week.

ふせん¹ 付箋 (一時的なもの) tag Ⓒ; (内容などをも示しての) label Ⓒ. ¶ 私の手紙は「配達不能」の*付箋がついて返ってきた My letter was mailed back with a *tag* reading "non-delivery."

ふせん² 不戦 **不戦勝** ― 名 unearned win Ⓒ. ― 動 win without playing. **不戦敗** ― 名 default Ⓤ. ― 動 lose by default.

ぶぜん 憮然 ¶ 彼は*憮然として (⇒ がっかりして[びっくりして]) それを見ていた He was looking at it ⌈*disappointedly* [*surprisedly*]. 《☞ ぼうぜん》

ふせんめい 不鮮明 ― 形 indistinct; (明らかでない) not clear; (欠点などがぼけて) blurred; (焦点が合ってなくて) out of focus. ― 名 indistinctness Ⓤ.

ぶそう 武装 ― 名 (軍備) armaments ★ 通例複数形で; (装備) equipment Ⓤ. ― 動 (武装する) arm ⓗ. 《☞ ひぶそう》. ¶ ライフルで*武装した男が銀行へ押し入った A man *armed* with a rifle forced his way into the bank. **武装解除** disarmament Ⓤ **武装警官** armed policeman Ⓒ.

ふそうおう 不相応 ― 形 (ふさわしくない) not suited (for ...), unsuited (for ...); (不似合な) unbecoming. ― 副 (収入に比べて) beyond *one's* means; (能力・地位に比べて) above *oneself*. 《☞ みぶん》. ¶ 彼は分*不相応な家に住んでいる (⇒ 彼の収入にとってあまりに大きな) He lives in a house *too* large *for his means.*

ふそく¹ 不足 **1** «物についての不十分・欠乏・窮乏» ― 名 (欠乏) lack Ⓤ; (重大な欠乏) *want* Ⓤ; (通常のものの欠乏) shortage Ⓤ; (欠乏・欠陥) deficiency Ⓤ ★ やや形式ばった語; (不十分なこと) insufficiency Ⓤ; (特に金額の) deficit Ⓒ. ― 形 short; (不十分な) insufficient. ― 接頭 (…不足の) under- (↔ over-). ― 動 (必要なものが不足する) lack ⓗ; (足りない) want ⓗ. 《☞ たりない; ふじゅうぶん; けつぼう (類義語)》.
¶ 水*不足 *lack* of water / *want* of water / (⇒ 水道などの) an *insufficient* supply of water
食糧[石油]*不足 food [oil] *shortage*
この2, 3日睡眠*不足です (⇒ よく眠っていない) I *haven't* slept *well* for the past few nights. / I've been suffering from *lack* of sleep for the past few nights.
おつりが100円*不足です I'm afraid the change is ⌈100 yen *short* [*short* by 100 yen; *short* 100 yen].
最近私は運動*不足だ I'm *underexercised* lately.
この写真は少し露出が*不足している This picture is a little *underexposed.*
この学校は教室が*不足している Our school does*n't* have *enough* rooms for classes. / There is *shortage* of classrooms in this school.
これでは*不足を補うのには足りません (⇒ 不足の金額を払うには) This is not enough to ⌈cover the *deficit* [overcome the *shortage*].
野菜が品*不足になっている Vegetables are now in *short* supply.
米が*不足してきている We are running *short* of rice.
彼はそのころは何*不足なく暮らしていた (⇒ 快適に暮らしていた) He lived *in comfort* at that time. / He was *comfortably off* at that time. / He lived *quite comfortably* in those days.
2 «不満»: (不満足) dissatisfaction Ⓤ; (不平) complaint Ⓒ. 《☞ ふまん; ふへい》.
¶ 何も*不足を言うことはないはずだ (⇒ 欲しいものは何でも手に入れている) You have everything you want. / (⇒ 不平を言う事は何もない) You have nothing to complain about.

ふそく² 不測 ― 形 (予測できない) unexpected, unforeseen ★ 前者のほうが口語的; (偶発的な) accidental. ― 名 (不測の出来事) contingency Ⓒ; (事故) accident Ⓒ. 《☞ まんいち; ふじ¹》. ¶ *不測の事態に備えて警官がそこにいた Policemen were there to prepare for any *contingency.*

ふそく³ 付則 (追加された規則) additional rule Ⓒ; (補遺の規定) supplementary provision Ⓒ.

ふぞく 付属 ― 形 (付属した) attached. ― 動 (…に付属している) be attached to ...
¶ 私たちの高校はその大学に*付属している Our high school *is attached to* the university.
付属高等[中]学校 attached senior [junior] high school Ⓒ **付属小学校** attached ⌈elementary [primary] school Ⓒ **付属品, 付属物** accessories, belongings ★ 複数形で.

ぶぞく 部族 (原住民などの) tribe Ⓒ.

ふぞろい 不揃い ¶ これらは大きさが*不揃いです (⇒ 同じ大きさではない) These are *not of* ⌈*the same* [*uniform*] size. / (⇒ 大きさの点で異なる) They ⌈*vary* [are *irregular*] in size.

ふそん 不遜 ― 形 insolent 《☞ ごうまん; おうへい (類義語); なまいき》.

ふた 蓋 (箱などの) lid Ⓒ; (瓶などの) cap Ⓒ, top Ⓒ ★ top は箱のふたにも用いられる; (覆い) cover Ⓒ; (時計の) case Ⓒ.
¶ 箱の*ふたが閉まっている[開いている] The *top* of the box is ⌈on [off]. // 箱の*ふたを閉めなさい Put the *lid* on [Shut] the box. // 母は箱の*ふたを取った Mother took off the ⌈*lid* [*cover*] of the box. / Mother opened the

ふ

box. // 彼女は瓶の*ふたを開けた She ⌈took off the bottle *cap* [opened the bottle]. // その結果は*ふたを開けてみないとわからない (⇒ だれも結果を予測することはできない) No one can predict the results.

ふだ 札 (はり付けた) label [léibəl] Ⓒ; (ひもなどで付けた) tag Ⓒ; (名札など) card Ⓒ, name plate Ⓒ; (引き換えの) claim ⌈ticket [check] Ⓒ; (トランプなどの) (playing) card Ⓒ; (お守りの) talisman Ⓒ, charm Ⓒ; (番号札) number ⌈ticket [plate] Ⓒ. 《☞ なふだ》. ¶ 小包に*札が付いている There is a *tag* on the parcel. / There is a *card* tied on the packet.

ぶた 豚 (一般に) pig Ⓒ; (雌豚) sow [sáu] Ⓒ; 《文語》 swine [swáin] Ⓒ ★ 単複同形. ことわざなどで用いる; (豚肉) pork Ⓤ. 《☞ おす³ (表); 動物の鳴き声 (囲み)》.
¶『三匹の子*豚』"The Three Little *Pigs*" ★ おとぎ話の題名. // *豚に真珠 cast [throw] pearls before *swine* 《ことわざ》 // 焼き*豚 roast *pork* / (⇒ 丸焼きの) roast *pig*
豚小屋 《米》 pigpen Ⓒ, 《英》 pigsty Ⓒ **豚肉** pork Ⓤ **豚箱** police cell Ⓒ 《☞ けいむしょ; りゅうち》.

ふたい 付帯 ¶ *付帯条件 an *incidental* condition // *付帯決議 (⇒ 補助的な) a *supplementary* resolution // *付帯事項 a *supplementary* item // *付帯設備 *attached* [*incidental*] facilities ★ 複数形で.

ぶたい¹ 舞台 stage Ⓒ; (活動の舞台) *one's* field of action Ⓒ, *one's* sphere of activity Ⓒ; (一場面・小説などの舞台) scene Ⓒ; (式の場) occasion Ⓒ. 《☞ げきじょう¹ (挿絵)》.
¶ 彼女は生まれて初めて*舞台に立った She ⌈appeared on [took to; went on] the *stage* for the first time in her life. // 彼女は*舞台度胸がない She has *stage fright*. / She gets *stage fright* very easily. ★ stage fright は「舞台負け・あがること」. // *舞台は変わって1931年のパリです The *scene* has changed and it is now Paris in 1931. // 彼女はニューヨークで初*舞台を踏んだ She made her *debut* at New York. ★ debut [déibjuː, deibjúː] は「初舞台」. // 彼女は授賞式の晴れの*舞台に何を着ようかと考えた She wondered what to wear on the ⌈formal [ceremonial] *occasion* of receiving the prize. // *舞台裏でどんな取引きがあったか知っているのですか Do you know what has taken place behind the *scenes*? / (⇒ 彼らの舞台裏の暗躍について) Do you know anything about their ⌈behind-the-*scenes* maneuvers [backdoor dealing]? // このあたりでは盆栽作りは彼の一人*舞台です He ⌈*has no* [*is without a*] *rival* in the art of dwarf-tree culture in this area.
舞台裏 ━副形 (劇場の舞台裏で[の]) backstage **舞台監督** stage director Ⓒ **舞台稽古** (衣装を着けての本格的なリハーサル) dress rehearsal Ⓒ **舞台効果** stage effect Ⓤ **舞台照明** stage lighting Ⓤ **舞台装置** stage setting Ⓤ **舞台中継** relay of the stage Ⓒ, stage relay Ⓒ **舞台道具** (stage) properties ★ 複数形で.

ぶたい² 部隊 (軍隊の) unit Ⓒ. ¶ 機械化*部隊 a mechanized *unit*

ふたえ 二重 ━形 double; (2つに折れ重なった) twofold. 《☞ にじゅう¹》. **二重まぶた** double eyelid Ⓒ 《☞ まぶた》.

ふたご 双子 (2人を一緒にして) twins ★ 複数形で. 一方を言うときは a twin.
¶ 信夫と義夫は*双子の兄弟です Nobuo and Yoshio are *twins*. // 青木君の*双子のお姉さんを知っていますか Dou you know Aoki's *twin* sisters? 語法 twin sister と単数にすれば, 青木は二卵性双生児の弟のほうで, その姉を知っているかという意味になる.
双子座 Gemini [dʒémənìː], the Twins. 《☞ じゅうにきゅう (挿絵); せいざ¹ (表)》.

ふたごころ 二心 **二心のない** (忠実な) faithful, loyal.

ふたことめには 二言目には ¶ 彼は*二言目には人の悪口を言う (⇒ 絶えず) He *always* speaks ill of others. / (⇒ 悪口を言わないでは物を言わない) He *never* talks *without* speaking ill of others.

ふたしか 不確か ━形 uncertain 《☞ あやふや; ふかくじつ; ふせいかく》.

ふたたび 再び (また) again; (2度) twice; (2度目に) for the second time; (もう一度) once more. 《☞ また¹; にど》.
¶ この地を*再び訪れることはあるまい I don't think I'll be here *again*. / (⇒ 永遠に去る) I am leaving this place *for good*. // 彼女は*再び健康になった She got well *again*. / (⇒ 健康を取り戻した) She *has* ⌈*recovered* [*regained*] her health. // 私は来年の夏アメリカを*再び訪れます I'm going to visit America *for the second time* next summer.

ふたつ 二つ ━名 two. ━代 (両方) both. ━形 (2つの) two; (2つめの) the second; (両方の) both. 《☞ 数字 (囲み)》.
¶ *2つでは足りない *Two* is not enough. // *2つ下さい Give me *two*, please. // その子はりんごを*2つ食べた The child ate *two* apples. // 私はそれを*2つとも欲しい I want *both* of them. 《☞ りょうほう¹》 // 私はそれを*2つとも (⇒ どちらも) 欲しくない I do*n't* want *either* of them. / I want *neither* of them. 語法 I do*n't* want *both* of them. とすると「私はそれを2つは欲しくない」, つまり「1つだけ欲しい」という部分否定の意味を表すことになってしまう. 《☞ 否定の表現 (囲み)》 // お母さんはそのケーキを*2つに切った Mother *cut* the cake *into two* (*parts*). // その子は今度の誕生日で*2つになる The baby will be *two* (*years old*) on its next birthday.
二つ置き ¶ 彼は*二つ置きに赤いばらを植えた He planted red roses ⌈*at* [*in*] *every third* place. 《☞ -おき》
二つとない ¶ こんな便利なものは*二つとない There can be nothing more convenient than this. / Nothing can be more useful than this.
二つ返事 ¶ 彼は*二つ返事で我々の申し出を引き受けてくれた He agreed to our offer *most willingly*. / He *gave a ready consent*

to our proposal.

ふだつき 札付き ― 形 (悪名高い) notorious; (恥ずべきことで有名な) infamous [ínfəməs] ★ 後者のほうが悪い意味が強い. (☞ ゆうめい (類義語)). ¶ *札付きの悪党 (⇒ よく知られた) a *notorious* [an *infamous*] scoundrel

ふたとおり 二通り ¶ *二通りのやり方があるのですが, 易しいほうを教えましょう There are *two* ways of doing it. I'll tell you the easier one.

ふだどめ 札止め (満席) House full ★ 掲示に用いる; (売り切れ) sell-out Ⓒ. (☞ まんいん).

ふたまた 二股 ― 名 (二また状のもの) fork Ⓒ ★ 場合によって 2 つ以上の場合もある; (枝わかれ) branch Ⓒ. ― 形 (分岐した) forked. ― 動 fork 自, branch (off) 自.
¶ *二また道 a *forked* road // この道はこの先で*二またになっているから左の方へ行きなさい This road ⌈*forks* [*branches* (*off*)] further ahead. Take the left fork there. // 彼は早稲田と慶応の*二またをかけている (⇒ 両方に申し込んでいる) He is applying to *both* Waseda *and* Keio.

ふたり 二人 two persons ★ やや口語的には two people; (組になった) pair Ⓒ, couple Ⓒ. ¶ *2 人部屋 a *double* room // (ポットに入れて)お茶を*2 人分下さい Tea for *two*, please. // 彼らは*2 人とも出かけた They *both* went out. / (⇒ 一緒に) They went out *together*. // 彼らは*2 人とも英語の先生です They are *both* English teachers. / *Both* of them are English teachers. // 老夫婦*2 人だけで田舎で暮らしています *The old man and his wife* live all *by themselves* in the country.

ふたん 負担 ― 名 (心などの) burden Ⓒ, load Ⓒ 語法 前者は比喩的に「心の重荷」という意味のやや文語的な言葉であるのに対し, 後者は時には burden と同じ意味にも, また仕事量など「具体的な負担」をも意味する言葉. ― 動 (金を払う) pay 他 自. (☞ おもに²; ぶんたん; はらう).
¶ その費用は私が*負担します (⇒ 払う) Let me *pay* for it. / I will *pay* the expenses. // 彼の*負担が多過ぎる I am afraid it is *too much for* him. / That will ⌈put [be] too heavy a *burden* on him. // *負担額を軽くしてもらえるように彼に頼んだ I asked him to *reduce my share* (of the expenses).

ふだん¹ 普段 ― 形 (毎日の) everyday; (衣服などが格式ばらない) informal; (衣服などが略式の) casual; (普通の) ordinary; (いつもの) usual; (自然な) natural. (☞ ふつう¹; いつも; へいじょう).
¶ 緊張しないで*ふだんのままでよいのです Don't get tensed up. Just be *natural*. // けさは*ふだん通り 7 時に目が覚めた *As usual*, I woke up at seven this morning.
ふだん着 (平常の服装) everyday clothes ★複数形で; (格式ばらない) informal [casual] dress Ⓤ 語法 パーティーなどで informal dress といえば, タキシードなどの正装が不要であること. casual dress はそのような場合には用いられない語で, 「軽装」「ふだん着」により近い言い方. (☞ 衣服 (囲み)).

ふだん² 不断 ― 形 (不変の・絶えず続く) constant; (長い間繰り返しながら続く) continual; (生命・努力などが持続する) sustained; (休みなく続く) ceaseless ★ やや文語的.
¶ *不断の努力 *sustained* [*constant*] efforts / (⇒ 止む所のない) *ceaseless* efforts

ふち¹ 縁 (へり) edge Ⓒ; (がけなどの) brink Ⓒ; (眼鏡・帽子の) rim Ⓒ; (コップなどの) brim Ⓒ; (額縁) frame Ⓒ. (☞ へり; はし²; めがね (挿絵); ぼうし¹ (挿絵)). ¶ 少女は池の*縁まで歩いていった The girl walked to the *edge* of the pond. // 先生は*縁なし[金*縁]の眼鏡をかけている Our teacher wears ⌈*rimless* [*gold-rimmed*] glasses.

ふち² 淵 (川の) pool Ⓒ; (一般に深み) a deep water Ⓤ ★ a を付けて用いる; (比喩的に) the depths ★ 複数形で. (☞ ふかみ).

ふち³ 不治 ― 形 incurable (☞ やまい).

ぶち 斑 ― 形 (まだらのある) spotted (☞ はんてん¹; まだら). ¶ *ぶちの猫 a tabby (cat)

ふちいし 縁石 curb(stone) Ⓒ.

ぶちこわす ぶち壊す (台なしにする) spoil 他; (すっかりだめにする) ruin 他 語法 spoil とほぼ同意のこともあるが, ruin のほうが意味が強く, すっかりだめになる結果のほうにより重点が置かれる; (そこなう) mar (過去・過分 marred) 他. (☞ こわす; だいなし).
¶ パーティーは*ぶち壊しだった (⇒ 失敗に終わった) The party *ended in failure*. // 彼が遅れたためにその計画は*ぶち壊しになった He *ruined* our plan by coming too late.

ふちどる 縁取る ― 動 (…の境界に置く) border 他; (飾りのように…の縁にある) fringe 他 ★ 装飾的なニュアンスがある. ¶ その公園は緑の木立で*縁取られている (⇒ その周りに…をもっている) The park *has* a row of trees *around it*. / The park *is bordered* with a row of trees. / A row of trees *fringes* the park.

ぶちぬく ぶち抜く (物が) go through …; (弾などで) put [send] … through … ¶ 弾丸が壁を*ぶち抜いた A bullet *went through* the wall.

ぶちのめす knock down 他 (☞ うちのめす; たおす).

ぶちまける (怒り・感情などを) vent 他; (言葉に出して) confess 他; (秘密などを) disclose 他, let … out ★ 後者のほうが口語的; (中を空にする) empty 他. (☞ ばくろ).
¶ 彼は妻に怒りを*ぶちまけた He *vented* his rage on his wife. // 彼女はそのことについて何もかも私に*ぶちまけた (⇒ すべてを話した) She *told* me *everything* about it. // 彼はかばんの中のものをみんな*ぶちまけた (⇒ 空にした) He *emptied* his bag of its contents.

ふちゃく 付着 ― 動 (くっついてとれない) stick (to …) 自; (粘着する) adhere (to …) 自 ★ 前者のほうが口語的. (☞ くっつく).
¶ 毛布に血痕(けっこん)が*付着している (⇒ 血液のしみがある) There are some blood-stains on the blanket.

ふ

ふちゅうい 不注意 ―[形] (不注意な) careless; (軽率な) thoughtless; (怠慢な) negligent. ―[名] carelessness Ⓤ; negligence Ⓤ; thoughtlessness Ⓤ; (注意の不足) lack of care Ⓤ. 《☞ うかつ; けいそつ》.
¶その事故は*不注意によるものです The accident was ⌈caused by [due to] ⌈*carelessness* [*negligence*]. ∥ *不注意な間違いをしないこと Don't make *careless* mistakes. ∥ こんな*不注意なことをしてはいけません (⇒もっと注意深くあるべきだった) You should have been more *careful*.

ふちょう[1] 不調 **1** «体が» ―[形] (健康がすぐれない) unwell, in poor health; (状況がよくない) out of condition. ―[動] (競技者などが) be out of form, be not in form. 《☞ ちょうし[1]; コンディション》.
¶私は先月以来どうも*不調です (⇒健康でない) I've been ⌈*unwell* [*in poor health*] since last month. ∥ 彼はいまのところ*不調でその競技には出られまい He *is* ⌈*out of form* [*not in form*] and is not likely to ⌈play [take part] in the game.
2 «交渉などの»: (失敗) failure Ⓤ 《☞ けつれつ; ものわかれ》. ¶話し合いは*不調に終わった (⇒失敗に終わった) The talks ended in *failure*. / (⇒結論に達しなかった) The negotiations did*n't come to a conclusion*.

ふちょう[2] 婦長 supervisor Ⓒ, clinical director Ⓒ [語法] 最近は後者の言い方が好まれる. 日本の総婦長に当たる. 看護部門の長は the director of nursing. supervisor の下で働き, 病棟の各ユニットの主任は head nurse Ⓒという.

ぶちょう 部長 the ⌈head [chief; director] of the division.

ふちょうわ 不調和 (調和の欠けていること) lack of harmony Ⓤ; (不一致) disagreement Ⓤ. 《☞ ふつりあい》. ¶色の*不調和 a *clash* of colors

ふちん 浮沈 (浮き沈み) rise and fall Ⓤ; (人生などの) ups and downs ★複数形で; (人生の波瀾) vicissitudes (of life) ★複数形で. 時には単数扱い.

ぶつ **1** ☞ うつ[1]; たたく; なぐる.
2 «演説をする»: speak (自), make a speech, address (他). ¶きょうの会議で一席*ぶつつもりです (⇒会議で演説をする) I'm going to *address* the meeting today.

ふつう[1] 普通 ―[形] (ありふれた・よくある) common (↔ uncommon); (通常の・型にはまった) ordinary (↔ extraordinary); (常態の) normal (↔ abnormal); (並みの) average; (いつもの) usual (↔ unusual); (一般の) general (↔ specific). ―[副] usually; ordinarily; normally. 《☞ ふだん[1]; なみ[2]》.
¶その習慣はこの地方ではごく*普通のことです The practice is quite *common* in this district.
彼はごく*普通の学生だ He is just an ⌈*ordinary* [*average*] student.
きょうは彼の様子がどうも*普通ではない He doesn't look ⌈*normal* [*himself*] today.
*普通(の日に)は, 彼は8時にはここに着いているのだが *Usually* he is here by 8 o'clock.
この本は*普通の読者向きではない This book is not for *general* readers.
今年の天候はどうも*普通ではない The weather is rather ⌈*unusual* [*abnormal*] this year.
急行ではなく*普通列車に乗って下さい Take a ⌈*local* [*slow*] *train*, not an express. [語法] local [slow] train で「普通列車」の意.
速達の必要はありません. *普通便で結構です You don't need to send it by special delivery. *Ordinary* ⌈*mail* [《英》 *post*] will do.
彼はその高校の*普通科に在学している He is enrolled in a *general* course at the high school. [語法] general course は学校の職業科などに対する「普通科」.
*普通名詞 a *common* noun
普通教育 (専門に対して) general education Ⓤ **普通預金(口座)** 《米》 savings account Ⓒ, 《英》 deposit account Ⓒ ★《英》では savings account は利子の高い奨励預金. **普通料金** normal fare Ⓒ, ordinary rate Ⓒ.

ふつう[2] 不通 ¶大雪のために米原・岐阜羽島間は列車が*不通です Train ⌈runs [services] *are suspended* between Maibara and Gifu-Hashima ⌈owing to [on account of; due to] heavy snowfall. [語法] due to ... はこのような副詞用法には使わないほうがよいという説もあるが, 実際にはよく使われる. 《☞ 理由の表し方 (囲み)》 ∥ 電話は*不通です This phone *is out of order*. ★特定の電話器が故障の場合. / The telephone lines *are down*. / Telephone communication ⌈*was cut off* [*broke down*].

ふつか 二日 (2日間) two days; (月の) the second. 《☞ 時刻・日付・曜日 (囲み)》.
¶私は2月*2日生まれです I was born on *the second* of February. / February 2 is my birthday. ★(the) second と読む. ∥ パリには*2日しかいなかった I was in Paris for only *two days*. ∥ 私は*2日おきに (⇒3日目ごとに) 学校へ行きます I go to school every ⌈*third day* [*three days*].
二日酔い 《口語》 hangover Ⓤ ★a を付けて. ¶きょうは*二日酔いで調子がよくない I'm not well. I have a bad *hangover* this morning.

ぶっか 物価 prices ★普通この意味では複数形で. 日用品類の値段の意では commodity prices も用いるが, 略して prices でもよい.
¶*物価が高い[安い] *Prices* [*Commodity prices*] are ⌈high [low]. ∥ 東京は*物価が高い (⇒東京は住むのに金がかかる) Tokyo is very expensive (to live in). ∥ *物価は上がり[下がり]続けている *Prices* keep ⌈rising [falling]. ∥ 政府は*物価の上昇を年5パーセントに抑えようとしている The Government is trying to limit *price* increases ⌈to five per cent a year [to an annual rate of five per cent].
物価下落 fall in prices Ⓒ **物価指数** consumer price index Ⓒ [参考] 普通は「消費者物価指数」を指す. 「卸売物価指数」は wholesale price index Ⓒ. **物価騰貴** rise in prices Ⓒ, price rise Ⓒ.

ぶっかく 仏閣 Buddhist temple Ⓒ.

ふっかける 吹っ掛ける **1** «けんかを»: pick a quarrel with … ¶ 彼はいつも私にけんかを*吹っ掛ける He is always trying to *pick a quarrel with* me.

2 «高値を»: overcharge (他); (法外な値を請求する) ask an ｢unreasonable [exorbitant] price; (高い値で売る) sell … at very high prices. 《☞ ぼる》. ¶ この時計に 10 万円も*吹っ掛けられた I *was asked to pay* as much as one hundred thousand yen for this watch. // あの店はずいぶん*吹っ掛ける (⇒ 非常に高い値で売る) They *sell* things *at very high prices* at that store.

ふっかつ 復活 ― 〔名〕 (再生) revival Ⓤ; (再興) restoration Ⓤ; (宗教上の) resurrection Ⓤ. ― 〔動〕 (復活する) revive (自), be restored, come back (自) ★ 口語的; (復活させる) revive (他), restore (他), bring back (他) ★ 口語的.

¶ キリストの*復活 *the Resurrection* (of Christ) ★ the R― として用いる. // イギリスでは 1660 年に君主制が*復活した The monarchy *was restored* in England in 1660. // 彼は古い学校制度を*復活させることに賛成である He is in favor of *bringing back* the old school system.

復活祭 Easter Ⓤ ★ Easter Day または Easter Sunday とも言う. ¶ *復活祭おめでとう Happy *Easter*!

ぶつかる **1** «強く突き当たる»: bump [run] ｢into [against] …; (衝突する) collide with …; (激しくぶつかる) dash against …; (意見・利害などがぶつかる) clash with … over …; (打つ) hit (他), strike (他). 《☞ しょうとつ》.

¶ 部屋が暗かったので彼はドアに*ぶつかった Because it was dark in the room, he ｢*bumped* [*ran*] *into* the door. // ダンプカーが列車と*ぶつかった A dump truck *collided with* a train. // 波が岩に激しく*ぶつかった The waves *dashed against* the rocks. // ボールが彼の頭に*ぶつかった The ball ｢*hit* [*struck*] him on the head. // その問題で私と彼は*ぶつかった I *clashed with* him *over* the matter.

2 «思いがけなく出会う»: (事件などに) meet with …; (直面させられる) be confronted with …; (障害物に突き当たる) run up against …; (突き当たって停止状態となる) come to a standstill.

¶ 我々は思いがけない困難に*ぶつかった We ｢*met with* [*were confronted with*] an unexpected difficulty. // 彼の研究は壁に*ぶつかった His research *ran up against* a wall. / His studies *came to a standstill*.

3 «日時がかち合う»: (日付などが) fall on …; (予定などが) clash (自), conflict (自).

¶ その日は彼の誕生日と*ぶつかる That day ｢*falls on* [is] his birthday. // その日取りだとほかの約束と*ぶつかる That date ｢*clashes* [*conflicts*] with another engagement. // 土曜には 2 つの会が*ぶつかっている Two meetings I have to attend ｢*clash* [*conflict*] (with each other) on Saturday.

4 «積極的に取り組む»: tackle [grapple] (with …) (自). ¶ 我々はその難問にまともに*ぶつかっていった We ｢*tackled* [*grappled*] *with* that difficult problem.

5 «競技で対戦する» ¶ 我々のチームは 1 回戦で強敵と*ぶつかる (⇒ 対戦する) Our team ｢*competes* [*has a game*] *with* a powerful rival in the first round.

ふっかん[1] 復刊 ― 〔名〕 (雑誌・新聞の) reissue Ⓤ; (本などを再び発行すること) republication Ⓤ; (発行が復活されること) revived publication Ⓤ. ― 〔動〕 (再発刊する) reissue (他); revive publication.

ふっかん[2] 副官 (陸軍の) adjutant [ǽdʒutənt] Ⓒ; (海[空]軍の) secretary Ⓒ.

ふっき 復帰 ― 〔名〕 return Ⓒ, 《口語》 cómebàck Ⓒ; (法律的に財産などの) reversion Ⓤ. ― 〔動〕 return (自)(他), còme báck (自); (以前の状態に戻る) revert (自). 《☞ もどる; カムバック; へんかん》. ¶ 全員職場に*復帰した All hands *returned* to work. // 1972 年に沖縄は日本に*復帰した (⇒ 返還された) Okinawa *was returned* to Japan in 1972. / The Okinawa Islands *reverted* to Japan in 1972.

ぶつぎ 物議 ¶ 彼の発言は*物議をかもした (⇒ 公の議論をもたらした) His remark ｢brought on [led to] *public discussion*.

ふっきゅう 復旧 ― 〔名〕 (元に戻すこと) restoration Ⓤ; (修理) repair Ⓤ. ― 〔動〕 (道路などが) be reopened; (鉄道などの運行が) resume (normal) service; (再建する) reconstruct (他), repair (他).

¶ 東海道線は 5 時までには*復旧の見込みです (⇒ 再開される) The Tokaido Line is expected to *resume* (*normal*) *service* by five o'clock. // 道路はあすの朝までに*復旧されるでしょう The road will *be reopened* by tomorrow morning. // 彼らは橋の*復旧工事にあたっている They *are* now ｢*repairing* [*reconstructing*] the bridge.

ぶっきょう 仏教 Buddhism [búdizm] Ⓤ.

仏教徒, 仏教信者 Buddhist Ⓒ.

ぶっきらぼう ぶっきら棒 ― 〔形〕 blunt 《☞ そっけない; ぶあいそう》. ¶ 彼は*ぶっきらぼうな返事をした He replied *bluntly*. / He made a *blunt* answer. // 彼は*ぶっきらぼうな人だ I find him (to be) *brusque* [brʌ́sk]. / He's a *blunt* man.

ぶつぎり ぶつ切り ― 〔名〕 (肉などの) chop Ⓒ; (厚切り) thick slice Ⓒ. ― 〔動〕 (ぶつ切りにする) chop (up) (他). 《☞ きりみ》.

ふっきん 腹筋 abdominal muscle Ⓒ.

ぶつぐ 仏具 (仏壇で用いる物) Buddhist altar ｢objects [pieces] ★ 複数形で.

ふっくら ― 〔形〕 (子供などが丸々として) chubby; (肉付きよくぽちゃぽちゃした) plump; (ふくらんだ) puffy; (ふわふわした) fluffy. 《☞ ふくよか; 擬声・擬態語 (囲み)》. ¶ *ふっくらした子供 a *chubby* child // *ふっくらした頰(ほお) *plump* cheeks

ぶつける **1** «投げつける»: throw (他) 《過去 threw; 過分 thrown》; (荒々しく) fling (他) 《過去・過分 flung》 ★ throw が最も一般的な語. 《☞ なげる (類義語); なげつける》.

¶ 彼は追ってくる犬に石を*ぶつけた He *threw* a stone at the dog which came running after him. // デモ隊は警官隊に石を*ぶつけた The demonstrators *flung* stones at the police.
2 «衝突させる»: hit (他) 《過去·過分 hit》, knock (他), strike (他) 《過去·過分 struck》 ★ この意味ではほぼ同意 ; (どしんと) bump (他) (自). 《☞ うつ[1] (類義語)》.
¶ 彼は転んで地面に額を*ぶつけてしまった <S(人)+V(*hit* ; *knock* ; *strike*)+O(物)+*against*+名(物)> He fell down and ┌*hit* [*knocked* ; *struck*] his forehead *against* the ground. // 私は運転を誤って車をどしんと塀に*ぶつけてしまった <S(人)+V(*bump*)+O(物)+*against*+名(物)> I steered in the wrong direction and *bumped* my car *against* the wall.

ぶっけん 物件 (物品) thing [C] ; (対象物) object [C]. ¶ 証拠*物件 (⇒物の証拠) material evidence

ふっこ 復古 restoration [U]. ¶ *復古調 a *revival* mood

ふっこう[1] 復興 (破壊などからの) reconstruction [U] ; (失われたものを取り戻すこと) recovery [U]. 《☞ さいけん[1]》. ¶ その国は戦後, 工業の*復興が遅れた The nation has made a slow *recovery* in industry since the war. // 文芸*復興 the *Renaissance* [rènəsɑ́:ns]

ふっこう[2] 復校 ━ [動] return to school.

ふつごう 不都合 **1** «不便» ━ [形] (不便な) inconvenient ; (やっかいな) troublesome. ━ [名] inconvenience [U] ; (やっかい) trouble [U]. 《☞ ふべん》.
2 «不当» ━ [形] wrong ; (適当でない) improper ; (難点のある) objectionable. ━ [名] wrong [U]. ¶ この文でどこか*不都合な所がありますか Do you find anything *wrong* with this sentence?

ふっこく 復刻 ━ [動] reproduce (他). ━ [名] (復製) reproduction [C]. 《☞ ふくせい》.

ぶっさん 物産 (個別の) product [C] ; (全体として) produce [U]. 《☞ さんぶつ》.

ぶっし 物資 (財貨) goods [語法] 複数形として扱うが, 数詞や many などで修飾されることはない ; (日常の) commodities ★ 通例複数形で ; (資源) resources ★ 複数形で. ¶ 市内では日常*物資が不足している There is a shortage of ┌daily *necessities* [essential *commodities*] in the city.

ぶっしき 仏式 Buddhist rites ★ 複数形で. ¶ *仏式による葬儀 a *Buddhist* funeral

ぶっしつ 物質 ━ [名] 〖物理学〗 matter [U] ; (ある特定の) substance [C]. ━ [形] material. ¶ 水と氷は同じ*物質である Water and ice are (of) the same *substance*. // 彼らは*物質的には困っていない They are not poor in *material* comforts. / They are not badly off. **物質文明** material civilization [U] **物質名詞** material noun [C].

プッシュホン push-button telephone [C].

ふっしょく 払拭 ━ [動] sweep off (他) ; (根こそぎにする) eradicate (他) ; (消す) erase (他).

ぶっしょく 物色 look for ... 《☞ さがす (類義語)》.

ぶっしん 物心 ¶ おじからは*物心両面での援助を受けた (⇒おじが私を) My uncle supported me both *materially and morally*.

ぶつぜん 仏前 ¶ *仏前に花を供えた (⇒位牌の前に) We offered flowers *before the tablet of the deceased*.

ふっそ 弗素 〖化学〗 fluorine [flú(ə)ri:n] [U] 《元素記号 F》.

ぶっそう 物騒 ━ [形] (危険な) unsafe, dangerous ; (不安定な) unsettled. ¶ この辺は夜になると*物騒です It is *unsafe* for you to go out in this neighborhood after dark. // 世の中がだんだん*物騒になってきた I'm afraid we have been driven into ┌*hard* [*unsettled*] times.

ぶつぞう 仏像 image [statue] of Buddha [C].

ぶったい 物体 (知覚の対象となる) object [C] ; (空間に容積を占める) body [C]. ¶ 正体不明の飛行*物体 an unidentified flying *object* ★ 頭文字をとって普通 UFO と書かれる.

ぶつだん 仏壇 (Buddhist) family altar [C].

ぶっちょうづら 仏頂面 ¶ あの男はなんとまあ*仏頂面をしている What a *sour* face that man has! // 彼女は*仏頂面で返事をした She answered ┌*sullenly* [with a *sulky look*]. 《☞ ぶすっと ; ふくれっつら》
【参考語】━[形] (怒って不機嫌な) sullen ; (不満でむっつりした) sulky ; (苦虫をかみつぶしたような) sour.

ぶっつけほんばん ぶっつけ本番 ¶ *ぶっつけ本番で歌った (⇒リハーサルなしで) I sang *without rehearsal*.

ぶっつづけ ぶっ続け ☞ ぶっとおし

ふっつり ━ [副] (はっきりと) definitely ; (それ以後ずっと) (ever) since ★ 否定語とともに. 《☞ 擬声·擬態語 (囲み)》. ¶ 彼女とは*ふっつり手を切った (⇒まったく関係を断った) I made a ┌*definite* [*clean*] break with her. // その後は彼女から*ふっつりと音信が途絶えた (⇒それ以後全然便りがない) I have never heard from her *since*.

ぷっつり ━ [副] (ぱちんと) with a snap. ━ [動] (ぱちんと切れる) snap off (自). 《☞ きれる ; 擬声·擬態語 (囲み)》. ¶ 糸が*ぷっつりと切れた The thread *snapped off*. / The thread broke *with a snap*.

ぶってき 物的 ━ [形] material (↔ spiritual). ¶ *物的資源 *material* resources // *物的証拠 (⇒現物による) *real* evidence

ふってわく 降って湧く ¶ その村にある事件が*降って湧いた (⇒非常に奇妙な事件が起こった) The strangest incident ┌*happened* [*occurred* ; *took place*] in the village.

ふっと ☞ ふと

ふっとう 沸騰 **1** «液体が» ━ [動] boil (自). ━ [名] boiling [U]. 《☞ わきかえる》.
¶ おなべが*沸騰していますよ The pot *is boiling* on the fire.
2 «世論·感情などが激しく動く» ━ [動] (人が…をめぐって興奮する) be [get ; become] ┌excited [heated] over ... ; (議論が激しく闘わされる) be hotly debated ; (議論·意見などが激しく起こる) be ┌agitated [aroused].

¶その問題をめぐって議論が*沸騰した We became ⌈excited [heated] over the controversy. / The question was hotly debated. //国内の世論が*沸騰した Public opinion was ⌈agitated [aroused] at home.

沸騰点 boiling point Ⓒ (↔ freezing point).

ぶっとおし ぶっ通し ―副 (休みなしで) without a break. ―前 all through ...; (...中ずっと) throughout ...

¶2時間*ぶっ通しで英語の試験があった (⇒休憩なしに) We sat ⌈for [through] the English exam for two hours *without a break*. // この1週間*ぶっ通しで働いた I have been working hard ⌈*throughout* [*all through*] the week.

ふっとぶ 吹っ飛ぶ ☞ ふきとばす.

フットボール football Ⓤ 参考 《米》では通例アメリカンフットボールを指し, 《英》ではサッカー, ラグビーを指す. 《☞ スポーツ (囲み)》.

フットライト footlights ★ 複数形で.

フットワーク footwork Ⓤ.

ぶっぴん 物品 (財貨) goods ★ 複数形で; (個別の物) article Ⓒ; (日常の商品) commodity Ⓒ. 《☞ しなもの; ぶっし》. **物品税** commodity tax Ⓒ.

ぶつぶつ[1] ―動 (ぶつぶつ言う) grumble ⓐ ⓗ; grunt ⓐ ⓗ 語法 前者のほうは口の中でぶつぶつ言うという意味で, 後者はもう少し大きな不満の声を上げること; (不平を言う) complain (of ...; about ...) ⓐ. 《☞ ふへい (類義語); ふまん; 擬声・擬態語 (囲み)》.

¶彼は何かわけのわからないことを*ぶつぶつ言っていた He *was grunting* something indistinct. // 彼はいつも*ぶつぶつ言っている (⇒不平を言う) He *is* always *complaining*. / He is full of *grumbles*.

ぶつぶつ[2] (吹き出物) rash Ⓒ, eruption Ⓒ ★ 後者のほうが改まった語; (にきび) pimple Ⓒ. 《☞ はっしん[2]》.

ぶつぶつこうかん 物物交換 ―名 barter Ⓤ. ―動 (物々交換をする) barter ⓗ. ¶彼らは農産物と塩とを*物々交換した <S(人)+V(*barter*)+O(物)+*for*+名(物)> They *bartered* farm products *for* salt.

ぶつめつ 仏滅 (暦の) unlucky day Ⓒ.

ぶつもん 仏門 ¶彼は20歳で*仏門に入った (⇒仏教の僧侶になった) He *became a Buddhist priest* at twenty.

ぶつよく 物欲 ¶彼は*物欲の強い人だ (⇒世俗的な富に対してどん欲だ) He is *greedy for worldly riches*.

ぶつり 物理 ―名 〖物理学〗 physics Ⓤ. ―形 (物理的な) physical. ―副 (物理的に) physically. ¶同時に2か所にいるなんていうことは*物理的に不可能なことです It is ⌈*physically* impossible [a *physical* impossibility] to be in two places at once. **物理学** physics Ⓤ. ¶地球*物理学 geophysics // 応用[理論]*物理学 applied [theoretical] *physics* **物理学者** physicist Ⓒ.

ぶつり ☞ ぶっつり

ふつりあい 不釣り合い ―動 (釣り合わない) do not match ... ―形 (ぴったり合っていない) ill-matched. ―名 (不釣り合いな組み合わせ) bad match Ⓒ (↔ good match); (不均衡) imbalance Ⓤ. 《☞ ふにあい》. ¶カーテンの色はソファーの色と*不釣り合いです I'm afraid the color of the curtain *doesn't match* that of the sofa. // この2人は*不釣り合いの夫婦です They are an *ill-matched* couple.

ぶつりょう 物量 ¶*物量の豊かな国 (⇒資源の) a country rich in *natural resources*

ふで 筆 (毛筆) writing brush Ⓒ 参考 英米には日本の「筆」に当たるものがないので, 必要に応じて for Japanese calligraphy とか for the Japanese art of beautiful and decorative writing などのような説明を加える; (絵筆) brush Ⓒ; (比喩的に「書く道具」の意味でペン) pen Ⓒ.

¶私は*筆で字を書くことはほとんどない I seldom ⌈use [write with] a *writing brush*. // 手紙を書こうと座ったが, きょうは*筆が進まない (⇒書き進めない) I sat down to write a letter, but I found I could make no progress (on it) today. // しばらくしてからやっと彼は*筆を取った (⇒書き始めた) It took some time before ⌈he started *to write* [(⇒ペンを取り上げた) he took up his *pen*]. // この辺で*筆をおきましょう (⇒終わりにしよう) Now I'm going to ⌈finish [(⇒結論をつける) conclude] my article. // 彼はたいへん*筆が立つ人だ (⇒たいへん上手な書き手だ) He is a very good writer. // 弘法にも*筆の誤り Even Homer sometimes nods. 《ことわざ: ホメロスのような大詩人でもときには居眠りを(して失敗)する》 // 弘法*筆を選ばず A bad workman quarrels with his tools. 《ことわざ: 下手な職人は道具に文句を言う》

筆入れ, 筆箱 brush [pen; pencil] case Ⓒ **筆立て** brush [pen] stand Ⓒ **筆不精** (めったに手紙を書かない人) bad correspondent Ⓒ **筆まめ** (よく手紙を書く人) good correspondent Ⓒ.

ふてい[1] 不定 ―形 (定められていない) unfixed; (はっきり決まっていない) indefinite. ―動 (変わる) change ⓐ, vary ⓐ. ¶住所*不定の男 a man with *no fixed* address / (⇒家のない男) a *homeless* man / a man ⌈*having* [*with*] *no place to live* // 日によって出かける時間は*不定です The time I start home *varies* daily.

不定冠詞 indefinite article Ⓒ 《☞ 冠詞 (欄外)》 **不定詞** infinitive Ⓒ 《☞ 欄外》 **不定代名詞** indefinite pronoun Ⓒ 《☞ 代名詞 (欄外)》.

不定詞 (infinitive) 不定詞には to 不定詞 (to+動詞の原形) と原形不定詞 (to の付かない原形) の2種類がある. 原形不定詞は助動詞の後 ((例) He can swim very fast.), または知覚動詞や使役動詞の補語として用いられる ((例) I saw Tom enter his room.) のが主な用法であるが, to 不定詞は名詞, 形容詞, 副詞相当語句として用いられる.

¶最もよいのは真実を告げることです The best thing is *to tell the truth*. 《名詞用法》 // 彼を残しておくのは不可能です It's impossible *to leave him behind*. 《名詞用法で文の意味上の主語》 // 飲むものが何か欲しい I want something *to drink*. 《形

ふてい² 不貞 ―[名] (夫婦間での) unfaithfulness [U]. ―[形] unfaithful.

ふていき 不定期 ―[形] (乗り物が) nonscheduled, unscheduled ; (一定間隔でない) irregular. 《☞ ていき¹》. ¶ *不定期便《航空機の》a *nonscheduled* flight

ふていさい 不体裁 ―[形] (行為などが) unseemly ; (ばつが悪い) awkward ; (不格好な) clumsy. 《☞ ていさい》.

ブティック boutique [bu:tí:k] [C].

プディング pudding [U] 《☞ 食事 (囲み)》.

ふてき 不敵 ―[形] (大胆な) bold ; (恐れを知らない) fearless ; (手ごわい) tough. ¶ 彼は*不敵な面構えをしている He looks *tough.*

ふでき 不出来 ―[形] poor ★ 劣っていることを表す最も基本的な日常語 ; (不満足な) unsatisfactory. 《☞ でき ; ふさく》. ¶ 今年はトマトが*不出来だった We had a *poor* crop of tomatoes this year.

ふてきとう 不適当 ―[形] (よくない) not good ★ 口語的 ; (目的・条件などにそぐわない) unsuitable ; (不向きな) unfit ; (十分な資格に欠ける) inadequate ; (場違いの) out of place ; (社会慣習から考えて適切でない) improper. 《☞ てきとう ; ふむき》.

¶ この問題は中学生には*不適当です (⇒ よい問題ではない) It is *not* a *good* question for junior high school students. // ここは散歩には*不適当な場所です This ⌈is *not a suitable* place [place is *unsuitable*] for taking a walk. // 彼女は教師には*不適当です She is ⌈*unfit* [*inadequate*] to be a teacher. // ジーパンは正式なパーティーには*不適当である Blue jeans are *improper* dress for a formal party.

ふてきにん 不適任 ―[形] (向いていない) not fit [unfit] for ... ; (資格が不十分な) not qualified. 《☞ てきにん》. ¶ 私はその地位には*不適任です I'm *unfit for* the position. / I'm *not good enough* to take the ⌈post [job]. // 彼女は教師として*不適任である She is *not* a *qualified* teacher.

ふてぎわ 不手際 ¶ 私の*不手際でした (⇒ 私の落ち度でした) It was my *fault.* / (⇒ それは私が悪かった) I'*m to blame* for it. ★ 形式ばった表現. / (⇒ 失敗は私に責任がある) I am responsible for the *failure.*

ふてくされる ふて腐れる (怒って物を言わない) sulk (自), be in [have] the sulks. ¶ 彼女はきょうは一日中*ふてくされていた She ⌈*was in* [*had*] *the sulks* all day today.

ふてってい 不徹底 ¶ 教師の指示が*不徹底だったので生徒が混乱した The students got confused because the teacher *did not give* ⌈*exact directions* [*thorough instructions*]. 《☞ てってい》

ふてぶてしい (厚かましい) impudent ; (ずうずうしい) saucy. 《☞ ずうずうしい ; ずぶとい》.

ふと ―[副] (突然に) suddenly ; (偶然) by chance, by accident ; (思いがけず) unexpectedly. 《☞ とつぜん ; なにげなく ; ぐうぜん》.

¶ *ふとそのことを思い出した I *suddenly* remembered it. // *ふと見ると彼女がそこにいた I found her there quite *unexpectedly.* // *ふとしたことで彼と知り合いになった (⇒ 知るようになったのはほんの偶然のことです) It was *by mere* ⌈*chance* [*accident*] that I came to know him. 《☞ ふとした》 // *ふとすばらしい考えが浮かんだ A bright idea *occurred* to me.

ふとい 太い **1** «ずんぐりした»: (回りが大きい) thick (↔ thin) ★ 最も一般的な語 ; (線・字が) bold ; (太くて短い) pudgy (《英》 podgy) ★ 身体の部分について使われる. 《☞ ふとさ》.

¶ *太い棒[ロープ]が 1 本入用だ I need a *thick* ⌈rod [rope]. // 彼は手紙に*太い字で署名した He signed the letter in ⌈*bold* [*thick*] strokes. // 彼女は*太い足[指]をしている She has *pudgy* ⌈legs [fingers].

2 «声が»: deep 《☞ こえ》. ¶ 彼の*太い声はすぐわかった I recognized his *deep* voice right away.

3 «図太い»: (恥知らずの) shameless ; (ずうずうしい) cheeky, impudent. 《☞ ずぶとい》.

¶ まったく*太いやつだ What a ⌈*shameless* [*cheeky*] fellow ! // 彼は肝っ玉が*太い He is ⌈*bold* [*daring*].

ふとう¹ 不当 ―[形] (公正でない) unfair ; (道理に合わない) unreasonable ; (正当でない) unjust. ―[副] unfairly ; unreasonably ; unjustly. 《☞ ふせい¹》.

¶ 彼の言っていることは*不当だ (⇒ 彼の要求は理屈に合わない) His demand is *unreasonable.* // 彼らは食糧を*不当な価格で売っている They are selling foods at *unreasonable* prices. // その会社は*不当な利益を上げた The company made *unfairly* large profits. // そこで私は*不当な扱いを受けた I was treated *unfairly* there. // その判決は*不当であった The court's decision was *unjust.*

不当解雇 unfair dismissal [U].

ふとう² 埠頭 wharf [C] 《複 wharves, ~s》, pier [C] **[語 法]** 後者は波止場の施設全体を含めた広い意味がある. 《☞ さんばし ; はとば》.

ふどう¹ 不動 ―[形] (揺るがすことのできない) unshakable ; (確固たる) firm. ¶ 彼は*不動の信念を持っている He has *firm* beliefs. // 彼は銀行家として実業界に*不動の地位を占めている As a banker he holds an *unshakable* position in business circles.

容詞用法》// お目にかかってうれしい I'm glad *to see you.* 《*副詞用法*》// 彼は賢明で早くやって来た He was wise enough *to come early.* 《*副詞用法*》

以上の例に見られるように，不定詞は目的語をとり，副詞により修飾されるという動詞的性格を持っている．また，次に見られるように，not による否定，完了形，受身形での使用もできる．

¶ ドアを閉めるとき，大きな音を立てないように気をつけなさい Be careful *not to make a loud noise* when you close the door. // 陽子は 2, 3 日病気だったようだ Yoko seems *to have been ill* for a few days. // これはすぐに処理される必要がある This needs *to be taken care of* at once.

不定詞の意味上の主語は，その主語が文の主語と一致するか，あるいは漠然と一般の人を表す語 (we, you, people, etc.) である場合には，特に示す必要はない．また，述語動詞の目的語・補語が次に続く不定詞の意味上の主語になることがある．しかし，以上の場合以外は

ふどう² 不同 ¶順*不同です (⇒名前は(アルファベット)順になっていない) The names are not in (alphabetical) order. / (⇒特別な順序はない) *No special order* has been observed.

ぶとう 舞踏 dance Ⓒ《☞ダンス》. **舞踏会** dance Ⓒ ★英語では dance party としない; (特に公式で大きな舞踏会) ball Ⓒ.

ぶどう 葡萄 (果実) grape Ⓒ; (木) grapevine Ⓒ ★略して vine と言うこともある. ¶ぶどう酒は*ぶどうから作る Wine is made from *grapes.* // 彼は私に*ぶどうを一房くれた He gave me a bunch of *grapes.* // 干し*ぶどう a raisin **ぶどう園[畑]** vineyard [vínjərd] Ⓒ **ぶどう酒** wine Ⓤ. ¶赤[白]*ぶどう酒 red [white] *wine* **ぶどう状球菌** staphylococcus [stæ̀fəloukákəs] Ⓒ《複 -cocci [-kák(s)ai]》 **ぶどう棚** grapevine trellis Ⓒ **ぶどう糖** grape sugar Ⓤ; (正式には) glucose Ⓤ.

ふどうい 不同意 (不承諾) disagreement Ⓤ; (不賛成) disapproval Ⓤ. 《☞どうい》.

ふとういつ 不統一 (まとまりのなさ・不調和) lack of ⌈unity [harmony] Ⓤ《☞ばらばら; まちまち; とういつ》. ¶内閣は閣内*不統一のため総辞職した The cabinet resigned ⌈in a body [en masse] because of *lack of unity* among its members.

ふとうこう 不凍港 ice-free port Ⓒ.

ふとうごう 不等号 〘数学〙 sign of inequality Ⓒ.

ふどうさん 不動産 (土地・家屋など) real ⌈estate [property] Ⓤ; (法律用語として) immovables ★通例複数形で.
¶私は*不動産で約3千万円持っている I have approximately 30 million yen in *real estate.* **不動産業** real estate business Ⓤ **不動産業者** real estate ⌈agent [broker] Ⓒ **不動産取得税** real estate acquisition tax Ⓒ.

「不動産」の広告板

ふとうしき 不等式 〘数学〙 inequality Ⓒ.

ふどうとく 不道徳 ━形 immoral. ━名 immorality Ⓤ; (行為) immoral act Ⓒ. 《☞ふひんこう》.

ふどうひょう 浮動票 undecided vote Ⓒ. ¶選挙に勝つためには*浮動票の層に働きかけねばならない To win the election we must appeal to *undecided* voters.

ふとうふくつ 不撓不屈 ━形 (頑として目的を曲げない) inflexible; (負けん気で屈服しない) indomitable, unyielding. ¶*不撓不屈の精神 *inflexible* [*indomitable*; *unyielding*] spirit

ふとうへん 不等辺 ━形 (辺が等しくない) nonequilateral; (三角形が不等辺の) scalene [skéiliːn]. **不等辺三角形** scalene triangle Ⓒ《☞さんかく》.

ふとうめい 不透明 ━形 (透けて見えない) opaque [oupéik] (↔ transparent).

ふとく 不徳 ¶すべて私の*不徳のいたすところです (⇒すべて私の過失でした) It was *all my fault.* ★平易な言い方. / (⇒責めはすべて私にある) The *blame* is entirely mine.

ふとくい 不得意 ━形 (下手な) poor, bad; (弱い・実力がない) weak 語法 poor は point (=点)や subject (=科目)などの名詞の前には使わない. ━名 weak point Ⓒ. 《☞ふえて》. ¶私は数学が*不得意です I am ⌈*poor* [*weak*] in mathematics. / (⇒私の弱い学科だ) Mathematics is my *weakest* subject. // 金もうけは*不得意だ (⇒上手ではない) I am *not good at* moneymaking.

ふとくてい 不特定 ━形 (特に資格・条件などが指定されていない) unspecified. ¶これは*不特定多数の人を対象にしている This is intended for *unspecified* ⌈individuals [recipients]. 語法 この「多数」は複数を意味するので, 英語では複数形を用いればよい.

ふところ 懐 **1** 《胸部》: (衣類の胸の部分) bosom [búzəm] Ⓒ ★文語的な語; (内ポケット) inside pocket Ⓒ 語法 日本語の, 和服のふところに当たるものは英語にはないので, pocket などの語を使うよりほかには適訳はできない. ¶赤ん坊は母親の*ふところに抱かれている The baby is in ⌈his [her] mother's *bosom.* // 山の*ふところには美しい滝があった There was a beautiful waterfall in the *bosom* of the mountain. // 彼は*ふところから短刀を取り出した He took out a knife from his *inside pocket.*
2 《金銭》 ¶彼は*ふところが暖かい[寂しい]らしい (⇒金をたくさん持っている[金に困っている]ようだ) He seems to ⌈*have a lot of* [*be pressed for*] *money.* 語法 be pressed for ... は「...がなくて非常に困っている」という差し迫ったニュアンスがある. // 私の*ふところは痛まない (⇒自分の金は使わなくて済む) I ⌈don't have to [need not] spend my own *money.* // 彼は自分の*ふところからそれを払った He paid (for it) out of his own *pocket.*

ふとさ 太さ ━形 (太さが...である) thick,

不定詞の意味上の主語は, 不定詞の前に主として for ..., ときに of ... の形を置くことによって示される.
¶私はきょうの午後テニスがしたい I want *to play* tennis this afternoon. 《to play の意味上の主語は文の主語と一致する》 // うそをつくのはよくない It is wrong *to tell* a lie. 《to tell の意味上の主語は we, you などの一般の人》 // 君にしばらくここにいてもらいたい I want *you to stay* here for a while. 《to stay の意味上の主語は you》 ★この文は <S+V+O+C> の文型であるが, 内容的には you to stay ... 全体が want の目的語になっている感じである. // その部屋をだれの邪魔にもならないように私が出るのは不可能と思われた It seemed impossible *for me to leave* the room without disturbing others. 《for を付けて意味上の主語を示す場合で, to leave の意味上の主語は me》 // そうして下さってご親切さまです It's very kind *of you to do* that. 《of を付けて意味上の主語を示す場合で, to do の意味上の主語は you》

big ★ big は「大きさ」という意味だが, 日本語の「太さ」にも当たる. — [名] thickness [U], bigness [U]. 《☞ ふとい》. ¶「その管の*太さはどのくらいですか」「直径 5 センチです」 "How 「*thick* [*big*] is the pipe?" "Five centimeters in diameter." // その男の腕の*太さにはびっくりした I was surprised at the *thickness* of the man's arms.

ふとした — [形] (偶然の) accidental ; (たまたまの・何気ない) casual. 《☞ ふと ; ぐうぜん》. ¶ *ふとした巡り合いで私たちは一緒になった (⇒たまたまの[偶然の]出会いが私たちを結び付けた) A *casual* [An *accidental*] meeting brought us together. // 彼は*ふとしたことから (⇒ まったくの偶然から) 重力の法則を発見した It was *by mere chance* that he discovered the law of gravity. // *ふとしたことから (⇒ ほんの下らないことから) 彼らの間にけんかが始まった A quarrel arose between them *over a mere trifle.*

ふとっぱら 太っ腹 — [形] (心の広い) big-hearted, broad-minded.

ふとどき 不届き — [形] (目上の人に対して生意気な) impertinent ; (無作法な) rude. 《☞ なまいき ; けしからん》.

ふともも 太股 thigh [θái] [C] ★「また」の部分まで含む. 《☞ また[2] ; あし[1] (挿絵)》.

ふとる 太る, 肥る — [動] (肥える) grow [get] fat (↔ grow [get] thin); (体重が増える) put on [gain] weight (↔ lose weight) [語法] 前者は太った醜さを思わせる直接的な表現なので, 遠慮のいる相手には避けたほうがよい. 後者はやや控えめなニュアンスがある; (肉が付く) put on flesh. — [形] (ずんぐりと太った) fat ★最も一般的な語; (肉の多い) fleshy; stout; plump; (太り過ぎの) overweight.

【類義語】 脂肪の多いのが ***fat*** で, 肉の多いのが ***fleshy*** であるが, 同意に用いられることも多い. ただし悪い意味合いが含まれる場合は *fat* がよく用いられる. *fat* と同義であるが婉曲な言い方が ***stout***. 感じがよい程度に丸々と太っていることを指すのは ***plump***. 体重が多すぎることを表すのが ***overweight***. 《☞ ひまん ; ぽちゃぽちゃ》

¶ 彼はすごく*太った He *has grown* very *fat*. / He *has* 「*gained* [*put on*] a lot of 「*weight* [*flesh*]. // 丸々と*太った赤ちゃん a *plump* baby // 私は 10 キロほど*太り過ぎだ I'm about 10 kilograms *overweight*.

ふとん 布団 (寝具全体) bedding [U]; (シーツ・毛布など) bedclothes ★ 複数形で; (敷布団) mattress [C]; (中に羽毛や綿を入れて縫い合わせた掛け布団) quilt [C]; (日本式の布団) *futon*, a set of Japanese mattress and quilts placed on the *tatami* floor for use as a bed ★ 説明的訳. [参考] 英米ではベッドを用いるので, 日本の場合と布団の用い方が違う. 敷布団 (mattress) はスプリングの入ったもので, 通常ベッドに付属している. その他の布団もベッドに敷いたり掛けたりしたままにしておく. 起床時に, きちんと整えるのがよい習慣となっている. 《☞ とこ [参考] ; かけぶとん [参考]》.

¶ *布団を敷いてもらえますか Will you *make the bed*, please? [語法] 英米ではベッドを整えることを言う. 日本の場合なら, make a bed を流用するか, あるいは説明的に lay out a mattress and bedclothes on a *tatami* floor のように訳すしかない. // 少年は*布団を頭からかぶって寝ていた The boy was sleeping with his *bedclothes* over his head.

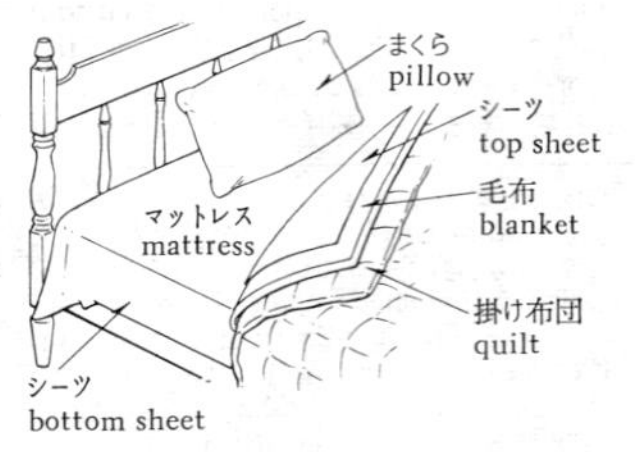

bedding

ふな 鮒 crucian carp [C] 《複 ~, ~s》 ★ 日本のものと多少種類が違う.

ぶな 橅 beech [C].

ふなあし 船足, 船脚 (船の速力) speed (of a ship) [U]. ¶ 私たちは*船足の速い[遅い]小舟で川を渡った We crossed the river by a 「*fast* [*slow*] boat.

ふなあそび 船遊び, 舟遊び — [名] boating (excursion) [U]; (ヨット遊び) yachting [U]. — [動] (船遊びに行く) go 「boating [yachting]. ¶ 私たちは今度の週末に*船遊びに行く We'*re going boating* this weekend.

ふなうた 舟歌 (船乗りの歌) sailor's [sailors'] song [C]; (ゴンドラの船頭が歌う歌) barcarol(l)e [C]. ¶ *ボルガの**舟歌* the Song of the Volga Haulers

ふなか 不仲 — [名] (仲たがい) discord [U]. — [動] (仲が悪い) be on bad terms (with …). ¶ 彼は義理の父と*不仲だ He *is on bad terms with* his father-in-law.

ふながいしゃ 船会社 shipping [steamship] company [C].

ふなかじ 船火事 (航海中の火事) fire at sea [C]; (船上の火事) fire on a ship [C]. ¶ 港に停泊中の船に*船火事があった (⇒ 火事が船に発生した) A *fire* broke out *on a ship* at anchor in the harbor.

ふなぞこ 船底 bottom of a ship [C].

ふなだいく 船大工 (船を造ったり直したりする人) shipwright [C]; (木造船の大工) ship carpenter [C].

ふなたび 船旅 (航海) voyage [C]; (遊びの船旅) cruise [C]. 《☞ ふね ; こうかい[2]》. ¶ 彼女は太平洋の*船旅をした She made a *voyage* across the Pacific Ocean. // 私たちは瀬戸内海の*船旅を楽しんだ We enjoyed a *cruise* in the Inland Sea.

ふなちん 船賃 (客の) fare [C]; (貨物の) freight [U]. 《☞ りょうきん ; うんちん》.

ふなつきば 船着場 (波止場, 特に岸壁・埠頭のある部分) wharf [(h)wɔ́ɚf] [C] 《☞ はとば ; さんばし》.

ふなづみ 船積み — [動] (船積みする) load [他] ★「船」または「荷物」のいずれも目的語になる;

(出荷する) ship [他] ★「貨物」が目的語になる. — [名] loading [U]; shipment [U].
¶ 彼らはチャールストンで綿花を*船積みした <S(人)+V (*load*)+O (船)+*with*+名 (貨物)> They *loaded* the ship *with* a cargo of cotton at Charleston. / <S(人)+V(*load*)+O(貨物)+*onto*+名(船)> They *loaded* a cargo of cotton *onto* the ship at Charleston. // その港から大量の木材が*船積みされる A large amount of timber *is shipped* (*out*) from that port.
船積送り状 shipping invoice [C].

ふなで 船出 — [名] (出航) sailing [U]. — [動] sail (out) [自], set sail ★ 後者はやや文語的. (☞ しゅっぱん[2]; しゅっこう[1]). ¶ その船は明朝, ホノルルに向け*船出する The ship will (*set*) *sail* for Honolulu tomorrow morning.

ふなぬし 船主 (船の持ち主) shipowner [C].

ふなのり 船乗り sailor [C] ★ 一般的な語; seaman [C] ★ 特に海軍の士官でない水兵の意味で用いられる. (☞ せんいん).

ふなびん 船便 sea mail [U]; (航空便以外) surface mail [U] [語法] airmail に対して用い, 船便のほかに鉄道・自動車によるものも含む. (☞ ゆうびん). ¶ 私は彼に*船便で小包を送った I sent him a parcel *by* ⌜*sea* [*surface*] *mail*. // 彼はその荷物を*船便で (⇒ 海路で) 送った He sent the goods *by ship*.

ふなべり 船縁 upper edge of the side of a ⌜boat [ship] [C], gunwale [gʌ́nl] [C] ★ gunnel ともつづる航海用語. ¶ *船べりから (⇒ 船外に) 身を乗り出して海をのぞき込むのは危険です It is dangerous to ⌜look [gaze] *overboard* into the sea.

ふなよい 船酔い — [名] seasickness [U]. — [形] seasick. ¶ 私は*船酔いをしやすい[しない] (⇒ 船に弱い[強い]) I am a ⌜*poor* [*good*] *sailor*. // 海が荒れていたので*船酔いをした I got *seasick* because the sea was very rough.

ふなれ 不慣れ — [形] (経験の浅い) inexperienced; (練習を積んでいない) unpracticed; (慣れていない) unaccustomed (to ...); (よく知らない) unfamiliar (with ...). — [名] inexperience [U]; lack of experience [U].
¶ 運転に*不慣れな人はよく事故を起こす *Inexperienced* drivers often cause traffic accidents. // 私はこの種の仕事に*不慣れです I am ⌜*unaccustomed to* [*unfamiliar with*] this kind of job.

ぶなん 無難 — [形] (安全な) safe; (容易な) easy; (受け入れられる) acceptable. ¶ あなたは*無難な道を選ぶべきです You should choose a ⌜*safer* [*easier*] *way*. // その計画は*無難なものだった (⇒ だれにとっても受け入れられるものだった) The plan was *acceptable* to everyone.

ふにあい 不似合い — [形] (行為などが適切でない) unbecoming (to ...); (不適当な) unsuitable (for ...); (調和しない) ill-matched. (☞ にあう; ふつりあい). ¶ 彼は紳士に*不似合いな言葉を使った He used language *unbecoming to* a gentleman. // この役は彼女には*不似合いだ (⇒ 不適当だ) This role is *unsuitable for* her. // あの夫婦は*不似合いだ They are an *ill-matched* couple.

ふにゃふにゃ — [形] (硬さのない・体がぐにゃっとした) limp; (たるんだ) flabby. (☞ 擬声・擬態語 (囲み)).

ふにょい 不如意 ¶ 私はいま手元*不如意だ I *am* ⌜*short of* [*hard up for*] *money*.

ふにん[1] 赴任 — [動] leave [start] for *one's* new ⌜post [assignment] (☞ てんきん). ¶ 彼は大阪へ*赴任した He *left for his new* ⌜*post* [*assignment*] in Osaka.

ふにん[2] 不妊 — [形] (不妊の) sterile [stérəl]. — [名] sterility [U]. ¶ *不妊症の女性 a *sterile* woman **不妊手術** sterilization [U].

ふにんき 不人気 — [形] unpopular (with ...; among ...). — [名] unpopularity [U]. (☞ にんき[1]; ふひょう). ¶ 彼はクラスメートに*不人気だ He is *unpopular* ⌜*with* [*among*] his classmates. // このカメラは*不人気だ (⇒ 需要が少ない) This camera *is in* ⌜*poor* [*little*] *demand*.

ふにんじょう 不人情 — [形] (不親切な) unkind; (薄情な) heartless; (冷淡な) coldhearted; (残酷な) cruel. — [名] unkindness [U]; heartlessness [U]. (☞ はくじょう[1]). ¶ 彼は何て*不人情な人間だ What ⌜a *heartless* [an *unkind*; a *coldhearted*] man he is! // 私にはそんな*不人情なことはできない I cannot do such a ⌜*cruel* [*heartless*] thing.

ふぬけ 腑抜け (弱虫) coward [C]; (腰抜け) milksop [C]; (優柔不断の人) weak-kneed person [C]. (☞ よわむし).

ふね 船, 舟 (一般的な) ship [C]; boat [C]; vessel [vésl] [C]; (汽船) steamer [C], steamship [C].
【類義語】 最も一般的な語が **ship**. オール・帆・小型エンジンなどで動かす小型の船を指すのが **boat**. ただし, この語は広い意味では船一般を指す. 改まった語で, 特に大型の船を指すのが **vessel**. (☞ きゃくせん; 乗り物 (囲み))

> **船のいろいろ**
> 商船 merchant ship, merchant vessel, 遠洋定期船 ocean liner, 貨物船 freighter, 漁船 fishing boat, 大型ヨット yacht, ヨット (小型の帆船) sailboat, 快走帆船 clipper, (3本マストの) バーク型帆船 bark, スクーナ船 schooner, はしけ, 屋形船 barge, 短艇 skiff, (普通の) ボート rowboat, (遊覧用などの) 汽艇 launch [lɔ́:ntʃ], 救命艇 lifeboat, 平底帆船 junk, 連絡船, 渡し船 ferryboat, 快速艇 speedboat, タンカー tanker

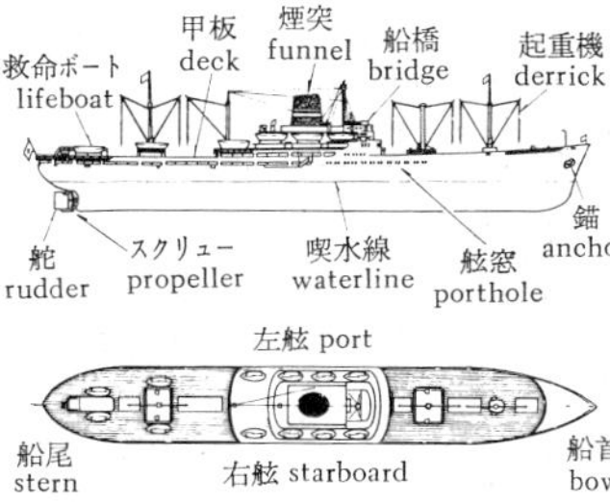

¶ 彼は*船でハワイへ行った He went to Hawaii ⌈by *ship* [on a *ship*]. 語法 by で手段を表すとき, 乗り物は無冠詞.
彼は横浜からシアトルへ向けて*船に乗った He took ⌈*ship* [a *boat*] at Yokohama for Seattle. 語法 take ship は無冠詞.
その*船は7月10日に神戸から出航する予定です The *ship* is scheduled to ⌈leave [set sail from] Kobe on July 10.
彼らは*船で旅行した They traveled *by sea*. 語法 by sea は by land (=陸路) に対して用いる.
私は午後3時にその*船に乗った I went ⌈on board [aboard] the *ship* at 3 p.m.
私はその*船の上でブラウン夫妻に会った I saw ⌈the Browns [Mr. and Mrs. Brown] on board the *ship*.
その*船の船長は私の父の古い友人だった The *ship's* captain [The captain of the *ship*] was an old friend of my father's. 語法 ship に所有格の 's を用いることがある.
その*船には800人の乗客が乗っていた There were 800 passengers ⌈on board [aboard] the *ship*.
*船は川を下って行った The *boat* sailed down the river.
*船は海岸線に沿って航行した The *ship* sailed along the coast.
私はすぐ*船に酔う I easily get *seasick*.
弟は*船に強い[弱い] My brother is *a* ⌈*good* [*bad*] *sailor*. 《☞ よう》
乗りかかった*船だ (⇒もう引き返せない) Now that *we are in for it*, we cannot go back.

ふねっしん 不熱心 ―形 (怠け者の) lazy; (興味を示さない) uninterested; (あまり熱の入らない) unenthusiastic. 《☞ ねっしん; きのり》.
¶ 彼は仕事[勉強]に*不熱心だ He is *not interested* in his ⌈work [studies]. // 彼はその役割にいささか*不熱心のようにみえる He seems rather *unenthusiastic* about the role.

ふねん 不燃 ―形 (不燃性の・火がつきにくい) non(in)flammable (↔ (in)flammable) ★ 不燃物の表示などに使われることが多い; (燃えない) incombustible. ―名 (不燃性) non(in)flammability U; incombustibility U. ¶ *不燃材料 *incombustible* material
不燃物 incombustibles ★ 複数形で.

ふのう 不能 ―形 (不可能な) impossible; (実行できない) impracticable; (性的に) impotent. ―名 impossibility U; impracticability U; impotence U. 《☞ ふかのう》.
¶ あなたの計画は結局実行*不能だった Your plan turned out to be ⌈*impracticable* [*impossible* to carry out]. // このラジオは修理*不能だ (⇒修理がきかない) This radio is ⌈*beyond* [*past*] *repair*.

ふはい¹ 腐敗 **1** 《物質》 ―動 (植物・動物質の物が細菌などの作用により腐る) rot 自; (自然に徐々に腐る) decay 自; (食べ物が腐る) spoil 自, go [become] bad. ―形 rotten; spoiled. 《☞ くさる (類義語)》.
¶ じめじめした所ではなんでも*腐敗しやすい Everything is apt to *rot* in ⌈damp places [a moist environment]. // 魚は暑いときにはじきに*腐敗する Fish soon ⌈*go bad* [*spoil*] in hot weather. // この肉は*腐敗している This meat is ⌈*spoiled* [*rotten*].
2 《精神の》 ―動 (堕落させる) corrupt 他. ―名 corruption U. ―形 corrupt. 《☞ だらく; おしょく》. ¶ 政治の*腐敗はしばしば金銭欲によって引き起こされる Political *corruption* is often caused by the love of money. // 官吏の道徳は*腐敗している The morals of government officials *are corrupt*.

ふはい² 不敗 ―形 (負けたことのない) unbeaten; (無敵の) invincible ★ やや形式ばった語. ―名 invincibility U. ¶ 彼らは*不敗を誇る選手を何人か抱えている They have several *unbeaten* players. // わが校の野球チームは昨年は*不敗だった (⇒すべての試合に勝った) Our baseball team *won all the games* last year.

ふばい 不買 ―名 (不買同盟[運動]) boycott C; (消費者の) buyers' strike C. ―動 (商品などをボイコットする) boycott 他. 《☞ ボイコット》. ¶ 彼らは日本製品の*不買同盟を始めた They ⌈instituted a *boycott* of [*boycotted*] Japanese goods.

ふはつ 不発 ―動 (不発になる) misfire 自; (爆弾が爆発しない) do not go off, fail to explode. ―名 misfire C. ¶ 爆弾は*不発だった The ⌈bomb [shell] ⌈*did not go off* [*failed to explode*]. // 地下室で*不発弾が発見された An *unexploded* [A *blind*] *shell* was found in the basement.

ふばらい 不払い (支払わないこと) nonpayment U; (料金などの滞納) default U. 《☞ みのう; たいのう》.

ふび 不備 ―形 (欠点のある) defective; (不完全な) incomplete. ―名 (不足) lack U; (欠陥) defect C. 《☞ けってん》.
¶ これらの書類には*不備な点がある These documents are ⌈*defective* [*incomplete*]. / (⇒ちゃんとできていない) These documents *are not properly* ⌈*written* [*filled out*]. // 発疹チフスの蔓延(まんえん)は衛生設備の*不備 (⇒適切な衛生設備を欠いたこと) によって起こったものだった The spread of typhus was caused by a *lack of proper* sanitation.

ふひつよう 不必要 ―形 (無用の) unnecessary; (いらない) needless ★ 形式ばった語. 《☞ むよう; ふよう¹》. ¶ *不必要な支出は切り詰めるべきです You must ⌈cut down on [reduce] *unnecessary* expenses. // 弁解は*不必要だ (⇒説明の必要はない) There's *no need* ⌈*for* explanation [*to* explain]. // あなたの助力は*不必要だ (⇒助力なしでやっていける) I can *do without* your help.

ふひょう 不評 ―形 (人気のない) unpopular. ―名 unpopularity U; (悪評) a ⌈poor [bad] reputation ★ a を付けて. 《☞ ふにんき; ひょうばん》.
¶ 彼の提案はクラスの*不評を買った (⇒人気がなかった) His proposal was *unpopular* ⌈with [among] his classmates. // その本は*不評だった The book had *a* ⌈*poor* [*bad*] *reputation*.

// 大統領の提案は国民に*不評だった(⇒好ましくなく受け取られた) The president's proposal *was received unfavorably* by the general public.

ふびょうどう 不平等 ―形(等しくない) unequal;(不公平な) unfair. ―名 inequality Ⓤ; unfairness Ⓤ. 《☞ふこうへい》.
¶この取扱いは*不平等だ This treatment is *unfair*. // それは一種の*不平等条約だ It is a kind of *unequal* treaty. // 性別に基づく賃金の*不平等(⇒差別)は憲法違反だ Wage *discrimination* on the basis of sex is unconstitutional.

ふびん 不憫 ―形(かわいそうな) poor ★口語的で一般的な語;(不幸な) unhappy. ―名(自分より下か弱い者に対する哀れみ) pity Ⓤ. 《☞あわれ; かわいそう》. ¶なんて*不憫な子だ What ⌈a *poor* [an *unhappy*] child (he is)! // 私は妹を*不憫に思った I ⌈felt *pity* for [*took pity on*] my little sister.

ぶひん 部品 (機械などの) parts ★通例複数形で;(構成部分) component Ⓒ.
¶あの店では自動車の*部品ならなんでも売っている They sell all sorts of automobile *parts* at that store. // 私はラジオの*部品を買って自分で組み立てた I bought the *components* of a radio and put them together by myself.

ふひんこう 不品行 (道徳的にだらしないこと) loose morals ★通例複数形で;(非行) misconduct Ⓤ;(不道徳な行為) immoral conduct Ⓤ. 《☞はれんち》. ¶彼は*不品行な男だ He is a man of *loose morals*. // 彼は*不品行のため首になった He was dismissed for his ⌈*misconduct* [*immoral conduct*].

ふぶき 吹雪 (強い風をともなった降雪) snowstorm Ⓒ;(大吹雪) blizzard Ⓒ.

ふふく 不服 ―名(不満) dissatisfaction Ⓤ;(根強い不満) discontent Ⓤ;(不平) complaint Ⓒ;(異議) objection Ⓤ. ―形 dissatisfied; discontented. 《☞ふへい(類義語); ふまん; もんく》. ¶彼女は*不服そうだった She locked ⌈*dissatisfied* [*discontented*]. // 私はその案に*不服(⇒異存)はない I have no *objection* to the plan.

ふぶく 吹雪く ¶村は一晩中*吹雪いていた A *snowstorm was raging* over the village all night (long).

ふふん ―感(疑惑・不満など) humph [hʌ́mf];(軽蔑や不愉快な気持ち) pshaw [ʃɔ́ː];(あざけり) pooh [púː]. 《☞ふん²》. ¶*ふふん, くだらない *Humph* [*Pshaw*; *Pooh*]! Nonsense!

ぶぶん 部分 part Ⓒ; portion Ⓒ; division Ⓒ; section Ⓒ; piece Ⓒ.
【類義語】最も一般的な語は **part** で, 全体(the whole)に対してその一部を示し, 以下の語の代わりに用いることができる場合も多い. 一定の分量を表すのが **portion**. 全体を分割・分類した結果得られる一部が **division**. 同じく分割した一部であるが division より小さいものを言うのが **section**. 口語的な語で, 全体に対して一部を取ったものをいうのが **piece**.
¶ここがこの本の最も重要な*部分だ This is the most important *part* of this book. // 彼の報告は一*部分だけが真実だ Only (*a*) *part of* his report ⌈is [was] true. 語法 (a) part of ... の場合, a を付けないで用いるほうが普通. また part of に続く名詞が単数形のときは part は単数扱い, 複数のときは複数扱いとするのが普通. // 下線の*部分を日本語に訳しなさい Put the underlined ⌈*parts* [*portions*] into Japanese. // 村は川によって2つの*部分に分けられている The village is divided into two *sections* by the river. // 彼は土地の一*部分を売った He sold a ⌈*piece* [*part*] of his land. 《☞いちぶ》

部分品 parts ★通例複数形で. 《☞ぶひん》.

ふぶんりつ 不文律 unwritten ⌈law [code] Ⓒ.

ふへい 不平 ―名 dissatisfaction Ⓤ; discontent Ⓤ; complaint Ⓤ ★以上は具体的なものをいうときは Ⓒ; grievance Ⓒ. ―動(不平を言う) complain ⓐ;(ぶつぶつ不平を言う) grumble ⓐ.
【類義語】通例はっきりした原因がある一時的な不満が **dissatisfaction**. より一般的で根深い不満が **discontent**. 口語的で, 不平・不満や泣き言を言うこと, あるいは泣き言の原因が **complaint**. 少し改まった語で苦痛・悲嘆の原因・理由などが **grievance**. 《☞ふまん; もんく》
¶彼はその結果について*不平をもらした He expressed his *dissatisfaction* with the results. // 何か*不平があったら遠慮なく言いなさい If you have any *complaint*, please speak out. // 彼女は義母に対して*不平を抱いているようだ She seems to have a *grievance* against her mother-in-law. // 彼はいつも給料の*不平ばかり言っている He *is* always ⌈*complaining* [*grumbling*] about his pay.

ぶべつ 侮蔑 contempt Ⓤ 《☞けいべつ; ぶじょく》.

ふへん¹ 不変 ―形(永遠に続く) eternal, everlasting ★前者のほうが口語的;(変えることのできない) unchangeable, immutable ★後者のほうが形式ばった語;(動かせない) immovable;(変化のない) unchanged. ―名 eternity Ⓤ; immutability Ⓤ;(一定で不変) constancy Ⓤ.
¶*不変の真理 *eternal* [*everlasting*] truth // それは*不変の自然法則だ It is an ⌈*immutable* [*unchangeable*] law of nature. // 彼の考えは*不変だった His views remained *unchanged*. / He was *immovable* in his views.

ふへん² 普遍 ―形(普遍的な) universal. ―名(普遍性) universality Ⓤ. ¶それは*普遍的真理だ That is a *universal* truth. // この結論は*普遍妥当性を持っている This conclusion has *universal* validity.

ふべん 不便 ―形(便利でない) inconvenient;(扱いにくい) not handy, unhandy. ―名 inconvenience Ⓤ ★「不便なこと」を表す場合は Ⓒ; unhandiness Ⓤ. ―副 inconveniently. 《☞ふじゆう; べんり》.
¶私は*不便な所に住んでいる I live in an *inconvenient* ⌈place [location]. // 彼の家は*不便な所にある His house is *inconveniently* located. // ゼネストでたいへん*不便な思いをした

ふ

We *suffered great inconvenience* from the general strike. // その包みは持ち運びに*不便だ The pack is ⌈*unhandy* [*inconvenient*] to carry about.

ふべんきょう 不勉強 ―形 (怠け者の) lazy. ―名 laziness Ⓤ. ¶ 僕は*不勉強だった I was a *lazy* boy. / (⇒ 勤勉でなかった) I was *not diligent* enough. //「この木の名前を知っていますか」「*不勉強でわかりません」"Do you know the name of this tree?" "I'm sorry. I don't (know)." 語法 このような場合の不勉強は文字どおり訳さないほうがよい.

ふぼ 父母 (両親) parents ★ 複数形で. 《☞ おや[1]》. ¶ *父母に従うべきだ You should obey your *parents*. // 彼は20歳になるまで*父母のもとで暮らした He lived with his *parents* until he was twenty.

ふほう[1] 不法 ―形 (非合法な) unlawful; (違法の) illegal ★ 前者は専門用語として使われる. ―名 unlawfulness Ⓤ; illegality Ⓤ. ―副 unlawfully; illegally.
¶ 彼は*不法行為で告発された He was indicted for an ⌈*illegal* [*unlawful*] act. // 彼は警察に*不法に拘留されたと主張した He insisted that he had been detained *unlawfully* by the police.
不法監禁 illegal confinement Ⓤ **不法所持** illegal possession Ⓤ.

ふほう[2] 訃報 report Ⓒ [news Ⓤ] of *a person's* death 《☞ ひほう[1]》. ¶ 旧友の*訃報に接した (⇒ 死について聞いた[知らされた]) I ⌈*heard* [*was informed*] *of* an old friend's *death*.

ふほんい 不本意 ―形 (気の進まない) unwilling; (不承不承の) reluctant. ―名 unwillingness Ⓤ; reluctance Ⓤ. ―副 unwillingly; reluctantly. 《☞ しぶしぶ》.
¶ 我々は*不本意ながらその提案に同意した We consented to the proposal ⌈*reluctantly* [*unwillingly*; *against our will*]. / (⇒ いやいやながらの同意を与えた) We gave our *reluctant* consent to the proposal.

ふまえる 踏まえる (…に基づく) be based on … 《☞ もとづく》. ¶ 彼女の言うことは事実を*踏まえていない Her words *are* not *based on* facts.

ふまじめ 不真面目 ―形 (真剣でない) not serious; (熱心でない) not earnest; (不誠実な) insincere. 《☞ ふせいじつ》. ¶ 彼は*不まじめな学生だ He is *not* ⌈a *serious* [an *earnest*] student.

ふまん 不満 ―形 (物・結果などが失望させる) unsatisfactory; (人が満たされない) not satisfied, unsatisfied; (気に入らない) dissatisfied 語法 unsatisfied は消極的不満を, dissatisfied は積極的な不満を表す; (満足できなくて心が晴々しない) discontented. ―動 (不平を言う) complain (of …; about …) ⓐ; (ぶつぶつ文句を言う) grumble (about …; over …) ⓐ. ―名 discontent Ⓤ; dissatisfaction Ⓤ. 《☞ ふへい (類義語); ふふく》.
¶ テストの結果には*不満だった The results of the test were *unsatisfactory*. / I was *not satisfied* with the results of the test. // 私は安月給に*不満である I *am* ⌈*dissatisfied* [*discontented*] with my small salary. // 彼は*不満だという目つきで私を見た He gave me a *discontented* look. // 私は別に*不満はありません I have nothing to *complain* ⌈*of* [*about*]. // 彼はいつも仕事の*不満を言っている He *is* always *grumbling* ⌈*about* [*over*] his job.

ふまんぞく 不満足 (気に入らないこと) dissatisfaction Ⓤ; (満足できないこと) discontent Ⓤ. 《☞ ふまん; ものたりない; まんぞく》.

ふみあらす 踏み荒らす trample … (underfoot). ¶ 子供たちは花を*踏み荒らした The boys *trampled* the flowers (*underfoot*).

ふみいれる 踏み入れる (積極的に歩を進める) step [walk] into …; (足を入れてしまう) put *one's* foot ⌈in [into] …; (足跡を記す) set foot in … 《☞ はいる》. ¶ 探検隊は人跡未踏の地に足を*踏み入れた The expedition *set foot in* unexplored regions.

ふみえ 踏み絵 plate with a picture of a crucifix Ⓒ 参考 もし必要なら It was used by the Tokugawa *Shogunate* as an instrument to discover Christians. When a person refused to step on it, he was regarded as a Christian and executed. のような説明を加えるとよい.
¶ これがあなたの*踏み絵だ(⇒ これがあなたの信念の試しだ) This will be a *test of your beliefs*.

ふみかためる 踏み固める (歩いて[足を踏み下ろして]) tread [stamp] down ⓗ 《☞ ふみつける》. ¶ 雪を*踏み固めて通れるようにして下さい Please ⌈*tread* [*stamp*] *down* the snow so people can pass.

ふみきり 踏切 (railroad) crossing Ⓒ, 《米》 grade [《英》 level] crossing Ⓒ. ¶ *踏切で事故があった There was an accident at the *railroad crossing*. // *踏切を渡るときは左右をよく見なさい Look right and left carefully before going over the ⌈*grade crossing* [(⇒ 線路) railroad]. // 無人*踏切 an unattended [unmanned] *crossing* **踏切番** crossing gateman Ⓒ.

ふみきる 踏み切る (決意する) make a decision, decide ⓗ ⓐ. ¶ 彼女は彼との結婚に*踏み切った (⇒ 結婚することに決めた) She *decided* on marrying him. // 彼らは強硬手段に*踏み切った(⇒強い行動を起こした) They *took* strong *action*.

ふみこえる 踏み越える step ⌈over [across] … ★ over は「乗り越えて」, across は「横切って」. ¶ 白線を*踏み越えてはいけない Don't *step* ⌈*across* [*over*] the white line.

ふみこむ 踏み込む (歩いて入る) step [walk] into …; (警察が手入れする) raid ⓗ. ¶ 男は沼地に*踏み込んで迷ってしまった The man *walked into* the swamp and got lost. // きのう警察が賭博場に*踏み込んだ The police *raided* the gambling den yesterday.

ふみしめる 踏み締める ¶ 彼らは雪を*踏み締めて進んだ (⇒ しっかりした足取りで) They advanced *with firm steps* through the snow.

ふみだい 踏み台 (背のない低い腰掛け) stool

ふ

Ⓒ; (脚立) stepladder Ⓒ; (目的を達するための手段) stepping-stone Ⓒ. 《☞ だい² (挿絵)》.
¶ このいすを*踏み台にしなさい (⇒ この腰掛けの上に立ちなさい) You may stand on this *stool*.

ふみたおす 踏み倒す ¶ 彼は借金を*踏み倒した (⇒ 払わなかった) He *didn't pay* his debts.

ふみだす 踏み出す (一歩前へ進む) take [make] a step ˹to [toward] … ; (前に出る) step forward ⓐ; (仕事などを始める) launch (into …) ⓐ. 《☞ はじめる ; のりだす》.
¶ 人類は月征服への一歩を*踏み出した Mankind *has taken the first step toward* the conquest of the moon. // 彼らは世界の市場へ*踏み出した They *have launched into* the world market.

ふみだん 踏み段 (段) step Ⓒ ; (階段) stair Ⓒ. 《☞ だん¹ ; かいだん¹》.

ふみつける 踏み付ける (足で強く踏む) stamp ⓣ ⓐ; (踏みにじる) trample ⓣ ⓐ. 《☞ ふむ; ふみにじる》. ¶ 彼らは地面を*踏みつけて平らにした They *stamped* the ground flat. // その子はありを*踏みつけた The child *stamped* on the ant. // 花壇を*踏みつけないようにしなさい Don't *trample* (*on*) the flower bed.

ふみつぶす 踏み潰す crush … by treading on … 《☞ ふみつける; つぶす》. ¶ 私はうっかりおもちゃを*踏みつぶしてしまった I carelessly *crushed* the toy *by treading on* it.

ふみとどまる 踏み止まる (その場に残る) remain ⓐ; (自分の気持ちを抑える) control *oneself*. 《☞ おもいとどまる》. ¶ みんなは逃げたが私は*踏みとどまった They ran away but I *remained*. // 私は彼を殴ってやりたかったが*踏みとどまった I felt like striking him but I managed to *control myself*.

ふみならす 踏み鳴らす stamp *one's* feet.
¶ 聴衆は足を*踏み鳴らして反対を叫んだ The audience expressed their disapproval by *stamping their feet noisily* on the floor.

ふみにじる 踏み躙る (人の感情などを) trample (on … ; upon …) ⓐ; (無視する) ignore ⓣ. ¶ あなたは他人の好意を*踏みにじった You *have* ˹*trampled upon* [*ignored*] people's kind intentions.

ふみぬく 踏み抜く (足で物の上を踏む) step (on …) ⓐ; (踏んで穴をあける) tread (through …) ⓐ 《過去 trod ; 過分 trodden, trod》.
¶ はだしで歩いていてくぎで足を*踏み抜いた While walking around barefooted I *stepped on* a nail. // 子供たちが教室の床を*踏み抜いた The children *have trodden through* the classroom floor.

ふみば 踏み場 ¶ あなたの部屋はいつも足の*踏み場もないほど散らかっているね Your room is always so disorderly that there's hardly a *place to step on*.

ふみはずす 踏み外す ── 動 miss *one's* ˹step [footing]. ── 名 (踏み誤り) misstep Ⓒ. ¶ 彼は階段を*踏み外して下まで転げ落ちた He *missed his* ˹*step* [*footing*] and tumbled down (to the foot of) the stairs.

ふみん 不眠 (眠れないこと) sleeplessness Ⓤ; (目が覚めたままでいること) wakefulness Ⓤ.
¶ 昨夜の*不眠が試験に響いた Last night's ˹*sleeplessness* [*wakefulness*] affected my performance on the test. // *不眠不休の努力の結果, 彼は仕事に成功した (⇒ 彼は夜も昼も働いてついに成功した) He worked *night and day* and finally succeeded in business.

ふみんしょう 不眠症 insomnia Ⓤ. ¶ このごろ*不眠症にかかっている I am suffering from *insomnia* these days. / (⇒ よく眠れない) I *can't sleep* (*at all*) *well* these days.

ふむ 踏む **1** «足で» : (1歩足を動かして) step (on …) ⓐ; (踏みつける) tread (on …) ⓐ 《過去 trod ; 過分 trodden, trod》; (力を入れて) stamp (on …) ⓐ. 《☞ ふみつける》.
¶ 私は電車の中で足を*踏まれた I *had* my foot ˹*stepped* [*trodden*] *on* in the train. 《☞ 使役 (囲み)》 // 私は外国の地を*踏んだことがない (⇒ 行ったことがない) I *have* never *been abroad*. // 私は薄氷を*踏む思いでその場を切り抜けた I managed to get through the situation feeling as if I *were treading on* thin ice.
2 «手続きなどをする» : (経る) go through … ; (完全にする) complete ⓣ. ¶ 通関の手続きを*踏むのがやっかいだ It is troublesome to ˹*go through* [*complete*] customs formalities.
3 «評価する» : (見積もる) estimate ⓣ 《☞ みつもる; ひょうか》. ¶ 私は損害は10万円と*踏んだ I *estimated* the losses at 100,000 yen.

ふむき 不向き ── 形 (ふさわしくない) not suitable (for …), unsuitable (for …); (不適当な) unfit (for … ; to be …). 《☞ ふてきとう》.
¶ この本は小さい子供には*不向きだ (⇒ ふさわしくない) This book is *not suitable for* young children. // その服はこの場合には*不向きだ That dress is ˹*unsuitable* [*unfit*] *for* the occasion. // 彼は医者には*不向きだ He is *unfit* [*not suited*] *to be* a doctor.

ふめい 不明 ── 形 (はっきりしない) not clear; (意味などがあいまいな) obscure ; (わからない) unknown; (説明されてない) unexplained; (身元・国籍などが不明の) unidentified. ── 名 (無知) ignorance Ⓤ. 《☞ ふしょう²》.
¶ 彼の動機は*不明である His motive is *not clear*. // この契約書には*不明な点が幾つかある There are some *obscure* points in this contract. // この本の著者は*不明である The author of this book is ˹*unknown* [*unidentified*. // 私は自分の*不明を恥じた I was ashamed of my *ignorance*.

ふめいよ 不名誉 ── 形 (不面目で恥となるような) disgraceful ; (信用を傷つけるような) discreditable ; (恥ずべき) shameful ; (卑劣・ひきょうなどの意味で不面目な) dishonorable. ── 名 disgrace Ⓤ ; discredit Ⓤ ; shame Ⓤ ; dishonor (《英》dishonour) Ⓤ ★ 以上いずれも「不名誉なこと・人」という場合は Ⓒ.
¶ 彼の行為は学校にとってまことに*不名誉なことだ His conduct is a great ˹*disgrace* [*discredit*] to the school.

ふめいりょう 不明瞭 ── 形 (はっきりしない) not clear ★ 最も一般的で口語的; (はっきり見えない・聞こえない) indistinct; (あいまいではっき

ふ

りしない) obscure; (発音・言葉がはっきりしない) inarticulate. 《☞ あいまい; ぼんやり》.
¶ この模様の細部は*不明瞭だ The details of this pattern are 「*not clear* [*indistinct*]. // 彼の言葉は*不明瞭だ He is *inarticulate*.

ふめいろう 不明朗 ─ 形 (不公平な) unfair; (不正直な) dishonest. 《☞ めいろう》.
¶ わが社の人事は*不明朗だ The method of staff reorganization in our company is *unfair*. // *不明朗な選挙をなくそう Let's do away with *dishonest* elections.

ふめつ 不滅 ─ 形 (死後も滅びない) immortal; (名声などが衰えない) undying. ─ 名 immortality Ⓤ. 《☞ ふきゅう²; えいえん》.
¶ 霊魂は*不滅である The soul is *immortal*. // 彼の名声は*不滅だ His reputation is *immortal*. / (⇒ 不滅の名声を得た) He won *undying* fame.

ふもう 不毛 ─ 形 (作物ができない) sterile [stérəl], barren ★以上 2 語は最も一般的だが, 前者のほうがやや専門的な用語; (荒れ果てた) waste; (土地が乾燥した) arid. ─ 名 sterility Ⓤ; barrenness Ⓤ.
¶ 北シベリア地方はおおかた*不毛の地だ North Siberia is mostly 「*sterile* [*barren*; *waste*] land. // 議論は*不毛に終わった (⇒ 実りがなかった) The argument proved *unfruitful*. / The discussion didn't lead us anywhere.

ふ

ふもと 麓 (山の下の部分) foot Ⓒ ★最も一般的な語; (一番低い部分) bottom Ⓒ; (基の部分) base Ⓒ. ¶ 山の*ふもとには村があった There was a village at the 「*foot* [*bottom*; *base*] of the mountain.

ふもん 不問 ¶ この問題は*不問に付することにする (⇒ 考慮からはずす) This question will *be* 「*withdrawn* [*omitted*] *from consideration*.

ぶもん 部門 (部類) class Ⓒ; (同性質のものの集まり・範ちゅう) category Ⓒ; (分野) field Ⓒ; (業務上の部門) department Ⓒ.

ふやける ─ 動 (ふくれる) swell ⓐ. ─ 形 (ぬれてぐしゃぐしゃの) sodden. ¶ 長いこと水仕事をしていて手が*ふやけてしまった I worked in the water for so long that my hands have become *swollen*.

ふやす 増やす, 殖やす (増加させる) increase ⓗ; (さらに加える) add to ...; (給料などを上げる) raise ⓗ. 《☞ ます¹; ふえる》. ¶ 彼は財産を*殖やした He 「*increased* [*added to*] his fortune. // 本を読んで語彙を*増やしなさい *Increase* your vocabulary by reading. // 私は給料を*増やしてもらった I *had* my pay *raised*. 《☞ 使役 (囲み)》

ふゆ 冬 winter Ⓤ 《☞ とうき⁶》.
¶ 北海道の*冬は厳しい *Winter* in Hokkaido is severe. // 今年の*冬は寒[暖か]かった (⇒ 寒い[暖かい]冬を持った) We have had a 「cold [mild] *winter* this year. 《☞ 発想 (欄外)》 // 前の*冬は雪が少なかった We had little snow last *winter*. 語法 this, last, next が付く場合は, 前置詞を伴わずに副詞句を作る. // *冬は毎年スキーに行く I go skiing in (the) *winter* every year. // 私たちは 1980 年の*冬にロンドンへ行った We went to London in *the winter* of 1980. 語法 特定の冬なので定冠詞が付く.
冬着, 冬服, 冬物 winter 「clothes [wear Ⓤ] 《☞ 衣服 (囲み)》 **冬休み** winter vacation Ⓒ, 《英》 winter holidays ★通例複数形で. 《☞ やすみ; きゅうか¹》 **冬山** winter mountain Ⓒ, mountain in winter Ⓒ. 《☞ やま; とざん》. ¶ *冬山は遭難が多い There are many accidents on *winter mountains*.

ふゆう¹ 富裕 ─ 形 (金持ちの) rich, wealthy 語法 前者は最も平易で一般的な語. 後者は財産のほかに社会的な地位を持っている意味が含まれる. ─ 名 richness Ⓤ; wealth Ⓤ. 《☞ かねもち (類義語); ゆうふく》.

ふゆう² 浮遊 ─ 形 (浮かんでいる) floating. ─ 動 (浮く) float ⓐ. 《☞ うく; うかぶ》.
¶ 海岸近くの海は*浮遊物でいっぱいだ The sea near the coast is full of *floating* matter.

ぶゆう 武勇 (勇敢さ) bravery Ⓤ; (特に戦闘における勇気) valor (《英》 valour) Ⓤ. 《☞ ゆうき¹; ゆうかん¹》.

ふゆかい 不愉快 ─ 形 (いやな・おもしろくない) unpleasant; (他人に与える印象がよくない) disagreeable. ─ 名 unpleasantness Ⓤ; disagreeableness Ⓤ. 《☞ いや¹; ふかい²》.
¶ 私は*不愉快な経験をした I had an *unpleasant* experience. // 彼は*不愉快な人だ He is a *disagreeable* person. ★怒りっぽいなどで, 付き合いにくい人のこと. // 彼の話は聴衆に*不愉快な印象を与えた His speech made a *disagreeable* impression on the audience. // 私はその手紙を受け取って*不愉快になった (⇒ 手紙に腹を立てた) I *was displeased* at the letter.

ふゆがれ 冬枯れ ¶ *冬枯れの景色 bleak *winter* scenery // 仕事はいま*冬枯れです (⇒ 寒い天気で不景気だ) Business is *slack because of the cold weather*.

ふゆきとどき 不行き届き (当然すべきことをしないこと) neglect Ⓤ; (怠慢) negligence Ⓤ; (不注意なこと) carelessness Ⓤ; (うかつ) inattentiveness Ⓤ. 《☞ ふちゅうい; たいまん》.
¶ この失敗は私の*不行き届きによるものです This failure is due to my 「*carelessness* [*inattentiveness*]. // 親のほうに*不行き届きな点がある There is *neglect* on the part of the parents. // *不行き届きの (⇒ ご迷惑をかけたかもしれませんがその) 点はお許し下さい Please forgive us for any *inconvenience* we may have caused you.

ふゆごもり 冬籠もり (冬に外出できない状態) confinement in winter Ⓤ; (動物の冬眠) hibernation Ⓤ. 《☞ ふゆ; とうみん¹》. ¶ *冬ごもりの間, 北国の人々は手内職に精を出す During their *confinement in winter*, people in the north keep busy with their handcrafts.

ふよ¹ 付与 (与える) give ⓗ ★最も一般的で意味の広い言葉; (権限などを与える) invest ⓗ ★形式ばった語で, 日本語の「付与」のニュアンスに近い. ¶ 彼は全権を*付与されている He *has been* 「*invested* with [*given*] full authority.

ふよ² 賦与 ─ 動 (天分を与える) endow ⓗ,

gift ㊀. ¶ 彼は音楽の才能を*賦与されて生まれてきた He was born ｢endowed [gifted] with a talent for music.

ぶよ 蚋 gnat [nǽt] Ⓒ.

ふよう[1] 不用 ━形 (使わなくなった) discarded, 《英》disused ; (役に立たない) useless. (☞ ふひつよう ; むよう). ¶ *不用品のバザーを開こう Let's have a ｢bazaar [jumble sale] to sell ｢*discarded* [*disused*] articles. // 本当に*不用なものは捨てるしかない Really *useless* things can only be thrown away.

ふよう[2] 不要 ━形 (不必要な) unnecessary, needless ★ needless はやや文語的で, 普通限定的に用いる. (☞ ふひつよう ; むよう). ¶ この本はもう*不要だ This book is *unnecessary* now. / (⇒ この本を必要としない) I *don't need* this book any more. // *不要な気遣いはやめなさい Don't let it worry you so much. It'll be all right.

ふよう[3] 扶養 ━動 (養う) support ㊀, maintain ㊀ ★ 後者のほうが形式ばった語. ━名 support Ⓤ. ¶ 私は妻と2人の子供を*扶養している I have a wife and two children to *support*. **扶養家族** (family) dependent Ⓒ **扶養控除** exemption for dependents Ⓒ **扶養者** (一般に扶養する人) supporter Ⓒ ; (一家の稼ぎ手) breadwinner Ⓒ **扶養手当** family allowance Ⓒ.

ぶよう 舞踊 (踊ること) dancing Ⓤ ; (1回の踊り) dance Ⓒ. ¶ 日本*舞踊 Japanese *dancing* // 民族*舞踊 a national *dance*

ふようい 不用意 ━形 (不注意な) careless ; (思慮が足りない) indiscreet. (☞ ふちゅうい). ¶ 彼は決して*不用意なことは口にしない He never makes ｢*careless* [*indiscreet*] remarks. // 彼は*不用意に道路へ飛び出して自動車にはねられた He *carelessly* ran into the street and was hit by a car.

ふようじょう 不養生 ━名 (自分の健康に気をつけないこと) neglect of *one's* health Ⓤ. ━動 neglect *one's* health. (☞ ふせっせい). ¶ 医者の*不養生 Doctors often *neglect their own health*. / Physician, heal thyself. (ことわざ : 医者よ, 自分自身を治せ)

ぶようじん 不用心 ━形 (安全でない) unsafe ; (人が用心が足りない) careless. ¶ 玄関を開け放しておくのは*不用心だ It is *unsafe* to leave the front door open.

ぶよぶよ ━形 (一般的に柔らかい) soft ; (特に筋肉などがたるんだ) flabby. (☞ 擬声・擬態語 (囲み)).

フライ[1] «料理» ━名 (十分浸せるぐらいの多量の油で揚げること) deep-frying Ⓤ. ━動 deep-fry ㊀ ㊁, fry ... in deep boiling fat [語法] 後者は説明的. なお英語の fry は「油でいためる」ことをいうが, 日本語の「フライ」は普通は deep-fry の意味. ━形 deep-fried. (☞ あげる[2] ; てんぷら ; 食事 (囲み) ; 料理の用語 (囲み)). ¶ 私は魚の*フライが好きだ I like *deep-fried* fish.

フライ[2] «野球» ━名 fly (ball) Ⓒ. ━動 fly ㊁ (過去・過分 flied). (☞ 野球の英語 (囲み)). ¶ 彼は外野へ*フライを打った He ｢hit a *fly* (*ball*) [*flied*] to the outfield. // 大きな*フライ a long *fly*

フライきゅう フライ級 flyweight class Ⓒ. ¶ 彼は*フライ級のチャンピオンだ He is the *flyweight* champion. **フライ級の選手** flyweight Ⓒ.

プライド (誇り) pride Ⓤ ; (自尊心) self-respect Ⓤ. (☞ ほこり[2] ; じそんしん).

プライバシー ━名 privacy Ⓤ. ━形 (プライバシーに関する・私的な) private. ¶ 私は*プライバシーを侵されたくない I don't want my *privacy* disturbed. // それは彼女の*プライバシーだ (⇒ 私的なことだ) Those are her *private affairs*.

フライパン frying pan Ⓒ ★ 一般的 ; 《米》fry pan Ⓒ, 《米》skillet Ⓒ. (☞ 台所・家事 (囲み)).

フライング (競技の) false start Ⓒ. ¶ *フライングする make a *false start*

ブラインド 《米》window shade Ⓒ, blind Ⓒ. (☞ ひよけ (挿絵)). ¶ *ブラインドを上げて[開けて]下さい Please ｢raise [draw up] the *window shade*(*s*). // *ブラインドを下げて[閉めて]下さい Please ｢lower [pull down] the *window shade*(*s*).

ブラウス blouse Ⓒ (☞ 衣服 (囲み)).

ブラウンかん ブラウン管 (picture) tube Ⓒ. ¶ *ブラウン管が切れた The (*picture*) *tube* has burned out.

プラカード placard Ⓒ [参考] 英語の placard は poster (＝ポスター) と同じ意味でも使う. ただし, 持ち歩くのは普通 placard と言う. ¶ 彼らは*プラカードを先頭に行進した They marched along with their *placards* in the lead.

プラグ ━名 (electric) plug Ⓒ. ━動 (器具のプラグを差し込む) plug in ㊀. ¶ この*プラグをソケットへ入れて下さい Put this *plug* in that socket, please. // 彼女はアイロンの*プラグを差し込んだ She *plugged in* the iron.

ぶらさがる ぶら下がる hang (down) ㊁, dangle ㊁ [語法] hang は静止して, dangle は左右に揺れながら下がることを暗示する. ¶ 木の枝に何かが*ぶら下がっている Something *is* ｢*hanging* (*down*) [*dangling*] from a branch of that tree. // 電車のつり皮には*ぶら下がってはいけません Don't ｢*hang* (*down*) [*dangle*] from the straps in the train.

ぶらさげる ぶら下げる hang ㊀ ★「ぶら下がる」という ㊁ にも使う. ¶ 猫は首に鈴を*ぶら下げている The cat has a bell *hanging* from its neck. // 彼は酒瓶を*ぶら下げて (⇒ 持って) やって来た He came *carrying* a wine bottle.

ブラシ ━名 brush Ⓒ. ━動 (ブラシをかける) brush ㊀. ¶ 上着に*ブラシをかけて下さい Please ｢*brush* my coat [give my coat a *brush*]. // 歯*ブラシ a *toothbrush* // 洋服*ブラシ a clothes *brush* // ヘア*ブラシ a *hairbrush*

ブラジャー brassiere [brəzíə] Ⓒ, 《口語》bra [brɑ́ː] Ⓒ. (☞ 衣服 (囲み)).

ブラジル ━名 固 Brazil [brəzíl]. ━形 Brazilian. **ブラジル人** Brazilian Ⓒ.

ふらす 降らす (もたらす) bring ㊀ ; (雨のよう

に注ぐ) shower ㊀. ¶ 台風は関東地方に大雨を*降らせた The typhoon *brought* heavy rain to the Kanto area.

プラス ―名 (プラスになるもの・利益) asset Ⓒ (↔ liability), 《口語》 plus Ⓒ (↔ minus). ―動 (…を加える) add … (to …). ―形 plus. ―前 plus …
¶ 1*プラス 2 は 3 One *plus* two ˹is [equals] three. / One *and* two ˹is [makes] three. // *プラス記号 a *plus* sign // こんな心配は私たちの生活に何の*プラスにもならない Such worries *add* nothing *to* our lives. // 答えは*プラスですかマイナスですか Is the answer a *plus* or a minus? // これはわが社にとって*プラスになるだろうかマイナスになるだろうか Will this be ˹an *asset* or a liability to [《口語》 a *plus* or a minus for] our firm? // これで互いに*プラスマイナスゼロとなる (⇒ これがお互いを同等の立場に置く) This puts us on an *equal footing*. / (⇒ これが我々を同等にする) This makes us *even*. **プラスアルファ** plus something. ¶ ボーナスは 3 か月分*プラスアルファになるだろう The bonus will be three months' salary *plus something*.

フラスコ flask Ⓒ 《☞ じっけん[1] (挿絵)》.

プラスチック ―名 plastic Ⓤ ★ しばしば複数形でも用いられる. ―形 (プラスチック製の) plastic. ¶ この皿は*プラスチックだ This plate is (made of) *plastic*. // *プラスチックは用途が広い *Plastic* is [*Plastics* are] used for many purposes. **プラスチック製品** plastic product Ⓒ.

ブラスバンド brass band Ⓒ 《☞ 音楽 (囲み)》. ¶ 彼は*ブラスバンドを作った He formed a *brass band*.

プラタナス plane (tree) Ⓒ.

フラダンス ―名 hula Ⓒ, hula-hula Ⓒ. ―動 hula ㊀, dance a hula.

ふらち 不埒 ―形 (無礼な) rude; (生意気な) insolent. 《☞ ぶれい》. ¶ そんなことを言うとは*不埒なやつだ How *rude* of him to say such a thing! // そんな*不埒な行為は許せない Such *insolent* actions ˹are inexcusable [cannot be permitted].

プラチナ platinum [plǽtənəm] Ⓤ 《元素記号 Pt》.

ふらつく (目まいがする) feel dizzy; (足もとがしっかりしない) be unsteady; (ふらふらする) totter ㊀, stagger ㊀; (決心などがぐらつく) waver ㊀. 《☞ ふらふら; ぐらつく》.
¶ 頭が*ふらつく I *feel dizzy*. // 彼は足もとが*ふらついている He *is unsteady* on his legs. / His steps *are unsteady*. // 彼の考えはいつも*ふらついている His beliefs *are* always *wavering*. / (⇒ 彼はしっかりした考えを持っていない) He has *no* ˹*steady* [*firm*] beliefs.

ぶらつく (ゆっくりと歩く) stroll along …, saunter along … ★ 後のほうが楽しみながら歩く意味が強い; (うろうろ徘徊する) hang ˹around [about] …; (徘徊する) loiter (around …) ㊀ ★ 悪い意味に使うことが多い; (何もせずに時間を過ごす) loaf ˹about [around] ㊀, fool ˹about [around] ㊀ ★ この about, around は副詞. 《☞ ぶらぶら》.
¶ 彼女はウインドーショッピングをしながら街を*ぶらつくのが好きだ She likes to ˹*stroll* [*saunter*] *along* the street looking in shop windows. // この建物の付近を*ぶらつかぬこと《掲示》 No *loitering around* this building. // 一日中家で*ぶらついていられては困ります I can't have you ˹*loafing* [*fooling*] *about* all day long at home.

ブラックリスト ―名 blacklist Ⓒ. ―動 (ブラックリストに載せる) blacklist ㊀. ¶ 私は先生の*ブラックリストに載っている I am on the teacher's *blacklist*. / I'*ve been blacklisted* by the teacher.

フラッシュ (写真の閃光) flashlight Ⓤ ★ しばしば flash Ⓤ と略しても使う; (装置) flash Ⓒ. ¶ *フラッシュを使ったほうがいい you should use ˹the *flash* [a *flashbulb*]. // 私は*フラッシュ付きのカメラを買った I bought a camera with a built-in *flash*.

ふらっと ―副 (目的もなく) aimlessly; (思いがけなく) unexpectedly. ―動 (目まいがする) feel dizzy. 《☞ 擬声・擬態語 (囲み)》. ¶ 彼は*ふらっと町へ出て行った He *aimlessly* wandered to town. // 彼はいつも*ふらっとやって来る He always comes to see me *unexpectedly*. // 私は立ち上がるとき*ふらっとした I *felt dizzy* when I stood up.

フラット **1** «音楽»: flat Ⓒ 《記号 ♭》 (↔ sharp) 《☞ 音楽 (囲み)》.
2 «競技» ―副 (きっかり) flat. ¶ 彼は 100 メートルを 11 秒*フラットで走れる He can run the 100 meters in 11 seconds *flat*.

プラットホーム platform Ⓒ 《☞ ホーム[1]》.

プラネタリウム planetarium [plæ̀nətέ(ə)riəm] Ⓒ.

ふらふら ―動 (目まいがする) feel dizzy; (気が遠くなる) be faint; (足もとがよろめく) be groggy; (ふらふらしながら歩く) stagger ㊀, totter ㊀; (心があれこれ迷う) waver ㊀. ―副 (ふらふらと・無意識に) unconsciously; (そういうつもりでなく) unintentionally; (思わず・われ知らず) in spite of *oneself*. 《☞ ふらつく; くらくら; 擬声・擬態語 (囲み)》.
¶ きょうは熱で*ふらふらだ I *feel* feverish and *dizzy* today. // みんなおなかがへって*ふらふらだった We *were* all *faint* with hunger. // 酔っ払いが*ふらふらと道路を歩いて行った The drunken man ˹*staggered* [*tottered*] along the road. // 彼女はつい*ふらふらと盗みを働いてしまった She *unintentionally* committed theft. // 彼は*ふらふらと彼女に近づいて行った He went up to her almost *unconsciously*.

ぶらぶら ―動 (ぶらぶらと揺れる・揺らす) swing ㊀ ㊀; (無為に時を過ごす) loaf ˹around [about] ㊀, fool ˹around [about] ㊀ ★「なすべきこともしないで」という非難の意味が含まれる; (何もしないで時を過ごす) idle away *one's* time ★ 必ずしも非難の意味を含まない; spend time ˹idly [doing nothing]; (時を浪費する) waste time; (散歩する) stroll ㊀. 《☞ ぶらつく; 擬声・擬態語 (囲み)》.
¶ 少年は足を*ぶらぶらさせて塀の上に座っていた

The boy sat on the wall ˹swinging his legs [with his legs swinging (to and fro)]. // 一日中*ぶらぶらしていてはいけません. 少しは勉強もしなさい Don't loaf around all day long. Do some work. // 目下失業中なので毎日*ぶらぶらしています I'm out of ˹work [employment] now so I'm idling (away) every day. // きょうはよいお天気だから銀座でも*ぶらぶらするか As it's such a lovely day today, how about strolling along the Ginza.

プラモデル plastic model Ⓒ.

ふらりと ☞ ふらっと

ぶらりと ―副 (目的もなく) aimlessly. ―動 (だらりと下がる) dangle 自. ((☞ ふらっと; 擬声・擬態語 (囲み))). ¶ 彼の腕は関接がはずれて肩から*ぶらりと下がってしまった His arm became out of joint and *dangled* from his shoulder.

フラン (フランスの貨幣単位) franc [frǽŋk] Ⓒ.

プラン plan Ⓒ ((☞ けいかく; せっけい[1])).

プランクトン plankton Ⓤ ★ 集合的に全体をいう.

ぶらんこ swing Ⓒ. ¶ *ぶらんこに乗りましょう Let's ˹go on a *swing* [have a *swing*]. 【語法】「乗り込む」意味には get on を用いる.

フランス ―名固 France. ―形 French. **フランス語** French Ⓤ; (改まった言い方) the French language. **フランス人** (男) Frenchman Ⓒ; (女) Frenchwoman Ⓒ; (全体) the French ★ the を付けて; (フランスの人々) French people ★ フランス人を漠然と指すときに用いる口語的表現. ¶ 彼は*フランス人です He is a *Frenchman*. / He is *French*. // 彼女は*フランス人です She is a *Frenchwoman*. / She is *French*. 【語法】 以上の場合男女の区別をするのが冗長に感じられることから, 普通は French を用いた第 2 文の表現が用いられる. ほかに出身をいうのであれば He [She] ˹is [comes] *from France*. も可能.

フランス料理(法) French cuisine Ⓤ.

ブランデー brandy Ⓤ.

ふり[1] 不利 ―名 disadvantage Ⓤ ★ 一般的な言い方.「不利な条件」「不利な立場」の意では Ⓒ; handicap Ⓒ ★ 競争における不利を指すことが多い. ―形 (不利な条件となる) disadvantageous, to *one's* disadvantage ★ 後者は述語的にのみ用いる; (好意的でない) unfavorable ((英)) unfavourable). ―副 disadvantageously; unfavorably ((英)) unfavourably).

¶ 島国であることは当時の日本にとって貿易振興という点でたいへんな*不利であった Being an island country was a great ˹*disadvantage* [*handicap*] for Japan of those days in promoting international trade. // あの店は立地条件がよくないという*不利な点がある That store has the ˹*disadvantage* [*handicap*] of its poor location. // いま計画を変更するのは我々にとって*不利だ It would be *disadvantageous* for us to change our plan now. // 形勢は彼女に*不利だ Things are ˹*unfavorable* for her [*to her disadvantage*]. / The ˹chances [odds] are *against* her. ★ chances も odds も「運」「つき」の意. // 裁判は彼にとって*不利に展開した The trial developed ˹*disadvantageously* [*unfavorably*] for him.

ふり[2] 振り ―動 (…らしい振りをする) pretend 他 ★ 最も一般的な語; assume 他, affect 他 ★ 以上 2 語は形式ばった語で, affect はしばしば非難の意味を含むことがある.

¶ 彼は病気の*振りをした He *pretended* ˹illness[to be ill; that he was ill]. // 彼は知らない*振りをしているが実際はなんでも知っている He ˹*assumes* an air of ignorance [*affects* ignorance], but in fact he knows everything. // 政府は長い間この問題を見て見ない*振りをして来た (⇒ この問題を無視して来た) The government *has* long *ignored* this problem. / (⇒ この問題に目をつぶって来た) The government has long ˹closed [shut] its eyes to this problem. ★ shut のほうが口語的. // 人の*振り見てわが*振り直せ Learn wisdom from the follies of others. ((ことわざ: 他人の愚行から知恵を学び取れ))

ふり[3] 降り ―名 (雨) rain Ⓤ; (雪) snow Ⓤ. ―動 rain 自; snow 自. ((☞ ふる[1])). ¶ この*降り (⇒ この雨[雪]) ではあまり多勢の人は来るまい We cannot expect ˹many people [(⇒ たくさんの聴衆) a large audience] in this ˹*rain* [*snow*]. // たいした*降りではないから出かけましょう Let's go out. It's not ˹*raining* [*snowing*] so much.

ぶり 鰤 yellowtail Ⓒ ((複 ～(s))).

-ぶり …振り **1** ((様子・仕方)) ¶ 彼女の仕事*ぶりを見習いたまえ(⇒ あなたは彼女の仕事の仕方を見て彼女の例に習うべきだ) You should watch the *way* she works and follow her example. / (⇒ 彼女がいかに熱心に [能率よく] 仕事をするかを) You should watch *how* ˹*enthusiastically* [*efficiently*] she works and follow her example. // 数か月もすると彼は社長*ぶりが板についてきた (⇒ 社長であることが自然になってきた) After several months of being the company president it became natural to him. // あいつは飲みっ*ぷりがいい (⇒ 彼の飲み方は驚くべきである) The *way* he drinks is amazing.

2 ((ある期間が過ぎたのちに)) ★「2 か月ぶり」とか「3 年ぶり」という言い方は, 最も簡単には「2 か月後に」「3 年後に」と考えて 'after two months', 'after three years' という英語で表せる. しかし, 以下の英訳例に見られるように, 文全体の意味に応じて適切な語を補うと, 文意はいっそう明確になる.

¶ 彼女は 3 年*ぶりに (⇒ 3 年間の不在ののちに) 帰国してきた She came home *after* three ˹years' [years of] *absence*. / (⇒ 3 年間で初めて) She ˹came [returned] home *for the first time in* three years. // ジョージは 5 か月*ぶりに我々に手紙をよこした (⇒ 5 か月の音信不通ののちに我々に便りを書いた) George wrote to us *after* five months' *silence*. / (⇒ 5 か月間に初めて我々に便りを書いた) George wrote to us *for the first time in* five months. // 東海道線はけさ 20 時間*ぶりに開通した (⇒ 20 時間

の不通ののちに開通した) The Tokaido Line reopened this morning *after* twenty hours ｢*obstruction* [*tie-up*]. 語法 tie-up のほうが口語的. ∥ 彼女は15年*ぶりに父親に再会した(⇒15年間の別離ののちに会った) She saw her father *after* ｢fifteen years' *separation* [a *separation* of fifteen years]. / (⇒15年間会わなかった父に会った) She met her father whom she had not seen ｢for [《米》in] fifteen years. ∥ 8年*ぶりの寒さだ (⇒これはこれまで8年間に我々が持った最も寒い天候だ) This is the coldest weather (that) we have had ｢*for* [《米》*in*] eight years. / (⇒この寒い天候は8年間を通じての新記録だ) This cold weather is an eight year record.

ふりあげる 振り上げる (投げ上げるように荒っぽく上げる) throw up ㊎《過去 threw；過分 thrown》, fling up ㊎《過去・過分 flung》; (弧を描くように) swing up ㊎《過去・過分 swung》; (持ち上げる) lift up ㊎, raise ㊎ ★ 後者のほうが改まった語.
¶ 彼は怒ってげんこつを*振り上げた He *shook his fist* in anger. 参考 shake *one's* fist (=こぶしを振る) は英米人の激しい怒りや挑戦の態度を表すしぐさ. ∥ 彼は敵に向かって刀を*振り上げた He ｢*threw* [*flung*; *swung*] his sword at an enemy. ∥ 警察官は警棒を*振り上げて泥棒を追いかけた The policeman ran after the thief, with his ｢nightstick [《英》truncheon] *raised* above his head.

フリージア freesia [fríːʒ(i)ə] Ⓒ (☞ 花(囲み)).

ふりえき 不利益 ━ 名 disadvantage Ⓒ; (競争などの) handicap Ⓒ. ━ 形 disadvantageous. (☞ ふり¹).

ふりおとす 振り落とす (投げ落とす) throw off ㊎《過去 threw；過分 thrown》; (揺すって落とす) shake off ㊎《過去 shook；過分 shaken》. ¶ 彼は馬[列車]から*振り落とされた He *was* ｢*thrown off* [*shaken off*] the ｢horse [train].

ふりおろす 振り降ろす (勢いよく弧を描くように) swing down ㊎; (力をこめて下方へ降ろす) bring down forcefully ㊎. ¶ 彼は木の根元に斧(おの)を*振り降ろした He ｢*swung down* his ax [*brought down* his ax *forcefully*] on the root of the tree.

ふりかえ 振り替え (郵便振り替え) postal transfer Ⓤ. ¶ その金は*振り替えで送って下さい Please send the money by *postal transfer*. ∥ きょうは日曜日の*振り替え休日だ (⇒きょうは休日の重複を埋め合わせるための休日だ) Today is *a holiday making up for the overlap of holidays on* Sunday.

ぶりかえす ━ 動 (病気のぶり返しをもつ) have a relapse; (悪天候が) return ㊍. ━ 名 relapse Ⓒ. (☞ さいはつ). ¶ 彼は病気が*ぶり返した He *has had a relapse*. ∥ ここ2,3日寒さ[暑さ]が*ぶり返している The ｢cold [hot] weather *has returned* these last few days.

ふりかえる¹ 振り返る (体の向きを変えて) turn ｢around [round] ㊍; (視線を後ろに向ける) look back ㊍ ★ 比喩的にも用いられる. (☞ ふりむく). ¶ *振り返ると彼女はまだ手を振っていた I ｢*turned around* [*looked back*] to find her still waving her hand. ∥ 老人は昔を*振り返ることが好きだ Old people like to *look back on* the good old days.

ふりかえる² 振り替える (変更する) change ㊎; (埋め合わせる) make up for ... ¶ 普通預金は定期預金に*振り替えたほうが得だ It is more profitable to *change* your ordinary deposit to a fixed one.

ふりかかる 振りかかる (身の上に起こる) happen to ...; (不幸などが襲う) visit ㊎. ¶ 災難がその一家に*降りかかった A misfortune ｢*happened to* [*visited*] the family. / (⇒その一家は災難をこうむった) The family ｢*suffered* [(⇒出会った) *met* (*with*)] misfortune.

ふりかける 振りかける (液体・粉などを) sprinkle ㊎ ★ 一般的な語; (特に粉状のものを) dust ㊎. (☞ かける¹; まぶす).
¶ 母はケーキにシナモンを*振りかけた <S(人)+V(*sprinkle*; *dust*)+O(液・粉をかけられるもの)+*with* +名(かける液・粉)> Mother ｢*sprinkled* [*dusted*] the cake *with* cinnamon. / <S(人)+V(*sprinkle*; *dust*)+O(液・粉)+*over*+名(かけられるもの)> Mother ｢*sprinkled* [*dusted*] cinnamon *over* the cake.

ふりかざす 振り翳す (振り上げる) raise ... above *one's* head; (誇示する) show off ㊎. (☞ ふりあげる).

ふりかた 振り方 ¶ 私は卒業後の身の*振り方が(⇒自分が何をするか)決まっていない I have not yet decided *what I am going to do* after I graduate. / (⇒まだ就職が決まらない) I *haven't found a job* for after graduation.

ふりがな 振り仮名 *kana* written or printed at the side or on top of *kanji* to indicate the latter's reading ★ 日本語独特のものなので説明的な言い方しかできない. ¶ 住所には*振り仮名を振って下さい (⇒住所の発音を仮名で表示して下さい) Please indicate the pronunciation of your address in *kana*.

ふりかぶる 振りかぶる ☞ ふりあげる

ブリキ tinplate Ⓤ, tin Ⓤ ★ 後者は略した言い方.

ふりきる 振り切る (...から無理に身を引いて離れる) tear *oneself* (away) (from ...) 《過去 tore; 過分 torn》; (追っ手などを振り払う) shake off ㊎《過去 shook; 過分 shaken》.
¶ 彼は相手を*振り切ってゴールインした He *shook off* the other runners and crossed the finish line first. ∥ 彼は同僚が止めるのも*振り切って会社をやめた (⇒同僚が思いとどまらせようと試みたが) He quit the company although his colleagues tried to dissuade him.

ふりきれる 振り切れる (針・メーターが) swing past the maximum. ¶ メーターの針が*振り切れている(⇒メーターの上で針が最高の印を越して振れた) The indicator *has swung past the maximum mark* on the meter.

ふりこ 振り子 pendulum Ⓒ. ¶ *振り子は左右に(⇒前後に)振れる A *pendulum* swings back and forth. 語法 right and left (=

左右に)も可能だが, back and forth と言うほうが普通. **振り子時計** pendulum clock Ⓒ.

ふりこう 不履行 (約束・任務・契約を実行しないこと) nonperformance Ⓤ, nonfulfillment Ⓤ ★ 後者のほうが形式ばった語. ¶ 彼は契約*不履行で訴えられた He was accused of ˹*nonperformance* [*nonfulfillment*] of his contract.

ふりこみ 振り込み (払い込み) payment Ⓤ. ¶ 原稿料は銀行*振り込みにして下さい(⇒銀行に振り込んで下さい) Please *pay* the fee for my article *into* my bank (account). // うちの会社では給料は銀行*振り込みになっている (⇒私たちは給料を銀行に振り込んでもらっている) In our company we have our salary *paid into* the bank.

ふりこむ[1] 振り込む (口座に払い込む) pay ... into a bank account. ¶ 私は彼の銀行口座に1万円*振り込んだ I *paid* ¥10,000 *into* his *bank account*.

ふりこむ[2] 降り込む be blown ˹in [into] ... 《☞ ふきこむ》. ¶ 風が強かったので雨が部屋の中に*降り込んできた Rain *was blown into* the room by the strong wind.

ふりこめられる 降り籠められる (雨・雪などによって中に閉じ込められる) be shut in (by ...); (雪に) be snowed ˹in [up]. ¶ 私たちは雨[雪]に*降り籠められた We *were shut in by* ˹rain [snow]. // 彼らは山小屋でまる1週間雪に*降り籠められた They *were snowed* ˹*in* [*up*] in the mountain cabin for a whole week.

ふりしきる 降り頻る (雨[雪]が激しく降る) rain [snow] ˹hard [heavily] ★ hard のほうが口語的; (休みなく降る) rain [snow] incessantly ★ 少し文語的な表現. 《☞ ふる[1]》. ¶ 雨[雪]の*降りしきる1日だった It ˹*rained* [*snowed*] ˹*hard* [*incessantly*] all day long. // 私たちは*降りしきる (⇒激しい[絶え間のない]) 雨の中を1時間ほど歩いた We walked in the ˹*heavy* [*incessant*] *rain* for about an hour.

ふりしぼる 振り絞る ¶ 彼は声を*振り絞って彼女の名を呼んだ (⇒彼の声の最も上の点で) He called her name *at the top of his voice*. // 私は力を*振り絞って起き上がった (⇒自分のすべての精力をかき集めて) I *gathered* (*up*) *all my energy* and got up.

ふりすてる 振り捨てる (離れる) leave ㊍ ★ 平易な日常語. ただし日本語の「振り捨てる」ほど意味が強くない; (放棄する) abandon ㊍; (自分を必要としている人を見捨てる) desert ㊍; (自分にとって大切だった人を見捨てる) forsake ㊍ 《過去 forsook; 過分 forsaken》. 《☞ すてる》 ¶ 彼は家族を*振り捨てて僧になった He ˹*left* [*abandoned*; *deserted*; *forsook*] his family and became a Buddhist priest.

ふりそそぐ 降り注ぐ (落ちてくる) fall (on ...) ㊀ ★ 最も一般的な言い方; (日光が輝く) shine (on ...) ㊀. ¶ 花壇に雨が*降り注いでいた Rain *was falling on* the flower bed. // 野原に日の光がさんさんと (⇒暖かく) *降り注いでいた The sun *was shining* ˹warmly [(⇒きらきらと) brilliantly] *on* the field.

ふりそで 振り袖 (袖の長い着物) long-sleeved *kimono* Ⓒ, *kimono* with long sleeves Ⓒ. 《☞ きもの; 日本固有の風物と英語 (囲み)》.

ふりだし 振り出し **1** «最初»: (比喩的に出発点) the starting point; (出発した所) where *one* started (from) ★ 説明的な言い方. from を添えるほうが口語的.
¶ もう一度*振り出しに戻って始めよう (⇒全部初めから) Let's do it *all over again*. // 話し合い[捜査]は*振り出し (⇒それが始まったところ) に戻った The ˹discussion [investigation] ˹was right back *where it started* (*from*) [ended *where it began*]. // 彼は歌手を*振り出しに芸能生活に入った (⇒彼は歌手として芸能界でのキャリアを始めた) He *began his career* in show business *as* a singer.
2 «手形・小切手の»: drawing Ⓤ.
振出人 (手形の) drawer (of a bill) Ⓒ.

ふりだす 振り出す (手形や小切手を準備する) draw ㊍ 《過去 drew; 過分 drawn》. ¶ 貴殿の銀行へ50万円の小切手を*振り出しましたのでご通知いたします We wish to inform you that we *have drawn* a cheque *for* 500,000 yen *on* your bank.

ふりつけ 振り付け ── 名 choreography [kɔ̀ːriágrəfi(ː)] Ⓤ. ── 動 choreograph [kɔ́ːriəgræ̀f] ㊍. ¶ 彼はあのミュージカルの*振り付けをした He *choreographed* that musical. **振り付け師** choreographer Ⓒ.

ブリッジ (トランプの) bridge Ⓤ; (義歯の) bridge Ⓒ; (駅の) overpass Ⓒ. ¶ 彼は*ブリッジ(をするの)が好きだ He likes playing *bridge*.

ふりはなす 振り放す (振り動かすようにして身を放す) shake *oneself* free (from ...) 《過去 shook; 過分 shaken》 《☞ ふりきる》. ¶ 少年は母の手を*振り放して走って行った The boy *shook himself free from* his mother's hand and ran off.

ぷりぷり ── 動 (ぷりぷり怒っている) be in a huff; (ぷりぷりと怒りだす) go into a huff. ── 形 huffy. 《☞ おこる[1]; 擬声・擬態語 (囲み)》. ¶ 彼女は*ぷりぷりしていた She *was in a huff*. // そう*ぷりぷりするな. いまのは冗談だ Don't be so *huffy*. I was only joking.

ふりまく 振り撒く (薬剤などを) spray ㊍. ¶ 彼は花に殺虫剤を*振りまいた He *sprayed* insecticide *on* the flowers. // 彼女はパーティーで笑顔[愛嬌]を*振りまいた(⇒皆にほほえんだ) She *smiled at everyone* at the party.

ふりまわす 振り回す **1** «振り動かす»: swing around ㊍ 《過去・過分 swung》 ★ 一般的な言い方; (道具, 特に武器を技をもって振り動かす) wield ㊍; (相手を脅すために刀などを振り動かす) brandish ㊍; (見えや虚勢を張って得意げに振り動かす) flourish ㊍.
¶ 彼は腕を*振り回してからボールを投げた He *swung* his arm *around* and threw a ball. // 彼は頭上で刀を*振り回した He ˹*swung around* [*wielded*; *brandished*; *flourished*] his sword above his head.
2 «見せびらかす・むやみに使う»: (誇示する) show off ㊍; (やたらに使う) make indiscriminate use of ...; (濫用する) abuse ㊍.

¶ 彼はどこへ行っても自分の肩書きを*振り回す He *shows off* his title wherever he goes. // 小役人はとかく権力を*振り回したがるものだ Petty officials are apt to ｢*make indiscriminate use of* [*abuse*] their authority.

ふりみだす 振り乱す (動作中に髪などを) toss about ㊀; (髪などをくしゃくしゃにする) dishevel ㊀. ¶ 踊り子は長い髪を*振り乱して踊った The dancer danced with her long hair *tossing about.* // 彼女は髪を*振り乱した姿で現れた She appeared with her hair *disheveled.*

ふりむく 振り向く (体の向きを変える) turn ｢around [round] ㊂; (顔の向きを変える) turn *one's* ｢face [head]; (視線の向きを変える) look round ㊂; (体を後ろに向ける) turn back ㊂; (振り返る) look back ㊂. (☞ ふりかえる¹).

¶ 彼女は私の方に*振り向いて「またね」と言った She *turned* ｢*around* [*about*] toward me and said, "I'll see you." / (⇒ 顔を私の方に向けて) She ｢*turned her face* toward [*looked round* at; *turned back* to] me and said, "I'll see you." // 彼女はすごい美人なので皆が*振り向いて見る She is such a beauty that everybody ｢*turns around* to look [*looks back*] at her.

ふりむける 振り向ける apply ... (to ...). ¶ この金は衣料費に*振り向けよう Let's *apply* this money *to* clothing.

ふ

ふりょ 不慮 ― 形 (予期しない) unexpected; (時ならぬ) untimely; (偶然の) accidental. (☞ おもいがけない). ¶ 彼は*不慮の災難にあった He met with an *unexpected* accident. // 彼は*不慮の死を遂げた (⇒ 事故で死んだ) He died in an *accident.* / He met an *untimely* death.

ふりょう¹ 不良 **1** «物事がよくない» ― 形 (悪い) bad ★ 最も一般的な語; (基準より劣る) poor; (欠陥がある) defective; (劣悪な) inferior. (☞ わるい).

¶ 天候*不良のため出発が1時間遅れた Our departure was delayed one hour because the weather was *bad.* / (⇒ 悪天候が出発を1時間遅らせた) The *bad* weather delayed our departure one hour. // 彼は成績*不良で落第した (⇒ 同じクラスに留まった) He ｢stayed back [was kept back] in the same class because of his *poor* results. // このネジは*不良だ This screw is *defective.*

2 «人間がよくない» ― 名 (非行をする者) delinquent Ⓒ; (愚連隊) hooligan Ⓒ ★ 後者はしばしばギャングや犯罪者のグループに入っている者を指す. (☞ ひこう²). ¶ あの少年は*不良だ That boy is a ｢*delinquent* [*hooligan*].

不良少年[少女] delinquent ｢boy [girl] Ⓒ

不良品 (欠陥のある[劣悪な]製品) defective [*inferior*] product Ⓒ.

ふりょう² 不漁 a poor haul (↔ a good haul) ★ haul は本来「一網の取れ高」の意; a poor catch of fish ★ 後者は説明的な言い方. いずれも a を付けて. ¶ 今回は*不漁だった We had *a poor* ｢*haul* [*catch of fish*] this time.

ふりょう³ 不猟 a poor bag (↔ a good bag), a poor catch of game ★ 後者は説明的な言い方. いずれも a を付けて.

ふりょうどうたい 不良導体 【電気】 nonconductor Ⓒ (↔ conductor).

ふりょく 浮力 ― 名 buoyancy [bɔ́iənsi(:)] Ⓤ. ― 形 (浮力のある) buoyant.

ぶりょく 武力 (軍事力) military force Ⓤ. ¶ 彼らはその国際紛争に*武力介入した They meddled in the international conflict by using *military force.*

ふりわける 振り分ける (割り当てる) allot ... (to ...) (☞ わりあてる). ¶ 彼は各科目の勉強に5時間ずつ*振り分けた He *allotted* five hours *to* the study of each (school) subject.

ふりん 不倫 ― 形 (不道徳な) immoral; (不義の) illicit. ¶ あの2人は*不倫の恋をしている They are having an *illicit* love affair.

プリン custard pudding Ⓤ.

プリント **1** «配布物»: (教室などで渡す刷り物) handout Ⓒ; (ガリ版刷りのもの) mimeographed sheet Ⓒ ★ 英語の print にはこの意味はない. ¶ 先生は授業中*プリントを配った The teacher passed out *handouts* in class.

2 «生地のプリント模様» ― 名 print Ⓒ. ― 形 (プリントの) print(ed). ¶ *プリントのネクタイ a *print(ed)* tie

3 «写真のプリント»: print Ⓒ. ¶ 彼はそのネガから5枚の*プリントを焼いた (⇒ 作った) He made five *prints* from the negative.

ふる¹ 降る (雨が) rain ㊂; (雪が) snow ㊂; (霜が) frost ㊂; (あられ・ひょうが) hail ㊂ 語法 以上の動詞にはいずれも非人称の It が主語になる; (雨・雪を主語として) fall ㊂. (☞ 天候の表現 (囲み); It の用法 (欄外)).

¶ 雨がひどく*降っている *It is raining* ｢hard [heavily]. // 雨はここ2, 3日降るまい *It* will not *rain* [(⇒ 我々は雨をもたないだろう) We will *have* no *rain*] for a few days. // きのう*降った雪で地面はすっかり覆われている The ground is completely covered by the snow which *fell* yesterday.

ふる² 振る **1** «物を揺り動かす»: (規則的に, あるいは一点を軸にして動かす) swing ㊀ (過去・過分 swung); (細かい動きで速く振る・首を横に振る) shake ㊀ (過去 shook; 過分 shaken) 語法 以上の2語は一般的な語であるが, 以下の各語はだいたい決まった目的語をとる特殊な語である点に注意; (合図やあいさつのために旗や手などを振る) wave ㊀; (しっぽなどを軽くさっとなでるように動かす) whisk ㊀; (しっぽなどを上下・左右に速く動かす) wag ㊀; (うなずいて頭を上下に動かす) nod ㊀ ㊂; (頭・腕などを, 投げつけるように乱暴に振る) fling ㊀ (過去・過分 flung).

¶ 彼は歌に合わせて右腕を*振った He *swung* his right arm ｢to [in time with] the song. // 僕はボールをねらってバットを*振った I *swung* the bat at the ball. // 彼は塩入れを*振って肉に塩を振りかけた He *shook* the saltcellar to sprinkle salt on the meat. // 彼女は首を横に*振っていやだと言った She *shook* her head and said no. // 彼は首を縦に*振って, はいと言った He *nodded* (his head) and said yes. // 彼女は彼にハンカチを*振った She *waved* a handkerchief at him. // 馬[犬]がしっぽを*振った The ˹horse *whisked* [dog *wagged*] its tail.

2 «失う»: (地位などを) throw away (他) 《過去 threw; 過分 thrown》. ¶ 彼は汚職事件に連座して (⇒ 汚職事件が原因で) 大臣の地位を*振ってしまった He ˹*threw away* [*gave up*] his career as a cabinet minister because of the scandal.

3 «異性をはねつける»: (それまで交際していた相手を見捨てる) throw over (他), jilt (他).
¶ 彼は彼女を*振ってほかの女に走った He *threw* her *over* for another woman.

フル — 副 (十分に) to the ˹fullest [utmost]. ¶ 彼は自分の能力を*フルに発揮するでしょう He will demonstrate his ability *to the* ˹*fullest* [*utmost*]. // 私たちはその資料を*フルに活用した (⇒ 十分に利用した) We *made* ˹*full* [*the best*] *use of* the material.

-ぶる …振る — 動 (偽って装う) pretend (他); (気取って, または偽って) affect (他); (わざとらしく…を装う) put on [assume] the air of … ★ assume を用いたほうが形式ばった言い方; (偽って…のポーズをとる) pose as … 《☞ ふり[2]》.
¶ 彼は学者*ぶる He ˹*pretends* to be [*puts on the air of*; *poses as*] a scholar. // 彼女は上品*ぶる (⇒ 上品な婦人のように装う) She ˹*assumes the air of* [*poses as*] a refined lady. // 彼はえら*ぶるから嫌いだ I don't like him because he *affects* the manner of a VIP.

ふるい[1] 古い old (↔ new) ★ 最も一般的な語; (飲食物が新鮮でない) stale (↔ fresh) ★ 話・表現などに関して比喩的にも用いられる; (流行・時代遅れの) old-fashioned, out of date, outdated (↔ up to date) ★ 最後の 2 つは特に消えてなくなることを強調する; (表現などがもう使われていない古風な) archaic.
¶ 彼はまだ*古い時計[車]を大事に使っている He still uses his *old* ˹watch [car] with care. // この机もだいぶ*古くなったから買い換える必要がある This desk has grown so *old* that I must replace it with a new one. // 中国の文明は世界で一番*古い Chinese civilization is ˹the *oldest* [*older* than any other (civilization)] in the world. // *古いパンは使わないほうがよい You had better not use *stale* bread. // この表現はもう*古い This expression is ˹rather *old-fashioned* [getting *out of date*]. / (⇒ なくなりかけている) This expression *is* now *going out*. // 彼は頭が*古い (⇒ 旧式な考えを持つ) He has *old-fashioned* ideas.

ふるい[2] 篩 — 名 sifter Ⓒ ★ 一般的な語; (目の細かいもの) sieve Ⓒ; (目の粗いもの) riddle Ⓒ. — 動 (ふるいにかける) sift (他); sieve (他); riddle (他); (選抜する) screen (out) (他) ★ 比喩的に用いられる. ¶ 私は土を*ふるいにかけた I ˹put [passed] some earth through a *sifter*. / I *sifted* some earth.

ぶるい 部類 (種類) kind Ⓒ; (範疇) category Ⓒ ★ やや改まった語. 《☞ しゅるい (類義語)》.

ふるいおこす 奮い起こす (勇気などを) gather (他), collect (他), muster (up) (他), pluck up (他) ★ 初めのものほど一般的な語. ¶ 彼は勇気を*奮い起こした He ˹*gathered* [*collected*; *mustered*; *plucked up*] his courage. 《☞ ふんき》

ふるいおとす ふるい落とす (選抜して落とす) screen out (他); (排除する) eliminate (他).
¶ 成績の悪い学生は口頭試問で*ふるい落とされた Poor students *were* ˹*screened out* [*eliminated*] through the oral examination.

ふるいたつ 奮い立つ (勇気を奮い起こす) gather *oneself* ˹up [together], brace *oneself* (up), brace up (自). 《☞ ふんき》.

ふるう 振るう, 奮う, 揮う **1** «振り回す»: (剣などを) brandish (他) 《☞ ふりまわす》. ¶ その武士は刀を*ふるった The warrior *brandished* his sword.

2 «駆使する・発揮する»: (権力・腕前・腕力などを使う) use (他), exercise (他) ★ 後者のほうが形式ばった語. ¶ 彼はそれを達成するために自分の政治権力を存分に*ふるった He *exercised* his political power to accomplish it. // だれに対しても暴力を*ふるってはいけない Don't *use* violence on anybody.

3 «盛んである»: (活発である) be active; (栄える) enjoy prosperity. ¶ 近ごろ輸出[商売]が*ふるわない Trade [Business] *is* not *active* these days. // その国は国力が大いに*ふるった (⇒ その国は力と繁栄とを享受した) The nation *enjoyed power and prosperity*. // 彼は試験の成績が*ふるわなかった (⇒ よい点が取れなかった) He *didn't score well* on the test.

ブルース blues ★ 通例 the を伴い, 複数形だが, 単数の動詞もとり得る. 《☞ 音楽 (囲み)》.

フルーツ fruit Ⓤ 《☞ くだもの》. **フルーツケーキ** fruitcake Ⓤ **フルーツサラダ** fruit salad Ⓤ **フルーツジュース** fruit juice Ⓤ.

フルート flute Ⓒ 《☞ 音楽 (囲み)》. ¶ 彼は*フルートがうまい He is good at playing the *flute*. **フルート奏者** flute player Ⓒ, flutist Ⓒ.

ふるえあがる 震え上がる (怖くなる) be terrified, 《口語》 be scared; (恐怖に陥る) be horrified; (寒さなどで) shiver (with …) (自); (恐れで体中が震える) shake [tremble; shiver] all over (自). 《☞ ふるえる; ちぢみあがる》.

ふるえごえ 震え声 shaking [trembling] voice Ⓒ.

ふるえる 震える shake (自) 《過去 shook; 過分 shaken》; tremble (自); shiver (自); shudder (自); quake (自); quiver (自); vibrate (自).
【類義語】最も一般的な語が ***shake*** で, 以下の語の代わりに使える場合も多い. 恐怖・寒さ・疲れなどにより, 身体や声がひとりでに小刻みに震えるのが ***tremble***. 瞬間的に身震いすることを指し, 寒さなどに用いることが多いのが ***shiver***. 恐怖などにより, 突然激しく身体を震わせるのが ***shudder***. 恐怖や驚きにより, 身体がわなわなと大きく震えること, また物体がそのように激しく揺れ動くことを指すのが ***quake***. ピリピリと細かく速く振動するのが ***quiver***. 規則的な震動のニュアンスがあるが, そうでない場合にも使うのが ***vibrate***. 《☞ ふるわせる》

¶ 彼は恐怖[寒さ]で*震えた He ˹*shook* [*trembled*; *shuddered*] ˹with fear [in the cold]. // 彼女の声は驚き[興奮]で*震えた Her voice ˹*shook* [*trembled*; *quivered*] with ˹surprise [excitement]. // 爆発で窓ガラスがぴりぴりと*震えた The windowpanes ˹*quivered* [*vibrated*] because of the explosion.

ふるがお 古顔 (古くからいる人) member of long standing Ⓒ; (古参の人) old-timer Ⓒ. 《☞ こさん》.

ふるかぶ 古株 (木の) old stump Ⓒ; (比喩的に古顔) old-timer Ⓒ.

ブルガリア — 名 固 Bulgaria [bʌlgέ(ə)riə]. — 形 Bulgarian. **ブルガリア語** Bulgarian Ⓤ **ブルガリア人** Bulgarian Ⓒ.

ふるぎ 古着 (古い衣類) old clothes; (着古し・中古服) used clothing, secondhand clothes. **古着屋** (店) old-clothing ˹store [shop] Ⓒ; (商人) old-clothing dealer Ⓒ.

ふるきず 古傷 old wound Ⓒ ★ 日本語と同じように比喩的にも用いる. ¶ *古傷を暴く必要などない There is no need to ˹open up [reopen] *old wounds*.

ふるくさい 古臭い (年月を経て古い) old; (時代遅れの) outdated, out of date; (流行遅れの) old-fashioned; (古風な・時代がかった) antiquated ★ old-fashioned よりもずっと古い感じで, 軽蔑的; (年月を経て痛んだ) timeworn; (古くなってかびの生えたような) musty; (表現などが使い古された・陳腐な) hackneyed. 《☞ ふるめかしい; ふるぼけた; こふう (類義語)》.

¶ 彼女の考えはまったく*古臭い Her ideas are very *old-fashioned*. 語法 単に old とすると意味が少しあいまいになる. // *古臭い規則 *old-fashioned* [*musty*] regulations // *古臭い表現は作文では避けたほうがよい We should avoid *hackneyed* expressions in our writing.

ふるさと 故郷 (自分の故郷) *one's* home Ⓤ 語法 最も一般的な言い方で, 故国・故郷の町・市・村などすべての意味で使える; (自分の故郷の町) *one's* hometown Ⓒ 語法 行政上の町・市・村などの区別とは直接関係のない語なので, 市でも村でも使える; (ふるさとの県) native prefecture Ⓒ; (故郷の地・故国) *one's* native country; (自分の生地) *one's* birthplace Ⓒ. 《☞ こきょう; くに》.

¶ きょう*ふるさとから手紙が来た I ˹got [received] a letter from *home* today. // *ふるさとはいつも懐かしいものだ *Home* is always sweet. // 奈良は日本人の心の*ふるさとだ Nara is the spiritual *home* of the Japanese (people).

ブルジョワ (有産階級の人) bourgeois [búəʒwɑː] Ⓒ 《複 ~ [búəʒwɑː(z)]》 語法 「無産者」 proletarian に対して有産[中産]階級の人を指し, 上流階級の人を意味しない; (全体) the bourgeoisie [bùəʒwɑːzíː] ★ the を付けて. 以上いずれも軽蔑的な語; (裕福な人・財産家) wealthy man Ⓒ; (金持ち) rich person Ⓒ.

ふるす 古巣 (昔なつかしい場所) *one's* old ˹place [nest] Ⓒ.

フルタイム — 形 full-time (↔ part-time). ¶ あの人は*フルタイムの職員です He is a *full-time* worker.

「フルタイムのセールスの勤め口あります」という掲示

ふるだぬき 古狸 (経験豊かなずるいやつ) old fox Ⓒ.

ふるって 奮って ¶ *ふるってお申し込み下さい (⇒あなたが申し込みを送るよう強く勧めます) We *urge* you to send in your application. 語法 ただし, 英語では Send in your application (at once). のような直接的な表現のほうがよい.

ふるつわもの 古兵 (老練家) veteran Ⓒ; (経験の豊かな人) man of experience Ⓒ; (老兵) old soldier Ⓒ ★ 比喩的にも使う.

ふるどうぐ 古道具 (中古の品) used [secondhand] goods 語法 家具ならば used [secondhand] furniture Ⓤ のように, 名詞を適当なものに入れ替えて用いる. **古道具屋** (店) secondhand ˹store [shop] Ⓒ; (がらくた屋) junk shop Ⓒ; (人) dealer in secondhand goods Ⓒ, junk dealer Ⓒ.

ブルドーザー bulldozer Ⓒ, 《口語》 dozer Ⓒ.

ブルドッグ bulldog Ⓒ.

ふるびた 古びた (古い) old, 《口語》 ancient. 《☞ ふるい¹; ふるぼけた》.

ふるびる 古びる (古くなる) grow [become] old; (古く見える) look old. 《☞ ふるい¹》. ¶ 私の家はすっかり*古びてしまった My house *has grown* very *old*.

ぶるぶる ¶ 手が*ぶるぶる震えて字が書けない I cannot write because my hand *is shaking*. // 私は怖くて*ぶるぶる震えた I *trembled* with fear. // 急に気温が下がって私たちは皆*ぶるぶる震えた (⇒気温の下降は我々を震えさせた) The sudden drop in temperature made us all *shiver*. 《☞ ふるえる; 擬声・擬態語 (囲み)》

ふるぼけた 古ぼけた (古い) old, 《口語》 ancient. 《☞ ふるびる》. ¶ ずいぶん*古ぼけた帽子をかぶっているね What an *ancient* hat you are wearing!

ふるほん 古本 (中古書) used [secondhand] book Ⓒ. **古本屋** (店) used [secondhand] bookstore Ⓒ; (人) secondhand bookseller Ⓒ. 《☞ 店の呼び名 (囲み)》.

ふるまい 振舞い **1** 《行動》: (自発的な行為) conduct Ⓤ; (本能的・習慣的な行為) behavior (《英》 behaviour) Ⓤ. 《☞ おこない; こうい¹ (類義語); こうどう¹》.

¶ 彼の*振舞いは許せない His *conduct* [(⇒彼のしたこと) *What he did*] is ˹inexcusable [unpardonable]. // 彼の子供っぽい*振舞いは人々の嘲笑の的になった His childish *behavior* became the laughingstock of the people.

2 《もてなし・饗応》: (接待・ごちそう) entertainment Ⓒ; (おごり) treat Ⓒ; (豪華な宴会) banquet Ⓒ. 《☞ せったい》. ¶ あれこそ本物の大盤*振舞い (⇒大宴会) だった That was a real *banquet*.

ふるまう 振舞う **1** «行動する»: act ⓐ; behave ⓐ, conduct *oneself* [語法] act は行為そのものを指す. 後の 2 つには道徳的な判断が含まれる. なお, この 2 語のうち後者のほうが形式ばった語. 《☞ こうどう[1]》.
¶ホテルが火災を起こしたとき彼は勇敢に*振舞った He *acted* bravely when the hotel was on fire. // 彼はいつも紳士らしく*振舞う He always ˹*behaves* [*conducts himself*] like a gentleman. // あの子はいつもわがままに*振舞う (⇒自分の思いどおりにする) The child always *has* ˹*his* [*her*] *own way*.
2 «もてなす»: (来客にごちそうを出す) entertain ⓗ; (人におごる) treat ⓗ. 《☞ ごちそう》.

ふるめかしい 古めかしい (旧式の) old-fashioned; (考え・習慣などが使い古された) timeworn ★軽蔑的; (かびくさい) musty. 《☞ ふるくさい; ふるぼけた; こふう (類義語)》.
¶*古めかしい建物 an *old-fashioned* building // *古めかしい考え a *timeworn* [an *old-fashioned*; a *musty*] idea

ふるわせる 震わせる (振り動かす) shake ⓗ ⓐ 《過去 shook; 過分 shaken》; (小刻みに震える) tremble ⓐ; (ぶるぶる震える) shiver ⓐ; (わなわな震える) quiver ⓐ; (特に声が) quaver ⓐ [語法] 以下の英訳例に見られるように, 日本語では「震わせる」と他動詞を用いても, 英語では「震える」と自動詞を用いて訳すほうが普通である点に注意. 《☞ ふるえる (類義語)》.
¶彼は興奮して身を*震わせていた (⇒興奮して彼(の体)は震えていた) His body [He] *was* ˹*shaking* [*trembling*] with excitement. [語法] He *was shaking* his body with excitement. と訳すと「彼 (A) は興奮して彼 (B) の体を揺すった」という意味になってしまう. // 余りの幸福[激しい怒り]に彼女は声を*震わせていた (⇒彼女の声は震えていた) Her voice *was* ˹*shaking* [*trembling*; *quivering*; *quavering*] with ˹overwhelming happiness [great anger].

フレアースカート flared skirt Ⓒ 《☞ スカート; 衣服 (囲み)》.

ふれあい 触れ合い (精神的な接触) contact Ⓤ. ¶先生と生徒との*触れ合いほど大切なことはない Nothing is more important than ˹*contact* between students and teachers [the student-teacher *relationship*].

ふれあう 触れ合う (物理的・精神的に接触する) *come into contact with* ...; (精神的に接触する・共感する) be [get] in touch with ...; (共感する・同情する) sympathize with ...
¶彼はクラスのだれとも親しく*触れ合うことがなかった He *has* never *been in close touch with* any of his classmates. // 彼には心の*触れ合える (⇒彼の気持ちに共感できる) 友人がない He has no friend who can *sympathize with* his feelings.

ぶれい 無礼 ━[形] (粗野で無作法な) rude; (失礼な) impolite. 《☞ しつれい (類義語); ぶさほう》. ¶彼の*無礼な振舞いは友人のひんしゅくを買った His *rude* behavior was frowned on by his friends. // 私の招待を断るなんてあの人も*無礼な人だ It is *impolite* of him to refuse my invitation.

プレーガイド (theater) ticket agency Ⓒ 《☞ 和製英語 (囲み)》.

ブレーキ ━[名] (制動機) brake [bréik] Ⓒ. ━[動] (ブレーキをかける) brake ⓗ. 《☞ 自動車 (囲み); オートバイ (挿絵); じてんしゃ (挿絵); はどめ》.
¶私は車に*ブレーキをかけた I *braked* (my car). / (⇒ブレーキを踏んだ) I stepped on the *brake* (pedal). // 彼は*ブレーキをかけないで[かけて]駐車した He left his car with the parking *brake* ˹off [on]. // *ブレーキがよくきかない The *brakes* don't work well. // エア*ブレーキ an air *brake* // フット*ブレーキ a foot *brake* // ハンド*ブレーキ 《米》 a parking *brake* / 《英》 a hand *brake*

プレーボーイ (女扱いのうまい男) ladies' [lady's] man Ⓒ; (女たらし) lady-killer Ⓒ [参考] 英語の playboy は,「金をふんだんに持っていて, さまざまな趣味・快楽を追い求める男」の意味.

プレーボール ━[動] (野球の試合を開始する) play ball 《☞ 野球の英語 (囲み)》. ¶*プレーボール! *Play ball*!

プレーヤー (選手・演奏者) player Ⓒ; (レコードプレーヤー) record player Ⓒ ★単に player Ⓒ ともいう.

ブレザー (ブレザーコート) blazer Ⓒ 《☞ 衣服 (囲み)》.

プレゼント present Ⓒ 《☞ おくりもの》.

プレハブ (組み立て式住宅) prefabricated [prìːfǽbrəkèitid] house Ⓒ ★口語では単に prefab [prìːfǽb] Ⓒ ともいう.

ふれまわる 触れ回る (うわさなどを広める) spread about ⓗ, broadcast ⓗ 《過去・過分 broadcast, broadcasted》. 《☞ いいふらす》.
¶彼女は自分の友達のスキャンダルをみんなに*触れ回った She ˹*spread about* [*broadcast*(*ed*)] the scandal involving her friend to everyone.

プレミア(ム) premium [príːmiəm] Ⓒ.
¶...に*プレミアムを出す give [pay] a *premium* for ... // *プレミアムを付ける put [set] a *premium* on ... // それは*プレミアム付きで売れている It's selling at a *premium*.

ふれる[1] 触れる **1** «触る»: (手や指で軽く触る) touch ⓗ; (触って確かめる) feel ⓗ 《過去・過分 felt》; (比喩的に核心に触れる・当たる) hit ⓗ 《過去・過分 hit》. 《☞ さわる》.
¶展示品に手を*触れないで下さい Don't *touch* the exhibits. 《☞ 掲示の英語 (囲み)》 // 危険. 手を*触れるな Danger! *Hands off*! // 私は彼女の肩に軽く*触れた I *touched* her shoulder. / I *touched* her *on* the shoulder. // 目の不自由な人は物に*触れて形を理解する Blind people recognize things by ˹*feeling* [*touching*] them. // あなたの言ったことはまさに核心に*触れている What you said *hits* the very point.
2 «言及する»: (比喩的に軽く触れる) touch ˹on [upon] ...; (...のことにちょっと触れて言う) mention ⓗ; (言及する) refer to ... ★触れる度合いはこの順に大きくなる. 《☞ げんきゅう[1]》.
¶先生はまったくその問題に*触れなかった Our

ふ

teacher didn't *touch on* the question at all. // 著者はそのことについて巻末で簡単に*触れている The author ⌈*refers to* [*mentions*] it briefly at the end of the book.

3 «抵触する»: (…に反する) be [go] against … [語法] be は「状態」, go を用いると「動作」. against の代わりに contrary to を用いると, より形式ばった表現になる; (法律などに違反する) break (他), violate (他) ★ 後者のほうが形式ばった語.

¶ あなたのしたことは規則に*触れている What you did *is* ⌈*against* [*contrary to*] (the) regulations. // 法律に*触れるようなことをしてはならない We shouldn't do anything ⌈*against* [*in violation of*; *to break*] the law.

ふれる² 狂れる (気が狂う) go mad, become insane ★ 後者のほうがやや改まった言い方; (気が狂っている・正気ではない) be out of *one's* mind, be ⌈mad [insane] [語法] mad には口語で「怒っている」という意味があり, あいまいさを避けるために out of *one's* mind がよく使われる.

¶ 彼はとうとう気が*ふれてしまった He *went mad* in the end. // 自分が天才だと思っているなんて, 彼は気が*ふれているに違いない He must *be* ⌈*mad* [*out of his mind*] to think he is a genius.

ふろ 風呂 ―[名] bath [bǽθ, bá:θ] Ⓒ《複 baths [bǽðz, bǽθs, bá:ðz, bá:θs]》.

¶ 私は毎日お*風呂に入ります I ⌈take [《英》have] a *bath* every day. // うちの子供たちは*風呂(に入るの)が大好きです Our children like (*taking*) *a bath* very much. // お*風呂が沸きましたよ The *bath* is ready. // 「お*風呂のかげんはどう」「熱[ぬる]すぎるよ」"How is the *bath*?" "It is ⌈too hot [not hot enough]." // 彼女はいま子供を*風呂に入れている She is now ⌈giving the child a *bath* [《英》*bathing* [béiðiŋ] the child].

風呂桶 bathtub Ⓒ **風呂場** bathroom Ⓒ, bath Ⓒ [参考] 英米の家屋では, 風呂・洗面所・トイレが1つのユニットとして作られていることが多く, 日本の風呂場とは構造が一致しない. 従って bathroom は個人の家庭では「シャワー室」「トイレ」「洗面所」などの日本語にも当たることが多い. 《☞ トイレ; 家・部屋 (囲み)》 **風呂屋** (銭湯・公衆浴場) public bath Ⓒ.

プロ ―[名] (専門家) professional Ⓒ (↔ amateur) ★ 口語では単に pro Ⓒ《複 pros》ともいう. ―[形] (職業的な) professional. 《☞ くろうと; ほんしょく》. ¶ 彼は昨年*プロに転向した He turned *professional* last year. **プロ野球** professional baseball Ⓤ **プロ野球選手** pro(fessional) baseball player Ⓒ.

ふろうしゃ 浮浪者 (こじき) tramp Ⓒ, bum Ⓒ, hobo Ⓒ ★ 後の2語は米俗語; vagrant Ⓒ ★ 法律用語.

ふろうしょとく 不労所得 unearned income Ⓒ 《☞ しょとく》.

ふろうふし 不老不死 (年老いず死ぬことのないこと) agelessness Ⓤ; (永遠の生命) eternal life Ⓤ.

ブローカー (周旋(しゅうせん)屋) broker Ⓒ 《☞ しゅうせん¹; なかがい》.

ブローチ brooch [bróutʃ] Ⓒ.

ふろく 付録 (余分なおまけ) extra Ⓒ ★ 子供用雑誌のおまけなど; (補充・補遺; 辞書・新聞・雑誌などの付録的記事) supplement Ⓒ; (通常本の巻末に付ける補遺的な記事・図表など) appendix Ⓒ《複 appendices》 ★ supplement のほうが, 本体に重要性のあるものをいう.

プログラム program (《英》programme) Ⓒ

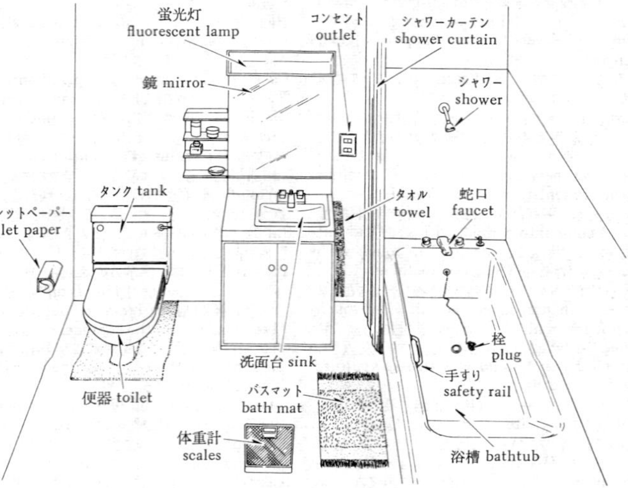

風呂場 bathroom

《☞ ばんぐみ；けいかく（類義語）》.
¶ *プログラムの第 1 番がアメリカのポピュラーミュージックだった The first [First] (number) on the *program* was a piece of American popular music. // 万事*プログラム通りにうまくいった Everything went ⌈according to the *program* [(⇒ 前もって計画したように) *as previously scheduled*].
プログラム学習 program(m)ed learning Ⓤ.

ふろしき 風呂敷 （包む布） Japanese wrapping cloth Ⓒ, cloth wrapper Ⓒ, large square cloth used for wrapping Ⓒ, *furoshiki* Ⓒ ★ 英米には日本のふろしきに類するものはない. 《☞ 日本固有の風物と英語（囲み）》.

ブロック **1** «建築材の»: concrete block Ⓒ. **2** «スポーツでの妨害» ── 動 block ⓗ. ── 名 blocking Ⓤ.

プロテスタント ── 名 （キリスト教の） Protestantism Ⓤ; （教会） the Protestant church; （信者） Protestant Ⓒ. ── 形 （プロテスタントの） Protestant.

プロデューサー producer Ⓒ 《☞ 映画（囲み）》.

プロパンガス propane [próupein] gas Ⓤ, propane Ⓙ. 《☞ ガス》.

プロペラ propeller Ⓒ. **プロペラ機** propeller-driven airplane Ⓒ.

プロポーズ ── 動 propose (marriage) to ... 《☞ きゅうこん¹》.

ブロマイド （映画俳優などの写真） (movie) star's picture Ⓒ [参考] 英語の bromide は bromide paper （＝ブロマイド印画紙）を使った写真ということで, スターの写真という意味はない.

プロレス professional wrestling Ⓤ. **プロレス選手** professional wrestler Ⓒ.

プロレタリア （無産者） proletarian [pròulətɛ́(ə)riən] Ⓒ (↔ bourgeois); （無産階級全体） the proletariat ★ the を付けて; （貧乏人） poor person Ⓒ.

フロント front desk Ⓒ, reception desk Ⓒ, lobby desk Ⓒ, registration desk Ⓒ [語法] 単に front とは言わないことに注意. 前後関係であいまいでなければ単に desk ともいう. また front desk, reception desk はホテルに限らず, クラブなどの受付にも用いる. 3 番目以下は特にホテルの場合に用いる. 《☞ ホテル（囲み）》.
¶ *フロントの係員 a ⌈clerk [man] at the (*front*) *desk* / a *desk* clerk / a reservations clerk // 外出するときは*フロントに鍵を置いて行くこと Leave your key at the *desk* when you go out of the hotel.

ブロンド ── 形 （女性の） blonde; （男性の） blond ★ 現在は区別しないで blond を使うこともある. ── 名 （ブロンドの人） blond(e) Ⓒ. 《☞ 色（囲み）》.

フロントガラス 《米》 windshield Ⓒ, 《英》 windscreen Ⓒ ★「フロントガラス」は和製英語. 《☞ 自動車（囲み）》.

ふわ 不和 ── 名 （問題・ごたごた・紛争） trouble Ⓤ ★ 意味の広い一般的な語; （不協和・仲たがい） discord Ⓤ; （利害・意見などの衝突） conflict Ⓒ; （長年に渡る 2 つの家系・2 国間などの反目） feud Ⓒ. ── 形 （互いに仲が悪い） on bad terms with ... ★ 口語的; （調和のない） discordant. 《☞ なか²；ごたごた》.
¶ 青少年の非行はしばしば家庭の*不和に原因がある（⇒ 不和な家庭が非行を起こす） A *discordant* family often causes [(⇒ 家庭の問題が) Family problems often cause] juvenile delinquency.

ふわたり 不渡り （不渡り手形） dishonored bill Ⓒ; （不渡り小切手） dishonored check Ⓒ. ¶ *不渡りを出す fail to pay a ⌈bill [check]

ふわふわ ── 形 （布団など柔らかくふかふかした） soft and fluffy; （羊毛のようにふわふわした） fleecy. ── 副 （軽々と） lightly. 《☞ 擬声・擬態語（囲み）》. ¶ 白い雲が*ふわふわと空に浮かんでいる White clouds are floating *lightly* in the sky. / White *fleecy* clouds are floating in the sky. // 布団は*ふわふわだ The bedding is *soft and fluffy*.

ふわらいどう 付和雷同 ── 動 （盲目的に他人に従う） follow others blindly; （考慮もなしに先例にならう） follow suit without reflection. ¶ 彼が*付和雷同しなかったただ一人の学生だ He was the only student who did not *follow the others blindly*.

ふわりと （そっと） softly; （軽々と） lightly. 《☞ 擬声・擬態語（囲み）》. ¶ カーテンが風に*ふわりと揺れた The curtain swayed *softly* in the breeze. // パラシュートが開き, 私の体は*ふわりと空中に浮いた The parachute opened and I felt my body floating *lightly* in the air.

ふん¹ 分 **1** «時間の»: minute [mínit] Ⓒ 《☞ 時刻・日付・曜日（囲み）; 度量衡（囲み）》.
¶ 1 時間は 60 *分です There are sixty *minutes* in an hour. / An hour has sixty *minutes*. // 9 時 7 *分過ぎです It is seven (*minutes*) ⌈past [after] nine. // 2, 3 *分で支度ができます I'll be ready in a few *minutes*. // 学校はここから歩いて 15 *分です（⇒ 15 分の歩行距離です） The school is a ⌈fifteen-*minute* [fifteen *minutes*'; quarter of an hour's] walk from here. [語法] 時刻は所有格を使えるが, a few minutes' walk のように a few, several などを使う場合は別として, 数字を使う場合は所有格を使わないほうがむしろ普通.
2 «角度・経度・緯度などの»: minute Ⓒ 《☞ 度量衡（囲み）》. ¶ 東京は北緯 35 度 45 *分にある The latitude of Tokyo is 35° 45′ north. ★ thirty-five degrees forty-five minutes north と読む.

ふん² humph [hʌ́mf], h'm [hm] ★ 不信や軽蔑などを表すときの音声. 《☞ ふふん》.
¶「*ふん」と言っただけで彼女はそっぽを向いた She only said "*Humph!*" and ⌈looked [turned] away.

ふん³ 糞 （一般に糞便） excrement Ⓤ ★ 形式ばった語; （特に動物や鳥のふん） droppings ★ 複数形で. 《☞ くそ》.

ぶん¹ 分 **1** «分け前・割り当て» ── 名 （分配される分け前） share Ⓒ; （割り当てられる部分） portion Ⓒ ★ 前者より形式ばった語. ── 前 （...に対する） for ... [語法] 「今月分

の給料」などのように日本語で「…分」とあっても，英語では内容をくんで意訳したほうがいい場合が多い.

¶ 私の取り*分は1万円だった My ⌈*share* [*portion*] of the money was ¥10,000. ★ ten thousand yen と読む. // これはあなたの*分です This is ⌈your *share* [*yours*]. 語法 share を用いると，前の文でのように仕事の報酬などの分け前という意味になる. 漠然と「私の分」,「あなたの分」などと各人に割り振られた量などを言うときは，特別な訳語は用いないで，mine, yours など所有代名詞で表す. / (⇒ あなたのためのもの) This is *for* you. ★ 相手に物などを差し出すときに言う決まり文句. // これは彼の*分にとっておこう I will put this aside *for* him. // 3月*分の家賃はまだ払っていません I have not yet paid the rent *for* March.

2 «分量» ━ 图 (全体に対する割合) percentage Ⓒ; (ある金額に相当する分量) worth Ⓤ. ━ 前 (…に対する) for … 語法 この意味の場合も内容をくんで意訳しなければならない場合がある.

¶ この酒はアルコール*分が多い This sake has a high ⌈*percentage* of alcohol [alcohol *content*]. / (⇒ 強い) This sake is strong. // バナナを500円*分下さい Could I have 500 yen *worth* of bananas? // 3人*分の食事を用意してあります We have prepared food *for* three people. 《☞ 数の数え方 (囲み)》 // 私はこの1か月に1年*分の仕事をした I've done a year's work this month.

3 «分数・縮尺など» ¶ 7*分の1 one seventh // 10*分の3 three tenths 《☞ 数字 (囲み)》 // 1センチは1メートルの100*分の1です A centimeter is ⌈100th [a 100th *part*] of a meter. 《☞ 度量衡 (囲み)》 // これは縮尺5万*分の1の地図です This map is drawn to a scale of 1 : 50,000. ★ one to fifty thousand と読む.

4 «身分・本分» ¶ 人は*分相応に (⇒ 自分の資力の範囲内で) 暮らすべきである One should live within one's *means*. // 各人が己の*分を尽くした (⇒ 自分の務めを果たした) Everyone performed his own ⌈*duty* [*duties*].

5 «程度・調子» ¶ 彼の病気もこの*分なら大丈夫でしょう (⇒ 病状が逆転しなければすぐ回復するでしょう) He'll soon get better unless his condition reverses itself. // この*分では (⇒ このままで行くと) 月末までには確実に赤字になる If you go on *like this* [At this *rate*], you'll surely be in the red by the end of this month.

ぶん² 文 (単語に対しての) sentence Ⓒ 《☞ 欄外 ; ぶんしょう》. ¶ 完全な*文で答えなさい Answer in complete *sentences*. // *文は武に勝る The pen is mightier than the sword. 《ことわざ : ペンは剣よりも強い》

ぶんあん 文案 draft Ⓒ 《☞ そうこう² ; したがき》. ¶ 彼は演説のための*文案を作った He ⌈made a *draft* of his speech [*drafted* his speech].

ぶんい 文意 the meaning of a passage.

ふんいき 雰囲気 (全体の感じ) atmosphere Ⓒ 《☞ ムード ; きぶん ; きふう》.

¶「この部屋の*雰囲気はどうですか」「落ちついた*雰囲気でとてもいいですね」"How do you like the *atmosphere* of this room?" "I like it very much. ⌈It makes me feel quite at home [There's a quiet *atmosphere* (in) here]." // あの店は何となく*雰囲気が悪い (⇒ あの店には何か不愉快なところがある) There's something unpleasant in that shop.

ふんえん 噴煙 smoke (of a volcano) Ⓤ 《☞ けむり》. ¶ その火山から*噴煙が立ちのぼっている From the volcano a column of *smoke* is rising up into the air.

ふんか 噴火 ━ 動 erupt ⓐ; (休火山が噴火を始める) become active. ━ 图 eruption Ⓒ; (噴火活動) volcanic activity Ⓤ.

¶ 火山が*噴火して私の町に大きな被害を与えた The volcano *erupted* and did a great deal of damage to my town. // 三原山はいまでも*噴火することがある (⇒ まだ活動している) Mount Mihara is still *active*. **噴火口**

文 (sentence) 語 (word) が集まって，1つのまとまった意味を表しており，話し言葉では前後に沈黙があり，書き言葉では最後がピリオド (period)・疑問符号 (question mark)・感嘆符号 (exclamation mark) で区切られているものをいう.

多くの文は主部と述部を備えているが，中には命文令のように主部を欠いたり，あるいは「よろしい」(All right.) のように句だけであったり，さらには「火事だ」(Fire !) のように1語だけから成る文もある. これらの文ではなんらかの省略が行われていると考えられる. 例えば, Stand up. (＝立ち上がりなさい) では主語の *you* が省略されているし, All right. では All *is* right. の '*is*' が省略されていると考えられる場合と, *That's* all right. の '*That's*' が省略されていると考えられる場合とがある. また *Fire!* では Fire *broke out*. (＝火事が起こった) の '*broke out*' が省略されているといってよい. 話し言葉ではこのように省略された文がしばしば用いられる. 《☞ 省略 (欄外)》

(1)　構造から見た文の種類.

英語の文は構造から見て次の4種類に分類できる.

(i) 単文 (simple sentence): 1つの主部と1つの述部から成る文.

¶ メアリーは高校生だ Mary goes to senior high school.

(ii) 重文 (compound sentence): 2つ以上の単文が and, but, or などの等位接続詞で結ばれた文. 《☞ 接続詞 (欄外)》

¶ これは私ので，あれはあなたのです This is mine, *and* that is yours.

(iii) 複文 (complex sentence): 1つの文，つまり主節に after, before, when, if などの従位接続詞や関係詞に導かれる従属節がついている形の文をいう. 《☞ 関係詞 (欄外)》

¶ もしあした雨が降れば我々はピクニックには行きません *If* it rains tomorrow, we won't go on a picnic.

(iv) 混合文 (mixed sentence): 単文と複文，または複文と複文が等位接続詞で結ばれた形の文をいう.

¶ 私は彼に毎日会うが，彼がどこに住んでいるのか知らない I see him every day, *but* I don't know *where* he lives.

以上のうちで，(i) の単文と呼ばれるものは表面上1つの主部と1つの述部から成るように見えても，意味を考えると (iii) の複文に等しいものがあることは注意を要する. 例えば, I want you to go away. (＝私はあなたに立ち去ってもらいたい) は上の分類では単文であるが,

crater [kréitə] [C].

ぶんか[1] 文化 ―[名] culture [U] ★具体的な個々の文化をいうときは [C]. ―[形] cultural.
[語法] 生活様式・風俗・習慣・言語・芸能・学問・芸術など, 人類社会で学習を通じて伝承されるものが culture. これに対して, 未開の状態・野蛮な風習などを機械・技術などを応用して開化することや, 開化された状態を civilization (＝文明)という. 《☞ ぶんめい》.
¶その国は*文化の水準が高い[低い] The country has a ˹high [low] level of *culture.* / The nation is ˹on [at] a ˹high [low] *cultural* level. // 日本は*文化の高い国である Japan is a nation of high *culture.* // 異*文化間の相違 *crosscultural* differences // 重要*文化財 an important *cultural* asset // 有形[無形]*文化財 a tangible [an intangible] *cultural* asset
文化遺産 cultural heritage [U] **文化勲章** Cultural Medal [C] 《☞ くんしょう》 **文化交流** cultural exchange [U] **文化功労者** person of cultural merit(s) [C] **文化国家** cultured nation [C] **文化祭** (学校の) annual school festival [C] **文化人** man of (high) culture [C] ★この表現は日本語と少しずれて「教養の高い人」の意. **文化人類学** cultural anthropology [U] **文化庁** the Agency for Cultural Affairs **文化の日** Culture Day 《☞ しゅくじつ (表)》.

ぶんか[2] 分化 ―[名] (特殊化すること) specialization [U]; (1 つのものから派生すること) differentiation [U]. ―[動] specialize (他); differentiate (他).

ぶんか[3] 文科 (自然科学系の学問に対して人文科学) the humanities ★the を付けて複数形で. 語学・文学・歴史・哲学・社会科学などを広く含む. ¶彼は*文科系ですかそれとも理科系ですか Is he studying *the humanities* or the natural sciences?

ふんがい 憤慨 ―[動] (自分や他人に対してなされた不正・不当な行為に対して怒る) be [feel] indignant ˹at [over] ... ―[名] indignation [U]. ―[形] indignant. 《☞ おこる[1]; いきどおり; ぎふん》. ¶私は彼らの私[彼]に対する扱いに対して*憤慨した I ˹*was* [*felt*] *indignant at* the way they had treated ˹me [him].

ぶんかい 分解 ―[動] (機械類を) take ... ˹apart [to pieces]; (化合物などを・化合物などが) resolve (他)(自). ―[名] resolution [U]. 《☞ かいたい; ばらす》.
¶弟は目覚まし時計を*分解した My brother *took* his alarm clock *apart.* // この物質は 3 つの元素に*分解できる This substance can *be resolved* into three elements. // 水は酸素と水素に*分解する Water *resolves* into oxygen and hydrogen.
分解修理 ―[動] overhaul (他). ―[名] overhaul [C]. 《☞ オーバーホール》.

ぶんがく 文学 ―[名] literature [U]. ―[形] literary. 《☞ ぶんげい》.
¶英*文学 English *literature* // 純*文学 pure *literature* // 大衆*文学 popular *literature*
文学科 department of literature [C] **文学界** the literary world 《☞ ぶんだん[1]》 **文学作品** literary work [C] **文学雑誌** literary magazine [C] **文学士** Bachelor of Arts [C] 《略 B.A.》 **文学者** (作家) writer [C]; (文学研究家) literary man [C], man of letters [C] ★後のほうが形式ばった言い方. **文学修士** Master of Arts 《略 M.A.》 **文学賞** literary ˹award [prize] [C] **文学博士** Doctor of Literature 《略 Litt. D.》 **文学部** college [《英》faculty] of ˹humanities [literature] [C] ★英米では学部に当たるものを department と呼ぶ大学もある. 《☞ がくぶ (類義語)》.

ぶんかつ 分割 ―[動] divide (他). ―[名] division [U]. 《☞ わける》.

ぶんかつばらい 分割払い 《米》the installment plan, 《英》hire purchase [U]. 《☞ げっぷ[1]》. ¶近ごろは何でも*分割払いで手に入る Nowadays we can get anything on ˹*the installment plan* [*hire purchase*].

ぶんかん 文官 civil official [C], 《英》civil servant [C].

---

you to go away は you が主語で, to go away が述語という関係にあり, I want の目的語としての名詞節の性格を持っている. また, He seems to be honest. (＝彼は正直者のようだ) は形の上では単文であるが, It seems that he is honest. という複文と内容は同じである.

なお, 以上の英語の文の種類は, 日本語の文の種類とは必ずしも一致しない. それは, 日本語には関係詞がなく関係節は名詞の前に置かれることとか,「うさぎは耳が長い」のように「…は…が…だ」のような構文はそのまま英語に移しかえられないことなどを考えてみるとすぐわかることである.

さらにまた, 意味の対応する日英の 2 つの文を比べてみると, 表面的な構造が一致しない場合がしばしばある. 例えば,「それでよいでしょう」は日本語から考えると単文構造のようだが, 英語では That will be all right. と単文にも訳せれば, I think that's all right. と複文にも訳せる. また「こんなおもしろい本は読んだことがない」は I've never read such an interesting book. と単文にも訳せれば, This is the most interesting book I ever read. のように複文にも訳せる. 従って, 英語で表現する場合には, それに相当する日本語の文構造に迷わされることなく, 内容と前後関係から最も近いと思われる英語表現を探すように努めることが大切である. 《☞ 翻訳 (欄外); 意味 (欄外); 日本語と英語 (欄外); 発想 (欄外); 語順 (欄外)》

(2) 意味の上から見た文の種類.

英語の文は意味の上から見て, 次の 4 種類に分類できる.

(i) 平叙文 (declarative sentence): ある事柄をそのまま述べる文. 肯定文(否定語を含まない文)と, 否定文 (not またはそれに類する否定語を含む文) との 2 種類がある.

(ii) 疑問文 (interrogative sentence): 疑問を表す文. 《☞ 疑問詞 (欄外)》

(iii) 命令文 (imperative sentence): 命令・依頼・要求などを表す文. 《☞ 命令の表現 (囲み); 依頼の表現 (囲み)》

(iv) 感嘆文 (exclamatory sentence): 感嘆の気持ちを表す文. 《☞ 感嘆の表現 (囲み)》

(3) 文と文章.

幾つかの文を連ねてまとまった考えを表しているものを文章という. 英語の文章は文章の中の区切りであるパラグラフより成り, パラグラフごとの, あるいは文章全体にわたっての書き方や, 展開の仕方によって, 説明文, 物語り文, 説得文などに分類することができる.

ふんき 奮起 ―動 (気持ちなどを奮い立たせる) stir (up) ㊍; (無気力な状態から自分を呼びさます) rouse *oneself*. 《☞ はっぷん》.
¶その本を読んで彼は大いに*奮起した (⇒その本が彼を奮い立たせた) The book *stirred* 「him *up* [*up* his mind]. ∥ 我々は*奮起して行動を起こす必要がある We must *rouse ourselves* to action.

ぶんき 分岐 ―動 (枝のように幾つにも分かれる) branch (off) ㊎; (特に, 2つに分かれる) fork (into ...) ㊎. 《☞ わかれる²》. ¶この道路はこの先で*分岐している This road 「*branches* [*forks*] further ahead. **分岐点** (道の) fork Ⓒ; (鉄道の) junction Ⓒ.

ふんきゅう 紛糾 ―動 (会議などが混乱に陥る) fall into disorder; (事態などがもつれる) become complicated. ―名 disorder Ⓤ, confusion Ⓤ; (もつれた状態) complication Ⓤ. 《☞ こんらん》. ¶会議はその問題をめぐって*紛糾した The meeting *fell into disorder* over the issue. ∥ それでは事が*紛糾するばかりだ (⇒それは事柄をいっそう紛糾させる) That will *complicate* matters even more.

ぶんきょう 文教 **文教政策** educational policy Ⓒ **文教地区** school zone Ⓒ.

ぶんぎょう 分業 ―名 division of labor Ⓤ. ―動 divide the work. ¶その仕事は*分業でやればもっと能率が上がる If we *divide the work*, we can do it more efficiently.

ぶんきょうじょう 分教場 small branch school Ⓒ.

ふんぎり 踏ん切り ―動 (決心する) make up *one's* mind; (終止符を打つ) put an end (to ...). 《☞ けっしん》. ¶そのことについて私はまだ*踏ん切りがつかない I *have* not yet *made up my mind* about it. / (⇒躊躇(ちゅうちょ)している) I *am* still *hesitating* over it. ∥ その件はもう*踏ん切りをつけたほうがいいですよ You should *put an end to* the matter now.

ぶんけ 分家 ―名 branch family Ⓒ. ―動 (分家する) set up a branch family.

ぶんけい 文型 sentence pattern Ⓒ 《☞ 欄外》. ¶5*文型 five major *sentence patterns*

ぶんげい 文芸 ―名 (文学) literature Ⓤ; (文学的芸術) literary art Ⓤ; (文学と芸術) art and literature Ⓤ. ―形 literary. **文芸作品** literary work Ⓒ **文芸批評[評論]** literary criticism Ⓤ **文芸復興** the Renaissance [rènəsɑ́:ns] ★一般的な現象としては the renaissance と小文字を用いる. **文芸欄** literary column Ⓒ.

ぶんけん 文献 (文書や書物) literature Ⓤ; (書物) book Ⓒ. ¶参考*文献 (⇒参考にした書物) a reference *book*

ぶんこ 文庫 (図書館・蔵書・双書) library Ⓒ; (双書) books ★複数形で. 固有名詞を冠して用いる. 《☞ ぶんこぼん》. ¶金沢*文庫 the Kanazawa *Library* ∥ 私は岩波[ペンギン]*文庫の本は全部持っている I have all the books in the 「Iwanami *Library* [Penguin *series*].

ぶんご 文語 (文章語) literary language Ⓤ (↔ colloquial language) 《☞ 文体 (欄外); 話し言葉と書き言葉 (欄外)》. **文語体** literary style Ⓒ.

ぶんこう 分校 branch school Ⓒ.

ぶんごう 文豪 great writer Ⓒ, great man of letters Ⓒ ★後者はやや形式ばった表現.

ぶんこぼん 文庫本 (ペーパーバックの廉価本) mass-market paperback Ⓒ; (小型本) pocket book Ⓒ.

ふんさい 粉砕 ―動 (力で押しつぶす) crush ㊍; (瞬間的に砕く) shatter ㊍, smash ㊍; (破壊する) destroy ㊍. ¶会社側の合理化案は断固*粉砕する We will 「*crush* [*shatter*; *smash*] the management's rationalization plan.

ぶんさい 文才 literary talent Ⓤ, a talent for writing ★a を付けて. 《☞ さいのう》.
¶彼女は*文才がある She has *literary talent*. / She has *a talent for writing*.

ぶんざい 分際 ¶子供の*分際で親に向かっ

文型 (sentence pattern) 文型とは, 文の構造を主語・述語動詞・目的語などの要素や, 名詞・形容詞などの品詞名などを用いて表したものをいう. いわば文の枠組みともいえる.

英語の文型を分類したもので, 最も広く親しまれているのは, いわゆる基本五文型といわれるものである. いま, 主語を S, 述語動詞を V, 目的語を O, 補語を C で表すとして, 基本五文型を書いてみると,

(1) S+V
(2) S+V+C
(3) S+V+O
(4) S+V+O+O
(5) S+V+O+C

となる. これらの文型は英語の文型を簡潔に表したものとしてすぐれているが, あまりに簡単すぎて, 例えば O の場所に ...ing 形がくるのか, to 不定詞がくるのか, あるいは名詞しかこないのかなどの区別がわからないため, 英作文などの助けになるには足りないところが多い. そこで, 本辞典では英作文に利用することを第一の目標と考えて, 独特の文型を表示することにした. 詳しくは☞巻頭「この辞書の使い方」.

分詞構文 (participial construction) 分詞に導かれる句で, 文全体を修飾する副詞の働きをするものをいう. 主節の述語動詞の表す動作・状態と同時的な動作・状態を表すのが特徴である. 時・原因・理由・条件・譲歩・付帯状況などを示す内容を, 副詞節で表すよりも簡潔で, また主節とのつながり方も密接に表現することができる. 概して堅苦しい言い方で口語ではあまり用いられない.

分詞構文を用いる作文は次のような場合である.
(1) 時を表す場合 (「...したら」, 「...すると」, 「...してから」). 《☞ 時・期間の表し方 (囲み)》
¶部屋をのぞいてみたらだれもいなかった *Looking into the room*, I found nobody there. (=*When I* looked into the room, ...) ∥ 通りを歩いていると旧友に出会った *Walking along the street*, I met an old friend of mine. (=*While I* was walking along the street, ...) ∥ 仕事を終えてから彼は映画に行った *Having finished his work*, he went to the movies. (=*After he* had finished his work, ...) 語法 完了形の分詞構文(最後の例)は主節の述語動詞より以前のことや, 主節の述語動詞の表す時までの完了を表す.
(2) 原因・理由を表す場合 (「...ので」). 《☞ 理由の表し方 (囲み)》
¶学校の近くに住んでいるので私はいつも歩いて行く *Living near the school*, I usually walk there. (=*Since I* live near the school, ...) ∥ 彼の作文

て何事だ (⇒親に礼儀正しくしなさい) You should learn to behave yourself in front of your (own) parents!

ぶんさつ 分冊 (別々の巻) separate volume Ⓒ.

ぶんさん 分散 —動 (ばらばらになる・ばらばらにする) break up ⓐ ⓗ; (集合していたものを広くばらばらにする) disperse ⓗ.
¶生徒は10軒の家に*分散して泊まった The students *broke up* in groups and stayed at ten houses. / The pupils put up at ten houses *in groups*. ∥ 工場を郊外に*分散しようと考えている We are planning to *disperse* our factories into several suburban areas.

ぶんし[1] 分子 **1** «化学» —名 molecule Ⓒ. —形 molecular. 《☞ げんし[1] (挿絵)》.
¶*分子式 a *molecular* formula
2 «数学»: numerator Ⓒ (↔ denominator) 《☞ 数字 (囲み)》.

ぶんし[2] 分詞 〖文法〗 participle Ⓒ. ¶現在[過去]*分詞 a ˹present [past] *participle*
分詞構文 participial construction Ⓒ 《☞ 前ページ欄外》.

ぶんし[3] 文士 (作家) writer Ⓒ; (小説家) novelist Ⓒ.

ふんしつ 紛失 —動 (人が物をなくす) lose ⓗ; (物がなくなる) be lost; (消える) disappear ⓐ; (ゆくえがわからなくなる) be missing. —名 loss Ⓤ. 《☞ なくなる[1]; みあたらない》.
¶切符をどこか車内で*紛失した I *lost* my ticket somewhere in the coach. ∥ そのお金が*紛失した The money ˹*was missing* [*disappeared*].
紛失届け report of (the) loss (of an article) Ⓒ **紛失物** lost [missing] ˹article [item] Ⓒ.

ふんしゃ 噴射 —動 (勢いよく出す・出る) jet ⓗ ⓐ; (ロケットエンジンを燃焼させる[が燃焼する]) burn ⓗ ⓐ. —名 jet Ⓒ; burn Ⓒ.

ぶんしゅう 文集 (名詩名文の選集) anthology Ⓒ; (雑多なものを集めた雑文集) miscellany Ⓒ.

ふんしゅつ 噴出 —動 (液体が勢いよく) spout ⓐ; (液体が突然に) gush (out) ⓐ; (煙・炎などを) belch (out) ⓗ. —名 spout Ⓒ; gush Ⓒ; belch Ⓒ. 《☞ ふきだす》.

ぶんしょ 文書 (書類) document Ⓒ; (手紙) letter Ⓒ. 《☞ しょるい; しょめん; こうぶんしょ》.
¶正式に*文書で報告をした We made the report formally *in writing*.

ぶんしょう 文章 (一般に書き物) writing Ⓤ; (一編の) essay Ⓒ, article Ⓒ; (文) sentence Ⓒ. 《☞ ぶん[2]; 文 (欄外)》.
¶彼は*文章がうまい (⇒よい書き手です) He is a good writer. / He writes very well. ∥ これは彼女の*文章です (⇒彼女によって書かれた) This was written by her.

ぶんじょう 分譲 —動 sell a subdivided housing lot. **分譲住宅** (売り家) (newly built) ˹house [home] for sale Ⓒ ★ home をこの意味に使うのは《米》のみ. **分譲地** subdivided housing lot Ⓒ **分譲マンション** (全体) condominium Ⓒ; (その1所帯分) condominium apartment Ⓒ.

ふんしん 分針 (時計の) minute hand Ⓒ (↔ hour hand) 《☞ とけい (挿絵)》.

ぶんじん 文人 literary man Ⓒ, man of letters Ⓒ ★後者はやや文語的.

ふんすい 噴水 (庭などにある) fountain Ⓒ.
¶この公園の*噴水は平日は水が出ていない The *fountain* in this park doesn't run on weekdays.

ぶんすいれい 分水嶺 divide Ⓒ.

ぶんすう 分数 〖数学〗 fraction Ⓒ 《☞ 数字 (囲み)》.

ふんする 扮する (演じる) play the role of ..., act ⓗ. 《☞ ふんそう[2]》. ¶彼女はジュリエットに*扮した She ˹*played the role of* [*acted*] Juliet.

ぶんせき[1] 分析 —動 (分析する) analyze [ǽnəlàiz] ⓗ. —名 analysis [ənǽləsis] Ⓒ 《複 analyses》 ★Ⓤとしても用いる.
¶化学*分析 a chemical *analysis* ∥ 定性[定

は急いで書かれたので間違いが多い *Written* [*Having been written*] in haste, his composition has many errors. (=*Since* his composition was written in haste, it has many errors.) 語法 上例のように受身の分詞構文では普通は being が省略される. ∥ 彼とは長年の付き合いなので, 彼なしの私の生活など考えられない *Having known him for so many years*, I cannot think of my life without him. (=*Since I* have known him for so many years, ...)

(3) 条件を表す場合 (「...すれば」,「...すると」). 《☞ 仮定の表現 (囲み)》
¶右へ曲がると郵便局が見えるでしょう *Turning to the right*, you will see a post office. (=*If you* turn to the right, ...)

(4) 譲歩を表す場合 (「...としても」). 《☞ 譲歩の表現 (囲み)》
¶あなたの言うことを認めたとしても, やはりあなたは間違っていると思う *Admitting what you say*, I still think that you are in the wrong. (=*Though* I admit what you say, ...)

(5) 付帯状況を表す場合.「...しながら」とか「...そして...」という日本語の訳に当たる場合が多い.
¶彼は本を読みながらいすに座っていた He was sitting in a chair, *reading a book*. ∥ 彼女は手を振りながらほほえんだ *Waving her hand*, she smiled. ∥ 彼はパイプをとり出して, 火皿にたばこを詰めた *Taking out a pipe*, he stuffed the bowl with tobacco. (=He took out a pipe and ...)

(6) 独立分詞構文 (absolute participial construction).

分詞の意味上の主語が主節の主語と一致しない分詞構文のことで, このような構文では原則として分詞の意味上の主語をその前に置かなくてはならない. この構文はやや形式ばった言い方や, weather permitting (=天気がよければ) のような慣用的な表現に多く, 口語では代わりに副詞節を用いることが多い.
¶夕食が終わってから我々はゲームをした *Dinner being over* (=After dinner was over [After dinner]), we played a game. ★being の主語は主節の主語 we と違うので dinner が being の前に補われている.

独立分詞構文の主語が, ときに省略される場合がある.
¶それを考慮に入れてもその本の値段は高すぎる *Taking it into consideration*, the price of the book is still too high. ∥ 南側の右手に大きな池がある *Facing south*, there is a large pond on the

量]*分析 qualitative [quantitative] *analysis* // *分析してみたらそれにはビタミン E が含まれていないことがわかった (⇒ 分析はそれがビタミン E を含まないことを示した) *Analysis* showed that it contained no vitamin E. // 精神*分析 psychoanalysis

ぶんせき² 文責 ¶ *文責は編集者にある (⇒ 編集者が表現や用語に対して責任をもつ) The editor is *responsible for the wording.*

ふんせん 奮戦 ―動 (死に物狂いで戦う) fight desperately. ―名 desperate fight Ⓒ. ¶ 我々は最後まで*奮戦した We ⌈had a *desperate fight* [*fought desperately*] to the ⌈last [end].

ふんぜん 憤然 ―副 (激怒して) in a rage; (憤然として) indignantly. 《☞ おこる¹》.
¶ 彼は*憤然として立ち上がった He stood up ⌈*in a rage* [*indignantly*].

ふんそう¹ 紛争 (政治的・社会的混乱) trouble Ⓤ, unrest Ⓤ; (騒動・動乱) disturbance Ⓒ. ¶ 学園*紛争 a ⌈school [campus] *disturbance* / (⇒ 学生[学園]騒動) student [campus] *unrest*

ふんそう² 扮装 ―動 (演劇などで役に扮する) make up [put on makeup] (for ...). ―名 makeup Ⓤ ★ 扮装の 1 部である「メーキャップ」の意味になることもある. 《☞ ふんする》. ¶ 彼は侍の*扮装をした He ⌈*made up* [*put on makeup*] *for* a samurai role.

ふんぞりかえる ふんぞり返る ¶ 彼はいつもいすに*ふんぞり返っている (⇒ 横柄な態度でもたれるようにいすに腰を下ろしている) He always ⌈*sits* [*leans*] *back* in his chair *in an overbearing manner*. // 彼は*ふんぞり返って物を言う (⇒ 尊大に物を言う) He speaks *arrogantly*. 《☞ いばる (類義語)》

ぶんたい 文体 style Ⓒ 《☞ 欄外》. ¶ この本は明快な*文体で書いてある This book is written in a clear *style*.

ふんだくる (不当な値段を要求する) overcharge ㊐; (...ほども要求する) charge ... as much as ... 《☞ ぼる》. ¶ 私はそのバーで 3 万円も*ふんだくられた The bar *charged* me *as much as* 30,000 yen.

ぶんたん 分担 ―名 (あらかじめ計画的に与えられた仕事) assignment Ⓒ; (費用・仕事などの負担) share Ⓒ. ―動 (分け合う) share ... (with ...); (自分の分担をこなす) do *one's* share; (分割する) split ... (among ...). 《☞ ふたん; わりあて》.
¶ これは私の*分担(の仕事)です This is my *assignment*. // あなたが*分担する費用は 2 千円です Your *share* of the expenses is 2,000 yen. // 彼女にもその仕事を*分担してもらわなくてはならない She must *do her share* of the work. // 旅費はみんなで*分担した We *shared* the traveling expenses. / We *split* the traveling expenses *among* us.

ぶんだん¹ 文壇 (文学界) the literary world, literary circles. ¶ 彼は*文壇に名を成した (⇒ 有名な作家となった) He became a famous writer. / (⇒ 文学的名声を得た) He won *literary* fame.

ぶんだん² 分断 ―動 (細かく分ける) divide ... into sections; (退路・ルートなどを断つ) cut off ㊐.

ふんだんに (十二分に) in plenty 語法 日本語では副詞が用いられていても, 英語では plenty of ...のような言い方にすることが多い; (自由に) freely. 《☞ じゅうにぶん》. ¶ キャンプ場には水が*ふんだんにあった There was *plenty of* water in the camp. // 彼女は*ふんだんに金を使う She spends (her) money *freely*.

ぶんちょう 文鳥 Java sparrow Ⓒ.

ぶんちん 文鎮 paperweight Ⓒ.

ぶんつう 文通 ―動 (手紙を交換する) exchange letters (with ...); correspond (with ...) ㊎ ★ 後者はやや形式ばった表現. ―名 correspondence Ⓤ. ¶ 彼女は彼と*文通を始めた She began to ⌈*exchange letters* [*correspond*] *with* him. // 彼女は彼とずっと前から*文通している She *has* long *been in correspondence with* him.

---

right.

これらの文では we とか everyone のような一般的な人々を表す語が分詞構文の主語であり, それぞれの文の主節の主語とは異なっている.

分詞の意味上の主語が主節の主語と異なっている場合には前述の独立分詞構文の原則から言えば, 分詞の意味上の主語をその前に置かなくてはならないが, 上の用例のように, 漠然と一般の人を表す主語の場合には省くのがむしろ普通である.

また, concerning, regarding, providing など, 現在では前置詞と考えられているものも, 元来は独立分詞構文の分詞の意味上の主語を省略した形である.

このように, 独立分詞構文の意味上の主語を省略したものを懸垂分詞 (dangling participle) という. 文法家の中には*懸垂分詞は誤りで*あるとする意見もあるが, 以上にあげた場合のほかに, 前後関係により意味が明らかな場合, 特に assuming, turning, returning, talking, hoping, speaking などの場合は, 口語ではしばしば懸垂分詞が用いられる. ただし, *Having eaten our lunch*, the bus went on to Osaka. のような極端な用法は避けるべきである.

文体 (style) 文体とは元来修辞学上の用語で, 文の表現上の特徴をいう言葉であるが, 普通は 2 つに大きく分けて用いられる. 1 つは, 例えば George Orwell の文体などというように, 個々の作家特有の表現法の特徴についていう場合で, もう 1 つは書き言葉の文体とか, 口語的文体とかいうように, 言葉の用法上の段階 (これを levels of speech ということもある) をいう場合である. ここでは後者の場合について述べる.

我々は言葉を使う状況によって文体を変える. 例えば遠慮を置く間柄の人への手紙とか, 何かの報告書を書いたりするときは形式ばった, 改まった文体を使うが, 友人と話をするときはくだけた言い方をする. 一般に書き言葉は改まった文体が多く, 話し言葉はくだけた文体が多いが, そうでない場合もある. 書き言葉でも, 例えば親しい友人に出す手紙などではかなりくだけた言葉を使うし, 話し言葉でも公式な場での演説などでは形式ばった言い方をする. そこで, 文体を書き言葉と話し言葉の区別によって分類するよりも, 次のように 3 つに分けたほうが実際に即している.

(1) 形式ばった[堅苦しい, 改まった]言い方. (Formal Style)
(2) 普通の言い方. (General Style)
(3) くだけた言い方. (Informal Style)

以上はごく大ざっぱな分け方で, 相互の間の境界線は明確ではない. もっと細かく分ければ, さらに各段階を

ぷんと ¶彼の言葉を聞くと彼女は*ぷんとなった (⇒ 彼の言葉に彼女は怒った) She *got* ⌈*irritated* [*angry*] by what he said. // 彼の息は*ぷんと酒臭かった (⇒ 私は彼の息から酒のにおいをかぎ取ることができた) I could smell liquor on his breath. 《☞ ぷんぷん; 擬声・擬態語 (囲み)》

ふんとう 奮闘 ―[動] (…と取り組んで苦闘し, 努力する) struggle ⌈with [for; against] … ★for を用いると,「…を求めて」の意となる; (奮闘して努力する) make strenuous efforts ★やや改まった言い方. ―[名] (必死の努力) hard struggle 🄲.
¶生活のために*奮闘しなくてはならない人が多い (⇒ 多くの人々は生活のために奮闘しなければならない) Many men have to *struggle for* a living. // その計画を成功させるために彼女は*奮闘した She *made strenuous efforts* to make the plan succeed.

ぶんどき 分度器 protractor 🄲.

ふんどし 褌 loincloth 🄲 [参考] loincloth は「腰布」というほどの意で, より詳しく言うには a traditional Japanese men's underwear made of a long, narrow cloth to be worn round the loin のように説明するしかない.
ふんどしを締める ¶さあ*ふんどしを締めて (⇒ 袖をまくって) 仕事にかかろう Now let's *roll up our sleeves* and get to work.
人のふんどしで相撲をとる (他人のたき火で暖まる) warm *oneself* by another's fire; (他人の出費で恩恵を得る) benefit *oneself* at the expense of another; (他人の費用でただ乗りする) get a free ride at another's expense.

ぶんどる 分捕る capture (他), seize (他). ¶彼らは敵から戦車を1台*分捕った They ⌈*captured* [*seized*] a tank from the enemy. **分捕り品** capture 🄲.

ぶんなぐる ぶん殴る (ひどく殴る) hit … hard; (強打を与える) give … a hard blow. 《☞ なぐる》.

ふんにゅう 粉乳 powdered [dry] milk 🅄.

ぶんのう 分納 ―[動] (金銭を) pay … in installments. ¶授業料を*分納する *pay one's* tuition in *installments*

ぶんぱ 分派 (一般的に) branch 🄲; (宗教上の) sect 🄲; (政党間の) faction 🄲. 《☞ は[4]》. **分派活動** factional activities ★複数形で.

ぶんぱい 分配 ―[動] (人に分け与える) distribute (他); (均一に分ける) divide (他). ―[名] distribution 🅄; division 🅄. 《☞ わける; はいぶん》. ¶彼の死後, 財産は5人の子供たちに等分に*分配された After his death his property *was* ⌈*distributed* [*divided*] equally among his five children. // 利益の公平な*分配 a [the] fair ⌈*distribution* [*division*] of profit

ふんぱつ 奮発 ―[動] (奮発して…を買う) treat *oneself* to … ¶彼女は*奮発してフランス製のハンドバッグを買った She *treated herself to* a ⌈purse [handbag] of French make.

ふんばる 踏ん張る (しっかりと立つ) stand firm (自); (負けまいと持ちこたえる) hold out (自); (努力する) make an effort. 《☞ がんばる》.
¶もうひと*踏ん張りしてこの仕事を終えてしまおう Let's *make* another *effort* to finish the job.

ぶんぴ 分泌 ☞ ぶんぴつ[2]

ぶんぴつ[1] 文筆 (文筆の仕事) literary work 🅄. ¶彼は*文筆(業)に従事している He is ⌈engaged in *literary work* [(⇒ 作家だ) a *writer*]. // 彼女は*文筆の才がある (⇒ 文章を書く才能を持っている) She has a talent for *writing*.

ぶんぴつ[2] 分泌 〖生理学〗 ―[名] secretion 🅄. ―[動] secrete (他). **分泌腺**(せん) secreting gland 🄲 **分泌物[液]** secretion 🄲.

ぶんぷ 分布 ―[名] distribution 🅄. ―[動] (分布する) be distributed. ¶それは広く世界各地に*分布している It ⌈*is distributed* widely [has a wide *distribution*] throughout the world. **分布図** distribution map 🄲.

ふんぷん 紛紛 ¶その件に関しては諸説*紛々としている (⇒ 相反する意見がある) *There are conflicting opinions* on the matter. / (⇒ この事柄については意見が分かれている) Opinion *is divided on* the issue.

幾つかに下位区分できるかもしれない. しかし, 実際に英語を使う立場からはこれで十分であろう.

(1) は学術論文や法律関係の文書, あるいは荘重な儀式的演説などで用いられる. また特に美文調の文学などで用いられるものは「文学的文体」(Literary *Style*) と言ってもよい.

(2) は書き言葉なら, 新聞やあまり堅苦しくない雑誌記事などでごく一般的に使われている文体であり, 話し言葉なら学校の授業で使われる英語や, ラジオやテレビの解説番組などで話される英語である.

(3) は親しい間柄での日常の会話などがこれに当たり, 主として話し言葉によるので, これを「口語的文体」(Colloquial Style) と呼ぶ場合もある. can't, don't などの短縮形が使われたり, I've got … や OK. などの会話的な表現が使われたりする. 《☞ 短縮形 (欄外)》

以上の文体上の区別と混同されやすいものに, 標準英語 (Standard Enlish), 非標準英語 (Non standard English), 無教育英語 (Sub standard English) という区別がある. (sub standard は差別的な用語として一般には使われなくなりつつある). これらは地域または社会階級による方言で社会的なグループによる区別であるのに対して, 文体は同じ方言の中で, 一人の個人がその置かれた状況により使い分けるものである. 標準語にも非標準語にもそれぞれの形式ばった言い方やくだけた言い方などの文体の区別が存在する.

文体上の区別は, 特に外国語として英語を学習する人々にとって重要である. 例えばコーヒーを一杯飲むことを提案するときに, 普通の会話なら How about having a cup of coffee? のようにくだけた調子で言うが, それを I propose that we have a cup of coffee. のように言えば, 内容は同じでも, ずいぶん堅苦しい形式ばった言い方で, その場にそぐわないであろう.

このように文体の違いによる類義語や類義表現が多数あり, その違いを無視して用いると, 文体の混合した奇妙な言い方になったり, その場にそぐわない文体の文になったりしてしまう.

このように文体の相違はたいへん重要であるので, 本辞典では, 全体を通じて, できるだけ詳しく文体上の特徴を記述するように努めた. この点については ☞くだけた英語と堅苦しい英語 (欄外).
《☞ 話し言葉と書き言葉 (欄外); 日本語と英語 (欄外); 翻訳 (欄外)》

ぶんぶん ―名 (はち・はえなどの音) buzz Ⓒ; (はち・こまなどの音) hum Ⓒ; (飛行機などの音) whir(r) [(h)wə́ː] Ⓒ. ―動 buzz ⓐ; hum ⓐ; whir(r) ⓐ. (☞ 擬声・擬態語 (囲み)). ¶ みつばちの*ぶんぶんいう音 the ⌈buzzing [humming] of bees // はちが 1 匹花から花へ*ぶんぶん飛び回っていた A bee was ⌈buzzing [humming] around from flower to flower.

ぷんぷん ¶ この部屋はペンキのにおいが*ぷんぷんする (⇒ 強いペンキのにおいを出している) This room *gives out a strong smell of* paint. // 香水が*ぷんぷんするハンカチ a *strongly perfumed* handkerchief // 彼が彼女の名前を覚えていなかったので, 彼女は*ぷんぷんだった (⇒怒っていた) She *was fuming* because he did not remember her name. (☞ ぷんと; 擬声・擬態語 (囲み))

ふんべつ 分別 ―名 (慎重さ) discretion [diskréʃən] Ⓤ; (正しい判断力) sense Ⓤ; (良識) common sense Ⓤ. ―形 (分別のある) discreet (↔ indiscreet); wise (↔ unwise); sensible (↔ insensible). ¶ 彼は*分別のある男だ He is *a man of* ⌈*discretion* [*sense*]. // 君はもっと*分別があっていい年ごろだ You are old enough to *know better*. / You should *know better* at your age.

ふ

ぶんべん 分娩 ―名 (出産) childbirth Ⓤ; (出産行為) delivery Ⓒ. ―動 give birth to .... (☞ しゅっさん; うむ¹). ¶ 無痛*分娩 a painless *delivery*

ぶんぼ 分母 〖数学〗 denominator Ⓒ (↔ numerator) (☞ 数学 (囲み)). ¶ *分母を払う cancel the *denominator*

ぶんぽう 文法 ―名 grammar Ⓤ; (文法書) grammar (book) Ⓒ. ―形 (文法上の・文法にかなった) grammatical (↔ ungrammatical). ¶ 英*文法 English *grammar* // *文法上の誤り a *grammatical* mistake / an error in *grammar* // この文は*文法にかなっている[いない] This sentence is ⌈*grammatical* [*ungrammatical*]. **文法家[学者]** grammarian Ⓒ.

ぶんぼうぐ 文房具 stationery Ⓤ [語法] 文房具の総称だが, 特に便箋(びんせん)・封筒・ペンなどの筆記用具 (writing materials) を意味することもある. **文房具店** stationer's Ⓒ, stationery store Ⓒ. (☞ 店の呼び名 (囲み)) **文房具屋** (人) stationer Ⓒ.

ふんまつ 粉末 ―名 powder Ⓤ. ―形 (粉末の) powdered. (☞ こな).

ふんまん 憤懣 (怒り) anger Ⓤ ★ 一般的な語; (特に不正などに対する怒り・義憤) indignation Ⓤ; (永続的な怒り) resentment Ⓤ. (☞ いきどおり; ふんがい).
¶ 私たちは汚職議員に対して強い*憤まんを感じた We felt strong *indignation* against the corrupt Diet members. // 彼らは*憤まんやるかたなかった They were filled with ⌈*anger* [*indignation*; *resentment*].

ぶんみゃく 文脈 context Ⓤ. ¶ この*文脈では "well" は "probably" を意味する In this *context* "well" means "probably."

ぶんみん 文民 civilian Ⓒ. **文民統制** civilian control Ⓒ.

ふんむき 噴霧器 spray(er) Ⓒ.

ぶんめい 文明 civilization Ⓤ ★ 未開の状態を機械・技術・知識などで開化した状態. 個個の具体的なものをいうときは Ⓒ. (☞ ぶんか¹).
¶ ヨーロッパ[西欧]*文明 European [Western] *civilization* // *文明が進むにつれて as *civilization* advances / with the advance of *civilization* // 機械[物質]*文明 mechanical [material] *civilization*
文明開化 civilization and enlightenment Ⓤ **文明国** civilized nation Ⓒ **文明社会** civilized society Ⓒ **文明の利器** (新式の便利な物) modern convenience Ⓒ.

ぶんめん 文面 (手紙の内容[言い回し]) the ⌈contents [wording] of a letter [語法] 英語では letter のみで表現できる場合が多い.
¶ 手紙の*文面からすると彼は病気のようだ (⇒彼の手紙によると) According to his *letter*, he seems to be ⌈sick [(英) ill]. / (⇒ 彼の手紙は彼が病気であると言っている) His *letter says* that he is ⌈sick [ill].

ぶんや 分野 (本体から分かれたうちの 1 つ) branch Ⓒ; (研究などの) field Ⓒ. (☞ りょういき).
¶ 代数は数学の一*分野である Algebra is a *branch* of mathematics. // 多くの科学者がこの*分野で研究している Many scientists are working in this *field*. // 「あなたの専門*分野は何ですか」「日本の近代文学です」"What do you specialize in? / What is your special *field*?" "I specialize in [It is] modern Japanese literature."

ぶんらく 文楽 *Bunraku* puppet show Ⓒ (☞ 日本固有の風物と英語 (囲み)).

ぶんり 分離 ―動 (分ける) separate ⓗ. ―名 separation Ⓤ. ¶ 宗教と政治の*分離 the *separation* of ⌈religion and politics [church and state] [語法] church and state はキリスト教国について言う場合. // この機械は牛乳からクリームを*分離する This machine *separates* cream from milk.

ぶんりがくぶ 文理学部 college [school] of humanities and sciences Ⓒ (☞ がくぶ (類義語)).

ぶんりょう 分量 quantity Ⓤ; (全体量) amount Ⓒ [語法] quantity は液体・気体・固体などの, 計ることができる分量. amount は全体を足し合わせた量をいうのに使う. 従って年間の収穫量, 会計の総額, 必要な量の合計などには後者を用いる; (薬の服用量) dose Ⓒ, dosage Ⓒ. (☞ りょう¹; 量の表し方 (囲み)).
¶ 「どのくらいの*分量をお望みですか」「2 キロ下さい」"How much [What *quantity*] would you like?" "I'd like two kilograms of it." [語法] 日本語で「分量」とあっても, 必ずしも quantity という語を使う必要はない. 特に口語では how much を使用するのが最も普通である. // 人間にとって 1 日に必要な水の*分量はどのくらいですか What [How much] is the total *amount* of water necessary for the human body per day? // 薬の*分量を誤って飲んでしまった I took the wrong ⌈*dose* [*dosage*] of

medicine. // このスープは塩の*分量が (⇒塩が) 少なすぎた[多すぎた] There is too ˹little [much] salt in this soup.

ぶんるい 分類 ― 動 (分類する) classify ㊀, group ㊀ ★前者のほうが厳密な意味での分類. ― 名 (分類すること) classification Ⓤ, grouping Ⓤ; (分類されたもの) class Ⓒ, group Ⓒ. 《☞ わける; しわけ; くみわけ》.
¶本を*分類するのは容易なことではない It is not easy to *classify* books. // これを大きさ順 [ABC 順] に*分類して下さい Please ˹*classify* [*group*] these things ˹according to size [in alphabetical order]. // 英語の単語は8つの品詞に*分類される English words *are* ˹*classified* [*grouped*] *into* eight parts of speech. // これらの問題は5つの主な論題のもとに*分類できる These problems can *be classified under* five main topics. / These problems *group themselves into* five main divisions. 語法 group *oneself* を使うと, おのずから分類が明白であるというニュアンスが出る. 《☞ 再帰代名詞 (欄外)》

ぶんれい 文例 (用例・実例) example Ⓒ; (文章の見本) model writing Ⓤ. 《☞ れい[1]》.

ぶんれつ 分裂 ― 動 (意見などが分かれる) be divided 語法 主語には「意見 (opinion)・人」などがなる. 普通,「幾つに分かれる」などの数は付けないで使われることが多い. その場合には2つに分かれることをいう. しかし必要なら into three などを付ける; (党などが分裂する) split (into ...) ㊁ 《過去・過分 split》 ★ ㊀ の用法もある. ― 名 (分割) division Ⓤ; (仲間割れ) split Ⓒ. 《☞ わかれる[2]》.
¶委員たちはその問題をめぐって意見が*分裂した The committee members [The opinions of the committee members] *were divided* on the question. // その問題をめぐって党は2つに*分裂した The party (*was*) *split into* two ˹on [over] that issue. / (⇒その問題は党を2つに分裂させた) The issue *split* the party in two.

ふんわり ― 副 (ふんわりと) softly; (軽々と) lightly. ― 形 (ふんわりした) fluffy. 《☞ ふわりと; ふわふわ; 擬声・擬態語 (囲み)》.

へ

へ 屁 ― 名 fart Ⓒ ★改まった場所では使えない. ― 動 (屁をする) fart ㊁, break wind ★後者は婉曲的な言い方で, このほうが普通. 《☞ おなら》. ¶そんなことは*屁とも思わない (⇒少しも気にかけない) I *don't give a damn* about it. ★口語の慣用句.

へ 〘音楽〙 (音名) F Ⓤ 《☞ 音楽 (囲み)》.
¶*へ長[短]調 *F* ˹major [minor]　へ音記号 F clef Ⓒ, bass clef Ⓒ.

-へ **1** «方向»: (目的地を指して, …へ向かって) to ...; (特に…の方向へ) for ... ★乗り物・旅行などの行先を示す場合; (…のほうへ) toward ... ★方向を強調する. 《☞ ほう[1]; -に》.
¶きょう学校*へ行きました I went *to* school today. // 次の角で左*へ曲がりなさい Turn (*to* the) left at the next corner. // あしたニューヨーク*へ発ちます I will leave *for* New York tomorrow. // 私たちは東*へ向かって歩き続けた We continued to walk *toward* the east.
2 «…の中へ»: in ..., into ... ★後者のほうが中へ入り込む動作をより明確に表す. 《☞ なか[1]》. ¶私は下着類をみな整理だんすの中*へしまった I put all my underwear *in* a chest of drawers. // そのりんごを紙袋の中*へ入れなさい Put the apples *into* a paper sack.
3 «…の上へ»: on ..., onto ... ★後者のほうが動作を表す意味が強い. 《☞ うえ[1]》.
¶本は本棚の上*へ置いておいて下さい Will you leave the books *on* the bookshelf? // 私は岩の上*へ飛び降りた I jumped *onto* the rock below.

ヘア hair Ⓤ 《☞ かみ[3]》.　ヘアスタイル hairstyle Ⓒ　ヘアスプレー hair spray Ⓒ　ヘアブラシ hairbrush Ⓒ.

ペア pair Ⓒ 《☞ くみ; つい[2]》. ¶私はテニスの試合で彼女と*ペアを組んだ I *was paired with* her in the tennis match.

ヘアピン (U字形の) hairpin Ⓒ; (ぴったり閉じた) 《米》 bobby pin Ⓒ, 《英》 hairgrip Ⓒ.

hairpin　　bobby pin

へい[1] 塀 wall Ⓒ 語法 wall には「壁」という意味もある. 英語では石・れんが・板・しっくいなどで作られた仕切りをすべて wall と言い, 建物の壁も庭・敷地などにめぐらすものも同一の語で表す. 《☞ かきね》. ¶彼は家の周りを*塀で囲った He built a *wall* around the house. / He surrounded his house with a *wall*. // 彼は*塀を乗り越えた He climbed over the *wall*.

へい[2] 兵 (兵士) soldier Ⓒ; (軍隊) troops ★複数形で.

へいあん 平安 ― 形 (争いがなく平和な) peaceful; (平静で心の落ち着いた) calm ★やや文語的. ― 名 peace Ⓤ; calmness Ⓤ. 《☞ へいわ; へいおん》. ¶心の*平安が健康をもたらす *Peace* [*Calmness*] of mind brings us health.

へいい 平易 ― 形 (易しい) easy ★最も一般的な語; (単純な・簡単な) simple; (やさしくてわかりやすい) plain. ― 名 easiness Ⓤ; simplicity Ⓤ; plainness Ⓤ. 《☞ やさしい[2]; くだけた》. ¶*平易な英語で書き直しなさい Rewrite it in *easy and simple* English.

へいえき 兵役 (military) service Ⓤ 《☞

ぐんたい》. ¶彼は5年間*兵役に服した(⇒軍に勤務した) He *served in the army* for five years. // 彼は*兵役を免除された He was exempted from *military service*.

へいおん 平穏 —〔形〕(平和な) peaceful; (何事もなく・静かな) quiet; (動揺や混乱などがなく穏やかな) calm ★やや文語的. —〔名〕 peace 〔U〕; quietness 〔U〕; calmness 〔U〕 ★「静けさ・平静」などの意では quiet 〔U〕 という名詞形も用いる. —〔副〕 peacefully; quietly; calmly. 《☞ おだやか; へいわ; へいあん》.
¶その老夫婦は*平穏無事に暮らしている The old couple live *in peace and quiet*.

へいか[1] 陛下 His [Her; Your] Majesty ★通例大文字で始める. 3人称として扱うときは男性なら His, 女性なら Her, 両陛下など複数の場合は Their を付け, 2人称として呼びかけるときには Your を付ける. 《☞ でんか[1]》.
¶天皇*陛下 *His Majesty* the Emperor // 皇后*陛下 *Her Majesty* the Empress // 天皇皇后両*陛下 *Their Majesties* the Emperor and Empress // 英国女王*陛下 *Her Majesty* the Queen of England

へいか[2] 平価 (有価証券などの額面) par 〔U〕; (関係2国間の通貨の) parity 〔U〕. ¶政府は*平価を切り上げ[切り下げ]ないだろう The Government will not ˹revalue [devalue] the currency.

べいか 米価 the price of rice 〔C〕, rice price 〔C〕. ¶*米価審議会 the *Rice Price* Council // 消費者[生産者]*米価 the ˹consumer [producer] ˹*price of rice* [*rice price*]

へいかい 閉会 —〔動〕(会を終わりにする) close (他) ★最も一般的; (解散する) break up (自); (終わりになる) come to ˹an end [a close], be closed; (延期・休会する) adjourn (他). —〔名〕 closing of a meeting 〔語法〕 a meeting の代わりに国会なら the Diet, パーティーなら the party のようにほかの語を入れて言う; (延期・休会) adjournment 〔C〕. 《☞ さんかい[1]; きゅうかい; かい[1]》.
¶議長は*閉会にした The chairman ˹*closed* [*adjourned*] the meeting. // 会は6時に*閉会になった The meeting *came to* ˹*an end* [*a close*] at six. // 彼は*閉会のあいさつをした He gave the *closing* address.
閉会式 closing ceremony 〔C〕.

へいがい 弊害 (悪影響) bad [evil; harmful] influence 〔C〕; (結果的に悪い影響) ill [bad] effect 〔C〕. 《☞ がい; えいきょう》.
¶産業の発達は利益だけでなくいろいろな*弊害をもたらす Development of industries brings about not only benefits but various *bad* ˹*influences* [*effects*].

へいかん 閉館 —〔動〕(閉館する) close (他)(自) 《☞ しまる; やすみ》. ¶図書館は6時に*閉館する The library *closes* at six. // 本日*閉館 *Closed* today 《☞ 掲示の英語 (囲み)》

へいき[1] 平気 —〔形〕(動揺したりしないで落ち着いた) calm; (冷静な) cool; (沈着な) self-possessed ★やや形式ばった語; (無頓着な) indifferent; (関心を持たない) unconcerned. 《☞ へいせい; へいちゃら; けろりと》.
¶彼はその知らせを聞いても*平気だった He remained *calm* at the news. // 危険に際して彼は*平気を装った He tried to look *cool* in the face of danger. // 彼らが何を言おうと*平気だ(⇒彼らの言うことは気にかけない) I *don't care* what they say. // 私は暑さなど*平気だ(⇒暑さは全然私を困らせない) The heat *does not bother* me *at all*. // 彼は*平気で笑い, しゃべっていた(⇒まるで何事も起こらなかったかのように) He laughed and talked *as if nothing had happened* to him. 彼は自分の妻の苦しみにも*平気でいた He was *unconcerned* about his own wife's suffering. // 彼は*平気でうそをつく(⇒恥ずかしいという意識を持たずに) He tells a lie *with no sense of shame*. / He *makes no bones about* telling a lie. ★ make no bones about ... は「平気で…する」の意. // 彼はよくそんなことが*平気で(⇒厚かましくも) 言える I ˹am amazed [wonder] how he could *have the* ˹*face* [*nerve*] *to* say such a thing.

へいき[2] 兵器 (火器) (fire)arms ★複数形で. 特にライフル・ピストルなどの銃を指す; (武器) weapon 〔C〕 〔語法〕 意味が広く, 戦闘に使われるあらゆる物・道具を指す. ナイフや棒なども含む. 《☞ ぶき》. ¶通常*兵器 conventional *weapons* // 核*兵器 nuclear *weapons*

へいきん 平均 —〔名〕(一般的に) average 〔C〕; (特に量・大きさ・程度などの) mean 〔C〕. —〔形〕(平均の・平均的) average. —〔動〕(平均を出す) average (他)(自).
¶20と30の*平均は25です The ˹*average* [*mean*] of 20 and 30 is 25. / (⇒20と30を平均すると25を得る) If you *average* 20 and 30, you get 25. // 彼は毎月の売り上げの*平均を出した He took the *average* of the monthly sales results. // 彼女の学校での成績は*平均より上[下]だ Her work at school is ˹above [below] (the) *average*. // 社員の*平均年齢は28歳です The *average* age of the employees of our company is 28.
平均台 balance beam 〔C〕 **平均点** average mark 〔C〕.

へいげん 平原 (平地) plain 〔C〕; (草原) prairie 〔C〕 ★特に米ミシシッピー川流域の大草原を指す. 《☞ へいや; そうげん》.

べいご 米語 American English 〔U〕; (米語独特の語い・つづり・発音・文法・語義を指して) Americanism 〔C〕. 《☞ アメリカ英語とイギリス英語 (欄外)》.

へいこう[1] 平行 —〔形〕(平行の) parallel. —〔名〕(数学上の) parallelism 〔U〕. —〔動〕(平行する) run parallel to ... —〔副〕 parallel. 《☞ かく[6] (挿絵)》.
¶東海道線は新幹線とほぼ*平行に走っています The Tokaido Line *runs* roughly *parallel to* the *Shinkansen*. // この線と*平行に線を引きなさい Draw a line *parallel to* this one.
平行四辺形 parallelogram 〔C〕 《☞ しかく[2] (挿絵)》 **平行線** parallel lines. ¶彼らの議論は*平行線をたどった(⇒結論の出ない議論をした) They had an *inconclusive* argument. / (⇒彼らの議論は結論が出なかった)

Their argument *got* them *nowhere*. **平行棒** parallel bars ★ 複数形で; (段違い平行棒) uneven (parallel) bars ★ 複数形で.

へいこう² 並行 — [副] (並んで) side by side; (肩を並べて) abreast; (同時に) at the same time. — [形] (同じ方向の) parallel.
¶ 3人の走者が*並行して走っている Three runners are running *abreast*. // 2つの会が東京と大阪で*並行して (⇒ 同時に) 行われた The two meetings were held *at the same time* in Tokyo and Osaka.

へいこう³ 閉口 — [動] (悩まされる) be annoyed (by ...), be bothered (by ...); (当惑する・あわてる) be embarrassed (by ...); (我慢できない) cannot ⌈stand [bear; tolerate] ...; (うんざりする) be bored [語 法] 「事柄」を主語として bore [他] を能動態で用いることも多い.
¶ 私はこの夏, 蚊に*閉口してしまった (⇒ 悩まされた) I *was* quite *annoyed by* mosquitoes this summer. // 彼女のおしゃべりには*閉口した I *was bothered by* her ⌈chatter [talkativeness]. // 私はその子供のお産についての質問に*閉口した I *was embarrassed by* the child's question about childbirth. // 私は日本の湿気の多い夏には*閉口だね I *cannot* ⌈*stand* [*bear*] the humid summer of Japan. // あのいたずら小僧には*閉口した (⇒ どう対処したらよいかわからなかった) I did *not know* ⌈*how to deal* [*what to do*] *with* the urchin. // 彼の長いスピーチにはまったく (⇒ 死ぬほど) *閉口した I *was bored* to death by his long speech. / (⇒ 彼の長いスピーチは私を閉口させた) His long speech *bored* me to death.

へいこう⁴ 平衡 (釣り合い) balance [U] ★ 一般的な語; (重さ・力などの釣り合い) equilibrium [U] ★ 改まった語. 「心の平静」の意にも用いられる. (☞ つりあい; バランス). ¶ *平衡を保つ keep *one's balance* // *平衡感覚 the sense of *equilibrium*

へいごう 併合 — [動] (領土などを) annex [他]; (吸収する) absorb [他]. — [名] annexation [U]; absorption [U]. (☞ がっぺい; とうごう¹). ¶ その国は隣の小国を*併合しようとしている The country is trying to *annex* the neighboring small country.

べいこく 米国 — [名][固] the United States (of America) (略 the U.S.(A.)); (通称) America ★ 第1番目および略称の ( ) 内を省略しないのが正式だが, しばしば省略される. — [形] American. (☞ アメリカ). **米国人** American [C].

へいさ 閉鎖 — [動] (工場・店などを閉じる) close down [他][自]; (店・工場などを休業にする) shut down [他]; (ストライキなどの対抗手段として雇用者側が労働者を締め出す) lock out [他]. — [名] closedown [C]; shutdown [C]; lockout [C]. (☞ ふうさ).
¶ その店は先月末に*閉鎖した The store (*was*) *closed down* at the end of last month. // 日本人はとかく*閉鎖社会を作りたがる The Japanese have a tendency to form a *closed* society. // すごい流感のため学級*閉鎖をしている学校が多い Many schools are temporarily *closing* because of the raging flu.

べいさく 米作 (米の生産) production of rice [U]; (米の栽培) cultivation of rice [U]; (米の収穫) rice ⌈crop [harvest] [C]. (☞ いなさく). ¶ 新潟は日本で一番の*米作地域です Niigata is the best *rice-producing* district in Japan. // 今年の*米作は平年を上回っている This year's *rice crop* is ⌈better than [above] (the) average.

へいさつ 併殺 double play [C] (☞ 野球の英語 (囲み)).

へいし 兵士 (将校に対して兵卒) soldier [C].

へいじ 平時 (平和なとき) peacetime [U], time of peace [U].

へいじつ 平日 (週日) weekday [C]; (休日に対して働く日) workday [C]. (☞ ウィークデー).

へいしゃ 兵舎 barracks ★ 複数形で単複両扱い.

へいじょう 平常 — [形] (基準通りの) normal; (平素の) usual; (規則通りの) regular. (☞ いつも; ふつう¹; ふだん¹). ¶ 大人の*平常の体温はだいたい36°だ *Normal* body temperature of an adult is about 36° centigrade. (☞ 度量衡 (囲み)) // 私は*平常どおり午前8時に家を出た I left home at eight, *as usual*. **平常点** grade for *a person's* class participation [C].

べいしょく 米食 (米の常食) rice diet [C].

へいしんていとう 平身低頭 — [動] (平謝りに謝る) make a humble apology (to ...); (ひざまずく) fall [be] on *one's* knees [語 法] 実際にひざまずかなくても, 謝ったり許しを求めたりするときの比喩的な意味でも用いられる. 欧米には地面にまで頭を下げる (bow to the ground) 習慣はない. ¶ 彼は私に*平身低頭して謝った He *made a humble apology to* me.

へいせい 平静 — [形] (落ち着いた) calm; (動ぜず静かな) quiet ★ calm のほうが形式ばった語; (冷静な) cool; (落ち着いて沈着な) composed ★ やや形式ばった語; (穏やかな) peaceful. — [名] (沈着) presence of mind [U]; calmness [U]; peace [U]; composure [U]. (☞ おちつき (類義語); れいせい; へいぜん).
¶ 彼女は外面は*平静だった She was outwardly *calm*. // 彼は*平静を装った (⇒ ふりをした) He pretended to be ⌈*calm* [*cool*; *composed*]. // 彼女はすぐに*平静を取り戻した She soon recovered her ⌈*composure* [*presence of mind*]. // その国はいまのところ*平静だ The country remains ⌈*quiet* [*peaceful*] at present.

へいぜい 平生 — [副] (平常は) normally; (いつも) usually; (普通は) ordinarily ★ 特別でないことをいう. (☞ へいじょう; ふだん¹).

へいせつ 併設 — [動] (付属のものとして設立する) establish [set up] ... as an annex to ...; (所属している) be attached to ...
¶ 障害児のための学級がこの学校に*併設された Classes for handicapped children *were* ⌈*established* [*set up*] *as an annex to* this school. // その大学には多くの研究施設が*併設されている Many research facilities *are attached to* the university.

へいぜん 平然 ―[形] (平静な) calm; (冷静な) cool; (動ぜず静かな) quiet. ―[副] calmly; coolly; quietly. 《☞ へいせい; れいせい; へいき[1]》. ¶ 彼は危急の場合も*平然としていた He remained ｢*calm* [*cool*] in the emergency. // 彼は*平然とした態度で難局に対処した (⇒ 平然たる態度を取った) He ｢took [assumed] a *calm* attitude toward the difficult situation.

へいそ 平素 ―[形] (いつもの) usual; (普通の) ordinary; (毎日の・日々の) everyday, daily. 《☞ ふだん[1]; いつも; へいせい》.
¶ *平素のごぶさたを (⇒ 長い音信不通を) お許し下さい Please forgive me for my *long* silence.

へいそつ 兵卒 (将校に対して) soldier [C]; (位が一番下の兵隊) private (soldier) [C].

へいたい 兵隊 (陸軍の) soldier [C]; (海軍の) sailor [C]. 《☞ ぐんじん》.

へいたん 平坦 ―[形] (表面に凹凸がなく平らな) flat ★ 水平かどうかは問題にしない; (水平な) level; (平らで水平な) even; (表面が滑らかな) smooth. ―[名] flatness [U]; evenness [U]; smoothness [U]. 《☞ たいら》.
¶ 平和への道は決して*平坦ではない The road to peace is never *smooth*.

へいち[1] 平地 (平らで凹凸のない土地) flat ｢land [ground] [U]; (水平な土地) level ｢land [ground] [U]. 《☞ たいら》. ¶ 彼らは海の近くの*平地に家を建てた They built their house on the ｢*flat* [*level*] *ground* near the sea.

へいち[2] 併置 ―[動] (並べて置く) put [place] ... side by side 《☞ ならべる》.

へいちゃら 平ちゃら ¶ そんなの*へいちゃらさ (⇒ 何でもない) That's *nothing*. // 雨[失敗]なんか*へいちゃらだ (⇒ 全然気にかけない) I *don't mind* ｢the rain [my failure] *at all*. 《☞ へいき[1]》

へいてい[1] 閉廷 ―[動] (法廷を) adjourn (the court) (他); (法廷が) adjourn (自) ★ 次回までの延期を意味し, 引き続き審理の行われることを意味する. ―[名] adjournment [U].
¶ 裁判長は次の月曜まで*閉廷を宣した The chief judge ｢*adjourned the court* [*brought the court to adjournment*] until the next Monday.

へいてい[2] 平定 ―[動] (反乱などを鎮圧する) suppress (他); (征服して支配する) conquer (他). ―[名] suppression [U]; conquest [U]. 《☞ ちんあつ; せいふく[2]》.

へいてん 閉店 ―[動] (1 日の仕事を終えて店を閉める) close (自)(他) (↔ open) 《☞ しめる[3]》.
¶ この店は 6 時に*閉店します We *close* at six. / This store ｢*closes* [*is closed*] at six. // *閉店時刻 *closing* ｢hour [time] // *閉店 *Closed* 《☞ 掲示の英語 (囲み)》

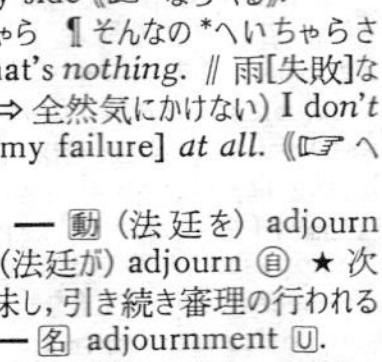

へいねつ 平熱 normal temperature [U] 《☞ ねつ; へいじょう》. ¶ 彼女は*平熱になった (⇒ 彼女の熱は正常になった) Her *temperature* has ｢become [fallen to] *normal*.

へいねん 平年 (例年) normal year [C]; (普通の年) average year [C], ordinary year [C] [語法] 前者は平均的な年を, 後者は特別な年ではないことを意味する; (うるう年でない) the common year (↔ the leap year). 《☞ れいねん; ふつう[1]》.
¶ 今年の夏は*平年に比べて異常に暑い It's *unusually* hot this summer. [語法] 特に「平年」を訳す必要はない. unusually にその意味は含まれる. // 今年は*平年作が見込まれている An *average* [A *normal*] crop is expected this year.

へいはつ 併発 〚医学〛 (余病の) complication [C] ★ 複数形で用いることが多い. 《☞ 病気・病院 (囲み); よびょう》. ¶ 余病が*併発した *Complications* arose. // 私は風邪を引いて肺炎を*併発した (⇒ 私の風邪は肺炎になった) My cold ｢*grew* [*developed*] into pneumonia.

へいばん 平板 ―[形] (単調な) monotonous; (つまらない) dull. 《☞ たんちょう[1]》.

へいふく 平服 (普段着) ordinary clothes, everyday clothes ★ 複数形で. clothes の代わりに dress [C] でもよい; (軍人や警察官の私服) civilian [plain] clothes ★ 複数形で. 特に刑事の場合は plain を用いる. 《☞ ふだん[1]》.

-へいべい …平米 square meter [C] 《☞ へいほう; 度量衡 (囲み)》.

ぺいぺい ¶ 私はまだほんの*ぺいぺいです (⇒ 新参だ) I'm still a mere ｢*novice* [*beginner*]. 《☞ かけだし; しんまい》
【参考語】 ―[名] (新参者) novice [návis] [C]; (初心者) beginner [C]; (青二才) greenhorn [C]. ―[形] (新しい) new; (未経験の) inexperienced, green.

へいほう 平方 ―[名] 〚数学〛 square [skwéə] [C] 《略 sq.》. ―[形] square. 《☞ 大きさの表し方 (囲み); 度量衡 (囲み)》.
¶ 1 坪は約 3.3*平方メートルである One *tsubo* is about 3.3 *square* meters. // これは 4 メートル*平方の場所を取る This occupies a space about four meters *square*. [語法] ten meters *square* は縦 10 メートル横 10 メートルの正方形 (a square ten meters on each side) を指し, ten *square* meters は面積が 10 平方メートルのことで, 縦が 2 メートル横が 5 メートルの場合もあれば, 縦 10 メートル横 1 メートルの場合もある. // 2 の*平方は 4 である The *square* of 2 is 4.
平方根 〚数学〛 square root [C] 《☞ 数字 (囲み)》. ¶ 16 の*平方根は 4 です The *square root* of 16 is 4.

へいぼん 平凡 ―[形] (ありふれた) common; (言葉や表現などが月並みな) commonplace; (特別ではなく並みの) ordinary; (事件のない) uneventful. 《☞ ふつう[1]; つきなみ》.
¶ 彼は*平凡な人間だ He is ｢an *ordinary* [a *common*] man. [語法] common には軽蔑的な気持ちが含まれることがある. // これは*平凡なたとえだ This is a *commonplace* saying. //

彼女は 80 年にわたる*平凡な生涯を閉じた Her *uneventful* life of eighty years ended. // *平凡なのが一番の幸せだ (⇒ 平凡さが最大の幸福を与えてくれる) The *ordinary* can give us the greatest happiness.

へいまく 閉幕 ━[名] (the) curtain ★ 特に演劇用語として. ━[動] (終わりになる) end (自), close (自); (幕が下りる) fall (自). 《☞ おわる》. ¶ 10 時に*閉幕となる (⇒ 公演が終わる) The performance ⌈*ends* [*closes*] at ten. / (⇒ 幕が下りる) The *curtain falls* at ten.

へいみん 平民 (貴族などに対する) commoner [C]; (総称) the common people. 《☞ しょみん》.

へいめん 平面 (平らな面) plane [C]; (水平面) level [C] ★ 前者は幾何学的な意味に用いる. 《☞ すいへい¹; たいら》. ¶ 2 つの点は同一*平面上にある The two points are on the same ⌈*plane* [*level*]. **平面幾何** plane geometry [U] **平面交差(点)** 《米》 grade [《英》 level] crossing [C] **平面図** plane figure [C]; (建築の) ground [floor] plan [C].

へいや 平野 (広大な平地) plain [C]; (広々とした野原) open field [C]. ¶ 利根川は関東*平野を流れている The Tone River runs through the Kanto *plain*(*s*).

へいよう 併用 ━[名] (組み合わせた用法) combined use [U]. ━[動] (一緒に用いる) use [take] ... together with ... ; (A と B とを同時に用いる) use [take] A and B at the same time; (組み合わせて用いる) combine ... with ..., use [take] ... in combination with ...

¶ A と B の*併用は効果がある The *combined use* of A and B is effective. // この薬はほかの薬と*併用しないこと Don't *take* this medicine ⌈*together* [*in combination*] *with* another one.

へいりょく 兵力 (武力) force (of arms) [C] [語法] force は広い意味を持つ一般的な語なので, 前後関係が明瞭でないと意味があいまいになる. その場合, 明瞭にするには of arms を添えるか, 次の military power を用いる. また,「軍隊」の意味では force はしばしば複数形で用いられる; (軍隊の勢力) military ⌈power [strength] [U]. 《☞ ぶりょく》.

¶ *兵力では (⇒ 力[人数]の点では) わが軍のほうが敵方より優勢である Our army is superior to the enemy *in* ⌈*strength* [*numbers*]. // 彼らは*兵力 (⇒ 軍隊) を増強した They reinforced their *troops*.

へいれつ 並列 ━[動] (平行に並べる) arrange [place] ... in parallel. ━[副] (平行に) in parallel (↔ in series). ¶ 私は電池[抵抗]を*並列につないだ I connected the ⌈cells [resistors] *in parallel*. // *並列回路 a *parallel* circuit

へいわ 平和 ━[名] peace [U] ★ 不定冠詞が付くときもある. ━[形] (平和な) peaceful; (平和を好む) peaceable.

¶ みんな*平和を願っている All people desire *peace*. // 彼らは*平和を乱した[維持した] They ⌈disturbed [maintained] the *peace*.// 核兵器は世界*平和に対する脅威だ Nuclear weapons are a threat to ⌈world *peace* [the *peace* of the world]. // 彼らは隣国と*平和な関係にある They are at *peace* with neighboring countries. // 彼は田舎で*平和に暮らしている He lives ⌈*peacefully* [in *peace*] in the country. // 彼らは*平和を愛する市民だ They are *peaceable* citizens. // 我々は*平和的な手段で問題を解決した We solved the problem by *peaceful* means.

平和運動 peace movement [C] **平和共存** peaceful coexistence [U].

へえ (驚き) Oh!; (いやはや) Oh, God!; (あらまあ) Dear me! ★ 女性がよく使う; (何だって) What! [語法] Oh はそれほど大きな驚きでなくても用いる. 普通下り調子で言われる. 第 2, 第 3 はかなりの驚きを表す. 《☞ 感嘆詞 (欄外)》.

¶ *へえ, それ本当ですか *Oh*! Is that true? // *へえ, 驚いた *Dear me*! What a surprise!

ベーコン bacon [U] 《☞ 食事 (囲み)》.

¶ *ベーコン 1 切れ a ⌈slice [piece] of *bacon* 《☞ 数の数え方 (囲み)》

ページ page [C] ★ page は p., pages は pp. と略す. 《☞ 数字 (囲み)》.

¶ 教科書の 15 *ページを開きなさい Open your textbooks ⌈to [at] *page* 15.

その実例による説明は 20 *ページに出ている The illustration is on *page* 20. [語法] 前置詞は「...ページに載っている」などのようにページ全体に言及するときは on,「...ページのところにある」のように箇所に重点を置くときは on のほかに at も用いる.「...ページのところに述べてある」のように内容に重点があるときは in.

このエピソードは 25 *ページから 30 *ページの間に載っている This episode is on ⌈*pages* 25 to 30 [*pp*. 25–30].

その文は 5 *ページの上[中ごろ, 下]に出ている The sentence is at the ⌈top [middle; bottom] of *page* 5.

その結果は次の[反対の, 別の]*ページに載っている The results are given on ⌈the next [the opposite; a separate] *page*.

彼女は話しながら*ページをめくった She turned (over) the *pages* of her book while talking.

「あなたの原稿は何*ページありますか」「50 *ページあります」"How many *pages* does your manuscript have?" "It has 50 *pages*."

彼らは新聞に 1 *ページ大の広告を出した They put a full-*page* advertisement in the newspaper.

私は委員会に 55 *ページの報告書を提出した I turned in a 55-*page* report to the committee.

18 *ページに続く《雑誌や本などの注意書き》 Continued on *page* 18.

18 *ページから続く Continued from *page* 18.

あなたの原稿に*ページを付けるのを忘れないで下さい Don't forget to number the *pages* of your manuscript.

図書館の本の*ページを折ってはいけない You shouldn't ⌈turn down the corner of a [dog-ear the] *page* of a library book.

ベージュ ━[名] beige [béɪʒ] [U]. ━[形]

beige. 《☞ 色 (囲み)》.

ベース[1] **1** «野球»: (塁) base Ⓒ 《☞ 野球の英語 (囲み)》. ¶ランナーはセカンド*ベースに滑り込んでセーフだった The runner slid into second *base* safely. 【語法】 first [second; third] base というときは通常無冠詞.

2 «基準»: (抽象的・比喩的な基礎) basis Ⓒ; (賃金の) wage 「base [level] Ⓒ; (基本給) basic salary Ⓒ. 《☞ きじゅん; きそ[1]》.

¶これを*ベースに調査を進めよう Let's carry out our investigation on this *basis.* ∥ 彼らの賃金*ベースは我々より少しよい Their *wage* 「*base* [*level*] is a bit higher than ours.

ベースアップ pay「raise [hike] Ⓒ ★ base up は和製英語. 《☞ ちんあげ; 和製英語 (囲み)》 **ベースキャンプ** base camp Ⓒ.

ベース[2] (男声の最低音域) bass [béis] Ⓒ; (楽器) bass Ⓒ. 《☞ 音楽 (囲み)》. **ベースギター** bass (guitar) Ⓒ.

ペース pace Ⓒ 《☞ ほちょう; テンポ; そくど》. ¶彼は自分の*ペースで仕事をする He works at his own *pace.* ∥ 彼女はゆっくりとした*ペースで歩いた She walked at a slow *pace.* ∥ いまの*ペースでいくと売り上げは1年で倍増するだろう At the present *pace* the sales will double in a year. ∥ 君はほかの人と*ペースを合わせなければいけない You must keep *pace* with others.

ペーパー (一般的に紙) paper Ⓤ 《☞ かみ[2]》. **ペーパータオル** paper towel Ⓒ ★ 複数形で用いることが多い. **ペーパードライバー** person who has a driver's license but is inexperienced in driving Ⓒ ★ paper driver は和製英語. 《☞ 和製英語 (囲み)》 **ペーパーナイフ** paper knife Ⓒ **ペーパーバック** (紙表紙本) paperback Ⓒ (↔ hardcover).

ベール veil Ⓒ. ¶カトリックのミサでは女性は*ベールをかぶる Women wear *veils* over the head at Catholic masses. ∥ 彼女の一生は謎の*ベールに包まれている (⇒ベールに隠されている) Her life is hidden in a *veil* of mystery.

-べき ★ 日本語で「…すべき」という場合, 義務・当然などを表すほかに, 予定・適当などを表す場合もあり, それぞれの場合に応じて, 英語でそれに近い表現を用いなくてはならない. 例えば「いまこそそれをす*べき時だ」ならば It's time *to do it.* のように to 不定詞で「べき」が表されることもある. ここでは英語の助動詞またはそれに類する語を用いる場合のみ示す.

(義務として当然…すべきである) should; (…しなくてはならない) have to, must 【語法】 have to は客観的にそうしなくてはならないことをいう. それに対して must は話し手の意見として述べられるので, 意味が強くなり, 2人称に対しては用いないほうがよいこともある; (…するのが当然である) ought to. 《☞ 義務の表現 (囲み); 命令の表現 (囲み)》.

¶あなた方は自分の非を率直に認める*べきだ You 「*should* [*must*; *have to*] recognize your fault frankly. ∥ 人には礼儀正しくす*べきだ You 「*should* [*must*] be polite to others. ∥ 親の言うことに従う*べきだ You *ought to* obey your parents.

へきえき 辟易 ―動 (しり込みする) shrink from … 《過去 shrank; 過分 shrunk》; (ひるむ) flinch from …; (ばつの悪い思いをする) be embarrassed by …; (悩まされる) be annoyed at …; (うんざりする) be bored by … 《☞ へいこう[3]》.

¶その難問には*辟易した I 「*shrank* [*flinched*] *from* the hard questions. ∥ その子のお産に関する質問には*辟易した I *was embarrassed by* the child's question about childbirth. ∥ 彼女の退屈な話には*辟易した I *was bored by* her tedious talking.

へきが 壁画 mural Ⓒ, wall painting Ⓒ.

へきち 僻地 (辺ぴな所) remote place Ⓒ; (人里離れた所) out-of-the-way place Ⓒ 【語法】 後者のほうが口語的. place の代わりに region や area を用いてもよい; (孤立した地方) isolated district Ⓒ. 《☞ へんぴ》.

¶彼は*僻地教育に一生を捧げた He devoted all his life to education in *remote* 「*places* [*regions*].

ペキン 北京 ―名 固 Beijing [bèidʒíŋ], Peking [pì:kíŋ] 【語法】 現在では前者のほうが普通. これは中国語の発音に近いものを選ぶようになったため. ―形 Beijing, Pekingese.

ペキン原人 〖人類学〗 the Peking man **北京語** Beijing dialect Ⓤ, Pekingese Ⓤ 【参考】 現在の中国では北京語をもとにした普通話 (common Chinese) が標準語とされる.

ヘクタール hectare [héktɛə] Ⓒ 《略 ha》 《☞ 度量衡 (囲み)》.

ベクトル 〖数学〗 vector Ⓒ.

ペケ ―形 (だめ) no good 《☞ だめ》. ¶そいつは*ペケだ It's *no good.*

へこたれる (元気をなくす) be discouraged, lose heart, be disheartened ★ 第1番目が最も普通; (くたくたに疲れる) be exhausted, be tired out ★ 後者が口語的; (屈服する) give in 自; (苦しみなどを訴える) complain 自. 《☞ まいる; くたびれる》.

¶これしきのことで (⇒つまらないことで) *へこたれてはいけない Don't 「*get discouraged* [*lose heart*] at such little things. ∥ 3日の徹夜で私も*へこたれた I *was* 「*exhausted* [*tired out*] staying up all night for three days (in a row). ∥ 彼女は*へこたれずにその仕事をやり通した She went through with the work without *complaining.* / (⇒頑張り通した) She *persevered in* her work and successfully completed it.

ぺこぺこ **1** «空腹» ¶私はおなかが*ぺこぺこだ I am *very hungry.* / I am (*simply*) *starving.* ★ くだけた表現. 《☞ くうふく; 擬声・擬態語 (囲み)》

2 «頭を下げる» ¶彼は*ぺこぺこ頭を下げた He *bowed* his head *repeatedly.* 《☞ おじぎ》 ∥ 私は上役に*ぺこぺこしたくない (⇒おべっかを使いたくない) I don't like 「to *flatter* my superiors [*apple-polishing*].

へこます 凹ます (平らなものにへこみを作る) make a dent (in …); (出っ張っているものを平らにする) flatten 他. 《☞ へこむ》. ¶新しいやかんをテーブルの隅にぶつけて*へこませてしまった I hit the new kettle against the edge of the table and *made a dent in* the side. // ジョギングは腹を*へこますのによい運動だ Jogging is good exercise to *flatten* your stomach.

へこみ 凹み (深くくぼんだ) hollow Ⓒ; (物が当たったり押されたりしてできた) dent Ⓒ.

へこむ 凹む (物に当たったり押されたりして) be dented; (陥没する) cave in ⓐ; (沈む) sink ⓐ; (圧力のためにたわむ) yield ⓐ. (☞ へこます; くぼむ).

¶ 車のバンパーがちょっと*へこんでいるよ The bumper of your car *is* slightly *dented*. // 地震の後, この土地一帯はあちこちが*へこんだ After the earthquake this stretch of the land *has* ⌈*caved in* [*sunk*] at many places. // このボールは押すと (⇒ 圧力に) *へこむ This ball *yields to* pressure. // 彼は簡単には*へこまない (⇒ 屈服しない) He does not easily *give in*.

ぺこりと (ぴょこんとおじぎをする) bob ⓣ ⓐ (☞ 擬声・擬態語 (囲み)). ¶ 彼は私に*ぺこりと頭を下げた He *bobbed* a greeting at me.

へさき 舳先 (船が進むとき波を切る部分) bow [báu] Ⓒ ★ しばしば複数形で. (☞ ふね (挿絵); ヨット (挿絵)).

へしおる へし折る (折り取る) break off ⓣ (☞ おる[1]). ¶ 彼は突き出ている枝を*へし折った He *broke off* the projecting branch. // 私は彼女の自慢の鼻を*へし折ってやった (⇒ やりこめた) I *took* her *down a peg* (*or two*). ★「人の鼻っ柱を折る」という意味の慣用句.

ベスト[1] (最善) best ★ 日本語で「ベスト」とあっても, 英語では best を用いないこともある点に注意. (☞ さいぜん). ¶ 私は*ベストを尽くします I'll do my *best*. / I'll do *all I can*. // 美しさにかけてはこれが*ベストだ This is *the most beautiful* one.

ベストセラー bestseller Ⓒ **ベストテン** the best ten. ¶ 彼女は*ベストテンに入っている She is among *the best ten*. **ベストドレッサー** best dresser Ⓒ.

ベスト[2] (チョッキ) vest Ⓒ, 《英》 waistcoat [wéis(t)kòut] Ⓒ. (☞ 衣服 (囲み)).

へそ 臍 navel [néivəl] Ⓒ (☞ からだ (挿絵)).

へそを曲げる ¶ 彼はすぐ*へそを曲げる (⇒ すぐかんしゃくを起こす) He *loses his temper* very easily. / (⇒ 機嫌が悪くなる) He soon *becomes* ⌈*sullen* [*cross*]. **へその緒** *umbilical cord* Ⓒ **へそ曲がり** (変人) crank Ⓒ; (片意地の人) perverse person Ⓒ. (☞ ひねくれる).

べそ ―動 (べそをかく・泣く) cry ⓐ ★ 一般的な語; (涙を流す) be in tears; (すすり泣く) sob ⓐ. (☞ なく[1]). ¶ 女の子は*べそをかいていた The girl *was crying*. / I found the girl *in tears*. // 後で*べそをかくことになるよ (⇒ 後悔することになるでしょう) You will *be sorry* for it later.

へそくり (秘密の貯金) secret savings ★ 複数形で; (隠しおかれた小遣い銭) pin money ⌈hidden [tucked] away Ⓤ ★ 説明的表現.

¶ 彼女にはブラウス1枚買う*へそくりもない She has no *secret savings* even for a blouse. // 彼女は結婚してからずっと夫の給料の一部を*へそくりしてきた (⇒ ひそかに貯めていた) She *has been secretly saving* (*up*) part of her husband's salary since she got married.

へた[1] 下手 ―形 poor, bad (↔ good) ★ 後者のほうが下手な程度がひどい. 普通は前者が多く使われる; (上手ではない) not a good ...; (あまり上手でない) not very good (at ...) **語法** 以上2つは婉曲的だが, 内容は poor, bad と同じ. 柔らかい表現なので, 広く使われる; (知的なことで能力が劣った) weak (in ...) (↔ strong); (巧みでない) unskillful (《英》 unskilful). (☞ ふとくい; じょうず).

¶ 彼女は料理[歌, 運転]が*下手だ She is a *poor* ⌈cook [singer; driver]. / She is *not a good* ⌈cook [singer; driver]. / She is ⌈*not very good at* [*poor at*] ⌈cooking [singing; driving]. **語法** 以上の中で, 調子を和らげて言いたいときは, poor, bad, weak などを使わずに, not a good ..., not very good at ... が好まれる. なお英語では例えば,「歌が下手だ」を「下手な歌手だ」とか「上手な歌手ではない」とするような発想が典型的なので, これに慣れる必要がある. // 彼は写真[絵, ピアノ, 野球]が*下手だ He is *not a good* ⌈photographer [painter; pianist; baseball player]. / He is ⌈*not very good at* [*poor at*] ⌈taking photographs [painting pictures; playing the piano; playing baseball]. / He is a *poor* ⌈photographer [painter; pianist; baseball player]. // 彼は道具を使うのが*下手だ (⇒ 巧みでない) He is ⌈*not skillful* [*unskillful*] with tools.

下手をすると ¶ *下手をすると (⇒ 物事がうまくいかないと[気をつけないと]) 締め切りに間に合わないかもしれない *If things do not go well* [*If you are not careful*] you will fail to meet the deadline.

へた[2] 蔕 (がく) calyx Ⓒ 《複 ~es, calyces》; (いちごの) hull Ⓒ. (☞ 花 (囲み)).

へだたり 隔たり (距離・日時・人間の間の) distance Ⓒ; (差) difference Ⓒ; (間隔) gap Ⓒ. (☞ さ; ちがい; かくさ).

¶ 教師と学生の考えには大きな*隔たりがあった There was a great ⌈*distance* [*difference*; *gap*] between the opinions of the teacher and his students. // 年齢の*隔たりはいかんともしがたかった An age *gap* [A generation *gap*] couldn't be helped.

へだたる 隔たる (距離が遠い) be distant from ...; (距離が...だけ離れている) be ... away from ... **語法** be の次に, 例えば2キロメートルなどの, 距離を表す言葉を入れる. (☞ へだてる; はなれる). ¶ その村は県庁所在地から20キロ*隔たった所にある (⇒ 離れている) The village *is* 20 kilometers (*away*) *from* the seat of the prefectural government.

べたつく ―形 (粘り気があってくっつく) sticky (☞ くっつく; べたべた). ¶ この紙は*べたつく This paper is *sticky*.

へだて 隔て (明らかな区別) distinction Ⓒ; (打ち解けない気持ち) reserve Ⓤ. (☞ わけへだて; へだたり). ¶ 私たちは*隔てなく (⇒ 遠慮なく[率直に]) 語り合った We talked with each other 「without *reserve* [*frankly*].

へだてる 隔てる ―動 (互いにつながっているものを切り離す) separate ⑭ ★ 距離・関係・時間などかなり広い範囲のものについて用いられる; (仕切りなどをつけて分ける) partition (off) ⑭. 《☞ しきる; へだたる》. ¶ 彼らは机を*隔てて (⇒ 机に分けられて[机を間にはさんで]) 向かい合った They faced each other 「*separated by* a desk [*with* a desk *between* them]. // 彼らの部屋はふすまで*隔てられていた (⇒ 仕切られていた) Their rooms *were partitioned* (*off*) by a paper sliding door. // ここから 20 キロ*隔てて, 工業都市がもう 1 つある (⇒ 20 キロの距離に) There is another industrial city *at a distance of* 20 kilometers. // 私は 25 年の歳月を*隔てて (⇒ 25 年後に[25 年の間隔の後に]) 彼に再会した I met him again *after* (「*an interval of* [*a lapse of*]) twenty-five years. 語法 ( ) 内の表現を用いると改まった言い方となる. // 湾と山々を*隔てたかなたに富士山が見える (⇒ 湾の向こうに, 山並を越えて) We see Mt. Fuji *across* the bay and *beyond* the mountain ranges.

へたばる (疲れ果てる) be worn out, be tired out, be exhausted ★ 最初の 2 つのほうが口語的; (屈服する) give in ⓐ. 《☞ つかれる; へとへと》. ¶ 彼は徹夜の勉強ですっかり*へたばっている He *is* 「*worn* [*tired*] *out* after staying up all night studying. // さすがの私も (⇒ 私は強いけれど) とうとう*へたばった Though I am tough, I finally *gave in*.

へたへた ¶ おばあさんは*へたへたといすに座り込んだ (⇒ いすに身を投げかけるように座った) The old lady *sank back into* the chair. // 彼は*へたへたと床にしゃがみ込んだ (⇒ 力が彼の足から抜けて, 彼はうずくまった) *His legs failed him*, and he squatted down on the floor. 《☞ ぺたん; 擬声・擬態語 (囲み)》

べたべた **1** «物を塗ったりはったりするさま» ―副 (一面に) all over; (厚く) thickly. ―動 (厚く塗ったり一面にはりつけたりする) plaster ⑭. 《☞ 擬声・擬態語 (囲み)》.
¶ 塀にビラが*べたべたはってある The wall is covered *all over* with posters. / The wall *is plastered with* many posters. // その中年女性はおしろいを*べたべた塗った The middle-aged woman powdered her face *thickly*.
2 «物が粘りつく» ―形 (液体が濃い) thick; (ねばねばする) sticky; (冷たくじっとりする) clammy. 《☞ ねばつく》. ¶ このシロップは*べたべたしすぎる This syrup is too *thick*. // 梅雨になると台所が*べたべたする The kitchen becomes damp and *sticky* in the rainy season. // 顔が汗で*べたべたする My face is *clammy* with sweat.
3 «人が慣れ慣れしくするさま» ―動 (いちゃつく) flirt (with ...) ⓐ; (離れない) stick (to ...) ⓐ. 《☞ いちゃつく; くっつく》.
¶ 人前で女と*べたべたするな Don't *flirt with* girls in public. // その子はいつも母親に*べたべたくっついている The child always *sticks to* his mother.

ぺたぺた ―動 (一面に塗る) plaster ⑭; (たたいて付ける) dab ⑭. 《☞ 擬声・擬態語 (囲み); べたべた》.

べたりと ―副 (しっかりと) fast; (一面に) all over. 《☞ 擬声・擬態語 (囲み); べったり》. ¶ 手にペンキが*べたりとくっついた Paint stuck *fast* to my hands.

ペダル ―名 pedal [pédl] Ⓒ. ―動 (ペダルを踏む) pedal ⓐ ⑭. 《☞ じてんしゃ (挿絵)》. ¶ 私はブレーキ*ペダルを踏んで車を止めた I stepped on the brake (*pedal*) to stop the car. // 彼は坂道を*ペダルを踏んで上がって行った He *pedaled* his way up the slope.

ぺたん ―動 (急に座り込む) drop down ⓐ; (どさりと腰を下ろす) sit down with a flop ⓐ. 《☞ 擬声・擬態語 (囲み); へたへた》. ¶ その子はくたびれて床に*ぺたんと座り込んだ The child 「*dropped down* [*sat down with a flop*] on the floor, quite exhausted.

ペチコート petticoat Ⓒ 《☞ したぎ (挿絵)》.

へちま loofa(h) Ⓒ; (スポンジになる) vegetable sponge Ⓒ.

ぺちゃくちゃ ―動 (くだらないおしゃべりをする) chatter ⓐ ★ 最も一般的; (くだらないことを舌たらずで子供のようにしゃべる) prattle ⓐ; (早口にしゃべりちらす) jabber ⓐ. 《☞ おしゃべり; しゃべる; 擬声・擬態語 (囲み)》.
¶ 彼らは学生生活のことを*ぺちゃくちゃ話し合っていた They *were chattering* about their school life. // 彼女はくだらないことを*ぺちゃくちゃしゃべった She *prattled* about nothing.

べちゃべちゃ ―形 (水っぽい) watery; (水分が多くねばつく) sodden. 《☞ 擬声・擬態語 (囲み)》. ¶ このご飯は*べちゃべちゃだ This rice is *watery and sodden*.

ぺちゃぺちゃ ―動 (犬・猫などがなめる) lap ⑭ 《☞ なめる; 擬声・擬態語 (囲み)》.

ぺちゃんこ ―動 (平らになる) be flattened; (平らにする) flatten ⑭; (強い力で押しつぶされる) be crushed; (押しつぶす) crush ⑭; (柔らかい物が押しつぶされる) be squashed; (柔らかいものをつぶす) squash ⑭; (地上に倒される) be level(l)ed to the ground. 《☞ つぶす; つぶれる; おしつぶす; 擬声・擬態語 (囲み)》.
¶ かわいそうに人形は*ぺちゃんこになった The poor doll *was flattened*. // 彼はうっかり箱の上に座って*ぺちゃんこにしてしまった He accidentally *crushed* the box by sitting on it. // だれかがトマトを踏みつけて*ぺちゃんこにした Someone stepped on the tomato and *squashed* it. // 地震で多くの家が*ぺちゃんこになった (⇒ 地上に倒れた) Many houses *were level(l)ed to the ground* in the earthquake.

べつ 別 **1** «他の» ―形 (いま 1 つの) another; (他の) other ★ another, other は代名詞としても用いられる; (異なる) different, distinct 語法 一般的に違っているときには different を用い, はっきり区別できることを強調したいときには distinct を用いる; (別々の) separate; (新しい) new. ―副 (ほかのところで) elsewhere; (別に) else 語法 別の「人」someone else, 別の「もの」something else, 別の「場所」somewhere else というように, 普通はほかの語の後に付けて用いる. 《☞ ほか》.

へ

¶ *別のを見せて下さい Please show me 「*another* (one) [some *others*; *other* ones]. // 観察と理解は *別だ Observation is one thing, and understanding (is) *another*. / (⇒ 2つの異なるものだ) Observation and understanding are two 「*different* [*distinct*] things. // この語は *別の意味に解釈できる This word admits of 「a *different* [*another*] interpretation. // 私たちは *別々の部屋に寝た We slept in *separate* rooms. // 私はすぐに *別の (⇒ 新しい) 方法を見つけねばならなかった I had to find a *new* method as soon as possible. // 彼は何か *別なこと [*別の人のこと] を考えていた He was thinking about 「something *else* [someone *else*]. // この説明は *別にいたします (⇒ ほかのところで) The explanation will be given *elsewhere*.

2 «除外» — [副] (離して) apart; (わきにとっておいて) aside. — [前] (…を除いて) except …; (…であることを除いて) except for …; (…はさておき) apart [aside] from … — [名] (例外) exception [C]. 《☞ ほか; のぞく[1]》.

¶ 不時の場合のためにそのお金は *別にしておきなさい I advise you to set 「*aside* [*apart*] the money for an emergency. // 仕事とは *別に趣味を持ちなさい Try to have a hobby *apart from* your work. // 2, 3 の文法上の誤りは *別として, 君の作文はとてもよかった Your composition was very good, *except for* a few grammatical mistakes. [語法] except for で導かれる句は前の文全体にかかる. // 彼女は *別だ (⇒ 例外だ) She is an *exception*.

3 «余分» — [形] (余分な) extra; (付加された) additional. — [名] (追加料金) extra [C]. — [副] (その上) besides; (加えて) in addition.

¶ コーヒーのお代わりを *別に払わされた I had to pay *extra* for another cup of coffee. // 私だけに *別の宿題が出された I alone was given *additional* homework. // 大人が 20 人, *別に子供が 2 人いた There were twenty grown-ups, and two children *besides*.

4 «特別» — [形] (特定の) particular; (特別の) special. — [副] particularly, in particular, especially. 《☞ とくに (類義語); とくべつ; べつだん》.

¶ 今週は *別に予定はない (⇒ 特別に何もすることがない) I have nothing *particular* to do this week. // 「どうしたの」「*別に」 "What happened?" "*Nothing*." // 私は *別にうれしくも悲しくもなかった (⇒ 何も特別なものを感じなかった) I felt nothing *special*, neither joy nor sorrow. // 彼女には *別に責任はない There is no responsibility on her part. [語法] no, nothing という否定語を用いて, 「別に」というニュアンスが出る.

5 «区別» — [名] distinction [C] ★「差異」という抽象的な意味では [U]. — [前] (…によって) by … ★ 判断の基準を示す; (…に従って) according to … 《☞ くべつ》.

¶ 公私の *別をつけるべきだ We must 「make a *distinction* [*draw a line*] between official and personal matters. // 男女 [年齢] の *別なくだれでもその会に入会できる Anyone can join the society without *distinction* of 「sex [age]. / (⇒ …にかかわらずだれでも) Anyone, *regardless of* 「sex [age], can join the society. // 私は項目 *別に一覧表を作った I made a list 「*according to* the items [item *by* item].

べっかく 別格 — [形] (特別の) special; (例外的な) exceptional. 《☞ とくべつ》. ¶ 彼女は *別格の扱いを受けた She received 「*special* [*exceptional*] treatment. // 彼は *別格だ He is *exceptional*.

べっかん 別館 annex [C]. ¶ ホテルの *別館 an *annex to* a hotel

べっきょ 別居 — [動] (離れて住む) live apart (from *one's* 「family [husband; wife]); (別々の家に住む) live 「separately [in separate houses]. — [名] separation [U]. — [形] (仲たがいした) estranged.

¶ 彼は *別居して東京にいる He is now in Tokyo, *living apart from his family*. // 彼らは目下 *別居中だ They *are* now *living* 「*separately* [*apart*]. // 彼女は *別居中の夫に電話をかけた She called up her *estranged* husband. // *別居生活 3 年目です This is my third year of *separation* from my 「wife [husband].

べつくち 別口 — [形] (もう1つの) another; (異なった) different; (特別の) special. — [名] (別の部類) separate item [C]; (別の[異なった] ルート) another [different] channel [C]. 《☞ べつ》.

べっけんたいほ 別件逮捕 — [動] (もう1つの犯罪で[ほかの容疑で]…を逮捕する) arrest … 「for another crime [on other charges] 《☞ たいほ[1]》.

べっこう 鼈甲 tortoiseshell [tɔ́ətə(s)ʃèl] [U]. **べっ甲細工** tortoiseshell work [U].

べっさつ 別冊 separate volume [C]; (雑誌の) extra 「number [issue] [C]. **別冊付録** extra (to a magazine) [C].

べっし[1] 別紙 (はり付けた紙) attached 「sheet [paper] [C]; (もう1枚の) another sheet. 《☞ かみ[2] [語法]》. ¶ *別紙の通り as (is) stated in the *attached* 「*sheet* [*paper*]

べっし[2] 蔑視 — [動] (軽蔑する) despise (他) ★ やや文語的; (見下す) look down 「on [upon] (*a person*) ★ 口語的; (あざける) scorn (他). — [名] (軽蔑) contempt [U]; (軽視) disregard [U]. 《☞ けいべつ (類義語)》.

べっしつ 別室 (もう1つの部屋) another room ★ 単数形で; (別に分かれた部屋) separate room [C]. 《☞ へや》.

べつじょう 別状 ¶ 彼のけがは命に *別状はないので安心して下さい Please don't worry. His injuries are not serious, and *won't endanger his life*.

べつじん 別人 (異なった[ほかの]人) different [another] person 《☞ みちがえる; うまれかわる》. ¶ 彼女はまったく *別人のようだ (⇒ 違って見える) She looks 「*different* [like *another person*]. / She is *not what she was*.

べっせかい 別世界 (もう1つの[異なる]世界) another [different] world.

べっそう 別荘 (小規模のもの) cottage [C]; (大きくて豪華なもの)《英》villa [C]; (夏用の) summer ˹house [cottage] [C]. [参考] 日本の一般的な小規模な別荘は cottage または summer house と訳すのがよい.

べったり ― [副] (一面に) all over ... ― [副] (しっかり) fast. 《☞ べたべた; べたりと; べっとり; 擬声・擬態語 (囲み)》.
¶エンジンには油が*べったりついている There is oil *all over* the engine. / (⇒ 油で覆われている) The engine *is covered* with oil. // チューインガムがズボンに*べったりくっついた The gum stuck *fast* to my pants. // 彼は権力に*べったりだ (⇒ 常に権力の味方だ) He *is always* ˹*for* [*on the side of*] authority.

べつだん 別段 ― [形] (ある目的などのための特別の) special; (具体的に指摘できる特定の) particular. ― [副] specially; particularly, in particular. 《☞ とくに (類義語); べつ》.
¶私はきょうは*別段用事はない (⇒ 特にすることがない) I have nothing ˹*special* [*in particular*] to do today. // *別段これといった理由もなく彼女は退学した She quit school for no ˹*particular* [*special*] reason.

ヘッディング (サッカーの) heading [U].

べっと 別途 ― [形] (特別の) special; (余分な) additional; (料金など追加の) extra; (付加的な) side. ― [名] (別途料金) extra [C]. ― [副] (後ほど) later; (別に) separately. 《☞ べつ; ついか》.
¶彼には*別途収入がある He has ˹(an) *extra* [(a) *side*] income. // それについては*別途料金を申し受けます Please pay [You will be charged] *extra* for it. // それについては*別途考慮します We will consider how to deal with it *later*. // 旅費は*別途支給します We'll give you a *separate* allowance for your travel expenses.

ベッド bed [C] 《☞ とこ [参考]; ふとん (挿絵)》.
¶私の家では*ベッドで寝ています We ˹use [sleep in] Western-style *beds* in our home. [語法] 単に bed だけでは当たり前のことと受け取られ, 意味不明となる. // 私は*ベッドに入った [*ベッドから出た] I got ˹into [out of] *bed*. // この*ベッドは寝心地がよい [悪い] This *bed* is ˹comfortable [uncomfortable] to sleep in. // 私は毎朝*ベッドを整える (⇒ ベッドを作る) I make my *bed* every morning. [参考] ベッドのマットレスにシーツをきちんとはさみ込み, 掛け布団を直して, すぐ寝られるようにきちんとすること. // けさ私は*ベッドで軽い食事をとった I had a light meal *in bed* this morning. [語法] in bed は冠詞を付けない. // シングル[ダブル]*ベッド a ˹single [double] *bed* 《☞ ホテル (囲み)》 // 2段*ベッド a bunk *bed*
ベッドカバー bedspread [C] **ベッドシーン** bedroom scene [C] **ベッドタウン** commuter town [C] ★ 大都市周辺の通勤者の住宅地の総称としては bedroom suburbs. ベッドタウンは和製英語. 《☞ 和製英語 (囲み)》 **ベッドルーム** bedroom [C] 《☞ しんしつ (挿絵)》.

ペット pet [C]. ¶*ペットを連れての入場はご遠慮下さい (⇒ ペットを持ち込まないで下さい) Please do not bring your *pets* with you. / No *pets*. 《☞ 掲示の英語 (囲み)》 **ペットの店** pet shop [C] 《☞ 店の呼び名 (囲み)》.

「ピクニック地区ではペットの入場はご遠慮下さい」という掲示

ヘッドホーン headphones ★ 通例複数形で. 《☞ オーディオ (挿絵)》.

ヘッドライト headlight [C], headlamp [C] (↔ taillight, tail lamp) ★ いずれも前者のほうが普通. 《☞ 自動車 (囲み); オートバイ (挿絵)》.
¶*ヘッドライトをつけなさい [消しなさい] Turn [Put] ˹on [off] ˹the [your] *headlights*.

べっとり ¶彼のズボンには*べっとり血がついていた (⇒ 血にまみれていた) His trousers *were smeared with* blood. / (⇒ 厚い血の汚れがついていた) There was *a thick bloodstain* on his trousers. // 彼女の額には*べっとり油汗がにじんでいた (⇒ 一面に覆われていた) Her forehead *was covered with* greasy sweat. 《☞ べったり; 擬声・擬態語 (囲み)》

べつに 別に (特に) particularly; (余分に) in addition; (別々に) separately. 《☞ べつだん; べっと; とくに (類義語)》.

へっぴりごし へっぴり腰 ¶彼は*へっぴり腰で (⇒ 不格好なやり方で) ライフルを構え, ライオンをねらった He aimed his rifle at the lion *in* ˹*a clumsy* [*an awkward*] *way*.

べつびん 別便 separate cover [U]. ¶その本は*別便で送りました I sent the book ˹under *separate cover* [(⇒ 別に) *separately*].

べつべつ 別別 ― [形] (分離した) separate; (異なる) different; (数種の) several; (めいめいの) respective; (各自の) individual. ― [副] (離れて) separately, apart; (幾つかの違った方法で) severally; (1つずつ) one by one; (単独で) singly; (個人個人で) individually. 《☞ ここ²; こべつ; それぞれ》.
¶私たちは*別々の家に住んでいる We live in *separate* houses. // 彼らに*別々な課題が与えられた They were given *different* assignments. // *別々の方法で試してごらん Try ˹*several* [*different*] methods. // その夫婦は*別々に暮らしている That married couple ˹is [are] living ˹*separately* [*apart from* each other]. 《☞ べっきょ》 // 私たちは皆*別々の (⇒ 個人個人の) ロッカーを持っている All of us have ˹*individual* [*our own*] lockers.

べつむね 別棟 outbuilding [C], 《英》outhouse [C]. 《☞ べっかん》.

べつめい 別名 (もう1つの名前) another name ★ 単数のみ; (あだ名) byname [C], nickname [C]; (またの名) alias [éiliəs] ★ 副詞としても用いられる; (ペンネーム) pseudonym [sú:dənìm] [C]. 《☞ つうしょう²; あだな》.
¶彼はスミス*別名はゴールドスミスだ He is

Smith *alias* Goldsmith. / (⇒ スミス氏はゴールドスミスの名でも知られている) Mr. Smith *is also known as* Goldsmith.

へつらい flattery Ⓤ (☞ おせじ).

へつらう (取り入ろうと努める) play up to ... ★ 口語的; (お世辞を言う) flatter ㊀ ★ 一般的な語. 必ずしも悪い意味ばかりではない; (贈り物やおべっかで…の機嫌をとる) curry favor with ..., apple-polish ㊀ [参考] 後者は子供が先生にきれいにふいてつやのあるりんごを持参して気に入られようとしたことから出た口語的表現. (☞ おせじ; とりいる; こびる).
¶ 彼は重役に*へつらって早く昇進した He *played up to* the directors and got a quick promotion. // 彼はいつも上役に*へつらっている He is always trying to ⌈*curry favor with* [*apple-polish*] his boss.

べつり 別離 (人を後に残して別れること) parting Ⓤ; (一緒にいた人と別れること) separation Ⓤ. (☞ わかれ). ¶ 私たちは*別離を惜しんだ (⇒ 別れの悲しみを感じた) We ⌈felt [experienced] the sorrow of *parting*.

ベテラン —[名] (熟達者) expert Ⓒ, man [woman] with extensive experience Ⓒ [参考] 英語の veteran は普通「除隊になった軍人」の意で使われる. —[形] (熟練した・専門家の) expert; (経験豊かな) experienced. (☞ じゅくれん). ¶ *ベテラン教師 an *experienced* teacher // 彼は心臓外科の*ベテランです He is an *expert* heart surgeon.

ぺてん —[動] (一杯食わせる) play ⌈a trick [tricks] on *a person* ★ ふざけてだます意にも用いる; (利益を得るためにだます) cheat ㊀; (だまして…させる) trick *a person* into *doing*; (金などをだまし取る) swindle *a person* out of ... —[名] trickery Ⓤ; swindle Ⓒ; (詐欺行為) fraud Ⓤ. (☞ だます; さぎ[1]; おとしいれる).
¶ 彼は友人を*ぺてんにかけた He ⌈*played a trick on* [*cheated*] his friend. // 彼は何人かの独身女性を*ぺてんにかけて金を巻き上げた He ⌈*swindled* [*tricked*] several unmarried women *out of* their money.
ぺてん師 (詐欺師) swindler Ⓒ.

へど 反吐 —[名] (吐いたもの) vomit Ⓤ. —[動] (食べた物を吐く) vomit ㊁ ㊀, throw up ㊁ ★ 前者は多少堅苦しい言葉. 後者は口語的で, くだけた言い方; 《俗語》 spew (up) ㊁ ㊀. (☞ はく[1]; はきけ; むかつく).
¶ その時私は*へどが出そうだった I felt like ⌈*vomiting* [*throwing up*] then. // こういう厚かましい男を見ると*へどが出そうになる (⇒ 私をむかつかせる) Impudent men like him make me *sick*. / The very sight of such an impudent man is quite *disgusting*.

べとつく —[動] (くっつく) stick to ... —[形] (粘っこい) sticky; (ぬれて柔らかく, べったりとくっつく) clammy. (☞ くっつく; べとべと; べたつく).

ベトナム —[名] [固] Vietnam, Viet Nam [viètnɑ́:m]. —[形] Vietnamese [vìètnəmí:z]. **ベトナム語** Vietnamese Ⓤ **ベトナム人** Vietnamese Ⓒ ★ 単複同形; (総称) the Vietnamese.

へとへと ¶ 家に帰ったとき, 私は*へとへとだった I *was* ⌈*tired out* [*exhausted*] when I ⌈came [got] home. [語法] tired out は口語的. exhausted はそれよりはやや形式ばっているが, 消耗していることをいうのによく使う. (☞ くたくた; へたばる; 擬声・擬態語 (囲み))

べとべと —[形] (液状・半液状のものがどろどろして) thick; (のりのようにくっついて) sticky; (貝の身に触るようにぬれて柔らかくべっとりとする) clammy; (ペンキなどが乾かないで手などを汚す) wet and smeary. (☞ 擬声・擬態語 (囲み); べたべた; べったり; べたつく). ¶ 体中が*べとべとする I feel *sticky* all over.

へどもど ¶ 彼女はその予期しない質問に*へどもどして答えられなかった (⇒ 途方に暮れた) She *was at a loss* (over) how to answer the unexpected question. // 彼は外人に話しかけられて*へどもどした (⇒ ろうばいした[当惑した]) He *was* ⌈*confused* [*embarrassed*] when a foreigner spoke to him.

へどろ (泥状の沈殿物) sludge Ⓤ; (軟泥) slime Ⓤ; (水底の軟泥) ooze Ⓤ [語法] 以上の語に of industrial wastes (=産業廃棄物の) や chemical などの修飾語を付けて意味をはっきりさせる. ¶ この水域は*へどろで汚染されている These waters are polluted by the *sludge* of industrial wastes.

ペナルティキック (サッカーの) penalty kick Ⓒ.

ペナント (野球などの優勝旗や細長い旗) pennant Ⓒ (☞ ゆうしょう[1]). ¶ 去年はジャイアンツが*ペナントを勝ち取った The Giants won the *pennant* last year. **ペナントレース** pennant race Ⓒ.

べに 紅 (化粧用のほお紅や口紅, またはその色) rouge [rú:ʒ] Ⓤ; (棒状の口紅) lipstick Ⓒ; (鮮紅色) crimson Ⓤ. (☞ 色 (囲み)).

ペニー (英国のペニー貨幣) penny Ⓒ [語法] penny は 100 分の 1 ポンドで, 金額の場合の複数形は pence, 1 ペニー銅貨の個数を示す複数形は pennies となる. (☞ 金銭 (囲み)).

ペニシリン (抗生物質の一種) penicillin [pènəsílin] Ⓤ.

ベニス —[名] [固] Venice. —[形] Venetian [vəní:ʃən].

ベニヤいた ベニヤ板 (合板(ごうはん)) plywood Ⓤ ★ ベニヤ板を作るための薄い単板を veneer Ⓤ という.

へばりつく へばり付く (しがみついて離れない) stick to ...; (まといついて離れない) cling to ...; (のりなどでぴったりとついて離れない) be glued to ... (☞ くっつく; しがみつく; こびりつく).
¶ 彼は一日中机に*へばりついていた He *stuck to* his desk all day. // 弟は母のそばに*へばりついていた My little brother *clung to* ⌈my [our] mother's side.

へばる (くたくたに疲れる) be tired out, be exhausted ★ 前者のほうが口語的. ただし後者のほうが意味が強い. (☞ へたばる; つかれる; くたびれる).

へび 蛇 snake Ⓒ ★ 一般的な語; (大きくて毒のある蛇) serpent Ⓒ ★ やや文語的. しばしば悪賢いものの比喩として使われる.

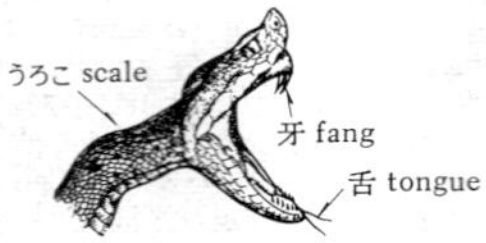

> **蛇のいろいろ**
> がらがらへび rattlesnake, にしきへび python [páiθɑn], まむし viper [váipə], コブラ cobra, 青大将 common blue-green snake, やまかがし (首に黄色の環紋のある) ring(ed) snake, grass snake, 大蛇 big snake, boa

ヘビーきゅう ヘビー級 heavyweight class Ⓒ. **ヘビー級の選手** heavyweight Ⓒ.

ヘブライご ヘブライ語 Hebrew Ⓤ.

へべれけ ¶ 彼は*へべれけに酔っている He *is* ˹*blind* [*dead*] *drunk*. 《☞ よっぱらう》

へぼ ― 形 (下手な) poor ; (熟練していない) unskillful. 《☞ へた[1]》.

へま ― 名 (失敗) mistake Ⓒ ; (ばかげた大失敗) blunder Ⓒ. ― 動 (へまをする) make a ˹mistake [blunder]. 《☞ どじ ; しくじる》.

へや 部屋 room Ⓒ ★ 一般的な語 ; (アパートの) apartment Ⓒ, 《英》 flat Ⓒ ★ アパート内の 1 部屋または 1 組になっている幾つかの部屋. 《☞ 家・部屋 (囲み)》. ¶ 私の家には*部屋が 4 つある My house has four *rooms*. // 彼はホテルに*部屋を取った (⇒ 予約した) He reserved a *room* at the hotel. 《☞ ホテル (囲み)》

へら 篦 (物を混ぜたり伸ばしたりする) spatula Ⓒ ; (裁縫用の) tracing spatula Ⓒ.

へらす 減らす (数・大きさ・程度・速度などを) reduce ㊀ ★ 意味の広い一般的な語 ; (数などを) decrease ㊀ (↔ increase) ★ この語は ㊁ の用法のほうが普通 ; (費用などを切り詰める) cut down ㊀ ; (外的な力でだんだんと少なくする) diminish ㊀ ★ 形式ばった語だが, reduce よりも明確な意味を持つ. 《☞ へる[1]》.
¶ 彼は体重を*減らそうとしている He is trying to *reduce* (his) weight. // 費用をもっと*減らすようにと言われた We were told to ˹*cut down* [*reduce*] our expenses. // 交通事故の数を*減らさなくてはならない We must ˹*decrease* [*reduce*] the number of traffic accidents. // あなたは肉を*減らして (⇒ 少なく食べて) 野菜をもっと食べなければいけません You must eat *less* meat and more vegetables.

へらずぐち 減らず口 (言い返し) retort Ⓒ. **へらず口をたたく** ¶ *へらず口をたたくな (⇒ 口をつぐんでいろ) *Hold your tongue*. / (⇒ 口答えするな) Don't *talk back*.

べらべら ― 形 (おしゃべりな) talkative. ― 副 (間断なく) incessantly. 《☞ ぺらぺら ; 擬声・擬態語 (囲み)》. ¶ 彼女は*べらべらとよくしゃべる She is very *talkative*. / She talks *incessantly*.

ぺらぺら **1** 《流暢(りゅうちょう)に》 ― 副 (よどみなく) fluently 《☞ りゅうちょう ; 擬声・擬態語 (囲み)》. ¶ 彼は英語が*ぺらぺらだ (⇒ うまい) He is a very good speaker of English. / (⇒ 流暢に話す) He speaks English *fluently*.
2 《薄っぺら》 ― 形 (薄い) thin ; (薄くて弱い) flimsy. 《☞ うすい》. ¶ 彼は*ぺらぺらの紙を 1 枚くれた He gave me a *thin* sheet of paper.

べらぼう ― 形 (道理に合わなくてばかばかしい) absurd ; (程度のひどい) awful, terrible ★ 以上 2 語は口語的で会話でよく用いられる ; (常軌を逸した・法外な) unreasonable ; (値段や要求などが途方もなく不当な) exorbitant ★ 形式ばった語. ― 副 awfully ; terribly. 《☞ ばかばかしい ; とほう ; ほうがい》.
¶ 何て*べらぼうな要求なんだ What an ˹*absurd* [*unreasonable*] demand! // 東京の*べらぼうな地価の高騰はほかの国でも前例がない The *exorbitant* rise in land prices in Tokyo is unparallel(l)ed in other countries. // その試験は*べらぼうに難しかった The examination was ˹*awfully* [*terribly*] ˹hard [difficult].

ベランダ veranda Ⓒ, verandah Ⓒ, 《米》 porch Ⓒ. 《☞ 家・部屋 (囲み)》.

へり 縁 (鋭くとがった端) edge Ⓒ ; (布や着物の) hem Ⓒ ; (コップや茶わんなど円形のものの) brim Ⓒ ; (畳などの) border Ⓒ. 《☞ ふち[1] ; はし[2]》.

ヘリウム 【化学】 helium [híːliəm] Ⓤ 《元素記号 He》.

ペリカン pelican [pélikən] Ⓒ.

へりくだる 遜る ― 動 (謙遜する) humble *oneself*. ― 形 (自らを卑下した) humble ; (慎み深い) modest. ― 副 humbly ; modestly. 《☞ けんそん ; ひかえめ》. ¶ 彼の前で*へりくだる必要はない You needn't *humble yourself* before him. // 彼は彼女に対して*へりくだった態度をとった He ˹took [assumed] a ˹*humble* [*modest*] attitude ˹to [toward] her.

へりくつ 屁理屈 ― 動 (理屈をこねる) chop logic ; (つまらぬ異議をとなえる) cavil ㊁ ; (あいまいな言葉で言い抜ける) quibble ㊁. ― 名 (あら捜し) cavil Ⓒ ; (こじつけ・言い逃れ) quibble Ⓒ. 《☞ りくつ ; こじつけ ; きべん》. ¶ 彼はいつも*へりくつをこねる He always ˹*quibbles* [*chops logic*].

ヘリコプター helicopter [héləkὰptə] Ⓒ ★ copter と略されることがある. **ヘリコプター発着場** heliport Ⓒ.

へる[1] 減る **1** 《減少する》 ― 動 (量が少なくなる) become less ; (数が少なくなる) become fewer ★ 以上どちらも平易な言い方 ; (次第に少しずつ減少する) decrease ㊁ (↔ increase), lessen ㊁ ; (不足する) run short (of ...) ; (数量などが減少する) fall off ㊁ ; (衰えて低下する) decline ㊁ ; (貴重なものが次第になくなる) dwindle ㊁ ; (だんだんと小さくなる) diminish ㊁ ★ 形式ばった語 ; (量・額・程度・範囲などが) be reduced. ― 名 decrease Ⓤ. 《☞ へらす ; げんしょう[1]》.
¶ 事故の数が*減った Accidents *have* ˹*decreased* in number [*become fewer*]. // 人口はだんだん*減っている The population *is* ˹*decreasing* [*on the decrease*]. // 最近売り上げが*減ってきた Sales *have* ˹*declined* [*fallen off*] recently. // 輸出は 5% *減った (⇒ 5% の減少を示した) Exports showed a *decrease*

of five percent. 〔語法〕 後に数量を表す語句がくるときには decrease に不定冠詞が付く. // 貯金が*減ってしまった My savings *have dwindled.* // 彼らの平均収入がひどく*減った (⇒下がった) Their average income *dropped* sharply. // 注文が 3 割も*減った (⇒ 下がった) Orders *were down* by 30 percent. // 私は体重が3キロ*減った (⇒3キロ失った) I *have lost* three kilograms.

2 «磨滅する»: (もう使えないほど) wear out (自) (☞ すりへる; まめつ). ¶ 安い靴はすぐにすり*減ってだめになってしまいますよ Cheap shoes (will) *wear out* quickly.

3 «空腹になる»: (腹が) be hungry (☞ くうふく; はら).

へる[2] 経る **1** «経過する»: (時間や年月などが過ぎ去る) pass (away) (自); (過ぎて行く) go by (自). (☞ たつ[2]). ¶ 父が死んでから 10 年を*経ている Ten years *have* ˹*passed* [*gone by*] since my father died. / (⇒ 死んでから 10 年になる) It ˹*has been* [*is*] ten years since my father died. ★ [ ] 内の用法は主に《英》.

2 «通過する» ── [動] (通り抜ける) pass [go] through ... ── [前] (...経由で) via [vàiə] ..., by way of ... (☞ けいゆ[1]). ¶ 私たちは小さな村を*経て (⇒ 通過して) 目的地に着いた We *passed through* a small village and arrived at our destination. // 彼らはアンカレッジを*経てニューヨークへ飛んだ They flew to New York ˹*by way of* [*via*] Anchorage.

3 «経験する»: experience (他) ★ 一般的な語; (苦難・苦労などを) pass [go] through ... ¶ 私はいままでに多くの困難を*経てきた I *have* ˹*passed* [*gone*] *through* many difficulties.// それは十分な論議を*経て[*経ないで]決められた (⇒ 議論の後で[議論しないで]) It was decided ˹*after* [*without*] a full discussion.

ベル bell Ⓒ ★ 最も一般的な語; (戸口の) doorbell Ⓒ. (☞ よびりん; チャイム; すず[1]). ¶ 私は*ベルが鳴るのを聞いた I heard the *bell* ring. // 玄関の*ベルが 3 回鳴った The *doorbell* rang three times. // 彼は非常*ベルを鳴らした He rang the emergency *bell.* // 試験は*ベルとともに始まった The examination began with the *bell.*

ペルー ── [名] (固) Peru [pərú:]. ── [形] Peruvian [pərú:viən]. **ペルー人** Peruvian Ⓒ.

ベルギー ── [名] (固) Belgium [béldʒəm]. ── [形] Belgian [béldʒən]. **ベルギー人** Belgian Ⓒ.

ペルシャ ── [名] (固) Persia [pə́:ʒə]; (現在の公称) Iran. ── [形] Persian; Iranian. (☞ イラン). **ペルシャ語** Persian Ⓤ **ペルシャ人** Persian Ⓒ **ペルシャ猫** Persian cat Ⓒ **ペルシャ湾** the Persian Gulf.

ベルト (バンド) belt Ⓒ; (座席の) seat belt Ⓒ. (☞ バンド[1]). ¶ 彼は腰に革の*ベルトを締めていた He wore a leather *belt* around his waist. // 着陸[離陸]に備えてシート*ベルトを締めて下さい Please fasten your *seat belts* for ˹landing [takeoff].

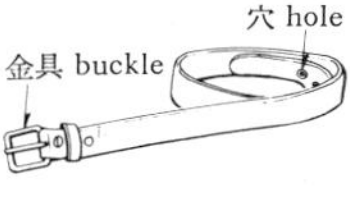
穴 hole
金具 buckle

ベルトコンベヤー belt conveyer Ⓒ.

ヘルメット helmet Ⓒ; (建設工事でかぶる安全帽) hard hat Ⓒ. ¶ 建設現場では*ヘルメット着用のこと (掲示) All personnel are required to wear *hard hats* on the building site!

A HARD HAT JOB
ALL PERSONNEL ARE REQUIRED TO
WEAR HARD HATS
ON THE BUILDING SITE!
All Visitors Please Check in at the
Field Office Prior to Entering the Job Site
GEORGE B.H. MACOMBER

ベルリン Berlin [bə:lín].

ベレーぼう ベレー帽 beret [bəréi] Ⓒ (☞ ぼうし[1]).

べろべろ ¶ 彼は酔って*べろべろだ (⇒ すっかり酔っている) He is ˹*blind* [*dead*] *drunk.* (☞ 擬声・擬態語 (囲み))

ぺろぺろ ¶ その子はお皿を*ぺろぺろなめた The child *licked* the plate. (☞ なめる; 擬声・擬態語 (囲み))

ぺろりと **1** «舌を出すさま» ¶ 彼は*ぺろりと舌を出した He *stuck his tongue out.* 〔参考〕 英米では日本の習慣のように失敗したとき, あるいはうまくごまかしたりしたときなどに舌を出すことはしない. 人への軽蔑, 医者の診察などで出す場合のほかは, 説明的に訳さないと意味が通じない場合が多い. (☞ 擬声・擬態語 (囲み))

2 «またたく間に食べてしまうさま» ── [動] finish eating ... very quickly (☞ たいらげる; 擬声・擬態語 (囲み)).

¶ 彼はご飯を*ぺろりと 5 杯食べた He *ate* five bowls of rice *very quickly.*

へん[1] 変 ── [形] (変な) strange; peculiar; odd; queer; curious; (風変わりな) eccentric; (怪しい) suspicious, 《口語》 fishy; (気が変な) crazy, mad, out of *one's* mind.

【類義語】 最も一般的な語は **strange**. この語は見たり聞いたりしたこともないという意味で変だということを表すが,「奇妙な」「不思議な」などの日本語にも当たるかなり意味の広い言葉. 以下の語の代わりに用いられる場合も多い. ある人またはものなどの一種独特な習慣があって変なのは **peculiar** で, 必ずしも悪い意味でない. 常識や基準からはずれていて変なのは **odd** で, この語は悪いとか, 間違っているというニュアンスを含む. 原因不明で, 説明できないように風変わりで変なのが **queer**. この語には「(男が)同性愛の」という意味があるので注意がいる. 好奇心をかき立てるように奇妙でおもしろく変なのが **curious**. 行動などが世間の常識とは違っていて風変わりで変人的なのが **eccentric**. 怪しげな意味で変なのが **suspicious**. ほぼ同じ意味でより口語的なのが **fishy**. 気が変で狂っているという意味の語が **crazy** だが, この語は実際に精神的な障害があるという意味ではなく, 比喩的に常識をはずれていることをいうのによく使われる. 口語的に気が変であることを表す語が **mad**, それより少し改まった言葉が **out of one's mind**. (☞ おかし

い；きみょう；ふしぎ》

¶ *変な物音がした (⇒聞こえた) I heard a *strange* noise.

彼は*変な癖がある He has a ｢*strange* [*peculiar*; *queer*] habit.

僕より前に山田君がそのことを知っているのは*変だ It's *strange* that Yamada knew that before I did.

彼は*変な人だ He is ｢a *strange* [a *peculiar*; an *eccentric*] man. 語法 前後関係によって形容詞が変わる.

この英語は少し*変だ (⇒ぎこちない) This English (expression) is a little *awkward*. 語法 incorrect, wrong (＝間違っている) を「変だ」にあてて, 少しきつすぎる場合によく使われる. もちろんはっきりした間違いは This is grammatically wrong. と言える.

エンジンの調子が*変だ (⇒調子が狂っていておかしい) Something is *wrong* with the engine.

昨晩彼女の家の前で*変な人影を見た I saw a *suspicious* person in front of her house last night.

こんな夜中に電話をかけるなんて頭が*変なんじゃないの You must be *crazy* to call me up at this time of (the) night.

へん² 辺 **1** «地域» ― 图 (近く) neighborhood Ⓒ; (全体に対する1部) part Ⓒ; (地区) area Ⓒ 語法 日本語の「辺」は必ずしも以上のような英語には訳されず, 前後関係によっては前置詞を用いたりして表されることもあることに注意. ― 前 (…のあたり) around …; (…の回り) about …; (…の近く) near …. 《☞ きんじょ; あたり¹; ちかく¹; ふきん¹》.

¶「この*辺に銀行はありますか」「すみません. 私もこの*辺は初めて来たのでわかりません」"Is there a bank ｢*around* [*about*; *near*] here?/ Is there a bank *in* this *neighborhood*?" "I'm sorry. I'm a stranger *here*." ∥ 私はどこかこの*辺で財布を落とした I dropped my purse somewhere *around* here. ∥ この*辺は冬はとても寒いです It's very cold in this *part* of the country in (the) winter. ∥「どの*辺 (⇒どこ) が痛みますか」「この*辺が痛みます」"Where do you feel pain?" "I have a pain right *here*."

2 «程度・範囲» ¶ あしたは早起きしなければなりませんので, この*辺で (⇒ここで) ペンを置きます I will stop (writing) *here* because I have to get up early tomorrow. 《☞ このへん; そのへん》∥ 私は彼の話がどの*辺まで (⇒どこまで) 信用できるのかわからない I don't know *how* ｢*far* [*much* of] his story is true.

3 «多角形の»: side Ⓒ 《☞ さんかく (挿絵)》.

-へん …編 (…によって編さんされた) compiled by …; (…によって編集された) edited by … ★ 前者は特に集めた資料を元に本などを作ることをいう. 《☞ へんしゅう; へんさん》. ¶ A*編英和辞典 The English-Japanese dictionary ｢*compiled* [*edited*] *by* A

べん¹ 便 **1** «便利» ― 形 (都合のよい) convenient (↔ inconvenient). ― 图 convenience Ⓤ; (公共の乗り物の) service Ⓤ. ― 副 conveniently. 《☞ べんり》.

¶ 彼の家は駅のそばで交通の*便がよい (⇒駅に好都合だ) His house is *convenient* to the station. / His house is *conveniently* ｢near [close to] the station. ∥ その団地は交通の*便がよい The ｢apartment [housing] complex is *convenient* to (the) transportation (facilities). ∥ ここはバスの*便が悪い This place is *inconvenient* for catching buses.

2 «便通»: (大便) feces (《英》 faeces) ★ 複数形で; (婉曲的に) stool Ⓒ ★ しばしば複数形で. 腰掛け式の便器から; (排泄物・排泄行為) excretion Ⓤ ★ 形式ばった語なので, 必要に応じて人前でも使える. 《☞ つうじ》.

¶ 赤ちゃんの*便は正常だった The baby's ｢*feces* [*stools*] were normal.

べん² 弁 **1** «植物»: (花びらの) petal Ⓒ.

2 «機械»: (出入りの調節の) valve Ⓒ.

-べん …弁 (方言) dialect Ⓒ; (話すときのなまり) accent Ⓒ. 《☞ なまり¹; ほうげん¹》.

¶ 彼は関西*弁で話す He speaks (in) the Kansai *dialect*. / (⇒関西のなまりで) He ｢speaks [talks] with a Kansai *accent*.

ペン pen Ⓒ ★ 広い意味に使われ, 万年筆やボールペンを含む.

> ペンのいろいろ
>
> 万年筆 fountain pen, ボールペン ball-point pen, シャープペン mechanical pencil, サインペン (先の柔らかい) felt-tip [felt-tipped] pen ★《米》では felt pen というほうが多い; 羽根ペン quill pen

¶「鉛筆で書いてもいいですか」「いいえ, *ペンで書いて下さい」"May I use a pencil?" "No, please use a *pen*." ∥ *ペンを置いて下さい Please put down your *pen(s)*. ∥ *ペンを取って書き始めなさい Pick up [Take (up)] your *pen(s)* and start writing. ∥ この*ペンは書き易い This *pen* is easy to write with. / This *pen* writes well. ∥ *ペンで (⇒著作で) 生活を立てることは難しい It's hard to earn ｢your [a] living by *writing*. ∥ *ペンは剣よりも強し The *pen* is mightier than the sword. 《ことわざ》

ペン画 pen(-and-ink) ｢sketch [picture] Ⓒ, drawing in pen and ink Ⓒ **ペンクラブ** the P.E.N. 参考 International Association of Poets, Playwrights, Editors, Essayists and Novelists (＝国際ペンクラブ) の略. **ペン先** 《米》 penpoint Ⓒ, 《英》 nib Ⓒ **ペン軸** penholder Ⓒ **ペン習字** penmanship Ⓤ **ペンネーム** pen name Ⓒ; (作家の筆名) pseudonym [súːdənìm] Ⓒ **ペンパル, ペンフレンド** (文通友達) 《米》 pen pal Ⓒ, 《英》 pen-friend Ⓒ.

へんあい 偏愛 ― 图 (一方を他方よりも特別に好くこと) partiality (to …; for …) Ⓤ; (えこひいき) favoritism (《英》 favouritism) Ⓤ. ― 動 be partial (to …). 《☞ えこひいき》.

へんあつ 変圧 〘電気〙 ― 图 transformation Ⓤ. ― 動 transform ⑱. **変圧器** transformer Ⓒ.

へんい 変異 (生物の) variation Ⓤ.

べんい 便意 (生理的要求) the call of nature ★ 婉曲的な言い方. ¶ 私は*便意をも

よおした I felt *the call of nature.* / (⇒ 排便したかった) I wanted to *relieve* myself.

へんか 変化 ― [動] (根本的に完全に変わる・変える) change (自)(他); (部分的に変わる・変える) alter (自)(他); (いろいろに変わる・変える) vary (自)(他). ― [名] change [C] ★ 最も一般的な語; (変動) variation [C]; (変更) alteration [C]; (短期間の移り変わり) transition [C]; (形態が変化すること) transformation [U]; (多種多様な変化) variety [U], diversity [U] ★ 後者のほうが改まった語; (文法上の格変化) declension [U]; (動詞の変化) conjugation [U]; (語形変化の総称として) inflection [U]. ((☞ かえる²; かわる¹)).

¶ 天候が急に*変化した The weather *changed* suddenly. // この町はこの 5 年間にずい分*変化した This town *has* ⌈*changed* [*altered*] a great deal in the last five years. // 日中に気温の*変化はあまりない The temperature does not *vary* much during the day. // 時には食事に*変化をつけることが必要だ It is necessary to *vary* your ⌈meals [diet] sometimes. // 私は*変化のない仕事にあきた I am tired of work which has no *variety* at all. // 思春期から大人への*変化は非常に速い The *transition* from adolescence to adulthood is very ⌈quick [fast]. // 日本の四季は*変化に富んでいる Japan has *varied* seasons. // 彼は*変化球 (⇒ シュート[カーブ]) を投げる He throws a ⌈*screwball* [*curve*].

べんかい 弁解 ― [名] (おわび) apology [C]; (言い訳) excuse [C]; (説明) explanation [C]; (正当化) justification [U]. ― [動] excuse *oneself*; apologize (自); explain (他)(自); justify (他). ― [形] (弁解の) apologetic. ((☞ いいわけ; こうじつ; わび¹)).

¶ 彼は期日までに本を返却しなかったことを繰り返し*弁解した He repeatedly *apologized* to me for not having returned the book ⌈in [on] time. // あなたの行為は*弁解の余地がない There's no *excuse* for your conduct. / (⇒そんな行為は正当化することはできない) You cannot *justify* such conduct. // 彼女は遅れたことをいろいろ*弁解した She made many *excuses* for being late. // それは君の失敗の*弁解にならない That does not *explain* your failure. // いまさら*弁解無用だ It is (of) no use trying to ⌈*excuse yourself* [*explain*] now. // *弁解がましいことを言うな Don't say anything *apologetic*.

へんかく 変革 ― [名] (改革) reform [C]; (変更) change [C]. ― [動] reform (他), carry out a reform; change (他). ((☞ かいかく)).

¶ 日本人は急激な*変革を好まない The Japanese do not like ⌈radical [drastic] *changes*.// 彼らは組織の*変革を考えている They are trying to *reform* the system.

べんがく 勉学 ― [名] study [U]. ― [動] study (他)(自). ((☞ べんきょう)).

へんかん 返還 ― [名] (返すこと) return [U]. ― [動] (返す) return (他). ((☞ かえす¹)). ¶ 私たちは北方領土の*返還を要求している We demand the *return* of the Northern Islands.

べんき 便器 (和風の) Japanese-style toilet [C]; (腰掛け式の) (toilet) stool [C]; (おまる) chamber pot [C].

べんぎ 便宜 (都合) convenience [U]; (有利になること) advantage [U]. ¶ 彼は私のためにあらゆる*便宜をはかってくれた He ⌈offered [gave] me every ⌈*convenience* [*advantage*].// *便宜上 A と B は同じと見なします Let's consider A to be the same as B just *for the sake of convenience.*

ペンキ ― [名] (house) paint [U] **[語法]** paint は「絵の具」も意味し, 不明確なので, はっきりさせたいときは house を加える. ― [動] (ペンキを塗る) paint (他).

¶ 彼は*ペンキでドアを緑色に塗った He *painted* the door green. // この塀は*ペンキを塗らなくてはならない (⇒ 塗る必要がある) This fence ⌈needs [((英)) wants] *painting*.// *ペンキがすぐにはげてしまった The *paint* soon ⌈came [wore] off. // *ペンキ塗りたて Fresh [Wet] *Paint* ((☞ 掲示の英語 (囲み)))

ペンキ刷毛(はけ) paintbrush [C] **ペンキ屋** house painter [C]; (看板かき屋) ad [signboard] painter [C].

へんきごう 変記号 〖音楽〗 flat [C].

へんきゃく 返却 ― [名] (物の) return [U]; (金の) repayment [U]. ― [動] return (他); repay (他). ((☞ かえす¹)).

へんきょう¹ 偏狭 ― [形] (心の狭い) narrow-minded (↔ broad-minded); (他人の主張や態度を受け入れない) intolerant ★ 改まった語. ((☞ せまい)).

へんきょう² 辺境 (遠隔の地) remote region [C]; (国境地方) borderland [C]; (特に ((米)) で, 開拓地と未開拓地の境界地方) frontier [C].

べんきょう **1** «勉学» ― [動] (勉強する) study (他)(自), work (自); (学ぶ) learn (他); (大学などで専攻する) major in ..., specialize in ... ― [名] study [U], work [U].

【類義語】最も一般的な語は **study**. この語は元来は研究するという意味を表すが, 小学校から大学まで, 学生が学科に取り組んで勉強することはすべて *study* と言える. また学校で正規の学科として授業を受けることもいう. ((例) 学校ではいろいろな学科を*勉強する I *study* a lot of subjects at school.). *study* よりも口語的で, また意味の広い一般的な語は **work** で, 勉強・仕事などを含めて何らかの作業に取り組むことをいう. 従って, He *works* very hard. と言えば, 仕事に精を出すのか, 勉強家なのかは前後関係でしかわからない. つまり, 英語では勉強も含めてあらゆる作業が *work* で表されるのである. この点は日本語との間にずれがあるので注意がいる. 物事を学んで身につける・覚えるという意味の言葉が **learn** で, *study* と **learn** にははっきりとした意味の差がある. 例えば I *studied* five English words today. と言えば「きょう英語の単語を 5 つ勉強した」ということで, その結果記憶に残った

へ

かどうかは問題としていないが, I *learned* five English words today. と言えば, それは「覚えて身につけた」という意味を表す. 日本語の「私は学校で英語を勉強している」は英語では I *study* English at school. とも I *learn* English at school. とも訳せるが, そのニュアンスの違いには注意する必要がある. 大学などである学科を専攻するという意味では ***major in*** または ***specialize in*** を用いる. (☞ まなぶ)

¶ 彼はいま英語を*勉強している He *is studying* English now. // 「あなたは日曜日には何をしますか」「まず*勉強し, それから友達と遊びます」"What do you do on Sundays?" "First I *study*. Then I play with my friends." // 国語をもっと*勉強しなさい *Study* Japanese harder. // さあ, 英語の*勉強をしましょう Let's ⌈*study* [*learn*] English. // 山田君はとてもよく*勉強する Yamada ⌈*studies* [*works*] very hard. / (⇒ 勉強家だ) Yamada is a hard *worker*. // 「大学では何を*勉強しましたか」「歴史です」"What did you ⌈*major in* [*specialize in*] at college?" "History." // 大学生に*勉強をみてもらっています A college student helps me with my *studies*.

2 «安く売る» ── 動 (値を下げる) cut down the price; (もっと安くする) make ... cheaper; (割引する) give [make] a discount (on ...). (☞ まける; わりびく)

¶ もう少し*勉強してくれませんか Will you *cut the price down* a bit more? / (⇒ もっと安くできませんか) Couldn't you *make* it *cheaper*? // 現金払いなら*勉強いたします (⇒ 割り引きします) We will ⌈*give* [*make*] *a discount* if you pay in cash.

勉強家 hard worker Ⓒ　**勉強部屋** study Ⓒ

[語法] study は「書斎」というニュアンスなので, 子供の勉強部屋には使わない. 子供の場合は単に room でよい. ¶ 太郎は*勉強部屋です Taro is in his *room*.

へんきょく 編曲 ── 名 arrangement Ⓤ ★ 編曲した曲を指す場合は Ⓒ. ── 動 (編曲する) arrange ⓗ. ¶ これはバイオリンのために*編曲されたものです This piece of music *was arranged* for the violin.

へんきん 返金 (返済) repayment Ⓤ; (一度支払われた金を返すこと) refund Ⓤ. (☞ はらいもどす; かえす¹)

ペンギン penguin Ⓒ. ¶ 皇帝*ペンギン an emperor *penguin* // *ペンギンの子 a *penguin* chick

へんくつ 偏屈 ── 形 (風変わりな) eccentric; (頑固な) obstinate [ɑ́bstənət]; (心の狭い) narrow-minded. ── 名 eccentricity Ⓤ; obstinacy Ⓤ. (☞ ふうがわり; がんこ)

へんけい 変形 ── 名 (形を変えること) transformation Ⓤ. ── 動 transform ⓗ.

へんけん 偏見 ── 名 (片寄った考え) prejudice Ⓤ; (個人的好みに基づく先入観) bias [báiəs] Ⓒ ★ 前者は一般的で, 悪い意味で使う. 後者は中立的. (☞ せんにゅうかん; かたよる) ¶ 人種的*偏見 racial *prejudice*

べんご 弁護 ── 動 (言論で擁護する) defend ⓗ; (正当化する) justify ⓗ. ── 名 defense (《英》 defence) Ⓤ; justification Ⓤ.

¶ 法廷では経験豊かな弁護士が彼を*弁護した A lawyer of vast experience *defended* him in court. // だれも彼の*弁護を引き受けなかった Nobody undertook his *defense*. // 自己*弁護 self-*defense* / self-*justification*

弁護士 (一般に) lawyer Ⓒ; (法廷弁護士) counselor Ⓒ, 《英》 barrister Ⓒ　**弁護士会** bar association Ⓒ　**弁護団** (総称) the (defense) counsel; (原告側弁護人) the plaintiff's ⌈lawyer [counsel]; (被告側弁護人) the defense counsel　**弁護人** (法廷での) counsel Ⓒ　**弁護料** lawyer's [legal] fee Ⓤ ★ しばしば複数形で.

へんこう¹ 変更 ── 動 (全面的に変える) change ⓗ; (部分的に変える) alter ⓗ; (一部を修正する) modify ⓗ ★ この順に変更の度合いは弱くなる. ── 名 change Ⓒ; alteration Ⓒ; modification Ⓤ. (☞ かえる²; しゅうせい¹)

¶ 私たちは計画を*変更した We ⌈*changed* [*altered*; *modified*] our plans. // 予定に*変更はありません There is no ⌈*change* [*alteration*] in the schedule.

へんこう² 偏向 ── 名 (標準などからの逸脱) deviation (from ...) Ⓒ. ── 動 deviate (from ...) ⓙ. ¶ 彼は党路線からの右翼的*偏向を厳しく非難された He was severely criticized for his right-wing *deviation(s) from* the party line.

へんさ 偏差 (統計の) deviation Ⓤ. ¶ 標準*偏差 standard *deviation*　**偏差値** deviation (value) Ⓤ.

へんさい 返済 ── 名 (支払い) payment Ⓤ; (払い戻し) repayment Ⓤ. ── 動 (払い戻す) pay back ⓗ ★ 口語的; repay ⓗ; (返す) return ⓗ. (☞ かえす¹)

へんさん 編纂 ── 名 (文書・抜粋などの資料を1冊にまとめること) compilation Ⓤ; (編集) editing Ⓤ. ── 動 compile ⓗ; edit ⓗ. (☞ へんしゅう) ¶ 彼らは新しい辞書を*編纂している They *are compiling* a new dictionary.　**編纂者** editor Ⓒ, compiler Ⓒ.

へんし 変死 ── 名 (不自然[事故]死) unnatural [accidental] death Ⓒ. ── 動 die [meet with] an unnatural death; (事故で死ぬ) be killed ⌈by [in an] accident.

へんじ 返事 ── 名 answer Ⓒ; (返答) reply Ⓒ; (応答) response Ⓒ. ── 動 answer ⓗ ⓙ, make [give] an answer; reply (to ...) ⓙ, make [give] a reply; respond (to ...) ⓙ.

【類義語】最も一般的な語は ***answer***. 以下の語の代わりに使う場合も多い. 質問などにきちんと正式に答えるのは ***reply*** で, ***answer*** よりも改まった語. 相手の要求に応じて反射的に答えるのは ***response***. (☞ こたえ; かいとう¹)

¶ 私は彼の手紙に*返事を出した I ⌈*answered* [*replied to*] his letter. (☞ だす) // 私が話しかけても彼女は*返事をしなかった She didn't *answer* me when I spoke to her.

へんしつ 変質 ── 名 (一般的な性質の変化) change in quality Ⓒ; (品質などの悪化) deterioration Ⓤ. ── 動 change ⓙ ⓗ; deteriorate ⓙ ⓗ.

¶ 脂肪はすぐに*変質する Fat *deteriorates* quickly. // これは日に当てないで下さい. さもないと*変質してしまいます Don't expose this to the sun, or ˹it will *lose its properties* [*its qualities* will *be changed*]. // これは熱[光]で*変質しやすい (⇒ 熱[光]に敏感だ) This is *sensitive* to ˹heat [light].

変質者 pervert Ⓒ.

へんしゃ 編者 editor Ⓒ, compiler Ⓒ.

へんしゅ 変種 variety Ⓒ《☞ しゅるい (類義語)》.

へんしゅう 編集 ― [名] (原稿を出版できる形にまとめること) editing Ⓤ ★ フィルムやテープの編集にも用いられる ; (特に資料を集めての) compilation Ⓤ. ― [動] edit (他); compile (他). ¶ 私たちは新しい教科書を*編集している We *are editing* a new textbook.

編集者 editor Ⓒ, compiler Ⓒ **編集長** chief editor Ⓒ, editor in chief Ⓒ **編集部** editorial department Ⓒ **編集(部)員** (全体) editorial staff Ⓒ; (1 人) member of the editorial staff Ⓒ. ¶ 私は*編集員だ I'm on the *editorial staff*. **編集方針** editorial policy Ⓤ.

べんじょ 便所 (個人宅の) bathroom Ⓒ ★ 便所は浴室・化粧室と同じ部屋にある ; (化粧室) toilet Ⓒ; (公共の場所の) rest room Ⓒ, men's [women's] room Ⓒ; (学校などの) lavatory Ⓒ; 《掲示》(男用) Gentlemen, (女用) Ladies. 《☞ トイレ [参考]; てあらい¹; 婉曲語法 (欄外)》.

べんしょう 弁償 ― [動] (損失などの償いにそれに見合う額を支払う) compensate (他). ― [名] compensation Ⓤ. 《☞ ばいしょう ; ほしょう³ ; うめあわせ》. ¶ あなたは彼の損失を*弁償しなければならない You have to *compensate* him *for* his loss.

べんしょうほう 弁証法 ― [名] 〚哲学〛 dialectic Ⓒ. ― [形] dialectic.

へんしょく¹ 変色 ― [動] (汚れたり色があせて変わる) discolor (《英》 discolour) (自)(他); (色があせる) fade (自)(他). ― [名] discoloration (《英》 discolouration) Ⓤ. 《☞ あせる²; さめる》. ¶ 日が当たってじゅうたんが*変色した The carpet *was discolored* by the sun. / (⇒ 日光が色をあせさせた) The sunlight *faded* the carpet. // このシャツは*変色しない (⇒ あせない色をもつ) This shirt has *fast colors*.

へんしょく² 偏食 (バランスの取れていない食事) unbalanced diet Ⓒ《☞ すききらい》.

へんしん¹ 変身 ― [名] (変形) transformation Ⓤ. ― [動] be transformed. ¶ 10 年のうちに彼は見事に華麗なる*変身を遂げた He *has transformed* himself in a most magnificent way in ten years' time.

へんしん² 返信 (質問などに対する正式な返事) reply Ⓒ; (一般的な返事) answer Ⓒ. 《☞ へんじ (類義語)》. **返信用はがき** reply ˹(postal) card [(《英》 postcard] Ⓒ **返信用封筒** (一般に) return envelope Ⓒ; (自分の住所を書いた) self-addressed envelope Ⓒ.

へんしん³ 変心 ― [動] (心[考え]を変える) change *one's* mind. ― [名] change of mind Ⓒ. 《☞ こころがわり》.

へんじん 変人 (風変わりな人) eccentric person Ⓒ; (つむじ曲がり) crank Ⓒ. 《☞ へんくつ》.

ベンジン (揮発油) benzine [bénzi:n] Ⓤ.

へんずつう 偏頭痛 migraine [máigrein] Ⓒ《☞ ずつう》.

へんする 偏する ― [動] (…に傾く) lean (toward …) (自). ― [形] (一方に片寄った) one-sided ; (偏見のある) bias(s)ed ; (えこひいきのある) partial ; (公平でない) unfair. 《☞ かたよる》. ¶ 彼は余りにも保守主義に*偏している He *leans* too far *toward* conservatism. // 新聞はどの政党にも*偏してはならない A newspaper should not be ˹*biased* in favor of [*partial* to] any (one) political party.

へんせい 編成 ― [動] (組織する) organize (他); (番組などを組む) arrange (他); (予算などを作成する) draw up (他); (構成する) make up (他), compose (他) ★ 後者はやや形式ばった語. ― [名] organization Ⓤ; arrangement Ⓤ; composition Ⓤ. 《☞ こうせい²》.

¶ 私たちは 20 人で 1 つのグループを*編成した We *organized* a group of 20 (people). // 彼は新番組の*編成に忙しい He is busy (with) *arranging* new programs. // 予算*編成は 10 月末にしなければならない We must ˹*draw up* [*make up*] a budget by the end of October. // 列車は 10 両*編成です (⇒ 10 両でできている) The train *is* ˹*made up* [*composed*] *of* ten cars.

へんせつ 変節 ― [動] (裏切る) betray (他); (自分の主義を捨てる) abandon [desert] *one's* ˹principles [cause]. ― [名] (裏切り) betrayal Ⓤ.

べんぜつ 弁舌 speech Ⓤ《☞ はなし ; えんぜつ》. ¶ 彼は*弁舌さわやかだった His *speech* was fluent.

へんせん 変遷 (変化) changes ★「いろいろの変化」という意味で複数形で使う ; (推移) transition Ⓒ; (盛衰) ups and downs ★ 複数形で ; (状態・物事・境遇の変化, 移り変わり) vicissitudes ★ 形式ばった語. 複数形で. 《☞ うつりかわり ; へんか ; すいい¹》.

¶ この町は幾多の*変遷を経てきている This town has ˹undergone [gone through] many *changes*. // 私たちの多くは時代の*変遷の中を生き抜いてきた Many of us have lived through the *ups and downs* of the times.

へんそう¹ 変装 ― [名] disguise Ⓒ. ― [動] disguise *oneself* (as …). ¶ 王子は乞食に*変装した The prince *disguised himself as* a beggar.

へんそう² 返送 ― [動] (送り返す) send back (他), return (他) ★ 前者のほうが口語的. 《☞ おくりかえす》.

へんぞう 変造 ― [動] (一部を作り変える) alter (他); (偽造する) forge (他). ― [名] alteration Ⓤ; forgery Ⓤ. 《☞ ぎぞう》. ¶ *変造 1 万円札 an *altered* [*a forged*] 10,000 yen note

へんそうきょく 変奏曲 variation Ⓒ《☞ 音楽 (囲み)》.

へんそく 変則 ―形 (正規でない) irregular (↔ regular); (異例の) anomalous; (異常な) abnormal. ―名 irregularity Ⓤ; anomaly Ⓒ; abnormality Ⓤ.

へんたい[1] 編隊 formation Ⓒ. **編隊飛行** formation ˹flying [flight] Ⓤ.

へんたい[2] 変態 (昆虫などの) metamorphosis Ⓒ《複 -phoses》《☞ ちょう[1] (挿絵)》.

べんたつ 鞭撻 ―名 (激励) encouragement Ⓤ. ―動 encourage ㊉. ¶ みなさまのご指導ご*鞭撻をお願いします I will appreciate your further help and *encouragement*. 《☞ しどう[1] 語法》

ペンダント (装身具の) pendant Ⓒ.

ベンチ bench Ⓒ《☞ いす (類義語)》. ¶ 彼らは*ベンチに腰掛けていた They were sitting on a *bench*.

ペンチ cutting pliers ★ 複数形で. 日本語のペンチは pinchers, pincers (＝やっとこ) から. 《☞ だいく (挿絵)》.

へんちょう[1] 偏重 ―動 (重要視しすぎる) make too much of ..., attach too much importance to ... 《☞ かたよる》. ¶ 私は学歴*偏重に反対だ I am against *making too much of* ˹school [academic] careers.

へんちょう[2] 変調 ¶ このごろ体に*変調を来たしている (⇒ どこかおかしい) *Something is wrong* with me these days.

べんつう 便通 movement Ⓒ《☞ べん[1]; つうじ》. ¶ *便通がある have a *movement*

へんてつ 変哲 ¶ これは何の*変哲もないものだ (⇒ 新しいことが何もない) There's nothing *new* about it. 《☞ ありふれた》

へんてん 変転 (変化) change Ⓒ; (栄枯盛衰) ups and downs ★ 複数形で. 《☞ へんせん》. ¶ 人生は*変転極まりないものだ Life is full of *ups and downs*.

へんでんしょ 変電所 transformer substation Ⓒ.

へんとう 返答 (一般的な答え) answer Ⓒ; (文書などによるはっきりした答え) reply Ⓒ. 《☞ へんじ; こたえ》.

へんどう 変動 ―名 (変化) change Ⓒ; (株・相場の) fluctuation Ⓤ. ―動 (変わる) change ㊐; (価格などが) fluctuate ㊐. 《☞ へんか; かわる[1]; うごく[1]》. **変動期** (不確実な時代) uncertain times ★ 複数形で; (過渡期) age of transition Ⓒ **変動相場制** the floating exchange rate system.

べんとう 弁当 (昼食) lunch Ⓤ ★ 具体的なもの(昼食の弁当など)をいうときは Ⓒ; (箱詰め弁当) box lunch Ⓒ. 《☞ 食事 (囲み)》. ¶ 彼はきょう*弁当を持って行った He took ˹a [his] *lunch* (with him) today. **弁当箱** lunch box Ⓒ.

へんとうせん 扁桃腺 tonsil Ⓒ ★ 通常複数形で用いられる. **扁桃腺炎** tonsillitis [tὰnsəláitis] Ⓤ.

へんにゅう 編入 ―動 (入学させる[する]) enroll (《英》 enrol) ㊉㊐; (入学を認める) admit ㊉; (組み入れる) incorporate ㊉ ★ 改まった語. ―名 enrollment Ⓤ; admission Ⓤ; incorporation Ⓤ. 《☞ くみいれる》. ¶ 私はその大学の3年に*編入した I *was enrolled* in the university as a third-year student. / I *was admitted* to the college as a junior. // 小笠原諸島は東京都に*編入された The Ogasawara Islands *were incorporated* into metropolitan Tokyo. **編入試験** (transfer students') ˹entrance [admission] examination Ⓒ.

へんぴ 辺鄙 ―形 (不便な) inconvenient; (片田舎の) out-of-the-way. 《☞ ふべん》. ¶ 私たちは*辺鄙な田舎に住んでいます We live in an ˹*inconvenient* rural area [*out-of-the-way* place].

べんぴ 便秘 ―名 constipation Ⓤ. ―動 (便秘する) be constipated. 《☞ つうじ; 病気・病院 (囲み)》. ¶ 彼女は*便秘している[*便秘で悩んでいる] She *is* ˹*constipated* [suffering from *constipation*].

へんぴん 返品 returned goods ★ 複数形で. 《☞ かえす[1]》. ¶ これらの品は*返品できます (⇒ 返却できる) These articles *are returnable*.

へんぺいそく 扁平足 ―名 flatfoot Ⓒ《複 flatfeet》. ―形 flat-footed.

へんぼう 変貌 ―名 (変化) change Ⓒ. ―動 (変わる) change (to ...; into ...) ㊐; transfigure ㊉, transform ㊉ ★ 後の2つは形式ばった語. 《☞ かわる[1]; へんか》. ¶ 雑木林はにぎやかな町に*変貌した The woods *have* ˹*changed* [*been transformed*] *into* a busy town.

べんぽう 便法 (当座の間に合わせの手段) makeshift Ⓒ; (便宜的な手段) expedient Ⓒ ★ やや改まった語.

へんぽん 返本 returned book Ⓒ《☞ へんぴん》.

べんめい 弁明 ―動 (説明する) explain ㊉; (正当化する) justify ㊉; (弁護する) defend ㊉. ―名 explanation Ⓤ; justification Ⓤ; defense (《英》 defence) Ⓤ. 《☞ せつめい; べんご; いいわけ》. ¶ 彼は自分がしたことを*弁明した He ˹*explained* [*justified*; *defended*] his actions. // 彼は何も*弁明しなかった He made no *defense*.

べんらん 便覧 (手引き書) manual Ⓒ; (特に特殊な分野の手引き書) handbook Ⓒ ★ 入れ替え可能なこともある. ¶ 学生*便覧をよく読みなさい Read the student ˹*handbook* [*manual*] well.

べんり 便利 ―形 (行動・場所・時刻などについて) convenient (↔ inconvenient) ★ 最も一般的な語; (手ごろで扱いやすい) handy ★ convenient と入れ替え可能な場合もある; (役に立って便利な) useful. ―副 conveniently; handily; usefully. ―名 convenience Ⓤ. 《☞ ちょうほう[1]; べん[1]》. ¶ 彼は*便利な[*便利の悪い] 場所に住んでいる He lives in ˹a *convenient* [an *inconvenient*] location. // 彼の勤め先はあらゆる交通機関に近くて*便利だ His office is *convenient* to all transportation facilities. // 地下鉄で行くほうがずっと*便利だ It is much more *convenient* to go by subway. 語法

You [We] are convenient. など「人」を主語にはしない. // この台所は*便利にできている This kitchen is *conveniently* laid out. // この道具はとても*便利だ This tool is very ˹*useful* [*handy*].

へんりん 片鱗 (一かけら) bit Ⓒ; (ちらっと目に入ること) glimpse Ⓒ. ¶ 彼には才能の*片鱗もない He doesn't have a *bit* of talent. // 私は彼の人柄の*片鱗を見た I got a *glimpse* of his personality.

へんれい 返礼 (返すこと) return Ⓤ; (贈り物) gift in return Ⓒ. 《☞ れい²; おかえし》. ¶ 私たちは彼女のもてなしへの*返礼に贈り物をした We sent her a *gift in return* for her hospitality.

へんれき 遍歴 ━動 (巡礼の旅に出る) go on a pilgrimage; (あちこち旅行して回る) travel around ⓐ; (周遊する) tour ⓐ. ━名 (巡礼の旅) pilgrimage Ⓒ; tour Ⓒ. 《☞ たび¹; じゅんれい》.

へんろ 遍路 (巡礼) pilgrim Ⓒ.

べんろんたいかい 弁論大会 speech [oratorical] contest Ⓒ ★ oratorical を使うとやや形式ばる.

ほ

ほ¹ 帆 sail Ⓒ 《☞ ヨット (挿絵)》. ¶ *帆を揚げろ[下ろせ] Hoist [Lower] the *sails*.

ほ² 穂 (穀物などの) ear Ⓒ 《☞ いね (挿絵)》.

ほ³ 歩 (歩み) step Ⓒ 《☞ いっぽ; あゆみ》. ¶ 彼は 2, 3*歩前へ進んだ He ˹took [moved] a few *steps* forward.

ホ 〘音楽〙(音名) E Ⓤ 《☞ 音楽 (囲み)》. ¶ *ホ長[短]調 *E* ˹major [minor]

ほい 補遺 (付録) supplement Ⓒ; (追加) addendum Ⓒ 《複 addenda》. 《☞ ふろく》.

-ぽい -ish [語 法] 名詞に付けて「…のような」, 形容詞に付けて「…がかった」の意味を表す接尾辞. 《☞ 接尾辞 (欄外); -がかる; -じみる; -ぎみ》. ¶ 彼はどこか子供っ*ぽいところがある There is something *childish* about him. [語 法] 大人が子供じみて幼稚な様子に childish を用いる. よい意味で「子供らしい」は childlike. // それは白っ*ぽい液体だった It was a *whitish* liquid.

ほいく 保育 ━動 (養育する) rear ⓗ, 《米》 raise ⓗ; (育て上げる) bring up ⓗ. ━名 rearing Ⓤ; upbringing Ⓤ. 《☞ そだてる》. **保育器** incubator Ⓒ **保育所[園]** day nursery Ⓒ 《☞ ようちえん》. ¶ 子供を*保育所へ預ける leave *one's* children in the *day nursery*

ボイコット ━名 boycott Ⓒ. ━動 boycott ⓗ. 《☞ ふばい》. ¶ 主婦たちはその店を*ボイコットした Housewives *boycotted* the store.

ホイッスル whistle Ⓒ. ¶ *ホイッスルが鳴った A *whistle* was blown.

ぽいと ¶ 彼は窓からたばこの吸いさしを*ぽいと投げ捨てた He *tossed* a cigarette butt *away* through the window. 《☞ なげすてる; 擬声・擬態語 (囲み)》

ボイラー boiler Ⓒ. **ボイラー係** boiler attendant Ⓒ **ボイラー室** boiler room Ⓒ.

ぼいん¹ 拇印 thumbmark Ⓒ. ¶ この書類に*拇印を押して下さい Please imprint your *thumbmark* on this document. ★ 英米にはこのような習慣はない.

ぼいん² 母音 vowel Ⓒ 《☞ つづり字(欄外)》. ¶ 2 重*母音 a diphthong

ポインセチア poinsettia Ⓒ 《☞ 花 (囲み)》.

ポイント (得点) point Ⓒ; (小数点) (decimal) point Ⓒ 《☞ 数字 (囲み)》; (鉄道の) 《米》 switch Ⓒ, 《英》 points ★ 複数形で; (大事な点・要点) point Ⓒ. 《☞ てん¹》. ¶ これがこの課の*ポイントです This is the ˹teaching [learning] *point* of this lesson.

ほう¹ 方 **1** 《方向》 ━名 (方角) direction Ⓒ; (…へ向かう道) way Ⓒ ★ 口語的な語. ━前 (…の方角へ) in the direction of …; (…に向かって) toward … ★ 口語的な語. 《☞ ほうこう¹》.

¶ そちらの*方へ行ってはいけない Don't go that *way*. [語 法] way は this, that などとともに前置詞なしで副詞的に使われる. // 「その男の人はどっちの*方へ行きましたか」「駅の*方へ行きました」 "Which *way* did the man go?" "He went *toward* the station." // 私の家は南の*方を向いている My house faces ˹*toward* [*to*] the south. // 倉敷は岡山の西の*方にある Kurashiki lies *to the west of* Okayama.

2 《…については》: (…のほうは) on …'s part ★ …'s の部分は人称代名詞の所有格のみが来る; (…に関する限りは) as far as … is concerned ★「…」の部分には「人・物」が来る. ¶ 私たちの*ほうは何も言うことはありません We have nothing to say about it *on our part*. / (⇒ 異議はありません) There's no objection *as far as* we *are concerned*. ★ we に強い強勢を置く. // 資金の*ほうは大丈夫です It's all right *as far as* funds *are concerned*. // 仕事の*ほうは (⇒ 仕事は) うまく進行していますか Is your work going (on) all right?

3 《比較・対比》 ★ 比較を表して, 例えば「A のほうが B よりも大きい」などの場合は A is bigger than B. のように比較級および than によって表す. また「A は…だが, B のほうは…だ」のように対照的なことを述べる場合は, (1) 会話では強勢の置き方によって. (2) 書き言葉では but, however, yet など, あるいは It is … that … の強調構文などを使って表すが, これら以外にも種々の表現がこれに当たることもある点に注意. 《☞ 比較の表現 (囲み); 強調の表現 (囲み)》. ¶ あなたより私の*ほうが年上だ *I am older than you*. // こっちの*ほうがあの袋より重い *This is heavier than* that bag. // ところで彼女の*ほうは何と言いましたか What did shé say then? [語法] she に強い強勢が置かれる. ∥ 私の*ほうはそれで満足ですが, あなたの*ほうはどうですか I'm happy with it, but how about yóu? ∥ それを言ったのは彼の*ほうですよ *It was* he 「*who* [*that*] said so. / Hé said that.

ほう[2] 法 **1** «法律»: law Ⓤ [語法] the を付けると法律全般を指すが, 一つ一つの法を言う場合は Ⓒ になる. 《☞ ほうりつ》. ¶ 私たちは*法を守るべきである We should 「keep [observe] *the law*. ∥ すべての人は*法の下では平等である Everybody is equal under *the law*. **2** «方法»: (組織だった方法) method Ⓒ; (…する方法) way Ⓒ ★ 口語的で日常的な語.「…の仕方」という感じ; (製法) process Ⓒ. 《☞ ほうほう (類義語)》. ¶ その電話番号のよい記憶*法を知っているかい Do you know a good *way* to memorize the telephone number? **3** «道理・理屈»: reason Ⓤ 《☞ どうり》. ¶ そんな*法はない (⇒ それは道理に合わない[公正ではない]) That is 「*unreasonable* [*not fair*].

ほう[3] 報 ―[名] (報道・報告) report Ⓒ; (知らせ・ニュース) news Ⓤ. ―[動] (報道する) report (他). 《☞ ほうじる[1]; しらせ》. ¶ 私たちは事故の*報に接した We 「received [got] the 「*news* [*report*] of the accident.

ほう[4] ―[感] (驚きの声) oh 《☞ あら; へえ; 感嘆詞 (欄外)》. ¶ *ほう, そうなんですか *Oh*, is that so?

ぼう[1] 棒 (棒切れ) stick Ⓒ ★ 最も一般的な語; (丸く削り, 旗ざおやテントの支柱などに使う棒) pole Ⓒ; (オーケストラの指揮棒) baton Ⓒ. ¶ 彼は*棒を地面から引き抜いた He pulled the *stick* out of the ground. ∥ テントを張るのに鉄の*棒が 4 本いる We need four iron *poles* to put up a tent. ∥ 犬も歩けば*棒に当たる The dog that trots about finds a bone. 《ことわざ: 走り回る犬は骨を見つける》 ∥ 捜索隊は終日足を*棒にして (⇒ 足がこわばるまで) 歩いた The search party walked all day till their *legs got stiff*.
棒に振る ¶ 彼女はつまらないことで一日を*棒に振った (⇒ むだにした) She *wasted* the whole day on trifles. ∥ 彼はそのスキャンダルで一生を*棒に振った (⇒ そのスキャンダルは彼の一生を破滅させた) The scandal *ruined* his life.

ぼう[2] 某 a certain … ★ 話し手にはわかっているが, わざとぼかして言うときに用いる. 《☞ ある[2]》. ¶ 我々は市内の*某所で数回会合した We met several times at *a certain* place in the city.

ほうあん 法案 bill Ⓒ 《☞ ぎあん; 政治・経済 (囲み)》. ¶ その*法案は可決[否決]された The *bill* has been 「passed [rejected]. ∥ *法案は国会を通過すると法律になる A *bill* becomes law when it has passed the Diet.

ぼうあんき 棒暗記 ―[動] (機械的に覚える) learn … by rote 《☞ あんき; まるあんき》.

ほうい[1] 包囲 ―[名] (包囲攻撃) siege [síːdʒ] Ⓒ. ―[動] (一般的に周囲を取り囲む) surround (他); (特に軍隊が敵陣などを) besiege (他), lay siege to …

ほうい[2] 法衣 (聖職者が着る衣服) clerical robe Ⓒ; (聖職者・聖歌隊員などが礼拝のときに着る服) vestment Ⓒ.

ほういがく 法医学 medical jurisprudence Ⓤ, legal [forensic] medicine Ⓤ.

ぼういん 暴飲 ―[動] (酒を飲み過ぎる) drink too much. ―[名] excessive drinking Ⓤ. ¶ *暴飲暴食は慎みなさい Don't eat and *drink too much*.

ほうえい 放映 ―[動] (テレビで放送する) broadcast … on television, televise (他) ★ 後者は《米》で主に使われる口語的表現. ―[名] (放映すること) televising Ⓤ, television broadcasting Ⓤ ★ 後者のほうが形式ばった言い方; (1 回の放映) telecast Ⓒ. 《☞ ほうそう[1]》. ¶ 首相の演説はテレビで全国に*放映された The Prime Minister's speech *was televised* 「throughout the nation [(⇒ 全国向けの番組で) on a nationwide program].

ぼうえい 防衛 ―[名] defense (《英》 defence) Ⓤ. ―[動] defend (他). 《☞ まもる; こくぼう》. **防衛大学校** National Defense Academy **防衛庁** the Defense Agency 《☞ 政治・経済 (囲み)》 **防衛庁長官** the Director General of the Defense Agency **防衛費** (国防予算) the defense budget.

ぼうえき[1] 貿易 ―[名] (国内または外国貿易) trade Ⓤ; (特に外国貿易) foreign trade Ⓤ; (輸出入業) export and import business Ⓤ. ―[動] trade (with …) (自). 《☞ ゆしゅつ; ゆにゅう; 政治・経済 (囲み)》. ¶ 日本はその国と*貿易を行っている[いない] Japan 「*trades* [does not *trade*] *with* that country. ∥ 政府は*貿易の拡大を図っている The Government is trying to 「expand [increase; promote] *foreign trade*. ∥ 日中*貿易は順調に伸びている Sino-Japanese *trade* [*Trade* between Japan and China] has been 「expanding [growing] smoothly. ∥ 自由[保護]*貿易 free [protective] *trade* ∥ 日本*貿易振興会 Japan *External Trade* Organization 《略 JETRO》
貿易会社 trading 「company [firm] Ⓒ **貿易外収支** invisible trade balance Ⓤ **貿易黒字** trade surplus Ⓒ (↔ trade deficit) **貿易収支** the balance of trade, trade balance Ⓤ **貿易商[業者]** (foreign) trader Ⓒ; (輸出商) exporter Ⓒ; (輸入商) importer Ⓒ **貿易摩擦** trade conflict Ⓒ.

ぼうえき[2] 防疫 prevention of epidemics Ⓤ.

ぼうえんきょう 望遠鏡 telescope Ⓒ. ¶ 天体[反射, 電波]*望遠鏡 an astronomical [a reflecting; a radio] *telescope* ∥ 我々は*望遠鏡で月を見た We looked at the moon through a *telescope*.

ぼうえんレンズ 望遠レンズ telephoto lens 「Ⓒ.

ほうおう 法王 (ローマ法王) pope Ⓒ ★ しばしば the Pope として. ¶ *法王ヨハネス パウロ 2 世 *Pope* John Paul II

ぼうおん 防音 ―[形] soundproof. ―[動] (防音装置を施す) soundproof (他). ¶ このスタジオは*防音になっている This studio is *soundproof*. **防音装置** soundproof equipment Ⓒ.

ほうか[1] 放火 ―[名] arson Ⓤ. ―[形] (放火の) incendiary. ―[動] (放火する) set fire

ほ

to …, set … on fire. ¶ その火事は*放火だった The fire was caused by *arson*. // 彼は*放火のかどで逮捕された He was arrested on a charge of *arson*. // 何者かが昨夜うちの納屋に*放火した Someone *set fire to* our barn last night. **放火犯(人)** fire raiser Ⓒ, incendiary Ⓒ ★ 前者のほうがより口語的.

ほうか[2] 法科 law「school [department] Ⓒ 《☞ ほうがく[2]; 学校・教育 (囲み)》. ¶ 彼は*法科の学生だ He is a *law* student.

ほうか[3] 邦貨 (日本の通貨) Japanese「currency [money] Ⓤ.

ほうか[4] 砲火 (発砲) gunfire Ⓤ; (砲撃) (artillery) fire Ⓤ. ¶ 彼らは敵の*砲火を浴びながら上陸した They landed under enemy *fire*.

ぼうか 防火 fire prevention Ⓤ, prevention of fires Ⓤ ★ 前者のほうが略式の言い方. ¶ 12月 20 日から 26 日までは*防火週間である *Fire Prevention* Week is「observed [held] from December 20 to 26. **防火訓練[演習]** fire drill Ⓒ **防火建築** fireproof building Ⓒ **防火設備** fire prevention equipment Ⓤ **防火壁** fireproof shutter Ⓒ **防火用水** fire-fighting water Ⓤ.

ほうかい 崩壊 ― [動] (橋・建物などが崩れ落ちる) fall down (自); (壊れて崩れる) break down (自), collapse (自) ★ collapse は前の 2 つの代わりにも用いられるが形式ばった語. ― [名] fall Ⓒ; breakdown Ⓒ, collapse Ⓤ. 《☞ くずれる; とうかい; かいめつ》.

ほうがい 法外 ― [形] (途方もない) unreasonable; (過度の) excessive. ― [副] unreasonably; (不当に) unduly. 《☞ ふとう[1]; べらぼう》. ¶ タクシーの運転手は*法外な料金をふっかけた The taxi driver demanded an *unreasonable* fare.

ぼうがい 妨害 ― [動] (気持ちを乱したり, 休息を妨げたりする) disturb (他); (進行を妨げる) block (他), obstruct (他) ★ 前者のほうがややくだけた語; (人の話などに割って入る) interrupt (他); (人の仕事などに間に入って邪魔する・人に干渉する) interfere (with …) (自). ― [名] disturbance Ⓤ; obstruction Ⓤ; interruption Ⓤ; interference Ⓤ. 《☞ じゃま (類義語); さまたげる; かんしょう[1]》.
¶ 安眠を*妨害しないでもらいたい Don't *disturb* my sleep. [参考] ホテルなどで「睡眠中」の意味で, Don't disturb. という札をドアにぶら下げることがある. 《☞ 掲示の英語 (囲み)》 // 彼らは道路に大きな石を置いて交通*妨害をした They *blocked* the road by putting a large stone on the road. // 討論の*妨害はやめて下さい (⇒ 討論の途中で口をはさまないで下さい) Don't *interrupt* our discussion. // 私の仕事[計画]の*妨害をしないで下さい Don't *interfere with* my「business [plan]. // 彼は公務執行*妨害で逮捕された He was arrested on the charge of *obstructing* government officials in carrying out their duties.

ほうがく[1] 方角 (方向) direction Ⓒ; (方面) way Ⓒ ★ 口語的で日常的な語. 《☞ ほう[1]; ほうこう[1]》. ¶ 間違った*方角へ行かないように注意しなさい Take care not to go in the wrong *direction*.

ほうがく[2] 法学 (一般的に) law Ⓤ; (法律学) jurisprudence Ⓤ. 《☞ ほうりつ》.
法学士 (人) bachelor of laws Ⓒ; (学位) Bachelor of Laws 《略 LL.B.》 **法学者** jurist Ⓒ; lawyer Ⓒ **法学博士** (人) doctor of laws Ⓒ; (学位) Doctor of Laws 《略 LL.D.》 **法学部** the「school [college] of law, the law「school [college] 《☞ がくぶ (類義語)》.

ほうがく[3] 邦楽 Japanese music Ⓤ 《☞ 音楽 (囲み)》.

ほうかご 放課後 after school (is over). ¶ クラブ活動は*放課後にする We do our「extracurricular [club] activities *after school* (*is over*).

ほうかつ 包括 ― [形] (包括的な・広い範囲をまとめた) comprehensive; (一切を含んだ) inclusive; (全般的な) general. ― [動] (全体に含める) include (他).

ぼうかん[1] 傍観 ― [動] look on (自). **傍観者** onlooker Ⓒ; (やじうま) bystander Ⓒ.

ぼうかん[2] 暴漢 (悪漢) ruffian Ⓒ. ¶ 彼女は銀行から帰る途中*暴漢に襲われた She was「assaulted [attacked] by a *ruffian* on her way home from the bank.

ほうがんし 方眼紙 graph paper Ⓤ, 《英》 section paper Ⓤ.

ほうがんなげ 砲丸投げ the shot put 《☞ スポーツ (囲み)》. **砲丸投げ選手** shot-putter Ⓒ.

ぼうかんふく 防寒服 (暖かい衣服) warm clothes; (冬の衣服) winter clothes; (寒帯地方で使うような完全防寒の服) arctic clothes ★ 以上いずれも複数形で.

ほうき[1] 放棄 ― [動] (あきらめて捨てる) give up (他) ★ 最も日常的で一般的な語; (必要上やむをえず捨てる) abandon (他); (自発的に捨てる) renounce (他). 《☞ すてる》. ¶ 私たちはその計画を*放棄した We *gave up* the plan. // 船長はついに燃えている船を*放棄した The captain *abandoned* his burning ship at last. // 日本は戦争を*放棄することを誓った The Japanese have sworn to *renounce* war.

ほうき[2] 法規 ― [名] (法律と規則) laws and regulations ★ 複数形で. ― [形] (法律で定めた) legal. 《☞ じょうれい; ほうれい》. ¶ たいがいの人は交通*法規を進んで守る Most people are willing to obey traffic *regulations*. // 私たちはすでに*法規上の手続きを済ませている We have already gone through the *legal* formalities.

ほうき[3] 蜂起 ― [名] (反乱) revolt Ⓤ; (暴動) uprising Ⓒ, rising Ⓒ. ― [動] (反乱を起こす) rise in「revolt [rebellion]; (…に反抗して立ち上がる) rise (against …) (自); (武器を持って) rise in arms. ¶ 市民たちは各地で*蜂起した The citizens *rose in arms* in all parts of the country.

ほうき[4] 箒 broom Ⓒ 《☞ 台所・家事 (囲み)》. ¶ 部屋を*ほうきで掃きなさい Sweep your room with a *broom*. // *ほうきの柄 a broomstick **ほうき星** comet Ⓒ.

ぼうぎ 謀議 (陰謀) conspiracy Ⓤ 《☞ いんぼう (類義語); はかりごと》. ¶ 共同*謀議

(joint) *conspiracy*

ぼうきゃく 忘却 oblivion [U] ★ 形式ばった語で，日本語の「忘却」のニュアンスに近い.

ぼうぎゃく 暴虐 ― [名] (残酷行為) cruelty [C]；(暴君がするような残虐行為) tyranny [U]. ― [形] cruel；tyrannical.

ほうきゅう 俸給 (給与) pay [U] ★ 一般的な語で，すべての種類の給料に用いることができる；(月給) salary [C] ★ やや形式ばっているが，かなりの額の給料で，銀行に振り込まれるものなどを連想させる語.《☞ きゅうりょう1 (類義語)；げっきゅう》. **俸給生活者** salaried worker [C] **俸給日** payday [C].

ぼうきょ 暴挙 (無謀な企て) reckless attempt 「[C].

ぼうぎょ 防御 ― [名] defense (《英》defence) [U]. ― [動] defend (他).《☞ まもる；ふせぐ》. ¶ 攻撃は最善の*防御である Offense [Attack] is the best *defense*.《ことわざ》

ぼうきょう 望郷 ― [形] (望郷の念にかられた) homesick. ― [名] (望郷の念) homesickness [U]. ¶ 彼女はその歌を聞くと*望郷の念にかられた She got *homesick* on hearing the song.

ぼうきれ 棒切れ stick [C]《☞ ぼう1》.

ぼうぐい 棒杭 stake [C]《☞ くい1》.

ぼうくん 暴君 (圧制者) tyrant [C]；(専制君主) despot [C].

ぼうけい 傍系 ― [形] (従属的な・子会社の) subsidiary；(あまり重要でない・二流以下の) minor.

ほうげき 砲撃 fire [U]《☞ はっぽう2；ほうか4》. ¶ *砲撃を開始する open *fire*

ほうけん 封建 ― [形] (封建的な) feudal. **封建時代** the feudal times ★ 複数形で. **封建主義** feudalism [U] **封建制度** the feudal system [C].

ほうげん1 方言 dialect [C]《☞ なまり1；-べん》. ¶ 彼は九州の*方言で話す He talks in Kyushu *dialect*. / (⇒ なまりがある) He has Kyushu *accent*.

ほうげん2 放言 ― [名] (不注意な[その場限りの]発言) careless [casual] comment [C]；(事実に基づかない話) talk not based on facts [C].《☞ しつげん》.

ぼうけん 冒険 ― [名] (おもしろくて危険なこと) adventure [C]；(危険) risk [U]. ― [動] (危険を冒す) run 「a [the] risk；(一か八かやってみる) take 「a chance [chances].《☞ きけん1》. ¶ 少年は*冒険が好きだ Boys like *adventures*. // 『トム ソーヤーの*冒険』を読んだことがありますか Have you read *The Adventures of Tom Sawyer*? // それは少しも*冒険ではない (⇒ それには危険が少しもない) There is no *risk* to it. // それは*冒険にすぎる (⇒ それは実行するにはあまりにも危険な方法だ) It is too 「*dangerous* [*hazardous*] a way to take. // 多少の*冒険は覚悟している I'm ready to *run* some *risk*. **冒険家** adventurer [C] ★「冒険を好む人」なら adventurous person [C]. **冒険心** adventurous spirit [C] **冒険物語** adventures ★ 複数形で；adventure story [C].

ぼうげん 暴言 (悪態) abusive language [U]；(筋の通らない発言) unreasonable statement [C].《☞ ぼうろん》.

ほうこ 宝庫 treasure house [C], treasury [C] ★ どちらも比喩的に用いられることが多い. ¶ 知識の*宝庫 a *treasure house* of knowledge

ほうこう1 方向 (方角) direction [C]；(方面) way ★ 口語的な語；(進路) course [C]；(目的) aim [C].《☞ ほう1；ほうがく1》. ¶「彼はどっちの*方向へ行きましたか」「あっちの*方向へ行きました」 "Which 「*direction* [*way*] did he go?" "That *way* [In that *direction*]." // 飛行機は*方向を変えた Our plane changed *course*. **方向音痴** ¶ 私は*方向音痴だ (⇒ 方向感覚がない) I *have no sense of direction*. **方向感覚** sense of direction [U] **方向指示器** (自動車などの) direction [turn] indicator [C]《☞ 自動車 (囲み)》.

ほうこう2 放校 ― [動] (放校にする) expel ... from school. ― [名] expulsion from school [U].《☞ たいがく》.

ぼうこう1 暴行 ― [名] (暴力行為) violence [U]；(女性に対する) rape [U]. ― [動] (暴力を加える) use violence；(女性に暴行する) rape (他).《☞ ぼうりょく》. ¶ 暴徒はそのカメラマンに*暴行を加えた The mob did *violence* to the cameraman. // 彼は婦女*暴行の罪で刑務所に入れられた He was sent to prison for *rape*.

ぼうこう2 膀胱 bladder [C]. **膀胱炎** cystitis [U] **膀胱結石** bladder stone [U].

ほうこく 報告 ― [名] report [C]. ― [動] report (他). ¶ 彼はその事故について簡単[詳細]に*報告するように求められた He was asked to make a 「brief [full] *report* 「*on* [*of*] the accident. [語法] 意見などを加えた詳細な報告の場合は on, 事実のみの報告の場合は of を用いる. // 中間[年次]*報告 an 「interim [annual] *report* // 最終*報告 the final *report* **報告者** reporter [C] **報告書** report [C].

ぼうさい 防災 prevention of disasters [U]. **防災対策** measures to prevent disasters, disaster prevention measures ★ 複数形で.

ほうさく1 豊作 (特定の作物の) big [rich] crop [C] (↔ poor crop)；(いろいろな作物全体の) good [rich] harvest [C] (↔ bad [poor] harvest).《☞ ほうねん；あたりどし》. ¶ 今年は米が*豊作だった We have had a 「*big* rice *crop* [*big crop* of rice] this year.

ほうさく2 方策 (対策) measure [C] ★ しばしば複数形で；step [C].《☞ ほうほう (類義語)；たいさく1；しゅだん》. ¶ 政府は財政立て直しの*方策を発表した The Government has announced 「*measures* [*steps*] to improve the finances of the country.

ぼうさつ 忙殺 ― [動] (忙殺される・非常に忙しい) be very busy《☞ いそがしい；きりきりまい》. ¶ 私は仕事に*忙殺されている I *am very busy* with my work.

ほうさん 硼酸 boric acid [U]. **硼酸水** boric acid solution [U].

ほうし1 奉仕 ― [名] service [U]. ― [動] serve (他).《☞ つくす；けんしん2》. ¶ 彼女は社会への*奉仕に一生をささげた She devoted her life to 「social *service* [*service* to the community]. **奉仕価格** bargain price [C] 奉

仕品 bargain [C]. ¶本日のご*奉仕品《商店の掲示》Today's *bargains*

ほうし[2] 胞子 spore [C].

ほうじ 法事 (Buddhist) memorial service [C]. ¶先週父の7回忌の*法事をした We held the *memorial service* on the seventh anniversary of our father's death last week.

ぼうし[1] 帽子 hat [C]; cap [C]; bonnet [C]. 【類義語】周りに縁 (brim) のある帽子は ***hat*** で, 縁のないもの, あるいは運動帽・学帽のように前にひさし (visor) のある帽子は ***cap***. ただし女性の帽子は縁がなくても ***hat*** という. ***bonnet*** は女性・子供の帽子でたいてい大きな縁があり, ひもがついていてあごで結ぶ. いまではあまり使われない.

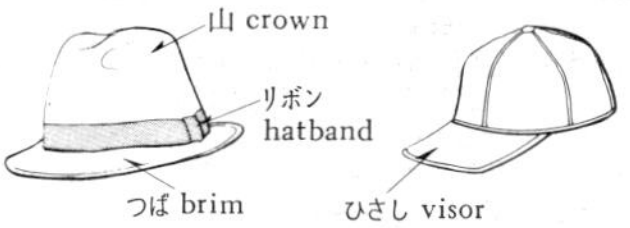

hat cap

帽子のいろいろ
大学帽 college cap, 鳥打ち帽(子) sports cap, 中折れ帽(子) soft hat, felt hat, ベレー帽 beret, 麦わら帽(子) straw hat

¶彼は*帽子を脱いだ[かぶった] He ˹took off [put on] his *hat*. // 彼はグレーの*帽子をかぶっていた He had a gray *hat* on. / He ˹was wearing [wore] a gray *hat*.

帽子掛け (床に置く) hatstand [C], hat tree [C]; (壁の) hat rack [C] **帽子屋** (人) hatter [C]; (女性帽専門の) milliner [C]; (店) hat shop [C]. (☞ 店の呼び名(囲み)).

帽子屋の看板

ぼうし[2] 防止 ―[動] (起こらないようにする・防ぐ) prevent (他); (阻止する) stop (他), check (他) ★ check のほうが形式ばった語; (…が…しないようにする) keep … from … ★ from の後は動名詞. ―[名] prevention [U]; check [C]. (☞ ふせぐ; よぼう).

¶核戦争[大気汚染]はどうしても*防止しなくてはならない We must *prevent* ˹nuclear war [air pollution] by all means. // その病気の伝染を*防止しなくてはならない We must *check* the spread of the disease.

防止策 preventive measure [C] ★ しばしば複数形で. ¶何か*防止策を講じる必要がある We must take some *preventive measures*.

ほうしき 方式 (決まった形式) form [C]; (秩序立った体系) system [C]. ¶結婚式には一定の*方式がある There is an established *form* for wedding ceremonies. // 我々は新しい分類*方式を採用した We have adopted a new *system* of classification. // 現在では全国どこでもダイヤル*方式で通話ができる Nowadays we can make a call to any part of the country using the dial *system*.

ほうじちゃ 焙じ茶 roasted [toasted] tea [U] (☞ ほうじる[2]; ちゃ).

ぼうじゃくぶじん 傍若無人 ¶彼はいつも*傍若無人の振舞いをする (⇒いつも人の面前で無礼に振舞う) He always behaves rudely in the presence of people. / (⇒他人への思いやりなどなく我を通す) He always tries to have his own way and does not show any consideration for others.

ほうしゃせい 放射性 ―[形] radioactive. ¶*放射性元素[物質] a *radioactive* ˹element [substance] // *放射性降下物 (*radioactive*) fallout // *放射性廃棄物 *radioactive* waste **放射性同位体** radioactive isotope [C].

ほうしゃせん 放射線 radioactive ray [C]. **放射線医学** radiology [U] **放射線療法** radiotherapy [U].

ほうしゃのう 放射能 radioactivity [U]. ¶*放射能に汚染された魚 fish contaminated by *radioactivity* **放射能汚染** radioactive contamination [U].

ぼうじゅ 傍受 ―[動] (外国放送などを) monitor (他); (たまたま受信する) pick up (他). ¶これは東京で*傍受したモスクワのラジオニュースだ This is the Moscow radio news *monitored* in Tokyo. // 我々は救助信号を*傍受した We *picked up* signals for help.

ほうしゅう 報酬 pay [U] ★ 給料などを表す最も普通の言葉; (俸給) salary [C]; (医師・弁護士などの) fee [C]. (☞ きゅうりょう[1]; ちんぎん; しゃれい).

¶その仕事に対しての*報酬はどのくらいですか How much *pay* do you ˹get [offer] for the job? 【語法】 get を用いれば「報酬をもらう人」に, offer を用いれば「報酬を出す人」に対する質問になる. // その青年たちは*報酬なしで働いているのです The young people work ˹*without pay* [(⇒ただで) *for nothing*].

ほうじゅう 放縦 ―[形] (生活などがだらしのない) loose [lúːs] ★ 口語的な語; (したい放題の) self-indulgent; (何の自己制御もなく, まったくむちゃくちゃな) licentious. ―[名] looseness [U]; self-indulgence [U]; license [U]. ¶*放縦な生活をする lead a ˹*loose* [*licentious*] life // 自由と*放縦を混同する (⇒取り違える) 若者が多い Many young people mistake freedom for *license*.

ぼうしゅうざい 防臭剤 deodorant [U] ★ 種類をいうときは [C].

ほうじゅん 芳醇 ―[形] mellow.

ほうじょ 幇助 ―[動] (犯罪の手助けをする) aid and abet (他) ★ 法律用語.

ぼうしょう 傍証 (状況証拠) circumstantial evidence [U].

ほうしょうきん 報奨金 (政府が与える奨励金) bounty [C]; (一般の特別手当) bonus [C]; (賞金) reward [C]. (☞ しょうきん).

ほうしょく 奉職 ―[動] (勤める) work for …; (職を持っている) have a ˹post [position] in … (☞ つとめる[1]; はたらく).

ぼうしょく 暴食 ―[動]（食べすぎる）eat too much. ―[名] excessive eating Ⓤ.《☞ ぼういん》.

ほうじる[1] 報じる（新聞などが書いている）say (他);（報道する）report (他) ★ 前者のほうが口語的;（人に…について知らせる）inform …「of [that] …《☞ ほう[3]; ほうどう》.
¶ きょうの新聞が*報じるところによるとイランで大地震があったそうだ Today's (news)paper「*says* [*reports*] that a big quake hit Iran. / (⇒新聞によれば) *According to* today's「newspaper [paper], there was a strong earthquake in Iran. // 乗組員は全員死亡したと*報じられた It *was reported* that all the crew were dead. / <S(人・物)＋V(*report*)＋O(人)＋C(形)の受身> All the crew *were reported* dead.

ほうじる[2] 焙じる（茶などを火であぶる）roast (他), toast (他) ★ 日本語の「焙じる」と違って, 肉・魚などにも使える.《☞ 料理の用語（囲み）》.

ほうしん[1] 方針（原則・主義・信条）principle Ⓒ;（政府や会社の政策）policy Ⓒ. ¶ それは私の*方針に反する It is against my *principle*. // 政府は今年の外交*方針を定めた Government has decided on foreign *policy* for this year. // それはわが社の営業*方針の1つです It is one of the business *policies* of our firm.

ほ

ほうしん[2] 放心 ―[形]（人がうわの空の）absentminded;（顔つきがぼんやりした）absent. ―[名] absentmindedness Ⓤ, absence of mind Ⓤ.《☞ うわのそら; ぼんやり; ぼうっと》.
¶ 彼女は*放心したような顔つきをしていた She looked *absentminded*.

ほうしん[3] 砲身 gun barrel Ⓒ.

ほうじん 法人 juridical [legal] person Ⓒ ★ 法律などで用いる用語;（会社などの組織体）corporation Ⓒ. **法人税** corporation tax Ⓤ.

ぼうず 坊主 Buddhist priest Ⓒ, bonze Ⓒ.

ぼうずあたま 坊主頭 close-cropped hair Ⓤ《☞ ごぶがり》.

ぼうすい 防水 ―[形]（布などに水がしみ込まない）waterproof;（扉やふたなどで水の入るのを防げる）watertight. ―[動]（布などに防水加工を施す）waterproof (他). ¶ 私のコートは*防水になっている My coat is *waterproof*.
防水時計 waterproof watch Ⓒ.

ぼうずがり 坊主刈り ―[動]（坊主刈りにする）crop *one's* hair close《☞ ごぶがり》.

ほうせい 砲声（大砲の音[轟き]）sound [roar] of a gun Ⓤ.

ぼうせい 暴政 tyranny Ⓤ;（圧政）oppressive rule Ⓤ.

ほうせき 宝石（カットしたり磨いたりした宝石）jewel Ⓒ, gem Ⓒ [語法] 以上の2語はほぼ同意だが,「宝石入りの装身具」を指す場合は jewel を用いる;（宝石類全体）jewelry（《英》jewellery）Ⓤ;（貴重な石）precious stone Ⓤ ★ 説明的な言い方.《☞ たんじょうせき（表）; ききんぞく》. ¶ 彼女は首に*宝石をつけていた She wore a *jewel* around her neck.
宝石商 jeweler（《英》jeweller）Ⓒ **宝石店** jeweler's（《英》jeweller's）Ⓒ;（説明的に）jewelry store Ⓒ,《英》jewellery shop Ⓒ.《☞ 店の呼び名（囲み）》 **宝石箱** jewel「box [case] Ⓒ.

宝石店の看板

ぼうせき 紡績 spinning Ⓤ. **紡績会社** spinning company Ⓒ **紡績機械** spinning machine Ⓒ **紡績業** the spinning industry Ⓒ **紡績工場** spinning「factory [mill] Ⓒ.

ぼうせつりん 防雪林（道路・鉄道などを守る）snowbreak Ⓒ.

ぼうせん[1] 防戦 ―[動] defend (自)(他). ―[名] defensive fight Ⓒ. ¶ 彼は*防戦一方だった He did nothing but *defend*.

ぼうせん[2] 傍線 ―[動]（傍線を引く）draw a line beside … ―[名]（横線）side line Ⓒ.

ぼうぜん 茫然, 呆然 ―[動]（茫然自失する・びっくり仰天する）be stunned, be stupefied ★ 後者のほうが形式ばった言い方. ―[副]（ぼかんとして）vacantly;（我を忘れて）absentmindedly. ―[形]（びっくり仰天して）aghast ★ 述語的に.
¶ その悲しい知らせを受けて彼は*茫然となった He *was stunned*「by [to hear] the sad news. / (⇒知らせは彼を茫然とさせた) The sad news *stunned* him. // 彼は*茫然とその場に立ちつくした He stood there「*aghast* [*vacantly*].

ほうせんか 鳳仙花 (garden) balsam Ⓒ, touch-me-not Ⓒ.

ほうそ 硼素〘化学〙boron Ⓤ《元素記号 B》.

ほうそう[1] 放送 ―[名]（ラジオ[テレビ]の放送）(radio [television]) broadcasting Ⓤ;（1回の放送・放送番組）broadcast Ⓒ;（番組）program Ⓒ. ―[動]（局が番組を）broadcast (他)(自)《過去・過分 broadcast, broadcasted》, put [send] …「on [over] the air ★ broadcast よりくだけた言い方;（人が特に講演や演説を）speak [talk]「on [over; through] the「radio [television; TV];（ラジオ・テレビに出る）be on「the radio [the air; television; TV] ★ テレビの場合は appear on「television [TV] も使う;（局がテレビで放送する）《主に米》televise (他), telecast (他).
¶ その番組は毎週水曜日の午後8時からラジオ[テレビ]で*放送される The program *is broadcast(ed)* on「the radio [television] from 8 p.m. every Wednesday.
それは NHK 教育テレビ [3 チャンネル] の*放送だ It is a *program*「of NHK Educational TV [on Channel 3].
トンネル事故はさっきのテレビニュースで*放送された The tunnel accident *was televised* on the news a little while ago.
銀座からの生*放送は24時間続けられた A live [láiv]「*broadcast* [*program*] from Ginza lasted for 24 hours.
素人のど自慢の*放送は戦後間もなくから始まった The *broadcasts* of amateur singing con-

tests started soon after the war.
彼のニュース解説はいつも夜 10 時から*放送される His news comments *are* always ⌈*sent on the air* [*broadcast* ; *aired*] from 10 p.m.
これできょうの*放送は終了いたします This brings today's *programs* to a close.
再*放送 a *rebroadcast*
放送解説員 news commentator Ⓒ **放送記者** radio [TV] ⌈newsman [reporter] Ⓒ **放送局** broadcasting station Ⓒ, radio [TV] station Ⓒ. ¶ 地方*放送局 a local *station* **放送劇** broadcast play Ⓒ **放送時間** (番組の長さ) length of a program Ⓤ, time for a program Ⓤ; (局の 1 日の) broadcasting hours ★ 複数形で. **放送視聴者** (ラジオ聴取者) (radio) listener Ⓒ, radio audience Ⓒ ★ 全体を言う; (テレビの視聴者) television [TV] viewer Ⓒ, televiewer Ⓒ **放送大学** University of the Air Ⓒ; (イギリス式に言えば) the Open University **放送中**《掲示》On the air **放送討論会** TV debate (program) Ⓒ, radio forum Ⓒ **放送番組** radio [TV] program Ⓒ **放送網** radio [TV] network Ⓒ.

ほうそう[2] 包装 — [名] (包むこと) wrapping Ⓤ; (包みを作ること) packing Ⓤ. — [動] (包装紙で包む) wrap (他); pack (他). 《☞ つつむ》. ¶ 売り子はその品物を*包装してくれた The saleswoman ⌈*wrapped* [*packed*] the article for me. **包装紙** wrapping [packing] paper Ⓛ.

ぼうそう 暴走 — [名] (自動車などの) reckless driving Ⓤ. — [動] (乱暴に運転する) drive recklessly. ¶ 彼はものすごい*暴走運転だ He *drives* most *recklessly*. **暴走族** reckless ⌈motorcycle driver [motorcyclist] Ⓒ.

ほうそく 法則 (学問上の) law Ⓒ. ¶ 科学とは自然の*法則の発見である Science is the discovery of the *laws* of nature.

ほうたい 包帯 — [名] bandage Ⓒ. — [動] bandage (up) (他). 《☞ いりょう[1] (挿絵)》. ¶ 彼女は頭に*包帯をしている[巻いている] She has a *bandage* round her head. // 彼は傷口の*包帯をとった[替えた] He ⌈removed the *bandage* off [changed the *bandages* on] his wound.

ほうだい 砲台 (gun) battery Ⓒ.

-ほうだい …放題 ¶ 我々は食べ*放題食べた (⇒ 欲しいだけ食べた) We ate *as much as we wanted*. // 彼はわがままのし*放題だ (⇒ 好きなことは何でもする) He *does whatever he wants*.

ぼうだい 膨大, 厖大 — [形] (とても大きな) very ⌈big [large] ★ 最も口語的で日常的な表現; (巨大な) huge; (ばかでかい・びっくりするほどの) tremendous; (莫大な) enormous; (広がり・範囲などが) immense; (面積などが広大な) vast [語法] いずれも入れ換え可能な場合も多いが, huge が最も一般的. また tremendous は huge より意味が強い. enormous はやや形式ばった感じの語. 《☞ たいりょう[1]》.
¶ 彼は絵画の*膨大なコレクションを所有している He has a ⌈*very big* [*huge*] collection of paintings. // この小さなコンピューターには*膨大な量の情報が詰まっている This small computer contains an *enormous* amount of information.

ぼうたかとび 棒高跳び — [名] the pole vault. — [動] pole-vault (自). 《☞ スポーツ (囲み)》. ¶ *棒高跳びのポール a *vaulting* pole **棒高跳び選手** pole-vaulter Ⓒ.

ぼうだち 棒立ち — [動] (座っていた人が立ち上がったきり, 驚きなどで身動きできない) stand up and be ⌈petrified [stupefied]. ¶ 観客はその恐ろしい光景を見て一瞬*棒立ちになった All the audience *stood up and were petrified* for a while at the horrible sight.

ほうだん[1] 放談 (自由気ままな話) free talk Ⓒ; (形式ばらない話) informal ⌈talk [conversation] Ⓒ.

ほうだん[2] 砲弾 (一般的に) shell Ⓒ; (昔の大砲の玉) cannonball Ⓒ. 《☞ だんがん》.

ぼうだん 防弾 — [形] (弾丸よけの) bulletproof. **防弾ガラス** bulletproof glass Ⓤ **防弾チョッキ** bulletproof ⌈jacket [vest] Ⓒ.

ほうち 放置 — [動] (物などを置いておく) leave (他); (干渉せずに放っておく) leave [let] … alone ★ let を用いるほうがやや形式ばった言い方; (現状維持で, あるがままにしておく) leave … as it is ★ 目的語は「物・事」が普通; (なおざり・おろそかにする) neglect (他). 《☞ ほうっておく》.
¶ 自転車をここに*放置しないで下さい Don't *leave* your bicycle here. // 我々は彼らの不正を*放置しておいてはならない We should not ⌈*leave* their wrongdoings *alone* [(⇒ 見過ごせない) *overlook* their injustice]. // 事態は*放置できない The situation cannot *be left* ⌈*alone* [*as it is*].

ほうちく 放逐 — [動] (追い出す) expel (他); (罰として国外へ) banish (他). — [名] expulsion Ⓤ; banishment Ⓤ. 《☞ ついほう》.

ほうちこく 法治国 (国民が定めた法律によって政治が行われる国) constitutional state Ⓒ; (法を守る国) law-abiding ⌈country [nation] Ⓒ.

ぼうちゅうざい 防虫剤 (昆虫などを防ぐ) repellent Ⓤ; (衣類の虫などを防ぐ) mothball Ⓒ.

ほうちょう 包丁, 庖丁 (台所用の) kitchen knife Ⓒ《複 knives》; (肉を切り分ける) carving knife Ⓒ; (特に肉屋などが使う大包丁) cleaver Ⓒ. 《☞ でばぼうちょう; 台所・家事 (囲み); ナイフ (挿絵)》.

kitchen knife

carving knife

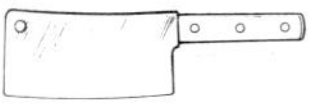
cleaver

ぼうちょう[1] 膨張 — [動] expand (自) (他) ★ 物質などの膨張にも, また範囲・大きさなどが拡大するのにも用いる; (ふくれあがる) swell (自). — [名] expansion Ⓤ; swelling Ⓤ. 《☞ ふくれる; ふくらます》.
¶ 鉄は熱を加えると*膨張する Iron *expands* when (it is) heated. / Heat *expands* iron. // この都市の人口はいまや 2 倍に*膨張した The population of this city *has* now *swollen* twice as large as before.
膨張率 the expansion rate Ⓒ.

ほ

ぼうちょう[2] 傍聴 ━ [動] hear [他]; listen to .... ━ [名] hearing [U]. 《☞ きく[1]》.
¶ 私は国会へ*傍聴に出かけた I went to the Diet to *hear* the deliberations. // 私はその裁判を*傍聴した I attended the trial to *listen to* the case. // その会議は*傍聴が許されている[禁止されている] (⇒ 一般に公開されている[いない]) The conference is ⌈*open* [*closed*] *to the public*.
傍聴券 (入場券) admission ticket [C] **傍聴席** (議会·法廷の傍聴席) (visitors') gallery [C] **傍聴人[者]** (聴衆1人) hearer [C]; (聴衆全体) audience [U].

ほうっておく 放っておく (かまわないでおく) leave [let] ... alone 《☞ ほうち; ほったらかす》.
¶ それは*放っておけば時が解決してくれる *Leave* the matter *alone*. Time will take care of it.

ぼうっと **1** 《物がはっきりしない様子》 ━ [副] (漠然と) vaguely; (不明瞭に) indistinctly; (ぼんやりと) obscurely; (かすかに) faintly. ━ [形] vague; indistinct; obscure; (目がかすんでぼんやりとした) blurred; faint. 《☞ ぼんやり; ぼやける; かすむ》.
¶ 霧を通してその船が*ぼうっと見えた Through the fog we could see ⌈the ship *vaguely* [the *vague* outline of the ship]. // 僕は眼鏡を外すと何もかもが*ぼうっとなる Everything becomes ⌈*blurred* [*indistinct*] when I take my glasses off.
2 《放心して》 ━ [副] (ぽかんとして) vacantly; (放心状態でぼんやりと) absentmindedly. 《☞ ぼんやり; ぼさっと》. ¶ 彼は両手をポケットに入れて*ぼうっと立っていた He stood ⌈*absentmindedly* [*vacantly*] with his hands in his pockets. // 僕は午前中はいつも頭が*ぼうっとしている (⇒ さえない) My head is *not clear* in the morning.

ほうてい[1] 法廷 (law)court [C] ★ 前後関係などで明らかな場合は単に court でよい; court of justice [C] ★ 正式な言い方.
¶ 裁判官が*法廷に現れた The judges appeared in the (*law*)*court*. // いま*法廷が開かれている The *court* is now in session. // その件は*法廷で争われることになるだろう (⇒ 法廷に持ち出されるだろう) The matter will be brought to *court* (for trial). // *法廷は来週月曜日に開かれる The *court* session will be held next Monday. // 患者たちは医師と政府に対して*法廷で争う (⇒ 訴訟を起こす) ことになった The patients decided *to bring a suit* against the doctors and the Government.
法廷侮辱罪 contempt of court [U].

ほうてい[2] 法定 ━ [形] (法律上の)legal; (法律で決まった) fixed [authorized] by law ★ 説明的表現. 《☞ ほうりつ》. **法定代理人** legal representative [C] **法定伝染病** legal epidemic [C].

ほうていしき 方程式 equation [C]. ¶ 何とか*方程式を立てる[解く]ことができた I managed to ⌈set up [solve] the *equation*. // 1 [2, 3] 次*方程式 a ⌈simple [quadratic; cubic] *equation* // 連立[微分]*方程式 a ⌈simultaneous [differential] *equation* // 化学*方程式 a chemical *equation*

ほうてき 法的 ━ [形] (法律上の·法にかなった) legal (↔ illegal). ━ [副] legally. 《☞ ほうりつ; ごうほう》. ¶ あなたの要求には*法的根拠がない Your demand has no *legal* basis. // *法的には彼は損害賠償を請求できない *Legally* he cannot claim damages.

ほうでん 放電 ━ [名] electric discharge [C]. ━ [動] discharge electricity.

ぼうと 暴徒 (暴動を起こした者たち) mob [C] ★ 集合名詞; rioters ★ 複数形で. 《☞ ぼうどう》. ¶ デモ隊は*暴徒と化した The demonstrators developed into a *mob*.

ほうとう 放蕩 ━ [名] (快楽にふけり, 浪費生活をすること) dissipation [U]; (たいへんな浪費生活) prodigality [U]; (性的にだらしない生活) fast life [C]. ━ [形] dissipated; prodigal; fast. 《☞ どうらく》. ¶ 聖書の*放蕩息子の話はよく知られている Everybody knows the Biblical story of the *prodigal* son.

ほうどう 報道 ━ [名] (ニュース) news [U]; (新聞·テレビ·ラジオなどの) report [C]; (情報) information [U]; (ニュース放送) newscast [C] [語法] テレビ·ラジオの区別をするときは前に TV, radio をそれぞれ付ける. ━ [動] (新聞などが) report [他]; (告げる·知らせる) inform [他]; (記事をとる·取材して報道する) cover [他] ★ 普通は「記者」が主語. 《☞ しんぶん; ニュース》.
¶ 新聞は日々の出来事を*報道する Newspapers *report* what happens every day. // *報道は正確かつ迅速でなければならない *News* ⌈*reports* [*reporting*] must be accurate and ⌈quick [prompt]. // 彼は主脳会議を*報道するためにパリに派遣された He was sent to Paris to *cover* the summit conference. // 閣僚のスキャンダルは国中の朝刊で大々的に*報道された (⇒ 大見出しで出た) The minister's scandal *made the headline* in the morning papers all over the country. // 選挙の結果が刻々とテレビ·ラジオで*報道されている The results of the election *are being reported* ⌈hourly [every hour] on the radio and TV. // その国ではまだ厳しい*報道管制が行われている The country still maintains strict *news* censorship. // サミット会議のために彼らは巨大な*報道陣をしいた They had a huge ⌈*press camp* [*news front*] for the Summit Conference.
報道機関 news [information] media ★ media は複数形. 単数形は medium. **報道写真** news [newspaper] photo(graph) [C] **報道写真家** news cameraman [C] **報道記者** (取材をする人) reporter [C], newsman [C]; (新聞記者) newspaper reporter [C], newspaperman [C]. 《☞ きしゃ[2]》.

ぼうとう[1] 冒頭 (始まり) beginning [C] ★ 最も一般的な語; (会·スピーチなどの開始) opening [U]. 《☞ はじめ; でだし; さいしょ》.
¶ 演説の*冒頭で, 彼は…と言った At the *beginning* of his speech he said that .... / (⇒ …と言って演説を始めた) He *began* his speech by saying that .... // 改革は*冒頭からつまずいた The reform failed from the ⌈*begin-*

ning [(⇒ 開始時) *start*]. // その本の*冒頭に彼の論文がある (⇒ 本は彼の論文から始まっている) The book *opens* with his treatise.

ぼうとう[2] 暴騰 — 動 (突然に[急上昇で]上がる) go up [rise; jump] 「suddenly [sharply] (自); skyrocket (自) ★ロケットのように上がることで, 新聞英語などでよく使われる言い方. — 名 sudden [sharp] rise Ⓒ. (☞ こうとう[4]; きゅうとう; ねあがり).

¶ 戦後は物価が*暴騰した Prices 「*went up* [*rose*] *suddenly* after the war. // 日用品の値段がこの2か月で*暴騰した Commodity prices *have skyrocketed* for the past two months.

ぼうとう[3] 暴投 — 名 wild 「pitch [throw] Ⓒ. — 動 throw a wild ball, pitch wild (自).

ぼうどう 暴動 (多人数による乱暴行為) riot Ⓒ ★最も一般的な語; (広い意味での騒動) public disturbance Ⓒ; (政府などに対する一時的反乱) uprising Ⓒ. — 動 riot (自). (☞ そうどう; そうらん; はんらん[1]).

¶ その国の首都で*暴動が起こった A *riot* broke out in the capital of the country. // 囚人の一団が刑務所で*暴動を起こした A group of prisoners *rioted* in the jail. // *暴動を静めるために軍隊が出動した The army was 「ordered [called out] to suppress the 「*riot* [*disturbance*].

ぼうとく 冒瀆 — 名 (神や神聖なものへの意図的な悪口) blasphemy Ⓤ; (神聖なもの, 尊敬すべきものの悪用・乱用) profanity Ⓤ 語法 以上は主としてキリスト教に関して用いられる. 後者は例えば反宗教的な小説などについて言う. 前者のほうが意味が強い; (一般に尊敬を示さないこと) disrespect Ⓤ. — 形 blasphemous; profane. — 動 blaspheme (他); profane (他); (尊敬を示さない) do not respect ...

¶ それは人間性の*冒瀆だ That is *disrespect* of humanity.

ぼうどく 防毒 — 形 antigas, gasproof.
防毒マスク gas mask Ⓒ.

ほうにん 放任 — 動 (干渉しない) do not interfere with ...; (人をそっとしておく・勝手にさせる) leave [let] *a person* alone; (本人に任せておく) leave *a person* to ...*self*. ¶ 両親は私を自由*放任主義で育ててきた My parents have brought me up on the *let-alone* 「principle [policy].

ほうねつ 放熱 — 動 radiate heat. — 名 radiation of heat Ⓤ. **放熱器** radiator Ⓒ.

ほうねん 豊年 fruitful [rich; abundant] year Ⓒ, year of abundance Ⓒ ★abundant はやや文語的. また of を用いるほうが改まった言い方. (☞ ほうさく[1]; あたりどし).

ぼうねんかい 忘年会 year-end party Ⓒ.

ほうのう 奉納 — 動 (最も一般的には) dedicate (他); (供物を神前に) offer (他), make an offering.

ぼうばく 茫漠 — 形 (漠然とした) vague; (果てしない) boundless. — 副 vaguely; boundlessly. ¶ 草原は*茫漠と広がって地平線まで続いていた The grassland stretched *boundlessly* as far as the horizon.

ぼうはつ 暴発 — 動 (偶然発射する) go off [be discharged] accidentally ★「銃」が主語. — 名 accidental [sudden] discharge (of a gun) Ⓤ. ¶ 警官が銃の手入れをしているとき, その銃が*暴発した While the policeman was cleaning the gun, it 「*went off* [*was discharged*] 「*by accident* [*accidentally*].

ぼうはてい 防波堤 breakwater Ⓒ.

ぼうはん 防犯 prevention of crimes Ⓤ, crime prevention Ⓤ. ¶ *防犯は犯人逮捕より大切だ *Prevention of crimes* is more important than arresting criminals.
防犯週間 Crime Prevention Week Ⓒ **防犯ベル** burglar 「alarm [bell] Ⓒ.

ほうび 褒美 — 名 (報賞) reward Ⓒ 語法 しばしば精神的・抽象的なよい報いをいう言葉. 例えば人命救助などのほうびのように公のものに使う以外は,「これをごほうびにあげよう」などという個人的な意味ではあまり使わないことに注意; (競技などの賞) prize Ⓒ. — 動 reward (他). (☞ しゃれい; ほうしょうきん).

¶ 私は*ほうびが欲しくてこれをしたのではありません I haven't done this 「for (a) *reward* [to *be rewarded*]. // いい子にしていたらご*ほうびにお菓子をあげましょう Be a good 「boy [girl], and I'll give you some candy.

ぼうび 防備 — 名 defense (《英》defence) Ⓒ. — 動 (守る) defend (他); (警戒して備え守る) guard (他). (☞ けいび[1]).

¶ 将軍は軍隊に*防備をさらに厳重にするように命じた The general 「commanded [ordered] the army to 「strengthen [reinforce] the *defenses*. // 無知な村人たちは資本家の搾取にまったく無*防備だった The ignorant villagers were totally *defenseless* against the capitalist's exploitation.

ぼうびき 棒引き — 動 (取り消す) cancel (他); (書いてあるものを消す) cross out (他). — 名 cancellation Ⓒ. ¶ 彼は親切にも私の借金をすべて*棒引きにしてくれた He kindly 「*crossed out* [*canceled*] all my debts.

ほうふ[1] 豊富 — 形 (豊かな) rich ★最も口語的で一般的な語; (必要以上にたくさんある) plenty ★普通は述語的に; plentiful ★名詞の前に置く形; (あり余るほどたっぷりの) ample, abundant ★以上2つはやや形式ばった語; (金・物質などが豊かな) affluent ★形式ばった語. — 名 richness Ⓤ; plenty Ⓤ; abundance Ⓤ; affluence Ⓤ. — 副 richly; amply, abundantly; affluently. (☞ ゆたか; たくさん; とむ; ありあまる).

¶ この国は天然資源が*豊富だ This country is 「*rich* [*affluent*] in natural resources. // 戦争中でも私たちは食糧が*豊富でした We had *abundant* supply of food even during the war. // 水は*豊富にあります We have *plenty* of water. // 彼は知識が*豊富だ (⇒ たくさんのことを知っている) He knows *a lot* (of things). / He has a 「*large stock* [*great deal*] of knowledge. / (⇒ 情報通だ) He is *well-informed*. // この地方は*豊富な降雨量で農耕に適している This area is suited for agriculture since it has *ample* rainfall.

ほ

ほうふ² 抱負 (計画) plan Ⓒ; (野心的な[未来の]計画) ambitious [future] plan Ⓒ; (自信) (self-)assurance Ⓤ. ¶ 新市長としての*抱負をお聞かせ下さい Please tell us about your (*ambitious*) *plans* as (the) new mayor.

ぼうふ¹ 亡父 my ˹late [deceased] father.

ぼうふ² 亡夫 my ˹late [deceased] husband.

ぼうふう 暴風 (嵐) storm Ⓒ ★最も一般的な語; (強風) windstorm Ⓒ; (大西洋で発生する暴風) hurricane Ⓒ; (インド洋で発生する暴風) cyclone Ⓒ; (台風) typhoon Ⓒ; (暴風雨) rainstorm Ⓒ. 《☞ かぜ¹ (表); あらし; 天候の表現 (囲み); 自然災害 (囲み)》.

¶ *暴風が一晩中猛威を振るった The *storm* raged all night (˹through [long]).

暴風域 storm ˹zone [area] Ⓒ　**暴風警報** storm warning Ⓒ. ¶ 関東地方全域に*暴風警報が出されています A *storm warning* ˹is in operation for [has been issued covering] the whole Kanto area.

ぼうふうりん 防風林 (風よけ) windbreak Ⓒ, windbreak forest Ⓒ.

ほうふく¹ 報復 ―動 (復讐する) revenge ㊐ 語法 復讐すべき「行為・被害者」などを目的語とする; revenge *oneself* on ..., take revenge on ...　語法 以上 2 つの場合には報復すべき相手が on の目的語となる; (仕返しをする) retaliate ㊉㊐ ★やや形式ばった語; (特に国家間の報復) make [carry out] a reprisal.　―名 (あだ・恨みを晴らすこと) revenge Ⓤ; (仕返し) retaliation Ⓤ; (国家間で敵の不正行為に対する報復) reprisal Ⓒ. 《☞ しかえし; ふくしゅう²》.

¶ この侮辱の*報復はいつか必ずするぞ Surely I will *revenge* this insult some day. // 彼女はその秘密を暴露することで彼に*報復をした She *took revenge on* him by disclosing his secret. // 労組はストライキで会社に*報復した The union *retaliated* against the company by staging a strike.

ほうふく² 法服 (すその長い衣服) robe Ⓒ, gown Ⓒ; (裁判官の) Judge's ˹gown [robe] Ⓒ; (弁護士の) lawyer's robe Ⓒ, barrister's gown Ⓒ; (僧侶の) priest's [cleric's] robe Ⓒ.

ほうふくぜっとう 抱腹絶倒 ¶ 彼のおかしな格好を見て私たちは皆*抱腹絶倒した (⇒ 笑いころげた) We all ˹*rolled* [*shook*] *with laughter* at his funny appearance. / We *were* all *convulsed with laughter* at his funny appearance. / We all ˹*held* [*burst*; *split*] *our sides with laughter* at his funny appearance.

ぼうふざい 防腐剤 (殺菌するもの) antiseptic Ⓒ; (腐敗を防ぐ) (rot-)preservative Ⓒ.

ほうふつ 彷彿 ¶ 父の顔がなお*ほうふつと目に浮かぶ I see my father's face still in my mind's eye. / (⇒父の顔はいまも私の記憶に鮮やかだ) My father's face is still ˹*vivid* [*fresh*] in my memory.

ほうぶつせん 放物線 ―名 parabola [pəræbələ] Ⓒ.　―形 parabolic [pærəbálik].

ぼうふら mosquito larva Ⓒ 《複 ~s, larvae》, wriggler Ⓒ ★前者のほうが正式名. ¶ *ぼうふらがわき始めた *Mosquito larvae* are now being hatched.

ほうへい 砲兵 artillery ★複数扱い. 一人一人は artilleryman Ⓒ; (砲手) gunner Ⓒ.

砲兵隊 artillery ˹unit [corps] Ⓒ ★corps は単複同形. 発音は, 単 [kɔ́ə], 複 [kɔ́əz].

ぼうへき 防壁 (防御するための塀など) defensive [protective] wall Ⓒ. ¶ 中国人は昔 巨大な*防壁を築いた The Chinese built a great *defensive wall* in ancient times.

ほうべん 方便 (手段) means Ⓒ ★単複同形; (便法) expedient Ⓒ. ¶ うそも*方便だ (⇒ うそはときとして便法として正当化される) A lie is sometimes justified as an *expedient*.

ほうほう 方法 (仕方) way Ⓒ; method Ⓒ; (手段) means Ⓒ ★単複同形; (処置) measure Ⓒ ★しばしば複数形で; step Ⓒ; (手順) procedure Ⓒ; (秩序立った方法) system Ⓒ; (工夫) device Ⓒ; (方策) policy Ⓒ.

【類義語】最も口語的, 日常的な語で, しかも以下の多くの語の代わりにも用いることのできるのは **way**. この語はある目的に到達するための方法を広く意味する. 論理的・科学的で秩序立った方法を意味するのが **method**. 例えば a new *method* of teaching English (=新しい英語教授法) のように「...法」と名づけられるような場合によく用いられる. 何かをするための具体的な手段を意味するのが **means**. 何か対象とする事柄や事件があり, それに対してとる処置・手段が **measure** と **step**. この 2 語は相互に入れ替え可能なことも多いが, *measure* のほうがやや形式ばった語で, 何か基準とする尺度があって, それに照らしてとる処置という多少重々しい感じがある. それに対し, *step* は解決・到達への段階を踏むためにとる処置という多少軽い感じの言葉である. 何か事を行うに当たって, 進行の手順を「方法」と呼ぶことがあるが, それに当たるのが **procedure** である. 首尾一貫して 1 つの体系を成し, 規則に従った秩序立った方法は **system**. *method* も秩序立った方法の意であるが, *system* は分類とか分析とかについて終始一貫して 1 つの体系を成す場合に用いる. 従って,「方法」よりは「方式」という日本語にニュアンスが近い. 実際に機構などを作り上げて行う方法が **device**. 政治的配慮などの入りうる方針・方策が **policy**. 《☞ しゅだん; やりかた》

¶「英語をマスターする一番よい*方法は何ですか」「毎日練習することが唯一の*方法ですね」 "What is the best *way* to master English?" "I would say (that) to practice it every day is the only *way*."

私がやったのと同じ*方法でやってごらんなさい Do it (in) the same *way* as I did.

この件については真実を知る*方法がない There is no *means* of ˹learning [discovering] the truth of this matter.

彼らは困難を切り抜ける*方法を討論した They discussed the *ways and means* to get over their difficulties.

何か救う[防ぐ]*方法はないでしょうか Isn't there any ˹remedial [preventive] *measure*?

これから 1 年間, 授業はこういう*方法で進めます I'd like to follow this *procedure* in class

during the coming year.
これが実験をやっていくのに一番よい*方法だ This is the best ⌈*plan* [*scheme*; *system*] to carry ⌈on [out] the experiment.
この機械を改良するのに新しい*方法を考えなくてはならない We must develop a new *method* to improve the machine.
妥協は時には最上の*方法だ Compromise is sometimes the best *policy*.
それをする*方法を見つけなくてはならない I must ⌈find some *way* [find out *how*] *to do* it.
方法論 methodology Ⓤ. ¶ 彼は自分の哲学の*方法論を打ち立てた He established his own *methodology* in philosophy.

ほうぼう 方方 ― 〔副〕 (至る所に[を]) everywhere; (いろいろの場所に[で]) in various places; (あっちこっち) here and there. 《☞ あちこち; いたるところ; かくち》.
¶ 万年筆をなくして家の中を*方々捜した I looked for the lost (fountain) pen *everywhere* in the house. // 彼は日本中*方々旅をした He has visited *various places* in Japan. / (⇒たくさん旅をした) He has traveled *a great deal* ⌈in [around] Japan. // 公園には*方々に (⇒あちこちに) 若い 2 人連れがいた There were young couples *here and there* in the park.

ぼうぼう 茫茫 ― 〔形〕 (草などが茂った) thick ★ 一般的な語; (草がはびこった) rank ★ 形式ばった語. ― 〔動〕 (一面に生える) overgrow (他). 《☞ おいしげる》. ¶ 草*ぼうぼうの庭 a garden ⌈*thick* [*overgrown*] with weeds

ほうほうのてい 這這の体 ¶ ほとんどの質問に答えられなくて彼は*ほうほうの体だった (⇒非常に困惑した) Unable to answer most of the questions, he *was terribly embarrassed*. // 敗けた男は*ほうほうの体で逃げ去った (⇒しっぽを巻いて[しょげて]) The defeated man ran away ⌈*with his tail between his legs* [*crestfallen*].

ほうぼく 放牧 ― 〔動〕 (草を食わせる) graze (他). ― 〔名〕 (牧畜業) pasturage Ⓤ; (家畜に草を与えること) grazing Ⓤ. 《☞ はなしがい》.
¶ 彼らは夏は牛を*放牧する They *graze* cattle in summer. / (⇒牛を牧場にやる) They ⌈*put* [*send*] *cattle out to pasture* in summer.
放牧地 pasture Ⓒ.

ほうまん 放漫 ― 〔形〕 (締まりのない) loose; (いいかげんな) lax. ¶ *放漫経営が彼らの失敗した主な原因だ *Lax* management was the main cause of their failure.

ほうむしょう 法務省 the Ministry of Justice 《☞ 政治・経済 (囲み)》.

ほうむだいじん 法務大臣 the Minister of Justice 《☞ 政治・経済 (囲み)》.

ほうむる 葬る (埋葬する) bury [béri(:)] (他); (議案など棚上げする) shelve (他); (握りつぶす) kill (他). ¶ 彼女は恋人の墓の隣に*葬られた She *was buried* in a tomb next to her lover's. // 議会はその議案を*葬ってしまった The Diet *has* ⌈*killed* [*shelved*] the bill. // その役人たちはまんまと汚職事件を闇に*葬った (⇒包み隠した[もみ消した]) The officials managed to ⌈*cover up* [*hush up*] the bribery case.

ぼうめい 亡命 ― 〔動〕 (政治亡命する) take [seek] political asylum ★ 国際法上の用語として用いられる; (味方を捨てて敵側へつく) defect (自) ★ 軍人・政府要人・公務員などについていう. ― 〔名〕 political asylum Ⓒ; defection Ⓤ.
¶ 多くの科学者が第 2 次大戦中米国に*亡命した (⇒政治亡命した) Many scientists ⌈*took* [*sought*] *political asylum* in the United States during World War II. // そのソ連の飛行士はアメリカに*亡命した The Soviet pilot *defected to* the United States.
亡命者 (敵側についた人) defector Ⓒ; (政治亡命者) (political) refugee [rèfjudʒíː] Ⓒ.

ほうめん¹ 方面 (方向) direction Ⓒ; (地域) district Ⓒ; (研究・活動分野) field Ⓒ; (面) aspect Ⓒ. 《☞ ほうこう¹; ぶんや》.
¶ 私たちは名古屋*方面に向けて車を走らせた We drove our car ⌈*in the direction of* [*toward*] Nagoya. // 東北*方面で連続して地震があった There was a series of earthquakes in the Tohoku *district*. // スミス博士はこの*方面の研究の権威です Dr. Smith is an authority ⌈in this *field* of study [on this *subject*]. // この問題は異なった*方面 (⇒面[角度]) からの研究が必要だ This problem should be studied from a different ⌈*aspect* [*angle*]. 《☞ たほうめん; かくほうめん》

ほうめん² 放免 ― 〔動〕 (自由にする) release (他), set ... free; (無罪にする) acquit (他). ― 〔名〕 release Ⓤ; (無罪放免) acquittal Ⓤ. ¶ 容疑者は結局無罪*放免になった The suspect *was* finally ⌈*released* [*acquitted of*] the charge].

ほうもつ 宝物 treasure Ⓤ ★ 宝物の 1 つ 1 つは Ⓒ. 《☞ たから》. **宝物殿** treasury Ⓒ.

ほうもん 訪問 ― 〔動〕 (会いに行く) go to see ...; (人を) call on ...; (家を) call at ...; (訪ねる) visit (他). ― 〔名〕 call Ⓒ, visit Ⓒ.
【類義語】 通例短時間の訪問を指すのが **call**. 短時間・長時間の両方を含めて訪問一般を指すのが **visit**. また後者は職務上の訪問・視察などにも用いる. 《☞ たずねる² (類義語)》
¶ 私は昨夜スミス氏を*訪問した I ⌈*went to see* [*called on*; *visited*] Mr. Smith last night. // 君の家に行く前に数軒*訪問しなくてはいけない I have several ⌈*calls to make* [people to *call on*] before I get to your house. // 首相は正式に大統領官邸を*訪問した The prime minister *paid a* formal *visit* to the White House. // (教師が) 家庭*訪問する *call at one's* students' homes // 会社*訪問をする *visit* a company for an interview
訪問着 visiting kimono Ⓒ **訪問客[者]** caller Ⓒ, visitor Ⓒ. 《☞ きゃく (類義語)》.

ぼうや 坊や (少年) boy Ⓒ; (子供) child Ⓒ; (息子) son Ⓒ; (呼びかけるとき) kid Ⓒ, boy Ⓒ, sonny Ⓒ. 《☞ ぼっちゃん; 呼びかけ (囲み)》. ¶ *坊や, あぶない Watch [Look] out, *kid*! ★ 呼びかける場合は無冠詞. // 彼はほんの*坊やだ He is a mere *child*.

ほうよう¹ 抱擁 ― 〔動〕 (抱きしめる) hug (他), embrace (他) ★ 後者はやや形式ばった語.

訪問の表現

1 訪問の打ち合わせ

英米の習慣では人の家を訪問するときは、あらかじめ日時等について打ち合わせをして予約 (appointment) をとることが必要である.

(1) 問い合わせ

¶次の日曜日にお伺いしてよろしいでしょうか May I 「visit you [go to your place; come over] next Sunday? / I'd like to see you next Sunday. ∥ あすの午後お暇でしょうか Are you [Will you be] free tomorrow afternoon? ∥ 何時にお目にかかれますか What time shall I come? / When can I see you? / When can we get together? ∥ 火曜日の午後にあなたの事務所へお訪ねしているのですが I'd like to 「visit you at [see you in] your office sometime Tuesday afternoon.

(2) 問い合わせへの応答

¶私は日曜は一日中暇です I am free all day (almost) every Sunday. / (⇒ 日曜ならいつでもいらっしゃい) Please come any time any Sunday. ∥ 水曜日の晩7時にあなたをお待ちしています I'll be expecting you at seven (on) Wednesday evening. ∥ 私は夜8時過ぎにはたいてい家にいます I am usually at home after eight in the evening. ∥ あなたのおいでを楽しみにお待ちしております We'll be [We're] looking forward to 「seeing you [having you visit us; your visit]. ∥ あいにくですが、その日は別の約束があります I'm sorry, but I have a previous 「appointment [engagement] that day.

2 訪問して門口で

(1) 訪問者

¶佐藤さんはご在宅ですか Is Mr. Sato at home? ∥ ウィリアムズさんにちょっとお目にかか

りたいのですが I'd like to see Mr. Williams. / Can [May] I see Mr. Williams? ∥ 松本という者がお目にかかりたいとお伝え下さい Please tell him that Mr. Matsumoto 「wants [wishes] to meet him.

(2) 訪問を受けて

¶はい、おります. どなた様ですか Yes, he's 「in [at home]. May I have your name, please [Who shall I say is calling]? ∥ どうぞお入り下さい Please come in. ∥ ちょっとお待ち下さい Please wait a minute.

3 別れるとき

(1) 訪問者

¶残念ですがそろそろおいとましなくてはなりません I'm afraid I 「have to go [must be going] now. / Well, I think I 「must [have to] say good-by now. ∥ 奥様にどうぞよろしく Please give my best regards to Mrs. / Please say hello to Mrs. ★ 後者のほうが口語的. ∥ お宅の皆様によろしく Please remember me to everyone in your family.

(2) 訪問された側

¶もう少しゆっくりしていらっしゃいませんか Can't [Couldn't] you stay a little longer? ★ Couldn't を使ったほうが丁寧. ∥ もうお帰りにならなくてはならないのですか Must you 「go [be going; be leaving] so soon? ∥ お急ぎではないのでしょう You're not in a hurry, are you? / Please don't 「rush off [be in such a hurry]. ∥ どうぞまた遊びにいらして下さい Please come and see us again. ∥ この近所においての折にはぜひ家にお立ち寄り下さい Please drop by (my house) whenever you are in the neighborhood.

対話例

A：夕食にいらっしゃいよ
B：お宅に?
A：そうよ
B：いいのかな, 本当に?
A：ええ, もちろん. あしたではどうかしら?

B：いいですとも
A：7時ごろ?
B：理想的ですね

A：今夜はとても楽しかったです. どうもありがとう, ビル
B：お礼を言うなら私じゃなくて, ポーラに言って下さい. いや, お礼なんか不要だな. 今夜は君に来てもらって, 本当にうれしかったよ

A : Why don't you come to dinner?
B : At your place?
A : Well, sure.
B : Are you sure it's OK?
A : Sure, I'm sure. Would tomorrow be all right with you?
B : It'd be wonderful.
A : Around seven?
B : Perfect.

A : Thank you for a wonderful evening, Bill.
B : Don't thank me: thank Paula ... No. On second thought, don't thank anyone. It's been a real pleasure having you over this evening.

★ この対話例およびさらに詳しい対話例は別売テープに吹き込まれています.

— 名 hug Ⓒ, embrace Ⓒ. 《☞ だく》.

ほうよう² 法要 Buddhist service Ⓒ.

ほうようりょく 包容力 ¶ 彼は*包容力がある (⇒ 心が広い [寛大だ]) He is ｢*broad-minded* [*tolerant*].

ぼうよみ 棒読み — 動 (読むだけ) just read … ¶ あの大臣は秘書が書いたものを*棒読みにする (⇒ 単に読むだけだ) That minister *merely reads* what his secretary has written (｢without emotion [in a monotone]).

ぼうらく 暴落 — 動 (急激に下がる) fall [decline] sharply; (相場などが) slump ⓐ. — 名 sudden [sharp] fall Ⓒ; slump Ⓒ. 《☞ さがる; げらく》. ¶ 金の価格が*暴落した The price of gold *has* ｢*fallen* [*declined*] *sharply*. // 株式市場は空前の株価*暴落を記録した The stock market recorded an unprecedented *slump*.

ほうらつ 放埒 (自堕落な生活) loose life Ⓒ; (酒色にふけること) debauchery Ⓤ. ¶ *放埒な生活を送る lead a *loose life*

ぼうり 暴利 — 名 excessive [unwarranted] profit Ⓒ. — 動 (災害などを利して暴利をむさぼる) profiteer ⓐ. 《☞ ふとう¹》. ¶ 悪徳業者が土地の売買で*暴利をむさぼった Dishonest dealers made ｢*excessive* [*unwarranted*] *profits* ｢on [from] the land sales. // *暴利をむさぼる人 a *profiteer*

ほうりあげる 放り上げる throw up ⓗ; toss up ⓗ ★ 後者は軽い無造作な投げ方. ¶ 少年はボールを*放り上げた The boy ｢*threw up* the ball [*threw* the ball *up*].

ほうりこむ 放り込む throw … ｢in [into] … ¶ だれかが窓から小石を*放り込んだ Someone *has thrown* a pebble (*in*) through the window. // 男はブタ箱に*放り込まれた The man *was thrown* ｢*in* [*into*] prison.

ほうりだす 放り出す (投げ出す) throw out ⓗ; (放棄する) give up ⓗ. 《☞ なげだす》. ¶ 彼は猫を家の外に*放り出した He *threw* the cat *out* the door. // 仕事を途中で*放り出してはいけない You must not ｢*give up* [*leave*] your work unfinished. // その怠け者は会社から*放り出された (⇒ 解雇された) The lazy man *was* ｢*fired* [*dismissed*] *from* the company.

ほうりつ 法律 — 名 (一つ一つの) law Ⓒ; (法律・法規の全体) law Ⓤ ★ 通例 the を付けて; (法律学・法学) law Ⓤ ★ この場合は冠詞を付けない. — 形 (法にかなった) lawful (↔ unlawful); (合法的な・法律上の) legal (↔ illegal) 語法 legal は法に関係があること, あるいは「法で定められた」という意味になることもあり, lawful は道徳的・宗教的に正当であることも表す. 《☞ ほう²; ほうれい》.

¶ 私は大学で*法律を学んでいます I am studying *law* at college. // すべての国民は*法律を守らねばならない All (the) citizens have to ｢observe [obey] *the law*(*s*). / (⇒ 私たちは法律を破ってはならない) We mustn't ｢break [violate] *the law*(*s*). // *法律は公務員のストライキを禁じている *The law* ｢prohibits [forbids] government employers from ｢striking [going on strike]. // 私たちは*法律の前では平等だ We are equal before *the law*. // 彼は*法律に明るい (⇒ 法律通だ) He is an expert in *legal* matters. // 犯罪者は*法律に照らして処罰される Criminals are punished ｢according to [in accordance with] *the law*. // 環境汚染を規制する新しい*法律が作られた A new *law* ｢to control [against] environmental pollution has been made. // ここで狩猟するのは*法律違反です It is ｢*against the law* [*unlawful*] to hunt here.

法律事務所 law office Ⓒ.

ほうりなげる 放り投げる throw ⓗ 《☞ なげる; ほうりあげる; ほうりだす》.

ぼうりゃく 謀略 (陰謀) plot Ⓒ, intrigue [intríːg] Ⓒ ★ 前者が一般的; (策略) stratagem [strǽtədʒəm] Ⓒ. 《☞ いんぼう (類義語); たくらむ》. ¶ 彼らは彼を陥れる*謀略を巡らした They ｢worked out [contrived] a *plot* to (en)trap him.

ほうりゅう 放流 — 動 (水などを) discharge ⓗ; (魚を川に) stock (a river) with … ¶ ダムの水はサイレンを鳴らしてから*放流される The water *is discharged* from the dam after a siren has been sounded. // 5 万尾のさけの稚魚が最近川に*放流された 50,000 salmon fry *have* recently *been stocked* in the river.

ぼうりょく 暴力 violence Ⓤ; force Ⓤ 語法 前者のほうが意味が強く, また肉体的暴力で人を傷つけたりすることを意味するのに対し, 後者は「力ずく」「無理やり」というようなニュアンスがある. 《☞ ちからずく; ぼうこう¹》.

¶ 彼は妻に*暴力を振るう He does *violence* to his wife. / (⇒ 妻をぶつ) He *beats* his wife. // 彼らは最後の手段として*暴力に訴えた They ｢resorted [appealed] to ｢*violence* [*force*] as the last measure. // *暴力は用いるな Don't ｢use [employ] ｢*violence* [*force*].

暴力団 (全体) gang Ⓒ ★ 一団のグループを指す; (一人一人) gangster Ⓒ. 《☞ やくざ》.

ほうる 放る throw ⓗ; (軽く無造作に) toss ⓗ; (強く投げつける) fling ⓗ; (投手などが目標に向かって) pitch ⓗ. 《☞ なげる (類義語); ほうっておく》.

ほうれい 法令 law Ⓒ, statute Ⓒ; (条例) ordinance Ⓒ.

【類義語】法を表す最も一般的な語が **law**. *law* とほぼ同意だが立法機関によって制定された成文法というもう少し厳密な言い方が ***statute***. 地方, 特に都市で定められる法が ***ordinance***. 《☞ ほうりつ; ほうき²; じょうれい》

法令集 statute book Ⓒ.

ぼうれい 亡霊 (幽霊・死者の霊・お化け) ghost Ⓒ; (幻影・お化け) apparition Ⓒ ★ 前者のほうが普通. 《☞ ゆうれい》.

ほうれつ 放列, 砲列 battery Ⓒ; (…の林) forest Ⓒ ★ 単数形で比喩的に用いる. ¶ カメラの*放列の前で彼女は緊張した She was tense in front of a ｢*forest* [*battery*] of cameras. // *砲列をしく place guns in position

ほうれんそう spinach [spínitʃ] Ⓤ. ¶ *ほうれんそう 1 把 a ｢bunch [bundle] of *spinach*

ほうろう¹ 放浪 — 動 (あてもなくさまよう) wander (around …) ⓐ; (広い地域を楽しみな

がらぶらぶらと歩き回る) roam (around ...) ㊂ ★ 前者のほうが一般的. 《☞ さすらい》.
放浪生活 wandering life Ⓒ **放浪癖** wanderlust Ⓤ ★ 時に a を付ける.

ほうろう² 琺瑯 ― 名 enamel [inǽməl] Ⓤ. ― 形 (琺瑯引きの) enameled. ¶ *琺瑯引きの金物 *enameled* ironware **琺瑯質** (歯の) enamel Ⓤ.

ぼうろん 暴論 (根拠のない論) groundless argument Ⓒ; (ばかげた意見) absurd remark Ⓒ. ¶ 彼はいつも*暴論を吐く He makes *absurd remarks* all the time.

ほうわ¹ 飽和 〘化学〙 saturation Ⓤ ★「飽和状態」の意味でも用いられる. ¶ いろいろな事実を詰め込んだので私の頭は*飽和状態だ (⇒ もはや何も吸収できない) Crammed with various facts, my head *can't* ⌈*absorb* [*accept*; *accommodate*] *any more.* **飽和点** saturation point Ⓒ.

ほうわ² 法話 sermon Ⓒ.

ほえごえ 吠え声 (犬の) bark Ⓒ; (ライオンの) roar Ⓒ; (狼などの) howl Ⓒ. 《☞ 動物の鳴き声 (囲み)》.

ほえる 吠える (犬が) bark ㊂; (犬・狼が遠ぼえをする) howl [hául] ㊂; (小犬がキャンキャンとほえたてる) yap ㊂; (ライオンなどが) roar ㊂ 語法 以上は「...にほえる」という場合は前置詞 at を用いる. 《☞ うなる; 動物の鳴き声 (囲み)》. ¶ 犬が私に*ほえついた A dog *barked at* me. // *ほえる犬はかみつかぬ *Barking* dogs seldom bite. 《ことわざ》

ほお 頬 cheek Ⓒ ★ 両方のほおを言う場合は複数形となる. 《☞ かお (挿絵)》.
¶ その小さな女の子はばら色の*ほおをしていた The little girl had rosy *cheeks.* // 彼は私の*ほおを打った He hit me on the *cheek.* // 彼女はその言葉を聞いて*ほおを染めた (⇒ 顔を赤らめた) She *blushed* at the words. // 彼女は自分の思いどおりにならなかったので*ほおをふくらませた She puffed out her *cheeks* because she could not have her own way. // こけた*ほお sunken *cheeks*
ほおずり ― 動 nestle [press] *one's* cheek against *a person's* **ほおづえ** ― 動 (ほおづえをつく) rest *one's* chin on *one's* hand(s) **ほおひげ** whiskers ★ 通例複数形で. 《☞ ひげ¹ (挿絵)》 **ほお紅** (cheek) rouge Ⓤ **ほお骨** cheekbone Ⓒ. ¶ 彼は*ほお骨が出ている He has broad *cheekbones.*

ボーイ (レストランなどの給仕) waiter Ⓒ; (ホテルの荷物運び) 《米》 bellhop Ⓒ, bellboy Ⓒ; (汽船などの) steward Ⓒ. 《☞ ホテル (囲み); レストラン (囲み)》. ¶ *ボーイさん, コーヒーをもう一杯 *Waiter*, bring me another cup of coffee, please. ★ 呼びかけに用いるときは無冠詞. 《☞ 呼びかけ (囲み)》

ボーイ スカウト (団体) the Boy Scouts ★ 単数または複数扱い; (一人) boy scout Ⓒ.

ボーイ フレンド boyfriend Ⓒ ★ boy friend と 2 語に分けて書くこともある.

ポーカー (トランプのゲーム) poker Ⓤ.

ほおかぶり 頬被り ― 動 (顔を隠す) cover [wrap] *one's* cheeks; (無視する) ignore ㊀; (見て見ぬふりをする) shut *one's* eyes to ... 《☞ しらんかお》. ¶ その泥棒は*ほおかぶりしていた The burglar ⌈*covered* [*wrapped*] *his cheeks* with a towel. // 我々はその事実に*ほおかぶりすることはできない We cannot ⌈*shut our eyes to* [*ignore*] the fact.

ほおじろ 頬白 (Japanese) bunting Ⓒ.

ホース hose [hóuz] Ⓒ 《複 ~, ~s》. ¶ 消火用*ホース a fire *hose*

ポーズ¹ ― 動 (姿勢をとる) pose ㊂. ― 名 (姿勢) pose Ⓒ. 《☞ しせい¹ (類義語); たいど》. ¶ そのモデルは写真の*ポーズをとった The model ⌈*posed* [assumed a *pose*] for a photo. // 彼の熱心さは単なる*ポーズかもしれない His eagerness ⌈could [may; might] be a mere *pose.*

ポーズ² (休止) pause Ⓒ. ¶ 彼女はその文を読んだ後, 長い*ポーズをとった She made a long *pause* after she read the sentence.

ほおずき (植物・実) ground-cherry Ⓒ; (観賞用の) Chinese lantern plant Ⓒ.

ボーダーライン borderline Ⓒ. ¶ そういう*ボーダーラインのケースは決定が難しい It is difficult to decide in a *borderline* case like that.

ポータブル ― 形 portable. ¶ 私のタイプは*ポータブルです My typewriter is ⌈*portable* [a *portable* model]. **ポータブルテレビ [ラジオ]** portable ⌈television (set) [radio] Ⓒ.

ぼーっと vaguely 《☞ ぼうっと; ぼんやり》.

ぼーっと ― 動 (うっとりする) be fascinated; (ぼんやりする) be absent-minded; (気が遠くなる) faint ㊂, swoon ㊂. ¶ 彼女はそのハンサムな青年に*ぼーっとなった She *was quite fascinated* by the handsome young man. // 暑さで*ぼーっとなった We nearly ⌈*fainted* [*swooned*] from the heat.

ボート ― 名 (こぎ船) rowboat Ⓒ; (小船) boat Ⓒ ★ 英語の boat は汽船をいうこともあることに注意. ― 動 (ボートに乗る) boat ㊂. 《☞ ふね; こぐ; 乗り物 (囲み)》. ¶ 私たちは*ボートで川を渡った[上った, 下った] We rowed a *boat* ⌈across [up; down] the river. // 湖に*ボートをこぎに行こう Let's *go boating* on the lake. **ボートレース** boat race Ⓒ; (ボート・ヨットの競技会) regatta Ⓒ.

ボーナス bonus Ⓒ 《☞ しょうよ》. ¶ 組合は月給の 4 か月分の*ボーナスを要求した The union demanded a *bonus* equivalent to four months' pay.

ほおばる 頬張る (食べ物を口に詰め込む) cram [stuff] (food) into *one's* mouth; (口一杯に食べ物を入れる) fill *one's* mouth (with food) ★ cram [stuff] のほうが fill より意味が強い. ¶ その子はパイを*ほおばった The child ⌈*crammed* [*stuffed*] (the) pie *into his mouth.* // 食べ物を*ほおばったまま話をしてはいけない Don't talk *with your mouth full.*

ホープ (期待される人) hope Ⓒ. ¶ 彼は私たちの野球チームの*ホープです He is the *hope* of our baseball team.

ホーマー homer Ⓒ ★ home run の略. 《☞ ホームラン》.

ホーム¹ (プラットホーム) platform Ⓒ 語法

ほ

英語の platform には「演壇」の意味もあり, あいまいなときは (railroad) station platform と言えばよい. (☞ えき¹ (挿絵)).
¶ 彼は*ホームで私を出迎えてくれた He met me on the *platform*. // 「大阪行きの急行はどこで乗るのですか」「8 番*ホームです」 "Where can I get on the express train for Osaka?" "On ˹*track* 8 [(英)) *platform* No. 8]." [語 法] track は元来はホームではなく軌道のこと. (☞ 乗り物 (囲み)) // 新幹線の到着*ホームはどちらですか Which way is (it to) the arrival *platform* for the *Shinkansen* (trains)? [参 考] 「発車ホーム」は departure platform Ⓒ.

ホーム² home base Ⓒ, home plate Ⓒ, home Ⓒ. (☞ 野球の英語 (囲み)).

ホームイン ¶ 走者が*ホームインした The runner *has* now *reached the home base*. [参 考] 「ホームイン」は和製英語. (☞ せいかん¹; 野球の英語 (囲み)).

ホームシック — [形] (ホームシックにかかって) homesick. — [名] homesickness Ⓤ. (☞ ぼうきょう; きょうしゅう¹).

ホームドラマ drama of home life Ⓒ ★「ホームドラマ」は和製英語.

ホームラン home run Ⓒ, homer Ⓒ. (☞ 野球の英語 (囲み)). ¶ *ホームランを打つ hit [slam; smack out] a *home run*

ホームルーム (教室) homeroom Ⓒ; (時間) homeroom hour Ⓒ.

ポーランド — [名][固] Poland. — [形] Polish. **ポーランド語** Polish Ⓤ **ポーランド人** Pole Ⓒ.

ボーリング¹ — [名] (ゲームの) bowling Ⓤ. — [動] (ボーリングをする) bowl ㊀. ¶ あなたは*ボーリングをしますか Do you *bowl*? **ボーリング場** bowling alley Ⓒ.

ボーリング² — [動] (井戸などを掘る) bore ㊉㊀. — [名] (穿孔) boring Ⓒ.

ホール (会館) hall Ⓒ; (ダンスホール) dance hall Ⓒ. (☞ かいかん²; こうかいどう).

ボール¹ (球) ball Ⓒ; (野球のボール・ストライクの) ball Ⓒ (↔ strike). (☞ スポーツ (囲み); 野球の英語 (囲み)).

ボール² (容器) bowl Ⓒ (☞ 台所・家事 (囲み)). ¶ サラダ*ボール a salad *bowl*

ボールがみ ボール紙 cardboard Ⓤ; (紙を張り合わせて作ったもの) pasteboard Ⓤ.

ボールばこ ボール箱 pasteboard [cardboard] box Ⓒ.

ボールペン ball-point pen Ⓒ (☞ ペン).

ほおん 保温 — [動] keep ... ˹warm [hot]. ¶ この魔法瓶は*保温がよい This thermos *keeps* liquids *hot* for a long time.

ほか 外, 他 **1** «ほかの人・物» — [形] other [語 法] 後に複数名詞が続くのが普通. ただし, 「どれかほかの...」の意で some [any] other ... の場合は単複両方が可能. また 2 つの中で「もう 1 つの」という場合は the other ... の形をとり, 単数形が続く. もっとも, この場合は日本語では「もう 1 つの」となり,「ほかの」とはならないのが普通である. なお the other ... は 3 つ以上の物[人]について,「1 つを除いてほかの...」の場合もあるから, 複数形が続く場合もある; (別の 1 人[1 つ]の) another; (違った) different. — [副] else ★ 修飾する語の後に置かれる. — [代][名] others ★ 複数形で; (ほかの人々) other people; (別の 1 人の人・1 つの物) another; (2 人[2 つ]の中の一方) the other; (3 人[3 つ]以上の中の 1 人[1 つ]を除いてほかのもの) the others; (残り全部) the rest [語 法] 数えられるものを指す場合は複数扱い, 数えられないものを指すときは単数扱い. (☞ べつ).
¶ このシャツは少し大きすぎます. *ほかのを見せて下さい This shirt is a little too big for me. Will you show me *another* (one)? (☞ 買い物 (囲み))
*ほかの人たちはどこに行きましたか Where are *the other* people? [語 法] 話し相手以外の人たち全部の所在を聞いている場合.
*ほかに質問はありませんか Do you have [Are there] any *other* questions?
私はそれを*ほかの方法でやってみたい I want to do it in a *different* way.
私はだれか*ほかの人のペンを持って来てしまった I have brought somebody *else's* pen.
*ほかにはだれもその部屋にはいませんでした No one *else* was in the room.
彼女はクラスの*ほかのだれよりも背が高い She is taller than any *other* student in her class.
この場所は気に入らない. どこか*ほかへ行こう I don't like this place. Let's go ˹somewhere *else* [to *some other* place].
2 人が魚釣りに出かけたが, *ほかの者は家にいた Two went (out) fishing, but ˹*the others* [*the rest*] stayed at home.
*ほかに言うことはありません (⇒ 私が言いたいのはそれですべてです) That's all I want to say. / (⇒ それ以上言うことはありません) I have nothing ˹more [further] to say.

2 «...を除いて; ...以上に» — [前] except ..., but ... ★ 後者のほうが文語的で, 慣用句に用いられることが多い; (...に加えて) besides ..., in addition to ...; (...以上は) beyond ... (☞ -いがい).
¶ 彼の*ほかにはだれもその質問に答えられなかった Nobody ˹*except* [*but*] him could answer the question. / (⇒ 彼 1 人だけが答えられた) He was the only one who could answer the question.
あなたの*ほかにだれがそこに行きましたか Who went there ˹*besides* [*other than*] you?
その町は金の*ほかに (⇒ 金に加えて) ダイヤモンドも産出する The town produces diamonds ˹*besides* [*in addition to*] gold.
私はこの*ほかには何も知りません I know nothing *beyond* this.
彼に援助を求める*ほかどうしようもありませんでした I *had no* (*other*) *choice but to* ask for his help.
彼は英語の*ほかにドイツ語も話す (⇒ 英語だけでなくドイツ語も) He speaks *not only* English *but* (*also*) German. / He speaks German *as well as* English. [語 法] not only A but (also) B では普通 B が, また A as well as B では普通 A が強調される. / He speaks German *besides* English.

ほかく 捕獲 — [動] capture ㊉, catch ㊉

ほ

[語法] 後者のほうが口語的で一般的だが，日本語の「捕獲」というニュアンスには前者のほうが近い．　── [名] capture [U]．《☞ つかまえる》．

ほかけぶね 帆掛け舟　sailboat [C]，《英》sailing boat [C]; sailing ship [C]　[語法] sailboat はヨット・小型帆船など．sailing ship のほうが帆船一般を指す言い方．

ぼかし 暈し　shading off [C]; (濃淡法) gradation [U]．

ぼかす 暈す　(色を) shade off [他], gradate (colors) ★ 前者のほうが口語的；(態度を) obscure [他], make … vague. 《☞ ぼやける；あいまい》．

ほかならない ¶その行為は犯罪に*ほかならない (⇒ 犯罪以外の何ものでもない) The act is ˹*nothing but* [*nothing less than*] a crime.

ほかならぬ ¶*ほかならぬ(⇒ほかの人ではなく)君の話だから間違いなかろう Since the story comes from you *and no one else*, it must be true. // その男は*ほかならぬ彼女の前夫だった (⇒ 前夫以外の人ではなかった) The man was *none other than* her former husband.

ほかほか ── [形] (熱い) hot; (できたての) fresh from the oven；(ほかほか湯気の立つ) steaming hot. 《☞ 擬声・擬態語 (囲み)》．　¶ほら，できたて*ほかほかのまんじゅうだよ Here are some buns *fresh from the oven*.

ぽかぽか ── [形] (暖かい) warm ★ 最も一般的な語；(気持ちよく暖かい) nice and warm.　── [副] (繰り返して) repeatedly ★ 殴るときなど. 《☞ ぽかりと; 擬声・擬態語 (囲み)》．¶きょうは*ぽかぽかしたよい天気だ What a lovely *warm* day! // 父親は息子を*ぽかぽか殴った The father beat his son *repeatedly*.

ほがらか 朗らか　── [形] (陽気な) cheerful；(明るい感じの) sunny；(晴れやかな) bright.　── [副] cheerfully；(陽気に・楽しげに) merrily；(うれしそうに) joyfully. 《☞ ようき[1]》．
¶彼女は*朗らかな性格だった She had a ˹*cheerful* [*sunny*] disposition. // きょうは*朗らかな気分だ I feel ˹*cheerful* [*bright*] today. // 彼らは*朗らかに歌を歌った They sang ˹*cheerfully* [*merrily*；*joyfully*].

ぽかりと ── [動] (こぶしなどで強く打つ) whack [他]；(一般に打つ・殴る) strike [他]；(打つ) hit [他]. 《☞ なぐる；ぽかぽか；擬声・擬態語 (囲み)》．　¶子供は*ぽかりと弟を殴った The child *whacked* his younger brother. / The child *struck* his younger brother *with a* ˹*thump* [*crack*].

ほかん 保管　── [動] (手元に置いておく) keep [他] ★ 最も一般的な語；(大切な物などを保管しておく) keep … in custody ★ 人に使うと「拘留」の意となる；(金・書類・貴重品などを預けておく) deposit [他].　── [名] (最も一般的には) safekeeping [U]；custody [U]；(倉庫などでの) storage [U]. 《☞ あずける；あずかる》．
¶この本はあなたが*保管しておいてくれませんか Will you please *keep* these books for me? // その品物はあなたの名で*保管してあります The goods are *in* ˹*safekeeping* [*custody*；*storage*] in your name.

ぽかんと **1** «口を開ける様子»　── [動] (口を大きく開ける) gape [自] 《☞ あんぐり；擬声・擬態語 (囲み)》．　¶私はあまりびっくりして口を*ぽかんと開けた I *gaped* in surprise.
2 «ぼんやりと»　── [副] vacantly 《☞ 擬声・擬態語 (囲み)》．　¶彼は私のすることを*ぽかんと見ていた He watched my movements *vacantly*.

ぼき 簿記　── [名] bookkeeping [U].　── [動] keep ˹books [accounts].

ぽきぽき ── [動] (ぽきっと鳴らす) crack [他].　── [副] (ぽきんと) with a ˹snap [crack]. 《☞ 擬声・擬態語 (囲み)》．　¶彼は指を*ぽきぽき鳴らすのがうまい He is good at *cracking* his fingers. // 枯れた小枝は私の足もとで*ぽきぽき折れた Dry twigs broke *with a snap* under my feet.

ほきゅう 補給　── [動] (…に…を供給する) supply … (with …)；(補充する) replenish [他].　── [名] supply [C]；replenishment [C].　¶船に燃料を*補給しなくてはならない We must *supply* the ship *with* fuel. 《☞ ねんりょう；きゅうゆ》 // 船は食糧と燃料を*補給するために港に着いた The ship came to port to *replenish* its food and fuel supplies.

ほきょう 補強　── [動] reinforce [rìːinfɔ́ːɚs] [他].　── [名] reinforcement [U]. 《☞ きょうか[1]》．
¶この建物は鉄筋で*補強してある This building *is reinforced* with iron staples. // 橋の*補強工事が進んでいる The work on *reinforcement* of the bridge is in progress.

ぼきん 募金　── [動] raise funds, collect ˹money [contributions] ★ 前者のほうが規模が大きい感じがある.　── [名] fund-raising [U]. 《☞ きふ；カンパ》．　¶私たちは交通遺児のための*募金運動を始めた We have started a *fund-raising* campaign for the children of traffic accident victims. // 共同*募金《米》community chest

ほきんしゃ 保菌者　(germ) carrier [C].

ぽきんと with a snap ★ 一般的で口語的；(鋭い音を立てて) with a sharp crack. 《☞ 擬声・擬態語 (囲み)》．　¶彼は小枝を*ぽきんと折った He broke the twig *with a snap*.

ぼく 僕 I　[語法] 英語では「僕」「私」などの区別はない．I は常に大文字を用いる. 《☞ わたし[1]》．

ほくい 北緯　the north latitude 《☞ いど[2]；なんい[1]；ど》．　¶ニューヨークは*北緯 42 度東経 86 度にある New York is situated at *latitude* 42°N and longitude 86°E. ★ latitude forty-two degrees north と読む.

ほくおう 北欧　── [名][固] Northern Europe; Scandinavia.　── [形] Northern European; Scandinavian.　**北欧人** Scandinavian [C].

ほくげん 北限　the northern limit.

ボクサー boxer [C] 《☞ ボクシング (挿絵)》．

ぼくさつ 撲殺　── [動] (棒などで打って殺す) club … to death.

ぼくし 牧師　(キリスト教・ユダヤ教も含めて最も一般的に) clergyman [C]；(集合的に) clergy [U]；(新教徒の牧師一般・英国では非国教派牧師) minister [C]　[語法] 普通，単に「牧師」とだけある場合は clergyman, あるいは minister

と訳すのがよい. 牧師の身分がはっきりしているときのみは次のような区別をする; (教区を預かる牧師, 英国では非国教派の) pastor Ⓒ; (教区牧師の総称) parson Ⓒ; (英国国教会教区牧師) rector Ⓒ; (英国国教会の rector の代理, または米国聖公会の付属教会の牧師) vicar Ⓒ; (説教をする人) preacher Ⓒ. 《☞ しんぷ[1]》.

ぼくじゅう 墨汁 India [China] ink Ⓤ.

ほくじょう 北上 ―動 go up north. ¶ 台風が*北上しつつあります A typhoon *is* ˹*going* [*coming*] *up north.*

ぼくじょう 牧場 (牛馬を飼育する農場) stock farm Ⓒ; (家畜を放し飼いにしている野原) pasture Ⓒ; (牧場を含めた農園全体) 《米》 ranch Ⓒ. ¶ 彼は*牧場を経営している He runs a *stock farm.* // *牧場では牛があちこちで草を食べている Cows are grazing here and there in the *pasture.* // 彼は*牧場で働いている He works on a ˹*stockfarm* [*ranch*].

ボクシング ―名 boxing Ⓤ. ―動 (ボクシングをする) box (他)(自); (戦う, 特にボクシングの試合をする) fight (他)(自). 《☞ スポーツ (囲み)》.

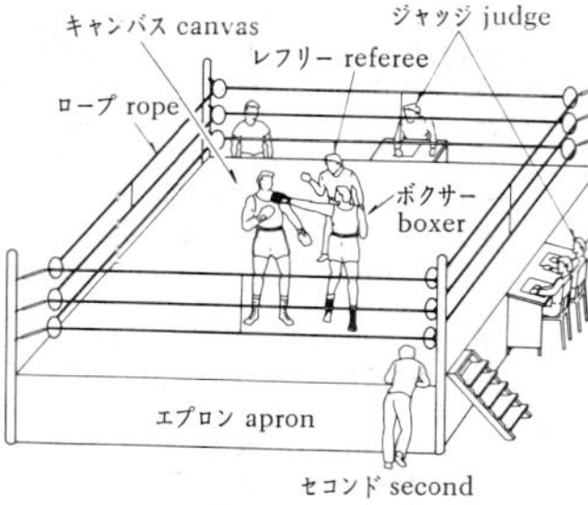

¶ さあ, 来い. *ボクシングをしよう Now, come on. Let's *box.* / Come on. Let's do some *boxing.* // *ボクシングの試合 a *boxing* match

ほぐす (もつれを) disentangle (他); (糸などを) unravel (他); (髪の毛を) loosen (他); (堅くなった綿などを) fluff up (他); (堅い気持ちを) put … at ease. 《☞ ほどく; ほぐれる》. ¶ あの人は場の雰囲気を*ほぐすのがうまい He is good at *putting* people *at ease.* / He is good at *easing* a tense atmosphere.

ほくせい 北西 ―名 the nòrthwést 《略 NW, N.W.》. ―形副 (北西の[へ, に]) northwest; (北西の[へ, に, からの]) northwestern, northwesterly; (北西のほうへ[の]) northwestward.

¶ きょうの風は*北西から吹いている The wind today comes from *the northwest.* / A *northwesterly* wind is blowing today. // 飛行機は*北西へ向かっている The plane is flying to *the northwest.* / The plane is ˹on [taking] a *northwestward* course.

ぼくそう 牧草 grass Ⓤ, pasturage Ⓤ ★ 前者が普通. **牧草地** meadow Ⓒ.

ほくそえむ ほくそ笑む (くすくす笑いをする) chuckle (自); (他人の不幸・失敗などを小気味よさそうに見る) gloat over …

¶ 彼は事がうまく運んでいるので*ほくそ笑んだ He *chuckled with glee* that things were going smoothly. 語法 日本語の「ほくそ笑む」も英語の glee (=大喜び) も共に裏に悪意が感じられる. 従ってこの場合の「事」は「悪事」を意味する. // 彼は知り合いの仕事がうまく行かなかったのを聞いて*ほくそ笑んだ He *gloated over* the news of his acquaintance's business failure.

ほくたん 北端 (北の端の部分) the northern most part (of …) Ⓒ; (北の一番先端) the northern ˹end [extremity] Ⓒ ★ [ ] 内のほうがやや形式ばった語. ¶ 宗谷岬は日本最*北端の地である Cape Sōya is *the northern extremity* of Japan.

ぼくちく 牧畜 ―名 livestock farming Ⓤ; (牛を育てること) cattle breeding Ⓤ.

ほくとう 北東 ―名 the nòrthéast 《略 NE, N.E.》. ―形副 (北東の[へ, に]) northeast; (北東の[へ, に, からの]) northeastern, northeasterly; (北東のほうへ[の]) northeastward. ¶ きょうは*北東の風だ The wind today comes from *the northeast.* // 進路を*北東にとれ Take a ˹*northeastward* [*northeasterly*] course.

ぼくとう 木刀 wooden sword Ⓒ.

ぼくどう 牧童 herd boy Ⓒ; (カウボーイ) cowboy Ⓒ; (羊の) shepherd (boy) Ⓒ.

ほくとしちせい 北斗七星 the Great Bear, the Big Dipper, the Plow (《英》 the Plough). 《☞ せいざ[1] (表)》.

ぼくとつ 朴訥 ―形 (素朴で人のよい) simple and good-natured; (田舎風で粗野な) rustic; (純心な) naïve, naive [nɑːíːv] ★ 軽蔑的に使われることがある. 《☞ そぼく》.

ほくぶ 北部 ―名 the north 語法 特定の国の北部の地方という意味では the North と大文字にすることがある; (北の地方) the northern part. ―形 northern 語法 特定の国について言うときは大文字にすることがある. 《☞ きた》. ¶ 彼はアメリカの*北部に住んでいる He lives in *the North* of the United States (of America).

ほくべい 北米 North America 《☞ アメリカ》.

ほくほく ―動 (…で大喜びである) be very ˹happy [pleased] with … 《☞ 擬声・擬態語 (囲み)》. ¶ 彼はボーナスをたくさんもらって*ほくほくだった He *was very* ˹*happy* [*pleased*] *with* his large bonus.

ぼくめつ 撲滅 ―動 (病気・犯罪・悪習など望ましくないものを根こそぎにする) eradicate (他); (望ましくないものを根絶する) exterminate (他) 語法 前者のほうが普通. いずれも形式ばった語だが, 日本語の「撲滅」には適当. もっと口語的には root [wipe; stamp] out (他) などがある. ―名 eradication Ⓤ; extermination Ⓤ. 《☞ ねこそぎ; こんぜつ》.

¶ 新薬はその病気の*撲滅に有効だった The new drug was effective in the *eradication* of the disease. / The new drug effectively *eradicated* the disease. // がん*撲滅運動 a

[the] crusade against cancer

ほくよう 北洋 the north ⌈sea [ocean]. **北洋漁業** north-sea fisheries ★ 複数形で.

ほぐれる (もつれなどが) loosen (自), come loose (自); (ほどける) become untied; (気分がくつろぐ) relax (自). 《☞ ほぐす》. ¶ 糸のこぶがやっと*ほぐれた The knot in the thread *has come loose* at last.

ほくろ 黒子 mole Ⓒ.

ほげい 捕鯨 whale fishing Ⓤ. **捕鯨会社** whaling company Ⓒ **捕鯨船** whaler Ⓒ, whaling vessel Ⓒ **捕鯨船団** whaling fleet Ⓒ ★ 常に集合的に.

ぼけい 母系 (母方の系統) maternal line Ⓒ. ¶ あの家族は*母系家族だ The family has descended along ⌈a [the] *maternal line*. **母系社会** matrilineal society Ⓒ.

ほけつ 補欠 ¶ 彼は*補欠入学が許された (⇒空きを埋めるために) He was admitted to the school to fill a vacancy. **補欠選挙** by-election Ⓒ **補欠選手** (控えの選手) reserve Ⓒ; (代理の選手) substitute (player) Ⓒ; (野球の) player on the bench Ⓒ.

ぼけつ 墓穴 **墓穴を掘る** ¶ 彼のしたことは自ら*墓穴を掘るに等しかった What he did was like *digging his own grave*. / (⇒ 自殺行為だった) What he did was *suicidal*. / (⇒ 彼の行為は自分の破滅をもたらした) His action(s) *brought about his own ruin*.

ポケット pocket Ⓒ. ¶ それを*ポケットにしまいなさい Put it ⌈in [into] the *pocket*. // 彼は*ポケットに両手を突っ込んで立っていた He stood with his hands in his *pockets*. // *ポケットの中のものを全部出しなさい (⇒ ポケットをひっくり返しなさい) Turn out your *pockets*. // *ポケットがふくらんでいるね Your *pockets* are ⌈bagging [baggy]. // *ポケットに何を入れているんだい What are you carrying in your *pockets*? // *ポケットのふた a flap // 胸[脇, 尻]*ポケット a ⌈breast [side ; hip] *pocket*

ポケット版 pocket-sized edition Ⓒ **ポケットマネー** (小遣い銭) pocket money Ⓤ. ¶ 彼は*ポケットマネーで妻にプレゼントを買ってきた He bought a present for his wife *out of his own pocket*.

ぼける 惚ける **1** «年をとって頭が»: (もうろくする) grow senile ; (老いぼれる) be in *one's* dotage. 《☞ もうろく》. ¶ おじいさんはこのごろすっかり*ぼけてしまった Grandfather ⌈*has grown senile* [*is in his dotage*] these days. **2** «はっきりしない»: (ピントが) be out of focus; (色が) fade (自). 《☞ ぼやける》. ¶ この写真は*ぼけている This photograph *is out of focus*. // インクが*ぼけてしまってよく読めない The ink *has faded* and I can hardly read it.

ほけん[1] 保険 — [名] insurance [inʃú(ə)rəns] Ⓤ, 《英》 assurance [əʃú(ə)rəns] Ⓤ ★ 形式ばった語で, 特に生命保険に使うことが多い. — [動] (保険をかける) insure (他). ¶ この家屋には火災*保険をかけてある I *have had* this house *insured* against fire. // 私は生命*保険に入った I ⌈bought [took out] (some) life *insurance*.

> **保険のいろいろ**
> 生命保険 life ⌈insurance [《英》 assurance], 海上保険 marine insurance, 火災保険 fire insurance, 傷害保険 (personal) accident insurance, 健康保険 health insurance, 災害保険 casualty insurance, 団体保険 group insurance, 失業[雇用]保険 unemployment insurance, 自動車保険 automobile insurance, 社会保険 social insurance, 損害保険 accident [nonlife] insurance

保険会社 insurance company Ⓒ **保険勧誘員** insurance ⌈salesman [saleswoman] Ⓒ **保険業** the insurance ⌈business [industry] **保険金** insurance money Ⓤ **保険金受取人** beneficiary Ⓒ **保険契約** insurance contract Ⓒ **保険料** premium Ⓒ.

ほけん[2] 保健 ¶ 世界*保健機構 World *Health* Organization ★ WHO と略す. **保健所** health center Ⓒ **保健体育** (学科名) health and physical education Ⓤ **保健婦** (public) health nurse Ⓒ.

ほこ 矛 pike Ⓒ 《☞ ほこさき》.

ほご[1] 保護 — [名] (保護すること) protection Ⓤ ★「保護する人・物」の意味では Ⓒ; (管理して面倒をみること) custody Ⓤ ★ 容疑者などの拘留の意味にもなる; (危険などから守ること) guardianship Ⓤ; (維持) conservation Ⓤ; (失われないように大切に保存する) preservation Ⓤ. — [動] protect (他); (警察が) take ... into custody ; (世話をする) take care of ... ; (維持する) conserve (他); (大切に取っておく) preserve (他). 《☞ まもる》.

¶ 男は警察に*保護を求めた The man asked the police ⌈for *protection* [to *protect* him]. // その少女は警察に*保護された[されている] The girl ⌈*was taken into protective custody* by [*is in the custody* of] the police. // 太陽から皮膚を*保護するのに帽子が必要だ We need a hat to *protect* our skin from the sun. // 森林*保護 (the) *conservation* of forest land // 文化財の*保護 (the) *preservation* of cultural assets

保護者 (親以外の) guardian Ⓒ; (両親) parents **保護色** protective coloring Ⓤ **保護鳥** protected bird Ⓒ **保護貿易** protective trade Ⓒ; (保護貿易主義) protectionism Ⓤ. 《☞ 政治・経済 (囲み)》.

ほご[2] 反故, 反古 ¶ 彼は約束を*ほごにした (⇒約束を破った) He *broke his promise*. // そんな株券は*ほごも同じだ (⇒ まったく価値がない) Such stocks are *utterly* ⌈*valueless* [*worthless*].

ほご[3] 補語 〖文法〗 complement Ⓒ 《☞ 文型 (欄外)》.

ほこう[1] 歩行 — [名] (歩くこと) walking Ⓤ. — [動] (歩く) walk (自). 《☞ あるく》. ¶ 彼は病後*歩行が困難になった He had trouble *walking* after his illness.

歩行者 walker Ⓒ, pedestrian Ⓒ [語法] 後者はやや改まった語. 交通用語としては後者がよく用いられる.

歩行者天国 car-free mall Ⓒ, pedestrians' paradise Ⓒ.

「右折(車)は歩行者に道を譲れ」という掲示

「これより先,歩行者立入禁止」という掲示

ほこう[2] 補講 (追加の) supplementary lecture [C]; (欠けた所を埋めるための) stop-gap lecture [C]; (進学のためなどの余分な) extra lesson [C].

ぼこう 母校 alma mater [ǽlmə-mɑ́:tə] [C] ★「養母」の意味のラテン語から. ¶ T 高校は私の*母校です T High School is my *alma mater*. / (⇒ T 高校の卒業生だ) I am a graduate of T High School.

ぼこく 母国 *one's* home (「country [land]) [C], *one's* native country, *one's* mother country [C] ★最初のものが最も一般的. 最後のものはやや文語的. 《☞ そこく ; ここく》.

母国語 *one's* native language [C], *one's* mother tongue [C] ★前者が一般的. 後者は文語的. ¶ 彼はフランス語を*母国語のように話す He speaks French as if 「it were *his native language* [(⇒ まるでフランス人のように) he were a Frenchman].

ほこさき 矛先, 鋒 ¶ 彼らは私たちに攻撃の*矛先を向けてきた (⇒ 我々を次の攻撃目標にした) They made us their next *target*. // 彼は議論の*矛先を巧みにかわす (⇒ 議論を避けるのがうまい) He is adept at *avoiding arguments*.

ほこらしい 誇らしい ― [形] proud. ― [副] proudly. 《☞ ほこり[2]》. ¶ 私は(息子が)*誇らしかった I felt *proud* (of my son). // 彼は*誇らしげにその話をした He talked about it 「*proudly* [*with a proud air*].

ほこり[1] 埃 ― [名] dust [U]. ― [形] dusty. ― [動] (ほこりを払う) dust (他). 《☞ ちり[2]》.
¶ 机の上は*ほこりだらけだった The desk was 「*dusty* [covered with *dust*]. // 部屋が*ほこりっぽい The room is *dusty*. // 棚の*ほこりを払って下さい Please brush the *dust* off the shelf. / Please *dust* the shelf. // 車が*ほこりをまき上げて通って行った The car passed, *raising a cloud of dust*.

ほこり[2] 誇り pride [U]; (自尊心) self-respect [U] ★前者は「傲慢(ごう)」というような悪い意味にもなり得る. 《☞ ほこらしい; じそんしん; じまん》.
¶ 私は彼女の*誇りを傷つけたくなかった I didn't want to hurt her 「*pride* [*self-respect*]. // あなたはわが校の*誇りだ You are the *pride* of our school. // この国に生まれたことを*誇りに思っている I 「*am proud of* [*take pride in*] the fact that I was born in this country. // 私に就職の世話を頼むなんて彼の*誇りが許すまい I think he's too *proud* to ask me to find him a job.

ほこる 誇る (誇りを持つというよい意味では) be proud of ..., take pride in ..., pride *oneself* on ... [語法] 最初が最も平易な表現. よい意味といっても, 前後関係によってはしばしば一人よがりの自慢を意味することもある. be too proud of ... となれば悪い意味となる; (勝ち誇るというような傲慢(ごう)な感じでは) boast 「of [about] ..., brag 「of [about] ... ★後者は大きなことを言う, 大ぼらを吹くという意味もある. 《☞ じまん (類義語); ほこらしい》.
¶ 彼は英語の実力を*誇っている He 「*is proud of* [*boasts of*] his English ability. // そんなことは*誇るほどのことではない That's nothing to *be proud of*. // 彼はわが国の*誇る科学者の1人だ (⇒ わが国の最高の科学者の1人だ) He's one of our best scientists.

ほころばす 綻ばす ¶ 彼女は顔を*ほころばせた She *broke into a smile*.

ほころび 綻び (裂け目) tear [tέə] [C], rip [C] ★後者のほうが大きな裂け目; (特にストッキングなどの伝線) run [C], 《英》 ladder [C].

ほころびる 綻びる **1** «衣類が»: be torn; (特に縫い目などが) come 「apart [undone]; (ストッキングなどが) run (自). 《☞ ほつれる》. ¶ あなたの洋服の脇の下が*ほころびているよ Your dress *is torn* under the arm. // 縫い目が*ほころびた The seam *has* 「*come apart* [*ripped open*].
2 «花が開き始める»: begin to bloom 《☞ さく[1] (類義語); つぼみ; はな[1]》. ¶ 桜の花がぼつぼつ*ほころび始めている Cherry blossoms *are* 「*beginning to* [*in*] *bloom* here and there.

ほさ 補佐 ― [動] (助ける) help (他) ★一般的な語; (補助的な役割をする) assist (他). ― [名] assistant [C]. 《☞ たすける (類義語)》. ¶ 彼は課長*補佐になった He became *assistant* head of the section.

ほさき 穂先 (麦などの) ear [C]; (やりの) spearhead [C]. 《☞ いね (挿絵)》.

ぼさつ 菩薩 Bodhisattva [C]; Buddhist saint [C].

ぼさっと ― [形] (ぼさっとした・表情がうつろな) vacant; (うわの空の) absentminded; (怠惰な) lazy. ― [副] vacantly; absentmindedly. 《☞ ぼうっと; ぼんやり; 擬声・擬態語 (囲み)》. ¶ その男は*ぼさっと校庭に立っていた The man was standing 「with a *vacant* look [*vacantly*; *absentmindedly*] in the school ground. // *ぼさっとしてないで仕事をしなさい Don't be *lazy*. Do your work!

ぼさぼさ ― [形] (髪などが乱れた) wild; (くしを入れてない) unkempt; (整髪してない) untrimmed. 《☞ 擬声・擬態語 (囲み)》. ¶ 彼の髪は長くて*ぼさぼさだった His hair was long and 「*wild* [*unkempt*].

ぼさん 墓参 ― [動] visit a grave 《☞ はか》.

ほし 星 **1** «空の» ― [名] star [C] ★最も一般的な語; (惑星) planet [C]. ― [形] (星の多い・星をちりばめた) starry.
¶ 今夜は*星がたくさん出ている We have a *starry* sky tonight. / We can see many *stars* tonight. // *星明かりの中を彼女を送って行った I walked her home by *starlight*. // あっ*星が流れた There goes a *shooting star*! ★ shooting star は「流れ星」. // 彼女は幸運

[不運]な*星の下に生まれたと信じている She believes she was born under ｢a lucky [an unlucky] *star*.

2 «星印»: star Ⓒ, asterisk Ⓒ. 《☞ 句読点 (欄外)》. ¶*星が2つ付いている単語は重要です Words marked with two ｢*stars* [*asterisks*] are important.

3 «犯人»: culprit Ⓒ; (容疑者) suspect Ⓒ. 《☞ はんにん》. ¶*ほしはまだあがっていない The *culprit* has not been arrested yet.

ほじ 保持 ―動 keep ㊀; (維持する) maintain ㊀; (記録などを) hold ㊀; (保存する) preserve ㊀. 《☞ たもつ; いじ²》. ¶世界記録*保持者 a world record *holder*

ほしい 欲しい (一般的には) want ㊀; (少し丁寧に) would like ㊀; (…であればよいと思う) wish ㊀; (希望する) hope ㊀.

【類義語】望む・欲することを表す最も一般的な語が **want**. この語は I *want* …, Do you *want* …? のように 1, 2 人称に用いるときは「…したい, …が欲しい」という単刀直入で, ややぞんざいな言い方となる. *want* より丁寧で, 控えめな言葉が **would like** (短縮形は *'d like*) で, 遠慮を置く間柄では *want* の代わりに用いられることが多い. 実現の可能性が少ないか, あるいはできるならばそうあって欲しいという願いを言うのが **wish**. 望ましいことを希望として述べるのが **hope** で, 希望はかなえられるものでもそうでないものでもよい. 《☞ 意志・願望の表現 (囲み); -したい》

¶あなたに手伝って*欲しい I *want* your help. / I *want* you *to* help me. ★ 少しぞんざいな言い方. / I'*d* [I *would*] *like* you *to* help me. ★ このほうが丁寧. // もう1杯コーヒーが*欲しい(のですが) I ｢*want* [*would like*] another cup of coffee. 語法 would like のほうが want より丁寧な言い方. // ミンクのコートが*欲しいわ I *wish* I had a mink coat. 語法 望みがかなえられないと知って言う場合. // 彼女は独りにしておいて*欲しかったのです She *wished* to be left alone. 語法 事実は期待に反していた. // あなたに私たちを支援して*欲しいと思います I *hope* you will support us. 語法 表面上は希望的観測であるが, 暗に相手の支援を当てにしていることをほのめかす言い方.

ほしいまま ―動 (自分の好きなようにする) do as *one* ｢pleases [likes]; (我を通して思いどおりにする) have *one's* (own) way. ¶彼女は*ほしいままに振舞った She *did* everything (*as*) *she* ｢*pleased* [*liked*]. / She *had her own way* in everything. // その市長は権力を*ほしいままにした (⇒ 濫用した) The mayor *abused* his authority.

ほしうらない 星占い (占星術) astrology Ⓤ; (個々の占い) horoscope Ⓒ.

ぼしかてい 母子家庭 fatherless family Ⓒ, family of mother and child Ⓒ.

ほしがる 欲しがる want ㊀ ★ 最も口語的な語; (切望する) long for … ★ やや文語的; (子供などが, 欲しがってだだをこねる) cry for … ¶父は僕がいつも*欲しがっていた自転車を買ってくれた My father bought me a bicycle (which) I *had wanted* for a long time. // その子はアイスクリームを*欲しがった The child *cried for* ice cream.

ほしくさ 干し草 hay Ⓤ 《☞ のうじょう (挿絵)》.

ほじくる (歯[耳, 鼻]などを) pick *one's* ｢teeth [ears; nose]; (あら捜しする) find fault with … 《☞ あらさがし》.

ほしぶどう 干しぶどう raisin [réizn] Ⓒ; (種なしの) currant Ⓒ.

ほしもの 干し物 washing Ⓤ, laundry Ⓤ 語法 以上2語は一般的で, 洗い終わった物も, またこれから洗う物もいう; clothes for drying ★ 説明的. 複数形で. 《☞ せんたく¹; 台所・家事 (囲み)》. ¶彼女は*干し物を外につるした She hung out the ｢*washing* [*laundry*].

ほしゃく 保釈 ―動 (保釈する) release … on bail 《☞ しゃくほう》. ¶彼は*保釈になった He *was released on bail*. **保釈金** bail (money) Ⓤ. ¶その男は*保釈金を積むことができなかった The man could not ｢put up [furnish] *bail*.

ほしゅ¹ 保守 ―名 (保守主義) conservatism Ⓤ; (保守的であること) conservativeness Ⓤ. ―形 (保守的) conservative (↔ progressive). 《☞ かくしん²; 政治・経済 (囲み)》. **保守主義者** conservative Ⓒ **保守党** the Conservative Party ★ 普通名詞に用いる場合は小文字. **保守党員** member of the Conservative Party Ⓒ **保守反動(主義)** reactionary conservatism Ⓤ.

ほしゅ² 捕手 catcher Ⓒ 《☞ 野球の英語 (囲み)》.

ほしゅう 補修 ―動 (施設・機械などを修理する) repair ㊀, 《米口語》 fix ㊀. 《☞ しゅうり》.

ほじゅう 補充 ―動 (欠員などを) fill (up) ㊀; (補い足す) supplement ㊀; (取り替える) replace ㊀. 《☞ おぎなう; ほきゅう》. ¶会社は欠員の*補充のために最近3人の事務員を採用した Recently our company employed three clerks to *fill* (*up*) the vacancies. // なくなった部品は新しいもので*補充された The missing parts *were replaced* by new ones.

ぼしゅう 募集 ―動 (団体・軍隊などへの加入者を集める) recruit [rikrúːt] ㊀; (寄付金など) raise ㊀, collect ㊀; (従業員などを求める) look for …, seek ㊀ ★ 後者がやや改まった語; (生徒などを) take applications (for admission). ―名 (寄付の) collection Ⓤ. 《☞ あつめる (類義語); こうぼ》.

¶そのゴルフクラブは新会員を*募集している The golf club *is recruiting* new members. // 彼らは難民救済資金を*募集した They ｢*raised* [*collected*] a relief fund for the refugees. // その会社では女子事務員を*募集している The company *is* ｢*looking for* [*seeking*] female clerks. // 4月生*募集中 *Applications* for the spring term *are now being received*. // 運転者*募集《掲示》 Driver *wanted*. // その出版社は懸賞論文を*募集した The publishing company *held* an essay contest.

募集人員 the number to be admitted.

ほしゅうじゅぎょう 補習授業 (補足的な授業) supplementary lesson Ⓒ; (余分な授

業) extra lesson Ⓒ. 《☞ じゅぎょう》.

ほじょ 補助 **—動** (助ける) help ㊤ ★ 最も一般的な語; (資金などで公に援助する) aid ㊤; (脇役的に助ける) assist ㊤; (財政的・精神的に援助する) support ㊤. **—形** (補助の・補助的) auxiliary. **—名** help Ⓤ; aid Ⓤ; assistance Ⓤ. 《☞ たすける (類義語); えんじょ; じょせい²》. ¶ 彼の研究は財団の*補助を受けている His research *is* financially ⌐*aided* [*supported*] by a foundation. // 秘書が彼の仕事を*補助した His secretary ⌐*helped* [*assisted*] him with the work.

補助いす (予備の) spare chair Ⓒ; (乗り物の補助座席) jump seat Ⓒ **補助金** (国家の) subsidy Ⓒ.

ほしょう¹ 保証 **—動** guarantee [gæ̀rəntíː] ㊤; assure ㊤; warrant ㊤. **—名** guarantee Ⓒ, guaranty [gǽrənti(ː)] Ⓒ ★ 後者は主に契約・約束に用いる専門用語; (確約) assurance Ⓒ.

【類義語】 製品や行為などに対して請け合い, 公式に責任を取ることを表すのが **guarantee**. 人に確実であると感じさせることを表すのが **assure**. 口語的な語で *assure* より意味が強く, *guarantee* より私的な感じを表すのが **warrant**.

¶ この車は 2 年間の*保証付きです This car *is guaranteed* for two years. // 私は 1 年間*保証付きの時計を買った I bought a watch with a twelve months' *guarantee*. // それは本当だということを*保証するよ I ⌐*assure* [*warrant*] you that it is true.

保証期間 the period of guarantee **保証金** security (money) Ⓤ **保証書** (written) guarantee Ⓒ **保証人** (ある人の行動に対して責任をもつ人) surety Ⓒ; 〖法律〗 guarantor [gæ̀rəntɔ́ːr] Ⓒ ★ 法律用語で, 特に負債に対する保証人; (推せん状などにおける身元保証人) reference Ⓒ. ¶ おじが私の借金の*保証人になってくれるでしょう My uncle will *guarantee* my debts. / My uncle will *stand* ⌐*guarantee* [*surety*] for my debts.

ほしょう² 保障 **—動** (大丈夫だと請け合う) guarantee [gæ̀rəntíː] ㊤; (確保する・安全にする) secure ㊤. **—名** guarantee Ⓤ; security Ⓤ. ¶ 警察はあなたの安全を*保障します The police will *guarantee* your safety. // 社会*保障 social *security*

ほしょう³ 補償 **—動** (埋め合わせをする) make up for ..., compensate ㊤ ★ 後者は形式ばった語. **—名** compensation Ⓤ. 《☞ つぐない; うめあわせ; ばいしょう》.

¶ 会社はその労働者のけがに対して*補償をした The company *made up for* the worker's injury. / The company *compensated* the worker for his injury.

補償金 compensation (money) Ⓤ.

ほしょう⁴ 歩哨 sentry Ⓒ 《☞ みはり》.

ほす 干す, 乾す (乾かす) dry ㊤ ★ 一般的な語; (外につるして乾かす) hang ... out to dry 《過去・過分 hung》; (飲み尽くす) drink ⌐off [up] ㊤; (空(から)にする) empty ㊤. 《☞ かわかす; ほしもの; 台所・家事 (囲み)》.

¶ 彼女は洗濯物を*干した She *hung* the washing *out to dry*. // 彼らはぬれた衣服を日なたに*干した They *dried* their wet clothes in the sun. // 彼は一気にグラスを*干した He ⌐*emptied* [*drank off*] his glass at a gulp.

ボス (責任者) 《口語》 boss Ⓒ; (長) head Ⓒ.

ほすうけい 歩数計 pedometer Ⓒ.

ポスター (一般に) poster Ⓒ, bill Ⓒ **語法** 後者はちらし (handbill) なども含む広い意味で使われる; (広告用の) show bill Ⓒ. ¶ *ポスターを貼る put up a ⌐*poster* [*bill*]

ホステス (客にサービスする女性) hostess Ⓒ (↔ host); (バーなどの) barmaid Ⓒ. **参考** hostess の元来の意味は「女主人」つまりディナーパーティーや社交の場などで客をもてなす女性の主役をいう. 個人の家で客をもてなす場合は夫が host であり, 妻は hostess である. 欧米のエチケットは女性主導型であるから, 一番主要な役割である. それから転じて, 英語でもナイトクラブなどの女主人や, 客のもてなし役を務める女性も hostess というようになったが, 日本語の「ホステス」には英語本来の意味が欠けているので, ニュアンスがかなり異なる点に注意する必要がある.

ホスト host Ⓒ 《☞ ホステス》.

ポスト (街角の) 《米》 mailbox Ⓒ, 《英》 pillar-box Ⓒ, post-box Ⓒ; (個人宅などの郵便受け) 《米》 mailbox Ⓒ, 《英》 letter box Ⓒ. ¶ 彼女は手紙を*ポストに入れた She ⌐mailed [《英》 posted] a letter (⌐at [in] a ⌐*mailbox* [*pillar-box*]).

《米》 mailbox

《米》 mailbox

ほせい 補正 **—動** (訂正する) correct ㊤; (修正する) revise ㊤. **—名** correction Ⓤ; revision Ⓤ. 《☞ しゅうせい¹》.

補正予算 revised [supplementary] budget Ⓤ.

ぼせい 母性 **—名** (母である

《英》 pillar-box

こと) motherhood Ⓤ, maternity Ⓤ ★ 後者は母性としての本能や愛情などもいう. ―形 (母親の･母性の) maternal, motherly.

¶ 赤ん坊のあどけない笑顔が彼女の*母性愛をかき立てた The baby's innocent smile stirred her ｢*maternal* [*motherly*] *love*. // 彼女は*母性本能から息子の危険を感じた She felt her son's danger by *maternal* instinct.

ぼせん 母船 mother ship Ⓒ 《☞ ふね》.

ほそい 細い small (↔big); thin (↔thick); fine; slender; narrow.

【類義語】ひも･針金･ロープ･棒･電柱などが細いという形容として, 最も一般的で口語的なのは **small**. この語は以下の語の代わりにも使える. ただし small は大きさも小さいという意味も加わるので, 日本語の「細い」とはややずれるが, ほかに適当な言葉はない. **thin** を使うと改まった表現か, やや文学的表現となる.「細い線」のように非常にこまかい細さを表すのが **fine**. 人の体や手足などが細くてすらっとしているというよい意味で使うのが **slender**.「幅が狭い」という意味で細いのは **narrow**.

¶ *細い針金[ひも, 糸] a *small* ｢wire [string; thread] // *細い棒 a *small* stick // *細い線[ペン先] a *fine* ｢line [point of a pen] // 彼女は*細い指をしている She has *slender* fingers. // 山道はだんだん*細くなった The mountain path became *narrower*. // 彼女は食が*細い (⇒ あまり食べない) She does*n't* eat *much*.

ほ

ほそう 舗装 ―動 (アスファルト･コンクリートなどで舗装する) pave (a road with ...); (特に砂利とアスファルトで) macadamize ㊍ ★ 日本語の「舗装」に当たる正式な語はこれである. ―名 pavement Ⓤ.

¶ その道路は最近*舗装された The road *was paved* recently. // 古い石だたみの道はいまアスファルト*舗装に変わりつつある Old roads paved with stone *are* now *being macadamized*.

舗装道路 paved road Ⓒ.

ほそうで 細腕 ★ 腕をこのような比喩に使う表現が英語にはないので, 内容をふまえて, 適当に意訳しなくてはならない. ¶ 母は女の*細腕一つで3人の子供を育てた (⇒ まったく独力で) My mother has brought up three children *all by herself*.

ほそおもて 細面 ¶ 彼女は*細おもてだ (⇒ ほっそりした顔をもっている) She has ｢a *lean* [a *bony*; an *oval*; a *narrow*] *face*. 語法 lean はやせて細いこと, bony は骨ばっていること, oval は卵型で, いわゆる「うりざね顔」, narrow は単に幅の狭いことをいう. いずれも日本語の「細おもて」と違ってあまり感じのよい形容ではない.

ほそがき 細書き ―形 (ペンなどが細書きの) fine-pointed.

ほそく 補足 ―動 (補う) supplement ㊍. ―形 supplementary. ―名 supplement Ⓒ. 《☞ つけくわえる; おぎなう》. ¶ 田中さんの説明に一言*補足させていただきます I'd like to *supplement* Mr. Tanaka's explanation ｢with [by] a few more words. // *補足説明 a *supplementary* explanation

ほそながい 細長い long and narrow 《☞ ほそい (類義語); ながい[1]; ひょろながい》.

ほそびき 細引き cord Ⓒ; (細いロープ) small [light] rope Ⓒ.

ほそぼそ 細細 ―副 (やっと) barely 《☞ やっと; つましい》. ¶ その伝統はこの地方で*細細と守られています The tradition is only *barely* followed in this district.

ぼそぼそ ―副 (低いはっきりしない声で) in a low (and) indistinct voice 《☞ 擬声･擬態語 (囲み)》. ¶ 彼はいつも*ぼそぼそと話す He always talks *in a low (and) indistinct voice*. / (⇒ いつも不明瞭な話し方だ) He always talks in an *inarticulate* way.

ほそめ 細目 ¶ 彼は*細目のズボンをはいている He wears *rather tight* pants. // 窓を*細目に (⇒ 少し) 開けて下さい Please open the window ｢*a little* [*slightly*]. 《☞ ほそい》

ほそめる 細める narrow ㊍. ¶ 彼は強い光に目を*細めた He *narrowed* his eyes in the strong light.

ほそる 細る (やせる) become thinner; (次第に減少する) dwindle ㊎; (食が) lose *one's* appetite. 《☞ へる[1]; ほそい; やせる》. ¶ 私は毎年夏になると食が*細る I *lose my appetite* every summer.

ほぞん 保存 ―動 (とって置く) keep ㊍ ★ 意味の広い一般的な語; (腐敗などから守る) preserve ㊍ ★ やや形式ばった語. ―名 preservation Ⓤ. 《☞ とっておく》.

¶ 食べ物は冷蔵庫に*保存して下さい *Keep* food in the refrigerator. // この町には多くの遺跡が*保存されている A lot of ruins *are well-preserved* around the town. // このハムはあまり*保存がきかない This ham cannot *be preserved* for very long.

ポタージュ potage Ⓤ 《☞ 食事 (囲み); レストラン (囲み)》.

ぼたい 母体 (母親の体) mother's body Ⓒ; (基礎･根拠) base Ⓒ. 《☞ どだい》. ¶ たばこの吸い過ぎは*母体 (⇒ 母親) にも生まれる子供にも悪い影響がある Too much smoking has a bad effect on both the *mother* and her unborn child. // この条約は日米安保条約を*母体としている This treaty *is based on* the U.S.-Japan Security Treaty.

ぼだい 菩提 **菩提を弔う** (死者のために祈る) pray for the dead 《☞ とむらう》.

ほだされる (心を動かされて…する) be moved (to *do*); (気持ちを動かされる) be touched by ... ¶ 私たちはその気の毒な少年を助けようとする彼女の熱意に*ほだされた We *were moved by* her eagerness *to* help the poor boy.

ぼたぼた ―動 (やや多めにしずくとなって垂れるか, 細い一筋の流れとなって落ちる) trickle (down) ㊎; (しずくとなって落ちる) fall in drops ★ やや説明的表現. 《☞ ぽたぽた; 擬声･擬態語 (囲み)》. ¶ 彼の傷口から血が*ぼたぼたと流れた Blood *trickled down* from his cut.

ぽたぽた ―動 (しずくとなって落ちる) drip ㊎ ★ 最も一般的な語; fall in drops ★ やや説明的表現. 《☞ たらたら; したたる (類義語); 擬声･擬態語 (囲み)》.

¶ 顔から汗が*ぽたぽた落ちた My forehead *was*

dripping with ⌐perspiration [sweat]. // 天井から水が*ぽたぽたと垂れている Water *is dripping* from the ceiling. / The ceiling *is dripping.* // 一晩中水道の蛇口から水が*ぽたぽた落ちる音が聞こえた I heard the *drip* of a leaky faucet all night.

ぼたもち ぼた餅 Japanese rice cake covered with bean jam Ⓒ ★ 日本独特のものなので, 対応する訳語はない. 説明的表現. (☞ 日本固有の風物と英語 (囲み)). **棚からぼたもち** (まれにあるような幸運) rare luck Ⓒ; (意外な授かりもの・思いがけない遺産など) windfall Ⓒ ★ 風で落ちた果物などを意味する語. (☞ たなぼた).

ぼたやま ぼた山 (炭坑の) slagheap Ⓒ.

ほたる 蛍 firefly Ⓒ. **蛍狩り** firefly-catching Ⓤ ★ 英米にはこの習慣はない. ¶ *蛍狩りに行く go *firefly-catching*

ぼたん 牡丹 (tree) peony [píːəni(ː)] Ⓒ.

ボタン ── [名] button Ⓒ. ── [動] (ボタンをかける) button [do] (up) (他) (↔ unbutton). (☞ おしボタン).

¶ 上着の*ボタンがとれた A *button* has come off my coat. / (⇒ とれてなくなった) I lost a *button* off my coat. // *ボタンがゆるんでいる The *button* is loose. // 上着の*ボタンがはずれていますよ Your coat *is unbuttoned.* // 上着の*ボタンがとれてますよ A *button* is missing ⌐on [from] your coat. // オーバーの*ボタンをかけなさい *Button* your overcoat (*up*). // シャツの一番上の*ボタンをかけた I *did up* the top *button* of my shirt. // 姉がとれた*ボタンをつけてくれた My sister sewed on the *button* that had come off. // このドレスは背中で*ボタンをかけるようになっている This dress *buttons* at the back. ★ このbutton は (自).

ボタンホール buttonhole Ⓒ.

ぼち 墓地 graveyard Ⓒ ★ 最も一般的な語; (共同墓地) cemetery Ⓒ [語法] 英語にはこのほかに, 教会付属の墓地をいう churchyard Ⓒ があるが, 日本の仏教・神道の墓地には当てはまらない. また templeyard という語も用いられないので, 仏教の寺院の墓地は単に graveyard とするか, 必要があれば graveyard attached to a Buddhist temple のように説明的に言えばよい. また「…霊園」などと呼ばれる公共墓地は cemetery と訳す. (☞ はか).

¶ 彼女は村の*墓地に葬られた She was buried in the village *cemetery*.

ホチキス stapler Ⓒ (☞ 和製英語 (囲み)).

ぼちゃぼちゃ ── [動] (水をはねかす) splash (他) (自), splatter (他) (自) ★ 前者が一般的な語. ── [名] (音) splash Ⓒ, splatter Ⓒ. (☞ ざぶざぶ; 擬声・擬態語 (囲み)). ¶ 少年たちはプールで水を*ぼちゃぼちゃはねかせた The boys *splashed* water about in the pool.

ぽちゃぽちゃ ── [形] (やや太りぎみで丸っこい) plump, chubby ★ 後者のほうがよりくだけた感じの語. (☞ 擬声・擬態語 (囲み)). ¶ その女の子は顔 (⇒ ほお) も手足も*ぽちゃぽちゃとしている The little girl has ⌐*chubby* [*plump*] cheeks and ⌐*plump* [*chubby*] arms and legs.

ぼちゃん (音) splash Ⓒ (☞ ざぶん; 擬声・擬態語 (囲み)). ¶ 男の子は*ぼちゃんとプールに飛び込んだ The boy dived into the pool with a *splash.*

ほちゅうあみ 捕虫網 insect [butterfly] net Ⓒ (☞ あみ).

ほちょう 歩調 (歩き方) pace Ⓒ; (足取り) step Ⓒ [語法] pace は歩く速さに重点があり, step は歩きぶりに重点がある. (☞ あしどり). ¶ 彼は*歩調を速めた[ゆるめた] He ⌐quickened [slackened] his *pace.* // 少女たちは軽い*歩調で歩いた Girls walked with light *steps.* // 私たちはほかの人と*歩調を合わせなければいけない We have to *keep pace with* others. [語法] 歩くとき以外の文脈でも用いられる. (☞ ペース) // 全員が*歩調を合わせて (⇒ 協力して) 難局に当たった All the members *worked together* to deal with the difficult situation.

ほちょうき 補聴器 hearing aid Ⓒ.

ぼつ 没 ── [動] (拒否する) reject (他). ¶ 彼の意見は委員会で*没になった His opinion *was rejected* by the committee.

ほっかい 北海 (英国北方の) the North Sea.

ぼっかてき 牧歌的 ── [形] (田園的な) pastoral; (静かで穏やかな) peaceful. (☞ のどか). ¶ *牧歌的な田園風景 a *pastoral* scene of country life

ぽっかり ¶ その火山の頂上の近くには大きな火口が*ぽっかりあいている (⇒ 大きく口をあけている) A large crater *is gaping open* near the top of the volcano. (☞ 擬声・擬態語 (囲み))

ほっきにん 発起人 (推進役を務める人) promoter Ⓒ; (提案者) proposer Ⓒ.

ほっきょく 北極 ── [名] the North Pole (↔ the South Pole); (北極地方) the Arctic (↔ the Antarctic). ── [形] (北極の) arctic (↔ antarctic) ★ しばしば A― として.

北極海 the Arctic Ocean **北極熊** polar bear Ⓒ **北極圏** the Arctic Circle (☞ ちきゅう (挿絵)) **北極星** the polestar, the North Star. (☞ せいざ[1] (表)) **北極探険** Arctic ⌐exploration [expedition] Ⓒ.

ぽっきり (木の枝などがぽきんと) with a snap (☞ 擬声・擬態語 (囲み)). ¶ つえが*ぽっきり折れた The stick broke *with a snap.*

ホック ── [名] hook Ⓒ. ── [動] (ホックを掛ける) hook (他). ¶ 彼女はドレスの*ホックをとめた[はずした] She ⌐*hooked* [*unhooked*] her dress.

ボックス box Ⓒ; (電話などの) booth Ⓒ. (☞ はこ).

ぽっくり (突然) suddenly (☞ とつぜん; 擬声・擬態語 (囲み)). ¶ 彼は元気そうだったのに, *ぽっくり死んでしまった He seemed healthy but died *quite suddenly.*

ホッケー hockey Ⓤ (☞ スポーツ (囲み)).

ぼっこう 勃興 ── [名] rise Ⓒ. ── [動] rise (自). (☞ おこる[3]; こうりゅう[3]).

ぼっこうしょう 没交渉 ── [動] (…と関係がない) have nothing to do with …, have no connection with … ★ 前者が口語的. (☞ むかんけい; こうしょう[1]).

ほ

ほっさ 発作 fit Ⓒ, attack Ⓒ 【語法】 前者のほうが意味が広い. 後者は特に危険な病気についていう. 《☞ 病気・病院 (囲み)》. ¶彼は心臓の*発作を起こした He had a heart *attack*. // 彼女は絶望のあまり*発作的に自殺を図った She tried to kill herself in a *fit* of despair.

ぼっしゅう 没収 ―動 confiscate ㊀; forfeit ㊀ 【語法】 前者は政府・警察などの権力者が没収すること, 後者は損害などの償いのために金・物などを「没収される」ことを意味する. 従って, 前者では没収する者が主語となり, 後者では没収される当人が主語となる. しかし, 受身の場合はいずれの場合も没収される物が主語となる. 日本語の「没収」は多くの場合, 前者で訳される. なお 名 の場合, いずれにも日本語の「没収」が当てはまるが, 後者には受動的ニュアンスがある. ―名 confiscation Ⓤ; (財産などの) forfeiture Ⓤ. 《☞ とりあげる》.
¶税関は観光客のポルノフィルムを*没収した The customs *confiscated* the ˹pornographic [《口語》 porn] films of the tourist. // 彼は3か月家賃を払わなかったので, 敷金を*没収された He did not pay his house rent for three months, so he *forfeited* his damage deposit. / His damage deposit *was forfeited* because he did not pay his house rent for three months. // 彼の私有財産は国庫に*没収された His private property *was confiscated* by the Ministry of Finance. 【語法】 この場合には forfeit は使わない.

ほっする 欲する want ㊀ 《☞ ほしい》.

ぼっする 没する (太陽などが) go down ㊁ ★口語的; set ㊁ ★やや文語的なので, 日本語の「没する」のニュアンスに近い; (水没する) submerge ㊁, sink ㊁ ★後者のほうが口語的. 《☞ しずむ》.

ほっそく 発足 ―動 (始める・始まる) start ㊁㊀; (事業・会社などを起こす) launch ㊀. ―名 start Ⓒ. ¶政府は新5か年計画を近く*発足させる The Government will ˹*start* [*launch*] a new five-year plan soon.

ほっそり ―形 slender, slim 【語法】 いずれも細くすらっとしたことをいうが, 後者はしなやかさを強調する語; (やせた) thin. 《☞ すらり; やせる; ほそい (類義語)》. ¶彼女の足は*ほっそりしている She has ˹*slender* [*slim*] legs.

ほったてごや 掘っ建て小屋 (丸太造りの山小屋) hut Ⓒ; (あばら屋) shack Ⓒ. 《☞ こや》.

ほったらかす (無視する・おろそかにする) neglect ㊀; (世話をしないままにする) leave … untended; (仕事などしないままにする) leave … undone; (かまわない・放任する) leave [let] … alone. 《☞ ほうち; ほうっておく》.
¶その子は*ほったらかしにされた The child *was* ˹*neglected* [*left untended*]. / (⇒ 世話をされなかった) The child *wasn't* ˹*taken care of* [*looked after*]. // 彼は宿題を*ほったらかして (⇒ やらないで) 遊び回っている He is playing about *without doing* his homework. // 仕事を*ほったらかしにしてはいけない Don't *leave* your work *undone*. // あいつは*ほったらかしておけ *Leave* him *alone*.

ほったん 発端 (始まり) beginning Ⓒ; (起源) origin Ⓒ. 《☞ はじまり; おこり》.
¶暴動の*発端は白人学生と黒人学生のけんかだった The ˹*beginning* [*origin*] of the riot was a quarrel between a white student and a black student. / (⇒ 白人学生と黒人学生のけんかから暴動が始まった) The riot ˹*began* [*started*] *from* a quarrel between a white student and a black student.

ぼっちゃん 坊ちゃん (話し相手の息子) your son Ⓒ 【語法】 日本語では「坊ちゃん, おいくつ」などと呼びかけにも使うが, 英語ではそのような場合, 名前がわかっていれば名前を直接呼び, もしわからなければ Sonny! Boy! などと呼びかける. しかしこれは日本語の「坊ちゃん」とは違い, 敬語的なニュアンスはない. 《☞ ぼうや; 呼びかけ (囲み)》. ¶お宅の*坊ちゃんはお元気ですか How is *your son*?

ほっつきあるく ほっつき歩く (歩き回る) walk about ㊁ 【語法】 最も一般的だが, 中立的にただ歩き回る動作のみをいう. この語が「ほっつき歩く」に当たるのは前後関係による; (目的もなくただ歩き回る) roam (around) ㊁ 【語法】 何かほかのことに心を奪われて歩き回るときなどに用いる; (目的も経路も決めずに歩き回る) wander about ㊁ 【語法】 この語は楽しみのために散歩して歩くというようなよい意味にも, また放浪して歩くという好ましくない意味にも使う; (途中で道草を食ったり, ある場所の付近をうろついたりする) loiter (about) ㊁. 【語法】 以上の about, around は副詞だが, 前置詞として名詞が続くこともある. 《☞ うろつく》.
¶やくざが大きな顔をして町を*ほっつき歩いている Gangsters *are walking about* the town threatening people. // いままでどこを*ほっつき歩いていたんだ Where *have* you *been roaming*? // 帰宅途中であちこち*ほっつき歩いてはいけません Don't *loiter* on your way home.

ぽってり ―形 (太った) fat; (ぽちゃっとした) plump. 《☞ ぽちゃぽちゃ》.

ほっと ―動 (安心する) be [feel] relieved; (安心して一息つく) give a sigh of relief; (くつろぐ) be [feel] relaxed. 《☞ あんしん; 擬声・擬態語 (囲み)》. ¶彼女は息子の無事を聞いて*ほっとした She *was relieved* to hear that her son was safe. // 私たちは*ほっと安堵のため息をもらした We *gave a sigh of relief*. // 私の車は少しも壊れなかったので*ほっとした *To my relief*, my car suffered no damage.

ぽっと ¶私たちがスペリングの誤りを指摘すると, 彼女は*ぽっと顔を赤らめた She ˹*blushed* [*colored*] a little when we pointed out the errors in her spelling. 《☞ ほてる》

ポット (紅茶用の) teapot Ⓒ; (コーヒー用の) coffeepot Ⓒ; (魔法瓶) thermos (bottle) Ⓒ, vacuum bottle Ⓒ, 《英》 (thermos [vacuum]) flask Ⓒ 【参考】 英語の pot には「魔法瓶」の意味はない.

ぼっとう 没頭 ―動 (夢中になる) be absorbed in …; (専心する) devote *oneself* to …, be devoted to …; (全力を注ぐ) concentrate on … 《☞ せんねん[1]; ねっちゅう》.
¶彼は読書に*没頭した He *was absorbed in*

reading. // その看護婦は患者の看護に*没頭した The nurse「*devoted herself* [*was devoted*] *to* tending her patients. // 周囲がうるさくて, 勉強に*没頭できない I can't *concentrate on* my studies because it's too noisy around here.

ホットケーキ pancake Ⓒ, hot cake Ⓒ. 《☞ ケーキ》.

ホットドッグ hot dog Ⓒ《☞ 食事(囲み)》.

ぼっぱつ 勃発 ―動 (戦争などが) break out ⓐ《☞ おこる²》. ¶ 第一次世界大戦は1914年に*勃発した World War I *broke out* in 1914.

ほっぴょうよう 北氷洋 the Arctic Ocean.

ホップ (ビールなどの苦味の) hops ★ 複数形で;〖植物〗hop Ⓒ.

ほっぺた 頬っぺた cheek Ⓒ《☞ ほお》.

ほっぽう 北方 ―名 the north. ―形 north, northern. ―副 (北方に) to the north cf ..., north of ... ★ ほぼ同意だが, 後者のほうがより口語的.《☞ きた; ほくぶ》.
¶ 樺太(ｶﾗﾌﾄ)は北海道の*北方にある Sakhalin is *to the north of* Hokkaido. **北方領土** the (Soviet-held) northern territories ★ 複数形で.

ぼつぼつ ―副 (徐々に) gradually; (少しずつ) little by little ★ 後者のほうが口語的で, また段階を追って進行する意味が強い; (ゆっくり) slowly; (間もなく) before long, soon. 《☞ だんだん; 擬声・擬態語(囲み)》.
¶ 商売に*ぼつぼつ上向いてきた Business has been *gradually* improving. // 初めは*ぼつぼつ仕事を覚えたらよい You will learn your work *little by little* at the beginning. // *ぼつぼつ彼がやって来るだろう He will come「*before long* [*soon*]. // *ぼつぼつ仕事にかかろう Now let's start working.

ぽつぽつ ―副 (雨などが小さな粒で) in small drops; (わずかに) slightly. 《☞ ぽつりぽつり; 擬声・擬態語(囲み)》. ¶ 雨が*ぽつぽつ降ってきた It has started to rain *slightly*. // 彼のコートには乾いた泥が*ぽつぽつ(⇒ 点々と[汚れて])付いていた His coat *was*「*spotted* [*stained*] *with* dried clay.

ぽっぽと ―動 (煙などがぽっぽと出る) puff (out) ⓐ《☞ 擬声・擬態語(囲み)》. ¶ 煙突から煙が*ぽっぽと出た Smoke *puffed out* of the chimney.

ぼつらく 没落 ―動 suffer a「fall [downfall]. ―名 fall Ⓒ, downfall Ⓒ; (破滅) ruin Ⓤ《☞ おちぶれる; れいらく》. ¶ 戦後, 彼の一家はすっかり*没落した His family *suffered a* great *fall* after the war. // 革命で上流階級が*没落した The revolution caused the *downfall* of the upper classes.

ぽつり ¶ 雨が*ぽつりと窓ガラスに当たった (⇒ 一粒の雨が落ちた) A *drop of* rain fell on the windowpane. // 彼女は低い声で何か*ぽつりと(⇒ ひとこと) 言った She「said [uttered] *a word* in a low whispering voice.

ぽつりぽつり ―副 (雨が水滴になって) in drops; (少しずつ) little by little, bit by bit ★ 後者のほうが口語的.《☞ ぽつぽつ》. ¶ 雨は初めは*ぽつりぽつりと降っていたが, やがてどしゃ降りになった The rain fell *in drops* first, but by and by it turned into torrents. // 彼は*ぽつりぽつりと秘密を告白し始めた He started to confess the secret *little by little*.

ほつれる (布などがすり切れてほころびる) be frayed, fray ⓐ; (髪が) become loose. 《☞ ほころびる》. ¶ 彼のシャツはそで口が*ほつれていた His shirt *was frayed* at the cuffs. // 彼女は*ほつれた髪にくしを入れた She combed her「*stray* [*loose*] hairs.

ぽつんと (1人だけで) alone. ¶ 彼女は闇(ﾔﾐ)に*ぽつんとたたずんでいた She was standing *alone* in the darkness.

ボディーガード bodyguard Ⓒ [語法] 集合名詞としての用法もあり, その場合は動詞は単数・複数いずれでもよい.《☞ ごえい》. ¶ その男はいつも*ボディーガードをつけている The man is always with his *bodyguards*.

ボディービル special exercise for developing big muscles Ⓤ, body-building Ⓤ.

ほてる (熱く感じる) feel hot; (顔などがほてって赤らむ[赤くする]) flush ⓐ ⓣ. ¶ たき火にあたって顔が*ほてった I was close to the bonfire to warm myself, and *felt* my face very *hot*. // 彼女は恥ずかしさで顔が*ほてった She *flushed* with shame. // 彼女のほおは熱で*ほてっていた Her face *was flushed* with fever.

ホテル hotel Ⓒ; (比較的小さな) inn Ⓒ; (自動車旅行者の) motel Ⓒ. 《☞ りょかん》.
¶「あなたはどこの*ホテルに泊まっていますか」「東洋*ホテルです」"What *hotel* are you「staying [stopping] at?" "At「the *Hotel* Toyo [the Oriental *Hotel*]. // 私は旅行社に*ホテルの予約をとってもらった I made my *hotel* reservations through my travel agent. // 彼は月曜日に*ホテルに入り, 木曜日の朝に引き払った He checked in at the *hotel* on Monday and「checked out [left] Thursday morning.

ほてん 補塡 (空いている所を埋める) fill ⓣ; (損失などを埋め合わせる) make up ⓣ. 《☞ ほじゅう; おぎなう》.

-ほど ...程 ★ この語は日本語では度合い・程度などを表す名詞・助動詞であるが, 英語では比較・程度・譲歩など多様な概念に対応するから, 前後関係・文全体の意味などから判断して類似の意味を持つ英語を探す注意がいる.
1 《比較》 ¶ 彼は君*ほど背が高くない He is not「*as* [*so*] tall *as* you. [語法] not as ... as のほうが普通. // 山田君*ほど英語のできる人はこのクラスにはいない (⇒ 山田君が一番英語が上手だ) Yamada is *the best*「student [speaker] of English in our class. // これ*ほどおもしろい小説はない (⇒ ほかのいかなる小説もこれほどおもしろくない) No other story is「*as* interesting *as* [*more* interesting *than*] this. 《☞ 比較の表現(囲み)》
2 《程度・度合い》 ¶ 食糧なら山*ほどある (⇒ あり余るほどある) We have *plenty of* food. // 私は寿司はそれ*ほど好きではありません I don't like *sushi very much*. // それ*ほど大切な物なら身に付けているべきだったのに If it was *so*

ほ

ホ テ ル

1 種 類

ホテルには会社員などの商用のためのホテル，すなわち「ビジネスホテル」(traveling)「busi-nessman's [businessmen's] hotel Ⓒ，または budget hotel Ⓒ (★ 正確な訳は困難)，観光客などの「短期旅行者ホテル」transient hotel Ⓒ，行楽地や保養地の「観光・保養ホテル」resort hotel Ⓒ，長期滞在者用の residential hotel Ⓒ などがあり，さらに，自動車旅行者が車を部屋の近くまで乗り入れて宿泊できる motel Ⓒ (motorist hotel から作られた語)，ハイキング・自転車旅行者用の簡便で経済的な hostel Ⓒ (youth hostel とも言う)，ヨーロッパ大陸にある下宿風の割安な宿泊施設 pension [pɑ́ːnsiɑ̀ŋ] Ⓒ，イギリスにある，民宿風の宿泊所 guesthouse Ⓒ (看板に「朝食付き宿」'Bed & Breakfast' または 'B & B' と出ているので知られる) などがある.また hotel 形式ではあるが，小規模で値段も安いものを inn Ⓒ と呼び，'... Inn' のように固有名詞の一部に入れて使うことも多い.

「コーチハウス」という《英》の guesthouse の看板

2 予約 (reservation)

ホテルに泊まるには予約をする (make reser-vations) のが普通である.

予約をするには (1) ホテルに直接電話する，(2) 旅行代理店に頼む，という 2 つの方法がある．いきなりフロントに行って空室があるかどうかを尋ねる方法もあるが，なるべくならば避けたほうがよい．近くまで来ていても，電話をしてから行くほうがよい.

3 ホテルの部屋について

予約をするに当たってはホテルのどういう部屋を希望するかを言わなくてはならない.

ホテルの部屋は一般用としては「1 人部屋」single room Ⓒ，ダブルベッドの置いてある「2 人部屋」double room Ⓒ，「1 人用ベッド」single bed Ⓒ が 2 つ置いてある「ツインルーム」twin-bed room Ⓒ がある．これらは会話などでは単に a「single [double ; twin] ということがある.

アメリカのホテルではたいてい bath Ⓒ (flush toilet Ⓒ (＝水洗トイレ)，shower Ⓒ (＝シャワー)，bathtub Ⓒ (＝浴槽) がユニットになったもの) が付いているが，ヨーロッパその他の地域では，一流ホテル (first-rate hotel) は別として，値段の安いホテルでは bath のないものがかなりあるので，よく確かめる必要がある．また shower だけがついている部屋もある.

豪華な部屋としては「スイートルーム」suite [swíːt] Ⓒ がある．これは「寝室」bedroom Ⓒ，「居間」living room Ⓒ，など 2 つ以上の部屋から成るもののことで，部屋数によって three-room suite Ⓒ，five-room suite Ⓒ のように言う.

ホテルの部屋には「表側の部屋」outside room Ⓒ と「裏側の部屋」inside room Ⓒ とがある．outside room は建物の外側に面して窓のある見晴らしのよい部屋で，inside room は建物の内側にあり，廊下に面するか，あるいは中庭に面している．outside room は見晴らしがよい代わりに通りの騒音がうるさいこともあり，inside room は逆に静かであるという特徴があるが，通例 outside room のほうが上等であると考えられている．最近のホテルは構造が近代化され，特に一流ホテルはすべての部屋が out-side room であるように建てられている例が多い.

4 ホテルの予約に関する表現

(1) 旅行代理店で予約する場合

¶ ホテルの部屋の予約をしてくれませんか Will you「arrange (for) [make] my hotel reser-vations?

「ホテルの予約をしたいのですが」「かしこまりました．どこのホテルでしょう」"I'd like to make my hotel reservations." "Certainly, sir. Which hotel would you like?"

「1 人部屋でしょうか，それとも 2 人部屋でしょうか」「1 人部屋がよいのですが」"Would you like a single (room) or a「twin [double]?" "I'd like a single."

「料金はいくらですか」「1 泊 8 千円です」"What's the (room) rate?" "Eight thousand yen per night."

その部屋はバス付きですか Does the room have a bath?

結構です．そこに 1 人部屋を予約して下さい That's fine. Will you reserve a single there?

何日間お泊まりのご予定ですか How long [How many nights] are you going to stay (there)?

予約を確認する必要がありますか Do I have to confirm my reservations? 〔語 法〕 confirm するとは，宿泊の前に果たして予約が確かになされているかどうかを電話などで確かめること.

(2) ホテルに電話する場合 (またはいきなりホテルに行き，宿泊を頼む場合)

¶ 今晩[4 月 20 日，水曜日に] 1 泊したいのですが部屋はありますか I'd like a room for「tonight [Wednesday, April 20]. Is there a「vacancy [vacant room]? / I'd like to

stay at your hotel ｢tonight [on Wednesday, April 20]. Do you have a ｢vacancy [vacant room ; room available]?
1人部屋はただいま満員ですが, 2人部屋なら空いております All our ｢singles [single rooms] are ｢filled up [taken ; occupied] now, but we could let you have a twin.
「その部屋はいくらですか」「バスなしの2人部屋は7千円, バス付きですと8千円でございます」 "How much is the room?" "A double room ｢with no [without a] bath is ¥7,000. With bath, ¥8,000."

(3) すでに予約したホテルに行く場合

「私はジョン スミスという者です. 予約してあります」「この宿泊カードにご記入下さい. 3晩お泊まりですね」 "My name is John Smith. I have a reservation." "Will you please fill out this registration card? You're going to stay for three nights?"
「そうです. これでいいですか」「ありがとうございました」 "That's right. Will this do? [Here you are.]" "Thank you, sir."
「食事の時間は何時ですか」「朝食は7時から9時まで, 昼食は11時から2時まで, 夕食は5時から9時まででございます」 "What [When] are the mealtimes?" "Breakfast is from seven to nine, lunch from eleven to two, and dinner from five to nine."
「お部屋は517号室です. ボーイがご案内します」「どうも」 "Your room is No. 517. The bellboy here will show you to your room." "Thank you." ★517 は five seventeen と読む. 《☞ 数字 (囲み)》

5 ホテルに宿泊するときの用語

フロント front desk Ⓒ ★front では通じない.
フロント係 front desk clerk Ⓒ
宿泊手続き registration Ⓒ ★「登録」という意味の語で, 宿泊カードに書き込むこと.
チェックイン ―名 chéck-ìn Ⓒ. ―動 chéck ín ㊎ ★登録 (registration) をし, 鍵をもらって部屋を使えるようになるまでのプロセス全体をいう.
チェックアウト ―名 chéck-òut Ⓒ. ―動 chéck óut ㊎ ★支払いを済ませホテルを引き払うこと.
チェックアウトタイム check-out time Ⓒ. ¶ *チェックアウトタイムは何時ですか When [What] is the *check-out time*? 参考 たいてい午前10時から正午 (ときに午後2時ごろ) までの間で, これを越すと追加料金を払わなくてはならない.
宿泊料金 hotel ｢rate [charge] Ⓒ 参考 ヨーロッパでも, またアメリカでも現在では多くは European plan といって, 部屋代だけで, 食事は含まれない. American plan と呼ばれる方式は1泊3食付きであるが, 観光地のホテル (resort hotel) などを除くと, あまり一般的ではない. ¶2食付き*宿泊料金 a *hotel* ｢*rate* [*charge*] with breakfast and dinner included
宿泊料請求書 bill Ⓒ
チップ ―名 tip Ⓒ. ―動 tip ㊀. ¶当ホテルは*チップは不要です *Tipping* is unnecessary ｢in [at] this hotel. // 私はボーイに500円の*チップをやった I *tipped* the bellboy 500 yen. // *チップです Here's your *tip*. / Here you are. / Keep this. ★このほかに Thank you. と言いながら渡す場合も多い.
ボーイ bellboy Ⓒ ★《米》 bellhop, 《英》 buttons ともいう. 荷物を持って部屋まで案内してくれる人. 参考 英米では, このボーイには部屋に着いて荷物を置いたら適当なチップを渡す習慣がある. もし忘れていると「ほかにご用は」 Will there be anything else, sir? などと言って請求されることもある.
サービス料 service charge Ⓒ 参考 日本のように料金に含まれている場合もあるが, 英米では, そうでない場合のほうが多い. ¶1割の*サービス料が請求書に追加されます A ten percent *service charge* will be added to your bill.
サービス部 the valet [vǽlit] service ★クリーニング・靴みがきなど, 旅行者の身の回り品の世話をする部門.
ルームサービス room service Ⓤ ★客室へ食事などを届ける部門. ¶私は*ルームサービスにスコッチを1本持ってくるように電話した I called *room service* to send up a bottle of Scotch.

対話例

A: もしもし, サンシャイン ホテルですか	A: Hello? Is this the Sunshine Hotel?
B: さようでございます	B: Yes, it is.
A: 予約係につないでくれませんか	A: Could you connect me with reservations, please?
B: かしこまりました. 少々お待ち下さい	B: Certainly, sir. Just a moment, please.
C: 予約係でございます. ご用件を承ります	C: Reservations. May I help you?
A: ええ. 家族の宿泊の予約をしたいんです	A: Yes. I'd like to make a reservation for my brother.
C: その方のお名前を伺えますか	C: May I have the name, please?
A: テレンス ウイルソンです	A: Terence Wilson.
C: ミスターですか, ミズですか	C: Mister or Ms.?
A: ミスターとミセス. 二人づれです	A: Mr. and Mrs. A party of two.
C: ありがとうございます. それでご到着はいつ	C: Thank you. And when would they

ごろになりますか?
A：あすの午後 4 時ごろです
C：ウイルソン御夫妻は何日間当ホテルに御滞在ですか
A：3 泊です. 今週の水曜日, 木曜日, 金曜日
C：おたくさまのお名前は?
A：ポール ウイルソン. 電話は 03-478-4561 です

like to check in?
A：Around four p.m. tomorrow.
C：How long will Mr. and Mrs. Wilson be staying with us?
A：Three nights：Wednesday, Thursday, and Friday of this week.
C：Your name, please?
A：Paul Wilson. My phone number is O-three, four-seven-eight, four-five-six-one.

★ この対話例およびさらに詳しい対話例は別売テープに吹き込まれています.

important, you should have carried it with you. // これ*ほど言っても (⇒ 何度も説明したのに) まだわからないのですか I have explained it to you over and over again, and don't you understand it yet?

3 «…すればするほど» ¶ この本は読めば読む*ほどおもしろくなる *The more* you read the book, *the more* interesting it becomes. // 多ければ多い*ほどよい *The more, the better*. // 早ければ早い*ほどよい *The sooner, the better*. // 北へ行く*ほど寒くなる It gets *colder and colder* as you go *farther* up north. (☞ ますます)

4 «時間・距離・値段などの程度»：(距離が) how far；(長さ・時間が) how long；(数が) how many；(値段が) how much；(回数が) how often. (☞ -くらい). ¶ ここから駅まではどれ*ほど(距離が)ありますか *How far* is it from here to the station? // このカメラはいか*ほどですか *How much* is this camera?

5 «約・およそ»：(約) about；(…かそこら) … or so. (☞ -ばかり；-くらい). ¶ 1 時間*ほどしたら帰ります I'll be back in ⌜*about* an hour [an hour *or so*]. // この課には大切な点が 3 つ*ほどあります There are three important points in this lesson. [語法] 日本語では口語で「ほど」を軽い意味で用いることがあるが, そのような場合英訳では無視してよい.

ほどう¹ 歩道 《米》sidewalk Ⓒ, 《英》pavement Ⓒ. **歩道橋** pedestrian overpass Ⓒ.

ほどう² 補導 ─ 動 (注意して戒める) admonish ㊀. ¶ その少年は学校を休んで盛り場をうろついているところを警察に*補導された The boy *was caught and admonished* by the police for playing truant from school and loitering downtown.

ほどく 解く (結んだり縛ったりしてあるものを) undo ㊀, untie ㊀ ★ 前者のほうが意味の広い語；(ゆるめる) unfasten ㊀；(包みをほどく) unpack ㊀；(靴などのひもをほどく) unlace ㊀ ★「靴」が目的語. (☞ とく¹；とける²). ¶ 彼はロープの結び目を*ほどいた He ⌜*undid* [*untied*；*unfastened*] a knot in the rope. // 小包みを*ほどいて下さい Will you please *unpack* the parcel? // このセーターを*ほどいてマフラーを作るつもりだ I'm going to ⌜*unknit* [*unravel*] this sweater and make a muffler.

ほとけ 仏 (仏陀) Buddha [búdə]；(故人) the deceased ★ 形式ばった語. 単数または複数扱い；(死人) dead man Ⓒ.

ほどこし 施し (施しをすること) almsgiving [á:mzgìviŋ] Ⓤ；(施し物) alms [á:mz] Ⓒ ★ 単複同形.

ほどこす 施す (与える) give ㊀；(行う) do ㊀ [語法]「…を施す」はしばしば「…する」に等しく, 改めて英訳する必要のない場合が多い. ¶ このごろは金を*施そうにもこじきがいない Nowadays there are no beggars to *give* money to. // 彼は人に親切を*施すような男ではない He isn't a man who *does others favors*. // そのハンカチはきれいな刺しゅうが*施してあった The handkerchief was prettily embroidered. // 火事は手の*施しようがなかった (⇒ 消す方法がなかった) There was no way to extinguish the fire.

ほどとおい 程遠い (距離が) far, 《口語》a long way off；(やや改まって) distant [語法] 口語の平叙文では a long way off を使うのが普通で, far は主として疑問文または否定文で用いられる. ただし次の far from … はこの限りでない；(抽象的な距離が) far (from …). (☞ とおい (類義語)). ¶ 彼の家は駅から*程遠くない所にある His house is not very *far from* the station. // 現状は理想とは*程遠い The present situation is *far from* being ideal.

ほととぎす cuckoo [kú:ku:] Ⓒ.

ほどなく 程無く (じきに) soon, before long. (☞ まもなく；すぐ).

ほとばしる (液体が突然, しかもかなり大量に出る) gush ㊁；(液体が勢いよく出る) spout ㊁；(小さな噴出となって) spurt ㊁. (☞ ふきだす；ふんしゅつ).

ほとほと (まったく) quite；(本当に) really. (☞ 擬声・擬態語 (囲み)). ¶ 彼はお金を全部なくして*ほとほと困っている He is *quite* at a loss as he has lost all his money.

ほどほど 程程 ¶ 仕事は*ほどほどにしたほうがよい (⇒ やりすぎないほうがよい) Don't *overdo it*. / (⇒ 働きすぎるな) Don't work *too* ⌜*much* [*hard*]. // 冗談も*ほどほどにしろ (⇒ あなたの冗談は行き過ぎだ) You've *carried* [Don't *carry*] your joke *too far*.

ぽとぽと ─ 動 (ぽとぽと落ちる) drip ㊁ (☞ ぽたぽた；擬声・擬態語 (囲み)).

ほとぼり (感情・事件のなごり) (public) excitement Ⓤ. ¶ *ほとぼりが冷めるまで (⇒ 世間の騒ぎが立ち消えになるまで) 出社を見合わせなさい Stay away from the office until the *public excitement* dies down. // うわさの*ほとぼりが冷めてから (⇒ うわさがおさまってから) 彼は帰って来た He returned after *the rumor had blown over*.

ほどよい 程よい (ちょうどよい) right; (納得のいく) reasonable; (適度な) moderate. (☞ よい[1]; てきど; てごろ). ¶ *ほどよい時分に彼らはやってきた They came at the *right* time. // それは*ほどよい値段だ It's a *reasonable* price. // *ほどよい運動は健康によい *Moderate* exercise is good for the health.

ほとり —[前] (川・湖などの岸辺, または沿岸に) on ...; (...のそばに) by ... ★ on のほうが川などに面していることを強調する; (...の近くに) near ... ★ by よりさらに範囲が広がる感じ. (☞ そば[1] (類義語); ちかく[1]).
¶ 湖の*ほとりに一軒の小屋があった There was a hut *on* the lake side. // 彼は川の*ほとりに住んでいる He lives ⌈*on* [*near*] the river. / (⇒ 彼の家は川のそばにある) His home is ⌈*by* [*near*] the river.

ぽとりと ¶ 1塁手はボールを*ぽとりと落とした (⇒ ボールが1塁手のミットから落ちた) The ball *dropped down* from the first baseman's mitt. (☞ ぽろりと)

ほとんど **1** «肯定的に, だいたい...だ» —[副] almost, nearly; about, around; (実質的には...も同然) practically [語法] almost, practically などは, 後に no, nothing などを伴って否定的に用いられる. (☞ 2). —[形] (たいていの) most.
【類義語】もう少しである数・量・状態に達しそうなときに用いられるのが **almost, nearly** だが, *almost* のほうが *nearly* よりも程度が接近していることを表すことが多い. ある数・量・状態にわずかに達していない場合や, わずかに超えている場合の両方に用いられるのが **about** で, 米口語では同じ意味で **around** がよく用いられる. 実質上は同じであるという意味で用いられるのが **practically** (☞ ほぼ[1]; だいたい[1])
¶ 建物は*ほとんどでき上がりました The building is ⌈*almost* [*nearly*; *practically*] finished. // 彼女は*ほとんどいつも仕事に遅れる She is ⌈*almost* [*nearly*; *practically*] always late for work. // *ほとんどすべての学生は教室にいました *Almost* [*Nearly*] all (of) the students were in the classroom. / (⇒ 大部分は) *Most* (of the) students were in the classroom. [語法] almost は副詞だから *Almost* of the students や *Almost* students と言うことはできない. // 私のおいは私と*ほとんど同じ体格です My nephew is *about* my size.
2 «否定» —[形][代] (ほとんど...ない) little; few. —[副] (ほとんど...しない) hardly; scarcely; next to ...
【類義語】量を表す言葉に付けて「ほとんど...ない」の意味を表すのが **little**. それに対して, 数えられる名詞に付けて「ほとんど...ない」という意味になるのが **few**. 以上に対し,「少しはある」と肯定的に言う言葉が a little, a few である. *little, few* を使うか, a little, a few を使うかの区別は絶対的な数量の大小ではなく, 話し手の気持ちによって用いられる点に注意. 例えば財布に2万円あるとすると, 金持ちは「金が*ほとんどない」"There's *little* money left in my wallet." 貧しい人は 「ある程度はある」"There's *a little* money left in my wallet." と言うであろう. 困難であることを強調して, ほとんど無に等しいという否定的意味を表すのが **hardly**. ほぼ同意だが, 満足な成果を収められないというニュアンスが加わるのが **scarcely**. くだけた言い方で, 次に否定の意味をもった言葉が続くのが **next to**.
¶ 私には楽しむ時間が*ほとんどありません I have very *little* time to enjoy myself. [語法] little は [形]. 日本語では「ほとんど」が副詞でも, 英語では形容詞用法となることが多い. // 彼らは私の説明が*ほとんどわかりませんでした They understood (very) *little* of my explanation. [語法] little は [代]. なお little, few を very, so, too などの修飾語なしで用いるのは形式ばった表現. // 貿易なしでは*ほとんどの国が生き残れない *Few* countries can survive without trade. ★ few は [形]. // 1日でこの仕事を仕上げるのは*ほとんど不可能です It is ⌈*next to* impossible [*almost* impossible; *hardly* possible] to finish this work ⌈in [within] a day. // 我々には食べるものが*ほとんどありません We have ⌈*scarcely* [*hardly*] anything to eat. [語法] この表現のほうが almost nothing よりも普通. 同様に almost never, almost nobody, almost no food よりも, それぞれ hardly ever, hardly anybody, hardly any food とするほうが普通.

ほにゅう 哺乳 —[動] (赤ん坊に乳を飲ませる) nurse ㊀; (幼い生き物に母乳を飲ませる) suckle ㊀ ★ 動物・人間両方に用いる; (哺乳も含めて, 乳幼児に対して食事を与える) feed ㊀. (☞ ばにゅう; ちち[2]). **哺乳びん** baby [nursing; feeding] bottle [C] **哺乳類, 哺乳動物** mammal [C].

ぼにゅう 母乳 mother's milk [U], breast milk [U] ★ どちらかといえば前者の用法が多い. (☞ ちち[2]; ほにゅう).
¶ *母乳に完全にとって代わるものはありません There is no perfect substitute for the *mother's milk*. // *母乳で育てた赤ん坊は人工栄養の赤ん坊よりも健康だといわれている It is said that *breast-fed* babies are healthier than bottle-fed babies.
母乳哺育 —[名] breast-feeding [U]. —[動] breast-feed ㊀, feed ... on mother's milk ★ 人工栄養で育てる場合は bottle-feed ㊀.

ほね 骨 **1** «生物の骨» —[名] bone [C]; (骸骨・骨格) skeleton [C]. —[形] (骨っぽい・骨の多い) bony. —[動] (骨を取る) bone ㊀.

> 骨のいろいろ
> 軟骨 cartilage, 足首の骨 anklebone, 背骨 backbone, 鎖骨 collarbone, 座骨 hipbone, あご骨 jawbone, 膝蓋骨, ひざの皿 kneecap, 鼻骨 nasal bone, 骨盤 pelvis, 肋骨 rib, すねの骨 shinbone, 肩甲骨 shoulder blade, 頭蓋骨 skull, 脊柱 spine, 大腿骨 thighbone

¶ 私は右足の*骨を折った I broke ⌈a *bone* in my right leg [my right leg]. / I had my right leg broken. ★ 何か外的な原因で足(の骨)が折れたことを強調するとき. // 彼女は折れた*骨を接いでもらった She had a broken *bone* set. // 魚の*骨を取りました I took the *bones* out of the fish. / I *boned* the fish. // のどに魚の*骨を引っかけた A *fishbone* stuck in my throat. // その魚は*骨ごと食べられます You can eat the fish *bones and all*. // この魚は*骨が多い This fish is *bony*. / This is a *bony* fish. // 彼は*骨と皮ばかりになっている He is all skin and *bones*.

2 «気骨»: backbone Ⓤ; (元気・勇気)《口語》pluck Ⓤ. (☞ きこつ; どしょうぼね).

¶ 彼は*骨のあるやつだ He is a man with *backbone*. / He has a lot of *pluck*. // 彼は*骨のないやつだ He has no *backbone*.

3 «骨状のもの»: (傘などの) rib Ⓒ; (障子などの枠) frame Ⓒ. ¶ その傘は*骨が1本折れています A *rib* of that umbrella is broken.

4 «困難» ¶ これをあしたまでに仕上げるのはちょっと*骨だ It's a little bit *hard* to finish this by tomorrow.

骨が折れる ¶ 英語を学ぶのは*骨が折れます It is *hard* (*work*) to learn English. / English is *hard* to learn.

骨を埋める ¶ 彼らはブラジルに*骨を埋める (⇒ 一生住む) つもりです They intend to *stay* in Brazil *all their lives*.

骨を折る ¶ 彼は新しい会社の設立に非常に*骨を折った (⇒ 非常な苦労[努力]を払った) He *has* ˹*taken great pains* [*made a great effort*] *to* set up a new company. // *骨を折らずに成功することはできません (⇒ 努力なしに成功することはできない) You cannot succeed in life without *effort*. (☞ ほねおり)

骨を休める ¶ 君はしばらく*骨を休めたほうがいい (⇒ 休んだほうがいい) You should *take a rest* for a while. (☞ ほねやすめ)

ほねおしみ 骨惜しみ —動 (労を惜しむ) spare *oneself* (☞ ほねみ; おしむ). ¶ 彼はよく*骨惜しみをする He often *spares himself*. // 彼女は*骨惜しみしません (⇒ 彼女は苦労を節約しません) She *spares no* ˹*pains* [*efforts*].

ほねおり 骨折り pains ★ 複数形で. 語法 great, much, a ˹lot [great deal] of などにより修飾できるが, many は用いない; (努力) effort Ⓒ; (余分な仕事・世話) trouble Ⓤ; (尽力) good offices ★ 通例複数形で. (☞ ほね; くろう; どりょく).

¶ 一つお*骨折り願いたいのですが May I *ask you* [Will you *do me*] *a favor*? // *骨折りがいがありました (⇒ 私の苦労が報われた) My ˹*pains* [*efforts*] have been rewarded. / (⇒ それはその苦労に十分値した) It was well worth the *trouble*. // あなたのお*骨折りで私たちは立派な成果を収めることができました *Thanks to* your *good offices* we have been able to achieve good results.

骨折り損 ¶ それは*骨折り損だ (⇒ それは労力のむだに終わるだろう) It will ˹end in [be] *a waste of labor*. / (⇒ あなたはあなたの労力に対して何も得ないだろう) You will *get nothing for* your *pains*. // *骨折り損のくたびれもうけ (⇒ 私は私のすべての努力に対して何も得なかった) I *gained nothing for all* my *efforts*. / Great pains but all in vain. 《ことわざ》

ほねぐみ 骨組み **1** «骨格»: (人間・動物の骨格・体格) frame Ⓒ; (特に男性の体格・格好) physique [fizíːk] Ⓒ; (人間の体の形・大きさ) build Ⓒ. (☞ からだ; たいかく). ¶ 彼はがっしりした*骨組みの男です He is a man with a powerful ˹*frame* [*build*; *physique*]. / He has a powerful *build*.

2 «構造»: (細部を加える前の基本的な仕組み) framework Ⓒ; (あらましの枠組み) skeleton Ⓒ; (特に建物の) shell Ⓒ; (概略) outline Ⓒ. (☞ こうぞう; つくり). ¶ 新しい計画はまだ*骨組みができたばかりだ We have only made the *framework* for the new plan. // 冬までにはこの建物の*骨組みは完成するでしょう The ˹*shell* [*skeleton*] of this building will be finished before winter (comes).

ほねつぎ 骨接ぎ (術) bonesetting Ⓤ; (接骨医) bonesetter Ⓒ.

ほねっぽい 骨っぽい (骨の多い) bony; (手ごわい) tough. (☞ ほね). ¶ *骨っぽい男 a man *with backbone* / a *tough* guy ★ くだけた言い方.

ほねぬき 骨抜き —動 (効果を弱める) water down ㊀; (ものを骨抜きにする) take the teeth out of ...; (人を骨抜きにする) take the backbone out of ... ¶ その議案は*骨抜きになった The bill *has had the teeth taken out of it*. (☞ 使役 (囲み)) / They *have taken the teeth out of* the bill. / The bill *has been watered down*.

ほねばった 骨張った (やせて骨の見える) bony; (やせこけた) rawboned.

ほねぶと 骨太 —形 (骨太の) large-boned; (がっしりした) stoutly-built.

ほねみ 骨身 **骨身にこたえる** ¶ 彼の忠告が*骨身にこたえました (⇒ 心に深く沈んだ) His advice *has sunk deep into my mind*. / (⇒ 胸にしみじみとこたえた) His advice *has come home to me*. **骨身を惜しまない** ¶ 彼女は*骨身を惜しまず働きます She works *without sparing herself*. (☞ ほね; ほねおしみ)

ほねやすめ 骨休め —動 take [have] a rest (after hard work). —名 (心配事をせず楽しくくつろぐこと) relaxation [rìːlækséiʃən] Ⓤ. (☞ きゅうよう[1]). ¶ 2, 3 日*骨休めをして下さい Please *take a rest* for a few days. // *骨休めに温泉に行ったらどうですか Why don't you ˹go to [visit] a spa for *relaxation*?

ほのお 炎, 焰 (舌の形をした炎) flame Ⓒ; (急に勢いよく燃え上がる炎) blaze Ⓒ ★ 通例単数形; (短時間にぱっと燃える炎) flare Ⓤ; (ちょろちょろと燃える炎) flicker Ⓤ. ¶ 家はすっかり*炎に包まれた The whole house was in *flames*.

ほのか 仄か —形 (かすかな) faint; (薄暗くぼんやりした) dim; (不明瞭な) indistinct ★ 形式ばった語. —副 dimly; faintly; indistinctly. (☞ ぼんやり; かすか).

¶ 梅の花の*ほのかなかおりがした There was a *faint* ˹smell [fragrance] of *ume* blossoms. // 霧の中に*ほのかに明かりが見えた I saw a *dim* light in the mist. // *ほのかにぬくもりがあった It was *faintly* warm.

ほのぐらい 仄暗い —形 (日没前のような

ほ

薄暗がりの状態) dusky (↔ bright, clear); (薄暗くて物がぼんやり見える状態) dim; (薄暗く陰気な) gloomy. 《☞ うすぐらい》. ¶ *ほの暗い明かりの中ではほとんど彼らの姿がわからなかった I hardly recognized them in the ｢*dusky* [*dim*] light.

ほのぼのと ★ 夜が明ける形容としては適当な英訳は困難.「少しずつ」なら little by little, または gradually だが, 日本語独特のニュアンスと少し違う. ただし,「心が暖まるような」では heartwarming でよい. 《☞ 擬声・擬態語 (囲み)》. ¶ 夜が*ほのぼのと明けてゆく Day [Morning] is beginning to ｢break [dawn]. / Dawn is breaking. // それは*ほのぼのとした情景だった It was a *heartwarming* sight.

ほのめかす 仄めかす (間接的に相手にわかるようにそれとなく言う) hint ㊉, hint (at ...) ㊀; (はっきり言わないで推測させる) imply ㊉; (連想によって相手に悟らせる) suggest ㊉. 《☞ とおまわし; におわす; あんじ (類義語)》.
¶ 彼は辞任の意志を*ほのめかした He *hinted at* his intention to resign. / He *hinted* that he had the intention to resign. // 医者の難しい顔が彼女の重病を*ほのめかしていた The doctor's frown *implied* that she was suffering from a serious illness. //「彼に帰れと言ったのですか」「いいえ, はっきりとは言っていません. ただ*ほのめかしただけです」"Did you tell him to leave?" "Not exactly, but I ｢*suggested* [*hinted at*] it.

ホノルル Honolulu [hànəlúːluː] 《☞ アメリカ (表)》.

ほばしら 帆柱 mast Ⓒ.

ほはば 歩幅 (歩行中や走行中の足と足との間の距離) step Ⓒ; (1 歩の距離) pace Ⓒ ★ 普通は約 75 センチ. ¶ 彼は*歩幅が広い (⇒ 彼は広い歩幅で歩く) He walks with long *steps*. // *歩幅 10 歩の距離 ten *paces*

ぼひ 墓碑 gravestone Ⓒ; tombstone Ⓒ
[語法] gravestone が一般的で, tombstone は大きなものを指すことが多い.
¶ *墓碑を立てる set up a *tombstone*
墓碑銘 epitaph Ⓒ [参考] 英米の墓碑銘は普通 Here lies [To the Memory of] Mary, the beloved wife of ... のように, 氏名・生年・没年などを文章の形式で入れ, そのほかに短い詩や韻文で故人をたたえたり象徴するような文句が書かれていることが多い.

ポピュラー ━形 (人気のある) popular; (音楽が軽音楽的な) light. **ポピュラーソング** popular song Ⓒ 《☞ 音楽 (囲み)》.

ポプラ poplar [pάplə] Ⓒ.

ほへい 歩兵 infantryman Ⓒ 《複 -men》; foot soldier Ⓒ ★ 前者が正式. 後者は通称.

ほほ 頰 cheek Ⓒ 《☞ ほお》.

ほぼ[1] (ほとんど) almost, nearly [語法] 両者ともう少しである状態・数・量などに達することを表すが, almost のほうがより近い状態を表す; (事実上) practically; (約) about, around [語法] 両者ともある数・量・状態に近いことを表すが, それに達していない場合, またはそれを超えている場合の両方に用いられる; (大部分) for the most part. 《☞ ほとんど (類義語); だいたい[1]; やく[3]; おおよそ》.
¶ 仕事はきょうのところは*ほぼ終わりました Our work is ｢*almost* [*nearly*] done for today. ★ 実際には完了していないことをいう. // 私の家から学校までは*ほぼ 1 時間かかる It takes me ｢*about* [*around*] one hour to go from my home to school. // その話は*ほぼ真実に近い The story is *for the most part* true.

ほぼ[2] 保母 (幼稚園の) nursery school [kindergarten] teacher Ⓒ, preschool teacher Ⓒ. 《☞ ようちえん》.

ほほえましい 微笑ましい (心暖まる) heartwarming; (楽しくなるような) pleasant. ¶ よちよち歩きの子供の様子は*ほほえましかった It was *pleasant* to see the child toddling about.

ほほえみ 微笑み smile Ⓒ 《☞ びしょう[1]; にっこり》. ¶ 彼女はにこやかな*ほほえみを絶やさなかった There was always a pleasant *smile* on her face.

ほほえむ 微笑む smile ㊀ 《☞ びしょう[1]; にっこり》. ¶ 母親は子供たちに*ほほえみかけた The mother *smiled* at her children.

ポマード pomade [poméid] Ⓤ.

ほまれ 誉れ (名誉) honor Ⓒ 《☞ めいよ》.

ほめる 褒める, 誉める ━動 (人や事を心をこめて高く評価したり称賛したりする) praise ㊉ (↔ blame); (人のことをよく言う) speak ｢well [favorably; highly] of ... ★ highly を使うとやや堅苦しい言い方となる; (お世辞を言う) compliment ㊉. 《☞ しょうさん[1]》.
¶ 先生はその少年が成績がよいので*ほめた The teacher *praised* the boy *for* his good results. // 彼はめったに人を*ほめない He seldom *speaks* ｢*well* [*favorably*] *of* others. // 彼は奥さんの料理を*ほめた (⇒ お世辞を言った) He ｢*complimented* the hostess [paid the hostess a *compliment*] *on* her cooking.

ホモ ━名 (同性愛) homosexuality Ⓤ; (人) homosexual Ⓒ ★ 以上は女性にも用いるが, 特に女性については lesbianism Ⓤ, lesbian Ⓒ のほうが普通. ━形 homosexual; (特に男性が) queer ★ 後者は軽蔑的.

ぼや (小さい火事) small fire Ⓒ 《☞ かじ[1]》.
¶ 彼のところで*ぼやを出した He had a *small fire* break out in his house. // 隣の火事は幸い*ぼやですんだ The *fire* next door was luckily a *small one*.

ぼやく (不平・不満を言う) complain (of ...; about ...) ㊀; (しゃくにさわってぶつぶつ言う) grumble (at ...; about ...; over ...) ㊀. 《☞ ふへい (類義語); もんく; ぶつぶつ[1]》.
¶ 彼はいつも給料が少ないと*ぼやいている He *is* always *complaining* ｢*about* [*of*] his ｢cheap pay [small salary]. // 天気のことを*ぼやいても始まらない (⇒ むだである) It's no use *grumbling* ｢*about* [*at*; *over*] the weather.

ぼやける (薄暗くてはっきり見えなくなる[する]) dim ㊀ ㊉, become dim; (写真などの像がぼやける) blur ㊀, get blurred; (テレビなどの画像の周辺部などがぼける) become fuzzy; (焦点の合っていない) be out of focus (↔ be in focus). 《☞ ぼける; ぼうっと》.
¶ 涙でまわりのものが*ぼやけた (⇒ 涙が私の目を

ほ

見えなくさせた) Tears *dimmed* my eyes. / My eyes ｢*were dim* [*blurred*] with tears. // 記憶は時がたつと*ぼやける Memories *become dim* with time. // この写真は*ぼやけている This picture *is* ｢*blurred* [*out of focus*]. // このテレビは画像が*ぼやけている This TV has a *fuzzy* picture.

ぼやっと (放心して) vacantly; (うわの空で) absentmindedly. 《☞ ぼさっと; ぼんやり》. ¶ 彼は*ぼやっと窓の外を眺めていた He was looking ｢*vacantly* [*absentmindedly*] out (of) the window.

ほやほや ―形 (料理などができたばかりで熱い) hot; (新鮮な・出たばかりの) fresh; (真新しい) brand-new 【語法】以上はすべて口語的だが, brand-new はかなりくだけた表現. 《☞ -たて》. ¶ このパンは焼きたての*ほやほやです This bread is ｢*hot* [*fresh*] from the oven. // 彼らは新婚*ほやほやだ (⇒ 新婚者だ) They are *newlyweds*. / They *have just married*.

ぼやぼや ―動 (ぼやぼやする・不注意である) be careless; (何もしないでいる) stand [sit] idle. 《☞ ぼさっと; ぼんやり》. ¶ *ぼやぼやしていると車にひかれるよ If you *are careless*, you will be run over by a car. // *ぼやぼやするな. 足もとに気をつけろ *Be careful*. Watch your step. // *ぼやぼやしていないでこれを運ぶのを手伝ってくれ Don't *stand idle*. Help me (to) carry this.

ほゆう 保有 ―動 (確保している) hold ㊀ ★ 広い意味の一般的な語; (所有している) possess ㊀, own ㊀; (保持している) retain ㊀ ★ 以上はすべて状態を表す動詞. ―名 (所有すること) possession Ⓤ ★「所有物」の意味では通例複数形で; (保有すること) holding Ⓤ ★「所有財産」の意味ではしばしば複数形で. 《☞ しょゆう》.

¶ 現在植民地*保有国は数少なくなった (⇒ 植民地を持っている国は少ない) Today the number of the countries which ｢*retain* [*possess*; *own*] colonies is very small. // 金*保有高 gold *holdings* // 核*保有国 a member of the nuclear club

ほよう 保養 ―名 (健康) health Ⓤ; (病後の回復) recuperation Ⓤ ★ 形式ばった語; (休養) rest Ⓒ; (気晴らし) recreation Ⓤ. 《☞ せいよう[2]; きゅうよう[1]》.

¶ 彼は温泉へ*保養に行きました (⇒ 健康回復のために) He went to a (hot spring) spa for his *health*. // 美しい景色を見て目の*保養をしました (⇒ 目を楽しませた) I ｢*feasted my eyes on* [(⇒ 楽しんだ) *really enjoyed*] the beautiful scenery.

保養所 (病気の回復のための) sanatorium Ⓒ 《複 ~s, sanatoria》; (健保組合・会社などの行楽のための) resort house owned by a ｢health insurance organization [company] Ⓒ ★ 説明的な訳. **保養地** health resort Ⓒ.

ほら[1] (相手の注意を促すとき) Look!, Look here! ★「見てごらん」というのが元の意味; See here! ★「見ればわかるだろう」という意味が含まれる; Listen! ★「聞いてごらん」というのが元の意味; (何かを取り出して相手に差し出すとき) Here you are.; (相手が何か探したり求めたりしているものを渡すとき) Here it is. 《☞ そら[2]; 感嘆詞 (欄外)》.

¶ *ほら, 向こうに富士山が見えるよ *Look*! You can see Mt. Fuji over there. // *ほら, この本の著者も私と同じことを言ってるわ *See here*! The author of this book says just what I have said. //「私の傘はどこかしら」「*ほら, ここにあるよ」"Where's my umbrella?" "*Here it is*."

ほら[2] 法螺 ―名 (大げさな自慢) boast Ⓒ, 《米口語》brag Ⓒ; (自慢話) 《米口語》big talk Ⓒ. ―動 boast ㊁㊀, brag ㊁㊀ ★ boast, brag が ㊀ のときは that 節が続く; 《米口語》talk big ㊁.

¶ 彼はいつも*ほらばかり吹いている He *is* always ｢*bragging* [*talking big*]. // 彼は英仏海峡を泳いで渡れると*ほらを吹いた He ｢*boasted* [*bragged*] that he could swim across the English Channel. // あいつの*ほらなんか聞くな Don't listen to his *big talk*.

ほら吹き braggart Ⓒ, boaster Ⓒ.

ほらあな 洞穴 cave Ⓒ; (大きくて深いもの) cavern Ⓒ; (獰猛(どうもう)な動物が住み家としている穴) den Ⓒ. ¶ 石器時代の人は*洞穴に住んでいた Stone Age people lived in *caves*.

ボランティア volunteer [vɑ̀ləntíə] Ⓒ.

ほり[1] 堀 (城の周囲の水をたたえたもの) moat Ⓒ 《☞ ほりわり; しろ[2] (挿絵)》. ¶ その城の周りには*堀があった There was a *moat* around the castle. / A *moat* surrounded the castle.

ほり[2] 彫り ¶ 彼は*彫りの深い顔をしている (⇒ 端正な) He has *clear-cut* features.

ポリエチレン 〘化学〙 polyethylene [pɑ̀liéθəlìːn] Ⓤ.

ポリオ ―名 〘医学〙 poliomyelitis [pòulioumàiəláitis] Ⓤ, 《口語》polio [póuliòu] Ⓤ ★ 患者を指す場合は Ⓒ; (流行性小児麻痺) infantile parálysis Ⓤ. 《☞ 病気・病院 (囲み)》. **ポリオワクチン** polio vaccine Ⓤ.

ほりかえす 掘り返す (土を掘り返す) dig up ㊀, turn ｢up [over] ㊀; (道路などを掘り返す) tear up ㊀. 《☞ ほる[1]》. ¶ 彼らは水道管を引くために道路を*掘り返した They *dug up* the road to lay water pipes.

ほりさげる 掘り下げる (探究する) delve into ..., 《口語》dig into ... ¶ その問題をもっと深く*掘り下げて考えてみる必要がある We must *delve into* the problem.

ほりだしもの 掘り出し物 (いい見つけ物) find Ⓒ; (安売りの得な買い物) bargain Ⓒ; (値段が適当で引き合う) good buy Ⓒ.

ほりだす 掘り出す (土の中から掘り出す) dig ｢up [out] ㊀ 《☞ ほる[1]; はっくつ》. ¶ 私は地中から土器を*掘り出した I *dug* ｢*up* [*out*] some earthenware from the ground.

ぼりぼり ¶ 彼は*ぼりぼり掻(か)いた (⇒ 激しく掻きむしった) He *scratched* himself *violently*. // 彼女はおせんべいを*ぼりぼり食べている She *is munching* Japanese crackers. 《☞ 擬声・擬態語 (囲み)》

ほりもの 彫り物 (木や石の彫刻) carving Ⓒ; (金属・石・木に言葉や絵などが彫り込んであ

るもの) engraving Ⓒ; (入れ墨) tattoo Ⓒ.

ほりゅう 保留 ―動 (一時的に) suspend ㊉; (将来のために) reserve ㊉; (延期する) put off ㊉, postpone ㊉ ★ 前者のほうが口語的; (決定などを遅らせる) delay ㊉; (棚上げにする) shelve ㊉. ―名 suspension Ⓤ; reservation Ⓤ. 《☞ えんき; たなあげ》.
¶ この件に関しての判断は*保留する We ˹*suspend* [*reserve*] judgment on this matter. // 委員会に決定を来月まで*保留にしました The committee ˹*delayed* [*postponed*; *put off*] action until next month.

ボリューム (音量) volume [vάljum] Ⓤ.
¶ ラジオの*ボリュームを上げ[下げ]なさい Turn ˹up [down] the *volume* on the radio.

ほりょ 捕虜 ―名 prisoner Ⓒ; (戦争の捕虜) prisoner of war Ⓒ ★ POW 《複 POW's》と略す; war prisoner Ⓒ. 《☞ とらわれる》. ¶ 彼らは5年間*捕虜になっていた They were held as *prisoners* (*of war*) for five years. // 彼は*捕虜になった He *was taken prisoner*. **捕虜収容所** prisoner-of-war camp Ⓒ, prison camp Ⓒ.

ほりわり 堀割 (水を流すために作られたあまり深くないもの) ditch Ⓒ; (船の航行や灌漑(かんがい)のためのもの) canal [kənǽl] Ⓒ. 《☞ ほり¹》.

ほる¹ 掘る (土を掘る) dig ㊉ ㊌ 《過去・過分 dug》 ★ 最も一般的な語; (特に遺跡などを発掘する) excavate ㊉ ★ やや形式ばった語; (細い穴を掘る) bore ㊉; (鉱石・石炭などを採掘する) mine ㊉; (油田などを掘る) drill ㊌; (溝を) trench ㊉. 《☞ ほりかえす》.
¶ 私はじゃがいもを*掘った I *dug* potatoes. // 地面を50センチ*掘った I *dug* the ground fifty centimeters deep. // 庭に穴を*掘った I *dug* a hole in my garden. // 彼らは岩にトンネルを*掘った They ˹*dug* [*made*; *excavated*] a tunnel through the rock. // 彼らは埋められた財宝を*掘っている (⇒ 財宝を求めて土を掘っている) They *are* ˹*digging for* [*excavating*] buried treasure. // 柵のくいを立てるために地面に穴を*掘った I *bored* holes in the ground for fence posts. // ペンシルベニアでは石炭が*掘られている People *mine* coal in Pennsylvania. // 彼らは石油を得るために1000 m もの深さまで*掘った They *drilled* to as much as 1,000 meters for oil.

ほる² 彫る (刻む) carve ㊉; (堅いものの表面を) engrave ㊉; (のみで) chisel ㊉, sculpture ㊉; (銘などを) cut ㊉, inscribe ㊉ ★ 前者がより平易な言い方. 《☞ きざむ》. ¶ この像は1本の原木を*彫って作ったものだ (⇒ この像は1本の木から刻まれたものだ) This statue *was carved out of* a single piece of wood. // 彼は自分の名前を石に*彫りつけた He *inscribed* his name on the stone.

ぼる (不当な値段を要求する) overcharge ㊉ 〔語法〕「人」を目的語とする. 必要以上の料金をとることで, 必ずしも悪意とは限らない; (法外な料金を要求する) demand an unreasonable charge ★ 売り物の定価などには使わない. 《☞ ふっかける; ふんだくる》.
¶ 3千円*ぼられた They *overcharged* me (by) 3,000 yen for it. / I *was overcharged* (by) 3,000 yen for it. // あの店は*ぼる They *demand an unreasonable charge* at that store.

ボルト¹ (締め具) bolt Ⓒ. ¶ *ボルトを締める tighten a *bolt* // *ボルトで壁に棚を付けた I fastened the rack to the wall with *bolts*. / I *bolted* the rack to the wall.

ボルト² (電気の) volt Ⓒ 《略 v, V》; (ボルト数) voltage Ⓤ. 《☞ でんあつ》. ¶ 1.5*ボルトの電池を2個直列につなぐと3*ボルトになる Two 1½- *volt* batteries produce 3 *volts* when connected in series. 〔参考〕 並列は in parallel. // 普通の乾電池は1.5*ボルトぐらいです A common dry cell has a *voltage* of about 1.5. 〔語法〕 後に具体的な数量がきたときは voltage に不定冠詞を付ける.

ポルトガル ―名 固 Portugal [pɔ́ərtʃugəl]. ―形 (ポルトガルの) Portuguese [pɔ̀ərtʃugíːz]. **ポルトガル語** Portuguese Ⓤ **ポルトガル人** Portuguese Ⓒ.

ポルノ ―名 (本・写真・映画など) pornography [pɔərnάgrəfi(ː)] Ⓤ, 《口語》 porn Ⓤ. ―形 pornographic.

ホルモン hormone Ⓤ ★ 種類を指すときは Ⓒ. ¶ 男性[女性]*ホルモン the ˹male [female] *hormone* **ホルモン剤** hormone preparation Ⓒ.

ホルン horn [hɔ́ərn] Ⓒ 《☞ 音楽 (囲み)》.

ほれこむ 惚れ込む (魅力で引きつけられる) be attracted by ...; (気に入る・好きになる) take a ˹fancy [liking] to ... 《☞ ほれる; ぞっこん》.
¶ 我々はその青年に*ほれこんだ We *were attracted by* the young man. / (⇒ たいへん好きになる) We *became very fond of* the young man.

ほれぼれ 惚れ惚れ ―動 (うっとりする) be charmed; (心を引きつけられる) be attracted; (魔法にかけられたようにうっとりする) be fascinated. ―形 (ほれぼれするような) charming; attractive; fascinating ★ 最後の語が一番意味が強い. 《☞ みりょく; うっとり》.
¶ ゆみ子は*ほれぼれするような子だ Yumiko is a very *attractive* girl. // *ほれぼれするような絵だったのでその前にたくさんの人が集まった The picture was so *fascinating* that a lot of people gathered in front of it.

ほれる 惚れる (恋する・愛する) love ㊉; (恋をする) fall in love with ...; (恋している・愛し合っている) be in love with ...; (心を引かれている) be attracted by ... 《☞ ほれこむ》.
¶ 彼は彼女に*ほれている He *loves* her. / He *is in love with* her. // 彼はその子を一目見て*ほれてしまった He *has* ˹*fallen in love with* [*lost his heart to*] the girl at first ˹sight [glance]. // 彼女は彼にぞっこん*ほれている She *is* ˹deeply [madly] *in love with* him. // 私はあの人の人柄に*ほれた I *was* ˹*attracted* [*charmed*] by his personality.

ほろ 幌 (車などの折りたたみ式の屋根) top Ⓒ, 《英》 hood Ⓒ; (乳母車のほろ) hood Ⓒ.
幌馬車 covered wagon Ⓒ ★ 最も一般的; (大型の) prairie schooner Ⓒ 〔参考〕 特に

ほ

アメリカの西部開拓時代のもの. その白い幌が船(schooner)の帆のように見えたことから. **幌馬車隊** wagon train Ⓒ.

ぼろ 一 [名] (使い古しの布) rag Ⓒ, old cloth Ⓤ; (ぼろぼろの衣服) rags ★ 複数形で; (着古した衣服) worn-out clothes ★ 複数形で; (古くて破れた衣服) tatters ★ 複数形で. 一 [形] (使い古した) worn-out; (古くて壊れかけた) run-down. 《☞ ぼろぼろ》.

¶ *ぼろ靴 *worn-out* shoes // *ぼろ家 a *run-down* house // *ぼろ自動車 a jalopy // 油のしみこんだ*ぼろきれで自転車をきれいにした I cleaned my bicycle with ｢a piece of [an] oily *rag*. // その乞食は*ぼろをまとっていた The beggar was (dressed) in ｢*rags* [*tatters*; *worn-out clothes*].

ぼろを出す (欠点·欠陥·無知をさらす) expose *one's* ｢faults [defects; ignorance]; (不愉快な真実を明らかにする) show *oneself* up. ¶ 難しい質問をされて彼は*ぼろを出した He ｢*exposed his ignorance* [*showed himself up*] when he was asked a hard question.

ポロシャツ polo shirt Ⓒ《☞ 衣服 (囲み)》.

ほろっと ☞ ほろりと

ほろにがい ほろ苦い (ちょっと苦い) slightly bitter; (比喩的に苦くて甘い) bittersweet. 《☞ 味 (囲み)》. ¶ このビールは*ほろ苦い This beer tastes *slightly bitter*. // 彼はまだ*ほろ苦い人生の味を知らない (⇒ ほろ苦い人生を経験していない) He hasn't experienced the *bittersweet* side of life yet.

ほろびる 滅びる fall (自)《過去 fell; 過分 fallen》; die out (自); perish (自).

【類義語】 敵の攻撃により国家·都市などが滅亡·陥落することにはしばしば ***fall*** を用いるが, 家門·民族·生物の種·社会的組織·機関などが徐々に衰えて消滅する意味では ***die out*** を用いる. また完全な破滅を意味する文語的表現として ***perish*** がある. 《☞ めつぼう; たえる²》

¶ ローマ帝国は衰え, ついに*滅びた The Roman Empire declined and finally *fell*. // この種の鳥はかつて日本に多数いたが, いまではほとんど*滅びてしまった This ｢kind [species] of bird, once numerous in Japan, *has* now almost *died out*. // 鎌倉幕府は 1333 年に*滅びた (⇒ 滅ぼされた) The Kamakura Shogunate regime *was overthrown* in 1333. // 悪い風習は容易に*滅びない Bad customs *die hard*.

ほろぼす 滅ぼす (力で完全に破滅させる) destroy (他); (必ずしも力によらず破滅に導く) ruin (他). 《☞ はかい; かいめつ》. ¶ 核兵器は世界を完全に*滅ぼしてしまうかもしれない Nuclear arms might *destroy* the world altogether. 《☞ 仮定の表現 (囲み)》 // 彼は酒で身を*滅ぼした (⇒ 飲酒が彼の破滅の原因だ) Drink was his *ruin*.

ぼろぼろ 一 [形] (布·衣服などが) tattered, in tatters; (すり切れて糸目がはみ出しているような) threadbare; (すり切れた) worn-out; (岩·乾いた土などが) friable, crumbly. 《☞ ぼろ; 擬声·擬態語 (囲み)》.

¶ こじきは*ぼろぼろの着物を着ていた The beggar was (dressed) in ｢*rags* [*tatters*]. // 彼は上着を*ぼろぼろになるまで着古した He wore ｢out his coat [his coat to *rags*]. // *ぼろぼろの土 *friable* [*crumbly*] soil // *ぼろぼろに使い古した辞書 a *worn-out* dictionary

ぽろぽろ ¶ 涙が彼女のほおを*ぽろぽろ(と)落ちた (⇒ 大きな滴となって) Tears ｢trickled [rolled] down her cheeks *in big drops*. 《☞ 擬声·擬態語 (囲み)》

ぼろもうけ ¶ 彼は株で*ぼろもうけした (⇒ 楽な金もうけをした) He *made easy money* on the stock market.

ほろよい ほろ酔い 一 [形] slightly ｢drunk [intoxicated], 《口語》 tipsy. 《☞ よい³》.

ほろりと ¶ その女は涙を一滴*ほろりと流した The woman *dropped a tear*. // 彼女の話を聞いて我々は皆*ほろりとした (⇒ 彼女の話は我我を感動させて涙ぐませた) Her story *moved* all of us *to tears*. / We *were* all *moved to tears* by her story. // それは*ほろりとさせる話だ That is a *touching* story. 《☞ 擬声·擬態語 (囲み)》

ぽろりと ¶ 私はボールを取ろうとして*ぽろりと落とした (⇒ ボールが手から滑り落ちた) I tried to catch the ball, but it *slipped out of my hand*. 《☞ ぽとりと》

ホワイトカラー 一 [形] white-collar.

ほん 本 book Ⓒ 【語法】 日本語の「本」は広い意味で「雑誌」も含むが, 英語では book と magazine (＝雑誌) とは明確に区別される. この日英の相違を表す 1 つの例が「単行本」という日本語で, 雑誌その他と区別するために用いられるが, 英語ではそのような言葉の必要がない. つまり book の説明的日本語訳が「単行本」であると言える; volume Ⓒ 【語法】 やや形式ばった語で, 「…冊」というように数字を伴ったり形容詞を伴ったりするときに使われることが多い.

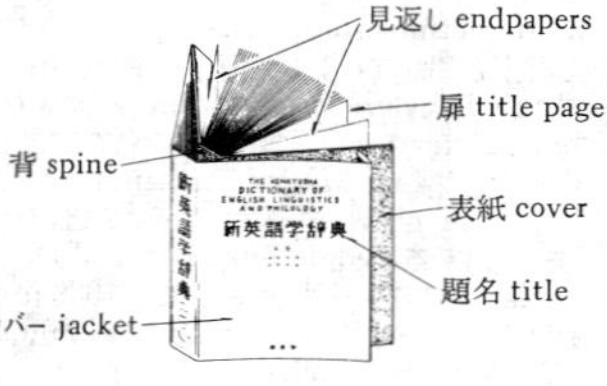

¶ 彼は書斎で*本を読んでいる He is reading a *book* in his study.

田中氏は最近*本を書いた Mr. Tanaka wrote a *book* recently.

「その*本は何という題ですか」「『怒りのぶどう』という題です」"What is the title of the *book*?" "It's *The Grapes of Wrath*." 【語法】 本の題名は印刷ではイタリック体で, 手書きでは下線を 1 本引くことによって表す. また, 名詞·動詞·形容詞などは大文字で書き始める習慣がある. 《☞ イタリック体 (欄外)》 / "What is the *book* entitled?" "It's entitled *The Grapes of Wrath*."

最近『アメリカの大学生活』という*本が出版された A *book* entitled *College Life in the*

United States was published recently.
私はその*本を読み通した I have read through the *book*. / (⇒ 初めから終わりまで読んだ) I have read the *book* from cover to cover. [語 法] cover は本の表紙のこと. from cover to cover で「本の表表紙から裏表紙まで」の意.
コンピューターに関する*本はたくさんあります There are a lot of *books* ⌈on [about] computers.
私はこの*本を 10 冊出版社に直接注文した I ordered ten copies of this *book* directly from the publisher. [語 法] copy は同じ本の 1 冊をいう語. 元来は「写し」という意味であるが, 印刷された本はオリジナルの「写し」であるという考えから出た言い方.
この図書館には 100 万冊以上の*本がある This library has ⌈over [more than] one million ⌈*books* [*volumes*].
その問題はこの*本に書いてある The matter is ⌈discussed [dealt with; treated] in this *book*.
彼はよく*本を読んでいる He is a *well-read* person. / (⇒ 熱心な読者だ) He is an *avid reader*.
この*本はよく売れる This *book* sells well.
この*本は絶版だ This *book* is out of print.
私はその手紙を*本の間 (⇒ 本のページの間) にはさんでおいた I kept the letter between the leaves of a *book*. [参 考] 表と裏で 2 ページ分の 1 枚の紙を leaf という.
これは君の座右(ざゆう)に置く (⇒ 常に君の手許に置く) べき*本だ This is a ⌈*book* [*volume*] (which) you should keep at your elbow.
*本のカバー a (*book*) jacket [参 考] 英語の cover は表紙の意となる.
漫画[歴史]の*本 a ⌈comic [history] *book*
童話の*本 a *storybook* for children
料理の*本 a *cookbook* / 《英》 a cookery *book*
初心者向きの*本 a *book* (intended) for beginners
ハウツーものの*本 a how-to *book*
ペーパーバックの*本 a *paperback*
堅紙表紙の*本 a hard-cover *book*
クロース装丁[革表紙]の*本 a ⌈clothbound [leather-bound] *book*
4 冊で 1 組の*本 a set of four *books*
3 巻ものの*本 a three-volume *book* / a *book* in three volumes 《☞ かん[3]》

ホン (音の強さの単位) phon Ⓒ.

ほん- 本… **1** «本当の» ― 形 real ★ 一般的な語; (純粋の・正真正銘の) genuine; (真の) true [語 法] real が現実にあることを強調するのに対して, うそではなくまことであることを言う語. real と入れ換え可能なことも多い; (任務などが正規の) regular; (身分などが常勤の) full-time, permanent ★ 後者のほうがやや形式ばった語. 《☞ ほんとう (類義語)》.
¶ *本名 (*one's*) *real* name (↔ pseudonym, false name) // 彼は*本採用になった He became a *full-timer*.
2 «主な・中心となる» ― 形 head, main. ¶ *本館 the *main* building // *本試験 (⇒ 最終の) the *final* ⌈exam [examination]
3 «この・現在の» ― 形 (この) this; (現在の) present, current. ¶ *本件 (⇒ この問題) は目下調査中である *This* case [The matter *in question*] is now under investigation. // *本会計年度 the *current* fiscal year // *本県 (⇒ 我々の県) は風光明媚である (⇒ 風景の美しさで有名だ) *This* [*Our*] prefecture is famous for its scenic beauty.

-ほん …本 ★ 日本語では「鉛筆 3 本」のように長いものを数えるのに「…本」を使うが, 英語では複数形にするだけでよい. 《☞ 数の数え方 (囲み)》. ¶ 彼はビールを 3*本飲んだ He drank *three bottles of* beer. // チョーク数*本 *several pieces of* chalk // マッチ(棒) 1*本 *a* match // ろうそく 2*本 *two* candles // 鉛筆 5*本 *five* pencils

ぼん[1] 盆 (祭り) the *Bon* Festival; (仏教徒の死者の霊を記念する日) the Buddhist all Souls' Day. **盆踊り** the *Bon* Festival dance.

ぼん[2] 盆 tray Ⓒ.

ボン (西ドイツの首都) Bonn.

ぽん ― 名 (ぽんという音) pop Ⓒ. ― 副 (ぽんと音を立てて) pop. ― 動 (ぽんと音を立てる) pop ㊀ ★ コルク栓の抜けるときのような音; (手などをぽんとたたく) clap ㊉ ㊀; (手などで軽くたたく) pat ㊉ ㊀. 《☞ 擬声・擬態語 (囲み)》.
¶ コルクの栓が*ぽんと抜けた The cork came out ⌈*pop* [*with a pop*]. // コルクを抜いたとき*ぽんと音がした The cork *popped* when I pulled it out. // 私は彼の背中を*ぽんと (⇒ 平手で軽く) たたいた I ⌈*clapped* [*patted*] him on the back. // 彼女は老人ホームに*ぽんと (⇒ 気前よく) 1 千万円寄付した She made a generous donation of ten million yen to the home for the aged.

ほんあん 翻案 ― 名 adaptation Ⓤ. ― 動 adapt ㊉. 《☞ きゃくしょく》.

ほんい 本意 (本当の意図) (*one's*) ⌈real intention [original purpose] Ⓤ 《☞ ほんしん; しんい》. ¶ あなたを怒らせるのは私の*本意ではなかった (⇒ 怒らせるつもりはなかった) I didn't *really mean* to offend you. // 彼の*本意を確かめてみよう (⇒ 何を本当に意味しているか) I will see what he *really* ⌈*means* [*intends*].

-ほんい …本位 ¶ 我々は品質*本位で物を買う (⇒ 品質のよいものだけ買う) We *only* buy things of good quality. // 我々は人物*本位で代表を選ぶ (⇒ 高潔な人格の人を代表に選ぶことを決まりとしている) We make it a *rule* to elect a man of integrity as our representative. // 本は興味*本位で (⇒ 自己を楽しませるだけの目的で) 選ぶべきではない We should not choose our books *merely* to amuse ourselves.

ほんかいぎ 本会議 plenary session Ⓒ 《☞ かいぎ》. ¶ その議案は衆議院*本会議で票決に付された The bill was put to the vote in the *plenary session* of the House of Representatives.

ほんかくてき 本格的 ― 形 (大規模な)

ほ

large-scale；(完全な) complete；(徹底した) full.《☞ だいきぼ；ほんしき》.

¶ 彼の健康の回復はまだ*本格的 (⇒ 完全) ではない His health is not *quite* restored yet. // わが国は発展途上国に*本格的な経済援助を与えるべきだ We should give *large-scale* economic aid to the developing countries. // 法案の*本格的(な) (⇒ 正式の) 審議はまだ始まっていない *Full* deliberation of the bills has not (been) started yet.

ほんき 本気 ━ 形 (まじめな) earnest；(真剣な・深刻な) serious 語法 仕事などに取り組む態度が真剣で本気なのが earnest で，冗談などに対してもまじめに，深刻に受けとめるのが serious. ━ 副 earnestly；seriously；in earnest.《☞ しんけん；まじめ》.

¶ 彼女は私の冗談を*本気にした (⇒ 深刻に解釈した) She took my joke *seriously.* // 彼は冗談を言っているのか*本気なのか，私にはわからない I cannot tell whether he is only joking or *in earnest.* // これは冗談ではない．僕は*本気なのだ This is not a joke；I「am *serious* [*mean it*]. // 彼がアメリカへ行くというのは*本気かね Is he *serious about* going to the United States? // その学生はようやく*本気になって勉強を始めた The student has at last begun to study *in earnest.*

ほ

ほんぎまり 本決まり ¶ 彼の昇進はまだ*本決まりではない (⇒ 我々はまだ確実に決めていない) We *have* not yet *definitely decided* on his promotion. / (⇒ 彼の昇進について，我々は最終決定にはまだ達していない) We have not yet「reached [come to；arrived at] a *final decision* on his promotion.《☞ かくてい；けってい；きめる》

ほんきゅう 本給 (基本給) base pay Ⓤ.

ほんきょ 本拠 (作戦・探険などの根拠地) base Ⓒ；(本部) headquarters ★ 複数形だが単数扱い. ¶ 探険隊はその湖畔に*本拠を置いた The expedition established its「*base* [*headquarters*] by the lake.

ほんぎょう 本業 (*one's*) main「occupation Ⓒ [profession Ⓒ；business Ⓤ]《☞ しょくぎょう (類義語)；ほんしょく》.

ほんけ 本家 (分家に対して) the「head [main] family Ⓒ 参考 英米には日本と同じような家の制度がないので，英訳するときは以上のように意訳するか，あるいは父の家 (my father's family) とか，長兄の家 (my oldest brother's family) のようにするしかない；(元祖・創始者) originator Ⓒ；(製造元) original「maker [manufacturer] Ⓒ.

¶ ラグビーはイングランドが*本家だ (⇒ イングランドが発祥地だ) England is the「*birthplace* [*original home*] of Rugby. / (⇒ イングランドに発生した) Rugby *originated* in England.

ぼんご 梵語 ━ 名 Sanskrit Ⓤ. ━ 形 Sanskrit.

ほんこう 本校 (分校に対して) the principal school, the main campus (of a「school [university]).《☞ ほん-》.

ほんこく 翻刻 ━ 名 (行為・作業) reprinting Ⓤ；(印刷物) reprint [ríːprìnt] Ⓒ；(写真による) facsimile (edition) Ⓒ ★ 特に写真版翻刻の場合 facsimile reprint Ⓒ と言うことがある. ━ 動 reprint [rìːprínt] 他.《☞ ふくせい》.

ほんごく 本国 (自分の国籍のある国) *one's* (own) country Ⓒ；(自分の出身国) *one's*「home [native] country Ⓒ；(しばしば海外へ移住した人から見た母国) *one's* mother country Ⓒ ★ 多少文語的.《☞ ぼこく》.

ほんごし 本腰 ¶ 政府は*本腰を入れて (⇒真剣に) この問題に取り組むべきだ The government should tackle this problem *seriously.*《☞ ほんき；ほんかくてき》

ぽんこつ junk Ⓤ ★ piece を使って数える.
ぽんこつ自動車《俗語》jalopy Ⓒ.

ホンコン 香港 Hong Kong, Hongkong.

ぼんさい[1] 盆栽 bonsai Ⓒ ★ 単複同形；potted dwarf tree Ⓒ.《☞ 日本固有の風物と英語 (囲み)》.

ぼんさい[2] 凡才 (目立たない平凡な人) insignificant person Ⓒ《☞ ぼんじん》.

ほんざん 本山 (一宗・一派を統轄する寺院) the head「temple [church] (of a sect) Ⓒ.

ほんしき 本式 ━ 形 (正式な) formal；(標準・規則に合っている) regular. ━ 副 formally；regularly. ¶ 彼女は*本式に生け花を習った (⇒ 生け花の正規の授業を受けた) She took *regular* lessons in flower arrangement.

ほんしつ 本質 ━ 名 (主要部) essence Ⓤ；(性質) (essential) nature Ⓤ. ━ (本質的な) essential. ━ 副 essentially.《☞ じっしつ》.
¶ 私たちは問題の*本質を認識する[調べる]必要がある We have to「recognize [inquire into] the *nature* of the problem. // その本は日本文化の*本質を十分描き出している The book accurately depicts the *essence* of Japanese culture. // その2つは*本質的に同じだ The two things are *essentially* the same.

ほんじつ 本日 today《☞ きょう[1]》.
本日休業 Closed (for) Today., No Business (for) Today.《☞ 掲示の英語 (囲み)》
本日は晴天なり (マイクの音声テスト) One-two-three-four testing!

ほんしゃ 本社 (会社の中心となる事業所) head [main] office Ⓒ (↔ branch office).

ほんしゅう 本州 Honshu, the mainisland of Japan.

ほんしょう 本性 (生まれつきの性質) *one's* true「nature [character] Ⓤ《☞ しょうたい[2]》.
¶ 彼は*本性を現した (⇒私たちは彼を見抜いた) We found him out.

ほんしょく 本職 **1** «本業»：*one's* (regular)「job Ⓒ [occupation Ⓒ；work Ⓤ]《☞ しょくぎょう (類義語)》. ¶ 彼の*本職は植木屋だ (⇒ 造園業だ) *His* (*regular*) *occupation* is gardening.
2 «専門家» ━ 名 (職業としてあることを専業にしている人) professional Ⓒ；(熟練した人・専門家) expert Ⓒ. ━ 形 professional；expert.《☞ くろうと》. ¶ 彼は*本職の作家だ He is a *professional* writer. // *本職の天文学者 (⇒ 天文学の専門家) an *expert* in astronomy

ほんしん 本心 (本当の気持ち) *one's* real intention Ⓤ 《☞ ほんい ; ほんね ; しんい》.
¶ 私は友人に*本心を打ち明けた I confided *my real intention* to my friend. // 彼は*本心 (⇒ 真に何を意図するか) をなかなか明らかにしなかった He was reluctant to reveal *what he really meant*.

ぼんじん 凡人 (普通の人) ordinary [common] person Ⓒ ; (集合的に) ordinary ⌜people [folk] ★ 複数扱い ; (目立たない存在の人) insignificant person Ⓒ.

ほんすじ 本筋 (話の中心となる要点) the main point ; (交渉などの中心となる筋道) the main course. 《☞ ほんだい ; ほんろん》.
¶ 彼の話は*本筋から (⇒ 彼は話の要点から) はずれた He strayed from *the main point* of his talk. // 彼らは交渉の*本筋から逸脱した They deviated from *the main course* of negotiation.

ほんせき 本籍 *one's* domicile of origin Ⓒ, *one's* ⌜permanent [legal] domicile Ⓒ. 《☞ こせき》. ¶ 私の*本籍は大阪にある (⇒ 法律的に大阪に定住している) I *am legally domiciled* in Osaka. // *本籍を秋田から東京に移す transfer one's *legal domicile* from Akita to Tokyo **本籍地** the place where *one* ⌜is legally domiciled [has *one's* permanent domicile].

ほんせん 本線 〖鉄道〗(幹線) main [《英》 trunk] line Ⓒ (↔ branch line) ; (高速道路などの掲示で) Through traffic.

ほんそう 奔走 ── 動 (努力する) make an effort ; (…に忙しく働く) busy *oneself* ⌜about … [(in) doing …]. 《☞ かけまわる》.
¶ 私は友人の*奔走のおかげで (⇒ 世話で) 職を得た Thanks to the ⌜*good offices* [*kind help*] of my friend, I obtained a position. // 彼は資金集めに*奔走している (⇒ 非常な努力をしている) He *is making* a great *effort* to raise money.

ほんぞん 本尊 ¶ この寺の*本尊は阿弥陀如来だ (⇒ 阿弥陀如来を祭ってある) This temple *is* ⌜*sacred* [*dedicated*] *to* Amitabha.

ぼんだ 凡打 ── 名 easy ⌜fly [grounder] Ⓒ. ── 動 hit an easy ⌜fly [grounder]. 《☞ 野球の英語 (囲み)》.

ほんたい 本体 (事物の中心の部分) the ⌜main [central ; principal] part ; (特に車・船・機械などの) the (main) body Ⓒ.

ほんだい 本題 (主要な問題) the main ⌜question [issue ; subject] 《☞ ほんすじ ; ほんろん》. ¶ さあ, *本題に戻りましょう Let's return to *the main subject*.

ぼんたい 凡退 ── 動 be easily pùt óut 《☞ アウト ; 野球の英語 (囲み)》. ¶ 3 者 *凡退した Three batters *were easily put out*. // 打者を*凡退させる *put out* a batter *easily*

ほんたて 本立て bookend Ⓒ ★ 1 対をなすので, 通例複数形で用いられる.

ほんだな 本棚 bookshelf Ⓒ 《複 -shelves》 ★ 数枚の棚板から成る場合は複数形にする.

ぼんち 盆地 basin [béisn] Ⓒ ; (川の流域の) valley Ⓒ.

ほんちょうし 本調子 ── 名 (正常の状態) normal [good] condition Ⓤ. ── 形 (健康な・調子のよい) 《口語》 in good shape. 《☞ ちょうし[1] ; げんき》. ¶ 再び*本調子に戻るのに時間がかかった It took me some time to get back *in good shape*.

ほんてん 本店 (本部となる営業所) head [main] ⌜office [store] Ⓒ.

ほんでん 本殿 (中心となる社殿) main shrine Ⓒ ; (奥の社殿) inner shrine Ⓒ.

ほんど 本土 (中心となる国土) mainland Ⓒ; (本国) the country proper. ¶「中国*本土に行ったことがありますか」「いいえ, でも台湾には行ったことがあります」"Have you (ever) been to ⌜the Chinese *mainland* [*China proper*]?" "No (, I haven't). But I've been to Taiwan."

ポンド **1** 《通貨単位》: pound Ⓒ 〔参考〕 £ という記号を数字の前に使う ; (英貨ポンド) pound sterling Ⓒ 《複 pounds sterling》. 《☞ 金銭 (囲み)》.
2 《重量単位》: pound Ⓒ ★ 数字の後に lb. という記号を使う. 《☞ 度量衡 (囲み)》.

ほんとう 本当 ── 形 (真実の) true ; (実在の) real ; (現実の) actual ; (偽物でない) genuine. ── 副 truly, really ; (現実に) actually ; (本気に) seriously ; (強意的に用いて) very, quite ; (口語的に) awfully ; (文章全体を強調して) indeed. ── 名 (うそに対して真実) truth Ⓤ; (作り事に対しての事実) fact Ⓤ; (現実) reality Ⓤ ★ 本当のこと[物]などを示す場合はいずれも Ⓒ.
【類義語】事実・真実に一致しているのが ***true***. うわべだけのものではなく, 外見・内容ともに現実のものであるのが ***real***. 以上 2 語が最も一般的な語で, 入れ替えて用いることが可能な場合もある. 厳然として事実であることをいうのが ***actual***. まがいものではなく, 正真正銘のものという意味では ***genuine*** を用いる. 《☞ ほんもの》
¶ これは*本当です This is *true*. / (⇒ 本当の話) This is a *true story*.
*本当ですか Is ⌜it [that] *true*? / (⇒ 本当?) *Really*? ★ 相づちなどで上昇調で用いられる. 《☞ 相づち (囲み)》 / (⇒ あなたは確信があるか) Are you *sure*?
*本当は私は何も知りません *The fact* is I don't know anything about it. / (⇒ 実を言うと私は関係ありません) To tell the *truth*, I have nothing to do with it.
彼女は*本当のことを隠しているようだ I feel she is keeping the *truth* back.
これは*本当の真珠です This is a ⌜*genuine* [*real*] pearl.
彼は*本当の意味での紳士です He is a gentleman in the *true* sense of the word.
彼女は*本当に喜んだ It made her *very* happy.
あなたは*本当にそうするつもりですか Do you *really* mean it? / (⇒ 真剣にそう考えているのか) Are you *serious*? 《☞ ほんき》
*本当にありがとう Thank you very much *indeed*. / Thanks *awfully*. 《☞ 強調の表現 (囲み) ; 感謝の表現 (囲み)》

私は*本当に困った I was ⌈*really* [*quite*] at a loss.
*本当に私がやったのではありません *Believe me*, I didn't do it myself.
彼女は私の言うことを*本当にしない (⇒ 信じない) She doesn't *believe* me.
私は*本当に彼女が好きです I *do* love her. ★ do に強い強勢を置いて言う. 《☞ 強調の表現 (囲み)》

ほんどう 本堂 (中心となる奥の寺院) the ⌈main [inner] temple.

ほんどおり 本通り (中心の通り) 《米》 main street Ⓒ, 《英》 high street Ⓒ. 《☞ とおり》.

ほんにん 本人 (その人自身) the person ⌈himself [herself] [語法] 通例単数で用いられ, 男女によって the man himself あるいは the woman herself のようにも言う ; (問題の当人) the person in question ; 〖法律〗 (当該人物) the said person. 《☞ とうにん》.
¶ 社長ご*本人に会わせて下さい Please let me see *the* president *himself*. ∥ その人*本人がこれを書いたのですか Did *he* write this *himself*? / Is this his *own* writing? ∥ *本人がそう言うんだからどうしようもないよ *He* says so *himself*, so we can't help it. ∥ 直接*本人から聞いたんだから本当に違いない I heard it directly from *the person* ⌈*himself* [*in question*], so it must be true. ∥ この写真は*本人よりずっときれいだ This ⌈picture [photo] ⌈looks [is] much nicer than *the original*.

ほんね 本音 ― [名] (真の意図) real intention Ⓤ. ― [動] (本当のことを言う) confess *one's* real intention. 《☞ ほんしん》.
¶ 建て前と*本音 (⇒ 理想と現実) the ideal and *the realities* 《☞ たてまえ》 ∥ 彼はとうとう*本音を吐いた (⇒ 本当の意向を表した) Finally [At last] he ⌈confessed [disclosed] his ⌈*real* [*true*] *intention*.

ボンネット (自動車の) 《米》 hood Ⓒ, 《英》 bonnet Ⓒ. 《☞ 自動車 (囲み)》.

ほんの 本の ― [形] (単なる) mere ; (取るに足らない) slight. ― [副] (単に) only, merely ★ 前者のほうが口語的 ; (ほんの少し) slightly ; (ただ) just. 《☞ ちょっと》.
¶ 彼は*ほんの子供だ He is ⌈*only* [*merely*] a child. / He is a *mere* child. ∥ 「ビールをもっとどうですか」「*ほんの少しだけいただきます」 "How about some more beer?" "Thank you. I'll have *just* a little, please." ∥ *ほんのちょっとの差でバスに乗り遅れてしまった I missed the bus *only* by a second or so.

ほんのう 本能 ― [名] instinct Ⓤ ★ 個々の具体的な直観などの意味で用いるときは Ⓒ. ― [副] (本能的に) instinctively.
¶ 動物は*本能に従って行動する Animals act on *instinct*. ∥ 人は皆自己保存の*本能をもっている Every person ⌈has [possesses] the *instinct* of self-preservation. ∥ その猫は*本能的に毒の入った食べ物を避けた The cat kept away from the ⌈poisoned [poisonous] food ⌈by [from] *instinct*. / The cat *instinctively* kept away from the ⌈poisoned [poisonous] food.

ぼんのう 煩悩 (世俗的な感情) worldly [earthly] passions ; (世俗的な欲望) earthly [worldly] desires ★ ともに複数形で. [語法] 「現実の世界と関連した」というときには earthly (↔ heavenly), 「快楽などの物質面に関連した」というときには worldly (↔ spiritual).

ほんのり ― [副] (かすかに) faintly ; (わずかに) slightly. 《☞ かすか ; わずか》. ¶ 彼女は酒を飲んで*ほんのり顔を赤らめた She was ⌈*slightly* [*faintly*] flushed with wine. ∥ 空が*ほんのり明るくなってきた The sky has become ⌈*faintly* [*slightly*] lighter.

ほんば 本場 (原産地) home Ⓒ ; (生産の中心地) center (of production) Ⓒ ; (誕生の地) birthplace Ⓒ. 《☞ げんさんち》.
¶ 青森はりんごの*本場だ Aomori is the ⌈*home* [*center*] of Japanese apple production. ∥ 彼のは*本場の英語です (⇒ 標準英語を話す) He speaks *standard* English. ∥ 英国は議会政治の*本場だ England is the ⌈*birthplace* [*home*] of parliamentary government.

ほんばしょ 本場所 (相撲の) regular [seasonal] *sumo* tournament Ⓒ.

ほんばん 本番 ¶ 彼は*本番でせりふを忘れてしまった (⇒ 舞台上で) He forgot his lines *on the stage*. / (⇒ 観客[カメラ]の前で演技しているときに) He forgot his lines while *acting before the* ⌈*audience* [*camera*]. ∥ あと 1 分で*本番です (⇒ 放送です) It will be *on the air* in a minute. 《☞ ぶっつけほんばん》

ぽんびき ぽん引き pimp Ⓒ.

ほんぶ 本部 (中心となる事務所) head [main ; front] office Ⓒ (↔ branch office) ; (組織の) center Ⓒ ; (軍隊・警察などの司令部) headquarters ★ 複数または単数扱い ; (大学などの管理・行政部) administration (building) Ⓒ.
¶ 私たちの大学の*本部は本郷にあります The *administration* (*building*) [The *administrative building*] of our university is in Hongo.

ポンプ ― [名] pump Ⓒ. ― [動] (ポンプでくみ上げる) pump (up) (他). ¶ *ポンプで水をくみ上げる *pump* water

ほんぶり 本降り ― [名] (どしゃぶり) downpour Ⓒ. ― [動] (雨[雪]が激しく降る) rain [snow] hard (自) ; (本格的に降る) rain [snow] in earnest (自). 《☞ どしゃぶり》.
¶ いよいよ*本降りになってきた It started to *rain* ⌈*hard* [*in* real *earnest*].

ほんぶん[1] 本文 ― [名] (序文・注・挿絵などに対し) text Ⓤ ; (手紙・演説・法律などの主要部) body Ⓒ. 《☞ 手紙の書き方 (囲み)》.
¶ *本文だけでなく注も読みなさい Read the notes as well as the *text*. ∥ 記事の*本文 the *body* of an article

ほんぶん[2] 本分 (義務) duty Ⓤ ★ 具体的な個々の務めについて言うときは Ⓒ で, 複数形で使われることが多い. 《☞ ほんむ ; つとめ[2]》.
¶ 私たちは皆*本分を尽くすべきである We all should ⌈do [perform ; fulfill] our *duty*.

ボンベ (噴霧容器) bomb [bá(:)m] Ⓒ [参考] 「爆弾」という意味が最も普通なので,

ほ

誤解されることに注意；(スプレー用などの小型のもの) aerosol spray can Ⓒ；(円筒形の大きいもの) cylinder Ⓒ. ¶ ガス*ボンベ a gas *cylinder* ★ LPG 入りなどの大きいもの. / an *aerosol spray can* ★ 小型のもの.

ほんぽう¹ 奔放 ― 〔形〕(因習などにこだわらず自由な) free；(抑制されていない) unrestrained (↔ restrained). ― 〔副〕freely. 《☞ じゆう》. ¶ 私は*奔放な生き方にあこがれている I ˹yearn [long] for ˹a *free* [an *unrestrained*] (way of) life. // 私は*奔放に生きたい I want to live *freely*.

ほんぽう² 本俸 (基本となる給料) base pay Ⓤ 《☞ きゅうりょう¹》.

ぽんぽん **1** «音» ― 〔副〕(花火や銃などが) with a bang；(はじけるように) pop. ― 〔動〕(ぽんぽんと音を立てる) pop (他)(自). 《☞ 擬声・擬態語 (囲み)》. ¶ 何百発もの花火が *ぽんぽん打ち上げられた Hundreds of fireworks were ˹let [set; shot] off ˹*with bangs* [(⇒ 次々と) *one after another*].

2 «話し方» ― 〔副〕(遠慮なく) without reserve 《☞ ずけずけ》. ¶ 彼は何でも *ぽんぽん言う He says anything (in his head) *without reserve*. / (⇒ 率直にものを言う人だ) He is *outspoken*. // そう*ぽんぽん (⇒ ひどく) 言うなよ Don't talk so *harshly*.

ほんまつてんとう 本末転倒 ¶ あなたは*本末転倒しているよ (⇒ 手段と目的を取り違えている) You *are mistaking the means for the end*. / You *are putting the cart before the horse*. 《ことわざ：馬の前に荷馬車を置いている》

ほんみょう 本名 (実名) real name Ⓒ (↔ false [assumed] name) 《☞ なまえ》.

ほんむ 本務 (常の仕事) regular ˹work [business] Ⓤ；(主となる仕事) main ˹business [work] Ⓤ；(本分) duty Ⓤ. 《☞ つとめ²》. ¶ *本務を怠るな Don't neglect your ˹*business* [*work*; *duty*]. // それが彼の*本務だ That's his ˹*main business* [*duty*].

ほんめい 本命 (勝利が有望視される者・馬など) prospective winner Ⓒ, the favorite (《英》 favourite) Ⓒ.

ほんもう 本望 ― 〔名〕(長い間抱かれていた望み[目標]) long-cherished ˹desire [object] Ⓒ；(願望) wish Ⓒ. ― 〔形〕(満足な) happy. ¶ あなたのおかげで私は*本望を遂げることができた Thanks to [Through] your (kind) help, I was able to realize my ˹*long-cherished desire* [*wish*]. // ここで死ねれば*本望だ (⇒ 満足だ) I would be *happy* to die here.

ほんもの 本物 ― 〔形〕(外見と内容が一致する) real；(正真正銘の) genuine (↔ spurious)；(実在物や基準などに合致する) true (↔ false)；(人工的でなく自然の) natural (↔ artificial)；(飲み物など混ぜ物のない) honest. 《☞ ほんとう (類義語)》.
¶ どれが*本物か見分けがつかない I can't tell which is ˹*real* [*genuine*; *natural*]. // この指輪は*本物の真珠だ (⇒ でできている) This ring is made of a ˹*natural* [*real*; *genuine*] pearl. // この模写は*本物そっくりだ This ˹copy [replica] ˹is *genuine*-looking [looks *real*].

ほんもん 本文 text Ⓤ ★「原典」の意味のときは Ⓒ. 《☞ ほんぶん¹》.

ほんや 本屋 (人) bookseller Ⓒ；(店) 《米》 bookstore Ⓒ, 《英》 bookshop Ⓒ；(出版者) publisher Ⓒ. 《☞ 店の呼び名 (囲み)》.

¶「その本はどこで買ったの」「あの*本屋で買った」"Where did you buy that book?" "At ˹that *bookstore* [the *bookstore* over there]."

ほんやく 翻訳 ― 〔動〕translate (他) ★ (自) として, 翻訳の対象となる言葉を主語として,「訳せる」の意でも用いられる；(…を…に直す) put … into … 〔語法〕 後者のほうが口語的だが,「翻訳」という日本語には前者のほうが適当；(暗号などを普通の言葉に) decode (他) (↔ encode). ― 〔名〕translation Ⓤ ★「翻訳されたもの」の

翻訳 (translation) ある言葉で表現された内容をほかの言葉へ移しかえること. これには大きく分けて, 逐語(ちくご)訳と意訳の 2 種類がある. 逐語訳とは対応する単語同士を置き換えてゆく方法で, 意訳とは内容に重点を置き, 構文や発想にとらわれない訳し方をいう. 完全な逐語訳が不可能なことは, 各言語によって語彙・文法が異なっていることを考えればすぐわかる. 従って逐語訳といってもある程度は意訳にならざるを得ない. 《☞ 発想 (欄外)》

翻訳は逐語訳であるべきか, 意訳であるべきかは, その目的によって決まるので, 必ずしも決定的なことは言えない. 例えば, 原文の構文や構造をできるだけ伝えたいときなどは逐語訳が望ましいと言える. しかし, 忠実な逐語訳になればなるほど, 内容が曲がって伝えられたり, 理解が困難になったりする場合が多い. 従って, 内容をできるだけ正確に伝えようと思ったらどうしても意訳にならざるを得ない.

意訳の仕方は実にさまざまである. 逐語訳が明らかに不可能な場合は「おはよう」Good morning.「こんばんわ」Good evening. というような慣用表現の場合である. 《☞ イディオム (欄外)》. このようなものは, ほとんど語彙と同じような項目と考えてもよいから, 表現の食い違いそのものにはかえって翻訳上の大きな困難は感じられない.

意訳で一番問題になるのは文の構造や発想に関してである. 例えば「このバスに乗れば駅に行きます」を This bus will take you to the station. と訳すような場合である. また,「彼女は髪が長い」は She has long hair. か, あるいは She wears her hair long. という英語に当たるが, この場合には日本語と英語の表面上の構造が大きく食い違う.

さらに,「こんなおもしろい本は読んだことがない」は This is the most interesting book I ever read. あるいは I have never read such an interesting book. のいずれの訳も可能であるけれども, 後者はどちらかというと悪い意味のときに多く用いられる構文で,「こんなばかばかしい本は読んだことがない」というような感じにはピタリだが, 素直な称賛というニュアンスを出すには前者のほうがよい.

一般に原文に完全に等しい内容の翻訳をすることは不可能であり, 要はどれだけ近い内容が翻訳によって言い表せるかということになる. 通常, 1 つの原文に対して複数の翻訳が常に可能であり, そのどれが最も適当であるかは, 前後関係や全体の状況によって決まるのである. 《☞ 日本語と英語 (欄外)》

ほ

意味で用いるときは Ⓒ; (訳文) version Ⓒ ★この語は必ずしも翻訳されたものとは限らない. 《☞ やく⁴; えいやく; 欄外》.

¶俳句を外国語に*翻訳するのは難しい It is difficult to ⌈*translate* [*put*] *haiku into* foreign languages. // 日本語に*翻訳された聖書 the Japanese ⌈*version* [*translation*] of the Bible // 私はダンテを*翻訳で読みました I have read Dante in *translation*. // この本はロシア語からの*翻訳です This book is a *translation* from the Russian.

翻訳者[家] translator Ⓒ **翻訳書** translation Ⓒ.

ぼんやり **1** «茫然(ぼうぜん)» —形 (うわの空) absentminded; (心や頭が空で表情がうつろな) vacant; (無表情の) blank. —副 absentmindedly; vacantly. 《☞ ぼうっと》.

¶彼は*ぼんやりした顔で空を見上げていた He was gazing up at the sky ⌈with a *vacant* look [*absentmindedly*].

2 «不明瞭» —形 (正確さに欠け不明瞭な) vague [véig]; (隠れていて不明瞭な) obscure; (力なくかすかな) faint. —副 vaguely; obscurely; faintly. 《☞ おぼろげ; ばくぜん》.

¶私には*ぼんやりした記憶しかない I have only a ⌈*vague* [*faint*] memory. / (⇒ ぼんやり覚えている) I remember it only ⌈*vaguely* [*faintly*; *obscurely*].

3 «無為» —形 (怠惰な) idle (↔diligent); (用事がない) vacant. —副 idly; vacantly. 《☞ ぼさっと; ぼやぼや》. ¶彼はいつも*ぼんやりしているようだ He always seems (to be) *idle*. // ただ*ぼんやり見ていないで (⇒ 立っていないで) 少し手伝ったらどうだ Why don't you help me instead of just *standing by*?

4 «不注意» —形 (不注意な) careless (↔careful) 《☞ うっかり; ふちゅうい》. ¶*ぼんやりしていてバスに傘を忘れてきてしまった I was so ⌈*careless* [*absentminded*] that I left my umbrella on the bus. // *ぼんやりするな (⇒ 危ないから気をつけろ) Watch [Look] out! / (⇒ 注意深くあれ) Be *careful*.

ほんらい 本来 **1** «元来» —副 (元来) originally; (第一に) primarily. —形 original; primary. 《☞ がんらい; もともと》.

¶漢字は*本来中国語から来ている *Kanji* [Chinese characters] *originally* come from Chinese. // こうしたものは*本来アメリカのものであるが, 中にはドイツのものもある These things are *primarily* American, but some are ⌈German [of German *origin*].

2 «本質的» —副 (本質的に) essentially; (本質において) in essence; (根本的には) fundamentally. —形 essential. 《☞ ほんしつ》. ¶彼の言っていることは*本来正しい What he says is ⌈*essentially* [*fundamentally*] right. // *本来の話題に戻ろう Let's get back to our *main* topic.

ほんりゅう¹ 奔流 (急な流れ) rapid [rushing] ⌈stream [river] Ⓒ 《☞ げきりゅう》.

ほんりゅう² 本流 (支流に対して) main ⌈stream [current] Ⓒ.

ほんりょう 本領 (性格) character Ⓒ; (性分) nature Ⓤ. ¶彼はようやく*本領を発揮した (⇒本当の性質を見せた) He finally showed his ⌈real *character* [*nature*]. 《☞ はっき》

ほんるい 本塁 (野球の) home (plate) Ⓒ 《☞ 野球の英語 (囲み)》. **本塁打** home run Ⓒ, homer Ⓒ. 《☞ ホームラン》.

ほんろう 翻弄 —動 (波などが) toss ... up and down; (...のままになる) be at the mercy of ... 《☞ てだま; もてあそぶ》. ¶彼のボートは波に*翻弄されていた I found his boat *at the mercy of* the waves. / His boat *was tossed up and down* by the waves.

ほんろん 本論 (主題) the main subject; (中心となる論点) the main issue; (講話や論文などの) the main discourse. 《☞ しゅだい; ほんすじ; ほんだい》. ¶それでは*本論に入ります Now let us proceed to *the main* ⌈*subject* [*issue*]. // *本論に入る前に 2, 3 確認しておきたいことがあります Before taking up *the main* ⌈*subject* [*issue*], we have to clarify a few things.

ま

ま¹ 間 **1** «時間»: time Ⓤ; (合間) interval Ⓒ; (休止) pause Ⓒ. 《☞ じかん¹; あいだ》.

¶眠る*間もないほどだ I hardly have *time* to sleep. // 出かけるにはまだ*間がある There is some *time* (left) before I go out. // *間が持てない (⇒ 私は時間のつぶし方がわからない) I *don't know how to kill* (*the*) *time*. // ちょっと*間を置いてから, 私の言ったことを繰り返して言いなさい Repeat my words after a short *pause*. // 彼はあっという*間にいなくなった He was gone *in* ⌈*an instant* [*the twinkling of an eye*; 《米》 *a* split *second*]. // ここに来てまだ*間がない I have not been here long. / It has not been long since I came here.

2 «間隔»: interval Ⓒ 《☞ かんかく¹》.

¶その通りには, 一定の*間を置いてプラタナスが植えてある Plane trees are planted along the avenue *at* regular *intervals*.

3 «拍子»: (タイミング・時間的な調節) timing Ⓤ 《☞ タイミング》. ¶日本舞踊では*間が大切な一要素だ Good *timing* is an important factor in Japanese dancing.

4 «部屋»: room Ⓒ 《☞ へや》.

間が悪い (運が悪い) be unlucky; (きまりが悪い) be [feel] embarrassed.

ま² 魔 —形 (魔の・危険な) dangerous; (不吉な・縁起の悪い) unlucky. ¶*魔の踏み切り a *dangerous* railroad crossing // *魔の金曜

日 an *unlucky* Friday　**魔がさす**　¶ 彼は*魔がさした (⇒ 悪魔にとりつかれた) としか思えない He must *have been possessed by an evil spirit*.

まあ　**1** «特に女性が驚いたときの声»: Oh!, Well!　★ 以上 2 つは男女共通で一般的; Good Heavens!, Goodness!　★ とんでもないというようなニュアンスがある; Oh, [O] my!, Oh, [O] dear!　[語法] Oh の場合は後にコンマを付け, O の場合は付けないのが普通; My!, Dear me!　[語法] 以上いずれも下がり調子で言う. 英語には日本語のようにはっきりした男女による使い分けはないが, 以上はどちらかというと女性的な感じである. なお, 日本語に「まあ」とあっても, what や how で始まる感嘆文では, 以上の感嘆詞を付けないでよい場合もかなりある. 《☞ あっ (類義語); 感嘆詞 (欄外)》.

¶ *まあ, ご親切にありがとうございます *Oh*, that's very nice of you. Thank you very much. // *まあ, どうしましょう *Oh, dear*! What shall I do?　★ 困ったとき. // *まあ, かわいい[すてき, きれい] How ˹cute [nice; lovely]! 《☞ 感嘆の表現 (囲み)》

2 «ちょっと»: just.　¶ *まあ, 試しにこういう風にしてごらんなさい *Just* try this way. // *まあ考えてごらん *Just* think!

3 «自分や相手の言い分を軽く抑えて»: (そうですね) well　★ 最も一般的; (まあ…ぐらいでしょうか) I should ˹say [think], say　★ 意見や数などを控えめに言う言い方. 前者が丁寧; (たぶん) probably; (かなり) rather; (どうにか) somehow; (さて) now. 《☞ 相づち (囲み)》.

¶ *まあもう一度考えてみることにしよう *Well*, I'll think it over again. // 志願者の人数はそれほど多くない. *まあ 100 人ぐらいのところです The number of applicants is not great, ˹*say* [*I should say*] around one hundred. // *まあそれでいいでしょう *Well*, I suppose that will do. // *まあそんなところだ That's about it. // *まあそんなものだ (⇒ そんな種類の) It's *something* of the kind. // *まあやってみよう (⇒ どうにか) I'll manage it *somehow*. // *まあ話を聞いてくれよ (⇒ さて) *Now* listen to me.

マーガリン　margarine [mɑ́ədʒərin] Ⓤ.

マーク　── 名 (目に見える印) mark Ⓒ; (何かの代わりとしてその物を示す記号・合図など) sign Ⓒ; (絵) picture Ⓒ; (意匠) design Ⓒ　★ 日本語の「マーク」が常に英語の mark に置き換えられるわけではないことに注意.　── 動 (マークをつける) mark 他, put a ˹mark [sign] on …; (要注意としてマークする・ブラックリストにのせる) put … on a blacklist; (見張る) keep watch over …, keep an eye on …　★ いずれも「人」を目的語とする. 《☞ しるし》.

¶ 大切な物の入っている箱には赤い*マークをつけておいた I *put* red *marks on* the boxes which contained important things. // 十字の*マークは重要基本単語を示します Cross *signs* show they are important basic words. / The words with cross *signs* are important and basic. // うさぎの*マークのついた製品はわが社の製品です The article with a *picture* of rabbits on it is a product of our company. // わが社の*マークは富士山のデザインです Our trade *mark* is a design of Mt. Fuji. // 彼は警察に*マークされている He *is on the blacklist* of the police.

マーケット　market Ⓒ 《☞ 買い物 (囲み); しじょう¹》.　¶ 私は駅の近くの*マーケットで少し買い物をした I did some shopping in the *market* near the station. // 我々は海外に*マーケットを開拓しなければならない We have to ˹cultivate [open up] new foreign *markets*.

マージャン　麻雀　── 名 mah-jongg Ⓤ, mah-jong [mɑːdʒɑ́ŋ] Ⓤ.　── 動 (マージャンをする) play mah-jongg.　¶ *麻雀屋 a *mah-jongg* parlor // *マージャンのパイ a (*mah-jongg*) tile

まあたらしい　真新しい　brand-new 《☞ あたらしい》.

マーチ　(行進曲) march Ⓒ 《☞ こうしん¹; 音楽 (囲み)》.

まあまあ　**1** «まずまずの程度»: (なんとか大丈夫) doing all right　★ 口語的; (そんなに悪くはない) not so bad　★ どちらかというとよいほうだというニュアンスがある; (よくも悪くもない) neither good nor bad; (どうにかこうにか) so-so　★ 口語的. 《☞ まずまず》.

¶「このごろどうだい」「*まあまあだね」"How are you doing these days?" "*OK* [*All right*]." //「最近商売はいかがですか」「ええ, *まあまあというところですな」"How is your business (doing)?" "Well, it's *so-so*." // 私の成績は*まあまあだった My grades were *neither good nor bad*.

2 «なだめて»: 《米》 Now, now, 《英》 Come, come!; (ほら, いいかい) There, there; (さあ) now. 《☞ まあ》.　¶ *まあまあ, そう腹を立てずに *Now, now*, don't get so angry.

マーマレード　marmalade [mɑ́əməlèid] Ⓤ.

まい-　毎…　── 形 every, each　[語法] 前者は「すべての」という意味で, all より口語的でしかも強調的. 後者はある特定の数の中のメンバーについて一つ一つが「すべて…である」というように, 個々の状況を強調する. なお, 以上の言葉を使わないでも日本語の「毎…」が表せる場合があることに注意. 《☞ すべて; -ごと¹》.

¶ 私は*毎週一度病院に行きます I go to the hospital ˹*every* [*each*; once a] week. // 彼女は*毎日曜日に教会に行く She goes to church ˹*every* Sunday [on *Sundays*].　[語法] every を使うほうが意味が強いが, 複数形を使ってもよい. // この雑誌は今年は*毎号特別記事を載せます This year, *each* issue of this magazine will have a special contribution.

-まい¹　…枚　(きちんと四角に形が整っている紙など) sheet of …; (形の整っていない紙など) piece of …; (本の裏表 1 枚の紙・2 ページ分の紙) leaf of … 《複 leaves of …》; (薄く切ったパンなど) slice of …　[語法] 紙は英語では不可算名詞であるから, sheet, または piece を用いて数えるが, 写真 (picture), レコード (record) など可算名詞の場合には数詞をつけて複数形にするだけでよい. 一般に英語では可算名詞の場合には日本語のように「…本」「…個」などのような個数詞を用いない.《☞ 数の数え方 (囲み); 可算・不可算名詞 (欄外)》.

¶ 紙 5*枚 five ʻ*sheets* [*pieces*] *of* paper // ガラス 2*枚 two ʻ*panes* [*sheets*] of glass 〔語法〕業務用などでは sheets が用いられる. // 食パン 1*枚 a *slice* of bread // 50 円切手 2*枚 two fifty-yen *stamps* // ハンカチ 3*枚 three ʻ*handkerchiefs* [*handkerchieves*] // 切符 2*枚 two *tickets* // 千円札 5*枚 five one-thousand-yen ʻ*notes* [*bills*] // 皿 6*枚 six *plates*

-まい[2] ★ 日本語の「…まい」には「彼は帰るまい」というような場合の否定的推量と,「もう二度とこんなことはすまい」というような場合の否定的意志を表す場合とがある. 前者の場合には未来に関する単純な否定的表現としては will not … (短縮形 won't) が, 話者の判断として述べる場合には I don't think … が対応することが多い. なお,「…しないと思う」という日本語は英語では「…するとは思わない」I don't think… というように文頭に近いほうが否定になる点に注意. また, 希望的観測として「そうはなるまい」というのであれば I hope not. (not は「…とはならない」という節の他の部分を省略した形), 悲観的観測として「残念ながら…とはなるまい」というのであれば I'm afraid not. が用いられる. 否定的意志として「二度とそのようなことはすまい」などという場合には I'll never … が対応することが多い. しかし, 前後関係によっては, 以上のような訳し方によらないで, 全体の意味から考えて, 意訳する必要のあることに注意すべきである. 《☞ -だろう; 推量の表現 (囲み); 否定の表現 (囲み)》.

¶ 彼はこんな少額では満足す*まい He *will not* be satisfied with such a small sum of money. / *I don't think* he will be satisfied with such a small sum of money. //「近い将来に大地震があるだろうか」「いや, ある*まい」"Do you think there will be a big earthquake in the near future?" "*I hope not.*" 〔語法〕この答えを 1 つの叙述の形にして hope を用いる場合は, I hope there won't be any big earthquakes in the near future. となる. I don't hope …という表現は用いない. これは I'm afraid についても同様. // 彼女の話は本当ではある*まい (⇒ あるはずがない) Her story *cannot* be true. // 赤ん坊ではある*まいし, そんなことが自分でできないのか You're not a baby. Can't you do that yourself?

まいあがる 舞い上がる (上へ飛ぶ) fly ʻup [high] (自); (空高く上がる) soar (自); (吹き上げられる) be blown up; (渦巻きながら吹き上げられる) be whirled up. ¶ かもめが一羽青空高く*舞い上がっていった A sea gull ʻ*flew* [*soared*] *high* into the blue sky. // 風でほこりが*舞い上がった The dust *was whirled up* by the wind.

まいあさ 毎朝 —〔副〕every morning《☞ まい-; あさ[1]》.

まいおりる 舞い降りる (さっと降りる) sweep down (自); (軽く降りる) drop lightly onto …

¶ 一群の鳥が砂地に*舞い降りた A flock of birds ʻ*swept down* [*dropped lightly*] *onto* the sand.

マイカー (家族用の) family car Ⓒ; (個人所有の) private car Ⓒ 〔語法〕実際には家族用の車は個人所有であるので両者はほぼ同意だが, 日常の会話では前者を用いる. 《☞ 自動車 (囲み); くるま; 和製英語 (囲み)》.

¶ 彼らは*マイカー族だ (⇒ 彼らは自分自身の車を運転する) They drive *their own cars.* / (⇒ 自家用車を自分で運転する人たちだ) They are *owner-drivers.* // ここでは*マイカーの駐車は禁止されている (⇒ 私用の車は) Parking *private cars* is forbidden here. // 週末は道路がレジャーの*マイカーで混雑する The highways are congested with the *cars* of the people going out for the weekend. 〔語法〕このような場合には family car と言わなくてよい. こういう場合の日本語の「マイカー」は「乗用車」という意味が強く, car はトラック・バスなどと区別して「乗用車」を意味する語だからである.

まいかい 毎回 —〔副〕every time, each time ★ 前者はすべての回に, 後者は 1 回 1 回というニュアンスがある; (しばしば) often. —〔形〕every ★ この後に単数名詞を付ける. 《☞ まい-; そのつど》.

¶ 彼は*毎回ピアノの先生からしかられる He is given a scolding by his piano teacher *every time.* // *毎回 (⇒ しばしば) 同じことを聞かされて (⇒ 聞いて) うんざりだ I am tired of hearing the same thing *so often.* // 彼女は試験で*毎回 100 点をとる She gets ʻ100 [a perfect paper] in *every* examination.

マイク microphone [máikrəfòun] Ⓒ, 《口語》mike Ⓒ. ¶ *マイクの前に立つ speak at the *microphone* // *マイクで話す speak ʻover the [through a] *microphone*

まいげつ 毎月 —〔副〕every [each] month 《☞ まいつき》.

まいご 迷子 —〔名〕lost child Ⓒ《複 children》. —〔動〕(迷子になる・道に迷う) be [get] lost. 《☞ まよう; はぐれる》. ¶ そのお祭りで*迷子が何人も出た There were a number of *lost children* in the festival.

まいこむ 舞い込む (予期せずにくる[起こる]) come in [happen] unexpectedly (自); (手紙などを受け取る) receive (他) ★「人」が主語.

マイコン microcomputer Ⓒ《☞ コンピューター (囲み)》.

まいじ 毎時 —〔副〕every hour; (毎正時に) every hour on the hour; (1 時間につき) an [per] hour. 《☞ まい-; じそく》. ¶ 私は*毎時 50 キロで車を運転した I drove my car at (a speed of) 50 kilometers ʻ*an* [*per*] *hour.* 〔参考〕50 kilometers per hour は 50 ʻkph [KPH, K.P.H.] と略して書かれることが多い.

まいしゅう 毎週 —〔副〕(1 週間ごとに) every week, weekly ★ 給料・出版物などの間隔について いう; (週につき) a [per] week. 《☞ まい-》.

¶ *毎週月曜日 *every* Monday // *毎週 3 回 three times ʻ*a week* [*every week*]

まいしょく 毎食 every meal Ⓤ《☞ まい-》.

¶ 私は*毎食米を食べる I have rice *at every meal.*

まいしん 邁進 —〔動〕push forward (to…) (自); (努力する) strive (for …) (自).

ま

まいすう 枚数 the number of ... [語法] 例えば紙などのように英語で不可算名詞であるものは sheet, piece などを用いるが，その他の可算名詞については日本語と違って，その物の数を述べるだけで，「枚」に当たる語はない.《☞ -まい[1]》. ¶ 必要な切符の*枚数を教えて下さい Please tell me *how many tickets* you want.

まいせつ 埋設 ―[動]（地下に）lay ...「under the ground [underground]《☞ ふせつ》.

まいそう 埋葬 ―[動]（埋める）bury [béri(ː)] (他). ―[名] burial [bériəl] Ⓤ.《☞ ほうむる》.

まいぞう 埋蔵 ―[動]（埋蔵されている）be buried underground. ¶ 鉄鉱石の*埋蔵量（⇒ 推定量）an *estimated amount* of iron ore

まいちもんじ 真一文字 ―[副] in a straight line《☞ まっすぐ；ちょくせん》.

まいつき 毎月 ―[副] every [each] month ★ 前者は「すべての月に」，後者は「ひと月ひと月」というニュアンスがある；（月ごとに）a [per] month. ―[形]（毎月の）monthly.《☞ まい-》. ¶ 私は*毎月 1 度は床屋に行く I go to the barber at least once *a month*.

まいど 毎度 ―[副] each [every] time《☞ まいかい》. ¶ *毎度ありがとうございます Thank you very much. [参考] 商店では客の帰り際には「またどうぞ」の意味で Please come again. と言う.《☞ 買い物（囲み）》

まいとし 毎年 ―[副] every year《☞ まいねん》.

マイナス ―[名] minus Ⓒ（↔ plus)；(不利) disadvantage Ⓒ；(不利な条件) handicap Ⓒ. ―[形] minus, negative (↔ positive) [語法] 前者のほうが一般的. 後者は数学・電気などの専門用語として用いられることが多い. ―[前] minus ...

¶ *マイナス記号 a「*minus* [*negative*] sign // 3 引く 10 は*マイナス 7 Three minus ten is *minus* seven.《☞ 数字（囲み）》// *マイナス 5 度 five degrees *below zero* ★ この言い方が最も一般的. // それには*マイナスの面がある It has its own *disadvantages*.

まいにち 毎日 ―[副] every day；(毎日毎日) day「after [by] day, from day to day；(1 日につき) a [per] day. ―[形]（毎日の）everyday, daily ★「日刊の」「毎日起こる」などの場合は後者を用いる.《☞ まい-》.

¶ 私は*毎日風呂に入る I take a bath *every day*. // 睡眠は*毎日の生活に欠かせない Sleep is essential for our「*daily* [*everyday*] life. // *毎日のスケジュール the *daily* schedule

まいねん 毎年 ―[副] every [each] year, annually, yearly [語法] 最も一般的に用いられるのは every [each] year で，every year は「すべての年に」, each year は「1 年 1 年」というニュアンスの違いがある.「年 1 回で例年の」というときには annually, yearly が多く用いられる；(1 年につき) a [per] year. ―[形]（毎年の）annual, yearly.《☞ まい-；ねん[1]》.

¶ *毎年毎年 year「after [by] year / year in year out / (⇒ 来る年も来る年も) from year to year // その会は*毎年 1 回開かれます The meeting is held once *a year*. // *毎年夏には軽井沢に行く I go to Karuizawa *every summer*. // *毎年いまごろは旅行に行きます I go on a trip about this time of (the) year.

まいばん 毎晩 ―[副] every「evening [night] [語法] 寝る時間までは evening, 日の入りから日の出までの広い意味には night.《☞ まい-；ばん[1]；よる[1]》. ¶ 私は*毎晩 1 時間テレビを見る I watch television one hour *every evening*.

マイホーム *one's* own house Ⓒ《☞ いえ；かてい[1]》. ¶ 彼女の念願は*マイホームを持つことです（⇒ 長いこと自分の家を持ちたいと思ってきた）She has wanted to have *her own house* for a long time. // 最近は*マイホーム主義の人が多い There are many「*family*-[*home*-] *oriented* people these days.

まいぼつ 埋没 ―[動]（埋まる）be [lie] buried in...《☞ うまる》.

まいもどる 舞い戻る come back (自), return (自) ★ 前者がより口語的.《☞ もどる；かえる[1]（類義語）》.

まいよ 毎夜 ―[副] every night；(夜ごとに) night after night.《☞ まいばん》.

まいる 参る **1**《行く・来る》: go (自), come (自) ★ 相手の所へ行くときは go でなく，come を用いる.《☞ ゆく（類義語）；くる；丁寧な表現（欄外）》.

2《参詣する》: visit a「temple [shrine], go to worship at a「temple [shrine] ★ 後者には参拝する意味が加わる. temple は「寺」, shrine は「神社」.《☞ さんぱい》.

3《負ける》:（勝負などで）be「defeated [beaten]；(堪えられない) cannot「stand [bear] (他).《☞ へいこう[3]；こうさん[2]；おてあげ》.

¶ 彼は決して*まいったと言わない（⇒ 敗北を認めない）He never admits his *defeat*. // この寒さ[暑さ]には*まいった（⇒ 堪えられない）I *cannot stand* this「cold [heat]. // これは(一本)*まいりました You「*'ve got* [*have*] me there. / (⇒ あなたの勝ちだ) *You win*.

4《弱る》:（途方に暮れる）be at a loss；(閉口している) feel embarrassed,《口語》be stuck,《口語》be in a fix；(疲れている) be tired out.《☞ よわる；こまる；へこたれる》. ¶ その問題には*まいった I'*m* really *at a loss* what to do with the problem.

マイル mile Ⓒ《☞ 度量衡（囲み）》. ¶ 時速 60 *マイル sixty *miles*「an [per] hour ★ 60 m.p.h. と略せる. **マイル数** mileage Ⓤ.

まう 舞う（舞いを）dance (自)；(蝶が) flutter about (自)；(木の葉が) whirl (in the wind) (自).《☞ おどる；まいあがる》.

まうえ 真上 ―[前]（頭上に）right [just] over ..., right [just] above ... [語法] over を用いると，覆いかぶさるような広がりを意味することができる. ―[副]（頭上高く）overhead.《☞ うえ[1]；ずじょう》.

まうしろ 真後ろ ―[前]（すぐ後ろに）just [right; directly] behind ...,《口語》right「in back of [at the back of] ... ―[副]（すぐ後ろに追い迫って）at [on; upon] *a person's* heels.《☞ うしろ》. ¶ 彼女が私の*真後ろに立っているのでびっくりした I was surprised to find her standing *right in back of* me. // 犬が彼の*真後ろを走っていた A dog was running ˹*close at* [*on*] *his heels*.

マウンド mound Ⓒ《☞ 野球の英語(囲み)》. ¶ *マウンド上のピッチャーはだれですか Who is the pitcher on the *mound*? // その試合には彼が*マウンドに立つだろう He'll take the *mound* in the game.

まえ 前 **1** «位置・場所» ── 名 (前部・正面の部分) front Ⓒ (↔ back); (車などの前の席) front seat Ⓒ. ── 形 front. ── 前 (…の前のほうに; …の前方に) in front of …, before … (↔ behind …); (…の前方に) ahead of …; (人のいる前で) in the presence of … ── 副 (前方に) ahead.

［語法］ 日本語の「前」には, 位置関係を言うとき, 「車の前を横切る」「車の前に乗る」のように, (1) 離れた前方, (2) 前の部分, という 2 つの意味があるが, 英語の front には (2) の意味しか含まれない. 従って, 離れた前方を意味するには普通は in front of, ahead of という慣用句や ahead という副詞などを用いなくてはならない.

家の *前に自動車がある There is a car *in front of* the house.

家の*前(の部分)は, つたで覆われている The *front* of the house is covered with ivy.

また, before も in front of と同じく位置を示すのに用いられるが, やや形式ばった言い方である. なお, front に冠詞が付いて in the front of となると, front は「前の部分」の意味になることに注意. 《☞ ぜんめん²; しょうめん; てまえ》.

¶ 彼の家の*前には大きな木がある There is a large tree *in front of* his house.

彼は私の*前を歩いた He walked *ahead of* me.

車は後ろより*前のほうが乗り心地がよい It is more comfortable to ride in the *front seat* of a car than in the back.

彼は教室でいつも*前のほう (⇒ 前の部分) に座る He always sits *in the front of* the classroom. ★ 定冠詞が付くことに注意.

彼は他人の*前で私に恥をかかせた He put me to shame *in the presence of* others.

私は注意深く*前と後ろを見た I carefully looked to *the front* and behind.

2 «日・時間» ── 前 (…の前) before …; (時刻で, …時の…分前) to …, of … ★ 後者は《米》で用いられることが多い. ── 形 (すぐ前の) preceding, previous ★ 前者のほうが直前の意味が強い; (この前の) last. ── 副 (現在を基準として…前) ago; (過去のある点を基準としてそれより…前) before; (この前・最後に) last. ── 接 (…する前に) before … 《☞ 時刻・日付・曜日 (囲み)》.

¶ 2 時 15 分*前です It's a quarter ˹*to* [*of*] two.

彼は 2 時間*前に出発した He left two hours *ago*.

彼は夏休みの 2 日*前に出発した He (had) left two days *before* the summer vacation started. ［語法］ いまを基準に「いまから前」を表すのが ago で, 過去を基準に「その時から前」を表すのが before. two days ˹*ago* [*before*] のように連語で副詞句を作る場合, ago は過去時制, before は過去完了時制の動詞と共に用いるのが原則. しかし日常の表現では過去形が使われることが多い.

彼は 7 時ちょっと*前に帰宅した He came home a little *before* seven o'clock.

彼女は寝る*前に日記を書いた She wrote her diary *before* ˹she went [going] to bed.

私はこの*前の土曜日にテニスをした I played tennis *last* Saturday. 《☞ このまえ》

彼が彼女を最後に見たのは*前の日の午後 4 時だった He had last seen her at four o'clock on the ˹*previous* [*preceding*] afternoon.

この*前 (⇒ 最後に) 彼に会ってから 3 年になる It is three years since I saw him *last*.

彼は 1 週間*前から (⇒ 1 週間) 学校を休んでいる He has been absent from school *for* a week. ［語法］ since a week ago のように since と ago を同時に用いるのは避けたほうがよい.

3 «以前» ── 副 (以前に) before; (かつて) once; (元は・以前は) formerly ［語法］ before と formerly は意味は似ているが, 文中で置かれる位置が異なり, さらに後者のほうがやや形式ばった語. ── 形 (古い) old; (以前の) former; (その前の) previous. ── 前 (…の前の) before …; (…に先だって) prior to … ── 動 (…したものだ; …するのが常だった) used to *do* ［語法］ 助動詞扱い. 相当な期間にわたる過去の常習的な行為や状態を表す. 《☞ いぜん¹; もと²; かつて》.

¶ 彼は*前のように一生懸命働かない He doesn't work hard as *before*.

タイは*前はシャムと呼ばれた Thailand was *formerly* called Siam.

「*前の (⇒ 古い [以前の]) 車はどうしました」「売ってしまいました」"What did you do with your ˹*old* [*former*] car?" "I sold it."

*前はこの公園でよく野球をしたものだ I *used to* play baseball in this park.

4 «ある時期より前» ── 前 (年令などが…より下) under … 《☞ した¹; いか¹》.

¶ 彼女は 20 歳*前だ (⇒ 20 歳より下だ) She is *under* twenty.

5 «人数に相当する数量» ── 前 (…人分の) for … 《☞ ぶん¹》.

¶ 彼女は 7 人*前の食事を用意した She prepared a meal *for* seven.

まえあし 前足 (動物の) forefeet ★ 通例複数形で. 単数は forefoot; (足首から上の部分を含めて) foreleg Ⓒ. ［参考］ 特に前・後を区別しない場合で, 犬や猫のつめのある部分は paw [pɔ́ː], 馬や牛のようにひづめのある場合は hoof という. 《☞ あし[1]》.

まえいわい 前祝い ―名 celebration in advance Ⓤ. ―動 (前もって祝う) celebrate ... ʳbeforehand [in advance]. 《☞ いわう》. ¶ 優勝の*前祝いに一杯やろう Let's have a drink to *celebrate* our victory ʳ*beforehand* [*in advance*].

まえうり 前売り ―名 (切符などの) advance sale Ⓤ. ―動 sell ... in advance. 前売り券 advance ticket Ⓒ, ticket sold in advance Ⓒ.

まえおき 前置き (紹介としての) introductory remark Ⓒ, introduction Ⓒ; (予備的な) preliminary remark Ⓒ, preliminaries ★ 複数形で.
¶ 少し*前置きをしてから, 彼は本論に入った After a few ʳ*introductory* [*preliminary*] *remarks* he took up the main issue. // 彼女は*前置きなしで話を始めた She started talking without any *preliminaries*. // 彼の話の*前置きは長くてうんざりした I was disgusted at the long *introduction* in his speech.

まえかがみ 前屈み ―動 (肩を前にかがめる) slouch ㊀; (特に体を曲げるようにして) bend forward ㊀. 《☞ かがむ》.

まえがき 前書き (書物などの) foreword Ⓒ 《☞ じょぶん; はしがき》.

まえかけ 前掛け apron Ⓒ 《☞ エプロン》.

まえがし 前貸し ―名 advance Ⓒ. ―動 (給料の前貸しをする) pay ... in advance. 《☞ まえばらい; まえがり; かす[1]》.

まえがみ 前髪 forelock Ⓒ 《☞ かみ[3]》.

まえがり 前借り ―動 borrow ... in advance on *one's* ʳpay [salary]; (...を給料から先払いしてもらう) have ... advanced on *one's* ʳpay [salary]; (...を前払いしてもらう) have ... paid in advance. 《☞ まえばらい; かりる》.
¶ 私は月給から5万円*前借りした I *borrowed* 50,000 yen *in advance on my* ʳ*pay* [*salary*]. // 退職金を*前借りしてその土地を買った I *had* my severance pay *paid in advance* and bought the land.

まえきん 前金 money paid in advance Ⓤ 《☞ まえばらい》.

まえば 前歯 front tooth Ⓒ 《複 front teeth》; (専門的に門歯) incisor Ⓒ. 《☞ は[1] (挿絵)》.

まえばらい 前払い ―動 pay ... ʳin advance [beforehand]; (特に公共料金などを) prepay ㊉. ―名 advance payment Ⓤ.
¶ 代金は*前払いで願います Please *pay* (the money) *in advance*. // 郵便料金*前払い Postage *prepaid* ★ スタンプなどで押す言葉.

まえぶれ 前触れ (予告) (previous) notice Ⓤ; (発表) previous [advance] announcement Ⓒ; (先駆けとしての徴候) sign Ⓒ; (悪い前兆) warning Ⓤ. 《☞ よこく; ぜんちょう[1]》.
¶ *前触れもなしにくる come without (*previous*) *notice* // 春の*前触れ a *sign* of spring

まえむき 前向き ―形 (姿勢が積極的な) positive; (処置・方法などが建設的な) constructive. 《☞ せっきょくてき》.
¶ 我々は*前向きの姿勢でその問題に当たるつもりである (⇒ 積極的な姿勢をとるつもりだ) We will take a *positive* attitude toward the problem. // インフレに対しては*前向きの対策を講じるべきだ *Constructive* [*Positive*] measures should be taken against inflation. // *前向きの人生観 a *positive* view of life

まえもって 前もって beforehand, in advance, ahead (of time) 語法 以上はほぼ同意だが, 最も一般的なのは beforehand で, in advance には望ましい目標のためにあらかじめ手を打っておくというニュアンスがある. 《☞ じぜん[1]》.
¶ *前もって綿密な計画を立てておくべきだった We should have made a careful plan ʳ*beforehand* [*in advance*]. // *前もって出発時刻を知らせて下さい Please let me know your departure time ʳ*beforehand* [*in advance*].

まえわたし 前渡し advance Ⓒ 《☞ まえばらい; さきわたし》.

まがいもの 紛い物 (模造品) imitation Ⓒ; (まやかし物) fake Ⓒ; (偽物) counterfeit Ⓒ. 《☞ にせ (類義語); もぞう》. ¶ *まがい物の真珠 *imitation* [*fake*] pearls

まがお 真顔 ―副 (真剣に) seriously; (真剣な顔つきで) with a serious look; (冷静な顔つきで) with a sober look. ―形 (真剣な) serious. 《☞ しんけん; まじめ》. ¶ 彼は私の言葉で*真顔になった He became *serious* at my words.

まがし 間貸し ―動 (下宿人を置く) take in a lodger; (部屋を...に貸す) 《米》 rent a room to ..., 《英》 let a room to ... 《☞ かす[1] (類義語); まがり[1]》.

まかす 負かす (試合や戦いで) beat ㊉ 《過去 beat; 過分 beaten》; defeat ㊉ ★ beat のほうがくだけた言い方; (けんかや議論などで相手をしのぐ) get the better of ... ★ 口語的. 《☞ かつ; まける》. ¶ 東西大学は山手大学をラグビーで3対0で*負かした Tozai University *defeated* Yamanote University in Rugby ʳ3-0 [three to nothing].

まかせる 任せる (仕事などを任せる) leave ... to ...; (信頼して物などを委託する) trust ... with ... 《☞ いたく》. ¶ 運転[料理]なら私に*任せて下さい *Leave* the ʳdriving [cooking] *to* me. // それはあなたの決定[想像]に*任せたい I'd like to *leave* it *to* your ʳdecision [imagination]. // A 氏に鍵を*任せる *trust* Mr. A *with* the key // 運を天に*任せよう Let's *trust* *to* chance.

まがった 曲がった **1** «物が真っすぐでない»: (腰・木などが折れ曲がった) bent; (道路・川などが曲がりくねった) winding [wáindiŋ]; (曲線を描くように曲がった) curved; (ねじれた) twisted; (ゆがんだ) crooked [krúkid]. 《☞ まがる (類義語); まげる》.
¶ 腰の*曲がった老人 an old man with a ʳ*bent* [*crooked*] back // その*曲がった山道はゆっくり注意して運転しなさい Drive slowly and carefully along the *winding* mountain road.
2 «心・事実が正しくない»: (ひねくれた) crooked [krúkid]; (不正直な) dishonest; (片意地な) perverse; (不正な) wrong; (真理など

をゆがめた) distorted, twisted. 《☞ ねじける; ひねくれる》. ¶心の*曲がった人 a *dishonest* person // *曲がったことは絶対してはいけない Never do anything *wrong*.

まかない 賄い (まかないをすること) boarding Ⓤ; (まかない) board Ⓤ. ¶まかないつき下宿 room and *board* 《☞ げしゅく》

まかなう 賄う (下宿・寮などで食事を出す) board ㊀ ★「人」を目的語とする; provide [supply] (*a person*) with ⌈meals [food]; (経費・費用の面倒をみる) cover the expenses.
¶彼女は20万円で毎月の家計を*まかなった She *covered* her monthly household *expenses* with 200,000 yen.

まがり[1] 間借り ━動 rent a room 《☞ かりる (類義語)》. ¶私は*間借り生活をしている I live in a *rented room*. 間借人 lodger Ⓒ, 《米》 roomer Ⓒ.

まがり[2] 曲がり (屈曲部) bend Ⓒ, turn Ⓒ ★後者のほうが口語的; (湾曲部) curve Ⓒ. 《☞ カーブ》.

まがりかど 曲がり角 (町角) street corner Ⓒ; (道路の湾曲部) (road) ⌈turn [bend] Ⓒ. 《☞ かど[1]; まちかど》.
¶彼は*曲がり角で交通事故にあった He met with a traffic accident *at the* ⌈*street corner* [*corner of the street*]. // この先に急な*曲がり角があるから注意して運転して下さい Drive carefully, because there's a sharp ⌈*turn* [*bend*] ahead. // *曲がり角に来た中等教育 (⇒十字路の中等教育) secondary education *at the crossroads* // 彼はいま人生の*曲がり角に立っている (⇒変わり目にいる) He is now *at the turning point of* his life.

まがりくねる 曲がりくねる (屈曲する) wind [wáind] ㊂ 《過去・過分 wound》 ★一般的な語; (曲がり角だらけである) be full of twists and turns; (川が) meander [miǽndə] ㊂. 《☞ くねくね》. ¶その小道は*曲がりくねって山腹を登る The path *winds* up the hill. // この道路は*曲がりくねっている This road *is full of twists and turns*. // *曲がりくねった木 a *crooked* [krúkid] tree.

まかりとおる 罷り通る (強引に押しのけて進む) push [force] *one's* (own) way; (許される) be allowed; (正当化される) be justified. 《☞ とおる》.
¶彼女のわがままが*まかり通ってしまった She ⌈*pushed* [*forced*] *her* (*own*) *way* and had it finally. // こんな不合理なことが*まかり通るとは世の中が間違っている (⇒こんな不合理なことが許される[正当化される]のを見るとどこか世の中がおかしいと考えざるを得ない) Seeing that such an unreasonable thing *has been* ⌈*allowed* [*justified*], I cannot help thinking that something is wrong with the world.

まがりなりにも 曲がりなりにも (あれこれやってどうにか) in some way or other, somehow or other; (不完全ながら) though imperfect; (不満足ではあるが) though not quite satisfactory.
¶*曲がりなりにも彼女はその仕事を終えた *Somehow or other* she finished the work. // *曲がりなりにも彼らの使命は果たされた (⇒不完全ではあるが) *Though imperfect*, their mission was accomplished.

まかりまちがう 罷り間違う ¶*まかり間違っても, その赤いボタンを押すな (⇒何事が起こっても決して押すな) Be sure not to push the red button *whatever may happen*. // *まかり間違えば戦争になる (⇒最悪のことが起これば) *If the worst* ⌈*happens* [*comes to the worst*], war will break out.

まがる 曲がる bend ㊂ 《過去・過分 bent》; curve ㊂; turn ㊂ ㊀; wind [wáind] ㊂ 《過去・過分 wound [wáund]》; twist ㊂; crook ㊂.
【類義語】真っすぐな物に圧力がかかって曲がるのは **bend** で, 最も一般的な語. 曲がっている状態を表すときには *be bent* を用いる. 曲線を描くように曲がるのは **curve**. 割に楽に曲がるが, また元の状態にすぐ戻るのは **turn** で, これは角を曲がるときにも使う. ((例) 角を左に*曲がりなさい *Turn* left.). 道路や川などが曲がりくねるのは **wind**. 曲がるときかなり大きな力が加わってねじれてしまうのは **twist**. 曲がってゆがむのは **crook** で, 心が曲がっているときなどにも使う. 《☞ まげる; まがった; カーブ》
¶祖母は年で腰が*曲がっている My grandmother *is bent* with age. // 次の角を右へ*曲がりなさい *Turn* (to the) right at the next corner. // 病院は角を*曲がったところにある The hospital is *just around* the corner.

マカロニ macaroni [mæ̀kəróuni(:)] Ⓤ.

まき 薪 (fire)wood Ⓤ.

まきあげる 巻き上げる (奪う) rob *a person* of ...; (取り上げる) take away ㊀; (だまし取る) swindle ㊀. 《☞ うばう; だます》.
¶男はその少年の金を*巻き上げた The man *robbed* the boy *of* his money.

まきおこす 巻き起こす (引き起こす) create ㊀, produce ㊀. 《☞ ひきおこす》. ¶その記事は政界に一大旋風を*巻き起こした The news ⌈*created* [*produced*] a great sensation in political circles.

まきかえし 巻き返し rollback Ⓤ. ¶*巻き返し政策[作戦] a *rollback* ⌈policy [operation]

まきげ 巻き毛 (カール) curl Ⓒ; (長めのカール) ringlet Ⓒ. 《☞ カール》.

まきこまれる 巻き込まれる (事件・犯罪などに) be [get] involved in ...; (機械などに) be caught (in ...). 《☞ まきぞえ》. ¶彼は贈収賄事件に*巻き込まれた He ⌈*got* [*was*] *involved in* the bribery case. // 機械に*巻き込まれないように注意しなさい Be careful not to *be caught in* the machine.

まきじた 巻き舌 ¶*巻き舌で言う (⇒舌を震わせる) speak with a trill 参考 日本語で言えば江戸っ子のべらんめえ調のように舌先を震わせて r 音を発音すること. 次の表現もほぼ同じ. / (⇒舌を震わせて r を発音する) roll [trill] *one's* r's

まきじゃく 巻尺 tape measure Ⓒ.

まきぞえ 巻き添え ━動 (巻き添えを食う・

巻き込まれる) get [be] involved in ..., be mixed up in ... [語法] 前者は事件にかかわりのある場合も含むが, 後者には本当の巻き添えというニュアンスがある. 《☞ とばっちり》. ¶ そんな事件の*巻き添えになりたくない I don't want to *be mixed up in* such an affair.

まきた 真北 ―副 due north 《☞ まみなみ》.

まきちらす まき散らす (ばらまく) scatter about ㊀; (水などを) sprinkle ㊀. 《☞ ばらまく; まく²》.

まきつく 巻きつく wind [wáind] *oneself* ⌈around [《英》round] ... 《過去・過分 wound》.

まきつける 巻きつける wind [tie; coil] ... around ... [語法] ぐるっと回すのは wind [wáind] ㊀ 《過去・過分 wound》. ひもなどを使って縛るのは tie ㊀, ぐるぐる巻きにするのは coil ㊀. 《☞ まく¹》.

まきば 牧場 (放牧地) pasture Ⓒ; (干し草用の牧草地) meadow Ⓒ. 《☞ ぼくじょう》.

まきもどし 巻き戻し ―動 (テープなどを) rewind [riːwáind] ㊀ 《過去・過分 rewound》. ―名 rewinding Ⓤ. ¶ 録音テープを*巻き戻す *rewind* a recording tape

まきもの 巻き物 (horizontal) scroll Ⓒ 《☞ 日本固有の風物と英語 (囲み)》. ¶ *巻き物を広げる[巻く] unfold [roll up] a *scroll*

まぎらす 紛らす (気分を転換させる) divert ㊀; (時・暇などを紛らす) beguile ㊀. ¶ 彼女は買い物をして気を*紛らした She *diverted herself by* going shopping. // 彼はよく酒に悲しみを*紛らすことがある (⇒ おぼれさせる) He often *drowns* his sorrows *in* drink.

まぎらわしい 紛らわしい (あいまいな・2つ以上に意味のとれるような) ambiguous; (人を誤らせる) misleading. 《☞ あいまい》. ¶ *紛らわしい答えをしてはいけない Don't make an *ambiguous* ⌈answer [reply]. // この道路標識は*紛らわしい This road sign is *misleading*.

まぎれこむ 紛れ込む (気づかれないうちに入る) disappear into ...; (混ざり合う) slip into ...; (隠れて見えなくなる) be lost in ... 《☞まぎれる》. ¶ すりは群衆の中に*紛れ込んでしまった The pickpocket ⌈*disappeared into* [*was lost in*] the crowd.

-まぎれに …紛れに ¶ 引越しのどさくさ*まぎれに (⇒ …の混乱の中で) 金を盗まれた I had my money stolen *in the confusion of* the house moving. // 彼は腹立ち*まぎれに (⇒ 一時的にかっとなって) その手紙を破り捨てた He tore up the letter and threw it away *in a fit of* ⌈*anger* [*passion*].

まぎれもない 紛れも無い ―形 (間違えようのない) unmistakable; (見てすぐわかる) obvious; (確実な) certain. ―副 (疑う余地なく) beyond doubt, without doubt; (明白に) evidently; (確かに) surely. 《☞ たしか; まさに》. ¶ それは*紛れもない事実です It is an ⌈*unmistakable* [*obvious*] fact. // *紛れもなくその歌手は日本人だ *Without doubt* that singer is a Japanese.

まぎれる 紛れる (気が) be diverted; (時・暇などが) be beguiled; (混ざり合う) slip into ...; (隠れて見えなくなる) be lost in ... 《☞ まぎれこむ》.
¶ その音楽でたいへん気が*紛れた I *was* greatly *diverted by* the music. // 彼は人ごみに*紛れて逃げた He ⌈*slipped into* [*was lost in*] the crowd and ran away. // このところ忙しさに*紛れて本を読む暇もない (⇒あまりに忙しすぎて) I have been *too busy to* read these days.

まぎわ 間際 ―副 (すぐ前) just before ... ―動 (まさに…しようとする) be on the point of ..., be about to ... 《☞ すんぜん》.
¶ 彼女がその電話を受けたのはパリを出発する*間際だった It was when she *was* ⌈*on the point of* leaving [*about to* leave] Paris that she got the phone call. // 彼は出発*間際になって財布がないのに気がついた He found that his wallet was missing *just before* his departure.

まく¹ 巻く (ねじなどを回す) wind [wáind] ㊀ 《過去・過分 wound [wáund]》; (ひもなどで縛る) tie (up) ㊀; (包む) wrap ㊀; (包帯などでくくる) bandage ㊀, bind (up) ㊀ 《過去・過分 bound》; (巻き物などを丸める) roll (up) ㊀; (ぐるぐる巻きにする) coil ㊀; (巻きつけて絡ませる) twist ㊀; (糸などを) reel ㊀; (旗などを) furl ㊀; (つるなどが) twine ㊀ ㊀; (比喩的に, 舌を巻く) be astonished at ...
¶ 時計のねじを*巻くのを忘れた I forgot to *wind* my watch. // 彼は縄を木に*巻きつけた He ⌈*wound* [*tied*] a rope around the tree. // 看護婦は彼女の右手に包帯を*巻いた The nurse ⌈*bandaged* her right hand [*bound* her right hand *with* a bandage]. // 彼は左手に包帯を*巻いている He *has* his right hand ⌈*bandaged* [*in a bandage*]. // 彼はタオルを首に*巻いている He has a towel *twisted* around his neck. // 外は寒いから首にスカーフを*巻いていきなさい *Have* a scarf *around* your neck, because it is cold outside.

まく² 撒く (ばらまく) scatter about ㊀; (水などを) sprinkle ㊀. 《☞ ばらまく》. ¶ 父は庭で水を*まいている Father *is sprinkling* water in the garden. // 今年は節分に豆を*まいた We ⌈*scattered* [(⇒ 投げた) *threw*] *about* parched beans on *Setsubun* this year.

まく³ 蒔く plant (seeds) ㊀, sow ㊀ ㊀ ★ 前者のほうが口語的. 《☞ たね》. ¶ 農夫は畑に種を*まいた The farmer *planted the seeds* in the field. / <S (人) + V (sow) + O (土地) + *with* + 名 (種)> The farmer *sowed* the field *with* the seeds. // *まかぬ種は生えぬ You must *sow* before you reap. 《ことわざ: 刈り入れをする前に種をまかなくてはならない》

まく⁴ 幕 curtain Ⓒ; (劇の) act Ⓒ. ¶ *幕が上がる前に序曲が演奏された An overture was played before the *curtain* ⌈rose [was raised]. // *幕が下りた The *curtain* fell. // オセロ第5*幕第2場 *Othello* (*act*) V, (scene) ii // 僕の出る*幕じゃない (⇒ 私に関係したことではない) This is none of my business.

まく⁵ 膜 (粘膜) membrane Ⓒ.

まくあい 幕間 《米》 intermission Ⓒ, 《英》 interval Ⓒ.

まくうち 幕内 (力士) senior-grade *sumo* wrestler Ⓒ.

まくぎれ 幕切れ (結末) end Ⓒ. ¶まったくあっけない*幕切れだった (⇒急に終わった) It *ended* so abruptly. / It came to ⌈an abrupt [a sudden] *end*.

まぐさ (かいば) fodder Ⓤ; (干し草) hay Ⓤ.

まくした 幕下 (力士) junior-grade *sumo* wrestler Ⓒ.

まくしたてる まくし立てる (のべつまくなしにしゃべる) talk incessantly (自); (早口でしゃべる) talk rapidly (自); (すらすらと言ってのける) rattle off (他); (猛烈に議論する) argue (with *a person*) furiously (自). ¶彼はその件について自分の意見を*まくし立てた He *talked rapidly and incessantly* to deliver his opinion on the matter. / He *rattled off* his opinion on the matter.

まぐち 間口 (幅) width Ⓤ ★具体的な大きさを示すときは a を伴う. ¶*間口 10 メートルの建物 a building ⌈ten meters *wide* [with a *width* of ten meters]

マグニチュード (地震などの規模) magnitude Ⓤ ★個別のものを指すときは a を伴う. 《☞しんど¹》.

¶*マグニチュード 6.9, 震度 4 の地震がきのう東北地方にあった An earthquake registering a *magnitude* of 6.9 on the Richter [ríktər] scale and an intensity of 4 on the Japanese scale rocked the Tohoku District yesterday. [語法] on the Richter scale はマグニチュードを示すシステムで, これを付けて言うのが普通. また日本式の震度には on the Japanese scale を付けないと理解されない. 《☞自然災害 (囲み)》

マグネシウム 〘化学〙 magnesium [mægní:ziəm] Ⓤ 《元素記号 Mg》.

まくら 枕 pillow Ⓒ 《☞しんしつ (挿絵)》. ¶*枕を高くして眠れる (⇒心配なく眠れる) I can sleep without fear. // 目を覚ますと彼女が*枕もとに立っていた (⇒ベッドの頭のそばに) When I awoke, I found her standing *near the head of my bed*.

枕カバー pillowcase Ⓒ [参考] 英米のものは通常袋状になっているのでこう呼ばれるが, 日本のものを英訳する場合にもこれを当てるより仕方がない. pillow slip Ⓒ とも呼ばれる. **枕木** 《米》(cross)tie Ⓒ, 《英》 sleeper Ⓒ. 《☞えき¹ (挿絵)》.

まくる (まくり上げる) roll up (他), tuck up (他) ★前者のほうが一般的で, 後者には押し込むようにするというニュアンスがある; (折り返すようにして) turn up (他). 《☞まくれる》. ¶彼はそでを*まくった He ⌈*rolled* [*tucked*] *up* his sleeves. // 私はズボンのすそを*まくった I *turned up* the bottoms of my trousers.

まぐれ ━形 (偶然の・不意の) chance; (何かのはずみで起こった) accidental ★後者のほうが偶然性は強い; (幸運な) lucky. 《☞ぐうぜん》. ¶*まぐれですよ I was just *lucky*.

まぐれ当たり chance [lucky] hit Ⓒ.

まくれる be [get] turned up 《☞まくる》. ¶彼女のスカートが風で*まくれた She had her skirt *turned up* by the wind.

まぐろ 鮪 tuna [tú:nə] Ⓒ 《複 ~(s)》. ¶*まぐろの刺身 (⇒生のまぐろの薄切り) slices of raw *tuna* / sliced raw *tuna*

まくわうり 真桑瓜 (メロン) melon Ⓒ.

まけ 負け (一般的に) defeat Ⓤ; (勝負などの) loss Ⓒ. 《☞まける; はいぼく》.

¶私の*負けだ (⇒君の勝ちだ) You win. / (⇒あきらめる) I give up. // 我々のチームはかなり*負けがこんできた (⇒すでに試合のほとんどを失っている) Our team *has lost* most of its games. / (⇒負けた回数が勝った回数を大幅に上回った) Our team has suffered a greater number of *losses* than wins.

負け戦 lost battle Ⓒ; (勝つ見込みのない) losing battle Ⓒ ★競技や試合の場合は game を使う. **負け犬** (競技や勝負などの敗北者) loser Ⓒ (↔ winner).

まげ 髷 (女の) chignon [ʃí:njɑn] Ⓒ; (男の) topknot [tɑ́pnɑ̀t] Ⓒ.

まけおしみ 負け惜しみ ━名 (欲しいものを欲しくないと言うこと) sour grapes ★複数形で. 「イソップ物語」の話からこの意味が出てきた. ━動 (負け惜しみを言う) cry sour grapes; (自分が負けているのに認めない) refuse to admit *one's* defeat. 《☞つよがり; やせがまん》.

¶彼らは*負け惜しみが強い (⇒悪い敗北者) They are ⌈*bad* [*poor*] *losers*. // 彼は決して*負け惜しみは言わない He never *cries sour grapes*.

まけこす 負け越す (負けた回数が勝った回数を上回る) suffer a greater number of losses than wins 《☞まけ》.

まけじだましい 負けじ魂 (圧力や圧迫に屈しない) unyielding spirit Ⓤ; (戦う意欲) fighting spirit Ⓤ; (強い競争心) competitive spirit Ⓤ.

まけずおとらず 負けず劣らず (等しく) equally; (みんな) all; (同じように) no less ... than ...; (...に勝るとも劣らず) not less ... than ... ¶彼らは*負けず劣らずの (⇒全員が) 強打者だ They are *all* ⌈sluggers [power hitters]. // よし子さんはあき子さんに*負けず劣らず魅力的だ Yoshiko is ⌈*no less* [*not less*] charming *than* Akiko. ★not less を使うほうが意味が強い.

まけずぎらい 負けず嫌い ━形 (圧力などに屈しない) unyielding 《☞かちき》.

まける 負ける **1** «敗北する»: (完全に負ける) be beaten, be defeated ★前者がより口語的な言い方; (勝負や訴訟などに) lose (他)(自) 《過去・過分 lost》 (↔ win) [語法] be beaten, be defeated は「打ち負かされる」というほうに意味の重点があり, lose は「勝利を逸する」という意味が中心; (けんかや議論などに負ける・さんざんな目にあう) get the worst of ... ★口語的; (困難などに) be overcome; (降参する) yield (to ...) (自), give ⌈in [way] (to ...) (自). 《☞はいぼく; やぶれる; くっする》.

¶私たちのチームはテニスで B 高校チームに*負けた Our tennis team *was* ⌈*beaten* [*defeated*] by the B High School team. 《☞スポーツ (囲み)》

彼は選挙で*負けてしまった He *was defeated* in the election. 《☞ 政治・経済 (囲み)》
ジャイアンツはタイガースに5対2で*負けた The Giants ⌈*was beaten* by [*lost the game to*] the Tigers, 5-2. ★ five-to-two と読む. 《☞ 野球の英語 (囲み)》
私たちのチームは杉山高校には*負けたことがない Our team *has* never *lost* to Sugiyama High (School).
*負けたチームの選手たちが監督の前に並んでいた The players of the *losing* team were lining up in front of the manager.
勝てば官軍, *負ければ賊軍 Losers are always in the wrong. 《ことわざ: 負けた者はいつも悪い》
我々は3点*負けている (⇒3点遅れている) We *are* three runs *behind*. ★ これは野球の場合. 競技の種類によって runs の代わりに points, goals などを使う. 《☞ とくてん[1]》
彼はたいてい議論に*負ける He always ⌈*loses* [*gets the worst of*] an argument.
*負けるが勝ち It is a case of stooping to conquer. 《ことわざ: 腰を低くするのも相手をくどく手の1つ》
彼女は彼の説得[誘惑]に*負けた She ⌈*yielded* [*gave in*] *to* his ⌈persuasion [temptation].
彼はテニスではだれにも*負けない (⇒劣らない) He is *second to none* as a tennis player.
2 «値引きする»: (値を引き下げる) cut ㊉, take off ㊉ ★ 前者のほうが普通; (やや改まって) reduce ㊉, lower ㊉, give [make] a reduction ⌈on [in] ... ; (割引きする) discount ㊉, give a discount on ... 《☞ ねびき; わりびき; 買い物 (囲み)》.
¶「少し*まけてくれませんか」「じゃあ, 千円にします」 "Will you *cut* the price a little bit?" "All right. I'll make it 1,000 yen." // 「*まけてもらえませんか」「そうですね. 現金なら15パーセントお*まけしましょう」 "Could [Would] you *give* me *a discount*?" "Well, we'll ⌈*give* [*offer*] you *a* 15 percent *discount* if you pay cash."

まげる 曲げる **1** «曲がらせる»: (針金などを) bend ㊉ ㊐ 《過去・過分 bent》 (↔ straighten); (曲線を描くように) curve ㊉; (ねじるように) twist ㊉; (かぎ形に) crook ㊉. 《☞ まがる; おりまげる; ねじまげる》. ¶ 彼は針金を弧の形に*曲げた He *bent* the wire in an arc. // 上体を前に*曲げなさい *Bend* ⌈over [down]. // この針金は*曲げやすい This wire is easy to *bend*.
2 «歪曲する»: (主義を) depart from *one's* principle; (事実・規則などを) deviate [depart] from ... ★「...からはずれる」という意; (意味を曲解する) twist [distort] (the meaning of ...). 《☞ わいきょく; きょっかい》.
¶ 規則は*曲げてはならない We must not ⌈*deviate* [*depart*] *from* the rules. // あなたはいつも私の言葉を*曲げてとる (⇒曲解する) You always *twist* my words. // 彼は最後まで自説を*曲げなかった (⇒固執した) He *stuck to* his own views to the last.

まけんき 負けん気 (圧力にも負けない) unyielding spirit Ⓤ; (強い競争心) competitive spirit Ⓤ. 《☞ はなっぱしら》. ¶ 我々のチームにはもっと*負けん気の強い選手が欲しい Our team needs players with more *competitive spirit*.

まご 孫 grandchild Ⓒ 《複 -children》; (男の) grandson Ⓒ; (女の) granddaughter Ⓒ. 《☞ 親族関係 (囲み)》. **孫の手** back scratcher Ⓒ.

まごころ 真心 ━名 (誠実さ) sincerity Ⓤ; (真実の心) true heart Ⓒ. ━形 (誠心誠意の) cordial, hearty; (心暖まる) warmhearted. 《☞ せいじつ; こころ》. ¶ 滞在中の*真心のこもったおもてなしに感謝します Thank you very much for the ⌈*cordial* [*hearty*; *warmhearted*] treatment you gave me during my stay here.

まごつく (困惑する) get [be] confused; (どぎまぎする) be embarrassed; (どうしてよいかわからない) do not know what to do. 《☞ まごまご; うろたえる; とうわく (類義語)》.
¶ 予期しない質問をされたので*まごついてしまった I *got confused* because I was asked an unexpected question. // 駅には何本もの列車が停車していて, どれに乗ってよいかわからず*まごついた There were several trains standing at the station, and I *did not know which to take*. // 私は英語で演説をしてくれと言われて*まごついてしまった I *was embarrassed* when I was asked to make a speech in English.

まことしやか 誠しやか ━形 (表面的にもっともらしい) plausible; (ありそうな・もっともらしい) feasible ★ 以上は意図的にだますことは意味しない; (もっともらしく見せかけた) specious ★ だます意図があることを意味する.
¶ 彼の説明はいつも*まことしやかに聞こえる His explanation always sounds ⌈*plausible* [*feasible*]. 語法 結果的には本当のこともうそのこともある.

まことに 誠に (たいへん) very, very much 語法 意味は同じだが, 前者は形容詞・副詞を修飾し, 後者は動詞を修飾するという用法の違いに注意; (本当に) truly ★ very よりはやや文語的. 《☞ じつに; 強意語 (囲み)》.
¶ *まことに申し訳ない I'm *very* sorry. // *まことにありがとうございました Thank you *very much*. 語法 日本語と違い, 英語では「どうもありがとう」も「まことにありがとうございました」も同じ表現でよい. もしも多少堅苦しい表現をする必要がある場合は I am *very* grateful to you. とか, I am *very much* obliged to you. と言う. 《☞ 感謝の表現 (囲み)》

まごまご ━動 (よくわからなくなる) get confused; (どうしてよいかわからない) do not know what to do 語法 以上のほか, 前後関係により, 文全体の意味から日本語の「まごまご」という語感が表せるように英訳する必要のある場合も多い. 《☞ まごつく; 擬声・擬態語 (囲み)》.
¶ 駅へ行くのに2人の人が違う道を教えてくれたので, *まごまごしてしまった I *got confused* because the two persons told me different ways to the station. // 突然外人に話しかけられて*まごまごしてしまった (⇒何と言ってよいかわからなかった) I was spoken to by a foreigner abruptly, and I *did not know what to say*. // *まごまごしていると列車に乗り遅れるよ (⇒ 急ぎなさい) Hurry up! You'll miss the train. // 入口がわからなくて*まごまごした (⇒ あちこち捜さなくてはならなかった) I could not find the entrance, and *had to look all over for it*.

まさか (本当にそういうつもりか) Do you really mean it?; (そんなことは言わないでしょうね) You don't say (so)! ★ 多少皮肉めいた言い方; (よもや…ではないでしょうね) Don't tell me …; (そんなことあり得ない) 《口語》 Oh, no!; (冗談でしょう) 《米口語》 No kidding!; (そんなことは信じられない) I don't believe it. 《☞ 相づち (囲み)》.
¶ *まさか本気じゃないでしょうね *Do you really mean it?* // 「社長が警察につかまったよ」「*まさか」 "Our president was arrested by the police." "*You don't say so!*" // 「二郎君が車にはねられた」「*まさか」 "Jiro was hit by a car." "*Oh, no!*" // *まさか君がやったのではあるまいな *Don't tell me* you did it. 《☞ よもや》 // *まさか 1 等になるとは思いもよらなかった (⇒ 夢にも考えなかった) I *never dreamed* I would win (the) first prize. // *まさかのときには (⇒ 私の助けを必要とする場合は) お知らせ下さい Let me know *in case you need my help*. // *まさかのときには (⇒ 緊急の場合は) このボタンを押して下さい Press this button *in case of emergency*. // *まさかの友は真の友 A friend *in need* is a friend indeed. 《ことわざ : 困っているときの友人が本当の友人》

まさしく 正しく — 副 (確かに) certainly, surely; (疑いもなく) no doubt; (ちょうど・まさに) just ★ 口語的; (ぴったりと) exactly; (本当に) really; (真に) truly. — 形 (まさにその) very 語法 定冠詞を伴う. 非常に形式ばった表現なので, 普通は just the … を用いるのが好ましい. 《☞ まさに; 強意語 (囲み)》.

まさつ 摩擦 (一般的に) friction Ⓤ ★ 比喩的に人と人, 国と国との間などのもめごとの意味にも使う; (こすること) rubbing Ⓤ; (もめごと) trouble Ⓤ. 《☞ あつれき》. ¶ *摩擦は熱を生じる *Friction* produces heat. // その出来事によって 2 国間に*摩擦が生じた The incident caused ˹*friction* [*trouble*] between the two countries. **摩擦音** 〖音声学〗 fricative (sound) Ⓒ.

まさに 正に **1** «ちょうど» — 副 just ★ 口語的で一般的な語; (正確に) exactly. — 形 (まさにその) very 語法 the, this, that, your, his, my などを伴い, 強意を表す. 非常に形式ばった表現なので, 普通は just the … を用いるのが好ましい. 《☞ 強意語 (囲み)》.
¶ それは*まさに彼が望んでいた仕事だった It was ˹*just the* [*the very*] job that he wanted. // それは*まさに私が言おうと思ったことだ That's *exactly* what I wanted to say. // 我々が山の頂上に着いたとき, 太陽が*まさに昇ろうとしていた The sun *was just about to* come up when we reached the top of the mountain. 語法 be (just) about to *do* で「まさに…しようとする」という意味. // 彼女は母親に*まさに生き写しだ (⇒ まったくよく似ている) She looks *exactly* like her mother.
2 «まったく・確かに»: (本当に) really; (真に) truly; (確かに) surely, certainly; (疑いもなく) no doubt. 《☞ じつに; まぎれもない》.
¶ これは*まさに社会に対する犯罪である This is *truly* a crime against society. // それは*まさに生死にかかわる問題である It's *really* a question of life and death. // ハワイは*まさにこの世の楽園である Hawaii is *certainly* [*no doubt*] paradise on earth.

まざまざ — 副 (はっきりと) clearly; (鮮やかに) vividly. 《☞ はっきり》. ¶ 私はその出来事を*まざまざと覚えている I remember the event *vividly*.

まさゆめ 正夢 (予言的な夢) prophetic dream Ⓒ; (後で実現する夢) dream which later comes true Ⓒ. 《☞ ゆめ》. ¶ 私の夢は*正夢だった (⇒ 私の夢は実現した) My *dream came true*.

まさる 勝る, 優る (分量や技量などで他に) surpass (他); (性質や技術が他よりすぐれている) excel (他); (相手のレベルを越える) exceed (他) 語法 以上 3 語は入れ替え可能なことが多いが, 前の 2 語は他をしのぐことに重点がおかれ, exceed は限度やレベルを越えるという意味が強い; (以前に作られた記録よりも) outdo (他); (他と比較して) be superior (↔ inferior) to …; (他よりもっとよい) be better (↔ worse) than … ★ 最も口語的であるが, 日本語の「勝る」の訳としては多少意味がずれることもある. 《☞ すぐれる; こえる[1]; うえ[1]》.
¶ 英語では弟のほうが私より*勝っています My brother knows English much *better than* I do. / My brother ˹*surpasses* [*excels*; *exceeds*] me in English. // 彼のほうが力では圧倒的に*勝っていた (⇒ 強者であった) He was overwhelmingly *the stronger*. // 予防は治療に*勝る Prevention *is better than* cure. 《ことわざ》 // 健康は富に*勝る Health *is better than* wealth. 《ことわざ》

まざる 交ざる, 混ざる mix (自) 《☞ まじる; まぜる; とけあう[1]》. ¶ 水と油は*混ざらない Water and oil don't *mix* (with each other). / (⇒水は油とは混ざらない) <S (物) + V (*mix*) + *with* + 名> Water doesn't *mix with* oil.

まし — 動 (…よりよい) be better than …; (私はむしろ…したい) I would rather … than …; (B するくらいなら A するほうがまし) might as well A (as B). — 形 (よりよい) better. 《☞ よい[1]》.
¶ これはあれより少しは*ましだ This is a little (bit) *better than* that. // こんなに苦しむくらいなら死んだほうが*ましだ *I would rather* die *than* suffer so much. // 彼と話すくらいなら独り言を言ったほうが*ましだ I *might as well* talk to myself *as* talk to him. // 幾らかでもあれば全然ないよりは*ましだ Something *is better than* nothing. 《ことわざ》

-まし …増し — 名 (増加) increase Ⓤ. — 動 increase (自). 《☞ ます[1]; ふえる》.
¶ 赤字は例年の 2 割*増しだった (⇒ 増えた) The deficit *increased* by 20 percent over

ordinary years.

まじえる 交える ¶…と一戦を*交える have a fight with… // 彼らを*交えて (⇒仲間に入れて) 野球をした We let them *join* our team and played baseball.

ましかく 真四角 ―名 (正方形) square Ⓒ. ―形 (真四角の) square. (☞ しかく[2] (挿絵)). ¶それを*真四角にたたんで下さい Please fold it into a *square*.

ました 真下 ―前 (すぐ下に) just [right] under…, just [right; directly] below… 語法 under は下にあれば離れていても, すぐ下にくっついていてもよい. あるものより位置が低いのが below. (☞ した[1] (挿絵)). ¶彼らは橋の*真下で泳いでいた They were swimming ˹*just* [*right*] *under* the bridge. 語法 below を使うと「橋の下流で」の意味になる.

マジックインキ felt pen Ⓒ, magic marker Ⓒ ★「マジックインキ」は日本の商標名.

まして (…はもっと…だ) much [still; even] more…˹in [at]… ★肯定的に程度や量の大きいことを言う場合; much [still; even] less…˹in [at]… ★否定的に程度や量の小さいことを言う場合; (…は言うにおよばず) not to speak of…, to say nothing of…, not to mention… ★以上3つは肯定にも否定にも用いる. この順で初めにあるほど頻度が高い.
¶彼はフランス語が得意である. *まして英語は言うまでもない He is good at French, ˹*much* [*still*; *even*] *more* so *at* English. // 彼らがあの山に登れるかどうかは疑わしい. *まして彼女の場合となるとなお疑わしい It is doubtful whether they'll be able to climb that mountain, and in her case, it is ˹*much* [*even*; *still*] *more* doubtful. // 彼は中古車も買えない. *まして新車を買う余裕などない He can't afford to buy a used car, ˹*much less* [*not to speak of*; *to say nothing of*] a new one.

まじない 呪い ―名 (呪文) spell Ⓒ; (魔力) charm Ⓒ ★特に相手の感覚や心などを縛ってしまうというニュアンスがある. ―動 (まじないにかける) charm ⓗ, use a charm; (まじないをかける) cast [lay; put] a ˹spell [charm] (on…; over…). (☞ まほう). ¶魔女は王女に*まじない (⇒魔法) をかけた The witch *cast a spell* ˹on [*over*] the princess.

まじまじ ★この語にぴたりと当てはまる英語の副詞はない. このような擬態語は動詞や他の語句の組み合わせで, 全体のニュアンスとして訳し出すよりほかない. (☞ 擬声・擬態語 (囲み); じっと; みる (類義語)). ¶彼はとまどったような顔つきで, 彼女の顔を*まじまじと見ていた He *looked* ˹*her in the* [*in her*] *face* with a puzzled expression. / He *stared at* her with a puzzled expression.

まじめ 真面目 ―形 (本気の) serious; (正直な) honest; (平静で真剣な) sober; (ひたむきな) earnest. ―副 seriously; honestly; soberly; earnestly, in earnest; (一生懸命に) hard. ―名 seriousness Ⓤ; honesty Ⓤ; soberness Ⓤ; earnestness Ⓤ. (☞ ほんき; しんけん; まとも).
¶彼は*まじめ(一方の性格)で, 駆け引きもユーモアも解さなかった He was a *serious* type of man and had neither tact nor humor. // 彼はいつも*まじめな顔をして話す He always speaks with a *serious* expression on his face. (☞ まがお) // 彼は*まじめで (⇒正直で) 信頼できそうである He looks *honest* and dependable. // あの*まじめ (⇒平静) で穏健な健一が(急に)かっとなるとは理解できない I cannot see that *sober*, level-headed Kenichi losing his head. // 「彼は*まじめな生徒ですか」「ええ, 学校の勉強もとても熱心にやりますよ」"Is he an *earnest* student?" "Yes. He's very eager, too." // 彼女は彼の冗談を*まじめにとってしまった She took his joke ˹*seriously* [*in earnest*]. // もっと*まじめに (⇒もっと一生懸命) 英語を勉強しなさい Study English *harder*.

まじゅつ 魔術 (魔法) magic (art) Ⓤ (☞ まほう). **魔術師** (手品師) magician Ⓒ.

まじょ 魔女 witch Ⓒ (↔ wizard) (☞ まほう).

ましょうめん 真正面 ―前 (真向かいに) just [right] opposite (to)…; (真ん前に) right [directly] in front of… ―副 (まともに) squarely. (☞ しょうめん; まむかい).
¶バス停はビルの*真正面にあります The bus stop is ˹*right* [*just*] *in front of* the building. // 彼女の*真正面に立って下さい Please stand *just opposite* (*to*) her. // 彼はその難局に*真正面からぶつかっていった He dealt with the difficult situation *squarely*.

まじりけのない 交じり気のない, 混じり気のない (純粋な) pure; (本物の) genuine.

まじりもの 交じり物, 混じり物 (混合したもの) mixture Ⓒ; (不純物) impurity Ⓒ. ¶これは*混じり物のない本物の絹布です This is genuine silk cloth without *mixture*.

まじる 交じる, 混じる (混ざり合っている) be mixed; (入り交じる) be mingled with…, mingle (with…) ⓐ. (☞ まざる; まぜる).
¶アメリカではいろいろな民族が*交じり合っている Various races *are mixed* in the United States. // 彼らは群衆に*交じって歩き出した They *mingled with* the crowd and started walking. // 100人のランナーのうち, 女性が20人*交じっている There are 20 women *among* the 100 runners.

まじわる 交わる (互いに横切る) cross ⓗⓐ; (特に線などが交わる) intersect ⓗⓐ 語法 後者がより形式ばった語. いずれも2つのものが交差することを言うが, A ˹*crosses* [*intersects*] B. のような言い方では ⓗ. また交わる2つのものを主語とするときは, ⓗ の場合は each other を目的語とし, ⓐ の場合は目的語がないだけで, 結果的にはほぼ同じ内容である. (☞ こうさ).
¶直線AはCで直線Bと*交わる Line A ˹*crosses* [*intersects*] line B at C. / Lines A and B ˹*cross* [*intersect*] *each other* at C.

ます[1] 増す (徐々に増える) increase ⓐⓗ (↔ decrease) ★一般的な語; (付け加える) add (to…) ⓐ; (体重・速力・力などが) gain ⓗ; (川の水量などが) swell ⓐ; (川の水面が

上がる) rise ⓐ. 《☞ ふえる；ふやす》.
¶ 車は速度を*増した The car ⌈*increased* its [*gathered*] speed. // 知識を*増すためにもっと本を読まねばならない I have to read more to *add to* my stock of knowledge. // その問題はますます重要性を*増している The problem *has gained* increasing importance. // 彼女は先月より体重が3キロ*増した She *has gained* three kilograms (in weight) since last month. // 川の水が*増した The river *has risen*.

ます² 鱒 trout Ⓒ ★ 単複同形. ただし種類をいうときは複数形は ～s とする.

ます³ 升, 枡 (一般に測定器具) measure Ⓒ; (米などを計る) small square measuring box Ⓒ ★ 説明的表現.

まず 先ず **1** 《最初に》: (何よりも先に) first (of all); (列挙してまず第一に) in the first place, to ⌈begin [start] with. 《☞ だいいち》.
¶ あなたには*まずもっと勉強してもらいたい *First of all*, I'd like you to study more. // なぜそれを買わなければならないのかを*まず知りたい We would like to know, *first of all*, why we should purchase it. // *まず明夫がギターをひき, 次に私がフルートを吹いた *First* Akio played the guitar and then I played the flute. // あなたたちが*まずしなければならないことは119番に電話することだ The *first* thing ⌈for you to do [you should do] is to dial 119. // 彼らは*まず負傷者を病院に運んだ They *first* took the injured to the hospital. // *まず第一に君は若いし, エネルギーにあふれている *To begin with* [*In the first place*], you are young and full of energy. // 報道記事は*まず (⇒ ほかの何よりも) 正確でなければならない News stories must be accurate *more than anything else*.
2 《多分》: (恐らく) perhaps, 《米口語》 maybe; (たいてい) probably ★ かなり実現性が高いというニュアンスがある; (...だと思う) I suppose ..., I guess ...; (およそ) about; (ほとんど) almost; (とにかく) anyway. 《☞ おそらく；推量の表現 (囲み)》.
¶ *まず何か起こりそうだ *Probably* something will happen. // 彼がそのパーティーに来ることは*まずあるまい (⇒ 可能性はない) There is *no possibility* of ⌈his [him] coming to the party. // 東京ほど物価の高いところは世界中で*まずあるまい Prices in Tokyo are *probably* higher than in any other city in the world. // *まずそんなところでしょう That's *about* it. // 彼は田中さんに*まず間違いあるまい (⇒ 私はほとんど確信している) I'm *almost* sure that he is Mr. Tanaka. // *まずやってみよう Let's do it *anyway*.

ますい 麻酔 ―名 anesthesia [æ̀nəsθíːʒə] Ⓤ; (麻酔剤による) narcotism Ⓤ. ―動 (麻酔をかける) anesthetize [ənésθətàiz] ⓣ, narcotize ⓣ. ¶ 局部[全身]*麻酔をかけます I'll give you a ⌈local [general] *anesthetic*. // 1時間もすると*麻酔が切れてきます The effect of the *anesthesia* will wear off in an hour. **麻酔剤[薬]** anesthetic [æ̀nəsθétik] Ⓒ, narcotic Ⓒ.

まずい **1** 《味が悪い》: not (very) good 《☞ おいしい；味 (囲み)》. ¶ このご飯は*まずいよ This rice ⌈*doesn't taste good* [*tastes bad*]. // 空腹に*まずいものなし Hunger is the best sauce. 《ことわざ：空腹は最上のソース》
2 《下手な》: (劣っている) poor; (ぎこちない) clumsy. 《☞ へた¹》. ¶ 彼女の運転は*まずい (⇒ 下手だ) She is *poor* at driving. / She is a *poor* driver.
3 《不適当・不都合》: (立場などが悪い) awkward; (都合の悪い) unfavorable (《英》 unfavourable); (思慮のない) unwise.
¶ 彼は*まずいときに教室に入ってきた He came into the classroom at an *awkward* time. // そんなつまらないことで腹を立てるのは*まずいよ It's ⌈*unwise* [*not good*] (of you) to get angry over such a small thing. // *まずいことになってしまった (⇒ 事は具合が悪いことになった) Things went *wrong*. / (⇒ 事態は不都合な局面を迎えた) The situation has taken an *unfavorable* turn.

マスク mask Ⓒ. ¶ キャッチャーはマスクをつけている The catcher is wearing his *mask*.

マスコット (縁起のよい物・人) mascot [mǽskɑt] Ⓒ.

マスコミ (新聞・テレビなどによる大量伝達) mass communication Ⓤ; (大量伝達手段) mass media ★ 複数形で; (新聞・雑誌界) journalism Ⓤ; (報道関係者) reporter Ⓒ.

まずしい 貧しい **1** 《貧乏》 ―形 (貧乏な) poor (↔ rich; wealthy) ★ 最も一般的; (生活してゆく上で非常に貧乏な) needy (↔ well-to-do); (日用の必要品にも困っている) in want; (非常に貧乏な) poverty-stricken ★ 文語的表現. ―名 (貧しさ・貧乏) poverty Ⓤ. 《☞ びんぼう (類義語)》. ¶ 彼は*貧しい移民の子として生まれた He was born the son of a *poor* immigrant.
2 《貧弱な》: poor ★ 最も口語的な表現; (必要な量に達せず乏しい) scanty; (不十分な) insufficient ★ 以上2つはやや形式ばった語. 《☞ とぼしい；ひんじゃく》. ¶ 私の*貧しい英語の知識では, 私の考えを十分言い表せません I can't express myself fully with my *poor* knowledge of English.

マスター¹ (男の主人・雇い主) master Ⓒ; (所有者・経営者) proprietor Ⓒ.

マスター² ―動 (マスターする) master ⓣ.

マスト (帆柱) mast Ⓒ 《☞ ヨット (挿絵)》.

マスプロ ―名 (大量生産) mass production Ⓤ 《☞ りょうさん；たいりょう¹》.

ますます 益益 more and more (...) ★ 程度が徐々に増加することを表す; less and less (...) ★ 程度が徐々に減少することを表す; (次第に増加して) increasingly; (かえってますます) all the more. 《☞ いよいよ；なおさら；比較の表現 (囲み)》.
¶ 東京は*ますます住みにくくなるだろう It will ⌈become [get] *more and more* difficult to live in Tokyo. // 地球の資源は*ますます少なくなりつつある The earth's natural resources are ⌈getting [becoming] *less and less*. //

形勢は彼にとって*ますます不利になってきている Things are getting *less and less* favorable for him. // 彼女の家に近づけば近づくほど, 彼は*ますます胸の高鳴るのを覚えた *The nearer* he approached her house, *the faster* his heart beat. // 物価は*ますます(⇒絶えず; いつも)上がっていく Commodity prices are going up *all the time*.

まずまず (あまり悪くない) not very bad; (かなりよい) pretty good; (なんとか)《口語》so-so. (☞ まあまあ; かなり). ¶結果は*まずまずだった(⇒かなりよかった) The results were *pretty good*. / (⇒そんなに悪くなかった) The results were *not very bad*. // 彼女は*まずまずの英語を話す She speaks ⌈*passable* [*fairly good*] English. / She speaks English ⌈*pretty* [*passably*] *well*.

まぜあわせる 交ぜ合わせる, 混ぜ合わせる (2つ以上のものを) mix ... together; (同種類のものを完全に) blend ㊣; (各成分が識別できるように) mingle ㊣. (☞ まざる (類義語)).

まぜかえす 混ぜ返す (話の途中に割り込む) cut in ㊀, interrupt ㊣ ★ 前者のほうが口語的; (人の話に割り込んで(話を種に)冗談を言う) cut in and joke about (what *a person* is saying). ¶話しているとき*まぜ返さないでくれ Will you stop *cutting in and joking about what I'm saying*?

まぜこぜ ―動 (ごちゃごちゃに混ぜる) jumble (up) ㊣; (混ぜ合わせる) mix up ㊣ ★ 後者には必ずしも「ごちゃごちゃに」という意味は含まれない. (☞ ごちゃごちゃ).
¶いろいろな物が*まぜこぜに机の引き出しに入っている Various things *are jumbled together* in the drawers of the desk. // この棚には英語の本と日本語の本が*まぜこぜになっている English books and Japanese ones *are mixed up* on this shelf.

まぜもの 混ぜ物 ―名 (食品の添加物) additive Ⓒ; (成分として加えられるもの) admixture Ⓤ; (質を低下させるような不純物) adulterant Ⓤ ★ 以上いずれも形式ばった語. ―動 (不純物を加える) adulterate ㊣. ¶このアルコールには*混ぜ物はない(⇒純粋だ) This alcohol is *pure*.

ませる ―動 (年令に似合わず大人びたことをする) act too grown up for *one's* age. ―形 forward; (よい意味で) precocious.
¶傾向として都会の子供は田舎の子供より*ませている Children in the cities have the tendency to *act too grown up for their age*, more than those in the country. // 彼女は中学生にしては*ませている She is too *forward* for a junior high school girl. // あの女の子は*ませた口をきく(⇒大人のような話し方をする) That girl *talks like a grown-up*.

まぜる 交ぜる, 混ぜる mix ㊣; combine ㊣; mingle ㊣; blend ㊣.
【類義語】最も一般的で, 2つ以上のものを均一に混合することを表すのは **mix**. 2つ以上のものを合わせて1つのものにすることを意味し, 化学的な化合も意味するのが **combine**. 混ぜ合わせた後も各成分が識別できるような混合の仕方を表すのが **mingle**. 茶・たばこ・飲み物などについてよりよい風味を得るため, 同種類で多少違ったものを混ぜ合わせるのが **blend**. (☞ まじる; まざる; ミックス)
¶私はケーキを作るために小麦粉と砂糖を*混ぜた I *mixed* flour and sugar to make a cake. // 私はウイスキーに水を*混ぜた <S(人)+V(*mix*)+O(名)+*with*+名> I *mixed* whisky *with* water. // 黄と青を*混ぜると緑色になる If you *combine* yellow and blue, you'll get green. // ばらにすみれを*交ぜて花束を作った <S(人)+V(*mingle*)+O(名)+*with*+名> We *mingled* roses *with* violets to make a bouquet. // 私はたいていモカとブルーマウンテンを*混ぜる <S(人)+V(*blend*)+O(名)+*with*+名> I usually *blend* Mocha *with* Blue Mountain. // フレンチドレッシングを作るには酢とサラダオイルはどのくらいの割合で*混ぜるのですか What is the ratio ⌈of [between] vinegar and salad oil to make French dressing?

また¹ 又 **1** «再び»: again; (いつの日にか) some day; (後で) later. (☞ ふたたび).
¶*また同じ間違いをしてしまった I made the same kind of mistake *again*. // いずれ*またお目にかかりましょう I hope I can see you *some day*. // いつ, *また仕事を始めますか When will you ⌈start working *again* [*be back* at your work]? // じゃ, *またね I'll see you! / See you (*later*)! / So long! ★ long に強勢を置く. 以上いずれもくだけた別れのあいさつ. (☞ あいさつ (囲み))

2 «同じく・やはり»: (もまた…である) also, too
〔語法〕両者はほぼ同意だが, too のほうが口語的. also は文中に置かれ, be動詞のときは直後に, その他の動詞のときは主語の後(動詞の直前)に置かれるのが普通. too は文中・文尾いずれにも置かれ, 文中のときは主語の直後に置かれるのが普通. too が文尾のときは前を, 文中のときは前後をコンマで区切るのが普通だが, 文尾ではコンマがないこともある. 文尾に置くと意味があいまいになるとき, 例えば I know the boy, *too*. では too が boy にかかるのか I にかかるのか不明なので, 「私もまた」ということをはっきりさせるには I, *too*, know the boy. のように文中に too を入れる; (もまた…でない) not ... either ★ 否定文で. (☞ -も).
¶これも*また傑作だ This is a fine piece of work, *too*. / This is *also* a fine piece of work. // それも*またいいだろう That will be fine, *too*. / That will *also* do. // 彼の言っていることも*また真実ではない What he says is *not* true, *either*. // あの青い花瓶も美しいが, 隣にある白いのも*また美しい That blue vase is beautiful and *so* is the white one next to it. 〔語法〕so is A は and A is ..., too と言い換えることができる.

3 «その上に» ―接 (そしてまた) ... and ... ★ 最も一般的. 少し強い強勢を置いて言う. 文尾に too を添えることも多い; (さらにその上) and moreover ..., and besides ... (☞ そのうえ (類義語); さらに).
¶彼は外交官であり, *また詩人でもある He is a diplomat *and* a poet. / He is a poet *as*

well as a diplomat. 〔語法〕 A as well as B は「B であるとともに A でもある」の意. // 彼女は勉勉だし, *また頭もよい She is hard-working, *and* ˹*besides* [*moreover*] she is bright. // この本はおもしろくもないし, *また有益でもない This book is *neither* interesting *nor* informative.

4 «次の» ―形 next ; (別の) some other, another ★ 後者のほうがより漠然とした感じ. ¶これは*またの機会に譲りましょう Let's reserve this for *another* occasion.

また² 股 crotch Ⓒ ; thigh [θái] Ⓒ 〔参考〕 thigh は「太もも」という日本語に当たることもあるので食い違いに注意. 《☞ からだ (挿絵); あし¹ (挿絵)》.

またにかける ¶あの人たちは世界各国を*またにかけている (⇒ 世界中を旅行している) Those people *are traveling all over* the world.

まだ 未だ **1** «いまだ» : (まだ…しない) yet ★ not と共に not … yet の形で用いる ; (現在までは) so far. 《☞ 完了形 (欄外)》.

¶彼は*まだ来ない He has*n't* come *yet*. // 私は*まだ一度も彼女と話したことがない I have*n't* talked to her *yet*. // 「もう仕事を終えましたか」「いいえ, *まだです」 " Have you finished your work yet? " " No, *not yet*. " ★ 疑問文と否定文の yet に対応する日本語に注意. // *まだ (⇒ 現在まで) 何も重大なことは起こっていない Nothing serious has happened *so far*.

2 «いまもなお» : still 《☞ いぜん² ; いまだ》. ¶赤ちゃんは*まだ眠っている The baby is *still* asleep.

3 «さらに» : (もっと) more ; (それでもなお) still. 《☞ もっと ; まだまだ ; このうえ》.

¶家に着くまでには*まだ 2 キロほどある We *still* have two kilometers to go before we get home. // あなたに話すことは*まだ山ほどある There is a lot *more* to tell you. / I *still* have a great deal *more* to tell you.

4 «やっと» : (やっと…したに過ぎない) only. ¶上京して*まだ 1 か月にしかならない It is *only* a month since I came to Tokyo. // *まだ 5 時だよ, 起きるには早いよ It's *only* five o'clock ; it's too early to get up.

またいとこ second cousin Ⓒ 《☞ 親族関係 (囲み)》.

またがし 又貸し ―動 (家などを) sublet ㊎, sublease ㊎ ; (本などを) lend a borrowed … to another. ―名 sublease Ⓒ. 《☞ かす¹》. ¶図書館の本を友達に*また貸ししてはいけない Don't *lend* ˹library books [books which you borrowed from the library] *to* your friends.

またがり 又借り ―動 (本などを) borrow … secondhand 《☞ かりる》.

またがる 跨る **1** «馬などに» : (足を片方ずつ広げて乗っている) sit [be] astride ㊎ ; (足を大きく広げて乗る) straddle ㊎ ; (飛び乗る) jump on … 《☞ のる¹ ; うまのり》. ¶彼は馬に*またがって駆け去った He *jumped on* the horse and galloped away.

2 «広がる» : extend (into … ; over …) ㊐ 〔語法〕 over は「大部分を覆う」という感じをもつ ; (ある範囲にわたる) cover ㊎. 《☞ わたる²》. ¶その山は関東 3 県に*またがっている The mountain *extends into* three prefectures in the Kanto district. // 彼の研究は科学の広い分野に*またがっている His research *covers* a wide area of science.

またぎき 又聞き ―名 secondhand information Ⓤ. ―動 hear … secondhand. 《☞ うけうり》.

またぐ 跨ぐ step ˹over [across] … ; (横断する) cross ㊎. 《☞ ふみこえる》.

まだしも ¶冗談なら*まだしも (⇒ 冗談で言ったのなら許されもしたろうが), 彼は本気でそう言ったのだ It *would have been overlooked*, if he had said it only as a joke. But he really meant it. 《☞ 仮定の表現 (囲み)》

またせる 待たせる make *a person* wait, let *a person* wait 〔語法〕 前者は話者の命令で待たせる, 後者は「待ちたければ待たせる」の意 ; (待たせておく) keep *a person* waiting ★ 状態をいう. 《☞ 使役 (囲み)》. ¶彼に順番を*待たせなさい *Make* him *wait* his turn. // たいへんお*待たせしました I'm sorry *to have kept* you *waiting* so long. // 外に車を*待たせてある I *have* my car *waiting* outside.

まばたき 瞬き (光の) wink Ⓒ, blink Ⓒ ; (星などのきらめき) twinkle Ⓒ. 《☞ まばたき》.

またたく 瞬く (光がちかちか光る) wink ㊐, blink ㊐ ; (星などが) twinkle ㊐. 《☞ まばたき ; かがやく》. ¶西空に星が 1 つ*瞬いていた A lone star *was* ˹*winking* [*twinkling*] in the western sky. **またたく間に** ―副 (一瞬のうちに) in an instant, in a blink. ¶火は*またたく間に隣家に広がった The fire spread to the neighboring houses *in an instant*.

または … or … ; (2 つのうちどちらか) either … or … ★ 後者のほうがより厳密に二者択一を表す. 《☞ あるいは ; 選択の表現 (囲み)》. ¶君か*または僕が間違っているのだ You *or* I am in the wrong. // 次の会合は土曜日か*または日曜日のどちらかだ The next meeting will be *either* on Saturday *or* on Sunday.

まだまだ ―副 (なおいっそう) still ★ 後に比較級を伴う ; (それでもまだ…だ) still ; (まだ…ない) yet ★ not と共に not … yet の形で用いる. ―形 (もっと多くの) (a lot) more …, (many) more … 《☞ まだ》.

¶これから*まだまだ暑くなるだろう It will get *still* ˹warmer [hotter]. // *まだまだ人手が足りない We are *still* shorthanded. // 彼の学力は*まだまだ伸びますよ (⇒ なおいっそう進歩するだろう) He will make *still more* progress in his studies. // 彼は*まだまだ弱ってなんかいない He has*n't* grown weak *yet*. // 私には*まだまだすることがたくさんある I have *a lot more* (things) to do.

マダム (夫人) madam [mǽdəm] Ⓒ ★ 婦人に対する改まった呼びかけとして用いるのが普通. ただし, ma'am [mǽ(ː)m] のほうがもっと一般的 ; (…夫人) 《フランス語》 Madame [mədǽm] 《略 Mme》 ★ 英語の Mrs. に相当する. 《☞ ふじん² ; 呼びかけ (囲み)》.

まだら 斑 ―名 (斑点) spot Ⓒ ; (小さな斑

点) speckle Ⓒ. ― 形 (斑点のある) spotted ; speckled ; (ぶちの) mottled ★ 斑点があってまだらのものも，しま模様でまだらのものも両方を含めていう. ¶ それは黒と黄の*まだらの蛇だった It was a *black and yellow* snake. / It was a snake *spotted with black and yellow*.

まだるっこい (緩慢な) slow ; (物言いがものうげな) drawling ; (回りくどい) roundabout. 《☞ まわりくどい》. ¶ 彼女の話し方はいつも*まだるっこい She always *drawls out* her words. / She always talks in a *roundabout* way.

まち 町, 街 (都市) town Ⓒ ; (市) city Ⓒ ; (街路) street Ⓒ [語法] town は行政区画上では village よりは大きいが，city の資格のないものを指す. しかし，口語的には city の資格のあるものについてもしばしば用いられる. また，ある程度人家が集まって教会・商店などのある地域は，行政区画とは関係なく town と呼ばれることも多い. さらに town は the country (＝田舎) に対して都会という意味で用いられることもある. 話者の住んでいる町，もしくはその近辺の町の場合は town には普通冠詞を付けない. 《☞ とかい ; ちょうない》.

¶ その*町は山に囲まれている The *town* is surrounded by mountains. // 父は用事があって*町に行った Father went to *town* on business. // 彼女は*町に買い物に行った She went shopping in *town*. // 彼はいま*町にいます[いません] He is now ⌈in *town* [out of *town*]. // *町をきれいに住みよくしよう Let's keep our ⌈*city* [*streets*] clean and comfortable. // *町の子供と田舎の子供を比べてみなさい Compare children in the *cities* with those in the country. // *町中の人がそのテレビ番組を見た The whole *town* watched the TV program.

町はずれ (on) the outskirts of a town ★ 通例複数形で. 《☞ はずれ》 **町役場** town [city] office Ⓒ ; (建物) town [city] hall Ⓒ.

まちあいしつ 待合室 (駅・病院などの) waiting room Ⓒ ; (ホテルなどの) waiting lounge Ⓒ.

まちあわせる 待ち合わせる (時刻・場所などを決めて会う) meet ⑩ ; (人を待つ) wait for … 《☞ あう[1] ; おちあう》.

¶ 私は彼女と 5 時に劇場で*待ち合わせることにしてある I ⌈*have arranged* [*am supposed*] *to meet* her at the theater at five (o'clock). / *I've made an appointment* to see her at the theater at five (o'clock). // ここでどなたかとお*待ち合わせですか (⇒ だれかを待っているのですか) *Are* you *waiting for* anybody here?

まちうける 待ち受ける wait for … ; (多分そうなるだろうと予期して待つ) expect ⑩ ; (期待して待つ) look forward to … ★ 動詞が続くときは -ing 形. 《☞ まちのぞむ ; こころまち》.

¶ 我々は彼の到着をいまや遅しと*待ち受けた We impatiently *waited for* his arrival. / We eagerly *looked forward to* his arrival. [語法] 前者はいらいらして待つ感じ，後者は熱心に期待しながら待つ感じを表す. // *待ち受けていた合格通知がやっときた At long last I got the notice of success I *had been* ⌈*waiting* [*hoping*] *for*.

まぢか 間近 ― 形 副 (間近で[の, に]) near, close at hand. ― 動 (近づく) draw near ⓐ. 《☞ ちかづく ; さしせまる》. ¶ 年の暮れも*間近です The end of the year is ⌈*near* [*close at hand*]. // 夏休みが*間近になった Summer vacation *is drawing near*.

まちがい 間違い **1** «誤り・過失» : mistake Ⓒ ; error Ⓒ ; blunder Ⓒ ; slip Ⓒ ; fault Ⓒ.
【類義語】最も一般的な語は ***mistake*** で，基準または正解からはずれた誤りとともに，日常的な出来事における判断の誤りなどにも用いる. 意味が広く，以下の語の代わりに用いることもできる. 試験の解答の誤りとか，考え違いなど，主として計算やスペリングの間違いとか，正解からはずれた誤りに用いるのが ***error*** で，*mistake* より非難の暗示が強い. 大失敗・大しくじりという意味の語が ***blunder*** で，愚鈍・不注意などに対する非難の意が強い. 不注意・性急さなどによるささいな失敗が ***slip***. 過失・落ち度などの意味での誤りが ***fault*** で，日本語ではしばしば「(私の)責任」とか「(私が)悪い」などの言い方にも当たる語. 《☞ あやまり ; まちがえる》

¶ だれでも*間違いはするものだ Everybody makes *mistakes*. // 同じ*間違いを 2 度犯さないように注意しなさい Be careful not to make the same kind of *mistake* again. // 彼の手紙にはつづりの*間違いがいっぱいあった His letter was full of ⌈*errors* in spelling [spelling *errors* ; spelling *mistakes* ; misspellings]. // それは私の*間違いでした It was mý *mistake*. ★ my に強勢を置く. / I *was mistaken*. ★ 思い違いをしていたという意味. / It was mý *fault*. ★ 責任が私にあるという意味. my に強勢を置く. / I was *wrong*. // 私は歴史の試験で大*間違いをした. リンカーンは合衆国の初代大統領だと答えてしまった I *made a blunder* on my history exam. I answered that Abraham Lincoln was the first president of the United States. // 彼はめったに言い*間違いなどしない He rarely makes a *slip* of the tongue. // あの人なら*間違いない (⇒ 信用できる) と思いますか Do you think he can *be trusted*?

2 «事故» : (何かの事件) something ; (事故) accident Ⓒ ; (特に公務員などの違法行為) misconduct Ⓤ ; (少年少女の非行) delinquency Ⓒ.

¶ 彼らはまだ到着していない. 途中で何か*間違いでも起こったのかしら They haven't arrived yet. I wonder if *something* happened to them on the way. // 彼に*間違いがなければいいが I hope *nothing has happened* to him.

間違いなく ¶ 彼は*間違いなく来ると思う I *am sure* (*that*) he will come. ★ that は省略することが多い. // このかばんは*間違いなく彼のものです. 内側に彼の名前が書いてありますから This bag is *certainly* his, because it has his name inside. 《☞ きっと[1] (類義語) ; たしか (類義語)》

まぢかい 間近い near, close at hand. 《☞ まぢか ; ちかい[1]》.

まちがう 間違う ☞ まちがえる

まちがえる 間違える **1** «誤る»: (間違いをする) make a mistake, mistake ㊙《過去 mistook; 過分 mistaken》; (…を間違える) make [take] a wrong … 語法 口語的な言い方で,「誤った」(wrong) という形容詞を用いて, 例えば「答えを間違える」(make a *wrong* answer),「道を間違える」(take the *wrong* way),「電話番号を間違える」(call the *wrong* number) のように言う; (計算違い・考え違い・誤答などをする) make [commit] an error ★ mistake よりも非難するニュアンスが強い. 《☞ まちがい (類義語); まちがった》.
¶ 英語の試験でたくさん*間違えてしまった I *made* a lot of ˹*mistakes* [*errors*] in the English exam. // あっ, *間違えた Oh, God! I *made a mistake*! // 彼女は道を*間違えて迷ってしまった She *took* ˹*a wrong* turn [*the wrong* way], and got lost. // 私はよく計算を*間違える I often *make* ˹*mistakes* [*errors*] in calculation.
2 «取り違える»: mistake [take] … for …; (混同する) confuse … with … ¶ おじはよく私を弟と*間違える My uncle often ˹*takes* [*mistakes*] me *for* my brother. // 自由と放縦を*間違えてはいけない You should not *confuse* liberty *with* license. // だれか*間違えて私の帽子をかぶっていったらしい I guess someone took away my cap *by mistake*.

まちがった 間違った ━ 形 (誤った・正しくない) wrong (↔ right), incorrect (↔ correct) 語法 入れ替えて用いてよい場合も多いが, wrong は道徳的に間違っているという意味でも使われるのに対し, incorrect は計算や解答などの間違いについてのみ使う; (判断などを誤った) mistaken. 《☞ ちがう (類義語)》.
¶ *間違った電車に乗ってしまった I took the *wrong* train. // そんな*間違った考えを持ってはいけない You shouldn't hold such a *wrong* idea. // もし私が*間違った判断をしているのでなければ, あなたに責任があるのです If I am not *mistaken* in judgment, you are responsible in this case.

まちかど 町角 ˋ(street) corner Ⓒ 《☞ まがりかど》. ¶ その店は*町角にある The store is *on the* ˹*corner of the street* [*street corner*]. // 私は*町角で (⇒ 通りで) 先生に会った I met my teacher *on the street*.

まちかねる 待ち兼ねる (いらいらと) wait (for) … impatiently ★ 機会などを待つという意味では wait は ㊙; be impatient for …; (熱心に) wait eagerly for …; (楽しみに) look forward to … ★ 動詞が続くときは -ing 形. 《☞ まちこがれる; まちうける》.
¶ 彼らは私の到着を*待ちかねていた They *were* ˹*eagerly* [*impatiently*] *waiting for* my arrival. // 彼は恋人に再会する日を*待ちかねている He *can hardly wait until* the day when he will meet his girl again.

まちかまえる 待ち構える (熱心に) wait (eagerly) for …; (準備を整えて) be ready for … ¶ 大勢の人々が開門を*待ち構えていた A large crowd of people *were eagerly waiting for* the opening of the gate. // 競泳者たちはピストルの合図を*待ち構えていた The swimmers *were ready for* the starting gun.

まちくたびれる 待ちくたびれる grow [get] ˹tired [weary] of waiting for … ¶ 子供たちは皆両親の帰宅を*待ちくたびれていた All the children ˹*got* [*grew*] *tired of waiting for* their parents to come home.

まちこがれる 待ち焦がれる (期待して楽しみに待つ) look forward to … ★ 動詞が続くときは -ing 形; (熱望する) long for …; (熱心に待ち受ける) wait ˹impatiently [anxiously] for …; (…したくてたまらない)《口語》be dying ˹for … [to *do*]. 《☞ まちかねる; こころまち》.
¶ 生徒たちは休みを*待ち焦がれている The pupils *are* ˹*looking forward to* [*longing for*] vacation. // 彼女は娘との再会を*待ち焦がれている She *is dying to* see her daughter again.

まちじかん 待ち時間 waiting time Ⓤ.

まちどおしい 待ち遠しい (期待して楽しみに待つ) look forward to … ★ 動詞が続くときは -ing 形; (熱心に待つ) wait ˹eagerly [anxiously] for …; (切望する) long for … 《☞ まちこがれる; こころまち》. ¶ 彼女は夫の帰りが*待ち遠しかった She *was looking forward to* her husband's return. // クリスマスが*待ち遠しい (⇒ クリスマスはいつまでも来ないように思える) It seems like Christmas will never come.

まちなみ 町並み ¶ トンネルを抜けると京都の*町並みが見えてきた When the train came out of the tunnel *the streets and the houses* of Kyoto came into sight.

まちのぞむ 待ち望む (待つ) wait for …; (期待して楽しみに待つ) look forward to … ★ 動詞が続くときは -ing 形. 《☞ まちうける; まちかねる; たいぼう[1]》. ¶ 町中の人が彼の到着を*待ち望んでいる The whole town *is* ˹*waiting for* [*looking forward to*] his arrival.

まちぶせ 待ち伏せ ━ 名 (攻撃のための) ambush Ⓤ. ━ 動 (攻撃のために待ち伏せする) ambush ㊀ ㊙; (隠れて人の来るのを待つ) hide *oneself* (in …) and wait for … ¶ 私たちは木陰で彼の来るのを*待ち伏せした We *hid ourselves* behind the trees *and waited for* him to come.

まちぼうけ 待ち惚け ¶ *待ちぼうけを食わせないでよ (⇒ 待っているから必ず来てよ) I'll be waiting for you, so be sure to come. // きのうは彼女に*待ちぼうけを食わされた (⇒ 待ったが現れなかった) I waited for her yesterday, but she did not show up. / She *stood* me *up* yesterday.
【参考語】(むだに待たせる) keep … waiting in vain, 《口語》stand … up.

まちまち ━ 形 (いろいろの) various; (意見などが分かれた) divided; (異なった) different. ¶ この点に関して委員の意見は*まちまちだった The committee *were divided* in opinion on this point. // 同一の事件が時として新聞によって*まちまちに伝えられることがある The same event is sometimes reported *differently* by different papers.

まつ¹ 待つ **1** «待ち受ける»: (待つ) wait ㊀; (…を待つ) wait for … ; await ㊉ ★ wait for よりやや文語的で抽象的なことを待つ場合に用いることが多い; (楽しみに待つ) look forward to … ★ 動詞が続くときは -ing 形. 《☞ まちうける; まちこがれる》.
¶ 私たちは駅で長いこと*待った We *waited* a long time at the station. / We *had a* long *wait* at the station.
「ちょっと*待って下さい」「いいとも」"*Wait* a minute, please." "Certainly [OK; All right; Sure]." 語法 please の代わりに will you? とするともっとくだけた調子になる. [ ] 内にくだけた言い方.
「*待ってよ」「早くしろよ」"*Wait for* me!" "OK. Hurry up."
君はだれを*待っているんですか Who *are* you *waiting for*?
しばらくお*待ち下さい One moment, please. 語法 やや改まった調子で, アナウンスや電話の交換などでよく使う. 《☞ 電話の英語 (囲み)》
私は店が開くのを外で*待っているところだった I *was waiting* outside *for* the store to open.
私は彼女の答えを一心に*待っていた I *was* anxiously ⌈*waiting for* [*awaiting*] her reply.
お*待たせしてすみません I'm sorry ⌈I've [to *have*] *kept you waiting* (so long).
もうどのくらいここでお*待ちになっているのですか How long *have* you *been waiting* here?
あなたが来るのを楽しみに*待っています We *are looking forward to* your arrival.
2 «頼る»: (依存する) rely [depend] on … ; (当てにする) look to … 《☞ たよる》.
¶ 君の努力に*待つところは大きい We *rely* very much *on* your efforts.

まつ² 松 pine (tree) Ⓒ. **松かさ** pinecone Ⓒ **松葉** pine needle Ⓒ **松林** pine grove Ⓒ **松やに** (pine) resin [rézn] Ⓤ.

まっか 真っ赤 ― 形 (deep) red; (深紅色の) crimson [krímzn]; (緋色) scarlet. 《☞ あか¹; 色 (囲み)》.
¶ 彼は怒って*真っ赤になった He turned *red* with rage. // 彼女はそれを聞くと耳まで*真っ赤になった She *flushed* to the ears when she heard it. // 西の空は*真っ赤に燃えていた The western sky glowed with *crimson*. // それは*真っ赤な (⇒ まったくの) うそだった It turned out to be a *downright* lie.

まつかざり 松飾り the New Year's pine decorations (at the ⌈door [gate] of a Japanese home) 《☞ かどまつ; 日本固有の風物と英語 (囲み)》.

まっき 末期 (終わり) end Ⓒ, close Ⓤ. **末期症状** ¶ いまの政権は*末期症状を呈している (⇒ 崩壊に近づいている) The present Administration *is heading for a collapse*.

まっくら 真っ暗 ― 形 pitch-dark, dark as pitch. 《☞ くらい¹; くらやみ》. ¶ 洞穴の中は*真っ暗だった It was ⌈*pitch-dark* [*dark as pitch*] in the cave. // 会社の将来はお先*真っ暗だ (⇒ 不安定だ) The future of the company seems *uncertain*.

まっくろ 真っ黒 ― 形 pitch-[coal-; jet-] black; (体中日に焼けた) tanned all over. 《☞ くろ; 色 (囲み); ひやけ》. ¶ その熊は*真っ黒だった The bear had *coal-black* fur. // 彼女は浜辺から*真っ黒に日焼けして帰って来た She returned home from the beach *tanned all over*.

まつげ 睫毛 eyelash Ⓒ ★ しばしば複数形でまつげ全体を指す. 《☞ め¹ (挿絵)》.

まっこうから 真っ向から ― 副 (まったく・絶対に) absolutely; (拒絶の仕方が) flatly. ¶ 彼女は我々の申し出を*まっこうから拒絶した She *flatly* rejected our proposal. // 彼はその件に関しては一切間違ったことはしてないと*まっこうから否定した He *absolutely* denied any wrongdoing in the affair.

まつごのみず 末期の水 **末期の水をとる** attend *a person's* deathbed.

マッサージ ― 名 massage Ⓤ. ― 動 (マッサージする) give … a massage, massage ㊉. 《☞ もむ》. **マッサージ師** massagist Ⓒ.

まっさいちゅう 真っ最中 ― 前 in the midst of … ; (最高潮で) at [in] the height of … ― 動 (真っ盛りである) be in full swing. 《☞ さいちゅう》.
¶ 彼らはあらしの*真っ最中に出帆した They set sail *in the midst of* a heavy storm. // その事故はゲームの*真っ最中に起こった The accident happened *at the height of* the game. // 私が部屋に入ったときには議論の*真っ最中だった When I entered the room, the debate *was in full swing*.

まっさお 真っ青 ― 形 (色彩が) (deep) blue; (空色) azure [ǽʒɚ]; (顔色が) pale, white ★ この 2 つは血の気が引いて蒼白になること. 《☞ あお; 色 (囲み)》. ¶ *真っ青な空には雲一つなかった There was not a cloud in the ⌈*deep blue* [*azure*] sky. // 彼(の顔)は私の言葉を聞いて*真っ青になった He turned ⌈*pale* [*white*] at my words.

まっさかさま 真っ逆様 ― 副 headlong, headfirst; (空中で回転して頭から先に) head over heels ★ 自分から意識的に飛び込む場合は使わない. ¶ 彼は屋根から*真っさかさまに落ちた He fell ⌈*head over heels* [*headlong*; *headfirst*] from the roof. // 彼は*真っさかさまに海へ飛び込んだ He jumped into the sea *headfirst*.

まっさかり 真っ盛り ― 動 be in full swing, be at (its) height; (花が) be at (their) best. 《☞ まっさいちゅう; さかり》. ¶ 桜はいまや*真っ盛りだ The cherry blossoms *are* now *at their best*.

まっさき 真っ先 ― 形 (第 1 の・最初の) (the) first. ― 副 (まず第 1 に) first of all. 《☞ さいしょ》. ¶ 彼は上京すると*真っ先に私に会いに来た He called on me *first of all* when he came to Tokyo.

まっさつ 抹殺 ― 動 (消し去る) cross out ㊉; (邪魔者などをやっかい払いする・葬り去る) get rid of … ★ 口語的な表現. 《☞ けす》. ¶ 革命軍事政権は一切の政敵の*抹殺(粛清)を計った The junta [húntə] intended to *get rid of* all its political enemies.

ま

まっしぐらに（全速力で）at full speed. ¶ 私たちはその場まで*まっしぐらに車で行った We drove to the scene *at full speed.*

マッシュポテト mashed potatoes Ⓤ.

マッシュルーム mushroom Ⓤ.

まっしょう[1] 末梢 **—**[形]（周辺的な）peripheral;（ささいな）trivial. **末梢神経** the peripheral nervous system.

まっしょう[2] 抹消 ☞ けす

まっしょうじき 真っ正直 **—**[形]（正直な）honest;（正直で率直な）straightforward.（☞ しょうじき）.

まっしょうめん 真っ正面 ☞ ましょうめん

まっしろ 真っ白 **—**[形]（色彩）pure white;（雪のように白い）(as) white as snow.（☞ しろ[1]; 色（囲み））. ¶ 新雪は*真っ白に輝いていた The fresh snow was shining *white.* // 祖母の髪は*真っ白だ Grandmother's hair is *(as) white as snow.*

まっすぐ 真っ直ぐ **—**[形]（一直線の）straight;（直接の）direct;（直立の）upright. [語法] upright, straight は人の性格について「高潔さ・正直さ」を表すのにも用いる. **—**[副]（一直線に）straight;（直接に）directly, direct;（直立して）upright.（☞ すいちょく; ちょくせん; ちょくりつ）.

¶ *真っすぐな線を引きなさい Draw a *straight* line. // この通りを*真っすぐ行くと駅へ出ます（⇒ 真っすぐ行きなさい. そうすれば駅を見つける[駅へ出る]でしょう）Go [Walk] *straight* along this street, and you'll「find [come to] the station.（☞ 道のきき方（囲み））// 寄り道などしないで*真っすぐ家に帰ってきなさい Come *straight* home without stopping「on [along] the way. // 背筋を*真っすぐに伸ばしなさい Make your back *straight.* / *Straighten*「your back [yourself]. // 彼らは*真っすぐ会場へ向かった They went「*direct* [*directly*] to the meeting place. // 私はその棒を*真っすぐに立てた I put the stick *straight up.*

まっせき 末席 lower seat Ⓒ. ¶ 新郎新婦の家族はテーブルの*末席に座った The families of the bride and bridegroom took (the) *lower seats* at the table. **末席を汚す** ¶ 私もその会の*末席を汚させていただいた（⇒ 出席する名誉を得た）I *had the honor of being present* at the meeting.

まった 待った **待ったなし** ¶ これは*待ったなしの勝負だ This is a match *without a wait.* **待ったをかける** ¶ 彼は*待ったをかけた（⇒ 指し手を取り消した）He *retracted* his *move.* /（⇒ すもうなどで「まだ」の合図を出した）He gave a *not-ready* signal.

まったく 全く **1**《完全に》: completely, entirely;（ややくだけた感じの言葉として）sheer, totally, wholly, utterly [語法] 以上の語は副詞形であるが, 以下の例文に示すように,「形容詞形＋性質を表す名詞」の結合で, この意味を表すことが多い;（全然…でない）not … at all.（☞ ぜんぜん; 強意語（囲み））.

¶ その人は*まったく知らない人だった The man was「a *total* [an *utter*] stranger (to me). // 彼はその事実を*まったく知らない He does*n't* know *anything* about the fact. // 計画は*まったくの失敗に終わった The plan ended in *complete* failure. // そんな安物を買うのは*まったくの浪費だ Buying such a cheap article is a *sheer*「waste [loss] of money. // 彼はいま*まったくの無一文だ He is now *really* penniless. // 家の中は*まったく静かだった There was (a) *dead* silence in the house. // 私には*まったく見当がつかない（⇒ まったく知らない）I have *no* idea *at all.*

2《本当に》: really;（実に）indeed ★ 相づち・意味の補強・確認などに用いる語.（☞ ほんとう; じつに; 強意語（囲み）; 相づち（囲み））.

¶「彼女が一緒に来られなくて残念だったね」「*まったくだ」"It's a pity she couldn't come with us." "*Yes, indeed.*" // この本は*まったくおもしろい This book is「*really* [*truly*] amusing. // *まったくのところ困り果てています（⇒ どうしたらよいか本当にわからない）I *really* don't know what to do. / *The fact is* [*Honestly*] I am really at my wit's end. // *まったく不思議だな *How* strange!（☞ 感嘆の表現（囲み））

まつたけ 松茸 *matsutake,* a fragrant edible Japanese mushroom ★ 英語ではラテン語による学名はあるが, 俗称がないので, このように説明するしかない.（☞ 日本固有の風物と英語（囲み））.

まっただなか 真っ直中, 真っ只中 **—**[前]（…の真っ最中に）in the「middle [midst] of … ★ midst を使うほうがやや文語的.（☞ まんなか; まっさいちゅう）.

まったん 末端（終わり）the end;（先端）the tip. ¶ *末端機構 the *smallest* unit of an organization / a *terminal* organization

マッチ[1] match Ⓒ《複 ～es》. ¶ *マッチ 1 箱 a box of *matches* // *マッチの軸 a *matchstick* // *マッチの頭 a *matchhead* // 彼女は*マッチを擦った[つけた] She「struck [lit] a *match.* // 私は*マッチでたばこに火をつけた I lit a cigarette with a *match.* //（はぎとり式）紙*マッチ a *matchbook* **マッチ箱** matchbox Ⓒ.

マッチ[2] **—**[動]（調和する・合う）match (他);（似合う）suit (他);（全体として調和する）harmonize (with …) (自).（☞ あう[2]）. ¶ じゅうたんはその部屋によく*マッチしている The carpet is a good *match* for the room. // 歌詞がメロディーに*マッチしない The words do not *harmonize with* the melody.

マッチ[3]（試合）match Ⓒ《複 ～es》（☞ スポーツ（囲み）; しあい）. ¶ そのタイトル*マッチは来年東京で行われる The title *match* will be held in Tokyo next year. **マッチポイント** match point Ⓒ.

まっちゃ 抹茶 powdered tea Ⓤ（☞ ちゃ）.

マット mat Ⓒ. ¶ 私たちは*マットの上で体操をした We practiced gymnastics on the *mats.* // 床に*マットを敷いて下さい Spread the *mats* on the floor. // ドア*マット a (door) *mat*（☞ ドア（挿絵））**マットレス** mattress Ⓒ（☞ ふとん（挿絵）; しんしつ）.

まっとう 全う **—**[動]（約束・任務などを果たす）fulfil(l) (他);（成し遂げる）accomplish (他).

《☞ はたす》. ¶ 彼女は天寿を*まっとうし, 88歳で亡くなった (⇒ 自然死をした) She *died a natural death* at the age of eighty-eight.

マッハ　Mach [máːk] Ⓒ 《☞ おんそく》. ¶ そのジェット機は*マッハ 2.5 で飛ぶ The jet (plane) flies at *Mach* 2.5.

まっぱだか　真っ裸 (一糸まとわぬこと) stark nakedness Ⓤ; (芸術などのための) nudity Ⓤ. 《☞ すっぱだか; まるはだか》.

まつばづえ　松葉杖　crutch Ⓒ ★ 1 組をいうときは a pair of crutches. 《いりょう[1] (挿絵)》. ¶ *松葉杖をついて歩く walk on *crutches*

まつび　末尾　the end, the close. 《☞ さいご[1]; おわり》. ¶ *末尾が 2 の番号をお持ちの方, ここへおいで下さい If you have a number whose *first order* is 2, please come up here.

まっぴら　真っ平 ¶ そんなことは*真っ平(ごめん)だ (⇒ それを絶対にやりたくない) I *wouldn't do it for* ⌈*anything* [*the life of me*]. // もう彼女に会うのは*真っ平だ (⇒ 会いたくない) I *will never* see her again.

まっぴるま　真っ昼間 ── [副] (真っ昼間に) in broad daylight 《☞ ひる[1]; はくちゅう[1]》. ¶ 目を覚ますと*真っ昼間だった When I awoke, it was *broad daylight*.

まっぷたつ　真っ二つ　right [just; exactly] in ⌈half [two] 《☞ ふたつ》.

まつり　祭り　festival Ⓒ, fete [féit] Ⓒ [語法] festival のほうが一般的. 特に戸外で行う園遊会的なものに fete を用いる.
¶ 日本では (⇒ 日本の少女たちは) 伝統的な女の子の*祭りを 3 月 3 日にする Japanese girls ⌈have [celebrate] their traditional *festival* on March 3. // 彼らはお*祭り気分で浮かれている They are making merry *in a* ⌈*holiday* [*festive*] *mood*. 《☞ おまつりさわぎ》
後の祭り ¶ もう*後の祭りだ (⇒ 遅すぎる) It's *too late*. / (⇒ どうしようもない) It *can't be helped*. / It is a day after the fair. 《ことわざ: 祭りの後の日》

まつりあげる　祭り上げる (役などにつける) set *a person* up as ...; (あがめて台座の上に置く) set *a person* on a pedestal [pédistl]. ¶ 彼は国民的英雄に*祭り上げられた He *was set on a pedestal as* a national hero.

まつる　祭る (神としてあがめる) deify [díːəfài] (他); (神社を建てる) dedicate (a shrine) to ..., enshrine (他); (先祖を拝する) worship (他). ¶ 彼は死後神として*祭られている He *has been worshiped as a deity* after death. // 菅原道真を*祭った神社は多い There are many shrines *dedicated to* Sugawara Michizane.

まつろ　末路 (最後の日々) the last days; (終わり) the end; (運命) the fate. 《☞ さいご[2]》.

まつわりつく　纏わりつく (付きまとう) follow about (他), hang about ... 《☞ つきまとう; からまる》. ¶ 子供たちは幼稚園の先生に*まつわりついた The children ⌈*hung* [*followed*] *about* their kindergarten teacher.

まつわる　纏わる (関係する) be associated with ... 《☞ かんする》. ¶ この山に*まつわるおもしろい話はほかにありませんか Are there any other interesting stories ⌈*about* [*told of*; *associated with*] this mountain?

-まで　**1** 《時間の到達点を示して》 ── [前] (その時点までの継続) till ..., until ...; to ...; up to ...; into ...; (...以前に) before ... [語法] till, until, before は [接] をも兼ねる. ── [副] (これまで·いままで) so far, as yet ★ 以上 2 つは現在完了の構文のみで.
【類義語】「...までずっと」という意味の継続期間を示すのは **till** または **until**. この両者はほぼ同意だが, *until* のほうがやや文語的で, 文頭に用いられ, 句や節を導くことが多い. ただし《米》では *until* が好んで用いられる.「...から...まで」という意味で, 継続の意味を強調したいときには *from ... till ...* を用い, 特に強調する必要のないときには *from ... to ...* を用いる. 《米》では to の代わりに through を用いることもある. ((例) 月曜から金曜*まで *from* Monday ⌈*through* [*till*; *until*; *to*] Friday). 期間の終わりまでを示す最も一般的な語は **to** である. ((例) 今週の終わり*まで *to* the end of this week).「...まで」という限度を強調するのが **up to** で, 文頭に用いることが多い. 時間に食い込んでという意味のときには **into** を用いる. ((例) 夜ふけ*まで far *into* the night).「...以前に」という意味のときには **before** を用いる.「これまで」,「いままで」という意味のときには **so far, as yet** などが完了形とともに用いられる. *as yet* にはこれから先どうなるかわからないという意味が強い. 場合によっては *so far* や *as yet*, *up to now* などを用いずに完了形だけでもよい. ((例) これ*までその秘密を明かさなかった I have kept the secret to myself.) 《☞ -までに(は); 時·期間の表し方 (囲み)》
¶ 彼は夜遅く*まで一生懸命働く He works hard (*till*) late at night. [語法] till のないほうが口語的表現.
私は今月の終わり*まで東京にいます I'll stay in Tokyo ⌈*till* [*until*; *to*; *through*] the end of this month.
いま*まで仕事で忙しかった I have been busy with my work ⌈*till* [*until*] now. 《☞ いままで》
仕事が済む*まで[試験が終わる*まで]遊びに行けない I can't go and play ⌈*till* [*until*] ⌈the work is done [the examination is over].
私の父は最期*まで意識がはっきりしていた My father was conscious *to* the last.
仕事 (⇒ 勤務時間) は 9 時から 5 時*までだ Working hours are from 9 a.m. *to* 5 p.m.
彼女は初めから終わり*まで同じ口調で話をした She spoke in the same tone from beginning *to* end.
その議論は夜遅く*まで続いた The discussion continued ⌈*to* [*till*] far into the night.
私はこれ*まで何度も失敗した *Up to* ⌈now [the present] I have failed many times.
列車が発車する*まであと 10 分ある We still have ten minutes *before* the train starts.
私はこれ*まで北海道に行ったことがない I have not been to Hokkaido (*before*).
これ*までのところはうまくいった *So far* [*Up to*

now] it has worked well. / It has worked well *as yet*. 《☞ それまで》

2 《場所の到達点を示して》 ―前 to …; up to … ; as [so] far as … ; through …

【類義語】場所を示すために最も一般的に用いられる語は ***to*** である.「…に達するまで」という意味を強めたいときには ***up to*** を,「どこそこまで」という限度を示すには ***as [so] far as***,「…の中を通り抜けて」という意味を示すときには ***through*** を用いる.

¶ 私は先月九州*まで行ってきました I went *to* Kyushu last month.

「お宅から学校*までどのくらいかかりますか」「歩いて 10 分ほどです」"How long does it take from your home *to* (the) school?" "About ten minutes on foot."

青森*まであとどのくらいかかりますか (⇒ どのくらい早く青森に着きますか) How soon do we ｢get *to* [reach] Aomori?

この前の授業はどこ*まで進みましたか *How far* did we ｢go [get] last time? 《☞ どこまで》

大阪*まで 2 枚《駅の窓口などで》Two tickets *to* Osaka, please. 《☞ 省略 (欄外)》

「どこ*まででですか」「東京駅*まで」《タクシーで》"Where *to*, ｢sir [ma'am]?" "(Take me) *to* Tokyo Station, please."

水はひざ*まであった The water came *up to* my knees.

「どちら*までいらっしゃいますか」「熱海*までです」"*How far* are you going?" "I'm going *as far as* Atami."

この列車は小田原*までしか行きません This train goes only *to* Odawara.

途中*までご一緒しましょう I'll go *part of the way* with you.

3 《程度・範囲》 ―前 (…に至るまで) to … ―副 (さえも) even ; (…も) too. ―接 (…するほどまで) so far as …

¶ 弾丸は骨*まで達した The bullet penetrated *to* the bone.

2 人はかなりの程度*まで意見が一致した The two have agreed *to* a large extent.

きょうはこれ*まで So much [That's all] for today.

女の人 10 人のうち 7 人*までがブーツをはいている Seven out of ten women are now wearing boots.

私はここ*までしか知りません This is ｢*all* [*as far as*] I know.

-までに(は) ―前 (完了の期限を示して) by … ―接 (…のときまでに) by the time …, before … 《☞ 時・期間の表し方 (囲み)》.

¶ 彼女は今年の夏の終わり*までには翻訳を完成させているだろう She will have finished *the translation by* the end of this summer. 《☞ 完了形 (欄外)》 ∥ 私が帰る*までに宿題を済ませておきなさい Be sure to get your homework finished ｢*by the time* [*before*] I come back.

まと 的 1 《射撃の標的》: mark Ⓒ, target Ⓒ. 《☞ ひょうてき ; ねらい》. ¶ 矢は*的に当たった[はずれた] The arrow ｢hit [missed] the *mark*. ∥ 彼はピストルで*的をねらった He aimed his pistol at the ｢*target* [*mark*].

2 《比喩的な》: (対象) object Ⓒ, mark Ⓒ, target Ⓒ, butt Ⓒ 【語法】一般的な語は object で, 批判などの標的になるのは mark, target. あざけりの意味が強いのは butt ; (焦点) focus Ⓒ 《複 ~es, foci [fóusai]》; (中心) center (《英》 centre) Ⓒ.

¶ 彼女は我々すべての称賛[羨望(せんぼう)]の*的となった She has become an *object* of ｢admiration [envy] among us all. ∥ 彼は嘲笑の*的になりやすい He is an easy ｢*target* [*mark* ; *butt*] for ridicule. ∥ この政策は攻撃[非難]の*的となるだろう This policy will be the *target* ｢of [for] ｢attack [bitter criticism]. ∥ 彼の言葉は*的を射ていた His words have hit the ｢*mark* [*target*]. ∥ 彼女の行為は衆人環視の*的になった Her behavior has become the ｢*focus* [*center*] of public attention.

的はずれの (標的からはずれて) beside [wide of] the mark ; (見当違いの) off the point ; (適切でない) irrelevant (to …) ; (ねらい・指示・用法などの誤った) misdirected. 《☞ とんちんかん》.

まど 窓 window Ⓒ ; (船の) port(hole) Ⓒ. 《☞ ふね (挿絵)》.

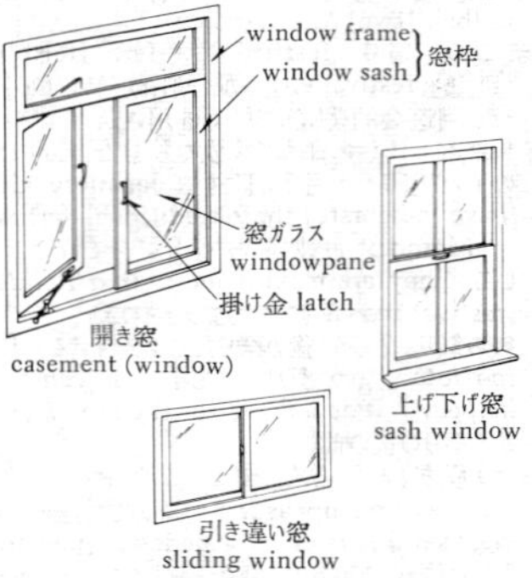

¶ *窓を開けて[閉めて]いただけませんか Will you please ｢open [shut ; close] the *window*? 《☞ 依頼の表現 (囲み)》 / 《自動車の場合》(⇒ 下げる[上げる]) Will you please ｢lower [raise] the *window*? ∥ この*窓はうまく閉まらない This *window* will not close properly. ∥ 私は*窓から外を見た I looked out (of) the *window*. 【語法】《米》では of を省略することが多い. ∥ *窓から顔を出してはいけない Don't put your head out (of) the *window*. 【参考】この場合の「顔」は英語では head ということに注意. ∥ 私は*窓から中をのぞいた I looked in through the *window*. ∥ *窓に明かりのついた部屋は私の部屋です The room with lights in the *windows* is mine.

窓ガラス windowpane Ⓒ **窓口** window Ⓒ. ¶ 5 番*窓口で at *window* no. 5 **窓枠** window ｢sash [frame] Ⓒ ★ 開閉する部分は sash.

まとう 纏う (着る) wear ㊀ (☞ きる[2]).
まどう 惑う be puzzled (☞ まよう).
まとまった 纏まった — 形 (多くの・大きな) large, round; (かなりの大きさの) sizable; (定まった) definite. (☞ まとまる).
¶ *まとまった (⇒ かなりの) 金が欲しい I would like to have a ˹*large* [*round*; *sizable*] sum of money. // 新製品の*まとまった注文を幾つかのデパートから受けた We have received *large* orders for the new products from several department stores. // 私はその議題についてまだ*まとまった (⇒ はっきりした) 考えがありません I have no *definite* idea about the topic of discussion. / (⇒ 考えが最終的な形をとっていない) My ideas about the matter *have* not *taken final shape* yet.
まとまり 纏まり (解決) settlement Ⓒ; (統一) unity Ⓤ; (話の筋が通ってうまくつながりがあること) coherence Ⓤ; (秩序) order Ⓤ; (結論) conclusion Ⓒ. (☞ まとめる).
¶ それはどうやら*まとまりがついた (⇒ 満足できる解決へと) It was brought to a satisfactory ˹*settlement* [*conclusion*]. // その会議は*まとまりがつかなくなった (⇒ 混乱に陥った) The conference ˹was thrown into *disorder* [fell into *confusion*]. // 彼の話は*まとまりがなくてわからない I cannot understand him because his talk ˹is too *loose* [lacks *coherence*; is *incoherent*].
まとまる 纏まる **1** «集まる・そろう»: be collected, be ˹brought [put] together; (統一する) unite ㊀, be united. (☞ まとめる; まとまった; とういつ).
¶ 彼女の散り散りになった詩は, 死後 1 冊の本に*まとまった After her death her scattered poems *were* ˹*collected* [*put together*] *into* one volume. // 私たちは 1 つに*まとまってこの難局に当たった We ˹*united* together [*were united*] in the difficult situation. // その件に関して皆の意見が*まとまった (⇒ 皆が賛成した) They *agreed among themselves* on the matter. // 私のクラスはよく*まとまっている[いない] My class ˹*is* closely *united* [*is divided within itself*]. // 彼女のレポートはよく*まとまっている (⇒ よく構成されている) Her paper *is well organized.*
2 «決着がつく»: (おさまる・解決する) be settled; (結論が出る) be concluded; (一致をみる) come to [reach] an agreement (with ...). (☞ おさまる; まとめる).
¶ その交渉は*まとまった The negotiations *have been* ˹*settled* [*concluded*]. // ボーナス交渉は満足すべき線で*まとまった The bonus negotiations *were brought to a* satisfactory ˹*settlement* [*conclusion*]. // 皆さん相談が*まとまりましたか (⇒ 一致をみましたか) *Have* you *come to an agreement?*
まとめやく 纏め役 (調停者) mediator Ⓒ, 《口語》 troubleshooter Ⓒ; (和平のための) peacemaker Ⓒ; (マネージャー役) manager [mǽnidʒə] Ⓒ. (☞ ちゅうさい). ¶ 彼女は我我の*まとめ役をしてくれた She ˹acted [served] as ˹*mediator* [(⇒ マネージャー役として) *manager*] for us. 語法 as の後の資格などを示す名詞は冠詞を付けないことが多い.
まとめる 纏める **1** «集める»: collect ㊀, gather ... together, put ... together, bring ... together 語法 ほぼ同意で入れ換え可能だが, 前 2 者は集める動作に重点があり, しかも collect は組織的に集めることをいう. 後 2 者は 1 か所にまとめることに重点がある. (☞ あつめる (類義語)).
¶ 紙くずは*まとめてくずかごに捨てなさい *Gather* scraps of paper and throw them into the trash can. // その批評家は自分の評論を 1 冊の本に*まとめた The critic *collected* his essays into a single volume. // 手まわり品をスーツケースに*まとめた (⇒ 詰めた) I *packed* my things into a suitcase. // 私は*まとめて (⇒ すっかり) 彼の借金を支払った I paid his debts *all together*.
2 «整える»: arrange ㊀; (具体的なものにまとめる) put ... in(to) shape; (紛争を調停する) mediate ㊀; (意見の差などを調整する) adjust ㊀; (会議・意見などを調整する) coordinate ㊀; (要約する) sum up ㊀, summarize ㊀ ★ 前者がより口語的.
¶ 私の祖母は縁談を*まとめるのがうまい My grandmother has tact in *arranging* marriages. // 私はいま考えを*まとめようと努力している I'm trying hard to ˹*put* [*get*] my ˹thoughts [ideas] *in shape*. // 彼らの意見の相違を*まとめるなんてできないね I don't think I can *adjust* the differences of their opinions. // この書物の内容を*原稿用紙 10 枚以内で*まとめなさい (⇒ 要約しなさい) *Sum up* [*Summarize*] the contents of this book within ten sheets of writing paper.
まとも **1** «真正面から» — 副 (真っすぐに) straight (☞ まっすぐ; しょうめん). ¶ 彼は先生の顔が*まともに見られない He can't look the teacher *straight* in the face.
2 «まじめ» — 副 (正直に) honestly; (本気で) seriously; (正常に) normally; (立派に) decently; (正気で) in *one's* senses. (☞ まじめ; しょうじき; まにんげん).
¶ 彼は*まともに暮らしている He is now living ˹an *honest* life [*honestly*]. // 私は結婚なんて*まともに (⇒ 本気で) 考えたことがない I've never taken marriage *seriously*. // こんな環境では人間は*まともな (⇒ 正常な) 生活はできない People cannot lead *normal* lives in such an environment. // *まともな人ならあんなことを言うはずはない No man *in his right mind* would say such a thing.
まどり 間取り the plan of a house (☞ せっけい[1]). ¶ この家は*間取りがいい[悪い] This house *is* ˹*well* [*badly*] *planned*.
まどろむ doze (off) ㊀, fall into a ˹nap [doze]; take a nap 語法 昼夜の別なくとろとろするのは doze で, take a nap は主として昼寝のときに用いる. (☞ うとうと).
まどわす 惑わす (混乱させる) confuse ㊀; (困らせる) perplex ㊀, puzzle ㊀. (☞ まよわす; げんわく).
マトン mutton Ⓤ.

ま

マナー manners ★ 複数形で.《☞ さほう；ぎょうぎ；食事(囲み)》. ¶ テーブル*マナー table *manners*

まないた 俎 cutting board Ⓒ《☞ 台所・家事(囲み)》. **まないたの上の鯉**(こい) ¶ 私は*まないたの上の鯉のようなものです (⇒ 運命に身をゆだねている) I'm entirely left to my fate. / (⇒ 彼らのなすがままだ) I'm entirely at their mercy.

まなざし 眼差し look Ⓒ；(ちらっと見ること) glance Ⓒ.《☞ めつき；しせん[1]》.

まなつ 真夏 midsummer Ⓤ 語法「夏至(6月21日か22日)のころ」という意味でも使うので，日本語の「真夏」とは少し意味がずれる場合がある；(真っ盛り) the height of summer；(最も暑い季節) the hottest season.《☞ なつ》.

まなぶ 学ぶ (学んで身につける) learn ㊀㊁；(勉強する・学校の学科として学ぶ) study ㊀㊁；(個人的なレッスンを受ける) take lessons in ...《☞ べんきょう(類義語)；ならう》.

¶ 私は経験[古典]から多くを*学んだ I *have learned* a lot from ˹experience [the classics]. // 私はその出来事から1つの教訓を*学んだ I *learned* a lesson from the incident. // 彼は10年前オックスフォード大学で歴史を*学んだ He *studied* history at Oxford University ten years ago. // あなたは大学で何を*学ぶつもりですか (⇒ 何を専攻しますか) What are you going to ˹*major* [*specialize*] *in* at college? ★ major in は米語法. // よく*学びよく遊べ All work and no play makes Jack a dull boy.《ことわざ：遊ばずに勉強ばかりしていてはだめになる》

マニア (熱中する人) enthusiast Ⓒ；(愛好者) lover Ⓒ；(ファン) fan Ⓒ；(病的なほどの熱狂者) maniac [méiniæ̀k] Ⓒ 語法 英語の mania Ⓒ は「熱狂」という意味で，日本語の「マニア」のように「人」を表さない. 人には maniac を用いるか，あるいは have a mania for ... とする. いずれも日本語の「マニア」より意味が強い.

¶ 彼は写真*マニアだ He is a photo *maniac.* / (⇒ 夢中である) He *is crazy about* taking pictures. // 収集*マニアがその絵画を盗んだ A *maniacal* collector stole the painting. // 彼は美術品*マニアだ He *has a mania for* works of art.

まにあう 間に合う **1**《時間に》: be in time (for ...) (↔ be late (for ...))；(列車の時間に) catch (the train), make (the train) (↔ miss (the train)).

¶ ちょうど*間に合った I *was* just *in time.* // 1時間目に*間に合いそうもない I'm afraid ˹I'll *be late for* [I won't *be in time for*] my first class. // 私は午前7時30分の列車に*間に合った I *was in time for* the 7 : 30 a.m. train. / I ˹*made* [*was able to catch*] the 7 : 30 a.m. train. // 我々はそのバスに*間に合わなかった We ˹*missed* [*couldn't catch*] the bus. // 急がないと*間に合わないよ Hurry up, or you won't ˹*be in time* [*make* it].

2《役に立つ》: (用が足りる) do ㊁㊀；(代わりになる) do for ... ★ do を用いるのは口語的；(目的にかなう) serve [answer] ...'s purpose；(役立つ) be useful；(十分である) be enough.《☞ たりる》.

¶ この箱で*間に合います[では*間に合わない] This box ˹will *do* [won't *do*]. // 3万円あればさしあたり*間に合う Thirty thousand yen will ˹*do* me [(⇒ 十分だろう) *be enough*] for the present. // この報告書で*間に合いますか (⇒ あなたの目的にかないますか) Will this report ˹*serve* [*answer*] *your purpose*?

3《なくて済む》: do without ..., dispense with ... ★ 後者は多少改まった言い方. ¶ お手伝いがいなくてもどうにか*間に合います I can ˹*do* [*manage*] *without* a helper.

4《御用聞きに》: (注文がない) have no order. ¶ きょうは*間に合っています (⇒ 注文するものがない) *No order* for today. // お米は*間に合っています (⇒ 必要ない) I *don't want* any rice now.

まにあわせ 間に合わせ ━ 名 (当座しのぎのもの) makeshift Ⓒ, stopgap Ⓒ ★ 後者のほうが一時的な意味が強い；(仮の代用品・代理人) temporary substitute Ⓒ. ━ 形 (一時的な) temporary；makeshift, stopgap；(おざなりの) perfunctory. ━ 副 for the time being.

¶ 政府の物価対策はまったく*間に合わせのものだ The price policies of the government are really ˹*stopgap* [*makeshift*]. // 彼のスピーチは*間に合わせのものだった His speech was quite *perfunctory.*

まにあわせる 間に合わせる ¶ これを何とかお昼までに*間に合わせて下さいますか Could you *get* this ˹*done* [*ready*] by noon? // この服で*間に合わせなさい (⇒ しばらくの間着ていなさい) Put this dress on *for the time being.* // 手持ちの金で*間に合わせよう (⇒ 最大限に利用しよう) I'll *make the best of* the money I have on hand.《☞ まにあう》

まにうける 真に受ける (言葉通りにとる) take *a person* at *his* word；(本気にとる) take (*a person's* word) seriously.《☞ ほんき；うのみ》. ¶ 彼は私の言葉を*真に受けて怒った He got angry because he *took* me *at* my *word.* // 彼女はすぐ冗談を*真に受ける She is too ready to *take* jokes *seriously.*

マニキュア ━ 名 manicure [mǽnəkjùə] Ⓒ. ━ 動 manicure ㊀.

まにし 真西 ━ 副 due west《☞ まみなみ》.

マニラ Manila [mənílə].

まにんげん 真人間 (正直な人) honest man Ⓒ. ¶ 彼は*真人間になると私に約束した He promised me to *go straight.* / (⇒ 心を入れ替えて生活を一新すると) He promised me he would *turn over a new leaf.*

まぬがれる 免れる **1**《逃れる》: escape ㊀；(救われる) be ˹saved [rescued] from ...《☞ のがれる》. ¶ 私はあやうく正面衝突[死]を*免れた I barely *escaped* ˹a head-on collision [death]. // 我々は焼死を*免れた (⇒ 救われた) We *were* ˹*saved* [*rescued*] *from* death by fire.

2 «避ける»：(好ましくないものを) avoid ㊀；(言い逃れなどをする) evade ㊀.《☞ のがれる》. ¶ 彼は責任を*免れようとしている He is trying to ⌈*avoid* [*evade*] his responsibility. // 彼女の退学は*免れがたい Her expulsion from school is *unavoidable*.

まぬけ 間抜け ―名 (愚かな人) fool Ⓒ. ―形 (ばかな) stupid；(愚かな) foolish.《☞ ばか》.

まね 真似 ―名 (模倣) imitation Ⓤ；(物まね) mimicry Ⓤ. ―動 imitate ㊀；mimic ㊀《過去・過分 mimicked》；(…のふりをする) feign ㊀, feign *oneself*, pretend (to be …) ㊀ ★ feign を使うほうが，より芝居がかったまねを意味する.《☞ まねる；くちまね》.
¶ ただ*まねをしただけでは意味がない Mere *imitation* is meaningless. // 彼は人の*まねがうまい He is clever at *mimicking* other people. // 彼は死んだ*まねをしてみせた He ⌈*feigned* death [*pretended* to be dead]. // ばかな*まねはよしなさい Don't ⌈act [play] the fool. / Don't make a fool (out) of yourself.

マネージャー manager [mǽnidʒər] Ⓒ.

まねき 招き invitation Ⓒ《☞ しょうたい[1]》. ¶ お*招きありがとうございます Thank you very much for your kind *invitation*. // 私はその*招きに応じた[を断った] I ⌈accepted [declined] the *invitation*. // 彼は日本政府の*招きで来日した He came to Japan ⌈*at* [*on*] *the invitation of* the Japanese Government.

マネキン (マネキン人形) mannequin [mǽnikin] Ⓒ；(ショーウィンドーなどの飾り人形) dummy Ⓒ.

まねく 招く **1** «会合などに招待する»：invite ㊀《☞ しょうたい[1]》. ¶ 彼は私たちを昼食に*招いてくれた <S(人)+V(*invite*；*ask*)+O(人)+*to*+名(食事)> He ⌈*invited* [*asked*] us *to* lunch.
2 «身振りで招く»：beckon ㊀㊁；(身振りをする) gesture (to …) ㊁.《☞ てまねき》. ¶ 彼は私にもっと近寄れと手で*招いた He *beckoned* (*to*) me (to come) closer.
3 «来てもらう»：call in ㊀《☞ よぶ》. ¶ 彼らはアドバイザーを*招いて，その問題を討議した They *called in* advisers and discussed the problem.
4 «引き起こす»：(…に…をもたらす) bring … on …；(…の原因となる) cause ㊀；(…に導く) lead to …；(結果として起こる) result in …《☞ ひきおこす；もたらす》.
¶ その法案は党の分裂を*招いた The bill *caused* a split within the party. // 石油価格のつり上げが諸物価の高騰を*招いた A rise in the price of oil *resulted in* a rise in (the prices of) various commodities. // それはたいへん誤解を*招きやすい (⇒ 誤解のおそれがある) It is ⌈very [highly] misleading.

まねる 真似る (模倣する) imitate ㊀；(そっくりにまねる) copy ㊀；(人にならう) follow *a person's* example；(人と同じ行動をする) do (the same thing) as others ⌈do [did]；(物まねする) mimic ㊀《過去・過分 mimicked》.《☞ まね；くちまね；もほう》.

¶ 息子は近所の大きな子供たちを*まねし始めた Our son has begun *imitating* the older children in the neighborhood. // 子供はよく親の悪いところを*まねる Children often ⌈*copy* [*imitate*] the bad points of their parents.

まのあたりに 目の当たりに (自分の目で) with *one's* own eyes；(実際に) actually. ¶ 私はけさその自動車事故を*目の当たりにした (⇒ 自分自身の目で見た) I *saw* the automobile accident *with my own eyes* this morning.

まのびした 間延びした ―形 (ゆっくりした) slow(-motion). ¶ *間延びした動作 *slow*(-*motion*) behavior // 彼女の歌はいつも*間延びしている (⇒ ゆっくりしたリズムで歌う) She always sings *in slow rhythm*.

まばたき 瞬き ―名 blink Ⓒ；wink Ⓒ
[語法] 無意識にまばたきするのは blink，意識的にまばたきするのは wink. ―動 wink ㊁；blink ㊁；(星・光などが) twinkle ㊁. ¶ その赤ん坊は*まばたきせずに私の顔を見つめた The baby gazed at me without a *blink*.

まばゆい 目映い dazzling《☞ まぶしい》.

まばら 疎ら ―副 thinly, sparsely (↔ densely). ―形 thin, sparse；(ちらほら) a scatter of …
¶ 当時この辺は人家が*まばらだった This area was ⌈*thinly* [*sparsely*] settled in those days. // 夜が更けて通りは人影が*まばらになった *Very few people were* ⌈*seen* [*there*] on the street late at night. / (⇒ ほとんど人が通っていなかった) The street *was almost deserted* late at night. // 聴衆から*まばらな (⇒ ばらばらの) 拍手が起こった *A scatter of* applause arose among the audience.

まひ 麻痺 ―動 (麻痺する) be paralyzed [pǽrəlàizd]；(寒さなどで) be numb；(心が感じなくなる) be seared. ―名 paralysis [pərǽləsis] Ⓤ, numbness Ⓤ.《☞ しびれる》.
¶ 両腕が*麻痺した I developed *paralysis* of the arms. / My arms *are paralyzed*. // 下[右]半身が*麻痺している I *am paralyzed* ⌈from the waist down [on the right side]. // 寒くて指が*麻痺した My fingers *got numb* with cold. // 大雪で北陸線は*麻痺状態だ The Hokuriku Line *has been paralyzed* by the heavy snow. // 彼は良心が*麻痺している His conscience *is seared*. // 心臓*麻痺 heart ⌈*failure* [*attack*] // 小児*麻痺 infantile *paralysis*

まひがし 真東 ―副 due east《☞ まみなみ》.

まびきうんてん 間引き運転 ―動 thin out ⌈train [bus] runs；(本数を減らす) reduce the number of ⌈train [bus] runs.

まびく 間引く thin (out) ㊀.

まひる 真昼 (正午) high noon Ⓒ《☞ ひる[1]》. ¶ *真昼に in *broad daylight* ★「明るく太陽が輝いている日中に」の意.

まぶか 目深 ¶ 彼女は帽子を*目深にかぶっていた She wore a hat ⌈*low* [*pulled down*] over her eyes.

まぶしい 眩しい ―形 glaring；dazzling

ま

〖語法〗ギラギラするような強く激しい光には glaring を，人の目をくらませるような強い光には dazzling を用いる.《☞ ぎらぎら；くらむ》.

¶ 水面を照らす日射しが*まぶしい The sun *glared* on the surface of the water. ∥ 外からの*まぶしい光で一瞬目がくらんだ I *was dazzled* for a moment by the light from outside.

まぶす (粉などを) dust ㊀；(少量をパラパラと) sprinkle ㊀；(小麦粉をつける) flour ㊀.《☞ ふりかける》. ¶ 私はドーナツに砂糖を*まぶした <S(人)+V(*dust*; *sprinkle*)+O(ドーナツ)+*with*+名(砂糖)> I 「*dusted* [*sprinkled*] the doughnuts *with* sugar. / <S(人)+V(*dust*)+O(砂糖)+*over*+名(ドーナツ)> I *dusted* sugar *over* the doughnuts.

まぶた 瞼 eyelid [áilìd] Ⓒ ★ 単に lid ともいう.《☞ め¹ (挿絵)》.

¶ 上[下]*まぶた an upper [a lower] *eyelid* ∥ 彼女は一重[二重]*まぶただ She has 「single(-edged) [double(-edged)] *eyelids*. ∥ *まぶたが重くなってきた My *eyelids* feel heavy. / (⇒ 眠くなった) I feel very sleepy. ∥ 彼女は*まぶたを閉じた (⇒ 目を閉じた) She closed her *eyes*. ∥ *まぶたの母 (⇒ 記憶にある母) a mother (who lives) *in one's memory*

まふゆ 真冬 midwinter Ⓤ 〖語法〗「冬至 (12月21日か22日) のころ」という意味でも使うので，日本語の「真冬」とは少し意味がずれる場合もある；(最も寒い季節) the coldest season.《☞ ふゆ》.

マフラー (一般的にえりまき) muffler Ⓒ；(自動車の排気音などの消音装置)《米》muffler Ⓒ，《英》silencer Ⓒ.《☞ えりまき；オートバイ (挿絵)》.

まほう 魔法 ―〖名〗(魔術の一般語) magic Ⓤ；(魔女の使う妖術) witchcraft Ⓤ. ―〖形〗magic.《☞ まじない》.

¶ 彼女は*魔法を使って帽子からはとを取り出した She 「practiced [used] *magic* to produce a dove from her hat. ∥ 魔法使いは少年に*魔法をかけた The 「magician [wizard] *cast a spell* 「*over* [*on*] the boy. ∥ まるで*魔法のように彼はドアの錠前をあけた He opened the lock of the door as if by *magic*. ∥ *魔法の国[杖，じゅうたん] a *magic* 「land [wand; carpet]

魔法使い (魔術師・奇術師) magician Ⓒ；(魔女) witch Ⓒ；(男の魔法使い) wizard Ⓒ

魔法びん thermos (「bottle [flask]) Ⓒ.

マホガニー (材木) mahogany Ⓤ ★ 植物としては Ⓒ.

マホメット Muhammad [muhǽməd].

まぼろし 幻 (夢で見る幻影) phantom Ⓒ；(錯覚) illusion Ⓤ；(幻に描く理想像) vision Ⓒ；(想像) imagination Ⓤ；(空想) fancy Ⓤ.《☞ げんそう；げんかく²》. ¶ *幻の魚 (⇒ 人々の幻の中にだけ生きている魚) a fish that is supposed to live only in people's 「*imagination* [*fantasies*]

まま **1** «その状態のまま» ★「人」を主語にしてある状態のままにしておく場合には leave ... as ... 「is [are] を用い，衣服など身につけるものをつけたままという意味を表すには with ... on.「人」または「物」を主語にして「...が...のままである」という意味を表すには，動作の継続なら keep ...ing, 状態の継続なら remain ..., stand ... などを使う.《☞ このまま；そのまま》.

¶ その件はその*ままにしておきなさい *Leave* the matter *as it is*. ∥ 私の机の上のものはその*ままにしておいて下さい Please *leave* the things on my desk *as they are*. ∥ 彼はオーバーを着た[帽子をかぶった，靴をはいた]*まま部屋に入ってきた He entered the room *with* his 「overcoat [hat; shoes] *on*. ∥ エンジンをかけた*ままにしておくな Don't *leave* the engine *running*. ∥ 私が家に帰ったとき，窓は開いた*ままだった When I got home, the window was (*left*) open. ∥《立ち上がりかけた人に向かって》どうぞその*ままで (⇒ 立ち上がらないで下さい) Please don't get up. ∥ 彼はいつも思う*ままに振舞う (⇒ 自分のしたいようにする) He always *has his own way*.

2 «...に従って；...のとおりに» ―〖前〗in accordance with ... ―〖接〗as ...

¶ 私は命じられる*ままにそこへ行っただけです I went there 「*as* I was told to [*in accordance with* the instructions (I got)].

ママ mom Ⓒ, mum Ⓒ, mummy Ⓒ, mammy Ⓒ, mamma Ⓒ, ma Ⓒ 〖語法〗いずれも小児語だが，人によってはかなり成長してからも使う人がいる．ただし，mummy, mammy は小児に限られると考えてよい．mamma はあまり用いられず，ma は地方的．自分の母親に呼びかけるとき，および家庭内で固有名詞代わりに使うときは大文字.《☞ おかあさん〖語法〗；親族関係 (囲み)》.

ままおや 継親 stepparent Ⓒ.

ままこ 継子 stepchild Ⓒ；(男の) stepson Ⓒ；(女の) stepdaughter Ⓒ.

ままごと ―〖動〗(ままごとをする) play house.

ままはは 継母 stepmother Ⓒ.

まみず 真水 fresh water Ⓤ.

まみなみ 真南 ―〖副〗due south《☞ みなみ》. ¶ この道は*真南に走っている This street runs *due south*. 〖語法〗due は副詞で，方向が「正確に」の意.

まみれる (泥などを浴びる) be covered with ...；(汚れる) be 「smeared [stained] with ...

¶ 上衣は血[泥]*まみれだった The coat *was stained with* 「blood [mud].《☞ ちまみれ；どろまみれ》

まむかい 真向かい ―〖前〗(ちょうど正反対の位置に) right [just] opposite (to) ...；(すぐ前に) right [just] in front of ...，《米》right [just] across from ... ―〖副〗(通りを越して向こう側に) right [just] across the street.《☞ ましょうめん；まえ》.

¶ 彼女は食卓で私の*真向かいに腰を下ろした She sat 「*right* [*just*] 「*opposite to* [*across from*] me at the table. ∥ うちの*真向かいの家は山田さんです (⇒ 道をへだてて) The house *right across the street* is the Yamadas'. ∥ その建物の*真向かいに教会があった There was a church *right* 「*in front of* [*across the street from*] the building.

まむし 蝮 *mamushi* Ⓒ, viper [váipə] Ⓒ [語法] viper は「まむしのような奴」という意味で比喩的にも用いられる.

まめ[1] 豆 (一般的に) bean Ⓒ; (えんどう豆) pea Ⓒ; (大豆) soybean Ⓒ.
¶ ガラスのケースの中には*豆粒ほどの人形がいくつかあった In the showcase there were several dolls as small as *peas.*
豆台風 midget typhoon Ⓒ **豆鉄砲** (おもちゃの) peashooter Ⓒ, popgun Ⓒ. ¶ 彼は鳩が*豆鉄砲をくったような(⇒あっけにとられた)顔をしていた He looked dumbfounded with amazement. **豆電球** miniature bulb Ⓒ.

まめ[2] (皮膚の水ぶくれ・火ぶくれ) blister Ⓒ. ¶ 手に*まめができた I got a *blister* on my hand. // *まめがつぶれた The *blister* has broken.

まめ[3] — [形] (勤勉な) hardworking (☞ こまめ). ¶ 彼女は*まめに働く She is ⌜a *hard worker* [*hardworking*].

まめつ 磨滅 — [動] wear ⌜out [away; down] (自). — [名] wear (and tear) Ⓤ. (☞ すりへる). ¶ *磨滅したタイヤ a *worn-out* tire

まめまき 豆まき bean-scattering ceremony (traditionally observed at shrines and homes in Japan on Feb. 3, the eve of the first day of spring) Ⓒ (☞ 日本固有の風物と英語 (囲み)).

まもなく 間もなく soon, presently ★ 後者はやや改まった語; (すぐに) shortly ★ それほど急ではないが, かなり時間が短い感じ; (ほどなく) before long ★ soon とほぼ同意のこともあるが, やや文語的な言い方. (☞ すぐ (類義語); やがて; 時・期間の表し方 (囲み)).
¶ 彼は*間もなくやってくるでしょう He will be here ⌜*soon* [*presently*; *before long*]. // 列車は*間もなく発車します Our train will leave ⌜*shortly* [*soon*]. // *間もなく彼女は健康を回復した *It was not long before* she got well. [語法] 斜体部は慣用表現で, 物語などでしばしば用いられる. // *間もなくクリスマスだ Christmas is *just around the corner.* [語法] just around the corner は「すぐそこの角を曲がった所に」が原意. // 彼女は*間もなく(⇒もう少しで) 30 歳だ She is *nearly* thirty.

まもの 魔物 (悪魔) demon Ⓒ (☞ ま[2]; あくま; ばけもの).

まもり 守り defense (《英》 defence) Ⓤ (↔ attack) ★ 具体的な方策の場合は複数形で. (☞ しゅび[1]; おまもり). ¶ 彼らは攻撃に備えて*守りを固めた They strengthened their *defenses* against attacks.

まもる 守る **1** «防ぐ»: (攻撃・危険などから) defend (他) ★ 最も一般的; (保護する) protect (他); (見張り・警戒をする) guard (他). (☞ ようご[2]; ふせぐ; ぼうぎょ).
¶ 私は自分の権利を*守った I *defended* my rights. // 彼らは敵から城を*守った <S (人) + V (*defend*) + O (守るもの) + *against* + 名 (敵)> They *defended* the castle *against* their enemies. // 子供たちを交通事故から*守らなくてはならない <S (人) + V (*protect*) + O (人) + *against* [*from*] + 名 (危険)> We must *protect* children ⌜*against* [*from*] traffic accidents. // 兵士たちが国王の宮殿を*守っている Soldiers *are guarding* the king's palace. // 私は 1 塁を*守った (⇒ 1 塁をやった) I ⌜*played* [*was on*] *first* (*base*).
2 «履行する»: (約束などを守る) keep (他) (↔ break); (規則などを) observe (他) (↔ neglect). (☞ したがう; げんしゅ[1]).
¶ 彼は必ず約束を*守る He always *keeps* his ⌜promises [word]. // 交通規則を*守らなくてはならない We must *observe* traffic regulations. // 中立を*守るのは難しい It is difficult to ⌜*keep* [*observe*] neutrality. // 私は制限速度を*守っていた (⇒制限速度内で運転していた) I was driving within the speed limit. // 私は子供たちに礼儀作法を*守るように (⇒行儀よくするように) 言っている I keep telling my children to *behave themselves.* // 彼らは昔の習慣を堅く*守っている (⇒古い習慣に執着している) They *cling to* old custom.

まやかし — [形] (本物らしく見せかけた) fake; (だます目的で作った) counterfeit. — [名] counterfeit Ⓒ; fake Ⓒ. (☞ いかさま; にせ (類義語); でっちあげ).

まやく 麻薬 drug Ⓒ [語法] drug には化学薬品という意味もあるが, 「麻薬」という意味でも一般的に用いられる; (鎮痛などの麻酔薬) narcotic Ⓒ; (覚醒剤) stimulant (drug) Ⓒ [参考] 以上のほかにマリファナ (marijuana)・大麻 (hemp, hashish) などと訳す場合もある. ¶ *麻薬常習者 a *narcotic* / a *drug* addict // *麻薬濫用 *drug* abuse // *麻薬取締り *narcotics* control

まゆ[1] 眉 eyebrow Ⓒ ★ 単に brow ともいうが, 主に成句で用いられる. (☞ かお (挿絵)).
¶ 彼は太い[濃い]*眉をしている He has ⌜heavy [bushy] *eyebrows.* // 父は*眉をひそめた (⇒難しい顔をした) Father *frowned.* / (⇒眉を寄せた) Father ⌜knit [knitted; drew] his *brows.* // 彼はその報告を聞いても*眉ひとつ動かさなかった (⇒まばたきもしなかった) He listened to the report *without batting an eye.*
眉毛 eyebrow Ⓒ **眉つば** ¶ それは*眉つばだ (⇒それは割引きして受け取らなくてはならない) It must be taken with a ⌜discount [grain of salt]. [語法] with a grain of salt は「少量の塩をなめた上で」の意.

まゆ[2] 繭 cocoon [kəkú:n] Ⓒ.

まよい 迷い (錯覚) illusion Ⓤ; (妄想) delusion Ⓤ ★ いずれも具体的なものをいうときは Ⓒ. ¶ 私は*迷いが覚めた (⇒正気になった) I ⌜came [was brought] to my senses.

まよう 迷う **1** «道に迷う»: get lost, lose *one's* way ★ 前者がより口語的; (正しい道からそれてしまう) stray (自). (☞ はぐれる).
¶ 道に*迷ってしまいました. 駅はどこでしょうか I *got lost.* Could you show me the way to the station? // 彼らは山中で道に*迷った They ⌜*lost their way* [*got lost*] in the mountains. // その子は森の中へ*迷い込んだ The boy *strayed* off into the wood(s).
2 «当惑する»: (どうしてよいかわからない) do

ま

not know what to do; (困惑する[悩む]) be 「puzzled [perplexed]; (途方に暮れる) be at a loss. 《☞ とうわく (類義語); こまる》. ¶ 彼女はどうしたらよいのか*迷っている She *does not know what to do.* / She *is* 「*at a loss* [*puzzled*] about what to do.

3 «ためらう»: (ちゅうちょする) hesitate (自); (気持ちが揺れる・決心がぐらつく) waver (自); (決心がつかない) be undecided. 《☞ ためらう; ぐらつく》. ¶ 彼は判断に*迷った He *wavered* in his judgment. / His judgment *wavered.*

まよけ 魔除け (お守り) amulet Ⓒ; (災いから守ってくれると信じられている物) charm against evil Ⓒ; (不思議な魔力のある物) talisman Ⓒ.

まよなか 真夜中 midnight Ⓤ 《☞ よる[1]; よなか; よふけ》.
¶ いまは*真夜中だ It's *midnight.* / (⇒ 午前0時だ) It's twelve o'clock *midnight.* 【語法】 midnight はこのように正午に対して夜の12時を示すときにそえて用いられる. // 彼は*真夜中に[*真夜中過ぎに]帰った He returned home 「*at* [*after*] *midnight.* // 私は*真夜中まで (⇒ 夜遅くまで) 一生懸命に勉強した I stayed up *late* (*at night*) studying very hard.

マヨネーズ mayonnaise [méiənèiz] Ⓤ. ¶ 彼女は鮭(さけ)に*マヨネーズをかけた She dressed the salmon with *mayonnaise.*

まよわす 迷わす (当惑させる) puzzle (他); (困らせる) perplex (他) 【語法】 前者は途方に暮れさせることで, 後者はどぎまぎさせたり, 戸惑わせたりすること; (方向を誤らせる) lead astray (他). 《☞ こまる; とうわく (類義語)》.
¶ その不意の質問は彼女を*迷わせた The unexpected question 「*puzzled* [*perplexed*] her.

マラソン marathon [mǽrəθɑ̀n] (race) Ⓒ. ¶ 私は*マラソンで8位になった I came in eighth in the *marathon.* **マラソン走者** marathon runner Ⓒ.

まり 毬 ball Ⓒ.

マリファナ marijuana [mæ̀rə(h)wɑ́ːnə] Ⓤ 《☞ まやく》.

まりょく 魔力 (不思議な力) magic Ⓤ; (魅力) charm Ⓤ. 《☞ まほう; みりょく》.

まる[1] 丸 circle Ⓒ 《☞ まるい; えん[3]; わ[1]》. ¶ 正しいと思う文の番号を*丸で囲みなさい Enclose with a *circle* [*Circle*] the number of the sentence you think right. // 白*丸 a *circle* // 黒*丸 a filled *dot*

まる[2] 丸 ―【形】 (正味) full 《☞ しょうみ[1]》. ¶ 私は*まる1時間待った I waited a 「*full* [*whole*] hour. // これを仕上げるのに*まる3日かかった I spent three *full* days to finish this. // *まる1週間 (⇒ 1週間全部) むだにしてしまった I wasted the *whole* week.

まるあんき 丸暗記 ―【動】 learn ... by rote 《☞ あんき》. ¶ 私はその引用文を*丸暗記した I *learned* the quotation *by rote.*

まるい 丸い **1** «円形・球形の»: (円形の) round; (球形の) round, spherical. 《☞ まる[1]; まるく》. ¶ 彼は地面に*丸い穴を掘った He dug a *round* hole in the ground. // この湖はほぼ*丸い形をしている This lake is almost *round.* // 地球は完全に*丸くはない (⇒ 球体ではない) The earth is not a perfect *sphere.*

2 «ふっくらした»: (丸々とした) round; (ぽちゃぽちゃした) plump.

まるがお 丸顔 ―【名】 round face Ⓒ. ―【形】 moon-faced.

まるき 丸木 log Ⓒ. ¶ *丸木橋 a *log* bridge **丸木舟** canoe Ⓒ.

まるく 丸く, 円く **1** «円形に» ―【副】 (輪になって) in a 「circle [ring]. ―【動】 (丸くする) round (他); (体を丸くする) curl up (自) (他). 《☞ まるい; まるみ; わ[1]》.
¶ *丸く座りなさい Sit *in a* 「*circle* [*ring*]. // 彼女は驚いて目を*丸くした She *rounded* her eyes in surprise. / (⇒ 目を大きく見開いた) She *opened* her eyes *wide* in astonishment. // 猫は日なたで*丸くなっていた The cat lay *curled up* in the sun.

2 «円満に»: (平和的に) peacefully; (円滑に) smoothly. 《☞ えんまん》. ¶ 彼らはその事件を*円くおさめた They 「settled [worked out] the matter 「*peacefully* [*smoothly*].

マルク (ドイツ貨幣) mark Ⓒ. ¶ ドイツ*マルク《西ドイツ貨幣》 deutsche [dɔ́itʃə] *mark*

マルクス Karl Marx (1813-1883) ★ドイツの経済学者・哲学者. **マルクス主義** Marxism Ⓤ. ¶ *マルクスレーニン主義 *Marxism-Leninism* **マルクス主義者** Marxist Ⓒ.

まるくび 丸首 ―【形】 round neck. ¶ *丸首のセーター 《米》 a *round neck* (sweater) // *丸首のシャツ a T-shirt 《☞ したぎ (挿絵)》

まるごと 丸ごと ―【形】 (そっくりそのまま) whole 《☞ -ごと[2]; ぜんぶ[1]》. ¶ 彼はそれを*丸ごとのみ込んだ He swallowed it *whole.* // 彼はりんごを*丸ごとかじった (⇒ 皮をむかずに食べた) He ate the apple *without peeling it.* / (⇒ 皮ごと) He ate the apple *rind and all.*

まるぞん 丸損 total loss Ⓒ 《☞ そん》. ¶ その事業は*丸損になった (⇒ 丸損に終わった[と判明した]) The enterprise 「ended in [turned out to be] a *total loss.*

まるた 丸太 log Ⓒ 《☞ ざいもく (類義語)》. **丸太小屋** log 「cabin [hut] Ⓒ.

まるだし 丸出し ―【形】 (露出した) exposed; (中身がむき出しの) uncovered. 《☞ ろしゅつ》. ¶ 彼女は胸*丸出しの姿で現れた She appeared with her chest 「*exposed* [*bare*]. // その部分は*丸出しだった (⇒ すっかり見えていた) That part was *in full view.*

まるっきり (まったく・完全に) absolutely, completely ★ 前者は強調的な言葉. 《☞ ぜんぜん; まるで》. ¶ 私は1日中*まるっきり何も食べなかった (⇒ 完全に何も) I ate *absolutely* nothing the whole day.

まるつぶれ 丸潰れ ¶ 私の面目は*丸つぶれだ (⇒ まったく失われた) My face *is utterly lost.* // この調査で1日*丸つぶれになった (⇒ この調査は丸1日を要した) This investigation *took* (*up*) a *whole* day.

ま

まるで 丸で **1** «全然»: (まったく…でない) not ... at all; (まったく) quite; (全然) altogether. 《☞ ぜんぜん; まったく》. ¶ それは*まるで別問題だ That is *quite* another matter. // これとあれでは*まるで違う This is *altogether* different from that. // 私は*まるで楽しくない I am *not* ⌈*at all* happy [happy *at all*]. // この文は*まるでなっていない (⇒ 意味をなさない) This sentence makes *no* sense.

2 «あたかも»: (いかにも…らしい) just like ...; (まるで…であるかのように) as if ..., as though ... 語法 as if, as though では後に続く節には仮定法の過去時制, または過去完了時制が用いられる. ただし口語では 1 人称および 3 人称の単数において were の代わりに was が用いられることがある. なお, just like ... が結果において「…である」か「…でない」かは別として, その可能性を含んだ言い方であるのに対して, as ⌈if [though] ... は「…ではない」ことを前提として言う言い方; (いわば) as it were ★ 挿入語句として. 《☞ あたかも; 仮定の表現 (囲み)》.

¶ 彼は*まるで警察官のように見えた He looked *just like* a police officer. // 彼女は*まるでそれについては何でも知っているかのような話しぶりだ She talks *as* ⌈*if* [*though*] she *knew* everything about it. // 彼は*まるで酔っているかのように歩いていた He was walking *as if* he ⌈*were* [*was*] drunk. // その犬は*まるで彼の家族の一員のようだ The dog is, *as it were*, a member of his family.

まるはだか 丸裸 ━形 (一糸まとわぬ) stark naked [néikid]. ━動 (着衣を全部はぐ) strip *a person* of all ⌈his [her] clothes. 《☞ はだか; すっぱだか》. ¶ 彼は*丸裸になった He *stripped* ⌈himself *of* [*off*] *all his clothes*. // 彼は賭博で*丸裸にされた (⇒ 彼は賭博で全財産を失った) He *lost all* his *fortune* on the gamble.

まるみ 丸味 ━名 roundness Ⓤ. ━形 (丸味をおびた) roundish; (人柄などが) rounded. ━動 (丸味をつける) round ㊀. 《☞ まるく; まるい》. ¶ 彼はテーブルの四すみに*丸味をつけた He *rounded* the corners of the table.

まるみえ 丸見え ━動 (全部見える) see everything 《☞ みえる; まるだし》. ¶ あのビルの屋上から部屋の中が*丸見えだ (⇒ すべてが見える) You [We] *can see everything* in this room from the roof of the building.

まるめこむ 丸め込む (うまい言葉でだます) wheedle ㊀; (説得する) persuade ㊀; (味方に引き入れる) win over ㊀.

¶ 彼は彼女を*丸め込んで金を幾らか借りた (⇒ 彼女が金を借すようにうまくだました) He *wheedled* her *into* lending him some money. // 私はその企てをあきらめるように*丸め込まれた (⇒ あきらめるように甘い言葉で説得された) I *was persuaded by sweet words* to give up the attempt. // 彼女はライバルを*丸め込んで味方に引き入れた She *won* the rival *over* to her side.

まるめる 丸める (丸くする) round ㊀; (球にする) ball (up) ㊀. 《☞ まるく; まるみ》. ¶ 彼はその手紙を*丸めてくずかごへほうり込んだ He *balled* the letter *up* and tossed it into a wastepaper basket. // 私はベッドの中で体を*丸めて寝た I *curled up* in bed.

まるもうけ 丸儲け (元手や費用なしで得るもうけ) profit ⌈gained [made] without funds and charges Ⓒ 《☞ もうける[1]; ぼろもうけ》.

まるやき 丸焼き ¶ 私たちは豚の*丸焼きをごちそうになった We were treated to ⌈a *barbecue* of a pig [a pig *roasted whole*]. 《☞ 料理の用語 (囲み); やく[1]》

まるやけ 丸焼け ━動 (全焼する) be burned down; (完全に焼失する) be totally destroyed by fire ★ やや改まった言い方. 《☞ やける[1]; ぜんしょう[1]; しょうしつ》. ¶ 彼の家は*丸焼けになった His house *was burned* ⌈*down* [*to the ground*].

まれ 稀 ━形 (めったになく珍しい) rare ★ しばしば価値の高いものについていう; (一般的ではない) uncommon; (いつもとは違う・例外的な) unusual; (例外的な) exceptional. ━副 rarely; (めったに…しない) seldom. 《☞ めずらしい (類義語); めったに》.

¶ 彼女は*まれにみる美人だ She is a *rare* beauty. // 彼女は*まれな才能の持ち主だ (⇒ 彼女の才能は特別だ) Her ability is *exceptional*. // 世界でいまや天然痘は*まれなものになった Smallpox is now *uncommon* in most parts of the world. // フロリダで雪を見るのは*まれです It is *unusual* to see snow in Florida.

マレーシア ━名固 Malaysia. ━形 Malaysian. **マレーシア人** Malaysian Ⓒ.

マロニエ horse chestnut (tree) Ⓒ 参考 日本語の正式名は「セイヨウトチノキ」. マロニエはフランス語の *marronnier* から.

まわしもの 回し者 spy Ⓒ 《☞ スパイ》.

まわす 回す **1** «回転させる»: (ある点・軸を中心に回す) turn ㊀ ★ 最も一般的; (軸を中心に回転させる) rotate ㊀; (軸を中心に速く回転させる) spin ㊀. 《☞ かいてん[1] (類義語); まわる》.

¶ 鍵を入れて右[左]に*回しなさい Put the key into the slot and *turn* it ⌈clockwise [counterclockwise]. // 彼女は指の間でくるくる鉛筆を*回した She *revolved* the pencil between her fingers. // 彼はこまを*回している He *is spinning* a top. // 彼女はぐるっと顔を*回して, 私にほほ笑んだ She *turned* her head (*around*) and smiled at me.

2 «順に送る・転送する»: (手紙・書類などを人に回す) send round ㊀, pass on ㊀; (ぐるりと順々に回す) pass ⌈around [round] ㊀; (人に物を手渡す・伝言などを伝える) hand ⌈on [round] ㊀; (郵便物を転送する) forward ㊀. 《☞ かいそう[3]; かいらん; じゅんおくり》.

¶ 係に書類を*回して下さい Please *send* ⌈*round* the papers [the papers *over*] to the man in charge. // その手紙はクラス中に*回された The letter *was passed around* the classroom. // この伝言を読んで次の人へ*回して下さい Please read this message and ⌈*hand* [*pass*] it *on* to the next person. // この手紙

を下記の住所へ*回して下さい Please *forward* this letter to the address below. // 塩をこちらへ*回していただけませんか《食卓で》 Will you *pass* (me) the salt, please?

3 «行き届かせる» ¶ 事前に手を*回しておく必要がある (⇒ 事前に周到な準備をする必要がある) It is necessary to *make thoroughgoing preparations for* it in advance. // 私はその件を手を*回して調べさせた (⇒ それを調査するために代理人を雇った) I employed an agent to investigate it.

4 «転任させる»: transfer ㊐ (☞ いどう²).

まわた 真綿 (まだ糸によられていない絹) floss (silk) Ⓤ.

まわり 回り, 周り **1** «周囲» ― 名 (円周) circumference [səkʌ́mf(ə)rəns] Ⓒ (☞ えん³ (挿絵)). ― 前 (…の周りを[に]) around …, round … ― 副 around, round 語法 round と around は互いに言い換えられることが多いが, 一般に《米》では around, 《英》では round のほうが多く用いられる. (☞ しゅうい).

¶ 地球の*回りは約4万キロある The *circumference* of the earth is almost 40,000 kilometers. // 地球は太陽の*周りを回っている The earth ｢turns [moves] (*a*)*round* the sun. // 彼女は首の*回りに長い毛糸のえり巻きをしていた She ｢wore [had] a long woolen scarf ｢(*a*)*round* [*about*] her neck. // 彼らは家の*周りに塀を立てた They built a fence (*a*)*round* their house. // この木は*回りが6メートルあります This tree ｢is [measures] six meters ｢(*a*)*round* [*in circumference*].

2 «あたり・付近» ― 名 (近所・人の住んでいるあたり) neighborhood Ⓤ; (環境) environment Ⓤ. ― 前 (漠然と物や場所の付近) (a)round …, about … (☞ あたり¹).

¶ 私の家の*周りには店が一軒もない There are no shops in my *neighborhood*. // 人の性格は*周りの影響を受けるものです A person's character is influenced by his *environment*.

3 «効き目»: (効果) effect Ⓤ (☞ ききめ).

¶ 空腹のときは酒の*回りが早い Liquor ｢*works fast* [*takes effect rapidly*; *takes immediate effect*] when you are hungry.

4 «延焼» ― 動 (広がる) spread ㊐. ― 名 spread Ⓤ. (☞ ひろがる). ¶ 火の*回りが早く (⇒ 火が早く広がって) 100戸近くが焼失した The fire *spread* fast, and about one hundred houses were destroyed.

5 «巡回» ¶ 彼は得意先*回りで忙しい He is busy ｢*going* [*making*] *the rounds* among his customers. ★ go [make] ｢the [*one's*] rounds で「巡回する」の意. (☞ まわる)

回り舞台 revolving stage Ⓒ.

-まわり …回り (…経由) via …, by way of … (☞ けいゆ¹; へる²). ¶ 常盤線*回り青森行特急に乗りました I took a limited express (train) for Aomori ｢*via* [*by way of*] the Joban Line.

まわりくどい 回りくどい ― 形 (言葉が遠回しの) roundabout; (直接的でない) circuitous [sə(ː)kjúːətəs] ★ 形式ばった語. (☞ とおまわし; まだるっこい; もってまわった).

¶ 彼は*回りくどい説明をした He gave a ｢*roundabout* [*circuitous*] explanation of it. / He explained it in a ｢*roundabout* [*circuitous*] way. // *回りくどいことを言うな Don't talk in a *roundabout* way. / (⇒ 論点を避けるな) Don't *beat about the bush*. / (⇒ 論点に触れよ) Come to the point.

まわりみち 回り道 (最短距離でない遠回りの道) roundabout ｢course [way; route] Ⓒ; (迂回する道) detour Ⓒ. (☞ まわる; よりみち; とおまわり; うかい).

¶ 彼らは目的地に行くのに*回り道をした They *took a roundabout course* to their destination. // 道路の補修のために彼らは*回り道をした They ｢*made a detour* [*detoured*] because the road was being repaired. // *回り道 *Detour* (☞ 掲示の英語 (囲み))

まわりもち 回り持ち ― 副 (順ぐりに) by [in] rotation; (交替で) by turns. (☞ りんばん; もちまわり). ¶ 当番は*回り持ちです We are on duty ｢*by* [*in*] *rotation*. // 議長の役は*回り持ちにしています We take *turns* as chairman.

まわる 回る **1** «回転する»: (ある点・軸を中心に回る) turn ㊐ ★ 最も一般的な語; (軸を中心として回る) rotate ㊐; (軌道を回る) revolve ㊐; (軸を中心に速く回る) spin ㊐. (☞ まわす; かいてん¹ (類義語)).

¶ 車輪はゆっくりと*回った The wheel *turned* slowly. // 地球は24時間ごとに1回*回る The earth *rotates* once every twenty-four hours. // 地球は太陽の周りを*回る The earth ｢*revolves* [*turns*] around the sun.

2 «巡回する»: (決まった場所を巡回する) make [do; go] ｢the [*one's*] rounds; (見て回る) look [go] (a)round …; (警戒して巡回する) patrol ㊐; (周遊旅行をして回る) make [take] a tour, tour ㊐. (☞ じゅんかい).

¶ きょうは得意先を*回らなければなりません I must *make the rounds of* my customers today. // 私は土産物屋をあちこちのぞいて*回って午後を過ごした I spent the afternoon ｢*looking* [*going*] *around* the gift shops. // 私はパトカーがこの辺を*回っているのを見た I saw a police car *patrolling* this area. // 今年の秋は近畿地方を*回って歩きました I ｢*made* [*took*] *a tour of* the Kinki district this fall.

3 «寄り道をする»: (ぐるりと回る) go [come] ｢around [round] to …; (立ち寄る) call ｢on [at] … on the way 語法 on の後には「人」, at の後には「場所」; (旅行の途中でしばらくとどまる) stop over at … (☞ まわりみち).

¶ 勝手口に*回って下さい *Come* ｢*around* [*round*] *to* the kitchen. // 彼のところに*回らなければならない (⇒ 途中で立ち寄らなければならない) I have to *call* ｢*on* him [*at* his house] *on the way*. // 彼らはハワイを*回って帰国するはずです They are supposed to return home, *stopping over at* Hawaii.

4 «迂回する»: (回り道をする) take a roundabout way; (経由して行く) go [come] ｢by way of [via] …; (迂回する) make a detour [díːtuə]. (☞ まわりみち; うかい).

¶ 交通渋滞を避けるために別の道を*回ったほうがいい We'd better *take* ⌈*a roundabout* [*another*] ⌈*way* [*course*] to avoid the traffic congestion. // 私はアンカレッジを*回って(⇒経由で)帰国した I returned home ⌈*by way of* [*via*] Anchorage. // 急がば*回れ Make haste slowly. 《ことわざ：ゆっくり急げ》

5 «行き届く» ¶ 忙しくて, そこまで手が*回りません(⇒それに注意を向けることができない) I am too busy to *attend to* it. / (⇒忙しくて暇がない) I am too busy to *get around to* it. // あの店はよく気が*回る(⇒お客さんに心を配っている) They *are* very *attentive to the customers* at that store. // 警察の手が*回った(⇒その事件を取り上げた) The police *took up the case*.

6 «転任する»: be transferred 《☞ いどう²》.

まわれみぎ 回れ右 ―名 about-face Ⓒ, 《英》about-turn Ⓒ, right-about Ⓒ. ―動 (回れ右をする) about-face ⓐ, right-about-face ⓐ. ¶ 先生は「*回れ右」と生徒たちに号令をかけた The teacher said to the students, "*Right turn, about-face!*" / The teacher ordered the students, "*About*⌈*-face*[*-turn*]!" // 彼らは*回れ右をした They ⌈*about-faced* [*did an about-face*].

まん¹ 万 ―名形 ten thousand [語法] 英語には「万」という単位はないので, 代わりに ten thousand (10×1000) と表現しなければならない. 従って1万5千, 2万, 3万はそれぞれ fifteen thousand, twenty thousand, thirty thousand のように表される. なお, この場合 thousands とならない点に注意. 《☞ せん² [語法]; 数字 (囲み)》.

¶ その大学の学生数は1*万人です The university has an enrollment of *ten thousand* students. // メーデーの集会には何*万人もの人人が参加した *Tens of thousands* [*Many thousands*] of people took part in the May Day rally. // 10*万 one hundred thousand // 100*万 one million 《☞ ひゃくまん》

まん² 満 ―形 full. ―副 fully. 《☞ まる²》. ¶ 彼女が日本に来てから*満3年になります It is ⌈*fully* [*a full*] three years since she came to Japan. // 私の息子は*満15歳です My son is fifteen years old.

まんいち 万一 ¶ *万一に備えるべきです We should prepare for *the worst*. // 私は*万一に備えて貯金している I am saving money *for a rainy day*. // *万一の場合は(⇒もしも何かが起こったら)私に電話しなさい Telephone [Call] me *if anything* ⌈*should happen* [*happens*]. / (⇒緊急の[いざという]場合は) Telephone [Call] me ⌈*in an emergency* [*in case of emergency*; *in time of need*]. // *万一の用心に傘を持って行きなさい Take an umbrella, just *in case*. // *万一失敗したならどうする What *if* you *should* fail? / What will you do *in case* you fail?

【参考語】―名 (最悪の事態) the worst; (困った時) a rainy day ★「雨降りの日」から比喩的に「困った時」の意になる; (非常の場合) emergency Ⓒ. ―代 (何かの事件) something. ―副 (まさかのときのために) in case.

まんいん 満員 ―名 (空席・空き部屋のないこと) no vacancy; (劇場の空席がないこと) full house [参考] 掲示の場合は House full や Full house のように出され, 立ち見席しかない場合は Standing room only 《略 SRO》, 満員札止めの場合は Sold out のように掲示される. 《☞ 掲示の英語 (囲み)》. ―動 (いっぱいである) be full (up); (定員まで混んでいる) be ⌈crowded [packed; filled] to capacity; (ぎゅうぎゅう詰めの満員である) be ⌈jammed [overcrowded]. 《☞ こむ》.

¶ 講堂は生徒で*満員だった The auditorium *was full of* pupils. // 列車は*満員だった The train *was* ⌈*jammed* [*overcrowded*]. // 地下鉄は通勤客でぎっしり*満員だった The subway trains *were* ⌈*crowded* [*packed*; *filled*] *to capacity* with commuters. //「部屋は空いていますか」「いいえ, *満員です」"Are there any vacancies?" "I'm sorry. There's *no vacancy*."

満員電車 overcrowded [jammed] train Ⓒ.

まんえつ 満悦 ―動 (満足する) be satisfied; (うれしい) be pleased with ... 《☞ まんぞく》. ¶ 彼女は至極ご*満悦の様子だった(⇒彼女はたいへん喜んでいるように見えた) She looked ⌈very *pleased* [quite *satisfied*].

まんえん 蔓延 ―動 (広がる) spread ⓐ; (多くの場所で見受けられる) be widespread. ¶ インフルエンザは急速に*蔓延した The flu *spread* rapidly. // その伝染病は各地で*蔓延している The epidemic *is widespread* in many places.

まんが 漫画 (新聞・雑誌などの) cartoon [kɑətúːn] Ⓒ ★ 通例1こまの時事・政治漫画; (主として人物の風刺漫画) caricature [kǽrikətʃùə] Ⓒ; (新聞・雑誌などのこま続き漫画) comic strip Ⓒ, 《英》strip cartoon Ⓒ.

漫画映画 (アニメーション漫画) animated cartoon Ⓒ, cartoon film Ⓒ, movie cartoon Ⓒ **漫画家** cartoonist Ⓒ; (主として人物の風刺漫画を描く人) caricaturist [kǽrikətʃù(ə)rist] Ⓒ **漫画本[雑誌]** comic ⌈book [magazine] Ⓒ **漫画欄** comic section Ⓒ, the comics [参考] アメリカでは新聞の日曜版の一面全部が漫画のことがある. そのときは (newspaper's) comic page Ⓒ となる.

まんかい 満開 ―形 in full ⌈bloom [blossom] [語法] bloom は木の花・草花の両方に用いるが, blossom は普通果樹の花を指す. なお flower は主に草花に用いられる; (見ごろで) at their best; (花が開いて) in flower. 《☞ さく¹ (類義語); 花 (囲み)》.

¶ 桜が*満開です The cherries are *in full blossom*. / The cherry blossoms are *at their best*. // チューリップがいま*満開です The tulips are *in* ⌈*full bloom* [*flower*] now. // ばらはいつごろが*満開ですか When will the roses *come into full bloom*?

まんがいち 万が一 in case ... 《☞ まんいち》.

マンガン 『化学』manganese Ⓤ 《元素記号 Mn》.

まんき 満期 ―動 (保険などが満期になる・期限が満了する) mature ⓐ. ―名 maturity Ⓤ. ¶この保険は60歳*満期です This insurance policy *matures* when you reach sixty.

まんきつ 満喫 —動 (十分楽しむ) enjoy …「fully [to the full]; (十分に飲食する) have「enough [*one's* fill] of … —副 (心ゆくまで) to *one's* heart's content. 《☞ たのしむ; たんのう[1]》.
¶彼らは東京の夜を*満喫したようです (⇒ 十分に楽しんだようです) They seem to *have enjoyed* Tokyo by night *to the full.* // 私たちはそのレストランでフランス料理を*満喫した (⇒ 十分に飲食した) We *had* 「*enough of* [*our fill of*] French cuisine [kwizíːn] at the restaurant. / (⇒ 心ゆくまで食べた) We *ate* French cuisine *to our heart's content* at the restaurant.

まんげつ 満月 full moon Ⓒ 《☞ つき[1] (挿絵); じゅうごや》. ¶空には*満月がこうこうと輝いていた The *full moon* was shining brightly in the sky. // その夜は*満月だった *The moon was full* that night.

まんさい 満載 —動 (限界まで荷を積んでいる) be loaded to capacity (with …); (いっぱいに荷を積んでいる) be fully loaded (with …); (満載した荷を運ぶ) carry a full「load [cargo] (of …); (記事などがたくさん載っている) be full of …, be filled with …
¶その船は石炭を*満載している The ship *is* 「*loaded to capacity* [*fully loaded*] *with* coal. // 昭和丸はあす午前木材を*満載して神戸に入港する The Showa Maru is due at Kobe *with a full* 「*load* [*cargo*] *of* lumber tomorrow morning. // この雑誌は室内装飾に関する記事を*満載している This magazine *is* 「*full of* [*filled with*] articles on interior decoration.

まんざい 漫才 (早口でのかけあい漫才) cross talk Ⓒ; (こっけいなやりとり) comic dialogue Ⓒ. **漫才師** cross-talk comedian Ⓒ.

まんざら (まったく…だというわけではない) not altogether … ★ 部分否定.
¶彼女の歌は*まんざら捨てたものではない (⇒ まったく悪いというわけではない) Her song is *not altogether* bad. // 彼も*まんざら捨てたものではない (⇒ 完全には無視できない) We *cannot* ignore him *completely*. // 彼とは*まんざら知らない仲でもありません (⇒ ある程度は知っている) I know him *to some extent*.

まんじゅう 饅頭 bean-jam bun Ⓒ, bun stuffed with sweetened bean paste Ⓒ ★ 英米にないものなので, いずれも説明的訳. 《☞ 日本固有の風物と英語 (囲み)》.

まんじょう 満場 the whole「house [assembly]. ¶彼の演説は*満場をうならせた (⇒ 聴衆全員を深く印象づけた) His speech deeply impressed *the whole audience*.
満場一致 —形 (満場一致の) unanimous. —副 unanimously. 《☞ いっち》. ¶*満場一致でその議案は可決された The bill was passed「*unanimously* [*by unanimous consent*].

マンション (分譲マンション) condominium [kὰndəmíniəm] Ⓒ; (アパート(の建物全体)) apartment house Ⓒ 〔参考〕 英語の mansion は「大邸宅」のこと. 《☞ アパート; 家・部屋 (囲み); 和製英語 (囲み)》. ¶彼は*マンションに住んでいる He lives in「a *condominium* [an *apartment house*].

まんじり ¶彼は昨夜一晩中*まんじりともしなかった (⇒ 一睡もしなかった) He *did not sleep a wink* last night. / He *could not get a wink of sleep* last night.

まんしん[1] 慢心 —名 (うぬぼれ・思い上がり) pride Ⓤ; (自負心) (self-)conceit Ⓤ. —動 (自慢する) be proud; (うぬぼれる) be conceited. 《☞ おごる[2]; うぬぼれ; じまん》. ¶彼は*慢心しきっている He *is* (*self-*)*conceited*. / (⇒ うぬぼれてすっかりのぼせ上がっている) He is puffed up with *pride*.

まんしん[2] 満身 ¶彼は*満身の力をこめて (⇒ 力いっぱい) ロープを引っ張った He pulled the rope *with all his* 「*might* [*strength*]. 《☞ ちからいっぱい》

まんすい 満水 —動 (ふちまで水でいっぱいになる) be filled to the brim with water. ¶タンクは*満水になった The tank *has been filled to the brim with water*.

まんせい 慢性 —形 chronic (↔ acute). **慢性病** chronic disease Ⓒ 《☞ じびょう; 病気・病院 (囲み)》.

まんぜん 漫然 —副 (目標もなく・あてもなく) aimlessly; (特定の目的もなく) without any particular purpose. 《☞ ぶらぶら; ぼんやり》.

まんぞく 満足 **1** 《望みを満たすこと》 —動 (要求が満たされて満足する) be satisfied「with [by] … ★ 受身的な意味が強い場合は by が用いられる; (現状に不平不満がない) be content(ed) with … 〔語法〕 content は叙述用法のみ. contented は限定用法にも用いられる. 《☞ 形容詞の2用法 (欄外)》. —名 satisfaction Ⓤ; contentment Ⓤ. —形 (満足させるような) satisfactory; (満足した・文句のない) happy ★ 意味の広い一般的な語だが, 日本語の「満足」に当たることがある.
¶彼はその結果に*満足した He *was satisfied with* the result(s). 《☞ 受身 (囲み)》 // 私はいまの給料に*満足している I *am*「*happy* [*content*(*ed*)] *with* my present pay. 〔語法〕 happy が一番口語的. また contented は content より口語的. // 子供の返事に父は*満足した The father *was satisfied by* the boy's reply. // 彼女は私の*満足がいくように仕事をしてくれました She has done the work *to* my *satisfaction*. // 自分の翻訳ながらあまり*満足できない I'm not quite *happy with* my own translation. // 幸福は*満足にある Happiness consists in *contentment*. // 彼はその結果に*満足の意を表した He expressed his *satisfaction*「at [with] the result(s).
2 《完全な・十分な》 —形 (完璧な) perfect (↔ imperfect); (全部そろっている・欠けてない) complete (↔ incomplete); (必要を満たすのに十分な) sufficient (↔ insufficient); (希望を満たすのに十分な) enough; (道徳・礼儀・作法・社会的常識などから見てまともな) proper

(↔ improper) ; (無傷の) whole, uninjured ; (ひびの入ってない) uncracked. —〔副〕 perfectly ; completely ; sufficiently ; enough ; properly. 《☞ ちゃんと》.

¶ *満足に道具がそろっていない (⇒ 完全なセットを持っていない) I don't have a ⌜*full* [*complete*] set of tools. // かわいそうにその子は (⇒ かわいそうなその子供は) *満足な (⇒ 十分な) 食べ物を食べていなかった The poor boy did not have *sufficient* food. // 部屋は*満足のゆく広さだった (⇒ 十分広かった) The room was large *enough*. // 彼女は手紙を*満足に書くことさえできない She can't even write a ⌜letter *properly* [*proper* letter]. // *満足な (⇒ 壊れていない) 茶碗が1つもない There is not a rice bowl left ⌜*whole* [*uncracked*].

まんタン 満タン —〔動〕 (一杯に満たす) fill up (他). —〔名〕 (いっぱいのタンク) full tank Ⓒ.
¶ 《ガソリンスタンドで》 (車を) *満タンにして下さい *Fill* ⌜it [her] *up*, please. 〔語法〕 her を使うより it のほうが上品. 《☞ 擬人化 (欄外)》 // (タンクに) *満タンです (⇒ いっぱいです) The tank *is* ⌜*full* [*filled to the brim*].

まんだん 漫談 (寄席の) comic chat Ⓒ ; (ステージでの) show Ⓒ 〔参考〕 英米では日本のように漫談だけを専門にする職業はないので, 例えば Bob Hope Show と言えば, Bob Hope がステージに現れてジョークを盛り込んだ話をすることが含まれる; (漫然とした話) idle talk Ⓒ ; (雑談) chat Ⓒ.

まんちょう 満潮 high tide Ⓤ (↔ low tide) 《☞ あげしお; しお²》. ¶ 「*満潮は何時ですか (⇒何時に潮が満ちますか)」「4時です」 "What time is the *tide* ⌜*full* [*high*]?" "At four." // *満潮は1日に2回ある *High tides* occur twice a day. 《☞ 可算・不可算名詞 (欄外)》

まんてん¹ 満点 full marks 《☞ てん¹》.
¶ 私は歴史で*満点を取った I ⌜got [gained] *full marks* in history. // 彼は数学で100点*満点のうち90点取った He got ninety points out of a hundred in mathematics. // 彼は夫としては*満点です (⇒ 理想的な夫です) He is an *ideal* husband. // 彼女のやり方は*満点だった (⇒ 申し分なかった) Her method was *perfect*.

まんてん² 満天 ¶ 東京で*満天の星を見るのはまれな事です It is unusual for us to see *a skyful of* stars in Tokyo.

マンドリン mandolin [mæ̀ndəlín, mǽndəlin] Ⓒ. **マンドリン奏者** mandolinist [mæ̀ndəlínist] Ⓒ.

まんなか 真ん中 —〔名〕 (真ん中の部分) the middle ; (中心) center (《英》 centre) Ⓒ ; (中心部) the heart. —〔形〕〔副〕 (中途の) halfway, midway. 《☞ ちゅうしん (類義語) ; ちゅうかん¹ ; ちゅうおう》.
¶ 矢は的の*真ん中に命中した The arrow hit the target in *the* ⌜*middle* [*center*]. / He hit the *center* of the target. // その塔は町の*真ん中にある The tower is in the ⌜*center* [*heart*] of town. 〔語法〕 「真ん中の部分に」の意味で in が用いられる. // 彼の家は中川駅と山下駅の*真ん中にある His house is ⌜*halfway* [*midway*] between Nakagawa Station and Yamashita Station.

マンネリ —〔名〕 (固定観念・型にはまったもの) stereotype Ⓒ 〔参考〕 日本語の「マンネリ」は mannerism Ⓤ が元だが, この語は個人の奇妙な習慣や, 文学・芸術上の独特な傾向を言い, 日本語の「マンネリ」の訳には普通は当たらないことに注意. —〔形〕 stereotyped.
¶ 初めのうちはどんなに斬新な考えでも, やがて*マンネリ化するものだ However original an idea may be, it will *become* ⌜*stereotyped* [*a stereotype*] in the course of time. // 彼の話はこのごろは*マンネリでつまらない (⇒ いつも同じことを繰り返すので) His talk is not interesting these days because he *is* always *repeating the same* ⌜*topic* [*thing*].

まんねんどこ 万年床 ¶ 彼はいつも*万年床だ (⇒ いつも布団を敷いたままにしておく) He always *leaves* his *futon spread* on the *tatami* floor of his room. 〔参考〕 欧米のベッドはいわば万年床であるので, この表現だけを訳すことは習慣の相違から言って難しい.

まんねんひつ 万年筆 (fountain) pen Ⓒ 《☞ ペン》. ¶ 彼はいつも*万年筆で書く He always writes with a (*fountain*) *pen*.

まんねんゆき 万年雪 perpetual [permanent] snow Ⓤ.

まんびき 万引 —〔名〕 shoplifting Ⓤ, 《口語》 lifting Ⓤ ; (人) shoplifter Ⓒ. —〔動〕 shoplift (他). 《☞ ぬすむ》.
¶ 彼女は*万引でつかまった She was caught *shoplifting*. // 彼はその店で万年筆を*万引しているところを見られた He was seen ⌜*stealing* [*lifting* ; *shoplifting*] a fountain pen ⌜from [at] the store. // 彼は*万引の常習犯だ He is a habitual *shoplifter*.

まんぷく 満腹 —〔動〕 (腹いっぱい食べる) eat [have] *one's* fill ; (満腹である) be full ; (心ゆくまで食べる) eat to *one's* heart's content ★ やや文語的. —〔名〕 full stomach Ⓒ. 《☞ はら ; たべる》.
¶ もう*満腹だ I *have* ⌜*eaten* [*had*] *my fill*. // 「もう少しいかがですか」「もう結構. *満腹です (⇒ 十分食べました [いっぱいです])」 "Please have some more." "No, thank you. I'*ve had enough* [I'*m full*]." // *満腹のときに泳ぐのはよくない Don't swim on a *full stomach*.

まんべんなく 満遍なく —〔副〕 (均等に) equally ; (完全に・例外なく) thoroughly ; (全体的に・全部に) all over. 《☞ くまなく》.
¶ *まんべんなく全科目を勉強する時間がなかった I didn't have enough time to study every subject *equally* well. // 私は全ページに*まんべんなく目を通した I looked through all the pages *thoroughly*. // 彼はその箱をペンキで*まんべんなく塗った He painted the box *all over*.

マンホール manhole Ⓒ.

まんまえ 真ん前 (静止した状態で, 人や物の真ん前に) right [just] in front of ..., right [just] before ... ★ in front of より before のほうが改まった語 ; (進行方向の真ん前に) right [just] ahead of ... ; (真向かいに) opposite to

ま

…《☞ まむかい；まえ》.
¶私の家の*真ん前に大きな桜の木がある There is a big cherry tree ｢*right* [*just*] *in front of* my house. // 彼らの家は私たちの家の*真ん前にあります Their house ｢stands [is] *opposite to* ours. // *真ん前に人が立っていたのでよく見えなかった Since someone was standing ｢*right* [*just*] *in front of* me, I couldn't see well. // 彼は私の*真ん前を走っていた He was running *just ahead of* me.

まんまと (うまく)《口語》 nicely；(すっかり) completely；(首尾よく) successfully.
¶私はエープリルフールに*まんまと一杯食わされた (⇒だまされた) I was ｢*nicely* [*completely*] taken in on April Fool. // 彼は*まんまと競争相手を追い出した He *successfully* got rid of his rival.

まんまる 真ん丸 perfect circle Ⓒ《☞ えん[3]；まる[1]》.

まんまん 満満 ―形 (…でいっぱいの) full of … ¶彼は自信*満々のようだ He seems to be *full of* self-confidence. // その池は大雨の後，*満々と水をたたえていた(⇒いっぱいだった) The pond *was* ｢*filled with* [*full of*] water after the heavy rain.

まんめん 満面 ¶彼女は*満面に笑みを浮かべて私たちを迎えた She welcomed us, smiling *all over*.

マンモス ―名 (古代の生物) mammoth [mǽməθ] Ⓒ. ―形 (巨大な) mammoth
語法 英語の mammoth はかなり誇張した感じが強いので，普通の意味で「巨大な」という表現は huge や giant, enormous, gigantic を用いるほうがよい.《☞ きょだい (類義語)》.
マンモス企業 mammoth [giant] enterprise Ⓒ；(大企業) big business Ⓒ **マンモス大学** mammoth [huge] university Ⓒ, multiversity Ⓒ **マンモスタンカー** supertanker Ⓒ, mammoth tanker Ⓒ **マンモス都市** mègalópolis Ⓒ.

まんゆう 漫遊 (周遊) tour Ⓒ；(楽しみのための旅行) pleasure trip Ⓒ.《☞ りょこう》.

まんりき 万力 vise (《英》 vice) Ⓒ.

まんりょう 満了 ―動 (任期などが切れる) expire ⓐ；(任期などが終わる) come to an end, be over ★後者のほうが口語的. ―名 expiration Ⓤ.《☞ にんき[2]》. ¶彼の市長としての任期は3月に*満了となる His term of office as mayor ｢*expires* [*comes to an end*] in March. // 彼は刑期*満了して出所した He left prison at the *expiration* of his term.

まんるい 満塁 (満塁である) the bases are ｢full [loaded]《☞ 野球の英語 (囲み)》.
¶ツーアウト*満塁 Two down and *the bases are* ｢*filled* [*loaded*]. // 彼は*満塁ホーマーをかっとばした He hit a *grand slam*.

み

み

み[1] **身** **1** «体»：(肉体) body Ⓒ；(身体) person Ⓒ；(自分自身) *oneself*.《☞ からだ》.
¶彼は怒りに*身を震わせていた (⇒彼[彼の体]は怒りのために震えていた) He [His *body*] was shaking with anger.
彼はカーテンの後ろに*身を隠した He hid *himself* behind the curtain.
彼は床に*身を伏せた He threw *himself* flat on the floor.
私は運命に*身をゆだねた I resigned *myself* to my fate.
私はその技術を*身につけた (⇒修得した) I *mastered* the technique.
その男はピストルを*身につけていた (⇒持ち運んでいた) The man carried a gun with him.
彼女は白い服を*身につけていた (⇒着ていた) She *wore* white clothes.
彼女は*身のこなしが上品だ (⇒上品な身のこなしを持つ) She has a graceful *carriage*.
彼は仕事に*身も心も捧げた He gave *body* and soul to his work. 語法 body and soul は無冠詞で用いる.
2 «立場・身分»：(地位) position Ⓒ；(立場) place Ⓒ.《☞ たちば；みぶん》.
¶彼の*身にもなってやりなさい Just put yourself in his *place*.
彼はいまの地位から*身を引く (⇒やめる) 決心をした He decided to *resign* his present position.

身から出たさび ¶*身から出たさびだ (⇒自業自得だ) You've asked for it. ★慣用句.《☞ じごうじとく；さび[1]》

身に余る ¶それは*身に余る光栄です (⇒私がそれに値する以上の名誉です) It's an honor *greater than I deserve*.

身にしみる ¶彼女の親切が*身にしみた (⇒胸にこたえた[心を動かした]) Her kindness ｢*came home to* me [*touched* my *heart*].

身につまされる ¶彼の話を聞いて*身につまされた (⇒彼の話は胸にこたえた) His story *hit close to home*.《☞ つまされる》

身を入れる ¶いまやっていることにもっと*身を (⇒心を) 入れなさい *Put* more *heart into* what you are doing. // 私は勉強に*身が入らない (⇒興味が持てない) I cannot *take an interest in* my studies.《☞ ねっしん》

身を固める ¶彼女は結婚をして*身を固めた (⇒定住した) She married and *settled down*.

身を切るような ¶*身を切るような風が一日中吹いた A ｢*cutting* [*biting*] wind blew all day long.

身を粉にする ¶私は*身を粉にして (⇒一生懸命[あくせく]働いた I ｢*worked hard* [*toiled at my work*].

身を立てる ¶彼は音楽家として*身を立てた

He established himself as a musician.

身を投げる ¶少女は湖に*身を投げた (⇒入水自殺した) The girl *drowned herself* in the lake.

身を寄せる ¶彼女はおじのところに*身を寄せている (⇒滞在している) She *is staying with* her uncle. 《☞ よせる》

み² 実 **1** «果実»: (野菜に対して果物一般) fruit Ⓤ ★ 種類をいうときは Ⓒ; (栗などの堅い木の実) nut Ⓒ; (つぶすと汁の出るような柔らかい実) berry Ⓒ. 《☞ ナッツ; かじつ》.

¶柿の木に*実がなり始めた The persimmon trees are beginning to bear *fruit.* // りすは木の*実を食べる Squirrels eat *nuts* and *berries.* // 彼の研究は*実を結んだ (⇒成果を上げた) His research was *fruitful.* 語法 fruitful は「よく実を結ぶ」という意味で, 比喩的にも使われる.

2 «中味»: (汁などの) ingredient Ⓒ 《☞ なかみ》.

み³ 巳 (十二支の) the Serpent 《☞ ね⁴ 参考》.

ミ 〖音楽〗mi Ⓒ 《☞ 音楽 (囲み)》.

-み …味 (…の味) a taste of … 《☞ 味 (囲み)》; (…のようなところ) a touch of … ★ 人の性質・事の内容などについて; (…がかった) a tinge of … ★ 色について. 《☞ 色 (囲み)》.

¶このりんごは酸*味が強い This apple has a very sour *taste.* 《☞ さんみ》 // 彼の話には現実*みがあった His story had *a touch of* reality. / There was *a touch of* reality in his story. // 彼女のほおにぱっと赤*みがさした A *tinge of* red came up to her cheeks. / (⇒ぱっと赤くなった) She ｢*flushed* [*blushed*]. 語法 blush は恥ずかしさなどで赤くなること.

みあい 見合い ★ 英米にはない慣習であるから, 特別な説明をする以外に方法がない. 例えば *miai,* an arranged meeting between an unmarried man and woman as the first step of arranging marriage in Japanese society のようにする. しかし, 実際の会話などでは, 前後関係から判断して date Ⓒ と訳してもよい場合もあり得る. 《☞ 日本固有の風物と英語 (囲み)》.

見合い結婚 arranged marriage Ⓤ 参考 日本の見合いは選択が自由なので, 英語の arranged のニュアンスとは少し異なる.

みあう 見合う (一致する) correspond (with …) ⓐ; (同等で釣り合いがとれる) balance ⓗ; (正反対のものとうまく釣り合う) counterbalance ⓗ; (埋め合わせる・相殺する) offset ⓗ. 《☞ つりあう; ふさわしい》.

¶支出に*見合う収入が欲しい I want an income that ｢*corresponds with* [*balances*] the expenses. // 彼はもちろん犠牲に*見合うだけの報酬をあてにしていた He certainly counted on the pay that ｢*counterbalanced* [*offset*] the sacrifice.

みあきる 見飽きる be tired of ｢looking at [seeing] … 《☞ みる; あきる》.

¶この絵はもう*見飽きてしまった I'*m tired of* (*looking at*) this picture. // このテレビ番組は*見飽きた (⇒十分に見た) I *have had enough of* this TV program.

みあげる 見上げる **1** «上を見る»: (一般的に) look up (at …) ⓐ (↔ look down (at …)); (視線を上げて見る) raise *one's* eyes toward …; (顔を上げる) turn *one's* face up toward … 《☞ みる》.

¶子供たちは母親を*見上げた The children ｢*looked up at* [*raised their eyes toward*; *turned their faces up toward*] their mother. // 彼は*見上げるばかりの (⇒高くそびえるような) 大男だった He was a man of *towering* height.

2 «感心する»: (尊敬する) respect ⓗ; (感心してほめる) admire ⓗ; (尊敬の念をもって仰ぐ) look up to … 《☞ そんけい; かんしん¹》.

¶彼の辛抱強さはなかなか*見上げたものだ I highly ｢*respect* [*admire*] his patience.

みあたらない 見当たらない ━動 (なくなっている) be missing; (見つけることができない) cannot find … 《☞ ない》. ¶財布が*見当たらない I *cannot find* my wallet. / My wallet *is missing.*

みあやまる 見誤る (…を…と間違える) take [mistake] … for …; (文字や目盛りなどを読み違える) misread ⓗ; (誤解する) misunderstand ⓗ; (判断を誤る) misjudge ⓗ. 《☞ まちがえる; あやまる²; ごにん》.

¶私はアメリカでよく中国人と*見誤られた I *was* often ｢*taken* [*mistaken*] *for* a Chinese in the United States. // 彼は温度計の目盛りを*見誤った He *misread* the thermometer. // あなたは状況を*見誤っている You ｢*misunderstand* [*misjudge*] the situation.

みあわせる 見合わせる (互いに見る) look at each other; (延期する) postpone ⓗ, put off ⓗ ★ 後者が口語的; (断念する) give up ⓗ. 《☞ えんき; ちゅうし¹》.

¶彼らは互いに顔を*見合わせた They *looked at each other.* // 私は出発を*見合わせた (⇒延期した) I ｢*put off* [*postponed*] my departure. // その計画は*見合わせる (⇒断念する) ことに決めた We decided to *give up* the plan.

みいだす 見出す (見つける) find ⓗ; (未知のものを発見する) discover ⓗ. 《☞ みつける》.

ミイラ mummy Ⓒ. ¶*ミイラとりが*ミイラになる例が多い Many go out for wool and come home shorn. 《ことわざ: 羊毛を求めに出て行くが, 逆に裸にされて帰ってくる》

みいられる 魅入られる (魅惑される) be fascinated; (魔法にかけられる) be spellbound. 《☞ みわく; みりょう》. ¶彼は*魅入られたようにその絵を眺めた He looked at the painting as if he *were* ｢*spellbound* [*under a spell*].

みいり 実入り (収入) income Ⓒ; (利益) profit Ⓒ. 《☞ しゅうにゅう; もうけ》.

¶彼は副業でかなりの*実入りがある (⇒かなりの収入を得る) He makes a handsome *income* out of his side job.

みうける 見受ける **1** «見かける»: (目に入る) see ⓗ; (出くわす) come across … 《☞ みかける》.

2 «見て取る»: (…と私は思う) I ｢think [sup-

み

pose] …; (人が…のように見える) look like …, seem to be … 《☞ 推量の表現 (囲み)》.
¶ あの方は 60 歳以上とお*見受けします *I suppose* he is over sixty. // お幸せなご夫婦とお*見受けしました (⇒ 彼らは幸せな夫婦のように見えた) They ˹*seemed to be* [*looked like*] a happy couple.

みうごき 身動き ¶ 超満員の電車の中で*身動き一つできなかった We could not even *move* in the overcrowded train. // 彼は借金で*身動きできなかった (⇒ 借金に深くはまり込んでいた) He was over his head in debt.

みうしなう 見失う lose sight of …; (足取りを追えなくなる) lose track of … 《☞ はぐれる》. ¶ 私たちは人通りの激しい通りで彼の姿を*見失ってしまった We *lost* ˹*sight* [*track*] *of* him on the busy street.

みうち 身内 (親戚) relative Ⓒ, relation Ⓒ ★ 前者のほうが普通; (一族) family Ⓒ. 《☞ しんるい; 親族関係 (囲み); なかま》.

みえ 見え (他人に見せること) show Ⓤ; (虚栄心) vanity Ⓤ. 《☞ きょえい; ていさい》.
¶ 彼女は*見えを張って, ダイヤの指輪を買った She bought a diamond ring for *show*. // 彼女は*見えを張って (⇒ 虚栄心から)彼の援助を断った She refused his help out of *vanity*. // 彼は知らない人の前ではいつも*見えを張る (⇒ 自分をよく見せようとする) He always *shows off* in front of strangers. // *見えも外聞もありません (⇒ 他人がなんと考えようとかまわない) I don't care what others will think. // 私は*見えを張るつもりはありません I don't mean to *make a show of* myself.

みえすいた 見え透いた (すぐ見透せる) transparent; (明らかな) obvious. 《☞ しらじらしい》.
¶ 彼は*見え透いたうそをつく He tells *transparent* lies. // 彼の本心は*見え透いている (⇒ 明らかだ[簡単に見破れる]) His intention is ˹*obvious* [*easily detected*].

みえっぱり 見えっ張り vain person Ⓒ 《☞ みえ》.

みえる 見える **1** «目に映る» ― 動 (自然に目に入る) see ㊀ ★「人」が主語; (ちらりと見つける) catch sight of … ★「人」が主語; (姿を現す) show ㊀, appear ㊀ ★ どちらも「事物」が主語; (見えてくる[いる]) come [be] in ˹sight [view] ★「事物」が主語. ― 形 (肉眼で見える) visible. 《☞ みる》.
¶ 水以外何も*見えなかった We *saw* nothing but water. // ふと森の中に明かりが*見えた I just *caught sight of* a light in the woods. // やっと陸地が*見えてきた Land *came in* ˹*sight* [*view*] at last. // 船が水平線上に*見えはじめた (⇒ 現れはじめた) The ship began to *appear* on the horizon. // 目に*見える星は無数にある The number of *visible* stars is very great. // 紺色のスーツの下から白いシャツが*見えていた A white shirt ˹*showed* [*was showing*] from under the dark blue suit.
2 «…のように見える; …と思われる»: (様子が) look ㊀; (外観が) appear ㊀; (…と思われる) seem ㊀.
【類義語】外見から判断して実際にもそうだろうと思われるのが ***look***. 外見はそう見えるが実際はそうでないだろうという気持ちを含むのが ***appear***. 話し手の主観に基づいて「そうらしい」と判断するのが ***seem***.
¶ 彼女は若く*見える She ˹*looks* [*appears* (*to be*)] young. // 彼女は子供のように*見える She *looks like* a child. // この遊びは日本ではなかなかはやっていると*見える This game *seems to* be quite popular in Japan. / It *seems* that this game is quite popular in Japan. [語法] it を主語にする構文のほうが多少改まった感じである. 《☞ It の用法 (欄外)》
3 «視力がある»: (見ることができる) be able to see; (…の視力がある) have … eyesight ★「…」のところに good, poor などが入る. 《☞ め[1]; しりょく[1]》. ¶ 私は暗くなると目がよく*見えない I *can't see* well after dark. // 彼は目があまりよく*見えない He *has poor eyesight*.
4 «現れる»: (来る) come ㊀; (姿を現す) appear ㊀, 《口語》 show up ㊀. 《☞ くる》.
¶ お医者様はまだ*見えません The doctor *hasn't* ˹*come* [*shown up*] yet. // 当店には毎日 100 人ぐらいのお客様が*見えます About a hundred customers *come* to our store every day.

みおくり 見送り send-off Ⓒ ★ 人生の門出や冒険に向かってにぎやかに送り出すこと.
¶ 駅まで彼を*見送りに (⇒ 見送るために) 行ってきたところだ I've been to the station to *see him off*. // 新婚の夫婦は人々の暖かい*見送りを受けた The newlywed couple were given a warm *send-off*.

みおくる 見送る **1** «送別する»: (去って行く人を) see *a person* off 《☞ おくる[1]》.
¶ 友人がたくさん空港で*見送ってくれた A lot of my friends came to the airport to *see* me *off*. // 私は彼女を家まで*見送った (⇒ 送り届けた) I *escorted* her home. / (⇒ 歩いてついて行った) I *walked* her home.
2 «逃す»: (機会などを) pass up ㊉ 《☞ みあわせる; おあずけ; やりすごす》. ¶ 彼女は家庭の事情でアメリカへ行くチャンスを*見送った She *passed up* the chance to go to the U.S. for family reasons. // 電車があまり混んでいたので私はそれを*見送る (⇒ 次のを待つ) ことにした The train was so crowded that I decided to *wait for the next one*.

みおさめ 見納め (最後に見ること) last look Ⓒ; (最後の機会) last chance Ⓒ. ¶ その試合が彼の*見納めだった (⇒ 彼を見た最後の試合だった) That game was *the last* I *saw of* him. // ニューヨークも今回が*見納めとなるだろう This will be ˹*the last chance* for me [my *last opportunity*] to visit New York.

みおとし 見落とし (手落ち) oversight Ⓤ ★ 見落とされた事柄・物の場合は Ⓒ; (不注意な誤り[見落とし]) careless ˹mistake [omission] Ⓒ. ¶ だれもその*見落としに気がつかなかった Nobody was aware of the *oversight*. // 彼の報告書には*見落としがずいぶんあった There were quite a few *careless* ˹*mistakes* [*omissions*] in his report.

みおとす 見落とす (見ても気がつかない) over-

み

look ㊀; (意識しないで見過ごす) miss ㊀. 《☞ みすごす; みのがす》.

¶ こんな重要な記事を*見落とすなんて (⇒ どうやって見落とすことができたのか) How could you (ever) *overlook* such an important article? // 彼は細部を*見落とすことがよくある He tends to *miss* details. // 私はその誤植を*見落としてしまった (⇒ その誤植は私の注意を免れた) The misprint *escaped* my *notice*.

みおとりする 見劣りする (…ほどよくない) be not ˹as [so] good as … ; (比べものにならない) be not to be compared with … 《☞ おとる; くらべもの; 比較の表現 (囲み)》.

¶ 私のカメラは彼のと比べると*見劣りする (⇒ 彼のほどよくない) My camera *is not* ˹*as* [*so*] *nice as* his. / (⇒ 比べものにならない) My camera *is not to be compared with* his. // このドレスを着れば女王様にだって*見劣りがしませんよ (⇒ このドレスはあなたを女王と同じぐらいすてきに見させる) This dress will make you *look as fine as* the Queen.

みおぼえ 見覚え **—** 動 (前に見たことがあるのでそれとわかる) recognize ㊀; (覚えている) remember ㊀. **—** 名 recognition Ⓤ; remembrance Ⓤ. 《☞ きおく》.

¶ 彼の顔には*見覚えがあったが名前は知りませんでした I ˹*recognized* [*remembered* having seen] his face, but did not know his name. // この絵は*見覚えがある (⇒ どこかで見たことがある) I *have seen* this picture somewhere.

みおも 身重 **—** 動 (妊娠している) be expecting. **—** 形 (妊娠した) pregnant. 《☞ にんしん》. ¶ 彼女は*身重だ She *is* ˹*going to have a baby* [*pregnant*; *expecting*]. 語法 pregnant は「妊娠している」という言い方なので, 日本語の「身重」のニュアンスは前者のほうが近い.

みおろす 見下ろす (下を眺める) look down (at …) ㊂ (↔ look up (at …)) ★ 最も一般的; (見渡せる) overlook ㊀; (景色などを) command ㊀ ★ 以上の 2 語は建物・場所などが主語になる. 《☞ みる》.

¶ 彼らは丘から村を*見下ろした They *looked down at* the village from the hilltop. // 私の部屋からその湖 (の全景) が*見下ろせる My room ˹*commands* [*overlooks*] (a full view of) the lake.

みかい 未開 **—** 形 (文明化されていない) uncivilized; (資源などが未開発の) undeveloped. 《☞ みかいたく》. **未開人** savage Ⓒ.

みかいけつ 未解決 **—** 形 (解決されていない) unsolved; (決着のついていない) unsettled; (未解決のままの) pending. 《☞ みけつ; かいけつ》. ¶ その問題は*未解決のままだ The problem remains ˹*unsolved* [*unsettled*]. // 長い間*未解決になっている問題が山ほどある There is a pile of long *pending* problems.

みかいたく 未開拓 **—** 形 (開発されていない) undeveloped, unexploited; (調査・研究されていない) unexplored. ¶ *未開拓の天然資源が何かあるに違いない There must be some ˹*undeveloped* [*unexploited*] natural resources. // 彼の論文は*未開拓の分野を扱っている He deals with an *unexplored* field in his paper.

みかいはつ 未開発 **—** 形 (開発されていない) undeveloped; (開発の遅れている) underdeveloped. 《☞ みかいたく》.

みかえし 見返し endpapers ★ 通例複数形で. 《☞ ほん (挿絵)》.

みかえす 見返す **1** «見なおす»: (もう一度調べる) look over … again 《☞ みなおす》.

¶ 答案を*見返す時間はなかった I didn't have time enough to *look over* my paper *again*.

2 «見られたお返しに見る»: look back at …

¶ 彼女は彼をきっと (⇒ 怒って) *見返した She *looked back at* him in anger.

みかえり 見返り (報酬) reward Ⓤ.

¶ 彼は何か*見返りがなければ協力しないだろう He won't work with us unless he gets something in *reward*.

みがき 磨き **—** 動 (磨きをかける) polish ㊀.

¶ 彼はオックスフォードで英語に*磨きをかけた He *polished* his English at Oxford. // 彼の*磨きのかかった演技に我々はうっとりした His *polished* performance fascinated us.

みかぎる 見限る (断念する) give up on … ; (見捨てて去る) leave ㊀; (背を向ける) turn *one's* back (on …). 《☞ みはなす; みすてる》.

¶ 医者はその患者を*見限った The doctors *have given up on* the patient. // 友人は皆彼を*見限った All of his friends ˹*turned their backs on* [*left*] him.

みかく 味覚 taste Ⓤ ★ しばしば the を付けて. 《☞ あじ[1]; 味 (囲み)》.

みがく 磨く (こすって光沢を出す) polish ㊀; (特に金属を) burnish ㊀; (ブラシで磨く) brush ㊀; (硬い物でこすって汚れをとる) scour ㊀; (腕前などを) polish (up) ㊀; (靴を) shine ㊀ 《過去・過分 shined》.

¶ 息子たちは自分の靴は自分で*磨く My sons each ˹*polish* [*shine*] their own shoes. // 寝る前に歯を*磨きなさい *Brush* your teeth before you go to bed. // 母はなべやかまを全部*磨いた Mother *scoured* all the pots and pans. // そのコック長はパリで腕を*磨き上げた The chef *polished up* his skill in Paris.

みかけ 見掛け (外見) appearance Ⓒ; (様子・容貌) look Ⓒ ★ しばしば複数形で; (虚栄心による見せかけ) show Ⓤ. 《☞ みせかけ》.

¶ 人は*見かけによらぬもの Never judge from *appearances*. 《ことわざ: 外見で人を判断するな》 // 彼は*見かけによらず気が小さい He is more timid than he *looks*.

見掛け倒し ¶ 彼の勇敢さは*見かけ倒しだ He is *not* ˹*as* [*so*] courageous *as* he *looks*. / (⇒ ふりをしているだけ) He only *pretends to be* courageous.

みかげいし 御影石 granite [grǽnit] Ⓤ.

みかける 見掛ける (目に入る) see ㊀; (偶然に見つける) find ㊀; (不意に出会う) come across … ; (目にとまる) catch sight of …

¶ 子供たちが道路で遊んでいるのをよく*見かけた I often *saw* children playing in the street. // このごろ野性の馬はめったに*見かけない We seldom ˹*see* [*find*; *come across*] a wild

み

horse these days. // 先日彼を喫茶店で*見かけた I 「*saw* [*caught sight of*] him in a coffee shop the other day.

みかた[1] 味方 ― [名] friend [C] (↔ enemy); ((…の)側) side [C]; (支持者) supporter [C]; (同盟国) ally [C]. ― [動] (…に味方する) side with … (↔ side against …), take sides with …; (…の味方である) be on …'s side; (主張・案などを支持する) support (他), back up (他) ★ 後者がより口語的.

¶ 彼は民主主義の*味方だ He is a 「*friend* [*supporter*] of democracy. // 彼は私たちの*味方だ He *is on our side*. / He *takes sides with* us. // 日本は自由諸国の*味方だ (⇒ 同盟国だ) Japan is an *ally* of the free nations.

みかた[2] 見方 (物の見方・観点) point of view [C] 《複 points of view》, viewpoint [C], standpoint [C]; (物を見る角度) angle [C]; (物を見る態度・姿勢) attitude [C]. 《☞ かんてん[1]; たちば; けんかい》.

¶ 人によって物の*見方が違う Different people have different 「*points of view* [*viewpoints*; *standpoints*]. // いままでだれもそれについてそんな*見方をした人はいなかった Nobody has ever looked at it from such an *angle*. // アジア人とヨーロッパ人では自然に対する*見方がずいぶん違う Asians and Europeans have very different *attitudes* toward nature.

みかづき 三日月 ― [名] (新月) a new moon ★ a を付けて; crescent [krésnt] [C] [参考] 後者はやや形式ばった言い方で, もとはラテン語の「だんだん大きくなる」という意味から出た語. 三日月の形に重点を置く場合に用いる. ― [形] (三日月形の) crescent. 《☞ つき[1] (挿絵)》.

みがって 身勝手 ― [形] (自分の利益ばかり考える) selfish ★ 最も一般的な語で, 以下の語の代わりにも使える; (自分勝手の) egoistic; (自己中心的な) self-centered. ― [名] selfishness [U]; egoism [U]; self-centeredness [U]. 《☞ わがまま; かって》.

¶ それではあまりにも*身勝手だ That's too *selfish*. // 彼の*身勝手にはもう我慢がならない I can't 「stand [put up with] his 「*selfishness* [*egoism*] any more. // 彼女と別れるなんて君は*身勝手だ It is 「*selfish* [*egoistic*] of you to leave her. // 子供というものは*身勝手な振舞いをするものだ A child will act *selfishly*. / A child will *have his own way*.

みかねる 見兼ねる (…をそのままにしておけない) cannot let … go; (…に無関心でいられない) cannot be indifferent (to …); (…を見過ごすわけにいかない) cannot overlook (他).

¶ 彼は暴力を*見兼ねて仲裁を買って出た *Unable to let* violence *go*, he volunteered to be a peacemaker. // 彼女の窮状は見るに*見兼ねた I *couldn't overlook* her financial difficulty.

みがまえ 身構え (何かをする姿勢) posture [C] ★ 一般的にいう場合の「姿勢」は [U]; (心の姿勢・態度) attitude [C]. 《☞ しせい[1] (類義語)》. ¶ 彼は防御(ぼうぎょ)の*身構えをした He took a defensive *posture*.

みがまえる 身構える (姿勢をとる) assume [take] a posture; (…をする準備ができる) stand ready (to *do*). 《☞ かまえる》. ¶ 彼はその小川を跳び越そうと*身構えた He *stood ready to* jump the stream.

みがら 身柄 ¶ 容疑者の*身柄は拘置された The suspect was taken into custody. ★「身柄」という言葉は通常特に訳出する必要はない.

みがる 身軽 ― [副] (動きが軽くのびのびと) lightly; (機敏に) agilely, nimbly. ― [形] light; agile, nimble. 《☞ びんしょう》.

¶ 彼は*身軽にその柵(さく)を乗り越えた He 「*lightly* [*nimbly*] got over the fence. // 旅行するときは*身軽がいい You should travel *light*. [語法] この light は「荷物をたくさん持たずに」という副詞.

みがわり 身代わり ― [前] (…の代わりに) for …, in place of … ― [名] (他人の罪や責任を負わされて罰せられる人) scapegoat [C]. 《☞ かわり[1]》. ¶ 妻の*身代わりに私を人質にしてくれ Take me as a hostage 「*for* [*in place of*] my wife.

みかん 蜜柑 (日本の) Japanese orange [C]; (中国原産の小ぶりで木の枝も細い) mandarin (orange) [C].

みかんせい 未完成 ― [形] (不完全な) incomplete; (未終了の) unfinished.

未完成交響曲 the Unfinished Symphony.

みき 幹 (木の) trunk [C] 《☞ き[2] (挿絵)》.

みぎ 右 ― [名] right [U] (↔ left) ★ 通例 the を付けて. ― [形] [副] right. 《☞ みぎて; みぎがわ; みぎうで; みぎきき》.

¶ 最初の十字路を*右に曲がりなさい Turn (to *the*) *right* at the first crossing. // *右のわき腹が痛い I feel a pain in my *right* side. // ふたは*右に (⇒時計回りに) 回すんですよ Turn the lid *clockwise*. // 彼の意見はずいぶん*右寄りだ He's very 「*rightist* [*far to the right*] in his opinions. // *右へならえ《号令》Dress *right*! // *右向け*右《号令》*Right* face! 《☞ まわれみぎ》 // 野球にかけては彼の*右に出る者はいない (⇒ だれも彼に匹敵しない) *No one* can *match* him as a baseball player.

みぎうで 右腕 right arm [C]; (人) right-hand man [C]. 《☞ うで; かたうで》.

¶ 彼は*右腕に入れ墨がある He has a tattoo on his *right arm*. // 彼は私の*右腕だ He's my *right-hand man*.

みぎがわ 右側 the right (「hand [side]) 《☞ がわ; みぎて》. ¶ 私は彼の*右側に座った I sat *on his right*. // *右側通行 Keep to *the right* / Keep right 《☞ 掲示の英語 (囲み)》 // ヨーロッパでは車は*右側通行だ Traffic keeps *to the right* in Europe.

みきき 見聞き ― [動] (経験する) experience (他); (観察する) observe (他). 《☞ けいけん[1]》.

みぎきき 右利き ― [名] (右利きの人) right-handed person Ⓒ, right-hander Ⓒ. —形 right-handed. ¶うちの家族は皆*右利きだ My family (members) are all *right-handed.*

ミキサー (台所用の) blender Ⓒ,《英》liquidizer Ⓒ 参考 英語の mixer は「攪拌(かくはん)器」.《☞ 台所・家事 (囲み)》; (コンクリートの) concrete mixer Ⓒ; (トラック) concrete mixer truck Ⓒ.

みぎて 右手 right hand Ⓒ; (方角) the right (hand).《☞ みぎがわ》. ¶彼は*右手を伸ばした He stretched out his *right hand.* // *右手に富士山が見えた We saw Mt. Fuji ˹*on* [*to*] *the right.*

みきり 見切り **1** «断念» —動 (断念する・あきらめる) give up ㊀《☞ みかぎる; みはなす》. ¶彼はその計画に*見切りをつけた He *gave up* the ˹plan [project].

2 «安売り»: (品) bargain Ⓒ《☞ バーゲン》. ¶そのドレスは*見切りの値段です That dress is really a *bargain.*

みきわめる 見極める (最後まで見守る) watch ... to the end; (全部を見てしまう) see ... through; (入念に調べる) probe ㊀㊁.《☞ みとどける; たしかめる》.

¶彼は事の成り行きを*見極めた He ˹*watched* [*saw*] the matter (*through*) *to the end.* // 事情を*見極めてから決心をしたい I would like to make up my mind after I *have* ˹*probed* (*into*) [*looked into*] the matter *thoroughly.*

みくだす 見下す (軽蔑する) look down on ... (↔ look up to ...), despise ㊀ ★ 後者は形式ばった語.《☞ けいべつ (類義語)》.

¶彼は大学を出ていない人を*見下す癖がある He has ˹a [the] habit of *looking down on* people who are not college graduates.

みくびる 見縊る (低く評価する) underrate ㊀; (軽く見る) think lightly of ..., make light of ...《☞ けいし[1]; かろんじる》.

¶相手を*見くびってはいけない Never *underrate* your opponent. // 試験を*見くびっていたらひどい目にあった I *thought too lightly of* the exam and had an awful time ˹of [with] it.

みくらべる 見比べる compare ... by looking《☞ くらべる》.

みぐるしい 見苦しい (見た目によくない・醜い) unsightly; (不適切な) unseemly.

¶土壇場でじたばたするのは*見苦しい It is ˹*unsightly* [*unseemly*] to make a fuss at the last moment.

みぐるみ 身ぐるみ ¶追いはぎに*身ぐるみ (⇒持っている[着ている]ものすべて) はがされた A highway thief *robbed me of everything I had* (*on*).《☞ まるはだか》

ミクロン micron [máikrɑn] Ⓒ.

みけつ 未決 —形 (未解決の) pending; (未決定の) undecided.《☞ みかいけつ》.

¶*未決書類はここに入っています *Pending* documents are kept (in) here. // その問題はまだ*未決のままだ The problem is still *pending.* 未決囚 unconvicted prisoner Ⓒ.

みけねこ 三毛猫 tortoiseshell cat Ⓒ.

みこ 巫女 maiden in the service of a Shinto shrine Ⓒ.

みこし 神輿 *mikoshi* Ⓒ ★単複同形; Japanese ˹portable shrine [sacred palanquin] paraded through the streets as a Shinto festival ˹artifact [implement; piece] Ⓒ ★ 後者は説明的訳.《☞ 日本固有の風物と英語 (囲み)》.

みこす 見越す (見込む) anticipate ㊀; (予想する) expect ㊀.《☞ みこむ; よそう》.

¶あなたが来るのを*見越してお菓子を買っておいたよ Expecting you would come, I bought you some cake(s). // この冬は寒くなると*見越して, 灯油を十分買った *In anticipation of* a severe winter, I stocked plenty of heating oil.

みごたえ 見応え ¶今度の彼の演技は*見応えがある (⇒見る価値がある) This performance of his is *worth seeing.*

みごと 見事 —形 (驚くほどすばらしい) wonderful; (立派な・美しい) beautiful; (優れた) excellent; (壮麗・華麗ですばらしい) splendid.《☞ すばらしい (類義語); りっぱ》.

¶*見事だ *Wonderful!* / *Beautiful!* / *Splendid!* // これはまた*見事な作品だ[できばえだ] What *excellent* workmanship! // *見事な菊が庭一面に咲いていた *Beautiful* chrysanthemums were blooming all over the garden. // 彼女は*見事に1等賞を取った (⇒首尾よく) She *successfully* obtained (the) first prize.

みこみ 見込み **1** «将来有望だという可能性» —名 (望みがかなえられる可能性) hope Ⓤ; (成功の見込み) prospects ★ 通例複数形で; (可能性) possibility Ⓤ, chance Ⓒ; (ありそうな見込み) likelihood Ⓤ; (将来性) future Ⓤ. —形 (見込みのある) promising.《☞ かのうせい; こうさん[1]》.

¶彼女が回復する*見込みはあまりない There is not much ˹*likelihood* [*hope*] that she will recover (from her illness). / The *possibility* of her recovery is small. // 仕事の*見込みはどうですか What are the *prospects* for your business? // 彼は*見込みのある男だ He is ˹very *promising* [a *promising* man]. // 彼は*見込みのない男だ He is *hopeless.* / He *has no future.*

2 «目当て»: (予想・期待) expectation Ⓤ ★「期待・予想されるもの[こと]」の意ではしばしば複数形で; (見当) estimate Ⓤ.《☞ よそう; おもわく》.

¶私の*見込みでは, その仕事は1週間でできる My *expectation* is [I *expect*] that the work will be completed in a week. // 彼は当てになると思ったが*見込み違いだった I thought I could depend on him, but he ˹did not come up to [fell short of] my *expectations.* // 彼女は来年度卒業の*見込みです She *is expected to* graduate next year.

みこむ 見込む **1** «有望だと思う»: (信用する) trust ㊀; (信頼を置く) put confidence in ...《☞ しんらい》. ¶君を*見込んで頼む I know I can *trust* you. Please do me a favor. // その男は*見込まれて要職についた He ˹*won the confidence of* [*was trusted by*]

his superiors and was given an important position.
2 «予想して計算に入れる»：(考慮する) take ... into account；(予想する) anticipate ㊥. 《☞ みこす；よそう》. ¶ある程度の損失を*見込んで計画を立てた We made our plans *taking* some losses *into account*. // 彼らは石油の値段が上がると*見込んで多量に買い込んだ They *anticipated* a rise in the prices of oil and bought a great deal (of it).

みごろ 見頃 ―形 (最盛期で) at *one's* best；(花が満開で) in full bloom. ¶紅葉はいまが*見ごろです The autumn leaves are *at their best* now. // 庭のばらが*見ごろですので見にいらして下さい Please come and see us. Our roses are *in full bloom* now.

みごろし 見殺し ¶私を*見殺しにするつもりですか (⇒私を助けてくれないのですか) Aren't you going to help me? // あなたを決して*見殺しにはしないつもりだ (⇒ 困った状態に置き去りにはしない) I will never *leave* you *in the lurch*.

みこん 未婚 ―形 unmarried, single ★ 前者がやや改まった語. 《☞ どくしん》. ¶*未婚の母 an *unmarried* mother

ミサ Mass [mǽ(ː)s] Ⓤ 参考 mass ともつづる. 日本語の「ミサ」はラテン語 missa に由来する. **ミサ曲** mass Ⓤ；(死者のための) requiem [rékwiəm] Ⓒ. 《☞ 音楽 (囲み)》.

ミサイル missile [mísəl] Ⓒ 《☞ だんどうだん》. ¶地対空*ミサイル a surface-to-air *missile*

みさお 操 ―名 (信義) faith Ⓤ；(忠節) fidelity Ⓤ. ―形 (...に忠実な) faithful [loyal] to ... 《☞ ちゅうじつ；ていそう》. ¶あんな男に*操を立てることはないよ You don't have to be ˹*faithful* [*loyal*] *to* such a man.

みさかい 見境 (区別) discrimination Ⓤ. ¶彼女は*見境もなく物を買い込む癖がある She has the habit of buying things ˹*without discrimination* [*indiscriminately*]. // 彼は酒を飲むと前後の*見境がなくなる (⇒ 理性を失う) He *loses his head* when he is drunk.

みさき 岬 cape Ⓒ.

みさだめる 見定める make sure of ..., ascertain ㊥ ★ 後者のほうが改まった語. 《☞ たしかめる》. ¶目標を*見定めてから行動を開始しなさい *Make sure of* your aim before you move. // 彼がまだそこにいることを*見定めてきました I ˹*made sure* [*ascertained*] that he was still there.

みじかい 短い ―形 (長さ・距離が) short (↔ long)；(時間が) short, brief (↔ long) ★ 後者のほうが形式ばった語. ―動 (短くする) shorten ㊥；(切って短くする) cut ... short. 《☞ たんしゅく；ちぢめる》.
¶このズボンは僕には*短い These trousers are too *short* for me. // 今年の梅雨は思ったより*短かった The rainy season was *shorter* than we expected this year. // 彼は*短いスピーチをした He gave a ˹*short* [*brief*] speech. // うちの所長は気が*短い Our boss is *short*-tempered. // 彼の在任期間は*短かった He was in office only for a ˹*short* [*brief*] period. // 彼女は髪を*短くした She had her hair cut *short*. // このレポートは半分に*短くできる This report can *be shortened* to half its (present) length.

みじたく 身支度 ―動 (衣服を着る) dress (*oneself*), get dressed. 《☞ したく》. ¶さっさと*身支度しなさい *Dress* quickly. / *Get dressed* quickly.

みしみし ―動 (きいきいという音を立てる) creak ㊀；(きゅっきゅっと音を立てる) squeak ㊀. 《☞ みしりみしり；擬声・擬態語 (囲み)》.

みじめ 惨め ―形 (主観的に) miserable, wretched ★ 後者のほうは意味が強く, 見るもあわれな感じ；(悲しい) sad；(傍から見て哀れな) pitiful, piteous, pitiable. ―名 misery Ⓤ. 《☞ ひさん；あわれ》.
¶雨でびしょぬれになって*惨めな気持ちだった I got soaked in the rain and felt ˹*miserable* [*wretched*; *sad*]. // 私の少年時代は*惨めだった I had a *miserable* childhood. // 彼女は*惨めな様子をしていた She was in a ˹*pitiful* [*piteous*; *pitiable*] state.

みじゅく 未熟 ―形 (成熟していない) immature；(経験の浅い) inexperienced；(下手な) poor；(経験不足で下手な) unskilled. 《☞ いたらぬ》. ¶彼の技術はまだ*未熟だ He is still *unskilled*. / His technique is still *poor*. // 息子はまだ*未熟者だ My son is still ˹*immature* [*inexperienced*]. **未熟児** premature baby Ⓒ.

みしょち 未処置 ―形 (治療してない) untreated. ¶*未処置の虫歯が痛くて困った The *untreated* decayed tooth hurt and ˹troubled [pained] me.

みしらぬ 見知らぬ ―形 (見たこともない) strange；(慣れていない) unfamiliar. ¶きょう*見知らぬ人に声をかけられた I was spoken to by a *stranger*. // *見知らぬ町では地図は手離せない You cannot do without a map in an *unfamiliar* city.

みしりみしり ¶床は*みしりみしりと音がした The floor *creaked* under my feet. 《☞ 擬声・擬態語 (囲み)》

みじろぎ 身じろぎ ¶彼は*身じろぎもしなかった (⇒ 筋肉1つ動かさずじっと立っていた) He *stood still* without moving a muscle. / (⇒ 1インチも動かなかった) He didn't *stir an inch*.

ミシン sewing machine Ⓒ. ¶彼女は*ミシンでドレスを縫っている She is ˹sewing [making] a dress with a *sewing machine*.

みじん 微塵 ―名 (小さな片) piece Ⓒ；(かけら) bit Ⓒ ★ 後者のほうがより口語的. ―副 (細かく) finely. 《☞ こまかい》.
¶花瓶は*みじんに砕けた The vase was smashed to ˹*bits* [*pieces*]. // 私にはあなたを苦しめる気持ちは*みじんも (⇒ 少しも) なかった I had not the *slightest* intention of hurting you. // 玉ねぎを*みじん切りにして下さい Chop the onion very ˹*fine*(*ly*) [*small*]. 《☞ 料理の用語 (囲み)》

ミス ―名 (やり損なうこと) mistake Ⓒ, error Ⓒ. ―動 make ˹a mistake [an error]. 《☞ まちがい (類義語)》. ¶また*ミスをしてしまった I *have made* ⌈*a mistake* [*an error*] again.

みず 水 water Ⓤ; (湯に対して) cold water Ⓤ (↔ hot water). 《☞ のみみず》.

¶ *水を1杯下さい Please give me a glass of *water.* 《☞ 数の数え方 (囲み)》

のどが渇いたので*水が飲みたい I'm thirsty. I'd like a drink of *water.*

この*水は飲めますか Is this *water* ⌈good to drink [potable]?

水道の*水は冷たくない The tap *water* is not very cold.

*水が漏っている The *water* is leaking.

*水が不足している We are short of *water.* / The *water* supply is low.

池の*水が枯れた (⇒ 干上がった) The pond *has dried up.*

雪解けで川の*水が増えた Melted snow *has swollen* the river.

家が*水につかった The house *was flooded.*

スープが煮詰まっています. *水をさして下さい The soup is getting too thick. Please add some *water.*

植木に*水をやりましたか *Have* you *watered* the plants?

*水は低い方に流れる *Water* ⌈finds [seeks] its own level.

水に流す ¶ いままでのことは*水に流しましょう (⇒ 過去のことは忘れましょう) Let's forget about the past.

水の泡 ☞ 見出し.

水も漏らさぬ ¶ 敵は*水も漏らさぬ (⇒ ねずみ一匹も通り抜けられないような) 包囲陣をしいた The enemy laid *such a* siege *as would not let a mouse through.*

水を打ったように ¶ 会場は*水を打ったように (⇒ ピンが落ちても聞こえるほど) 静かだった The hall was so quiet you *could* ⌈*have heard* [*hear*] *a pin drop.*

水をさす せっかくやる気になっているのだから*水をささないようにして下さい Don't ⌈*throw a wet blanket* [*dampen*] *on* his enthusiasm. ★ throw a wet blanket on は火を消すのに濡れた毛布を用いることからの比喩.

みずあか 水垢 (やかんなどの中に出る) fur Ⓤ; (容器などの表面につく) incrustation Ⓤ.

みずあげ 水揚げ (漁獲量) the ⌈amount [number] of fish(es) caught ★ 一般的で説明的表現; a haul of fish ★ 元来1網の漁獲量をいうが, 転じて1回の出漁の水揚げもいう; (売り上げ高) takings ★ 常に複数形で.

¶ 今年のさばの*水揚げはたいへん多いそうだ It is said that they had *a* large *haul of* mackerel this year.

みずあそび 水遊び ¶ 子供は*水遊びが好きだ Children like ⌈*to play* [*playing*] ⌈*in the water* [*with water*].

みずあび 水浴び —名 swim Ⓒ, 《英》bathe Ⓒ ★ 常に単数形で; bathing Ⓤ. —動 bathe ⓐ. ¶ 川へ*水浴びに行こう Let's go ⌈for *a swim* [*bathing*] in the river.

みすい 未遂 —形 attempted. ¶ 彼は殺人*未遂でつかまった He was arrested on a charge of *attempted* murder.

みずいらず 水入らず ¶ その晩一家は*水入らずで (⇒ 自分たちだけで) 過ごした The family passed the night *all by themselves.*

みずいろ 水色 pale blue Ⓤ, light blue Ⓤ. 《☞ 色 (囲み)》.

みずうみ 湖 lake Ⓒ. ¶ 私は*湖に魚釣りに行った I went fishing in the *lake.* // 我々は*湖にボートをこぎに行った We went boating on the *lake.* // 彼は*湖のほとりに別荘を建てた He built a summer house ⌈by the *lake* [on the *lake-side*].

みずかき 水掻き webbed foot Ⓒ《複 feet》. ¶ かえるには*水掻きがある A frog has *webbed feet.* / A frog is *web-footed.*

みずかけろん 水掛け論 endless [fruitless] ⌈dispute [argument] Ⓒ.

みずかさ 水嵩 ¶ 川は*水かさが増した[減った] The river *has* ⌈*risen* [*fallen*].

みすかす 見透かす see through … 《☞ みぬく》. ¶ 彼のうそはたちまち彼女に*見透かされてしまった She at once *saw through* his lie.

みずがめざ 水瓶座 Aquarius [əkwέ(ə)riəs], the Water Bearer. 《☞ じゅうにきゅう (挿絵)》.

みずから 自ら (自分自身で) *oneself*; (自分から・自分の体を使ってじきじきに) personally, in person. ¶ 社長*自らこの原稿を書いた The president *personally* wrote this manuscript. / The president wrote this manuscript ⌈*himself* [*in person*].

みずがれ 水涸れ (かんばつ) drought [dráut] Ⓒ; (水不足) water shortage Ⓤ.

みずぎ 水着 (ワンピース型の) swimsuit Ⓒ, bathing suit Ⓒ; (ビキニ) bikini Ⓒ; (男の水泳パンツ) (swimming) trunks ★ 複数形で.

みずぎわ 水際 the edge of the water, the water's edge. 《☞ -ぎわ》. ¶ *水際に小屋が立っていた There was a hut ⌈on [by] *the water's edge.*

みずくさ 水草 water plant Ⓒ.

みずくさい 水臭い (率直でない) not frank. ¶ あなたのやり方は*水臭い (⇒ 私に率直でない) You *are not being frank* with me. / そんな*水臭いことをするなよ (⇒ 形式ばるな) Don't be so *formal* (with me). / Don't stand *on ceremony* (with me).

みずぐすり 水薬 liquid medicine Ⓒ 《☞ くすり》.

みずけ 水気 moisture Ⓤ 《☞ すいぶん; しっけ》. ¶ *水気の多い果物 *juicy* fruit

みずけむり 水煙 a cloud of spray.

みすごす 見過ごす (見落とす) overlook ⓗ, miss ⓗ; (人の注意を引かない) escape *a person's* notice ★ 主語は「事柄」. 《☞ みのがす; みおとす》. ¶ その記事をうっかり*見過ごしてしまった I ⌈*overlooked* [*missed*] the article. / The article *escaped* my *notice.*

みずさきあんない 水先案内 (人) pilot Ⓒ.

みずさし 水差し jug Ⓒ, 《米》pitcher Ⓒ.

みずしごと 水仕事 (台所仕事) kitchen work Ⓤ; (洗濯) washing Ⓤ.

みずしぶき 水しぶき spray Ⓤ 《☞ しぶき》.

みずしょうばい 水商売 trade to provide drinks Ⓒ.

み

みずしらずの 見ず知らずの ―形 strange. ¶ *見ず知らずの人 a *stranger* / (⇒まったく知らない人) a total *stranger*
みずすまし 水澄まし whirligig beetle Ⓒ.
みずたまもよう 水玉模様 ―名 polka dots ★ 複数形で. ―形 polka-dot.
みずたまり 水溜まり puddle Ⓒ.
みずでっぽう 水鉄砲 squirt (gun) Ⓒ.
みすてる 見捨てる (愛人・信念など大切にしていたものを見捨てる) forsake ㊐; (家族・友人など守るべき義務のある人を見捨てる) desert ㊐ [語法] 前者は気持ちの上で見捨てることに重点があり, 後者は実際にその場を去っていなくなることに重点がある; (置いて行ってしまう) leave ㊐ [語法] 前の2語より意味の広い一般的な語で, 前後関係によって前の2者の意にもなる. 《☞ みはなす; みかぎる》.
¶ 恋人は私を*見捨てて行ってしまった My lover *has* 「*forsaken* [*left*] me. ∥ 父親は家族を*見捨てて蒸発した The father *deserted* his family and disappeared. ∥ 私の腕前もそう*見捨てたものではないでしょう (⇒あなたの考えたほど悪くないでしょう) My skill isn't *as* 「*poor* [*low*] *as you thought*, is it?
みずとり 水鳥 water bird Ⓒ, waterfowl Ⓒ《複 ~(s)》.
みずのあわ 水の泡 ¶ 私の努力も*水の泡だった (⇒むだになった) All my efforts 「*came to nothing* [*were in vain*].
みずはけ 水はけ drainage Ⓤ《☞ はいすい[1]》. ¶ この庭は*水はけがよい[悪い] This garden *is* 「well [badly] *drained*.
みずひき 水引き Japanese paper strings tied in a ceremonial knot around the wrapper of a gift [参考] 日本独特のものなので, さらに説明の必要があるときは, 例えば Red and white strings are used for happy occassions, gold and silver on specially happy occasions such as weddings, while black and white or dark blue and white are used for sad occasions such as funerals などとすればよい.
みずびたし 水浸し ―動 (水浸しにする) flood ㊐; (水浸しになる) be flooded. ¶ 風呂の水があふれて床が*水浸しになった The bath overflowed and the floor *was flooded* with water.
みずぶくれ 水脹れ blister Ⓒ. ¶ 足の靴ずれが*水ぶくれになった (⇒きつい靴のために水ぶくれができた) I have *blisters* on my feet from the tight shoes.
ミスプリント (印刷上の間違い) misprint Ⓒ, printing 「mistake [error] Ⓒ, typographical 「mistake [error] Ⓒ ★ この最後の言い方は改まった表現.
みずぼうそう 水疱瘡 chicken pox Ⓤ《☞ 病気・病院 (囲み)》.
みすぼらしい 見すぼらしい ―形 (使い古してぼろぼろの・哀れな) shabby; (惨めな) wretched. ¶ 彼は*見すぼらしい様子をしていた He looked *shabby*. ∥ 彼は*見すぼらしい家に住んでいる He lives in a 「*shabby* [*wretched*] 「house [hovel].
みずまき 水撒き ―名 watering Ⓤ. ―動 water ㊐. 《☞ まく[2]》.
みずまくら 水枕 water pillow Ⓒ.
みずまし 水増し ―動 (架空の項目で支出をふくらませる) inflate the expense account with invented entries, 《米口語》 pad ㊐.
¶ 彼が*水増しして請求していることはわかっている I know he *has padded* his 「bills [receipts; expense account].
みすみす ¶ *みすみす (⇒そうしなくてもすんだようなときに) 好機を逸してしまった I missed a good chance *when I didn't need to*. ∥ *みすみす (⇒どうしようもなかったのだが) 損をしてしまった I suffered a loss, but *there was nothing I could do*. ∥ *みすみす泥棒を逃がしてしまった (⇒なすすべもなく泥棒の逃げるのを見守っていなければならなかった) I watched *helplessly* as the thief escaped. 《☞ むざむざと》
みずみずしい 瑞瑞しい (新鮮な) fresh; (若くてぴちぴちした) young and fresh. ¶ あの女の子はなんて*みずみずしい様子をしているのだろう How *young and fresh* that girl looks!
みずむし 水虫 athlete's foot Ⓤ.
みずもの 水物 (予想しにくいもの) uncertain matter Ⓒ.
みする 魅する (不思議な力で引きつける) charm ㊐, fascinate ㊐ [語法] 後者のほうが意味が強く, うっとりとして身動きできなくなるような魅惑の仕方をいう. 《☞ みりょう; ひきつける》. ¶ 彼はその絵の美しさに*魅せられた He *was* 「*charmed* [*fascinated*] by the beauty of the painting.
みずわり 水割り (ウイスキーの) whisk(e)y and water Ⓤ [参考] その他の飲み物についても … and water の形を用いればよい.
みせ 店 《米》 store Ⓒ, 《英》 shop Ⓒ [語法] 《米》 でも理髪店 (barbershop), コーヒーショップ (coffee shop) など, 商品を貯えて売る店でないものには shop を用いる.
¶ 彼は*店を経営している He 「keeps [runs] a *store*. ∥ あの*店ではたばこを売っていますか Do they sell cigarettes at that *store*? ∥ あの*店は高い[安い] That *store* is 「expensive [cheap]. ∥ *店は9時に開けます[閉めます] We 「*open* [*close*] at nine. ∥ 彼女は数年前に銀座に*店を出した (⇒開いた) She opened her own *shop* on the Ginza a few years ago.
みせあう 見せ合う show … 「each other [one another].
みせいねん 未成年 ―名 〚法律〛 minority Ⓤ; 〚法律〛 (未成年者) minor Ⓒ. ―形 underage. ¶ 彼はまだ*未成年(者)だから, 選挙の投票はできない He 「is still *underage* [is *not of age* yet], so he cannot vote. ∥ *未成年者は飲酒, 喫煙が法律で禁じられている *Minors* are prohibited by law from smoking and drinking (hard liquor).
みせかけ 見せ掛け ―名 pretense (《英》 pretence) Ⓒ, show Ⓒ ★ 後者は口語的; (ごまかし) sham Ⓒ. ―形 (うその) false; (うわべだけの) pretended; (まがいの・まねごとの) make-believe. 《☞ みかけ; うわべ》.
¶ 彼の親切は*見せかけだけさ His kindness is

店の呼び名

一般的に店や商店を《米》では store,《英》では shop と呼ぶのが普通である．ただし《米》でも理髪店 (barbershop), コーヒーショップ (coffee shop) あるいは靴の修理屋 (shoe repair shop) (普通の靴屋は shoe store) など，商品を貯えて売る店ではないものには shop を用いる．なお，慣用的に shop を使う場合もあるので注意がいる．

(1)　米英で呼称が違う場合

	《米》	《英》
本屋	bookstore	bookshop
果物屋	fruit store	fruit shop
菓子屋	candy store	sweetshop
薬屋	drugstore	chemist's (shop)

参考　米英とも「薬屋・薬局」の意味で pharmacy を使うのは形式ばった言い方．《米》の drugstore は日用の雑貨店を兼ねた店で，薬だけでなくソフトドリンクや化粧品・文房具・新聞・雑誌・たばこなども売っている．なお一般的にいって，アメリカでは日本のように店が専門別に分かれていない．

(2)　主に *store* の付く店

文房具店 stationery store　**電気器具店** electrical appliance store　**デパート** department store ★《英》でも同じだが単に stores ともいう．**ドラッグストア** drugstore　**古本屋** secondhand bookstore　**衣料品店** clothing store　**家具店** furniture store　**カメラ屋** camera store ★撮影を主とする写真屋は photo studio．**金物屋** hardware store　**貴金属店** jewelry store　**酒屋** liquor store　**食料品店** grocery store　**専門店** specialty store　**日用雑貨店** convenience store ★田舎の雑貨店は general store．小間物を売っているのは variety store．**八百屋** vegetable store ★《英》では greengrocer's (shop), greengrocery という．

(3)　主に *shop* の付く店

おもちゃ屋 toyshop　**質屋** pawnshop　**パン屋** bakeshop ★baker's shop ともいう．**帽子屋** hat shop　**版画屋** print shop　**化粧品店** cosmetic(s) shop　**花屋** flower shop

米屋 rice shop　**骨とう店** curio [antique] shop　**土産物店** gift shop　**レコード店** record shop　**ペットの店** pet shop　**魚屋** fish shop ★《英》では fishmonger．**瀬戸物屋** china shop　**そば屋** *soba* shop　**スポーツ用品店** sporting goods shop　**たばこ屋** tobacco shop　**眼鏡屋** optical shop　**コーヒー店, 喫茶店** coffee shop ★軽食堂も兼ねる．

(4)　技術を売る店

理髪店《米》barbershop, barber shop ★《英》では barber's (shop) という．従って「理髪店へ行く」は次の4通りの表現ができる．go to the ｢barber(shop) [barber's (shop)]. **美容院** beauty shop, beauty ｢parlor [salon]

(5)　*shop, store* の省略

肉屋などの場合 butcher's shop の shop が省略されて butcher's となることがある．顧客の立場から親しみをこめてその店を見る場合は，このように後の shop は省略されることが多い．省略しないで butcher's shop といえば，客観的に第3者の立場からその店を見ている含みがある．なお，《米》では butcher shop ともいう．《☞ 所有格 (欄外)》．

菓子屋 confectioner's　**靴屋** shoemaker's　**クリーニング屋** dry cleaner's　**毛皮屋** furrier's　**質屋** pawnbroker's　**たばこ屋** tobacconist's　**時計屋** watchmaker's　**花屋** florist's　**パン屋** baker's　**文房具店** stationer's　**婦人帽子店** milliner's　**洋服屋** (婦人服) dressmaker's, (紳士服) tailor's

(6)　*shop, store* の付かないもの

菓子屋 confectionery ★菓子・アイスクリーム・ケーキなどを製造販売している．**乳製品販売店** dairy ★牛乳・クリーム・バター・チーズなどを売っている．**食料雑貨店** grocery　**新聞売店** newsstand　**スーパーマーケット** supermarket　**洗濯屋** laundry　**パン屋** bakery　**男子用洋品店**《米》haberdashery ★ワイシャツ・ネクタイ・靴下などを売っている．《英》では「小間物屋」を指す．**料理屋** restaurant　**喫茶店** tearoom　**ブティック** boutique ★高級婦人服などを売る小さな店．

(7)　説明的な方法

「運動具店」なら store *for* sporting goods,「洋装店」なら store *for* ladies' accessories のように，後に前置詞 for を続けて説明する場合と，store *selling* bags and hats のように現在分詞を用いる場合がある．

(8) **店の看板について**

看板に店名を書く場合は，例えば Hank's とか Brown's という所有格の名前を大きく書き，その後に beer hall とか confectionery など，店の種類を小さく入れる場合が多い．商品や店の構えを見れば当然わかるはずのことを看板に大書きするのはかえっておかしく感じるからである．またデパートなどの有名店の場合も同様で，department store というのを看板やネオンサインには入れていない(この点は日本でも同じである)．また，逆に，外見からははっきりしない店の場合は，restaurant, drugstore などの店の種類を看板に大書きすることが多い．

「メーシーズ」というニューヨークのデパートの看板

対話例

A：この店でちょっと買い物をしたいんだけど	A：I'd like to do some shopping in this store.
B：何を買うの	B：What would you like to buy?
A：カセットテープレコーダーを探しているんだ	A：I'm looking for a cassette tape recorder.
B：それなら問屋街へ行こうよ．そこならずっと安く買えるよ	B：Then let's go down to the wholesale district. You can get it much cheaper there.

A：この店はきょうは休みですか	A：Is this store closed today?
B：そうです．この辺ではたいていの店が日曜は休みです	B：Yes. Most of the stores in this area are closed on Sundays.

A：この辺に本屋はありませんか	A：Is there any bookstore around here?
B：その角を曲がった所にあります	B：There's one just around the corner.

み

only a 「*sham* [*show*; *pretense*]. // 彼の*見せかけの親切にだまされてはいけない You must not be taken in by his 「*make-believe* [*false*; *pretended*] sympathy. // この店の豪華さも*見せかけさ (⇒表面だけだ) The gorgeousness of this shop is only 「*on the surface* [a *façade*].

みせかける 見せ掛ける (ふりをする) pretend ㊀; (偽って見せかける) feign ㊀.
¶彼は勉強すると*見せかけてマンガを読んでいた He *pretended* to be studying while actually he was reading comics. // 彼は病気と*見せかけて練習をサボろうとした He 「*pretended* [*feigned*] illness to evade training. / (⇒仮病を使った) He was a malingerer. // このかばんは革に*見せかけてあるが (⇒革に見えるようにしてあるが) ビニールだ This bag is designed to *look like* leather, but it's made of vinyl.

みせさき 店先 ¶*店先に (⇒店の前に) 車を止めないで下さい Please don't park your car *in front of the store*. 《☞ てんとう[1]; まえ》

みせじまい 店仕舞 ━動 (一日の終わりに店を閉める) close ㊀; (店をたたむ) go out of [close down] *one's* business. 《☞ へいてん》.

みせしめ 見せしめ (教訓) lesson Ⓒ; (戒め) example Ⓒ; (警告) warning Ⓒ. ¶これはあの子によい*見せしめになるだろう This should be a good *lesson* to the child.

ミセス (既婚婦人) married woman Ⓒ 《複 women》; (家庭の主婦) housewife Ⓒ 《複 -wives》 語法 Mrs. は姓(名)に付ける敬称で，日本語のミセスのように単独では使われない点に注意． ¶これは*ミセスのための雑誌です This is a magazine for *housewives*.

みせつける 見せつける show off ㊀ 《☞ みせびらかす》. ¶プロの強さを*見せつけられた (⇒プロの強さがよくよくわかった) *It has come home to me* how skillful professional players are.

みせどころ 見せ所 (主な点・さわり) the point; (呼びもの・最高潮の場面) the climax. ¶ここがこの芝居の*見せ所さ This is *the climax* of the play.

みせばん 店番 ¶私がいない間*店番を頼みます (⇒店を見ていて下さい) Please 「*tend* [*mind*; *watch*] *the* 「*store* [*shop*] while I'm away.

みせびらかす 見せびらかす show off ㊀; (並べて見せる) parade ㊀. ¶その女はダイヤの指輪を*見せびらかした The woman *showed off* her diamond ring. // 子供は新しいおもちゃを友達に*見せびらかした The child *paraded* his new toys to his friends.

みせびらき 店開き ━動 (仕事を始める) open ((up) a business) 《☞ かいてん[2]》. ¶駅の近くに新しいスーパーが*店開きした A new supermarket ˹*opened* [*went into business*] near the station.

みせもの 見世物 (祭りなどの) sideshow Ⓒ.

みせる 見せる show (他) ★ 最も一般的で口語的な語；(見えるようにする) let *a person* see …；(はっきりと示す) display (他).
¶ あなたの新しい洋服を*見せて下さい Please ˹*show* me [*let* me *see*] your new dress. // この問題を解いて*見せて下さい (⇒ 解き方を示して下さい) Please *show* me how to solve this problem. // 彼は恐怖の表情を*見せた He *displayed* fear. // 早く医者に*見せたほうがいい You should *see* a doctor at once. /《話し相手以外の人について》You should *take* ˹him [her] *to* a doctor right away.

みぜんに 未然に ¶ *未然に (⇒ 何か起こる前に) 手を打っておいてよかった We were lucky that we had taken steps *before anything happened*. // 災害を*未然に防いだ We *prevented* the disaster.

みそ 味噌 soybean paste Ⓤ, *miso* Ⓤ. 《☞ 食事 (囲み)；日本固有の風物と英語 (囲み)》.

みぞ 溝 **1** «排水路など»：(みぞ一般) ditch Ⓒ；(特に道路沿いや家の周りなどの排水溝) gutter Ⓒ；(レコードの溝や，何かの表面に掘った細い溝) groove Ⓒ.
¶ 我々は*溝を掘った We dug *ditches*. // *溝が詰まっていたのでさらった As the *gutter* got ˹full [clogged], we cleared it out. // 窓の*溝にほこりがたまりやすい Dust is apt to collect in the *grooves* of window frames.
2 «人との間の隔て»：gap Ⓒ；(大きい隔たり) gulf Ⓒ. 《☞ へだたり；ギャップ》.
¶ 親子の間に*溝があった There was a *gap* of feeling(s) between the parents and children. // それ以来２人の間には(大きな)*溝ができたようだ Since then, there seemed to be a *gulf* between the two.

みぞうの 未曾有の (先例のない) unprecedented [ʌ̀nprésədèntid]；(見聞きしたことのない) unheard-of. 《☞ くうぜん》. ¶ 戦後の日本は*未曾有の社会変動があった An *unprecedented* transformation of society took place in postwar Japan.

みぞおち 鳩尾 the pit of the stomach.

みそか 晦日 the last day of the month.

みそぎ 禊 purification Ⓤ.

みそこなう 見損う **1** «見逃がす»：miss seeing …, fail to see … 《☞ みのがす》.
¶ 残念ながらいま話題の映画を*見損ってしまった To my regret, I *missed seeing* the movie everyone is talking about.
2 «評価を誤る»：misjudge (他). ¶ 彼はもっとやる男だと思ったが*見損ったよ I thought he was a much abler man, but I *misjudged* him. // 私を*見損ってはいけない (⇒ 軽く考え過ぎるな) Don't *make light of* me.

みそしる 味噌汁 *miso* soup Ⓤ, soybean paste soup Ⓤ. 《☞ 食事 (囲み)》.

みそっぱ 味噌っ歯 decayed (milk) tooth Ⓒ《複 teeth》.

みそめる 見初める (恋を感じる) fall in love (with …).

みぞれ 霙 sleet Ⓤ 《☞ 天候の表現 (囲み)》.
¶ *みぞれが降っている It's *sleeting*.

-みたい ― [前] (…のような[に]) like … ― [接] (あたかも…のように) as ˹if [though] … [語法] 事実に反することをいう場合には動詞は仮定法を用いる. ― [動] (…のように見える) seem (to be) … ― [副] (ほとんど) next to …, almost. 《☞ -よう¹；-らしい》.
¶ ボール*みたいなものが見えた I saw something *like* a ball. // 彼は何でも知っている*みたいな顔をする He acts *as if* he ˹knew [knows] everything. // 彼は怒ってる*みたいだ He *seems* angry. // それはただ*みたいな値段で買った I bought it ˹at a price [for] *next to* nothing.

みだし 見出し (新聞の) headline Ⓒ, head Ⓒ ★ headline を略した言い方；(書物の) caption Ⓒ. 《☞ 新聞の英語 (囲み)》.
¶ そのニュースはどの新聞も大*見出しで報じた The news made big *headlines* in all the (news)papers.
見出し語 (辞書の) entry (word) Ⓒ. ¶ その辞書には約５万語の*見出し語がある That dictionary has about 50,000 *entries*.

みだしなみ 身嗜み ¶ *身だしなみをよくしないと (⇒ 外見に気をつけないと[服装をきちんとしないと]) 人に笑われますよ If you don't ˹*take good care of your appearance* [*keep yourself neat*], people will laugh at you. // 彼女は*身だしなみのよい人だ She *is* always *neatly dressed*. / She is a *well-groomed* person.

みたす 満たす (いっぱいにする) fill (他)；(満足させる) satisfy (他)；(条件を) meet (他).
¶ コップに水を縁まで*満たしなさい *Fill* the glass to the brim *with* water. // 私の好奇心はまだ*満たされていない My curiosity *has* not yet *been satisfied*. // 君は条件を*満たしていないから資格がない As you don't *meet* the requirements, you are ineligible.

みだす 乱す ― [動] (乱れた状態にする) put [throw] … into disorder；(不穏な状態にする) disturb (他)；(混乱させる・どれがどれやらわからなくする) confuse (他)；(制度などできちんとしているものを) disrupt (他). ― [形] (髪・衣服などがくしゃくしゃになった) disheveled. 《☞ みだれる；こんらん》.
¶ クーデターが国内の秩序を*乱した The coup d'état [kú:deitá:] ˹*threw* [*put*] the whole country *into disorder*. // 軍備競争は国際平和を*乱す The arms race will *disturb* international peace. // 相次ぐ災難で彼はすっかり心を*乱してしまった With disasters coming one after another, he became completely *confused*. // 突然の雪で都民の足は*乱された (The) transportation in Tokyo *was disrupted* by the sudden snowfall. // 彼は髪を*乱して現れた He appeared with his hair *disheveled*.

みたて 見立て (医者の診断) diagnosis [dàiəgnóusis] Ⓒ《複 diagnoses》《☞ しんだん》. ¶ 医者の*見立て違いだった The doctor made a wrong *diagnosis*. // あの先生は*見立てが確かだ His [Her] *diagnoses* are always ˹right [correct；accurate].

みたてる 見立てる　**1** «医者が診断する»: diagnose (他) 《☞ しんだん》.
2 «選ぶ»: choose (他); (特に慎重に選ぶ) select (他). 《☞ えらぶ》. ¶ これはだれに*見立ててもらったの Who ˹*chose* [*selected*] this for you?

みため 見た目 ¶ これは*見た目はよくないが (⇒ひどく悪く見えるが), 食べてみるとおいしいよ This *looks* awful, but it tastes very ˹nice [good]. 《☞ みば; みてくれ》

みだらな 淫らな (わいせつな) obscene [əbsíːn]; (品の悪い) indecent ★「わいせつな」という意味の婉曲な表現としても使われる; (みだらな気持ちの) lewd; (男が好色な) lecherous. 《☞ わいせつ; こうしょく[2]》. ¶ *みだらな本 an *obscene* book // *みだらな目つき a ˹*lecherous* [*lewd*] look

みだりに 妄りに (許可なく) without permission; (不必要に) unnecessarily; (理由なく) without (a) good reason, with [for] no good reason.
¶ *みだりに人のうわさ話をするべきではない We should not indulge in (an) *unnecessary* gossip. // *みだりに人の家に入ってはいけない Don't enter other people's houses *without permission.* // *みだりに木の枝を折るな Don't break the branches off trees *without* (*a*) *good reason.*

みだれ 乱れ (秩序などの乱れ・整理してない状態) disorder [U] ★一般的な語; (混乱・ろうばい) confusion [U]. 《☞ みだれる; こんらん》.
¶ 彼の態度にはまったく*乱れが見られなかった His attitude did not show the slightest *confusion.* // 彼女は髪の毛の*乱れを (⇒乱れた髪を) 直した She fixed (up) her *ruffled* hair. // 事故によるダイヤの*乱れはようやく収まった The *disrupted* train runs due to the accident have finally (been) returned to normal.

み

みだれがみ 乱れ髪 disheveled [unkempt] hair [U].

みだれる 乱れる (正しい秩序や整理がない) be in disorder, fall [be thrown] into disorder ★前者は「状態」, 後者は「動作」; 《口語》 be in a mess; (整っていたものが乱される) be disarranged, be in disarray; (混乱している) be confused, be in confusion; (混沌とした状態である) be ˹in chaos [chaotic]; (組織や系統が乱れる) be disorganized; (特に会合・予定・列車のダイヤなど, 社会的に組織立って行われているものが乱れる) be disrupted. 《☞ みだす; こんらん》.
¶ 部屋は*乱れていた The room *was in disorder.* // 市内の秩序が*乱れた The city *was thrown into disorder.* // 彼女は心が千々に*乱れた She *became* completely *confused.* // 風で彼女の髪が*乱れた Her hair *was disarranged* by the wind. // 順法闘争でダイヤが*乱れた The train ˹schedule *was* [runs *were*] ˹*disrupted* [*disorganized*] because of the ˹work-to-rules [slow-down] strike. // クーデター以後, その国は大いに*乱れた The country *was in* ˹*chaos* [*a chaotic state*] after the coup (d'etat) [kúː(deitáː)].

みち[1] 道, 路, 途　**1** «道路»: (街路) street [C], avenue [C], thoroughfare [θə́ːrəfèə] [C]; (車道・公道) road [C], highway [C]; (径路) route [C]; (大通り) boulevard [C]; (…への道) way [C]; (小道) lane [C], path [C]; (路地) alley [C]; (山・川などを越える道) pass [C].
【類義語】 車道 (road) と歩道 (《米》 sidewalk, 《英》 pavement) があり, 両側に家並のある街路は ***street*** という. アメリカの都市では東西に走る通りを特に ***street*** と呼ぶことが多い. なお, 名称に付けるときは St. と略すことがある. これに対して, 南北に走る通りを ***avenue*** と呼ぶ. 名称に付けるときは Ave. と略すことがある. しかし, 一般にはそのような区別にこだわらず, 市街地の通りは ***street*** と呼んでよい. 往来の激しい主要な街路は ***thoroughfare*** という.

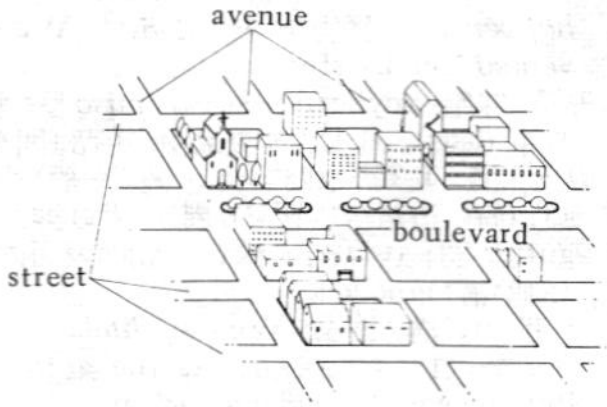

都市と都市を結ぶ自動車道路は ***road*** または ***highway*** といい, *highway* の中で, 決まった径路として番号付けになっているようなものは ***route*** ともいう. ((例) 国道1号線 *Route* 1). 都市の大通りで街路樹があり, 中央にグリーンベルトのあるものは ***boulevard*** で, 名称に付けるときは Blvd. と略すことがある. 市中の細い道や, 道路に線を引いて通る道を指定してあるもの(車線)は ***lane*** といい, 公園や森の中の小道は ***path*** という. 路地・狭い裏通りは ***alley.*** これらに対して, ある場所へ「至る道」を ***way*** という. 従って「道を歩く」の「道」は, 市中であれば普通は ***street*** であり, *way* ではないが,「駅へ行く道を教える」という場合の「道」は *way* であって ***street*** とは言わない. 山道・峠道は ***pass.*** 《☞ どうろ; とおり》
¶ *道で遊んではいけません. 危ないから Don't play ˹on [in] the ˹*road* [*street*]. It's dangerous.
彼女はショーウインドーを眺めながら*道を歩いた She walked ˹along [down] the *street* window-shopping.
この*道は新宿に出ますか Does this *street* ˹go [lead; take me] to Shinjuku?
この*道を真っすぐに行きなさい Go straight along this *street.*
週末には東京から田舎へ行く*道はみな車でいっぱいだ All the ˹*highways* [*roads*] leading out of Tokyo into the country(side) are overcrowded with cars on ˹the weekend [weekends].
私は*道に迷ってしまった I got lost. / I lost my *way.*

道のきき方

1 道を尋ねるとき

(1) 道順をきく

¶駅へ行く道を教えて下さい Please ˹tell [show] me the way to the station. / Please direct me to the station.
失礼ですが，市役所へ行く道を教えていただけませんか Excuse me, but could you tell me the way to the city hall?
県立博物館へはどう行ったらよいでしょうか How can I get to the Prefectural Museum? / Will you please tell me how to get to the Prefectural Museum?
東西銀行はどこでしょうか Where is the Tozai Bank? / Could you (please) tell me where the Tozai Bank is?
4丁目15番地はどこでしょうか Please tell me how I can get to no. 15 in 4-chome.
一番近い郵便局を教えて下さい Please ˹tell me how to get [direct me] to the nearest post office.

(2) 距離・時間をきく

¶空港までどのくらいありますか《距離》 How far is (it to) the airport from here? / 《時間》 How long will it take (me) to get to the airport?
タクシーで何分ぐらいでしょうか How long will it take (me) (if I go) by taxi? ★ how many minutes はあまり使われない.
第一ホテルまで歩いて行けますか Can I walk to the Dai Ichi Hotel? / Is the Dai Ichi Hotel within walking distance?

(3) 乗り物の乗り降りをきく

¶国立劇場に行きたいのですが，どこで降りたらよいでしょうか I'm going to the National Theater. Where do I have to get off?
東3丁目まであと停留所は幾つですか How many (more) stops is it to Higashi 3-chome?
このバスは桜町に行きますか Does this bus go to Sakuramachi? / Is this the ˹through [direct] bus to Sakuramachi?
どこで乗り換えるのですか Where do I have to ˹transfer [change]?

(4) その他

¶案内所はどこでしょうか Where is the information (office)?
この付近に警察署はありますか Is there a police station ˹around [near] here?
トイレはどこでしょうか Could you tell me where the restroom is?

2 道を教えるとき

(1) 道順を教える

¶もう2ブロック行くと右側にあります Walk two more blocks and you'll find it on your right.
2つ目の角を左へ曲がると正面に見えます Turn left at the second ˹corner [crossing; intersection], and you'll find it right ahead of you.
あと3ブロック歩くと栄通りに出ます. そこを左に曲がり，もう2ブロック歩いてから右に曲がって下さい Walk three more blocks, and you'll come to Sakae Street. Turn left and walk another two blocks, then turn right.
私もそちらへ行きますから連れていってあげましょう I'm going (in) the same direction. Please come (along) with me. I'll show you where it is.
すみませんが，私は土地不案内なので，だれかほかの人にきいて下さい I'm sorry, but I'm a stranger here (myself). Please ask somebody else.

(2) 距離・時間を教える

¶ここから空港までは8キロあります It's eight kilometers from here to the airport.
タクシーで約20分かかります It'll take (you) about twenty minutes by taxi.
それは歩いて行くには遠すぎます It's too far to walk. / It's not within walking distance.

(3) 乗り物の乗り降りを教える

¶通りの向こう側から12番のバスにお乗りなさい Take a no. 12 bus on the other side of the street.
それは5つ目の停留所です It's five stops from here.
直通バスはありません. 山下町で乗り換えて下さい There is no ˹through [direct] bus there. Transfer [Change] at Yamashita-cho.

対話例

A：第一ホテルを捜しているのですが
B：銀座のですか，新橋のですか
A：それが，わからないんです.「古いほうの第一ホテル」って言われたんです
B：それなら新橋の第一でしょう. ええと，ここは虎の門ですから，新橋はこの道路を行ったところになります
A：この大きな広い道ですね… いま我々が

A：I'm trying to find the Dai Ichi Hotel.
B：In Ginza or Shimbashi?
A：Well, I don't know. I was told to go to "the old Dai Ichi Hotel."
B：That must be the Shimbashi Dai Ichi. Well, this is Toranomon, and Shimbashi is right down this street.
A：This big, wide street—the one we're

立っているこの道	on right now.
B：そうです．この道を15分歩いて行って下さい．そうすると新橋駅に出ます．駅の少し手前，左側にホテルが見えます	B：Yes. Walk down this street about fifteen minutes, and you'll come to Shimbashi Station. You'll see the hotel on your left just before you get to the station.
A：駅のこちら側ですね	A：On this side of the station.
B：ええ．駅に着く直前，左に曲がって，線路に沿って何メートルか歩いて下さい．ホテルの正面玄関は左側にあります	B：Yes. Turn left just before you get to the station and walk along the tracks a few meters. The main entrance to the hotel will be on your left.

★この対話例およびさらに詳しい対話例は別売テープに吹き込まれています．

私は駅へ行く*道を尋ねた I asked the *way* to the station.
*道を間違えたらしい I「seem to [may] have taken the wrong *way*.
成功への*道はけわしい There is no easy「*way* [*road*; *path*] to success.
2《通路・通り道》: way Ⓒ《☞ つうろ》.
¶警官が救急車のために*道をあけた The policeman *cleared the way* for the ambulance.
後ろに下がって消防士に*道をあけて下さい Please stand back and *make way* for the firemen. 〔語法〕 clear the way は障害物を除いて道をあけることで，make way は自分が道を譲ること．
*道をふさがないでくれ Don't stand in my *way*.
あなたはそろそろ引退して後進に*道を譲る時期だ It's about time you retired to *make*「*way* [*room*] for a younger person.
3《距離》: distance Ⓒ《☞ みちのり；きょり》.
¶我々は1日に40 km の*道を行かなくてはならない We have to *cover* forty kilometers a day.
目的地にはまだ*道は遠い It's a long *way* (ahead) to our goal.
4《途中》 ━副 on「the [*one's*] way to …《☞ とちゅう》.
¶駅へ行く*道で旧友に会った I met an old friend *on my way to* the (train) station.
5《方法》:（やり方）way Ⓒ；（手段）means Ⓒ ★単複同形.《☞ ほうほう；しゅだん》.
¶君の生きる*道はこれしかない This is the only *way* for you to live.
収入の*道はあるのかね Do you have any「*means* of living [*way* to live; *way* to get by]?
6《正しい道》: the path of「duty [righteousness]《☞ せいどう¹》.
¶*道にはずれたことはするなよ Take care not to turn from *the path of*「*duty* [*righteousness*].
7《方面》:（分野）field Ⓒ；（事柄）subject Ⓒ.《☞ ほうめん¹；りょういき》.
¶彼はその*道の権威だ He is an authority「on that *subject* [in that *field*].

みち² 未知 ━形（価値・名前・起源などが知られていない）unknown；（見たり聞いたり経験したりしたことのない）strange.
¶世界にはまだ我々にとって*未知の言語があるだろうか Are there any languages in the world that are still *unknown*? ∥ 彼の実力はまだ*未知(数)だ His real「ability [potential] is still *unknown*. ∥ *未知の国 a *strange*「land [country]
未知数〘数学〙unknown「number [quantity] Ⓒ.

みちあんない 道案内 ━名（人）guide Ⓒ. ━動（道案内をする）show the way to …；（人に道を教える）direct ㊉.

みぢか 身近 ━形（よく知っている）familiar (to …) ★「物・事」が主語となる；（親しい・親密な）close (to …). ━副（すぐ近くに）close [near; ready] at hand.
¶これは*身近な（⇒我々のよく知っている）問題だ The problem is *familiar to* us. ∥ *身近な友達にそのことを相談した I「talked it over with [consulted] a *close* friend (of mine) about it. ∥ 私はいつも*身近に懐中電灯を置いて寝ます I keep a flashlight「*close* [*near*; *ready*] *at hand* at night.《☞ てぢか》

みちがえる 見違える（見誤まる）mistake [take] … for …《☞ みあやまる；べつじん》.
¶彼女は*見違えるほど変わっていた（⇒別人のように見えた）She *looked*「*as if* she were another [like a different] person. /（⇒とても変わっていたので，彼女とはわからなかった）She had changed so much that I could *not recognize* her.

みちくさ 道草 ¶*道草をしないで真っすぐ家に帰りなさい（⇒どこにも立ち寄るな）Don't *drop in* anywhere. / Go home straight. ∥ 彼は家に帰る途中いつも本屋で*道草を食う（⇒いつも本屋に立ち寄る）He always *drops*「*into* [*in at*] a bookstore on his way home.

みちしお 満ち潮（満潮）high tide Ⓤ；（満ちてくる潮）flood tide Ⓤ.《☞ しお²；あげしお；まんちょう》.

みちじゅん 道順（目的地へ行く道）way Ⓒ.
¶あなたの家へ行く*道順を教えていただけますか Would you tell me the *way* to your house?《☞ 道のきき方（囲み）》

みちしるべ 道しるべ（道標）guidepost Ⓒ.

みちすじ 道筋（ある場所からほかの場所へ行く道）route Ⓒ；（街路）street Ⓒ.《☞ みち¹（類義語）》. ¶この*道筋にはたくさん土産物屋が並んでいます This *street* is lined with many souvenir shops.

みちたりる 満ち足りる be satisfied《☞ まんぞく；じゅうじつ》. ¶そのころ私は*満ち足りた生活をしていた In those days I ˹*was satisfied with* my life in every way [was leading a *satisfying* life].

みちづれ 道連れ (旅行の同行者) fellow traveler Ⓒ, traveling companion Ⓒ ★後者のほうが改まった言い方.
¶京都でアメリカ人と*道連れになりました(⇒知り合いになり一緒に旅をした) I happened to meet an American in Kyoto and we *traveled together*. // 旅は*道連れ世は情け When shared joy is doubled and sorrow halved.《ことわざ：2人で分ければ喜びは2倍になり，悲しみは半分になる》

みちのり 道程 (距離) distance Ⓒ；(乗り物に乗って行く道のり) ride Ⓒ；(歩く距離) walk Ⓒ.《☞ こうてい[1]；みち[1]；きょり》.
¶「東京と静岡の*道のりはどれくらいですか」「車で約3時間です」"What is the *distance* between Tokyo and Shizuoka?" "It's about three hours' *ride* (in a car)." / "How far is it from Tokyo to Shizuoka?" "It takes about three hours by car." // そこからはかなりの*道のりです It's quite a *distance* from there.

みちばた 道端 roadside Ⓒ, wayside Ⓒ.《☞ みち[1]》. ¶*道端の喫茶店で一休みしましょうか Shall we take a (short) rest at a ˹*roadside* [*wayside*] coffee shop?

みちはば 道幅 the width of a road《☞ みち[1]；はば》. ¶「この道路の*道幅はどのくらいありますか(⇒どのくらい広いですか)」「20メートルあります」"*How wide* is this road?" "It's twenty meters wide." // *道幅が狭くて車は通れません This road is too narrow for a car to go through.

みちひ 満ち干 ¶潮の*満ち干 *the ebb and flow* of the ˹sea [tide] / *the rise and fall* of the tide《☞ しお[2]》

みちびく 導く (指導する) guide ㊀；(先導する) lead ㊀.《☞ しどう[1]；あんない》.
¶先生も親もその生徒を正しい道に*導こうとしていた The teacher and the parents were trying to *guide* the student into the right path. // 彼を破滅に*導いたのは彼女だ It was she ˹that [who] *led* him to ruin.

みちる 満ちる **1**《あふれる》：(いっぱいになる) become full, fill ㊂；(いっぱいである) be full of ..., be filled with ...《☞ いっぱい》.
¶部屋にはばらの香りが*満ちていた The room *was* ˹*full of* [*filled with*] the smell of roses. / The smell of roses *filled* the room. ★この fill は ㊀.
2《満月》：be full；(月がだんだん大きくなる) wax ㊂ (↔ wane).《☞ つき[1] (挿絵)》. ¶月が*満ちた The moon *is full*.
3《満ち潮》：(the tide) is in《☞ みちしお；しお[2]；まんちょう》. ¶潮が*満ちた *The tide is in*. // 潮は約6時間でゆっくりと*満ち，満潮に達します The water *rises* gradually for about six hours, until it reaches high tide.

みつ[1] 蜜 (蜂蜜) honey Ⓤ；(花の蜜) nectar Ⓤ.

みつ[2] 密 ―形 (ぎっしり詰まった) thick (↔ thin)；(密集した) dense (↔ sparse) ★前者が口語的；(親しい・綿密な) close. ―副 thickly；densely.《☞ かみつ；しんみつ》.
¶その地域は人口が*密である The district is ˹*thickly* [*densely*] populated. // 日米間の関係をさらに*密にする必要がある It is necessary to develop *closer* relations between Japan and America.

みっか 三日 (3日間) three days；(月の) the third；(第3日) the third day.
¶5月*3日 May 3 ★May (the) third と読む. / *the third* of May ★後者はやや改まった言い方.《☞ 時刻・日付・曜日 (囲み)》 // *3日目ごとに every ˹*three days* [*third day*] // *3日おきに every ˹*four days* [*fourth day*]《☞ -おき》
三日天下 very short [three-day] reign Ⓒ **三日ばしか** German measles Ⓤ《☞ 病気・病院 (囲み)》 **三日坊主** (仕事をすぐやめてしまう人)《米口語》quitter Ⓒ.

みっかい 密会 ―動 meet secretly ㊂ ㊀. ―名 secret meeting Ⓒ.

みつかる 見付かる (なくした物が) be found；(知られていなかったものが発見される) be discovered；(何か悪いことをしているところを見つかる) be caught ★後に -ing 形が続く；(悪事が露見する) be detected；((陰謀などを)暴露する) uncover ㊀.《☞ みつける；ろけん》.
¶私の本はまだ*見つからない My book *hasn't been found* yet. / (⇒私の本はまだ行方不明だ) My book is still missing. // 彼女の家はわけなく*見つかるでしょう You'll *find* her house ˹easily [without difficulty]. // なくした本は*見つかりましたか(⇒あなたはなくした本を見つけましたか) Did you *find* the book you lost? // フランス人の考古学者によりジャングルの中で古代の建物が*見つかった Ancient buildings *were discovered* in the jungle by a French archaeologist [ɑ̀ːəkiɑ́lədʒist]. // その生徒はカンニングをしているところを*見つかった The student *was caught* (*in the act of*) cheating in the exam. // 秘密計画が*見つかった(⇒暴露された) The secret plot *was uncovered*.

みつぎ 密議 secret [closed-door] conference Ⓒ.

みつぎもの 貢ぎ物 tribute Ⓤ. ¶彼らは王に*貢ぎ物を献上した They paid *tribute* to the king.

みつぐ 貢ぐ (金を与える) give money to ...；(金を人やある目的のために惜しまずに使う・浪費する) lavish money on ... ¶女は横領した金をせっせと男に*貢いだ The woman *gave* all the *money* she embezzled *to* her lover. / The woman *lavished* the embezzled *money on* her lover.

ミックス ―動 (混ぜる) mix ㊀ ★「よく混ぜる」という意味では mix up とすることが多い；(混ざる) mix ㊂；(混同する) mix up ㊀, confuse ㊀ ★前者のほうが口語的. ―名 (混

み

ぜ合わせたもの) mixture Ⓒ. 《☞ まぜる; まざる; こんごう》.

¶ 材料をよく*ミックスして下さい *Mix* (*up*) the ingredients well. // これは酢とサラダオイルの*ミックス[を*ミックスしたもの]です This is a *mixture* of vinegar and salad oil. // 水と油はうまく*ミックスしない Water and oil do not *mix* well.

みつくち 三つ口, 兎唇 harelip Ⓒ, split lip Ⓒ.

みつくろう 見繕う ¶《店で》お歳暮にウイスキーを送りたいのですが, 適当に*見つくろって下さい (⇒ 銘柄の選択は任せます) I'd like to send a bottle of whisky as a year-end present. I'll leave the choice of the brand to you.

みつげつ 蜜月 honeymoon Ⓒ.

みつける 見付ける (探しているものや, 知らなかったことを見つける) find ㊀ 《過去・過分 found》; (だれも知らなかったことを発見する) discover ㊀; (悪事などを発見する) detect ㊀; (忘れていたことや, 失われたものを明るみに出す) uncover ㊀; (掘り出す) unearth ㊀; (目星をつける・突き止める) spot ㊀; (観察していて初めて見つける) sight ㊀; (目にとまる) catch sight of …; (何かしているところを予期せずに見つける) catch ㊀ ★ 後に -ing 形が続く; (気づく) notice ㊀; (職などを得る) get ㊀; (捜す) look for … 《☞ はっけん; みつかる》.

¶ なくしたカメラを*見つけた I *found* my lost camera. // パスカルは空気には圧力があることを*見つけた Pascal *discovered* that air ˹has [had] pressure. // 彼らは木の下に隠されていた宝物を*見つけた They *unearthed* a hidden treasure under the tree. // こんな人ごみで人を*見つけるのは難しい It's difficult to *spot* a person in such a crowded place. // 何か月もの*航海の後, 彼らはついに水平線上に島を*見つけた After several months at sea, they finally ˹*sighted* [*caught sight of*] land on the horizon. // 警官は泥棒がその家に入るところを*見つけた The policeman *caught* the thief (in the act of) breaking into the house. // 彼はやっと職を*見つけた He ˹*got* [*found*] a job at last. // いま職を*見つけている (⇒ 探している) ところです I'*m looking for* a job.

みつご 三つ子 (三つ子全体) triplets: (三つ子のうちの1人) triplet Ⓒ, one of the triplets. **三つ子の魂百まで** The child is father ˹of [to] the man. 《ことわざ: 子供は大人の父》/ What is learned in the cradle is carried to the ˹tomb [grave]. 《ことわざ: 小さいときに覚えたことは死ぬまで忘れない》

みっこう 密航 ― 動 smuggle *oneself* 語法 入国は into …, 出国は out of … が続く; stow away ㊁ 語法 前者は密出入国の意味が中心. 後者は船や飛行機の中に隠れて密航する動作が中心. 《☞ みつにゅうこく》. ¶ 彼らは小舟で日本へ*密航を企てた They attempted to *smuggle themselves into* Japan on a small boat.

密航者 stowaway Ⓒ.

みっこく 密告 ― 名 (secret) information Ⓤ; (匿名の報告) anonymous [ənɑ́nəməs] report Ⓒ. ― 動 inform ˹on [against] … (secretly) to … ¶ 彼女は友人を警察へ*密告した She *informed* ˹*on* [*against*] her friend *to* the police. **密告者** informer Ⓒ.

みっし 密使 secret messenger Ⓒ; (特別の使命を帯びた使節) secret envoy Ⓒ.

みっしつ 密室 (隔絶された部屋) isolated room Ⓒ; (鍵をかけた部屋) locked-up room Ⓒ. ¶ *密室で behind closed doors

みっしゅう 密集 ― 動 (人々が一定の場所に群がる) crowd ㊁. ― 副 (互いに接近して) close [klóus] (together). 《☞ あつまる》. ¶ その地域は住宅が*密集している The houses stand ˹*close together* [*roof to roof*] in the area. / (⇒ その地域は住宅密集地帯だ) It is a (*densely*) *built-up* area.

みっしょ 密書 secret ˹letter [message] Ⓒ.

ミッションスクール missionary school Ⓒ.

みっしり ― 副 (厳しく) severely; (密に) closely, tightly. 《☞ みっちり; ぎっしり》.

みっせい 密生 ― 動 (樹木を主語として) grow closely ㊁; (土地を主語として) be thickly wooded. ¶ その地域は樹木が*密生している The area *is thickly wooded*.

みっせつ 密接 ― 形 (関心のある・身近な) close [klóus]; (関係の深い) closely ˹related [connected]. 《☞ みぢか; したしい》.

¶ この問題は我々の生活と*密接な関係がある This problem has a *close* ˹relation [connection] to our daily life. // 両国の関係はさらに*密接になった The two nations have come *closer* (together).

みっそう 密葬 (内々でする葬儀) funeral held by the family members alone Ⓒ.

みつぞう 密造 ― 動 (不法に製造する) manufacture … unlawfully; (酒を密造する) brew [distill] … unlawfully ★ brew は醸造酒に, distill は蒸溜酒に使う; 《米口語》 bootleg ㊁ 参考 密造のウイスキーを長靴 (tall boots) に隠して密売したことから.

密造者 moonshiner Ⓒ **密造酒** moonshine Ⓤ.

みつぞろい 三つ揃い (背広の上着・チョッキ・ズボン) three-piece (lounge) suit Ⓒ 《☞ スーツ; そろい; 衣服 (囲み)》.

みつだん 密談 ― 名 confidential talk Ⓒ. ― 動 (非公開で会談する) talk behind closed doors. 《☞ ひこうかい; ひみつ》.

みっちゃく 密着 **1** «ぴったりくっつくこと» ― 動 (のりなどではりつけて固定する) stick … firmly; (にかわのような接着剤ではりつける) glue ㊀. 《☞ くっつける; くっつく》. ¶ その木片の一方の端を壁に接着剤で*密着させた I ˹*glued* [*stuck*] one end of the wooden piece *on* the wall with adhesive.

2 «写真»: (密着焼付法) contact printing Ⓤ. ¶ *密着で焼いて下さい Please print these photographs by *contact printing*.

みっちり ― 副 (厳しく) severely; (一生懸命に) hard; (十分に) fully. ¶ 彼らは*みっちり仕込まれた They were *severely* trained.

// *みっちり勉強すれば成績は上がる If you study *hard*, you'll make better grades.

みっつ 三つ ―名 three. ―形 (3つの) three; (3つめの) the third. 《☞ 数字 (囲み)》.

みっつう 密通 ―名 (不義の関係) illicit (sexual) intercourse U; (結婚している者が妻または夫以外の男女と関係をもつこと) adultery U. ―動 have illicit sexual intercourse with ...; commit adultery.

ミット (野球の) mitt C 参考 mitt は glove の1種として扱われる.

みつど 密度 density U《略 D., d.》. ¶ 物質の*密度は1立方センチメートル当たりのグラム数, または1立方メートル当たりのキログラム数で測定されます The *density* of a substance is measured either in grams per cubic centimeter or in kilograms per cubic meter. // 人口*密度 the population *density*

みつどもえ 三つ巴 (3つのものが対立していること) three-way C; (三角関係) triangle C ★ 形容詞としても使われる. ¶ *三つどもえの争い a *three-way* struggle

みっともない (洋服などがよく合わない) ill-fitting; (着古した) shabby; (格好の悪い) clumsy-looking; (恥ずべき) shameful; (不名誉な) disgraceful. 《☞ ぶかっこう》.
¶ こんな*みっともない洋服を着るのはいやだ I don't want to wear such ⌜an *ill-fitting* [a *clumsy-looking*] dress. // なんて*みっともない (⇒ 恥ずかしい) ことを君はしてくれたのだ What *shame* you have brought on yourself! // そんなに大声で笑うのは*みっともないからよせよ (⇒ みんながじろじろ見ている) Don't laugh so loudly. *Everybody is staring at us.*

みつにゅうこく 密入国 ―名 (不法入国) smuggling *oneself* into a country U, illegal entry into a country U ★ 後者のほうが改まった表現. ―動 smuggle *oneself* into a country, enter a country illegally; (船・飛行機などに隠れて密航する) stow away 自. 《☞ みっこう》.

みつばい 密売 ―名 illicit sale C. ―動 sell ... illegally. ¶ 彼は麻薬を*密売したことで逮捕された He was arrested for *selling* (narcotic) drugs *illegally*.

みつばち 蜜蜂 bee C, honeybee C. 《☞ はち[1]》.

みっぷう 密封 ―動 seal (up) 他. ¶ 缶は特別の装置で*密封される Cans [《英》 Tins] *are sealed* with special equipment.

みっぺい 密閉 ―動 (封をする) seal (up) 他; (蓋などで封をする) cover ... ⌜tight [tightly]; (空気が入らないようにする) make ... airtight. ―形 airtight.
¶ 彼女は桃をガラス製の容器の中に入れて*密閉した (⇒ 密閉式のガラス容器に詰めた) She *packed* the peaches in *airtight* glass containers. // 気密性のよい蓋で*密閉しなさい *Seal* it with an *airtight* lid. / *Cover* it ⌜*tight* [*tightly*] with a lid.

みつぼうえき 密貿易 ―名 (関税などを払わないで不法に貿易すること) smuggling U. ―動 smuggle ⌜in [out] 他 ★ 輸入のときは in, 輸出は out. 《☞ みつゆ; みつゆにゅう; みつゆしゅつ》.

みつまた 三つ又 ―形 (3つの又に分かれた) three-pronged ★ フォークなどの突き刺す部分を prong という. ―名 (三つ又のほこ) trident C. ¶ *三つ又のコンセント a *three-way* outlet

みつまめ 蜜豆 Japanese sweet snack made up of boiled beans, cubes of agar jelly and a few pieces of fruit with syrup poured over the top ★ 該当するものが英米にはないので, このような説明をする以外には方法がない. 《☞ 日本固有の風物と英語 (囲み)》.

みつめる 見詰める (驚き・感嘆・称賛などでじっと見る) gaze ⌜at [on; into] ...; (動かない人・物を) look intently at ...; (好奇心・疑いなどでじろじろと見る) stare at ...; (調べるようによく見る) study 他. 《☞ みる (類義語)》.
¶ その婦人は立ち止まって絵をじっと*見つめた The woman stopped and ⌜*gazed* [*looked intently*] *at* the picture. // 彼女は私の顔を*見つめた She *gazed into* my face. // そんなに*見つめないで下さい Don't *stare at* me in that way. // 彼は図表を*見つめてしばらくひと言も言わなかった He ⌜*studied* [*looked hard at*] the graph and was silent for a while.

みつもり 見積もり estimate C; (評価) estimation U. 《☞ がいさん》. ¶ 建築費は当初の*見積もりを上回った The building costs exceeded the original *estimate*. // 私はその大工に私の家の修理の*見積もりを頼んだ I asked the carpenter to make an *estimate* of the cost of the repairs to my house. **見積もり書** written estimate C.

みつもる 見積もる estimate 他 自, make an estimate (of ...). 《☞ がいさん; ひょうか》.
¶ その大工は新築の家の費用を2千万円と*見積もった <S(人)+V(*estimate*)+O(費用)+*at*+名(金額)> The carpenter *estimated* the cost of (building) the new house *at* twenty million yen. // 彼は費用のおおよそのところを*見積もった He *made a* rough *estimate* of the expenses. // どんなに少なく*見積もってもその費用は1500万円にはなるだろう The expenses will come to 15 million yen at the lowest *estimate*.

みつやく 密約 (秘密の約束) secret promise C; (秘密の協約) secret agreement C; (暗黙の了解) secret understanding C ★ 単数形で用いる. 《☞ やくそく》.
¶ 私は彼らから援助の*密約を得た I have received *secret promises* of support from them. // 彼らは我々と*密約を結んだ They have made a *secret agreement* with us. // 我々の間には*密約がある There is a *secret* ⌜*understanding* [*agreement*] between us.

みつゆ 密輸 ―名 smuggling U. ―動 smuggle ⌜in [out] 他 ★ 輸入は in, 輸出は out. 《☞ みつゆしゅつ; みつゆにゅう》. ¶ 警察は金*密輸の罪で彼を逮捕した The police arrested him for *smuggling* gold. **密輸品** smuggled goods ★ 複数形で.

みつゆしゅつ 密輸出 —[動] smuggle ... out of ... ¶ 彼らは数回武器を*密輸出した They *smuggled* arms ⌈*out of* the country [*abroad*] several times.

みつゆにゅう 密輸入 —[動] smuggle ... into ... ¶ 彼らは日本へ宝石を*密輸入しようとした They tried to *smuggle* jewels *into* Japan. / They tried to *bring* jewels *into* Japan ⌈*unlawfully* [*illegally*].

みつりょう 密猟, 密漁 —[名] (許可なく動物・鳥・魚などを捕えること) poaching Ⓤ. —[動] poach (他); take ... illegally. ¶ 彼らは鮭(さけ)を*密漁した They *poached* salmon.
密猟者 poacher Ⓒ　**密漁船** poaching boat Ⓒ.

みつりん 密林 (熱帯地方の) jungle Ⓒ; (密生した林) thick [dense] forest Ⓒ.

みてい 未定 —[形] (まだ決定していない) undecided; (日時・数・値段などをまだ決めていない) not fixed, unfixed; (確かでない) uncertain.
¶ 結婚式の日取りは*未定です The date of the wedding is ⌈*not fixed yet* [*undecided*]. ∥ 彼らのここでのスケジュールは*未定です Their schedule here is ⌈*not settled* [(⇒ 公表されてない) *not announced officially*].

みてくれ 見てくれ (外観) appearance Ⓒ; (うわべ・見せかけ) show Ⓤ ★ しばしば a を付けて. 《☞ みかけ; みため》. ¶ 料理の*みてくれはよくても悪くてもかまわない It doesn't matter whether the dish *looks* nice or not.

みてとる 見て取る (把握する) grasp (他); (悟る) realize (他); (見透かす) see through ... 《☞ さとる; みやぶる; みとおす》. ¶ 彼女は私の意図をすぐに*見て取った She *grasped* my intention at once. ∥ 彼が助けを必要としていることを私は*見て取った I *realized* that he needed help.

みとう 未到, 未踏 —[形] (まだ探究されていない) unexplored; (まだ足を踏み入れていない) untrodden, virgin. 《☞ ぜんじんみとう》.
¶ 彼は前人*未到の領域を研究中である He is studying an *unexplored* field. ∥ 彼らは人跡*未踏の地に達した They reached a region where *no man has ever set foot*.

みとおし 見通し **1** 《遠望》: (目に見えること) visibility Ⓤ 《☞ しかい[2]》. ¶ 霧で*見通しが悪かった *Visibility* was ⌈bad [poor] because of the mist. ∥ *見通しのきかない (⇒ 見えにくい) 曲がり角で交通事故があった There was a traffic accident at a *blind* corner.
2 《見込み》: (成功・利益の見込み) prospects ★ 通例複数形で; (将来の展望) outlook Ⓒ; (予測) forecast Ⓒ. 《☞ みこみ》.
¶ 今年の米の作柄の*見通しは明るい The *prospects* for the rice crop this year are ⌈fair [good]. ★ 反対は poor. ∥ 長びくインフレで経済の*見通しはしばらく暗いだろう Owing to the protracted inflation, the economic *outlook* will be ⌈gloomy [bleak] for some time.

みとおす 見通す (洞察する) see through ...; (予測する) predict (他), foresee (他). ¶ 彼女の意図を*見通すことは難しいことではない It is not difficult to *see through* her intention. ∥ 我々は未来を*見通すことができない We cannot ⌈*foresee* [*predict*] the future.

みどころ 見所 (見る値打ちのある点) point worthy of note Ⓒ; (最も興味ある部分) highlight Ⓒ. ¶ その映画は戦闘場面が*見所の1つです The battle scene is one of the *highlights* of the film. ∥ 彼の息子はなかなか*見所のある (⇒ 前途有望な) 少年です His son is a quite *promising* boy.

みとどける 見届ける (確かめる) ascertain (他); (念を押す) make sure (他); (自分の目で見極める) see ... with *one's* own eyes. 《☞ みきわめる; たしかめる》. ¶ その知らせが本当かどうか (⇒ 本当であること) を*見届けてから出発したほうがいい You'd better leave here after you *have* ⌈*ascertained* [*made sure*] that the news is true.

みとめ 認め personal seal Ⓒ 《☞ はん[1]》.

みとめる 認める **1** 《判断する》: (事実として認識する) recognize (他); (賛成する) approve of ..., approve (他); (物の善悪・真偽を認める) admit (他); (容認する) accept (他); (黙認する) allow (他); (許可を与える) permit (他). 《☞ しょうにん[1]》.
¶ それは画期的な発見として*認められている It *is recognized* as an epoch-making discovery. ∥ 彼の案は委員会で*認められた (⇒ 認可された) His plan *was approved* (*of*) by the committee. ∥ あなたの言うことを*認めたとしても, まだこの案の価値については疑問が残ります *Admitting* what you say, I am still doubtful about the worth of this plan. ∥ 彼は犯行を*認めた He *admitted* his crime. ∥ 彼は敗北を*認めた He *accepted* his defeat. ∥ その囚人は非常の場合は独房から出ることが*認められている The prisoner *is allowed* to come out of the cell in (case of) emergency. ∥ 彼は1週間の休暇を*認めてくれた He *permitted* me to ⌈take [have] a week off.
2 《目にとめる》: see (他); (発見する) find (他); (気付く) notice (他). ¶ そこにはだれの姿も*認められなかった Nobody could *be seen* there. ∥ 肺炎の症状が*認められる There are signs of pneumonia.

みどり 緑 —[名] green Ⓤ; (草木の萌える色) verdure [vә́ːdʒә] Ⓤ; (明るい緑) emerald (green) Ⓤ. —[形] (緑色の) green; (緑がかった) greenish. 《☞ 色 (囲み)》. ¶ *緑がかった黄色 *greenish* yellow ∥ 木の葉は*緑色だ The leaves of the tree are *green*. ∥ 都会には*緑が少ない There's little *green* in the cities. **緑の週間** Arbor Week.

みとりず 見取り図 (設計図) (building) plan Ⓒ; (スケッチ) (rough) sketch Ⓒ.

みとる 見取る ¶ 家族に*見取られて, 彼は静かに亡くなった He died peacefully with his family at his side.

ミドルきゅう ミドル級 middleweight class Ⓒ. **ミドル級の選手** middleweight Ⓒ.

みとれる 見とれる (心を奪われる) be fascinated ｢by [at; with] …; (我を忘れて見とれる) be lost in admiration.

¶ 彼らはその大きなダイヤモンドに*見とれていた They *were* ｢*fascinated* [*charmed*; *enchanted*] *by* the big diamond. // 私はその美しい景色にしばらく*見とれていました I *was lost in admiration* of the beautiful landscape for a while. / I *looked admiringly at* the beautiful scenery for a while.

みな 皆 ―㈹ (すべてのもの) all 語法 「人」にも「物」にも使われる.「人」の場合は複数動詞で呼応する.「物」の場合は, 状況を述べるときは単数動詞で呼応することがある. ((例) あたりは*皆静かだった *All* was silent around me.) 《☞ 性・数・人称の一致 (欄外)》; (すべてのもの) everything ★ all よりも口語的で意味が強い; (すべての人) everyone, everybody 語法 いずれも口語的だが, 後者のほうがよりくだけた感じ. every の付く語はすべて単数動詞で呼応する. ―㊎ all; every. 《☞ すべて (類義語); ぜんぶ[1]》.

¶ あなた方は*皆スポーツが好きですか Do ｢you *all* [*all* of you] like sports?

*皆来ましたか Is ｢*everybody* [*everyone*] here?

*皆さん. おはようございます Good morning, ｢*everybody* [*everyone*].

*皆さん, きょうの話題は『日本の将来』です *Ladies and Gentlemen*, our topic today is "Japan's future." 《☞ 呼びかけ (囲み)》

お宅の*皆さんによろしく Please remember me to *all* of your family.

必要なものは*皆準備しました We have prepared ｢*everything* [*all*] we need.

*皆でいくらになりますか How much ｢are they [is it] *in all*?

彼は持っていた金を*皆使ってしまった He spent *all* the money he had. / He has spent ｢*every* [*the last*] penny he had.

それは*皆私のせいです (⇒ 私が責を負うべきただ1人の者です) I'm the *only* one who is to blame.

*皆がそのニュースを聞いて喜んだわけではない Not *all* of ｢us [them] rejoiced at the news. ★ 部分否定に注意. 《☞ 否定の表現 (囲み)》

みなおす 見直す **1** «もう一度見る»: look at … again; (再び調べる) look over …; (再調査する) restudy ㊓; (再検討する) reconsider ㊓. 《☞ みかえす》.

¶ レポートはよく*見直してから提出しなさい *Look over* your term paper before you hand it in. // 海水を将来のエネルギー源の1つとして*見直すべきだ We should *restudy* sea water as one of energy sources of the future. // 彼らは計画の*見直しを (⇒ 再検討することを) 求められた They were called upon to ｢*reconsider* [*restudy*] the project.

2 «前より高く評価する»: think better of …, have a better opinion of … ¶ 私は学生を*見直した Now I *think better of* my students. / I now *have a better opinion of* my students.

みなぎる 漲る (充満している) be full of …, be filled with …; (普及する) pervade ㊓. 《☞ いっぱい; あふれる》.

¶ 国体は闘志*みなぎる (⇒ いっぱいの) 若者の祭典だ The National Athletic Meet is a festival for young men ｢*full of* fighting spirit. // 危機意識が当時の人々の間に*みなぎっていた The feeling of crisis *pervaded* the people of those days.

みなげ 身投げ ―㊍ (自らおぼれる) drown *oneself*; (身を投げる) throw *oneself* into …

みなごろし 皆殺し ―㊔ (大虐殺) massacre [mǽsəkə] Ⓤ; (根絶) extermination Ⓤ 語法 主として害虫・害鳥・敵対者など, 望ましくないものの根絶をいう. ―㊍ (全員を殺す) kill ｢all the … [every …]; massacre ㊓; exterminate ㊓. 《☞ ぎゃくさつ; ぜんめつ》.

みなしご 孤児 orphan Ⓒ 《☞ こじ[1]》.

みなす 見做す (…を…と見る) regard … as …, look upon … as … ★ 前者が一般的; (…と考える) consider … to be …, think that …, think of … (as …). 《☞ みる; かんがえる》.

¶ 彼女は才媛と*見なされた <S (人) + V (*regard*; *look upon*) + O (人) + *as* + 名 の受身> She *was* ｢*regarded* [*looked upon*] *as* a talented girl. // 彼らは自分たちのやり方を正しいものと*見なしている They *regard* their own ways *as* right. // 彼は日本で最も優秀な音楽家の1人と*見なされている He *is considered to be* one of the most excellent musicians in Japan. // 人々はそれを当然のことと*見なす People *think of* it *as* natural. / People *think that* it is natural.

みなと 港 harbor (《英》 harbour) Ⓒ; port Ⓒ 語法 船の停泊する港だけを意味するのが harbor, 商港という意味でしばしば付属した都市も含めていう語が port.

¶ 船が何隻も*港に入っている There are many ships (at anchor) in the *harbor*. // その油輸送船は*港に入ってきた[を出ていった] The tanker ｢entered [left; sailed from] the *port*.

港町 port town Ⓒ. ¶ *港町横浜 the *port* of Yokohama

みなみ 南 ―㊔ the south. ―㊎ (南の・南方の) south, southern [sʌ́ðən] 語法 境界がはっきりしていて「南部(地方)の」という意味の場合は south を, 漠然と「南方の」という意味のときは southern を使う; (南寄りの) southerly. ―㊕ (南へ) south, southward(s) ★ 後者は方向を示す意味が強い. 《☞ なんぶ; きた》.

南アフリカ共和国 the Republic of South Africa **南アメリカ** South America **南風** south [southerly] wind Ⓒ; (強い南風) souther Ⓒ. 《☞ かぜ[1]》 **南十字星** the Southern Cross 《☞ せいざ (表)》 **南太平洋** the South Pacific **南半球** the Southern Hemisphere.

みなもと 源 (水源) the source, the fountainhead ★ 前者が一般的; (現象や事物などの起源・発生したときの状態) the origin; (初め) the beginning ★ 最も平易な語. 《☞ すいげん; きげん[3]》.

み

みならい 見習い (徒弟として働くこと) apprenticeship Ⓤ; (仮採用) probation Ⓤ; (徒弟) apprentice Ⓒ.
¶彼女はその美容院で*見習いとして働いた She ⌈*served her apprenticeship* [worked as an *apprentice*] at the beauty parlor. // 彼はまだ*見習い中です (⇒ 仮採用だ) He is still *on probation.* // (仮採用の)*見習い期間 the *probationary* period / the period of *probation*

みならう 見習う (従う) follow ⓗ; (人を模範にする) follow *a person's* example; (まねる) copy ⓗ, imitate ⓗ. 《☞ まねる》.
¶彼女の勤勉さを*見習うべきだ You should ⌈*imitate* [*copy*] her industry. // 兄さんを*見習って (⇒ 兄さんのように) 勉強しなさい Study hard *like* your brother. / Work hard ⌈*after the model of* [*following the example of*] your brother.

みなり 身なり (外見) (personal) appearance Ⓒ; (衣服) dress Ⓒ; (外から見た様子) the way [how] *a person* looks. 《☞ がいけん; いふく; みだしなみ》.
¶*身なりで人を判断すべきではない You shouldn't judge others by their *appearances.* // 彼女は*身なりに構わない She is ⌈careless about [indifferent to] her *appearance.* / She doesn't care *how she looks.* // *身なりをちゃんとするように (⇒ きちんと) Try to *look* ⌈*neat* [(⇒ 清潔に) *clean*]. / (⇒ ふさわしい服装をするように) Try to *dress* yourself *appropriately.* // *身なりを整えてから出ていらっしゃい Come out when you *are properly dressed.* // 彼女は*身なりがよい She *is* ⌈*well* [*neatly*; *finely*] *dressed.* // ひどい*身なりをした男が (⇒ みすぼらしい服を着た男が) きょう私の事務所に来た A ⌈*poorly-dressed* [*shabbily-dressed*] man came to see me at my office today.

みなれる 見慣れる, 見馴れる —動 (見慣れている) be ⌈used [accustomed] to seeing ...
語法「見慣れる状態になる」という意味では get [become] used to seeing という形を用いる; (よく知っている) be familiar ⌈with ... [to *a person*]. —形 familiar. 《☞ なれる[1]》.
¶こういう光景は長年*見なれている I *have* long *been* ⌈*used* [*accustomed*] *to seeing* such scenery over the years. / I *have been familiar with* such scenery over the years. / The scenery *has been familiar to* me over the years. // *見なれない人たちが何人かパーティーの席にいた There were a few ⌈*strange* [*unfamiliar*] faces at the party. // *見なれぬ人とは口をきいてはいけませんよ Don't talk with *strangers.*

ミニカー minicar Ⓒ.

みにくい 醜い ugly 《☞ ぶきりょう》. ¶その魔女はひどく*醜い顔をしていた The witch had a very *ugly* face.

ミニスカート miniskirt Ⓒ, mini Ⓒ ★ 後者は口語的.

ミニチュア miniature Ⓒ 《☞ こがた》.

みぬく 見抜く (見通す) see through ...; (本当のことを見つける) find out ⓗ; (見破る) penetrate ⓗ; (気付く) notice ⓗ; (感づく) perceive ⓗ. 《☞ みとおす; きづく; みやぶる》.
¶母親は息子のうそをすぐに*見抜いた The mother ⌈*saw through* [*found out*] her son's lie ⌈right away [immediately]. // 私はやっとその秘密が*見抜けた I finally *penetrated* the mystery. // 本能的に彼女は皆が何を期待しているかを*見抜いていた She ⌈*perceived* [*noticed*] by a sort of instinct exactly what they had expected. // 彼は一目で私の能力を*見抜いた (⇒ 見定めた) At (the) first glance he *took my measure.*

みね 峰 (山) peak Ⓒ; (頂上) the top, the summit ★ 前者のほうが口語的; (連峰) ridge Ⓒ; (刀の) the back. 《☞ やま (挿絵)》.

ミネラルウォーター mineral water Ⓤ, 《英》 minerals ★ 複数形で.

みのう 未納 (支払い残金) arrears [ərɪ́əz] ★ 複数形で; (滞納) default in payment Ⓤ; (不払い) nonpayment Ⓤ. 《☞ たいのう》.
¶彼は税金[家賃, 授業料]が*未納だ (⇒ まだ支払っていない) He *has not yet paid* his ⌈taxes [rent; tuition]. / His ⌈taxes are [rent is; tuition is] *in arrears.*
未納金 the amount in arrears **未納者** person in arrears Ⓒ.

みのうえ 身の上 **1** «境遇»: (身辺の事情) *one's* personal affairs ★ 複数形で; (暮らし向きなど) circumstances ★ 通例複数形で; (状況) *one's* situation Ⓒ. 《☞ きょうぐう》.
¶彼女は*身の上相談に来た (⇒ 一身上のことについて私の忠告を求めにきた) She came to ask for my advice about *her personal affairs.* // その男は気の毒な*身の上だ The man is in ⌈sad [poor] *circumstances.*
2 «経歴»: *one's* (personal) history; (過去) *one's* past. 《☞ けいれき》.
¶機会があるたびに彼女は*身の上話をする (⇒ 以前の経歴について話す) Whenever she has a chance, she tells us ⌈*her past history* [(⇒ 彼女の一生の話を) *the story of her life*; (⇒ 彼女自身について一切を) *all about herself*; (⇒ 彼女の過去を) *her own past*].
身の上相談欄 home counsel column Ⓒ, personal advice column Ⓒ, 《米》 agony column Ⓒ.

みのがす 見逃す (大目に見る) overlook ⓗ; (うっかり見落とす) miss ⓗ; (何となくそのままにする) let a matter ⌈pass [slip; escape]; (黙認する) connive ⓙ. 《☞ みおとす》.
¶このような過ちを*見逃してはならない You must not *overlook* such an error. // 物価の上昇は*見逃すことができない重大問題だ The rise in (commodity) prices is a serious problem not to *be overlooked.* // 私は好機を*見逃した I *missed* a good ⌈chance [opportunity]. // バッターは好球を*見逃した The batter *missed* ⌈a nice ball [(⇒ よい投球を) a good pitch]. // 彼はその事実を*見逃さなかった He didn't *let* the fact ⌈*escape* [*pass*; *slip*]. / He didn't *miss* the fact. // このテレビ番組は絶対*見逃せない (⇒ ぜひ見る必要のあるものだ)

This TV program is a *must.* ★ 口語的表現. // だれが麻薬の密輸入を目をつぶって*見逃したのだ Who *connived* at the smuggling of drugs into the country?

みのけがよだつ 身の毛がよだつ ―― 形 (恐ろしい) horrible ; (毛を逆立てるような) hair-raising ★ 後者のほうが意味が強い. ―― 動 (身の毛をよだたせる) make *a person's* hair stand on end. (☞ おそろしい).
¶ それにまったく*身の毛のよだつような光景だった It was really a *hair-raising* sight. // その恐ろしい話に*身の毛がよだった (⇒ その恐ろしい話は私の髪を逆立てた) The horrible story *made my hair stand on end.*

みのしろきん 身の代金 ransom Ⓒ.

みのほど 身の程 ¶ だれでも*身の程 (⇒ 自分自身) を知るべきだ One should know ⌈*oneself* [*one's place*]. (☞ みぶん)

みのまわり 身の回り ¶ *身の回りの物 (⇒ 所持品) をもう一度確認して下さい Please check your ⌈*things* [*belongings*] once more. (☞ てまわりひん) // 彼は*身の回りの物 (⇒ 個人に属する品物) を郵便で送った He sent his *personal effects* by mail. // 彼女は病人の*身の回りの世話をした She ⌈*took care of* [*looked after*] the patient.

みのむし 蓑虫 bagworm Ⓒ.

みのり 実り (収穫) crop Ⓒ, harvest Ⓒ ★ 前者のほうが口語的. (☞ しゅうかく[1]). ¶ *実りの秋がきた The *harvest* season has come. // 今年は*実りがよかった[悪かった] We have had a ⌈good [bad ; poor] ⌈*crop* [*harvest*] this year. // 私は*実りの多い歳月をそこで過ごした I spent some *fruitful* years there.

みのる 実る (果樹が実を結ぶ) bear fruit ★ 比喩的な意味でも用いられる. bear は (過去 bore ; 過分 borne) ; bear nut ★ nut はくるみ状の堅い木の実 ; (農作物を生産する) bear [yield ; produce] crops. (☞ み[2] ; せいか[1]).
¶ このりんごが*実るのはいつですか (⇒ りんごの木が実を結ぶのは) When does this apple tree *bear fruit?* // この土地は作物がよく*実る This soil ⌈*produces* [*yields*] good *crops.* // 彼女の努力が*実った Her efforts *bore fruit.* / (⇒ 成功で報いられた) Her efforts *were* ⌈*rewarded* [*crowned*] *with success.* // 我々の努力はあまり*実らなかった All our efforts *have borne* little *fruit.*

みば 見場 ¶ この料理は*見場はよくないが (⇒ おいしそうには見えないが), なかなかおいしい This dish does not *look* appetizing, but it is delicious. (☞ みため ; みてくれ)

みばえ 見栄え, 見映え ¶ この服では*見栄えがしない (⇒ よく見えないのを私は知っている) I know I don't *look very nice in* this dress. // 彼女は黒い服を着ると*見栄えがする (⇒ ずっとよく見える) She *looks better in* a black dress. / (⇒ 黒い服は彼女の魅力を引き立たせる) A black dress *sets off her charm.*

みはからう 見計らう ¶ 適当に*見計らって下さい (⇒ あなたに選択を任せます) I'll leave the choice to you. (☞ みつくろう) // ころあいを*見計らって来たね (⇒ ちょうどよいときに) You are here at just the right moment.

みはったつ 未発達 ―― 形 not developed ; (未開発の) underdeveloped.

みはっぴょう 未発表 ―― 形 unpublished, not ⌈published [publicized].

みはなす 見放す, 見離す (あきらめる) give up (他) ; (背を向ける) turn *one's* back (on ...) ; (見捨てる) abandon (他) ; (大切にしているものを見捨てる) forsake (他) ; (義務を放棄して人を置きざりにする) desert (他). (☞ みすてる).
¶ 彼はどの医者[教師]からも*見放された (⇒ 医者[教師]は皆彼をあきらめた) All the ⌈doctors [teachers] *have given* him *up.* // 彼女はついに彼を*見放した (⇒ 彼女は彼に背を向けた) Finally she *turned her back on* him.

みはらい 未払い ―― 形 (払っていない) unpaid (☞ みのう ; たいのう). ¶ 彼は入院費が*未払いです (⇒ まだ払っていない) He *has not paid* his hospital bill.

みはらし 見晴らし (景色) view Ⓒ (☞ けしき ; ながめ[1]). ¶ なかなか*見晴らしがいいな What a ⌈splendid [fine] *view*! // 彼女の家は丘の上に立っているので, *見晴らしがよい (⇒ 丘の上の彼女の家は美しい景色を見渡す) Her house on the hill *commands a* ⌈splendid [fine] *view.*

みはり 見張り (注意して見ること) watch Ⓤ ; (用心して守ること) guard Ⓤ ; (警戒) lookout Ⓤ ; (警護する人) guard Ⓒ ; (見張る人) watchman Ⓒ (複 -men), lookout Ⓒ. (☞ かんし[1]).
¶ 外で*見張りをしてくれませんか Will you *keep watch* outside? // 出入口には*見張りを置く必要がある It is necessary to ⌈place [post] a *guard* at the entrance. // 警察はその挙動不審の男に*見張りをつけた The police set a *watch* on the suspicious-looking man.
見張り所 (望楼) lookout Ⓒ ; (番小屋) watchhouse Ⓒ.

みはる 見張る **1** «警戒する» : watch (他), keep watch over ..., keep a [be on the] lookout for ... ; (油断なく見張る) be on the alert. (☞ はりこむ ; ばん[2] ; かんし[1]).
¶ 彼らは敵の動静を*見張っている They *are* now ⌈*watching* [*keeping watch over* ; *on the lookout for*] enemy movements. // 警官が数人, 表で*見張っている Several policemen *are keeping watch* outside. // ここで*見張っていて下さい *Keep a lookout* here.
2 «目を» : (目を大きく開く) open *one's* eyes wide ; (感嘆して見つめる) gaze (at ...) (自).
¶ 彼女は驚嘆して目を*見張った She *opened her eyes wide* in wonder. // 私は彼女の美しさに目を*見張った (⇒ 彼女の美しさに心を奪われてじっと見つめた) I *gazed at* her, fascinated by her beauty.

みびいき 身贔屓 (縁者びいき) nepotism Ⓒ ; (えこひいき) favoritism ((英) favouritism) Ⓤ. (☞ ひいき ; えこひいき).

みひらき 見開き (本・新聞の) spread Ⓒ.
¶ 広告は*見開きの2ページを占めていた The advertisement covered the two *facing pages.*

みぶり 身振り （しぐさ） gesture Ⓒ；（動作） movement Ⓒ, way of acting Ⓒ. 《☞ しぐさ；どうさ；てまね》.

¶ 彼女は私に気をつけろという*身振りをした She gave me a warning *gesture.* // 彼は*身振りで落胆した様子を見せた He *made a gesture of* disappointment. // その講演者は*身振り手振りで話した（⇒ ジェスチャーたっぷりに） The lecturer spoke with a great deal of *gesture.* // 彼女の*身振りは大げさだ（⇒ いつも彼女は大げさなしぐさをする） She always makes exaggerated *gestures.* // 先生は*身振りで私に座れと言った The teacher *motioned* me *to* a seat. [語法] この場合 to の後には場所など, 動作の到達点となるような名詞がくる.

みぶるい 身震い ―名（激しく震える） shudder Ⓒ；（ぶるっと震える） shiver Ⓒ；（小刻みに震える） tremble Ⓒ. ―動 shudder (at …) ⓐ; shiver (at …) ⓐ; tremble (at …) ⓐ. 《☞ ふるえる（類義語）》.

¶ その光景を見て彼女は*身震いした（⇒ その光景が彼女を震えさせた） The sight made her 「*shudder* [*shiver*]. /（⇒ 彼女はその光景を見て, 恐怖で震えた） She 「*shuddered* [*shivered*; *trembled*] with horror *at* the sight.

みぶん 身分（社会的地位）(social) 「position [standing] Ⓒ, (social) status Ⓤ [語法] 以上は特に高いとか低いとかの限定語句がついていない場合は社会的に認められた高い地位を意味するのが普通；（社会的階層）(social) 「level [class] Ⓒ. 《☞ ちい（類義語）》.

¶ 彼は*身分のある人にちがいない He must have a respectable *position.*

*身分の高い人[低い人] a man of 「high [humble] 「*standing* [*station*]

封建時代には*身分の違う者どうしの結婚はほとんど不可能だった In feudal days, marriage between men and women who belonged to different *social* 「*levels* [*classes*] was almost impossible.

アルバイトの仕事では*身分の保証がない（⇒ アルバイトの仕事は永続性がない） Part-time jobs are not *secure.*

*身分を証明するものを何かお持ちですか Do you carry anything to *identify yourself?*

結構なご*身分ですね（⇒ あなたがうらやましい） I envy you! /（⇒ あなたの地位はうらやましいものだ） Yours is really an enviable *position.*

私たちは*身分相応に（⇒ 収入の範囲内で）暮らすべきだ We should live *within our* 「*means* [*income*].

彼の暮らしは*身分不相応だ He lives *beyond his means.*

身分証明書 identification (card) Ⓒ, identity card Ⓒ ★ いずれも an ID (card) と略して用いることもある.

みぼうじん 未亡人 widow Ⓒ (↔ widower).

みほん 見本（商品の） sample Ⓒ；（書物・雑誌の） sample copy Ⓒ；（手本） example Ⓒ.

¶ 製品は*見本通りだ The manufactured articles 「are up to [correspond with] the *samples.* // その雑誌の*見本を一部送って下さい Will you send me a *sample copy* of the magazine? // これは失敗のよい*見本だ This is a good *example* of failure.

見本市 trade fair Ⓒ.

みまい 見舞い（訪問すること） visit Ⓒ, call Ⓒ；（容体を尋ねること） inquiry [íŋkwai(ə)ri(:)] Ⓒ；（火事や事故の） expression of *one's* sympathy Ⓒ. 《☞ 病気・病院（囲み）》.

¶ 私は入院中の先生を*見舞いに行った I *visited* my teacher in (the) hospital. [語法] 《英》では hospital に the は付けないのが普通. // 私は彼女に火事*見舞いの手紙を出した I sent a card *expressing my sympathy* to her after the fire. // 私は彼に暑中*見舞いを書いた I 「wrote to him [sent a card] *inquiring after* his health in the hot season. [語法] 英米には改めて暑中見舞いを出す習慣はない.

見舞い客 visitor Ⓒ, inquirer Ⓒ **見舞い金** gift of money Ⓒ **見舞い状**（尋ねるための） letter of inquiry Ⓒ；（病気の回復を願うもの） get-well 「letter [card] Ⓒ **見舞い品**（贈り物） present Ⓒ.

みまう 見舞う **1** 《病人などを》: visit ⓗ；（容体を尋ねて慰める） inquire after … 《☞ 病気・病院（囲み）》. ¶ きのう入院している友人を*見舞った I *visited* my friend in (the) hospital yesterday. [語法] 《英》では hospital に the は付けないのが普通.

2 《襲う》:（災害が） hit ⓗ, strike ⓗ. 《☞ おそう；自然災害（囲み）》. ¶ 昨夜関東地方は暴風雨[台風]に*見舞われた The Kanto area *was* 「*hit* [*struck*] by a 「storm [typhoon] last night.

みまちがえる 見間違える take [mistake] … for … 《☞ みあやまる；みちがえる》.

みまもる 見守る（動きなどを） watch ⓗ；（じっと見る） look intently at …；（見張る） guard ⓗ；（気を付ける） look after …, keep 「an [*one's*] eye on … 《☞ みる》.

¶ 先生は遠くから子供たちを*見守っている The teacher *is* 「*looking after* [*keeping his eye on*] the children from a distance. // 私はその若者の行く末を*見守りたい（⇒ その若者に将来何が起こるかを待って見てみたい） I'd like to *wait and see* what will happen to the young man in the future.

みまわす 見回す look 「round [around] …, look about … 《☞ きょろきょろ；みわたす》.

¶ 彼は部屋の中を*見回した He *looked* 「*round* [*around*] the room. // きょろきょろ*見回さないように Don't *look around* curiously.

みまわり 見回り（巡回） patrol Ⓒ；（視察） inspection Ⓤ. 《☞ じゅんかい》.

みまわる 見回る（巡回する） patrol ⓗ 《過去・過分 patrolled》, make *one's* rounds；（視察する） inspect ⓗ. 《☞ じゅんかい；じゅんし[1]；しさつ[1]》.

¶ 警官は担当地区を*見回っている The policeman *is* 「*patrolling* [*on*] *his beat.* / The policeman *is making his rounds.* // 彼らはレストランや生鮮食品品を扱う店を定期的に*見回っている They periodically *inspect* restaurants and stores dealing in fresh food.

みまん 未満 ―[前] (…より下位の) under … ―[形] (より少ない) less [smaller] than … 《☞ 数字 (囲み); いか[1]》.
¶ 18歳*未満は入場お断り No one *under* eighteen「is [will be] admitted. 《☞ 掲示の英語 (囲み)》 // 100 円*未満は切り捨てました I've ignored fractions「*less than* [*smaller than*; *under*] one hundred yen.

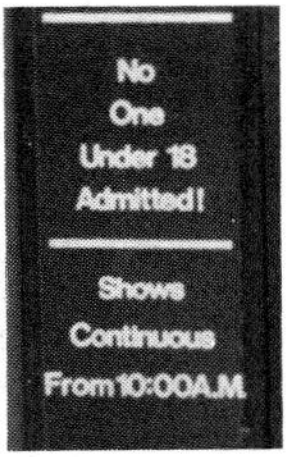
No
One
Under 18
Admitted!
Shows
Continuous
From 10:00A.M.

みみ 耳 **1** «器官»: ear [C] 《☞ かお (挿絵)》.
¶ 彼女は*耳が小さい (⇒ 小さな耳を持つ) She has small *ears*.
犬は聞きなれない音に*耳を立てた The dog pricked up its *ears* at the strange sound.
彼女は私の*耳もとでささやいた She spoke in my *ear*.
2 «聞くこと» ―[動] (聞こえる) hear [自] [他] 《過去・過分 heard》; (傾聴する) listen (to …) [自]. ―[名] (聴覚) ear [C]. 《☞ きく[1] (類義語); きこえる》.
¶ うちの父は*耳が遠い My father is hard of *hearing*.
私は*耳を傾けたが何も聞こえなかった I *listened* but heard nothing. [語法] listen は積極的に聞こうとすること. hear は自然に耳に入ること. ただし聞こうとして聞くという意味もある.
私は*耳をすました I strained my *ears*.
彼は私の忠告に*耳を貸さなかった He turned a deaf *ear* to my advice. ★ turn a deaf ear は決まった言い方.
ちょっとお*耳を拝借 May I have a word in your *ear*?
彼女は音楽に対してよい*耳を持っている She has a good *ear* for music.
子供たちは全身を*耳にして聞いた The children were all *ears*.
彼女について妙なことを*耳にした (⇒ 聞いた) I *heard* strange things about her.
その話は*耳にたこができるほど聞いた (⇒ 十分に聞いた) I *have heard* enough of the story.
彼はときどき*耳の痛いことをいう (⇒ 彼の言葉はときどき私の耳をほてらせる) His remarks sometimes make my *ears* burn.
3 «端»: edge [C] 《☞ はし[2]; へり》.
¶ 彼はそのページの*耳を折った He「turned down the *edge* of [*dog-eared*] the page.
彼女はパンの*耳を切り落とした She cut off the「*crust* [*edges*] from the slices of bread. 《☞ パン (挿絵)》

耳をそろえて ¶ 借金は*耳をそろえて (⇒ 全額) 返した I paid (back) my debt *in full*. / (⇒ 借金を精算した) I *cleared* (*up*) my debt.
耳かき earpick [C] **耳くそ[あか]** earwax [U] **耳たぶ** earlobe [C] **耳鳴り** ringing in the ears [C]. ¶ *耳鳴りがする I have a *ringing in my ears*. / My *ears are ringing*.

みみあたらしい 耳新しい (新しい) new; (新奇な) novel ★ やや文語的. 《☞ あたらしい; めあたらしい》. ¶ それは*耳新しい話とは言えない It's not a *new* story. // 何か*耳新しいことでもありますか (⇒ ニュースがありますか) Is there any *news*? // その言い方は一般にはまだ*耳新しい (⇒ 一般に知られていない) The expression *is not* generally *known* yet.

みみうち 耳打ち ―[動] (ささやく) whisper [自] [他]. ―[名] whisper [C]. 《☞ ささやく》.
¶ 彼女は彼に(何かを)*耳打ちした She *whispered* (something) in his ear.

みみがくもん 耳学問 (耳で学ぶこと) learning by the ear [U] 《☞ ききかじる》.

みみざわり 耳障り ―[形] (耳に不快な) offensive to the ear; (ぎいぎいいう) grating.
¶ 図書館でのひそひそ話は*耳障りだ Talking in whispers in the library is *offensive to the ear*. // その音は*耳障りだった I found that noise *grating*.

みみず earthworm [C] 《☞ むし[1] (類義語)》.
みみずばれ wale [C], welt [C].

みみっちい ―[形] (けちな) stingy (↔ generous); (下品でさもしい) mean. 《☞ けち》.
¶ 彼はなんて*みみっちい奴なんだろう What a *stingy* fellow he is! // そんな*みみっちいことを言うな Don't say such a *mean* thing.

みみより 耳寄り ¶ *耳寄りな話がある (⇒ よいニュースがある) I have *good* news to tell you. // それは*耳寄りな (⇒ 歓迎すべき[よい]) 話だ That's「*welcome* [*good*] news.

みむく 見向く (…を見る) look at …; (注意する) take notice of … 《☞ みる》. ¶ 彼は私に*見向きもしない (⇒ 見さえしない) He doesn't even *look at* me. // 彼女は同年の男の子には*見向きもしない She *takes no notice of* boys of her own age. / (⇒ 関心を持たない) She *has no interest in* boys of her own age.

みめい 未明 ―[副] (夜明け前に) before「dawn [daybreak]; (日の出前に) before sunrise. 《☞ よあけ; そうちょう[1]》. ¶ 我々は 14 日*未明に出発した We left *before*「*dawn* [*daybreak*] on the morning of the 14th.

みもち 身持ち (一般的な行い) conduct [U]; (特定な場面における行動) behavior (《英》 behaviour) [U]; (品行) morals ★ 複数形で.
¶ 彼は*身持ちが悪い (⇒ 品行のだらしない男だ) He is a man of loose *morals*.

みもと 身元 (本人であること) *a person's* identity; (過去) *a person's* past; (経歴) *a person's* history; (背景) *a person's* background.
¶ 彼の*身元が判明した *His identity* was established. / He *was identified*. [語法] 「身元が…とわかる」のときは be identified as … となる. // 被害者の*身元はまだ不明だ The victim *has* not yet *been identified*. // *身元を証明する物を何かお持ちですか Do you have anything「to prove *your identity* [to *indentify yourself*]? // 彼女を雇う前に*身元を調べた I looked into *her*「*background* [*past*; *history*] before hiring her. // *身元不明の死体が見つかった An *unidentified* body has been discovered.

身元引受[保証]人 guarantee Ⓒ, 〖法律〗 guarantor Ⓒ.

みもの 見物 (物笑いの種) sight Ⓒ ★悪い意味; (一見に値する光景) spectacle Ⓒ. ¶あの服を着ている彼女は*見ものだった She was a *sight* in that dress. // そのオーロラは*見ものだった The aurora was a great *spectacle*.

みゃく 脈 (脈搏) pulse [pʌ́ls] Ⓒ, pulsation Ⓤ ★後者は改まった語; (望み) hope Ⓤ. 《☞ どうき³; みゃくはく》.
¶*脈を見せてごらんなさい Let me ⌈feel [take] your *pulse*. // 私の*脈は異常に遅い[速い] My *pulse* is abnormally ⌈slow [quick; rapid; fast]. // *脈が正常かどうか計ってみた I counted my *pulse* to see whether the *beat* was normal (or not). // 彼女の左手首の*脈はかすかだがまだあった The *pulse* in her left wrist was weak but readable. // 私の*脈はじっとしていても100以上だ My *pulse* ⌈beats [runs] over 100 even at rest. // まだ*脈(⇒望み)がある There is still some *hope*. / (⇒まだ望みがなくなったわけではない) It is *not* altogether *hopeless*.

みゃくはく 脈搏 (脈) pulse Ⓒ; (脈搏数) pulse rate Ⓒ. ¶私の*脈搏は50ないし60だ My *pulse rate* runs between 50 and 60.

みゃくみゃく 脈脈 ―副 (連続的に) continuously; (絶え間なく) incessantly. ¶彼の家系には反骨精神が*脈々と流れている The spirit of revolt has been flowing ⌈*continuously* [*incessantly*] in his family line.

み

みゃくらく 脈絡 (論理的なつながり) logical connection Ⓤ; (文と文との間の論理的なつながり・一貫性) coherence Ⓤ. 《☞ つながり》.
¶これら2つの事件の間にはなんら*脈絡がない There is no (*logical*) *connection* between these two cases. // 作文を書くときには文と文との間の*脈絡が(⇒首尾一貫していることが)大切だ When we write a composition, it is important to make the sentences *coherent*. // 彼女は*脈絡のない(⇒一貫しない)話し方をする Her way of speaking is *incoherent*. / She is *incoherent*.

みやげ 土産 (贈り物) present Ⓒ, gift Ⓒ ★後者はやや改まった語; (思い出となる品) souvenir Ⓒ 語法 必ずしも他人への贈り物とは限らない. 自分の思い出にとっておくものも含み, 旅行・パーティー・親しい人などの思い出となるものなどをいう. 従って, 旅先で人にあげるために買う土産品という意味では present を使うほうがよい. 《☞ おくりもの; てみやげ》.
¶私は友達への*土産(⇒贈り物)を買わなければならない I have to buy *presents* for my friends. // これはよい*土産になる This will make a good *souvenir*.
土産話 (旅行の話) account of *one's* travels Ⓒ 土産物店 souvenir [gift] shop Ⓒ.

みやこ 都 (首都) capital Ⓒ; (大都会) metropolis [mitrɑ́pəlis] Ⓒ. 《☞ とかい》.
¶住めば*都 There is no place like home. 《ことわざ: わが家[故郷]にまさる所なし》

みやすい 見易い ―形 (容易に見える[読める]) easy to ⌈see [read]; (人目につく) conspicuous; (筆跡・印刷が読みやすい) legible; (明瞭な) clear. 《☞ -やすい》. ¶この掲示を*見やすい(⇒容易に見える)所に貼りなさい Put up this notice where it *can be easily seen*. // この時計の文字盤は*見やすい(⇒読みやすい) The dial of this watch is *easy to read*.

みやぶる 見破る (正体などを) find out ㊀; (陰謀などを) see through …《☞ みすかす; みぬく》. ¶あいつの正体をいつか*見破ってやる We'll *find* him *out* someday. // あのからくりは*見破った I *have seen through* that trick.

ミュージカル musical comedy Ⓒ ★略して musical ということが多い.

みよう 見様 (物の見方) the way of looking at things 《☞ みかた²》. 見様見まね ¶*見様見まねで(⇒ほかの人を見て[ほかの人の例にならって])彼は上手になった He has improved his skill by ⌈*watching others* [*following the example of others*].

みょう 妙 ―形 (見たことも聞いたこともないような) strange; (風変わりで変な) queer; (おかしな) funny; (常識からはずれたような) odd. ―副 strangely; queerly; oddly. 《☞ へん¹ (類義語); きみょう; ふしぎ》.
¶きょうは*妙な経験をした I had a ⌈*strange* [*funny*] experience today. // *妙なことに, どうしてもあの事が思い出せない *Strangely*, I can't remember the matter at all. // *妙な目つきで人を見るな Don't stare at me in that *queer* manner. // 彼が口をきかなかったのは*妙だ It is *odd* that he did not speak.

みょうあん 妙案 (よい考え) good [wonderful] idea Ⓒ; (すぐれた案) excellent plan Ⓒ. ¶*妙案を思いついたぞ I've hit upon a ⌈*good* [*wonderful*] *idea*.

みょうぎ 妙技 (すばらしい演技) wonderful performance Ⓒ; (離れわざ) feat Ⓒ. ¶みんなはその体操選手の*妙技に拍手を送った They applauded the *feats* of the gymnast.

みょうごにち 明後日 the day after tomorrow 《☞ あさって》.

みょうじ 名字 family name Ⓒ (↔ given name), surname Ⓒ (↔ Christian name), 《米》 last name Ⓒ (↔ first name) 参考 日本人が使うのに最も誤解の少ないのは family name であろう. 正式でやや形式ばった言い方は surname. 欧米では名字が名の後にくるので last name ともいうが, 日本人の名字は最初にあるから実際には当てはまらない言い方である. 《☞ なまえ; 呼びかけ (囲み)》.

みょうじょう 明星 (金星) Venus. ¶明けの[宵(よい)の]*明星 the ⌈morning [evening] star

みょうだい 名代 ―名 (代理) proxy Ⓤ ★「代理人」を指すときは Ⓒ. ―副 (…に代わって) on behalf of … 《☞ だいり》. ¶彼は

天皇の*名代として花輪をささげた He laid a wreath *on behalf of* the Emperor.

みょうちょう 明朝 tomorrow morning《☞ あす; あさ[1]》.

みょうにち 明日 tomorrow《☞ あす》.

みょうばん 明晩 tomorrow ⌈evening [night]《☞ ばん[1]》.

みょうやく 妙薬 (特効薬) specific Ⓒ; (すぐれた治療薬) excellent remedy Ⓒ. ¶これは頭痛にきく*妙薬だ This is ⌈a *specific* [an *excellent remedy*] for headaches.

みょうれい 妙齢 ―形 (若い) young; (結婚適齢期の) marriageable.《☞ てきれいき》.

みより 身寄り (親族) relative Ⓒ, relation Ⓒ.《☞ しんるい》.

みらい 未来 ―名 (将来) future Ⓤ ★「前途」という意味のときは Ⓒ. ―形 (未来の) future; (やがて…となる) prospective; (来るべき) to come.《☞ しょうらい》.

¶*未来に何が起こるかわからない No one knows what will happen *in the future*. // 彼が彼女の*未来の夫だ He is her ⌈*future* [*prospective*] husband. // 我々は日本の*未来について話し合った We discussed the *future* of Japan. // あの男には洋々たる*未来がある That man has a great *future*. / (⇒将来有望な男だ) He is a very *promising* man.

未来完了時制 the future perfect tense《☞ 完了形 (欄外)》 **未来時制** the future tense《☞ 時制の一致 (欄外)》 **未来進行形** the future progressive tense《☞ 進行形 (欄外)》.

ミリ milli- ★「千分の1」を表す接頭語.《☞ 度量衡 (囲み)》. **ミリグラム** mílligràm Ⓒ《略 mg》 **ミリバール** míllibàr Ⓒ《略 mb》 ★ 気圧の単位 **ミリメートル** míllimèter Ⓒ《略 mm》 **ミリリットル** míllilìter Ⓒ《略 ml》.

みりょう 魅了 ―動 (美しさでうっとりさせる) charm ㊀; (心を奪う) fascinate ㊀. ―名 fascination Ⓤ.《☞ みわく; みりょく; ひきつける》. ¶彼女の声の美しさが聴衆を*魅了した The beauty of her voice *charmed* the audience. // 彼は彼女の美しさに*魅了された He *was fascinated* ⌈by [with] her beauty.

みりょく 魅力 ―形 (魅力的な) attractive; charming; fascinating. ―名 attractiveness Ⓤ; charm Ⓤ; fascination Ⓤ.

【類義語】人の心を引きつけ, 快く感じさせるのが ***attractive***. さらに不思議な力で引きつける意味が加わるのが ***charming***. うっとりとして身動きできないような感じの魅力が ***fascinating*** で, 以上の順に意味が強くなる.

¶彼女はとても*魅力的だ She is very ⌈*attractive* [*charming*]. // 彼は*魅力のある青年だ He is ⌈an *attractive* [a *charming*] young man. // 彼女の声は何と*魅力的なのだろう What a *fascinating* voice she has! // その女優は年をとっても*魅力を失わなかった The actress did not lose her *charm* as she grew old. // その考えは若者にとって*魅力(⇒心に訴えるもの)がある The idea has *appeal* to youth.

みりん 味醂 sweet ⌈rice wine [*sake*] (for cooking) Ⓤ.

みる 見る **1**《目で》: look at ... 語法 look は「じっと見る」というような場合には ㊀ の用法もある; see ㊀《過去 saw; 過分 seen》; watch ㊀; stare (at ...) ㊁; gaze (at ...) ㊁; glance (at ...) ㊁.

【類義語】意識的に見ようとして見るのが ***look at*** で, 無意識に自然に目に入る, 見えるという意味の語が ***see***. 従って, 例えば「空を見たが何も見えなかった」は I *looked at* the sky, but I *saw* nothing. のように *look at* と *see* を使い分けなくてはならない. しかし, *see* は日本語の「見える」ではなくて,「見る」に相当することもしばしばある. 例えば *see* a movie (=映画を見る), *see* a baseball game (=野球を見る) などは, 本来はその場所に行けば当然見えるものであるから *see* を用いるのであるが, 日本語では「見る」としか訳せない. 別の意味で, *look at* と対照的なのは ***watch*** である. 見る対象物が静止しているものである場合に用いるのが *look at* で, 対象物が動いている場合には *watch* を用いる. 例えば,「黒板を見る」「花を見る」「家を見る」などはみな対象物が動かないものであるから *look at* を用い,「(飛んでいる)鳥を見る」「テレビ(の画面)を見る」のように動きのあるものを見るには *watch* を用いる. 従って, *Look at* that bird. と言えば, その鳥は木の枝に止まっているか, はく製の鳥であり, I like to *watch* birds. と言えば,「私は鳥の生態を見るのが好きだ」の意味となる. *Look at* him. というときの「彼」は立っているか, いすに座っているかであり, *Watch* him. という命令は,「彼の行動を監視せよ」という意味となる. じろじろとうさんくさそうに見るのは ***stare*** で, 感心したり, 驚いたりしてじっと見つめるのが ***gaze***. ちらりと一べつするのが ***glance***.《☞ みえる; ながめる; みつめる; ごらん》

¶私たちは彼の望遠鏡で月を*見た We *looked at* the moon through his telescope.

私は左右を*見た I *looked* right and left. 語法 英語では右左の順になる.

私は博物館でミイラを*見た I *saw* a mummy at the museum.

私はこんなに大きなかぼちゃを*見たことがない I've never *seen* such a big pumpkin.

私は彼が外へ出るのを*見た I *saw* him go out.

私は彼が道路を横断しているのを*見た I *saw* him crossing the road. 語法「…が…するのを見る」は目的語の後に原形不定詞が続き「…が…しているのを見る」は現在分詞が続く.

彼女は私の顔をじっと*見た She *looked* me right in the face.

彼らは私をじっと*見た They *gazed at* me.

少年はその見知らぬ人をじろじろ*見た The boy *stared at* the stranger.

彼はちらっと彼女の顔を*見た He *glanced at* her face.

私は彼の行為を*見て見ぬふりをした (⇒ 目を閉じた) I ⌈*shut* [*closed*] *my eyes* to his conduct.

私はその試合をテレビで*見た I ⌈*saw* [*watched*] the game on television.

「その映画を*見ましたか」「ええ, *見ました」"*Have* you *seen* the movie?" "Yes, I *have*."《☞ 完了形 (欄外)》

み

京都は*見る所がたくさんある There are lots of sights to *see* in Kyoto.
この工場を*見るのは初めてだ (⇒ これが最初の訪問だ) This is my first *visit* to this factory.
2 «調べる・観察する»: (見て確かめる) see ㊀; (検査する) inspect ㊀, check ㊀; (辞書を引く) consult ㊀. 《☞ しらべる; けんさ》.
¶ だれだか行って*見て来ます I'll go and *see* who it is.
歯医者はその子の歯を*見た (⇒ 検査した) The dentist *inspected* the child's teeth.
私がタイヤを*見た (⇒ 調べた) ときはなんでもなかった When I *checked* the tires, they were all right.
辞書を*見なさい (⇒ 引きなさい) *Consult* your dictionary.
3 «気を付ける・世話する»: (気を配る) look after ...; (手助けする) help ㊀; (世話する) see to ... 《☞ せわ; たすける》.
¶ 私は両親の面倒を*見なければならない I have to ˹*look after* [*take care of*] my parents.
このスーツケースをちょっと*見ていて下さい Will you please ˹*look after* [*watch*; *keep an eye on*] this suitcase for a while?
私は彼の宿題を*見てやった (⇒ 手伝った) I *helped* him with his homework.
患者は私が*見ます (⇒ 世話します) I'll *see to* the patient.
4 «判断する» ¶ 彼は彼女の手相を*見てやろうと言った He offered to *read* her ˹palm [hand].
彼には絵を*見る目がない He doesn't have an *eye* for paintings. 《☞ め[1]》
彼は人を*見る目がある (⇒ 人をうまく判断できる人だ) He is a good *judge* of people.
彼なんか私の目から*見ればほんの子供だ He is a mere child *in my eyes*.
私の*見るところ (⇒ 見解) では彼は間違っている He is wrong *in my* ˹*sight* [*view*].
いまに見ろ ¶ *いまに見ろ (⇒ 私のやることを見ていろ) *See* what I will do. 《☞ いまに》
そら見ろ ¶ *そら見ろ. 私の言ったとおりだ *There* I told you so. 《☞ そら[2]》

ミルク (乳) milk Ⓤ; (コンデンスミルク) condensed milk Ⓤ. 《☞ ちち[2]; ぎゅうにゅう》.

みるみる (非常に早く) very ˹fast [quickly] 《☞ きゅうそく[1]; どんどん[1]》. ¶ 火は*みるみるうちに一面に広がった The fire spread all over *very* ˹*fast* [*quickly*].

みるめ 見る目 (判断力) eye Ⓒ 《☞ みる》.

みれん 未練 (あきらめきれない愛着) lingering attachment Ⓒ; (後悔を伴う残念な気持ち) regrets ★ 複数形で. 《☞ あいちゃく》.
¶ あの女にはまだ*未練がある I still have a *lingering attachment* for that woman. // 彼は*未練を残して日本を去った He left Japan with *regrets*.
未練がましい ―動 (くどくどといつまでも言う) harp on ... ¶ 済んだことについていつまでも*未練がましいことを言うな Don't keep on *harping on* what was done.

みわく 魅惑 ―形 (魅力的な) charming; (うっとりさせる) fascinating; (心を奪うような) enchanting ★ この順に意味が強い. ―動 charm ㊀; fascinate ㊀; enchant ㊀ ★ いずれも受身の形で用いられることが多い. ―名 fascination Ⓤ; enchantment Ⓤ. 《☞ みりょく (類義語); うっとり》.
¶ 彼女は*魅惑的な女だった She was a ˹*fascinating* [*charming*] woman. // 私はその美しい絵に*魅惑された I *was* ˹*fascinated* [*charmed*; *enchanted*] by the beautiful painting. // インドは*魅惑的な国だ India is a *fascinating* country.

みわけ 見分け ―名 (区別) distinction Ⓤ. ―動 (見分ける) tell ㊀; (区別する) distinguish ㊀ ★ 後者のほうが形式ばった語. ―形 distinguishable. 《☞ くべつ (類義語)》.
¶ どっちがどっちだか*見分けがつかない I can't *tell* which is which. // この2つは*見分けがほとんどつかない (⇒ 2つの間の違いはほとんど区別できない) The difference between these two is hardly *distinguishable*. // 私には本物と偽物の*見分けがつかなかった I couldn't *tell* the true *from* the false.

みわける 見分ける tell the difference (between ... and ...) ★ 最も口語的; distinguish (between ... and ...) ㊁, tell [distinguish] ... from ... 《☞ くべつ (類義語)》.
¶ レモンとライムを*見分けることができますか Can you ˹*tell the difference* [*distingiush*] *between* a lemon *and* a lime? // 西欧人には日本人と中国人とは*見分けにくいらしい It seems difficult for Westerners to ˹*tell* [*distinguish*] a Japanese *from* a Chinese.

みわたす 見渡す (ぐるりとあたりを見回す) look ˹around [about]; (概観する) take a survey (of ...). 《☞ みおろす; のぞむ[1]》.
¶ あたりを*見渡したがだれもいなかった I *looked* ˹*around* [*about*], but I saw nobody.
見渡す限り (目の届く[見える]限り) as far as ˹one can see [the eye can reach]. ¶ *見渡す限りの雪景色だった Everything was covered with snow *as far as* ˹*the eye could reach* [*we could see*].

みんえい 民営 ―形 (個人経営の) private. ―名 (民間部門) private sector Ⓒ (↔ public sector). 《☞ みんかん》. ¶ その公団は近く*民営に移行されることになっている That public corporation is supposed to be transferred to the *private sector* in the near future.

みんか 民家 (家) house Ⓒ 参考 日本語と違い, 英語では特に民家というような言い方はしないのが普通; (特に私有の家と断るときは) private house Ⓒ.

みんかん 民間 ―形 (公に対して) private; (軍に対して) civilian; (民俗的な) folk. ―名 (民間部門) private sector Ⓒ (↔ public sector). 《☞ みんえい》.
¶ 彼は*民間企業の代表として会議に出席した He attended the meeting as a representative of some *private* enterprises.
民間人 civilian Ⓒ **民間伝承** folklore Ⓤ **民間放送** (商業放送) commercial broad-

casting Ⓤ **民間放送局** commercial broadcasting station Ⓒ.

ミンク mink Ⓒ. ¶ *ミンクのコートは高価だ A *mink* coat is very expensive.

みんげいひん 民芸品 folk ˹craft [handicraft] Ⓒ.

みんじ 民事 —形 〖法律〗(民事の) civil. ¶ *民事事件 a *civil* case // *民事訴訟 a *civil* ˹action [proceeding; suit]
民事訴訟法 the Code of Civil Procedure.

みんしゃとう 民社党 the Japan Democratic Socialist Party 《略 DSP》, the *Minshato.* 《☞ 政治・経済 (囲み)》. **民社党員** Democratic Socialist Ⓒ.

みんしゅう 民衆 —名 (人民) the people; (一般大衆・公衆) the public. —形 (民衆の) popular; (公衆の) public. 《☞ じんみん; たいしゅう[1]; ぐんしゅう》. ¶ 彼は*民衆の敵だ He is a *public* enemy. // 彼の政策は*民衆の支持を得た His policies ˹were supported by *the people* [earned *popular* support].

みんしゅく 民宿 《米》 tourist home Ⓒ ★個人の家で副業として旅行者に寝室を貸すものをいう; 《英》 guesthouse Ⓒ 参考 わが国の民宿とよく似ていて食事も出す. 看板には "Bed & Breakfast" とあり, 略して "B & B" という. これが guesthouse の代名詞のように使われることもある. 《☞ ホテル (囲み)》.

みんしゅしゅぎ 民主主義 —名 democracy Ⓤ. —形 democratic. 《☞ 政治・経済 (囲み)》.

みんせいいいん 民生委員 (district) welfare commissioner (officer) Ⓒ.

みんぞく 民族 —名 (国民) people Ⓒ, nation Ⓒ ★後者のほうが改まった言葉; (人種) race Ⓒ 参考 人種 (race) と民族 (people) は必ずしも同一ではなく, 異人種からなる同一民族もある. 「人種」は人類学的区別であり,「民族」は文化的に同一の人々の集合である. ただし, 混同して用いられることが多い. —形 racial. 《☞ こくみん; じんしゅ》.
¶ 日本は一*民族一言語の国である Japan is a one-*race* one-language nation. // 発展途上国では*民族意識が強い *Racial* consciousness is high among the developing countries. // 少数*民族 a minority ˹*race* [*people*]
民族衣装 native costume Ⓤ **民族自決** self-determination of peoples Ⓤ **民族性** racial traits ★複数形で.

みんぞくがく 民俗学 folklore Ⓤ.

みんど 民度 (文化水準) the cultural standard; (生活水準) the standard of living.

みんな 皆 —代 (全員) all; (だれもかも) everybody. 《☞ みな》.

みんぺい 民兵 (隊) militia Ⓒ ★集合的に; (人) militiaman Ⓒ. 《☞ ぎゆうへい》.

みんぽう[1] 民法 the civil law.

みんぽう[2] 民放 (民間放送) commercial broadcasting Ⓤ.

みんよう 民謡 folk song Ⓒ; (特に歌詞に筋のある伝承的なもの) ballad Ⓒ.

みんわ 民話 folktale Ⓒ, folk story Ⓒ; (民間伝承) folklore Ⓤ.

む

む 無 nothing Ⓤ, 《文語》 naught [nɔ́:t] Ⓤ; (ゼロ・皆無) zero Ⓤ. 《☞ かいむ; ゼロ》.
¶ *無から有は生じない Nothing comes out of *nothing.* 《ことわざ: 無からは何も出て来ない》 // 私の努力はすべて*無になった All my efforts have come to *nothing.* // 彼らは彼女の好意を*無にした (⇒ 利用しなかった; むだにした) They *didn't avail themselves of* her kindness. / (⇒ 感謝しなかった) They *failed to appreciate* her kindness.

むい 無為 —副 (ぶらぶらして・怠けて) in idleness, idly. 《☞ ぶらぶら》. ¶ 一日を*無為に過ごしてしまった I have spent a day ˹*in idleness* [*idly*].

むいしき 無意識 —形 (意識を失った・何気ない) unconscious (↔ conscious); (思わず知らずの) involuntary. —副 unconsciously; involuntarily. —名 unconsciousness Ⓤ. 《☞ しらずしらず》.
¶ 事故の後少年は1時間ほど*無意識の状態だった The boy was *unconscious* for an hour after the accident. // 銃声を聞いて私は*無意識に (⇒ 何をしているかわからないうちに) 塀の後ろに隠れた Hearing a shot, I hid myself behind the wall ˹*before I knew* [*without being conscious of*] *what I was doing.* // 私は*無意識のうちにほほえんでいた I was smiling *unconsciously.*

むいそん 無医村 village without a doctor Ⓒ.

むいちもん 無一文 —動 (金がない) have no money at all. —形 penniless, 《口語》 stone-broke. 《☞ もんなし》. ¶ 私は*無一文だった I *did not have any money at all.* / I was 「*penniless* [*stone-broke*].

むいみ 無意味 ―― 形 (意味がない・むだな) meaningless; (ナンセンスな) senseless. 《☞ ナンセンス; むだ》. ¶ こんな*無意味な議論はやめにしよう Let's put an end to this 「*meaningless* [*senseless*] argument. // 彼にアドバイスをしても*無意味だ (⇒ むだである) It is *no use* advising him. / There is *no point* in advising him.

ムード atmosphere Ⓤ ★ 形容詞を伴うときは不定冠詞を付けて. 参考 英語の mood は「(人の)気持ち・気分」という意味で, 日本語の「ムード」とは異なることに注意. 《☞ ふんいき; 和製英語 (囲み)》.
¶ このコーヒーショップの*ムードはとてもよい (⇒ このコーヒーショップはとても感じがよい) This coffee shop 「is quite pleasant [has quite a pleasant *atmosphere*]. // *ムードのあるレストラン a restaurant with *atmosphere*
ムードミュージック mood music Ⓤ.

むえき 無益 ―― 形 (役に立たない) useless; (不必要な) needless. ―― 副 uselessly; needlessly. 《☞ むだ》. ¶ *無益な殺生はやめなさい Don't kill animals 「*needlessly* [(⇒ 何の理由もなく) *without any reason*].

むえん 無縁 ―― 形 (無関係の) unrelated 《☞ むかんけい》. ¶ 私は政治とは*無縁です (⇒ 何の関係もない) I *have nothing to do with* politics. **無縁仏** person who died leaving no one to tend his grave Ⓒ.

むが 無我 ―― 名 (無私無欲であること) selflessness Ⓤ. ―― 形 selfless. ¶ 僧は瞑想して*無我の境地に達した The priest attained the state of *selflessness* through meditation.

むかい 向かい ―― 形 (反対側の) opposite. ―― 前 (反対側に) opposite ...; (向こう側に) across ..., 《米》 across from ... 《☞ まむかい; むこう[1]; すじむかい》.
¶ 通りの*向かい側に新しい家が建った A new house has been built 「on the *opposite* side of [*across*] the street. // *向かいの家が佐藤さんの家です The house 「*opposite* [*across* the street] is Mr. Sato's. // 私の家は教会の真*向かいです My house 「is [stands] just 「*opposite* (*to*) [*across from*] the church. ★ to がなければ opposite は 前.

むがい[1] 無害 ―― 形 harmless, innocuous ★ 後者は改まった語. ―― 動 (無害である) do ... no harm.
¶ これらの漫画本は子供たちに*無害だ These comic books 「are *harmless* to children [*do* children *no harm*]. // この薬は当初*無害だとされていた This drug was at first thought to be 「*harmless* [*innocuous*]. // 人畜*無害 *Harmless* to animals and humans ★ 殺虫剤などの表示.

むがい[2] 無蓋 ―― 形 open, uncovered ★ 前者が平易な語. ¶ 貨物列車には数両の*無蓋貨車がついていた The freight train had several 「*open* [*uncovered*] cars.

むかいあう 向かい合う ―― 動 (人が) face each other; (建物が) stand opposite (to) each other. ―― 副 (顔と顔を合わせて) face to face; (反対の位置に) opposite.
¶ 2 人は*向かい合って座った The two sat 「*facing each other* [*face to face*]. // パン屋と肉屋は*向かい合っている The baker's and the butcher's shop(s) *stand opposite* (*to*) each other. / (⇒ パン屋は肉屋の向こう側にある) The baker's *stands opposite* (*to*) the butcher's shop.

むかいかぜ 向かい風 head wind Ⓒ 《☞ かぜ[1]》. ¶ *向かい風で港へ戻るのがたいへんだった There was a *head wind*, so we had trouble sailing back to port.

むかう 向かう **1** 《面する》 ¶ *向かって右に (⇒ あなたの右側に) 松の木が見えるでしょう You can see a pine tree *on your right*, can't you? // *向かって左から 3 人目が兄です The third person from the left is my older brother. ★ 単に「左から 3 人目」と解釈して訳せばよい.
2 《対する》 ―― 前 (...をねらって) at ...; (...に対して) to ... ¶ 強盗は警官に*向かって発砲した The robber fired *at* the policeman. // 親に*向かってそんなことを言ってはいけない You must not say such a thing *to* your parent(s).
3 《行く; ある方向・状態へ向かう》: (進路を向ける) head 自; (出発する) leave 自 他 《過去・過分 left》. 《☞ ゆく》.
¶ 彼は東京を発ってサンフランシスコへ*向かった He *left* Tokyo *for* San Francisco. // これから大阪へ*向かいます I *am* 「*going to* [*leaving for*] Osaka. // 台風は北[関東地方]へ*向かっている The typhoon *is heading* 「north [*for* the Kanto district]. // 病人は快方に*向かっている (⇒ よくなってきている) The patient *is getting* better.

むかえ 迎え (迎えの人) person to meet ... Ⓒ; (迎えること) meeting Ⓤ. 《☞ でむかえる》.
¶ 空港に*迎えが来るはずです There must be *someone to meet* me at the airport. // お*迎えの車が来ています (⇒ あなたを乗せるために車が家の前に来ている) There is a car in front of the house to *pick* you *up*.

むかえざけ 迎え酒 hair of the dog that bit *one* ★ 普通 a または the を付けて. 参考 狂犬にかまれたときはその犬のしっぽの毛を抜いて傷口に当てると治るという迷信から生まれた言い方. ¶ 二日酔いで*迎え酒をやった As I had a hangover, I had *a hair of the dog that bit me*.

むかえる 迎える **1** 《来る人を受け入れる》: (会う) meet 他; (出迎える) come to meet 他; (歓迎する) welcome 他; (接待する) receive 他. 《☞ でむかえる; かんげい》.
¶ ルームメートが私を空港で*迎えてくれた My roommate 「*met* [*came to meet*] me at the airport. // その家の主人は客の 1 人 1 人に握手をして*迎えた The host 「*received* [*welcomed*] each guest with a handshake.
2 《人を招く》: (招待する) invite 他 《☞ しょうたい[1]; よぶ》. ¶ 今晩数人の方々を晩餐(ばんさん)に*迎えます I *have* 「*invited* [*asked*] several persons to dinner this evening.
3 《巡ってくる》 ¶ 新年を*迎えるために家の大

む

掃除をした I have cleaned the whole house to 「*greet* [*welcome* (*in*)] the New Year. // いまや我々は新しい時代を*迎えようと (⇒ 新しい時代に入ろうと) している We *are* now 「*entering* [*going into*] a new era.

むがく 無学 ―形 (教育のない) uneducated; (無知の) ignorant; (文盲の) illiterate. ―名 ignorance Ⓤ; illiteracy Ⓤ. 《☞ むち¹; もんもう》.

むかし 昔 ―副 (かなり以前) a long time ago; (何年も前に) years ago; (はるか昔) in 「old [ancient] times, in the old days 語法 初めの 2 つはそれほど昔ではなく, 例えば 10 年前でも使えるが, 第 3, 第 4 の表現は, 第 1, 第 2 の表現よりもかなり昔で, 少なくとも歴史的な過去と考えられる昔をいう. 特に ancient を用いると数百年というような昔の意味となる; (昔々) long long ago, once upon a time ★ 昔話の最初などに用いる決まった表現で, 漠然と遠い昔を表す; (以前) formerly, in former days; (かつて・ある時) once; (過去において) in the past. ―形 (昔の・古くからの) old; (大昔の) ancient; (以前の) former. 《☞ いぜん¹; かつて; かこ》.

¶ 彼には*昔会った覚えがある I remember meeting him 「*a long time* [*years*] *ago*. // 私は*昔 (⇒ かつて) 大阪に住んでいた I *once* lived in Osaka. / I *used to* live in Osaka. 語法 used to はいまは違うが「昔は…だった」というニュアンスがある. // *昔, ここには城があった There was a castle here *in* 「*old* [*ancient*; *olden*] *times*. // *昔むかし, 1 人のおじいさんがある村に住んでいました *Once upon a time* [*Long long ago*], there lived an old man in a village. // 斎藤君は私の*昔の生徒です Saito is one of my 「*former* [*old*] students. // 彼女は*昔からの (⇒ 古くからの) 友人です She is an *old* friend of mine. // それは*昔のことです (⇒ 古い話だ) It's an 「*old* [*ancient*] story. // 彼はまさに*昔 (⇒ 昔の彼) のままだ He is just 「as he was [what he used to be].

むかしかたぎ 昔気質 ―形 (古風な) old-fashioned; (保守的な) conservative; (素朴で律義な) simple and faithful. 《☞ かたぎ》.

むかしばなし 昔話 (古い話) old 「tale [story] Ⓒ; (伝説) legend Ⓒ; (思い出話) reminiscences [rèmənísnsiz] ★ 複数形で.

むかつく **1** «吐き気がする» ―動 feel sick. ―形 sick. 《☞ はきけ》. ¶ *むかついて起きられなかった I *felt sick* and couldn't get up. // 見(てい)るだけで胸が*むかついた The mere sight of it made me *sick*.

2 «腹が立つ» ―動 (いらいらする) be irritated; (怒る) get angry. ―形 irritated; angry. 《☞ おこる¹》. ¶ 私は*むかついて彼にどなってしまった I *got* 「*irritated* [*angry*], and shouted at him.

むかっぱら むかっ腹 ―動 (怒る) get angry; (かっとなる) flare up ⓐ; (かんしゃくを起こす) lose *one's* temper. 《☞ かっと; はら》.

¶ 彼はささいな事でもすぐに*むかっ腹を立てる He soon *gets angry* about trifles.

むかで 百足 centipede [séntəpì:d] Ⓒ.

むかむか ―動 (むかむかする・吐き気がする) feel sick; (いらいらする) be irritated; (怒る) get angry. 《☞ むかつく》.

むがむちゅう 無我夢中 ―副 (死に物狂いで) frantically; (狂ったように・猛烈に) like mad. 《☞ いっしょうけんめい; むちゅう》.

¶ 彼女は*無我夢中で助けを求めた She *frantically* cried out for help. // 彼は*無我夢中で逃げた He ran away *like mad*.

むかんかく 無感覚 ―形 (しびれて感覚のない) numb; (痛みなどを感じない) insensitive (to …). 《☞ まひ; しびれる》. ¶ 私の指は寒さで*無感覚になった My fingers became *numb* with cold. / (⇒ 寒さが指を無感覚にした) The cold *numbed* my fingers.

むかんけい 無関係 ―動 (…と掛かり合いがない) have nothing to do with …; (…と関係がない) have no 「relation [connection] with … ―形 (関係のない) unrelated; (見当違いの) irrelevant. 《☞ かんけい》.

¶ 私はあの事件とは*無関係です I *have* 「*nothing to do* [*no connection*] *with* that affair. // これら 2 つの会社は名前は似ていても*無関係です These two companies *are* 「*not related* [*unrelated*], though they have similar names. // 学生たちはよく*無関係な質問をする Students often ask 「*unrelated* [*irrelevant*] questions.

むかんしん 無関心 ―形 (気にかけない) indifferent (to …); (心配しない・無頓着な) unconcerned (about …); (平然として無頓着な) nonchalant [nὰnʃəlá:nt]. ―名 indifference Ⓤ; unconcern Ⓤ. 《☞ かんしん²》.

¶ 彼は着る物にまったく*無関心だ He 「*is* quite *indifferent* [(⇒ 注意を払わない) *doesn't pay any attention*] *to* what he wears. // どうして彼は世界の情勢にああ*無関心でいられるのだろう How can he be so *unconcerned about* world affairs.

むき¹ 向き **1** «方向»: (方角) way Ⓒ, direction Ⓒ ★ 前者のほうが口語的. 《☞ むく¹; ほうがく¹; ほうこう》.

¶ 風の*向きはどっちですか (⇒ どの方向に風が吹いているか) Which 「*way* [*direction*] is the wind (blowing)? // 風の*向きが変わった The (*direction* of the) wind has 「turned [shifted]. 語法 The wind のみを主語とするほうが慣用的. // 私の新しい家は南*向きです (⇒ 南に面している) My new house *faces* south.

2 «適合» ―形 (…にふさわしい) suitable (for …); (人が…に適する) suited. ―前 (…のための) for … 《☞ むく¹》.

¶ このコートは若い人*向きです This coat is (*suitable*) *for* young people. // このスタンドは読書*向きです This desk lamp is (designed) *for* reading. // 彼はまったく政治家*向きだ He is particularly *suited* to be a politician. // 人にはそれぞれ*向き不向きがある (⇒ その人独自の仕事の領域がある) Each man has *his own field of work*.

3 «人々» ¶ 君の提案には反対する*向きもある (⇒ ある人たちは反対している) *Some people* are against your proposal. // ご希望の*向き(⇒人)にはお分けいたします We sell it to *those who* want it.

むき² 無期 ―[形] (期限が決まっていない) indefinite. ―[副] indefinitely. (☞ むきげん). ¶その学生は*無期停学中です The student has been suspended *indefinitely* from school. **無期懲役** life imprisonment [U]. ¶犯人は*無期懲役を言い渡された The criminal was sentenced to *life imprisonment*.

むき³ 無機 ―[形] inorganic (↔ organic). **無機化学** inorganic chemistry [U] **無機化合物** inorganic compound [C] **無機物** inorganic ˹matter [substance] [C].

むき⁴ むきになる become serious. ¶そんなくだらない事でそう*むきになるな Don't *be* so *serious* about such a trifling matter. ★ be を使うとむきになっている状態に重点が置かれる.

むぎ 麦 (大麦) barley [U]; (小麦) wheat [U], 《英》 corn [U]. (☞ とうもろこし).

大麦 barley　小麦 wheat　ライ麦 rye

麦茶 barley tea [U] **麦畑** wheat [barley] field [C], 《英》 cornfield [C] **麦飯** boiled rice and barley [U] **麦わら** straw [U] **麦わら帽子** straw hat [C].

むきあう 向き合う face each other, be opposite to ... (☞ むかいあう). ¶2人は*向き合って座っていた The two sat ˹*facing* [*opposite to*] *each other*.

むきげん 無期限 ―[形] (期限が決まっていない) indefinite (☞ むき²). ¶労働組合は*無期限ストに入った The labor union has gone on strike for an *indefinite* period.

むきず 無傷 ―[形] (けがもなく) unhurt; (負傷しないで) unwounded ★ 後者は特に武器・凶器などによるけがをいう; (完全な) perfect. (☞ けが; きず (類義語)).
¶幸いにも彼は戦場から*無傷で帰って来た Fortunately he came back ˹*unhurt* [*unwounded*] from the battlefield. // 彫像は*無傷で届きました The statue reached us *in perfect condition*.

むきだし 剝き出し ―[形] (裸の) bare, naked [語法] 前者は単にむき出しであることを, 後者は身につけるべきものをつけていないことを強調する. (☞ はだか; ろしゅつ). ¶数人の女の子が背中を*むき出しにして日光浴をしていた Several girls were sunbathing with their back(s) ˹*bare* [*naked*].

むきだす 剝き出す (露出する) show (他).
¶犬は私を見て歯を*むき出した The dog *showed* his teeth at me.

むきどう 無軌道 ―[形] (向こう見ずの) reckless; (放蕩の) dissipated; (破廉恥な) unprincipled. ¶若いとき彼は*無軌道な暮らしをしていた In his youth, he led a ˹*reckless* [*dissipated*] life. // 彼の*無軌道ぶりにはみんながまゆをひそめている Everyone frowns upon his *unprincipled* behavior.

むきなおる 向き直る turn ˹around [about] (自) (☞ むく¹). ¶少年は*向き直って私をじっと見つめた The boy *turned* ˹*around* [*about*] and gazed at me.

むきみ 剝き身 (貝の) stripped shellfish [U].

むきめい 無記名 ―[形] (署名のない) unsigned; (匿名の) anonymous. ¶このアンケートは*無記名で出して下さい Please submit this questionnaire *unsigned*.
無記名投票 (secret) ˹ballot [voting] [U] (↔ open ˹ballot [voting]).

むきゅう¹ 無給 ―[形] (給料なしの) unpaid; (特に名誉職の) honorary. ―[副] (給料なしで) without pay; (ただで) for nothing ★ 後者のほうがより口語的. ¶その地位は*無給です The post *carries no pay*. / (⇒ 名誉職です) It is an *honorary* position. // 3か月間彼らは*無給で働いた They worked ˹*for nothing* [*without pay*] for three months.

むきゅう² 無休 ―[副] (休日なしに) without a holiday; (休日をとらずに) having no holiday. (☞ やすみ; きゅうじつ).
¶3か月間*無休で働きました I have worked for three months ˹*without a* [*having no*] *holiday*. // 年中*無休 *Open* all year // この店は年中*無休です (⇒1年中開いている) This store is *open* ˹throughout [every day of] the year.

「年中無休」という遊園地の掲示

むきょういく 無教育 ―[形] uneducated.

むきょうそう 無競争 ―[副] (競争なしで) without competition; (競争相手なしで) without a rival; (反対なしで) unopposed.
¶候補者は*無競争で当選した The candidate was elected ˹*unopposed* [*without a rival*].

むきりょく 無気力 ―[形] (活力のない) spiritless; (不活発な) inactive; (ものうげな) languid. ―[名] languor [U].
¶彼はいつも*無気力だ He is always ˹*spiritless* [*inactive*]. // 彼の*無気力な顔は見たくない I don't like to see his ˹*languid* [*spiritless*] face. // この*無気力さから何とか脱け出さねばならない Somehow I have to get out of this *languor* of mine.

むきん 無菌 ―[形] (細菌のない) free from germs; (殺菌した) sterilized; (低温殺菌をした) pasteurized. **無菌室** sterilized room [C].

むく¹ 向く **1** 《向きを変える》: (体の) turn (自); (視線の) look (自). (☞ むき¹).
¶後ろを*向いて下さい Please *turn around*. / Please *look back*. [語法] 前者は体の向きを変えること, 後者は視線を向けること. // 右を*向くと, 遠くに雪に覆われた山々が見えた *Turning* right [*Looking to* my right], I saw in the distance a range of mountains covered with snow.

2 «ある方角に向いている»: (面する) face ⓐ ⓗ; (見晴らす) look out (on ...) ⓐ. ¶ 私の部屋は海のほうに*向いている My room「*faces* [*looks out on*] the sea.

3 «気持ちが向く»: (…したい気持ちである) be inclined to *do*; (…したい気分にある) be in the mood「to *do* [for ...]. ¶ こんな天気に出かけるのはどうも気が*向かない I'*m* not「*inclined* [*in the mood*] *to* go out in this weather.

4 «適する»: be「suitable [suited] for ... (☞ むき¹; てきせつ (類義語)). ¶ この本は1年生に*向いています This book *is suitable for* a first grader. // 彼はこんな大役には*向かない He is not「*fit for* [*equal to*] such an important task. 語法 fit for は適性, equal to (=果たす力がある) は能力を強調する言い方.

むく² 剝く (果物・じゃがいもなどの皮を) peel ⓗ; (ナイフなどで) pare ⓗ. (☞ かわ²; はぐ). ¶ まずじゃがいもの皮を*むいて下さい First「*peel* [*pare*] the potatoes.

むく³ 無垢 ― 形 (純真な) innocent; (混じり気のない・清らかな) pure. (☞ じゅんしん). ¶ *むくな少女 an *innocent* girl

むくい 報い (善行などに対する) reward Ⓤ; (悪事に対する報い・天罰) retribution Ⓤ ★ 具体的な事例を指すときは Ⓒ. (☞ むくいる; てんばつ).
¶ 私の苦しみは罪に対する正当な*報いかもしれない My suffering may be a just *retribution* for my sin. // これはあなたの当然の*報いだ (⇒ あなたが受けて当然のことである) This is what you *deserve*. 語法 相手がよい事をしたときにも悪い事をしたときにも使える.

むくいぬ むく犬 (毛むくじゃらの犬) shaggy dog Ⓒ; (プードル) poodle Ⓒ.

むくいる 報いる (功労に対して) reward ⓗ, recompense ⓗ ★ 形式ばった語; (恩や仇などを返す) repay ⓗ, return ⓗ. (☞ むくい).
¶ 私の努力は十分に*報いられた My effort *has been rewarded* enough. // 私たちは彼の助力に*報いたいと思った We wanted to「*reward* [*recompense*] him *for* his services. // 彼は私の善意に悪意をもって*報いた (⇒ 善意に対して悪意を返した) He *returned* his ill will *for* my good will.

むくち 無口 ― 動 (あまりしゃべらない) do not talk much; (おしゃべりではない) be not talkative. ― 形 (物静かな) quiet ★ 一般的; (口数の少ない) taciturn; (黙りがちな・控えめな) reticent ★ 以上 2 つは改まった語. ― 名 taciturnity Ⓤ; reticence Ⓤ. ¶ 彼女は*無口です (⇒ あまりしゃべらない) She *doesn't talk much*. / She is a *quiet*「girl [woman].

むくどり 椋鳥 starling Ⓒ.

むくみ (dropsical) swelling Ⓤ; (水腫(症)) dropsy Ⓤ. (☞ はれ²). ¶ *むくみが引いた[ひどくなった] The *swelling* has「decreased [increased].

むくむ become [be] swollen ★ become は「動作」, be は「状態」を表す. (☞ はれる²). ¶ 私の顔は*むくんで見えませんか Don't you think my face *is swollen*?

むくむく ¶ 黒い煙が煙突から*むくむくと上がっていた Black smoke *was curling up* from the chimney. (☞ もくもく¹; 擬声・擬態語 (囲み))

むくれる (機嫌が悪くなる) become sullen; (怒る) get angry; (すねる) become sulky. (☞ ふくれる; すねる). ¶ そんなに*むくれるな Don't *be* so「*sullen* [*angry*; *sulky*]. ★ be 動詞を用いると「状態」を表す. // 彼は無視されたと思って*むくれた He thought he was ignored, and「*got angry* [*became sullen*; *became sulky*].

-むけ ...向け ― 前 (行き先・対象などが) for ... (☞ むき¹). ¶ これらの品はアメリカ[輸出]*向けです These goods are *for*「America [export]. // これは子供*向けの番組です This is a program *for* children.

むけい 無形 ― 形 (精神的な) spiritual; (心の) moral; (手に触れられない・実体のない) intangible. ¶ 友人たちは私に有形*無形のいろいろな援助をしてくれた My friends offered me various sorts of「*moral* [*spiritual*] and material support. **無形文化財** intangible cultural asset Ⓒ.

むけいかく 無計画 ― 形 (計画のない) planless; (あらかじめ計画を立てていない) unplanned; (無謀な) reckless. ¶ 洪水は*無計画な伐採が原因だった *Planless* [*Unplanned*] logging「was the cause of [caused] the flood. // *無計画な登山による犠牲者が毎年たくさん出る There are a number of victims of the *reckless* climbing every year.

むけつかくめい 無血革命 bloodless revolution Ⓒ 参考 the B— R— と大文字で始めると英国の「無血革命」(1688–89) を指す. (☞ かくめい).

むけっせき 無欠席 ¶ 学校は*無欠席です (⇒ 決して休まなかった) I *have never been absent from* school. // 中学時代は*無欠席だった (⇒ 1 日たりとも抜かしたことがなかった) I *never missed a single day* while I was in junior high school. (☞ けっせき¹; かいきん²)

むげに 無下に (きっぱりと) flatly; (ぶっきらぼうに) bluntly; (あけすけに) point-blank.
¶ 君の頼みでは*無下に断るわけにもゆくまい I cannot refuse your request「*flatly* [*point-blank*]. / I couldn't give you a「*flat* [*point-blank*] refusal. 語法 could は仮定法で, この言い方は前の言い方より丁寧になる. (☞ 仮定の表現 (囲み); 丁寧な表現 (欄外))

むける¹ 向ける (顔・身体などをある方向から別の方向に) turn ⓗ; (視線・注意・努力などを) direct ⓗ; (銃・カメラなどをねらって向ける) aim ⓗ, point ⓗ.
¶ 彼女は私の方に顔を*向けてほほえんだ She *turned* her head toward me and smiled. // 私たちは森の方に足を*向けた We「*turned* [*directed*] our steps toward the woods. //

む

彼は全精力をその仕事に*向けた He ⌜*directed* [*turned*] all his energies to the task. // ハンターは鹿に銃を*向けた The hunter ⌜*aimed* [*pointed*] his gun at a deer.

むける² 剝ける (皮・薄い表皮などがはがれる) peel (off) ⓐ, come off ⓐ. 《☞ むく²》.

¶ この桃は簡単に皮が*むける This peach *peels* easily. // 日焼けで皮膚が*むけた I got sunburnt and my skin ⌜*peeled* [*came*] *off*.

むげん 無限 ―形 (果てしない) infinite, limitless, boundless 語法 以上は入れ替え可能な場合もあるが, infinite は人智ではとうてい測れないような無限というニュアンスがある. それに対して, 第2, 第3の語は, 例えば「富」とか「力」とかいうような通常限界のあるものについての無限性に用いられることが多い; (終わりのない) endless. ―副 infinitely, limitlessly, boundlessly; endlessly. ―名 infinity Ⓤ; (永遠) eternity Ⓤ. 《☞ えいえん》.

¶ 宇宙は*無限だ The universe is ⌜*infinite* [*limitless*; *boundless*]. // 地球の資源は*無限ではない The natural resources of the earth are not *limitless*. // 退屈な講義は*無限に続くかと思われた The boring lecture seemed *endless*.

無限大〖数学〗infinity Ⓤ《記号 ∞》.

むこ 婿 (娘の親から見た場合) son-in-law Ⓒ《複 sons-in-law》; (花婿) bridegroom Ⓒ. 《☞ 親族関係 (囲み)》. ¶ 娘に*むこをとらせなくてはならない (⇒ 夫を見つけなくては) I must find a *husband* for my daughter. // 彼は*むこに行った (⇒ 女子相続人と結婚した) He *has married an heiress*.

むごい 惨い ―形 (残酷な) cruel; (冷酷な・血も涙もない) cold-blooded; (残虐な・野獣のような) brutal; (無慈悲な) merciless. ―副 cruelly; brutally; mercilessly. 《☞ ざんこく; ひどい》.

¶ 彼女は彼の*むごい言葉にひどく傷ついた She was deeply hurt by his ⌜*cruel* [*merciless*] words. // 動物に*むごいことをしてはいけない Don't be *cruel* to animals. // 被害者は*むごい殺され方をした The victim was ⌜*brutally* [*cruelly*] murdered.

むこう¹ 向こう **1** 《向こう側》 ―名 (もう一方の側) the other side; (反対側) the opposite side. ―副 (向こうに) over there. ―副 (…を横切って) across … 《☞ むかい; あちら; あそこ》.

¶ 彼女はテーブルの*向こう側に座った She sat at *the* ⌜*other* [*opposite*] *side* of the table. // 郵便局は通りの*向こう側にあります The post office is ⌜on *the other side* of [*across*] the street. // *向こうにいるのが私のおじです The man *over there* is my uncle.

2 《相手方》 ―代 (一般的に) they; he; she. ―名 (契約などの) the other party.

¶ 最初にけんかを始めたのは*向こうだ It's ⌜*they* [*he*; *she*] who started the quarrel (first). // *向こうの主張を受け入れざるを得なかった We had to accept the claim of *the other party*.

3 《目的地》 ―名 (行き先) the destination. ―副 (相手にも了解できる場所を指して) there. ¶ *向こうに着いたらお便り[電話を]します I'll ⌜write to you [call you up] when I ⌜get [arrive] *there*.

4 《今後》 ―形 (次の) next. ¶ *向こう3か月間は予定がびっしり詰まっている I have a tight schedule for the *next* three months.

向こうを張る ¶ 彼は相手の*向こうを張って (⇒ 相手と競争するために) 店を広げた He enlarged his store to *compete with* the rival. / (⇒ 負けまいとして) He enlarged his store to *keep up with* the rival. 《☞ はりあう》

むこう² 無効 ―形 no good ★ 口語的; (法的に無効の) invalid, (null and) void ★ 後者は法律用語として用いられる. ―動 (失効させる) annul ⓣ, nullify ⓣ.

¶ この切符は*無効です This ticket is ⌜*no good* [*invalid*]. // 私の署名のない契約は*無効です The contract without my signature is ⌜*invalid* [*void*]. // 彼の当選は選挙管理委員会によって*無効にされた His election *was* ⌜*annulled* [*nullified*] by the election management committee. // その提案は賛成が10票, 反対3票, *無効1票だった Ten votes were for the proposal, three against it and one *null and void*.

むこうずね 向こう脛 shin Ⓒ《☞ すね; あし¹ (挿絵)》. ¶ *向こうずねをテーブルにぶつけた I banged my *shin* on the table.

むこうみず 向こう見ず ―形 (無鉄砲な) reckless; (無分別な) rash. ¶ 彼の*向こう見ずな運転が事故の原因です His *reckless* driving ⌜was the cause of [caused] the accident. // ライオンのおりに入ろうとするとは君も*向こう見ずだ It is ⌜*reckless* [*rash*] of you to try to enter the lion's cage.

むごたらしい 惨たらしい (残酷な) cruel; (恐ろしい) horrible. 《☞ むごい; ざんこく》.

むごん 無言 ―形 (沈黙の) silent; (声を出さない) mute. ―副 (黙って) in silence, silently. 《☞ ちんもく; だまる》. ¶ 彼はしばらく*無言のままだった He remained ⌜*silent* [*mute*] for some time. // それは彼らの*無言の訴えなのだ It is their *mute* appeal.

むざい 無罪 ―形 innocent, guiltless (↔ guilty) ★ 前者のほうが一般的. 法律用語では前者しか用いられない. ―名 innocence Ⓤ, guiltlessness Ⓤ; (無罪の判決) acquittal Ⓤ. ―動 (法廷が無罪とする) acquit ⓣ. 《☞ むじつ; けっぱく》.

¶ 法廷はその男を*無罪とした The court ruled that the man was ⌜*innocent* [*not guilty*]. / The court *acquitted* the man of the charge. ★ 第1文のほうが口語的. // 彼は収賄罪で起訴されたが*無罪になった He was charged with bribery but ⌜found *innocent* (of it) [*acquitted* on the charge]. // 容疑者はアリバイで自分の*無罪を証明しようとした The suspect tried to prove his *innocence* with an alibi.

むさく 無策 ―動 (策に欠ける) have no policy, lack a policy ★ 後のほうが形式ばった言い方. ¶ 政府はその問題に対して*無策だ The government ⌜*has no policy* [*lacks a policy*] for the issue.

む

むさくい 無作為 ―副 at random.
¶新聞社は*無作為に世論を調査した The press sampled public opinion *at random*.
無作為抽出(法) random sampling Ⓤ.
¶*無作為抽出による世論調査によれば，首相の人気は下降している According to the (public) opinion poll by *random sampling*, the popularity of the prime minister is declining.

むさくるしい むさ苦しい ―形 (部屋・身なりなどがきちんとしてなくて汚らしい) untidy, messy; (部屋が小さくて居心地の悪い) small and uncomfortable; (身なりが汚くてみすぼらしい) shabby 参考 日本語で自分の家や部屋などを卑下して「むさ苦しい」という場合には，それをそのまま英語に直訳しないで，例えば「小さな家ですが，おくつろぎいただけると思います」Our house is small, but I hope you can make yourself at home. のように言うのがよい. 英米人の考え方では，相手をもてなすために自分たちは精一杯の努力をしているという気持ちを表現することがよいとされるからである. 《☞ 日本語と英語 (欄外)》.

むささび flying squirrel Ⓒ.

むさべつ 無差別 ―名 (差別をしないこと) indiscrimination Ⓤ. ―形 indiscriminate. ―副 indiscriminately. 《☞ さべつ; くべつ》. ¶敵は*無差別爆撃を始めた The enemy began *indiscriminate* bombing.

むさぼる 貪る ―動 (動物などがむさぼり食う) devour ㊀ 語法 比喩的にむさぼり読むこと，熱心に見たり聞いたりすることも表す; (暴利をむさぼる) profiteer ㊂.
¶ライオンは獲物を*むさぼった The lion *devoured* its prey. // 市民たちはその事故の記事を*むさぼり読んだ Citizens *devoured* the article on the accident. // その商人は石油不足を利用して暴利を*むさぼった The merchant *profiteered* by taking advantage of the oil shortage. 《☞ ぼうり》

むざむざと (たやすく) easily; (惜しげもなく) freely; (何の抵抗もしないで) without (offering) any resistance. 《☞ みすみす》.
¶彼は敵の計略に*むざむざとはまった He *easily* fell into the enemy's trap. // この宝物を*むざむざと手放すわけにはいかない I couldn't part with this treasure *freely*. // 勇士は*むざむざ捕えられるより，むしろ死を選ぶだろう The warrior would rather die than be captured *without offering any resistance*.

むざん 無残，無惨 ―形 (むごたらしい) cruel; (恐ろしい) horrible; (痛ましい) pitiful; (悲惨な) tragic. 《☞ むごい; きのどく》.
¶それは見るも*無残な光景だった It was a ⌈*horrible* [*pitiful*] sight (to see).

むさんかいきゅう 無産階級 ―名 (無産階級の人々) the proletariat ★集合的. 単数または複数扱い; (貧しい人々) the poor (people) ★前者のほうが形式ばった言い方. ―形 proletarian. 《☞ プロレタリア》.

むし¹ 虫 **1** «昆虫など»: (昆虫) insect Ⓒ; (血を吸う虫) bug Ⓒ; (足のない虫) worm Ⓒ; (衣類につく虫) moth Ⓒ; (害虫) vermin Ⓤ ★集合的に. 複数扱い.
【類義語】英語では日本語と違い，昆虫・みみず・むかでなど足・羽などのあるなしにかかわらず，いわゆる「虫」を総称する一般的な表現がなく，大きく分けて昆虫類と足のない這い虫とに単語が分かれていることに注意. 昆虫という意味で，かなり客観的用語として用いられるのが **insect**. 単に昆虫のみならず這う虫までも含めたものの中で，特にのみ・しらみ・南京虫など，いわゆる血を吸う害虫と考えられるような虫を **bug** という. 足のないぜん虫の類(みみず・さなだ虫など)や，うじなどは特に区別して **worm** という. 集合的に複数として扱われ，害虫ばかりでなく，害鳥・害獣をも表すのが **vermin**. 衣類につく衣蛾は **moth**. 《☞ こんちゅう (挿絵)》
¶*虫が鳴いている *Insects* are ⌈chirping [chirruping]. ★ worm は鳴かないことに注意. 《☞ 動物の鳴き声 (囲み); ね² 参考》 // この辺は*虫が多い This place is full of *insects* and *worms*. // 寝ている間に*虫に食われた I was bitten by some ⌈*bugs* [*vermin*] while I was sleeping. 《☞ くう¹》 // 私のドレスに*虫がついた My dress was eaten by *moths*. 《☞ むしくい》

2 «慣用的・比喩的表現» ¶彼のほおをぴしゃりとたたいたくらいでは，彼女の腹の*虫はおさまらなかった (⇒平手打ちは彼女の怒り[気持ち]を和らげなかった) Just slapping him in the face *didn't soothe her* ⌈*anger* [*feelings*]. // 蓼(たで)食う*虫も好き好き There is no accounting for tastes. 《ことわざ: 人の好みにはいちいち理由がつけられぬもの》 // 一寸の*虫にも五分の魂 Even a worm will turn. 《ことわざ: 虫けらさえも向き直ってくる》 // 本の*虫 a *bookworm* 参考 比喩的にも用いられるが，その場合は軽蔑的なニュアンスをもつ.

虫が知らせる ¶ゆうべの夢は*虫が知らせたのだ (⇒その予感だった) Last night's dream was a ⌈*premonition* [*foreboding*] of it.

虫が好かない ¶彼は*虫が好かないやつだ (⇒不愉快なやつだ) He is a ⌈*disgusting* [*disagreeable*] person.

虫がつく ¶彼は娘に悪い*虫でも (⇒悪い恋人が) つきはしないかと心配していた He was worrying that his daughter might *have a bad boyfriend*.

虫がよすぎる ¶それは*虫がよすぎるでしょうか (⇒多くを要求しすぎるでしょうか) *Am I asking too much*?

虫の息 ¶その負傷者は救急車がやっと来たときには*虫の息だった (⇒死にかけていた) The injured man *was near death* when the ambulance came at last.

虫の居所 ¶彼はきょうは*虫の居所が悪い (⇒不機嫌だ) He is *out of* ⌈*temper* [*humor*] today.

虫も殺さない ¶彼女は*虫も殺さないような顔をしているが，実はすごい悪女だ (⇒すごく純真に見えるが) She looks ⌈*quite innocent* [(⇒まるではえにも危害を与えないように見えるが) *as if she wouldn't hurt a fly*], but actually she is a devilish woman.

虫かご insect cage Ⓒ **虫下し** vermifuge

む

Ⓒ　虫ピン setting pin Ⓒ.

むし² 無視　━動 (知っていても知らぬふりをする) ignore ⑩; (軽視する) disregard ⑩; (注意を払わない・気にしない) pay no attention to …; (心に留めない) take no notice of … 《☞ かろんじる; ないがしろ; けいし¹》.
¶ その事故は運転者が信号を*無視したから起こった The accident occurred because the driver ˹*ignored* [*paid no attention to*] the traffic ˹light [signal]. // 彼は私の忠告を*無視した He ˹*ignored* [*disregarded*; *took no notice of*] my advice.

むし³ 無私　━形 (利己的でない) unselfish; (私心のない) disinterested. 《☞ こうへい (類義語)》.

むじ 無地　━形 (模様のない) plain. ¶ 彼女は*無地の青いブラウスがよく似合う A *plain* blue blouse suits her well.

むしあつい 蒸し暑い sultry, hot and humid ★ 後者は説明的表現. 《☞ あつい²; むす; 天候の表現 (囲み)》. ¶ きょうは実に*むし暑い It is very *sultry* today. // 日本の6月, 7月はとても*むし暑い We have very ˹*sultry* [*hot and humid*] weather during June and July in Japan.

むしかえす 蒸し返す (繰り返す) repeat ⑩; (問題などを再び持ち出す) bring up again ⑩.
¶ 私は同じ議論を*蒸し返したくない I don't want to *repeat* the same old argument *again*.

むしかく 無資格　━形 (資格のない) unqualified; (免許を持っていない) unlicensed. 《☞ もぐり》.

むしき 蒸し器 steamer Ⓒ 《☞ 台所・家事 (囲み)》.

むしくい 虫食い　━形 (木材・果実などが) worm-eaten; (衣類が) moth-eaten. ¶ この桃は*虫食いだ This peach is *worm-eaten*.

むしけん 無試験　━副 without examination. ¶ 当大学付属高等学校の生徒は*無試験で大学に入学できます The students of the senior high school attached to this college are admitted to the college *without examination*.

むじこ 無事故 ¶ 彼は20年間*無事故の (⇒事故を起こしたことのない) 優良ドライバーです He is an excellent driver who has had *no accident* for twenty years. // その原子力発電所は*無事故の記録を誇っている The nuclear power plant enjoys an *accident-free* record. 《☞ じこ¹》

むしず 虫酸 ¶ あの男は見るだけで*虫ずが走る The mere sight of him *makes me* ˹*sick* [*disgusted*]. 《☞ むかつく; ぞっと》

むじつ 無実　━形 (無罪の) innocent, guiltless ★ 前者のほうが一般的で, かつ法律用語では前者を用いる. ━名 innocence Ⓤ, guiltlessness Ⓤ. 《☞ けっぱく; むざい》.
¶ だれも私の*無実を信じてくれない Nobody believes ˹my *innocence* [that I am *innocent*]. // あなたは自分の*無実を証明する証拠がありますか Do you have any evidence to prove your *innocence*?

むじな 狢, 貉 (あなぐま) badger Ⓒ. ¶ やつらは同じ[一つ]穴の*むじなだ (⇒ 同じ羽毛の鳥だ) They are *birds of a feather*.

むしば 虫歯　━名 (虫歯の穴) cavity Ⓒ ★ 口語ではこの語をよく用いる; (悪くなった歯) decayed [bad] tooth Ⓒ 《複 teeth》; (歯が悪くなること) tooth decay Ⓤ. ━動 (虫歯になる) decay ⓐ ★「歯」が主語.
¶ *虫歯が数本ありますね You have some ˹*cavities* [*decayed teeth*]. // 先生に*虫歯を治療して[抜いて]もらった I had my ˹*cavity* filled [*decayed tooth* pulled (out)] by my dentist. // *虫歯の一番の原因は糖分だ Sugar is the major cause of *tooth decay*. //「*虫歯を防ぐにはどうしたらよいでしょうか」「朝起きたときと寝るとき, それに食事の後必ず歯を磨くことです」"How can I prevent my teeth from *decaying*?" "You can do it by brushing your teeth after each meal as well as in the morning and at night."

むしばむ 蝕む (知らず知らずのうちにだめにする) undermine ⑩; (徐々に弱くする[壊す]) weaken [destroy] … gradually ★ 後者は説明的表現. ¶ さまざまな公害によって我々の健康は*むしばまれている Our health *is undermined* by various pollution.

むじひ 無慈悲　━形 (慈悲心のない) merciless; (同情心のない) pitiless; (薄情な) heartless; (残酷な) cruel. ━名 mercilessness Ⓤ. 《☞ ざんこく》. ¶ *無慈悲な国王は国民に重税を課した The ˹*merciless* [*pitiless*] king imposed a very heavy tax on his people.

むしぶろ 蒸風呂 (蒸気風呂) steam bath Ⓒ; (トルコ風の風呂) Turkish bath Ⓒ.

むしぼし 虫干し　━名 airing Ⓒ. ━動 air ⑩. ¶ 衣類を押し入れにしまう前に*虫干しをするのを忘れないように Don't forget to ˹*air* the clothes [give the clothes an *airing*] before you put them in the closet.

むしまんるい 無死満塁 ¶ *無死満塁だ The bases are ˹*full* [*loaded*] *with no outs*. 《☞ 野球の英語 (囲み)》

むしむし ━形 sultry 《☞ むしあつい》.

むしめがね 虫眼鏡 magnifying glass Ⓒ.
¶ その葉を*虫めがねで見てごらん Look at the leaf through your *magnifying glass*.

むしやき 蒸し焼き　━動 (オーブン・かまどで肉の塊などを焼く) roast ⑩ ★ 直火で焼くのは broil ⑩. 《☞ やく¹; 料理の用語 (囲み)》.

むじゃき 無邪気　━形 (純真な・天真らんまんな) innocent; (子供らしい) childlike. ━名 innocence Ⓤ. 《☞ じゅんしん; あどけない》.
¶ *無邪気な微笑が彼女の最大の魅力だ Her *innocent* smile is her greatest attraction. // 彼女の*無邪気な寝顔を見てごらん Look at her *childlike* sleeping face. 〔語法〕 childish を使うと「子供っぽい」という軽蔑的な意味になる.

むしゃくしゃ ━動 (むしゃくしゃする[している]) get [be] irritated; (不機嫌な) be in a bad temper; (むしゃくしゃさせる) irritate ⑩. 《☞ いらいら; ふきげん》.
¶ 彼の遠回しな物の言い方に私は*むしゃくしゃし

た I *got irritated* by his roundabout way of talking. // 会ったときから彼が*むしゃくしゃしているのがわかりました I could see that he was *in a bad temper* as soon as I met him.

むしゃにんぎょう 武者人形 Japanese warrior doll [C].

むしゃぶるい 武者震い — [動] (興奮して体が震える) shake [tremble] with excitement [自] ★ 説明的な訳で，日本語とぴったりの意味を表すことはできない．

むしゃむしゃ (むさぼり食う) eat ... greedily 《☞ たべる；むさぼる；擬声・擬態語 (囲み)》．

むしゅう 無臭 — [形] odorless 《☞ におい；かおり》． ¶ その液体は無色*無臭です The liquid is colorless and *odorless*.

むじゅうりょく 無重力 — [形] (重力ゼロの) zero-gravity；(重力から解放された) gravity-free；(重さのない) weightless. ¶ 宇宙飛行士は*無重力状態で宇宙船を操縦する Astronauts operate the spaceship under 「*zero-gravity* [*gravity-free*] conditions.

むしゅみ 無趣味 ¶ 私はまったくの*無趣味です (⇒ これといった趣味がない) I *have no* particular *hobbies*. 《☞ レクリエーション (囲み)》

むじゅん 矛盾 — [動] (相反する) contradict [他], be contradictory (to ...)；(首尾一貫しない) be inconsistent (with ...)；(両立しない) be incompatible (with ...). — [名] contradiction [U]；inconsistency [U]；incompatibility [U]. 《☞ あいいれない》.

¶ あなたは言う事とやる事が*矛盾している Your actions 「*contradict* [*are contradictory to*] your words. // 彼の論理の後半は前半と*矛盾している The second part of his logic *is* 「*inconsistent* [*incompatible*] *with* the first part of it. // 論文を書くときは*矛盾のないよう注意しなければいけない You must be careful not to *contradict yourself* when you write your paper. ★ contradict *oneself* は「矛盾したことを言う」の意．

むしょう 無償 — [副] (無料で) free of charge；(ただで) for nothing ★ 後者のほうが口語的．《☞ ただ[2]；むりょう》． ¶ 小学校では教科書は*無償で配布 (⇒ 支給) される Textbooks are 「supplied [provided] *free of charge* in elementary schools.

むじょう[1] 無上 — [形] (最高の) highest；(最大の) greatest；(この上もない) supreme ★ やや改まった語． ¶ 議長に指名されたことは*無上の栄誉であります I consider it my 「*greatest* [*highest*] honor to be appointed chairman.

むじょう[2] 無情 — [形] (薄情な) heartless；(冷たい) cold；(無慈悲な) merciless. 《☞ つめたい；れいたん》． ¶ 彼女は彼の*無情な言葉にたいへん傷ついた She was deeply hurt by his 「*heartless* [*cold*] remarks. // あなたは*無情な人だ You are 「*heartless* [*merciless*].

むじょう[3] 無常 — [形] (一時的な・うつろいやすい) transient；(空虚な) empty；(常に変わる) ever-changing. [参考] 仏教でいう「無常」にぴったりの言葉は英語にはない．より深い理解を求めるならば仏教思想の説明が必要であろう．《☞ はかない》． ¶ 人生は*無常だ (⇒ 空虚な夢に過ぎない) Life is but an *empty* dream.

むじょうけん 無条件 — [形] unconditional. — [副] unconditionally. ¶ 彼らは我々の提案を*無条件で受け入れた They accepted our proposal 「*without any condition* [*unconditionally*]. **無条件降伏** unconditional surrender [U].

むしょうに 無性に — [副] (とても) very (much). — [形] (感情など抑えきれない) irresistible. — [動] (無性に…したい) be dying 「to *do* [for ...] ★ 口語的．《☞ とても (類義語)；やたら》．

¶ 今夜は*無性に一杯飲みたい I want (to have) a drink *very much* tonight. / I'm *dying for* a drink tonight. // 彼は彼女の言ったことに*無性に腹が立った (⇒ 非常に怒った[激怒した]) He got 「*very* angry [*infuriated*] at her remark. // 彼女は*無性にその箱を開けたいという欲望にかられた She was driven by an *irresistible* desire to open the box.

むしょく[1] 無職 — [形] (失業した) jobless, unemployed ★ 後者は前者より形式ばった語．《☞ しつぎょう》．

¶ 彼は*無職です He is *jobless*. / He *has no job*. [語法] 2番目の文は「失業中」の意味にも，文字どおり「職業を持っていない」の意味にもなる． // 大学を卒業した人の中にも*無職の人がたくさんいます There are many 「*jobless* [*unemployed*] people among the university graduates.

むしょく[2] 無色 — [形] colorless 《☞ いろ》． ¶ 水は*無色透明です Water is *colorless* and transparent.

むしよけ 虫除け insect repellent [C] ★ 最も一般的な表現；(ナフタリンなど，衣類用の固形のもの) mothball [C]；(粉状または液状の殺虫剤) insecticide [C].

むしょぞく 無所属 — [形] independent. — [名] (無所属候補者[議員]) independent [C] ★ しばしば i を大文字で． ¶ 彼は*無所属です He is 「*independent* [an *Independent*]. **無所属候補** independent candidate [C].

むしりとる 毟り取る (羽毛などを) pluck [他]；(引きちぎる) tear off [他]；(もぎとる) pull off [他]. ¶ だれかいたずらっ子が小鳥の羽を*むしり取ってしまった Some naughty boy *has plucked* the bird. // 混んだ電車で上着のボタンを3つも*むしり取られた I had three buttons of my jacket *torn off* in a crowded train.

むしる 毟る pull [他], pluck [他] ★ 後者のほうが形式ばった語． ¶ 肉屋は鶏の羽を*むしっていた (⇒ 鶏を) The butcher *was plucking* a chicken. / (⇒ 鶏から羽を) The butcher *was pulling* the feathers *off* a chicken. ★ 目的語の違いに注意．

むしろ[1] 寧ろ (A よりむしろ B) B rather than A [語法] A と B は文法上同等な名詞・形容詞または動詞；(A というよりいっそう B だ) more of B than A ★ A と B は名詞．《☞ -より；比較の表現 (囲み)；かえって》．

む

¶彼は学者というより*むしろ教師だ He is a teacher *rather than* a scholar. / He is *more of* a teacher *than* a scholar. [語法] 後者のほうがより形式ばった表現. // この家具は実用的というより*むしろ装飾向きだ This furniture is ornamental *rather than* useful. // 彼は電話をかけるより*むしろ手紙を書くことにした He decided to write *rather than* telephone. // 私は(家にいるより)*むしろ外に出たい I would *rather* go out (*than* stay at home). // 私は紅茶より*むしろコーヒーのほうがいい (⇒紅茶よりコーヒーを好む) I *prefer* coffee *to* tea. / I like coffee *better than* tea. ★ 後者のほうがより口語的だが, 日本語のニュアンスには前者のほうが近い. // 彼のエッセイは小説より*むしろよい (⇒ 小説よりいっそうよい) His essays are *better than* his novels.

むしろ² 筵, 蓆 straw mat Ⓒ.

むしん 無心 **1** «無邪気に» —[副] innocently 《☞ むじゃき》. ¶赤ん坊は*無心に乳を吸った The baby sucked the breast *innocently*.

2 «金をねだる» —[動] ((人に)金を請う) ask [beg] (*a person*) for money ★ beg のほうがへりくだった感じ. ¶おいが来て(私に)金の*無心をした My nephew came and ˹*asked* [*begged*] (me) *for* some *money*.

むじん 無人 —[形] (だれもいない) vacant; (人の住まない) uninhabited; (捨てられた) deserted. ¶その*無人の家はかびくさいにおいがした The *vacant* house smelled of dust.

無人スタンド (新聞売りなどの) self-service stand Ⓒ　**無人島** uninhabited [desert] island Ⓒ　**無人踏切** unattended crossing Ⓒ.

むしんけい 無神経 —[形] (他人の感情に思いやりのない) insensitive (to ...); (非難・侮辱などを受け付けない・厚顔な) thick-skinned ★ 時に軽蔑的. 《☞ どんかん》. ¶彼は他人の感情には*無神経だ He is *insensitive to* other people's feelings.

むしんじん 無信心 —[形] (無信仰の) irreligious; (無神論の) atheistic.

むじんぞう 無尽蔵 —[形] (使いきれない) inexhaustible; (限度がない) unlimited. 《☞ むげん》. ¶太陽エネルギーは*無尽蔵だ Solar energy is *inexhaustible*. // 私たちの先生は話の種を*無尽蔵に持っている Our teacher has an ˹*inexhaustible* [*unlimited*] supply of stories.

むしんろん 無神論 atheism [éiθiìzm] Ⓤ (↔ theism [θíːizm]). **無神論者** atheist Ⓒ.

むす 蒸す **1** «料理など»: steam (他) 《☞ 料理の用語 (囲み)》. ¶母は台所でじゃがいもを*蒸しています Mother *is steaming* potatoes in the kitchen.

2 «蒸し暑い» —[形] (暑苦しい) sultry; (風通しが悪い) stuffy. 《☞ むしあつい》. ¶今夜は*蒸しますね It's *sultry* tonight, isn't it? // 窓を開けて下さい. この部屋は*蒸していますから Please open the window. This room is too *stuffy*.

むすう 無数 —[形] countless ★ 最も一般的; numberless ★ やや形式ばった語; innumerable ★ 主として限定的に用いる.

¶星の数は*無数だ Stars are *countless*. // 解決されねばならない問題が*無数にある There are *innumerable* problems to be solved.

むずかしい 難しい **1** «困難な»: hard, difficult (↔ easy) ★ 前者のほうがより口語的で平易な語. 《☞ こんなん》.

¶これは*難しい仕事だ This is a ˹*hard* job [*difficult* work]. // 試験はとても*難しかった The examination was ˹very *hard* [extremely *difficult*]. / I found the examination ˹very *hard* [extremely *difficult*]. // ロシア語は習得するのが*難しい言葉だ Russian is a ˹*hard* [*difficult*] language to learn. / Russian is ˹*hard* [*difficult*] to learn. // 君が禁煙するのは*難しいだろう It will be ˹*hard* [*difficult*] for you to stop smoking. // 彼は*難しい立場に立たされた He was placed in ˹*difficult* circumstances [(⇒ 重大な立場) a *serious* situation]. // 事態はますます*難しくなってきている The situation is becoming more and more *difficult*.

2 «やっかいな»: (手数のかかる) troublesome; (複雑な) complicated. 《☞ めんどう; ややこしい》. ¶*難しい手続きにはうんざりした I am sick and tired of ˹*troublesome* [*complicated*] procedures.

3 «気難しい»: (人が扱いにくい) difficult; (好みがやかましい) particular (about ...); (表情が不機嫌な) sullen. 《☞ きむずかしい》.

¶あの人は*難しい人だ He is a *difficult* person. / (⇒ 彼は満足させるのが難しい) He is ˹*hard* [*difficult*] to please. // 彼女は食べ物にとても*難しい She is very *particular about* her food. // 連中はいつも*難しい (⇒ 不機嫌な) 顔をしている Their faces always look *sullen*.

むずがゆい むず痒い —[動] itch (自), feel itchy. 《☞ むずむず; かゆい》. ¶背中が*むずがゆい My back *itches*. / I *feel itchy* on my back.

むずかる —[動] fret (自). —[形] fretful. 《☞ ぐずる》. ¶幼児は眠くなると*むずかるものだ Young children ˹*fret* [get *fretful*] when they are sleepy.

むすこ 息子 (親から見て) son Ⓒ, boy Ⓒ ★ 後者は口語的. 《☞ 親族関係 (囲み)》.

¶彼には*息子が3人と娘が2人いる He has three ˹*sons* [*boys*] and two ˹daughters [girls]. // *息子のほうが私より力が強くなった *My son* has become stronger than me. ★ 文法的には than I だが, me のほうが慣用的. // 彼はひとり*息子だ He is the only *son*.

むずと —[副] (乱暴に) violently 《☞ 擬声・擬態語 (囲み)》. ¶大男が私の首筋を*むずとつかんだ A big man *violently* seized me by the neck.

むすび 結び —[形] (結末をつける) concluding; (締めくくりの) closing; (最後の) last; (最終の) final. —[名] (結末) end Ⓒ; (終わり) finish Ⓤ; (演説などの結末) conclusion Ⓒ. 《☞ さいご¹》. ¶だれに*結びの言葉を頼みましょ

うか Who shall we ask to make some 「*concluding* [*closing*] remarks? // これが*結びの一番です This is the 「*last* [*final*] bout.

むすびつき 結び付き (つながり) connection Ⓤ; (きずな) ties ★ 通例複数形で. 《☞ きずな; だんけつ》. ¶ 2 国の*結び付きは非常に強い The *connection* between the two countries is very strong. / The two nations have very strong *ties*.

むすびつく 結び付く (…と関係がある) be 「connected [related] with … 《☞ かんけい》. ¶ あの政治家は黒幕と*結び付いているようだ That politician seems to 「*be connected* [(⇒ 関係をもっている) *have a connection*] *with* someone who controls politics from behind. // この仕事は莫大な利益に*結び付く (⇒ 利益をもたらす) かもしれない This work may *bring about* a great profit.

むすびつける 結び付ける (ゆわえつける) tie ㊀; (しっかりとめる) fasten ㊀. 《☞ かんけい》. ¶ 彼は旗をさおに*結びつけた He 「*tied* the flag *to* [*fastened* the flag *on*] the pole.

むすびめ 結び目 knot Ⓒ. ¶ この*結び目を解けますか Can you 「untie [undo] this *knot*? // 彼はロープに*結び目を 2 つ作った He 「made [tied] two *knots* in the rope.

むすぶ 結ぶ **1** «つなぎ合わせる»: (ゆわえる) tie ㊀; (結び目を作る) knot ㊀. ¶ 私はまず 2 本のひもを*結んだ First of all, I 「*tied* [*bound*; *knotted*] two strings.
2 «2 点などをつなぐ»: (連結する) link ㊀; (つなぐ) connect ㊀. 《☞ つなぐ》. ¶ この高速道路は東京と大阪を*結んでいる This superhighway 「*links* [*connects*] Tokyo and Osaka. // ジェット機はロンドン・パリ間をおよそ 50 分で*結ぶ A jet liner 「*links* [*connects*] London *with* Paris in about fifty minutes.
3 «同盟・契約などを結ぶ»: (条約などを締結する) conclude ㊀; (政治的に連合する) ally *oneself* with …; (手を結ぶ) join hands with …; (契約を結ぶ) make ㊀; (契約に入る) enter into … 《☞ どうめい; ていけつ》.
¶ 両国間に平和条約が*結ばれた A peace treaty *was* 「*concluded* [*signed*] between the two nations. // 日本はアメリカと同盟を*結んでいる Japan *has allied herself with* (the) U.S.A. // いまあの会社と手を*結んでおくのが最上策だ It is best for us to *join hands with* that company right now. // 正式な契約を*結んだのですか *Have* you 「*made* [*entered into*] a formal contract?
4 «実を生じる»: bear fruit 《過去 bore; 過分 borne》. ¶ この木は秋に実を*結ぶ This tree *bears fruit* in 「fall [autumn]. // 彼の努力がついに実を*結んだ His efforts *bore fruit* at last.
5 «話を締めくくる»: (終える) end ㊀; (結末をつける) conclude ㊀. 《☞ むすび》. ¶ 彼は聴衆に感謝の言葉を述べて話を*結んだ He 「*ended* [*concluded*] his speech by expressing his thanks to the audience.
6 «固く閉じる»: close ㊀, shut ㊀ ★ 後者のほうがより口語的. ¶ 彼は口を*結んで一言も言わなかった He *closed* his mouth and didn't say a word.

むずむず **1** «むずがゆい» ― 動 feel itchy [ítʃi(ː)], itch ㊁. 《☞ 擬声・擬態語 (囲み)》. ¶ 背中が*むずむずする I *feel itchy* on the back. / My back *itches*. // 鼻が*むずむずする (⇒ くすぐったい) My nose *tickles*.
2 «何かしたくてうずうずする» ― 動 itch 「to *do* [for …] ★ 通例進行形で用いる; have an itch 「to *do* [for …]. 《☞ うずうず》. ¶ 彼にこの吉報を伝えたくて *むずむずしています I 「*am itching* [*have an itch*] *to* tell him this good news. // その子はおもちゃが欲しくて *むずむずしていた The boy 「*was itching* [*had an itch*] *for* a toy.

むすめ 娘 **1** «親から見て自分の女の子»: daughter Ⓒ, girl Ⓒ ★ 後者は口語的. 《☞ 親族関係 (囲み)》. ¶ これが私の*娘の明子です This is my *daughter* Akiko. // 私には*娘が 3 人います I have three *daughters*.
2 «若い未婚の女性»: girl Ⓒ ★ 一般的な語. 少女から青年期の女性にまで広く用いる; (成人した若い女性) young 「woman [lady] Ⓒ
語法 young woman という言い方が一般的で, 形式ばった表現にも用いる. young lady は敬意を払う場合, または呼びかけなどに用いる. 《☞ しょうじょ; 呼びかけ (囲み); おじょうさん》. ¶ あの*娘さんはどなたですか Who is that 「*girl* [*young woman*]?
娘心 girlish mind Ⓒ **娘盛り** ― 形 (青春の真っ盛りにある) in the bloom of youth. ¶ 彼女は*娘盛りなので, 幾つもの縁談があります She is now *in the bloom of youth* and so gets many marriage 「proposals [offers].
娘時代 *one's* girlhood Ⓤ. ¶ 私は*娘時代を西の宮で過ごしました I spent *my girlhood* in Nishinomiya. // 私は彼女の*娘時代を知っています (⇒ 娘時代に彼女を知っていた) I knew her in *her girlhood*.

むぜい 無税 ― 形 tax-free, duty-free, free of duty ★ tax が一般的. duty は関税・物品税について用いる; (税がかからない) exempt from tax. 《☞ めんぜい》. ¶ その店ではカメラを*無税で買えますか Can I buy a camera 「*tax*-[*duty*-]*free* at that store? // 少額の収入は*無税だ A small amount of income is *exempt from tax*.

むせいげん 無制限 ― 形 (限りのない) unlimited; (条件を付けない) unrestricted.
¶ 荷物の重量については*無制限です (⇒ 制限がない) *There is no limit* 「*to* [*on*] the weight of the goods. // 年齢は*無制限です *There is no* age *limit*.

むせいふしゅぎ 無政府主義 anarchism [ǽnəkìzm] Ⓤ. **無政府主義者** ― 名 anarchist Ⓒ. ― 形 anarchistic.

むせいふじょうたい 無政府状態 anarchy Ⓤ.

むせいぶつ 無生物 inanimate [lifeless] object Ⓒ.

むせかえる 噎せ返る (息苦しくなる) be choked 「by [with] … 《☞ むせる》. ¶ 彼女は涙に*むせ返っていた She *was choked with* tears. // 私は部屋に満ちていた煙に*むせ返った I *was choked by* the smoke which filled the room.

むせきにん 無責任 —〔形〕irresponsible (↔ responsible). —〔名〕irresponsibility Ⓤ (↔ responsibility). 《☞ いいかげん; ちゃらんぽらん》. ¶ 彼は*無責任だ (⇒ 責任感に欠ける) He *lacks* a sense of *responsibility.* // そんなうそを言うとは彼も*無責任な男だ It was *irresponsible* of him to tell such a lie.

むせっそう 無節操 —〔形〕(定見をもたない) unprincipled; (考えがよく変わる) inconstant. ¶ 彼は*無節操な男だ He is an ｢*unprincipled* [*inconstant*] man.

むせぶ 噎ぶ ¶ 彼女は感動して涙に*むせんだ (⇒すすり泣いた) She was moved, and *sobbed.* // 私はただ涙に*むせぶばかりだった (⇒ 涙におぼれた) I *was* just *drowned* in tears.

むせる 噎せる choke over ..., be choked by ... 《☞ むせかえる》. ¶ 彼女は煙に*むせた She *was choked by* the smoke. // たばこを吸ったら*むせてしまった (⇒ せきが出た) I *coughed from* smoking. // 彼は一気にお茶を飲んで*むせた He gulped down his tea and *choked over* it.

むせん[1] 無線 (無線電信・電話) radio Ⓤ, 《主に英》wireless Ⓤ ★ ただし《英》でも radio のほうが好まれる傾向にある.
¶ 通信は*無線で送りました I have sent the message *by* ｢*radio* [*wireless*].
無線技師 radio [wireless] operator Ⓒ **無線局** radio [wireless] station Ⓒ **無線操縦** —〔名〕radio control Ⓤ. —〔動〕radio-control (他) (自) **無線電話** —〔名〕radiotelephone Ⓤ, wireless telephone Ⓤ; (携帯用の) walkie-talkie Ⓒ.

むせん[2] 無銭 ¶ 彼は*無銭飲食で (⇒ 代金を払わずにレストランを出ようとして) つかまった He was arrested for trying to walk out of a restaurant *without paying his bill.* // 彼は*無銭旅行の計画を立てた He planned to travel *without spending any money.*

むそう 夢想 —〔名〕dream Ⓒ; (幻・幻に描く姿) vision Ⓒ; (幻想) illusion Ⓒ. —〔動〕dream (自) (他). 《☞ ゆめ; くうそう》.
¶ 彼はアメリカの大統領になった姿を*夢想した He *dreamed* of himself as the President of the U.S. // 結果は私が*夢想さえもしなかったものだった The outcome was ｢beyond my wildest *dreams* [far from *what I had expected*]. 〔語法〕前者はよいことについて用いられるが, 後者はよいこと, 悪いこといずれにも用いられる. **夢想家** dreamer Ⓒ, visionary Ⓒ.

むぞうさ 無造作 —〔副〕(さりげなく) casually; (深く考えず単純に) simply; (たやすく) easily, without difficulty ★ 後者のほうが改まった表現; (すぐに) readily; (ぞんざいに) carelessly. 《☞ こともなげ》.
¶ 彼女は私の頼みを*無造作に引き受けてくれた She *readily* granted my request. / She gave a *ready* consent to my request. // そんなに*無造作に賛成していいのですか Is it all right for you to give your consent so ｢*easily* [*simply*]?

むだ 無駄 —〔形〕(役に立たない) useless, of no use; (むだ遣いの) wasteful. —〔名〕(浪費) waste Ⓤ ★ a を付けて用いられることが多い. —〔副〕uselessly, wastefully; (むなしく・無益に) in vain, vainly. ★ やや文語的.
¶ 彼に忠告しても*むだだ It is ｢*useless* [*of no use*] to give him advice. // 彼の努力も*むだになった (⇒ 実を結ばなかった) His effort proved *fruitless.* // 私は*むだな努力をしたようだ I'm afraid I have tried *in vain.* // そんなのは時間の*むだだ It's just a *waste* of time. // *むだを省かねばならない (⇒ 浪費を避けねば) We have to ｢avoid *waste* [(⇒ 節約せねば) *economize*].
むだ骨を折る ¶ 結局*むだ骨を折ってしまった After all I *wasted my time and labor.* / (⇒ 努力が実を結ばなかった) After all my *efforts didn't bear fruit.*
むだ足 ¶ 私は彼を訪ねたが*むだ足だった (⇒ 不在だった) I visited his home, but he was ｢not at home [out]. **むだ口** (くだらないこと) nonsense Ⓤ ★ しばしば a ~ としても使われる. ¶ *むだ口をきくのはやめなさい Stop talking *nonsense.* **むだ遣い** ¶ お金の*むだ遣い (⇒ 浪費) はやめなさい Don't *waste* your money. **むだ話** idle talk Ⓒ; (ゴシップ) gossip Ⓤ.

むだん 無断 —〔副〕(許可なしで) without ｢permission [leave]; (断らずに) without asking; (届けなしで) without notice. 《☞ きょか (類義語); むとどけ》.
¶ 彼らは親に*無断で来た They came *without the* ｢*permission* [*knowledge*] of their parents. // *無断でこの部屋を使ってはいけない Don't use this room *without* ｢*asking* [*notice*]. // きのう彼は会社を*無断で欠勤した He ｢was absent [stayed away] from his office *without leave* yesterday.

むち[1] 無知 —〔形〕(何も知らない) ignorant. —〔名〕ignorance Ⓤ; (知識の欠如) lack of knowledge Ⓤ. ¶ 私はその事実については*無知だった (⇒ 知らなかった) I ｢*was ignorant of* [*didn't know*] the fact. // 私はその分野での*無知を恥じています I'm ashamed of my ｢*ignorance* [*lack of knowledge*] in the field.

むち[2] 鞭 whip Ⓒ; (先端のしなやかな部分) lash Ⓒ; (乗馬用の) riding crop Ⓒ. ¶ 御者は*むちをぴしっと鳴らした The coachman cracked his *whip.*

むちうちしょう 鞭打ち症 whiplash Ⓤ, whiplash ｢injury [case] Ⓒ.

むちうつ 鞭打つ (むちで打つ) whip (他), lash (他); (むちで打つ・厳しく教え込む) flog (他). 《☞ むち[2]》. ¶ 御者は馬を*むち打った The coachman ｢*whipped* [*flogged*] his horse.

むちつじょ 無秩序 (混乱) disorder Ⓤ; (混沌) chaos [kéiɑs] Ⓤ. 《☞ こんらん》. ¶ 暴動で都市は*無秩序の状態となった The city was thrown into complete ｢*chaos* [*disorder*] because of the riot.

むちゃ 無茶 —〔形〕(理屈に合わない) unreasonable; (不合理な) absurd; (考えのない) thoughtless; (向こう見ずの) reckless. —〔副〕(度を越えて) excessively, too much. 《☞ め

ちゃくちゃ；むり》.

¶ 彼の主張は*むちゃだ His claim is ⌈*unreasonable* [*absurd*]. // そんな*むちゃ (⇒ ばかなこと) は言うな Don't talk such *nonsense.* // こんなあらしの日に外出するとは彼も*むちゃだ It is ⌈*thoughtless* [*reckless*] of him to go out on such a stormy day. // 近ごろは*むちゃな運転をする人が多い There are a lot of *reckless* drivers these days. // そう*むちゃに働くな Don't work *too* ⌈*hard* [*much*].

むちゃくちゃ 無茶苦茶 ¶ きみの言うことは*むちゃくちゃだ (⇒ 非現実的だ) What you have said is totally *unrealistic.* // けさは電車が*むちゃくちゃに (⇒ ものすごく) 混んだ The train was *awfully* crowded this morning. 《☞ めちゃくちゃ；めちゃめちゃ》

むちゃくりくひこう 無着陸飛行 ―名 nonstop flight Ⓒ. ―動 fly nonstop ⓐ.

むちゅう 夢中 ―動 (むちゃくちゃに好きである) be crazy about ... ★ 口語的；(...に熱中する) be absorbed in ... 《☞ ねっちゅう；むがむちゅう》. ¶ 妹はテニスに*夢中です My sister *is crazy about* tennis. // 彼らはみんな話に*夢中だった They *were* all *absorbed in* talking. // 私は*夢中で (⇒ 命からがら) 逃げた I ran *for my life.*

むちんじょうしゃ 無賃乗車 ―動 steal a ride. ¶ *無賃乗車の客 a stowaway

むつう 無痛 ―形 painless. **無痛分娩** painless childbirth Ⓤ.

むっくり (突然) suddenly 《☞ とつぜん；擬声・擬態語 (囲み)》. ¶ 子供は*むっくり起き上がった The child ⌈sat [got] up *suddenly.*

むっちり ―形 (感じよく太った) plump；(赤ん坊などが太って愛らしい) chubby. 《☞ ふとる (類義語)；擬声・擬態語 (囲み)》. ¶ 赤ん坊は*むっちりと太っていた The baby was ⌈*plump* [*chubby*].

むっつ 六つ ―名 six. ―形 (6つの) six；(6つめの) the sixth. 《☞ 数字 (囲み)》.

むっつり ―形 (不機嫌な) sullen, moody. ―副 sullenly, moodily. 《☞ ふきげん；むくち；擬声・擬態語 (囲み)》. ¶ 彼はもともと*むっつり屋だ (⇒ 口数が少ない) He is a *man of few words* by nature. // 老人は*むっつりとした表情で我々を見た The old man looked at us ⌈*sullenly* [*moodily*].

むっと ―動 (怒りたい気持ちになる) be offended (at ...；by ...；with ...)；(怒る) get angry (with ...). 《☞ ふきげん；おこる[1]；擬声・擬態語 (囲み)》. ¶ 彼は私の言葉を聞いて*むっとしたようだった He ⌈looked [seemed to *be*] *offended* ⌈*at* [*with*; *by*] my words. // 彼女は*むっとした表情だった She looked ⌈*sullen* [*offended*].

むつまじい 睦まじい ―形 (仲のよい) harmonious. ―動 (仲よしである) be good friends with ..., be on good terms with ... ★ 前者のほうが口語的. 《☞ なかよく》. ¶ あの夫婦は実に仲*むつまじい That is a very *harmonious* couple. // お互いに*むつまじくやって行きましょう Let's *be good friends.*

むていけん 無定見 ―形 (信条のない) having no principles (of *one's* own)；(変わりやすい) inconstant；(決心などがぐらついている) wavering. 《☞ ひよりみしゅぎ》.

¶ 彼は*無定見な人物だ He does*n't have any* (*definite*) *principles of his own.* // いつも*無定見では，だれもあなたを信じないだろう Nobody will trust you, if you are always ⌈*wavering* [*inconstant*].

むていこう 無抵抗 ―形 nonresistant. ―名 nonresistance Ⓤ. 《☞ ていこう》.

¶ ガンジーは*無抵抗主義を唱えた Gandhi advocated the principle of *nonresistance.*

むてき[1] 無敵 ―形 invincible；(比べるもののない) matchless. 《☞ むひ》. ¶ スペイン艦隊は*無敵艦隊と呼ばれた The Spanish fleet was called the *Invincible* Armada. // あのバスケットボールのチームは*無敵だ That basketball team is *matchless.*

むてき[2] 霧笛 foghorn Ⓒ.

むてっぽう 無鉄砲 ―形 (向こう見ずな) reckless；(無分別な) rash. 《☞ むこうみず》.

むでん 無電 (無線電信・電話) radio Ⓤ, 《主に英》 wireless Ⓤ. 《☞ むせん[1]》.

むとくてん 無得点 ―形 scoreless 《☞ とくてん[1]；スポーツ (囲み)》. ¶ 試合は両チーム*無得点に終わった The game ended *scoreless.* // 我々のチームは敵を*無得点に抑えた Our team *shut out* the opposing team.

むとどけ 無届け ―副 without giving notice (to ...)；(許可なしで) without leave. 《☞ むだん》. ¶ 集会は警察に*無届けで開かれた The meeting was held *without giving notice to* the police. // 彼はきのう*無届けで欠席した (⇒ 授業をさぼった) He *cut* lessons yesterday.

むとんちゃく 無頓着 ―形 (気にかけない) indifferent (to ...)；(無関心の) unconcerned (about ...). ―名 indifference Ⓤ. 《☞ むかんしん》. ¶ 彼女は服装にはまったく*無頓着だ She ⌈*is indifferent to* [*doesn't care about*; *is unconcerned about*] her dress.

むなぎ 棟木 ridgepole Ⓒ.

むなくそ 胸糞 ¶ そういう話を聞くといつも*胸くそが悪くなる (⇒ 嫌悪感が起こる) I'*m* always *disgusted* ⌈*by* [*with*] that kind of story.

むなぐら 胸倉 ¶ 私は思わず息子の*胸倉 (⇒ 上着[シャツ]の折り返し) をつかんで問い詰めた I instinctively seized my son *by the* ⌈*coat lapel* [*shirt front*], and pressed him for an answer.

むなぐるしい 胸苦しい ―動 feel tight in the chest 《☞ むね[1]；くるしい》. ¶ 夜半に*胸苦しくて目が覚めた At midnight I *felt tight in the chest* and woke from sleep.

むなげ 胸毛 chest hair Ⓤ 参考 breast は普通女性の胸を指すので使えない. 《☞ むね[1]》.

むなさわぎ 胸騒ぎ ―動 (不安に感じる) feel ⌈uneasy [nervous] ⓐ；((悪い)予感がする) have [feel] a presentiment. 《☞ しんぱい；よかん》. ¶ どういうわけか*胸騒ぎがする I don't know why, but I *feel uneasy.*

むなざんよう 胸算用 ―動 (心の中で計算する) calculate in *one's* mind ⓐ ⓗ. ―名

mental calculation Ⓤ ★「計算の結果」の意味では複数形で.《☞ けいさん；あんざん[1]；きたい[1]》. ¶私はすばやく*胸算用をしてみた I quickly *calculated in my mind.* // 私の*胸算用ははずれた My (*mental*) *calculations* did not turn out right.

むなしい 空しい, 虚しい ―動 (むだになる) come to nothing; (効果がない) do not bear fruit. ―形 (役に立たない) useless; (実を結ばない・効果のない) fruitless; (無益な) futile ★やや改まった語. ―副 (漫然と) idly.《☞ はかない；むだ》.

¶私の努力はすべて*むなしかった All my efforts ⌈*came to nothing* [*did not bear fruit*]. / All my efforts were ⌈*useless* [*fruitless*; *futile*]. // その人は何もすることがなく, *むなしく日々を送っていた (⇒ 漠然と過ごしていた) The man was ⌈spending his days *idly* [*idling* his time *away*], having nothing to do.

むなもと 胸元 (胸の前部) breast Ⓒ; (胸部) chest Ⓒ; (みぞおち) the pit of the stomach.《☞ むね[1] (類義語)》. ¶賊はピストルを私の*胸元に突き付けた The burglar pointed a revolver at my *breast*.

むに 無二 ¶太郎は私の*無二の親友です Taro is my *best* friend.《☞ かけがえのない》

むにゃむにゃ ―動 (口の中で不明瞭に言う) mumble ⓐ ⓗ《☞ 擬声・擬態語 (囲み)》.

むね[1] 胸 **1**《胸部》: chest Ⓒ; (胸の前部) breast Ⓒ; (婦人の) bust Ⓒ.

【類義語】肋骨に囲まれた部分, すなわち肺や心臓のある所が **chest**. その前の部分が **breast** で, しばしば乳房を意味する. 婦人の胸, 洋服の寸法などでのバストが **bust**.《☞ からだ (挿絵)》

¶*胸の X 線写真を撮ってもらった I've had a *chest* X-ray photo taken. [語法] わかっていることだから my chest ～ とは言わない. // *胸を張って (⇒ あごを上げて) 元気を出しなさい *Keep your chin up* and be cheerful. // 《医者が》*胸を拝見しましょう Let me have a look at your *chest*.

2《心臓》: heart Ⓒ《☞ しんぞう》. ¶興奮して*胸がどきどきしている My *heart* is beating ⌈fast [rapidly] with excitement.

3《心》: (特に感情面) heart Ⓒ; (理性面の) mind Ⓤ.《☞ こころ》.

¶私はその事実をずっと*胸に秘めていた I've kept the fact *to myself*. // 私は*胸がいっぱいになって (⇒ とても感動して) 思わず泣き出しそうになった I was so touched that I was almost crying. // 私たちは期待に*胸をふくらませて旅立った We set out on our journey with our *hearts* full of hope. // あなたにこのことを話して*胸がすっとした Telling this to you has taken a ⌈load [weight] off my *mind*. // 私は彼女の話を聞いて*胸が痛んだ (⇒ 彼女に同情した) I *felt sorry for* her when I heard her story. // *胸が張り裂けるような思いのする話だった It was a ⌈*heartbreaking* [*heartrending*] story.

むね[2] 旨 ¶父から来月訪ねて来る*旨の手紙が来た Father wrote (to) me that he was coming to see me next month. // この*旨, 至急彼に電報で知らせよう I'll send him a telegram *to this effect* immediately. ★ to ⌈this [that] effect で「この[その]趣旨の」, to the effect that ... で「...という趣旨の」という意味. // 私たちは質素に暮らすことを*旨 (⇒ 主義) としている We *make a point of* living a simple life. / (⇒ 我々の生活信条は質素に暮らすことである) Our *principle* of life is to live simply. // その*旨 (⇒ そうするように), 申しつかっております I have been ⌈told [instructed; ordered] *to do so*.《☞ しゅし[1]；しゅぎ》

むね[3] 棟 (屋根の棟) ridge Ⓒ《☞ -けん[1]》.

むねあげ 棟上げ (棟上げ式) framework raising ceremony Ⓒ [参考] 西洋では壁から積み上げて家を建てるのが普通で, このような習慣はない.

むねやけ 胸焼け heartburn Ⓤ《☞ 病気・病院 (囲み)》.

むねん 無念 (残念) regret Ⓤ《☞ ざんねん；くやしい》. ¶彼は自分の失敗を*無念に思った He felt deep *regret* for his failure.

無念無想 ¶座禅では*無念無想でなければならない When you sit in meditation, you should become *free from worldly thoughts*.

むのう 無能 ―形 incompetent; (...できない・資格がない) incapable; (まったく役に立たない) good-for-nothing. ―名 incompetence Ⓤ; lack of ability Ⓤ. ¶彼の*無能を責めても始まらない It's no use accusing him of his *incompetence*.

むのうりょく 無能力 ―形 incompetent.

むひ 無比 ―形 (比較できない・比べるもののない) incomparable; (匹敵するものがない) unequaled; (並ぶもののない) unparalleled.

¶彼らの科学における偉業は世界*無比である Their scientific achievements are *unparalleled* in the world.

むひょうじょう 無表情 ―形 (表情のない・乏しい) expressionless (↔ expressive); (ぽかんとした) blank, vacant. ¶彼はいつも*無表情だ (⇒ 感情を表さない) He *never expresses* his *feelings* in his face. // 彼は*無表情な顔をこちらへ向けた He turned his *expressionless* face to me.

むふう 無風 ―形 (風のない) windless; (静かな) calm. ―名 (無風状態) calm Ⓤ.《☞ かぜ[1] (表)》. ¶その朝はよく晴れて*無風だった It was fair and *calm* that morning. // そのニュースは政界の*無風状態に大波瀾を起こした The news created a great commotion in *the* (*dead*) *calm* of the political world.

むふんべつ 無分別 ―形 (考えのない) thoughtless; (軽率な) indiscreet. ―名 thoughtlessness Ⓤ; indiscretion Ⓤ.《☞ けいそつ；ふんべつ》.

¶そんなことをするなんてあなたも*無分別だ It was *thoughtless* of you to do so. // 彼は*無分別にも, その事を友達に話してしまった He was *indiscreet* enough to tell the fact to one of his friends. // *無分別にもほどがある (⇒ よくそんなばかなことができるものだ) How can you be *foolish* like that?

むほう 無法 ―形 lawless; (非合法的)

unlawful; (非常に乱暴な) outrageous; (法外な) unreasonable. ―名 (不正義) injustice Ⓤ. 《☞ ほうがい》. ¶ そんな*無法を許すことはできない We cannot overlook such *injustice*. // *無法地帯 a *lawless* zone
無法者 (常習的な犯罪者) outlaw Ⓒ 参考 元来は「法の保護を拒否された者」の意味で, このような者を殺しても犯罪とはならなかった; (無軌道なことをするやつ) outrageous fellow Ⓒ.

むぼう¹ 無謀 ―形 (むちゃな) foolhardy; (向こう見ずな) reckless; (浅はかな) thoughtless. 《☞ むこうみず; むちゃ》.

むぼう² 無帽 ―形 hatless, bareheaded 語法 前者は特に, 帽子をかぶるべきときにかぶっていないという場合に用いられることが多い.
¶ 私が彼に会ったとき彼は*無帽でした He was 「*bareheaded* [*hatless*] when I met him.

むほうしゅう 無報酬 ―形副 (報酬なしで) without pay, for nothing. 《☞ むきゅう¹; ほうしゅう》. ¶ 私は見習いの期間*無報酬だった While I was an apprentice I had to work 「*without pay* [*for nothing*].

むぼうび 無防備 ―形 (人や都市が) defenseless (《英》 defenceless); (都市などが) unfortified.

むほん 謀反 (国家などに対する反逆) treason Ⓤ; (反乱) rebellion Ⓒ ★ これは失敗した反乱に用いることが多い; (小規模な反乱) revolt Ⓒ. 《☞ はんらん¹》.

むみ 無味 ―形 (味のない・味のよくない) tasteless (↔ tasteful). ¶ この防腐剤は*無味無臭です This preservative does*n't have any taste* or scent.
無味乾燥 ¶ 彼の話はいつも*無味乾燥だ (⇒ おもしろくない[退屈だ]) His talk is always dull and 「*uninteresting* [*prosaic*].

むめい 無名 ―形 (世に知られず人目につかない) obscure; (知られていない) unknown.
¶ 彼は一生*無名の作家だった He was an *obscure* writer all his life. // *無名戦士の墓 the Tomb of the *Unknown* Soldier

むめんきょ 無免許 ―形 unlicensed 《☞ めんきょ; もぐり》. ¶ 彼は*無免許運転で (⇒ 免許なしで運転して) つかまった He was caught by the police for driving *without a license*.

むやみに 無闇に **1** «向こう見ずに・むちゃに»: (無謀に) recklessly; (過度に) too much, excessively ★ 前者は平易な日常語. 《☞ やたら; いたずらに》.
¶ 若い運転者たちは*むやみにスピードを出したがる Young drivers tend to speed *recklessly*. // *むやみに薬ばかり飲むのはかえって健康によくない (⇒ 過度の薬は結局は健康によくない) *Too much* [*Excessive*] medicine is not good for the health in the long run.
2 «区別なしに»: indiscriminately. ¶ 彼は*むやみに金をばらまいた He gave money away *indiscriminately*.

むゆうびょう 夢遊病 sleepwalking Ⓤ, somnambulism Ⓤ ★ 後者は学名. **夢遊病者** sleepwalker Ⓒ.

むよう 無用 **1** «不必要の» ―形 unnecessary, needless; (役に立たない) useless. 《☞ ふよう²; ふひつよう》. ¶ 私のことなら心配*無用です (⇒ 心配の必要はない) You *don't need* to worry about me. // *無用の品は持ち込まないこと Don't bring in *unnecessary* things. // これは*無用の長物だ (⇒ 何の役にも立たない) This is *good for nothing*.
2 «禁止» ¶ 通り抜け*無用 *No* Thoroughfare 《☞ 掲示の英語 (囲み)》 // 天地*無用 《掲示》 This Side Up 《☞ 掲示の英語 (囲み)》 // 他言は*無用だよ (⇒ だれにも言うな) *Don't* tell this to anybody.

むよく 無欲 ―形 (利己的でない) unselfish 《☞ よく²》. ¶ 彼は世俗的な利益については*無欲だ (⇒ 無関心だ) He *is indifferent to* material gains.

むら¹ ―形 (一様でない) uneven; (形が不ぞろい) irregular. ¶ 塀にはペンキが*むらなく (⇒ 均一に) 塗ってある The fence is painted 「*evenly* [*uniformly*]. // 彼女のすることは*むらがある (⇒ 一貫性がない) Her work 「often *lacks consistency* [*is* often *inconsistent*]. // 彼はどうも気持ちに*むらがある (⇒ 気まぐれだ) He *is* somewhat 「*capricious* [*whimsical*].

むら² 村 village Ⓒ. ¶ *村はずれにおじいさんが住んでいた There lived an old man on the outskirts of a *village*. // 彼は*村八分にあった He *was ostracized*. 《☞ のけもの》
村人 villager Ⓒ **村役場** village office Ⓒ.

むらがる 群がる crowd ⓐⓗ; (押し合いへし合いの状態で) throng ⓐⓗ; (人・獣・鳥などが) flock together ⓐ; (獣などが) herd together ⓐ; (虫などが) swarm ⓐⓗ. 《☞ うようよ; あつまる (類義語); さっとう》. ¶ 人人は広場に*群がっていた People 「*crowded* [*thronged*] the plaza.

むらぎ むら気 ―名 caprice Ⓒ, whim Ⓒ ★ 後者は特に風変わりな気の移りをいう. ―形 capricious, whimsical. 《☞ きまぐれ (類義語)》.

むらさき 紫 ―名 (色) purple Ⓤ; (すみれ色) violet Ⓤ 語法 前者は赤の色彩が強い. 後者はより青みがかった紫. 《☞ 色 (囲み)》.
¶ 濃い*紫 deep [dark] *purple* // 薄い*紫 light *purple* // 寒くて唇が*紫色になった My lips turned *blue* because of the cold.

むらむらと ¶ 怒りが*むらむらと (⇒ 突然) こみ上げてきた I was *suddenly* filled with anger. 《☞ 擬声・擬態語 (囲み)》

むり 無理 ―形 (不可能な) impossible; (道理に合わない) unreasonable; (不当な) unjust. 《☞ ふかのう; むちゃ》.
¶ こんな重い物を持ち上げるのは*無理だ It is *impossible* to lift such a heavy thing. // あなたが腹を立てるのも*無理はない (⇒ 当然だ) It is *natural* that you should get angry. // あまり*無理をして働くな (⇒ 働き過ぎるな) Don't *overwork* yourself. // 彼は*無理難題を押しつけてきた He made an *unreasonable* demand. // *無理が通れば道理引っ込む When *might* is master, justice is servant. 《ことわざ: 権力が主人になれば正義は召使いになる》 // これは*無理なお願いでしょうか Am I asking *too much*?

無理心中 ―― 動 force *a person* to die with *one* 《☞ しんじゅう》.

むりすう 無理数 〘数学〙 irrational number Ⓒ (↔ rational number).

むりやり 無理矢理 (力ずくで) forcibly, by force. 《☞ ちからずく; いやおうなしに》.

むりょう 無料 ―― 形 free (of charge). ―― 副 free (of charge), for nothing. ★ 後者のほうがより口語的. 《☞ ただ[2]》.

¶このパンフレットは*無料です This pamphlet is *free* (*of charge*). // いつでも*無料でフィルムを貸し出します You can take out a film 「*free of charge* [*for nothing*] any time. // 入場*無料《掲示》Admission *free* 《☞ 掲示の英語 (囲み)》

「駐車無料」という掲示

むりょく 無力 ―― 形 powerless (↔ powerful); impotent; helpless.

【類義語】ほかの力が強いため自分が非力なのは **powerless**. 自分自身に力がないため無力なのは **impotent**. 自分でどうすることもできず, お手上げの状態が **helpless**.

¶私はまったく*無力で, あなたの力になれそうもない I am quite *powerless* and I'm afraid I can't be of any help to you.

むるい 無類 ―― 形 (比べるものがない) incomparable; (匹敵するものがない) unequaled. 《☞ むひ; ひるいない》.

むれ 群れ (グループ) group Ⓒ; (群衆) crowd Ⓒ; (獣の群れ) herd Ⓒ; (鳥の) flock Ⓒ; (虫の) swarm Ⓒ; (魚の) school Ⓒ. 《☞ むらがる; ぐんしゅう》. ¶最近渡り鳥の*群れがシベリアから来はじめた *Flocks* [*Flights*] of migratory birds from Siberia began to reach here recently.

むれる 蒸れる **1** «蒸気が通り食べられるようになる»: be steamed (properly) 《☞ むす》.
¶このごはんはよく*蒸れている This rice *is* 「*steamed* [*cooked*] well.
2 «蒸し暑くなる»: be 「stuffy [close] 《☞ むす》. ¶きょうは暑くて*蒸れる It is hot and 「*stuffy* [*close*] today. / It's *sultry* today.

むろん 無論 (もちろん) of course; (当然) naturally. 《☞ もちろん》.

むんむん ―― 動 (蒸し暑い) be sultry; (人いきれで) be stuffy. 《☞ むす; むれる; 擬声・擬態語 (囲み)》. ¶その小さな部屋は大勢の人で*むんむんしていた The small room *was stuffy* with many people in it.

め

め[1] 目 **1** «器官として»: eye Ⓒ ★ 普通は両目を意味するので複数形で用いられることが多い; (眼球) eyeball Ⓒ.

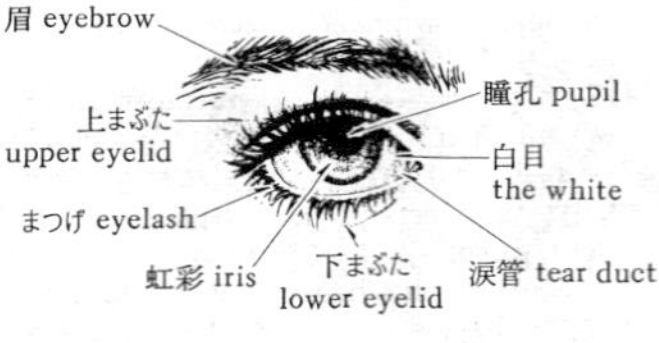

¶大きな[小さな]*目 large [small] *eyes*
青い[黒い]*目 blue [dark] *eyes* 《☞ くろ》
彼女は右の*目が見えない She is blind in the right *eye*.
彼の*目は涙でぬれていた His *eyes* were wet with tears.
彼女は*目が悪い(⇒ 目の病気を持つ) She has an *eye* disease. 《☞ 2》
水の中で*目を開けられますか Can you keep your *eyes* open under the water?
彼女は*目をつぶってベッドに横たわっていた I found her lying on the bed with her *eyes* 「closed [shut].
*目をひどく殴られた I was hit hard in the *eye*.
細かい字を見ると*目を悪くする Small print ruins your *eye*.
彼女は*目の手術をした She had an operation on her *eye*.
「*目にごみが入った」「*目をこすってはだめよ」 "I've got a speck of dust in my *eye*." "Don't rub your *eye*."

2 «機能として»: (視力) eye Ⓒ ★「視線」の意味では通例複数形で; sight Ⓤ, eyesight Ⓤ. 《☞ しりょく[1]; しせん[1]; みる》.
¶*目がよくないとそれは見えない You need good *eyes* to see it.
彼は*目が悪い His *eyesight* is 「bad [weak]. / He has 「poor [weak] *eyesight*.
私は*目が悪くなってきた My *sight* is beginning to fail (me).
暗い所では*目が見えない We cannot *see* in the dark.
その事故は私の*目の前で起こった The accident took place right in front of my *eyes*.
彼は彼女と*目が合った His *eyes* met hers.
彼は夜警の*目をごまかして (⇒ 出し抜いて) その工場に侵入した He *outwitted* the night watchmen and broke into the factory.

3 «目つき»: (目の表情) eyes ★ 複数形で; (顔の様子) look Ⓒ. 《☞ めつき》.
¶優しい*目 soft *eyes*
怖い*目 (⇒ 脅迫的な) threatening [menacing] *look*
彼の*目はきつい He has a sharp *look*.
その子供は眠そうな*目をしていた (⇒ 眠そうに見えた) The child looked sleepy.

警察官は冷ややかな*目で私を見た The policeman *looked* at me coldly.
先生は疑いの*目でその女の子を見た The teacher *looked* at the girl with 「suspicion [suspicious *eyes*].
彼女は私にだめだと*目で知らせてくれた She *winked at* me that it was no good.
*目は口ほどに物を言う (⇒ 目は舌と同じほど雄弁である) The *eyes* are as eloquent as the tongue.
4 «見方・意見»: point of view [C] 《複 points of view》, viewpoint [C]; (…の目から見れば) in the eye(s) of …, in …'s eyes.
¶ 日本人の*目から見た英国 Britain as 「Japanese *see* it [*seen* by the Japanese]
彼女は私の*目から見るとまだ子供です She's a mere child *in* my *eyes*.
親の*目から見るとどれも皆いい子です *In the eyes of* the parents, all children are good and precious.
長い*目で見ると (⇒ 結局は) 損はない It pays *in the long run*.
この問題は別の*目で見るべきだ We should look at this problem from a different 「*viewpoint* [*angle*; *point of view*; *aspect*].
5 «判断力»: an eye ★ 通例単数形で; (判断) judgment [U]. 《☞ はんだん》.
¶ 彼女は宝石について*目が肥えている She has *an eye for* jewels.
父の*目に狂いはなかった (⇒ 判断は正しかった) My father was right in his *judgment*.
彼は人を見る*目がない He is not a good *judge* of human nature.
6 «(好ましくない)経験・事態»: experience [C]; (見込み) chance [C]. 《☞ けいけん[1]》.
¶ 外国でさんざんな*目にあいました I had some terrible *experiences* overseas.
イギリスではお金がなくてひどい*目にあいました Not enough money on hand, we had a very hard *time* (of it) in Britain.
7 «縦横に交差した物の»: (織物の) texture [U]; (縫い目・編み目) stitch [C]; (網目) mesh [C]; (碁盤の目) cross [C]. 《☞ ぬいめ》.
¶ *目の粗いネット a coarse-*meshed* net
*目の詰んだ織物 a fabric of close *texture*
8 «木目»: grain [U] 《☞ きめ》.
9 «台風の中心»: eye (of the typhoon) [C].
10 «さいころの目»: spot [C], pip [C].
お目にかかる (会う) see ㊎, meet ㊎. 《☞ あう[1]; 丁寧な表現 (欄外)》. ¶ 初めて*お目にかかります How do you do? Nice to *meet* you! 《☞ 紹介 (囲み)》
お目にかける (見せる) show ㊎ 《☞ みせる》.
¶ 珍しいものを*お目にかけましょう I'll *show* you something very interesting.
目がきく (判断力がよい) be a good judge, have an eye for … ¶ 猫は暗い所でも*目がきく (⇒ 見ることができる) Cats *can see* in the dark. // 彼は骨董(こっとう)品にはなかなか*目がきく He *has an eye for* antiques.
目がくらむ (光などで) be dazzled; (欲などで) be blinded. 《☞ くらむ》. ¶ *目がくらむような光 *dazzling* lights
目が覚める (眠りから) wake (up) ㊐; (目を覚まされる) be awakened; (意識を取り戻す) come to *one's* senses. 《☞ めざめる》. ¶ 彼女は小鳥の声で*目が覚めた She *was awakened* by the song of the birds. // 彼女は*目が覚めるような美人だ She is a *dazzling* beauty.
目がすわる ¶ 彼は*目がすわった His eyes *glazed*. / His eyes *became* 「*glassy* [*dull*].
目が届く (世話が行き届く) look after … ★「人」を主語とする; (視線が届く(限り)) (as far as) the eye can reach, (as far as) *one* can see. ¶ この組は大勢すぎて*目が届かない This class is too large to *be* well *looked after*. // この薬は子供たちの*目の届かない所へ (⇒ 離れた所へ) 置いておきなさい Please keep this medicine away from children. // *目の届く限り水ばかりだった There was nothing but water *as far as* 「*I could see* [*the eye could reach*].
目がない (たいへん好きである) be very fond of …, have a weakness for … 《☞ すき[1]; こうぶつ[1]》. ¶ 彼女はケーキには*目がない She *is very fond of* cake. ★ 最も一般的な言い方. / She *has a weakness for* cake.
目が回る (めまいがする) feel giddy 《☞ めまい》. ¶ 私はいま*目が回るほど (⇒ 非常に) 忙しい I'm *terribly busy* now.
目から鼻へ抜けるような (非常に利口な) very clever 《☞ かしこい (類義語)》. ¶ 彼女は*目から鼻へ抜けるような人だ She is 「*very clever* [*sharp as a tack*].
目から火が出る see stars 《☞ ひ[2]》.
目と鼻の先 (非常に近い所で) very close to …; (石を投げれば届くような距離に) within [at] a stone's throw. 《☞ ちかく[1]》. ¶ 彼女は私の家からつい*目と鼻の先に住んでいます She lives 「*very close to* my home [only *a stone's throw away from* my home]. / Her house is *within a stone's throw* of mine.
目に余る (許しがたい・限度を越えている) be too much, be unpardonable. ¶ 彼の行為は*目に余る His conduct *is unpardonable*.
目に浮かぶ (思い出す) come back 「in *a person's* memory [to *a person*] ★ 思い出す物が主語; (…を心に思い浮かべる) see … in *one's* mind's eye.
目につく (注意を引く) attract …'s attention, catch [strike] …'s eye. 《☞ 目を引く; めだつ》. ¶ 田舎では外人はすぐに*目につく A foreigner easily *attracts people's attention* in the rural districts. // 最近ミニスカートが*目につくようになった (⇒ 人気が出てきた) Miniskirts *are becoming popular* these days.
目にとまる (気が付く・見る) …'s eye fall 「on [upon] …; (…の目を引く) catch …'s eye. ¶ 壁にかけてある小さな絵が彼の*目にとまった A small picture on the wall *caught his eye*.
目に見える — 形 visible; (明らかな) apparent 《☞ みえる; あきらか》. ¶ それ以降彼は*目に見えて変わってきた (⇒ 目に見える変化があった) There has been a *visible* change in him since then. // 彼女の容体は*目に見えてよくなっている Her condition shows (a)

marked improvement. // どういう結果になるか*目に見えている You can easily *see* what the result will be.

目にもとまらぬ ― [副] (電光石火の速さで) like lighting ; (まばたきする間に) in the twinkling of an eye ; (非常に速く) very quickly.

目の色を変える ― [動] (顔色を変える) change color. ― [副] (必死に・猛烈に) like mad. ¶その知らせを聞くと彼は*目の色を変えた He *changed color* at the news. // 彼女は*目の色を変えて勉強し始めた She started to study *like mad.*

目の敵にする (憎む・敵意を抱く) hate (他). ¶彼は私を*目の敵にしていた He *hated* me all the time.

目の黒いうち (私が生きている限り) as long as I live.

目のつけどころ (ねらい) aim [C] 《☞ ねらい》. ¶彼はなかなか*目のつけどころがいい He *is aiming at* the right thing.

目の毒 (誘惑をする物) temptation [C]. ¶私は酒はやめたので，あのウイスキーグラスは*目の毒です Since I have given up drinking, those whisky-glasses are *too much of a temptation.*

目の保養 ― [名] (目を喜ばすもの) a feast for the eyes. ― [動] (…で目を喜ばせる) feast *one's* eyes on …

目のやり場がない (たいへん当惑する) be very embarrassed; (どこを見たらよいかわからない) do not know where to look, be at a loss which way to ｢look [turn].

目もあてられない ¶彼女がミニスカートをはいた格好は*目もあてられない (⇒見ものだ) She's *quite a sight* in miniskirt. // 事故の現場は*目もあてられない状況でした (⇒恐ろしい光景だった) The scene of the accident presented a *horrible spectacle.*

目もくれぬ (無関心だ) be quite indifferent to … ; (注意しない) take no notice of … 《☞ むかんしん》. ¶彼は私の言うことには*目もくれない He ｢*turns a blind eye* [(⇒耳も貸さない) *turns a deaf ear*] *to* my suggestions. 《☞ みみ》

目をかける (世話をする) look after …, take care of … ; (親切にする) be kind to … 《☞ せわ ; ひいき》.

目をくらます (光などでくらませる) dazzle (他) 《☞ 目がくらむ ; くらむ》. ¶彼は警察官の*目をくらまして逃げた He *gave* the policemen *the slip.* ★ give … the slip は「…をまく」の意の口語表現.

目をこらす (緊張させる) strain *one's* eyes; (じっと見る) look hard at… 《☞ こらす》. ¶彼女は*目をこらして暗い所を見た She *strained her eyes* to see in the dark.

目を皿のようにする (驚いて目を見張る) open *one's* eyes wide in wonder; (驚いて…をじっと見つめる); gaze at … with wonder ; (目に精神を集中する) be all eyes.

目を白黒させる (驚いて目をぱちくりさせる) blink in surprise 《☞ おどろく》.

目をそらす look away (from …) (自), take *one's* eyes off … 《☞ そらす[1]》. ¶彼女は私から*目をそらした She *looked away from* me. / Her *eyes avoided* mine.

目をつける (ねらう) have ｢an eye [*one's* eye(s)] ｢on [upon] … ¶私は買うずっと前からこの家に*目をつけていた I *had my eye on* this house long before I bought it.

目をつぶる (知らぬ振りをする) close [shut] *one's* eyes to …, turn a blind eye to … ; (大目に見る) let … pass. ¶ちょっとしたカンニングには*目をつぶっている先生もいます Some teachers *close their eyes to* minor cheating in examinations.

目を通す (全体を見る) look ｢over [through] (他) ; (ざっと見る) skim (他), run *one's* eye(s) over … ¶私は毎朝数種類の新聞に*目を通します I *look through* several newspapers every morning.

目を盗む ¶彼は親の*目を盗んでたばこを吸っている (⇒親の背後で) He smokes ｢*behind* his parents' *back* [(⇒知られないで) *without the knowledge of* his parents].

目を離す (視線を離す) take *one's* eyes off … ; (油断する) be off *one's* guard. ¶ボールから*目を離すな Never *take your eyes off* the ball ! // ちょっと*目を離したすきにかばんをとられた I had my bag stolen while I *was off my guard* for a second.

目を引く (人の注意を引く) catch *a person's* eye, attract *a person's* attention. 《☞ 目につく ; めだつ》. ¶私は彼女の*目を引こうとして手を振った I waved my hand to try to *catch her eye.* // この赤い表紙はとてもみんなの*目を引きます This red cover is very *eye-catching.*

目を回す (卒倒する) faint (自), feel faint (自). 《☞ めまい ; きぜつ ; 目が回る》.

目を見張る (驚きなどで目を大きく開く) open *one's* eyes wide ; (驚いて…をじっと見つめる) gaze at … in wonder. 《☞ みはる》. ¶彼女はその光景に*目を見張った She *gazed at* the sight *in wonder.*

め² 芽 ― [名] (種から出た小さい芽) seedling [C] ; (茎または枝になるべき芽) sprout [C], shoot [C] ★ 後者は特に速く芽が伸びるものについていう ; (葉の芽または花のつぼみ) bud [C]. ― [動] (芽を出す) sprout (自), shoot (自) ; (葉の芽または花のつぼみが出る) bud (自).

¶スイートピーの*芽を踏まないで下さい Don't walk on the sweet pea *seedlings* ! // 木の*芽が出始めた The trees are beginning to *bud.* // 先週植えた花が*芽を出し始めた The flowers that I planted last week have started to ｢*sprout* [*shoot* ; *put out sprouts* ; *put out shoots*]. // 彼の仕事はやっと*芽が出た (⇒成功の兆しが見えた) His work *is showing signs of success* at last. // 子供の悪癖は*芽のうちに摘んでおく必要がある Children's bad habits should be nipped in the *bud.*

-め …目 **1** «程度» ★日本語の「…め」は「どちらかといえば…のほう」というような意味であるが，常にこの日本語と置き換えることのできるような英語は存在しない．従って，前後関係により，日本語の内容にできるだけ近いものが表されるように工夫する必要がある.
¶ 子供の服は大き*めのものを買ったほうがよい When buying children's clothes you should choose ones *on the* larger *side.* // 塩は少な*め[控え*め]に入れて下さい (⇒ あまり入れすぎるな) Don't ⌜put in [add] too much salt. // スピーチはできるだけ短*めにお願いします (⇒ できるだけ短くして下さい) Please make your speech *as short as possible.*
2 «順序» ★「…番目」など順序を示すときは普通には序数で表す. (☞ 数字 (囲み)).
¶ 彼の3番*目の子供は男の子ですか女の子ですか Is his *third* child a boy or a girl? // 4つ*目の角を左に曲がりなさい Turn left at the *fourth* ⌜corner [intersection]. // 京都はひかり号に乗れば東京から2つ*目です Kyoto is the *second* stop from Tokyo if you take the superexpress 'Hikari.' // 盛岡は大宮から幾つ*目ですか (⇒ 盛岡と大宮の間に幾つ止まる所があるか) How many stops are there between Morioka and Omiya? // レーガン大統領はアメリカの何代*目の大統領ですか *What number* president of the U.S. is Mr. Reagan?

めあたらしい 目新しい (新しい) new; (新しくて珍しい) novel; (いままでにないような独特の創意工夫をした) original. (☞ あたらしい; みみあたらしい). ¶ 彼の作品には何も*目新しいものはない There is nothing ⌜*new* [*original*] in his work. // このデザインはもう*目新しくない (⇒ 新鮮さを失った) This design has lost its *freshness.*

めあて 目当て **1** «目印»: (導いてくれるもの・案内するもの) guide Ⓒ; (目印) landmark Ⓒ. (☞ めじるし). ¶ あの塔を*目当てに行けば (⇒ あの塔に向かって歩けば) 駅に出ますよ Walk *toward* that tower, and you'll come to the station.
2 «目的»: (ねらい) aim Ⓒ (☞ ねらい).
¶ 彼の*目当ては昇進だ His *aim* is promotion. // 彼女は彼の財産を*目当てに結婚した She got married to him *for* money. // 彼は何の*目当てもなく東京に出た He went to Tokyo without any pacticular *aim.*

めい[1] 姪 niece Ⓒ (☞ 親族関係 (囲み)).

めい[2] 命 (命令) order Ⓒ; (権限による命令) command Ⓒ. (☞ めいれい).

めい- 名… —形 (すぐれた・偉大な) great ★ 最も口語的; (優秀な) excellent; (有名な) well-known. (☞ ゆうめい). ¶ 彼は*名ピアニストだ He is ⌜a *great* [an *excellent*; a *well-known*] pianist. // きょうの結婚披露宴でのあなたの司会は*名司会でしたよ You've done an *excellent* job as an emcee at today's wedding reception.

めいあん[1] 名案 good idea Ⓒ, wonderful idea Ⓒ, splendid plan Ⓒ ★ この順に意味が強くなる. このほかにも種々の形容詞を代入できる. (☞ あん[1]). ¶ そいつは*名案だ That's a ⌜*good* [*wonderful*; *splendid*] *idea.*

めいあん[2] 明暗 ¶ 彼は社会の*明暗 (⇒ 諸相) を描き出した He described the *various aspects* of society. // 彼は人生の*明暗 (⇒ 幸せと苦労) を味わった He experienced *the happiness and hardships* of life. // この絵は*明暗の使い方がうまい This picture makes good use of *shading.*

めいい 名医 skilled ⌜physician [doctor] Ⓒ, very good doctor Ⓒ. (☞ いしゃ).

めいおうせい 冥王星 Pluto.

めいが 名画 (有名な[すばらしい]絵) famous [great] picture Ⓒ; (傑作) masterpiece Ⓒ; (古典となっている映画) film classic Ⓒ. (☞ けっさく).

めいかい 明快 —形 (わかりやすい) clear; (定義などが疑問の余地を残さないほどはっきりしている) clear-cut. —副 clearly. (☞ はっきり (類義語)). ¶ 質問に対して彼は*明快な返事をした He gave a *clear* answer to the question. // 彼の論理は*明快だ His argument is *clear-cut.*

めいかく 明確 —形 (はっきりとしていて正確な) clear and accurate; (相違が明らかな) distinct; (確実な・確定している) definite. —副 clearly; distinctly; definitely. (☞ はっきり (類義語)).
¶ 彼の説明は*明確だ His explanation is *clear and accurate.* // 北欧と南欧の文化には*明確な違いがある There is a *distinct* difference between North and South European cultures. // あすまでに*明確な返事を下さい Can I have a *definite* answer by tomorrow?

めいがら 銘柄 brand name Ⓒ.

めいき 明記 —動 write [put down] ⌜clearly [definitely] (他); (特定の名や条件などを書く) specify (他). (☞ かく[1]). ¶ このことは条約に*明記してある This point *is specified* in the agreement. // あなたの条件を*明記しておいて下さい Please ⌜*write* [*put down*] your conditions *clearly.*

めいぎ 名義 —名 name Ⓒ. —形 (名義上の) nominal. (☞ めいもく). ¶ この家は父の*名義になっています This house is in my father's *name.* // あの会長は*名義だけだ He is chairman only in *name.* / He is merely the *nominal* chairman. **名義変更** transfer of ownership Ⓤ.

めいきゅういり 迷宮入り ¶ その事件は*迷宮入りしたままだ (⇒ まだ解決されないままだ) The case still *remains unsolved.*

めいきょく 名曲 (傑作) (musical) masterpiece Ⓒ; (有名な曲) famous ⌜piece of music [song; tune] Ⓒ.

めいげつ 名月 (満月) full moon Ⓒ; (中秋の名月) the harvest moon. (☞ つき[1]).

めいげん 名言 ¶ それはけだし*名言だ (⇒ まさによく言ったものだ) That's ⌜*well* [*justly*] *said.*

めいさい 明細 —名 details, particulars ★ いずれも複数形で. —形 detailed. (☞ うちわけ). **明細書** details ★ 複数形で.

めいさく 名作 (傑作) masterpiece Ⓒ; (立派な作品) fine work Ⓒ. (☞ めいが; けっさく). ¶ あの美術館には近代画家の*名作が展示してある *Fine works* [*Masterpieces*] by modern artists are 「being exhibited [on show] at that art museum.

めいさん 名産 (特産品) specialty Ⓒ 《☞ めいぶつ》. ¶ これはこの地方の*名産です This is a *specialty* of this region.

めいし¹ 名刺 name [visiting] card Ⓒ; (仕事用の) business card Ⓒ. [参考] 会社名や役職などを刷り込んだものは最後のものがよい. 英米では初めて紹介された人にすぐ名刺を渡す習慣がなく, 住所や電話番号などを知らせる必要が起こって初めて名刺を渡すような場合が多いので, 名刺を name card などの英語に訳しても, そのニュアンスは日本語と異なることに注意. また名刺の使用が日本ほど多くなく, ビジネス用が主で, 個人では用いない人も多い. 《☞ なふだ [参考]》.

business card

めいし² 名士 (有名人) celebrity Ⓒ, man of distinction Ⓒ ★ いずれもやや形式ばった表現; 《口語》 big name Ⓒ.

めいし³ 名詞 〚文法〛 noun Ⓒ.

めいじ 明示 ―動 (はっきりと言う) express [state] ...「clearly [explicitly]. ¶ ここにこの薬の使い方が*明示してある The directions for the medicine *are clearly* 「*stated* [*printed*] here.

めいじつともに 名実ともに both in name and reality. ¶ 彼は*名実ともに党首だ He is the leader of the party *both in name and* 「*reality* [*fact*].

めいしゃ 目医者 eye doctor Ⓒ 《☞ がんか²; 病気・病院 (囲み)》.

めいしゅ 名手 (熟練した人) expert Ⓒ; (才能のある人) talented player Ⓒ. 《☞ たつじん》. ¶ 彼は弓の*名手だ He is a *very good archer*. / He is *highly talented in* archery.

めいしょ 名所 (見物すべき所) sights (to see) ★ 複数形で. 日常的で平易な語; place of scenic (and historic) interest Ⓒ ★ 少し堅苦しい言い方.

¶ ここは桜の*名所です (⇒ この場所は桜で有名だ[知られている]) This place is 「*famous* [*noted*] *for* its cherry blossoms. // 私は彼に京都の*名所案内をした I showed him the *sights* of Kyoto. // 京都で*名所(旧跡)の見物をしてきた We 「*saw* [*did*] *the sights* of Kyoto. / We visited the *places of scenic beauty and historic interest* in Kyoto.

名所旧跡 places of scenic beauty and historic interest; the sights [語法] 前者は名所と旧跡を両方訳したやや改まった言い方で, 後者は漠然と「見るべき場所」という言い方.

めいしょう 名称 name Ⓒ 《☞ なまえ》.

めいじる 命じる **1** «命令する»: tell *a person* to *do* ★ 最も日常的な語. 後に続く不定詞が命令の内容. 以下の動詞の代わりにも用いることができる; (特に命令として) order *a person* to *do*; (権限ある者の命令として) command *a person* to *do* ★ 後2者は直接目的語だけをとる場合もある. 《☞ めいれい; 命令の表現 (囲み)》.

¶ 彼はお手伝いさんに部屋の掃除を*命じた He *told* the helper *to* clean the room. // 部長は部下に書類の英訳を*命じた The head of the division 「*ordered* [*told*] a member of his staff *to* translate the papers into English.

2 «任命する»: appoint (他), place (他). 《☞ にんめい》. ¶ 彼はチームの監督を*命ぜられた He *was appointed* field manager of the team.

めいしん 迷信 superstition Ⓒ 《☞ ジンクス》. ¶ あなたはそんな*迷信を信じるのですか Do you believe in such a *superstition*? // *迷信は取り除かなければならない We must do away with *superstitions*. // 13は縁起が悪い数だという古くからの*迷信があります There is an old *superstition* that thirteen is an unlucky number. // 彼はとても*迷信深い He is very *superstitious*.

めいじん 名人 (熟達した人) expert Ⓒ; (大家) master Ⓒ. 《☞ たつじん》. ¶ 彼はばら作りの*名人だ He is an *expert* rose grower. / He *is extremely good at* growing roses. // 彼は焼き物の*名人だ He is a real *master* at making pottery. **名人芸** masterly performance Ⓒ.

めいせい 名声 (有名であること) fame Ⓤ; (評判のよいこと) good reputation Ⓤ ★ しばしば a を付けて. 《☞ ひょうばん; ゆうめい》. ¶ 彼の*名声は世界中に広まった His *fame* spread all over the world. // 彼はこの一作で*名声を博した He earned his *good reputation* through this single work.

めいせき 明晰 ―形 clear 《☞ さえる》. ¶ 彼は頭脳*明晰である He is *clear*-headed. / (⇒ 頭がよい) He is very *intelligent*.

めいそう 瞑想 ―名 meditation Ⓤ. ―動 meditate (自). ―形 meditative. ¶ 彼女は自分の部屋で*瞑想にふけっている She is *in* deep *meditation* in her room.

めいだい 命題 proposition Ⓒ.

めいちゅう 命中 ―動 hit the mark (↔ miss the mark); (特に真ん中に) hit the bull's eye ★ 以上いずれも「弾・矢」などを主語とする. 《☞ あたる》. ¶ その弾丸は的に*命中した[しなかった] The bullet 「*hit* [*missed*] *the mark*. // 彼の撃った弾丸は標的の真ん中に*命中した His bullet *hit the bull's eye*.

めいちょ 名著 (偉大な本) great book Ⓒ; (傑作) masterpiece Ⓒ ★ 必ずしも書物とは限らず, 芸術作品すべてについて用いる.

めいちょうし 名調子 (雄弁) eloquence Ⓤ; (すばらしい演説) brilliant speech Ⓒ. 《☞ ゆうべん》. ¶ 聴衆は彼の*名調子に聞きほれた The audience were fascinated by his *eloquence*. // 彼の*名調子がもう聞けなくて残念です I am sorry that we cannot listen to his *brilliant speech* any more.

めいてんがい 名店街 (アーケード状の) shopping arcade Ⓒ ; (ターミナルビルなどの一部を占める) retail shopping complex Ⓒ.

めいど 冥土 Hades [héidiːz], the underworld ★ 前者はギリシャ神話の「死者の国」を訳として当てたもの.

めいにち 命日 the anniversary of *a person's* death. ¶ きょうは祖父の*命日です Today is *the anniversary of* my grandfather's *death*.

めいはく 明白 ―形 (隠されている部分などがなくはっきりした) clear ★ 一般的な語 ; (見てすぐそれとわかるような) obvious ; (わかりやすくはっきりした) plain ; (事実から見て明らかな) evident ; (すべてが表に現れていて, 含んでいるところのない) explicit (↔ implicit). ―副 clearly ; obviously ; plainly ; evidently ; explicitly. 《☞ あきらか ; はっきり (類義語)》. ¶ 彼の失敗はだれの目にも*明白だ His failure is *clear* ⌈to [in] anyone's eyes. // この原則は条文の中で*明白にうたってある (⇒ はっきり述べられている) This principle is ⌈*clearly* [*explicitly*] stated in the text of the treaty. // これは*明白な事実だ This is ⌈an *obvious* [a *plain*] fact. // 彼が過労から病気になったのは*明白だ It is *evident* that he fell ill from overwork.

めいふく 冥福 ¶ 彼女の*冥福を祈る (⇒ 彼女[彼女の魂]が安らかにならんことを) May ⌈she [her soul] rest in peace! 《☞ 倒置 (欄外)》 // 私は戦争犠牲者の*冥福を祈った I prayed for the *repose* of the war dead.

めいぶつ 名物 (独特の産物) special product Ⓒ, specialty Ⓒ ; (呼び物) feature Ⓒ. 《☞ とくさん ; よびもの》. ¶ さくらんぼは山形の*名物だ Cherries are a ⌈*special product* [*specialty*] of Yamagata. // わが校の文化祭の*名物は外国語劇です The ⌈*feature* [*special attraction*] of our annual school festival is a play performed in a foreign language.

めいぶんか 明文化 ―動 (法律が規定する) provide ⑩ 【語法】「明文化されている」は There is a provision that ... の形で ; (書く) write ⑩ ; (印刷する) print ⑩. ¶ この点は法律に*明文化されていない (⇒ 規定がない) There is no *provision* in the law on this subject. // この点は規則の中に*明文化すべきだ This point should *be* ⌈*provided* (*for*) [*included*] in the regulations.

めいぼ 名簿 (name) list Ⓒ ★ 最も一般的な語 ; (住所などを記載したもの) directory Ⓒ ; (出席簿) roll Ⓒ ; (登録簿) register Ⓒ. ¶ 彼女の名前は*名簿に載っている Her name is on the *list*. // 彼の名前は*名簿から消された His name was crossed off the *list*. // 彼を (⇒ 彼の名前を) *名簿に載せましたか Did you put his name on the ⌈*list* [*roll*]? // 会員の*名簿を作る必要がある We must make a *list* of the members. // 会員*名簿 a membership ⌈*list* [*directory*] // 職員[乗客]*名簿 a ⌈staff [passenger] *list* // 学生[同窓会]*名簿 a student [an alumni] *directory* // 選挙人*名簿 a pollbook

めいめい[1] 銘銘 ―代 (各人) each (one) ; (すべての人・皆) everyone 【語法】日本語の「めいめい」はある特定のグループの各人について言うことが多く, 普通は each (one) と訳したほうが適当なことが多い. ―形 each ; (個人別の) individual ; (自分自身の) *one's* own. ―副 individually. 《☞ かくじ ; それぞれ》. ¶ *めいめい弁当を持ってきた *Each* of us brought ⌈*his or her* [*our*] *own* lunch. 【語法】文法的には his or her とするのがよいとされるが, our も用いられる. // 皆さん, *めいめいの席に戻りなさい Go back to your seats, *everyone*. // 辞書は*めいめいのを使いなさい Use *your own* dictionaries. // 私は*めいめいに (⇒ 個人別に) 意見を聞いた I asked their opinions *individually*.

めいめい[2] 命名 ―動 (名前を付ける) name ⑩, call ⑩ ★ いずれも <V+O+C> の構文をとる. 《☞ なづける》. ¶ その宇宙ロケットを「ストーク」と*命名した They *named* the space rocket Stork.

めいめつ 明滅 ―動 (灯火・信号・星などが) blink ⓐ ; (火などがちらちらする) flicker ⓐ. ¶ 2, 3 百メートル前方で信号が*明滅しているのが見えた I saw the traffic ⌈lights [signal] ⌈*blinking* [*flickering*] a few hundred meters ahead. **明滅信号** blinking signal Ⓒ.

めいもく 名目 ―形 (名前だけの) nominal. ―副 (名目上は) nominally ; (名前は) in name. ―前 (…という名目[口実]で) under the ⌈name [pretext] of ... 《☞ おもてむき》. ¶ 彼は*名目だけの学長[社長]だ He is the *nominal* president of the ⌈university [company]. / His position as head of the ⌈university [company] is purely *nominal*. // 彼は斡旋(あっせん)料という*名目で政治家に賄賂を贈った He offered a bribe to the politicians *under the* ⌈*pretext* [*excuse*] *of* ⌈paying a [presenting them (with) a] mediation fee. // それは*名目は新作だが, 内容は焼き直しだ It is ⌈a new work *in name* [*nominally* a new work], but it is ⌈actually [in fact] a rehash of his old work. // 彼女は*名目はコンサルタントだが (⇒ コンサルタントと呼ばれているが), 実質は事務員にすぎない She *is called* a consultant, but in ⌈actuality [fact] she is only a clerk. // *名目所得[賃金] *nominal* ⌈income [wages]

めいもん 名門 (著名な家柄) distinguished [noted ; famous] family Ⓒ. 《☞ ゆいしょ》. ¶ 彼女は*名門の生まれだ She ⌈came [is] from a ⌈*distinguished* [*noted* ; *famous*] *family*. // *名門校 (⇒ 名声のある学校) a ⌈*prestige* [*prestigious*] school / (⇒ 有名な学校) a *famous* school

めいやく 名訳 excellent translation Ⓒ 《☞ やく[4] ; ほんやく》.

めいゆう 名優 (すばらしい) great ⌈actor [actress] Ⓒ ; (有名な) famous [celebrated] ⌈actor [actress] Ⓒ.

めいよ 名誉 ―名 honor (《英》 honour) Ⓒ ★ 最も一般的な語 ; (栄光) glory Ⓒ ; (人の信用とよい評判) credit Ⓤ ★ 名誉となるものの意のときは a を付けて ; (評判) reputation Ⓤ ★ 悪い評判にも用いるので, 必ずしも「名誉」に当たらない場合がある；(特権・特典) privilege Ⓒ. ―[形] (名誉ある) honorable (《英》 honourable); (名誉上与えられた) honorary. (☞ めいせい；こうえい[1]).

¶そのノーベル賞受賞者はわが国の*名誉である The Nobel laureate is ⌈an *honor* [a *credit*] to our nation. // この会で演説できることは私にとってたいへんな*名誉であります It's a great ⌈*honor* [*privilege*] for me to speak at this meeting. // 君の言動はわが校の*名誉を汚した (⇒学校に恥辱をもたらした) Your words and deeds ⌈brought *disgrace* on [*disgraced*] our school. // *名誉を挽回するにはどうしたらよいだろう What ⌈shall [can] I do to ⌈retrieve [redeem] my *reputation*? // *名誉にかけて私はベストを尽くします *Upon* [*On*] *my honor* I'll do my best. // 彼は*名誉の死を遂げた He died a *glorious* death. // 彼女は*名誉ある地位を得た She obtained an *honorable* position. // 彼はハワイ大学から*名誉博士の称号を受けた He received an *honorary* doctor of philosophy degree from the University of Hawaii.

名誉会員[会長] honorary ⌈member [president] Ⓒ **名誉毀損**(きそん) ―[動] (名誉を傷つける) defame (他); (雑誌の記事・書物などの文書で) libel (他); (口で) slander (他). ―[名] libel (of character) Ⓤ. ¶その代議士は雑誌編集長を*名誉毀損で訴えた The Dietman filed a *libel* suit against the editor-in-chief of the magazine. **名誉教授** professor emeritus Ⓒ (《複 professors emeriti》) **名誉市民** honorary citizen Ⓒ **名誉職** honorary post Ⓒ.

めいりょう 明瞭 ―[形] (隠れているところがなく明らかな) clear; (周囲の状況・証拠などから明らかな) evident; (発音などが) articulate. ―[副] clearly; articulately. (☞ めいかく；あきらか；はっきり).

¶彼の意見は*明瞭さを欠く (⇒はっきりしていない) His opinion is ⌈*unclear* [*ambiguous*]. // 彼女の*明瞭な発音は聞きとりやすい Her ⌈*distinct* [*articulate*] pronunciation is easy to follow. // この文は*明瞭だ (⇒この文ははっきり書かれている) This sentence is *clearly* written. // 彼が間違っていることは*明瞭です It is *evident* that he is wrong.

めいる 滅入る (落胆する) be depressed; (暗い気持ちになる) feel ⌈gloomy [blue]. (☞ ゆううつ). ¶その病人は気が*滅入っているようだ The patient seems to *be depressed*. // 雨の日は気が*滅入る Rainy days make me ⌈(*feel*) *gloomy* [*depressed*].

めいれい 命令 ―[名] order Ⓒ ★ 最も一般的な語で，以下の語の代わりにも使える；(権限のある者が出す命令) command Ⓒ；(指示) directions；(細かい指示を与える命令) instructions ★ 以上2語は通例複数形で. ―[動] (命じる) tell (他); order (他), give orders (to ...); command (他), give a command (to ...); instruct (他) [語法] 以上いずれも give を用いる言い方を除き <S (人)＋V (*order, command*, etc.)＋O (人)＋C (*to*不定詞)> という文型で用いる. (☞ めいじる；さしず；しじ[2]).

¶部長は彼にすぐ来いと*命令した The ⌈head [manager] of the division *told* him *to* come immediately. / The ⌈head [manager] of the division *gave* him the *order to* come right away.

彼は私の*命令したことをやった He carried out my *orders*.

私たちは彼の*命令に従った We ⌈obeyed [followed] his *order*.

彼女は本国政府の帰国*命令に背いた She ⌈disobeyed [ignored] the *order* from her government to return home.

市は老朽家屋の取り壊し*命令を出した The city ⌈*gave* [*issued*] *orders that* the old houses (should) be pulled down. [語法] 《米》では should を用いずに，動詞の原形を用いるのが普通.

司令官は部下に作戦を遂行するように*命令した The commander gave *instructions* to his men to carry out the operations.

この行為は*命令違反だ This act ⌈is against [countermands] *orders*.

彼は社長の*命令で渡米した He went over to the United States on ⌈*order* [*instructions*] from the president of his company.

選手はコーチの*命令に従って行動した The players acted according to the *directions* of their coach.

*命令どおりにしなさい Do as you *are* ⌈*told* [*ordered*].

彼はいつも*命令口調で話をする He always talks in ⌈a *commanding* [an *authoritative*; an *imperious*] tone. ★「命令的な」という意味の形容詞としてはこの順に意味が強くなる.

命令文 〖文法〗 imperative sentence Ⓒ.

めいろ 迷路 maze Ⓒ, labyrinth Ⓒ ★ 後者はやや文語的だが，比喩的用法にはよく使われる. ¶私は*迷路に入り込んでしまった I have gotten lost in a *maze*.

めいろう 明朗 ―[形] (顔や気持ちなどが明るい) bright [語法] 人にこの語だけを用いると「頭のいい」という意味と区別がつかないため，merry and bright などのようにほかの形容詞と並べて用いることが多い；(陽気で快活な) cheerful ★ 人・性質・雰囲気などに関する語を修飾する. (☞ あかるい；ほがらか).

¶彼は*明朗闊達(かったつ)な人だ He is a *cheerful* and broad-minded person. // *明朗な (⇒きれいな) 選挙を望みたい I want them to have a *clean* election. // *明朗さを欠く (⇒不正直な) 政治にはうんざりだ I am ⌈disgusted with [sick of] *dishonest* politics. // 会計は*明朗に (⇒明らかに) しておいたほうがよい We had better make ⌈the [our] ⌈accounts [accounting (system)] *clear*.

めいわく 迷惑 ―[名] (面倒) trouble Ⓤ；(騒音や繰り返し行う行為などで不快にしたり，怒らせたりすること) annoyance Ⓤ；(うるさいもの・人) nuisance Ⓒ. ―[形] troublesome; annoying; inconvenient. ―[動] (迷惑をかける) trouble (他); annoy (他); inconvenience (他). (☞ やっかい；めんどう).

命令の表現

命令文は2人称に呼びかけるもので, 原則として主語は不用. 動詞の原形を用いる. 内容的には「…しなさい」という直接的な命令だけでなく,「…して下さい」という丁寧な要求や要請, あるいは「…しましょうよ」という勧誘などが含まれる. なお, 文法でいう命令文とは普通主語を省略し, 動詞で始まる形式を持つ文のみを指すが, (5) で述べるように, この形式によらないでも「命令・要請」などの内容を表す方法がいろいろある. 《☞ 提案・勧告の表現 (囲み)》

(1) …なさい / どうぞ…して下さい

(i) 主語を用いない場合.

¶ 傘を持って行きなさい Take an umbrella with you. // 急ぎなさい. (さもないと) 学校に遅れますよ Hurry up, or you'll be late for school. // 人には (⇒ ほかの人たちには) 親切になさい Be ⌈kind [good] to others. // 道で遊んではいけない Don't play ⌈on [in] the ⌈street [road]. // うるさくするな Don't be noisy! // ここでしばらくお待ち下さい Please wait here for a minute.

(ii) 主語を用いる場合. 強調のため, あるいはだれに向けての命令かをはっきりさせるために, 強勢のある you を用いる. 《☞ 強調の表現 (囲み)》

¶ あなたはすぐに家へ帰りなさい You go back home ⌈at once [this moment]! // あなたは静かにしていなさい You be quiet! // あなたはここへ入って来てはいけない Don't you step in here. [語法] 否定の命令で you のある場合は Don't you …の形をとる. // ばかなことをいうな Don't you be silly.

(2) さあ…しよう

Let's …という形で, くだけた勧誘を表す. Let's は Let us の短縮形だが, 口語ではもっぱらこの短縮形が使われ, 普通は Let us … の形は使わない. 口語では Let's … と言えば勧誘で, Let us … と言えば (3) で扱う「…させて下さい」という意味になるという区別がほぼ確立しているといってもよい. 《☞ 提案・勧告の表現 (囲み)》

¶「さあ野球をしようよ」「うん, しよう」"*Let's* play baseball." "Yes, *let's*." //「ここでやめましょうか」「ええ, 結構です」"*Let's* stop here, shall we?" "O.K." [語法] Let's … と言われたときの答えは肯定の場合は Yes, let's. が典型的ではあるが, あまり素直な答えなので, 時によっては子供っぽく聞こえるためか, 成人の間ではあまり多くは使われず, 代わりに O.K., All right., Fine., That's a good idea. などがよく使われる. //「タクシーで行くのはやめようよ」「うん, やめよう」"*Let's not* take a taxi." "No, let's not." [語法] (1)「…するのはやめよう」と打ち消しの勧誘は,《米》では標準的なのが Let's not …,《英》では Don't let's … または Let's not … (2) 答え方は No, let's not. が典型的だが, Yes, let's. と同じ理由で, O.K., All right. などがよく用いられる.

(3) …させなさい / どうぞ…させて下さい

¶ 私にその仕事をさせて下さい *Let* me do the job. 《☞ 許可の表現 (囲み)》 // 彼らに荷物を運ばせなさい *Let* them carry the baggage. // 私たちを行かせて下さい Please *let* us go. [語法] Let us … は「…しましょう」と, us の中に you を含む勧誘の let us と同形となる. ただし, 口語では普通「…しましょう」という場合は Let's … という短縮形になる. 《☞ 短縮形 (欄外)》

(4) ぜひ…しなさい《強調を伴う場合》

¶ ぜひ手紙を下さい Dó write me. 《☞ 強調の表現 (囲み)》 // たばこはぜひやめなさい Dó give up smoking.

(5) 命令文に相当するもの

上に示した型式によらないで間接的に命令または要請の内容を表すものがある.

(i) 平叙文の形式で.

¶ すぐに出かけなさい You *will* leave right now. // すぐ来てもらいたい[来ていただきたい] I ⌈*want* [*would like*] *you to* come immediately. // 乗客の皆様は5番ゲートからお乗り下さい All passengers *will please* board through gate no. 5.

(ii) 疑問文の形式で.

¶ 窓を開けてくれませんか *Will you* (*please*) open the window? [語法] please を入れれば丁寧になる. //《食卓で》塩を取ってくれませんか (⇒ 塩に手が届きますか) Can you reach the salt? [語法] 状況によっては単なる疑問にもなるが, 食卓などでは Please pass me the salt. (＝塩を取って下さい) という意味の間接的な要請になるのが普通. 《☞ 意味 (欄外)》 // 座りなさいよ *Why don't you* sit down? [語法]「なぜ座らないのか」と単純に理由を聞く意味にはほとんど使われず,「座ったらいいではないですか」という勧誘または要請になるのが普通.

(iii) その他. 動詞を省略した文や掲示など. 《☞ 省略 (欄外); 掲示の英語 (囲み)》

¶ コーヒーを下さい Coffee, *please*. // しばらくお待ち下さい One moment, *please*. [語法] please を文尾に付ければ丁寧な要請になる. // 駐車禁止 No parking

---

¶ 人の*迷惑になることはするな Don't make a *nuisance* of yourself. // ご*迷惑をかけてすみません I am sorry to ⌈*trouble* you [*have troubled* you]. [語法] 前者はこれから行うこと, 後者はすでに済んだことに対して言う. // たばこを吸う人は他人の*迷惑を忘れてはいけない Smokers should not forget ⌈the *annoyance* to [that they *annoy*] others. // 夜中に隣家

め

で大きな音を立てるので*迷惑している We *are annoyed* 「*with* [*by*] the loud noise(s) made by our neighbor late at night. // ご*迷惑でなければ一緒に来ていただけませんか If it is 「not *inconvenient* for [(⇒ よろしければ) *all right with*] you, will you come (along) with me? **迷惑電話** crank [annoying] call Ⓒ.

めうえ 目上 (上役や先輩) superior Ⓒ (↔ inferior, subordinate); (年齢が上の人) senior Ⓒ (↔ junior). 《☞ うえ¹; としうえ》.

めうし 雌牛 cow Ⓒ 《☞ うし¹》.

めうつり 目移り ¶ 私は*目移りしてどの本にしたらよいか決まらない (⇒ どの本を買ったらよいのか途方に暮れる) I am at a loss (over) which book to buy. // どの料理もおいしそうに見えて*目移りする (⇒ どれもほかのものよりおいしそうに見える) Each dish looks more delicious than the others.

メーカー manufacturer Ⓒ [参考] 英語の maker は watchmaker (＝時計屋), dressmaker (＝婦人服の仕立屋) のように合成語として用いられることが多い. **メーカー品** name brand Ⓒ.

メーキャップ ━[名] makeup [méikʌ̀p] Ⓤ. ━[動] make up ⓐ. [参考] makeup はテレビや演劇出演者用のものだけでなく, 一般の「化粧」の意味でも使われる. 《☞ ふんそう²; けしょう》. ¶ 彼女は楽屋で*メーキャップをした She 「put on her *makeup* [*made up*] in the dressing room. // *メーキャップを落とす take off one's *makeup*

メーター meter [míːtə] Ⓒ 《☞ けいき³》. ¶ 月に一度ガス[水道, 電気]の*メーターを調べにくる They come to my house to read the 「gas [water; electricity] *meter* once a month. // タクシーの*メーター a *taximeter*

メーデー May Day.

メートル meter [míːtə] Ⓒ 《略 m》《☞ 大きさの表し方 (囲み); 度量衡 (囲み)》. ¶ この板は長さ2*メートル, 幅1*メートルある This board is two *meters* long and one *meter* wide. **メートル法** the metric system. ¶ 日本では*メートル法を採用している We are on *the metric system* in Japan.

めかくし 目隠し ━[名] (人の目の) bandage Ⓒ; (窓の) blind Ⓒ. ━[動] (人に) blindfold ⓣ. 《☞ ついたて》. ¶ その間私はずっと*目隠しされていた I *was blindfolded* all the while.

めかけ 妾 mistress Ⓒ, kept woman Ⓒ. ¶ *妾を置く keep a *mistress*

めがける 目掛ける ━[動] (ねらう) aim at ... ━[前] (目標に向かって) at ...; (方向に向かって) to ..., toward ... [語法] to は目的地を表し, toward は方向に重点がある. 《☞ ねらう; めざす》. ¶ その子は猫を*目がけて石を投げた The child threw a stone *at* a cat. // 彼はゴール*目がけて突進した He made a wild dash 「*to* [*toward*] the goal.

めがしら 目頭 ¶ 私は感激のあまり*目頭が熱くなった (⇒ 涙が出るほど感動した) I *was moved to tears.* / (⇒ 非常に感動したので涙が出た) I was so moved that *my eyes were moist with tears.* // 彼女はその光景を見て*目頭を押さえた (⇒ 涙を流した) She *shed tears* at the sight. 《☞ なみだ》

めかす (装う・盛装する) dress *oneself* up, be dressed up; (一番いい服を着る) wear *one's* best 「dress [clothes]. 《☞ せいそう²》.

めかた 目方 ━[名] weight Ⓤ. ━[動] (目方を計る) weigh ⓣ. 《☞ 重さの表し方 (囲み); おもさ; たいじゅう》.
¶ 私は体重計で*目方を計った I *weighed myself* (on the scales). // この小包みの*目方を計って下さい Please *weigh* this parcel. // *目方が少し超過している It's a little *overweight.* // この肉は*目方が不足している This meat is 「short [light] of *weight.* // 以前はじゃがいもやりんごは*目方で売ったものだ They used to sell potatoes and apples *by weight.*

めがね 眼鏡 **1** 《眼鏡》: glasses, eyeglasses, spectacles [語法] 最初が最も普通で, この順に形式ばった言い方. いずれも常に複数形で. 数えるときは a pair [two pairs] of glasses.

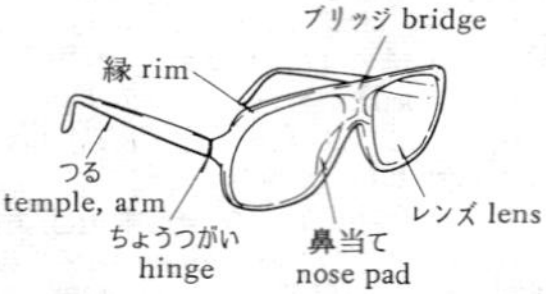

¶ 彼は*眼鏡をかけた[はずした] He 「put on [took off] his *glasses.* ★ 動作をいう. // 彼はとても厚い[度の強い]*眼鏡をかけている He wears very thick *glasses.* ★ 状態をいう. // *眼鏡をかけないで新聞が読めますか Can you read 「a [the] newspaper without your *glasses* on? // あの黒*眼鏡をかけた男はだれだ Who is that man 「in dark *glasses* [with dark *glasses* on]? // 新しい*眼鏡を買わなきゃ I must buy a new pair of *glasses.* // 水中*眼鏡 swimming *goggles* ★ 水泳用. / a face mask ★ 潜水用. // 遠近両用*眼鏡 bifocal *glasses* / *bifocals.*
2 《鑑識(力)》: (判断) judgment (《英》judgement) Ⓤ; (期待していること) expectations ★ 通例複数形で.
¶ 君の*めがねは正しかったよ You were right in your *judgment.* // 彼は社長の*めがねにかなったらしい (⇒ 気に入られたらしい) He seems to *have* 「*found* [*fallen into*] *favor with* the president. // 彼は私の*めがね違いだった (⇒ 期待に応えなかった) He fell short of my *expectations.* / He didn't 「meet [come up to] my *expectations.*
眼鏡屋 (店) optical shop Ⓒ; (人) optician Ⓒ.

メガホン megaphone Ⓒ.

めがみ 女神 goddess Ⓒ (↔ god) 《☞ かみ¹; 性 (欄外)》.

メキシコ ━[名] ⓟ Mexico. ━[形] Mexican. **メキシコ人** Mexican Ⓒ.

めぎつね 雌狐 vixen Ⓒ 《☞ きつね》.

めきめき ━[副] (速く) quickly, rapidly, speedily [語法] これらの語は実際の動作についていうときはニュアンスの相違があるが, 上達・

回復などの速さについていう場合はほぼ同意；(目覚ましく) remarkably 《☞ はやい¹；どんどん¹；擬声・擬態語 (囲み)》.
¶ その病気の子供は*めきめき回復した The sick child recovered ˹*quickly* [*rapidly*; *speedily*]. // 彼女はピアノが*めきめき上達した She has made ˹*rapid* [*remarkable*] progress ˹at [on] the piano.

めキャベツ 芽キャベツ Brussels sprouts ★ 複数形で.

-めく ―動 (…のようになる) be [become] like …；(…のように聞こえる) sound like … ―副 (幾分) somewhat. 《☞ -ぽい》.
¶ 日増しに春*めいてきた It *is* ˹*getting to be like* [*turning into*] spring day by day. // 彼女の話しぶりには皮肉*めいた (⇒皮肉気味の) ところがある There is *a touch of* irony in the way she talks.

めくじら 目くじら **目くじらを立てる** ―動 (人のあらを探す) find fault with …；(厳しく批判する) criticize … severely；(あまりに厳しすぎる) be too strict ˹over [about] … ¶ 彼はいつも我々の言うことに*目くじらを立てる He *is* always *finding fault with* us. // つまらないことに*目くじらを立てるな (⇒あまり厳密になるな) Don't *be too strict* ˹over [about] trifles.

めぐすり 目薬 eyewash Ⓤ, eye lotion Ⓤ. ¶ *目薬を1日数回さしなさい Apply ˹*eyewash* [*eye lotion*] several times a day. // 2階から*目薬 (⇒うちわで霧を払う) (dispel a) fog with a fan

めくばせ 目配せ ―名 winking Ⓤ. ―動 wink (at …) ⓐ；(目で合図をする) signal ⓗ. 《☞ ウィンク》. ¶ 彼は急ぐようにと*目くばせした He *signaled* me *with* his *eyes* to be quick.

めぐまれる 恵まれる (よいものを持っている) be blessed with …；(才能がある) be ˹gifted [endowed] with …
¶ 私は友人に*恵まれている I'*m* ˹*blessed with* [*rich in*] friends. // 私は健康に*恵まれている (⇒健康だ) I *enjoy* good health. // 彼女は記憶力に*恵まれている She *is* ˹*gifted* [*favored*] *with* a good memory. // この港は地理的に*恵まれている (⇒有利である) This port *is favored* geographically. // 彼女は*恵まれた (⇒幸せな) 生涯を送った She led a *happy* life. // きょう皆さんにお話しする機会に*恵まれたことは (⇒機会を与えられたことは) まことに名誉なことです It is indeed a great honor for me (to *be given* this opportunity) to speak to you today.

めぐみ 恵み (神の) blessing Ⓒ；(好意) favor (《英》 favour) Ⓤ；(慈善) charity Ⓤ. ¶ 私は他人の*恵みを受けるのはいやだ I don't want to ˹accept [live on] *charity*. // 我々は自然の*恵みを受けて豊かに暮らしている We live in prosperity with the *blessings* of nature.

めぐむ 恵む (慈善的な施しをする) give … in charity 《☞ ほどこす》. ¶ 乞食に幾らか金を*恵んでやろう Let's *give* the beggar a little money.

めぐらす 巡らす **1** 《囲む》: surround ⓗ, enclose ⓗ. 《☞ かこむ；はりめぐらす》. ¶ 彼女は果樹園に石垣を*巡らせた She ˹*surrounded* [*enclosed*] her orchard with stone walls.
2 《はかりごとを》: (悪事をたくらむ) plot ⓗ, cook up a scheme. 《☞ たくらむ；くわだてる》. ¶ 彼らは首相暗殺のはかりごとを*巡らせた They *plotted* to assassinate the prime minister.
3 《思いを》: (過去のことを振り返る) look back ˹on [upon] … 《☞ ふりかえる¹》. ¶ 私は結婚当初の数年間のことに思いを*巡らせた I *looked back* ˹*on* [*upon*] the first few years of our marriage.

-めぐり …巡り (遍歴) tour Ⓒ；(巡礼の旅) pilgrimage Ⓒ. ¶ 私たちは島*巡りをした We ˹*made a* (*sight-seeing*) *tour of* [*toured*] the islands. // 四国の (88か所) 霊場*巡り a *pilgrimage* to the 88 temples in Shikoku

めぐりあう 巡り合う (ひょっこり出会う) come across …, meet … by chance. 《☞ であう；ぐうぜん》. ¶ 彼は30年ぶりにあるパーティーで初恋の女性と*巡り合った He *met* his first love *by chance* at a party after (an interval of) thirty years.

めぐりあわせ 巡り合わせ (運・幸運) luck Ⓤ, fortune Ⓤ ★ 前者は口語的. 後者はやや改まって, しかも前者より重大な巡り合わせをいう；(運命) fate Ⓤ ★ 特に不運な宿命の意味に用いる. 《☞ うんめい；えん¹；うん¹ (類義語)》.
¶ 不幸な[幸せな]*巡り合わせ good [bad] *luck* // 不幸せになるのが彼女の*巡り合わせだったのかもしれない It may have been her *fate* to be unhappy.

めくる 捲る (ページなどを) turn over ⓗ；(表が上になるようにひっくり返す) turn up ⓗ.
¶ ページを*めくって下さい Please *turn* (*over*) the page. // 彼はトランプのカードを1枚*めくった He *turned up* a card.

めぐる¹ 巡る (回って来る・またやって来る) come around ⓐ；(旅をする) travel (in …; around …; through …) ⓐ；(周遊旅行をする) make a tour (in …; around …). 《☞ りょこう；たび¹》. ¶ 新しい年がまた*巡ってきた Another new year *has come around*. // 私は去年ヨーロッパを*巡って歩いた I *traveled through* Europe last year.

めぐる² 巡る ―前 (…について) about …, over …, concerning … **語法** over は特に論点をはっきり示すニュアンスがある. concerning はやや形式ばった語. 《☞ ついて；かんする》.
¶ 彼らの結婚を*めぐっていろいろとうわさがたっている There is a lot of gossip *about* their marriage. // 支払いを*めぐって (⇒について) 彼らはけんかをした They had a dispute ˹*over* [*concerning*] the payment.

めさき 目先 ―形 (直接の) immediate；(現在の) present.
¶ *目先の利益ばかり考えるのはやめなさい Quit seeking only your (own) *immediate* interests. // 彼は*目先のこと (⇒現在) ばかり考える He thinks only ˹about [of] the *present*.
目先がきかない ―動 be ˹《米》 nearsighted [《英》 shortsighted]；(先見の明がない) have no foresight. 《☞ せんけん》
目先がきく ―動 be farsighted

め

目先の変わった 一[形] (新しい) new ; (新しくて珍しい) novel. 《☞ めあたらしい》.

めざす 目指す, 目差す 一[動] (ねらう) aim at ... ; (目をつける) have an eye on ... 一[前] (...を目指して) for ... ; (...の方向に) toward ... 《☞ ねらう》.
¶彼らはさらに生活水準の向上を*目指している They *aim at* ⌈a [the] further improvement ⌈of [in] their standard of living. // 彼はよい教師になることを*目指して一生懸命勉強した He studied hard *with the* ⌈*aim* [*object*] *of* becoming a good teacher. // 我々は山頂を*目指して出発した We started *for* the ⌈top of the mountain [mountaintop]. // 彼はゴール*目指して全速力で走った He rushed *toward* the goal at full speed.

めざとい 目敏い 一[形] (すばしこい) sharp-eyed, keeneyed. 一[動] (鋭い目をしている) have ⌈sharp [keen ; quick] eyes (for ...). 《☞ すばしこい ; するどい》. ¶この子はなかなか*目ざとい The child is very ⌈*keeneyed* [*sharpeyed*]. / The boy *has* very ⌈*quick* [*sharp*] *eyes*.

めざまし 目覚まし (時計) alarm (clock) [C]. ¶*目覚ましを7時にかけておいて下さい Please set the *alarm clock* ⌈to go off at [for] seven. // *目覚ましの音で目が覚めた (⇒ 目覚ましが私を起こした) The *alarm* (*clock*) woke me up. // 彼は*目覚ましを止めた He ⌈stopped [shut off] the *alarm* (*clock*).

めざましい 目覚ましい (著しい) remarkable ; (驚くべき) startling ; (すばらしい) wonderful ; (画期的な) epoch-making. 《☞ きょうい[1] ; すばらしい》. ¶日本の科学技術は*めざましい進歩を遂げた Japan has ⌈made [achieved] ⌈*remarkable* [*startling*] progress in scientific technique.

めざめる 目覚める (目が覚める) wake up (自) 《過去 waked [woke] up ; 過分 waked [woken] up》 ; (気づく) awake (自) 《過去 awoke, awaked ; 過分 awaked, awoke》. 《☞ おきる ; さめる ; さとる》. ¶毎朝私は小鳥の声で*目覚める I *wake up* to the singing of (the) birds every morning. // あなたは現実に*目覚めてもよいころだ It is high time you (*were*) *awakened to* the realities of life.

めざわり 目障り eyesore [C] ; (見て不愉快なもの) offense to the eye(s) [C]. 《☞ じゃま》. ¶あのポスターは*目障りだ That poster is an ⌈*eyesore* [*offense to the eye*(*s*)].

めし 飯 **1** «米のご飯» : (米) rice [U] ; (米を炊いたもの) boiled rice [U] ; (米を料理したもの) cooked rice [U] [語法] 以上いずれの場合にも, 特に必要がない限り rice だけを用いることが多い. 《☞ ごはん ; こめ》.
2 «食事» : meal [C] ; (食物) food [U] [語法] 時間によって breakfast [U], lunch [U], dinner [U] などを用いることもできる. 《☞ 食事 (囲み)》. ¶さあ, *飯にしよう (⇒ 昼[朝, 夕]食を食べよう) Let's have ⌈*lunch* [*breakfast* ; *dinner*]. / (⇒ 食事をしに行こう) Let's go (to) *eat*. / (⇒ 食事をする時だ) Now *it's time to eat*. // 彼は三度の*飯より野球が好きだ (⇒ ほかの何よりも好きだ) He likes baseball *better than anything else*. / (⇒ 夢中になっている) He is ⌈*crazy* [*mad*] about baseball.
3 «生計» : living [U] ; livelihood [láivli(:)hùd] ★ a または *one's* を付けて. 《☞ せいけい[1] ; くらし》. ¶それでは*飯の食いあげだ (⇒ 生計が立たない) I cannot ⌈make [earn] my *living* ⌈out of [from] it.

めしあがる 召し上がる have (他) ; (食べる) eat (他) ; (飲む) drink (他) ★ 英語には「食べる」「飲む」に当たる敬語はないが, would like to eat のような言い方をすることによって相手に対する敬意を示すことがある. 《☞ たべる ; あがる[1] ; 丁寧な表現 (欄外)》. ¶何を*召し上がりますか What would you like to ⌈*have* [*eat* ; *drink*]?

めした 目下 (下の者や部下) subordinate [C] (↔ superior) ; (年齢が下の人) junior [C] (↔ senior). 《☞ とししした ; こうはい[1]》.

めしつかい 召使 servant [C] (↔ master) ; (男の) manservant [C] ; (女の) maidservant [C] ; (女のお手伝い) maid [C] [参考] servant は比喩的な用法 (例えば public servant (＝公僕) など) を除いては使われなくなっている.

めしべ 雌蕊 pistil [pístl] [C] (↔ stamen) 《☞ 花 (囲み)》.

めじり 目尻 (目の端) the ⌈corner [tail] of the eye. ¶*目尻のしわ crow's-feet ★ 通例複数形で.

めじるし 目印 (標識) sign [C] ; (航海者や旅人の目標) landmark [C] ; (他と区別して識別するための目印) identification [C]. 《☞ しるし》. ¶あれは一時停止の*目印 (⇒ 標識) です That is a stop *sign*. // あの古い城がこの町では*目印です That old castle is *landmark* in this town. // 校長先生は*目印に大きな白いリボンをつけています Our principal is wearing a big white ribbon for *identification*. ★この identification は「確認」の意味で [U].

めじろ 目白 (鳥) silvereye [C], white-eye [C]. **目白押し** 一[動] (透き間なく並ぶ) be jammed ★ 詰まっている場所・箇所を主語とする. ¶今月は行事が*目白押しだ (⇒ 詰まっている) The schedule of this month *is* ⌈*tight* [*jammed*] with various events.

めす 雌 一[名] female [C] (↔ male) ; (鳥の) hen [C] ; (象・鯨などの大きな動物) cow [C] ; (鹿・うさぎなどのやや小さい動物) doe [C] ; 《口語》 she [C] ★ 動物一般に使える. 一[形] female (↔ male) ; hen ; cow ; doe ; (主として結合語で) she- (↔ he-).
[語法] 一般に動物の雌雄は (1) (雄犬) dog, (雌犬) bitch ; (おんどり) rooster, (めんどり) hen のように別々の語を用いるもの, (2) (雄ライオン) lion, (雌ライオン) lioness ; (雄虎) tiger, (雌虎) tigress のように, 雌には -ess を付けて表すもの, (3) (雄猫) he-cat, tomcat, (雌猫) she-cat, tabby (cat) ; (雄やぎ) he-goat, billy goat, (雌やぎ) she-goat, nanny goat のように, 雌雄を表す結合形を用いて表すものの3種類がある. その場合, 最も一般的な語として, 四足獣の場合は雄を表す語, すなわち lion, dog などがその種類の代表として用いられることが多いが, goose (＝雌がちょう (雄は gander)) ; duck (＝

雌あひる(雄は drake))のように，鳥類は雌が代表とされることが多い．また雄を表す語がその種類を示す語である場合には，female を付ければ，「雌の…」という意味を表すことができる．例えば雌ライオンは lioness だが，female lion でもよく，雌馬は female horse (＝mare) でもよい．また，she- を付けていう言い方は female を付けるよりも口語的なニュアンスを持つ．《☞ おす[3] (表)；性 (欄外)》．

¶ これは*雌猫です This is a ⌈*female* cat [*she*-cat ; *tabby*]. // この犬は雄ですか*雌ですか Is this dog ⌈male or *female* [a he or a *she*]?

メス (手術用の) scalpel Ⓒ 《☞ いりょう[1] (挿絵)》． ¶ この汚職事件はさらに*メスを入れなくては (⇒ 調査しなければ) ならない This payoff scandal ⌈must *be* further *probed* [needs further *investigation*].

めずらしい 珍しい (まれな) rare ; (風変わりな) unique ; (普通でない) unusual (↔ usual ; ordinary) ; (異常な) uncommon (↔ common ; commonplace).

【類義語】めったに見つからないとか起こらないという意味で，またしばしば希少価値があるという意になるのが ***rare***. 同種のものが 1 つしかないから珍しいのが ***unique***. ただしこの語は現在では *rare* とか *unusual* の意味で使われることもある．いつもとは違って例外的なのが ***unusual***. 普通よくあるものと違って珍しいのが ***uncommon***. 《☞ まれ；きちょう[1]；えがたい》

¶ こんな大きなばらは*珍しい Such a big rose is *rare*. // 彼がそんなに怒るのは*珍しい It is ⌈*unusual* [*rare*] for him to be so angry. // あの程度の地震はここでは*珍しくない An earthquake of that magnitude is ⌈*not rare* [*common*] here. // パンダは中国に住む*珍しい動物である The panda is a *unique* animal found in China. // ここでアラビア語を読める人は*珍しい (⇒ 少ししかいない) *Few* people here can read Arabic. // まあ，小林さん，お*めずらしい．ずいぶんしばらくぶりでしたね Hello, Mr. Kobayashi. What a *surprise*! I haven't seen you for ages.

メソジスト 〔宗教〕 ━名 (メソジスト派) methodism Ⓤ; (教徒) Methodist Ⓒ. ━形 Methodist, Methodistic. 《☞ プロテスタント》. **メソジスト教会** the Methodist Church.

メゾソプラノ 〔音楽〕 mezzo-soprano [métsɔʊsəprǽnou] Ⓤ ★ 形 としても用いられる；(歌手) mezzo-soprano Ⓒ. 《☞ 音楽 (囲み)》.

めそめそ ━動 (すすり泣く) sob ⓐ. ━形 (めめしい) sloppy ; (泣きごとをいう) slobbery. 《☞ なく[1]；擬声・擬態語 (囲み)》. ¶ 彼女は悲しくて*めそめそ (⇒ すすり泣き) し始めた She felt sad and began to *sob*. // *めそめそするな (⇒ 元気を出せ) Do cheer up! 《☞ 強調の表現 (囲み)》

めだか 目高 (Japanese) killifish Ⓒ ★ 単複同形.

めだつ 目立つ ━形 (変わっているので人目につく) conspicuous ; (人の注意を引くほどに) noticeable ; (並はずれて著しい) remarkable ; (周りのものより卓越した) prominent ; (同種のものと比べて傑出した) outstanding. ━副 conspicuously ; noticeably ; remarkably ; prominently ; outstandingly. 《☞ きわだつ》.

¶ 彼はその奇行で我々のグループの中でも*目立つ存在だ He is *conspicuous* among our group for his eccentric behavior. // 今度の試合では彼の活躍が*目立った His performance in the recent game was *outstanding*. // 彼女はあまり*目立たない (⇒ 普通の) 学生です She is (quite) an *ordinary* student. // この国でも最近は日本人観光客の姿が*目立ちます (⇒ 増えている) The number of Japanese tourists visiting this country *is increasing* these days. / (⇒ ほかの国の観光客より日本の観光客をよく見る) In this country, as in other parts of the world, we see more tourists from Japan than from other countries these days. // 喫煙者の数が*目立って減った The number of smokers has ⌈*remarkably* [*noticeably*] decreased. // 早朝ジョギングをする人の数が*目立ち始めた (⇒ だんだん多くの人がジョギングするのを見る) We see *more and more* people jogging early in the morning these days. // 彼女は*目立たない (⇒ 地味な色の) スキーウェアを買った She bought a *dull*(-*colored*) ski suit.

めたて 目立て ━名 (のこぎりの) setting Ⓤ. ━動 set (the teeth of) a saw.

めだま 目玉 (眼球) eyeball Ⓒ 《☞ め[1]》.
目玉の飛び出るような ¶ この家は*目玉の飛び出るほど高かった This house was *tremendously* expensive.
目玉商品 (割安で客寄せのために売るもの) loss leader Ⓒ ; (客の目を引く売り物) eye-catcher Ⓒ **目玉焼き** ━名 (卵焼きを総称して) fried egg Ⓒ. ━形 (片面だけ焼いた) 《米》 sunny-side up ★ 単に up ともいう．《☞ たまご；食事 (囲み)》．

メダル (勲章) medal Ⓒ ; (記章) badge Ⓒ
[語法] 日本語ではメダルとバッジを混同して使う場合があるが，英語では，普通コイン形の大きめの記念の章や勲章を medal, 襟章などの小型のものを badge という．《☞ くんしょう》． ¶ 彼は男子 100 m 競走で金[銅]*メダルを獲得した He won the ⌈gold [bronze] *medal* in the men's 100-meter dash.

メタンガス methane [méθein] Ⓤ.

めちゃくちゃ 滅茶苦茶 ━形 (取りちらかした) 《口語》 messy ; (非理性的な) unreasonable ; (向こう見ずで無謀な) reckless. ━名 《口語》 mess Ⓤ ★ しばしば a を付けて；recklessness Ⓤ. 《☞ 擬声・擬態語 (囲み)》.

¶ 彼の部屋の中は*めちゃくちゃに散らかっていた His room was (*in*) *a terrible mess*. // 君たちの*めちゃくちゃな要求に応じることはできない We can't ⌈satisfy [meet] your *unreasonable* demand(s). // こんな道路で 100 キロのスピードを出すなんて*めちゃくちゃだ How *reckless* they are to drive a hundred kilometers ⌈per [an] hour on such a road!

めちゃめちゃ 滅茶滅茶 ━動 (壊れてめちゃめちゃになる) be smashed (up), be wrecked ★ 前者がより口語的；(ばらばらになる) go to

め

pieces ★粉々に壊れることを言うとともに，比喩的にも用いる；（台なしになる）be ruined；（台なしにする）mess up ㊐.《☞ めちゃくちゃ；こなごな；擬声・擬態語（囲み）》.
¶ 彼の車はトラックと正面衝突して*めちゃめちゃになった His car collided head-on with a truck and was ⌈smashed (up) [wrecked]. ∥ 我々のクラスは彼がいなければ*めちゃめちゃになるだろう Our class would *go to pieces* without him. ∥ 雨で運動会は*めちゃめちゃになった The athletic meet *was ruined* because of the rain. / The rain *messed up* the athletic meet.

メチルアルコール〖化学〗methyl [wood] alcohol Ⓤ (↔ ethyl alcohol).

メッカ（サウジアラビア西部のイスラム教の聖都）Mecca；（あこがれの土地）mecca Ⓒ ★後者の意味ではしばしば m は小文字で. ¶ 香港は買い物の*メッカとして有名だ Hongkong is well-known as a ⌈shopping [shoppers'] *mecca*.

めつき 目付き ―名（顔つき）look Ⓒ；（まなざし）eyes ★通例複数形で.《☞ かおつき；め¹》. ¶ 彼は鋭い*目つきをしている He has a ⌈sharp [severe] *look*. [参考] sharp eyes は「視力がよい」という意味. ∥ 彼は*目つきがよくない（⇒危害を加えるように見える）He looks dangerous.

めっき 鍍金 ―名（金・銀・ニッケルなどの）plating Ⓤ；（金めっき）gilding Ⓤ. ―動 plate ㊐；gild ㊐.
¶ このスプーンは銀*めっきです This spoon *is plated* with silver. ∥ *めっきはすぐにはげる（⇒見せかけはすぐにばれる）False *pretenses* will soon be detected.

めっきり（相当に）considerably；（目立って・著しく）remarkably；（速く）rapidly.《☞ どんどん¹》. ¶ 渡り鳥の数が*めっきり増えてきた The number of migratory birds has increased *considerably*. ∥ 母の健康は*めっきりよくなっている My mother's health is improving ⌈*rapidly* [*remarkably*].

メッセージ（伝言）message Ⓒ；（声明書）statement Ⓒ；（発表）announcement Ⓤ ★「メッセージ」が必ずしも英語の message に対応しないことに注意.《☞ でんごん》.
¶ 私は彼らに電報で*メッセージを送った I sent them a *message* by wire. ∥ 議長が開会の*メッセージを読み上げた（⇒開会のあいさつをした）The chairman made an opening *address*. ∥ 代表が抗議の*メッセージを市長に手渡した ∥ The representative handed over ⌈the [a] *statement* of protest to the mayor.

メッセンジャー（使いの者）messenger Ⓒ《☞ つかい》. **メッセンジャーボーイ**（使い走りをする少年）messenger boy Ⓒ.

めったうち めった打ち ―名（めちゃくちゃに打つこと）wild beating Ⓤ；（銃などの乱射）random [wild] shooting Ⓤ. ―動（青黒いあざができるほど打ちすえる）beat (up) *a person* black-and-blue.《☞ うつ¹；なぐる》.

めったに rarely, seldom, hardly [scarcely] ever [語法] hardly, scarcely に ever を付けると seldom とほぼ同意.「めったに…ない」と否定の意味を含めて，これらの語句を用いる.《☞ まれ；副詞の位置（欄外）；否定の表現（囲み）；頻度を表す副詞（囲み）》.
¶ 彼は*めったに意見を言わない He ⌈*rarely* [*seldom*] expresses himself. ∥ 私は*めったにそんな所へは行かない I ⌈*scarcely* [*hardly*] *ever* ⌈go to [visit] a place like that.

めつぼう 滅亡 ―名（家や国家などの）fall Ⓒ, downfall Ⓒ. ―動 fall ㊀；（消滅する）perish ㊀.《☞ ほろびる（類義語）》. ¶ 西ローマ帝国は476年に*滅亡した The ⌈western [Western] Roman Empire *fell* in 476. ∥ 彼らが清王朝を*滅亡させた They *brought about the fall* of the Ch'ing dynasty in China.

めでたい ―形（喜ばしい）happy；（幸いな）（特別な事件でうれしい）joyful ★日本語の「めでたい」にぴったりの英語はないので，前後関係により，いろいろに訳しかえる必要がある. ―副 happily；（幸いにも）fortunately；（首尾よく）successfully.《☞ よろこばしい；おめでたい》.
¶ それは*めでたいことだ（⇒それはよい知らせだ）That's *good* news. /（⇒お祝いすべきことだ）That's a matter for *congratulations*. ∥ その小説は*めでたし*めでたしで終わる The novel has a *happy* ending.

めど 目処（達成すべき目標）aim Ⓒ；（努力などの目標）goal Ⓒ；（将来の可能性）possibility Ⓒ；（針の穴）eye (of a needle) Ⓒ.《☞ みこみ；みとおし》.
¶ この仕事はいつ終わるかまったく*めどが立たない（⇒いつ終わるかを言うことは不可能です）It's *impossible to tell* when the work will be finished. ∥ 彼は1か月以内に金を返せる*めど（⇒可能性）が立たなかった There was no *possibility* that he could pay back the money in a month.

めとる 娶る（…と結婚する）marry ㊐；（…を妻にする）take … to wife ★やや古い表現だが日本語の「めとる」に近い.《☞ けっこん¹》.

メドレー〖音楽〗medley Ⓒ；（メドレー競走・競泳）medley ⌈race [relay] Ⓒ.《☞ リレー》.
¶ 彼はアイルランド民謡を*メドレーで歌った He sang a *medley* of Irish folksongs.
メドレーリレー（混合リレー）medley relay Ⓒ.

メニュー menu Ⓒ, bill of fare Ⓒ ★後者はやや形式ばった表現.《☞ こんだて；レストラン（囲み）》. ¶「*メニューを見せて下さい」「どうぞ」"May I ⌈see [have; look at] the *menu*, please?" "Certainly, ⌈sir [ma'am]. Here it is." ∥ それは*メニューにありますか Is it on the *menu*?

めぬきどおり 目抜き通り（中心街）main street Ⓒ. ¶ 彼の店は*目抜き通りにある His store is on the *main street*.

めのう 瑪瑙 agate [ǽgət] Ⓤ.

めばえる 芽生える ¶ 彼女の心にはその少年に対する愛が*芽生えた（⇒彼女はその少年を愛するようになった）She ⌈*began to feel* [*became*] deeply attached to the boy.《☞ め²》

めはな 目鼻 **目鼻がつく**（形ができる）take shape；（ほとんど完成する）be almost finished.
¶ やっと仕事の*目鼻がつきかけている Our work

is taking (its) final *shape.* **目鼻立ち** (顔だち) features ★ 複数形で；(顔つき) look Ⓒ ★ しばしば複数形で. 《☞ きりょう》. ¶ その少女は*目鼻立ちが整っていた (⇒ 美しい顔をしていた) The girl was 「*good-looking* [*pretty*].

めばり 目張り ━動 (紙などで窓を) seal up … (with …); (ドアや窓の透き間をふさぐ) weather-strip ⓗ.

めぶんりょう 目分量 ━名 (目測すること) eye measure Ⓤ. ━副 (目分量で) by eye measure. 《☞ おおざっぱ；もくそく》.
¶ 彼女はいつも米を*目分量で計る She always *measures* rice *by* 「(*the*) *eye* [*sight*].

めべり 目減り ━名 (目方[量]が減ること) loss (in 「weight [volume]) Ⓤ; (減少) decrease Ⓒ. 《☞ へる¹；げんしょう¹》.

めぼし 目星 ━動 (…に目をつけている) have [keep] 「*one's* eye(s) [an eye] on …; (見分ける・場所などを突き止める) spot ⓗ. 《☞ ねらい》. ¶ 警察は彼に*目星 (⇒ 目) をつけていた The police *were keeping their eyes on* him. // 容疑者がだれか*目星はもうついている We *have* already *spotted* the suspect.

めぼしい ━形 (目立つ) outstanding; (人目を引く) conspicuous; (値打ちのある) valuable. 《☞ めだつ；おもな》.

めまい 眩暈 ━名 (ふらふらすること) giddiness Ⓤ, dizziness Ⓤ; 〘医学〙 vertigo Ⓤ. ━形 (めまいのする) giddy, dizzy. ━動 feel dizzy, get giddy; (頭がふらふらして) swim ⓐ ★ head が主語. 《☞ くらくら》.
¶ 私たちは*めまいがするような高い所へ登った We climbed to a *dizzy* height. // ぐるぐる回ったので*めまいがした I *felt* 「*dizzy* [*giddy*] because I went around and around. // 暑さで*めまいがした It was very hot and my head *was swimming.* / I *felt faint* from the heat.

めまぐるしい 目まぐるしい ━形 (速い) quick; (徹底的な) drastic. ━副 quickly; drastically. 《☞ はやい¹；はげしい》.
¶ 日本は戦後*めまぐるしく変わった (⇒ 幾つもの急激な変化を受けた) Japan underwent a number of *drastic* changes after the war. // 彼は*めまぐるしく (⇒ 頻繁に) 投手を交替させた He changed pitchers *very often.*

めめしい 女女しい (男らしくない) unmanly; (柔弱な) womanish; (意気地のない・弱虫の) 《口語》 sissy ★ すべて軽蔑的に用いる. 《☞ おんな；いくじ²》.

メモ ━名 (心覚え) 《口語》 memo Ⓒ ★ memorandum の短縮形; (事実・経験などの簡潔な記録や短い手紙) note Ⓒ **語法** memo は主として記憶し注意すべき事項などを書いて人に渡すものであるのに対し, note は自分で取る記録・人への手紙の両方を意味する. ━動 (メモする) put down ⓗ, note (down) ⓗ, make [take] a note 「of [on] …, make [take] notes on …. 《☞ ノート》.
¶ 私はいつもそのラジオフランス語講座を聞きながら*メモをとることにしている I always 「*take* [*make*] 「*a note* [*notes*] *on* the radio French programs. // 会議中彼は私に*メモを手渡した He handed me a 「*memo* [*note*] during the meeting. // 彼は*メモを見ながら私たちに話した He spoke to us from *notes.* // あなたの経歴を簡単にここに*メモして下さい Please 「*put* [*write*] (*down*) 「your [a] brief personal history here.
メモ帳 (はぎ取り式の) memo pad Ⓒ; (走り書き用のつづり) 《米》 scratch pad Ⓒ **メモ用紙** memo [note] paper Ⓤ; (走り書き用の) 《米》 scratch paper Ⓤ.

めもり 目盛り (物差しなどの) scale Ⓒ; (程度を示すための) graduation Ⓒ **語法** いずれも同意に用いることもあるが, 前者は特に数字を入れたり, あるいは数字が入れてなくてもメートル法による目盛りのように基準に従った一連のものを意味し, 後者は単に段階を示すために刻んだ目盛りということで, 目的に応じた任意のものをも含む; (計器) gauge [géidʒ] Ⓒ. 《☞ はかり》.
¶「この物差しの*目盛りはインチですか」「いいえ, センチです」 "Are the 「*scales* [*graduations*] 「on [of] this ruler in inches?" "No, they are 「in centimeters [metric]."

めやす 目安 (標準) standard Ⓒ; (目標) aim Ⓒ. 《☞ ひょうじゅん；もくひょう；めど》.
¶ 今年は平均 80 点をとることを*目安に頑張ろう This year I'll study hard with the *aim* of getting an 「average of eighty [eighty average]. // 来月までにこの仕事を仕上げることを一応の*目安 (⇒ 仮の締め切り) にしよう We will make the end of next month the *tentative deadline* for this work.

めやに 目脂 (目の粘液) eye mucus [mjúːkəs] Ⓤ.

めらめら ¶ 小屋は*めらめらと燃え上がった The cottage 「went up *in flames* [*flared up*]. 《☞ 擬声・擬態語 (囲み)；もえる¹》

メリケンこ メリケン粉 (wheat) flour Ⓤ.

めりこむ めり込む sink (into …) ⓐ. ¶ タイヤがぬかるみに*めり込んでしまった The wheels 「*sank into* the muddy ground [(*got*) *stuck in* the mud; *got bogged down*].

めりめり ¶ 塀は*めりめりと (⇒ 割れるような) 音を立てて壊れた The wall broke *with a* 「*cracking sound* [*crack*]. 《☞ 擬声・擬態語 (囲み)；こわれる》

メリヤス ━名 (メリヤス製品) knit(ted) goods ★ 複数形で. ━形 (メリヤスの・ニットの) knit.

メロディー melody Ⓒ, tune Ⓒ ★ 前者のほうが正式な語; (歌) song Ⓒ. 《☞ ふし²》.
¶ 彼女はその*メロディーを歌ってくれた She sang the 「*tune* [*melody*] for us. // 私が歌詞を書いて彼女が*メロディーをつけた I wrote the words of the song and she the *tune.*

メロドラマ melodrama Ⓒ; (お涙ちょうだいのテレビドラマ) 《口語》 soap opera Ⓒ **参考** もと日中に放送されたメロドラマの多くが石けん会社をスポンサーとしたものだったことから.

メロン melon Ⓒ; (マスクメロン) muskmelon Ⓒ.

めん¹ **1** «仮面»: mask Ⓒ 《☞ かめん》. ¶ 能役者は*面をつける A Noh player 「wears [puts on] a *mask.*
2 «剣道の道具»: face guard Ⓒ; (面への一

撃)《英口語》 facer Ⓒ ★ 特に剣道の「面」というわけではなく「顔への一撃」という意. 従って「めーん!」というようなかけ声は訳すことは不可能. ¶ 私は彼から*面を一本とった (⇒ 彼に顔への一撃を与えた) I gave him a *facer*.

3 «表面»: surface Ⓒ; (多面体の) face Ⓒ; (結晶体などの) facet Ⓒ; (側面) side Ⓒ. (☞ ひょうめん). ¶ 五面体は5つの*面を持つ A pentahedron has five plane *faces*.

4 «局面»: aspect Ⓒ, phase Ⓒ; (細目・点) respect Ⓒ. ¶ すべての*面で, この陳述は正しい This statement is right in every *respect*. // 問題のすべての*面が考慮された Every ˹*phase* [*aspect*] of the problem has been taken into consideration.

5 «新聞の»: page Ⓒ (☞ 新聞の英語 (囲み)). ¶ 私はその記事を第1*面に見つけた I found the news on the front *page* (of the newspaper).

めん² 綿 cotton Ⓤ (☞ わた). ¶ これは*綿ですかナイロンですか Is this (made of) *cotton* or nylon? **綿製品** cotton ˹goods [articles] ★ 複数形で.

めんえき 免疫 ―名 immunity Ⓤ. ―形 immune (to ...). ¶ 私はその病気には*免疫がある I'm *immune to* that disease. // A型インフルエンザをやってもB型インフルエンザには*免疫にならない An attack of type A influenza does not give you *immunity against* type B.

めんか 綿花 (raw) cotton Ⓤ; (原綿) cotton wool Ⓤ.

めんかい 面会 ―動 (会う) see ⓘ ★ 意味が広く, 偶然会うことも, 意図的に人に会うこともいう; (日時を決めて) meet ⓘ; (病人などを訪れる) visit ⓘ. ―名 (公式の会見) interview Ⓒ. (☞ あう¹; めんせつ).

¶ *面会謝絶 No *visitors* (☞ 掲示の英語 (囲み)) // 患者にはいつ*面会できますか When can I *visit* a patient here? (☞ 病気・病院 (囲み)) // 私は大臣に*面会を申し込んであります I've ˹asked [requested] an *interview with* the minister. // 夫はただいまは, どなたにも*面会をお断りしています My husband declines to *see* anyone at present.

面会時間 visiting hours ★ 複数形で. **面会人** visitor Ⓒ. **面会日** visiting day Ⓒ.

めんきょ 免許 ―名 license (《英》 licence) Ⓒ. ―動 license (《英》 licence) ⓘ. (☞ めんじょう).

¶ 彼女は華道師範の*免許を持っている[得た] She has (˹obtained [taken]) a ˹teacher's *license* [teaching *certificate*] in flower arrangement. // スピード違反で, 運転*免許を2週間停止された I had my driver's *license* suspended for two weeks because of speeding. // 彼女は無*免許で車を運転している She drives without a *license*. (☞ むめんきょ)

免許証 license (《英》 licence) Ⓒ; (自動車の) driver's license Ⓒ, 《英》 driving licence Ⓒ.

めんくらう 面食らう (困惑する) be ˹confused [upset; flurried]; (不意打ちをくわされて驚く) be taken aback; (驚く) be surprised; (平静さを失う) lose *one's* presence of mind. (☞ おどろく (類義語); あわてる).

¶ 急にその時間にテストと聞いて, 私たちは*面食らった We *were* ˹*taken aback* [*upset*] to hear that a test was to be given (during) that period. // 外人に日本語で質問をされ, 一瞬*面食らった I *was* ˹*flurried* [*confused*] for a moment because a foreigner asked me a question in Japanese.

めんこ 面子 (子供の) pasteboard dump Ⓒ.

めんしき 面識 ―名 acquaintance Ⓤ. ―動 (面識がある) be acquainted with ... (☞ しる¹; しりあい). ¶ 私はK氏とは*面識がある[ない] I'm [I'm not] personally *acquainted with* Mr. K. // 一*面識もない木田さんという人が私の所に訪ねて来た A Mr. Kida, who was a total *stranger* (to me), came to see me. (☞ 冠詞 (欄外))

めんじょ 免除 ―動 exempt *a person* from ...; (免じる・解除する) excuse [release] *a person* from ...; (義務・罰・納入金などを) remit ⓘ. ―名 exemption Ⓤ; remission Ⓒ. ―形 exempt. (☞ めんじる).

¶ 25歳以上の者は兵役を*免除された Those who were twenty-five years old and over *were* ˹*exempted* [*excused*] *from* military service. // これらの品物は関税を*免除されている These goods *are exempt from* ˹customs [import duties]. // 学費*免除の申し込みをしてよいでしょうか May I apply for a *remission* of school fees?

めんじょう 免状 (証明書) certificate [sərtífəkət] Ⓒ; (認可証) license (《英》 licence) Ⓒ; (卒業証書) diploma Ⓒ. (☞ めんきょ).

¶ 卒業生は一人一人, 校長から*免状を受け取った Each graduate received his *diploma* from the principal. // 華道の教師になるにはいくつかの*免状を順を追ってとらなくてはならない You have to get several ˹*licenses* [*certificates*] in due order to be a teacher of (the art of) flower arrangement.

めんしょく 免職 ―動 dismiss [discharge] *a person* from ˹office [service]; (首にする) 《口語》 fire ⓘ. ―名 dismissal Ⓤ; (特に解雇) discharge Ⓤ. (☞ かいにん (類義語); くび). ¶ 彼は収賄で*免職になった He *was* ˹*dismissed* [*discharged*] *from* his post for ˹taking [accepting] bribes.

めんじる 免じる **1** «免除する»: exempt ... from ...; (解除する) excuse [release]...from ... (☞ めんじょ).

2 «...のために»: for ...'s sake. ¶ 父親に*免じてあなたの過ちは許してあげよう I'll pardon your offense ˹*for* your father's *sake* [*out of consideration for* your father].

メンス menstruation Ⓤ, menses ★ 複数形で; (期間) period Ⓒ ★ しばしば複数形で.

めんぜい 免税 ―名 tax exemption Ⓤ. ―形 duty-free, free from tax, tax-exempt ★ duty は特に関税などをいう. 第3番目はやや形式ばった言い方. (☞ ぜいきん; めんじょ).

¶ 飛行機の中では*免税でウイスキーが買えます You can buy whisky *duty-free* on the plane. / これは*免税品ですか Is this a ˹*duty-free* [*tax-exempt*] article? **免税店** duty-free shop Ⓒ.

めんせき[1] 面積 area Ⓤ; (大きさ) size Ⓤ; (床面積) floor space Ⓤ. 《☞ ひろさ; 大きさの表し方 (囲み); 度量衡 (囲み)》.

¶ この部屋の*面積は120平方メートルです This room is 120 square meters in *area.* / The ˹*floor space* [*area*] of this room is 120 square meters. // テキサス州の*面積は267,339平方マイルです (The State of) Texas ˹has [covers] an *area* of 267,339 square miles. [語法] この area は具体的な土地の面積をいうので Ⓒ. 《☞ 可算・不可算名詞 (欄外)》

めんせき[2] 免責 ―[動] exempt ... from an obligation. ―[名] ...'s exemption from an obligation. 《☞ めんじょ》. **免責条項** escape clause Ⓒ.

めんせつ 面接 ―[名] interview Ⓒ; (口頭試験) oral examination Ⓒ ★ interview にもこの意味がある. ―[動] interview (他). 《☞ めんだん》. ¶ *面接(試験)のため, 10月15日に会社においで下さい Please come to the office for an *interview* on Oct. 15.

めんぜん 面前 (...の前で) in front of ..., before ...; (...のいる所で) in the presence of ...; (公衆の面前で・公の場所で) in public.

¶ 彼は私を多くの人の*面前で非難した He blamed me ˹*in front of* [*in the presence of*] many others.

めんだん 面談 ―[名] interview Ⓒ. ―[動] (...と直接話し合う) talk personally with ...; (公式に...と会見する) have an interview with ..., interview (他). 《☞ めんせつ; めんかい; はなしあい》. ¶ 委細*面談 《広告》 *Apply personally* (for particulars).

メンツ (面目) face Ⓤ; (名誉) honor Ⓤ. 《☞ たいめん[1]; めんぼく》. ¶ 私は*メンツを失うようなことはしたくない I don't want to do anything by which I may lose (my) *face.* // 彼はいつも*メンツ (⇒ 個人的な名誉) にこだわっている He is always concerned about *his own personal honor.*

めんどう 面倒 **1** «やっかい» ―[形] (やっかいな) troublesome; (難しい) difficult; (複雑な) complicated. ―[動] (迷惑をかける) bother (他); (わずらわす) trouble (他). ―[名] bother Ⓒ; trouble Ⓤ. 《☞ やっかい》.

¶ ご*面倒をおかけしてすみませんが, これをちょっと見て下さいませんか I am sorry to ˹*trouble* [*bother*] you, but will you have a look at this? // これはとても*面倒な仕事だ This is a very *difficult* job. // 彼は*面倒なことはしない He won't do anything *troublesome.* // 外出するのが*面倒になって (⇒ くたびれて) 家にいた I felt too ˹*tired* [*weary*] to go out, and stayed at home.

2 «世話»: care Ⓤ 《☞ せわ》. ¶ 彼女がその子供の*面倒を見ている She is taking *care* of the child. // 彼は学生の*面倒見がいい (⇒ 親切で助けになる) He is very kind and helpful to the students.

めんどうくさい 面倒臭い (やっかいで) troublesome; (うんざりして) wearisome. 《☞ やっかい》.

めんとむかって 面と向かって (本人の面前で) to *a person's* face; (対面して) face to face. 《☞ むかいあう》. ¶ よく私に*面と向かってそんなひどいことが言えるね How dare you say such harsh words *to my face*?

めんどり 雌鳥, 雌鶏 (鶏の) hen Ⓒ; (若い鶏の) pullet Ⓒ; (鳥一般に) female bird Ⓒ. 《☞ めす [語法]; 動物の鳴き声 (囲み)》.

メンバー (会員) member Ⓒ; (ラインアップ) lineup Ⓒ. 《☞ かいいん; かおぶれ》.

¶ この人が私たちの会の一番若い*メンバーです This man is the youngest *member* of our club. // 私たちはチームのベスト*メンバーで試合を始めた We started the game with the best *players* of our team.

めんぼく 面目 (名誉) honor Ⓤ; (信望) prestige Ⓤ; (信用) credit Ⓤ; (威厳) dignity Ⓤ; (メンツ) face Ⓤ. 《☞ メンツ》.

¶ それを言われると*面目ない (⇒ それについては恥じている) I'*m ashamed* of that. // 私は*面目まるつぶれだった I lost (my) *face* completely. // 彼女の行為は両親の*面目をつぶしてしまった Her behavior ˹*disgraced* [*was a disgrace to*] her parents. // あなたの助けで*面目が保てました (⇒ あなたの助けが) Your help has saved my ˹*honor* [*face*].

めんみつ 綿密 ―[形] (細かい) detailed; (注意深い) careful; (細心・周到な) scrupulous, meticulous [語法] 前者は特に良心的なことを, 後者は並はずれて, ときには悪い意味でうるさすぎるほど注意深いことを強調する. いずれもやや形式ばった語で, careful で代用できることが多い; (精密な) close [klóus]. ―[副] carefully; scrupulously, meticulously; closely. 《☞ ちみつ》.

¶ 討議のために*綿密な案が必要だ We need a *detailed* plan for discussion. // 彼女はたいへん*綿密な人です She is quite ˹*scrupulous* [*meticulous*]. // 提案は*綿密に検討されなければならない The proposal ˹needs *careful* examination [has to be examined *closely*].

めんめん 綿綿 ―[副] (長い間) long; (果てしなく) endlessly; (間断なく) unceasingly, without a break. 《☞ みゃくみゃく》.

めんもく 面目 **1** «名誉»: honor Ⓤ 《☞ めんぼく; めいよ》.

2 «様子»: appearance Ⓒ. ¶ 古い建物は*面目一新していた (⇒ まったく変わっていた) I found the old building *had undergone a complete change.* // そんなことを言うとは彼の*面目躍如たるものがある (⇒ いかにも彼らしい) It's *just like* him to say so.

めんるい 麺類 noodles ★ 複数形で.

め

も

も¹ 喪 mourning Ⓤ《☞もちゅう》. ¶私はいま父の*喪に服しています I am in *mourning* for my father at present. // *喪に服す observe *mourning*

も² 藻 (水草) waterweed Ⓤ; (海藻) seaweed Ⓤ.

-も ★この日本語の助詞は「私*もそう思う」のように, その助詞の付いた名詞・代名詞などが, ほかの同類の人・物・事と同じだということを取り立てて言う場合に使われたり,「その木は高さが30メートル*もある」のように, 感心したり, 強調したりするときに使われるのが最も代表的な用法である. しかし,「…も」の使われている日本文を細かく検討すると, いろいろな意味合いがあることがわかる. 英語には, 日本語の「…も」と意味範囲や使い方が同じような言葉がないので, 日本語の意味をよく考え, それぞれの場合に応じて, 一番近い英語の表現を探して当てはめるようにしなくてはならない.《☞意味(欄外)》.

1 «…もまた» ―副 too, also 語法 too のほうが also より口語的. 否定文はいずれも not … either で表す; (…と同様に…である) as well; (…もそうだ) so 語法 相手の言ったことに対して同調する場合に用いる. 文頭に出して, *So* do I. (＝私もそうです) のような言い方となる; (…もそうではない) neither 語法 so が肯定の場合に用いられるのに対して, 相手の否定の表現に対する同調を表し, *Neither* do I. (＝私もそうではない) のような言い方となる.《☞否定の表現(囲み); 倒置(欄外)》; (再び) again. ―形 (もう一つの) another ★後に名詞が続く. ―接 (…も…でない) … nor …《☞また¹》.

¶私*も英語が話せます I can speak English, *too.* / I, *too,* can speak English. / I can *also* speak English. 語法 too と also の文中の位置に注意. too は第1の文のようにコンマで区切って文尾に置かれることが多いが, この場合「私は(フランス語などのほかに)英語も話せます」という意味にもとれ, あいまいに感じられる. その場合には第2の文のように too の意味がかかってゆく語の次の位置に置かれることもある. also は普通は動詞の前に置かれる. また助動詞があるときは助動詞と動詞の間に置かれ, be動詞の場合は補語の前に置かれる.

私*もきょうは忙しい I'm *also* busy today. / I'm busy today, *too.* 語法 多少あいまいさのある文. しかし, I, *too,* am busy today. は少し堅苦しい感じなのであまり使われず, also を使うのが普通である. 一般に I'm, you're, he's などの短縮形は1つのまとまりとして感じられるので, 間に too を割り込ませないのが普通.

私*も彼は知りません I don't know him, *either.* ★否定文では too も also も使えない.

「おなかがすいた」「私*もです」"I'm hungry." "*So* am I." 語法 (1) I'm hungry, *too.* も可能であるが, hungry という形容詞を2回繰り返して言うのを避けて, so を用いるか, あるいはくだけた会話では "Me, *too.*" のように言う.《☞代名詞(欄外); 省略(欄外)》. (2) So …の構文では相手の言った文に助動詞がある場合にはそれを用い, 一般動詞の場合には do を用いる. 時制・数を合わせることにも注意しなくてはならない.《☞時制の一致(欄外); 性・数・人称の一致(欄外)》

「彼にパーティーで会ったよ」「僕*もだ」"I met him at a party." "*So* did I."

「彼女はドイツ語を勉強している」「彼女のお姉さん*もだよ」"She's studying German." "*So* is her sister."

「きょうは外出したくない」「私*もです」"I don't want to go out today." "*Neither* do I." 語法 neither を用いる場合の語順その他は So … の構文に準じる.

彼は私に会いに来なかったが, 彼女*も来なかった He didn't come to see me, *nor* did she. 語法 nor は前の部分とコンマで区切って使われる点を除けば, neither の場合と語順その他の構文上のことは同じであるが, neither が相手の言ったことに対して同調する場合に使われるのに対して, nor は同じ話者の言葉の中で否定表現を続けるときに用いられる.

彼はピアニストだったが作曲*もした He was a pianist, and a composer ⌐*as well* [, *too*]. 語法 as well のほうがやや改まった言い方.

きょう*も雨だ (⇒再び雨が降っている) It's raining *again* today.

彼女は今度*も英語で100点を取った She got full marks in English *again.* 語法 この場合 too は使えない.

今度*も失敗だ (⇒もう1つの失敗例だ) *Another* example of failure.

2 «A も B も»: A and B; (両方とも) both A and B ★both を付けるほうが意味が強い; (A も B も…でない) neither A nor B; (A のみならず B も) not only A but (also) B ★強調される中心は B のほうにある; (A だけでなく B も) B as well as A 語法 not only … but (also) … と語順が逆であることに注意. 強調の中心は B にある. ただし, not only … but (also) … より少し意味が弱いことが多く, A and B とほぼ同じ意味で用いられることもある. as well as は多少改まった表現.《☞のみならず; 接続詞(欄外)》.

¶彼はピアノ*もバイオリン*も弾く He plays the piano *and* the violin. / He plays *both* the piano *and* the violin. 語法 後者は両方弾けることを強調する. both … and … の「…」の部分は名詞のみでなく, 動詞・形容詞なども用いられるが, 2つが同じ品詞でなくてはならない.

彼女は歌*も歌えるしピアノ*も弾ける She can *both* sing *and* play the piano. / She can

sing *and* can play the piano *as well.*
彼女は英語*もフランス語*も話せる She can speak *both* English *and* French. / She can speak *not only* English *but* (*also*) French. [語法] 後者は「英語のみならずフランス語も」というように, フランス語が話せることを強調する. / She can speak French *as well as* English. [語法] 意味上の強調は French にある.
私には外国に行く金*も暇*もない I have *neither* the money *nor* the time to go abroad.
きのう*もきょう*も雨だ (⇒ きのうから雨が降り続いている) It's been raining since yesterday.
3 «…ほども»: (数[量, 時間, 空間, 回数]が多い) as ⌈many [much; long; far; often] as … ★ 話題となっているものによって as … as の「…」の部分が変わる; (…ほども) no less than … ★ 数量の意外に多いことを表す; (まるまる) whole ★ 後には単数名詞が続く.
¶ 彼は 100 冊*も漫画を買った He bought *as many as* one hundred comic books.
彼は体重が私の 2 倍*もある He weighs twice *as much as* I do. / He is twice *as* heavy *as* I (am).
私は 30 年*もこの土地に住んでいる I have lived in this place *as long as* thirty years.
この図書館には 100 万冊*もの本がある This library has *no less than* one million volumes.
1 時間*もあれば (⇒ 1 時間より少ない時間で) 宿題は済みます I can do my homework in *less than* an hour. / (⇒ 1 時間で十分だろう) An hour will be *enough* for me to do my homework.
彼女はひと月*も病気で寝込んでいる She has been ill in bed for a *whole* month.
4 «どちらでも»: (A でも B でも) A or B; (A または B のいずれか一方) either A or B ★ either を付けた言い方のほうが意味が強い. また A, B は語・句・節いずれも可能; (…でも, そうでなくても) whether … or not. (☞ 譲歩の表現 (囲み)).
¶ この本は読んで*も読まなくて*もよい You may *either* read this book *or not.*
成功*も失敗*もどちらも運しだいだ Success *or* failure depends on good luck.
どっちの道を行って*も駅に出ます (⇒ いずれの道も[両方の道が]あなたを駅へ導く) *Either* road [*Both* roads] will take you to the station.
5 «…すら»: (…でさえ) even; (…さえしない) not so much as … (☞ -さえ).
¶ 賢い人*もときには間違いをする *Even* a wise man sometimes makes mistakes.
彼はカレーライス*も作れない He cannot make *even* curry and rice.
彼女は私に手紙をくれ*もしなかった She didn't *even* write to me.
6 «だれも[なにも]…でない» ¶ 私はだれに*も会わなかったし, 何*も聞かなかった I did*n't* see *anyone* or hear *anything.* / I saw *no one* and heard *nothing.*
彼はどこへ*も行かなかった He did*n't* go *anywhere.*
だれ*も彼女の話を信じない *Nobody* believes her story.
7 «たとえ…でも»: even if …; (…だけれども) though …, although …; (どんなに…しても) no matter ⌈how [what] …, however …, whatever …. (☞ たとえ¹; -しても; 譲歩の表現 (囲み)).

もう **1** «すでに»: (肯定文で) already; (疑問文で) yet; (いまごろまでには) by now, by this time. (☞ すでに; 完了形 (欄外)).
¶ 彼女は*もう出発した She has *already* left. // 「あなたは*もう宿題を終えましたか」「いいえ, まだです」"Have you ⌈done [finished] your homework *yet?*" "No, not yet." // 彼は*もう東京の家に着いたろう He must have reached his house in Tokyo ⌈*by now* [*by this time*]. // 彼は*もう行ってしまったのですか Has he left *already?* [語法] 「もう…しましたか」と聞く普通の疑問文では yet を使うが, 「もう…してしまったのですか」と驚きを表すときは already を用いる.
2 «さらに»: (もっと) more; (現在以上の) further; (再び) again; (もう…でない) not … any longer. (☞ もっと; さらに).
¶ *もう一度その本を読みたい I want to read the book once *more.* // *もうありません There ⌈is [are] no *more.* // *もうそのほかに質問はありませんか Don't you have ⌈any *other* [*further*] questions? // *もう 10 分待っていただけますか Could you wait *another* ten minutes? // *もう一度 1 時に来ます I'll come ⌈here [back] *again* at one o'clock. // *もう一度おっしゃって下さい I beg your pardon? [語法] 相手の言ったことがわからなかったり聞きとれなかったとき, 上昇調で発音する. / Will you please say that *again?* // *もうこれ以上我慢できません I *can't* stand it *any longer.*
3 «間もなく»: (いま) now; (すぐに) soon; (そう遠くないうちに) before long ★ 多少の時間の経過がニュアンスとしてある. (☞ すぐ (類義語); やがて; まもなく).
¶ *もう彼が来るころだ He will *soon* be here. // *もう春だ It is spring *now.* // *もうすぐお正月だ The New Year season is coming *soon.* // *もう彼女もそろそろ結婚していいころだ (⇒ 結婚すべき時だ) It is ⌈(just) *about* [*high*] *time* for her to marry. / It is ⌈(just) *about* [*high*] *time* she married. [語法] 従属節の時制は仮定法過去となる. high time はやや改まった言い方. (☞ 仮定の表現 (囲み))

もうい 猛威 ―[動] (あらしなどが荒れ狂う) rage [自]; (伝染病などが手をつけられないほどはびこる) be rampant. ―[名] rage [U]; rampancy [U]. (☞ もうれつ; はげしい). ¶ 台風が一晩中*猛威を振るった The typhoon *raged* all night. // インフルエンザがその町で*猛威を振るっていた Influenza *was rampant* in the town.

もうか 猛火 (燃えさかる炎) raging flames; (ごうごうと音を立てて燃える炎) roaring flames ★ いずれも複数形で. (☞ かじ¹; たいか²).

もうがっこう 盲学校 school for the blind [C].

もうかる 儲かる ―[動] (金が入る・金持ちに

も

なる) make money ★ 一般的な表現; (…の利益を上げる) make a profit (of …); (利益を得る) gain (他); (採算がとれる) pay (自). ― [形] (もうけになる) profitable. 《☞ りえき; とく[2]》.

¶ 先月は100万円*もうかった We ｢*made a profit of* [*gained*] 1,000,000 yen last month. // この商売は*もうからない (⇒ 引き合わない) This business doesn't *pay*. //「それでいくら*もうかりましたか (⇒ 手に入れたか)」「1割*もうかりました」"How much did you *get* out of it?" "We *got* a ten percent *profit* on it."

もうきん 猛禽 bird of prey [C].

もうくんれん 猛訓練 hard ｢training [exercise] [U] 《☞ くんれん》.

もうけ 儲け (物を売って得る利益) profit [C]; (何かをして得た金) gains ★ 複数形で. 賭博などよくない手段で得たものを指すことが多い. 《☞ りえき; もうける[1]; くろじ》.

¶ 彼はわずかの*もうけで満足している He is satisfied with a small margin of *profit*. // 彼らは*もうけを山分けした They divided the ｢*profits* [*gains*] equally among them.

もうけ口 (金もうけになる仕事) money-making job [C]; (利益になる仕事) profitable work [U] もうけ物 (買い物) good bargain [C]; (思わぬ拾い物) godsend [C].

もうげき 猛撃 (強烈な打撃) hard [severe] blow [C]; (強烈な攻撃) vigorous [fierce; smashing; vehement] attack [C]. 《☞ こうげき》.

もうける[1] 儲ける (金を手に入れる・金持ちになる) make money ★ 一般的な言い方; (利益を上げる) make [gain] a profit. 《☞ りえき; かせぐ; とく[2]》.

¶ 彼は金を*もうけるのがうまい He is good at *making money*. // 私はその取り引きで*もうけた I ｢*made* [*gained*] *a profit* on the deal. // 彼らは輸出でたんまり*もうけた They *made* large *profits* from exports. // 彼はその投資で100万円*もうけた (⇒ 投資が彼に100万円の利益をもたらした) The investment *brought* him *in* a million yen. // これは*もうけたぞ (⇒ 買い得だ) This is quite a *bargain*.

もうける[2] 設ける (事務所などを設置する) establish (他); (委員会などを設立する) set up (他); (規則などを制定する) lay down (他). 《☞ つくる; せっち; せつりつ》.

¶ その会社は大阪に支店を*設けた The company *established* a branch office in Osaka. // 彼らはその問題調査のための委員会を*設けた They *set up* a committee to ｢investigate [probe into] the problem. // 規制を*設けはしたがだれも守らなかった Although the rules *were laid down*, nobody obeyed them.

もうけん 猛犬 fierce [ferocious] dog [C] ★ ferocious のほうが凶暴の度が強い. ¶ *猛犬に注意 Beware of the dog! 《☞ 掲示の英語 (囲み)》

もうさいかん 毛細管 capillary [kǽpəlèri(ː)] (tube) [C]. **毛細管現象** capillary action [C].

もうさいけっかん 毛細血管 capillary vessel [C].

もうし 孟子 Mencius [ménʃiəs].

もうしあげる 申し上げる (述べる) express (他); (言う) say (他). 《☞ いう (類義語); のべる; 丁寧な表現 (欄外)》.

もうしあわせ 申し合わせ (同意) agreement [U]; (合意) mutual [common] consent [U]; (了解) understanding [C] ★ 単数形のみ. 《☞ どうい; ごうい; とりきめ》.

¶ その件については*申し合わせができている We are in *agreement* on that matter. // 私たちは*申し合わせ事項 (⇒ 同意を得たもの) を書面にまとめた We put the ｢items *agreed upon* [terms of *agreement*] in writing.

もうしあわせる 申し合わせる (合意する) agree ｢on [upon] …; (打ち合わせる) arrange (他); (前もって打ち合わせる) prearrange (他). 《☞ やくそく; とりきめる; しめしあわせる》.

¶ この点についてはクラスでまだ*申し合わせていない We *have* not yet *agreed on* this matter in our class. // 私たちは次の会合の日時を*申し合わせた We *arranged* the time and date of the next meeting. // 彼らは*申し合わせたように (⇒ 前もって打ち合わせていたかのように) 遅れてやって来た They came late as if *by some prearrangement*. // 彼は*申し合わせた (⇒ 約束の) 時間に来た He came at the *appointed* time.

もうしいれ 申し入れ (申し出・申し込み) offer [C]; (提案) proposal [C]; (頼み・要求) request [C]. 《☞ もうしで; もうしこみ》.

¶ 私は彼の*申し入れを受け入れた [断った] I ｢accepted [declined] his ｢*offer* [*proposal*].

もうしいれる 申し入れる (申し出る) offer (他), make an offer; (提案する) propose (他), make a proposal; (要求する) request (他), make a request. 《☞ ていあん; ようきゅう》.

¶ 彼らは財政的援助を*申し入れた (⇒ 申し出た) They ｢*offered* [*made an offer of*] financial aid. // 彼らは社長に会見を*申し入れた (⇒ 要求した) They ｢*requested* [*asked for*] an interview with the president.

もうしおくり 申し送り (報告) report [C]; (言づけ) message [C]. 《☞ でんごん》.

もうしおくる 申し送る (引き継ぐ) hand over … (to …); (引き渡す) deliver (他). 《☞ つたえる; ひきわたす》. ¶ 彼はその提案を小委員会に*申し送った He *handed over* the proposal *to* the subcommittee.

もうしこみ 申し込み (応募) application [C]; (提供の) offer [C]; (提案) proposal [C]; (要求・依頼) request [C]; (挑戦) challenge [C]; (予約の) reservation [C]. 《☞ もうしで; おうぼ; よやく》.

¶ *申し込みは文書ですること *Applications* should be made in writing.

*申し込みが殺到した *Applications* poured in. / (⇒ 多くの人が申し込んだ) A great number of people *applied*.

「*申し込みの締め切りはいつですか」「今月末です」"When is the deadline for *applications*?" "It is the end of this month."

*申し込みの受付は4月1日からです *Applications* will be accepted starting April 1.

5 人の就職の*申し込みがあった There were five *applications for* employment.

彼から結婚の*申し込みがあった I have received a *proposal* from him. [語法] a marriage proposal としてもよいが, marriage を付けないほうが一般的.

カタログは*申し込みが (⇒請求が) あり次第, 無料で郵送します A catalog will be mailed free *on* 「*request* [*application*].

予約の*申し込みは早くしたほうがよい You'd better make early *reservations*.

申し込み者 applicant Ⓒ **申し込み書[用紙]** application form Ⓒ. ¶*申し込み書に記入して事務局あてに送って下さい Fill out the *application form* and send it to the office.

もうしこむ 申し込む (出願する・正式に頼む) apply (for ...) ⓐ; (申し出る) propose ⓗⓐ; (参加を申し込む) enter (for ...) ⓐ; (挑戦する) challenge ⓗ; (予約する) reserve ⓗ; (予約購読する) subscribe (to ...) ⓐ. 《☞ おうぼ; よやく》.

¶私はその会社に就職を*申し込んだ I *applied for* a position in the company. // 私たちは市当局に財政援助を*申し込んだ We *applied to* the municipal authorities *for* financial help. // 彼は彼女に結婚を*申し込んだ He *proposed* (marriage) *to* her. // 私は弁論大会に*申し込んだ I *entered for* the speech contest. // 私はその新聞[雑誌]の予約を*申し込んだ I *subscribed to* that 「newspaper [magazine]. // 彼らは市長に抗議を*申し込んだ (⇒異議を唱えた) They 「*made* [*set up*] a protest against the mayor.

もうしたて 申し立て (陳述) statement Ⓒ; (証言) testimony Ⓤ; (法廷での抗弁) plea Ⓒ. 《☞ しょうげん》. ¶彼女は虚偽の*申し立てをした She made a false *statement*. // 彼は無罪の*申し立てをした He *pleaded* not guilty.

もうしたてる 申し立てる (明確に述べる) state ⓗ; (断言する) declare ⓗ; (訴える) appeal (to ...; against ...) ⓐ; (法廷で抗弁する) plead ⓐ. 《☞ のべる; だんげん》.

¶彼はその証言は当てにならないと*申し立てた He 「*declared* [*stated*] that the testimony was unreliable. // 彼女は身に覚えはないと (⇒有罪ではないと) *申し立てた She *pleaded* not guilty. // 彼はその提案に異議を*申し立てた (⇒反対した) He *raised* an objection to the proposal. // 彼はその判決に不服を*申し立てた (⇒訴え出た) He *appealed against* the court decision.

もうしで 申し出 (提案) proposal Ⓒ; (提供) offer Ⓒ; (依頼) request Ⓒ; (申し込み) application Ⓒ. 《☞ もうしこみ; ていあん》.

¶彼は彼女の親切な*申し出を断った He refused her friendly *proposal*. // 親切な援助の*申し出が彼からあった A kind *offer* of assistance was made by him. // 彼女は快く私の*申し出 (⇒依頼) を承諾してくれた She willingly consented to my *request*. // *申し出があれば (⇒請求[申し込み]により) カタログを無料で送ります We will mail our catalog free *on* 「*request* [*application*].

もうしでる 申し出る (提案する) propose ⓗ; (提供する) offer ⓗ, make an offer; (要請する) request ⓗ, make a request; (申し込む) apply (for ...) ⓐ. 《☞ ていあん; しんせい[1]; ねがいでる》.

¶私は彼女に援助を*申し出た I *offered* her my help. / I *offered* to help her. // 入会は本人が*申し出て下さい (⇒申し込んで下さい) Please *apply for* admission in person.

もうしひらき 申し開き —[動] (自分自身を正当化[弁護]する) justify [defend] *oneself*. —[名] justification Ⓤ; defense Ⓤ. 《☞ べんかい》. ¶彼女は自分の過ちの*申し開きをした She 「*defended* [*justified*] her error.

もうしぶんない 申し分ない (ほどよい) good enough (for ...); (満足な) satisfactory; (完全な) perfect; (理想的な) ideal; (最上の) the best. 《☞ よい[1]; まんぞく》.

¶この機械は実用的には*申し分ない This machine is *good enough for* practical purposes. // 結果はまったく*申し分がない The result is quite *satisfactory*. // 彼女は教師として*申し分がない (⇒理想的な教師だ) She is an *ideal* teacher. // 彼は*申し分のない夫です He is a *perfect* husband for me. // 彼はその仕事には*申し分のない (⇒最上の) 男だ He is *the best* man for the job.

もうじゅう[1] 猛獣 (どう猛な動物) fierce animal Ⓒ; (野生の動物) wild animal Ⓒ. 《☞ けもの》. **猛獣狩り** big game hunting Ⓤ **猛獣使い** tamer [trainer] of wild animals Ⓒ ★ trainer は「訓練する人」.

もうじゅう[2] 盲従 —[名] (盲目的な服従) blind obedience Ⓤ. —[動] follow [obey] ... blindly. 《☞ したがう; ふくじゅう》.

もうしょ 猛暑 (激しい[焼けつくような, しゃく熱の]暑さ) intense [parching; scorching] heat Ⓤ 《☞ あつい[2]; あつさ[1]》.

もうしわけ 申し訳 **1** «言い訳»: (わび) apology Ⓒ 《複 apologies》; (弁解) excuse Ⓒ. 《☞ べんかい; 謝罪の表現 (囲み)》.

¶*申し訳ありません (⇒すみません) I'm 「very [really; awfully] *sorry*. / (⇒あなたにおわびしなければならない) I must *apologize* to you. / (⇒弁解の言葉もない) I have no *excuse*. / (⇒何と弁解してよいかわからない) I don't know how to *apologize*. // すっかりごぶさたして*申し訳ありません I must *apologize* for my long absence. // これでは*申し訳が立たない (⇒どうやって言い訳したらよいかわからない) I don't know how to make an *excuse* for it.

2 «形ばかりの» —[形] (名ばかりの) nominal; (少額の) small. ¶政府は*申し訳程度の減税をした The Government carried out *nominal* tax reductions. // 私たちは彼に*申し訳程度の (⇒わずかな) 謝礼を払った We paid him only a *small* fee.

もうしわたす 申し渡す (告げる) tell ⓗ; (命令する) order ⓗ; (判決を下す) sentence ⓗ. 《☞ せんこく[1]》. ¶医者は彼女に絶対安静を*申し渡した Her doctor 「*told* [*ordered*] her to take a complete rest in bed. [語法]

tell のほうが意味が弱い. // 法廷は彼に禁固2年の刑を*申し渡した The court *sentenced* him to two years in prison.

もうしん 盲信 —名 (やみくもに信じること) blind faith Ⓤ. —動 (むやみに信じる) believe … blindly. ¶彼女は彼の言うことを*盲信している She *has blind faith* in what he says.

もうじん 盲人 blind person Ⓒ; (総称) the blind.

もうせい 猛省 —名 serious reflection Ⓤ. —動 reconsider … seriously; reflect on … seriously. 《☞ はんせい[1]》. ¶あなたのそのような行いについて*猛省を促したい I must urge you to *seriously reconsider* that action of yours. 《☞ 副詞の位置 (欄外)》

もうぜん 猛然 —副 (猛烈に) fiercely; (怒り狂って) furiously; (強く) strongly; (断固として) resolutely; (どう猛に) savagely; (突進して) with a dash.

¶犬は泥棒に*猛然と飛びかかった The dog sprang on the robber ⌈*furiously* [*savagely*]. // 彼はその提案に*猛然と異議を申し立てた (⇒断固として[強く]反対した) He countered the proposal ⌈*resolutely* [*strongly*].

もうそう 妄想 (途方もない空想) wild fancy Ⓒ; (理性によって矯正しがたい混乱した考え) delusion Ⓒ ★精神医学でよく用いられる; (感覚的な幻影) illusion Ⓒ. 《☞ くうそう; げんそう》. ¶彼女は*妄想にふけっていた She was lost in *wild fancies*. // 彼は被害[誇大]*妄想にかられている He is under a *delusion* of ⌈persecution [grandeur].

もうたくとう 毛沢東 Mao Tse-tung [máu-tsètúŋ].

もうちょう 盲腸 (虫垂) appendix Ⓒ.
盲腸炎 (虫垂炎) appendicitis [əpèndəsáitis] Ⓤ 《☞ 病気・病院 (囲み)》.

もうでる 詣でる (神社[寺]に行く) visit a ⌈shrine [temple]; (神社[寺]に拝みに行く) go and worship at a ⌈shrine [temple]. 《☞ さんぱい》.

もうてん 盲点 (目の網膜の) blind spot Ⓒ ★比喩的にも使われる. ¶そこが彼の*盲点だ (⇒それについての盲点を持っている) He has a *blind spot* concerning it. // 彼は法の*盲点をついて (⇒うまく利用して) 金もうけをした He took advantage of a *blind spot* in the law and made a lot of money.

もうとう 毛頭 (少しも…でない) not … at all ★一般的な言い方; (少しの…もない) not the least … ★かなり意味が強く, 少し改まった表現であるが, 日本語の「毛頭」のニュアンスに近い; no … whatever ★否定の no や not を強める語として用いる. 《☞ 否定の表現 (囲み); すこしも; ぜんぜん》.

¶私は死を恐れる気持ちは*毛頭ない I'm *not* afraid of death *at all*. // あわてる必要は*毛頭ない There's *no* need to hurry *at all*. // 私はそこへ行くつもりは*毛頭ない I don't have *the least* desire to go there. / I have *no* intention *whatever* of going there.

もうどうけん 盲導犬 guide dog Ⓒ, Seeing Eye [seeing eye] dog Ⓒ ★特に Seeing Eye dog は訓練所で訓練を受けた犬をいう.

もうどく 猛毒 —名 deadly poison Ⓒ. —形 fatally poisonous. 《☞ どく[1]》.

もうひつ 毛筆 (writing) brush Ⓒ; (絵筆) painting brush Ⓒ. 《☞ ふで》.

もうふ 毛布 blanket Ⓒ 《☞ ふとん (挿絵)》. ¶電気*毛布 an electric *blanket*

もうまく 網膜 retina [rétənə] Ⓒ 《複 ~s, retinae [rétənìː]》.

もうもう ¶温泉からは*もうもうと湯煙が立ちのぼっていた A *thick cloud of* steam was ⌈going up [rising] from the hot spring. // 車は*もうもうとほこりを立てた The car raised dust in *thick clouds*. // 強い風で畑は*もうもうたる土ぼこりだった (⇒強い風が土ぼこりを吹き上げた) The strong wind blew up *a great cloud of* dust from the field. 《☞ 擬声・擬態語 (囲み)》

もうもく 盲目 —形 (目の見えない) blind. —副 (盲目的に) blindly. —名 blindness Ⓤ. 《☞ もうじん》. ¶恋は*盲目 Love is *blind*. 《ことわざ》

もうら 網羅 —動 (構成するすべての部分を包含する) comprise ㊀; (全体の一部として含む) include ㊀; (内容として中に含む) contain ㊀; (扱う範囲が…に及ぶ) cover ㊀. —形 (余すところのない) exhaustive; (包括的な) comprehensive. 《☞ ふくむ[1]》.

¶リストは必要なものを全部*網羅しています The list ⌈*includes* [*comprises*] all necessary items. // こんど出版された辞書は新語を*網羅している The newly published dictionary *contains* all new words.

もうれつ 猛烈 —形 (激しい) violent; (ものすごい) fierce; (風雨などが) heavy; (怒り狂うように激しい) furious; (訓練などが) hard; (競争などが厳しい) keen; (ひどい) terrible, awful ★後者のほうがより口語的. —副 violently; fiercely; heavily; furiously; hard; terribly, awfully. 《☞ はげしい; すごい; ものすごい》.

¶私たちは*猛烈な嵐に見舞われた We were caught in a ⌈*fierce* [*violent*; *heavy*] storm. // 私は成功するために*猛烈に頑張った I made *violent* efforts to succeed. // 彼らの間には*猛烈な競争があった There was *keen* competition between them. // きょうの暑さは*猛烈だった It's been *awfully* hot today. // 彼は*猛烈社員だ (⇒ビーバーのように働く) He works *like a beaver*. ★work like a beaver, as busy as a beaver は「忙しく働く」の決まり文句.

もうれんしゅう 猛練習 hard training Ⓤ.

もうろう 朦朧 —形 (ぼんやりした) dim; (不明瞭な) indistinct; (かすみがかかったようではっきりしない) hazy; (目がくらんで) dizzy. 《☞ ぼんやり》.

¶それについては*もうろうとした記憶しかない I have only ⌈a *dim* [an *indistinct*] recollection of it. // 意識が*もうろうとして, 私はその場に倒れた I felt *dizzy* and fell on the spot. // 徹夜の会議の後なので, 私の頭は*もうろうとし

ている (⇒ はっきりしない) After that all-night conference, my head is *not clear*.

もうろく 耄碌 ―[名] (老人ぼけ) dotage [U], senility [U] [語法] 前者は主として in *one's* dotage のようなフレーズで用い, 単独では後者を用いる; (老衰して子供のようになること) second childhood [U]. ―[形] (年をとって体が弱った) feeble ★普通は婉曲的にこの語を使う; senile [síːnail]. 《☞ ぼける》.
¶ 彼は*もうろくしている He is in his ˹*dotage* [*second childhood*]. // *もうろくしたくないものだ (⇒ もうろくしないで死にたいものだ) I wish to close my life without *becoming senile*.

もえあがる 燃え上がる (ぱっと燃え立つ) burn [flare; blaze; flame] up (自); (急に燃え出す) burst into flame(s); (炎を出して燃える) flame (自). 《☞ もえる[1]》. ¶ 突然火がぱっと*燃え上がった Suddenly the fire ˹*burned* [*flared*; *blazed*; *flamed*] *up*. // 木造の家はぱっと*燃え上がった The wooden house *burst into flame(s)*.

もえうつる 燃え移る (火が広がる) spread (to ...) (自) 《過去・過分 spread》; (火がつく) catch fire ★「物」が主語. 《☞ えんしょう[1]》.
¶ 火は隣の家に*燃え移った The fire *spread to* the next house. // 数本の枯木に火が*燃え移った Several dead trees *caught fire*.

もえがら 燃え殻 (石炭・木材などの) cinder [C]; (灰) ashes ★ 複数形で. 《☞ もえさし》.

もえさし 燃えさし ―[名] brand [C]. ―[形] (半分燃えた) half-burned. 《☞ もえがら》.
¶ *燃えさしはまだくすぶっている The *brands* are still smoking.

もえひろがる 燃え広がる spread (to ...) (自) ★「火」を主語として. 《☞ もえうつる》.

もえる[1] 燃える **1** «火・物が»: (火がついて) burn (自) 《過去・過分 burned, burnt》; (炎を上げて赤々と) blaze (自); (炎を上げずに赤々と) glow (自). 《☞ ひ[2]》.
¶ 火が*燃えている The fire *is burning*. // このまきはなかなか*燃えない This wood won't *burn*. // 木造家屋は*燃えやすい (⇒ 簡単に燃える) Wooden houses ˹*burn* [(⇒ すぐに火がつく) *catch fire*] easily. // 暖炉には火が赤々と*燃えていた A fire *was blazing* in the fireplace. [語法] 暖房用の火やかまどの火は [C]. // 石炭が炉で赤々と*燃えている The coal *is glowing* in the hearth.
2 «情熱などが»: (激情などで心が燃える) glow (自); (かっかとなる) burn (自). ¶ 彼は情熱に*燃えた He *glowed with* enthusiasm. // 彼女は向学心に*燃えている She *is burning with* the desire to learn.

もえる[2] 萌える (葉や芽を出す) sprout (自); (芽や枝を出す) shoot (forth) (自); (芽が出る) come out (自). 《☞ め[2]》.

もー ―[名] (牛の鳴き声) moo [múː] [C]. ―[動] (もーと鳴く) moo (自). 《☞ 擬声・擬態語 (囲み); 動物の鳴き声 (囲み)》.

モーション motion [C] [参考] 日本語の「モーション」がそのまま英語の motion とはならないことがあることに注意. 《☞ どうさ; うごき》.
¶ ピッチャーは第 1 球の*モーションを起こしているところです (⇒ ワインドアップしている) The pitcher *is winding up* for the first pitch. 《☞ 野球の英語 (囲み)》 // 彼は若い女性と見ればだれにでも*モーションをかける (⇒ 色目をつかう[言い寄る]) He *makes* ˹*eyes* [*passes*] *at* any young woman.

モーター motor [C]; (エンジン) engine [C].

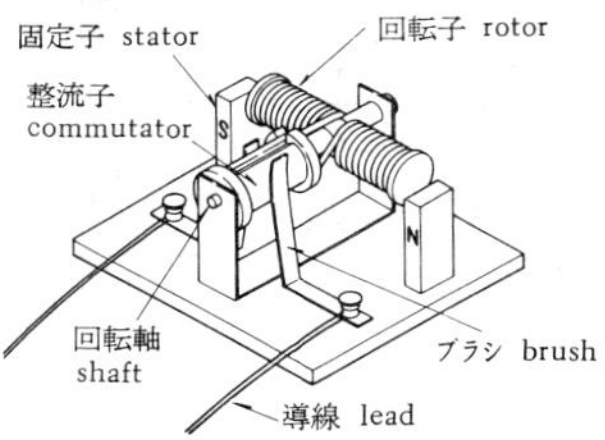

モーターバイク motorbike [C] 《☞ バイク》.

モーターボート motorboat [C] 《☞ ボート》.

モーテル motel [moutél] [C] 《☞ ホテル (囲み)》.

モード (流行の最先端を行くスタイル) mode [U]; (流行) fashion [U] ★「流行の型」の意味では [C]. 《☞ ファッション》. ¶ いまの*モードはこれだ This is now in ˹*fashion* [*mode*].

モーニングコート morning coat [C].

モールスふごう モールス符号 the Morse code.

もがく (自由になろうとしてじたばたする) struggle (自); (苦痛や悲しみなどで身もだえする) writhe [ráið] (自). 《☞ じたばた》.

もぎしけん 模擬試験 trial examination [C] 《☞ しけん[1]》.

もぎてん 模擬店 (パーティーなどで食事を出す) buffet [bʌféi] [C]; (物売り台) stand [C], stall [C].

もぎとる もぎ取る (折ったり, 無理に引っ張ったりして) break off (他); (無理に引き離す) tear (他); (ねじり取る) wrench (他); (果物などをもぐ) pluck (off) (他). ¶ 私は彼の手からナイフを*もぎ取った I ˹*tore* [*wrenched*] the knife *out of* his hand. // だれかがリンゴを木から*もぎ取った Somebody *plucked* some apples from the tree.

もくぎょ 木魚 wooden gong [C] ★英米人で仏教になじみのない人にはさらに A Buddhist priest beats it with a special stick, chanting a sutra. のような説明が必要であろう. 《☞ 日本固有の風物と英語 (囲み)》.

もくげき 目撃 ―[動] (現場で実際に見る) witness (他); (自分の眼で見る) see ... with *one's* own eyes. 《☞ みる》. ¶ 私はその事故を*目撃した I *witnessed* the accident. / I *saw* the accident *with my own eyes*.
目撃者 (eye)witness [C].

もぐさ moxa [máksə] [U] 《☞ きゅう[6]》.

もくざい 木材 wood [U] ★最も一般的な語; (加工したもの) 《米》 lumber [U], 《英》 timber [U]; (丸太) log [C]. 《☞ ざいもく (類義語)》.

もくさつ 黙殺 ―[動] (故意に無視する)

も

ignore (他); (意識的に注意を払わない) disregard (他) ★形式ばった語; (気にとめない[考慮しない]) take no ｢notice [account] of ... 《☞ むし²》.

もくさん 目算 (大ざっぱな見積もり・概算) rough estimate [C]; (予期されること) expectation [U] ★しばしば複数形で. 《☞ みこみ; みつもり; よそく》. ¶これは費用の*目算にすぎません This is only a *rough estimate* of the expenses. // 基金募集は私たちの*目算がはずれた The amount collected for the fund fell short of our *expectations*.

もくし 黙視 ―[動] (見逃す・大目に見る) overlook (他), pass over (他). 《☞ みのがす》.

もくじ 目次 table of contents [C], contents ★後者は目次の見出しとしてよく使われる.

もくせい¹ 木星 Jupiter.

もくせい² 木製 ―[形] (木で作られた) wooden, made of wood. 《☞ もくぞう》.

もくぜん 目前 ―[副] (目の前で) before *one's* eyes; (鼻先で) under *one's* nose. ―[形] (差し迫った・いまにも起こりそうな) impending, imminent. 《☞ さしせまる》.
¶洪水の危険は*目前に迫っている The danger of a flood is ｢*imminent* [*impending*].

もくそう 黙想 ―[名] (宗教的・精神修養的な) meditation [U]. ―[動] meditate (on ...) (自). 《☞ めいそう》. ¶僧は1時間ほど*黙想していた The priest was ｢lost [buried] in *meditation* for an hour.

もくぞう 木造 ―[形] (木で作られた) wooden, made [built] of wood. 《☞ き²》.
¶その建物は*木造ですかそれとも鉄筋ですか Is the building *made of wood* or of ferroconcrete? / Is it a *wooden* building or a ferroconcrete one? **木造家屋** wooden house [C], 《米》frame house [C] ★特に板張りの家を指す.

もくそく 目測 ―[動] (目で測る) measure ... with the eye. ―[名] eye measurement [U]. ¶木の高さは*目測で8メートルはある The tree is about eight meters tall by *eye measurement*. // 私は距離の*目測を誤った I made a mistake in *measuring* the distance *with the eye*.

もくたん 木炭 charcoal [U].

もくちょう 木彫 wood carving [U].

もくてき 目的 ―[名] purpose [C], aim [C]; (達成可能な・具体的な) objective [C], end [C]; (最終的な) goal [C]; (努力目標) object [C]. ―[動] (...することを目的としている) aim ｢at *doing* [to *do*].
【類義語】達成しようと決意している目的が ***purpose***, 具体的な目的が ***aim*** だが,「目的」という意味で, 同じように使う場合も多い. かなり目前に置かれて, 達成可能とされるものが ***objective***. 明確な計画的手段で到達する目的が ***end***. 最終的目的が ***goal*** で, ***end*** より口語的で一般的. 努力行為の目的が ***object***.
¶あなたの人生の*目的は何ですか What is your ｢*purpose* [*aim*] in life? // 彼は*目的を達した He has ｢achieved [won] his ｢*objective* [*aim*]. // *目的は手段を正当化する The *end* justifies the means. // この課は生徒に社会学についての基本的な考えを与えることを*目的とする This lesson *aims at* giving the fundamental concepts of sociology to the students. // あなたは何の*目的で (⇒何のために) ここへ来たのですか What have you come here *for*? / For what *purpose* have you come here? ★後者のほうが改まった言い方.
目的格 〚文法〛 objective case [C] **目的語** 〚文法〛 object [C] 《☞ 文型 (欄外)》. ¶直接[間接]*目的語 a direct [an indirect] *object*

もくてきち 目的地 destination [C] 《☞ ゆくさき》. ¶とうとう*目的地に到着した At last we have arrived at our *destination*.

もくとう 黙禱 ―[動] pray in silence (自). ―[名] silent prayer [C]. 《☞ いのる》. ¶しばらく*黙とうしましょう Let's *pray* ｢*in silence* [*silently*] for a while. // 私たちは亡き人の霊に*黙とうを捧げた We offered a *silent prayer* for the soul of the dead.

もくどく 黙読 ―[動] (声を出さずに読む) read silently (他) (自) 《☞ よむ》.

もくにん 黙認 ―[動] (見逃す) overlook (他), pass over (他). ―[名] tacit permission [U] ★改まった言い方. 《☞ みのがす》.

もくねじ 木ねじ wood screw [C] 《☞ ねじ》.

もくば 木馬 (木でできた馬) wooden horse [C]; (小児用の揺り木馬) rocking horse [C].

もくはん 木版 (版木) wood block [C]; (木版術) wood block printing [U], wood engraving [U]. **木版画** wood block print [C], wood cut [C]; (木版画術) wood block printing [U].

もくひ 黙秘 ―[動] (黙秘する) stand mute (自) ★法律用語. **黙秘権** the right to refuse to answer. ¶彼は*黙秘権を行使した He exercised *the right to refuse to answer*. / (⇒黙秘した) He *stood mute*.

もくひょう 目標 (努力目標) object [C]; (達成可能で具体的な) objective [C], end [C]; (最終的な) goal [C]. 《☞ もくてき (類義語)》.
¶寄付金は*目標を達成したばかりでなく, 20パーセントも上回った The contributions not only attained the *goal*, but topped it by 20 percent.

もくめ 木目 grain (of wood) [U] 《☞ きめ》.
¶この木材は*木目が細かい[粗い] This wood has ｢fine [coarse] *grain*.

もくもく¹ ¶工場の煙突は*もくもくと煙を上げていた (⇒大量の煙を) The factory chimneys were sending up *volumes of* smoke. 《☞ 擬声・擬態語 (囲み)》

もくもく² 黙黙 ―[副] (黙って) silently, in silence; (何も言わずに) without saying anything. ¶彼はただ*黙々と仕事に励んだ He worked hard ｢*silently* [*without saying anything*].

もぐもぐ ―[動] mumble (out) (他) 《☞ くちごもる; 擬声・擬態語 (囲み)》. ¶その老婦人は何か*もぐもぐ言った The old woman *mumbled* (*out*) something.

もくようび 木曜日 Thursday 《略 Thu., Thur., Thurs.》《☞ 時刻・日付・曜日 (囲み); 略語 (欄外)》.

も

目的・結果の表し方

「(a) 一生懸命頑張って (b) 全国大会に出た」「(a′) 一生懸命頑張って (b′) 全国大会に出よう」この2つの文で (b) は (a) の「結果」を示し, (b′) は (a′) の「目的」を表している. 「(a) 仕事で疲れた. (b) 早く寝た」の (a) (b) は,「…ので」または「それで」のいずれを用いてもつなげるが, その結び方によって (a) を (b) の「理由」と考えても, (b) を (a) の「結果」と考えてもよい.

このように,「目的」「結果」「理由」の3者は互いに密接に関連し, 内容的には同じことを表している場合が少なくない. 《☞ 理由の表し方 (囲み)》

1 目的の表し方

目的に関する直接の表現である「…の目的を持つ」「…の意向である」「…の意図を持つ」などについては ☞ 意志・願望の表現 (囲み). ここでは「勉強をするために[勉強をしに, 勉学のために, 勉学の目的で]アメリカへ行く」など, 文中で目的を示す副詞的な表現を主として掲げる. "Why?" "What for?" の質問に対する答えに相当する表現で, 日本語では「…のために」「…の目的で」「…を目指して」「…するように」などにあたる.

(1) 不定詞によるもの 《☞ 不定詞 (欄外)》

(i) to＋動詞 ★ 最も普通.
(ii) in order to＋動詞 (＝…するために) ★ やや形式ばった言い方で, 目的をより明確に示す.
(iii) só as to＋動詞 (＝…するように) ★ 結果・程度・比較を表すこともある. 《☞ 比較の表現 (囲み)》

¶ 私は彼女に会い*に来たのです I came *to* see her. // 我々は食べる*ために生きるのではなく, 生きる*ために食べる We eat *to* live, not live *to* eat. // 私は試験に合格する*ために頑張った I worked hard ｢*in order to* [*so as to*] pass the test. // 時間がたっぷりある*ように早くいらっしゃい Come early *so as to* have plenty of time. [語法] 「早く来ればその結果時間がたっぷりあることになる」という感じを含む. // 君に読ませ*ようとしてこの本を買ったのだ I bought this book *for* you *to* read. // 落ちこぼれない*ようによく勉強しなさい You should work hard ｢*in order* [*so as*] not *to* drop out. [語法] 否定の目的を表す場合は単に not to *do* の形式を用いるより, in order [so as] not to *do* の形式を用いるのがよい.

(2) 名詞・動名詞によるもの 《☞ 動名詞 (欄外)》

(i) for＋名詞・動名詞 (＝…のために; …を求めて)
(ii) for the purpose of＋名詞・動名詞 ★ 目的をより明確に示す.
(iii) with a view to＋名詞・動名詞 (＝…を念頭において)
(iv) with the ｢intention [view] of＋動名詞 (＝…するつもりで)
(v) for fear of＋名詞・動名詞 (＝…することを恐れて; …しないように) ★ (i) 以外はいずれもやや形式ばった表現.

¶ 彼はただ楽しみの*ために水泳をするのです He swims just *for* fun. // 「彼はアメリカへ行ったよ」「何をし*に」「英語を勉強する*ためだってさ」"He went to America." "What *for*?" "*To* study English, he said." [語法] What for? は口語的. For what purpose? とすれば改まった言い方. // 湯を沸かす*ためにやかんを使う We use a kettle *for* boil*ing* water. // 英語を勉強する*目的でアメリカへ行きました I went to America *for the purpose of* learn*ing* English. // 彼は学会に参加する*目的で海外へ出かけた He went abroad *with a view to* attend*ing* an academic meeting. // 遅れない*ようにタクシーに乗って行った I took a taxi *for fear of* be*ing* late.

(3) 従属節によるもの 《☞ 接続詞 (欄外)》

(i) so that … ｢can [will; may] *do* (＝…が…できるように)
(ii) in order that … ｢may [can; will] *do* ★ (i) より形式ばった表現.
(iii) for fear that … ｢should [would] *do* (＝…することを恐れて; …しないように)

¶ その列車に乗る*ために早く家を出た I left home early *so* (*that*) I *could* catch the train. [語法] 口語的な表現では that は省略するのが普通. // 新規まき直しを*目指して彼女は上京した She went to Tokyo *in order that* she *might* make a fresh start. // とられると*いけないからカメラはかばんの中に入れて持ち歩いた I carried my camera in a bag *for fear that* it *should* be stolen.

2 結果の表し方

物事の結果に関する直接の表現である「結果は…であった」「…という結果である」「…の結果に終わる」などについては ☞ けっか; けつまつ. ここでは「一生懸命にやったがだめでした」「彼女に会いに行ったが留守で会えなかった」など, 2つの事実の間に因果関係があるなしにかかわらず, 結果として示される表現を取り上げる.

(1) 不定詞によるもの 《☞ 不定詞 (欄外)》

to＋動詞 (＝その結果は…)

¶ 私の母は90歳まで長生きした My mother lived *to* be ninety. // 彼は日本を出たまま帰ってこなかった He left Japan never *to* return.

も

(2) 付加的な語句によるもの

(i) with＋名詞(句)

(ii) to＋名詞(句)

(iii) 文修飾の副詞 ★成否を表す副詞を文尾に置いて.

¶ 彼はその知らせを聞いて驚いた (⇒驚きをもってその知らせを聞いた) He heard the news *with* surprise. ∥ 議論をしたが話し合いはつかなかった (⇒同意に達することなしに議論した) They argued *without* coming to any agreement. ∥ その問題は議論されたが結論は出ていない The problem was discussed *inconclusively*. ∥ 私は彼女を喜ばせようとしたがだめでした I tried to please her, but *in vain*.

(3) 節によるもの《☞ 接続詞(欄外)》

(i) ..., so ... (＝そこで, それで)

(ii) ..., and só ... ★(i) と同意だが, (i) のほうがより口語的.

(iii) só ... that ... (＝非常に…なので) ★ so ... that の間には形容詞(句)または副詞(句)がくる.

(iv) such ... that ... ★(iii) と同意. ただし, such ... that の間には名詞(句)がくる.

(v) ..., then ... ★時間のずれによる結果を表す.

(vi) ..., therefore ... (＝故に) ★改まった言い方.

(vii) ..., and [ænd] ... (＝そうすれば) ★命令文または命令を示す内容をもつ節に続くとき.「…しないと; …さもないと」のときは or を用いる.

¶ 彼女はアメリカに5年いたので英語がうまい She was in America for 5 years, *so* she speaks good English. ∥ その本はとても難しかったので私にはわからなかった The book was *so* difficult *that* I could not understand it. / The book was *such* a difficult one *that* I could not understand it.＝The book was *too* difficult for me *to* understand. ∥ もっとスピードを上げれば間に合う Drive faster, *and* we'll be in time.

対話例

A：何で上京して来たのですか — A：What did you come to Tokyo for?
B：仕事を見つけるためです — B：To find a job.
A：それで, うまくいきましたか — A：Did you get one?
B：いいえ. 一生懸命探しているんですが, なかなかいい仕事はありません — B：No, I'm trying very hard to find one, but I haven't come across a good one yet.

A：何の本を読んでいるんだい — A：What are you reading?
B：星占いの本さ — B：A book on astrology.
A：どうしてまた. 占い師にでもなるつもりかい — A：What for? Are you going to be a fortune-teller?
B：ぼくのガールフレンドが星占いにこっていてね. それ以外に話題がないんだよ — B：Well, my girlfriend is so crazy about astrology (that) I can't find any other topic to talk about.

もぐら mole Ⓒ.

もぐり 潜り **1**《水中に潜ること》: diving Ⓤ《☞ せんすい[1]》.
2《無許可の》 ━形 (無免許の) unlicensed; (無資格の) unqualified; (登録されていない) not registered. ¶ あの医者は*もぐりであることがばれた That doctor was found out to be *unlicensed*.
3《部外者》: outsider Ⓒ. ¶ 彼を知らないとすれば君は*もぐりだ If you don't know him, you must be an *outsider*.

もぐりこむ 潜り込む (入り込む) get into ...; (忍び込む) creep into ...《☞ せんにゅう; しのびこむ》.

もぐる 潜る **1**《全身水中に入る》: (水面下に入る[入っている]) go [stay] underwater ★平易な表現. go は動作, stay は状態を表す; dive ⓐ《過去 dived, 《米》ではまた dove; 過分 dived》 ★この語には頭から水中に飛び込むという意味もある; (スキンダイビングをする) skin-dive ⓐ. 《☞ せんすい[1]》.
¶ あなたは何分間*潜れますか How long can you *stay underwater*? 語法 この文では dive は用いない. なぜなら dive は状態を示す動詞ではないからである. ∥ この女の人たちは真珠を採るために*潜るのです These women *dive* for pearls.
2《物の間に入る》: (入り込む) get into ...; (忍び込む) creep into ...; (潜行する) go underground ★比喩的な意味で.《☞ もぐりこむ; せんぷく》. ¶ 軍国主義者たちが政権をとると, 共産主義者は地下に*潜った When militarists came into power, communists *went underground*.

もくれい 目礼 ━動 ((…に)目礼する) nod (to ...) ⓐ; ((互いに)目礼を交わす) exchange nods (with ...).《☞ えしゃく》.

もくれん 木蓮 magnolia Ⓒ.

もくろく 目録 ━名 (一覧表) list Ⓒ; (カタログ) catalog(ue) Ⓒ; (商品などの) inventory Ⓒ. ━動 (目録に載せる; …の目録を作る) list ⓣ, catalog(ue) ⓣ. ¶ 彼は書庫の本の*目録を作っている He is making a ^r*list* [*catalog(ue)*] of all the books in his library.

もくろみ 目論見 (計画) plan Ⓒ, scheme [skíːm] Ⓒ ★前者は一般的な語. 後者は漠然とした計画をいう. 前者で後者の代わりもできる; (意図) intention Ⓒ. 《☞ けいかく; いと²》.

もくろむ 目論む (計画する) plan ⊕, 《口語》 be up to ...; (意図する) intend ⊕. 《☞ けいかく; いと²》. ¶ 連中は毎週会合を開いているが, 何を*もくろんでいるのだろう They meet every week. What *are* they *planning* (to do)? // 少年たちは何か*もくろんでいるが, 何だかはわからない The boys *are up to* something, but I don't know what.

もけい 模型 (一般に) model Ⓒ; (特に小型の) miniature Ⓒ. **模型飛行機** model [miniature] (air)plane Ⓒ.

もげる (とれる) come off ⓐ; (もぎ取られる) be torn off. 《☞ とる; とれる》. ¶ ドアを開けようとしたら取っ手が*もげてしまった When I tried to open the door, the knob *came off*.

もさ 猛者 (強い男) strong man Ⓒ; (背が高くてがっしりした人) stalwart [stɔ́ːlwət] Ⓒ. ¶ あいつも相当な*猛者だな (⇒ 大した男だ) He's *quite a guy*.

モザイク mosaic [mozéiik] Ⓤ ★ モザイク画・モザイク模様を指す場合は Ⓒ.

もさく 模索 —動 (手探りする) grope for ..., grope about ⓐ ★ いずれも比喩的に用いることが多い. 《☞ てさぐり》. ¶ 私はまるで暗中*模索しているような感じだった I felt as if I *were groping* ⌈*about* [*for* something] in the dark.

もし —接 if ... ★ 最も一般的な語. 以下の語の代わりに使える場合も多い; (たとえ…としても) even if ...; (仮に…と仮定して) suppose ... ★ 口語的; supposing ..., granting ... ★ 以上 2 つは形式ばった語; (…の場合は) 《米》 in case ...; (もし…でなければ) unless ... 《☞ 仮定の表現 (囲み); たとえ¹》.
¶ *もしあした天気ならピクニックに行こう Let's go on a picnic *if* it is ⌈sunny [clear] tomorrow. // *もしあなたが私だったらどうしますか *If* [*Suppose*] you were me, what would you do? // *もしその国に経済援助がなかったらその政権は倒れていた *If* that country had not been given economic aid [*But for* the economic aid given], its government would have fallen. 語法 but for は「もし…がなければ」の意で改まった表現. // *もし忘れていたら注意して下さい *In case* I forget, please remind me (of it). // *もし彼が認めてくれなければこの案は実行することは不可能だ *If* he does not approve [*Unless* he approves] of this plan, we cannot carry it out. 語法 if ... not よりも unless を用いたほうが形式ばった表現. // *もしよろしければご一緒します I will ⌈come with [accompany] you *if* you like.

もじ 文字 (アルファベットの) letter Ⓒ; (漢字・かななどの) character Ⓒ. 《☞ じ¹》.
¶ 英語のアルファベットは何*文字ですか How many *letters* are there in the English alphabet? // 中国人は日本人よりもっとずっと多くの*文字を使う Chinese people use many more *characters* than Japanese people. // 表音*文字 a phonogram // 表意*文字 an ideogram / an ideograph

文字どおり literally. ¶ 仕事を終えた時, 私たちは*文字どおり消耗しきっていた When we finished the work, we were *literally* exhausted.

もしかしたら, もしかすると —副 perhaps, maybe, possibly ★ maybe は口語的, possibly はやや形式ばった語. 《☞ おそらく (類義語); たぶん; 推量の表現 (囲み)》.
¶ *もしかしたら来られるかもしれませんが,*もしかしたら来られないかもしれません *Perhaps* [*Maybe*] I'll come and ⌈*perhaps* [*maybe*] I won't. // 「あしたは雨が降るかしら」「*もしかしたらね」"Will it rain tomorrow?" "*Perhaps* [*Maybe*; *Possibly*]." // *もしかすると彼は道に迷っているのかもしれない He may *possibly* have lost his way. // *もしかすると父に会えるかと思って駅まで迎えに行った I went to the station *on the chance of* meeting my father there. ★ on the chance of *doing* は「もしや…するかもしれないと思って; …を当てにして」の意.

もしくは —接 (または・あるいは) ... or ...; (A もしくは B) either A or B. 《☞ または; あるいは; 選択の表現 (囲み)》.

もじばん 文字盤 (時計・計器などの) dial Ⓒ, face Ⓒ. 《☞ とけい (挿絵)》.

もしも ¶ *もしもの時 (⇒ 最悪の時) の覚悟はできている I am prepared for *the worst*.

もしもし (呼びかけ) Excuse me. ★ 丁寧な言い方で最も一般的; 《米口語》 Say., 《英口語》 I say. ★「ちょっと」などに当たる少しぞんざいな言い方; (電話口で) Hello. 《☞ 呼びかけ (囲み); 電話の英語 (囲み)》.
¶ *もしもし, どなたかお探しなのですか *Excuse me*. Are you looking for somebody? // *もしもし, ハンカチを落としましたよ *Say*, you dropped a handkerchief. // 「*もしもし, 小川さんをお願いします」「はい私ですが」"*Hello*. May I speak to Mr. Ogawa?" "Speaking [This is he]."

もじもじ —動 (落ち着かない様子で体を動かす) fidget ⓐ; (恥ずかしがったりして体を動かす) squirm ⓐ; (落ち着かない) be restless; (ためらう) hesitate ⓐ. —副 (ためらいがちに) hesitatingly. 《☞ 擬声・擬態語 (囲み)》.
¶ 少年は座ってしばらく*もじもじしていた The boy ⌈*fidgeted* [*squirmed*] in his seat for a while. // 彼はドアの前で*もじもじしていたが, 間もなく飛び出して行った He *hesitated* in front of the door, but soon ran out of the room.

もしゃ 模写 —名 (写し) copy Ⓒ ★ 一般的な語で, 次の語の代わりにも使える; (絵・写真などの複製) reproduction Ⓒ. —動 copy ⊕; reproduce ⊕. 《☞ うつす²; ふくせい》.
¶ この絵は*模写で, 本物ではありません This picture is a ⌈*copy* [*reproduction*], not the original. // 美術館で若い画家がダヴィンチの絵を*模写していた In the gallery a young artist *was copying* a picture by Leonardo da Vinci.

もじゃもじゃ —形 (毛がたくさんあって) shaggy; (髪がくしを入れないで) unkempt. 《☞ 擬声・擬態語 (囲み)》. ¶ くまは毛が*も

じゃもじゃしている Bears ｢are *shaggy* [have *shaggy* coats]. // 彼の髪は*もじゃもじゃだった His hair was *unkempt*.

もしゅ 喪主 the chief mourner.

もしょう 喪章 mourning band Ⓒ ★日本で腕に巻くものにはこの訳が当たる; crape Ⓒ ★英米で腕や帽子に巻く, ちりめんの細長い黒布. ¶だれもが腕に*喪章をつけていた Everyone wore a ｢*mourning band* [*crape*] on ｢his [their] sleeve. 語法 their を用いるのは口語. 《☞ 性・数・人称の一致 (欄外)》

もじる parody ㊀.

もす 燃す burn ㊀; (火をつける) set ... on fire, set fire to ... 《☞ もやす; もえる[1]》.

もず 鵙, 百舌 shrike Ⓒ.

モスクワ 一名 固 Moscow [máskau, -kou]. 一形 (モスクワの) Moscow, Muscovite. **モスクワ市民** Muscovite Ⓒ.

もぞう 模造 一形 (似せて作った) imitation ★必ずしも悪い意味はない; (偽の) fake, counterfeit [káuntəfit] ★以上2つは悪い意味. 前者のほうが口語的. 一動 make an imitation of ... ; (偽物を作る) fake ㊀, counterfeit ㊀. 《☞ にせ (類義語)》.

¶*模造ダイヤ an *imitation* diamond

模造品 imitation Ⓒ; (偽物) fake Ⓒ, counterfeit Ⓒ. ¶彼は*模造品をつかまされた He was palmed off with a *fake*.

もだえる 悶える be in agony (over ...), be in anguish (over ...) ★ anguish は特に「心の苦しみ」.

もたげる (上に上げる) raise ㊀. ¶へびが鎌首を*もたげた The snake *raised* its head. // 近ごろ軍国主義が頭を*もたげだした Nowadays militarism *is raising* its head. / (⇒ 軍国主義者が力を得始めた) Recently militarists have begun to *gain power*.

もたせかける もたせ掛ける (よりかからせる) lean ... (against ...); (立てかける) rest ... (against ...). 《☞ たてかける》. ¶植木屋ははしごを壁に*もたせ掛けた The gardener ｢*leaned* [*rested*] the ladder *against* the wall. // 子供は頭を母親のひざに*もたせ掛けて眠った The child went to sleep, *resting* his head *on* his mother's lap.

もたせる 持たせる **1** «与える»: (あげる) give ㊀; (人に所持させる) let *a person* have ... ; (人に持って行かせる) get *a person* to carry ... 《☞ あたえる》.

¶子供にはあまりお金を*持たせないほうがいい You should not ｢*give* too much money to your child [*let* your child *have* too much money]. // 遠足のときは子供に簡単なカメラを*持たせるつもりです I will *get* my ｢boy [girl] *to carry* a simple camera on the picnic.

2 «保たせる»: keep ㊀, preserve ㊀ ★前者のほうが一般的な語. 《☞ もつ[1]》. ¶これを腐らないように*持たせる何かいい方法がないだろうか Are there any good means to ｢*keep* [*preserve*] this from decaying?

もたつく (のろのろする) be slow, dawdle ㊁. ¶売り子が計算に*もたついていて, 品物を受け取るまで数分もかかった It took me several minutes to get my purchase, as the salesgirl *was slow* in calculating.

もたもた 一動 (のろのろする) be slow 《☞ ぐずぐず; 擬声・擬態語 (囲み)》. ¶*もたもたするな Don't *be slow*! / (⇒ てきぱきやれ) Look sharp!

もたらす (持ってくる) bring ㊀; (引き起こす) bring about ㊀; (…へ導く) lead to ... 《☞ うむ[1]》. ¶あなたの努力はいつかよい結果を*もたらすでしょう Your efforts will ｢*bring* (you) [*lead to*] good results some day. // 科学の進歩は我々の生活に多くの変革を*もたらした The progress of science *has brought about* many changes in our lives.

もたれかかる ☞ もたれる

もたれる **1** «よりかかる»: lean ㊁ 《☞ よりかかる》. ¶彼女は欄干に*もたれて川面を (⇒ 川を) 見つめていた *Leaning* over the rail, she was gazing at the river.

2 «食物が»: (胃に重く感じる) sit [lie] heavy on stomach; (消化しにくい) be hard to digest. 《☞ 味 (囲み)》. ¶夕食に食べたステーキがまだ胃に*もたれている The steak I ate at dinner still ｢*sits* [*lies*] *heavy on* my *stomach*.

モダン 一形 modern 参考 日本語の「モダン」は英語の「近代的な・現代的な」の意味と少しずれて「すてきな」(very nice) などの意味で用いられることもあることに注意. 《☞ しゃれた》. ¶彼の新しい家はとても*モダンだ His new house is ｢quite *modern* [*very nice*].

もち[1] 持ち **1** «耐久力・保存» 一名 (使用に耐えること) wear Ⓤ. 一動 (衣類・履物など, 持ちがよい) wear well ㊁; (食物などがよく持つ) keep long ㊁; (電池などがよく持つ) last long ㊁. 《☞ もつ[1]》. ¶この靴[上着]は*持ちがよい These shoes *wear* [This coat *wears*] *well*. // この食品は*持ちがよい[悪い] This food ｢*keeps* [doesn't *keep*] *long*.

2 «負担» ¶費用は会社*持ちだ Expenses will *be* ｢*paid* [*covered*] by the company. // 交通費は自分*持ちだ We must *pay* our own ｢traveling [transportation] costs.

もち[2] 餅 rice cake Ⓤ 《☞ 日本固有の風物と英語 (囲み)》. ¶*餅は*餅屋 There is a mystery in the meanest trade. 《ことわざ: どんなつまらない商売にも秘訣がある》

餅つき rice cake making Ⓤ.

もちあがる 持ち上がる **1** «事が起こる»: happen ㊁, occur ㊁. 《☞ おこる[2]》. ¶ひと騒動*持ち上がりそうだ Some trouble is likely to *happen*. **2** «担任教師が継続して担任する»: continue to take charge of ... ¶このクラスは私が3年まで (⇒ 3年間) *持ち上がります I will *continue to take charge of* this class for three years.

もちあげる 持ち上げる **1** «物を上へ上げる»: lift ㊀ ★一般的な語; (特に重い物を) heave ㊀. 《☞ あげる[1]》. ¶作業員たちは重い岩をトラックの上に*持ち上げようとしていた The workers were trying to ｢*heave* [*lift*] a heavy rock onto the truck.

2 «おだてる»：(得意がらせる) flatter (他)；(おだてて丸め込む) cajole (他). 《☞ おだてる》.
¶そんなに*持ち上げてもだめだよ (⇒ そんなおだてにはのらない) I don't fall for such *flattery*.

もちあじ 持ち味 (自然の味) natural flavor Ⓤ；(比喩的に，持って生まれた才能) talent Ⓒ；(個性) personality Ⓒ；(よい点・長所) good [strong] point Ⓒ. 《☞ とりえ；とくちょう²》.
¶料理 (⇒ 材料) の*持ち味を生かすにはあまり味を濃くつけないこと To enjoy the (*natural*) *flavor* of ingredients, you should refrain from using too much seasoning. // 彼は賢明にも自分の*持ち味を生かせる職種を選んだ He has wisely chosen the kind of work where he can give full play to his *talents*.

もちあるく 持ち歩く carry (他) 《☞ けいたい¹》. ¶彼はいつも辞書を*持ち歩いている He always *carries* a dictionary.

もちあわせ 持ち合わせ ¶あいにく*持ち合わせがありません (⇒ いまお金を持っていない) Unfortunately I *have* no money ⌐*with* [*on*] me now.

もちあわせる 持ち合わせる (身につけている) have ... ⌐with [on] *one*；(偶然に所有する) happen to have ... 《☞ もつ¹》. ¶いま小銭を*持ち合わせておりません I *have* no change ⌐*in hand* [*with me*] now. // お探しの本はちょうど*持ち合わせております I *happen to have* the book you are looking for.

もちいえ 持ち家 *one's* own house Ⓒ.

モチーフ (作品の主題・模様) motif Ⓒ.

もちいる 用いる (物を使う) use (他) ★一般的な語；(利用する) make use of ...；(方法などを採用する) adopt (他). 《☞ つかう》.
¶電子レンジはこの10年ほどの間に広く*用いられるようになった Microwave ovens have come ⌐to *be* widely *used* [into wide *use*] over the past ten years. // この方法を*用いることをお勧めします I would recommend that you *use* this method.

もちかえる¹ 持ち帰る (持って戻る) take [carry; bring] ... back；(自宅へ) take ... home；(店から飲食物などを)《米》take out (他),《英》take away (他).
¶時々彼は書類を*持ち帰って，家で仕事をする Sometimes he *takes* the papers *home* and works there. // ハンバーガー[コーヒー]を2つ*持ち帰り用にして下さい Two ⌐hamburgers [coffees] *to* ⌐*go* [*take out*], please. // これはお*持ち帰りになりますか《食べ物などを》Is this *to go*?

《米》

《英》

「お持ち帰り」の表示のある店

もちかえる² 持ち替える shift ... from one hand to the other. ¶荷物がとても重かったのでしばしば*持ち替えなければならなかった The baggage was so heavy (that) I often had to *shift* it *from one hand to the other*.

もちかける 持ち掛ける (話題・提案などを持って人に接近する) approach *a person* with ... ¶あるセールスマンがうますぎる話を*持ち掛けてきた A salesman ⌐*approached* me *with* [*made* me] an offer (which was) too good to believe. // おじに相談を*持ち掛けたら (⇒ 相談したら) 親切に助言してくれた I *consulted* my uncle, and he kindly gave me advice.

もちきり 持ち切り ¶町はその話で*持ち切りだった It was *the* ⌐*only* [*sole*] *topic of conversation* in the town. / The whole town [People in the town] *talked* ⌐*about* [*of*] *nothing but* that story.

もちくずす 持ち崩す ruin *oneself*. ¶彼は酒で身を*持ち崩した He *ruined himself* by ⌐drinking [indulging in *sake*].

もちこす 持ち越す (解決しないのに途中で延期する) carry over (他)；(始まる前に延期する) postpone (他), put off (他) ★後者は口語的. 《☞ えんき；くりこす》.
¶その問題は次の会まで*持ち越された The issue *has been carried over* ⌐to [into] the next meeting. [語法] to が純粋に時間を表すのに対し，into は「次会に」の意味を表す. // 問題の討議は無期限に*持ち越された Discussion of the problem *was* ⌐*postponed* [*put off*] indefinitely.

もちこたえる 持ちこたえる (困難に耐える) hold (on) (自) ★「人」が主語のときは on を付ける；(人に乗り切らせる) tide *a person* over ★「持ちこたえさせるもの」が主語；(病人などが) pull through (自) (他). 《☞ たえる¹；もつ¹》.
¶こちら側の提防は幸い*持ちこたえた Fortunately, the embankment on this side *has held*. // これだけの金があれば今月は[月末まで]*持ちこたえられそうだ This money will *tide* me *over* ⌐this month [until the end of the month]. // 手厚い看護を受けて彼は*持ちこたえた He *pulled through* with careful nursing. / (⇒ 看護が彼を持ちこたえさせた) Careful nursing *pulled* him *through*.

もちごま 持ち駒 (将棋の) captured chessman (to be put to use in ⌐*shogi* [Japanese chess]) Ⓒ [参考] チェスでは取った駒は使用できないので，将棋を知らない相手には説明が必要；(必要に応じて使える人員) reserve manpower Ⓒ.

もちこみ 持ち込み ¶試験場には本はいっさい*持ち込み禁止です You can't *take* any books *into* the examination room. / No books *are allowed in* the examination hall. // 危険物*持ち込み禁止 Dangerous Articles Prohibited《☞ 掲示の英語(囲み)》

もちこむ 持ち込む (携行する) bring [carry] ... (into ...)；(持って入る) take ... (into ...)；(訴え・苦情などを) file (他)；(...にこぎつける) bring ... to ...

も

¶乳母車を車内に*持ち込むときは折り畳んで下さい Please fold up the baby carriage when you 「*bring* [*carry*; *take*] it *into* the train. // 近所の人がやっかいな相談を*持ち込んできた A neighbor of mine *has brought* me a troublesome problem. // 市役所には公害に関する多くの苦情が*持ち込まれている Many complaints about environmental pollution *have been filed* with the city office. // 試合をどうにか引き分けに*持ち込むことができた We managed to *bring* the「game *to* a draw [(⇒ 得点を同点に) score *to* a tie].

もちごめ 糯米 glutinous [glú:tənəs] rice Ⓤ ★「粘着性の米」という説明的表現.

もちさる 持ち去る take [carry] away ㊀; (持ち逃げする) make off with ... 《☞ もっていく; もちにげ》.

もちだし 持ち出し ¶緊急*持ち出し《掲示》*To be* 「*carried* [*taken*] *out* in case of emergency. // 1万円ほど*持ち出しになるかもしれない (⇒ 自分で負担しなければならないかもしれない) I may have to *pay* about 10,000 yen *out of my own pocket*.

もちだす 持ち出す **1** «持って出る»: take [carry] out ㊀ ★一般的な言い方; (そっと持って出る) smuggle out ㊀. ¶非常の際にはこの箱は必ず*持ち出して下さい Be sure to *take* this box *out* in case of emergency. // 冷蔵庫からそっとビールを2, 3本*持ち出してこよう I'll *smuggle* a few bottles of beer *out of* the refrigerator.

2 «提出する»: bring up ㊀, put ... before ... ★以上2つは口語的; (提案する) propose ㊀, introduce ㊀ ★以上2つはより形式ばった語. 《☞ ていしゅつ》. ¶この案を次の会に*持ち出すつもりですか Are you going to 「*bring* this plan *up* at [*put* this plan *before*] the next meeting? / Are you planning to *introduce* this plan at the next meeting?

3 «自己負担となる»: (負担する) bear ㊀; (自分の金から払う) pay ... out of *one's* own pocket. 《☞ ふたん》.

もちつもたれつ 持ちつ持たれつ 一形 (与えたりもらったりの) give-and-take; (相互依存の) interdependent. 一名 give-and-take Ⓤ. ¶政界と財界の関係は*持ちつ持たれつだ The relation between political and business circles is 「a *give-and-take* [an *interdependent*] one.

もちなおす 持ち直す (状態が好転する) improve ㊁, change for the better ㊁; (回復する) pick up ㊁, rally ㊁. 《☞ かいふく》. ¶天気[患者の病状]は*持ち直すだろう The 「weather [condition of the patient] will 「*improve* [*change for the better*]. // 景気が*持ち直すのは少なくとも1年後だろう It will take at least a year for 「business to *pick up* [the market to *rally*].

もちにげ 持ち逃げ 一動 go [walk; run] away with ... 語法 go が最も一般的で, run を用いた場合は「すたこら逃げる」というニュアンスが出る; make off with ...

¶きのう雇った男が店の主人の金を*持ち逃げした The man who had been hired yesterday 「*went* [*walked*; *ran*] *away with* the storekeeper's money. // 彼女はかばんを*持ち逃げされた (⇒ 盗まれた) She *had* her bag *stolen*. 《☞ 使役 (囲み)》

もちぬし 持ち主 owner Ⓒ ★最も一般的な語; (特に声・性格などの) possessor Ⓒ; (経営者) proprietor [prəpráiətə] Ⓒ ★形式ばった語.

¶この家の*持ち主はだれですか Who is the *owner* of this house? / (⇒ これはだれの家ですか) *Whose* house is this? // 彼女はすばらしい声の*持ち主だ She is the *possessor* of a fine voice. // このホテルは何度も*持ち主が変わった (⇒ 多くの人の手を経た) This hotel *has passed through* many *hands*. // *持ち主のわからない (⇒ 出所・所属がわからない) 品物がありましたら, 車掌までお知らせ下さい If you find an *unidentified* article, please report it to the conductor.

もちはこび 持ち運び 一形 (持ち運びできる) portable. ¶このテレビは*持ち運びができます This television is *portable*. / This is a *portable* television. // この小さいほうが*持ち運びに便利です (⇒ いっそう容易に持ち運べる) This small one is easier to *carry*.

もちはこぶ 持ち運ぶ carry ㊀ 《☞ はこぶ》. ¶このスーツケースは*持ち運ぶのには大きすぎる This suitcase is too big to *carry*.

もちまえ 持ち前 一形 (自然に備わった) natural; (生来の) inborn, inherent ★この順に形式ばった語となる. 一名 (持って生まれた性質) nature Ⓤ. ¶彼女の*持ち前の優しさ (⇒ 優しい性質) はみんなに好かれる Her gentle *nature* is loved by everyone. // 彼は*持ち前の才能を十分に発揮した He gave full play to his *inborn* ability.

もちまわり 持ち回り 一動 (順々に回る) rotate ㊁. 一副 (順々に) in turn. 《☞ まわりもち; りんばん》. ¶議長の職[会場]は*持ち回りになっている The 「office of chairman [place of meeting] *rotates*. // この件は*持ち回り閣議で決定された (⇒ 次々に各大臣の賛成を得ることによってこの件についての内閣としての決定が成された) The Cabinet decision was reached on this matter by obtaining the approval of each minister *in turn*.

もちもの 持ち物 (所持品) *one's* things, *one's* belongings ★いずれも複数形で. 前者のほうが口語的; (手荷物) 《米》 baggage Ⓤ, 《英》 luggage Ⓤ; (身の回り品) personal effects ★複数形で. 形式ばった表現. 《☞ にもつ》. ¶*持ち物をまとめておきなさい Get *your* 「*things* [*belongings*; *baggage*] ready. // *持ち物は多くはありません I don't have much *baggage*.

もちゅう 喪中 一副 (喪中で) in mourning 《☞ も[1]》. ¶いまは亡くなった祖父の*喪中です I am *in mourning* for my late grandfather.

もちよる 持ち寄る (集める) gather ㊀; (寄付する) contribute ㊀; (持ってくる) bring ㊀. 《☞ あつめる》. ¶私たちは古い本を*持ち

寄って小さな図書室を作った We started a small library, *gathering* our old books. // 我々は最新の情報を*持ち寄って意見の交換をした We each *brought* our latest information and exchanged our opinions.

もちろん 勿論 of course ★最も一般的な語; sure, certainly [語法] 以上3つは会話で肯定の返事に用いる. certainly は丁寧な言い方. 否定の返事には of course not, certainly not などを使う; (言うまでもなく) needless to say; (当然のこととして) as a matter of course ★形式ばった表現; (…は言うまでもなく) not to ⌈mention [speak of] …

¶「パーティーはいらっしゃいますか」「*もちろんです」"Are you coming to the party?" "*Yes, of course.* / *Sure.* / *Certainly.*"《☞相づち(囲み)》//「窓をあけてもかまいませんか」「*もちろんかまいません」"Do you mind if I open the window?" "*Of course not.*" // その本は*もちろん昨年のベストセラーでした *Needless to say,* the book was last year's best seller. // 彼はフランス語やドイツ語は*もちろんのことギリシャ語やアラビア語もしゃべります He speaks Greek and Arabic, *not to* ⌈*speak of* [*mention*] French and German.

もつ[1] 持つ **1**《所持する・携行する》: (持っている) have ㊐《過去・過分 had》,《口語》have got … ; (所有する) possess ㊐; (法律的に所有する) own ㊐; (持って歩く) carry ㊐.

【類義語】「所有する」という意味の最も一般的な語が **have**. ほぼ同じ意味で口語でよく用いられるのが **have got**. have より形式ばった語が **possess**.「法律によって認められて物を所有している」のが **own**. 従って性質・意志などを持つというような場合には *own* は使わず, *have* (*got*), *possess* を用いる.「いつも身につけて持っている」のが **carry**.

[語法] (1) have を否定文および疑問文で用いる場合,《米》では一般動詞と同様に扱い, 助動詞 do を用いる.《英》では口語体と文語体で相違があり, 口語体では《米》と同じであるが, 文語体では be動詞と同じ扱いで do は用いない. (2) have got の形式は現在時制で用いるのが普通で, 過去時制ではまれ.

¶「ペンをお*持ちですか」「はい, *持ってます」"Do you *have* a pen?" "Yes, I do." [語法]《米》および《英口語》での言い方. / "*Have* you (*got*) a pen?" "Yes, I *have*." [語法] *Have* you *got* a pen? は《口語》. *Have* you a pen? は《英文語》. ただし, 答えはいずれの場合も Yes, I *have* となる. //「お金を少し貸してくれませんか」「残念ですが, いま*持ってないので貸せません」"Will you lend me some money?" "Sorry, but I can't. I don't *have* any [I *haven't* (*got*) any; I *have* no money] (with me) now." [語法] I *don't have* any … は《米》および《英口語》, I *haven't got* any … は《口語》, I *haven't* any … は《英文語》, I *have no* … は米英共通で口語でも文語でも使える. // 彼は軽井沢に別荘を*持っている He ⌈*has* (*got*) [*possesses*; *owns*] a summer house in Karuizawa. // 若いころは抜群の記憶力を*持っていたが, このごろはよく物忘れする Although I ⌈*had* [*possessed*] a very good memory when I was young, I am quite forgetful nowadays. [語法] この文では own は用いない. // 英国では警官は普通, 拳銃は*持っていない (⇒携行していない) In Britain policemen don't usually ⌈*carry* [*have*] guns.

2《保持する》: (手で支えて持つ) hold ㊐《過去・過分 held》; (手もとへ置いておく) keep ㊐《過去・過分 kept》. ¶「このかばんを*持っていてくれないか」「いいよ」"*Hold* this bag for me, will you?" "OK [Of course]."

3《負担する》: (引き受ける) bear ㊐《過去 bore; 過分 borne》; (支払う) pay ㊐《過去・過分 paid》.《☞ふたん; はらう》.

¶いっさいの費用は会社が*持ってくれた All the expenses *were* ⌈*borne* [*paid*] by the company. //「勘定はだれが*持つんだい」「僕が*持とう」"Who will ⌈*pay* [*foot*] the bill?" "I will." [語法] foot the bill は口語で決まった言い方. 答えは I を強く発音する.

4《受け持つ》: take [have] charge of …, be in charge of … ★2番目の言い方は「受け持っている」という状態のみを表す.《☞うけもつ; たんとう[1]; たんにん》.

5《開催する》: (持つ) have ㊐; (開く) hold ㊐《過去・過分 held》★前者のほうが口語的.《☞ひらく; かいさい》.

6《長くある状態が保たれる》: (天気などが長続きする) last ㊎, hold ㊎; (食物などが腐らない) keep ㊎《過去・過分 kept》; (衣類などが長持ちする) wear ㊎《過去 wore; 過分 worn》; (録音テープなどが持続する) last ㊎; (病人が危険を脱して命を長らえる) pull through ㊎ [語法] 英語では主語に応じて異なる動詞が用いられるので注意が必要である.《☞つづく; ながもち; もちこたえる》.

¶この天気は2, 3日*持つだろう This fine weather will ⌈*last* [*hold*; *keep*] for a few days. // 冷凍食品は冷凍庫に入れておけばいつまでも (⇒冷凍庫の中では非常に長い間) *持つ Frozen foods *keep* very long (when they are) in a freezer. [語法] long は ㊊. // このカセット(テープ)は2時間も*持つ This cassette tape *lasts* as long as two hours. // そんなに無理をしていると体が*持たないぞ (⇒もし働き過ぎることを続けていると, 健康を失うだろう) If you keep (on) working too hard, you will *lose* your *health*. ★keep *doing* よりも keep on *doing* のほうが強い言い方. / (⇒そのような過度の労働はあなたの健康を損なわせるだろう) Such overwork will *ruin* your *health*.

もつ[2] (食品として使う鳥獣の肝臓) liver Ⓤ.

もっか 目下 ━━ ㊊ (現在のところ) now, currently,《米》presently ★第1番目が最も口語的; at present, at the present moment ★以上2つは形式ばった言い方.《☞いま[1]; げんざい[1]; いまのところ》. ¶彼は*目下ロンドンに滞在中だ He is ⌈*now* [*presently*] staying in London. // その問題は*目下検討中です The question is under consideration *at present*.

もっかんがっき 木管楽器 woodwind instrument Ⓒ; (オーケストラの木管楽器部)

も

(the) woodwinds. 《☞ 音楽 (囲み)》.

もっきん 木琴 xylophone [záiləfòun] Ⓒ 《☞ 音楽 (囲み)》. **木琴奏者** xylophonist Ⓒ.

もっけのさいわい もっけの幸い (思いがけない幸運の訪れ) stroke of good luck Ⓒ; (思いがけない幸い(な物)) godsend Ⓒ ★元の意味は「神からの授かり物」; (幸せな偶然の一致) happy coincidence Ⓒ. 《☞ さいわい》.

¶彼にそこで会ったのは*もっけの幸いだった It was a ˹*happy coincidence* [*stroke of good luck*; *godsend*] that I met him there.

もっこう 木工 (木で物を作ること) woodwork Ⓤ ★集合的に「木工品」の意味にもなる. **木工所** (木工品製作所) woodworking plant Ⓒ; (製材所) sawmill Ⓒ.

もっさり —形 (性質・行動がのろのろした) sluggish; (風采があかぬけしない) unrefined. 《☞ 擬声・擬態語 (囲み)》. ¶彼は*もっさりしているが, なかなか有能な人だ He seems (to be) rather *sluggish*, but in fact he is quite an efficient person.

もったいない 勿体ない **1** 《浪費》 —名 (不経済) waste Ⓒ. —形 (不経済な) wasteful. 《☞ むだ》.

¶まあ, *もったいない What a *waste* of things! // そんな雑誌を読むなんて時間が*もったいない It is a *waste* of time to read such a magazine! // まだ使える鉛筆を捨てるなんて君は*もったいないことをするね How *wasteful* you are to throw away a still-usable pencil! 《☞ 感嘆の表現 (囲み); ハイフン (欄外)》

2 《よすぎる》: too good (for ...). ¶この時計は子供には*もったいない This watch is *too good for* children.

もったいぶる 勿体ぶる —動 (尊大ぶる) have an air of importance; (特に女性が) give *oneself* [put on] airs. —副 (尊大に) with an air of importance. 《☞ きどる; ぎょうぎょうしい》. ¶彼は*もったいぶるのでだれからも好かれない He *has* such *an air of importance* that nobody likes him. // 彼はいつも*もったいぶって物を言う He always speaks *with an air of importance*.

もって —前 (...を道具にして; ...を使って) with ...; (...という手段・方法で) by ..., by means of ... 《☞ -で[1]》. ¶ご出席の皆さまに対する感謝の言葉を*もって会を終わりにいたします We'll close the meeting *with* words of thanks to all the participants. // 書面を*もってご通知いたします We will let you know *by* letter.

もっていく 持って行く take ⊕ 《過去 took; 過分 taken》 (↔ bring); (運んで行く・身につけて行く) carry ⊕. ¶雨になるといけないから傘を*持って行きなさい *Take* an umbrella with you [You'd better *carry* an umbrella] in case it rains. 語法 「携帯する」の意味を表す場合, take は普通 with *one* を伴う.

もってかえる 持って帰る ☞ もちかえる[1]

もってくる 持って来る bring ⊕ 《過去・過分 brought》 (↔ take), get ⊕ 《過去 got; 過分 got, 《米》ではまた gotten》 ★get のほうがより口語的. なお, get は「持って行く」の意にもなる; (行って取ってくる) go and get ..., fetch ⊕ ★前者はより口語的. さらに口語的になると and を省いて go get となることがある.

¶朝刊を*持ってきて下さい *Bring* [*Go and get*; *Get*] me the morning paper, please. // 私が*持ってきましょう I'll *go and get* it. // 友人がぶどうを1かご*持ってきてくれた A friend of mine *has brought* me a basket of grapes.

もってこい —形 (まさにぴったりの) just right, most suitable ★前者のほうが口語的; (理想的な) ideal. 《☞ あつらえむき》.

¶この川は釣り[泳ぐ]には*もってこいだ This river is ˹*just right* [*most suitable*] for ˹fishing [swimming]. // 君ならこの仕事に*もってこいだ You are *just the right* person for this job. 語法 この just は the right person 全体を修飾する. // これは私には*もってこいの (⇒ 私が探していたような) 家だ[仕事だ] This is *the kind* of ˹house [job] *I have been looking for*.

もってのほか 以ての外 —形 (とんでもない・けしからぬ) outrageous; (問題にならない・不可能な) out of the question; (許し難い) unpardonable. 《☞ けしからん》.

¶子供にマッチを持たせるなんて*もってのほかだ It is *outrageous* that they would leave matches with their children. // こんな時間に外出するなんて*もってのほかです It is *out of the question* for you to go out at this time of night.

もってまわった 持って回った (回りくどい) roundabout 《☞ まわりくどい》. ¶彼はいつも*持って回った話し方をする He always talks in a *roundabout* way. // *持って回った言い方はよせ Don't *beat about the bush*. ★beat ˹about [《米》 around] the bush の元の意味は「やぶの周りをたたいて獲物を狩り立てる」.

もっと —副 more 参考 日本語で一般的に「もっと…だ」「もっと…する」という場合, 英語では形容詞・副詞の比較級を使う表現になることが多い. 《☞ 比較の表現 (囲み)》; (さらに遠く・もっと進んで) further ★程度にも距離にも使う. 《☞ さらに》.

¶*もっと下さい Give me (some) *more*.
*もっと勉強したい I want to study *more*.
そこへ行けば*もっとある There ˹is much *more* [are many *more*] there. 語法 以上3例中の more は代名詞. 3番目の文で much more の場合は「量」が, many more の場合は「数」がより多くあることが示される.
僕は君より*もっと本を持っている I have *more* books than you. ★この more は形容詞.
このほうが(それより)*もっときれいだ This is *more* beautiful (than that).
この問題は*もっと調べる必要がある We must inquire *further* into this problem.
*もっとここにいたい I want to stay here *longer*.
*もっといいものが欲しい I want something *better*.
北国では*もっと厚いコートを着なくてはなりません You should wear a *thicker* coat in the North.

も

*もっと安いのはありませんか Don't you have anything ˹*cheaper* [*less expensive*]?

モットー motto Ⓒ《複 ～es, ～s》《☞ ひょうご》. ¶「最善を尽くせ」というのが私[わが校]の*モットーです "Do your best" is ˹my [our school] *motto*. // 私はできる限り自分のことは自分ですることを*モットーとしている I make it my *motto* to look after myself as much as I can.

もっとも¹ ━形 (道理にかなった) reasonable; (自然な) natural; (正しい) right ★口語的. 《☞ とうぜん¹》. ¶あなたがそう考えるのは*もっともだ It is ˹*reasonable* [*natural*; *right*] that you (should) think so. / It is ˹*reasonable* for [*natural* for; *right* of] you to think so. //「*もっともだ」と言って彼はうなずいた He nodded, saying "You are quite *right*."

もっとも² 最も ★日本語の「最も」に当たる内容は英語では形容詞・副詞の最上級によって表されるのが普通である. 《☞ 比較の表現 (囲み); いちばん》.

¶エベレストは世界で*最も高い山だ Mount Everest is *the highest* mountain in the world. // これは*最も難しい問題の1つです This is one of *the most* difficult problems. // それは私の*最もやりたくないことだ (⇒ 私がやりたい最後のことだ) That is *the last* thing I want to do.

もっぱら 専ら (…だけ) only; (…以外は何も) nothing but …; (他は排してある特定のものだけ) exclusively; (まったく) entirely; (一心に) wholeheartedly; (主に) chiefly.

¶半年の間, 私は*もっぱらドイツ語を学んだ For half a year I studied ˹*only* [*nothing but*] German. // この雑誌は*もっぱら男性向けだ This magazine is ˹*exclusively* for men [for men *exclusively*]. // 彼は*もっぱら絵に打ち込んだ He ˹*wholeheartedly* [*entirely*] devoted himself to painting.

モップ mop Ⓒ《☞ 台所・家事 (囲み)》.

もつれる 縺れる **1** «絡み合う»: tangle 自 他《☞ からまる; こんがらがる》. ¶この毛糸はすぐに*もつれる This yarn *tangles* easily.

2 «舌・足などが»: (はっきり話せない) cannot speak clearly; (足がもつれる) trip 自. ¶祖父は卒中のあと舌が*もつれる Since he had a stroke, my grandfather *cannot speak clearly*. // 足が*もつれて転びそうになった I *tripped* and nearly fell.

もてあそぶ 弄ぶ (手に持って遊ぶ・いじる) play [toy] with … ★比喩的にも使用できる. ¶彼は鉛筆を*もてあそびながら彼女と話をしていた He was talking ˹to [with] her, *playing with* a pencil. // あなたの気持ちを*もてあそぶなんてとんでもない How can I *toy with* your feelings? 語法 How can I …? は「どうしてもてあそぶことができるか, できない」という修辞疑問の形式. 《☞ 修辞疑問 (欄外)》 // 我々はただ運命に*もてあそばれる (⇒ 運命のなすがままになる) のみだった We were left *at the mercy of fate*.

もてあます 持て余す ━形 (制御できない) uncontrollable, beyond [out of] …'s control; (手に負えない) unmanageable, out of …'s hands. ━動 (…をどうしてよいかわからない) do not know what to do with … 《☞ てこずる》.

¶うちの息子を*持て余している I find my son rather *uncontrollable*. / I *don't know what to do with* my son. // この問題は難しくて*持て余している (⇒ 私が扱うには難し過ぎる) This problem is *too difficult for me to handle*. // 仕事が何もなくて身を*持て余しています Having no work, I *don't know what to do with* myself.

もてなし (親切な待遇) hospitality Ⓤ; (迎え入れること) reception Ⓤ; (扱い) treatment Ⓤ 語法 最後の2つは warm (＝温かい), cold (＝冷たい) などの形容詞を伴い, よい意味にも悪い意味にも使う. 《☞ せったい》.

¶丁重なお*もてなし, ありがとうございました Thank you for your kind *hospitality*. ★訪問先から帰る時に述べる感謝の言葉. // 私たちは温かい*もてなしを受けた We were given a warm *reception*. / (⇒ 温かくもてなされた) We *were received* warmly.

もてなす (迎える) receive 他; (扱う・食事などをおごる) treat 他; (余興・食事などで歓待する) entertain 他. 《☞ せったい》. ¶来客をおいしい食事と快い音楽で*もてなしたい We'd like to *entertain* our guests with a good meal and pleasant music. // 私たちはたいへんなごちそうで*もてなされた We *were treated to* a sumptuous dinner.

もてはやす (人気がある) be popular ★もてはやされるものが主語となる; (ほめる) praise 他. 《☞ にんき¹; ほめる; ちやほや》. ¶なんでこの歌がこう*もてはやされるのだろう (⇒ 人気があるのだろう) Why *is* this song so *popular*?

もてる (人気がある) be popular (with …); (お気に入りである) be a favorite (of …). 《☞ にんき¹》. ¶あのフォークシンガーは若い女の子に実によく*もてる That folk singer *is* quite ˹*popular with* [*a favorite of*] young girls.

モデル **1** «絵・ファッション・小説などの» ━名 model [mɑ́dl] Ⓒ. ━動 model 自 他《過去・過分 modeled, 《英》 modelled》.

¶彼女はしばしば画家だった夫の*モデルを務めた She often ˹sat as a *model* [*modeled*] for her husband, who was a painter. // この小説の主人公には*モデルがある There is a *model* for the hero of this novel.

2 «模型» ━形 model 《☞ もけい》. ¶彼は*モデルガン[カー]を集めている He ˹collects [is a collector of] *model* ˹guns [cars].

モデルケース model case Ⓒ **モデルチェンジ** model changeover Ⓒ.

もと¹ 元, 基 **1** «原因・起源»: (原因) cause Ⓒ; (始まり) beginning Ⓒ; (起源) origin Ⓒ. 《☞ げんいん; ほったん》. ¶けんかの*もとはごくつまらないことだった The *cause* of the quarrel was just a small thing. // 彼は風邪が*もとで肺炎になった (⇒ 肺炎は風邪から進んだ) His pneumonia *has developed* from a cold. / (⇒ 風邪が肺炎に進んだ) His cold *has developed* into pneumonia.

も

2 «根本»：(基礎・基本) basis Ⓒ《複 bases [béisi:z]》, foundation Ⓒ ★ 後者は特にしっかりした基礎という含みがある.《☞ きそ¹ (類義語); こんぽん》. ¶ 何を*もとにしてこの報告書を作ったのですか On what *basis* have you prepared this report?

3 «材料・原料»：material Ⓒ《☞ ざいりょう》. ¶ しょうゆの*もとは大豆です The *material* of soy sauce is soybeans. / (⇒ しょうゆは大豆から作られる) Soy sauce *is made from* soybeans.

4 «資本»：(資本金) capital Ⓤ; (原価・費用) cost Ⓤ; (出資金) investment Ⓒ; (元金) principal Ⓤ.《☞ もとで; しほん》.

¶ 彼の事業には*もとがかかっている (⇒ 事業は大きな資本を伴っている) His enterprise has involved a large *capital*. 語法 capital は形容詞を伴うと a が付く.《☞ 可算・不可算名詞 (欄外)》// これで果たして*もとがとれるだろうか I wonder if this can recover「my *investment* [the *cost*].

もとはと言えば when you get (right) down to it. ¶ *もとはと言えばお前が悪い *When you get down to it*, you are to blame.

元も子もない ― 動 (すべてを失う) lose everything; (無になる) come to nothing. ¶ それでは*元も子もなくなってしまう That will *come to nothing*.

もと² 元 ― 形 (以前の) former. ― 接頭 ex- ★ 形式ばった言い方で用いる. ― 副 (以前は) formerly; (昔は) in former days.《☞ いぜん¹; まえ》.

¶ *元アメリカ大統領 the「*former* President [*ex*-President] of the United States // あの女性は木村さんの*元の奥さんです That woman is Mr. Kimura's「*former* [*ex-*] wife. // 私は*元は大阪に住んでいました I *used to* live in Osaka. ★ used to *do* は「元は…した」の意味を表す. // 本は読み終えたら*元の場所 (⇒ それがあった所) に戻しなさい When you have finished a book, return it to *where it was*. // 彼はもう*元の彼ではない He is no longer *what he*「*was* [*used to be*].

もと³ 下 ― 前 (…の下で) under …; (…とともに) with …《☞ した¹; つく⁴》. ¶ 私は数年間岩崎教授の*下で学んだ I studied *under* Professor Iwasaki for several years. // 私は大学に入るまで両親の*下で暮らしていました I lived *with* my parents「till [before] I started college.

もどかしい ― 形 (じれったい) impatient; (いらだたしい) irritated ★ 幾分怒った状態. ― 副 impatiently.《☞ はがゆい; いらいら》.

¶ 彼は*もどかしがって, 私たちの話に口をはさんだ He grew *impatient* and interrupted us. // 私たちは言いたいことを言いきれぬ*もどかしさを感じている (⇒ 言いたいことが言えなくてもどかしい) We「are [feel] *irritated and impatient* because we cannot say what we want to say. 語法 この例のように irritated と impatient を並べて用いることが多い. // 彼女は*もどかしげに辞書をめくった She *impatiently* leafed through the dictionary.

もどす 戻す **1** «元の状態にする»：(物を元に返す) return ㊀, put back ㊀ ★ この意味では後者のほうが口語的; (元の地位などに復帰させる) restore ㊀; (時計を) turn [put] back ㊀; (…に話を戻す) return (to …) ㊂; (撤回する・取り下げる) take back ㊀, retract ㊀ ★ 前者のほうが口語的.

¶ 私は本を書棚に*戻した I「*put* the book *back* on [*returned* the book to] the shelf. // 彼を元のポジションに*戻してやりたい I hope to *restore* him to his former position. // 僕は時計を5分*戻した I「*turned* [*put*] *back* my watch five minutes. // 話を高校生活に*戻しましょう Let's *return to* the subject of our life during our high school days.

2 «嘔吐する»: throw up ㊂, vomit ㊂ ★ 前者が口語的.《☞ はく¹》.

もとづく 基づく ― 動 (議論・計画・話などが…を根拠とする) be based on …; (建造物・学校・運動などが…を基盤とする) be founded on … ― 前 (…を根拠にした) on …, on the basis of … ★ 前者のほうが口語的; (…のために) due to …; (…に従って) according to …; (…に準拠して) in accordance with …《☞こんきょ; きそ¹; よる²》.

¶ 科学の原理は事実に*基づく Scientific principles *are based on* facts. // そのデータに*基づいてさまざまな実験が行われた Various experiments were carried out *based on* the data. // この学校はキリスト教精神に*基づいて建てられた This school *was founded on* Christian principles. // 不注意に*基づく (⇒ による) けがが多い Many injuries are *due to* lack of care. // あなた方は先生の指示に*基づいて (⇒ 従って) 行動しなさい You should act *according to* your teacher's directions.

もとで 元手 (資本金) capital Ⓤ; (手持ちの財源) funds ★ この意味では複数形で.《☞ しほん; しきん》. ¶ 新しい事業を始めるには*元手が必要だ You need *capital* to start a new business.

もとどおり 元通り ¶ 彼はまた*元通り元気になった He is now *as* healthy *as*「*before* [*he used to be*]. // 部屋を*元通りに整頓しておきなさい Put [Set] the room in order *as it was*.

もとね 元値 cost price Ⓒ《☞ げんか》.

もとめ 求め (要請) request Ⓤ; (要求) demand Ⓒ ★ request は「…して欲しい」という願いであり, demand は強い要求である; (希望) wish Ⓒ; (購入) purchase Ⓤ.《☞ ようきゅう; ようせい¹》.

¶ 政府は国民の*求めに応じて多少の減税を考えている The Government is thinking of a small tax reduction in compliance with the people's「*request* [*demand; wish*].

もとめる 求める **1** «頼む»：(要請する) ask for …, request ㊀ ★ 前者のほうが口語的で一般的; (強く要求する) demand ㊀.《☞ ようきゅう; ようせい¹》.

¶ 彼らは我々の助力を*求めた They「*asked for* [*requested*] our assistance. // 私は彼に面会を*求めた I「*asked for* [*requested*] an interview with him. // 私たちは彼にその件についての説明を*求めた We *demanded* the explanation of the matter from him.

2 «得ようとして捜す» ━[動] look for ..., seek for ... ★ 後者のほうが形式ばった言い方. なお seek は (他) としても用いられる. ━(前) (...を求めて) in search of ... 《☞ さがす》.

¶ 彼はいま職を*求めている He *is* 「*looking for* a job [*seeking* employment] now. // 人間は幸福を*求めるものだ Man *seeks* (*for*) happiness. // 彼らは象牙を*求めてアフリカへ行った They went to Africa *in search of* ivory.

3 «購入する»: buy (他), purchase (他) ★ 後者のほうが形式ばった語で, 値の張る品物を買うというニュアンスがある. 《☞ かう[1]》.

もともと 元元 (最初から) from the 「first [beginning; start]; (初めは) at first; (元来は・本来は) originally; (生来) by nature. 《☞ さいしょ; がんらい》.

¶ 私は*もともとその計画に反対だった I was against the plan *from the* 「*first* [*beginning*; *start*]. // その会社は*もともとは電池の製造会社だった The firm was *originally* a battery maker. // 彼は*もともと (⇒ 生まれつき) 絵がうまい He is a good painter *by nature*. / (⇒ 生まれながらの絵描きだ) He is a *born* painter. // 失敗して*もともとだ (⇒ 失敗したからといって, それだけ悪いというわけではない) You will be *none the worse* for a failure. / (⇒ たとえ失敗しても何も失わない) We will *lose nothing* even if we fail. [語法] 主語は場合に応じて you, we, I が用いられる.

もとより (もちろん) of course; (...は言うまでもなく) not to 「speak of [mention] ..., needless to say ...; (A のみならず B も) not only A but (also) B; (A はもとより B も) B as well as A ★ not only ... but (also) ... とは A, B の位置が逆になる. 《☞ もちろん》.

¶ *もとよりそんなことは承知の上だ *Of course*, I 「know [am aware of] that.

もとる (反する) be [go] against ...; (そむく・違反する) violate (他). 《☞ はんする; そむく》.

¶ それは人道に*もとる (⇒ 非人道的な) 行為だ It's an *inhuman* act. / Such conduct *is against* nature.

もどる 戻る be [go; come; get] back (自) [語法] go back は主語が元の位置 (例えば家) 以外の場所にいて元の位置 (家) へ戻る場合. be back, come back は主語が発話しているその場所へ戻る場合か, あるいは主語が元の位置以外の場所にいて, 元の位置にいる人の立場に立って『戻ってくる』という意味を表す場合に使う. get back は come back, go back のいずれの意味も含む口語表現; return (自) ★ 一般的な語ではあるが, 前者よりは改まった語; (途中で

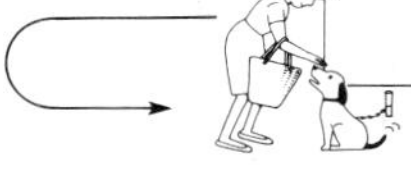

"I will *come back* in a minute."

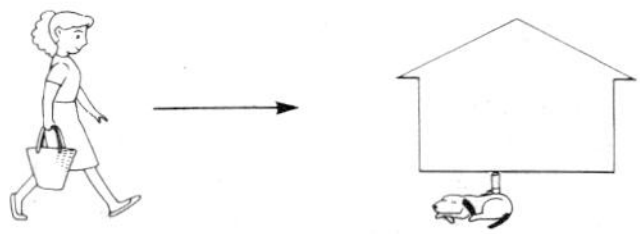

She *is going back*.

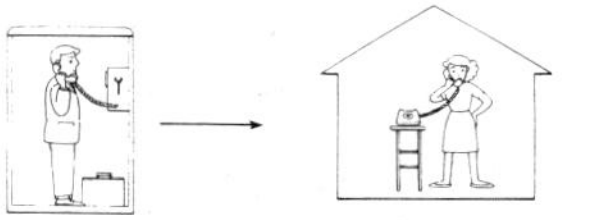

"I'*m coming back*." "He *is coming* back."

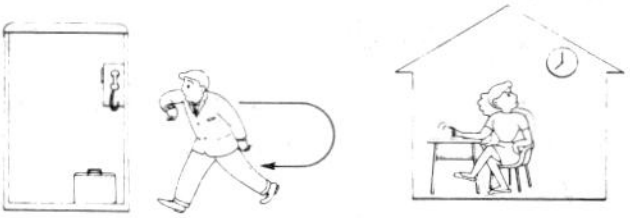

He *turned back* to the phone booth.

引き返す) turn back (halfway) (自); (回復する) be restored; (取り戻す) regain (他). 《☞ かえる[1,4]》.

¶ すぐ*戻ってきます I'll 「*be* [*come*] *back* in a minute. // 教室に*戻りなさい (⇒ 行きなさい) *Go back* to the classroom. ★ 教室外で言う場合. / (⇒ 戻ってきなさい) *Come back* to the classroom. ★ 教室の中から外にいる人に向かって言う場合. // 話は前に*戻りますが (⇒ 問題の点に返ると) あなたの意見はどうですか To *get back* to the point, what is your opinion about it? // 電車のダイヤは平常に*戻った The train runs *were restored* to normal. // そのうち彼女の意識は*戻るだろう She will *regain* consciousness soon.

もなか 最中 Japanese wafer-like cake stuffed with bean jam Ⓒ ★ 説明的訳.

モニター (映像・音声の監視装置) monitor Ⓒ 《☞ コンピューター (囲み)》.

もぬけのから もぬけの殻 ━(形) (空の) empty 《☞ から[1]》. ¶ 警察が踏み込んだときには家は*もぬけのからだった (⇒ 家が空だった) When the police raided the house, 「it was found *empty* [(⇒ だれもいなかった) *nobody was found* there].

もの[1] 物 **1** «物体・物事・材料・品物など»: thing Ⓒ ★ 最も一般的な語; (それ) one ★ 数えられる名詞の代わりに用いる代名詞. 複数形にもなる; (何か) something, anything [語法] 肯定文で「いかなる...; どんな...」, 否定文で「1つも...がない」, 疑問文で「あるかないか」という意味の場合は anything を使うが, それ以外では something を用いる; (何も...でない) nothing; (すべて) everything; (原料) material Ⓤ; (材料) stuff Ⓤ ★ 目にはっきり見てわかるような材料; (品物) article Ⓒ. 《☞

なにか；ざいりょう；しなもの》.
¶こう暑くては*物が腐る *Things* decay in this heat.
*物を大切にしなさい Handle *things* with care. / (⇒あなたのものを) Take good care of your *things*.
人によって*物の見方が違う People see *things* differently.
このネクタイは高すぎる. もっと安い*物を見せてくれませんか This tie is too expensive. Will you show me some inexpensive *ones*?
[語法] 日本語では「もっと安いの」のように「…の」で表すこともあるが, いずれの場合も英訳は同じ. 《☞ -の；代名詞(欄外)》
何か食べる*物が欲しい. どんな*物でもいいんですが I'd like to have *something* to eat. *Anything* will do. 《☞ 意志・願望の表現(囲み)》
いい*物をあげよう I'll give *something* nice to you.
時間ほど大切な*物はない *Nothing* is so valuable as time.
この溶液はたいていの*物を溶かす This solution will dissolve almost every kind of *material*.
あの店はいろいろな*物を(⇒品物を)売っている They sell a wide variety of *articles* in that store.
*物には順序がある(⇒あらゆることをするのに正しいやり方がある) There is a proper order in doing *everything*.
彼には*物を見る目がある(⇒識別力がある) He has a very *discerning* eye.
2 «所有物» —代 (私の物) mine；(あなたの物) yours；(彼の物) his；(彼女の物) hers；(私たちの物) ours；(あなた方の物) yours；(彼らの物) theirs [語法] 以上すべての語は「物」が単・複いずれを指す場合も同じ. そのままの形で単・複両方の扱いが可能. 日本語では「それは私のです」のようにしばしば「…の」で所有物を表すが, その場合にも英語では以上のような所有代名詞が使われる. —名 (…のもの) …'s ★例えば「山田の物」なら Yamada's のようになる.「物」の内容によって単複いずれをも指す；(所持品全部) belongings ★複数形で；(所有物) possessions ★複数形で. 《☞ -の；代名詞(欄外)》.
¶これは私の*物だ This is *mine*. / This *belongs to* me.
彼はよく他人の*物を勝手に使う He often makes free with other people's *belongings*.
全財産は彼女の*物になるだろう All the property will「*go* [*fall*] *to* her.
3 «品質»: quality Ⓤ 《☞ しつ¹》. ¶その店の商品は*物が(⇒質が)よい[悪い] The goods in that store are of「good [poor] *quality*.
4 «言葉»: word Ⓒ 《☞ ことば；はなし》.
¶彼女は*物の言い方を相手によって変える She changes her *words* depending on the person she is talking to.
戦前は自由に*物が言えなかった(⇒言論の自由がなかった) There was no freedom of *speech*「before the War [in prewar days].
*物は言いようだ(⇒滑らかな言葉は事を滑らかに運ぶ) Smooth *words* make smooth ways.
物にする ¶その技術を*物にするのに(⇒習得するのに) 5年以上かかった It took me more than five years to「*master* [*acquire*; *learn*] the technique. 《☞ しゅうとく¹》
物になる ¶彼女は流行歌手として*物になりそうだ(⇒成功するだろう) She will probably *succeed* as a popular singer.
その企画は*物にならなかった(⇒実現しなかった) The project did not *materialize*.
物の数ではない ¶彼のに比べれば, 私の業績など*物の数ではない(⇒無価値である) Compared「with [to] his achievements, mine are「*nothing* [*insignificant*]. 《☞ くらべもの》
物の見事に ¶私は*物の見事に(⇒完全に)失敗した I failed *completely*.
物は試し ¶*物は試しだ. やってみよう(⇒やってみて, 何が起こるか見よう) Let's have a try and see what will happen. 《☞ ためし¹》
物を言う ¶金がすぐに*物を言った The money「*worked* [*talked*] at once. // 経験が*物を言う Experience will *tell*. // 体力が*物を言う(⇒重要だ) Physical strength is *what counts*.

もの² 者 (人) person Ⓒ ★男女両性に使う；(男) man Ⓒ《複 men》；(女) woman Ⓒ《複 women [wímin]》；(人々) those, people ★前者は後に who are … などが続く場合に使う. 《☞ ひと》.
¶私は鈴木という*者です(⇒私の名前は) *My name is* Suzuki. [語法] この例のように, 日本語で「者」とあっても, 英語では訳語欄にあげてあるような語を使わないことが多いことに注意. // 私は九州の*者です(⇒九州の出身です) I *come from* Kyushu. // 私はN商事の*者です(⇒N商事に勤めている) I *work for* N Trading Company.

-もの ★日本語で「…ものだ」のような言い方をする場合, あることが当然・普通であるという意味や, 感動・希望または過去における習慣などを表すが, それぞれの場合に応じて日本語の内容に即して英語に意訳する必要がある. 日本語のこの意味での「…もの」に当たる英語の単語は存在しない点に注意.
¶彼女についてもっと知りたい*ものだ(⇒知りたい) I「*would* [*should*] *like to* know more about her. // 子供のころよく友達とけんかをした*ものです I *used to* quarrel with my friends in my childhood. ★used to は過去の繰り返された行為を客観的に表す. // 世の中にはさまざまな人がいる*ものだ There *are* various kinds of people in the world. // 彼女は子供だ*もの(⇒子供だから). そんなことは知らないよ She is only a child, *so* she won't know it. // 毎日何千*もの人がここを訪れる Thousands of people visit this place every day.

ものいり 物入り (費用) expenses ★通例複数形で；(支出) outgo Ⓒ. 《☞ ひよう；しゅっぴ》.

ものうり 物売り (戸別訪問をする) door-to-door「salesman [saleswoman] Ⓒ；(街角などで物を売る人) street「vendor [vender] Ⓒ.

ものおき 物置き (家の中の物置き部屋・押し

入れ・納戸) closet Ⓒ, 《英》 storeroom Ⓒ; (物置き小屋) shed Ⓒ. 《☞ おしいれ (挿絵)》.

ものおしみ 物惜しみ ━動 (けちけちする) be stingy (↔ be generous) 《☞ けち》.

ものおと 物音 (音) sound Ⓒ; (騒音) noise Ⓒ. 《☞ おと》.

ものおぼえ 物覚え ¶この子は*物覚えがよい[悪い] (⇒学ぶのが早い[遅い]) This child *is* ˹quick [slow] at *learning*. // 近ごろ*物覚えが悪くなった(⇒忘れっぽくなっている) Recently I have become *forgetful*. / (⇒記憶力が衰えてきている) Recently my *memory* ˹is failing [has begun to fail].

ものおもい 物思い **物思いにふける** be lost in (deep) thought, be deep in thought.

ものかげ 物陰 ¶彼は*物陰に身をひそめた (⇒自分自身を隠した) He *hid himself*. [語法] 物が具体的にわかっていれば, 例えば「カーテンの陰に」behind the curtain などを加える.

ものがたり 物語 story Ⓒ 《複 -ies》, tale Ⓒ ★前者が一般的で, 後者は文語的; (伝奇物語) romance Ⓒ; (寓話) fable Ⓒ. 《☞ おとぎばなし》. ¶この*物語の主人公はだれですか Who is the hero of this *story*? // 『イソップ*物語』*Aesop's Fables* 《☞ イタリック体 (欄外)》 // 『源氏*物語』*The Tale of Genji*

ものがたる 物語る (示す) show ㊀; (描写する) describe ㊀; (証明する) prove ㊀. 《☞ しめす》. ¶この事実はいかに教育が重要かということを*物語っている This fact ˹*shows* [*proves*] how important education is.

ものぐさ ━名 (人) lazy person Ⓒ. ━形 lazy. 《☞ ぶしょう; なまけもの》.

モノクロ ━形 (写真などが白黒の) monochrome, black-and-white ★後者が口語的. 《☞ しろくろ》. ¶私は普通は*モノクロのフィルムを使います I usually use *black-and-white* film.

ものごころ 物心 **物心がつく** ¶私は*物心がついて以来 (⇒思い出すことができる以降) ずっと東京に住んでいる I have lived in Tokyo (ever) since *I can remember*.

ものごし 物腰 (態度) manner Ⓤ 《☞ たいど》. ¶彼は*物腰の柔らかな人だ (⇒彼の態度はいつも丁重だ) His *manner* is always polite.

ものごと 物事 (漠然と一般の事柄) things ★複数形で; (すべて) everything, all things ★前者のほうが口語的. 《☞ もの[1]; すべて》. ¶*物事は広い視野から見る必要がある We must look at *things* from a wide point of view. // *物事には裏表がある (⇒よい面と悪い面がある) There are good and bad sides to *everything*. // 彼は*物事のけじめがつかない (⇒どこで線を引くかがわからない) He doesn't know *where to draw the line*.

ものさし 物差し ruler Ⓒ, rule Ⓒ ★「定規」も意味する; (計測器) measure Ⓒ [語法] 物差しのほかに計測器具一般を指す語で, 具体的に言うときはメートル[ヤード]尺 a ˹metric [yard] *measure*, 巻尺 a tape *measure* のようにほかの語を添えることがある; (折り尺) carpenter's rule Ⓒ; (比喩的に, 判断・比較の尺度) yardstick Ⓒ; (見解) point of view Ⓒ. 《☞ じょうぎ; きじゅん; しゃくど》. ¶私は*物差しで板の長さを測った I ˹measured [took the measurements of] the board with a ˹*ruler* [*rule*]. // 人間の価値を測る*物差しは何ですか What is a *yardstick* for evaluating human beings? // 彼女は自分の*物差しですべてを測りたがる She tends to measure everything using her own *yardstick*.

ものさびしい 物寂しい, 物淋しい (人がいなくて寂しい) lonesome 《☞ さびしい》.

ものしずか 物静か ━形 (人が口数も少なく, 動きも少ない) quiet; (態度が落ち着いた) calm; (穏やかな) gentle. ━副 (物静かに) gently. 《☞ しずか; おだやか; ものやわらか》.

ものしり 物知り ━名 (知識の豊富な人) knowledgeable ˹man [woman] Ⓒ; (学者) learned [lə́ːnid] ˹man [woman] Ⓒ; (情報通の人) well-informed person Ⓒ. ━形 learned; well-informed. 《☞ はくがく》. ¶彼女は*物知りです (⇒情報に通じている) She is *well-informed*. // 彼はいつも*物知り顔で話す (⇒何でも知っているように話す) He always talks *as if he knew everything*.

ものずき 物好き ━形 (変わった) curious; (気違いじみた) crazy. 《☞ へん[1] (類義語)》. ¶こんながらくたを集めるとは彼も*物好きだなあ What a *curious* fellow he is to collect such rubbish!

ものすごい 物凄い ━形 terrible, terrific ★前者は悪い意味で, 後者はよい意味でも悪い意味でも用いる. ━副 terribly, terrifically. 《☞ すごい》. ¶私は*ものすごい夕立にあった I was caught in a *terrible* shower. // 私はいま*ものすごく忙しい I'm *terribly* busy now. // その車は*ものすごいスピードで走っていった The car went at a *terrific* speed.

ものたりない 物足りない ━動 (満足していない) be not ˹satisfied [contented] (with ...); (あまり興味がわかない) be not very interested (in ...) ★以上は「人」が主語; (意に満たない・不十分である) be not satisfactory, be unsatisfactory [語法] 以上2つは「事物」が主語. 後者はやや形式ばった表現. なお, 以上2つの表現はしばしば評価の言葉として使われるが, その場合は「物足りない」よりもっと強いニュアンスを持つ; (あまりおもしろくない) be not very ˹interesting [attractive]; (訴えるものがあまりない) do not have much appeal ˹for [to] ..., be not very appealing ˹for [to] ...; (よくない) be not good enough. 《☞ ふまん; ふじゅうぶん》.
¶私にはこの種の仕事は*物足りない I *am not satisfied with* this kind of work. // 彼の講演は*物足りなかった I *was not very interested in* his lecture. / His lecture *was not very* ˹*interesting* [*attractive*]. // この小説は何か (⇒なぜかわからないが) *物足りない I can't tell why, but this novel ˹*does not have much appeal* [*is not very appealing*] ˹*for* [*to*] me.

ものの (ほんの) only, but ★後者は文語的; (...以内で) less than ... 《☞ ほんの》. ¶彼は

も

*ものの 10 分とたたないうちに手紙を書き終えた He finished writing his letter in *less than* ten minutes.

-ものの ━ 接 (…だけれども) though …, although … ★ 後者は文頭に用いるのが普通; (しかし) however, … ★ 形式ばった語; but … ━ 副 (それにもかかわらず) nevertheless. 《☞ 接続詞 (欄外); 譲歩の表現 (囲み); けれど(も); しかし; -が[1]》.

ものほし 物干し (物干し竿) clothes-drying bar Ⓒ; (物干し綱) clothesline Ⓒ; (物干し柱) clothes pole Ⓒ 〔参考〕 英米では clothesline を clothes pole に張って使うのが普通; (室内などに置く) clotheshorse Ⓒ; (物干し場) drying place Ⓒ.

ものまね 物真似 ━ 名 mimicry Ⓤ; (物まねをする人) mimic Ⓒ. ━ 動 (特に人の声・動作をふざけてまねる) mimic ㊀《過去・過分 mimicked》; (まねる) imitate ㊀ ★「まねる」ことを表す一般的な語. 《☞ まね; くちまね》.
¶ 彼は*物まねがうまい He is a good *mimic*.

ものめずらしい 物珍しい ━ 副 (物珍しそうに) curiously, with curious eyes. ¶ *物珍しそうにあたりを見回すのはよしなさい Stop looking around *curiously*. // *物珍しさから out of *curiosity*

ものものしい 物物しい ━ 形 (厳重な) strict; (重々しい) heavy. ━ 副 strictly; heavily. 《☞ げんじゅう; おおげさ》. ¶ 空港には*物々しい警戒が敷かれた The airport was put under a *strict* watch. / (⇒ 警察によって重々しく) The airport was *heavily* guarded by the police.

ものもらい 物貰い 〔医学〕 sty Ⓒ.

ものやわらか 物柔らか ━ 形 (穏やかな) gentle; (静かな) soft. ¶ 彼は *物柔らかな調子で話す He speaks ⌈*gently* [*softly*].

モノラル ━ 形 (レコードなどの) monaural, 《口語》 mono (↔ stereophonic).

モノレール (輸送機関としての) monorail Ⓒ; (車両) monorail car Ⓒ; (列車) monorail train Ⓒ. 《☞ 乗り物 (囲み)》.

ものわかり 物分かり ¶ 彼は*物わかりがよい (⇒ 分別のある人だ) He is a *sensible* person. // 私の父は近ごろだいぶ*物わかりがよくなった (⇒ 前より寛大になった) My father has become more *lenient* recently.

ものわかれ 物別れ ¶ 労使の交渉は*物別れに終わった (⇒ 中断された) The negotiations between management and labor *were broken off*. // 彼らの話し合いは*物別れに終わった (⇒ 同意に至らなかった) They *have failed to* ⌈*come to* [*reach*] *an agreement*. 《☞ けつれつ; ふちょう[1]》

ものわすれ 物忘れ ━ 動 (忘れる) forget ㊀. ━ 形 (忘れっぽい) forgetful. ━ 名 forgetfulness Ⓤ. 《☞ わすれる》. ¶ 私は最近*物忘れがひどくなった I ⌈have become [am] very *forgetful* these days.

ものわらい 物笑い **物笑いの種** ¶ この出来事で私は*物笑いの種になるかもしれない This incident may make me a *laughingstock*. / (⇒ 皆に笑われるかもしれない) With this incident I may *be laughed at by everybody*.

もはや 最早 (いまでは) now; (いまごろは) by now; (すでに) already; (もはや…でない) no [not any] longer, no [not any] more 〔語法〕 no longer は「いまではもう…でない」という意味であるが, no more は「これからもう…でない」という意味. 《☞ もう》.
¶ *もはや (⇒ 今では) 遅すぎる It's too late *now*. // 彼女は*もはやこの世にいない She is gone *now*. / She is *no longer* alive. // 私たちは*もはや彼の助力を必要としない We don't need his help *any* ⌈*longer* [*more*].

もはん 模範 ━ 名 (手本) model Ⓒ; (例) example Ⓒ; (実演) demonstration Ⓒ. ━ 形 (模範的な) model. 《☞ てほん》.
¶ *模範的な生徒[夫] a *model* ⌈student [husband] // 上級生は新入生に*模範を示すべきだ Seniors should ⌈give [set] a *good example* to freshmen.
模範解答 model answer (to examination questions) Ⓒ **模範試合** (公開して見せるもの) exhibition ⌈match [game] Ⓒ.

もふく 喪服 mourning dress Ⓒ. ¶ 彼女は*喪服を着ている She is *in* ⌈*mourning* [*black*].

もほう 模倣 ━ 名 imitation Ⓤ. ━ 動 imitate ㊀ ★ 一般的な語; (できる限り元のとおりそっくりにまねる) copy ㊀; (特に人の声・動作などをふざけてまねる) mimic ㊀《過去・過分 mimicked》; (模範とする) follow an example. 《☞ まね》.
¶ 小さい子は大きい子を*模倣していろいろ学ぶ Small children *imitate* and learn various things from older ones. // ほかの作家が彼女の文体を*模倣した Other writers *have copied* her style.

もみ[1] 樅 fir (tree) Ⓒ.

もみ[2] 籾 (殻) husks ★ 通例複数形で; chaff Ⓤ. 《☞ いね (挿絵)》.

もみあげ sideburns ★ 複数形で.

もみくちゃ 揉みくちゃ ━ 動 (紙などをしわくちゃにする) crumple up … (into …); (押しつぶしてしわくちゃにする) crush ㊀. ¶ 彼はその手紙を*もみくちゃにした He *crumpled up* the letter.

もみけす 揉み消す ━ 動 (煙草などを押しつぶすようにして) crush out ㊀; (手でこすって) rub out ㊀; (うわさ・事件を) cover up ㊀, hush up ㊀ ★ 前者が普通. ━ 名 (事件などのもみ消し) cover-up Ⓤ ★ 具体的な事実をいうときは Ⓒ.
¶ 彼はたばこを灰皿で*もみ消した He *crushed out* his cigarette in the ashtray. // その事件は当局によって*もみ消されてしまった The affair *was covered up* by the authorities.

もみじ 紅葉 (かえで) maple Ⓒ; (紅葉(こうよう)) autumn ⌈colors [tints] ★ 複数形で. colors は一般的な語で, tints は色が淡くついていることを表す. 《☞ こうよう[2]》. **紅葉狩りに行く** go to see the ⌈colored maple [autumn] leaves.

もむ 揉む **1** 《人の体を》: (マッサージする) massage ㊀ 《☞ マッサージ》. ¶ ちょっと肩を*もんでくれないか. すっかり凝ってしまったよ Will

you *massage* my shoulders? They've gotten quite stiff.
2 «気を»: (心配する) worry (about …) ⓐ; (神経質になる) be nervous (about …). 《☞ しんぱい》. ¶あんまり試験のことで気を*もむなよ Don't 「*worry* too much [*be* so *nervous*] *about* the exams.

もめごと 揉め事 (ごたごた・いざこざ) trouble Ⓤ ★具体的な事例を指す場合は Ⓒ; (不一致の点) disagreement Ⓒ; (口論) quarrel Ⓒ. 《☞ ごたごた; いざこざ; あらそい》.
¶あの家は*もめ事が絶えない There is no end of *trouble* in that family. // 嫁としゅうとめとの間には*もめ事が多い There are apt to be many *quarrels* between the wife and her mother-in-law.

もめる 揉める **1** «争い事が起こる»: have trouble; (論争する) have disagreements.
¶あの家庭は年中*もめている There is always *trouble* in that family. // あのクラスでは男子と女子が*もめているらしい It seems that there are some *quarrels* between the boys and the girls in that class.
2 «気が»: (心配する) worry (about …) ⓐ ★「人」を主語とする. 《☞ しんぱい》. ¶あの子はまったく気が*もめる子だ (⇒ いつも心配している) I'm always *worrying about* that child.

もめん 木綿 cotton Ⓤ. **木綿糸** cotton (thread) Ⓤ 《☞ いと[1]; めん[2]》.

もも[1] 桃 (木) peach (tree) Ⓒ; (果実) peach Ⓒ. ¶この*桃は今年は実がなるだろう This *peach tree* will bear fruit this year. // 桃太郎は*桃から生まれた Momotaro was born from a *peach*. **桃の節句** the Doll's [Girl's] Festival.

もも[2] 股 thigh [θái] Ⓒ ★尻 (hip) とひざ (knee) の間の部分で, 日本語の「もも」と少し食い違う. 《☞ あし[1] (挿絵)》.

ももいろ 桃色 ―名 pink Ⓤ. ―形 pink; (桃色がかった) pinkish. 《☞ ピンク; 色 (囲み)》.

もや 靄 ―名 mist Ⓤ, haze Ⓤ 語法 後者のほうが薄いもので, 煙・ほこりなどによるものも指す. 日本語の「霧」「もや」「かすみ」のように季節感を含む区別ではない点に注意. 両者とも一地域にかかっているもや全体を言う場合は Ⓒ. ―形 misty, hazy. 《☞ きり[1]; かすみ》.
¶谷に*もやがかかっている There is a *haze* over the valley. // 外は*もやだ It is *misty* outside. // 何もかも*もやがかかったようで, はっきり覚えていない Everything seems to be 「*in a mist* [*hazy*] and I don't remember anything clearly.

もやし soybean sprout Ⓒ 参考 英米では元来食用にしないので必要に応じて, 例えば used as food in Japan などの説明を加えるとよい. ただし, 最近はバランスのとれた栄養食としてもやしの類を食べる人が増えているようである.

もやす 燃やす **1** «火をつけて»: burn ⓣ 《過去・過分 burned, burnt》. ¶私は庭の落ち葉を*燃やした I *burned* the fallen leaves in the garden.
2 «情熱などを»: (打ち込む) be devoted to …; (熱烈に愛する) be passionately fond of … 《☞ ねっちゅう》. ¶彼は絵画に情熱を*燃やしている (⇒ 打ち込んでいる) He *is devoted to* painting. / (⇒ 熱烈に愛している) He *is passionately fond of* painting.

もやもや ―名 (わだかまり) reserve Ⓤ. ―動 (憂うつになる) feel [become] gloomy. 《☞ しこり; わだかまり; 擬声・擬態語 (囲み)》.
¶2人の間に*もやもやが残っている There is some feeling of *reserve* between the two. // 一日中*もやもやした気分だ I *feel gloomy* all day.

もよう 模様 **1** «柄»: pattern Ⓒ, design Ⓒ 語法 以上は入れ換え可能なこともあるが, 前者は幾何学的な模様など形式的な模様をいうのに対し, 後者は全体の図柄を指し, より芸術的な作品を意味する. ¶この縞*模様はなんてきれいなんだろう How beautiful this striped *pattern* is! // 少女は花*模様の服を着ていた The girl wore a dress with a flower *design*.
2 «状態» ¶出発は遅れる*模様だ (⇒ 遅れるように思える) Our departure *looks like* being delayed. // 試合の*模様はどうでしたか (↔ 試合はどのようになったか) How did the game *go*? 《☞ ようす》

もよおし 催し (会合) meeting Ⓒ; (パーティー) party Ⓒ. 《☞ かい[1] (類義語); パーティー》.

もよおす 催す **1** «開催する»: (会などを) hold ⓣ, have ⓣ, give ⓣ. 《☞ ひらく》.
¶今度の土曜日の晩に私の家でパーティーを*催します We are going to 「*have* [*hold*; *give*] a party at my home next Saturday evening.
2 «気持ちを» ¶彼の演説は眠気を*催す (⇒ 感じさせる) His speech *makes* me *feel* sleepy. // 彼の態度には吐き気を*催した (⇒ 嫌悪の情を感じた) I *was disgusted* 「*with* [*by*] his attitude.

もより 最寄り ―形 (一番近くの) the nearest; (近所の) in the neighborhood. 《☞ ちかく[1]》. ¶*最寄りの駅までどのくらいかかりますか How far is it to *the nearest* 「railroad [train] station? // *最寄りの店でパンを買ってきて下さい Please get me some bread at a store *in the neighborhood*.

もらいなき 貰い泣き ―動 (同情して泣く) cry [weep] in sympathy ★cry のほうが口語的. 《☞ なく[1]》. ¶彼女の話を聞いて思わず*もらい泣きをしてしまった Her story made me 「*cry* [*weep*] *in sympathy*.

もらいもの 貰い物 present Ⓒ, gift Ⓒ ★前者が一般的. 後者は多少値の張るものを指す改まった語. 《☞ おくりもの》.

もらう 貰う **1** «与えられる»: (受ける) get ⓣ 《過去 got; 過分 got, 《米》ではまた gotten》; (受け取る) receive ⓣ; (与えられる) be given; (賞状などを) be awarded. 《☞ うける; うけとる; いただく[1]》.
¶彼は一等賞を*もらった He *got* first prize. // 私はきのう彼女から手紙を*もらった I 「*got* [*received*] a letter from her yesterday. 語法 receive を使うほうが改まった言い方. // 彼は奨学金を*もらった He *was* 「*given*

[*awarded*] a scholarship. // 彼は奨学金を*もらって勉学している He is studying *on a scholarship.*

2 «…してもらう»: (人に…してほしい) want *a person* to *do*, would like *a person* to *do* ★後者は丁寧な言い方; (人に…してくれと頼む) ask *a person* to *do*; (人に…させる) get *a person* to *do*, have *a person do*; (物事を…してもらう) have [get] … *done* ★以上3つは使役を表す構文で. «☞ 使役 (囲み)».

¶彼に会いにきて*もらいたい I *want* him *to* come and see me. «☞ 意志・願望の表現 (囲み)» // さっそく始めて*もらいたい I'*d like* you *to* begin right now. // 私たちは彼女にその仕事をやって*もらった (⇒ 頼んだ) We *asked* her *to* do the work. // 私は彼女に宿題をやって*もらった I *got* her *to* do my homework. // 私は論文をタイプして*もらった I ˹*got* [*had*] my essay *typed.* // 答案をやっと返して*もらった I finally *got* the paper back. / (⇒ 答案がやっと返された) The exam paper *was* finally *returned.* // 違反者はびしびし取り締まって*もらいたい (⇒ 罰せられるべきだ) Violators *should be* severely *punished.* // 何も言って*もらいたくない I prefer nothing to *be said.*

もらす 漏らす, 洩らす **1** «水などを»: let … leak, leak (他). «☞ もれる». ¶水を*漏らさないように (⇒ 水が漏れないように) ビニール袋に入れておきなさい Put it in a plastic bag so the water won't *leak out.*

2 «…しそこなう»: fail to *do*; (ねらったものを取り逃がす) miss (他). «☞ -そこなう». ¶彼の言ったことを聞き*もらした I ˹*failed to* catch [*missed*] what he said. «☞ ききもらす»

3 «秘密などを»: leak (他), let … out; (話す) tell (他); (気持ちを口に出す) let … escape *one's* lips. «☞ うちあける; はなす[1]». ¶だれが秘密を*もらしたのか Who *let* the secret *out*? // 社長は計画を秘書だけに*もらした The president *told* the plan only to his secretary. // 彼はふと自分の気持ちを*もらした He *let* his feelings *escape his lips.*

水も漏らさぬ ¶*水も漏らさぬ警戒だった (⇒ 守備はあり一匹逃げられないほど厳重だった) The guard was so strict that *even an ant could not escape.*

もり[1] 森 wood Ⓒ ★しばしば複数形で; (人家から離れた森林) forest Ⓒ; (小さな森) grove Ⓒ ★wood より小さい. «☞ はやし[1]». ¶私は*森の中で道に迷った I lost my way in the ˹*woods* [*forest*].

もり[2] 銛 gaff Ⓒ; (捕鯨用の) harpoon Ⓒ.

もりあがり 盛り上がり ¶この会は*盛り上がりに欠けている There is something lacking in the spirit of this conference. // 会はいつにない*盛り上がりを見せた (⇒ いつもは見られないほどの成功を収めた) The conference was unusually *successful.* «☞ せいかい[3]»

もりあがる 盛り上がる **1** «山のようになる»: rise (自); (異常にふくれる) swell (自); (筋肉などが隆々として) bulge. ¶あの筋肉の*盛り上がった腕を見ろよ Look at those *bulging* muscles on his arms.

2 «気分が高まる»: (調子が出る) get into swing (自); (活気づく) liven up (自); (自然にわき上がるように高まる) be heightened spontaneously. ¶パーティーはだいぶ*盛り上がってきた The party *is* ˹*getting into swing* [*livening up*].

もりあげる 盛り上げる (活気づける) liven up (他).

もりかえす 盛り返す (力などを) regain (他), recover (他); (生き返る) revive (自); (元気を取り戻す) rally (自); (返り咲く) make a comeback.

¶いったん下火になったインフルエンザの流行は再び勢いを*盛り返したようだ The influenza epidemic which seemed to have lost its power at one time seems to *have revived.* // 彼の事業は危なかったが*盛り返した His business almost failed but he *has made a comeback.* // 負けていた巨人軍は後半で*盛り返した The Giants were losing at first but *rallied* toward the end.

もりこむ 盛り込む (含ませる) include (他); (1つのものに合わせて入れる) incorporate (他) ★後者のほうが同化して取り込む意味が強い. ¶彼の考えはその計画に*盛り込まれた His ideas *were* ˹*included* [*incorporated*] in the plan.

もりだくさん 盛り沢山 ¶*盛り沢山の行事で忙しい I am busy with a *very crowded* schedule. // ショーは*盛り沢山のプログラムだった The show *was full of* entertainment.

もりたてる 守り立てる (支えて盛んにする) support (他); (支援する) back up (他). ¶みんなでこのクラブを*もり立てて学校一の立派なものにしよう Let's *back up* this club and make it the best one in our school.

もりもり ¶*もりもり食べて元気になってくれ Eat *a lot* and gain strength. «☞ 擬声・擬態語 (囲み)»

もる[1] 盛る **1** «積み上げる»: pile up (他), heap (up) (他). ¶土を*盛って築山を作った We *heaped up* some earth and made an ornamental hillock.

2 «入れる»: (食器に食べ物を) serve (他); (いっぱい入れる) fill (他). ¶茶わんにご飯を*盛って下さい Please *fill* the bowls *with* rice. // お盆にみかんを*盛って出した I *served a pile of* mandarins on a tray.

3 «毒を与える»: poison (他).

もる[2] 漏る, 洩る leak (自) «☞ もれる; あまもり». ¶雨が*漏る The roof *leaks.*

モルタル ―[名] mortar Ⓤ. ―[動] (モルタルで塗る) mortar (他). ¶*モルタル塗りの家 a *mortared* house

モルヒネ morphine Ⓤ.

モルモット guinea [gíni(ː)] pig Ⓒ.

もれ 漏れ (漏れ口・漏れ穴) leak Ⓒ; (漏れること) leakage Ⓤ ★比喩的に, 秘密などが漏れることにも用いる. ¶水[ガス]*漏れ *leakage* [*a leak*] of ˹water [gas]

もれる 漏れる, 洩れる **1** «透き間からこぼれ出る»: leak (自); (穴からかいま見える) peep (自); (人目につかず逃れ出る) escape (自).

も

¶割れ目から水が*漏れている Water *is leaking* through the cracks. // 彼女の部屋のカーテンの透き間から光が*漏れていた Lights *were peeping* through the chinks between the curtains of her room. // ガスが*漏れているのではないか．何か臭い *Isn't* the gas ˹*leaking* [*escaping*]? Something smells.

2 «秘密が»: leak ⓐ (☞ ろうえい)．¶秘密は思わぬところから*漏れた The secret *leaked* from an unsuspected source.

3 «脱落する»: (多くの中から抜け落ちる) be left out; (省かれる) be omitted. (☞ ぬける; おちる)．¶彼の名前がリストから*もれている His name *has been* ˹*left out* [*omitted*] from the list. // 彼は選に*もれた (⇒ 選ばれなかった) He *was not chosen*.

もろい 脆い ―形 (ガラスなどが壊れやすい) fragile [frǽdʒəl]; (弱い) weak.

もろくも 脆くも (たやすく) easily; (目立つような抵抗もせずに) without making any noticeable resistance. (☞ あっけない)．

¶去年の優勝チームは今年は*もろくも第1回戦で負けてしまった Last year's champion team ˹lost their game [was beaten] *so easily* in the first round of the tournament this year.

もろて 諸手 (両手) both hands. ¶*もろ手を挙げて賛成した (⇒ まったく賛成だった) I was *all for it*. / (⇒ 心から賛成した) I agreed *with all my heart*.

もろとも ―副 (一緒に) together; (すべて一時に) altogether. ―接 (両方とも) both … and … (☞ いっしょ)．¶死なば*もろともだ If we have to die, let's die *together*. // 乗組員は船*もろともに波間に沈んだ The ship was swallowed by the waves crew *and all*.

もろに 諸に ―副 (真っすぐに・まともに) straight (☞ まとも)．¶我々は北風を*もろに受けた We had the north wind *straight into our faces*.

もん[1] 門 gate Ⓒ. ¶*門を開けて下さい Please open the *gate*. // 彼は*門のところで待っていた He was waiting at the *gate*. // その大学はまったく狭き*門だ (⇒ 入学するのが難しい) It is very hard to get into that university.

もん[2] 紋 coat of arms Ⓒ.

もんがいかん 門外漢 (非専門家) layman Ⓒ (複 -men) (↔ expert); (局外者) outsider Ⓒ (↔ *insider*). (☞ しろうと; ぶがいしゃ)．¶法律に関してはまったくの*門外漢です When it comes to (the) law I am only a *layman*. / (⇒ 法律については何の知識も持っていない) I *have no knowledge of* (the) law.

もんがいふしゅつ 門外不出 ―形 (家の外へは持ち出せない) never to be taken out of the house; (外部には貸し出しが許されない) never allowed to be ˹loaned [lent] out ★形式ばった表現では loan より lend のほうが好まれる. (☞ かす[1]; かしだす; もちだす)．

¶この絵は*門外不出です This picture is *never to be taken out of the house*. [語法] この言い方は場合に応じて the house の代わりに the gallery, the museum などを使用しなければならないが，次のように言えば一般的な表現となる: This picture is *never* (*allowed*) *to be* ˹*loaned* [*lent*] *out*.

もんかせい 門下生 pupil Ⓒ (↔ teacher) ★個人教授の生徒をいう. (☞ おしえご; でし; もんじん)．¶彼らは田中先生の*門下生だ They are Mr. Tanaka's *pupils*.

もんきりがた 紋切り型 ―形 (型にはまった) stereotyped; (お定まりで新鮮味のない) 《口語》cut and ˹dried [dry]. ―名 stereotyped pattern Ⓒ. ¶歓迎の辞は*紋切り型だった The welcome address was *cut and dried*.

もんく 文句 **1** «語句»: words ★複数形で; (表現) expression Ⓒ; (言い回し) wording Ⓤ; (言葉遣い) phrasing Ⓤ; (語の選択) choice of words Ⓤ. (☞ ことば)．¶歌の*文句 the *words* of the song // この*文句は削ったほうがいい We had better ˹omit [leave out] ˹these *words* [this *expression*].

2 «不平・言い分» ―名 (不平) complaint Ⓒ; (ぶつぶつ言う不満) grumble Ⓒ; (異議・反対の理由) objection Ⓒ. ―動 (文句を言う[つける]) complain ⓐ, make a complaint (about …); (ぶつくさ言う) grumble (about …; at …; over …) ⓐ; (異議を唱える) object (to …) ⓐ; (けちをつける) find fault (with …). (☞ ふへい (類義語); くじょう (類義語); ぐち)．

¶彼女はいつも*文句ばかり並べている (⇒ 常に文句を言っている) She *is* always ˹*complaining* [*grumbling*]. // 彼らはホテルの食事に*文句たらたらだった (⇒ 大いに不平を述べた) They *complained* bitterly about the food ˹at [in] the hotel. // *文句を言ってもはじまらない (⇒ むだだ) It is no use (your) *complaining*. // 君は僕がやることにいちいち*文句をつけるね (⇒ 常にけちをつける) You *are* always *finding fault with* ˹my actions [what I do]. [語法] 進行形を用いると相手に対する話し手の非難の念が強調される. // この計画に対して*文句 (⇒ 異議) があるかね Do you *have* any *objection*(*s*) *to* this plan? // 遠足には*文句なしの (⇒ 理想的な) 上天気 *ideal* weather for a picnic // 彼の提案は*文句なしに (⇒ 何の異議もなく) 通った His proposal passed without any *objection*.

もんげん 門限 (宿舎などの) (the) curfew. ¶*門限に遅れないように注意しなさい Take care not to be late for (*the*) *curfew*.

もんこ 門戸 ¶その大学は数年前に社会人 (⇒ 勤労者) にも*門戸を解放した The ˹college [university] *opened its doors* to working people a few years ago. // 日本は1639年に外国に対して*門戸を閉ざした Japan ˹*closed* [*shut*] ˹*the door* [*her doors*] ˹to [on] foreign countries in 1639.

モンゴル ―名 固 Mongolia. ―形 (モンゴルの) Mongolian. **モンゴル語** Mongolian Ⓤ **モンゴル人** Mongol(ian) Ⓒ.

もんし 門歯 incisor [insáizə*r*] Ⓒ (☞ は[1] (挿絵))．

もんじゅ 文殊 ¶3人寄れば*文殊の知恵

も

Two heads are better than one.《ことわざ：2 人の頭のほうが 1 人(の頭)よりまし》

もんじん 門人 (個人教授の弟子) pupil Ⓒ; (教え子や理論などに従う者) follower Ⓒ.《☞ もんかせい; でし; せいと》.

もんぜん 門前 ¶ *門前に 1 台の車が止まった A car stopped *in front of the gate.* ‖ *門前の小僧習わぬ経を読む (⇒ 聖者のメイドはラテン語を引用する) A saint's maid quotes Latin. **門前町** cathedral [temple] town Ⓒ.

もんぜんばらい 門前払い ¶ *門前払いを食わされた (⇒ 入れてもらえなかった) I *was refused admittance.*

モンタージュ ¶ *モンタージュ写真 a *montage* [mɑntɑ́:ʒ] (「picture [photograph])

もんだい 問題 **1** «答えを求める問い»: (問い) question Ⓒ (↔ answer); (特に数や事実を求める問題) problem Ⓒ (↔ solution) ★ 従って problem は数学や理科関係の問題について用いるのが普通; (問題用紙に出ている問題全部) paper Ⓒ.

¶ 数学の*問題 a *problem* in mathematics / a mathematical *problem*

この*問題が解けますか Can you「answer this *question* [solve this *problem*]?

英語の*問題は易しかった[難しかった] The *questions* in English were「easy [difficult] (ones). / (⇒ 私は英語の問題は易しい[難しい]と思った) I found the English *paper*「easy [difficult].

渡辺先生は試験に難しい*問題を出した Mr. Watanabe「asked difficult *questions* [gave difficult *problems*] in the exam. / Mr. Watanabe set difficult「*questions* [*problems*] in the exam.

この*問題は試験に出そうだ This「*question* is likely to be asked [*problem* is likely to be given] in the exam.

2 «疑問・困難»: question Ⓒ ★ 考慮すべき疑問の意では Ⓤ; (難問) problem Ⓒ; (論争点) issue Ⓒ; (題目) subject Ⓒ.

【類義語】最も一般的な語で, 解決がつくかどうかは別として困難や議論を引き起こす問題が ***question***. 明瞭な解決が必要とされる, 特に困難な問題が ***problem***. 論争の対象となっていて, 決着が迫られている社会的な争点が ***issue***. 研究の対象として取り上げ解決すべき題目が ***subject***.《☞ ぎだい; わだい》

¶ 公害[人種]*問題 the「pollution [race] *problem* / the *problem* of「pollution [race]

それは*問題が別だ That's another「*question* [*problem*].

彼の能力に関してはやや*問題がある There is some *question*「about [as to] his ability.

*問題は彼が我々の申し出を受け入れてくれるかどうかだ The *question* is whether he will accept our offer (or not).

買おうか買うまいか, それが*問題だ To buy or not to buy; that's the *question*.

彼の提案は*問題にならない His proposal is out of the *question*. ★ 不可能であるという意味.

わが国では石油[住宅, 失業]*問題が深刻化してきている The「oil [housing; unemployment] *problem* is getting worse in our country.

会議ではいかにして戦争を防止すべきかという*問題が討議される The *problem* of how to prevent war will be discussed at the conference.

この*問題に関してはたくさんの本が書かれている Many books have been written on this *subject*.

3 «事柄»: (あるかないかの問題) question Ⓒ; (関係する事柄) matter Ⓒ.

¶ それは時間[金]の*問題だ It's a「*question* [*matter*] of「time [money].

それは趣味の*問題だ That's a *matter* of taste.

これはたいした*問題ではない This is a small *matter*.

彼の言うことなど*問題にしなさんな (⇒ 気に留めるな) Don't *pay* any *attention to* what he says.

*問題なのは (⇒ 重要なことは) 金ではない. やる気だ *The important thing* [*The thing that counts*] is not money but the will.

4 «面倒な事»: trouble Ⓤ《☞ めんどう》.

¶ 彼は*問題ばかり起こしている He's always causing *trouble*. [語法] 進行形は感情的な表現法で, この場合は「だからまったくあきれてしまう」というような意味が含まれる. / He's a *troublemaker*.

君の話がうそだとわかったら*問題だぞ (⇒ 君は面倒に巻き込まれるぞ) You will *get into trouble* if your story is found to be false.

問題意識 critical mind Ⓒ **問題児** problem child Ⓒ **問題点** (問題) question Ⓒ; (問題になる点) the point at issue **問題の人物** the person in question Ⓒ.

もんちゃく 悶着 (困った事) trouble Ⓤ; (いさかい) quarrel Ⓒ.《☞ もめごと; ごたごた》.

¶ その事で彼らの間にひと*悶着あった (⇒ いさかいがあった) There was a *quarrel* between them「about [over] the matter.

もんちゅう 門柱 gatepost Ⓒ.

もんどう 問答 ━名 (議論) argument Ⓤ ★ 具体的な事例をいうときは Ⓒ. ━動 (議論をする) argue (about ... with *a person*) ⓐ, have an argument (about ... with *a person*).《☞ おしもんどう; ぎろん》.

問答無用 ¶ この件はすでに決まっている. *問答無用だ (⇒ 論争するつもりはない) This matter has already been decided. I *have no intention to argue about* it.

もんなし 文無し ━形 penniless. ━動 have no money at all. ━副 (一文無しで) without a penny [参考] penny は英国の最少貨幣単位だが, 日本語の「1 円も[1 銭も]持っていない」に当てはめて用いてよい.《☞ むいちもん》. ¶ *文無しになっちゃった I have become *penniless*. / (⇒ 最後の 1 ペニーまで使ってしまった) I *have spent my last penny*.

もんばん 門番 gatekeeper Ⓒ; (玄関番) doorkeeper Ⓒ; (ホテルなどにいる玄関の世話係) porter Ⓒ; (ビル・学校などの管理人) janitor Ⓒ.

もんぶしょう 文部省 the Ministry of Education (, Science and Culture), the Education Ministry ★前者がより形式ばった言い方. ( ) 内は省いても通用する. 《☞ 政治・経済 (囲み)》.

もんぶだいじん 文部大臣 the Minister of Education (, Science and Culture), the Education Minister ★前者がより形式ばった言い方. ( ) 内は省いても通用する. 《☞ 政治・経済 (囲み)》.

もんもう 文盲 —图 illiteracy Ⓤ (↔ literacy). —形 illiterate (↔ literate).
文盲率 illiteracy rate Ⓤ.

もんもん 悶悶 —動 (思い悩む) worry *oneself* (about ...). —副 (思い悩んで) worriedly; (不満を抱いて) discontentedly. 《☞ なやむ》. ¶彼女はそのことで*悶々として一夜を明かした She ⌈sat [stayed] up all night *worrying herself about* it.

や

や 矢 arrow Ⓒ 《☞ ゆみ (挿絵)》.
¶彼は的に向かって*矢を射た He shot an *arrow* at the target. // *矢は的の真ん中に当たった The *arrow* shot the target right in the center. // 光陰*矢のごとし Time flies. 《ことわざ: 時は速く過ぎ去る》 [語法] 英語では like an arrow を付けないのが普通.
矢の催促 ¶彼は金を返せと*矢の催促だ (⇒繰り返し要求する) He *has been demanding* his money back *over and over again.* 《☞ さいそく[1]》
矢も盾もたまらず ¶彼は*矢も盾もたまらず (⇒我慢できずに) 表に飛び出した He *grew too impatient* and dashed out.

-や (…と…) … and …; (…または…) … or … 《☞ -と; なにやかや》. ¶きのうはあれ*やこれ*やで忙しかった We were busy doing ⌈this (thing) *and* that [(⇒あらゆること) all sorts of things] yesterday.

やあ (人に会ったときのあいさつ) hello [həlóu], hi ★いずれも口語的だが, 後者のほうがよりくだけたあいさつ. 《☞ こんにちは; あいさつ (囲み)》. ¶「*やあ, 元気かい」「まあね. 君は」"*Hello* [*Hi*]. How áre you?" "Fine [OK; Okay]. How are yóu?"

ヤード yard Ⓒ 《略 yd.》 《☞ 度量衡 (囲み)》.

やいば 刃 (刃) blade Ⓒ; (刀) sword [sɔ́ɚd] Ⓒ.

やいん 夜陰 the dark(ness) of night 《☞ やみ》. ¶彼らは*夜陰に乗じて敵を攻めた They attacked the enemy taking advantage of *the dark(ness) (of night).*

やえざくら 八重桜 (花) double cherry blossoms ★通例複数形で; (木) double-flowered cherry tree Ⓒ. 《☞ さくら[1]》.

やえば 八重歯 (重なっている) double tooth Ⓒ 《複 teeth》.

やおちょう 八百長 —動 (試合などの結果を操作する) fix ⑩. —形 fixed, rigged. —图 (スポーツの試合などで) fix Ⓒ, fixed [rigged] game Ⓒ. ¶その試合は*八百長だった The match was ⌈a *fix* [*fixed*; *rigged*].

やおもて 矢面 (攻撃の的) the target (of the attack) 《☞ まと》. ¶彼は批判の*矢面に立った He was *the target* of criticism.

やおや 八百屋 (店) grocery Ⓒ, 《英》 greengrocery Ⓒ; (人) grocer Ⓒ, 《英》 greengrocer Ⓒ [参考] 《米》では, 市や露店は別として, 町なかで青物だけを売る店は普通はなくて, 穀物・乾物・缶詰などをあわせて売っている店が grocery と呼ばれる. 《英》ではこのような店は grocer's (shop) が普通. 特に青物(果物も含む)を専門にしている店は 《米》 では vegetable store Ⓒ と呼ばれることがある. 《英》では青物を主として扱う店を greengrocery という. また 《米》では store を付けて grocery store, grocer's store, 《英》では shop を付けて greengrocer's shop などということもある. 《☞ 店の呼び名 (囲み)》.

やがい 野外 —副 (屋外で) in the open air, outdoors, out of doors. —形 open-air, outdoor, out-of-door. 《☞ おくがい》.
¶子供は*野外で大いに遊ばなくてはいけない Children should play a lot *in the open air.* **野外劇場** open-air theater Ⓒ.

やがく 夜学 night school Ⓤ ★個々の学校は Ⓒ.

やかた 館, 屋形 (昔の領主などの) mansion house Ⓒ.

やかたぶね 屋形船 roofed Japanese pleasure boat chiefly for river use Ⓒ.

やがて (そのうちに) by and by, in the course of time ★前者のほうが口語的; (しばらくして) after a while; (間もなく) before long ★やや長めの時間の経過を意味する. 《☞ まもなく》.
¶*やがて春がやって来る *By and by* spring will be here. / Spring will come *in the course of time.* // *やがて赤ん坊は寝入ってしまった The baby fell asleep *after a while.* // あらしもおさまり, *やがて私たちの船は出港した The storm had subsided, and *before long* our ship set sail. // ここへ住みついてから*やがて2年になる It's ⌈*nearly* [*almost*] two years since we came here.

やかましい 喧しい **1** «騒々しい»: (不明瞭な音や声などでうるさい) noisy; (聞き取れる音や声が大きい) loud. 《☞ さわがしい (類義語); うるさい》.
¶*やかましい (⇒静かにしろ) Be quiet! / (⇒騒音を立てるのをやめろ) Stop making (that) noise! / (⇒黙れ) Shut up! ★俗語的. // 本当に*やかましい子供たちだ What *noisy*

children! // 表がばかに*やかましいな I wonder why there's so much *noise* outside. // ラジオの音が*やかましくて眠れない The radio is so *loud* (that) I can't go to sleep.

2 «厳格»: (厳しい·ゆるがせにしない) strict 《☞ げんかく[1] (類義語); くちやかましい》.

¶ 校長は規律に*やかましい The principal is *strict on* discipline. // あの人は時間に*やかましい He's *strict* ⌈*on* [*about*] punctuality. / (⇒ 彼は時間の正確さにこだわる人だ) He's a *stickler for* punctuality. // *やかましくいえば君のやったことは法に触れる *Strictly* speaking, what you've done is ⌈unlawful [illegal].

3 «気難しい»: (好みがやかましい) particular 《☞ うるさい》. ¶ 彼はネクタイ選びとなると*やかましい He's *particular* ⌈*in* his choice of [*about* his] ties. [語法] in の次には好みが表れる行為, about の次には好みの対象となるものが来る.

やかましや 喧し屋 (細かいことまでうるさい人) particular person Ⓒ; (形式などにこだわる人) stickler Ⓒ. 《☞ うるさい; やかましい》.

やかん[1] 夜間 night Ⓒ (↔ day), nighttime Ⓤ (↔ daytime). 《☞ よる[1]; ばん[1] (類義語)》.

夜間部 night school Ⓒ.

やかん[2] 薬罐 teakettle Ⓒ, kettle Ⓒ. 《☞ 台所·家事 (囲み)》.

やぎ 山羊 (一般的に) goat Ⓒ; (子山羊) kid Ⓒ. 《☞ おす[3] (表); 動物の鳴き声 (囲み)》. **山羊座** Capricorn [kǽprikɔ̀ːn], the Goat. 《☞ じゅうにきゅう (挿絵)》

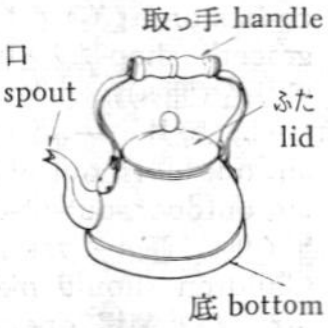

山羊ひげ goatee Ⓒ.

やきいも 焼き芋 baked [roast] sweet potato Ⓒ.

やきうち 焼き討ち —[動] (…に放火する) set fire to …, set … on fire. ¶ デモ隊は交番を*焼き討ちした The demonstrators ⌈*set fire to* the police box [*set* the police box *on fire*].

やききる 焼き切る (切断する) burn off (他).

やきざかな 焼き魚 roast [broiled] fish Ⓒ ★ 単複同形. 《☞ 料理の用語 (囲み)》.

やきそば 焼きそば chow mein [tʃàu-méin] Ⓤ.

やきたて 焼きたて ¶ このパンは*焼きたてです (⇒ オーブンから出したばかり) This bread is ⌈*hot* [*fresh*] *from the oven*. 《☞ -たて》

やきつく 焼き付く ¶ その光景が私の心に*焼きついている The scene *has been printed on* my ⌈memory [mind].

やきつける 焼き付ける (陶器に文字などを) bake (他); (写真を) print (他).

やきとり 焼き鳥 grilled [barbecued] chicken on a ⌈stick [skewer] Ⓤ 《☞ 料理の用語 (囲み)》.

やきなおし 焼き直し (作品などの) rehash Ⓒ.

やきにく 焼き肉 roast [broiled; grilled] meat Ⓤ 《☞ 料理の用語 (囲み)》.

やきば 焼き場 《米》 crematory Ⓒ, 《英》 crematorium Ⓒ. 《☞ かそう[1]》.

やきはらう 焼き払う burn ⌈up [down] (他) ★ 最も一般的な表現で, 以下の表現の代わりにも使える; (灰にする) reduce … to ashes; (火で破壊する) destroy … by fire. 《☞ やく[1]》.

¶ 町は戦火ですっかり*焼き払われてしまった The whole town *was* ⌈*burned down* [*reduced to ashes*; *destroyed*] ⌈in [during] the war.

やきまし 焼き増し —[動] make ⌈a [an additional] ⌈print [copy]. —[名] (additional) ⌈print [copy] Ⓒ.

やきもき —[動] (じれったい気持ちになる) fret (自), get in a fret. —[形] (いらいらして) nervous; (落ち着かないで) restless. 《☞ いらいら》. ¶ 救助隊がなかなか来ないので私たちは*やきもきした We ⌈*fretted* [*got in a fret*] because the rescue party was long in coming. // 何をそんなに*やきもきしているのですか What are you so ⌈*nervous* [*restless*] about?

やきもち 焼き餅 —[名] (嫉妬) jealousy Ⓤ. —[形] (嫉妬深い) jealous. 《☞ しっと》.

¶ 彼女はご亭主がほかの女性と話しているとすぐ*焼きもちを焼く She feels *jealous* whenever her husband talks to another woman. // あいつの女房は*焼きもち焼きだ He has a *jealous* wife.

やきもの 焼き物 (土を焼いて作った物の総称) earthenware Ⓤ; (陶器) pottery Ⓤ; (磁器) porcelain Ⓤ, china(ware) Ⓤ ★ 後者は陶磁器の総称として使われる場合もある. 《☞ とうき[1]》.

やきゅう 野球 baseball Ⓤ [語法] 形容詞的に「野球の…」という場合には単に ball … ということもある. 《☞ スポーツ (囲み)》.

¶ 私はきのう*野球の試合を見に行った I went to see a ⌈*baseball* [*ball*] ⌈game [match] yesterday. // 「*野球をしようよ」「いいよ」 "Let's play *baseball*." "OK." // *野球の選手 a ⌈*baseball* [*ball*] player // *野球のチーム a *baseball* team // プロ*野球の選手 a professional ⌈*baseball* [*ball*] player

野球場 baseball [ball] ⌈field [ground; park] Ⓒ **野球ファン** baseball fan Ⓒ.

やきん[1] 夜勤 night duty Ⓤ; (交替制の夜番) night shift Ⓒ. 《☞ とうちょく》.

¶ きょうは*夜勤だ (⇒ 今夜は勤務だ) I'm *on duty tonight*.

やきん[2] 冶金 metallurgy [métəlɜ̀ːdʒi(ː)] Ⓤ.

冶金学者 metallurgist Ⓒ.

やく[1] 焼く **1** «燃やす»: burn (他) 《☞ もやす》.

¶ その手紙は*焼いてしまった I *burned* that letter.

2 «日に当てて»: tan (他) (自) 《☞ ひやけ; やける[1]》. ¶ 若い人たちは夏には肌を*焼くのが好きだ Young people like to ⌈*tan* (their skin) [*get a tan*] in (the) summer.

3 «食物に火を通す»: grill (他); broil (他); roast (他); bake (他); barbecue (他); toast (他).

【類義語】 片面を直火(じかび)に当てて小さい物を焼くのが ***grill*** および ***broil*** で, 《米》では ***broil***

野 球 の 英 語

(1) 選手その他の名称

ピッチャー pitcher Ⓒ **キャッチャー** catcher Ⓒ **ファースト** first baseman Ⓒ **セカンド** second baseman Ⓒ **サード** third baseman Ⓒ **ショート** shortstop Ⓒ **レフト** left fielder Ⓒ **センター** center fielder Ⓒ **ライト** right fielder Ⓒ **球審** plate umpire Ⓒ; (主審) umpire-in-chief Ⓒ **塁審** base umpire Ⓒ **監督** manager Ⓒ **コーチ** coach Ⓒ **キャプテン** captain Ⓒ **ランナー** runner Ⓒ **バッター** batter Ⓒ **強打者** heavy batter Ⓒ, slugger Ⓒ **ピンチヒッター** pinch hitter Ⓒ **代走** pinch runner Ⓒ.

> **投手のいろいろ**
> 右腕投手 right-handed pitcher, right-hander, 左腕投手 left-handed pitcher, left-hander, southpaw, 速球投手 fastball pitcher, fastballer, 横手投げ投手 sidearm pitcher, 下手投げ投手 underarm [underhand] pitcher, 主戦投手 ace, ace ⌈pitcher [hurler], 勝利[敗戦]投手 winning [losing] pitcher, 先発投手 starting pitcher, starter, 救援投手 relief pitcher, reliever, バッティング投手 batting-practice pitcher

(2) 野球場の名称

内野 diamond Ⓒ, the infield **外野** the outfield **マウンド** mound Ⓒ **ピッチャープレート** pitcher's plate Ⓒ **本塁** home (plate) Ⓤ **1塁** first (base) Ⓤ **2塁** second (base) Ⓤ **3塁** third (base) Ⓤ **ダッグアウト** dugout Ⓒ **ベンチ** bench Ⓒ **ブルペン** bull pen Ⓒ **フェンス** fence Ⓒ **観客席** stands ★ 複数形で. **内野席** infield bleachers ★ 複数形で. **外野席** outfield bleachers ★ 複数形で. **バッターボックス** batter's box Ⓒ **コーチスボックス** coach's box Ⓒ **ファウルライン** foul line Ⓒ **スコアボード** scoreboard Ⓒ **バックネット** backstop Ⓒ.

(3) 競技上の用語

ストライク strike Ⓒ **ボール** ball Ⓒ **アウト** out Ⓒ **セーフ** ━形 safe **直球** fastball Ⓒ **カーブ** curve Ⓒ **シュート** screwball Ⓒ **スライダー** slider Ⓒ **フォークボール** fork ball Ⓒ **ヒット** hit Ⓒ **三振** strikeout Ⓒ **ファウル** foul Ⓒ **デッドボール** (バッターに投球が当たること) hit-batter Ⓒ, hit by a pitch Ⓒ **フライ** fly Ⓒ **ゴロ** grounder Ⓒ **ライナー** liner Ⓒ **2[3]塁打** two-[three-]base hit Ⓒ **ホームラン** home run Ⓒ, homer Ⓒ **エラー** error Ⓒ **2ストライク3ボール** three balls and two strikes ★ 日本語と逆である点に注意. **フォアボール** base on balls Ⓒ, walk Ⓒ **盗塁** steal Ⓒ **バント** (犠牲バント) sacrifice bunt Ⓒ; (ドラッグバント) drag bunt Ⓒ **スクイズ** squeeze play Ⓒ **犠牲フライ** sacrifice fly Ⓒ **セーブ** save Ⓒ **ダブルプレー** double play Ⓒ.

(4) 「勝敗」に関する表現

¶ 広島カープは5対0で読売ジャイアンツに勝った The Hiroshima Carp(s) ⌈beat [defeated; downed] the Yomiuri Giants by the score of five to zero.

タイガースは3連勝の後, 初めて黒星を喫した The Tigers suffered their first loss after three straight wins.

昨年のセントラルリーグの覇者読売ジャイアンツは開幕第1戦を失った Last year's Central

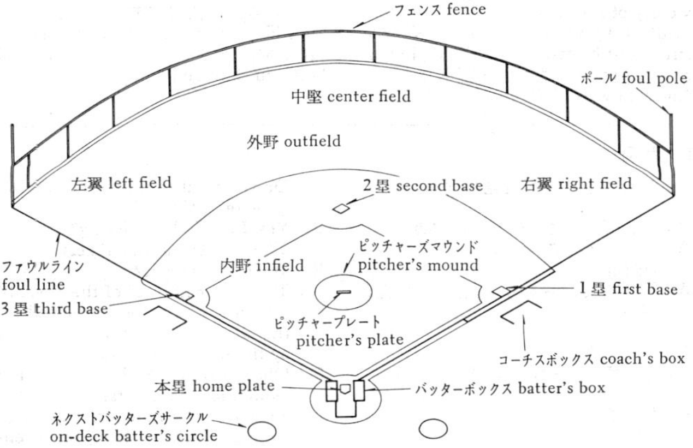

野球場 baseball field

League champion Yomiuri Giants lost their first game of the season.
第55回選抜高校野球大会は東西高校が優勝した Tozai High School won the fifty-fifth National Invitational High School Baseball Tournament.

（5）「打」に関する表現

¶ 彼は3打席で2打点をあげた He drove in two runs in his three at bats. [語法] at bat が1語とみなされて複数形は at bats となる.
彼は左中間[右中間]に3塁打を放った He ˹hit [blasted] a triple into ˹left center [right center] (field).
彼は2塁打で2者を迎え入れた He drove in two runs with a double.
彼は9回に満塁ランニングホームランを放った He slammed a bases-loaded inside-the-park homer in the ninth inning.
中畑のシングルヒットで原が生還した Hara scored on Nakahata's single.
彼は3塁にゴロを打ってアウトになった He grounded out to third.
彼はセンターへフライを打ち上げてアウトになった He hit a fly ball out to center field.

（6）「投」に関する表現

¶ 彼は15試合に登板し3勝2敗の成績だった He appeared in fifteen games with a ˹three(-to-)two [3-2] record. / He was ˹three (to) two [3-2] in fifteen appearances.
大洋の繰り出した3人のピッチャーは1安打しか許さなかった Three Taiyo pitchers allowed only one hit.
ジャイアンツは強力な投手陣を持っている The Giants have a ˹strong [great] pitching staff.
彼は完投で今シーズン第1勝目をあげた He went the ˹distance [route] for his first victory of the season.
金田は長島を3球3振に打ち取った Kaneda struck out Nagashima on three pitches.
小松は篠塚を歩かせて満塁策をとった Komatsu walked Shinozuka to load the bases.
ピッチャーはしきりと一塁走者を牽制した The pitcher threw to first again and again to ˹hold the runner close [check the runner].
ワンアウトで田中はフルカウントから四球を選んだ With one out, Tanaka ˹walked [drew a walk] on a ˹full count [3-2 pitch].
救援の江夏が勝利投手となった The ˹win [victory] went to reliever Yutaka Enatsu. / Reliever Yutaka Enatsu ˹got [gained] credit for the ˹win [victory].
新人のトムジョンソンが敗戦投手となった Rookie Tom Johnson was charged with the loss. / The loss ˹went [was charged] to rookie Tom Johnson.

（7）「守」に関する表現

¶ 彼は内野でも外野でもこなせる He can play outfield as well as infield.
彼は1塁[ショート, ライト]を守った He played ˹first base [shortstop ; right field].
レッズの内野[外野]守備は堅実だ The Reds have a sure-handed ˹infield [outfield].
彼のグラブさばきはすばらしい[よくない] He does a ˹brilliant [poor] glove work.
ドジャースの2塁手が9回裏[表]に手痛いエラーをした The Dodgers' second baseman committed a costly error in the ˹bottom [top] of the ninth inning.

（8）「走」に関する表現

¶ 彼は鮮やかに2盗に成功した He made a clean steal ˹of [to] second base. / He cleanly stole second.
彼は1試合で3個の盗塁をした He stole three bases in a single game.
彼は今シーズン8個目の盗塁をした He stole his eighth base of the season.
彼は3塁[ホーム]に滑り込んでタッチアウトになった He was tagged out sliding ˹into third [home].
彼は頭からセカンドに滑り込んでセーフになった He slid head-first into second safely.
彼は3本間に挟まれた He was trapped between third and home.

対話例

A：テレビで野球の試合を見たいですか	A：Do you want to watch the baseball game on TV?
B：うん. どことどこが試合をしているの	B：Yes, I do. Who's playing?
A：ジャイアンツとタイガースです	A：The Giants and the Tigers.
B：いま何回	B：What inning is it?
A：7回の表で, ジャイアンツは満塁ですが, 3点負けています	A：The ˹first half [top] of the seventh (inning). The bases are loaded for the Giants now, but they are losing by three ˹runs [points].
B：そう, でタイガースはだれが投げているの	B：Oh, are they? And who's on the mound for the Tigers?
A：鈴木です. でも彼はきょう調子がよくないようです	A：Suzuki is. But he doesn't seem to be in good ˹shape [form] this evening.

B：おや，打席に入るのはジャイアンツのスミスだね
A：ええ，はらはらする場面ですね．さあ，見ましょう

B：Well, Smith of the Giants is coming up to bat.
A：This is pretty exciting, isn't it? Let's watch it.

が多い．主に大きな肉を，*grill* や *broil* よりもゆっくりと時間をかけて焼くのが **roast**．灰にうずめたりして焼く場合にも用いる．肉以外の物をオーブンで調理する場合はすべて **bake** を用いる．肉などの大きく切った物を香料のきいたソースにつけて *grill, broil, roast* と同様に焼くのが **barbecue**．パンなどをきつね色に焼いたりパリパリにしたりするのが **toast**．《☞ 料理の用語（囲み）》
¶ 夕食には何か魚を*焼こう Let's ˹*grill* [*broil*] some fish for supper. // 彼女は週末ごとにケーキを*焼く She *bakes* a cake every weekend.

4 «写真を»：print ㊀《☞ プリント》.

5 «ねたむ»：be jealous (of ...)《☞ しっと》.

やく² 役 **1** «地位»：(他者との関連から見た相対的な地位) position Ⓒ；(与えられた地位) post Ⓒ；(責任ある地位・特に公職) office Ⓤ.《☞ ちい (類義語)》. ¶ 彼は課長の*役を与えられた He was given a *post* as ˹a section chief [a department head]. // 彼は副支配人の*役に満足しているようだ He seems to be content with the *position* of assistant manager.

2 «役割・任務»：(役割) role Ⓒ, part Ⓒ 【語法】これらは play a ˹role [part] (of ...), あるいは take part (in ...) の形でよく用いられる；(任務) duty Ⓒ.《☞ やくめ；にんむ》.
¶ 僕はどんな*役をすればいいんだい What *part* shall I have to take? // その計画では彼は重要な*役を果たした He played an important *role* in that project. // 情報集めもあなたの*役だ It's one of your *duties* to collect information. // あなたにホスト*役をやってもらいたい (⇒ ホストとして行動してもらいたい) We want you to *act as* a host.

3 «芝居の役»：role Ⓒ, part Ⓒ. ¶ ハムレットの*役をやるのは私をおいてない No one can play (the ˹*role* [*part*] of) Hamlet but me. // 彼女はその芝居で一人二*役を演じた She played ˹a double *role* [two *roles*] in the play. // 僕はいつも悪者の*役だ I always play ˹a villain's *part* [the villain]. // 私は刑事の*役をもらった (⇒ 刑事の役を割り当てられた) I *was cast as* a detective.

役に立つ ━㊊ useful, of use；(助けになる) helpful, of help 【語法】of use, of help はそれぞれ use と help の前に修飾語を伴うことが多く，その場合 of が省略されることがある；(役に立たない) useless, (of) no use. ¶ これはとても*役に立つ道具だ This is a very *useful* tool. // 私の本は*役に立ちましたか Was my book ˹(*of*) any *use* [any *good*]? // あなたの忠告はたいへん*役に立った Your advice was ˹very *helpful* [*of* great *help*]. // 亭主って何て*役に立たない代物なんでしょう What *useless* creatures husbands are! // あの男は何の*役にも立たない He's *good for nothing*. // この辞書はとても*役に立ちますよ You'll find this dictionary very *helpful*. / This dictionary will *help* you a lot.

やく³ 約 (およそ) about；some；approximately；... or so；nearly；almost.
【類義語】数・量・時間などについて最も一般的でよく用いられる日常的な語が **about**．これとほぼ同意で，数詞の前にのみ現れるのが **some**．だいたい正確であって，不一致はさほど問題にならない(重要でない)ことを暗に意味するのが **approximately** で，やや形式ばった語．数量などを表す名詞の後に付けて，「...ぐらい」の意味になる口語的表現が **... or so**．正確な数などにもう少しで一致することを表すのが **nearly** で，ずれや差異がごくわずかであることを強調する．不足していることや，正確な数などにもう少しのところで及ばないことを強調するのが **almost**.
¶ *約 200 人の人が彼に会いに来た *About* [*Some*] two hundred people came to see him. // その都市の人口は*約 50 万人です The population of the city is ˹*about* [*approximately*；*nearly*] five hundred thousand. / The population of the city is five hundred thousand *or so*.

やく⁴ 訳 translation Ⓤ ★ 作品をいうときは Ⓒ.《☞ ほんやく；翻訳 (欄外)》. ¶ この本の日本語*訳が出た A Japanese *translation* of this book has been published. // これはすぐれた[下手な]*訳だ This is ˹an excellent [a poor] *translation*.

やくいん 役員 (会社・組合などの執行機関の) executive Ⓒ,《口語》exec Ⓒ；(会社の取締役) director Ⓒ.《☞ じゅうやく》. **役員会** (役員の集合体) the executive board；(会社の取締役会) the board of directors.

やくがく 薬学 pharmacy Ⓤ；(薬理学) pharmacology Ⓤ. **薬学博士** Doctor of Pharmacy Ⓒ《略 Pharm. D.》 **薬学部** pharmaceutical department Ⓒ.

やくがら 役柄 (地位) position Ⓒ. ¶ その件は*役柄から言ってもあなたが引き受けなければなるまい (⇒ 引き受けるべき地位にある) You are in a *position* to take the matter in hand.

やくご 訳語 (単語) word Ⓒ；(対応語・相当語) equivalent Ⓒ.《☞ 翻訳 (欄外)》.
¶ 英語の「native speaker」に当たるうまい日本語の*訳語がない There is no good Japanese ˹*word* [*equivalent*] for the English word "native speaker."《☞ 引用符 (号) (欄外)》

やくざ ━㊔ (1 人) gangster Ⓒ；(集団) gang Ⓒ 【参考】日本独特の「やくざ」を説明するには *yakuza*, the Japanese mafia のような言い方をするほうがわかりよい場合もある.

やくざい 薬剤 (薬品) medicine Ⓤ《☞ くすり (類義語)》. **薬剤師** pharmacist Ⓒ, pharmaceutist Ⓒ.

やくしゃ 役者 (男の) actor Ⓒ；(女の) actress

Ⓒ. 《☞ はいゆう》.

やくしょ 役所 public [government] office Ⓒ. ¶父は*役所に勤めています (⇒公務員だ) My father is a government ⌈official [employee]. 《☞ こうむいん》/ My father works for the government.

やくしょく 役職 (執行機関の地位) executive position Ⓒ; (管理職) managing post Ⓒ. 《☞ じゅうやく》.

やくしん 躍進 ―動 (急激に進歩する) advance [develop] rapidly ㊀; (著しく進歩する) make remarkable progress. 《☞ しんぽ》. ¶日本の自動車産業は近年大いに*躍進した The Japanese automobile industry *has ⌈developed rapidly* [*made remarkable progress*] recently.

やくす 訳す put ... into ..., translate ㊉ ★前者がより口語的. 《☞ ほんやく》.
¶次の日本語を英語に*訳しなさい *Put* [*Translate*] the following Japanese *into* English.

やくすう 約数 〖数学〗 measure Ⓒ.

やくそう 薬草 (medicinal) herb Ⓒ.

やくそく 約束 ―名 promise Ⓒ ★最も一般的な語; engagement Ⓒ ★やや形式ばった語で, promise よりも意味が強い. 特に結婚などの約束を意味することがある; (仕事などで時間・場所を決めて会う約束) appointment Ⓒ; *one's* word 語法 特に give *one's* word (=約束する), break [keep] *one's* word (=約束を破る[守る]) の句で用いる. ―動 promise ㊉, make a promise.
¶人との*約束は守らなければならない You must keep your ⌈*promise* [*word*]. // 彼は*約束を破った He broke his ⌈*promise* [*word*]. // ちょっと今夜はほかに*約束 (⇒前もってした約束) がありますので Please excuse me. I have a previous ⌈*engagement* [*appointment*] tonight. // 少年は2度とそんなことはしないと私に*約束した The boy *promised* me ⌈never to do that again [that he would never do that again]. // 彼女は*約束の (⇒取り決めた) 時間[場所]に現れなかった She didn't turn up at the *appointed* ⌈time [meeting place].
約束手形 promissory note Ⓒ 《☞ てがた》.

やくだつ 役立つ (有用である) be useful, be of use; (助けになる) be helpful. 《☞ やく²; ゆうえき》. ¶この知識は実社会で*役立つだろう This knowledge will be ⌈*of use* [*useful*; *helpful*] in the world.

やくだてる 役立てる (有効に使う) make use of ... 《☞ りよう》. ¶このお金を*役立てて下さい Please *make use of* this money.

やくちゅう 訳註 (一般に註) note Ⓒ, annotation Ⓒ ★後者はやや形式ばった語; (訳者の註) translator's note Ⓒ. 《☞ ちゅう¹》.

やくどうてき 躍動的 ―形 lively, full of life. 《☞ いきいき》.

やくとく 役得 (地位・職務などから生じる副次的な利益) side benefits ★通例複数形で.

やくどし 厄年 (災難の多い年) unlucky year Ⓒ; (年令) unlucky age Ⓒ.

やくにん 役人 government official Ⓒ ★official だけでは必ずしも役人の意味にならないことに注意. 《☞ こうむいん》.

やくば 役場 (町役場) town office Ⓒ; (村役場) village office Ⓒ; (建物) town hall Ⓒ. 《☞ やくしょ》.

やくび 厄日 unlucky day Ⓒ.

やくひん 薬品 (すべての薬品類に対して) drug Ⓒ; (特に内服薬) medicine Ⓤ; (特に化学薬品) chemical Ⓒ. 《☞ くすり (類義語)》.

やくぶつ 薬物 drug Ⓒ 《☞ くすり (類義語)》.

やくぶん 約分 〖数学〗 ―名 reduction Ⓤ. ―動 reduce ㊉.

やくほん 訳本 translation Ⓒ 《☞ ほんやく》.

やくみ 薬味 spice Ⓒ.

やくめ 役目 (仕事) work Ⓤ, 《口語》 job Ⓒ; (任務) duty Ⓒ. 《☞ やく²; にんむ》.
¶これが私の*役目だ This is my ⌈*work* [*job*; *duty*]. // 彼は立派に*役目を果たした He carried out his *duty* well.

やくよう 薬用 ―形 medicinal. ¶*薬用植物 a *medicinal* plant

やくよけ 厄除け (お守り) talisman Ⓒ.

やぐら 櫓 (城壁などの小塔) turret Ⓒ; (見張り塔) watchtower Ⓒ. 《☞ しろ² (挿絵)》.

やぐるまそう 矢車草 (矢車菊) cornflower Ⓒ 《☞ 花 (囲み)》.

やくわり 役割 part Ⓒ, role Ⓒ. 《☞ やく²》.
¶彼は我々の会社の創立に重要な*役割を演じた He played an important ⌈*part* [*role*] in the foundation of our company.

やけ ―名 desperation Ⓤ. ―動 (やけになる・やけを起こす) become [get; grow] desperate. 《☞ すてばち》. ¶入試に失敗しても*やけを起こしてはいけない Don't ⌈*get* [*grow*] *desperate*, even if you fail (in) the entrance exam. // 彼は*やけになって戸をたたいた He knocked at the door in *desperation*. // きょうは*やけに (⇒ひどく) 暑いな It's ⌈*awfully* [*terribly*] hot today. 《☞ 強意語 (囲み)》

やけあと 焼け跡 the ruins of a fire ★複数形で; (焼け跡の残骸) debris [dəbríː] of a fire Ⓤ.

やけい¹ 夜景 night ⌈scene [view] Ⓒ.

やけい² 夜警 (仕事) night watch Ⓤ; (人) night watch(man) Ⓒ. 《☞ 婉曲語法 (欄外)》.

やけいし 焼け石 **焼け石に水** ¶それは*焼け石に水だ (⇒バケツ[海]の中の1滴にすぎない) That is only *a drop in the* ⌈*bucket* [*ocean*].

やけおちる 焼け落ちる (全焼する) be ⌈burned [burnt] down; (灰になる) be reduced to ashes ★後者はやや文語的表現. 《☞ しょうしつ; ぜんしょう¹》.

やけくそ ―形 desperate 《☞ やけ》.

やけこげ 焼け焦げ burn Ⓒ; (焼けてあいた穴) burned [burnt] hole Ⓒ. 《☞ こげる》.
¶またアイロンで*焼け焦げを作ったな You have made a *burn* with the iron again. // たばこの灰でズボンに*焼け焦げができた Cigarette ashes have made a *hole* in my trousers.

やけだされる 焼け出される be burned out; (火事で家を失う) lose *one's* home by fire ★説明的訳.

やけど 火傷 ―[名] burn Ⓒ; (熱湯など液体による) scald Ⓒ. ―[動] get burned, burn *oneself*; get scalded.
¶たき火にあまり近寄ると*やけどをするよ Don't get too close to the fire or you'll ⌈*burn yourself* [*get burned*]. // その子は熱湯を浴びて*やけどをした The child *got scalded* by the boiling hot water.

やけに ☞ やけ; むしょうに

やける[1] 焼ける **1** «焼失する»: burn (自), be ⌈burned [burnt] [語法] 《英》では他動詞の場合, 過去・過分は burnt となるのが普通. 《☞ しょうしつ》. ¶その火事で店が 10 軒も*焼けた As many as ten stores *were* ⌈*burned* [*burnt*] *down* in the fire. / As many as ten stores *were destroyed* ⌈*by* [*in*] *the fire*. // 彼の蔵書は火事で皆*焼けてしまった His whole library *was burned* (*up*) in the fire.
2 «料理»: (直火で) broil (自), be broiled, grill (自), be grilled; (肉が直火またはオーブンなどで) roast (自), be roasted; (肉以外のものがオーブンなどで) bake (自), be baked; (パンが) toast (自), be toasted; (特に肉が) be done ★ done の前に修飾語の付くことが多い. 《☞ やく[1] (類義語); 料理の用語 (囲み)》.
¶七面鳥がよい具合に*焼けてきた The turkey *is roasting* nicely. // 肉が*焼けたから夕食にしよう The meat *is* ⌈*broiled* [*grilled*]; let's have dinner. // 芋の*焼けるにおいがする I can smell a sweet potato ⌈*baking* [*roasting*]. // 私はステーキはよく*焼けているのがいい I like my steak *well-done*. 《☞ 食事 (囲み)》 // この魚はよく*焼けていない[*焼け過ぎだ] This fish *is* ⌈*underdone* [*overdone*].
3 «日焼け»: (痛いほど日に焼ける) sunburn (自), get sunburned; (ほどよく焼ける) tan (自), get tanned. 《☞ ひやけ》. ¶妹はすぐ日に*焼ける My sister ⌈*sunburns* [*gets sunburned*] easily. // よく*焼けたね (⇒ いい日焼けの色をしている) You've got a good ⌈*tan* [*suntan*].
4 «変色»: (色が悪くなる) discolor (《英》 discolour) (自), be discolored (《英》 discoloured); (色があせる) fade (自). ¶この生地はなかなか色が*焼けない This material won't ⌈*discolor* [*fade*]. // カーテンの色が*焼けてしまった The curtain *has* (*been*) *discolored*.

やける[2] 妬ける be jealous (of ...), be envious (of ...) ★前者は憎しみの感じが含まれるが, 後者は羨望の気持ちが中心. 《☞ うらやましい; しっと》. ¶僕が成功して*妬けるだろう You *are* ⌈*jealous* [*envious*] *of* my success, aren't you? 《☞ 付加疑問 (欄外)》

やけん 野犬 stray [homeless] dog Ⓒ.

やこう 夜行 (夜行列車) night train Ⓒ.

やごう 屋号 name of the store Ⓒ.

やさい 野菜 vegetable Ⓒ; (菜類を総称して) greens ★複数形で; greenstuff Ⓤ.
¶*野菜は健康に欠くことができない *Vegetables* are indispensable to good health.
野菜サラダ vegetable salad Ⓤ **野菜スープ** vegetable soup Ⓤ **野菜畑** 《米》 truck farm Ⓒ, 《英》 market garden Ⓒ; (家庭の) vegetable [kitchen] garden Ⓒ.

やさき 矢先 ¶出かけようとした*矢先に (⇒ まさに出かけようとしたときに) 電話がかかってきた I *was just on the point of* leaving when the telephone rang. / The telephone rang *just when* I was going to leave.

やさしい[1] 優しい (親切な) kind; (生まれつきの性格として親切な) kindly; (思いやりがある) tender; (態度が柔和な) gentle; (心が優しい) kindhearted, tenderhearted. 《☞ しんせつ[1] (類義語); おもいやり》.
¶彼女は心の*優しい人だ (⇒ 優しい心を持っている) She has a *tender* heart. / She is a ⌈*tenderhearted* [*kindhearted*] woman. // 老人には*優しくしてあげなさい Be *kind* to old people. // 彼女は*優しい声で私に話しかけた She spoke to me in a ⌈*gentle* [*soft*] voice.

やさしい[2] 易しい (容易な・骨の折れない) easy (↔ hard, difficult); (簡単な・わかりやすい) simple; (明快な) plain. 《☞ かんたん[1]》.
¶この問題は私には*易しすぎる This question is too *easy* for me. // その本は*易しい英語で書いてある The book is written in ⌈*simple* [*easy*; *plain*] English.

やし 椰子 (熱帯地方のココやしの木) coconut palm [pá:m] Ⓒ, coco Ⓒ; (ココやしの実) coconut Ⓒ ★普通「やしの実」というのはこれを指す; (北アフリカや東南アジアのナツメやしの木) date palm Ⓒ; (総称としてやしの木) palm (tree) Ⓒ.

やじ 野次 ―[動] (下品な笑いを浴びせてあざける) jeer (at ...) (自); (どなって不満・嫌悪を示す) hoot (自); (「ぶーぶー」言って不満・嫌悪を示す) boo (自); (劇場・競技場で口笛を吹いたりどなったりする) catcall (自). ―[名] jeer Ⓒ; hoot Ⓒ; boo Ⓒ; catcall Ⓒ [語法] 以上名詞の場合は通例複数形で. 《☞ やじる》.
¶観衆は盛んに*やじを飛ばした (⇒ やじった) The spectators ⌈*booed* [*catcalled*; *hooted*; *jeered*] fiercely.

やじうま 野次馬 the onlooking crowd 《☞ ぐんしゅう》.

やしき 屋敷 (大邸宅) mansion Ⓒ; (家屋・敷地を含んで) premises ★複数形で.

やしなう 養う **1** «扶養する»: support (他); (食事を食べさせる) feed (他) 《過去・過分 fed》.
¶彼は大家族を*養わなければならない He ⌈must [have to] *support* a large family. / (⇒ 彼は養うべき大家族を持っている) He has a large family to *support*. / (⇒ 多くの人に食べさせなくてはならない) He has many mouths to *feed*.
2 «養育する»: (育て上げる) bring up (他); (人・家畜を育てる) rear (他), 《米》 raise (他). 《☞ そだてる》. ¶彼はおばの手で (⇒ おばに) *養われた He *was* ⌈*brought up* [*reared*; *raised*] by his aunt.
3 «養成する»: (訓練・勉学などによって発達させる・培う) cultivate (他); (ゆっくり発達させる) develop (他); (形成する) form (他); (体力などを作り上げる) build up (他). 《☞ ようせい[2]》.
¶読書の習慣を*養うことはいいことだ It is good (for you) to ⌈*cultivate* [*form*; *develop*] the habit of reading. // 夏休みには体力を*養うつもりだ I will ⌈*build up* [*develop*] my (physi-

や

cal) strength during the summer ⌈vacation [holidays].

やしゅ 野手 fielder Ⓒ《☞ 野球の英語 (囲み)》. ¶ 内*野手 an *infielder* // 外*野手 an *outfielder*

やしゅう 夜襲 ━名 night attack Ⓒ. ━動 (夜襲をかける) make a night attack (on ...); (夜陰に乗じて攻撃する) attack an enemy under the cover of ⌈night [darkness].

やじゅう 野獣 ━名 wild animal Ⓒ. ━形 (野獣のような) beastly; (残忍な) brutal. 《☞ けだもの (類義語)》.

やしょく 夜食 (夜に第4回目の食事として食べるもの) supper Ⓤ; (深夜食) midnight meal Ⓒ 参考 夜, 劇場がはねたあとなどで食べるものは supper. 《☞ 食事 (囲み)》.

やじり 矢尻, 鏃 arrowhead Ⓒ; (アーチェリー用の) pile Ⓒ. 《☞ ゆみ (挿絵)》.

やじる 野次る (下品な笑い声であざける) jeer (at ...) ㊀, jeer ㊉; (どなって不満・嫌悪を示す) hoot (at ...) ㊀, hoot ㊉; (「ぶーぶー」と言って不満・嫌悪を示す) boo ㊉㊀; (口笛でやじる) catcall ㊉㊀. 《☞ やじ》. ¶ 講演者は*やじり倒された The speaker *was* ⌈*hooted* [*booed*] down.

やじるし 矢印 arrow (sign) Ⓒ. ¶ *矢印に従って行けば道に迷うことはありません If you follow the *arrows* you won't get lost.

やしろ 社 (Shinto) shrine Ⓒ《☞ じんじゃ》.

やしん 野心 ━名 (目指す目標に対する野望) ambition Ⓤ ★ 具体的な例は Ⓒ; (あこがれているものに対する大きな望み) aspiration Ⓤ ★ 具体的な例は Ⓒ. ━形 ambitious.
¶ 彼は*野心満々だ (⇒ 野心でいっぱいだ) He is ⌈full of [filled with] *ambition*. / (⇒ 非常に野心的だ) He is ⌈very [highly] *ambitious*. // 彼女の*野心は大女優になることだった (⇒ 彼女は大女優になりたいという野心を持っていた) She had an ⌈*ambition* [*aspiration*] to ⌈be [become] a great actress. / (⇒ 彼女は大女優になりたいと熱望していた) She ⌈*was ambitious* [*aspired*] to ⌈be [become] a great actress.
野心家 ambitious ⌈man [woman] Ⓒ **野心作** ambitious work Ⓒ.

やすあがり 安上がり ━形 (金のかからない) inexpensive, economical; (安い) cheap. 《☞ やすい (類義語)》.
¶ パッケージの海外旅行は*安上がりだ Going abroad on a package tour is ⌈*inexpensive* [*economical*]. // とり肉が一番*安上がりだ Chicken is *the least expensive*. // ユースホステルを利用するのは一番*安上がりな旅行の仕方だ Youth hostel(l)ing is one of *the* ⌈*cheapest* [*most inexpensive*] ways of ⌈traveling [《英》 travelling].

やすい 安い (金額が低い) low (↔ high); (物が) cheap; low-priced; inexpensive (↔ expensive); ((値段が) 妥当な) reasonable, moderate, modest.
【類義語】 価格・給料など, 金額が低いことを表すのは **low**. ((例) The ⌈price [pay] is *low*.). この場合 *cheap* や *inexpensive* は使えない. 値段が安いとともに品質もあまりよくないという意味が含まれるのが **cheap**. また前後関係によっては *cheap* は大量に品物があるために, 値段が格安であることをも意味する. この場合には必ずしも品質が悪いことは意味しない. ((例) いちごは春には*安い Strawberries are *cheap* in spring.). 「値段が安い」ことを表す客観的な言葉が ***low-priced***. 品質のよいわりには割安であることを意味するのが ***inexpensive***. 品物に対する「妥当な値段」という意味が ***reasonable*** で, ***modest***, ***moderate*** もほぼ同意. 《☞ 買い物 (囲み)》
¶ この時計は*安い This watch is ⌈*cheap* [*inexpensive*; *reasonably priced*]. // あの店は*安い (⇒ あの店では安く売る) They sell *cheap* at that store. / (⇒ あの店では値段が安い) Prices are *reasonable* at that store. / (⇒ あれは金のかからない店だ) That is an *inexpensive* store. // いまはりんごが*安い Apples are *cheap* now. // このソファーは実に*安かった (⇒ このソファーは買い得品だった) This sofa was quite a *bargain*. // もう少し*安いのを見せて下さい Will you show me a little *less expensive* one, please? // 地方は一般に物が*安い Prices are generally *lower* in rural districts. / Things are usually *cheaper* in rural areas. / You can get things ⌈*at a lower price* [*cheaper*] in the country. // 日本の乗り物の中では市電が一番*安い The streetcar is the *cheapest* means of transportation in Japan. / Streetcar fare is the *lowest* transport fare in Japan. // 土地が*安くなるのを (⇒ 土地の値段が下がるのを) 待ってもむだだ It's no use waiting for land prices to ⌈*come down* [*fall*].

-やすい …易い **1** 《容易》: easy 《☞ かんたん[1]》. ¶ 彼の本は読み*やすい His books are *easy* (to read). // あの男はだまし*やすい He's *easy* to take in. / He is *easily* taken in.
2 《傾向》: (…しがちである) be apt to *do*, tend to *do*, be prone ⌈to *do* [to ...] ★ 3番目は特によくないことについていう; (弱点・欠陥などのために…しやすい) be liable to ...; (影響を受けやすい) be susceptible to ... 《☞ -がち》. ¶ 春先は天気が変わり*やすい The weather *is* (⌈*apt* [*prone*] *to* be) *changeable* in early spring. // 疲れていると交通事故を起こし*やすい We *tend to* ⌈cause [have] traffic accidents when we are tired. // 私は風邪を引き*やすい I'*m prone to* colds. / I'*m liable to* catch cold. // 彼女は暗示にかかり*やすい She *is susceptible to* suggestions.

やすうけあい 安請け合い ━動 (無分別な約束をする) make a rash promise; (即座に約束する) be ready to ⌈promise [make a promise], promise readily; (軽々しく引き受ける) undertake ... lightly. ¶ 彼は*安請け合いばかりで実行が伴わない He's always *ready to make promises*, but seldom carries them out. // それは重要な問題なので*安請け合いはできない It's an important matter, so I cannot *make* any *rash promises*.

やすうり 安売り ━[名] (bargain) sale Ⓒ. ━[形] (安売りの) cut-rate. ━[動] (安く[値引きして]売る[提供する]) sell [offer] ... ˹cheap [at reduced prices]; (格安に[捨て値で]売る[提供する]) sell [offer] ... at a ˹bargain [sacrifice]. 《☞ とくばい; セール》.
¶あの店はカメラの*安売りをやっている That store *is having a sale on* cameras. / (⇒ 格安でカメラを売っている) That store *is selling* cameras *at a* ˹*bargain* [*sacrifice*]. / (⇒ 格安のカメラを売っている) That store *is selling cut-rate* cameras. // 歳末大*安売り a big year-end *sale* 《☞ 掲示の英語 (囲み)》
安売り店 cut-rate store Ⓒ **安売り日** bargain day Ⓒ.

やすっぽい 安っぽい cheap [語法] 客観的な「安い」という意味との混同を避けるために, cheap and nasty (＝安かろう悪かろう) という慣用句もしばしば用いられる; (見かけ倒しの) shoddy 《☞ やすい (類義語); やすもの》.
¶*安っぽいハンドバッグ a *cheap* ˹handbag [purse] // そんなことをすると人間が*安っぽく見えるよ (⇒ 自分自身を安っぽくするだろう) You will ˹*cheapen* yourself [make yourself *cheap*] if you behave like that.

やすね 安値 low price Ⓒ (↔ high price).
¶品物を*安値で売る sell goods ˹*cheap* [*at a low price*]

やすぶしん 安普請 ━[形] (安普請の) jerry-built 《☞ ふしん[4]》.

やすまる 休まる (安心する) feel at ease; (ほっとする) be [feel] relieved, be [feel] relaxed; (体が休まる) be [feel] rested; (くつろぐ) relax (自) [語法] 以上はすべて主語が「人」であるが, 英語では relax *a person* (＝人の心を和らげる), set *a person's* mind ˹at ease [at rest] (＝人の心を安心させる) を用いれば, 主語が「物」でも「休まる」の意味は表せる. 《☞ あんしん; ほっと》.
¶その知らせを聞いて心が*休まりました I ˹*was* [*felt*] *relieved* to hear the news. / (⇒ その知らせは私の心を安心させた) The news *set my mind* ˹*at ease* [*at rest*]. / The news *relieved* me. // 彼と話をするときは気が*休まらない I never *feel at ease* when I talk to him. // 十分に*休まりましたか *Are* you quite *rested?* // 忙しくて体の*休まる暇もありません I am too busy to *relax* a moment.

やすみ 休み **1** «休息»: (休憩) rest Ⓒ ★ 一般的な語; (仕事などを中断して取る休み) break Ⓒ; (長短に関係のない休み時間) recess Ⓒ. 《☞ きゅうけい[1]》. ¶ひと*休みしよう Let's ˹take [have] a *rest.* // 授業と授業の間には15分間の*休みがあります There is a fifteen-minute *break* between classes. / We have a fifteen-minute *recess* between classes.
2 «欠席» ━[動] (欠席する) be absent (from ...); (その場にいない) be not ˹here [there]. 《☞ けっせき[1]》. ¶トムはきょうは*休みだ Tom *is absent* today.
3 «休業»: (開店していない) be closed (↔ be open) 《☞ きゅうぎょう》. ¶銀行[その店]は日曜日は*休みです The ˹bank [store] *is closed* on Sundays.
4 «休日» ━[名] holiday Ⓒ; (長期の) vacation Ⓒ ★《英》では大学の休暇は vacation というが, その他の場合は holiday(s) が普通; (仕事・勤務・勉強などを免除された休暇) leave Ⓒ. ━[副] (仕事を休んで) off. 《☞ きゅうか[1]》.
¶きょうは*休みです We have a *holiday* today. / Today is a *holiday.* / (⇒ 勤めが休みだ) I'm *off* today. // きょうは1日*休みです (⇒ まる1日休暇をとっている) I have the whole day *off* today. // 来月は2週間*休みをとって山へ行きます I'll take a two-week ˹*vacation* [*leave*] and go to the mountains next month. // 先生に仕事があったので, 子供たちは午後から*休みとなった The teacher had some business to do, so the children ˹had [got] the afternoon *off.* // あすは学校は*休みです We *have* [*There is*] *no school* tomorrow. // 学校はあすから[今度の土曜で]*休みになる School *breaks* ˹tomorrow [next Saturday]. // 彼は*休みで帰省している He is home *on* ˹《米》*vacation* [《英》*holiday*].

やすむ 休む **1** «休息»: rest (自), take [have] a rest; (くつろぐ) relax (自). 《☞ きゅうけい[1]》.
¶少し*休むとしよう Let's *rest* a bit. / Let's ˹*take* [*have*] *a rest* for a while. // 君は少し*休まなければだめだ (⇒ 休息を必要とする) You need some *rest.* // *休め《号令》*At ease*! / *Stand at ease*!
2 «学校や業務を»: (欠席・欠勤する) be absent (from ...), absent *oneself* (from ...) ★ 後者は形式ばった表現; (行かない) stay away (from ...) (自); (休暇をとる) take ˹a holiday [leave], have ... off, be off; (先生が授業を取り止める) cancel (他). 《☞ きゅうか[1]; サボる》.
¶彼は3日間学校[会社]を*休んだ He ˹*was absent* [*stayed away*] *from* ˹school [work] for three days. // 私はたいてい夏には1週間休暇をとって*休む I usually *take* a week's ˹*vacation* [《英》*holiday*; *leave*] in (the) summer. // 私はあすは(非番で)*休みます I'll *be off* tomorrow. / I'll *have* tomorrow *off.* // 田中先生はめったに授業を*休まない Mr. Tanaka seldom *cancels* (his) classes. 《☞ 否定の表現 (囲み)》
3 «眠る»: (眠る) sleep (自); (床につく) go to bed. 《☞ ねる[1]》. ¶お*休みなさい Good night. // ゆうべはよくお*休みになれましたか Did you *sleep* well last night? // きょうは早く*休みなさい *Go to bed* earlier today.

やすめる 休める (休息させる) rest (他), give ... a rest; (くつろがせる) relax (他); (人の心を安心させる) set *a person's* mind at ˹rest [ease]. 《☞ やすみ; やすまる》.
¶一晩ゆっくり体を*休めなさい (⇒ 十分な一晩の休息をとりなさい) *Take* [*Have*] a good night's *rest.* // 本をたくさん読んだ後は目を*休めたほうがよい You should *rest* your eyes after so much reading. // 手を*休めるな (⇒ 仕事を続けなさい) *Go on with* your work. // 彼らはしばらく仕事の手を*休めた They ˹*rested*

[*had a rest*] (for) ⌈a while [awhile] from their work.

やすもの 安物 cheap article Ⓒ, 《口語》cheapie Ⓒ ; (安い商品) cheap goods ★ 集合的に, あるまとまった量をいう. 複数形で. 《☞ やすい (類義語)》.

¶この時計は*安物だが時間は正確だ This watch ⌈was [is] *cheap*, but it keeps good time. // 私は*安物をあさるのが好きだ I like to go *bargain* hunting. // *安物買いの銭失い Penny-wise and pound-foolish. 《ことわざ : 1 ペニー (=100 分の 1 ポンド)の使い方をけちして, 1 ポンドの使い方が間が抜けている》

やすやすと (容易に・簡単に) easily, with ease ★ 後者はやや文語的 ; (苦もなく) without difficulty ; (骨を折らずに) without effort. 《☞ ようい² ; かんたん¹ ; らくらく》.

やすやど 安宿 cheap ⌈hotel [inn] Ⓒ 《☞ やど ; ホテル (囲み)》.

やすらか 安らか —形 (穏やかな) peaceful. —副 (平和に) peacefully, in peace.

¶子供たちは*安らかな寝息を立てている (⇒ 安らかに眠っている) The children are sleeping *peacefully*. // (彼の霊よ)*安らかに眠れ May he rest *in peace*! ★ 死者に対して言う言葉. 《☞ 倒置 (欄外)》

やすらぎ 安らぎ (気楽・安心) ease Ⓤ ; (くつろぎ) relaxation Ⓤ ; (心の落ち着き) peace of mind Ⓤ. ¶音楽に耳を傾けていると心に*安らぎを覚える (⇒ 心が休まる) I ⌈*feel relaxed* [*find my mind at ease*] when I listen to music.

やすらぐ 安らぐ (気が楽になる) feel at ease ; (心が穏やかになる) have peace of mind. 《☞ やすまる》. ¶あなたといると心が*安らぐ I *feel at ease* with you.

や

やすり 鑢 —名 file Ⓒ. —動 (やすりをかける) file 他. 《☞ だいく (挿絵)》. ¶板に*やすりをかけて滑らかにした I *filed* the board smooth. // 紙*やすり sandpaper

やせい¹ 野性 —名 wild nature Ⓤ ; (狂暴性) savage nature Ⓤ. —形 (野性的な) wild ; (粗野な) rough ; (洗練されていない) unpolished. ¶彼女には*野性的な魅力がある She has *unpolished* charm. // 野獣も動物園で飼われると*野性(味)を失う Once [When] they are kept in the zoo, wild animals lose their ⌈*wild* [*savage*] *nature*.

やせい² 野生 —形 (野生の) wild. —動 (植物などが野生する) grow wild. ¶*野生の花[動物] a *wild* ⌈flower [animal] 《☞ 花 (囲み)》 // この植物は日本に*野生している This plant *grows wild* in Japan. **野生植物** wild plant Ⓒ **野生動物** wild animal Ⓒ.

やせおとろえる 痩せ衰える —動 become [grow] very thin and feeble ; (骨と皮ばかりに) be reduced to a skeleton. —形 (やせ衰えた) very thin and feeble. 《☞ やせる》.

やせがまん 痩せ我慢 ¶彼は腹ぺこなのに*やせ我慢をしている (⇒ 彼はとても空腹なのにそうでないふりをしている) Though he is very hungry, he ⌈*pretends* [*makes believe*] (*that*) *he is not*. / (⇒ 彼は空腹なんか何でもないというふりをしている) He ⌈*pretends* [*makes believe*] (*that*) *hunger is nothing to him*. / (⇒ 彼は誇りが高くて空腹だなどと言わない) He's *too proud to* tell us that he's hungry. 《☞ がまん ; つよがり》

やせこける 痩せこける become [grow] very thin ; (病気でげっそり肉が落ちる) lose a great deal of weight. 《☞ やせる》.

やせた 痩せた ☞ やせる

やせち 痩せ地 (衰えた土地[土壌]) poor ⌈land [soil] Ⓤ ; (不毛な土地[土壌]) sterile ⌈land [soil] Ⓤ. 《☞ ふもう ; やせる》.

やせる 痩せる **1** «人が» —動 get [become] thin ; (目方が減る) lose weight ; (積極的に目方を減らす) reduce 自, reduce (*one's*) weight ; (進んでやせる) slim 自. —形 (やせた) thin (↔ fat) ; (肉がしまってやせた) lean ; (すらっとした) slender ; (ほっそりした) slim.

【類義語】肉が少なくやせていることを表す最も一般的な語が ***thin***. 生まれつき脂肪分が少なく肉がしまってやせぎすであるのが ***lean***. すらっとして優美で均整がとれているのが ***slender***. これとほぼ同意なのが ***slim*** であるが, ***slim*** のほうはきゃしゃであることを暗示する場合がある.

¶彼女は*やせている She is ⌈*thin* [*slender* ; *slim*]. 語法 女性には slender, slim を用いたほうが上品. // 老いさらばえた*やせ犬[馬] a *thin* old ⌈dog [horse] // 彼はだんだん*やせていくが, どこか(体の)具合でも悪いのではないだろうか He's *getting thinner*. I'm afraid there's something ⌈wrong [the matter] with him. // 「もう少しケーキをいかがですか」「いや, 結構です. *やせようと思ってますので」" Would you like (to have) some more cake?" " No, thank you. I'm trying to ⌈*slim* [*reduce*]."

2 «土地が» : (衰える) become poor ; (不毛になる) become sterile. 《☞ ふもう》. ¶この土地は*やせていて作物は何もできない This ⌈land [soil] is too ⌈*poor* [*sterile*] to produce any crops.

やせん 野戦 field operations ★ 通例複数形で. **野戦病院** field hospital Ⓒ.

やそう 野草 wild grass Ⓤ ★ 種類をいうときは Ⓒ. 《☞ くさ》.

やたい 屋台 (屋台店) 《米》 stand Ⓒ, 《英》 stall Ⓒ, booth Ⓒ 語法 いずれもしばしば複合語で用いられる. ((例) a flower *stand* ; a food *stall*). 《☞ ばいてん》. ¶通りにはいろいろな*屋台が出ている The street is lined with various ⌈*stands* [*stalls* ; *booths*].

やたら —副 (無差別に) indiscriminately ; (手当たり次第に) at random ; (惜しげもなく) freely ; (むやみに) blindly ; (考えもなく) rashly ; (不注意に) carelessly ; (過度に) too much. 《☞ むやみに》.

¶*やたらに本を読んでも役には立たない There's no use (in) [It's no use] reading books *at random*. // 彼女は*やたらに金を使う She spends (her) money ⌈*freely* [(⇒ 湯水のように) *like water*]. // 物を*やたらに (⇒ 不注意に) 散らかしてはいけない Don't scatter things about *carelessly*. // 彼は*やたらに人を(⇒ 過度

に他人を）ほめる[けなす] He ʳpraises [blames] other people *too much.* // *やたらなことを（⇒無責任なことを）言うものではない Don't say *irresponsible* things.

やちょう 野鳥 wild bird Ⓒ. **野鳥観察** bird-watching Ⓤ **野鳥観察者** bird-watcher Ⓒ **野鳥の会** wild birds society Ⓒ **野鳥保護** wild birds conservation Ⓤ.

やちん 家賃 (house) rent Ⓤ, rent (on *a person's* house) Ⓤ [語法] rent は文脈次第で「部屋代」(room rent) の意味でも用いられる.《☞ かす[1]; 家・部屋(囲み)》.

¶彼は高い[安い]*家賃を払っている He pays a ʳhigh [low] *rent* (*for his house*). / (⇒彼は高い[安い]家賃で家を借りている) He rents his house at a ʳhigh [low] rate. [語法] rent は《米》では「貸す」(《英》let) の意味でも用いられる. //「あなたのところは*家賃は（⇒あなたの家の家賃は）いくらですか」「月10万円です」"What is the *rent on your house*?" "It's one hundred thousand yen a month." // 私は*家賃がただの家に住んでいる I live in ʳa *rent*-free house [a house free of *rent*]. // 今月から*家賃が20パーセント上がった The *rent* has risen twenty percent (from) this month. // *家賃が3か月分たまってしまった（⇒私は家賃に関して3か月遅れている）I am three months behind ʳwith [in; on] my *rent*. / (⇒私は3か月分の家賃の借りがある) I owe three months' *rent* (ʳ*for* [*on*] *my house*).《☞ 所有格(欄外)》

やつ 奴 fellow Ⓒ ★最も一般的;《米》guy Ⓒ,《英》chap Ⓒ [語法] 以上いずれも男を意味する口語. 日本語で「やつ」とあっても, 前後の関係から単に he を用いるほうがよい場合もある.

¶あいつはいい[いやな]*やつだ He's a ʳnice [disgusting] ʳ*fellow* [*guy*; *chap*]. // そんなミスをするなんてばかな*やつだ What a stupid *fellow* he is to make such a mistake! / (⇒そんなミスをするとは彼はばかだった) It was stupid of *him* to make such a mistake. // *やつは来ないかもしれないぜ I'm afraid *he*'s not coming.

やつあたり 八つ当たり ¶彼はいらいらしているときはだれにでも*八つ当たりする When he is frustrated, he ʳ(⇒不機嫌になる) *gets cross with* [(⇒当たり散らす) *takes it out on*] everybody.《☞ あたる; あたりちらす》

やっかい 厄介 **1**《面倒》 ―[名] (手数・迷惑のかかること) trouble Ⓤ; (負担になる物) burden Ⓒ. ―[形] (手数のかかる・迷惑な) troublesome; (負担になる) burdensome. ―[動] (手数・迷惑をかける) trouble ㊀; (人に迷惑をかける) give *a person* trouble, put *a person* to trouble.《☞ めんどう; めいわく》.

¶*やっかいな仕事を背負い込んでしまった I'm saddled with ʳa *troublesome* job [*burdensome* duties]. // これ以上*やっかいをかけないでくれ Don't *give* me any more *trouble*. / Don't *put* me *to* any more *trouble*. //「ご*やっかいをかけてすみません」「どういたしまして」"I'm sorry to *trouble* you." "That's all right. / It doesn't matter. / Not at all."

[語法] 相手にすでに面倒をかけてしまったときは I'm sorry ʳto have troubled [I *troubled*] you. と言う.《☞ 謝罪の表現(囲み)》

2《世話》 ―[名] care Ⓤ. ―[動] (頼る) depend ʳon [upon] ... ★進行形で用いることはできない; (頼っている) be dependent ʳon [upon] ...; (泊まる・滞在する) stay ʳwith *a person* [at *a person's* (house)] ㊁; (寄寓する) live ʳwith *a person* [at *a person's* (house)] ㊁.《☞ たよる; せわ》.

¶彼はあの年でまだ親の*やっかいになっているのですか *Is* he still *dependent on* his parents at his age? // 上京中は友人のところに*やっかいになった I *stayed* ʳ*with* a friend [*at* a friend's] while I was in Tokyo. // 大学在学中はおじの家に*やっかいになっていた While I was in ʳcollege [university] I *lived* ʳ*with* my uncle [*at* my uncle's].

やっかい払い ―[動] (やっかい払いをする) get rid of ... ¶どうにかして彼を*やっかい払いしたいのだが I want to *get rid of* him somehow. // やつがいなくなっていい*やっかい払いだ He's gone and *good riddance*! / Now, *good riddance* to him! [語法] good riddance は,「いやなものがなくなってせいせいした」という成句. 口語的. **やっかい者** (負担になる人) burden Ⓒ; (1つのグループや家族の中での持て余し者) black sheep Ⓒ; (どうにも扱いにくい人) unmanageable person Ⓒ.《☞ のけもの》.

やっかだいがく 薬科大学 college of pharmacy Ⓒ《☞ だいがく》.

やっき 躍起 ―[副] (興奮して) heatedly; (一生懸命) very hard; (必死に) desperately. ―[動] (興奮する) get excited; (全力を上げる) make an all-out effort (to *do*),《口語》go [be] all out (for ...; to *do*) ★慣用的表現.《☞ ひっし[1]》.

¶彼らは*躍起になって議論した（⇒彼らは激論を持った）They had a *heated* discussion. // そう*躍起にならなくてもいい. 落ち着きなさい Don't *get* so *excited*. Calm yourself. // 彼はいい成績を取ろうと*躍起になっている He's ʳtrying *very hard* [*making an all-out effort*] *to* get good ʳgrades [marks]. / He ʳ*is going* [*is*] *all out* ʳ*for* good grades [*to* get good grades].

やつぎばや 矢継ぎ早 ¶彼は私たちに*矢継ぎ早に（⇒すばやく連続して）質問を浴びせた He asked us lots of questions *in rapid succession*. / (⇒雨あられのように) He *showered* ʳquestions on us [us with questions].

やっきょう 薬莢 cartridge case Ⓒ《☞ たま[3] (挿絵)》.

やっきょく 薬局 (薬屋) pharmacy Ⓒ ★やや形式ばった語;《米》drugstore Ⓒ,《英》chemist's (shop) Ⓒ [参考] 英米の薬局も日本の薬局と同様に, 薬ばかりでなく石けん・歯みがきなどの雑貨類も販売しているが, 米国の drugstore では売られているものの種類が一層多様で, 化粧品・文房具・雑誌・書籍なども販売されている. さらに drugstore では簡単な食事もできる. 従って薬局を drugstore と訳すと多少ニュアンスの違いが生ずる点に注意. また英米の薬局

や

では医者の処方箋 (prescription) がないとほとんどの薬が買えない; (病院・医院などの薬局) dispensary Ⓒ. 《☞ 病気・病院 (囲み); 店の呼び名 (囲み)》.

薬局方 pharmacopoeia [fùəməkəpí:ə] Ⓒ.

イギリスの薬屋

やつざき 八つ裂き ―動 (ばらばらに引き裂く) tear ... apart 《☞ さく²》. ¶ *八つ裂きにしても飽き足らぬやつだ (⇒ できればやつを八つ裂きにしたい) I wish I could *tear* him *apart*.

やつす (変装する) disguise *oneself* (as ...), be disguised (as ...). ¶ 王様はこじきに身を*やつしました The king *disguised himself as* a beggar.

やっつ 八つ ―名 eight. ―形 (8 つの) eight; (8 つめの) the eighth. 《☞ 数字 (囲み)》.

やっつけしごと やっつけ仕事 (拙速でいい加減な) rough-and-ready job Ⓒ; (雑な) slipshod [sloppy] job Ⓒ.

やっつける (ひどい目にあわせる) 《口語》 give it to *a person*; (こらしめる) 《口語》 let *a person* have it; (負かす) beat ㊀; (批判する) criticize ㊀. 《☞ ひはん; こらしめる》.
¶ 彼を*やっつけてやる (⇒ひどい目にあわせてやる) I'll *give it to* him. / I'll *let* him *have it*. ∥ 彼の論文は専門家にこっぴどく*やっつけられた (⇒ 批判された) His article *was* severely *criticized* by specialists.

やつで 八つ手 evergreen shrub with large hand-like leaves Ⓒ ★ 英米には「やつで」はなく, これは説明的な訳.

やってくる やって来る (こちらへ来る) come along ㊁; ((つかつかと)近寄って来る) come up (to ...) ㊁; (遠くから来る・渡来する) come over ㊁; (年・月などがめぐって来る) come ˹round [around] ㊁; (現れる) appear ㊁; ((ひょっこり)姿を現す) turn up ㊁, 《口語》 show up ㊁; (訪問する) call on ..., call at ... 語法 on の後には「人」, at の後には「場所」が来る. 《☞ くる》.
¶ ついに好機が*やって来た At last the right opportunity *came along*. ∥ 知らない人がつかつかと*やって来て握手を求めた A stranger *came up* (*to* me) and offered his hand. ∥ きのう私の先生がはるばる九州から*やって来た My teacher *came* ˹*over* [*all the way*] from Kyushu yesterday. ∥ 暑い夏がまた*やって来た Hot summer *has come* ˹*around* [*round*] again. ∥ 1 時間待ったが彼は*やって来なかった We waited for him for an hour but he didn't ˹*show up* [*turn up*].

やってみる (試みる) try ㊀, have a try (at ...); (一か八かやってみる) take ˹a [*one's*] chance, chance it ★ 前者のほうがより一般的. 《☞ ためす》. ¶ ひとつ*やってみよう (⇒ 試してみよう) I'll ˹*try* [*have a try at*] it. ∥ *やってみるだけのこと (⇒ 価値) はあった It was worth ˹*trying* [a *trial*]. ∥ うまくいくかどうかわからないが (一か八か) *やってみよう (⇒ 運を試そう) I don't know if we can make it, but let's ˹*take a chance* [*chance it*].

やってゆく やって行く (暮らして行く) get along ㊁; (なんとか工夫して処理する) manage (to *do*) ㊁; (収支を償う) make (both) ends meet; (人と折り合って行く) get ˹along [on] (with ...) ㊁. 《☞ くらす》.
¶ 心配無用. なんとか*やって行くさ Don't worry. I'll ˹*manage* [*get along*] somehow. ∥ そんな少ない給料で*やって行けるのかい Can you ˹*get along* [*manage to* live; *make* (*both*) *ends meet*] on such a small salary? ∥ あなたなら彼らとうまく*やって行けると思う I think you can *get* ˹*along* [*on*] well *with* them.

やっと **1** «ついに»: (とうとう) at (long) last ★ long が付くと意味が強くなる; at length ★ at last よりも形式ばった言い方; (最後に) finally ★ 前 2 者よりも客観的な語で, 失敗の場合にも使われる; (...になって初めて) it is not ˹till [until] ... that ... 《☞ ついに》.
¶ *やっと(のことで)試験が終わった *At* (*long*) *last* the examination is over. ∥ 彼は多くの失敗を重ねた末に (⇒ 多くの失敗の後) *やっと成功した After many failures he *finally* succeeded. ∥ けさになって*やっとその事を知った *It was not till* this morning *that* I learned it.
2 «かろうじて» ―副 (ぎりぎりで) just ★ しばしば強調のために only を前に添えて; (間一髪で) narrowly; (かろうじて) barely; (苦労して) with difficulty. ―動 (やっと ... する) manage to *do*. 《☞ かろうじて (類義語)》.
¶ *やっと締切りに間に合った I was (*only*) *just* able to meet the deadline. ∥ 彼は*やっと危険を逃れた He ˹*narrowly* [*barely*] escaped a mishap. ∥ 彼は*やっと試験にパスした He *just managed to* pass the exam. ∥ 勘定を払うのが*やっとだった (⇒ 勘定を払うのにかろうじて十分な金を持っていた) I had ˹*barely* [(*only*) *just*] enough money to pay the bill.

やっとこ pincers; (ペンチ) pliers ★ いずれも常に複数形で. 数えるときは a pair [two pairs] of ˹pincers [pliers] のように言う. 《☞ 数の数え方 (囲み); だいく (挿絵)》.

やっぱり ☞ やはり

やつれる 窶れる ―動 (やせる) become thin. ―形 (やせた) thin; (ひどくやせた) skinny; (病気などで目が落ちくぼんだりして) gaunt. 《☞ やせる》. ¶ 彼女は病気で*やつれた She *became thin* because of her illness. ∥ 病み上がりで彼女は*やつれた顔をしていた She looked *gaunt* after the illness.

やど 宿 **1** «宿泊» ¶今夜はどこに*宿をとることにしようか Where shall we ⌈*stay* [*put up*] for the night? // 私たちは一夜の*宿を求めた We asked for a night's *lodging.* // 彼は*宿なしだ (⇒ 住む家がない) He has no *house to live in.* 《☞ とまる²》
2 «宿屋»: (田舎風のホテル) inn Ⓒ ★ 現在では簡便なホテルという意味でも使われる; (ホテル) hotel Ⓒ; (日本式の旅館) Japanese-style hotel Ⓒ, *ryokan* Ⓒ 参考 後者は単複同形. 完全な英語とはなっていない. 《☞ りょかん; ホテル (囲み)》.
¶ *宿は決まりましたか Have you decided on your *hotel*? / (⇒ 泊まれる場所は見つかりましたか) Have you found a *place where you can* ⌈*stay* (*for the night*) [*spend the night*]?
宿賃 hotel ⌈charge [rate] Ⓒ.

やといにん 雇い人 employee [implɔ̀ií:] Ⓒ; (日雇いの) day laborer Ⓒ; (臨時雇い) temporary employee Ⓒ.

やといぬし 雇い主 employer Ⓒ.

やとう 雇う ―動 employ ⑭ ★ 一般的な語; (一時的に) hire ⑭. ¶会社ではガードマンを5人*雇っている Our company *employs* five security guards. // タクシー2台を*雇って島めぐりをした We *hired* two taxies and toured the island.

やとう 野党 opposition party Ⓒ; (野党全体を集合的に) the opposition ★ 自国の野党の場合 the Opposition と大文字にすることがある. 《☞ 政治・経済 (囲み)》. ¶ *野党はその法案に強く反対している *The opposition* (*parties*) are strongly against the bill. // *野党第1党 the No. 1 *opposition party* // *野党党首 an *opposition party* leader

やどかり 宿借り hermit crab Ⓒ.

やどちょう 宿帳 hotel ⌈register [book] Ⓒ 《☞ ホテル (囲み)》. ¶だれでも宿をとるときには*宿帳に記入しなければならない Everybody must ⌈enter his name in the *hotel register* [*register*] when he checks ⌈in [into a hotel].

やどなし 宿無し ―形 homeless. ―名 homeless person Ⓒ; (住所不定者) person with no definite abode Ⓒ; (浮浪者) tramp Ⓒ. ¶彼らは火事で*宿無しになった (⇒ 家を失った) They *have lost* their *houses* in the fire.

やどや 宿屋 (日本式旅館) Japanese-style hotel Ⓒ, *ryokan* Ⓒ ★ 後者は単複同形. 完全な英語とはなっていないので, 説明が必要な場合もある; (小規模ないし田舎風ホテル) inn Ⓒ. 《☞ りょかん; ホテル (囲み)》.

やどりぎ 宿り木, 寄生木 mistletoe [mísltòu] Ⓤ.

やなぎ 柳 willow (tree) Ⓒ. ¶しだれ*柳 a weeping *willow* // *柳に雪折れなし Better bend than break. 《ことわざ: 折れるよりはたわむほうがよい》 // いつも*柳の下にどじょうはいない (⇒ 幸運が繰り返すことを期待できない) You cannot expect good luck to repeat itself. // *やなぎ腰 a slim waist

やに 脂 (樹脂) resin [rézn] Ⓤ; (たばこの) tar Ⓤ.

やにょうしょう 夜尿症 〘医学〙 nocturnal enuresis [ènjurí:sis] Ⓤ; (寝小便) bed-wetting Ⓤ. 《☞ ねしょうべん》.

やにわに 矢庭に (突然に) suddenly; (不意に) abruptly. 《☞ とつぜん》.

やぬし 家主 (男の) landlord Ⓒ; (女の) landlady Ⓒ; (家の持ち主) owner (of the house) Ⓒ.

やね 屋根 roof Ⓒ 《☞ 家・部屋 (囲み)》.
¶彼の家の*屋根は瓦[トタン]ぶきです His house *is roofed* with ⌈tiles [tin]. 語法 この roof は動詞. // 昔は農家の多くはかやぶき*屋根でした Many farmhouses had thatched *roofs* in old days. // 私たちは同じ*屋根の下に数年暮らした We lived ⌈under the same *roof* [in the same house] for several years. // 彼は*屋根に上がった He climbed onto the *roof*. 参考 roof は「屋上」の意味に用いられることもある.
屋根裏部屋 attic Ⓒ ★ 一般的な語; (特に天井の傾斜した暗い部屋) garret Ⓒ **屋根瓦** tile Ⓒ.

やはり ―副 (…もまた) too, also 語法 後者のほうがやや改まった語. また too は文尾か修飾する語の後に置かれるが, also は普通, 動詞の前, あるいは助動詞と動詞の間に置かれる点に注意; (いまでもなお) still.
¶彼は働き者だが, 彼の息子も*やはりそうだ He is a hard worker, and his son ⌈*also* works hard [works hard *too*]. // 彼女はいまも*やはり東京に住んでいる She *still* lives in Tokyo. // *やはり私の考えていたとおりでしたね It was *just as* I had thought.

やはん 夜半 (真夜中) midnight Ⓤ, the middle of the night. 《☞ よなか; よる¹》.
¶ *夜半に奇妙な物音を聞いた I heard a strange noise ⌈at *midnight* [in *the middle of the night*].

やばん 野蛮 ―形 savage, barbarous ★ 後者のほうが原始的で獰猛(どうもう)の意味が強い.
¶戦争とはまったく*野蛮な行為だ War is a most *barbarous* act. **野蛮人** savage Ⓒ; (獰猛な非文明人) barbarian Ⓒ. ¶無抵抗の人を殺すなんてあなた方は*野蛮人だ You are ⌈*savages* [*barbarians*] to kill unresisting people.

やひ 野卑 ―形 (下品な) vulgar; (粗野な) rude, coarse. 《☞ げひん》.

やぶ 藪 thicket Ⓒ; (低木の茂み) bush Ⓒ. 《☞ しげみ; くさむら》. **やぶから棒に** (急に) suddenly; (唐突に) abruptly. 《☞ とつぜん》.

やぶいしゃ 藪医者 quack (doctor) Ⓒ ★ 元は「偽医者」の意味.

やぶか 藪蚊 striped mosquito Ⓒ 《☞ か⁴》.

やぶさか ¶必要なら協力するに*やぶさかではない I *am* ⌈*ready* [*willing*] *to* cooperate with you, if necessary.

やぶへび 藪蛇 ¶ *やぶへびになるようなことはするな Let sleeping dogs lie. 《ことわざ: 眠っている犬を起こすな》

やぶる 破る **1** «引き裂く»: tear [tέə] ⑭ 《過去 tore; 過分 torn》, rip ⑭ 語法 両方とももともと1つの物を2つ以上に引き裂くことをいうが, 部分的に引き裂いて穴などをあけることにも使う；(引き裂いてばらばらにする) tear ... apart, tear ... into pieces. (☞ ひきさく；やぶれる；こわす).

¶赤ん坊が手紙をびりびりに*破った The baby *tore* the letter *into pieces.* // 彼は封筒を*破って開けた <S(人)+V(*tear*)+O(名)+C(形)> He *tore* the envelope open. / He *tore* open the envelope. // 彼は写真を雑誌から*破り取った He *tore* the picture *out of* the magazine.

2 «破壊する»: break [他] (過去 broke；過分 broken) [語法] 意味の広い一般的な語で,「壊す」「破壊する」にも当たり, 1つの物を2つ以上の部分に分解してしまう動作をいう. また比喩的にも用いる. (☞ こわす (類義語)).

¶銀行の金庫が*破られた The safe of the bank *was* ⌈*broken* [*cracked*].

3 «違反する»: (約束・法律などを破る) break [他]；(違反する) violate [他] ★ やや形式ばった語. (☞ いはん (類義語)). ¶彼は約束を*破った He *broke* his promise. // 法を*破れば罰せられる If you ⌈*break* [*violate*] the law, you will be punished.

4 «負かす»: beat [他], defeat [他] ★ 前者のほうが口語的. (☞ かつ). ¶私たちの野球チームは4対1で彼らを*破った Our baseball team ⌈*beat* [*defeated*] them 4 to 1.

5 «ある状態に変化をもたらす» ¶この記録は近い将来再び*破られるだろう This new record will *be broken* in the near future. // 皆, 沈黙を*破るのにちゅうちょした Everyone hesitated to ⌈*break* the silence [speak out].

やぶれかぶれ 破れかぶれ ― [形] (捨てばちの) desperate. ― [副] desperately. (☞ やけ).

やぶれる 破れる, 敗れる **1** «裂ける»: tear [téə] [自], rip [自], be ⌈torn [ripped] ★ いずれも「物」を主語とする. (☞ やぶる；さける[2]).

¶ぬれた紙は簡単に*破れる Wet paper ⌈*tears* [*rips*] easily. // この布はなかなか*破れない This cloth won't *tear.* // 上着が釘に引っ掛かって*破れてしまった My coat was caught on a nail and *was* ⌈*torn* [*ripped*]. / My coat *was* ⌈*torn* [*ripped*] on a nail.

2 «敗北する»: (試合などで) lose [他] (過去・過分 lost) ★「人」が主語で,「試合」などが目的語；(負かされる) be ⌈beaten [defeated] [語法] 破れた「人」が主語で, 後に「相手」を明記するときは by ... を付ける. (☞ まける).

¶チャンピオンが試合に*敗れた The champion *lost* the game. / The champion *was* ⌈*beaten* [*defeated*] in the game.

3 «物事が成り立たなくなる» ★ この語義に相当する特定の英語はなく, それぞれの場合に応じて意訳する必要がある. (☞ 翻訳 (欄外)).

¶彼女は恋に*破れた (⇒ 失恋した) She *was disappointed in* love. / She was *broken-hearted.* [語法] brokenhearted は失恋以外の悲しみも意味する. // 新兵器の発明で勢力の均衡が*破れた The balance of power *was* ⌈*upset* [*lost*] by the invention of a new weapon. // パイロットになるという彼の夢は*破れた (⇒ 実現されなかった) His dream to be a pilot ⌈*did not come true* [*was not realized*].

やぶん 夜分 ☞ よる[1]

やぼ 野暮 ― [形] (愚かな) silly；(思いやりがない) thoughtless. ― [動] (ユーモアのセンスがない) have no sense of humor；(常識がない) do not have good sense [参考] 風雅な心を持たないという意味で,「やぼな」にぴったりする訳語はない. これは英語には「風雅」のような意味領域がないためで, 文脈に応じて意訳しなくてはならない. (☞ ぶすい).

¶彼の冗談を真に受けるとは君も*やぼだ You ⌈are *silly* [*have no sense of humor*] if you take his joke seriously. / It's *silly* of you to take his joke seriously.

やぼう 野望 ― [名] ambition Ⓤ ★ よい意味にも悪い意味にも用いる. ― [形] (野望を持った) ambitious. (☞ やしん). ¶彼には有名になりたいという*野望があった He ⌈had *ambition* [was *ambitious*] *for* fame.

やぼったい 野暮ったい ¶彼は*やぼったい服装をしている (⇒ 服装のセンスがない) He *lacks taste* in clothes.

やま 山 mountain Ⓒ；(小山) hill Ⓒ.

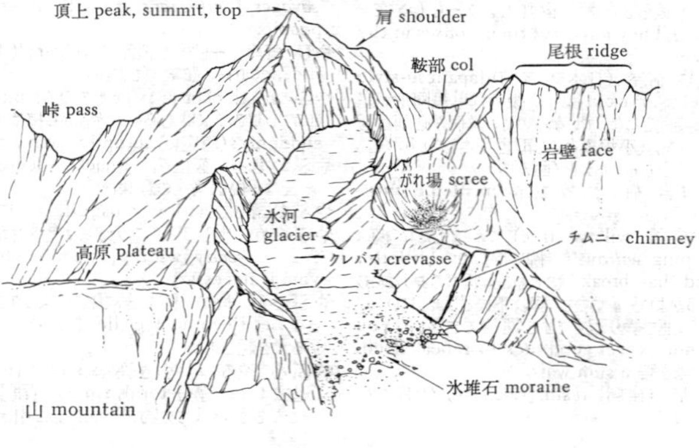

山 mountain

山間 (谷) valley Ⓒ; (峡谷) ravine Ⓒ, gorge Ⓒ. 《☞ やまおく; たに (挿絵)》 **山崩れ** landslide Ⓒ **山小屋** mountain ⌈hut [cottage] Ⓒ **山里** mountain village Ⓒ **山津波** landslide Ⓒ, landslip Ⓒ **山登り** mountain climbing Ⓤ, mountaineering Ⓤ ★ 後者はやや形式ばった語で本格的な登山を意味する.

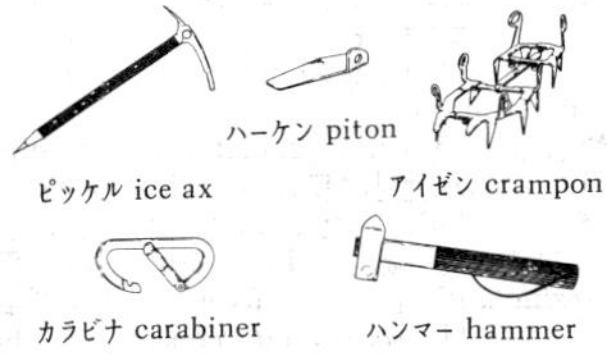

山登りの道具 climbing tools

¶ *山登りをする *climb* a mountain / go ⌈*climbing* [*mountaineering*] **山開き** the opening of a mountain to climbers; (登山季節の初め) the beginning of the mountaineering season. ¶ 富士山の*山開きは 7 月 1 日です *The climbing season* starts on July 1 at Mt. Fuji. **山道** mountain ⌈path [road] Ⓒ ★ road は車の通れるような道. 《☞ みち¹ (類義語)》.

やまあらし 山荒らし 〘動物〙 porcupine Ⓒ.

やまい 病 illness Ⓤ, disease Ⓤ ★ いずれも種類をいうときは Ⓒ. 《☞ びょうき (類義語)》. ¶ *病は気から Care killed a cat. 《ことわざ: 心配は猫さえ殺した》 参考 英米では猫はしぶとく, なかなか死なないとされている. // 彼は不治の*病にかかった He had ⌈a fatal [an incurable] *disease*.

やまいも 山芋 yam Ⓒ.

やまおく 山奥 ¶その村は*山奥に (⇒ 山中に) ある The village is *in the mountains.* // *山奥に (⇒ 山中では) 雪が深い Snow is deep *in the mountains.*

やまおとこ 山男 (登山者・登山家) (mountain) climber Ⓒ; (元来アルプスの登山家という意味から一般化して) alpinist Ⓒ; (山の住人・本格的な登山家) mountaineer Ⓒ.

やまかじ 山火事 forest fire Ⓒ.

やまかん 山勘 ―图 guess Ⓒ; (当て推量) guesswork Ⓤ. 《☞ かん²; あてずっぽう》. ¶ *山勘が当たった I *guessed* right. / I made a right *guess.*

やまぐに 山国 (山岳地方) mountainous region Ⓒ.

やまけ 山気 (投機的な性格) speculative disposition Ⓒ; (ばくち心) gambling spirit Ⓒ.

やまざくら 山桜 (花) wild cherry blossoms ★ 通例複数形で; (木) wild cherry tree Ⓒ.

やまし 山師 (投機師) speculator Ⓒ.

やましい ―動 (気がひける) feel guilty, have a guilty conscience (↔ have a clean conscience). 《☞ うしろぐらい》. ¶ 悪いことをしていないのなら*やましく感じるはずはないでしょう You don't need to *feel guilty* unless you've done something. // あなたは今度の事件について心に*やましいことがあるのではありませんか Don't you *have a guilty conscience* concerning this affair? // その汚職の嫌疑につきまして私は*やましいところはありません I *have a* ⌈*clean* [*clear*; *good*] *conscience* on the bribery charge.

やまたかぼうし 山高帽子 《米》 derby hat Ⓒ, 《英》 bowler (hat) Ⓒ. 《☞ ぼうし¹》.

やまと 大和, 倭 Yamato (, ancient name of Japan) ★ ( ) 内は説明で, 必要ならば付け加える. **大和言葉** word of purely Japanese origin Ⓒ **大和魂** the Japanese spirit **大和なでしこ** (日本女性) Japanese woman Ⓒ 《複 women [wímin]》.

やまどり 山鳥 copper pheasant [féznt] Ⓒ.

やまねこ 山猫 wildcat Ⓒ. **山猫争議** wildcat strike Ⓒ.

やまのて 山の手 (高台地域) the hilly section (of a city); (住宅地域) 《主に米》 uptown Ⓒ (↔ downtown). **山の手線** the ⌈Yamanote [belt] line.

やまば 山場 (絶頂) climax Ⓒ; (危機) the crisis, the critical moment; (転換の時期) the turning point. 《☞ かきょう¹》. ¶ 小説の*山場はこの場面だ The *climax* in the novel is this scene. // その事件は*山場 (⇒ 危機的[決定的]瞬間) を迎えた *The* ⌈*critical* [*decisive*] *moment* for the affair has arrived.

やまばと 山鳩 (ヨーロッパの) turtledove Ⓒ; (アメリカの) mourning dove Ⓒ ★ いずれも日本の山鳩と類似の別種.

やまびこ 山彦 echo [ékou] Ⓒ 《複 ~es》 《☞ こだま》.

やまぶき 山吹 (花) Japanese rose Ⓒ; (色) bright yellow Ⓤ; (黄金色) gold Ⓤ.

やまぶし 山伏 Japanese Buddhist hermit Ⓒ 《☞ 日本固有の風物と英語 (囲み)》.

やまもり 山盛り ―形 (スプーンの場合) a heaping spoonful of ...; (茶わんの場合) a bowlful of ... ―動 heap up ㊀. 《☞ もる¹》. ¶ 大さじで*山盛り 3 杯のバターを滑らかになるまでかき混ぜなさい Cream three *heaping tablespoonfuls of* butter until smooth.

やまやま ¶あなたを助けてあげたいのは*やまやまだが, いまお金がありません I want to help you *very much* [I *really* want to help you; (⇒ 助けてあげられるとよいのだが) *I wish I could* help you], but I have no money now. // 「今度の土曜日のパーティーに来てくれますか」「行きたいのは*やまやまなんですが (⇒ 行けるとよいのですが) 先約がありますので」 "Can you come to our party next Saturday?" "*I wish I could* [*I would very much like to come*], but I have a previous engagement." 《☞ -したい; 意志・願望の表現 (囲み)》

やまゆり 山百合 goldband lily Ⓒ.

やまわけ 山分け ―動 (等しく分ける) divide ... equally (among ...; between ...); (2 人で半分にする) go halves [hǽ(:)vz], go fifty-fifty; (2 人ないしそれ以上の人で分ける) go shares. 《☞ わける; にとうぶん》. ¶ 彼らはもうけを*山分けにした They *divided*

や

the profit *equally* ｢*between* [*among*] them. 語法 2人の場合には between を，3人以上の場合には among または between を使う. // *山分けにしよう《2人の場合》Let's *go fifty-fifty*. / 《2人以上の場合》Let's *go shares.*

やみ 闇 **1** «暗いこと» —名 darkness Ⓤ, dark Ⓤ. —形 dark; (真っ暗な) pitch-dark. 《☞ くらい[1]; くらやみ》. ¶ 犯人は*やみにまぎれて逃亡した The culprit escaped under cover of *darkness.* // その事実は*やみからやみに葬られた (⇒もみ消された) The fact *was* ｢*covered up* [*hushed up*; *smothered up*]. // 一寸先は*やみ (⇒だれが将来を読むことができようか) Who can read the future?

2 «不正取引»: black-marketing Ⓤ; (不法な商売) illegal trade Ⓤ; (やみ市場) black market Ⓒ. ¶ 品物を*やみで売る[買う] sell [buy] goods on the *black market*

やみ取り引き black-marketing Ⓤ, black-market deal Ⓒ; (裏口の) back-door dealings ★ 通例複数形で. **やみ値** black-market price Ⓒ **やみ屋** black marketeer Ⓒ.

やみあがり 病み上がり —名 convalescence [kɑ̀nvəlésns] Ⓤ 語法 形式ばった語. 口語的には後述のように副詞的表現で,「病気の後で」のようにするほうがよい. —形 convalescent. —副 (病後に) after *one's* recent ｢sickness [illness], during *one's* convalescence. 《☞ かいふく》.

¶ *病み上がりの体で無理をしてはいけない You must not overwork ｢*during your convalescence* [(⇒最近病気をしてまだ体が弱っている間に) *while you are still weak after your recent illness*].

やみくもに 闇雲に (手当たり次第に) at random, haphazardly; (突然に) all of a sudden, abruptly. 《☞ とつぜん》. ¶ *やみくもに何を言い出すんだ What are you saying *all of a sudden*?

やみつき 病み付き —動 (熱中する) give *oneself* up ｢to ... [to *doing*], 《口語》 be crazy about ... ★ 以上は「人」を主語にして用いる. 《☞ ねっちゅう; むちゅう; こる》.

¶ 彼はテニスを始めたら*病みつきになるだろう If he started tennis he'*d give himself up to* it. 《☞ 仮定の表現 (囲み)》 // 彼女はダンスが*病みつきになった She *is crazy about* dancing.

やみよ 闇夜 moonless [dark] night Ⓒ 《☞ よる[1]》. ¶ 真の*やみ夜 a *pitch-dark night* // *やみ夜を歩くうちに道に迷った While walking *in the dark*, I lost my way.

やむ[1] 止む (雨などが) stop ㊀㊁ 語法 一般的な語. この意味で ㊀ のときは it を主語にして，後に動詞の -ing 形が続く; (風などがだんだん静まる) die down ㊁; (しだいに遠ざかる) pass (off) ㊁. 《☞ 天候の表現 (囲み); It の用法 (欄外); 動名詞 (欄外)》.

¶ 雨は*やんだ <S (*It*)+V (*stop*)+O (動名)> *It has stopped* raining. / The rain *has stopped.* // きょうは雨が降ったり*やんだりだ It has been raining ｢*on and off* [*off and on*] today. // 風[物音]が*やんだ The ｢wind [noise] *has died down.* // 夕立はすぐ*やむよ This shower will ｢*pass* [*be gone*; *be over*] in no time. // 前途のお幸せを祈って*やみません (⇒心からお祈りします) I ｢*heartily* [*sincerely*] wish you good luck in your future.

やむ[2] 病む **1** «病気になる»: be [get] ｢sick [《英》 ill]; (病気にかかる) suffer (from ...) ㊁. 《☞ びょうき; 病気・病院 (囲み)》.

2 «心を悩ます»: (心配する) worry (about ...) ㊁ 《☞ もめる; しんぱい》. ¶ そんなつまらないことで気に*やむな Don't *worry about* such little things.

やむなく (いやいや) reluctantly, unwillingly; (自分の意志に反して) against *one's* will. 《☞ しぶしぶ; しかたなく; こころならずも》. ¶ 彼は*やむなく辞職した He resigned his office ｢*reluctantly* [*against* his *will*]. / (⇒辞職させられた) He *was forced to* resign his office.

やむにやまれぬ 止むに止まれぬ ¶ 彼がきょう欠席だなんて，*やむにやまれぬ事情があったのでしょう He must have had some *unavoidable* problem to be absent today. 《☞ のっぴきならない》

やむをえない やむを得ない —形 (避けられない) unavoidable; (必要な) necessary. —動 (どうしようもない) cannot be helped. 《☞ しかたがない; やむなく》. ¶ 10分ほどの遅れは*やむをえない A delay of ten minutes *cannot be helped.* // 計画変更は*やむをえなかった The change of our plan was *unavoidable.* / (⇒ほかに方法がなかった) There *was no way but to* change our plan.

やめる[1] 止める stop ㊀ 語法 最も一般的な語. 後に名詞または -ing 形が続く; (いままで続けてきたことをやめる) discontinue ㊀; (習慣などと手を切る) break ㊀; (意図的にきっぱりやめる) 《口語》 quit ㊀㊁ 《過去・過分 quit, quitted》; (あきらめる) give up ㊀; (一時中止する) suspend ㊀; (終える) put an end to ..., bring ... to an end. 《☞ ちゅうし[1]; あきらめる (類義語)》.

¶ *やめろ *Stop* that!

おしゃべりを*やめて下さい Please *stop* your talking. / *Stop* [*Quit*] chatting, please.

彼はたばこを*やめた He ｢*stopped* [*gave up*; *quit*] smoking.

私はたいてい5時に仕事を*やめます I usually *quit* work at five o'clock.

我々はその雑誌の購読を*やめることにした We have decided to *discontinue* our subscription to the magazine.

そういう行為はすぐ*やめるべきだ Such actions should *be suspended* right away.

そのくせを*やめるのは難しい It is difficult to *break* that habit.

きょうはこれで*やめにしよう Let's *call it a day.* ★ call it a day は成句. / 《授業などで》 *That's all* for today. / *So much* for today.

きょうはピクニックに行くのを*やめにしよう (⇒行かないことにしよう) *Let's not* go on a picnic today. 語法 《英》では Let's not go. より Don't let's go. のほうが普通. 《米》では Let's not go. が一般的だが，ほかに Let's don't go. が使われることもある. 《☞ 命令の表現 (囲み)》

*やめとけば (⇒ しなければ) よかった I wish I *had not done* it. 《☞ 仮定の表現 (囲み)》 彼女は途中で音楽の勉強を*やめた She ｢*gave up* [*discontinued*] her study of music halfway. [語法] discontinue は客観的に中断したことを意味し, 理由は述べない.

やめる² 辞める (辞職する) resign [rizáin] ㊥㊀, 《口語》 quit ㊥ 《過去・過分 quit, quitted》; (去る) leave ㊥ 《過去・過分 left》; (定年などで退職する) retire (from ...) ㊀. ¶ 彼女は仕事を*やめた She ｢*resigned* [*quit*] her job. // 私は委員を*やめた I *resigned from* the committee. // 彼は卒業前に学校を*やめた He ｢*left* [*quit*] school before graduation. [語法] left の場合は理由不明. quit の場合は自己の意志による. // 父は60歳で勤めを*やめた (⇒ 退職した) My father *retired from* his job at the age of 60.

やもめ (女) widow Ⓒ; (男) widower Ⓒ. ¶ ここ10年彼女はずっと*やもめ暮らしをしている She has remained a *widow* for the past ten years. / (⇒ 未亡人の状態で暮らしている) She has lived in *widowhood* for the past ten years. // つい最近彼女は*やもめになった (⇒ 夫を失った) She *lost her husband* quite recently. / She ｢*was widowed* [became a *widow*] quite recently. // 男*やもめにうじがわく A *widower*'s life is usually untidy.

やもり gecko Ⓒ 《複 ~(e)s》.

やや ―副 (少し) a little ★ 一般的な表現; 《口語》 a bit; (多少) somewhat ★ やや改まった語; (わずかに) slightly; (比較的) comparatively; (ある程度) to some extent ★ 抽象的なことについて用いる; (ゆっくりと) slowly; (徐々に) gradually. 《☞ ちょっと; いくらか》. ¶ 今晩は*やや冷える It's ｢*a little* [*a bit*] cold tonight. // 物価が*やや下がった Prices have come down ｢*slightly* [*somewhat*]. // 景気が*やや (⇒ ゆっくりと[徐々に]) 上向きになってきている Business is ｢*slowly* [*gradually*] picking up. / The economy has turned upward ｢*slightly* [*a little*]. / The economy is improving *to some extent*.

ややこしい (複雑な) complicated; (非常に入り組んで複雑な) intricate; (互いに関連し合って複雑な) complex; (頭を混乱させるような) confusing. 《☞ ふくざつ》. ¶ この仕事はとても*ややこしい This work is very *complicated*. // *ややこしい事件に巻き込まれた I have been entangled in a ｢*complex* [*complicated*] case. // *ややこしいことになった (⇒ 事件はもつれている) The affairs are *in a tangle*.

ややもすれば ¶ 私たちは*ややもすれば易きにつく (⇒ 易しい道を選ぶ傾向がある) We *are* ｢*apt* [*liable*] *to* choose an easy way. 《☞ ともすると; -がち》

やゆ 揶揄 ―動 (からかう) tease ㊥; (笑い物にする) make fun of ... 《☞ からかう》.

-やら ¶ 風邪をひく*やら, おなかをこわす*やらひどい目にあった I had a terrible time with a cold *and* a stomachache. 《☞ -たり》

やらずぶったくり ¶ 彼はいつだって*やらずぶったくりなんだ (⇒ 取るばかりで, 何も与えない) He is always *all take and no give*.

やられる ¶ 流感に*やられて5日ほど寝ていた I *was down with* the flu for five days. // すりに*やられた I *had* my pocket *picked*. 《☞ 使役 (囲み)》

やり 槍 spear [spíə] Ⓒ; (やり投げ用の) javelin Ⓒ; (騎兵の) lance Ⓒ.

やりあう やり合う (議論を戦わせる) argue (with ...) ㊀; (激論する) have a heated discussion (with ...). 《☞ ぎろん》. ¶ 先日彼女とその問題で*やり合った I ｢*argued* [*had a heated discussion*] *with* her on that subject the other day.

やりかえす やり返す (言い返す) answer back ㊀, retort ㊀ ★ 前者のほうが口語的. 《☞ いいかえす; くちごたえ; しかえし》.

やりかけ やり掛け ―形 (半分済ませた) half-done; (済ませていない) unfinished. 《☞ ちゅうとはんぱ》. ¶ 彼は仕事を*やりかけたままで旅行に出かけた He went on a trip, leaving the work ｢*half-done* [*unfinished*]. // *やりかけの (⇒ 進行中の) 仕事を一刻も早くやってしまいなさい Finish the work *in hand* as soon as possible.

やりかた やり方 (仕方) how to (*do*); (方法) way Ⓒ ★ 一般的な語; (組織だった方法) method Ⓒ ★ way で代用できる場合も多い. 《☞ しかた; ほうほう (類義語)》. ¶ *やり方を教えて下さい Please tell me *how to do* it. / (⇒ 示して下さい) Please show me *how* (*to do* it). // 彼女は自分なりの*やり方で試してみた She tried in her own *way*. // 成功も失敗も*やり方次第だ (⇒ どうあなたがやるかによる) Success or failure depends on *how you do it*. // この*やり方だと経費が節約できる This *method* will save us expenses.

やりきれない (我慢できない) cannot ｢stand [bear] ...; (まったくうんざりだ) be thoroughly disgusted ｢by [with] ... ★ 以上は「人」が主語; (耐えられない) be ｢unbearable [intolerable] (to ...), be too much (for ...); (まったく不快である) be very unpleasant ★ 以上3つは「事」が主語. 《☞ がまん》. ¶ こんな天候は*やりきれない We *cannot stand* this weather. // 彼のいびきにはまったく*やりきれない (⇒ 耐えられない) His snoring *is* just ｢*unbearable* [*too much for* me]. // 私たちは物価高に*やりきれぬ思いをしている We *are thoroughly disgusted by* this inflation.

やりくり ―動 (当座しのぎをする) make shift; (家計をやりくりする) manage ㊥㊀; (時間などを見つける) find time (to *do*). 《☞ まにあわせ; さんだん¹》. ¶ この予算で*やりくりできますか Will you be able to ｢*make shift* [*manage*] with this budget? // 彼女は*やりくり上手だ (⇒ よい家計の管理者だ) She is a good household *manager*. // 彼は何とか時間を*やりくりして英語を勉強している He *manages to find time to* study English.

やりこめる やり込める (しゃべり負かす) argue [talk] *a person* down 《☞ いいまかす; ぎゃふん》. ¶ 彼は母親をしょっちゅう*やりこめる He often ｢*argues* [*talks*] his mother *down*.

やりすぎる やり過ぎる (仕事などをしすぎる) *do* too much, overdo ㊀㊁ ★前者のほうがより口語的. 《☞ -すぎる》. ¶彼女は仕事を*やりすぎる She works *too hard*. / She *overdoes* at work. / She *is overworking*. ∥ 彼は酒を*やりすぎる He drinks *too much*.

やりすごす やり過ごす (通り過ぎさせる) let [allow] ... go past 《☞ つうか[1]》. ¶けさ私はバスを3台*やり過ごした I *let* three buses *go past* this morning.

やりそこなう やり損なう (失敗する) fail (in ...; to *do*) ㊁《☞ しっぱい; -そこなう》. ¶万一*やり損なっても気にするな Don't worry even if you (happen to) *fail*. ∥ 彼は実験を*やり損なった He *failed in* the experiment. / His experiment was a *failure*.

やりだま 槍玉 (犠牲者) victim Ⓒ《☞ やおもて; まと》. ¶彼が真っ先に*やり玉にあがって失脚した He ｢was [fell] the first *victim* and lost his position.

やりつける ¶これは*やりつけた仕事です This is the kind of work I'*m quite used to doing*. 《☞ なれる[1]》

やりっぱなし やりっ放し 一動 (半分済ませて残す) leave ... half-done; (仕上げずに残す) leave ... unfinished. 《☞ ちゅうとはんぱ》. ¶彼はいつだって*やりっ放しだ He always *leaves* his work ｢*half-done* [*unfinished*].

やりて やり手 (能力のある人) man [woman] of ability Ⓒ, able [competent] ｢man [woman; person] Ⓒ; (行動力のある人) man [woman] of action Ⓒ; (特に金もうけなどで) 《米口語》 go-getter Ⓒ. 《☞ ゆうのう (類義語)》. ¶彼はなかなかの*やり手だ He is a *man of* ｢*ability* [*action*]. / He is ｢an *able* [a *competent*] *man*. / (⇒ 抜け目のない実業家だ) He is a *shrewd businessman*.

や

やりとおす やり通す (最後までやる) carry ｢out [through] ㊀《☞ なしとげる》.

やりとげる やり遂げる (完了する) finish ㊀; (完成する) complete ㊀; (特に大きな仕事などを) accomplish ㊀ ★やや改まった語; (最後まで実行する) carry ｢out [through] ㊀, go through with ... 《☞ なしとげる; たっせい》. ¶だれがそんな大事を*やり遂げることができるだろうか Who can *accomplish* such a great undertaking! ∥ この仕事は*やり遂げようと心に決めた I made up my mind to ｢*carry out* [*carry through; go through with*] this task.

やりとり やり取り exchange Ⓒ《☞ こうかん[1]; おうしゅう[1]》. ¶両国の間で, もっと意見の*やりとりがあってよい There should be more *exchanges* of views between the two nations. ∥ 2人の間に激しい*やりとり (⇒ 口論) があった There was a *quarrel* between the two.

やりなおす やり直す (再びやる) *do* ｢over again [once more]; (もう一度初めからやる) *do* over from the very beginning, *do* all over again ★後者のほうが口語的; (再出発する) make a ｢fresh [new] start in ...; (忘れかけた勉強をやり直す) brush up ㊀. ¶それは*やり直したら (⇒ 再びやったら) どうですか Why don't you *do* it ｢*over again* [*once more*]? 《☞ 提案・勧告の表現 (囲み)》 ∥ もう一度*やり直そう Let's *do* it ｢*over from the very beginning* [*all over again*]. ∥ 私は新たに人生を*やり直すつもりだ I have made up my mind to *make a* ｢*fresh* [*new*] *start in* life. ∥ ニューヨークへ出かける前に英語を*やり直さなければならない I have to *brush up* my English before going to New York.

やりなげ 槍投げ the javelin (throw) 《☞ スポーツ (囲み)》. ¶*やり投げをする throw a *javelin* ∥ *やり投げの選手 a *javelin thrower*

やりにくい ¶それは*やりにくい仕事だ It is a *difficult* job. ∥ *やりにくい (⇒ 微妙な) 立場だね You are in a *delicate* position, aren't you? 《☞ 付加疑問 (欄外); むずかしい》

やりぬく やり抜く (最後までやる) carry ｢out [through] ㊀, go through with ... 《☞ やりとげる; なしとげる》.

やりば やり場 ★この日本語に当たる1語の英語はないので前後の関係によって意訳する必要がある. ¶彼女は目の*やり場に困った (⇒ どっちを見てよいかわからなかった) She didn't know *which way to look*. 《☞ め[1]》 ∥ 怒りの*やり場がなかった (⇒ 怒りにどうはけ口を与えてよいのかわからなかった) I didn't know *how to* ｢*give vent to* [*vent*] my anger.

やる **1** 《与える》: give ㊀《☞ あたえる; あげる[1]》. ¶これを君に*やろう This is *for* you. / I'll *give* this to you.

2 《送る》: send ㊀《☞ おくる[1]; だす》. ¶手紙を*やったのに彼からは返事もない I *have sent* him a letter, but haven't got an answer yet.

3 《...をする》 ★文脈に応じて適当な動詞を用いる必要がある. 《☞ する[1]》.

¶夕方までにこれを*やって (⇒ 終えて) しまおう I'll *finish* this by evening. ∥ 無事に*やっていますか *Are* you *getting along* all right? ∥ 「テニスを*やらないか」「いいね」 "How about *playing* tennis?" "OK." 《☞ 提案・勧告の表現 (囲み)》 ∥ 私は小さなレストランを*やって (⇒ 経営[所有]して) います I ｢*run* [*have*] a small restaurant.

やるせない (惨めな) miserable, wretched; (寂しい) lonesome. 《☞ みじめ; さびしい》. ¶私は失恋して*やるせない思いをしている I feel ｢*miserable* [*wretched*] because I lost my love.

やれ ¶*やれ宿題, *やれ予習と息をつく暇もない *What with* homework and *what with* preparation of lessons, I feel I have no time even to take a breath.

やれやれ ¶*やれやれ, やっと着いた *Well*, here I am at last. ∥ *やれやれ, あなたの顔を見てほっとした *Well, well*, [*Oh, my*!] I ｢am [feel] relieved to see you. ∥ *やれやれ (⇒ ありがたい), やっと宿題が終わった *Thank Heaven*, I have finished my homework at last. 《☞ 感嘆詞 (欄外)》

やわらかい 柔らかい, 軟らかい soft (↔hard); (肉などが) tender (↔ tough). ¶地面が*柔

らかくて歩きにくかった The ground was *soft* and difficult to walk on.

やわらぐ 和らぐ (声・表情などが) soften [sɔ́:fn] (自); (苦痛などが) be ⌈eased [lessened]. 《☞ なごむ》. ¶彼女の表情は一瞬*和らいだ Her facial expression *softened* a moment. // この薬で苦痛が*和らぎました (⇒この薬が苦痛を和らげた) This medicine ⌈*eased* [*lessened*] my pain. // 暑さ[寒さ]が*和らいだ (⇒あまり暑く[寒く]なくなった) It *has become less* ⌈hot [cold].

やわらげる 和らげる (声などを) soften (他); (語気を) tone down (他); (苦痛などを軽くする) ease (他); (痛みなどを少なくする) lessen (他); (怒りを静める) calm (他), soften (他). 《☞ しずめる¹; ゆるめる; かんわ》. ¶彼は声を*和らげて話し続けた He ⌈*softened* [*toned down*] his voice and continued talking. // 彼の怒りを*和らげるにはどうしたらよいだろう How can I ⌈*calm* [*soften*] his anger?

ヤンキー Yankee Ⓒ.

やんちゃ ― 〔形〕 naughty [nɔ́:ti(ː)] 《☞ いたずら; わんぱく》. ¶なんて*やんちゃな子だろう What a *naughty* ⌈boy [girl]!

やんや ¶彼女の演技に観衆は*やんやとかっさいした (⇒盛大に拍手した) The audience applauded ⌈*loudly* [(⇒熱狂的に) *enthusiastically*] for her performance. 《☞ かっさい; 擬声・擬態語 (囲み)》

やんわりと softly; (穏やかに) gently; (遠回しに) indirectly. 《☞ それとなく; とおまわし; 擬声・擬態語 (囲み)》. ¶彼女は*やんわりと私の申し出を断った She gave an *indirect* refusal to my proposal.

ゆ

ゆ 湯 hot water Ⓤ; (風呂) (hot) bath Ⓒ. 《☞ ふろ; ねっとう》.
¶やかんでお*湯を沸かしましょう Let's boil ⌈*water* in a kettle [the kettle]. // こんろに*湯が沸いています The *water* is boiling on the stove. 〔語法〕 日本語では「湯」と「水」を区別するが, 英語では湯も水も本質的には water であって, 特に区別の必要のあるときだけ hot water という点に注意. また煮立つように熱いお湯のときは boiling hot water という. // まずカップに茶さじ 2 杯の粉を入れ, 沸騰した*湯を注いで下さい First put two teaspoonfuls of powder in the cup. Then pour in boiling *hot water*. // *湯 (⇒風呂) に入りたい I want to ⌈take [have] a *bath*. // *湯が沸きました (⇒風呂の用意ができました) The *bath* is ready. // 日本茶をいれるには沸かした*湯を少し冷ます必要がある You have to leave *boiled water* to cool a little to ⌈make [prepare] Japanese tea. **湯あか** scale Ⓤ **湯上がりタオル** bath towel Ⓒ **湯冷まし** cooled boiled water Ⓤ **湯冷め** ― 〔名〕 a chill after a bath ★ a を付けて. ― 〔動〕 feel cold after a bath, be chilled after a bath **湯豆腐** *tofu*, Japanese bean curd, *served in hot water* **湯飲み** (tea)cup Ⓒ **湯ぶね** bathtub Ⓒ.

ゆあつ 油圧 ― 〔形〕 (油圧を用いた) hydraulic. **油圧ブレーキ** hydraulic brake Ⓒ.

ゆいいつ 唯一 ― 〔形〕 only ★ 通例 the を付けて. 最も一般的な語; (唯一無二の) one and only; (現存の中で唯一の) sole 〔語法〕 この語は何かの考慮の対象として考えたものの中で唯一のものを表す. ¶彼は信頼できる*唯一の友人だ He is ⌈*the only* friend of mine [my *sole* friend] I can trust. // 彼女はその財産の*唯一の相続人だ She is *the* ⌈*only* [*sole*] heir to the fortune.

ゆいごん 遺言 will Ⓒ 〔語法〕 最も一般的な語であり, また法律用語でもある. 死後の財産の処理などに関する遺言または遺言書をいう; (死の直前の願い[言葉]) *one's* ⌈last [dying] ⌈wish [words; request]. ¶彼は*遺言で全財産を教会に寄付した He left all his property to the church by *will*. **遺言執行者** executor Ⓒ **遺言書** (written) will Ⓒ.

ゆいしょ 由緒 ¶この*由緒ある (⇒歴史的な) 建物が壊れ始めている This *historic* building is beginning to fall apart. // 彼は*由緒ある家柄の出だ (⇒家系がよい) He is (a man) *of* ⌈*good lineage* [*noble birth*].

ゆいしんろん 唯心論 spiritualism Ⓤ, idealism Ⓤ. **唯心論者** spiritualist Ⓒ, idealist Ⓒ.

ゆいのう 結納 engagement [betrothal] ⌈present [gift] Ⓒ. ¶*結納を交わす exchange *betrothal gifts* **結納金** betrothal money Ⓤ.

ゆいぶつろん 唯物論 materialism Ⓤ. **唯物論者** materialist Ⓒ.

ゆう 結う (髪を) do (他) 《☞ かみ³》. ¶母が私の髪を*結ってくれた My mother *did* my hair.

ゆう¹ 優 (成績の) A Ⓒ 〔参考〕 英米の成績は A, B, C, D, F の 5 段階に分けるのが普通. A, あるいは B までが優に当たり, F は不可である. E を抜かして F になるのは F は failure (＝落第) の頭文字だからである. ¶彼は全*優で卒業した He graduated with ⌈all [straight] *A's*. 《☞ 複数形 (欄外); アポストロフィー (欄外)》 // 私はその作文に*優をつけた I ⌈marked [rated] the composition "A".

ゆう² 勇 (勇気) courage Ⓤ. ¶義を見てせざるは*勇無きなり (⇒信念がない) Knowing what ⌈should be done [is right] without practicing it betrays one's convictions. **勇を鼓す** gather *oneself* ⌈up [together]. ¶おぼれかけている子供を救うため, 私は*勇を鼓して水に飛び込んだ To save the drowning child I *gathered myself up* and ⌈plunged [jumped] into the water.

ゆ

ゆう³ 雄 ¶この大学は日本の私学の*雄 (⇒最高の私立大学) と言われている This is said to be *the best* private university in Japan.

ゆうあい 友愛 (友情) friendship Ⓤ《☞ゆうじょう》.

ゆうい 優位 —形 (…よりすぐれた) superior (to …); (…よりレベルが高い) on a higher level (than …). 《☞ まさる; ゆうせい¹》. ¶工業技術に関しては彼らは私たちより*優位に立っている Their technology is ｢*superior to* [*on a higher level than*] ours.

ゆういぎ 有意義 —形 (意義深い) significant; (重要な) important; (有益な) useful. ¶きょうはわが校にとって*有意義な日だ Today is ｢an *important* [(⇒記念すべき) a *memorable*] day for our school. ★例えば創立記念日のような日をいう. // 夏休みを*有意義に過ごしなさい *Make good use of* your summer vacation. // ここに 10 万円ありますが, どうかこれを*有意義な目的のために使って下さい Here's 100,000 yen. Please use it *for useful purposes.*

ゆういん 誘因 —名 (原因) cause Ⓒ; (誘因となる刺激) incentive Ⓒ. —動 (原因となる) cause ㊀; (原因となって引き起こす) induce ㊀. 《☞ げんいん》. ¶過労はしばしば病気の*誘因となる Overwork often ｢*causes* [*induces*] illness. / Illness *is* often ｢*caused* [*induced*] by overwork.

ゆううつ 憂鬱 —形 (不安で落ち着かない) uneasy; (意気消沈させるような) depressing; (元気がない) in low spirits, 《口語》 blue; (憂うつ症的な) melancholic. —名 depression Ⓤ; melancholy Ⓤ; 《口語》 the blues ★複数扱い. 《☞ ふさぎこむ》.
¶あすは試験だと思うと (⇒あすの試験を考えると) *憂うつだ I ｢feel *uneasy* [*cannot feel relaxed*] when I think of tomorrow's exam. // そのニュースを聞いて*憂うつになった The news was *depressing.* / I *was depressed* by the news.

ゆうえい 遊泳 swimming Ⓤ《☞ すいえい》.
遊泳禁止 No ｢Swimming [Bathing] Here 《☞ 掲示の英語 (囲み)》.

ゆうえき 有益 —形 (教育的でためになる) instructive; (役に立つ) useful, of use, profitable; (助けになる) helpful. 《☞ やくだつ; ゆうよう》. ¶とても*有益な (⇒ためになる) お話を聞かせていただいてありがとうございました Thank you very much for your very *instructive* talk. // 彼の助言はとても*有益だった His advice was most ｢*helpful* [*profitable*].

ゆうえつかん 優越感 sense of superiority (over … ; to …) ★通例 a または the を付けて; superiority complex Ⓤ (↔ inferiority complex) ★後者のほうが改まった言い方.

ゆうえんち 遊園地 (遊びや運動の設備のある公園) recreation ｢park [ground] Ⓒ; (娯楽施設のある遊び場) amusement park Ⓒ.

ゆうが 優雅 —形 (高尚で上品な) elegant; (しとやかで優美な) graceful; (洗練された) refined. 《☞ じょうひん (類義語)》. ¶*優雅な文体 an *elegant* style of writing // *優雅な踊り a *graceful* dance // *優雅な生活 (⇒ゆったりとした生活) a *leisurely* life

ゆうかい¹ 誘拐 —動 kidnap ㊀, abduct ㊀ ★後者はやや形式ばった語. —名 kidnapping Ⓤ, abduction Ⓤ. ¶その外交官は*誘拐され, *誘拐犯人は 100 万ドルの身代金を要求してきた The diplomat *was* ｢*kidnapped* [*abducted*] and the *kidnapper* demanded a ransom of one million dollars.

ゆうかい² 融解 melting Ⓤ, fusion Ⓤ.
融解点 the point of fusion, the melting point.

ゆうがい¹ 有害 —形 harmful; (傷つけるような) injurious; (一般的に, よくない) bad.
¶ある種の昆虫は人間にとって*有害だ Some insects are *harmful* to human beings. // 喫煙は健康に*有害である Smoking is ｢*harmful* [*injurious*] to health. / Smoking is *bad* for health. // この規則は*有害無益だ This rule is not only useless but (simply) ｢*bad* [*harmful*].

ゆうがい² 有蓋 —形 (乗り物などに屋根の付いた) covered. **有蓋貨車** 《米》 boxcar Ⓒ, 《英》 van Ⓒ.

ゆうがお 夕顔 (かんぴょうの原料となる) gourd Ⓒ ★一般には同種のひょうたんを指す; (よるがお) moonflower Ⓒ.

ゆうかぜ 夕風 evening breeze Ⓒ.

ゆうがた 夕方 evening Ⓒ《☞ ばん¹ (類義語); ひぐれ; 時刻・日付・曜日 (囲み)》.
¶*夕方の 6 時ごろ雪が降り始めた It began to snow about six *in the evening.* // それは 2 月 28 日の[水曜日の]*夕方に起こった It happened *on* ｢*the evening* of Feb. 28th [Wednesday *evening*]. // 彼はあすの*夕方日本を発つ He leaves Japan tomorrow *evening.* // きのうの*夕方彼女から電話がきた She called me yesterday *evening.* [語法] last evening よりこのほうが普通. ただし night には last が用いられる.

ゆうがとう 誘蛾灯 light trap Ⓒ ★蛾以外の昆虫用のものもいう.

ゆうかん¹ 勇敢 —形 (勇敢な) brave, courageous [語法] 前者は行動に重点があり, 後者は精神的な面に強調がある; (英雄的) heroic. —副 (勇敢に) bravely, courageously. —名 bravery Ⓤ, courage Ⓤ. 《☞ いさましい (類義語); ゆうき¹ (類義語)》.
¶*勇敢な行為 a *brave* act // *勇敢な兵士 a ｢*brave* [*courageous*] soldier // 燃えさかる家の中へ飛び込んで子供を助け出すとは彼も*勇敢だ It was ｢*brave* [*courageous*] of him to go into the burning house to save a child.

ゆうかん² 夕刊 (夕刊専門紙) evening ｢newspaper [paper] Ⓒ (↔ morning ｢newspaper [paper]); (朝刊に対して) evening edition Ⓒ (↔ morning edition). 《☞ 新聞の英語 (囲み)》.

ゆうき¹ 勇気 —名 bravery Ⓤ; courage [kə́:ridʒ] Ⓤ; boldness Ⓤ. —形 (勇気のある) brave (↔ cowardly); (勇ましい) courageous; (大胆な) bold. —動 (勇気づける) encourage ㊀ (↔ discourage); (励ます・元

気づける) cheer up ㊀.
【類義語】危険や困難に，恐れず大胆に立ち向かう行動によって示される勇気を意味するのが **bravery**. ある信念のもとに，断固として恐れずに危険や困難に立ち向かうばかりでなく，苦痛・不幸などにも屈しない精神的な強さを強調するのが **courage**. 性格的に大胆で，どちらかというと傲慢で向こう見ずとも言えるような勇気を指すのが **boldness**. 《☞ ゆうかん¹; いさましい (類義語)》
¶ *勇気を出せ Be *brave*. // そんな発言をするには*勇気がいる You need *courage* to make such a statement. // その*勇気ある (⇒ 大胆な) 男は鮫(さめ)がいっぱいいる海の中へ飛び込んだ The *bold* man jumped into the shark-filled waters. // その知らせて*勇気百倍だ The news gave me a lot of *courage*. // 上司にそんなことを言うなんて，君も*勇気があるね It was ˹*brave* [*courageous*] of you to say that to your boss. // 彼らは最後まで*勇気を失わなかった They didn't lose *courage* to the end. // あなたの言葉を聞いて*勇気が出た[くじけた] I *was* ˹*encouraged* [*discouraged*] by your words. // 私には彼女にその悪い知らせを告げるだけの*勇気はとてもなかった I *didn't have the heart to* tell her the bad news. 語法 have the heart to *do* は「…する勇気がある，冷酷にも…する」の意の慣用的表現で，通例否定・疑問構文で用いる.

ゆうき² 有機 ― 形 (有機の・有機的な) organic (↔ inorganic). **有機化学** organic chemistry Ⓤ **有機化合物** organic compound Ⓒ **有機物** organic matter Ⓤ.

ゆうぎ 遊戯, 遊技 (遊び) play Ⓤ; (ルールのある遊び) game Ⓒ; (娯楽) amusement Ⓒ. 《☞ あそび》. **遊戯施設** recreation facilities ★ 通例複数形で. **遊技場** (娯楽場) place of amusement Ⓒ.

ゆうきゅう 有給 ― 形 (有給の) paid (↔ unpaid). **有給休暇** paid ˹holiday [vacation] Ⓒ 《☞ きゅうか¹》.

ゆうきょう 遊興 (娯楽) amusement Ⓤ. **遊興飲食税** the amusement, eating and drinking tax.

ゆうぐう 優遇 ― 名 (よい[好意的な]待遇) good [favorable] treatment Ⓤ. ― 動 (十分に給料を出す) pay (*a person*) ˹well [a good salary]. 《☞ たいぐう》. ¶ うちの会社では経験者は*優遇される Experienced persons *are paid well* in our company. / (⇒ 我々の会社は経験者によい給料を払う) Our company *pays* ˹experienced persons *a good salary* [*a good salary* to experienced persons].

ゆうぐれ 夕暮れ evening Ⓒ; (たそがれ) dusk Ⓤ. 《☞ ゆうがた》. ¶ *夕暮れになると when the *evening* comes / toward *evening* / (⇒ 薄暗がりのころ) at *dusk*

ゆうけいむけい 有形無形 ― 形 material and moral. ¶ 私たちは彼から*有形無形の援助を受けた We received ˹*material and moral* support [support, *both material and moral*,] from him. 語法 [ ] 内は形容詞を強調した言い方.

ゆうげきしゅ 遊撃手 shortstop Ⓒ ★ 単に short Ⓒ ともいう. 《☞ 野球の英語 (囲み)》.

ゆうげん 有限 ― 形 (限られた) limited (↔ unlimited); (限定された) finite (↔ infinite). **有限会社** 《米》 corporation Ⓒ 《略 Corp.》, incorporated company Ⓒ 《略 Co. Inc. または Inc.》, 《英》 limited company Ⓒ 《略 Ltd. または Limited》. 《☞ かいしゃ 語法》. ¶ *有限会社酒井商会 Sakai ˹*Inc.* [《英》 (& *Co.*,) *Ltd.*]

ゆうけんしゃ 有権者 (特に政治的な選挙で選挙権を有する人) voter Ⓒ; (集合的に，有権者全体) the electorate. 《☞ せんきょ¹; 政治・経済 (囲み)》. **有権者名簿** the electoral ˹roll [register].

ゆうこう¹ 有効 ― 形 (望んだ効果が得られる) effective (↔ ineffective); (法的に効力がある) valid (↔ invalid); (特にある期間有効な) good (for ...) ★ 口語的. ― 名 validity Ⓤ. 《☞ こうか¹》.
¶ 視聴覚教育は外国語の教授に極めて*有効である Audio-visual education is very *effective* for foreign-language teaching. // 夏休みは*有効に過ごしなさい (⇒ 夏休みを有効に使いなさい) *Make good use of* your summer vacation. // この切符は1週間[発売当日限り] *有効です This ticket is ˹*good* [*valid*] ˹*for* one week [only *for* the day of issue]. // 本契約[保証書]の*有効期間は2か年です The term of *validity* of this ˹contract [guarantee] is two years. // お申し込みは8月31日の消印まで*有効です (⇒ 8月31日より後でない消印が押されていなければならない) Your application must be postmarked no later than ˹August 31(st) [31 August].
有効投票 valid ballot Ⓒ.

ゆうこう² 友好 ― 形 (友好的な) friendly (↔ unfriendly). ― 副 (友好的に) in a friendly way.
¶オリンピックの目的は世界の異なった民族の*友好を深めることである The purpose of the Olympics is to foster *friendly* relationship among the peoples of the world.
友好関係 (友人としての交わり) friendship Ⓤ; (友人としての関係) friendly relations ★ 通例複数形で. ¶ *友好関係を結ぶ[保つ] establish [maintain] *friendly relations* (with ...) // 今日両国を結ぶ*友好関係は切れることなく，一層強固なものとなるであろう (⇒ 持続するばかりでなく，いっそう強化されるであろう) The *friendship* which binds the two countries today will not only endure, but ˹get [grow] (even) stronger.

ゆうごう 融合 fusion Ⓤ. ¶ 核*融合 nuclear *fusion* ★ 単に fusion ともいう.

ゆうこく 夕刻 evening Ⓒ 《☞ ゆうがた》.

ユーゴスラビア ― 名 固 Yugoslavia. ― 形 Yugoslavian. **ユーゴスラビア人** Yugoslav Ⓒ; (国民全体) the Yugoslavs, the Yugoslavians.

ゆうざい 有罪 ― 形 guilty (↔ innocent). ― 名 guilt Ⓤ (↔ innocence). ¶ その男は*有罪と宣告された The man was found

ゆ

guilty. / (⇒ 法廷はその男を有罪と判決した) The court ruled that the man was *guilty*. // 彼の*有罪を立証する証拠がない There is no evidence to prove ⌈his *guilt* [that he is *guilty*].

ゆうさんかいきゅう 有産階級 the bourgeoisie [bùəʒwɑːzíː] (☞ブルジョワ).

ゆうし[1] 融資 ―名 (資金を融通すること) financing Ⓤ; (資金を貸し付けること) loan Ⓤ ★「貸し付け金」の意味では Ⓒ; (融通される資金) fund Ⓒ. ―動 (資金を融資する) finance ⊕; (資金を供給する) provide funds (to ...); (貸し付ける) lend ⊕, 《米》 loan ⌈... money [money to ...]. (☞かす[1]; かりる).
¶山川銀行はその会社に5億円*融資した The Yamakawa Bank *provided* 500,000,000 yen *to* the company. / The Yamakawa Bank *lent* the company 500,000,000 yen. (☞数字 (囲み)) // 銀行から住宅資金の*融資を受けた I obtained a ⌈housing [building] *loan* from the bank. / (⇒ 私は家を建てるために銀行から金を借りた) I *borrowed money* from the bank to build a house.

ゆうし[2] 有志 (関心を持っている人) interested person Ⓒ; (進んで事に当たる人) volunteer Ⓒ. ¶私たちは*有志を募って英会話クラブを結成した We ⌈collected [signed up] *interested persons* and formed an English-speaking society. // その困難な仕事はすべて*有志の人たちがやってくれた The difficult work was all done by *volunteers*.

ゆうし[3] 雄姿 magnificent [majestic] figure Ⓒ. ¶モンブランが眼前にその*雄姿を現した Mont Blanc [mɔ̀ːmblɑ́ːŋ] presented itself in all its ⌈*glory* [*magnificence*].

ゆうし[4] 有史 ¶*有史以来の大事件 (⇒ 歴史の中での最大の事件) the greatest event *in history* **有史以前** ―形 prehistoric.

ゆうし[5] 勇士 brave [courageous] soldier Ⓒ; (手柄を立てた勇士) hero Ⓒ (複 ~es). (☞えいゆう).

ゆうじ 有事 emergency Ⓒ (☞ひじょう[1]; きんきゅう). ¶*有事の際には in an *emergency* / in ⌈case [time] of *emergency*

ゆうしかいひこう 有視界飛行 visual flying Ⓤ.

ゆうしきしゃ 有識者 (専門家) expert Ⓒ; (いろいろな事に精通している人) well-informed person Ⓒ; (知識の豊かな人) knowledgeable person Ⓒ.

ゆうしゅう 優秀 ―形 (すぐれた) excellent; (ほかより一段とすぐれた) superior (to ...); (卓越した) outstanding; (立派な) fine. ―名 excellence Ⓤ; superiority Ⓤ. (☞すぐれる).
¶*優秀な学生[技術者] an *excellent* ⌈student [technologist] // *優秀な技術[設備] *excellent* [*superior*] ⌈technique [equipment] // 彼は最後の学期で*優秀な成績を上げた He ⌈obtained *excellent* results [made a *fine* record] in the last term. // 彼女は成績*優秀である She is ⌈*excellent* in scholarship [an *outstanding* scholar]. // 最*優秀選手 the most *valuable* player (略 MVP)

ゆうしゅうのび 有終の美 ¶彼はノーベル賞を授与されて, 生涯に*有終の美を飾った He *rounded off his career* by winning the Nobel prize.

ゆうじゅうふだん 優柔不断 ―形 (決心がつきかねている) indecisive, irresolute. ―名 indecision Ⓤ, irresoluteness Ⓤ, lack of resolve Ⓤ. (☞にえきらない). ¶彼は実に*優柔不断な男だ He's a very ⌈*indecisive* [*irresolute*] man. / (⇒ 意志がはっきりしていない) He *never knows his own mind*.

ゆうしょう[1] 優勝 ―名 (勝利) victory Ⓒ; (選手権) championship Ⓒ. ―動 (優勝する) win the ⌈victory [championship]. (☞かつ; しょうり; スポーツ (囲み)).
¶(水泳で)遠征チームは*優勝を飾った[逸した] The visiting team ⌈*won* [*failed to win*] *the championship* (in swimming).
優勝旗 championship flag Ⓒ, 《米》 pennant Ⓒ **優勝候補** favorite (for the championship) Ⓒ **優勝者** (選手権保持者) champion Ⓒ; (タイトル保持者) titleholder Ⓒ; (勝利者) the winner, the victor ★後者はやや文語的. ¶テニス[水泳]の*優勝者 a ⌈tennis [swimming] *champion* // オリンピック大会個人*優勝者 a gold medalist **優勝戦** (選手権争奪トーナメント) championship tournament Ⓒ; (選手権大会) championship Ⓒ; (決勝戦) final Ⓒ ★最後の2語はしばしば複数形で. ¶テニス*優勝戦 the tennis ⌈*championships* [*finals*] **優勝チーム** (選手権獲得チーム) the ⌈champion [championship] team; (勝利チーム) the winning team **優勝杯** championship cup Ⓒ; (優勝記念杯) (trophy) cup Ⓒ.

ゆうしょう[2] 有償 ―形 (有料の) charged. ―副 (有料で) for payment. (☞ゆうりょう[1]).

ゆうじょう 友情 friendship Ⓤ. ¶*友情は金銭より尊い *Friendship* is more precious than money. // 彼は*友情に厚い人だ He is a very ⌈*friendly* [*kind*] person. // 私たちの10年間の*友情を忘れるな Don't forget our *friendship* of ten years.

ゆうしょく 夕食 supper Ⓤ; (1日の主要な食事・正餐) dinner Ⓤ ★supper と dinner の違いについては ☞食事 (囲み). ¶*夕食には何を召し上がりますか What will you have for *dinner*? // *夕食は間もなく済み, 私たちは居間へ移ってくつろいだ The *dinner* [*Dinner*] was soon over. We moved into the living room and relaxed.

ゆうしょくじんしゅ 有色人種 colored race Ⓒ (↔ white race) (☞じんしゅ).

ゆうじん 友人 friend Ⓒ (☞ともだち).

ゆうしんろん 有神論 theism [θíːizm] Ⓤ (↔ atheism).

ゆうすう 有数 ―形 (第一流の) foremost ★通例 the を付けて; (指導的な) leading; (傑出した) distinguished; (著名な) eminent, prominent. (☞いちりゅう; ゆうめい).
¶彼はわが国*有数の数学者だ He is ⌈a *leading* [a *distinguished*; an *eminent*] mathe-

matician ʳin [of] this country. / (⇒ 彼はわが国で最もすぐれた数学者の 1 人である) He is one of the ʳ*foremost* [most *distinguished*; most *eminent*] mathematicians in ʳthis [the] country. // 第 2 次世界大戦ののち, 日本は世界*有数の工業国になった Japan has become ʳa *leading* industrial country [one of the *leading* industrialized nations] in the world since World War II.

ゆうずう 融通 —動 (金などを用立てて便宜を計る) accommodate … (with money); (金などを借す) lend [《米》 loan] (ʳ… money [money to …]). —名 accommodation Ⓤ. 《☞ かす[1]; ゆうし[1]》.

¶「10 万円ばかり*融通していただけませんか」「ええ, いいですとも[残念ですができません]」 "Could you ʳ*accommodate* me *with* a loan of 100,000 yen [*lend* me 100,000 yen]?" "Of course [Sorry, but I (just) can't]." 《☞ 依頼の表現 (囲み)》

融通の[が]きく —形 adaptable (↔ unadaptable) ★ しばしばほめ言葉としての意味合いを伴う; (弾力に富んだ) elastic (↔ inelastic); (柔軟な) flexible (↔ inflexible). —名 adaptability Ⓤ; elasticity Ⓤ; flexibility Ⓤ. ¶ *融通のきく人 an *adaptable* [a *flexible*] person // *融通のきかない人 an *inflexible* [(⇒ 頑固な) an *obstinate*] person

ゆうすずみ 夕涼み ¶ 夕食の後, 子供たちを連れて土手へ*夕涼みに (⇒ 夕方の涼を楽しみに) 出かけた After supper I went out with my children to the bank to *enjoy the evening cool*.

ユースホステル (youth) hostel Ⓒ 《☞ ホテル (囲み)》.

ゆうせい[1] 優勢 —名 (他よりまさっていること) superiority Ⓤ (↔ inferiority); (先頭を切ること) lead Ⓤ. —形 (他にまさった) superior (to …) (↔ inferior (to …)); (傑出した) predominant; (先頭を切る) leading. —動 (他よりまさる) be superior (to …); (力や数において優勢である) predominate ㊐; (優勢になる・他に先んじる) lead ㊐, take the lead; (意見などが優勢になる) gain ground. 《☞ まさる; ゆうい》.

¶ わが軍は数において*優勢な敵軍を打ち破った We defeated an enemy that *was superior* in number *to* us. // 衆議院では自民党 (⇒ 自民党員) が*優勢を占めている The Liberal Democrats *predominate* in the House of Representatives.

ゆうせい[2] 郵政 postal administration Ⓤ. **郵政省** the Ministry of Posts and Telecommunications 《☞ 政治・経済 (囲み)》 **郵政大臣** the Minister of Posts and Telecommunications ★ Postmaster General ともいう.

ゆうせい[3] 優性 〘生物学〙 —形 dominant (↔ recessive). —名 (優性形質) dominant (character) Ⓒ.

ゆうせい[4] 有性 —形 sexual. **有性生殖** sexual reproduction Ⓤ.

ゆうせい[5] 優生 —形 eugenic. **優生学** eugenics Ⓤ **優生保護法** the Eugenic Protection Act.

ゆうぜい[1] 遊説 —名 (投票を求めて地域や人を訪問すること) canvassing Ⓤ; (政治演説をしながら各地を回ること) stumping Ⓤ, 《米》 barnstorming Ⓤ. —動 canvass ㊀ ㊐; 《米》 take the stump, 《米》 barnstorm ㊐ ㊀.
¶ その大統領候補は中西部一帯を*遊説して回った The presidential candidate ʳ*stumped* [*canvassed* (*around*); *barnstormed* (*through*)] the Middle West.
遊説旅行 stumping tour Ⓒ.

ゆうぜい[2] 郵税 (郵便料金) postage Ⓤ.

ゆうせいおん 有声音 〘音声学〙 voiced sound Ⓒ (↔ voiceless sound).

ゆうせん[1] 優先 —名 (順序・重要度などの) priority Ⓤ, precedence Ⓤ ★ 前者のほうが一般的; (選択に当たっての優先権) preference Ⓤ. —動 (優先する) have priority (over …), take precedence (over …) ★ 以上 2 つは「優先されるもの」が主語となる; (優先させる) give ʳpriority [precedence; preference] (to …) ★「優先権を与えるもの」が主語となる.

¶ この件では私よりあなたに*優先権がある You *have priority over* me in this matter. // 道路の建設より自然保護を*優先すべきである The preservation of nature should ʳ*take priority* [*be given priority*] *over* the construction of roads. // この問題を*優先的に取り上げるべきである (⇒ この問題にほかのすべてより優先権を与えるべきだ) We should *give* this problem *precedence over* all others. // 応募者の選考にあたっては経験者が*優先されます In selecting applicants, *preference* is given to those with some experience.

優先事項 priority Ⓒ **優先順位** the order of priority.

ゆうせん[2] 有線 —形 wire, wired (↔ wireless). ¶ *有線電信[電話] *wire(d)* ʳtelegraph [telephone] **有線テレビ** cable ʳtelevision [TV] Ⓤ, closed-circuit television Ⓤ **有線放送** closed-circuit broadcasting Ⓤ.

ゆうぜん 悠然 —形 (平静な) calm; (落ち着いた) composed. —副 calmly; composedly [kəmpóuzidli(:)]. 《☞ ゆうゆう》.

ゆうそう[1] 郵送 —動 《米》 mail ㊀, 《英》 post ㊀; (郵便で出す) send … ʳ《米》 by mail [《英》 by post]. 《☞ ゆうびん; おくる[1]》.

¶ この小包みを小川さんのところへ*郵送しておいて下さい Please ʳ*mail* [*post*] this parcel to Mr. Ogawa. / Please *send* this parcel to Mr. Ogawa ʳ*by mail* [*by post*]. // 待望の本がけさロンドンから*郵送されてきた The book I have been eagerly waiting for [The long-expected book] *arrived* (*in the mail*) from London this morning.

郵送料(金) postage Ⓤ 《☞ そうりょう[1]》.

ゆうそう[2] 勇壮 —形 (勇ましい) brave; (英雄のように勇ましい) heroic; (心を鼓舞する) stirring. 《☞ いさましい》. ¶ *勇壮な物語 a *heroic* tale // *勇壮な音楽 *stirring* music

ユーターン U ターン —名 U-turn Ⓒ. —動 make a U-turn. ¶ *U ターン禁止 No

ゆ

U-turn《☞ 掲示の英語 (囲み)》

ゆうたい 勇退 —動 (老齢・停年などで引退する) retire ⓐ; (辞職する) resign [rizáin] ⓐ. —名 retirement Ⓤ; resignation Ⓤ. 《☞ いんたい; じしょく; たいしょく[1]》. ¶ 彼は後進に道を開くために*勇退した He *retired* (*from* his post) (in order) to give a chance to a younger person.

ゆうだい 雄大 —名 (壮麗さを強調する) grandeur Ⓤ; (力強さを強調する) magnificence Ⓤ. —形 grand; magnificent. —副 magnificently.
¶ *雄大な眺め a「*grand* [*magnificent*] view // この小説のテーマは*雄大だ This novel has a *magnificent* theme. // 私はアルプスの*雄大さに圧倒された I was overwhelmed by the *grandeur* of the Alps. / The *grandeur* of the Alps overwhelmed me.

ゆうたいけん 優待券 (優待招待券) complimentary ticket Ⓒ; (優待割引券) discount coupon Ⓒ.

ゆうだち 夕立 summer afternoon shower Ⓒ ★ 説明的表現. 参考 「夕立」に当たるぴったりした英語はない. shower は一時的な降雨をいうが, 日本語の「夕立」にある降り始めの激しさは意味しない. 《☞ 日本語と英語 (欄外); 天候の表現 (囲み)》.

ゆうだん 勇断 (断固とした) resolute decision Ⓒ 語法 日本語の「勇断」が単に「決定」を意味する場合はただ decision とすればよい. 《☞ けつだん; えいだん》.

ゆうだんしゃ 有段者 rank holder Ⓒ; (黒帯) black belt Ⓒ. 《☞ だん[1]》.

ゆうち 誘致 —動 (何かの魅力で引きつける) attract ⓣ, lure ⓣ; (招き寄せる) invite ⓣ. —名 attraction Ⓤ; invitation Ⓤ.
¶ 観光客を*誘致するために立派なホテルが建てられた A splendid hotel was built to *attract* tourists. // 彼らは原子力発電所を市に*誘致しようとしている They are trying to *lure* a nuclear power「plant [facility] into their city. // 町にはいろいろな産業が*誘致された Various industries *were invited* to the town.

ゆうちょう 悠長 —形 (のんきな) easygoing; (のんびりした) leisurely. 《☞ のんびり; のんき》. ¶ その仕事は*悠長に (⇒ 時間をかけて) やっているわけにはいかない We cannot *take our time* doing that job.

ゆうとう 優等 —形 (成績が優等の) honor (《英》 honour). —名 honors (《英》 honours) ★ 複数形で. 《☞ ゆうしゅう; ゆう[1]》.
¶ 彼は*優等で高校[大学]を卒業した He graduated from「high school [college] *with honors*. **優等賞** honor (prize) Ⓒ **優等生** *honor student* Ⓒ.

ゆうどう 誘導 —動 (事情を心得た人が目的地まで案内する) guide ⓣ; (先頭に立って導く) lead ⓣ; (連れて行く) take ⓣ. —名 guidance Ⓤ. 《☞ みちびく》.
¶ 火事のときに我々は安全な場所に*誘導された We *were*「*guided* [*led*; *taken*] to a safe place after the fire broke out. // 視界不良のため, 飛行機は管制塔からの*誘導 (⇒ 指図) によって着陸した As visibility was poor, the plane「made a landing [landed] following the *instructions* from the control tower.

ゆうどうじんもん 誘導尋問 leading question Ⓒ.

ゆうどく 有毒 —形 poisonous 《☞ どく[1]》. **有毒ガス** poisonous gas Ⓤ.

ユートピア utopia Ⓒ ★ しばしば Utopia ともつづる.

ゆうなぎ 夕凪 evening calm Ⓒ ★ 通例単数形で. 《☞ なぎ》.

ゆうに 優に —副 (十分に) well. ¶ スタジアムの観客は*優に5万を超えていた The spectators in the stadium numbered *well* over fifty thousand.

ゆうのう 有能 —形 (能力のある) able; capable; competent; (能率的な) efficient. —名 ability Ⓤ; capability Ⓤ; competence Ⓤ; efficiency Ⓤ.
【類義語】生来的, あるいは後天的であろうと人間が何かを普通以上によくすることのできる力を持っていることを言うのは **able**. ある種の仕事をしたり, 一定の目的達成に必要な状態・資格があるという意味を表すのが **capable**. 特定の状態・職業・仕事で特に要求されることを有能にやれる力があるのは **competent**. 仕事の能率がよいのは **efficient**. 以上のような意味の違いからもわかるように, *able* は man, woman, person などについて漠然と「有能な人材」という言い方にも, また, 職業を表す名詞に付けて「有能な…」という言い方にも用いられるが, その他の語は職業を表す語とともに用いられることが多い. 《☞ すぐれる; のうりょく (類義語)》
¶ 我々は新しいスタッフとして*有能な人材を求めている We want an *able* person as a new staff member. // 彼は非常に*有能な記者だ[教師だ] He is a very「*able* [*capable*; *competent*]「reporter [teacher]. // 彼女はなかなか*有能な秘書だ She is quite「a *capable* [an *efficient*] secretary.

ゆうばえ 夕映え evening [sunset] glow Ⓤ 《☞ ゆうやけ》.

ゆうはん 夕飯 (1日の主な食事としての) dinner Ⓤ; (一品料理的な軽い夕食) supper Ⓤ ★ 昼に dinner を食べた場合, 夕飯は supper と呼ばれる. 《☞ ゆうしょく; 食事 (囲み)》.

ゆうひ 夕日 the「evening [sinking; setting] sun.

ゆうび 優美 —形 (しとやかで上品な) graceful. —名 grace Ⓤ. 《☞ ゆうが; じょうひん; しとやか》. ¶ 彼女は物腰が*優美だ She has a *graceful* manner.

ゆうびん 郵便 —名《米》mail Ⓤ, 《英》post Ⓤ. —動 (郵便で出す)《米》mail ⓣ, 《英》post ⓣ. 《☞ てがみ; ゆうそう[1]》.
¶ きょうは*郵便がたくさんきた A lot of *mail* has arrived today. / We got a lot of *mail* today. // *郵便 (⇒ 郵便配達) がまだ来ていない The「*mailman* [《英》 *postman*] hasn't come yet. // *郵便を出してこよう I'll「*mail* [*post*] the letter.
郵便受け[箱] mailbox Ⓒ 《☞ ポスト》 **郵便**

為替 postal [post] money order Ⓒ；(内国郵便為替) inland money order Ⓒ；(外国為替) international money order Ⓒ. ¶5千円を*郵便為替で送りたいのですが I would like to send five thousand yen by *postal money order*. 郵便切手 (postage) stamp Ⓒ《☞きって》 郵便局 post office Ⓒ. ¶彼女は中央*郵便局で働いている*郵便局員だ She is a ˹*post-office* [《米》 *mail*; *mailing*] *clerk* working at the Central *Post Office*. 郵便局長 postmaster Ⓒ 郵便小包 postal package Ⓒ 郵便車 (トラック) mail truck Ⓒ; (列車) mail train Ⓒ；(列車の特定の車両) mail [postal] car Ⓒ 郵便貯金 postal savings ★複数形で; postal deposit Ⓒ. ¶このお金を*郵便貯金にしたい I want to *deposit* this money *in the post office*. 郵便配達人《米》mailman Ⓒ,《英》postman Ⓒ. ¶*郵便配達人は1日に2度来る The ˹*mailman* [*postman*] ˹comes [makes his rounds] twice a day. / The *mailman* ˹delivers letters twice a day [makes two deliveries per day]. 郵便はがき postal card Ⓒ《☞はがき》 郵便番号 (総称)《米》zip code Ⓒ,《英》postcode Ⓒ；(個々の) zip code [postcode] number Ⓒ, (postal) zone number Ⓒ 郵便物 mail Ⓤ. ¶第3種*郵便物 the third class *mail* 郵便ポスト《米》mailbox Ⓒ,《英》pillarbox Ⓒ, postbox Ⓒ.《☞ポスト (写真)》 郵便料金 postage Ⓤ, postal charges ★複数形で.

ゆうふく 裕福 ―形 (財産があり, 地位もある) wealthy；(必要以上に金のある) rich ★rich は意味が広く, それほど多額の金でない場合にも使える；(安楽な生活をするのに十分な財産・収入がある) well-to-do, well-off (↔ badly-off).《☞かねもち (類義語)；ゆたか》. ¶彼は*裕福な家庭に育った He was brought up in a ˹*rich* [*wealthy*; *well-to-do*] family. / (⇒彼の人生は安楽な境遇だった) His life has been a bed of roses. // 彼の両親は非常に*裕福だ His parents are very *well off*.

ゆうべ[1] 夕べ (夕方) evening Ⓒ《☞ばん[1] (類義語)；ゆうがた》. ¶きのう日比谷公会堂で音楽の*夕べが催された Yesterday we had a musical *evening* in the Hibiya Public Hall. 夕べの祈り vespers；(英国国教会の) evening prayers ★いずれも複数形で.

ゆうべ[2] (昨夜) last night；(昨日の晩) yesterday evening.《☞さくや》.

ゆうへい 幽閉 ―動 (閉じ込める) confine ㊥. ―名 confinement Ⓤ.《☞とじこめる；かんきん；とうごく》.

ゆうべん 雄弁 ―形 (人の心を動かすほどに話がうまい) eloquent；(流暢な) fluent. ―名 eloquence Ⓤ；fluency Ⓤ. ―副 eloquently；fluently.《☞べんぜつ；めいちょうし》. ¶彼は*雄弁を振るった He spoke ˹*eloquently* [*fluently*].

ゆうぼう 有望 ―形 (前途に見込みのある) promising；(期待のもてる) hopeful. ―名 promise Ⓤ；hope Ⓤ. ¶あの青年は*有望だ That young man ˹is *promising* [has a bright future]. // 私たちの商売の見通しは*有望だ Our business prospects are *bright*.

ゆうぼくみん 遊牧民 nomad Ⓒ；(民族) nomadic tribe Ⓒ.

ゆうほどう 遊歩道 promenade Ⓒ.

ゆうめい 有名 ―形 (名声のある) famous；(よく知られている) well-known；noted；renowned；(すぐれた) celebrated；(際立った) distinguished；(悪名高い) notorious；infamous [ínfəməs].

【類義語】最も一般的で, よい意味で人によく知られているという意味の語が ***famous***. よくも悪くも, 広く知られたという意味で用いられるのが ***well-known***. 以上2語はいずれも一般的だが, 前者のほうがやや意味が強い. 特に専門分野などの知識で人の注目を集めて有名なのが ***noted***. やや文語的で, 顕著なことで語り伝えられるほど有名な人や事物に用いるのが ***renowned***. やはりやや文語的で, 賞をもらったり, 社会的にも高い評価を受けて有名なのが ***celebrated***. それと似ているが, 特に学問などで世に知られており, 尊敬の対象になるほど有名なのが ***distinguished***. 悪い意味で名前が知れているのが ***notorious***. *notorious* よりもっと悪く破廉恥的なことで有名なのが ***infamous***.

¶彼は世界的に*有名な医者だ He is a world-*famous* doctor. / (⇒世界的な名声を得た医者だ) He is a doctor of worldwide *reputation*. // これが*有名な奈良の大仏です This is the ˹*famous* [*well-known*; *renowned*] Great Buddha of Nara. // 彼は20歳にして作家として*有名になった He became *famous* as a writer at the age of twenty. // 彼は*有名な物理学者でノーベル賞をもらっている He is a ˹*noted* [*famous*] physicist and a Nobel Prize winner. // 東京は物価が高いので*有名だ Tokyo is *notorious* for its high commodity prices. // 彼は汚職事件で*有名になった He became *infamous* because of the bribery case.

有名校《口語》big-name school Ⓒ 有名人 celebrity Ⓒ,《口語》big name Ⓒ.

ゆうめいむじつ 有名無実 ―形 (名目だけの) (only) nominal, in name only. ¶彼の肩書きは*有名無実だ His title is ˹just [*only*] *nominal*. // その規定は*有名無実だ (⇒だれも実行しない) Nobody follows that rule.

ユーモア humor (《英》humour) [(h)jú:mər] Ⓤ；(冗談) joke Ⓒ；(ユーモアの感覚) sense of humor Ⓒ. 参考 日本語の「ユーモア」は英語では joke と訳したほうがよい場合があることに注意.《☞じょうだん[1]；しゃれ》.

¶彼には*ユーモアがわからない He doesn't see the (point of) *jokes*. / He has no *sense of humor*. // 彼はいつも*ユーモアたっぷりだ (⇒冗談を言う) He always *makes* a lot of *jokes*. 語法 He is always humorous. とすると無意識的なおかしな言動を意味する. // 彼の話は*ユーモアがある His talk is ˹full of *humor* [highly *humorous*]. / There is a spice of *humor* in his talk. // 彼はなかなか*ユーモアのある人だ He is quite a *humorist*.

ゆうもう 勇猛 ―形 (勇敢な) brave；(大胆な) daring, fearless.《☞ゆうかん[1]；いさ

ゆ

ましい；ゆうそう²》.

ユーモラス（優しさや人間味のこもった滑稽味のある）humorous；（おかしくて笑いを誘うような）funny；（漫画的な）comical ［語法］ 以上は入れ替え可能な場合もあるが，第2，第3の表現には軽蔑が込められることが多い．日本語ではこの区別をしないことがあるので注意．《☞ おかしい；おもしろい》．

¶山田先生の話はいつも*ユーモラスだ Mr. Yamada's stories are always *humorous.* // チンパンジーは*ユーモラスな顔をしている Chimpanzees have *comical* faces.

ゆうやく 勇躍 ―［副］（勇ましい心で）with a brave heart.

ゆうやけ 夕焼け the bright colors of the sunset；（日没後の真っ赤な空）the crimson sky after the sunset.

ゆうやみ 夕闇（夕闇の始まりのころの暗さ）dusk Ⓤ；（薄暗がり）twilight Ⓤ ★後者のほうが明るい．《☞ はくぼ；たそがれ》． ¶*夕闇が迫ってきた *Dusk* is gathering.

ゆうゆう 悠悠 ―［形］（悠然とした）leisurely；（自由な）free；（気楽な）easy.《☞ ゆっくり；ゆったり；のんびり》．

¶彼は*ゆうゆうとたばこをふかしていた He was smoking in a *leisurely* way. // 車は5人*ゆうゆう乗れます（⇒ 5人乗れるだけの十分な余裕がある）There is *enough room* for five persons in the car. // 時間は*ゆうゆう間に合った（⇒予定時間よりも前に着いた）I arrived *ahead of time.*

悠々自適 ¶父は退職後は*悠々自適の生活です（⇒自由な生活を楽しんでいる[安楽な生活を送っている]）My father has been ⌈enjoying a *free* life [leading an *easy* life] since he retired.

ゆうよ 猶予（延期）postponement Ⓒ；（商業上の支払い猶予）grace Ⓤ；（刑の執行猶予）suspension Ⓤ.《☞ えんき；のばす》．

¶彼はあと3日の*猶予を求めた He asked for another three days' *postponement.* // 私は彼に1週間の支払い*猶予を認めた（⇒与えた）I gave him a week's *grace* (period). // 手術には一刻の*猶予もできない（⇒一刻もむだにできない）There *is no time to lose* for the operation. // 彼は懲役1年，執行*猶予2年の判決を受けた He was sentenced to one year's imprisonment with two years' *suspension.*

ゆうよう 有用 ―［形］（役に立つ）useful；（助けになる）helpful.《☞ べんり；やくだつ；ゆうえき》． ¶彼は会社にとって*有用な人材だ He is *useful* to our company. // この本はとても*有用だった（⇒助けになった）I found this book very *helpful.*

ゆうらんせん 遊覧船 pleasure boat Ⓒ《☞ ふね》．

ゆうり¹ 有利 ―［形］（好都合な）advantageous (↔ disadvantageous), favorable (↔ unfavorable) ［語法］ 前者は都合・立場などから考えて有利なこと，後者は状況が好転して有利なこと．両方入れ替え可能な場合もある；（利益になる）profitable. ―［名］ advantage Ⓤ.《☞ ゆうえき；こうつごう；とく²》．

¶状況は我々にとって*有利だ The situation is ⌈*advantageous* [*favorable*] to us. // 君は黙っていたほうが*有利だ It will be to your *advantage* to maintain silence. // その取り引きは*有利とはいえない The deal is not *profitable.* // 彼は被告に*有利な（⇒被告に利益となる）証拠を提出した He produced evidence *in favor of* the defendant.

ゆうり² 遊離 ―［動］（遠ざける）alienate (他). ―［名］ alienation Ⓤ.《☞ うきあがる》． ¶彼はそのグループから*遊離している He *is alienated* from the group. // あなたの考えはまったく現実から*遊離している（⇒非現実的だ）Your idea is completely *unrealistic.*

ゆうりすう 有理数〘数学〙rational number Ⓒ (↔ irrational number).

ゆうりょ 憂慮 ―［動］（心配する）worry (about ...) (自), be worried (about ...) ［語法］ 後者は「状態」．前者は進行形にすると「状況」をいうことになる；（非常に不安になって心配する）be anxious (about ...). ―［名］ worry Ⓤ；anxiety Ⓤ.《☞ しんぱい（類義語）；ふあん》．

¶彼はその事態を*憂慮している He *is worried about* the situation. // 現在の国際情勢はまことに*憂慮すべきだ（⇒重大だ[危険だ]）The present international situation is really ⌈*serious* [*critical*; *dangerous*].

ゆうりょう¹ 有料 ―［名］（支払いの要求）charge Ⓒ. ¶入場は*有料です There is a *charge* for admission.

有料駐車場 toll parking ⌈lot [place] Ⓒ **有料トイレ** pay toilet Ⓒ **有料道路** toll road Ⓒ；（高速道路）expressway Ⓒ.

ゆうりょう² 優良 ―［形］（成績などが優秀な）excellent；（質がすぐれている）superior. ―［名］ excellence Ⓤ；superiority Ⓤ.《☞ よい¹；ゆうしゅう；すぐれる》． ¶健康*優良児 a prize-winning child in a health contest.

ゆうりょく 有力 ―［形］（指導的な）leading；（影響力のある）influential；（強力な）strong.《☞ ゆうりょくしゃ；せいりょく¹》．

¶彼は*有力な党員だ He is a *leading* member of the party. // 彼の父は*有力な実業家だった His father was an *influential* businessman. // 彼は*有力な次期会長候補だ He is a *strong* candidate for the presidency in the next election. // 私は彼を有罪にする*有力な証拠を握っている I have *strong* evidence of his guilt.

ゆうりょくしゃ 有力者（重要な地位の人）《口語》big man Ⓒ；（指導者）leader Ⓒ；（勢力・権力のある人）man of power Ⓒ ★単に power Ⓒ ということもある；（影響力の強い人）influential person Ⓒ, man of influence Ⓒ.《☞ ゆうりょく》．

¶彼はこの町の*有力者だ He is a *big man* around town. // Y氏は産業界[財界]の*有力者だ Mr. Y is ⌈a *man of power* [very *influential*] in ⌈industrial [financial] circles.

ゆうれい 幽霊 ghost Ⓒ,《口語》spook Ⓒ.《☞ おばけ》． ¶私は*幽霊を信じない I do not believe in *ghosts.* // あの家には*幽霊が出る That house *is haunted.* // 子供たちは*幽霊

の話が好きだ Children like *ghost* stories.
幽霊会社 bogus company Ⓒ **幽霊人口** ghost [bogus] population Ⓤ **幽霊船** phantom ship Ⓒ **幽霊屋敷** haunted house Ⓒ.

ゆうれつ 優劣 ¶私たちはその計画の*優劣(⇒長所と短所)を論じた We discussed the *merits and demerits* of the plan. // 両者の間にはほとんど*優劣(⇒違い)がない There is little *difference* between the two. // 彼らの学校の成績は*優劣がつけにくい(⇒ほぼ同じだ) Their school records are just about *equal*.

ゆうわ¹ 融和 (調和) harmony Ⓤ; (統一) integration Ⓤ. ¶多民族国家では人種の*融和が大きな問題である The multiracial nation has a big problem ˹of [with ; over] racial *integration*.

ゆうわ² 宥和 ―名 appeasement Ⓤ. ―動 (なだめる) appease ⓗ. (☞ なだめる).
宥和政策 appeasement policy Ⓒ.

ゆうわく 誘惑 ―名 temptation Ⓤ, lure Ⓤ **語法** 前者が最も一般的な語. 必ずしも犯罪的なこととは限らない点に注意. なお, 具体的に「誘惑するもの」を指すときは Ⓒ. 後者はやや文語的; (女性を) seduction Ⓤ. ―動 tempt ⓗ; lure ⓗ; seduce ⓗ. (☞ さそう; そそのかす).
¶都会は*誘惑が多い Large [Big] cities are full of *temptations*. // 彼は*誘惑に負けた[勝った] He ˹gave way to [overcame] *temptation*. // だれがその少年を*誘惑して犯罪を犯させたのか Who *tempted* the boy to crime?

ゆえん 油煙 soot Ⓤ (☞ すす).

ゆか 床 floor Ⓒ. ¶*床に腰を下ろしましょう Let's sit down on the *floor*. // *床を掃除しなさい Sweep the *floor*. // *床が抜けてしまった The *floor* ˹gave way [caved in].

ゆかい 愉快 ―形 pleasant; enjoyable; delightful; jolly; jovial ★以上は「人」や「物事」を描写する場合. ―動 (おもしろく過ごす) have a good time; (楽しむ) enjoy ⓗ; (満足だ) be happy ★以上は話者自身が楽しい気持ちの場合に用いる.
【類義語】最も一般的な語で, 人にも事物にも広く使えるのは **pleasant**. この語は感じがよく, 快適で楽しいことを表す. 出来事などが楽しくて満足できるのは **enjoyable**. 強い喜びを感じさせるのは **delightful**. 浮き浮きした感じで, よく冗談などを言ったりして愉快なのは **jolly**. 人が上機嫌で, 愉快に話したりするのは **jovial**. (☞ たのしい; おもしろい; つうかい)
¶きのうの夜はとても*愉快でした(⇒楽しい時をもった) I *had a very good time* yesterday evening. / (⇒楽しい夜をもった) I had a very ˹*pleasant* [*enjoyable* ; *delightful*] evening yesterday. / (⇒きのうの夜を十分に楽しみました) I *enjoyed* last night very much. // そのパーティーはとても*愉快でした The party was really *enjoyable*. // あなたとお話しできて*愉快でした(⇒君との話を楽しんだ) I *enjoyed* talking to you. / (⇒一緒にいて楽しかった) I *enjoyed* your company. // ひとつ今夜は*愉快に過ごそう Let's *make merry* tonight, shall we? **語法** make merry はドンチャン騒ぎをしたりすること. // ああ, *愉快だ How *happy* I am! // あの人は*愉快な人だ He is a ˹*jolly* [*jovial*] person.

ゆかいた 床板 floorboard Ⓒ; (集合的に) flooring Ⓤ.

ゆかうんどう 床運動 floor exercise Ⓒ.

ゆがく 湯がく (熱湯に浸す) steep ... in boiling hot water.

ゆかした 床下 ―副 under the floor.
¶私の家は*床下浸水した(⇒床の高さ[床板]まで浸水した) My house was flooded *up to the* ˹*floor level* [*floorboard*].

ゆかた 浴衣 *yukata* Ⓒ ★単複同形; informal summer kimono Ⓒ ★後者は説明的. (☞ 日本固有の風物と英語(囲み)).

ゆがみ 歪み (ねじれて正常でなくなること) distortion Ⓤ; (ねじれ) twist Ⓒ. (☞ ひずみ).

ゆがむ 歪む (ねじれる) be twisted; (ねじれて形が変わる) be distorted; (ぐいとねじれる) be contorted ★後2者はやや形式ばった語; (家などが一方に傾く) lean ⓐ; (板などがそる) be warped. (☞ まがる; ねじれる).
¶この板は*ゆがんでいる This ˹board [plank] is ˹*warped* [*twisted* ; *distorted*]. // 彼の顔は苦痛で*ゆがんでいた His face *was* ˹*distorted* [*contorted* ; *twisted*] ˹by [with] pain. // あの家は*ゆがんでいる(⇒一方に傾斜している) That house *is leaning to* one side. // 彼は性格が*ゆがんでいる His ˹character [disposition] *is* ˹*warped* [*distorted*].

ゆがめる 歪める (ねじって形を変える) distort ⓗ; (ねじる) twist ⓗ. (☞ わいきょく; まげる).

ゆかり 縁 (つながり) connection Ⓒ; (特に深い関係) relation Ⓤ. (☞ かんけい; えん¹).
¶彼女は私には縁も*ゆかりもない She has no ˹*relation* to [*connection* with] me. // ここは蝶々夫人*ゆかりの地である(⇒蝶々夫人に関連して名高い) This place is ˹noted [famous] *in connection with* Madam Butterfly.

ゆき¹ 雪 ―名 snow Ⓤ; (雪片) snowflake Ⓒ; (降雪) snowfall Ⓒ; (吹雪) snowstorm Ⓒ. ―動 (雪が降る) snow ⓐ ★it を主語として. ―形 (雪降りの) snowy. (☞ 天候の表現(囲み); It の用法(欄外)).
¶*雪がひどく降っている It *is snowing* ˹hard [heavily].
*雪が降りそうだ It's going to *snow*. / It looks like *snow*.
「あなたの町では*雪は降りますか」「ええ, 降りますがあまり積もりません(⇒深くはならない)」 "Does it *snow* in your hometown?" "Yes, but it doesn't get very deep."
*雪が約10センチ積もった The *snow* lay about ten centimeters deep on the ground.
この辺はとても*雪深いところです(⇒たくさん雪が降る) It *snows* ˹a lot [a great deal] in this area. / The *snow* gets very deep in this area.
「ここではどのくらい*雪が降りますか」「毎年2メートルくらい積もります」 "How much *snow* do you have here?" "It gets as deep as two meters every year."
今年は*雪が少なかった We have had little *snow* this year.

*雪はすぐ溶けてしまった The *snow* melted away soon.
私は*雪の中を駅まで歩いた I walked in the *snow* as far as the station.
あの*雪をいただいているのが駒ガ岳です That mountain (which is) covered with *snow* is Mt. Komagatake.
雪男 Abominable Snowman [C]; (チベット語で) yeti [C]　**雪おろし, 雪掻き** ―[名] (除雪) snow 「shoveling [raking; removal] [U]; (道具) snowplow [C].　―[動] (除雪する) clear [shovel; sweep; remove] snow away [語法] clear は「取り払う」, shovel は「シャベルで除く」, sweep は「ほうきなどで除く」, remove はやや形式ばって「取り除く」.　**雪靴** snow boots ★ 1 足なら a pair of ～, 2 足なら two pairs of ～. 《☞ 数の数え方 (囲み)》　**雪国** snowy 「country [district; area] [C]　**雪雲** snow cloud [C]　**雪景色** snowscape [C]. ¶ 一面の*雪景色だ (⇒ 至る所に雪がある) There's *snow* everywhere.　**雪空** snowy sky [C]　**雪見** ―[名] snow-viewing. ―[動] (雪景色を見る) enjoy the snowscape　**雪焼け** ―[動] get tanned by (the) snow, get snow-tanned. 《☞ やける¹》. ¶ *雪焼けした顔 a *snow-tanned* face

ゆき² 裄 (袖丈) sleeve length [U].

-ゆき …行き ―[前] for … ―[動] (…に行く) go to … ―[形] (…行きである) bound (for …). 《☞ 乗り物 (囲み); -どまり》. ¶「このバスは桜山*行きですか」「いいえ, 向こうのあのバスが桜山*行きです」"Is this bus *for* Sakurayama?" "No. That bus over there *goes to* Sakurayama." // この列車は大阪*行きです This train is *bound for* Osaka.

ゆきあう 行き会う (たまたま見かける) happen to see …; (思いがけず会う) come across … 《☞ でくわす; であう》. ¶ 私は途中で彼女に*行き会った I 「*happened to see* [*came across*] her on the way.

ゆきあたりばったり 行き当たりばったり ―[形] (偶然の) haphazard. ―[副] haphazardly. 《☞ いきあたりばったり》.

ゆきかえり 行き帰り ―[名][副] both ways 《☞ おうふく》.

ゆきがかり 行き掛かり ¶ すべての*行きがかりを捨てて (⇒ 起こったすべてを忘れて) 彼と仲直りをしなさい Make it up with him, forgetting *all that happened*. // *行きがかり上 (⇒ 状況により), 彼の手伝いをしなくてはならなかった *By* (*the*) *force of circumstances*, I had to help him.

ゆきがけ 行き掛け on *one's* way to … 《☞ とちゅう; -がけ; -がてら》. ¶ 学校へ*行きがけに君のところへ寄ろう I will visit you *on my way to* school.

ゆきがっせん 雪合戦 ¶ 子供たちは外で*雪合戦をしている The children *are* 「*throwing* [*playing with*] *snowballs* outside.

ゆきさき 行き先 ☞ ゆくさき

ゆきすぎ 行き過ぎ ―[動] (行き過ぎる) go too far [自]. ―[名] (度を過ぎた行為) excesses ★ 複数形で. ―[形] excessive. ¶ それは少し*行き過ぎだ That'*s* [You *are*] *going* a little *too far*. // 親切の*行き過ぎはありがた迷惑だ *Too much* [*Excessive*] kindness is rather annoying.

ゆきずり 行きずり ¶ 道に迷っていたら, *行きずりの人が親切にここに来る道を教えてくれた I got lost, and a *passerby* kindly showed me the way here. 《☞ とおりがかり》

ゆきだおれ 行き倒れ (人) person 「dead [dying] on the street [C].

ゆきだるま 雪だるま snowman [C]. ¶ 子供たちは庭に*雪だるまを作った The children 「made [built] a *snowman* in the garden.

ゆきちがい 行き違い ¶ 私たちは途中で*行き違いになったらしい Our *paths* seem to *have crossed*. / We seem to *have run across each other*. // 君の手紙は私のと*行き違いになってしまったようです Your letter seems to *have overlapped* mine. // 彼らの間に何か*行き違いがあったらしい (⇒ 誤解があったにちがいない) There must have been some *misunderstanding* between them. 《☞ いれちがい》

ゆきつく 行き着く arrive 「at [in; on] …, reach [他]. 《☞ つく²; とうちゃく》.

ゆきつけ 行きつけ ―[形] (気に入りの) favorite (《英》 favourite). ―[動] (いつも行く) usually go (to …) 《☞ ひいき》. ¶ 僕の*行きつけのレストランへ君を招待しよう I would like to invite you to my *favorite* restaurant. // これが私の*行きつけの床屋[美容院]です This is the 「barbershop [beauty shop] I *usually go to*.

ゆきづまり 行き詰まり ―[名] (交渉などが停滞して先へ進まないこと) deadlock ★ 単数形のみ. ―[動] (行き詰まる) come to a deadlock. 《☞ きゅうち》. ¶ 我々はいま*行き詰まりの状態にある We are at a *deadlock*. // 我々の交渉は*行き詰まりになった Our negotiations *came to a deadlock*. // どうしたらこの*行き詰まりが打開できるだろうか How can we break the present *deadlock*?

ゆきづまる 行き詰まる come to a deadlock.

ゆきどけ 雪解け ―[名] thaw [C] ★ 通例単数形で. 比喩的にも用いる. ―[動] (溶ける) melt [自] ★ 一般的な語; (雪解けする) thaw [自] ★ 比喩的にも用いる.
¶ *雪解けで川の水が増えている The river is rising with the 「*thaw* [(⇒ 解けていく雪で) *melting snow*]. // *雪解けで (⇒ 解けた雪で) 道がひどい The roads are bad with 「*melted snow* [*slush*]. // 両国の関係は*雪解けムードにある Relations [The relations] between the two countries *are thawing*.

ゆきどころ 行き所 (行くべき所) place to go (to) [C]; (住む所) place to live (in) [C].
¶ 私にはもう*行き所がない I have no *place to* 「*go* (*to*) [*live* (*in*)].

ゆきとどく 行き届く ★ 日本語の「行き届く」はすべてにぬかりなく完全であることを表すが, 英語に直す場合, 日本語の前後関係に応じて意訳する必要がある.
¶ あの店はなかなか*行き届いたサービスをしてくれる (⇒ とてもサービスがいい) That store gives

very good service. // この部屋はなかなか掃除が*行き届いている (⇒ とてもきれいだ) This room is *very clean*. // この学校の生徒はしつけが*行き届いていますね (⇒ よく訓練されている) The students ˹at [of] this school are *well* disciplined. // 彼女はすべてに*行き届いた人です (⇒ 細かいことにまで神経を使う) She is *very attentive* to details. // このホテルは管理が*行き届いていない This hotel is *badly* managed.

ゆきどまり 行き止まり —〔名〕(道路の) dead end Ⓒ; (袋小路) blind alley Ⓒ. —〔形〕dead-end. ¶ この道は 100 メートルもすると*行き止まりだ This road *comes to* ˹*the end* [*dead end*] after a hundred meters. // この先*行き止まり No Thoroughfare 《☞ 掲示の英語 (囲み)》

ゆきわたる 行き渡る (数・量がみんなに回る) go ˹around [round] (自); (普及している) prevail (自); (うわさ・知識などが広がる) spread (自) 《過去・過分 spread》. 《☞ ひろまる; ふきゅう[1]》. ¶ りんごは皆に*行き渡るだけある There are enough apples to *go* ˹*around* [*round*]. // その知らせはあっという間に*行き渡った The news *spread* in an instant. // テレビはほとんどの家庭に*行き渡っている (⇒ ほとんどの家庭がテレビを持っている) Almost every home has a television set.

ゆく 行く (目的に向かって進む) go (to ...) (自) 《過去 went; 過分 gone》 ★ 最も一般的な語; (相手の所へ行く) come (to ...) (自) 《過去 came; 過分 come》; (ある場所に行ってしばらくいる) be (at ...; in ...) (自); (乗り物で行く) take (他); (出発する) leave (for ...) (自); (訪問する) visit (他).

【類義語】ある場所を起点として考え, そこから外部へ向かって出かけて行くのが **go**. それに対して, ある到達点に向かって外部から近づくのが **come**. *go* は普通日本語の「行く」に, *come* は「来る」に相当するが, *come* も「行く」に当たる場合がある. それは 2 人称に対して自分の動作を述べる場合で, 例えば「あすの午後君の家に*行くよ」は I'll *come* to your home tomorrow afternoon. となる. これは話し相手を中心に据えて自分の往来の動作を考えるからである. ただし, 「私も一緒に*行ってもいいですか」May I *go* with you? のような場合は *go* も用いられる. これは相手もどこかへ行く途中か, 行こうとしている状況で, 相手が到達点とは考えられないからである. しかし, この場合にも, 相手について行くという気持ちがあれば May I *come* with you? と *come* が使われる. 《☞ 丁寧な表現 (欄外)》

次に, 日本語の「行く」に当たる言葉としてしばしば **be** が用いられる. ある場所に到達してしばらくそこにとどまるという気持ちが加わるためである. ((例) いますぐ*行きます I'll *be* there right away.). 乗り物を利用して「...に行く」というときは **take** が用いられる. 「...で行く」は例えば *go by* taxi (＝タクシーで行く) のように go by ... も用いるが, *take* a taxi to ... のほうがより口語的である. ある場所を去って別の場所へ行くことを表すには **leave for ...** ある場所を訪れる意味が加わるときは **visit** も「行く」という日本語に当たることがある. 《☞ くる; つれてかえる (挿絵)》

¶「さあ*行こう」「うん, *行こう」"Let's *go*." "OK. / Yes, let's."

「このバスは新宿に*行きますか」「はい, *行きます」"Does this bus *go to* Shinjuku?" "Yes, it does."

「きのうどこに*行きましたか」「映画を見に*行きました」"Where did you *go* yesterday?" "I *went to* the movies."

「あした私の事務所へ来てくれませんか」「わかりました. 午後 2 時に*行きましょう」"Will you come to my office tomorrow?" "All right. I'll ˹*come* [*be* there] at two p.m."

そちらへ*行って手伝いましょうか Shall I *come over* and help you?

私は毎朝 8 時に学校に*行きます I ˹*go to* school [*leave for* school] at eight every morning.

「あなたは学校へはどうやって*行きますか」「電車で[歩いて]*行きます」"How do you *go to* school?" "I ˹*take* the train [*walk*]."

語法 go by train でもよい.

「あなたはいままでどこに*行っていたのですか」「郵便局です」"Where *have* you *been*?" "I've *been to* the post office." 語法 この場合に have gone は使えないことに注意. have gone は「行ってしまって今ここにいない」という意味のときに使う.

彼女は来月アメリカに*行きます She will ˹*go to* [*leave for*] America next month.

「アメリカへ*行ったことがありますか」「ええ, あります[いいえ, ありません]」"*Have* you *ever been* ˹*to* [*in*] America?" "Yes, I have [No, I haven't]." 語法 この疑問文には ever を付けるのが普通. have gone は普通使わない. 《☞ 完了形 (欄外)》

今度の冬休みには長野にスキーに*行くつもりです I'*m going* skiing in Nagano during the coming winter vacation. 語法 go ...ing は「...しに行く」. ほかに go shopping (＝買物に行く), go fishing (＝魚釣りに行く) など.

もう*行かなくては (I think) I had better *be going* now. ★ 途中で席を立ったりするときなど.

この道を*行くとバス停へ出られます (⇒ この道はあなたをバス停まで連れて行く[導く]) This street will ˹*take* [*lead*] you *to* the bus stop.

駅へ*行く道を教えて下さい Could you tell me the way *to* the station? 《☞ 道のきき方 (囲み)》

学校へ*行く道で (⇒ 途中で) その事故を目撃した I ˹saw [witnessed] the accident *on my way to* school.

「先週は交換留学生会の総会に*行ってきました (⇒ 出席しました)」「ああ, 私も*行きましたよ」"I *attended* the general meeting of the Exchange Students Association last week." "Oh, I *was* there, too."

この夏ヨーロッパ 6 か国に*行ってきました (⇒ 6 か国を訪問した) I *visited* six European countries this summer.

うまく行く ¶ 万事*うまく行った[行かなかった] Everything *went* ˹*well* [*badly*] ˹for [with] me. // 現実の経営では物事はそう*うまく行かな

いだろう Things will not go so *smoothly* in actual management. // 計画は*うまく行かないだろう The plan will not *work well.* / (⇒成功しないだろう) The plan will ⌈*not succeed* [be *unsuccessful*]. // 彼と鈴木さんは*うまく行っていない Mr. Suzuki and he *are* not ⌈*getting on well with* each other [*getting along* together].

ゆくえ 行方 (居場所) ...'s whereabouts ★単数または複数扱い. 《☞ しょざい》.
¶彼女の*行方はわからない (⇒どこにいるかだれも知らない) Nobody knows ⌈*where* she *is* [her *whereabouts*]. / Her *whereabouts* ⌈is [are] unknown. // 彼らは犯人の*行方を捜している (⇒犯人を捜している) They *are* ⌈*searching* [*looking*] *for* the culprit. // 彼が*行方をくらましてから (⇒姿を消してから) 3年になる It is three years since he *disappeared.* // 警察は家出娘の*行方を突き止めた (⇒家出した娘を捜し当てた) The police *located* the runaway girl.
行方不明 ¶彼は*行方不明だ He is *missing.* // *行方不明の人 a *missing* person ★1人の場合. / the *missing* ★集合的.

ゆくさき 行く先 (目的地) destination Ⓒ; (行方) whereabouts ★単数または複数扱い. ¶まだ*行く先 (⇒どこに行くか) を決めていない I have not yet decided *where* ⌈to go [I will go]. // *行く先を言って外出しなさい Give us your *destination* before you leave. // 彼の*行く先 (⇒彼がどこにいるか) を教えて下さい Tell me *where he is* now. // 彼の*行く先は不明です We do not know his *whereabouts.*

ゆくすえ 行く末 future Ⓤ 《☞ ぜんと; しょうらい; さきざき》.

ゆくて 行く手 (進む方向) *a person's* way Ⓒ; (将来) future Ⓤ. 《☞ ぜんと》. ¶何も彼の*行く手をはばむものはなかった Nothing stood in his *way.* // 彼らの*行く手は多難だ Their *future* is filled with difficulties.

ゆくゆく 行く行く —〔副〕 (いつかは) someday; (将来は) in the future. 《☞ しょうらい; そのうち; いつか》. ¶*ゆくゆくは故郷へ帰りたい I would like to return to my old home ⌈*someday* [*in the future*].

ゆげ 湯気 —〔名〕 steam Ⓤ. —〔動〕 (湯気を立てる) steam (自); (湯気で曇る) fog [steam] up (自). ¶やかんから*湯気が立っている *Steam* is rising from the kettle. / The kettle *is steaming.* // 窓ガラスが*湯気で曇った The windowpanes ⌈*fogged* [*steamed*] *up.* // 父は頭から*湯気を立てて怒った My father ⌈*boiled* with rage [*burned* with anger]. ★比喩的な表現.

ゆけつ 輸血 —〔名〕 (blood) transfusion Ⓒ. —〔動〕 (輸血する) give a (blood) transfusion to ..., transfuse (他). ¶患者は手術後*輸血を受けた The patient ⌈*was given* [got] *a blood transfusion* after the operation. // 医者は私の血を彼に*輸血した The surgeon *transfused* my blood into him.

ゆさぶる 揺さぶる (揺り動かす) shake (他); (感動させる) move (他). 《☞ ゆする[1]》. ¶体制を*揺さぶる (⇒揺り動かす[体制にショックを与える]) ような大事件が起こった There occurred a serious incident which would ⌈*shake* [*give a shock to*] the Establishment. // その光景を見て私の心は*揺さぶられた I *was moved by* the sight.

ゆし 油脂 oils and fats 〔語法〕 本来 oil も fat も Ⓤ だが, 種類を表すときはいずれも Ⓒ となり, 複数形になる.

ゆしゅつ 輸出 —〔名〕 export [ékspɔət] Ⓤ (↔ import [ímpɔət]), exportation Ⓤ. —〔動〕 export [ekspɔ́ət] (他) (↔ import [impɔ́ət]). 《☞ 政治・経済 (囲み)》.
¶私たちはおもちゃをアメリカへ*輸出している We *export* toys to America. // 自動車の*輸出は今年も伸びた The *export* of ⌈cars [automobiles] has increased again this year. // アジア諸国の*輸出は急激に伸びている The *exports* of Asian countries are increasing ⌈quickly [rapidly; fast]. // 私の父は*輸出業をやっています My father is ⌈(engaged) in the *export* business [an *exporter*]. // 日本は自動車の*輸出自主規制を余儀なくされた Japan had to restrain its *export* of automobiles. // カメラは重要な*輸出品だ Cameras are an important *export.* // 日本の*輸出品の30パーセント以上はアメリカ向けだ More than 30 percent of Japanese *exports* go to the United States. // 彼らは*輸出用の新製品を開発中だ They are developing new products for *export.*
輸出業 export business Ⓤ **輸出業者** exporter Ⓒ, export merchant Ⓒ **輸出超過** excess of exports (over imports) Ⓤ ★しばしば an を付けて. **輸出入業** export-import business Ⓤ **輸出入業者** export-import man Ⓒ; (総称) exporters and importers **輸出品** export Ⓒ (↔ import) ★しばしば複数形で; (総称) exported ⌈articles [goods] ★複数形で.

ゆず 柚 citron Ⓒ.

ゆすぐ 濯ぐ (きれいな水で洗ってせっけんなどを落とす) rinse (out) (他); (内側をきれいにする) wash out (他). 《☞ あらう; すすぐ》. ¶彼はハンカチをぬるま湯で*ゆすいだ He *rinsed* (*out*) the handkerchief with lukewarm water. // 毎食後口を*ゆすぎなさい *Rinse* [*Wash*] *out* your mouth after each meal.

ゆすり 強請り (強奪) extortion Ⓤ; (人) extortionist Ⓒ; (恐喝) blackmail Ⓤ; (人) blackmailer Ⓒ. 《☞ ゆする[2]; きょうかつ》.
¶*ゆすりに気を付けなさい Beware of ⌈*extortionist* [*blackmailers*].

ゆずりあう 譲り合う ¶お互いに道を*譲り合って安全に運転しましょう Let's *give way* to each other and drive safely. 《☞ ゆずる》

ゆずりうける 譲り受ける (職務などを引き継ぐ) take over (他); (買う) buy (他). 《☞ うけつぐ; ひきつぐ》. ¶この車は彼から*譲り受けた (⇒買った) ものだ I *bought* this car from him.

ゆずりわたす 譲り渡す (引き渡す) hand over (他), transfer (他). 《☞ ゆずる》. ¶彼は社長のいすを息子に*譲り渡した He ⌈*handed over* [*transferred*] the seat of president to his son.

ゆする¹ 揺する（激しく動かす）shake ㊀《過去 shook；過分 shaken》；（揺り動かす）rock ㊀.（☞ ゆれる）. ¶子供たちは栗の木を*揺すって実を落とした The children *shook* chestnuts「*from* [*off*] the tree. // 彼女は赤ん坊を*揺すって眠らせた She *rocked* her baby to sleep.

ゆする² 強請る（強奪する）extort ㊀；（恐喝して金や利益を得る）blackmail ㊀.（☞ ゆすり；きょうかつ；おどす）. ¶彼は彼女を*ゆすって金を巻き上げた He *extorted* money from her. // 彼は私を*ゆすってそれをさせようとした He tried to *blackmail* me into doing that.

ゆずる 譲る **1**《自分のものを与える》：（引き渡す）hand over ㊀, transfer ㊀；（与える）give ㊀；（提供する）offer ㊀；（道をあけてやる）make way for ...；（通る道を譲る）give way to ..., yield (to ...) ㊁；（売る）sell ㊀.
¶彼は全財産を息子に*譲った He *handed over* all his property to his son. // 君の犬を1匹*譲ってくれないか Will you *give* me one of your dogs? // 私は電車でおばあさんに席を*譲った I「*gave* [*offered*] my seat to an old lady in the train. // 私はその特許権を彼に*譲った I「*transferred* [(⇒売った) *sold*] the patent right to him. // 彼らは後進に道を*譲るべきだ They should *make way for* younger people. // 彼は右折する車に道を*譲った He「*gave way* [*yielded*] *to* the car turning (to the) right.
2《譲歩する》：（相手の主張に従う）concede (to ...) ㊁, make a concession (to ...).（☞ じょうほ）. ¶我々はこの点だけは彼らに*譲れない We cannot *concede to* them on this point. // 彼は一歩も*譲らなかった（⇒少しも動こうとしなかった）He wouldn't *budge* an inch.

ゆそう 輸送 —動（交通機関で運ぶ）transport ㊀, carry ㊀ ★前者のほうが形式ばった語. —名《米》transportation Ⓤ,《英》transport Ⓤ.（☞ はこぶ；うんそう；くうゆ）.
¶大量の食糧がトラックで*輸送された A heavy load of food *was*「*transported* [*carried*] by truck. **輸送機** transport (plane) Ⓒ **輸送船** transport (ship) Ⓒ.

ゆそうせん 油槽船 oil tanker Ⓒ.

ゆたか 豊か —形（豊富な・金持ちの）rich (↔ poor) ★最も一般的な語；（あり余るほどたくさんの）ample, abundant ★後者はやや形式ばった語；（裕福な）wealthy, affluent ★後者は形式ばった語；（暮らし向きがよい）well-off (↔ badly-off). —副 richly; amply, abundantly；affluently.（☞ ほうふ¹；ゆうふく）.
¶その国は天然資源が*豊かだ The country is「*rich* [*abundant*] in natural resources. // 彼らは*豊かな社会に育った They were brought up in an *affluent* society. // 今年は財政が*豊かだ We are financially *well-off* this year. // この学校は財源が*豊かだ This school has *ample* funds. // 彼女は音楽家としての*豊かな才能に恵まれている（⇒音楽に対して大きな才能を持っている）She has a *great*「gift [talent] for music. // 彼は経験*豊かな教師だ He is「an *experienced* teacher [a teacher *of* (*rich*) *experience*]. // 彼は想像力が*豊かだ He has a *wealth* of imagination. // 彼女は趣味の*豊かな人だ（⇒趣味がたくさんある）She has *many* hobbies.

ゆだねる 委ねる（...を人に任せる）leave ... to *a person*；（相手を信頼して任せる）entrust「*a person* with ... [... to *a person*]；（保管などのために委託する）commit ㊀.（☞ まかせる；いにん；いたく（類義語））.
¶その問題は彼の判断に*ゆだねた We *left* the problem *to* his judgment. // その大役を彼に*ゆだねることはできない We cannot *entrust*「the important duty *to* him [him *with* the important duty]. // 私はその書類を彼に*ゆだねた I *committed* the documents to his care.

ユダヤ —名 固 Judea [dʒu(ː)díːə]. —形 Jewish. **ユダヤ教** Judaism Ⓤ **ユダヤ人** Jew Ⓒ.

ゆだん 油断 —名（不注意）carelessness Ⓤ；（うかつ）inattention Ⓤ ★前者が一般的；（怠慢）negligence Ⓤ；（警戒[機敏さ]を欠くこと）lack of「vigilance [alertness] Ⓤ. —形 careless；inattentive；negligent.（☞ ふちゅうい；たいまん）.
¶ちょっとした*油断（⇒不注意[怠慢]）が事故のもとになる A little「*carelessness* [*negligence*] is often the cause of an accident. // *油断するなよ（⇒注意せよ）*Be careful*! // あの男に*油断するな（⇒見張れ[気をつけろ]）*Keep a* watchful *eye on* [*Beware of*] that man. // 彼はいつも*油断がない（⇒用心深い）He is always「*watchful* [*alert*]. // 私は*油断して（⇒警戒を怠って）財布をすられた I *was off my guard* and had my wallet picked. // 彼は*油断のならない男だ（⇒きつねのようにずる賢い）He is as *cunning* as a fox. // 近ごろは*油断もすきもあったものではない（⇒いくら注意してもしすぎることはない）You cannot be too careful these days. // *油断大敵 Security is the greatest enemy.《ことわざ：安心は最大の敵》/ Danger comes soonest when it is despised.《ことわざ：危険は軽蔑すると早く来る》

ゆちゃく 癒着〘医学〙adhesion Ⓤ. ¶彼は政界と財界の*癒着（⇒密接な関係）を指摘した He pointed out the *close relationship* between political and business circles.

ゆっくり **1**《急がずに》：（時間をかけて）slowly (↔ fast) ★最も一般的な語；（遅い歩調で）at a slow pace；（のんびりと）at *one's* leisure, leisurely.（☞ おそい；のろのろ）.
¶私は*ゆっくり歩いた I walked *slowly*. // もう少し*ゆっくり話していただけませんか Will you speak a little more *slowly*?（☞ 依頼の表現（囲み））// パレードは*ゆっくりと進んだ The parade moved on *at a slow pace*. // 私は日曜日には音楽を*ゆっくり楽しむ I enjoy listening to music *at my leisure* on Sundays. // 計算は*ゆっくり（⇒時間をかけて）やりなさい *Take your time with* your calculation.

2 «ゆとりがあって十分に»：(十分な) good; (あり余るほどの) plenty of ...; (長い) long. (☞ じゅうぶん[1]).

¶ 今晩は*ゆっくり眠りなさい (⇒ 十分な眠りを持って下さい) Please have a *good* ⌈sleep [night's rest] tonight. // 君といつか*ゆっくり (⇒ じっくり) 話したいな I want to have a *good* talk with you someday. // 飛行機には*ゆっくり間に合う (⇒ たっぷり時間がある) There is *plenty of* time to catch the plane. // どうぞご*ゆっくり (⇒ 好きなだけ長くいて下さい) Please stay as *long* as you like. / (⇒ くつろいで下さい) Please make yourself *comfortable.* // 残念ですがきょうは*ゆっくりしていられません (⇒ 長居できません) I'm sorry (that) I cannot *stay long* today.

ゆったり ―形 (安楽な・のんびりした) easy; (心地よい) comfortable; (くつろいだ) relaxed; (だぶだぶの) loose. ―副 at ease; comfortably. (☞ のんびり; くつろぐ).

¶ 彼は*ゆったりした足取りで歩いた He walked with an *easy* stride. // きょうは*ゆったりした (⇒ くつろいだ) 気分だ I feel ⌈*relaxed* [*at home*] today. // *ゆったりしたセーターは着心地がよい *Loose* sweaters are comfortable to wear. // 彼は*ゆったりといすに腰をかけてくつろいだ He sat *comfortably* in a chair and made himself at home.

ゆでたまご 茹で卵 boiled egg Ⓒ (☞ たまご). ¶ かた*ゆで卵 a hard-*boiled egg*

ゆでる 茹でる boil ㊀ (☞ 料理の用語 (囲み)). ¶ *ゆでたほうれん草 *boiled* spinach

ゆでん 油田 oil field Ⓒ; (油井) oil well Ⓒ.

ゆとり ―名 (暇) leisure Ⓤ; (時間のゆとり) time Ⓤ. ―形 (暇のある) leisurely. (☞ よゆう; ひま).

¶ 私は生活にもっと*ゆとりがほしい (⇒ 暇[時間]の必要を感じている) I feel a need for more ⌈*leisure* [*time*] in my life. // 子供たちにもっと*ゆとりある (⇒ 楽しめる) 学校生活を送らせるべきだ We should let our children have a more *enjoyable* school life. // 彼の生活は前よりも*ゆとりがあるようだ(⇒ 金回りがよいようだ) He seems to be *better-off* than before. // 私たちは彼の*ゆとりある仕事ぶり (⇒ ゆったりした仕事のペース) を学ぶべきだ We should learn from his *leisurely* work pace. // 私には海外旅行をする*ゆとりはありません (⇒ 余裕がない) I *cannot afford to* travel abroad.

ユニホーム uniform Ⓒ (☞ せいふく[1]). ¶ *ユニホームを着た選手 players in *uniform* ★ この表現では無冠詞で.

ゆにゅう 輸入 ―名 import [ímpɔət] Ⓤ (↔ export [ékspɔət]), importation Ⓤ. ―動 import [impɔ́ət] ㊀ (↔ export [ekspɔ́ət]). (☞ 政治・経済 (囲み)).

¶ 日本は原料を*輸入する Japan *imports* raw materials. // わが国は多量の食糧品を*輸入している (⇒ 外国から買い入れる) We *buy* many foodstuffs *from abroad.* // この物品の*輸入にはライセンスがいる Licenses are required for the ⌈*importation* [*import*] of these articles. // 大豆の*輸入が急激に増えた[20 パーセント減った] Soybean *imports* have ⌈risen sharply [declined by 20 percent]. // インドネシアの*輸入(品)の 50 パーセントは日本からだ Fifty percent of Indonesian *imports* come from Japan. // 日本はもっと*輸入を増やすように要求された It was demanded that Japan increase its *imports.* // 私は*輸入関係の仕事をしています I'm ⌈(engaged) in the *import* business [(⇒ 輸入業者だ) an *importer*]. // 原油の*輸入価格が急騰した *Import* prices of crude oil have gone up sharply.

輸入業 import business Ⓤ **輸入業者** importer Ⓒ **輸入自由化** the liberalization of imports **輸入税** import duty Ⓒ; (輸出入税・関税) tariff Ⓒ **輸入超過** trade deficit Ⓒ **輸入品** import Ⓒ (↔ export) ★ しばしば複数形で; (総称) imported ⌈articles [goods] ★ 複数形で.

ユネスコ UNESCO ★ the United Nations Educational, Scientific and Cultural Organization (＝国際連合教育科学文化機構)の略. (☞ 略語 (欄外)).

ゆび 指 (手の) finger Ⓒ [語法] finger は手の指だけで足の指は含まず，しかも普通は手の親指 (thumb) も含まないことに注意.「片手には 5 本の指がある」などというときは親指を含むこともあるが，その場合でも含まないのが正しいと主張する英米人も多い. つまり英語では片手には four fingers and ⌈one [a] thumb があるという言い方をする. (☞ 意味 (欄外)); (足の) toe Ⓒ; (手の親指) thumb [θʌ́m] Ⓒ; (人差し指) forefinger Ⓒ, index finger Ⓒ; (中指) middle finger Ⓒ; (薬指) ring finger Ⓒ ★ 特に左手の薬指; (小指) little finger Ⓒ; (足の親指) big [great] toe Ⓒ; (足の小指) little [small] toe Ⓒ [参考] ほかの指は親指のほうから数えて a ⌈second [third; fourth] toe のようにいう. (☞ て (挿絵); あし[1] (挿絵)).

¶ 彼女はほっそりした[太い]*指をしている She has ⌈slender [thick] *fingers.* // その子は*指で 1 から 10 まで数えた The child counted from one to ten *on his fingers.* [参考] 英米人は指で数える場合，日本人のように指を折りながら数えるのではなく，折った指を 1 つずつ開きながら数える. (☞ かぞえる (挿絵)) // 父は*指を鳴らすのがうまい (⇒ はじいて[関節を引っ張って]) My father is good at ⌈snapping his *fingers* [cracking his *finger joints*]. // *指をしゃぶるのはよしなさい (⇒ 吸うな) Don't suck your ⌈*finger* [*thumb*]. // 彼は*指をくわえて友人たちの成功を見ていた (⇒ うらやましそうに見た) He looked *enviously* at the success of his friends. // うちの娘には*指一本触れさせない I will never let you *lay a finger on* our daughter.

指折り数えて ¶ 彼女は試験の結果の発表を*指折り数えて待っている (⇒ 熱心に待っている) She *is eagerly waiting for* the announcement of the result of the examination.

ゆびきり 指切り ¶ 私たちは*指切りげんまんをした We confirmed the promise by *linking our little fingers.*

ゆびさき 指先 fingertip Ⓒ.

ゆびさす 指差す point ʳat [to] ... [語 法] to は対象物の位置している方向を, at は対象物そのものを指す場合. 《☞ さす[3]; してき[1]》.
¶ 人を*指さすのはやめなさい Don't *point at* people. // 彼女は壁の絵を*指さした She *pointed to* the picture on the wall.

ゆびぬき 指貫 thimble Ⓒ.

ゆびわ 指輪 ring Ⓒ. ¶ 彼女はダイヤの*指輪をしている She ʳhas [wears] a diamond *ring* on her finger. // 彼は*指輪をはめた[抜いた] He ʳput a *ring* on [slipped a *ring* off] his finger. // 結婚[婚約]*指輪 a wedding [an engagement] *ring*

ゆみ 弓 bow [bóu] Ⓒ; (弓術) archery Ⓤ.

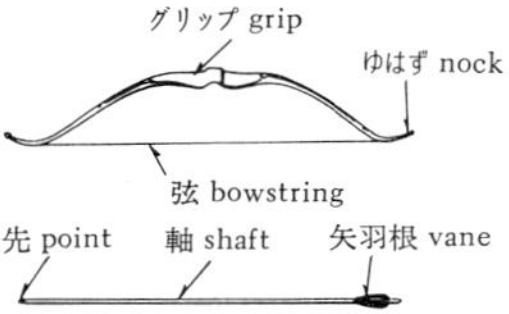

ゆみず 湯水 **湯水のように** ¶ 彼女は金を*湯水のように (⇒ 水のように) 使った She spent money *like water*.

ゆめ 夢 **1** «眠っているときに見る夢» ―[名] dream Ⓒ ★ 最も一般的な語; (悪夢) nightmare Ⓒ [語 法] 比喩的に「恐ろしいこと」の意味で用いる場合が多い. ―[動] (夢を見る) have a dream, dream (自)(他) [語 法] (他) となる場合は目的語は that 節か, または dream a happy dream のように形容詞を伴う同族目的語. なお, see a dream とは言わない.
¶ 私はよく*夢を見る I often ʳ*have dreams* [*dream*].
ゆうべは楽しい[怖い]*夢を見た I ʳ*dreamed* [*had*] a ʳhappy [terrible] *dream* last night.
彼は母親の*夢を見た He *dreamed* ʳ*of* [*about*] his mother. / (⇒ 夢の中で母を見た) He *saw* his mother *in a dream*.
僕は彼女と結婚する*夢を見た I *dreamed* that I got married to her.
私はゆうべ*夢でうなされた (⇒ 悪夢を見た) I had a ʳ*nightmare* [*bad dream*] last night.
それは正*夢[逆*夢]だった It was a ʳtrue [false] *dream*.
その出来事は*夢でなく現実だ The incident is not a *dream*, but a reality.
彼ははっとして*夢から覚めた He suddenly awaked from a *dream*.
彼女がうそをつくなんて*夢にも思わなかった I ʳnever [little] *dreamed* that she would tell a lie.
留学するなんて*夢のようだ Studying abroad is just *like a dream*.
まるで*夢のような気がする (⇒ このことすべてが夢であるかのように感じる) I feel as if all this were a *dream*. / I feel *as in a dream*.
私はそれを見て[聞いて]*夢かとばかりに喜んだ (⇒ とても喜んで目[耳]が信じられないほどだった) When I ʳsaw [heard] it, I was so glad that I could scarcely believe my ʳeyes [ears].
2 «理想・空想»: (実現したいと思っていること) dream Ⓒ; (大望) ambition Ⓤ; (ヴィジョン) vision Ⓤ. 《☞ のぞみ; くうそう; むそう》.
¶ 外交官になるのが彼の*夢だった It was his ʳ*dream* [*ambition*] to be a diplomat.
彼女の*夢が実現した Her *dream* ʳcame true [was realized]. ★ come true は口語的慣用表現.
長年抱いていた*夢が破れた My long-cherished *dream* was shattered.
彼女には*夢がない (⇒ 将来へのヴィジョンがない) She has no *vision* for the future.
若者が*夢を描く (⇒ ロマンチックな[理想主義的な]夢想を持つ) のは当然だ It is natural for young people to have ʳromantic [idealistic] *visions*. ★ vision は「夢想」の意では Ⓒ.
夢うつつ ¶ 私は講義を*夢うつつで (⇒ 半分眠りながら[夢見ながら]) 聞いた I was listening to the lecturer *half* ʳ*sleeping* [*dreaming*]. // 彼女は*夢うつつの状態だ (⇒ 半分眠っている) She is *half asleep*. / She is *between asleep and awake*. **夢物語** (実行困難な空想) pipe dream Ⓒ. ¶ 私にとって世界一周旅行は*夢物語だ For me a round-the-world tour is a *pipe dream*. // 彼の計画はまるで*夢物語だ (⇒ 現実的ではない) His plan is quite *unrealistic*.

ゆめみる 夢見る ―[動] dream ʳof [about] ... ―[形] (夢見るような) dreamy. ¶ 彼女は世界的なピアニストを*夢見ている She *dreams of* becoming a world-famous pianist. // 私は彼女の*夢見るようなまなざしに心を奪われた I was fascinated with her *dreamy* eyes.

ゆゆしい 由由しい (重大な) grave; (悲しむべき) deplorable. 《☞ じゅうだい[1]》.

ゆらい 由来 (起源) origin Ⓒ; (出所) source Ⓒ; (来歴) history Ⓒ. 《☞ きげん[3]; ちなむ》.

ゆらゆら ―[動] (大きくゆらゆら揺れ動く) sway (自); (振り子のようにぶらぶらと) swing (自); (炎などが) flicker (自). 《☞ ゆれる; 擬声・擬態語 (囲み)》. ¶ 地震で電燈の傘が*ゆらゆら揺れている The earthquake is making the lampshade ʳ*sway* [*swing*].

ゆり 百合 lily Ⓒ 《複 lilies》 《☞ 花 (囲み)》.
¶ 白*百合 a white *lily*

ゆりいす 揺りいす rocking chair Ⓒ, 《米》 rocker Ⓒ. 《☞ いす》.

ゆりおこす 揺り起こす shake ... ʳawake [out of sleep] 《☞ おこす[1]》.

ゆりかえし 揺り返し (余震) aftershock Ⓒ 《☞ よしん》.

ゆりかご 揺り籠 cradle Ⓒ. ¶ *揺りかごから墓場まで from the *cradle* to the grave ★ 社会福祉の標語.

ゆるい 緩い (堅く締まっていない) loose (↔ tight); (のろい) slow (↔ fast). 《☞ ゆるやか; ゆるむ》. ¶ この結び目は*ゆるすぎる This knot is too *loose*. // このスカートは*ゆるすぎる (⇒ 大きすぎる) This skirt is too *big* for me. // 彼は*ゆるいカーブを投げた He threw a *slow* curve. // この辺は地盤がたいへん*ゆるい (⇒ 軟らかい) The ground around here is very *soft*.

ゆるし 許し (権限のある人からもらう許可) permission [U]; (特に外出・休みなどの許可) leave [U]; (容赦) forgiveness [U], pardon [U]. 《☞ きょか (類義語)》. ¶ 私は父から外国へ行く*許しを得た I got ˹my father's *permission* [*permission* from my father] to go abroad. // 彼は*許しを得ないで外出した He went out without *leave*. // 彼は私の*許しを求めた He ˹asked for [begged] my *pardon*.

ゆるす 許す **1** «許可する»: (権限のある者が積極的に許可を与える) permit (他); (禁止しない) allow (他) [語法] 後者は何かしたいという意志をもっている場合にそれを妨げないという意味で let に似ている. 従って「許す」という日本語には当たっても「許可する」という日本語には当たらないことが多い; (入学・入会などを認める) admit (他); (賛成して認める) approve of ... 《☞ きょか (類義語); みとめる》.
¶ 私はその会議に参加を*許された I *was* ˹*permitted* [*allowed*] to take part in the conference. [語法] permit を使うと, 例えば許可を申請して審査の結果許可されたような感じ. allow の場合は特に反対がなかったので参加したようなニュアンスが出る. // 校則では長髪は*許されない School regulations do not *permit* long hair. // 天候[健康]が*許せば, あしたスキーに出かけます I'll go skiing tomorrow if ˹weather [my health] *permits*. [語法] このように「天候・健康・時間」などに permit を用いるときは allow に近い意味となる. // K 氏を皆さんにご紹介することをお*許し下さい Please *allow* me to introduce Mr. K to you. ★ やや形式ばった演説調. 《☞ 紹介 (囲み)》 // 彼はこの学校に入学を*許された He *was admitted to* this school. // 彼の両親は彼が絵かきになるのを*許さなかった His parents did not *approve of* his becoming a painter.
2 «容赦する»: (相手の過失などをとがめない) forgive (他) 《過去 forgave; 過分 forgiven》; (罰しないですます) pardon (他) [語法] ちょっとした過ちや無礼をわびるときにも用いる; (軽い罪を許す) excuse (他); (大目に見る) overlook (他). 《☞ ようしゃ; かんべん[1]》.
¶ 私が悪かった. *許して下さい I was wrong. *Forgive* [*Pardon*] me. 《☞ 謝罪の表現 (囲み)》 // 私が過ちをわびたら彼は快く*許してくれた He *forgave* me readily when I apologized for my mistake. // ごぶさたをお*許し下さい Please ˹*pardon* [*forgive*] me for my long silence. // 彼は私の不注意を*許してくれた He *excused* my carelessness. / He *excused* me for my carelessness.
3 «気や心などを»: (信用する) trust (他), confide (in ...) (自) ★ 後者は形式ばった語. 《☞ しんよう (類義語)》.
¶ 彼には心が*許せない (⇒ 信頼できない) I cannot ˹*trust* [*confide in*] him. // あの男に心を*許すな (⇒ 気をつけろ) *Beware of* him. / (⇒ 用心しなければならない) We must *guard against* him. // ちょっと気を*許したすきに (⇒ 油断したときに) とんでもないへまをやってしまった I made an awful blunder in an *unguarded* moment.

ゆるみ 緩み (締まりのなさ) looseness [U]; (不注意) carelessness [U]; (ロープ・ひもなどの) slack [U]. 《☞ たるみ》.

ゆるむ 緩む ━[動] (張っていたものが) become [come; get] loose, loosen (自); (やや形式ばった語として) slacken (自); (油断する) be off (*one's*) guard. ━[形] (締まりのない) loose; (たるんだ) lax. 《☞ ゆるい; やわらぐ; たるむ》.
¶ ひもの結び目が*ゆるんだ The knot in the string ˹*came loose* [*loosened*]. // 最近選手の間で規律が*ゆるんでいる Discipline is ˹*loose* [*lax*] among the players these days. // そのとき彼は気が*ゆるんでいたんだ He must *have been off* (*his*) *guard* at that moment. // 東西間の緊張が*ゆるんだ (⇒ 緩和された) The East-West tensions *have eased* (*off*). // 寒気が*ゆるんだ (⇒ 和らいだ) The cold *has become less severe*.

ゆるめる 緩める **1** «ゆるくする»: (結び目・継ぎ目などを) loosen (他) (↔ tighten); (力などをゆるめる) relax (他). 《☞ ゆるい; ほどく》.
¶ 私はベルト[ねじ]を*ゆるめた I *loosened* ˹my belt [the screw]. // 綱を引く手を*ゆるめなさい *Relax* [*Loosen*] your ˹grip [hold] on the rope.
2 «緩和する»: relax (他) (自) 《☞ やわらげる; かんわ》. ¶ 彼らは制限を*ゆるめた They *relaxed* the restrictions. // 敵はちょっと警戒の手を*ゆるめた The enemy *relaxed* their vigilance just a little. // まだ気を*ゆるめるわけにはいかない We cannot ˹*relax* [*take it easy*] yet.
3 «速度などを遅くする»: slow (down) (自).
¶ その車は曲がり角でスピードを*ゆるめた The car *slowed down* at a bend.

ゆるやか 緩やか ━[形] (傾斜などが急でない) gentle; (のろい) slow. 《☞ ゆるい; ゆるめる》.
¶ 私たちは*ゆるやかな坂を下った We went down a *gentle* slope. // この辺の流れは*ゆるやかだ The stream around here is *slow*.

ゆれる 揺れる ━[動] (上下・左右・前後に震え動く) shake (自) 《過去 shook; 過分 shaken》 ★ 一般的な語; (小刻みに) quiver (自); (震える) tremble (自); (小刻みにびりびりと) vibrate (自); (大きく) sway (自); (前後・左右に) rock (自); (つるした物が振り子のように) swing (自) 《過去・過分 swung》; (炎などが) flicker (自); (気持ちが) waver (自); (船が横揺れする) roll (自);

pitch　　roll

(船が縦揺れする) pitch (自). ━[名] (揺れること・揺れ) shaking [U]; rocking [U]; (船の横揺れ) rolling [U]; (船の縦揺れ) pitching [U]. 《☞ ふるえる (類義語); しんどう[1]; うごく》.
¶ 昨夜地震で家が*揺れるのを感じた I felt the house *shake* in the earthquake last night. // 電車が通るたびに地面が*揺れる The ground ˹*trembles* [*vibrates*] whenever a train passes. // もみの木の梢(こずえ)が風に*揺れていた I

saw the tips of fir branches ｢*swaying* [*shaking*] in the wind. // 船は前後左右に激しく*揺れた Our ship ｢*rolled* and *pitched* [*rocked*] heavily. // テーブルの上につるしたランプが静かに*揺れている The lamp hung above the table *is swinging* gently. // ろうそくの火が風でちらちらと*揺れた The candle *flickered* in the wind. // 彼女の心は2人の男性の間で微妙に*揺れている Her mind *is wavering* delicately between the two men. // この電車は*揺れがひどい This train *rocks* a good deal.

ゆわかし 湯沸かし (やかん) teakettle Ⓒ, kettle Ⓒ. 《☞ やかん² (挿絵); 台所・家事 (囲み)》. ¶ 自動*湯沸かし器 a *hot-water heater*

よ

よ¹ 世, 代 **1** «世の中・世間»: the world [語法] 日本語では｢世｣という言葉が使われていても, the world を用いないで訳すほうがよい場合が多い. 《☞ よのなか; せけん》.
¶ 彼はすぐれた哲学者として*世に知られている (⇒ 有名だ) He is ｢*well-known* [*widely known*; *famous*] as a distinguished philosopher. // 彼は初め小説家として*世に出た (⇒ 名を成した) He *made his name* first as a novelist. // 彼女は*世にもまれな美人だった She was a woman of *rare* beauty.
2 «時代»: time Ⓒ ★しばしば複数形で. 《☞ じだい¹; じせい¹》. ¶ 彼は*世の移り変わりに (⇒ 時勢に) ついていけなかった He could not keep up with the *times*.
3 «現世・来世» ¶ この*世 this *world* 《☞ このよ; うきよ》 // あの*世 (⇒ 天国) Heaven / (⇒ 来世) the ｢other [next] *world* // その詩人は若くして*世を去った (⇒ 死んだ) The poet *died* young.

よ² 夜 night Ⓒ 《☞ よる¹》. ¶ 間もなく*夜が明けるでしょう (⇒ 日が始まる) *The day* will soon ｢*break* [*dawn*]. 《☞ あける²》 // *夜もふけてきた It's *getting late*. 《☞ It の用法 (欄外)》 // 彼は*夜どおし起きていた He stayed up all *night* (long).

-よ …余 (以上) over ..., more than ... 《☞ いじょう¹; あまり¹》. ¶ 10年*余 *over* [*more than*] ten years

よあかし 夜明かし 一動 (一晩中寝ずにいる) stay up all night 《☞ てつや; よふかし》.

よあけ 夜明け daybreak Ⓤ, dawn Ⓤ [語法] 前者は特に詩で用いられることが多い. dawn は動詞にも用いられる. 《☞ あけがた》.
¶ もうそろそろ*夜明けだ It is almost *dawn*. // 私は*夜明けとともに起きた I got up at ｢*dawn* [*daybreak*]. // 我々は*夜明け前に山小屋を出発した We left the mountain cottage before ｢*daybreak* [*dawn*].

よあそび 夜遊び 一動 (遊びに夜外出する) go out in the evening for pleasure.

よい¹ 良い, 善い **1** «すぐれている・上等な»: good (↔ bad) 《☞ すぐれる》.
¶ 彼は頭が*よい He is ｢*bright* [*clever*; *smart*]. [語法] clever は器用で小才がきくこと. smart は抜け目のないことをいう. / He has a *good* mind // 彼女は*よい家柄の出だ She comes from a *good* family. // このカメラのほうがそれより*よい This camera is *better* than that. 《☞ 比較の表現 (囲み)》 // これは私がいままでに読んだ中で一番*よい本だ This is the *best* book I have ever read.
2 «程度が高い»: high 《☞ たかい¹; うえ¹》.
¶ 彼は数学で*よい点を取った He got a *high* grade in mathematics. // 彼はその家を*よい値段で売った He sold the house at a ｢*high* [*good*] price.
3 «好ましい» 一形 (事柄が) good; (健康な) well; (天気が) fine, nice, beautiful ★この順に意味が強くなる; (幸運な) lucky. 一動 (好む) like ㊉; (望む) hope ㊉. 《☞ このましい》.
¶ あなたに*よい知らせがあります There is *good* news for you. // 彼女は顔色が*よい She looks *well*. // いまは体の調子はとても*よい (⇒ 正常だ) I feel quite *right* now. // *よい天気ですね (It's a) ｢*nice* [*beautiful*] day, isn't it? 《☞ 付加疑問 (欄外); 天候の表現 (囲み)》 // 彼は運の*よいやつだ He is a *lucky* man. // ｢すしとてんぷらとどちらが*よいですか｣｢すしのほうが*よいです｣ "Which do you *like better*, sushi or tempura?" "I *like* sushi *better*." // すべてうまく行けば*よいけど I *hope* everything will go well.
4 «正しい»: (道徳的・慣習的に) right; (誤りのない) correct. 《☞ ただしい》. ¶ あなたが*よいと思うことをやりなさい Do what you think *right*. // あなたの判断は*よかった (⇒ あなたは正しかった) You were ｢*right* [*correct*] in your judgment.
5 «十分な» 一形 (用意のできた) ready. 一代 (十分) enough. ¶ ｢準備は*よいですか｣｢ええ, 大丈夫です｣ "Are you *ready*?" "Yes, I am." // 君の自慢話はもう*よい (⇒ 十分に聞いた) I've had *enough* of your boasting.
6 «美しい»: (きれいな) beautiful; (美貌の) 《口語》 good-looking; (景色のよい) scenic. 《☞ うつくしい (類義語)》. ¶ 彼女は器量が*よい She is ｢*beautiful* [*good-looking*]. // 私たちは景色の*よい所で車を止めた We stopped our car at a *scenic* spot. // 丘からの眺めは*よかった (⇒ すばらしかった) The view from the hill was *wonderful*.
7 «効果がある»: (ためになる) good; (効く) effective. 《☞ きく²; こうか¹》. ¶ 早起きは健康に*よい Early rising is *good* for the health.

// ビタミンCは風邪に*よい Vitamin C is *effective* against a common cold.
8 «親しい»：(友好的な) friendly；(親密な) intimate. 《☞ したしい；しんみつ》. ¶ 私は彼と仲が*よい I am *friendly* with him. / I am on ⌈*friendly* [*good*] terms with him. // 彼らは*よい仲だ They are on *intimate* terms. [語法] intimate は性的にねんごろな関係を意味することがあるので注意.
9 «適した» ━[形] good, suitable, appropriate ★ この順に改まった言い方となる. ━[動] (合う·ぴったりである) fit ㊀. 《☞ てきする；てきせつ (類義語)》. ¶ この時計は贈り物に*よい This clock is ⌈*good* [*suitable*; *appropriate*] for a gift. // この服は私にちょうど*よい This dress *fits* me very well.
10 «助言»：(…するのがよい) had better …；(…するべきだ) should …, may as well … [語法] had better は You had better … の形で用いると命令的な響きがあるので, 強い忠告以外では You should … または You may as well … のほうがよい. 《☞ 提案·勧告の表現 (囲み)；命令の表現(囲み)》.
¶ 君はすぐそこへ行ったほうが*よい You ⌈*had better* [*should*; *may as well*] go there at once. // 彼は医者に見てもらったほうが*よい He *should* see a doctor.
11 «許可» ━[助] may, can [語法] may は You may … の形で用いると「…してよい」と許可を与える言い方となり, 対等以上の相手には失礼なので, 少くとも can を用いるか, あるいはもっと丁寧な Please … (＝どうぞ…して下さい) のようなほかの言い方を用いる. また, 相手に許可を求めて「…してよいですか」と言うときは, May I …? または Can I …? を用いるのが丁寧である. いずれも用いられるが前者のほうがより丁寧とされる. 《☞ 許可の表現 (囲み)》.
¶ 君はもう帰っても*よい You ⌈*may* [*can*] go home now. ★ 例えば先生が生徒に言うような場合. // 「座っても*よいですか」「ええ, どうぞ」 "*May* I sit down?" "Yes, ⌈of course [certainly]." [語法] "Yes, you *may*." とも言えるが, 普通は失礼になる.

よい² 宵 (early) evening Ⓒ ★ 最も一般的な語；(夜も遅くならないうちの時間) the early hours of the night. 《☞ ばん¹ (類義語)》.
¶ まだ*宵の口だ It's still *early in the evening*. / The *night is* still *young*.
宵っぱり (夜ふけまで起きていること) staying up (till) late at night Ⓤ；(夜更かしをする人) night owl Ⓒ. ¶ 彼は*宵っぱりの朝寝坊だ He *keeps late hours*. / He is *late to bed* and late to rise. // *宵っぱりは健康に悪い It is bad for the health to *stay up late at night*.
宵の明星 the evening star；(金星) Venus [víːnəs].

よい³ 酔い **1** «酒による»：drunkenness Ⓤ 《☞ よう》. ¶ 彼はだんだん*酔いが回ってきていた He *was getting drunk*. / (⇒ だんだんアルコールが効き始めてきた) Gradually *the alcohol began to* ⌈*tell upon* [*take hold of*] him. // 4, 5 時間寝たら*酔いがさめた I *sobered up* after I had slept for several hours.
2 «乗り物酔い» ━[名] (車) carsickness Ⓤ；(船) seasickness Ⓤ；(飛行機) airsickness Ⓤ. ━[形] carsick；seasick；airsick. 《☞ よう》. ¶ 私は船*酔いした I *got seasick*. // これは船*酔いの予防になります This helps to prevent *seasickness*.

よいしょ ★ 英語には日本語で用いる「よいしょ」に当たるような決まった掛け声はない. 特に重い物を持ち上げたり, 何か難しいことを始めたりするときには「さあ, いくぞ」の意味で Here goes! あるいは Here we go! などと言う.

よいつぶれる 酔い潰れる (たいへん酔う) be ⌈dead [blind] drunk；(泥酔して意識不明になる) pass out ㊀. 《☞ よっぱらう》. ¶ 彼はウイスキーを 1 本飲んで*酔いつぶれた After drinking a bottle of whisky, he *passed out*.

よいん 余韻 ━[名] (残響) reverberation Ⓤ；(楽しいことがあった後の) afterglow Ⓒ. ━[形] (含蓄のある) suggestive. ¶ その鐘の*余韻がまだ耳に残っている The *reverberation* of the bell still lingers on.

よう 酔う **1** «酒に»：get drunk, become [get] intoxicated ★ 後者はやや形式ばった表現. 《☞ よっぱらう；よい³》.
¶ 酒に*酔うと彼は口が軽くなる When he *gets drunk* he becomes talkative. // 彼は酒に*酔って車を運転し逮捕された He drove while *intoxicated* and was arrested. [参考] 酒酔い運転は DWI (＝*D*riving *W*hile *I*ntoxicated) と略されることがある.
2 «乗り物に»：get [become] sick 《☞ よい³》. ¶ バスに乗ると私はいつも*酔う I *get sick* every time I ride a bus. // 私は船に*酔わない I never *get seasick*. / I am a *good sailor*. ★ この表現は慣用的. 反対は poor sailor. // 私は飛行機に*酔った I *got airsick*.
3 «比喩的に»：(有頂天になる) be intoxicated；(得意になる) be elated. 《☞ とくい¹；うちょうてん》. ¶ 彼は成功に*酔っていた He *was intoxicated* ⌈*with* [*by*] his success. // 彼らは勝利に*酔っていた They *were elated* ⌈*at* [*by*; *with*] the victory.

よう¹ 用 (何かすること) something to do；(仕事) business Ⓤ. 《☞ ようじ¹》.
¶ きょうの午後私は*用がある I have *something to do* this afternoon. / (⇒ 午後はふさがっている) I *am* ⌈*engaged* [*occupied*] this afternoon. // 彼は*用があって大阪へ行った He went to Osaka on *business*. // 何かご*用ですか What can I do for you? [語法] 事務所などに訪れて来た人に向かって言う. What do you want? と言うと「何の用だ」とそんざいな聞き方になる. 《☞ ごよう¹》 // 彼は年中私に*用を言い付ける He *orders* me ⌈*about* [*around*] all the time.
用がない ¶ 私はそんな本には*用がない (⇒ 興味がない) I'*m not interested in* such a book.
用を足す ¶ ちょっと*用を足してきます (⇒ 手洗いに行ってきます) Excuse me. I'll go to the ⌈rest room [bathroom].
用をなす ¶ それは*用をなさない (⇒ 役にたたない) It is *useless*.

よう² 洋 ¶ これは*洋の東西を問わず (⇒ 世界

中で) 真実だ This is true ⌜*all over* [*through-out*] *the world*.

-よう[1] …様 **1** «同じく» ― [前] like … ― [接] as … ― [名] (方法) way Ⓒ. 《☞ -とおり；どうよう[1]；ふう[1]》. ¶それはこの*ようにやりなさい Do it ⌜*like* this [this *way*]. // 私は言われた*ようにやっただけです I only did *as* I was told. // 私はいつもの*ように8時に帰宅した I returned home at eight *as* usual.

2 «似ている» ― [前] like … ― [接] (まるで…のように) as if … 《☞ まるで；-みたい》.
¶彼女はまるで映画俳優の*ようだった She looked ⌜*as if* she were [just *like*] a movie star. // 彼は苦虫をかみつぶした*ような顔をした (⇒ 気難しい顔をした) He made a sour face.

3 «らしい» ― [接] as if … ― [動] (思われる) seem (自). 《☞ -らしい；-みたい》. ¶彼は何でも知っている*ような口ぶりだ (⇒ 何でも知っているように話す) He talks *as if* he knew everything. // 彼は酔っている*ような歩き方だった He was walking *as if* he ⌜were [was] drunk. [語法] 口語では as if の後で直説法もしばしば使われる. // 彼は正直者の*ようだ He *seems* ⌜honest [to be an honest man].

4 «例·種類» ― [形] (そのような) such. ― [名] (種類) kind Ⓒ, sort Ⓒ ★後者のほうがより口語的. 《☞ そういう》. ¶その*ような言葉を使ってはいけない Don't use *such* words. // 私は野球やテニスの*ようなスポーツが好きだ I like sports *such as* baseball and tennis. // 彼はその*ようなことをする人ではない He is not the ⌜kind [sort] of man to do *such* a thing.

5 «目的»: so that …; in order [so as] to *do*. 《☞ 目的·結果の表し方 (囲み)》. ¶よく眠れる*ように明かりを消しなさい Put out the light *so that* you can get a good sleep. // 彼は入試に受かる*ように一生懸命勉強した He worked hard ⌜*in order* [*so as*] *to* pass the entrance examination.

6 «願望» ― [助] may. ― [動] (祈る) wish (他). 《☞ いのる；仮定の表現(囲み)》. ¶あなたとご家族が幸せであります*ように *May* you and your family be happy.

-よう[2] …用 ¶婦人[男子]*用靴下 ladies' [men's] socks 《☞ アポストロフィー (欄外)》 // 業務[家庭]*用の *for* ⌜business [family] ⌜*use* [*purposes*]

ようい[1] 用意 ― [形] (用意のできた) ready. ― [名] (準備) preparation Ⓤ ★「用意したもの」の意では Ⓒ で, 通例複数形で；(準備ができている状態) readiness Ⓤ；(手配) arrangements ★通例複数形で. ― [動] (準備をする) prepare (他), get … ready ★後者が口語的；(手配して準備する) arrange (for …) (自). 《☞ じゅんび；したく；おぜんだて》.
¶母は夕食の*用意をしている Mother *is* ⌜*preparing* dinner [*getting* dinner *ready*]. // 出発の*用意ができている I'*m ready to* leave. // 「旅行の*用意はできましたか」「ええ, できました」 "*Are* you *ready for* the trip?" "Yes, I am." // 彼はパーティーの*用意をした He ⌜*arranged* [*made the arrangements*] *for* the party. // *用意《号令》 *Ready*! // *用意万端整った Everything *is ready*. / Our *preparations* are complete. ★後者のほうが改まった言い方. // 彼は*用意周到な (⇒ とても注意深い) 計画を立てた He made a *very careful* plan. 《☞ しゅうとう》

ようい[2] 容易 ― [形] (易しい) easy；(簡単な) simple. ― [名] ease Ⓤ；simplicity Ⓤ. 《☞ やさしい[2]；かんたん[1]；らく》. ¶仕事は*容易だった The work was *easy*. // それは*容易な問題だった It was a *simple* problem. // その違いを述べるのは*容易だ (⇒ 難しくない) It is *not* ⌜*hard* [*difficult*] to tell the difference. // *容易ならない (⇒ 重大な) 情勢になってきた The situation has become *serious*.

よういく 養育 ― [動] bring up (他) 《☞ やしなう；そだてる》.

よういん 要因 factor Ⓒ 《☞ げんいん》.
¶誠実さが彼が成功した最大の*要因だった Honesty was the most important *factor* in his success.

ようえき 溶液 solution Ⓒ 《☞ えき[2]》.

ようが 洋画 (絵) Western [European] painting Ⓒ；(油絵) oil painting Ⓒ；(映画) foreign film Ⓒ. 《☞ 映画 (囲み)》.

ようかい 溶解 ― [動] (固体が液体の中で溶ける) dissolve (自) (他)；(熱によって固体が溶ける) melt (自) (他). ― [名] dissolution Ⓤ. ― [形] (水などに溶ける) soluble. 《☞ とかす[1] (類義語)；とける[1]》. ¶この物質は水に*溶解する This substance ⌜is *soluble* [*dissolves*] in water.

ようがく 洋楽 Western [European] music Ⓤ 《☞ 音楽 (囲み)》.

ようがし 洋菓子 (ケーキ) cake Ⓒ ★大きなケーキを切った1片は a piece of cake という. 《☞ かし[1]；数の数え方 (囲み)》.

ようかん 羊羹 Japanese bean jelly Ⓤ.

ようがん 熔岩 lava Ⓤ.

ようき[1] 陽気 ― [形] (快活な) cheerful ★最も一般的な語；(活発でにぎやかな) lively [láivli(ː)]；(浮き浮きとして騒いだりして) merry. 《☞ ほがらか；たのしい》.
¶私の妹はもともと*陽気なたちだ My sister is *cheerful* by nature. // 彼らは*陽気な音楽を演奏した They played *lively* music. // さあ, 今夜は*陽気に騒ごう (⇒ 楽しいこと[楽しい時]を持ちましょう) Let's *have* ⌜*fun* [*a good time*] tonight. // 彼らはみんな*陽気に笑っていた They were all laughing *merrily*.

ようき[2] 陽気 (天候) weather Ⓤ 《☞ 天候の表現 (囲み)》. ¶結構な*陽気ですね Beautiful *weather* [Nice *day*], isn't it? // それは*陽気のせいですよ Perhaps the *weather* has something to do with it.

ようき[3] 容器 container Ⓒ 《☞ いれもの》.

ようぎ 容疑 suspicion Ⓤ 《☞ うたがい；けんぎ；ぎわく》.
¶彼は殺人の*容疑を受けている He *is* ⌜*suspected of* (committing) [*under suspicion of*] murder. // 警察は彼を窃盗の*容疑で (⇒ 窃盗の罪で) 逮捕した The police arrested him ⌜*for* [*on a charge of*] theft. [語法] 日本語で「容疑」という語が使われていても英語

よ

では for のみでもよい. また on suspicion of theft でもよいが, 警察が逮捕するのは単なる suspicion ではないためか, 普通は上例のように言う. // 彼の*容疑は晴れた His *suspicion* has been ⌈cleared away [dispelled].

容疑者 suspect Ⓒ《☞ はんにん 語法》.

ようきゅう 要求 ―動 (権利として強く要求する) demand (他); (当然必要なこととして要求する) require (他) ★ demand のほうが語調が強い; (命令する) order (他). ―名 demand Ⓒ; requirement Ⓒ. 《☞ もとめる》.

¶ 私たちは彼に説明を*要求した We *demanded* an explanation from him. // 私たちはその場から直ちに立ち退くよう*要求された (⇒ 命令された) We *were ordered* to leave the place immediately. / (⇒ 彼らは要求を突きつけた) They ⌈*demanded* [*required*] that we evacuate the place immediately. // 労働者は賃上げ*要求のストライキ中だ The workers are on strike ⌈*demanding* [with a *demand* for] higher wages. // 組合の*要求はほぼ満たされた The *demand* of the labor union was satisfied almost completely. // あらゆる*要求に応じることはできない It is impossible to meet every *requirement*.

ようぎょう 窯業 ceramics Ⓤ; (製陶工業) ceramic industry Ⓤ.

ようきょく¹ 陽極 〘電気〙 anode Ⓒ, positive pole Ⓒ ★ 前者のほうが術語的.

ようきょく² 謡曲 Noh song Ⓒ《☞ 日本固有の風物と英語 (囲み)》.

ようぎょじょう 養魚場 (池) fish-breeding pond Ⓒ; (全体) fish farm Ⓒ.

ようぐ 用具 (手で扱う道具) tool Ⓒ; (器具) instrument Ⓒ; (料理・掃除などの) utensil Ⓒ; (仕事の助けになる用具一般) implement Ⓒ ★ tool や instrument よりも形式ばった語. 《☞ どうぐ (類義語); きぐ¹》. ¶ 台所*用具 kitchen *utensils* 《☞ 台所・家事 (囲み)》 // 運動*用具 sporting *goods*

ようけい 養鶏 poultry ⌈farming [breeding] Ⓤ. **養鶏家** poultry farmer Ⓒ **養鶏場** poultry [chicken] farm Ⓒ.

ようけん 用件 business Ⓤ《☞ ようじ¹; よう¹》. ¶ どんなご*用件ですか What can I do for you? 語法 事務所などに訪ねて来る人に言う. 丁寧に言うには後に (男) sir, (女) ma'am [mǽm] などの呼びかけを付ける.

ようご¹ 用語 (専門の術語) term Ⓒ ★ 特に専門語でなく, ある特定の語を指すのにも用いられる; (専門用語全体を指して) terminology Ⓤ. ¶ 科学*用語 scientific *terms* // あまり難しい*用語は使わないで下さい Please don't use too many difficult *terms*. // この本の*用語は難しい The *terminology* in this book is too difficult.

ようご² 擁護 ―動 (支持する) support (他); (弁護する) defend (他); (…の側に立つ) stand by ... ―名 support Ⓤ; defense (《英》 defence) Ⓤ. 《☞ べんご; かばう; まもる》.

¶ 私たちは民主主義を*擁護してきた We *have supported* democracy. // 彼は私の意見[主張]を*擁護してくれた He *defended* my ⌈opinions [claim]. // 彼らは少数派を*擁護した They *stood by* the minority. // 我々は現行の憲法を*擁護 (⇒ 維持) すべきだ We should *maintain* the present constitution.

ようご³ 養護 (保護) protection Ⓤ. ¶ この学校には各学年に*養護学級があります This school has a special class in each grade.

養護教諭 school nurse Ⓒ **養護施設** protective institution Ⓒ.

ようこう 要項 (大事な点) essential points ★ 複数形で; (内容説明書・案内書) prospectus Ⓒ. 《☞ ようし¹; ようてん》. ¶ 私は話の*要項を書き留めた I wrote down the *essential points* of our talks. // 入学*要項 (⇒ 必要事項のリスト) をお送り下さい Please send me the *list of* the entrance *requirements*.

ようこうろ 溶鉱炉 blast [smelting] furnace [fə́ːnis] Ⓒ.

ようこそ ¶ *ようこそおいで下さいました《待っていた客が来たとき》(⇒ お待ちしていました) We've been waiting for you. / (⇒ またお目にかかれてうれしい) I'm very glad to see you again. / (⇒ 来て下さってなんとうれしいことか) How glad I am that you could visit our home today! / 《突然来た客に向かって》 (⇒ なんとうれしい驚きでしょう) What a pleasant surprise! // *ようこそ日本へ *Welcome* to Japan! ★ 公式な場でのあいさつ, または垂れ幕などに書く表現として.

ようさい¹ 洋裁 dressmaking Ⓤ. **洋裁学校** dressmaking [dressmakers] school Ⓒ **洋裁師** dressmaker Ⓒ.

ようさい² 要塞 fortress Ⓒ.

ようさん 養蚕 sericulture Ⓤ.

ようし¹ 要旨 (大要) outline Ⓒ; (要約) summary Ⓒ; (大切な点) the gist, important [essential] points ★ 前者はやや形式ばった語. 後者は複数形で. 《☞ がいりゃく; ようてん; たいい》.

¶ この章の*要旨は次の通り The ⌈*summary* [*outline*] of this chapter is as follows: 《☞ コロン (欄外)》 // 彼の話の*要旨だけを言って下さい Please give us only *the gist* of his account. // 私は質問の*要旨をノートに書いた I wrote down the *essential points* of the questions in my notebook.

ようし² 用紙 (…用の紙) paper Ⓤ; (欄などが設けてあり, 書式の整ったもの) form Ⓒ.

¶ タイプ*用紙を1冊買った I bought a stack of typing *paper*. // この*用紙に書き込んで下さい Please fill ⌈in [out] this *form*.

ようし³ 容姿 (姿) figure Ⓒ《☞ すがた》.

¶ 彼女は*容姿が美しい She has a ⌈graceful [beautiful] *figure*.

ようし⁴ 養子 adopted [foster] child Ⓒ.

養子縁組 adoption Ⓤ.

ようし⁵ 陽子 〘物理学〙 proton Ⓒ《☞ げんし¹ (挿絵)》.

ようじ¹ 用事 (仕事) business Ⓤ ★ 意味の広い一般的な語で, 個人的な用事も商用・公用も指す; (するべき仕事) things to do; (会合などの約束) engagement Ⓒ. 《☞ しごと; よう¹; ようけん》.

よ

¶ 彼は*用事で町を出ています He is out of town on *business*. // きょうは*用事 (⇒ すること) がたくさんある I have a lot of *things to do* today. // *用事があるので失礼いたします Will you please excuse me? I have an *engagement*.

ようじ² 幼児 (小さな子供) small child Ⓒ; (赤ん坊から学令前の子供) infant Ⓒ 語法 やや改まった語. 普通 7 歳ぐらいまでの幼児を指すが, 2, 3 歳ぐらいまでの赤ん坊だけを言う場合もある; (tiny) tot Ⓒ 語法 口語的で「チビ」という感じ. ただし, 日本語の「チビッ子」よりは年齢が下. 《☞ こども》.

¶ こちらは*幼児用のおもちゃです These are toys for ⌈*small children* [*tiny tots*; *infants*]. // *幼児のような振舞い *childish* behavior

ようじ³ 楊枝 (つまようじ) toothpick Ⓒ.

ようしき¹ 様式 (ある時代・土地などの) style Ⓤ; (芸術・生活などの) mode Ⓒ; (流儀) way Ⓒ; (独特のやり方) manner Ⓒ.

¶ 私はゴシック*様式の建築に興味を持っている I am interested in the Gothic *style* of architecture. // 彼らの生活*様式は私たちのものとはたいへん違っていた Their ⌈life *style* [*mode* of living; *way* of living; *manner* of living] was quite different from ours.

ようしき² 洋式 Western style Ⓤ 《☞ ようふう》. ¶ *洋式トイレ a *Western-style* toilet

ようしゃ 容赦 ━動 (大目に見る) forgive ⊕他; (許す) pardon ⊕他. ━名 forgiveness Ⓤ; pardon Ⓤ. 《☞ ゆるす; かんべん¹》.

¶ スピード違反者は*容赦なく取り締まります We will punish speeders *without mercy*.

ようしゅ 洋酒 foreign [Western] liquors ★ 複数形で. 《☞ さけ¹》.

ようしょ¹ 要所 key [important] point Ⓒ 《☞ ようてん》. ¶ *要所要所にはガードマンを配置します Guards will be placed at every *key position*. // 彼らは*要所を固めた (⇒ 戦略上重要な個所を強化した) They fortified the *strategic points*.

ようしょ² 洋書 foreign [Western] book Ⓒ.

ようじょ 養女 adopted [foster] daughter Ⓒ.

ようしょう¹ 幼少 ━名 (幼年時代) childhood Ⓤ; (幼時) infancy Ⓤ ★ 改まった語. ━形 (幼い) young (↔ old) 語法 一般的な語. 意味が広く, 幼少から青年期ぐらいまでに使われ, 前後関係で意味が決まる; (幼児(期)の) infantile ★ 改まった語. 《☞ こども; ようじ²; おさない》. ¶ *幼少のころ, 私は病弱だった I was ⌈weak [sickly] ⌈*in my* (*early*) *childhood* [when *I was a young child*].

ようしょう² 要衝 strategic ⌈point [position] Ⓒ 《☞ ようしょ¹》.

ようじょう 養生 ━動 (大事にする) take care of *oneself*; (病後に健康を回復する) recuperate ⊜自 ★ 形式ばった語. ━名 recuperation Ⓤ. 《☞ せいよう²》.

¶ おばは*養生のためにしばらく田舎に滞在しています My aunt is staying in the country ⌈to *recuperate* [for *recuperation*; for *her health*]. // どうぞしっかり*養生をなさって下さい Please *take good care of yourself*.

ようしょく¹ 養殖 ━名 (かき・魚などの) culture Ⓤ, farming Ⓤ. ━形 cultured. ━動 raise ⊕他, breed ⊕他 ★ culture を 動 に使うのはあまり普通ではない.

¶ 広島はかきの*養殖でよく知られている Hiroshima is famous for its oyster ⌈*culture* [*farming*]. // 彼らはこの湖でますを*養殖している They *raise* trout in this lake. // これは*養殖真珠で, 天然のものではありません These are *cultured* pearls, not natural ones. // このあたりにはうなぎの*養殖場がいくつかあります There are several eel ⌈*farms* [*nurseries*] around here.

ようしょく² 要職 important ⌈post [office; position] Ⓒ 《☞ しょく¹ (類義語); ちい》.

¶ 田中氏は 10 年来, いくつかの*要職にある For the past ten years Mr. Tanaka has ⌈been in [held] several *important* ⌈*positions* [*offices*; *posts*].

ようしょく³ 洋食 Western food Ⓤ, Western dishes ★ food は「食物」, dishes は「料理」をいう. 後者は複数形で. 《☞ 食事 (囲み)》.

ようじん¹ 用心, 要心 ━名 (注意) care Ⓤ, carefulness Ⓤ; (警戒) caution Ⓤ, precaution Ⓒ 語法 前者が普通. 後者はしばしば take precautions against ... として用いられる. ━形 (気をつける) careful; (危険に対して注意する) cautious. ━副 carefully; cautiously. 《☞ ちゅうい; けいかい¹》.

¶ 茶わんを落とさないように*用心しなさい Take *care* not to drop the cup. // 道を横断するときは*用心しなさい Use *caution* [Be *careful*] when you cross the street. // 足元に*用心しなさい (⇒ 足元を注意して見なさい) *Watch* your step. 《☞ あしもと (写真)》 // *用心のため, もう一度ガスの栓を確かめます I'll check the gas cock just for *caution's* sake. // 彼はたいへん*用心深い He is ⌈very *careful* [full of *care*]. // 私は*用心して言葉を選んだ I chose my words ⌈*cautiously* [*carefully*].

用心棒 bodyguard Ⓒ; (娯楽場などの) 《米俗語》 bouncer Ⓒ. 《☞ ボディーガード》.

ようじん² 要人 important person Ⓒ, 《口語》 VIP [víːàipíː] Ⓒ, V.I.P. Ⓒ 参考 Very *I*mportant *P*erson の略. 複数形は VIPs または V.I.P.'s. 《☞ 略語 (欄外)》.

ようす 様子 (置かれた状況) situation Ⓒ ★ 通例単数形で; (状態) condition Ⓒ; (人のありさま・姿) look Ⓒ ★ しばしば複数形で; appearance Ⓒ; (気配) sign Ⓒ. 語法「...の様子だ」のような場合は上にあげた訳語を用いるよりも,「...に見える」の意味の look, appear という動詞を用いるほうがよい. 《☞ みえる; じょうきょう¹; じょうたい¹》.

¶ そちらの*様子を知らせて下さい (⇒ 状況はどうなっているのか) Please let us know how the *situation* stands there. // いまの*様子では景気は回復しそうもない Given the ⌈present [existing] *situation*, business does not seem likely to look up. // 老人はすっかりくたびれた*様子だった The old man ⌈*looked* [*appeared to be*] very tired. // 彼は怖がって

いる*様子もなかった He didn't show any *signs* of fear.

ようすい 用水 (灌漑用水) water for irrigation Ⓤ《☞ ためいけ；かんがい²》.
用水池 reservoir Ⓒ　**用水路** irrigation ⌈channel [canal] Ⓒ.

ようする 要する (必要である) need (他), require (他) ★ 後者は形式ばった語；(時間・日数がかかる) take (他).《☞ ひつよう；かかる¹》.
¶この問題は再考を*要する This problem ⌈*needs* [*requires*] reconsideration. / (⇒ 再考されるべきだ) This problem ⌈*must* [*should*] be reconsidered. // 車の修理には2日*要する It *takes* two days to repair the car.

ようするに 要するに (簡単に言えば) in short；(要約すれば) to sum up, summing up；(結局) after all；(結論として) in conclusion.《☞ つまり；けっきょく》.
¶*要するに我々は選択を誤ったのです *In short*, we have made the wrong choice. // *要するに彼の作品はおもしろく，ためになるといえます *To sum up* [*Summing up*], I can say his work is interesting as well as informative. // *要するに，私たちの計画はうまく行かなかったのです Our plan hasn't worked *after all*.

ようせい¹ 要請 —[名] (頼むこと) request Ⓤ ★ 個々の要請の行為は Ⓒ；(強い要求) demand Ⓒ.　—[動] (人にある行為を頼む) request (他)；(求める) ask (*a person*) ⌈to *do* [for ...]；(要求する) demand (他).《☞ もとめる；ようぼう¹》.
¶私は彼の*要請でそれをした I did it at his *request*. // 消防隊は緊急出動を*要請された The fire department *was asked to* rush to the place. // 全員出席するように*要請されている The presence of all members *is requested*. // 我々は彼の援助を*要請した We ⌈*asked for* [*demanded*] his help.

ようせい² 養成 —[動] (訓練する) train (他)；(教育する) educate (他)；(育成・助長する) foster (他).　—[名] training Ⓤ；education Ⓤ.《☞ そだてる；やしなう》.
¶ここは看護婦を*養成する学校です This is a school that *trains* hospital nurses. / This school *trains* ⌈hospital nurses [nurses for hospital]. // 熟練工は*養成しなくてはできない You have to *train* workmen to make them skillful. // 社員の中に所属感を*養成するように努めている会社が多い There are many companies which try to ⌈*foster* [*cultivate*] the sense of belonging in the staff members.

ようせい³ 陽性 **1** «医学» —[形] (検査の結果，反応のあること) positive (↔ negative).
¶ツベルクリン反応は*陽性でした The tuberculin reaction was *positive*.
2 «陽気な» —[形] (快活な) cheerful, merry；(活気に富む) lively.《☞ ようき¹》.

ようせい⁴ 妖精 fairy Ⓒ, sprite Ⓒ [語法] 前者が一般的. sprite は特に「…の精」といったときに使われる；(小妖精) elf Ⓒ《複 elves》.《☞ せい⁴》.

ようせき 容積 (容量) capacity Ⓤ；(体積) volume Ⓤ ★ 以上は入れ替え可能な場合もあり，2 語ともしばしば a を付けて用いる；(かさ・大きさ) bulk Ⓤ.《☞ たいせき¹；度量衡 (囲み)》.
¶この箱の*容積は約40リットルです This box has a ⌈*capacity* [*volume*] of about 40 liters.

ようせつ 溶接 —[名] welding Ⓤ.　—[動] weld (他)(自).　**溶接工** welder Ⓒ.

ようそ¹ 要素 (成分) element Ⓒ；(構成要素) constituent Ⓒ；(結果などを生じる要因) factor Ⓒ；(必要な条件) requisite Ⓒ.《☞ せいぶん；よういん》.
¶文は主語，述語動詞など，いくつかの*要素に分けられる We can analyze a sentence into several *constituents* such as a subject, a predicate verb, etc. // 健康は幸福に不可欠な*要素です Health is ⌈a *requisite for* [an indispensable *factor* in] happiness.

ようそ² 沃素 iodine [áiədàin] Ⓤ《元素記号 I》.

ようそう¹ 様相 (外観・様子) aspect Ⓒ；(局面) outlook Ⓒ.　¶事態は深刻な*様相を呈している The situation has assumed a serious *aspect*. // *様相を完全に一変させる事件が起こった An incident took place which changed the whole ⌈*outlook* [(⇒ 状況を) *situation*].

ようそう² 洋装 —[動] be dressed in Western style, wear a Western-style dress.《☞ ようふく》.　¶そのお年寄りの婦人は*洋装でした The old lady *was dressed in Western style*.

ようだい 容体，容態 condition (of a patient) Ⓤ《☞ びょうき；びょうじょう》.
¶「病人の*容体はいかがですか」「おもわしくありません」"How is the patient?" "He isn't in very good condition." // 彼の*容体は急によく[悪く]なった His *condition* has taken a sudden change for the ⌈better [worse].《☞ 病気・病院 (囲み)》

ようたし 用足し (用事) business Ⓤ；(使い) errand Ⓒ.《☞ よう¹；ようじ¹》.
¶ちょっと*用足しに行っていました I was away on ⌈*business* [an *errand*]. // ちょっと失礼. *用足しに (⇒ トイレに) 行ってきます Excuse me, I'd like to go to the ⌈rest room [bathroom].　[語法] ほかに婉曲に go to wash *one's* hands (＝手を洗いに行く) などの表現もあるが，現在では少し古めかしい. こういう場合は単に Excuse me. とだけ言って，理由を言わないで済ますことが多い.《☞ 婉曲語法 (欄外)》

ようだてる 用立てる (物・金などを貸す) lend (他)《過去・過分 lent》《☞ ゆうずう；かす¹ (類義語)》.

ようち¹ 幼稚 —[形] (子供っぽい) childish ★ 一般的な語；(幼くて未熟な) infantile；(原始的で未発達の) primitive.《☞ おさない》.
¶彼女は年の割には*幼稚だ She is *childish* for her age. // 彼らは*幼稚な計算の仕方をする They calculate in a *primitive* way.

ようち² 用地 (ある目的のための土地) site Ⓒ；(特に区切りをつけてはっきりしている土地) lot Ⓒ；(土地) land Ⓤ.《☞ じしょ¹》.　¶彼は空いている*用地を探している He is looking for ⌈an empty [a vacant] *lot*. // 彼らは工場の(建設)

*用地を視察した They inspected the factory *site.* // 新しく学校を建てるための*用地を確保しなくてはならない We must ˹obtain [secure] the *land* for the new school.

ようちえん 幼稚園 kindergarten Ⓒ 参考 米国では一般的に言って, 3 歳から 4 歳の子供の行く所が nursery school, 就学 1 年前の 5 歳児の行く所が kindergarten となる.
¶一番下の子は*幼稚園に通っている My youngest ˹son [daughter] ˹goes to [is in] *kindergarten.* ★ この場合は無冠詞.
幼稚園園長 director of a kindergarten Ⓒ **幼稚園教諭** kindergarten teacher Ⓒ **幼稚園児** kindergarten ˹pupil [student] Ⓒ, kindergartner Ⓒ.

ようちゅう 幼虫 larva Ⓒ《複 larvae [lάəviː], ～s》(☞ ちょう[1] (挿絵)).

ようつう 腰痛 〘医学〙 lumbago [lʌmbéigou] Ⓤ (☞ 病気・病院 (囲み)).

ようてん 要点 (話・議論などの) point Ⓒ; (要旨・核心となるもの) the gist ★ やや改まった語; (基本的な要素) essence Ⓤ. (☞ ようし[1]; かくしん[3]).
¶さあ, よく聞いて. ここが*要点です Now, listen. This is the *point.* // 彼の議論は*要点から外れている His argument ˹is off [misses] the *point.* // おっしゃることの*要点がつかめません I ˹can't [don't] ˹see [catch] your *point.* // 私はその本の*要点を抜き出した I extracted the *essence* of the book.

ようと 用途 (使用目的) use [júːs] Ⓒ (☞ つかいみち; しと[1]). ¶ゴムはいろいろな*用途がある Rubber has ˹many [various] *uses.* / (⇒ ゴムはいろいろな目的に使われる) Rubber *is used* for ˹many [various] purposes.

ようとん 養豚 pig [hog] raising Ⓤ ★ 若い豚が pig, 家畜の成長した豚が hog.
養豚場 pig farm Ⓒ, 《英》 piggery Ⓒ.

ようにん 容認 — 動 (行為・計画などを是認する) approve (他); (認める) accept (他). — 名 approval Ⓤ; acceptance Ⓤ. (☞ みとめる). ¶彼のやり方は*容認できない I cannot *approve* his method. // それは多くの人に*容認されている事実だ It is a fact *accepted* by many people.

ようねん 幼年 (一般的に子供時代) childhood Ⓤ; (少年時代) boyhood Ⓤ; (少女時代) girlhood Ⓤ; (ごく幼いころ) infancy Ⓤ. (☞ ようしょう[1]; こども). ¶私の*幼年時代は幸せだった (⇒ 幸せな幼年時代を過ごした) I spent a happy *childhood.*

ようは 要は (簡潔に言えば) in short; (一言で言えば) in a word; (要点は) the point is (that) ... (☞ ようするに). ¶*要は愛情なのだ *In short,* [*The point is that*] affection is everything.

ようび 曜日 day of the week Ⓒ (☞ 時刻・日付・曜日 (囲み)). ¶「きょうは何*曜日ですか」「水*曜日です」 "What day (*of the week*) is it today?" "It's Wednesday."
語法 英語で What day? と聞かれたら曜日を答えるべきである. この曜日が先行する習慣は日本語と違っているので注意.

ようひん 用品 (必要品) supplies ★ 複数形で; (品物) goods ★ 複数形で; (用具) utensil Ⓒ. (☞ ようぐ). ¶事務[学]*用品 office [school] *supplies* // 家庭*用品 housewares ★ 複数形で. // 台所*用品 a kitchen *utensil* / kitchenware 語法 ware は「場所」の名詞と結びついて「…用品」となることが多い.

ようひんてん 洋品店 (衣料品店) clothing store Ⓒ; (ブティック) boutique Ⓒ; (紳士用装身具店) 《米》 haberdashery Ⓒ. (☞ 店の呼び名 (囲み)).

ようふ 養父 foster [adoptive] father Ⓒ
語法 foster は単なる養い親を指し, 法律的に養父の場合は adoptive を用いる.

ようふう 洋風 — 名 Western [European] style Ⓤ. — 形 Western, Western-style. ¶彼は*洋風の生活には慣れていない He is not accustomed to the *Western style* of ˹living [life]. // この家は*洋風の建て方です This house is built in *Western style.* // 彼は*洋風の物が好きだ He likes things *Western.*

ようふく 洋服 European clothes ★ 複数形で; (通常三つぞろいの) suit Ⓒ; (婦人服) dress Ⓒ. (☞ ふく[2]; 衣服 (囲み)).
¶母はいつも*洋服です (⇒ 洋風の服を着ている) My mother is always *dressed in Western style.* // *洋服を新調した I had a new *suit* made. (☞ 使役 (囲み))
洋服掛け coat hanger Ⓒ **洋服地** material Ⓤ (☞ きじ[2]) **洋服だんす** wardrobe Ⓒ (☞ たんす) **洋服屋** (人) tailor Ⓒ; (婦人服の) dressmaker Ⓒ; (店) tailor shop Ⓒ, tailor's shop Ⓒ, tailor's, dressmaker's. (☞ 店の呼び名 (囲み)).

ようぶん 養分 — 名 nourishment Ⓤ, nutriment Ⓤ ★ 後者は形式ばった語で, 専門用語として用いられることが多い. (☞ えいよう).
¶植物は根で土中の*養分を吸収する Plants take ˹*nourishment* [*nutriment*] from the soil through their roots.

ようへい 葉柄 leafstalk Ⓒ, petiole Ⓒ. (☞ は[2] (挿絵)).

ようべん 用便 (尿意などを催すこと) call of nature Ⓤ; (小便) 《俗語》 pee Ⓤ; (排泄) excretion Ⓤ ★ やや形式ばった語. (☞ べんい; べん[1]).

ようぼ 養母 foster [adoptive] mother Ⓒ
語法 foster は単に養い親を指し, 法律的に養母の場合は adoptive を用いる.

ようほう[1] 用法 (使い方) how to use ...; (使い方の指示) the directions (for use) ★ 複数形で; (使用法) use Ⓒ. (☞ ようと; つかいかた). ¶この前置詞の*用法は間違っている (⇒ 間違った使用法だ) This is a wrong *use* of the preposition.

ようほう[2] 養蜂 (一般的に) beekeeping Ⓤ; (特に大規模なもの) apiculture [éipəkʌltʃɚ] Ⓤ. (☞ はち[1]). **養蜂家** beekeeper Ⓒ, apiarist Ⓒ ★ 後者のほうが術語的.

ようぼう[1] 要望 — 名 (希望) desire Ⓤ; (要請) request Ⓤ ★ 調子を和らげた言葉;

(形式の整った嘆願など) appeal Ⓤ; (願望) wish Ⓒ. ━動 (頼む) ask for ...; request 他. (☞ きぼう; ようせい¹).
¶ 彼女の*要望でパーティは延期になった The party has been put off at her ⌈*desire* [*request*]. // だれかが彼の*要望に応えなければならない Somebody's got to ⌈answer [meet] his *request*. // 政府は国民の*要望に耳を傾けるべきだ The Government should listen to the people's ⌈*wishes* [*appeal*].

ようぼう² 容貌 (一般的に, 外見) appearance Ⓒ; (特に健康的な, あるいは魅力的な外見) looks ★ 顔だけではない. 複数形で; (顔だち・目鼻だち) features ★ 複数形で. 単数形では目や鼻など1つ1つの作りを指す; (顔) face Ⓒ. (☞ かおだち). ¶ 彼女は彼の*容貌に引かれた She was attracted by his ⌈(good) *appearance* [*looks*].

ようま 洋間 Western-style [European-style] room Ⓒ (☞ 家・部屋 (囲み)).

ようみゃく 葉脈 vein Ⓒ (☞ は² (挿絵)).

ようむいん 用務員 janitor Ⓒ ★「門衛」または「建物や敷地内での清掃・火元管理・簡単な修繕などを担当する人」を指す.

ようもう 羊毛 ━名 wool Ⓤ. ━形 woolen ((英) woollen). (☞ けいと).

ようもうざい 養毛剤 hair tonic Ⓒ.

ようやく¹ 漸く (ついに) at (long) last 語法 long が入るのは主に文語. 会話ではあまり使われない; (やっと) finally 語法 以上2つはともに順番として遅いことを表すが, 特にそのことが重要な締めくくりとなる場合が finally; (辛うじて) just, barely ★ 前者のほうがより口語的; (だんだん) gradually. (☞ ついに; やっと).
¶ *ようやく彼に連絡がついた I got hold of him *at last*. // 救助隊が*ようやく島に着いた The rescue party *finally* arrived at the island. // 彼は*ようやくのことで電車に間に合った He was ⌈*just* [*barely*] in time for the train.

ようやく² 要約 ━動 (要点を短くまとめる) summarize 他. ━名 (要約すること) summing-up Ⓒ (複 summings-up); (要約したもの) summary Ⓒ ★ 一般的な語; (概要) outline Ⓒ ★ 大まかな説明であるが, かなりの長さを感じさせる; (見出し別に分けてまとめたもの) syllabus Ⓒ; (論文などの) abstract Ⓒ; (内容の特徴を簡単にまとめたもの) synopsis Ⓒ (複 synopses), résumé [rézumèi] Ⓒ ★ 後者のほうがより簡単なもの; (原文の内容を 1/2, 1/3 などに圧縮したもの) précis [preisíː] Ⓒ (複 ～ [～z]). (☞ たいい; がいりゃく).
¶ 次の話を200語以内で*要約しなさい *Summarize* [Give a *summary* of] the following story in less than two hundred words.
参考 日本語では「字」(letter) が基準となるが, 英語では word (＝語) が基準となる.

ようらん 要覧 (手引き) handbook Ⓒ, manual Ⓒ ★ ほぼ同意だが, 前者のほうがやや詳しい感じを持つ. (☞ べんらん; ようこう).

ようりょう¹ 要領 (重要な点) point Ⓒ, essentials ★ 通例複数形で; (こつ) knack ★ 単数形で. (☞ ようてん; こつ).
¶ 彼の答えは*要領を得ていた His answers were *to the point*. // 彼の演説は*要領を得なかった His speech was ⌈without any *point* [*pointless*]. // 彼は*要領のいい男だ (⇒ どうやって暮らしたらよいか[どうしたら時流に乗れるか]を知っている) He knows how to ⌈get along in the world [swim with the tide]. // 彼は*要領の悪い (⇒ へまな) 男だ He is a *clumsy* person. // 彼女は何事も*要領よく (⇒ 能率的に) やる She is *efficient* in everything she does.

ようりょう² 容量 (容積) capacity Ⓤ ★ 一般的な語; (特に液体・固体などの体積) volume Ⓤ; (特に大きな物の場合) bulk Ⓤ. (☞ ようせき; りょう¹).

ようりょくそ 葉緑素 chlorophyl(l) [klɔ́ːrəfìl] Ⓤ.

ようれい 用例 (典型的な例) example Ⓒ; (説明のための実例) illustration Ⓒ. (☞ れい¹ (類義語); れいぶん).

ヨーグルト yog(h)urt [jóugərt] Ⓤ.

ヨード iodine [áiədàin] Ⓤ (元素記号 I).
ヨードチンキ iodine tincture Ⓤ.

ヨーロッパ ━名 固 Europe. ━形 European [jù(ə)rəpíːən]. (☞ おうしゅう³).
ヨーロッパ人 European Ⓒ **ヨーロッパ大陸** the European Continent.

よか 余暇 leisure time Ⓤ, free time Ⓤ. (☞ ひま; レジャー; レクリエーション (囲み)).
¶ *余暇をどう過ごしますか How do you spend your *leisure time*? // 彼は*余暇に釣りを楽しむ He enjoys fishing in his *free time*.

よかぜ 夜風 (心地よく吹く) night breeze Ⓒ; (かなり強く吹く) night wind Ⓒ. (☞ かぜ¹).
¶ *夜風が涼しかった (⇒ 涼しい夜風を楽しんだ) I enjoyed the cool *night breeze*.

よかれあしかれ 善かれ悪しかれ (正しかろうが間違っていようが) right or wrong; (とにかく) anyway. (☞ とにかく). ¶ *よかれあしかれ私は信念に従って行動する *Right or wrong* I'll act according to my beliefs.

よかん 予感 (口語) a hunch ★ a を付けて. よいことにも悪いことにも用いる. らくだのこぶにさわると幸運がくるという迷信から出た語; (よくない虫の知らせ) premonition Ⓒ ★ やや形式ばった語. (☞ かん²). ¶ 彼女は自分たちのチームが負ける*予感がした She had *a hunch* that her team would lose.

よき 予期 ━動 (前もって期待する) anticipate 他; (かなり確信を持って期待する) expect 他 ★ いずれもよい事にも悪い事にも使う. ━名 anticipation Ⓤ; expectation Ⓤ. (☞ きたい¹ (類義語); よそう).
¶ 彼が来るとはだれも*予期していなかった Nobody *anticipated* that he would come. // 売り上げは*予期したよりも少なかった The sales were less than we *had expected*. // *予期しなかったことが次々と起こった *Unexpected* things happened one after another. (☞ おもいがけない; よそうがい)

よぎ 余技 (趣味) hobby Ⓒ; (暇つぶし) pastime Ⓒ. (☞ しゅみ).

よきょう 余興 entertainment Ⓒ ★客を楽しませるための演技や準備された趣向をいう.
¶ *余興に歌を歌います (⇒私の歌を楽しむことを期待します) I hope you enjoy my singing. // その集まりの*余興はトランプの手品だった The *entertainment* at the assembly was card tricks.

よきん 預金 ━图 (預けること) deposit Ⓒ; (銀行預金) bank account Ⓒ. ━動 deposit ⑩. (☞こうざ¹; ちょきん; あずける).
¶そのお金は全部*預金した I put all the money in my *account.* / I *deposited* all the money. // 私は*預金が50万円ある I have 500,000 yen in my *bank account.* // 彼女は*預金を3万円引き出した She withdrew 30,000 yen from the bank.
預金者 depositor Ⓒ **預金通帳** bankbook Ⓒ ★ passbook Ⓒ とも言う.

よく¹ **1** «程度の高さ»: well ★最も一般的で, 平易な語; (完全には…でない) quite ★否定文で; (十分に) fully, perfectly, thoroughly, 《口語》 all right; (正しく) rightly, correctly; (巧みに) skillfully (《英》 skilfully); (注意深く) carefully.
¶「山本さんをご存知ですか」「ええ, 彼なら*よく知っています」"Do you know Mr. Yamamoto?" "Yes, I know him very *well.*"
*よくやったね[頑張ったね] *Good* for you! ★仲間か目下の者に対して.
*よくできました *Well* done! ★口頭で言ってもよいが, よく先生が答案などに書き入れる文句.
私はあまり*よく泳げません I can't swim very *well.* 語法 not very … は「あまりよく…できない」, つまり「…できない」と内容的には同じで, それを少し和らげた表現. / (⇒上手な泳者ではない) I'm not a very *good* swimmer. ★前者よりこのほうが英語的な表現.
*よくわかりませんでした. もう1度おっしゃって下さい I didn't *quite* get it. Please say it again.
今度は*よくわかりました I got it *all right* this time.
*よくわかるまで何度も読みなさい Read it again and again until you understand it ˹*perfectly* [*fully*; *thoroughly*].
それは*よく考えた上で決めなさい Make up your mind after you have thought it over *thoroughly.* ★ think over で「じっくり考える」の意.
*よくこの写真を見てごらんなさい Look at this picture ˹*carefully* [*well*; *closely*]. / Have a *good* look at this picture.
彼はクラスの中で一番*よく勉強する He is *the hardest* worker in his class. (☞比較の表現 (囲み))
2 «しばしば»: often, frequently ★前者が口語的. 後者は強調的でしかもやや改まった語; (習慣として) habitually. (☞頻度を表す副詞 (囲み); 副詞の位置 (欄外)).
¶彼は*よく欠席する He is *often* absent.
今月は雨が*よく (⇒たくさん) 降る We have had *a lot of* rain this month. / It has rained *very often* this month.
子供のころ*よく泳ぎに行きました I *used to* go swimming in my childhood. 語法 used to … は「いまはしないが, 昔はよく…した」という意味のときに使われる.
これは*よくある (⇒ありふれた) スペリングの間違いです This is a *common* mistake in spelling.
*よくあることだがその夫婦は結婚して1年後に離婚した As is *often* the case, the couple got divorced after one year of marriage.
3 «健康状態がよい»: well (☞けんこう).
¶早く*よくなるといいですね (⇒回復を望みます) I hope you will ˹*get well* [*recover*] soon.
どうもこのごろ体の具合が*よくありません I am not feeling *well* these days.
4 «感嘆を表す語として» ¶ *よくご無事で (⇒あなたが無事なのを知ってうれしい) *I am so glad to* find you well. / (⇒奇跡のようだ) *It is just like a miracle* that you are safe.
*よく来て下さいました It's *very nice* of you to (have) come. (☞感謝の表現 (囲み))
テレビを見ながら*よく本が読めますね (⇒どうしてできるのか不思議だ) I *wonder* how you manage to read, while watching television at the same time.

よく² 欲 ━图 (貪欲) greed Ⓤ; avarice Ⓤ; (欲望) desire Ⓤ; (色欲) lust Ⓤ; (食欲・性欲) appetite Ⓤ ★しばしば an を付けて; thirst Ⓤ, hunger Ⓤ ★以上2語はしばしば a を付けて; (野心) ambition Ⓤ. ━形 greedy; avaricious; ambitious; hungry, thirsty.
【類義語】最も一般的な語が **greed** で, お金や物・権力などをむやみと欲しがって卑しい感じを表す. これより強調的でしかも形式ばった語が **avarice.** 精神的, あるいは肉体的な欲望を表す語が **desire** で, これは一般的な語であるが, ときに性欲 (sexual desire) の意味で用いることがあるので注意を要する. 好ましくないことに対する強い欲望が **lust.** この語は不倫な色欲という意味で使われることが多い. 食欲・性欲などの肉体的な欲望を満たそうとする気持ちが **appetite** で, 比喩的に用いられることもある. 元来はそれぞれ空腹・渇きを表す語であるが, 懸命に切望する意味を表すのが **hunger** および **thirst** で, 両者は互いに入れ替え可能のことが多い. 野心的な欲を表すのは **ambition.** (☞どんよく (類義語); よくぼう)
¶彼は*欲の深いやつだ He is a *greedy* man. // 彼は*欲に目がくらんだようだ He seems to be blinded by *avarice.* // 彼は名誉[権力]*欲が強かった He had a ˹*lust* [strong *desire*] for ˹fame [power]. // 彼女にはたいへんな知識*欲がある She has a great ˹*appetite* [*desire*] for knowledge. / She is very ˹*hungry* [*thirsty*] for knowledge. // 人間, *欲を言えばきりがない There's no limit to the human *desire* for perfection. // 祖母は生涯幸せだった. でも*欲を言えばもう少し長生きしてもらいたかった My grandmother stayed happy all her life. Still I do wish she had lived longer. (☞仮定の表現 (囲み); 強調の表現 (囲み)) // 彼は*欲がない (⇒金もうけに関心がない) He is

よ

not interested in making money. // 新社長は海外進出には*欲を出さなかった (⇒ 野望[関心]がなかった) The new president 「had no *ambition* to go [*was* not *interested in* going] into foreign markets.

よく- 翌… ―[形] next; following [語法] 近さが念頭にあるのが next で, 順序として後であることを表すのが following. (☞ つぎ[1]).
¶ *翌4月16日は雨降りだった The 「*next* [*following*] day, April 16, turned out to be rainy.

よくあさ 翌朝 the 「next [following] morning ★ the を付けて. (☞ よく-; つぎ[1]).
¶ 彼は*翌朝出発した He left on *the* 「*next* [*following*] *morning*.

よくあつ 抑圧 ―[動] (反対や反乱などを力で抑える) suppress (他); (権力などで強引に抑えつける) oppress (他) ★ 後者は意味が強く, しかも政治的圧力などによく使われる. ―[名] suppression [U]; oppression [U]. (☞ よくせい; おさえる; だんあつ).
¶ その時代には信仰の自由が*抑圧されていた Freedom of religion *was suppressed* in those days.

よくげつ 翌月 the 「next [following] month ★ the を付けて. (☞ よく-; らいげつ).

よくし 抑止 ―[動] (阻止する) deter (他). ―[名] deterrent [C]. (☞ おさえる; そし; よくせい). ¶ 核*抑止力 the nuclear *deterrent*

よくしつ 浴室 bathroom [C] [語法] 単に bath [C] ともいう. この語は個人の家の場合はトイレの意味にも用いられる. (☞ ふろ (挿絵); 家・部屋 (囲み)).

よくじつ 翌日 the 「next [following] day ★ the を付けて. (☞ よく-; つぎ[1]).

よくじょう[1] 欲情 sexual desire [U] ★ 一般的; (色欲) lust [U] ★ 不倫な性欲のニュアンスがある. (☞ よく[2] (類義語)).

よくじょう[2] 浴場 public bath [C] ★ 英米にはないものなのでさらに説明を要する場合もある.

よくせい 抑制 ―[動] (権威をもって制御する) control (他); (抑えて…しないようにする) restrain (他). ―[名] control [U]; restraint [U]. (☞ おさえる; よくあつ). ¶ インフレを*抑制する手だてはない There is no way to *control* inflation. // 彼は自分の感情を*抑制できない He can't 「*control* himself [*restrain* his emotions].

よくそう 浴槽 bathtub [C] ★ 単に tub [C] ともいう. (☞ ふろ (挿絵)).

よくちょう 翌朝 the 「next [following] morning ★ the を付けて. (☞ よくあさ).

よくど 沃土 (肥沃な土地) fertile land [U]; (肥えた土壌) rich soil [U]. (☞ ひよく).

よくとくずく 欲得ずく ―[形] (利己的な) self-interested; (報酬や利得目当ての) mercenary ★ 改まった語. (☞ ださんてき; そんとく). ¶ 彼は*欲得ずくでその仕事を引き受けた He took on the job from a 「*mercenary* [*self-interested*] motive.

よくねん 翌年 the 「next [following] year ★ the を付けて. (☞ よく-; らいねん).

よくばり 欲張り ―[形] (貪欲な) greedy, avaricious ★ 前者が一般的. 後者は形式ばった語. ―[名] (人) greedy [avaricious] person [C]; (欲を張ってけちけちした暮らしぶりをする人・守銭奴) miser [máizər] [C]; (事) avarice [U], avariciousness [U]; greediness [U], greed [U]. (☞ どんよく; よく[2] (類義語)).
¶ 彼はなんて*欲張りなんだろう What a *greedy person* he is!

よくばる 欲張る (貪欲である) be greedy, be avaricious ★ 前者が一般的. 後者は形式ばった表現. (☞ よく[2] (類義語)). ¶ そんなに*欲張るな Don't *be* so *greedy*. / (⇒ そんなに欲しがるな) Don't try to take so much. // 彼は*欲張って, 出された料理全部に手を出した He *was greedy* and tried every dish served.

よくぼう 欲望 desire [U] [語法] 一般的な語. ただし前後関係によって性欲 (sexual desire) の意味にも使われる. 具体的な欲望の対象を示すときは [C]. lust でも同じ; (強い欲望・色欲) lust [U] ★ 特に不倫な色欲というニュアンスがある; (食欲・性欲など) appetite [U]. (☞ よく[2] (類義語)).
¶ 彼は*欲望を満たすためには何でもする He 「is ready to do anything [resorts to any means] to satisfy his *desires*. // 彼は権力に対して強い*欲望を持っていた He had a *lust* for power. // 彼の目は*欲望に燃えていた His eyes were full of *lust*.

よくめ 欲目 ―[名] (偏見・先入観) prejudice [C]; (えこひいき) partiality (for ...) [U] ★「偏愛」という意味では [C]. ―[形] (偏見のある) prejudiced. (☞ えこひいき).
¶ 私の*欲目 (⇒ 偏見) かもしれないが, 彼はナンバーワンだ I may be *prejudiced*, but I think he is number one. // 彼は親の*欲目で, 娘を美人だと思っている With a father's *partiality*, he believes his daughter is beautiful.

よくも ★ この日本語を単独で英語に訳そうとせず, 文全体の意味を考えて意訳する必要がある. (☞ 翻訳 (欄外); 感嘆の表現 (囲み)).
¶ 彼は君に向かって*よくもそんなことが言えるものだ (⇒ 何という神経の持ち主だ) What a nerve he has to say such a thing to you! / How *dare* he say such a thing to you? ★ dare は助動詞. // *よくもだましたな (⇒ 何て汚ないごまかし方だ) What a dirty trick (you played on me)!

よくよう 抑揚 intonation [U].

よくよく ―[副] (たいへん) very; (はなはだしく) extremely. (☞ ひじょうに; よほど).
¶ 彼は*よくよく運が悪かったに違いない He must have been 「*very* [*extremely*] unlucky. // あんなおとなしい男がそんなに怒るなんて, *よくよくのことだったと思う (⇒ 彼のようなおとなしい人を怒らせるには何か特別なことがあったに違いない) There must have been something *extraordinary* to have made such a nice person as him so mad.

よくよくじつ 翌翌日 (1日おいた次の日) the day after tomorrow; ((…の) 2日後) two days 「later [after...] [語法] after の場合はその後に名詞か代名詞がくることに注意. (☞ あさって).

よくりゅう 抑留 ―[動] (捕虜などを一定の

区域内に拘禁する) intern (他); (強制収容所などに) detain (他). ―[名] internment [U]; detention [U]. 《☞ こうりゅう²》.

よけい 余計 ―[形] (たくさんあり過ぎる) too ˹much [many] ★ 一般的な表現. much は不可算名詞に, many は可算名詞に用いる; (不必要な) unnecessary; (特別の・枠外の) extra; (加算された) additional. 《☞ よぶん》.
¶ 1 つだけ*余計だ There is one *too many*. ∥ あなたの最後の一言は*余計だった Your last word [The last thing you said] was *unnecessary*. ∥ *余計な料金を払わされた (⇒ 彼らは特別料金を要求した) They charged me an ˹*extra* [*additional*] fare. [語法] fare は乗り物の料金. 手数料などなら fare の代わりに fee. ∥ *余計なお世話だ (⇒ 自分のことに専心しなさい) Mind your own business. / (⇒ あなたの知ったことではない) (It is) none of your business. ★ かなりきつい調子の表現. ∥ その患者は手術後*余計悪くなった The patient's condition grew *worse* after the operation.

よける (危ないと思われるものなどを前もって避ける) avoid (他); (車などが方向を急に変える) swerve (自); (ひらりと身をかわす) dodge (他) (自). 《☞ さける¹; かわす²》.
¶ 横道から出てきた自転車を*よけようと, 車はハンドルを右に切った To *avoid* hitting the bicycle which came out of the side alley, the car ˹swerved [turned suddenly] to the right. ∥ あまり急だったので*よけきれなかった 《車で》 It was ˹so sudden that we couldn't *swerve* [too sudden for us to *swerve*]. ∥ 私は身をかわしてその一撃を*よけた I *dodged* the blow.

よげん 予言 ―[動] (事実・証拠などに基づいて) predict (他); (宗教的に) prophesy (他) (自). ―[名] prediction [U]; prophecy [U]. 《☞ うらなう》. ¶ 彼は日本の未来を*予言した He *predicted* the future of Japan. **予言者** (男) prophet [C]; (女) prophetess [C].

よこ 横 **1** 《縦に対する横の幅》 ―[名] (短い幅) width [U]; (長い幅) length [U] [語法] 日本語の「縦」は上下の方向,「横」は左右の方向を表し, それぞれ位置関係が明確に決まっているが, 英語の場合は長さの大小を考え, 長いほうが length, 短いほうが width となり, これらの語は必ずしも日本語の縦横にあてはまらない. 例えば横長の長方形の場合, 日本語の「横」に当たる語は length となる. 順序は日本では「縦横」というが, 英語の場合は「横×縦」のように横の数字が先に来ることが多い. (なお《英》では縦×横の順). 従って数字だけで 5×8 [5 by 8] cm のように表されているときは, 横が 5 cm, 縦が 8 cm で, 8×5 [8 by 5] cm なら, 横が 8 cm, 縦が 5 cm ということになる. はっきり縦ということを示すには height または high を使えば間違いがない. ((例) その写真は*縦が 8 cm で*横が 12 cm ある The photo is 8 centimeters *high* and 12 centimeters *wide*.).
―[形] (横の) wide; long; (水平の) horizontal. ―[副] (水平に) horizontally; (縦に対して横に) across, crosswise, crossways [語法] いずれも口語的な語で, 水平というのではなくて, 縦方向の線との対照において横の線をいう言葉. 斜めのこともあり, 第 2, 第 3 の語は「十文字に」の意味にもなる; (斜めに・ゆがんで) askew. 《☞ はば; たかさ; 大きさの表し方 (囲み)》.
¶ その絵は*横 2 メートルある The picture is two meters ˹*wide* [*in width*].
標準的な便せんの大きさは*横 18 センチ, 縦 23 センチです The standard letter sheet is ˹18 centimeters *wide* by 23 centimeters long [18 by 23 centimeters].
私は*横 50 cm, 縦 30 cm の板を探している I am looking for a board ˹fifty by thirty centimeters [50 cm *long* and 30 cm wide].
*横 5 cm, 縦 3 cm の長方形をかきなさい Draw a rectangle 5 cm *wide* and 3 cm high.
*横に 10 cm の線を引きなさい Draw a *horizontal* line of 10 centimeters. / Draw a 10 centimeter line *horizontally*.
次の数字を最初は縦に, 次に*横に読んで下さい Read the following digits first down and then *across*.
彼はベレー帽を*横にしてかぶっていた He was wearing his beret *askew*.
彼は*横のものを縦にもしない (⇒ まったくの怠け者だ) He is a complete lazybones.

2 《わき・側》 ―[名] (側面) side [C] ★ 形容詞的にも使う. [語法] 日本語の「横」には (1)「家の横のドア」のように「側面」という意味と, (2)「学校の横の店」のように「側方の位置」という 2 つの意味があるが, 英語の side には (1) の「側面」という意味しかない. 従って「…の横に」という場合には at [by] the side of … というフレーズを用いなくてはならない. 《☞ まえ; うしろ》. ―[前] (…の横の; …の側方の) beside …; (…のそばの) by … [語法] 以上 2 つはほぼ同じ意味になることもあるが, 前者のほうが正確に横の位置を示すのに対して, 後者は必ずしも真横とは限らず, 近くにあればよい. ―[副] (…の横に; …の側方に) at [by] the side of …, at [by] …'s side; (わきの位置に) aside; (一方に) to one side; (わきの方へ・横にして) sideways; (横に寝かせて) on …'s side. ―[動] (横になる) lie down (自); (大の字になって寝る) stretch (*oneself*) out; (目を横にそらす) look away (自), turn away (他). 《☞ そば¹; わき》.
¶ 私は彼女の*横に座った I sat ˹*at* her *side* [*by* her (*side*)].
新聞は君のすぐ*横にある The newspaper is just *beside* you.
その建物の*横の入口はふさがれていた The *side* entrance of the building was blocked up.
このスケッチはその家を*横から見たものです This is a sketch of the house viewed from the *side*.
彼らは*横に並んで走った They ran *side by side*.
彼女は読書をやめて本を*横に置いた She stopped reading and laid the book *aside*.
その塔は*横に傾いている The tower is leaning *to one side*.

彼女は顔を*横に向けた She turned her head *sideways.*
彼は首を*横に振った He *shook* his head. [参考] 縦に振るのは nod ⓐ ⓑ. / (⇒だめと言った) He said no.
彼はソファーに*横になって休んだ He「*lay down* [*stretched* (*himself*) *out*] on a sofa to rest.
魔法びんを*横にして置いてはいけません Don't lay the thermos *on its side.*
私たちは食器棚をドアの所で*横にして運んだ We carried the cupboard *sideways* through the door.
私が話しかけたら彼は*横を向いてしまった (⇒目をそらした) When I spoke to him, he *looked away.*
彼は不機嫌な顔をして*横を向いた (⇒不機嫌な顔を私からそらした) He *turned* his sullen look *away* from me.
彼は何事にも*横から口を出す (⇒鼻を突っ込む) He「*pokes* [*sticks*] *his nose into* everything.
彼のことには*横から口をはさまないほうがよい (⇒干渉しないほうがよい) You had better not「*meddle* [*interfere*] *in* his affairs.
横糸 woof Ⓒ (↔warp), weft Ⓒ **横線** horizontal line Ⓒ **横波** side wave Ⓒ **横幅** ―名 width Ⓤ, breadth Ⓤ ★特に寸法をいうときには前者をよく用いる. ―形 wide. ¶*横幅30メートルの川 a river thirty meters *wide* **横向き** ―副 sideways. ¶彼は*横向きに座った He sat *sideways.* // 私は疲れるとよく*横向きに寝る I often sleep *on my side* when I'm tired.

よご 予後 (回復の時期) convalescence Ⓤ; (健康と体力を取り戻すこと) recuperation Ⓤ. 《☞ やみあがり》. ¶*予後は特に大事にして下さい Please take special care (of yourself) during your *convalescence.*

よ

よこあい 横合い ¶*横合いから口を出すな Don't「*break* [*poke your nose*] *into* others' conversation.

よこうえんしゅう 予行演習 (訓練) preliminary drill Ⓒ; (演技・演奏) preliminary performance Ⓒ.

よこがお 横顔 profile [próufail] Ⓒ, face in profile Ⓒ.

よこがき 横書き ―動 (左から右に書く) write from left to right.

よこぎる 横切る ―動 (一般的に) cross ⓑ ⓐ, go across …; (海[空]の場合) sail [fly] across …; (真っすぐ, または斜めに渡る) traverse ⓑ ⓐ ★やや改まった語; (交差する) intersect ⓑ. ―前 (…を横切って) across … ―副 (横切って) across. 《☞ おうだん[1]; わたる[1]; つっきる》.
¶一行は川を*横切ってジャングルへ入っていった They「*crossed* [*went across*] the river and went into the jungle. // ここで道路を*横切ってはいけません Don't *cross* the street here.

よこく 予告 (公の) preliminary announcement Ⓤ; (一般的に, 通知) (advance) notice Ⓤ; (テレビ・映画の予告編で断片的なもの) preview Ⓒ; (ポスターやプラカードによる宣伝) advance billing Ⓤ; (警告) warning Ⓤ.
¶外務大臣は交渉の見通しについて何の*予告もせずに渡米した The Foreign Minister left for the U.S. without making any *preliminary announcement* of his prospects concerning the negotiations. // 彼は*予告もなしに解雇された He was dismissed without any「*advance notice* [*notice in advance*]. // 彼は次週の*予告を見ないことにはテレビを消さない He never turns off the television until he sees a *preview* for the following week.
予告編 (映画の) preview Ⓒ.

よこぐるま 横車 **横車を押す** (不合理なことをする) do unreasonable things, act unreasonably; (自分の思い通りにする) have [get] *one's* own way.

よこしま ―形 bad, evil, wicked, vicious [語法] bad は最も一般的で広い意味の語. 後はこの順に意味が強くなるが, wicked, vicious には積極的に悪意があるというニュアンスがある. 《☞ わるい; じゃあく》.

よこす (送る) send ⓑ; (手渡す) hand over ⓑ; (与える) give ⓑ; (配達する) deliver ⓑ; (手紙を書く) write (to …) ⓑ ⓐ.
¶市長は式典に代理を*よこした The mayor *sent* a deputy to the ceremony. // あり金を全部*よこせ *Give* me [*Hand over*] all the money you have. // 彼はめったに手紙を*よこさない He seldom *writes to* me. 《☞ 否定の表現 (囲み)》

よごす 汚す make …「dirty [filthy] ★最も一般的な表現; (染み・汚点などをつける) stain ⓑ; (泥などで汚す) soil ⓑ; (染み・汚れなどを点々とつける) spot ⓑ; (有毒物・細菌などで汚染する) contaminate ⓑ; (広い範囲にわたって汚染する) pollute ⓑ. 《☞ きたない》.
¶子供たちが泥んこ遊びをして服を*汚した The children played with mud and「*made* their clothes *dirty* [*stained* their clothes]. // 車の排ガスが空気を*汚してしまった Exhaust from cars *has polluted* the air.

よこすべり 横滑り ―動 (車が) skid ⓐ, sideslip ⓐ ★前者のほうが普通. 後者は比喩的に人事移動などでも用いられる. ―名 skid Ⓒ, skidding Ⓤ, sideslip Ⓒ. 《☞ すべる》.

よこずわり 横座り ―動 sit sideways ⓐ [参考] この表現だけではいすに横向きに座る意味にしかならないので, 畳に座る場合の「横座り」には, 例えば sit on the *tatami* floor relaxing your knees a little by pointing your feet out sideways, とか This is the sitting posture for relaxation, especially for women. のような説明が必要である.

よこたえる 横たえる (一般的に) lay ⓑ 《過去・過分 laid》; (自分の体を) lie (down) ⓐ 《過去 lay; 過分 lain》. 《☞ よこたわる》. ¶彼は疲れた体をベッドに*横たえた He「*laid* himself [*lay*] *down* on the bed fatigued.

よこだおし 横倒し ―動 (横に倒れる) fall「sidelong [sideways] ⓐ; (引っくり返る[返す]) turn over「sidelong [sideways] ⓐ ⓑ. 《☞ たおれる》. ¶看板が台風で*横倒しになった The signboard ⌈*fell* [*was turned over*; *was thrown*] *sideways* in the typhoon.

よこたわる 横たわる lie (down) ⓐ《過去 lay; 過分 lain》; lay *oneself* down; (大の字に寝る) stretch *oneself* out. 《☞ よこたえる; よこ; ねそべる》. ¶ 彼は床に長々と*横たわった He *lay* at full length on the floor.

よこちょう 横町 (本通りを離れたわき道) side street Ⓒ; (建物の間に挟まれた狭い通り) alley Ⓒ.

よこづけ 横付け —動 (横付けにする) bring ... alongside ... ¶ 彼は正門に車を*横付けにした He *brought* his car *alongside* the main entrance.

よこっつら 横っ面 (ほお) cheek Ⓒ. ¶ 彼の*横っ面を張りとばしてやりたい I want to ⌈give him a slap [slap him] *on the cheek*.

よこっとび 横っ飛び —動 (飛び上がってわきに寄る) jump aside ⓐ. ¶ 彼は*横っ飛びに身をかわして危険を避けた He avoided the danger by *jumping aside*.

よこづな 横綱 (人) *sumo* champion Ⓒ, grand champion Ⓒ; (位) championship in *sumo* Ⓤ.

よこどり 横取り —動 (ひったくって取る) snatch (away) ⓗ; (つかみ取る) seize [síːz] ⓗ; (盗む) steal ⓗ.

よこなが 横長 —形 (長方形の) oblong 《☞ よこ》.

よこながし 横流し —動 (やみ市場で[に]売る) sell ... ⌈in [on] the black market; (違法に売る) sell ... ⌈illegally [through illegal channels]. ¶ 彼は多量の輸入物資を*横流しした He *channeled* a great quantity of imported goods *into the black market*.

よこなぐり 横殴り —形 (吹き降りの) driving; (斜めに降りつける) slanting. ¶ *横なぐりの雨 a ⌈*driving* [*slanting*] rain

よこばい 横這い ¶ いまのところ物価は*横這い状態だ (⇒ 安定している) Prices now *remain* ⌈*stable* [*on a stable level*]. // かにの*横這い the *sideward crawl* of a crab

よこぶえ 横笛 flute Ⓒ. ¶ *横笛を吹く play (on) the *flute*

よこみち 横道 —名 (誤った方向) wrong way Ⓒ. —動 (正しい方向からそれる) deviate from the right way; (話が主題からそれる) digress ⓐ. 《☞ わきみち; それる》.

よこめ 横目 —名 side glance Ⓒ. —動 cast a side glance at ..., glance [look] (at ...) sideways; (盗み見る) look (at ...) out of the corner of *one's* eye. 《☞ ながしめ》.

よこもじ 横文字 (ヨーロッパ語) Western [European] language Ⓒ; (ローマン活字体) Roman letter Ⓒ. ¶ 彼は*横文字の雑誌を数冊購読している He subscribes to several magazines in *Western languages*. // 副題は*横文字で印刷してある The subtitle is printed in *Roman letters*.

よこやり 横槍 —動 (横槍を入れる・割り込む) cut in (on ...) ⓐ; (邪魔をする) interfere (with ...) ⓐ; (中断させる[する]) interrupt ⓗ ⓐ. 《☞ じゃま》. ¶ 彼はしょっちゅう私たちの話に*横槍を入れる He often ⌈*cuts in on* [*interrupts*] our conversation.

よこゆれ 横揺れ —名 (船などの) roll Ⓤ, rolling Ⓤ; (地震の) horizontal motion Ⓤ (↔ vertical motion). —動 roll ⓐ. 《☞ ゆれる (挿絵)》.

よごれ 汚れ dirt Ⓤ ★ 一般的な語; (染み) stain Ⓒ; (泥などの) soil Ⓒ; (点々とついた染み) spot Ⓒ. 《☞ よごす; しみ》. ¶ *汚れはせっけんで洗っても落ちなかった The *dirt* ⌈didn't go [stayed] even after soaping. / The *dirt* was not washed off with soap.

よごれる 汚れる (汚なくなる) become dirty; (染みがつく) be stained; (泥などがつく) be soiled. 《☞ よごす; きたない (類義語)》.
¶ 彼女は手が*汚れてしまった Her hands *became dirty*.

よさ 良さ (よい点) good point Ⓒ ★ 最も口語的. 以下の語の代わりにも使える; (欠点に対する長所・ほめるべきよい性質や特徴) merit Ⓒ; (質のよさ) good quality Ⓒ. 《☞ ちょうしょ[1]》. ¶ この案の*よさはどこにあるのか What are the ⌈*good points* [*merits*] of this plan? // 日本の車の*よさは世界中に定評がある (⇒ 世界中によく知られている) The *good quality* of Japanese cars is well-known throughout the world.

よざい 余罪 another ⌈crime [offense (《英》 offence)], other ⌈crimes [offenses (《英》 offences)] ★ 単数は前者, 複数は後者; (追求する側から見ていう場合) another charge, other charges. 《☞ はんざい; つみ》.
¶ その男には強盗事件のほかに*余罪があると見られる The man is suspected of *some crimes in addition to* burglary. // 彼は 2, 3 の*余罪を追及された He was charged with a few *other offenses*.

よさん 予算 budget Ⓒ; (見積もり) estimate Ⓒ. 《☞ みつもり》. ¶ うちは家計の*予算内で生活することは難しい It is difficult for us to live within the limits of our family *budget*. // 政府は来年度の*予算を立てている The government is formulating the *budget* for the next year. **予算案** budget Ⓒ **予算委員会** the budget committee ★ the を付けて.

よし (称賛・納得) good; (納得・承知) all right, O.K.; (では・さて) well. ¶ *よし, これで決まった *Good* [*All right*; *Then*], it has been settled. // *よし, 行こう *Well*, let's go.

よしあし 善し悪し (善か悪) good ⌈or [and] bad Ⓤ; (正しいか間違っているか) right ⌈or [and] wrong Ⓤ; (長所と短所) merit ⌈or [and] demerit Ⓒ.
¶ 彼には事の*善し悪しがわからない He can't tell the *good* from the *bad*. // 彼は*善し悪しにかかわらず, やりたいことをやる He will ⌈get [have] his own way whether it is ⌈*good or bad* [*right or wrong*]. // 正直すぎるのも*善し悪しだ (⇒ いつもよいとは限らない) Being too honest is not always a *merit*.

よじげん 四次元 —名 (第 4 の次元) the fourth dimension ★ the を付けて. —形

よ

fourth-dimensional.

よじのぼる よじ登る climb (up) ⑱ ★最も一般的な語；(はしごなどを) scale ⑱；(大あわてでよじ登る) scramble up ⑱. 《☞ のぼる》. ¶私たちはその険しい崖を*よじ登った We *climbed* the steep cliff. // 熊を見て彼はそばの木に*よじ登った On seeing the bear he *scrambled up* the tree nearby.

よしみ (好意) goodwill Ⓤ；(親しい関係) friendly relation Ⓤ. ¶彼は旧友の*よしみで僕に金を貸してくれた As an old friend of mine, he showed *goodwill* and lent me the money. / He lent me the money *for our old friendship's sake.*

よしゅう 予習 ━動 (予習する) do *one's* homework, prepare *one's* lesson(s) ★前者が普通. homework は Ⓤ. ━名 preparation (of *one's* lesson(s)) Ⓤ. 《☞ ふくしゅう[1]》. ¶*予習は夕食後にしよう I'll *do my homework* after dinner. 語法 重大なことや，特に時間を要することの準備を言う場合には prepare for … を用いる. ((例) (入学)試験の準備をしなければならない I must *prepare for* the (entrance) examination.)

よじょう 余剰 ━形 (限度を超えて多すぎる) excessive; (必要な分を引いて余った) surplus. ━名 excess Ⓒ; surplus Ⓒ. 《☞ あまり[1]; よけい; よぶん》. ¶農家では*余剰農産物の処理に困っている Farmers don't know what to do with ⌈an *excess* [a *surplus*] of produce.

よじる 捩る twist ⑱ 《☞ ねじる; ねじれる》.

よしん 余震 aftershock Ⓒ 《☞ じしん[2]; 自然災害 (囲み)》. ¶きのうの地震は*余震が長かった The earthquake yesterday was followed by a long *aftershock.*

よす 止す (止める) stop ⑱; (あきらめる) give up ⑱; (去る) leave ⑱, quit ⑱. 《☞ やめる[1]》. ¶たばこは*よしなさい *Quit* [*Give up*] smoking. 《☞ 命令の表現 (囲み)》 // 私は学校を*よすつもりだ I am thinking of ⌈*leaving* [*quitting*] school. // 無理は*よしなさい (⇒ 働きすぎるな) *Don't* overwork yourself. // そんなことは*よせ *Don't* do that! / Cut it out! ★口語的表現.

よすてびと 世捨て人 recluse [réklu:s] Ⓒ, hermit Ⓒ ★前者のほうが意味が広い. 特に人里離れた場所で隠遁生活をするのが hermit.

よせ 寄席 《米》 vaudeville theater Ⓒ, 《英》 music hall Ⓒ. **寄席芸人** 《米》 vaudevillian Ⓒ, 《英》 variety show entertainer Ⓒ.

よせあつめ 寄せ集め ━名 (ごった混ぜ) medley Ⓒ; (半端物) odds and ends ★複数形で. ━形 (混合の) mixed; (有り合わせの) scratch. ¶*寄せ集めチーム a *scratch* team

よせあつめる 寄せ集める (1つの場所・かたまりに集める) gather (up) ⑱; (ある目的をもって組織的に集める) collect ⑱; (合わせて一緒にする) bring [put] (together) ⑱. 《☞ かきあつめる; あつめる (類義語)》.

よせい 余生 (残りの人生) the rest of *one's* life ★the を付けて; (残りの年月) *one's* remaining years; (晩年) *one's* ⌈latter [later; last] ⌈years [days]. 《☞ ろうご; ばんねん》. ¶彼は田舎で*余生を送った He spent *the rest of his life* in the country.

よせがき 寄せ書き collection of *a person's* friends' and relatives' words of best wishes on a card Ⓒ. ¶結婚披露宴で招待客たちは新婚夫婦のために色紙に*寄せ書きするよう頼まれた At the wedding reception the guests were asked to ⌈*write* [*contribute*] their *words of best wishes* for the newly married couple *on a commemorative card.*

よせぎざいく 寄せ木細工 (wooden) mosaic [mozéiik] Ⓤ; (床の) parquet [pá:kei] Ⓒ; (技術) parquetry Ⓤ.

よせつけない 寄せ付けない (…から離れている) keep away from …; (戸を閉めて入れない) shut [close] *one's* doors against … 《☞ とおざける》. ¶あんな利己的なやつは*寄せ付けるな (⇒ 離れていろ) *Keep away from* such a selfish person. // 彼は貧しい親類たちを(家に)*寄せつけなかった He ⌈*shut* [*closed*] *his doors against* his poor relations.

よせる 寄せる **1** «近づける»: (物を) bring [draw] (up) … ⌈close [near] (to …) 《☞ ちかづける》. ¶彼はいすをストーブの近くに*寄せた He *drew up* the chair *close to* the stove. // もっと机のそばに明かりを*寄せなさい *Move* the light ⌈*closer* [*nearer*] *to* your desk.

2 «わきへ寄せる»: put [push] … aside. ¶このボール箱をわきへ*寄せなさい *Put* this carton *aside.* // 彼は自転車をわきへ*寄せた He *moved* his bicycle *out of the way.* ★邪魔にならないようにというニュアンス.

3 «身を寄せる»: (助けを求める) go [come] for help to …; (一緒に住むために行く) go to live with … ¶私は身を*寄せる所 (⇒ 行く所) がない I have no *place to go to for help.* // 子供たちは祖父母の所に身を*寄せた The children *went to live with* their grandparents.

4 «心を寄せる» ¶彼は級友の一人に思いを*寄せている (⇒ 恋している) He *is in love with* one of his classmates. // 私たちは哀れな難民に深い同情を*寄せた (⇒ 感じた) We *felt* deep *sympathy for* the poor refugees.

よせん 予選 (競技の) preliminary [trial] (heat) Ⓒ 語法 競技の内容によって heat の代わりに contest, match などが用いられることもある. 《☞ スポーツ (囲み)》. ¶第1次*予選 the first round of the *preliminary* // 100メートル*予選 the 100-meter *preliminary* // 彼は*予選を通過した He qualified in the *trial heats.* / He passed the *preliminary heats.* 語法 heat は予選の1回を指すので，この場合は複数形で. // 我我のチームは*予選で落ちた (⇒ 失格させられた) Our team *was eliminated from the tournament.* / Our team *failed to qualify in the heats.*

予選通過者 qualifier Ⓒ.

よそ ━副 (どこかほかの所で[に]) somewhere else, elsewhere, at [in] ⌈another [some other] place ★elsewhere はやや改まった語.

— 形 (他の) some other, other ; (よその人の) someone else's. 《☞ ほか ; べつ》.
¶ どこか*よそへ行こう Let's go ⌈*somewhere else* [to *another place*]. // このホテルは満員だ. どこか*よそで部屋を探さなければならない This hotel is full. We must look for rooms *elsewhere*. // 帰る途中で*よその人に駅へ行く道をきかれた On the way home a *stranger* asked me the way to the station. // *よその家では行儀よくしなさい You must behave yourself at *someone else's* house. // うちにはありません. *よその店できいてみて下さい I'm sorry we don't stock it. Please try *some other* shop.

よそう 予想 — 動 (予期する) expect 他 ★ 最も一般的な語. よいことにも悪いことにも使う ; (当てずっぽうに推測する) guess 他 ★ 口語的な語 ; (推測して考える) suppose 他 ; (考える) think 他 ★ 以上 2 つの語は普通は日本語の「思う」「考える」に相当することが多いが, 「予想」に当たることもある ; (見積もって考える) estimate 他 ; (不安または喜びなどの感情を伴って予想する) anticipate 他. — 名 expectation U ★ 具体的な事柄を念頭においた場合は複数形を用いることもある ; guess C ; supposition U ; estimation U ; anticipation U. 《☞ よき ; よそく ; すいそく》.
¶ だれもこんな結果を*予想できなかった Nobody could *expect* such a result. / (⇒ だれが予想できたろうか) Who could *expect* such a result? 《☞ 修辞疑問 (欄外)》 // *予想どおり (⇒ 我々が予想したとおり) その計画は大成功[失敗]だった The plan was a ⌈great success [failure] as we *had expected*. // わが校の野球チームは*予想に反して敗れた Our baseball team was defeated ⌈against [contrary to] our *expectation(s)*. // 私の*予想では (⇒ 私が思うに) 彼はこの案に反対するだろう I ⌈*suppose* [*guess*] he will be against this plan. 《☞ 推量の表現 (囲み)》 // 僕の*予想では彼の計画はうまくいかないだろう In my *estimation* his plan will not work. // 雨を*予想して (⇒ 雨が降るかもしれないと思って) 子供たちはピクニックに傘を持って行った The children took umbrellas on their picnic because they *thought* it might rain. // 私たちは将来何が起こるか*予想できない We can never ⌈*tell* [*know*] *in abvance* what will happen in the future.
予想屋 (競馬などの) tipster C, tout C.

よそうがい 予想外 — 形 (予想外の) unexpected, unforeseen. — 副 (予想したよりも) than I expected ★ 比較級の構文と一緒に用いられる ; (予想しなかったほどに) unexpectedly ; (予想以上に) beyond expectation ; (予想とは反対に) contrary to *one's* expectations. 《☞ いがい[1] ; おもいのほか》.
¶ 試験は*予想外に難しかった I found the examination much more difficult *than I had expected*.

よそおい 装い ¶ どの店も*装いをこらして (⇒ いろいろな方法で) 美しくクリスマスの飾りつけをしてある All the stores are beautifully decorated for Christmas *in various ways*. // 当店は来月10日*装いも新たに開店いたします (⇒ 完全な改修の後, 再開店します[新しい商売のスタートを切ります]) *After a complete remodeling* of our building, we will ⌈reopen [make a fresh start in business] on the 10th of next month.

よそおう 装う **1** «着る» : dress [attire] *oneself* in ... ; wear 他 ★ wear は状態で, 「身につけている」の意. 《☞ きる[2]》. ¶ 彼女は派手に[地味に]*装っていた She *was* ⌈gaily [plainly] *dressed*.
2 «振りをする» : (...の振りをする) pretend 他 ★ 最も一般的な語 ; (ある態度をとる) assume 他 ; (気取って...の振りをする) affect 他.
¶ 彼は病気を*装って午後の 2 クラスをさぼった He *pretended* to be sick and cut two classes in the afternoon. // 彼は冷静を*装って仕事を続けた He went on working with an *assumed* calmness. // 彼は彼女のことを聞かれるといつも無関心を*装う He always *affects* indifference whenever asked about her.

よそく 予測 — 動 (事実やデータに基づいて未来のことを予言する) predict 他 ; (一般に未来のことを予想して述べる) foretell 他 ; (見積もって言う) estimate 他. — 名 prediction C ; estimate C ; (予測すること) estimation U. 《☞ よそう ; よき ; よち[2]》.
¶ 彼の*予測はそのとおりになった His *prediction* came true. // コンピューターは選挙の結果を*予測した Computers *made predictions* about the outcome of the election. // 我々の*予測ははずれた We *made* an incorrect *estimate*.

よそごと よそ事 (無関心なこと) matter of no concern C 《☞ ひとごと》. ¶ *よそ事じゃない (⇒ そのことは私[私たち]に大いに関心のあることだ) *The matter is of great concern to* ⌈*me* [*us*]. / (⇒ あたかもわがことのように感じる) I *feel as if it were my own affair*. // 彼はまるで*よそ事 (⇒ 関係ないこと) のように思っているらしい He seems to think as if it were *none of his* ⌈*concern* [*business*].

よそみ よそ見 — 動 (よそ見する) look ⌈away [aside ; off] 自, take *one's* eyes off ... 《☞ わきみ》. ¶ *よそ見をしてはいけません (⇒ 私から目をそらすな) Don't ⌈*look away from* [*take your eyes off*] me.

よそめにも よそ目にも ¶ 2 人の結婚生活は*よそ目にもうらやましいほどだった (⇒ 我々すべての羨望(せんぼう)の的) Their happy married life was the envy of all of us. 《☞ はため》

よそもの よそ者 (部外者・局外者) outsider C 《☞ ぶがいしゃ》. ¶ 私はここでは*よそ者扱いです I'm treated as an *outsider* here. // あの男は*よそ者です (⇒ 我々のグループのメンバーではない) He is *not a member of our group*.

よそゆき よそ行き — 名 (よそ行きの服) *one's* ⌈best [Sunday] clothes 参考 Sunday clothes は日曜日に教会に着て行く服というのが元の意味. — 形 (改まった・正式の) formal. 《☞ 衣服 (囲み)》.

よ

¶彼女はパーティーに出席するため*よそ行きの服を着た She put on *her Sunday clothes* to attend the party. // *よそ行きの行儀 *company* manners ★ 目上の人などの前でのかしこまった礼儀作法をいう. // *よそ行きのあいさつ (⇒儀式ばったこと) は抜きにしましょう Let's forget about「*ceremony* [*formality*].

よそよそしい —〔形〕(改まった) formal; (非友好的な) unfriendly; (冷ややかな) cold. ¶彼女はいつも私にとても*よそよそしい (⇒改まった態度だ) She is always very *formal* with me. // そう*よそよそしくしないで下さい Please don't *stand on ceremony.* // そのけんか以来, 彼らはお互いに*よそよそしくなった After the quarrel they became *cold* to each other.

よぞら 夜空 night [nocturnal] sky Ⓒ《☞そら¹》.

よたもの 与太者 (暴力団員) gangster Ⓒ; (チンピラの暴れ者) hoodlum Ⓒ ★《米》では特に犯罪者をいう.

よたよた —〔副〕(足元がふらふらしてバランスがうまくとれない状態) staggeringly; (老人や赤ん坊など, 足元がふらふらしていまにも倒れそうな状態) totteringly; (一般的に不安定な状態) unsteadily.《☞ふらふら; 擬声・擬態語 (囲み)》. ¶老人は*よたよたと歩いていた The old man was walking「*unsteadily* [*totteringly*].

よだれ 涎 —〔名〕slaver [slǽvǝr] Ⓤ, slobber Ⓤ. —〔動〕(よだれを出す) slaver (自), slobber (自); (口の中でつばが出る) water (自).
¶犬が食物に*よだれを流している The dog *is slavering* over his food. // それは*よだれの出そうなビフテキだった It was a *mouth-watering* piece of beefsteak.
よだれ掛け bib Ⓒ; (小児のエプロン服) pinafore Ⓒ ★首から胸の部分だけにかけるのは前者のほう.《☞エプロン (挿絵)》.

よだん¹ 余談 —〔名〕(脱線) digression Ⓒ. —〔動〕digress (自).
¶彼の話は*余談が多すぎる He makes too many *digressions* in his speech. // *余談で恐縮ですが, この本の作者について 2, 3 申し上げたいと思います If you will allow me to「*make a digression* [*digress*], I'd like to say a few words about the author of this book. // *余談になりますが (⇒ついでですが[これに関連して]), 事件のあらましをお話ししたい *Incidentally* [*In this connection*] I'd like to tell you what happened. // *余談はこのくらいにして, 本題に戻りましょう So much for the *digression.* Now let me return to the main topic.

よだん² 予断 **予断を許さない** be unpredictable. ¶勝敗は*予断を許さない We *can make no guess* about the outcome of the game. // その国の政情は混沌として次に何が起こるか*予断を許さない The political situation of the country is chaotic and *no one can safely predict* what will happen next.

よち¹ 余地 (空間・場所などの) room Ⓤ; (活動の機会) scope Ⓤ; (余白・空地) space Ⓤ.
¶この事業計画には大いに改善の*余地がある There is much *room* for improvement in this business project. // この倉庫には冷蔵庫を100台入れる*余地は十分にある There is enough *space* for 100 refrigerators in this warehouse. // 彼の現在の立場では手腕をふるう*余地はない He has no *scope* for his ability in his present position. // その問題はまだ議論の*余地がある The subject is still *debatable.* / The subject still leaves *room* for discussion. // そのことについては再検討の*余地がある (⇒そのことをもう一度考慮する[調べてみる]十分な理由がある) There's *enough reason* to「reconsider [reexamine] the matter.

よち² 予知 —〔動〕(天候・自然現象などを予報する) forecast (他); (科学的方法などによって予言する) predict (他). —〔名〕forecast Ⓒ; prediction Ⓒ.《☞よそく》.
¶現在のところ地震の正確な*予知は難しい At present it is difficult to make an accurate「*forecast* [*prediction*] of earthquakes. // 動物(を観察すること)によって地震の*予知は可能か Can we「*forecast* [*predict*] earthquakes by observing the behavior of animals?

よちよち —〔動〕(よちよち歩く) walk totteringly (自), walk with「tottering [unsteady] steps (自), totter (自).《☞擬声・擬態語 (囲み)》. ¶赤ん坊は1歳の誕生日前に*よちよち歩きを始めた The baby began to *totter* before his first birthday.

よつあし 四つ足 —〔名〕(四つ足動物) quadruped Ⓒ. —〔形〕quadruped, four-footed.

よつおり 四つ折り ¶彼女はその書類を*四つ折りにした (⇒4分の1に折った) She folded the paper into *quarters.*

よつかど 四つ角 (十字路) crossroads ★単数扱い; crossing Ⓒ; (交差点) intersection Ⓒ ★やや改まった語.《☞じゅうじろ; こうさてん》. ¶あの*四つ角を左に曲がりなさい Turn left at that「*crossroads* [*crossing*].

よっきゅう 欲求 (極めて強い欲望) desire Ⓒ 〔参考〕一般的な語だが, 性的欲求 (sexual desire) の意味でよく使われる; (切なる願い) craving Ⓒ ★文語的; (日常生活の必要) wants ★通例複数形で; (意志) will Ⓤ.《☞よく²; よくぼう》.
¶知的*欲求には限りがない There is no limit to our *desire* to learn. // 老人は生への*欲求を失ってしまった The old man has lost his「*will* to live [*craving* for life]. // 彼らの*欲求は現状ではちょっとかなえられない Their *wants* can hardly be satisfied under the present circumstances.
欲求不満 frustration Ⓤ.

よつご 四つ子 quadruplets ★複数形で全体を指す; (四つ子のうちの1人) quadruplet Ⓒ.

よっつ 四っつ —〔名〕four. —〔形〕(4つの) four; (4つめの) the fourth. —〔動〕(4等分する) quarter (他).《☞数字 (囲み)》. ¶このすいかを*4つに割って下さい Will you divide this watermelon into *four?*

ヨット yacht Ⓒ 〔語法〕この語は小型の競走用やクルーズ用ヨットにも, また個人所有の大型で豪華なクルーズ用汽船にも用いるが，いずれにしろ甲板があり，外洋クルーズができなければ英語では yacht とは言えない；(小型で甲板のない，通例 2 人乗りの帆走用ボート；ディンギー) dinghy Ⓒ ★日本語ではこれも通例ヨットと言っている；(帆船) sailboat Ⓒ, 《英》sailing boat Ⓒ ★やや漠然とした語だが，日本語の「ヨット」はこれで表すとよい場合が多い.

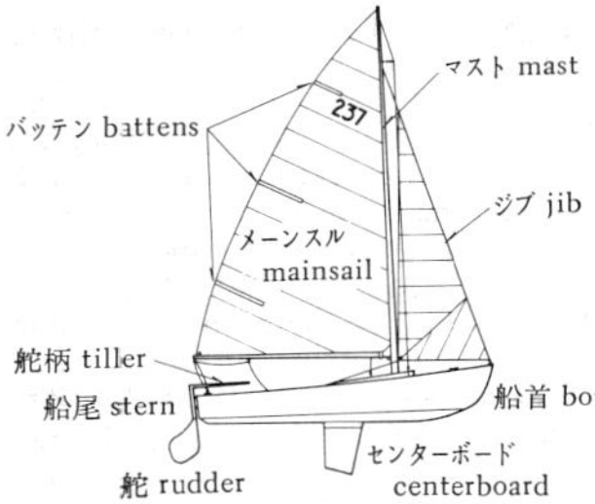

ヨットハーバー yacht basin [béisn] Ⓒ　**ヨットレース** yacht race Ⓒ.

よっぱらい 酔っ払い　―名 drunken man Ⓒ, drunk Ⓒ ★後者は「酒飲み」という意味でも使う；(飲んだくれ) drunkard Ⓒ.　―形 drunken ★限定的にのみ用いる. (☞形容詞の 2 用法 (欄外)).

¶ *酔っ払いが車にひかれた A *drunken man* was ⌈run over [hit] by a car.

酔っぱらい運転 drunken driving Ⓤ, driving while intoxicated Ⓤ ★後者のほうが改まった言い方. DWI と略されることがある. ¶彼は*酔っ払い運転で警察につかまった He was arrested for *drunken driving.* / He was arrested for *driving under the influence of liquor.* ‖ その*酔っ払い運転手は厳罰に処された The *drunken driver* was severely punished.

よっぱらう 酔っ払う　―動 get drunk；(よろよろする) get tipsy.　―名 (酔っ払うこと) intoxication Ⓤ ★形式ばった語. (☞よう).

¶彼はウイスキーでぐでんぐでんに*酔っ払った He *got* ⌈dead [blind] *drunk* on whisky. ‖ 彼はすっかり*酔っ払って深夜に帰宅した He came home quite *drunk* at midnight. ‖ 彼は*酔っ払って意識を失った He *got* dead *drunk* and passed out.

よっぽど ☞よほど

よつゆ 夜露　evening [night] dew Ⓤ (☞つゆ[1]). ¶草は*夜露でぬれていた The grass was wet with ⌈*evening* [*night*] *dew.* ‖ 生け垣に*夜露が降りた The ⌈*evening* [*night*] *dew* has fallen on the hedgerows.

よづり 夜釣り　night fishing Ⓤ (☞つり[1]).

¶彼は*夜釣りに出かけた He went *fishing at night.*

よつんばい 四つん這い　―動 (はって行く) crawl on hands and knees；(四つんばいになる) get on all fours ★後者は慣用的. (☞はう). ¶ほら穴に入るためには*四つんばいにならねばならなかった We had to *go on all fours* to enter the cave.

よてい 予定　**1** 《計画》 ―名 plan Ⓒ ★最も一般的な語；(きちんと時間を割り当てた計画) schedule Ⓒ；(事業や将来などの) program Ⓒ.　―形 planned；scheduled.　―動 plan ⑩；schedule ⑩；make a plan；(期待する) expect ⑩. (☞けいかく (類義語)；にってい；スケジュール).

¶「あすはお暇ですか」「いいえ*予定がぎっしり詰まっています」"Are you free tomorrow?" "No, I have a tight *schedule* for tomorrow."

あしたは特に*予定はありません I have no particular *plan* for tomorrow. / I have nothing in particular to do tomorrow.

あなたの将来の*予定について話してごらんなさい Tell me about your ⌈*plan* [*program*] for the future.

仕事の*予定を立てよう Let's *make plans* for the work.

飛行機は*予定より 2 時間遅れて到着した The plane arrived two hours behind ⌈*schedule* [*time*].

飛行機は*予定どおり飛び立った The plane took off *on* ⌈*schedule* [*time*].

今年の夏アメリカに行くご*予定ですか *Are* you *planning* to go to the United States this summer?　[語法] be planning to *do* で「…するつもり；…する計画[予定]」という意味. (☞-つもり)

その試合は月曜の午後に*予定されている The match *is scheduled* for Monday afternoon.

私たちは校門の所に集まる*予定だ We *are to* meet at the school gate.　[語法] be to *do* は「…する予定」と，かなりはっきりした予定を表すのに用いる.

列車は午後 2 時に到着の*予定です The train *is* ⌈*due* (to arrive) [*scheduled* to arrive] at two in the afternoon.

彼はあす東京着の*予定だ He *is expected* (to be) in Tokyo tomorrow.

出産のご*予定はいつですか When *are* you *expecting* your baby?

2 《準備・約束》 ―名 (前もっての手配) previous arrangement Ⓤ；(会合などについての日時の取り決め・約束) appointment Ⓒ.　―形 previously arranged, prearranged；appointed. (☞やくそく).

¶彼らは*予定を変更しなくてはならなかった They had to alter their *previous arrangement.*

彼女は*予定の (⇒取り決めた，約束の) 時間に来なかった She didn't come at the *appointed* time.

それは我々の*予定の行動ではなかった That was not our ⌈*planned* behavior [*prearranged* procedure].

予定どおり as (previously) ⌈arranged [planned]；according to ⌈plan [schedule].

¶儀式は*予定どおりに運んだ The ceremony was carried out *as planned.* ‖ 万事*予定

よ

どおりに運んだ Everything turned out *as* ⌜*arranged beforehand* [*previously arranged*]. **予定表** schedule Ⓒ.

よとう 与党 the ruling party (↔ opposition (party))《☞ 政治·経済 (囲み)》.

与党議員 Dietman [M.P.] ⌜of [who belongs to] the ruling party Ⓒ.

よどおし 夜通し throughout the night, all night (long), all [the whole] night through.《☞ しゅうや ; てつや》.

よどみなく 淀みなく (流ちょうに) fluently ; (雄弁に) eloquently.《☞ りゅうちょう》.

よどむ 淀む (停滞する) stagnate (自), become stagnant ; (沈澱する·させる) settle (at the bottom) (自)(他) ; (沈澱させる) deposit (他).《☞ ちんでん》. ¶ 湿地に水が*よどんでいた The water *stagnated* in the swamp. // 手おけの底におりが*よどんでいた The dregs *were* ⌜*deposited* [*settled*] at the bottom of the pail.

よなか 夜中 ―[副] at night, in the night ; (真夜中ごろ) about midnight ★ midnight は普通午前0時のこと ; in the middle of the night ★ 時刻には直接関係なく「夜中に」の意 ; (夜遅く) very late at night.《☞ よる[1] ; まよなか》.

¶ *夜中の1, 2時ごろ in the small hours [語法] small hours はだいたい午前1時から4時ぐらいの間. // 私は*夜中に数回, 目を覚ました I awoke several times ⌜*in the night* [*during the night*].

よなが 夜長 (長い夜) long night Ⓒ《☞ よる[1]》. ¶ 秋の*夜長はよく読書を楽しんだものだ I used to enjoy reading during the *long nights* of ⌜fall [autumn].

よなよな 夜な夜な ―[副] night after night, every night.

よなれた 世慣れた (世才のある) worldly-wise ; (都会的な·すれた) sophisticated [語法] この語は「洗練された·しゃれた」というよい意味もある.《☞ せさい》.

¶ 彼は若いのに*世慣れている He is rather *worldly-wise* for a young man. // 田舎から都会に出てくる純真な娘も2, 3年たつと*世慣れてくる The naïve girls who come to large cities from the rural districts *get sophisticated* in a few years.

よにげ 夜逃げ ―[動] run away by night (自).

よねつ 余熱 retained [remaining] heat Ⓤ ; (廃棄熱) waste heat Ⓤ.《☞ ぬくもり》.

よねん 余念 **余念がない** ¶ 子供たちは遊びに*余念がなかった (⇒ 夢中だった) The children *were absorbed in* their play.

よのなか 世の中 (世間) the world ★ the を付けて単数扱いにすることが多い ; (人生) life Ⓤ ; (時勢) times ★ 通例複数形で ; (時代) age Ⓒ ; (社会) society Ⓤ ; (漠然と世の中の事情) things ★ 複数形で. 口語的.《☞ よ[1] ; せけん ; しゃかい》.

¶ 彼女は*世の中のことを知らない She ⌜knows nothing [is ignorant] of *the world*. // 彼は新聞記者として*世の中に出た He went out into *the world* as a (newspaper) reporter. / He began his *life* as a (newspaper) reporter. // *世の中とはそういうものだ (⇒ それはそういう風である) That's the way it is. // 戦争以後, *世の中がずいぶん変わった *Times* [*Things*] have changed greatly since the war. // いまは原子力の*世の中だ This is the *age* of atomic energy. // 彼は*世の中をよくするために努力している He is working hard to improve our *society*.

よは 余波 (事件などの) aftereffect Ⓒ ; (影響) aftermath Ⓒ ; (暴風雨の) trail Ⓒ.

¶ 戦争の*余波 the *aftermath* of the war // 台風の*余波で (⇒ 台風による雨のため) 川の水かさが増した The river has risen due to the rain from the typhoon passing near by.

よはく 余白 (ページなどの) margin Ⓒ. ¶ 彼はその語の意味についての注を*余白に書きとめた He wrote down a note on the meaning of the word in the *margin*.

よび 予備 ―[形] spare. ¶ *予備のタイヤ a *spare* tire // *予備の部品 *spare* parts **予備交渉** preliminary negotiation Ⓒ **予備室** spare room Ⓒ **予備知識** (初歩的な知識) elementary knowledge Ⓤ ; (基本的な知識) basic knowledge Ⓤ **予備費** reserve fund Ⓒ.

よびあげる 呼び上げる call ⌜out [up] (他)《☞ よぶ ; よみあげる》. ¶ 彼は合格者の名前を*呼び上げた He *called out* the names of the successful candidates.

よびあつめる 呼び集める call together (他)《☞ よぶ ; あつめる ; よびよせる》. ¶ 父は家族全員を*呼び集めた Father *called together* all the members of the family.

よびおこす 呼び起こす (目を覚まさせる[覚ます]) wake up (他)(自)《過去 woke up, waked up ; 過分 woken up, waked up》, awake (他)(自)《過去 awoke, awaked ; 過分 awaked, awoke》, waken (up) (他), awaken (他) [語法] 第1, 第2は (自)(他) いずれにもなるが, 本来は (自) であるのに対し, 第3, 第4は本来の (他). wake up が最も口語的 ; (記憶を) call ... to mind ; (人に…を思い出させる) remind (*a person*) of ...《☞ おこす[1]》.

¶ 私は真夜中にだれかの助けを求める声で*呼び起こされた I *was* ⌜*woken up* [*wakened* (*up*) ; *awaked* ; *awakened*] at midnight by someone's call for help. // そのカレンダーの絵は私にヨーロッパ旅行の思い出を*呼び起こした The picture on the calendar *reminded* me *of* my trip to Europe.

よびかけ 呼び掛け (訴え) appeal Ⓒ ; (会話で敬称·愛称を用いた話しかけ) (personal) address Ⓒ. ¶ その団体は世界の反核運動家と平和を愛する人々への*呼びかけを行っている The organization is making an *appeal* to antinuclear activists and the peace-loving people in the world.

よびかける 呼び掛ける (大声で叫ぶ) call (out) to ... ; (注意を引くために大声で呼ぶ) hail (他) ; (訴える) appeal to ...《☞ よぶ ; はなしかける ; うったえる》.

¶ 通りで見知らぬ人が私に*呼びかけてきた A stranger ⌜*hailed* [*called* (*out*) *to*] me on

呼　び　か　け

1　日本語と英語の違い

日本語で「先生,おはようございます」と言うときの「先生」に当たるのが呼びかけ(address)であるが,日本語と英語の呼びかけ方にはかなりの違いが見られる. そのことは上にあげた日本語のあいさつをそのまま英語に直して,"Teacher, good morning." とすることはできないということでも察しがつく.

(1)　英語の呼びかけの特徴

まず,第1に大切なことは,英語の呼びかけは普通は文の終わりに置かれるということである. もちろん, 日本語でも「おはようございます, 先生」のように呼びかけを文の終わりに置くこともあるが,あまり普通ではない.

第2として,日本語より英語のほうが,はるかに多く呼びかけを用いるということである. 上の例でも,「先生,おはようございます」のように,日本語で呼びかけをつけるときは,何となく,相手の注意を喚起している感じがある. つまり,先生がもしかしたら自分に気がつかないのではないかという状況があるときに,日本語ではしばしば呼びかけが使われる. それが,日本語の呼びかけが普通文頭に置かれる大きな理由であると考えられる. 従って,相手の注意を喚起する必要のない場合には日本語ではあまり呼びかけを用いず,「おはようございます」とだけ言ってすませてしまう. ところが,英語では呼びかけは単に相手の注意を喚起するためだけではなく,親しみを表すためにもしばしば使われるのである.

特に英語の呼びかけの典型的な型として,文の終わりに相手の名または愛称などを入れ,上り調子で "Good morning,↘ Emily.↗" のような言い方をするが,この場合は相手の注意を喚起しているのではなくて,相手の名を呼ぶことによって親しみの気持ちを表しているのである. もちろん日本語でもそのような呼びかけの使い方がないわけではなく,また英語でも,単に,"Good morning." とだけ言って呼びかけを使わないことも往々にしてある. しかし,一般的な傾向を言えば,英語では日本語よりもずっと多く呼びかけを使うということができる. 従って,日本語の会話を英訳するときには,対話している人々の関係や前後の状況に応じて,たとえ日本語にはなくても,英語の訳には呼びかけを入れたほうがよい場合がしばしばあるということを認識しておく必要がある.

(2)　人の名・職名に対する呼びかけ

第3に大切なこととして,呼びかけに使われる人の名や職業の名称について,日本語と英語との間には相違があることである. 冒頭にあげた,「先生,おはようございます」についていうと,この「先生」を普通 teacher と訳すことはできない. 状況によっては英語の teacher も呼びかけとなり得るが,生徒が先生に向かって使う呼びかけは普通,Mr. Tanaka, Miss Aoki, Mrs. Yamada のように Mr., Miss, Mrs. を付けた姓を用いるのが英語の習慣であり,姓を用いないときは,男の先生に対しては sir,女の先生に対しては ma'am を用いる. 従って,「先生,おはようございます」の英訳は,"Good morning,↘ Mr. Tanaka.↗" のようになるか,あるいは,"Good morning,↘ sir.↗" のようになる.

ところで,日本語では,呼びかけとして名前を使うときは主として姓を用いる. もちろん家族の間などでは「一郎」「よし子」「いっちゃん」「よっちゃん」などが用いられるのは当然であるし,子供の仲よし同士でも姓でなく名を呼びかけに使う. しかし,学校の生徒同士の間では「青木」「鈴木」などの姓で呼び合うのが一般的であるし,まして大人同士では通例は姓を用いる. ところが英語では,Mr., Miss などを付けて姓で呼び合うのは,かなり遠慮を置いた間柄で,少し親しくなるとすぐに名 (Christian name, first name, given name) の呼び合いに移行する. こういう人間関係を first-name terms (＝名で呼び合う間柄) という. 先に述べたように,英語の呼びかけが,主として親しみを表すためであるから,これは当然のことであるといえよう. 従って,日本語を英訳するときには,これをどのように扱うかが問題となる. しかし,日本文に「田中さん,おはよう」とだけあって,名が記されていない場合には名を使って英語の型にはめて訳すことは不可能であるし,またそのような深く習慣に根ざした表現まですべてを英語に訳す必要はないことが多い. しかしながら,クラスメート同士が "Good morning, Miss Tanaka." というようなあいさつを交わしている英語表現は,英米人の耳にはかなり奇妙に響くという事実は心得ておく必要がある.

さらに,呼びかけに使う名について,もう一つの日英の相違は,職業が呼びかけに使われる場合である. この場合には,英語でも日本語と同じく,親しみではなく,注意を喚起するための呼びかけである. 日本語では,「郵便屋さん」「おまわりさん」「電気屋さん」「本屋さん」「大工さん」など,ほとんどの職業が呼びかけに使われるが,英語ではその点が日本語と違っている. そのようなことを含めて,次に,姓名以外が呼びかけに使われる場合をあげてみよう.

2　呼びかけの種類

(1)　親族・家族間の呼びかけ

以下の呼びかけ語は,冠詞なしで,書くときは大文字で始め,固有名詞と同じ扱いになる.

お父さん	Father, Dad, Daddy
お母さん	Mother, Mom, Mummy
おじいさん	Grandfather, Granddad, Grandpa
おばあさん	Grandmother, Granny, Grandma
おじさん	Uncle, Uncle ...
おばさん	Aunt, Aunt ..., Auntie

以上のうち,「お父さん」から「おばあさん」までのものは,それぞれ後のものほどくだけた呼び方

よ

で，第３番は小児語である．日本でも，大人になっても小児のときの呼称を使う人もいる．その点は英米でも同じとみてよいが，一般に大人が父母を呼ぶときは Father, Mother または Dad, Mom が使われる．なお Papa, Mama または Mamma はあまり用いられず，地方によっては Pa (＝Father), Ma (＝Mother) を使うところもある．

また，同一家族，親族内での兄弟・姉妹・夫婦間は，名前 (first name) またはその愛称で呼び合うのが普通で，「お兄さん」「お姉さん」に相当する表現はしない．「おじ」「おば」は uncle, aunt の後に名前を付けて呼ぶこともある．
ただし，家族の中で，夫婦間は名のほかに，dear, my dear, honey, darling など，また両親が男の子には son, 女の子には dear, honey などを使うことも多い．また，父親が娘に改まって young lady, 息子に sir を使ったり，John Brown のように氏名を略さずに言うこともあるが，これは多く，小言を言うときである．《☞ 親族関係 (囲み)》

（２） 職業・職名による呼びかけ

お医者さん	doctor
看護婦さん	nurse
運転手さん	driver
給仕さん	(男) waiter ; (女) waitress
船[機]長さん	captain
交換手さん	operator
議長	chairman ★男は Mr., 女は Madame を付けて用いる．
大臣	minister

★「おまわりさん」は Officer.「先生」は生徒・児童が先生に対する場合は Mr.…, Miss …, Mrs. … と呼ぶのが普通．

上にあげたように，英語でもかなりの職業名がそのまま呼びかけに使えるのであるが，日本語のように，ほとんど何でも使えるというわけではない．もちろん，英語でも，軍隊とか，多くの職種の技術者が総がかりで行うプロジェクトとかでは職種名がそのまま呼びかけに使われるが，普通の市民生活ではそうではない．

例えば，建築工事の大工さんに，日本では「大工さん，お茶を１杯どうぞ」でよいが，これを英語にして “Have a cup of tea, carpenter.” とは言えない．同じことは「郵便屋さん」「電気屋さん」「植木屋さん」「本屋さん」など多くのものに当てはまる．英語では，このような場合に名前を呼ぶ以外には呼びかけの方法がない．自分の家の工事をしてくれている大工さんなら，当然名前は知っているであろうし，いつも配達してくれている郵便屋さんも英米では互いに名を知っていることが多いから，それでうまくゆくのである．日本語を英訳するときは，「大工さん」式の呼びかけは，英語に直すときには省いてしまうよりほかに方法がない．

では，英語では最初にあげた職業名以外はまったく呼びかけに使えないかというと，そうではない．親しみをまったく抜きにした純粋のビジネスの世界では，仕事のために人を呼ぶという状況なら職名を呼びかけに使ってもかまわない．前に述べた軍隊とか，プロジェクトチームなどの場合も同様であるが，日常の生活で代表的なものはサービス業であろう．「給仕さん」 Waiter!, 「交換手さん」Operator! などが呼びかけに用いられるのはそのためである．そのほかに，病院，法廷，会議などもそういう範囲に入るが，例えば法廷の裁判長などの場合は Your Honor! カトリック教会の神父なら Father! のように，尊敬を含めた特別の呼びかけ方の決まっているものもある．

（３） 一般の個人に対する呼びかけ

名前を呼ばない場合は，一般に，
(男性) sir
(女性) ma'am
である．元来，sir は目上の男性，ma'am は女性一般の敬称で，例えば学校の先生などに対して生徒がこれらを用いるのはその用法であるが，現在では，目上・目下というよりも，一つは見知らぬ人に対する敬称，いま一つは商業関係で，売手の側が客に用いる敬称というのが最も一般的な用法である．《☞ 丁寧な表現 (欄外)》．

以上のほかに，

《大人が男の子に》	boy, my boy, son
《大人が女の子に》	girl, my girl
《年配者が青年に》	young man
《年配者が若い女性に》	young lady

などがあり，またあまり上品でない呼びかけとして，

《見知らぬ男性に》	mister
《見知らぬ若い女性に》	miss
《見知らぬ女性一般に》	lady ★特に《米》．

などがある．

（４） 特定のグループ・集団に対する呼びかけ

皆さん

《小・中学生など》	boys and girls
《クラス全体に向かって》	class ★高校以上ではほとんど用いない．
《学生に向かって》	students
《学生が学生に向かって》	friends
《口語的に》	everyone, everybody ★前者のほうがより普通．後者はやや子供っぽい感じ．

《大人のグループに対して改まった場合》

(a) (男性のみ)	Gentlemen
(b) (女性のみ)	Ladies
(c) (男女混合の場合)	Ladies and Gentlemen ★グループに対する最も一般的な呼びかけ方．

来賓の方々	distinguished guests
同僚諸君	colleagues, fellow workers
同胞諸君	fellow countrymen

（５） その他

注意を喚起するための呼びかけとしては以上のほかに次のようなものがある．

ちょっと，失礼ですが	Excuse me.⤴ ★道を尋ねたりするとき.	おーい	Hey! ★多少ぞんざい.
もしもし	Hello. ★電話で.	もしもし，ちょっと	《米》Say.，《英》I say.

対話例

A：田中さん，こんにちは	A：Hello, (Mr.) Tanaka.
B：やあ，こんにちは	B：Hi. How are you?

A：ゆみ子ちゃん，どこにいるの	A：Yumiko! Where are you?
B：お母さん，私ここよ	B：I'm here.
A：ここってどこ	A：Here? Where?
B：居間よ	B：In the living room.
A：ちょっと台所で手伝ってくれる	A：Will you help me in the kitchen, dear?
B：いいわよ．いますぐ行くわ	B：All right, ⌈Mom [Mother]. I'll be there right away.

A：大西君	A：Onishi.
B：はい	B：Yes, sir.
A：この黒板の英語の文を読みなさい	A：Read the English sentence on the blackboard.
B：はい．*I like English.*	B：Yes, sir. *I like English.*
A：よろしい	A：Good.
B：先生，質問があります	B：Sir? May I ask a question?
A：何だね	A：What is it, Onishi?

the street. // 市長は難民を助けるように全市に*呼びかけた The mayor *appealed to* the whole city to help the refugees.

よびこう 予備校 preparatory school Ⓒ；(詰め込み勉強のための) cram(ming) school Ⓒ [参考] 前者は大学進学向けの私立高校を指し，日本のものと実質が違うので，誤解を招きそうなときは説明が必要．また後者は「塾」の訳としても用いることができる.《☞ じゅく；学校・教育(囲み)》.

よびごえ 呼び声 (呼ぶ声) call Ⓒ；(叫び声) cry Ⓒ. **呼び声が高い** (評判である) be much talked of. ¶彼は目下次期総理の*呼び声が高い (⇒広くうわさされている[強く名前が出ている]) He *is* now ⌈*widely talked of* [*strongly mentioned*] as the next prime minister.

よびこみ 呼び込み (見せ物の呼び込みの人) barker Ⓒ.

よびすて 呼び捨て —動 (名字だけで呼ぶ) call *a person* by ⌈*his* [*her*] last name only《☞ 呼びかけ (囲み)》. ¶彼女は私を*呼び捨てにした She *called* me *by* my *last name only.* / (⇒"mister"を付けずに呼んだ) She *called* me *without* "*mister.*"

よびだし 呼び出し —名 (召喚) summons Ⓒ《複 ～es》★やや改まった語；(相撲の呼び出し係) crier Ⓒ. —動 call ㊉；summon ㊉；(ホテル・駅で呼び出す) page ㊉.《☞ しょうかん[1]；しゅっとう》.
¶彼は警察の*呼び出しに応じなかった He ⌈ignored [did not answer] the *summons* from the police. // 私は職員室に*呼び出しを食った (⇒呼ばれた) I *was summoned* to the teachers' room. // うちの電話は*呼び出しです (⇒隣家の電話を使わなければならない) I have to use my neighbor's telephone. // お*呼び出しを申し上げます．横浜の鈴木様，おいででしたらフロントまでお越し下さい *Paging* Mr. Suzuki of Yokohama. Mr. Suzuki of Yokohama, please come to the front desk.

よびだす 呼び出す (呼び寄せる) call *a person* ⌈to [before] …；(召喚する) summon ㊉ ★やや改まった語；(ホテル・劇場などで人を呼び出す) page ㊉；(電話口へ) call [ring] (up) ㊉.《☞ よぶ；よびよせる；しょうかん[1]》.
¶彼らは再び裁判所に*呼び出された They *were summoned to* court again. // 彼はカンニングが見つかって，先生の前に*呼び出された He was caught cheating in the exam and *was called* ⌈*to* [*before*] his teacher. // 彼女はホテルのロビーで夫を*呼び出してもらった She *had* her husband *paged* in the hotel lobby.《☞ 使役 (囲み)》// 私は彼に彼女を電話口に*呼び出してもらった I asked him to *call* her *to* the telephone. // 私は電話で事務所に*呼び出された I *was called to* the office by telephone.

よびつける 呼び付ける (呼び出す) call *a person* ⌈to [before] …；(召喚する) summon ㊉ ★やや改まった語.《☞ よびだす》.
¶彼は社長に*呼びつけられた He *was called* ⌈*to* [*before*] the president.

よびとめる 呼び止める (呼んで止める) call to *a person* to stop, call and stop …；(タクシーに手を上げて) flag ㊉；(誰何(すいか)する) challenge ㊉.《☞ よぶ；とめる[1]》. ¶私はその学生を*呼び止めた I *called to* the student

よ

to stop. // 我々は入口で警備員に*呼び止められた We were ⌈challenged [called to halt] at the entrance by a guard. // 彼女はタクシーを*呼び止めた She *flagged* a taxi.

よびな 呼び名 name Ⓒ; (別称) alias [éiliəs] Ⓒ. 《☞ なまえ; つうしょう[2]; べつめい》. ¶その機関車の*呼び名はヘラクレスだった Hercules was the *name by which* the locomotive *was* commonly *called*.

よびもどす 呼び戻す (呼び返す) call back (他); (召還する) recall (他); (家に) call *a person* home. ¶課長は休暇中の彼を*呼び戻した The manager *called* him *back* from his holiday. // 私は突然急用で家に*呼び戻された I *was* suddenly *called home* on urgent business. // 政府はその大使を*呼び戻した The government *recalled* the ambassador.

よびもの 呼び物 (番組・記事などの) feature Ⓒ; (人を引きつけるもの) attraction Ⓒ. 《☞ あっかん[1]; ハイライト》. ¶彼のパントマイムがそのプログラムの*呼び物だった His pantomime was the *feature* of the program. // その日第一の*呼び物は彼の曲芸飛行だった The chief *attraction* of the day was his stunt flying.

よびょう 余病 complication Ⓒ 《☞ 病気・病院 (囲み)》. ¶彼は*余病に肺炎を併発した He developed pneumonia as a *complication*.

よびよせる 呼び寄せる (呼ぶ) call (他); (呼び出す・召喚する) summon (他) ★ やや改まった語. 《☞ よぶ; よびだす》.
¶彼は電話で会員全部を*呼び寄せた He *summoned* all the members by telephone. // 彼は国から母を*呼び寄せた (⇒ 来てもらった) He *had* his mother *come to* town from home. // 彼は私を*呼び寄せて (⇒ そばへ呼んで) そっと耳打ちした *Calling* me *near* him, he whispered in my ear. 《☞ 分詞構文(欄外)》

よびりん 呼び鈴 bell Ⓒ; (戸口の) doorbell Ⓒ. 《☞ ベル》. ¶*呼び鈴が鳴っている There's the *bell*.

よぶ 呼ぶ **1** «声を出して»: (呼びかける) call (他); (大声で呼ぶ) call [cry] out (他)(自); (注意を引くために人などを大声で呼ぶ) hail (他). 《☞ よびかける》.
¶外でだれかが君を*呼んでいるよ Somebody *is calling* you outside. // 「ジャック」と彼は大声で*呼んだ "Jack!" he *called out*. // 彼女は大声で助けを*呼んだがだれにも聞こえなかった She ⌈*called* [*cried*] *out* for help, but no one heard her. // 名前を*呼んだのに, 彼は振り向きもしなかった (⇒ 全然私に注意を向けなかった) I *called* him by name, but he did not take any notice of me at all. // 名前を*呼ばれたら手を上げて下さい Please raise your hand when your name *is called*.
2 «呼び寄せる»: (来るように頼む・命令する) call (他); (だれかを呼びにやる) send ... for ...; (呼び出す・召集する) summon (他) ★ やや改まった語. 《☞ よびよせる; よびだす》.
¶医者を*呼んで下さい Please *call* ⌈me a doctor [a doctor for me]. // ガスが漏れているからすぐ修理の人を*呼びなさい The gas is leaking; *call* a repairman quickly. // 彼を電話口へ*呼んで下さい Please *call* him to the phone. / *Get* him on the phone, please. // 正夫に田中先生を*呼びにやらせました I *sent* Masao *for* Mr. Tanaka. // 警官はその事故の現場にすぐに*呼ばれた The policemen *were* immediately *summoned* to the scene of the accident. // バスがなかったので, 私たちは車を*呼ばなければならなかった As there was no bus service, we had to *call* a taxi.
3 «招く»: (招待する) invite (他); (注意を引く) attract (他). 《☞ まねく; しょうたい[1]》.
¶今度の土曜日にあなたをわが家の夕食にお*呼びしたい We'd like to *invite* you to dinner at our home next Saturday. // ライト夫妻をパーティーにお*呼びしています We'*re inviting* Mr. and Mrs. Wright to our party. // その発明は一般の人の関心を*呼んだ The invention ⌈*attracted* [*drew*] general attention.
4 «称する»: call (他). ¶これからは私を「やす」と*呼んで下さい <V (*call*) + O (人) + C (名前)> Please *call* me Yasu from now on.

よふかし 夜更かし —動 (夜遅くまで起きている) stay up (till) late (at night); (習慣的に夜更かしをする) keep late hours ★ 普通は朝寝坊も含む. ¶彼は時々読書で*夜更かしをする He sometimes *stays up late* ⌈reading [over a book]. // *夜更かしは体に毒だ *Keeping late hours* is bad for the health.

よふけ 夜更け —副 (夜遅く) late at night; (真夜中に) at midnight. 《☞ まよなか; しんや》. ¶彼女は*夜更けまで (⇒ 遅くまで) 起きていた She stayed up (*till*) *late*.

よぶん 余分 —形 (特別の・必要以上の) extra; (予備の・割愛できる) spare; (追加の) additional. —動 spare (他). 《☞ あまり[1]; よけい; よじょう; のこり》.
¶*余分な金は持ち合わせていません I have no ⌈*extra* [*spare*] money with me. / I have no money to *spare* with me. // 彼には*余分の収入がある He has an *additional* source of income. // 300円*余分に払った (⇒ 300円払い過ぎた) I paid 300 yen *too much*.

よほう 予報 forecast Ⓒ 《☞ てんき[1]; 天候の表現 (囲み)》.

よぼう 予防 —名 (防止) prevention Ⓤ ★ 具体的な防止策の意味では Ⓒ; (予防措置・用心) precaution Ⓒ ★ やや形式ばった語. —動 prevent (他). 《☞ ぼうし[2]; ふせぐ》.
¶*予防は治療に勝る *Prevention* is better than cure. 《ことわざ》 // 病気の*予防に手をよく洗いなさい Wash your hands well as a *prevention* against disease. // 12月1日から6日までは火災*予防週間です Fire *Prevention* Week is held from December 1 ⌈to [through] 6. // 彼らは伝染病に対してあらゆる*予防措置を講じた They have taken all the ⌈*precautions* [*preventive measures*] they can against epidemics. // ビタミンCは風邪を*予防すると考えられている Vitamin C is supposed to *prevent* colds.

よぼうせっしゅ 予防接種 (免疫にすること)

immunization Ⓤ, inoculation Ⓒ; (ワクチン注射などをすること) vaccination Ⓒ; (予防注射) preventive 「shot [injection] Ⓒ.

¶ あなたはチフスの*予防接種は受けましたか Did you get a *vaccination against* typhoid fever? / (⇒ 予防注射を受けたか) Have you 「gotten [received] a *preventive* 「*shot* [*injection*] *against* typhoid fever? 語法 against があるので, preventive は略してもよい. // あなたはコレラの*予防接種は受けていますか *Are* you *inoculated against* cholera?

よぼうちゅうしゃ 予防注射 preventive 「shot [injection] Ⓒ《☞ よぼうせっしゅ》.

よほど 余程 **1** «相当に» ―副 (大いに) very; (たいへん) greatly; (非常に) much, a great deal; (かなり) considerably ★ やや改まった語; (相当な程度に) to a great extent.《☞ そうとう; かなり; 強調の表現 (囲み); 強意語 (囲み)》.

¶ 彼女はその知らせに*よほど驚いたようだ She seems to have been *very* surprised at the news. // 彼の言葉が彼女を*よほど感動させたようだ It seems that his words *greatly* moved her. // あの男の子は君より*よほど速く本が読める That boy can read *much* faster than you. ★ 比較級を修飾するときは very でなく much.

2 «よくよく» ¶ *よほど彼に言ってやろうかと思った (⇒ もう少しで言うところだった) I *came very near to* telling him. // 彼は*よほどの事でもない限り学校を休みません He never stays away from school unless there is some very good reason.《☞ よくよく》

よぼよぼ ―形 (よろよろの) doddering; (体が弱っている) feeble.《☞ よわよわしい; 擬声・擬態語 (囲み)》. ¶ *よぼよぼのおじいさんが通りを歩いていた A 「*doddering* [*feeble*] old man was shuffling along the street.

よみ 読み (判断力) judgment Ⓤ; (予想) calculation Ⓒ.《☞ はんだん; よそう》.

¶ 彼の*読みはすばらしかった He showed excellent *judgment*. // 彼の*読みは当たった He *has guessed* right. / (⇒ 判断は結局正しかった) His *judgment* has proved to be right. // 彼らの*読みははずれた They failed in their *calculations*. // 彼は*読みが深い[浅い] (⇒ 未来を見通すことができる[できない]) He is 「able [unable] to *see far into the future*.

よみあげる 読み上げる (声を上げて読む) read 「out [aloud] ㊀; (名前を読み上げる) call out ㊀.《☞ よむ; よびあげる》. ¶ 先生は試験の結果を*読み上げた Our teacher *read out* the results of the test. // 彼はその名簿の名前を*読み上げた He *called out* the names on the list.

よみあわせる 読み合わせる (照らし合わせる) collate ㊀《☞ てらしあわせる》. ¶ 私は原稿と初校を*読み合わせた I *collated* the first proof with my manuscript. // 俳優たちは*読み合わせをした (⇒ 各自のせりふを読んだ) The actors and actresses *read* the dialogues of each part.

よみおわる 読み終わる (終わりまで読む) read through ㊀; (読了する) finish reading (a book).《☞ よむ; よみとおす》.

¶ その本を*読み終わったら貸して下さい Would you lend me the book when 「you *have read* it *through* [you'*re through with* it]? // やっとその本の3分の1を*読み終わりました I *have* just *read* a third of the book.

よみかえす 読み返す (...をもう一度読む) read ... 「over [again], reread ㊀; (繰り返し読む) read ... repeatedly.《☞ よむ》.

¶ そのレポートを*読み返しなさい *Read* the report 「*over* [*again*]. // この本は何度も*読み返す価値があります This book is worth *reading* 「*repeatedly* [*over and over again*].

よみがえる 蘇る, 甦る (生き返る) wake ㊂ ㊀; (息を吹き返す) come to life.《☞ いきかえる》. ¶ 草木は春*よみがえる Plants *wake* in (the) spring. // 彼は奇跡的に死から*よみがえった He 「*woke* from death [*came to life*] miraculously.

よみかき 読み書き ―名 reading and writing Ⓤ ★ 複数扱い; (読み書きの能力) literacy Ⓤ (↔ illiteracy) ★ やや改まった語. ―形 (読み書きのできる) literate (↔ illiterate).

¶ 世界中でかなりの人々が*読み書きができないといわれている It is said that a considerable number of the people in the world 「*can neither read nor write* [are *illiterate*]. // その国では国民の90%が*読み書きができる In that country 90 percent of the people 「*can read and write* [are *literate*]. / The *literacy* rate in that country is 90%.

読み書きそろばん the three R's ★ *r*eading, w*r*iting, and a*r*ithmetic (＝算数) の3つのRをとったもので, 基礎教育を指す.《☞ アポストロフィー (欄外)》.

よみかた 読み方 ―動 (読む) read ㊀; (解釈する) interpret ㊀; (発音する) pronounce ㊀. ―名 reading Ⓒ; interpretation Ⓒ; pronunciation Ⓒ.《☞ かいしゃく; はつおん》.

¶ この一節はいろいろな*読み方ができる This passage may *be read* in several ways. / This passage admits of several 「*readings* [*interpretations*]. // この単語の*読み方がわかりません I don't know *how to pronounce* this word. // この語には2つの異なった*読み方がある There are two different *pronunciations* for the word.

よみきる 読み切る (読み通す) read through ㊀; (読み終わる) finish reading (a book); (読み尽くす) read all ...《☞ よみとおす; よみおわる》. ¶ 私はその本を一気に*読み切った I 「*read through* [*finished reading*] the book at a 「stretch [sitting].

よみこなす 読みこなす (読んで理解する) read ㊀; (内容をこなして自分のものとする) digest ㊀; (内容をよく理解する) understand ㊀.《☞ よむ; りかい》.

¶ シェークスピアを*読みこなせる学生はほとんどいない Few students can really *read* Shakespeare. // この本を*読みこなすのにずいぶん長くかかった It took me a very long time to *read and digest* this book. // 彼はこの詩を*読みこなすのに十分な英語の知識がない He doesn't have enough knowledge of English to *understand* this poem.

よみせ 夜店 night「stall [booth] ⓒ. ¶お祭りにはこの通りに*夜店がたくさん出ます Many *night stalls* are set up along this street on festival days.

よみち 夜道 ¶女性の*夜道の一人歩きは危険だ (⇒夜一人で外出するのは危ない) It's dangerous for a woman to *go out* alone *at night*.

よみとおす 読み通す (終わりまで読む) read「through [over] (他); (最初から最後まで読む) read ... from beginning to end; (本を表表紙から裏表紙まで) read ... from cover to cover. 《☞ よむ; よみおわる; よみきる》.

¶彼はその小説を数回*読み通した He *read*「*through* [*over*] the novel several times. // 私はその本を始めから終わりまで*読み通した I *have read* the book *from*「*beginning to end* [*cover to cover*].

よみとる 読み取る (人の心などを読み取る) read (他); (解釈する) interpret (他); (言外の意味を読み取る) read between the lines ★「行間の(書いてない)意味を読み取る」という意味の慣用的表現. 《☞ よむ; かいしゃく》.

¶私は彼女の考えを*読み取った I *read* her thoughts. // 彼はその難解な文章を*読み取ることができなかった He could not *interpret* the difficult sentences. // 彼は言外の意味を*読み取ることができなかった He failed to *read between the lines*.

よみふける 読み耽る (読書に熱中する) be「absorbed [lost] in reading (...); (熟読する) pore over ... 《☞ ふける[1]》. ¶小説を*読みふけっていたので玄関のベルが鳴るのが聞こえなかった Since I *was*「*absorbed* [*lost*] *in reading* the novel, I didn't hear the doorbell ring.

よみもの 読み物 (本) book ⓒ; (本と雑誌) books and magazines ★読み物一般を指すので複数形で; (読む物) reading ⓤ. 《☞ よむ; ほん; きじ[1]》.

¶これは子供にはよい*読み物です This is a good *book* for children. // 教育的に好ましくない*読み物が多すぎて困る It is deplorable that there are too many educationally undesirable *books and magazines*. // 彼の随筆は楽しい*読み物だ His essay makes pleasant *reading*.

よむ 読む **1** «文字などを»: (本などを) read (他) (自) 《過去・過分 read [réd]》; (飛ばし読みする) skip (他); (新聞などをざっと見る・読む) scan (他); (むさぼり読む) devour [diváuər] (他); (経を読む) chant (他).

¶彼はその本を原書で*読んだ He *read* the book in the original.

彼女は子供に本を*読んで聞かせた <S(人)+V(*read*)+O(人)+O(本)> She *read* her child a book. / <S(人)+V(*read*)+O(本)+*to*+名(人)> She *read* a book *to* her child.

太郎はお母さんに本を*読んでもらった Taro *had* a book *read* (to him) by his mother. 《☞ 使役 (囲み)》

この参考書は高校生の間で広く*読まれていた This reference book *was* widely *read* by high school students.

この詩は*読んでみると散文のようだ This poem *reads* like prose. ★この read は (自) で「読んでみると…である; …と読める」という意味.

このパラグラフを2回声を出して*読みなさい *Read* this paragraph *aloud* twice.

私はその本を始めから終わりまで*読んだ I *read* the book from「beginning to end [cover to cover]. ★read from cover to cover は「表表紙から裏表紙まで読む」, つまり「読み通す」という意味の慣用表現.

彼は2行飛ばして*読んだ He *skipped* two lines.

彼女は目ぼしいニュースはないかと新聞をざっと*読んだ She *scanned* the newspaper for the news highlight.

《教室で》皆さん, 私の後について*読んで下さい *Read* after me, everyone.

お坊さんたちはお経を*読んでいます The priests *are chanting* a sutra [sú:trə].

気圧計の*読み方を教えて下さい Will you teach me how to *read* a barometer?

2 «理解する»: (人の心や顔色を読む) read (他); (推測する) guess (他). 《☞ よみとる; よみ》.

¶私は彼の腹が*読める I can *read* his thoughts. / I can *guess* what he means.

彼の手を*読みそこなった I failed to *guess* his move.

よめ[1] 嫁 **1** «息子の妻»: daughter-in-law ⓒ 《☞ 親族関係 (囲み)》. ¶*嫁は料理が上手です My *daughter-in-law* is good at cooking.

2 «(新婚の)妻»: (花嫁) bride ⓒ; (妻) wife ⓒ. 《☞ よめいり》. ¶何て美しいお*嫁さんでしょう What a beautiful *bride* (she is)! // 彼は一人娘を*嫁にやった He *married off* his only daughter. // あの娘は来週*嫁に行く That girl is to「*be married* [*marry*] next week.

よめ[2] 夜目 —副 (暗い所で) in the dark. ¶その塔は*夜目にもはっきり見えた The tower was clearly seen *in the dark*.

よめい 余命 ¶彼は*余命いくばくもない (⇒あと幾日[年]も生きられない) He has but a few「days [years] to live. / (⇒彼の(生きる)日は限られている) His days are numbered.

よめいり 嫁入り (結婚) marriage ⓤ; (結婚式) wedding ⓒ. 《☞ よめ[1]; けっこん[1]》.

¶加藤さんのところには*嫁入り前 (⇒結婚適齢期) の娘さんが1人います The Katos have a daughter *of marriageable age*.

嫁入り支度 (準備) preparations for marriage ★通例複数形で. 《☞ したく》. ¶彼女は*嫁入り支度で忙しい She is busy *preparing for marriage*.

よもぎ 蓬 mugwort ⓒ.

よもや ¶彼女が言ったことを*よもや本気で信じているのではないだろうね (⇒…と言うのではないだろうね) *You're not saying that* you believe what she said, are you? 《☞ 付加疑問(欄外)》 // よもや*本気ではあるまいね *Don't tell me* you are serious. 《☞ まさか》

よもやまばなし 四方山話 ―[動] (いろいろなことについて話す) talk about all ˹kinds [sorts] of things 《☞ せけん》.

よやく 予約 ―[名] (部屋・座席・切符などの) reservation Ⓒ ★ しばしば複数形で；《英》 (advance) booking Ⓒ；(出版物の) subscription Ⓤ；(商品の) advance order Ⓒ；(医者との) appointment Ⓒ. ―[動] make ˹reservations [《英》 bookings], reserve (他), 《英》 book (他)；make an appointment；(雑誌などを) subscribe to … 《☞ もうしこみ；やくそく》.
¶ 私はそのホテルに部屋を*予約した I ˹*reserved* [*booked*] a room at the hotel. / I *made* ˹*reservations* [*bookings*] for a room at the hotel.
そのレストランで 6 人分の食事の*予約をしました We *made reservations* for six people for dinner at the restaurant.
私はその雑誌の購読*予約をした I *subscribed to* the magazine.
《旅行社などで》「大阪のホテルの*予約をお願いしたいのですが」「かしこまりました」 "Will you arrange (for) my hotel *reservations* in Osaka?" "Certainly, ˹sir [ma'am]." 《☞ 旅行 (囲み)》

「予約センター」の掲示

《ホテルで》「今夜 1 泊したいのですが」「ご*予約なさいましたか」「いいえ, してありません」 "I'd like a room for tonight." "Do you have a *reservation*, sir?" "No, I don't." 《☞ ホテル (囲み)》
水曜日の午後 4 時に歯科医の*予約をした I *made an appointment* with my dentist for 4 p.m. on Wednesday.
彼はホテルの*予約を取り消した He canceled his *reservations* at the hotel.
*予約受付は 10 月 1 日より *Reservations* [*Bookings*] begin on October 1.
彼らはその機械の*予約注文を受けた They received an *advance order* for the machine.
これらの席は*予約済みです These seats *are reserved*.
予約金 deposit Ⓒ. ¶ 彼はそのアパートを借りるために 10 万円の*予約金を支払った He paid a *deposit* of one hundred thousand yen to rent the apartment. **予約購読者** subscriber Ⓒ **予約席** reserved seat Ⓒ.

よゆう 余裕 ―[名] (経費・時間などの) margin Ⓒ；(空間・場所のゆとり) room Ⓤ. ―[動] (金・暇がある) afford (他) ★ 普通 can と共に用いる. 《☞ ゆとり；よち[1]；よりょく》.
¶ 車で家へ帰るのに 1 時間の*余裕をみておいた I allowed a *margin* of one hour for driving home. // 駐車場には車を止める*余裕が全然なかった There was no *room* to park my car in the lot. // 新しい車を買う*余裕などありません I *cannot afford* (to buy) a new car. // 時間の*余裕があれば (⇒ さく時間をあなたがもっていたら) 博物館へ行きなさい Go to the museum if you *have time to spare*.
余裕しゃくしゃく ¶ 彼は*余裕しゃくしゃくとしている (⇒ 落ち着き払っている) He *is calm and composed*. 《☞ ゆうゆう》.

より 縒り **よりを戻す** make up (with …) (自) 《☞ なかなおり》. ¶ 彼は彼女と*よりを戻そうとしている He is trying to *make up with* her.
腕によりをかける ¶ 彼は*腕によりをかけてそれを作った (⇒ 彼の最高の技術で) He made it *using his best skill*. 《☞ うで》

-より **1** 《比較》 ―[接] (比較級の形容詞・副詞・rather などの後に続いて) than … ―[前] (prefer, superior, inferior などの後で) to …；(より上位に) above … 《☞ 比較の表現 (囲み)；むしろ[1]》.
¶ 彼は君*より背が高い He is taller *than* you.
姉のほうが僕*より早起きです My sister gets up earlier *than* I (do). / My sister is an earlier riser *than* I (am).
私は彼*より勤勉な人を知りません I don't know anyone more diligent *than* he (is).
このあたりは前*よりも交通が頻繁になった The traffic has become heavier here *than* before.
思った*よりも試験は易しかった I found the examination easier *than* I had expected.
外出する*よりは家にいたほうがいい I would *rather* stay home *than* go out.
引き受ける*よりほかはなかった I could do nothing other *than* accept it. / (⇒ 引き受けざるを得なかった) I could not *but* accept it.
彼は実業家という*よりはむしろ政治家です He is more of a politician *than* (of) a businessman.
私はスケート*よりスキーのほうが好きだ I prefer skiing *to* skating. / I like skiing better *than* skating.
このカーテンは品質においてはあれ*よりもはるかにすぐれている This curtain is ˹far [much] superior *to* that one in quality. / This curtain is ˹far [much] better *than* that one in quality.
彼はほかの何*よりも健康を重んじる He values health *above* everything else.
2 《基準・手段》：(…のもとに) under …；(…に従って) according to …；(…によって) by …, by means of … 《☞ -で[1]；よる[2]》.
¶ 彼は軽犯罪法に*より罰金刑に処せられた He was fined *under* the Minor Offence Law.
飲酒運転は交通規則に*より禁じられている Drunken driving is prohibited *by* traffic regulations.

思想は言葉に*より表現される Thoughts are expressed *by means of* words.
3 «場所・時間»: (…の地点から) from … ; (…以来) since … 《☞ -から》.

よりあい 寄り合い (会合) meeting Ⓒ 《☞ かい[1] (類義語)》. **寄り合い所帯** ¶ 私たちのチームは*寄り合い所帯 (⇒ 寄せ集めの[合併した]チーム) だから負けるだろう Our team will be defeated because it's a ⌈*scratch* [*combined*] team.

よりかかる 寄り掛かる (壁などにもたれる) lean ⌈against [on; over] … 語法 against は垂直面, on は水平面に対するとき, over は身を乗り出すようなとき; (頼る) lean [rely; depend] ⌈on [upon] … 《☞ もたれる》.
¶ 彼はドアに*寄り掛かっていた He *was leaning against* the door. // 彼女は彼の腕に*寄り掛かった She *leaned on* his arm. // 手すりに*寄り掛かってはいけません Don't *lean over* the rail. // 彼は万事両親に*寄り掛かっている He ⌈*leans* [*relies*; *depends*] *on* his parents in all things.

よりごのみ 選り好み — 形 (好みがやかましい) particular 《☞ えりごのみ》.

よりそう 寄り添う (近くに寄る) draw ⌈close [near] to … ; (暖かさ・愛情・保護を求めて体を寄せる) snuggle [nestle] ⌈against [up to] …
¶ 彼女は夫のそばに*寄り添った She *drew* ⌈*close* [*near*] *to* her husband. // 子犬たちは母犬のそばに*寄り添って寝ていた The puppies ⌈*snuggled* [*nestled*] ⌈*against* [*up to*] their mother.

よりつく 寄り付く (交際・依頼などの目的で人に近づく) approach 他 《☞ ちかづく》.
¶ 権力のある人にだれもが*寄り付こうとするものだ Every man tries to *approach* a powerful person. // 弱い者いじめをする者にはみんな*寄り付かない (⇒ 近寄らない) Everybody *keeps away from* a bully.

よ

よりどころ 拠り所 (特定の問題について信頼できる本) authority Ⓒ; (根拠) foundation Ⓤ; (出典・出所) source Ⓒ. 《☞ こんきょ; うらづけ》.
¶ 私は確かな*よりどころがあってそう言ったのだ I said it on good *authority*. // そのうわさには*よりどころがありません The rumor ⌈has no *foundation* [is without *foundation*]. // そのニュースには確かな*よりどころがある The news comes from a reliable *source*.

よりどり 選り取り — 動 (好きなものを選ぶ) have [take] *one's* pick. — 名 (好みの物) choice Ⓒ. 《☞ えらぶ》. ¶ *より取り見取りです *Have* [*Take*] *your pick*. // この古い雑誌は100円で*より取り見取りです (⇒ 100円で好みの物を取りなさい) Take [Make] your *choice* of these old magazines for a hundred yen.

よりによって ¶ *よりによってそんな日に結婚式があるなんて (⇒ たくさんある中からそんな日に結婚式をあげるなんて驚きだ) *Fancy* having their wedding on such a day of all days!

よりぬき 選り抜き — 形 (えりすぐった) choice; (注意深く選ばれて最高の) select ★ 後者のほうが前者より形式ばった語. — 名 choice Ⓒ; selection Ⓒ. 《☞ つぶより》.
¶ *より抜きの何人かがアメリカへ派遣された A few *select* people were sent to the U.S.A. // 彼らは*より抜きの (⇒ 最高の) 選手だ They are our *best* players.

よりみち 寄り道 — 動 (ちょっと立ち寄る) drop ⌈in [by] 自 語法 「人の所へ」は drop in on …, 「家に」は drop in at …, 「場所へ」は drop into … ; (途中でとどまる) stop on the way; (旅行の途中で) break *one's* journey; (列車・飛行機などを途中下車[降機]する) stop over (at …) 自, make a stopover (at …). 《☞ たちよる; よる[3]; まわりみち; みちくさ》.
¶ 太郎は学校からの途中, 僕のところに*寄り道をした Taro *dropped in* ⌈*at* my home [*on* me] on his way home from school. // 軽食を取るために道端のレストランに*寄り道をした I *dropped into* a roadside restaurant for a snack. // 彼はどこで*寄り道をしているのだろうか I wonder where he *is stopping on the way*. // おじが住んでいる名古屋に*寄り道をしました I *broke my journey* at Nagoya where my uncle lives. / I *made a stopover at* Nagoya where my uncle lives.

よりょく 余力 (蓄え・保有物) reserve Ⓒ; (お金[精力]の) money [energy] to spare Ⓤ. 《☞ よゆう》. ¶ 彼は*余力を貯えている He has a *reserve* of energy. // 彼は*余力を残してその仕事を仕上げた He finished the work with ⌈*energy* [*strength*] *to spare*.

よりわける 選り分ける (整理のために区分する) sort out 他; (分類する) classify 他. 《☞ えりわける》.

よる[1] 夜 (日の入りから日の出まで) night Ⓒ; (日の入りから就寝時まで) evening Ⓒ. 《☞ ばん[1] (類義語) 語法》.
¶ *夜のとばりが降りはじめた *Night* began to fall. / (⇒ 暗くなりはじめた) It began to get dark. 《☞ It の用法 (欄外)》
彼は*夜働く He works *at night*. 語法 at night は「昼でなく夜に」という意味で習慣的な事柄に用いられることが多い. in the night は「夜間に」「夜中に」の意味.
兄は*夜遅くまで勉強します My brother studies till late *at night*.
彼らは昼は休息し, *夜に旅をした They rested by day, and traveled *by night*. ★「昼間」の by day と対照的に用いられる.
*夜もだいぶ更けた The *night* is far advanced. 《☞ ふける[3]》
*夜になったばかりだ The *night* is still young.
土曜の*夜は楽しかった We had a good time *on* Saturday *night*. 語法 「…日の夜に」の場合の前置詞は on.
私はきのうの*夜彼の所へ行った I called on him *last night*. 語法 next, last などが付く場合は前置詞は付けない.
彼は*夜も昼も彼女のことを考えている He thinks of her ⌈*night* and day [day and *night*].
あしたの*夜会合があります There will be a

meeting tomorrow *evening*.
【参考語】(祭日や宗教上の特別な日の前夜) eve Ⓒ; (たそがれ時) twilight Ⓤ; (夕やみ) dusk Ⓤ; (真夜中・12時) midnight Ⓤ; (漠然と夜中) the middle of the night; (夜中の12時から3時ごろまでの間) small hours ★ 複数形で; (夜更かしする人・夜型の人) night owl Ⓒ.

よる² 因る, 依る, 由る **1** «依存»: (…次第である) depend ⌈on [upon] … 《☞ しだい¹》.
¶ 成功するかどうかは君たちの努力に*よる Your success *depends* ⌈*on* [*upon*] your efforts. // すべては彼の出方に*よる Everything *depends* ⌈*on* [*upon*] what he does. // その仕事を引き受けるかもしれないが, 場合に*よる I may undertake the task, but *that depends*.
2 «根拠» ―動 (基づく) be ⌈based [founded; grounded] ⌈on [upon] … ―前 (言葉・引用などによると) according to…; (命令・規準・判断に従って) by …; (法令・規則に従って) under … 《☞ もとづく》.
¶ 彼の意見は彼の経験に*よるものだ His opinion *is* ⌈*based* [*founded*; *grounded*] *on* his experience. // 彼の話に*よると, 彼はアメリカへ行くらしい *According to* his account, he is going to America. // 人を外見に*よって判断してはいけません Don't judge a person *by* ⌈appearance [his looks].
3 «原因・理由» ―動 (原因である) be caused by … ―前 (…のために) due to …, owing to … 語法 いずれも同じように用いられるが, due は本来形容詞であるため, 副詞句には用いず述語的に用いたほうがよいとされる. しかし実際の用法ではそのような区別はなされないことが多い; (特によくない理由で) through … ★ 強調的; (…の理由で) because of …, on account of … ★ 後者のほうが形式ばっている. 前者は最もはっきりと理由を表す言葉. 《☞ -より; 理由の表し方 (囲み)》.
¶ 火事は漏電に*よるものだった The fire *was caused by* a short circuit. // その事故は彼らが自転車を2人乗りしていたことに*よるものだった The accident was *due to* their riding double. // 濃霧に*より, すべての飛行機は離陸が不可能になっている *Owing to* [*Due to*] a dense fog, all planes have been grounded. ★ 上の 語法 にあるように, due to のこのような用い方はよくないという意見もある. // すべては彼の不品行に*よるものだった It all happened *through* his bad behavior. // 雨に*より試合は延期になった The game was postponed ⌈*because of* [*on account of*] rain.
4 «手段・方法»: (手段によって) by …, by means of … 《☞ -で¹ (類義語)》. ¶ 思想は言葉に*よって表現される Thoughts are expressed *by means of* words. // 手紙に*よってやっと彼に連絡がついた At last I got in touch with him *by* letter.
5 «行為者»: by … 《☞ 受身 (囲み)》. ¶ アメリカはコロンブスに*よって発見された America was discovered *by* Columbus. // 私たちは同じ建築家に*よる美術館を訪れた We visited an art museum built *by* the same architect.

よる³ 寄る **1** «接近する»: (近くに来る[移動する, 行く, 引かれる]ように寄る) come [move; go; draw] ⌈close [near] 自 《☞ ちかづく》.
¶ もっとこっちのほうに*寄りなさい *Come* ⌈*closer* [*nearer*] over here. // 崖の縁に*寄りすぎてはいけません Don't *go* too ⌈*close to* [*near*] the edge of the cliff. // 私たちは暖まるためにストーブのそばに*寄った We *drew near* (to) the stove to get warm.
2 «立ち寄る»: (ぶらりと来てちょっと立ち寄る) drop in 自; (ちょっと訪問する) drop by 自. 《☞ よりみち; たちよる》.
¶ お近くにお出かけの際はどうぞお*寄り下さい Please *drop in* and see us if you happen to ⌈come around here [be in the neighborhood]. 《☞ 訪問の表現 (囲み)》 // 夕方になると彼はよくそのバーに*寄る In the evening he often *drops into* the bar. 語法 「場所」に立ち寄るときは into … を用いる.
3 «集まる» ¶ *寄るとさわると (⇒ 人がお互いに会うといつでも) そのうわさで持ちきりだ *Whenever* they ⌈*see one another* [*come together*], the air is filled with the rumor. // 3人*寄れば文殊の知恵 Two heads are better than one. 《ことわざ: 頭2つのほうが1つよりよい》 // 女3人*寄ればかしましい Three women (and a goose) make a market. 《ことわざ: 女が3人(とガチョウ1羽)で市ができる》 // 彼らは*寄ってたかってその少年をいじめた (⇒ 少年をいじめるのにみんな加わった) They joined in bullying the boy.

よる⁴ 選る (ある条件を満たすものを選ぶ) choose 他; (慎重に吟味して選ぶ) select 他; (類似の中から選ぶ) pick out 他. 《☞ えらぶ》.

よる⁵ 縒る twist 他 《☞ ねじる》. ¶ 彼女は糸を*よってひもを作った She *twisted* some threads (together) to make a piece of string. // こよりが*よれますか Can you *twist* paper into a string?

よるべのない 寄る辺のない ―形 (頼る者のない) helpless; (孤独な) friendless; (家のない) homeless. ―動 (頼る人がいない) have no person to depend on.

よれい 予鈴 the first bell. ¶ 生徒たちは*予鈴と共に教室に入った The pupils entered the classroom with *the first bell*.

よれよれ ―形 (使い古した) worn out ★ 叙述用法. 限定用法では worn-out. 《☞ 形容詞の2用法 (欄外)》; (すり切れてみすぼらしい) shabby. ―動 (よれよれになる) wear out 自 《過去 wore; 過分 worn》. 《☞ ぼろ; 擬声・擬態語 (囲み)》. ¶ 私のセーターは*よれよれです My sweater is *worn out*. // 彼は*よれよれのレインコートを着ていた He had on a ⌈*worn-out* [*shabby*] raincoat.

よろい 鎧 armor (《英》 armour) Ⓤ ★ 数えるときは a ⌈suit [piece] of armor とする.
¶ その武士は*よろいかぶとに身を固めていた The ⌈*samurai* [feudal warrior] was completely clad in *armor*.

よろいど よろい戸 shutter Ⓒ.

よろける (疲労や酒などでよろよろ歩く) stagger 自; (転びそうになってよろめく) totter 自; (物につまずいてよろける) stumble 自. 《☞ よろよろ; よろめく》. ¶ その酔っ払いは道路を*よろ

よ

けながら歩いた The drunk *staggered* along the road. // その老人は歩こうとして*よろけた The old man *tottered* when he tried to walk. // 彼は石につまずいて*よろけた He *stumbled* 「on [over] a stone.

よろこばしい 喜ばしい (願いがかなえられ満足な気分の) happy ★ 一時的なことにも永続的なことにも用いられる; (人に喜びを与える) joyful; (人を非常に喜ばすような) delightful; (うれしく思う) glad ★ 一時的な強い喜びを表す. 《☞ うれしい; めでたい》.

¶ 彼が志望の大学に入れたということは*喜ばしい I *am* 「*happy* [*glad*] to hear that he was admitted to the college of his choice.

よろこばす 喜ばす (喜びや満足を与える) please ㊍; (大喜びさせる) delight ㊍; (幸福にする・満足させる) make ... happy; (満足や楽しみを与える) give pleasure to ...

¶ 彼を*喜ばせるのはなかなか難しい He is very hard to *please*. / It's very hard to *please* him. // 私たちの贈り物は彼女を*喜ばせた Our present 「*delighted* her [*made* her *happy*]. // その観光旅行は年取った両親を*喜ばせた The sightseeing tour *gave pleasure to* my old parents.

よろこび 喜び (有頂天にさせるような喜び) joy Ⓤ; (喜び一般, 満足から興奮を伴う喜びまで) pleasure Ⓤ; (突然の大きな喜びや長く続く強い喜び) delight Ⓤ; (我を忘れた喜び・狂喜) rapture Ⓤ. 《☞ 感情の表現 (囲み)》.

¶ 彼女の顔は*喜びにあふれていた Her face [She] beamed with 「*joy* [*delight*]. // 彼女は息子の生還の知らせを聞いて*喜びのあまり泣いた She cried for *joy* when she heard the news that her son had returned home alive. 語法 for は原因・理由を表す. // 彼の家族は大*喜びで私を迎えてくれた His family welcomed me with real *delight*. // 子供たちはクリスマスプレゼントに大*喜びだった The children were in *raptures* 「about [over] their Christmas presents. 語法 rapture は慣用的にしばしば複数形で用いられる.

よろこぶ 喜ぶ (一時的な強い喜びや満足感を表して) be glad 「at [about; of] ...; (気に入って喜ぶ) be pleased 「at [with] ... ★ 意味が広く, あまり強い意味ではない; (大いに喜ぶ) be delighted 「at [with] ... ★ delighted は pleased より意味が強い; (大きな喜びを表して) rejoice 「at [over] ...; (喜んで…する) be willing to *do*, be delighted to *do* 語法 前者は「自分から進んで」の意が強く, 後者は何かをすることが強い喜びであることを意味する. 《☞ うれしい; 感情の表現 (囲み)》.

¶ 彼らはその知らせを聞いて*喜んだ They *were* 「*glad* [*pleased*; *delighted*] *at* the news. 語法 at は「…を聞いて; …に接して」という意味のとき. // 彼女は私の贈り物をたいへん*喜んだ She *was* very 「*pleased* [*delighted*] *with* my gift. 語法 with は「気に入って, 満足して喜ぶ」という意味のとき. 修飾語は much よりも very のほうが普通. // 彼女は息子の成功を*喜んだ She *was glad* 「*of* her son's success [that her son succeeded]. // あなたのためになら*喜んで何でもいたしましょう I'*m willing* [I'll *be delighted*] *to* do anything for you. // 「もしお暇なら将棋を一局いかがですか」「ええ, *喜んでお相手しましょう」"If you have time, will you play Japanese chess with me?" "Yes, *with pleasure*. / Yes, I'll *be happy to*. / Yes, I'll *be delighted to*." 語法 答えの文はこの順に意味が強くなる.

よろしい 宜しい **1** 《適当》: (よい・承知した) O.K., OK, all right ★ 前者のほうがより口語的; (よい・結構な) fine, good; (承知しました・結構です) very well ★ かなり形式ばった答え; (役に立つ・間に合う) ... will do ★ do は ㊎. 《☞ よい[1]; けっこう[1]; オーケー》.

¶ それで*よろしい *O.K.* / *OK.* / *All right.* / That's 「*fine* [*good*]. // 「あなたにすぐにそれをやっていただきたいのですが」「*よろしゅうございます」"I'd like you to do it right away." "*Very well*, sir." // 「えんぴつを貸してくれませんか」「ボールペンで*よろしいですか」「ええ, それで結構です」"Will you lend me a pencil?" "*Will* a ball-point pen *do*?" "Yes, it will do."

2 《許可》: (…してもよい) may, can 語法 You may ... よりは You can ...のほうが調子が柔かく, 質問の場合は May I ...? が Can I ...? より丁寧とされる. 《☞ 許可の表現 (囲み); 依頼の表現 (囲み); よい[1]》.

¶ もう家に帰っても*よろしい You 「*may* [*can*] go home. // 「窓を開けても*よろしいですか」「いいですとも」"*May* I open the window?" "Certainly. / Of course. / Yes, please do." / (⇒ かまいませんか) "Do you *mind* 「if I open the window [my opening the window]?" "Nó, nòt at áll. / Of cóurse nòt."

よろしく **1** 《適当に・よいように》 ★ 日本語の「よろしく」はその意味・用法・発想において非常に日本語的で, 独特のものを持っている. 従って, この語をそのまま英訳しようとすると, かえって不自然でわかりにくい英語になってしまうことが多い. この点に注意し, 以下の用例中の 語法 の注意も参考にして, 前後関係を考えて意訳するなり, または省略するなりしなくてはならない. 《☞ 日本語と英語 (欄外); 翻訳 (欄外)》.

¶「はじめまして. 私が青木一郎です」「はじめまして. 私は山田三郎です. どうか*よろしくお願いします」"I'm Ichiro Aoki. How do you do?" "How do you do? I'm Saburo Yamada, *Very glad to meet you*." 語法 初対面の人に向かって言う「どうぞよろしく」は上のように「お会いできてうれしい」(Very glad to meet you.) に当たると考えてよい. 《☞ 紹介 (囲み)》「よろしい. 引き受けましょう」「ありがとうございます. ではどうか*よろしくお願いします」"OK. I'll do that." "Thank you very much." 語法 こういう場合の「どうかよろしく」は英語にはぴったりの表現がないので, 英訳では無視して省略するほうがよい. よく, I hope you will do your best. (＝あなたは最善を尽くして下さると思います) とか, Please do as you think fit. (＝あなたがよいと思うようにして下さい), あるいは I leave it to your good judgment. (＝それをあなたの良識ある判断にゆだねる) などと訳してあるものを見かけるが，このような表現は英語としては蛇足であるだけでなく，相手に対してだめ押しをしているような失礼な響きがあることに注意．もし感謝の言葉に続けて何か言うとすれば，「引き受けていただいて本当にうれしい」I'm very「glad [happy] that you have accepted our request. のような表現にすべきである．

これは息子の正一ですが，*よろしくご指導をお願いします This is my son Shoichi. I hope he will work hard. 語法 息子が実際に勤勉であると信じていればこのように言うことができるし，実際に忠告や指導が必要と感じていれば I think he needs a lot of guidance and advice from you. のように言ってもよい．英語では，自分や自分の身内のことを謙遜(けんそん)して言うこともちろんあるが，どちらかというと自己宣伝をする場合のほうが多い．従って，必要以上に卑下して言わないほうがよい．またこの例文では「どうかよろしくご指導下さい」を直訳して Please guide him in a proper way. などとしてはならない．これは相手に失礼な表現となるからである．

*よろしくご支援のほどお願いします (⇒ あなたの支援を待ち望んでいます) We *look forward to* your support.

この会の入会を*よろしくお取り計らい下さい (⇒ 入会させていただければ感謝します) I would *appreciate* it if I could be enrolled as a member of the Society.

その辺のところを*よろしくお願いします ★ 適当な英語表現がない．従って英訳する必要はない．

《話の終わりなどで》では，万事*よろしくお願いします Thank you very much.

2 «伝言» ¶ ケンちゃんに*よろしくね Please *say hello to* Ken.

奥さんに*よろしくお伝え下さい Please *give my best*「*wishes* [*regards*] *to* Mrs. White. 語法 これは Mr. White に対して言う場合．一般に「奥さん」という場合はこのようにするのが your wife と言うよりも丁寧．

よろめく **1** «歩行»：(よろよろ歩く) stagger ㊀；(転びそうになって歩く) totter ㊀；(つまづく) stumble ㊀；(打撃などを受けて) reel ㊀. 《☞ よろける；ふらつく；よろよろ》. ¶ 病人は*よろめいて倒れた The sick man *staggered* and fell down. // 暗い部屋の中でいすにぶつかって*よろめいた I *stumbled* over a chair in the dark room. // 体にボールが当たって彼は*よろめいた He *reeled* when the ball struck him.

2 «異性に»：(不倫の恋愛関係をもつ) have an affair with ... 《☞ うわき》.

よろよろ ━ 動 (疲労などでよろめく) stagger ㊀；(よろよろと転びそうになる) totter ㊀. ━ 副 staggeringly；totteringly. 《☞ よろめく；よろける；ちどりあし；擬声・擬態語(囲み)》. ¶ 彼は酔っているように*よろよろと歩いていた He *was staggering* along as if (he were) drunk. // 彼女は*よろよろと立ち上がった She「*staggered* [*tottered*] to her feet.

よろん 世論，与論 public opinion Ⓤ. ¶ *世論はその計画に反対だ *Public opinion* is against the plan. // 彼らは*世論の支持を訴えた They appealed to *public opinion* for support. // 政府の外交政策について*世論は2分した *Public opinion* was divided concerning the foreign policy of the government. // 彼らの行動は*世論の強い批判を受けた Their behavior was strongly criticized by *public opinion*.

世論調査 public opinion poll Ⓒ.

よわい 弱い (力がない) weak (↔ strong) ★ 体力・意志・能力など，比喩的な意味でも用いられる最も一般的な語；(色・音・光などが弱い) faint；(身体の機能や能力が劣った) poor. 《☞ よわる；よわさ》.

¶ 彼は体が*弱い He is physically *weak*. / (⇒ 健康がすぐれない) He is in *poor* health.

彼女は足が*弱い She is *weak* in the legs.

私は胃が*弱い (⇒ 弱い胃を持つ[消化力がよくない]) I have a「*weak* stomach [*poor* digestion].

彼は意志が*弱い He has a *weak* will.

この眼鏡は度が*弱い These「glasses [spectacles] are *weak*.

そんな気が*弱いこと (⇒ 内気) ではだめだよ．だれも君に反対はしないよ Don't be so *timid*; no one will be against you.

僕は数学が*弱い I'm「*weak* [*poor*]「*in* [*at*] math. 語法 前置詞は in のほうが普通. 《☞ にがて》

私は碁が*弱い (⇒ 下手な碁打ちだ) I'm a *poor go* player. / I'm a *poor* player of *go*. 語法「…するのが下手 […が弱い] というときは，「…する者」の意味を持つ名詞の前に *poor* を付けて表すことが多い. 《☞ へた[1]》

彼はアルコールに*弱い (⇒ 簡単に酔う) He *easily gets drunk*.

この鉢植えの木は寒さに*弱い (⇒ 簡単に影響を受ける) This pot plant *is easily affected by* the cold.

この建物は地震に*弱い (⇒ 害を被りやすい) This building is *vulnerable to* earthquakes.

私の母は乗り物に*弱い (⇒ 乗り物酔いする) My mother *suffers from* motion sickness.

よわいものいじめ 弱い者いじめ ¶ *弱い者いじめをするな Don't *bully*「*the weak* [*weaker people*]. // あの子は*弱い者いじめだ That boy is a *bully*. 《☞ いじめる》

よわき 弱気 ━ 形 (精神力の弱い) weak；(勇気のない・気の弱い) weak-minded, weak-hearted 語法 weak-minded は「知力が弱い」という意味でも用いられる. 《☞ よわい；よわね；よわごし；おくびょう》. ¶ 彼は*弱気な性格だ He is a man of *weak* character. // *弱気になるな Don't be so *weak-minded*. / (⇒ 勇気をなくすな) Don't *lose courage*. / (⇒ 落胆するな) Don't *be discouraged*.

よわくなる 弱くなる weaken ㊀ 《☞ よわる；おとろえる》.

よわごし 弱腰 ━ 形 (気の弱い) weak；(優柔不断の) weak-kneed；(神経質で臆病な) timid. 《☞ よわい；よわき；にげごし》.

¶ 執行部の連中は*弱腰だ The members of the executive committee are *weak-kneed*. // そんな*弱腰ではだめだ Don't be so「*weak* [*timid*].

よ

よわさ 弱さ (力の乏しさ･虚弱･薄弱) weakness Ⓤ; (もろさ･心弱さ) frailty Ⓤ. 《☞ よわみ; じゃくてん》. ¶ 彼らはその失敗を彼の性格の*弱さからくるものだと決めつけた They attributed the failure to the *weakness* of his character. // 人間の*弱さがその小説のテーマだ Human *frailty* is the theme of the novel.

よわたり 世渡り ━動 (出世･成功する) succeed in life, make *one's* way in life, 《口語》 get ahead ⓐ. 《☞ しょせいじゅつ》.
¶ 彼は*世渡りが上手だ He knows how to ｢*succeed in life* [*make his way in the world*]. // 彼はどんな仕事についても*世渡りが上手だ (⇒ 成功の道を知っている) He knows how to *get ahead* in any business he goes into.

よわね 弱音 ━動 (泣き言を言う) whine ⓐ ⓗ; (もうだめだと言う) say die. 《☞ よわき》.
¶ 彼は「おれはもうあきらめた」と*弱音を吐いた He *whined*, "I've given up." // *弱音を吐くな Never *say die*!

よわび 弱火 (ガスレンジなどの) low flame Ⓒ (↔ high flame); (電気レンジなどの) low heat Ⓤ. 《☞ とろび; 料理の用語 (囲み)》.
¶ 1/4 カップのオリーブ油と一緒にそれらを深なべに入れて*弱火にかけます Put them in a saucepan with 1/4 cup of olive oil over *low heat*. // 強火の上でかきまぜ, それから*弱火にし (⇒ 火を弱め), とろ火で 30 分煮ます Cook, stirring, over high heat, then *reduce the heat* and simmer for 30 minutes.

よわみ 弱み (性格上の弱点) weakness Ⓒ; (欠点) weak point Ⓒ; (弱い立場) weak position Ⓒ. 《☞ じゃくてん; けってん》.
¶ 我々はだれでも*弱みを持っている We all have some ｢*weaknesses* [*weak points*]. // 彼は私の*弱みにつけ込もうとした He tried to take advantage of my *weak position*. // 彼女は絶対に*弱みを見せない (⇒ うっかり表さない) She never betrays her *weakness*. / (⇒ 弱腰な態度を示さない) She never shows a *weak attitude*. // 私は彼の*弱みを握っている I have *something on* him.

ら

よわむし 弱虫 (意気地なし) chicken Ⓒ; 《俗語》 milksop Ⓒ; (泣き虫) crybaby Ⓒ; (めめしい男) sissy Ⓒ; (臆病者) coward Ⓒ ★ 最後の語はやや改まった語. 《☞ おくびょう》.
¶ この*弱虫め You're (a) *chicken*! // あの子は*弱虫だ That boy is a *sissy*. // 彼は*弱虫だから一人では行けない He is such a *coward* that he cannot go alone.

よわよわしい 弱弱しい ━形 (力のない･虚弱な) weak; (体力の劣った･かすかな) feeble; (もろい･かよわい) frail; (色･音などの弱い) faint. 《☞ よわい; かすか; かぼそい》. ¶ 病人は*弱々しかった The sick person looked ｢*weak* [*feeble*]. // 裏庭で*弱々しい子猫の泣き声が聞こえた I heard the *faint* cry of a kitten from the backyard.

よわりめ 弱り目 **弱り目にたたり目** Misfortunes [Hardships] ｢never [seldom] come singly. 《ことわざ: 不幸は単独ではやってこない》.
¶ 私には*弱り目にたたり目だった (⇒ 私にとって事態が悪いところからさらに悪くなった) Things went from bad to worse for me. 《☞ なきっつら》

よわる 弱る **1** «弱くなる» ━動 (体力や性質が弱まる･を弱める) weaken ⓐ ⓗ, become [grow] weak. ━形 weak. 《☞ よわい; おとろえる》.
¶ 栄養不足で彼の体力は*弱った His strength *has weakened* because of poor nutrition. / (⇒ 乏しい栄養が体力を弱らせた) Poor nutrition *has weakened* his strength. // 彼は歩けないほど*弱っていた He was too *weak* to walk. // 彼の足は年のせいで*弱ってきた His legs *have become weak* because of old age.
2 «困る» ¶ *弱ったなあ (⇒ どうしたらよいだろうか) *What shall* I *do*? / (⇒ どうしたらよいかわからない) I *don't know what to do*. // その子供の質問には*弱りました (⇒ どう答えてよいかわからなかった) I *did not know how to answer* the little child's question. / (⇒ 当惑させるような質問だった) The child's question was very *embarrassing*. 《☞ こまる》

よん 四, 4 ━名形 four 語法 「第 4 (番目)の」, あるいは「第 4 (番目)のもの」の場合は the fourth. 《☞ 数字 (囲み)》.

よんじゅう 四十, 40 ━名形 forty 語法 「第 40 (番目)の」, あるいは「第 40 (番目)のもの」の場合は the fortieth. 《☞ 数字 (囲み)》.

よんどころない ━形 (避けることのできない) unavoidable; (緊急の) urgent. 《☞ やむをえない》. ¶ *よんどころない事情で出荷が遅れた The shipment was delayed ｢because of [owing to] *unavoidable* circumstances. // 彼は*よんどころない用事で大阪へ行った He went to Osaka on *urgent* business. 《☞ きゅうよう[2]》

ら

ラ 〘音楽〙 la [lάː] Ⓒ 《☞ 音楽 (囲み)》.

ラード lard Ⓤ.

ラーメン Chinese noodles ★ 複数形で.

らいう 雷雨 thundershower Ⓒ; (雷を伴うあらし) thunderstorm Ⓒ. 《☞ 天候の表現 (囲み)》. ¶ ひどい*雷雨だった We had a ｢*thunderstorm* [violent *thundershower*].

らいうん 雷雲 thundercloud Ⓒ 《☞ くも[1]》.

ライオン lion Ⓒ; (雌) lioness Ⓒ; (子) (lion) cub Ⓒ. 《☞ めす 語法; 動物の鳴き声 (囲み)》.

らいきゃく 来客 (訪問者) visitor Ⓒ, caller Ⓒ; (客) guest Ⓒ; (集合的) company Ⓤ.

《☞ きゃく (類義語)》. ¶夕食を食べていたとき*来客があった I had a *visitor* when I was having supper. // 今夜は*来客がある We are having ʻ*guests* [*company*] tonight.

らいげつ 来月 next month 《☞ こんげつ; せんげつ; 時刻・日付・曜日 (囲み)》. ¶*来月は忙しい I'll be busy *next month*. // 彼は*来月3日に上京してきます He will come to Tokyo on the third of *next month*.

らいしゅう 来週 next week, the coming week. 《☞ せんしゅう[1]; こんしゅう; 時刻・日付・曜日 (囲み)》. ¶*来週のきょう *a week from* today / 《英》 *a week* today // *来週の土曜日にここでお会いしましょう Let's meet here ʻ*next* Saturday [on Saturday *next* (*week*)]. ★ next Saturday は「次の土曜日」.

らいしゅん 来春 next spring, the coming spring.

らいせ 来世 (死後の世界) life after death Ⓒ; (別の世界) the ʻother [next] world.

ライセンス license (《英》 licence) Ⓒ 《☞ めんきょ》.

ライター (たばこの) (cigarette) lighter Ⓒ. ¶*ライターの石 a flint // マッチがなかったので*ライターでガスに火をつけた I had no matches, so I used my *lighter* to light the gas. 語法 「ライターをつける」に相当する英語の動詞はない.

らいちょう 雷鳥 grouse Ⓒ ★ 単複同形.

らいてん 来店 ━動 come to a ʻstore [shop]; (店をひいきにする) patronize ⑭. ¶ご*来店いただきましてありがとうございます Thank you very much for ʻ*coming to* [*patronizing*] *our store*. // あすのご*来店をお待ちいたしております (⇒期待しています) We *are expecting you* again tomorrow.

ライト[1] **1** 《照明》: light Ⓒ 《☞ あかり; しょうめい[2]》. ¶*ライトをつけて[消して]下さい Switch [Turn] ʻon [off] the *light*, please. // いけない, *ライトがつけっぱなしだ Gosh! My *lights* are on! // ヘッド*ライト a *headlight* // スポット*ライト a *spotlight*
2 《色が明るいこと》 ━形 light 《☞ 色 (囲み)》. ¶*ライトブルー *light* blue

ライト[2] (野球の右翼) right field Ⓤ; (右翼手) right fielder Ⓒ. 《☞ 野球の英語 (囲み)》.
ライトスタンド the right-field stands ★ 複数形で. 《☞ スタンド》.

ライトきゅう ライト級 lightweight class Ⓒ.
ライト級の選手 lightweight Ⓒ.

ライトバン 《米》 station wagon Ⓒ, 《英》 estate car Ⓒ 語法 以上は乗用車兼用のもの. 屋根の高いトラック仕様のものは delivery van Ⓒ という. 《☞ ワゴン; 自動車 (囲み)》.

ライナー liner Ⓒ, line drive Ⓒ. 《☞ 野球の英語 (囲み)》. ¶彼はライトにすごい*ライナーを打った He hit a strong *liner* to the right field.

らいにち 来日 ━動 visit [come to] Japan; (この国に到着する) arrive in ʻthis country [Japan]. ¶カナダの首相がきょう*来日した The prime minister of Canada *arrived in Japan* today. // 目下*来日中のブラック氏はその問題について次のような声明を出した Mr. Black, now *visiting* ʻ*Japan* [*this country*], made the following statement concerning the problem.

らいねん 来年 next year 語法 しばしば前置詞を伴わずに副詞句を作る; the coming year. 《☞ ことし; きょねん》. ¶この道路は*来年のいまごろ[8月ごろ]完成する This road will be completed ʻabout this time *next year* [*next* August]. // *来年度の計画はもうできている Our plans for ʻ*next year* [*the coming year*] have already been made.

ライバル rival Ⓒ 《☞ てき (類義語); かたき》. **ライバル意識** the spirit of rivalry.

らいひん 来賓 (客) guest Ⓒ; (訪問者) visitor Ⓒ. 《☞ きゃく (類義語)》.
来賓席 guests' [visitors'] seats; 《掲示》 For guests.

ライフルじゅう ライフル銃 rifle Ⓒ.

らいほう 来訪 ━名 visit Ⓒ, call Ⓒ ★ 後者のほうがより短い訪問を意味することが多い. ━動 visit ⑭, call on *a person*, call at *a person's* house. 《☞ ほうもん》. ¶あすご*来訪をお待ちしております (⇒あなたを予期している) I *am expecting* you tomorrow.
来訪者 visitor Ⓒ, guest Ⓒ **来訪者名簿** visitors' book Ⓒ, guest book Ⓒ.

ライむぎ ライ麦 rye Ⓤ 《☞ むぎ (挿絵)》.

らいめい 雷鳴 thunder Ⓤ 《☞ かみなり》. ¶遠くで*雷鳴が聞こえた We heard *thunder* in the distance.

ライラック (木) lilac [láilək] Ⓒ, (花) lilac Ⓤ. 《☞ 花 (囲み)》.

ラウドスピーカー loudspeaker Ⓒ ★ 単に speaker ともいう. 《☞ スピーカー》.

ラオス ━名固 Laos [láus, lá:ous]. ━形 Laotian [leióuʃən, láuʃən].
ラオス語 Laotian Ⓤ **ラオス人** Laotian Ⓒ.

らく 楽 **1** 《安楽》 ━名 (心地のよいこと) comfort Ⓤ, ease Ⓤ; (苦痛などの軽減) relief Ⓤ. ━形 comfortable, easy. ━副 comfortably, in comfort, at *one's* ease. ━動 (楽にする) ease (off) ⑭; relieve ⑭; (くつろがせる) relax ⑭.
【類義語】苦しみ・悩みなどから解放されて, くつろいだ状態を表すのが **ease**. **ease** の気持ちに加えて, 快適で満足している状態を表すのが **comfort**. 苦痛や緊張などが和らぐのは **relief**.
¶どうぞお*楽にして下さい Please make yourself ʻ*at home* [*comfortable*].
気を*楽にしなさい (⇒のんきに構えなさい) Take it *easy*. 語法 何か困ったこと, 難しいことなどに直面している人に向かって言う.
*楽にしていて下さい (⇒力などを抜いてくつろいで下さい) Try to *relax*.
その老夫婦はかなりの収入があって*楽に暮らしている The old couple ʻlive an *easy* life [lead a *comfortable* life; live *in comfort*] on a good income.
暮らしはちっとも*楽にならない (⇒私たちは前よりちっとも裕福でない) We aren't any *better off* (than before).
「ご気分はいかがですか」「とても*楽になりました」 "How do you feel now?" "I *feel*

ら

much *better*."
湿布をしたら*楽になった The compress「gave [brought] me some *relief*.
医者は彼が*楽になるように痛み止めをしてくれた The doctor gave him medication to「*ease* [*relieve*] his pain.
その知らせを聞いたら気が*楽になった I「*was* [*felt*] very *relieved* to hear the news.
*楽あれば苦あり After *pleasure* comes pain. 《ことわざ：楽しみの後には苦痛がくる》 / No pains, no *gains*. 《ことわざ：苦しみがなければもうけなし》/ No *gains* without pains. 《ことわざ》

2 «容易» —形 (容易な) easy ; (単純な) simple ; (軽い) light. —副 (楽に) easily, with ease ; (苦労なしに) without difficulty ; (努力なしに) with no effort. 《☞ かんたん[1]》.
¶ この仕事は*楽だ This is an *easy* job.
この荷物は*楽に運べる (⇒運ぶのに容易だ) This baggage is「*easy* [(⇒軽い) *light*] to carry.
こんな問題は*楽に解ける I can solve such a problem「*easily* [(⇒困難なく) *without difficulty*].
安月給で暮らすのは*楽じゃない Living on my small salary is no *easy* matter.
この案内書があればずいぶん*楽ですよ (⇒手数が省ける) This guidebook will save you a lot of trouble.
この教室は*楽に 80 人の学生が入る (⇒十分な場所がある) This classroom has enough room for eighty students.

らくいん 烙印 —名 brand (mark) Ⓒ. —動 (らく印を押す) brand ⑯. ¶ 彼は裏切り者の*らく印を押された He *was branded* a traitor.

らくえん 楽園 paradise Ⓒ 《☞ ごくらく；てんごく》. ¶ 地上の*楽園 a *paradise* on earth / an earthly *paradise*

らくがき 落書き —名 (なぐり書き) scribble Ⓒ, scrawl Ⓒ ; (特に公共施設の壁などの) graffiti ★ 複数形. 単数形 graffito は普通用いない. —動 scribble ⓐ, scrawl ⓐ.
¶ 黒板に*落書きをするな Don't *scribble* on the blackboard. // この場所に*落書きを禁ず No *Graffiti* 《☞ 掲示の英語 (囲み)》

らくご[1] 落後, 落伍 —動 (落後する) drop out (of ...) ⓐ 《☞ だつらく》. ¶ 彼は競争から*落後した He *dropped out of* the competition. // 彼は人生の*落後者だ He is a *dropout*.

らくご[2] 落語 (総称として) comic storytelling Ⓤ ; (個々の) comic story Ⓒ.
落語家 (professional) comic storyteller Ⓒ.

らくさつ 落札 —動 (入札してうまく行く) make a successful bid ; (与えられる) be awarded to... ; (競売で...にせり落とされる) be knocked down to... —名 successful bid Ⓒ. 《☞ にゅうさつ》.
¶ その契約はわが社が*落札した The contract *was awarded to* us. // その絵は彼が100万円で*落札した The picture *was knocked down to* him for one million yen.

落札人 successful bidder Ⓒ **落札値** (契約値) contract price Ⓒ ; (最も高い入札値) the highest bid (price).

らくしょう 楽勝 easy win Ⓒ, 《口語》 walkover Ⓒ, walkaway Ⓒ. 《☞ かつ；らく》.
¶ わがチームは*楽勝した Our team had an *easy win*.

らくせい 落成 —名 completion Ⓤ. —動 complete ⑯, finish ⑯. 《☞ かんせい[1]》. ¶ 新体育館が*落成した The new gymnasium *has been*「*completed* [*finished*].
落成式 the「completion [inauguration] ceremony of (a building).

らくせき 落石 falling「rocks [stones] ★ 通例複数形で. ¶ *落石注意 Watch out for *falling rock*(*s*). / Watch for *falling rock*. ★ この rock は Ⓤ. 《☞ 掲示の英語 (囲み)》

らくせん 落選 —動 (選挙で) be defeated [fail] in an election, be not elected, be unsuccessful in an election, lose an election ; (作品が) be rejected.
¶ 彼は今度の選挙で*落選した He「*was defeated* [*failed* ; *was not elected* ; *was unsuccessful*] *in* the recent election. 《☞ 政治・経済 (囲み)》 // 彼女の小説は*落選した Her novel *was rejected*. / (⇒受理されなかった) Her novel *was not accepted*.
落選者 (敗れた候補者) defeated candidate Ⓒ ; (不成功に終わった候補者) unsuccessful candidate Ⓒ.

らくだ 駱駝 camel Ⓒ. ¶ ひとこぶ*らくだ an Arabian *camel* // ふたこぶ*らくだ a Bactrian *camel* // *らくだのこぶ a hump

らくだい 落第 —動 (同じコースを繰り返す) repeat the same course ; (試験が落第点をとる) fail ⑯, fail (in ...) ⓐ, 《口語》 flunk ⑯ ; (教師が落第点をつける) fail ⑯, 《口語》 flunk ⑯. 《☞ りゅうねん；ふごうかく》.
¶ 彼は*落第した He had to *repeat the* (*same*) *course*. // 彼女は3科目*落第点をとった She *failed* (*in*) three subjects. // スミス先生はこの前の試験で学生の3分の1を*落第させた Mr. Smith「*failed* [*flunked*] one third of the students on the last examination. // 彼は行政官としては*落第だ He is a *failure* as an administrator.
落第生 (もう一度落第した教科をやり直す学生) repeater Ⓒ ; (試験に落ちた落第生) 《米口語》 flunking student Ⓒ ; (落第して学校をやめた学生) dropout Ⓒ **落第点** failing mark Ⓒ, failure grade Ⓒ.

らくたん 落胆 —動 (失望する) be disappointed ; (気力を失う) be discouraged.

ら

―[名] disappointment Ⓤ; discouragement Ⓤ. 《☞ しつぼう; がっかり》. ¶ 彼はその知らせにすっかり*落胆している He *is* greatly ⌈*disappointed* [*discouraged*] at the news.

らくちゃく 落着 ―[動] (解決する) be settled Ⓒ 《☞ かいけつ》. ¶ その件は*落着した The matter *is* now *settled*.

らくちょう 落丁 (抜けているページ) missing ⌈page [leaf] Ⓒ.

らくてん(てき) 楽天(的) ―[形] optimistic 《☞ らっかん; のんき》. ¶ 彼は*楽天的な人生観を持っている He has an *optimistic* view of life. // 彼女はその事件について*楽天的な見方をしている She has an *optimistic* view of the case. **楽天家** optimist Ⓒ. ¶ 彼は*楽天家だ He is *optimistic*. / He is an *optimist*. **楽天主義** optimism Ⓤ.

らくのう 酪農 dairy (farming) Ⓤ. **酪農家** dairy farmer Ⓒ, dairy man Ⓒ **酪農場** dairy farm Ⓒ **酪農製品** dairy products ★ 複数形で.

らくばん 落盤 cave-in Ⓒ 《☞ かんぼつ》.

ラグビー Rugby Ⓤ [語法] 公式名は Rugby (Union) football Ⓤ で, 日常の会話ではしばしば rugger Ⓤ となる. 《☞ スポーツ (囲み)》. ¶ 彼は冬には*ラグビーをする He plays *Rugby* in winter. // 私はテレビで早稲田対明治の*ラグビーの試合を見た I watched a *Rugby* match between Waseda and Meiji on television.

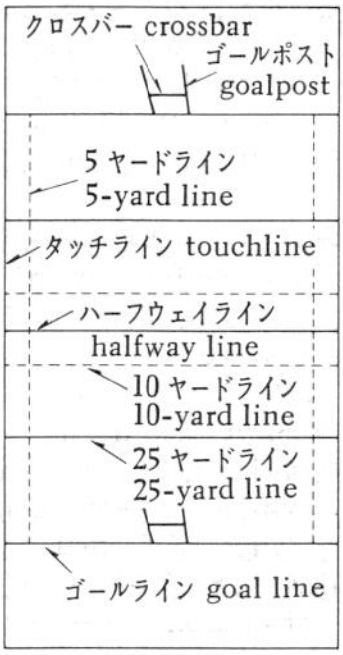

Rugby field

らくやき 楽焼き hand-molded earthenware Ⓤ.

らくよう 落葉 ―[動] (葉を落とす) shed leaves 《☞ おちば》. ¶ 樫の木は冬には*落葉する Oaks *shed their leaves* in winter. **落葉樹** deciduous tree Ⓒ.

らくらい 落雷 ―[動] (落雷にあう) be struck by lightning 《☞ かみなり》. ¶ あの大木は*落雷にあって枯れた That great tree *was struck by lightning* and died.

らくらく 楽々 (簡単に) easily, with ease. 《☞ らく》. ¶ 私たちのチームは*楽々と試合に勝った Our team won the game ⌈*easily* [*with ease*].

ラケット racket [rǽkit] Ⓒ ★ racquet ともつづる. 《☞ スポーツ (囲み)》.

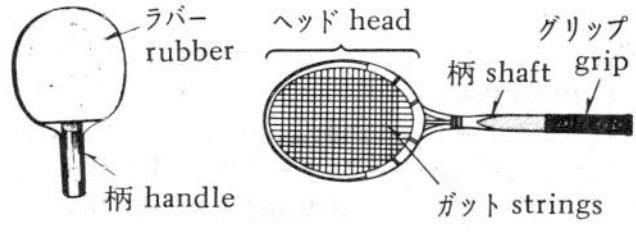

-らしい **1** «…(の)ようだ» ―[動] (…と思われる) seem (自) [語法] It seems that…, または seem to … の形で用いるが, 後者のほうが口語的. 《☞ It の用法(欄外)》; (様子が…のようだ) appear (自), look(自); (…しそうだ) be likely to … ―[副] (どうやら) apparently; (多分) probably. 《☞ -そうだ; -よう[1]; 推量の表現 (囲み)》.
¶ 彼は病気*らしい *It seems that* he is sick. / He *seems to* be sick. / *Apparently* he is sick. // 彼は病気だった*らしい *It seems that* he was sick. / He *seems to* have been sick. [語法] 上の例と合わせて時制に注意すること. // あしたは雪*らしい It *looks like* snow tomorrow. / It *is likely* ⌈that it will snow [*to* snow] tomorrow. // あの人が今度来た新しい先生*らしい *Apparently* [*Probably*] that is the new teacher. / That *appears* to be the new teacher. // あの人は昔は美しかった*らしい (⇒ 若いころは美しかったといううわさだ) *They say* she was beautiful when she was young.
2 «…にふさわしい»: (…に似合う) be becoming to …; (…に値する) be worthy of …
¶ 男*らしくしなさい Try to be a man! // 君も最近はすっかり医者*らしくなったね You *are* quite *worthy of* the title of doctor these days. // 彼は男*らしい人だ He is a manly person. // そこにはホテル*らしいホテルはない There are no hotels there *worth speaking of*. // うそをつくなんて君*らしくない It isn't *like* you to tell a lie.

ラジウム 〘化学〙 radium [réidiəm] Ⓤ 《元素記号 Ra》. **ラジウム鉱泉** radium spring Ⓒ.

ラジエーター radiator [réidièitə] Ⓒ 《☞ 自動車 (囲み)》.

ラジオ radio Ⓤ; (機械) radio (set) Ⓒ; (放送) radio broadcasting Ⓤ ★ 具体的な放送は Ⓒ. 《☞ ほうそう[1]》.
¶ 彼は*ラジオをつけた[消した] He turned ⌈on [off] the *radio*. // *ラジオの音を大きく[小さく]して下さい Turn ⌈up [down] the *radio*, please. // ここで*ラジオをかけてはいけません《掲示》No *radios* to be played. 《☞ 掲示の英語 (囲み)》 // 彼が遊びに来たときに*ラジオを聞いていた I was listening to the *radio* when he came to see me. // けさ首相の演説を*ラジオでやっていた The premier's speech *was* ⌈*broadcast* [*on the air*] this morning. // *ラジオで天気予報を聞きましたか Did you listen to the weather forecast on the *radio*?
ラジオ英語講座 radio English ⌈programs [course] ★ 連続しているものなので program は複数形で. course なら Ⓒ. **ラジオ体操** radio calisthenics ★ 複数形で単数または複数扱い. **ラジオ聴取者** radio listener Ⓒ; the radio audience **ラジオ番組** radio program Ⓒ.

ラジカセ radio cassette recorder Ⓒ 《☞ オーディオ (挿絵)》.

らしんばん 羅針盤 compass [kʌ́mpəs] Ⓒ.

らせん 螺旋 ―[形] (らせん形[状]の) spiral, screw-shaped. **螺旋階段** winding staircase Ⓒ, spiral stairs ★ 複数形で.

ら

らたい 裸体 nude [C], nude body [C] [語法] nude は芸術作品の対象となるような裸体をいい, 上品な語. 単に「裸の」という意味なら naked body という. 《☞ ヌード; はだか》. ¶彼は彼女の*裸体の写真をとった He photographed her *in the nude*.
裸体画 nude [C], nude picture [C].

らち 埒 **らちがあかない** ¶あいつに任せておいたのでは*らちがあかない (⇒どこへも達しない) We'll *get nowhere* if we leave the matter to him.

らっか 落下 ―[動] fall (down) (自), drop (down) (自) ★後者のほうがより口語的. ―[名] fall [C], drop [C]. 《☞ おちる》. ¶その物体は真っすぐに*落下した The object ⌈*dropped* [*fell*] straight *down*.

ラッカー lacquer [U].

らっかさん 落下傘 parachute [C]. **落下傘部隊** parachute troop [C].

らっかせい 落花生 peanut [C] 《☞ ピーナツ》.

らっかん 楽観 ―[形] (楽観的) optimistic. ―[動] (楽観する) be optimistic (about ...), have optimistic views (on ...); (物事の明るい面のみを見る) look on the bright side. 《☞ らくてん(てき)》.
¶この問題の成り行きについては*楽観している I ⌈*am optimistic about* [*have optimistic views on*] the outcome of the problem. ∥ 彼の病状は*楽観を許さない We can't be *optimistic* regarding his condition. ∥ 事態の成り行きを*楽観しよう Let's *look on the bright side*.
楽観主義 optimism [U] **楽観主義者** optimist [C] **楽観論** optimistic ⌈opinion [view] [C].

らっきょう (漬けた) pickled shallot [C].

ラッシュ(アワー) (出勤・退出時の混雑時間) (the) rush hour [C]. ¶朝の*ラッシュ(アワー)はまったく閉口だ I hate *the* morning *rush hour*. ∥ 買い物に行くときは*ラッシュ(アワー)は避けたほうがよい We had better avoid *the rush hour* when we go shopping.

ラッセルしゃ ラッセル車 (除雪車) snowplow [C].

らっぱ (軍隊の) bugle [C].

ラップ (食品を包む) clear-plastic wrap [U] 《☞ 台所・家事 (囲み)》.

ラテン ―[形] (ラテン語の・ラテン民族の・ラテン系の) Latin. **ラテン語** Latin [U] **ラテン民族** the Latin races.

ラテンアメリカ ―[名][固] Latin America. ―[形] Latin-American. 《☞ なんべい》. **ラテンアメリカ人** Latin-American [C].

らば 騾馬 mule [C].

ラブシーン love scene [C].

ラブレター love letter [C].

ラベル ―[名] label [léibəl] [C]. ―[動] (ラベルを張る) label (他). 《☞ レッテル》.

られつ 羅列 ―[動] marshal (他). ¶彼の講義は数字の*羅列でおもしろくない His lectures are simply a *marshal(l)ing* of figures and (are) not interesting.

ラワン (材) lauan [lúːɑːn] [U].

らん[1] 欄 (新聞などの) column [C]; (記入のための) space [U]. ¶空*欄に名前を書き込んで下さい Please write your name in the allotted *space*. 《☞ くうらん》 ∥ 投書*欄 the correspondence *columns* ∥ 広告*欄 the advertising *columns* 《☞ 新聞の英語 (囲み)》

らん[2] 蘭 orchid [ɔ́ːrkid] [C] 《☞ 花 (囲み)》.

らんがい 欄外 margin [C] 《☞ よはく》. ¶彼は*欄外にメモをした He jotted down notes in the *margin*.

らんかく 乱獲 indiscriminate ⌈hunting [fishing; catching] [U]. ¶*乱獲の結果, 日本に野生の鳥獣が少なくなった Owing to [Due to] *indiscriminate hunting*, the number of wild birds and beasts in Japan has decreased.

らんかん 欄干 rail(ing) [C]; (階段の) balustrade [C]. 《☞ かいだん[1] (挿絵)》.

らんきりゅう 乱気流 turbulent air [U], (air) turbulence [U]. ¶前方に*乱気流がありますので, シートベルトをお締め下さい Please fasten your seat belts; there is ⌈*turbulent air* [*air turbulence*] ahead of us.

ランキング ―[名] ranking [U]. ―[動] (位置づける・位置する) rank (他)(自). 《☞ じゅんい》. ¶彼の作家としての*ランキングはかなり高い He *ranks* pretty high as a writer.

ランク (階級) rank [C] 《☞ くらい[2]; かいきゅう; じゅんい》.

らんざつ 乱雑 ―[形] untidy; (混乱した) in ⌈disorder [confusion]. 《☞ ざつぜん》. ¶彼の部屋は*乱雑を極めていた We found his room very *untidy*. ∥ 書類は*乱雑に積み上げてあった The papers were piled up *in* ⌈*confusion* [*disorder*].

らんし[1] 乱視 ―[名] astigmatism [əstígmətìzm] [U]. ―[形] astigmatic.

らんし[2] 卵子 ovum [C] 《複 ova》.

らんしゃ 乱射 ―[動] fire (a shot) [shoot] at random. ―[名] random [wild] ⌈shooting [firing] [U].

らんじゅくき 爛熟期 ¶ローマ文明はそのとき*爛熟期にあった The civilization of Rome ⌈was *at* [attained] *its full maturity* then.

らんせい 卵生 ―[形] oviparous [ouvípərəs]. ―[名] (卵生生物) egg-layer [C].

らんせん 乱戦 (混乱した戦い) confused fight [C]; (乱闘) dogfight [C]. ¶*乱戦になってしまった It turned out to be a *dogfight*. / They ⌈started [got into] a *confused fight*.

らんそう 卵巣 ovary [C]. **卵巣ホルモン** ovarian hormones. ★複数形.

らんそううん 乱層雲 〖気象〗 nimbostratus [C] 《複 -strati [-stréitai]》 《☞ くも[1] (挿絵)》.

ランチ lunch [U] 《☞ ちゅうしょく; 食事 (囲み)》. ¶軽い*ランチを食べた I had a light *lunch*.

らんちょう 乱丁 incorrect [imperfect] collating [U].

ランデブー rendezvous [rɑ́ːndivùː] [C]; (会合の約束・デート・デートの相手) date [C]. 《☞ デート》. ¶2つの宇宙船は宇宙*ランデブー

に成功した The two spaceships have succeeded in ˹making [effecting] a *rendezvous* in space.

らんとう 乱闘 (取っ組み合いの) scuffle [C] 《☞ とっくみあい; けんか》. ¶ 数人の少年が路上の*乱闘でけがをした Several boys got hurt in a *scuffle* on the street.

らんどく 乱読 ── [動] (手当たりしだいに読む) read everything *one* can get *one's* hands on; (無差別に読む) read at random. ¶ 私は以前はよく*乱読したものです I used to *read* ˹*at random* [*everything I could get my hands on*].

ランドセル school satchel [C].

らんにゅう 乱入 ── [動] burst [break] into ...; (力ずくで入る) force *one's* way into ... 《☞ おしいる》. ¶ 武装した一団の兵士が会議場に*乱入してきた A group of armed soldiers ˹*burst* [*forced their way*] *into* the conference room.

ランニング running [U]; (ジョギング) jogging [U]. 《☞ はしる (類義語)》. **ランニングシャツ** sleeveless undershirt [C] 《☞ したぎ (挿絵)》 **ランニングホーマー** inside-the-park ˹homer [home run] [C] 《☞ ホームラン》.

らんばつ 乱伐 ── [動] (無差別に木を切り倒す) fell [cut down] trees indiscriminately; (山林を無差別に切り開く) deforest indiscriminately ★ 形式ばった語.
¶ この鉄砲水は山林の*乱伐の結果です (⇒ 山林の乱伐が鉄砲水の原因となった) *Indiscriminate deforesting* has caused this flash flood. / This flash flood occurred as a result of ˹*felling* [*cutting down*] *too many trees*.

らんぱつ 乱発 ── [動] (発行しすぎる) issue ... ˹to excess [excessively], overissue (他). ¶ 当時は紙幣が*乱発された Paper money *was issued* ˹*to excess* [*excessively*] then. / *Too much* paper money *was issued* then.

らんはんしゃ 乱反射 〘物理学〙 diffused reflection [U].

らんぴ 乱費 ── [動] (むだに使う) waste (他), squander (他) ★ 前者のほうが口語的. ── [名] (むだ使い) waste [U]. 《☞ ろうひ》. ¶ 彼らは公金を*乱費している They *are* ˹*squandering* [*wasting*] public funds.

らんぴつ 乱筆 (悪筆) bad writing [U]; (急ぎ書き) hasty writing [U]. 《☞ あくひつ》. ¶ *乱筆お許し下さい Please excuse me for my ˹*hasty* [*bad*] *writing*.

らんぶ 乱舞 ── [動] dance wildly; (狂喜して) dance for joy.

ランプ¹ (照明) lamp [C].

ランプ² (高速道路のインターなどにある傾斜・旋回式の進入路) ramp [C].

らんぼう 乱暴 ── [形] (暴力的な) violent; (粗野な・不作法な) rude; (不法な) lawless; (不当な) unreasonable; (無謀な) reckless. ── [名] violence [U]; rudeness [U]; lawlessness [U].
¶ *乱暴なことをしてはいけない (⇒ 暴力を使うな) Don't use *violence*. // どうも*乱暴なことを言ってしまったようです I'm afraid I've ˹made some *rude* remarks [said some *harsh* words]. // あの人たちの*乱暴なやり方を見過ごすのですか Are you going to overlook their ˹*unlawful* act [*lawlessness*]? // そんな*乱暴な提案をしては困る Don't make such an *unreasonable* proposal. // 彼の運転は*乱暴だ (⇒ 乱暴な運転手だ) He is a *reckless* driver. / He drives *recklessly*. // これは*乱暴に扱わないで下さい (⇒ 丁寧に扱って下さい) Please handle this article ˹*carefully* [*with care*].

らんま 欄間 ((ドアの上の)明かり取り窓) transom [C], fanlight [C] ★ 後者は扇形のもの. 《☞ ドア (挿絵)》.

らんみゃく 乱脈 ── [形] (混乱した) disorderly, in disorder; (無秩序な) chaotic [keiátik]. ── [名] confusion [U], disorder [U]; chaos [kéiɑs] [U]. 《☞ むちつじょ》.
¶ 市の財政状態は*乱脈をきわめていた The city's finances were simply ˹*chaotic* [in a *chaotic* state]. // 彼らの生活は*乱脈をきわめていた (⇒ 放縦なものであった) Their life was quite *licentious*.

らんよう 乱用 ── [名] (悪用) misuse [U], abuse [U] ★ 前者のほうが口語的; (使いすぎ) overuse [U]. ── [動] misuse (他), abuse (他); overuse (他). ¶ 薬の*乱用はきわめて危険です *Misuse* of medicine can be quite dangerous. // 市長は職権を*乱用した The mayor *abused* his official authority.

らんらん ── [形] (燃えるような) glaring, fiery, flaming. 《☞ 擬声・擬態語 (囲み)》. ¶ 虎は*らんらんたる眼で私たちを見ていた The tiger watched us with its ˹*glaring* [*fiery*; *flaming*; *burning*] eyes.

らんりつ 乱立 ¶ この辺では塾が*乱立して競争が激しい Too many cram schools are competing with one another around here.

り

り 利 **1** «勝る点»: advantage [C] 《☞ ゆうり¹》. ¶ 城は地の*利を得ていた The castle had a geographical *advantage*. **2** «利益»: (もうけ) profit [U] 《☞ りえき》.

リアリズム realism [U].

リーグ league [C]. **リーグ戦** league game [C]; (全体) the league series; (総当たりリーグ戦) round robin [C]. 《☞ スポーツ (囲み)》.

リーダー¹ (指導者) leader [C] 《☞ ちょう³ (類義語)》. ¶ このグループの*リーダーはだれですか Who is the *leader* of this group?

リーダー² (読本) reader [C].

リード —動 (優位に立つ) lead ㊀㊁, have a lead (of ... ; over ...) 語法 of の後にはリードしている「差」, over の後には「相手」が続く; take the lead (of ...). —名 lead ★ a または the を付けて. (☞ せんこう³).
¶私たちのチームは3点の*リードをしている Our team *is* now *leading* by 3 points. // 先頭の走者は第2位の走者を少差で*リードしている The top runner *has a* ˹slight [narrow] *lead over* the second runner.

リール reel Ⓒ. ¶魚釣りの*リール a fishing *reel* (☞ つり¹ (挿絵))

りえき 利益 **1** «もうけ» —名 profit Ⓤ ★しばしば a を付けて; gains ★ 複数形で. 語法 前者が普通. なお, 後者はよくない方法で得た利益という意味で用いられることがある. —動 profit (from ...) ㊁, gain ㊀㊁. —形 profitable. (☞ もうけ; りじゅん).
¶その株で[土地を売って]500万円の*利益を上げた I made *a profit* of ¥5,000,000 on ˹those shares [the sale of the lot]. / I sold the ˹shares [lot] at *a profit* of five million yen. // 不当な*利益 ill-gotten *gains* // その商売は*利益にならない That's ˹an *unprofitable* [not a *paying*] business. // 労なくば*利益なし No pains, no *gains*. (ことわざ)
2 «得»: profit Ⓤ; (有用性) good Ⓤ, use Ⓤ. (☞ とく²).
¶そんなことをしても何の*利益にもならない There is no *profit* in doing that. // 彼と議論しても何の*利益にもなるものか What's the ˹*good* [*use*] of arguing with him? // 彼は自分の*利益だけを考えている He ˹considers [looks after] his own *interests* only.

りえん 離縁 —名 (離婚) divorce Ⓒ. —動 divorce ㊀. (☞ りこん).

りか 理科 (中・高校の科目としての) science Ⓤ; (理科系の学問) natural sciences ★複数形で. (☞ 学校・教育 (囲み); ぶんか³).
¶*理科は私の好きな科目です *Science* is my favorite subject.

りかい 理解 —動 understand ㊀㊁ (過去・過分 understood), make out ㊀ ★以上はいずれも平易な日常語だが, 前者が一般的で後者はより口語的; (価値を認める) appreciate ㊀; (認識する) realize ㊀. —名 understanding Ⓤ; appreciation Ⓤ. (☞ わかる).
¶福田さんは私の言うことをよく*理解してくれた Mr. Fukuda *understood* me quite well. // 彼は*理解が速い[遅い] He is ˹quick [slow] to *understand*. // だれも彼女の業績を*理解しなかった Nobody *appreciated* her work. // その時は彼の意図を*理解できなかった I could not *make out* his intentions at that time. // 彼女がなぜこの案に同意しなかったのか*理解に苦しむ I can hardly *understand* why she hasn't agreed to this proposal. (☞ 否定の表現 (囲み)) // 私の両親はとても*理解がある I have *understanding* parents.

りがい 利害 (利害関係) interest Ⓒ ★「利益」の意味では, しばしば複数形で; (かかわり合い) concern Ⓒ. (☞ そんとく; りえき).
¶数人の地主は新駅の位置に*利害関係がある Several landowners have an *interest* in the location of the new train station. // この件については私は隣人たちと*利害が一致している (⇒ 共通の利害を持っている) I share common *interests* with my neighbors in this matter. // このことについては*利害関係の衝突があるかもしれない There may be a ˹clash [conflict] of *interests* in this. // *利害関係者はその会に出席するよう求められている The persons *concerned* are requested to attend the meeting.

りがく 理学 理学士[博士] (称号) Bachelor [Doctor] of Science Ⓤ (略 B.Sc. [D.Sc.]); (人) bachelor [doctor] of science Ⓒ 理学部 college [school; (英) faculty] of science Ⓒ ★英米では学部に当たるものを department と呼ぶ大学もある. (☞ がくぶ (類義語); 学校・教育 (囲み)).

りきえい 力泳 —動 swim with ˹powerful strokes [all *one's* strength]. ¶少女は*力泳した The girl *swam with* ˹*all her strength* [*powerful strokes*].

りきがく 力学 dynamics Ⓤ.

りきさく 力作 (苦心の結果の作品) laborious work Ⓒ (☞ ろうさく). ¶それは木村氏の*力作です That is Mr. Kimura's *laborious work*. / (⇒ 木村氏はその作品に非常な努力を注いだ) Mr. Kimura *took great pains with that work*.

りきし 力士 (Sumo) wrestler Ⓒ.

りきせつ 力説 —動 (強調する) emphasize ㊀, stress ㊀. (☞ きょうちょう²).
¶私は健康の重要さを*力説したい I would like to ˹*emphasize* [*stress*] the importance of health.

りきそう 力走 —動 run ˹hard [as hard as *one* can] (☞ はしる (類義語)).

りきてん 力点 (重点) emphasis Ⓤ, stress Ⓤ. (☞ じゅうてん¹; きょうちょう²; りきせつ).

りきとう 力投 —動 pitch ˹hard [with all *one's* might]. ¶ピッチャーは*力投し, 3人の打者を立て続けに三振させた The pitcher *pitched* ˹*hard* [*with all his might*] and struck out three batters in succession.

りきむ 力む (力を入れる) strain *oneself*; (頑張る) exert *oneself* ★形式ばった語. ¶あんまり*力まないほうがいいですよ You should not ˹*exert* [*strain*] *yourself* too much.

りきりょう 力量 (能力) ability Ⓤ, capability Ⓤ; (才能・適性) capacity Ⓤ, talent Ⓤ. (☞ のうりょく (類義語)).

りく 陸 land Ⓤ; (海岸) shore Ⓒ.
¶3日の船旅の後, やっと*陸が見えた After three days' voyage, ˹we came in sight of *land* [*land* came into sight]. // 彼らは*陸に上がって探険を始めた They ˹went *ashore* [*landed*] and began exploring. // 船は間もなく*陸を離れた (⇒ 出発した) The ship soon *set out to sea*.

りくあげ 陸上げ —名 (荷物の) unloading Ⓤ. —動 unload ㊀.

りくうん 陸運 land transportation Ⓤ, transportation by land Ⓤ. 陸運局 District

Land Transport Bureau Ⓒ.

リクエスト —名 request Ⓒ. —動 request ㊀, make a request (for ...).
¶これは多くの人から*リクエストのあった歌です This is a song *requested* by many people. / Many people *have requested* this song. // たくさんの*リクエストをいただきありがとうございます Thank you for the many *requests* you've sent in.

りくぐん 陸軍 the army ((☞ ぐんたい 語法)).
¶彼は18歳で*陸軍に入隊した He ⌈entered [joined; went into] *the army* at the age of eighteen. // *陸軍軍人 a *soldier* // 米国[英国]*陸軍 the ⌈United States [British] *Army*
陸軍士官学校 the Military Academy.

りくじょう 陸上 —名 (陸) land Ⓤ, shore Ⓤ. —形 on ⌈land [shore]. —副 ashore. ((☞ りく; ちじょう)).
¶彼は*陸上勤務についている He is on ⌈*shore* [*ground*] duty. 参考 shore duty は海上に対しての, ground duty は飛行機上に対しての表現. // その地点へは*陸上から行けますか Can we reach the spot *by land*?
陸上競技 track and field Ⓤ, athletic sport Ⓒ. ((☞ スポーツ (囲み))) **陸上自衛隊** the Ground Self-Defense Force ((略 GSDF))
陸上輸送 land transportation Ⓤ.

りくつ 理屈 (もっともな理由) reason Ⓒ; (論理・条理) logic Ⓤ; (論点・論拠) argument Ⓒ; (理論) theory Ⓒ; (へりくつ) quibble Ⓒ. ((☞ どうり; へりくつ)).
¶あなたの主張はまったく*理屈に合っている[いない] Your claim is quite ⌈*reasonable* [*unreasonable*]. // *理屈は抜きにして, あなたにはこの話を進めるつもりがあるのですか Putting *logic* aside, are you interested in this scheme? // 彼らは*理屈が大好きだ (⇒理屈っぽい) They are very ⌈*argumentative* [(⇒議論好きだ) fond of *arguing*]. // 子供たちはあれこれと*理屈を言って (⇒何かと理由をつけて) 帰っては来なかった The children didn't come back ⌈for one *reason* [on one *excuse*] or another. // あなたの述べたのは*理屈ではなくへりくつだ What you have just given is not a *reason* but a *quibble*.

リクライニングシート (乗り物の) reclining seat Ⓒ.

りけん 利権 (採掘・使用などの権利) concession Ⓒ. ¶石油の*利権を売りたい人があるそうですが, 本当ですか I hear there's someone who wants to sell an oil *concession*. Is that true? // あの人は*利権屋だから気をつけなさい That man is a *concession hunter*. Be on your guard.

りこ 利己 —名 (私欲) self-interest Ⓤ; (自分本位・わがまま) selfishness Ⓤ. —形 selfish, self-centered, egoistic.
¶彼はいつも*利己的だ He always *puts self first*. / He is always ⌈*self-centered* [*selfish*; *egoistic*]. // 彼女が*利己心から (⇒私欲のために) これをしたのではないことはおわかりでしょう You know she hasn't done this out of *self-interest*, don't you? // だれか*利己心のない (⇒公平な) 人に助言を求めなければならない We need to seek some advice from a *disinterested* person.
利己主義 egoism Ⓤ, egotism Ⓤ 語法 前者は自己の利害を中心とすること, 後者は自己のうぬぼれ・自己中心癖などに重点が置かれる.
利己主義者 egoist Ⓒ.

りこう¹ 利口 —形 (頭のよい) clever, bright 語法 後者は子供について用いることが多い. また前者は「小才がきく」という悪い意味になることもある; (思考・行為が敏活な) smart ★「抜け目がない」という悪い意味になることもある; (判断が賢明な) wise; (知力のすぐれた) intelligent. ((☞ かしこい (類義語))).
¶何て*利口な少女だろう What a ⌈*clever* [*bright*] girl she is! // 犬は*利口な動物だ The dog is an *intelligent* animal. // 君がストに参加しなかったのは*利口だった It was *wise* of you not to join the strike. // *利口ぶった (⇒知った風な) 口をきくな Don't talk *knowingly*!

りこう² 履行 —動 (行う・果たす) carry out ㊀, perform ㊀, fulfill ㊀ ★ 後の語ほど形式ばった語; (約束を) keep ㊀. —名 fulfillment ((英)) fulfilment) Ⓤ. ¶約束はちゃんと*履行しなさい You must ⌈*keep* [*fulfill*] your promise. // 彼は私に契約の*履行を迫った He urged me to *carry out* the contract.

りこうがくぶ 理工学部 college [school; ((英)) faculty] of science and engineering Ⓒ ★ 英米では学部に当たるものを department と呼ぶ大学もある. ((☞ がくぶ (類義語))).
¶私は東西大学*理工学部の1年生です I am a freshman in the *college of science and engineering* of Tozai University.

リコール —名 recall Ⓒ. —動 recall ㊀.
¶私たちは知事の*リコールをめざして署名運動を始めた We've started collecting signature to *recall* the governor.

りこん 離婚 —名 divorce Ⓒ. —動 divorce ㊀. ¶2人は*離婚してしまった They *have been divorced*. // テイラー夫人は夫と*離婚した Mrs. Taylor *divorced* her husband. / Mrs. Taylor *got a divorce* from her husband.

りさい 罹災 —動 (人が) suffer (from ...) ㊁. ¶昨年夏の洪水で私の家も*罹災した We also *suffered from* a flood last summer.
罹災者 sufferer Ⓒ, victim Ⓒ **罹災地** stricken area Ⓒ.

リサイタル recital Ⓒ ((☞ 音楽 (囲み))).
¶秋山教授は来週ピアノ*リサイタルを開く Professor Akiyama will give a piano *recital* next week.

りざや 利鞘 (profit) margin Ⓒ ((☞ もうけ)).

りし 利子 interest Ⓤ ((☞ きんり; りりつ)).
¶私は8パーセントの*利子で彼に100万円を貸した I've loaned him 1,000,000 yen at eight percent *interest*. // その借金の*利子は比較的低い The *interest* on the loan is rather low.

りじ 理事 director Ⓒ; (学校法人などの) trustee [trʌstíː] Ⓒ ★ 学校法人などの評議

り

員会に後者の訳を当てる場合もある．¶父は銀行の*理事に選ばれた My father has ⌜been elected to [obtained a seat on] the board of *directors* of the bank. **理事会** board of ⌜directors [trustees] Ⓒ **理事長** the chief director, the chairman of the board of ⌜directors [trustees].

りしゅう 履修 ―[動] (学科・科目を) study (他)；(コースを取る) take (他)．¶どの学科を*履修していますか Which subjects *are* you ⌜*studying* [*taking*]? **履修単位** credit Ⓒ ★履修して取得した単位．《☞ たんい》．

りじゅん 利潤 profit Ⓤ ★しばしば a を付けて．《☞ りえき》．¶金は回転させなければ*利潤は生まれない Money needs to be turned over quickly if it is to produce *profit*.

りしょく 利殖 ―[名] money-making Ⓤ. ―[動] make money. ¶彼は*利殖の才がある He has a talent for ⌜*money-making* [*making money*].

りす 栗鼠 squirrel [skwə́ːrəl] Ⓒ.

リスト list Ⓒ《☞ めいぼ；ひょう[1]》．¶彼の名前は*リストになかった His name was not on the *list*.

リズム (一般的に) rhythm [ríðm] Ⓤ；(太鼓などの規則的な音) the beat.《☞ 音楽 (囲み)》．¶ドラムの*リズムにのって皆踊った They all danced to the ⌜*beat* [*rhythm*] of the drums. // あの歌手は*リズム感がいい That singer has good *rhythm*. // 独奏者はオーケストラとよく*リズムが合っている The soloist is playing exactly in *rhythm* with the orchestra.

りせい 理性 ―[名] reason Ⓤ；(理性をもって考える力) reasoning power Ⓤ. ―[形] rational. ―[動] (理性をもって考える) reason (自)．¶人間は*理性ある動物だ Man is ⌜a *rational* animal [*rational*]. / Man has ⌜*reasoning power* [the power to *reason*].

りそう 理想 ―[名] ideal Ⓒ. ―[形] (理想的) ideal.

¶彼女は*理想が高い[低い] She has ⌜high [low] *ideals*. // 若者は*理想に向かって進むべきだ Young people should strive towards their *ideals*. // 彼が私の*理想の人です He is my *ideal* man.

理想化 ―[動] idealize (他)．¶君はとかく物事を*理想化する You are apt to *idealize* things. **理想郷** utopia Ⓒ, Utopia Ⓒ **理想主義** idealism Ⓤ **理想主義者** idealist Ⓒ.

りそく 利息 interest Ⓤ《☞ りし》．

りだつ 離脱 ―[動] (離れる・去る) leave (他)；(たもとを分かつ) break away from ...；(特に抗議の意味で職場を離れる) walk out (自)．

¶彼は党から*離脱した He ⌜*left* [*broke away from*] the party. // 彼は日本国籍を*離脱 (⇒放棄) してアメリカ国籍を取った He *renounced* his Japanese nationality to become an American citizen. // 労働者たちは午前中職場を*離脱した The workers *walked out* during the morning.

りち 理知 ―[名] intellect Ⓤ. ―[形] (理知的) intellectual ★感情的・行動的な性質に対して，理詰めでものを考える性向をいう．《☞ ちてき》．¶彼は*理知的な人だ He is an *intellectual* man.

りちぎ 律儀 ―[形] (真心のある) sincere；(良心的な) conscientious [kɑ̀nʃiénʃəs]. ―[副] sincerely；conscientiously.《☞ きまじめ》．¶彼はとても*律儀な人だ He is very ⌜*sincere* [*conscientious*].

りつ 率 (比率) rate Ⓒ；(全体に対する割合) proportion Ⓒ；(百分率) percentage Ⓒ.《☞ ひりつ；わりあい》．¶今年度の物価の上昇*率は低い[高い] The *rate* of increase of commodity prices is rather ⌜low [high] for the current fiscal year. // 今年の卒業生の就職*率はよい[悪い] The ⌜*percentage* [*proportion*] of graduates who have obtained jobs this year is ⌜high [low].

りつあん 立案 ―[動] (案を作る) plan (他), make a plan；(案を作って書く) draw up a plan.《☞ あん[1]》．¶この計画はだれが*立案したのですか Who *planned* this? / Who ⌜*made* [*drew up*] this plan? **立案者** planner Ⓒ.

りっきゃく 立脚 ―[動] (...に基礎を置く) be based on ... ¶現実に*立脚して物事を決定すべきだ Your decision should *be based on* reality.

りっきょう 陸橋 《米》overpass Ⓒ,《英》flyover Ⓒ,《英》crossover Ⓒ ★いずれも歩道橋も，車道・鉄道などの陸橋も指す．

りっけん 立憲 ―[形] (立憲的) constitutional. **立憲君主政体[国]** constitutional monarchy Ⓒ **立憲政治** constitutionalism Ⓤ, constitutional government Ⓤ.

りっこうほ 立候補 ―[動] be a candidate for ...,《米》run for ...,《英》stand for ...《☞ しゅつば；こうほ；政治・経済 (囲み)》．

¶彼は知事選に*立候補するつもりだ He intends to ⌜*run* [*stand*] *for* governor. // この秋の大統領選挙にはだれが*立候補するのか Who is going to *be a candidate for* President in the election this fall? // 彼は共産党から*立候補している (⇒共産党の立候補者だ) He is a Communist *candidate*.

立候補者 candidate Ⓒ.

りっしでん 立志伝 (出世物語) success story Ⓒ；(自分の腕一本で出世した人の物語) story of *a* self-made man Ⓒ. ¶彼は*立志伝中の人だ He is a *self-made man*.

りっしゅう 立秋 the first day of ⌜fall [《英》autumn].

りっしゅん 立春 the first day of spring.

りっしょう 立証 ―[動] prove (他)《☞ しょうめい[1]》．¶君は彼女の無実を*立証できますか Can you *prove* ⌜her innocence [that she is innocent]? // 彼の無罪[有罪]が*立証された <S (人)+V (*prove*)+O (人)+C (形) の受身> He *was proved* ⌜innocent [guilty].

りっしんしゅっせ 立身出世 ―[動] succeed in life (自)． ―[名] success in life Ⓤ.《☞ しゅっせ》．¶彼の息子はたいへんな*立身出世をしたそうだ They say that his son *has succeeded* very well *in life*. // 彼は*立身出世主義にとりつかれている He is committed

り

to the cult of *success*.

りっすい 立錐 **立錐の余地もない** ¶ 会場は*立錐の余地もなかった (⇒ ねずみ一匹も入れないほど混んでいた) The hall *was so crowded that not even a mouse could have got in*.

りっする 律する (判断する) judge (他); (測る) measure (他). ¶ 自分の好みで人を*律するべきではない You shouldn't 「*measure* [*judge*] others by your own standards. // 彼は自己を*律することに厳しい人だった He had strict *self-discipline*.

りつぜん 慄然 ―[動] (慄然とする) be 「horrified [terrified]; (慄然とさせる) horrify (他), terrify (他); (鳥肌を立たせる) make *a person's* flesh creep. 《☞ ぞっと》.

¶ いまの傾向がこのまま進むことを考えると*慄然とする It 「*makes my flesh creep* [*terrifies* me] to think that this tendency may continue. // 自分のしたことの結果を考えて私は*慄然とした I *was horrified* to think of the consequences of my action.

りつぞう 立像 statue [C] 《☞ ぞう²》.

りったい 立体 ―[形] (立体的な) solid, three-dimentional, cubic. ―[名] solid [C].

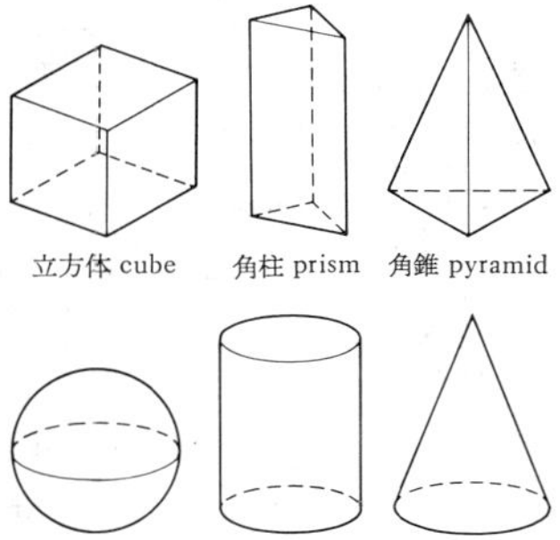

立方体 cube 角柱 prism 角錐 pyramid

球 sphere 円柱 cylinder 円錐 cone

¶ 彼の絵は*立体的だ His pictures look *three-dimentional*.

立体交差 two-level [multilevel] crossing [C].

リットル liter (《英》 litre) [líːtə] [C] 《☞ 量の表し方 (囲み); 度量衡 (囲み)》.

りっぱ 立派 **1** «すばらしい» ―[形] (すばらしい) wonderful; (壮大な) magnificent; (よい・結構な) fine ★ 前の 2 語よりやや意味が弱い; (特に上等な) superb; (見事な) splendid; (すてきな) beautiful; (すぐれた) excellent ★ 以上, ほめる言葉としては, 特に区別なしに交換してどれでも用いることができる. ―[副] wonderfully; magnificently; superbly; splendidly; beautifully; excellently; nicely. 《☞ すばらしい (類義語)》.

¶ これは何て*立派なコレクションなのだ What a 「*wonderful* [*magnificent*; *splendid*; *excellent*] collection you have here! // 彼は*立派な成績を上げた He got 「*wonderful* [*excellent*; *fine*] results. // 彼は*立派な演技を見せた He gave a *superb* performance. // 彼は*立派なドイツ語を話す (⇒ 彼はドイツ語を非常に上手に話す) He speaks German *remarkably well*. // 彼は*立派に大役を果たした He carried out his responsibility 「*splendidly* [*magnificently*; *superbly*; *beautifully*].

2 «価値が高い・尊敬できるような» ―[形] (れっきとした) respectable; (価値のある) worthy; (称賛すべき) praiseworthy; (尊敬すべき・恥を知る) honorable.

¶ 彼の一生は貧しかったが*立派なものだった He was poor but lived 「an *honorable* [a *praiseworthy*; a *respectable*] life. // 彼は*立派な家柄の出だ He is (a man) of *respectable* family. / He comes from a *respectable* family. // *立派なことばかり言っても実行しなければだめじゃないか You talk of 「*high* [*lofty*] *things* but unless you practice them, they are of no value.

りっぷく 立腹 ―[動] (怒る) get angry ★ 平易な日常語; lose *one's* temper ★ やや形式ばった語だが, 日本語の「立腹」というニュアンスには近い. 《☞ おこる¹》. ¶ 彼はご*立腹らしい He seems to *have lost his temper*. // ご*立腹はもっともです You have good reason to *be angry*.

りっぽう¹ 立方 ―[名] cube [C]. ―[形] cubic. ¶ この箱の体積は 5*立方センチだ This box is 5 *cubic* centimeters in volume. 《☞ 度量衡 (囲み)》 **立方根** cube root [C]. ¶ 27 の*立方根は 3 だ The *cube root* of 27 is 3. **立方体** ―[名] cube [C]. ―[形] cubic, cubical. 《☞ りったい (挿絵)》.

りっぽう² 立法 ―[名] law making [U], legislation [U] ★ 前者のほうが口語的. ―[形] legislative, legislatorial. ¶ この決定は*立法の精神に反する (⇒ 憲法違反だ) This decision is *unconstitutional*. **立法機関** legislative organ [C] **立法権** legislative power [U] **立法府** the legislature.

りづめ 理詰め ―[動] (理詰めで説き伏せる) argue [talk] ... down; (説得する) persuade [reason] ... into ...; (説得してやめさせる) dissuade ... from ... 《☞ せっとく; ときふせる》.

りてきこうい 利敵行為 ¶ 我々の弱点を公表するのは*利敵行為だ Publicizing our weakness will just 「*profit* [*help*] *the enemy*.

りてん 利点 (有利な点) advantage [C] (↔ disadvantage); (よい点・長所) good point [C] (↔ bad point). 《☞ ちょうしょ¹》.

¶ この機械の*利点はその使いやすさにある (⇒ この機械は使いやすいという利点を持つ) This machine has the *advantage* of easy handling. // この仕事の*利点は時間が自由だ (⇒ 勤務時間を調節できる) ということだ The *good point* of this job is that I can adjust my working hours to suit myself.

りとう¹ 離島 (distant [isolated]) island [C] [語法] 日本語の離島は元来「遠く離れた島」,「孤立した島」という意味だが, 単に「島」と同じ意味で用いることもあり, その場合は island でよい. 《☞ しま¹》.

りとう² 離党 ―[動] (党を離れる) leave a

party ★ 一般的な言い方；(脱党する) secede (from …) (自) ★ 形式ばった語；(脱党して別の団体に加わる) defect (to …) (自). —[名] secession [U]; defection [U]. ((☞ りだつ)).

リトマスしけんし リトマス試験紙 litmus paper [U].

リニアモーター linear motor [C].

りにゅう 離乳 —[名] weaning [U]. —[動] (離乳させる) wean … (from the breast). ((☞ ちちばなれ)). **離乳期** the weaning period [C]. ¶赤ちゃんはいま*離乳期です The baby *is being weaned.* / The baby is going through *the weaning period.* **離乳食** weaning food [U]; (赤ん坊用食物一般) baby food [U].

りねん 理念 (考え) idea [C] ★ 一般的な日常語；(はっきりした考え方) philosophy [C]; (イデオロギー) ideology [àidiɑ́lədʒi(:)] [C]. ¶彼は彼の教育*理念に基づいて子供を育てている He is bringing up his children in accordance with his own educational ⌈*ideas* [*philosophy*].

リノリウム linoleum [linóuliəm] [U].

リハーサル —[名] rehearsal [C]. —[動] rehearse (他) (自). ((☞ けいこ)).

リバイバル revival [C].

りはつてん 理髪店 barber shop [C] ★ 最も一般的；hairdressing saloon [C] ★ 形式ばった言い方. ((☞ とこや；店の呼び名 (囲み))).

リハビリテーション rehabilitation [U].

りはん 離反 ¶部下は次第に彼から*離反していった (⇒ 彼の部下は次々と彼を見捨てた) His men ⌈*deserted* him [*defected*] one after another. ★ desert は「見捨てる」, defect は「離反して敵側につく」という意.

りふじん 理不尽 —[形] (道理に合わない) unreasonable; (不公正な) unjust; (不公平な) unfair; (まさにけしからぬ) outrageous; (ばかげた) absurd. ((☞ ふごうり)).
¶そんな*理不尽な振舞いは許しておけない Such ⌈*outrageous* [*unreasonable*; *absurd*] conduct cannot be ⌈overlooked [forgiven]. // 彼の決定は*理不尽だ His decision is ⌈*unjust* [*unfair*; *unreasonable*].

リフト (スキー場の) lift [C], ropeway [C].

リベート (割り戻し) rebate [ríːbeit] [U].

りべつ 離別 —[動] (人と別れる) part [separate] from …, be separated from …; (離婚する) divorce (他). ((☞ わかれる¹; りこん)). ¶彼は妻と*離別した (⇒ 離婚した) He *divorced* his wife.

リボン ribbon [C]; (帽子に付いている) band [C]; (細長い飾り用リボン) streamer [C].

りまわり 利回り (利益) profit [U]; (利息) interest [U]. ((☞ りりつ)). ¶この株は*利回りがよい These shares show a good *profit.*

りめん 裏面 **1** «裏側»: (裏) the back; (反対側) the other side, the reverse (side). ((☞ うら)). ¶本の*裏面に作者の略歴が書いてある A brief outline of the author's life is given on *the back* of the book. // このレコードの*裏面には彼の歌が入っている His song is on *the reverse side* of this record.
2 «暗い側»: the ⌈dark [seamy] side (↔ the bright side). ¶彼は人生の*裏面を知り尽くしていた He was thoroughly familiar with *the* ⌈*dark* [*seamy*] *side* of life. // *裏面で多額の金が動いたらしい Large sums of money seem to have been manipulated ⌈*behind the scenes* [*beneath the surface*].
裏面工作 backstage ⌈maneuvering [((英)) manoeuvring] [U].

リモコン —[名] remote control [U]. —[形] (リモコンの付いた) remote control; (リモコンによって操作される) operated by remote control. ¶この模型自動車は*リモコン付きだ This is a *remote control* model car. / This model car is operated by *remote control.*

リヤカー two-wheeled cart attached to the rear of a bicycle [C] ★ 説明的. 英米にはリヤカーに当たるものはない.

りゃく 略 **1** «短くする» —[名] (短くしたもの) abbreviation [C] ★「短くすること」の意では

略語 (abbreviation) 略語には日常よく使われるものから, 俗語的なものまでいろいろの種類があるが, 次に幾つかに分類して例をあげる. なお, 略語には略した印にピリオドを打つのが普通である.

(1) 日常的な略語.

(i) 敬称.

(男性に対して用い,「…氏」「…さん」) Mr.; (既婚の女性に対して「…さん」) Mrs. ★ 以上 2 つは ((英)) ではピリオドを打たない；(未婚の女性に対して) Miss; (既婚・未婚の区別を欲しない女性に対して) Ms. [mìz] ★ ((英)) ではピリオドを打たない；(教授) Prof. ★ 正式な場合は略さず Professor とするのがよいとされる；(特に連名の会社名などで Mr. の複数形として) Messrs. [mésəz] ★ ((英)) ではピリオドを打たない.

¶渡辺一郎氏 *Mr.* Ichiro Watanabe ★ 姓のみに付けて *Mr.* Watanabe としてもよい. // エドワード スミス夫人 *Mrs.* Edward Smith ★ このように夫の名に Mrs. をつけるのが正式. 姓につけて *Mrs.* Smith としてもよい. // ((女性の)ブラウンさん) *Ms.* Brown // 島田教授 *Prof.* Shimada // ブラウン・アンド・モリス商会様 *Messrs.* Brown & Morris ★ ビジネスレターの書き出し (salutation) などで.

(ii) 時刻・曜日・月の名など.

(午前) a.m.; (午後) p.m. ★ 以上は小文字が普通. 時刻の後に付ける；(月曜日) Mon.; (火曜日) Tue.; (水曜日) Wed.; (木曜日) Thu.; (金曜日) Fri.; (土曜日) Sat.; (日曜日) Sun.; (1 月) Jan.; (2 月) Feb.; (3 月) Mar.; (4 月) Apr.; (6 月) Jun.; (7 月) Jul.; (8 月) Aug.; (9 月) Sep.; (10 月) Oct.; (11 月) Nov.; (12 月) Dec. ★ 5 月は May で略語はない；(紀元前) B.C. [bíː síː] ★ Before Christ の略で年号の後に付ける；(紀元後) A.D. [éi díː] ★ ラテン語の anno Domini の略で, 年号の後または前に付ける.

¶午前 11 時 20 分 11 : 20 *a.m.* // 1985 年 9 月 10 日, 月曜日 *Mon., Sep.* 10, 1985 // 紀元前 3000 年 3000 *B.C.*

(iii) その他.

(…等) etc. ★ 名詞の後に付ける. [etsét(ə)rə] または and so forth と読む；(例えば) e.g. ★ ラテン語の exempli gratia の略で, for example と読む；(すなわち) i.e. ★ ラテン語の id est の略で, that is と読む；(参照せよ) cf. ★ ラテン語の confer の略で, compare と読む. 代わりに See … とすることもある.

(2) 頭文字略語 (acronym).

これは U.N. (United Nations の略で「国連」), NATO (North Atlantic Treaty Organization の略で「北大西洋条約機構」) のように名称の構成要

Ⓤ. ━動 abbreviate ⓗ; (短くする) make ... short, shorten ⓗ. 《☞ しょうりゃく (類義語)》. ¶Apr. は April の略です Apr. is the 「*abbreviation* [*shortened* form] of April.

2 «省略» ━名 omission Ⓤ. ━動 omit ⓗ. 《☞ はぶく; しょうりゃく (類義語)》.

¶会計報告は*略して議題に入ろう Let's *omit* the financial report and start on the agenda. // 以下*略 The rest *is omitted*.

りゃくご 略語 abbreviation Ⓒ, abbreviated 「word [form] Ⓒ; (頭文字略語) acronym Ⓒ ★ United Nations (＝国連) を U.N. とするようなものをいう. abbreviation の一種とされる. 《☞ 欄外》.

¶アメリカ合衆国の*略語は U.S.A. です U.S.A. is the 「*abbreviation* [*abbreviated form*; *acronym*] for the United States of America. / The United States of America *is abbreviated as* U.S.A. //「ASEAN は何の*略語ですか」「東南アジア諸国連合の*略語です」"What does ASEAN [eizíːən] *stand for?*" "It *stands for* the Association of the Southeast Asian Nations."

りゃくじ 略字 (漢字の) simplified form of a character Ⓒ. ¶君, 勝手な*略字を使ってはだめだよ Don't use *simplified forms* (*of writing*) of your own invention.

りゃくしき 略式 ━形 (非公式の・くだけた) informal. ¶式は*略式でやります The ceremony will be *informal*.

りゃくず 略図 (概略を描いたもの) sketch Ⓒ ★ 最も一般的; (大まかな設計図) rough plan Ⓒ; (略地図) rough map Ⓒ. ¶あなたの近所の*略図をかいて下さい Draw a *rough map* of your neighborhood.

りゃくだつ 略奪 ━動 (戦争・動乱などで, 場所・人から) plunder ⓗ; (略奪して荒らす) loot ⓗ. ━名 plunder Ⓤ; loot Ⓤ. 《☞ ごうだつ》. ¶兵士たちは町を*略奪した The soldiers 「*plundered* [*looted*] the town.

略奪者 plunderer Ⓒ, looter Ⓒ.

りゃくれき 略歴 (簡略にした履歴) simplified 「personal history [curriculum vitae] Ⓒ ★ 書いて提出したりするもの. 《☞ りれき; けいれき》.

りゆう 理由 reason Ⓒ; (原因) cause Ⓒ; (根拠) ground Ⓤ ★ または複数形で; (動機) motive Ⓒ; (言い訳) excuse Ⓒ, pretext Ⓒ.

【類義語】最も意味が広く一般的で, 以下の語の代わりにも使えるのが **reason**. ある結果を引き起こす原因という意味が **cause**. ((例) 事故の*理由はドライバーの不注意でした The *cause* of the accident was the carelessness of the driver.). 本人が正当性を信じて主張する場合に用いるのが **ground**(*s*). ((例) このことが彼女の離婚の*理由となった This gave her *grounds* for divorce.). ある行為のもとになった動機が **motive**. 言い訳・口実という意味の語が **excuse**, **pretext** で, 前者のほうが口語的. 《☞ わけ; げんいん; こんきょ》

¶遅刻した*理由を説明しなさい (⇒ なぜ遅刻したか言いなさい) Tell me *why* you were late. [語法] このように日本語に「理由」とあっても, 英語では必ずしも reason などの語を用いない場合もある. / Give the *reason* (*why*) you were late. [語法] the reason why は同じ意味を持った語を重ねて使うことになるので避けるべきであるという文法家の意見もあるが, 実際にはよく使われる. // *理由は何であろうと許しません Whatever the *reason* (may be) you will not be forgiven. // これが本当だと信じるべき十分な*理由がある There is every *reason* to believe this to be true. // どういう*理由で (⇒ なぜ[何の目的で]) 外国へ行くのですか *Why* [*For what purpose*] are you going abroad? // 病気が*理由で (⇒ 病気のために) 彼は欠席した He was absent 「*because of* [*on account of*; *owing to*; *due to*] illness. [語法] because of が最も一般的. // 彼の間違いは*理由あってのことだ (⇒ 正当化できる[理由がないわけではない]) His mistake is 「*justifiable* [not without *reason*]. // そんなことは*理由 (⇒言い訳) にはならない That is no *excuse*.

素の頭文字のみを連ねて作られた略語である. これらは政府機関名, 条約名, 会社名, 製品名などに多く, 元来, 例えば上にあげた NATO [néitou] のように続けて 1 語のように発音できるように意識的に作られたものと, FBI [éf bìː ái] (Federal Bureau of Investigation の略で「アメリカ連邦検察局」) のように文字をそのまま読むものとの 2 種類ある. また, UFO (Unidentified Flying Object の略で「未確認飛行物体; ユーフォー」) のように当初は [júː èf óu] との み発音され, 後者の種類であったものが, 後に [júːfou] と続けて 1 語のように発音されるようになった場合もある.

なお, JAL (Japan Airlines の略で「日本航空」) のように日本人の間では「ジャル」のように 1 語として発音されている場合でも, 英語としては [dʒéi èi él] と文字を 1 つずつ発音する方式の略語としてしか扱われないものも多いことに注意する必要がある.

次に頭文字略語でよく用いられるものの幾つかをあげてみよう. なお, 頭文字略語には略した印のピリオドを付けない場合が多い. (　) 内はフルネーム.

(i) 政府機関名.

通産省 MITI (the Ministry of International Trade and Industry); 経済企画庁 EPA (the Economic Planning Agency); 公正取引委員会 FTC (the Fair Trade Commission); 国鉄 JNR (the Japanese National Railways); 警察庁 NPA (the National Police Agency); 航空自衛隊 ASDF (the Air Self-Defense Force); 陸上自衛隊 GSDF (the Ground Self-Defense Force); 海上自衛隊 MSDF (the Maritime Self-Defense Force)

(ii) 政党名.

自由民主党 LDP (the Liberal Democratic Party); 日本社会党 JSP (the Japan Socialist Party); 日本共産党 JCP (the Japan Communist Party); 民社党 DSP (the Democratic Socialist Party) など. ★ 公明党は普通 the Komeito とローマ字書きで略語は用いない.

(iii) 国名.

アメリカ合衆国 U.S.A., USA (the United States of America); イギリス連合王国 U.K., UK (the United Kingdom); ソビエト連邦共和国 U.S.S.R., USSR (the Union of Soviet Socialist Republics); 韓国 ROK (the Republic of Korea); フィリピン共和国 RP (the Republic of Philippines); 西ドイツ FRG (the Federal Republic of Germany)

(iv) 国際的機関.

国連 U.N., UN (the United Nations); ユネ

りゅう 竜, 龍 dragon Ⓒ.

-りゅう …流 **1** «学派·系統»: (様式) style Ⓒ; (型) type Ⓒ; (外面的なやり方) fashion Ⓒ; (やり方) way Ⓒ ★ 意味の広い日常的な語; (独特なやり方) manner Ⓒ ★ way と manner は交換可能なことも多い; (方法) mode Ⓒ; (習慣·作法などによるやり方) form Ⓒ; (学派) school Ⓒ. 《☞ -しき》.

¶ 彼は何でもフランス*流にやる He does everything in the French ˹*style* [*way*; *manner*; *fashion*]. ∥ 彼の生け花は池の坊*流だ He belongs to the Ikenobo *school* of flower arrangement. ∥ 日本人*流の考え方によればそれでよいのです According to the Japanese *way* of thinking, that is perfectly correct.

2 «社会階層»: class Ⓒ; (等級) rate Ⓒ; (位階·品質などの等級) grade Ⓒ; (身分·地位) rank Ⓒ, order Ⓒ. ¶ 彼は一*流の音楽家です He is a first-*rate* musician. ∥ たいがいの日本人は中*流意識を持っている Most Japanese feel that they belong to the middle *class*. ∥ 彼女は上*流の婦人です She is a lady of high *rank*.

3 «流れ»: (一般的に流れ) flow ★ 単数形で; stream Ⓒ; (空気·水·電気の流れ) current Ⓒ. 《☞ ながれ》. ¶ 水*流 the *flow* of water ∥ 本*流 the main *stream*

りゅうあん 硫安 (硫酸アンモニウム) ammonium sulfate Ⓤ.

りゅうい 留意 ―〔動〕 (注意する) note (他) ★ 最も一般的; (…に注意を払う) pay attention to … 《☞ ちゅうい》. ¶ 次の点に*留意されたい Please ˹*note* [*pay attention to*] the following points.

りゅういき 流域 ―〔名〕 (川の) (river) basin [béisn] Ⓒ. ―〔前〕 (…の沿岸に) on … ¶ 利根川*流域は穀倉地帯である The *basin* of the Tone River is a rice-producing area. ∥ それらの町は皆筑後川*流域にある All those towns are (located) *on* the Chikugo River.

りゅういん 溜飲 **溜飲が下がる** (満足する) feel satisfaction in … ; (恨みが償われて晴れる) feel *one's* grudge has been compensated. ¶ あいつを殴ってやった. これでやっと*溜飲が下がったよ (⇒ 復讐をして気がすんだ) I gave him a punch. Now I *feel avenged and satisfied.*

溜飲を下げる find satisfaction in …ing; find compensation and satisfaction in … ; satisfy *oneself* by …ing. ¶ 彼らはその男に謝罪させることで*溜飲を下げた They ˹*found compensation and satisfaction in* [*satisfied themselves by*] making the man apologize.

りゅうかい 流会 ―〔名〕 cancellation of a meeting Ⓤ. ―〔動〕 cancel a meeting. 《☞ ちゅうし[1]》. ¶ 議長欠席のため*流会となった The *meeting was canceled* due to the absence of the chairman.

りゅうがく 留学 ―〔動〕 study abroad (自), go abroad for study (自).

¶ 私は来年*留学するつもりだ I'm planning to *go abroad for study* next year. ∥ あなたは*留学経験がありますか *Have* you ever *studied abroad?* ∥ 彼は私費[官費]で*留学した He *studied abroad* ˹by private means [at government expense].

留学生 student studying abroad Ⓒ; (海外から来た留学生) foreign student Ⓒ. ¶ アメリカにいる日本人*留学生の数は 5 万とも 10 万とも言われている Some say the number of Japanese *students studying in the United States* is about fifty thousand, and some say a hundred thousand. ∥ 日本にいる東南アジアの*留学生は多くの問題に直面している Southeast Asian students in Japan are facing many problems. ∥ この大学には大勢の*留学生がいる There are many *foreign students* in this university.

りゅうかすいそ 硫化水素 sulfureted hydrogen Ⓤ, hydrogen sulfide Ⓤ.

りゅうかぶつ 硫化物 sulfide (《英》 sulphide) Ⓒ.

りゅうかん 流感 influenza Ⓤ, 《口語》 flu Ⓤ ★ 後者は略式の言い方で口語的. また通例

スコ (国連教育科学文化機構) UNESCO (the United Nations Educational, Scientific, and Cultural Organization); 国連総会 UNGA (the United Nations General Assembly); 東南アジア諸国連合 ASEAN [eizíːən, eisíːən] (the Association of Southeast Asian Nations); アメリカ州機構 OAS (the Organization of American States); パレスチナ解放機構 PLO (the Palestine Liberation Organization); 石油輸出国機構 OPEC (the Organization of Petroleum Exporting Countries); ヨーロッパ共同体 EC (the European Community) ★ 一般には the Common Market ともいう. この下部組織にヨーロッパ経済共同体 EEC (the European Economic Community), ヨーロッパ鉄鋼共同体 ESC (the European Steel Community) などがある; 経済協力開発機構 OECD (the Organization for Economic Cooperation and Development)

(v) 条約関係.

戦略兵器削限交渉 START (the Strategic Arms Reduction Talks); ガット (関税と貿易に関する一般協定) GATT (the General Agreement on Tariffs and Trade)

(vi) その他.

重要人物 VIP [víː ài píː] (very important person) ★「ヴィップ」とは言わない; 借用証書 IOU [ái òu júː] (=I owe you.); 代金引換え払い C.O.D. (Cash on Delivery); ページをめくって下さい P.T.O. (Please turn over (the page).); ご返事をお願いします R.S.V.P. (Répondez s'il vous plaît.) ★ フランス語; 渉外事務, 広報活動 P.R., PR (Public relations); 国民総生産 GNP (Gross National Product)

(3) 略語の作り方による分類.

略語は作り方によって次の種類に分けられる.

(i) 語の途中で省略する場合: (月曜日) Mon., (火曜日) Tue., (4 月) Apr. のような場合. この場合はピリオドを打つのが普通.

(ii) 語の始めと終わりの文字(音), ときに中間の文字(音)を残してその他の部分を省略する場合: (男性について…氏, …さん) Mr.; (既婚女性について…さん) Mrs.; (アパート) apt. (apartment の略) ★ この場合《英》ではピリオドを打たないのが普通.

(iii) 頭文字略語: アメリカ合衆国 U.S.A.; 北大西洋条約機構 NATO; 東南アジア諸国連合 ASEAN ★ この場合はピリオドを省略することが多い.

理由の表し方

1 理由の述べ方

(1) 理由を表す接続詞・前置詞

―― 接 because ...; since ...; as ...; for ...; inasmuch as ... ―― 前 because of ...; owing to ...; on account of ...; due to ...; from ...; for ...

【類義語】最もはっきりと直接に理由を示す接続詞に **because**. ((例) 寒かったのでオーバーを着た I put on my overcoat *because* it was cold.). **since** は *because* より理由としては少し薄弱で, 主要な事実 (上の例では, オーバーを着たこと) に付随的な, あるいは多少偶然的な事情を理由として示す. 通例文頭に置かれる. ((例) たまたまそのとき寒かったので私はオーバーを着た *Since* it was cold, I put on my overcoat.). 以上の 2 つよりさらに理由の意味が弱く, 前後関係によっては理由とも, 時を表すとも決めがたいあいまいさのある接続詞が **as**. *as* がはっきりと理由の表現に用いられることは少なく, 理由の節の 7% 以下というアメリカにおける語法調査の結果もある. (☞ 時・期間の表し方 (囲み)). **for** は「理由」というよりも, むしろ「事実」または「意見」などに対する補足的な説明を表す. 普通は主節の後に置かれる. ((例) 私はオーバーを着た. というのは寒かったのです I put on my overcoat, *for* it was cold.). *for* は文語的であり, *because* を使うことが望ましい. **inasmuch as** は主要な事実を正当化するための譲歩的な理由を表す. ((例)寒かったのでオーバーを着るのが一番よいと考えた *Inasmuch as* it was cold, I thought it best to put on my overcoat.). *inasmuch as* は非常に文語的であり, あまり用いられない. 前置詞の **because of** は *because* と内容的には同じ. **owing to, on account of** もほぼ同じであるが, *owing to* には「...の結果として」という意味がある. *owing to, on account of* は *because of* より文語的. 口語的であるが, 理由というよりは原因を示す語が **due to**. **from** は事実の出発点を示す前置詞. 前置詞の **for** は「理由」というよりも, むしろ「交換条件」を表す. ((例) 彼女は笑って口がきけなかった She could not speak *for* laughing.)

(2) ..なので[だから, のために, して]...

¶ きのうはひどい風邪を引いたので [引いたから, 風邪のために, 風邪を引いて], 学校を休んだ I was ˹absent [away] from school yesterday *because* I ˹had [caught] a bad cold. // 外の騒音がひどかったので [ひどかったため, ひどい騒音のために, 騒音がひどくて], 昨夜はよく眠れなかった I could not sleep well last night ˹*because of* [*owing to*; *on account of*] the terrible noise outside. / The terrible noise outside kept me awake last night. // 彼は怠けたので試験に落ちた (⇒ 彼が試験に失敗したのは怠けたためだ) His failure in the exam was *due to* his laziness. / *Due to* laziness he failed (in) the exam. [語法] この第 2 文のような due to の用い方はするべきではないという文法家の意見もある. due to は元来形容詞で, 第 1 文のように述語的に用いるのが正しいと考えられるからである. しかし実際の用法ではそのような区別をしないことが多い. // 彼はけがをして[けがのために]死んだ He died *from* an injury. // 彼は方言の調査のために英国に渡った He went to Britain (*in order*) *to* survey British dialects. / He visited Britain *for the purpose of* conducting field work on British dialects. [語法] 「目的」と「理由」は日本語では混同されることが多いが, 英語ではかなりはっきり分けて用いられる. (☞ 目的・結果の表し方 (囲み)) // 私たちはうれしくて躍り上がった We danced *for* joy. // それを聞いてとてもうれしい I am very glad *to* hear that. [語法] この to 不定詞は「原因・理由」を表す.

(3) それで[そのために, だから]...

この言い方で始まる部分は「結果」で, その前の部分が「理由」になっている.

¶ 彼は働くのが嫌いだ. それだから貧乏している He does not like to work. *That's why* he cannot make money. (☞ 関係詞 (欄外)) / He is not willing to work [He doesn't like working]. *That explains* his poverty. // A は B より長く, B は C より長い. だから A は C より長い A is longer than B, and B is longer than C; *therefore* A is longer than C.

(4) ...から(...になる)

¶ 彼は必要からその新しい方法を考え出した He devised the new method *from* necessity. // 彼の不注意から大事故になった The tragic accident ˹happened *through* [*was caused by*] his carelessness.

(5) なぜなら[どうしてかといえば]...だから

¶ 私は彼が嫌いです. なぜなら意地悪だから I don't like him, *because* he is mean.

(6) ...なのは...だから

¶ 私が彼を愛しているのは心の優しい人だからです I love him *because* he is kind-hearted. / The *reason why* I love him is *that* he is so kind at heart. [語法] (1) 口語では that の代わりに because を用いて The reason is ... because ... のようにすることもある. (2) the reason why は理由を示す言葉が重複するので避けるべきで, Why I love him is that ... または The reason I love him is that ... とすべきであると主張する文法家もいるが, 実際の用法では the reason why は頻繁に用いられており, 標準的な言い方と考えられている.

り

(7) 理由を表す言葉を用いない場合

この場合は理由を表す言葉が省略されていると考えられる.
¶「彼を知っているかい」「いや，知らない．まだ会ったことがないよ」"Do you know him?" "No, I don't. I haven't met him." ∥ 私と一緒にいらっしゃい．場所を教えてあげましょう Will you come along with me? I'll show you where it is.

(8) …だからといって…しない[でない]

¶忙しいからといって無理をしないで下さい Please don't ˹overwork [overtax] yourself *because* you are very busy. ∥ こんなことを言うからといって僕は右翼ではないよ (⇒右翼と見なさないで下さい) Don't ˹label [regard] me as a rightist (*simply*) *because* I say such a thing.

(9) …なので，ますます…

¶私は彼女がおとなしいのでますます好きになった I love her *all the more because* she is modest. 《☞ ますます》

2 理由の尋ね方

(1) 理由・原因・目的などを尋ねる疑問詞

(理由) why, how, for what reason; (原因) what, for what cause; (目的) what ... for, for what purpose; (手段・方法) how, by what means, in what ˹manner [way].
【類義語】理由を尋ねる最も一般的な疑問詞は **why** で，**how** は *How* is it that ...? (=...はどうしてか) という言い方では *why* と同じ意味になる．また **for what reason** のような言い方は少し改まった表現．日本語の「なぜ」「どうして」は必ずしも「理由」だけでなく，「原因・目的・手段」を問う場合もある．例えば，「なぜここへ来たのか」は内容によって，それぞれ，《理由》*Why* did you come here? / 《原因》*What* brought you here? / 《目的》*What* did you come here *for*? のように訳し分けられる．以上3文のうち，第2文は相手が現れた原因を客観的に尋ねるニュアンスがあるので詰問調でなく，従って丁寧な感じである．これは what を主語にして理由などを聞く質問について一般的に言えることである．**for what purpose** のような言い方も少し改まった表現である．「どうして」と手段を問う疑問詞は *how* である．《☞ 目的・結果の表し方 (囲み)》

(2) なぜ，どうして，どういうわけで

この言い方には「理由・原因・目的・手段」のあらゆる場合が含まれる.
¶「なぜ[どうして，どういうわけで]笑ったのですか」「とてもおかしかったからです」"*Why* did you laugh?" "*Because* it was very funny." / 《原因》"*What* made you laugh?" "I laughed *because* it was very funny." ∥ どうしてそれがわかったのですか *How* did you know that? ∥ なぜうさぎは耳が長いのだろうか *Why* [*How*] *is it that* rabbits have long ears? ∥ なぜ手紙をくれなかったのですか *Why* didn't you write to me? ∥ どうして[なぜ]彼らは結婚できなかったのだろう *What* prevented them from ˹getting married [marriage]? ∥「彼は会社を首になった」「どうして」"He was fired." "*Why* [*How come*]?"
★ How come? は「どうしてそうなったのか」という意味の口語的表現.

(3) 何をしに，何のために

¶「あなたは何をしにアメリカに行くのですか」「留学のためです」"*What* are you going to the United States *for*?" "To study at an American school." ∥ 何のために[なぜ]外国語を学習するのですか *For what purpose* [*Why*] do you study foreign languages? / *What is the* ˹*purpose* [*aim*] *of* your learning a foreign language? ∥ 何のために[なぜ]そんなことをする必要があるのか(そんな必要はない) *What is the use of* doing such a thing? 《☞ 目的・結果の表し方 (囲み)》

(4) …なのはなぜか

¶彼が来なかったのはなぜでしょう *I wonder why* he was not there. / 《原因》*What* prevented him from coming? ∥ 雪が白く見えるのはなぜですか *Why* [*How*] *is it that* snow ˹is [looks] white? / *Could you tell me why* snow is white?

the を付けて用いる. 《☞ インフルエンザ; かぜ²》. ¶彼は*流感で寝ている He is in bed with *the flu.* ∥ うちの近所で*流感がはやっている There is an epidemic of *influenza* in my neighborhood.

りゅうき 隆起 ━ 動 (土地が) heave (up) ⓐ, upheave ⓐ ★ 後者のほうが改まった語. ━ 名 upheaval Ⓤ. ¶土地の*隆起で(⇒隆起を観察することで)地震が予知できるか Can we forecast an earthquake by observing the *upheaval* of land?

りゅうぎ 流儀 **1** «派»: school Ⓒ 《☞ -りゅう》. ¶お茶のお*流儀はどちらですか Which *school* of tea ceremony do you follow?
2 «やり方»: (やり方・方法) way Ⓒ ★ 最も一般的で，以下の語の代わりにも使える; (組織的な方法) method Ⓒ; (独特のやり方) manner Ⓒ. 《☞ -りゅう》. ¶この料理は母の*流儀で作りました I cooked this following my mother's ˹*way* [*method*]. ∥ 私は私の*流儀でやります I'll do it my own *way*.

りゅうぐう 竜宮 *Ryugu*, the Palace of the Dragon King, which is supposed to be at the bottom of the ocean.

りゅうけつ 流血 bloodshed Ⓤ. ¶内紛は*流血の惨事に至った The internal strife led to *bloodshed*.

りゅうげんひご 流言飛語 (根も葉もないうわさ) groundless rumor Ⓒ; (デマ) false rumor Ⓒ; (見当違いのうわさ) wild rumor Ⓒ. 《☞ デマ; うわさ》. ¶地震の後，*流言飛語が乱れ飛んだ *Groundless* [*False*; *Wild*] *ru-*

mors were ｢widespread [rife] after the earthquake.

りゅうこう 流行 ―名 (特に服装などの) fashion Ⓒ ★最も一般的な語で, 主として女性の衣服について用いられ, 以下の語の代わりに使えることが多い; (かなり広く普及した流行) vogue Ⓒ ★以上2語はほぼ同意で用いられることもある; (独特な型に注目した場合の流行) style Ⓒ; (一時的な大流行) craze Ⓒ, fad Ⓒ ★以上2語は軽蔑的なニュアンスがある. ―形 fashionable; (人気のある) popular; (病気がはやって) widespread, rife, raging, rampant ★この順に形式ばった語となる. ―動 be in ｢fashion [vogue], be fashionable; be a ｢craze [fad]; be the rage; be popular; (病気がはやる) spread quickly ⓐ, rage ⓐ ★以上は「動作」; (病気が流行している) be ｢widespread [rife; raging; rampant] ★以上は「状態」; (服装などが流行するようになる) come into ｢fashion [vogue], become fashionable; become a ｢craze [fad]. 《☞ はやる¹; はやり》.
¶いまはだぶだぶのズボンが*流行だそうだ Baggy trousers are said to *be ｢in fashion* [*in vogue*; *fashionable*; *the craze*; *the fad*] these days.
帽子をかぶることがまた*流行している Wearing hats ｢*has come into fashion* [*is popular*; *has gained popularity*] again.
*流行をいちいち追っていたらお金が続かない My money cannot keep up with the changing *fashions*.
彼女は最新*流行のドレスでパーティーにやって来た She came to the party in a dress of the latest ｢*style* [*fashion*]. / She came to the party with a *fashionable* dress on.
彼はいつも*流行遅れの服を着ている His clothes are always out of *fashion*.
ディスコ音楽がいま*流行だ Disco music *is the* ｢*craze* [*fad*] now.
新婚旅行に海外へ行くのが*流行している It is *fashionable* to go abroad for one's honeymoon.
ジーパンは一時の*流行ではないようだ (⇒定着したようだ) Jeans seem to *have come to stay*.
彼女は*流行の先端を行く人だった She was the ｢creator [leader] of *fashions*.
いまインフルエンザが*流行している Influenza *is* ｢*spreading quickly* [*raging*; *rife*; *rampant*].
流行歌 popular song Ⓒ **流行歌手** popular singer Ⓒ **流行語** word in ｢fashion [vogue] Ⓒ; (よく使われる語[表現]) popular ｢word [expression] Ⓒ **流行作家** popular writer Ⓒ.

りゅうさん 硫酸 sulfuric acid Ⓤ. **硫酸アンモニウム** ammonium sulfate Ⓤ **硫酸塩** sulfate Ⓤ **硫酸カルシウム** calcium sulfate Ⓤ **硫酸銅[鉄]** copper [iron] sulfate Ⓤ.

りゅうざん 流産 ―名 miscarriage Ⓒ. ―動 have a miscarriage, miscarry ⓐ.

りゅうし 粒子 particle Ⓒ.

りゅうしつ 流失 ―動 be ｢washed [swept] away 《☞ ながれる》. ¶台風のため, 多数の家屋が*流失した Many houses *were* ｢*washed* [*swept*] *away* by the typhoon.

りゅうしゅつ 流出 ―動 (液体などが…から流れ出る) flow [run] out (of ...) ⓐ; (あふれ出る) overflow ⓐ ⓣ. ―名 outflow Ⓒ; (財貨などの流出) drain Ⓒ. 《☞ ながれる》.
¶噴火後火口から*流出した溶岩流がふもとの町に迫っている The mass of lava which ｢*flowed out of* [*ran out of*; *overflowed*] the crater is now approaching the town at the foot of the volcano. // 頭脳*流出 a brain *drain* // 美術品の海外*流出 the *drain* of the works of fine arts into foreign countries

りゅうじょう 粒状 ―形 granular.

りゅうず 竜頭 (winding) crown (of a watch) Ⓒ 《☞ とけい》. ¶*りゅうず巻きの時計 a *stem*-winding watch ★stem はりゅうずの軸.

りゅうせい¹ 流星 ―名 shooting star Ⓒ; (流星の描く光の筋) meteor [míːtiə] Ⓒ ★「隕石」という意味でも使う. ―形 (流星の(ような)) meteoric.
¶ほら, *流星だ Look! There goes a *shooting star*! // 流行歌手の中には*流星のような命しかない者もいる (⇒流星のように短時間だけ輝きすぐ消えてしまう) Some popular singers have *meteoric* careers.
流星群 meteor shower Ⓒ.

りゅうせい² 隆盛 ―形 (企業などが) prospering, flourishing [fləːriʃiŋ], thriving [語法] 以上3語はしばしば入れ替え可能であるが, 第1番目が最も普通. prospering には永続的な繁盛, flourishing には繁栄の絶頂にある感じ, thriving にはある種の状況・条件のもとでの繁栄というニュアンスが含まれる. ―名 prosperity Ⓤ. 《☞ さかえる; はんじょう》.

りゅうせんけい 流線型 ―形 streamlined. ―名 streamline Ⓤ. ¶*流線型の車は最も空気の抵抗が少ない A *streamlined* car gets the least air resistance.

りゅうち 留置 ―動 hold [keep] *a person* in custody, detain ⓣ [語法] ほぼ同意で用いられることもあるが, 前者は「保護のもとに置く」という元来の意味から日本語の「留置」よりも広い意味で用いられ, 例えば「警察に保護された」などの表現にも相当する. ―名 custody Ⓤ; detention Ⓤ. 《☞ こうりゅう²》.
¶男は盗みの疑いで警察に*留置された The man *was detained* at the police station on suspicion of theft.
留置場 detention cell Ⓒ, police cell Ⓒ. 《☞ けいむしょ》.

りゅうちょう 流暢 ―形 fluent. ―副 fluently; (楽々と) with ease. ―名 fluency Ⓤ. ¶この仕事には英語を*流暢に話せることが要求される *Fluency* in English is required for this job. / *Fluent* English speaking ability is necessary for this job. // 彼の英語はとても*流暢だ He speaks English ｢*fluently* [*with ease*].

りゅうつう 流通 ―名 circulation Ⓤ; (手形の) negotiation Ⓤ. ―動 circulate ⓐ ⓣ. ¶空気の*流通をよくしないと気分が悪くな

り

る You will feel sick unless you see to the *circulation* of air. // 偽札が*流通している Counterfeit notes *are being circulated.* **流通革命** distribution revolution Ⓒ **流通紙幣** (paper) currency Ⓤ.

りゅうどうしょく 流動食 liquid food Ⓤ, liquid Ⓒ.

りゅうどうせい 流動性 (動き[変わり]やすいこと・移動性) mobility Ⓤ ★ かなり広い意味で用いられる. 《☞ りゅうどうてき》.

りゅうとうだび 龍頭蛇尾 ¶それは大騒ぎで始まったにしては*龍頭蛇尾に終わった It started with great fanfare but ⌈*had a tame ending* [*the ending was an anticlimax*]. 〔語法〕 with fanfare は「鳴り物入りで」, tame ending は「平凡な終結」, anticlimax は元来修辞用語で「しりすぼまりの結末」という意味.

りゅうどうてき 流動的 ― 形 (動き[変わり]やすい) mobile; (確定的でない) not fixed. ¶人口は*流動的だ The population is *mobile.*

りゅうにゅう 流入 ― 動 come in ㊀, come into ..., flow in ㊀, flow into ... ― 名 inflow Ⓤ, influx Ⓤ. ¶難民の*流入はいまや社会問題だ The *influx* of refugees is a social problem at present.

りゅうにん 留任 ― 動 remain in office. ¶彼はもう 1 期, 会長の席に*留任する He will *remain in office* as chairman for another term.

りゅうねん 留年 ― 動 remain in the same class 《☞ らくだい》. ¶これで彼は 2 回*留年だ This is the second time that he is to *remain in the same class.*

りゅうは 流派 school Ⓒ 《☞ -りゅう; は⁴》. ¶彼女が新しい生け花の*流派を作った She founded a new *school* of flower arrangement.

りゅうひょう 流氷 drift ice Ⓤ; (海上に浮いている氷原・浮氷) (ice) floe Ⓒ.

りゅうほ 留保 ― 動 (ある期間止めたり延期したりする) suspend ㊉; (後に備えて差し控える) reserve ㊉. 《☞ ほりゅう》.

りゅうぼく 流木 driftwood Ⓤ.

リューマチ rheumatism [rúːmətìzm] Ⓤ 《☞ 病気・病院 (囲み)》. ¶私は左の肩が*リューマチだ I have *rheumatism* in my left shoulder. **リューマチ患者** rheumatic [ru(ː)mǽtik] (patient) Ⓒ.

りゅうよう 流用 ― 動 (資金・予算などを悪用する) appropriate ㊉, misappropriate ㊉ 〔語法〕 appropriate は元来予算などを特別の目的に割り当てるという意味で, よい意味でも使われる言葉だが, 特定の前後関係では婉曲に「私利・私欲のために悪用あるいは盗用する」という意味に使われる. misappropriate はそれを明らかに表す語; (適用する) apply ㊉. ― 名 appropriation Ⓤ, misappropriation Ⓤ; application Ⓤ. 《☞ てんよう》.
¶市長がかなりの公金を自分のために*流用していた The Mayor ⌈*appropriated* [*misappropriated*] quite a sum of the ⌈government [public] funds for his own use. // 私たちの資金をほかのよい目的のために*流用しても差しつかえない Our funds could *be applied* to some other good purposes.

りゅうりゅう 隆隆 ¶彼は筋肉*隆々だ He is *quite muscular.*

りゅうれい 流麗 ― 形 (流れるような) flowing, fluent; (美しい) refined; (優雅な) elegant. ¶彼は*流麗な文章を書く He writes in a *flowing and elegant* style. / He writes *fluently and elegantly.*

リュックサック rucksack [rʌ́ksæ̀k] Ⓒ, knapsack Ⓒ.

りよう 利用 ― 動 (使用する) use ㊉ ★「使う・用いる」という広い意味の日常語; (役立たせる) make (good) use of ..., utilize ㊉ 〔語法〕 前者のほうが口語的. なおこの表現は「...をよりよく用いる」make better use of ..., 「...を最大限に役立たせる」make the best use of ... のように, 比較級・最上級の用法でも用いる; (...から利益を得るような方法で用いる) take advantage of ... 〔語法〕 この表現はよい意味にも悪い意味にも用い, 悪い意味では「人を利用して自分の利益をはかる, 人の弱味などにつけ込む」というような意味になる; (...を役立つように使う) put ... to good use; (金・時・暇・知識などをよい目的[有効]に使う) turn ... to good account ★形式ばった言い方; (天然資源・風力・水力を開発して利用する) exploit ㊉, harness ㊉ 〔語法〕 前者はやや形式ばった語で「人を利己的に利用する」という悪い意味になることもある. 後者は元来「馬に車を引くための綱をつける」という意味で, 比喩的にエネルギーや動力源を得ることを意味する. ― 形 (利用できる) available. 《☞ つかう; しよう¹; かつよう》.
¶個人的な用事には公衆電話を*利用して下さい Please *use* a public telephone for a personal call. // 日本の学生はもっと図書館を*利用すべきだ The Japanese students should ⌈*make better use* [*take the full advantage*] *of* a library. // あの男はあなたを*利用しようとしている That man is going to *take advantage of* you. // 寄付金はよい目的のために*利用されねばならない The money ⌈donated [collected; subscribed] must *be turned to* some *good account.* // 我々はわが国の資源を十分に*利用しなくてはならない We must *exploit* fully our country's natural resources. // 彼らはその川を*利用して発電所を作る (⇒ 発電する) ことを計画している They are planning to *harness* the river to generate electricity. // アフリカの人たちは過去においてアメリカで奴隷として*利用された African people *were exploited* as slaves in America in the past. // 原子力の平和*利用が今後の問題だ Peaceful *use* of atomic energy [*Use* of atomic energy for peaceful purposes] is our future problem.
利用価値 utility value Ⓤ **利用者** user Ⓒ **利用法** how to use ... 《☞ ようほう¹》.

りょう¹ 量 (液体や物質などの量) quantity Ⓤ; (全体を総計した量) amount Ⓒ 〔語法〕 amount は金額も表すので, 「額」という日本語に当たる場合もある. 日本文に「量」という言葉

量 の 表 し 方

1　単位を表す語句を添える場合

　本来数えられない名詞（物質名詞，抽象名詞）の量を表すには，単位を表す語句を添えて数えることができる。ただし，日本語のように1本の鉛筆，2冊の本，3軒の家，4匹の犬などと，数えられる名詞にまで単位を付けることはない。単位を添えて数えるものはあくまでも量に関する不可算名詞である点に注意。《☞ 数え方（囲み）》

（1）　飲み物などの量

　飲み物などは入れ物を単位にして数える。
　（ⅰ）「グラス」を使うもの：a glass of …, two glasses of …
　（ⅱ）「カップ」を使うもの：a cup of …, two cups of …
　（ⅲ）「瓶」を使うもの：a bottle of …, two bottles of …
　¶私はコーヒーを1杯飲んだ I had a *cup of* coffee. ∥ ビールを2杯下さい Give me two *glasses of* beer, please. 　語法　ビールはレストランなどでは bottle よりも glass で数えるほうが普通。∥ お茶をもう1杯いかがですか How about another *cup of* tea?

（2）　名詞に -ful を付けた形で量を表す

　固体・液体・気体にかかわらず，入れ物に -ful を付けた形を使って量をいうことができる。(1) と違って量そのものに注目して言う場合である。
　（ⅰ）〈ティー〉スプーン：a (tea)spoonful of …, two (tea)spoonfuls of …
　（ⅱ）かご：a basketful of …, two basketfuls of …
　（ⅲ）バケツ：a bucketful of …, two bucketfuls of … または a pailful of …, two pailfuls of …
　（ⅳ）茶わん：a teacupful of …, two teacupfuls of …
　（ⅴ）手：a handful of …, two handfuls of …
　★ 以上の -ful の形は名詞であることに注意。
　¶塩2さじを加えて下さい Please add two *teaspoonfuls of* salt. ∥ かご3杯分の紙くずを拾った We picked up three *basketfuls of* wastepaper. ∥ バケツ2杯の水 two *bucketfuls of* water

（3）　計量単位を用いて量を表す

　固体・液体・気体にかかわらず，正式な数量をいうときは計量単位を用いる。《☞ 度量衡（囲み）》
　（ⅰ）ガロン：a [one] gallon of …, two gallons of …
　（ⅱ）リットル：a [one] liter of …, two liters of …
　（ⅲ）キロリットル：a [one] kiloliter of …, two kiloliters of …
　（ⅳ）トン：a [one] ton of …, two tons of …
　¶1立方メートルの水とは1キロリットルの水というのと同じです One *cubic meter of* water amounts to one *kiloliter of* water. ∥ 2トンの鉄 two *tons of* iron

（4）　その他

　（ⅰ）紙のように平たいものの場合。
　　（a）きちんと四角い形のもの：a sheet of …, two sheets of …
　　（b）ちぎった断片の感じのもの：a piece of …, two pieces of …
　¶紙を2, 3枚下さい Please give me a few *sheets of* paper. ∥ 1枚の布切れ a *piece of cloth*
　（ⅱ）平たいものに限らず，物質名詞で特定の形をなさないものの断片を数えるのには piece が使われる。
　¶チョーク1本 a *piece of* chalk ∥ 木片1個 a *piece of* wood
　（ⅲ）抽象名詞にも piece が用いられる。
　¶1つの忠告 a *piece of* advice ∥ 1つの情報 a *piece of* information
　（ⅳ）ある特定の塊をなす物によっては特有の語を使って数えるものがある。
　　（a）角砂糖は lump または cube：a lump of …, two lumps of …
　　（b）食パンなどは loaf《複 loaves》：a loaf of …, two loaves of …
　　（c）冷蔵庫の四角い氷は cube：a cube of …, two cubes of …
　¶私はいつもコーヒーには砂糖を2つ入れます I usually put two *cubes of* sugar in my coffee. ∥ 食パンを2斤下さい Please give me two *loaves of* bread. 　語法　ただし，ちぎったパンは piece，薄く切った食パンは slice で数える。

2　漠然と量の多少を表す語句を添える場合

¶水槽の中に少し[多量の]水がある There is ｢a little [a lot of]｣ water in the watertank. ∥ 瓶の中にはほとんど[全然]水が残っていない There's ｢little [no]｣ water left in the bottle. ∥ 当地では雨量が多い We have *a great deal of* rain here. ∥ 彼女は多くの金を服に使ってしまった She spent *a large amount of* money on dresses. 　語法　以上のほかに，量の多いことを表すには，a huge [an enormous; a vast] ｢amount [quantity]｣ of …, かなりの量を表すには a ｢considerable [fair] amount of …, ある程度の量を表すには a certain [some] amount of … などがある。

3　量を聞く表現

¶どのくらいの分量をお望みですか How much

do you want? / *What quantity* do you want? ∥ 瓶の中にどのくらい水が残っていますか *How much* water is left in the bottle?

があっても, 英語では必ずしも上の訳語を用いない場合もあることに注意.《☞ぶんりょう¹》.

¶「灯油はどのくらいの*量いりますか」「18リットル下さい」"*How much* kerosene would you like?" "Give me 18 liters, please." / "What *quantity* of kerosene would you like?" "I'd like 18 liters." ∥ 私たちは毎年大*量の石油を輸入する We import a large 「*amount* [*quantity*]」 of oil every year.《☞たいりょう¹》∥ 一定*量 a fixed *amount* ∥ ほんの少*量の水銀でも人体には危険である Even a small *quantity* of mercury is dangerous to the human body.《☞しょうりょう》∥ 毎年この時期にはかなりの*量の雨が降る We have a 「considerable [fair]」 *amount* of rain at this time of the year. ∥ 私たちは*量よりも質を重んじる We prefer quality to *quantity*. ∥ 雨の中に相当な*量の放射性物質が検出された They detected a considerable 「*quantity* [*amount*]」 of radioactive substances in the rain. ∥ 彼らは多*量に米を買い込んだ They bought rice in 「great [large]」 *quantities*. ★ quantity は複数形をとることもある.《☞りょう》∥ *量的にいえば私たちは十分に持っている *Quantitatively* (speaking), we have enough.

りょう² 猟 ── 图 (銃猟) shooting Ⓤ; (狩り一般) hunting Ⓤ. ── 動 shoot 他 自; hunt 他 自.《☞かり³; しゅりょう²》

¶彼は山へ*猟に出かけた He went 「shooting [hunting]」 in the mountains. ∥ かも*猟 duck shooting 猟期 hunting [shooting] season Ⓒ, open season for ... hunting Ⓒ 猟場 hunting ground Ⓒ.

りょう³ 漁 ── 图 (魚をとること) fishing Ⓤ; (漁業) fishery Ⓤ; (漁獲高) catch Ⓒ. ¶彼らは皆, たら*漁に出ている They all went cod fishing. ∥ きょうはますの大*漁だった We had a big *catch* of trout today.《☞たいりょう²》

りょう⁴ 寮 dormitory Ⓒ, 《口語》dorm Ⓒ. ¶独身*寮 an *apartment house* for single people 建物全体ならば apartment house, 個々の部屋は apartment. 寮歌 dormitory song Ⓒ 寮生 boarder Ⓒ 寮長 dormitory 「leader [superintendent]」 Ⓒ 寮費 room and board (charge) Ⓤ 寮母 house mother Ⓒ, matron [lady superintendent] of a dormitory Ⓒ.

りょう⁵ 良 (成績の) B Ⓒ ★ A, B, C, D, F のうち.《☞ゆう²【参考】》

りょう⁶ 領 territory Ⓤ.《☞りょうど》

りょう⁷ 両 両... ── 形 both, two. ¶*両人 both men / both of them / two of them ∥ *両手[足] both 「hands [feet]」 ∥ *両側 both sides / either side

-りょう ...料 (サービス・労働などの料金) charge Ⓒ ★ 最も一般的な語; (専門的品は仕事の報酬や許可料・免許料など) fee Ⓒ; (単位当たりの基準によって決まる料金) rate Ⓒ; (学

校の授業料) tuition Ⓤ.《☞りょうきん (類義語); -だい¹》

¶電話*料 a telephone *charge* ∥ 授業*料 tuition / a school *fee* 【語法】前者は授業料のみ. 後者は諸費用合わせての納入費として区別することがある. ∥ 駐車*料 a parking *fee* ∥ 入場*料 *admission* / an admission *fee*

りょういき 領域 (知識・活動などの特定の範囲) area Ⓒ, field Ⓒ 【語法】以上は最も一般的で入れ替え可能な場合も多いが, 後者は主観的に自由に選んで区切った範囲にも用いられる; (職業・仕事などの) line Ⓒ ★ 口語的; (主として学問・研究などの) domain Ⓒ, territory Ⓒ ★ 以上2語はやや形式ばった語; (興味・活動などの範囲) realm [rélm] Ⓒ ★ 元来「王国」という意味で, やや文語的; (個人の責任などの範囲) province Ⓒ ★ 形式ばった語; (活動・勢力などの領域) sphere Ⓒ ★ 形式ばった語.《☞りょうぶん; ぶんや; はんい¹》

¶私はこの*領域については未経験です I have no experience in this 「*area* [*field*]」. ∥ 会計のことは私の*領域ではない Accounting is not in my *line*. ∥ 社会学は私の*領域外だ Sociology is outside my 「*domain* [*territory*]」. ∥ 彼女は児童文学の*領域では有名である She is well-known in the *realm* of children's literature. ∥ 市場調査は私の*領域ではない Market research is not in my *sphere*.

りょういん 両院 the (two) Houses (of the Diet), the Upper and Lower Houses.《☞ぎかい》; 政治・経済 (囲み).

りょうえん 良縁 a 「good [suitable; desirable]」 match; (よい妻[夫]) a good and suitable 「*wife* [*husband*]」 ★ いずれも a を付けて. ¶両親は私のために*良縁を探すのに一生懸命だ My parents are 「eager [anxious]」 to find *a suitable* 「*husband* [*match*]」 for me.

りょうが 凌駕 ── 動 (...をしのぐ) surpass 他; (競争で勝つ) outrival 他; (上に位置する) stand above ...; (先んじる) go 「get; run」 ahead of ...《☞しのぐ; まさる》.

りょうかい¹ 了解 (理解する) understand 他 ★ 一般的な語; (同意する・承諾する) agree (to ...; with ...) 自, consent (to ...) 自 ★ 前者のほうがより口語的. ── 图 understanding Ⓤ ★ 意見・見解の一致の意味では an が付くこともある; (同意) agreement Ⓤ, consent Ⓤ; (わかった) OK.《☞しょうだく; なっとく; りょうしょう》.

¶まず, グループの人たちの*了解を求めなければならない I have to ask for the *consent* of the group members first of all. ∥「すぐ事務所に来て下さい」「*了解」"Come to the office right away!" "OK 「All right」!" 了解事項 agreed-upon item Ⓒ.

りょうかい² 領海 territorial waters ★ 複数形で.

りょうがえ 両替 ── 動 exchange 他, change 他. ── 图 exchange of money Ⓤ,

money exchange [U]. ¶空港で日本円をドルに*両替しておいたほうがよい You should ⌜exchange [change] Japanese money ⌜to [into] U.S. dollars at the airport. **両替機** money changer [C] **両替屋[店]** exchange ⌜house [shop] [C].

りょうかん 量感 ―[形] (どっしりした) massive; (量の多い) voluminous.

りょうきょく 両極 ―[名] (両極端) both extremities; (南北の両極) the two poles, the North and South Poles; (陽と陰の両極) the positive and negative poles ★以上はいずれも複数形で. ―[形] bipolar.

りょうきん 料金 charge [C]; rate [C]; fare [C]; fee [C]; price [C]; toll [C].

【類義語】主として(公共)サービスに支払う料金が ***charge***. 例えばホテル・郵便・駐車料金などのように単位当たりで料金が決まるものは ***rate***. ただし以上2つは入れ替え可能な場合も多い. 乗り物の料金は ***fare***. 専門職や学校・クラブなどの(公共)団体に払う料金・入場料・免許料・許可料などが ***fee***. 物やサービスにつける値段が ***price***. 道路通行料・渡船料・鉄道運賃・長距離電話料などが ***toll***. 《☞ -だい[1]》

¶*料金はもう払いました I've already paid the ⌜*charge* [*fee*].

来月からバス[郵便]*料金が値上げになる Bus *fares* [Postal *rates*] will ⌜go up [be increased; be raised] next month.

シングルの部屋は*料金はいくらですか How much [What] is the *charge* for a single room? / How much do they *charge* for a single room? 《☞ ホテル (囲み)》

部屋の*料金にサービス*料金は入っていますか Does the *price* of the room include the service *charge*?

小田原までの*料金はいくらになるでしょうか How much will the *fare* be to Odawara?

あの店の散髪*料金はいくらですか What is the *price* of a haircut there? / What are the hairdresser's *charges* there?

その修繕には*料金はいりません We'll repair it free of *charge*.

4千円の*料金を請求された They *charged* ¥4,000. / They *made a charge of* ¥4,000.

「駐車*料金はいくらですか」「1時間300円です」"What is parking *rate*?" "300 yen per hour."

大人[子供]の*料金はいくらですか What are the *rates* for ⌜adults [children]? / How much do you *charge* ⌜an adult [a child]?

公共*料金 public utility *charges*

水道*料金 a water *charge* [参考] 家庭で払うものは a water bill (=請求書) という. / 《英》a water *rate*

電気[ガス]*料金 an electricity [a gas] *bill*

料金所 toll gate [C] **料金箱** (バスなどの) fare box [C] **料金表** price list [C], list of charges [C], tariff [C].

りょうくう 領空 the territorial air, (sovereign) air space [U]. ¶韓国の航空機がソ連の*領空を侵犯して撃たれた A Korean airplane was shot for violating ⌜Soviet *air space* [*the territorial air* of the Soviet Union].

りょうけん 猟犬 hunting dog [C], sporting dog [C], hound [C].

りょうこう 良好 ―[形] good ★最も一般的で, 広い意味の語; (非常によい) excellent; (申し分のないほどよい) satisfactory. 《☞ よい[1]》. ¶その学生の出席状況は*良好だ (⇒よい出席の記録を持っている) The student has a *good* record of attendance. // 今月の車の売り上げは*良好だ The sales of cars this month are quite *satisfactory*.

りょうさん 量産 ―[名] mass production [U]. ―[動] mass-produce (他). ¶新製品は来月から*量産態勢に入る予定だ We will start *mass-producing* the new product from next month.

りようし 理容師 barber [C], hairdresser [C] ★後者は改まった語. 《☞ とこや》.

りょうし[1] 猟師 hunter [C].

りょうし[2] 漁師 fisherman [C].

りょうし[3] 量子 〖物理学〗quantum [C]. **量子物理学** quantum physics [U] **量子力学** quantum mechanics [U].

りょうじ 領事 consul [C]. ¶総*領事 a *consul* general // 副*領事 a vice-*consul* **領事館** consulate [C].

りょうしき 良識 good sense [U]; (普通の人が身につけている思慮分別) (good) common sense [U]; (堅実な判断力) sound judgment [U]; (堅実な考え方) sound thinking [U]. 《☞ しりょ; ふんべつ》. ¶彼女は*良識に欠けている She lacks *good sense*. // 彼は*良識豊かな人だ He is a man of *sound judgment*.

りょうしつ 良質 ―[形] good [fine; superior] quality ★この順にすぐれている度合いが強くなる. ¶木版には*良質の紙が要る You need *good quality* paper for wood block printing.

りょうしゅ 領主 (feudal) lord [C].

りょうしゅう 領収 ―[動] receive (他). ¶確かに5千円*領収しました I certainly *received* (the sum of) five thousand yen. // *領収済み《ゴム印など》*Paid*

領収書 receipt [risíːt] [C] 《☞ うけとり》. ¶この本の*領収書を下さい Will you ⌜give me [write] a *receipt* for this book?

りょうじゅう 猟銃 hunting [sporting] rifle [C]; (散弾銃) shotgun [C].

りょうしょう 了承 ―[名] (承認) approval [U]; (同意) consent [U]. ―[動] approve (他); consent (to ...) (自). 《☞ しょうにん[1]; りょうかい[1]; どうい》.

¶この案は委員会の*了承を得ています (⇒委員会により承認されている) This plan *has* ⌜*been approved* by [received the *approval* of] the committee. / The committee has given ⌜its [their] *consent* to this plan. // 彼らはあなたの*了承を求めている They are asking for your *approval*.

りょうしん[1] 両親 ―[名] parents [語法] 両親を意味する場合は常に複数形. parent は片親の意味になる; (父と母) father and mother. ―[形] (両親の) parental [pərέntl]. 《☞ ふ

ぼ；おや¹；親族関係（囲み)》. ¶私の*両親は2人とも元気です My *parents* are both well.

りょうしん² 良心 —名 conscience [kánʃəns] Ⓤ. —形（良心的な）conscientious [kὰnʃiénʃəs]. —副 conscientiously.

¶*良心に従って行動すべきだ You should ˹act according to [follow] your *conscience*. // あなたは*良心にやましいことがないから[あるから]そう言うのです You talk that way because you have a ˹clear [guilty] *conscience*. // うそをついたとき，私は*良心のかしゃくを感じた I felt a ˹pang [twinge] of *conscience* when I told a lie. // 彼女はとても*良心的な人です She is very *conscientious*. // あの学生はたいへん*良心的に予習をしている That student prepares his lessons very *conscientiously*.

りょうせい 両生，両棲 —形 amphibious [æmfíbiəs]. **両生動物[類]** amphibian Ⓒ.

りょうせいばい 両成敗 ¶けんか*両成敗だ（⇒両方とも責めを負う）*Both* parties in a quarrel are to *be* ˹*blamed* [(⇒罰せられる) *punished*]. 《☞ けんか》

りょうたん 両端 both ends, either end ★単数形で. 《☞ はし²》.

りょうち 領地 —名（国家などの領土）territory Ⓒ;（政府または王・領主などの所有地）domain Ⓒ. —形 territorial. 《☞ りょうど》.

りょうて 両手 both hands;（両腕）both arms ★いずれも複数形で. 《☞ て》.

¶少女は父親の首に*両手で抱きついた The girl threw (*both*) her *arms* around her father's neck. // *両手を広げて見せてごらん Open (*both*) your *hands* and show them to me. / (⇒てのひらを) Show me your *palms*. // *両手に花だ（⇒2人の美人の間にいる[座る]とは私は[あなたは]何と運のいいことか）How lucky ˹I am [you are] to ˹be [sit] between the two beauties!

りょうてい 料亭 Japanese-style restaurant [rést(ə)rənt] Ⓒ.

りょうてんびん 両天秤 ¶彼は*両天秤をかけた（⇒2つを兼ねた試合をしていた）He *was playing a double game*. // *両天秤をかけると失敗するかもしれない You may fall between *two stools*. 《☞ てんびん》

りょうど 領土 —名（国家の）territory Ⓒ ★一般的な語；（政府・王・領主などの所有地）domain Ⓒ;（他国の支配を受けている土地）possession Ⓒ. —形 territorial.

¶それらの4島は昔から（⇒歴史的に）日本の*領土である Those four islands are historically Japanese *territories*. // 戦争はしばしば正義のためではなく*領土を拡張するために行われてきた War has often been waged not for justice but for the expansion of *territories*. // *領土問題が解決しなければ2国間の平和条約が締結されることはないだろう Without solving the *territorial* issue the peace treaty between the two countries will never be concluded. // 日本の北方*領土 the Soviet-held northern *territories* of Japan

りょうどうたい 良導体 conductor Ⓒ (↔ nonconductor).

りょうとうづかい 両刀使い —名（2つの刀を同時に使える人）two-sword fencer Ⓒ, fencer with two swords Ⓒ. —動（酒も甘いものも好む）like alcohol as well as sweet things.

りょうば 両刃 —形 two-[double-] edged.
¶辛らつな批評は*両刃の剣だ Sharp criticism is a *double-edged* sword.

りょうひ 良否（質）quality Ⓤ 《☞ しつ¹；よしあし》.

りょうびらき 両開き（両開きのドア）double door Ⓒ.

りょうぶん 領分（仕事・活動などの範囲）territory Ⓒ, domain Ⓒ ★いずれも元来「領土」あるいは「領地」という意味で，比喩的な用法. 《☞ りょういき；ぶんや；なわばり》.

¶物理学は私の*領分ではない Physics is not my ˹*territory* [*domain*]. // 私は他人の*領分を犯すつもりはない I don't want to infringe on other people's ˹*territory* [*domain*].

りょうほう¹ 両方 —代 both ★常に複数として扱う；（両方とも…でない）not … either, neither. —名（両者）both parties, both sides. —形 both.

¶*両方とも差し上げます You can have *both*. / Please take *both*. // 私の姉は*両方とも大学生です *Both* my sisters are university students. / My sisters are *both* university students. // 私はその*両方とも好きです I like *both* of them. / I like them *both*. // その*両方とも好きというわけではありません（⇒片方だけ好きだ）I don't like *both* of them. **語法** both を否定語と一緒に用いると部分否定になることに注意. 《☞ 否定の表現（囲み)》 // その*両方とも好きではありません I don't like *either* of them. / I like *neither* of them. ★全部否定.

りょうほう² 療法 remedy Ⓒ, cure Ⓒ, therapy Ⓤ **語法** 最も一般的な語は remedy で，病気・けが両方に用いられる. またこの語は欠点などの「矯正法」「救済法」の意味でも用いられる. cure は主として病気の根治に用いられる. therapy は専門用語. 《☞ ちりょう；病気・病院（囲み)》.

¶この病気には*療法がない We have [There is] no ˹*remedy* [*cure*] for this disease. // 民間*療法の中には治療効果のあるものもある Some folk *remedies* have therapeutic value. // 私はインシュリン*療法を受けている I am *on insulin*. // 私は食餌*療法をやっている I am *on a diet*. // 化学*療法 *chemotherapy*

りょうめん 両面 —名 both ˹sides [faces] ★複数形で. —形 double-sided.

¶物事は*両面を見なければいけない We must see *both* ˹*sides* [*faces*] of an issue. // 我々は*両面作戦をとる We'll carry on *double-sided* operations.

りょうやく 良薬 ¶*良薬は口に苦し A *good medicine* tastes bitter. 《ことわざ》 / (⇒よい忠告は受けつけにくい) *Good advice* is hard to swallow.

りょうよう 療養 —名（治療）medical

り

treatment Ⓤ; (病気の回復) recuperation Ⓤ. ━動 receive medical treatment; recuperate ⓐ. 《☞ せいよう²》.
¶ 彼はいま田舎で*療養中です He *is recuperating* in the country. // 私は 1 か月ほど病院で*療養するように医者に言われています The doctor has told me to *receive medical treatment* in the hospital for a month or so.
療養所 sanatorium Ⓒ 《複 ~s, -ria》, 《米》 sanitarium Ⓒ 《複 ~s, -ria》.

りょうり 料理 ━名 (調理) cooking Ⓤ; (料理法一般) cookery Ⓤ; (フランス料理・中国料理などの特定の料理法) cuisine [kwizíːn] Ⓤ; (1 皿に盛った料理) dish Ⓒ; (食物) food Ⓤ. ━動 (火を使って料理する) cook ⓣ ⓐ; (火を使うか使わないかに関係なく) prepare ⓣ, make ⓣ ★ 後者は料理だけとは限らず広く「作る」ことを意味する語. 《☞ てりょうり; 食事 (囲み); レストラン (囲み)》.
¶ 私は*料理が好きです I like ⌈to *cook* [*cooking*]. // 私は学校で*料理を習いました I ⌈learned [studied] *cookery* at school. // あなたは*料理がお上手ですね (⇒ あなたはとても上手な料理人です) You are a very good *cook*. // 「あなたは何*料理が好きですか」「私は中華[フランス]*料理が大好きです」 "What *cuisine* is your favorite?" "I'm very fond of ⌈Chinese [French] *cuisine*." // 彼女は魚を*料理しています She *is cooking* fish. 語法 この表現は刺身などの火を使わない料理には用いない. 刺身を作っているような場合ははっきり She is ⌈making [preparing] *sashimi*. とするほうがよい. // 今晩はどんなお*料理にしましょうか What *dishes* shall I ⌈serve [prepare] this evening? // *料理はもうテーブルの上に並べられていた The *dishes* have already been ⌈put [set] on the table.
料理人 cook Ⓒ **料理場** kitchen Ⓒ, cuisine Ⓒ **料理法** (一般) cooking Ⓤ, cookery Ⓤ; (個々の料理の調理法) recipe [résəpiː] Ⓒ. ¶ タンシチューの*料理法を教えて下さい Will you tell me the *recipe for* tongue stew? **料理屋** restaurant Ⓒ.

りょうりつ 両立 ━動 (…と共存する) coexist (with …) ⓐ; (矛盾のない) be compatible (with …), be consistent (with …).

りょかく 旅客 passenger Ⓒ 《☞ じょうきゃく; りょこう》. **旅客機** passenger plane Ⓒ **旅客列車** passenger train Ⓒ.

りょかん 旅館 Japanese-style hotel Ⓒ, *ryokan* Ⓒ ★ 単複同形. 語法 後者の場合は a *ryokan*, a Japanese-style hotel と説明をつけたほうがよい場合が多い. 《☞ ホテル; 日本固有の風物と英語 (囲み)》.
¶ *旅館の主人 the proprietor of a *hotel* / a *hotelkeeper* // *旅館の番頭 a *hotel* manager // 「菊屋*旅館」に泊まることにしました I've arranged to stay at *the Kikuya Hotel*. // 私は旅行業者を通じて*旅館の予約をした I made my *hotel* ⌈reservations [arrangements] through my travel agent. 《☞ 旅行 (囲み)》 // 私のおじは奈良で*旅館を経営している My uncle ⌈runs [keeps] a *hotel* in Nara.

りょくち 緑地 (木の生えた地域) wooded area Ⓒ. **緑地帯** (都市周辺の) greenbelt Ⓒ.

りょくちゃ 緑茶 green tea Ⓤ 《☞ ちゃ》.

りょくないしょう 緑内障 glaucoma [glɔːkóumə] Ⓤ 《☞ 病気・病院 (囲み)》.
¶ *緑内障の人 a ⌈*glaucoma* [*glaucoma* victim] // その老人は両眼とも*緑内障だ The old man has *glaucoma* in both eyes.

りょけん 旅券 passport Ⓒ 《☞ 旅行 (囲み)》. ¶ この*旅券は発行の日から 5 年間有効です This *passport* is valid for five years from the date of issue. // この*旅券は今年の 9 月に期限が切れる This *passport* expires in September. // 私はきのう*旅券を申請しました I applied for a *passport* yesterday. // 数次*旅券 a *passport* valid for multiple journeys overseas

りょこう 旅行 ━名 trip Ⓒ; journey Ⓒ; tour Ⓒ; travel Ⓤ ★「長い旅行」の意では通例複数形で; excursion Ⓒ; voyage Ⓒ. ━動 travel ⓐ ⓣ; (旅行に行く) go on ⌈a trip [a journey; a tour; an excursion; a voyage] ★ go on a travel とはいわない; (旅行をする) take ⌈a trip [a tour], make ⌈a journey [an excursion; a voyage] (to …) ★ make a travel とはいわない.
【類義語】元来は短期・短距離の旅行を意味したが, 現在では最も一般的なのが **trip**. 行き先の決まった, 帰路を考えない比較的長い, 時として骨の折れる旅行は **journey**. 周遊して出発点に戻る旅行で, 観光・視察を主目的にする旅行は **tour**. この語は日本語には「ツアー」として入っているが, 日本語のように団体での旅行 (organized [group] *tour*) は必ずしも意味しないことに注意. 《☞ ツアー》. 行き先とか帰路などには重点を置かず, 移動に重点を置く言葉が **travel**. この語は動詞としては一般的な語だが, 名詞としては *travel* by air (＝空の旅) のように修飾語句を伴ったり, space [air] *travel* (＝宇宙[飛行機]旅行) のように複合語として用いるのが普通で, go on a *travel*, make a *travel* のように単独の形では用いられない. その代わりには距離に関係なく *trip* を用いることが多い. また *travels* という複数形ではかなりの長い旅行を意味する. 集団で行くレクリエーションなどのための短い旅行は **excursion**. 船旅は **voyage** である. 《☞ たび¹》
¶「北海道への*旅行はいかがでしたか」「とても楽しかったです」 "How was your *trip* to Hokkaido?" "I enjoyed it very much."
私は海外*旅行をしたことがない I *have* never *traveled* ⌈abroad [overseas; out of Japan].
どこか日本の中を*旅行しましたか *Have* you *traveled* anywhere in Japan?
彼は日本中を*旅行している He *has traveled* ⌈throughout [all over] Japan.
2 週間の休暇で容易にヨーロッパ*旅行をすることができる We can easily ⌈*travel around* Europe [*take a* European *tour*] on a two-week vacation.
飛行機*旅行でしたか, それとも列車かバスでしたか Did you *travel* by air or by land?

料理の用語

日本語では「煮る」「焼く」「揚げる」「いためる」など，基本的な用語はある程度限られているが，英語は，料理用具・加熱方法・材料の違いによって，それぞれ決まった用語があるので，いちいち使い分けねばならない．《☞ 食事（囲み）; レストラン（囲み）; 台所・家事（囲み）》

1 加熱調理

（1） 揚げる

揚げ物には衣をつけて揚げるものと，から揚げがあるが，いずれもたっぷりした油の中で揚げるのは **deep-fat fry** または **deep-fry** という．ただし前後関係でわかるようなときには単に **fry** ということもある．天ぷらは英語でも tempura というが，「えびの天ぷら」を説明的に訳せば a shrimp ˈdipped in [coated with] batter and *deep-fried* となる．トンカツはパン粉をつけるので a pork cutlet coated with egg and crumbs and *deep-fried*. 粉をまぶしたり，または粉をつけずにから揚げするのは **French-fry** という．

deep-fry

¶じゃがいもを*から揚げする *French-fry* potatoes

（2） いためる

deep-fry と区別して **shallow-fry** または **pan-fry** というが，単に **fry** ということが多い.フランス語系の用語を使えば **sauté** [soutéi] である．材料をかきまぜながらいためるのは **stir-fry**. きつね色になるまでいためるのは **brown** という．

pan-fry

¶たまねぎを３分間*いためる *pan-fry* [*sauté*] the onions for three minutes

り

（3） 煮る

火を使い熱を加えて調理する最も一般的な語は **cook** で，あらゆる場合に使える．温度で分ければ，水または煮汁を沸騰させて煮るのは **boil** で，沸騰点以下でぐつぐつ煮るのは **simmer**. ただし，実際は *simmer* でありながら *boil* という場合も多い．いろいろな材料を弱火で時間をかけて煮るのは **stew**. 肉・野菜などを一度油でいためてから密閉した容器でとろ火で煮るのは **braise**.

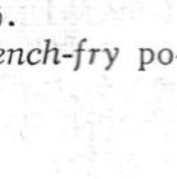
stew

¶いったん*煮たててからふたをし，火を弱めて約３時間とろとろ*煮なさい Bring to a *boil*, put on the lid, turn down the heat, and *cook* slowly for about 3 hours.

（4） 蒸す

蒸気で蒸すのは **steam**. 日本語の「ふかす」もこれに当たる.

¶そのプディングを作るのに 30 分*蒸した I *steamed* the pudding for 30 minutes. ∥ 彼女は*ふかしたてのじゃがいもを*蒸し器から取り出して，皮をむいた She took the hot *steamed* potatoes out of the *steamer*, and peeled them.

steam

（5） 焼く

天火で蒸し焼きにするのは **bake** である．魚・野菜・果物・パン・ケーキなど，いずれも *bake* というが，肉の場合は **roast** という．ただしハムは *bake*. 焼き網に載せて直火で焼くのは **grill** で，《米》では **broil** ということが多い．材料にたれをつけ，直火で焼きながら食べるのは **barbecue**. スライスしたパンをきつね色に焼くのは **toast**. 日本ののりなどを焼くのも *toast* という．卵の目玉焼きは **fry** を使う．

bake

roast

grill, 《米》 broil

barbecue

fry

¶彼女は炭火用のグリルで鶏肉を*焼いた She *broiled* chicken on a charcoal grill.

（6） ゆでる

卵・じゃがいもなどをゆでるのは **boil** だが，特に **cook** が使われることも多い．卵をゆでる場合，かたゆでの卵は *hard-boiled* egg，半熟の卵は *soft-boiled* egg という．半熟を作るために沸騰しない程度の湯で卵をゆでることを **coddle** という．割った卵を熱湯に落としてゆでるのは **poach**.

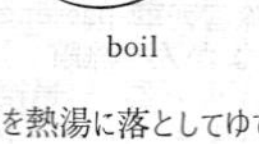
boil

2 下ごしらえ

（1） 切る

材料を切る動作を表す最も一般的な語は **cut**. 細かく切るときは **cut up** という．ハムやパンを切るときのように薄く切るのは **slice**. キャベツなどを細長く刻むのは **shred**. 料理ばさみや包丁で切り刻むのは **chop** で，*chop* よりもさらに細かくみじん切りにするのは **mince**. さいの目に切るのは **dice** で, それより大きい立方体に切るのは **cube**.
¶ たまねぎを*薄く切りなさい *Cut* the onion into fine slices. // セロリを洗ってから*さいの目に切りなさい Wash and *dice* the celery.

(2) つぶす・おろす

ゆでたじゃがいもなどをつぶすのは **mash**. 野菜やチーズなどをおろすのは **grate**. 裏ごしにするのは **sieve** [sív] という.
¶ 卵の黄身をフォークで*つぶして裏ごししなさい *Mash* the yolk with a fork, and force it through a sieve.

(3) むく

じゃがいもの皮のようにナイフなどを使ってむくのは **pare** で, 果物の薄い皮を手でむくような場合は **peel**. ただし区別なく用いられることも多い.
¶ にんじんを*むいて洗ってからさいの目に切りなさい *Peel*, wash and dice the carrots. // 彼女はナイフでりんごの皮をむいた She *pared* the apple with her knife.

(4) 混ぜる

スープやシチューなどを作るとき, 手を動かしてかき混ぜるのは **stir**. 野菜サラダのように単に材料を混ぜ合わせるのは **mix** で, 軽く混ぜるのは **toss**. 混ぜたものが均一になるように混ぜるのは **blend**. 卵を泡立て器などで手早くかき混ぜるのは **beat**. 白身やクリームをふんわりと泡立つようにかき混ぜるのは **whip**.
¶ 小麦粉と牛乳と卵を*混ぜてホットケーキの種を作りなさい *Blend* flour, milk, and eggs to make the pancake batter.

彼が故郷を離れて*旅行をするのはこれが初めてでした This was the first time that he *had* ever *been* away from home.
私はハワイへの団体*旅行に加わった I joined an ⌈organized [group] *tour* to Hawaii.
宇宙*旅行は人間の最大の冒険である Space *travel* is man's greatest adventure.
中学の修学*旅行で京都と奈良に行った I visited Kyoto and Nara on the junior-high-school study *trip*.
フランスを*旅行中に私は大勢の人と友達になりました During my *travels* in France I made friends with many people.
あまりたくさん物を持たないで*旅行するのがいいね I advise you to *travel* light.
彼はシベリアを横断する長い*旅行をした He made a long *journey* ⌈through [across] Siberia.
彼はロンドンへの*旅行で留守です He is away on a *journey* to London.
よいご*旅行を《見送りの言葉》 Have a nice *trip*. / Bon *voyage* [bɔ̀:nvwaiá:ʒ]. ★「行ってらっしゃい」に当たる.
「私は来週*旅行に出かけます」「観光 (⇒ 楽しみのための旅行) ですか, それともお仕事 (⇒ 仕事の旅行) ですか」 "I'll *go on a trip* next week." "Is it a pleasure *trip* or a business *trip*?"
少年たちは来週キャンプ*旅行に出かける The boys *are going on a* camping *trip* next week.
この前の火曜日に私たちのクラスは見学*旅行に行った Our class *went on a* field *trip* last Tuesday.
観光*旅行のためにここを訪れる人が多い Many people visit here on sightseeing ⌈*trips* [*tours*].
彼はその地方の視察*旅行から帰ったところです He has just returned from an inspection *tour* through the district.
パッケージ*旅行 a ⌈package [packaged] *tour* ★ これは費用の一切を含む予約旅行の方式.
旅行案内 guide Ⓒ, guidebook Ⓒ **旅行案内所** tourist information office Ⓒ **旅行かばん** (スーツケース) suitcase Ⓒ, traveling bag Ⓒ; (短期間用の) overnight bag Ⓒ. (☞ かばん (挿絵)) **旅行業者** travel [tour] agent Ⓒ **旅行代理店** travel agency Ⓒ.

りょしゅう 旅愁 loneliness on a journey Ⓤ 参考 旅での淋しさという意味だが, 日本語のそぞろ感じる旅の思いという意味にぴったりの英語はない. (☞ 意味 (欄外)).

りょじょう 旅情 traveler's [《英》 traveller's] sentiment Ⓤ 参考 traveler (=旅人) は文語的. なお, 日本語のそぞろ感じる旅の思いというニュアンスをぴったり表す語はない. (☞ 意味 (欄外)). ¶ その美しい景色は人々の*旅情をそそった The beautiful scene appealed to the *traveler's sentiment*.

りょっか 緑化 ―動 plant trees. ¶ 私たちはこの地域をできるだけ*緑化したいと思っている We want to *plant* ⌈as many *trees* as possible in this area [this area with as many *trees* as possible]. // 私たちは*緑化運動を計画している We are planning a *tree-planting* campaign.

りょてい 旅程 (旅行計画(書)) itinerary Ⓒ; (旅行の予定) the ⌈plan [schedule] of *one's* journey Ⓒ. (☞ こうてい[1]; にってい).

りょひ 旅費 traveling [《英》 travelling] expenses ★ 通例複数形で; (運賃) fare Ⓒ. (☞ ひよう; りょうきん; 旅行 (囲み)).
¶ 私の*旅費は父が出してくれます My father will take care of my *traveling expenses*. // 大阪までの往復の*旅費を尋ねた I asked for the ⌈round-trip *fare* [*price* of a round-trip ticket] to Osaka.

リラ[1] (イタリアの貨幣単位) lira [lí(ə)rə] Ⓒ (複 lire [lí(ə)rei], ～s).

リラ[2] (花) lilac [láilək] Ⓒ (☞ 花 (囲み)).

リリーフ ―名 (人) relief pitcher Ⓒ, reliever Ⓒ. ―動 relieve ⊕他. (☞ 野球の英語 (囲み)). ¶ だれが*リリーフのピッチャーですか Who is going to ⌈be the *relief pitcher* [*relieve* the pitcher]?

りりく 離陸 ―動 tàke óff ⊕自. ―名 tákeòff Ⓒ. ¶ その飛行機の*離陸(に要する)時間は30秒だった The *takeoff* time for the plane was thirty seconds. // 彼の飛行機は

り

旅　　行

予約・案内などの表現，駅や空港での会話などについて主なものをあげる．一応国内旅行，海外旅行への出発，外国からの到着を中心にしてあるが，地名などを入れ替えれば，世界のどこでも通用するものである．

1　出発まで

旅行代理店 (travel agency Ⓒ) に任せて，パッケージ ツアー (package tour Ⓒ) に加われば簡単だが，自分で計画を立てる場合は，時刻表 (schedule Ⓒ, timetable Ⓒ ★《米》では前者が普通) やガイドブック (guidebook Ⓒ) を調べて，乗り物や宿の予約 (reservation Ⓒ) を行わなければならない．旅行案内所 (tourist [travel] information office Ⓒ) ではパンフレット (brochure [broʃúə] Ⓒ) を手に入れることができる．

¶ 私は四国の観光旅行を計画しています I am planning a sightseeing trip to Shikoku.
札幌に 1 泊する予定です I am planning to stay overnight in Sapporo. / I am planning an overnight stay in Sapporo.
私は京都に 2 泊 3 日の旅行に出かけます I am going to make a three-day trip to Kyoto.
語 法「2 泊 3 日の旅行」という表現を英語に直せば a trip ˹of [for] three days and two nights ということになるが，特に「何泊」ということを強調する以外はあまり使われない．普通は a three-day trip (＝3 日間の旅行) のように表現することが多い．「1 泊旅行」は an overnight trip.
こちらで飛行機[列車]の予約ができますか Can I reserve ˹an airplane [a train] seat here? / Can I make a reservation for ˹a flight [a train trip] here?
シングルルームを 1 部屋予約したいのですが．名前は安部です I'd like to ˹make a reservation for [reserve] a single room. My name is Abe. 《☞ ホテル (囲み)》
1 泊 2 食で料金はいくらですか What's the rate with breakfast and dinner?
「旅行の計画はもう立てましたか」「いいえ，出たとこ勝負で行ってみるつもりです」"Have you made the plans for your trip yet?" "No. I'm (just) going to play it by ear." ★ play it by ear で「計画なしにやってみる」という意味の口語的表現．

2　駅や空港で

グリーン車 (green car) というのは和製英語であるが，国鉄では英訳の際にも固有名詞的に用いており，a green car, (which is) a specially reserved coach のように説明を付けて用いればよい．切符には片道切符 (one-way ticket Ⓒ), 往復切符 (round-trip ticket Ⓒ, 《英》 return ticket Ⓒ), 急行券 (express ticket Ⓒ), 特別急行券 (special express ticket Ⓒ), 新幹線特急券 (Shinkansen superexpress ticket Ⓒ), 寝台券 (berth ticket Ⓒ ★ berth は列車・船などの寝台) などの区別がある．飛行機の場合は航空券 (flight ticket Ⓒ) と引き換えに，カウンターで塔乗券 (boarding pass Ⓒ) をもらって飛行機に乗り込む．列車には普通[鈍行]列車 (local train Ⓒ), 急行列車 (express (train) Ⓒ) の区別がある．特急は special express (train) Ⓒ または long-distance express (train) Ⓒ という．新幹線の特急は superexpress (train) Ⓒ という訳を用いて，他の特急と区別する．必要なら Shinkansen を前に付ける．座席は窓側を window (seat) Ⓒ, 通路側を aisle [áil] (seat) Ⓒ と言う．《☞ 乗り物 (囲み)》

¶ 切符売場[案内所]はどこですか Where is the ˹ticket office [information desk]?
京都までの切符を 1 枚下さい I'd like a ticket to Kyoto, please.
京都までいくらですか How much is the fare to Kyoto?
グリーン車に乗るには別に料金を払わなければなりません You have to pay extra for the ˹green car [specially reserved coach].
次の電車は何番線から出ますか What track [What number platform] does the next train leave from? ★ track は線路のこと．
名古屋で普通電車に乗り換えて下さい Change to a local train at Nagoya.
「大阪行きの次の列車は何時に出ますか」「ちょっと待って下さい．時刻表を見てみましょう」"What time does the next train for Osaka leave?" "Wait a minute. Let me check the ˹train schedule [《英》 timetable]."
この列車には食堂車がありますか Is there a dining car on this train?
恐れ入りますが，この席は空いていますか Excuse me. Is this seat taken?
手荷物一時預かり所 a left baggage office
遺失物取り扱い所 a lost-and-found office

3　海外旅行

まず必要なのは旅券 (passport Ⓒ) であるが，そのほか，国によっては査証 (visa Ⓒ) や予防接種証明書 (vaccination certificate Ⓒ), 通称イエロー・カード (yellow card Ⓒ, vaccination book Ⓒ) が必要な所もある．お金は旅行者用小切手 (traveler's check Ⓒ) で持って行くことが多い．空港のカウンターで塔乗券 (boarding pass Ⓒ) をもらって荷物を預けると荷物引き換え券 (claim tag Ⓒ) が渡される．税関申告書 (customs declaration form Ⓒ) に必要事項を記入して税関 (the customs) の検査を受けた後は待合室 (waiting lounge Ⓒ) で塔乗のアナウンスを待つ．出国手続 (embarkation procedure Ⓤ, departure formalities) はこれで終わり，待合室の免税品店

(duty-free shop ⓒ) では買い物もできる. 国際線の場合, 空港での乗り継ぎ (transit ⓤ) でなく, 途中降機 (stopover ⓒ) をするときには, 航空券の再確認 (reconfirmation ⓤ) が必要になることもある.

¶旅券を拝見します《係官の言葉》May I see your passport, please?

何か申告する物をお持ちですか《税関での係官の言葉》Do you have anything to declare?

お知らせします. 日本航空ホノルル行第75便はただいま7番ゲートから搭乗中です《アナウンスの言葉》Attention please! Japan Air Lines flight 75 for Honolulu is now boarding at gate no. 7. /（⇒ ご搭乗下さ

い）Attention please! All passengers boarding flight 75 for Honolulu will please proceed through gate no. 7.

第75便は定時に出発[到着]の予定です Flight 75 will 「leave [arrive] on time.

「席はどちらがよろしいですか」「禁煙席の窓側の席を下さい」《空港カウンターでの会話》 " Where would you like to sit? " " I'd like (to have) a window seat in the non-smoking section."

「入国カードの記入は終わりましたか」「はい, どうぞ」 " Have you finished filling out your immigration card? " " Yes. Here you are."

対話例

A : 630便の乗客名簿を調べていただけますか

B : かしこまりました. お客様のお名前をどうぞ

A : ウイルソン. ミスター アンド ミセス・テレンス・B… あっ, もう結構です. あそこにいました. どうもありがとう

B : どういたしまして

A : テリー！ アリス！ ここだよ！

C : あそこにいたわ, テリー

D : よかった. こんにちは, ポール

A : 空の旅はどうだった?

D : 快適だったよ

A : さあ, アリス, 君のバッグを持ってあげよう

C : あら, ありがとう

A : バスはこっちだよ. さあ行こう. 後について来て

C : 京都はぜひ見ておきたいわ. どうやって行ったら一番いいかしらね. 飛行機がいいかしら

A : 新幹線に乗ればいいと思うよ

C : 京都はどのくらい時間があれば見れるかしら

A : 名所を全部見ようと思ったら, 何年もとは言わないが, 何か月もかかるよ. いい案内書をあげよう

A : Can you check the passenger list for flight six-three-O?

B : Yes, sir. The passenger's last name, please?

A : Wilson. Mr. and Mrs. Terrence B.— Oh, never mind! There they are now. Thank you very much.

B : You're very welcome, sir.

A : Terry! Alice! Over here!

C : There he is, Terry.

D : Great. Hi, Paul!

A : How was your flight?

D : Everything went fine.

A : Here, Alice, let me take your bag.

C : Oh, thank you.

A : The airport bus is this way. Come on. Follow me.

C : We don't want to miss Kyoto. What's the best way to get there? Should we fly?

A : I'd say take the *Shinkansen*, the bullet train.

C : How much time do we need for Kyoto, do you think?

A : You'd need months, if not years, to see all the sights of the city. Let me give you a good guidebook.

★ この対話例およびさらに詳しい対話例は別売テープに吹き込まれています.

予定どおり3時20分に*離陸した His plane took off on 「time [schedule] at 3 : 20.

りりしい 凛凛しい (勇ましい) gallant; (雄々しい) valiant; (男らしい) manly. ¶少年は馬上で「りりしく見えた The boy looked 「*valiant [manly]* on horseback.

りりつ 利率 interest rate ⓒ, rate of interest ⓒ (⇒ きんり; りまわり). ¶貯金の*利率が上がった[下がった] The *interest rate* on savings was 「raised [lowered]. ∥ その融資の*利率はだいぶ高い The *rate of interest* on the loan is pretty high.

リレー relay (race) ⓒ (⇒ スポーツ (囲み)). ¶800メートル*リレー an eight hundred meter *relay* ∥ 山田君はメドレー*リレーの最終泳者です Yamada is the anchor swimmer of the

medley *relay*.

りれき 履歴 *one's* personal history ⓒ; (経歴) *one's* background ⓒ; (特に職業上の経歴など) *one's* career ⓒ; (特にいかがわしい経歴など) *one's* past. (⇒ けいれき).

¶候補者の*履歴を手短に話して下さい Please state briefly the candidate's 「*personal history [background]*.

履歴書 personal history ⓒ, curriculum vitae [kəríkjuləm-váiti:, -ví:tai] ⓒ 《複 curricula vitae [kəríkjulə-])》★ 特に, 職業上必要な教育歴や取得した資格などを書いたものをいう.

りろせいぜん 理路整然 — 圀 (論理的) logical; (筋が通って首尾一貫している) logically consistent. (《⇒ ろんり; せいぜん》). ¶彼

女の議論は*理路整然たるものだった Her argument was ⌜*logical* [*logically consistent*].

りろん 理論 ―[名] theory [U] ★ 具体的に個々の理論をいうときは [C]. ―[形] (理論(上)の・理論的な) theoretical. ―[副] theoretically. 《☞ ろんり; がくせつ》.

¶ *理論と実際は必ずしも一致しない *Theory* does not always coincide with practice. // 彼はその分野で多くの *理論を作り上げた He ⌜formed [founded] a lot of *theories* in his field.

理論家 theorist [C] **理論物理学** theoretical physics [U].

りん 燐 〖化学〗 phosphorus [fɑ́sf(ə)rəs] [U] 《元素記号 P》.

りんかい 臨海 ―[形] (海辺の) seaside; (海洋の) marine; (沿岸の) coastal; (近海の) littoral. **臨海学校** seaside school [C] **臨海工業地帯** coastal industrial ⌜zone [area] [C].

りんかく 輪郭 (外形) outline [C]; (大ざっぱな考え) rough [general] idea [C]. 《☞ がいりゃく》. ¶ あの男性は *輪郭のはっきりした顔をしている The man has ⌜*clear-cut* [*well-defined*] features.

りんかんがっこう 林間学校 open-air [camping] school [C].

りんきおうへん 臨機応変 ¶ 彼には*臨機応変の (⇒ 状況[環境]に適応する) 才がある He has the talent of ⌜*accommodating* [*adapting*; *suiting*] *himself to the* ⌜*occasion* [*circumstances*]. / He is full of resources *in an emergency*. // それは*臨機応変の (⇒ 状況に適応する) 処置だった They were the proper ⌜steps [measures] to *meet the situation*. / (⇒ その時に必要な処置) That was what *was required of the moment*.

りんぎょう 林業 forestry [U]. **林業試験場** Forestry and Forest Products Research Institute.

リンク (スケートリンク) (skating) rink [C].

リング (指輪) ring [C]; (ボクシングの) (boxing) ring [C]. 《☞ ゆびわ; ボクシング (挿絵)》.

¶ エンゲージ*リング an engagement *ring*

リングサイド ―[名] ringside [C]. ―[形] ringside. ¶ *リングサイドの席 the *ringside* ⌜seats [section]

りんげつ 臨月 (出産期) (her) time; (妊娠の最後の月) the last month of pregnancy. ¶ *臨月の女性 a woman near *her time*

リンゲルちゅうしゃ リンゲル注射 injection of Ringer's ⌜solution [fluid] [C].

りんご (実・木) apple [C]. ¶ *りんごの皮 the skin of an *apple* // *りんごの花 *apple* blossoms

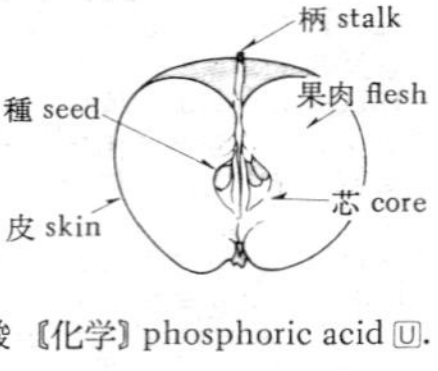

りんごく 隣国 neighboring [adjacent] country [C].

りんさん 燐酸 〖化学〗 phosphoric acid [U]. **燐酸カルシウム** phosphate of calcium [U], calcium phosphate [U].

りんじ 臨時 ―[形] (異常な) extraordinary; (余分の) extra; (特別の) special; (偶然の) incidental; (予算化してない) unbudgeted; (パートの) part-time; (仮の) temporary. ―[名] emergency [U].

¶ このところ *臨時支出が多くて困っている We are in trouble with so many ⌜*incidental* expenses [*unbudgeted* outlays] these days. // テレビ[ラジオ]の*臨時ニュースで選挙の結果を知らせていた The *flash* news on ⌜TV [the radio] reported the result of the election. // 12月にはスキー客のためにたくさんの *臨時列車が出る There are many ⌜*extra* [*special*] trains for skiers in December. 《☞ ぞうはつ》

臨時休業 extra [special] holiday [C] **臨時国会** extraordinary session of the Diet [C] **臨時試験** special examination [C] **臨時政府** provisional government [C] **臨時総会** extraordinary general meeting [C] **臨時増刊** extra ⌜edition [number] (of a magazine) [C] **臨時雇い** part-time worker [C], part-timer [C].

りんしつ 隣室 next room [C].

りんじゅう 臨終 ―[名] (最期) end [C]; (死の床) deathbed [C]; (死ぬ間際の時) *one's* last moments; (死) death [U]. ―[動] die (自). ―[形] dying. 《☞ し[2]; しぬ》. ¶ 彼は*臨終の際, 何か言いませんでしたか Didn't he say anything *on his deathbed?* // 彼は父の*臨終に間に合わなかった He was too late to witness his father's *last moments*. // 「ご*臨終です」と医師は言った "I am sorry, but ⌜*he is dead* [*it's all over*]," said the doctor.

りんしょう[1] 臨床 ―[形] clinical. ―[副] clinically. **臨床医** clinician [C] **臨床医学** clinical medicine [U] **臨床心理学[病理学]** clinical ⌜psychology [pathology] [U].

りんしょう[2] 輪唱 troll [C], round [C], catch [C] [語法] 一部を次々に受けて歌うものは troll. 何人かがある間をおいて追いかけながら同じ旋律を歌うのは round で, 比較的短いものが多い. catch は round に似ているが, こっけいな効果をもつものをいう.

りんしょく 吝嗇 ―[形] (極度に倹約の) parsimonious ★ 形式ばった語. ―[名] parsimony [U]. 《☞ けち (類義語)》.

りんじん 隣人 neighbor [C]; (総称して) the neighborhood, people in the neighborhood. 《☞ となり》. ¶ 聖書は *隣人を自分のように愛しなさいという The Scriptures say that we should love our *neighbors* just as (we love) ourselves. **隣人愛** love of *one's* neighbors [U].

りんせき 臨席 ―[名] (居合わせること) presence [U]; (参列すること) attendance [U]; (同席すること) company [U]. ―[動] be present; attend (他). 《☞ しゅっせき》.

¶ 選手たちは陛下のご *臨席のもとに試合をする光栄を得た The players were honored to play *in the presence of* His Majesty the

Emperor. // 私たちの晩さん会にご*臨席いただけると光栄に存じます We request the honor of your *company* at the dinner.

リンチ ― 名 (仲間による不法な制裁) illegal punishment (of a member of the group) by other members U, physical punishment by kangaroo court decision U 参考 kangaroo court は仲間による不法な裁判で, 審議がぴょんぴょん飛躍することから付けられた名; lynch law U 参考 この語は群衆が法律による裁判をせずに(特に首つりで)死に至らしめるものを意味する. 日本語のリンチは前2者の場合が多い. ― 動 lynch 他.
¶ *リンチはいかなる場合にも許されるべきではない *Illegal punishment by the group members* should not be allowed under any circumstances.

りんてんき 輪転機 rotary press C.

りんどう[1] 林道 path through a「forest [wood] C.

りんどう[2] 竜胆 gentian C.

りんどく 輪読 **輪読会** (団体) reading group C, reading circle C; (実際の会合) meeting of a reading circle C.

りんね 輪廻 transmigration U, cycles of life, rebirth by Karma U 参考 以上いずれも仏教およびヒンズー教の概念を英語にしたもの. Karma は次の世の生まれ変わりの状態を決めるもとになるこの世の行いのすべて. **りんね説** doctrine of transmigration of souls C.

リンネル ― 名 (リンネル製品) linen goods ★ 家庭用シーツ・下着・テーブル掛けなど. ― 形 linen.

リンパえき リンパ液 lymph U.

リンパせん リンパ腺 lymph「node [gland] C.

りんばん 輪番 ― 副 (次々に) by turns, in turn; (ぐるっと順番を回して) in rotation. 《☞ まわりもち》. ¶ *輪番制で当番をしなければいけない One must take the duty *in rotation*. / (⇒ 部屋を掃除しなければならない) We must sweep the room *by turns*.

りんり 倫理 ― 名 (原理・学問としての) ethic(s) U; (道徳) moral(s) U 語法 以上いずれも学問名としては複数形で単数扱い. ― 形 ethic(al). 《☞ どうとく》.
¶ 商業*倫理の退廃に気づいている人は多い Many people are aware of a decline of「business [commercial] *ethics*. // それは医者の*倫理に反することではないか Isn't it an offense against medical *ethics*? // 弁護士が依頼人に関する情報をもらすのは*倫理に反する It is not *ethical* for a lawyer to reveal information about his clients. // 人は行動に関する*倫理的なよりどころを持っていなければならない One should have an *ethical* basis for action. // 政治*倫理 *morality* in politics
倫理学 ethics U, moral philosophy U **倫理学者** ethicist C, moral philosopher C.

りんりつ 林立 ― 動 (密集する) bristle with ... ¶ 町の工業地区には煙突が*林立している The industrial section of the town *bristles with* chimneys.

りんりん ― 動 (りんりんと鳴る・鳴らす) ring 自 他; (小さいベルなどが) jingle 自 他, tinkle 自 他. ― 名 tinkling U, jingling U. 《☞ なる[2]; 擬声・擬態語 (囲み)》. ¶ 電話がいつまでも*りんりんと鳴り続けた A telephone kept *ringing* for quite a long time.

る

るい 類 (種類) sort C, kind C ★ 前者のほうが口語的; (クラス) class C ★ 生物学の用語としては「綱」; (分類上の属) genus C 《複 genera》. 《☞ しゅるい (類義語)》.
¶ これらの骨とう品はほかと*類を異にする These antiques are different in *kind* from others. 語法 in kind は「本質的に」という意味の慣用句で冠詞は付けない. // 猫とピューマは同じ*類 (⇒ 綱[属]) に属する Cats and pumas belong to the same「*class* [*genus*]. // それは*類を見ないほどの美しさだ (⇒ 非常に美しい) It is「*exceptionally* [*extraordinarily*] beautiful. // *類は友を呼ぶ Birds of a feather flock together. 《ことわざ: 同じ羽の鳥は集まる》

-るい ...塁 (野球の) base U 《☞ ベース[1]; 野球の英語 (囲み)》. ¶ 1[2, 3]*塁 first [second; third] *base* 参考 「本塁」は home plate.

るいぎご 類義語 synonym C 《☞ 欄外》.

る

類義語 (synonym) 互いに意味の似ている語のことをいう. 例えば fast, quick, rapid, swift は互いに類義語であり, またこのような現象を類義 (synonymy) と呼ぶ.

意味が似ているといっても, まったく同じであることはほとんどなく, どこか違っているのが普通である. 例えば上例の4語についていうと, fast は a *fast* runner (=速い走者) のように, スピードが速いことに意味の重点があり, quick は a *quick* answer (=すばやい答え) のように動作が機敏ですばやいことを意味する. rapid もスピードの速いことを意味するが, fast が動いている「人・もの」についていうことが多いのに対して, *rapid* work のように動作そのものについて述べることが多い. もちろん a *fast* train, a *rapid* train のように互いに入れ替えて用いることのできる場合も多いが, いつでも入れ替えて用いることができるとは限らないということが英作文上から考えても非常に大切である.

類義語のことを同意語と呼ぶ場合もあるが, まったく同じ意味ではないのであるから「類義語」と呼ぶほうが望ましい.

類義語の中には, 次のように幾つかの種類がある.

(1) 一方が口語的で, 他方が文語的, あるいは一方よりも他方が堅苦しい言い方であるというように, 文体上の違いがあるもの.

a nasty smell (=いやなにおい): an obnoxious effluvium (=悪臭) ★ 前者が口語的; an eye

るいけい¹ 累計 ―名 the total, the ⌈sum [full] total ★ 後者は一番最後に出る総計をいう; (全体の額・量) the total amount. ―動 (合計…となる) total (up) to …, amount to …, run up to …; (累計する) total ⓗ, sum [add] up ⓗ. 《☞ そうけい¹》. ¶ 費用は*累計10万円になった The cost ⌈*totaled* [*ran up*; *amounted*] *to* 100,000 yen.

るいけい² 類型 type Ⓒ 《☞ かた²》.

るいじ 類似 ―形 (似た) similar, like, alike [語法] similar は same とまではいかないが非常によく似ていること. like は口語的で性質・形などが似ていること. 後に目的語を従える. alike は意味は like とほぼ同じだが, 述語的にのみ用いる. 《☞ 形容詞の2用法 (欄外)》; (性質・機能などが) analogous ★ やや改まった語. ―名 similarity Ⓒ, likeness Ⓒ, resemblance Ⓒ [語法] 以上はほぼ同じ意味で用いられることもあるが, 似ている度合いが一番強いのは similarity. resemblance は漠然と似ていることで, やや改まった語. 《☞ にる¹; こくじ²》.
¶ あの絵はこれにとても*類似している That painting has a strong *resemblance* to this. // 動物の器官の多くは人間のそれと*類似している Many animal organs are *analogous* to those of man.
類似点 point of ⌈similarity [resemblance] Ⓒ **類似品** imitation Ⓒ.

るいしょ 類書 similar books, books of the same kind.

るいしょう 類焼 ¶ 気の毒にも彼の家は*類焼した (⇒ 燃え広がる火に焼かれた) It is unfortunate that he *had* his house *burnt down by a fire* that *spread* from elsewhere.

るいしん 塁審 base [field] umpire Ⓒ 《☞ 野球の英語 (囲み)》. ¶ 1塁の*塁審 the *umpire* at first base

るいじんえん 類人猿 anthropoid (ape) Ⓒ; (類人猿科) Anthropoidea Ⓤ.

るいしんかぜい 累進課税 progressive [graduated] taxation Ⓤ.

るいすい 類推 ―動 guess ⓗ 《☞ すいそく (類義語)》.

るいせき 累積 ―動 (少しずつたまる・ためる) accumulate ⓐ ⓗ. ―名 accumulation Ⓤ. ―形 (次第に増大する) cumulative.
累積赤字 cumulative deficit Ⓒ.

るいせん 涙腺 lacrimal gland Ⓒ.

るいるいと 累累と ―副 (山をなして) in ⌈heaps [piles]. ¶ 死体は*累々と (⇒ 山をなして) 横たわっていた Bodies [Corpses] lay *in piles* (*upon piles*).

るいれい 類例 similar ⌈example [instance; case] Ⓒ ★ example, instance は「例」, case は「事件・病状」など; (方向・性質・傾向の似ている場合) parallel case Ⓒ. 《☞ れい¹; るい》.

ルーキー rookie Ⓒ.

ルーズ ―形 loose [lú:s] [語法] 「しまりのない」という意味と,「性的にふしだらな」という意味で使われる; (だらしのない・いいかげんな) sloppy; (不注意な) careless. 《☞ だらしない》.
¶ 彼は作文をひどく*ルーズなやり方で書いてきた He wrote a composition in a very ⌈*careless* [*sloppy*] manner. // 彼女は*ルーズな人だ She is a *careless* person. [参考] a loose woman は「ふしだらな女」という意味になる.

ルーズリーフ ―形 (ルーズリーフ式の) loose-leaf [lú:slí:f]. ―名 (紙) loose-leaf paper Ⓤ; (ノート) loose-leaf notebook Ⓒ.

ルーツ (始祖・祖先) root Ⓒ 《☞ せんぞ》.
¶ 彼らは家系の*ルーツを求めてアフリカへ行った They went to Africa to trace back their family's *roots*. ★ この意味では通例複数形.

ルート¹ (ある場所から別の場所へ行く決まった道) route Ⓒ; (道順) course Ⓒ; (行き方・方法) way Ⓒ ★ 日本語で「ルート」とあっても英語では必ずしも route が使われるとは限らない. 《☞ けいろ; みち¹ (類義語)》.
¶ 警察はその覚せい剤密輸の*ルートを (⇒ どのようにして[どの経路で]密輸されたか) 捜査中である Police are investigating ⌈*how* [by what *route*] the stimulant drug was smuggled in. // 大阪へ行くにはこの*ルートで行くのが一番速い (⇒ これが大阪への一番の近道だ) This is the ⌈shortest [fastest] *way* to Osaka. ★ route を使うより, このほうが一般的.

ルート² (根) root Ⓒ 《☞ 数字 (囲み)》.

ルーブル (ソ連の貨幣単位) ruble [rú:bl] Ⓒ, rouble Ⓒ.

ルーブルはくぶつかん ルーブル博物館 the Louvre [lú:vr(ə)].

ルーマニア ―名 固 Rumania [ru(:)méiniə]. ―形 Rumanian. **ルーマニア語** Rumanian Ⓤ **ルーマニア人** Rumanian Ⓒ.

ルール rule Ⓒ 《☞ きそく》. ¶ このゲームの*ルールを知っていますか Do you know the *rules* of this game?

ルーレット (ルーレットとばく) roulette Ⓤ; (用具) roulette wheel Ⓒ.

ルクス, ルックス lux [lʌ́ks] Ⓒ 《複 lux, luces [lú:si:z]》 ★ 照度の単位. **ルクス計** luxmeter Ⓒ.

るす 留守 ―動 (不在である) be ⌈out [away]. [語法] ちょっと外出したようなときは out, 遠くへ長期間出かけているようなときは away; (家にいない) be not ⌈(at) home [in]. ―名 (不在)

---

doctor (＝目医者): an ophthalmologist (＝眼科医) ★ 前者が口語的.
(2) 方言によって異なるもの.
subway (＝地下鉄) 《米》: underground (＝地下鉄) 《英》; a bucket (＝バケツ) 《米国南部》: a pail (＝バケツ) 《米国北部》
(3) 意味内容が少し食い違うもの.
large (＝形状・数などが大きい): big (＝かさ・量が多い); study (＝研究する・学校で勉強する): learn (＝学習して身につける)

類義語ではこの (3) の種類の相違が一番学習上の問題が多い. はじめに例にあげた fast, quick, rapid などもこの種類である.
以上のような類義語間の相違を知るには, いろいろの類義語辞典を見ればよいが, 本辞典では英作文上に必要と思われる意味の相違を ( ), 《 》, ★, [語法] などで付記するとともに, 特に重要な意味の相違は【類義語】欄を設けて解説することにした. 《☞ 反意語 (欄外); 意味 (欄外); 多義語 (欄外)》

absence Ⓤ. 《☞ ふざい》.
¶ あしたは一日中家を*留守にします I'll *be* ⌈*out* [*away*] all day tomorrow. // 彼を訪ねたが*留守だった I called on him but he *was not* ⌈*(at) home* [*in*]. // お*留守の間に中山さんという方が見えました A Mr. Nakayama came to see you ⌈while you *were away* [during your *absence*]. ★ [ ] の中は形式ばった言い方. // 父は年に 2, 3 か月は家を*留守にした My father *was away from* home for a few months each year. // 昨年はすっかり勉強がお*留守だった (⇒ 勉強を怠けた) I thoroughly *neglected* my studies last year.
留守番 (人) caretaker Ⓒ; (留守を預かること) caretaking Ⓤ, looking after the house (during *a person's* absence) Ⓤ **留守番電話** message phone Ⓒ.

るつぼ 坩堝 crucible Ⓒ, melting pot Ⓒ ★ 後者はしばしば比喩的に用いられる. 《☞ じっけん¹ (挿絵)》. ¶ アメリカ合衆国は人種の*るつぼといわれる The U.S.A. is said to be a *melting pot* of races. // 会場は興奮の*るつぼと化した (⇒ 聴衆は熱っぽい[狂喜的な]興奮に陥れられた) The audience was thrown into a state of ⌈feverish [wild] excitement.

るてん 流転 ¶ 万物は*流転する (⇒ 絶え間なく変化する) All things are *in* (*a state of*) *flux*. // 彼女は*流転の (⇒ さすらいの) 生涯を送った She lived a *wandering* life.

ルネッサンス the Renaissance [rènəsáːns].

ルビ ¶ *ルビをふる put *kana* beside a ⌈*kanji* [Chinese character] to show its pronunciation ★ ルビという語は $5^1/_2$ ポイントの ruby と呼ばれる小活字がもとだが, 説明的に訳せばこのようになる.

ルビー ruby Ⓒ 《☞ たんじょうせき (表)》.

ルピー (インド・パキスタン・スリランカなどの貨幣単位) rupee Ⓒ.

ルポルタージュ (報告・報道) report Ⓒ, reportage [rèpətáːʒ] Ⓤ 語法 reportage は「報道文の書き方・技術」という意味のフランス語から英語に入ったもので, ニュースを印象強く報道するように書かれた記事もいうが, report という語を用いるほうが一般的; (記録映画) documentary Ⓒ. 《☞ ほうどう》. ¶ レバノンからの*ルポルタージュは非常に印象的だった The *report* from Lebanon was very impressive.

るろう 流浪 ―動 (さまよう) wander ⓐ, roam ⓐ ★ 後者には楽しみながらというニュアンスがある. 《☞ ほうろう¹》.

ルンバ rumba [rʌ́mbə] Ⓒ.

ルンペン (浮浪者) vagabond Ⓒ, tramp Ⓒ ★ 後者のほうが軽蔑の意味が強い.

れ

レ 〘音楽〙 re [réi] Ⓒ 《☞ 音楽 (囲み)》.

れい¹ 例 1 《実例》: example Ⓒ; instance Ⓒ; illustration Ⓒ.
【類義語】一般的な原則などを具体的に示す代表的な実例が **example** で, この語は「手本・模範」という意味でも用いられる. 具体的に示すのは *example* とほぼ同意だが代表的な例としてではなく, 単に個別的な事例としてあげるのが **instance**. 説明などの助けとして, 辞書の用例とか図表などによる「実例」の場合に用いられるのが **illustration**. 《☞ じつれい; れいしょう²》
¶ 子供は親の*例 (⇒ 手本) にならうものだ Children are liable to follow the *example* of their parents. // 彼は歴史上の*例を 1 つあげた He ⌈gave [cited] a historical *instance*. // *例として彼はその本のことを述べた By way of *illustration*, he referred to the book. // 僕はチーム競技, *例をあげれば野球, サッカー, バスケットボールなどが好きです I enjoy team sports, *for* ⌈*example* [*instance*], baseball, soccer, basketball, etc. 《☞ たとえば》
2 《事例》: case Ⓒ 《☞ ばあい》. ¶ 同様の*例はほかにもある The similar *cases* will be found elsewhere. // これはそうざらにある*例ではない This is not a common *case*.
3 《慣例》: (個人的な癖・習慣) habit Ⓒ; (社会的に伝統となっている習慣) custom Ⓒ ★ 個人的な行為に用いられることもある; (規則) rule Ⓒ. 《☞ くせ; しゅうかん¹》.
¶ 彼は朝食前に新聞を読むのが*例になっている It is a ⌈*habit* [*custom*] with him to read newspapers before breakfast. // 彼女は*例の (⇒ いつもの) 所で待っていた She was waiting for me at the *usual* place. // 彼は*例によって (⇒ いつものように) 学校に遅刻した As is *usual* with him [As *usual*], he came late for school. // 娘は昨夜*例になく遅く帰宅した My daughter came home *unusually* late last night.
4 《先例》: (前例) precedent Ⓒ; (匹敵するもの) parallel Ⓒ. 《☞ せんれい¹; ためし²》.
¶ こんな事件は*例がない There is no ⌈*precedent for* [*parallel to*] such a case.
5 《問題の》: in question. ¶ *例の一件はまだ未解決です The matter *in question* still remains unsettled. // *例の (⇒ あの) 件はどうなりましたか What has become of *that* matter?

れい² 礼 1 《会釈》 ―動 (おじぎをする) bow [báu] ⓐ; (あいさつする) salute ⓗ. ―名 bow Ⓒ; salute Ⓒ. 《☞ えしゃく 参考》.
¶ 私たちは先生に*礼をした We ⌈*bowed* to [*saluted*] our teacher. // 彼女は聴衆に一*礼して舞台を去った She *bowed* to the audience and left the stage.
2 《礼儀》 ―名 courtesy Ⓤ. ―形 (礼儀正しい) polite. 《☞ れいぎ; しつれい》.
¶ 私たちは*礼を尽くして彼を待遇した We

treated him with great *courtesy*. // 彼は年長者に対する*礼をわきまえている[いない] He is ˹*polite* [*impolite*] to his elders. // 目上の人に対して*礼を失しては (⇒ 失礼があっては) いけない You must not *show disrespect to* your seniors.

3 «感謝・謝辞» —图 thanks ★ 通例複数形で感謝の気持ちを表す. —動 (礼を言う) thank ⑩. 《☞ かんしゃ¹; 感謝の表現 (囲み)》. ¶お*礼の申し上げようもありません I don't know how to *thank* you. // ご厚情に対して厚く御*礼申し上げます *Thank you very much* for your kindness. // お*礼には及びません *Don't mention it.* / 《米》 *You're welcome.* // お*礼 (⇒ 感謝) のしるしまでにこのライターをお納め下さい Please accept this (cigarette) lighter as a (small) *token of my gratitude*.

4 «謝礼»: (謝礼金) reward Ⓒ; (主に専門的職業の人に対する) fee Ⓒ. 《☞ しゃれい》. ¶お*礼をいただく覚えはありません I have done nothing to deserve a *reward*. // 私はまだ弁護士への*礼を払っていない I have not yet paid the lawyer's *fee*.

れい³ 霊 (魂・精神) spirit Ⓒ; (霊魂) soul Ⓒ. 《☞ れいこん》. ¶私たちは先祖の*霊を祭るために法会を催した We observed a (Buddhist) memorial service to worship the *spirits* of our ancestors.

れい⁴ 零, 0 —图 zero [zíːrou] Ⓒ《複 ~(e)s》★「零度・零点」という意味では Ⓤ; 《英》 nought Ⓒ ★ 0 を nought と読む; (競技の点数などで) nothing Ⓤ. —形 zero. 《☞ ゼロ; 数字 (囲み)》.

¶彼は試験で *0 点を取った He got ˹*zero* [*no points*] on the examination. // 温度計はけさ *0 度に下がった The thermometer fell to *zero* this morning. // タイガースは 3 対 *0 で試合に勝った The Tigers won the game ˹3-*0* [three to *nothing*]. 《☞ スポーツ (囲み)》

レイ (ハワイの花輪) lei Ⓒ.

レイアウト —图 layout Ⓤ. —動 lay out ⑩. 《☞ わりつけ》.

れいか 零下 below zero. ¶温度計は*零下 10 度を示している The thermometer reads ten degrees *below zero*. 《☞ 度量衡 (囲み)》 // この地方では温度が*零下になることがたびたびある The temperature often ˹falls [drops] *below zero* in this district.

れいかい 例会 regular meeting Ⓒ 《☞ かい¹ (類義語)》.

れいがい¹ 例外 —图 exception Ⓒ. —形 exceptional; (異常な) unusual. —副 exceptionally; unusually.

¶この規則には 2, 3 の*例外があります There are a few *exceptions* to this rule. // この規則には*例外を認めない We won't admit any *exceptions* to this rule. / (⇒ この規則は例外を許さない) This rule admits no *exceptions*. // 彼女の子供たちは*例外なくすぐれた学者となった Without *exception*, all her children became prominent scholars. ★ without exception は決まった表現で, 無冠詞. // 私は毎朝早く起きるが日曜は*例外です I get up very early every morning, but Sunday is an *exception*. // この寒さは 10 月にしては*例外的だ This cold weather is *unusual* for October. / (⇒ 私たちは例外的に寒い 10 月を持っている) We are having an *unusually* cold October.

れいがい² 冷害 cold-weather damage Ⓤ. ¶*冷害で果実がひどくやられた *Cold weather caused* much *damage* to fruit. // 東北地方の稲作はひどい*冷害に見舞われた The Tohoku rice crop *was* badly *damaged by cold weather*.

れいかん 霊感 —图 inspiration Ⓤ. —動 (霊感を与える) inspire ⑩. ¶その詩人は燃えるような日没から*霊感を受けた The poet ˹*was inspired* by [*drew his inspiration* from] a flaming sunset.

れいき 冷気 (冷たさ) chill Ⓤ 《☞ さむさ》.

れいぎ 礼儀 —形 (思いやりがあって礼儀正しい) courteous; (洗練された物腰で礼儀正しい) polite (↔ impolite) ★ 前者のほうがより品位がある; (無礼でなく丁重な) civil (↔ uncivil). —图 courtesy Ⓤ; politeness Ⓤ; civility Ⓤ; (作法) manners ★ 通例複数形で; (エチケット) etiquette Ⓤ. 《☞ さほう》.

¶彼はたいへん*礼儀正しい人だ He is a very ˹*courteous* [*polite*] man. // あの男は*礼儀をわきまえないやつだ That man is an ˹*impolite* [*ill-mannered*] person. / (⇒ まったく作法を知らない) He has no *manners* at all. // そうするのが*礼儀だ It is *etiquette* to do so. // 親しき仲にも*礼儀あり A hedge between keeps friendship green. 《ことわざ: 間に垣根があれば友情はいつまでも枯れない》

れいきゃく 冷却 —動 (冷やす) cool ⑩; (食べ物などを保存するために冷たくする) refrigerate ⑩. —图 refrigeration Ⓤ. 《☞ ひやす; ひえる; れいぞう》.

冷却器 cooler Ⓒ **冷却期間** cooling-off period Ⓒ. ¶長い*冷却期間ののち彼は妻と和解した After a long *cooling-off period* he was reconciled with his wife. **冷却装置** cooling ˹device [apparatus] Ⓒ.

れいきゅうしゃ 霊柩車 hearse Ⓒ.

れいきん 礼金 (報酬) reward Ⓒ; (主として医師・弁護士などへの) fee Ⓒ; (賃貸アパートなどの) key money Ⓤ. 《☞ しゃれい; れい²》.

れいぐう 冷遇 (冷たい取り扱い) cold treatment Ⓤ; (来客に対する) cold reception Ⓒ. 《☞ つめたい》. ¶私は叔父の家で*冷遇を受けた I met with a *cold reception* at my uncle's. // 新任の課長は彼を*冷遇した (⇒ 冷たく扱った) The newly-appointed section chief *treated* him *coldly*.

れいけつ 冷血 —形 (体温が外気と同温度の) cold-blooded (↔ warm-blooded) ★「血も涙もない」という比喩的な意味でも用いられる; (冷淡な) coldhearted (↔ warmhearted).

冷血漢 coldhearted [heartless] ˹person [beast] Ⓒ **冷血動物** cold-blooded animal Ⓒ.

れいげん 霊験 **霊験あらたか** ¶このお守りは

*霊験あらたかだ (⇒ 不思議な効力を持っている) This talisman *has miraculous virtue*.

れいこう 励行 ¶ 就寝前の歯磨きを*励行しましょう (⇒ 習慣を作りましょう) Let's *make a habit of* brushing our teeth before going to bed. // 「止まれ」の標識では一時停止*励行のこと (⇒ 一時停止することを忘れるな) *Never forget to* stop at the 'stop' sign.

れいこく 冷酷 ―[形] (残酷な) cruel; (思いやりがなく冷たい) heartless; (無情な) coldhearted. 《☞ ざんこく; むごい》. ¶ 彼は*冷酷な男だ He is a ｢*cruel* [*coldhearted*] man. // 私はこんな*冷酷な仕打ちには耐えられない I cannot endure such ｢*cruel* [*heartless*] treatment.

れいこん 霊魂 soul [C], spirit [C]. 《☞ れい[3]》. ¶ *霊魂の不滅 the immortality of the *soul* // 私は*霊魂の存在を信じる I believe in *spirits*.

れいさい 零細 ―[形] (小さい) small; (小規模の) small-scale. ¶ *零細な企業は大企業に太刀打ちできない A *small* business cannot compete with a big business. // *零細な農家 *small-scale* farmers

れいしょう[1] 冷笑 ―[動] (あざ笑う) sneer (自); (ばかにする) mock (自) (他). ―[名] sneer [C]. 《☞ ちょうしょう; あざわらう; わらう (類義語)》. ¶ 彼は私の試みを*冷笑した He *sneered* at my attempt.

れいしょう[2] 例証 ―[名] (証拠となる例) evidence [U] ★ 具体的な物を指す場合は [C]; (説明の助けとなる例) illustration [U]; (代表的な例) example [C]. ―[動] (証拠をあげる; …が証拠となる) give evidence; (例証する) exemplify (他). 《☞ れい[1]; しょうこ; じつれい》. ¶ このことについては十分な*例証がある [をあげることができる] I ｢have [can give] enough *evidence(s)* for this. // 彼は自分の理論の*例証として幾つかの実例を示した He ｢gave [cited] several instances in *illustration* of his theory.

れいじょう[1] 令状 (逮捕・差し押さえなどの) warrant [C]. ¶ *令状なしで家宅捜索はできない You can't search my house without a *warrant*. // 逮捕*令状 an arrest *warrant*

れいじょう[2] 礼状 letter of thanks [C], thank-you ｢letter [note] [C] ★ 後者はくだけた表現.

れいじょう[3] 令嬢 your [his; her; their] daughter [C] 《☞ むすめ; おじょうさん》. ¶ あれがブラウンさんの*令嬢です That's Mr. Brown's *daughter*. / That's *Miss* Brown.

れいすい 冷水 cold water [U]. ¶ *冷水浴は健康によい It is good for the health to take a *cold bath*. // 私は毎日*冷水摩擦をする I *rub myself with a cold wet towel* every day.

れいせい 冷静 ―[形] (落ち着いて平静な) calm; (激したりしないで沈着な) cool, cool-headed. ―[名] calmness [U]; coolness [U]. 《☞ へいせい; ちんちゃく; おちつき (類義語)》. ¶ 彼はいつも*冷静だ He is always ｢*calm* [*cool*; *cool-headed*]. // 私たちはその問題に*冷静な判断を下さねばならない We must form a ｢*calm* [*cool*] judgment on the problem. // そう興奮せず, *冷静になりなさい Don't be so excited; ｢*calm* yourself [keep *cool*].

れいせん 冷戦 cold war [C].

れいぜん 霊前 ―[副] (故人の霊の前に) before the spirit of the ｢departed [deceased]. ¶ 私は父の*霊前に花輪をささげた I offered a wreath *to the spirit* of my dead father.

れいそう 礼装 (儀式用の服) ceremonial dress [C]; (正装) full [formal] dress [U]. 《☞ れいふく; せいそう[1]》.

れいぞう 冷蔵 ―[名] (食物などの) cold storage [U]; (冷凍・冷蔵) refrigeration [U]. ―[動] (食料品を冷蔵する) refrigerate (他). 《☞ れいとう》. ¶ 要*冷蔵《食品の表示》 Keep *refrigerated*. // 生肉は*冷蔵しておかなくてはならない Raw beef should be kept ｢in *cold storage* [*refrigerated*].

冷蔵肉 chilled meat [U].

れいぞうこ 冷蔵庫 refrigerator [C]; (冷凍用) freezer [C]; icebox [C] [語法] 《米》では電気冷蔵庫を指すが, 《英》では氷で冷やす冷蔵庫を指す. 《☞ 台所・家事 (囲み)》. ¶ 腐りやすい食物を*冷蔵庫に入れるのを忘れないように Don't forget to put the perishables in the *refrigerator*.

れいそく 令息 your [his; her; their] son [C] 《☞ むすこ》.

れいぞく 隷属 ―[形] (従属した) subordinate; (支配を受ける) subject (to ...). ―[名] subordination [U]; subjugation [U]. 《☞ じゅうぞく》. ¶ インドはかつて英国に*隷属していた India was once ｢*subordinate* [*subject*] *to* the United Kingdom.

れいだい 例題 (練習問題) exercise [C]. ¶ 彼は各課の終わりにある*例題をすべてやった He did all the *exercises* at the end of each lesson.

れいたん 冷淡 ―[形] (薄情で冷たい) cold (↔ warm); (無関心な) indifferent; (冷たい心の) coldhearted. ―[名] coldness [U]; indifference [U]; coldheartedness [U]. 《☞ はくじょう[1]; そっけない; つめたい》.

¶ 私は*冷淡に迎えられた I received a *cold reception*. // 彼は利己的で他人の難儀にはまったく*冷淡だ He is selfish and quite *indifferent* to other people's trouble. // 君は何て*冷淡な人間なんだ What a *coldhearted* person you are!

れいちょうるい 霊長類 primates [práimeits] ★ primate [C] は「霊長類の動物」.

れいとう 冷凍 ―[動] (冷却する) refrigerate (他); (冷凍する) freeze (他) (↔ thaw). ―[名] (食料品などの) refrigeration [U]. 《☞ れいぞう》. ¶ その魚は*冷凍されてここへ運ばれる The fish *is* ｢*frozen* [*refrigerated*] and brought here.

冷凍魚 frozen fish [C] ★ 集合的な意味では単複同形で fish. 2 種類以上を指すときは fishes となる. **冷凍庫** freezer [C] 《☞ れいぞうこ》 **冷凍食品** frozen food [U] **冷凍肉[野菜]** frozen ｢meat [U] [vegetable [C]].

れ

れいねん 例年 ¶体育祭は*例年の(⇒毎年1回の)行事だ Our field day is an *annual* event. // *例年の(⇒いつもの)とおり文化祭が開かれた Our school festival was held *as usual*. // 大学の門は今年は*例年になく(⇒いつもと違って)狭い The competition for entering universities is ｢*unusually* stiff [stiffer than *usual*] this year. // 今年の収穫は*例年並だ(⇒並の収穫だ) We have had an *average* crop this year. 《☞ へいねん；まいねん》

れいはい 礼拝 (一般的に) worship Ⓤ; (教会の礼拝式) (church) service Ⓒ. ¶彼女は毎週日曜日に*礼拝に出席する She attends ｢(*public*) *worship* [a *church service*] every Sunday. **礼拝堂** (公共施設などの付属の) chapel Ⓒ 《☞ きょうかい[1]》.

れいばい 霊媒 (spiritualistic) medium Ⓒ 《複 ～s》.

れいふく 礼服 (儀式用の式服) ceremonial clothes ★ 複数形で；(モーニング) morning dress Ⓤ. ¶我々日本人は冠婚葬祭に*礼服を着る We Japanese wear *ceremonial clothes* on ceremonial occasions.

れいぶん 例文 (辞書などの実例となる文) illustration Ⓒ, illustrative sentence Ⓒ; (一般に例としての文) example (sentence) Ⓒ. 《☞ れい[1]；じつれい》.
¶この辞書には*例文が多い This dictionary has a lot of ｢*illustrations* [*illustrative sentences*]. // 先生はその語の用法について*例文を1つ示してくれた The teacher gave us an *example* of how the word is used.

れいほう 礼砲 ━ 图 (敬意を表す空砲) salute Ⓒ. ━ 動 (礼砲を放つ) salute ⓐ. ¶彼らは21発の*礼砲を放った They fired a 21-gun *salute*.

れいぼう 冷房 ━ 图 air conditioning Ⓤ. ━ 形 air-conditioned. 《☞ クーラー 語法》. ¶*冷房完備 *Air-conditioned* 《掲示》 // この部屋には*冷房がない This room ｢has no *air conditioning* [is not *air-conditioned*]. // この部屋は*冷房がきき過ぎている The *air conditioning* in this room is too ｢low [cold].

れ

れいらく 零落 ━ 動 (落ちぶれる) còme dówn ⓐ ★ くだけた表現. ━ 图 cómedòwn Ⓤ; (没落) downfall Ⓤ, ruin Ⓤ ★ 後者のほうが改まった語. 《☞ おちぶれる；ぼつらく》. ¶彼は*零落してしまった He *has come down* in the world.

レインコート raincoat Ⓒ 《☞ コート[1]》.

レーサー (競走用自動車の運転手) racing driver Ⓒ.

レーザー laser Ⓒ ★ *l*ight *a*mplification by *s*timulated *e*mission of *r*adiation の頭文字からできた語. 《☞ 略語(欄外)》. ¶*レーザー光線 *laser* beams

レーシングカー (競走用の自動車) racing car Ⓒ.

レース[1] (速さを競う) race Ⓒ 《☞ きょうそう[2]》. ¶彼はその*レースに勝った[負けた] He ｢won [lost] the *race*.

レース[2] (テーブル掛けやカーテンなどの) lace Ⓤ; (レース細工) lacework Ⓤ. ¶彼女のドレスには*レース(の縁飾り)がついている Her dress is trimmed with *lace*.
レース糸 cotton thread Ⓤ.

レーダー radar Ⓤ ★ *ra*dio *d*etecting *a*nd *r*anging の略. 《☞ 略語(欄外)》. ¶彼らは*レーダーでそのロケットを追跡した They ｢tracked [followed] the rocket ｢on [by] *radar*.
レーダー基地 radar base Ⓒ **レーダー装置** radar system Ⓒ.

レート (率) rate Ⓒ 《☞ りつ；そうば》. ¶きょうの為替*レートは1ドル240円です Today's exchange *rate* is 240 yen to the dollar.

レーヨン (人絹) rayon Ⓤ.

レール (鉄道などの) rail Ⓒ; (鉄道線路) track Ⓒ; (カーテンの) curtain ｢rail [rod] Ⓒ. 《☞ せんろ》.

-れき …歴 ¶彼は運転*歴30年のベテランである(⇒30年の運転歴をもったすぐれた運転手である) He is an excellent driver with thirty years' driving *experience*. // 彼の教職*歴は20年である(⇒彼は20年の教職の経験がある) He has twenty years' *experience* in teaching. 《☞ けいれき；キャリア》

れきし[1] 歴史 ━ 图 history Ⓤ ★ 年代順に書かれた歴史・経歴・由来の意味では Ⓒ. ━ 形 (歴史的に有名な) historic; (歴史(上)の) historical 語法 歴史的に名高く,歴史に残る価値があることを強調するのが historic. 単に「歴史上の」とか「歴史に関係がある」ことを示すのが historical.
¶*歴史は繰り返す *History* repeats itself. 《ことわざ》 // その事件は世界の*歴史を変えた The event changed the *history* of the world. // 私はアメリカの*歴史に興味を持っている I am interested in the *history* of the United States. // 我々の大学は100年の*歴史がある Our university has a *history* of 100 years. // 私は*歴史上名高い所(⇒史跡)を幾つか訪れた I visited some *historic* sites. // それは*歴史的事実である It is a *historical* fact.
歴史家 historian Ⓒ **歴史学** history Ⓤ **歴史観** historical view Ⓒ **歴史劇** historical play Ⓒ **歴史小説[物語]** historical ｢novel [story] Ⓒ **歴史年表** history chart Ⓒ.

れきし[2] 轢死 ━ 動 (車や電車にひかれて死ぬ) be run over and killed, be killed by a ｢car [train]. 《☞ ひきころす；ひく[3]》.

れきぜん 歴然 ━ 形 (見てすぐわかるほど明らかな) obvious; (疑いなどを起こさせる要素がないほどはっきりしている) clear; (周囲の状況などから明白な) evident; (反論できないほど明らかな) irrefutable ★ やや改まった語；(決定的な) conclusive; (間違いようがないほど) unmistakable. 《☞ あきらか；めいはく》.
¶彼が市長に選ばれることはだれの目にも*歴然としている It is ｢*obvious* [*clear*] to anyone that he will be elected mayor. // 彼が有罪だという*歴然とした証拠がある There is ｢*unmistakable* [*irrefutable*; *conclusive*] evidence that he is guilty.

れきだい 歴代 ¶*歴代の(⇒過去の)大統領 all the *past* presidents // 彼は*歴代の総

理大臣 (⇒ 日本にいままでいた総理大臣) の中で一番若い He is the youngest Prime Minister that Japan has ever had.

れきにん 歴任 ¶ 彼は要職を*歴任した He *has held* various important posts. // 彼は日本各地の私立高校長を*歴任した (⇒ 校長として勤務した) He *has served* various private high schools throughout Japan as principal.

レギュラー (正規の選手) regular Ⓒ; (正会員) regular member Ⓒ. ¶ 彼は学校の野球部の*レギュラーだ He is a *regular* on the school baseball ˹team [club]. // 彼はその番組の*レギュラーメンバーだ He is a *regular* of the program.

レクリエーション ―名 (気晴らし) recreation Ⓤ. ―形 recreational. ¶ 私は*レクリエーションにテニスをやっている I play tennis for *recreation*. **レクリエーション活動** recreational activity Ⓒ **レクリエーション施設** recreational facilities ★ 通例複数形で; recreational equipment Ⓤ.

レコード[1] (レコード盤) record Ⓒ, disk Ⓒ, disc Ⓒ ★ 後の 2 つはくだけた表現. 《☞ オーディオ (挿絵)》.
¶ 彼女はベートーベンの『田園』の*レコードをかけた She played a *record* of Beethoven's *Pastoral Symphony*. // 彼女は買ったばかりの*レコードを聞かせてくれた She let me listen to a *record* she had just bought.
レコード音楽 recorded music Ⓤ **レコードコンサート** record concert Ⓒ **レコードプレーヤー** record player Ⓒ **レコード屋** record shop Ⓒ 《☞ 店の呼び名 (囲み)》.

レコード[2] (競技などの記録) record Ⓒ 《☞ きろく; しんきろく》. **レコードホルダー** (競技などの最高記録保持者) record holder Ⓒ.

レザー (革) leather Ⓤ; (模造革) imitation leather Ⓤ, leatherette Ⓤ.

レジ (金銭登録器) (cash) register Ⓒ ★「レジ」はレジスターの略; (レジ係) cashier Ⓒ; (スーパーなどの勘定台) checkout counter Ⓒ. 《☞ 買い物 (囲み)》. ¶ *レジはどこですか Where is the ˹*cashier* [*checkout counter*]? // *レジで払って下さい Please pay the *cashier*.

レシート receipt [risíːt] Ⓒ 《☞ うけとり》.

レシーバー **1** 《スポーツでレシーブする人》: receiver Ⓒ (↔ server) 《☞ スポーツ (囲み)》. ¶ *レシーバー側の得点(です) Advantage (to) *receiver*. ★ テニスでジュース (deuce) 後の 1 点の得点. 人の名前を使って Advantage (to) Mr. McEnroe. のように言うこともある.
2 《耳に当てて聞く受信機》: receiver Ⓒ. ¶ 彼女は*レシーバーを耳に当てた She put the *receiver* to her ear.

レジャー (余暇を利用したレクリエーション) recreation Ⓤ; (余暇を利用した活動) leisure activity Ⓒ; (余暇) leisure [líːʒɚ, léʒɚ] Ⓤ
[語法] leisure という英語は「余暇」という意味であるが, 日本語のレジャーはレクリエーションという意味で用いられることが多い. この点の日英の食い違いに注意. 《☞ レクリエーション (囲み)》.
¶ 私は日曜日はたいてい*レジャーに使っています I usually spend my Sundays on ˹*recreation* [*leisure activities*].
レジャーウェア leisurewear Ⓤ, leisure clothes ★ 複数形で. -wear の付く語は商業的な用語で, 後者のほうが一般的. **レジャー産業** the leisure industry **レジャー施設** leisure facilities ★ 複数形で. **レジャー用品** recreational [leisure] equipment Ⓒ, sporting goods ★ 複数形で.

レストラン restaurant [rést(ə)rənt] Ⓒ 《☞ しょくどう[1]》.

レスビアン (同性愛の女性) lesbian [lézbiən] Ⓒ; (女性の同性愛) lesbianism Ⓤ.

レスリング wrestling Ⓤ. ¶ 私はその*レスリングの試合をテレビで見た I ˹saw [watched] the *wrestling* match on television.

レセプション (正式な歓迎会) reception Ⓒ 《☞ かんげい》. ¶ 学校は新任のアメリカ人の先生を歓迎するための*レセプションを開いた Our school ˹gave [held] a *reception* to welcome our new American teacher.

レタス lettuce Ⓒ [語法] 植物としてのレタスは a lettuce, two lettuces となるが, 食用としての葉は Ⓤ で, 結球は普通 a head of lettuce, two heads of lettuce のように数える.

れつ 列 (横に直線的に並んだ人や物の列) row Ⓒ ★ 劇場などの「座席の(横の)列」の意にもなる; (順番などを待つ 1 続きの縦の列) line Ⓒ, 《英》 queue [kjúː] Ⓒ; (兵隊・タクシーの列) rank Ⓒ ★ 兵隊の場合は横列で, 縦の場合は file Ⓒ; (行列) procession Ⓒ. 《☞ せいれつ; ならぶ; ぎょうれつ》.

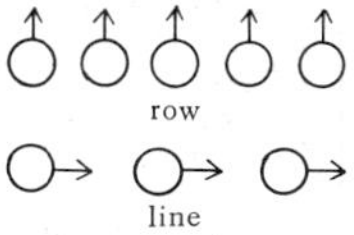

¶ 私は(前から) 5 *列目に座った I sat in the fifth *row*. // 私たちは*列を作った We formed a ˹*row* [*line*; *queue*]. // 机を横に 7 *列に並べなさい Arrange the desks in seven *rows*.
[語法] 「縦に」なら line を用いる. // 彼らは切符を手に入れるために長い*列を作って待った They ˹waited in [formed] a long ˹*line* [*queue*] to get tickets. // この*列に並んで下さい Please ˹take your place [stand] in this ˹*line* [*queue*]. // 彼は*列に割り込もうとした He tried to break into the *line*. // タクシーが*列を作って並んでいる Taxis are standing in a *rank*. // 彼は(途中で)*列から離れた (⇒ 落後した) He dropped out of the ˹*line* [*ranks*]. // 縦に 1 [2] *列に並びなさい Form a ˹single [double] ˹*file* [*line*]. / Line up in ˹a single *file* [two *files*].

れっか 烈火 **烈火のごとく怒る** ¶ 彼はその返事を聞いて*烈火のごとく怒った (⇒ 激怒した) He *was*˹*infuriated* [*enraged*] *at* the reply. / He *flew into a rage* when he heard the reply. 《☞ げきど; おこる[1]》

レッカーしゃ レッカー車 (事故車や不法駐車の車を牽引していくトラック) wrecker Ⓒ; (牽引車) tow ˹truck [car] Ⓒ. ¶ *レッカー車が君の車をどこかへ引っ張っていった A *wrecker* towed your car away.

レクリエーション

日本語ではテニスやスキーなどのスポーツも「趣味」に数えるが，英語ではこのようなスポーツは hobby Ⓒ とはいわない．英語で hobby といえば，模型飛行機を作ったり，切手を集めたりするような静的な活動を指す．日本語で「私の趣味はスキーです」という場合は「私はスキーを楽しみます」I ｢enjoy [like] skiing. または「スキーは私の大好きなスポーツです」Skiing is my favorite sport. のように表現すればよい．スポーツも含め，娯楽・レクリエーション一般を指す語は recreation Ⓤ．趣味という意味では hobby のほかに pastime Ⓒ も用いる．形式ばった語としては avocation Ⓒ がある．

1　趣味の尋ね方・答え方

(1)　尋ね方

相手の趣味を尋ねる表現として，「あなたの趣味は何ですか」What is your hobby? と言うのは，決して誤りではないが，英語としてふさわしい表現とはいえない．まず，ぶしつけな感じがするだけでなく，趣味を 1 つだけに限ったように聞こえる．英米では，ちょっとしたことでも趣味に数えて，1 人で趣味を幾つも持っているということが多い．このような場合には，初めから複数形にして次のように尋ねればよい．
¶趣味をお持ちですか Do you have any hobbies? // どのような趣味をお持ちですか What hobbies do you have? // どんなことに興味がありますか What is your (special) interest (in life)?

スポーツも含め，レクリエーション一般を尋ねるには次のように言う．
¶暇なときには何をしますか What do you do in your free time? // 暇な時間があるときは，どんなことをするのが好きですか What do you ｢enjoy [like to do] when you have ｢spare [free ; leisure] time? // 学校の勉強[仕事]のほかに，どのようなことに興味がありますか What is your ｢avocational interest [avocation] outside your ｢schoolwork [profession]?

(2)　答え方

答えとして「読書が趣味です」という場合，次のようにいろいろな表現ができる．
¶私の趣味は読書です My pastime is reading. // 読書が私の趣味です Reading is my pastime. // 読書に興味をもっています I'm interested in reading. // 読書を楽しみます I enjoy reading. // 特に読書が好きです I particularly like reading.

「私は写真が趣味です」という意味では，「私は写真に興味をもっています」I'm interested in photography. という表現のほか，「私はアマチュアの写真家です」I'm an amateur photographer. のようにも言える．自分のことをこのように言うのは日本語ではおかしな感じがするが，英語では普通の表現．「音楽家」musician Ⓒ,「画家」painter Ⓒ,「天文学者」astronomer Ⓒ なども同じように使える．「日曜画家[大工]」という意味では，日本語と同じ Sunday ｢painter [carpenter] Ⓒ という表現もある．

2　レクリエーションのいろいろ

(1)　屋外で

日本語では「ハイキング」と「ピクニック」は特に区別せずに用いることも多いが，hiking Ⓤ は弁当持参の有無にかかわらず，野山を歩く遠足．picnic Ⓒ は屋外での食事を目的に出かけることで，自宅の庭などで食べる食事も picnic という．ザック，特にバックパック (backpack Ⓒ) を背負って野山を歩くのは backpacking Ⓤ で，通例野宿を伴うものをいう．散歩は walk Ⓒ．魚釣りは fishing Ⓤ．特にスポーツや趣味としての魚釣りは angling Ⓤ.
¶ハイキングに出かけましょう Let's go on a hike. / Let's go hiking. // ピクニックに出かけよう Let's go ｢on [for] a picnic. // 私たちは公園にピクニックに出かけた We went to the park for a picnic. / We ｢had a picnic [picnicked] in the park. // 彼は週末にはいつも山歩きに出かける He goes ｢backpacking [hiking] in the mountains every weekend. // あなたは毎朝どこへ散歩に行くのですか Where do you go for a walk every morning? // この次の土曜日，魚釣りに行こう Let's go fishing next Saturday. // 私は磯釣りよりも川釣りのほうが好きです I like river fishing better than sea fishing.
［参考］沖釣りは deep-sea fishing.

(2)　庭先で

「園芸」gardening Ⓤ,「大工仕事」carpentry Ⓤ.
¶家庭菜園には何を植えていますか What do you grow in your ｢kitchen [backyard] garden? // 今年は庭にチューリップを植える予定です I'm going to plant some tulips in my garden this year. // 私は毎朝，鉢植えに水をやります I water my potted plants every day. // 父は盆栽を作るのが楽しみです My father enjoys growing ｢*bonsai* [dwarf trees]. // 犬小屋を作ったことがありますか Have you ever built a doghouse? // 母は自分で棚を直しました My mother ｢fixed [repaired] the shelf herself.

(3)　室内で

「読書」reading Ⓤ,「音楽鑑賞」listening to music Ⓤ,「トランプ遊び」cards ★ 複数形で；「チェス」chess Ⓤ,「将棋」Japanese chess Ⓤ,「碁」*go* game Ⓤ ★ 必要なら a Japanese board game played with black and white stones と説明すればよい．
¶私はレコードを聞くのが趣味です I enjoy lis-

tening to records. // トランプをしましょう Let's play cards.

トランプ遊びのいろいろ
ブラックジャック blackjack Ⓤ, twenty-one Ⓤ, ブリッジ bridge Ⓤ, ポーカー poker Ⓤ, ひとり遊び《米》solitaire Ⓤ,《英》patience Ⓤ

彼は外国の切手を数多く収集している He has a big collection of foreign stamps. 〔参考〕 切手収集家 stamp collector Ⓒ, philatelist Ⓒ ★ 後者は改まった言い方.

(4) **絵と写真**

「油絵(画法)」oilpainting Ⓤ,「水彩画(法)」watercolor painting Ⓤ,「写真撮影」photography Ⓤ.
¶ 私は趣味に人物画[風景画]を描いています I enjoy painting ｢portraits [landscapes] as a pastime. // 私はスナップ写真を撮るのが好きです I like taking snapshots.

対話例

A：本当にね，ジョージ君，うちの娘はしょっちゅう僕に何か趣味を持てとうるさく言うんだよ
B：そのとおりよ. テニスをしたらどう，お父さん? ジョージ，あなたはテニスをやるんでしょう?
C：ときどきだけれどね
A：問題は時間が全然ないということなんだ. ジョージ君，君はどのくらい頻繁にテニスをするの?
C：月に1回くらいですよ. あまりうまくないんです. きちんと習ったりはしていないから
B：お父さん，チェスのクラブに入ったら? きっとおもしろいわよ
C：そうだ. そうしたらどうですか，ビル
A：さあねえ. 僕はいわゆる仕事中毒者だからなあ
C：僕自身はクラリネットをやっているんです. 来月演奏会があるんです
A：モーツァルトかね?
C：ブラームスの2つのソナタ. 作品120です
A：ほう. これは，趣味の域を出て，くろうとはだしのもののようだね

A: Truthfully, George, my little girl is forever pressuring me to take up some sort of hobby.
B: That's right, Dad. Why don't you try tennis? You play tennis, don't you, George?
C: Once in a while.
A: The trouble is I just don't have the time. How often do you play, George?
C: Oh ... about once a month, I guess. I'm not very good. I never took lessons or anything like that.
B: Why don't you join a chess club, Dad? I bet you'd really enjoy it.
C: Yes, why don't you, Bill?
A: I don't know. I guess I'm what's called a workaholic.
C: I play the clarinet myself. I've got a performance coming up next month.
A: Mozart?
C: The two Brahms sonatas, opus one-twenty.
A: Well, well. This sounds more like an avocation than a hobby.

★ この対話例およびさらに詳しい対話例は別売テープに吹き込まれています.

れっきとした (尊敬に値する) respectable; (十分に認められた) well-recognized; (立派な) honorable; (明らかな) obvious; (はっきりした) clear. 《☞ りっぱ; れきぜん》. ¶ 彼女は*れっきとした家柄の出だ She comes from a ｢*respectable* [*well-recognized*] family. // それは*れっきとした事実だ It is an *obvious* fact.

れっきょ 列挙 ―動 (1つ1つ数え上げる) enumerate ㊀; (表に載せる) list ㊀. ―名 enumeration Ⓤ. 《☞ かぞえあげる; かぞえる》. ¶ 彼は失敗の原因を*列挙した He *enumerated* the causes of failure. // 彼は参加者をアルファベット順に*列挙した He *listed* the participants in alphabetical order.

れっしゃ 列車 train Ⓒ ★ 一般的な語,《米》railroad train Ⓒ,《英》railway train Ⓒ. 《☞ てつどう; 乗り物 (囲み); えき[1] (挿絵)》. ¶ 私は*列車で九州へ行った I went to Kyushu by *train*. / I took a *train* to Kyushu. 私たちは午後3時15分発の*列車で上野を発ちます We leave Ueno on the 3:15 p.m. *train*. 大阪行きの*列車の時間が知りたいのです I'd like to get the *train* schedule for Osaka. 私たちは仙台で*列車に乗った[*列車から降りた] We got ｢on [off] the *train* at Sendai. 私は彼の後から*列車に乗り込んだ I ｢got onto [went aboard] the *train* after him. 「金沢行きの次の*列車はいつ発車しますか」「11時20分です」"When does the next *train* ｢for [to] Kanazawa leave?" "It leaves at 11:20." 〔語法〕 for を用いることが多い. 私たちの乗る*列車が間もなくホームに入ってくる Our *train* is ｢coming [pulling] in soon. 6番線に入っているのがあなたの乗る*列車です

列車のいろいろ
貨物列車《米》freight train,《英》goods train, 急行列車 express (train), 始発[最終]列車 the ｢first [last] train, 準急列車《米》local express (train), 超特急列車(新幹線などの) super-express (train), 直通列車 through train, 特急列車 limited express (train), 上り[下り]列車 up [down] train, 普通[鈍行]列車 local train, 夜行列車 night train, 郵便列車 mail train, 旅客列車 passenger train, 臨時列車 special train

レ ス ト ラ ン

日本でもいわゆる外食産業が盛んになってきて, 家族連れで外出し, レストランなどで食事をする機会が増えてきているが, 英米では週に1回とか2回とか外で食事をするという習慣が昔からある. このように外で食事をすることを eat out ⓐ, dine out ⓐ (＝eat dinner away from home) (★ dine out のほうが改まった言い方) という. 「今夜は外で食事をしよう」は "Let's *eat out* this evening." という. さて, 以下に海外旅行などで英米のレストランを訪れることを想定して, 必要な英語表現をまとめてみよう.

(1) レストランの入り口で (at the entrance ˹to [of] a restaurant)

日本のレストランでも入り口に所持品・コートなどの預かり所 (cloakroom Ⓒ) のあるものがあるが, 英米ではそれが一般的である. そこにコートなどを預けることを check ⓣ という. 「私は帽子とコートを預けました」は I checked my hat and coat. である. 正式なレストランなら席に案内されるのを待たねばならない. やがてボーイ長 (headwaiter Ⓒ) が現れ, 客 (guest Ⓒ) の数を数え, 適当なテーブルへ案内する (show ... to ˹a [your] table).

(2) テーブルで (at the table)

テーブルでは, cloakroom へ預けなかった手袋やハンドバッグ (purse Ⓒ) などは空いているいす (vacant [empty] seat Ⓒ) などに置き, テーブルの上に載せてはならない. そこで, ボーイ (waiter Ⓒ) が一人一人にメニュー (menu Ⓒ) を手渡し, しばらくしてから, 注文を取りに来る (return to the table to take one's order). そのとき, ボーイにそのレストランの自慢の品 (specialty Ⓒ) を尋ねるのもよい.

メニューには, 一般の人にはなかなかわかりにくい料理もたくさん載っている. そこで, どういう料理かを尋ねたり, 何かおいしいものを推薦 (recommend ⓣ) してもらってもよい. 「何かお勧め品がありますか」は "What ˹would [do] you recommend?" である. 注文するときには, 勘定を別々に払う (pay separately ; go Dutch) つもりなら, あらかじめ「伝票を別々にしてほしい」(We want separate checks.) と言っておく必要がある.

(3) メニュー (menu Ⓒ) **と食事のコース** (dinner course Ⓒ)

メニューの内容は大きく分けて2つになる. 1つは定食 (table d'hôte [tá:bldóut] Ⓒ), もう1つはお好み[一品]料理 (a la carte [ælə kάɚt] dish Ⓒ) である.

定食を食べるとすると料理の順番が決まっていて, まず最初にオードブル (hors d'oeuvre [ɔɚdɚ́:v] Ⓒ) が出てくる. これはワイン (wine Ⓤ), ビール (beer Ⓤ) などの食前のお酒 (appetizer Ⓒ) につく前菜である. カナッペ (canapé [kǽnəpi(:)] Ⓒ) などもその一種である.

次にスープ (soup Ⓤ) が出る. スープには2種類あり, 澄んだスープのコンソメ (consommé [kɑ̀nsəméi] Ⓤ ★ これはフランス語から入った語. 英語では clear soup Ⓤ でもよい) か, 濃いスープのポタージュ (potage [potá:ʒ] Ⓤ ★ これもフランス語からの借用語. 英語では thick [cream] soup Ⓤ でもよい) の, いずれかである. これは注文のとき, 聞かれるからどちらかに決めなくてはならない.

次にパン (bread Ⓤ) が出される. 場合によって異なるが, ボーイがパンの入ったかごを持ってきて, 白いパン (white bread Ⓤ), 茶色のパン (brown bread Ⓤ), あるいは丸いパン (roll Ⓒ) がよいとか選択しなくてはならない.

パンはバターをつけて食べるのが普通だが, バターはすでに食卓に置いてある場合が多く, もし自分の手の届かない所にあるならば, 「バターを回して下さい」"Will you pass (me) the butter, please?" と言って, 同席の人に頼む. 決して立ち上がったり, テーブル越しに手を反対側に伸ばしたりしてはならない. (☞ 食事 (囲み)). バター付きパン (bread and butter Ⓤ) を食べるうちに, 野菜サラダ (vegetable salad Ⓤ) が運ばれてくる.

次に中心になる料理 (main dish Ⓒ, main course Ⓒ) が出る. これは《米》の料理用語 (cooking term Ⓒ) ではアントレ (entrée [á:ntrei] Ⓒ) と呼ばれる. 普通は肉料理で, 魚のこともある. 例えばステーキ (steak Ⓒ) ならば, 注文するときに, 「よく焼く」(well-done) か, 「中くらい」(medium) か, あるいは「外側だけを焼く」(rare) かを聞かれる. (☞ 食事 (囲み)). また, あまり脂身 (fat Ⓤ) の多いのは好まない人は骨なしの脂のない肉 (fillet [filéi] Ⓒ) などを注文するとよい. 魚の場合は, ヨーロッパならドーヴァー海峡の舌びらめ (Dover sole Ⓒ) のバター焼きなどが有名なものの1つ.

料理の最後はデザート (dessert Ⓤ) である. これにはケーキ (cake Ⓤ), アイスクリーム (ice cream Ⓤ) などが出される. アイスクリームは, バニラ (vanilla), チョコレート (chocolate) などの風味 (flavor Ⓒ) の違いがあり, アメリカでは店によっては十数種類も用意しているところもある. これも注文のときに選択を聞かれる. コーヒーなどの飲み物は食事中に欲しい (with ˹one's [the] meal) か, 食事後 (after the meal) かを聞かれる.

(4) 支払い (payment Ⓤ)

英米ではテーブルで支払うことが多い. 勘定書を要求するときは "May we have the ˹check [bill], please." と言う. ボーイが勘定書 (check Ⓒ) を持って来たら, おつり (change Ⓤ) の中から適当な金額 (普通支払い額の約15%) をボーイのチップ (tip Ⓒ) として置いておく. 日本の場合は堂々とサービス料 (service charge Ⓒ) が明記されていて, チップがいっさい不要なのはよい習慣である. また, 日本では会計係 (cashier Ⓒ) に支払う場合が多い.

対話例

A：お食事の前に何かお飲み物を召し上がりますか？	A：Will you be having drinks before dinner, sir?
B：ポーラ，何か欲しい？ 食前酒かなにか	B：Would you care for anything, Paula? An aperitif or something like that?
C：いいえ，もう食事の注文をしましょうよ	C：No, let's go ahead and order.
B：わかった．何でも好きなものをどうぞ	B：OK. Please get whatever you like.
C：そうねえ…ジョージ，あなたは何にするの？	C：Well ... what are you going to have, George?
B：ステーキ・ディナーのコースにするよ	B：I think I'll take the steak dinner course.
A：焼き方はいかがいたしましょう？	A：How would you like that cooked, sir?
B：よく焼いて下さい…ポーラ，君は？	B：Well done, please ... Paula?
C：そうね，私もそれをいただくわ．ええと，ミディアム・レアーにして下さい	C：OK, I'll have that, too. Uh—medium rare, please.
A：お食事をさらに楽しんでいただくために，ワインなどいかがでしょう？	A：How about some wine to put a head on the meal?
B：それはいい．ワイン・リストを見せてもらえますか？	B：That sounds good. May we see your wine list?
A：かしこまりました．少々お待ち下さい．すぐにまいります	A：Certainly. Just a moment, sir. I'll be right back.

★ この対話例およびさらに詳しい対話例は別売テープに吹き込まれています．

That's your *train* standing at 「track [platform] no. 6.
その*列車は9時30分に到着します The *train* 「comes in [is due] at 9:30.
*列車が駅を出て行くところだ The *train* is 「pulling out of [leaving] the station.
彼は上り[下り]の*列車に間に合った He was in time for the 「up [down] *train*.
私は最終*列車に乗り遅れた[間に合った] I 「missed [caught] the last *train*. [語法] catch の代わりに be in time for ... でもよいが，catch には「追いかけて[急いで]間に合う」というニュアンスがある．
その*列車は12両編成です The *train* is twelve 「cars [carriages] long. / The *train* is made up of twelve 「cars [carriages].
私は学校へ*列車で通っています I take a *train* to school. / I go to school by *train*. / (⇒ 登下校に列車を使う) I use *trains* to and from school.
「あす広島へ行かなくてはならないんだ」「飛行機で行くの，それとも*列車で行くの」 "I have to go to Hiroshima tomorrow." "Are you going to fly or are you going by *train*?"
大雪のため*列車が大幅に遅れている *Trains* have been delayed many hours 「because of [due to] heavy snowfall. [語法] この場合の be delayed は現在完了形が普通．
この*列車は15分遅れている This *train* is 15 minutes 「late [behind schedule]. [語法] be delayed でもよいが，be late, be behind schedule のほうが口語的．
国鉄の半日ストのため*列車のダイヤが乱れている (⇒ 時刻表どおりではない) Because of the half-day strike staged by the JNR unions, 「*train* services are not on schedule [(⇒ 運行が乱れている) *train* runs are disrupted]. [語法] ダイヤの乱れは遅延だけでなく，間引き運転なども含まれるので be delayed は用いないほうがよい．
列車事故 train accident Ⓒ.

れっしょう 裂傷 (引き裂かれた傷) lacerated wound Ⓒ, laceration Ⓒ. 《☞ きず》.

れっする 列する (会合などに出席する) attend ㊀; (ある場所に居合わせている) be present at ... 《☞ れっせき；しゅっせき》.

レッスン (けいこ) lesson Ⓒ 《☞ けいこ；きょうじゅ[1]》. ¶ きのうはピアノの*レッスンがあった I had a piano *lesson* yesterday. // 今年はスキーの*レッスンを受けたい I want to take skiing *lessons* this year. // 風邪を引いて*レッスンに行けません I've got a cold and I can't go to my *lesson*.

れっせい[1] 劣勢 ―[名] (ほかより劣っていること) inferiority Ⓤ (↔ superiority). ―[形] inferior (to ...) (↔ superior (to ...)). 《☞ おとる；ゆうせい[1]》. ¶ 最初は源氏のほうがはるかに平家より*劣勢だった (⇒ 数で劣っていた) At first the Genji were far *inferior to* the Heike *in numbers*.

れっせい[2] 劣性 〖生物学〗 ―[形] recessive (↔ dominant). ―[名] (劣性形質) recessive (character) Ⓒ. **劣性遺伝** recessive heredity Ⓤ.

れっせき 列席 ―[名] (出席) attendance Ⓤ. ―[動] (…に出席する) attend ㊀, be present at ... (↔ be absent from ...) [語法] 前者は「動作」，後者は「状態」．英語ではしばしば be 動詞を用いて「行く」，「出席する」などの意味を表す．《☞ しゅっせき》.
¶ 多くの友人が彼の結婚式に*列席した A lot of friends 「*attended* [*were present at*] his wedding. // アドバイザーとしてこの会議にご*列席願いたいのですが I'd like to ask 「for your *presence* [you to *be present*] *at* this meeting as an adviser.

れ

列席者 (出席者) attendant Ⓒ, attendance Ⓒ ★ 後者は集合的に用い, 修飾語を伴う; those present ★ 複数形で. ¶葬儀には*列席者が多かった[少なかった] There was a「large [poor; small] *attendance* at the funeral.

レッテル ―名 (ラベル) label [léibəl] Ⓒ; (のり付きの) sticker Ⓒ. ―動 (レッテルを付ける) label ⊕《過去・過分《米》labeled,《英》labelled》, attach a label to ..., put a label on ...《☞ ふだ》. ¶*レッテルにだまされてはいけない Don't be fooled by *labels.* // 彼は日和見主義者という*レッテルをはられた He *was labeled* (as) an opportunist.

れっとう[1] 劣等 ―名 inferiority Ⓤ (↔ superiority). ―形 (より劣った) inferior (↔ superior).《☞ おとる; れっとうかん》.
劣等生 very poor student Ⓒ.

れっとう[2] 列島 (群島) archipelago [àəkəpéləgòu] Ⓒ; (一続きの島) chain of islands Ⓒ. ¶日本*列島 the Japanese *Islands*

れっとうかん 劣等感 sense of inferiority (to ...) ★ 通例 a または the を付けて; inferiority complex Ⓒ (↔ superiority complex) ★ 後者のほうが改まった言い方.《☞ コンプレックス》. ¶彼は*劣等感を持っている He「has [is suffering from] an *inferiority complex.*

れっぷう 烈風 (非常に強い風) violent wind Ⓒ, gale Ⓒ ★ 後者は「強風」にあたる気象用語で, 雄風 (strong breeze) と暴風 (storm) の中間の風をいう.《☞ かぜ[1] (表)》.

レディー lady Ⓒ ★ [léidi(ː)] という発音に注意. 語法 この語はかつての「貴婦人」という意味は消え, 社交の場における婦人, あるいは商業上の女性客に対する呼称などとして用いられる; (婦人) woman Ⓒ《複 women [wímin]》 語法 この語は成人女子に対する最も一般的な呼称. 日本語で「レディー」とあっても, 状況によっては woman と訳したほうがよい場合もある.《☞ ふじん[1]; じょせい[1]》.
¶ここでは*レディーファーストですよ *Ladies* first here. // オフィス*レディー a female office worker 語法 OL (office lady) は和製英語. 英語では必要なとき以外は単に office worker として男女の区別は言わない.《☞ 和製英語 (囲み)》 // ファースト*レディー the First *Lady* ★ 大統領夫人のこと.

レディーメード ―形 (出来合いの) ready-made; (特に洋服) ready-to-wear. ¶*レディーメードの服 *ready-made* [*ready-to-wear*] clothes

レバー[1] (機械などの) lever Ⓒ.

レバー[2] (食用としての肝) liver Ⓤ ★ 肝臓の意味では Ⓒ.

レパートリー repertoire [répətwàə] Ⓒ; repertory [répətɔ̀ːri(ː)] Ⓒ. ¶『白鳥の湖』がそのグループの*レパートリーに加えられた "Swan Lake" was included in the *repertoire* of that group.

レビュー (歌と踊りのショー) revue [rivjúː] Ⓒ, short dramatic (musical) performance Ⓒ.

レフェリー referee [rèfəríː] Ⓒ《☞ しんぱん[1]; ボクシング (挿絵)》.

レフト (野球の左翼) left field Ⓤ; (左翼手) left fielder Ⓒ.《☞ 野球の英語 (囲み)》.

レベル level Ⓒ《☞ ていど; すいじゅん》. ¶本校の学力の*レベルは高い The academic *level* of this school is high.

レポート (提出物) paper Ⓒ; (報告) report Ⓒ ★ 日英の食い違いに注意. ¶来週月曜日までに*レポートを提出しなさい Your *papers* must be handed in by next Monday. // 私は明治維新についての*レポートを書かなくてはならない I have to write a *paper* on the Meiji Restoration.

レモン lemon Ⓒ. **レモン水** lemonade Ⓤ **レモンスカッシュ**《英》lemon squash Ⓤ **レモンティー** tea with lemon Ⓤ.

れんあい 恋愛 love Ⓤ; (小説的な) romance Ⓒ.《☞ こい[2]; あい[1]; ロマンス》.
¶彼女は(彼と)*恋愛中だ She is in *love* (*with* him). // 彼が*恋愛をしたのはこれで2回目だ This is his second *love affair.* / He has fallen in *love* twice. // 外国での*恋愛には危険がつきものだ *Romances* abroad are apt to be dangerous. // 青年は精神的な*恋愛にあこがれるものだ The young often yearn for「platonic [pure; spiritual] *love.*
恋愛結婚 love match Ⓒ, love marriage Ⓒ. ¶彼らは*恋愛結婚をした They made a *love match.* **恋愛事件** love affair Ⓒ; (小説的な) romance Ⓒ **恋愛小説** love story Ⓒ, romance Ⓒ ★ 前者のほうが一般的.

れんか 廉価 ―形 cheap, inexpensive, low-priced 語法 cheap は最も口語的だが,「安っぽい」という悪い意味もある.《☞ やすい (類義語)》. ¶中古車*廉価販売《広告》used [secondhand] cars sold *cheap* **廉価版** popular edition Ⓒ.

れんが 煉瓦 brick Ⓒ. ¶*れんがを積む lay *bricks* **れんが職人** bricklayer Ⓒ **れんが塀** brick wall Ⓒ.

れんき 連記 (投票の) plural entry Ⓤ《☞ たんき[3]》. **連記制** (投票の) plural「vote [ballot] system Ⓒ **連記無記名投票** secret vote with plural entry Ⓒ.

れんきゅう 連休 consecutive holidays, holidays in a row ★ 後者のほうがくだけた言い方. いずれも複数形で.《☞ ゴールデンウィーク》. ¶来月は3日の*連休がある We have three *consecutive holidays* next month.

れんけい 連携 ―名 (協力) cooperation Ⓤ; (同盟) league [líːg] Ⓤ. ―動 cooperate (with ...) ⓐ; be in league with ...; (...と力を合わせる) join hands with ...《☞ きょうりょく[1]; れんたい[1]》. ¶我々は他の国々の反核運動団体と*連携すべきである We should *be in league with* the antinuclear organizations in other countries.

れんけいプレー 連係プレー ¶彼らは見事な*連係プレーで試合に勝った They won the game because of their「*teamwork* [*teamplay*].

れんげそう 蓮華草 milk vetch Ⓒ.

れんけつ 連結 ―動 (車両と車両を) couple ⊕《☞ そうけつ》. ¶この列車は8両*連結だ (⇒8両の長さだ) This train is eight 「cars [carriages] long. / This train is made up of eight carriages. // この駅で列車の後部に空の車両を3両*連結します At this station three empty 「cars [carriages] will *be coupled* to the 「back [rear] of the train.

連結器 coupling Ⓒ.

れんこ 連呼 ―名 repeated calls ★ 複数形で. ―動 call ... repeatedly. ¶ 候補者の名前の*連呼は禁じられている It is prohibited to *call* the name of a candidate *repeatedly.* / *Repeated calling* of a candidate's name is prohibited.

れんこう 連行 ―動 take ... to (the police station). ¶ その男は殺人容疑で警察に*連行された The man *was taken to the police station* on suspicion of murder.

れんごう 連合 ―名 (共通の利益を持つ団体の連合) alliance Ⓤ; (一般的に各種団体が連合すること) union Ⓤ. ―動 (合わせる) combine ㊥; (一緒になる・する) unite ㊀ ㊥; (...の味方となる) ally *oneself* with ... ―副 in alliance (with ...). ―形 allied. 《☞ れんたい¹; どうめい》.

連合軍 allied forces ★ 複数形で. **連合国** allied powers ★ 複数形で.

れんこん 蓮根 lotus 「root [rhizome [ráizoum]] Ⓒ ★米英では食用としない.

れんざ 連座 ―動 (かかわりあいになる) be 「involved [implicated] ★ implicated のほうが形式ばった語. ¶ 彼はその事件に*連座して刑に服した He *was implicated* in the case and served the sentence.

れんさい 連載 ―名 series Ⓒ ★ 単複同形. ―動 appear 「in a series [serially], be serialized.

¶ この*連載は今回で終わります This *series* will be brought to an end with this issue. // この小説はかつて雑誌『日本文学』に*連載された The novel *was* once *serialized* in the magazine *Japanese Literature.* / The novel once *appeared serially* in the magazine *Japanese Literature.* 《☞ イタリック体(欄外)》 // その小説は8回に分けて*連載される The story will *appear* (*serially*) in eight installments.

連載小説 serial novel Ⓒ, serial Ⓒ.

れんさてき 連鎖的 (鎖のようにつながった) a chain of ..., chained; (一連の) a series of ..., serial. ¶ さまざまな事件が*連鎖的に起こった (⇒ ひと続きの事件が起こった) There was *a series of* occurrences. 「Ⓒ.

れんさはんのう 連鎖反応 chain reaction

れんざん 連山 range Ⓒ 《☞ れんぽう²》. ¶ その山の頂からは秩父の*連山が見えた From the summit we could see the Chichibu mountain *range.*

レンジ (オーブンのついているかまど全体) range Ⓒ; (オーブン) oven [ʌ́vən] Ⓒ. 《☞ 台所・家事(囲み)》. ¶ ガス*レンジ a gas *range* // 電子*レンジ a microwave *oven*

れんじつ 連日 ―副 (毎日) every day; (来る日も来る日も) day after day. 《☞ まいにち》. **連日連夜** ―副 days and nights, day and night, every day and night.

れんしゅう 練習 ―名 (習慣となるほどに日常絶えず行う練習) practice Ⓤ ★ 個々の練習は Ⓒ; (命令・指示に従って団体で行う反復練習) drill Ⓒ; (体や頭を使ってそれらを発達させる練習) exercise Ⓒ 【語法】 以上3つは入れ替え可能なこともあるが, それぞれのニュアンスが異なるので, 使い分けられる場合も多い. 例えば, 語学の練習で,「発音練習・読み方練習・言い替え練習」などは日常的な練習の意味では practice, 教師の指導のもとで団体で集中的に行う練習の意味では drill, 文法の「練習問題」などは exercise という場合が多い; (運動・技術など) training Ⓤ; (本番前の総合練習) rehearsal Ⓤ. ―動 practice ㊥ ㊀; drill ㊥; (...の練習をする) exercise (*oneself*) in ...; train ㊥; rehearse ㊥ ㊀.

¶ 私は英会話の (⇒ 英語を話す) *練習をしている I *practice* speaking English. // 毎日発音*練習をすれば英語がうまくなります *Practice* your pronunciation every day and your English will improve. // *練習すれば何でも上手になる *Practice* makes perfect. 《ことわざ: 練習は完全を作り出す》 // きょうは下手ですね. *練習不足ですか You didn't do well today. Are you out of *practice?* // きょうの勝利は厳しい*練習の成果です Today's victory is the result of hard *training.* // 芝居の*練習は講堂で行われます *Rehearsal* of the play will take place in the auditorium. 《☞ けいこ》

練習曲 étude [éit(j)u:d] Ⓒ 【参考】 元来練習のために作られた曲という意味であるが, 芸術作品として演奏されるものも多い; (練習のための曲) practice piece Ⓒ **練習試合** practice game Ⓒ, training match Ⓒ. 《☞ しあい》 **練習生** trainee Ⓒ ★ 改まった言い方; (学生) student Ⓒ **練習船** school ship Ⓒ, training ship Ⓒ **練習問題** exercise Ⓒ.

れんじゅう 連中 ☞ れんちゅう

れんしょ 連署 ―名 joint signature Ⓒ. ―動 sign jointly ㊀ ㊥. 《☞ れんめい²》.

れんしょう 連勝 ―名 successive [a series of] victories. ―動 (続けて...試合勝つ) win ... games in 「a row [succession] ★ in a row は「続けて」という意味の口語表現. 《☞ たてつづけ; れんせん》. ¶ これで5試合*連勝だ We *have won* five *games in* 「*a row* [*succession*].

レンズ lens Ⓒ. ¶ 凸[凹]*レンズ a 「convex [concave] *lens* // これを見るには強力な*レンズが必要だ A powerful *lens* is needed to see this. // 眼鏡の*レンズを調整してもらった I had the *lenses* of my glasses adjusted. 《☞ 使役(囲み)》 // コンタクト*レンズ a contact *lens*

れんせん 連戦 ¶ わがチームは*連戦連勝だった Our team won 「*game after game* [*many consecutive victories*]. // あのチームは*連戦連敗だ That team has lost *game after game.*

れんそう 連想 ―名 association of ideas Ⓒ. ―動 (人に...を思い出させる) remind *a person* of ... ★ remind は平易な日常語; (人

れ

が…を思い出す) be reminded of …; (心に…を思い浮かばせる) bring … to mind; (人にあることを暗示的に示す) suggest something to …; (…と…を結び付けて考える) associate … with … ★ やや改まった語. 《☞ おもいだす》.
¶その絵はその町の過去の栄光を*連想させた The picture *reminded me of* the city's past glory. ∥ この花は何を*連想させますか What does this flower *remind you of*? / What does this flower ˹*bring to your mind* [*suggest*]? ∥ ベルの名は電話を*連想させる The name "Bell" *is associated* in my mind *with* the telephone.

れんぞく 連続 —[動] (連続する) continue (自). —[形] (連続的な・途切れずに続く) continuous; (繰り返し続く) continual; (次々に続く) successive; (間を置かずに続く) consecutive. [語法] successive は例えば2日おき, 3日おきでも連続していればよいが, consecutive は連日という意味になる. —[名] continuation Ⓤ; succession Ⓤ; (一連の続き) series Ⓒ ★ 単複同形. —[副] (連続的に) continuously; continually; successively; consecutively. 《☞ つづく; つづけざま》.
¶雨天の*連続にはうんざりしている I am ˹disgusted by [sick and tired of] the long *continuation* of rain. ∥ これで*連続5日も暑い日が続いた We have had very hot weather for five *consecutive* days. ∥ 今度の*連続テレビドラマを見たかい Have you seen the recent *series* of television drama? ∥ 事件は*連続して起こった Accidents occurred *one after another*.

れんだ 連打 (野球) continuous hits ★ 複数形で; (ボクシングの) continuous beating Ⓤ, continuous punches ★ 複数形で. ¶ピッチャーは*連打されて3回で交代した The pitcher was relieved after three innings of *continuous hits*.

れんたい¹ 連帯 —[名] solidarity Ⓤ. —[形] (連帯の) joint, collective. —[副] jointly, collectively. 《☞ れんけい》.
¶アジア諸国に経済的*連帯が必要だ Economic *solidarity* is needed for the Asian nations. ∥ これは君たちの*連帯責任だ This is your ˹*joint* [*collective*] responsibility.
連帯感 (仲間であるという感じ) fellowship Ⓤ, togetherness Ⓤ; (連帯しているという感じ) the feeling of solidarity **連帯保証人** joint surety Ⓒ.

れんたい² 連隊 regiment Ⓒ. **連隊旗** regimental colors ★ 通例複数形で. **連隊長** regimental commander Ⓒ.

レンタカー rent-a-car Ⓒ, car rental Ⓒ, rental car Ⓒ, rented car Ⓒ [語法] (1) 貸し出された車の意味では最後のものを使う. (2) 第1番目は貸し自動車業界で使

レンタカー営業所の看板

われていた言葉が一般化したもの.
¶私は*レンタカーを借りた I *rented a car*. [語法] rent は有料で借りるの意味で, 「レンタカーを借りる」はこのように言うのが普通. borrow a rent-a-car とは言わないことに注意. 《☞ かりる (類義語)》 ∥ *レンタカーはありますか Do you have a ˹*car for rent* [*rent-a-car*]?

れんだん 連弾 four-hand performance (on the piano) Ⓒ.

れんちゅう 連中 lot Ⓒ ★ 複数扱い. ¶あの*連中はなんて薄情なやつらだろう What a heartless *lot* they are! ∥ ほかの*連中 (⇒ 他の人々) はどこへ行ったの Where have the *others* gone to?

れんどう 連動 —[動] (連結されている) be interlocked; (一緒に動く) move together (自). ¶*連動装置 an *interlocking* device

レントゲン —[名] (X 線写真) X ray Ⓒ. —[動] X-ray (他). 《☞ エックスせん》.
¶腹部の*レントゲンをとった I *had* my abdomen *X-rayed*. 《☞ 使役 (囲み)》 / I took an *X-ray examination* of the abdomen. ∥ *レントゲンをとるときには服を脱ぐ We remove clothing when an *X ray* is taken. ∥ 胃の中のビタミン錠は*レントゲンに出る Vitamin tablets in the stomach ˹show up [can be visualized] on *X rays*. ∥ あなたの*レントゲン写真はきれいでした Your *X ray* was clear.
レントゲン技師 radiographer Ⓒ, radiologist Ⓒ **レントゲン検査** X-ray examination Ⓒ **レントゲン療法** X-ray treatment Ⓤ, X-ray therapy Ⓤ.

れんぱ 連破 —[動] (連続して勝つ) win successively; (連続して勝利を手にする) gain a series of victories. 《☞ れんせん; れんしょう》.

れんぱい 連敗 —[名] (一連の敗戦) series of defeats Ⓒ ★ 単複同形; (連続した負け) consecutive [successive] defeats ★ 複数形で. —[動] (次々と負ける) lose game after game, suffer ˹a series of [consecutive] defeats. 《☞ れんせん; れんしょう》.

れんぱつ 連発 —[動] (連続して発射する) fire … ˹successively [in rapid succession] ★ 質問などについて比喩的にも用いる; (一斉[連続]射撃をする) fire a volley of shots.
¶警官は逃げる強盗に向かってピストルを*連発した The policeman *fired a volley of shots* at the running burglar. ∥ この子は次々と質問を*連発するので, 私は時々どう答えてよいか困ってしまう This child *fires* questions at me *in* such *rapid succession* that sometimes I am at a loss how to answer.

れんぽう¹ 連邦 union Ⓒ; federation Ⓒ; commonwealth Ⓒ. [語法] union は「ソビエト連邦」(the Soviet Union, the Union of Soviet Socialist Republics). federation は現在のアメリカの連邦で, 「連邦政府」(the Federal Government), 「連邦捜査局」(the Federal Bureau of Investigation 《略 FBI》) のように使う. commonwealth は「英連邦」(the British Commonwealth of Nations) に使われる.

れんぽう² 連峰 range [chain] of mountains Ⓒ, the peaks (of ...) ★ 複数形で. (☞ れんざん). ¶ 日本アルプス*連峰 *the peaks of* the Japan Alps

れんめい¹ 連盟 league Ⓒ. ¶ 日本学生野球*連盟 The Students' Baseball *League* of Japan

れんめい² 連名 — 名 joint signature Ⓒ. — 副 (連名で) in [under] joint signature. ¶ 私たちはその議員に*連名で陳情書を出した We sent ʳa *joint* petition [a petition in our *joint names*] to the Dietman.

れんめん 連綿 — 形 (ずっと続く) continuous; (途切れない) unbroken. — 副 continuously; in an unbroken line. (☞ つづく; みゃくみゃく).

れんや 連夜 — 副 every night, night after night. (☞ れんじつ; まいにち).

れんらく 連絡 — 動 (接続する) connect (with ...) 自 ★ 他 の用法もある; (...と連絡をとる) get in touch with ..., contact 他 ★ 前者のほうが口語的; (...を人に知らせる) let *a person* know ...; (情報を知らせる) inform 他. — 名 connection Ⓒ; contact Ⓒ; information Ⓤ; (通信) communication Ⓤ. (☞ せつぞく; しらせる).

¶ このバスはあの列車に*連絡する This bus ʳhas a *connection* [*connects*; *is connected*] *with* that train. // 彼に*連絡をとろうとしているのだが, なかなかうまくいかない I'm trying to *get in touch with* him but I haven't succeeded yet. // 東京駅に着き次第すぐ*連絡して下さい Please *let* me *know* as soon as you arrive at Tokyo station. // 彼は1週間以内に帰国すると*連絡してきた He *informed* me that he would return home within a week. // 彼らが*連絡を絶ってからもう3日たつ It is already three days since they ʳlost *contact* [fell out of *communication*] with us.

連絡船 ferryboat Ⓒ; (鉄道との) railroad [(英) railway] ferry Ⓒ. (☞ わたし²; 乗り物 (囲み)).

れんりつ 連立 coalition Ⓤ. **連立政権** coalition government Ⓒ **連立内閣** coalition cabinet Ⓒ **連立方程式** simultaneous equation Ⓒ (☞ ほうていしき).

ろ

ろ¹ 炉 (暖炉) fireplace Ⓒ; (炉の火) the fire; (炉辺) hearth Ⓒ, the fireside. (☞ だんろ (挿絵)). ¶ 原子*炉 a (nuclear) *reactor*

ろ² 櫓 scull Ⓒ ★ 船尾の1本でこぐ「ろ」と両手で1本ずつ持つ「かい」の両方を指す. ¶ *ろをこぐ work a *scull*

ロ 〘音楽〙(音名) B Ⓤ (☞ 音楽 (囲み)). ¶ *ロ長[短]調 *B* ʳmajor [minor]

ろう¹ 蠟 — 名 wax Ⓤ. — 動 (...にろうを塗る) wax 他. (☞ ワックス).

ろう細工 waxwork Ⓒ **ろう人形** waxwork doll Ⓒ, wax figure Ⓒ.

ろう² 牢 prison Ⓒ; jail ((英) gaol) [dʒéil] Ⓒ 語法 prison は一般的な語で, 特に国家で管理する大がかりな刑務所. jail は prison と同じ意味のくだけた語としても用いられるが, 軽い罪の者のための牢というニュアンスがある. (☞ けいむしょ). ¶ 人を*牢に入れる send *a person* to *prison* / put *a person* in *prison* // 彼は10年間*牢にいた He *had been* ʳ*in prison* [*imprisoned*] for ten years.

牢破り — 動 break out of ʳprison [jail]. — 名 prison escape Ⓒ, jailbreak Ⓒ; (人) prison escapee Ⓒ. (☞ だつごく).

ろう³ 労 ¶ 彼女は*労を報われることなく死んだ She died without being rewarded for her ʳ*trouble* [*pains*]. // 彼は*労をいとわないが (⇒苦労を惜しまないが), 彼女は*労を惜しむ (⇒努力するのをいやがる) He spares no *pains*, but she is reluctant to make *efforts*.

ろうあ 聾唖 — 形 deaf and dumb. — 名 deafness and dumbness Ⓤ. **ろうあ学校** school for the deaf and dumb Ⓒ **ろうあ者** deaf and dumb person Ⓒ.

ろうえい 漏洩 (もれること) leak Ⓒ, leakage Ⓤ. (☞ もらす; もれる).

ろうえき 労役 labor ((英) labour) Ⓤ (☞ ろうどう; はたらく (類義語)).

ろうか¹ 廊下 (ホテル・ビル・学校などの長い廊下) corridor Ⓒ; (通路) passage(way) Ⓒ; hall(way) Ⓒ 語法 hall は玄関を入ってすぐのところの廊下を指すが, (米) では廊下一般にも用いる. ¶ *廊下は静かに歩いて下さい Walk quietly along the *corridor*. // 私たちの教室はこの*廊下の突き当たりです Our classroom is at the end of this *corridor*. // 渡り*廊下 a *breezeway*

ろうか² 老化 — 名 aging Ⓤ; (老衰・もうろくすること) senility [siníləti(ː)] Ⓤ. — 形 aging; senile [síːnail]. — 動 (老化する) age 自. (☞ もうろく). **老化現象** phenomena of aging, symptoms of ʳsenility [aging] ★ 以上は複数形.

ろうかい 老獪 — 形 (悪知恵が働く) cunning; (悪賢い) crafty. (☞ わるがしこい; ろうれん). ¶ 彼はひどく*老かいな政治家だ He is a very *crafty* politician.

ろうがん 老眼 presbyopia [prèzbióupiə] Ⓤ, farsightedness due to old age Ⓤ. ¶ 目が*老眼でかすんできた My ʳ*eyesight has* [*eyes have*] *become dim with age*.

老眼鏡 spectacles [glasses] for the aged ★ 複数形で. 数えるときは a pair of ... として. (☞ めがね).

ろうきゅう 老朽 — 形 (使い古した) worn-out; (古くて朽ちた) old and rotten; (時代が

かって古くなった) antiquated ; (老齢の・時代遅れの) superannuated. —名 superannuation U. ¶この*老朽化した建物はもう使えない (⇒ 取り壊すのが適当だ) This ⌈*superannuated* [*antiquated*; *old and rotten*] building should be ⌈pulled down [demolished].

ろうきょう 老境 old age U. ¶父は60歳だが*老境に入った (⇒ 年をとった) などとは考えていない My sixty-year-old father doesn't consider himself ⌈*advanced in age* [*old*].

ろうく 労苦 labor (《英》 labour) U 《☞ ろう[3]; くろう》.

ろうけつぞめ ろうけつ染め —名 batik [bətíːk, bǽtik] U ★ もとマレー語. —形 (ろうけつ染めの) batik.

ろうご 老後 *one's* old age, *one's* declining years ; (余生) *one's* remaining years. 《☞ よせい》. ¶若いうちに*老後に備えなければならない We have to ⌈prepare [provide] for *our old age* while young.

ろうごく 牢獄 prison C, jail C. 《☞ けいむしょ ; ろう[2]》.

ろうさい 労災 **労災保険** workers' [workmen's] accident compensation insurance U **労災補償** compensation for workmen's accidents U.

ろうさく 労作 (力作) laborious work C ; (多年の作業の結果) fruit [product] of many years of work C. 《☞ りきさく》. ¶この本は著者の多年の*労作である This book is (the ⌈*fruit* [*product*] *of*) the author's *laborious work of many years.*

ろうし[1] 労使 management and labor U ★ management は経営者側, labor は労働者側を集合的に表す. ¶*労使双方は賃上げについて昨夜合意に達した (⇒ 合意が得られた) An agreement was reached last night between *management and labor* for the ⌈pay increase [wage hike].

労使関係 management-labor relations ★複数形で. **労使調停** arbitration of a labor dispute U **労使紛争** labor dispute C.

ろ

ろうし[2] 老子 Lao-tzu [láutsə́ː]. **老子の教え** (道教) Taoism U.

ろうじょう 籠城 —動 (城を守る) hold a castle ; (包囲されている) be besieged.

¶ *籠城軍 the *besieged* army

ろうじん 老人 old ⌈man [woman] C, elderly ⌈man [woman] C ; (総称) the old, the elderly, old people ; (婉曲的な表現として) senior citizen C. 《☞ としより》.

老人学 (老化現象の研究) gerontology U **老人病** disease of ⌈old age [aging people] C **老人ホーム** home for ⌈senior citizens [old people] C.

ろうすい[1] 老衰 —名 (老化による精神・身体の弱まり) infirmity of old age U. —形 (老年で体が弱っている) old and feeble ★口語的な言い方. 《☞ もうろく ; ぼける》.

¶私の祖父は*老衰で死んだ My grandfather died of ⌈*old age* [*natural causes*]. // 彼は年の割にはすっかり*老衰している He is very ⌈*feeble* [*old and infirm*] for his age.

ろうすい[2] 漏水 —名 leakage of water U. —動 leak 自. 《☞ もれる》.

¶地下で*漏水して (⇒ 水がもれて) いるようだ It seems *water is leaking* underground.

ろうせい 老成 —形 (円熟した) mature ; (ませた) precocious. ¶30歳で彼は*老成の域に達したといわれた He was said to be *quite mature* at the age of thirty. // あの少年はどこか*老成したようなところがある That boy looks *precocious* somehow.

ろうそ 労組 《米》 labor union C, 《英》 trade union C. 《☞ くみあい ; ろうどう》.

ろうそく 蠟燭 candle C. ¶ *ろうそくをつける[消す] light [put out] a *candle* // *ろうそくを吹き消す blow out a *candle* // *ろうそくの芯 a *candlewick* **ろうそく立て** candlestick C.

ろうたい 老体 (年) old age U ; (人) old [elderly] person C. 《☞ ろうじん》.

¶彼は*老体にむち打って (⇒ 年にもかかわらず) 働いている In spite of his *old age* he is working hard. // とても元気なご*老体なのでびっくりした I was surprised to see such an energetic *old person.*

ろうたいか 老大家 (学問などの) old authority C ; (芸術・技術などの) old master C, great master C ★ 後者は old の意味を含まないが, 前後関係でわかればこれでよい. 《☞ たいか[1]》. ¶彼は文壇の*老大家だ He is ⌈an *old* [a *great*] *master* in the literary world.

ろうでん 漏電 (短絡) short circuit C ★ 単に short C ともいう ; (少しずつ漏れること) leakage of electricity U. ¶ *漏電してヒューズがとんだ The fuse has blown because of a *short circuit.* // *漏電している *Electricity is leaking.*

ろうどう 労働 —名 labor (《英》 labour) U ; (仕事) work U ★ labor より意味の広い日常語. —動 work 自 ; labor (《英》 labour) 自 ★ work のほうが一般的. 《☞ はたらく (類義語) ; しごと (類義語)》.

> **労働のいろいろ**
> 肉体労働 physical labor, 精神労働 mental labor, 頭脳労働 brainwork, 筋肉労働 manual labor, 強制労働 compulsory labor, 重労働 hard labor, 日雇い労働 day labor, 季節労働 seasonal work

¶8時間*労働 an eight-hour *working* day / eight-hour *labor* // 現在私たちは1日8時間*労働だ (⇒ 8時間働く) We *work* eight hours a day. // 不注意が*労働災害の原因となる Carelessness causes accidents in the *workplace.*

労働運動 labor movement C **労働管理** labor management U **労働基準法** the Labor Standards Law **労働組合** 《米》 labor union C, 《英》 trade union C. 《☞ くみあい》 **労働組合員** member of a ⌈labor union [《英》 trade union] C, unionist C **労働時間** working hours ★ 複数形で. **労働者** laborer (《英》 labourer) C, working man C, worker C **労働省** the Ministry of Labor 《☞ 政治・経済 (囲み)》 **労働条件** working [labor] conditions ★複数形で. **労働争議** (スト) strike Ⓒ; (争議全体) labor disputes ★複数形で. **労働大臣** the Minister of Labor, the Labor Minister (☞ 政治・経済 (囲み)) **労働党** (英国の) the Labour Party **労働問題** labor problem Ⓒ.

ろうどく 朗読 ―[動] (特に詩などを) recite (他). ―[名] recitation Ⓤ. ¶彼女は近代詩を*朗読した She *recited* modern poems. // 私は彼の詩の*朗読に耳を傾けた I listened to the *recitation* of his poems.

ろうにゃくなんにょ 老若男女 young and old of both sexes; (男女・老若を問わず) men and women, young and old. ¶ *老若男女が大勢公園に集まっていた There was a crowd of people, ʳ*young and old of both sexes* [*men and women, young and old*], in the park.

ろうにん 浪人 (大学入試の次の機会を待っている学生) high school graduate who is waiting for another chance to enter a college Ⓒ; (侍) masterless [lordless] samurai Ⓒ ★単複同形; (失業者) unemployed man Ⓒ ★以上いずれも説明的訳.
¶彼はいま*浪人している (⇒今年の大学入試に失敗して次の機会に備えている) He failed (in) this year's college entrance exams and is preparing for the next chance. / (⇒失業中である) He is ʳ*unemployed* [*out of a job*] now. // 私は今年で*浪人2年目です (⇒私は大学入試に2回失敗して, 入試準備をするのはこれで3年めです) I failed (in) the college entrance exams twice, and this is my third year of preparation.

ろうねん 老年 old [advanced] age Ⓤ (☞ ろうじん; ろうきょう).

ろうば 老婆 old woman Ⓒ.

ろうばい 狼狽 ―[動] (混乱させる) confuse (他) ★最も一般的な語; throw *a person* into confusion; (気を転倒させる) upset (他) ★前2者より口語的; (びっくり仰天させる) dismay (他) ★やや形式ばった語; (うろたえる) panic (自). ―[名] confusion Ⓤ; upset Ⓤ; dismay Ⓤ; panic Ⓒ. ―[副] (ろうばいして) in confusion; in a panic; in dismay. (☞ とうわく (類義語); うろたえる; たじろぐ).
¶彼女は*ろうばいのあまり口がきけなかった She was unable to speak, because she was *in* ʳ*confusion* [*a panic*; *dismay*]. // 私は予期しない結果に*ろうばいした I *was confused* by the unexpected result. // 彼女の顔に*ろうばいの色が浮かぶのが見えた I saw a ʳ*confused* [(⇒困惑の) *puzzled*] look on her face.

ろうはいぶつ 老廃物 (くず・廃物) waste Ⓤ.

ろうばしん 老婆心 ((過度の)親切) (excessive) kindness Ⓤ; (思いやり) consideration Ⓤ. ¶私は*老婆心から言っているのです I'm telling you all this ʳ*out of kindness* [(⇒あなたのために) *for your own good*].

ろうひ 浪費 ―[名] waste Ⓤ ★しばしば a waste of ... として; (ぜいたく) extravagance Ⓤ. ―[動] (むだに使う) waste (他); (投げ捨てる) throw away (他). (☞ むだ).
¶そこに行くのは時間[金]の*浪費だ It is *a waste of* ʳtime [money] to go there. // *浪費がたたって今年は100万円の赤字だ I have gone one million yen into the red from my *extravagance* this year. // そんなことで金を*浪費してはいけない Don't *waste* your money on (doing) such a thing. // 彼はアルバイトで得た金を*浪費している (⇒ばらまいている) He *is throwing away* the money which he earned on the side.
浪費家 waster Ⓒ; (金遣いの荒い人) spendthrift Ⓒ **浪費癖** wasteful habit Ⓒ.

ろうほう 朗報 good [happy] news Ⓤ (☞ しらせ; ニュース).

ろうむ 労務 labor ((英) labour) Ⓤ; (仕事) work Ⓤ ★意味の広い日常的な語. (☞ しごと (類義語)). ¶ *労務課 the *labor* section // *労務管理 (⇒職員一同の) *personnel* [*labor*] management // *労務政策 a *personnel* policy **労務者** (労働者) laborer ((英) labourer) Ⓒ, worker Ⓒ; (日雇いの) day ʳlaborer [(英) labourer] Ⓒ.

ろうや 牢屋 prison Ⓒ, jail Ⓒ. (☞ けいむしょ; ろう²).

ろうりょく 労力 (労働) labor ((英) labour) Ⓒ; (骨折り) effort Ⓒ ★しばしば複数形で; (尽力) service Ⓒ ★しばしば複数形で. (☞ ほねおり).
¶彼女は*労力を惜しまずに働く She does not spare ʳany *efforts* [*herself*] in her work. // 彼はいつでも喜んで*労力を提供してくれる He is willing to offer his *services* any time. // *労力のいる仕事はしたくない I don't want to ʳdo [be engaged in] *laborious* work. // それは*労力を省くうまい方法だ It is a good *labor-saving* device.

ろうれい 老齢 ―[名] old age Ⓤ. ―[形] old, elderly, aged ★前者のほうがより口語的. (☞ ろうじん). ¶ *老齢年金 an *old age* pension // *老齢化社会 an *aging* society

ろうれん 老練 ―[形] (経験のある) experienced; (熟練した) skilled; (専門家の) expert. (☞ けいけん¹; じゅくれん; ろうかい).
¶彼は*老練な弁護士だ He is an ʳ*experienced* [*expert*] lawyer.

ろうろうと 朗朗と ¶彼は*朗々とした声で (⇒澄んで響き渡る声で) 漢詩を吟じた He recited Chinese poems *in a clear*, ʳ*resonant* [*sonorous*] *voice*.

ローカル ―[形] local [語法] 英語のlocalは「ある地方の・現地の」という意味で, 「田舎の」という意味は含まないことに注意. (☞ ちほう; いなか). ¶ *ローカル線 a *local* line // *ローカルニュース *local* news // 朝日の*ローカル版 a *local* edition of the *Asahi* // *ローカル放送 a *local* broadcast

ローション lotion Ⓤ. ¶アフターシェーブ*ローション after-shave *lotion* // スキン*ローション skin *lotion* // ヘアー*ローション hair *lotion*

ロース (牛肉の) sirloin Ⓤ.

ローストチキン roast chicken Ⓤ.

ローストビーフ roast beef Ⓤ.

ロータリー (円形の交差点) ((米)) rotary Ⓒ,

traffic circle Ⓒ, 《英》 roundabout Ⓒ.
ロータリーエンジン rotary engine Ⓒ, Wankel (engine) [wɑ́ːŋkəl-] Ⓒ ロータリークラブ the Rotary Club ロータリークラブ員 Rotarian Ⓒ.

ローティーン ―形 in *one's* early teens ★ 13～15 歳くらいまでを指す.《☞ ティーンエージャー》.

ローテーション rotation Ⓤ. ¶4 人の投手が*ローテーションを組んだ Four pitchers are to take the mound *in rotation*.

ロードショー road show Ⓒ; (最初の特別上映) special first-run showing Ⓒ.《☞ 映画 (囲み)》.

ロードレース road race Ⓒ.

ロープ rope Ⓒ《☞ つな; なわ; ひも》.

ロープウェイ ropeway Ⓒ.

ローマ ―名 固 Rome. ―形 Roman.
¶*ローマは 1 日にして成らず *Rome* was not built in a day.《ことわざ》// すべての道は*ローマに通ず All roads lead to *Rome*.《ことわざ》
ローマカトリック教会 (組織として) the Roman Catholic Church ローマカトリック教徒 Roman Catholic Ⓒ ローマ人 Roman Ⓒ ローマ数字 Roman numeral Ⓒ《☞ すうじ (類義語); 数字 (囲み)》 ローマ帝国 the Roman Empire ローマ法 Roman Law ローマ法王 pope Ⓒ ★ しばしば the Pope として. ローマ法王庁 the Vatican.

ローマじ ローマ字 Roman letters ★ 複数形で; (アルファベット) the Roman alphabet.
¶*ローマ字で書いて下さい Please ⌈write [spell] in ⌈*Roman letters* [*the Roman alphabet*].

ローラー roller Ⓒ.

ローラーコースター roller coaster Ⓒ.

ローラースケート ―名 (靴 1 足) a pair of roller skates. ―動 roller-skate 自.《☞ スケート》.

ロールキャベツ cabbage roll Ⓒ.

ロールパン roll Ⓒ《☞ パン》.

ローン loan Ⓒ《☞ かす[1]; かしつけ》. ¶銀行*ローン a bank *loan*

ろか 濾過 ―動 (こす) filter 他. ―名 filtration Ⓤ.《☞ こす[2]》. ¶*濾過して沈殿物を取り除きなさい *Filter off* the precipitate. / Remove the precipitate by *filtration*.
濾過器 filter Ⓒ.

ろかた 路肩 the ⌈shoulder [edge] of a road.
路肩注意 (路肩弱し) Soft Shoulders《☞ 掲示の英語 (囲み)》.

ろく 六, 6 ―名形 six 語法 「第 6 (番目)の」, あるいは「第 6 (番目)のもの」の場合は the sixth.《☞ 数字 (囲み)》.

ろくおん 録音 ―動 (録音する) record 他 ★ 一般的な語; (テープに) tape 他. ―名 recording Ⓤ ★「録音したもの」の意では Ⓒ.《☞ ふきこむ; テープレコーダー》.
¶彼のスピーチをテープに*録音した I ⌈made a tape *recording* of [*taped*] his speech. / I *recorded* his speech *on* (a) tape. // その会話は放送記者のマイクに*録音された The conversation *was recorded* by the microphone of a TV newsman. // 彼は*録音技師だ He is a ⌈*recording* engineer [(⇒ 調整装置担当者・ミキサー) *sound mixer*; (⇒ フィルムに音を入れる人) *recordist*].
録音機[者] recorder Ⓒ 録音室 recording room Ⓒ, studio [st(j)úːdiòu] Ⓒ 録音テープ magnetic [recording] tape Ⓒ.

ろくが 録画 ―動 (ビデオテープで) record (a scene) on videotape, videotape 他. ―名 videotape recording Ⓤ ★「録画したもの」の意では Ⓒ.
¶その会の様子を*録画しておこう I will ⌈get a *videotape recording* of [*videotape*] the scene at the meeting. // 東京の街頭風景を*録画した I *have recorded* a street scene in Tokyo *on videotape*. // *録画放送(番組) (⇒ テレビの録画を再生した番組) a *transcribed* program / a broadcast *by* (electrical) *transcription*

ろくがつ 六月 June《略 Jun.》★ 語頭は必ず大文字.《☞ いちがつ 語法; 時刻・日付・曜日 (囲み); 略語 (欄外)》.

ろくじゅう 六十, 60 ―名形 sixty 語法 「第 60 (番目)の」, あるいは「第 60 (番目)のもの」の場合は the sixtieth.《☞ 数字 (囲み)》.

ろくしょう 緑青 verdigris Ⓤ, copper [green] rust Ⓤ ★ 1 番目が正式名.
¶スプーンに*緑青が出た *Verdigris* has formed on the surface of the spoons.

ろくすっぽ ☞ ろくに

ろくでなし (役に立たない人) good-for-nothing Ⓒ; (価値のない人) worthless person Ⓒ; (やっかい者) troublemaker Ⓒ.
¶あいつはまったく*ろくでなしだ He is a *good-for-nothing*. / (⇒ 給料だけの働きがない) He *is not worth his salt* at all.

ろくでもない ¶*ろくでもない (⇒ 価値のない) 本は処分しなさい Throw away ⌈*useless* [*worthless*] books. // 彼は*ろくでもない (⇒ まったく役に立たない) やつだ He is really *a good-for-nothing*. // *ろくでもないことを言うな (⇒ たわごとを言うな) Don't talk *nonsense*!

ろくな ¶けさは*ろくなことがない (⇒ すべてが悪く行く) Everything *has gone wrong for* me this morning. // 義務をおろそかにしたら*ろくなことはないよ (⇒ いいことはそれから生まれないだろう) If you neglect your duty, *no good will come of* it. // 彼は*ろくな人間にはなるまい (⇒ 期待できない) We *can't expect anything out of* him. / (⇒ 大した人にはならないだろう) He *won't be anything*. // この町には*ろくな (⇒ 世間並の) 劇場もない There are no *decent* theaters in this city. / (⇒ 口に出して言えるほどの劇場はない) There are no theaters *to speak of* in this city. // 会議は*ろくな (⇒ 満足のいく) 成果を収めずに終わった The meeting ended without a *satisfactory* result.

ろくに ¶昨夜は*ろくに (⇒ よく) 眠らなかった I did not sleep *well* last night. // 彼は*ろくに考えもせずに (⇒ 前もって十分に考えることをせずに) 過激な行動をとることがよくある He often acts excessively without thinking *well enough* beforehand. // 彼女はあいさつの仕方も*ろくに知らない She does not know how to give a *proper* greeting.

ろくまく 肋膜 〖解剖学〗 pleura [plú(ə)rə] Ⓒ《複 pleurae [plú(ə)riː]》. **肋膜炎** pleurisy [plú(ə)rəsi(ː)] Ⓤ.

ろくろ 轆轤 (旋盤) lathe [léið] Ⓒ; (陶工用) potter's wheel Ⓒ; (滑車) pulley Ⓒ.

ろくろく ☞ ろくに

ロケ(ーション) location Ⓤ《☞ 映画 (囲み)》. ¶ *ロケ先で友達に会った When I was on *location*, I met a friend of mine. // 彼はいま*ロケに出ていて留守です He is out on *location* right now.

ロケット rocket Ⓒ ［語 法］ 噴射推進の機構を持つものを一般に rocket というが, rocket engine Ⓒ (＝ロケット エンジン) のように形容詞的にも用いる. また, 集合的には rocketry Ⓤ という. ¶ 大勢の人が*ロケットが発射台から打ち上げられるのを見に行った Many people went to see the *rocket* lift off from the launching pad. // 三[多]段式*ロケット a ⌈three-stage [multistage] rocket
ロケット技師 rocketeer Ⓒ **ロケット工学** rocketry Ⓤ **ロケット弾** rocket Ⓒ.

ろけん 露見 ―［名］ (秘密・悪事などの発覚) exposure Ⓤ; (見つかること) detection Ⓤ. ―［動］ be exposed; (見破られる) be found out ★ くだけた言い方; (暴露される) be revealed ★ やや改まった言い方. 《☞ ばれる; はっかく[1]; みつかる》.
¶ *露見を恐れて彼は証拠隠滅にあらゆる手段を使った Fearing ⌈*exposure* [*detection*], he took every measure to destroy evidence. // 悪事は必ず*露見する Evil acts ⌈*are* always *discovered* [never escape *detection*]. // こっそり出かけようとしたが*露見してしまった I tried to sneak out, but *was found out*. // その計画は*露見した (⇒ 公にされた[明るみに出された]) The plan *was brought* ⌈*into the open* [*to light*].

ろこつ 露骨 ―［形］ (率直な) frank; (腹蔵のない) candid; (ありのままの) plain; (隠し立てのない) open. ―［副］ frankly; candidly; plainly; openly. 《☞ そっちょく; あからさま》. ¶ *露骨な言い方を許してもらえば… If you'll permit me to speak *frankly* ... / *Frankly* speaking ... // 彼は*露骨にいやな顔をした His disgust was *plain*. / He showed his disgust ⌈*plainly* [*openly*]. // 各党間の対立は*露骨になっている (⇒ 目立ってきている) Controversies between parties are becoming *conspicuous*.

ロサンゼルス Los Angeles [lɔːs ǽndʒələs] 《略 L.A.》《☞ アメリカ (表)》.

ろし 濾紙 filter paper Ⓤ《☞ ろか; こす[2]》.

ろじ 路地 ((狭い)裏通り・横町) alley Ⓒ; (小道) path Ⓒ.

ロシア ―［名］［固］ Russia; (ソ連) the Soviet Union. ―［形］ Russian; (ソ連の) Soviet. 《☞ ソれん》. **ロシア語** Russian Ⓤ **ロシア皇帝** czar [zɑ́ːr] Ⓒ, tzar Ⓒ **ロシア人** Russian Ⓒ; (全体) the Russians, the Soviets.

ろしゅつ 露出 **1** «むき出しにする» ―［動］ (日光などにさらす) expose (他); (むき出しにする) bare (他); (鉱床などが現れる) crop out (自). 《☞ むきだし; あらわ》.
¶ 女の子があまり肌を*露出するのは好ましいことではない It is not decent for young girls to ⌈*expose* [*bare*] their bodies too much. // 山崩れの後, 山肌に石炭の鉱脈が*露出した After the landslide, veins of coal ⌈*cropped out* [*were bared*] on the mountainside.
2 «写真»: exposure Ⓤ. ¶ *露出時間は 15 分の 1 秒にしよう Let's make the *exposure* time one-fifteenth of a second. // この写真は*露出不足[オーバー]だ This picture is ⌈under- [over-]*exposed*.
露出計 exposure meter Ⓒ.

ろじょう 路上 ―［副］ (市街地の) on the street(s); (車道で) on the road. 《☞ みち[1]; とおり; どうろ》. ¶ *路上は駐車禁止です Parking *on the streets* is prohibited. // *路上に品物を並べて売っていた They displayed their goods *on the street*.

ロス loss Ⓤ. ¶ この時間の*ロスを取り戻さなくてはならない We have to make up this ⌈*loss* of [*lost*] time.

ろせん 路線 route Ⓒ《☞ ルート[1]》. ¶ 国鉄はこれらの赤字*路線を廃止するだろう The Japan National Railways will discontinue these local *routes* in the red. // バス*路線 a bus ⌈*route* [*line*] **路線バス** route bus Ⓒ; (正規のコースのバス) regular-course bus Ⓒ.

ロッカー locker Ⓒ. ¶ *ロッカーの鍵をなくした I've lost my *locker* key. // コイン*ロッカー a coin(-operated) *locker* / (⇒ 有料のロッカー) a pay *locker* **ロッカー室** locker room Ⓒ.

ろっかく 六角 ―［名］ (六角形) hexagon Ⓒ. ―［形］ (六角の) hexagonal.

ろっかん 六感 the sixth sense; (虫の知らせ・予感) a hunch ★ 口語的. a を付けて. 《☞ だいろっかん; かん[2]》. ¶ 私の第*六感によると, きょう地震がある I have *a hunch* [My *sixth sense* tells me; Something tells me] that there will be an earthquake today.

ロッキーさんみゃく ロッキー山脈 the Rocky Mountains, the Rockies.

ロック (音楽) rock (music) Ⓤ, rock'n'roll Ⓤ. ¶ *ロック歌手 a *rock'n'roll* singer

ロックアウト ―［名］ lockout Ⓒ. ―［動］ lock out (他). 《☞ しめだす; へいさ》.
¶ 経営者側は*ロックアウトに出た The management carried out a *lockout*.

ロッククライミング rock-climbing Ⓤ.

ロックンロール rock'n'roll Ⓤ《☞ ロック》.

ろっこつ 肋骨 rib Ⓒ《☞ ほね》.

ロッジ (mountain) lodge Ⓒ.

ろっぽうぜんしょ 六法全書 The Compendium of Laws.

ろてい 露呈 ―［動］ (表面に現れる) come out (自); (さらす) expose (他); (あばく) reveal (他). 《☞ ろしゅつ; さらす》. ¶ 危機に立つと人の弱点が*露呈される In emergency, one's weakness ⌈*comes out* [*is revealed*; *is exposed*].

ロデオ rodeo [róudiòu] Ⓒ.

ろてん[1] 露天 ―［名］ (野外) the open air. ―［形］ open-air. ―［副］ out in the open.

ろ

《☞ やがい》. ¶私の家の近くに*露天市場がある There is an *open-air* market in my neighborhood. ∥ 魚は*露天で干す We dry fish *out in the open*. **露天風呂** open-air [outdoor] bath Ⓒ **露天掘り** strip mining Ⓤ.

ろてん² 露店 street stall Ⓒ. ¶祭りの日には*露店が数多く出る Many (*street*) *stalls* are put up on festival days.

露店商(人) stall keeper Ⓒ.

ろとう 路頭 the roadside《☞ ろじょう; みちばた》. **路頭に迷う** ¶父が首になったら一家*路頭に迷うことになる (⇒ 養い手がいなくなる) If my father is fired, we will *be left without support*.

ろば 驢馬 donkey Ⓒ, ass Ⓒ ★日常語としては donkey が普通.

ろばた 炉端 —图 (炉辺) hearth Ⓒ, the fireside. —副 (炉端で) by the fire(side). 《☞ だんろ (挿絵)》.

ロビー (ホテル・劇場などの待合室) lobby Ⓒ; (休憩室) lounge Ⓒ.

ロボット robot [róubɑt] Ⓒ. ¶産業用*ロボット an industrial *robot*

ロボット工学 robotics Ⓤ.

ロマンしゅぎ ロマン主義〘芸術〙—图 romanticism Ⓤ. —形 (ロマン主義[派]の) romantic. **ロマン主義者** romanticist Ⓒ ★以上いずれもしばしば R— として.

ロマンス (恋愛事件) romance Ⓒ; (情事) (love) affair Ⓒ. 《☞ れんあい》.

¶あの2人の間に*ロマンスが芽生えつつある A *romance* is budding between those two. ∥ 彼はいままでに数々の*ロマンスを経験した He has had many *love affairs* in the past.

ロマンスグレー —形 (fine) silver-gray **ロマンス語** Romance language Ⓒ.

ロマンチスト romanticist Ⓒ.

ロマンチック —形 (物語に出てくるような) romantic; (空想的な) fanciful. ¶この店には*ロマンチックな雰囲気がある This shop has a *romantic* atmosphere.

ロマンは ロマン派〘芸術〙the romantic school《☞ ロマンしゅぎ》.

ろめん 路面 road surface Ⓒ. ¶いま*路面改修工事があちこちで行われている *Re-surfacing* work is carried on here and there at present. **路面電車**《米》surface car Ⓒ, streetcar Ⓒ,《英》tram Ⓒ **路面凍結**《掲示》Frozen [Icy] road.

ろれつ 呂律 **ろれつが回らない** ¶彼は酒に酔って*ろれつが回らない (⇒ 正しくしゃべれない) He is so drunk he *cannot speak properly*. ∥ 麻痺があるのか彼は*ろれつが回らない (⇒ はっきり発音できない) He *cannot* ⌈*articulate well* [*pronounce distinctly*] due perhaps to palsy.

ろん 論 **1**《議論》: argument Ⓒ《☞ ろんじる; ぎろん (類義語)》. ¶*論より証拠 Proof wins over *argument*. / The proof of the pudding is in the eating.《ことわざ: プディングの味は食べてみなければわからない》

2《理論》: theory Ⓒ; (小論文) essay Ⓒ; (学術的な論文) treatise Ⓒ; (評論) criticism Ⓤ; (意見を述べたもの) comment Ⓒ ★しばしば複数形で.《☞ りろん; ろんぶん》.

¶それは彼の持*論だ That's his *theory*. ∥ 彼の教育*論は一読に値する His ⌈*essay* [*treatise*; *comment*] on education is worth reading. ∥ 彼は夏目漱石*論を書いた He has written a ⌈*criticism* of [*critical essay* on] Soseki Natsume. ∥ 文学*論 literary *criticism* / (⇒ 文学[文学作品]の論評・解説) *comments* on ⌈literature [literary works] ∥ 抽象*論 an abstract *idea* / (⇒ 抽象的に論じること) *arguing* in the abstract

ろんがい 論外 (問題にならない) out of the question; (問題からはずれている) beside the point; (疑いもない) beyond question.

¶こんな小さな子供が夜出かけるとは*論外だ It is *out of the question* that such a small child should go out at night. ∥ その問題をここで言い立てるのは*論外だ It is *beside the point* to bring in the matter now. ∥ 彼の誠実さを疑うとは*論外だ (⇒ 彼の誠実さは疑いもない) His honesty is *beyond question*.

ろんぎ 論議 (討論) discussion Ⓤ; (自分の意見を主張し合う議論) argument Ⓒ; (公開の席での賛否に分かれた討議) debate Ⓒ.《☞ ろん; ぎろん (類義語)》. ¶これは会議で*論議の対象になるでしょう This will become an object of *discussion* at the meeting.

ろんきゅう 論及 —動 (…に触れる) touch upon …; (…に言及する) refer to …《☞ げんきゅう¹》. ¶講師は教育問題に*論及して次のように言った The lecturer, ⌈*referring to* [*touching upon*] the problem of education, said as follows:

ろんきょ 論拠 (根拠) ground Ⓤ ★または複数形で; (理論などの基礎) basis Ⓒ《複 bases [béisi:z]》.《☞ こんきょ》.

¶君の主張の*論拠は何だ What are the *grounds* for your argument? ∥ 私は2, 3の*論拠をもって言っているのです (⇒ 私の言ったことは2, 3の事実に基づいている) What I have said *is based on* a few facts.

ロング long. **ロングスカート** long skirt Ⓒ **ロングセラー** long-term best seller Ⓒ **ロングラン** long run Ⓒ.

ろんご 論語 the ⌈Analects [Discourses] of Confucius.

ろんこく 論告 the prosecutor's ⌈concluding [final] speech. ¶*論告は5時に始まった *The prosecutor's concluding speech* started at five o'clock.

ろんし 論旨 (要点) point Ⓒ; (主意) drift Ⓤ.《☞ ろんてん; ようてん》. ¶*論旨を明らかにしなさい Make your *point* clear. ∥ 彼のスピーチの*論旨がわからなかった (⇒ 何を言おうとしているのかその趣旨がわからなかった) I could not get the *drift* of his speech.

ろんじゅつ 論述 (陳述) statement Ⓒ. **論述テスト** essay-type test Ⓒ (↔ objective [multiple-choice] test).

ろんしょう 論証 —動 (証明する) prove ⑭; (実物で説明する) demonstrate ⑭. —图 proof Ⓒ; demonstration Ⓒ.《☞

しょうめい[1]；りっしょう》.

ろんじる 論じる (討論する) discuss ㊐；(主張する) argue ㊐；(論題として扱う) treat ㊐. 《☞ ろん；ぎろん (類義語)》.
¶ 彼らは夜遅くまで政治を*論じた They stayed up (until) late *discussing* politics. // *論じるまでもなく (⇒ 言うまでもなく[疑いなく]), あなたが正しい It is *needless to say* [*There is no doubt*] *that* you are correct. // この論文は公害問題を*論じている (⇒ 扱っている) This paper *treats* the pollution problem.

ろんせつ 論説 (新聞・テレビなどの) editorial Ⓒ；(社説) 《英》 leading article Ⓒ, leader Ⓒ. 《☞ 新聞の英語 (囲み)》. ¶ 彼は NHK の*論説委員です He is an *editorial* writer for N.H.K. // きょうの朝日の*論説を読んだかい Have you seen the *Asahi's* ˹*editorial* [*leader*] today?

ろんそう 論争 ― 名 (意見が異なったりしての論争) dispute Ⓒ；(長期にわたる重要な論争) controversy Ⓒ；(意見の主張) argument Ⓒ. ― 動 dispute ㊐㊀；argue ㊐㊀. 《☞ ぎろん (類義語)》. ¶ 2 派の間で*論争の絶えることがなかった There was no end to the *controversy* between the two factions. // この問題には*論争の余地がない This question is ˹*indisputable* [*incontestable*].

ろんだい 論題 subject [theme；topic] for discussion Ⓒ 《☞ だい[1] (類義語)》.

ろんだん 論壇 (言論界) the world of criticism, critics' circle Ⓒ. ¶ 彼は*論壇の代表的人物だ He is the ˹leader [representative] of *the world of criticism.* // *論壇は彼の作品を暖かく迎えた *The critics' circle* greeted his work warmly.

ろんちょう 論調 tone (of argument) Ⓒ 《☞ ろんぴょう》. ¶ 彼の作品に対する批評家の*論調はおおむね暖かい The *tone* of the criticisms for his work is generally ˹warm [enthusiastic].

ろんてん 論点 (主張の要点) point of argument Ⓒ；(論争の問題点) point ˹of contention [at issue] Ⓒ. 《☞ ろんし；ようてん》.
¶ 彼の*論点はつかみにくい It is hard to grasp the *point of* his *argument.* // 論争の*論点は賃金問題だ The *point of contention* is wages.

ロンド 〖音楽〗 rondo Ⓒ 《☞ 音楽 (囲み)》.

ロンドン London [lʌ́ndən]. **ロンドン子** Londoner Ⓒ, cockney Ⓒ **ロンドン市民** Londoner Ⓒ **ロンドン塔** the Tower of London ★ 《英》 では単に the Tower ともいう. **ロンドンなまり** cockney Ⓤ, cockney accent Ⓒ.

ろんぱ 論破 ― 動 (議論してやっつける) argue down ㊐, defeat ... by argument.
¶ 彼は相手を*論破した (⇒ 議論に勝った) He *won the argument.* / He *argued down* his opponents.

ロンパース (幼児の遊び着) rompers ★ 複数形で.

ろんばく 論駁 ― 動 argue against ..., attack ... by argument；(人の言ったことに反論する) refute ㊐. 《☞ はんろん》. ¶ 彼は S 氏の意見を*論駁した He ˹*argued against* [*refuted*] Mr. S's statement. / He *attacked* Mr. S's statement *by* his *argument.*

ろんぴょう 論評 ― 名 (批評) criticism Ⓒ ★ 欠点や誤りを指摘するような批判的な批評というニュアンスがある；(軽い意見・説明) comment Ⓒ；(特に作品などの批評・書評) review Ⓒ. ― 動 criticize ㊐；comment (on ...) ㊀；review ㊐ ★ 批判的というニュアンスはない. 《☞ ひひょう (類義語)；ろんちょう》.
¶ この件について彼は*論評 (⇒ 自分の意見を述べること) を避けた He avoided *giving his views on* this subject. // この作品に対する*論評はおおむねよいようだ *Reviews* of this work are on the whole favorable. // 新聞*論評はこの提案に対して好意的だ Newspaper *comments* on this proposal are favorable.

ろんぶん 論文 (一般的に) paper Ⓒ ★ 最も口語的で日常的な言い方；(学位・卒業論文) thesis [θíːsis] Ⓒ 《複 theses [θíːsiːz]》；(博士などの学位論文) dissertation Ⓒ；(学術論文) treatise Ⓒ；(評論) essay Ⓒ. 《☞ ろん》.
¶ 博士*論文 a ˹doctor's [doctoral] *dissertation* // 修士*論文 a master's *thesis* // 卒業*論文 a graduation *thesis*

ろんぽう 論法 (議論・主張) argument Ⓤ；(論理・理詰めの進め方) logic Ⓤ；(合理的な・筋の通った進め方) reasoning Ⓤ.
¶ 彼のいつもの*論法で押しまくられた I was overpowered by the *argument* he always uses. // 彼はいつもの*論法で相手をなんとか言いくるめた He has managed to convince the other party through his peculiar line of *reasoning.* // 君の*論法はめちゃくちゃだ (⇒ 論理がない) What you are saying is without *logic.*

ろんり 論理 ― 名 logic Ⓤ ★「考え方などの筋道」と「論理学」の両方の意味に用いる. ― 形 (論理的な) logical (↔ illogical)；(思慮のある) sensible；(筋の通った) reasonable.
¶ 彼の意見は*論理にかなっている His opinion follows sound *logic.* // 人を納得させるには*論理的な話し方をすべきだ To convince people, you should speak ˹with *logic* [*logically*]. // 彼らはややもすると無理な*論理を振り回す Too often they chop *logic.* ★ chop logic は「理屈をこねる」. // 彼はたいへん*論理的な主張をした He produced a very *logical* argument. // それでは*論理が通らない That is ˹not *logic* [not *logical*；*illogical*].
論理学 logic Ⓤ **論理学者** logician Ⓒ.

わ

わ¹ 輪 (円形・円形のもの) circle Ⓒ, ring Ⓒ 語法 以上2語は入れ替え可能な場合もあるが, 前者は図形としての円というのが元の意味で, 後者は例えば指輪などのように物を曲げて円形にしたものを指す語; (鎖の輪) link Ⓒ; (糸・ひも状のものの) loop Ⓒ. ((☞ まる¹; えん³)).
¶ 子供たちは*輪になって座った The children sat in a ⌈*circle* [*ring*]. // 私はそのロープで*輪を作った I ⌈tied [made] the rope into a *loop*. // 鎖の*輪が1つ壊れた One of the *links* in the chain broke.
輪をかけた[て] ¶ あの男はいやなやつだが, 兄のほうはそれに*輪をかけたような (⇒さらに悪い[いやな]) やつだ He is nasty, but his brother is *even* ⌈*worse* [*nastier*].

わ² 和 **1** «和合»: (まとまり) unity Ⓤ; (調和) harmony Ⓤ. ((☞ きょうちょう¹)). ¶ 彼らには*和 (⇒ 団結) が欠けている There is no *unity* among them.
2 «合計»: sum Ⓒ, total Ⓒ 語法 ほぼ同意のことも多いが, 後者は「全体の」「すべての」という意味があり, かなり多くの数量を加算した結果をいう. ((☞ ごうけい)). ¶ 次の数字の*和を求めなさい Work [Figure] out the ⌈*sum* [*total*] of the following (numbers). // 5と8の*和は13である The *sum* of five and eight is thirteen.

-わ …把 (束) bundle Ⓒ; (わらなどの) sheaf Ⓒ «複 sheaves». ¶ 私はまきを1*把買った I bought a *bundle* of firewood.

わあ —感 (喜びの歓声) Hurray [huréi]!, Hurrah [hurɔ́:]!; (まあ・すごい) ((米)) Gee!; (驚き・感嘆の声) Wow [wáu]! ((☞ あっ; 感嘆詞 (欄外))). ¶ *わあ, 勝ったぞ *Hurray* [*Hurrah*]! We've won. // 「今度の日曜日に東京ディズニーランドへ行こうか」「*わあ, すてき」 "How about going to the Tokyo Disneyland next Sunday?" "*Gee*! That's nice!"

わいきょく 歪曲 —動 (事実などを曲げる) distort ㊥; (誤って伝える) misrepresent ㊥. —名 distortion Ⓤ; misrepresentation Ⓤ. ((☞ まげる; きょっかい)). ¶ このレポートは真実を*わい曲している (⇒ このレポートでは真実が誤って[曲げて]伝えられている) The truth *is* ⌈*misrepresented* [*distorted*] in this report.

ワイシャツ shirt Ⓒ, dress shirt Ⓒ 語法 普通は shirt でよいが, 特に半そでシャツ (short-sleeved shirt, sport shirt) などと区別する場合には dress shirt という. ワイシャツは white shirt がなまって明治時代に日本語に入ったもので, Y シャツのように Y を書くのは当て字. 英語では通用しない. なお日本語で「シャツ」といっているのは下着のことなので, 英語では undershirt という. ((☞ シャツ; 衣服 (囲み))).
¶ 事務所の人たちは全員*ワイシャツ姿で働いていた All the office people were working *in their shirt sleeves*.

わいせつ 猥褻 —形 obscene [ɑbsí:n] ★ 最も一般的; (下品な) indecent 語法 この語は「わいせつ行為」など, 人の行為について言うときに使われることが多い. —名 obscenity Ⓤ ★「わいせつ行為」という意味では Ⓒ; indecency Ⓤ. ((☞ みだらな; きわどい)).
¶ その映画は*わいせつな部分をカットしてから上映が許可された The film was permitted to be shown after the *obscene* parts ⌈had been [were] cut.
わいせつ罪 public indecency Ⓤ **わいせつ本** obscene book Ⓒ; (ポルノ) pornography Ⓒ, ((口語)) porno Ⓒ.

わいだん 猥談 obscene [indecent] ⌈talk [joke] Ⓒ 語法 obscene は直接的にわいせつなことを意味し, indecent は社会道徳に反すという意味で, 間接的にわいせつなことを指す. ((☞ わいせつ; ひわい)). ¶ 彼らは*わい談をしていた They were telling ⌈*obscene* [*indecent*] *jokes*.

ワイド (幅の広い) wide; (長い) long. ((☞ よこ 語法)). ¶ これは3時間の*ワイド番組です This is a *long* show of three hours.

ワイパー (windshield [((英)) wind-screen]) wiper Ⓒ ((☞ 自動車 (囲み))).

ワイヤー wire Ⓤ ★ 種類をいうときは Ⓒ. ((☞ はりがね)). ¶ *ワイヤーロープ a *wire* rope

ワイヤレスマイク wireless microphone Ⓒ ((☞ マイク)).

わいろ 賄賂 —名 bribe Ⓒ, ((口語)) payoff Ⓤ ★ 個々では Ⓒ; (わいろを使うこと) bribery Ⓤ. —動 (…にわいろを使う) bribe ㊥. ((☞ ばいしゅう; しゅうわい; おしょく)).
¶ 彼らはその役人に*わいろを贈った They ⌈offered [gave] a *bribe* to the official. // 彼は*わいろを受け取らなかった He didn't ⌈take [accept] the *bribe*. // 彼は私に*わいろをつかませようとした He tried to *bribe* me.

わいわい —動 (やかましく騒ぐ) make a lot of noise ((☞ がやがや; 擬声・擬態語 (囲み))).
¶ 子供たちは部屋の中で*わいわい騒いでいた The children *were making a lot of noise* in the room.

ワイン wine Ⓤ ★ 種類をいうときは Ⓒ ((☞ レストラン (囲み))). ¶ *ワイン1瓶[1杯] a ⌈bottle [glass] of *wine* ((☞ 数の数え方 (囲み))) // 赤[白]*ワイン red [white] *wine* **ワイングラス** wineglass Ⓒ ((☞ グラス (挿絵))).

わえいじてん 和英辞典 Japanese-English dictionary Ⓒ ((☞ じしょ²)).

わおん 和音 〖音楽〗 chord Ⓒ ((☞ 音楽 (囲み))).

わか 和歌 Japanese traditional poem of 31 syllables Ⓒ, *tanka* Ⓒ, *waka* Ⓒ ★ 最初のものは説明的訳. 第2, 第3のものは単複同形.

わ

《☞ 日本固有の風物と英語（囲み）》.

わが 我が **―** 代（私たちの）our;（私の）my. ¶ *わが家ほどよいところはない There is no place like home. // *わが国の将来は若い人々次第だ The future of *our* country depends upon the young people.

わかい¹ 若い **1** «年が»: young (↔ old);（若若しい・青年の）youthful;（未熟な）green. 《☞ わかさ; わかもの》.

¶ 彼のお父さんはまだ*若い His father is still *young.*

会場は*若い人々[男女]でいっぱいだった The hall was full of *young* ⌈people [men and women].

あなたは年よりもずっと*若いですね (⇒ 若く見える) You look much *younger* (than your age).

彼女は年の割には*若く見える She looks *young for* her age.

私の母はあなたのお母さんより3歳*若い My mother is three years *younger* than your mother. ★ この young は「若い」というより「年下の」の意. 《☞ としした》

彼女はもう40代だけれど, *若いときの姿そのままだ She has kept her *youthful* figure, though she is already in her forties.

*若いときには少しぐらい無理をして働いても大丈夫だ You can work hard ⌈when (you are) *young* [in your *youth*].

彼は気が*若い (⇒ 若者の気持ちを持っている) He has a *youthful* spirit.

彼の考えはまだ*若い (⇒ そんな風な考えを持つとは彼はまだ未熟だ) He is still *green* if he has such ideas.

2 «数が»: low. ¶ 彼は*若い背番号を望んだ He wanted a *low* uniform number.

わかい² 和解 **―** 動 reconcile ㊓ 語法 和解する当事者が主語の場合は be reconciled と受身構文になる;（紛争・問題などを解決する）settle ㊓;（…と話がつく）come to terms (with ...);（妥協する）compromise (with ...) ㊒. **―** 名 reconciliation Ⓤ; settlement Ⓤ; compromise Ⓒ. 《☞ なかなおり》.

¶ 我々は*和解した We *have* ⌈*been reconciled* [*come to terms*] *with* each other. // 彼らの論争をどうしたら*和解させられるかわからない I don't know how to *settle* their dispute. // こんな条件では私は彼と*和解できない I can't *compromise with* him on such conditions. // 彼と彼女の間に*和解のきざしはない There is no sign of (a) *reconciliation* between him and her.

わかがえり 若返り rejuvenation Ⓤ.

わかがえる 若返る rejuvenate ㊒ ㊓.

¶ 新しいスーツを着て彼は*若返ったみたいだ (⇒ 若く見える) He *looks younger* in his new suit. // 新しい仕事で彼は*若返った (⇒ 新しい仕事が彼を若返らせた) His new job *has rejuvenated* him. // *若返った気分だ (⇒ 再び若くなったような気がする) I *feel myself young* again.

わかぎ 若木 young tree Ⓒ;（苗木）sapling Ⓒ.

わかくさ 若草 young grass Ⓤ.

わかげ 若気 **若気の至り** ¶ いまから思えば*若気の至りでお恥ずかしいことです (⇒ 当時は若く, 未熟が原因だった) Now I'm ashamed of it because I was young then and it was caused by my *inexperience.* // 彼は*若気の至りで (⇒ 若い活力のほとばしりとして) そうしてしまったのだろう He may have done it as an *outburst of his youthful vitality.*

わかさ 若さ（若々しさ）youthfulness Ⓤ;（若いこと）youth Ⓤ. 《☞ わかい¹》. ¶ 彼はまだ*若さを失っていない (⇒ 保っている) He still ⌈keeps [retains] his ⌈*youthfulness* [*youth*]. // あの*若さで (⇒ 年で) 亡くなったとは気の毒だ I'm sorry to hear that he died at that *age.*

わかさぎ 公魚, 若鷺 (pond) smelt Ⓒ《複 ～(s)》★ わかさぎの近縁種.

わかじに 若死に **―** 動（若くして死ぬ）die young. **―** 名 early death Ⓤ. ¶ 彼は*若死にした He *died young.*

わかしらが 若白髪 premature gray hair Ⓤ《☞ しらが》. ¶ 父は30代で*若白髪になってしまったそうです I hear my father's *hair turned gray* in his thirties. 語法 「30代」という表現があるので, 特に prematurely という必要はない.

わかす 沸かす（水を）boil ㊓;（風呂を）heat ㊓. 《☞ わく¹; ふっとう; にたてる》. ¶ いまお湯を*沸かしているところです I'm ⌈*boiling* [*heating*] the water. // 私は風呂を*沸かすのを忘れた I forgot to ⌈*heat* the bath [*get* the bath *ready*].

わかぞう 若造（青少年に向かって親しみをこめて, または軽蔑的に）sonny Ⓒ ★ 呼びかけとして使う;（年齢の低い者）junior Ⓒ. 《☞ あおにさい》. ¶ おい, *若造 Hey, *sonny*! // おれはあんな*若造の言うことなんか信じない I don't believe the words of a *junior* like him.

わかだんな 若旦那 young master Ⓒ.

わかづくり 若作り ¶ あの女の人はいつも*若作りにしているが (⇒ 若々しい服を着ているが), よく似合う That woman always wears a *youthful* dress, which becomes her well. // 彼女はいつも*若作りだ She always *makes* herself *up* to look ⌈young [younger].

わかて 若手 **―** 形 young 《☞ わかい¹》. ¶ この会社では*若手の社員がめざましい活躍をしている *Young* workers are remarkably active in our company.

わかどり 若鶏（ひな鶏）chicken Ⓒ.

わかば 若葉 young [fresh] leaves ★ 複数形で. 《☞ しんりょく; あおば》.

わかふうふ 若夫婦 young couple Ⓒ. ¶ *若夫婦は自分たちだけで住んでいた The *young couple* lived by themselves.

わがまま 我儘 **―** 形（自分本位の）selfish;（利己的な）egoistic;（甘やかされてわがままな）spoiled;（身勝手な）self-willed. **―** 名 selfishness Ⓤ; egoism Ⓤ; self-will Ⓤ. 《☞ みがって; かって》.

¶ 彼は*わがままだからよい友達ができない He is too ⌈*selfish* [*egoistic*; *self-willed*] to have a good friend. // あの*わがままな子はまだ泣い

わ

ている That *spoiled* child is still crying. // 彼は自分の*わがままを通さないと気がすまない (⇒ 思いどおりにしようと我を張る) He insists on *having his own way*.

わかめ¹ 若布 (海草) *wakame* Ⓤ, seaweed Ⓤ.

わかめ² 若芽 young ˹leaf [bud] Ⓒ《☞ は²; め²》.

わかもの 若者 (若い人) young ˹man [woman] Ⓒ; (若い人々) young people ★ 複数扱い; (年寄りに対して) youngster Ⓒ [語法] 若者のうちでも特に年若い者・少年たちなどに使うのが普通; (若者一般) the youth. 《☞ わかい¹; せいねん¹》. ¶ *若者は勇気がなくてはいけない *Young* ˹*men and women* [*people*] should be courageous. 《☞ 総称用法 (欄外)》 // 彼女は10代の*若者のアイドルだ She is the idol of teen-age *youngsters*.

わがものがお 我が物顔 ¶ 彼は弟の家でいつも*我が物顔に振舞っていた (⇒ 好きなように行動していた) He used to *act as he liked* in his brother's house. 《☞ おうへい》

わからずや 分からず屋 —名 (強情な人) obstinate person Ⓒ; (非常識な人) senseless person Ⓒ. —形 obstinate; senseless. 《☞ がんこ; ごうじょう》. ¶ 彼は*わからず屋だ He is an *obstinate* fellow.

わかり 分かり ¶ あの子は*分かりが速い[遅い] That child is a ˹*quick* [*slow*] *learner*. 《☞ ものわかり; りかい》

わかりにくい 分かりにくい ¶ 彼の話はどうも*わかりにくい His speech is ˹hard to *understand* [*unintelligible*]. // 私の字は*わかりにくくて (⇒ 読みにくくて) すみません I'm sorry my writing is ˹*not legible* [*illegible*]. 《☞ -にくい》

わかりやすい 分かり易い ¶ もう少し*わかりやすい (⇒ 易しい) 言葉で説明して下さい Won't you explain it to us in *easier* terms? // *わかりやすく言えば, 彼は採用されなかったのです In *plain* language, he wasn't accepted. 《☞ へいい; やさしい²》

わかる 分かる (理解する) understand ㊙㊐ 《過去・過分 understood》; (要点などがわかる) see ㊙㊐ ★ 目で見てわかることから, 頭の中に印象を描いて理解する意味にもなる. 口語的な語.; (知っている) know ㊙㊐; (区別する) tell ㊙㊐; (認知できる) recognize ㊙; (経験・状況から) find ㊙; (結果が…とわかる) turn out [prove] to be ... ★「物・事」が主語. [語法] 日本語の「わかる」は元来「分かれる」と同語源で, 区別や差異が分かれてはっきりするということから「理解する・判断する」という意味になった. しかし, その意味の中には「区別する・判断する」という意味も含まれる. これに対して, 英語の understand は「…の下に[間に]立つ」という意味が元で,「…の内容をつかむ」,「理解する」という意味となった. 従って,「意味がわかる」,「相手の言うことがわかる」という場合の「わかる」と英語の understand はほぼ同じであるとみてよい. しかし,「雨が降るかどうかわからない」というような場合, 英語では I don't understand. とは言えない. understand には区別・判断するという意味がないからである. このようなとき英語では,「私はそのような情報・知識は持ち合わせていない」という発想から, I don't know. と答えるのが普通である. 場合によっては日本語と同じ発想で,「区別する」という意味の tell を用いて I can't *tell* if ... のような表現を用いることもできる. 《☞ しる¹; りかい; 日本語と英語 (欄外)》.

¶「私の言うことが*わかりますか」「ええ, *わかります[いいえ, *わかりません]」"Do you *understand* me?" "Yes, I do [No, I don't]."

「あなたは英語が*わかりますか」「いいえ」"Do you *understand* English?" "No, I don't."

「私の言う意味が*わかりますか」「ええ, *わかりますとも」"Do you *see* what I mean?" "Sure." [語法] 要点がわかるかどうかを聞く質問. この場合に understand を用いると相手の理解能力を確かめるような言い方となる.

ああ, *わかりました Oh, I *see*. [語法] 相づちによく用いる言い方. 普通は I にアクセントを置いて言う. 《☞ 相づち (囲み)》

「地下鉄と山の手線ではどちらが早く着くでしょうか」「さあ, *わかりませんね」"Which is quicker, the subway or the Yamanote line?" "I don't *know*."

そんなことはだれにも*わからない Nobody can *tell*.

あそこにいる男の人はだれだか*わかりますか (⇒ 知っていますか) Do you *know* that man over there? / (⇒ ある特定の人だと認知できますか) Do you *recognize* that man over there? [語法] 山田さんとか, 昔の友人とか, その人がだれであるかわかるのが recognize.

私はどうしてよいか*わからなかった I didn't *know* what to do.

その本はとても易しいことが*わかった ＜S(人)＋V(*find*)＋O(物)＋C(形)＞ I *found* the book very easy.

試験の結果は*わかりましたか (⇒ どのような結果が出ましたか) How did the exam *turn out*?

うわさはやがて本当だと*わかった The rumor soon *proved* (*to be*) true.

すみませんが, おっしゃることが*わかりません I beg your pardon? [語法] 相手にもう一度言ってもらいたいときに言う決まり文句. 上がり調子で言う. 簡単に Pardon? とだけ言うことも多い. / I'm sorry, but I didn't *understand* what you said. [語法] これだけだと聞き取れなかったのか, 聞き取れても内容がわからなかったのか不明である. 特に後者の場合には相手の言い方に対する非難のようにもとれるので,「もう一度言って下さい」Please say that again. のような言葉を加えるほうがよい.

私は日本の古典音楽は*わかりません (⇒ …を聞く耳を持っていない[味わえない]) I don't ˹*have an ear for* [*appreciate*] classical Japanese music.

わかれ 別れ (別れること) parting Ⓤ; (別れの言葉) good-by(e) Ⓒ, farewell Ⓒ ★ 後者は文語的. 《☞ わかれる¹; べつり》.

¶ お*別れにあたって一言申し上げたい I would like to say a few words on *parting*. // 家族との*別れは (⇒ 別れるのは) 悲しいものだ It's a sad thing to *part from* your folks. // もう

わ

お*別れしなくてはなりません (⇒ さようならを言わなくてはならない) I must *say good-by(e)* now. ★ この場合は決まった表現で無冠詞. // 彼は*別れのあいさつ (⇒ 演説) をした He made his *farewell* speech.

わかればなし 別れ話 ¶ 彼らは去年結婚したばかりなのにもう*別れ話が出ているらしい (⇒ すでに離婚について考えているそうだ) They got married only last year, but I hear they *are* already *thinking of divorce.* 《☞ りこん》

わかれみち 分かれ道 (分かれ出た道) branch [C]; (道全体) forked road [C]. 《☞ ふたまた; きろ[1]》.

わかれめ 分かれ目 (転機) turning point [C]; (道・川の分岐点) fork [C]. 《☞ てんき[2]; きろ[1]》. ¶ いま我々は運命の*分かれ目に直面している We are now facing a *turning point* in our life.

わかれる[1] 別れる (人と) part (from ...) (自); (別れを告げる) say good-by(e) to ...; (ちりぢりになる) separate (自) ★ 別居するという意味でも用いられる; (離婚する) divorce (他). 《☞ わかれ; りこん》.

¶ 私は彼と駅で*別れた I *parted from* him at the station. / I *said good-bye to* him at the station. // 彼らは曲がり角で*別れた They *separated* at the corner. // ジョンとメアリーは昨年*別れた John and Mary ⌈*were divorced* [*separated*] last year.

わかれる[2] 分かれる (分岐する) branch (off) (自), fork (自); (分裂する) split (into ...) (他) (自); (分割する) divide (into ...) (他) (自). 《☞ ぶんき; ぶんれつ》.

¶ 道は私たちの前で2つに*分かれていた The road ⌈*branched* (*off*) [*forked*] in front of us. // その点で私たちの意見は*分かれた Our opinions *were* ⌈*divided* [*split*] on that point. // この章は5節に*分かれている This chapter *is divided into* five sections.

わかれわかれ 別れ別れ —[形] (別々の) separate. —[動] (ばらばらになる) break up (自). —[副] separately. 《☞ はなればなれ; べつべつ; ばらばら》.

¶ 彼は両親と*別れ別れに暮らしている He lives *separate* from his parents. // 私は道に迷い仲間と*別れ別れになってしまった (⇒ はぐれてしまった) I lost my way and *strayed from* my companions. // その一家は戦争中に*別れ別れになってしまった (⇒ ばらばらになった) The family *broke up* during the war.

わかわかしい 若若しい (若い) young; (元気はつらつとした) youthful; (生き生きした) fresh. 《☞ わかい[1]; ぴちぴち》. ¶ 彼は年の割に*若々しい He looks *young* for his age. // 彼らの*若々しい姿はフィールドを機敏に動き回った Their ⌈*youthful* [*fresh*] figures moved quickly about in the field.

わき 脇 —[名] (横) side [C]. —[形] (横の) side; (近くの) near. —[前] (...のそばの[に]) by ...; (...の横の[に]) beside ... [語法] by と beside は入れ替え可能な場合もあるが, 前者は必ずしも横とは限らず,「近く」とか「ほとり」という位置を示すのに対し, 後者は横の位置を示し, すぐ近く, あるいは隣という意味を持つ. —[副] (わきへ) aside. 《☞ よこ; かたわら》.

¶ 彼はその箱を*わきへのけた He put the box on one *side.* // あの大きなビルの*わきにある小さな家が見えますか Do you see the little house ⌈*by* [*beside*] that big building? // ちょっと*わきへ寄って下さい Please step *aside.* // いま*わきを通っていった (⇒ そばを素通りした) のはだれですか Who was that person who just *passed by*? // 彼の話はよく*わきへそれる (⇒ 彼は主題からよく脱線する) He often *digresses* from the subject. // *わきを見ている間に, 何かしましたか Did you do anything while I was looking ⌈*away* [*aside*]? 《☞ わきみ》

わきあいあい 和気あいあい —[形] (楽しい) happy; (仲むつまじい) harmonious; (友好的な) friendly. —[名] harmony [U]; friendliness [U]. —[副] harmoniously. 《☞ むつまじい》. ¶ 彼らは*和気あいあいと働いた They worked ⌈*harmoniously* [in *happy harmony*]. // その部屋には*和気あいあいとした雰囲気があった There was a ⌈*harmonious* [*friendly*] atmosphere in the room.

わきが 腋臭 body odor [óudə] [U] ★ 体臭・わきがを遠回しに言う言葉. しばしば BO と略す. ¶ これは*わきがにたいへん効果があります This is quite effective against *body odor.*

わきかえる 沸き返る **1** 《熱狂する》: be excited (over ...; with ...) 《☞ わきたつ》.

¶ 観衆は接戦に*沸き返った The spectators *were excited* ⌈*over* [*with*] the close game.

2 《湯などが》: (沸騰する) boil (自) 《☞ わく[1]; ふっとう; にたつ》. ¶ やかんのお湯は*沸き返っていた The water in the kettle *was boiling.*

わきげ 腋毛 hair of the armpit [U], underarm hair [U].

わきたつ 沸き立つ (興奮状態になる) be [get] excited (over ...; at ...); (沸き返るように騒ぐ) seethe [síːð] (自). 《☞ わきかえる; わく[1]》.

¶ その知らせに出席者たちは*沸き立った Those present ⌈*were* [*got*] *excited at* the news. // 町中が興奮で*沸き立っていた The town *was seething* with excitement.

わきのした 腋の下 armpit [C] 《☞ うで (挿絵)》. ¶ 私はすぐ*わきの下に汗をかく I often sweat *under the arm.* // 彼は本を1冊*わき (⇒ 腕) の下に抱えて歩いていた He was walking with a book *under his arm.* 《☞ かかえる (挿絵)》

わきばら 脇腹 *one's* side [C], flank [C]. 《☞ はら; からだ (挿絵); うま[1] (挿絵)》. ¶ 私は*わき腹が痛い I feel a pain in *my side.*

わきまえる 弁える (道理などを知っている) know (他) (自); (理解している) understand (他) (自). 《☞ しる[1]; わかる; こころえる》.

¶ そんなことは*わきまえている (⇒ 私はもっと分別がある) I *know* better. // 彼は商売のやり方を*わきまえている He ⌈*knows* [*understands*] how to manage his business. // この会社で働くのなら, 次のことをよく*わきまえておきなさい *Bear* the following *in mind* as long as you work in this company.

わ

わきみ 脇見 ―動 (よそを見る) look away (from ...) ⓐ; (ちらりと横を見る) glance aside. 《☞ よそみ》. ¶ *わき見運転は危険です (⇒ 運転中よそ見することは危険だ) It's dangerous to *look away from* the road while driving. // テスト中, *わき見はいけません Don't *glance* ⌈*aside* [*to the side*] while you are taking a test.

わきみち 脇道 (間道) byroad Ⓒ, bypath Ⓒ. ¶ 私たちは*わき道を通って行った We followed the ⌈*byroad* [*bypath*]. // 彼の話はすぐ*わき道にそれてしまう (⇒ 脱線する) He soon *digresses from the subject*.

わきめ 脇目 **わき目もふらずに** ¶ 彼は1年間*わき目もふらずに働いた (⇒ 仕事に専念した) He *devoted himself to* his work for a year. // 彼は*わき目もふらずに (⇒ 必死になって) 逃げた He ran *for his life*.

わぎり 輪切り ―動 cut ... in round slices 《☞ 料理の用語 (囲み)》. ¶ 大根は*輪切りにします *Cut* the radish *in round slices*.

わく[1] 沸く (沸騰する) boil ⓐ 《☞ わきたつ; にたつ; わかす》. ¶ お湯が*沸いている The water *is boiling*. 《☞ ゆ》 // 風呂が*沸きました (⇒ 用意ができている) The bath *is ready*.

わく[2] 湧く, 涌く **1** «水などが»: (わき出る) spring (out) ⓐ; (流れ出る) flow (out) ⓐ. ¶ ここでは川床から温泉が*わいている Hot water *springs out* from the riverbed here. // 新しい希望が胸に*わいてきた I felt new hope *springing* afresh in my breast.

2 «雲が»: (現れる) appear ⓐ; (生じる) rise ⓐ; (群がる) gather ⓐ. 《☞ くも[1]》. ¶ 黒雲が西の空に*わいてきた Black clouds began to ⌈*appear* [*rise*; *gather*] in the western sky.

3 «うじなどが»: (成長する) grow ⓐ; (繁殖する) breed ⓐ. ¶ 肉にうじが*わいた Maggots *have* ⌈*grown* [*bred*] in the meat.

わく[3] 枠 **1** «窓・眼鏡などの»: frame Ⓒ 《☞ ふち[1]; まど (挿絵); めがね (挿絵)》. ¶ 私は窓の*枠にペンキを塗った I painted the window *frames*.

2 «制約, その範囲»: (制限) limit Ⓒ; (枠組み) framework Ⓒ. 《☞ せいやく[1]; はんい[1]》. ¶ これは予算の*枠内で処理できます We can manage this within the ⌈*limits* [*framework*] of the current budget.

わくせい 惑星 planet Ⓒ ★「恒星」に対するもので star は用いない.

ワクチン vaccine [væksíːn] Ⓤ. **ワクチン注射** ―名 vaccination [vàksənéiʃən] Ⓒ. ―動 vaccinate [vǽksənèit] ⓑ. 《☞ よぼうせっしゅ》. ¶ うちの息子は小児麻痺の*ワクチン注射をした My son *was vaccinated* against polio.

わくわく ―動 (興奮する) be [get] excited (over ...; at ...); (ぞくぞくする・させる) thrill ⓐ ⓑ. 《☞ どきどき; 擬声・擬態語 (囲み)》. ¶ 私たちは胸を*わくわくさせて (⇒ 震えて[期待をもって]) 結果を待った We waited for the result ⌈*in trembling* [*with expectation*]. // そのニュースは私たちを*わくわくさせた The news *thrilled* us. / We *were* ⌈*excited at* [*thrilled by*] the news.

わけ 訳 **1** «理由・原因»: (理由) reason Ⓤ; (原因) cause Ⓒ. 《☞ りゆう (類義語); 理由の表し方 (囲み)》.

¶ あなたがあの先生を嫌うのはどういう*訳ですか What is your *reason* for hating that teacher? / (⇒ 何があなたにあの先生を嫌わせるのか) What makes you hate that teacher? / (⇒ なぜ嫌うのか) Why do you hate that teacher? 語法 第3番目は最も単刀直入な聞き方だが, やや詰問調に響くことが多い. 第1, 第2のほうが柔らかい聞き方. // 私がそうした*訳は友人との約束を守りたかったからです The *reason* (*why*) I did that was that I wanted to keep my promise with my friend. 語法 the reason why ... は理由を表す語が重複するので避けたほうがよいという文法家の意見もあるが, 実際にはしばしば用いられる. // 彼らはどういう*訳でけんかをしたのですか (⇒ けんかの原因は何だったのか) What was the *cause* of their quarrel? // ある*訳があって彼はよく遅刻します He is often late *for* some *reason*. // 彼女が怒る*訳だ (⇒ 彼女には怒る十分な理由がある) She has good *reason* to be angry. / (⇒ 彼女が怒るのももっともだ) It is natural for her to be angry.

2 «意味»: meaning Ⓒ 《☞ いみ》. ¶ この英文は*訳がわからない (⇒ 意味を成さない) This English sentence doesn't *make* any *sense*. ★ make sense で「意味を成す」. / (⇒ 意味が理解できない) I can't understand the *meaning* of this English sentence.

3 «道理»: (分別) sense Ⓤ; (理性) reason Ⓤ. ¶ 彼は*訳のわかった人です He is a ⌈man of *sense* [*sensible* man]. // 彼は時々*訳がわからなくなる (⇒ 人の言うことを聞き分けない[理性を欠くようになる]) Sometimes he ⌈refuses to listen to *reason* [becomes *unreasonable*].

4 «事情» ¶ そういう*わけなら (⇒ もしそれが事実なら) お手伝いしましょう If that is *the case* [(⇒ もしそうなら) If *so*], let me help you. // そういう*わけにもいきません (⇒ そうすることは不可能だ) It's impossible for me to do so.

わけあう 分け合う (共にする) share ⓑ; (分配する) divide ... ⌈between [among] ... 語法 between は2人の間, among は3人以上の間に用いるとされるが, この区別は厳密なものではない. 《☞ わける; やまわけ; ぶんぱい》.

¶ 彼らは持っている食べ物を*分け合った They *shared* the food they had. // 2人は利益を*分け合った They ⌈*shared* [*divided*] the profit between them.

わけない 訳ない ―形 (易しい) easy; (簡単な) simple. 《☞ やさしい[2]; かんたん[1]》. ¶ そんなことは*訳ない That's very ⌈*easy* [*simple*].

わけへだて 分け隔て, 別け隔て (差別) discrimination Ⓤ; (えこひいき) partiality Ⓤ. 《☞ さべつ; えこひいき》. ¶ だれにも*分け隔てなくする (⇒ 公平である) ことはなかなか難しい It is pretty difficult to be *impartial*.

わけまえ 分け前 (取り分) share Ⓒ; (割り当てられた部分) portion Ⓒ, 《口語》 cut Ⓒ. 《☞ ぶん[1]》. ¶ 私は利益の*分け前をもらった I

わ

⌈got [had] my ⌈*share* [*portion*] of the profit. // 彼は1割の*分け前を要求した He demanded a 10 percent *cut*.

わけめ 分け目 ━名 (髪の毛の) parting Ⓒ; (分け目の線) dividing line Ⓒ. ━形 (運命を決する) fatal; (決定的で重要な) crucial.
¶ 天下*分け目の戦いはこの関が原で戦われた A ⌈*crucial* [*fatal*] battle was fought here in Sekigahara.

わける 分ける **1** «分割する»: (1つのものを幾つかに) divide (他) 《☞ ぶんぱい》. ¶ 彼女はケーキを4つに*分けた <S(人)+V(*divide*)+O(物)+*into*+名(個数)> She *divided* the cake *into* four pieces. // 彼らは父親の財産を自分たちで*分けた <S(人)+V(*divide*)+O(物)+*among*+名(人)> They *divided* their father's property *among* them.
2 «分離する»: (異なったグループに) separate (他) 《☞ はなす²》. ¶ 彼女は小麦ともみがらを*分けた She *separated* the wheat from the chaff.
3 «分類する»: classify (他) 《☞ ぶんるい》.
¶ 彼は本を項目別に*分けた He *classified* the books according to subject. // 先生は子供たちを背の高さによって*分けた The teacher *classified* the children by height.
4 «分配する»: (配る) distribute (他); (互いに分かち合う) share (他). 《☞ ぶんぱい; くばる》.
¶ 彼女は子供たちにプレゼントを*分けた She *distributed* presents to the children. // 私は彼に食べ物を*分けてやった <S(人)+V(*share*)+O(物)+*with*+名(人)> I *shared* my food *with* him.

わごう 和合 (意見・利害などの一致) harmony Ⓤ; (平和) peace Ⓤ. 《☞ ちょうわ; へいわ; えんまん》.

わこうど 若人 (若い男性[女性]) young ⌈man [woman] Ⓒ; (青年) youth Ⓒ ★ the youth として若者一般を指す. 《☞ わかもの; せいねん¹》.

わゴム 輪ゴム rubber band Ⓒ.

ワゴン (スーパーマーケットなどの買い物用の) (shopping) cart Ⓒ; (お茶の道具や料理を運ぶための) tea ⌈cart [wagon] Ⓒ, serving cart Ⓒ, 《英》 trolley Ⓒ.
ワゴン車 《米》 station wagon Ⓒ, 《英》 estate car Ⓒ 〔語法〕 日本でワゴン車というとルーフの高いものだけをいい, 乗用車スタイルのものは「バン」「エステートバン」「ライトバン」などということが多い. 以上はいずれも乗用が主なら《米》 station wagon, 《英》 estate car と訳してよいが, 商用で荷物を運ぶのが主目的のものは delivery van に当たる. なお, 《米》《英》ともにこれら配達用のものはルーフの高いものが普通で, 日本でいうワゴン車のスタイルに近い. 《☞ 自動車(囲み)》.

わざ 業, 技 **1** «行為»: (仕業) act Ⓒ; (仕事) task Ⓒ. ¶ これは人間*わざとは思えない (⇒ 人間の力をはるかに超えている) This is far beyond human *power*. // これは容易な*わざではない This is no ⌈easy [simple] *task*.
2 «技術»: (技能) skill Ⓒ; (離れわざ) feat Ⓒ; (芸当) trick Ⓒ. 《☞ ぎじゅつ》. ¶ この*技を覚えれば一人前だ You'll be on your own when you have mastered this ⌈*skill* [*trick*]. // 彼は鉄棒ですばらしい*技を見せた He performed quite a *feat* on the horizontal bar. // 何てすばらしい*技だ What a *feat*!

わさい 和裁 Japanese dressmaking Ⓤ.

わざと (故意に) on purpose, purposely ★ 前者のほうが普通; (はっきりした目的をもって) intentionally, by intention; (じっくりとよく考えた上で) deliberately. 《☞ こい³》.
¶ 彼は*わざと答えを間違えた He gave the wrong answer *on purpose*. // あなたを*わざと避けていたのではありません (⇒ 避ける意志は持っていなかった) I had no *intention* of avoiding you. // あの人は*わざと私をわなにかけた The man *deliberately* set a trap for me. // 彼女の笑いは*わざとらしい (⇒ 不自然な[気取った]) ものだった Her smile was ⌈*unnatural* [*affected*]. / There was ⌈a *forced* [an *affected*] smile on her face.

わさび 山葵 Japanese horseradish Ⓒ; (おろしたもの) grated Japanese horseradish Ⓤ ★ horseradish は西洋わさび. **わさびおろし** (おろし金) grater Ⓒ.

わざわい 災い (不運) misfortune Ⓒ, mishap Ⓒ ★ 後者は口語的; (不道徳な行いが元で起こる不幸・災難) evil Ⓤ. 《☞ さいなん》.
¶ この*災いを転じて福とすることができるかもしれない We may be able to turn this *misfortune* into a blessing. // 口は*災いのもと Out of the mouth comes *evil*. 《ことわざ》 // 悪天候が*災いして (⇒ 天気が悪いために) 欠席者が多かった There were many absentees ⌈*owing to* [*because of*] the bad weather. 《☞ 理由の表し方 (囲み)》

わざわざ (特に…という目的で) specially 《☞ とくに (類義語); あえて; わざと》.
¶ 彼女は君のために*わざわざこのケーキを作ったのだ She made this cake *specially* for you.
〔語法〕 この場合 especially を用いると, ほかの人と区別して,「特にあなたのために」という意味となる. // *わざわざ紹介状を書いていただきありがとうございました Thank you very much *for* writing a letter of introduction for me.
〔語法〕 このような場合の「わざわざ」は特定の語句で訳さなくても文意全体に含まれると見てよい. 《☞ 翻訳 (欄外)》 // *わざわざ遠いところを (⇒ はるばるやって来て) 本を届けて下さってありがとう It's very kind of you to (*have*) *come all the way* to deliver the book.

わし¹ 鷲 eagle Ⓒ; (子) eaglet Ⓒ. **わし座** the Eagle, Aquila. 《☞ せいざ¹ (表)》 **わし鼻** aquiline nose Ⓒ; (かぎ鼻) hooknose Ⓒ.

わし² 和紙 traditional Japanese-made paper Ⓤ 《☞ 日本固有の風物と英語 (囲み)》.

わしつ 和室 Japanese-style room Ⓒ 《☞ 家・部屋 (囲み)》.

わしづかみ 鷲掴み ━動 (急につかむ) grab (他); (しっかりとつかむ) clutch (他). ━名 grab Ⓒ; clutch Ⓒ. 《☞ つかむ》. ¶ その男は札束を*わしづかみにしてポケットに入れた The man *clutched* the bank notes and put them into his pocket.

わ

わじゅつ 話術 (話の仕方) narrative Ⓤ; (雄弁術) elocution Ⓤ. 《☞ はなし》.

わしょく 和食 (日本風の食べ物) Japanese-style food Ⓤ; (日本料理) Japanese ˹dish Ⓒ [cuisine Ⓤ; cooking Ⓤ] [語法] dish は作られた料理. cuisine は中国料理・フランス料理など特定の料理法. cooking は料理法一般. 《☞ 食事 (囲み); りょうり》.
¶あなたは *和食と洋食のどちらが好きですか Which do you prefer, *Japanese-style food* or Western-style food?

ワシントン (州) Washington; (首都) Washington D.C. [参考] D.C. は District of Columbia の略. 《☞ アメリカ (表)》.

わずか 僅か (数の少ない) few; (量の少ない) little; (時間の短い) short; (取るに足らない) slight. 《☞ すこし; すくない; ほんの》.
¶出席したのはごく *わずかな人たちだけだった Only a *few* people were present. // 金はごく *わずかしか持っていない I've got only a ˹*little* [*small* amount of] money. // そんな *わずかな時間にこれだけの仕事をしたのですか Have you done this much of work in such a *short* time? // 2 人の意見にはごく *わずかな違いがあるだけだ There is only a *slight* difference between the two opinions. // 私たちは *わずかに (⇒ かろうじて) 生命を保つだけの食料を与えられていた We were given *barely* enough food to keep ourselves alive.

わずらい 煩い, 患い (悩み) worry Ⓤ; (心配事) trouble Ⓒ; (病気) illness Ⓤ. 《☞ しんぱい (類義語); なやみ; びょうき》.

わずらう 煩う, 患う (悩む) worry (about ...) (自); (病気になる・病気をする) get [fall] ill. 《☞ しんぱい (類義語); なやむ; びょうき》.
¶我々は思い *煩うことは何もない We have nothing to ˹*worry* [*be anxious*] *about*. // 彼は胸を *患っていた (⇒ 結核だった) He ˹had [*was suffering from*] tuberculosis. 《☞ 病気・病院 (囲み)》

わずらわしい 煩わしい (面倒な) troublesome; (やっかいな) annoying; (複雑な) complicated. 《☞ めんどう; やっかい; はんざつ》.
¶手続きをするのが *煩わしい It is ˹*troublesome* [*annoying*] to go through the formalities. // この内規は *煩わしいばかりでよくわからない These bylaws are too *complicated* to understand.

わ

わずらわす 煩わす (手数をかける) trouble (他); (うるさいことを言って迷惑をかける) bother (他). 《☞ てすう; めいわく》. ¶そんなつまらないことで彼を *煩わせるのはよしなさい Don't *bother* him with such a trifling matter.

わすれがたみ 忘れ形見 (形見の品) keepsake Ⓒ; (遺児) child of the late ... Ⓒ. 《☞ かたみ[1]; いじ[3]》. ¶この鏡は母の *忘れ形見だ This mirror is a *keepsake* from my mother. // あの 2 人が前田さんの *忘れ形見です Those two are the *children* ˹*of the late* [*left by*] Mr. Maeda.

わすれなぐさ 忘れな草 forget-me-not Ⓒ 《☞ 花 (囲み); ハイフン (欄外)》.

わすれもの 忘れ物 —[名] thing left behind Ⓒ. —[動] leave *one's* things [語法] 後に「場所」を表す語句が続く. 《☞ わすれる; おきわすれる》.
¶列車の中に *忘れ物をしないように Don't *leave your things* on the train. // *忘れ物をしないように (⇒ 持ち物を忘れないように) Don't *forget* your things. [語法]「場所」の語句がない場合は forget が使える. // 傘の *忘れ物です (⇒ だれかがここに傘を置いていった) Somebody *left* his umbrella here.

わすれる 忘れる (うっかりして忘れる・持って行く[来る]のを忘れる) forget (他) 《過去 forgot; 過分 forgotten, forgot》 (↔ remember); (物をある場所に置き忘れる) leave (他) 《過去・過分 left》 [語法] 後に「場所」を表す語句が続く; (…について思い出せない・気になること, 困ったことを気に病まずに忘れる) forget about ... 《☞ どわすれ》.
¶手紙を投函するのを *忘れないように Don't *forget* to mail the letter. [語法] これからすることを忘れる, あるいは次例のように既にしていなければならないことをし忘れるという意味のときは to 不定詞を伴う.
私は明かりを消すのを *忘れた I ˹*forgot* [*have forgotten*] to turn out the light. [語法] have forgotten の代わりにしばしば forgot を用いる.
彼女の電話番号を *忘れてしまった I *forgot* her phone number.
彼がきょう私に会いに来るのを *忘れていた I *forgot* that he was coming to see me today.
私はここであなたと会ったことを決して *忘れません I'll never *forget meeting* you here. [語法] 過去にあったことを忘れるという意味ではこのように動名詞を伴う.
カメラを *忘れないように Don't *forget* your camera.
傘を電車の中に *忘れた I *left* my umbrella on the train. [語法] このように場所を言うときは forget は使えない.
彼女は約束を *忘れてしまったに違いない She must *have forgotten* (*about*) ˹the [our] appointment. [語法] 会う約束は appointment で promise ではない.
「ご迷惑をかけてすみませんでした」「いいんですよ. もう *忘れてしまって下さい」 "I'm sorry to have troubled you so much." "It was nothing. *Forget* (*about*) it."
時は金なりということを *忘れてはならない *Remember* that time is money. [語法] 日本語では「忘れるな」と否定になっていても英語では肯定文にして言う場合があることに注意. 特に, 単に忘れないというだけでなく, 「心に刻んでおく」という積極的な意味のときはそうである.
彼は寝食を *忘れて研究に没頭した He *devoted himself* to his research. ★ devote *oneself* は「専念する」という意味.

わせ 早稲, 早生 —[名] (稲) early rice Ⓤ; (一般的に) early plants ★ 複数形で. —[形] early.

わせい[1] 和声 〘音楽〙 harmony Ⓤ 《☞ 音楽 (囲み)》.

わせい[2] 和製 —[形] made in Japan,

Japanese-made, of Japanese make ★ 最初のものが最も普通.

わせいえいご 和製英語 (日本語的英語) Japanese English Ⓤ; (日本で作られた英語の単語) English word coined in Japan Ⓒ.

ワセリン Vaseline [vǽsəlìːn] Ⓤ ★ 商標名.

わた 綿 cotton Ⓤ; (原綿) cotton wool Ⓤ ★《英》では「脱脂綿」を指す; (綿の木) cotton Ⓤ, cotton plant Ⓒ; (詰め綿) wadding Ⓤ. 《☞ だっしめん》.

¶ クッションに*綿を詰めた I've stuffed the cushion with *cotton.* // 私は*綿のように (⇒ へとへとに) 疲れた I was ˹tired out [exhausted]. **綿入れ** (衣類) wadded [padded] garment Ⓒ; (綿入れの布団) wadded quilt Ⓒ **綿菓子** cotton candy Ⓤ **綿雲** fleecy clouds ★ 複数形で. **綿毛** (鳥などの) down Ⓤ; (ラシャなどのけば) fluff Ⓤ. 《☞ けば》.

わだい 話題 (話の主題) topic Ⓒ, subject (of conversation) Ⓒ; (話の種) the talk. 《☞ はなし; テーマ; トピック》. ¶ *話題を変えましょう Let's change the ˹*topic* [*subject*]. // その地震のことはすでに*話題にのぼった (⇒ 話に出た) The earthquake *has* already *been talked about.* // 彼が*話題の (⇒ ニュースで評判の) 男だ He is the man *in the news.*

わだかまり (悪感情) bad feelings [語法] 理性に対する感情の意味では feeling は複数形で用いられることが多い; (恨み) grudge Ⓒ. 《☞ しこり; うらみ》. ¶ 彼に対して, 私は何の*わだかまりも持っていない I have no ˹*bad feelings* [*grudge*] against him. // 心に*わだかまりが (⇒ 心に何かが) あるのはよくない. 話してしまいなさい It's not good for you to *have something* on your mind. Speak it out. // 私たちは*わだかまりなく (⇒ 率直に) 話し合える We can talk with each other frankly.

わたくし ―代 I 《☞ わたし¹》.

わたくしごと 私事 private affairs ★ 複数形で. 《☞ しよう³; しじょう³》.

わたし¹ 私 ―代 (私は) I ★ 常に大文字で書く; (私の) my; (私を・私に) me; (私のもの) mine; (私自身) myself [語法] I は人称代名詞の1つで, 1人称単数. 「私たち」「われわれ」という1人称複数形は we. なお, 英語では日本語のように,「私」「僕」「おれ」などの区別はなく, これらはすべて I と訳す. 《☞ 代名詞 (欄外); じぶん¹; われわれ》.

¶ *私は学生です *I* am a student. // *私の母です《紹介するときなど》 This is *my* mother. 《☞ 紹介 (囲み)》 // きょうは*私の当番だ *I'm* on duty today. ★「私の」とあっても必ずしも my を用いない. // *私に泳ぎ方を教えて下さい Please teach *me* how to swim. // 彼は*私をよく知っている He knows *me* well. // 彼女のスカートは*私のより長い Her skirt is longer than *mine.* // 宿題は*私自身でやった I did the homework *myself.* // それは*私です It's *me.* [語法] It's の後には主格補語として I がくるのが文法上正しいが, 一般には広く me が用いられる. 《☞ イディオム (欄外); 語法 (欄外)》 // 誤りを犯したのは*私です It is *I* ˹that [whc] made the mistake. [語法] この場合は me より主格の I を用いるほうが普通である. // *私としてはその結論には賛成しかねる *For my part* [*As for me*] I disagree with the conclusion.

わたし² 渡し **1** 《受け渡し》: delivery Ⓤ 《☞ うけわたし》.

2 《川・湖・海峡などの》: (渡し場) ferry Ⓒ. **渡し船[舟]** ferry (boat) Ⓒ. ¶ *渡し船でその川を渡った I crossed the river ˹*by ferry* [*on a ferry*]. [語法] by の後には a を付けないことに注意. 《☞ 乗り物 (囲み)》

わたしたち 私たち ―代 we 《☞ われわれ; わたし¹; 代名詞 (欄外)》.

わたす 渡す **1** 《手渡す・引き渡す》: (与える) give ⓗ ★ 平易な日常語で意味が広く, 以下の語の代わりに使える場合もあるが, 渡し方を明らかにするには以下の語を用いる; (手渡す) hand (over) ⓗ; (書類などを提出する) hand in ⓗ; (回す) pass ⓗ; (そっと渡す) slip ⓗ; (届ける) deliver ⓗ; (放棄して相手に引き渡す) surrender ⓗ. 《☞ てわたす; ひきわたす》.

¶ それをこちらに*渡しなさい *Give* it to me. // 私は確かにその金を彼に*渡した I certainly *handed over* the money to him. // 書類を*渡す前によくチェックしなさい Before you ˹*hand in* [(⇒ 提出する) *submit*] your papers you should check them carefully. // 代金と引き換えに品物をお*渡しいたします We will *deliver* the goods in exchange for cash. // 彼女は彼にこっそりメモを*渡した She ˹*slipped* [stealthily *passed*] a note to him. // 我々は敵の手に城を*渡さざるをえなかった We had to ˹*surrender* [*hand over*] our castle to the enemy.

2 《譲る》: (権利などを) make over ⓗ, transfer ⓗ ★ 前者のほうが口語的; (後に残す) leave ⓗ. 《☞ ゆずりわたす; ゆずる》. ¶ 私は全財産を妻に*渡すつもりだ I'm going to ˹*make over* [*transfer*; *leave*] all the property to my wife.

3 《免状などを授ける》: (与える) give ⓗ; (授与する) grant ⓗ; (発行する) issue ⓗ. 《☞ あたえる; じゅよ》. ¶ 試験をパスした学生に修了証書が*渡される A certificate will *be* ˹*given* [*granted*; *issued*] to those students who have successfully passed the examination.

4 《向こう側に届かせる》: (置く) lay ⓗ《過去・過分 laid》; (橋などをかける) build ⓗ; (…の両岸をつなぐ) span ⓗ. 《☞ かける¹》.

¶ 私は水たまりに板を*渡した (⇒ 置いた) I *laid* a plank across the puddle. // この川に鉄橋を*渡す予定だ They are planning to ˹*build* a railroad bridge over this river [*span* this river with a railroad bridge].

わだち 轍 (車輪の跡) rut Ⓒ, wheel track Ⓒ.

わたり 渡り ¶ 私が先方に*渡りをつけましょう (⇒ 先方と連絡しよう) I will ˹*get in touch with* [*contact*] the other party. [語法] get in touch with … も contact も「連絡をつける」の意だが, 前者のほうがより口語的. 《☞ れんらく》 **渡りに船** ¶ 彼の提案はまったく*渡りに船だった (⇒ 時機を得ていたものだ) His proposal was quite *timely.*

わ

和 製 英 語

英語の単語を基にして日本で作られた英語が和製英語であるが，英語がそのまま日本語に取り入れられ，外来語として日本独自の意味で使用されているものも和製英語といえる.《☞ 借用語（欄外）》

和製英語にはいくつかの類型があるが，大きく分けて以下のように分類することができる.

1 英語の単語を日本語流に組み合わせた造語

アイス キャンデー (ice＋candy) ★《米》では Popsicle Ⓒ で商標名,《英》では ice-lolly Ⓒ, lollipop Ⓒ または lollypop Ⓒ.

アフター サービス (after＋service) ★ 英語では単に service Ⓤ でよい. 広い意味では after-sales service Ⓤ. 修理サービスなら repair service Ⓤ. 保証なら warranty Ⓒ, guarantee Ⓒ.

イージー オーダー (easy＋order) ★ イージーオーダーの服は a suit made to order without a fitting ということで日本独特のもの. 個人の寸法に合わせて作るのは made-to-measure という. また特別にあつらえた「注文仕立ての」というときは tailored または tailor-made という.

オーダー メイド (order＋made) ★ made-to-order または custom-made に当たる. なお ready-made は正しい英語.

オールド ミス (old＋miss) ★ 英語では old maid Ⓒ または spinster Ⓒ だが, 前者は日本語のオールドミスと同じく軽蔑的. 後者は法律用語としても用いられ, 前者より普通だが, やはり場合によっては軽蔑的である. 中立的な言い方には unmarried woman Ⓒ がある.

オフィス レディ (office＋lady) ★ 英語では事務職の人は普通男女の区別なく office worker Ⓒ という. 特に区別の必要なときには woman office worker Ⓒ という.

ガソリン スタンド (gasoline＋stand) ★ 英語では《米》gas station Ⓒ,《英》petrol station Ⓒ, あるいは 米英共通で filling station Ⓒ または service station Ⓒ.

キャッチボール (catch＋ball) ★ 英語では「キャッチボールをする」は play catch.

コイン ロッカー (coin＋locker) ★ 掲示などでは coin-operated locker Ⓒ とするが, 普通は単に locker Ⓒ と呼ぶ.

ゴール イン (goal＋in) ★ ゴールに達するなら reach the goal. 得点するなら get [kick; make; score] a goal という.「結婚する」は get married.

ゴールデン アワー (golden＋hour) ★ 英語では prime (television) time Ⓤ.

ダイニング キッチン (dining＋kitchen) ★ 英語では dining room with a kitchen Ⓒ または dining room-kitchen combination Ⓒ. 米英の家庭では, 台所の一角に食卓を置き, そこで食事をするのが一般的なので特にこのように呼ぶことは少ない.

ダンプ カー (dump＋car) ★《米》では dump truck Ⓒ,《英》では dump lorry Ⓒ.

ダンス パーティー (dance＋party) ★ 英語では単に dance Ⓒ, 特に公式で大がかりなものは ball Ⓒ.

テーブル スピーチ (table＋speech) ★ 英語では after-dinner speech Ⓒ. 単に speechだけでもよい.

デコレーション ケーキ (decoration＋cake) ★ 単に round cake Ⓒ といい, また誕生日のものは birthday cake Ⓒ, クリスマス用のものは Christmas cake Ⓒ という. 飾りたてたケーキという意味では decorated cake Ⓒ.

ナイター (night＋-er) ★ 英語では夜間試合は night game Ⓒ.

ネーム バリュー (name＋value) ★「名のある・有名な」という意味では name をそのまま形容詞的に用い, a name author のようにする.

ハード スケジュール (hard＋schedule) ★ tight [heavy] schedule Ⓒ というのが正しい.

バック ネット (back＋net) ★ 英語では backstop Ⓒ がこれに当たる.

バック ミラー (back＋mirror) ★ rearview mirror Ⓒ が正しい. なお《英》では driving mirror Ⓒ ともいう.《☞ 自動車（囲み）》

パンティー ストッキング (panty＋stocking) ★ 英語では panty hose で, 複数扱い. 数えるときは a pair of panty hose のようにいう.

フルーツ パーラー (fruit＋parlor) ★ 英語では ice-cream parlor Ⓒ がこれに近い.

プレー ガイド (play＋guide) ★ 英語では ticket agency Ⓒ.《英》では booking agency Ⓒ ともいう.

フロント ガラス (front＋glass) ★ 英語では《米》windshield Ⓒ,《英》windscreen Ⓒ.《☞ 自動車（囲み）》

ベース アップ (base＋up) ★ 英語では wage increase Ⓤ または pay ⌈raise [hike] Ⓒ.「イメージアップ」,「コストアップ」,「システムアップ」など, この「名詞＋up」の形の和製英語は多い.

ペーパー ドライバー (paper＋driver) ★ 英語では説明的に訳すよりほかはない. person who has a driver's license but does not have ⌈his [her] own car Ⓒ, あるいは driver on paper only Ⓒ でも見当はつく.

ベッド タウン (bed＋town) ★ 英語では bedroom ⌈suburbs [communities]. いずれも複数形で.

ホワイト リカー (white＋liquor) ★ 焼酎のイメージ アップのために作られた語.

2 英語の一部を省略したもの

この種の和製英語は実にたくさんある. 特に「エアコン」,「インフレ」のように日本語として座りのよい 4 音節のものがかなりある.

アイス コーヒー ★ 正しくは iced coffee Ⓤ. ただしアイス ティーの場合は iced tea Ⓤ のほかに, ice tea Ⓤ ともいう.
アウト ウェア ★ 英語は outerwear Ⓤ.
アパート ★ 英語は apartment (house) Ⓒ.
インフレ ★ 英語は inflation Ⓤ.
エアコン ★ 英語は air conditioner Ⓒ, または air conditioning Ⓤ (＝空調).
エンゲージ リング ★ engagement ring Ⓒ が正しい.
クラシック ★ クラシック音楽を classic music というのは間違いで, 正しくは classical music Ⓤ. 《☞ 音楽 (囲み)》
コネ ★ 英語の connection Ⓒ から.
スタンド プレー ★ 英語では grandstand play Ⓒ という.
ゼネスト ★ 英語は general strike Ⓒ.
テキスト ★ 英語では textbook Ⓒ. text は原文の意.
ノート ★ 帳面は notebook Ⓒ.
パソコン ★ 英語では personal computer Ⓒ. 《☞ コンピューター (囲み)》
ハンスト ★ 英語は hunger strike Ⓒ.
マスコミ ★ 英語は mass communication Ⓤ であるが, 実際には新聞・テレビなどの mass media (＝マスコミ機関) の意味で使う.
ワープロ ★ 英語は word processor Ⓒ.

3 日本独特の造語・合成語・混成語

アド バルーン ★ 英語なら advertising balloon Ⓒ となるが, 欧米にはない日本独自のもの.
オートバイ ★ auto (自動)＋bicycle (自転車) から. 英語では motorcycle Ⓒ. 小型のものは motorbike Ⓒ.
コンセント ★ 英語では (plug) receptacle Ⓒ または outlet Ⓒ.
サインペン ★ 日本の商標から. 英語では felt (-tipped) pen Ⓒ.
シャープ ペンシル ★ 商標名の Eversharp から. 英語では mechanical pencil Ⓒ.
タオルケット ★ towel と blanket の合成語.
ファスナー ★《英》では zip fastener Ⓒ ともいうが, 普通は zipper Ⓒ または zip Ⓒ.
ホチキス ★ 発明者の Hotchkiss にちなむ. 英語では stapler Ⓒ.

4 英語本来の意味と異なるもの

カバー (cover) ★ cover Ⓒ は本の表紙で, それにかぶせる日本でいうカバーは (book [dust]) jacket Ⓒ または wrapper Ⓒ. 《☞ ほん (挿絵)》
カンニング (cunning) ★ cunning は「ずるい」「ずる賢さ」の意で, 試験の際の不正行為は cheating Ⓤ.
クーラー (cooler) ★ cooler Ⓒ は「冷却装置」で, 部屋などの冷房装置は air conditioner Ⓒ.
クラクション ★ 英語では horn Ⓒ という. クラクションは Klaxon という商標名からきたもの.
コンプレックス (complex) ★ 英語には「劣等感」という意味はない. 劣等[優越]感は inferiority [superiority] complex Ⓤ.
サービス (service) ★「値引き・おまけ」の意味はない.「ただにする」のときは It's free. 費用・飲み物などを営業主がもってくれるおごりは, 口語で be on the house などという.
サイダー (cider) ★ 英語の cider Ⓤ は「りんご酒」で, 日本でいうサイダーは (soda) pop Ⓤ.
サイン (sign) ★ 手紙などの正式署名は signature Ⓒ で, 有名人などのいわゆるサインは autograph Ⓒ.「サイン会」は autograph session Ⓒ,「サインボール」は autographed ball Ⓒ という.
ジュース (juice) ★ 英語でいう juice Ⓤ は生の野菜や果物のしぼり汁で, 日本でいう合成されたものは soft drink Ⓒ である.
ストーブ (stove) ★ 英語の stove Ⓒ は普通, 料理用のレンジを指す. 暖房用の器具の意味では heater Ⓒ が一般的.
ツアー ★ 英語の tour には周遊旅行の意味はあるが, 日本語のツアーのように団体旅行の意味はない. その意味では group [organized] tour Ⓒ という.
ドライ (dry) ★「割り切った・打算的な」という意味はない. 英語なら, businesslike, calculating などが当たる.
ドライブイン ★ 英語では roadside restaurant Ⓒ. 英語の drive-in は自動車に乗ったまま映画が見られる映画館や食事の注文ができる食堂などを指す.
トランプ (trump) ★ 英語では (playing) cards. trump は「切り札」のこと.
トレーニングパンツ ★ 英語では sweat pants または gym slacks, 英語の training pants は幼児に排便のしつけをしているときにはかせる厚手の木綿パンツ.
ハイウェー (highway) ★ byway Ⓒ (＝わき道) に対する主要道路・公道が highway Ⓒ で, 高速道路という意味はない. 高速道路は《米》expressway Ⓒ,《米》freeway Ⓒ,《米》speedway Ⓒ,《英》motorway などという.
バイキング (viking) ★ Viking は北欧の歴史上の海賊のこと.「立食料理」なら buffet [bʌféi] Ⓒ. 立食式夕食は buffet supper Ⓤ という. また, 北欧のバイキング料理の一種に smorgasbord Ⓒ がある.
バイク ★ 英語の bike Ⓒ は普通は bicycle の略語. 英語では motorcycle Ⓒ または motorbike Ⓒ という.
ビジネスマン (businessman) ★ 英語では普通は経営者や管理職にある実業家を指し, 一般の会社員 (office worker Ⓒ) の意味はない.
フェミニスト (feminist) ★ 女権拡張論者の意で, 女性に優しい男という意味はない. feminist はもともと女性に多い. 婦人に丁重な男性は gallant Ⓒ という.
ベテラン ★ 英語の veteran Ⓒ は除隊した軍人のこと. 英語では man with extensive experience Ⓒ という.
ヘルス センター (health center) ★ 英語では「保健所」のこと. 娯楽施設を利用してレジャーを楽しむ所なら amusement center Ⓒ または pleasure resort Ⓒ.

マイカー ★ 自家用車の意味なら family car Ⓒ が普通. 説明的には privately-owned car Ⓒ. しかし,「道路がマイカーで渋滞中」などというときには以上のいずれも使わず, 単にcars を用いればよい.
マンション (mansion) ★ 英語では個人の大邸宅を指す. 日本でいう買い取り式の集合住宅は condominium Ⓒ. 共同住宅は apartment (house) Ⓒ である.
ヨット ★ 英語の yacht Ⓒ は必ずしも帆船とは限らず, 個人所有のクルーズ用の汽船や, クルーズまたは競走用の外洋ヨットをいい, 小型のもので甲板のない帆走ボートは dinghy Ⓒ, またはごく一般的には sailboat Ⓒ という.
レポート ★ report Ⓒ には学生が提出する論文の意味はなく, 英語では (term) paper Ⓒ.

わたりあう 渡り合う (議論する) argue (with ...) ㊀; (激論する) have heated discussions (with ...); (口争いする) quarrel (with ...) ㊀; (戦う) fight (against ...) ㊀. 《☞ こうろん; あらそう; たたかう》.
¶彼はそのことで同僚と*渡り合った He ˹*argued* [*had heated discussions*; *quarreled* (《英》*quarrelled*)] *with* his fellow workers about the matter. // 彼らは堂々と敵と*渡り合った They *fought* fair *against* the enemy.

わたりあるく 渡り歩く wander from place to place 《☞ ほうろう¹》. ¶彼は会社を*渡り歩いた (⇒ いろいろたくさんの会社に勤めた) He worked for many different firms.

わたりぞめ 渡り初め ¶*渡り初めの式 a formal opening of a bridge

わたりどり 渡り鳥 migratory [migrant] bird Ⓒ, migrant Ⓒ.

わたりろうか 渡り廊下 (屋根と柱だけの) breezeway Ⓒ.

わたる¹ 渡る **1** «向こう側へ行く»: (横断する) cross ㊉, go over ...; (歩いて) walk across ...; (走って) run across ...; (船で) sail across ...; (飛行機で) fly over ...; (歩いて川を渡る) wade across ...; (車で) drive across ... 《☞ こえる¹; よこぎる》.
¶道路を*渡るときには左右をよく注意しなさい When you *cross* a street, be careful to look both ways. // 彼らは太平洋を飛行機[船]で*渡った They ˹*flew over* [*sailed across*] the Pacific. / They *crossed* the Pacific by ˹plane [boat; ship]. // 彼は石橋をたたいて*渡る (⇒ 非常に慎重だ) He is extremely ˹prudent [(⇒ 注意深い) cautious]. 《☞ いしばし》 // 私は幾分危い橋を*渡った (⇒ 危険を冒した) I ran some risks.
2 «隔った所に行く[から来る]»: (渡り鳥が) migrate ㊀; (導入される) be introduced, be brought over. 《☞ とらい》.
¶白鳥が家のすぐ近くの湖に*渡ってきた Swans *have migrated* to a lake quite close to my house. // 彼は 18 のときにカナダへ*渡った (⇒ 行った) He *went* to Canada at the age of eighteen. // 仏教はいつ中国から日本に*渡りましたか When *was* Buddhism *introduced into* Japan *from* China?
3 «移る»: (人の手に渡る) pass [fall] into *a person's* hands; (他人の所有物となる) pass into the possession of ... ¶その店はついに彼の手に[人手に]*渡った The store *has passed into* ˹*his* [*other*] *hands* after all.
4 «与えられる» ¶切符が*渡っていない人 (⇒ 受け取っていない人) はいませんか Is there anyone who *hasn't received* a ticket yet? 《☞ ゆきわたる》
5 «過ごす・生きてゆく»: (世の中で暮らす) get along (in the world) ㊀; (生計を立てる) earn *one's* ˹living [livelihood].
¶どうしたらこの世をうまく*渡ってゆけるだろうか How can I manage to *get along* (well) *in this world?* // *渡る世間に鬼はいない (⇒ どこにも親切がある) There is kindness to be found everywhere.

わたる² 亙る, 亘る **1** «範囲・延長などが及ぶ»: extend (for ...) ㊀; (広がって続く) stretch (for ...) ㊀; (包含する) cover ㊉. 《☞ およぶ》.
¶この砂漠はここから南へ約 1000 キロに*わたって続いている This desert *extends for* about 1,000 kilometers from here to the south. // 彼は 3 千年あまりに*わたる歴史の本を書いた He wrote a history book *covering* more than 3,000 years. // わが校の歴史はほぼ 1 世紀に*わたる (⇒ わが校は約 1 世紀前に創設された) Our school was founded almost a century ago. // 私事に*わたって恐縮ですが, ... Excuse me for ˹*talking about* [*referring to*] ˹a [my own] personal matter, ...
2 «継続する» —動 (続く) continue ㊀, last ㊀. —前 (ある決まった期間) for ...; (...の間) over ...; (...後に) after ... 《☞ つづく》.
¶その交渉は数年間に*わたった The negotiations *continued for* several years. // 彼らは 5 時間に*わたってその問題を話し合った They argued about the matter *for* five hours. // 親子 2 代に*わたってその仕事をやる予定だ We are to work for the project *over* two generations. // 長年に*わたる実験の結果, その薬の効果が確かめられた *After* a long period of testing, the medicine was proved (to be) effective.

ワックス —名 wax Ⓤ. —動 (ワックスを塗る) wax ㊉. ¶床[スキー]に*ワックスをかけなさい *Wax* the ˹floor [skis].

わっしょい ★ 日本語と英語では, このようなかけ声のかけ方はもちろん, かけ声をかける場面も違っていることが多い. 例えばおみこしをかつぐなどの習慣は日本独特のものであるから, 水夫がいかりを上げるかけ声 Heave ho! などを当てても正確な訳語とはなり得ない.

わっと ¶少女の 1 人が*わっと泣き[笑い]出した One of the girls *burst into* ˹*tears* [*laughter*]. // 観客はその光景を見て*わっと歓声を上げた The spectators ˹*sent up* [*raised*; *let out*] *cheers* at the sight.

ワット 〘電気〙 watt Ⓒ 《略 w, W》. ¶100 *ワットの電球 a 100-*watt* bulb **ワット時** watt-hour Ⓒ **ワット数** wattage Ⓤ.

ワッフル waffle Ⓒ.

わ

わな 罠 trap Ⓒ; snare Ⓒ [語法] ばね仕掛けによるものが trap で，針金やロープの輪を使うのが snare. 《☞ おとしいれる》.

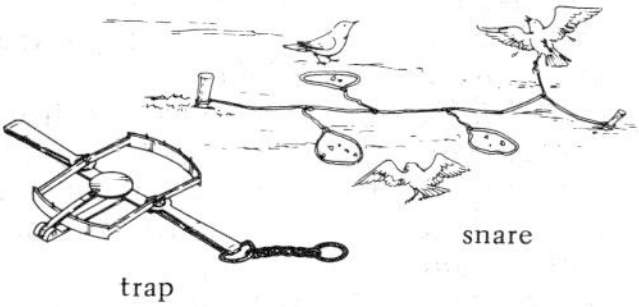

¶キツネをとるために*わなをしかけた We ˹set [laid] a ˹*trap* [*snare*] for a fox. // いたちが*わなにかかった The weasel ˹was caught in [fell into] a *trap*. // 私は*わなにはまった I fell into a *trap*. [語法] 比喩的には snare も使えないことはないが, trap のほうが普通. // あいつはやすやすと*わなにかかった (⇒ 真っすぐに進んでわなにはまった) The fellow walked straight into the *trap*.

わなげ 輪投げ ―[名] quoits [k(w)ɔ́its] ★複数形で; (輪投げ用の輪) quoit Ⓒ. ―[動] (輪投げをする) play quoits.

わななく (震える) shake ⓘ 《☞ ふるえる (類義語)》.

わなわな ¶彼女はその知らせを聞いて*わなわなと震えた She ˹*trembled all over* [*was all of a tremble*] at the news. 《☞ ぶるぶる; 擬声・擬態語 (囲み)》

わに 鰐 (アフリカ・南アジア産の鼻先の細い) crocodile [krákədàil] Ⓒ; (米国南部の鼻先の広い) alligator [ǽləgèitə] Ⓒ. ¶*わに皮のベルト a *crocodile* [an *alligator*] belt

ワニス varnish [váəniʃ] Ⓤ 《☞ ニス》.

わび¹ 詫び ―[名] apology Ⓒ. ―[動] (おわびをする・わびる) apologize (for ...; to ...) ⓘ [語法] for はわびる「内容」, to は「人」; make [offer] an apology (for ...; to ...). 《☞ あやまる¹; 謝罪の表現 (囲み)》.

¶お*わびの手紙はすぐに書きなさい You must write a letter of *apology* promptly. [語法] この場合は 1 つの決まった表現で, apology は無冠詞. // 返事が遅れたことを心からお*わびいたします I hope you will accept my sincere *apologies* for my delayed answer (to your letter). [語法] delayed letter とすると, 何か郵便事情などで遅れたように聞こえる. // ごぶさたのお*わびを申し上げます I wish to ˹*apologize* [*offer* my (sincere) *apologies*] *for* my long silence. // 無礼をいたし何ともお*わびのしようがありません (⇒おわびの申し上げようもない) I cannot *apologize* enough for my rudeness. // 彼女は涙を流して私に失言を*わびた She shed tears and *apologized to* me *for* her slip of the tongue. // これはほんのお*わびのしるしです This is just a token of *apology*.

わび言 words of apology ★複数形で. **わび状** written [letter of] apology Ⓒ.

わび² 侘び taste for the simple and ˹somber [quiet] Ⓤ; (落ち着きのある上品さ) quiet ˹refinement [elegance] Ⓤ [語法] 「わび・さび」あるいは「義理・人情」というような言葉は非常に日本的で，最も英訳の困難な概念の例である. 英米人にそのような概念がまったくないわけではないが，それはもっと別の概念の一部として含まれてしまうもので,「わび」という特定の領域につけるべき呼称が英語には存在しない. 以上の訳は説明にすぎないが，日本文化についての予備知識のない人にこれだけで理解してもらうのは不可能で，さらに多くの説明を必要とするであろう. 《☞ 日本固有の風物と英語 (囲み)》.

わびしい 侘しい (みじめな) miserable; (哀れな) wretched; (寂しい) lonely. 《☞ みじめ; さびしい》. ¶私はそのとき*わびしい思いをした I felt ˹*miserable* [*lonely*] at that time. // 私たちはお年寄りの*わびしい気持ちを (⇒ 孤独を) 理解してあげなければならない We must try to understand the *loneliness* of the aged.

わびる 詫びる apologize (for ...; to ...) ⓘ, make [offer] an apology (for ...; to ...) ★両者とも for はわびる「内容」, to は「人」. 《☞ わび¹; あやまる¹; 謝罪の表現 (囲み)》.

わふう 和風 ―[名] Japanese style Ⓤ. ―[形] Japanese-style (↔ foreign-[European-; Western-]style). ¶*和風の家 a *Japanese-style* house / a house *in the Japanese style*

わふく 和服 Japanese clothes ★複数形で; kimono Ⓒ. 《☞ 日本固有の風物と英語 (囲み)》. ¶母はいつも*和服を着ている My mother is always in (a) *kimono*.

わぶん 和文 (日本語) Japanese Ⓤ; (日本語で書いたもの) Japanese writing Ⓤ. ¶*和文英訳 translation from *Japanese* into English // *和文タイプ(ライター) a *Japanese language* typewriter [語法] Japanese typewriter とすると「日本製のタイプライター」ととられるおそれがある.

わへい 和平 peace Ⓤ 《☞ へいわ; こうわ》. ¶*和平会談 a *peace* conference // *和平工作 *peace* moves ★複数形で. **和平交渉** peace negotiations ★通例複数形で.

わほう 話法 〖文法〗 narration Ⓤ, speech Ⓤ. 《☞ 欄外》. ¶直接[間接]*話法 direct [indirect] ˹*narration* [*speech*]

わぼく 和睦 ―[名] (和解) reconciliation Ⓤ; (講和) peace Ⓤ. ―[動] be reconciled (with ...), make [conclude] peace (with ...). 《☞ わかい²; こうわ》. ¶A 氏はついに B 氏と*和睦した At last Mr. A ˹*became reconciled* [*made peace*] *with* Mr. B.

話法 (narration) 他人や自分が言ったことを人に伝達する方法を話法という. 話法には, (a) 言われた言葉をそのまま伝達する「直接話法」(direct narration), (b) 発言の内容をとらえ，その趣旨を話者自身の言葉に直して伝える「間接話法」(indirect narration) がある.

直接話法は引用される言葉，すなわち被伝達部と，だれが述べているかを明示する部分，すなわち伝達部から成る. なお伝達部中の動詞を伝達動詞 (reporting verb) という. 直接話法では伝達動詞の後にコンマが置かれ，被伝達部は大文字で書き始められ，この部分は引用符 (quotation marks) で囲まれる. 《☞ コンマ (欄外); 引用符(号) (欄外)》

話法の転換

わめく 喚く (大声を上げる) shout ㊐ ㊏; (大声で叫ぶ) yell ㊐ ★前者が最も一般的な語; (甲高い声で叫ぶ) scream ㊐. 《☞ さけぶ (類義語)》. ¶ 彼らは一方的に自分たちの要求 (⇒望むこと) を*わめいた They one-sidedly *shouted* (out) what they wanted. // いまさら助けを求めて*わめいても仕方がない It is no use「*screaming* [*yelling*] for help now.

わやく 和訳 —名 (和訳した文) Japanese translation Ⓒ; (訳すこと) translation into Japanese Ⓤ. —動 translate [put] ... into Japanese ★put を用いるほうがより口語的. 《☞ ほんやく; やく⁴》. ¶ 英文*和訳 *translation* from English *into Japanese* // このパラグラフを*和訳しなさい *Put* [*Translate*] this paragraph *into Japanese*.

わようせっちゅう 和洋折衷 (半ばヨーロッパ風) semi-European style Ⓤ; (組み合わせ) combination of Japanese and European styles Ⓒ. 《☞ せっちゅう》. ¶ 彼女は*和洋折衷の家に住んでいる She lives in「a *semi-European styled* house [a house of *semi-European style*].

わら 藁 straw Ⓤ ★1本のわらを表すときには a を付けて. ¶ おぼれる者は*わらをもつかむ A drowning man will clutch at a *straw*. 《ことわざ》 **わら細工** straw work Ⓤ **わら灰** straw ashes ★複数形で. **わら半紙** coarse writing paper Ⓤ.

わらい 笑い —名 (笑うことまたはその声) laughter Ⓤ, laughing Ⓤ, laugh Ⓒ 語法 laughter と laughing は笑うこと, laugh は笑い声に第一の焦点がある; (にこにこと) smile Ⓒ ★声は立てない; (独りで悦に入ってくすくすと笑う笑い) chuckle Ⓒ; (少女などがきゃっきゃっと笑う) giggle Ⓒ; (あざけりのにやにや笑い) sneer Ⓒ; (にやにや笑い) grin Ⓒ. —動 laugh ㊐; smile ㊐; chuckle ㊐.

¶ *笑いは緊張を解く *Laughter* relaxes tension.

彼のしぐさがおかしくて*笑いが止まらない His comic behavior is so amusing that I cannot stop *laughing*.

英語の試験で満点を取って*笑いが止まらなかった (⇒にやにやしてしまった) I could not stop *chuckling over* the full marks I got in English.

ひとりでに*笑いが込み上げてきた (⇒自分で気付く前にわき起こった) *Laughter* rose within me before I was aware of it.

私はやっとの思いで*笑いをかみ殺した (⇒抑えた [飲み込んだ]) I「suppressed [swallowed] my *laughter* with difficulty. / (⇒吹き出さずに済んだ) I barely managed to keep myself from *bursting into laughter*.

観客は大*笑いした The audience had a「good [hearty] *laugh*. / (⇒笑い出した) The audience「burst into (a roar of) *laughter* [(⇒とどろくように大きな声を出した) roared with *laughter*].

父はよく高*笑いする My father often *laughs*「aloud [loudly]. / My father often *has* a loud *laugh*.

彼は作り*笑いをした (⇒無理にほほえんでみせた) He forced a *smile*. / (⇒笑い声を立てた) He affected a *laugh*.

彼女は失敗に苦*笑いした She *smiled*「bitterly [grimly] at her own failure.

含み*笑い (⇒こらえた笑い) a suppressed *laugh* / (⇒くすくす笑い) a *chuckle*

笑い顔 smiling face Ⓒ 《☞ えがお》. ¶ *笑い顔をして with a「*smiling face* [*smile*] **笑い草, 笑い者** laughingstock Ⓒ; (冷笑の的) butt「for [of] ridicule Ⓒ. ¶ とんだお*笑い草だ (⇒茶番狂言だ) It's really a *farce*. // 私はへまをしてみんなの*笑い者になった I made a mistake, and「I *have made myself a laughingstock* [(⇒みんなから笑われた) I *was laughed at by* everybody]. **笑い声** laughing voice Ⓒ, laughter Ⓤ. ¶ 子供たちの楽しげな*笑い声 a「happy [joyous] *laughter* of children **笑い事** laughing matter Ⓒ. ¶ それは*笑い事ではなかった It was no「*laughing* [(⇒冗談の) *joking*] *matter* at all. **笑い上戸** (酒の上での) merry drinker Ⓒ; (よく笑う人) good [easy] laugher Ⓒ **笑い話** (冗談) joke Ⓒ; (おもしろい話) funny story Ⓒ.

わらう 笑う (声を立てて) laugh (at ...) ㊐; (にこにこと) smile (at ...) ㊐; (くすくすと) chuckle ㊐; (女性や子供が) giggle ㊐; (歯を見せて) grin ㊐; (にたにた笑う) smirk ㊐; (あざ笑う) sneer (at ...) ㊐; (ばかにして笑う) ridicule ㊏ ★やや改まった語; (からかう) make fun of ...

【類義語】最も一般的な語で, 声を立てて笑うのが **laugh**. 声を立てないで, 顔だけがにこにこと笑った表情になるのが **smile**. 男が低い声で独りで悦に入って笑ったり, 思い出し笑いをしたりす

わ

直接話法を間接話法に, 間接話法を直接話法に直すことを話法の転換という. ここでは, 前者の場合について, 以下に述べることにする.

(1) 平叙文の場合.

(i) 伝達動詞の後のコンマと引用符を取り, 接続詞の that を入れる. ただしこの that は省略されることが多い.

(ii) 原文の聞き手が say to ... のように明示されている場合は伝達動詞を tell に変え, tell ... (that) ... の形にするのが普通である.

(iii) 伝達者の立場から考えて, 被伝達部中の代名詞を適当に変える. 例えば, I love you. という被伝達部は話し手と聞き手の相違によって次のように変わる.

¶ 僕は「君が好きだ」と言ってるんだよ I say to you, "I love you." → I tell you that *I* love *you*. // あなたは「私が好きだ」とおっしゃるんですね You say to me, "I love you." → You tell me that *you* love *me*. // 彼は「私はあなたが好きだ」と言っている He says to me, "I love you." → He tells me that *he* loves *me*.

(iv) 時制の一致の規則によって, 被伝達部中の動詞の時制が決まる. 《☞ 時制の一致 (欄外)》

(v) 時・場所などを示す副詞も, 伝達される時と場所との関連によって変化する.

¶ 彼は「僕は新聞を読んでいるところだ」と言った He said, "I am reading a newspaper." → He said that *he was* reading a newspaper. // 彼女は「きのう息子に会った」と言った She said, "I met my son yesterday." → She said that *she had met her* son「*the previous day* [*the day before*].

るのが **chuckle**. 子供や若い女性がきゃっきゃっと笑うのが **giggle**. 口を大きく開けて歯を見せ，声を立てないで顔だけで笑うのが **grin** で，友好的な気持ちや機嫌のよさを表す笑いのことも多いが，敵意や苦痛を表す表情を意味することもある. 自己満足したように気取って，にたにた笑うのが **smirk**. 上唇を上げて歯を見せ，軽蔑とあざけりの意味で笑うのが **sneer**. 笑い方の表情よりも，あざ笑ったり，相手をばかにするようなことを言って笑いものにすることに意味の重点があるのが **ridicule**. からかって笑いものにするという口語的表現が **make fun of ...**

¶君は何を*笑っているの What *are* you ｢*laughing at* [(⇒声を出さずににこにこと) *smiling at*]?

私は*笑わずにはいられなかった I couldn't ｢help *laughing* [but *laugh*].

その知らせを聞いて我々は腹を抱えて*笑った We ｢*roared with laughter* [(⇒大いに笑った) *had a hearty laugh*; (⇒横腹が裂けるほど) *split our sides with laughter*] at the news. 語法 hearty は「心からの·腹の底からの」の意.

観客はどっと*笑った The spectators *burst* ｢*out laughing* [*into a roar of laughter*]. 語法 burst out ...ing, burst into ... は「突然…しだす」という決まった言い方.

私は涙が出るほど*笑った I *laughed myself to* tears.

腹の皮がよじれるほど*笑った (⇒けいれんした) I was convulsed with *laughter*.

彼は*笑いこけた (⇒体を曲げて) He bent over with *laughter*.

彼はよく*笑ってことをごまかす He often *laughs* things ｢*away* [*off*].

彼女は*笑って承知してくれた She *smiled* her approval.

《写真を撮るとき》さあ，*笑って (⇒チーズと言いなさい) Say cheese!

*笑う門には福来たる (⇒幸運は楽しい門から入ってくる) Fortune comes in by a merry gate.

来年のことを言えば鬼が*笑う Talk about next year, and the devil will *laugh*.

他人の失敗を*笑ってはいけない Don't ｢*laugh at* [*ridicule*] the failure of others.

彼女は多分腹の中で*笑っているだろう She *is* probably *laughing up her sleeve* at me. 語法 laugh up *one's* sleeve は「ひそかに笑う」という意味の慣用句.

子供たちは私のミスを*笑った (⇒からかった) The children *made fun of* my mistakes.

彼女は軽蔑したように*笑って肩をすくめた She *gave a scornful laugh* and shrugged her shoulders.

わらじ 草鞋 ancient Japanese straw sandals ★ 複数形で. ¶2足の*わらじをはいてはいけない (⇒同時に2つの仕事についてはいけない) You should not be engaged in two ｢trades [businesses] at the same time.

わらじ虫 wood louse Ⓒ《複 wood lice》.

わらび 蕨 bracken Ⓒ.

わらぶき 藁葺き —形 straw-thatched. ¶*わらぶきの家 (⇒小屋) a *straw-thatched* cottage // *わらぶきの屋根 a *straw* roof

わらべうた 童歌 (子供の歌) children's song Ⓒ (☞ どうよう³).

わらわせる 笑わせる make *a person* laugh, set *a person* laughing; (おもしろがらせる) amuse ⊕. (☞ わらい; わらう).

¶彼は冗談を言って皆を*笑わせる He *makes* everyone *laugh* by saying funny things. (☞ 使役 (囲み)) // 彼女は観客をどっと*笑わせた She *set* the audience *roaring with laughter*. 語法 roar は「わあっと大声を出すこと」の意. // 彼があの会議で日本の代表だって. *笑わせるなよ He represents Japan at the conference? ｢Don't *make* me *laugh*! [(⇒何という冗談だ) *What a joke*!]

わり 割 **1** «割合» —名 (率) rate Ⓒ; (比率) ratio [réiʃou] Ⓒ. —副 (…の割で) at ｢the [a] rate of ...; (…の比率で) at ｢the [a] ratio of ... —前 (…に対しては) for ...; (…としては) as ... (☞ わりあい).

¶お1人様100円ずつの*割で割引きいたします We will make a discount *at the rate of* 100 yen per capita. // 賛成4に反対1の*割で賛成者が多かった The supporters outnumbered the opponents *at a ratio of* four yeses to one no. // 父は年の*割には若く見える My father looks young *for* his age. (☞ -しては) // 彼女は20歳の*割にはおくてだ She is not mature *as* a twenty-year-old.

2 «百分率»: percentage Ⓤ; (パーセント) percent Ⓒ, per cent Ⓒ《記号 %》★ いずれも単複同形. p.c., pc と略してもよい. 語法 ... percent of ... の形のとき，後に続く名詞が複数なら複数扱い，単数なら単数扱い. (☞ パーセント).

上の2番目の例で，直接話法における "yesterday" は，もし彼女が発言したその日のうちに，話者が伝達しているとすれば，そのまま yesterday を用いるべきである. このように時を示す副詞を変える場合はよくその折の状況を考慮する必要があり，このことはまた場所を示す副詞の場合にも言い得る. しかし一般的に言って，次の語句は下に示すように変える場合が多い:

this → that / these → those / here → there / now → then / today → that day / yesterday → the day before; the previous day / tomorrow → (the) next day / last night → the night before; the previous night / ago → before, etc.

(vi) 被伝達部が重文の場合には接続詞の that を反復するのが普通である. この決まりは，重文のときだけでなく，2個以上の単文から被伝達文が成立しているときにも適用される.

¶彼は私に「熱があるが大丈夫だ」と言った He said to me, "I have a fever but I'm all right." → He told me that he had a fever, *but that* he was all right. // 彼は「7時だよ. 急いだほうがいい」と言った He said, "It is seven o'clock. You had better hurry up." → He said that it was seven o'clock *and that* I had better hurry up.

(2) 疑問文の伝達の場合.

(i) 伝達動詞を ask, inquire などに変える.

(ii) 一般疑問，すなわち疑問詞のない場合は，if または whether を接続詞として用いる.

(iii) 特殊疑問，すなわち疑問詞のある場合は接続詞を入れずに，そのままで伝達動詞に続ける.

(iv) 疑問符は終止符に変える.

¶日本では何*割の子供が高校へ行きますか What *percentage of boys and girls attend senior high school in Japan? ∥ひとつ外国製品の割合は5 *割を越えていた The *percentage of imported goods was over 50 at one time. ∥来年1月からたばこは3 *割値上げになる Tobacco prices will go up 30 *percent from next January. ∥定価の1*割引きでこのノートを買った I bought this notebook at a 10 *percent discount.

3 《損得の関係》 ¶そんなに安くしては*割りに合わない (⇒ もうからない) It doesn't pay if I have to sell it so cheaply. ∥彼は*割りのいい (⇒ もうけになる) 仕事を引き受けた He took a 'paying [profitable] job. ∥これは*割りの悪い商売だ It is an unprofitable business. / This business doesn't pay. ∥こんなに一生懸命やってばかにされるとは*割りに合わな (⇒ あんまりだ) It is too much to be made a fool of after all my efforts.

わりあい　割合 1 《比率》 ── 图 (率) rate ℂ; (比率) ratio [réifou] ℂ 語法 算定基準や尺度となる率を表すときには rate, 2つのものの関係を比べてその比率を表すときには ratio を用いる; (百分率) percentage Ⓤ. ── 副 (…の割合で) at 'the [a] rate of …, at [in] 'the [a] ratio of … (☞ わりに; りつ; りり).
¶経済成長の*割合が最近鈍ってきた Our economic growth rate has 'slowed [leveled off] lately. ∥2対1の*割合で水をスープに加えて下さい Add water to the soup at a rate of two to one, please. ∥「あなたのクラスの男子と女子の*割合はどうですか」「5対3の*割合です」 "What is the ratio of boys and girls in your class?" "They are in the ratio of five to three." ∥They are in a ratio 5:3. とも書き, a ratio of five to three と読む. ∥この会社の大学卒の*割合 (⇒ 率) はどのくらいですか What is the percentage of college graduates in this company?

2 《比較的》: (比較的に) comparatively, relatively; (かなり) fairly; (どちらかというと) rather ★かなりの程度であることを遠回しに言う言い方. (☞ わりに; あんがい).
¶この本は*割合読みやすい This book is comparatively easy to read. ∥英語の成績は*割合よかったが, 国語は悪かった I got a 'relatively [fairly] good mark in English, but a bad one in Japanese. ∥近ごろ*割合忙しい I

have been rather busy these days.

わりあて　割り当て (仕事や義務などの強制的な) assignment ℂ; (仕事・金・時間などの各人各様の割り当て) allotment ℂ; (一定量・一定額の) allocation Ⓤ ★以上は割り当てられた仕事・量・額の意で ℂ; (輸入量などの) quota ℂ. (☞ ぶんたん).
¶我々は輸入*割り当て量を増やすよう努力しなければならない We must try to increase our import quotas.

わりあてる　割り当てる assign [əsáin] 他; allot 他; allocate 他.
【類義語】権威をもって強制的に仕事・義務などを割り当てるのは assign で, 宿題や研究課題などの割り当てにはこの語が多い. assign ほどしっかりした方法ではなく, 仕事・金・時間などを適当に分けて割り当てるのが allot で, この両語とも均等に分けるとは限らない. ある特別な使用目的のために, 予算などを一定量に分けるのは allocate で, やや形式ばった語. (☞ ふりわける)
¶先生はクラス全員にそれぞれ20ページ勉強するように*割り当てた <S(人)+V(assign)+O(人)+O(物)> The teacher assigned each student in the class 20 pages (to study). ∥自分に*割り当てられた仕事は徹底的にやりなさい You should do your 'assigned [allotted] task thoroughly. ∥今年の予算では会報の出版費に50万円が*割り当てられた 500,000 yen has been alloted from this year's budget for the publication of the bulletin.

わりいん　割り印 tally [téli(ː)] seal ℂ ★ tally は「符合一致のための割り符」という意味; (押してあるもの) tally impression ℂ. (☞ いんかん 参考). ¶その書類に*割り印を押して下さい Please put the two papers side by side and affix your seal seamlessly over the edges. ∥*割り印の押してある書類 documents with a tally impression

わりかん　割り勘 ── 图 (食事などでの) Dutch 'treat [party; supper] ℂ. ¶go Dutch, split 'bill [check]. ¶きょうは*割り勘にしましょうか Shall we go Dutch today? ∥「私がおごります」「いや, *割り勘にしましょう」 "Let me pay the check." "No, let's split it."

わりきる　割り切る ── 動 (物事をはっきりと [論理的に] 決める) give a 'clear-cut [logical] solution (to …); (事務的になる) be businesslike. ── 图 (明晰な) clearcut; (論理

(v) 被伝達部の主語と動詞の語順は平叙文のそれと同じになる.
(vi) その他, 代名詞の変化, 時制の一致, 副詞の変化などはすべて平叙文の転換の場合と同様.
¶彼は私に「君は高校生ですか」と言った He said to me, "Are you a high school student?" → He asked me if I was a high school student. ∥彼は私に「君は彼女の住所を知っていますか」と言った He said to me, "Do you know her address?" → He asked me if I knew her address. ∥彼は私に「だれが犬を殺したんだ」と言った He said to me, "Who killed the dog?" → He asked me who had killed the dog. ∥私はその少女に「あなたはどこに住んでいるの」と言った I said to the girl, "Where do you live?" → I asked the girl

where she lived.
(3) 命令文の伝達の場合.
(i) 伝達動詞を被伝達部の内容に応じて tell, ask, order, request, beg, advise などに変える.
(ii) 命令形の動詞を to不定詞に変え, 全体の文型を <S+V+O+C(to不定詞)> の形にする.
(iii) 否定の命令は, to不定詞の前に not 「never」を置く.
(iv) その他の変化はすべて平叙文の転換の場合と同様.
¶彼女は私に「ドアを閉めなさい」と言った She said to me, "Shut the door." → She told me to shut the door. ∥その少女は私に「ちょっとお待ち下さい」と言った The girl said to me, "Please wait a minute." → The girl asked me to wait a

的な) logical.
¶ そのようにこんがらがった恋愛問題に *割り切った答えは出せない I can't give you a 「*clearcut* [*logical*] 「*solution* [*answer*] to such an entangled love affair. // 個人的な感情は別にして*割り切って考えましょう Let's set aside personal sentiment, and *be businesslike*.

わりきれる 割り切れる (数を剰余なく割る) can be divided by ..., be divisible by ... ¶ 9は3で(剰余なく) *割り切れる 9 *can be divided by* 3 (*without a remainder*). / 9 *is divisible by* 3.

わりこむ 割り込む (体で押し分けて入る) squeeze (*oneself*) 「into [in] ...; (人の列に) 《口語》 jump the 「line [《英》 queue]; (車などが) cut in (自); (人の話に口をはさむ) cut [break] in (自). ¶ ラッシュアワーには混んだ電車に *割り込んで乗らなければならない We have to *squeeze ourselves into* a crowded train in rush hours. // 列に*割り込むな Don't *jump the* 「*line* [《英》 *queue*]. // トラックが前に*割り込んできた A truck *cut in* in front of our car.

わりざん 割り算 ―[名] division [U] (↔ multiplication). ―[動] divide (他). 《☞ わる; 数字 (囲み)》. ¶ この10題の*割り算をしてごらんなさい Work on these ten 「problems of [exercises in] *division*. // 12÷6の*割り算をしなさい *Divide* twelve by six.

わりだか 割高 ¶ わが国の郵便料金は外国と比べて*割高だ Our postal charges are rather *high compared with* the corresponding charges in other countries. // その品質にしては(値が) *割高だ The price is *high* 「for [considering] the quality.

わりだす 割り出す (算出する) calculate (他); (事実から推論して答えを出す) deduce ... from ... ★ やや形式ばった語; (基礎を置いている) be 「based [founded] on ...
¶ 彼らは指紋から犯人を*割り出した They *deduced* who the criminal was *from* the fingerprints. // この数字は10万人に及ぶ人々のアンケートから*割り出したものである This figure *is based on* questionnaires gathered from as many as 100,000 people.

わりつけ 割り付け ―[名] (印刷の) layout [U] ★ 割り付けられたものは [C]. ―[動] make [design] a layout of ... ¶ 彼はこの新聞の第1面の*割り付けをした He *made the layout of* the front page of this paper.

わりに 割に ―[副] (だいぶ) rather; (かなり) pretty ★ 後者のほうが意味が強い; (比較的) comparatively, relatively ★ 以上2語はやや形式ばった語. 《☞ わりあい; あんがい》.
¶ きょうは*割に涼しい It's *rather* cool today. // この本は*割に難しい This book is 「*pretty* [*comparatively*] difficult.

わりばし 割り箸 (使い捨て式の) throwaway [disposable] chopsticks ★ 複数形で.

わりびき 割引き ―[動] (割り引く) discount (他); (値を下げる) reduce (他). ―[名] discount [C]; reduction [C]. 《☞ ねびき; 買い物 (囲み)》.
¶ この品は1*割引きです We'll *discount* the price by 10 percent. / We'll 「give [make] a 10 percent *discount* on this article. // 私はそれを2*割引きで買った I bought it at a 20 percent *discount*. // 全品2*割引き 《掲示》 20% OFF All Merchandise 《☞ 掲示の英語 (囲み)》 // 千円以上の注文には*割引きがある There's [They'll give] a *discount* on orders over ¥1,000.

割引券 discount 「ticket [coupon] [C] 割引料金 reduced [discount] rate [C]. ¶ 団体だと*割引料金になる You can get 「*reduced rates* [*cut rates*] for a group.

わりびく 割り引く discount (他), give [make] a discount. ¶ 彼の話は*割り引いて聞いたほうがいい (⇒ 表面上の意味にとらないほうがいい) We'd better not take his story at face value.

わりふり 割り振り assignment [U] 《☞ わりあて; ぶんぱい》.

わりふる 割り振る assign (他) 《☞ わりあてる; ふりわける》.

わりまえ 割り前 (分け前) share [C] 《☞ わけまえ》.

わりまし 割り増し ―[形] (料金・賃金などの) extra (「fare [charge; pay]). ―[名] (割り増し金) premium [C]; (超過勤務の) overtime pay [U]. 《☞ りょうきん (類義語)》.
¶ 深夜タクシーには*割り増し料金を払わなければならない We have to pay 「an *extra* charge [a *surcharge*] for midnight taxi service. // 私は超過勤務の*割り増し賃金を含めて月20万円しかもらっていない I receive only 200,000 yen per month including *overtime pay*.

わりもどし 割り戻し (払い過ぎ分の払い戻し金) refund [C] 《☞ はらいもどし》. ¶ 12月には

---

minute. // 医者は私に「たばこを吸い過ぎてはいけませんよ」と言った The doctor said to me, "Don't smoke too much." → The doctor *advised* me *not to smoke* too much.
(v) 呼びかけの語のあるときには次のようにする.
¶ 先生は「皆さん, 静かにしなさい」と言った The teacher said, "Be quiet, everyone." → The teacher *told* everyone *to be* quiet.
(4) 感嘆文の伝達の場合.
感嘆文や祈願文を間接話法に変える場合には, 明確な規則はない. 被伝達部の内容に応じて適当な伝達動詞を用いたり, 修飾語句を加えたりして, その内容に近づける. ただし一般的な注意としては次のような点があげられる.
(i) 伝達動詞を文意に応じて, cry (out), exclaim, shout, pray などに変える.
(ii) 適当な修飾語句を加え, 感嘆符を終止符に変える.
(iii) その他の変化は平叙文の場合と同様.
¶ 彼は「ばんざい, 僕は競走に勝ったぞ」と言った He said, "Hooray! I won the race!" → He *shouted with joy* that he *had won* the race. // 彼は「私は何て幸せだろう」と言った He said, "Am I happy!" → He said that *he was very happy*. // 「どうかお幸せに」と彼は言った He said, "May you be happy." → (⇒ 彼は私の幸福に対する心からの願いを表した) He *expressed his hearty wishes for my welfare*.

所得税の*割り戻しがくる I will get a *refund* of income tax in December.

わりやす 割安 —形 relatively [reasonably] cheap《☞ やすい (類義語)》.
¶この店は*割安だ This store is「*relatively* [*reasonably*] *cheap.* // 電池は1ダースで買うと*割安になる (⇒ 安く買える[割引きになる]) If you buy batteries by the dozen, you can *get*「*them cheaper* [*a discount* ; *a reduction*].

わる 割る **1**《壊す》: break ㊉《過去 broke ; 過分 broken》; (強打・衝撃などで粉々に割る) smash ㊉.《☞ こわす (類義語) ; われる》.
¶「この皿を*割ったのはだれですか」「私です. すみません」"Who *broke* this plate?" "I did. I'm sorry." // ゴルフボールが窓ガラスを*割った A golf ball「*broke* [(⇒ 粉々に割る) *smashed*] the windowpane.
2《裂く》: split ㊉ ; (ぶった切って割る) chop ㊉. ¶乾いた竹は*割りやすい Dried bamboo is easy to *split.* // 子供のころよく父がまきを*割るのを手伝ったものでした When I was a boy, I used to help my father *chop* wood.
3《分割する》: divide ㊉; (費用などを割り勘にする) split ㊉.《☞ わりざん ; わりきれる》.
¶チョコレートを4つに*割りなさい *Divide* the bar of chocolate into four. // 10は3では*割れない (⇒ 余りなしには割り切れない) 10 can't *be divided by* 3 exactly (without a remainder). // その勘定は皆で*割りましょう Let's *split* the「check [cost] among us.
4《水を加える》: (…に水を混ぜる) mix … with water ; (酒・飲み物などに水を混ぜる) water down ㊉ ; (薄める) dilute ㊉ ★形式ばった語.《☞ うすめる》. ¶このブランデーを少し水で*割って下さい Will you *water down* this brandy a little?
5《土俵を割る》 ¶ビデオは彼が土俵を*割った (⇒ 端から足を踏み出した) のを確かに示している The video「shows [proves] that he *stepped over the edge of the ring.*

わるあがき 悪足掻き (むだな抵抗) useless resistance Ⓤ ; (むだな努力) useless effort(s) ★単数形または複数形で. ¶*悪あがきはやめろ Don't make「*useless resistance* [*a useless effort* ; *useless efforts*]. // もう勝つ見込みはないから*悪あがきはやめたほうがいい (⇒ あきらめたほうがいい) Now you have no chance of winning. *You'd better give up.*

わるい 悪い **1**《道徳的に》: bad (↔ good) ★最も一般的な語 ; (よこしまな) evil ; (あくどい) wicked 語法 evil は bad より意味が強く, wicked はさらに強い ; (ある規準に照らして誤っている) wrong (↔ right).
¶何て*悪い子なんでしょう What a *bad* boy *you are!* // 彼らの*悪い行いは見逃せない We can't overlook their「*evil* [*wicked*] behavior. // この提案のどこが*悪いのか What's *wrong* with this proposal? // *悪い習慣はすぐやめなさい Get rid of your「*bad* habits [*vice*] at once. ★ vice はやや改まった語.
2《品質・作柄・天候などが》: bad ★最も一般的 ; (貧弱な・粗末な) poor ; (粗悪な) coarse ★前者のほうが口語的 ; (質の劣った) inferior ; (新鮮ではない) stale ; (腐った) bad, spoiled, rotten ★ bad が最も一般的.《☞ そあく》.
¶当店ではこのような*悪い品は売っておりません We don't sell「goods of such *poor* quality [such *inferior* articles]. // 紙が*悪いのでインクがにじむ Ink blots on this *coarse* sheet of paper. // 昨秋は米の出来が*悪かった We had a *poor* crop of rice last fall. // *悪くなった食べ物は捨てなさい Throw away「*stale* food [*spoiled* food ; food which has gone *bad*].
3《具合・状態・身体の具合が悪い》: (時機が) ill-timed ; (健康状態が) sick, ill, unwell ; (健康に有害な) bad for …, injurious to …
¶私の発言はまさに時機が*悪かった My remark was just *ill-timed.* // 具合が*悪そうですね. どうかなさいましたか You look「*unwell* [*sick* ; *ill*]. What's the matter with you? // 「どこかお*悪いのですか (⇒ 何があなたを悩ませているのか)」「どうも胃の調子が*悪いのです」"What's *troubling* you?" "Something is *wrong* with my stomach." // 病人は容体が*悪くなった The patient's condition has「become [taken a turn for the] *worse.*《☞ あっか[1]》 // *悪い風邪にかかった I have had a「*bad* [*nasty*] cold. // 食品添加物には健康に*悪いものもある Some food additives are「*bad for* [*injurious to*] the health. // *悪くはしないから (⇒ あなたが後悔するようなことにはならないから), ここは私に任せなさい Leave everything to me here. You won't be *sorry* for it.
4《不吉な・不運な》 —形 bad ; (ついていない) unlucky ; (不運な) unfortunate. —副 unluckily, unfortunately.《☞ ふうん》.
¶*悪いことには (⇒ 運悪く) 大雨が降った *As luck would have it* [*Unluckily* ; *Unfortunately*], we had heavy rain. // それは*悪い前兆かもしれない It may be「a *bad* [an *ill*] omen. // *悪くすると雨だ *I fear* it may rain.《☞ 推量の表現 (囲み)》
5《悪口・悪意》 ¶人のことを*悪く言わないほうがよい You shouldn't speak *ill* of others. // あの人のことを*悪く思っているのではない (⇒ あの人に対して悪意はない) I hold nothing *against* him.

わるがしこい 悪賢い (悪知恵が働いてずるい) cunning ; (こっそり人をだましたりする) sly ; (高度な策をろうしてずるい) crafty.《☞ わるぢえ》. ¶彼は*悪賢い奴だ He is such「a *cunning* man [(⇒ 古ぎつねのような) an old fox].

わるぎ 悪気 (悪い意図) evil「intent Ⓤ [intention Ⓒ]; (悪意) ill will Ⓤ, malice Ⓤ ★後者のほうが改まった語 ; (害意) harm Ⓤ.
¶それは彼が*悪気があってしたことでない He did it without「*malice* [*evil intent*]. // 私は別に*悪気があってそう言ったのではない I meant no *harm* in saying that.

わるくち 悪口 —動 (人の悪口を言う) speak ill (of *a person*) ; (陰口を言う) backbite ㊉.《☞ かげぐち ; ちゅうしょう[2]》. ¶彼は私の*悪口をよく言っているらしい He often seems to *speak ill of* me. // 彼女はよく人の*悪口を言いふらす She is a *scandalmonger.* ★ scandalmonger は「悪口を言いふらす人」.

わ

わるずれ 悪ずれ ―[形] (世慣れしすぎた) oversophisticated. ―[名] (悪ずれした人) (too much) a man of the world [C].
¶ 少年時代から働き始めて，彼はすっかり*悪ずれしてしまった Having worked from early boyhood, he is now totally *a man of the world*.

わるだくみ 悪巧み (たくらみ・いたずら) trick [C]; (悪計) evil [wicked] design [C] ★ trick よりも意味が強い; (陰謀) nasty [evil] scheme [C], plot [C]. 《☞ たくらみ; いんぼう; いたずら》.

わるぢえ 悪知恵 ―[形] (悪賢い) sly; (悪知恵が働いてずるい) cunning; (高度な策をろうしてずるい) crafty. ―[名] slyness [U]; cunning [U]; craftiness [U]. 《☞ わるがしこい》.
¶ あの男は*悪知恵が働く That man is ⌈*sly* [*cunning*; *crafty*]. // *悪知恵のあるやつにはかなわない (⇒ 我々は悪知恵のあるやつにしばしばだまされる) We are often fooled by *crafty* fellows.

ワルツ waltz [wɔ́ːl(t)s] [C] 《☞ 音楽 (囲み)》.

わるのり 悪乗り (やりすぎる) overdo (他), overact (自). ¶ 友達をからかうのもいいが*悪乗りしてはいけない You may tease your friends, but you shouldn't *overdo* it.

わるびれずに 悪びれずに ¶ 彼女は*悪びれずに (⇒ やましいことはしていないという顔つきで) 先生にほほえみかけた She smiled at her teacher *without a guilty look*. // 彼は*悪びれずに (⇒ 何かよい事でもしたかのように)「私がやりました」と言った He said, "I did it," *as if he had done something good*.

わるふざけ 悪ふざけ (人を困らせるようないたずら) practical joke [C]; (悪意のないいたずら) prank [C]. 《☞ ふざける》. ¶ もう*悪ふざけはよしなさい No more of your *practical jokes*! // 彼は*悪ふざけが過ぎる His *prank* is going too far.

わるもの 悪者 bad ⌈man [woman] [C], wicked [wíkid] ⌈man [woman] [C] [語法] 前者は最も一般的で意味も広く，以下の語の代わりにも使える. wicked は bad より意味が強い; (利己的で大それたことをする悪党) scoundrel [C]; (劇の中での悪役) villain [C] ★ 主として男性. ¶ 彼のような*悪者は見たことがない I have never seen such a ⌈*bad* [*wicked*] *man* as he. // 劇の中の*悪者はいつも最後には片づけられる *Villains* in plays are always gotten rid of at the end. // 彼は党のために*悪者 (⇒ 犠牲) にされた He was made a *scapegoat* for the party.

わるよい 悪酔い ―[動] (気分が悪くなるほど飲む) drink *oneself* ⌈sick [ill]. ―[形] (酒が頭にくる) heady. ¶ 私は飲みすぎて*悪酔いしてしまった (⇒ 気分が悪くなった) I *felt sick from* too much *drinking*. // 安酒は*悪酔いをする (⇒ ひどい後遺症を残す) Cheap liquor ⌈leaves [gives; has] *nasty aftereffects*. / Cheap liquor is often *heady*.

われ 我 **我と思う者** ¶ *我と思う者 (⇒ 自信のある人) は私に競技の挑戦をしなさい *Those of you who are confident of yourselves* can challenge me to a race.
我に返る ¶ 私は窓を打つ雨の音にふと*我に返った (⇒ 意識を取り戻した) I suddenly *came to myself* at the sound of rain beating against the windowpanes. 《☞ しょうき[1]》
我を忘れる ¶ 私は怒りで*我を忘れた (⇒ 逆上した) I *got carried away* in anger. // 私は*我を忘れて (⇒ 熱中して) その小説を読みふけっていたので，彼女が部屋に入ってきたのに気付かなかった I *was* so *absorbed in* (reading) the novel that I was not aware of her coming into the room.

われがちに 我勝ちに ¶ 彼らは皆*我勝ちに外へ出ようとした (⇒ 皆が一番先に出ようとした) They all tried to *be the first* to get out. / (⇒ 同時にどっと出口に押しかけた) They all *made a rush* for the exit at the same time.

われながら 我ながら ¶ *我ながらよくやった *I admit that* I did well. / *I flatter myself on* having done it well. [語法] flatter *oneself* (on ...; that ...) は「うぬぼれて…と思う」という意味. // *我ながら恥ずかしい I am ashamed *of myself*. // *我ながらあきれる (⇒ 自分に愛想が尽きる) I am disgusted *with myself*.

われめ 割れ目 (陶器・ガラス・氷など堅いものの割れ目) crack [C]; (木製のものなどの縦長の一直線の割れ目) split [C]; (細長い穴状の割れ目) slit [C]; (地面・岩石・氷河などの割れ目) chasm [kǽzm] [C], crevice [C] [語法] 両者とも特に狭い割れ目. 入れ替え可能なこともあるが，前者は比喩的に「意見などの隔たり」の意味で使われることも多い; (特に氷河の深い割れ目) crevasse [C]. 《☞ ひび; さけめ》.

われもの 割れ物 ¶ *割れ物. 取り扱い注意 *Fragile*. Handle with Care. 《☞ 掲示の英語 (囲み)》

われら 我等 ―[代] we 《☞ われわれ; わたし[1]; 代名詞 (欄外)》.

われる 割れる (裂ける) split (自) 《過去・過分 split》; (ひびが入る) crack (自); (壊れる) break (自), be broken; (粉々に壊れる) smash (自), be smashed; (意見・票・党・グループなどが分裂する) be divided, split (自); (地面が大きく割れる) gape (自); (犯人が明らかになる) be [become] identified. 《☞ わる; こわれる》.
¶ このガラスの器は*割れやすい This glass ⌈is *fragile* [*breaks* easily]. // そのグループはたちまち2つに*割れた The group ⌈*was divided* [*was broken*; *split*] into two in no time. 《☞ ぶんれつ》 // 地面が地震のために*割れた The ground *cracked* owing to the earthquake. // *割れるような (⇒ あらしのような) かっさいが会場に起こった There arose a ⌈*storm of* [*storming*] applause in the hall. // 頭が*割れるように痛い I have a *splitting* headache.

われわれ 我我 ―[代] (我々は) we; (我々の) our; (我々を・我々に) us; (我々のもの) ours; (我々自身) ourselves. 《☞ 代名詞 (欄外); わたし[1]》. ¶ *我々日本人は勤勉に働く *We* Japanese work diligently.

わん[1] 湾 (小さい湾) bay [C]; (大きな湾) gulf [C]. ¶ 東京*湾 Tokyo *Bay* 《☞ 冠詞 (欄外)》 // メキシコ*湾 the *Gulf* of Mexico

わん[2] 椀，碗 bowl [C].

わんきょく 湾曲 ―[動] (曲線を描いて曲がる) curve (自); (長く薄い物がたわんで曲がる) bend (自). 《☞ まがる (類義語); まがった》. ¶東側には長い*湾曲した海岸線が続く The eastern ˹part [section ; area] consists of a long *curving* coast line.

わんさと ―[副] (人などが大勢) in ˹great [huge] numbers ; (群がって) in crowds. ―[動] (群がる・押し寄せる) swarm (自), throng (自). 《☞ たくさん ; おしかける ; おしよせる》. ¶志願者が*わんさと来た Applicants came *in huge numbers.* ∥ 週末には子供たちが*わんさと海へ押しかけてくる Children ˹*swarm* [*throng*] to the beach on weekends.

わんしょう 腕章 (腕に巻くもの) arm band Ⓒ; (軍人・警官の山形そで章) chevron Ⓒ.

chevron

ワンダーフォーゲル (クラブ) (mountain) climbing club Ⓒ, hiking club Ⓒ [参考] ワンダーフォーゲル (Wandervogel) は元来「渡り鳥」という意味のドイツ語だが, 1901 年 Karl Fischer によって設立された青少年の徒歩旅行会の名としてつけられたもの.

わんぱく 腕白 ―[形] (言うことを聞かない) naughty [nɔ́:ti(:)]; (いたずらな) mischievous; (手に負えない) unruly. 《☞ いたずら》. ¶彼女は自分の*腕白息子が手に負えないでいる She is finding her own ˹*unruly* [*mischievous*] boy unmanageable.

ワンピース dress Ⓒ [語法] dress といえば「ワンピース」のことで, 英語では one-piece とはいわない. one-piece は形容詞で, 水着などの場合に one-piece bathing suit のように使う. ちなみに「ツーピース」は two-piece でなく jacket and skirt という. 《☞ 衣服 (囲み)》.

ワンマン **1** «独裁者»: (長・最有力者) boss Ⓒ; (党・国家などの最高指導者) leader Ⓒ; (独裁者) dictator Ⓒ. ¶彼は事実上党内の*ワンマンだった He was actually the ˹*boss* [*leader*] of the party. ∥ *ワンマン政治は民主主義に反する *One-man* ˹rule [government] is against the rule of democracy.

2 «普通 2 人以上ですることを 1 人でやる状態» ―[形] one-man.

ワンマンショー solo [one-man] show Ⓒ **ワンマンバス** one-man bus Ⓒ; (車掌のいないバス) bus without a conductor Ⓒ.

わんりょく 腕力 (肉体の力) physical [muscular] strength Ⓤ; (力ずく) force Ⓤ; (暴力) violence Ⓤ; (筋力) muscle Ⓤ. ¶彼は*腕力が強い He is a ˹*strong* man [man of *muscle*]. ∥ *腕力に訴えるな (⇒ 暴力を用いるな) Don't use ˹*force* [*muscle*]. ∥ *腕力では彼にとてもかなわない I am no match for him when it comes to ˹*muscle* [*physical strength*].

ワンワン ―[名] (犬のほえ声) bowwow [báuwáu] Ⓒ, arf, arf ; (小児語で犬) doggie Ⓒ, bowwow Ⓒ; (犬) dog Ⓒ. ―[動] (ワンワン吠える) bark (自). 《☞ いぬ[1]; 動物の鳴き声 (囲み); 擬声・擬態語 (囲み)》.

を

-を ★日本語の「-を」は格助詞の 1 つで, 目的語を示すのに用いられるが, 英語では他動詞の場合はその後の位置が目的語を示す印となるだけで, 日本語の「-を」に当たるようなものや, あるいは目的格を表す語形変化などは人称代名詞を除いていっさい用いられない. ((注) 日本語でも必ず「-を」が付くとは限らず, 特に口語の場合は「その映画見たかい」のように「-を」抜きの表現がよく用いられる).

ところが, 英語では自動詞の場合やその他の場合に, 日本語なら「-を」で表される文法関係を種々の前置詞で表すことが多い. それらについて検討してみると, 大きく分けて次の 2 種類の場合がある.

(1) 「自動詞＋前置詞」で他動詞と同じ働きをする場合. この場合は, 動詞によって前置詞が決まってくることが多く, その結びつきが密接なものは 2 語動詞 (two-word verb) と呼ばれることもあり, 1 語の他動詞と同じような働きをする. この種の動詞が多いのが英語の特徴と言われている.
((例) 黒板*をご覧なさい Look *at* the blackboard. ∥ 私はかばん*を捜しているのです I'm looking *for* my bag.)

(2) 日本語では「-を」が付くが, 英語では文の発想が違っていて (1) とは異なる種々の関係を表す場合. この場合には, 意訳が必要なこともしばしばある. 《☞ 発想 (欄外); 翻訳 (欄外)》
((例) 私たちはその通り*を一緒に歩いた (⇒ 通りに沿って歩いた) We walked *along* the street together. ∥ 彼女は黒い服*を着ている She is (dressed) *in* black. ★ be in ... で「...色の服を着ている」という言い方. ∥ 彼は私の腕*をつかまえた (⇒ 私を腕の部分でつかまえた) He caught me *by* the arm. [語法] この表現は「私をつかまえた」ことに重点があり, 次に体のどの部分かを述べる言い方. / He caught my arm. [語法] この表現は日本語と似ていて, 単に「私の腕をつかまえた」ことを表す. 結果的には同じだが, ニュアンスが違う. ∥ 人の悪口*を言ってはいけない (⇒ 他人についてあしざまに言うな) Don't speak ill *of* others. ★この ill は [副] で「悪く」という意味. ∥ バケツに水*を入れなさい (⇒ バケツを水でいっぱいにせよ) Fill the bucket *with* water. [語法] このほかに Put water into this bucket. のように日本語と同じような言い方も可能だが, 「いっぱい」という意味なら, さらに to the brim (＝縁まですれすれと) のような語句を付け加えなければならず, そのような回りくどい言い方よりは, 前者のほうが好まれる.). 《☞ 日本語と英語 (欄外)》.

ことわざ索引

数字はページ，ひらがなは見出し語を示す

あ 行

か 行

さ 行

た 行

な 行

は 行

ま 行

や 行

ら 行

わ 行

調査・校正協力者

秋葉和子　安満なほ子　大久保美千代　大呂厚子　狩野 緑　黒坂智子　甲元啓子　島影東美子　鈴木はるみ　高野嘉明　高橋やよい　辻本千鶴子　寺澤羔子　永野明子　西谷裕子　林 和子　原田易子　春名真理子　房前俊子　松井みどり　水谷由美子　村中昭子　山本靖子

（アイウエオ順）

写真提供

篠田義明

挿　絵

東江正輝　木村久美子　黒沢充夫　和田慧子

製　作

佐藤晃輔　比留間 浩　土方 修

KENKYUSHA'S
LIGHTHOUSE
JAPANESE-ENGLISH
DICTIONARY

初版　第 1 刷　1984年
　　　第29刷　1988年

ライトハウス和英辞典

編　　者　小島義郎(こじまよしろう)・竹林 滋(たけばやし しげる)
発 行 者　長井四郎
発 行 所　株式会社 研究社
〒101 東京都千代田区神田駿河台2の9
電話 編集(03)291—6845
業務(03)291—2301
振替東京9-32260
組　　版　研究社印刷株式会社
写真製版　株式会社 近藤写真製版所
印　　刷　研究社印刷株式会社
製　　本　大栄製本有限会社

ISBN4-7674-2210-8

世界の主要人名

アーノルド Arnold, Matthew
アイゼンハワー Eisenhower, Dwight D.
アインシュタイン Einstein, Albert
アウグスツス Augustus
アップダイク Updike, John
アムンゼン Amundsen, Roald
アリストテレス Aristotle
アルキメデス Archimedes
アルフレッド大王 Alfred the Great
アレクサンダー大王 Alexander the Great
アンダーソン Anderson, Sherwood
アンデルセン Andersen, Hans C.
イェーツ Yeats, William B.
イエス Jesus
イソップ Aesop
イプセン Ibsen, Henrik
ウィリアムズ Williams, Tennessee
ウィルソン Wilson, Thomas Woodrow
ウェブスター Webster, Noah
ウェリントン Wellington, Arthur W.
ウェルズ Wells, Herbert G.
ウォー Waugh, Evelyn A.
ウルフ Woolf, Virginia
エイゼンシュテイン Eisenstein, Sergey M.
エジソン Edison, Thomas A.
エピキュロス Epicurus
エマーソン Emerson, Ralph W.
エラスムス Erasmus, Desirerius
エリオット Eliot, Thomas S.
エリザベス二世 Elizabeth II
エンゲルス Engels, Friedrich
オーウェル Orwell, George
オーウェン Owen, Robert
オースティン Austen, Jane
オーデン Auden, Wystan H.
オー・ヘンリー O. Henry
オズボーン Osborn, John J.
オッペンハイマー Oppenheimer, Julius Robert
オニール O'Neill, Eugene G.

ガーシュウィン Gershwin, George
カーター Carter, James E.
カーネギー Carnegie, Andrew
カーライル Carlyle, Thomas
カストロ Castro, Ruz Fidel
カフカ Kafka, Franz
カポーティー Capote, Truman
ガマ Gama, Vasco da
カミュ Camus, Albert
ガリレイ Galilei, Galileo
カルビン Calvin, John
ガンジー Gandhi, Mahatma
カント Kant, Immanuel
キーツ Keats, John
キケロ Cicero, Marcus Tullius
キプリング Kipling, Joseph R.
ギボン Gibbon, Edward
キャロル Carroll, Lewis
キュリー Curie, Marie S.
キルケゴール Kierkegaard, Sören Aabye
キング King, Martin Luther
ギンズバーグ Ginsberg, Allen
グーテンベルク Gutenberg, Johannes
クーベルタン Coubertin, Pierre
クック Cook, James (=Captain Cook)
グラント Grant, Ulysses Simpson
グリーン Greene, Graham
クリスティー Christie, Agatha
グリム Grimm, Jacob
クレオパトラ Cleopatra
クロムウェル Cromwell, Oliver
ケインズ Keynes, John M.
ゲーテ Goethe, Johann Wolfgang von
ケネディー Kennedy, John F.
ケラー Keller, Helen A.
ケルアック Kerouac, Jack
孔子 K'ung-Fu-tzu (Confucius)
ゴーギャン Gauguin, Paul
ゴールズワージー Galsworthy, John
コールリッジ Coleridge, Samuel T.
コクトー Cocteau, Jean
コッホ Koch, Robert
ゴッホ Gogh, Vincent van
コペルニクス Copernicus, Nicolaus
ゴヤ Goya y Lucientes, Francisco José de
コロンブス Columbus, Christopher
コンラッド Conrad, Joseph

サッチャー Thatcher, Margaret H.
ザビエル Xavier, St. Francis
サリンジャー Salinger, Jerome D.
サルトル Sartre, Jean-Paul
シーザー Caesar, Caius Julius
ジード Gide, André
シーボルト Siebold, Alexander G.G. von
シェークスピア Shakespeare, William
ジェームズ James, Henry
ジェファーソン Jefferson, Thomas
シェリー Shelley, Percy Bysshe
ジェロニモ Geronimo
始皇帝 Shih Huang-ti
司馬遷 Ssu-ma Ch'ien
釈迦 Sakyamuni
シャガール Chagall, Marc
ジャクソン Jackson, Andrew
ジャンヌダルク Joan of Arc
シュトラウス Strauss, Johann
周恩来 Chou En-lai
シューベルト Schubert, Franz P.
シューマン Schumann, Robert
朱子 Chu-tzu
シュバイツァー Schweitzer, Albert
ジョイス Joyce, James
蔣介石 Chiang Kai-shek
ショー Shaw, George Bernard
ショーペンハウワー Schopenhauer, Arthur
ショーロホフ Sholokhov, Mikhail A
ショスタコービッチ Shostakovich, Dmitry
ショパン Chopin, Frédéric F.
ジョンソン Johnson, Samuel
ジョンソン Johnson, Lyndon B.
シラー Schiller, Johann Christoph Friedrich von
ジンギスカン Genghis Khan
スウィフト Swift, Jonathan
スコット Scott, Sir Walter
スターリン Stalin, Joseph V.
スタインベック Steinbeck, John E.
スタンダール Stendhal
スチーブンソン Stevenson, Robert L B.
ストラヴィンスキー Stravinsky, Igor
スピノザ Spinoza, Baruch
スペンサー Spencer, Herbert
スミス Smith, Adam
セザンヌ Cézanne, Paul
セルバンテス Cervantes Saavedra, Miguel de
荘子 Chuang-tzu
ソクラテス Socrates
ゾラ Zola, Richard
ソルジェニツィン Solzhenitsyn, Aleksandr I.
ゾロアスター Zoroaster
ソロー Thoreau, Henry David
孫文 Sun Wen

ダーウィン Darwin, Charles R.
ターナー Turner, Joseph
ダ・ビンチ Leonardo da Vinci
ダンテ Dante Alighieri
チェーホフ Chekhov, Anton P.
チャーチル Churchill, Sir Winston L. S.
チャイコフスキー Tschaikovsky, Pë I.
チャップリン Chaplin, Charles S.
チョーサー Chaucer, Geoffrey
ツェッペリン Zeppelin, Ferdinand von
ツルゲーネフ Turgenev, Ivan S.
ディケンズ Dickens, Charles J. H.
ディズニー Disney, Walt
デカルト Descartes, René
テニソン Tennyson, Alfred
デフォー Defoe, Daniel
デューイ Dewey, John
デュシャン Duchamp, Marcel
デュマ Duma, Alexandre
ドイル Doyle, Sir Arthur Conan
トインビー Toynbee, Arnold J.
トウェイン Twain, Mark
ドゴール De Gaulle, Charles A. J. M.